LEXIKON DES INTERNATIONALEN FILMS

BAND 3

Q–Z

Herausgegeben vom Katholischen Institut für Medieninformation (KIM)
und der Katholischen Filmkommission für Deutschland

Im *Lexikon des Internationalen Films,* begründet von Klaus Brüne, kristallisiert sich die Arbeit der seit 55 Jahren und ohne Unterbrechung erscheinenden Zeitschrift *film-dienst*. Durch Neuausgaben und Jahrbücher regelmäßig erweitert, enthält es heute Kurzmonografien zu 52.000 Filmen. Damit ist es das größte Lexikon zum Leitmedium Film überhaupt.

Über die Funktion eines Nachschlagewerks hinaus dokumentiert die vorliegende Neuausgabe mit über 130 Essays zu 20 Themenkomplexen erstmals auch Schwerpunkte gegenwärtiger Filmkritik.

Die Neuausgabe des *Lexikons des Internationalen Films* ist bimedial – Buch und Datenbank. Es vereint den Komfort und die Stärken zweier Medien: ruhige Lektüre und schnelle Information, hochkomplexe Recherche und Tagesaktualität. Jedem Exemplar des vierbändigen Großwerks liegt eine Registrierungskarte bei, die zwölf Monate lang zum Vollzugriff auf die ständig aktualisierte Datenbank berechtigt. Der internationale Film hat eine neue Adresse:

www.FILMEvonA-Z.de

LEXIKON DES INTERNATIONALEN FILMS

KINO, FERNSEHEN, VIDEO, DVD

Redaktion
Horst Peter Koll, Stefan Lux, Hans Messias
unter Mitarbeit von
Josef Lederle, Jörg Gerle, Ralf Schenk

Band 3
Q–Z

Die Farbe Rot ♦ Sciencefiction ♦ Steven Spielberg ♦ Werkstattgespräche ♦ Western

ZWEITAUSENDEINS

ZUGANG ZUR FILMDATENBANK. Der Kauf des vorliegenden Werkes ist mit einer unbeschränkten Zugangsberechtigung zur kompletten, ständig aktualisierten Datenbank verbunden. Die Zugangsberechtigung ist nicht übertragbar und erlischt ein Jahr nach Ihrer Anmeldung (spätestens am 30. September 2005, 24:00 Uhr)
Was Sie brauchen, ist ein Internetzugang und eine E-Mail-Adresse. Sobald Sie uns die jeder Ausgabe beiliegende Anmeldepostkarte zuschicken, finden Sie nach ein paar Tagen in Ihrer Mailbox die Benachrichtigung, mit welchem Passwort Sie Ihren persönlichen Account freischalten und in die Datenbank einloggen können. Wie das geht? Sie wählen **www.FILMEvonA-Z.de** und beantworten, nachdem Sie im Login-Feld auf »Coupon einlösen« geklickt haben, die Frage nach Ihrer E-Mail-Adresse und Ihrem Passwort. Das ist alles.
Ganz Eilige, die nicht warten wollen, bis die Post ihre Karte nach Frankfurt befördert hat, können sich im Login-Feld über »Coupon einlösen« auch einen provisorischen Account einrichten. Diesen provisorischen Account schalten wir dauerhaft frei, wenn wir Ihre Anmeldepostkarte erhalten.

DANK. Die Geschichte vom Vorführer Sigrist (»Ein lebendiges Verhältnis zur Arbeit«) ist Alexander Kluges *Chronik der Gefühle. I Basisgeschichten* entnommen. Zweitausendeins dankt dem Autor für die freundliche Abdruckerlaubnis. Alle Texte in den 20 Leseinseln des Lexikons stammen aus der Zeitschrift *film-dienst*. Herausgeber und Verlag danken allen Autorinnen und Autoren für die freundliche Zustimmung zur Neupublikation an diesem Ort.

1. Auflage, Oktober 2002

Bild- und Textnachweise auf Seite 3735 (Band 3).

Lektorat (Buchkonzept, Koordination): Martin Weinmann (Büro W, Wiesbaden)
Korrektur (nichtlexikalische Teile): Ekkehard Kunze, Michael Klein (Büro W, Wiesbaden)
Umschlaggestaltung: Sabine Kauf
Bildglossen auf dem Vorsatz: Martin Weinmann
Satz: Wilfried Schmidberger, Rüdiger Wagner, Wilfried Rangette (Dieter Kohler GmbH)
Herstellung: Dieter Kohler GmbH, Nördlingen
Druck und Einband: Freiburger Graphische Betriebe

Dieses Buch gibt es nur bei Zweitausendeins im Versand, Postfach,
D-60381 Frankfurt am Main, Telefon 069-420 8000, Fax 069-415 003.
Internet www.Zweitausendeins.de, E-Mail info@Zweitausendeins.de.
Oder in den Zweitausendeins-Läden in Berlin, Düsseldorf, Essen, Frankfurt am Main,
Freiburg, 2x in Hamburg, in Hannover, Köln, Mannheim, München, Nürnberg,
Saarbrücken, Stuttgart.

In der Schweiz über buch 2000, Postfach 89, CH-8910 Affoltern a. A.

ISBN 3-86150-455-3

GEBRAUCHSHINWEISE

ALPHABETISCHE EINORDNUNG

Artikel. Der deutsche Artikel am Filmtitelanfang wird nicht berücksichtigt, er gilt nur dann als Teil des Titels, wenn er im Wes-, Wem- oder Wen-Fall steht. Also:

Die **A**ffäre Dominici (nicht: **D**ie Affäre Dominici)
Ein **A**ndroid wird gejagt (nicht: **E**in Android wird gejagt)
Des Königs Admiral (nicht: Des **K**önigs Admiral)

Bei fremdsprachigen Titeln werden bestimmte und unbestimmte Artikel immer berücksichtigt:

A Chorus Line (nicht: A **C**horus Line)
Les Misérables (nicht: Les **M**isérables)

Ziffern in Filmtiteln werden an der Stelle einsortiert, wo das ausgeschriebene Zahlwort eingeordnet würde. Fremdsprachige Filmtitel, die mit einer Ziffer beginnen, sind im Zweifelsfall unter dem deutschen Zahlwort zu finden.
Im Sonderverzeichnis der fremdsprachigen Filmtitel im Registerband werden Titel mit einer arabischen Ziffer *numerisch* eingeordnet, Sie finden sie also ganz am Anfang des Verzeichnisses vor dem alphabetischen Teil, vor dem ersten Buchstaben *a*.

WELCHE FILME SIND ERFASST?

Verzeichnet sind Filme aus über 100 Jahren Filmgeschichte.
Kernbereich. Systematisch und vollständig werden alle Filme aus nationaler oder internationaler Produktion erfasst, die zwischen 1945 und 2001 über einen Filmverleih erstmals in die deutschen Kinos gebracht, im Fernsehen ausgestrahlt oder als Videokassette bzw. DVD in Deutschland vertrieben wurden. Neue Filme zu sichten und zu bewerten bildet seit über 50 Jahren das Aufgabenfeld des *film-dienst*, auf dessen Arbeit das Lexikon aufbaut.
Filmlänge. Erfasst sind, von wenigen Ausnahmen abgesehen, Filme mit einer Laufzeit ab 60 Minuten. Bei im Kino gezeigten Filmen gilt die von der Freiwilligen Selbstkontrolle der Filmwirtschaft (FSK) angegebene Länge. Längenangaben zu den nicht von der FSK freigegebenen Filmen beruhen auf Informationen aus den Presseheften und/oder anderem Archivmaterial. Bei im Fernsehen gezeigten Filmen war die Redaktion bemüht, die eigentliche Laufzeit des Films zu ermitteln. Falls die Kinolänge der im Fernsehen ausgestrahlten Filme nicht eindeutig ermittelt werden konnte, wird die Sendelänge genannt, versehen mit dem Hinweis (TV); bei reinen Fernsehproduktionen entfällt in der Regel dieser Hinweis. Ist der Unterschied zwischen Kino- und Sendelänge größer als der durch technische Gründe erklärbare Spielraum, werden in der Regel zwei Längen angegeben, was auf abweichende Fernseh- oder Videofassungen deutet.
Quellen. In Fällen, in denen wir Filme allein auf Grund von Archivmaterial oder Programminformationen der Fernsehanstalten beschrieben haben, beschränken sich die Texte meist auf eine Inhaltswiedergabe und verzichten auf Wertungen.

BEWERTUNG

Wie ein Film zu bewerten ist, geht bereits aus der Kurzkritik hervor. Sie ist – im besten Fall – bereits so pointiert, dass sie eigentlich nicht nochmals ausgesprochen werden müsste. Wir bleiben aber mit Bedacht bei expliziten und unzweideutigen Empfehlungen – um so mehr, als damit kein Absolutheitsanspruch erhoben wird. Wenn wir heute – vergleichsweise selten (vielen wiederum zu selten) – von einem Film klar abraten, dann vor allem, um auf inhumane, menschenverachtende oder Gewalt verherrlichende Tendenzen eines Film zu reagieren.

Was als *Sehenswert* oder *Wir raten ab* eingestuft wird, spiegelt ein Stück weit stets auch die Zeit, in der eine Wertung abgegeben wurde. Zwar haben manche Filme im Lauf der Zeit eine Neubewertung erfahren, und mancher zunächst in seinen Qualitäten »übersehene« Film kam erst nachträglich zu einer angemesseneren Würdigung; prinzipiell aber haben die Herausgeber versucht, bei aller späteren Präzisierung und Ausdifferenzierung dem Aussagegehalt einer Kritik treu zu bleiben.

Sehenswert. – Bei den Rezensionen im Filmmagazin *film-dienst* (Jahr 2002: 55. Jahrgang) werden neue Filme im Kino, im Fernsehen und auf Video dann mit *Sehenswert* gekennzeichnet, wenn sie »den Durchschnitt ihrer Gattung anerkennenswert übertreffen«. Dieser Hinweis kann wegen der Verschiedenheit von Alter, Erwartung und Wissen bei den Zuschauern nicht als allgemeine Empfehlung verstanden werden, sondern lediglich als Signal für diejenigen, denen die betreffende Filmgattung nach eigener Erfahrung zusagt.

Wir raten ab. – Als Gegenstück zum Hinweis *Sehenswert* etablierte die Katholische Filmkommission für Deutschland im Januar 1970 – damals auf Wunsch der *film-dienst*-Leser – die Bewertung »Wir raten ab«. Zuvor existierte über Jahrzehnte hinweg ein komplexes System aus Bewertungsnoten, das Ende der 60er Jahre abgeschafft wurde. Es war die Zeit der spekulativen, künstlerisch unterdurchschnittlichen »Trash-Filme«, vornehmlich aus den Bereichen Sexfilm und Italo-Western, die die Kinos überfluteten, und das *Wir raten ab* schien angesichts solch qualitätsloser Kommerzware als notwendiges Bewertungskriterium. Seitdem haben sich die gesellschaftlichen wie auch die kirchlichen Strukuren verändert, und immer wieder wurde auch über einen Verzicht des *Wir raten ab* diskutiert – zumal der Hinweis vielen Lesern bis heute als Reizwort erscheint, die daran die vermeintlich dogmatische Haltung des *film-dienst* glauben festmachen zu können.

Die Alterseinstufungen am Ende des Kurztextes sind Empfehlungen der Katholischen Filmkommission. Bei nur für Erwachsene geeigneten Filmen erfolgt keine Alterseinstufung.

FILMOGRAFISCHE ANGABEN & ABKÜRZUNGEN

In jedem Lexikonartikel folgen auf die Kurzkritik die ermittelbaren filmografischen Daten in fester Reihenfolge:

Technische Angaben. Alle Filme, die nicht eigens als *Scope*, *Schwarz-weiß* oder *Teils schwarzweiß* gekennzeichnet sind, sind farbig und im Normalformat. Der Vermerk *Scope* besagt lediglich, dass der entsprechende Film in einem verbreiterten Format (ab 2.35:1) projiziert wird, was in der Regel auch ästhetische Auswirkungen auf die Gestaltung eines Films hat. Das gängigste und bekannteste Breitwandverfahren ist *CinemaScope*; die Kennzeichnung *Scope* wird der Einfachheit halber auch für andere Breitwandfilme benutzt.

Ursprungsland, bei Coproduktionen die Ursprungsländer
Produktionsjahr

P Produktionsfirma

KI Kinoverleih. In der Regel wird der Erstverleih bzw. -anbieter genannt. Von Ausnahmen abgesehen, ist es kaum möglich, aktuelle Verleihänderungen nachzuvollziehen. Angesichts des schnelllebigen Filmgeschäfts sind Angaben zu Verleih oder Anbieter oft nur der erste Anhaltspunkt für weitere Recherchen, wohin eine Vertriebslizenz nach abgelaufener Auswertungszeit vergeben worden ist.

SF Schmalfilm/16mm

VA Videoanbieter

DVD DVD-Anbieter, siehe unten.

Pd Produzent/Produzenten

R Regie

B Drehbuchautor/en mit evtl. Verweis auf die Buch- oder Theaterstückvorlage

K Kamera

M Musik

S Schnitt

D Hauptdarsteller (mit Rollennamen)

L Laufzeit in Minuten

FSK Freigabeentscheid der Freiwilligen Selbstkontrolle der Filmwirtschaft. Seit der Neufassung des Jugendschutzgesetzes vom 1. April 1985 existieren die Kategorien *o.A.* (ohne Altersbeschränkung), *ab* 12, *ab* 16, nicht unter 18 (hier als *ab* 18) sowie *f* (feiertagsfrei) oder *nf* (nicht feiertagsfrei). Die Feiertagsregelung gilt nicht für die Freigabe von Filmen auf Videokassette.

Die Mitglieder der SPIO (Spitzenorganisation der Filmwirtschaft) können bei Ablehnung einer Kennzeichnung oder anstelle der FSK-Prüfung eine gutachterliche Stellungnahme durch die Juristenkommission (JK) der SPIO einholen. Ein JK-Votum hat den Status eines privatrechtlichen Gutachtens, das die strafrechtliche Unbedenklichkeit, nicht aber eine Übereinstimmung mit den Prüfgrundsätzen der FSK zum Ausdruck bringt. Entsprechend geprüfte Filme sind mit *JK* gekennzeichnet.

FBW Prädikat der Filmbewertungsstelle Wiesbaden: *w* (wertvoll) oder *bw* (besonders wertvoll)

E Erstaufführungsdatum in der Bundesrepublik Deutschland. Das erstgenannte Datum benennt in der Regel die Kinopremiere; fand die Premiere nicht im Kino, sondern im Fernsehen oder auf Video statt, wird dies nach Nennung des Jahres entsprechend vermerkt. Mit Schrägstrich angehängt werden weitere Erstaufführungen des Films in der DDR und in anderen Medien.

fd laufende Nummer der ausführlichen Kritik in der Zeitschrift *film-dienst*

DVD

Regionalcode-2. – Verzeichnet werden alle in Deutschland erschienenen DVDs. Dabei gibt es sicherlich noch Lücken, vor allem bei DVDs aus der »Pionierzeit« des Mediums (ab 1998) und bei

DVDs von ausgesprochenen Spezialanbietern. Diese Lücken bemühen wir uns zu schließen. Insofern lohnt in solchen Fällen ein Blick in die Online-Datenbank, zu der Sie als Käufer des vorliegenden Lexikons Zugang haben.

Regionalcode-1. – DVDs mit dem Nordamerika-Regionalcode werden nur verzeichnet, wenn sie signifikante Unterschiede gegenüber den hiesigen Regionalcode-2-DVDs aufweisen oder wenn es sich um deutschsprachige Produktionen handelt, von denen noch keine Regionalcode-2-Versionen zu haben sind.

Erscheinungsdatum. – Verzeichnet wird immer das Ersterscheinungsdatum. Gibt es Leihversionen von einer DVD, sind die Kaufversionen häufig erst um einige Wochen nach dem angegebenen Datum im Handel erhältlich.

Extras. – Häufig sind besprochene »Extras« Zugaben nur zur Kaufausgabe; Leihausgaben erscheinen zum Teil in abgespeckten Versionen.

Aufbau eines DVD-Eintrags:
Anbieter (Special edition, Bildformat, Tonformat)

Beispiel:
Highlight Video (SE, 16:9, 2.35:1, DD5.1 engl./dt., DTS dt.)

Anbieter. – Es wurde versucht, auch kurzfristige Änderungen der Anbieter zu berücksichtigen. In der Regel ist aber nur der Erstanbieter verzeichnet. Viele der noch unter VCL/Constantin verzeichneten Titel werden zum Beispiel aktuell über CinePlus vertrieben.

SE (Special Edition). – Die meist werbewirksam auf manchen DVDs angebrachten Labels »Special Edition«, »Sammler Edition«, »Collectors Edition« etc. werden nicht einfach übernommen. Das Prädikat »SE« (Special Edition) wird von uns nur dann vergeben, wenn sich das Bonus-Material qualitativ vom üblichen DVD-Standard abhebt oder aber der präsentierte Film eine signifikante Restaurierung erfahren hat. Auch werden nur solche »Extras« erwähnt, die für den Film und seine Rezeption relevant sind oder einen direkten Bezug zu den Filmbeteiligten haben (etwa Kurzfilme des Regisseurs) sowie über den allgemeinen Standard hinausreichen. Darunter fallen in der Regel nicht herkömmliche Werbe-»Making Of's«, Trailer, Texttafeln für Cast & Crew u.ä.

Bildformat. – Wenn mehrere Formate (Breitbild und Vollformat) auf die DVD aufgespielt wurden, wird immer das breiteste angegeben.

16:9 – anamorphe Bildcodierung. – Bei geeigneten Empfangsgeräten ist es bei diesen DVDs möglich, den Film auf eine Breite von 1.78:1 aufzuzoomen, ohne dass Seitenverhältnisse und Proportionen verzerrt werden.

FF (Fullframe) im Format 1.33:1, Akademieformat, oder 4:3. – Standard- oder Vollformat, das den Bildschirm ohne schwarze Balken ausfüllt. Bei Stummfilmen kommt es vereinzelt vor, dass sie im so genannten Stummfilmformat (schwarze Balken links und rechts, < 1.33:1) abgetastet sind, um sämtliche Bildinformationen oben und unten zu erhalten. Dies wird dann aber eigens vermerkt.

P&S (Pan & Scan). – Bei in Fullframe präsentierten Breitbildfilmen ist es besonders in angelsächsischen Ländern lange Zeit üblich gewesen, durch Verschieben des Bildausschnittes wichtige Bildinformationen im Bild zu behalten.

1.66:1. – europäisches Breitwandformat

1.85:1. – amerikanisches Beitwandformat

ab 2.35:1. – Scope-Format

Tonformate. – Grundsätzlich wird das hochwertigste Tonformat angegeben, das auf eine DVD aufgespielt wurde; nur das DTS-Format, das nur auf DTS-fähiger Hardware abspielbar ist, wird immer angeführt. Auf vielen DVDs gibt es inzwischen bis zu acht unterschiedliche Tonspuren (Synchronisationen, Audiokommentare u.ä.) sowie Untertitel in über 20 Sprachen. Auf die Angabe der Untertitel ist verzichtet worden. Man kann nicht davon ausgehen, dass auf einer in Deutschland erschienenen Regionalcode-2-DVD eine fremdsprachige Originalfassung immer deutsch untertitelt ist. Code-1-DVDs (Nordamerika) haben in aller Regel keine deutschen UT. Wo das doch der Fall ist, wird das eigens vermerkt.
Aufgeführt wird immer die Originalsprache, hernach die deutsche Synchronisation. Ist letztere nicht verfügbar, wird angegeben, ob es eine englische Tonspur gibt.
Mono (DD1.0) und DD2.0 (Stereo). – Der Übersichtlichkeit halber wurde bei Monokanal- und Zweikanalton nicht explizit aufgeschlüsselt, ob es sich um ein Dolby-Format handelt oder nicht, zumal bei diesen »simplen« Formaten kaum signifikante Qualitätsunterschiede zu hören sind. Solche Unterscheidungen sollten einem Speziallexikon vorbehalten bleiben.
PCM ((linear) pulse code modulation). – Unkomprimiertes Tonformat, das prinzipiell mit dem herkömmlichen Audio-CD Tonformat identisch ist.
MPEG. – Konkurrenztonformat zu DD, das zunächst als Standard in Europa geplant war, sich jedoch aus produktionstechnischen Gründen nicht durchsetzte.
DS (Dolby Surround). – Dolby Stereo fand im Kino Ende der 70er Jahre erstmals breite Verwendung. Mit ihm wurde es möglich, vier Tonkanäle im üblichen Zweikanal-Lichtton unterzubringen. DS ist die DVD-Entsprechung des Dolby Stereo der Lichtspielhäuser. In der üblicherweise aus sechs verschiedenen Boxen bestehenden Heimkinoanlage werden die beiden Tonkanäle vorne links und rechts und der Center separat mit Toninformationen versehen. Die beiden hinteren Boxen werden nicht differenziert und senden dieselben Toninformationen. Die Subwoofer-Box (Bassbox) wird nicht angesteuert.
DD (Dolby Digital) von 2.1 bis 5.1. – Im Gegensatz zu DS wird hier mit digitalen Tonsignalen gearbeitet. Dadurch können alle sechs Boxen (üblich als 5.1 angezeigt) der Heimkinoanlage mit unterschiedlichen Toninformationen versorgt werden. Eine Links-Rechts-Kanaltrennung hinten ist damit ebenso möglich wie der Einsatz eines reinen Basskanals (in der DD Nomenklatur mit x.1 angezeigt). Mit DD ist eine hervorragende Tondynamik zu erreichen, was aber nicht heißt, dass das immer, zumal bei älteren (in Mono oder analogem Zweikanal-Stereo produzierten) Kinofilmen zu einem befriedigenden Hörerlebnis führt. Im Gegensatz zu DD ist etwa das **THX**-System kein eigenes Tonsystem, sondern lediglich eine Art Gütesiegel für ein definiertes Bespielen der Tonkanäle.
DD6.1 (auch: **Dolby Digital EX**). – Seit 1999 werden Filme angeboten, deren Ton auf DVD in sieben separate Kanäle aufgeschlüsselt werden kann. Durch den zusätzlichen Tonkanal sollen die Effekte im hinteren Bereich weiter ausdifferenziert werden.
DTS (Digital Theater System). – Bei DTS fallen weniger Toninformationen der Komprimierung zum Opfer. Dadurch soll eine naturgetreuere Wiedergabe erreicht werden, andererseits werden mehr Speicherplatz auf der DVD benötigt und ein Gerät, das DTS-Signale decodieren kann. Der qualitative Unterschied zwischen beiden Tonsystemen ist allerdings nur mit hochwertigen Hardware-Komponenten erfahrbar. Ähnlich wie bei DD liegt auch DTS inzwischen in einer Sieben-Kanal-Ton-Variante vor (DTS6.1).

QUACKSER FORTUNE HAT 'NEN VETTER IN DER BRONX (QUACKSER FORTUNE HAS A COUSIN IN THE BRONX / FUN LOVING). Ein junger Mann bestreitet seinen Lebensunterhalt durch das Sammeln und Verkaufen von Pferdemist. Er führt ein unbeschwertes, glückliches Leben. Seine Fröhlichkeit und Ausgeglichenheit ziehen eine junge Studentin an, doch die Beziehung scheitert an den grundverschiedenen sozialen Bedingungen und Persönlichkeiten. Eine hintergründige Absage an die moderne Leistungsgesellschaft, hervorragend fotografiert, subtil in der Schilderung der Liebesgeschichte: ein amerikanisches Loblied auf die Individualität. (Videotitel: »Der Traumtänzer«) ✦ USA 1970 **P** U.M.C. Pictures **VA** Allround **Pd** Sidney Glazier **R** Waris Hussein **B** Gabriel Walsh **K** Gilbert Taylor **M** Michael Dress **D** Gene Wilder (Quackser Fortune), Margot Kidder (Zazel Pierce), Eileen Colgan (Betsy Bourke), Seamus Ford (Mr. Fortune) **L** 85 **FSK** ab 12 **E** 30.4.1973 ZDF

QUADRATUR DER LIEBE (CUORI SOLITARI). Ein Paar, das seine Beziehung mit Partnertausch auffrischen will, gerät in der Schweiz an einen Kunsthändler und seine Frau. Auf dem Schloß der neuen Bekannten wird aus dem Spiel plötzlich Ernst. (Westdeutscher TV-Titel: »Einsame Herzen«) ✦ Italien 1969 **P** Mega **R** Franco Giraldi **B** Ruggero Maccari, Franco Giraldi **K** Dario Di Palma **M** Luis Enriquez Bacalov **S** Franco Arcalli **D** Ugo Tognazzi (Stefano), Senta Berger (Giovanna), Silvano Tranquilli (Diego), Edda di Benedetto (Elena), Christopher Hodge (Walter) **L** 96 (BRD 90) **E** 17.3.1984 DFF 1/26.11.1991 Tele 5

QUADROPHENIA (QUADROPHENIA). Inspiriert von dem gleichnamigen Rockalbum der britischen Gruppe »The Who« erzählt der Film eine Geschichte aus der jugendlichen Subkultur im England der frühen 60 Jahre: Der junge Jimmi, Mitglied der »Mods«, die sich mit den »Rockern« regelmäßig Straßenschlachten liefern, himmelt den Anführer seiner Clique als Idol an, erkennt aber nach vielen Enttäuschungen, daß dessen Helden- und Rebellentum nur vorgetäuscht ist. Dank guter Darsteller und schwungvoller Regie ein bemerkenswertes Generationsporträt ohne falschen nostalgischen Glamour. – Ab 16. ✦ Großbritannien 1978 **P** Who Films **Kl** Neue Constantin **DVD** Universal Home (FF DD2.0 engl./dt.) **Pd** Roy Baird, Bill Curbishley **R** Franc Roddam **B** Dave Humphries, Martin Stellman, Franc Roddam, Pete Townshend **K** Brian Tufano **M** Roger Daltrey, John Entwistle, Pete Townshend, Keith Moon **S** Mike Taylor **D** Phil Daniels (Jimmy Michael Cooper), Leslie Ash (Steph), Mark Wingett (Dave), Philip Davis (Chalky), Toyah Wilcox (Monkey), Garry Cooper (Pete), Sting (The Ace Face), Trevor Laird (Ferdy) **L** 110 **FSK** ab 16; f **E** 9.11.1979/6.11.2000 DVD **fd** 22 242

QUAI NOTRE DAME (QUAI NOTRE DAME). Die Geschichte eines jungen Trödlers vom Pariser Flohmarkt, der sich in die Frau eines Antiquitätenhändlers verliebt, von ihr zum Verzicht bewogen wird und schließlich seine bisherige Freundin heiratet. In der Gestaltung wenig bemerkenswert, in der menschlichen Haltung sympathisch. ✦ Schwarz-weiß. Frankreich 1961 **P** Gaumont/Eloi **R** Jacques Berthier **B** Jacques Berthier, nach einer Novelle von Dominique Rolin **K** Roland Pontoizeau **M** Abel Jores **D** Anouk Aimée, Jacques Dacqmine, Christian Pezey **L** 85 **E** 22.3.1969 BR

DIE QUAL DER GEISELN → Tage des Wahnsinns

DIE QUAL DER LIEBE (IL SAPORE DEL GRANO). Drama um einen jungen Lehrer, der in einem Dorf in Venedig seine erste Stelle antritt. Vom dortigen Leben gelangweilt, findet er willkommene Abwechslung in der Aufmerksamkeit eines Schülers. Als die Familie des Jungen eine homoerotische Beziehung vermutet, unterbindet sie den Kontakt. ✦ Italien 1986 **P** Antea/RAI 3 **Pd** Chantal Bergamo, Enzo Porcelli **R+B** Gianni Da Campo **K** Emilio Bestetti **M** Franco Piersanti **S** Fernanda Indoni **D** Lorenzo Lena (Lorenzo), Marco Mestriner (Duilio), Alba Mottura (Cecilia), Mattina Pinoli (Großvater), Marina Vlady (Stiefmutter), Paolo Garlato (Vater), Elena Barbaralich (Adalgisa) **L** 100 **E** 9.7.1989 PRO 7

DIE QUAL DER UNGEWISSHEIT (INTO THIN AIR). Eine verzweifelte Mutter sucht nach ihrem Sohn, einem jungen Mann, der auf der Reise von Kanada in die Vereinigten Staaten spurlos verschwunden ist. Da die Polizei kein Interesse an dem Fall zeigt, engagiert sie einen Privatdetektiv, der bald eine heiße Fährte entdeckt. Nach einem authentischen Fall inszeniertes (Fernseh-)Drama, fesselnd vor allem dank des intensiven Spiels der Hauptdarstellerin. – Ab 16. ✦ USA 1985 **P** CBS **R** Roger Young **B** George Rubino **K** Charles Correll **M** Brad Fiedel **D** Ellen Burstyn (Joan Walker), Sam Robards (Stephen Walker), Robert Prosky (Jim Conway), John Dennis Johnston (Pike), Tate Donovan (Brian Walker) **L** 96 **E** 23.1.1991 PRO 7

DIE QUAL VOR DEM ENDE (LA GUEULE OUVERTE). Das qualvolle Sterben einer Frau in einer Provinzstadt der Auvergne. In kühlen Bildern und langen Einstellungen zeigt der Film, inwieweit die Erwartung des Todes den Alltag einer zu tieferen Gefühlen unfähigen Familie belastet. Nicht gelungen ist der Versuch, das Thema des Todes dem der Sexualität gegenüberzustellen. ✦ Scope. Frankreich 1974 **P** Lido **R+B** Maurice Pialat **K** Nestor Almendros **D** Nathalie Baye, Hubert Deschamps, Monique Melinand, Philippe Léotard **L** 85 **E** 11.11.1977 NDR

QUALEN DER LIEBE (A WOMAN'S VENGEANCE). Nach dem Tod seiner unheilbar kranken Frau heiratet der Mann rasch eine jüngere Frau. Die alte Freundin und die ehemalige Krankenschwester der Verstorbenen betreiben die Exhumierung der Leiche. Als eine Arsenvergiftung festgestellt wird, kommt es zum Prozeß, und der Mann wird zum Tode verurteilt. Nur der Hausarzt glaubt an seine Unschuld und enträtselt die Zusammenhänge. Auf Spannung bedachtes, gut gespieltes Psychomelodram. – Ab 14. ✦ Schwarzweiß. USA 1947 **P** Universal **Kl** Universal **R** Zoltan Korda **B** Aldous Huxley, nach seinem Roman »The Gioconda Smile« **K** Russell Metty **M** Miklos Rozsa **D** Charles Boyer, Jessica Tandy, Ann Blyth, Cedric Hardwicke, Mildred Natwick **L** 96 **FSK** ab 12; f **E** 31.7.1951 **fd** 1 280

QUÄLENDE ERINNERUNG (THE DEVIL'S BED). In der amerikanischen Provinz spielendes Psychodrama. Nach dem Tod ihrer Mutter kehrt eine junge Frau in ihre Heimatstadt zurück. Bald findet sie Kontakt zu einem alten Klassenkameraden, mit dem sie rasch eine Liebesbeziehung verbindet. Doch der zwielichtige Bruder des Geliebten, eine stürmische Jugendliebe der Frau, drängt sich zwischen das Paar und versucht, beide für seine dubiosen Geschäfte auszunutzen. – Ab 16 möglich. ✦ USA 1994 **R** Sam Pillsbury **B** Joyce Eliason **D** Nicollette Sheridan (Rowena Eklund), Joe Lando (Sonny Snow), Adrian Pasdar (Jude Snow), Piper Laurie (Ellis Snow) **L** 90 **E** 16.7.1996 RTL 2

QUAND IL N'Y A PLUS D'ELDORADO (QUAND IL N'Y A PLUS D'ELDORADO). Ein poetisch-politisches

Essay aus Fotos, unbewegten Bildern, die der Fotograf Luc Chessex auf seinen zahlreichen ausgedehnten Reisen durch Lateinamerika gemacht hat, verwoben mit Zitaten, Kommentaren und Musik. Eine überzeugende Demonstration, wie sich Fotografie in eine Art Film verwandeln läßt. ✦ Schweiz 1980 **P** Claude Champion Prod. **Pd+R** Claude Champion **B** Jacques Pilet **K** Claude Champion **M** François Gaudard, Alain Pott, Gustavo Beytelmann **S** Claude Champion **L** 57 **E** Schweiz

QUAND NOUS ETIONS PETITS ENFANTS (QUAND NOUS ETIONS PETITS ENFANTS). Der Film erzählt die Geschichte eines Lehrers in der Auseinandersetzung mit den Höhen und Tiefen seines Berufes im ländlichen Rahmen einer jurassischen Bergschule. Die Redlichkeit und Intensität dieses ersten langen Films von Brandt strahlen eine Menschlichkeit und Poesie aus, die zutiefst trifft und nichts von ihrer Aktualität eingebüßt hat. Auch als filmhistorisches Werk – es signalisiert den Aufbruch zu einem neuen Schweizer Film mit – hat diese Produktion ihre Bedeutung. ✦ Schwarz-weiß. Schweiz 1961 **P** Société Pédagogique Neuchâteloise/Les Films Henry Brandt **Pd+R** Henry Brandt **B** Henry Brandt, E.A. Niklaus, E. Pidoux **K** Henry Brandt **M** René Gerber **S** Henry Brandt **L** 90 **E** Schweiz

QUANTEZ, DIE TOTE STADT (QUANTEZ). Vier Bankräuber und eine Frau verbringen auf der Flucht eine Nacht in einer verlassenen Stadt an der mexikanischen Grenze mit Streitereien, bis die Indianer angreifen. Ein edelmütiger Bandit, der des Tötens überdrüssig ist, opfert sich am Ende für die letzten zwei Überlebenden. Kleiner, billiger Western. ✦ Scope. USA 1957 **P** Universal **Kl** Universal **Pd** Gordon Kay **R** Harry Keller **B** R. Wright Campbell **K** Carl Guthrie **M** Herman Stein **S** Fred MacDowell **D** Fred MacMurray (Gentry/John Coventry), Dorothy Malone (Chaney), Sydney Chaplin (Gato), John Gavin (Teach), John Larch (Heller), James Barton, Michael Ansara (Delgadito) **L** 80 **FSK** ab 16; nf **E** 10.10.1957 **fd** 6 651

QUARANTÄNE. Die Entdeckung eines unbekannten Virus bei einem jungen Mann führt zu hektischen Aktivitäten des Staatsapparates. Weil man eine Epidemie fürchtet, will man den Mann in ein Quarantäne-Lager einweisen. Ein Amtsrichter, dem der Fall vorgelegt wird, widersetzt sich dem politischen Durck und verweigert die Einweisung. Damit bringt er sich selbst in Gefahr. Science-Fiction-Film, der – ohne AIDS beim Namen zu nennen – hysterische Auswüchse im gesellschaftlichen Umgang mit der Krankheit zu einem düsteren Szenario weiter entwickelt. Gut gemeint, aber allzu holzschnittartig und naiv. (Titel auch: »Quarantäne – Fiktion und Wirklichkeit«) ✦ BR Deutschland 1989 **P** SWF **R** Nico Hofmann **B** Fred Breinersdorfer **K** Hannes Hollmann **M** Nicolas Economou **S** Helga Scharf **D** Günther Maria Halmer (Betz), Renan Demirkan (Gisa Jonason), Ulrich Matschoss (Kron), Manfred Andrae (Schumberger), Jürgen Arndt (Winter), Jürgen Schmidt (Küster), Herbert Stass (Vater Jonason), Ben Becker (Vogel), Martin Umbach (Völz) **L** 90 **E** 28.9.1989 Eins plus

QUARANTINE (QUARANTINE). Heimtückische Terroristen, die ein tödliches Virus freisetzen und den amerikanischen Präsidenten unter Druck setzen, bringen eine Forscherin in Zugzwang, die sich in einem Wettlauf gegen die Zeit behaupten muss. Konventioneller Actionthriller, in dem sich auf nicht ganz erklärbare Weise die Schauspielerin Nastassja Kinski unter Wert verheizen lässt. ✦ Kanada 1999 **R** Chuck Bowman **B** Lawrence C. Horowitz, Steven Salzburg, Audrey Salzburg **K** Attila Szalay **D** Harry Hamlin (Präsident), Nastassja Kinski (Galen Bronty), Joelle Carter, Teryl Rothery, Anne Marie Loder **L** 86 **E** 13.11.2000 Premiere World

QUARTETT (1948) (QUARTET). Vier Novellen des englischen Schriftstellers William Somerset Maugham (1874–1965), von ihm selbst mit einem Vorwort eingeleitet und von vier Regisseuren inszeniert: 1. »The Facts Of Life«; 2. »The Alien Corn«; 3. »The Kite«; 4. »The Colonel's Lady«. Der letzte Beitrag kommt der Absicht des Dichters, mit Schärfe und Liebenswürdigkeit psychologische Charakterskizzen zu entwerfen und Verhaltensmuster in bestimmten Gesellschaftsschichten bloßzustellen, zweifellos am nächsten. – Ab 16. ✦ Schwarz-weiß. Großbritannien 1948 **P** Gainsborough **Kl** Rank **Pd** Antony Darnborough **R** Ralph Smart (1), Harold French (2), Arthur Crabtree (3), Ken Annakin (4) **B** R.C. Sherriff, nach vier Novellen von William Somerset Maugham **K** Ray Elton, Reginald Wyer **M** John Greenwood **S** Charles Knott, Jean Baker **D** Basil Radford (Henry Garnet, 1), Naunton Wayne (Leslie, 1), Dirk Bogarde (George Blend, 2), Françoise Rosay (Les, 2), George Cole (Herbert Sunbury, 3), Bernard Lee (Gefängnisbesucher, 3), Cecil Parker (Col. Peregrine, 4), Nora Swinburne (Mrs. Peregrine, 4) **L** 120 **E** 1949 Kino/ 23.11.1965 ARD **fd** 355

QUARTETT (1981) (QUARTET). Eine jungverheiratete Frau, deren Mann für ein Jahr ins Gefängnis muß, gerät mittellos in das Milieu selbstgefälliger Bohemiens und exaltierter Lebedamen sowie an ein reiches englisches Ehepaar. Sie wird die Geliebte des Mannes und Opfer des Spiels, das das Ehepaar mit ihr treibt. Eine tragische Liebesgeschichte aus dem Paris der dekadenten 20er Jahre; der Film lebt von der ausführlich geschilderten, opulent in Szene gesetzten Eleganz sowie der Beschreibung gesellschaftlicher Dekadenz, zu der er nur wenig Distanz einnimmt. ✦ Großbritannien/Frankreich 1981 **P** Lyric International **Pd** Ismail Merchant, Jean Pierre Mahot de la Querantonnais **R** James Ivory **B** Ruth Prawer Jhabvala, James Ivory, nach einem Roman von Jean Rhys **K** Pierre Lhomme **M** Richard Robbins **S** Humphrey Dixon **D** Isabelle Adjani (Marya), Alan Bates (H.J. Heidler), Maggie Smith (Lois), Anthony Higgins (Stephan), Pierre Clementi (Theo), Sheila Gish (Anna) **L** 95 **E** 23.6.1986 ARD/4.3.1990 DFF 1

QUARTETT BESTIAL (SEPT MORTS SUR ORDONNANCE). Skrupelloses Machtstreben und die Habsucht eines Klinikchefs in der französischen Provinz führen zu Psychoterror, Mord und Selbstmord. Verworrenes Psychodrama; oberflächlich, langatmig und blutrünstig. ✦ BR Deutschland/Frankreich/Spanien 1975 **P** T.I.T./Belstar/Jet **Kl** Cinerama **R** Jacques Rouffio **B** Georges Conchon, Jacques Rouffio, Jean-Louis Chevriér **K** Andréas Winding **M** Philippe Sarde **D** Michel Piccoli, Gérard Depardieu, Jane Birkin, Marina Vlady, Charles Vanel **L** 109 **FSK** ab 16; f **E** 4.6. 1976 **fd** 19 832

QUARTETT DER LEIDENSCHAFTEN (BRUCIATI DA COCENTE PASIONE). Liebesverwirrungen, Gefühlsunsicherheiten und Partnerwechsel zwischen zwei verheirateten Paaren in Mailand: die Frau eines fliegenden Händlers, die im Leichenschauhaus arbeitet, hat denselben Weg zur Arbeit wie ein Postangestellter, dessen Frau als Haushälterin arbeitet. Sie verlieben sich ineinander, und auch ihre zunächst hintergangenen Ehepartner finden zu gemeinsamem Liebesglück. Turbulente, jedoch nur in einigen Momenten amüsante Komödie ohne Tiefgang. ✦ Italien 1976 **P** Rizzoli **R** Giorgio Capitani **B** Nicola Badalucco, Luciano Vincenzoni **K** Roberto Gerardi **M** Piero Umiliani **S** Renato Cinquini **D** Jane Birkin (Virginia), Aldo Maccione (Verkäufer), Catherine Spaak (Milena), Cochi Ponzoni (Postbote) **L** 97 **E** 20.8.1989 BR

QUARTETT IM BETT. Die amourösen und sonstigen Abenteuer von vier Herumtreibern in Berlin, deren »antibürgerliche« Lebensform im harten Gegensatz zu der etablierten Gesellschaft und zum »offiziellen« Berlin-Image steht. Eine peinliche Aneianderreihung flauer, kabarettistisch gemeinter Gags mit der damals populären Band »Insterburg & Co.« – einer Komiker-Truppe, die aus der rebellischen 68er-Stimmung kräftig Kapital schlug und als Trittbrettfahrer bei der Studentenbewegung mitfuhr. ✦ Schwarzweiß. BR Deutschland 1968 **P** Peter Schamoni **Kl** Constantin **R+B** Ulrich Schamoni **K** Josef Kaufmann **M** Ingo Insterburg **D** Jacob Sisters, Rainer Basedow, Dieter Kursawe, Andrea Rau, Ingo Insterburg, Karl Dall **L** 92 **FSK** ab 18; nf **FBW** w **E** 13.12.1968 **fd** 15 904

QUARTETT ZU FÜNFT. Einer der ersten Unterhaltungsfilme der DEFA-Produktion. Ein für tot erklärter Kriegsgefangener bekommt bei der Heimkehr keine Papiere. Ihm verschafft eine Kriegerwitwe unter dem Namen ihres gefallenen Mannes Arbeit. Nach einigen Komplikationen, auch mit den übrigen Hausbewohnern, stellt sich das erwartete Happy-End ein. Spürbar konstruiert, im Dialog geschwätzig – ein schwacher Film, dem es nicht gelang, Zeitnähe herzustellen. ✦ Schwarz-weiß. Deutschland 1949 **P** DEFA **Kl** Omnium **VA** Icestorm **R** Gerhard Lamprecht **B** Wolf Neumeister, Erich Conradi, nach einer Idee von Erwin Marth und Erich Conradi **K** Karl Hasselmann **M** Franz R. Friedl **S** Johanna Meisel **D** Claus Holm (Martin Bergau), Yvonne Merin (Anne Treibel), Ruth Piepho (Helga Schilling), Inge Keller (Irene Gabriel), Ursula Rank (Betti Krull), Maria Rouvel (Kathrin Winkler), Harry Hindemith (Stefan Winkler) **L** 97 **FSK** ab 12; f **E** 3.6.1949 Kino DDR/6.11.1949 Kino BRD/13.11.2001 Video **fd** 437

QUARTIER FÜR EINE NACHT → Pani Maria

QUASIMODO (QUASIMODO). Zeichentrickfilm nach dem Roman von Victor Hugo um den Glöckner von Notre Dame. Quasimodo ist 16 Jahre alt, wird von den Gleichaltrigen gedemütigt und hat sich als Glöckner in die Türme von Notre Dame zurückgezogen. Während er hinter die düsteren Pläne seines Ziehvaters Frollo kommt, lernt er die schöne Tänzerin Esmeralda und ihren Bruder kennen. (Videotitel: »Quasimodo – Der kleine Blucklige und seine großen Abenteuer«) ✦ Frankreich 1995 **P** Ares/Cine Group **VA** Universum **R** Bahram Rohani **B** nach dem Roman »Der Glöckner von Notre Dame« von Victor Hugo **L** 82 **FSK** o. A. **E** 16.5.1998 Kinderkanal

QUATERMAIN – AUF DER SUCHE NACH DEM SCHATZ DER KÖNIGE (KING SOLOMON'S MINES). Der weiße Draufgänger Quatermain stürzt sich auf der Suche nach einem Schatz in gefährliche Abenteuer mit wilden Eingeborenen, kaisertreuen deutschen Soldaten und anderen Bösewichtern. Weiteres Remake von »König Salomons Diamanten« (1937, 1950), nun aber im Stil der erfolgreichen »Indiana Jones«-Abenteuerfilme aufgemotzt; schlampig inszeniert und voller rassistischer Anspielungen. – Ab 16. ✦ Scope. USA 1985 **P** Cannon **Kl** Scotia **VA** VMP **Pd** Menahem Golan, Yoram Globus **R** J. Lee Thompson **B** Gene Quintano, James R. Silke, nach einem Roman von Henry Rider Haggard **K** Alex Phillips jr. **M** Jerry Goldsmith **S** John Shirley **D** Richard Chamberlain (Allan Quatermain), Sharon Stone (Jessie Huston), Herbert Lom (Colonel Bockner), John Rhys-Davies (Dogati), Ken Gampu (Umbopo) **L** 100 **FSK** ab 12; f **E** 16.1.1986/15.4.1986 Video/15.5. 1988 RTL plus **fd** 25 451

QUATERMAIN – DER SCHATZ DER KÖNIGE (HIGH ADVENTURE). Der Abenteurer Quatermain gelangt in den Besitz einer antiken Karte, die Aufschluss über das Versteck des legendären Schatzes von Alexander dem Großen gibt. Als auch die Russenmafia Kenntnis von der Lage erhält, kommt es in der Westmongolei zu Auseinandersetzungen. Neuauflage einer populären Actionserie nach den Romanen von Henry Rider Haggard, die durch flott gemeinte Sprüche und Martial-Arts-Einlagen aufgepeppt wurde. Nicht mehr als belanglose Unterhaltung für unentwegte Fans des Genres. – Ab 16. ✦ Großbritannien 2001 **VA** e-m-s **R** Mark Roper **D** Thomas Ian Griffith, Anja Kling, Harry Peacock, Barry Flatman, Kendra Torgan **L** 90 **E** 21.8. 2001 Video

QUATERMAIN II – AUF DER SUCHE NACH DER GEHEIMNISVOLLEN STADT → Allan Quatermain – Auf der Suche nach der geheimnisvollen Stadt

DAS QUATERMASS-EXPERIMENT → Schock

QUATRE D'ENTRE ELLES (QUATRE D'ENTRE EL-

LES). Vier Porträts von Frauen verschiedenen Alters. Von jungen Westschweizern gestalteter Episodenfilm, der dem Verhältnis des Einzelnen zu seiner Umwelt nachgeht. Die einzelnen Episoden (1. »Sylvie, 16 ans«, 2. »Patricia, 22 ans«, 3. »Erika, 31 ans«, 4. »Angèle, 72 ans«) befassen sich mit einer Mittelschülerin, einer Studentin, einem Mannequin und einer alten Dame, der das Altersheim zum Trauma wird. Eindringlich ist vor allem der letzte Beitrag von Yves Yersin, der versucht, jene ungelösten Probleme aufzuzeigen, die sich der Gesellschaft Ende der 60er Jahre stellten. ✦ Schwarz-weiß. Schweiz 1967/68 **P** Milos-Films **Pd** Freddy Landry, Claude Champion, Francis Reusser, Yves Yersin **R** Claude Champion (1), Francis Reusser (2), Jacques Sandoz (3), Yves Yersin (4) **B** Jacques Pilet (1), Claude Champion (1), Francis Reusser (2), Jacques Sandoz (3), Yves Yersin (4) **K** Renato Berta, Erwin Huppert **M** Alfred Thuillard, Roland Sassi **L** 100 **E** Schweiz

QUATRE MAINS. Ein in den Niederlanden lebender etwa 60jähriger deutsch-jüdischer Komponist kommt zum ersten Mal seit dem Zweiten Weltkrieg zurück in die Bundesrepublik, als seine Nichte sich mit einem Kriegsfotografen anfreundet und diesem nach Hamburg folgt. In der alten Heimat wird er mit der noch unverarbeiteten Vergangenheit konfrontiert; es kommt zu Konflikten mit dem jungen Paar. Zerdehnt und quälend langatmig inszenierter Erstlingsfilm, der sein interessantes Thema der Vergangenheitsbewältigung, Schuld und Schuldzuweisung viel zu akademisch abhandelt. – Ab 16. ✦ BR Deutschland/Niederlande 1986 **P** Provobis/De Nieuwe Unie/Added Films Holland **R+B** Hans Fels **K** Toni Kuhn **M** Paul Prenen **D** Peter Fitz, Renée Fokker, Reinhard vom Bauer, Katharina Matz **L** (TV) 89 **E** 7.3.1991 EINS PLUS

QUAX, DER BRUCHPILOT. Der Büroangestellte Otto Groschenbügel gewinnt bei einem Preisausschreiben die kostenlose Ausbildung zum Sportflieger. Wider Erwarten qualifiziert er sich zum Fluglehrer. Dabei sorgt sein Bestreben, der Heimatstadt und dem verehrten Mädchen zu imponieren, für allerlei ulkige Situationen. Eine groteske Komödie aus der Kriegszeit (die freilich jeden möglichen Bezug zu den Zeitereignissen peinlichst zu vermeiden sucht) mit Heinz Rühmann in einer seiner populärsten Rollen. ✦ Schwarz-weiß. Deutschland 1941 **P** Terra/Heinz Rühmann Produktion **Kl** Terra/Transit **VA** UFA **R** Kurt Hoffmann **B** Robert A. Stemmle, nach der gleichnamigen Erzählung von Hermann Grote **K** Heinz von Jaworsky **M** Werner Bochmann **S** Walter Fredersdorf **D** Heinz Rühmann (Otto Groschenbügel, Quax), Lothar Firmans (Fluglehrer Hansen), Karin Himboldt (Mariann Bredow), Harry Liedtke (Gutsbesitzer Bredow), Elga Brink (Frau Bredow), Hilde Sessak (Adelheid), Arthur Schröder (Arzt), Wilhelm Bendow (Tourist), Beppo Brem (Knecht) **L** 90 **FSK** ab 6; nf **E** 16.12.1941/6.10.1968 ZDF

QUAX IN AFRIKA. Mißglückte Fortsetzung von »Quax, der Bruchpilot«. Fluglehrer Groschenbügel trichtert Flugschülern, zu denen noch zwei Mädchen stoßen, im Kasernenhofjargon Disziplin ein und macht beim Wettflug eine Notlandung im afrikanischen Busch. Dabei stürzt auch die Komik ab: Klamauk mit rassistischen Untertönen. Der Film wurde 1945, vor der Kapitulation, abgedreht und als »Überläufer« aus dem Produktionsnachlaß des »Großdeutschen Reichs« erst 1953 zur öffentlichen Kinovorführung in der Bundesrepublik freigegeben. (Ursprünglicher Titel: »Quax in Fahrt«) ✦ Schwarz-weiß. Deutschland 1945 **P** Terra **Kl** Nordwest **VA** Ufa **R** Helmut Weiss **B** Wolf Neumeister, nach der Erzählung »Quax auf Abwegen« von Hermann Grote **K** Ewald Daub **M** Werner Bochmann **D** Heinz Rühmann, Hertha Feiler, Karin Himboldt, Bruni Löbel, Lothar Firmans **L** 92 **FSK** ab 6; nf **E** 22.5.1953 **fd** 2573

QUAX IN FAHRT →Quax in Afrika

QUE VIVA MEXIKO! →Unter Mexikos Sonne

QUEBRACHO (QUEBRACHO). Agitationsfilm gegen den Einfluß ausländischer Monopole in Lateinamerika am Beispiel der Entwicklung und Strategie eines britischen Unternehmens im Norden Argentiniens von 1914 bis 1955. In vier Kapiteln werden die negativen Auswirkungen der Konzernpolitik für die Bevölkerung geschildert. Es geht um das Holz des Quebracho, das sehr hart und seinerzeit als Rohstoff sehr begehrt war. ✦ Argentinien 1975 **P** Filmacción/Sabina Sigler **R** Ricardo Wulicher **B** José Maria Paolantonio **K** Miguel Rodriguez, Carmelo Lobótrico **M** Francisco Kropfl, Gustavo Beytelmann **D** Lautaro Murúa, Cipe Lincovsky, Héctor Alterio, Walter Vidarte, Juan Carlos Gené **L** 95 **E** 19.10.1976 DFF 2/27.10.1976 WDR

QUEEN (QUEEN). Amerikanische TV-Miniserie, die an den Erfolg der Alex-Hailey-Verfilmung »Roots« anzuknüpfen versucht. Im Mittelpunkt der Handlung steht die uneheliche Tochter einer Sklavin und eines weißen Grundbesitzersohnes zur Zeit des amerikanischen Bürgerkriegs. ✦ USA 1993 **Pd** Bernard Sofronski **R** John Erman **B** , nach einem Roman von Alex Hailey **D** Tim Daly (James Jackson jr.), Ann-Margret (Sally), Jasmine Guy (Easter), Paul Winfield (Cap'n Jack), Patricia Clarkson (Lizzie), Martin Sheen (James Jackson sr.), Halle Berry (Queen), Danny Glover, Ossie Davis **L** 283 (drei Teile) **E** 28.11.,1.12., 5.12.1993 SAT 1

QUEEN CITY ROCKER (QUEEN CITY ROCKER). Jugendliche, die auf den Straßen von Auckland leben, widersetzen sich einem Unterweltboß. Sie wollen ein Rockkonzert sprengen, das dieser veranstaltet. Engagierter und gut fotografierter Jugendfilm, der die trostlosen Lebensumstände neuseeländischer Außenseiter beschreibt. ✦ Neuseeland 1986 **P** Mirage **VA** VTD **Pd** Larry Parr **R** Bruce Morrison **B** Bill Baer **K** Kevin Hayward **M** Dave McCartney **S** Michael Hacking **D** Matthew Hunter, Mark Pilisi, Ricky Bribiesca, Kim Willoughby, Rebecca Saunders **L** 88 **FSK** ab 16; f **E** 1.10.1988 Video

QUEEN GORILLA (QUEEN KONG). Ein weiblicher Riesengorilla verliebt sich in den einzigen Mann eines Filmteams. Gewaltsam nach England gebracht, zerstört das Monster halb London, ehe es mit dem »Geliebten« in den Urwald zurückkehrt. Schwachsinniger Versuch einer »King Kong«-Parodie. ✦ BR Deutschland/Großbritannien 1976 **P** Cine-Art/Dexter **Kl** Constantin **R** Frank Agrama **B** Frank Agrama, Ron Derin **K** Ian Wilson **M** Tony Mimms, The Peppers **D** Robin Askwith, Rula Lenska, Valerie Leon, Roger Hammond, Linda Hayden **L** 87 **FSK** ab 6; nf **E** 10.12. 1976 **fd** 20088

QUEEN KELLY (QUEEN KELLY). Die Waise Kitty Kelly wächst in einer Klosterschule auf, wird vom Bräutigam der Königin eines der Duodezländer des deutschen Kaiserreiches verführt, aus dem Palast gejagt und vor dem Selbstmord bewahrt. In Ostafrika erbt sie das Bordell ihrer Tante, die sie an ihrem Sterbebett mit einem reichen Krüppel verheiratet. Eine sarkastische Satire auf menschliche Besitzgier, sexuelle Lust und die Dekadenz des europäischen Adels, selbst in ihrer unvollendeten Form ein Meisterwerk des Stummfilms. – Stroheims achter und letzter Film war von Streitigkeiten mit der Produzentin und Hauptdarstellerin Gloria Swanson überschattet. Nach drei Monaten wurde der Regisseur gefeuert, was seine Karriere endgültig ruinierte. Gloria Swanson ließ eine Version schneiden, die nur kurze Zeit kursierte. Die jetzige Fassung, aus dem Privatbesitz des Stars, gilt als die integrale. Bei der Rekonstruktion wurde die Musik der gekürzten Version (1931/32) übernommen. – Sehenswert. ✦ Schwarz-weiß. USA 1928/29 **P** Joseph P. Kennedy/Gloria Swanson Productions Inc. **R** Erich von Stroheim **B** Erich von Stroheim, nach seiner Erzählung »The Swamp« **K** Gordon Pollock, Paul Ivano **M** Adolph Tandler (1931) **D** Gloria Swanson, Seena Owen, Walter Byron, Tully Marshall, Florence Gibson **L** 96 **E** 2.10.1985 WDR/NDR/RB/SFB (rekonstruierte Fassung) **fd** 25298

QUEEN OF DIAMONDS (QUEEN OF DIAMONDS). Szenen aus dem Leben einer professionellen Kartengeberin. Man sieht sie bei der Arbeit, in der Freizeit und bei der Pflege eines sterbenskranken Mannes. Ein Film über Glücksverheißungen und -vorstellungen des Lebens und die Sinnsuche des Menschen. Auf hohem Abstraktionsgrad, symbolträchtig und in ungewohnt langsamem Erzählrhythmus inszeniert. (O.m.d.U.; Fernsehtitel: »Karodame F«) ✦ USA 1991 **P** Menkes Film **Kl** Mega **Pd+R** Nina Menkes **B** Nina Menkes, Phil Dusenberry **K** Nina Menkes **S** Tinka Menkes, Nina Menkes **D** Tinka Menkes (Firdaus), Jeff Douglas, Emmellda J. Beech, Kathryn Francomacaro, Jeffrey Eget **L** 77 **E** 19.12.1991/29.6.1993 West 3 **fd** 29328

QUEEN OF EVIL – DIE HERRSCHERIN DES BÖSEN →Die Herrscherin des Bösen

QUEEN OF THE ROAD (QUEEN OF THE ROAD). Zwei Gangster jagen zwei weibliche Trucker, die ahnungslos einen taiwanesischen Teddybären durch Australien chauffieren, in dem eine Million Dollar versteckt ist. Eine nicht besonders mitreißende Mixtur aus Krimi, Komödie und viel Country-Musik. (Fernsehtitel: »Schwarze Fracht aus Taiwan«) ✦ Australien 1984 **P** JNP **VA** Lightning **R** Bruce Best **B** Tom Mitchell **K** Joseph Pickering **M** Mike Perjanik **D** Joanne Samuel (Rosy), Amanda Muggleton (Gayle), Shane Withington (Speedy), Brian Moll (Herpie), Jonathan Sweet (Max) **L** 95 **FSK** ab 16 **E** 30.4.1986 Video **fd** 25705

QUEEN – WE WILL ROCK YOU (QUEEN – WE WILL ROCK YOU). Film über die englische Popgruppe »Queen«, der Musik und Atmosphäre während zwei aufwendiger Open-Air-Konzerte im Montreal-Forum in Kanada einfängt. Eigenkompositionen der Gruppenmitglieder werden mit alten Rock'n'Roll-Titeln zu einem soliden Musikfilm verbunden, in dem sich die erfolgreiche Band von ihrer besten Seite zeigt. Interessant für Fans. – Ab 12. ✦ USA 1983 **P** Avco-Embassy **Kl** Arsenal **R** Saul Swimmer **B** Greg Shelter **K** Richard E. Brooks **M** Queen **S** Robert M. Brady **D** Freddie Mercury, John Deacon, Brian May, Roger Taylor **L** 100 **E** 1984 Kino **fd** 24794

QUEENIE (QUEENIE). Aufwendig inszeniertes Fernseh-Melodram. Eine junge Anglo-Inderin kehrt ihrer Heimatstadt Kalkutta den Rücken und macht in England Karriere als Filmstar. Als sie Jahre später wegen Dreharbeiten nach Indien muß, wird sie von ihrer Vergangenheit eingeholt. ✦ USA 1987 **P** Von Zerneck-Samuels Prods./Highgate **VA** Highlight **Pd** John Cutts **R** Larry Peerce **B** Winston Beard, April Smith **K** Tony Imi **D** Joss Ackland, Martin Balsam, Claire Bloom, Gary Cody, Kirk Douglas, Mia Sara, Joel Grey, Chaim Topol, Sarah Miles **L** 233 **FSK** ab 12 **E** 4.12.1987 Video

QUEENS MESSENGER (QUEENS MESSENGER). Ein britischer Anti-Terror-Spezialist soll in Kasachstan einen Geheimauftrag erfüllen. Zunächst muss er einer Mörderbande das Handwerk legen, dann werden er, der britische Botschafter und eine CNN-Reporterin, mit der er eine Affäre hat, von einem moslemischen Rebellen entführt, der sich bei einem Präsidententreffen an die Spitze Zentralasiens putschen will. Dem Agenten obliegt es, in Rambo-Manier sich und die Gefährten zu befreien und den Frieden zu sichern. Ein sprunghaft entwickeltes Actionspektakel in schneller Szenenfolge, das selbstzweckhafte Gewaltszenen ebenso beinhaltet wie ausgeprägte Feindbilder und eine Prise neokolonialen Zynismus. ✦ Kanada/Großbritannien/Bulgarien 2000 **P** GFT Messenger/Towers of London/Boyana Film **VA** Sunfilm **DVD** Sun Film (FF, DD5.1 engl./dt.) **Pd** Harry Alan Towera **R** Mark Roper **B** Peter Welbeck (= Harry Alan Towers), Peter Jobin **K** Adolfo Bartoli **M** Stelvio Cipriani **S** Jacqueline Carmody **D** Gary Daniels (Captain Anthony Strong), Teresa Sherrer-Donovan (Alexi Jones), John Standing (Staatssektretär), David Westhead (Sir Demond), Romina Mondello (Rafaella), Christoph Waltz (Ali Ben Samm) **L** 91 **FSK** ab 16 **E** 2.5.2001 Video/15.5.2001 DVD **fd** 34955

QUEIMADA – INSEL DES SCHRECKENS (QUEIMADA). Ein britischer Offizier stiftet aus wirtschaftlichen Interessen die Eingeborenen einer von den Portugiesen beherrschten Insel im Karibischen Meer zum Aufstand an. Am Ende stehen der Tod des Briten und die Erkenntnis der Sklaven, daß sie den Kampf um ihre Freiheit nur durch eine bewaffnete Revolution gewinnen können. Film mit antikolonialistischer Haltung, der aus dem Gegensatz zwischen portugiesischen und britischen Kolonialinteressen um 1830 eine Allegorie vom Freiheitskampf der heutigen »Dritten Welt« macht. Nach etwas einfachem marxistischem Schema entworfen, vorzüglich fotografiert, mit erregender Musik unterlegt. (Titel auch: »Queimada«) ✦ Italien 1969 **P** P.E.A. **KI** United Artists **Pd** Alberto Grimaldi **R** Gillo Pontecorvo **B** Franco Solinas, Giorgio Arlorio **K** Marcello Gatti, Giuseppe Ruzzolini **M** Ennio Morricone **S** Mario Morra **D** Marlon Brando (Sir William Walker), Evaristo Márquez (Jose Dolores), Renato Salvatori (Sanchez), Norman Hill (Shelton), Tom Lyons (General Prada) **L** 121 **FSK** ab 16; f **FBW** bw **E** 26.3.1970/22.9.1972 Kino DDR/10.10.1975 ARD **fd** 16 710

DER QUELL (RODNIK). Die Reaktion der Einwohner eines kleinen ukrainischen Dorfes auf die Nachricht vom Kriegsausbruch im September 1939. Ein Drama mit vielen Zwischentönen, das Stimmung und Atmosphäre sehr genau einfängt. – Ab 14. ✦ UdSSR 1981 **P** Mosfilm **KI** Progress **R** Arkadi Sirenko **B** Wladimir Lobanow, Arkadi Sirenko, nach dem Roman »Der Helmträger« von Jewgeni Nossow **K** Elisbar Karawajew **M** Wladislaw Kasenin **D** Wladimir Gostjuchin (Kassjan), Valentina Fedotowa (Natalja), Iwan Lapikow (Großvater Seliwan), Eduard Botscharow (Prochor Iwanowitsch), Stefanija Stanjuta (Kassjans Mutter) **L** 87 **E** 8.4.1981 Kino DDR/1.9.1983 DFF 2

QUELL DER JUGEND (LA FUENTE DE LA EDAD). Die »Heilige Bruderschaft«, eine trinkfreudige Gemeinschaft alter Menschen, die seit Jahren nach einem Leitfaden für einen Jungbrunnen sucht, ist dem Gespött der örtlichen Presse ausgesetzt. Die alten Herrschaften rächen sich, als sie durch Manipulation einen Lyrik-Preis einem der ihren zuschanzen und beim anschließenden Fest die Honoratioren des Ortes gehörig düpieren. Mit vielen Don-Quichotterien angereicherte Literaturverfilmung, die Satire, Groteskes und Paradoxes zu einer filmischen Posse verbindet. ✦ Spanien 1991 **P** RTVE/Antenne 2/Channel 4/ORF/RAI/SRG/ZDF **R** Julio Sánchez Valdés **B** Julio Llamazares, Julio Sánchez Valdés, nach einem Roman von Luis Mateo Diez **K** Juan Molina **M** Luis Mendo, Bernardo Fúster **D** Agustin González (Don Florin), Antonio Resines (Bodes), Santiago Ramos (Benuza), Enrique San Francisco (Jacinto Sariegos), Pilar Barrera (Chon Orallo), Fernando Delgado (Pacho Robla), Manuel Alexandre (Olegario el Lentes) **L** 87 **E** 2.9.1993 ZDF

QUELLE DER EROTIK (PRETTY BUT WICKED). Ein junger Angestellter gerät in Liebeskonflikte zwischen zwei vergewaltigten Mädchen, der reichen Tochter seines neurotischen Chefs und der ärmlichen Tochter einer kinderreichen Mutter, und entscheidet sich gegen die Kuppelei seines Chefs. Verlogenes Rührstück. ✦ Schwarz-weiß. USA 1965 **P** Victoria/Times **KI** A. B. **Pd** Joffre Rodriguez, Jece Valadao **R** J. P. de Carvalho **B** Jece Valadao **K** José Rosa **M** Carlos Lyra **S** Rafael Velledde **D** Lia Rossi (Maria Cecilia), André Villon (Perrault), Jece Valadao (Edgar), Odete Lara (Rita), Fregolente (Hector Wernek) **L** 78 **FSK** ab 18; nf **E** 21.6.1968 **fd** 15 576

QUELLE FÜR DIE DÜRSTENDEN (KRYNICA DLJA SPRAGLYCH). Ein Brunnen steht im Mittelpunkt der Erinnerungen eines alten Mannes in der Ukraine: Bilder vom Großen Vaterländischen Krieg, dem Zerfall der Großfamilie und der Zerstörung der Natur keimen in dem Bauern während seiner Alltagsverrichtungen wieder auf. Der von poesievoller Symbolik gespeiste Erstlingsfilm des ukrainischen Regisseurs Iljenko wurde nach der Herstellung wegen »formalistischer Tendenzen« verboten und erst 1987 in der Ukraine erstaufgeführt. – Ab 16. ✦ Schwarz-weiß. UdSSR/Ukraine 1965 **R** Juri Iljenko **B** Iwan Dratsch **K** Juri Iljenko **M** Leonid Grabowskij **D** Dmitij Militenko (Serdiuk), Larissa Kadotschnikowa (seine Frau), Nina Alisowa (Schwägerin), Juri Mashuchin, Konstantin Erschow **L** 68 **E** 25.9.1997 Südwest 3

QUELLE GÜNTHER. Ein arbeitsloser junger Mann wird vom Verfassungsschutz angeworben und als Spitzel in eine kommunistische Münchner Gruppe eingeschleust. Durch den menschlichen Kontakt mit den Gruppenmitgliedern leidet er zunehmend unter seinem Auftrag. Als er sich der Gruppe offenbart, wird er auf Weisung der Parteileitung öffentlich als Klassenfeind diffamiert. Das Porträt eines Menschen, der zwischen die Fronten gerät; ein noch merklich ungelenk und umständlich inszenierter Erstlingsfilm, der jedoch Talent verrät. ✦ Schwarz-weiß. BR Deutschland 1980 **P** HFF München **KI** Basis **R+B** Matthias von Gunten **K** Sabri Oezaydin **D** Rainer Grenkowitz, Rainer Steffen, André Harberg, Ulrike Rademacher, Detlef Kügow **L** 80 **E** 26.9.1980

DIE QUELLEN (ISTOKI). Der Film erzählt die Geschichte der russischen Stahlwerkerfamilie Krupnow vor dem historischen Hintergrund der Jahre 1917 bis 1941. (1. Teil: »Die Brüder«, 2. Teil: »Die Söhne«) ✦ Scope. UdSSR 1973 **P** Gorki-Studio **R** Iwan Lukinski **B** Grigori Koltunow, Nikolai Roshkow, nach dem Roman »Die Krupnows« von G. Konowalow **K** Wadim Korniljew **M** Anatoli Lepin **D** Georgi Jepifanzew (Sawwa Krupnow), Iwan Lapikow (Denis Krupnow), Wladislaw Strzelczyk (Matwej Krupnow), Nikolai Oljalin (Juri Krupnow), Gennadi Seifulin (Michail Krupnow) **L** 187 **E** 19.9.1974 DFF 2 (zwei Teile)

QUELLEN EROTISCHER LUST (MIDNIGHT PLOWBOY). Ein junger Bursche vom Land wird in Hollywood Chauffeur eines in ein Bordell umgewandelten Kleinbusses und steht auch sonst seinen Mann. Mit deutschen Pornoszenen verschnittener Softsex-Film, der 1986 in seiner ursprünglichen Fassung unter dem Titel »Erotische Lust« als Video auf den Markt kam. ✦ USA/BR Deutschland 1974 **P** Pure Gold/AB **KI** AB **R+B** Bethel G. Buckalew **K** Roger Dobek **M** Ted Botkin **D** John Tull, Josef Moosholzer, Christie Anna, Debbie Osborne, Brigitte Unrat **L** 73 **FSK** SPIO: X **E** 10.5.1974 **fd** 19 857

QUER DURCH DEN OLIVENHAIN (ZIR E DARAKHTAN E ZEYTON). Ein junger Iraner wird bei seiner Werbung um die einer höheren sozialen Klasse angehörende Geliebte von deren Eltern abgewiesen. Auch nach einer Erdbebenkatastrophe, die die sozialen Unterschiede »einebnet«, bleibt seine Liebe chancenlos. Dritter Teil einer Trilogie (nach »Wo ist das Haus meines Freundes?« und »Und das Leben geht weiter«), die Personen und Handlungsmomente der vorhergehenden Teile aufgreift und kunstvoll verknüpft. Trotz der Komplexität der Geschichte und des wirkungsvollen Kunstgriffes »Film im Film« ein schlichter Film, der das hohe Lied der Liebe anstimmt. Geprägt von tief empfundener Humanität, mit hervorragender Kameraarbeit, nicht ganz frei von Schwachstellen in der Personenzeichnung. – Sehenswert ab 16. ✦ Iran 1994 **P** Abbas Kiarostami Prod. **KI** Pandora **VA** Filmgalerie 451 **Pd+R+B** Abbas Kiarostami **K** Hossein Djafarian, Farhad Saba **S** Abbas Kiarostami **D** Hossein Rezai (Hossein), Mohamed Ali Keshavarz (Regisseur), Tahereh Ladania (Tahereh), Farhad Kheradmand (Farhad), Zarifeh Shiva, Mahbanou Darabin, Ahmad Ahmadpour **L** 104 **FSK** ab 6; f **E** 31.8.1995/2.7.1996 Video **fd** 31 517

QUER DURCH DIE ANTARKTIS (ANTARCTIC CROSSING). Die Durchquerung der Antarktis durch Vivian Fuchs (1957) bis zu seinem Zusammentreffen mit Edmund Hillary am Südpol. Die nüchterne Dokumentation vermittelt plastische Eindrücke vom Umfang und der technischen Bewältigung des Unternehmens sowie von der Landschaft des »Sechsten Kontinents«. ✦ Großbritannien 1958 **P** World Wide **KI** Accord **R** George Lowe **L** 47 **FSK** ab 6; f **FBW** w **fd** 9 424

QUER DURCH PARIS →Zwei Mann, ein Schwein und die Nacht von Paris

QUERELLE – EIN PAKT MIT DEM TEUFEL (QUERELLE). Der Matrose Querelle erregt die sexuelle Begierde aller Menschen, denen er begegnet; er läßt jedoch Freund und Feind – durch Intrigen, Verrat und Mord – gebrochen zurück. Fassbinder-Verfilmung des Romans von Jean Genet: Eine äußerst artifizielle, in einer hermetischen Atelierwelt inszenierte Studie über den Zusammenhang von Sexualität und Gewalt, ausgeweitet zur Metapher für moderne Kommunikations- und Liebesunfähigkeit. Fassbinder feiert hymnisch die Homosexualität seiner Helden und verklärt romantisch ihr Außenseitertum. Zugleich zeigt er diese sichtlich fiktiven und »literarischen« Gestalten als brutale Todesengel. Das letzte Werk des 1983 verstorbenen Regisseurs ist ein irritierender, teilweise unausgegorener, aber ästhetisch faszinierender Film. (Dokumentarfilm über die Dreharbeiten von »Querelle«: »Der Bauer von Babylon«, 1983) ✦ Scope. BR Deutschland/Frankreich 1982 **P** Planet/Albatros/Gaumont **KI** Scotia **Pd** Dieter Schidor **R** Rainer Werner Fassbinder **B** Rainer Werner Fassbinder, Burkhard Driest, nach dem Roman von Jean Genet **K** Xaver Schwarzenberger **M** Peer Raben **S** Franz Walsch (= Rainer Werner Fassbinder), Juliane Lorenz **D** Brad Davis (Querelle), Franco Nero (Leutnant Seblon), Jeanne Moreau (Lysiane), Laurent Malet (Roger), Hanno Pöschl (Rober/Gil), Günther Kaufmann (Nono), Burkhard Driest (Mario), Roger Fritz (Marcellin), Dieter Schidor (Vic Rivette), Natja Brunckhorst (Paulette), Robert van Ackeren **L** 108 **FSK** ab 18; nf **FBW** bw **E** 17.9.1982/18.7.1987 RTL plus **fd** 23 707

QUERFELDEIN (CROSS COUNTRY). Eine bissige Satire auf Ideologien, Normen, gesellschaftliche Verhältnisse und zwischenstaatliche Beziehungen: Die Tochter eines Dorfgeistlichen im Tal der Drina, die ihre erotischen Wünsche durch ein Lauftraining zügeln soll, entdeckt, daß ihre Übungen sich ausgezeichnet für ein Schäferstündchen mit einem jungen Bauern eignen. Ihren sicheren Sieg im Geländelaufwettbewerb vergibt sie deswegen. Djordjevics Film aus der »Belgrader Schule« ist einfallsreich und witzig, durch viele Verweise, Symbole und Zitate jedoch nicht leicht zu entschlüsseln. ✦ Jugoslawien 1969 **P** Avala/Dunav **R+B** Purisa Djordjevic **K** Jovan Jovanovic **M** Volksmusik **D** Milena Dravic (Jovana), Mirceta Vujicic (Seljan), Ljuba Tadic (Pope), Ljubinka Bobic (Baba), Ruzica Sokic **L** 100 **E** 17.8.1972 ARD

DER QUERKOPF (LA ZIZANIE). Die Unternehmenslust eines fanatischen Erfinders und die Naturliebe seiner Frau bewirken einen Ehekrieg, der sich zu einem Grundsatzduell über die Werte von naturverbundenem und technisiertem Leben entwickelt. Louis-de-Funès-Komödie mit einer Mischung aus satirischen Absichten und Klamauk; nur streckenweise wirklich witzig. – Ab 14. ✦ Scope. Frankreich 1977 **P** Les Films Christian Fechner **KI** Tobis **DVD** VCL (1.85:1, DD2.0 dt.) **R** Claude Zidi **B** Claude Zidi, Pascal Jardin, Michel Fabre **K** Claude Renoir **M** Vladimir Cosma **D** Louis de Funès (Guillaume), Annie Girardot (Bernadette), Maurice Risch (L'Imbecile), Jean-Jacques Moreau, Tanya Lopert (Eine Dame) **L** 97 **FSK** ab 6; f **E** 16.3.1978/13.7.1979 Kino DDR/17.4.2000 DVD **fd** 20 697

QUERKOPF WILSON (PUDD'N HEAD WILSON). TV-Verfilmung des gleichnamigen Romans von Mark Twain, in den zahlreiche Kindheitserinnerungen des Autors eingeflossen sind. In einem kleinen Ort am Mississippi nennt man den Anwalt Wilson »Querkopf«, weil er in der Zeit vor dem Bürgerkrieg seine Sklaven wie Menschen behandelt. Seine Sklavin Lucy zieht mit ihrem Baby den Sohn ihres Herrn auf. Um ihrem Sohn das Sklavenschicksal zu ersparen, vertauscht sie die Babies, was schreckliche Konsequenzen nach sich zieht. ✦ USA 1983 **R** Alan

Bridges **B** Philip Reisman jr., nach dem gleichnamigen Roman von Mark Twain **K** Walter Lassally **M** William Perry **D** Ken Howard (Pudd'nhead Wilson), Susan McWilliams (Lucy), Nameer El-Kadi (Angelo Capella), Mameer El-Kadi (Luigi Capella), James Greene (Mr. Traynor), Lela Ivey (Rowena) **L** 83 **E** 2.4. 1986 BR

DIE QUERSTRASSE (SKERSIELA). Beobachtungen in einer Vorstadtstraße der lettischen Hauptstadt Riga im Jahr 1988. Der mehrfach preisgekrönte Dokumentarfilm stellt die Bewohner vor: Arme, Alte, Verfemte, Illegale, aber auch die Reichen, die die Segnungen des Kapitalismus bereits verinnerlicht haben und durch illegale Betriebe, die durch die Obrigkeit gedeckt werden, zu einem beträchtlichen Vermögen gekommen sind. Aus dem Kaleidoskop der unterschiedlichen Schicksale ergibt sich ein Spiegelbild der zerrissenen lettischen Gesellschaft jener Jahre, die sich zwischen Verzweiflung, Anpassung und vagem Optimismus nur schwer orientieren kann. (O.m.d.Kommentar) – Ab 16. ✦ UdSSR 1988 **P** SSR Lettland, Studio Riga **R+B+K** Ivars Selezkis **L** (TV) 90 **E** 24.5.1990 BR

QUICK. Komödie um einen die Frauen betörenden Varieté-Clown, in den sich der etwas überspannte Sanatoriumsgast Eva verliebt. Als sie sich endlich kennenlernen, ist er abgeschminkt. Sie erkennt ihn nicht, und er zieht es vor, sich als Varieté-Direktor auszugeben. Ganz auf den Charmeur Albers und die quirlige Lilian Harvey zugeschnitten, fehlt es Siodmaks Bühnenverfilmung letztlich an inszenatorischem Schwung; der Versuch, in den Show-Szenen amerikanische Vorbilder zu kopieren, scheitert kläglich. – Ab 16. ✦ Schwarz-weiß. Deutschland 1932 **P** Ufa **VA** Ufa **Pd** Erich Pommer **R** Robert Siodmak **B** Hans Müller, nach dem Bühnenstück von Felix Gandéra **K** Günther Rittau, Otto Baecker **M** Hans-Otto Borgmann, Gérard Jacobson, Werner R. Heymann **S** Viktor Gertler **D** Lilian Harvey (Eva Praetorius), Hans Albers (Quick), Willy Stettner (Dicky), Albert von Kersten (Professor Bertram), Paul Hörbiger (Lademann), Carl Meinhard (Direktor Henkel), Paul Westermeier (Clock) **L** 107 **E** 9.8.1932/2.4.1973 DFF 1/ 25.6.1977 ARD

QUICK CHANGE – EIN VERRÜCKT GENIALER COUP →Ein verrückt genialer Coup

QUICK – DIE KOPFGELDJÄGERIN (QUICK). In die Kreise von Killern, Kokainbossen und korrupten Polizisten gerät ein braver Buchhalter, dem zufällig drei Millionen Dollar eines Drogenhändlers in die Hände fallen. Statt ihn zu töten, nimmt eine Profi-Killerin ihn mit auf die Flucht. Erst interessiert sie nur das Geld, bald aber auch der Buchhalter selbst. Ohne den blutigen Schluß – alle anderen Hauptpersonen werden grausam dahingemetzelt – hätte dies ein interessanter Film mit einer glaubwürdigen Liebesgeschichte werden können. (Alternativtitel: »Blast Off«, »Blonder Todesengel«) ✦ USA 1992 **P** Promark/Academy **VA** Starlight **Pd** David Lancaster **R** Rick King **B** Frederick Bailey **K** Geza Sinkovics **M** Robert Sprayberry **S** Stan Salfas **D** Jeff Fahey (Muncie), Teri Polo (Quick), Robert Davi (Davenport), Martin Donovan (Herschel), Tia Carrere (Janet Sakamoto) **L** 95 (gek. 92) **FSK** ab 18 (gek. ab 16) **E** 30.8.1993 Video **fd** 30 477

QUICKSILVER (QUICKSILVER LIGHTNING). Ein erfolgreicher junger Börsenmakler stürzt nach einer Fehlspekulation tief, bewährt sich als Fahrrad-Bote in der »Gosse« der Großstadt, um geläutert und innerlich gefestigt für einen erneuten Aufstieg bereit zu sein. Modisch schick und flott aufbereitetes Märchen um die Läuterung eines jungen Mannes; unterhaltsam, wenn auch allzu glatt und distanzlos in der Beschreibung der Ellbogen-Gesellschaft. – Ab 16. ✦ USA 1984 **P** Columbia-Delphi/IV/Indie Prod. **VA** RCA/Columbia **Pd** Michael Rachmil, Daniel Melnick **R+B** Tom Donnelly **K** Thomas Del Ruth **M** Tony Banks **S** Tom Rolf **D** Kevin Bacon (Jack Casey), Jami Gertz (Terry), Paul Rodriguez (Hector), Rudy Ramos (Gypsy), Andrew Smith (Gabe Kaplan) **L** 101 **FSK** ab 16 **E** Oktober 1986 Video **fd** 25 973

QUIET COOL – DIE ABRECHNUNG (QUIET COOL). Eine abseits der Zivilisation gelegene Kleinstadt gerät in die Hände brutaler Drogenhändler. Ein New Yorker Polizist, den seine Freundin zu Hilfe ruft, und ein in der Wildnis aufgewachsener junger Mann rechnen mit der Bande ab. Flott inszenierter Actionfilm im Gewand eines modernen Western. (TV-Titel: »Die Abrechnung«) ✦ USA 1986 **P** New Line Cinema **KI** Delta/Arsenal **VA** RCA/Columbia **Pd** Robert Shaye, Gerald T. Olson **R** Clay Borris **B** Clay Borris, Susan Vercellino **K** Jacques Haitkin **M** Jay Ferguson **S** Bob Brady **D** James Remar (Joe Dillon), Fran Ryan (Ma), Adam Coleman Howard (Joshua Greer), Nick Cassavetes (Valence), Daphne Ashbrook (Katy Greer), Jared Martin (Miko Prior) **L** 86 **FSK** ab 16 (Video) **E** 7.6.1988 Video **fd** 26 638

QUIET EARTH – DAS LETZTE EXPERIMENT (THE QUIET EARTH). Drei Menschen werden von den Auswirkungen eines fehlgeschlagenen militärischen Atomexperiments getroffen und überleben als einzige die weltweite Katastrophe. Origineller Endzeitfilm mit zivilisationskritischen Untertönen und einem überzeugenden Hauptdarsteller. Leider ist die Grundidee nicht ergiebig genug, um den Film über die ganze Strecke zu tragen. Störend auch einige philosophisch-metaphysische Exkurse, die der Handlung Tiefe geben sollen, aber nur das Tempo verschleppen. Dennoch ein interessanter Beitrag zum Science-Fiction-Genre. – Ab 16. ✦ Neuseeland 1983 **P** Mr. Yellowbeard/Cinepro/Pillsbury **KI** atlas **SF** atlas **VA** atlas **Pd** Sam Pillsbury, Don Reynolds **R** Geoff Murphy **B** Bill Baer, Bruno Lawrence, Sam Pillsbury **K** James Bartel **M** John Charles **S** Michael Horton **D** Bruno Lawrence (Zac Hobson), Alison Routledge (Joanne), Pete Smith (Api), Norman Fletcher (Perrin), Tom Hyde (Wissenschaftler) **L** 91 **FSK** ab 16; f **E** 16.10.1986/März 1987 Video **fd** 25 833

QUIETSCH ... QUIETSCH ... WER BOHRT DENN DA NACH ÖL? (POUIC-POUIC). Die Ehefrau eines reichen Provinzlers läßt sich mit dem Kauf eines angeblich erdölhaltigen Grundstücks im Amazonasgebiet hereinlegen, woraufhin die ganze Familie versucht, das Land dem schwerreichen Bewerber um die Hand der Tochter anzudrehen. Groteske Komödienunterhaltung mit Louis de Funès. – Ab 12. ✦ Schwarz-weiß. Frankreich 1963 **P** Erdey **KI** Interart **Pd** Roger Debelmas **R** Jean Girault **B** Jean Girault, Jacques Vilfrid **K** Marc Fossard **M** Jean-Michel Defaye **S** Jean Michel Gautier **D** Louis de Funès, Mireille Darc, Jacqueline Maillan, Philippe Nicaud, Guy Tréjan **L** 86 **FSK** ab 6; nf **E** 22.12.1977 **fd** 20 617

QUIGLEY, DER AUSTRALIER – GUN ARENA (QUIGLEY DOWN UNDER). Ein arbeitsloser Cowboy aus Wyoming sucht um 1880 sein Glück in Australien und findet dort Abenteuer, Frau und eine Mörderbande, die seinen überlegenen Revolverkünsten letztlich nicht gewachsen ist. Augenzwinkernd und geschickt zitiert der Film bekannte Mythen und typische Handlungselemente des klassischen Western. Sympathische Unterhaltung. (Titel auch: »Quigley, der Australier«) – Ab 16. ✦ USA 1989 **P** Pathé Entertainment (für MGM) **KI** Ascot **VA** Cannon/VMP **Pd** Stanley O'Toole, Alexandra Rose **R** Simon Wincer **B** John Hill **K** David Eggby **M** Basil Poledouris **S** Adrian Carr **D** Tom Selleck (Quigley), Laura San Giacomo (Cora), Alan Rickman (Marston), Ron Haddrick (Grimmelmann), Chris Haywood (Major Ashley Pitt), Tony Bonner (Dobkin), Jerome Ehlers (Coogan), Roger Ward (Brophy), Ben Mendelsohn (O'Flynn), Conor McDermottroe (Hobb) **L** 119 **FSK** ab 12; f **E** 11.4.1991/11.7.1991 Video/27.3.1992 premiere **fd** 28 893

DAS QUILLER MEMORANDUM: GEFAHR AUS DEM DUNKEL (THE QUILLER MEMORANDUM). Ein Spezialagent des britischen Geheimdienstes wird nach Berlin entsandt, um die Zentrale der Feindorganisation ausfindig zumachen. Inhaltlich ambitionierter, aber konventioneller Spionagefilm. Spannend und hervorragend besetzt. ✦ Scope. Großbritannien 1966 **P** Carthay **KI** Rank **Pd** Ivan Foxwell, Sidney Streeter **R** Michael Anderson **B** Harold Pinter, nach dem Roman »The Berlin Memorandum« von Adam Hall **K** Erwin Hillier **M** John Barry **S** Frederick Wilson **D** George Segal (Quiller), Alec Guinness (Pol), Max von Sydow (Oktober), Senta Berger (Inge), George Sanders (Gibbs), Robert Helpmann (Weng) **L** 100 **FSK** ab 16; f **E** 24.2.1967/17.7.1971 ARD **fd** 14 596

QUILLS – MACHT DER BESESSENHEIT (QUILLS). Die letzten Lebensjahre des berühmt-berüchtigten Marquis de Sade, die er im Irrenhaus von Charenton verbringt. Er nutzt die ihm verbleibende Zeit, um seine provozierenden Hauptwerke zu publizieren, und ruft damit einen vom Kaiser beorderten Zensor auf den Plan, mit dem er sich zermürbende Duelle liefert. Biografischer Film, der das literarische und philosophische Schaffen des Freidenkers de Sade in den Mittelpunkt stellt, dabei aber an seiner dramaturgisch allzu einfachen Struktur scheitert. Ein Stück opulentes Ausstattungskino ohne wirklichen Tiefgang. ✦ USA 2000 **P** Fox Searchlight/Hollywood Partners/Industry Entertainment/Walrus & Associates **KI** Twentieth Century Fox **VA** Fox Home **DVD** Fox Home **Pd** Julia Chasman, Peter Kaufman, Nick Wechsler, Mark Huffam **R** Philip Kaufman **B** Doug Wright, nach seinem Theaterstück **K** Rogier Stoffers **M** Stephen Warbeck **S** Peter Boyle **D** Geoffrey Rush (Marquis de Sade), Kate Winslet (Madeleine), Joaquin Phoenix (Coulmier), Michael Caine (Dr. Royer-Collard), Patrick Malahide (Delbene), Billie Whitelaw (Madame Le-Clerc), Amelia Warner (Simone) **L** 124 **FSK** ab 16; f **FBW** w **E** 8.3.2001/27.9.2001 Video & DVD **fd** 34 731

QUILOMBO (QUILOMBO). Während die Portugiesen im 16. Jahrhundert in einen Krieg mit den Niederlanden verwickelt sind, laufen ihnen in ihrer südamerikanischen Kolonie, dem heutigen Brasilien, etliche Sklaven davon, die eine Gemeinschaft nach demokratischen Grundsätzen gründen. Da sich die Rebellen aber nicht über ihr Vorgehen einig werden, geht das zukunftsweisende Gemeinwesen am Ende in einem Blutbad unter. Lebhaft-gefühlvoller Abriß einer historischen Utopie; in den Rhythmen der Musik, den Kostümen und Tänzen werden die mythischen Wurzeln Brasiliens lebendig. – Ab 16. ✦ Brasilien 1984 **P** CDK **Pd** Augusto Arraes **R+B** Carlos Diegues **K** Lauro Escorel Filho, Augusto Arraes **M** Gilberto Gil **S** Mair Tavares **D** Antonio Pompeo (Zumbi), Zezé Motta (Dandara), Toni Tornado (Ganga Zumba), Vera Fischer (Ana de Ferro), Antonio Pitanga (Acaiúba) **L** 110 **E** 23.12.1986 DFF 2/8.8.1991 DFF

QUINCY: HEISSE DIAMANTEN, KALTE HERZEN (QUINCY: HOT ICE, COLD HEARTS). Einer von vier abendfüllenden Kriminalfilmen um den engagierten Gerichtsmediziner Dr. Quincy, die im Rahmen der »Mystery Movie«-Serie des Universal Studios entstanden und einer Fernsehserie vorausgingen. Durch den Tod eines Tauchers kommt Quincy auf die Spur eines Hehler-Syndikats, das aus dem mexikanischen Nationalmuseum geraubte Diamanten verkaufen will. – Ab 16. ✦ USA 1977 **P** Universal/NBC **R** Bruce Kessler **B** Lew Shaw, Sean Baine **D** Jack Klugman (Quincy), Lynette Mettey (Lee), Stuart Whitman (Sheriff Parson), Marianna Hill, Andrew Prine **L** 74 **E** 30.3.1986 ARD

QUINCY: KREUZFAHRT IN DEN TOD (QUINCY, M.E.: SLOW BOAT TO MADNESS). Der Urlaub, den Quincy und seine Kollegin an Bord eines Luxusliners verbringen, wird durch den Ausbruch einer rätselhaften Krankheit getrübt. Nach mysteriösen Todesfällen droht eine Epidemie auszubrechen. Die Mediziner suchen fieberhaft nach der Ursache, was ein sowjetisches Eislaufpaar zur Flucht von Bord nutzt. Serienspecial. ✦ USA 1980 **P** Universal **R** Daniel Haller **D** Jack Klugman (Quincy), Diana Muldaur (Dr. Janet Carlisle), Robert Ito (Sam), Marc Taylor (Marc), Mimi Rogers (Corrina) **L** 92 **E** 4.7.1994 RTL

QUINCY: MORD IM RATHAUS (GO FIGHT CITY HALL – TO THE DEATH!). Spielfilm aus einer seit 1976 produzierten Kriminalfilmserie, die mit abendfüllenden »Pilotfilmen« im Rahmen der Universal-Produktion »Mystery Movie« begann. Im Mittelpunkt steht der Gerichtsmediziner Dr. Quincy. In diesem Film sieht die Polizei in einem kleinen Dieb den Mörder an einer Sekretärin, doch nach weiteren Morden ahnt Dr. Quincy andere Hintergründe, zumal sich herausstellt, daß die Opfer alle im Rathaus von Los Angeles arbeiteten. – Ab 16. ✦ USA 1976 **P** Universal/NBC **R** E.W. Swackhamer **B** Glen A. Larson, Lou Shaw **D** Jack Klugman, Lynette Mettey, Garry Walberg, John S. Ragin, Robert Ito **L** 74 **E** 7.4.1985 ARD

QUINCY: PUZZLESPIEL (QUINCY… THE THIGH BONES CONNECTED TO THE KNEE BONE…). Gerichtsmediziner Dr. Quincy gerät zufällig an den Fund eines zwanzig Jahre in der Erde verborgenen Knochens und findet Hinweise auf ein Gewaltverbrechen. Mit Hilfe seiner Studenten konstruiert er ein Modell jenes Mannes, der damals das Opfer eines Verbrechens geworden sein könnte. Damit löst er jedoch tückische Mordanschläge aus, bis der Täter endlich dingfest gemacht werden kann. Der abendfüllende Film einer Fernsehserie bietet routiniert abgespulte, leidlich spannende Krimi-Unterhaltung ohne Tief-, aber auch ohne Höhepunkte. – Ab 16. ✦ USA 1977 **P** Universal **R** Alex March **B** Tony Lawrence, Lou Shaw **K** Ben Colman **D** Jack Klugman (Dr. Quincy), Linda Kelsey (Sue Jackson), Stephen Macht (Frank Haley), Louis Guss (Spence), John S. Ragin (Dr. Astin) **L** 74 **E** 26.5.1985 ARD

QUINCY: SCHATTENBOXEN (QUINCY: WALK SOFTLY THROUGH THE NIGHT). Kriminalfilm um den Gerichtsmediziner Quincy, der von einem alten Freund und beliebten Fernsehstar gebeten wird, den Tod seines tablettensüchtigen Sohnes zu untersuchen. Als bald darauf ein Mord geschieht, beginnt Quincy seinen Freund mit anderen Augen zu sehen. Routinierte Serienkost ohne sonderliche inszenatorische Qualitäten aus der »Mystery«-Reihe des Universal Studios. – Ab 16. ✦ USA 1977 **P** Universal **R** Paul Krasny **D** Jack Klugman (Quincy), Garry Walberg (Lt. Monahan), John S. Ragin (Dr. Astin), Robert Ito (Sam Fujiyama), Val Bisoglio (Danny) **L** 97 **E** 28.10.1992 RTL plus

QUINCY: TOD IM CASINO (QUINCY: SNAKE EYES). Abendfüllendes Serien-Special um den Gerichtsmediziner Quincy: Als er sich mit Kollegen zu einem Seminar in einem Kongeßhotel aufhält, bricht dort eine rätselhafte Krankheit aus, die sich seuchenartig verbreitet und bald erste Todesopfer fordert. – Ab 16. ✦ USA 1976 **P** Universal **R** Joel Oliansky **D** Jack Klugman (Quincy), John S. Ragin (Dr. Astin), Robert Ito (Sam), Val Bisoglio (Danny), Lynette Mettey (Lee) **L** 89 **E** 21.10.1992 RTL plus

QUINCYS HOCHZEIT (QUINCY'S WEDDING). Mitten in den Vorbereitungen für seine Hochzeit muß ein Gerichtsmediziner sich mit einem komplizierten Fall herumschlagen: Die Witwe eines Mannes, der im Altersheim offenbar eines natürlichen Todes gestorben ist, behauptet, ihn an ihrem 65. Hochzeitstag umgebracht zu haben. Dr. Quincy muß seine Heirat erst einmal zurückstellen. Routiniert inszenierter Nachzügler einer Kriminalfilm-Serie. – Ab 16. ✦ USA 1982/83 **R** David Moessinger, Jeri Taylor **D** Jack Klugman (Quincy), John S. Ragin (Dr. Astin), Robert Ito (Sam), Garry Walberg (Monahan), Joseph Roman (Brill) **L** 90 **E** 1.6.1994 RTL

QUINTERO – DAS AS DER UNTERWELT (LA LEGGE DEI GANGSTERS). Während Gangster nach einem Banküberfall in Genua flüchten, erscheint die Vorgeschichte des komplizierten Unternehmens in Rückblenden; anschließend wird erzählt, wie die Verbrecher scheitern. Billig-Krimi, schlampig inszeniert. ✦ Scope. Italien 1968 **P** Roberto Loyola **KI** Mercator **R+B** Siro Marcellini **K** Silvio Fraschetti **M** Piero Umiliani **D** Klaus Kinski, Franco Citti, Maurice Poli, Hélène Chanel, Giovanni Pazzafini **L** 84 **FSK** ab 18; nf **E** 22.1.1971 **fd** 17 203

QUINTETT (QUINTET). In einem apokalyptischen Nordamerika, das sich nach der großen Energiekrise in eine tote Ruinenlandschaft verwandelt hat, begegnen sich fünf Menschen, von denen am Ende nur einer das mörderische Quintettspiel überlebt und ins Ungewisse davonzieht. Robert Altman hat seine eigenwillige End- und Eiszeitvision mit beklemmend dichten Bildern, aber auch mit einem verworrenen, pseudophilosophischen Überbau ausgestattet; die Originalität des Films geht leider auf Kosten der gedanklichen Klarheit. ✦ USA 1978 **P** Lion's Gate/20th Century Fox **KI** 20th Century Fox **Pd+R** Robert Altman **B** Frank Barhydt, Robert Altman, Patricia Resnick **K** Jean Boffety **M** Tom Pierson **S** Dennis M. Hill **D** Paul Newman (Essex), Vittorio Gassman (St. Christopher), Bibi Andersson (Ambrosia), Fernando Rey (Grigor), Brigitte Fossey (Vivia), Nina von Pallandt (Deuca), David Langton (Goldstar), Tom Hill (Francha), Craig Richard Nelson (Redstone), Maruska Stankova (Jaspera) **L** 118 **FSK** ab 16; f **FBW** bw **E** 24.8.1979 **fd** 22 225

QUINTETT KOMPLETT (QUINTETT KOMPLETT). Eine Reihenhaussiedlung vor den Toren Wiens: In jeweils einer Doppelhaushälfte führen zwei Ehepaare, ein Ärztepaar und die Besitzer eines Friseursalons, ein gutbürgerliches und reserviertes Leben, das von Mangel an Freizeit und zu eingefahrener Partnerschaft geprägt ist. Als der Arzt sich auf ein Verhältnis mit der Nachbarin einlässt, sind der bürgerlichen Idylle schnell ihre Grenzen gesteckt. (Fernseh-)Film über die Beengtheit der bürgerlichen Existenz und die Schwierigkeit von Fluchtversuchen innerhalb der vorgegebenen Grenzen. ✦ Österreich 1998 **R** Wolfgang Murnberger **D** Julia Stemberger (Therese Fellner), Andreas Wimberger (Ulrich Fellner), Marion Mitterhammer (Jutta Zauner), Simon Schwarz (Sigi Zauner), Gabriela Benesch (Eva Zauner) **L** 80 **E** 3.8. 1999 3sat

DAS QUINTETT VON SVEN KLANG (SVEN KLANGS KVINTETT). Frisch inszenierter, humorvoller, in der Charakterzeichnung sorgfältiger Film über eine Gruppe von Amateurjazzern, die 1958 in einer schwedischen Kleinstadt bei Tanzveranstaltungen aufspielt. Als ein Saxophonist aus Stockholm dazu stößt, brechen schnell Spannungen auf. Während der Band-Leader weiterhin Jazz-Standards bevorzugt, ist der Neuankömmling mehr am modernen Be-Bop interessiert, der für ihn nicht nur ein Stil, sondern eine Lebenshaltung ist. – Ab 16. ✦ Schweden 1976 **P** Svenska Filminstitutet/Europa Film/Gruppe Oktober **R** Stellan Olsson, Gruppe »Oktober« **B** Henric Holmberg, Ninne Olsson **K** Kent Persson **M** Christer Boustedt **S** Roger Sellberg **D** Anders Granström (Sven), Henric Holmberg (Kenneth), Eva Remaeus (Gunnel), Jan Lindell (Rolf), Christer Boustedt (Lasse) **L** 100 **E** 20.10.1992 arte

QUINTO, TÖTE NICHT (QUINTO: NON AMMAZZARE). Eine Gangsterbande überfällt in einem mexikanischen Ort eine Bank, tötet alle Angestellten und raubt eine halbe Million Dollar. Die Bewohner engagieren einen Fremden, der sich bereit erklärt, gegen eine Prämie das Geld wiederzubeschaffen und die Verbrecher zu töten. Banaler, schludrig inszenierter Italowestern, darstellerisch mittelmäßig und ziemlich gewalttätig. (Alternativtitel: »Blutige Dollars«) ✦ Scope. Italien/Spanien 1968 **P** Cines Europa/R.M. Films **VA** Comet **R** Léon Klimovsky **B** Dino De Rugeriis, Manuel Martinez Remis **K** Giuseppe La Torre **M** Piero Umiliani **S** Antonio Gimeno **D** Steven Tedd, Sarah Ross, Alfonso Rojas, Diana Sorel, Alfonso de la Vega **L** 93 **E** 13.8.1985 RTL plus

QUITE BY CHANCE – TRÄUME DER LIEBE →Träume der Liebe

QUIZ SHOW (QUIZ SHOW). Der Skandal um eine beliebte Fernseh-Quiz-Show, von der 1958 bekannt wurde, daß den Kandidaten Fragen und Antworten vorher zugesteckt worden waren. Ein als animierendes (negatives) Exempel einer Zeit des geistigen und moralischen Umbruchs angelegter Film, der gleichermaßen unterhält und zur Reflexion auffordert. (Kinotipp der katholischen Filmkritik) – Sehenswert ab 14. ✦ USA 1993 **P** Wildwood Enterprises/Baltimore Pictures (für Hollywood Pictures Company) **KI** Buena Vista **VA** Buena Vista **DVD** Buena Vista (16:9, 1.85:1, DS engl./dt.) **Pd** Robert Redford, Michael Jacobs, Julian Krainin, Michael Nozik **R** Robert Redford **B** Paul Attanasio, nach dem Buch »Remembering America: A Voice from the Sexties« **K** Michael Ballhaus **M** Mark Isham **S** Stu Linder **D** John Turturro (Herbie Stempel), Rob Morrow (Dick Goodwin), Ralph Fiennes (Charles van Doren), Paul Scofield (Mark van Doren), David Paymer (Dan Enright), Hank Azaria (Albert Freedman) **L** 132 **FSK** ab 6; f **E** 16.2. 1995/26.10.1995 Video/22.4.1999 DVD **fd** 31 182

QUO VADIS HOMO SAPIENS (QUO VADIS HOMO SAPIENS). Exkurs durch die Entwicklung der Welt und des Menschen in einem eigenwilligen, künstlerisch interessanten und amüsanten Animationsfilm. – Ab 16. ✦ Rumänien 1982 **P** Romania Film/Anima Film **KI** Progress **R+B** Ion Popescu-Gopo **K** Alecu Popescu **M** Dumitru Capoianu **L** 65 **E** 31.1.1984 Kino DDR/5.4.1985 DFF 2

QUO VADIS? (QUO VADIS?). Monströse Romanverfilmung. Ein römischer Befehlshaber unter Kaiser Nero (64 n. Chr.) muß für seine Liebe zu einer Christin büßen: Die eifersüchtige Kaiserin Poppaea läßt ihn zusammen mit anderen Urchristen, denen die Schuld am Brand Roms vorgeworfen wird, den Löwen in der Arena zum Fraß vorwerfen. In der Rolle des wahnsinnigen Imperators, der schließlich Selbstmord begeht, brilliert Peter Ustinov. Der monumentale Aufwand der Produktion steht im umgekehrten Verhältnis zum geistigen Gehalt der Fabel. – Ab 16. ✦ USA 1951 **P** MGM **KI** MGM **VA** MGM/UA Home **Pd** Sam Zimbalist **R** Mervyn LeRoy **B** John Lee Mahin, S.N. Behrman, Sonya Levien, nach dem gleichnamigen Roman von Henryk Sienkiewicz **K** Robert Surtees, William V. Skall **M** Miklos Rozsa **S** Ralph E. Winters **D** Robert Taylor (Marcus Vinicius), Deborah Kerr (Lygia), Leo Genn (Petronius), Peter Ustinov (Nero), Patricia Laffan (Poppaea), Finlay Currie (Petrus), Abraham Sofaer (Paulus) **L** 170 **FSK** ab 12; f **E** 13.8. 1954/31.7.1976 ZDF/3.5.1986 DFF 2 **fd** 2 656

QUOTENKÖNIG IM AFFENSTALL (THE BAREFOOT EXECUTIVE). Remake einer Disney-Komödie von 1971 (»Der barfüßige Generaldirektor«, Regie: Robert Butler). Der kleine Angestellte eines nationalen Fernsehsenders findet einen Schimpansen, der Erfolg und Mißerfolg von neuen Sendungen vorhersehen kann. Der Angestellte avanciert dadurch schnell zum Programmdirektor – für manche zu schnell. ✦ USA 1995 **R** Susan Seidelman **K** Russ T. Alsobrook **D** Jason London (Billy Murdoch), Eddie Albert (Ernest Gower), Michael Marich (Wayne), Terri Ivens (Lisa), Jay Mohr (Matt) **L** 86 **E** 1.3.1998 RTL

DIE QUOTENMACHER. Ein Privatdetektiv soll ermitteln, wie die Einschaltquoten im deutschen Fernsehen gemessen werden. Sein Auftrag führt ihn zur Nürnberger Gesellschaft für Kommunikationsforschung; er trifft sowohl einen Schweizer Messgeräte-Erfinder als auch eine Medienforscherin des ZDF. Besuche in Haushalten ehemaliger Panelteilnehmer runden die dokumentarisch-fiktionale Mischform des Beitrags ab. ✦ Deutschland 2000 **R+B** Christoph Weinert **D** Wolfgang Muhr (Peter Schmilinsky), Gerda Gmelin (Frau Susemihl), Susanne Banzhaf (Barfrau) **L** 60 **E** 13.12.2000 3sat

R

R. A. M. S. (FOREIGN BODY). Ein junger Inder schwindelt sich als angeblicher Arzt in die gehobene Londoner Gesellschaft, erlangt Ansehen, Reichtum und Liebe und kann schließlich sogar das Medizinstudium nachholen. Vergnügliche, recht verhalten inszenierte Außenseiter- und Aufsteigerkomödie, die jedoch die sozialkritischen Aspekte ihres Sujets weitgehend ungenutzt läßt und nicht über gefällige Unterhaltung hinauskommt. (Titel auch: »R. A. M. S. – Drei Frauen und kein Baby«) – Ab 16. ✦ USA 1986 **P** Orion **VA** VCL/Virgin **Pd** Colin M. Brewer **R** Ronald Neame **B** Céline la Frenière, nach einem Roman von Roderick Mann **K** Ronnie Taylor **M** Ken Howard **S** Andrew Nelson (= Anders Nilsson) **D** Victor Banerjee (Ram Das), Warren Mitchell (I. Q.), Geraldine McEwan (Lady Ammanford), Denis Quilley (Premierminister), Amanda Donohoe (Susan) **L** 107 **FSK** ab 12 **E** 20.7.1987 Video **fd** 26 552

R 3 ÜBERFÄLLIG (RIDERS TO THE STAR). Drei Astronauten versuchen einen Weltraumkörper einzufangen. Unaufwendiger Science-Fiction-Film, der allerdings einigen Wert auf technische Detailschilderungen legt. ✦ USA 1954 **P** A-Men/United Artists **KI** United Artists **Pd** Ivan Tors **R** Richard Carlson **B** Curt Siodmak **K** Stanley Cortez **M** Harry Sukman **S** Herbert L. Strock **D** William Lundigan (Richard Stanton), Herbert Marshall (Dr. Donald Stanton), Richard Carlson (Jerry Lockwood), Martha Hyer (Jane Flynn), Dawn Addams (Susan Manners), Robert Karnes (Walter Gordon), Lawrence Dobkin (Dr. Delmar), George Eldredge (Dr. Drayden), King Donovan (O'Herlihy), James Best (Sidney Fuller), Kem Dibbs (Kenneth Wells) **L** 80 **FSK** ab 12; f **E** 4.11.1955 **fd** 4 522

R. O. B. O. D. O. G. →Robodog

R. O. T. O. R. (ROTOR). Da die Polizei überfordert ist, will die Regierung einen Roboter zur Verbrechensbekämpfung einsetzen, doch nach einem Defekt wird das Chaos noch verschlimmert. Ein Spezialist erhält den gefährlichen Auftrag, die furchterregende Maschine abzuschalten. Handelsüblicher Actionfilm um die Konfrontation von Mensch und Technologie. ✦ USA 1987 **P** Imperial **VA** Highlight **Pd** Cullen Blaine, Budd Lewis, Richard Gesswein **R+B** Budd Lewis **K** Glenn Roland **M** David Adam Newman **S** Douglas Bryan **D** Richard Gesswein (Coldyron), Margaret Trigg (Sony), Jayne Smith (Dr. Steele), James Cole (Greg Hutchins), Clark Moore (Houghtaling), Carroll Brandon Baker, Shawn Brown, Michael Hunter **L** 86 **FSK** ab 16 **E** 26.10.1988 Video

R. P. M. – ROTATIONS PER MINUTE (R. P. M.). Ein junger leidenschaftlicher Autodieb soll in Südfrankreich den Prototyp eines extrem sparsamen Autos stehlen und gerät in eine Reihe von Intrigen, da er die Dimensionen seines Auftrags zunächst nicht erahnen kann. Konventionelle Action-Geschichte, die sich mit schnellen Autos und einer Reihe schöner Frauen über die Runden bringen will. ✦ Großbritannien/Frankreich 1997 **P** Europa Pic. **VA** VPS **R** Jan Sharp **D** David Arquette, Emmanuelle Seigner, Famke Janssen **L** 87 **FSK** ab 16 **E** 23.6.1998 Video

R. S. V. P. – HOLLYWOOD FLIPPT VÖLLIG AUS (R. S. V. P. – YOU CAN'T COME WITHOUT AN INVITATION). Die Parties eines Filmproduzenten sind als Sprungbrett für eine Hollywood-Karriere äußerst beliebt. So versuchen alle, Einlaß zu finden, als der Produzent eine Schickeria-Party für einen Schriftsteller veranstaltet, an dessen skandalträchtigem neuem Buch mit Enthüllungen über Hollywood er sich die Rechte gesichert hat. Trivialer Unterhaltungsfilm; eine Anhäufung ausgeflippter Typen und sattsam bekannter Klischees und Stereotype. ✦ USA 1983 **P** Chuck Vincent Prod. **VA** Polyband **R** John Amero, Lem Amero **B** Larue Watts **K** Larry Revene **D** Ray Colbert, Veronica Hart, Adam Mills, Robert Pinkerton, Harry Reems **L** 82 **FSK** ab 18 **E** 26.11.1988 RTL plus

R. W. S. (REVOLUTIONÄRER KRIEGSRAT) →Der Mann mit dem roten Stern

R – WIE RACHE (FINAL MISSION FINAL). Ein junger Mann will dem ewigen Kreislauf von Gewalt, Prostitution und Drogen entgehen, macht jedoch seine Lebensrechnung ohne die eigentlichen Bosse der Stadt. Plakativer Action-Film mit üblichen Gewaltszenen. ✦ Hongkong 1985 **P** IFD Films and Arts **KI** Allround **VA** Gloria/Rebell **D** Champ Wang, Terence Kind, Raymond Lee, Charles Lunger **L** 81 **FSK** ab 18; nf **E** 1988 Video

DAS RABAUKEN-KABARETT. Mit der Einrichtung eines Kabaretts gelingt es dem neuen Leiter eines Lehrkombinats, Fantasie und Energie der jungen Männer in die richtigen Bahnen zu lenken. Dürftige Unterhaltung vor dem Hintergrund von Planerfüllung und »Jugendbrigaden«. ✦ Schwarz-weiß. DDR 1961 **P** DEFA **Pd** Anni von Zieten **R+B** Werner W. Wallroth **K** Günter Ost **M** Conny Odd **S** Ursula Rudzki **D** Horst Jonischkan (Wolfgang), Albert Hetterle (Herold, Direktor), Werner Schulz-Wittan (Internatsleiter Dölz), Jutta Hoffmann (Karin), Peter Sindermann (Detlef), Ernst-Georg Schwill (Mäcki) **L** 96 **E** 13.4.1961 Kino DDR/1.1.1962 DFF 1

RABAUKEN UND NARREN (DESCOMEDIDOS Y CHASCONES). Chilenische Jugendliche aus verschiedenen gesellschaftlichen Schichten werden mit denselben Filmaufnahmen konfrontiert und anschließend zu ihren Eindrücken interviewt. Dabei wird der Zusammenhang von Schichtzugehörigkeit und Erfahrungshorizont offenbar. Der Film kritisiert mangelndes politisches Bewußtsein und ideologische Erstarrung der Bourgeoisie. (O.m.d.U.) ✦ Schwarz-weiß. Chile 1972 **P** Cine Experimental de la Universidad **SF** Freunde der Deutschen Kinemathek **R+B** Carlos Flores del Pino **K** Samuel Carvajal **M** Los Jaivas **L** 70 **E** 1973 Kino

EIN RABBI IM WILDEN WESTEN (THE FRISCO KID). Die Odyssee eines etwas tolpatschigen jungen Rabbiners um 1850 von Polen zu der ihm bestimmten Gemeinde in Philadelphia. Ebenso flott wie geistreich inszenierte Komödie, die freilich nur die Zuschauer begeistern wird, die ein Gespür für die Überlieferung der jiddischen Kultur haben. (TV-Titel auch: »Frisco Kid«) – Ab 16. ✦ USA 1979 **P** Warner **KI** Warner-Columbia **Pd** Mace Neufeld **R** Robert Aldrich **B** Michael Elias, Frank Shaw **K** Robert B. Hauser **M** Frank De Vol **S** Maury Winetrobe, Irving Rosenblum, Jack Horger **D** Gene Wilder (Rabbi Avram Belinski), Harrison Ford (Tommy), Ramon Bieri (Mr. Jones), Val Bisoglio (Häuptling), George DiCenzo (Darryl Diggs), Leo Fuchs (Oberrabbiner), George DiCenzo (Darryl Diggs), Penny Pyser (Rosalie), Jack Somack (Samuel Bender), Beege Barkett (Sarah Mindl), Shay Duffin (O'Leary) **L** 119 **FSK** ab 12; f **E** 27.9.1979 **fd** 22 197

RABBITS (NIGHT OF THE LEPUS). Durch erbbiologische Experimente zu Bestien ausgewachsene Kaninchen bedrohen Arizona und die Menschheit. Horrorfilm, der ökologische Argumente als Aufhänger für seine ziemlich haarsträubende Story benutzt. ✦ USA 1972 **P** MGM **KI** Fox-MGM **Pd** A.C. Lyles **R** William F. Claxton **B** Don Holliday, Gene R. Kearny, nach dem Roman »The Year Of The Angry Rabbit« von Russell Braddon **K** Ted Voigtlander **M** Jimmie Haskell **S** John McSweeney (= John McSweeney jr.) **D** Stuart Whitman (Roy Bennett), Rory Calhoun (Cole Hillman),

Janet Leigh (Gerry Bennett), Paul Fix (Sheriff Cody), Melanie Fullerton (Amanda Bennett), DeForest Kelley (Dr. Elgin Clark), Chris Morrell (Jackie Hillman), Chuck Hayward (Jud), Henry Wills (Frank), Francesca Jarvis (Mildred), Inez Perez (Haushälterin), I. Stanford Jolley (Berichterstatter) **L** 86 **FSK** ab 16; nf **E** 30.3.1973 **fd** 18 365

DER RABE (1935) (THE RAVEN). Ein genialer Chirurg, dessen Leidenschaft die Werke von E. A. Poe sind, richtet sich im Keller seines Hauses eine Folterkammer nach dem Vorbild der Geschichte »Grube und Pendel« ein. Rachsüchtig aus gekränkter Eitelkeit, will er sich ihrer zum Schrecken seiner Feinde bedienen. Horrorfilm, sehr frei nach Poe: ein klassischer Kinospaß. ✦ Schwarz-weiß. USA 1935 **P** Universal **Pd** David Diamond **R** Louis Friedlander (= Lew Landers) **B** David Boehm, nach einer Ballade von Edgar Allan Poe **K** Charles Stumar **M** Gilbert Harland **S** Albert Akst **D** Bela Lugosi (Dr. Richard Vollin), Irene Ware (Jean Thatcher), Boris Karloff (Edmond Bateman), Lester Matthews (Dr. Jerry Holden), Samuel S. Hinds (Richter Thatcher), Inez Courtney (Mary Burns) **L** 61 **E** 29.3.1970 NDR

DER RABE (1943) (LE CORBEAU). Anonyme Briefe vergiften die Atmosphäre in einer französischen Kleinstadt und verursachen bei der Bevölkerung Aufruhr und Panik. Inspiriert von einem authentischen Fall prangert Clouzots unter deutscher Besatzung gedrehter Film das Spitzel- und Denunziantentum im besetzten Frankreich an und deckt schonungslos menschliche Schwächen auf. Der mit viel kriminalistischen Schnörkeln versehene, bis zum Schluß spannende Film besticht durch präzise Figuren- und Milieuzeichnung und ein hervorragendes Schauspielerensemble. ✦ Schwarz-weiß. Frankreich 1943 **P** Continental **R** Henri-Georges Clouzot **B** Louis Chavance, Henri-Georges Clouzot **K** Nicolas Hayer **M** T. Aubin **D** Pierre Fresnay (Dr. Germain), Ginette Leclerc (Denise Saillens), Pierre Larquey (Dr. Vorzet), Micheline Francey (Laura Vorzet), Antoine Balpêtré (Dr. Delorme) **L** 90 **E** 6.3.1972 ZDF

DER RABE – DUELL DER ZAUBERER (THE RAVEN). Zwei Zauberer im 15. Jahrhundert begegnen einander im Duell und messen ihre magischen Kräfte. Ihr Kampf entscheidet zugleich über den Sieg von Gut oder Böse. Stimmungsvoller Gruselfilm in Anlehnung an ein Gedicht von E. A. Poe. Regisseur Corman parodiert souverän die Klischees des Genres, bietet eine Fülle ironischer Gags und technischer Kabinettstückchen – und ein Wiedersehen mit Veteranen des Gruselfilms. – Sehenswert ab 14. ✦ Scope. USA 1963 **P** AIP **KI** Filmwelt **Pd+R** Roger Corman **B** Richard Matheson, nach Edgar Allan Poe **K** Floyd Crosby **M** Les Baxter **S** Ronald Sinclair **D** Vincent Price (Dr. Erasmus Craven), Peter Lorre (Dr. Adolphus Bedloe), Boris Karloff (Dr. Scarabus), Hazel Court (Leonore Craven), Olive Sturgess (Estelle Craven), Jack Nicholson (Rexford Bedloe) **L** 86 **FSK** ab 6; f **E** 4.7.1980 **fd** 22 529

DER RABE VON LONDON (THE BLACK BIRD). Stummer Kriminalfilm um einen Meisterdieb in London, der eine bürgerliche Doppelexistenz als angeblich verkrüppelter Leiter einer Sozialmission führt. Als er sich wie sein Gegenspieler in eine Frau verliebt, überstürzen sich die Ereignisse. – Ab 12. ✦ Schwarz-weiß. USA 1925 **P** MGM **R** Tod Browning **B** Waldemar Young, nach »The Mockingbird« von Browning **K** Percy Hilburn **M** H.-J. Brandenburg **D** Lon Chaney (Der Rabe/Der Bischof), Owen Moore (West End Bertie), Renée Adorée (Fifi), Doris Lloyd (Limehouse Polly), Andy MacLennan (Der Schatten) **L** 79 **E** 12.3.1995 N 3

RABELADOS. Dokumentation über die Rebellen auf den im Atlantik gelegenen Kapverdischen Inseln, die jede Kooperation mit der Regierung ablehnen und sich in strikter Autonomie eingerichtet haben. Der Film berichtet über die ungeschriebenen Gesetze dieser Bewegung, beschreibt ihre Geschichte und spürt den Anfängen der Kolonialisierung und ihren Folgen nach. ✦ Deutschland 1999 **P** SWR **R** Torsten Truscheit **L** 90 **E** 29.4.2001 hessen 3

DIE RABEN (I CORVI). Irgendwo in der Wüste ist Hauptmann Robinson mit der Leitung einer Nervenheilanstalt beauftragt, in der er seine Vision einer neuen Gesellschaft verwirklichen will. Bei seiner »Zivilisierung« Freitags kommen ihm selbst Zweifel an seinem rationalistischen Programm. Sein Experiment wird schließlich durch Gewalt von außen beendet. Mit philosophischen Exkursen gespickte Reflexion über das Wesen und Ideen der Aufklärung. (O.m.d.U.) ✦ Italien 1971 **P** RAI **SF** Freunde der Deutschen Kinemathek **R+B** Ivo Barnabò Micheli **K** Ivan Stojnov **M** Alvin Curran **D** Henry Moore (Robinson), Paolo Caruso (Freitag) **L** 70 **E** 1972 Kino

RABENSCHEIN & WICHTELMANN (RABENSCHEIN & WICHTELMANN). Ein kleiner Wicht und ein großer Rabe durchleben ein gerüttelt Maß an Abenteuern und seltsamen Geschichten, die unter anderem illustrieren sollen, daß die Märchen oft barmherziger sind als die Wirklichkeit des Züricher-Großstadt-Dschungels. Eine zwar erstaunlich anspielungsreiche Geschichte, aber die all zu krude Erzählhaltung vermag auf Dauer kaum zu überzeugen. ✦ Schweiz 1987 **P** Seidmann **Pd+R+B** Harald Seidmann **K** Carmen Schurter **M+S** Harald Seidmann, Carmen Schurter **D** Stefan Bachofen, Kari Weingart **L** 89 **E** Schweiz

DIE RABENSCHWARZE NACHT – FRIGHT NIGHT (FRIGHT NIGHT). Moderne Variation des »Dracula«-Stoffes: Ein amerikanischer Kleinstadt-Junge identifiziert seinen Nachbarn als Blutsauger und versucht mit Hilfe eines Fernseh-Vampir-Spezialisten, ihn zur Strecke zu bringen. Parodistisch angelegter Horrorfilm mit vielen grellen Grusel- und Schockeffekten. (TV-Titel: »Fright Night«, »Die rabenschwarze Nacht«) ✦ Scope. USA 1985 **P** Vistar **KI** Warner-Columbia **VA** RCA/Columbia **DVD** Columbia TriStar Home (16:9, 2.35:1, DS engl./dt.) **Pd** Herb Jaffe **R+B** Tom Holland **K** Jan Kiesser **M** Brad Fiedel **S** Kent Beyda **D** Chris Sarandon (Jerry Dandrige), William Ragsdale (Charly Brewster), Amanda Bearse (Amy Peterson), Roddy McDowall (Peter Vincent), Stephen Geoffreys (Evil Ed), Jonathan Stark (Billy Cole) **L** 107 **FSK** ab 18; nf (DVD 16) **E** 6.2.1986/18.11.1986 Video/5.10.2000 DVD **fd** 25 462

EIN RABENSCHWARZES SCHAF (LA PECORA NEGRA). Ein hochstaplerischer Gauner verschafft sich wirtschaftliche und gesellschaftliche Erfolge und setzt sich schließlich an die Stelle seines Zwillingsbruders, eines angesehenen Politikers, der daraufhin im Irrenhaus landet. Salopp-oberflächlichliche Gesellschaftssatire, mit Frivolitäten und Geschmacklosigkeiten garniert. – Ab 16. ✦ Italien 1968 **P** Fair Film **R** Luciano Salce **B** Adriano Baracco, Ennio de Concini, Luciano Salce **K** Aldo Tonti **M** Luis Enriquez **S** Marcello Malvestiti **D** Vittorio Gassman (Filippo/Giulio), Lisa Gastoni (Alma), Adrienne La Russa (Kitty), Ettore Mattia (Minister), Antonio Centa **L** 104 **E** 7.10.1994 N 3

RABENTANZ (KORPINPOLSKA). In der unberührten Waldlandschaft Nordfinnlands leben drei Menschen in fast paradiesischem Zustand – bis die Zivilisation die Idylle zerstört. Ein sensibler, atmosphärisch stimmiger Film über die Beziehungen zwischen Mensch und Natur und über die Notwendigkeit eines verantwortungsvollen Umgangs mit der natürlichen Umwelt, wobei vor allem die Tier- und Landschaftsaufnahmen faszinieren. ✦ Finnland/Schweden 1980 **P** Suomi-Filmi oy Sveriges/Television Lulea **R+B** Markku Lehmuskallio **K** Markku Lehmuskallio, Bekka Martevo **D** Pertti Kalinainen, Paavo Katajasaari, Hilkka Matikainen **L** 80 **E** 29.10.1983 ARD **fd** 24 227

RABENVATER. Zwei Jahre nach der Scheidung sieht ein Kinoplakatmaler seinen Sohn zum ersten Mal wieder. Während dieser außer sich vor Freude ist, wirkt die Mutter irritiert: mit ihrem neuen Partner versteht sich der Junge auch gut. Von Eifersucht geplagt, bemüht sich der Vater um die Zuneigung seines Sohnes. Etwas zähflüssiger DEFA-Spielfilm, der wirkliche Alltagskonflikte nur vorgaukelt und eher Traumvorstellungen von möglichen Partnerschaften projiziert. Das seelische Befinden des Kindes, das plötzlich mit »zwei Vätern« konfrontiert wird, wird völlig außer acht gelassen. – Ab 14 möglich. ✦ Scope. DDR 1985 **P** DEFA, Gruppe »Babelsberg« **KI** Progress **Pd** Irene Ikker **R** Karl-Heinz Heymann **B** Thomas Knauf, Karl-Heinz Heymann **K** Andreas Köfer **M** Rolf Fischer **S** Vera Nowark **D** Roland Gawlik (Jonathan Singula), Alexander Korth (David), Gabriela Zion (Ruth), Uwe Kockisch (Franz), Herbert Köfer (Radetzki) **L** 86 **E** 2.5.1986 Kino DDR/13.5.1988 DFF 2/8.7.1991 ARD

DAS RABENVIERTEL (KVARTERET KORPEN). Das Porträt einer kleinbürgerlichen Familie im Schweden zur Zeit der Wirtschaftskrise in den 30er Jahren: Der arbeitslose Vater versinkt immer tiefer in Resignation, während der Sohn sich schließlich aufrafft, um an der Besserung der Verhältnisse mitzuarbeiten. Eine etwas langatmige, aber exakt beobachtete, eindringliche Studie. ✦ Schwarz-weiß. Schweden 1963 **P** Europafilm **R+B** Bo Widerberg **K** Jan Lindeström **M** Sven Fahlén **D** Thommy Berggren (Anders), Keve Hjelm (Vater), Emy Strom (Mutter), Ingvar Hirdwall (Elsie), Christina Framback **L** 99 **E** 5.9.1967 ARD **fd** 14 838

RABI (RABI). Die Freundschaft eines Schmiedsohnes zu einer Schildkröte. Eine moderne Fabel, die sich traditioneller afrikanischer Erzählmethoden bedient, um das Verhältnis des Menschen zu seiner Umwelt in ein neues Licht zu rücken. ✦ Burkina Faso/Großbritannien/Deutschland 1992 **P** Cinecom/BBC/WDR **R+B** Gaston Kaboré **K** Jean-Noël Ferragut **M** René B. Guirma, Wally Badarou **S** Marie-Jeanne Kanyala **D** Joseph Nikiema (Kuilga), Colette Kaboré (Kudpoko), Yacouba Kaboré (Rabi), Tinfissi Yerbanga (Pusga), Josephine Kaboré (Tuska) **L** 60 **E** 9.5.1992 ARD

RABID – DER BRÜLLENDE TOD (RABID / RAGE). An einer jungen Frau, die bei einem Unfall schwer verletzt wurde, wird eine verbotene Gewebetransplantation vorgenommen, die in ihr vampirartige Kräfte erweckt. Die Opfer werden von einer Tollwut-Epidemie erfaßt. Der technisch gut gemachte Horror-Schocker von Kultregisseur David Cronenberg knüpft monoton die immergleichen Effekte aneinander, wobei die Spannung leidet. Die abstruse Story ist so überzogen, daß sie fast schon parodistisch wirkt. ✦ Kanada 1976 **P** Cinepix-Dibar/New World **KI** Gloria (für Residenz) **Pd** John Dunning **R+B** David Cronenberg **K** René Verzier **M** Ivan Reitman **S** Jean Lafleur **D** Marilyn Chambers (Rose), Joe Silver (Murray Cypher), Frank Moore (Hart Read), Patricia Gage (Dr. Roxanne Keloid), Susan Roman (Mindy Kent), J. Roger Periard (Lloyd Walsh), Howard Ryshpan (Dr. Dan Keloid) **L** 91 **FSK** ab 18; nf **E** 24.6.1977 **fd** 20 382

RABID GRANNIES (RABID GRANNIES). Auf einem Landsitz soll der Geburtstag zweier alter Damen gefeiert werden. Die weitverzweigte Familie hat sich versammelt, man feiert, spekuliert auf die Erbschaft und spinnt Intrigen. Einer der Gäste hat ein Geschenk mitgebracht, das die beiden Geburtstagskinder in grauenhafte Dämonen verwandelt, die sich nun an der Verwandtschaft rächen. Blutiger Horror aus Belgien, der mit zahlreichen Leichen und rabenschwarzem Humor aufwartet und das Arsenal der Splattergenres plündert. ✦ Belgien 1989 **VA** Astro (Dominik) **Pd** Jonathan Rambert **R+B** Emmanuel Kervyn **K** Hugo Labye **M** Jean-Bruno Castelain, Pierre-Damien Castelain **S** Philippe Ravoet **D** Anne Marie Fox (Victoria Remington), Danielle Daven (Elisabeth Remington), Raymond Lescot (Reverend Father), Catherine Aymerie (Helen), Michel Lombet (Roger) **L** 90 **E** 29.3.1999 Video

RACE AGAINST TIME – WETTLAUF GEGEN DEN TOD (RACE AGAINST TIME). Um das Leben seines kranken Sohnes zu retten, vermacht der Vater, ein Ingenieur, seine Organe einer dubiosen Gesellschaft und muss sich eines perfiden Spiels erwehren, als nach dem Tod des Kindes Agenten des geldgierigen Organsammlers Jagd auf ihn machen. Leidlich unterhaltsamer Thriller der B-Klasse, entwickelt nach gängigen Vorbildern. ✦ USA 2000 **P** Turner **VA** Laser Paradise **R** Geoff Murphy **B** Cary Solomon, Chuck Konzelman **M** Don Davis **S** Rick Shaine **D** Eric Roberts (James Gabriel), Cary Elwes (Burke), Sarah Wynter (Alex), Cas Anvar (Leonard Sheck), Diane Venora (Dr. Helen Steele) **L** 87 **E** 19.3.2001 Video

RACE THE SUN – IM WETTLAUF MIT DER ZEIT (RACE THE SUN). Die neue Lehrerin an einer Farbigenschule auf Hawaii ermutigt ihre Schüler, an einem Wettbewerb zum Bau von Solarautos teilzunehmen. Diese beschließen, einmal nicht zu den Loosern zu gehören, und können sich in Konkurrenz zu einer weißen Highschool durchsetzen. Ein sympathischer Schülerfilm, der durch die Darstellung der sozialen und psychologischen Verhältnisse innerhalb der Klasse überzeugt. Die pädagogische Botschaft, daß auch die Unterprivilegierten zu Erfolg kommen können, wenn sie nur zusammenhalten, wird unaufdringlich und mit Witz vermittelt. – Ab 12. ✦ USA 1995 **P** TriStar Pictures/Morrow Heus Prod. **VA** Columbia TriStar **Pd** Richard Heus, Barry Morrow **R** Charles T. Kanganis **B** Barry Morrow **K** David Butt **M** Grame Revell **S** Wendy Greene Bricmont **D** Halle Berry (Ms. Beecher), James Belushi (Frank), Casey Affleck (Daniel) **L** 96 **FSK** ab 6 **E** 18.2.1997 Video/ 15.3.1998 premiere **fd** 32 534

RACES (RACES). In der Hoffnung auf einen Sieg zieht ein ehemals erfolgreicher Rennfahrer auf eigene Rechnung und Gefahr im Sommer über die Rennstrecken Europas, begleitet von seiner Tochter aus geschiedener Ehe. Belanglose Unterhaltung aus dem Motorsport-Milieu. (Fernsehtitel auch: »Der erste Sieg«) ✦ Scope. Japan/BR Deutschland 1983 **P** Manfred Durniok/TOWA/CCJ **R** Masato Harada **B** Masato Harada, Akinori Kikuchi, Dar Sorrel **D** Yuki Watanake (Kei), Leslie Malton (Sam), Chris Addison (Anna), Virginia Christine, Edward Andrews, Claus Theo Gärtner (Leo), Deborah Sasson (Monique) **L** (TV) 100 **E** 6.9.1985 Kino DDR

RACHE. Vier Freunde, die durch Verrat wegen geplanter Republikflucht in einem Gefängnis in der DDR saßen, wollen sich nach der Wende an dem mittlerweile wohlsituierten Verräter rächen. Der harmlos geplante Streich läuft aus dem Ruder. Verletzte sind zu beklagen, die Freunde flüchten sich in eine Kirche und bringen den Pfarrer in arge Gewissensnot. Als einer von ihnen an seiner Schußverletzung stirbt, scheint die Gewalt nicht mehr aufzuhalten zu sein. Abschlußfilm eines Absolventen der Babelsberger Filmhochschule, der versucht, das Lebensgefühl der jungen DDR-Generation widerzuspiegeln. ✦ Deutschland 1995 **P** Filmhochschule Babelsberg **VA** absolut MEDIEN **R** Bernd Michael Lade **B** Thomas Brussig, Bernd Michael Lade **D** Sven Martinek (Axel), Christian Kuchenbuch (Robert), Dirk Nocker (Mark), Thorsten Ranft (Peter), Christian Brückner (Pfarrer Lohmann) **L** 78 **E** 28.7.1998 mdr

DIE RACHE (1958) (LA VENDETTA / LA VENGANZA). Ein Bauernsohn hat nach einer Mordanklage zehn Jahre unschuldig im Gefängnis verbracht. Nun will er sich, angestachelt auch vom Haß seiner Schwester, an demjenigen rächen, der damals den wahren Täter gedeckt hat. Doch in gemeinsamer sozialer Not und harter Arbeit lernt er im anderen den Mitmenschen und Leidensgenossen kennen und achten, wodurch der Haß schließlich überwunden wird. Ein ethisch wie künstlerisch gleichermaßen eindrucksvolles Drama. – Sehenswert ab 14. ✦ Spanien/Italien 1958 **P** Sueria/Vides S.P.A. **KI** Progress **R+B** Juan Antonio Bardem **K** Mario Pacheco **M** Isidor B. Maiztegui **D** Carmen Sevilla (Andrea), Raf Vallone (Luis), Jorge Mistral (Juan), José Maria Prada (Der Alte), Maria Zanoli (Mutter) **L** 99 **E** 2.9.1960 Kino DDR

DIE RACHE (1970) (ODVETA). In Bratislava spielender slowakischer Kinder- und Jugendfilm: Die drei kleineren Geschwister eines Schülers, der schwer verletzt im Krankenhaus liegt, wollen sich an dem schuldigen Mitschüler rächen. Dieser ist durch eine Prüfung gefallen und von zu Hause ausgerissen. Er wird heimlich von einem Mädchen versorgt, das sich in den Jungen verliebt hat. Die Freundin schafft es schließlich durch List und Geschick, die Geschichte zu einem guten Ende zu bringen. – Ab 8. ✦ CSSR 1970 **P** Slowakisches Filmschaffen Bratislava **R** Ivan Hústava **B** Alta Vaçsova-Zajacova **K** Vladimír Ondrus **M** Karel Svoboda **D** Romana Pecnerová, Bozidara Turzonovová, Jozef Adamovic, Andrej Seban, Olga Zöllnerová **L** 82 **E** 5.9.1981 BR

DIE RACHE (1972) (RAZBUNAREA). Zweiter Teil des Films »Der Seewolf«: Der Schriftsteller van Weyden, der vom Schiff des Kapitäns Larsen fliehen konnte, verfolgt über Jahre hinweg die Spur seines Feindes, um Rache zu nehmen. Er findet ihn als einen von anderen Verbrechern seelisch und körperlich vernichteten Menschen. Spannungsarme Aneinanderreihung von Episoden. ✦ Rumänien/BR Deutschland 1972 **P** Filmstudio Bucuresti **KI** Progress **R** Wolfgang Staudte, Sergiu Nicolaescu **B** Walter Ulbrich, nach einer Erzählung von Jack London **K** André Zarra **M** Hans Posegga, Tiberiu Olah **D** Raimund Harmstorf (Seewolf), Edward Meeks (Humphrey van Weyden), Emmerich Schäffer (Mudrige), Sergiu Nicolaescu (Hall-Raffy), Beatrice Cardon (Maud) **L** 78 **E** 28.12. 1973 Kino DDR/8.6.1981 DFF 1

DIE RACHE (1976) →Trini

DIE RACHE (1982) (NOW AND FOREVER). Durch einen Seitensprung, der ihm eine Anzeige und Verurteilung wegen Menschenraubes und Vergewaltigung einbringt, zerbricht die glückliche Ehe eines Schriftstellers. Während seines Gefängnisaufenthaltes schreibt er einen Bestseller. Bei seiner Entlassung erwartet ihn wieder die Ehefrau, die sich zu einer endgültigen Trennung nicht entschließen konnte. Drama. (Fernsehtitel: »Für immer und ewig«, »In guten wie in schlechten Tagen«) – Ab 16. ✦ Australien 1982 **P** The Now and Forever Film Partnership **VA** CIC **Pd** Treisha Ghent, Carnegie Fieldhouse **R** Adrian Carr **B** Richard Cassidy, nach einem Roman von Danielle Steel **K** Donald McAlpine **M** Bruce Rowland **S** Adrian Carr **D** Cheryl Ladd (Jessie Clarke), Robert Coleby (Jan Clarke), Carmen Duncan (Astrid Bonner), Christine Amor (Margret Burton), Aileen Britton (Bethaine) **L** 93 **FSK** ab 16 (Video 12) **E** September 1987 Video

DIE RACHE (1985). Eine jugoslawische Gastarbeiterin, die von ihrem Mann verlassen wurde, bereitet nach Jahren, in denen sie schwer arbeitete, mit erspartem Geld ihre Rache vor: Sie nimmt einen mittelmäßigen Schauspieler in ihre Dienste und fährt mit ihm in ihr Heimatdorf. Dort kommt es zu einer folgenschweren Auseinandersetzung mit ihrem Mann. Tragikomische Parabel über falsches Ehrempfinden und mögliche »Waffen« im Kampf der Geschlechter. ✦ BR Deutschland 1985 **R+B** Nenad Djapic **K** Vilko Filac **M** Enco Lesic **D** Milena Dravic, Harry Baer, Velimir Bata Zivojinovic, Bozidar Pavicevic, Jelka Kejzar **L** (TV) 90 **E** 30.6.1986 ZDF

DIE RACHE (1989) (MEST). Film eines kasachischen Regisseurs nach einer russisch-koreanischen Erzählung. Gemäß einem väterlichen Gelübde verfolgt ein koreanischer Bauernjunge jahrelang einen Mann, der einst seine Halbschwester ermordet hat. Auf der langen Odyssee, die ihn von Korea durch China bis in die Sowjetunion führt, verfehlt er sein eigenes Leben. ✦ UdSSR 1989 **P** Kasachfilm **R** Jermek Schinarbajew **B** Anatoli Kim **K** Sergej Kosmanew **M** Wladislaw Schut **D** Alexander Pan (Der Dichter/Singu), Kassym Shakipbajew (Zaj), Ljubow Germanowa (Die Rumänin Elsa), Oleg Li (Der Mönch/Alter König), Sinaida Em (Die Stumme) **L** 95 **E** 14.10.1992 ARD

DIE RACHE (1991) (SHOOT FIRST: A COP'S VENGEANCE). Zwei befreundete Polizisten in San Antonio gehen im Laufe der Jahre verschiedene Wege. Der eine wird zum eiskalten, Selbstjustiz übenden Killer, den nur der besonnen gebliebene Freund stoppen kann. Kriminalfilm nach einer wahren Begebenheit. – Ab 16. ✦ USA 1991 **P** Harvey Kahn Productions **Pd** Harvey Kahn **R** Mel Damski **B** Joseph Gunn, Garry Michael White **D** Dale Midkiff (Farrell Tucker), Alex McArthur (Stephen Smith), Loryn Locklin (Lea), G. D. Spradlin (Chief Hogan), Andi Chapman (Janet Burroughs) **L** 94 **E** 13.7.1993 Kabelkanal

RACHE AUF HAITI (GOLDEN MISTRESS). Ein Amerikaner und seine Freundin untersuchen den Meeresgrund nach dem verbotenen Schatz eines haitianischen Stammes. Abenteuer-B-Movie mit Voodoo-Zauber und naiven Effekten. ✦ USA 1954 **P** United Artists **KI** United Artists **R** Joel Judge **B** Lew Hewitt **K** William C. Thompson **M** Raoul Kraushaar **D** John Agar, Rosemarie Bowe, Abner Biberman, André Narcisse, Jacques Molant **L** 80 **FSK** ab 12; nf **E** 25.11. 1955 **fd** 4 583

RACHE AUS DEM JENSEITS (J.D.'S REVENGE). Die allmähliche Persönlichkeitsveränderung eines Jura-Studenten in New Orleans. Immer häufiger wird der junge Mann aus den 70er Jahren ins Jahr 1942 zurückversetzt, wo er sich in der Identität eines Gangsters wiederfindet. Einigermaßen gut gestalteter Horrorfilm mit schwarzer Besetzung. – Ab 16. ✦ USA 1976 **P** AIP **Pd+R** Arthur Marks **B** Jaison Starkes **K** Harry J. May **M** Robert Prince **S** George Folsey jr. **D** Glynn Turman (Ike), Joan Pringle (Christella), Louis Gossett jr. (Reverend Bliss), Carl Crudup (Tony), James Louis Watkins (Carl) **L** 92 **E** 27.1.1995 PRO 7

RACHE AUS DEM KNAST (ZIGZAG). Ein lebensgefährlich erkrankter Versicherungsdetektiv beschuldigt sich selbst eines Mordes, um seiner Familie durch die Belohnung zu finanzieller Sicherheit zu verhelfen. Geschickt inszenierter Krimi, der spannende Unterhaltung bietet. – Ab 16. ✦ Scope. USA 1969 **P** MGM **KI** MGM **Pd** Robert Enders, Everett Freeman **R** Richard A. Colla **B** John T. Kelley **K** James Crabe **M** Oliver Nelson **S** Ferris Webster **D** George Kennedy (Paul R. Cameron), Anne Jackson (Jean Cameron), Eli Wallach (Mario Gambretti), Steve Ihnat (Gates), William Marshall (Morrie Bronson) **L** 104 **FSK** ab 16; f **E** 11.9.1970 **fd** 16 993

RACHE AUS DEM REICH DER TOTEN →Zurück bleibt die Angst

RACHE AUS LEIDENSCHAFT (I SAID A BUTT LIGHT!). Softsexfilm um eine junge Schauspielerin, die trotz höherer Ambitionen stets mit Rollen als Sexobjekt Vorlieb nehmen muß, bis sie die Chance zur Rache an ihrem Produzenten erhält. ✦ USA 1990 **R** Michael Craig **B** Mark Weiss, nach einer Idee von Michael Bushler **D** Erica Boyer, Champagne, Rick Daniels, Lauren Brice **L** 83 **E** 23.10.1992 premiere

DIE RACHE BIN ICH (IL PREFETTO DI FERRO). Der in den 20er Jahren von Mussolini nach Palermo entsandte Präfekt soll die Macht der Mafia eindämmen. Er führt erfolgreiche Schläge gegen die Briganten, wird aber abberufen und befördert, bevor er die Drahtzieher unschädlich machen kann. Geschickt inszenierter, spannender Politthriller, der auf melodramatische Elemente nicht verzichtet, aber stets die politische Stoßrichtung beibehält. (DDR- und Fernsehtitel: »Der eiserne Präfekt«) – Ab 16. ✦ Italien 1977 **P** Rizzoli **KI** Progress **VA** VPS **Pd** Gianni Hecht Lucari **R** Pasquale Squitieri **B** Pasquale Squitieri, Arrigo Petacco, Ugo Pirro, nach einem Roman von Arrigo Petacco **K** Silvano Ippoliti **M** Ennio Morricone **S** Ruggero Mastroianni **D** Giuliano Gemma (Präfekt Cesare Mori), Claudia Cardinale (Anna Torrini), Francisco Rabal (Don Caloggero), Stefano Satta Flores (Major Spano), Massimo Mollica, Rossella Rusconi, Rik Battaglia, Lina Sastri **L** 124 (DDR 115) **FSK** ab 16 **E** 25.5.1979 Kino DDR/10.5.1980 DFF 1/9.11.1984 ZDF/22.3.1989 Video **fd** 27 578

DIE RACHE DER AMY FISHER (LETHAL LOLITA). Eine 16jährige verliebt sich in einen 20 Jahre älteren, verheirateten Mann, der sie jedoch manipuliert und ausnutzt. Aus Eifersucht versucht das Mädchen die Ehefrau umzubringen. Diese überlebt, trägt aber eine anhaltende Behinderung davon. Der Mann verleugnet jegliche Beziehung zu der Täterin, die schließlich verurteilt wird und im Gefängnis landet. Die nach einer wahren Begebenheit erzählte Geschichte über seelische und sexuelle Abhängigkeit wird von einer überzeugenden Hauptdarstellerin getragen, die den Film vor allzu melodramatischen Wendungen bewahrt. (Fernsehtitel auch: »Tödliche Lolita«) ✦ USA 1992 **P** KLM/Spectator/Michael Jaffe Films **Pd** Christine Sacani, John Danylkiw **R** Bradford May **B** Philip Penningroth, nach einer Vorlage von Maria Eftimiades **K** Bradford May **M** Fred Mollin **S** Ron Wisman **D** Noelle Parker (Amy Fisher), Ed Marinaro (Joey Buttafuoco), Boyd Kestner, Pierrette Grace, Lawrence Dane **L** 90 **E** 7.10.1993 RTL

RACHE DER BARBAREN (LA FURIA DEI BARBARI). »Muskel- und Sandalen-Film« um den Bruderkampf zwischen germanischen Dörfern, in die erst nach dem Tod des bösen Häuptlings Friede einkehrt. ✦ Scope. Italien 1960 **P** Arion **Kl** Pallas **R** Guido Malatesta **B** Gino Mangini, Umberto Scarpelli **K** Vincenzo Seratrice **M** Gian Stellari, Guido Robuschi **D** Edmund Purdom (Toryok), Rossana Podestà (Lianora), Livio Lorenzon (Kovo), Carla Calò, Daniele Vargas **L** 81 **FSK** ab 12; nf **E** 14.2.1964 **fd** 12 554

DIE RACHE DER BLONDEN →Blonde Vergeltung

DIE RACHE DER BLONDEN HEXE (HARPER VALLEY P.T.A.). Eine attraktive Witwe, die wegen ihrer unorthodoxen Ansichten den anderen Mitgliedern des Schulausschusses ein Dorn im Auge ist, setzt sich zur Wehr, als ihre Tochter von der Schule verwiesen werden soll. Mit Hilfe zweier Freundinnen sucht sie nach den Leichen in den Kellern der Kontrahenten und wird fündig. Eine gut gespielte Komödie mit Tiefgang, die die Lebensweisheit paraphrasiert, dass niemand, der im Glashaus sitzt, mit Steinen werfen sollte. ✦ USA 1978 **P** April Fools **R** Richard Bennett **B** George Edwards, Barry Schneider **K** Willy Kurant **M** Tom T. Hall, Nelson Riddle **S** Michael Economou **D** Barbara Eden (Stella Johnson), Ronny Cox (Willis Newton), Nanette Fabray (Alice Finley), Louis Nye (Kirby Baker), Audrey Christie (Flora Simpson Reilly) **L** 95 **E** 14.3.2001 Super RTL

DIE RACHE DER BORGIAS (LA NOTTE DEL GRANDE ASSALTO). Italienisches Historienkino mit den üblichen Kerker-, Folter- und Liebesepisoden in Kostümen des 15. Jahrhunderts. Die Eroberung einer Burg im Apennin bietet Gelegenheit zu aufwendigen Kampfszenen. (DDR-Titel: »Die Nacht der Rache«) ✦ Scope. Italien/Frankreich 1959 **P** Italcaribe/Contact/P.I.P. **Kl** Constantin **R** Giuseppe Maria Scotese **B** Arnaldo Marrosu, Giuseppe Maria Scotese **K** Pier Ludovico Pavoni **M** Carlo Rustichelli **D** Fausto Tozzi (Zanco Monforte), Agnès Laurent (Isabella de Fabi), Kerima (Maya), Sergio Fantoni (Marco da Volterra), Luisa Mattioli **L** 89 **FSK** ab 12; nf **E** 29.7.1960/25.1.1963 Kino DDR/12.7.1969 DFF 1 **fd** 9 364

DIE RACHE DER CAMORRA (I GUAPPI). Um die Jahrhundertwende in Neapel: Als ein junger Mann nach sechs Jahren Haft wegen revolutionärer Aktivitäten in sein Stadtviertel zurückkehrt, wird er Mitglied der Camorra. Dadurch kann er sich seinen Traum, Rechtsanwalt zu werden, erfüllen. Doch er gerät durch seinen Gerechtigkeitssinn immer wieder mit dem mit brutaler Gewalt herrschenden Camorra-Chef aneinander. Ein gesellschaftskritischer Film, dessen genaue Beschreibung von Zeit und Milieu beeindruckt. (TV-Titel: »Gesetz der Gesetzlosen«) – Ab 16. ✦ Italien 1974 **P** Documento **VA** Elfra **R** Pasquale Squitieri **B** Pasquale Squitieri, Ugo Pirro, Micheli Price **K** Eugenio Bentivoglio **M** Franco Campanino, Gigi Campanino **S** Mario Morra **D** Franco Nero, Claudia Cardinale, Fabio Testi, Raymond Pellegrin, Lina Polito, Rita Forzano, Nino Vingelli, Antonio Orlando **L** 130 (TV 120) **FSK** ab 16 **E** 11.10.1980 DFF 1/14.5.1981 HR

DIE RACHE DER CHEYENNE (GHOST TOWN). Ein Indianerüberfall auf eine Postkutsche, die in einer verlassenen Stadt umzingelt wird, offenbart bei einigen der eingeschlossenen Weißen das wahre Gesicht. Anspruchsloser B-Western, der die Extremsituation einer Notgemeinschaft zum Anlaß nimmt, Sein und Schein auf wenig tiefschürfende Weise zu trennen. – Ab 14. ✦ Schwarz-weiß. USA 1956 **P** Bel Air/United Artists **Pd** Howard W. Koch **R** Allen H. Miner **B** Jameson Brewer **K** Joseph Biroc **M** Paul Dunlap **S** Mike Pozen **D** Kent Taylor (Anse Conroy), John Smith (Duff Dailey), Marian Carr (Barbara Leighton), John Doucette (Doc Clawson), Serene Sande (Maureen), William Phillips (Kerry Mccabe), Joel Ashley (Sgt. Dockery), Edmund Hashim (Dull Knife), Gary Murray (Alex) **L** 77 **E** 9.3.1990 ARD

DIE RACHE DER EIERKÖPFE (REVENGE OF THE NERDS). Die Erstsemestler eines College müssen sich gegen die Schikanen einer tyrannischen Verbindung von Sportstudenten behaupten. Schließlich siegt der Geist über die Kraft. Einfallslose Klamotte mit sexistischen Gags. ✦ USA 1984 **P** Interscope/20th Century Fox **VA** CBS/Fox **Pd** Ted Field, Peter Samuelson **R** Jeff Kanew **B** Steve Zacharias, Jeff Buhai **K** King Baggot **M** Thomas Newman **S** Alan Balsam **D** Robert Carradine (Lewis), Anthony Edwards (Gilbert), Ted McGinley (Stan), Bernie Casey (U. N. Jefferson), Julia Montgomery (Betty), John Goodman (Harris) **L** 87 **FSK** ab 16 **E** September 1986 Video **fd** 25 877

DIE RACHE DER EULE →The Owl

DIE RACHE DER GELBEN SPINNE (THE SNAKE, EAGLE AND THE FOX). Dynastie-Streitigkeiten im alten China führen zu harten Auseinandersetzungen zwischen rivalisierenden Kung-Fu-Meistern und deren Schulen. Kampfbetonter Eastern mit ungewöhnlich differenzierten Charakterzeichnungen. ✦ Scope. Hongkong 1978 **P** Great China **Kl** A. B. **R** Chang Cheh **B** I Kuan **D** Wang Tao, Liu Chung-Liang, Han Ying **L** 85 **FSK** ab 16; nf **E** 20.3.1981

DIE RACHE DER GELBEN TIGER (FORTEEN AMAZONES). Die Frauen eines chinesischen Fürstentums besiegen die eingefallenen Tataren und rächen ihre hingemetzelten Männer. Ebenso harter wie einfallsreicher Martials-Arts-Film. Ungewöhnlich, daß hier fast ausschließlich weibliche Kämpfer auftreten. ✦ Scope. Hongkong 1972 **P** Shaw Bros. **Kl** Scotia **VA** VPS **R+B** Cheng Kang **K** Tung Chao-Yung **M** Wang Fu-Ling **D** Betty Ting-Pei, Ching Miao, Li Ching, Wang Xieh, Chen Yen-Yen **L** 90 **FSK** ab 18; nf **E** 23.3.1973 **fd** 18 268

DIE RACHE DER GESCHÄNDETEN FRAUEN →Ich, die Nonne und die Schweinehunde

DIE RACHE DER GLADIATOREN →Die 6 Unbesiegbaren

DIE RACHE DER GLORREICHEN SIEBEN (GUNS OF THE MAGNIFICENT SEVEN). Sieben für harte Dollars angeheuerte Söldner ziehen um 1900 gen Mexiko, um den gefangengehaltenen Revolutionsführer zu befreien. Fortsetzungsfilm zu »Die glorreichen Sieben« (1960) und »Die Rückkehr der glorreichen Sieben« (1966), der gegenüber seinen Vorgängern qualitativ stark abfällt und nur noch Klischees verarbeitet. Konventionelle Western-Unterhaltung. ✦ Scope. USA 1968 **P** The Mirisch Company **Kl** United Artists **DVD** Fox Home (16:9, 1.85:1, Mono engl./dt.) **Pd** Vincent M. Fennelly **R** Paul Wendkos **B** Herman Hoffman **K** Antonio Macasoli **M** Elmer Bernstein **S** Walter A. Hannemann **D** George Kennedy (Chris), James Whitmore (Levi Morgan), Monte Markham (Keno), Bernie Casey (Cassie), Joe Don Baker (Slater), Scott Thomas (P.J.), Reni Santoni (Max), Michael Ansara (Colonel Diego), Wende Wagner (Tina), Frank Silvera (Lobero), Fernando Rey (Quintero), Tony Davis (Emiliano Zapata), Jorge Rigaud (Gabriel) **L** 105 **FSK** ab 12; f (fr. 16) **E** 5.9.1969/8.11.2001 DVD **fd** 16 373

DIE RACHE DER GRAUEN MAUS →Gewagtes Spiel (1982)

DIE RACHE DER HEIDUCKEN (RAZBUNAREA HAIDUCILOR). Die Heiducken unter ihrem Hauptmann Amza befreien Bauernkinder, die der Pascha von Vidin raubte, um sie dem Sultan als Sklaven zu schenken. Nach Schema gedrehter Abenteuerfim ohne künstlerische Ambitionen. ✦ Scope. Rumänien 1967 **P** Filmstudio Bucuresti **Kl** Progress **R** Dinu Cocea **B** Eugen Barbu, Mihai Opris, Dinu Cocea **K** George Voicu **M** Mircea Istrate **D** Emanoil Petrut (Amza), Marga Barbu (Anitza), George Constantin (Pazvanoglu), Toma Caragiu (Dèfroqué), Elisabeta Jar (Maria) **L** 87 **E** 18.7.1969 Kino DDR/12.2.1971 DFF 2

DIE RACHE DER KANNIBALEN (CANNIBAL FEROX). Während bezahlte Mörder in einer amerikanischen Großstadt Jagd auf einen betrügerischen Rauschgifthändler machen, fällt dieser, mit anderen Weißen, einem rachgierigen Indianerstamm im südamerikanischen Urwald in die Hände. Spekulatives Trivialkino mit exzessiven Grausamkeiten. – Wir raten ab. ✦ Italien 1980 **P** Neue Dania/Medusa/National Cinematografica **Kl** Arabella/Alemannia **VA** Arcade **R+B** Umberto Lenzi **K** Giovanni Bergamini **M** Budy Maglione, Roberto Donati **D** John Morghen, Brian Redford, Lorraine de Selle, Zora Kerova, Venantino Venantini **L** 87 **FSK** ab 18; nf **E** 31.7.1981 **fd** 23 260

DIE RACHE DER KATZENFRAUEN (CURSE OF THE CATWOMAN). Eine schöne Frau nutzt ihre Verführungskünste, um als »Katzenfrau« ihre Opfer zu töten. Unerfreuliche Mischung aus Horror- und Sexfilm. ✦ USA 1990 **R** John Leslie **D** Selena Steele, Raven, Racquel Darrian, Patricia Kennedy, Ashley Nicole, Zara Whites **L** 85 **E** 29.11.1991 premiere

DIE RACHE DER KILLERFISCHE →Piranhas II – Die Rache der Killerfische

DIE RACHE DER KUPFERNEN SCHLANGE (MYSTERIOUS DR. SATAN). Ein Mann mit kupferner Maske vereitelt den Mißbrauch einer utopischen Erfindung. Das bescheidene B-Movie ist mehr zum Gähnen als zum Gruseln. ✦ Schwarz-weiß. USA 1940 **P** Republic **Kl** Gloria **R** William Witney, John English **B** Franklin Adreon, Ronald Davidson **K** William Nobles **M** Cy Feuer **D** Eduardo Ciannelli (Dr. Satan), Robert Wilcox (Bob Wayne), William Newell (Speed Martin), C. Montague Shaw (Thomas Scott), Ella Neal (Lois Scott), Dorothy Herbert (Alice Brent), Charles Trowbridge (Bronson), Jack Mulhall (Rand), Edwin Stanley (Col. Evans) **L** 96 **FSK** ab 16; nf **E** 16.7.1954 **fd** 3 707

DIE RACHE DER LAURA GIL (LA VENGEANCE DE LAURA GIL). Sexfilm: Eine Unbekannte bringt das Leben eines Verlegers und seiner Frau, einer Erotik-Autorin, durcheinander und macht sie sich beide zum Zwecke der Rache hörig. ✦ Frankreich 1996 **Pd** Patrick Drujon **R** Francis Leprince **B** Marc Reinart **K** Philippe de Saint Esteve **M** Oliver Huttman **S** Nathalie Leguay **D** Kimbalee Chivers (Laura), Maria Louys (Raphaèle), Denis Ledan (Maxim), Philippe Viscont (Cédric), Céline Admirat **L** 91 **E** 17.5.1996 premiere

DIE RACHE DER LEIHMUTTER →Surrogate Mother

DIE RACHE DER MAFIA (MOB JUSTICE). Gangsterfilm nach einer wahren Begebenheit. Als ein FBI-Mann bei einem Drogengeschäft erschossen wird, stört die Polizei die Mafia-Geschäfte so intensiv, daß auch die Verbrecher Jagd auf den Mörder machen. ✦ USA 1991 **P** Concorde-New Horizons/Patchett Kaufmann Ent. **Pd** Kenneth Kaufman **R** Peter Markle **B** Dick Beebe **K** Mark Irwin **M** Mark Snow **S** David Campling **D** Samuel J. Jackson (Everett Hatcher), Tony Danza (Gus Farace), Ted Levine (Charles Rose), Dan Lauria (Paulie Romano), Frank Vincent (Joseph F. Zanni jr.), Joe Lisi (Bobby Fontino), James Rebhorn (Timothy Lanigan), Nicholas Turturro (Danny D'Arcangelo) **L** 93 **E** 27.5.1995 ARD

DIE RACHE DER MRS. MUNCK →Der teuflische Plan der verrückten Mrs. Munck

DIE RACHE DER MUMIE →Die Mumie des Pharao

DIE RACHE DER MUSKETIERE →Isabella – Mit blanker Brust und spitzem Degen

DIE RACHE DER NATUR (NATURENS HÄMND). Auf provokante Weise beschreibt der Dokumentarfilm eine durch den Eingriff des Menschen aus dem Gleichgewicht geratene Natur, die zum Krankheitsherd zu verkommen droht. Schmutz- und Schadstoffe, Chemikalien und insbesondere die Überdüngung mit künstlichem Stickstoff verseuchen die Umwelt und verwandeln die Natur zu einem todbringenden Giftherd. Schreckensbilder wechseln mit ruhigen, poetischen Bildern einer noch unberührten, intakten Natur, wodurch der Film zu einem sehr eindringlichen und aufrüttelnden Appell zu einer schnellstmöglichen Umkehr wird. (O.m.d.U.) – Sehenswert ab 14. ✦ Schweden 1983 **P** Jarl & Lindkvist Filmprod. **KI** Barfuß **SF** Barfuß/Matthias **R+B** Stefan Jarl **K** Per Källberg, Ejnar Bjarnason **M** Ulf Dageby **S** Anette Lykke-Lundberg **L** 83 **E** März 1985/8.5.1987 HR

DIE RACHE DER OSTFRIESEN. Sex-Klamotte. Ein geschäftstüchtiger Bayer verstrickt sich in einem ostfriesischen Dorf in sexuelle Abenteuer. ✦ BR Deutschland 1974 **P** Modern Film **KI** Kora **VA** VPS **R** Walter Boos **D** Josef Moosholzer, Helga Feddersen, Elke Deuringer **L** 74 **E** 1974 Kino/7.9.1991 RTL

DIE RACHE DER PHARAONEN (THE MUMMY). Eine Mumie wird nach 4000 Jahren durch einen Zauberspruch lebendig und ermordet im Auftrag eines ägyptischen Fanatikers mehrere englische Wissenschaftler. Ein eher schwaches Remake des Horrorfilm-Klassikers »Die Mumie« (1933), entstanden in den Studios der britischen »Hammer-Productions«, die auch für die populären »Dracula«-Verfilmungen mit Christopher Lee verantwortlich waren. ✦ Großbritannien 1959 **P** Hammer **KI** Universal **Pd** Michael Carreras **R** Terence Fisher **B** Jimmy Sangster, nach Drehbüchern von Nina Wilcox Putnam, Richard Schayer und Griffin Jay **K** Jack Asher **M** Franz Reizenstein **S** James Needs **D** Peter Cushing (John Banning), Christopher Lee (Kharis), Yvonne Furneaux (Isobel), George Pastell (Mehemet), Felix Aylmer (Stephen Banning), Raymond Huntley (Joseph Whemple) **L** 88 **FSK** ab 16; nf **E** 31.12.1959 **fd** 8 847

DIE RACHE DER ROTEN GÖTTIN (LA GRANDE SAVANA). Die Geschichte eines Abenteurers, der in Südamerika sein Glück als Diamantengräber versucht. Schöne Natur- und Landschaftsbilder und eine magere Story. ✦ Italien 1956 **P** Successo/Belotti **KI** Union **R** Elia Marcelli **B** Elia Marcelli, Vinicio Marinucci, Ugo Moretti, Sergio Bergonzelli **K** Alberto Caracciolo **M** Mario Signorelli **D** Lua Manoa, Germano Longo, Luisa Rivelli, Edilio Kim, Hedda Linton **L** 98 **FSK** ab 12; nf **E** 18.4.1958 **fd** 6 820

DIE RACHE DER SCHÖNHEITSKÖNIGIN (BEAUTY'S REVENGE / MIDWEST OBSESSION). Ungeachtet der Tatsache, daß er bereits verlobt ist, glaubt eine ländliche Schönheitskönigin in einem Cowboy ihren Mann fürs Leben gefunden zu haben. Ihre Liebe nimmt bald gefährlich obsessive Züge an. Psychothriller um eine fixe Idee, die krankhafte Züge annimmt. ✦ USA 1995 **R** Richard T. Heffron **B** Brian Taggert **D** Courtney Thorne-Smith (Cheryl Davies), Kyle Secor (Kevin Reese), Tracey Gold (Beth McKinnis), Stephen Fanning (Larry), Ewan »Sudsy« Clark (Mr. McKinnis) **L** 92 **E** 24.4.1996 RTL

DIE RACHE DER SCHWARZEN MASKE (CARTOUCHE). Ein französischer Adliger des 18. Jahrhunderts spürt einem verhängnisvollen Schmuckstück nach, um sich von einer Mordanklage zu befreien und den wahren Übeltäter zur Strecke zu bringen. Zweitklassiger Kostümfilm. – Ab 14. ✦ USA/Italien 1954 **P** Venturini **KI** RKO **Pd** John Nasht **R** Steve Sekely (= István Székely) **B** Louis Stevens, nach einer Idee von Tullio Pinelli **K** Massimo Dallamano **M** Bruce Montgomery **D** Richard Basehart, Patricia Roc, Massimo Serato, Akim Tamiroff, Nerio Bernardi **L** 74 **FSK** ab 12; nf **E** 27.9.1957 **fd** 6 262

DIE RACHE DER SCHWARZEN SPINNE (THE SPIDER). Durch die Jazz-Musik einer Schülerband wird eine Riesenspinne, die zuvor mit einer Wagenladung DDT vermeintlich getötet wurde, neubelebt und wütet rachsüchtig in einer Stadt, bis sie mit Starkstrom getötet wird. Hanebüchener, unfreiwillig komischer Billig-Gruselfilm, der mit den trivialen Effekten der guten alten Rummelplatz-Geisterbahn arbeitet. – Ab 16. ✦ Schwarz-weiß. USA 1958 **P** AIP **KI** Mercator **Pd+R** Bert I. Gordon **B** Laszlo Gorog, George Worthing Yates **K** Jack Marta **M** Albert Glasser **S** Ronald Sinclair **D** Edward Kemmer (Mr. Kingman), June Kenny (Carol Flynn), Gene Persson (Mike Simpson), Gene Roth (Sheriff Cagle), Hal Torey (Mr. Simpson), June Jocelyn (Mrs. Flynn), Sally Fraser (Mrs. Kingman), Hank Patterson (Hugo), Skip Young (Sam), Mickey Finn (Mr. Haskell) **L** 80 **FSK** ab 16; nf **E** 20.5.1960 **fd** 9 253

DIE RACHE DER SCHWERTKÄMPFERIN →Red Sonja

DIE RACHE DER SEMINOLEN →Seminola

DIE RACHE DER 1000 KATZEN (LA NOCHE DE LOS MIL GATOS). Ein Massenmörder kreist im Hubschrauber über den Vorortvillen von Mexico City, um mögliche Opfer anzupeilen. Wenn sie ihm in seine verfallene Burg folgen, werden sie erwürgt und zu Katzenfutter verarbeitet. Miserabler Horrorfilm mit degoutanten Details. ✦ Scope. Mexiko 1972 **P** Avant **KI** Avis **VA** VPH **R** René Cardona jr. **D** Hugo Stiglitz, Anjanette Comer, Christa Linder, Zulma Fayad **L** 83 **FSK** ab 18; nf **E** 25.4.1975 **fd** 19 479

DIE RACHE DER TODESKRALLE (RETURN OF BRUCE). Ein Groß-Meister in asiatischen Kampftechniken kämpft gegen einen international agierenden Mädchenhändlerring. Handelsüblicher Eastern mit fadenscheiniger Bezugnahme auf den längst verstorbenen »Meister« dieses Genres Bruce Lee. ✦ Scope. Hongkong 1977 **P** P.T. Insantra **KI** Apollo/Avis/C.H. **VA** VCL/Virgin **R** Joseph Velasco **D** Bruce Le (= Huang Kin Lung), Lo Lieh, Meng Fei, Kong Tau, James Nam **L** 80 (Vid. 91/86) **FSK** ab 18; nf (gek. 16) **E** 9.3.1978/10.6.1988 Video **fd** 20 696

DIE RACHE DER TOTEN INDIANER. Dokumentarfilm über den Musiker John Cage. Neben Interviewpassagen und (teilweise inszenierten) Statements von Freunden und Kollegen des Komponisten stehen Performances, Konzertausschnitte und assoziative Bildfolgen, die von Cages Texten inspiriert wurden. ✦ Deutschland 1993 **R** Henning Lohner **L** 115 **E** 14.2.1997 arte

DIE RACHE DER WIKINGER (GLI INVASORI / LA RUEE DES VIKINGS). Abenteuer zweier Wikinger, die sich im Krieg um Britannien bekämpfen, bis sie einander als Brüder erkennen. Den gelegentlich ins Lachhafte umkippenden Abenteuerfilm (mit den Kessler-Zwillingen als grimmig blickenden Wikingermädeln) inszenierte mit Mario Bava immerhin ein Meister des trivialen Genrekinos. – Ab 16. ✦ Scope. Italien/Frankreich 1961 **P** Criterion/Galatea/Lyre **KI** Neue Film Allianz **Pd** Massimo De Rita, Paolo Mercuri, Armando Govoni **R** Mario Bava **B** Oreste Biancoli, Piero Pierotti, Mario Bava **K** Mario Bava, Ubaldo Terzano **M** Roberto Nicolosi **D** Folco Lulli (Floki), Cameron Mitchell (Iron), Françoise Christophe (Königin Alice), Giorgio Ardisson (Eric), Andrea Checchi (Gunnar), Alice Kessler, Ellen Kessler **L** 90 (gek. 74) **FSK** ab 16; nf (gek.12;f) **E** 7.12.1962 **fd** 11 634

DIE RACHE DES ALI BABA (LE SETTE FATICHE DI ALI BABA). Ali Baba, muskelstrotzender Held, befreit in diesem simpel gestrickten Abenteuerfilm sich und das unterdrückte Wüstenvolk aus der Macht eines orientalischen Tyrannen. (TV-Titel: »Die Jäger des Sarazenenschatzes«) – Ab 14. ✦ Scope. Italien 1962 **P** Avis **KI** Pallas **R+B** Emimmo Salvi **K** Mario Parapetti **M** Marcello Giombini **D** Rod Flash Ilush (Ali Baba), Bella Cortez (Loto), Furio Meniconi (Mustafa), Liliana Zagra (Morgana), Amedeo Trilli (Hassan), Mario Polletin (Kassim) **L** 90 **FSK** ab 12; nf **E** 19.4.1963 **fd** 11 921

DIE RACHE DES COYOTEN (LA JUSTICIA DEL COYOTE). Fortsetzung des Abenteuerfilms »Der Coyote« über einen kalifornischen Freiheitskämpfer, der ein Doppelleben als angepaßter Adeliger und maskierter Rächer führt. Für sein Engagement wird er diesmal mit der Liebe seiner Braut belohnt, die sich – enttäuscht von seiner vermeintlichen Feigheit – abgewandt hatte. Inhaltlich und darstellerisch wenig ergiebig, aber beeindruckend fotografiert. ✦ Schwarz-weiß. Spanien 1954 **P** Union **KI** Deutscher Filmring **Pd** Santiago Sanz **R** Joaquin Romero Marchent **B** Jesus Franco (= Jésus Franco Manera), Juan E. Torronto, nach einer Novelle von Mallorqui **K** Ricardo Torres **M** Odon Allonson **D** Abel Salazar, Gloria Marin, Manuel Monroy, Santiago Rivero, Rafael Bardem **L** 75 **FSK** ab 12; nf **E** 6.4.1956 **fd** 4 994

DIE RACHE DES DR. FU MAN CHU (VENGEANCE OF FU MAN CHU). Der die Weltherrschaft erstrebende Dr. Fu Man Chu versucht mit einem raffinierten Trick, die Polizeichefs der Welt umzubringen, was im letzten Augenblick vereitelt wird. Triviales Abenteuerkino mit Horrorfilm-Elementen. ✦ BR Deutschland/Großbritannien 1966 **P** Constantin/Fu Manchu **KI** Constantin **Pd** John Comfort **R** Jeremy Summers **B** Peter Welbeck (= Harry Alan Towers), Harry Alan Towers, nach einem Roman von Sax Rohmer **K** John von Kotze **M** Malcolm Lockyer **S** Allan Morrison **D** Christopher Lee (Dr. Fu Man Chu), Wolfgang Kieling (Dr. Lieberson), Douglas Wilmer (Nayland Smith), Peter Carsten (Otto Heller), Noel Trevarthen (Mark Weston), Tsai Chin (Lin Tang, Fu Man Chus Tochter), Suzanne Roquette (Maria, Liebersons Tochter), Horst Frank (Moss) **L** 84 **FSK** ab 16; nf **E** 25.5.1967 **fd** 14 746

DIE RACHE DES ELEFANTEN (THE ELEPHANT KEEPER). Drama vor dem Hintergrund der Abholzung tropischer Regenwälder. Die Mechanisierung der Rodungen macht einen Waldarbeiter arbeitslos. Als er sich auf illegale Holzfäller einläßt, gerät sein Leben und das seiner Familie in Gefahr. ✦ Thailand/Deutschland 1989 **R** Chatri Chalerm Yukol **D** Sorapong Chatri, Ron Rithichai, Duan Duaen Jithaisong, Ithi Sunthon Vichairak, Vichuda Monkolketh **L** 107 **E** 5.6.1997 ZDF

DIE RACHE DES FÄHRTENSUCHERS →Pathfinder

DIE RACHE DES GELYNCHTEN (DARK NIGHT OF THE SCARECROW). Nach dem schweren Unfall eines kleinen Mädchens wird ausgerechnet ein tumber Farmerssohn als Schuldiger von einer Abordnung »ehrenwerter« Bürger gestellt und gelyncht. Später kommen die Beteiligten auf mysteriöse Weise ums Leben. Billiger, aber effektvoller Thriller, der, mit überzeugenden Darstellern besetzt, die Stereotypen des Genres bündelt. (Späterer Videotitel: »Nacht für Nacht«; TV: »Die Nacht der Vogelscheuche«) ✦ USA 1978 **P** Bobbi Frank/Joe Wizan **R** Frank de Felitta **B** J. D. Feigelson **K** Vincent A. Martinelli **D** Charles Durning (Otis P. Hazelrigg), Robert F. Lyons (Skeeter Norris), Claude Earl Jones (George Philby), Lane Smith (Harless Smith), Tonya Crowe (Marylee Williams) **L** 90 **E** Video/9.1.1994 PRO 7

DIE RACHE DES GONZALES →Zwei Supertypen in Miami – Die Rache des Gonzales

DIE RACHE DES GORILLA (NABONGA). Ein weißes Mädchen lebt nach einem Flugzeugunglück unter dem Schutz eines Gorillas im afrikanischen Dschungel, bis es von einem jungen Schatzsucher wieder in die Zivilisation heimgeführt wird. Bescheidener Abenteuerfilm, der von den »Tarzan«- und »King Kong«-Mythen zehrt. – Ab 14. ✦ Schwarz-weiß. USA 1944 **P** P.R.C. **KI** Accord **Pd** Sigmund Neufeld **R** Sam Newfield **B** Fred Myton **K** Robert Cline **M** David Chudnow **S** Holbrook N. Todd **D** Buster Crabbe (Ray Gorman), Barton MacLane (Carl Hurst), Julie London (Doreen Stockwell), Fifi D'Orsay (Marie), Bryant Washburn **L** 82 **FSK** ab 12; nf **E** 24.10.1958 **fd** 8 901

DIE RACHE DES HALBBLUTS (SIRINGO). Western. Ein Halbindianer und Stellvertreter des Marshalls und sein blutjunger Gehilfe werden auf zwei Schwerverbrecher angesetzt, die sie bald aufspüren, wobei sie aber in eine blutige Schießerei verwickelt werden. ✦ USA 1994 **R** Kevin Cremin **B** Peter Kinloch **K** John C. Flinn III. **M** Steve Dorff **S** Susan Sternlicht **D** Brad Johnson (Charlie Siringo), Chad Lowe (Winton Powell), Crystal Bernard (Kaitlin Mullane), Stephen Macht (Wade Lewis), Keith Szarabajka (Harvey Baits) **L** 86 **E** 23.1.1998 premiere

DIE RACHE DES HERKULES (LA VENDETTA DI ERCOLE). Abenteuer des bekannten Helden des Altertums, garniert mit vielen sagenhaften und märchenhaften Elementen und einer Liebesgeschichte. Dazu selbstverständlich jede Menge barbarischer Kraftakte. Der italienische »Muskel-und-Sandalenfilm« zählt zu den besseren Exemplaren des Genres. ✦ Scope. Italien/Frankreich 1960 **P** C.F.F./Achille Piazzi/Gianni Fuchs **KI** NFA **Pd** Danilo Marciani **R** Vittorio Cottafavi **B** Marcello Baldi **K** Alfio Contini, Mario Montuori **M** Alessandro Derevitsky **S** Maurizio Lucidi **D** Mark Forest, Broderick Crawford, Wandisa Guida, Gaby André, Philippe Hersent **L** 88 **FSK** ab 12; nf **E** 23.12.1960 **fd** 9837

DIE RACHE DES IVANHOE (LA RIVINCITA DI IVANHOE). Ivanhoe, Edelmann und Helfer aller Unterdrückten und Entrechteten im England des späten 12. Jahrhunderts, befreit Rovenna von Stratford und ihren Bruder aus der Gewalt eines bösen Herzogs. Romantische Ritterabenteuer – diesmal in italienischer Variante. ✦ Scope. Italien 1964 **P** Tevere **KI** Atlanta **R** Amerigo Anton (= Tanio Boccia) **B** Arpad De Riso, Nino Scolaro **K** Romolo Garroni **M** Giuseppe Piccillo **D** Clyde Rogers (= Rik van Nutter), Gilda Lousek, Andrea Aureli, Duilio Marzio, Furio Meniconi **L** 89 **FSK** ab 12; f **E** 29.10.1965/26.3.1982 DFF 1/15.5.1995 mdr **fd** 13720

DIE RACHE DES JESSE JAMES →Die Stadt der rauhen Männer

DIE RACHE DES JOHNNY COOL (JOHNNY COOL). In New York bringt ein junger Berufsverbrecher nach einem tückischen Plan und mit kaltem Geschick die Männer um, die seinen Adoptivvater, einen ehemaligen Gangster, vom Thron der Unterwelt gestürzt hatten. Durchschnittlicher Thriller. ✦ Schwarz-weiß. USA 1962 **P** Crislaw **KI** United Artists **R** William Asher **B** Joseph Landon, nach einem Roman von John McPartland **K** Sam Leavitt **M** Billy May **D** Elizabeth Montgomery (Dare Guiness), Henry Silva (Johnny Cool), Jim Backus (Louis Murphy), Sammy Davis jr. (»Educatet«), Joey Bishop (Gebrauchtwagenhändler) **L** 98 **FSK** ab 16; nf **E** 14.2.1964 **fd** 12582

DIE RACHE DES KADAITCHA-MANNES →Outback – Flucht in die Wüste

DIE RACHE DES KAPITÄN MITCHELL. Ein englisches Passagierschiff kollidiert mit einem Frachter. Dem zuverlässigen, besonnenen Kapitän des Luxusliners gelingt es, eine Katastrophe abzuwenden und die Passagiere und das Schiff in Sicherheit zu bringen. Obwohl er bei seiner Rückkehr überwältigend empfangen wird, löst der Vorfall eine krasse Wende in seiner Karriere aus. DDR-Fernsehfilm nach dem von Bertolt Brecht in Hollywood verfassten, gesellschaftskritischen Exposé »Safety First«. Betont verfremdet inszeniert, bleibt der Film bewusst kühl und sezierend. ✦ DDR 1979 **P** DEFA **Pd** Manfred Renger **R** Christa Mühl **B** Christa Mühl, Peter Brand, nach Motiven von Bertolt Brecht **K** Peter Brand **M** Wolfram Heicking **S** Brigitte Krex **D** Dieter Mann (Kapitän Mitchell), Swetlana Schönfeld (Jane Russel), Walfriede Schmitt (Beth Heewater), Ekkehard Schall (Tommy White), Wolfgang Heinz (I.B. Watch) **L** 98 **E** 23.12.1979 DFF 1

DIE RACHE DES KARATEKA (HEROES SHED NO TEARS). Im Auftrag seines Meisters zieht ein junger Mann in die Welt, um mit dem »Schwert der Tränen« der Gerechtigkeit zu dienen und die besten Kämpfer des Landes auf seine Seite zu bringen. Rasant inszeniertes Martial-Arts-Kino aus Hongkong. ✦ Scope. Hongkong 1981 **P** Shaw Bros. **KI** AS/Film-Allianz **VA** VPS **Pd** Run Run Shaw **R** Chu Yuan **B** Ku Lung **K** Huang Chieh **D** Alexander Fu-Sheng, Pai Piau, Erh Tung-Sheng, Ku Feng, Maria Candido **L** 83 **FSK** ab 16; f **E** 12.11.1982/20.2.1992 Video

DIE RACHE DES KARATETIGERS (WAY OF THE TIGER). Ein umherziehender Kung-Fu-Kämpfer befreit die Landbevölkerung vom Terror eines Großgrundbesitzers. Mieser Eastern. ✦ Scope. Hongkong 1974 **KI** Film-Allianz **R** Chang Chien-Shen **D** Cheng Piao, Tu Tao-Jen, Kaeo Peng, Hu Yuan-Fang **L** 89 **FSK** SPIO: X **E** 28.11.1975 **fd** 19694

DIE RACHE DES KARTELLS (FOR WHICH HE STANDS). Ein Mann, der sich von seiner kriminellen Vergangenheit lösen will und einen Spielclub in Las Vegas leitet, wird in einen Strudel der Gewalt hineingezogen, als er in Notwehr einen kolumbianischen Drogenhändler erschießt. Der von der Mafia zugesicherte Schutz nutzt wenig, als der Killer des Medellin-Kartells seinen Amoklauf beginnt. Thriller nach einer wahren Begebenheit, in dessen Mittelpunkt weniger Actionelemente stehen als der verzweifelte Kampf eines Mannes um seine Familie und Integrität. – Ab 16. ✦ USA 1996 **Pd** David Glasser **R** Nelson McCormick **B** Gianni Russo **K** Larry Blanford **S** Saar Klein **D** William Forsythe (Johnny Rochetti), Robert Davi (Carlito), Maria Conchita Alonso (Teresa Rochetti), José Zuniga (José), John Ashton (Attorney Bell) **L** 88 **E** 18.3.2000 ZDF

DIE RACHE DES KILLERS →Bloodhounds – Die Bluthunde

DIE RACHE DES KORSAREN (LA VENDETTA DEL CORSARO). Fechtend bahnt sich ein Held des 17. Jahrhunderts seinen Weg über Lügen und Mißverständnisse hinweg zur Geliebten. Kleiner, billiger »Mantel-und-Degen-Film«. ✦ Schwarz-weiß. Italien 1951 **P** Athena **KI** Admiral/Karp/Odeon/Stern **R** Primo Zeglio **B** Primo Zeglio, Fede Arnaud, Alberto Liberati **K** Gabor Pogany **M** Carlo Rustichelli **D** Maria Montez, Jean-Pierre Aumont, Roberto Risso, Enrico Glori, Milly Vitale **L** 88 **FSK** ab 12; nf **E** 6.3.1953 **fd** 2559

DIE RACHE DES MÖRDERS (SCOTLAND YARD TAKES ITS REVENGE (THE SHARE OUT) / SCOTLAND YARD TAKES ITS REVENGE (PLAYBACK)). Zwei Edgar-Wallace-Stories: Das Doppelspiel eines Privatdetektivs und der Schicksalsweg eines labilen Polizisten. Mittelmäßige Krimi-Unterhaltung aus englischer Produktion. ✦ Schwarz-weiß. Großbritannien 1961/62 **P** Merton Park **KI** Rank **Pd** Jack Greenwood **R** Gerard Glaister, Quentin Lawrence **B** Philip Mackie, Robert Stuart, nach Edgar Wallace **K** Bert Mason **M** Bernard Ebbinghouse **D** Bernard Lee, Moira Redmond, Margit Saad, Alexander Knox, Richard Vernon **L** 132 **FSK** ab 16; nf **E** 24.9.1963 **fd** 12310

DIE RACHE DES NEUNTEN SOHNES →Der neunte Sohn des Hirten

DIE RACHE DES NINJA (1981) →Ninja, die Killer-Maschine

DIE RACHE DES NINJA (1986/87) →Ninja – Grandmaster of Death

DIE RACHE DES PANCHO VILLA (THE VENGEANCE OF PANCHO VILLA). Ein amerikanischer Abenteurer, der den mexikanischen Revolutionsführer Pancho Villa mit erbeutetem Gold versorgen soll, rächt sich an dessen Leuten für den Mord an seinen Eltern. Grob gezimmerter, ideenlos inzenierter Western, dessen Figuren blaß bleiben. ✦ USA 1970 **P** Westside International **KI** Ring/Schmidt **VA** Kabel 1 **R** Joe Lacy (= José Maria Elorrieta) **B** Manuel Sobares **K** Alfonso Nieva **D** John Ericson, Gustavo Rojo, Marc Cruz, James Philbrook, Juan Antonio Perel **L** 82 **FSK** ab 16; nf (12 Video) **E** 17.1.1975/1998 Video **fd** 19201

DIE RACHE DES PATEN (QUELLI CHE CONTANO). Ein Profikiller greift in den Krieg zweier Mafiafamilien auf Sizilien ein und hinterläßt jede Menge Tote. Reichlich gewalttätiger Gangsterthriller. ✦ Italien 1973 **P** Alexandra Internazionale **VA** Arcade **R** Andrea Bianchi **B** Sergio Simonetti **K** Carlo Carlini **M** Sante Maria Romitelli **S** Otello Colangeli **D** Henry Silva (Tony Aniante), Barbara Bouchet (Margie), Fausto Tozzi (Don Ricuzzo Cantino), Mario Landi (Don Turi Scannapieco), Vittorio Sanipoli (Don Kachime Scannapieco), Alfredo Pea **L** 90 **E** Video

DIE RACHE DES PHARAO (THE CURSE OF MUMMY'S TOMB). Der zu ewigem Leben verfluchte Sohn eines Pharaos wird durch seinen wiederentdeckten Zwillingsbruder getötet und damit erlöst. Primitiver Gruselfilm mit unfreiwillig komischen Szenen. – Ab 16. ✦ Scope. Großbritannien 1964 **P** Swallow **KI** Columbia-Bavaria **R** Michael Carreras **B** Henry Younger **K** Otto Heller **M** Carlo Martelli **S** James Needs **D** Jeanne Roland (Annette Dubois), Ronald Howard (John Bray), Jack Gwillim (Sir Giles Dalrymple), George Pastell (Hashmi Bey), Fred Clark (Alexander King) **L** 79 **FSK** ab 16; nf **E** 27.11.1964 **fd** 13192

DIE RACHE DES ROTEN RITTERS (IL CAVALIERE DAI CENTO VOLTI). Lex Barker als Held eines naiven italienischen Kostümfilms. Zu Unrecht des Mordes verdächtigt, entlarvt er den wahren Täter und gewinnt als Turniersieger die Dame seines Herzens. (TV-Titel: »Der Kavalier mit den hundert Gesichtern«) – Ab 14. ✦ Scope. Italien 1960 **P** Titanus/Romana **KI** Mercator **R** Pino Mercanti **B** Luigi Emmanuele, Sergio Sollima, Piero Pierotti **K** Carlo Bellero **M** Michele Cozzoli **D** Lex Barker (Riccardo d'Arce), Liana Orfei (Bianca), Livio Lorenzon, Herbert A. E. Böhme, Annie Alberti **L** 79 **FSK** ab 12; nf **E** 29.3.1963/8.10.1983 DFF 2 **fd** 11901

DIE RACHE DES SANDOKAN (SANDOKAN ALLA RISCOSSA). Der Sohn eines ermordeten indonesischen Herrschers erobert mit Hilfe seiner Freunde den angestammten Thron zurück. Langatmiger Abenteuerfilm. – Ab 14. ✦ Scope. Italien 1964 **P** Liber/Eichberg **KI** Cine-Union **R** Luigi Capuano **B** Arpad De Riso, nach einem Roman von Emilio Salgari **K** Adalberto Albertini **M** Carlo Rustichelli **D** Ray Danton (Sandokan), Guy Madison (Yanez), Franca Bettoja (Samoa), Mario Petri (William Drook), Alberto Farnese (Tremal Naik) **L** 89 **FSK** ab 12; nf **E** 26.3.1965 **fd** 13472

DIE RACHE DES SCHWARZEN ADLERS (LA VENDETTA DI AQUILA NERA). Abenteuerfilm nach historischen Motiven: Im Rußland des 18. Jahrhunderts rächt sich ein Kosakenoberst an seinen bösen Feinden. Herkömmliche Genre-Unterhaltung. – Ab 14. ✦ Schwarz-weiß. Italien 1951 **P** API **KI** Lehmacher/ABC **R** Riccardo Freda **B** Riccardo Freda, Ennio de Concini, Alessandro Continenza **K** Antonio Frenguelli **M** Renzo Rossellini **D** Rossano Brazzi, Gianna Maria Canale, Vittorio Sanipoli, Peter Trent, Giovanni del Panta **L** 95 **FSK** ab 12; nf **E** 9.10.1952 **fd** 2217

DIE RACHE DES SCHWARZEN REBELLEN (LA NOTTE DELL'INNOMINATO). Eine temperamentvolle Zigeunerin bringt als zurückgewiesene Liebhaberin Tod und Verderben über ihren Stamm. Einfältiger Kostümfilm aus der italienischen Serienproduktion der 60er Jahre. ✦ Italien 1962 **P** Tabor **KI** Mercator **R** Luigi Demar **B** Luigi De Marchi **K** Carmelo Petraglia **M** Aldo Piga **D** Dan Harrison, Ruiz Charita, Fosco Giachetti, Lorella de Luca **L** 90 **FSK** ab 12; nf **E** 17.7.1964 **fd** 12876

DIE RACHE DES SIZILIANERS →Der Sizilianer (1972)

DIE RACHE DES SPARTACUS (IL GLADIATORE CHE SFIDO L'IMPERIO). Der muskelstrotzende Thraker Spartacus rettet sein Volk vor der Vernichtung und befreit die Römer von einem verräterischen Tyrannen. Das gewohnte »Muskel- und Sandalen«-Kino aus Cinecittá. ✦ Scope. Italien 1964 **P** Jonia **KI** Adria **R** Domenico Paolella **B** Domenico Paolella, Alessandro Ferrau **K** Raffaele Masciocchi **M** Giuseppe Piccillo **D** Rock Stevens, Massimo Serato, Gloria Milland, Livio Lorenzon, Piero Lulli **L** 94 **FSK** ab 12; nf **E** 1.10.1965 **fd** 13643

DIE RACHE DES TEXANERS (CATTLE EMPIRE). Ein ehemaliger Viehtreckführer, dessen Leute einst ein Städtchen verwüsteten, soll gelyncht werden. Der wahre Schuldige, bei den damaligen Geschehnissen erblindet, rettet ihn in letzter Minute und übergibt ihm einen neuen Treck. Der Cowboy überwindet trotz starker Versuchung den Drang, sich für das erlittene Unrecht zu rächen und die Herde zu vernichten. Routinierter Durchschnittswestern, der die etwas wirre Handlung durch atmosphärische Aufnahmen der riesigen Viehherden und weiten Landschaften ausgleicht. – Ab 12. ✦ Scope. USA 1957 **P** Regal (für

20th Century Fox) **KI** Centfox **Pd** Robert Stabler **R** Charles Marquis Warren **B** Endre Bohem, Eric Norden **K** Brydon Baker **M** Paul Sawtell, Bert Shefter **S** Leslie Vidor **D** Joel McCrea (John Cord), Gloria Talbott (Sandy), Don Haggerty (Ralph Hamilton), Phyllis Coates (Janice Hamilton), Bing Russell (Douglas Hamilton), Paul Brinegar (Tom Jeffrey), Hal K. Dawson (George Jeffrey), Duane Grey (Aruzza), Richard Shannon (Garth), Charles Gray (Tom Powis), William McGraw (Jim Whittaker), Ronald Foster (Stitch) **L** 82 **FSK** ab 12; nf **E** 25.7.1958 **fd** 7 187

DIE RACHE DES TOTEN →Der wandelnde Leichnam

DIE RACHE DES UNGEHEUERS (REVENGE OF THE CREATURE). Fortsetzung des Films »Der Schrecken vom Amazonas«. Der naiv-fantastische »Kiemenmann« wird diesmal eingefangen, bricht aber flugs wieder aus und entführt die schöne Assistentin, die erst im letzten Augenblick gerettet werden kann. Ebenso alberner wie unglaubwürdiger Gruselkintopp. – Ab 14 möglich. ✦ Schwarz-weiß. USA 1955 **P** Universal **KI** Universal **VA** 13th Street/Universal Studios **Pd** William Alland **R** Jack Arnold **B** Martin Berkeley **K** Charles S. Welbourne **M** Herman Stein **S** Paul Weatherwax **D** John Agar (Clete Ferguson), Lori Nelson (Helen Dobson), John Bromfield (Joe Hayes), Robert B. Williams (George Johnson), Nestor Paiva (Lucas), Grandon Rhodes (Foster), Dave Willock (Gibson), Clint Eastwood (Labortechniker) **L** 81 **FSK** ab 16; nf (12 Video) **E** 16.9.1955 **fd** 4 374

DIE RACHE DES VAMPYR (LA STRAGE DEI VAMPIRI). Ein Vampir versetzt die Bewohner eines Schlosses in Furcht und Schrecken. Mit Hilfe eines Arztes kann er vernichtet werden. Billiger Gruselfilm. ✦ Italien 1962 **P** Mercur **KI** Goldfilm **R+B** Roberto Mauri **K** Ugo Brunelli **M** Aldo Piga **D** Dieter Eppler, Graziella Granata, Walter Brandy, Alfredo Rizzo, Paolo Solvay (= Luigi Batzella) **L** 74 **FSK** ab 16; nf **E** 19.5.1964

DIE RACHE DES WEISSEN INDIANERS (JONATHAN DEGLI ORSI). Jonathan muss miterleben, wie seine Eltern von Banditen getötet werden. Er wird von Bären aufgezogen und von Dakota-Indianern adoptiert. Als Erwachsener rächt er sich an den Mördern seiner Eltern. Ein passabler Ökowestern, der Motive aus »Der mit dem Wolf tanzt« und »Keoma« aufgreift. ✦ Scope. Italien/Russland 1993 **P** Viva Cinematografica/Project Camp J.V./Reteitalia **Pd** Franco Nero, Vittorio Noia, Alexandre Skodo **R** Enzo G. Castellari (= Enzo Girolami) **B** Enzo G. Castellari (= Enzo Girolami), Lorenzo de Luca **K** Michail Agranowitsch **M** Alexandre Biljajew, Clive Riche, Knifewing Segura **S** Alberto Moriani **D** Franco Nero (Jonathan), John Saxon (Fred Goodwin), Floyd Red Crow Westerman (Chief Tawanka), David Hess (Maddock), Rodrigo Obregón, Ennio Girolami **L** 115 (TV) **E** 1999 DF 1

DIE RACHE DES WOLFES (CLEARCUT). Ein wie aus dem Nichts auftauchender Indianer entführt einen rücksichtslosen, für die Abholzung von Wäldern verantwortlichen Geschäftsmann und einen pazifistischen weißen Umwelt-Anwalt in die Wildnis Kanadas und setzt sie physischer und psychischer Folter aus. Grandios fotografierter »moderner Western«, der die These des gewaltlosen Widerstandes in Frage stellt und durch seine kompromißlose Härte die Unterdrückung eines Volkes schmerzhaft erfahrbar macht. (TV-Titel auch: »Clearcut – Die Rache des Wolfes«) ✦ Scope. Kanada 1991 **P** Cinexus/Telefilm **KI** Kinowelt **VA** VCL **Pd** Stephen J. Roth, Ian McDougall **R** Richard Bugajski **B** Rob Forsyth, nach einem Roman von M.T. Kelly **K** François Protat **M** Shane Harvey **S** Michael Rea **D** Graham Greene (Arthur), Ron Lea (Peter), Michael Hogan (Bud), Floyd Red Crow Westerman (Wilf), Rebecca Jenkins (Louise) **L** 98 **FSK** ab 16; f **E** 9.7.1992/25.1.1993 Video/18.9. 1993 premiere **fd** 29 701

DIE RACHE DES WOLFSJÄGERS (THE WOLFER). Ein Einsiedler und Trapper rächt die Vergewaltigung und Ermordung seiner Frau, der Tochter eines Indianerhäuptlings, durch zwei vorbeiziehende Cowboys, findet dabei aber selbst den Tod. In der Schweiz mit engagierten Laien gedrehter Western, der sich um Realismus und Detailgenauigkeit bemüht, aber eher unbeholfen und langatmig geraten ist und an einigen Stellen unfreiwillig amüsant wirkt. – Ab 16. ✦ Schweiz 1979 **P** Working Cowboy **R** Angelo Burri **B** Angelo Burri, Sonja Burri **K** Peter Germann, Theo Fischer, Sonja Burri, Angelo Burri, John R. Schnurrenberger **M** Angelo Burri, Herbie Hoffmann, The Apaches **D** Angelo Burri, Esther Cueni, Joseph Nellen, Peter Baumgartner, Noldi Küchler **L** (TV) 114 **E** 26.7.1987 EINS PLUS

DIE RACHE DES WÜRGERS (BRIDE OF THE MONSTER / BRIDE OF THE ATOM). Im unterirdischen Laboratorium eines verfallenen Hauses widmet sich ein Professor der »Erschaffung einer Rasse von Atommenschen«. Ein Monstrum von Diener schafft ihm verschiedene Menschen als Versuchskaninchen herbei, die die »atomare Aufladung« aber nicht überleben. Ein Polizeileutnant und eine Reporterin entgehen dem Tod nur, weil der Würgediener dem Liebreiz der Frau erliegt und sich gegen seinen Meister richtet. Ein höchst dilettantischer Gruselfilm der B-Kategorie mit dem einstigen Gänsehaut-König Bela Lugosi. Das Vergnügen an Ed Woods miserablen Inszenierungskünsten reibt sich permanent mit der zunehmenden Langweile. (TV-Titel: »Bride of the Monster«; Neustart: O.m.d.U.) ✦ Schwarz-weiß. USA 1955 **P** Banner **KI** Salzgeber & Co. (Erstverleih: Atlantic) **Pd+R** Edward D. Wood jr. **B** Alex Gordon **K** William C. Thompson, Ted Allan **M** Frank Worth **S** Warren Adams **D** Bela Lugosi (Dr. Eric Vornoff), Tor Johnson (Lobo), Tony McCoy (Lt. Dick Craig), Loretta King (Janet Lawton), Harvey Dunn (Capt. Robbins), George Becwar (Prof. Strowski), Don Nagel (Marty), Bud Osborne (Melton), Paul Marco (Kelton), John Warren (Jake) **L** 68 **FSK** ab 16; nf **E** 25.3.1960/11.7. 1995 premiere/13.7.1995 Neustart **fd** 9 037

RÄCHE DICH, WENN DU ÜBERLEBST →New York – Tanger – Blutspur über dem Äquator

DIE RACHE EINER FRAU (1988) (LA VENGEANCE D'UNE FEMME). Zwischen zwei Frauen, der Witwe und der ehemaligen Geliebten eines Verstorbenen, entwickelt sich ein gefährliches Spiel zwischen Anziehung und Abstoßung, Liebe und Haß. Formal konsequent aufgebautes, kammerspielartig mit äußerst kargen Mitteln inszeniertes Psychodrama, das der Schauspielkunst seiner Darstellerinnen freien Raum gibt. Bedenklich ist die distanzlose Einlassung auf das Thema der zerstörerischen, pathologischen Form von Liebe zu einem Toten, die den Film letztlich als durchgängige Nekrophilie bestimmt. ✦ Frankreich 1988 **P** Sara Films **KI** endfilm/TiMe **VA** Filmgalerie 451 **Pd** Alain Sarde **R** Jacques Doillon **B** Jacques Doillon, Jean-François Goyet, frei nach »Der ewige Gatte« von Fjodor Dostojewskij **K** Patrick Blossier **M** Jean Fouque **S** Catherine Quesemand **D** Isabelle Huppert (Cécile), Béatrice Dalle (Suzy), Jean-Louis Murat (Stephan), Laurence Côte (Laurance), Sébastian Roche, Albert Leprince (Arzt) **L** 133 **E** 4.10.1989/ 20.6.1991 Video **fd** 28 553

DIE RACHE EINER FRAU (1993) (A WOMAN SCORNED). Thriller um eine Frau, die nach dem Selbstmord ihres beruflich erfolglosen Mannes finstere Rachepläne schmiedet. Für den Mann, der in der Firma die Nachfolge des Toten angetreten hat, und seine Familie beginnt ein Alptraum. – Ab 16. ✦ USA 1993 **R** Andrew Stevens **B** Barry Avrich **D** Andrew Stevens (Alex Weston), Shannon Tweed (Patricia/Amanda), Kim Morgan Greene (Marina Weston), Dan McVicar (Truman Langley), Michael D. Arenz (Robey Weston) **L** 88 **E** 14.7.1995 RTL

RACHE EINER GAUNERIN (GRAND LARCENY). Einer professionellen Betrügerin, die zu zehn Jahren Haft verurteilt wurde, gelingt durch Vortäuschung ihres Todes die Flucht. Fortan setzt sie alles daran, um ihrem betrügerischen Verteidiger das Handwerk zu legen, der sie während der Haft um ihr Vermögen brachte. Gemeinsam mit zwei Männern fädelt sie ein Komplott ein, wobei sie die Geldgier des Gegners einkalkulieren kann. Gaunerkomödie, die das schillernde Leben einer authentischen Person, die angeblich 1907 starb, zum Anlass nimmt, um deren Leben nach ihrem Verschwinden aus der Öffentlichkeit zu erzählen. – Ab 16. ✦ Kanada 1991 **R** Stephen Surjik **B** Douglas Bowie **D** Jennifer Dale (Betsy Bigley), Kenneth Welsh (Virgil Klobitz), Catherine Disher (Dulcie Dobbs), Robert Joy (Henry Beckwith), Clare Coulter (Schwester Pile) **L** 93 **E** 1.9.2000 tm3

DIE RACHE EINER MUTTER (A MOTHER'S JUSTICE). Kriminalfilm nach einem authentischen Fall: Nach der Vergewaltigung ihrer Tochter stellt eine Mutter, unzufrieden mit den stockenden Ermittlungen der Polizei, selbst gefahrvolle Nachforschungen an. – Ab 16. ✦ USA 1991 **P** Longbow/Green-Epstein **Pd** Mark Bacino **R** Noel Nosseck **B** James S. Henerson **M** Richard Bellis **D** Meredith Baxter (Lilah Comminger), G.W. Bailey (Joe Comminger), Carrie Hamilton (Debbie Lacey) **L** 90 **E** 14.8.1995 Pro Sieben

RACHE FÜR ALAMO (MAN OF CONQUEST). Episoden aus der Entstehungsgeschichte der nordamerikanischen Staaten (1812–1836), im Mittelpunkt die legendäre Gestalt des Sam Houston, nachmaliger Präsident von Texas, der hier als eine Art Western-Held vorgeführt wird und entsprechende Abenteuer erlebt. – Ab 14. ✦ Schwarz-weiß. USA 1938 **P** Republic **KI** Gloria **Pd** Sol C. Siegel **R** George Nicholls jr. **B** Wells Root, Edward E. Paramore jr. **K** Joseph August **M** Victor Young **S** Edward Mann **D** Joan Fontaine (Eliza Allen), Richard Dix (Sam Houston), Gail Patrick (Margaret Lea), Edward Ellis (Andrew Jackson), Victor Jory (William Travis), Robert Barrat (Davy Crockett), George Hayes (Lannie Upchurch), Ralph Morgan (Stephen Austin), Robert Armstrong (Jim Bowie), Pedro de Cordoba (Oolooteko), Leon Ames (John Hoskins), Charles Stevens (Zavola), Lane Chandler (Bonham), Sarah Padden (Mrs. Houston) **L** 100 **FSK** ab 12; nf **E** 12.12.1950 **fd** 864

RACHE FÜR BRUCE LEE (THE GROWLING TIGER). Ein weiterer »Bruce Lee-Film« ohne Bruce Lee: Ein Syndikat, das das Sportgeschäft kontrolliert, versucht – natürlich erfolglos – einen aufstrebenden jungen Kämpfer auszuschalten. Geschäftemacherei allerorten, hier vor allem hinter der Kamera. ✦ Scope. Hongkong 1976 **P** Yap Gun Han **KI** Mercator **R** Yang Yang, Yang Chieg **B** Yang Yang, Chon Chang-Kang **D** Tong Lung, Hua Tol **L** 90 **FSK** ab 18; nf **E** 15.4.1977 **fd** 20 478

RACHE FÜR JESSE JAMES (THE RETURN OF FRANK JAMES). Als der Mörder seines Bruders vor Gericht freigesprochen wird, beschließt Frank James, sich an ihm zu rächen. Der Mörder, dem es um die Kopfprämie ging, begeht auf der Flucht einen weiteren Mord und stirbt schließlich, bevor ihn der Rächer eingeholt hat. Langs erster Western, eine Fortsetzung von Henry Kings »Jesse James, Mann ohne Gesetz«, spielt geschickt mit den Versatzstücken des Genres. Dem Regisseur geht es hier weniger um die äußere Handlung und die historischen Fakten, sondern eher um die Problematik der Outlaws, die ihre Rechte nur mit Gewalt geltend machen können. – Ab 16. ✦ USA 1940 **P** 20th Century Fox **KI** Centfox **Pd** Darryl F. Zanuck, Kenneth Macgowan **R** Fritz Lang **B** Sam Hellman **K** George Barnes, William V. Skall **M** David Buttolph **S** Walter Thompson **D** Henry Fonda (Frank James), Gene Tierney (Eleanor Stone), Jackie Cooper (Clem), Henry Hull (Major Rufus Todd), John Carradine (Bob Ford), J. Edward Bromberg (Runyon), Donald Meek (McCoy), Eddie Collins, Russell Hicks, Victor Kilian (Prediger), George Chandler, Irving Bacon, Lee Phelps (Barkeeper), Milton Kibbee (Reporter), Kermit Maynard **L** 92 **FSK** ab 16; nf **E** 25.3.1952/15.4.1972 ARD/4.7.1990 DFF 1 **fd** 1 706

RACHE FÜR MEIN TOTES KIND. Fürs Fernsehen produziertes Melodram. Ein Ehepaar zieht in ein Haus an der Nordsee. Während der Mann jeden Tag auf der Arbeit verbringt, vereinsamt die Frau zusehends und beginnt schließlich eine Affäre mit dem Fischer, der auf ihrem Hof arbeitet. Als dessen Tochter ums Leben kommt, gibt sie sich die Schuld, so wie offenbar auch der Fischer selbst. Der Ehemann, den sie über alles aufklärt, entläßt den Mann, der sich damit aber nicht zufrieden gibt. ✦ Deutschland 1998 **R** Vivian Naefe **B** Harald Göckeritz **D** Susanna Simon (Julie), Hansa Czypionka (Fred Fraser), Christoph Waltz (Paul), Kira Mihn (Lisa), Tobias Pippig (Tom) **L** 90 **E** 31.3.1998 SAT1

RACHE FÜR MEINE TOCHTER (SALIGE ER DE SOM TORSTER). Alltag der Osloer Polizei: Während in einem Fall brutaler Vergewaltigung ermittelt wird, erschüttern andere, nicht minder brutale Verbrechen die Stadt. Neben dem Polizeialltag wird das Schicksal der Familie geschildert, die an der Vergewaltigung zu zerbrechen droht. Nach einer Fernsehserie entwickelter Polizeithriller, der spannende Unterhaltung liefert, jedoch durch seine Hauptdarstellerin gehandicapt wird, die allzu lust- und teilnahmslos agiert. (Siehe auch: »Justitia – Blinde Göttin«) ✦ Norwegen 1997 **P** Nordic Screen **VA** Atlas Film **Pd** Tomas Backström, Carl Jorgen Kionig **R** Carl Jorgen Kionig **B** Axel Helistenius, nach einem Roman von Anne Holt **K** Kjell Vassdal **M** Aasmund Feidje, Carl Jorgen Kionig **S** Inge-Lise Langfeldt **D** Kjersti Elvik (Hanne Wilhelmsen), Gjertrud L. Jynge (Kristine Haverstad), Lasse Kolsrud (Hakon Sand), Nils Ole Oftebro (Finn Haverstad), Anne Ryg (Karen Borg) **L** 113 **FSK** ab 16 **E** 6.11.1999 SF 1/DRS

RACHE FÜR RACHE (VENDETTA PER VENDETTA). Ein ehemaliger Major terrorisiert mit seiner Bande ein Grenzstädtchen im Süden der USA, um in den Besitz von zehn Säcken Goldstaub zu kommen. Bande und Beute werden durch das Eingreifen eines Unbekannten aufgerieben. Brutaler Italowestern. ✦ Scope. Italien 1968 **P** Cobra **KI** Rank **R+B** Ray Colloway (= Mario Colucci) **K** Giuseppe Aquari **M** Angelo Francesco Lavagnino **D** John Ireland, John Hamilton, Loredana Nusciak **L** 99 **FSK** ab 18; nf **E** 20.9.1968 **fd** 15 750

RACHE HAT EIN GESICHT (A FACE TO KILL FOR). Eine durch Unfallnarben entstellte Pferdetrainerin gerät durch die Machenschaften ihres Gatten, der sie nur wegen ihres Geldes heiratete, ins Gefängnis und sinnt auf Rache. In einer schwarzen Zellengenossin findet sie Unterstützung, wobei sich ihr Gefängnisaufenthalt als ein wahrer Glücksfall erweist. Fragwürdiger Fernsehthriller, der nur bescheidenen Unterhaltungsansprüchen genügt, die gängigen Klischees aneinander reiht und die Metamorphose seiner Heldin völlig unglaubwürdig erscheinen lässt. – Ab 16. ✦ USA 1998 **P** Charter Films **VA** CIC **Pd** Bob Roe **R** Michael Toshiyuki Uno **B** Andrew Laskos, David Venable **K** Robert Steadman **M** Peter Himmelman **S** Cari Coughlin **D** Crystal Bernard (Terry Hadley/Allison), Doug Savant (Virgil Chance), Barry Corbin (Frank Hadley), Billy Dean, Claire Rankin, Vanessa Imani Paul **L** 87 **FSK** ab 12 **E** 25.11.1999 Video **fd** 34 186

RACHE IM RING (RINGSIDE). Episoden eines Boxerlebens: Brüderliche Liebe triumphiert über Rachegelüste und dunkle Geschäfte. Kleines, anspruchsloses B-Movie mit dem Westernstar und früheren Football-Profi Don Barry in der Hauptrolle. – Ab 14. ✦ Schwarz-weiß. USA 1949 **P** Lippert **KI** Nordwest **Pd** Ron Ormond **R** Frank McDonald **B** Ron Ormond, Daniel B. Ullman **K** Ernest Miller **M** Walter Greene **S** Hugh Winn **D** Don Barry (Mike), Sheila Ryan (Janet), Tom Brown (Joe), Margia Dean (Joy), Joe Adams (Duke) **L** 60 **FSK** ab 12; nf **E** 12.6.1953 **fd** 2 556

RACHE IN EL PASO (I SENZA DIO). Ein Kopfgeldjäger und ein junger Outlaw jagen einen mexikanischen Banditen, um einen Goldraub aufzuklären. Die altbekannte Story – zwei Männer arbeiten aus unterschiedlichen Gründen zusammen, um dasselbe Ziel zu erreichen – in einem durchschnittlichen Italowestern. ✦ Italien/Spanien 1972 **P** Dauri/La Florida Cinematografica/Luis Film **Pd** Luigi Mondello **R** Roberto Bianchi Montero **B** Maurizio Pradeaux, Arpad De Riso, Antonio Fos **K** Alfonso Nieva **M** Carlo Savina **S** Rolando Salvatori **D** Chris Avram (= Cristea Avram), Erika Blanc, Paul Stevens (= Paolo Gozlino), Pilar Velasquez, José Jaspe, Antonio Sabàto **L** 88 **E** 3.12.1999 Kabel 1

RACHE IN SACRAMENTO →Kopfgeld für Ringo

RACHE IST EIN SÜSSES WORT (IF TOMORROW COMES). Dreiteiliger (Fernseh-)Kriminalfilm um eine Bankangestellte, die durch Intrigenspiele der Mafia und falsche Anschuldigungen ins Gefängnis gerät und nach ihrer Entlassung einen trickreichen Rachefeldzug startet. – Ab 16. ✦ USA 1986 **P** CBS **Pd** Carmen Culver, Nick Gillott **R** Jerry London **B** Carmen Culver, nach dem Roman von Sidney Sheldon **D** Madolyn Smith (Tracy Whitney), Tom Berenger (Jeff Stevens), David Keith (Daniel Cooper), Jack Weston (Onkel Willie), John Laughlin (Charles Stanhope) **L** 133/87/90 **E** 16.,18.,20.10.1994 RTL 2 (drei Teile)

DIE RACHE IST MEIN (RAGE). An einem chemischen Kampfstoff der US-Armee, den ein Hubschrauber versprüht, stirbt der Sohn eines Farmers im Krankenhaus. Zur Vermeidung eines öffentlichen Skandals wird erfolglos versucht, dem gleichfalls infizierten Vater den Tod zu verheimlichen. Dieser nützt die verbleibende Zeit zur Selbstjustiz an Menschen und Institutionen. Streckenweise spannender Thriller, der sein Thema vordergründig-reißerisch angeht. – Ab 16. ✦ Scope. USA 1972 **P** Getty and Fromkess **KI** Warner-Columbia/Progress **Pd** Fred Weintraub **R** George C. Scott **B** Philip Friedman, Dan Kleinman **K** Fred J. Koenekamp **M** Lalo Schifrin **S** Michael Kahn **D** George C. Scott (Dan Logan), Martin Sheen (Major Holliford), Richard Basehart (Dr. Caldwell), Barnard Hughes (Dr. Spencer), Nicolas Beauvy (Chris Logan), Paul Stevens (Col. Franklin) **L** 99 (gek. 95) **FSK** ab 16; f (gek. 12) **E** 9.2.1973/11.10.1974 Kino DDR **fd** 18 691

RACHE IST NICHT NUR EIN WORT (LA LOI DU SURVIVANT). Ein russischer Abenteurer befreit auf Korsika eine von Unbekannten aus mysteriösen Gründen eingesperrte und zur Prostitution gezwungene Frau und schenkt der von Angstanfällen Heimgesuchten neuen Lebensmut. Bevor sie die Insel zusammen verlassen können, taucht ein maskierter ehemaliger Résistance-Kämpfer auf, der das Geheimnis lüftet, worauf die Frau sich selbst tötet. Von Fatalismus und dunkler Tragik durchtränktes Regiedebüt, überzeugend besetzt und gespielt, schwächer in seiner Motivierung durch antiquierte südländische Ehrbegriffe und in seiner übertriebenen Mystifizierung der Personen. ✦ Scope. Frankreich 1967 **P** Imperia/Stéphan **R** José Giovanni **B** José Giovanni, nach seinem Roman »Les Aventuriers« **K** Georges Barsky **M** François de Roubaix **S** José Giovanni **D** Alexandra Stewart, Michel Constantin, Roger Blin, Frédéric Lambre, Daniel Moosmann, Edwin Moatti **L** 105 **E** 6.8.1994 RTL 2

RACHE IST SÜSS (1941) (DESIGN FOR SCANDAL). Ein Star-Reporter soll für seinen Chef eine Richterin unter die Lupe nehmen, die den Verleger zu einer saftigen Alimente-Zahlung verurteilt hat. Statt einen dunklen Fleck in ihrem Leben zu finden, verliebt sich der Reporter in die junge Juristin, die allerdings dahinterkommt, für wen er arbeitet. An einschlägigen Vorbildern orientierte, nicht sonderlich originelle Komödie, die aber dank der erfrischenden Darsteller und einiger witziger Einfälle insgesamt liebenswerte Unterhaltung bietet. ✦ Schwarz-weiß. USA 1941 **P** MGM **Pd** John W. Considine jr. **R** Norman Taurog **B** Lionel Houser **K** Leonard Smith **M** Franz Waxman **S** Elmo Veron **D** Rosalind Russell (Cornelia Porter), Walter Pidgeon (Jeff Sherman), Edward Arnold (Judson M. Blair), Lee Bowman (Walter Caldwell), Jean Rogers (Dotty) **L** 81 **E** 5.3.1992 RTL plus

RACHE IST SÜSS (1990) →Linda, John und Kate oder: Rache ist süß!

RACHE IST SÜSS (1997 GB/F/USA) →Hering auf der Hose

RACHE IST SÜSS (1997 USA) →Sweet Revenge

RACHE IST WEIBLICH (LES BRAQUEUSES). Vier Freundinnen beseitigen die Ebbe in ihrer Haushaltskasse durch einen Banküberfall. Als das erbeutete Geld verbraucht ist, planen sie den nächsten Coup und liefern der Polizei gleich vier Verdächtige: Männer, an denen sie sich schon lange rächen wollen. Rasante, wenn auch nicht sonderlich stringent entwickelte Komödie mit einigen eher derben Einfällen, die aber durch die Spielfreude der Darstellerinnen weitgehend unterhält. ✦ Frankreich 1993 **P** Arnaud Film/Chrysalide/Studio Canal+/CEC Rhône Alpes **Pd** Monique Arnaud **R** Jean-Paul Salomé **B** Jean-Paul Salomé, Laurent Bénégui, Gérard Mordillat, Joëlle Goron **K** Patrick Duroux **S** Michèle Robert-Laulliac **D** Catherine Jacob (Cécile), Clémentine Célarié (Bijou), Alexandre Kazan (Muriel), Nanou Garcia (Lola), Annie Girardot (Mutter), Laurent Spielvogel (Monsieur Leroux) **L** 90 **E** 9.6.1997 ZDF

RACHE OHNE GNADE (1948) (FURY AT FURNACE CREEK). Kampf gegen Korruption und Verrat im Westernmilieu um 1880: Zwei Brüder wollen die Ehre ihres verstorbenen Vaters wiederherstellen, der als Truppenführer eine militärische Niederlage gegen die Indianer verschuldet haben soll. ✦ Schwarzweiß. USA 1948 **P** 20th Century Fox **KI** Centfox **Pd** Fred Kohlmar **R** H. Bruce Humberstone **B** Charles G. Booth **K** Harry Jackson **M** David Raksin **S** Robert Simpson **D** Victor Mature (Cash), Coleen Gray (Molly Baxter), Glenn Langan (Rufe), Reginald Gardiner (Capt. Walsh), Albert Dekker (Leverett), Fred Clark (Bird), Charles Kemper (Jones), Robert Warwick (Gen. Blackwell), Roy Roberts (Al Shanks), George Cleveland (Richter), Jay Silverheels (Little Dog), Robert Adler, Moritz Hugo, Guy Wilkerson, Edmund Cobb, Kermit Maynard (Scout), George Chesebro, Minerva Urecal (Mrs. Crum), Ray Teal (Sergeant) **L** 90 **FSK** ab 12; nf **E** 29.9.1950 **fd** 928

RACHE OHNE GNADE (1994) →Von Eifersucht besessen

RACHE OHNE HOFFNUNG (FAR NORTH). Das Regiedebüt des Schauspielers und (Drehbuch-)Autors Sam Shepard ist eine überraschend leichtgewichtige, insgesamt aber zu ziellose Mischung aus Komödie und Familiendrama. Nachdem ihr Vater, ein alter Patriarch, bei einem Unfall mit dem Pferdefuhrwerk verletzt worden ist, kehrt die älteste Tochter in das ländliche Elternhaus in Minnesota zurück und wird in die Konflikte der chaotischen Familie hineingezogen. Darstellerisch hervorragend. ✦ USA 1988 **P** Alive-Nelson/Alive **Pd** Carolyn Pfeiffer, Malcolm R. Harding **R+B** Sam Shepard **K** Robbie Greenberg **M** Red Clay Ramblers **S** Bill Yahraus **D** Jessica Lange (Kate), Charles Durning (Bertrum), Tess Harper (Rita), Donald Moffat (Onkel Dane), Ann Wedgeworth (Amy), Patricia Arquette (Jillie) **L** 90 **E** 27.8.1991 premiere/3.1.1995 ZDF

RACHE – SÖLDNER DES TODES (MERCENARY). Ein reicher Unternehmer will den Tod seiner Frau rächen, die bei einem Terroranschlag auf sein Anwesen ums Leben gekommen ist. Er engagiert einen erfahrenen Söldner, der ihm helfen soll, die Attentäter aufzuspüren. Eine simple Geschichte, die nicht ansatzweise die Rechtmäßigkeit des blutigen Rachefeldzuges in Frage stellt. Nicht nur die ethische Dimension überfordert den Regisseur, auch die Inszenierung der Actionszenen bereitet arge Schwierigkeiten. Eine statische Kameraführung und die konfuse Montage können nicht vom inhaltlichen Leerlauf ablenken und so stellt sich neben Verärgerung auch noch Langeweile ein. – Wir raten ab. ✦ USA 1996 **P** Hollywood Pic. **VA** Buena Vista Home **Pd+R** Avi Nesher **B** Patrick Highsmith, Steven Hartov **K** Irek Hartowicz **M** Roger Neill **S** Michael Schweitzer, Richard Trevor **D** Olivier Gruner (Carl »Hawk« May), John Ritter (Jonas Ambler), Robert Culp (McClean), Martin Kove (Phoenix), Ed Lauter (Cochran) **L** 98 **FSK** ab 18 **E** 25.9.1997 Video **fd** 32 995

RACHE TÖTET DIE LIEBE (PONY EXPRESS RIDER). Um den Mord an seinem Vater zu rächen und den

Täter ausfindig zu machen, nimmt ein junger Mann eine Stelle als Detektiv beim »Pony Express« an. Schwachbrüstige Rachegeschichte im Westernmilieu. Weitgehend uninteressant. – Ab 16. ✦ USA 1976 **P** Doty/Dayton **Pd** Dan Greer, Hal Harrison jr. **R** Hal Harrison jr. **B** Lyman D. Dayton, Dan Greer, Hal Harrison jr., Robert Totten **K** Bernie Abramson **M** Robert O. Ragland **S** Marsh Hendry **D** Stewart Peterson (Jimmy), Henry Wilcoxon (Trevor), Buck Taylor (Bovey), Maureen McCormick (Rose), Slim Pickens (Bob) **L** 100 **E** 19.12.1989 SAT 1

RACHE UM JEDEN PREIS (DEMENTED). Eine junge Frau, nach einer Vergewaltigung gerade aus dem Sanatorium entlassen, macht einer Bande Jugendlicher Avancen, um danach einen nach dem anderen mit Schußwaffen, Messern und Beilen umzubringen. Nach schleppendem Anfang gewinnt der Film eine fragwürdige Rasanz, deren Blutrünstigkeit mit etwas Humor gemischt ist. – Wir raten ab. ✦ USA 1980 **P** IRC-IWDC-Four Features Partners **VA** Screentime **Pd** Alex Rebar, Arthur Jeffreys **R** Arthur Jeffreys **B** Alex Rebar **K** Jim Tynes **M** Richard Tufo **D** Sallee Elyse (Linda Rogers), Bruce Gilchrist, Bryan Charles, Chip Matthews, Deborah Alter **L** 93 **E** Mai 1986 Video

DIE RACHE VON SHERWOOD FOREST →Robin Hoods Vergeltung

RACHEENGEL (L' ANGELO CON LA PISTOLA). Ein desillusionierter Kommissar gründet zusammen mit einer jungen Frau, deren Familie von der Mafia ermordet wurde, eine Todesschwadron, um die Bosse der Genueser »ehrenwerten Gesellschaft« zu liquidieren, die sich seit Jahren der Verurteilung entziehen. Spannender Kriminalfilm, der im Gewissenskonflikt seiner Protagonisten die Fragwürdigkeit der Selbstjustiz ebenso deutlich macht wie die Hilflosigkeit einer käuflichen Gesellschaft gegenüber dem organisierten Verbrechen. Gut besetzt und gespielt, realistisch hart, aber nicht brutal in Szene gesetzt, im übermäßigen Gebrauch des Zoom-Objektivs an Stelle des Schnitts auffallend altmodisch. ✦ Italien 1991 **P** Penta/C.G. Tiger **VA** VMP **Pd** Mario Cecchi Gori, Vittorio Cecchi Gori, Silvio Berlusconi **R** Damiano Damiani **B** Damiano Damiani, Dardano Sacchetti, Carla Giulia Casalini **K** Sebastiano Celeste **M** Riz Ortolani **S** Antonio Siciliano **D** Tahnee Welch (Lisa), Remo Girone (Kommissar), Eva Grimaldi (Teresa), Nicola D'Eramo (Mafia-Boß), Franco Sciacca (Verräter) **L** 110 (gek. 109) **FSK** ab 18 (gek. ab 16) **E** 19.3.1993 Video **fd** 30 308

DER RACHEENGEL (1995) (DANGEROUS LADY). Eine irische Familie läßt sich im Jahr 1963 in London nieder. Während die Söhne mit brutalen Mafia-Methoden versuchen, an Geld zu kommen, kümmert sich die Mutter, der Aktivitäten der Söhne bewußt, um die Erziehung der jüngeren Kinder. Als sie einen Polizisten kennenlernt, hält sie ihn von den Söhnen fern, kann aber nicht verhindern, daß er von ihrem kriminellen Treiben erfährt. Fernsehfilm, der Elemente des Krimis und des Melodrams in sich vereint. (Alternativer Fernsehtitel: »Mauras Rache«; Zweiter Teil: »Familienfehde«) ✦ Großbritannien 1995 **R** John Woods **B** Paul Hines, nach einem Roman von Martina Cole **D** Sheila Hancock (Sarah Ryan), Susan Lynch (Maura Ryan), Owen Teale (Terry Patterson), Cal Macaninch (Geoff Ryan), Jason Isaacs (Michael Ryan) **L** 201 (100 & 101) **E** 24.1.1997 tm3

DER RACHEENGEL (1996) (A WOMAN SCORNED 2 / SCORNED 2). Als eine von Albträumen geplagte Frau mit mörderischer Vergangenheit entdeckt, dass ihr Mann, ein Universitätsprofessor, mit einer Studentin fremdgeht, entwickelt sie fatale Rachegedanken. Ihr ist jedoch ein Detektiv auf den Fersen, der sie mit ihrer Vergangenheit zu konfrontieren gedenkt. Erotischer Thriller mit einigen geschickten Wendungen, der das hohe Eingangstempo über weite Strecken halten kann. ✦ USA 1996 **P** Royal Oaks Entertainment **Pd** Andrew Stevens **R** Rodney McDonald **B** Sean McGinly **K** Gary Graver **M** Patrick Seymour **S** Les Kaye **D** Tane McClure (Amanda Foley), Andrew Stevens (Alex Weston), Myles O'Brien (Mark Foley), Wendy Schumacher (Cynthia Meadows), John McCook (Dr. Greenfield) **L** 94 **E** 24.3.2000 ProSieben (entfallen)

RACHEENGEL – DIE STIMME AUS DEM DUNKELN. Die Suche nach einem Serienkiller, der vorzeitig entlassene Sexualstraftäter ermordet, verschlägt einen BKA-Kommissar in eine psychiatrische Klinik, in die er sich im Zuge seiner verdeckten Ermittlungen einweisen lässt. Der kriminalistische Schachzug erweist sich als unerbittliche Falle. (Fernseh-)Thriller mit Anleihen bei »Das Schweigen der Lämmer«. ✦ Deutschland 1999 **P** ProSieben **R** Thorsten Näter **B** Caroline Hecht, Jochen Pahl **K** Tomas Erhart **M** Siggi Mueller **D** Götz George (Dr. Meinfeld), Carin C. Tietze (Hauptkommissarin König), Tim Bergmann (BKA-Kommissar Martin Blank), Chiara Schoras (Tanja), Dieter Pfaff (Gabriel) **L** 95 **E** 1.10. 1999 ProSieben

RACHEENGEL IN LEDER (MODEL BY DAY). Nach einer Comic-Vorlage entstandener Fantasy-Krimi über das Doppelleben einer jungen Frau: Nach dem Überfall auf eine Freundin geht ein schönes Fotomodell, das sich tagsüber auf den Laufstegen der Haute Couture bewegt, nachts verkleidet auf Verbrecherjagd. – Ab 16. ✦ Kanada 1993 **Pd** Joseph Loeb III **R** Christian Duguay **B** Kevin Taylor, Joseph Loeb, nach einer Comic-Vorlage von Kevin Taylor **M** Louis Natale **D** Famke Janssen (Lex), Sean Young (Mercedes), Shannon Tweed (Shannon), Stephen Shellen, Clark Johnson **L** 86 **E** 3.11.1994 PRO 7

DIE RACHEGÖTTIN. Eine Studienrätin, die bei einer pensionierten Schauspielerin Sprechunterricht nimmt, staunt nicht schlecht, als diese ihr nach ihrem Tod ein Vermögen hinterlässt. Allerdings ist dieses Erbe an eine Bedingung geknüpft: Sie soll sich im Auftrag der Toten an mehreren Personen rächen, die dieser in ihrem Leben Böses angetan haben. Fürs Fernsehen inszenierte schwarze Komödie. ✦ Deutschland 1992 **R** Wolfgang Panzer **B** Johannes Reben **D** Lola Müthel (Bettina Zumwege), Ursula Dirichs (Charlotte Melodrigkeit), Hans Lobitz (Hans Kontumatz), Walter Schmidinger (Egon Kutosch), Rosemarie Fendel (Yvonne Krause), Ulrich Wildgruber (Otto Brauer), Kurt Hübner (Emmeram Haardt), Veronika Faber (Therese) **L** 91 **E** 1.3.1994 3sat

RACHEL, BITTE KOMM ZURÜCK →Runners – Ausgerissen

RACHEL UND DER FREMDE →Ehe ohne Liebe

DER RACHEPAKT (TERMINALE). Sechs Freunde beschließen, den Selbstmord einer Mitschülerin zu rächen, die augenscheinlich von ihrem Philosophie-Lehrer in den Tod getrieben wurde. Sie spionieren das Privatleben des zwielichtigen Mannes aus und kommen seinem perversen Spiel mit dem Mädchen ebenso auf die Spur wie seiner Verbindung zur rechten Szene, für die er ein Pamphlet schrieb, das den Holocaust negiert. Die sechs jungen Leute beschließen, den Mann zu töten. Ein von überzeugenden Darstellern getragener Film, der seine Reflexion über staatsbürgerliches Denken, Verantwortung und Freundschaft auf spannende Weise erzählt und zugleich Nachdenklichkeit erzielt. ✦ Frankreich 1998 **P** Ognon Pictures **Pd** Humbert Balsan **R** Francis Girod **B** Francis Girod, Gérard Miller **K** Thierry Jault **M** Laurent Petitgirard **S** Isabelle Dedieu **D** Adrienne Pauly (Sarah), Eléonore Gosset (Caroline), Anna Mouglalis (Claire), Loïc Corbery (François), Mathieu Crépeau (Thomas) **L** 100 **E** 2.8.2000 arte

DER RÄCHER (1951) (BEST OF THE BADMEN). Nach dem amerikanischen Bürgerkrieg übernimmt der Nordstaatenoffizier Jeff Clanton die Führung einer Bande. Der Polizeibeamte Fowler, der sich ihm entgegenstellt, kommt im Kampf ums Leben. Wirkungsvoll besetzter B-Western. – Ab 16. ✦ USA 1951 **P** RKO **KI** RKO **Pd** Herman Schlom **R** William D. Russell **B** Robert Hardy Andrews, John Twist **K** Edward Cronjager **M** Paul Sawtell **S** Desmond Marquette **D** Robert Ryan (Jeff Clanton), Claire Trevor (Lily Fowler), Jack Buetel (Bob Younger), Robert Preston (Matthew Fowler), Walter Brennan (Doc Butcher), Bruce Cabot (Cole Younger), John Archer (Curley Ringo), Lawrence Tierney (Jesse James), Barton MacLane (Joad), Tom Tyler (Frank James), Bob Wilke (= Robert J. Wilke) (Jim Younger), John Cliff (John Younger), Carleton Young (Wilson) **L** 85 **FSK** ab 12; nf **E** 14.3.1952 **fd** 1 668

DER RÄCHER (1960). Ein Biedermann köpft aus privatem Gerechtigkeitsfanatismus Kriminelle, die der Justiz entgingen. Unbeholfener Krimi aus der populären Edgar-Wallace-Serie; reizvoll allenfalls durch die Patina, die der Film inzwischen angesetzt hat. – Ab 16. ✦ Schwarz-weiß. BR Deutschland 1960 **P** Kurt Ulrich **KI** Europa **VA** Kinowelt Home (Video ab 12) **R** Karl Anton **B** Gustav Kampendonk, Rudolph Cartier, nach einem Roman von Edgar Wallace **K** Willi Sohm **M** Peter Sandloff **D** Heinz Drache (Michael Brixan), Ingrid van Bergen (Stella Mendoza), Ina Duscha (Ruth Sanders), Klaus Kinski (Lorenz Voss), Benno Sterzenbach (Sir Gregory Penn), Maria Litto **L** 100 **FSK** ab 16; nf **E** 5.8.1960/Juli 1999 Video **fd** 9 352

DER RÄCHER (1971) →Revengers

DER RÄCHER (1980) →Up River

DER RÄCHER AUS DEM SARG (SOUS LE SIGNE DE MONTE CRISTO). Ein französischer Widerstandskämpfer, der nach dem Zweiten Weltkrieg fälschlich des Verrats beschuldigt und verurteilt wurde, aber fliehen konnte, kehrt nach 20 Jahren in seine Heimat zurück, um sich an seinen korrupten ehemaligen Kameraden zu rächen. 19. Verfilmung des Romans »Der Graf von Monte Christo« von Alexandre Dumas, ins 20. Jahrhundert übertragen. Zähflüssig und ohne Spannung. (TV-Titel DDR: »Gejagt wie Monte Christo«) ✦ Frankreich/Italien 1968 **P** P.A.C./Société Nouvelle Pathé Cinéma/Sirius/Da.Ma. **KI** Gloria **R** André Hunebelle **B** Michel Lebrun, Jean Halain, nach dem Roman »Der Graf von Monte Christo« von Alexandre Dumas **K** Raymond Lemoigne **M** Michel Magne **D** Michel Auclair (Villefort), Pierre Brasseur (Faria), Paul Barge (Edmond), Raymond Pellegrin (Morcerf), Anny Duperey (Maria), Claude Jade (Linda) **L** 88 **FSK** ab 12; nf **E** 15.5.1969/16.5.1981 DFF 1 **fd** 16 152

DER RÄCHER BIN ICH →Shamango

DER RÄCHER DER ENTERBTEN →Mit Büchse und Lasso

RÄCHER DER ENTERBTEN (THE TRUE STORY OF JESSE JAMES). Die Lebensgeschichte von Jesse und Frank James – von den Wirren des Bürgerkriegs bis zum gewaltsamen Tod Jesses (1864–1882). Zugleich ein Versuch, die Motive für den Ausstieg der beiden Brüder aus der Gesellschaft und für ihre kriminelle Karriere auszuleuchten. Regisseur Ray überwarf sich wegen dieses Films mit seinem Produzenten; er mußte den Film entgegen seinem ursprünglichen Konzept chronologisch schneiden. ✦ Scope. USA 1956 **P** 20th Century Fox **KI** Centfox **Pd** Herbert B. Swope jr. **R** Nicholas Ray **B** Walter Newman, nach einem Drehbuch von Nunnally Johnson **K** Joseph MacDonald **M** Leigh Harline **S** Robert Simpson **D** Robert Wagner (Jesse James), Jeffrey Hunter (Frank James), Hope Lange (Zee), Alan Hale (Cole Younger), Agnes Moorehead (Mrs. Samuel), Alan Baxter (Remington), John Carradine (Reverend Bailey), Chubby Johnson (Askew), John Doucette (Hillstrom), Robert Adler (Sheriff Trump), Tom Greenway (Deputy Leo), Clegg Hoyt (Tucker) **L** 93 **FSK** ab 18; nf **E** 9.4.1957 **fd** 5 806

RÄCHER DER MEERE (IL GIUSTIZIERE DEI MARE / LE BOUCANIER DES ILES). Ein Offizier kämpft 1790 in Australien für die Freiheit englischer Verbannter. Breiter und zäher Abenteuerfilm mit einem Hang zur unfreiwilligen Komik. ✦ Scope. Italien/Frankreich 1961 **P** Documento/Louvre **KI** Pallas **R** Domenico Paolella **B** Ugo Guerra, Luciano Martino **K** Carlo Bellero **M** Egisto Macchi **D** Richard Harrison (David), Michèle Mercier (Jennifer), Marisa Belli (Nike), Roldano Lupi (Redway), Walter Barnes **L** 88 **FSK** ab 12; nf **E** 28.9.1962/1.11.1995 Kabel 1 **fd** 11 439

RÄCHER DER NACHT (THE NIGHTSTALKER). Ein versoffener Polizist legt einem Frauenmörder, der in Asien gelernt hat, sich die Lebenskraft seiner Opfer anzueignen, das Handwerk. Ein Thriller, der seine Glaubwürdigkeit überstrapaziert und hinter dessen gediegener Oberfläche sich ein Schundprodukt verbirgt. ✦ USA 1985 **P** Almi/Chrystie **VA** Concorde **Pd** Don Edmonds, Jeff Richard, George »Buck« Flower, Jack Lorenz **R** Max J. Kleven **B** John Goff, Don Edmonds **K** Don Burgess **M** David Kitay, Richard Koz Kosinski, Sam Winans **S** Stanford C. Allen **D** Charles Napier (Polizeisergeant), Michelle Reese (Rene), Katherine Kelly Lang (Denise), Robert Viharo (Charlie), Joseph Gian (Brown) **L** 92 **FSK** ab 18 **E** 13.4.1992 Video **fd** 29 555

DER RÄCHER DER TODESSCHLUCHT (ALBUQUERQUE). New Mexico als Schauplatz eines typischen Randolph-Scott-Westerns: Neffe Randy macht seinem Onkel mit einer eigenen Transportfirma Konkurrenz, nachdem er in dessen Betrieb Zeuge krimineller Machenschaften geworden ist. ✦ USA 1948 **P** Paramount **KI** Paramount **Pd** William H. Pine, William Thomas **R** Ray Enright **B** Gene Lewis, Clarence Upson Young, nach einer Story von Luke Short **K** Fred Jackman jr. **M** Darrell Calker **S** Howard E. Smith **D** Randolph Scott (Cole Armin), Barbara Britton (Lettie Tyler), George Hayes (Juke), Lon Chaney jr. (Steve Murkill), Russell Hayden (Ted Wallace), Catherine Craig (Celia Wallace), George Cleveland (John Armin), Russell Simpson (Huggins), Dan White (Jackson), Irving Bacon (Dave Walton), John Halloran (Matt Wayne), Walter Baldwin (Richter) **L** 89 **FSK** ab 12; nf **E** 29.11.1955 **fd** 4 579

DER RÄCHER DER TOTEN FISCHE (POMSTA MRTVYCH RYB). Vier Kinder gehen gegen eine Fabrik vor, die das Gewässer verunreinigt und damit die Fische tötet. Ökologisch angehauchter Kinderfilm. – Ab 6. ✦ CSSR 1980 **P** Filmstudio Barrandov **KI** Progress **R** Dusan Kodaj **B** Josef Repko, Dusan Kodaj **K** Frantisek Lukes **M** Ali Brezovsky **D** Svatopluk Natyas (Ingenieur Hladik), Renata Dolezalová (Hladiková), Anton Mrvecka (Ingenieur Valenta), Ludmila Mandzarová (Lehrerin), Stefan Halas (Dr. Placko) **L** 73 **E** 26.3.1982 Kino DDR/2.7.1983 DFF 1

DER RÄCHER DER UNTERWELT → Death Wish III – Der Rächer von New York

RÄCHER DER UNTERWELT (THE KILLERS). Ein Mord bringt einen Versicherungsdetektiv auf die Spur einer Verbrecherbande. Bei der Enthüllung der Vorgeschichte stößt er auf Habgier, Verrat und eine Reihe weiterer Verbrechen. »The Killers« gilt heute als Klassiker der »Schwarzen Serie«. Burt Lancaster liefert in seiner ersten wichtigen Rolle die beklemmende Studie eines Mannes mit düsterer Vergangenheit, der scheinbar gleichgültig auf seine Mörder wartet. Ernest Hemingways wenige Seiten umfassende Kurzgeschichte diente Don Siegel 1964 für ein formal und inhaltlich völlig eigenständiges »Remake«. (Späterer Kino- und Fernsehtitel: »Die Killer«) – Ab 16. ✦ Schwarz-weiß. USA 1947 **P** Universal **KI** Universal/Kinowelt **Pd** Mark Hellinger **R** Robert Siodmak **B** Anthony Veiller, John Huston, nach einer Erzählung von Ernest Hemingway **K** Elwood Bredell **M** Miklos Rozsa **S** Arthur Hilton **D** Burt Lancaster (Ole, »der Schwede«), Edmond O'Brien (Jim Reardon), Ava Gardner (Kitty Collins), Sam Levene (Lt. Sam Lubinsky), Albert Dekker (Big Jim Colfax), Virginia Christine (Lilly Lubinsky), Vince Barnett (Charleston) **L** 103 **FSK** ab 16; nf **E** 16.10.1950/5.11.1979 DFF 1/1990 (WA; O.m.d.U.) **fd** 919

DIE RÄCHER HETZEN DIE MEUTE (REVOLT). Zwei junge Männer setzen sich gegen eine Drogenbande zur Wehr, weil einer von ihnen, der aussteigen wollte, umgebracht werden soll. Thriller aus dem Milieu iranischer Einwanderer, der zur Zeit der amerikanisch-iranischen Spannungen spielt. ✦ USA 1985 **P** IRC **VA** Pacific **R** Jim Sheybany **B** Shield **D** Rand Martin, Ross McTosh, Fattaneh, Jerryld Luck, Lee Buck **L** 88 **FSK** ab 16 **E** August 1986 Video

DER RÄCHER IM BETT → Im Auge der Schlange

DER RÄCHER IM LILA MANTEL (THE MOONRAKER). England zur Zeit Cromwells: Ein tapferer Edelmann rettet seinen abgesetzten jungen König vor dessen Widersachern, indem er ihm zur Flucht nach Frankreich verhilft. Auf ein jugendliches Publikum zugeschnittene Abenteuerunterhaltung. – Ab 12. ✦ Großbritannien 1958 **P** Associated **KI** Prisma **R** David MacDonald **B** Robert Hall, Wilfred Eades, Alistair Bell, nach dem Bühnenstück »The Moonraker« von Arthur Watkyn **K** Max Greene (= Mutz Greenbaum) **M** Laurie Johnson **D** George Baker (Anthony), Sylvia Syms (Anne Wyndham), Marius Goring (Colonel Beaumont), Peter Arne (Edmund Tyler), Clive Morton (Lord Harcourt) **L** 78 **FSK** ab 6; nf **E** 7.11.1958 **fd** 7 515

RÄCHER IN SCHWARZ (TEN WANTED MEN). Ein Rancher, der als Pionier nach Mexiko kam und es dort zu Ansehen und Besitz gebracht hat, muß sich gegen eine vielköpfige Bande zur Wehr setzen, die ihn von seiner Ranch vertreiben soll und seinen Bruder, einen tüchtigen Advokaten, tötet. Anspruchsloser Western. – Ab 14 möglich. ✦ USA 1954 **P** Producers-Actors Corp. **KI** Löwen /Stella **Pd** Harry Joe Brown **R** H. Bruce Humberstone **B** Kenneth Gamet **K** Wilfred M. Cline **M** Paul Sawtell **S** Gene Havlick **D** Randolph Scott (John Stewart), Jocelyn Brando (Corinne Michaels), Richard Boone (Wick Campbell), Alfonso Bedoya (Hermando), Donna Martell (Maria Segura), Skip Homeier (Howie Stewart), Clem Bevans (Tod Grinnel), Dennis Weaver (Sheriff Clyde Gibbons), Lee Van Cleef (Al Drucker), Leo Gordon (Frank Scavo), Boyd »Red« Morgan (Red Dawes), Denver Pyle (Dave Weed), Francis McDonald (Warner), Louis Jean Heydt (Tom Baines) **L** 80 **FSK** ab 12; nf **E** 11.9.1959 **fd** 8 424

DER RÄCHER MIT DEM DEGEN → Das Geheimnis des Scaramouche

DER RÄCHER MIT DER MASKE (IL VENDICATOR MASCHERATO). Abenteuerfilm, der als historischen Hintergrund den Aufstand gegen einen gewalttätigen Dogen von Vendedig benutzt. Oberflächliche Unterhaltung ohne Ansprüche. – Ab 14. ✦ Italien/Frankreich 1967 **P** Ultra/Lux **KI** Progress **R** Pino Mercanti **B** Marcello Fondato **K** Carlo Bellero **M** Gioacchino Angelo **D** Guy Madison, Lisa Gastoni, Jean Claudio, Ingrid Schoeller, Vanni Materssi **L** 97 **E** 12.12.1969 Kino DDR

RÄCHER OHNE GNADE (1950) → Der galante Abenteurer

RÄCHER OHNE GNADE (1968) → Blutiger Staub (1968)

RÄCHER OHNE WAFFEN (THE GUNFIGHTERS). Western nach einem Roman von Zane Grey: Ein friedliebender Revolverheld muß gegen seine Absicht nochmals zur Waffe greifen, nachdem ihm der Mord an seinem besten Freund zur Last gelegt wurde. ✦ USA 1947 **P** Columbia **KI** Constantin **Pd** Harry Joe Brown **R** George Waggner **B** Alan LeMay, nach einem Roman von Zane Grey **K** Fred Jackman **M** Rudy Schrager **S** Harvey Manger **D** Randolph Scott (Brazos Kane), Barbara Britton (Bess Banner), Dorothy Hart (Jane Banner), Bruce Cabot (Bard Macky), Charley Grapewin (Inskip), Steven Geray (Jose), Forrest Tucker (Hen Orcutt), Charles Kemper (Sheriff Klacaden), Grant Withers (Deputy Bill Yount), John Miles (Johnny O'Neill), Griff Barnett (Banner) **L** 75 **FSK** ab 12; nf **E** 25.2.1955 **fd** 3 932

DER RÄCHER SCHLÄFT NICHT (JOAQUIN MURRIETA). Mexikanische Einwanderer in Kalifornien im Kampf gegen Banditen und Regierungstruppen zur Goldgräberzeit um 1845. Mittelprächtiges Abenteuerkino. ✦ Mexiko 1958 **P** Hispano **KI** Constantin **R+B** Miguel Contreras Torres **K** José Ortiz Ramos **M** Frederico Ruiz **D** Carlos Thompson (Joaquin Murrieta), Ariadne Welter (Clara), Rodolfo Acosta (Drei-Finger-Jack), Charles Fawcett (Kapitän Love), Lee Morgan (Lang) **L** 83 **FSK** ab 12; nf **E** 27.11.1959 **fd** 8 691

DER RÄCHER VOM SILBERSEE (TIMBERJACK). Ein junger Ingenieur verdingt sich in Montana als Holzfäller, um einen verbrecherischen Waldbesitzer zu entlarven, der seinen Vater aus Konkurrenzneid erschlagen hat. Durchschnittlicher, aber gut besetzter Routine-Western, dessen dramatische Handlung in neuerer Zeit angesiedelt ist. – Ab 14. ✦ USA 1955 **P** Republic **KI** Gloria **Pd** Herbert J. Yates **R** Joseph Kane **B** Allen Rivkin, nach einem Roman von Dan Cushman **K** Jack Marta **M** Victor Young **S** Richard L. Van Enger **D** Sterling Hayden (Tim Chipman), Vera Ralston (Lynne Tilton), David Brian (Croft Brunner), Adolphe Menjou (Swiftwater Tilton), Hoagy Carmichael (Jingles), Chill Wills (Steve Rilka), Jim Davis (Poole), Howard Petrie, Ian MacDonald (Pauquette), Elisha Cook jr. (Punky), Carl Davis (Red Bush), George Marshall (Feuerwehrmann) **L** 93 **FSK** ab 12; nf **E** 10.4.1956 **fd** 5 018

DER RÄCHER VON CASAMARE (MASK OF THE AVENGER). Während zwischen Österreich und Italien Krieg herrscht, rächt ein Grafensohn den Tod seines Vaters und entlarvt einen Verräter. Abenteuerkino im Stil der »Graf von Monte Christo«-Filme. – Ab 12 möglich. ✦ USA 1951 **P** Columbia **KI** Columbia **R** Phil Karlson **B** Jesse L. Lasky jr., nach einer Story von George Bruce **K** Charles Lawton jr. **M** Morris W. Stoloff **D** John Derek (Renato Dimorna), Anthony Quinn (Giovanni Larocca), Jody Lawrance (Maria), Arnold Moss, Eugene Iglesias (Rollo) **L** 82 **FSK** ab 12; nf **E** 2.9.1952/27.3.1965 DFF 1 **fd** 2 082

DER RÄCHER VON GOLDEN HILL (IL VENDICATORE DI KANSAS CITY / SONCRON CUATRO BALAZOS). Ein Draufgänger mit zweifelhaftem Ruf gerät in den Verdacht, seine unschuldig als Mörderin verurteilte Schwester mit einer Serie von Morden zu rächen. Durchschnittlicher Euro-Western mit eindrucksvollen Landschaftsaufnahmen. ✦ Italien/Spanien 1963 **P** Emo Bistolfi/Fenix **KI** Nora **R** Agustin Navarro **B** Mario Guerra, José Mallorqui, Vittorio Vighi **K** Ricardo Torres **M** Manuel Parada **D** Fred Canow, Paul Piaget, Barbara Nelly, Fernando Montez, Angela Cavoliz **L** 79 **FSK** ab 12; nf **E** 6.8.1965 **fd** 13 590

DER RÄCHER VON KALIFORNIEN (THE MASTER GUNFIGHTER). Kalifornien 1836: Finley McCloud, ein auch mit dem Samuraischwert bestens vertrauter Gunfighter, verhindert einen Massenmord an den Indianern und tötet schließlich im Duell den Schuldigen. Eine ziemlich befremdliche Mischung aus Klischees des Italowestern, des Samurai- und Kung-Fu-Kinos, die zudem mit starken Stilisierungen arbeitet. Zumindest in der (gekürzten) deutschen Fassung wirkt das Ganze über weite Strecken eher lächerlich. ✦ Scope. USA 1975 **P** Avondale **KI** Warner-Columbia **Pd** Phil Parslow **R** Frank Laughlin (= Tom Laughlin) **B** Harold Lapland **K** Jack A. Marta **M** Lalo Schifrin **S** William Reynolds, Danford B. Greene **D** Tom Laughlin (Finley), Ron O'Neal (Paulo), Barbara Carrera (Eula), Richard Angarola (Don Santiago), Lincoln Kilpatrick (Jacques), GeoAnn Sosa (Chorika), Victor Campos (Maltese), Hector Elias (Juan), Michael Lane (Frewen), Patti Clifton **L** 110 (Orig. 121) **FSK** ab 16; f **E** 21.10.1976 **fd** 20 018

DER RÄCHER VON LOS ANGELES (OLD LOS ANGELES). Goldrausch 1848: Ein Mann aus Missouri findet in Kalifornien den Mörder seines Bruders. Kleiner, unaufwendiger Western. – Ab 14. ✦ Schwarz-weiß. USA 1948 **P** Republic **KI** Gloria **Pd+R** Joseph Kane **B** Gerald Drayson Adams, Clements Ripley **K** William Bradford **M** Nathan Scott, Ernest Gold **S** Richard L. Van Enger **D** William Elliott (Bill Stockton), John Carroll (Johnny Morrell), Catherine McLeod (Marie Marlowe), Joseph Schildkraut (Luis Savarin), Estelita Rodriguez (Estelita del Rey), Andy Devine (Sam Bowie), Virginia Brissac (Señora del Rey), Grant Withers (Marshal Luckner), Roy Barcroft (Clyborne), Henry Brandon (Larry Stockton) **L** 87 **FSK** ab 12; nf **E** 21.6.1951 **fd** 1 220

DER RÄCHER VON MEXICO →Lassy La Roc, der Mann der Peitsche, 3.Teil – Der Rächer von Mexico

DER RÄCHER VON MEXIKO CITY (THE FIGHTING LAWMAN). Ein Sheriff jagt jahrelang hinter Bankräubern her, gerät zeitweilig unter den verderblichen Einfluß einer Gangsterbraut und kann – als sich die Banditen bereits in Sicherheit wiegen – einen nach dem anderen ausschalten. Schwacher Western nach einem unausgegorenen Drehbuch. ✦ Schwarz-weiß. USA 1953 **P** Allied Artists **Kl** Austria **Pd** Vincent M. Fennelly **R** Thomas Carr **B** Daniel B. Ullman **K** Gilbert Warrenton **M** Raoul Kraushaar **S** Sam Fields **D** Wayne Morris, Virginia Grey, John Kellogg, Harry Lauter, John Pickard, Rick Vallin, Myron Healey, Dick Rich **L** 98 **FSK** ab 12; nf **E** 22.11.1957 **fd** 6 654

DIE RÄCHER VON MISSOURI (BAD MEN OF MISSOURI). Die drei Younger-Brüder kommen nach dem Bürgerkrieg notleidenden Farmern zu Hilfe, indem sie sich als Banditen betätigen und Geld bei reichen Leuten rauben. B-Western, der recht geschickt Action mit ruhigen Passagen und Humor mischt. – Ab 16. ✦ Schwarz-weiß. USA 1941 **P** Warner Bros. **Kl** Warner Bros. **Pd** Harlan Thompson **R** Ray Enright **B** Charles Grayson **K** Arthur Todd **S** Clarence Kolster **D** Dennis Morgan (Cole Younger), Jane Wyman (Mary Hathaway), Wayne Morris (Bob Younger), Arthur Kennedy (Jim Younger), Victor Jory (William Merrick), Faye Emerson (Martha Adams), Alan Baxter (Jesse James), Walter Catlett (Pettibone), Howard da Silva (Greg Bilson), Russell Simpson (Hank Younger), Ann Todd (Amy Younger) **L** 70 **FSK** ab 16; nf **E** 12.6.1959 **fd** 8 173

DER RÄCHER VON MONTANA (BITTER CREEK). Ein Cowboy auf privatem Rachefeldzug überführt den Mörder seines Bruders und tröstet dessen Braut. Simpler B-Western. – Ab 16. ✦ Schwarz-weiß. USA 1954 **P** Allied Artists **Kl** NF **Pd** Vincent M. Fennelly **R** Thomas Carr **B** George Waggner **K** Ernest Miller **M** Raoul Kraushaar **S** Sam Fields **D** Wild Bill Elliott (= William Elliott) (Clay Tyndall), Carleton Young (Quentin Allen), Beverly Garland (Beverly Garland), Claude Akins (Vance Morgan), Jimmy Hayward (Dr. Prentiss), John Harmon (A. Z. Platte), Veda Ann Borg (Whitey), John Pickard (Oak Mason), Forrest Taylor (Harley Pruitt), John Larch, Earle Hodgins (Charles Hammond) **L** 74 **FSK** ab 12; nf **E** 11.11.1955 **fd** 4 694

DER RÄCHER VON NEW YORK →Death Wish III – Der Rächer von New York

DER RÄCHER VON OLD MEXIKO (IN OLD MEXICO). Serien-Abenteuer um den Westernhelden Hopalong Cassidy. Auf den Spuren einer berüchtigten Gangsterbande werden Cassidy und seine Getreuen durch eine gefälschte Nachricht auf die mexikanische Ranch eines Freundes gelockt, wo eine Frau sie dem Bandenchef in die Hände spielen soll. Cassidy riecht den Braten noch rechtzeitig. (Siehe auch: »Die Hopalong-Cassidy-Filme«) ✦ Schwarz-weiß. USA 1938 **P** Paramount **Kl** Deutsche Commerz **Pd** Harry Sherman **R** Edward T. Venturini **B** Harrison Jacobs, nach Clarence E. Mulford **K** Russell Harlan **M** Victor Young **S** Robert Warwick **D** William Boyd (Hopalong Cassidy), George Hayes (Windy Halliday), Russell Hayden (Lucky Jenkins), Paul Sutton (Der Fuchs), Betty Amann (Janet Leeds), Al Garcia (Don Carlos Gonzales), Jane Clayton (Anita Gonzales), Glenn Strange (Burk), Trevor Bardette (Col. Gonzales), Anna Demetrio (Elena), Tony Roux (Pancho), Fred Burns **L** 73 **FSK** ab 12; nf **E** 29.5.1952 **fd** 1 871

DER RÄCHER VON PARIS →Horace 62

DER RÄCHER VON TEXAS (PANHANDLE). Während Sheriff Sands in Mexiko weilt, wird sein Bruder auf mysteriöse Weise ermordet. Der Sheriff kehrt nach Texas zurück und stellt den Täter. Zügig inszenierter kleiner Western, bei dem der spätere Star-Regisseur Blake Edwards (»Der rosarote Panther«) als Drehbuchautor und Nebendarsteller mitwirkte. – Ab 16. ✦ Schwarz-weiß. USA 1947 **P** Allied Artists **Kl** Falken/Stern **R** Lesley Selander **B** Blake Edwards, John Champion **K** Harry Neumann **M** Rex Dunn **D** Rod Cameron (John Sands), Cathy Downs (Dusty Stewart), Reed Hadley (Matt Garson), Anne Gwynne (June O'Carroll), Blake Edwards (Floyd Schofield), Dick Crockett (Elliott), Rory Mallinson (Sheriff), Charles Judels (Barbier), Alex Gerry (McBride), Francis McDonald (Crump), Henry Hall (Wells), Stanley Andrews (Tyler) **L** 86 **FSK** ab 16; nf **E** 1950 Kino/8.3.1989 PRO 7 **fd** 521

DER RÄCHER VON VENEDIG (IL PONTE DEI SOSPIRI / EL PONTE LOS SUSPIROS). Im Kampf um die politische Vorherrschaft in Venedig zu Beginn des 16. Jahrhunderts. Der Doge wird gestürzt und sein Sohn ins Gefänginis geworfen. Erst mit Hilfe einer schönen Venezianerin wird die alte Ordnung wiederhergestellt. Anspruchsloser Abenteuerfilm. ✦ Italien/Spanien 1964 **P** Panda Cinematografica/Estela **R** Carlo Campogalliani, Piero Pierotti **B** Duccio Tessari, Oreste Biancoli, Piero Pierotti, Gian Paolo Callegari, Carlo Campogalliani, nach dem Roman von Michel Zevaco **K** Luciano Trasatti, Rafael Pacheco **M** Angelo Francesco Lavagnino **D** Brett Halsey, Gianna Maria Canale, Burt Nelson, Conrado San Martín, Vira Silenti **L** 90 **E** 5.7.1987 DFF 2/27.5.1996 mdr

DER RÄCHER WARTET SCHON (FURY AT SHOWDOWN). Ein junger Mann, der aus Notwehr getötet hat, rehabilitiert sich, indem er einen vermeintlich braven Bürger als Verbrecher überführt. In nur fünf Tagen gedrehtes kleines Meisterwerk des B-Western. Formal beachtlich und inhaltlich deutlich an Henry Kings »Der Scharfschütze« und dessen Ablehnung der Killer-Romantik orientiert. ✦ Schwarz-weiß. USA 1956 **P** B.G. **Kl** Ceres **Pd** John Beck **R** Gerd Oswald **B** Jason James, nach einem Roman von Lucas Todd **K** Joseph LaShelle **M** Harry Sukman **S** Robert Golden **D** John Derek (Brock Mitchell), John Smith (Miley Sutton), Carolyn Craig (Ginny Clay), Nick Adams (Tracy Mitchell), Gage Clarke (Chad Deasey), Robert E. Griffin (Sheriff Clay), Malcolm Atterbury (Norris), Rusty Lane (Riley), Robert Adler (Alabam), Norman Leavitt (Swamper) **L** 75 **FSK** ab 12; nf **E** 9.9.1960 **fd** 9 507

DER RACHESCHWUR (SWORN TO VENGEANCE). Ein Polizist fahndet auf eigene Faust nach den Mördern dreier Jugendlicher, die ihn an seine eigenen Kinder erinnern. Mit Hilfe eines Mediums findet er die Täter, doch die Beweise reichen für eine Verurteilung nicht aus. Durchschnittlicher Kriminalfilm nach einer wahren Begebenheit. ✦ USA 1993 **R** Peter Hunt **B** David Epstein, John Carlen **D** Robert Conrad (Jack Stewart), William McNamara (Michael Burke), Sharon Farrell (Sylvia Haskell), La Velda Fann (Wanda Monroe), Katherine Armstrong (Stephanie), Cristian Crocker (Lindsay Thomas) **L** 90 **E** 18.9.1994 SAT 1

RACKET (IL GRANDE RACKET). Eine Bande jugendlicher Sadisten und ihre Anführerin terrorisieren Rom, bis ein wegen seiner harten Methoden suspendierter Kommissar dem Schrecken ein Ende macht und dabei auch Polizeibeamte als korrupt entlarvt. Brutaler Selbstjustizfilm, dem es nur um spekulative Effekte geht. (Videotitel: »Racket – Bei Anruf Mord«) ✦ Italien 1976 **P** Cinemaster **Kl** Constantin **R** Enzo G. Castellari (= Enzo Girolami) **B** Massimo De Rita **K** Marcello Masciocchi **M** Guido de Angelis, Maurizio de Angelis **D** Fabio Testi, Vincent Gardenia, Renzo Palmer, Orso Maria Guerrini, Glauco Onorato **L** 106 **FSK** ab 18; nf **E** 22.7.1977 **fd** 20 411

RACKET – BEI ANRUF MORD →Racket

DAS RAD (LA ROUE). Ein Lokführer läßt sein Leben Revue passieren. Vor zwanzig Jahren verlor er seine Frau im Krieg; in jener Nacht rettete er ein kleines Mädchen, das er zu sich nahm. ✦ Schwarz-weiß. Frankreich 1957 **P** Florida **R** Maurice Delbez **B** André Haguet, nach dem Roman von Abel Gance **K** Noel Martin **M** Louiguy **D** Jean Servais, Pierre Mondy, Catherine Anouilh, Claude Laydu, Julien Bertheau **L** 70 **E** 4.11.1966 DFF 1

DAS RAD DES GLÜCKS (CHAKRA). Amma, eine junge Witwe, lebt mit ihrem Sohn in einem Slum von Bombay. Sie hofft, eines Tages diesem Los entfliehen zu können. Ihre beiden Liebhaber, ein Alkoholschmuggler und ein rechtschaffener LKW-Fahrer, sollen ihr dabei helfen. Doch nur kurze Zeit erfüllt sich ihre Hoffnung. – Ein bemerkenswert konzentriert beobachtender Film über das Elend indischer Slumbewohner. »Chakra« bezeichnet das hinduistische Rad des Lebens und des Kosmos. ✦ Indien 1980 **P** Neo Film **Pd** Manmohan Shetty, Pradeep Uppoor **R** Rabindra Dharmaraj **B** Shama Zaodi, Javed Siddiqi, Rabindra Dharmaraj, nach einem Roman von Jayawant Dalvi **K** Barun Mukherjee **M** Hridayanath Mangeshkar **D** Naseeruddin Shah (Looka), Smita Patil (Amma), Kulbhushan Kharbanda (Lastwagenfahrer), Ranjit Chowdhery (Benwa), Anjali Paigankar **L** 140 **E** 5.9.1983 ARD

RADAR-GEHEIMPOLIZEI (RADAR SECRET SERVICE). Geheimdienstagenten überführen eine Gangsterbande, indem sie moderne Radargeräte einsetzen. Unbeholfenes B-Movie. ✦ Schwarz-weiß. USA 1949 **P** Lippert **Kl** Union **R** Sam Newfield **B** Beryl Sachs **K** Ernest Miller **M** Russell Garcia, Richard Hazard **D** John Howard, Ralph Byrd, Tom Neal, Adele Jergens, Myrna Dell **L** 58 **FSK** ab 12; nf **E** 23.9.1952 **fd** 2 160

RADETZKYMARSCH (1958) →Hoch klingt der Radetzkymarsch

RADETZKYMARSCH (1964) (RADETZKYMARSCH). Fernsehverfilmung von Joseph Roths Elegie über den Untergang der k.u.k.-Monarchie. Ein junger Mann, Enkel des »Helden von Soferino«, der einst dem Kaiser das Leben rettete, bricht unter den übermächtigen soldatisch-patriarchalischen Traditionen, von denen seine Familie durchdrungen ist, langsam zusammen. ✦ Schwarz-weiß. Österreich 1964 **R** Michael Kehlmann **B** Michael Kehlmann, nach dem Roman von Joseph Roth **D** Leopold Rudolf (Baron Trotta), Xandi Schwarz (Karl Josef als Kind), Helmut Lohner (Karl Josef), Jane Tilden (Frau Kathi), Fritz Eckhardt (Knopfmacher), Walter Sedlmayr (Rittmeister Taittinger), Rudolf Rhomberg (Wachtmeister Slama), Pit Krüger (Onufrij), Helmut Qualtinger (Kapturak) **L** (zwei Teile) **E** 18.,19.4.1965 ARD

RADETZKYMARSCH (1994) (RADETZKYMARSCH). Joseph Roths Grabgesang auf die k.u.k. Monarchie und ihre Armee in einer außergewöhnlichen Fernsehfassung. Ein junger Leutnant kleinbürgerlicher Herkunft, zum Helden geworden, nachdem er dem Kaiser in der Schlacht von Solferino das Leben gerettet hatte, kann sich nicht mit den Verdrehungen und Entstellungen von Tatsachen abfinden, wie sie die politische Klugheit oft erfordert. Er verläßt die Armee. Der Sohn wird Bezirkshauptmann in einem kleinen mährischen Städtchen. Im Enkel soll die militärische Tradition der Familie wiederaufleben. Dieser jedoch quittiert nach tragischen Erlebnissen den Dienst und stirbt einen ganz unheroischen Kriegstod. Eine aufwendige, feinfühlige Literaturverfilmung (nach Axel Cortis Tod von Kameramann Roll fertiggestellt), die – auch durch Längen bedingt – Geduld und Konzentration verlangt und mit einigen darstellerischen Glanzlichtern der prominenten Besetzung aufwartet. – Sehenswert ab 14. ✦ Österreich/Frankreich/Deutschland 1994 **P** Satel/Progefi/Taurus/ORF/BR **R** Axel Corti, Gernot Roll **B** Georges Conchon, Louis Gardel, Erik Orsenna, Axel Corti, nach dem Roman von Joseph Roth **K** Gernot Roll **M** Zbigniew Preisner **S** Ulrike Pahl, Susanne Hartmann **D** Max von Sydow (Franz von Trotta), Tilman Günther (Carl Joseph), Claude Rich (Dr. Demant), Charlotte Rampling (Frau Taussig), Julia Stemberger (Frau Demant), Gert Voss (Chojnicki), Elena Sofia Ricci, Bruno Dallansky, Jean-Louis Richard **L** 294 (Orig. 296) **E** 25.,26.12.1994 ARD

DIE RADFAHRER KOMMEN (VIN CICLISTII). Die erfolgreichen Mitglieder einer Radsportmannschaft in den rumänischen Karpaten können ungestört trainieren. Erst die Begegnung mit einer Gruppe junger Postangestellter konfrontiert sie mit ihrer eigenen Isolation und den Realitäten der Arbeitswelt. ✦ Rumänien 1968 **P** Filmstudio Bucuresti **R** Aurel Miheles **B** Alexandru Struteanu, Emanuel Valeriu **K** Stefan Horvath **M** Richard Oschanitzky **D** Ana Szeles, Stefan Tupalaga, Mircea Albulescu, Dem Radulescu, Nicu Constantin **L** 71 **E** 6.6.1970 DFF 2

DER RADFAHRER VOM SAN CHRISTOBÁL. Ein junger chilenischer Radrennfahrer kämpft um den Sieg in der »Tour de Chile«, um seine Mutter mittels der Prämie pflegen zu können. Angesichts der Käuflichkeit des Sports, der der Werbung und den Absichten des politischen Regimes ausgeliefert ist, hat er auch gegen Korrumpierbarkeit und Werteverlust zu kämpfen. Eine verhalten-poesievolle Erzählung, die im zweiten Teil den realen Bezugsrahmen zugunsten einer märchenhaften Utopie verläßt, die an Familienzusammenhalt, Freundschaft und aufrichtige Zuneigung appelliert. – Sehenswert ab 16. ✦ BR Deutschland 1987 **P** Edgar Reitz Film/ZDF **Kl** Basis **Pd** Juan Francisco Vargas, Eduardo Araya **R** Peter Lilienthal **B** Antonio Skármeta, Peter Lilienthal, nach einer Erzählung von Antonio Skármeta **K** Horst Zeidler **M** Claus Bantzer **S** Siegrun Jäger **D** René Baeza (Santiago), Luz Jimenez (Santiagos Mutter), Roberto Navarrete (Santiagos Vater), Dante Pesce (Cordona, Trainer), Javier Maldonado (Picado) **L** 87 **E** 26.5. 1988/6.3.1989 ZDF **fd** 26 901

RADHAPURA – ENDSTATION DER VERDAMMTEN. Um den Erfolg seiner Arbeit betrogen, rächt sich ein Diamantenschürfer an einer Verbrecherbande, indem er in der von ihr beherrschten Mine eine Revolte inszeniert. In Ceylon angesiedelter, ziemlich brutaler Abenteuerfilm nach bekanntem Muster. (Videotitel: »Der Fluch des Diamanten«) ✦ Scope. BR Deutschland 1967 **P** Top/Ceylon Tours **Kl** Constantin **R** Hans Albin **B** Rudolf Lubowski, Bob Cunningham **K** Klaus von Rautenfeld **M** Nino Oliviero **D** George Nader, Gordon Mitchell, Carl Möhner, Femi Benussi, Bob Cunningham **L** 80 **FSK** ab 16; nf **E** 26.7.1968 **fd** 15 645

RADICAL JACK – DEADLY CONTACT →Deadly Contact – Das Geschäft mit dem Tod

RADIESCHEN VON UNTEN (DES PISSENLITS PAR LA RACINE). Turbulente Louis-de-Funès-Komödie um eine Leiche im Kontrabaßkasten und einen Riesengewinn beim Pferdetoto – mit vielen schwarzhumorigen Gags. – Ab 14. ✦ Schwarz-weiß. Frankreich/Italien 1963 **P** Ardennes/Cocinor/Transinter/ Columbus **Kl** Rank **R** Georges Lautner **B** Clarence Weff, Albert Kantoff, Georges Lautner, nach einem Roman von Clarence Weff **K** Maurice Fellous **M** Georges Delerue **D** Louis de Funès (Jockey Jack), Michel Serrault (Jerôme), Mireille Darc (Rockie), Maurice Biraud (Jo Arengeot), Darry Cowl **L** 77 **FSK** ab 16; nf **FBW** w **E** 22.4.1966 **fd** 14 147

RADIO BIKINI – ATOMBOMBENVERSUCHE IM PAZIFIK 1946 (RADIO BIKINI). 1946 beginnen die USA mit ihren Atombombentests im pazifischen Bikini-Atoll. Die unter dem Namen »Operation Crossroads« in die Geschichte eingegangene Versuchsreihe sollte ihre nukleare Überlegenheit vor Augen führen. 42.000 Soldaten nahmen an dem Unternehmen teil und wurden mehr oder weniger den Strahlen ausgesetzt. Um das für die Nachwelt festzuhalten, sollte ein Dokumentarfilm über die Tests und ihre Folgen gedreht werden, für den keine Kosten gescheut wurden. So waren 750 Kameras im Einsatz und wurden 18 Tonnen Filmmaterial belichtet. Der Dokumentarfilm wurde nie fertiggestellt, aber auf sein archiviertes Material stützt sich Stones Film, der die erschreckende Naivität entlarvt, mit der das Projekt durchgeführt wurde. Die betroffenen Eingeborenen dieser Südsee-Region kommen ebenso zu Wort wie die beteiligten Soldaten; ihre Schicksale verleihen dem Film eine bedrückende Eindringlichkeit. – Ab 16. ✦ Teils schwarz-weiß. USA/Großbritannien 1987 **P** Crossroads Film Project/Channel Four **R+B** Robert L.F. Stone **K** Robert L.F. Stone, John Rayter **M** Robert Fitzsimons **L** (TV) 60 **E** 2.5. 1988 HR

RADIO CITY MUSIC HALL (LEGS). Die Karriere dreier junger Sängerinnen als Rahmenhandlung für Geschichten vomm amerikanischen Showgeschäft und seinen Schattenseiten: Auf den kleinen und großen Bühnen tobt ein harter Konkurrenzkampf. Seichtes TV-Melodram. (Neuer Videotitel: »Dancing Rockettes«; Fernsehtitel: »Legs – Dancing Rocketts«) – Ab 16. ✦ USA 1983 **P** ABC/Comworld International **VA** EuroVideo **Pd** Franklin R. Levy, Ronald Parker **R+B** Jerrold Freedman **K** Allen Daviau **M** Lee Holdridge **S** Anthony Redman **D** John Heard (Dan Foster), Sheree North (Ida), David Marshall Grant (Sid Lewis), Maureen Teefy (Melissa Rizzo), Gwen Verdon (Maureen) **L** 89 **FSK** ab 12 **E** 1988 Video/2.5.1993 RTL 2

RADIO CORBEAU – DER RABE PACKT AUS (RADIO CORBEAU). Ein unbekannter Radiomoderator bringt die scheinbare Idylle in einer französischen Kleinstadt durcheinander, indem er über einen verborgenen Sender die Geheimnisse der Bürger verbreitet. Von Henri-Georges Clouzots »Der Rabe« inspirierte, gut durchdachte und bis in kleine Rollen gut besetzte ironische Komödie, die trotz gewisser Schwachpunkte mit grimmiger Heiterkeit die kleinen Abgründe hinter der Fassade des wohlanständigen kleinbürgerlichen Daseins aufdeckt. (TV-Titel auch: »Radio Indiskret«) ✦ Frankreich 1988 **P** Saris/Cine-Cinq **R** Yves Boisset **B** Alain Scoff, Yves Boisset, nach dem Roman von Yves Ellena **K** Jacques Loiseleux **S** Laurence Leininger **D** Claude Brasseur (Maurier), Pierre Arditi (Duval), Evelyne Bouix (Françoise), Christine Boisson (Agnès), Jean-Pierre Bisson (Bouthier), Bernard Bloch (Gerfaut) **L** 95 **E** 3.1.1990 DFF 2/28.8.1994 RTL 2

RADIO DAYS (RADIO DAYS). In facettenreicher Erzählmanier wird das Lebensgefühl durchschnittlicher amerikanischer Bürger der 30er und 40er Jahre an der Ostküste geschildert. Dies ist verwoben mit der Darstellung von Wirkung und Wirklichkeit des seinerzeit noch besonders attraktiven Radios. Eine liebevoll-treffsichere, charakterreiche und bis in kleinste formale Details stimmige Huldigung an das Leben und an das nachhaltige Bedürfnis, sich in Illusionen zu flüchten. – Sehenswert ab 14. ✦ USA 1987 **P** Orion **Kl** 20th Century Fox **SF** 20th Century Fox **VA** RCA/Columbia **Pd** Robert Greenhut **R+B** Woody Allen **K** Carlo Di Palma **M** Joe Malin **S** Susan E. Morse **D** Seth Green (Little Joe), Josh Mostel (Onkel Abe), Dianne Wiest (Tante Bea), Renée Lippin (Tante Ceil), Mia Farrow (Sally White), Diane Keaton (Neujahrssängerin), Michael Tucker (Vater) **L** 88 **FSK** ab 6; f **FBW** bw **E** 1.10.1987/April 1988 Video **fd** 26 372

RADIO FLYER (RADIO FLYER). Mit einem selbstgebastelten Fluggerät kann ein kleiner Junge, unterstützt von seinem älteren Bruder und einem treuen Schäferhund, der Tyrannei seines bösen Stiefvaters entkommen. In Rückblenden erzählt der Film diese bedächtige, akkurat inszenierte Kinder- und Tiergeschichte. Die etwas bruchstückhafte Dramaturgie ist offenbar Folge der deutschen Bearbeitung, in der die Gewalttätigkeiten des alkoholabhängigen Vaters zugunsten einer kinderfreundlichen Gestaltung herausgeschnitten wurden. – Ab 12. ✦ USA 1992 **P** Columbia/Stonebridge/Donner-Schuler Prod. **VA** Columbia TriStar Home **Pd** Lauren Shuler-Donner (= Lauren Shuler), Jenny Lew Tugend, J. Van Wyck, Dale de la Torre **R** Richard Donner **B** David Mickey Evans **K** Laszlo Kovacs **M** Hans Zimmer **S** Stuart Baird, Dallas Puett **D** Lorraine Bracco (Mutter Mary), John Heard (Daugherty), Elijah Wood (Mike), Joseph Mazzello (Bobby), Adam Baldwin (Stiefvater King) **L** 109 **FSK** ab 12 **E** 8.6.1993 Video **fd** 30 343

RADIO INDISKRET →Radio Corbeau – Der Rabe packt aus

RADIO ON (RADIO ON). Ein junger Mann, der an seiner Einsamkeit zu ersticken droht, versucht den Tod seines Bruders aufzuklären, scheitert aber schließlich an seiner Kontaktlosigkeit. Ein offenbar an den Filmen von Wim Wenders orientiertes Erstlingswerk, in dem die Pop- und Rockmusik eine wichtige dramaturgische Rolle spielt. Trotz brillanter Kamera zunehmend zäh, von versponnener Lebensphilosophie. ✦ Schwarz-weiß. BR Deutschland/Großbritannien 1979 **P** Road Movies/The British Film Institute/National Film Finance Cor. **Kl** prokino **Pd** Renée Gundelach, Wim Wenders **R+B** Christopher Petit **K** Martin Schäfer **M** div. Rock- und Popsongs **S** Anthony Sloman **D** David Beames (Robert B.), Lisa Kreuzer (Ingrid), Sandy Ratcliff (Freundin von Roberts Bruder), Andrew Byatt (Soldat), Sue Jones-Davies (Roberts Freundin), Sting (Just Like Eddie) **L** 104 **FSK** ab 16; f **FBW** bw **E** 4.7.1980 **fd** 22 565

RADIO STAR – DIE AFN STORY. Dokumentarfilm über die Geschichte des ursprünglich in Berlin, Frankfurt und München angesiedelten Soldaten-Radiosenders AFN (American Forces Network), der nach dem Zweiten Weltkrieg mit Jazz und Rock'n'-Roll erfolgreich amerikanisches Lebensgefühl vermittelte. Aus Originalaufnahmen, Interviews mit Zeitzeugen und vielen Hits aus den 50er und 60er Jahren entsteht ein dichtes Gewebe zeitgeschichtlicher Verweise, die wichtige gesellschaftliche Entwicklungen der frühen Bundesrepublik Deutschland illustrieren. Leider endet die Rekonstruktion mit dem Beginn des Vietnam-Krieges. – Ab 14. ✦ Deutschland 1994 **P** Docfilm **Kl** Zorro **Pd+R+B** Hannes Karnick, Wolfgang Richter **K** Wolfgang Richter **M** AFN-Hits von 1944–1968 **S** Wolfgang Richter **L** 94 **FBW** w **E** 16.11.1995 **fd** 31 614

RADIOACTIVE DREAMS (RADIOACTIVE DREAMS). Zwei 19jährige bewähren sich nach einem atomaren Weltkrieg als »Detektive« in Gruppenkämpfen um zwei Zündschlüssel für die letzte, machtsichernde Nuklear-Rakete. Fotografisch ehrgeizige Mischung aus Science-Fiction, Krimi und Rockfilm über das vermeintliche Lebensgefühl einer nachatomaren Jugend. Inhaltlich naiv, auf weiten Strecken eine Verherrlichung von Brutalität und Gewalt. ✦ USA 1985 **P** Esparza/ITM **Kl** endfilm **VA** Ufa **Pd** Thomas Karnowski **R+B** Albert Pyun **K** Charles Minsky, Thomas Mauch **M** Peter Manning Robinson, Lynn Carey **S** Dennis O'Connor **D** John Stockwell (Philip Hammer), Michael Dudikoff (Marlowe Chandler), George Kennedy (Spade Chandler), Don Murray (Dash Hammer), Michele Little (Rusty Mars), Lisa Blount (Miles Archer), Norbert Weisser (Sternwood), Chris Andrew (Brick Brade) **L** 98 **FSK** ab 16; nf **E** 25.6.1987/24.2. 1988 Video **fd** 26 168

RADIOKILLER. Geschichte eines Hauptmanns der Staatssicherheit, der eine Operation gegnerischer Geheimdienste abzuwehren hat. Verantwortlich für die Abwehr elektronischer Spionagemittel kämpft er gegen einen »Radiokiller«. DDR-Fernsehfilm in konventioneller antiwestlicher Manier. ✦ DDR 1979/80 **P** DEFA **Pd** Dorothea Hildebrandt **R** Wolfgang Luderer **B** Wolfgang Luderer, Harry Thürk **K** Helmut Bergmann **S** Anneliese Hinze-Sokolow **D** Erik S. Klein (Schalker), Willi Schrade (Brandis), Gojko Mitic (Vogel), Andrzej Konic (Hackberg), Ernst Meincke (Fred) **L** 69 **E** 4.5.1980 DFF 1

RADIOLAND MURDERS – WAHNSINN AUF SENDUNG (RADIOLAND MURDERS). 1939 geht vor geladenem Publikum eine neue Radiostation live auf Sendung. Während die Produktionsleiterin damit beschäftigt ist, die Pannen zu meistern, werden hinter den Kulissen führende Mitarbeiter des Senders ermordet. Noch während der Live-Sendung ermittelt die Polizei und verdächtigt den Ehemann der Produktionsleiterin, der als genialer Autor für den Sender arbeitet. Eine rasant inszenierte, unterhaltsame Kriminalkomödie mit witzigen Dialogen und Slapstick-Einlagen, die ein ironisches Bild der »goldenen Radio Days« beschwört. – Ab 14. ✦ USA 1994 **P** Universal/Lucasfilm **VA** CIC **Pd** Rick McCallum, Fred Roos **R** Mel Smith **B** Willard Huyck, Gloria Katz, Jeff Reno, Ron Osborn (= Ron Osborne) **K** David Tattersall **M** Joel McNeely **S** Paul Trejo **D** Mary Stuart Masterson (Penny), Brian Benben (Roger), Ned Beatty (General Whalen), George Burns (Milt Lackey), Scott

Michael Campbell (Billy) **L** 98 **FSK** ab 12 **E** 13.9. 1995 Video/2.9.1996 premiere **fd** 31 630

RADIOPIRATEN (KALOZOK). Zwei Freunde in Budapest, die am Stadtrand einen Radio-Piratensender betreiben, mühen sich redlich, um im Kommerzfunk unterzukommen, sind jedoch den Tücken des sich herausbildenden kapitalistischen Systems unterlegen. Als sich beide in eine junge Nachbarin verlieben, die aus Österreisch zurückgekehrt ist, steht die Freundschaft kurzzeitig aus dem Spiel, doch dann finden die drei zu einer allseits akzeptablen Lösung. Ein ungarisches »feel-good-movie« mit ein wenig zu viel Musik, die die Handlung behindert und die kritischen Ansätze übertüncht. Statt einer kritischen Zustandsbeschreibung ist ein Musikfilm entstanden, von dem sich der Regisseur schon in der Postproduktions-Phase zurückzog. ✦ Ungarn 1999 **P** Axis Plusz/Magyar Televizio **Pd** György Budai **R** Tamás Sas **B** Péter Geszti, István Nemes **K** Gergely Pohárnok, Tamás Sas **M** László Dés **S** Zsuzsa Pósán **D** Gabriella Gubás (Márta), Attila Király (Pipi), Viktor Bodó (Max), Karina Kecskés (Juli), Eszter Onodi (Anci) **L** 98 **E** 29.9.2001 arte

RAFFERTY UND DIE WILDEN MÄDCHEN (RAFFERTY AND THE GOLD DUST TWINS / RAFFERTY AND THE HIGHWAY HUSTLERS). Ein frustrierter Fahrschullehrer und Kriegsveteran wird von zwei Mädchen gekidnappt und tingelt nach seiner Selbstbefreiung freiwillig mit ihnen durchs Land. Einer der zahllosen »Roadmovies« des New-Hollywood-Kinos. Bis in die teilweise skurrilen Nebenrollen ausgezeichnet besetzt und gespielt, ansonsten durchschnittlich. ✦ Scope. USA 1975 **P** Warner Bros. **Pd** Michael Gruskoff, Art Linson **R** Dick Richards **B** John Kaye **K** Ralph Woolsey **M** Artie Butler **S** Walter Thompson **D** Alan Arkin (Rafferty), Sally Kellerman (Mac Beachwood), Mackenzie Phillips (Frisbee), Charles Martin Smith (Alan), Harry Dean Stanton (Billy Winston) **L** (TV) 85 **E** 1.12.1978 ZDF **fd** 20 991

RAFFICA – TIGER DER WÜSTE (RAFFICA). Nach einer Reihe von Intrigen und Kämpfen, aus denen ein Nomadenfürst als Gewinner hervorgeht, zieht sich dessen Sohn, von einer schönen Frau enttäuscht, in die Wüste zurück. Verworrener, nur mäßig spannender Abenteuerfilm vor beeindruckender Landschaftskulisse. – Ab 16. ✦ Italien/Spanien/Ägypten 1980 **P** Pacific International/P.C./Balcazar/Corpofilm **VA** PolyGram **R** Paolo Heusch **B** Alessandro Continenza, Roberto Gianviti **K** Fausto Rossi **M** Angelo Francesco Lavagnino **D** Robert Hoffmann, Marilù Tolo, Pepe Calvo, Kamal Chenaoui, Peter Lull **L** 82 **E** 1984 Video **fd** 24 059

RAFFINIERTE RACHE (PATTES DE VELOURS). Nach zehn Jahren erfahren zwei Frauen, daß sie die Opfer eines Bigamisten sind, und bereiten dessen Doppelleben ein jähes Ende. Aller Rechte beraubt, fristet der Übeltäter ein trostloses Dasein, während die Frauen den Spieß umdrehen. Eine unverhoffte Wendung nimmt das Geschehen, als offenbar wird, daß jemand dem Mann nach dem Leben trachtet. Schwarze Komödie um den Kampf der Geschlechter, die ihrer Geschichte einige satirische Spitzen abzugewinnen versteht. ✦ Frankreich 1987 **R** Nelly Kaplan **D** Pierre Arditi (Poltergeist), Michel Bouquet (Kommissar Quid), Caroline Sihol (Iris), Bernadette Lafont (Jacinthe) **L** 90 **E** 25.1.1994 MDR

EIN RAFFINIERTER COUP (SOFT DECEIT). Eine Undercover-Agentin wird auf einen inhaftierten Meisterdieb angesetzt, um nach einer fingierten Flucht das Versteck einer Millionenbeute zu finden. Der Plan geht jedoch nicht auf. – Ab 16. ✦ Kanada 1994 **R** Jorge Montesi **B** Jorge Montesi, Roy Sallows **K** Phillip Linzey **D** Patrick Bergin (Adam Trent), Kate Vernon (Anne Fowler), John Wesley Shipp (John Hobart), Gwynyth Walsh (Captain Brock), Nigel Bennett (Ed McCullough) **L** 91 **E** 10.12.1995 Vox

RAFFL (RAFFL). Der Kleinbauer Franz Raffl verrät 1810 das Versteck Andreas Hofers, des Führers der Tiroler Volkserhebung, an die Franzosen. Er muß seinen verschuldeten Bergbauernhof verlassen und versucht, im Ausland ein neues Leben zu beginnen. Die Geschichte eines Außenseiters, der aus Not zum Verräter wird. Das Spielfilmdebüt zeichnet sich durch eine eindrucksvolle Kameraarbeit und einen eigenständigen Stilwillen aus, zeigt jedoch in der Realisierung sowie in der psychologischen Durchzeichnung Mängel. – Ab 14 möglich. ✦ Österreich 1983 **P** TTV-Film Christian Berger **R** Christian Berger **B** Christian Berger, Markus Heltschtl **K** Christian Berger **M** Bert Breit **D** Lois Weinberger, Barbara Weber, Barbara Viertl, Dietmar Schönherr, Herbert Rhom **L** 87 **E** 29.1.1986 S 3

RAGE (RAGE). Ein skrupelloser Geschäftsmann versucht einen Mord, den er selbst begangen hat, seinem erfolgreicheren Stiefbruder anzuhängen. Minderwertige, aus Rotlicht-Sex und Zweikämpfen zusammengestückelte Story, hemmungslos brutal und rassistisch in der Typisierung. – Wir raten ab. ✦ USA 1992 **P** 21st Century Film/Gore Park/Pasewood **VA** Highlight/Cannon **Pd** Michael Seller, Anthony Maharaj, Sridhar Sreeka Kula **R** Anthony Maharaj **B** Tom Huckabee **K** John Araujo **M** Odette Quesada, Bodjie Dasig **S** Rudy O. Montecajdy **D** Richard Norton (Jack Dameron), Karen Moncrieff (Sarah Dameron), Chuck Jeffreys (Iron), Ron Vreeken (Manson), Tetchie Agbayani (Noi) **L** 85 (gek. 81) **FSK** ab 18 (gek. ab 16) **E** 10.1.1994 Video/28.5.1996 Pro Sieben **fd** 30 622

RAGE AND FIRE (RAGE AND VENGEANCE). Nach fünfjähriger Haft will sich ein Bandenchef an dem Polizisten rächen, der bei der Verhaftung seine junge Frau getötet hat. Dieser hat mittlerweile den Dienst quittiert und arbeitet in Chinatown als Ladenangestellter. Eine brutale Rachegeschichte von simplem Zuschnitt, deren Bilder aus dem Großstadtdschungel ebenso leer wirken wie die aufgesetzten, pathetischen Gefühle. ✦ USA 1993 **P** Rojak **VA** VPS **Pd+R+B** Serge Rodnunsky **K** Pierre Chemaly **M** Jimmy Lifton (= James Ian Lifton) **S** Sam Arcure **D** Peter Shane (Frank), Daming Chane (Tony Woo), Tess Colonello (Sandy), Eric Steinberg (Sunghi) **L** 86 **FSK** ab 18 **E** 14.7.1994 Video **fd** 30 953

RAGE & HONOR (RAGE & HONOR). Unversehens wird ein Polizist zum Verdächtigen in einem Mordfall. Das Videoband, das seine Unschuld beweisen würde, befindet sich im Besitz eines Kampfsport-Schülers. Durchschnittliches Martial-Arts-Abenteuer. ✦ USA 1991 **P** Copeland/Colichman **VA** New Vision **Pd** Donald Paul Pamrick, Kevin Reidy **R+B** Terence H. Winkless **K** Thomas L. Callaway **M** Darryl Way **S** David Byron Lloyd **D** Cynthia Rothrock (Kris Fairchild), Richard Norton (Preston Michaels), Brian Thompson (Drago), Catherine Bach, Alex Datcher **L** 85 **FSK** ab 18 **E** 9.3.1993 Video/10.3.1996 Pro Sieben

RAGE & HONOR II (RAGE & HONOR II – HOSTILE TAKEOVER). Zusammen mit einem ehemaligen Kollegen gerät eine Undercover-Agentin bei ihrem ersten Auftrag in Djakarta zwischen die Fronten der beiden größten Gangs der Stadt. Spannungsloser Actionfilm, bei dem allein die Kickbox-Einlagen ansprechend in Szene gesetzt sind. ✦ USA 1993 **P** IRS Media **VA** New Vision/Highlight **Pd** Donald Paul Pemrick, Kevin Reid **R** Guy Norris **B** Louis Sun, Steven Reich **K** Thomas L. Callaway **M** Darryl Way **S** Karen D. Joseph **D** Cynthia Rothrock (Kris Fairchild), Richard Norton (Preston), Patrick Muldoon (Tommy), Frans Tumbuam (Buntao), Ron Vreeken (Thor) **L** 91 (gek. 84) **FSK** ab 18 (gek. ab 16) **E** 1.2.1993 Video/10.3.1996 Pro Sieben **fd** 30 638

RAGE – IRRSINNIGE GEWALT (ALL THE RAGE). Der Mord an einem Geschäftsmann durch seinen Partner, der kurz darauf von seiner Partnerin verlassen wird, löst einen Reigen von Handlungssträngen aus, deren Personen sich mehr oder weniger zufällig begegnen. Das Personenarsenal der Films ist bunt gemischt, doch findet seine Verstrickung nie zu inhaltlicher Tiefe oder formaler Raffinesse. So bleibt auch die scheinbar beabsichtigte Kritik an der latenten Gewaltbereitschaft der Amerikaner unverbindlich. Ein unterhaltsamer Film, dessen latenter Komödienton jedoch keinen satirischen Biss entwickelt oder gar Betroffenheit auslöst. ✦ USA 1999 **P** Screenland Pict./New Market Capital Group/Mutual Film Company/Scanbox Entertainment **VA** Columbia TriStar Home **Pd** Ash R. Shah, Anne McCarthy, Mary Vernieu, Peter Gilbert, James D. Stern **R** James D. Stern **B** Keith Reddin **K** Alex Nepomniaschy **M** Mark Motherbaugh **S** Tony Lombardo **D** Joan Allen (Helen), Jeff Daniels (Warren), Gary Sinise (Morgan), Robert Forster (Tyler), Josh Brolin (Tennel), Anna Paquin (Annabel Lee) **L** 94 **E** 2000 Video **fd** 34 723

RAGE TO KILL. Die Tochter einer Nazijägerin setzt die Arbeit ihrer ermordeten Mutter fort und macht einen ehemaligen KZ-Arzt dingfest, der sich mit neuen Weltkriegs-Plänen im Urwald von Paraguay verschanzt hat. Ein extrem einfältiger Abenteuerfilm, der ungeniert von Klischee zu Klischee springt, angereichert mit den genreüblichen Metzeleien. ✦ BR Deutschland 1987 **P** TAT **VA** EuroVideo **R** Ernst von Theumer **B** James Dalesandro, Louis La Russo II **K** Mario Di Leo **M** Larry Fallon **D** Maud Adams (Amanda), Stewart Granger (Martin Hoffmann), Candice Daly (Ally), Rômulo Arantes (Tonio), Wilhelm Berger (= William Berger) (Karl), George Lazenby (Heinrich) **L** 99 **FSK** ab 16 **E** 15.2.1988 Video **fd** 26 752

RAGGEDY – EINE GESCHICHTE VON LIEBE, FLUCHT UND TOD (THE RAGGEDY RAWNEY). Ein junger Deserteur, der vorübergehend den Verstand verliert, schließt sich in Frauenkleidern einer Zigeunersippe an, die auf der Flucht vor dem Krieg ziellos umherzieht. Durch die Liebe zu einer Frau findet er die Sprache wieder, doch nach einer kurzen Zeit des Glücks holt das Grauen des Krieges alle ein. Zeitlich und geografisch nicht festgelegt, prangert der Film den Krieg und den durch ihn verursachten Werteverlust an. Obwohl im letzten Drittel etwas überfrachtet, eine ebenso engagierte und diskussionswerte wie poetische Filmballade mit hervorragenden Darstellern. ✦ Großbritannien 1988 **P** HandMade Films **KI** Filmwelt **VA** Cannon/VMP **Pd** Bob Weis **R** Bob Hoskins **B** Bob Hoskins, Nicole de Wilde **K** Frank Tidy **M** Michael Kamen, John Tams **S** Alan Jones **D** Dexter Fletcher (Tom), Bob Hoskins (Darky), Zoë Nathenson (Jessie), Ian Dury (Weasel), Zoë Wanamaker (Elle) **L** 102 **FSK** ab 16; f **E** 2.2.1989/18.6.1990 Video **fd** 27 368

RAGGEDY MAN (RAGGEDY MAN). Eine junge, von ihrem Mann getrennt lebende Frau mit zwei kleinen Kindern schlägt sich im Kriegsjahr 1944 in einem elenden Kleinstadtnest in Texas als Telefonistin durch. Erst nach einiger Zeit und nur unter Mühen kann sie sich aus der bedrückenden Umwelt lösen und einen neuen Anfang finden. Ein einfühlsam inszeniertes, melodramatisches Frauenporträt, das vor allem von der Ausdruckskraft der Hauptdarstellerin lebt und nebenbei ein bemerkenswert kritisches Amerikabild zeichnet. (TV-Titel: »Der geheimnisvolle Fremde«) – Sehenswert. ✦ USA 1981 **P** Universal **VA** CIC **Pd** Burt Weissbourd, William D. Wittliff **R** Jack Fisk **B** William D. Wittliff **K** Ralf D. Bode **M** Jerry Goldsmith **S** Edward A. Warschilka **D** Sissy Spacek (Nita), Eric Roberts (Teddy), Sam Shepard (Bailey), William Sanderson (Calvin Triplett), Tracey Walter (Arnole Triplett) **L** 90 **FSK** ab 16 **E** Juli 1986 Video/27.8.1988 NDR **fd** 25 571

RAGING ANGELS (RAGING ANGELS). Die Geliebte eines jungen, kompromißlosen Rockmusikers gerät in Lebensgefahr, als ihr eine Karriere als Sängerin angeboten wird: Der Musikagent gehört einer Sekte an, die mit leibhaftigen Dämonen im Bunde steht. Was als kleine Rockballade mit einfühlsamen und stimmungsvollen Songs beginnt, wandelt sich zu einer dünnen Schauergeschichte mit tricktechnisch primitivem Teufelsspuk. – Ab 16. ✦ USA 1994 **P** Chako Film International **VA** VMP **DVD** BestBuyMovie (1.66:1, DD2.0 dt.) **Pd** Chako van Leeuwen **R** Chris Christiansen **B** Kevin Rock, David Markov, Chris Bittle **K** Bryan England **M** Terry Plumeri **S** Neil Grieve

D Sean Patrick Flanery (Chris), Diane Ladd (Schwester Kate), Monet Mazur (Lila), Michael Paré (Colin), Arielle Dombasle (Megan), Shelley Winters (Großmutter) **L** 93 **FSK** ab 16 **E** 19.9.1995 Video/27.8. 1999 DVD **fd** 31 539

RAGING ANGER (RAGING ANGER). Nachdem er einen US-General aus der Gefangenschaft des Vietcong befreit hat, erfährt ein kampferprobter Sergeant, daß seine Frau von Gangstern ermordet und sein Sohn entführt wurde. Umgehend macht er sich auf die Suche nach den Tätern. Aus gängigen Versatzstücken des Genres bestehender Action- und Einzelkämpfer-Film, verkrampft inszeniert, mit lächerlich-pathetischen Dialogen. ✦ Malaysia 1988 **P** Sunny Film International **VA** Scala **R** Dante Varona **B** Lito Mena, Fred Navarro **K** Bobby Ongieo **S** Ludy De Jesus **D** Dante Varona, Robert Talabis, Rex Lapid, Tanya Faye, Danny Rojo **L** 84 **FSK** ab 18 **E** September 1989 Video

RAGING FURY (RAGING FURY). Eine junge Lehrerin, die als kleines Mädchen einen tödlichen Unfall verursachte, wird von ihren Schülern in den Wahnsinn getrieben und rächt sich an ihnen. Trivialer Horrorfilm, zum Ende hin immer blutrünstiger. ✦ USA 1987 **P** Douglas Grossman/David Steinman **VA** Splendid **R** Douglas Grossman **D** Christopher Stryker, Maureen Mooney, Christopher Cousins, Millie Prezioso, Jason Brill **L** 78 **FSK** ab 18 **E** 17.12.1987 Video

RAGMAN (TRICK OR TREAT). Ein Schüler rächt sich mit Hilfe eines verstorbenen Rockmusikers an seiner Umwelt. Doch die Geister, die er rief, kehren sich gegen ihn. Mischung aus Horror- und Teenager-Film, der nach einer vielversprechenden Exposition stark abfällt. Letztlich nur oberflächliche Unterhaltung. ✦ USA 1986 **P** De Laurentiis **KI** Arsenal **VA** VCL/Virgin **Pd** Michael S. Murphey, Joel Soisson **R** Charles Martin Smith **B** Michael S. Murphey, Joel Soisson, Charles Martin Smith, Rhet Topham **K** Robert Elswit **M** Christopher Young, Fastway **S** Jane Schwartz Jaffe **D** Marc Price (Eddie Weinbauer), Tony Fields (Sammi »Ragman« Curr), Lisa Orgolini (Leslie Graham), Doug Savant (Tim Hainey), Elaine Joyce (Angie), Ozzy Osbourne (Reverend) **L** 97 **FSK** ab 16; f **E** 3.9. 1987/17.12.1987 Video **fd** 26 428

RAGTIME (RAGTIME). Verfilmung einiger Episoden und Motive des gleichnamigen Romans von E. L. Doctorow, zentriert um die Hauptfigur eines jungen Farbigen, der, von seiner rassistischen Umgebung gedemütigt, als moderner Michael Kohlhaas das weiße Establishment attackiert, bevor er von Politikern und Polizisten zur Strecke gebracht wird. Die Vorlage, ein kaleidoskopartiges Zeit- und Sittenbild der amerikanischen »Ragtime«-Ära (1900–1914), erleidet in Milos Formans Filmversion zahlreiche Verkürzungen und Vereinfachungen; das zweieinhalbstündige Opus schwankt oft unentschlossen zwischen opulentem Kostümfilm, politischem Traktat und psychologischem Kammerspiel. Sehenswert und kurios der Kino-Veteran James Cagney (1904–1986) in seiner letzten Rolle als Polizeichef von New York. ✦ Scope. USA 1981 **P** Dino De Laurentiis Corp./Sunley **KI** Tobis **Pd** Dino De Laurentiis **R** Milos Forman **B** Michael Weller, nach dem Roman von E. L. Doctorow **K** Miroslav Ondrícek **M** Randy Newman **S** Anne V. Coates, Anthony Gibbs, Stanley Warnow **D** James Cagney (Rheinländer Waldo), Brad Dourif (jüngerer Bruder), Howard E. Rollins jr. (Coalhouse Walker jr.), Norman Mailer (Stanford White), Elizabeth McGovern (Evelyn Nesbit), Moses Gunn (Booker T. Washington), Kenneth McMillan (Willie Conklin), Pat O'Brien (Delmas), Donald O'Connor (Tanzlehrer), James Olson (s), Mandy Patinkin, Mary Steenburgen, Jeff Daniels, Samuel L. Jackson, Bessie Love **L** 155 **FSK** ab 12; f **E** 21.1.1982/25.3.1988 Kino DDR **fd** 23 280

RAHI (RAHI). Ein entlassener Soldat nimmt eine Stelle bei einem englischen Teepflanzer an. Erst nach dem Opfertod seiner Geliebten findet er in die Reihen seiner ausgebeuteten, um ihr Recht kämpfenden Landsleute zurück. Mit deutlicher Schwarzweiß-Zeichnung arbeitendes Drama über den indischen Befreiungskampf. Formal an westlichen Vorbildern orientiert. – Ab 14. ✦ Schwarz-weiß. Indien 1953 **KI** Progress **R** Khwaja Ahmad Abbas **B** Khwaja Ahmad Abbas, Mohsin Abdullah, V.P. Sathe, nach einem Roman von M.R. Anand **K** Ramchandra **M** Amil Biswas **D** Nalini Jaywant (Ganga), Dev Anand (Ramesch), Manmohan Krishna (Hari), Balraj Sahni (Dr. Thomas), S. Michael (Walker) **L** 87 **E** 23.12.1955 Kino DDR/19.2.1956 DFF 1

RAICES (RAICES). In vier Episoden vermittelt der sozialkritische Film Einblicke in Wesensart, Traditionen und Existenzprobleme mexikanischer Indianer. Künstlerisch hervorragend, karg und realistisch inszeniert, bewegt er auch heute noch auf Grund der Grundsätzlichkeit seines Anliegens. Das Erstlingswerk ist das künstlerisch ehrgeizigste Projekt des Regisseurs, der sich später auf kommerzielle Melodramen beschränkte. (TV-Titel: »Wurzeln«) ✦ Schwarzweiß. Mexiko 1955 **P** Tele-Producciones **KI** Pallas **R** Benito Alazraki **B** Benito Alazraki, nach einer Erzählung von Francisco Rojas Gonzalez **K** Walter Reuter, Hans Beumler **M** Guillermo Noriega, Rodolfo Halffter, Blas Galindo, Pablo L. Moncayo **D** Beatriz Flores, Juan de la Cruz, Antonia Hernandez, Alicia del Lago, Carlos Roblez Gil **L** 83 **FSK** ab 18; nf **E** 17.8.1956/ 14.10.1968 ZDF **fd** 5 453

RAIDING INVADERS →Invasion

RAIMON – LIEDER GEGEN DIE ANGST (RAIMON – CHANSONS CONTRE LA PEUR). Ein dokumentarisches Porträt des katalanischen Sängers Raimon, vor und kurz nach dem Tod von General Franco gedreht. Neben Raimon und seiner Frau kommen auch zurückgekehrte Emigranten und Arbeiter zu Wort. Beeindruckend an diesem Film, der den Moment des Aufatmens nach dem »langen Schweigen« (Raimon) festhält, sind vor allem die Auftritte des Sängers in Valencia und Barcelona. ✦ Schweiz 1976–77 **P** Filmkollektiv Zürich **R+B** Richard Dindo **K** Robert Boner **M** Raimon **S** Elisabeth Waelchli **L** 55 **E** Schweiz

RAIN IN SWING CITY (RAIN IN SWING CITY). Konzertmitschnitt dreier Bands aus Newcastle (»Pop, Dick and Harry«, »And all because the Lady Loves ...«, »The Vegetable Autonomous«), der durch Dokumentaraufnahmen aus der nordenglischen Industriestadt ergänzt wird. Die Musiker erzählen von ihren widrigen Lebensumständen, die ihre Haltung und ihre Songs prägen. Mit einfachen filmischen Mitteln dokumentiert der Film, daß die vorgestellte Musik Ausdruck eines verinnerlichen Protestes ist, zugleich aber auch den Überlebenswillen ihrer Macher signalisiert. – Ab 16. ✦ Schweiz 1989 **P** Wittmer-Lehner-Prod. **Pd** Konrad Wittmer, Bernhard Lehner **R+B** Konrad Wittmer **K** Hansueli Schenkel, Bernhard Lehner **S** Konrad Wittmer, Bernhard Lehner **L** 80 **E** April 1990

RAIN MAN (RAIN MAN). Ein junger, vor dem Ruin stehender Autohändler erfährt beim Tode seines Vaters von der Existenz eines autistisch behinderten Bruders. Um an die Erbschaft zu kommen, entführt er ihn aus dem Heim, in dem der Bruder bisher gelebt hat. Während die Geschichte recht langatmig und unkonzentriert entwickelt ist, weckt die Figur des Behinderten dank der ebenso sensiblen wie verblüffenden Darstellung Dustin Hoffmans in tragischen und komischen Situationen menschliches Interesse und Anteilnahme. – Ab 14 möglich. ✦ USA 1988 **P** United Artists **KI** UIP **SF** UIP **VA** Warner Home **DVD** Fox Home (16:9, 1.85:1, DD5.1 engl., DS dt.) **Pd** Mark Johnson **R** Barry Levinson **B** Ronald Bass, Barry Morrow **K** John Seale **M** Hans Zimmer **S** Stu Linder **D** Dustin Hoffman (Raymond Babbitt), Tom Cruise (Charlie Babbitt), Valeria Golino (Susanna), Jerry Molen (Dr. Bruner), Jack Murdock (John Mooney) **L** 133 **FSK** ab 12; f **FBW** bw **E** 16.3.1989/10.11. 1989 Video/3.5.1991 premiere/2.2.1999 DVD **fd** 27 420

RAINBOW – DIE FANTASTISCHE REISE AUF DEM REGENBOGEN (RAINBOW). Ein Zehnjähriger ist von der Idee besessen, das Ende des Regenbogens finden zu können. Mit einigen Freunden gelingt es ihm tatsächlich, ins Farbenmeer einzutauchen. Da einer von ihnen einige Klümpchen Gold aus dem Spektrum entwendet, gerät das Gleichgewicht durcheinander, der Weltuntergang droht. Abgesehen von einigen groben Vereinfachungen ein Film, der in sympathischer Weise auf kindliche Fantasie vertraut. Als erster abendfüllender Spielfilm komplett im digitalen DHD-Format gedreht. – Ab 8 möglich. ✦ Kanada/ Großbritannien 1995 **P** Winchester **KI** Jugendfilm **VA** New Vision (Highlight) **Pd** Robert Sidaway, Nicolas Clermont **R** Bob Hoskins **B** Ashley Sidaway, Robert Sidaway **K** Freddie Francis **M** Alan Reeves **S** Ray Lovejoy **D** Bob Hoskins (Frank), Terry Finn (Jackie), Saul Rubinek (Sam Cohen), Dan Aykroyd (Sheriff Wyatt Hampton), Willy Lavendal (Mike) **L** 93 **FSK** o. A.; f **E** 4.7.1996/13.1.1997 Video/22.3.1998 premiere **fd** 31 958

RAINBOW DRIVE (RAINBOW DRIVE). Der Leiter der Mordkommission von Los Angeles ermittelt im Fall mysteriöser Ritualmorde und muß allmählich feststellen, daß man auch ihm selbst auflauert. Die Verbindungen zum Verbrechen führen in ihn hohe Polizei- und Politikerkreise. Routiniert in Szene gesetzter Thriller ohne tiefergehende Qualitäten. (Fernsehtitel: »Mord am Rainbow Drive«) ✦ USA 1990 **P** ITC Entertainment/Studio City/Viacom Pictures **VA** New Vision **Pd** John Veitch **R** Bobby Roth **B** Bill Phillips, Bennett Cohen, nach einem Roman von Roderick Thorp **K** Timothy Suhrstedt **M** Tangerine Dream **D** Peter Weller (Mike Gallagher), Sela Ward (Laura Demming), David Caruso (Larry Hammond), Bruce Weitz (Dan Crawford), Henry Sanders (Marvin Burgess) **L** 92 (gek. 88) **FSK** ab 18 (gek. 12) **E** 30.1.1991 Video

RAINBOW WARRIOR – VERSCHWÖRUNG DER ATOMMÄCHTE (THE RAINBOW WARRIOR CONSPIRACY). Zweiteiliger Politthriller über den Anschlag auf das Greenpeace-Schiff »Rainbow Warrior« im Jahr 1986. Das Schiff, das gegen Atomwaffenversuche auf dem pazifischen Mururroa-Atoll protestieren sollte, wurde schließlich vom französischen Geheimdienst gesprengt, wobei ein Fotograf ums Leben kam. ✦ Australien 1988 **R** Chris Thomson **B** David Phillips **D** Brad Davis (Travers), Jack Thompson (Irvine), Louise Laparé (Dominique Prieur), Germain Houde (Mafart), Mary Regan (Jenny) **L** 90/90 (zwei Teile) **E** 26.,27.2.1996 RTL 2

RAINER WERNER FASSBINDER DREHT »QUERELLE« →Der Bauer von Babylon – Rainer Werner Fassbinder dreht Querelle

RAINING STONES (RAINING STONES). Ein 40jähriger Arbeitsloser in einer nordenglischen Industriestadt verschuldet sich, um seiner Tochter das Kommunionskleid kaufen zu können. Nach dem Tod des skrupellosen Geldverleihers rettet ihn vor allem der Zuspruch des Pfarrers. Ein mit stillem Humor und anrührender Menschlichkeit entwickelter Film, der voller Zuneigung und Verständnis vom täglichen Überlebenskampf in einem wirtschaftlich heruntergekommenen Land, vom drohenden Verlust menschlicher Würde und von der Hoffnung auf eine »höhere Gerechtigkeit« erzählt. (Auch O.m.d.U.; Kinotip der katholischen Filmkritik) – Sehenswert ab 16. ✦ Großbritannien 1993 **P** Parallax/Film Four **KI** NEF 2 **VA** Arthaus **Pd** Sally Hibbin **R** Ken Loach **B** Jim Allen **K** Barry Ackroyd **M** Stewart Copeland **S** Jonathan Morris **D** Bruce Jones (Bob), Julie Brown (Ane), Gemma Phoenix (Coleen), Ricky Tomlinson (Tommy), Tom Hickey (Pater Barry), Jonathan James (Tansey) **L** 91 **FSK** ab 12; f **FBW** bw **E** 16.3.1994/ 1.11.1995 ARD/4.3.1996 Video **fd** 30 689

RAINKILLER – TOD IM REGEN (THE RAINKILLER). Ein Polizeiinspektor und ein FBI-Agent auf der Suche nach einem Mörder, der seine Opfer in den Reihen ehemals drogenabhängiger Frauen sucht. Als Täter gibt sich schließlich der FBI-Mann zu erkennen, doch er versucht, den Verdacht auf einen perversen Yuppie zu lenken. Der wackere Polizist durchschaut jedoch die finsteren Pläne. Eine mit Sex und etlichen Grausamkeiten versehene, weitgehend hanebüchene Kriminalgeschichte, deren dialoglastige Handlung voller Klischees steckt. – Wir raten ab. ✦ USA 1990 **P** Calfilm **VA** RCA/Columbia **Pd** Rodman Flender **R** Ken Stein **B** Ray Cunneff **K** Janusz Kaminski **M** Terry Plumeri **S** Patrick Rand **D** Ray Sharkey (Vincent Capra), David Beecroft (Wesley Dalton), Michael Chiklis (Reese), Tania Coleridge (Adele), Woody Brown (Rosewall) **L** 90 **FSK** ab 18 **E** 2.7.1991 Video **fd** 29 124

RAISING HELL (ESCAPE). Ein Mann regiert eine Stadt. Zuerst ermordet er eine Frau, die ihm nicht zu Willen sein wollte, dann einen Fernsehreporter, der dem Geist der Toten auf der Spur war, und nun ist ihm deren Zwillingsschwester ein Dorn im Augen. Ein Motorradfahrer überwältigt ihn und seine Brut dort, wo sie eigentlich hingehören: in der Kanalisation. Wirrer Actionfilm, der nach kurzer Zeit sein dramaturgisches Pulver verschossen hat und die restlichen Minuten mit einer ziellosen Verfolgungsjagd totschlägt. ✦ USA 1988 **P** Image Organisation/Brinson-Richards Entertainment **VA** New Vision **Pd** Kim Richards **R** Richard Styles **B** Lee Stull **K** Irl Dixon **M** Mitch DeMatoff, Dale Schnoz **D** Kim Richards (Brooke Howser), Kin Shriner (Rider), Judson Scott (Gabriel LaFontaine), Kyle Richards (Lydia), Kim Milford (Zoka) **L** 83 **FSK** ab 16 **E** November 1989 Video **fd** 28 061

RAJIO NO JIKAN → Welcome Back, Mr. McDonald

RAK (RAK). Ein junger Musiker sorgt rührend für seine unheilbar krebskranke Mutter, lebt deswegen getrennt von seiner Frau und nimmt große finanzielle Belastungen auf sich. Ein bewegendes Plädoyer für Menschlichkeit und Solidarität – und eine harte Attacke gegen profitgierige Ärzte und seelenlose Medizin. Belmonts Film trifft dabei gleichermaßen private wie gesellschaftliche Aspekte des Problems. ✦ Frankreich 1971 **P** Dovidis/Riga Film **R+B** Charles Belmont **K** Jean-Jacques Rochut **M** André Hodeir **D** Lila Kedrova, Sami Frey, Anne Deleuze **L** 90 **E** 28.5. 1973 ZDF

RAKETE 510 (FIRST MAN INTO SPACE). Ein Astronaut kehrt als blutsaugender Würger auf die Erde zurück. Äußerst bescheidener Science-Fiction-Film mit Gruseleffekten im Stil der 50er Jahre. ✦ Schwarz-weiß. Großbritannien 1957 **P** Anglo Amalgamated **Kl** MGM **Pd** John Croydon, Charles Francis Vetter **R** Robert Day **B** John C. Cooper, Lance Z. Hargreaves **K** Geoffrey Faithfull **M** Buxton Orr **S** Peter Mayhew **D** Marshall Thompson (Commander C. E. Prescott), Marla Landi (Tia Francesca), Robert Ayres (Capt. Ben Richards), Bill Edwards (Lt. Dan Prescott), Bill Nagy (Wilson), Carl Jaffe (Dr. Paul Petersen), Roger Delgado (Konsul), John McLaren (Ministerialbeamter), Richard Shaw (Witney) **L** 78 **FSK** ab 16; nf **E** 14.8.1959 **fd** 8 396

RAKETE MOND STARTET (ROCKETSHIP X M / EXPEDITION MOON). Eine bemannte amerikanische Mondrakete muß auf dem Mars notlanden, nachdem sie sich in dessen Gravitationsfeld verirrt hat. Die Begegnung mit bösartig degenerierten Marsbewohnern wird der Besatzung zum Verhängnis. Der erste amerikanische Weltraum-Abenteuerfilm der Nachkriegszeit hat eine naive Story und Tricktechnik, besticht allerdings mit effektvoller Kameraarbeit. ✦ Schwarz-weiß. USA 1950 **P** Lippert **Kl** Accord **Pd+R+B** Kurt Neumann **K** Karl Struss **M** Ferde Grofe **S** Harry Gerstad **D** Lloyd Bridges (Floyd Oldham), Osa Massen (Lisa Van Horn), John Emery (Karl Eckstrom), Hugh O'Brian (Harry Chamberlain), Noah Beery jr. (William Corrigan), Morris Ankrum (Dr. Robert Fleming), Pat Aherne (Reporter), John Dutra (Reporter), Kathy Marlowe (Reporterin), Sherry Moreland (Marsianerin) **L** 77 **FSK** ab 12; f **E** 3.1.1958 **fd** 6 533

DIE RAKETE ZUR FLOTTEN PUPPE (THE BULLDOG BREED). Klamottenfilm für den Komiker Norman Wisdom. Als geistesbeschränkter Marinerekrut hat er zu Schiff, im Gebirge und schließlich in einer Rakete vielen und lebensgefährlichen Unsinn sowohl anzustellen als auch zu erleiden. ✦ Großbritannien 1960 **P** Rank **Kl** Rank **R** Robert Asher **B** Jack Davies, Henry Bligh, Norman Wisdom **K** Jack Asher **M** Philip Green **S** Gerry Hambling **D** Norman Wisdom (Norman Puckle), Ian Hunter (Admiral Blyth), David Lodge (C.P.O. Knowles), Edward Chapman (Philpotts), Penny Morrell (Marlene) **L** 97 **FSK** ab 12; nf **E** 14.7. 1961 **fd** 10 346

RAKETENBASIS X 13 SPRENGEN (HELL'S FIVE HOURS). Ein junger Psychopath versucht, eine Großanlage für Raketentreibstoff in die Luft zu jagen, wobei er die Frau des leitenden Ingenieurs als Geisel festhält. Bis zu seiner Überwältigung vergehen bange Stunden. Mäßig spannender Thriller auf Durchschnitts-Niveau. ✦ Schwarz-weiß. USA 1957 **P** Allied Artists **Kl** NWDF **Pd+R+B** Jack L. Copeland **K** Ernest Haller **M** Nicholas Carras **S** Walter A. Hannemann **D** Stephen McNally (Mike), Coleen Gray (Nancy), Vic Morrow (Nash), Maurice Manson (Dr. Culver), Robert Foulk (Fife), Dan Sheridan (Ken) **L** 79 **FSK** ab 16; nf **E** 6.3.1959 **fd** 8 030

RAKETENTRIP ZUM MOND (ONCE IN A BLUE MOON). Der Sohn eines Schweißers, der sich aus dem tristen Familienleben in eine Fantasiewelt voller Monster und Vampire zurückgezogen hat und mit seinem besten Freund von einer Mondrakete träumt, steckt mit seinen Hirngespinsten die ganze Familie an. Erstaunlicherweise scheinen die Wunschfantasien um so wirklicher zu werden, je fester man an sie glaubt. Fantasykomödie. ✦ Kanada 1995 **R+B** Philip Spink **K** John Spooner **M** Jim Guttridge, Daryl Bennett **D** Mike MacDonald (Mr. Piper), Cheryl Wilson (Mrs. Piper), Cody Serpa (Peter Piper), Deanna Milligan (Emily Piper), Simon Baker (Sam) **L** 93 **E** 20.10. 1996 premiere

RAKOCZIS LEUTNANT (RAKOCZI HADNAGYA). Ein junger Bauernsohn verläßt sein Dorf, um mit aufständischen Patrioten gegen die Österreicher zu kämpfen. Abenteuerfilm vor dem Hintergrund des ungarischen Freiheitskampfes im 18. Jahrhundert. – Ab 14. ✦ Schwarz-weiß. Ungarn 1953 **P** Magyar-Film **Kl** Progress **R** Frigyes Bán **B** Tibor Barabás **K** János Badal **M** Ferenc Farkas **D** Sándor Deák (Ferenc Rákóczi), Gábor Mádi Szabó (Bottyán), Tibor Bitskey (János Bornemissza), Eva Vass (Anna), Ferenc Zenthe (Fekete) **L** 122 **E** 18.6.1954 Kino DDR/18.7.1954 DFF 1

RAKOCZY-MARSCH (RACOCZYMARSCH / RAKOCZIMARS). Als ein ungarischer Husarenoffizier erfährt, daß seine scheinbar vermögende Verlobte, eine Komtesse, durch Verschulden ihres Vaters verarmt ist, verläßt er sie, um einem reichen Bewerber Platz zu machen. Sein edles Motiv wird zwar zunächst verkannt, doch das Happy-End läßt sich nicht abwenden. Der Film, harmlos und nett, ist die deutsche Version einer 1933 in Budapest gedrehten Co-Produktion und ein Beipiel für die seit dem Beginn der Tonfilmzeit so populären k.u.k.-Militärromanzen. Er hielt sich fast ein Jahrzehnt in den Wochenspielplänen der Kinos. ✦ Schwarz-weiß. Deutschland/Österreich/Ungarn 1933 **P** Märkisch/Mondial/Hunnia **Kl** Transocean **Pd** Eugène Tucherer **R** Stefan Székely (= István Székely), Gustav Fröhlich **B** Ernst Marischka, André Zsoldos, nach dem Theaterstück »Die Tochter des Nabobs von Dolova« von Franz von Herczeg **K** Willy Goldberger, Stefan Eiben (= István Eiben) **M** Paul Abraham **S** Ernst Fellner **D** Camilla Horn (Vilma), Gustav Fröhlich (Oberstleutnant Tarján), Leopold Kramer (Franz Graf Jób), Paul Wagner (Rittmeister Arpád Graf Jób), Tibor von Halmay (Leutnant Lóránt) **L** 80 **FSK** ab 12; nf **E** 15.12.1933 **fd** 1 262

RALI – ABENTEUER IM OSMANISCHEN REICH (RALI). Ein 14jähriger Junge folgt den Spuren seines älteren Bruders, der nach dem niedergeschlagenen bulgarischen Aufstand von 1876 von den Türken verschleppt wurde. Auf abenteuerlichen Wegen gelangt er tief ins Osmanische Reich, ehe er mit einer List seinen Bruder aus der Festungsstadt Djarbekir befreien kann. Ein unterhaltsamer historischer Abenteuerfilm, optisch effektvoll, detailgetreu und mit großem Aufwand inszeniert. In einigen Szenen recht grausam, stellt der Film jedoch die menschlichen Schicksale überzeugend dar. – Ab 14 möglich. ✦ Bulgarien/UdSSR 1977/78 **P** Filmstudio Sofia/Usbekfilm **Kl** Progress **R** Willi Zankow **B** Stefan Ditschew, Iwailo Ditschew **M** Kiril Dontschew **D** Schukur Burchanow (Abu Talib), Naum Schopow (Bei), Djoko Rosic (Nestor), Michail Mustafow (Lukan), Iwailo Christow (Rali) **L** 104 **E** 16.11.1979 Kino DDR/30.1. 1981 DFF 1/22.12.1986 BR

DIE RALLYE (RALLI). Eine internationale Rallye wird von einer ausländischen Kunsträuberbande benutzt, um ein in Riga gestohlenes wertvolles Gemälde in einem Rennwagen ins westliche Ausland zu bringen. Einfallsloser, mit vordergründigen Klischees vollgepackter, im Milieu des Sports angesiedelter Kriminalfilm. – Ab 14. ✦ Scope. UdSSR 1978 **P** Filmstudio Riga **Kl** Progress **R** Alois Brentsch **B** Andris Kolberg **K** Mik Swirbulis **M** Iwar Wigner **D** Witautas Tomkus (Janis Liepa), Roland Sagorski (Gunnar), Valentina Titowa (Kristina), Eduard Isotow (Peter Petrowitsch), Alexander Wokatsch (Polyglot), Alexander Beljawski **L** 95 **E** 21.1.1980 DFF 2/7.11.1980 Kino DDR

RALLYE DES TODES (SAFARI RALLYE). Liebe, Eifersucht und Konkurrenzkampf zwischen Rennfahrern und ihren Frauen vor dem Hintergrund der berühmten Safari-Rallye. Melodramatisches Kolportage-Kino mit eingeschnittenen Dokumentarfilmszenen. (Titel auch: »Todesrallye«) ✦ Scope. Italien 1979 **P** Italvision **Kl** Accord/Peiper/Filmvertretung Werner/Arco **R** Albert Thomas (= Adalberto Albertini) **B** Bitto Albertini (= Adalberto Albertini) **K** Sandro Mancori (= Alessandro Mancori) **M** Carlo Rustichelli **D** Joe Dallesandro, Marcel Bozzuffi, Olga Bisera, Enzo Fiermonte, Eleonora Giorgi **L** 83 **FSK** ab 12; f **E** 10.9.1982 **fd** 23 858

RALLYE GEGEN DIE VERNUNFT (ZNAMOST SESTRY ALENY). Die Geschichte eines Rennfahrers, der sich ganz diesem Sport verschrieben hat und nicht mehr wahrhaben will, daß seine Karriere nach einer Krankheit zu Ende ist. Eine Krankenschwester steht ihm zur Seite und hilft, sein Leben zu retten und die Möglichkeit eines Neuanfangs zu sehen. Psychologischer Film, thematisch interessant, aber handwerklich nicht so recht bewältigt. – Ab 16. ✦ CSSR 1973 **P** Filmstudio Barrandov **Kl** Progress **R** Miroslav Hubácek **B** Vladimír Bor, Miroslav Hubácek, nach einem Roman von Marie Pujmanová **K** Josef Vanis **M** Zdenek Liska **D** Emília Vásáryová (Alena), Stefan Kvietik (Karel), Petr Budin (Jiri), Otakar Brousek (Dr. Srdinko), Martin Ruzek (Hlavác) **L** 85 **E** 3.1.1975 Kino DDR/ 28.1.1976 DFF 2

RALLYE PARIS – DAKAR. Ein junger Motorradfahrer gewinnt bei einem Wettbewerb als ersten Preis die Teilnahme an der Rallye Paris – Dakar. In einer sehr dünnen Spielhandlung wird das strapaziöse Rennen quer durch Afrika geschildert. Ein äußerst dürftiger, schauspielerisch miserabler Pseudo-Abenteuerfilm. ✦ BR Deutschland 1984 **P** CPV Cinema/BR **Kl** Cosmos **R+B** Peter Welz **K** Peter Ambach **M** Johannes Farber, Jörg Reiter **S** Raimund Barthelmes **D** Iris Berben, Hanno Pöschl, Sascha Disselkamp **L** 104 **FSK** ab 6; f **E** 7.12.1984/18.1.1987 BR **fd** 24 885

RAMA DAMA. Eine ausgebombte Friseuse mit zwei Kindern, deren Mann noch nicht aus dem Krieg heimgekehrt ist, schlägt sich im Nachkriegs-München als Straßenbahnschaffnerin durchs Leben. Die Bekanntschaft mit einem angeblichen Frontkameraden ihres Mannes entwickelt sich zu einer Liebesbeziehung, bis eines Tages ihr Mann vor der Tür steht. Detailverliebter, aber in der Atmosphäre nicht immer stimmiger Film über die Aufbauphase der

Nachkriegszeit, der viele Probleme anspricht, sie aber nicht reflektiert. Durch seine auch sprachlich bewußt gesuchte Nähe zum Heimatfilm wird der Zugang für nichtbayerische Zuschauer erschwert. – Ab 16. ✦ BR Deutschland 1990 **P** Perathon **KI** Senator **VA** Marketing **Pd+R** Joseph Vilsmaier **B** Martin Kluger, Joseph Vilsmaier **K** Joseph Vilsmaier, Otto Kirchhoff **M** Norbert Jürgen Schneider **S** Ingrid Broszat **D** Dana Vávrová (Kati Zeiler), Werner Stocker (Hans Stadler), Hans Schuler (Felix Zeiler), Ivana Chylková (Leni Seiffert), Josef Kemr (Dr. Bisenius) **L** 107 **FSK** ab 6; f **FBW** bw **E** 10.1.1991/24.6.1991 Video/14.1.1993 premiere **fd** 28 683

RAMBA ZAMBA BEI DER MAFIA (COME UNA ROSA AL NOSO / VERGINATA). Ein Sizilianer führt als Besitzer einer Londoner Restaurantkette ein luxuriöses Leben, wobei er stets darauf bedacht ist, seine Herkunft zu verbergen. Als er von der Mafia beauftragt wird, über die Tugend seiner attraktiven Cousine zu wachen, gerät er in Schwierigkeiten. Trotz ansehnlicher Schauspielerleistungen eine nur wenig gelungene Sittenkomödie, die in ihren satirischen Seitenhieben auf italienische Moral und britische Lebensweise blaß bleibt. (Videotitel: »Liebesgrüße aus Palermo«; DDR-Titel: »Paß niemals auf 'ne Jungfrau auf«) – Ab 16. ✦ Italien/Großbritannien 1976 **P** Variety/I.T.C. **VA** Polygram **R** Franco Rossi **B** Franco Rossi, Roberto Lerici, Vittorio Bonicelli **K** Silvano Ippoliti **M** John Cameron **D** Vittorio Gassman (Anthony M. Wilson), Ornella Muti (Lucia), Adolfo Celi (La Palomba), Madeleine Hinde (Vanessa Hampton), Alessandro Haber (Lo Presto) **L** (TV) 102 **E** November 1986 Video/11.4.1987 DFF 1/26.3.1988 RTL plus

RAMBO (FIRST BLOOD). Ein ehemaliger Vietnamkämpfer wird aus nichtigem Anlaß von der Polizei gejagt und liefert ihr, in die Enge getrieben, einen blutigen Privatkrieg. Perfekt inszenierter, harter und spannender Actionfilm mit einigen interessanten Ansätzen zur Aufarbeitung amerikanischer Vergangenheit. Der große Erfolg des Films machte Hauptdarsteller Stallone zum Massenidol. Es folgten mehrere Fortsetzungsfilme, in denen »Rambo« als brutaler Law-and-Order-Mann zur Comic-Figur degenerierte. Die Extras des USA-Imports umfassen im Gegensatz zur deutschen DVD einen Audiokommentar des Buchautors David Morrell. ✦ Scope. USA 1982 **P** Carolco **KI** Scotia **DVD** Kinowelt Home (16:9, 2.35:1, DS engl./dt), USA Import: Artisan Entertainment (16:9, 2.35:1, DS engl.) **R** Ted Kotcheff **B** Michael Kozoll, William Sackheim, Sylvester Stallone, nach einem Roman von David Morell **K** Andrew Laszlo **M** Jerry Goldsmith **D** Sylvester Stallone (John Rambo), Richard Crenna (Trautman), Brian Dennehy (Sheriff Teasle), David Caruso (Mitch), Jack Starrett (Galt) **L** 94 **FSK** ab 16; f **FBW** bw **E** 6.1.1983/31.10.2000 DVD **fd** 23 808

RAMBO II – DER AUFTRAG (RAMBO: FIRST BLOOD PART II). Der amerikanische Vietnam-Veteran John Rambo kehrt an den alten Kriegsschauplatz zurück und befreit dort US-Soldaten aus einem Gefangenenlager. Die Story dient allein dazu, die Gewalt- und Tötungsorgien als nationale Heldentat zu legitimieren. Die Extras des USA-Imports umfassen im Gegensatz zur deutschen DVD einen Audiokommentar des Regisseurs. – Wir raten ab. ✦ Scope. USA 1985 **P** Carolco **KI** Scotia **VA** CBS/Fox **DVD** Kinowelt Home (SE, 16:9, 2.35:1, DS engl./dt), USA Import: Artisan Entertainment (16:9, 2.35:1, DS engl.) **Pd** Buzz Feitshans **R** George Pan Cosmatos **B** Sylvester Stallone, James Cameron **K** Jack Cardiff **M** Jerry Goldsmith **S** Mark Goldblatt, Mark Helfrich **D** Sylvester Stallone (John Rambo), Richard Crenna (Trautman), Charles Napier (Murdock), Julia Nickson-Soul (Co Bao), Steven Berkoff (Podovsky), William Ghent (Vinh), Martin Kove (Ericson) **L** 96 **FSK** ab 16; f (DVD 18) **E** 12.9.1985/Dezember 1985 Video/31.10.2000 DVD **fd** 25 212

RAMBO III (RAMBO III). Vietnam-Veteran und Superheld Rambo, der sich in ein buddhistisches Kloster zurückzog, wird vom amerikanischen Geheimdienst aus seinem selbstgewählten Exil nach Afghanistan entsandt, wo er einen befreundeten Oberst aus der Hand der sowjetischen Besatzer befreit. Blutiges Action-Kino, das mit törichter Propaganda im Stil des Kalten Krieges verärgert und beim Versuch, den Helden zur mythischen Figur zu stilisieren, in unfreiwillige Komik abgleitet. Die Extras des USA-Imports umfassen im Gegensatz zur deutschen DVD einen Audiokommentar des Regisseurs. Sie enthält die ungeschnittene Version (102 Min.). – Wir raten ab. ✦ Scope. USA 1987 **P** Carolco Service **KI** Jugendfilm **VA** Marketing **DVD** Kinowelt Home (SE, 16:9, 2.35:1, DS engl./dt.), USA Import: Artisan Entertainment (16:9, 2.35:1, DS engl.) **Pd** Buzz Feitshans **R** Peter MacDonald **B** Sylvester Stallone, Sheldon Lettich **K** John Stanier **M** Jerry Goldsmith **S** James Symons, Andrew London, O. Nicholas Brown, Edward A. Warschilka **D** Sylvester Stallone (Rambo), Richard Crenna (Trautman), Marc de Jonge (Colonel Zaysen), Kurtwood Smith (Griggs), Spiros Focas (Masoud) **L** 100 **FSK** ab 18; f **FBW** w **E** 14.7.1988/21.11.1988 Video/9.11.2000 DVD **fd** 27 017

RAMBO – DIE ZEICHENTRICK-SERIE (RAMBO SERIES VOL. 1–6). Sechs Videokassetten mit Zeichentrick-Abenteuern um den wortkargen Muskelprotz Rambo, der an den Brennpunkten kriegerischen Weltgeschehens eingreift oder aber Abenteuer in einer abstrusen Mischung aus Tarzan und Indiana Jones besteht. In vager Anlehnung an die zweifelhaften Spielfilme mit Sylvester Stallone, zeichentechnisch und inhaltlich auf billigstem Niveau. Titel der einzelnen Teile: »Rambo – Der erste Schlag«, »Rambo 2 – Hebt die Yamato«, Rambo 3 – Gefahr in der Unterwelt«, »Rambo 4 – Der Kult der Kobra«, »Rambo 5 – Angriff auf Las Vegas«, »Rambo 6«. ✦ USA 1986 **P** Ruby-Spears Enterprises **VA** RCA/Columbia **L** je 60–63 **FSK** ab 16 (1–3), ab 12 (4–6) **E** ab Mai 1988 Video

RAMI UND JULIA (RAMI OG JULIA). Shakespeares »Romeo und Julia«-Stoff, verlegt in ein Kopenhagen der nahen Zukunft: Auf der Flucht vor den rassistischen Angriffen einer Jugendbande findet Rami, Sohn palästinensischer Flüchtlinge, Unterschlupf bei einem Mädchen. Die beiden verlieben sich ineinander, doch Julias neurotische Mutter duldet die Verbindung nicht. Der Liebe ist kein Glück beschieden: Rami stirbt, als er seinem Bruder über die deutsche Grenze helfen will, Julia fällt in die Hände der Jugendlichen. Nach vielversprechendem Beginn baut das Sozial-Drama schnell ab; die Bilder kopieren große Vorbilder wie Wenders und von Trier bis zur unfreiwilligen Lächerlichkeit, Geschichte und Figurenzeichnung flüchten in Klischees. – Ab 16. ✦ Dänemark 1988 **P** Film-Cooperativet Danmark/Coproduktionsfonden DR/FI/Danish Film Institute/C. Cosmos C./ **KI** Europolis **R** Erik Clausen **B** Erik Clausen, Fayez Kanafani, frei nach William Shakespeares »Romeo und Julia« **K** Morten Bruus **M** Peter Iljitsch Tschaikowski **S** Ghita Beckendorf **D** Sofie Gråbøl (Julie), Saleh Malek (Rami), Steen Jörgensen (Frank), Muhamad Bakri (Mawan), Kjeld Lofting (Bob) **L** 113 **E** Oktober 1990

DER RAMMBOCK (LE RUFFIAN). Die Auseinandersetzungen um eine Goldmine in der kanadischen Wildnis. Ein Abenteuerfilm mit der üblichen Aneinanderreihung von Genre-Versatzstücken in durchschnittlicher Inszenierung – aber immerhin mit dem souveränen Lino Ventura in der Hauptrolle. – Ab 16. ✦ Scope. Frankreich/Kanada 1982 **P** Films Christian Fechner/Parma/Corporation Image **KI** 20th Century Fox **Pd** Christian Fechner **R** José Giovanni **B** José Giovanni, nach seinem Roman **K** Jean-Paul Schwartz **M** Ennio Morricone **S** Jacqueline Thiédot **D** Lino Ventura (Aldo), Bernard Giraudeau (Gérard), Claudia Cardinale (Die Baronin), Béatrix van Til (Eleonore), Pierre Frag (John) **L** 104 **FSK** ab 12; f **E** 2.9.1983/19.7.1985 Kino DDR/28.12.1985 ARD/19.7.1986 DFF 1 **fd** 24 179

RAMMPASS (RAMMPASS). Zwei junge Männer, die ihren Leben keinen wirklichen Sinn abgewinnen können, flüchten sich in betont männliches Gehabe, bei dem dem Auto eine besondere Stellung eingeräumt wird. Ihre Rasereien haben den Tod des einen von ihnen zur Folge. »Rammpass« bedeutet im Schweizer Dialekt Rüpel, und mit dieser Spezies Mensch versucht sich der mit gut geführten Laien besetzte Film auseinanderzusetzen. Der Film macht die Schwierigkeiten von Jugendlichen in Randregionen deutlich, er wirkt jedoch zu arg konstruiert, um vollends überzeugen zu können. – Ab 16. ✦ Schweiz 1990 **P** Franz Kälin Prod. **Pd+R+B+K** Franz Kälin **M** Beat Zehnder, Marcel Schorno **S** Karl Käppelin **D** Markus Heinrich, Stefan Schönbächler, Madeleine Scherrer, Christian Kälin **L** 90 **E** Juni 1990

RAMON MERCADER, MÖRDER TROTZKIS. Filmporträt des spanischen Aristokratensohns Ramon Mercader, der in den 20er-Jahren in die Sowjetunion geschickt wurde, um den Wirren des Bürgerkrieges zu entkommen. Dort wurde er im Geheimauftrag ausgebildet, konnte sich später in trotzkistische Kreise einschleusen und ermordete 1938 Trotzki. Der Film zeichnet nicht das Bild eines kaltblütigen Meuchelmörders, sondern das eines Menschen, dessen Ideale für politische Zwecke missbraucht wurden; er lässt Zeitzeugen zu Wort kommen und versucht, die Tat im politischen Kontext jener Zeit zu erklären. ✦ Spanien 1996 **P** arte **R** Javier Rioyo **L** 94 **E** 26.11. 2001 arte

RAMONA (1961). Verwechslungskomödie um eine falsche und eine richtige Sängerin aus der Südsee, die in Berlin ein Engagement antreten soll. Mit den üblichen Zutaten des Genres garniert, bietet der Film bestenfalls durchschnittliche Unterhaltung. – Ab 12. ✦ BR Deutschland 1961 **P** Alfa **KI** Gloria **Pd** Artur Brauner **R** Paul Martin **B** Gustav Kampendonk **K** Richard Angst **M** Gert Wilden **S** Jutta Hering **D** Senta Berger (Yvonne), Joachim Hansen (Steinberg, Regisseur), Ruth Stephan (Ellinor, Journalistin), Georg Thomalla (Tom Kroll, Pressechef), Willy Hagara (Montez, Sänger) **L** 104 **FSK** ab 6; nf **E** 22.12.1961 **fd** 10 784

RAMONA (1991) (RAMONA). Eine Näherin aus Mexiko hilft einem erfolglosen Geschäftsmann aus Los Angeles auf ungewöhnliche Art auf die Beine, nachdem sie sich im Kofferraum seines Autos über die Grenze in die USA geschmuggelt hat. Komödiantisches Roadmovie, daß sich ein wenig um Tiefgang bemüht. ✦ USA 1991 **Pd+R+B** Jonathan Sarno **M** Joel Goldsmith **S** Jonathan Sarno **D** Heidi von Paleske (Ramona Soto), Cain Devore (Henry Sinclair), Jason Scott (Paco), Shannon Bradley (Lauren), Michael David Lally (Dr. David Mesmers) **L** 76 **E** 10.3.1996 Pro Sieben

RAMPAGE – ANKLAGE MASSENMORD (RAMPAGE). Im Jahr 1987 steht das Strafgericht von Kalifornien vor der Frage, ob ein Serienmörder hinzurichten oder für unzurechnungsfähig zu erklären sei. Die Sachverständigen erkennen auf Schizophrenie, der Oberstaatsanwalt kämpft für die Todesstrafe. Der drohenden Einweisung in die Psychiatrie entzieht sich der Angeklagte, indem er sich vergiftet. Spannender, gut besetzter und technisch virtuos inszenierter Kriminalfilm, der sich hauptsächlich für die Gefühlslage und Sichtweise des Oberstaatsanwaltes interessiert, dabei aber auch kritisch den persönlichen Motiven der Gutachter nachspürt. Gleichwohl entstand kein überzeugendes Drama, weil der Film seiner rücksichtslosen Neigung zum bloßen blutigen Effekt frönt. (TV-Titel: »Anklage Massenmord«) ✦ USA 1987 **P** DEG **VA** Concorde **Pd** David Salven **R** William Friedkin **B** William Friedkin, nach einem Roman von William P. Wood **K** Robert Yeoman **M** Ennio Morricone **S** Jere Huggins **D** Michael Biehn (Anthony Fraser), Alex McArthur (Charles Reece), Nicholas Campbell (Albert Morse), Deborah van Valkenburgh (Kate Fraser), Billy Greenbush (Judge McKinsey), John Harkins (Dr. Keddie), Art LaFleur (Met Sander-

Die Farbe Rot

Eine Initiale des Sehens. Kunst, Alltag, Kino ◆ **Wirklichkeit hinter scheinbar Realem.** Eine Passage ◆ **Filmblut in Schwarzweiss.** Das Rot im Kopf ◆ **Von Rot zu Schwarz.** Eine »verderbliche« Farbe des Übergangs ◆ **Rot nicht gleich Rot.** Aber immer eine Lieblingsfarbe

Eine Initiale des Sehens
Kunst, Alltag, Kino

VON SUSANNE MARSCHALL

»Rot ist die Farbe, Rot ist schön. Rot ist Leben, Energie, Potenz, Macht, Liebe, Wärme, Kraft. Rot macht high.« (Ruprecht Geiger)

In der Dämmerung beweist sich Goethes Satz: »Die Farben sind Taten des Lichts, Taten und Leiden.« Schwindet das Licht, so schwinden auch die Farben, verblassen, verschwimmen, werden milde und zurückhaltend. Ein täglicher Siegeszug der Indifferenz: doch erglüht manchmal ein einzigartiges Rot und widersetzt sich – getragen von den letzten Sonnenstrahlen – der Dunkelheit. Im Anblick des roten Abendhimmels, in einem Moment des Glücks, hatte Edward Munch den Verlust seiner Geliebten zu ertragen. Seinen Schmerz, so dicht an der Liebe, malt er daraufhin in Rot.

Die Farbe Rot ist primär – eine Initiale des Sehens. In der Kunst wie im Alltag begegnet uns Rot auf Schritt und Tritt. Romane, Gemälde, Fotografien und unzählige Filme brauchen und gebrauchen die Farbe Rot, um in ihrer Aussage deutlich zu werden. Wenn Rot eingesetzt wird, ist die Farbe ein mächtiger Protagonist im Zentrum des Geschehens, der springende Punkt, das Lebendige, das Eigentliche, Keim und Konflikt einer Geschichte. Dabei ist auch der Ort der Farbe entscheidend. Eine Figur in Rot, ein roter Raum, ein rotes Dekor, ein rötliches Licht, in dem Dinge und Menschen untertauchen: Die Farbe Rot nimmt allein schon aufgrund ihrer Farbqualität im Bild immer mindestens zwei Funktionen wahr: als Attraktion und als Thema. Fast immer geht die Bedeutung von Rot weit über das Visuelle und das Motivische hinaus; sie fließt aus dem Innern der Geschichte wie Blut aus einem Körper und führt ihr eigenes Regiment. Das Rote scheint tendenziell den Frauen zu gehören, obwohl oder gerade weil aus der Farbe etwas Herrisches spricht. Rote Lippen, rote Haare, rote Kostüme, rote Schuhe durchziehen die Filmgeschichte als Schmuck und Stigma der Figuren, als Provokation, erotisches Signal, Reiz oder Symbol.

Rita Hayworth schüttelt ihre glänzendes rotes Haar nicht nur als Gilda in Charles Vidors gleichnamigem Film. Judy Garland wandert als Dorothy in roten Zauberschuhen in ein Wunderland (*Der Zauber von Oz*, 1939). Moira Shearer tanzt sich in *Die roten Schuhe* (1948) in roten Spitzenschuhen zu Tode. Mia Farrow trägt in Roman Polanskis Horrorfilm *Rosemaries Baby* (1968) ein feuerrotes Kleid, bevor sie vom Satan persönlich vergewaltigt wird. In den übrigen Szenen zieren zarte Pastellfarben, Blümchenmuster und weiße Spitzenkrägen ihren schmalen Körper. Kate Winslet sucht als Rose in James Camerons *Titanic* (1997) im eisigen Wasser den Tod und wird in letzter Minute von ihrer »großen Liebe« gerettet. Dazu trägt sie schimmerndes Dunkelrot. In Martin Scorseses *Taxi Driver* (1976) taucht die erste Detailaufnahme Robert De Niros Augenpartie in rotes Licht – eine Metapher für die ungeheure Wut, die sich am Ende blutrünstig entlädt. In *Lost Highway* (1997) arrangiert David Lynch auf unheilvolle Weise Rot und Schwarz an und um Patricia Arquette, die eifersüchtig begehrt und schließlich verstümmelt und ermordet wird. In Rot balanciert man auf Messers Schneide. In Rot geht es um Leben und Tod.

Genesis »Rot«

Die Farbe Rot folgt in der Rangfolge der Farben in nahezu allen Kulturen direkt nach Schwarz und Weiß. Kultur- und sprachwissenschaftliche Forschungen haben gezeigt, dass Farbbegriffe für Rot in der überwiegenden Anzahl der Sprachen auf der frühesten Entwicklungsstufe entstanden sind. Manche Sprachen, zum Beispiel das Spanische, gebrauchen sogar dasselbe Wort für Farbe und Rot: colorado. Aus wahrnehmungspsychologischen Experimenten weiß man, dass Säuglinge vor allen anderen Farben Rot erkennen können. Auch Kleinkinder greifen bevorzugt nach roten Dingen. Rotes suggeriert einen süßen Geschmack, der sich empirisch zumeist bestätigt.

Unsere Vorfahren, die ersten Menschen, glaubten an eine magische Macht des Blutes und damit an die Zauberkraft roter Farben. Auf ihrer Suche nach roten Farbstoffen – den wichtigsten Zutaten für rituelle Heilungen und Bestattungen – fanden sie den dunkelroten »guten« Ocker, die so genannte Adamserde, und das Pigment Zinnoberrot, das aufgrund seiner Zusammensetzung aus Schwefel und Quecksilber hochgiftig war. Wieder bestätigten sich Urerfahrungen. Rot bedeutet Leben und Tod.

Nicht nur ontogenetisch, auch phylogenetisch ist Rot dominant. Unser Blut ist rot. Unsichtbar im Innern unseres Körpers, bildet es die Grundlage des Lebens. Wird es sichtbar, zum Beispiel durch eine Verletzung, bedeutet sein Verlust im Extremfall den Tod. Ein Apriori der unbewussten Farbinterpretation: sichtbares Rot signalisiert Gefahr. Wir erblicken Verborgenes, Geschütztes, das unsichtbare Geheimnis des Körpers. Darum beherrscht die rote Farbe ebenso das Spiel der Erotik wie die Exzesse der Gewalt und der Grenzerfahrungen. Sam Mendes lässt in *American Beauty* (1999) einen Toten zu Wort kommen. Lester begehrt ein minderjähriges Mädchen, eine »verbotene Frucht«: süß und rot. Jede seiner erotischen Fantasien gipfelt in einer Flut von roten Rosenblütenblättern, die aus dem zarten Mädchenkörper zu strömen scheinen. Die Rosenblüten, die man aus dem penibel gepflegten Rosengarten der ungeliebten Ehefrau Lesters kennt, wechseln ihren Ort: Sie legen sich über die Nacktheit des Mädchens als Erinnerung und zugleich als Versprechen. Mendes setzt das Motiv gezielt unter Spannung. Die roten Blüten bremsen Lesters voyeuristischen Blick und sind zugleich verlockender als die verletzliche Wahrheit des kindlichen Körpers, vor dessen realer Präsenz der reife Mann schließlich zurückschrecken wird. Hier kann er nur Unheil anrichten – wie an den Rosen aus dem Garten seiner Frau, die er in seiner Fantasie zerfleddert und damit auch zerstört. Mendes setzt gezielt die amerikanischen Nationalfarben – Blau, Weiß, Rot – in Szene, um seine Milieustudie einer durchschnittlichen amerikanischen Familie vor dem Hintergrund eines stereotypen nationalen Ideals zu inszenieren, aus dem der Antiheld auszubrechen versucht. In seiner Fantasie entfesselt sich darum Rot zu einer Urgewalt, einer roten Flut, die im Garten der Frau einer rigiden dekorativen Ordnung unterworfen war und nun ausbricht.

Wodurch erklärt sich der optische Vorrang der Farbe Rot gegenüber den anderen Farben? 1666 wies Isaak Newton zum ersten Mal nach, dass weißes Licht alle Farben in sich enthält. Demonstrieren lässt sich die Vielfarbigkeit des Lichts, wenn es durch ein entsprechendes Prisma geschickt wird, sodass es sich optisch in die sieben Spektralfarben teilt. Reines Rot besitzt im Spektralband die längste Wellenlänge (ca. 650–700 nm) im Vergleich zu Grün, das in der Mitte des sichtbaren Spektrums (ca. 550 nm) in einem Bereich liegt, für den das menschliche Auge am empfindlichsten ist. Reines Blau besitzt innerhalb der Grund- und Primärfarben die geringste Wellenlänge (ca. 400–550 nm). Monochromatisches, gesättigtes Rot wird aus diesem physikalischen Grund zum dominanten Farbeindruck für das menschliche Auge. Im Bild rückt reines Rot optisch in den Vordergrund. Wichtige Verkehrsschilder sind weltweit rot, weil diese Farbe eine aggressiv aufdringliche Signalwirkung besitzt. Headlines und Werbeslogans sind oft rot gedruckt. Wer auffallen will, trägt rote Kleidung, nicht nur um der erotischen Attraktion willen. Rot ist auch die Farbe von Bestrafung und Korrektur (zum Beispiel im Schulheft) und die Farbe der juristischen Macht. Die Kleiderordnung des Mittelalters gestattete das Tragen roter Gewänder ausschließlich Adligen zur Demonstration ihres Reichtums. Bei Verstoß gegen die Regeln drohte die Todesstrafe. Eine Kunst- und Kulturgeschichte der Farbe Rot umfasst ein breites Spektrum an Funktionalisierungen und Bewertungen, dem ein offensichtliches Strukturprinzip zugrunde liegt: Rot generiert Extreme.

Spürbar – Unsichtbar

Einen filmisch außergewöhnlichen Kunstgriff des Roten unternahm William Wyler in dem Schwarzweißfilm *Jezebel* (1938). Die eigensinnige Julie, gespielt von Bette Davis, erscheint im roten Kleid am Arm ihres Verlobten Preston Dillard bei einem Ball, zu dem ledige Damen in jungfräulichem Weiß zu erscheinen haben. Dieser skandalöse Auftritt, ein erster dramatischer Höhepunkt des Films, wird von Wyler durch mehrere Sequenzen sorgfältig vorbereitet. Zunächst folgt Julie nur einer Laune während der Anprobe der Garderobe für den besagten Abend. Sie proklamiert den Abschied vom »Mittelalter« und spielt mit der Provokation. Erst durch den Widerstand ihrer Mitmenschen und vor allem des strengen Verlobten gewinnt das rote Kleid an wirklicher Bedeutung. Kurz vor dem Ball und nach einem Streit besucht Preston Julie mit der Reitgerte in der Hand, und sie versöhnen sich auf der Schwelle zu ihrem Schlafzimmer. Julie beobachtet während dieser Szene das an der Wand lehnende Instrument der Züchtigung. Ihre Antwort auf die angedeutete Drohung ist das rote Kleid. Die Blickinszenierung über die Schulter des Verlobten hinweg, die mit den Repliken des Dialogs korrespondiert, lässt keinen Zweifel am Grund ihrer Kostümwahl zu. Julie rebelliert gegen die männliche Bevormundung und gegen die Diktatur des Normativen. Preston weigert sich, mit seiner »unanständig« gekleideten Verlobten bei der Abendgesellschaft zu erscheinen. Umgeben von Unheil, kämpft Julie in Rot mit virilem Gestus um ihre Individualität und schert sich nicht um die Realität. Vordergründig drehen sich all ihre Aktivitäten um die Liebe. Hintergründig geht es ihr um Macht und um das Recht, anders als die anderen zu sein. Die visuelle Ebene des Films gibt darauf Hinweise.

Wyler erzählt im Schwarzweißbild mit Hilfe der imaginären Qualität der roten Farbe von einem offenen Krieg der Bedeutungen und Symbole in einer ritualisierten Gesellschaft, die kein Drittes neben Schwarz und Weiß zulassen will. Das Rot besetzt seinen Ort im Bild auf dem Umweg der Andeutung, inszeniert durch die bösen Blicke auf die durchbrochene Spitze am Ausschnitt und auf den schimmernden Rock. Zunächst lassen sich Weiß und Rot als antagonistische Zeichen für jungfräuliche Reinheit und sexuelle Erfahrung einordnen, wie es das Klischee will. Das rote Kleid könnte leicht zum erotischen Fetisch werden, Wyler aber gibt dem Kostüm gezielt eine konträre Wirkung. Im Schwarzweißbild wirkt sich die dunkelrote Farbe des glänzenden Kleides als Helligkeitskontrast aus: Das Rot tendiert zu Schwarz und somit zur Kleiderfarbe der Männer. Das Schwarz, das ein Rot sein soll, wird durch die Beschaffenheit des glänzenden, glatten Stoffes und durch das Licht in den großen Wellen des Rocks aufgebrochen, das auch die schwingenden Bewegungen des Stoffs sichtbar werden lässt. Gegen das reflektierende Rot wirken die weißen Ballkleider wie unbewegte Monumente im Kontext der gesellschaftlichen und symbolischen Ordnung von Schwarz und Weiß. Immer wieder betont die Kamera aus den Totalen der Ballszene und aus den Topshots auf die Tanzfläche ein »Ornament der Masse« (Siegfried Kracauer) aus viel Weiß und Schwarz und wenig kaum erkennbarem Rot.

Während des Tanzes bildet sich plötzlich ein leerer Hof um Julie, die von ihrem Verlobten dazu gezwungen wird, die massive Feindseligkeit auszuhalten – faktisch als Bestrafung für ihre Hybris. Julie verweigert sich der Forderung nach symbolischer Anpassung konsequent. Das rote Kleid wird zu ihrer zweiten Haut. Mit männlich-heroischer Haltung riskiert sie es, verlassen zu werden. Nach Prestons Rückkehr hält Julie im weißen Kleid um seine Hand an und parodiert durch ihre Offensive jenes Kostüm der Unschuld, das sie nur trägt, um ihn zu blenden. Allzu offensichtlich benutzt sie das weiße Kleid als Maskerade und agiert viel lieber wie ein Mann. Ihr Kuss am Krankenbett Prestons ist kein zärtliches Zeichen weiblicher Hingabe, vielmehr ein kompromissloses Statement gegen seine Ehe, seine Krankheit, seinen drohenden Tod und schließlich gegen die herrschende Vernunft. Am Ende zieht Julie mit Preston in den sicheren Tod, wie in einen Krieg. Das rote Kleid ist der Keim einer Entwicklung: von Julies aggressiver Vitalität zu einer demonstrativen Auflehnung gegen Fremdbestimmung zum selbst gewählten Risiko eines elenden Todes. Das Kleid verführt nicht, obwohl es die sexuelle Unschuld seiner Trägerin dementiert. Es wird von den anwesenden Männern nicht als erotisches Versprechen wahrgenommen, sondern als Attacke auf die geltende Ordnung der Dinge. Bette Davis spielt eine Heldin, die aus ihrer Rolle ausbricht wie die Farbe ihres Kleides aus dem schwarzweißen Bild.

Rote Fäden

Farben auf der Leinwand ziehen Feinheiten und Facetten aus der Tiefe der Geschichte ans Licht. Darüber hinaus suggerieren sie physiologische Wirkungen, sie schmecken und lassen den Zuschauer Temperaturen fühlen: Rot ist warm, Blau ist kalt. Im Moment der Wahrnehmung einer Farbe schalten sich die anderen Sinne zu: Sehen, Fühlen, Schmecken, Riechen verbinden sich synästhetisch. Wahrnehmungsphysiologie, Lernprozesse, Naturerfahrung und kulturelle Tradition fließen ineinander.

Louis Malle bringt in seiner Jugendgeschichte *Auf Wiedersehen, Kinder* (1987) Blaugrau und Blaugrün in Opposition zu einer Spur von klarem Rot, weil er durch die synästhetische Wirkung dieser Farben eine subtile Erzählebene erschaffen kann, die Vergangenes spürbar macht, ohne es artikulieren zu müssen. Der Film beginnt mit einer Abschiedsszene auf dem Bahnhof in Paris. Der kleine Julien muss zurück ins Internat und verabschiedet sich von der geliebten Mutter. Einziger Farbfleck in der kaltblauen Atmosphäre des Bahnsteigs sind deren rot geschminkte Lippen, die in der kindlichen Perspektive des Jungen wie eine Wärmezone glühen. Die roten Lippen der Mutter sind der Ort heimatlicher, aber auch – wie bei Malle zu vermuten – erster erotischer Gefühle. Dort, wo diese Lippen sind, ist die Stadt, der Reichtum, die Wärme, das gute Essen, die Geborgenheit – all das, was Julien im kargen Internat entbehren muss. Zum Abschied küsst ihn die Mutter auf die Stirn, und er trägt die Spuren ihrer rot gefärbten Lippen mit sich ins kommende Schuljahr, in den kalten Kriegswinter, in dem er einen engen Freund finden und verlieren wird. In einer Großaufnahme durch das Fenster des fahrenden Zuges sieht man, wie Julien seine rote, heiße Stirn ans kühle Glas drückt. Damit verschwindet das Rot: Malles Kindheitsgeschichte ist im Folgenden atmosphärisch durch kalte Blautöne, Blaugrün und Nebelgrau bestimmt.

Ein wenig Rot genügt auch Steven Spielberg, um in *Schindlers Liste* (1993) dem atemlosen Entsetzen eine Farbe zu geben. Oskar Schindler beobachtet von einer Anhöhe aus eine flüchtende Menschenmenge, durch die sich ein kleines Mädchen in einem roten Mäntelchen bewegt. Der Film ist in Schwarzweiß gedreht. Das Kind bewegt sich vor den Augen Schindlers, aber auch des Mörders Amon Goeth als einziger Farbfleck und als Zielscheibe in einer grau getönten Umgebung. Durch das Auftauchen der Farbe Rot löst sich das Mädchen optisch aus der Menge der umherirrenden Menschen und erhält als Figur die Bedeutung einer Allegorie. Ein unschuldiges Kind, das Leben an sich, die Liebe, alle positiven Werte der Zivilisation befinden sich in Todesgefahr. In der Todeskulisse bewegt sich ein Wesen aus einer anderen Welt und ist doch Teil des Schreckensszenarios. Der Faden lässt sich weiterspinnen. Das Bild verändert sich, die Kamera schwenkt mit, verfolgt das Kind. Im Innern des Bildes bewegen sich Menschen scheinbar ohne wirkliches Ziel. Automatisch fokussieren die Augen das Kind, das als Figur durch seine Farbigkeit zwischen individuellem und kollektivem Schicksal – als Pars pro toto – hin und her pendelt.

Gerade das Beispiel aus *Schindlers Liste* erlaubt eine erste Systematisierung der Bedeutungsvielfalt der Farbe Rot, die sich nicht einfach auf andere Farben übertragen lässt: Eine Person auf einem Bild trägt ein rotes Kleid. Rot lenkt als starker Reiz die Aufmerksamkeit. Als archetypisches Zeichen bündelt die Farbe anthropologische Erfahrungen in einem synergetischen Konnotationsfeld. Das heißt, die Farbe Rot wird mit den Eigenschaften roter Substanzen und Dinge in Verbindung gebracht, die ihrerseits bereits mit starken Bedeutungen belegt sind (Blut = Leben, Feuer = Zerstörung). Daraus erwächst die komplexe Symbolik der Farbe Rot: für Liebe und Hass, Leben und Tod, Macht, Krieg, Gefahr.

Lars von Trier erweitert in *Dancer in the Dark* (2000) diese bekannte Symbolik der Farbe Rot und dringt tief in die Welt der Farben, in das Sehen, vor. Augenlicht und Leben seiner Hauptfigur stehen auf dem Spiel. Wenn Selma ihre Blindheit vergisst und sich in ihren inneren Bildern für Augenblicke von der Last ihrer Krankheit befreit, brechen die Farben in den sonst farbentsättigten, fahlen Bildern aus. Sattes Grün und Rot in den unterschiedlichsten Tönen scheinen gegeneinander anzutreten. Grün und Rot sind das Ying und Yang in Selmas Imagination: als Komplementärfarben wirken sie aufeinander, verstärken sich gegenseitig und löschen sich gegenseitig aus – zumindest, wenn man sie als flüssige Farben ineinander mischt. Im Experiment erzeugt der Farbkontrast Grün-Rot bei konzentrierter Betrachtung so genannte Nachbilder. Das menschliche Auge reagiert auf den starken Farbreiz mit einem inneren Bild zu seinem eigenen Schutz. Die Farbpalette in *Dancer in the Dark*, deren Bedeutung in der Farbouvertüre zu Beginn betont wird, fordert die Augen des Betrachters dazu heraus, eine zweite Ebene der inneren Bilder zu produzieren – wie in Selmas Kopf.

Bedeutungskrieg im Monochromen

Die Bedrohung durch Rot ist Thema vieler Filme, nicht nur im Horrorgenre. Häufig keimt das gefährliche Rot aus seinem Gegenteil, einem positiv konnotierten Rot, sodass sich Glücks- und Leiderfahrung – wie in der berühmt gewordenen Traumatisierung Munchs beim Anblick des Abendrots – in einem Zeichen, an einem symbolischen Ort wieder finden. Zu den bekanntesten Beispielen für eine Farbdramaturgie, die sich als semantische Verschiebung des Roten ins Negative vollzieht, gehört Nicolas Roegs mystische Geschichte *Wenn die Gondeln Trauer tragen* (1973). Zunächst ein Farbattribut der geliebten kleinen Tochter, mutiert Rot zum Zeichen des namenlos Scheußlichen, von dem die Eltern des verunglückten Kindes in Venedig verfolgt werden. Zudem erhalten sich an dem Gnom mit der gealterten Schreckensfratze, die nur einmal zum Ende hin kurz sichtbar wird, die Gestalt und die Kleidung des Kindes. Das böse Rot lockt mit der sehnsüchtig erwarteten Wiederkehr des toten Kindes. Parallel zur Unfallszene am Anfang, in der das knallrote Lackmäntelchen die Individualität des Kindes überstrahlt, verschüttet der Vater aus Versehen eine rote Flüssigkeit und verwandelt durch das Missgeschick eine rote Gestalt auf einem Diapositiv zu einer amorphen, vage an ein menschliches Embryo erinnernden Form. Die Farbe läuft aus – zeitlich parallel zu diesem Vorgang, aber unsichtbar für den Zuschauer, ertrinkt das Kind. Als der Vater seine Tochter aus dem Wasser birgt, arrangiert Roeg beide Körper als Erinnerungsbild an die Embryonalform.

Das Ertrinken zählt zu den ältesten und kompliziertesten Todesbildern und ist mit dem Gedanken an eine Wiederkunft verknüpft. Wasser als amorphes, irrationales Urelement und die mit ähnlichen Qualitäten behaftete formlose rote Farbe verbinden sich zu einem Bild des Todes, an das die Hoffnung an eine Auferstehung geknüpft ist. Perfide an der Farbdramaturgie in *Wenn die Gondeln Trauer tragen* ist die Umkehr der emotionalen Qualität, die Rot in der Exposition durch die assoziative Analogiemontage besitzt: ein Zeichen der elterlichen Liebe und eine Vorwarnung. In Venedig wird das embryonale Rot, das durch seine Form als Keim neuen Lebens charakterisiert ist, zum amorphen Rot, ein Irrlicht in der Nacht. Rot wird jetzt mit Schwarz und mit der Dunkelheit kombiniert – ein negativ belasteter Kontrast. Aus der Rot-Blau-Grün-Kombination der Exposition wird Rot und Schwarz. Aus dem Wassertod des Kindes als Rückkehr ins mütterliche Fruchtwasser, als Anspielung auf eine mögliche Rückkopplung an den Kreislauf des Lebens, wird nun der gewaltsame Tod des Vaters in den nächtlichen Gassen und Winkeln einer morbiden Stadt. *Wenn die Gondeln Trauer tragen* ist am Leitfaden der Kontrasterfahrung farbdramaturgisch in jeder Nuance komponiert.

Kontrapunktisch setzt auch Neil Jordan in seinem Serienkillerfilm *Jenseits der Träume* (1998) die Farbe Rot als Zeichen der telepathischen Verbindung zwischen der Heldin Claire Cooper und dem Killer und – gegenbildlich – als Farbe eines gewaltsamen Todes ein. Durch die telepathische Kommunikation der Figuren, in deren Speziallexikon rote Äpfel eine Hauptrolle spielen, überlappen sich die gewaltsame Bedrohung und die irreale mentale Jagd auf den Mörder. Die Doppelbödigkeit der Farbbedeutung stellt die Regel der Jordan'schen Farbdramaturgie dar. Wieder spielt ein rotes Kostüm mit, diesmal als Signifikant der Kindesliebe, die sich durch mütterliche Grausamkeit in Hass verkehrt hat. Im roten Kleid der toten Mutter, mit dem der Killer sein Opfer bekleidet, steckt die Sehnsucht des verwundeten Sohnes nach einer guten Mutter und einer heilen Familie, deren Rollen er wie ein Regisseur besetzt und ausstaffiert. Er selbst spielt den Vater. Das ironisch-groteske Ende des Films verwandelt Rot zum Zeichen einer metaphysischen Rache aus dem Jenseits. Jordan, der schon in seiner Rotkäppchen-Variation *Die Zeit der Wölfe* (1984) um die kulturhistorischen und psychoanalytischen Bedeutungen von Rot kreiste, lässt in seinem Horrorfilm rote Fluten frei, in denen das Bezeichnete ineinander fließen kann.

Ein letztes Beispiel von besonderer Qualität: Martin Scorsese konfrontiert in seiner Dalai-Lama-Geschichte *Kundun* (1997) amorphes, flüssiges Rot mit Objekt-Rot zu einem metaphorischen Bild des Krieges zwischen Tibet und

China. Der Dalai Lama hat mehrere Visionen angesichts der drohenden Invasion der Chinesen, die sich zu symbolischen Kompositionen verdichten. Er sieht sein Aquarium mit Goldfischen vor Augen, rote Fische in blauem Wasser, ein friedliches Bild und zugleich eine Allegorie, denn buddhistische Mönche tragen Gewänder in der Glücksfarbe Rot. Plötzlich dringt rote Flüssigkeit von links in das blaue Wasser vor und nimmt den Fischen den Lebensraum. Die rote Farbe macht die Goldfische unsichtbar. Sie vergiftet das Wasser, den friedvollen Lebensraum der Tiere, die sich auch als Anspielung auf die christliche Religion lesen lassen. Scorsese versinnbildlicht die gewaltsame Auseinandersetzung zwischen China und Tibet durch die Farbe Rot, die aus zwei unterschiedlichen Richtungen kommt. Für die Chinesen, deren Kleidung soldatisch graugrün gehalten ist, verweist Rot auf die kommunistische Revolution und eine politische Ideologie. Tibet fühlt sich von der Masse der Chinesen überschwemmt. Die vereinzelt umherschwimmenden Goldfische können der amorphen Eroberung ihres Lebensraums durch das Rot des Kommunismus nichts entgegensetzen. Sie sind dem anders konnotierten Rot hilflos ausgeliefert. In einem zweiten Bild zeigt Scorsese den Dalai Lama inmitten einer riesigen Ansammlung gewaltsam ums Leben gekommener Mönche. Er ist der einzige lebende Mensch inmitten rot gekleideter Leichen, deren Rot sich von der ursprünglichen Bedeutung des buddhistischen Gewandes abkehrt und nun von der Sinnlosigkeit des Blutvergießens erzählt. Wieder ist die Farbe Rot in einem einzigen Bild kontradiktisch besetzt. Die Kamera nimmt das Bild aus der Vogelperspektive auf und erhebt sich zum Himmel, zu dem der Dalai Lama die Hände hebt. Durch das langsame Zurückziehen der Kamera entsteht ein rotes Ornament des Massensterbens, das schließlich zu einer großen Blutlache gerinnt. Leben und Tod zerfließen in der Farbe Rot.

Rot ist die Farbe. Rot ist Liebe, Hass, Glück, Unglück, Freude, Leid, Magie, Gefahr, Leidenschaft, Mut, Kraft, Zauber, Blut, Feuer, Luxus, Reichtum, Aggressivität, Zorn, Krieg, Unmoral, Sex, die Triebe, die Sünde, das Verbotene, die Freiheit, die Revolution, Recht, Unrecht, das Erhabene und das Niedrige, Himmel und Hölle zugleich. Rot schreit, zieht uns an, kommt uns zu nah, ist weiblich und männlich, süß, unerwartet giftig, heiß, unvernünftig, brennt. Rot ist adlig, heilig, intensiv, unnatürlich, teuflisch, rasant, stimulierend, provokant, ursprünglich und kultiviert. Rot ist schön.

Wirklichkeit hinter scheinbar Realem
Eine Passage

VON JOSEF SCHNELLE

Das Kino ist rot – zumindest jeder Farbfilm, teilweise. Aber was genau ist rot daran? Bei den Dreharbeiten zu dem Selznick-Melodram *The Garden of Allah* nahm der Standfotograf Anton Bruehl 1936 ein stilbildendes farbiges Starporträt von Marlene Dietrich auf. In einen schwarzen Umhang gehüllt – der ganze Körper ist schon abgewandt – krallt sie sich mit der rechten Hand in einen rückwärtigen Vorhang. Währenddessen ist ihr sehnsuchtsvoller Blick aus dem brünetten Engelshaar auf einen fernen Fluchtpunkt irgendwo hinter dem Betrachter gerichtet. In der Zeitschrift Cinema Arts wurde dieses Bild damals in seine Farbkomponenten zerlegt. In der Schwarzweißansicht wirkt die Dietrich bleich und extrem distanziert. Die Augen sind weit aufgerissen, auf ihren Lippen ein cremiger Hauch, das Gesicht ist ovalrund geformt, ganz ohne hervortretende Wangenknochen. Später, im endgültigen Bild, ist diese Form aufgelöst. Die Stirn runzelt sich ein bisschen vom Hochziehen der nachgezogenen schmalen Augenbrauen. In der Ferne hinter dem Betrachter scheint sie etwas zu sehen, das verloren ist. Woher dieser Wandel? Im Rotauszug wird der eben noch feste, abweisende, fast entsetzte Blick weich und werbend, plötzlich sind die Lippen voll und konturiert. Schattierungen der Wangen werden sichtbar. Das Haar und der Umhang sind nun ein beinahe formloser Rahmen, der einzig und allein dieses Gesicht hervorhebt. Die ganze Bewegungsdynamik des endgültigen Bildes aus allen Farbkomponenten wirkt hingegen zurückgenommen. Die eigentlich ganz zielsicher greifende Hand ist nun eine beschwörende Stummfilmgeste. Das kleine Betrachtungsexperiment soll zeigen: Das Rot schmuggelt so manches in die Bilder, auch wenn auf den ersten Blick weit und breit nichts Rotes zu entdecken ist.

Alarmstufe Rot

Das Kino war immer schon rot. Auch als es noch gar nicht als generell farbig galt. Beim Virage-Einfärbungsverfahren wurden in den 20er Jahren Nachtaufnahmen in ein blaues, Szenen der Gefahr sowie Liebesszenen in ein rotes Farbbad getaucht, und so leuchteten in Fritz Langs *Das indische Grabmal* angreifende Tiger, bedrohliche Buddhas und schließlich das ominöse Grabmal einer Liebe rot ins Publikum, das diese Bildsprache der Farbe schnell zu deuten verstand. Noch das heimische Kaminfeuer der bremischen Bürgerhäuser in Friedrich Wilhelm Murnaus *Nosferatu* hat einen gelb-rötlichen Schimmer, und es ist natürlich das zarte Morgenrot, das den Vampir zur Strecke bringt. Auch ohne die einfache und pfiffige Idee der Virage bestimmte die Suche nach geeigneten Farbverfahren schon die frühe Filmgeschichte. Verschiedene Kolorierungsschablonen wurden ausprobiert, und 1916 wurde im Garten von George Eastman in Rochester, N.Y, der erste Kodachrome-Zweifarbenfilm hergestellt – mit Zwillingsobjektiv und Farbauszugsfiltern. Hier soll nicht plötzlich auf Filmtechnik und Apparategeschichte umgeschwenkt werden. Wichtig ist allein der rote Schirm in *Concening a 1000 Dollars*, dem ersten von vielen in den fast 100 Jahren Filmgeschichte, die darauf folgten.

Das Kino ist rot – zumindest im Detail. Rote Einzelheiten erzwingen die Aufmerksamkeit, was Michael Powell und Emeric Pressburger 1948 ausdrücklich zum Thema ihrer Technicolor-Fantasie *Die roten Schuhe* gemacht haben. Rote Stöckelschuhe, ein roter Ballon, ein rotes Mieder lenken den Blick, das haben viele Filmausstatter immer wieder zu nutzen gewusst. Natürlich ist es ein rotes Kleid, in das Scarlett O'Hara gekleidet ist, wenn Rhett Butler sie in *Vom Winde verweht* zum Schluss eine rote Treppe zur erzwungenen Leidenschaft hinaufträgt. So oder so, das rote Kleid signalisiert erotische Kampfbereitschaft, auch in *Die fabelhaften Baker Boys*, wenn sich Michelle Pfeiffer im »kleinen Roten« auf dem Klavier von Jeff Bridges zu Barsongs räkelt. Wobei blondes Haar und rote Kleidung eine ganz besondere Kontrastkomposition ergeben. »Alarmstufe Rot« – nicht nur die Farbtemperatur steigt, und wenn eine junge Frau, kaum nach Hause gekommen, ins Badezimmer stürmt und dort die Wäsche wechselt, jüngst in *Das Geheimnis* von Virginie Wagon, dann weiß man sofort, was es bedeutet, dass sie knalliges Rot gegen unschuldiges Weiß eintauscht: Sie verheimlicht eine Affäre. Die dünne rote Linie zum erotischen Wagnis hat sie schon überschritten. Solche Farbsymbolik darf man platt finden. Sie funktioniert aber immer. Der Kultfilm *Rocky Horror Picture Show* beginnt mit die Leinwand füllenden riesigen roten Lippen. Wenn diese zu singen beginnen, von Brad und Jeanette, dann ist doch schon klar, wovon der Film handelt. Später tritt Tim Curry als transsexueller Dr. Frank N. Steiner mit rotem Mieder auf.

Rote Details weisen nicht immer nur den Weg ins Wunderland der filmischen Erotik. *Rote Fahnen sieht man besser*, nicht nur in dem gleichnamigen Film von Rolf Schübel, auch in *Ernst Thälmann Sohn seiner Klasse* oder in Warren Beattys *Reds* über die russische Revolution (nach dem Reportageroman von John Reed) wehen die roten Fahnen der Revolution und beherrschen so manche Bildkomposition als ästhetisches Signal, woran die Tatsache kaum etwas ändert, dass die roten Fahnen tatsächlich in der Geschichte der Arbeiterbewegung eine wichtige Rolle gespielt haben. Vielleicht wegen der Assoziation Blut und Leidenschaft, die die Farbe Rot unweigerlich erzeugt. Purpurrot ist vielleicht auch deswegen die Farbe der Könige. Da bleibt nur noch anzumerken, dass auch das Gewand des Herren in *The Robe*, durch den Film begleitet von Richard Burton, in sattem Rot den Film beherrscht.

Eine moralische Signalfarbe

Das Kino ist rot. Filmszenen, gänzlich in Rot getaucht, kommen geradewegs aus der Hölle. Wie sollten wir sie uns auch blau oder grün vorstellen? Nicht löschbare Feuer müssen doch rot glühen, bei jeder Explosion, selbst noch im dümmsten Actionfilm, bei jeder Weltraumexpedition auf roten und andere Planeten und beim Duell in der Sonne der Leidenschaften. Wenn in Stanley Kubricks *2001 – Odyssee im Weltraum* der »durchgedrehte« Computer HAL abgeschaltet werden soll, dann dringt der Astronaut im Raumanzug in dessen »Gehirn« ein. Die Chips und Gedächtniseinheiten, die er nach und nach abschalten wird, sind in Rot getaucht. Die Alarmfarbe vermischt sich mit der des Blutes und der Leidenschaft. Überhaupt Stanley Kubrick: Auch bei seinem Film *Barry Lyndon* sind gerade die bei Kerzenlicht gedrehten Szenen vom steten Abstieg seines Helden in Rot getaucht. Rote Filmszenen haben stets etwas Höllenartiges. Geschlossene Räume und ein Gefühl der Ausweglosigkeit. Das alles lässt einen ein wenig tiefer in den Kinosessel sinken; selbst der weite offene Westernhorizont wird dann eng und bedrückend. Wenn etwa in *Duell in der Sonne*, die rote Farbe große Teile der Leinwand beherrscht und die Liebe der Protagonisten sich nur in der Selbstzerstörung realisieren kann.

Das Kino ist rot. Wenn in Hitchcocks *Marnie* die Leinwand Rot überstrahlt, dann meldet sich vergangenes Unglück und drängt auf Sühne oder Lösung. Rot ist auch eine moralische Signalfarbe; nur wer sie zu deuten versteht, kommt heil wieder aus einer Kinosory heraus. Blutige Botschaften weisen in den Thrillern um Serienmörder und Bedeutungstäter von *Seven* bis *Hannibal* den Weg. Blut ist nun mal rot. Die Farbe kann nichts dafür. Und so haben es sich die FX-Effekt-Künstler zur vornehmen Aufgabe gemacht, das – natürlich rote – Blut spritzen zu lassen, wo immer es geht. Schon Stanley Kubrick hatte dem mit einem ganzen Aufzug voller Blut in *Shining* eine obere Grenze zu setzen versucht, die aber immer noch häufiger über- als unterschritten wird. Ein ganzer Eimer voller Blut beim Schulabschlussball verwandelt Carrie in Brian de Palmas gleichnamigem Film in ein grausiges Schreckgespenst. Anders herum, mit minimalem Schweinebluteinsatz, wird das Filmgeschichte. Da sitzt zum Beispiel der auf den Tod angeschossene Gegenspielersheriff in *Pat Garrett jagt Billy the Kid* auf einem Stein. Hinter ihm geht blutrot die Sonne unter, und es beginnt das Bob-Dylan-Lied »Knockin' on Heaven's Door«.

Das Kino ist rot. Einige Male hat es mich umgehauen. Nichts ahnend zum Beispiel im ohnehin bildgewaltigen zweiten Teil von Sergej M. Eisensteins *Iwan der Schreckliche* während irgendeiner Festivalvorführung. Ohne Vorwarnung flammt mitten drin die Farbe auf. Die Züge von Nikolaj Tscherkassow sind urplötzlich in tiefrotes Licht getaucht. Die Röte des Rots als Schock. Oder bei *Rotes Kornfeld* von Zhang Yimou, jener Film, mit dem das neue chinesische Kino Weltgeltung erlangte. Es ging gar nicht um ein Kornfeld, sondern um rote Hirse. Bald sitzt der Held in einem riesigen Tonkrug und singt vom roten Hirseschnaps, der durch diesen Film fließt wie eine Lebensader, und von seiner Liebe zu Gong Li. Fast eine Trilogie lang hat sich der chinesische Regisseur mit der Farbe Rot beschäftigt. Seinen folgenden Film *Judou* siedelte er in einer Färberei an. Gigantische rote Tücher hängen zum Trocknen über dieser Geschichte eines unterschätzten Menschen, und in *Die rote Laterne* thematisierte Zhang Yimou dann das rote Licht am Ende der Straße des Melodrams.

Rot sieht man besser, auch in Krzystof Kieslowskis Trilogie *Drei Farben*. Wofür das Rot in seiner aussichtslosen Liebesgeschichte *Rot* mit Jean-Louis Trintignant und Irene Jacob steht, ist zunächst schwer zu sagen, aber die rote Farbe ist allgegenwärtig. Kieslowski spielt mit den Erwartungen des Zuschauers. Rot – eine Farbe der französischen Revolutionstrikolore, hier stellvertretend für die Tugend der Brüderlichkeit? Oder nur ein Rätselspaß mit Rotwein, roter Bowlingkugel und Autolack? Rot oder nicht Rot? Vielleicht Blau oder eher Schwarz oder Grün oder Weiß. Ausgerechnet der Film, mit dem sich das Paranoiakino einen neuen Platz erobert hat, gibt die Antwort. Das Kino ist Rot. Jedenfalls tief drinnen im Kaninchenbau. In *Matrix* bietet Laurence Fishburne Keanu Reeves eine blaue oder eine rote Pille an. Wenn er die blaue nimmt, dann ist alles wie vorher. Er wacht auf und ist zufrieden mit seiner Welt, an deren Wirklichkeit ihm doch gerade Zweifel gekommen sind. Schluckt er die rote Pille, dann enthüllt sich, was hinter allem steckt, die Wirklichkeit hinter dem scheinbar Realen. Welche Pille nimmt er? Na klar doch. Die Rote.

Filmblut in Schwarzweiß
Das Rot im Kopf

VON THOMAS BINOTTO

Man nehme 16 Teile farblosen Sirup, gebe einen Teil rote Lebensmittelfarbe dazu, einen Teil Waschmittel, einen Teil Wasser sowie einen Teil blaue Lebensmittelfarbe, mische das Ganzes – und fertig ist das Filmblut. Wer nach Alternativen lechzt, kann sich Cardiff Rot, MB2 Blut oder Cherry Rot mixen. Und wer keine Zeit und Mühe für selbst gebasteltes Filmblut aufbringen will, der deckt sich in gut assortierten Geschäften mit Transparentblut, Blutpaste, Blutpuder, Augenblut oder Blutkapseln ein – die Dose à zehn Stück zu 4,35 Euro. Und was hat Alfred Hitchcock für den legendärsten aller Filmmorde, den Duschenmord in *Psycho* (1960), verwendet? Schokoladensirup. Die zähflüssige braune Soße wirkte in *Psycho*, dem Schwarzweißfilm, so blutrot wie nur möglich. Eben dieses Blut war offenbar auch der Anlass, *Psycho* in Schwarzweiß zu drehen – doch davon später mehr.

Der Fotograf Weegee war stets zur Stelle, wenn in New York ein Unglück oder ein Verbrechen geschehen war. Vom Polizeifunk geleitet, kurvte er durch die Stadt und traf oft als Erster an der Unglücksstelle ein, wo er wie ein Besessener fotografierte und so zum Dokumentaristen der Tragödie und des Todes wurde. Eines seiner Bilder trägt den Namen »DOA Tied to His Arm«. Es zeigt einen Ermordeten, der in grausamer Verrenkung auf dem Boden liegt, mit blutgetränktem Hemd und blutüberströmtem Gesicht. Eine grausige Momentaufnahme, die gerade dadurch, dass sie schwarzweiß aufgenommen wurde, an Drastik gewinnt, weil man sich nicht durch eine nuancierte Farbpalette am Zentrum des Bildes vorbeimogeln kann, weil keine Chance besteht, in dieser Aufnahme etwas Farbenfrohes zu entdecken. Der Blick wird gnadenlos auf das gelenkt, was man gerne ausblenden möchte, auf den schwarzen Fleck – auf das Blut des Toten.

Weegee hieß mit bürgerlichem Namen Arthur H. Fellig (1899–1968). Mit dem Bildband »Naked City«, in dem er 1945 seine Sensationsbilder publizierte, wurde man in Hollywood auf ihn aufmerksam. Seine Karriere dort war allerdings kurz und einigermaßen erfolglos. Zunächst als Standfotograf engagiert, spielte er später einige kleine Rollen, aber schon 1952 drehte er Hollywood wieder den Rücken – oder Hollywood ihm. Dennoch wurde Weegees Bildsprache prägend für den Film noir. Allerdings mit einer entscheidenden Korrektur: Während man sich, was den dokumentarischen Stil und den expressiven Einsatz von Schwarz und Weiß anging, unübersehbar an Weegee orientierte, kopierte man nie den rauen, ungeschminkten Stil seiner Bilder. Es wäre auch schlicht undenkbar gewesen, ein Bild wie »DOA Tied to His Arm« in einem Film einzusetzen.

Blut im Regen

Der Leichnam von Whit Sterling (Kirk Douglas) in *Out of the Past* (1947) liegt zwar in ähnlich verrenkter Pose da, aber kein Tropfen Blut ist zu sehen – ein fast schon friedlicher Anblick. Selbst Stanley Kubrick wagt zehn Jahre später in *The Killing* (1956) nicht viel mehr. Auch er arrangiert eine Szene mit drei Toten, als wäre sie von Weegee beobachtet, aber es herrscht nur scheinbar das nackte Chaos; komponiert wurde das Bild nicht von der schrecklichen Wirklichkeit, sondern vom Filmarchitekten Kubrik. Noch immer spielt das Blut eine marginale Rolle – ein paar wohldosierte und -gesetzte Pinselstriche mit Theaterblut. Sogar dann, wenn eigentlich Blut fließen sollte, bleibt die Leinwand sauber: Edward G. Robinson steht in Fritz Langs *Woman in the Window* (1944) mit blitzblankem Mordwerkzeug, einer Schere, neben dem Mann, den er soeben getötet hat.

Es ist erstaunlich, wie selten im Film noir Blut zu sehen ist, wo man sich doch eines rauen, quasidokumentarischen Stils befleißigte. Am ehesten floss das Blut noch im Regen. Wenn das Wetter trostlos war, dann wurde auch trostlos gestorben – in *The Money Trap*, *The Big Sleep* oder *Touch of Evil* beispielsweise. Dann floss das Blut nur schon, weil es sich mit Wasser vermischte, und doch konnte die schockierende Schäbigkeit und Unordentlichkeit vermieden werden, die einen in Weegees Bildern überfällt. Das Wetter war nicht nur trist, es hatte auch eine reinigende Wirkung. Fast so, als würde mit dem Wasser auch all das Schmutzige und Sündhafte fortgewaschen, das eben noch für einen Ausdruck der Gewalt gesorgt hatte.

Selbst heute noch wird die Blutlache nicht als trauriges, verklebtes Rinnsal gezeigt, das sie in Weegees Bildern ist. Wenn Barton Fink neben einer Leiche aufwacht und das Blut unter deren Körper hervorfließt, wenn Tommy (Joe Pesci) in *Good Fellas* (1990) mit einem Kopfschuss exekutiert wird und ein klassischer Scorsese-Overhead-Shot zeigt, wie sich sein Blut langsam über den Boden ausbreitet, und wenn Hartmann in *Europa* (1991) buchstäblich ein Blutbad nimmt, dann sind das Momente von erhabener Schönheit. Es ist beinahe ein Dogma: Im Kino verblutet man nicht – man verliert seinen Lebenssaft. Das gilt auch und ganz besonders für *Dead Man* (1995), wo das Sterben gerade durch die Beschränkung auf Schwarzweiß zum Gedicht wird – eine eigentliche Elegie auf den Verlust des Lebenssaftes.

Expressiver Schock

Damit zurück zu *Psycho*, diesem späten Nachfahren des Film noir und frühen Exempel des modernen Horrorfilms. Wie der Film noir behauptet auch *Psycho* gezielt seinen dokumentarischen Charakter. In der Eröffnungssequenz werden, für Hitchcock absolut unüblich, Zeit und Ort eingeblendet – fehlt nur noch der Time Code. Auch die Entscheidung, 1960 einen Film in Schwarzweiß und mit einer Fernsehcrew zu drehen, trägt zur dokumentarischen Stimmung bei. Aber während der Film noir die Langsamkeit geradezu zelebriert und stets mehr mit Stimmungen als mit Action gearbeitet hatte, wird man in *Psycho* Zeuge des bis dahin brutalsten und wildesten Filmmordes – aus einem depressiven wird ein hysterisches Genre. Blut war da zunächst gar nicht vorgesehen – vorausgesetzt man glaubt Saul Bass, der später standhaft behauptete, das Storyboard zum Duschmord stamme von ihm: »Ich hatte diese Idee, einen grauenhaften Mord zu drehen, bei dem kein Blut floss.« Wer auch immer die Szene schließlich entworfen und gedreht hat, sicher ist, dass nun Blut fließt, und wie alle Welt weiß, war das der eigentliche Grund, weshalb Hitchcock für *Psycho* auf Farbe verzichtete: Weil er sich weder mit der Zensur noch mit dem guten Geschmack der Zuschauer anlegen wollte. Deshalb sollte das Blut nicht rot, sondern dezent schwarz sein.

Abgesehen davon, dass Hitchcock selbst diese weit verbreitete Meinung nie bestätigt hat, wäre sein Zeugnis auch nicht viel wert, da er allzu bereitwillig allem zugestimmt hat, was dem Mythos »Hitchcock« förderlich schien. Selbst die vermeintliche Furcht vor der Zensur mag man Hitchcock nicht so recht zutrauen. Zu zielstrebig hatte er eben diese unterwandert, und aus der Rückschau betrachtet, hat *Psycho* wesentlich zum Ableben des Hays-Code beigetragen. Aber auch der fertige Film spricht dafür, dass Hitchcock wohl kaum nur aus Besorgnis um die zarten Nerven des Publikums auf Farbe verzichtet hätte. Im Gegenteil, er wusste genau, dass gerade durch die Reduktion auf Schwarzweiß der Duschmord noch expressiver, noch grauenhafter und noch brutaler wurde. So rot, wie sich die Dusche in den Köpfen seiner Zuschauer färbte, so rot konnte er sie mit keinem Farbfilm hinbekommen. Später hat er es dann doch versucht, als er in *Marnie* Rot zur Leitfarbe machte, um damit Marnies Traumatisierung immer wieder sichtbar zu machen. Und hätte es einen Gegenbeweis gebraucht, *Marnie* wäre dafür gut gewesen, denn was in *Psycho* auf viele Zuschauer traumatisierend gewirkt hat, wird in Marnie schnell als angestrengte Vulgärpsychologie entlarvt.

Ein weiterer Zeuge dafür, wie wenig Rot zum Horror beiträgt, ist unter anderem Gus van Sant, der dankenswerterweise *Psycho* in Farbe nachgestellt und damit neben dem Beweis für die Einmaligkeit Hitchcocks auch einen anderen erbracht hat, nämlich den, dass die Wahl von Schwarzweiß nicht ein Mittel des guten Geschmacks, sondern der genialen Dramaturgie war. Wer noch mehr Anschauungsmaterial für die These wünscht, dass schwarzes Blut intensiver wirkt als rotes, der wird bei Brian de Palma im Übermaß fündig, diesem eigentlichen Blutfetischisten unter den Regisseuren. Er lässt das Filmblut so extensiv fließen wie wohl kein anderer, sei es in *Carrie*, *Fury* oder *Dressed to Kill*. Interessanterweise haben aber ausgerechnet seine Blutszenen etwas Lächerliches an sich, sie zerstören die Szene eher, als dass sie dadurch glaubwürdiger und schockierender würde, sodass Pauline Kael nicht ganz zu Unrecht behaupten konnte, *Dressed to Kill* sei im Grunde eine makabre Komödie.

Das alles verschlingende Schwarz

Es gibt allerdings eine Szene, in der es sogar de Palma gelingt, andere Gefühle als bloß Ekel zu wecken: Wenn Carrie heimtückisch mit Schweineblut überschüttet wird, spürt man, gerade weil es als ordinärer Scherz gedacht war, echte Tragik. Es ist, als würde sich de Palma selbst über die Schulter schauen und sich als den sadistischen Regisseur denunzieren, der bloß zum Vergnügen mit Blutbeuteln um sich wirft, ohne dabei zu bedenken, dass der eine oder andere Spaß zu weit gehen könnte. Falls es noch weiterer Beweise dafür bedarf, dass rotes Blut eher der Oper als der Tragik dient: Während sich Sean Connery in *The Untouchables* Blut triefend durch seine Wohnung schleppt, verdrückt Robert de Niro eine Träne im *Bajazzo*. Vollends zur Blutoper wurde unter der Regie von Francis Ford Coppola *Bram Stoker's Dracula*, wo das Blut derart üppig strömt, dass es eine wahre Pracht ist. Weiter vom Realismus eines Weegee kann man sich gar nicht entfernen.

Dass es im Vampirfilm allerdings auch anders geht, wird in Abel Ferraras Beitrag zum Genre sichtbar. In *The Addiction* wird die Gier nach dem Blut zur Gier nicht nur nach dem Leben, sondern nach dem Bösen schlechthin. Was der Vampir durch das Blut erhält, ist nicht ewiges Leben, sondern ewiges Leiden. Dass Blut wird vollends vom Lebens- zum Todessaft. Bezeichnenderweise hat Ferrara *The Addiction* in Schwarzweiß gedreht. Die Wirkung, die er damit erzielt, hat Peter Hasenberg in seiner Kritik beschrieben. Ein kurzes aber treffendes Plädoyer für schwarzes Filmblut: »Mitunter sind nur wenige Details im alles verschlingenden Schwarz sichtbar, immer wieder zeichnen sich auf den Wänden und Gesichtern bedrohliche Schatten ab, das schwarze Blut wirkt noch nachhaltiger als es die üblichen Splatterorgien in Rot können.«

Von Rot zu Schwarz
Eine verderbliche Farbe des Übergangs

VON THOMAS KOEBNER

Als Sergej Eisenstein den vorübergehenden Triumph der Seeleute auf dem Panzerkreuzer Potemkin symbolisieren wollte, reichte es ihm nicht, dass die Matrosen eine in Schwarzweiß nur grau wirkende Fahne hochzogen, die hoch oben auf dem Mast im Winde knatterte; er kolorierte Bildkader für Bildkader, damit die Fahne die erwünschte Farbe trug: nämlich Rot. Rot ist die Farbe der Revolution, Rot die Farbe des Sozialismus. Waren die Linken nur von der Optik überzeugt, sodass sie glaubten: *Rote Fahnen sieht man besser*, wie der Titel eines umstrittenen, zensierten Dokumentarfilms (1971) über Betriebsstillegung und Arbeiterwiderstand lautete? Der französische Autor Stendhal dachte jedenfalls nicht an die Vorläufer von Karl Marx, als er einen seiner bedeutendsten Romane mit »Rot und Schwarz« überschrieb – er meinte nämlich die großen Institutionen Armee und Kirche, die Farben von Offiziers- und Priesterrock. Rot ist Herrschaftskolorit, übt Kommandogewalt aus, ruft dem Betrachter quasi ein ›Hab acht!‹, ein diktatorisches »Aufgepasst nun also!« zu.

Rot ist das Obergewand Gottvaters in der christlichen Ikonologie, rot die Robe der Kardinäle wie der Richter, selbst das Wams der Henker. Das Rot der roten Fahne funktioniert daher gleichfalls als Auf- und Weckruf, als Sturmsignal, als Unruhemoment.

»Rote Rosen, rote Lippen, roter Wein« – der Dreiklang des arglos-naiven Fidelseins im Zustand eingenebelter Intelligenz reduziert die Freuden der Welt auf wenige gleichsam geometrische und sinnbildliche Orte: Rote Rosen stehen für einen Garten der Lüste, rote Lippen für das erotische Versprechen, das rudimentär bleibt und zusätzliche Auskunft über Augen- und Haarfarbe oder gar die ganze Physiognomie leicht entbehren kann; roter Wein für eine Schunkelseligkeit, die nicht mehr scharf zwischen mir und dir trennen mag. In Heimatfilmen ist solches Zeichenreservoir zu Hause – im *Schwarzwaldmädel* von Hans Deppe, um gleich einen Meilenstein dieses Genres zu nennen (1950), kommen noch die roten Bommeln auf den Trachtenhüten hinzu und ergänzen die Frohsinn auslösenden roten Zeichenakkorde. Aber die Farbe entfaltet gerade in der Pseudoidylle ihr tückisches Potenzial: Das Rot der Rosen tendiert dazu, alle anderen Farben in den Hintergrund treten zu lassen, aggressiv, wie Rot nun einmal sein kann. Das Rot der Lippen kann lasziv leuchten, besonders, wenn es über den Mund hinausrutscht, wie bei der grell leuchtenden Clownsmaske, etwa in Neil Jordans *Zeit der Wölfe*, diesem fantastischen Märchenfilm von den Häutungen zwischen Kindheit und Erwachsensein, in dem das pubertierende Mädchen seinen Mund überschminkt, als blute es, während sie fiebernd im Bett liegt, von der Zerstörung seiner Puppenstube träumt und dem Leben unter Männerwölfen. Das Rot des Weins färbt schließlich auf die Gesichter der Trinker ab. Die Abbildung hochroter Säufernasen findet häufig Platz auf lustigen Postkarten aus der Drosselgass' und anderen Vergnügungsmeilen – sie sind ein Attribut derber und landläufiger Komik.

Das Innere von Körper und Schlund

Rot als Farbe der Scham, der stillen Bestürzung, findet sich im Gegensatz zum »lärmenden« Rot selten in Filmen – wahrscheinlich weil eine solche Farbpointierung närrisch oder grotesk wirken könnte, weil die Sache selbst gesellschaftlich einer Art Entblößung gleichkommt und kaum mehr zugestanden wird. Eine japanische Satire verzichtet nicht auf diesen Effekt, weil er die in dieser »überpreußischen« Kultur in extremem Maße aufgezwungene und hoch geschätzte Selbstbeherrschung demontiert: In Juzo Itamis *Tampopo* wird westliche wie östliche Esskultur spöttisch karikiert, zum Beispiel in folgender Episode: Eine Gruppe ansehnlicher Geschäftsleute, im Windschatten ein kleiner unbeholfener und junger Bürogehilfe, besucht ein formidables Restaurant mit französischer Küche. Aus Verlegenheit bestellt der würdigste der Herren ein einfaches Gericht, aus Respekt und Verlegenheit folgen ihm die anderen – bis die Reihe an den Bürogehilfen kommt. Er kennt sich zur Verwunderung seiner Chefs und des Publikums erstaunlich gut aus in der Speise- und Weinkarte und bestellt ebenso dezidiert wie kundig. Als die Kamera aufzieht, sehen wir am Tisch eine aus Beschämtheit hochrot gewordene Corona einst stattlicher Vorgesetzter.

Manchmal soll Rot als zugleich anschauliche und stellvertretende Eigenschaft von Dingen das Erlebnis eines Films strukturieren und seine Programmideen verdeutlichen. Ein entsprechender Titel fordert zu solchem »Nachdenken« heraus und vermag ebenso in die Irre zu führen: In Antonionis *Roter Wüste*, seinem ersten Farbfilm, in dem er konstruktiver mit Realien umgeht als je zuvor, in diesem Film, der eine heiße Urlandschaft aufzurufen scheint, herrschen gerade die gegensätzlichen Farben vor, das kalte Grau, Braun, Grün, Blau, die düstere Schmutzpalette der Tristesse, die den Charakter eines denaturierten Industrieambientes wiedergibt – gerade in der Perspektive einer Frau, der es misslingt, aus ihrem Gehäuse ins Freie auszubrechen.

In Kieslowskis *Drei Farben: Rot* soll das Rot anscheinend für die humane Kategorie der Brüderlichkeit stehen, da der ganze Filmzyklus die Farben der Trikolore (Blau, Weiß, Rot) den revolutionären Tugenden Freiheit, Gleichheit, Brüderlichkeit gleichordnet. Daneben leuchtet Rot als Lokalfarbe von Schildern, Plakaten und Gegenständen allerorten hervor – welcher Zusammenhang zwischen den vielen roten Dingen zu stiften sei, bleibt jedoch unergründlich. Kieslowski scheint eher mit Anspielungen an tiefere Bedeutungen zu jonglieren, so elegant und amüsiert, wie er in seinem Film Begegnungen und Beinahebegegnungen arrangiert, als übe er, es dem anmutigen Gott des Zufalls gleichzutun. Mit im Vergleich dazu erkennbarer, kann sein: sogar aufdringlicher Logik teilt Peter Greenaway seine Farbsphären ab; sorgfältig, als gelte es, Prinzipien der Mathematik auf künstlerische Konstruktionen zu übertragen: In *Der Koch, der Dieb, seine Frau und ihr Liebhaber* ist die durch Erdfarben wie Grün, Gelb und Braun bestimmte Küche scharf getrennt von Verbindungsgang und Saal, in denen die Gäste einströmen: einer dunkelroten Architektur, die den animalischen und bisweilen orgiastischen Prozeduren des Verspeisens und Verdauens angemessen scheint – wie das Innere von Mund und Schlund. Man hat von Zeit zu Zeit den Eindruck, sich in dem Gebäude, das oft durch Parallelfahrten durchmessen wird, wie im Innern eines großen Körpers zu bewegen.

Im roten Gefüge der Seele

In seiner Kindheit, erzählt Ingmar Bergman, habe er sich die Seele als großes rotes Unwesen vorgestellt, ohne Gesicht, und im Inneren membranähnlich dünne Wände. Diese in der Farbwahl und der haptischen Konkretheit eher aus einer Leiberfahrung entstandenen Fantasie beflügelt ihn bei der Konzeption seines Films *Schreie und Flüstern.* Die Wände des Hauses, in dem eine noch nicht gealterte Frau stirbt, sind rot – wie das Innere eines Körpers, wie das Innere des Bergman'schen Seelengebäudes. Die Handlung ist traumähnlich, schwankend zwischen intim gewispertem Kammerspiel und schockierender Selbstverstümmelung. Blut fließt, als eine der Schwestern, die zu Besuch gekommen sind, sich eine Glasscherbe in die Scheide presst, um für ihren gierigen Mann »unbrauchbar« zu sein. Was alles im roten Gefüge der Seele zusammenkommt, antithetische Strömungen und Turbulenzen, sie ereignen sich hier: Schrei und Trost, Verlockung und Abwehr, Fluch und Segnung, Wahrheitsbekenntnis und Lüge, Erinnerung und Vergessen – wobei in diesen roten Kammern die Grenzen zwischen Außen und Innen, Leben und Tod, Tageswelt und Traum durchlässig werden.

Solch virtuosen Rot-Spektakeln stehen in der Filmgeschichte vereinzelt asketischere Lösungen gegenüber, die die Farbe beschwören – sie aber nicht zeigen können, weil nur Schwarzweißmaterial zur Verfügung steht. Carl Theodor Dreyers *Passion der Jeanne d'Arc* fällt mir dazu ein, genauer: die Scheiterhaufensequenz, die suggestiver ist als vergleichbare Scheiterhaufenszenen in F.W. Murnaus *Faust* oder Fritz Langs *Metropolis.* Man spürt bei Dreyer förmlich die Hitze, so nahe scheint die Kamera der aufflackernden Lohe zu rücken. Das brennende Feuerrot ist bald ex negativo zu erschließen, als Dreyer den Mut hat, die zusammengesunkene Leiche des Opfers, jedenfalls eine menschenähnliche Figur, von oben durch den Feuerkreis zu filmen: eine erbarmenswürdige, leblose und verbrannte Gestalt. Denn das Rot des Feuers ist wie das Rot des Blutes eine in mancherlei Hinsicht »verderbliche« Farbe, eine Farbe des Übergangs – am Ende mündet sie in die Schwärze der Asche, die Schwärze des Todes.

Rot nicht gleich Rot
Aber immer eine Lieblingsfarbe

VON DANIEL KOTHENSCHULTE

Als Hartmut Bitomsky 1973 seinen Essayband »Die Röte des Rots von Technicolor« veröffentlichte, waren die Tage des glanzvollen Pigments fast vorbei. In den USA stellte noch im selben Jahr im Hause Technicolor die letzte Maschine ihren Dienst ein; die englischen Labors der Firma folgten zwei Jahre darauf. Nicht nur die Röte der Rottöne von Technicolor war ein besonderes. Ebenso gut könnten wir hier vom tiefen Technicolor-Grün des Vorhangstoffs von Tara schwärmen, aus dem sich Vivien Leigh ein Kleid nähen lässt. Aber der wahre Star in *Vom Winde verweht* war das Rot.

Blutrot färbte sich der Himmel über den Ruinen von Atlanta, die eigentlich die Kulissen ehrbarer Hollywoodklassiker wie *King Kong* waren, von Produzent David O. Selznick spektakulär in Brand gesetzt. Dass diese Röte von Technicolor so etwas Einzigartiges war, resultierte auch aus dem heute verlorenen Verfahren seiner Herstellung. Nicht durch Belichtung der aufeinander gelegten Farbschichten einer Filmemulsion kamen diese Farben zustande, sondern mittels eines Druckverfahrens, das ihnen eine bemerkenswerte Dauerhaftigkeit verlieh. Wie die in Stein gedruckten Leuchtfarben der alten Zirkusplakate strahlen sie heute zu uns aus einer anderen Zeit.

Das prächtigste Rot der Welt

So einfach aber konnte man ein Rot nicht von der Leinwand wischen, das an den Schuhen der kleinen Dorothy im *Wizard of Oz* wie tausend Rubine geleuchtet, das den blutroten Mund von Schneewittchen erst seiner märchenhaften Beschreibung ebenbürtig gemacht und sich an den Hosenboden der vormals schwarzweißen Mickey Mouse geheftet hatte. Die Laboreinrichtung von Technicolor wurde nicht verschrottet, sondern Schraube für Schraube nach China verschifft. Dort lohnten sich die erforderlichen hohen Kopienzahlen. Vor allem aber wird es den neuen Eignern der nun nicht mehr unter ihrem Namen firmierenden Labormaschinen um die alchemistische Zubereitung des prächtigsten Rots der Welt gegangen sein. Könnte es eine schönere Heimat für ein Rot geben, als Maos Volksrepublik? Wundern wir uns nicht über die Titel der Klassiker der jüngeren chinesischen Filmgeschichte vom *Roten Kornfeld* zur *Roten Laterne*?

Man hat oft die Grausamkeiten des Kinos am blutigen Rot des Farbfilms festgemacht. Aber ist das schwarze Blut des Schwarzweißfilms, wie es in George Franjus Schlachthoffilm *Das Blut der Tiere* oder in Hitchcocks *Psycho* tragende Rollen spielt, nicht gnadenloser? In Sam Peckinpahs blutigem *The Wild Bunch* etwa fügt sich, wie in manch späterem Italowestern, das Rot des Blutes zum sandigen Ocker und mildert die Wirkung des Dargestellten beträchtlich. Man kann nicht umhin, die tückische Pracht des Rots auch in ihrer ästhetischen Funktion anzuerkennen, wie einem auch Kurt Krens Avantgardefilm-Dokumente der frühen Aktionen Herrmann Nitschs in Erinnerung führen.

Schon das frühe Kino wusste, die Lieblingsfarbe Rot in ihrem autonomen, vom Gegenstand losgelösten Wirkungspotenzial einzusetzen. Stummfilme waren, von wenigen Ausnahmen abgesehen, farbig viragiert, wenn sie zur Aufführung kamen. Doch während Sepia und Blau lediglich Innenaufnahmen von Nachtszenen unterscheidbar machten, Grün in die Natur führte, stand Rot neben seiner nahe liegenden Funktionszuweisung – etwa den Einsatz bei Feuersbrünsten – auch für den abstrakten Begriff der Gefahr; und bei erotischen Sujets hatte das Kino erst recht keinen Grund, sich nicht der Mitwirkung der wundertätigen Farbe zu versichern.

Farbiges Licht intensiviert die Farbwirkung, nicht umsonst spricht man von »Rotlichtmilieu«. Was wäre Jennifer Jones ohne ihr rotes Kleid, ihre roten Lippen in der Seznick-Produktion *Duell in der Sonne*? Kein Wunder, dass Rudolf Thome seine Hommage an den erotischen Western mit Uschi Obermeier *Rote Sonne* nannte. Wofür stand das bezwingende, aber mit den Zwängen des bürgerlichen Lebens nicht zu vereinbarende Rot der titelgebenden Schuhe im Ballettfilm von Powell und Pressburger? Die roten Schuhe ließen ihre Trägerin erst ganz in ihrem Körper aufgehen, und tanzten mit ihr unweigerlich in den Tod. Hitchcocks *Marnie* sieht gar rot, wann immer sie rot sieht.

Wer etwas Rotes besitzt, zieht den Neid der anderen auf sich. Wie der kleine Junge in Albert Lamorisse' avantgardistischem Kinderfilm *Der rote Ballon*, der sich von Erwachsenen verfolgt sieht, die ihn neben dem ihm treu folgenden Spielgefährten auch um seine Freiheit beneiden. Die liegt natürlich vor einer anderen Farbe, der zweiten Lieblingsfarbe des Kinos: dem Blau, hier in allem Reichtum ausgebreitet im Himmel über Paris.

Einen Nährboden für Fetischisten des Rots und seiner Mischung von Verführung und Todessehnsucht bieten die Horrorfilme. Dracula fand erst in Terence Fishers Farbfilmen zu sich selbst. Der größte Verfechter des Rots ist wohl Dario Argento: In *Profondo Rosso* ist Rot nicht nur die Farbe des ausgesprochen dekorativ verteilten Blutes. Ein Theatervorhang, der wie später bei David Lynch das Tor zum Abgründigen mit samtigem Glanz verhüllt, könnte keine andere Farbe haben. Argentos Vorbild war Antonioni, dessen irrealer Farbeinsatz in *Die rote Wüste* in der Darstellung des Industriellenmilieus seines psychologischen Dramas die Farbdramaturgie vom Stigma der Eindeutigkeit befreite und von weitreichender Wirkung war: von Fellini bis zu Peter Greenaway (*Der Koch, der Dieb, seine Frau und ihr Liebhaber*) und Tom Tykwer.

Dennoch liebte das Kino auch immer einen undifferenzierten, schwelgerischen Umgang mit dem Rot. Knapp tausend Filmtitel, die die Internet Movie Database auflistet, bescheinigen dem Rot einen guten Klang, den auch deutsche Verleiher einzusetzen wussten. Was ist »rot« an der »roten Lola« in Hitchcocks Schwarzweißfilm? Die Farbe ist mit all ihren assoziierten Verheißungen ganz offensichtlich eine Attraktion für sich. Auch an Wolfgang Schleifs demnächst wieder im Kino zu erlebendem Film *Der rote Rausch* ist rein technisch betrachtet nichts Rotes. Dennoch belügt einen das gegenwärtig in der Klaus-Kinski-Ausstellung des Frankfurter Filmmuseums gezeigte, schwelgerische Plakattransparent nicht, wenn es den Hauptdarsteller mit irreal roten Lippen porträtiert: Um im Kino rot zu sehen, reicht manchmal schon die Vorstellung.

Noch zielsicherer gehen zwei Filme vor, die das Rot auf einzelne Bildfelder reduzieren: Hitchcock ließ wenige Einzelbilder in *Spellbound* rot kolorieren, um der Schussszene besondere Wirkung zu verleihen. Sergej Eisenstein drehte die Eroberung des *Panzerkreuzers Potemkin* mit weißer Farbe, um diese Bild für Bild handkolorieren zu lassen. Dem kommunistischen Banner konnte Gerd Conradt in seiner berühmten dffb-Farbübung von 1968 sogar die Hauptrolle geben: Seine »Rote Fahne« wird in einem Staffellauf durch Berlin getragen und findet ihren Weg zur allgemeinen Verblüffung schließlich sogar auf den Balkon des Rathauses Schöneberg. Gewiss, hier wird der Siegeszug der außerparlamentarischen Opposition beschworen – einer der Protagonisten, Holger Meins, starb später beim Hungerstreik gegen die Isolationshaft. Aber die befreienden zwölf Minuten dieses Films gelten auch der Freiheit selbst, und rot ist ihre Farbe.

Die Farben des Kinos sind, auch wenn uns alte Technicolor-Kopien noch immer berauschen können, auf dem Weg ins Verschwinden. Sie verblassen unweigerlich in ihren Metallbüchsen. Für die Erfinder der Farbverfahren muss Rot, die einstmals königliche Farbe, von besonderer Priorität gewesen sein. Wie anders ist es zu erklären, dass wir heute eine Filmbüchse öffnen können, die gerade einmal zwei Jahrzehnte alt ist und sich doch aller Blaus und Gelbs entledigt hat? Was übrig bleibt, ist Rot.

son), Royce D. Applegate (Gene Tippetts) **L** 97 **FSK** ab 16 **E** 26.11.1990 Video/13.11.1995 ZDF **fd** 28 617

RAMPENLICHT (LIMELIGHT). London 1913. Ein alternder, trunksüchtiger Music-Hall-Clown rettet eine depressive junge Tänzerin vor dem Selbstmord. Während sein eigener Ruhm verblaßt, gibt er ihr das Selbstvertrauen für eine große Karriere und verschließt sich vor ihrer dankbaren Liebe. Das Resümee eines Künstlerlebens im Angesicht von Alter und Tod: rührend, versponnen, resignativ und stellenweise theatralisch. Das subtile, sehr persönliche Melodram gehört nicht zu Chaplins Meisterwerken, verrät aber viel von seinem künstlerischen Ethos und seiner Lebensphilosophie. DVD: Als Bonus enthält die Edition den Chaplin-Kurzfilm »Ein Hundeleben«. – Sehenswert ab 14. ✦ Schwarz-weiß. USA 1952 **P** Celebrated-United Artists **KI** United Artists **VA** Taurus **DVD** Kinowelt Home (FF, Mono dt.) **Pd+R+B** Charles Chaplin **K** Karl Struss **M** Charles Chaplin **S** Joseph Engel **D** Charles Chaplin (Calvero), Claire Bloom (Terry), Sydney Chaplin (Neville), Buster Keaton (alter Komiker), Nigel Bruce (Mr. Postant) **L** 140 **FSK** ab 12; f **E** 24.9.1954/11.5.1980 DFF 1/9.10.1997 Video/18.7.2000 DVD **fd** 3 552

RAN (RAN). Japan im 16. Jahrhundert: Ein alternder Fürst überträgt sein Reich dem ältesten seiner drei Söhne. Blind gegenüber der aufrichtigen Liebe seines jüngsten Sohnes und unfähig, die Verschlagenheit der beiden anderen zu sehen, kommt seine Einsicht zu spät: Ausgestoßen und geistig umnachtet, wandert er ziellos umher und muß erleben, wie die Söhne Reich und Erbe ins Chaos und Verderben apokalyptischer Schlachten stürzen. Akira Kurosawas Alterswerk ist inspiriert von William Shakespeares Tragödie »King Lear«, von den Traditionen Japans und von aktuellen Endzeitvisionen. Von gewaltiger Bildkraft und virtuoser Montage, ist der Film eine Parabel über das Verhängnis der Macht, über ethisches Verantwortungsbewußtsein und die Relativität der Wahrheit. – Sehenswert ab 16. ✦ Scope. Japan/Frankreich 1984/85 **P** Nippon/Herald Ace/Greenwich **KI** Neue Constantin **VA** Fox **Pd** Serge Silberman, Masato Hara **R** Akira Kurosawa **B** Akira Kurosawa, Hideo Oguni, Masato Ide, nach dem Theaterstück »King Lear« von William Shakespeare **K** Takao Saito **M** Toru Takemitsu **S** Akira Kurosawa **D** Tatsuya Nakadai (Hidetora Ichimonji), Satoshi Terao (Tarotakatora Ichimonji), Jinpachi Nezu (Jiromasatora Ichimonji), Ryu Daisuke (Saburonaotora Ichimonji), Mieko Harada (Kaede) **L** 162 **FSK** ab 12; f **FBW** bw **E** 10.4.1986 **fd** 25 529

RAN AN DIE BRAUT (GET OVER IT). Teenie-Komödie über Liebeskummer und Kunstwillen, die ambitioniert im Stile klassischer Musicals beginnt, dann allerdings als kaum kaschierte Shakespeare-Kontrafaktur allmählich an Witz und Rhythmus verliert, um schließlich zur platten Nummernrevue zu verkommen. – Ab 12 möglich. ✦ USA 2001 **P** Ignite Entertainment/Morpheus **KI** Concorde **VA** EuroVideo **DVD** EuroVideo **Pd** Michael Burns, Marc Butan, Paul Feldsher, Richard Hull, Leanna Creel, Louise Rosner **R** Tommy O'Haver **B** R. Lee Fleming jr. **K** Maryse Alberti **M** Steve Bartek **S** Jeff Betancourt **D** Kirsten Dunst (Kelly), Ben Foster (Berke), Melissa Sagemiller (Allison), Sisqó (Dennis), Shane West (Striker), Colin Hanks (Felix), Zoë Saldana (Maggie), Mila Kunis (Basin), Swoosie Kurtz (Beverly Landers), Ed Begley jr. (Frank Landers), Martin Short (Dr. Desmond Forrest Quates), Carmen Electra (Mistress Moira) **L** 86 **FSK** ab 6; f **E** 23.8.2001/14.3.2002 Video & DVD **fd** 34 996

RAN AN DIE HÜBSCHE PAUKERIN (LA SUPPLENTE). Die sexuellen Aktivitäten einer attraktiven Biologielehrerin mit einem Kollegen und einem Schüler. Albernes Schmuddelkino. ✦ Italien 1975 **P** Summit **KI** Avis/CH **R** Guido Leoni **M** Renato Pascel **D** Carmen Villani, Carlo Giuffrè, Dayle Haddon, Gisela Hahn, Alvaro Brunetti **L** 86 **FSK** ab 18; nf **E** 5.5.1978 **fd** 20 834

RAN AN DIE MÖPSE KUMPEL → Laß laufen Kumpel

RANCH DER LEIDENSCHAFT (TEMPTATIONS). Als die Erntezeit ansteht, bekommt eine Farmerin mit zwei Helfern Besuch von ihrer Schwester und deren Liebhaber. Gemeinsam macht man sich ans Werk, doch bei der Arbeit in brütender Hitze entzünden sich glühende Leidenschaften, die dem Ernteeinsatz nicht gerade förderlich sind. Erotikfilm vor ländlicher Kulisse. ✦ USA 1999 **P** Mystique **Pd** Kelley Cauthen, April White **R** Romy Hayes **B** J. J. Pivo **K** Andreas Kossak **M** Nicolas Rivera **S** Erik C. Andersen **D** Allison Thomas-Miller (Claire), Lauren Hays (Beverly), Brad Bartram (Dylan), Monique Parent (Charlene), Jay Huguley (Tanner), Julian T. Brown (John) **L** 103 **E** 10.10.2001 Pro Sieben

RANCH DES TODES (RIP ROARING BUCKAROO / ORPHAN OF THE PECOS). In Texas treiben Mörder ihr Unwesen. Der Verdacht fällt auf einen Unschuldigen, dessen Ehre von seinem Bruder wiederhergestellt wird. Western-Doppelprogramm, das Ausschnitte zweier 30er-Jahre-Western mit demselben Hauptdarsteller verbindet. ✦ Schwarz-weiß. USA 1936/37 **P** Victoria **KI** Donau **R** Robert Hill, Sam Katzman **K** Bill Heyer **D** Tom Tyler, Beth Marion, Sammy Cohen **L** 59 **FSK** ab 12; nf **E** 1958 Kino **fd** 8 828

DER RANCHER VOM COLORADO-RIVER (L'UOMO DELLA VALLE MALEDETTA / EL HOMBRE DEL VALLE MALDITO). Konflikte einer jungen weißen Frau, die mit einem Indianer verheiratet ist und sich dadurch den Zorn des Vaters zugezogen hat. Formal schwacher, inhaltlich sympathischer Euro-Western. ✦ Scope. Italien/Spanien 1964 **P** Pea/Fenix **KI** Schneider **R** Omar Hopkins (= Siro Marcellini) **B** Eduardo Manzanos Brochero **K** Remo Benvenuti Grisanti **M** Manuel Parada **S** Sara Ontañón **D** Ty Hardin (Johnny Walscott), Iran Eory (Gwen), Peter Larry (Torito), José Nieto (Sam Burnett), John Bartha **L** 81 **FSK** ab 12; nf **E** 3.9.1965 **fd** 13 721

RANCHEROS (PRIMA TI PERDONO ... POI T'AMMAZZO / LA DILIGENCIA DE LOS CONDENADOS). Banditen dringen in eine Poststation ein, um einen Zeugen, der gegen einen gefangenen Gewalttäter aussagen soll, zu fangen. Euro-Western, hart und langatmig. ✦ Italien/Spanien 1970 **P** Devon/I.F.I.S.A. **KI** Cinerama **R** John Wood (= Juan Bosch) **B** Ignacio F. Iquino, Luciano Martino, Jackie Kelly, Vinicio Marinucci **K** Floriano Trenker **M** Enrique Escobar **D** Richard Harrison, Fernando Sancho, Erika Blanc, Bruno Corazzari, Gustavo Re **L** 90 **FSK** ab 18; nf **E** 26.11.1971 **fd** 17 922

RANCHO DELUXE (RANCHO DELUXE). Zwei junge Tagediebe, die ihr Leben im Mittleren Westen der USA mit Viehdiebstählen fristen, werden erwischt und ins Gefängnis gesteckt. Mäßig humoriger Western, der uninspiriert die Kommerzialisierung und Brutalisierung des Genres beleuchtet. ✦ USA 1975 **P** United Artists **Pd** Elliott Kastner **R** Frank Perry **B** Thomas McGuane **K** William A. Fraker **M** Jimmy Buffett **S** Sidney Katz **D** Jeff Bridges (Jack McKee), Sam Waterston (Cecil Colson), Elizabeth Ashley (Cora Brown), Charlene Dallas (Laura Beige), Slim Pickens (Henry Beige), Clifton James (John Brown), Harry Dean Stanton (Curt), Richard Bright (Burt), Patti D'Arbanville (Betty Fargo), Anthony Palmer (Karl), Sandy Kenyon, Richard Cavanaugh (Richter) **L** 93 **E** 13.12.1986 West 3

RANCHO RIVER (THE RARE BREED). 1884. Eine energische Engländerin schafft einen britischen Bullen auf eine einsame texanische Ranch, wo der alternde Cowboy Sam auf Zuchterfolge hofft, während der störrische Rancher Bowen daran zweifelt, daß das Tier den harten Winter überleben wird. Eine teils ironische, teils derb-rustikale Westernkomödie: treuherzige US-Heimatfilmunterhaltung. – Ab 12. ✦ Scope. USA 1965 **P** Universal **KI** Universal **Pd** William Alland **R** Andrew V. McLaglen **B** Ric Hardman **K** William H. Clothier **M** John Williams **S** Russell Schoengarth **D** James Stewart (Sam Burnett), Maureen O'Hara (Martha Price), Brian Keith (Alexander Bowen), Juliet Mills (Hilary Price), Don Galloway (Jamie Bowen), David Brian (Charles Ellsworth), Jack Elam (Deke Simons), Ben Johnson (Jeff Harter), Harry Carey jr. (Ed Mabry), Gregg Palmer (Rodenbush), Barbara Werle (Gert) **L** 97 **FSK** ab 12; f **E** 25.2.1966 **fd** 13 914

RANDALE. Während eines Praktikums in einem süddeutschen Heim für schwererziehbare Mädchen erleidet eine Studentin Schiffbruch, weil sie ihre idealistischen Vorstellungen nicht mit der Wirklichkeit in Einklang bringen kann. Belangloser Film über ein interessantes Thema, das eine orginellere und ernsthaftere Behandlung verdient hätte. Schlampig inszeniert, voller Klischees. ✦ BR Deutschland 1982 **P** CTV 72 **KI** Tivoli **R+B** Manfred Purzer **K** Ernst W. Kalinke, Fritz Baader **M** Erich Ferstl **S** Ingeborg Taschner **D** Angelica Domröse, Jocelyn Boisseau, Eva Kotthaus, Gerda Gmelin, Herta Worell **L** 101 **FSK** ab 16; f **FBW** w **E** 6.5.1983 **fd** 23 980

RANDALE ODER DER BLUES DER DURCHGEDREHTEN (JEU DE MASSACRE OU LE BLUES DES FADAS). Verfilmung eines Romans um drei Jugendliche aus einer Vorstadt von Marseille. Als sie von ihrer Ausbildung als Mechaniker und ihrem Leben insgesamt genug haben, stehlen die drei ein Auto und machen sich auf den Weg in eine vermeintliche Freiheit. Doch es häufen sich die Mißgeschicke, und bald ist ihnen die Polizei auf den Fersen. ✦ Frankreich 1995 **P** La Sept-Arte/MBA Films/INA **R** Jean-Teddy Filippe **B** Patrick Zeff-Zamet, Jean-Teddy Filippe, nach dem Roman »Jeu de Massacre« von Henri-Frédéric Blanc **K** Roger McDonald **M** Jean-Louis Negro **S** Gabrielle Marsal-Zubovic **D** David Barris (Tiger), Malek Bechar (Chalouf), Renaud Plion (Sante-Croix), David Barris (Frederic), Françoise Guiol (Carole) **L** 91 **E** 13.3.1998 arte

RANDBEZIRK (OKRAINA). In lose verbundenen Episoden erzählt der Film von den Schicksalen einiger Bewohner einer armseligen Vorstadt in Rußland am Vorabend des Ersten Weltkriegs. Im Lauf des Krieges verschärfen sich die Klassenschranken, aber es werden auch Koalitionen über nationale Grenzen hinweg geschlossen. In der Tradition von Tschechows Theaterstücken versucht der Film, Tragik und Komik seiner Figuren gleichermaßen zu vermitteln. Nicht nur historisch eine interessante filmische Entdeckung. – Ab 16. ✦ Schwarz-weiß. UdSSR 1933 **P** Mezrabpom-Film **KI** Freunde der Deutschen Kinemathek **R** Boris Barnet **B** Konstantin Finn, Boris Barnet **K** Michail Kirikow, A. Spiridonow **M** Sergej N. Wassilenkow **D** Sergej Komarow (Greschin), Jelena Kusmina (Manka), Nikolai Bogoljubow (Nikolai), Nikolai Krjutschkow (Senka), Robert Erdman (Robert Karlovic) **L** 93 **E** 12.6.1998 arte/1999 Kino

RANDOM HEARTS → Begegnungen des Schicksals – Random Hearts

RANDY – DIE SEX-ABENTEUER DES SYLVESTER STALLONE (RANDY / THE ITALIAN STALLION). Als Sylvester Stallone noch nicht »Rocky« und »Rambo« war, verdingte er sich als Nacktdarsteller. In diesem Sexfilm spielt er einen ehemaligen Vietnam-Kämpfer, der nebenbei an einem Waffen- und Mädchenhändlerring beteiligt war, nun aber aus dem Geschäft aussteigen will. Primitiver Schundfilm. ✦ USA 1970 **VA** Polar **R** Morton Lewis **D** Sylvester Stallone, Henrietta Holme, Gail Palmer, Jodi van Prang, Nicholas Warren **L** 58 **E** 29.6.1991 RTL plus

RANDY RÄUMT AUF (REMOTE). Ein auf elektronischem Gebiet versierter Junge muß sein ganzes Können im Umgang mit Fernbedienungen aufbieten, als er und sein Freund im abgelegenen Musterhaus einer Fertigbau-Siedlung drei tolpatschigen Ganoven in die Quere kommen. Harmlos-heiterer Familienfilm, der erfolgreiche Vorbilder wie »Kevin – Allein zu Haus« kopiert, aber mit einem aufgeweckten Hauptdarsteller und einigen Modellflug-Kunststückchen annehmbar unterhält. – Ab 10. ✦ USA 1993 **P** Moonbeam **VA** CIC **Pd** Albert Band **R** Ted Nicolaou **B** Mike Farrols **K** Adolfo Bartoli **M** Richard Band

S Bert Glatstein, Gregory Sanders **D** Chris Carrara (Randy), Jessica Bowman (Judy), Derya Ruggles (Marti), John Diehl (Delbert), Kenneth A. Brown (Jamaal) **L** 77 **FSK** ab 6 **E** 19.1.1994 Video/19.2.1995 premiere **fd** 30 611

RANDYS TOD (THE KILLING OF RANDY WEBSTER). Die Eltern eines von der Polizei erschossenen Jugendlichen forschen nach den Umständen des Todes und stoßen dabei auf Widersprüche und Manipulationen bei der Beweissicherung. Der Fernsehfilm ist klischeehaft bei der Darstellung familiärer Konflikte, bietet aber interessante Einblicke in das amerikanische Rechtssystem und betont die Notwendigkeit, für die Grundrechte des einzelnen zu kämpfen. ✦ USA 1981 **P** EMI **VA** VCL **R** Sam Wanamaker **B** Scott Swanton **K** Jules Brenner **M** Peter Matz **D** Hal Holbrook, Dixie Carter, James Whitmore jr., Gary McLeery, Jennifer Jason Leigh **L** 98 **E** Video 1985 **fd** 25 273

DIE RANGER (RANGERS ATTACCO ORA X). Ein Spezialtrupp der Alliierten zerstört von einem deutschen Kriegsgefangenenlager aus Labors, in denen man die Produktion von Atombomben vermutet. Ein um moralische Legitimation bemühter Kriegsfilm nach herkömmlichem Muster. – Ab 16 möglich. ✦ Italien 1970 **P** Tigeille 33 **VA** VMP **R** Roberto Bianchi Montero **B** Vittorio Vighi, Mario Guerra **K** Armando Pietrangeli **M** Mancuso, Vasco **D** Dale Cummings, Franco Ressel, Rick Boyd (= Federico Boido), Carlo Hintermann, Ben Garra **L** 86 **E** Juli 1985 Video **fd** 25 349

RANGER – EINER GEGEN ALLE (SLASH). Ein amerikanischer Söldner unternimmt einen blutigen Rachezug im kambodschanischen Dschungel. Dilettantisch inszenierter Kriegsfilm, der Kriegsverherrlichung mit dümmster Propaganda verbindet. (Alternativtitel: »Slash«) – Wir raten ab. ✦ USA 1984 **P** Silver Star **KI** Compact-Film **VA** Geiselgasteig **R** John Gale **B** Rod Davis **K** Steve Anders, Vic Anders (= Vittorio Anders) **M** Rey Urban **S** Renee Tate **D** Ron Kristoff, Michael Monty, Patrick Lee, Ronnie Patterson, Nick Nichols **L** 88 **FSK** ab 18; nf **E** 22.5.1986 **fd** 25 611

RANGOON (BEYOND RANGOON). Eine junge amerikanische Ärztin will während einer Reise durch den Fernen Osten die Ermordung ihres Mannes und ihres Kindes vergessen. In Burma wird sie mit der Wirklichkeit in dem totalitär beherrschten Staat konfrontiert, gerät in Lebensgefahr und findet angesichts des Leidens der Bevölkerung neue Lebenskraft. Ein Abenteuerfilm, der redlich und engagiert die politische Situation in Burma einzufangen versucht, sich dabei aber zu plakativ griffiger Chiffren bedient. Spannung und Intensität bezieht er aus der emotionalen Kraft, mit der er individuelles wie kollektives Leid vermittelt. (Titel auch: »Rangoon – Im Herzen des Sturms«) – Ab 16. ✦ Scope. USA 1995 **P** Castle Rock Entertainment **KI** Concorde/Castle Rock-Turner **VA** Columbia TriStar **Pd** Barry Spikings, Eric R. Pleskow, John Boorman **R** John Boorman **B** Alex Lasker, Bill Rubenstein **K** John Seale **M** Hans Zimmer **S** Ron Davis **D** Patricia Arquette (Laura Bowman), U Aung Ko (U Aung Ko), Frances McDormand (Andy), Spalding Gray (Jeremy Watt), Adelle Lutz (Aung San Suu Kyi) **L** 97 **FSK** ab 12; f **FBW** w **E** 6.7.1995/10.1.1996 Video **fd** 31 406

RANTES – DER MANN, DER NACH SÜDEN SCHAUT (HOMBRE MIRANDO AL SUDESTE). In einer Klinik in Buenos Aires taucht ein schöner junger Mann auf, der von sich behauptet, er sei ein Agent aus dem Weltall. Er erweist sich in der Tat als ein perfektes Hologramm, das ausschließlich vernunftorientiert handelt und dem menschliche Gefühle fehlen. Als die Krankenhaus-Direktion auf den »renitenten« Außenseiter aufmerksam wird, verordnet sie seine Ruhigstellung und eine »Kur«, die zum Tode führt. In geruhsamem Tempo entwickelte, suggestiv fotografierte Geschichte, die ihre innere Spannung aus der irritierenden Frage bezieht, wie weit die Behauptung des Mannes ein Schutz gegen Leid oder Wahrheit ist; in den Anspielungen auf die Christus-Gestalt allzu aufgesetzt. (O.m.d.U.) ✦ Argentinien 1986 **P** Cinequanon **KI** Arsenal **R+B** Eliseo Subiela **K** Ricardo de Angelis **M** Pedro Aznar **S** Luis César D'Angiolillo **D** Lorenzo Quinteros, Hugo Soto, Ines Vernengo, David Edery, Rodolfo Rodus **L** 105 **E** 11.8. 1988

RAOUL WALLENBERG (WALLENBERG – A HERO'S STORY). Die authentische Geschichte des schwedischen Diplomaten, der im Zweiten Weltkrieg Tausende ungarischer Juden vor dem Holocaust rettet, bei Kriegsende jedoch in sowjetische Gefangenschaft gerät und spurlos verschwindet. Ein kraftvoll inszeniertes, spannendes historisches (Fernseh-) Drama. (Titel auch: »Wallenberg«) – Ab 16. ✦ USA 1985 **P** NBC/Paramount/Dick Berg/Stonehenge **Pd** Richard Irving **R** Lamont Johnson **B** Gerald Green, nach einem Buch von Frederick E. Werrbell und Thurston B. Clarke **K** Charles Correll **M** Ernest Gold **D** Richard Chamberlain (Wallenberg), Kenneth Colley (Eichmann), Guy Deghy (Miklos Horthy), Alice Krige (Baronin Kemeny), Bibi Andersson (Maj) **L** 182 (91/91) **E** 5.,12.8.1992 SAT 1 (zwei Teile)

RAPA NUI (RAPA NUI). Eine Exkursion in die Vorgeschichte der 1680 von Holländern entdeckten Osterinsel, die die Herkunft der riesigen Steinstatuen zu erklären versucht: Jahrzehnte vor der Entdeckung wurde die Insel von einem einfältig-verschlagenen Herrscher tyrannisiert, der die Statuen aus Furcht vor den Göttern von einem versklavten Stamm errichten ließ. Nach dem unglücklichen Ausgang eines alljährlichen Wettkampfes werfen die Sklaven die Willkürherrschaft ab und stürzen die Götzenbilder um. Packendes Drama über die (Selbst-)Zerstörung einer blühenden Kultur und über ein frühes Beispiel ökologischen Raubbaus; die unwirkliche Landschaft kommt in bisweilen atemberaubenden Scope-Bildern zur Geltung. Störend sind die grelle musikalische Untermalung und Hollywood-Klischees in Dramaturgie und Figurenzeichnung. DVD: Beide Editionen enthalten als Extra u. a. ein 50-minütiges Making Of. – Ab 16. ✦ Scope. USA 1993 **P** Tig/Majestic **KI** Tobis **VA** VMP **DVD** VCL (2.35:1, DD5.1), DTS-Fsg.: VCL (2.35:1, DD5.1 dt., DTS dt.) **Pd** Kevin Costner, Jim Wilson **R** Kevin Reynolds **B** Tim Rose Price, Kevin Reynolds **K** Stephen F. Windon **M** Stewart Copeland **S** Peter Boyle **D** Jason Scott Lee (Noro), Esai Morales (Make), Sandrine Holt (Ramana), Zac Wallace (Haoa), George Henare (Tupa), Eru Potaka-Dewes (Großvater) **L** 106 **FSK** ab 12; f **E** 14.7.1994/ 24.1.1995 Video/21.1.1996 premiere/29.7.1998 DVD/7.9.1999 DVD (DTS-Fsg.) **fd** 30 876

RAPE (THE RAPE OF RICHARD BECK). Ein hartgesottener, zynisch gewordener New Yorker Polizist, der die Meinung vertritt, vergewaltigte Frauen trügen die Verantwortung für ihre Not, wird eines Tages selbst Opfer einer Vergewaltigung. Seine Selbstsicherheit schwindet, und der gebrochene Mann ringt um Selbstachtung, findet aber auch einen neuen, verständnisvolleren Zugang zu seiner Umwelt. Thematisch nicht uninteressanter, solide gespielter Fernsehfilm; inszenatorisch jedoch vereinfachend und plakativ in der Umkehrung der Situation, die Männer Angst, Demütigung und Verzweiflung einer Vergewaltigung begreifen lassen soll. (Fernsehtitel: »Die Vergewaltigung des Richard Beck«) ✦ USA 1985 **P** ABC/Papazian/Henerson-Hirsch **VA** VCL/Virgin **Pd** Robert A. Papazian **R** Karen Arthur **B** James G. Hirsch **K** Tom Neuwirth **M** Peter Bernstein **S** Millie Moore **D** Richard Crenna (Richard Beck), Meredith Baxter Birney (= Meredith Baxter) (Barbara McKee), Pat Hingle (Chappy Beck), Frances Lee McCain (Caroline Beck), Cotter Smith **L** 96 **E** 20.7.1987 Video

RAPHAEL, DER WÜSTLING (RAPHAEL OU LE DEBAUCHE). Die Geschichte einer zum Scheitern verurteilten Liebe: Sie, die reine Unschuld vom Lande, die sich für ihre Mitmenschen aufopfert, er, ein Tunichtgut und Herumtreiber. Beide entdecken ihre Leidenschaft füreinander, doch während die Frau bereit ist, sich dem Mann hinzugeben, begeht er die erste selbstlose Tat seines Lebens und entsagt seiner Leidenschaft. Ein zu Beginn des 19. Jahrhunderts angesiedelter Film mit stimmungsvollen Landschaftsaufnahmen und prachtvoller Ausstattung, der sein Thema jedoch nicht veräußerlicht, sondern mit glaubhaften Charakteren aufwartet, die die Gefühle ihrer Figuren überzeugend vermitteln. – Ab 16. ✦ Frankreich 1971 **P** Parc Films **R** Michel Deville **B** Nina Companéez **K** Claude Lecomte **M** Bellini **S** Nina Companéez **D** Maurice Ronet (Raphael), Françoise Fabian (Aurore), Jean Vilar (Horace), Brigitte Fossey (Bernardine), Isabelle de Funès (Emilie) **L** 110 **E** 29.3.1999 arte

RAPID ASSAULT – ENTSCHEIDUNG IM ATLANTIK (RAPID ASSAULT). Ein größenwahnsinniger Terrorist entführt einen Biowissenschaftler und erpresst die amerikanische Regierung mit dessen Erfindung, einer todbringenden Seuche. Ein junger Elitesoldat der Navy SEALS wird abkommandiert, um die Waffe sicherzustellen, das geheime Untersee-Labor zu zerstören und den Erpresser auszuschalten. Gedankenarme Geschichte mit konturlosen Darstellern, deren technisches Niveau jeder Beschreibung spottet. So fällt die »direct-to-video«-Produktion nur durch die kalte Selbstverständlichkeit aus dem Rahmen, mit der bereits kampfunfähige Gegner vorsätzlich ermordet werden. ✦ USA 1997 **P** Royal Oaks **VA** e-m-s **DVD** e-m-s (FF, DD2.0 engl., DD5.1 dt.) **Pd** Robyn Scott **R** Sherman Scott **B** Sean O'Bannon **K** Howard Wexler **M** David Wurst, Eric Wurst **S** Vanick Moradian **D** Tim Abell (Jim Decker), Lisa Mazzetti (Angela Strichman), Don Scribner (Lars Rynark), Jeff Rector (David Phillips), Harrison Ray (Marko), Ricki Worth (Talia) **L** 86 **FSK** ab 16 **E** 22.3.2001 Video/ 13.12.2001 DVD **fd** 34 900

RAPID FIRE (RAPID FIRE). Der amerikanische Geheimdienst setzt einen Mann auf einen arabischen Terroristen und einen Killer, der diesen befreite, an. Da auch persönliche Motive eine Rolle spielen, steht bereits von Anfang an der Sieger des Gemetzels fest. Eine öde Rachestory mit vielen Längen. – Wir raten ab. ✦ USA 1989 **P** AIP **VA** VPS **DVD** Fox Home (16:9, 1.85:1, DD2.0 engl./dt.) **Pd+R** David A. Prior **B** David A. Prior, William Zipp **K** James Neil Rosenthal **M** Tim James, Steve McClintock, Garm Beall **S** Paul O'Bryan **D** Ron Waldron (Mike Thompson), Michael Wayne (Eddy Williams), Dawn Tanner (Corie), Douglas Hunter (Pappy), Del Zamora (Mustapha) **L** 80 **FSK** ab 18 **E** 23.5.1991 Video/25.1.2001 DVD **fd** 29 121

RAPID FIRE – UNBEWAFFNET UND EXTREM GEFÄHRLICH (RAPID FIRE). Ein chinesischstämmiger Kunststudent gerät in die blutigen Auseinandersetzungen zwischen zwei rivalisierenden Rauschgift-Kartellen und der Drogenfahndung und muß sich mittels fernöstlicher Kampftechniken seiner Haut wehren. Brutaler Actionfilm mit einem blassen Hauptdarsteller. Pausenlos werden Kampfszenen aneinandergereiht, die Drogenproblematik wird grob fahrlässig behandelt. – Ab 18. ✦ USA 1992 **P** 20th Century Fox **KI** 20th Century Fox **VA** Fox **Pd** Robert Lawrence **R** Dwight H. Little **B** Alan B. McElroy **K** Ric Waite **M** Christopher Young **S** Gib Jaffe **D** Brandon Lee (Jake Lo), Powers Boothe (Mace Ryan), Nick Mancuso (Antonio Serrano), Raymond J. Barry, Tzi Ma (Kinman Tau), Kate Hodge (Karla Withers) **L** 95 **FSK** ab 18; f **E** 19.11.1992/13.5.1993 Video/20.5. 1994 premiere **fd** 29 946

RAPID MOVE: DER PHANTOMMÖRDER → Flinch – A Killing Phantom

RAPIDER AUFSTIEG (L'AIR DU TEMPS – ASCENSION EXPRESS). Fünf leitende Angestellte einer Bank nehmen an einem Überlebenstraining an der Ardèche teil und müssen feststellen, dass der Sinn der Übung darin liegt, skrupellos Arbeitskräfte freisetzen zu können. Ein gegenseitiges Belauern ist die Folge, in dessen Verlauf persönliche Gegensätze und unterdrückte Feindschaften offen zu Tage treten. Ein Film über die Mechanismen des spätkapitalistischen Arbeitsmarktes, der solidarisch organisierte Arbeit in Frage stellt. ✦ Frankreich 1991 **P** FR 3/Hamster/La Sept/arte **R** Nicolas Ribowski **B** Patrick Dewolf, Philippe Le Guay **K** Jacques Boumendil **M** Didier Vasseur **S** Annie Golrand **D** Antoine Duléry (David), Eric Prat (André), Jean-Noël Brouté (Cedric), Pierre-Marie Escourrou (Philippe), Gilles Gaston Dreyfuss (Gérard) **L** 71 **E** 20.4.1996 arte

RÄPSY UND DOLLY (RÄPSY JA DOLLY / DOLLY AND HER LOVER). Melancholische Komödie um zwei Verlierer des Lebens, die sich in einer schäbigen Bar kennenlernen: eine abgetakelte Tänzerin, die ganz und gar in ihrer Vergangenheit lebt, und ein »Verkäufer« im Niemandsland zwischen Polizei und Kleinkriminalität. Reizvolle Begegnung mit einem Filmland, das nicht nur die Brüder Kaurismäki als Filmemacher kennt. ✦ Finnland 1990 **P** Filminor **Pd** Heikki Takkinen **R** Matti Ijäs **B** Matti Ijäs, Arto Mellari **K** Tahvo Hirvonen, Juha-Veli Akräs **M** Henrik Otto Donner **D** Raija Paalanen (Dolly), Matti Pellonpää (Räpsy), Kari Väänänen (Karisto), Pertti Sveholm (Börje), Risto Salmi (Venkula) **L** 90 **E** 17.10.1991 N 3

RAPTURE – MORD NACH PROGRAMM (RAPTURE). Ein Computer-Tüftler will mit Hilfe seiner neu programmierten Software den perfekten Mord begehen und den Mann seiner wiedergefundenen Jugendliebe elegant aus dem Weg räumen. Die findige Tochter der Frau kann das Programm zwar knacken und den geplanten Mord aufdecken, bringt sich damit aber selbst in tödliche Gefahr. Thriller. ✦ USA 1992 **Pd** Richard Borchiver **R** Timothy Bond **B** Lorenzo Semple jr., Vera Appleyard, nach einem Roman von Th. Tessier **K** Peter Benison **M** Lawrence Shragge **S** Gary L. Smith **D** Karen Allen (Georgianne), David McIlwraith (Sean), Gemma Barry (Bonnie), Michael Ontkean (Jeff Lisker), Natalie Radford **L** 96 **E** 31.7.1994 premiere

RAPUNZEL ODER DER ZAUBER DER TRÄNEN. Die Liebe zwischen der schönen Rapunzel und einem jungen Prinzen widersteht allen Intrigen und einer zauberkräftigen Alten. Zwar muss das Mädchen zwischenzeitlich die Stelle der hässlichen Königstochtereinnehmen, um eine Zweckheirat in die Wege zu leiten, doch schließlich sinken sich die Liebenden in die Arme, und der anfangs erblindete Prinz erhält durch die Tränen der Wiedersehensfreude sein Augenlicht wieder. Fernsehproduktion, die das Grimmsche Märchen durch Motive aus »Jungfer Malen« ergänzt, wobei eine aufwendig ausgestattete, an äußeren Ereignissen reiche Geschichte nach konventionellen Mustern entstand, der es an Poesie mangelt. Auch inszenatorisch steif. (Titel auch: »Rapunzel und der Zauber der Tränen«) – Ab 8. ✦ DDR 1988 **P** DEFA **Pd** Oscar Ludmann **R** Ursula Schmenger **B** Wolfgang Lindner, in Anlehnung an ein Märchen der Brüder Grimm **K** Siegfried Mogel **M** Jürgen Wilbrandt **S** Renate Bade **D** Sylvia Wolff (Rapunzel), Dirk Schoedon (Prinz), Günter Grabbert (König), Renate Blume-Reed (= Renate Blume) (Königin), Christine Schorn (Alte) **L** (TV) 85 **E** 26.12.1988 DFF 1/25.12.1990 ARD

RAQUET (RACQUET). Ein ehemaliger Champion, der sich als Tennislehrer durchschlägt, will sich selbstständig machen und einen Tennisplatz erwerben. Auf der Suche nach Startkapital gerät der Frauenheld in alte und neue Liebesbeziehungen. Banaler Film aus dem Sportlermilieu mit einigen vagen Parallelen zu Hal Ashbys »Shampoo«. ✦ USA 1979 **P** Harlequin/Cal-Am **Pd** David Winters, Alan Roberts **R** David Winters **B** Steve Michael, Erle Doud **M** Michel Rubini **D** Bert Convy (Tommy), Lynda Day George (Monica), Phil Silvers (Arthur), Susan Tyrrell (Miss Baxter), Björn Borg (Björn Borg) **L** 89 **FSK** ab 12 **E** 4.6.1988 RTL plus

RAQUET – AUFSCHLAG INS GLÜCK →Raquet

RASCAL, EIN FRECHDACHS IM MAISBEET →Ein Frechdachs im Maisbeet

RASCH, BEVOR ES SCHMILZT (QUICK, BEFORE IT MELTS). Ein unerfahrener Reporter soll über eine britische Südpolarstation berichten. Der stur militärische Betrieb im ewigen Eis gerät dadurch in ziemliche Verwirrung, zumal weiblicher Besuch eintrifft. Grotesker Klamauk. ✦ Scope. USA 1964 **P** MGM **Kl** MGM **R** Delbert Mann **B** Dale Wasserman, nach einem Roman von Philip Benjamin **K** Russell Harlan **M** David Rose **D** Robert Morse, George Maharis, Anjanette Comer, James Gregory, Howard St. John **L** 98 **FSK** ab 18; nf **E** 9.4.1965 **fd** 13 529

DER RASEN IHRER TRÄUME. Über mehrere Jahre hinweg beobachten die Filmemacher die Entwicklung von fünf Jugendlichen, die Fußballprofis werden wollen. Der Film berichtet von Träumen und ihrem Scheitern, von der Konfrontation mit unmenschlichen Marktmechanismen, schließlich von der desillusionierten Heimkehr. Dabei verstehen die Autoren die Schicksale der Jugendlichen als Sinnbilder für die Strukturen der Leistungsgesellschaft. ✦ BR Deutschland 1974/79 **P** Nanuk/ZDF **Pd** Christian Weisenborn **R+B** Christian Weisenborn, Michael Wulfes **K** Dieter Matzka, Jörg Schifferer, René Perraudin **M** Bob Dylan, Mike Oldfield, The Who **S** Benno Borgward **L** 114 **E** 17.1.1980 ZDF

DER RASENDE CHARLIE (FAST CHARLIE ... THE MOONBEAM RIDER). Ein schlitzohriger Abenteurer nimmt nach dem Ersten Weltkrieg mit Kriegskumpanen als Service-Team an einem Motorrad-Rennen von St. Louis nach San Francisco teil. Die um eine typisch amerikanische Heldenfigur inszenierte Geschichte stützt sich auf bewährte Rezepte und ist typengerecht besetzt, aber nur mäßig unterhaltsam. (Fernsehtitel: »Charlie und sein Feuerstuhl«) – Ab 14. ✦ USA 1979 **P** Universal **VA** CIC **Pd** Roger Corman, Saul Klugman **R** Steve Carver **B** Michael Gleason **K** William Birch **M** Stu Phillips **S** Anthony Redman **D** David Carradine (Charly Swattle), Brenda Vaccaro (Grace Wolt), L. Q. Jones (Floyd Bevins), R. G. Armstrong (Al Barber), Terry Kiser (Lester Neal) **L** 95 **FSK** ab 16 **E** März 1987 Video/2.4.1988 ZDF **fd** 26 248

RASENDE GEWALT (MOVING VIOLATION). Ein junges Paar, Zeugen eines vom korrupten Sheriff verübten Mordes, wird von der Polizei gnadenlos gehetzt. Auf vordergründige Effekte ausgerichteter, weitgehend langweilender Actionfilm. ✦ USA 1976 **P** Palo-Alto **Kl** 20th Century Fox **R** Charles S. Dubin **B** David R. Osterhout, William Norton **K** Charles Correll **M** Don Peake **D** Stephen McHattie, Kay Lenz, Eddie Albert, Lonny Chapman, Will Geer **L** 91 **FSK** ab 18; f **E** 29.7.1977 **fd** 20 380

DER RASENDE GOCKEL (STROKER ACE). Burt Reynolds in der Rolle eines draufgängerischen, sprücheklopfenden Rennfahrers, der von einem Brathähnchenfabrikanten gesponsert und als Reklameträger mißbraucht wird, bis ihm der Kragen platzt. Nach »Auf dem Highway ist die Hölle los« (1980) ein weiterer Versuch, die Kombination »Reynolds plus Kraftfahrzeug« als populäre Blechschaden-Komödie zu vermarkten. – Ab 16. ✦ USA 1983 **P** Universal/Warner Bros. **VA** CIC **Pd** Hank Moonjean **R** Hal Needham **B** Hugh Wilson, Hal Needham, nach dem Roman »Stand On It« von William Neely und Robert K. Ottum **K** Nick McLean **M** Al Capps **S** Carl Kress, William Gordean **D** Burt Reynolds (Stroker Ace), Ned Beatty (Clyde Torkle), Jim Nabors (Lugs), Parker Stevenson (Aubrey James), Loni Anderson (Pembrook Feeney) **L** 91 **FSK** ab 16 (6; nf Kino) **E** 1985 Video/10.10.1986 ARD **fd** 25 271

DER RASENDE TEUFEL (THE FAST AND THE FURIOUS). Ein geflohener Sträfling versucht, im Wagen einer Rennfahrerin nach Mexiko zu gelangen. Dilettantisch gemachter Abenteuerfilm. ✦ Schwarz-weiß. USA 1954 **P** Palo-Alto **Kl** MGM **Pd** Roger Corman **R** Edward Sampson, John Ireland **B** Jerome Odlum, Jean Howell **K** Floyd Crosby **M** Alexander Gerens **S** Edward Sampson **D** John Ireland (Frank Webster), Dorothy Malone (Connie Adair), Bruce Carlisle (Faber), Iris Adrian (Kellnerin), Marshall Bradford **L** 73 **FSK** ab 12; nf **E** 22.7.1960 **fd** 9 353

RASENDE WOLLUST (SPEED TRAP). Ein schwerer Unfall beendet die Karriere eines erfolgreichen Rennfahrers. Nach seiner Genesung fordert ihn sein ärgster Widersacher zu einem Rennen heraus. Während der Vorbereitungen haben alle Beteiligten genügend Zeit, sich auch erotisch zu betätigen. Sexfilm, dessen fadenscheinige Handlung nur die Folie für das Hauptanliegen des Films ist. ✦ USA 1994 **R** Buck Adams **D** Buck Adams (B. J. Turkel), Tabitha Stevens (Rikki), Wayne Summers (Tony Benito), Raven (Britta Hockstein), Randy West (Rocket) **L** 84 **E** 4.11.1999 RTL 2

DIE RASENDE WUT DES STOLZES (WULIN ZHI). China im Jahr 1916: Vorwiegend ausländische Unternehmen und Banken beherrschen das Wirtschafts- und Finanzleben. Deren Vertreter holen eine Elitetruppe europäischer Kampfsportler ins Land, um sie gegen einheimische Kung-Fu-Kämpfer antreten zu lassen. Hohe Gewinne stehen dabei auf dem Spiel. Nach der ersten Niederlage der Europäer gehen die Auftraggeber mit skrupellosen Mitteln vor, den Sieg ihrer Mannschaft zu sichern. Formelhaftes Kung-Fu-Abenteuer, das zu Beginn des 20. Jahrhunderts in Tianjin spielt. ✦ VR China 1983 **P** Filmstudio Peking **R** Zhang Hua Xun **B** Zhang Hua Xun, Xie Hong **K** Guan Qingwu **M** Wang Li Pin **D** Li Junfeng, Li Deyu, Zhang Yunxi, Ai Hati **L** 90 (DFF 85) **E** 3.1.1985 DFF 2/9.11.1992 MDR

DIE RASENDEN ROCKER VON THUNDERSTRIP (THE GIRLS FROM THUNDER STRIP). Drei Rocker verbreiten in einer idyllischen Landschaft Schrecken und Entsetzen. Actionfilm mit selbstzweckhaften Brutalitäten und einer unangenehmen Law-and-order-Gesinnung. ✦ Scope. USA 1966 **P** Futurama **Kl** Constantin **Pd** David L. Hewitt, Michael Mehas **R** David L. Hewitt **B** Pat Boyette, David Prentiss **K** Gary Graver **M** Al Quick **S** Gary Graver **D** Jody McCrea, Maray Ayres, Mick Mehas, Gary Kent, William Bonner **L** 81 **FSK** ab 18; nf **E** 11.2.1972 **fd** 17 840

DER RASENMÄHER-MANN (THE LAWNMOWER MAN). Ein geistig zurückgebliebener Hilfsgärtner, der durch Computer-Experimente eines Wissenschaftlers zum intelligenten Menschen entwickelt wurde, wird von dessen früheren Vorgesetzten zu einem mordlüsternen Monster umgepolt, das sich anschickt, die Welt zu beherrschen. Moderne »Frankenstein«-Version, die durch Computer-Grafiken neue Seherlebnisse zu vermitteln versucht. Sie scheitert sowohl an der visuellen Unzulänglichkeit als auch an der naiven und uninspirierten Regie. (Auf Video wird eine längere Version des Films vertrieben, quasi der »director's cut«, der keine substantiellen Änderungen bietet und den Film allenfalls merklich verlangsamt.) ✦ USA 1991 **P** Allied Vision/Lang Pringle **Kl** UIP **VA** Starlight **DVD** CinePlus (1.85:1, DD5.1 dt.) **Pd** Gimel Everett **R** Brett Leonard **B** Gimel Everett, Brett Leonard, nach einer Kurzgeschichte von Stephen King **K** Russell Carpenter **M** Dan Wyman (Langfassung) **S** Alan Baumgarten, Lisa Bromwell (Langfassung) **D** Pierce Brosnan (Dr. Lawrence Angelo), Jeff Fahey (Jobe Smith), Jenny Wright (Marnie Burke), Austin O'Brien (Peter), Mark Bringelson (= Mark Bringleson) (Sebastian), Geoffrey Lewis (Terry), Jeremy Slate, Dean Norris, Colleen Coffey **L** 108 (Video & DVD 142) **FSK** ab 16; f **E** 23.7.1992/27.1.1993 Video/1.8.2000 DVD **fd** 29 723

DER RASENMÄHER-MANN 2 – BEYOND CYBERSPACE (LAWNMOWER MAN 2: BEYOND CYBERSPACE). Von schweren Verletzungen nach einer Beinamputation genesen, baut ein Mann in Auftrag einer Firma im Cyberspace eine Parallelwelt auf. Da er in dieser allmächtig ist, setzt er alles daran, die alte Welt zu zerstören und den Einfluß seiner virtuellen Welt zu erhöhen. Einige Computer-Kids und zwei Wissenschaftler stellen sich den Cyber-Diktator entgegen. Von einigen Computerspielereien abgesehen, stützt sich der vorhersehbare Film auf eine altbackene Dramaturgie, die der wirren Geschichte keine rechten Konturen verleiht. Der Film wirbt einerseits für die Möglichkeiten des Internets, dämonisiert die Technik jedoch zugleich als Instrument allumfassender Kontrolle. ✦ Japan/Großbritannien/USA 1996 **P** Allied Entertainment/New Line Cinema **VA** Warner Home **Pd** Keith Fox, Edward Simons **R** Farhad Mann **B** Gimel Everett, Brett Leonard, Farhad Mann **K** Ward Russell **M** Robert Folk **S** Joel Goodman **D** Patrick Bergin (Dr. Benjamin Trace), Matt Frewer (Jobe), Austin O'Brien (Peter), Ely Pouget (Cori), Camille Cooper (Jennifer), Patrick LaBrecque (Shawn), Crystal Celeste Grant (Jade), Sean Parthum (Travis), Trever O'Brien (Peter als Kind), Richard Fancy (Sen. Greenspan) **L** 89 **FSK** ab 16 **E** 12.7.1996 Video **fd** 32 101

RASHOMON – DAS LUSTWÄLDCHEN (RASHOMON). Drei Menschen suchen vor einem Wolkenbruch in einer Tempelruine Schutz: ein Zen-Priester, ein Holzfäller und ein Knecht. Ihr Gespräch kreist um ein grausiges Verbrechen: Ein berüchtigter Bandit überfiel ein Ehepaar, tat der Frau vor den Augen des gefesselten Mannes Gewalt an und tötete ihn dann. Der inszenatorisch wie darstellerisch fulminante Film schildert das Gewaltverbrechen aus der unterschiedlichen Perspektive von Beteiligten und Tatzeugen, wobei die Begriffe »Wahrheit« und »Wirklichkeit« kritisch hinterfragt werden. Daß die durch Rückblenden kunstvoll verknüpfte und kaleidoskopartig gebrochene Handlung ins 11. Jahrhundert zurückverlegt ist, gibt ihr einen eigenartigen Legendenglanz, nimmt ihr aber nichts von seiner zeitlos-»modernen« Grundsätzlichkeit. – Sehenswert ab 14. ✦ Schwarz-weiß. Japan 1950 **P** Daiei **Kl** Die Lupe **SF** Atlas **Pd** Jingo Minoru, Masaichi Nagata **R** Akira Kurosawa **B** Akira Kurosawa, Shigeo Nishida, nach den Erzählungen »Rashomon und Yabu no naka« von Ryunosuke Akutagawa **K** Kazuo Miyagawa **M** Fumio Hayasaka **D** Toshirô Mifune (Tajomaru, Bandit), Machiko Kyô (Masago), Masayuki Mori (Takehiro, Samurai), Takashi Shimura (Holzfäller), Minoru Chiaki (Mönch) **L** 88 **FSK** ab 16; f **E** 4.8.1952/29.10. 1963 ARD/25.12.1965 Kino DDR **fd** 1 875

DER RASIERMESSERKILLER (CENTERFOLD GIRLS). Ein Psychopath, der mit einem Rasiermesser mordet, sucht sich als Opfer junge Frauen aus, die zum »Playmate des Monats« gewählt sind und in einem Herrenmagazin hüllenlos abgebildet werden – bis ihm eine mit dem Messer den Garaus macht. Blutrünstiger, miserabel gespielter Sex-and-Crime-Film. (Videotitel: »Der lautlose Tod – Der Rasiermesser Killer«) ✦ USA 1980 **P** Arthur Marks Corp. **Kl** Avis/Film-Allianz **VA** All Video **R** John Peyser **D** Andrew Prince, Aldo Ray, Tiffany Bolling, Francine York **L** 82 **FSK** ab 18; nf **E** 9.10.1981 **fd** 23 255

RASMUS UND DER VAGABUND (1955) (LUFFAREN OCH RASMUS). Ein Siebenjähriger rückt aus dem Waisenhaus aus und bleibt bei dem gutmütigen Wandermusikanten, mit dem er unterwegs zwei Diebe fing. Pädagogisch kluger Kinderfilm nach dem Buch von Astrid Lindgren. ✦ Schwarz-weiß. Schweden 1955 **P** A. B. Sandrew-Bauman/Olle Nordemar **Kl** Äquator **R** Rolf Husberg **B** Rolf Husberg, Astrid Lindgren, nach einer Erzählung von Astrid Lindgren **K** Bengt Westfelt **M** Ulf Linde **D** Eskil Dalenius, Åke Grönberg, Åke Fridell, Marita Marke **L** 83 **FSK** ab 6; f **E** 4.11.1956/3.4.1966 ZDF **fd** 5 748

RASMUS UND DER VAGABUND (1981) (RASMUS PA LUFFEN). Ein siebenjähriger Junge bricht aus dem Waisenhaus aus, um sich selbst Eltern zu suchen. Er trifft auf einen netten Vagabunden, der ihm einige Tricks zeigt, bei dem der Junge aber auch Verantwortung und Selbstvertrauen entwickelt. Haarscharf entgeht der Vagabund dem Schicksal, fälschlicherweise für einen Bankraub eingesperrt zu werden, und am Ende finden beide, was sie suchen. Ein hübscher, im Sommer in den 20er Jahren spielender Film, der von einer romantischen Vorstellung des Vagabundendaseins geprägt ist. Die Entdeckungsreise des kleinen Jungen bietet zahlreiche neue Eindrücke, die ihn zu einer größeren Selbständigkeit führen. – Ab 8. ✦ Schweden 1981 **P** AB Svensk Filmindustri **Kl** wild utopia **Pd** Waldemar Bergendahl **R** Olle Hellbom **B** Astrid Lindgren, Olle Hellbom, nach einer Erzählung von Astrid Lindgren **K** Rune Ericson, Bertil Rosengren **M** Gösta Linderholm, Allan Edwall **S** Susanne Linnman **D** Erik Lindgren (Rasmus), Allan Edwall (Oskar), Jarl Kulle (Hilding Lif, Dieb), Olof Bergström (Länzmann), Rolf Larsson (Polizist Berqvist) **L** 98 **FSK** o. A.; f **E** 2.,9.,16.,23.12. 1984 ZDF (vier Teile)/5.4.1992 premiere/23.1.1997 Kino **fd** 32 318

RASPAD – DER ZERFALL (RASPAD). Öko-Thriller über die Atomkatastrophe von Tschernobyl im April 1986. Der Film versucht mit den Mitteln des Unterhaltungskinos, Hintergründe und Verschleierungstaktiken aufzuhellen und Problembewußtsein zu wecken. Ein interessanter, diskussionswerter Beitrag, der zugleich den »Zerfallsprozeß« der Sowjet-Gesellschaft spiegelt. (Fernsehtitel: »Zerstörung«) – Ab 16. ✦ UdSSR/USA 1990 **P** Dowshenko-Studio/Pacific Film Fund **VA** Atlas **Pd** Michail Kostjuskowski, Peter O. Almond **R** Michail Belikow **B** Oleg Prihodko, Michail Belikow **K** Wassili Truschkowski, Alexander Schagajew **M** Igor Stentschuk **S** Tatiana Magalias **D** Sergej Schakurow (Alexander Shurawljow), Tatiana Kotschemasowa (Lyudmila Shurawljowa), Stanislaw Stankewitsch (Vater Shurawljowa), Georgi Drosd (Anatolij Stepanowich), Alexij Cerebriakow (Valerij) **L** 95 **FSK** ab 12 **E** 1991 Video/31.3.1991 ZDF **fd** 28 990

RASPUTIN (1932) →Rasputin, der Dämon der Frauen

RASPUTIN (1938) (RASPOUTINE). Harry Baur interpretiert den legendenumwobenen Mönch und Zarenberater Rasputin als zotteligen Bär, als harmlos-gefräßigen Sinnenmenschen. Wohl beruft er sich bei seinen Heilungen auf Gott, aber sein lustiges Augenzwinkern verrät, daß er sich höchst irdischer Mittel bedient – besonders bei der »Behandlung« junger weiblicher Patienten. Ein zuweilen schaurig-realistischer Kolportagefilm, insgesamt aber blaß und konventionell. – Ab 16. ✦ Schwarz-weiß. Frankreich 1938 **P** Concord **Kl** Stern **Pd** Max Glass **R** Marcel L'Herbier **B** Marcel L'Herbier, nach einem Roman von Alfred Neumann **K** Michel Kelber **M** Darius Milhaud **D** Harry Baur (Rasputin), Jean Worms (Zar Nikolaus II.), Marcelle Chantal (Die Zarin), Pierre-Richard Willm (Graf Igor Kourloff), Gabrielle Robinne **L** 95 **FSK** ab 16; f **E** 24.11.1950 **fd** 1 021

RASPUTIN (1954) (RASPOUTINE). In grellen Farben schildert der französische Regisseur Combret das unheilvolle Treiben Rasputins: Orgien, Saufgelage und wüste Randale in knallbunter Kulissenwelt. Die Ermordung Rasputins in St. Petersburg durch aufgebrachte Bauern gerät vollends zum schrillen Sylvesterspektakel. ✦ Frankreich 1954 **P** Radius **Kl** Deutsche Cosmopol **R** Georges Combret **B** Claude Boissol, Georges Combret **K** Pierre Petit **M** Paul Durand **D** Pierre Brasseur, Isa Miranda, Renée Faure, Micheline Francey, Claude Laydu **L** 100 **FSK** ab 16; f **E** 20.8. 1954 **fd** 3 471

RASPUTIN (1996) (RASPUTIN). Neuerliche Verfilmung des Lebens des russischen Wanderpropheten Rasputin, der sich zu Beginn des Jahrhunderts als angeblicher Wunderheiler Zugang zum Zarenhof von St. Petersburg verschaffte. Bald wurde er zu einem der einflußreichsten Männer im Land, war aber auch berüchtigt für seinen ausschweifenden Lebensstil. ✦ USA 1996 **Pd** Nick Gillott **R** Uli Edel **B** Peter Bruce **K** Elemér Ragályi **M** Brad Fiedel **S** Seth Flaum, Dan Rae **D** Alan Rickman (Rasputin), Greta Scacchi (Alexandra), Ian McKellen (Nicholas), David Warner (Doktor Botkin), John Wood (Stolypin) **L** 100 **E** 18.2. 1998 premiere

RASPUTIN, DER DÄMON DER FRAUEN. Ein frühes filmisches Porträt des russischen Kraft- und Machtmenschen. Das anspruchslose Drehbuch präsentiert Rasputin vor allem als Frauenverführer. Allenfalls noch von filmgeschichtlichem Interesse: Die Titelrolle spielt Conrad Veidt, der bald darauf nach England emigrierte; vergeblich bemüht er sich umd eine »dämonische« Darstellung. Auch Karl Ludwig Diehl als Jussupoff wirkt wenig glaubwürdig. (Weitere Titel: »Rasputin« und »Der Dämon der Frauen«) – Ab 16. ✦ Schwarz-weiß. Deutschland 1932 **P** Gottschalk **Kl** AKA **Pd** Ludwig Gottschalk **R** Adolf Trotz **B** Adolf Lantz, Conrad Linz **K** Curt Courant **M** Fritz Wenneis, Wladimir Metzl **S** Géza Pollatschek **D** Conrad Veidt (Grigori Rasputin), Paul Otto (Zar Nikolaus II.), Charlotte Ander (Musja), Hermine Sterler (Zarin), Kenny Rieve (Aljoscha), Karl Ludwig Diehl (Fürst Jussupoff) **L** 108 **FSK** ab 16; nf **E** 19.2.1932/ 16.12.1986 DFF 2 **fd** 1 020

RASPUTIN, DER DÄMON VON PETERSBURG (L'ULTIMO ZAR / LE NOTTI DI RASPUTIN). Sowenig wie den Vorgängern geht es dieser Version um den Versuch einer psychologischen Erhellung des zwielichtigen »Wundermönchs« und seines Wirkens am russischen Zarenhof. Statt dessen bietet der Film Szenen aus einem skandalreichen Leben, episodisch erzählt, ohne organische Verbindungen. Von der Macht des »Dämonischen« ist auch bei Edmund Purdom nichts zu spüren. Die deutsche Synchronisation dieses mit pseudorussischem Dekorgerümpel vollgestopften Films ist zudem mißlungen und strotzt vor Banalitäten. (TV-Titel auch: »Rasputin, der Wüstling von Petersburg«) ✦ Italien/Frankreich 1959 **P** Wanguard/Faro/Explorer/Rialto **Kl** Constantin **R** Pierre Chenal **B** Pierre Chenal, André Tabet, nach Damiano Damiani **K** Adalberto Albertini **M** Alessandro Nadin **D** Edmund Purdom (Rasputin), Gianna Maria Canale (Zarin), Giulia Rubini, Jany Clair (Irina Jussupoff), Ugo Sasso (Zar) **L** 88 **FSK** ab 16; nf **E** 5.8.1960 **fd** 9 383

RASPUTIN, DER WÜSTLING VON PETERSBURG →Rasputin, der Dämon von Petersburg

RASPUTIN, GOTT UND SATAN →Agonia

RASPUTIN – ORGIEN AM ZARENHOF. Rasputins Leben und Schicksal als Aufhänger für einen kläglichen Sexfilm. – Wir raten ab. ✦ BR Deutschland 1983 **P** A. B. **Kl** A. B. **VA** VIP **Pd** Alois Brummer **R** Ernst Hofbauer **B** C. M. Sherland, Ernst Hofbauer **K** Franz X. Lederle **S** Karl Aulitzky **D** Alexander Conte, Sandra Nowa, Frank Williams, Marion Berger, C. M. Sherland **L** 91 **FSK** ab 18; nf **E** 6.1.1984 **fd** 24 423

RASSELBANDE (NOUS LES GOSSES). Film um die Kameradschaft einiger Schulkinder, die durch ihre Arbeit einem Spielgefährten helfen, eine von ihm zerschlagene teure Scheibe zu ersetzen. Ansprechende Unterhaltung für Kinder und Jugendliche. – Ab 8. ✦ Schwarz-weiß. Frankreich 1941 **Kl** Progress **R** Sabas, Rivière **B** Gaston Modot, Maurice Hilero **K** Jean Bachelet **M** Marius-François Gaillard **S** Suzanne de Troeye **D** Louise Carletti, Gilbert Gil, André Brunot, Martial Rèbe, Madeleine Geoffroy **L** 87 **E** 23.11.1956 Kino DDR/18.4.1960 DFF 1

DAS RASTHAUS DER GRAUSAMEN PUPPEN (LA LOCANDA DELLE BAMBOLE CRUDELI). Fünf Mädchen brechen aus dem Zuchthaus aus und treiben in einem einsamen Rasthaus des schottischen Hochlandes ein brutales Mörderspiel. Triviale Billigproduktion. – Wir raten ab. ✦ Schwarz-weiß. BR Deutschland/Italien 1967 **P** Lisa/Bruno Ceria **Kl** Constantin **R+B** Rolf Olsen **K** Karl Loeb **M** Erwin Halletz **S** Lilo Krüger **D** Essy Persson, Helga Anders, Erik Schumann, Margot Trooger, Karin Field, Gabriella Giorgelli, Dominique Boschero, Ellen Schwiers, Jane Tilden **L** 96 **FSK** ab 18; nf **E** 6.6.1967 **fd** 17 747

DAS RASTHAUS DER TEUFLISCHEN SCHWESTERN (THE NAME OF THE GAME IS KILL). Ein junger ungarischer Flüchtling wird in den USA durch die Bekanntschaft mit einem attraktiven Mädchen fast das Opfer neurotischer Schwestern, die mit ihrer Mutter eine Tankstelle betreiben. Schlampig inszenierter Versuch eines Psychothrillers. (Späterer Titel: »Ihr Spiel heißt: Töte!«) ✦ USA 1967 **P** Fanfare **Kl** Cinerama **R** Gunnar Hellström **B** Gary Crutcher **K**

Vilmos Zsigmond **M** Stu Phillips **D** Jack Lord, Susan Strasberg, Tisha Sterling, Collin Wilcox-Horne, Mort Mills **L** 83 **FSK** ab 16; nf **E** 27.9.1974 **fd** 19 011

RASTHAUS DES TEUFELS (CHAIRE DE POULE / PELLE D'OCA). Ein entflohener Geldschrankknacker findet Unterschlupf in einem einsamen Rasthaus und wird von der geldgierigen Frau des Besitzers in neue Verbrechen verwickelt. Pessimistischer Kriminalfilm, interessant und ansehnlich inszeniert. ✦ Schwarz-weiß. Frankreich/Italien 1963 **P** Paris/Pathé/Interopa **Kl** Centfox **Pd** Robert Hakim, Raymond Hakim **R** Julien Duvivier **B** René Barjavel, Julien Duvivier, nach einem Roman von James Hadley Chase **K** Léonce-Henry Burel **M** Georges Delerue **S** Suzanne de Troeye **D** Robert Hossein (Daniel Boisett), Jean Sorel (Paul Genest), Catherine Rouvel (Maria), Georges Wilson (Thomas), Lucien Raimbourg (Roux), Nicole Berger (Simone) **L** 108 **FSK** ab 18; nf **E** 5.6.1964/8.3.1975 ARD/20.3.1976 DFF 1 **fd** 12 783

DAS RASTHAUS ZUR SEX-TEN GLÜCKSELIGKEIT (TRUCK STOP). Ein Rasthaus ist für Fernfahrer zum Sex-Paradies geworden; allein die Chefin bleibt unnahbar, weil sie auf die Rückkehr ihres verschollenen Mannes wartet, der jedoch in einer Liebesoase in der Wüste lebt. Schwachsinnige Sexkomödie. ✦ Scope. Italien 1978 **P** Consul International **Kl** Film-Allianz/Avis **VA** Mike Hunter **R** Jean-Marie Pallardy **M** Eddie Warner **D** Elisabeth Turner, Jean-Marie Pallardy, Nikki Gentile **L** 74 **FSK** ab 18; nf **E** 15.9.1978 **fd** 22 675

EIN RASTLOSES LEBEN (ANTHONY ADVERSE). Das Leben eines ehrgeizigen Mannes, der im frühen 19. Jahrhundert als Vollwaise bei seinem Großvater aufwächst, ohne daß beide von der verwandtschaftlichen Beziehung wissen, und später ein unstetes Abenteurerleben führt, ehe er in Begleitung seines kleinen Sohnes nach Mexiko geht. Überlanger, spektakulärer Historienfilm nach Motiven eines seinerzeit populären Entwicklungsromans, der aus heutiger Sicht pathetisch und gestelzt erscheint und allenfalls noch durch die hervorragende Fotografie und die außergewöhnliche Musik fesselt. – Ab 14 möglich. ✦ Schwarz-weiß. USA 1936 **P** Warner Bros. **Pd** Henry Blanke **R** Mervyn LeRoy **B** Sheridan Gibney, nach einem Roman von Hervey Allen **K** Tony Gaudio **M** Erich Wolfgang Korngold **S** Ralph Dawson **D** Fredric March (Anthony Adverse), Olivia de Havilland (Angela Guessippi), Claude Rains (Don Luis), Edmund Gwenn (John Bonnyfeather), Louis Hayward (Denis Moore), Gale Sondergaard (Faith Paleologus) **L** 141 (TV 127) **E** 1.11.1992 ZDF

DER RAT DER GÖTTER. Nach Protokollen des Nürnberger Prozesses wird die Entwicklung der I.G.-Farben aufgezeigt und der Konzern als einer der Urheber des Krieges und der Massenvernichtung angeklagt. In die politische Handlung eingebettet ist die Geschichte eines Wissenschaftlers, der erkennt, dass er mitschuldig wurde am Tod von Tausenden Menschen. Anders als seine Dienstherren stellt er sich nach 1945 auf die Seite der Friedensfreunde. Handwerklich beachtliches Polit-Drama der DEFA, das im Finale zu einer Apotheose der Friedensbewegung à la Moskau wird. – Ab 16. ✦ Schwarz-weiß. DDR 1950 **P** DEFA **Kl** Progress **VA** Icestorm **Pd** Adolf Fischer **R** Kurt Maetzig **B** Friedrich Wolf, Philipp Gecht **K** Friedl Behn-Grund **M** Hanns Eisler **S** Ilse Voigt **D** Paul Bildt (Geheimrat Mauch), Fritz Tillmann (Dr. Hans Scholz), Willy A. Kleinau (Mr. Lawson), Hans-Georg Rudolph (Direktor Tilgner), Albert Garbe (Onkel Karl), Helmuth Hinzelmann (Oberst Schirrwind), Inge Keller (Edith Scholz), Herwart Grosse (Direktor von Decken) **L** 110 **FSK** ab 16 **E** 12.5.1950 Kino DDR/18.6.1954 DFF 1/29.9.1998 Video

RAT' MAL, WER HEUT BEI UNS SCHLÄFT...?. Jede Menge Sexszenen und schlüpfrige Gags in einer hingeschluderten Komödie, die vorwiegend in den Schlafzimmern eines Herrenhauses spielt und praktisch ohne Story auskommt. (Alternativtitel: »Die wilden Töchter von Glücksburg«) ✦ BR Deutschland 1968 **P** Arca-Winston **Kl** Constantin **R** Alexis Neve **B** Hans Billian **K** Werner M. Lenz **M** Heinz Kiessling **D** Ursula von Manescul, Marianne Lebeau, Andrea Rau, Petra Schröder, Heidrun Kussin **L** 90 (gek. 70) **FSK** ab 18; nf (gek. 16) **E** 22.8.1969 **fd** 16 324

RAT MAL, WER ZUM ESSEN KOMMT (GUESS WHO'S COMING TO DINNER). Eine Tochter aus gutem Hause präsentiert den schockierten Eltern ihren zukünftigen Verlobten: einen Schwarzen. Nach anfänglicher Verwirrung und Ablehnung ringt sich der Vater dazu durch, dem Paar seinen Segen zu geben. Gutgemeintes, versöhnliches Rührstück, das die gegen Ende der 60er Jahre in den USA heftig hervortretenden Rassenprobleme auf Menschlich-Allzumenschliches reduziert. Das Tabu der Mischehe wird zwar berührt, aber einer realitätsfernen Lösung zugeführt. – Ab 14. ✦ USA 1967 **P** The Stanley Kramer Corp. **Kl** Columbia-Bavaria **R** Stanley Kramer **B** William Rose **K** Sam Leavitt **M** Frank De Vol **D** Spencer Tracy (Matt Drayton), Katharine Hepburn (Christina Drayton), Sidney Poitier (Dr. John Prentice), Katharine Houghton (Joey Drayton), Cecil Kellaway (Monsignore Ryan) **L** 108 **FSK** ab 6; f **FBW** w **E** 21.3.1968 **fd** 15 363

RATATAPLAN – EIN VERSAGER SCHLÄGT ZURÜCK (RATATAPLAN). Originelle italienische Filmkomödie, die mit wenig Dialog, aber viel pantomimischer Aktion die Abenteuer eines jungen Ingenieurs auf Stellensuche schildert. Die einfallsreiche und skurrile Verbindung von ausgelassener Slapstick-Komik und gesellschaftsbezogener Satire bietet teils unbeschwerte, teils hintergründige Unterhaltung. ✦ Italien 1979 **P** Vides **Kl** Senator **R+B** Maurizio Nichetti **K** Mario Battistoni **M** Detto Mariano **D** Maurizio Nichetti, Angela Finocchiaro, Edy Angelillo, Lidia Biondi, Roland Topor **L** 92 **FSK** ab 6; f **FBW** bw **E** 25.4.1980 **fd** 22 321

RATBOY (RATBOY). Eine stellungslose Dekorateurin mit großen Karriereplänen entdeckt ein Lebewesen, das halb Mensch, halb Ratte ist, und versucht, es zu vermarkten. Erstlingsfilm; ein bittersüßes Märchen, mit verhaltener Komik und einem Schuß Sentimentalität kommerziell glatt inszeniert. (O.m.d.U.) – Ab 14. ✦ USA 1986 **P** Malpaso **Kl** Warner **VA** Warner Home **Pd** Fritz Manes **R** Sondra Locke **B** Rob Thompson **K** Bruce Surtees **M** Lennie Niehaus **S** Joel Cox **D** Sondra Locke (Nikki Morrison), S. L. Baird (Ratboy), Robert Townsend (Manny), Gerrit Graham (Billy Morrison), Louie Anderson (Omer Morrison), John Witherspoon (Heavy), Gary Riley (Bill) **L** 104 **FSK** ab 12; f **E** 4.6.1987/Mai 1988 Video **fd** 27 063

RATCATCHER (RATCATCHER). Die Beschreibung einer Kindheit in einem verfallenden Arbeiterviertel im Glasgow der 70er-Jahre. Ein zwölfjähriger Junge leidet an den Verhältnissen, schafft es jedoch immer wieder, sich mit seinen Spielen und seiner kindlichen Fantasie Freiräume und kleine Fluchten zu verschaffen. Der Erstlingsfilm zeichnet sich durch Milieugenauigkeit und Detailliebe aus. Bei allem Realismus erstarrt er nie in Tristesse, sondern findet immer wieder Ruhe in Momenten der atmosphärischen Aufhellung. Die eindrucksvolle Zeichnung eines kindlichen Universums wird von einem überzeugenden jugendlichen (Laien-)Darsteller getragen. (O.m.d.U.) – Sehenswert ab 16. ✦ Großbritannien/Frankreich 1999 **P** A Holy Cow Film/Pathé Pictures/BBC/Arts Council of England/Lazennec/Le Studio Canal+ **Kl** Kairos **Pd** Gavin Emerson **R+B** Lynne Ramsay **K** Alwin H. Küchler **M** Rachel Portman **S** Lucia Zuchetti **D** William Eadie (James Gillespie), Tommy Flanagan (Vater), Mandy Matthews (Mutter), Leanne Mullen (Margaret Anne), John Miller (Kenny), Michelle Stewart (Ellen Gillespie) **L** 92 **FSK** ab 12; f **E** 11.1.2001 **fd** 34 651

RATCHET – DAS TODESSKRIPT →Death Script

RATMAN (THE RATMAN / QUELLA VILLA IN FONDO AL PARCO). Ein Genetiker kreuzt eine Ratte mit einem Affen. Das Ergebnis ist eine etwa Kreatur, die jeden zerfleischt, die ihr über den Weg läuft. Da die Polizei nicht an die Existenz des Monsters glauben will, bleibt es unbehelligt. Belangloser Gruselfilm, in dem der »Rattenmensch« bezeichnenderweise intelligenter wirkt als seine kinematografischen Erfinder. ✦ Italien 1987 **P** Fulvia **VA** IHV **R** Anthony Ascott (= Giuliano Carmineo) **B** David Parker jr. (= Dardano Sacchetti) **K** Robert Gardner **M** Stefano Mainetti **D** David Warbeck, Janet Agren, Eva Grimaldi, Luisa Menon, Werner Pochath **L** 79 **FSK** ab 18 **E** 24.5.1988 Video **fd** 27 134

RATOM – KLINGEN AUS STAHL →Blades

RATSCHA, MEINE LIEBE (RATSCHA, LJUBOW MOJA). Ein grusinischer Kolchosbauer verliebt sich bei einer Reise in die Tschechoslowakei in ein Mädchen und setzt alle Hebel in Bewegung, um es zu heiraten. ✦ Scope. UdSSR/CSSR 1977 **P** Grusia/Fillmstudio Bratislava/Koliba **R** Timur Palawandischwili, Josef Medwed **B** Suliko Shgenti **K** Dudar Murgijew, Tibor Biath **M** Dshansur Kachidse, Svetozár Stracina **D** Andrea Cunderlíková (Darina), Badri Kakabadse (Sauri), Guram Lordkipanidse (Wano), Besso Chidascheli (Aliko), Jan Gretschko (Josef) **L** 78 **E** 24.6.1979 DFF 2

DAS RÄTSEL (ENIGMA). Ein mysteriöser Mäzen lädt einen berühmten Kunstfälscher auf sein Schloß bei Turin ein und beauftragt ihn, ein Bild von Turin anzufertigen, das Giorgio De Chirico während seines Besuches 1911 nicht malte. Während der Fälscher auf der Suche nach Motiven die Stadt durchstreift, hat er eine Reihe von geheimnisvollen Begegnungen. Da ist eine Gruppe Kinder, die ein U-Boot aus dem Ersten Weltkrieg flottmachen will, ein Ingenieur, der ihnen bereitwillig hilft, und ein stets fröhlicher Philosoph, der mit Nietzsche-Zitaten um sich wirft. Am Ende macht man sich nach Ägypten auf, in der Hoffnung, in sieben Tagen, sieben Stunden und sieben Minuten am Ziel zu sein. Eine heitere Mischung aus Kinderfilm und philosophischem Traktat, erzählt mit den Stilmitteln diverser Filmgenres. (O.m.d.U.) ✦ Italien/Frankreich 1987/88 **P** KWK Kinowerke/CNRS/INA **Kl** Freunde der Deutschen Kinemathek **R+B** Jean Rouch, Alberto Chianteretto, Marco di Castri, Daniele Pianciola **K** Jean Rouch, Marco di Castri **S** Françoise Beloux **D** Gilberto Mazliah (Bildfälscher), Gianfranco Barberi (Mäzen), Sabina Sacchi, Philo Bregstein, Giorgi Bono **L** 80 **E** 17.2.1988

DAS RÄTSEL DER GOLDENEN ORCHIDEE →Das Rätsel der roten Orchidee

DAS RÄTSEL DER GRÜNEN SPINNE. In der Nachtbar zur »Grünen Spinne« ereignen sich geheimnisvolle Morde, die einen Kriminalkommissar und einen Reporter vor fast unlösbare Denksportaufgaben stellen. Die dürftige Kriminalunterhaltung wird durch einige parodistische Einlagen und viel Musik aufgelockert. – Ab 16 möglich. ✦ Schwarz-weiß. BR Deutschland 1960 **P** Tele **Kl** Constantin **R+B** Franz Marischka **K** Dieter Wedekind **M** Gert Wilden **D** Adrian Hoven (Peter Thorsten), Renate Ewert (Yvonne), Hans von Borsody (Ted Wagner), Bettina Schön (Elena Korner), Bill Ramsey **L** 93 **FSK** ab 12; nf **E** 23.8.1960 **fd** 9 422

DAS RÄTSEL DER LEEREN URNE (NECO JE VE VZDUCHU). Die junge Alice geht auf die Suche nach ihrem Großvater, der 30 Jahre zuvor unter mysteriösen Umständen verschwunden ist und entdeckt das Geheimnis einer Zeitmaschine, mit der sie in die Vergangenheit reist. Tschechische Science-Fiction-Fantasie, die sich nicht so recht zwischen kleinbürgerlicher Familienkomödie und utopischem Thriller entscheiden kann. – Ab 16. ✦ CSSR 1980 **P** Filmstudio Barrandov **R** Ludvík Ráza **B** Drahoslava Makovická **K** Josef Illík **M** Svatopluk Havelka **S** Josef Valusiak **D** Zlata Adamovská (Alice, Blanka), Ivan Mistrík (Großvater Rudolf Jeník), Vladimír Dlouhy (Petr), Zdena Hadrbolcová (Großmutter Jeníková), Ludek Munzar (Vater Bartonicek) **L** 79 (TV) **E** 7.6.1985 ZDF

DAS RÄTSEL DER ROTEN ORCHIDEE. Zwei rivalisierende amerikanische Gangsterbanden tauchen in London auf und erpressen vermögende Engländer. Edgar-Wallace-Verfilmung mit zahlreichen Leichen, einer kleinen Dosis Ironie und dem obligatorischen Nebenrollen-Auftritt von Klaus Kinski. (TV-Titel DDR: »Das Rätsel der goldenen Orchidee«) – Ab 14. ✦ Schwarz-weiß. BR Deutschland 1961 **P** Rialto **Kl** Constantin **VA** Kinowelt Home **Pd** Horst Wendlandt **R** Helmuth Ashley **B** Trygve Larsen, nach einem Roman von Edgar Wallace **K** Franz X. Lederle **M** Peter Thomas **S** Herbert Taschner **D** Adrian Hoven (Inspektor Weston), Marisa Mell (Lilian Ranger), Klaus Kinski (der »schöne« Steve), Eric Pohlmann (Minelli), Pinkas Braun (Edwin, sein Neffe), Christopher Lee (Captain Allerman), Fritz Rasp (Tanner), Eddi Arent (Parker, Butler) **L** 84 **FSK** ab 12; nf **E** 2.3.1962/11.4.1974 DFF 1/22.2.2000 Video **fd** 10 934

DAS RÄTSEL DER SANDBANK. Herbst 1904. In einer Zeit wachsender Spannungen zwischen England und Deutschland verfolgen zwei junge Engländer per Segelboot die Spur eines mysteriösen Fremden, der sich als schwedischer Kaufmann ausgibt. Abenteuerliche Spionagegeschichte, die eine ungewöhnliche Männerfreundschaft in den Mittelpunkt rückt. Zunächst »häppchenweise« als Vorabendserie ausgestrahlter Fernsehfilm, der mit guten Hauptdarstellern und bemerkenswerten Naturaufnahmen aufwarten kann. ✦ BR Deutschland 1987 **P** Rado Bremen/Multimedia Gesellschaft für audiovisuelle Information **Pd** Wolfgang Esterer, Christoph Mattner **R** Rainer Boldt **B** Rainer Boldt, Brigitt Dorny, Christoph Mattner, nach dem gleichnamigen Roman von Erskine Childers **K** Karl Kases **M** Jens-Peter Ostendorf **D** Peter Sattmann (Carruthers), Burghart Klaußner (Davies), Gunnar Möller (Dollmann), Isabel Varell (Clara), Joachim Dietmar Mues (von Brüning) **L** 140 **E** Herbst 1985 RB/NDR (zehn Teile)/9.1.1994 ORB

DAS RÄTSEL DER SCHWARZEN FLECKE →Mondscheinbogen

RÄTSEL DER SPHINX (RIDDLES OF THE SPHINX). In mehreren Kapiteln liefern die Autoren eine Reflexion über den Feminismus und den Charakter des Films als Medium. Die Spielhandlung um eine Frau, die von ihrem Mann verlassen wird, sich Arbeit sucht und politisch engagiert, wird einer Meditation über die Sphinx und der Ödipusgeschichte gegenübergestellt. ✦ Großbritannien 1976/77 **P** British Film Institute **SF** Freunde der Deutschen Kinemathek **R+B** Laura Mulvey, Peter Wollen **K** Diane Tammes **D** Dinah Stabb (Louise), Mardelle Jordine (Maxine), Rhiannon Tise (Anna), Clive Merrison, Marie Green **L** 92 **E** 1978 Kino

DAS RÄTSEL DER UNHEIMLICHEN MASKE (PHANTOM OF THE OPERA). Ein gedemütigter Musikprofessor, dem beim Brand, den er selbst legte, das Feuer sein Gesicht entstellte, spukt als maskiertes Phantom in der Londoner Oper. Er entführt ein junges Mädchen, das er zum Star aufbauen will, und scheitert tragisch. Die dritte Verfilmung des populären Schauerromans (»Das Phantom der Oper«, 1925 und 1943) inszenierte der britische »Dracula«-Spezialist Terence Fisher als Mischung aus Märchen- und Gruselfilm. – Ab 14. ✦ Großbritannien 1961 **P** Hammer **Kl** Universal **Pd** Anthony Hinds **R** Terence Fisher **B** John Elder (= Anthony Hinds), nach einem Roman von Gaston Leroux **K** Arthur Grant **M** Edwin Astley **S** James Needs **D** Herbert Lom (Das Phantom), Heather Sears (Christine Charles), Thorley Walters (Lattimer), Edward de Souza (Harry Hunter), Michael Gough (Lord Ambrose D'Arcy), Martin Miller (Rossi) **L** 83 **FSK** ab 12; nf **E** 30.11.1962 **fd** 11 613

RÄTSEL DER URWALDHÖLLE. Filmdokumentation einer deutschen Amazonas-Expedition, die von 1935 bis 1937 in bis dahin unerforschte Gebiete um den Jary-Fluß (nördliches Brasilien/Guayana) eindrang. Das Bild- und Tonmaterial wurde ursprünglich nur zu Beweis- und Auswertungszwecken aufgenommen. Erst später entschloß sich der Expeditionsleiter, daraus einen »Kulturfilm« zu machen, der dann in das allgemeine Wochenprogramm der Kinos aufgenommen wurde. ✦ Schwarz-weiß. Deutschland 1938 **P** UFA **Kl** Kulturfilmdienst **Pd+R** Otto Schulz-Kampfhenkel **B+K** Otto Schulz-Kampfhenkel, Gerd Kahle **M** Franz R. Friedl **S** Otto Schulz-Kampfhenkel **L** 99 **FSK** ab 12; f **E** 11.3.1938 **fd** 360

DAS RÄTSEL DES BLUTROTEN RUBINS. Eine Archäologiestudentin gerät in den Verdacht, bei einem Tauchgang im Rhein ihren Professor umgebracht zu haben. Doch sie vermutet, dass er noch lebt und dem Geheimnis des legendären Nibelungenschatzes auf der Spur ist. Mit der Frau des Verschwundenen macht sie sich auf die Suche, die durch die Flucht vor der Polizei und einem Killer etwas erschwert wird. Fernsehkrimi von einer kaum zu überbietenden Hirnrissigkeit, dessen Handlung sich wie ein 60er-Jahre-Wallace-Film-Plot ausnimmt; vielleicht also sogar kultverdächtig. ✦ Deutschland 2000 **P** ProSieben **Pd** Michael Lehmann **R** Thomas Jauch **B** Monika Simon, Hinrich Brüning **K** Jörg Widmer **M** Stephan Massimo **D** Floriane Daniel (Ariane Kellermasnn), Tatjana Blacher (Marlene), Ulrich Noethen (Prof. Wolfram Planitz), Georg Prang (Dr. Lienau), Michael Schiller (Kalle) **L** 95 **E** 1.2.2001 ProSieben

DAS RÄTSEL DES SILBERNEN DREIECKS (CIRCUS OF TERROR). Scotland Yard klärt einen großen Goldraub und mehrere mit einem Artisten-Wurfmesser begangene Morde. Auf Spannung getrimmter Krimi nach Edgar Wallace. (TV-Titel auch: »Edgar Wallace: Das Rätsel des silbernen Dreiecks«) ✦ Schwarz-weiß. Großbritannien 1965/66 **P** Proudweeks **Kl** Constantin **VA** Kinowelt Home **R** Werner Jacobs, John Llewellyn Moxey **B** Peter Welbeck (= Harry Alan Towers), nach einem Roman von Edgar Wallace **K** Ernest Steward **M** Johnny Douglas **D** Christopher Lee (Gregor), Heinz Drache (Carl), Eddi Arent (Eddie), Leo Genn (Insp. Elliott), Anthony Newlands (Barberini) **L** 90 **FSK** ab 16; nf **E** 29.4.1966/4.8.1972 DDR/17.3.1973 ARD/12.10.1974 DFF 1/22.2.2000 Video **fd** 13 991

DAS RÄTSEL DES SILBERNEN HALBMONDS (SETTE ORCHIDEE MACCHIATE DI ROSSO). Schon nach wenigen Minuten bringt der Frauenmörder die Heldin – gespielt von Uschi Glas – vom Leben zum Tode. Die einzige Überraschung, die der belanglose Krimi im weiteren Verlauf zu bieten hat, ist keine: Natürlich hat das »Opfer« die vielen Messerstiche wie durch ein Wunder überlebt. Langweiliges Trivialkino ohne Witz und Tempo. – Ab 14 möglich. ✦ BR Deutschland/Italien 1972 **P** Rialto Film/Flora Film/National Cinematografica **Kl** Constantin **Pd** Horst Wendlandt **R** Umberto Lenzi **B** Umberto Lenzi, Paul Hengge, Roberto Gianviti, nach einem Roman von Edgar Wallace **K** Angelo Lotti **M** Riz Ortolani **S** Eugenio Alabiso, Clarissa Ambach **D** Uschi Glas (Giulia), Antonio Sabàto (Mario), Pier Paolo Capponi (Vismara), Marisa Mell (Giuseppina-Maria), Petra Schürmann (Concetta), Rossella Falk, Marina Malfatti, Renato Romano, Claudio Gora, Gabriella Giorgelli **L** 80 **FSK** ab 16; nf **E** 30.6.1972 **fd** 17 897

DAS RÄTSEL EINES PUZZLES (ZAHADA HLAVOLAMU). Ein abenteuerlicher Jugendfilm voller fantastischer Elemente. Fünf Jungen eines benachbarten Stadtteils dringen in das labyrinthische Stadtviertel der »Wonts« ein, um sich eines geheimnisvollen Puzzles zu bemächtigen. Im Laufe ihrer dramatischen Suche kommen sie hinter das Geheimnis dieses Spiels. – Ab 14. ✦ Tschechien 1993 **P** AB Barrandov/Lucernafilm/Petr Kotek **R** Petr Kotek **B** Ivan Arsenjev, Petr Kotek, nach einem Roman von Jaroslav Foglar **K** Miro Gábor **M** Petr Malásek **D** Ondrej Host (Mirek Dusín), Martin Voldrich (Jarka Metelka), David Divis (Jindra Hojer), Martin Vlasák (Schnellfüßiger), Jaroslav Richter (Erröter) **L** 87 **E** 7.7.1995 ARD

RÄTSEL UM BEATE. Eine Industriellenwitwe wird zur Zielscheibe verleumderischer Klatschgeschichten. Klug und selbstbewußt setzt sie sich gegen die Vorurteile des bigotten Industrieclubs durch. Etwas zähflüssiges Drama mit ironischen Seitenhieben auf Spießer in Frack und Abendkleid. Eine Paraderolle für Lil Dagover als Inbegriff damenhafter Eleganz. ✦ Schwarz-weiß. Deutschland 1938 **P** Cine-Allianz **Kl** Schorcht **R** Johannes Meyer **B** Walter Wassermann, C. H. Diller, nach dem gleichnamigen Bühnenstück von Alfred Möller und Hans Lorenz **K** Oskar Schnirch **M** Peter Kreuder **S** Helmuth Schönnenbeck **D** Lil Dagover, Albrecht Schoenhals, Käthe Haack, Sabine Peters, Fritz Odemar **L** 85 **E** 4.2.1938/16.4.1980 DFF 2

DAS RÄTSEL UM LE PRINCE →Warum verschwand Augustin Le Prince?

DAS RÄTSEL VON MONTE CHRISTO (THE COUNT OF MONTE CHRISTO). Die erste Tonfilmbearbeitung des Romans von Alexandre Dumas über die Rache des unschuldig inhaftierten französischen Offiziers, der nach seiner Flucht als Graf von Monte Christo seine Feinde durch raffinierte Manöver zur Selbstvernichtung treibt: ein immer noch ansehnliches, filmgeschichtlich interessantes Stück Abenteuerkino. ✦ Schwarz-weiß. USA 1934 **P** Reliance **Kl** ABC/HAS **Pd** Edward Small **R** Rowland V. Lee **B** Philip Dunne, Dan Totheroh, Rowland V. Lee, nach dem Roman »Der Graf von Monte Christo« von Alexandre Dumas **K** J. Peverell Marley **M** Alfred Newman **S** Grant Whytock **D** Robert Donat (Edmond Dantes), Elissa Landi (Mercedes), Louis Calhern (De Villefort), Sidney Blackmer (Mondego), Raymond Walburn (Danglars), O. P. Heggie (Abbé Foria), William Farnum (Capt. Leclere) **L** 113 **FSK** ab 12; f **fd** 1 584

RÄTSELHAFTE LÉA (LE CRIME D'ANTOINE). Bei einem Unwetter am Tage ihrer Hochzeit wird die junge Ehefrau vom Blitz erschlagen. Nach einigen Jahren der Trauer antwortet der Witwer auf eine Kontaktanzeige. Die Annonce stammt von einer geheimnisvollen Frau, die den gleichen Vornamen wie die damals Verunglückte trägt. Mischung aus Kriminalfilm und Liebesgeschichte, nicht sonderlich originell und in den papierenen Dialogen bisweilen unfreiwillig komisch, aber gut gespielt und inszeniert. ✦ Frankreich 1988 **P** Cathala/CTV/TF 1 **R** Marc Rivière **B** Dominique Roulet, Marc Rivière, nach dem Roman von Dominique Roulet **K** Claude Agostini **M** Charlélie Couture **S** Jacques Witta **D** Catherine Wilkening (Léa), Tom Novembre (Antoine), Jacques Weber (Julien), Patrick Timsit (Jean), Stéphane Jobert (Marc), Yves Robert (Pilou) **L** 85 **E** 21.1.1990 DFF 2/21.3.1994 mdr

RÄTSELHAFTE LIEBESBRIEFE (LJUBAVNA PISMA S PREDUMISLJAJEM). Die Geschichte einer ungewöhnlichen Liebe, in der eine junge Frau von einem Unbekannten täglich rätselhafte Liebesbriefe erhält. ✦ Jugoslawien 1985 **P** Marjan/Croatia **R+B** Zvonimir Berkovic **K** Goran Trbuljak **M** Wolfgang Amadeus Mozart **D** Irina Alfjorowa, Krunoslav Saric, Mustafa Nadarevic, Zlatko Vitez, Relja Basic **L** 85 **E** 26.11.1987 DFF 1

RÄTSELHAFTE MORDE (BLUNT INSTRUMENT). Kriminalfilm um einen erfolgreichen Journalisten, der nach einem schweren Autounfall das Gedächtnis verliert, während seine Frau ums Leben kommt. 17 Jahre später, nach einem neuerlichen Unfall, kommt die Erinnerung allmählich zurück. Der Journalist findet heraus, daß er 1963 zufällig Zeuge der Ermordung von John F. Kennedy wurde. ✦ Großbritannien 1980 **R** Peter Cregeen **B** Anthony Skene **D** Edward Woodward (Alex Logan), Pat Keen (Janet), Katharine Blake (Dorothy), Rachel Kempson (Mrs. Miller), Nigel Patrick (Hugh Logan) **L** 100 **E** 22.5.1993 VOX

RÄTSELHAFTES VERSCHWINDEN – EIN ALPTRAUM WIRD WAHR (A DREAM OF MURDER). Eine junge Krankenschwester forscht nach ihrer Mutter, die aus ihrer lieblosen Ehe spurlos verschwand, und kommt zunächst einem Doppelleben auf die Spur. Scheinbar hatte die Frau mit Wissen ihres Mannes eine Affäre mit einem gemeinsamen Freund. Als sie den Lebenszeichen der Frau nachgeht und mit Hilfe eines Polizeidetektivs ihre Ermittlungen intensiviert, macht sie eine grauenhafte Entdeckung. Psychothriller, der die Abgründe des bürgerlichen

Lebens für seine Spannungszwecke zu nutzen versucht. ✦ USA 1997 **R** Christopher Leitch **B** Gerald DiPego **D** Katy Boyer (Sarah Zane), Gerald McRaney (Don Zane), Jeremy Renner (Steven Zane), Shelley Fabares (Lily Zane), Joel Bissonette (Paul) **L** 92 **E** 10.11.1997 ProSieben

RATSY. Ein Bankräuber wird auf der Flucht mit einem kleinen gelähmten Mädchen konfrontiert und entwickelt Fürsorge für sie. Flach und psychologisch unglaubwürdig; ärgerlich in der Mischung spekulativer Gewaltszenen mit Pseudo-Sozialkritik. ✦ Spanien 1985 **P** Ogra/Kalender/Paraguas/Eva **KI** Neue Herzog **R** Francisco Lara Polop **K** Angel Luis Fernández **D** Danilo Mattei, Julia Martinez, Arturo Lopez, Elena Rivera **L** 90 **E** 1985 Kino/8.7.1988 Tele 5 **fd** 25 222

DIE RATTE (1938) (THE RAT). Sorgfältig inszenierter, gutbesetzter Gangsterfilm aus dem Milieu der Pariser Unterwelt: Ein Einbrecher, bekannt wegen seiner Geschicklichkeit und Raffinesse, übernimmt die Verantwortung für einen Mord, um die eigentliche Täterin zu entlasten, kommt aber am Ende ebenfalls ungeschoren davon. ✦ Schwarz-weiß. Großbritannien 1938 **P** Imperator **KI** Lloyd **Pd** Herbert Wilcox **R** Jack Raymond **B** Hans Rameau, Miles Malleson, Romney Brent, Marjorey Gaffney, nach einem Bühnenstück von Ivor Novello und Constance Collier **K** Freddie Young **S** Peggy Hennessy **D** Ruth Chatterton (Zelia de Chaumont), Anton Walbrook (= Adolf Wohlbrück) (Jean Boucheron, »die Ratte«), Mary Claire, René Ray, Beatrix Lehmann **L** 73 **FSK** ab 16; nf **E** August 1949 **fd** 320

DIE RATTE (1992). Die Abenteuer eines 15jährigen, der im Gefolge seines bewunderten älteren Bruders einen Tag im Hamburger Rotlichtmilieu verbringt und in Kontakt zur Prostitutions- und Drogenszene gerät. Am Ende sind die Brüder entzweit, der jüngere kehrt an seinen Arbeitsplatz in einem Supermarkt zurück. Stilistisch uneinheitlicher Film mit guten Darstellern und hervorragender Kameraführung. Die nüchternwertfreie Schilderung sinkt streckenweise auf das Niveau deutscher Sex-Klamotten ab. ✦ Deutschland 1992 **P** Klaus Lemke Filmprod. **KI** Tobis **VA** Marketing **Pd** Hanno Schilf **R** Klaus Lemke **B** Frank Göhre, Klaus Lemke **K** Lothar Elias Stickelbrucks **M** Ricardo Jervis Lyte, Don Cherry **S** Monika Schuchard **D** Thomas Kretschmann (Sven), Marco Heinz (Rikki), Andrea Heuer (Barfrau), Ernie Reinhardt (Lollo), Myriam Zschage (Trainerin) **L** 85 **FSK** ab 16; f **E** 28.1.1993/ 15.11.1993 Video **fd** 30 042

DIE RATTE – COUNTDOWN IN MANHATTAN → Countdown in Manhattan

DIE RATTE DES SYNDIKATS (MAFIA, UNA LEGGE CHE NON PERDONA). Unterfinanzierter Mafiafilm, mit zahlflüssigen Dialogen auf Spielfilmlänge gedehnt. ✦ Italien 1980 **P** Cabaret **VA** E.A.T. **R** Bob Ghisais (= Roberto Girometti) **B** Roberto Girometti, Pelio Quaglia, Pierpaolo Lubrani **K** Roberto Girometti **M** Stelvio Cipriani **S** Luciano Anconetani **D** Gordon Mitchell (Don Nicola), Raffaele Fortunato (Don Raffael), Malisa Longo (Angela), Jackie Basehart (Tony), Fabrizio Marani **L** 78 (gek. 75) **FSK** ab 12 (gek.) **E** Video

DIE RATTE VON SOHO (NIGHT AND THE CITY). Ein ehrgeiziger kleiner Ganove kommt einem mächtigen Gangster in die Quere, womit er sein eigenes Todesurteil fällt. Ein spannendes Kriminal- und Milieudrama, interessant durch seine sorgfältige Zeichnung von Figuren und Schauplätzen. Remake: »Night and the City« (1992, Regie: Irwin Winkler). ✦ Schwarz-weiß. USA 1949/50 **P** 20th Century Fox **KI** Centfox **Pd** Samuel G. Engel **R** Jules Dassin **B** Jo Eisinger, nach einem Roman von Gerald Kersh **K** Max Greene (= Mutz Greenbaum) **M** Franz Waxman **S** Nick De Maggio, Sidney Stone **D** Richard Widmark (Harry Fabian), Gene Tierney (Mary Bristol), Googie Withers (Helen Nosseross), Hugh Marlowe (Adam Dunn), Herbert Lom (Kristo) **L** 94 **FSK** ab 16; nf **E** 4.9.1951/ 29.3.1978 WDR III **fd** 1 306

DIE RATTEN. Um ihre Ehe zu retten, täuscht eine Kleinbürgerin eine Schwangerschaft vor, präsentiert ihrem Mann das Baby eines verzweifelten Flüchtlingsmädchens und setzt so eine Kettenreaktion menschlicher Tragödien und Gewalttaten in Gang. Die Handlung ist Gerhart Hauptmanns wilhelminischer Tragikomödie entlehnt und in das Berlin der 50er Jahre übertragen. Ein schwaches Drehbuch und die Modernisierung nehmen dem Stoff seinen wichtigen zeitgeschichtlichen Hintergrund und seine gesellschaftskritische Schärfe. Profilierte Schauspieler sorgen dafür, daß die psychologischen Konflikte glaubhaft bleiben. ✦ Schwarz-weiß. BR Deutschland 1955 **P** CCC **KI** Herzog **Pd** Artur Brauner **R** Robert Siodmak **B** Jochen Huth, nach dem Bühnenstück »Die Ratten« von Gerhart Hauptmann **K** Göran Strindberg **M** Werner Eisbrenner **S** Ira Oberberg, Klaus M. Eckstein **D** Maria Schell (Pauline Karka), Heidemarie Hatheyer (Anna John), Curd Jürgens (Bruno Mechelke), Gustav Knuth (Karl John), Ilse Steppat (Frau Knobbe) **L** 97 **FSK** ab 16; f **E** 6.7.1955/29.6.1964 ZDF **fd** 4 133

RATTEN. Dokumentarfilm über die Ratte, die vom Menschen seit alters her als Erzfeind im Tierreich angesehen wird und die in allen menschlichen Ansiedlungen zu Hause ist. Der Film untersucht die Mythen, Märchen und Geschichten um die Ratte, ihre Existenz als Versuchstier und ihre jeweilige regionale Anpassung. ✦ Teils schwarz-weiß. Deutschland 1998 **P** Werner Kubny Filmprod./WDR/arte/ Landeszantrale für politische Bildung **Pd** Werner Kubny **R+B** Enno Hungerland, Volker Anding **L** 90 **E** 27.11.1998 arte

DIE RATTEN ERWACHEN (BUDJENJE PACOVA). Ein armer Krawattennäher erlebt auf der Suche nach Geld für seine kranke Schwester nur Enttäuschungen und wird am Ende in sein schäbiges Milieu zurückgestoßen. Künstlerisch beachtliches Drama aus Jugoslawien, das teils komisch-bitter, teils düstergrimmig Schattenseiten des sozialistischen Alltags beschreibt und dabei auch Erscheinungsformen wie Prostitution und Voyeurismus entlarvend ins Bild rückt. ✦ Schwarz-weiß. Jugoslawien 1967 **P** FRZ **R** Zivojin Pavlovic **B** Gordan Mihic, Ljubisa Kozomara, nach einer Erzählung von Momlico Milankov **K** Miorad Jaksic-Fandjo **D** Slobodan Perovic, Dusica Zegarac, Severin Bijelic, Mica Tomic **L** 86 **E** 22.6.1968 ARD **fd** 15 524

RATTEN IM SECRET SERVICE (DANGER ROUTE). Vergeblich versucht ein Agent und Berufskiller, aus seinem schmutzigen Geschäft auszusteigen. Konventioneller Spionagethriller. – Ab 16. ✦ Großbritannien 1967 **P** Amicus **KI** United Artists **Pd** Max J. Rosenberg, Milton Subotsky **R** Seth Holt **B** Meade Roberts, nach dem Roman »The Eliminator« von Andrew York **K** Harry Waxman **M** John Mayer **S** Oswald Hafenrichter **D** Richard Johnson (Jonas Wilde), Carol Lynley (Jocelyn), Diana Dors (Rhoda Goodrich), Barbara Bouchet (Mari), Sylvia Syms (Barbara Canning) **L** 92 **FSK** ab 16; f **E** 28.6.1968 **fd** 15 560

RATTEN – SIE WERDEN DICH KRIEGEN! Als die Müllabfuhr streikt und sich die Bürgermeisterin einer deutschen Großstadt beharrlich weigert, mit den Streikenden zu verhandeln, entwickelt sich im stinkenden Unrat ein tödlicher Virus, der durch die in den Abwasserkanälen lebenden Ratten übertragen wird. In Frankfurt angesiedelter Katastrophen-Thriller, der sich den weit verbreiteten Ekel vor Ratten zu Nutze macht. ✦ Deutschland 2001 **P** Indigo/dkf/Pro Sieben/ego N **Pd** Christian Becker, Thomas Häberle, Michael Münch **R** Jörg Lühdorff **B** Alexander Rümelin **K** Matthias Neumann **M** Egon Riedel **S** Jens Klüber **D** Ralph Herforth (Dabrock), Ann-Cathrin Buhtz (Katrin), Christian Kahrmann (Stuffz Hubert), Karin Neuhäuser (Semmel-Heiduck), Helmut Lorin (Dinter) **L** 95 **E** 18.10.2001 Pro Sieben

DIE RATTEN VON AMSTERDAM (PUPPET ON A CHAIN). Ein amerikanischer Interpol-Agent macht in Amsterdam Jagd auf einen Ring von Heroinschmugglern. Schwungvoll inszenierter und durchgehend spannender Krimi. ✦ Großbritannien 1970 **P** Big City **KI** Warner-Columbia **Pd** Kurt Unger **R** Geoffrey Reeve **B** Alistair MacLean, Paul Wheeler, Don Sharp, nach seinem Roman **K** Jack Hildyard **M** Piero Piccioni **S** Bill Lenny **D** Sven-Bertil Taube (Paul Sherman), Barbara Perkins (Maggie), Alexander Knox (Polizeipräsident De Graaf), Patrick Allen (Van Gelder), Vladek Sheybal (Meegeren), Ania Marson (Astrid Lemay) **L** 98 **FSK** ab 16; nf **E** 15.9.1972 **fd** 18 007

DIE RATTEN VON CHICAGO (I COVER THE UNDERWORLD). Der gute Zwillingsbruder eines üblen Gangsters nimmt vorübergehend als Tarnung dessen Identität an, um im Dienst der Gerechtigkeit weitere Verbrechen zu verhindern. Grob zusammengebastelter B-Krimi. – Ab 14. ✦ Schwarz-weiß. USA 1955 **P** Republic **KI** Gloria **R** R. G. Springsteen **B** John K. Butler **K** Reggie Lanning **M** R. Dale Butts **D** Jaclynne Greene, Joanne Jordan, Ray Middleton, Sean McClory, Lee Van Cleef **L** 70 **FSK** ab 12; nf **E** 14.6.1957 **fd** 5 939

DIE RATTEN VON DETROIT (THE PURPLE GANG). Taten und Untaten einer jugendlichen Gangsterbande, die zur Zeit des Alkoholverbots in den USA eine Konkurrenzbande bekämpft. Gut fotografierter, ansonsten aber konventioneller und kaum spannender Kriminalfilm. ✦ Schwarz-weiß. USA 1959 **P** Allied Artists **KI** Rank **R** Frank McDonald **B** Jack DeWitt **K** Ellis W. Carter **M** Paul Dunlap **D** Barry Sullivan, Robert Blake, Elaine Edwards, Marc Cavell, Jody Lawrance **L** 82 **FSK** ab 16; nf **E** 8.7.1960 **fd** 9 355

DIE RATTEN VON MILANO → Blutiger Schweiß

DIE RATTEN VON PARIS (LES JEUX DANGEREUX). Wo es am Montmartre am düstersten ist, lebt Fleur, einzige Stütze ihrer kranken Mutter und ihres Bruders, der nach einem mißlungenen Raubzug in den Knast kommt. Um ihn freizubekommen, heuert sie den besten Anwalt an; das nötige Geld will sie durch die Entführung eines Millionärssohnes beschaffen. Eine wenig überzeugende Mischung aus finsterem Melodram und Gangsterfilm mit sozialkritischen Anstrich. ✦ Schwarz-weiß. Frankreich 1958 **P** Metzger & Woog **KI** Union **R** Pierre Chenal **B** Paul Andréota, Pierre Chenal, nach dem Roman »Les Gamins du Roi de Sicile« von René Masson **K** Marcel Grignon **M** Paul Misraki **D** Pascale Audret, Jean Servais, Joël Flateau, François Simon-Bessy (= François Simon), Louis Seigner **L** 90 **FSK** ab 16; f **E** 12.12.1958 **fd** 7 642

RATTENFALLE AMERIKA (LE RAT D'AMERIQUE / IL SENTIERO DEI DISPERANT). Die Odyssee eines französischen Juden und seiner Gefährtin, die in Südamerika Glück und Frieden suchen. Ein konventioneller, farbenfroher Abenteuerfilm, der die bittere Tragik des Emigrantenlebens und den authentischen Realismus der Vorlage durch sentimentale Klischees ersetzt. ✦ Scope. Frankreich/Italien 1962 **P** Franco-London/Madeleine/Zebra **KI** Cine-Union **R** Jean-Gabriel Albicocco **B** Jacques Lanzmann, Jean-Gabriel Albicocco, nach einem Erlebnisbericht voun Jacques Lanzmann **K** Quinto Albicocco **M** Georges Garvarentz **D** Charles Aznavour, Marie Laforêt, Franco Fabrizi **L** 88 **FSK** ab 16; f **E** 2.4.1965 **fd** 13 352

DER RATTENFÄNGER (PIED PIPER / CROSSING TO FREEDOM). Beim Urlaub in den französischen Alpen im Sommer 1940 wird ein herzkranker pensionierter Anwalt von der Invasion der deutschen Truppen überrascht. Er macht sich auf die Rückreise, begleitet von zwei Kindern, die ihm eine besorgte Mutter im Hotel anvertraut hat. Auf der gefährlichen Reise durch Frankreich schließen sich der Gruppe weitere Kinder und eine hilfreiche junge Französin an. Bei der Ankunft an der bretonischen Küste wird der hilfreiche Gentleman von einem Gestapo-Offizier für einen Spion gehalten. Fürs Fernsehen entstandene Neuverfilmung eines bereits 1942 erstmalig fürs Kino aufbereiteten Romanstoffes. – Ab 16. ✦ USA/Großbritannien 1989 **P** Proctor & Gamble **Pd** Craig McNeil **R** Norman Stone **B** Jerome Kass, nach einem Roman von Nevil Shute **K** Ken Morgan **M** Phil Smith **D** Peter O'Toole (John Sidney Howard), Alastair Haley (Ronnie Cavanagh), Clare Drummond (Sheila Cavanagh), Susan Wooldridge (Mrs. Cavanagh), Mare Winningham (Nicole Rougeron) **L** 100 **E** 5.11.1991 Tele 5

DER RATTENFÄNGER VON HAMELN (1971) (THE PIED PIPER). 1349 zieht eine Truppe von Komödianten gemeinsam mit einem rätselhaften Flötenspieler in Hameln ein, der einzigen Stadt, die noch von der Pest verschont ist. Während der Baron der Stadt seine Hochzeit mit der Tochter des Bürgermeisters vorbereitet, erkennt ein jüdischer Alchimist, daß Ratten die Pest verbreiten. Doch er muß seine Forschungen einstellen, um Gold für den Italien-Feldzug des Papstes herzustellen. Während er diese Arbeit verweigert und auf dem Scheiterhaufen endet, befreit der Flötenspieler die Stadt von der Rattenplage und lockt schließlich alle Kinder an, als ihm die Stadt die versprochene Entlohnung vorenthält. Die klassische Sage wurde zur aufwendig ausgestatteten Fabel, bei der sich Realismus und Poesie auf faszinierende Weise die Balance halten. Vor dem präzise eingebundenen politischen Hintergrund – Ende des Feudalsystems, Stärkung des Bürgertums, religiöser Obskurantismus – verdichtet sich der Film zu einer zeitlosen Reflexion über Rassismus, Intoleranz und menschlichen Größenwahn. (Die Videofassung zerstört die Bildwirksamkeit, da sie das Breitwandformat verstümmelt.) – Sehenswert ab 8. ✦ Scope. Großbritannien 1971 **P** Goodtimes Enterprises/Sagittarius **VA** Select **Pd** David Puttnam **R** Jacques Demy **B** Andrew Birkin, Jacques Demy, Mark Peploe, nach der mittelalterlichen Legende und dem Volksmärchen **K** Ron Robson, Peter Suschitzky **M** Donovan **D** Donovan, Donald Pleasence, Jack Wild, Roy Kinnear, Cathryn Harrison, Diana Dors, John Hurt **L** 90 **E** 1983 Video

DER RATTENFÄNGER VON HAMELN (1982) (THE PIED PIPER OF HAMELIN). Das klassische Märchen vom Flöte spielenden Rattenfänger, dem die Stadt Hameln den Dank schuldig blieb, in einer englischen Puppentrickfassung. Der Film wurde beim internationalen Wettbewerb »Prix Jeunesse« 1982 ausgezeichnet. ✦ Großbritannien 1982 **P** Hall-Cosgrove **R** Mark Hall **B** Mark Hall, nach einem Gedicht von Robert Browning **M** S. J. Woolsterholme, D. Rohl **L** 87 (TV) **E** 15.1.1983 ZDF

DER RATTENFÄNGER VON HAMELN (1984). Ein geheimnisvoller Musikant, der die reiche und verderbte Stadt Hameln von Ratten säuberte, wird um seinen Lohn betrogen. Er rächt sich, indem er mit dem Klang seiner Pfeife die Bewohner in den Abgrund lockt. Ein Puppenfilm, der die jahrhundertealte Legende neu gestaltet. ✦ CSSR/BR Deutschland 1984 **P** Krátky Filmstudio Prag/TV 2000/SWF **R** Jirí Barta **B** Kamil Pixa **K** Vladimír Malík, Ivan Vit **L** 60 **E** 22.11.1985 S 3

DER RATTENGOTT (IZBAVITELJ). In den 20er Jahren: Seltsame Ereignisse in einer mitteleuropäischen Stadt veranlassen einen Wissenschaftler zu Vorkehrungen gegen drohendes Unheil. Er weiß aus einem 400 Jahre alten Buch, daß Ratten sich in Menschen verwandeln und unter Führung einer Riesenratte die Herrschaft an sich reißen können. Der preisgekrönte kroatische Film benutzt die Zutaten des Genres mit seltenem Geschick. In die Story eingeflochten sind politische Reflexionen über den Kampf zwischen Gut und Böse und das Wesen des Faschismus, der in Krisenzeiten erneut hervorzubrechen droht. ✦ Jugoslawien 1977 **P** Jadran/Croatia **R** Krsto Papic **B** Ivo Bresan, Krsto Papic, Zoran Tadic, nach einer Novelle von Alexander Grin **K** Ivica Rajkovic **M** Branislav Zivkovic **S** Miroslava Kapic, Zana Gerove **D** Ivica Vidovic (Gajski), Mirjana Majurec (Sonja), Relja Basic (Bürgermeister), Ilija Ivezic (Polizeichef), Fabijan Sovagovic (Prof. Boskovic), Branko Spoljar (Rupcic) **L** 75 (TV) **E** 5.2.1982 ZDF

RATTENNEST (KISS ME DEADLY). Eine Verbrecherbande jagt einer Kiste mit radioaktivem Material nach. Ein Privatdetektiv findet den Schlüssel des begehrten Behälters bei der Leiche eines Mädchens und klärt unter Zurücklassung vieler weiterer Leichen den Fall. Kritische Verfilmung eines Gangsterromans von Mickey Spillane, dessen Privatdetektiv-Figur Mike Hammer den Glauben verkörpert, daß der Zweck die Mittel heilige: Er macht seine eigenen Gesetze, verfolgt seine Gegner aus persönlichen Rachegefühlen und bildet sich auch noch ein, damit einen Beitrag zur Erhaltung der Freiheit aller zu leisten. Ein unterkühlt und knapp inszeniertes klassisches Beispiel des amerikanischen »film noir«. ✦ Schwarz-weiß. USA 1955 **P** Parklane **Kl** United Artists **Pd+R** Robert Aldrich **B** A. I. Bezzerides, nach einem Roman von Mickey Spillane **K** Ernest Laszlo **M** Frank De Vol **S** Michael Luciano **D** Ralph Meeker (Mike Hammer), Albert Dekker (Dr. Soberlin), Paul Stewart (Carl Evello), Juano Hernandez (Eddie), Wesley Addy (Pat), Marian Carr (Friday), Cloris Leachman (Christina), Maxine Cooper (Velda), Jack Elam (Charlie Max) **L** 105 **FSK** ab 18; nf **E** 6.7.1956/3.1.1970 ARD **fd** 5 082

DAS RATTENNEST (1973) (UNA DONNA PER SETTE BASTARDI). Ein Fremder kommt nach einer Autopanne in eine von zwielichtigen Gestalten bevölkerte verfallene Goldgräberstadt. Im Verlauf der relativ undurchsichtigen Handlung finden die meisten von ihnen den Tod. Stellenweise recht brutales Action-Kammerspiel. ✦ Italien 1973 **P** Nais **VA** Vegas/Starlight **R** Roberto Bianchi Montero **B** Leila Buongiorno **K** Mario Mancini **M** Franco Micalizzi **S** Carlo Reali **D** Richard Harrison (Fremder), Gordon Mitchell (Gordon), Dagmar Lassander (Rita), Luciano Rossi (Buckliger), Ivano Staccioli (Smith), Antonio Casale (Dick), Luciano Bartoli **L** 89 **E** Dezember 1983

DAS RATTENNEST (1988) →The Rescue (1988 BRD)

DIE RÄTTIN. Ein Film nach Motiven des Romans von Günter Grass. Die Erde scheint vor ihrem Untergang zu stehen: Das Land ist von Ratten, das Meer von Quallen überschwemmt. Während die meisten Menschen, wie der Maler und Videokünstler Marcus Frank, die drohende Apokalypse als mediales Szenario mißdeuten, macht sich dessen Frau auf nach Vineta, der legendären »Stadt der Frauen«, die mitten im Meer liegen soll. Eine Parabel über die drohende Selbstvernichtung der Menschheit, surrealistisch verpackt in eine fantastische Erzählung, deren Personal zum großen Teil aus dem Kosmos Grass'scher Romangestalten stammt. Während der Roman nicht bei der Apokalypse stehenbleibt, sie vielmehr als Produkt der Fantasie relativiert, deutet der Film das Traummotiv nur vorsichtig an. Ein diskussionswerter, formal ambitionierter Film, der freilich in seinen vielen symbolischen Verweisen mißverständlich bleibt. ✦ Deutschland 1997 **P** SR/arte **VA** BMG/Ufa **R** Martin Buchhorn **B** Martin Buchhorn, nach dem Roman von Günter Grass **K** Klaus Peter Weber **M** Christopher Evans Ironside **D** Matthias Habich (Marcus Frank), Sunnyi Melles (Damroka), Peter Radtke (Matzerath), Dieter Laser (Bruno), Helene Grass (Katja) **L** 91 **FSK** ab 12 **E** 14.10.1997 arte/15.10.1997 ARD

RATTLE RAT (DE RATELRAT). Zwei Amsterdamer Polizisten ermitteln im Fall eines Rinderzüchters, dessen verbrannte Leiche im Yachthafen Rätsel aufgibt. Statt einleuchtender Handlung gibt das Drehbuch eine beliebig anmutende, unübersichtlich hin- und herspringende Folge von flapsigen Szenen vor, die wohl als Puzzle gedacht waren, aber weder Spannung noch Erheiterung erzeugen. Das Meer, der Strand, die Deichlandschaft Frieslands liefern die stimmungsvolle Kulisse. Heroin, eine Terrariumsratte, chinesische Halunken, ein Deserteur der Armee auf Ameland verweisen auf die gescheiterte Absicht, der reizvollen Krimi-Vorlage gerecht zu werden. (Vgl. »Outsider in Amsterdam«) ✦ Niederlande 1987 **P** Avroi/Concorde **VA** Vestron **Pd** Frans Rasker **R** Wim Verstappen **B** Wim Verstappen, nach einem Roman von Janwillem van de Wetering **K** Frans Bromet **M** Ruud Bos **S** Rob van Steensel **D** Rijk de Gooyer (Cpt. Grijpstra), Peter Faber (Lt. De Gier), Bernhard Droog, Pieter Lutz, Hidde Maas **L** 84 **FSK** ab 16 **E** 18.12.1989 Video **fd** 28 064

RATTLED – ANGRIFF DER KLAPPERSCHLANGEN (RATTLED). Die Sprengung eines Berges setzt zahllose Klapperschlangen frei, die fortan die Menschen in der Nähe bedrohen. Für ein in zweiter Ehe verheiratetes Paar hat diese Gefahr jedoch auch etwas Gutes, Mann und Stiefsohn, der noch immer um seinen Vater trauert, nähern sich einander an. Unentschlossene Mischung aus Ökothriller, Horrorfilm und Familiengeschichte, die auf keiner Handlungsebene zu überzeugen versteht. – Ab 16. ✦ USA 1996 **P** Universal **VA** CIC **Pd** Gary L. Messenger, John V. Stuckmeyer **R** Tony Randel **B** Ken Wheat, Jim Wheat **K** Jacques Haitkin **M** Joel Goldsmith **S** Claudia Finkle **D** William Katt (Paul Donahue), Ed Lauter (Murray Hendershot), Bibi Besch (Gail Hendershot), Monica Creel (Monica), Shanna Reed (Krista Donahue) **L** 86 **FSK** ab 16 **E** 11.11.,1996 Video **fd** 32 329

RATZEK FINDET ANSCHLUSS (RACEK MA ZPOZDENI). Die lehrhaft-ideologische Geschichte eines Einzelgängers, der von seiner Brigade erfolgreich »umerzogen« wird. – Ab 14. ✦ Schwarz-weiß. CSR 1950 **P** Tschechoslowakischer Staatsfilm **Kl** Progress **R** Josef Mach **B** Karel Feix, Ivan Osvald, Oldrich Lipsky **K** Jan Roth **M** Jirí Sust **S** Jan Chaloupek **D** Vladimír Repa (Hans Ratzek), Rudolf Deyl jr. (Kutilek), L. Vostrocilová (Ruschenka), Robert Vrchota (Lockenhansl), Antonín Sura (Jirka) **L** 81 **E** 21.3.1952 Kino DDR/6.8.1954 DFF 1

RAUB AN DER GOLDKÜSTE (THE INDIANS ARE COMING). Die Indianerkriege gegen Ende des 19. Jahrhunderts als Hintergrund für die Abenteuer des Helden Jack Manning, der sein ständig plärrendes Blondchen vor einem diebischen Schurken rettet. Hauptdarsteller Tim McCoy galt in den späten 20er Jahren als Begründer des historisch fundierten Indianerwesterns. In diesem frühen Tonfilm ist von seinen Talenten nur noch wenig erkennbar, zumal in der deutschen Kinofassung (der eine 12teilige Fortsetzungsgeschichte zugrunde liegt!) offenbar sorglos herumgeschnitten wurde. ✦ Schwarz-weiß. USA 1930 **P** Universal **Kl** Central **R** Henry McRae **B** George H. Plympton, Ford Beebe, nach dem Buch »The Great West That Was« von William F. Cody **D** Tim McCoy, Allene Ray, Edmund Cobb, Francis Ford, Wilbur McGaugh, Bud Osborne, Charles F. Royal **L** 78 **FSK** ab 12; nf **E** 1950 Kino (Wiederauff.)/6.7.1953 ARD **fd** 949

DER RAUB DER JUNGFRAUEN (RAPIREA FECIORELOR). Weitere Taten des Heiduckenhauptmanns Amza (vgl. »Amza, der Schrecken der Bojaren«) und seiner Geliebten Anitza im Kampf gegen die Bedrückung des Volkes durch die Türken und Bojaren. Wirklichkeitsferne Abenteuerromantik mit einigen Ungereimtheiten. – Ab 16. ✦ Scope. Rumänien 1967 **P** Filmstudio Bucuresti **Kl** Progress **R** Dinu Cocea **B** Eugen Barbu, Mihai Opris, Dinu Cocea **K** George Voicu **M** Mircea Istrate **D** Emanoil Petrut, Marga Barbu, George Constantin, Toma Caragiu, Olga Tudorache **L** 91 **E** 24.1.1969 Kino DDR/5.2.1971 DFF 2

DER RAUB DER MONA LISA. Ein italienischer Glasergeselle stiehlt die Mona Lisa aus dem Louvre, um einem dem Bildnis ähnelnden Zimmermädchen zu imponieren. Er wird in Florenz zwar verurteilt, zugleich aber als Patriot gefeiert, der das von Napoleon geraubte Bild heimholen wollte. Musikalische Komödie aus den Anfängen der Tonfilmzeit, mit leichter Hand und überzeugenden Darstellern amüsant inszeniert. (Michel Deville adaptierte den Stoff 1966 als »Der Dieb der Mona Lisa«.) ✦ Schwarz-weiß. Deutschland 1931 **P** Super-Film **Pd** Julius Haimann **R** Géza von Bolváry **B** Walter Reisch **K** Willy Goldberger **M** Robert Stolz **D** Willi Forst (Vincenzo Peruggia), Trude von Molo (Mathilde, Stubenmädchen), Gustaf Gründgens (der Unbekannte), Fritz Odemar (Direktor des Louvre), Max Gülstorff (Oberaufseher) **L** 90 **E** 25.8.1931/12.8.1980 ZDF

RAUB DER RENNPFERDE (POCHITSCHENIJE SKAKUNA). Turkmenien 1919, zur Zeit der Interventions- und Bürgerkriege. Die abziehenden englischen Truppen wollen die berühmten Rassepferde dieses Gebietes mitnehmen, außerdem trachtet auch noch ein Bandenchef nach ihrem Besitz. Es gelingt einem Revolutionär, dies mit Hilfe von Gleichgesinnten zu verhindern. Abenteuerfilm, eher auf ein jugendliches Publikum zugeschnitten. – Ab 16. ✦ Scope. UdSSR 1978 **P** Turkmenfilm **KI** Progress **R** Chalmamed Kakabajew **B** Begi Suchanow, Chalmamed Kakabajew, Alexander Tschernoe **K** Owes Welmuradow **M** Redshep Redshepow **D** Kerim Annanow (Dowlet), Baba Annanow (Kurban), Shanna Smeljanskaja (Anna), Sandri Ion Schkurja (Kelvin), Artyk Dshallyjew (Alikhan) **L** 95 **E** 8.2.1980 Kino DDR/9.12.1979 DFF 2

DER RAUB DER SABINERINNEN (1936). Ein Schmierentheater-Direktor mit mehr Enthusiasmus als Sachverstand und ein Kleinstadtprofessor mit geheimen künstlerischen Neigungen sind die Kontrahenten in dem oft gespielten, immer wieder wirkungsvollen Bühnenschwank der Gebrüder Schönthan. Auch diese Verfilmung hat Patina angesetzt, aber die Darsteller – allen voran Max Gülstorff – füllen ihre Rollen mit Hingabe. – Ab 10 möglich. ✦ Schwarz-weiß. Deutschland 1936 **P** Carl Fröhlich **KI** Europa **R** Robert A. Stemmle **B** Robert A. Stemmle, nach dem gleichnamigen Theaterstück von Franz und Paul Schönthan **K** Reimar Kuntze **M** Harald Böhmelt **D** Bernhard Wildenhain, Max Gülstorff, Maria Koppenhöfer, Ilse Petri, Hilde Sessak **L** 93 **FSK** ab 6; nf **E** 18.2.1936/21.5.1962 DFF 1

DER RAUB DER SABINERINNEN (1953/54). Verfilmung des gleichnamigen Schwanks der Gebrüder von Schönthan, der 1884 in Stettin uraufgeführt wurde und seitdem nicht nur auf deutschen Bühnen immer wieder aufgeführt wird. Obwohl er von Mißerfolg zu Mißerfolg eilt, trotz Armut und grotesker Fehlleistungen, zeigt der Direktor einer Wanderbühne menschliche Größe. Mit Schwung und Humor inszenierte amüsante Unterhaltung. – Ab 12. ✦ Schwarz-weiß. BR Deutschland 1953/54 **P** CCC Filmkunst **KI** Allianz **Pd** Artur Brauner **R** Kurt Hoffmann **B** Emil Burri, Johannes Mario Simmel, nach dem gleichnamigen Theaterstück von Franz und Paul Schönthan **K** Albert Benitz **M** Ernst Steffan **S** Johanna Meisel **D** Paul Hörbiger (Prof. Gollwitz), Fita Benkhoff (Frau Striese), Gustav Knuth (Emanuel Striese), Loni Heuser (Frau Gollwitz), Bully Buhlan (Charly), Anneliese Kaplan (Renate Gollwitz), Ruth Stephan (Rosa, Dienstmädchen), Ernst Waldow (Groß), Hans Stiebner (Perchtramer) **L** 89 **FSK** ab 6; nf **E** 2.4.1954/18.3.1955 Kino DDR/9.10.1987 DFF 2 **fd** 3 239

DER RAUB DER SABINERINNEN (1961) (IL RATTO DELLE SABINE). In der neuen Stadt des Konig Romulus leben bis jetzt nur Männer. Unterhändler werden zum benachbarten König des Sabinerstammes geschicht, um Frauen nach Rom zu holen. Für den Fall, daß die Mission scheitert, liegt ein handfester Plan bereit. Bunt-spektakuläre Abenteuerunterhaltung, deren Helden in ihren menschlichen Zügen vergleichsweise differenziert dargestellt werden. ✦ Italien/Frankreich 1961 **P** Fi.C.i.T./C.F.P.I. **R+B** Richard Pottier **K** Adalberto Albertini **M** Carlo Rustichelli **D** Mylène Demongeot, Roger Moore, Folco Lulli, Rosanna Schiaffino, Giorgia Moll **L** 98 **E** 5.10.1969 DFF 1

DER RAUB DES HEILIGEN LUKAS (WOSWRASCHTSCHENIJE SWJATOWO LUKI). Planung und Durchführung eines Kunstdiebstahls, bei dem schließlich die untereinander uneinigen Täter von den Staatsorganen gefaßt werden. Kriminalfilm, der sich vornehmlich mit den Rechtsbrechern beschäftigt und die Arbeit der Polizei zurücktreten läßt. Eher bedächtig inszeniert, aber nicht ohne Spannung. – Ab 16. ✦ Scope. UdSSR 1970 **P** Mosfilm **KI** Progress **R** Anatoli Bobrowski **B** Wladimir Kusnezow, Boris Schustrow **K** Roman Wesseler **M** Isaak Schwarz **D** Wsewolod Sanajew (Sorin), Wladislaw Dworshezki (Karabanow), Oleg Basilaschwili (Loskutow), Jekaterina Wassiljewa (Polina), Natalja Rytschagowa (Soja) **L** 96 **E** 17.12.1971 Kino DDR/6.4.1973 DFF 1

DER RÄUBER (DER RÄUBER). Ein von den Schriften Robert Walsers inspirierter »Räuber« unterwegs in der Gegenwart. Der Erstlingsspielfilm versucht, die Situation eines Filmschaffenden auf der Suche nach der Finanzierung für seinen ersten Film zu thematisieren. Was leicht und ironisch beginnt, wird zunehmend langatmig und bedeutungsschwer. Während die prätentiöse Story hinkt, verraten die schön fotografierten Schwarzweißbilder gestalterisches Geschick. ✦ Schwarz-weiß. Schweiz 1984 **P** Lutz Leonhardt **KI** Lutz Leonhardt **R+B** Lutz Leonhardt **K** Martin Fuhrer, Ueli Steiger **M** Johann Sebastian Bach **S** George Katsimbalis **D** Michael Schacht, Barbara Schneider, Michael Biermann, Hans Castorp, Urs Schneider **L** 90

RÄUBER, GENDARM UND EIN DIENSTMÄDCHEN →Nachtwächter, Dieb und Dienstmädchen

DER RÄUBER HOTZENPLOTZ. Mit Hilfe einer entzauberten Fee bringen zwei Jungen den Räuber Hotzenplotz, der ihrer Großmutter die Kaffemühle gestohlen hat, zur Strecke. Die Verfilmung des bekannten Kinderbuches ist redlich um Humor und Charme bemüht, kommt aber doch recht plump und schwerfällig daher. (Fortsetzung: »Neues vom Räuber Hotzenplotz«, 1978) – Ab 8. ✦ BR Deutschland 1973 **P** Ehmck-Film **KI** Jugendfilm **Pd+R** Gustav Ehmck **B** Gustav Ehmck, nach dem Kinderbuch von Otfried Preußler **K** Hubs Hagen (= Hubertus Hagen) **M** Eugen Thomass **S** Wolfgang Schacht **D** Gert Fröbe (Hotzenplotz), Lina Carstens (Oma), Josef Meinrad (Petrosilius Zwackelmann), Rainer Basedow (Wachtmeister), David Friedmann **L** 114 **FSK** ab 6; f **E** 8.3.1974 **fd** 18 795

EIN RÄUBER MIT HERZ (THE GENTLEMAN BANDIT). Ein treuherziger, unkonventioneller Pfarrer gerät in den Verdacht, zur Weihnachtszeit eine Serie bewaffneter Raubüberfälle begangen zu haben. Trotz Unschuldsbeteuerungen wird er verhaftet. Einem jüdischen Anwalt gelingt es, den wirklichen Täter ausfindig zu machen, so daß der Priester die Weihnachtsmesse in seiner Gemeinde feiern kann. Nach einer wahren Begebenheit inszenierter Fernsehkrimi, der seine sozialkritische Haltung mit der humorigen Beschreibung des Kleine-Leute-Milieus in den USA kombiniert. – Ab 16. ✦ USA 1981 **P** Highgate **Pd** Linda Gottlieb **R** Jonathan Kaplan **B** Milan Stitt **K** John Lindley **M** Stanley Myers **D** Ralph Waite, Julie Bovasso, Jerry Zaks, Joe Grifasi, Estelle Parsons **L** 96 **E** 16.1.1988 ZDF

RÄUBER UND GENDARM (GUARDIE E LADRI). Komödie um einen kleinen Dieb in Rom, der seine Familie uber Wasser halt, indem er Touristen übers Ohr haut. Als er von einem seiner Opfer wiedererkannt wird, nimmt ein Polizist die Verfolgung auf. Der Gauner zieht sich jedoch geschickt aus der Affäre. Der sympathische Film mit dem unvergessenen Volksschauspieler Totò in der Hauptrolle ist von einem weisen Humor geprägt: ein unterhaltsamer Appell an die Mitmenschlichkeit. ✦ Schwarz-weiß. Italien 1952 **P** Ponti de Laurentiis/Golden-Film **KI** Neue Filmkunst **R** Steno (= Stefano Vanzina), Mario Monicelli **B** Vitaliano Brancati, Aldo Fabrizi, Ennio Flaiano, Ruggero Maccari, Steno (= Stefano Vanzina), Mario Monicelli **K** Mario Bava **M** Alessandro Cicognini **D** Totò (Ferdinando Esposito), Aldo Fabrizi (Lorenzo Bottoni), Pina Piovani (Fr. Esposito), William Tubbs, Ernesto Almirante, Ave Ninchi (Dr. Bottoni), Rossana Podestà, Carlo Delle Piane, Gino Leurini, Aldo Giuffrè **L** 104 **FSK** ab 12; nf **E** 17.5.1957/28.7.1964 ARD/16.9.1968 DFF 1 **fd** 5 662

RÄUBERSCHMIEDE – EINE BÜRGERMEISTERWAHL IN AUSTRALIEN (RATS IN THE RANKS). Dokumentarfilm über die Bürgermeisterwahlen im Leichhardt-Bezirk der australischen Stadt Sydney. Nicht die Bürger entscheiden, sondern die zwölf Gemeinderäte, von denen einige selbst auf den Posten des Bürgermeisters scharf sind. Ein Blick hinter die Kulissen der Politik, die als Geschäft enttarnt wird und zu einem Forum der Mehrheitsbeschaffung verkommt. ✦ Australien/Frankreich 1996 **P** La Sept/arte **R** Bob Connolly, Robin Anderson **L** 79 **E** 19.9.1997 arte

RÄUBERSYMPHONIE (THE ROBBER SYMPHONY). Ein tapferer Landfahrerjunge entlarvt eine Räuberbande, die sich als Musikkapelle tarnt, wobei ihn das Glück alle Gefahren siegreich bestehen läßt. Der im englischen Exil 1935/36 entstandene Film des Österreichers Friedrich Feher ist – trotz technischer und stilistischer Mängel – immer noch reizvoll und unterhaltsam. Die späte Deutschlandpremiere war erst möglich, nachdem man in Holland eine neue Kopie gefertigt hatte. (TV-Titel DDR: »Die Räubersinfonie«) ✦ Schwarz-weiß. Großbritannien 1936 **P** Concordia **KI** Neue Filmkunst **R** Friedrich Feher **B** Anton Kuh **K** Eugen Schüfftan **M** Friedrich Feher **D** Hans Feher, Magda Sonja, Georges Graves, Alexandre Rignault **L** 105 **FSK** ab 6; nf **E** 21.2.1964/23.12.1983 DFF 2 **fd** 12 666

RAUBFISCHER IN ALASKA (SPAWN OF THE NORTH). Ein in sein Heimatdorf zurückgekehrter Fischer versucht, seinen Freund dafür zu gewinnen, gemeinsam ein eigenes Boot zu kaufen und dadurch unabhängig zu werden. Als der Freund ablehnt, macht der Enttäuschte gemeinsame Sache mit den verhaßten Raubfischern, was ihm zum Verhängnis wird. Handfestes Abenteuerkino; spannend inszeniert, attraktiv fotografiert und ausgezeichent gespielt. ✦ Schwarz-weiß. USA 1938 **P** Paramount **Pd** Albert Lewin **R** Henry Hathaway **B** Talbot Jennings, Jules Furthman, nach einem Roman von Barrett Willoughby **K** Charles Lang jr. **M** Dimitri Tiomkin **S** Ellsworth Hoagland **D** George Raft (Tyler Dawson), Henry Fonda (Jim Kimmerlee), Dorothy Lamour (Nicky Duval), John Barrymore (Windy), Akim Tamiroff (Red Skain), Louise Platt (Diane), Lynne Overman (Jackson), Fuzzy Knight (Lefty Jones) **L** 110 **E** 27.2.1978 BR

RAUBFISCHER IN HELLAS. Schwermütiges und um eine Atmosphäre des Geheimnisvollen bemühtes Drama um den Konflikt zwischen den Bewohnern zweier griechischer Fischerinseln, die sich mit unversöhnlichem Haß bekämpfen. Trotz bemerkenswerter Kameraarbeit letztlich unbefriedigend, da der Anspruch auf Tiefgründigkeit uneingelöst bleibt. ✦ Schwarz-weiß. BR Deutschland 1959 **P** Tele **KI** Columbia **R** Horst Hächler **B** Jeffrey Dell, Jo Eisinger, nach dem gleichnamigen Roman von Werner Helwig **K** Kurt Hasse **M** Friedrich Meyer **S** Arnfrid Heyne **D** Maria Schell, Cliff Robertson, Cameron Mitchell, Peter Carsten, Fritz Tillmann **L** 105 **FSK** ab 12; f **E** 10.11.1959 **fd** 8 618

RAUBKATZE (BIG CAT). Die aufregende Jagd nach einer Wildkatze, die in den Viehbeständen der Farmer wütet. Melodramatisches B-Movie. ✦ USA 1949 **P** Eagle Lion **KI** Union **Pd** William Moss **R** Phil Karlson **B** Morton Grant, Dorothy Yost **K** W. Howard Greene **M** Paul Sawtell **S** Harvey Manger **D** Lon McCallister (Danny Turner), Peggy Ann Garner (Doris), Preston Foster (Tom Eggers), Forrest Tucker (Gil Hawks), Skip Homeier (Jim) **L** 75 **FSK** ab 12; f **E** 23.11.1950 **fd** 963

RAUBMORD →Asphalt Dschungel

DAS RAUBTIER. Erwachsene und Kinder streiten sich, ob sie einen Wolf oder vielleicht doch nur einen Hund beobachtet haben. Der Sohn eines Jagdvorsitzenden will es genau wissen, schwänzt die Schule, baut eine Wolfsfalle und steckt mit seinem Jagdfieber auch den Vater an. Etwas betulicher Kinderfilm des DEFA-Spezialisten Walter Beck (geb. 1929), der die Achtung vor der Kreatur beschwört und zugleich den daraus und aus der Jagdleidenschaft erwachsenden Zwiespalt eines Kindes zeigt. ✦ Scope. DDR 1978 **P** DEFA, Gruppe »Johannisthal« **KI** Progress **Pd** Siegfried Kabitzke **R** Walter Beck **B** Walter Beck,

Rosel Klein **K** Günter Heimann **M** Günther Fischer **S** Erika Lehmphul **D** Hanjo Mende (Roland), Michael Gieseler (Hugo), Madeleine Lierck (Hannchen), Holger Mahlich (Vater Krauß), Dieter Wien (Eberhard), Thomas Langhoff (Horst), Gunter Friedrich (Klaus) **L** 77 **E** 29.1.1978 Kino DDR/2.6.1979 DFF 1/5.6. 1980 WDR

DAS RAUBTIER RECHNET AB (LE FAUVE EST LACHE). Ein beliebter Gastwirt und Familienvater, einstmals Gangster, wird von der Polizei auf übelste Weise genötigt, einen früheren Freund zu verraten. Daraus entwickelt sich ein gefährliches Spiel um wichtige Geheimdokumente, das er zwangsweise zu seiner Sache macht, als der Freund ermordet und sein kleiner Sohn entführt wird. Routiniert inszeniertes, intelligent konturiertes düsteres Krimiabenteuer, das Polizei und Gangster gleichermaßen als gewissenlose Befehlsvollstrecker darstellt; psychologisch glaubwürdig, in der Hauptrolle überzeugend gespielt. (DDR-Titel: »Dschungel in Paris«) – Ab 16. ✦ Schwarz-weiß. Frankreich 1958 **P** Cinéphonic/Elan **KI** Deutsche Cosmopol **R** Maurice Labro **B** Jean Redon, Claude Sautet **K** Pierre Petit **M** Georges van Parys **S** Germaine Artus-Lamy **D** Lino Ventura (Paul Lamiani), Estella Blain (Nadine), Paul Frankeur (Raymond), Alfred Adam (Der Oberst), François Chaumette (Paulan) **L** 100 **FSK** ab 16; nf **E** 20.3.1959/ 17.11.1967 Kino DDR **fd** 8 019

RAUBTIERFÄNGER (SWEROLOWY / UKROTIL ZWEREI). Interessante und gefährliche Abenteuer beim Fang von Pelikanen, Adlern, Antilopen, Stachelschweinen und Tigern. Eine reizvolle Mischung von loser Spielhandlung und lebensechten dokumentarischen Tieraufnahmen. (DDR-Titel: »Tierfänger«) – Ab 8. ✦ UdSSR 1959 **P** Mosnautschfilm **KI** Progress **R** Gleb Nifontow **B** S. Burljuk, A. Shadan **K** G. Cholny **M** Alexander Lokschin, A. Sewostjanow **D** Iwan Sawkin (Jegorow), Radner Muratow (Dudin), B. Sitko (Sharkow), G. Michailow (Makarow), K. Nemoljajew (Tscherepanow) **L** 81 **FSK** ab 12; f **E** 19.2.1960 Kino DDR/19.1.1961 DFF 1/13.3.1966 ARD **fd** 10 138

RAUBVÖGEL →Duell der Helikopter

RAUBZUG DER WIKINGER (THE LONG SHIPS). Die Legende von einer riesigen goldenen Glocke veranlaßt die bärenfelligen Gesellen aus dem hohen Norden, raufend, kämpfend und liebend in den Orient zu rudern, wo Wüstenabenteuer und Haremsfreuden auf sie warten. Aufwendiges Abenteuerkino mit wirkungsvollen Trickszenen und großem Verschleiß an Menschen und Material. Das herrlich naive Drehbuch ist voller Nonsens-Dialoge, die allerdings nicht komisch gemeint sind. ✦ Scope. Großbritannien/ Jugoslawien 1963 **P** Warwick/Avala **KI** Columbia-Bavaria **Pd** Irving Allen **R** Jack Cardiff **B** Berkeley Mather, Beverly Cross, nach einem Roman von Frans G. Bengtsson **K** Christopher Challis **M** Dusan Radic **S** Geoffrey Foot **D** Richard Widmark (Rolfe), Russ Tamblyn (Orm), Rosanna Schiaffino (Aminah), Sidney Poitier (El Mansuh), Oskar Homolka (Krok) **L** 119 **FSK** ab 12; nf **E** 25.3.1964/27.12.1975 DFF 2 **fd** 12 632

RAUBZÜGE DER MONGOLEN →Die Mongolen

RAUCH. Ein russischer Gutsbesitzer begegnet an dem Ort, wo er seine Braut treffen soll, ausgerechnet seiner großen Jugendliebe. Er bricht mit der Verlobten und bittet die Wiedergefundene, mit ihm zu gehen. Als sie sich weigert, kehrt er allein auf sein Gut zurück. Getragen inszenierte Literaturverfilmung. ✦ Deutschland/Russland 1991/92 **P** Kinostudio Petropol/Lenfilm/Ekran/Polyphon/SWF **R** Ajan Schachmaliewa **B** Natalija Rajasanzewa, nach einem Roman von Iwan Turgenjew **K** Sergej Jurisdizki **M** Wadim Bibergan **S** Lidija Wolkowa **D** Larisa Menschowa (Irina Pawlowa Ratmirow), Wladislaw Wetrow (Litwinow), Stanislaw Ljubschin (Potjugin), Alexander Romainow (Ratmirew), Oksana Krijuschtschenko (Tanja) **L** 180 **E** 2.,9.10.1993 ARD (zwei Teile)

DER RAUCH DES KARTOFFELFEUERS (DYM BRAMBOROVE NATE). Ein 50jähriger, bisher sehr erfolgreicher Mediziner verläßt seine Chefarztstellung in Prag, trennt sich von seiner Frau und geht in ein kleines Dorf, um hier mit seinem Leben und seiner Arbeit noch einmal neu zu beginnen. Mit großer Sensibilität gestaltetes, künstlerisch beachtenswertes Drama mit Gespür für die ethischen Dimensionen der Story. – Ab 16. ✦ CSSR 1977 **P** Filmstudio Barrandov **KI** Progress **R** Frantisek Vlácil **B** Václav Nyvlt, Frantisek Vlácil, nach einem Roman von Frantisek Uldrich **M** Zdenek Liska **D** Rudolf Hrusínsky (Dr. Meluzin), Vera Galatíková (Pavla Kodetová), Marie Logojdová (Markéta Zitová), Alois Svehlík (Petr Kodet), Josef Somr (Alois Vlach) **L** 98 **E** 14.4.1978 Kino DDR

RAUCH IM WALDE (DYM W LESU). Abenteuerlicher Kinderfilm, der den jungen Zuschauern die Notwendigkeit des fleißigen Lernens in der Schule an Hand einer spannenden Abenteuerstory zu vermitteln versucht. Die pädagogische Absicht des Films wird nicht ungeschickt vermittelt. Nach Motiven einer Erzählung des populären russischen Jugendbuchautors Arkadi Gaidar. ✦ UdSSR 1955 **P** Mosfilm **KI** Progress **R** Juri Tschuljukin, Jewgeni Karelow **B** N. Tschujew, nach Motiven einer Erzählung von Arkadi Gaidar **K** Wladimir Minajew, I. Tschornych **M** Grigori Frid **D** Gennadi Saifulin (Wolodja), Lubow Tschirkowa (Wolodjas Mutter), A. Berladin (Flieger Fedossejew), L. Kusnezowa (Maria Sergejewna), Ira Lusanowa (Fenja) **E** 1956 Kino DDR

RAUCHENDE COLTS (1) – AUF LEBEN UND TOD →Auf Leben und Tod (1987, USA)

RAUCHENDE COLTS (2): DER LETZTE APACHE →Der letzte Apache

RAUCHENDE COLTS (3): FAUSTRECHT DES WESTENS →Faustrecht des Westens

RAUCHENDE COLTS (4): DER LANGE RITT →Gunsmoke – The Long Ride

RAUCHENDE PISTOLEN (1950) (SINGING GUNS). Ein Goldräuber wird Sheriff eines Westernstädtchens und durch diese Aufgabe und die Liebe einer Bardame auf den Pfad der Tugend zurückgeführt. Einer jener bescheidenen B-Western, die in den 40er und 50er Jahren zum Markenzeichen der kleinen, aber erfolgreichen Produktionsfirma »Republic« wurden. – Ab 16. ✦ Schwarz-weiß. USA 1950 **P** Republic **KI** Gloria **Pd** Abe Lyman, Melville Tucker **R** R. G. Springsteen **B** Dorrell McGowan, Stuart McGowan, nach dem gleichnamigen Roman von Max Brand **K** Reggie Lanning **M** Nathan Scott **S** Richard L. Van Enger **D** Vaughn Monroe (Rhiannon), Ella Raines (Nan Morgan), Walter Brennan (Dr. Mark), Ward Bond (Cardac), Jeff Corey (Richards), Barry Kelley (Mike), Harry Shannon (Richter Waller), Tom Fadden, Ralph Dunn (Reisender), Rex Lease (Kutscher), George Chandler (Smitty), Mary Bear (Mutter) **L** 92 **FSK** ab 12; nf **E** 7.10.1952 **fd** 2 381

RAUCHENDE PISTOLEN (1954) (TWO GUNS AND A BADGE). Ein Unbekannter, der neu in die Stadt kommt, wird fälschlicherweise für den erwarteten Sheriff gehalten und räumt dann tatsächlich mit verbrecherischen Viehdieben auf. Westernkino der B-Kategorie. ✦ Schwarz-weiß. USA 1954 **P** Allied Artists **KI** NWDF **Pd** Vincent M. Fennelly **R** Lewis D. Collins **B** Daniel B. Ullman **K** Joseph M. Novak **M** Raoul Kraushaar **S** Sam Fields **D** Wayne Morris (Jim Blake), Morris Ankrum (Sheriff Jackson), Beverly Garland (Gail Sterling), Roy Barcroft (Bill Sterling), William Phipps (Dick Grant), Damian O'Flynn (Wilson), I. Stanford Jolley (Allen), Robert Wilke (= Robert J. Wilke) (Moore), Chuck Courtney (Val Moore), Henry Rowland (Jim Larkin), Gregg Barton **L** 69 **FSK** ab 12; nf **E** 25.7.1958 **fd** 7 691

RAUCHSCHWADEN (SMOKESCREEN). Ein Detektiv deckt einen Autounfall als Versicherungsbetrug auf. Spannungsloser Kriminalfilm. – Ab 14. ✦ Schwarz-weiß. Großbritannien 1964 **P** Butcher's **Pd** John I. Phillips **R+B** Jim O'Connolly **K** Jack Mills **M** Johnny Gregory **D** Peter Vaughan (Ropey Roper), John Carson (Trevor Baylis), Yvonne Romain (Janet Dexter), Gerald Flood (Graham Turner), Glynn Edwards (Inspector Wright) **L** 65 **E** 22.1.1966 DFF 1

RAUCHSIGNALE (SMOKE SIGNAL). Ein junger Offizier wechselt mehrfach die Fronten zwischen Weißen und Indianern. Kleiner Western mit imposanten Bildern des Grand Canyon. ✦ USA 1955 **P** Universal **KI** Universal **Pd** Howard Christie **R** Jerry Hopper **B** George F. Slavin, George W. George **K** Clifford Stine **M** Joseph Gershenson **S** Milton Carruth **D** Dana Andrews (Brett Halliday), Piper Laurie (Laura Evans), Rex Reason (= Rhodes Reason) (Lt. Wayne Ford), William Talman (Capt. Harper), Gordon Jones (Rogers), Milburn Stone (Sgt. Miles), Douglas Spencer (Garode), Pat Hogan (Delche), Bob Wilkie (Sergeant) **L** 88 **FSK** ab 12; f **E** 20.9.1955 **fd** 4 562

RAUHE ERNTE (WILD HARVEST). Die Arbeit einer Abteilung motorisierter Schnitter in den USA wird durch Disziplinlosigkeit und Eifersucht gefährdet. Konventionelles Hollywood-Drama mit stimmiger Milieuzeichnung und humoristischen Einlagen. ✦ Schwarz-weiß. USA 1947 **P** Paramount **KI** Paramount **Pd** Robert Fellows **R** Tay Garnett **B** John Monks jr., nach einer Story von Houston Branch **K** John Seitz **M** Hugo Friedhofer **S** Billy Shea, George Tomasini **D** Alan Ladd (Joe Madigan), Dorothy Lamour (Fay Rankin), Robert Preston (Jim Davies), Lloyd Nolan (Kink), Dick Erdman (Mark Lewis) **L** 92 **FSK** ab 16; nf **E** 2.9.1952 **fd** 2 053

RAUHE GESELLEN (THE VIOLENT MEN). Ein gelähmter Viehbaron strebt unter dem Einfluß von Frau und Bruder – die ihn betrügen – nach dem Besitz des ganzen Tals. Ein kleiner Landbesitzer organisiert den Widerstand. Gut gespielter und vorzüglich fotografierter Western der Nachbürgerkriegsära, inszeniert von Rudolph Maté, einem berühmten Kamera-Künstler der 20er Jahre (u. a. »La Passion de Jeanne d'Arc«, 1928). ✦ Scope. USA 1954 **P** Columbia **KI** Columbia **Pd** Lewis J. Rachmil **R** Rudolph Maté **B** Harry Kleiner, nach einer Story von Donald Hamilton **K** Burnett Guffey **M** Max Steiner **S** Jerome Thomas **D** Barbara Stanwyck (Martha Wilkinson), Glenn Ford (John Parrish), Edward G. Robinson (Lew Wilkinson), Brian Keith (Cole Wilkinson), May Winn (Caroline Vail), Warner Anderson (Jim McCloud), Basil Ruysdael (Tex Hinkleman), Lita Milan (Elena), Richard Jaeckel (Wade Matlock), James Westerfield (Magruder), Jack Kelly (DeRosa), Willis Bouchey (Sheriff Martin Kenner), Harry Shannon (Purdue), Peter Hanson (George Menefee), Edmund Cobb (Anchor Rider), Frank Ferguson (Mahoney), John Halloran (Farmer) **L** 95 **FSK** ab 12; nf **E** 22.4.1955/17.4.1971 ARD **fd** 4 046

RAUHE HOCHEBENE (DRSNA PLANINA). Episoden aus dem Alltag einer kleinen Einheit der tschechoslowakischen Grenztruppe im Böhmerwald zwischen 1946 und 1949. Zugunsten eines äußerst realistischen Zeitbildes wird auf dramatisch-spannende Momente weitgehend verzichtet. Ein bemerkenswert unpathetischer Film auch in der Zeichnung der Soldaten, denen nichts »heroisches« anhaftet. – Ab 16. ✦ CSSR 1979 **P** Filmstudio Barrandov **KI** Progress **R** Jaroslav Soukup **B** Jaroslav Soukup, nach dem Roman von Rudolf Kalcik und V. Janacek **K** Viktor Ruzicka **M** Zdenek Barták jr. **D** Jirí Bartoska (Vrsecky), Ivan Vyskocil (Moravek), Ladislav Potmesil (Vejvoda), Jirí Lábus (Karlicek), Jan Rericha (Stochtl) **L** 91 **E** 20.2.1981 Kino DDR/20.6.1983 DFF 2

DIE RAUHEN REITER DER FURCHTLOSEN LEGION (THE GALLANT LEGION). Nach dem amerikanischen Bürgerkrieg kämpfen die Texas Rangers mit Erfolg gegen korrupte Politiker, die aus eigensüchtigen Motiven einen Teil des Staates aus den USA ausgliedern wollen. Handfester kleiner Western aus der »Republic«-Produktion, inszeniert von Joe Kane, der damals auch die meisten der erfolgreichen Roy-Rogers-Filme schuf. In der Hauptrolle: der ehemalige Rodeo-Champion »Wild Bill« Elliott. ✦ Schwarz-weiß. USA 1947 **P** Republic **KI** Gloria **Pd+R** Joseph Kane **B** Gerald Drayson Adams **K** Jack Marta **M** Morton Scott **S** Richard L. Van Enger **D** William Elliott (Gary Conway), Adrian Booth (Connie Faulkner), Joseph Schildkraut (Clarke Faulkner), Bruce Cabot (Beau Laroux), Andy Devine (Windy Hornblower), Jack Holt (Captain Banner), Grant Withers (Wesley Hardin), Russell Hicks (Sen. Beale), Marshall Reed (Bowling), Harry Woods (Lang), Roy Barcroft, Bud Osborne, Jack Ingram, George Chesebro, Rex Lease, Trevor Bardette, Iron Eyes Cody, Kermit Maynard, Fred Kohler, Glenn Strange **L** 90 **E** 9.12.1949 **fd** 533

DIE RAUHEN REITER VON TEXAS (THE RAIDERS). Texanische Rancher verschaffen sich in der Krise nach dem Bürgerkrieg auf dem Wege der Selbsthilfe die Möglichkeit, ihr Vieh zum Verkauf nach Kansas zu bringen. Thematisch interessanter, handwerklich durchschnittlicher Western. ✦ USA 1963 **P** Revue **Kl** Universal **Pd** Howard Christie **R** Herschel Daugherty **B** Gene L. Coon **K** Bud Thackery **M** Morton Stevens **S** Gene Palmer **D** Robert Culp (James Butler/Wild Bill Hickok), Brian Keith (John G. McElroy), Judi Meredith (Martha Canary/Calamity Jane), James McMullan (William F. Cody/Buffalo Bill), Alfred Ryder (Capt. Benton), Simon Oakland (Sgt. Austin Tremaine), Ben Cooper (Tom King), Trevor Bardette (Strassner/Onkel Otto), Harry Carey jr. (Jellicoe), Addison Richards (Huntington Lawford), Paul Birch (Paul King), Richard Deacon (Mailer) **L** 75 **FSK** ab 12; nf **E** 1.5.1964/1.1.1996 RTL 2 **fd** 12 745

RAUHES LAND (THE WILD COUNTRY). Gegen Ende des vorigen Jahrhunderts zieht ein Ehepaar mit zwei Söhnen in die noch unerschlossene Wildnis von Wyoming, um eine Farm zu bewirtschaften. Der Neubeginn wird zu einem schwierigen, sogar gefährlichen Unternehmen, da sie nicht nur der Natur Lebensraum abtrotzen, sondern sich auch gegen einen skrupellosen Rancher durchsetzen müssen. Der Disney-Film bewegt sich zwar nicht auf besonders hohem handwerklichem Niveau, ist aber um Sorgfalt in der Personenzeichnung bemüht. Eingebettet in reizvolle Landschaftsbilder, preist er auf unterhaltsame Weise Familiensinn und Mut. – Ab 12. ✦ USA 1970 **P** Walt Disney **Pd** Ron Miller **R** Robert Totten **B** Calvin Clements jr., Paul Savage, nach dem Roman »Little Britches« von Ralph Moody **K** Frank Phillips **M** Robert F. Brunner **S** Robert Stafford **D** Steve Forrest (Jim Tanner), Vera Miles (Kate Tanner), Jack Elam (Thompson), Ron Howard (Virgil Tanner), Frank de Kova (Two Dog), Morgan Woodward (Ab Cross), Clint Howard (Andrew Tanner), Dub Taylor (Phil), Woodrow Chambliss (Dakota), Karl Swenson (Jenson) **L** 87 **E** 4.2.1983 ARD

RAUHNACHT. In der Rauhnacht, der Nacht vor Heiligabend, kommen in einer abgeschlossenen Gemeinschaft Mißgunst, Haß und unterdrückte Aggressionen zum Ausbruch, die das starre soziale und religiöse Weltbild der Mitglieder zerbröckeln lassen. Entstanden nach einem 1931 uraufgeführten Theaterstück, das in Erinnerung an den Blut-und-Boden-Mythos vergangener Jahrzehnte den elementaren Kräften im Menschen huldigt und die Errichtung einer übergeordneten irrationalen Macht proklamiert. Trotz des versöhnlichen Schlusses ein düsteres und überwiegend wirr-abstruses Vexierspiel. ✦ BR Deutschland 1985 **P** Promedia **R** Klaus Weise **B** Klaus Weise, nach einem Theaterstück von Richard Billinger **K** Kurt Lorenz, Aysim Woltmann **D** Michael Greiling, Michael Rastl, Luise Deschauer, Nini von Quast, Elisabeth Stepanek **L** (TV) 75 **E** 21.3.1985 ZDF

RAUHREIF. Nicht nur Generationskonflikte treten zwischen dem alten Rothardt und seinem Sohn Thomas zutage. Rothardt, selbst ein erfahrener Genossenschaftsvorsitzender, versteht nicht, dass Thomas mit seinem Auftrag, die Arbeit einer LPG im Oderbruch zu verbessern, nicht fertig wird. Schließlich ringt er sich durch, den Sohn und dessen schwache Nachbar-LPG zu unterstützen. Konventioneller Fernsehfilm, der offensichtlich zur Propagierung gegenseitiger Hilfe in der genossenschaftlichen Landwirtschaft in Auftrag gegeben wurde. ✦ Schwarz-weiß. DDR 1963 **P** DEFA **Pd** Martin Sonnabend **R** Hans-Erich Korbschmitt **B** Bernhard Seeger, Hans-Erich Korbschmitt, nach dem gleichnamigen Roman von Bernhard Seeger **K** Otto Hanisch **S** Ursula Rudzki **D** Annekathrin Bürger (Anne), Armin Mueller-Stahl (Thomas), Manja Behrens (Frau Rothardt), Martin Flörchinger (Rothardt), Horst Weinheimer (Herzmann) **L** 92 **E** 15.9.1963 DFF 1

RAULIENS REVIER. Dokumentarfilm über einen Polizeioberkommissar in einem Duisburger Stadtteil, der mit seinen ganz eigenen Methoden den Menschen und Problemen in seinem Revier begegnet. Intensiv und spontan nähert sich der Film seinem Gegenstand, wobei die Kamera einen zwar ungewöhnlichen, aber nie unmotivierten Blickwinkel einnimmt. Eine wie beiläufig erzählte, selten heitere und spannende Beobachtung in der Tradition des »Direct Cinema«. – Sehenswert ab 14. ✦ Deutschland 1994 **P** Hochschule für Film und Fernsehen »Konrad Wolf« **Kl** Salzgeber & Co. **VA** absolut MEDIEN/Salzgeber **R+B** Alice Agneskirchner **K** Marcus Winterbauer **S** Tina Hillmann **L** 85 **E** 12.10.1995/25.5.1996 West 3/1997 Video **fd** 31 556

RAUMKREUZER HYDRA – DUELL IM ALL (2 + 5 MISSIONE HYDRA). Ein führender Geophysiker wird gezwungen, ein auf der Erde gelandetes Raumschiff vom Planeten Hydra wieder flottzumachen. Drittklassiges Science-Fiction-Kino voll unfreiwilliger Komik, das im Rahmen einer trivialen Story vor dem Atomkrieg warnt. (Alternativtitel: »Star-Pilot«) – Ab 14. ✦ Italien 1965 **P** Golden **Kl** Adria **Pd** Aldo Calamara, Ermanno Curti **R** Pietro Francisci **B** Pietro Francisci, Ermanno Curti, Fernando Paolo Girolami, Michael Elder **K** Silvano Ippoliti, Giulio Albonico **M** Nico Fidenco **D** Leonora Ruffo (Keins), Anthony Freeman (= Mario Novelli) (Paul), Roland Lesaffre (Prof. Wallace), Kirk Morris (Baisl), Alfio Caltabiano, Leontine (Leontine), Gordon Mitchell **L** 84 **FSK** ab 12; nf **E** 22.6.1967 **fd** 14 818

DIE RAUMPATROUILLE (SPACE OF THREE MUSCETEERS). Nachdem die Prinzessin des »Planeten der Kinder« entführt worden ist, fliegen die drei Freunde Knöpfchen, Knispel und Knuffi los, um sie zu retten, und haben dabei manches gefährliche Abenteuer mit finsteren Widersachern zu bestehen. Utopischer Zeichentrickfilm für Kinder, der märchenhafte Elemente mit typischen Fantasy-Versatzstücken moderner Science-Fiction-Filme kombiniert. Grobflächig gezeichnet, wenig originell in der Handlung. – Ab 8 möglich. ✦ Hongkong 1977 **VA** Mike Hunter **R** Kang Han Young, Hwang Mung-Gin (Animation) **B** Chi Sang Hak **K** Cho Min Chul **L** (TV) 68 **E** 19.10.1985 RTL plus

RAUMPATROUILLE – DIE PHANTASTISCHEN ABENTEUER DES RAUMSCHIFFS ORION. »Was heute noch wie ein Märchen klingt, kann morgen Wirklichkeit sein. Hier ist ein Märchen von übermorgen.« Mit diesen Worten begann jede Folge der siebenteiligen Science-Fiction-Fernsehserie um das Weltraumschiff »Orion«, dessen Besatzung mit dem tollkühnen Commander Allister McLane Abenteuer am »Rande der Unendlichkeit« erlebte. Stets ging es gegen eine feindliche Intelligenz und deren Angriffe auf den irdischen Machtbereich. Was in den 60er Jahren noch als spannendes futuristisches Märchen mit ebenso fantastischer wie amüsanter Ausstattung (einschließlich einem Bügeleisen als Schaltskala) faszinierte, wirkt aus heutiger Sicht weitaus komischer und dementsprechend naiver. Andererseits läßt sich in der Rückschau feststellen, daß hier ein Paradebeispiel bundesdeutscher Fernsehunterhaltung gelang, das zu Recht zum Klassiker avancierte; im Kino wirkt die Serie freilich auch dementsprechend deplaziert und ist nur eingefleischten Fans zu empfehlen. Titel der Folgen: 1) »Angriff aus dem All«, 2) »Planet außer Kurs«, 3) »Die Hüter des Gesetzes«, 4) »Deserteure«, 5) »Der Kampf um die Sonne«, 6) »Die Raumfalle«, 7) »Invasion«. DVD: Der Mehrteiler wird auf zwei separat erhältlichen DVDs (Folge 1 bis 4 und Folge 5 bis 7) sowie als Doppel-DVD-Box angeboten. – Ab 14 möglich. ✦ Schwarz-weiß. BR Deutschland 1966 **P** WDR **Kl** Sputnik **DVD** EuroVideo (FF, DD5.1 dt.) **Pd** Oliver Storz **R** Michael Braun, Theo Mezger **B** Rolf Honold, W. G. Larsen **K** Kurt Hasse, Theo Nischwitz (Trickaufnahmen) **M** Peter Thomas **D** Dietmar Schönherr (Commander Cliff Allister McLane), Eva Pflug (Tamara Jagelovsk), Wolfgang Völz (Mario de Monti), Claus Holm (Hasso Sigbjörnson), Friedrich Georg Beckhaus (Atan Shubashi), Ursula Lillig (Helga Legrelle) **L** 425 (7 Folgen) **FSK** ab 12 (Teil 1 ab 6) **E** 17.9./1.,15.,29.10./12.,26.11./10.12.1966 ARD/ 24.8.1989 Kino/26.10.1999 DVD

RAUMRAKETE X 7 (SPACE MASTER X-7). Die Hetzjagd nach einer Frau, die sich mit einer vom Mars eingeschleppten Seuche infiziert hat. Billiger Science-Fiction-Film. ✦ Scope, schwarz-weiß. USA 1958 **P** Regal **Kl** Atlantic **Pd** Bernard Glasser **R** Edward Bernds **B** George Worthing Yates, Daniel Mainwaring **K** Brydon Baker **M** Josef Zimanich **S** John F. Link **D** Bill Williams (John Hand), Lyn Thomas (Lora Greeling), Paul Frees (Charles Palmer), Robert Ellis (Radigan), Joan Berry (Miss Meyers), Thomas B. Henry (Prof. West), Fred Sherman (Morse), Jesse Kirkpatrick (Captain), Rhoda Williams (Miss Archer), Carol Varga (Elaine Frohman), Lane Chandler, Gregg Martell (Ingenieur) **L** 71 **FSK** ab 12; nf **E** 30.9.1960 **fd** 9 662

RAUMSCHIFF ALPHA (I CRIMINALI DELLA GALASSIA). Der Leiter einer Forschungsstation im Weltraum, die sich mit der künstlichen Herstellung menschlicher Wesen befaßt, verübt durch seine Helfer auf der Erde mehrere Verbrechen: ein Fall für die Raumpolizei. Science-Fiction-Serienware aus italienischen Studios. ✦ Italien 1965 **P** Mercury **Kl** MGM **Pd** Joseph Fryd, Antonio Margheriti **R** Anthony M. Dawson (= Antonio Margheriti) **B** Ivan Reiner, Renato Moretti **K** Riccardo Pallottini **M** Angelo Francesco Lavagnino **S** Otello Colangeli **D** Tony Russell (Commander Mike Halstead), Lisa Gastoni (Connie Gomez), Massimo Serato (Nels Nurmi), Carlo Giustini (Ken), Franco Nero (Jake), Enzo Fiermonte (General), Umberto Raho (Maitland), Fred Unger (De Lauty), Moha Tahi (A.G. Chief), Lino Desmond (Schneider) **L** 97 **FSK** ab 12; nf **E** 23.12.1966 **fd** 14 397

RAUMSCHIFF ENTERPRISE – DAS NÄCHSTE JAHRHUNDERT: DER MÄCHTIGE/MISSION FARPOINT → Star Trek – The Next Generation: Mission Farpoint

RAUMSCHIFF VENUS ANTWORTET NICHT → Der schweigende Stern

RAUS AUS AMAL (FUCKING AMAL / SHOW ME LOVE). Als sich ein 16-jähriges Mädchen in seine zwei Jahre jüngere Mitschülerin verliebt, gilt es, eine ganze Reihe innerer wie äußerer Widerstände zu überwinden, bevor die beiden zueinander finden. Der sympathische Debütfilm überzeugt als sensible Geschichte adoleszenter Selbstfindung. Er nimmt die Perspektiven seiner Protagonistinnen ernst und enthält sich jeden wertenden Kommentars. Nicht zuletzt lebt er vom lebendigen Spiel seiner jungen Hauptdarstellerinnen. – Ab 16. ✦ Schweden/Dänemark 1999 **P** Memfis Film/Zentropa/Film I Väst/SVT Drama Göteborg **Kl** Concorde **VA** Concorde **DVD** Concorde (16:9, 1.66:1, DD2.0 engl./dt.) **Pd** Lars Jönsson **R** Lukas Moodysson **B** Lukas Moddysson **K** Ulf Brantas **S** Michal Leszczylowski, Bernhard Winkler **D** Alexandra Dahlström (Elin), Rebecca Liljeberg (Agnes), Erica Carlson (Jessica), Mathias Rust (Johan Hult), Stefan Hörberg (Markus) **L** 89 **FSK** ab 12; f **E** 2.12.1999/11.4.2001 Video & DVD **fd** 33 978

RAUS AUS DER HAUT. Die DDR im Herbst des Jahres 1977: Schulalltag und Liebeleien rücken in den Hintergrund, als der Direktor bei einer Schülerin Material über die RAF entdeckt. Als eine versuchte Vertuschungsaktion die ganze Sache noch verschlimmert, greifen die Schüler zum Äußersten und entführen ihren Direktor nach dem »Schleyer-Vorbild«. Eine tragikomische Liebesgeschichte mit autobiografischen Erinnerungen an die DDR-Jugend des Regisseurs, zugleich eine Reflektion über den »Deutschen Herbst« vor 20 Jahren. Zwar schlägt der Film einige unfreiwillige Kapriolen, entlarvt Kleingeisterei und Borniertheit aber pointiert als (gesamt-)deutsche Eigenschaften, die in beiden Erziehungssystemen schon immer hoch angesehen waren. – Sehenswert ab 14. ✦ Deutschland 1997 **P** ORB **VA** Kinder- und Jugendfilmzentrum **Pd** Peter Hartwig **R** Andreas Dresen **B** Torsten Schulz, Andreas Dresen **K** Andreas Höfer **M** Pankow, Jürgen Ehle, Kulle Dziuk **S** Rita Reinhardt, Sabine Hermsdorf **D** Susanne Bormann (Anna-Maria), Fabian Busch (Marcus), Mathias Walter (Randy), Otto Mellies (Direktor Rottmann), Christel Peters (Oma), Martin Seifert (Winkler) **L** 90 **FSK** ab 12 **E** 24.9.1997 ARD/April 1999 Video **fd** 33 771

RAUS BIST DU (1967) (OLE DOLE DOFF). In der 6. Klasse einer schwedischen Schule ereignet sich täglich dasselbe Drama: Ein Lehrer sieht sich der lauernden Schüler-Meute gegenüber, die jede pädagogische Bemühung, sei sie autoritär oder »demokratisch«, zunichte macht. Nachdem bereits seine Ehe zerbrochen ist, resigniert der Lehrer. Die physische Katastrophe ereilt ihn, als er bei einem Klassenausflug »seine« Kinder aus dem Meer zu retten versucht. Ein sehr intensiver, in der Hauptrolle hervorragend gespielter Film über das Spannungsverhältnis zwischen Autorität und Freiheit in einer demokratischen Gesellschaft. – Ab 16. ✦ Schwarz-weiß. Schweden 1967 **P** Svensk **R** Jan Troell **B** Jan Troell, Bengt Forslund, Clas Engström **K** Jan Troell **M** Erik Nordgren **D** Per Oscarsson (Martensson), Kerstin Tidelius (Gunvor, seine Frau), Ann-Marie Gyllenspetz (Ann-Marie), Harriett Forssell (Frau Berg), Bengt Ekerot (Eriksson), Per Sjöstrand (Direktor) **L** 115 **E** 13.1.1969 ZDF **fd** 15 892

RAUS BIST DU (1997) →... und raus bist Du

RAUSCH DER FARBEN (IT'S A PLEASURE). Die Ehe eines Eiskunstlaufstars und eines Eishockeyspielers bewährt sich trotz Intrigen, Mißerfolgen und der zeitweiligen Flucht des Mannes in den Alkohol. Ein menschlich sympathisches Sportlerdrama ohne künstlerische Höhepunkte. (Titel auch: »Funkelnde Sterne«) ✦ USA 1945 **P** International **Kl** Europa **Pd** David Lewis **R** William A. Seiter **B** Lynn Starling, Elliot Paul **K** Ray Rennahan **M** Arthur Lange **S** Ernest Nims **D** Sonja Henie (Chris Linden), Michael O'Shea (Don Martin), Bill Johnson (Buzz Fletcher), Marie McDonald (Mrs. Fletcher), Gus Schilling (Bill Evans), Iris Adrian (Wilma) **L** 89 **FSK** ab 6; nf **E** 1952 Kino/ 1.3.1962 ARD **fd** 1 879

RAUSCH EINER NACHT. Ein Spekulant stößt nach zehnjähriger Abwesenheit auf die Stieftochter seiner ehemaligen Geliebten, die er damals wegen finanzieller Fehlschläge verlassen hatte. Er glaubt die Medizinstudentin zu lieben, bis ihn die einstige Geliebte eines besseren belehrt. Melodramatisches Liebesdrama mit bemühten Charakterdarstellungen. – Ab 16. ✦ Schwarz-weiß. BR Deutschland 1950 **P** Allegro **Kl** Globus **Pd** Erwin Gitt **R** Eduard von Borsody **B** Harald Bratt, nach seinem Bühnenstück »Alexa« **K** Friedl Behn-Grund **M** Kurt Graunke **D** Paul Dahlke, Christl Mardayn, Gertrud Kückelmann, Richard Häussler, Ulrich Beiger, Elise Aulinger **L** 100 **FSK** ab 12; f **E** 16.2.1951 **fd** 1 059

EIN RAUSCHEN DER BLÄTTER: IM INNERN DER PHILIPPINISCHEN REVOLUTION (A RUSTLING OF LEAVES: INSIDE THE PHILIPPINE REVOLUTION). In eindrucksvollen Bildern wird der bürgerkriegsähnliche Konflikt auf den Philippinen dokumentiert, in den Regierung, Armee, die linke New People's Army und rechte Guerilla-Verbände verwickelt sind. Entstanden ist kein distanzierter Korrespondenten-Bericht, sondern eine an den verschiedenen Fronten aufgenommene Reportage, die die Zusammenhänge der Auseinandersetzungen analysiert. Sie belegt, daß es weniger um ideologische Differenzen als vielmehr um Machtanteil und soziale Ungerechtigkeit geht, und daß bei diesem schmutzigen Kleinkrieg vor allem die Landarbeiter, Kleinbauern und Fischer zu leiden haben. (O.m.d.U.) ✦ Kanada/Großbritannien 1988 **P** Kalasikas/Channel Four **SF** Freunde der Deutschen Kinemathek **R+B** Nettie Wild **K** Kirk Tougas **M** Joey Ayala, Salvador Ferreras, Rob Porter, David Byrne, Talking Heads **L** 110 **E** August 1989

RAUSCHENDE MELODIEN. Verfilmung der Johann-Strauß-Operette »Die Fledermaus«, inszenatorisch wenig ehrgeizig, darstellerisch bisweilen komödiantisch. – Ab 8. ✦ DDR 1955 **P** DEFA **Kl** Donau **VA** Icestorm **Pd** Eduard Kubat **R** E. Wilhelm Fiedler **B** E. Wilhelm Fiedler, nach der Operette »Die Fledermaus« von Johann Strauß **K** E. Wilhelm Fiedler **M** Johann Strauß **S** Ursula Kahlbaum **D** Jarmila Ksirova (Rosalinde v. Eisenstein), Sonja Schöner (Zofe Adele), Erich Arnold (Gabriel v. Eisenstein), Herbert Kiper (Dr. Falke), Gerhard Frickhöffer (Prinz Orlofsky), Rolf Weih (Alfred, ein Tenor), Josef Egger (Frosch, Gefängniswärter) **L** 86 **FSK** ab 6; nf **E** 20.5. 1955 Kino DDR/27.5.1955 DFF 1/30.10.2001 Video **fd** 10 306

RAUSCHENDE WASSER (HAMMERFORSENS BRUS). Ein junger Flößer will die Stieftochter eines reichen Bauern heiraten, der sich aber selbst des Mädchens bemächtigen möchte und dieses Ziel mit kriminellen Mitteln verfolgt. Er endet zur Strafe in den titelgebenden Wassern. Schwedische Heimatfilm-Unterhaltung in tosender Natur. ✦ Schwarz-weiß. Schweden 1948 **P** Kungsfilm **Kl** Nietzsche **R** Ragnar Frisk **B** Lennart Palme, Ragnar Frisk, nach dem Roman »Die vom Berghof« von Johannes Röhr **K** Hilmer Ekdahl **M** Sven Sköld **D** Inga Landgré, Peter Lindgren, Arnold Sjöstrand, Naima Wifstrand **L** 77 **FSK** ab 12; nf **E** 7.12.1951 **fd** 1 613

RAUSCHENDES LEBEN. Eine gnadenlose Dokumentarfilm-Reise ohne Kommentar durch ein besoffenes westliches Berlin. Von der schäbigen Eckkneipe bis in das exklusive Bierlokal, bei Mondscheinfahrten und im Suff auf offener Straße, erzählen betrunkene und angetrunkene Leute von ihrem Leben und zeigen selbstdarstellerische Talente. Eine Reise durch eine Gesellschaft, in der es ohne Bier und Schnaps scheinbar nichts mehr zu lachen gibt. ✦ BR Deutschland 1984 **P** C & V Produktion **R+B** Hannelore Conradsen, Dieter Köster **K** Dieter Köster **S** Dieter Köster **L** 103 **E** 1.9.1984

RAUSCHGIFT (STAKEOUT ON DOPE STREET). Drei Halbwüchsige finden eine Aktentasche mit Heroin, versuchen das Rauschgift zu Geld zu machen und werden von den Dealern verfolgt. Ein konventioneller Kriminalfilm mit pädagogischen Absichten. Beeindruckend: das realistisch wirkende, drastische Porträt eines seelisch und körperlich zerstörten Suchtkranken. – Ab 16. ✦ Schwarz-weiß. USA 1958 **P** Warner Bros. **Kl** Warner Bors. **R** Irvin Kershner **B** Irwin Schwartz, Irvin Kershner, Andrew J. Fenady **K** Mark Jeffrey **M** Richard Markowitz **D** Yale Wexler, Jonathan Haze, Morris Miller, Abby Dalton, Allen Kramer **L** 82 **FSK** ab 16; f **E** 8.8.1958 **fd** 7 296

RAUSCHGIFT AN BORD (NIGHT BOAT TO DUBLIN). Ein Inspektor von Scotland Yard schließt sich einer Bande von Drogenschmugglern an, um ihr das Handwerk zu legen und die Entführung eines Atomwissenschaftlers zu verhindern. Bescheidener britischer Thriller aus den unmittelbaren Nachkriegsjahren. ✦ Schwarz-weiß. Großbritannien 1947 **P** Pathé **Kl** Südwest/Lito **Pd** Hamilton G. Inglis **R** Lawrence Huntington **B** Lawrence Huntington, Robert Hall **K** Otto Heller **M** Charles Williams **D** Herbert Lom (Keitel), Raymond Lovell (Paul Faber), Guy Middleton (Capt. Tony Hunter), Muriel Pavlow (Marion Decker), Robert Newton (Capt. David Grant) **L** 89 **FSK** ab 12; f **E** 10.3.1950 **fd** 720

RAUSCHGIFT-BANDITEN (THE MAN WHO DIED TWICE). Langweiliger, schwach gespielter Krimi der B-Klasse um einen angeblich toten Heroinschmuggler und dessen Untaten. ✦ Scope, schwarz-weiß. USA 1958 **P** Republic **Kl** Gloria **Pd** Rudy Ralston **R** Joseph Kane **B** Richard C. Sarafian **K** Jack Marta **M** Gerald Roberts **S** Frederic Knudtson **D** Rod Cameron (Bill Brennon), Vera Ralston (Lynn Brennon), Mike Mazurki (Rak), Gerald Milton (Hart), Richard Karlan (Santoni) **L** 70 **FSK** ab 12; nf **E** 11.9.1959 **fd** 9 735

RAUSCHGIFT CURARE (IDENTITE JUDICIAIRE). Ein sadistischer Mörder betäubt seine Opfer mit Curare, bevor er sie umbringt. Inspektor Basquier kann schließlich den Täter, der immer wieder entkommt, identifizieren: Es handelt sich um einen berühmten Rechtsanwalt. Der spannende Kriminalfilm ist ein gelungenes Beispiel für den französischen »film noir«. ✦ Schwarz-weiß. Frankreich 1950 **P** Merry Films **Kl** Pallas **R** Hervé Bromberger **B** Jacques Rémy, Henri Jeanson **K** Jacques Mercant Ribault **M** Paul Misraki **D** Dora Doll, Danielle Godet, Jean Debucourt, Raymond Souplex, Marthe Mercadier **L** 101 **FSK** ab 18; nf **E** 12.4.1952 **fd** 1 696

RAUSCHGIFTBRIGADE (THE PORT OF NEW YORK). Von einem amerikanischen Frachtschiff verschwindet eine Kiste Rauschgift. Das New Yorker Drogendezernat bekommt Informationen, die es ihm ermöglichen, die Gangster unschädlich zu machen. Die Informanten freilich werden ermordet. Vor der Kulisse von New York spielender, weitgehend spannender Kriminalfilm, der die Arbeit der Polizei in einem »dokumentarischen« Stil schildert. – Ab 14. ✦ Schwarz-weiß. USA 1949 **P** Eagle Lion **Kl** Union **Pd** Aubrey Schenck **R** Laszlo Benedek **B** Eugene Ling, Leo Townsend **K** George E. Diskant **M** Sol Kaplan **S** Norman Colbert **D** Scott Brady (Michael Waters), Yul Brynner (Paul Vicola), K.T. Stevens (Toni Cardell), Richard Rober (Jim Flannery), Lynn Carter (Lili Long) **L** 81 **FSK** ab 12; nf **E** 6.1.1951 **fd** 1 223

DER RAUSSCHMEISSER. Die Geschichte der unerfüllten, todbringenden Liebe eines tumben, ungeschlachten Rausschmeißers zu einer vom Leben enttäuschten Prostituierten. Eine realitätsferne melodramatische Tragödie, wegen der uneinheitlichen Inszenierung eher zwiespältig. ✦ BR Deutschland 1989 **P** telemünchen/ZDF **VA** Lightning **Pd** Manfred D. Heid, Herbert G. Kloiber **R** Xaver Schwarzenberger **B** Jörg Graser **K** Xaver Schwarzenberger **M** Hermann Weindorf **S** Inez Regnier **D** Claudia Messner (Fanny), David Martin (Frieder), Hans Diehl (Pater Roland), Hanno Pöschl (Ludwig), Manfred Zapatka (Otto), Harald Pichlhöfer (Peter), Jennifer Minetti (alte Fischerwirtin) **L** 96 **FSK** ab 16 **E** 27.8.1990 Video/September 1990 Kino **fd** 28 428

RAVAGER – DIE VIRUSFALLE (RAVAGER). Ein Raumschiff, das der unwirtlich gewordenen Erde den Rücken gekehrt hat, muß auf einem fremden Planeten notlanden. Bei einem Erkundungsgang infiziert sich der Bordmechaniker mit einem unbekannten Virus und mutiert zum Monster, das seine Mitreisenden bedroht. Science-Fiction-Horror von der Stange, der neben billigen Effekten auch noch mit spielunlustigen Darstellern aufwartet. ✦ USA 1997 **P** Le Monde Entertainment/Republic/Rava **VA** Starlight **Pd** Stanley Isaacs, Scott McGinnis, Robert Patrick **R** James D. Deck **B** James D. Deck, Donald J. Loperfido **K** Adam Kane **M** John E. Nordstrom **D** Bruce Payne (Cooper Wayne), Yancy Butler (Avedon Hammond), Salvator Xuereb (Lazarus), Robin Sachs (Dr. Shepard), Juliet Lndau (Sarah) **L** 88 **FSK** ab 16 **E** 30.9.1998 Video

RAVE MACBETH. Adaption von Shakespeares Drama »Macbeth«, die die Handlung in einer modernen Techno-Disco ansiedelt. Weder als Interpretation der klassischen Tragödie noch als Auseinandersetzung mit der gegenwärtigen Jugendkultur akzeptabel, da der Regisseur die Vorlage nur zum Anlass nimmt, kalte Klischees auf einen trendigen Schauplatz zu projizieren. – Ab 16. ✦ Deutschland 2001 **P** Frame-Werk/2K/Falcon **Kl** Nighthawks **Pd** Silvio Astarita, Stafan Jonas, Seijin Ki **R** Klaus Knoesel **B** Harry Ki, nach Motiven des Dramas »Macbeth« von William

Shakespeare **K** Arturo Smith **M** Tom Batoy **S** Birgit Klingel **D** Michael Rosenbaum (Marcus), Nicki Lynn Aycox (Lidia), Kirk Baltz (Dean), Jamie Elman (Troy), Marguerite Moreau (Helena), Jim Yee (Lennox) **L** 91 **FSK** ab 16; f **E** 8.11.2001 **fd** 35138

RAVEN (RAVEN). Ein Auftragskiller des CIA, Spezialgebiet Sprengstoff, löst mit seiner Truppe in Bosnien ein Blutbad aus, um in den Besitz eines sowjetischen Codeknackers zu kommen. Seine Auftraggeber, vier korrupte Senatoren, halten ihn für liquidiert und wähnen sich in trügerischer Sicherheit. Zwei Jahre später taucht der Killer in San Diego auf und nimmt Rache an den verräterischen Politikern. Ein roh gezimmerter Actionfilm, der sich der Heroisierung von Gewalt und kalter Tötungslust verschrieben hat und in dem Menschen- mit Frauenverachtung einhergeht. – Wir raten ab. ✦ USA 1996 **P** Met/Stu Segall Prod. **VA** Highlight **Pd** Stu Segal, Rex Piano, Scott Levita **R** Russell Solberg **B** Jacobsen Hart **K** John Dirlam **M** Harry Manfredini **S** Chris Worland **D** Burt Reynolds (Raven), Matt Battaglia (Martin Grant), Krista Allen (Cali Goodwin), David Ackroyd (Bill Gilley), Richard Gant (Russ Carlson) **L** 91 **FSK** ab 18 **E** 11.12.1996 Video/23.1.1998 premiere **fd** 32309

RAVEN – DIE UNSTERBLICHE: WIEDERGEBOREN (HIGHLANDER – THE RAVEN: REBORN). Neuaufguss des »Highlander«-Filmmythos, im Mittelpunkt diesmal eine unsterbliche Meisterdiebin aus dem 12. Jahrhundert. In diesem Pilotfilm zu einer neuerlichen Fernsehserie quittiert ein desillusionierter Polizist seinen Dienst, um als Privatdetektiv zu arbeiten. Ihm zur Seite steht die unsterbliche Amanda, die gleich im ersten Einsatz gegen einen anderen Unsterblichen antreten muss. Alles wie gehabt. ✦ Kanada/Frankreich 1998 **P** Rysher Entertainment/ Fire Works/Gaumont Télévision **Pd** Steve Wakefield **R** Ian Toynton **K** John Berrie **M** Simon Cloquet **D** Elizabeth Gracen (Amanda), Paul Johansson (Nick Wolfe), Michael Copeman (Carl Magnus), Torri Higginson (Claudia Hoffman), Patricia Gage (Lucy) **L** 115 **E** 12.11.1999 ProSieben

RAVEN WARRIOR – DIE AUSERWÄHLTE (THE CHOSEN ONE: LEGEND OF THE RAVEN). Im ewigen Kampf zwischen Gut und Böse fährt der Geist einer indianischen Göttin in den Körper einer getöteten Frau, um sie für den Streit auf der Seite des Guten zu stärken. Die Wiedererweckte macht sich sogleich auf, um sich an ihren Mördern, einigen Dorftrotteln, zu rächen. Eine mehr als krude Geschichte, die sich durch Abwesenheit all dessen auszeichnet, was landläufig einen Film ausmacht. Angerichtet wurde die Geschichte für »Bay-Watch«-Gespielin Carmen Electra und das Playmate Shauna Sand Lamas, die – wenn schon keine Schauspielerei – ihre Reize einbringen. DVD: Die Extras umfassen u. a. einen Audiokommentar des Regisseurs sowie den Kurzfilm »Zebra Woman in Action«. ✦ Usa 1997 **P** Discovery **VA** Troma Video **DVD** One World Entertainment/ Troma (FF, DD2.0 engl./dt.) **Pd** Michael Herz, Lloyd Kaufman **R** Lawrence Lanoff **D** Carmen Electra, Shauna Sand Lamas, Michael Stadvec, Conrad Bachmann **L** 85 (DVD 88) **FSK** ab 18 **E** 29.3.1999 Video/ Juni 2000 DVD

RAVENHAWK (RAVENHAWK). Skrupellose Geschäftsleute ermorden den Vorsitzenden eines Indianerrats, der sich weigert, sein Einverständnis dazu zu geben, daß im Reservat eine Atomentsorgungsanlage errichtet wird. Die Tat schieben sie seiner minderjährigen Tochter in die Schuhe. Die kann zwölf Jahre später aus der Gefangenschaft fliehen, um blutige Rache zu nehmen. Elegant-gediegene Bilder im Dienste einer groben Story, deren verschachtelte Erzählweise das Fehlen einer relevanten Geschichte vertuschen soll. Auch gilt das Hauptaugenmerk der Filmemacher nicht der Situation der nordamerikanischen Indianer, sondern Verfolgungen und Morde stehen im Mittelpunkt der Selbstjustiz-Geschichte. (Titel auch: »Ravenhawk – Lautlos und tödlich«) ✦ USA 1995 **P** Ravenhawk/MDP **VA** Columbia TriStar **Pd** Ron Samuels **R** Albert Pyun **B** Kevin Elders **K** George Mooradian **M** Johnny Harris **S** Dennis M. O'Connor **D** Rachel McLish (Rhyia Shadowfeather), John Enos (Marshall Willes), Ed Lauter (Sheriff Daggart), Matt Clark (Ed Hudson), William Atherton (Philip Thorne) **L** 84 (gek. 83) **FSK** ab 18 (gek. ab 16) **E** 17.9.1996 Video **fd** 32290

RAVENOUS – FRISS ODER STIRB (RAVENOUS). 1847 schleppt sich ein halberfrorener Mann in ein amerikanisches Fort in der Sierra Nevada und tischt eine grausige Geschichte auf: Um nicht zu verhungern, sollen die Überlebenden eines Siedlertrecks die Schwächsten über dem Feuer geröstet und gegessen haben. Eine Expedition wird losgeschickt, um die Wahrheit herauszufinden. Missglückter Horrorfilm, der das Abgründige durch humoristische Elemente zurücknimmt und die monströsen Stimmungen der Bildebene immer wieder durch seine musikalische Gestaltung unterläuft. (Videotitel: »Ravenous«) DVD: Die Extras umfassen u. a. einen Audiokommentar des Regisseurs und der Crew sowie ein Feature mit nicht verwendeten Szenen. ✦ USA 1999 **P** Adam Fields/Heyday Films/Fox 2000 Pictures **KI** Twentieth Century Fox **VA** Fox Home **DVD** Fox Home (16:9, 2.35:1, DD5.1 engl./dt.) **Pd** Adam Fields, David Heyman **R** Antonia Bird **B** Ted Griffin **K** Anthony B. Richmond **M** Michael Nyman, Damon Albarn **S** Neil Farrell **D** Guy Pearce (Boyd), Robert Carlyle (Colqhoun/Ives), David Arquette (Cleaves), Jeremy Davies (Toffler), Jeffrey Jones (Hart), John Spencer (General Slauson), Stephen Spinella (Knox), Neal McDonough (Reich), Sheila Tousey (Martha) **L** 100 **FSK** ab 18; nf (DVD SPIO-JK) **E** 25.11.1999/ 5.5.2000 Video/11.10.2001 DVD **fd** 33985

RAVEPARTY (MARIE, NONNA, LA VIERGE ET MOI). Ein junges Liebespaar in einer tristen Industrielandschaft in den Vogesen träumt vom besseren Leben und plant, nach Italien zu gehen. Sie will damit ihrer alkoholkranken Mutter entkommen, er will Geld verdienen und sich mit der Geliebten ein schönes Leben machen. Doch die Verhältnisse lassen eine Flucht nicht zu, und so schaukelt sich die angestaute Wut allmählich hoch. Einfühlsames Porträt einer Jugend ohne Zukunft, die von großen Lebensentwürfen träumt, der jedoch nur die kleinen Fluchten zugestanden werden. ✦ Frankreich 1999 **P** La Sept/arte/ Le Bureau **R** Francis Renaud **B** Christophe Lamotte **K** Bruno Delbonnel **D** Maia Morgenstern (Nonna), Julia Vaidis-Bogard (Céline), Gaela de Devehat (Marie), David Saracino (Tonio), Pascal Oudot (Martine) **L** 80 **E** 7.1.2000 arte

RAW DEAL (CHAINDANCE). Ein zu Gewalttätigkeiten neigender junger Mann manövriert sich durch Unbeherrschtheit ins Gefängnis, wo er gegen den Widerstand seiner Sozialhelferin einem Projekt in einem Pflegeheim zugeteilt wird. Während er zu einem hilfsbedürftigen, sensiblen Patienten eine von Verantwortung geprägte Freundschaft aufbaut und seine Zuneigung zu der Sozialarbeiterin wächst, entlädt sich seine Fehde mit einem Mitgefangenen in einem blutigen Rachefeldzug. Inszenatorisch und darstellerisch überdurchschnittlicher Action-Thriller, der eine »Konfliktlösung« nahelegt, die durch die spekulativen Rache-Elemente dem sozialen Sendungsbewußtsein des Inhalts völlig entgegenläuft. ✦ Kanada 1991 **P** Chaindance **VA** Ascot **Pd** Richard Davis, Michael Ironside **R** Allan A. Goldstein **B** Alan Aylward, Michael Ironside **K** Tobias A. Schliessler **M** Graeme Coleman **S** Allan Lee **D** Rae Dawn Chong (Ilene Curtis), Michael Ironside (J. T. Blake), Brad Dourif (Johnny), Bruce Glover (Casey), Sheila Paterson (Angie) **L** 104 **FSK** ab 16 **E** 8.1.1992 Video/ 21.9.1994 PRO 7 **fd** 29691

RAW NERVE (RAW NERVE). Einer Reporterin gelingt es mit Hilfe eines medial begabten Rennfahrers, einen vermeintlichen Serienkiller in die Enge zu treiben. Der Tatverdächtige begeht Selbstmord, doch die Mordserie reißt nicht ab. Psychologisch unausgereifter Thriller, der allenfalls durch Kameraführung und Musik Spannung aufbaut. ✦ USA 1991 **P** Winters Group/Sovereign Investment/One For the Money/Action International **VA** Ufa **Pd** Ruta K. Aras **R** David A. Prior **B** David A. Prior, Lawrence L. Simeone **K** Andrew Parke **M** Greg Turner **S** Tony Malanowski **D** Glenn Ford (Captain Gavin), Jan-Michael Vincent (Lt. Bruce Ellis), Sandahl Bergman (Gloria Freeman), Randall »Tex« Cobb (Blake Garrett), Ted Prior (Jimmy Clayton) **L** 96 **FSK** ab 16 **E** 21.12.1992 Video **fd** 30258

RAWHEAD REX (RAWHEAD REX). Eine amerikanische Familie, durch den Verlust ihres Sohnes selbst in Mitleidenschaft gezogen, kann in Irland dem Wüten eines Monsters aus keltischer Vorzeit Einhalt gebieten. Blutiger Horrorfilm, der Ansätze inszenatorischer Dichte durch eine Ansammlung von Zitaten, lediglich vorgetäuschten Tiefgang und pseudoreligiöse Versatzstücke verschenkt. ✦ Großbritannien 1987 **P** Shiuli Ltd. **VA** Vestron **Pd** Kevin Attew, Don Hawkins **R** George Pavlou **B** Clive Barker **K** John Metcalfe **M** Colin Towns **S** Andy Horvitch **D** David Dukes (Howard Hallenbeck), Kelly Piper (Elaine Hallenbeck), Hugh O'Conor (Robbie), Cora Lunny (Minty), Ronan Wilmot (Declan) **L** 89 **FSK** ab 12 **E** 6.3.1989 Video **fd** 27666

RAY BARRETTO – PERKUSSIONIST UND DIRIGENT. Porträt des Perkussionisten Ray Barretto, der neben Tito Puente als ein Mitbegründer des New Yorker »Latin Jazz« gilt und im Laufe von fast 50 Jahren mit zahlreichen Größen des Jazz gespielt hat. Er sorgte maßgeblich dafür, daß sich die Trommeln afrikanischen Ursprungs in der Jazzmusik durchsetzten. ✦ Frankreich 1998 **R+B** Gérard Arnaud **L** 84 **E** 1.8. 1998 arte

RAYMONDS LETZTER WILLE → Caulfields Witwen – Ein Duo mit Charme

RAZORBACK – KAMPFKOLOSS DER HÖLLE (RAZORBACK). Ein riesiges Wildschwein treibt in der australischen Wildnis sein Unwesen unter Jägern und skrupellosen Känguruh-Schlachtern. Ein Amerikaner, dessen Frau der mörderischen Bestie zum Opfer fiel, macht ihr den Garaus. Fulminant inszenierter Thriller mit effektvollen Schockmomenten; die angedeutete Zivilisationskritik ist lediglich Vorwand für ein perfektes Actionspektakel. ✦ Scope. Australien 1983 **P** UAA/Western Films **VA** Constantin/Taurus **Pd** Hal McElroy **R** Russell Mulcahy **B** Everett de Roche, nach einem Roman von Peter Brennan **K** Dean Semler **M** Iva Davies **S** Bill Anderson (= William M. Anderson) **D** Gregory Harrison (Carl Winters), Arkie Whiteley (Sarah Cameron), Bill Kerr (Jack Cullen), Judy Morris (Beth Winters), Chris Haywood (Benny Baker) **L** 88 **FSK** ab 16 **E** April 1986 Video **fd** 25700

RAZZIA (1947). Der Kampf der Berliner Polizei gegen die Hintermänner einer Schwarzmarkt-Schieberbande. Aktuelle Zeitprobleme und Gesellschaftskritik nach dem Zweiten Weltkrieg im ersten Kriminalfilm der DEFA. Nicht durchweg glaubhaft, aber spannend und historisch aufschlußreich. – Ab 14. ✦ Schwarzweiß. Deutschland 1947 **P** DEFA **KI** Ufa **Pd** Willi Herrmann **R** Werner Klingler **B** Harald G. Petersson, nach einer Idee von Klein-Buchholz **K** Friedl Behn-Grund, Eugen Klagemann **M** Werner Eisbrenner **D** Paul Bildt (Kommissar Friedrich Naumann), Elly Burgmer (seine Frau Auguste), Agathe Poschmann (seine Tochter Anna), Friedhelm von Petersson (sein Sohn Paul), Nina Konsta (Yvonne), Claus Holm (Kriminal-Anwärter Lorenz), Hans Leibelt (Kriminalrat Lembke) **L** 92 **FSK** ab 12; f **E** 2.5.1947 **fd** 146

RAZZIA (1985) (ZATAH). Die Geschichte der Flucht eines kriminellen Duos vor der Polizei zweier Länder. Weitgehend spannungsloser Kriminalfilm, der sich meist in Äußerlichkeiten verliert. ✦ CSSR/Polen 1985 **P** Filmstudio Barrandov/Filmstudio Lodz **KI** Progress **R** Stanislav Strnad **B** David Jan Novotny, Stanislav Strnad **K** Josef Pávek **M** Marek Bilinski **D** Ladislav Potmesil (Wolf), Tomas Vacek (Kunz), Rudolf Jelínek (Leutnant Moravek), Jirí Kodet (Kapitän

Vanek), Svatopluk Matyás (Major Veverka) **L** 87 **E** 27.3.1987 Kino DDR/7.6.1990 DFF 2

RAZZIA AUF CALLGIRLS (VICE RAID). Eine Bande von Mädchenhändlern wird von der Sittenpolizei zur Strecke gebracht. Simples Kriminaldrama ohne Höhepunkte. – Ab 16. ✦ Schwarz-weiß. USA 1959 **P** Imperial **KI** United Artists **Pd** Robert E. Kent **R** Edward L. Cahn **B** Charles Ellis **K** Stanley Cortez **M** Paul Sawtell, Bert Shefter **S** Grant Whytock **D** Mamie van Doren (Carol Hudsone), Richard Coogan (Sgt. Whitey Brandon), Brad Dexter (Vince Malone), Barry Atwater (Phil Evans), Frank Gerstle (Lt. Brennan) **L** 70 **FSK** ab 16; nf **E** 24.11.1960 **fd** 9 736

RAZZIA IM CHINESENVIERTEL (HELL'S HALF ACRE). Eine Frau auf der Spur ihres nach dem Angriff auf Pearl Harbour (1941) verschollenen Ehemannes, der sich als zwielichtiger Nachtclubbesitzer in Honolulu eine zweite Existenz aufgebaut hat. Gangstermelodram, hartgesotten und sentimental. (Alternativtitel: »Kasbah von Honolulu«) – Ab 16. ✦ Schwarz-weiß. USA 1954 **P** Republic **KI** Gloria **R** John H. Auer **B** Steve Fisher **K** John L. Russell **M** R. Dale Butts **D** Wendell Corey, Evelyn Keyes, Elsa Lanchester, Marie Windsor, Nancy Gates **L** 88 **FSK** ab 16; nf **E** 5.8.1955 **fd** 4 254

RAZZIA IN BUDAPEST (RAZZIA). Der Kampf der illegalen Kommunistischen Partei im Horthy-Ungarn des Jahres 1932. Spannend, mit offenkundiger politischer Zielsetzung. – Ab 14. ✦ Schwarz-weiß. Ungarn 1958 **P** Filmstúdió Budapest **KI** Progress **R** László Nádasy **B** Imre Bencsik **K** István Hildebrand **M** György Ránki **D** János Görbe (József Kosch), Adám Szirtes (János Gere), Elma Bulla (Frau Kosch), Tivadar Uray (Pataki), Gábor Agárdy (Szentandrási) **L** 98 **E** 1.5.1959 Kino DDR/28.8.1959 DFF 1

RAZZIA IN NEAPEL (PROIBITO RUBARE). Ein Geistlicher verzichtet auf seine Missionsarbeit in China, um sich in Neapel der verwahrlosten Nachkriegsjugend anzunehmen und eine Kinderstadt zu gründen. Der erste, vielversprechende Spielfilm von Comencini arbeitet mit halbdokumentarischen Stilmitteln und jugendlichen Laiendarstellern, die sich selbst spielen. Ein menschlich und zeitgeschichtlich bedeutsames Beispiel für den italienischen Neorealismus. ✦ Schwarz-weiß. Italien 1949 **P** Lux **KI** Globus **R** Luigi Comencini **K** Aldo Tonti **D** Adolfo Celi, Tina Pica **L** 71 **FSK** ab 12; f **E** 16.12.1950 **fd** 506

RAZZIA IN PARIS (RAZZIA SUR LA CHNOUF). Ein Kriminalbeamter gibt sich als New Yorker Gangsterboß aus, um in den Pariser Drogenschmugglerring aufgenommen zu werden und die Bande hochgehen zu lassen. Nach einem Kriminalroman von Le Breton – bekannt für seinen harten Realismus und seinen ruppigen Tonfall – überzeugend inszenierter Gangsterfilm, der das Milieu der Rauschgifthändler bestens ausleuchtet. Spannend und dramaturgisch clever gemacht. ✦ Schwarz-weiß. Frankreich 1954/55 **P** JAD/SNE **KI** Union **R** Henri Decoin **B** Henri Decoin, Maurice Griffe, nach einem Roman von Auguste Le Breton **K** Pierre Montazel **M** Marc Lejean **D** Jean Gabin (Henri), Magali Noël (Lisette), Marcel Dalio (Liski), Albert Remy (Bibi), Lino Ventura (Der Katalane), Lila Kedrova (Léa) **L** 105 **FSK** ab 18; nf **E** 18.10. 1955 **fd** 4 240

RAZZIA IN ST. PAULI. Ballhaus-Else, eine Prostituierte, will den betrunkenen Musiker Leo verlassen und mit dem Matrosen Karl verschwinden, der sich als gesuchter Einbrecher in ihr Zimmer flüchtet. Im Hamburger Unterwelt-Treffpunkt »Kongo-Bar« endet der Ausstiegsversuch. Das Regiedebüt enthält einige Songs, die von Ernst Busch vorgetragen werden. Der Film wurde am Ende 1933 von der staatlichen Filmprüfstelle als mit der »Nationalen Revolution« unvereinbar verboten. ✦ Schwarz-weiß. Deutschland 1932 **P** Orbis-Film **Pd** Justin Rosenfeld **R+B** Werner Hochbaum **K** Adolf Otto Weitzenberg **M** Kurt Levaal **S** Karl Behr **D** Gina Falckenberg (Ballhaus-Else), Friedrich Gnaß (Matrosen-Karl), Wolfgang Zilzer (Musiker-Leo), Charly Wittong (Volkssänger) **L** 62 **E** 20.5.1932

RE-ANIMATOR (RE-ANIMATOR). Die Experimente eines hochintelligenten, aber manisch besessenen Medizinstudenten, der ein Serum erfindet, das Tote zu neuem Leben erweckt, führen zu tragischen Verwicklungen und einer unkontrollierbaren Katastrophe. Inszenatorisch routiniert entwickelt, setzt die Gruselgeschichte um die Grenzauflösung von Leben und Tod auf immer drastischere und abstoßendere Effekte und bringt sich damit um jeglichen Ernst (vgl. »From Beyond – Aliens des Grauens«). – Wir raten ab. ✦ USA 1985 **P** Empire/Re-Animated/Brian Yuzna Prod. **VA** Vestron **Pd** Brian Yuzna **R** Stuart Gordon **B** Dennis Paoli, William J. Norris, Stuart Gordon, nach einer Erzählung von H. P. Lovecraft **K** Mac Ahlberg **M** Richard Band **S** Lee Percy **D** Jeffrey Combs (Dr. Herbert West), Bruce Abbott (Daniel Cain), Barbara Crampton (Megan Halsey), Robert Sampson (Dr. Alan Halsey), David Gale (Dr. Karl Hill) **L** 95 **FSK** ab 18 **E** 31.10.1988 Video **fd** 27 215

DIE RE-INKARNATION DES PETER PROUD (THE REINCARNATION OF PETER PROUD). Ein von wirren Träumen geplagter junger Mann entdeckt, daß er in seinem früheren Leben ermordet wurde. Bei der Aufklärung des Geschehens ereilt ihn dasselbe Schicksal nochmals. Mäßig spannende Mischung aus Horrorfilm und Psychokrimi. (Späterer Titel: »Der Mann, der zweimal getötet wurde«) – Ab 16. ✦ USA 1974 **P** Bing Crosby Pictures **KI** Fox-MGM **Pd** Frank P. Rosenberg **R** J. Lee Thompson **B** Max Ehrlich, nach seinem Roman **K** Victor J. Kemper **M** Jerry Goldsmith **S** Michael F. Anderson **D** Michael Sarrazin (Peter Proud), Tony Stephano (Jeff Curtis), Jennifer O'Neill (Ann Curtis), Margot Kidder (Marcia Curtis), Cornelia Sharpe (Nora Hayes), Paul Hecht (Dr. Samuel Goodman) **L** 105 **FSK** ab 16; f **E** 13.2.1976 **fd** 19 681

REACH THE ROCK (REACH THE ROCK). Einem jungen Mann wird der Tod seines Freundes angelastet. Als er nach Jahren in seine Heimatstadt zurückkehrt, wird er wegen Randalierens inhaftiert, und es stellt sich heraus, dass der alte Konflikt noch längst nicht ausgestanden ist. Gefühlvolle Tragikomödie, die die Probleme junger Erwachsener ernst nimmt. Unübersehbar ist der Film vom Autor/Co-Produzenten John Hughes geprägt, der in den 80er-Jahren Teenager-Komödien mit ernstem Hintergrund (»The Breakfast Club«) drehte. – Ab 16. ✦ USA 1998 **P** Gramercy **Pd** John Hughes, Ricardo Mestres **R** William Ryan **B** John Hughes **K** John J. Campbell **M** John McEntire **S** Gerald Greenberg **D** William Sadler (Quinn), Alessandro Nivola (Robin), Bruce Norris (Ernie), Karen Sillas (Donna), Brooke Langton (Lise) **L** 95 **E** 5.4.2001 Premiere World

REACTOR (DEADLY REACTOR). Nach einem Atomkrieg in den USA wird ein ehemaliger Polizist und Prediger nach einem Bandenüberfall von einem Mann gesundgepflegt und nach dessen Ermordung zum missionarischen Racheengel, der im Alleingang einen kleinen Ort von den Bösen befreit. Wenig origineller Actionfilm voller zynischer Gewalttätigkeiten; amateurhaft inszeniert und gespielt. (Titel auch: »Deadly Reactor«) ✦ USA 1988 **P** Action International Pictures **VA** Highlight **Pd** Fritz Matthews **R+B** David Heavener **K** David Hue **M** Brian Bennett **S** Brian Evans **D** Stuart Whitman (Due), David Heavener (Cody), Darwyn Swalve (Hog), Allyson Davis (Shawna), Barbara Kerek (Mrs. Dawson) **L** 86 **E** 1992 Video **fd** 29 571

READY FOR TAKE OFF. Dokumentarfilm, der hinter die Kulissen des Flughafens Berlin-Tegel schaut und dabei Menschen zu Wort kommen läßt, die dort arbeiten. – Ab 14. ✦ Deutschland 1997 **R** Alice Agneskirchner **L** 70 **E** 10.12.1997 ORB

READY TO RUMBLE (1998) (KNOCKOUT). Kitschtriefender Boxerfilm, in dem eine junge Frau ihre schlagkräftigen Talente nutzt, um den Traum ihres Vaters zu verwirklichen. Ein Sportlerfilm voller Klischees, der, mit genüßlich zelebrierten Brutalitäten, den vermeintlichen Selbstfindungsweg einer jungen Frau beschreibt. ✦ USA 1998 **P** DMG **VA** VCL **Pd** Lorenzo Doumani, Valerie Howlett, Simone Sheffield **R** Lorenzo Doumani **B** Lorenzo Doumani, Mark Stevens **K** Isham Abed **M** Sidney James **S** Dayle Mustain **D** Sophia Adella Hernandez (Isabella »Belle« Alvarado), Tony Plana (Chuck Alvarado), Maria Conchita Alonso (Carmen Alvarado), Eduardo Yanez (Mario), Fredia Gibbs (Tanya »Terminator« Tessaro), Lorenzo Doumani (Ansager) **L** 99 **FSK** ab 12 **E** 27.6.2000 Video **fd** 34 415

READY TO RUMBLE (2000) (READY TO RUMBLE). Zwei junge Männer, die sich ihren Lebensunterhalt mit der Entleerung mobiler Toilettenhäuschen verdienen, sind begeisterte Wrestling-Anhänger. Als ihr bevorzugter Kämpfer eines Tages eine Niederlage erleidet, ermutigen sie einen wirtschaftlich und sozial heruntergekommenen Ex-Star zu einem Comeback. Eine nur mühsam lustige Mischung aus ordinär-pubertären Zoten, bunt inszenierten Ringkämpfen und der naiven Botschaft, dass man Niederlagen mit Selbstvertrauen überwinden kann. Als Parodie auf die übersteigerte Verehrung von Stars ist der Film ebenso misslungen wie als harmloser Spaß um zwei gerissene Träumer. ✦ USA 2000 **P** Outlaw/Robbins Prod. **VA** BMG Video **Pd** Bobby Newmyer, Jeffrey Silver **R** Brian Robbins **B** Steven Brill **K** J. Clark Mathis **M** George S. Clinton **S** Ned Bastille, Cindy Mollo **D** David Arquette (Gordie Boggs), Oliver Platt (Jimmy King), Scott Caan (Seam Dawkins), Bill Goldberg (Bill Goldberg), Rose McGowan (Sasha) **L** 102 **FSK** ab 16 **E** 28.8.2001 Video **fd** 35 016

REAL BULLETS, DIE KOKAINFABRIK (REAL BULLETS). Die Mitglieder einer Stuntmen-Schule kommen dem Sicherheitsdienst eines dubiosen Chemiekonzerns in die Quere, der eine Kokainfabrik betreibt, und müssen die erlernten Fähigkeiten im Kampf auf Leben und Tod anwenden. In einer Rückblende erzählte weinerliche Geschichte über Freundschaft, Mord und Totschlag, in allen Bereichen billig und dilettantisch. ✦ USA 1987 **P** Real Bullet Prod. **VA** Gloria **R** Lance Lindsay **B** John Gazarian, Lance Lindsay **K** Robert Caramico, Bob Hayes, Gary Graver **M** Ron Jones **S** Fred Roth **D** John Gazarian, Darlene Landau, Martin Landau, Merritt Yohnka, Jim Postof **L** 87 **FSK** ab 16 **E** 21.4.1988 Video **fd** 27 032

REAL LOVE (REAL LOVE / UNTAMED HEART). Eine impulsive und rastlos in den Tag hineinlebende Kellnerin findet die Liebe ihres Lebens ausgerechnet in einem unscheinbaren Tellerwäscher. Nach langwierigen Annäherungsversuchen bekennen sie sich schließlich trotz aller Verschiedenheit zueinander. Doch die Herzkrankheit des jungen Mannes beendet die Romanze ebenso plötzlich wie endgültig. Gefühlige, aber nicht übertrieben sentimentale tragische Liebesgeschichte, die die noch über den Tod hinaus verklärte »große Liebe« in weniger romantische Alltagsepisoden einbettet. Bemerkenswert in dem konventionell erzählten und inszenierten Film ist das ansprechende Spiel der Hauptdarsteller. – Ab 14. ✦ Teils schwarz-weiß. USA 1993 **P** MGM **VA** Warner Home **Pd** Tony Bill, Helen Buck Bartlett **R** Tony Bill **B** Tom Sierchio **K** Jost Vacano **M** Cliff Eidelman **S** Mia Goldman **D** Marisa Tomei (Caroline), Christian Slater (Adam), Rosie Perez (Cindy), Kyle Secor (Howard), Willie Garson (Patsy) **L** 92 **FSK** ab 12 **E** 22.10.1993 Video/11.10.1994 premiere **fd** 30 575

REAL MEN – WAHRE MÄNNER → Wahre Männer

REALENGO 18 (REALENGO 18). Kuba Mitte der 50er Jahre. Kleine Bauern wehren sich gegen eine großen Konzern, der ihr Land günstig für eine Plantage kaufen will. Zu den Aufständischen zählt eine Frau, deren Sohn sich von den Plantagenbesitzern anwerben läßt. Sie stehen sich im Kampf gegenüber. ✦ Kuba 1961 **R+B** Oscar Torres **K** Andin Esparros, Modesto Corvizou **D** Teté Vergara, René de la Cruz, José Antonio Rodriguez, Rita Limenta **E** 11.1.1963 DFF 1

REALITY & FANTASY (REALITY & FANTASY). Ein

Sexfilmproduzent mit erheblichen Spielschulden und vernachlässigten Unterhaltszahlungen für seine Ex-Frau träumt von einem Erfolg an der Kinokasse, um endlich wieder Boden unter die Füße zu kriegen. Doch Anflüge von Realitätssinn stellen sich angesichts der vielen leichtgeschürzten Frauen nur zu selten ein. Sexfilm. ✦ USA 1995 **Pd+R+B** Jerry Ross **K** Don James **M** Julian Keen **S** Don James **D** Kylie Ireland (Jennifer), Kaitlyn Ashley (Ginger), T.T. Boy (Todd), Jon Dough (Jeffrey Stone) **L** 82 **E** 29.3. 1996 premiere

REAPER – DER KILLER →Die Handschrift des Mörders (1998)

REASON TO DIE (REASON TO DIE). Ein psychopathischer Prostituierten-Mörder flieht aus der Anstalt und hinterläßt sogleich mehrere Leichen, da ihn ein traumatisches Erlebnis zum Morden zwingt. Ein Kopfgeldjäger bleibt auf seinen Fersen, erreicht seine volle Effektivität aber erst, als sein Gefährte ermordet und seine Freundin, eine Sexualwissenschaftlerin, auf die es der Killer abgesehen hat, bedroht wird. Ein spekulativer Action-Thriller nach den üblichen Vorgaben. ✦ USA 1989 **P** Helena Spring Prod. **VA** USA **Pd** Helena Spring **R** Tim Spring **B** Aubrey K. Rattan, Terry Asbury **K** Anthony Busbridge **M** Fransua Roos **S** Paul Carlin, Chris Barnes **D** Wings Hauser, Anneline Kriel, Arnold Vosloo, Norman Austey, Liam Cundill, Patrick Lyster **L** 90 **E** 22.1.1990 Video

REBECCA (1940) (REBECCA). Eine junge Frau aus einfachen Verhältnissen heiratet den verwitweten Adligen Max de Winter und zieht mit ihm auf dessen Landsitz Manderley. Bald wird die frischgebackene Schloßherrin vom übermächtigen Schatten der verstorbenen ersten Ehefrau ihres Mannes bedroht – und sie erfährt, daß Max als Mörder seiner Gattin verdächtigt wird. Der erste amerikanische Film von Alfred Hitchcock, entstanden nach dem Roman von Daphne du Maurier, ist ein romantisch-märchenhafter Thriller, der sich durch dichte Atmosphäre, eine spannend entwickelte Story und hervorragende Darsteller auszeichnet. – Ab 16. ✦ Schwarz-weiß. USA 1940 **P** Selznick Releasing Organisation **KI** Schorcht **Pd** David O. Selznick **R** Alfred Hitchcock **B** Robert E. Sherwood, Joan Harrison, nach dem Roman von Daphne du Maurier **K** George Barnes **M** Franz Waxman **S** Hal C. Kern, James E. Newcom **D** Joan Fontaine (Mrs. de Winter), Laurence Olivier (G.F. Maximilian de Winter), George Sanders (Jack Favell), Judith Anderson (Mrs. Danvers), Nigel Bruce (Major Giles Lacey) **L** 130 **FSK** ab 16; f **E** 30.10.1951/ 9.5.1981 DFF 1 **fd** 1 504

REBECCA (1994) (REBECCA). Sexfilm. Eifersüchteleien zwischen einem todkranken Herzog und seiner Frau. ✦ Italien 1994 **R** Alex Perry **B** Alex Perry, Ron Williams **K** Scotty Fox **M** Mirnes **D** Jennifer Jones, Christopher Clark, Simon Sullivan, Gerry Pike **L** 85 **E** 15.12.1995 premiere

REBECCA (1996) (REBECCA). Zweiteiliges Remake des gleichnamigen Alfred-Hitchcock-Thrillers aus dem Jahr 1940. Ein verwitweter Aristokrat lernt eine junge Frau kennen und heiratet sie. Auf seinem Landsitz aber muß diese erkennen, daß sie im Schatten der Verstorbenen steht; bald kommt sie einer Intrige auf die Spur. ✦ Großbritannien 1996 **Pd** Hilary Heath **R** Jim O'Brien **B** Arthur Hopcraft, nach dem Roman von Daphne du Maurier **K** Rex Maidment **M** Christopher Gunning **S** Michael Parker **D** Charles Dance (Maxim de Winter), Diana Rigg (Mrs. Danvers), Faye Dunaway (Mrs. van Hopper), Geraldine James (Beatrice), Emilia Fox (Die zweite Mrs. de Winter) **L** 191 (95 & 96) **E** 19.1.1998 premiere

REBECCA – LIEBE IST NICHT ANGESAGT (JUST FRIENDS). Nach drei Jahren scheitert die Liebesbeziehung eines jungen Mannes in Los Angeles, sodass er sich ins Single-Dasein fügt. Als er schließlich seiner »Traumfrau« begegnet, muss er feststellen, dass sie in festen Händen ist, sodass er sich um eine platonische Freundschaft zu ihr bemüht. Leichtgewichtige romantische Liebeskomödie. ✦ USA 1997 **Pd** Jordan Leibert, Kim Adelman, Maria Burton **R** Maria Burton **B** Chuck Rose **K** Joseph Montgomery **M** Jim Latham **S** Dave Harris **D** Anthony Palermo (Peter), Anita Barone (Rebecca), Barbara Alyn Woods (Danielle), Hal Linden (Herr Barton), Tim Bohn (Tom), Allen Lulu (Clay) **L** 95 **E** 1.4.1999 premiere

REBECCA M. – INTRIGEN DER LUST →Hemmungslos – Intrigen der Lust

REBECCA WEBT. Die Lebensgeschichte der Anna Rebecca Thalmann, Großmutter der Filmemacherin, in deren Nachlaß sich, als sie im Alter von 84 Jahren starb, unzählige Stoffe befanden. In 17 tableauartigen Bildern wird das Porträt einer Frau vorgestellt, die sich als Magd unglücklich verliebte und, heimgekehrt, mit dem Nachbarssohn verheiratet wurde. Der Webstuhl scheint fortan als Ort ihrer Sehnsucht und Gedankenflüge gedient zu haben. Eine Auseinandersetzung mit der persönlichen Vergangenheit, die durch vielfältige Gegenwartsbezüge die Universalität dieser Lebensgeschichte zu unterstreichen versucht. – Ab 16. ✦ Deutschland 1995 **P** Geils Prod. **SF** Freunde der Deutschen Kinemathek **Pd+R+B+K** Anne Geils **S** Radka Stanek-Spoida (= Radka Stanek) **L** 61 **E** 1996 Kino

REBECCAS GEHEIMNIS (REBECCA'S SECRET). Ein in wenigen Tagen heruntergekurbelter Sexfilm, dessen Protagonistin aus ihrer nymphomanischen Veranlagung kein Geheimnis macht. Die Krimihandlung dient nur als Staffage für die Vermarktung eines untalentierten Playboy-Centerfold-Girls. ✦ USA 1997 **Pd** Charles Moon **R+B** Ellyn Michaels **K** Al Carbon **M** Greg Poree **S** Nick Cahuenga **D** Amy Rochelle (Rebecca), Michael Baci (Jonathan), Lauren Hays (Gwen), Avalon Anders (Ally), Estelle Bermudez (Linsey) **L** 82 **E** 23.11.1999 Premiere World

REBECCAS SCHWESTER →Deadly Rivals – Ein Professor sieht rot

REBECCAS TÖCHTER (REBECCA'S DAUGHTERS). Ein junger englischer Adliger stellt sich im Wales des Jahres 1843 auf die Seite der von der Aristokratie ständig durch Wegzölle geschröpften Bauern und gründet eine Widerstandsbewegung, in der Männer in Frauenkleidern gegen das Unrecht kämpfen. Eine das Zeitkolorit sträflich vernachlässigende Rebellen-Mär, deren Humor aus derben Sprüchen und deren Aktionen aus betulich inszenierten Balgereien bestehen. Auch einige schauspielerische Glanzlichter gehen in der deutschen Synchronisation fast völlig verloren. – Ab 14. ✦ Deutschland/Großbritannien 1991 **P** Astralma Erste Filmprod./Delta/Rebecca's Daughters/British Screen/BBC Wales **KI** Delta **VA** VCL/Carolco **DVD** CinePlus (FF, DD2.0 dt.) **Pd** Chris Sievernich, Ruth Kenley-Letts **R** Karl Francis **B** Guy Jenkin, nach einem Roman von Dylan Thomas **K** Russ Walker **M** Rachel Portman **S** Roy Sharman **D** Paul Rhys (Anthony/Rebecca), Peter O'Toole (Lord Sarn), Joely Richardson (Rhiannon), Keith Allen (Davy), Simon Dormandy (Captain Marsden) **L** 97 **FSK** ab 12; f **E** 19.3.1992/21.9.1992 Video/24.5. 1994 premiere/1.2.2001 DVD **fd** 29 433

REBEL (REBEL). Australien 1942. Ein junger amerikanischer Soldat desertiert und versucht, außer Landes zu kommen. Während er auf eine Gelegenheit wartet, verliebt er sich in eine hübsche Sängerin, die seine Gefühle nach einigem Zögern erwidert. Des Flüchtens müde, stellt er sich der Militärpolizei. Melodramatischer Film, inszeniert mit der Künstlichkeit eines Hollywood-Musicals; weil er eindeutig die Partei der Deserteure ergreift, bietet er Anlaß zur Diskussion. (Fernsehtitel: »Rebel – Ein Mann gegen eine Armee«, »Der Rebell«) – Ab 16. ✦ Australien 1985 **P** Phillip Emanuel Prod./Village Roadshow **VA** Taurus **Pd** Phillip Emanuel **R** Michael Jenkins **B** Michael Jenkins, Bob Herbert, nach einem Theaterstück von Bob Herbert **K** Peter James **M** Chris Neal, Peter Best **S** Michael Honey **D** Matt Dillon (Rebel), Debbie Byrne (Kathy McLeod), Bryan Brown (Tiger Kelly), Bill Hunter (Browning), Ray Barrett (Bubbles) **L** 87 **FSK** ab 12 **E** 20.1.1989 Video/28.7.1991 premiere **fd** 27 635

REBEL – EIN MANN GEGEN EINE ARMEE →Rebel

REBEL RIDERS (REBEL ROUSERS). Ein Architekt will sich mit seiner Exfrau, die in einer kleinen Stadt in Mexiko lebt und ein Kind erwartet, versöhnen. Während eines Streits werden sie von einer Motorradbande angegriffen, deren Anführer zur Überraschung des Architekten ein alter Freund ist. Der Architekt wird von Bandenmitgliedern halb tot geschlagen, die Frau vergewaltigt. Ein ausgesprochen schwachsinniger Film voller Brutalitäten; miserabel inszeniert und schlecht gespielt. (Videotitel: »Terror Vision«) ✦ USA 1970 **P** Paragon **KI** Müller **Pd+R** Martin B. Cohen **B** Martin B. Cohen, Michael Parks, Abe Polsky **K** Laszlo Kovacs, Glen Smith **M** William Loose **S** Thor Brooks **D** Cameron Mitchell (Paul), Diane Ladd (Karen), Bruce Dern (J. J.), Jack Nicholson (Bunny), Harry Dean Stanton **L** 77 **FSK** ab 16; f **E** 26.8.1977

REBEL SOLDIER (OPERATION: GET VICTOR CORPUS THE REBEL SOLDIER). Philippinen 1970: Ein Leutnant der Armee desertiert und schließt sich der Volksarmee im Kampf gegen den Diktator Marcos an. Man macht Jagd auf den Deserteur, der zwar einem Massaker knapp entkommt, aber schließlich doch verhaftet und bis zum Sturz Marcos' ins Gefängnis gesteckt wird. Das interessante Thema ist lediglich Vorwand für ein kriegerisches Action-Spektakel ohne historische Authentizität; miserabel inszeniert und geradezu haarsträubend fotografiert. ✦ Philippinen 1987 **P** Vanguard **VA** Splendid **R** Pablo Santiago **B** José F. Lacaba **K** Garding Baltazar **M** Jaime Fabregas **D** Rudy Fernandez, Jay Ilagan, Sandy Andolong, Dang Cecilio, Rowell Sanitiago **L** 83 (gek. 75) **FSK** ab 18 (gek. 12) **E** 21.3.1988 Video

REBEL WAVES (RISING STORM). Im Jahr 2099 sind die Zeugnisse der alten »dekadenten« Kultur von religiösen Diktatoren begraben worden. Ein Reverend sendet täglich Fernsehbotschaften aus dem Weißen Haus, gekoppelt mit Werbung für die Devotionalien des Staatskults. Zwei Brüder und zwei revolutionäre Schwestern, im Untergrund operierende Regimegegner, entdecken die verschüttete Video-Botschaft eines Disc-Jockeys und können sie trotz Verfolgung und Folter im Staatsfernsehen senden und die Revolution auslösen. Ein bizarrer Genre-Cocktail, der die Angst vor religiös motivierter Diktatur in schrägskurrile Bilder und zahlreiche Zitate verpackt; nicht sehr durchdacht und einfallsreich, wird der Film durch die miserable Synchronisation endgültig um jede Wirkung gebracht. ✦ USA 1989 **P** Gibraltar **VA** Highlight **Pd** Jay Davidson, James Buchfuehrer **R** Francis Schaeffer **B** Gary Rosen, William Fay **K** Robb D. Hinds **M** Julian Laxton **S** Alan Baumgarten **D** Zach Galligan (Artie Gage), Wayne Crawford (Joe Gage), June Chadwick (Mila Hart), John Rhys-Davies (Don Waldo), Elizabeth Keifer (Blaise Hart), Graham Clark (Lt. Ulmer), William Katt, Gordon Mulholland **L** 95 **FSK** ab 16 **E** 6.8.1990 Video **fd** 28 516

EIN REBELL (MIKOLAS ALES). Biografischer Film über den tschechischen Malers Mikolas Ales, der im 19. Jahrhundert in Prag lebte. – Ab 14. ✦ Schwarz-weiß. CSR 1951 **P** Statsu **KI** Progress **R** Václav Krska **B** Jan Pos **K** Frantisek Skvor **D** Karel Höger (Mikolás Ales), Dana Medrická (Marina), Vladimír Ráz (Schenisek), Jirí Plachy (Graf Schönborn), Jirí Dohnal (Arbesch) **L** 103 **E** 14.11.1952 Kino DDR/22.10.1953 DFF 1

DER REBELL (1932). Episode aus dem Freiheitskampf Tirols gegen die Diktatur Napoleons. Ein junger Tiroler Freiheitskämpfer wird verraten und fällt angeblich den Häschern in die Hände, kann aber in Wirklichkeit entkommen. Beim Aufstand der Rebellen gegen die napoleonische Armee wird er gefangengenommen und erschossen. Tirol erhält vier Jahre später (1813) die Freiheit. Ein patriotischer Heimatfilm mit hervorragenden Aufnahmen aus der Tiroler Bergwelt, getragen von dramatischem Pathos. Hauptdarsteller Luis Trenker betätigte sich als Co-

Regisseur an der Seite von Kurt (Curtis) Bernhardt, der später in Hollywood eine zweite Karriere machte. (Alternativtitel: »Die Feuer rufen!«, »Die Feuerrufer«) – Ab 14. ✦ Schwarz-weiß. Deutschland 1932 **P** UFA **KI** Krauskopf **VA** Polyband **Pd** Paul Kohner **R** Luis Trenker, Kurt Bernhardt **B** Robert A. Stemmle, Walter Schmidtkunz **K** Sepp Allgeier, Albert Benitz, Willy Goldberger, Reimar Kuntze **M** Giuseppe Becce **S** Hermann Haller **D** Luis Trenker (Severin Anderlan), Luise Ullrich (Erika Riederer), Victor Varconi (Kapitän Leroy), Fritz Kampers (Raidthofer, bayr. Offizier), Olga Engel (Anderlans Mutter) **L** 92 (gek. 83/75) **FSK** ab 12 **E** 22.12.1932/28.3.1977 BR

DER REBELL (1950) (THE FLAME AND THE ARROW). Aufwendiger Ausstattungs- und Abenteuerfilm über einen Freiheitskampf im 13. Jahrhundert: Die Lombardei schmachtet unter dem grausamen Joch des Herzogs von Pisa. In Dardo, einem in den Bergen hausenden freiheitsliebenden Mann, dem der verhaßte Gewaltherrscher seinen siebenjährigen Sohn genommen hat, findet der Widerstand einen Führer. Dardo tötet den Unterdrücker, rettet seinen Sohn und findet die Liebe der schönen Cousine des Herzogs. – Ab 10. ✦ USA 1950 **P** Warner Bros. **KI** Warner Bros. **Pd** Frank Ross, Harold Hecht **R** Jacques Tourneur **B** Waldo Salt, nach seiner Erzählung »The Hawk and the Arrow« **K** Ernest Haller **M** Max Steiner **S** Alan Crosland jr. **D** Burt Lancaster (Dardo), Virginia Mayo (Anne), Robert Douglas (Alessandro), Aline MacMahon (Nonna Bartoli), Frank Allenby (Ulrich), Nick Cravat (Piccolo) **L** 85 **FSK** ab 12; nf **E** 24.3.1951/ 26.12.1979 DFF 1 **fd** 1 125

DER REBELL (1969) (LE REBELLE). Im Jahre 1867 erheben sich unter Führung Saleh El Manauris die von Beis und Großgrundbesitzern ausgebeuteten Bauern, um Freiheit und Gerechtigkeit im Lande herzustellen. Fotografisch und darstellerisch eindringlich, gewährt der Film trotz einiger Längen interessante Einblicke in das Leben und die Gebräuche der Bevölkerung. – Ab 14. ✦ Scope, schwarz-weiß. Tunesien 1969 **KI** Progress **R+B** Omar Khlifi **K** Izzedine Ben Ammar **M** Uannas Kerjim **D** Samira Ahmed, Hassiba Ruschdi, Alhabib Aschani, Al-Hattab El-Sib, Al-Tahen Hauas **L** 85 **E** 17.10.1969 Kino DDR/28.7. 1971 DFF 1

DER REBELL (1985) →Rebel

REBELL AUS GUTEM HAUSE (O ASYMVIV ASTOS). Ein Medizinstudent in Athen bricht sein Studium ab, um als Liedermacher und Sänger ein erfüllteres Leben zu führen – doch diese und andere Pläne erweisen sich als Illusion. Ein Melodram, das versucht, das Lebensgefühl junger griechischer Intellektueller zu beschreiben und mit den Mitteln des Unterhaltungskinos Gesellschaftskritik zu vermitteln. Dabei zeigt der Film die Erscheinungsformen von Korruption und Opportunismus im beruflichen wie im persönlichen Bereich. ✦ Griechenland 1979 **P** Greka Film **R+B** Andreas Thomopoulos **K** Dimitris Vernicos **M** Mikis Theodorakis, Giorgos Theodorakis **D** Pavlos Sideropoulos, Betty Livanou, Heleni Maniati, Vera Crouska, Kostas Vrettos **L** 105 (TV) **E** 29.10.1984 ARD

REBELL DER ROTEN BERGE (WAR DRUMS). Ein Apachenhäuptling nimmt ein gefangenes Mädchen indianisch-mexikanischer Herkunft zur Frau, nachdem er sich zunächst im Zweikampf vor seinem Stamm behauptet hat. Des weiteren muß er sich mit seinen Leuten in zahlreichen Kämpfen gegen die Weißen zur Wehr setzen, die ihnen ihr Reservat streitig machen. B-Western. (Alternativtitel: »Häuptling der Apachen«) ✦ USA 1957 **P** Bel Air **KI** United Artists **Pd** Howard W. Koch **R** Reginald LeBorg **B** Gerald Drayson Adams **K** William Margulies **M** Les Baxter **S** John A. Bushelman **D** Lex Barker (Mangas Colorados), Joan Taylor (Riva), Ben Johnson (Luke Fargo), Larry Chance (Ponce), Richard Cutting (Richter Bolton), James Parnell (Arizona), John Pickard (Sheriff Bullard), Tom Monroe (Herman), Moritz Hugo (Clay Staub), Fred Sherman (Dr. Gordon), Alex Montoya (Manuel), Stuart Whitman (Johnny Smith), Boyd »Red« Morgan (Teal) **L** 73 **FSK** ab 12; nf **E** 4.4. 1958 **fd** 6 847

REBELL DER SHAOLIN (REBEL OF SHAOLIN). Kung-Fu-Historical um ein Kloster, einen Verräter, einen Rächer, habgierige Prinzen und intrigante Prinzessinnen. Nach gängigen Mustern zusammengestrickter Hongkong-Film voller unnatürlicher Todesfälle: Beim blutigen Showdown läßt bis auf die beiden Helden so ziemlich jeder sein Leben. ✦ Scope. Hongkong 1978 **P** Great East International **KI** A. B. **R** David Lin, Kao Pao-Shu **K** Chung Shen **M** Chow Fook-Leung **D** Carter Wang, Sheung Coon, Ling Fung **L** 85 **FSK** ab 16; nf **E** 23.11.1979 **fd** 22 330

REBELL DER SIERRA. Anfang des 20. Jahrhunderts versucht ein reicher amerikanischer Ölmagnat, in den Besitz von Grund und Boden zu gelangen, auf dem Ölvorkommen vermutet werden. Mit Hilfe einer kriminellen Bande setzt er die mexikanischen Landbesitzer skrupellos unter Druck. Auf die Familie eines Bauern wird ein Mordanschlag verübt, bei dem seine Angehörigen getötet werden. Als der Mann die Hintergründe der Tat begreift, sinnt er auf Rache. ✦ Mexiko 1977 **R** Toni Sbert **B** Toni Sbert, Arturo Rosenblueth **K** Léon Sánchez **D** Jorge Luke (Skorpion), Mario Almada (Joaquin), Carlos Cardan (Schwarzer), Alicia Encinas (Rocio), Tito Junco (Don Matias) **L** 89 **E** 12.10.1979 DFF 1

REBELL DER WÜSTE (HAREM – THE LOSS OF INNOCENCE). Auf dem Weg zu ihrem Verlobten, einem britischen Diplomaten, wird eine junge Amerikanerin im Nahen Osten im Jahr 1906 von gegen einen grausamen Sultan rebellierenden Freiheitskämpfern entführt. Obwohl ihr der Anführer der Truppe zugetan ist, gibt er sie im Austausch gegen eigene Leute an den Sultan weiter, der sie in seinen Harem bringen läßt. Melodramatischer Abenteuerfilm mit allen Zutaten orientalischer Exotik, reproduziert für das amerikanische Fernsehen. (Fernsehtitel: »Harem«) – Ab 16. ✦ USA 1985 **P** Highgate Pictures/New World Television **VA** Highlight (Zwei Kassetten) **R** Billy Hale **B** Karol Ann Hoeffner **D** Nancy Travis (Jessica), Omar Sharif (Sultan), Ava Gardner (Kadin), Art Malik (Pasha), Sarah Miles (Lady Ashley), Julian Sands (Forest), Yaphet Kotto (Chef Eunuch) **L** 181 **FSK** ab 12 **E** Februar 1987 Video/25.,26.12.1987 RTL plus (zwei Teile)

REBELL FÜR DIE FREIHEIT (IL MANTELLO ROSSO). Ein flämischer Hauptmann, dem die in Pisa stationierten Truppen unterstellt sind, führt in der Stadt ein tyrannisches Regiment, bis er vom Sohn eines seiner Mordopfer gestürzt wird. Naiver Abenteuerfilm mit zahlreichen Fechtszenen, angesiedelt im 16. Jahrhundert. ✦ Italien/Frankreich 1955 **P** Trio/Franca/ Centre Cinéma **KI** Constantin **R** Giuseppe Maria Scotese **B** Riccardo Pazzaglia, Albino Principe, Jacopo Corsi, Giuseppe Maria Scotese **K** Adalberto Albertini **M** Gino Marinuzzi, Domenico Modugno **D** Fausto Tozzi, Patricia Medina, Bruce Cabot, Domenico Modugno, Francisco Rocco **L** 86 **FSK** ab 12; nf **E** 25.5. 1956 **fd** 5 128

REBELL HINTER GITTERN (LE DENOMME). Ein wegen bewaffneten Raubüberfalls inhaftierter Mann bewahrt sich auch im Gefängnis seinen aufrechten Gang. Bald gibt er eine Knastzeitung heraus, die die dortigen Mißstände anprangert. Als er nach der Untersuchungshaft in einen Hochsicherheitstrakt verlegt wird, droht er die guten Vorsätze zu vergessen, bis er entlassen wird, da sein Fall ein Justizirrtum war. Nach einem authentischen Fall inszenierter Gefängnisfilm, der über den Vorsatz einer wirklichkeitsnahen Schilderung nicht hinauskommt. Voller Klischees und mit zahlreichen Verweisen auf den Film »Papillon«, produziert er immer dann inhaltsleere Sprechblasen, wenn gesellschaftliche Ursachenforschung betrieben werden soll. ✦ Frankreich 1989 **P** Trust International **VA** RCA/Columbia **Pd+R+B** Jean-Claude Dague **K** Serge Guez **M** Christophe Bevilacqua, Claude Micheli **S** Claude Guerin **D** Jean Dolande (Jean), Thierry Imbert (Thierry), Philippe Léotard (Auclair), Bernard Fresson (der Pate), Lorène Russell (Isabelle Anziani) **L** 109 **FSK** ab 18 **E** 7.5.1991 Video **fd** 28 869

REBELL IHRER MAJESTÄT →Die jungfräuliche Königin

DER REBELL MIT DER MACHETE (ELPIDIO VALDES). Kubanischer Zeichentrickfilm über die Entwicklung eines Jungen zum Freiheitshelden. – Ab 12 möglich. ✦ **KI** Progress **R+B** Juan Padrón **K** Repin Rodriguez, Alberto Hernandez, S. Pehale, Al Valdes, L. Rueno, Angel Rodriguez, P. Velazques **M** Lucas de la Guardia **L** 67 **E** 18.12.1981 Kino DDR

REBELL OHNE GNADE (CAPITAN FUOCO). Ein mit Pfeil und Bogen bewehrter Vagabund stellt sich in der Entscheidungsschlacht einem grausamen Despoten, nachdem dieser seinen Gegenspieler, einen gütigen Grafen, ermorden ließ. Italienische Robin-Hood-Variante, zwar großzügig in der Ausstattung, aber mit papiernen Dialogen und hölzerner Darstellung. – Ab 14 möglich. ✦ Italien 1958 **P** Transfilm **KI** Austria **R** Carlo Campogalliani **B** Nino Vittorio Novarese, Carlo Campogalliani **K** Adalberto Albertini **M** Carlo Innocenzi **D** Lex Barker (Pietro), Rossana Rory (Helena), Herbert A. E. Böhme (Graf Gualtiero), Anna Maria Ferrero (Anna), Massimo Serato (Baron Oddo) **L** 94 **FSK** ab 12; nf **E** 6.11.1959 **fd** 8 717

DER REBELL VON ARIZONA (REBEL IN TOWN). Vom Bürgerkrieg entwurzelte Südstaatler – ein Vater mit vier Söhnen – verstricken sich in blutige Konflikte: Nachdem einer der Söhne ein Kind niedergeschossen hat, stellen sich die anderen zusammen mit dem Vater den Behörden, um der Lynchjustiz zu entgehen. Schwerfälliger B-Western. – Ab 16. ✦ Schwarz-weiß. USA 1956 **P** Bel Air **KI** United Artists **Pd** Raymond Werker **R** Alfred Werker **B** Danny Arnold **K** Gordon Avil **M** Les Baxter **S** John F. Schreyer **D** John Payne (John Willoughby), Ruth Roman (Nora Willoughby), Ben Cooper (Gray Mason), J. Carroll Naish (Bedloe Mason), John Smith (Wesley Mason), James Griffith (Adam Russell), Mary Adams (Großmutter Anstadt), Bobby Clark (Petey Willoughby), Mimi Gibson (Lisbeth Anstadt), Ben Johnson (Frank Mason) **L** 77 **FSK** ab 12; f **E** 24.5.1957 **fd** 5 916

DER REBELL VON JAVA (FAIR WINDS TO JAVA). Der Kapitän eines englischen Seglers auf Schatzsuche in der asiatischen Inselwelt. Nachdem er viele gefährliche Situationen – darunter die Meuterei der eigenen Mannschaft – überstanden hat, verschlingt vor seinen Augen ein Vulkanausbruch die ganze Insel mitsamt dem Schatz. Knallbuntes Abenteuerkino. – Ab 14. ✦ USA 1952 **P** Republic **KI** Gloria **Pd+R** Joseph Kane **B** Richard Tregaskis, nach dem Roman von Garland Roark **K** Jack Marta **M** Victor Young **S** Richard L. Van Enger **D** Fred MacMurray (Captain Boll), Vera Ralston (Kim Kim), Robert Douglas (St. Ebenezer/Pulo Besar), John Russell (Flint), Victor McLaglen (O'Brien) **L** 92 **FSK** ab 12; nf **E** 6.10.1953 **fd** 2 900

DER REBELL VON KALIFORNIEN (THE MAN BEHIND THE GUN). Ein Major wird von der amerikanischen Bundesregierung beauftragt, eine Rebellion niederzuschlagen, was ihm mit Mut und Tücke gelingt. Nebenbei wird er zum Mitgründer von Los Angeles. Durchschnittlicher Randolph-Scott-Western. – Ab 16. ✦ USA 1952 **P** Warner Bros. **KI** Warner Bros. **Pd** Dimitri De Grunwald **R** Felix Feist **B** John Twist, nach einem Roman von Robert Buckner **K** Bert Glennon **M** David Buttolph **S** Owen Marks **D** Randolph Scott (Major Callicut), Patrice Wymore (Lora Roberts), Dick Wesson (»Mönch«), Phil Carey (Capt. Roy Giles), Lina Romay (Chona Degnon), Roy Roberts (Mark Sheldon), Morris Ankrum (Bram Creegan), Katherine Warren (Phoebe Sheldon), Alan Hale jr. (Olof), Douglas Fowley (Buckley), Tony Caruso (Vic Sutro) **L** 92 **FSK** ab 12; nf **E** 24.11.1954 **fd** 3 740

DER REBELL VON MEXIKO (THE EAGLE AND THE HAWK / SPREAD EAGLE). Hochbezahlte Agenten sollen im Interesse Frankreichs die Einsetzung des

Habsburgers Maximilian als Kaiser von Mexiko vorbereiten. US-Agenten betreiben das Gegenspiel und können ihre Regierung über Planungen zu einem Angriff auf Texas informieren. Routiniert gemachter Abenteuerfilm über historische Ereignisse des Jahres 1863. – Ab 14. ✦ USA 1950 **P** Paramount **KI** Paramount **Pd** William H. Pine, William C. Thomas **R** Lewis R. Foster **B** Geoffrey Homes (= Daniel Mainwaring), Lewis R. Foster, nach der Erzählung »A Mission To General Houston« von Jess Arnold **K** James Wong Howe **M** Rudy Schrager (dt. Fassung), David Chudnow (Original) **S** William Fox **D** John Payne (Todd Croyden), Rhonda Fleming (Madeline Danzeeger), Dennis O'Keefe (Whitney Randolph), Thomas Gomez (Gen. Liguras), Fred Clark (Basil), Frank Faylen (Buck Hyatt), Eduardo Noriega (Roberto), Grandon Rhodes (Gouverneur Lubbock), Walter Reed (Jones), Margaret Martin **L** 104 **FSK** ab 12; nf **E** 28.10.1955 **fd** 4 513

DER REBELL VON NEAPEL (IL CONTE DI SANT' ELMO). Ein Graf als Mitglied einer Verschwörergruppe, die Neapel anno 1851 von französischer Fremdherrschaft befreien will. Abenteuerfilm vor dem Hintergrund der italienischen Einigungskämpfe. – Ab 12. ✦ Schwarz-weiß. Italien 1950 **P** Italia **KI** Pallas **R** Guido Brignone **B** Aldo de Benedetti **K** Augusto Tiezzi **M** Jacques Meyerbeer **D** Massimo Serato, Anna Maria Ferrero, Nelly Corradi, Tino Buazzelli **L** 90 **FSK** ab 12; f **E** 8.7.1955 **fd** 4 328

DER REBELL VON PALAWAN (SAMAR). Spanische Kriegsgefangene werden 1870 auf die als Strafkolonie dienende Insel Palawan gebracht und begeben sich unter Führung eines Arztes auf die gefährliche Reise ins Innere der Insel, wo sie das gelobte Land der Freiheit erwartet. Naiver Abenteuerfilm. – Ab 16. ✦ USA/Panama 1961 **P** Winchester/MAM **KI** Warner Bros. **Pd+R** George Montgomery **B** George Montgomery, Ferde Grofe jr. **K** Emmanuel Rojas **M** Harry Zimmerman **S** Walter Thompson **D** George Montgomery (Dr. John Saunders), Gilbert Roland (Col. Salazar), Ziva Rodann (Ana), Joan O'Brien (Cecile Salazar), Nico Minardos (De Guzman) **L** 88 **FSK** ab 6; f (fr. 16; nf) **E** 5.10.1962 **fd** 11 505

DER REBELL VON SAMARA (DUBROWSKY). Die Intrigen zweier verfeindeter Grundbesitzer im alten Rußland (1831) gefährden die Liebe ihrer Kinder. Von dem aus Hollywood zurückgekehrten W. Dieterle recht anspruchslos als harmloser Kostümfilm-Bilderbogen inszeniert. ✦ Scope. Italien/Jugoslawien 1958 **P** Hesperia/Vardar **KI** Ufa **R** William Dieterle **B** Akos Tolnay, Gino de Santis, nach der Novelle »Dubrowsky« von Alexander Puschkin **K** Aldo Giordani, Ljube Petrovski **M** Carlo Rustichelli **D** John Forsythe (Vladja Dubrowsky), Rosanna Schiaffino (Masha Petrovich), Paul Dahlke (Oberst Dubrowsky), Wilhelm Dieterle (= William Dieterle) (Kiril Petrovich), Nerio Bernardi (Prinz Vereisky) **L** 117 **FSK** ab 12; f **E** 29.4.1960 **fd** 9 127

DER REBELL VON SAN FERNANDO (THE BELLS OF SAN FERNANDO). Ein spanischer Statthalter terrorisiert kalifornische Siedler, indem er sie von der Außenwelt abriegelt und rücksichtlos ausplündert. Schließlich formiert sich der Widerstand. B-Western. ✦ Schwarz-weiß. USA 1947 **P** Hillevest **KI** Wotan **Pd** James S. Burkett **R** Terry Morse **B** Jack DeWitt, Renault Duncan **K** Robert Pattack **S** George McGuire **D** Gloria Warren (Maria), Donald Woods (Michael), Shirley O'Hara (Nita), Paul Newland (Gueyon), Anthony Warde (Mendoza) **L** 70 **FSK** ab 12; nf **E** 5.6.1953 **fd** 2 745

DER REBELL VON TACCA DEL LUPO (IL BRIGANTE DI TACCA DEL LUPO). Im Zeitalter Garibaldis spielendes Drama des Volkskampfes gegen die bourbonische Herrschaft auf Sizilien: Im Jahr 1863 übernimmt ein energischer Hauptmann eine heruntergekommene Einheit, die Jagd auf Räuberbanden macht, die eine Art Guerillakrieg mit der neuen Regierung führen. Er ruft das Kriegsrecht aus und verfolgt entgegen den Bedenken seiner Berater die Banditen bis ins unwegsame Gebirge. Abenteuer- und Rebellenfilm mit historischem Hintergrund, der in spannender Inszenierung Tugenden wie Mut, Patriotismus und Pflichtbewußtsein preist. Im Aufbau stark an die Western John Fords erinnernd. – Ab 14 möglich. ✦ Schwarz-weiß. Italien 1952 **P** Cines-Lux/Rovere/Lux **R** Pietro Germi **B** Pietro Germi, Federico Fellini, Tullio Pinelli, Fausto Tozzi, nach einem Roman von Riccardo Bacchelli **K** Leonida Barboni **M** Carlo Rustichelli **D** Amedeo Nazzari (Giordani), Cosetta Greco (Maria), Saro Urzi (Kommissar), Fausto Tozzi, Aldo Bufi Landi **L** 102 **E** 24.6.1986 S 3

DIE REBELLEN (1972) (QUELQUES ARPENTS DE NEIGE / THE REBELS). Geschichte des blutigen Aufstandes der Frankokanadier gegen die britische Kolonialarmee im Winter des Jahres 1837. Mäßig spannender, sehr durchschnittlicher Film über ein historisches Ereignis aus der kanadischen Geschichte. – Ab 16. ✦ Scope. Kanada 1972 **P** Cinévideo/Productions Mutuelles/Famous Players/Bellevue Pathé **KI** Progress **R** Denis Héroux **B** Marcel Lefebvre, Gilles Elie **K** Bernard Chentrier **M** François Cousineau **D** Christine Olivier, Daniel Pilon, Mylène Demongeot, Jean Deceppe, Frédéric de Pasquale **L** 93 **E** 8.12.1978 Kino DDR/22.12.1979 DFF 2

DIE REBELLEN (1986) (DURUGIN ANG KUTSNG BATO). Unter der Führung eines religiösen Fanatikers versuchen Rebellen, das »Reich Allahs« auf den Philippinen zu errichten. Regierungstreue Truppen stellen sich ihnen entgegen. Billiger Kriegsfilm vor plakativer historischer Folie. ✦ Philippinen 1986 **P** Bukang Liway Way Films **VA** Geiselgasteig **R** Tony J. Reyes **D** Muhammad Faisal, Philip Gamboa, Emily Loren, Romy Diaz **L** 85 **FSK** ab 16 **E** 28.3.1988 Video

REBELLEN AUF SKATEBOARDS → Gleaming Heart

REBELLEN DER SCHWARZEN BERGE (THE TORCH). Ein mexikanischer Revolutionsgeneral verschont eine eroberte Stadt, nachdem er im Ortsgeistlichen einen Jugendfreund erkannt und sich in die Tochter eines reichen Bürgers verliebt hat. Handwerklich solides Remake des Films »Die Verliebte« vom selben Regisseur. ✦ Schwarz-weiß. USA 1950 **P** Eagle Lion **KI** Constantin **Pd** Bert Granet **R** Emilio Fernández **B** Iñigo de Martino Noriega (= Iñigo de Martino), Emilio Fernández **K** Gabriel Figueroa **M** Antonio Diaz Conde **S** Charles L. Kimball **D** Paulette Goddard (Maria Dolores), Pedro Armendáriz (Jose Juan Reyes), Gilbert Roland (Pater Sierra), Walter Reed (Dr. Robert Stanley), Julio Villareal (Don Carlos Penafiel), Margarita Luna (Capt. Bocanegra), José Torvay (Capt. Quinones), Garcia Pena (Don Apolino), Carlos Muzquiz (Fidel Bernal) **L** 77 **FSK** ab 16; nf **E** 17.6.1952 **fd** 1 866

REBELLEN DER STEPPE (CALAMITY JANE AND SAM BASS). Ein Cowboy, dessen Pferd vergiftet wurde, sucht sein Recht auf seine Weise; er wird zum Mörder und Banditen und stirbt schließlich nach einer Schießerei. Western mit starken Anklängen an das Michael-Kohlhaas-Motiv. Routinierte Regie, gute Schauspieler. (Fernsehtitel der 1993 erstellten neu synchronisierten Fassung: »Calamity Jane und Sam Bass«) ✦ USA 1949 **P** Universal **KI** Universal **Pd** Leonard Goldstein **R** George Sherman **B** Maurice Geraghty, Melvin Levy, nach einer Story von George Sherman **K** Irving Glassberg **M** Milton Schwarzwald **S** Edward Curtiss **D** Yvonne de Carlo (Calamity Jane), Howard Duff (Sam Bass), Dorothy Hart (Katherine Egan), Willard Parker (Sheriff Will Egan), Norman Lloyd (Jim Murphy), Lloyd Bridges (Joel Collins), Marc Lawrence (Dean), Houseley Stevenson (Dakota), Milburn Stone (Abe Jones), Clifton Young (Link), Roy Roberts (Marshal Peak), Ann Doran (Mrs. Egan), Walter Baldwin (Doc Purdy) **L** 82 **FSK** ab 12; nf **E** 21.12.1951 **fd** 1 555

REBELLEN DES GRAUENS (SUPERNATURALS). Eine Armee von toten Bürgerkriegssoldaten steht aus ihren Gräbern auf und nimmt für die Greuel und Untaten des Krieges grausame Rache an einer US-Ranger-Einheit. Abstoßender »Zombie«-Schocker. ✦ USA 1985 **P** Republic Entertainment International **VA** Embassy **Pd** Sandy Howard **R** Armand Mastroianni **B** Joel Soisson, Michael S. Murphy **K** Peter Lyons Collister **M** Robert O. Ragland **D** Maxwell Caulfield (Pvt. Ray Ellis), Nichelle Nichols (Sgt. Leona Hawkins), Talia Balsam (Pte. Angela Lejune), Bradford Bancroft (Pte. Tom Weir), LeVar Burton (Pte. Michael Osgood), Bobby DiCicco (Pte. Tim Cort) **L** 83 **FSK** ab 18 **E** Juni 1986 Video

REBELLEN IM NEONLICHT (REBELS OF THE NEON GOD / CHING SHAO NIEN NA CHA). Ein Schüler bricht aus seiner wohlbehüteten bürgerlichen Umgebung aus und schließt sich einem Kleinkriminellen an, der mit seinem Motorrad die Straßen unsicher macht. Ein stilistisch bis ins Kleinste durchkomponierter Debütfilm, der stilbildend auf das Filmschaffen in Taiwan wirkte. Die Kompromißlosigkeit der Inszenierung findet ihre thematische Entsprechung in der Behandlung des Generationskonflikts und in der Darstellung einer gestörten Kommunikation, die nur noch auf Umwegen zustande kommt. ✦ Taiwan 1992 **P** Central Motion Picture Corporation **Pd** Hsu Li-Kong **R+B** Tsai Ming-Liang **K** Liao Pen-Yung **M** Huang Hsu-Chung **S** Wang Chi-Yang **D** Chen Chao-Jung (Ah-Tze), Wang Yu-wen (Ah-Kuei), Lee Kang-Sheng (Lee Kang-sheng), Jen Chang-bing (Ah-bing), Miao Tien (Vater von Lee Kang-sheng) **L** 106 **E** 17.3.1999 WDR

REBELLEN IN LEDERJACKEN (DEVIL'S ANGELS). Eine Bande krimineller Jugendlicher verwüstet rachehalber eine Stadt. Serienprodukt aus der Reihe der amerikanischen Motorradbanden-Filme, inhaltlich und formal gleichermaßen dürftig. In der Hauptrolle John Cassavetes (1929–1989), einer der wichtigsten Autorenfilmer des jüngeren US-Kinos, der sich durch Schauspielerauftritte wie diesen das Geld für seine eigenen Filmprojekte verdiente. ✦ Scope. USA 1967 **P** AIP **KI** Nora **R** Daniel Haller **B** Charles B. Griffith **K** Richard Moore **M** Mike Curb **D** John Cassavetes (Cody), Beverly Adams (Lynn), Mimsy Farmer (Marianne), Maurice McEndree, Marc Cavell **L** 83 **FSK** ab 18; nf **E** 2.8.1968 **fd** 15 641

REBELLEN OHNE HOFFNUNG (MARGARIT I MARGARITA). Ein jugendliches Liebespaar legt sich in seinem Freiheitsdrang mit allen Institutionen der Gesellschaft an. Seine Lebensentwürfe scheitern, weil es den rigidesten Formen der Anpassung unterworfen wird. Das bis nach der politischen Wende unter Verschluß gehaltene Drama übt auf inzwischen vertraute Weise Kritik am sozialistischen Alltag – Korruption, Schieberei, Sex, Gewalt und Zwangsprostitution liefern das mit krassen inszenatorischen Mitteln gezeichnete düstere Bild einer allumfassenden Ausbeutung und Unterdrückung. ✦ Bulgarien 1989 **R** Nikolai Wolew **D** Irini Zhambona (Rita), Christo Schopow (Margarit), Vassil Mirachko Mladenow (Nerizan), Rachko Mladenow (Julian) **L** 85 (TV) **E** 18.4.1996 ZDF

DIE REBELLENBRAUT (LA ESCONDIDA). Melodramatische Revolutionsgeschichte aus dem Mexiko von 1909. Während ein Bauer seinen Militärdienst ableistet, wird seine Verlobte die Geliebte des Gouverneurs von Tlaxcala. Nachdem er bei einer Rebellentruppe zum General aufgestiegen ist, findet er sie wieder, worauf sie sich auf die Seite der Aufständischen schlägt. (TV-Titel: »Viva Mexiko!«) ✦ Mexiko 1956 **P** Alfa **KI** Columbia **R** Roberto Gavaldon **B** Miguel N. Lira **K** Gabriel Figueroa **M** Raúl Lavista **D** Maria Félix, Pedro Armendáriz, Andres Soler, Arturo Martínez, Jorge Martinez de Hoyos **L** 99 **FSK** ab 16; nf **E** 23.11.1956/16.7.1991 Tele 5 **fd** 5 472

DER REBELLENHAUPTMANN (HARALD HANDFASTE). Ein junger Landadliger wird zum Rächer der Enterbten und Entrechteten. Künstlerisch primitiver und handwerklich unbeholfener Abenteuerfilm, der ungeniert seine Vorbilder plündert. – Ab 6. ✦ Schwarz-weiß. Schweden 1946 **P** Lux **KI** Progress **R** Hampe Faustman **B** Arne Bornebusch **K** Felix Forsman **M** Jules Sylvain **D** George Fant, Georg Rydeberg, Elsie Albiin, Thor Modéen, Gunnar Olsson **L** 59 **E** 29.4.1966 Kino DDR

DIE REBELLION (DIE REBELLION). Ein Kriegsinvalide im Wien nach dem Zusammenbruch der Donau-Monarchie – er hat im Ersten Weltkrieg ein Bein verloren – findet ein Auskommen als Drehorgelspieler und heiratet eine Witwe. Eines Tages stört er die öffentliche Ordnung, als er mit einem gutgekleideten Herrn in Streit gerät und einen Polizisten schlägt. Von der hoffärtigen Polizei und Obrigkeit in Bedrängnis gebracht, beschließt er seine Tage früh gealtert als Toilettenwärter. Die Verfilmung der literarischen Vorlage von Joseph Roth ist die Geschichte eines gedemütigen Untertans und monarchietreuen Relikts, dessen einfache Humanität durch die menschenverachtende Willkür der Staatsgewalt beschädigt wird. Ein mit großer Intensität gespielter Film, der viel gehemmte Wut gegen alle Formen von Egoismus, Ignoranz, Opportunismus und Assimilation offenbart. – Sehenswert ab 16. ✦ Teils schwarz-weiß. Österreich 1992 **P** Wega-Film **Pd** Veit Heiduschka **R** Michael Haneke **B** Michael Haneke, nach einem Roman von Joseph Roth **K** Jirí Stibr **S** Marie Homolkova **D** Branko Samarovski (Andreas Pum), Judit Pogány (Kathi Blumich), Thierry van Werveke (Willi), Deborah Wisniewski (Anna Blumich), Katharina Grabher (Klara), Udo Samel (Erzähler) **L** 101 **E** 11.1.1994 ZDF

REBELLION (1953) →Sinha Moça – Aufstand der Sklaven

REBELLION (1961) (H.M.S. DEFIANT). Alec Guinness als Kapitän eines englischen Kriegsschiffes, auf dem während der napoleonischen Kriege eine Meuterei ausbricht. Der patriotisch getönte Film erzählt seine turbulente Geschichte kurzweilig und effektvoll. – Ab 14. ✦ Scope. Großbritannien 1961 **P** G.W. **Kl** Columbia-Bavaria **Pd** John Brabourne **R** Lewis Gilbert **B** Nigel Kneale, Edmund H. North, nach einem Roman von Frank Tilsley **K** Christopher Challis **M** Clifton Parker **S** Peter Hunt **D** Alec Guinness (Capt. Crawford), Dirk Bogarde (Lt. Scott-Padget), Anthony Quayle (Vizard), Tom Bell (Evans), Maurice Denham (Goss), Nigel Stock (Kilpatrick), Richard Carpenter (Lt. Ponsonby) **L** 100 **FSK** ab 12; f **E** 23.10.1962/ 29.8.1970 ARD **fd** 11 527

REBELLION (1962). Verfilmung einer tragischen Erzählung von Joseph Roth. Obwohl er im Ersten Weltkrieg ein Bein verloren hat, verliert Andreas Pumm nicht den naiven Glauben an die Obrigkeit. Als Drehorgelspieler schlägt er sich durchs Leben, ausgenutzt und skrupellos fallengelassen. Sein erster (und letzter) Ausdruck der Rebellion bleibt tragisch und unbeachtet. Staudtes erster Fernsehfilm besticht durch einfühlsame Schauspielerführung und Treue zum Geist der Vorlage, wobei Parallelen zu bundesdeutschen Verhältnissen sichtbar werden. ✦ BR Deutschland 1962 **P** Freie Film/Fernseh-Allianz **Pd** Werner Ludwig **R** Wolfgang Staudte **B** Wolfgang Staudte, nach einer Novelle von Joseph Roth **K** Albert Benitz **M** Siegfried Franz **S** Alice Ludwig-Rasch **D** Josef Meinrad (Andreas Plum), Erna Schickel-Wegrostek (Witwe Blumisch), Hans Putz (Willi), Ida Krottendorf (Klara), Erwin Linder (Vinzenz Topp), Fritz Eckhardt (Herr Arnold) **L** 81 **E** 13.9.1962 ARD

REBELLION (1966) (JOI-UCHI). Im Japan des 18. Jahrhunderts suchen drei Menschen – ein Vater und ein junges Ehepaar – ihr Recht auf Freiheit gegen einen despotischen Feudalherren durchzusetzen. Ähnlich wie in »Harakiri« (1962) entwirft Regisseur Kobayashi ein optisch überwältigendes Historiendrama von der Willkür aristokratischer Macht und dem Untergang der traditionsreichen Samurai-Kaste. Die streng durchkomponierten Bilder orientieren sich an altjapanischer Malerei und an der Ästhetik des Nô-Theaters. ✦ Scope, schwarz-weiß. Japan 1966 **P** Toho **R** Masaki Kobayashi **B** Shinobu Hashimoto, nach einem Roman von Yasuhiko Takiguchi **K** Kazuo Yamada **M** Toru Takemitsu **S** Masaki Kobayashi **D** Toshirô Mifune, Takeshi Kato, Yôko Tsukasa, Tatsuya Nakadai, Michiko Otsuka **L** 125 (TV 115) **E** 15.11.1975 WDR

REBELLION AUF DER TEUFELSINSEL →Samson und die weißen Sklavinnen

DIE REBELLION DER FREIBEUTER →Totenkopf auf weißen Segeln

REBELLION DER GEHENKTEN (LA REBELION DE LOS COLGADOS). Der Aufstand mißhandelter und gesellschaftlich deklassierter Indios vor dem Ausbruch der mexikanischen Revolution (1910). Engagierte sozialkritische Tragödie in kraß realistischem Stil. Der eindringlich inszenierte und fotografierte Film ist neben rein kommerziellen Kinodramen das einzige bedeutende Werk Crevennas, eines mexikanischen Regisseurs österreichischer Abstammung. ✦ Schwarz-weiß. Mexiko 1954 **P** José Kohn **Kl** United Artists **Pd** José Kohn **R** Alfredo B. Crevenna **B** H. Wlen, nach dem gleichnamigen Roman von B. Traven **K** Gabriel Figueroa **S** Anton Conde **D** Pedro Armendáriz (Candido), Ariadna (Modesto), Carlos Lopez Moctezuma (Felix), Victor Junca (Calso), Alvaro Malute (Picaro) **L** 80 **FSK** ab 18; f **E** 5.8.1955/ 15.1.1958 Kino DDR **fd** 4 268

DIE REBELLION DER LEBENDEN LEICHEN (LA REBELLION DE LAS MUERTAS). Ein dem Voodoo-Kult verfallener Mann, der sein entstelltes Gesicht englischen Indien-Kolonisten verdankt, nimmt an deren Nachkommen in London mit Hilfe seiner Zauberkünste späte Rache. Schriller spanischer Horrorfilm mit greulichen Effekten, schlechten Darstellern und einigen Sex-Einlagen, wie sie im Kino der frühen 70er Jahre Mode waren. (Alternative Titel: »Blutrausch der Zombies«, »Die Beschwörung des Teufels«) ✦ Spanien 1972 **P** Profilmes **Kl** CFC/Contact **VA** UFA ATB **R** Léon Klimovsky **D** Paul Naschy (= Jacinto Molina), Vic Winner, Mirta Miller, Luis Ciges, Claudia Romy **L** 89 **FSK** ab 18; nf **E** 22.2.1975 **fd** 18 731

REBELLION DER RECHTLOSEN (COMRADES). Südengland 1834: Sechs Landarbeiter wehren sich mit ihren Familien gegen Unterdrückung und Ausbeutung und schließen sich in einem Geheimbund zusammen. Ihre Gruppe wird verhaftet und nach kurzem Prozeß als Zwangsarbeiter nach Australien deportiert. Erzählt wird das in eindrucksvolle Bilder eingebettete Drama aus der Sicht eines umherziehenden Schattenspielers, eines Vorläufers der Kinematografie. Ein auf authentischen Ereignissen beruhender Film, der recht kämpferisch die Anfänge der britischen Arbeiterbewegung beschreibt. Durch seine epische Breite entstehen jedoch immer wieder inhaltliche Längen. – Ab 16. ✦ Großbritannien 1986 **P** Skreba **Pd** Simon Relph **R+B** Bill Douglas **K** Gale Tattersall **M** Hans Werner Henze **S** Mick Audsley **D** Robin Soanes (George Loveless), William Gaminara (James Loveless), Stephen Bateman (Alter Stanfield), Philip Davis (Junger Stanfield), Keith Allen (James Hammett) **L** 170 **E** 30.4.1995 ZDF

REBELLION IM GRAUEN HAUS (CANON CITY). Am 30. Dezember 1947 brachen zwölf Schwerverbrecher bei dichtem Schneetreiben aus dem staatlichen Zuchthaus von Colorado aus. Die Bevölkerung von Canon City geriet in Panik, es kam zu heftigen Feuergefechten. Der Kriminalfilm schildert die Ereignisse in einer Mischung aus Semi-Dokumentation und Melodram, wobei er Einblicke in damalige Formen des Strafvollzugs und der Verbrechensbekämpfung bietet. (TV-Titel: »Revolte hinter Gittern«) – Ab 16 möglich. ✦ Schwarz-weiß. USA 1948 **P** Eagle Lion **Kl** Viktoria **R+B** Crane Wilbur **K** John Alton **M** Irving Friedman **D** Scott Brady (James Sherbondy), Jeff Corey (Schwartzmiller), Whit Bissell (Heilman), Mabel Paige (Mrs. Oliver), Charles Russell (Tolley) **L** 81 **FSK** ab 16; nf **E** 16.2.1951 **fd** 1 138

REBELLION IM STANDESAMT (KOMEDIA S KLKOV). Die Abenteuer einer Braut in der Nacht vor der Hochzeit. Mäßig unterhaltsam, nach bekanntem Rezept mit den üblichen Verwicklungen und Albernheiten. – Ab 14. ✦ Schwarz-weiß. CSSR 1964 **P** Filmstudio Barrandov **Kl** Progress **R** Václav Krska **B** Z. F. Duda **K** Jaroslav Tuzar **M** Jaromír Vomácka **D** Karel Höger (Karel Jansky), Jirina Bohdalová (Susanna Vitova), Vlasta Chramostová (Magda Janska), Natasa Gollová (Magdas Mutter), Jana Drbohlavová (Vendulka) **L** 96 **E** 30.4.1965 Kino DDR

REBORN (REBORN / RENACER). Ein Laienpriester, der die Wiedergeburt predigt, wird von geschäftstüchtigen Managern vermarktet. Ein Einblick in das Wesen amerikanischer Sekten und deren Vermarktungsstrategien. (Neuer Videotitel: »Born again«; TV: »Wiedergeboren«) ✦ USA/Spanien 1978 **P** Santiago Belloch Prod./D. P./Wescom **VA** Ufa **Pd** Tony Didio **R** Bigas Luna **B** Bigas Luna, R. Dunn **K** Juan Ruiz Anchia **M** John Andrew Tartaglia **S** Anastasi Rinos, Thomas Sabin **D** Dennis Hopper (Reverend Tom Harley), Michael Moriarty (Mark), Antonella Murgia (Maria), Francisco Rabal (Giacomo), Kit Massengill (Reed), Jo Perkins (Maskenbildnerin) **L** 86 **FSK** ab 16 **E** 1987 Video

DER RECHNER GESTEHT (CALCULA TORUL NARTURISESTE). Die Polizei vermutet hinter einem Unfall nach ersten Ermittlungen bald einen Mord. Dabei scheinen Taschenrechner eine besondere Rolle zu spielen. Kriminalfilm. ✦ Rumänien 1982 **P** Filmstudio Bukarest **R** George Cornea **B** Radu Aneste Petrescu, Mihai Dimitriu **K** Vivi Dragan Vasile **M** Ramon Tavenier **D** George Constantin, Mircea Diaconu, Sebastian Papaiani, Dana Dogaru, Ioana Pavelescu **L** 95 **E** 9.5.1983 DFF 2

DIE RECHNUNG – EISKALT SERVIERT (UN CERCUEIL DE DIAMANTS). G-Man Jerry Cotton hat es bei der Aufklärung eines Raubüberfalls auf das amerikanische Schatzamt mit zwei rivalisierenden Banden zu tun, bewältigt aber trotzdem seine Aufgabe spielend. Trivial-Krimi. – Ab 16. ✦ Schwarz-weiß. BR Deutschland/Frankreich 1966 **P** Constantine/ Allianz/Prodex **Kl** Constantin **R** Helmuth Ashley **B** Georg Hurdalek **K** Franz X. Lederle **M** Peter Thomas **D** George Nader (Jerry Cotton), Heinz Weiss (Phil Decker), Richard Münch (Mr. High), Yvonne Monlaur (Violet), Horst Tappert (Charles) **L** 98 **FSK** ab 16; nf **E** 25.8.1966/4.3.1972 ARD **fd** 14 271

DIE RECHNUNG GEHT NICHT AUF (TSCHELOWEK BES PASPORTA). Der Kampf der sowjetischen Abwehr gegen eine Agentengruppe. Die wenig originelle Story ist trotz einiger Längen spannend inszeniert und gut fotografiert. – Ab 14. ✦ Scope, schwarz-weiß. UdSSR 1966 **P** Mosfilm **Kl** Progress **R** Alexander Bobrowski **B** Wladimir Kusnezow **K** Wladimir Boganow **M** Alexander Sazepin **D** Wladimir Samanski (Rjabitsch), Gennadi Frolow (Bachrow), Nikolai Grizenko (Ismailow), Lionella Skirda (Olga Gontscharowa), Alexej Ejboshenko (Ljeshnjew) **L** 97 **E** 3.2.1967 Kino DDR/4.10.1968 DFF 1

DIE RECHNUNG GING NICHT AUF →The Killing

DIE RECHNUNG IST BEGLICHEN (ACCOUNT RENDERED). Die Gattin eines reichen britischen Bankiers lebt auf recht großem Fuß. Als man sie eines Tages ermordet in der Heide von Hampstead auffindet, gerät ihr Mann unter Verdacht, der nun auf eigene Faust Beweise für seine Unschuld sucht. Krimi-Melodram mit einem wenig zwingenden Drehbuch. ✦ Schwarzweiß. Großbritannien 1957 **P** Rank/Major **Pd** John Temple-Smith, Francis Edge **R** Peter Graham Scott **B** Barbara S. Harper, nach einem Roman von Pamela Barrington **K** Walter J. Harvey **D** Griffith Jones (Robert Ainsworth), Ursula Howells (Lucille Ainsworth), John van Eyssen (Clive Franklin), Honor Blackman (Sarah Hayward), Ewen Solon (Insp. Marshall) **L** 61 **E** 22.9.1985 DFF 1

DIE RECHNUNG OHNE DEN WIRT →Im Netz der Leidenschaften

DIE RECHNUNG WIRD MIT BLEI BEZAHLT →Von Mann zu Mann (1967)

DIE RECHNUNG ZAHLT DER BOUNTY-KILLER (LA MORTA SULLA COLINA). Im Auftrag eines anonymen Anführers verüben mexikanische Gangster eine Reihe von Banküberfällen. Als ein Unbekannter mit einem Jungen auftaucht, scheint es, als wolle er das Treiben der Banditen stören und in die eigene Tasche wirtschaften. Dann stellt sich heraus, daß er im Auftrag des US-Marshals arbeitet und den Kopf der Bande dingfest machen soll. Annehmbarer Italowestern mit komödiantischen Einlagen und religiösen (Spuren-)Elementen. ✦ Spanien/Italien 1968 **R** Fernando Cerchio **D** Peter Lee Lawrence, Luis Davila, Barbara Caroll, Tano Cimarosa **L** (TV) 95 **E** 1.5.1985 SAT 1

RECHT AUF LIEBE (TRI TUNY PRACHU). In Ostrau angesiedeltes Drama mit pädagogischem Gestus: Die persönlichen Probleme eines Ehepaares müssen in den Hintergrund treten, als der Mann bei der Entwicklung einer neuen Technologie zur Herabsetzung der Luftverschmutzung eingesetzt wird. ✦ Schwarzweiß. CSSR 1960 **P** Filmstudio Barrandov **R+B** Oldrich Danek **K** Julius Vegricht, Stanislav Kautsky, Vladimír Pekny **M** Jan F. Fischer **D** Karel Höger (Fragner), Blanka Bohdanová (Frau Fragner), Elo Romancik (Spára), Lubor Tokos, Dana Medrická **L** 86 **E** 11.11.1961 DFF 1

DAS RECHT AUF MEINER SEITE. Ein älterer Richter spricht das Sorgerecht für einen Zehnjährigen nach dem Tod von dessen Pflegemutter aus Gedankenlosigkeit und Routine seiner leiblichen Mutter zu. Als er jedoch erfährt, dass sie sich entgegen ihren Beteuerungen nicht um ihren Sohn kümmert, stellt er sie zur Rede – und verliebt sich in die lebenshungrige Frau. Drama um den Prozess einer späten seelischen Reifung. ✦ Deutschland 1996 **P** Arbor TV **Pd** Holger Schulz **R** Hartmut Griesmayr **B** Wolfgang Neumann **K** Charly Steinberger **M** Matthias Thurow **S** Volker Petry **D** Friedrich von Thun (Erwin Wentland), Ursela Monn (Edith Wentland), Simone Thomalla (Doris Fröhlich), Jakob Karte (Tomi), Stefanie Stappenbeck (Camilla), Tatjana Clasing (Anne Mertens), Michael Lerchenberg (Reben) **L** 90 **E** 2.1.1997 ZDF

DAS RECHT BIN ICH (ONE MAN JURY). Ein Polizist hält die Rechtsprechung gegenüber Gewalttätern für unangemessen und geht mit einem Gangsterboß eine Allianz ein, um einen psychopathischen Frauenmörder aufzuspüren. Er stellt und »liquidiert« ihn. Kriminalfilm im gängigen TV-Serien-Stil. ✦ USA 1978 **P** Cal-Am **VA** Poly-Gram **Pd** Theodor Bodnar, Steve Bono **R+B** Charles Martin **K** Gary Graver, Irvin Goodnoff (= Irv Goodnoff) **M** Morton Stevens **D** Jack Palance (Jim Wade), Christopher Mitchum (Billy Joe), Pamela Sue Shoop (Wendy), Angel Tompkins (Kitty), Joe Spinell **L** 89 **E** 1982 Video/29.7.1995 VOX **fd** 23 698

DAS RECHT DER STÄRKEREN →Die Frau vom Stromhof

DAS RECHT EINER FRAU →Eine erniedrigte Frau

RECHT FÜR EINE EWIGKEIT (THE GOOD FIGHT). Gut durchdachtes, geschliffen geschriebenes (Fernseh-)Drama um eine ehemalige Wall-Street-Anwältin, die, als ein junger Freund ihrer Familie an Mundkrebs erkrankt, gegen eine Kautabakfirma tätig wird und dafür sogar ihren Ex-Mann mobilisieren kann. – Ab 16. ✦ USA 1992 **R** John David Coles **B** Beth Gutcheon **D** Christine Lahti (Grace Cragin), Terry O'Quinn (Henry Cragin), Adam Trese (Tony Tabor), Liisa Repo Martell (Sandra), Victor Ermanis (Ned) **L** 87 (Orig. 100) **E** 5.12.1995 RTL 2

RECHT, NICHT RACHE – DIE GESCHICHTE DES SIMON WIESENTHAL. Die Erinnerungen des Simon Wiesenthal, Leiter des jüdischen Dokumentationszentrums in Wien. Wiesenthal, der nach seiner Verhaftung 1941 zwölf Konzentrationslager zu ertragen hatte, konnte seit 1947 etwa 1000 versteckte Holocaust-Täter aufspüren und vor Gericht bringen. Daß dabei Recht und nicht Rache das Ziel des fälschlich als »Nazijäger« bezeichneten Mannes war, belegen die mehr mit den Mitteln des Melodrams als des Dokumentarspiels illustrierten Fälle überzeugend. Die episodisch akzentuierte, aber überlange Erzählung verdankt ihre Wirkung den bewegenden Dialogen sowie der professionellen Regie und Darstellung. – Sehenswert ab 12. ✦ Österreich/BR Deutschland/Großbritannien/Ungarn 1989 **P** TVS/Citadel/tele münchen/ORF/ZDF **VA** Concorde **Pd** John Kemeny, Robert Cooper, Graham Benson, David R. Ginsburg, Herbert G. Kloiber **R** Brian Gibson **B** Abby Mann, Robin Vote, Ron Hutchinson **K** Elemér Ragályi, Géza Gonda **M** Bill Conti, Jack Eskew **S** Chris Wimble, Eva Gardos **D** Ben Kingsley (Simon Wiesenthal), Renée Soutendijk (Cyla Wiesenthal), Jack Shepherd (Brodi), David Threlfall (Alex), Louisa Haigh (Paulina) **L** 178 **E** 20.11.1989 ZDF (zwei Teile)/4.7.1994 Video **fd** 30 881

RECHT UND GERECHTIGKEIT (COURTING JUSTICE). Eine Frau in den mittleren Jahren beschließt, nach mehr als 20 Jahren ihrer trostlosen Ehe zu entfliehen. Sie reicht die Scheidung ein. Als ein frauenfeindlicher Richter sie mit lächerlichen Alimenten abspeist und ihr Anwalt einer Berufung keine Chance einräumt, nimmt sie ihr Glück in die eigenen Hände und kämpft sich durch den Paragraphendschungel. Im Bewußtsein der eigenen Stärke kommt auch ihr Privatleben wieder ins Lot. Frauenbewegtes (Fernseh-)Drama, das die haarfeine Trennungslinie zwischen Recht und Gerechtigkeit auslotet. – Ab 16. ✦ USA 1995 **Pd** Harold Tichenor **R** Eric Till **B** Benita Garvin **K** Robert McLachlan **M** Glenn Morley **S** George Appleby **D** Patty Duke (Barbara Perkins), Donnelly Rhodes (Gene), Linda Dano (Helene), Art Hindle (Art Parker), Megan Leitch (Susan) **L** 87 **E** 16.11.1997 premiere

RECHT UND LEIDENSCHAFT (LA MOGLIE PIU BELLA). Die Geschichte der unglücklichen Liebe zwischen einem Mafia-Mitglied und einer jugendlichen Schönheit; der unüberbrückbare Gegensatz zwischen seiner Autorität und ihrem Freiheitsdrang läßt die Beziehung scheitern. Recht gut konstruierter, aber allzu dialoglastiger Mafia-Film mit melodramatischen Akzenten. (DDR-Titel: »Die schönste Frau«) ✦ Scope. Italien 1970 **P** Explorer Film '58/Produzioni Atlas Cinematografica **KI** Progress **Pd** Bruno Turchetto **R** Damiano Damiani **B** Damiano Damiani, Sofia Scandurra, Enrico Ribulsi **K** Franco di Giacomo **M** Ennio Morricone **S** Antonio Siciliano **D** Ornella Muti (Francesca), Alessio Orano (Vito), Tano Cimarosa (Francescas Vater), Rino Sentieri (Poidomani), Amerigo Tot (Don Antonio Stella), Enzo Andronico **L** 108 **E** 3.5.1974 Kino DDR/7.3.1976 DFF 1/29.5. 1985 SAT 1

EIN RECHT ZU LEBEN (AN INCIDENT IN BALTIMORE / AGAINST HER WILL: AN INCIDENT IN BALTIMORE). Nach »Anwalt des Feindes« (1989) schlüpft Walter Matthau erneut in die Rolle des aufrechten Juristen Harmon Cobb, dem das Recht wichtiger ist als die Karriere. Er übernimmt den Fall einer jungen Frau, die sich ihrer Depressionen wegen in eine psychiatrische Klinik einweisen ließ und nun dort festgehalten wird, weil ihr Zustand als hoffnungslos bezeichnet wird. Solide inszenierter und hervorragend gespielter (TV-)Justizfilm. ✦ USA 1991 **P** RHI **Pd** Robert Halmi **R** Delbert Mann **B** Michael Norell, James Norell **K** Tony Imi **M** Allyn Ferguson **S** Millie Moore **D** Walter Matthau (Harmon J. Cobb), Susan Blakely (Billie Cobb), Harry Morgan (Richter Bell), Ariana Richards (Nancy), Bridgit Ryan (Marika) **L** 90 **E** 3.4.1993 ARD/ZDF

DAS RECHT ZU LIEBEN (1955) (RÄTTEN ATT ÄLSKA). Simpel gestrickte »Sexual-Aufklärung« aus Schweden: Ein Mediziner propagiert liberale Liebes- und Eheauffassungen. ✦ Schwarz-weiß. Schweden 1955 **P** AB Europa **KI** Panther **R** Mimi Pollak **D** Stig Järrel, Catrin Westerlund, Ingemar Pallin **L** 89 **FSK** ab 16; f **E** 28.6.1960 **fd** 10 108

DAS RECHT ZU LIEBEN (1972) (LE DROIT D'AIMER / DIRITTO D'AMARE). Die Geschichte eines Ehepaares, von dem der Mann als politischer Häftling auf einer Gefangeneninsel lebt. Die liebende Frau versucht alles und schreckt vor nichts zurück, um ihren Mann zu besuchen. Nachdem sie sich zwei Jahre vergeblich um eine Besuchserlaubnis bemüht hat, erhält sie plötzlich die Genehmigung. Feinfühlig-poetischer Film über Liebe und Freiheit, von der Hauptdarstellerin überragend gespielt; in der politischen Aussage jedoch nur wenig dicht und inkonsequent. ✦ Frankreich/Italien 1972 **P** Les Productions Fox Europa/Lira/Pegaso **R** Eric Le Hung **B** Jean-Claude Carrière, Françoise Xenakis, Jean Bolvary, nach einem Roman von Françoise Xenakis **K** Henri Decaë **M** Philippe Sarde **D** Florinda Bolkan (Helena), Omar Sharif (Pierre), Pierre Michael, Gilles Segal, Georges Douking **L** 96 **E** 5.10.1973 Kino DDR/8.2. 1977 DFF 1/4.2.1986 RTL plus

DAS RECHT ZU STERBEN →Right to Die

DAS RECHT ZU TÖTEN (RIGHT TO KILL?). Schilderung des authentischen Falles eines jungen Mannes, der seinen Vater erschießt, weil er die brutale Gewalt, mit der dieser die Familie seit Jahren unterdrückt, nicht mehr ertragen kann. Obwohl der Film eindeutig Stellung bezieht, gibt er dennoch keine pauschale Rechtfertigung der Tat, sondern stellt den Fall zur Diskussion und läßt dem Zuschauer die Möglichkeit zum eigenen Urteil. – Ab 16. ✦ USA 1985 **P** Wrye-Konigsberg/Taper Media/Telepictures Prod. **VA** VCL/Virgin **Pd** Jack Clements **R** John Erman **B** Joyce Eliason **K** Gayne Rescher **M** Paul Chihara **D** Frederic Forrest, Christopher Collet, Karmin Murcelo, Justine Bateman, Ann Wedgeworth **L** 91 **E** 15.9.1986 Video/13.9.1991 premiere **fd** 25 880

DER RECHTE ARM DER GÖTTER (LONG XIONG HU DI / THE ARMOUR OF GOD). Ein Abenteurer und Gelegenheitsdieb wird erpreßt, die fehlenden Teile einer sagenumwobenen Ritterrüstung herbeizuschaffen, mit der die Mitglieder einer verbrecherischen Mönchs-Sekte ihre Macht des Bösen besiegeln wollen. Mit Slapstick und Humor gewürzter Kung-Fu-Film, voller Rasanz und akrobatischer Stunts. Bemerkenswert die Tatsache, daß der Film in Jugoslawien angesiedelt ist. (Videotitel: »Armour of God – Der rechte Arm der Götter«) ✦ Hongkong/Jugoslawien 1986 **P** Golden Harvest/Jadran **KI** Alemannia/Elysee/Nova **VA** New Vision/PolyGram **Pd** Leonard Ho, Chua Lam **R** Jackie Chan (= Cheng Long) **B** Edward Tang, John Sheppard, Szeto Chuek-Hun, nach einer Story von Barry Wong **K** Bob Thomson, Peter Ngor **M** Michael Lai **S** Peter Cheung **D** Jackie Chan (= Cheng Long) (Jackie), Alan Tam (Alan), Rosamund Kwan (Lorelei), Lola Forner (May), Bosalide Similanic (Bannon) **L** 88 **FSK** ab 16; f (12 Video) **E** 26.11.1987/Mai 1988 Video **fd** 26 847

DIE RECHTE UND DIE LINKE HAND DES TEUFELS (LO CHIAMAVANO TRINITA). Zwei etwas zwielichtige Brüder, von denen der eine auf recht seltsame Art an den Sheriffstern gekommen ist, werden wider Willen zu Rettern einer Mormonen-Siedlung. Parodie auf den Italo-Western mit dem Erfolgs-Duo Spencer/Hill, das mit diesem recht grob gestrickten Filmspaß endgültig den »komischen« Western durchsetzte. – Ab 16. ✦ Scope. Italien 1969 **P** West-Film **DVD** e-m-s (16:9, 2.35:1, Mono dt.) **R+B** E. B. Clucher (= Enzo Barboni) **K** Aldo Giordani **M** Franco Micalizzi **S** Giampiero Giunti **D** Terence Hill (= Mario Girotti) (Der müde Joe), Bud Spencer (Der Kleine), Farley Granger (Major Harriman), Steffen Zacharias (Jonathan), Dan Sturkie (Tobias), Gisela Hahn (Sarah), Elena Pedemonte (Judith), Luciano Rossi (Weasel), Michele Spadaro (Peone), Remo Capitani (Mezcal) **L** 114 **FSK** ab 16; nf **E** 2.3.1971/4.2.1989 DFF 1/26.4.2001 DVD **fd** 17 236

DER RECHTE WEG (DER RECHTE WEG). Die beiden Schweizer Künstler Peter Fischli und David Weiss schicken die »Weltbürger« Ratte und Bär auf eine Reise durch die Schweiz in die unberührteste Natur. Grummelnd, brummelnd und über Gott und die Welt schwadronierend, stapfen sie durch die Landschaft. Eine Art Tierfabel in der Tradition Aesops oder La Fontaines, in der die beiden Protagonisten des Films in ihrer Meinung über die Schweiz kein Blatt vor den Mund nehmen. ✦ Schweiz 1983 **P** T & C Film **Pd** Hans Ulrich Jordi **R+B** Peter Fischli, David Weiss **K**

Pio Corradi **M** Stephan Wittwer **S** Rainer Maria Trinkler **L** 55 **E** Schweiz

RECKLESS (RECKLESS). Die Ausbruchsversuche eines rastlosen jungen Mannes aus der bürgerlichen Enge seiner verständnislosen Umwelt. Der Versuch der Zustandsbeschreibung einer »verlorenen Generation« bleibt häufig in Klischees stecken und erreicht nie seine filmischen Vorbilder; bemerkenswert ist die Kameraarbeit. (Fernsehtitel: »Jung und rücksichtslos«) – Ab 16. ✦ USA 1984 **P** MGM/UA **VA** MGM/UA **Pd** Edgar J. Sherick, Scott Rudin **R** James Foley **B** Chris Columbus **K** Michael Ballhaus **M** Thomas Newman **S** Albert Magnoli **D** Aidan Quinn (Johnny Rourke), Daryl Hannah (Tracey Prescott), Kenneth McMillan (John Rourke), Cliff De Young (Phil Barton), Lois Smith (Mrs. Prescott) **L** 89 **E** April 1985 Video/14.12.1987 ARD **fd** 25 113

RECKLESS – VON RACHE GETRIEBEN (MERCHANT OF DEATH). Ein Polizei-Detektiv, der als Kind die Ermordung seiner Eltern erleben mußte und nun mit dem Tod seines Ziehvaters konfrontiert wird, nimmt die Verfolgung der Mörder auf, zumal es eine Brücke zum Verbrechen in der Vergangenheit zu geben scheint. Da Vertuschung in den eigenen Reihen zur Tagesordnung gehört, entwickelt er sich zum Einzelgänger. Kein sonderlich neuer Plot, aber einmal mehr eine Plattform für Michael Paré, um sein Action-Potential auszuspielen. Ansonsten eine waffenstarrende Produktion im üblichen Genre-Rahmen. ✦ USA 1996 **P** Nu World **VA** VMP **Pd** Danny Lerner, Nicci Perrow **R** Yossi Wein **B** Danny Lerner, David Sparling **K** Peter Belcher **M** Serge Colbert **S** Felix Meyburgh jr. **D** Michael Paré (Jim Randell), Linda Hoffman (Maggie Weathers), Anthony Fridjhon (Canning), Simon Jones (Dect. Will »Flash« Gordon), Justin Illusion (Walter) **L** 92 **FSK** ab 16 **E** 13.1.1998 Video

RECOIL – TÖDLICHE VERGELTUNG (RECOIL). Nachdem sein jüngster Sohn bei einem Banküberfall erschossen wurde, schwört ein Gangsterboss den beteiligten Polizisten Rache. Vier sind schnell erledigt, doch der Fünfte leistet prügelnd, schießend und kickboxend Widerstand und kann die Bande aufreiben. Actionfilm, der auf den fragwürdigen Reiz greller Gewaltszenen setzt und sich durch hanebüchene Übertreibungen und zahlreiche Unglaubwürdigkeiten jede Möglichkeit zur Spannungserzeugung nimmt. Klebrige Sentimentalitäten und religiöse Phrasen machen die Sache nicht erquicklicher. ✦ USA 1998 **P** PM Entertainment Group **VA** Madison **Pd** Joseph Merhi, Richard Pepin **R** Art Camacho **B** Richard Preston jr. **K** Ken Blakey **M** Timothy Michael Wynn **S** Heidi Scharfe **D** Gary Daniels (Ray Morgan), Gregory A. McKinney (Lucas Cassidy), Thomas Kopache (Captain Trent), Billy Maddox (Brown), Richard Foronjy (Vincent Sloan) **L** 93 (gek. 85) **FSK** ab 18 **E** 25.3.1999 Video **fd** 33 770

RECORD OF THE LODOSS WAR – EPISODEN 1 BIS 3 (RECORD OF THE LODOSS WAR). Nach dem Kampf zwischen den Göttinnen des Lichts und der Finsternis ist die »verfluchte Insel Lodoss« entstanden, auf der die Menschen mit allerlei fantastischem Getier und mythischen Gestalten zusammenleben. Im steten Kampf gegen vielfältige Bösewichter durchstreifen sechs Recken die Insel, um sich für den Kampf gegen die »schwarze Insel Marmo« zu wappnen. Auftakt eines fürs japanische Fernsehen entstandenen Fantasy-Bilderbogens, der mit großer Fabulierlust westliche Sagen mit fernöstlichen Mythen verbindet und durch Ideenreichtum und pittoreske Szenarien zu fesseln weiß. Ambitionierte Zeichentrickunterhaltung in Form eines grandiosen Märchens, dessen ausgespielte Brutalitäten durch allgemeingültige humane Botschaften abgemildert werden. Für Freunde des Genres gewiß eine Bereicherung. – Ab 16. ✦ Japan 1990 **P** Kodakawa Shoten/Marubeni/Tokyo Broadcasting System **VA** OVA-Films **Pd** Kenshoo Ikeda **R** Akinori Nagaoka **L** 76 **E** 1.7.1998 Video **fd** 33 083

RECORD OF THE LODOSS WAR 2 EPISODEN 4–6 (RECORD OF THE LODOSS WAR). Drei weitere Episoden der 13teiligen ambitionierten Animesaga: Der junge Krieger Parn muß mit seinen Gefährten Abenteuer in der Elfenwelt bestehen und sich dem Zauberer Wort stellen, wenn er in die Eliterunde der heiligen Ritter des Königs aufgenommen werden will. Ein fantastischer Zeichentrickfilm, der sich durch seine liebevolle Gestaltung auszeichnet und für Kenner der Szene Kultstatus besitzt. (O.m.d.U.) ✦ Japan 1990 **VA** ACOG **R** Akinori Nagaoka **L** 90 **E** 4.3.1998 Video

RECYCLED. Das Leben eines Schriftstellers ändert sich schlagartig, als seine Frau ihm eröffnet, sie habe einen Killer engagiert und auf ihn angesetzt. Wenige Stunden später ist die Frau tot und der Mann macht sich mit seiner neuen Liebe, der schönen Killerin, aus dem Staub. Erstlingsfilm, der Genreversatzstücke variiert und neu arrangiert, um ein Spiel mit Liebe, Leben und Tod zu betreiben. ✦ Deutschland 1999 **P** Dom Film/WDR **Pd** Susanne Dietz, Richard Schöps, Klaus Sungen **R** Maria von Heland **B** Mathias Dinter, Mani Beckmann, Maria von Heland **K** Bernd Fischer **M** Blixa Bargeld **S** Galip Iyitanir **D** Peter Lohmeyer, Amanda Ooms, Ingo Hasselbach, Anna Böttcher, Dieter Laser **L** 90 **E** 17.1.2001 WDR

RED CORNER – LABYRINTH OHNE AUSWEG (RED CORNER). Ein amerikanischer Industrieller gerät in China unter Mordverdacht und sieht sich einem Rechtssystem ausgesetzt, das statt Gerechtigkeit nur seine Aburteilung vorsieht. Unverhoffte Hilfe erhält er von seiner Pflichtverteidigerin. Ein plump konstruierter Gerichtsfilm, dessen Absicht die Verunglimpfung chinesischer Lebensart und Rechtsprechung ist. Selbst den Grundanforderungen an das Genre vermag er nicht zu genügen. DVD: Die Extras umfassen u. a. einen Audiokommentar des Regisseurs. – Ab 16. ✦ USA 1997 **P** Avnet/Kerner Prod. (für MGM) **KI** UIP **VA** Warner Home **DVD** Fox Home (16:9, 1.85:1, DD5.1 engl./dt.) **Pd** Jon Avnet, Jordan Kerner, Charles Mulvehill, Rosalie Swedlin **R** Jon Avnet **B** Robert King **K** Karl Walter Lindenlaub **M** Thomas Newman **S** Peter E. Berger **D** Richard Gere (Jack Moore), Bai Ling (Shen Yuelin), Bradley Whitford (Bob Ghery), Peter Donat (David McAndrews), Robert Stanton (Ed Pratt), Byron Mann (Lin Dan) **L** 119 **FSK** ab 12; f **FBW** w **E** 22.1.1998/25.9.1998 Video/ 20.9.1999 DVD **fd** 32 965

RED DAWN → Die rote Flut

RED EAGLE (BLACK EAGLE). Ein CIA-Agent rettet in Rivalität mit dem KGB ein Laser-Lenksystem vor dem Zugriff von Terroristen und befreit seine beiden entführten Söhne. Brutaler Action-Film mit menschenverachtender Rache-Ideologie. (Kinotitel: »Red Hunter – Kampf der Giganten«) – Wir raten ab. ✦ USA 1987 **P** Rotecon/Magnus **KI** Filmagentur Werner **Pd** Sunil Shah, Shimon Arama **R** Eric Karson **B** Michael Gonzales, E.A. Peters **K** George Koblasa **M** Terry Plumeri **S** Michael Kelly **D** Sho Kosugi (Ken Tani), Jean-Claude Van Damme (Andrej), Vladimir Skomarovsky (Oberst Klimenko), Doran Clark (Patricia Parker), Bruce French (Pater Badelia) **L** 89 **FSK** ab 16; nf **E** 22.9.1988 Video/17.1.1992 RTL plus/11.6.1992 Kino **fd** 29 707

RED END (HONOR BOUND). Ein Amerikaner, der sich in militärischem Auftrag auf dem Gebiet der DDR aufhält, will klären, warum sein Freund sterben mußte, und macht in einem Atomwaffendepot eine grauenhafte Entdeckung. Die Raketen sind detoniert, aber die Wahrheit soll verheimlicht werden. Nach seiner Rückkehr nach West-Berlin verlangen seine Vorgesetzten die Herausgabe der belastenden Filmdokumente, doch der Mann behält die Originale ein. Agenten-Thriller, der auf Grund der politischen Veränderungen veraltet wirken muß, da er sich der Feindbilder des Kalten Krieges bedient. – Ab 16. ✦ USA 1988 **P** MGM/UA/Jadran **VA** Ascot **Pd** Tim Van Rellim, Eric Weymueller **R** Jeannot Szwarc **B** Aiken Woodruff, Terrell Tannen, nach dem Roman »Recovery« von Steven L. Thompson **K** Robert Stevens **M** Mark Shreeve **S** John Jympson **D** Tom Skerritt, John Philbin, Gabrielle Lazare, George Dzundza, Lawrence Pressman **L** 98 **FSK** ab 12 **E** 5.12.1990 Video

RED FORCE 1 (IN THE LINE OF DUTY 4). Ein Mann wurde Zeuge eines Drogendeals zwischen Gangstern und CIA-Beamten, bei dem ein FBI-Agent ermordet wurde. Er flieht nach Hongkong, verfolgt von zwei Beamten der Mordkommission. Einer davon soll ihn umbringen. Eine Polizistin versucht das Komplott zu vereiteln. Vierter Teil der »In the Line of Duty«-Serie, deren drei erste Folgen als »Ultra Force« auf den deutschen Markt kamen. Vielleicht rechtfertigt der Austausch der schlagkräftigen Heldin die deutsche Namensänderung? Der Regisseur ist ein alter Weggefährte Jackie Chans. ✦ Hongkong 1989 **P** D & B Films **VA** New Vision **Pd** Stephen Shin **R** Yuen Wo-Ping **B** Chi Sing, Wong Wing Fai **D** Cynthia Khan, Donnie Yen, Michael Wong, John Salvitti **L** 91 **FSK** ab 18 **E** 21.12.1990 Video

RED FORCE 2 (IN THE LINE OF DUTY 5). Weitere Abenteuer einer schlagkräftigen Polizistin in Hongkong. Brutale Standard-Actionunterhaltung. ✦ Hongkong 1990 **VA** New Vision **Pd** Stephen Shin **R** Chan Chuen **D** Cynthia Khan, David Wu, Elvina Kong **L** 90 **FSK** ab 18 **E** 26.3.1991 Video

RED FORCE 3 (ULTRA FORCE II). Machtkämpfe innerhalb eines Gangsterrings in Hongkong: Der Chef des Drogenkartells wird von seinem Stellvertreter entmachtet und erschossen, nachdem er in den Besitz eines Koffers voller Diamanten gelangt ist. Die Tochter des Ermordeten und der Sohn eines ebenfalls getöteten Geschäftspartners beginnen einen Rachefeldzug, dem sich eine Spezialeinheit der Polizei anschließt. Actionfilm auf Räuberpistolenniveau, der sich in einer dilettantisch aufbereiteten Folge von Verfolgungsjagden, Schießereien und Massenschlägereien erschöpft. (Videotitel auch: »Devil Hunters«; Fernsehtitel auch: Red Force: »Das Hongkong-Syndicat«) ✦ Hongkong 1990 **P** JIA'S Motion Picture/ Filmline Enterprises **VA** New Vision **Pd** Lo Chia Po, Chang Tsung Lung **R** Tommy Wong **D** Alex Man (Tsang), Moon Lee (Chung Bing), Sibelle Hu (Tong Fung), Liu Leung Wai (Chai Yuet), Man Suet Yee (Ah Man), Tai Chi Wai (Han San) **L** 80 (gek. 72) **FSK** ab 18 (gek. ab 16) **E** 18.11.1991 Video **fd** 29 424

RED FORCE 4 (IN THE LINE OF DUTY VI – FORBIDDEN ARSENAL). Eine unermüdliche Polizistin lehrt ihre kriminellen Gegner mit allen Mitteln das Fürchten. Auch der sechste Film der in Hongkong recht erfolgreichen Krimi-Serie bietet harte bis überharte Action mit perfekt gemachten Kampfszenen und Verfolgungsjagden. – Wir raten ab. ✦ Hongkong 1990 **P** D & B Films **VA** New Vision **Pd** Stephen Shin, Dickson Poon **R** Yuen Chun Man, Cheng Siu Keung **B** Yuen Yuk Known **K** Kwok Yin Hung **M** Jonathan Wong **S** Wong Wing Ming, Wong Chow On **D** Cynthia Khan (Polizistin), Waise Lee, Too Siu Chun, Gary Chau, Robin Shou **L** 88 **FSK** ab 18 **E** 8.4.1992 Video **fd** 29 574

RED FORCE: DAS HONGKONG-SYNDICAT → Red Force 3

RED FORCE – THE BEGINNING → The Beginning

RED FOX (1987) (RIDING THE EDGE). Der Sohn eines irgendwo im Nahen Osten von Terroristen entführten Wisenschaftlers macht sich auf eigene Faust auf die Suche. Nach vielen Abenteuern gelingt ihm, was viele verhindern wollten: der Vater wird befreit und der Schurke betraft. Banaler Actionfilm ohne überraschende Wendungen, »gewürzt« mit Urlaubsfotos aus fernen Ländern und einigen auf jugendliches Zielpublikum zugeschnittenen Handlungselementen. (TV-Titel: »Red Fox – Entführt im Nahen Osten«) – Ab 16. ✦ USA 1987 **P** Kodiak **VA** New Vision/Highlight **Pd** Wolf Schmidt **R** James Fargo **B** Ronald A. Suppa **K** Bernard Salzman **M** Michael Gibbs **S** James Ruxin **D** Raphael Sbarge (Matt Harman), Catherine Mary Stewart (Maggie Kemp), Peter Haskell (Dean Stradling), Lyman Ward (Dr. Harman), Asher Sarfati (Moussa), Benny Bruchim (Junge), Michael Sarne (Kroll), Nili Zorner (Karima), James Fargo (Tarek),

Brooke Bundy (Mrs. Harman) **L** 96 **FSK** ab 16 **E** 12.2. 1990 Video **fd** 28 238

RED FOX (1991) (RED FOX). Zweiteiliger Thriller. Der Sicherheitschef eines britischen Rüstungskonzerns wird mit der Aufgabe betraut, einen in Frankreich entführten Manager seines Unternehmens wiederzufinden. Zugleich aber wollen steckbrieflich gesuchte Terroristen den Mann in ihre Hand bringen, da er sich als Repräsentant einer ausländischen Firma als Tauschobjekt für eine Erpressung eignet. ✦ Großbritannien 1991 **R** Ian Toynton **B** Gerald Seymour, nach seinem Roman **D** John Hurt (Archie Carpenter), Jane Birkin (Violet Harrison), Brian Cox (Harrison), Didier Flamand (De Vigny), François Négret (Louis), Corinne Touzet (Justine), Michael Thomas (= Erwin C. Dietrich) (Johnson), Geoffrey Whitehead (Botschafter) **L** 78/78 **E** 17., 24.1.1994 VOX (zwei Teile)

RED FOX – ENTFÜHRT IM NAHEN OSTEN →Red Fox (1987)

RED FURY (THE RED FURY). Ein Pferdezüchter nimmt sich eines umherirrenden Indianerjungen an, gewinnt sein Vertrauen und entdeckt in ihm ein Naturtalent im Umgang mit Pferden. Er schenkt ihm einen Hengst, den ein arroganter Farmer gerne als Rennpferd erworben hätte. Aus Rache hetzt dieser die Dorfgemeinschaft gegen den Indianerjungen auf. Perfekt inszenierter, ebenso spannender wie unterhaltsamer »Jugend-Western«, der sein moralisches Plädoyer gegen rassistische Vorurteile und für ein respektvolles Miteinander gelegentlich etwas aufdringlich, insgesamt aber überzeugend und nachvollziehbar entwickelt. – Ab 14. ✦ Kanada 1984 **P** Dayton Stewart Organisation **VA** Atlas **Pd** Lyman D. Dayton, Douglas Stewart **R** Lyman D. Dayton **B** Joe Elliot **K** Arch Bryant **M** Merrill B. Jenson **S** T. Francis Bee **D** Juan Gonzales (Frankie), William Jordan (John Handley), Katherine Cannon (Amelia Andersen), Calvin Bartlett (Stenslough), Alan Hale jr. (Doc Kaminsky) **L** 105 **E** Juni 1992 Video **fd** 29 835

RED HEAT (RED HEAT). Ein Moskauer Polizist und sein amerikanischer Kollege jagen in Chicago einen russischen Drogenhändler, der einen gewaltigen Coup einfädelt, um die Sowjetunion mit Kokain zu überschwemmen. Spannend und effektvoll inszenierter Kriminalfilm, im Mittelpunkt die allmählich wachsende Freundschaft zweier grundverschiedener Charaktere; mit Witz, aber auch harten Actionszenen aufbereitet. ✦ Scope. USA 1988 **P** Carolco/Lone Wolf/OAK **KI** Senator **VA** Starlight **DVD** Kinowelt Home (16:9, 1.85:1, DD5.1 engl., DS dt.) **Pd** Walter Hill, Gordon Carroll **R** Walter Hill **B** Harry Kleiner, Walter Hill, Troy Kennedy Martin **K** Matthew F. Leonetti **M** James Horner **S** Freeman Davies, Carmel Davies, Donn Aron **D** Arnold Schwarzenegger (Ivan Danko), James Belushi (Art Ridzik), Peter Boyle (Lou Donnelly), Ed O'Ross (Viktor Rostavili), Laurence Fishburne (Lt. Stobbs) **L** 103 **FSK** ab 16; f **E** 6.10. 1988/April 1989 Video/21.11.2000 DVD **fd** 27 094

RED HEAT – UNSCHULD HINTER GITTERN (RED HEAT). Eine junge Amerikanerin gerät unschuldig in die Mühlen der DDR-Justiz und hat fortan nicht nur unter den unmenschlichen Haftbedingungen, sondern auch unter sadistischen Mitgefangenen zu leiden. Einfältige Hetzpropaganda, die ihre »politische Botschaft« vor dem Hintergrund von Gewaltdarstellungen und Sexszenen verbreitet. Eine inhaltlich und formal indiskutable Schauer-Mär. – Wir raten ab. ✦ USA/BR Deutschland 1984 **P** Aida United/International Screen/T. A. T. **KI** Montane/Avis/Film Allianz **VA** VPS **Pd** Monica Teuber **R** Robert Collector **B** Robert Collector, Garry Drucker **K** Wolfgang Dickmann **M** Tangerine Dream **S** Anthony Redman **D** Linda Blair (Chris), Sue Kiel (Hedda), Sylvia Kristel (Sofia), William Ostrander (Michael), Elisabeth Volkmann (Einbeck), Albert Fortell (Ernst) **L** 94 **FSK** ab 18; nf **E** 6.3.1986/20.8.1986 Video **fd** 25 592

RED HOT (RED HOT). Lettland in den 60er Jahren: Ein junger Mann aus ärmsten Verhältnissen und die Tochter eines KGB-Offiziers erleben die Repressalien des Sowjet-Regimes am eigenen Leib. Der Junge bekommt Probleme wegen seiner Begeisterung für den westlichen Rock 'n' Roll, seine Freundin verzichtet daraufhin auf das Musikstudium. Jahre später gelingt dem Paar die Flucht nach Oslo. Mitunter etwas schwerfällige Mischung aus Polit- und Liebesdrama; unterhaltsam in den musikalischen Akzenten, oberflächlich in der Schilderung der gesellschaftlichen Verhältnisse. ✦ USA 1992 **P** Hot Red Motion Pictures **VA** VCL/Carolco/Concorde **Pd** Nicolas Stiliadis **R** Paul Haggis **B** Paul Haggis, Michael Maurer **K** Vernon Layton **M** Peter Breiner **S** Nick Rotundo **D** Balthazar Getty (Alexi), Carla Gugino (Valentina), Jan Niklas (Yorgi), Donald Sutherland (Kirov), Armin Mueller-Stahl (Dimitri) **L** 91 **FSK** ab 12 **E** 17.1.1994 Video/ 20.2.1995 premiere **fd** 30 621

RED HUNTER – KAMPF DER GIGANTEN →Red Eagle

RED LINE (RED LINE). Ein kleiner Ganove stiehlt im Auftrag eines Unterweltbosses die Autos von dessen mächtigstem Rivalen. Als er dahinterkommt, daß nicht die noblen Autos, sondern ihr Inhalt gefragt sind, will er in das lukrative Geschäft einsteigen, setzt sich damit jedoch zwischen alle Stühle. Verquaster Actionfilm, der pausenlos Verfolgungsjagden aneinanderreiht; eine Billigproduktion ohne den geringsten Charme. ✦ USA 1995 **P** Caroli Pictures **VA** VPS **Pd** Scott Ziehl, Chad McQueen, John Sjogren **R** John Sjogren **B** John Sjogren, Scott Ziehl, Rolfe Kanefsky **K** Kevin McKay **M** Jim Walker, Craig Carothers **S** John Sjogren, Scott Ziehl **D** Chad McQueen (Jim), Jan-Michael Vincent (Keller), Michael Madsen (Mr. Lawrence), Dom DeLouise (Jerry), Rosana Zal (Gem), Corey Feldman, Robert Z'Dar **L** 93 **FSK** ab 16 **E** 7.12.1995 Video **fd** 31 805

RED LINE – VOLLES RISIKO →Red Line

RED MOON (BLOOD MOON). Im Umkreis eines feineren katholischen Mädcheninternats werden einige Jugendliche, vorzugsweise Liebespaare, ermordet. Eindimensional erzählter, kühl kalkulierter Horrorfilm, dessen Handlung mit Elementen aus einschlägigen »Teenie-Filmen« gestreckt wird. Handwerklich zwar durchaus routiniert, aber unoriginell inszeniert und völlig unglaubwürdig entwickelt. ✦ Australien 1990 **P** Village Roadshow/Michael Fisher Prod. **VA** VCL/Carolco **Pd** Stanley O'Toole **R** Alec Mills **B** Robert Brennan **K** John Stokes **M** Brian May **S** David Halliday **D** Leon Lissek (Myles Sheffield), Christine Amor (Virginia Sheffield), Ian Patrick Williams (Kevin Lynch), Helen Thomson (Mary Huston), Hazel Howson (Schwester Mary-Ellen) **L** 97 **FSK** ab 18 **E** 23.9. 1991 Video/29.10.1992 premiere **fd** 29 372

RED NIGHTS (RED NIGHTS). Statt in Los Angeles sein Glück als Schauspieler zu machen, gerät ein junger Mann auf die schiefe Bahn und kommt mit der Drogenszene in intensiven Kontakt. Anfangs geschickt entwickelt und mit Gespür für die Situation des arbeitslosen Schauspielers, versinkt der Film zusehends in den Niederungen eines Routine-Drogenkrimis. (Titel auch: »Red Nights – Mörderische Nächte«) ✦ USA 1987 **P** Trans World **VA** VPS **Pd** Ron Wolotsky **R+B** Izhak Hanooka **K** Jacob Eleasari **M** Tangerine Dream **S** David Lloyd **D** Christopher Parker (Randy), Brian Matthews (David), Tom Badal (Bruce), Jack Carter (Onkel Solly), James Mayberry (Jeff) **L** 86 **FSK** ab 16 **E** 14.12.1989 Video

RED PLANET (RED PLANET). Eine Bruchlandung macht beinahe alle Hoffnungen einer Mars-Expedition zunichte, die den Roten Planeten auf seine zukünftige Bewohnbarkeit untersuchen soll. Science-Fiction-Film, der es vor allem mit den technischen Details genau nimmt, während er sich in den Dialogen darum bemüht, dem rationalen Fortschritts- und Technologie-Glauben der Menschen mit Fragen nach der Existenz Gottes sowie der Bedeutung der Kategorie »Gottvertrauen« zu begegnen. Da er weder interessante Figuren entwirft noch seine Geschichte spannend zu erzählen vermag, bleibt nicht mehr als ein papierner, blutarmer filmischer Entwurf. DVD: Die Extras umfassen u. a. ein Feature mit nicht verwendeten Szenen. – Ab 14. ✦ Scope. USA 2000 **P** Warner Bros./Village Roadshow/NPV Entertainment **KI** Warner Bros. **VA** Warner Home **DVD** Warner Home (16:9, 2.35:1, DD5.1 engl./dt.) **Pd** Mark Canton, Bruce Berman, Jorge Saralegui **R** Antony Hoffman **B** Chuck Pfarrer, Jonathan Lemkin **K** Peter Suschitzky **M** Graeme Revell **S** Robert K. Lambert, Dallas Puett **D** Val Kilmer (Gallagher), Carrie-Ann Moss (Commander Kate Bowman), Tom Sizemore (Burchenal), Benjamin Bratt (Santen), Simon Baker (Pettengil) **L** 106 **FSK** ab 12; f **E** 1.3.2001/13.9.2001 Video & DVD **fd** 34 728

RED RIBBON BLUES – GESCHÄFT MIT DEM TOD (RED RIBBON BLUES). Drama. Als eine New Yorker AIDS-Selbsthilfegruppe erkennt, daß die Preise für ein wirksames Medikament künstlich hochgehalten werden, beschließt sie, in Apotheken einzubrechen und das Mittel an Kranke zu verteilen. ✦ USA 1995 **Pd** Brad Wyman, Dale Rosenbloom **R+B** Charles Winkler **K** Larry Blanford **M** John Frizzell **S** Clayton Halsey **D** Paul Mercurio (Troy), Debi Mazar (Darcy), Alan Boyce (Craig), John Epperson (Harold), RuPaul (Duke) **L** 94 **E** 5.3.1998 premiere

RED RIVER (1948) (RED RIVER). Die Geschichte des Viehzüchters Tom Dunson und seines rebellischen Pflegesohnes Matt vor dem Hintergrund des legendären Viehtriebs über den »Chisholm Trail« von Texas nach Abilene/Kansas: Der autokratische Rancher gerät durch seinen skrupellosen Ehrgeiz in Konflikt mit der jungen Generation und gelangt erst durch die Vermittlung einer Frau zur Einsicht, daß die alten Ideale des »Wilden Westens« neuen Werten weichen müssen. Howard Hawks' erster großer Western verbindet epische und psychologische Elemente zu einer packenden Abenteuergeschichte von brillanter Inszenierungskunst und einzigartiger Qualität im Dokumentarischen. (Früherer Verleihtitel: »Panik am roten Fluß«) – Sehenswert ab 14. ✦ Schwarz-weiß. USA 1948 **P** Monterey/United Artists **KI** United Artists **VA** Warner Home **Pd+R** Howard Hawks **B** Borden Chase, Charles Schnee, nach dem Roman »The Chisholm Trail« von Borden Chase **K** Russell Harlan **M** Dimitri Tiomkin **S** Christian Nyby **D** John Wayne (Tom Dunson), Montgomery Clift (Matthew Garth), Joanne Dru (Tess Millay), Walter Brennan (Groot), Coleen Gray (Fen), John Ireland (Cherry Valance), Noah Beery jr. (Buster McGee), Harry Carey (Mr. Millvile), Harry Carey jr. (Dan Latimer), Paul Fix (Teeler Yacy), Hank Worden (Simms), Dan White (Laredo), Tom Tyler, Shelley Winters **L** 130 (gek. 92) **FSK** ab 12; nf **FBW** w **E** 9.2.1951/3.12.1968 ARD **fd** 13 094

RED RIVER (1988) (RED RIVER). Geldnot zwingt einen Südstaatenranger nach dem Bürgerkrieg dazu, seine Rinder über Tausende von Meilen hinweg in den Norden zu treiben. Unterwegs bringt er seine Mannschaft immer wieder durch seine Härte und Selbstgerechtigkeit gegen sich auf. Der Konflikt gipfelt im Streit mit seinem Pflegesohn, der die meuternden Arbeiter, die die Rinder im Alleingang weitertreiben und verkaufen, anführt. Handwerklich sauberer Fernseh-Western, der seine Spannung aus den unterschiedlichen Moralauffassungen zieht, die sich auch als Generationskonflikt niederschlagen. Remake des gleichnamigen klassischen Western von Howard Hawks (1948), dessen Qualitäten jedoch nie erreicht werden. (Fernsehtitel: »Treck nach Missouri«) – Ab 14. ✦ USA 1988 **P** MGM/UA Telecommunications **VA** EuroVideo **Pd** Michael Rauch, Matthew Rushton **R** Richard Michaels **B** Richard Fiedler, nach einem Roman von Borden Chase **K** Shelly Johnson **M** Ken Wannberg **S** Michael Eliot **D** James Arness (Tom Dunson), Bruce Boxleitner (Matthew Garth), Gregory Harrison (Cherry Valance), Ray Walston (Horace Groot), Laura Johnson, Zachary Ansley, L. Q. Jones, Stan Shaw (Jack Byrd), Jerry Potter, Burton Gilliam, Guy Madison **L** 91 **FSK** ab 12 **E** 8.8.1989 Video **fd** 27 794

RED ROCK WEST (RED ROCK WEST). Von Texas nach Wyoming unterwegs, um Arbeit zu finden, wird ein Mann vom Sheriff von Red Rock mit einem Killer verwechselt, der seine Frau umbringen soll. Er nimmt den Job zum Schein an, läßt sich von der Frau nochmals bezahlen und kehrt Red Rock den Rücken, doch die Flucht mißlingt; der wirkliche Killer taucht auf. Ein ungemein spannender Thriller in der Tradition des »film noir«, dessen ausgefeilter Plot von Ironie und Witz gezeichnet ist. Eine Vierecksgeschichte um Geld und Erotik, ausgezeichnet gespielt. ✦ USA 1992 **P** Propaganda **KI** Concorde **VA** Concorde **Pd** Sigurjon Sighvatsson, Steve Golin **R** John Dahl **B** John Dahl, Rick Dahl **K** Marc Reshovsky **M** William Olvis **S** Scott Chestnut **D** Lara Flynn Boyle (Suzanne), Nicolas Cage (Michael), J. T. Walsh (Wayne), Dennis Hopper (Lyle), Timothy Carhart (Deputy Sheriff) **L** 98 **FSK** ab 16; f **FBW** w **E** 8.7.1993/13.12.1993 Video/ 10.1.1995 premiere **fd** 30 297

RED SCORPION (RED SCORPION). Der Terror kubanischer und sowjetischer Militärs im kommunistisch beherrschten Angola bewirkt den Frontwechsel eines russischen Agenten auf die Seite der einheimischen Freiheitskämpfer. Ein ebenso gehässiger wie primitiver Actionfilm. – Wir raten ab. ✦ USA 1988 **P** Scorpion (für Shapiro Glickenhaus Entertainment/Abramoff Prod.) **KI** Scotia-Cannon **VA** Ufa **Pd** Jack Abramoff **R** Joseph Zito **B** Arne Olsen **K** Joao Fernandes **M** Jay Chattaway **S** Daniel Loewenthal **D** Dolph Lundgren (Lt. Nikolai), M. Emmet Walsh (Dewey Ferguson), Al White (Kallunda), T. P. McKenna (General Vortek), Carmen Argenziano (Zayas) **L** 106 (gek. 98) **FSK** ab 18; nf (gek. 16) **E** 5.1.1989/April 1989 Video **fd** 27 333

RED SCORPION 2 (RED SCORPION 2 – THE SPEAR OF DESTINY). Die Agenten einer nationalen Sicherheitseinheit werden in die paramilitärische Neonazi-Organisation der »arischen Bruderschaft« eingeschleust, deren wahnwitziger Anführer mystisch-magisch mit einem Speer hantiert, der einst Jesus auf Golgatha in die Seite gestoßen worden sein soll. Ein brutaler Action-Thriller mit reichlich Explosionsästhetik, distanzlos und inhuman. Der verrohende Film benutzt die Neonazi-Folie mit ihren unsinnigen, an den Haaren herbeigezogenen Details lediglich für selbstzweckhafte Brutalaktionen. – Wir raten ab. ✦ USA 1994 **P** August Entertainment **VA** Starlight **Pd** Robert K. MacLean **R** Michael Kennedy **B** Barry Victor, Troy Bolotnick **K** Curtis Peterson **M** George Blondheim **S** Gary Zubeck **D** Matt McColm (Nick Stone), John Savage (Kendrick), Jennifer Rubin (Sam), Paul Ben-Victor, Michael Covert (Billy Ryan) **L** 89 **FSK** ab 18 **E** 30.11.1994 Video/28.7.1996 Pro Sieben **fd** 31 172

RED SHIELD (RED SHIELD). Zwei Hongkonger Polizisten, die sich auf Grund ihrer Wesensunterschiede nicht ausstehen können, tun sich in der Not zusammen und liefern einem Gangstersyndikat eine erbitterte Schlacht. Actionfilm, der sich um psychologische Vertiefung seiner Protagonisten bemüht. ✦ Hongkong 1991 **P** Golden Princess **VA** New Vision **Pd** Danny Lee **R** Parkman Wong **B** Lan Kam Fai, James Fung **K** Miu Kin Fai **M** Phil Chen **D** Danny Lee, Leung Ka Yan, Mo Shun Kwan, Yip San **L** 85 **FSK** ab 18 **E** 16.9.1992 Video/14.1.1996 Kabel 1

RED SONJA (RED SONJA). In grauer Vorzeit: Ein magischer Talisman in Händen einer machtgierigen Tyrannin droht die Erde zu zerstören. Eine Schwertkampfmeisterin und ihre Begleiter können nach zahlreichen Schlachten das Unheil abwenden. Ein streckenweise arg primitiv geratener Fantasy-Film mit komödiantischen Zugaben und, immerhin, hervorragenden Landschaftsaufnahmen. (TV-Titel: »Die Rache der Schwertkämpferin«) – Ab 16. ✦ Scope. USA 1985 **P** Famous **KI** Tobis **VA** Thorn EMI **DVD** Kinowelt Home (SE, 16:9, 2.35:1, Mono engl./dt.) **Pd** Christian Ferry **R** Richard Fleischer **B** Clive Exton, George MacDonald Fraser **K** Giuseppe Rotunno **M** Ennio Morricone **S** Frank J. Urioste **D** Brigitte Nielsen (Sonja), Arnold Schwarzenegger (Kalidor), Sandahl Bergman (Königin Gedren), Paul Smith (Falkon), Ernie Reyes jr. (Tarn), Ronald Lacey (Ikol), Pat Roach (Brytag) **L** 88 **FSK** ab 12; f (DVD ab 16) **E** 5.9.1985/ April 1986 Video/14.5.1989 RTL Plus/13.3.2001 DVD **fd** 25 259

RED SUN RISING (RED SUN RISING). Ein japanisch-amerikanischer Polizist und seine amerikanische Kollegin sind zwei Yakuza auf den Fersen, die in Los Angeles Waffen an Streetgangs verkaufen wollen, und werden in brutale Bandenkriegs verwickelt. Der Auftrag, in den sich auch private Rachegefühle mischen, ist besonders gefährlich, da einer der Verbrecher über eine tödliche Kampftechnik verfügt. Erst ein Spezialtraining bei seinem alten Meister bringt den Polizisten auf die Siegerstraße. Ein brutaler Actionfilm, der einmal mehr durch zahlreiche Kampfsporteinlagen für Abwechslung sorgen will. ✦ USA 1993 **P** Platinic Films **VA** EuroVideo/NGP **Pd** Ashok Amritraj **R** Francis Megahy **D** Don »The Dragon« Wilson (Thomas Hoshino), Terry Farrell (Karen Ryder), James Lew, Mako, Michael Ironside **L** 95 **FSK** ab 18 **E** 26.4.1995 Video

RED SUN – UND SIEBEN TAGE SPIELT DER TOD →Rivalen unter roter Sonne

RED SURF (RED SURF). Eine Jugendbande aus Los Angeles verlegt ihr illegales Treiben aufs Meer, wo sie kleinen Schmugglern ihre Beute abjagt, um sie selbst zu verkaufen. Als sie sich unwissentlich mit einem Drogen-Baron anlegt, wird aus ihrem gefährlichen Spiel tödlicher Ernst. Actionfilm, der vorgegebene Muster variiert. ✦ USA 1989 **P** Arrowhead **VA** Starlight **Pd** Gregory H. Sims, Richard C. Weinman **R** H. Gordon Boos **B** Vincent Robert **K** John Schwartzman **M** Sasha Matson **S** Dennis Dolan **D** George Clooney (Remar), Doug Savant (Attila), Dedee Pfeiffer (Rebecca), Gene Simmons (Doc), Philip McKeon (True Blue), Rick Najera (Calavera) **L** 99 **FSK** ab 18 **E** 24.4.1990 Video

RED TIGER (ERIK). Ein ehemaliger CIA-Agent, der als Söldner im Dienste eines lateinamerikanischen Auftraggebers steht, distanziert sich von diesem, als er ins Drogengeschäft einsteigen will, und bekämpft ihn mit allen Mitteln. Sich vergleichsweise ernsthaft gebender Söldner-Film, der politische und soziale Konflikte anspricht, die Grenzen des Genres aber nie zu sprengen vermag. (TV-Titel: »Red Tiger – Der Profikiller«) ✦ USA/Kanada 1988 **P** Expatriate Film **KI** Filmagentur Werner/Allround **VA** Allround **R+B** Michael Kennedy **K** Ludek Bogner **M** Mychael Danna **D** Stephen McHattie (Erik), Deborah van Valkenburgh (Liliana), Aharon Ipalé (Der General), Dennis A. Pratt, Michael Champion **L** 93 (gek. 83) **FSK** ab 18; nf (gek. 16) **E** 15.12.1989 Video/30.9.1990 Tele 5

RED TIGER – DER PROFIKILLER →Red Tiger

RED VIOLIN →Die rote Violine

RED WEDDING NIGHT (UNA HACKA PARA LA LUNA DE MIEL / IL ROSSO SEGMO DELLA POLLIAS). Der Besitzer eines Geschäftes für Brautmoden muß zwanghaft junge Bräute ermorden, um die Erinnerung an den Mörder seiner Mutter, die umgebracht wurde, als sie zum zweiten Mal heiraten wollte, aufrechtzuerhalten. Billiger Horrorfilm mit den einschlägigen Motiven. ✦ Spanien/Italien 1969 **P** G.G.P. **VA** Rainbow **Pd** Manuel Cano Sanciriaco **R** Mario Bava **B** Mario Bava, Santiago Moncada **M** Sante Maria Romitelli **S** Soledad López **D** Stephen Forsyth, Dagmar Lassander, Laura Betti, Gérard Tichy, Alan Collins (= Luciano Pigozzi) **L** 90 **E** Dezember 1986 Video

RED WIND – FLUCH DER LEIDENSCHAFT (RED WIND). Eine junge Frau leidet an und unter ihrem Ehemann und träumt davon, die sadomasochistische Beziehung zu ihm durch Mord zu beenden. Sie vertraut sich einer Therapeutin an, doch deren Therapie schlägt fehl: zwischen ihr und ihrer Patientin entsteht eine unheilvolle Beziehung, die seltsame Wege geht. Bemühter Psycho-Thriller, der mehr als einmal an Hitchcocks »Psycho« erinnert, ohne je dessen Qualitäten zu erreichen. Allenfalls für Freunde des Genres akzeptabel. (TV-Titel: »Fluch der Leidenschaft«) ✦ USA 1991 **P** Universal **VA** CIC **Pd** Tom Noonan, Oscar L. Costo **R** Alan Metzger **B** Tom Noonan **K** Bernd Heinl **M** Philip Giffin **S** Sidney Wolinsky **D** Lisa Hartman (Kris Morrow), Philip Casnoff (Charlie Lapidus/Lila Vance), Antoni Carone (Bo), Deanna Lund (Jane Beckum), Christopher McDonald (Victor Lange) **L** 90 **FSK** ab 16 **E** 5.2.1992 Video/13.2.1993 premiere **fd** 29 522

RED ZONE (HELLBENT). Ein Ex-Luftwaffen-Major, jetzt ständiger Begleiter des US-Präsidenten und Hüter des Aktenkoffers mit den Codes für den Atomraketeneinsatz, gerät in Schwierigkeiten, als ein Terrorkommando den Koffer und eine Raketenbasis in seinen Besitz bringt und droht, Los Angeles auszulöschen. Ein plakativer Actionfilm, der in keiner Sekunde Zweifel am guten Ausgang seiner Geschichte aufkommen läßt. Statt Spannung werden Leichenberge und haarsträubende Unwahrscheinlichkeiten produziert. (Fernsehtitel: »The Peacekeeper«) ✦ Kanada 1997 **P** Filmline International **VA** Warner Home **Pd** Nicolas Clermont **R** Frederic Forestier **B** James H. Stewart, Robert Geoffrion **K** John Berrie **M** François Forestier **S** Yves Langlois **D** Dolph Lundgren (Major Cross), Michael Sarrazin (Douglas Murphy), Roy Scheider (Präsident), Christopher Heyerdahl (Hettinger), Monte Williams (Colonel Northrop) **L** 96 (gek. 94) **FSK** ab 18 (gek. ab 16) **E** 14.11.1997 Video/ 30.10.1998 RTL 2 **fd** 32 886

REDEN HEISST STERBEN →Camorra (1972)

REDEN WIR MAL, BRUDER (POGOWORIE, BRAT). In einer Partisaneneinheit, die in den 20er Jahren im Fernen Osten gegen Weißgardisten und Interventen kämpft, bewähren sich auch zwei charakterlich unterschiedliche Brüder als hervorragende Revolutionäre. Breit angelegter Kriegsfilm, der durch betonte Abenteuerlichkeit und erhebliche Unwahrscheinlichkeiten um seine Wirkung gebracht wird. (TV-Titel: »Reden wir, Bruder«) ✦ Scope. UdSSR 1978 **P** Belarusfilm **KI** Progress **R** Juri Tschuljukin **B** Georgi Kuschnirenko, Juri Tschuljukin, Albert Iwanow **K** Valentin Makarow, Wladimir Sachartschuk **M** Alexander Gradski **D** Juri Grigorjew (Mitka), Alexander Goloborodko (Pjotr), Afanassi Kotschetkow (Anton), Irina Malyschewa (Vera), Lidija Smirnowa (Nastja) **L** 120 (DFF 174) **E** 6.,7.11.1980 DFF 2

REDEN WIR SPÄTER DRÜBER (HABLAMOS ESTA NOCHE). Der Chefingenieur und Manager eines spanischen Atomkraftwerkes, das in Kürze ans Netz gehen soll, hat privat und beruflich Probleme. Seine Ehe scheitert, die Beziehung zu seiner Geliebten geht in die Brüche, doch da er nicht gelernt hat, sich mit Schwierigkeiten auseinanderzusetzen, stürzt er sich gleich in eine neue Affäre. Als er erfährt, daß die Sicherheitsvorkehrungen des Kraftwerkes mangelhaft sind, weicht er auch hier aus, weil er die Eröffnung nicht durch zeitraubende Sicherheitsprüfungen verschieben will. Ambitionierter Film, der Einblicke in die spanische Gesellschaft bietet und das hochbrisante Thema der Reaktorsicherheit mit den Ursprüngen menschlicher Unzulänglichkeiten konfrontiert. ✦ Spanien 1982 **P** Pilar Miró P. C. **R** Pilar Miró **B** Pilar Miró, Antonio Larreta **K** Juan Amorós **M** José Nieto **D** Victor Valverde, Daniel Dicenta, Amparo Muñoz, Amparo Soler Leal, Mercedes Ampietro **L** (TV) 90 **E** 25.6.1987 BR

REDHEADS – IN DER SCHUSSLINIE (REDHEADS). Als ein korrupter Anwalt, dessen Kanzlei die straffällig gewordenen Mädchen einer Besserungsanstalt vertritt, ermordet wird, fällt der Verdacht auf eine der jungen Frauen, weil diese intime Beziehungen zu ihm unterhielt. Unterstützt von einer idealistischen Verteidigerin kann sie sich rehabilitieren und die illegalen Machenschaften von Polizei und Justiz aufdecken. In der Bildgestaltung ambitionierte, inhaltlich überfrachtete Theaterverfilmung, die unter einer desolaten Dramaturgie und dem Unvermögen der Darsteller leidet. – Ab 16. ✦ Australien 1992 **P** Beyond/Roxy **VA** Columbia TriStar Home **Pd** Richard

Mason **R** Danny Vendramini **B** Danny Vendramini, nach einem Bühnenstück von Rosie Scott **K** Steve Mason **M** Felicity Foxx **S** Marc van Buuren **D** Claudia Karvan (Lucy), Catherine McClements (Diana), Alexander Petersons (Simon), Mark Hembrow (Brewster), Sally McKenzie (Zelda) **L** 102 (gek. 100) **FSK** ab 18 (gek. ab 16) **E** 9.11.1993 Video/2.12.1995 RTL 2 **fd** 30 559

REDNECK ZOMBIES (REDNECK ZOMBIES). Nachdem sie ihren schwarz gebrannten Schnaps unwissentlich mit einem bakteriologischen Kampfstoff gestreckt haben, den ein Laster der US-Armee verloren hat, verwandelt sich eine Gruppe Hinterwäldler in Louisiana in eine Horde von Zombies, die in der Nähe campierenden Studenten den Garaus macht. Eine krude Mischung aus blutigen Effekten und tiefschwarzem Humor, die in den USA Kultstatus erreicht hat. Dennoch dürfte der Underground-Erstling nur für Zuschauer mit einem recht ausgefallenen Geschmack taugen. ✦ USA 1987 **P** Trans World Entertainment **VA** Astro (Dominik) **Pd** Edward Bishop, Pericles Lewnes, George Scott **R** Pericles Lewnes **B** Fester Smellfoot **K** Ken Davis **M** Adrian Bond **D** William E. Benson (Jed Clemson), Anthony Burlington-Smith (Bob), Martin J. Wolfman (Andy), Boo Teasedale (Sally), Darla Deans (Theresa) **L** 90 **E** 29.3.1999 Video

REDS (REDS). Die Lebensgeschichte des amerikanischen Revolutionärs und Journalisten John Reed (»Zehn Tage, die die Welt erschütterten«), der, vom Beispiel der russischen Revolution angeregt, für soziale Gerechtigkeit kämpfte, aber in der UdSSR selbst das schrittweise Scheitern seiner Ideale mitansehen mußte. Reed starb 33jährig in Moskau und wurde an der Kreml-Mauer bestattet. Das aufwendige Epos verbindet die Geschichte der kommunistischen Bewegung in den USA mit der melodramatischen Love-Story zwischen dem Helden und der schönen Louise Bryant. Auf einer zusätzlichen dokumentarischen Ebene reflektiert der Film das Verhältnis von Fiktion und authentischer Erinnerung. Glänzend gespielt und inszeniert. (Fernsehtitel: »Reds – Ein Mann kämpft für Gerechtigkeit«) – Ab 16. ✦ USA 1981 **P** Paramount **KI** UIP **Pd+R** Warren Beatty **B** Warren Beatty, Trevor Griffiths, Elaine May (ungenannt) **K** Vittorio Storaro **M** Stephen Sondheim, Dave Grusin **S** Dede Allen, Craig McKay **D** Warren Beatty (John Reed), Diane Keaton (Louise Bryant), Edward Herrmann (Max Eastman), Jerzy Kosinski (Grigorij Sinowjew), Jack Nicholson (Eugene O'Neill), Paul Sorvino (Louis Fraina), Maureen Stapleton (Emma Goldman), Nicolas Coster, M. Emmet Walsh, Ian Wolfe, Bessie Love **L** 195 **FSK** ab 12; f **FBW** bw **E** 23.4.1982 **fd** 23 431

DER REDSELIGE ENGEL →Kein Engel ist so rein (1950)

REDWING – FLUCHT VOR DEN SCHWARZEN DROIDEN (2084). Science-Fiction-Abenteuer um einen Bergwerksplaneten, auf dem die Menschen von einer Roboter-Armee brutal unterdrückt werden, bis eine kleine Gruppe von Aufständischen sie besiegt. Ein müder Abklatsch der »Star-Wars«-Reihe, der einige gängige Elemente des Genres kombiniert; ohne große Schauwerte, mit blassen Figuren und einer wenig originellen Geschichte. – Ab 16. ✦ Scope. Großbritannien 1984 **P** VTC/Rediffusion Films **KI** Senator **VA** Thorn Emi **R** Roger Christian **B** Roger Christian, Matthew Jacobs **K** John Metcalfe **M** Tony Banks **S** Derek Trigg **D** John Tarrant (Lorca), Donogh Rees (Abbie), Cassandra Webb (Suzi), Deep Roy (Kid), Ralph Cotterill (Jowitt), Tyler Coppin (1. Droid), Hugh Keays-Byrne (Danny) **L** 99 **FSK** ab 12; f **E** 5.7.1985/November 1985 Video **fd** 25 174

REED – MEXIKO IN AUFRUHR (REED – MEXICO INSURGENTE). Die Eindrücke und Erlebnisse des amerikanischen Journalisten und Kommunisten John Reed während der mexikanischen Revolution 1913. Im Mittelpunkt steht das Ringen des Amerikaners, der auf der Suche nach der Wahrheit die Hintergründe der revolutionären Bewegung erforscht, die Notwendigkeit des Kampfes einsieht und doch zunächst passiv bleibt. Eine der bedeutendsten Produktionen des neueren mexikanischen Kinos: eine überzeugende Verbindung von hautnah-dokumentarischer Rekonstruktion und kritischem Geschichtsbewußtsein. (Vgl. »Reds«, USA 1981) ✦ Schwarz-weiß. Mexiko 1972 **P** Salvador Lopez, Ollin und Gesellschafter **KI** Freunde der Deutschen Kinemathek **R** Paul Leduc **B** Juan Tovar, Paul Leduc, nach dem Bericht von John Reed **K** Alexis Grivas **D** Claudio Obregon (John Reed), Eduardo López Rojas (General Urbina), Ernesto Gomez Cruz (Pablo Seanez), Juan Angel Martinez (Julian Reyes), Carlos Castanón (Fidencio Soto), Lynn Tillet (Isabel), Hugo Velazquez (Longino Guereca) **L** 124 **E** 1972 Kino

REEFER AND THE MODEL (REEFER AND THE MODEL). Der naive Freiheitstraum von vier gesellschaftlichen Außenseitern mündet in Verbrechen und Tod. Ein bemerkenswertes irisches Roadmovie, das in einer Mischung aus schwarzer Komödie und Gangstermelodram die politischen und gesellschaftlichen Widersprüche des Landes beschreibt und tragikomisch das menschliche Hoffnungsprinzip vertritt. (Kinofassung O.m.d.U.; Fernsehtitel: »Reefer und das Mädchen«) – Ab 16 möglich. ✦ Irland/Großbritannien 1987 **P** Berber Films/The Irish Film Board/Bord Scannán na hEireann/Radio Telefis Eireann/Channel Four **KI** Edition Salzgeber/Sputnik **Pd** Lelie Doolan **R+B** Joe Comerford **K** Breffin Byrne **M** Johnny Duhan **S** Se Merry **D** Ian McElhinney (Reefer), Eve Watkinson (Mutter), Carol Scanlan (Model), Birdy Sweeney (Fotograf), Sean Lawlor (Spider), Ray McBride (Badger) **L** 93 **FSK** ab 16; f **E** 16.2.1989/12.9.1990 ZDF **fd** 27 646

REEFER MADNESS – KIFFEN MACHT CRAZY (REEFER MADNESS). Teeanger feiern wilde Parties und gebärden sich im Marihuana-Rausch wie tollwütig. Ein im Auftrag der US-Regierung entstandener Antidrogenfilm; propagandistisch, voller Verfälschungen und Falschinformationen, wirkt der Film heute eher lächerlich. – Ab 16. ✦ Schwarz-weiß. USA 1936 **P** Ventures **R** Louis Gasnier **B** Arthur Hoerl **K** Jack Greenhalgh **M** Abe Meyer **D** Dorothy Short, Ken Craig, Thelma White, Lillian Miles **L** 64 **E** 6.6. 1995 arte

REEFER UND DAS MÄDCHEN →Reefer and the Model

REEKER (PUZZLE). Abenteuerfilm. Als ein wohlhabender Manager Selbstmord begeht, versucht seine fassungslose junge Frau, den Hintergründen auf die Spur zu kommen, und stößt auf eine Reihe unlauterer Machenschaften, in deren Mittelpunkt eine antike Buddha-Statue steht. (TV-Titel: »Puzzle«, »Puzzle – Das Geheimnis des Buddhas«) – Ab 16 möglich. ✦ Australien 1978 **P** Australian Film Commission **VA** Starlight **R** Gordon Hessler **D** James Franciscus (Harry), Wendy Hughes (Claudine), Robert Helpmann (Sheppard) **L** 91 **FSK** ab 16 **E** 28.6.1990 RTL plus

REEPERBAHN BEI NACHT →Auf der Reeperbahn nachts um halb eins (1954)

REGEN (RAIN). Sadie Thompson, eine lebenslustige junge Frau, die ihre Reise in die Südsee wegen einer Grippeepidemie unterbrechen muß, findet, zusammen mit einem Missionar, einem Arzt und deren Ehefrauen, Unterschlupf bei einem Kaufmann in einem kleinen Ort auf Samoa. Nach anfänglicher Bereitschaft, den moralischen Vorhaltungen des Missionars zu folgen, wird Sadie durch dessen puritanische Selbstgerechtigkeit so verletzt, daß es zur Katastrophe kommt. Die zweite Verfilmung einer 1921 erschienenen Erzählung von W. S. Maugham. ✦ Schwarz-weiß. USA 1932 **P** United Artists **Pd** Joseph M. Schenck **R** Lewis Milestone **B** Maxwell Anderson, nach einer Erzählung von W. Sommerset Maugham und einem Bühnenstück von John Colton, Clemence Rudolph **K** Oliver T. Marsh **S** Duncan Mansfield **D** Joan Crawford (Sadie Thompson), Walter Huston (Rev. Alfred Davidson), William Gargan (Sgt. O'Hara), Guy Kibbee (Joe Horn), Walter Catlett (Bates) **L** 92 **E** 20.5.1978 BR

REGEN FÄLLT AUF SANTIAGO →Es regnet über Santiago

REGEN IN DEN BERGEN (KUNG SHAN LING YU / RAINING IN THE MOUNTAIN). Während der im Sterben liegende Abt eines buddhistischen Klosters über die Wahl eines Nachfolgers nachdenkt, versuchen zwei weltliche Ratgeber, eine alte Schriftenrolle in ihren Besitz zu bringen. Der neue Abt, ein ehemaliger Sträfling, beendet die Kämpfe, indem er das Original vernichtet. Eine meisterhaft inszenierte Reflexion über die Denkweise des Buddhismus und die Nichtigkeit weltlicher Belange. ✦ Scope. Hongkong 1979 **P** Lo & Hu **R+B** King Hu **K** Henry Chan **M** Ng Tai-Kwong **D** Hsu Feng, Sun Yueh, Tien Feng, Chen Hui-Lou, Wu Ming-Tsai **L** 120 **E** 18.5.1982 ZDF **fd** 23 436

DER REGEN IST TROCKEN (GAFFAT EL AMTAR). In einem ägyptischen Dorf sollen neue Gebäude errichtet werden. Die Besitzer des Bodens erhalten von der Regierung an einem anderen Ort Neuland zugewiesen und werden aus dem Dorf verdrängt. ✦ Schwarz-weiß. VAR (Ägypten) 1967 **P** Kairoer Gesellschaft für Filmproduktion **R** Said Issa **B** Said Issa, nach einer Erzählung von Abdallah el Tuchy **K** Abdel Moneim Bahnasi **M** Soliman Gamil **D** Schukri Sarhan, Samiha Aijub, Naima Wasfi, Souheir el Morschedi, Shafik Nour el Din **L** 77 **E** 26.10.1973 DFF 2

REGEN UND SONNE (W DOSHD I W SOLNZE). Ein als Faulenzer verschrieener estnischer Arbeiter findet nach einer Bewährungsprobe auf der Baustelle mit Hilfe seiner Kollegen und seiner großen Liebe endlich den Weg ins Arbeitskollektiv. ✦ UdSSR 1960 **P** Filmstudio Tallinn/Lenfilm **R** Herbert Rappaport **B** E. Rannel **K** Furi Forelman **M** Eino Tamberg **D** J. Saul (Jaah Piit), E. Murnieze (Anne-Mai), Larissa Lushina (Lizzi), M. Mihiwep (Wiklar), J. Orgulas (Andrej) **L** 82 **E** 16.2.1962 DFF 1

DER REGENBOGEN (THE RAINBOW). Eine junge Frau im England der Jahrhundertwende versucht, gegen den Strom zu schwimmen und ein selbstbestimmtes Leben zu führen. Obwohl sie in Liebe und Beruf scheitert, verliert sie nicht ihren Optimismus. Kongeniale Verfilmung eines zu seiner Entstehungszeit (1915) wegen Obszönität verbotenen Romans von D. H. Lawrence, die die sozialkritischen Implikationen der Vorlage lediglich andeutet und nur in wenigen Szenen ihren konventionellen Inszenierungsstil verläßt. Hervorragend gespielt und fotografiert, vermittelt der Film dennoch Einsichten in das Lebensgefühl einer Frau, die in einer ihr »feindlich« gesinnten Umwelt nach Emanzipation drängt. (Videotitel auch: »The Rainbow«) – Ab 16 möglich. ✦ Großbritannien 1989 **P** Vestron/Rainbow Pictures/Ken Russell Prod. **KI** Concorde **VA** Vestron/Concorde **Pd+R** Ken Russell **B** Ken Russell, Vivian Russell, nach dem Roman von D. H. Lawrence **K** Billy Williams **M** Carl Davis **S** Peter Davies **D** Sammi Davis (Ursula Brangwen), Paul McGann (Anton Skrebensky), Amanda Donohoe (Winifred Inger), David Hemmings (Onkel Henry), Christopher Gable (Will Brangwen), Glenda Jackson (Anna Brangwen), Dudley Sutton (MacAllister), Kenneth Colley (Mr. Brunt) **L** 112 **FSK** ab 16; f **FBW** w **E** 15.2.1990/26.9.1990 Video **fd** 28 136

REGENBOGEN DER SIEBEN HOFFNUNGEN (RADUGA SEMI NADESHD). Ein Prinz verliebt sich in die schöne Tochter eines Töpfermeisters. Da er aber ungeschickt ist und nichts Nützliches gelernt hat, weist ihn das Mädchen zurück. Um ihre Gunst zu gewinnen, läßt sich der Prinz in der Kunst des Handwerkmetiers unterrichten. Adaption eines usbekischen Märchens. (Titel auch: »Der Prinz und der Töpfer«) – Ab 6. ✦ Scope. UdSSR 1981 **P** Usbekfilm **KI** Progress **R** Chabibulla Faisijew **B** Ahmedshan Abu-Bakar **K** Alexander Pann **M** Rumil Wildanow **D** Safura Ibragimowa (Gulschan), A. Kabulow (Bachtigjar), Rustam Sagdullajew (Eldor), Shukrat Ergaschew (Nabi),

Bachtijar Ichtijarow (Ali), Chamza Umarow (Karatsch) **L** 69 **E** 28.1.1983 Kino DDR

EIN REGENBOGEN FÜR RIMBAUD (RAINBOW POUR RIMBAUD). Ein hünenhafter Mann, der 15 Jahre lang in einem Schrank Rimbaud gelesen hat, lernt in Paris eine Telefonistin kennen. Beide verlieben sich vorbehaltlos ineinander, folgen den Spuren des verehrten Dichters und vollziehen noch einmal seine Lebens- und Leidensgeschichte nach, um auf den Kapverdischen Inseln zu sterben und aus dem gemeinsamen Grab heraus als Palme und Weißdorn zu erblühen. Eine surreal angereicherte Geschichte, deren Erzählung in der Inszenierung ihre Entsprechung findet. Die Handlungsorte sind in die einzelnen Spektralfarben getaucht, das Filmformat ändert sich im Verlauf des Films von Super 8 über 16mm, 35mm bis zu CinemaScope. ✦ Frankreich 1995 **P** KG/La Sept Cinema **Pd** Michèle Costa-Gavras, Constantin Costa-Gavras **R** Jean Teulé **B** Jean Teulé, Laurent Bénégui **K** Eric Guichard **M** François Hadji Lazzaro **S** Nicole Berckmans **D** Bernadette Lafont (die Mutter), Michel Galabru (der Vater), Laure Marsac (Osabelle), Robert MacLeod (Robert), Farid Chopel (der Emir) **L** 82 **E** 12.3.1999 arte

DAS REGENBOGENFEUER (TALME-VA POMDARI). Die Geschichte eines koreanischen Liebespaares, das sich tapfer gegen ausländische Feinde verteidigt. – Ab 6. ✦ VR Korea 1986 **P** Korfilm **Kl** Progress **R** Yun Ryong Gyu **B** Kim Sung Gu, nach einer koreanischen Legende **K** Pak Gjong Won **D** Kim Yong Suk (Talmae), Cho Myong Son (Pomdari), Choe Chang Su (Imdon), Yu Won Jun (Hong Gol) **L** 88 **E** 21.10. 1988 Kino DDR

DAS REGENBOGENKÜGELCHEN (DUHOVA KULICKA). Kinderfilm über einen kleinen Jungen aus der Stadt, der die Ferien bei seinem etwas wunderlichen Großvater verbringt. Nach Anlaufschwierigkeiten kommen sich die beiden Generationen näher. – Ab 8. ✦ CSFR 1985 **R** Karel Kachyna **B** Karel Cabrádek **K** Vladimír Smutny **M** Lubos Fiser **D** Lubor Tokos (Großvater), Filip Novotny (Milan), Adolf Kohuth, Miroslava Hozová, Josef Somr, Petr Pospíchal, Jaroslava Brousková **L** 77 **E** 18.6.1992 ORF 1

DER REGENMACHER (1956) (THE RAINMAKER). Überdurchschnittliche Verfilmung des erfolgreichen Bühnenstücks von Richard Nash. Ein charmanter Schwindler und Glücksritter, der gutgläubige Landleute als »Regenmacher« übers Ohr haut, zeigt einer einsamen Farmerstochter und ihrer Familie den Weg zu einem glücklicheren Leben. Der sympathische Film wird der gemütvoll-poetischen Seite des Dramas ebenso gerecht wie der psychologisch feinfühligen Charakterkomik. Niveauvolle Unterhaltung. – Sehenswert ab 16. ✦ Scope. USA 1956 **P** Paramount **Kl** Paramount **R** Joseph Anthony **B** N. Richard Nash **K** Charles Lang jr. **M** Alex North **D** Burt Lancaster (Starbuck), Katharine Hepburn (Lizzie Curry), Wendell Corey (File), Lloyd Bridges (Noah), Earl Holliman (Jim) **L** 122 **FSK** ab 12; f **FBW** w **E** 19.4.1957/ 9.4.1977 DFF 2 **fd** 5 825

DER REGENMACHER (1997) →John Grisham's: Der Regenmacher

DIE REGENSBURGER DOMSPATZEN. Dokumentarfilm über den berühmten Knabenchor: der Ausbildungsgang der Jungen, ihr Unterricht im humanistisch-musischen Gymnasium, ihre Konzertreisen mit dem Dirigenten Prälat Schrems, ein Hochamt mit Erzbischof Buchberger. (Alternativtitel: »Du bist nicht allein«) ✦ Schwarz-weiß. BR Deutschland 1955 **P** Paul R. Heil-Film **Kl** Accord **R** Paul R. Heil **B** Emil Burri **K** Paul R. Heil **M** Anton Bruckner, Franz Schubert, Giovanni P. da Palestrina, Engelbert Humperdinck **D** Regensburger Domspatzen, Fritz Lafontaine **L** 74 **FSK** ab 6; f **FBW** w **E** 23.9.1955 **fd** 4 329

EIN REGENSCHIRM FÜR VERLIEBTE. Beim Urlaub am Schwarzen Meer lernen sich zwei vermeintliche Ehepaare kennen: ein junges, noch nicht verheiratetes Paar und ein Arzt mit seiner Geliebten. Nach den Ferien will diese die perspektivlose Affäre beenden, doch da kündigen sich die Urlaubsbekannten zu einem Besuch an, und der Schein muß vorerst weiter gewahrt werden. Heitere, poesievolle, nicht alltägliche Liebesgeschichte, die mit ihrer künstlerischen Gestaltung unter den Möglichkeiten bleibt. – Ab 16. ✦ UdSSR 1986 **P** Mosfilm **Kl** Progress **R** Rodion Nachapetow **B** Ramis Fatalijew **K** Wladimir Schewzik **M** Isaak Schwarz **D** Alexej Batalow (Kraskow), Nijole Ozelyte (Vera), Vera Glagolewa (Soja), Nikita Michailowski (Tolja), Wjatscheslaw Jesepow (Juri Dalilowitsch) **L** 83 **E** 8.1.1988 Kino DDR/19.2. 1989 DFF 2/26.6.1991 PRO 7

DIE REGENSCHIRME VON CHERBOURG (LES PARAPLUIES DE CHERBOURG). Die melancholische Liebesgeschichte zwischen der 17jährigen Tochter einer Ladeninhaberin in Cherbourg und einem jungen Autoschlosser, der in den Algerienkrieg muß. Nach seiner Rückkehr hat sie einen anderen geheiratet, und auch er findet eine ihn liebende Frau, doch beide leiden an der vertanen Chance einer großen Liebe. Jacques Demy verdichtet die anspruchslose Alltagsgeschichte zu einem lyrischen Kammerspiel, in dem alle Dialoge gesungen werden. Musik und Melodien, stilisierte Farben, Formen und Bewegungen verbinden sich zu einem höchst artifiziellen Film, der auf zärtliche Weise die Gefühle der Figuren versinnbildlicht. Preis der OCIC in Cannes 1964. (O.m.d.U.; 1992 stellte Demys Frau Agnès Varda eine farb- und tontechnisch optimal überarbeitete neue Kopie des Films her.) – Sehenswert ab 14. ✦ Frankreich/BR Deutschland 1963 **P** Parc/Madeleine/Beta **Kl** Freunde der Deutschen Kinemathek (Erstverleih: Accon) **Pd** Mag Bodard **R+B** Jacques Demy **K** Jean Rabier **M** Michel Legrand **S** Anne-Marie Cotret **D** Catherine Deneuve (Geneviève Emery), Nino Castelnuovo (Guy Foucher), Anne Vernon (Madame Emery), Marc Michel (Roland Cassard), Ellen Farmer (Madeleine), Mireille Perrey (Tante Elise) **L** 91 **FSK** ab 6; f **FBW** w **E** 12.11.1965/26.2.1966 DDR/21.7. 1969 ARD/19.4.1993 arte (restaurierte Fassung) **fd** 30 511

DIE REGENSCHIRMMÖRDER (LE COUP DU PARAPLUIE). Ein zweitklassiger Schauspieler wird irrtümlich von einem Mafiaboß als Killer engagiert, während er selbst meint, für eine Filmrolle verpflichtet worden zu sein. Vergnügliche Verwechslungskomödie, teilweise mit Witz und Tempo inszeniert, aber nicht ohne Leerlauf, was teils an der dünnblütigen Story, teils am überstrapazierten Talent des Hauptdarstellers liegt. (DDR-Titel: »Die Sache mit dem Regenschirm«) – Ab 14 möglich. ✦ Frankreich 1980 **P** Gaumont **Kl** Neue Constantin **R** Gérard Oury **B** Gérard Oury, Danièle Thompson **K** Henri Decaë **M** Vladimir Cosma **D** Pierre Richard (Grégoire Lecomte), Gert Fröbe (Otto Krampe), Valérie Mairesse (Bunny), Christine Murillo (Josyane), Gérard Jugnot (Fredo) **L** 95 **FSK** ab 12; f **E** 14.11.1980/11.11.1983 Kino DDR/26.12.1985 DFF 1 **fd** 22 700

REGENTROPFEN. Dokumentarhafter Spielfilm über das Schicksal einer deutsch-jüdischen Familie zu Beginn der NS-Zeit, erzählt aus der Sicht eines zehnjährigen Jungen, der durch alltägliche Erlebnisse und Situationen sich seiner allmählichen Isolierung bewußt wird. Ein unspektakuläres, eindringliches Zeitbild, sorgfältig und liebevoll inszeniert. ✦ Schwarz-weiß. BR Deutschland 1981 **P** Tellux/ZDF **Kl** endfilm **R+B** Michael Hoffmann, Harry Raymon **K** Jürgen Grundmann **M** Louis Bloom **S** Sabine Jehnert **D** Elfriede Irrall, Walter Renneisen, Jack Geula, Gloria Swoboda, Giovanni Früh **L** 90 **FSK** ab 6; f **FBW** bw **E** 21.5.1982 **fd** 23 511

DIE REGENTRUDE. Als das Land unter einer Dürre leidet, verspricht der Wiesenbauer dem armen Andreas seine Tochter zur Frau, wenn es diesem gelingt, die Regentrude zu wecken und den Feuermann zu besiegen. Das verliebte Paar macht sich auf den Weg und kann nach vielen Abenteuern seine Aufgabe erfüllen. Fürs Fernsehen der DDR realisierter poetischer Märchenfilm, der Liebe und Klugheit feiert und daran appelliert, nie die Hoffnung aufzugeben. – Ab 8. ✦ DDR 1976 **P** DFF **Kl** Progress **Pd** Adolf Fischer **R** Ursula Schmenger **B** Ursula Schmenger, Siegfried Hönicke, nach der gleichnamigen Märchennovelle von Theodor Storm **K** Siegfried Hönicke **M** Jürgen Wilbrandt **D** Cox Habbema (Regentrude), Brigitte Heinrich (Maren), Ingolf Gorges (Andreas), Fred Delmare (Schäfer), Helga Göring (Mutter Stine) **L** 65 **E** 25.12.1976 DFF 1/7.12.1978 Kino DDR/30.12. 1991 DFF

REGENWOLKEN ÜBER WU SHAN (WU SHAN YUN YU). Ein alleinstehender 30jähriger Mann, der als Signalgeber an einem großen chinesischen Fluß lebt, und eine Hotelangestellte, die nach dem Tod ihres Mannes ihren Sohn allein erzieht, leiden an ihrem Alltagsleben und träumen von einer besseren Zukunft. Eines Tages wird der Mann beschuldigt, die Frau vergewaltigt zu haben. Erst spät kommt die Wahrheit ans Licht. Eine ungewöhnlich-gewöhnliche Liebesgeschichte, angesiedelt in einem kleinen Dorf, das im Zusammenhang mit dem Yangstekiang-Staudamm geflutet werden soll. Sie handelt von Erwartungen, von Liebe, Gefühlen und glücklichen Momenten und umschreibt dabei einfache emotionale Bedürfnisse, die in der gegenwärtigen chinesischen Gesellschaft unerfüllt bleiben. (O.m.d.U.) ✦ VR China 1995 **P** Bejing East Earth Cultural Development/Bejing Film Studios **Kl** Freunde der Deutschen Kinemathek **Pd** Huang Yun Kai **R** Zhang Ming **B** Zhu Wen **K** Yao Xiao Feng, Zhou Ming, Diang Jian Cheng **D** Zhang Xianmin (Mai Qiang), Zhong Ping (Chen Qing), Wang Wenqiang (Wu Gang), Yang Liu (Lily), Li Bing (Ma Bing), Xiu Zongdi (Lao Mo) **L** 96 **E** 1996

REGGAE SUNSPLASH II. Ausgehend vom Montego Bay Sunsplash Festival (Jamaica) im Juli 1979 erklärt der Film die Wurzeln der zwischen Mystik und Rebellion sich bewegenden Reggae-Musik und der von Marcus Garvey begründeten Rastafari-Bewegung vor dem Hintergrund sozialer Mißstände in Jamaika. Außerdem wird der Stellenwert von internationalen Stars wie Tosh und Marley kritisch hinterfragt. Für Reggae-Freunde packend und informativ. – Ab 16. ✦ BR Deutschland 1979 **P** Kino Arsenal/Süddeutscher Rundfunk **Kl** Kino Arsenal, Tübingen **R+B** Stefan Paul **K** Peter Rees, Hans Schalk, Reiner Henzelmann **M** Peter Tosh, Third World, Burning Spear, Bob Marley, Inner Circle **D** Peter Tosh, Third World, Burning Spear, Bob Marley, Inner Circle **L** 120 **FBW** w **E** 12.10.1979 **fd** 22 304

REGIE: ANDREJ TARKOWSKI (REGI: ANDREJ TARKOVSKIJ). Dokumentarfilm über den sowjetischen Regisseur und Autor Andrej Tarkowskij, entstanden während der Dreharbeiten zu dessen letztem Film »Opfer«, der in den Jahren 1985 und 1986 in Schweden gedreht wurde. Michal Leszczlowski, seit 1974 in Schweden als Cutter tätig, konzentriert sich ganz auf die Persönlichkeit Tarkowskijs. Er war bemüht aufzuzeigen, wie sich der Abstand zwischen der Kamera und Tarkowskij aufzuheben scheint, um damit zu verdeutlichen, wie in Tarkowskijs Schaffen Sehen und Gesehenwerden eine schöpferische Symbiose eingehen. – Ab 16. ✦ Schweden 1988 **P** Svenska Filminstitutet **R+B** Michal Leszczylowski **K** Arne Carlsson **L** 101 **E** 25.12.1990 N 3

DIE REGIERUNG (DIE REGIERUNG). »Die Regierung« ist eine Großfamilie, bestehend aus fünf Behinderten und einigen Nichtbehinderten, die als »MusikTheaterGruppe« zusammenleben und -arbeiten. Der Film dokumentiert ihren Alltag und einige Auftritte und zeigt eindringlich und bewegend, dass jede individuelle Entwicklung wesentlich von der Qualität stabiler zuwischenmenschlicher Beziehungen bestimmt wird, in denen ein Klima von Geborgenheit und Vertrauen entstehen kann. – Sehenswert ab 14. ✦ Schweiz 1997 **P** Magic Lantern **R+B** Christian Davi **K** Christian Davi, Hans Schürmann **S** Myriam Flury **L** 78 **E** 20.11.1999 SF 2/DRS

DER REGIMENTSKOMMANDEUR. Die Geschichte eines Artillerieregiments der Nationalen Volksarmee der DDR. Fernsehfilm, der seinen propagandistischen Zweck, zur Wehrertüchtigung beizutragen, aufgrund papierner Konflikte nur mäßig erfüllte. ✦ Schwarz-weiß. DDR 1971/72 **P** DEFA **Pd** Walter Ehle **R** Lothar Bellag **B** Lothar Bellag, nach dem gleichnamigen Roman von Walter Flegel **K** Roland Dressel **M** Wolfgang Pietsch **S** Rita Hiller **D** Manfred Zetsche (Markus), Hans Teuscher (Weber), Günther Simon (Wallenstock), Günter Grabbert (Wenzel), Helmut Schellhardt (Haupt) **L** 92 **E** 4.4.1972 DFF 1

DIE REGIMENTSTOCHTER (DIE REGIMENTSTOCHTER). Ein kleines Mädchen kommt als Findelkind in ein Soldatenlager, wächst zu einer attraktiven Marketenderin heran und bekommt schließlich den Bauernburschen aus dem Regiment, den sie liebt. Mittelmäßige Unterhaltung nach Motiven der Donizetti-Oper. – Ab 12. ✦ Österreich 1953 **P** Nova **KI** United Artists **VA** IMV **R** Georg C. Klaren, Günther Haenel **B** Margarethe Göbel, Georg C. Klaren, nach der gleichnamigen Oper von Gaetano Donizetti **K** Willi Sohm **M** Gaetano Donizetti (Melodien), Karl Pauspertl (Bearbeitung) **D** Aglaja Schmid, Robert Lindner, Hermann Erhardt, Gusti Wolf, Dagny Servaes **L** 100 **FSK** ab 6; nf **E** 31.12.1953 Kino DDR/ 18.3.1954 Kino BRD **fd** 2 994

DER REGIMENTSTROTTEL (THE SAD SACK). Ein scheinbar geistig unterbelichteter Rekrut dient der Army als Testobjekt und bringt es mit seinem Aberwitz zu Heldentaten im Agentengeschäft. Militärklamotte mit grotesker Situationskomik, die Jerry Lewis als eine amerikanische Variante des »braven Soldaten Schweijk« präsentiert. Die Story ist einem in den USA bekannten Comic-Strip entlehnt. – Ab 14. ✦ Scope, schwarz-weiß. USA 1957 **P** Paramount **KI** Paramount **Pd** Hal B. Wallis **R** George Marshall **B** Edmund Beloin, Nate Monaster, nach Cartoons von George Baker **K** Loyal Griggs **M** Walter Scharf **S** Archie Marshek **D** Jerry Lewis (Bixby), David Wayne (Dolan), Phyllis Kirk (Maj. Shelton), Peter Lorre (Abdul), Joe Mantell (Wenaslawsky) **L** 97 **FSK** ab 12; nf **E** 19.9.1958 **fd** 7 348

REGINA (REGINA). Mit Altstars hochkarätig besetztes Familiendrama. Als der Sohn nach langer Abwesenheit seine alten Eltern besucht und glaubt, ihnen mit der Vorstellung seiner Verlobten eine Freude zu machen, schlägt die erwartungsvolle Stimmung um. Die Wiedersehensfeier beschwört alte Konflikte herauf. – Ab 16. ✦ Frankreich 1988 **R** Jean-Yves Prate **B** Pierre Rey **M** Lorin Maazel **D** Ava Gardner (Mama), Anthony Quinn (Papa), Ray Sharkey (Carry), Anna Karina (Regina) **L** 83 **E** 6.9.1996 Kabel 1

REGINA AMSTETTEN. Die Witwe eines Gutsbesitzers geht eine Beziehung mit einem Schweizer Arzt ein, der wenig später tödlich verunglückt. Sie verteidigt ihre späte Mutterschaft gegenüber ihren Kindern, die den Ruf der Familie in Gefahr sehen. Deutsche Kino-Melodramatik mit viel peinlichem Pathos. ✦ Schwarz-weiß. BR Deutschland 1953 **P** Roxy **KI** DFH **Pd** Luggi Waldleitner, Hans Tost **R** Kurt Neumann **B** Kurt E. Walter, frei nach der gleichnamigen Novelle von Ernst Wiechert **K** Werner Krien **M** Lothar Brühne **S** Elisabeth Kleinert-Neumann **D** Luise Ullrich, Willy Eichberger, Paul Hartmann, Harry Meyen, Fritz Mathies, Carl Raddatz **L** 90 **FSK** ab 16; f **FBW** w **E** 2.2. 1954 **fd** 3 088

REGINA BLUES. Dokumentarfilm über das Kino »Regina« in Kiel und seine wechselvolle Geschichte seit den 50er Jahren. Eine Collage aus Interviews und Erinnerungen, die auch ein Stück deutscher Kulturgeschichte darstellt. – Ab 14. ✦ Deutschland 1994 **P** Helmut Schulzeck Prod. **KI** Schulzeck, Kiel **Pd+R+B** Helmut Schulzeck **K** Peter Bartelt, Bernd Fiedler, Torben Müller, Hans-Joachim Thull, Thomas Plöger, Jürgen Haacks **M** Second Life, This Train **S** Yvonne Michalik **L** 60 **E** Januar 1995

REGINA IM REGENBOGENLAND (RAINBOW BRITE AND THE STAR STEALER). Märchen um eine gute Fee, die den Frühling bringt, zunächst aber mit einigen Verbündeten einer dunklen Prinzessin, die dabei ist, das ganze Universum zu verdüstern, das Handwerk legen muß. Im Zeichentrickstil eher dürftig und einfallslos, als Geschichte aber durchaus spannend. Für die jüngsten Zuschauer teilweise etwas zu drastisch. – Ab 8 möglich. ✦ USA 1985 **P** Warner Bros. **VA** Warner Home **Pd** Jean Chalopin, Andy Heyward, Tetsuo Katayama **R** Bernard Deyries, Kimio Yabuki **B** Howard R. Cohen, Jean Chalopin, entwickelt nach den Hallmark-Kinderpuppen **K** Takeo Kabayashi, Izumi Kasama **M** Haim Saban, Shuki Levy **S** Yutaka Chikura **L** 84 **FSK** ab 6 **E** September 1986 Video **fd** 25 954

REGINA MARIS – TRAUMFAHRT UNTER VOLLEN SEGELN. Die Fahrt eines norwegischen Segelschiffs über den Atlantik und rund um Südamerika. Amateurhafter, konzeptionsloser und wenig informativer Dokumentarfilm. ✦ BR Deutschland 1969 **P** Regina **KI** Alpha **R+B+K** Klaus P. Hanusa **M** Joachim Heider, Michael Holm **S** Petra Pelny **L** 88 **FSK** ab 6; f **E** 15.5.1970 **fd** 16 769

REGINE (1934). In Anlehnung an Gottfried Kellers Novelle wird erzählt, wie ein zur Frau eines Ingenieurs aufgestiegenes Ex-Dienstmädchen unschuldig in den Verdacht der Untreue kommt. Sentimentales Vorkriegskino, allerdings mit beachtlichen schauspielerischen Leistungen. ✦ Schwarz-weiß. Deutschland 1934 **P** Fanal **KI** Rhein-Main **R** Erich Waschneck **B** Erich Waschneck, nach Motiven einer Novelle von Gottfried Keller **K** Werner Brandes **M** Clemens Schmalstich **S** Wolfgang Bagier **D** Luise Ullrich, Adolf Wohlbrück, Olga Tschechowa, Ekkehard Arendt, Hans Junkermann **L** 90 **FSK** ab 12; f **E** 7.1.1935/22.2.1988 DFF 1 **fd** 607

REGINE (1955). Eine weitere Verfilmung der Gottfried-Keller-Novelle (siehe »Regine«, 1934): ein gepflegtes Ehe- und Gesellschaftsmelodram, gehobene Unterhaltung im Stil der 50er Jahre. ✦ Schwarz-weiß. BR Deutschland 1955 **P** NDF **KI** Europa **R** Harald Braun **B** Erika Mann, Juliane Kay, Jacob Geis, nach einer Novelle von Gottfried Keller **K** Helmuth Ashley **M** Mark Lothar **S** Hilwa von Boro **D** Johanna Matz, Erik Schumann, Horst Buchholz, Viktor Staal, Käthe Dorsch **L** 107 **FSK** ab 12; f **E** 23.2. 1956 **fd** 4 769

DER REGISSEUR. Ein 18-jähriger Fan von Horrorfilmen, der als Milieugeschädigter sozialpädagogisch betreut wurde, darf als Regisseur seinen ersten eigenen Horrorfilm realisieren, für den er als klischeeübliche Schauermär die grausamen Peinigungen und brutale Zerstörungswut eines unscheinbaren psychopathischen Mörders wählt. Die Dreharbeiten werden dokumentiert von einem anderen (Profi-)Team, das die Person des Möchtegern-Filmemachers, seine Fantasie-Bilder und die Entstehung des Machwerks beobachtet. Entstanden ist eine fragwürdige Dokumentation voller Lächerlichkeiten und geschmacklicher Entgleisungen, die sich den Vorwurf gefallen lassen muss, einen Jugendlichen mit Entwicklungsdefiziten und auch zwei Kinder für die Horror-Statisterie zu missbrauchen. ✦ BR Deutschland 1989 **P** Kick-Film **R** Fritz Poppenberg, Andreas Ossmann **B** Fritz Poppenberg **K** Fritz Poppenberg, Armin Fausten **S** Vessela Martschewski **D** Hans-Martin Stier (Georg), Regine Carstens (Tina) **L** (TV) 89 **E** 8.8. 1989 ZDF

DER REGULATOR (1967) → Engel der Hölle

DER REGULATOR (1974) → Der Tiger vom Kwai

DAS REHKITZ (1975) (FAWN STORY). Zwei Farmerskinder pflegen gegen den Willen des Vaters ein Rehkitz gesund, das dieser beim Mähen verletzte. Bald kann das liebenswerte Tier auch den Widerstand des Vaters brechen. Kindgerechte Unterhaltung. – Ab 12. ✦ USA 1975 **R** Larry Elikann **D** Kristy McNichol, Larry Poindexter **L** (TV) 60 **E** 2.9.1985 SAT 1

DAS REHKITZ (1994) (THE YEARLING). Neuverfilmung einer bereits 1947 (»Die Wildnis ruft«) adaptierten Kinder-Abenteuergeschichte: Die Erlebnisse eines Farmerjungen in den Everglades mit seinem einzigen Freund, einem zahmen Rehkitz. Weil das Tier mit seinem Heißhunger die Maisernte der armen Familie bedroht, soll es den Gnadenschuß erhalten. Gut gespielter, gefühlvoll-realistischer Abenteuerfilm. ✦ USA 1994 **P** RHI Entertainment **Pd** Ed Self **R** Rod Hardy **B** Joe Wiesenfeld, nach dem Roman von Marjorie Kinnan Rawlings **K** David Connell **M** Lee Holdridge **S** Richard Bracken **D** Peter Strauss (Ezra »Penny« Baxter), Jean Smart (Ora Baxter), Wil Horneff (Jody Baxter), Jarred Blancard (Fodderwing Forrester), Philip S. Hoffman (Black Forrester) **L** 95 (Orig. 120) **E** 7.9.1996 VOX

DAS REICH DER GEHÖRLOSEN → Im Land der Stille

DAS REICH DER SONNE (EMPIRE OF THE SUN). Die Evakuierung Shanghais und der japanisch-chinesische Krieg als Hintergrund für die dramatische Fluchtgeschichte eines zwölfjährigen Engländers im Jahr 1941. Der mit immensem Aufwand inszenierte Film imponiert vor allem in den Massenszenen; er ist darüber hinaus hervorragend gespielt von dem jungen Hauptdarsteller, dessen Perspektive er rigoros übernimmt. Damit wird er jedoch über weite Strecken zu melodramatisch und bleibt zu wenig informativ. – Ab 16. ✦ USA 1987 **P** Warner Bros./Amblin **KI** Warner Bros. **VA** Warner Home **Pd** Steven Spielberg, Kathleen Kennedy, Frank Marshall **R** Steven Spielberg **B** Tom Stoppard, nach einem Roman von J. G. Ballard **K** Allen Daviau **M** John Williams **S** Michael Kahn **D** Christian Bale (Jim), John Malkovich (Basie), Miranda Richardson (Mrs. Victor), Nigel Havers (Dr. Rawlins), Joe Pantoliano (Frank Demarest) **L** 153 **FSK** ab 12; f **FBW** w **E** 10.3.1988/10.3.1989 Video **fd** 26 701

DAS REICH DER 1000 ABENTEUER (MIRAGE). Zu Beginn des 20. Jahrhunderts sucht ein junger Fotograf nach einer schönen Frau, die ihm als Fata Morgana erschienen ist, und wird in die Kämpfe zwischen friedliebenden mongolischen Völkern und weißrussischen Rebellen verwickelt, die die Händler der Seidenstraße überfallen. Den historischen Hintergrund schnell vernachlässigender, aufwendig inszenierter Abenteuerfilm, dessen Reiz sich in stilisierten, aber äußerst drastischen Kampfszenen und Schlachten verliert. ✦ Scope. VR China 1987 **P** Golden Principle/China Film Company **VA** Ufa **R** Tsui Siu-Ming **B** Tsui Siu-Ming, Chang Hwa Bill, Tsui Tat Chor **K** Li Wen Jei, Li Yan Tang **M** Joseph Koo (= Kuo Nanhung), Kuan Nai Chung **S** Liang Yung Chang **D** Yu Yung Kang, Tsui Siu Ming, Pasa Romani, Connie Khan, Fan Dong Yu **L** 92 **FSK** ab 18 **E** Oktober 1988 Video **fd** 27 190

REICH MIR DIE HAND, MEIN LEBEN (MOZART). Letzte Liebe und letzte Tage im Leben Wolfgang Amadeus Mozarts (1756–1791). Sentimentale Unterhaltung mit biografisch fragwürdigen Episoden. Milieu und Zeithintergrund sind sorgfältig gestaltet, bleiben aber Dekoration. Der Film (Karl Hartls zweiter Mozart-Film nach »Wen die Götter lieben«, 1942) wird etwas aufgewertet durch einige gute Musikeinspielungen und die hinreißende Vorstellung, die der junge Oskar Werner in der Hauptrolle bietet. – Ab 14. ✦ Österreich 1955 **P** Cosmopol **KI** Columbia **R** Karl Hartl **B** Karl Hartl, nach einer Novelle von Fritz Habeck **K** Oskar Schnirch, Peter Hailer, Franz von Klepacki **M** Wolfgang Amadeus Mozart **S** Henny Brünsch **D** Oskar Werner, Gertrud Kückelmann, Johanna Matz, Nadja Tiller, Erich Kunz **L** 100 **FSK** ab 12; f **E** 20.12.1955 **fd** 4 646

REICH UND BERÜHMT (RICH AND FAMOUS). Die Beziehungen zweier Frauen, deren Schicksale sich über zweieinhalb Jahrzehnte an den entscheidenden Punkten ihres Lebens kreuzen. Ihre Freundschaft überdauert trotz Krisen die jeweiligen diametral entgegengesetzten Schriftstellerkarrieren und wechselnden Partnerbeziehungen. Melodram um die Illusion von Geld und Ruhm, dessen ironische Dialoge und hervorragende schauspielerische Leistungen einen guten Unterhaltungsfilm ergeben. George Cukors letzte Regiearbeit. ✦ USA 1980/81 **P** MGM-United Artists **Pd** William Allyn **R** George Cukor **B**

Gerald Ayres, nach einem Bühnenstück von John van Druten **K** Don Peterman **M** Georges Delerue **S** John F. Burnett **D** Jacqueline Bisset (Liz Hamilton), Candice Bergen (Marry Noel Blake), David Selby (Doug Blake), Hart Bochner (Chris Adams), Steven Hill (Jules Levi), Meg Ryan (Debby mit 18), Matt Lattanzi (Jim) **L** 117 **E** 7.7.1989 ARD **fd** 24 305

DAS REICH UND DIE HERRLICHKEIT (THE CLAIM). Ein Goldgräber irischer Abstammung verkauft Mitte des 19. Jahrhunderts Frau und Baby für die Schürfrechte an einem Claim und steigt zum unumschränkten Herrscher einer Siedlung in der Sierra Nevada auf. Nach 20 Jahren kehrt seine mittlerweile todkranke Frau zurück, und er heiratet sie erneut, um das Erbe der Tochter zu sichern. Als eine geplante Eisenbahnroute sein »Reich« links liegen lässt, verliert er seine Machtstellung. Eindrucksvoll fotografierte, hervorragend gespielte Tragödie um Schuld und Sühne, Liebe und Vergebung. Inszeniert als Hommage auf die Schnee- und Spätwestern der 70er-Jahre, stellt der Film auf vielschichtige Weise der Sicht des amerikanischen Pioniergeistes die Realität der multikulturellen Immigranten-Gesellschaft entgegen. (Kinotipp der katholischen Filmkritik) – Sehenswert ab 14. ✦ Scope. Großbritannien/Kanada/Frankreich 2000 **P** Revolution Films/Arets Council of England/BBC/Grosvenor Park/Pathé/DB Entertainment/Alliance Atlantis/Le Studio Canal+ **KI** Concorde **Pd** Andrew Eaton, Douglas Berquist **R** Michael Winterbottom **B** Frank Cottrell Boyce, nach dem Roman »The Mayor of Casterbridge« von Thomas Hardy **K** Alwin Kuchler **M** Michael Nyman **S** Trevor Waite **D** Peter Mullan (Daniel Dillon), Milla Jovovich (Lucia), Wes Bentley (Dalglish), Nastassja Kinski (Elena Burn), Sarah Polley (Hope Burn), Shirley Henderson (Annie), Julian Richings (Bellanger) **L** 121 **FSK** ab 12; f **E** 8.11.2001 **fd** 35 139

REICH UND GNADENLOS (NOTTE D'ESTATE CON PROFILO GRECO, OCCHI A MANDORLA ET ODORE DI BASILICO). Eine exzentrische Millionärin läßt einen Erpresser entführen und traktiert ihn nicht nur mit Geldforderungen, sondern auch mit erotischen Angeboten, während er in Ketten und mit verbundenen Augen in einem Privatgefängnis schmachtet. Schlüpfrige Polit-Komödie, die wenig glücklich mit der Verkehrung der Geschlechterrollen spielt. ✦ Italien 1986 **P** A.M.A. Film/Leone/Medusa **KI** Tobis **VA** Starlight **Pd** Gianni Minervini **R+B** Lina Wertmüller **K** Camillo Bazzoni **M** Dangio-Greco **S** Luigi Zita **D** Mariangela Melato (Fulvia), Michele Placido (Giuseppe), Roberto Herlitzka (Turi), Massimo Wertmüller (Miki) **L** 99 **FSK** ab 16; f **E** 24.9.1987/29.3.1988 Video **fd** 26 392

REICH WIRST DU NIE (YOU'LL NEVER GET RICH). Ein verheirateter Filmproduzent versucht, eine auch vom Regisseur der Show umworbene Tänzerin zu erobern, und schiebt, um seine Frau zu täuschen, seinen Freund als Sündenbock vor. Nach Kriegsbeginn treffen sich Tänzerin und Produzent in einem Ausbildungslager wieder, was zu Verwicklungen und schließlich zum Happy-End führt. Enttäuschendes Musical mit nur mäßigen Musik- und Tanzeinlagen; unterhaltsam allenfalls durch gelegentliche Situationskomik und gute Darsteller. (TV-Titel auch: »You'll Never Get Rich«, »Wer wird schon reich beim Militär?«) – Ab 12. ✦ Schwarz-weiß. USA 1941 **P** Columbia **Pd** Samuel Bischoff **R** Sidney Lanfield **B** Michael Fessier, Ernest Pagano **K** Philip Tannura **M** Cole Porter (Songs), Morris W. Stoloff (Ltg.) **S** Otto Meyer **D** Fred Astaire (Robert Curtis), Robert Benchley (Martin Cortland), John Hubbard (Tom Barton), Osa Massen (Sonya), Frieda Inescort (Mrs. Cortland), Guinn Williams (Kewpie Blain), Rita Hayworth (Sheila Winthrop) **L** 88 **E** 16.1.1974 NDR (O.m.d.U.)/16.8.1984 ZDF (Synchronfassung)

DIE REICHE BRAUT (BOGATAJA NEWESTA). Episoden um das Leben in einer sowjetischen Kollektivwirtschaft und die Liebe einer Bäuerin zu zwei charakterlich sehr gegensätzlichen Männern. – Ab 14. ✦ Schwarz-weiß. UdSSR 1937 **P** Kinostudio »Ukrain-Film« **KI** Sojusintorgkino **R** Iwan Pyrjew **B** Jewgeni Pomeschtschikow **K** W. Okulitsch **M** Isaak Dunajewski **D** Marina Ladynina (Marinka), Fjodor Kurichin (Ded Naum), Boris Besgin (Pawlo Sgara), Iwan Ljubesnow (Alexej Kowinko), Anna Dmochowskaja (Palaga Fedorowna) **L** 99 **E** 12.4.1946

REICHER MANN GESUCHT → Modern Millie

REICHSAUTOBAHN. Dokumentarfilm über Entstehung, Funktion und Mythos des in der Nazi-Zeit entstandenen größten deutschen Bauwerks: der Reichsautobahn. Dieses spektakuläre Projekt wurde 1933 begonnen, 1938 waren 3000 Kilometer fertig, danach forcierte man den Westwall- und Bunkerbau, schließlich wurden 1942 die Autobahnarbeiten ganz eingestellt. Mit Ausschnitten aus Autobahnfilmen, Originalfotografien, Gemälden, Illustrationen, Neuaufnahmen, Interviews und Gesprächen erfolgt eine kritische Betrachtung der Absichten, die die Nationalsozialisten mit dem Bau der Autobahn verfolgten. Der Film besticht durch die Fülle des und den Umgang mit dem Material. ✦ Schwarz-weiß. BR Deutschland 1984/85 **P** Big Sky Film/WDR **KI** ex picturis **R+B** Hartmut Bitomsky **K** Carlos Bustamente (Neuaufnahmen) **S** Hartmut Bitomsky **L** 92 **E** 26.6.1986 West 3

DER REICHSEINSATZ – ZWANGSARBEITER IN DEUTSCHLAND. Während der Nazi-Zeit wurden etwa acht Millionen Ausländer – Frauen und Männer, Kriegsgefangene und Zivilisten – zur Zwangsarbeit nach Deutschland gebracht und ausgebeutet. Bislang unbekanntes Archivmaterial und Gespräche mit Zeitzeugen geben Aufschluß über ein weitgehend vergessenes und verdrängtes Kapitel deutscher (Kriegs-)Geschichte. – Ab 16. ✦ Teils schwarz-weiß. Deutschland 1993 **P** Lichtfilm **SF** Freunde der Deutschen Kinemathek **Pd+R+B** Wolfgang Bergmann **K** Rali Raltschev **M** Wolfgang Hamm **S** Inge Behrens **L** 117 **FBW** bw **E** 1994 Kino

REICHSHAUPTSTADT – PRIVAT (EIN VIERTEILIGER SITTENSPIEGEL). Dokumentarische Recherche, die parallel zu dem Fernsehspiel »Reichshauptstadt – Privat« von Wolfgang Menge und Horst Königstein entstand. In diesem »Sittenspiegel« geht es um die Lebensverhältnisse während der Zeit des Nationalsozialismus – niedergelegt in privaten Dokumenten wie Tagebüchern und Briefen, erinnert von 30 Zeitzeugen in Gesprächen vor der Kamera. Materialreich, aber diskussionsbedürftig. ✦ BR Deutschland 1987 **P** NDR **R+B** Horst Königstein **K** Klaus Brix **M** Stöer Bros. **S** Dagmar Stawicki **L** 228 (4 x 57)

DER REICHSTE MANN DER WELT → Ein Leben wie ein Millionär

REICHTUM IST GESCHMACKSSACHE → Eat the Rich

REICHTUM IST KEINE SCHANDE (THE JERK). Die aberwitzige Lebensgeschichte eines liebenswürdigen, aber furchtbar naiven »tumben Toren«, der in einer schwarzen Familie aufgewachsen ist und nun in die Welt zieht, um sein Glück zu suchen. Eine Erfindung beschert ihm Reichtum und Ruhm, doch das Schicksal sorgt dafür, daß er am Ende wieder ganz unten landet. Die überdrehte Komödie von Carl Reiner karikiert den amerikanischen Karriere-Traum mit teils witzigen, teils plumpen Gags. Für Liebhaber schräger Komik. – Ab 16. ✦ USA 1979 **P** Aspen Film Society **KI** CIC **DVD** Columbia TriStar Home (FF P&S, Mono engl./dt.) **R** Carl Reiner **B** Steve Martin, Carl Gottlieb, Michael Elias **K** Victor J. Kemper **M** Jack Elliott **D** Steve Martin, Bernadette Peters, Catlin Adams, Mabel King, Richard Ward **L** 94 **FSK** ab 12; f **E** 20.6.1980/5.12.2000 DVD **fd** 22 509

REIF AUF JUNGEN BLÜTEN (FUTURES VEDETTES). Zwei junge Frauen schwärmen heftig für den Star-Tenor des Wiener Konservatoriums. Als die eine seine Geliebte wird, unternimmt die andere einen Selbstmordversuch. Beide reifen schließlich durch ihre unglückliche Liebe und werden Künstlerinnen. Trotz der detailgenauen Schilderung des Lebens an einem Konservatorium bleibt die Story reichlich dünn. Konventionelles Unterhaltungskino. ✦ Schwarz-weiß. Frankreich 1955 **P** Del Duca **KI** Pallas **R** Marc Allégret **B** Marc Allégret, Roger Vadim, nach dem Roman »Eingang zur Bühne« von Vicky Baum **K** Robert Juillard **M** Jean Wiener **D** Jean Marais, Brigitte Bardot, Isabelle Pia, Denise Noel, Mischa Auer **L** 89 **FSK** ab 16; f **E** 21.10.1955 **fd** 4 596

REIF FÜR DEN GALGEN (THE HARD MAN). Im südlichen Texas wird ein mutiger Mann benötigt. Er soll den Oberschurken der Gegend, einen landgierigen Grundbesitzer, in Schach halten. Der alte Sheriff engagiert den Sohn eines toten Verbrechers, der sich gegen alle Vorurteile bewährt. Western nach gängigem Muster. – Ab 16. ✦ USA 1957 **P** Columbia **KI** Columbia **Pd** Helen Ainsworth **R** George Sherman **B** Leo Katcher, nach seinem gleichnamigen Roman **K** Henry Freulich **M** Mischa Bakaleinikoff **S** William A. Lyon **D** Guy Madison (Steve Burden), Valerie French (Fern Martin), Lorne Greene (Rice Martin), Barry Atwater (George Dennison), Robert Burton (Sim Hacker), Rudy Bond (John Rodman), Trevor Bardette (Mitch Willis), Renata Vanni (Juanita), Myron Healey (Ray Hendry), Rickie Sorenson (Larry Thompson) **L** 79 **FSK** ab 16; nf **E** 11.4.1958 **fd** 6 897

REIFE BLÜTEN (UNTAMED YOUTH). Zwei Sexbomben lösen auf einer Baumwollranch für straffällig gewordene Jugendliche Verwirrung aus. Eine chaotische Mischung aus Pseudo-Sozialkritik, Satire und eingestreuten Rock-'n'-Roll-Nummern. ✦ Schwarz-weiß. USA 1957 **P** Warner Bros. **KI** Warner Bros. **R** Howard W. Koch **B** John C. Higgins **K** Carl Guthrie **M** Les Baxter **D** Mamie van Doren, Lori Nelson, John Russell, Lurene Tuttle, Robert Foulk **L** 79 **FSK** ab 18; nf **E** 19.7.1957 **fd** 6 015

REIFE KIRSCHEN. Das Porträt eines Baubrigadiers, der sich in Beruf und Familie entscheiden und bewähren muss. Als seine Frau bei einem Verkehrsunfall stirbt, sucht er nach einem neuen Platz im Leben. Emotional ansprechendes, wenn auch stellenweise arg pathetisches Beispiel des »sozialistischen Realismus«, interessant in der Thematik, in der Behandlung der angesprochenen Probleme jedoch oberflächlich, weil viel zu überladen. – Ab 14. ✦ Scope. DDR 1972 **P** DEFA, Gruppe »Babelsberg« **KI** Progress **Pd** Heinz Mentel **R** Horst Seemann **B** Horst Seemann, Manfred Richter **K** Helmut Bergmann **M** Klaus Hugo, Johann Sebastian Bach **S** Anneliese Hinze-Sokolow **D** Günther Simon (Helmut Kamp), Traudl Kulikowsky (Ingrid Kamp), Helga Raumer (Elfriede Kamp), Martin Trettau (Parteisekretär Tiller), Arno Wyzniewski (Dr. Beißert), Eberhard Esche (Dr. Ika), Margarita Wolodina (Swetlana Saizowa) **L** 99 **E** 28.9.1972 Kino DDR/7.10.1973 DFF 1/6.1.1994 ORB

REIFEJAHRE (BUDAPESTEN HARCOLTAK). Budapest zur Zeit der deutschen Besatzung im Zweiten Weltkrieges. Ein junger Untergrundkämpfer führt mit seiner Gruppe mehr als 50 Sabotageaktionen aus und wird damit zu einem wichtigen Glied des antifaschistischen Widerstandes in seiner Heimatstadt. ✦ Schwarz-weiß. Ungarn 1967 **P** Mafilm **R** Sándor G. Szönyi **B** Gábor Csillik, János Soproni **K** Tibor Mestyán **D** József Madaras (Brast), Ferenc Dávid Kiss (Kö), Gábor Koncz (Brief), Judit Meszléri (Erzsi), Angéla Császár (Erzsi) **L** 104 (drei Teile) **E** 26.7.1970 DFF 1

REIFENDE JUGEND (1933). Durch die Aufnahme von drei Mädchen in die Oberprima eines bisher nur für Jungen zugänglichen Gymnasiums in Stralsund geraten ein Lehrer und ein Schüler in Liebeskonflikte, die sich infolge strenger Schulgesetze erst nach dem Abitur lösen. Ein mit dem staatlichen Prädikat »Künstlerisch besonders wertvoll« ausgezeichneter Unterhaltungsfilm im Dienst der 1933 erwünschten Autoritätsbejahung. (Alternativtitel: »Reifeprüfung«) ✦ Schwarz-weiß. Deutschland 1933 **P** Carl Froelich **Pd+R** Carl Froelich **B** Robert A. Stemmle, Walter

Supper, nach dem Bühnenstück »Die Siebzehnjährigen« von Max Dreyer **K** Reimar Kuntze **M** Walter Gronostay **S** Gustav Lohse, Walter Supper **D** Heinrich George (Studiendirektor Brodersen), Peter Voß (Studienassessor Dr. Kerner), Paul Henckels (Dr. Hepp), Hertha Thiele (Abiturientin Elfriede Albing), Albert Lieven (Abiturient Knud Sengebusch) **L** 115 **E** 22.9. 1933/11.2.1977 NDR

REIFENDE JUGEND (1955). Weitere Verfilmung eines Bühnenstücks von Max Dreyer: Das erotische Dreiecksverhältnisse zwischen einem Studienrat, einer Schülerin und ihrem Klassenkameraden bringt Turbulenzen in eine Abiturklasse. Gefühlsbetontes Drama, dessen Konflikte – aus den 20er in die 50er Jahre verlagert – unglaubwürdig und antiquiert wirken. – Ab 16. ✦ Schwarz-weiß. BR Deutschland 1955 **P** Concordia **KI** Argus/Rheinischer/Hamburg **R** Ulrich Erfurth **B** Fritz Aeckerle, Gerhard Biller, nach einem Bühnenstück von Max Dreyer **K** Ekkehard Kyrath **M** Hansom Milde-Meißner **S** Liselotte Cochius **D** Mathias Wieman, Albert Lieven, Christine Keller, Maximilian Schell, Adelheid Seeck **L** 97 **FSK** ab 12; f **E** 15.9.1955 **fd** 4 361

REIFENDE MÄDCHEN (ORA NOVE, LEZIONE DI CHIMICA). Eine Schülerin, deren Vater unschuldig wegen Mordes verurteilt wurde, liebt den Lehrer, der sich – in ihr Schicksal eingeweiht – fürsorglich um sie bemüht. Drama im Mädchenpensionat, reichlich konstruiert, aber effektvoll gemacht. ✦ Schwarz-weiß. Italien 1941 **P** Manenti **KI** AKA **R** Mario Mattoli **D** Alida Valli, Andrea Checchi, Irasema Dilian, Carlo Campanini, Giuditta Rissone **L** 90 **E** 10.9.1942 **fd** 497

REIFENDER SOMMER. Die sozialistische Entwicklung auf dem Lande am Beispiel eines Landarbeiters, der im Jahre 1952 in einem mecklenburgischen Dorf eine Neubauernstelle übernimmt. Trotz größerer inhaltlicher Schwächen sehenswert wegen der Leistung des Hauptdarstellers in seiner letzten Filmrolle. Neuverfilmung des abgebrochenen DEFA-Projekts »Lied über dem Tal« (1955, Regie: Gustav von Wangenheim). – Ab 14. ✦ Schwarz-weiß. DDR 1959 **P** DEFA **Pd** Paul Ramacher **R** Horst Reinecke **B** Helmut Brandis, nach dem Roman »Das Lied über dem Tal« von August Hild **K+M** Hans Hendrik Wehding **S** Ursula Rudzki **D** Willy A. Kleinau (Erich Kattner), Gisela Uhlen (Sabine Gärtner), Christa Gottschalk (Thekla Wiesner), Otto Eduard Stübler (Heinrich Döring), Hans Klering (Fritz Büttner), Otto Krone (August Schlomach) **L** 78 **E** 8.5.1959 Kino DDR/17.8.1996 ORB

DER REIFENSCHNEIDER UND SEINE FRAU. Porträt eines Paares, das sich in einem Wohnwagen mitten in der Innenstadt Berlins eine beinahe kleinbürgerliche Idylle eingerichtet hat, dabei ständig mit Behörden und um die Sicherung des Existenzminimums zu kämpfen hat. Die Filmemacher erkunden Lebensumstände und -philosophie der beiden Außenseiter. ✦ Schwarz-weiß. BR Deutschland 1969 **P** DFFB **SF** Freunde der Deutschen Kinemathek **R** Klaus Wildenhahn **K** Roland Hehn **L** 64 **E** 1970 Kino

DIE REIFEPRÜFUNG (THE GRADUATE). Ein unselbständiger junger Mann aus gutbürgerlichem Hause wird von seinen Eltern aufs College geschickt, wo man ihn auf eine künftige Karriere als Geschäftsmann vorbereiten soll. Er nutzt die Freiheit zu ersten erotischen Abenteuern mit einer älteren Frau, aber erst als er sich in deren Tochter verliebt, überwindet er seine Schüchternheit und Lethargie. Temporeiche Gesellschaftssatire, die gleichermaßen die verkalkte Moral des amerikanischen Establishments und die Weltfremdheit der jungen Generation aufs Korn nimmt, die sich aber deutlich auf die Seite der unangepaßten Söhne und Töchter schlägt. Mit musikalischem Elan, schicken Pop-Elementen und spitzem Humor inszeniert. – Ab 16. ✦ Scope. USA 1967 **P** Nichols/Turman (für United Artists) **KI** United Artists **VA** Kinowelt Home **DVD** Kinowelt Home (16:9, 2.35:1, Mono engl./dt.) **Pd** Mike Nichols, Lawrence Turman **R** Mike Nichols **B** Calder Willingham, Buck Henry, nach einem Roman von Charles Webb **K** Robert Surtees **M** Dave Grusin, Paul Simon **S** Sam O'Steen **D** Dustin Hoffman (Benjamin Braddock), Anne Bancroft (Mrs. Robinson), Katharine Ross (Elaine Robinson), William Daniels (Mr. Braddock), Elizabeth Wilson (Mrs. Braddock) **L** 105 **FSK** ab 16; f **FBW** w **E** 6.9.1968/27.2.2001 DVD/12.2.2002 Video **fd** 15 718

REIFEPRÜFUNG →Reifende Jugend (1933)

REIFEPRÜFUNG AUF DER SCHULBANK. Ein Frauenheld springt für seinen Freund als Lehrer ein und interpretiert die Fächer Turnen und Sexualkunde vor allem als günstige Möglichkeit zu Vergnügungen privater Art. Sowohl Schülerinnen als auch Direktorin erweisen sich dabei als willfährige und gelehrige »Opfer«. Eines der dümmsten Produkte des deutschen Sexfilms – was einiges heißen will. ✦ BR Deutschland 1982 **P** Apollo **KI** Apollo/Avis **VA** VPS **R** Frank Howard (= Frank Hover) **B** Jan Apfeld **K** Günter Lemmer **M** Jack Kruppa (= Hans-Dieter Kruppa) **D** Dorle Buchner, Eleanore Metzger, Christine Krenner, Frank Williams, Günther Amann **L** 85 **FSK** ab 18; nf **E** 10.6.1982 **fd** 23 538

REIFEZEIT. Die Geschichte eines neunjährigen Jungen, den die Existenz seiner Mutter als Prostituierte in einen eintönigen und kontaktlosen Alltag zwingt, in den er sich ohne Widerspruch einfügt und behauptet. Die nüchterne, aber engagierte Schilderung einer ungelebten Kindheit wurde von dem gebürtigen Iraner Saless in einem undramatischen Stil inszeniert, der geduldige Beobachtung erfordert. ✦ Schwarz-weiß. BR Deutschland 1975 **P** Provobis **R** Sohrab Shahid Saless **B** Sohrab Shahid Saless, Helga Houzer **K** Ramin Reza Molai **D** Mike Henning, Eva Manhardt, Eva Lissa, Heinz Lieven, Charles Hans Vogt **L** 111 **FSK** ab 18; f **FBW** w **E** 15.7.1976 ZDF **fd** 19 881

REIFEZEIT IM FRÜHLING →Verwandlungsspiele des Frühlings

REIFEZEUGNIS (ATTESTAT SRELOSTI). Die Erlebnisse einer Schulklasse kurz vor ihrer Abschlußprüfung. – Ab 14. ✦ UdSSR 1954 **P** Mosfilm **KI** Progress **R** Tatjana Lukaschewitsch **B** L. Gerasskina **K** S. Schejnin **M** L. Schwarz **D** Wassili Lanowoi (Valentin Listowskij), Wasja Gratschow (Shenja Kusnezow), G. Ljapina (Vika), T. Lennikowa (Jakowlewa), Alexander Susnin (Wanja) **L** 94 **E** 7.1.1955 Kino DDR

REIGEN (REIGEN). Der Wiener Theaterregisseur Otto Schenk hat Schnitzlers Stück (vgl. die vorhergehenden Verfilmungen von 1950 und 1964) in eine frivole Boulevardposse verwandelt. Unterhaltungskino auf Schwankniveau mit »Kulturalibi«. ✦ BR Deutschland/Österreich 1973 **P** Lisa/Divina **KI** Gloria **R** Otto Schenk **B** Otto Schenk, nach dem Bühnenstück von Arthur Schnitzler **K** Wolfgang Treu **M** Francis Lai **D** Helmut Berger, Maria Schneider, Sydne Rome, Senta Berger, Helmuth Lohner **L** 122 **FSK** ab 18; f **E** 25.10.1973/24.12.1988 DFF 1 **fd** 18 555

DER REIGEN (1950) (LA RONDE). Schnitzlers Bühnenstück (1900) – skandalumwittert nicht nur bei der szenischen Uraufführung – von Ophüls zu einem morbid-zynisch-fröhlichen Film der »Untergangsstimmung« geformt. Der »Reigen« der sich treffenden und sich wieder verlassenden Partner in der Wiener Bourgeoisie um die Jahrhundertwende ist atmosphärisch dicht und überzeugend mit lächelnder Leichtigkeit und kokettem Charme inszeniert. Die Musik von Oscar Straus unterstreicht den musikalischen Charakter der Dramaturgie. Auch sprachlich und schauspielerisch ein Genuß. (Videotitel: »La Ronde«) – Sehenswert. ✦ Schwarz-weiß. Frankreich 1950 **P** Sacha Gordine Prod. **KI** Union **VA** Pioneer LDCE **Pd** Ralph Baum **R** Max Ophüls **B** Jacques Natanson, Max Ophüls, nach dem Bühnenstück von Arthur Schnitzler **K** Christian Matras **M** Oscar Straus **S** Léonide Azar **D** Adolf Wohlbrück (Erzähler), Simone Signoret (Dirne), Serge Reggiani (Soldat), Simone Simon (Zofe), Daniel Gélin (Herr), Danielle Darrieux (Dame von Welt) **L** 100 (Video 89) **FSK** ab 18; f (Vid. o. A.) **E** 21.11.1950 **fd** 986

DER REIGEN (1964) (LA RONDE). Die Neuverfilmung von Schnitzlers Skandalstück um einen »Reigen« sich treffender und wieder verlassender Paare ist zwar mit spürbarer Ironie ausgestattet, entbehrt jedoch weitgehend des atmosphärischen Reizes. Stattdessen setzt der Regisseur eher auf die Reize seiner Darstellerinnen. ✦ Scope. Frankreich/Italien 1964 **P** Paris Film/Pathé/Interopa **KI** Rank **R** Roger Vadim **B** Jean Anouilh, nach dem Bühnenstück von Arthur Schnitzler **K** Henri Decaë **M** Michel Magne **D** Jean-Claude Brialy, Jane Fonda, Anna Karina, Maurice Ronet, Catherine Spaak **L** 110 **FSK** ab 18; nf **E** 16.10.1964/26.2.1971 Kino DDR/26.12.1975 DFF 1 **fd** 13 076

REIGEN DER LIEBE (LA MORTE SAISON DES AMOURS). Die Enttäuschung und Desillusionierung zweier Ehepaare endet mit erotischen Wechselbeziehungen untereinander. Eine »Liebe zu dritt«-Variation im Stil der »Nouvelle Vague«. ✦ Schwarz-weiß. Frankreich 1960 **P** Jad **KI** Atlanta **R+B** Pierre Kast **K** Sacha Vierny **M** Georges Delerue **D** Françoise Arnoul, Daniel Gélin, Françoise Prévost, Pierre Vaneck, Michèle Verez **L** 88 **FSK** ab 18; nf **E** 14.9.1962 **fd** 11 423

REINDEER GAMES →Wild Christmas

EINE REINE FORMALITÄT (UNA PURA FORMALITA). Auf einem Polizeirevier irgendwo in den Abruzzen sitzt ein Erfolgsautor, der ohne Ausweis aufgegriffen wurde, und muß Auskünfte über seine Person geben. Der verhörende Kommissar ist Bewunderer seines Werkes, und die Situation scheint sich rasch zu klären, doch dann verwickelt er den Autor, der bedenkliche Gedächtnislücken aufweist, in Widersprüche. Ein psychologisches Drama, in dessen Mittelpunkt das Rededuell zweier radikal unterschiedlicher Menschen steht. Schauspielerisch beachtlich, leidet die kafkaesk anmutende Geschichte ausgerechnet an ihren Dialogen, die zu häufig banal und voller Gemeinplätze sind. ✦ Italien/Frankreich 1994 **P** Cecchi Gori Group/Tiger/Film Par Film/DD/Orly Films/Sidone/TF 1 Films **Pd** Mario Cecchi Gori, Vittorio Cecchi Gori **R+B** Giuseppe Tornatore **K** Blasco Giurato **M** Ennio Morricone **S** Giuseppe Tornatore **D** Gérard Depardieu (Onoff), Roman Polanski (Kommissar), Sergio Rubini (junger Polizist), Nicola Di Pinto (Kapitän), Paola Lombardi (Polizist) **L** 108 **E** 21.4.1998 ZDF

REINE GLÜCKSSACHE (PURE LUCK). Ziemlich schwaches Remake der französischen Komödie »Der Hornochse und sein Zugpferd«. Bei der Suche nach einer in Mexiko verschwundenen tolpatschigen Millionärstochter tappt ein Detektiv so lange im Dunkeln, bis er einen Trottel als Partner engagiert, der mit traumwandlerischer Sicherheit alle Mißgeschicke der Gesuchten selbst erlebt und unweigerlich ihre Spur findet. ✦ USA 1991 **P** Silver Lion **VA** CIC **Pd** Francis Werber **R** Nadia Tass **B** Herschel Weingrod **K** David Parker **M** Jonathan Sheffer **S** Billy Weber **D** Martin Short (Eugene Proctor), Danny Glover (Campanella), Sheila Kelley (Valerie), Sam Wanamaker (Highsmith), Scott Wilson (Grimes), Harry Shearer (Monosoff) **L** 92 **FSK** ab 12 **E** 24.9.1993 premiere

REINE NERVENSACHE (1988) →Scharfe Sachen

REINE NERVENSACHE (1999) (ANALYZE THIS). Ein Mafia-Boss, der mit den Nerven am Ende ist, bringt das Leben eines biederen Vorstadt-Therapeuten durcheinander, als er sich von ihm eine »Hochgeschwindigkeits-Therapie« erzwingt. Eine sehr unterhaltsame Komödie, die Klamauk weitgehend vermeidet und ihren Reiz aus dem Zusammenprall zweier unterschiedlicher Milieus und Genres bezieht. Stimmig in der Atmosphäre, getragen von hervorragenden Darstellern. DVD: Die Extras umfassen u.a. einen Audiokommentar der beiden Hauptdarsteller. – Ab 14. ✦ USA 1999 **P** Village Roadshow Pictures//NPV Entertainment/Baltimore/Spring Creek Pictures/Face/Tribeca **KI** Warner Bros. **VA** Warner

Home **DVD** Warner Home (16:9, 1.85:1, DD5.1 engl./dt.) **Pd** Paula Weinstein, Jane Rosenthal **R** Harold Ramis **B** Peter Tolan, Harold Ramis, Kenneth Lonergan **K** Stuart Dryburgh **M** Howard Shore **S** Christopher Tellefsen **D** Robert De Niro (Paul Vitti), Billy Crystal (Ben Sobol), Lisa Kudrow (Laura MacNamara), Chazz Palminteri (Primo Sindone), Joseph Viterelli (Jelly), Kyle Sabihy (Michael Sobol) **L** 103 **FSK** ab 12; f **FBW** w **E** 20.5.1999/19.11.1999 Video/ 19.11.1999 DVD **fd** 33676

DIE REINE WAHRHEIT (THE ANTAGONISTS). Was zunächst nach »Alkohol am Steuer« aussieht, entpuppt sich als Ablenkungsmanöver in einem Mordfall. Die professionellen Schachzüge im Widerstreit der Antagonisten liefern einander die attraktive Vertreterin der Anklage und der tüchtige Anwalt der listigen Mörderin. Justizdrama, offensichtlich gedacht als Pilotfilm einer Fernsehserie; ein gefällig gespieltes, gut fotografiertes justizkritisches Dialogstück, das dramaturgisch allzu kompliziert gebaut ist. – Ab 16. ✦ USA 1991 **P** Universal/MCA **VA** CIC **Pd** Todd Pinsky, William Sackheim, Daniel Pyne **R** Rob Cohen **B** Daniel Pyne **K** Roy H. Wagner **M** Michael Convertino **S** Stephen Mark, Doug Ibold **D** David Andrews (Anwalt), Lauren Holly (Staatsanwältin), Lisa Jane Persky (Angeklagte), Christopher McDonald (Bob Gardner), Matt Roth **L** 83 **FSK** ab 12 **E** 15.4.1992 Video **fd** 29618

REINEKE FUCHS. Der schlaue Reineke Fuchs setzt sich mit List und Geschick gegen die Mächtigen des Tierreiches durch, versorgt im Winter erfolgreich seine hungernde Familie und führt auf Kosten der anderen ein zufriedenes Leben. Als die Tiere am königlichen Hof gegen ihn klagen, wird er nach weiteren erfolgreichen Intrigen zum Tode verurteilt, schlägt jedoch die zur Strafexpedition aufgebrochenen Tiere in die Flucht. Er erhält einen königlichen Freibrief für künftige Streiche. Goethes Tierfabel als Vorlage für einen episodisch gereihten Zeichentrickfilm, der mit einer Vielzahl amüsanter Einfälle gut unterhält; tricktechnisch eher »von der Stange«. – Ab 6. ✦ BR Deutschland/Japan 1987–89 **P** Manfred-Durniok-Prod./Shanghai-Zeichentrickfilm-Studios **KI** Progress **Pd** Manfred Durniok **R** He Yumen, Zhuang Minjin, Manfred Durniok **B** Yao Zhongli, Bing Fu, Michael Kerwer, nach Motiven einer Tierfabel von Johann Wolfgang von Goethe **K** Tang Yichu, Herbert Schramm **M** Zheng Fang **S** Mo Puzong, Barbara Hiltmann **L** 80 **FSK** o. A.; f **E** 20.11.1991 ZDF/3.12.1992 Kino

REINGEFALLEN (LO VEDI COME SEI?). Zwei Gebirgsbauern erhalten für üble Nachrede die gerechte Strafe. Antiquierte italienische Dorfkomödie. ✦ Schwarz-weiß. Italien 1939 **P** Alfa **KI** Lloyd **R** Mario Mattoli **B** Mario Mattoli, Steno (= Stefano Vanzina) **M** Mascheroni **D** Erminio Macario, Carlo Campanini, Greta Gonda, Enzo Biliotti, Guglielmo Barnabò **L** 74 **FSK** ab 12; nf **E** 1951 **fd** 1260

REINGELEGT (FRAMED). Nach zwei Jahren Haft erliegt ein Kunstfälscher erneut seiner attraktiven Komplizin, und statt sich an ihr wegen vermeintlichen Verrats zu rächen, knobelt man gemeinsam einen neuen Coup aus. Dabei geht es um ein wertvolles Ölgemälde, das sich im Besitz eines ältlichen Unterweltbosses befindet. Eine witzige, spröde und unterkühlt inszenierte Gaunerkomödie um Schein und Sein, Original und Fälschung, Vertrauen und Mißtrauen. Das ansehnliche Spiel des Hauptdarstellers entschädigt für einige Drehbuchschwächen. – Ab 16. ✦ USA 1990 **P** HBO Pictures **VA** Warner Home **Pd** Elaine H. Sperber **R** Dean Parisot **B** Gary Rosen **K** Yuri Neyman **M** William Olvis **S** Suzanne Pettit **D** Jeff Goldblum (Wiley), Kristin Scott Thomas (Kate), Todd Graff (Pete), Michael Lerner (Elliot Shane), Abdul Salaam El Razzac (Arthur Joak) **L** 92 **FSK** ab 12 **E** 8.11.1991 Video **fd** 29490

DIE REINHEIT DES HERZENS. Die Geschichte eines Seitensprungs, der die Anfälligkeit partnerschaftlicher Gefühle schonungslos bloßlegt, ehe die Einheligkeit des »Familienlebens« durch die Ermordung des Liebhabers äußerlich wiederhergestellt wird. Ein aggressiver und vielschichtiger, mit den Mitteln des Melodrams wie der schwarzen Komödie arbeitender Film, der die Deformierung menschlicher Gefühle in der modernen Gesellschaft anprangert. ✦ BR Deutschland 1979 **P** Bavaria/Pro-ject/WDR **KI** Filmverlag der Autoren **Pd** Peter Märthesheimer **R+B** Robert van Ackeren **K** Dietrich Lohmann **M** Peer Raben **S** Hannes Nikel **D** Elisabeth Trissenaar (Lisa), Matthias Habich (Jean), Heinrich Giskes (Karl), Marie Colbin (Tochter Bini), Isolde Barth (Frau auf der Rolltreppe) **L** 104 **FSK** ab 16; f **FBW** w **E** 6.6.1980 **fd** 22508

DIE REINKARNATION DES KHENSUR RINPOCHE (THE REINCARNATION OF KHENSUR RINPOCHE). Dokumentarfilm über einen tibetanischen Jungen, der von buddhistischen Mönchen als die Reinkarnation des Lama Khensur Rinpoche verehrt und angeleitet wird. Ein naives Kino, das keine Fragen stellt, sondern ausschließlich an den Glauben appelliert. (Teils O.m.d.U.) – Ab 14. ✦ Großbritannien 1992 **P** White Crane Films/The Meridian Trust **SF** endfilm **Pd+R** Tenzing Sonam, Ritu Sarin **B** Tenzing Sonam **K** Andrew Carchrae **M** The Tibetan Institute of Performing Arts, Chaksampa **S** Paul Shepard **L** 62 (TV 50) **E** 14.11.1993 **fd** 30047

DIE REISE (1958) (THE JOURNEY). November 1956, Aufstand in Ungarn: Ausländische Flugpassagiere werden von Budapest per Omnibus zur österreichischen Grenze weiterbefördert. Mit ihnen reist ein verwundeter Freiheitskämpfer, in dessen britische Geliebte sich ein sowjetischer Offizier verliebt. Die anfangs ernstzunehmende Fluchtgeschichte versinkt damit im Edelkitsch. ✦ USA 1958 **P** Alby **KI** MGM **Pd+R** Anatole Litvak **B** George Tabori **K** Jack Hildyard **M** Georges Auric, Michel Michelet **S** Dorothy Spencer **D** Deborah Kerr (Lady Diana Ashmore), Yul Brynner (Major Surow), Robert Morley (Hugh Deverill), Jason Robards (Paul Kedes/Fleming), Anne Jackson (Mrs. Margie Rhinelander), Ron Howard (Billy Rhinelander) **L** 126 **FSK** ab 12; f **FBW** w **E** 27.3.1959 **fd** 8003

DIE REISE (1985/86) (DIE REISE). Freie Verfilmung des autobiografischen Roman-Essays von Bernward Vesper, in dem der Sohn des Nazi-Dichters Will Vesper seine autoritär-nationalsozialistische Erziehung und den dadurch bedingten Weg in die Studentenbewegung und die Terroristenszene der 60er Jahre sowie seinen späteren Absprung kritisch reflektiert. Auf drei ineinandermontierten Erzählebenen gelingt es einer handfesten und packenden Inszenierung, den Generationskonflikt plausibel zu machen und auch das Verhältnis von Schuld, Scham und nicht geleisteter Aufarbeitung von Vergangenheit zu beleuchten. Das nur diffuse Andeuten der politischen Motive und Theorien der Studentenbewegung erschwert jedoch das Verständnis des von ausgezeichneten Schauspielern getragenen Films. – Ab 16. ✦ BR Deutschland/Schweiz 1985/86 **P** Regina Ziegler/Limbo/WDR/SRG **KI** Filmverlag der Autoren **VA** VCL/Virgin **Pd** George Reinhart, Regina Ziegler **R** Markus Imhoof **B** Markus Imhoof, nach einem Roman von Bernward Vesper **K** Hans Liechti **M** Franco Ambrosetti **S** Ursula West **D** Markus Boysen (Bertram Voss), Corinna Kirchhoff (Dagmar), Claude Oliver Rudolph (Schröder), Will Quadflieg (Vater Voss), Alexander Mehner (Florian), Gero Preen (Bertram als Kind), Christa Berndl (Mutter Voss) **L** 110 **FSK** ab 16; f **FBW** bw **E** 25.9.1986/31.8.1987 Video **fd** 25820

DIE REISE (1992) (EL VIAJE). Ein junger Mann macht sich von der Südspitze Feuerlands aus auf die Suche nach seinem Vater, der vor der argentinischen Militärjunta ins Exil floh. Seine Suche führt ihn quer durch den lateinamerikanischen Subkontinent und konfrontiert ihn mit wirtschaftlich und moralisch verwahrlosten, unter vielfältigen Formen der Ausbeutung leidenden Ländern. Kein Entwicklungsroman im eigentlichen Sinne, dazu bleibt die Hauptfigur zu blaß, aber eine durch ihre Bilderfülle und surrealen Einfälle fesselnde Reise durch die Seelenlandschaft eines Kontinents, die mit melancholischem Blick dessen Verwahrlosung registriert. (Kinotip der katholischen Filmkritik; neuer Titel: »El Viaje – Die Reise«) – Sehenswert ab 16. ✦ Argentinien/Frankreich 1992 **P** Cinesur/Les Films du Sud **KI** Concorde **VA** Concorde **Pd** Envar El Kadri, Djamila Olivesi **R+B** Fernando E. Solanas **K** Felix Monti, Roberto H. Mateo **M** Egberto Gismonti, Astor Piazzolla, Fernando E. Solanas **S** Alberto Borello **D** Walter Quiroz (Martin), Dominique Sanda (Helena), Soledad Alfaro (Vidala), Ricardo Bartis (Studienaufseher), Cristina Becerra (Violeta), Marc Berman (Martins Vater), Chiquinho Brandao (Paizinho) **L** 139 **FSK** ab 12; f **FBW** bw **E** 15.4.1993/13.12.1993 Video/13.10.1994 premiere **fd** 30137

REISE AN DEN ANFANG DER WELT (VIAGEM AO PRINCIPIO DO MUNDO). Ein alternder Pionier des portugiesischen Spielfilms, ein aus Portugal stammender Schauspieler und zwei weitere Filmleute reisen im Auto von Frankreich in den Norden Portugals zu Dreharbeiten. Der Regisseur kehrt zu seinem Heimatort zurück, der aber mit seinen verklärenden Erinnerungen nur noch wenig zu tun hat, während der Schauspieler seine Heimat zum ersten Mal sieht. Eine mit autobiografischen Zügen ausgestattete Chronik zweier Leben vor authentischen, großartig fotografierten Schauplätzen in Portugal. Sehr bedächtig und mit extremer Einfacheit inszeniert, offenbart der poetisch-stille Film bewegende Rückblicke auf ein langes Leben. Ohne pädagogisch-moralischen Zeigefinger durchziehen dieses klassische Alterswerk die Wege des Schicksals, die Augenblicke der Wahrheit, subkutane Wunden, Versuche, das Geheimnis des Lebens, die Weisheit Gottes aufzuspüren, Schuld, individuelle und allgemeinmenschliche, anzusprechen und so etwas wie Sühne, Erlösung und Vergebung zu finden. Als Alter ego des Regisseurs ist Marcello Mastroianni in seiner letzten Rolle zu sehen. – Sehenswert. ✦ Portugal 1997 **P** Gemini Films **R+B** Manoel de Oliveira **K** Renato Berta **M** Emmanuel Nunes **S** Valérie Loiseleux **D** Marcello Mastroianni (Manoel), Jean-Yves Gautier (Afonso), Leonor Silveira (Judite), Diogo Doria (Duarte), Isabel de Castro (Maria Afonso) **L** 93 **E** 10.12.1998 SWR

DIE REISE AUF DEN MOND. Fernsehfassung einer Offenbach-Inszenierung der Ost-Berliner Komischen Oper. Die abenteuerlich-futuristische Geschichte einer Mondreise, frei nach Jules Verne. – Ab 12. ✦ DDR 1982 **P** DEFA **R** Georg F. Mielke **B** nach Motiven von Jules Verne **D** Rudolf Asmus, Günter Neumann, Marianna Slavova, Werner Enders **L** 129 **E** 26.2.1994 RTL 2

REISE AUS DER VERGANGENHEIT (NOW, VOYAGER). Eine von ihrer Mutter in ihrem Selbstbewußtsein immer wieder verletzte junge Frau findet durch psychiatrische Behandlung zu Selbstachtung und Lebensfreude. Auf einer Schiffsreise lernt sie einen Mann kennen, der aber nicht frei ist. Zu Hause fällt sie bald wieder in ihre alte Rolle zurück. Als die Mutter während eines Streits stirbt, ziehen neue dunkle Schicksalswolken auf. Hollywood-Melodram, das einzig wegen der großartigen darstellerischen Leistung von Bette Davis Interesse verdient. ✦ Schwarzweiß. USA 1942 **P** Warner Bros. **R** Irving Rapper **B** Casey Robinson, nach einem Roman von Olive Higgins Prouty **K** Sol Polito **M** Max Steiner **D** Bette Davis (Charlotte Vale), Claude Rains (Dr. Jaquith), Paul Henreid (Jerry D. Durrance), Gladys Cooper (Mrs. Henry Winde Vale), John Loder (Elliott Livingston) **L** 117 **E** 14.6.1978 BR

REISE DER HOFFNUNG (UMULD'A YOLCULUK / REISE DER HOFFNUNG). Zusammen mit einer Gruppe von Schicksalsgenossen versucht eine türkische Familie, illegal in die Schweiz einzureisen, um ihren Kindern eine bessere Zukunft zu sichern. Beim nächtlichen Grenzübertritt am Splügenpaß wird sie auseinandergerissen, am darauffolgenden Morgen stirbt der siebenjährige Sohn erschöpft in den Armen des Vaters. Auf einer authentischen Geschichte basierender Film, der präzise die einzelnen Stationen der Tragödie schildert und die begrenzten Möglichkeiten eines Miteinanders anspricht, wobei der Staat durch seine Gesetze das solidarische Handeln der Menschen auf ein Minimum beschränkt. (Original türkisch/italienisch/deutsch mit Untertiteln) – Sehenswert ab 16. ✦ Schweiz/BR Deutschland/Italien 1989 **P** Catpics/Condor/Antea/DEWE/Cine-Rent/SRG/RTSI/Film Four/Eurimages **KI** Concorde **SF** Matthias **VA** Concorde **Pd** Alfi Sinniger, Peter-Christian Fueter **R** Xavier Koller **B** Xavier Koller, Feride Çiçekoglu **K** Elemér Ragályi **M** Jan Garbarek, Egberto Gismonti, Terje Rypdal, Arild Andersen **S** Galip Iyitanir **D** Necmettin Cobanoglu (Hydar, der Vater), Nur Sürer (Meryem, die Mutter), Emin Sivas (Mehmet Ali), Mathias Gnädinger (Ramser), Dietmar Schönherr (Bergführer Massimo) **L** 110 **FSK** ab 12; f **FBW** bw **E** 4.4.1991/14.10.1991 Video **fd** 28 840

DIE REISE DER KINDER VON LA GUETTE. Dokumentarfilm über die Situation von 130 jüdischen Kindern, die nach der »Reichskristallnacht« 1939 aus Deutschland flohen und im Jagdschloß La Guette bei Paris, einem Anwesen der Baronin Rothschild, den Krieg überlebten, während ihre Familien deportiert und ermordet wurden. Der Film schildert in den Aussagen von Zeitzeugen und an Hand von Dokumenten das Leben im Schloß, wo die Erzieher eine Art »Kinderrepublik« errichtet hatten, um die Kinder auf das Leben vorzubereiten. – Ab 12. ✦ BR Deutschland 1990 **P** SWF **R** Andrea Morgenthaler **E** 31.7.1990 ARD

REISE DER VERDAMMTEN (VOYAGE OF THE DAMNED). Ohne zu wissen, daß ihre Visa für ungültig erklärt waren, verließen 937 Juden am 13. Mai 1939 auf einem Luxusdampfer Hamburg in Richtung Havanna. Erst Mitte Juni entschlossen sich andere Länder, die Flüchtlinge aufzunehmen. Für Goebbels war das ein berechneter Propagandaakt, mit dem er beweisen wollte, daß Juden auch in anderen Ländern unerwünscht seien. Der Film schildert die historische Schiffsreise mit den bewährten Mitteln des Starkinos. – Ab 16. ✦ USA/Großbritannien 1976 **P** Associated General **KI** Progress **Pd** Robert Fryer **R** Stuart Rosenberg **B** Steve Shagan, David Butler, nach einem Buch von Gordon Thomas und Max Morgan-Witts **K** Billy Williams **M** Lalo Schifrin **S** Tom Priestley **D** Faye Dunaway (Denise Kreisler), Max von Sydow (Schröder), Oskar Werner (Dr. Kreisler), Malcolm McDowell (Max Gunter), Orson Welles (Estedes), James Mason (Remos), Lee Grant (Lillian Rosen), Ben Gazzara (Morris Troper), Katharine Ross (Mira Hauser), José Ferrer (Benitez), Fernando Rey (Kubanischer Präsident), Maria Schell (Frau Hauser) **L** 150 **E** 11.3.1979 ZDF/29.2.1980 Kino DDR

DIE REISE DES CAPITAN FRACASSA (IL VIAGGIO DI CAPITAN FRACASSA). Eine Commedia-dell'arte-Truppe nimmt auf ihrer Reise aus dem Südfrankreich des 17. Jahrhunderts nach Paris einen jüngeren Adligen mit, der sich durch den Einfluß seiner Erlebnisse bei der Truppe vom gehemmten Ignoranten zum freien Menschen, souveränen Schauspieler und Theaterschriftsteller entwickelt. Das als Huldigung an die darstellende Kunst vital und sensibel arrangierte Spiel führt Theater und Reise als Metaphern für das gesamte Leben mit seinen Gefühlen und Erfahrungen vor, wobei nicht die soziale, sondern die moralische Stellung des einzelnen im Vordergrund steht. (Kinotip der katholischen Filmkritik) – Sehenswert ab 14. ✦ Italien/Frankreich 1990 **P** Cecchii Gori Group Tiger/Gaumont **KI** prokino **Pd** Mario Cecchi Gori, Vittorio Cecchi Gori **R** Ettore Scola **B** Ettore Scola, Furio Scarpelli, nach einem Roman von Théophile Gautier **K** Luciano Tovoli **M** Armando Trovaioli **S** Raimondo Crociani, Francesco Malvestito **D** Massimo Troisi (Pulcinella), Ornella Muti (Serafina), Vincent Perez (Baron de Sigognac), Emmanuelle Béart (Isabella), Jean-François Perrier (Matamoro) **L** 132 **FSK** ab 12; f **E** 5.9.1991/21.10.1993 premiere **fd** 29 107

REISE DES HERZENS 1. + 2. TEIL (REISE DES HERZENS). Ein gut situierter Zahnarzt, der sich von seiner Frau betrogen weiß, verfällt immer mehr der Ehe-Lethargie, bis er mit Hilfe eines Freundes und dessen Männergruppe zum Handeln befähigt wird. Als er erkennt, dass seine Ehe nicht mehr zu retten ist, verliebt er sich in eine sizilianische Kellnerin und erregt damit den Unwillen des Familienclans, der zu überaus brutalen Maßnahmen greift. Doch er ist nicht bereit, sich sein zukünftiges Glück zerstören zu lassen. Melodram um Lebenspläne, Liebe und (Männer-)Freundschaft, dessen Geschichte in allen Belangen die Handschrift ihres Autors/Regisseurs trägt, der seine eigene Erfolgsstory durch das Immergleiche immer mehr verwässert. ✦ Deutschland/Österreich 2001 **R+B** Gabriel Barylli **K** Hans Selikovsky **M** Hans Günther Wagener **D** Walter Sittler (Felix), Sabine Petzl (Maria), Gabriel Barylli (Martin), Katharina Meinecke (Clara), Peter Dörfler (Pietro) **L** 90/85 (zwei Teile) **E** 15.,16.4.2001 ZDF

DIE REISE DES LÖWEN. Ein Mann begibt sich von Jamaika aus auf die beschwerliche Reise nach London, um seine Schwester zu besuchen. Doch die Stadt ist nur eine Zwischenstation auf dem Weg nach Afrika, der Heimat seiner Vorfahren. Ein Roadmovie, das nicht nur eine Reise zu den Ursprüngen beschreibt, sondern zugleich eine Expedition in das Innere einer Persönlichkeit, die sich nur nach und nach in ihrer Vielschichtigkeit offenbart. – Ab 16. ✦ Deutschland 1992 **P** Fritz Baumann Filmprod. **SF** Eigenverleih **Pd+R+B** Fritz Baumann **K** Volker Tittel **M** Roman Bunka **S** Fritz Baumann **D** Howard A. Trott, Irey Trott, Makeba Trott, Jewel Burke **L** 87 **FBW** bw **E** 1993 Kino

DIE REISE DES VATERS (LE VOYAGE DU PERE). Ein Bauer sucht seine Tochter, die nach Lyon ging, um ein besseres Leben führen zu können. Er findet sie nicht, erfährt aber, daß sie zur Prostituierten geworden ist. Wegen der formalen Mängel der Inszenierung bleibt auch die Wirkung der beabsichtigten Sozialkritik weitgehend auf der Strecke. ✦ Frankreich/Italien 1966 **P** Copernic/Gafer/Metropolis **KI** Progress **R** Denys de la Patellière **B** Pascal Jardin, nach einem Roman von Bernard Clavel **K** Jean Tournier, André Domage **M** Georges Garvarentz **D** Fernandel, Lilli Palmer, Laurent Terzieff, Michel Auclair, Madeleine Robinson **L** 86 **E** 24.11.1967 Kino DDR

EINE REISE DURCH 40.000 JAHRE (A JOURNEY THROUGH 40.000 YEARS / LALAI DREAMTIME / FLOATING THIS TIME). Zwei zu einem Programm vereinigte australische Filme: »Lalai Dreamtime« ist ein etwas nostalgischer, schöner Traum vom verlorenen »Paradies« der australischen Ureinwohner; »Floating – this time« ist eine Bestandsaufnahme der heutigen, kulturell teilweise orientierungslosen Ureinwohner inmitten keinesfalls nur segensreicher westlicher Technik. Lehrreich als Beispiel für die Probleme ethnischer Minderheiten. (O.m.d.U.) ✦ Australien 1976 **P** Michael Edols **SF** Filmwelt **Pd+R+B+K** Michael Edols **L** 57/75 **FSK** ab 18; nf **E** 20.7.1978 **fd** 20 922

DIE REISE EINES JUNGEN KOMPONISTEN (PUTSCHESTWIE MOLODOGO KOMPOSITORA / ACHALGASRDA KOMPOSOTORIS MOGSAUTOBA). Ein junger Komponist und Musikwissenschaftler zieht 1905 aufs Land in Ostgeorgien, um Volkslieder zu sammeln und sie mit einem Phonographen aufzuzeichnen. Der naive und wirklichkeitsferne Schöngeist begegnet einer nur an der Oberfläche idyllischen Lebenssituation; nach der niedergeschlagenen Revolution herrschen Angst und Repression. Ein in politischer Blindheit aufbrausender Mann, der ihm als Wegbereiter zur Seite gestellt wurde, sieht in dem unpolitischen Komponisten eine Art Erlöser und zieht ihn damit in eine Katastrophe. Unter Bezugnahme auf spezifische georgische Erzähl- und Bildtraditionen handelt die zurückhaltende, überwiegend leise und schwermütige Geschichte von der tragischen Konfrontation von Moral und politischem Pragmatismus, Träumen und brutaler Realität, Poesie und Repression. (O.m.d.U.) – Sehenswert. ✦ UdSSR 1984/85 **P** Grusia-Film (Arbeitskollektiv 2) **KI** Freunde der Deutschen Kinemathek **R** Georgi Schengelaja **B** Erlom Achwlediani, Georgi Schengelaja, nach dem Roman »Der namenlose Wind« von Otar Tschcheidse **K** Lewan Paataschwili **M** Gustav Mahler **S** S. Matschaidse **D** Gija Peradse (Leko), Lewan Abaschidse (Nikuscha), Surab Kipschidse (Elisbar), Rusudan Kwilwidse (Thekla), Ruslan Mikaberidse (Schalwa) **L** 105 **E** 11.6.1987

DIE REISE IM BALLON (LE VOYAGE EN BALLON). Der alte Menschheitstraum vom Fliegen als poetischer Kinderfilm voll einprägsamer Bilder und Momente: Als Pascals Großvater sich seinen Wunsch erfüllt, einmal im Ballon Frankreich zu überfliegen, kommt sein Enkel als blinder Passagier mit. Auf ihrer – wunderschön fotografierten – Reise erleben sie manches Abenteuer. – Ab 6. ✦ Scope. Frankreich 1958/60 **P** Filmsonor/Montsouris **KI** DFH **R+B** Albert Lamorisse **K** Maurice Fellous, Guy Tabary **M** Jean Prodromides **S** Pierre Gillette, John Dwyre **D** André Gille, Pascal Lamorisse, Maurice Baquet **L** 81 **FSK** ab 6; f **FBW** bw **E** 27.10.1960/26.1.1962 Kino DDR/15.11.1970 ARD/18.4.76 DFF 1 **fd** 9 565

REISE IM ZORN (GNEWNO PATUWANE). Die Entwicklung eines jungen Mannes, der die Universität als Diplomingenieur für Geologie verläßt. – Ab 14. ✦ Scope. Bulgarien 1970 **P** Studio für Spielfilme **KI** Progress **R** Nikola Karabow **B** Diko Futschedshijew, nach seinem Roman **K** Boris Janakiew **M** Boris Karadimtschew **D** Jossif Syrtschadshiew (Tschawdar), Sewerina Tenewa (Julia), Dorotea Tontschewa (Wanja), Dossjo Dossew **L** 87 **E** 8.9.1972 Kino DDR/10.10.1973 DFF 1

REISE IN DEN ABGRUND (UN ANGE EN DANGER). Am 30. Dezember 1999 kreuzen sich in Paris die Wege verschiedener, meist junger Leute, die obdachlos und am Rande der bürgerlichen Gesellschaft herumirren. Nach vielen Erlebnissen begegnet ein 18-jähriger seiner großen Liebe, und zumindest der Anfang des neuen Jahrtausends ist voller Verheißungen. Ein im dokumentarischen Stil inszenierter Film, der sein raues Milieu nicht zu ästhetisieren versucht, sondern der sozialen Wirklichkeit nachspürt und Armut als Elend ohne beschönigendes Beiwerk darstellt. ✦ Frankreich 2000 **P** Arte **Pd** Philippe Missonnier **R** Nicolas Klotz **B** Elisabeth Perceval **K** Hélène Louvart **M** Brad Mehldau **S** Rosemarie Lausson **D** Cyril Troley (Victor), Gérald Thomassin (Momo), Didier Berestetsky (Blaise), Aristide Demonico (Le Double), Nouredine Barour (Karim) **L** 109 **E** 23.3.2001 arte

REISE IN DEN NORDEN (TRAVELLING NORTH). Ein alternder Ingenieur mit etwas cholerischem Temperament lädt eine langjährige Mitarbeiterin, verwitwet wie er, ein, den Lebensabend mit ihm auf einem idyllischen Stück Land im Norden Australiens zu verbringen. Beide finden, nicht ohne Schwierigkeiten, zu einer späten Liebe zusammen. Hervorragend gespielte und subtil inszenierte Studie über das von Heiterkeit und Trauer, Mut und Resignation geprägte Verhalten zweier Menschen angesichts von Alter und Tod. (DDR-Titel: »Reise nach Norden«) – Ab 16. ✦ Australien 1986 **P** View/CEL **KI** Progress **Pd** Ben Gannon **R** Carl Schultz **B** David Williamson, nach seinem Bühnenstück **K** Julian Penny **M** Alan John **S** Henry Dangar **D** Leo McKern (Frank), Julia Blake (Frances), Graham Kennedy (Freddie), Henri Szeps (Saul), Michele Fawdon (Helen) **L** 96 **E** 6.10.1989 Kino DDR/1.11.1990 BR

REISE IN DEN TOD → Im Innern des Wals

REISE IN DIE ANGST (JOURNEY INTO FEAR / BURN OUT). Zwei Geologen, die im Auftrag einer amerikanischen Firma Bohrungen in der Türkei durchführen, sehen sich unvermittelt Geheimdienstlern, dubiosen

Geschäftsleuten und Mordanschlägen ausgesetzt. Während der eine einem Sabotageakt zum Opfer fällt, kann sich der andere retten und nach Istanbul flüchten. Da er sich niemandem anvertrauen kann, wird seine Lage immer prekärer. Thriller nach einem Roman von Eric Ambler, schauspielerisch beachtlich, aber ohne die Dichte der ersten Filmadaption (»Von Agenten gejagt«, 1942), zu der Orson Welles und Joseph Cotten das Drehbuch schrieben. – Ab 16. ✦ Kanada 1976 **P** Sterling Gold Prod. **Pd** Trevor Wallace **R** Daniel Mann **B** Trevor Wallace, nach einem Roman von Eric Ambler **K** Harry Waxman **M** Alex North **S** John McSweeney jr. **D** Sam Waterston (Graham), Zero Mostel (Kopeikin), Yvette Mimieux (Josette), Scott Marlowe (Jose), Ian McShane (Banat), Joseph Wiseman (Haki), Donald Pleasence (Kuvetli), Vincent Price (Dervos) **L** 97 **E** 27.3.1986 DFF 2/15.10. 1990 Tele 5

REISE IN DIE DUNKELHEIT. Sensibles (Fernseh-) Drama um den älteren Werkstattleiter eines Stadttheaters, dem zunehmend Unachtsamkeiten unterlaufen. Als die Ärzte Alzheimer diagnostizieren, wird sein Leben und das seiner schwangeren Frau auf eine harte Probe gestellt. ✦ Deutschland 1997 **P** Aurora Television/ZDF/ARTE **R** Berthold Mittermayr **B** Detlef Michel **K** Gerhard Hierzer **M** Georg Mittermayr **S** Rebecca Runze **D** Peter Simonischek (Justus Vorbeck), Tatjana Blacher (Nina Vorbeck), Rainer Strecker (Torsten), Erica Schramm (Helga Vorbeck), Ulrich Matschoss (Carsten Lenhardt) **L** 90 **E** 30.7.1999 arte

REISE IN DIE FINSTERNIS (1985) (ROSSO). Ein sizilianischer Killer in Mafia-Diensten wird nach Finnland geschickt, um seine ehemalige Freundin zu liquidieren. Zusammen mit ihrem Bruder begibt er sich auf die Suche nach der Frau, die er immer noch liebt. Im Verlauf der Reise in den hohen Norden freunden sich die beiden Männer an, ohne ein Wort des anderen zu verstehen. Kühles, in unfreundlicher finnischer Frühlingslandschaft spielendes »Roadmovie«, das über konsequente Zweisprachigkeit die Isolation des Protagonisten in einem fremden Land deutlich macht. (Altern. TV-Titel: »Rosso – Eine Reise in die Finsternis«) ✦ Finnland 1985 **P** Villealfa **Pd+R** Mika Kaurismäki **B** Mika Kaurismäki, Kari Väänänen, Aki Kaurismäki **K** Timo Salminen, Heikki Ortamo **M** Marco Cucinatta **S** Raija Talvio **D** Kari Väänänen (Rosso), Martti Syrjä (Martti), Leena Harjupatana (Maria), Mirja Oksanen (Mädchen) **L** 73 **E** 3.6.1993 ZDF

REISE IN DIE FINSTERNIS (1991) (JOURNEY INTO DARKNESS / THE BRUCE CURTIS STORY). Gerichtsdrama nach einer wahren Begebenheit: 1982 tötet ein Schüler zusammen mit einem Freund seinen Stiefvater und seine Mutter. Bei der Verhandlung werden beide medienwirksam zu Killern stilisiert, während das vorangegangene Familiendrama in den Hintergrund tritt. ✦ Kanada 1991 **R** Graeme Campbell **D** Simon Reynolds (Bruce Curtis), Jaimz Woolvett (Scott Franz), Bruce Boa (Al Podgis), Dawn Greenhalgh (Rosemary Podgis), Kenneth Welsh (Schottland) **L** 89 **E** 11.6.1997 ZDF

REISE IN DIE GROSSE TARTAREI (VOYAGE EN GRANDE TARTARIE). Der Tod seiner Frau durch einen Amokschützen wird zum Wendepunkt im Leben des 33jährigen Alexis. Auf seiner ziellosen Wanderschaft erschließt sich ihm die Welt als brutale Seelenlandschaft und Zivilisationsgroteske, aber auch als Ort menschlicher Begegnungen und Zuwendung. Der Film liefert eine phantasievolle Infragestellung der sogenannten »Wirklichkeit«, wobei er formale Mängel geschickt überspielt. Regiedebüt des vormaligen Filmkritikers und Drehbuchautors Tacchella (geboren 1925). ✦ Frankreich 1973 **P** MK 2/V.M./O.R.T.F. **KI** NEF **R+B** Jean-Charles Tacchella **K** André du Breuil **M** Gérard Anfosso **D** Jean-Luc Bideau, Micheline Lanctôt, Lou Castel, Catherine Verlor, Catherine Laborde **L** 100 **E** 2.11.1984 ZDF **fd** 20 945

REISE IN DIE KÄLTE →Kalte Reise

REISE IN DIE NACHT. Drama nach einem authentischen Fall. Eine Mutter und ihre erwachsene Tochter wollen einen gemeinsamen Urlaub auf Zypern verbringen, um ihr unterkühltes Verhältnis zu verbessern. Eines Nachts wird die Tochter im gemeinsamen Zelt vergewaltigt. Als sie in ein Dorf flüchten und der Täter tot aufgefunden wird, glaubt man dort nicht an Notwehr. Beide werden wegen Mordes verurteilt und kommen in eine gemeinsame Zelle. ✦ Deutschland 1998 **P** Eikon Filmproduktion/ZDF/ZDF Enterprises/Hearst Entertainment/Arte **Pd** Wolfgang Tumler **R** Matti Geschonneck **B** Susan Cuscuna, Wolfgang Tumler **K** Rudolf Blahacek **M** Hans Peter Ströer **S** Heidi Handorf **D** Ulrike Kriener (Irene), Julia Brendler (Lili), Renan Demirkan (Anwältin), Tayfun Bademsoy (Ercan), Emine Sevgi Özdamar (Frau Aziz) **L** 87 **E** 28.8.1998 arte

EINE REISE IN DIE SOWJETUNION. Im Sommer 1934 findet in Moskau der erste »Allunionskongreß der Sowjetschriftsteller« statt. Auf Einladung der Sowjet-Regierung kommen Schriftsteller aus ganz Europa in die Stadt, beseelt von der Hoffnung, daß die Sowjetunion der einzig wahrhaft antifaschistische Staat Europas ist. Viele ihrer literarischen Erzeugnisse dokumentieren diese Hoffnung. Der Dokumentarfilm greift die fatale Fehleinschätzung auf und untersucht, wieso viele europäische Intellektuelle für die sowjetische Propaganda benutzt werden konnten. ✦ Teils schwarz-weiß. Deutschland 1996 **R** Martin Kreutzberg, Beate Schönfeldt **L** 60 **E** 12.2.1997 mdr

REISE IN DIE UNENDLICHKEIT →Le Passage – Reise in die Unendlichkeit

REISE IN DIE URWELT →Reise in die Urzeit

REISE IN DIE URZEIT (CESTA DO PRAVEKU). Vier wißbegierige Jungen fahren während einer Floßfahrt den Strom der Zeit zurück und geraten ins vorgeschichtliche Erdzeitalter. Dort können sie Flora und Fauna dieser untergegangenen Epoche in Augenschein nehmen. Tricktechnisch interessante Produktion, die ihr pädagogisches Anliegen mit einer originellen und spannenden Spielhandlung verbindet. (Westdeutscher Titel auch: »Reise in die Urwelt«) – Ab 10 möglich. ✦ CSR 1955 **P** Tschechoslowakischer Staatsfilm **KI** Studio **R** Karel Zeman **B** Karel Zeman, J. A. Novotny **K** Václav Pazderník, Antonín Horák **M** E. F. Burian **D** Vladimir Bejval, Petr Herman, Zdenek Hustak, Josef Lukas **L** 86 **FSK** ab 6; f **FBW** w **E** 11.12.1955 Kino DDR/23.2.1979 DFF 1 **fd** 5 790

REISE IN DIE VERGANGENHEIT. Eine Mutter reist nach 20 Jahren ihren ersten drei Verehrern nach, um ihrer Tochter zu zeigen, wie man sich in seinen ersten Gefühlen täuschen kann. Beide finden auf diese Weise einen Partner. Gut gespielter Episodenfilm mit einigen Längen; Remake des Duvivier-Films »Spiel der Erinnerung« (1937). Duvivier selbst hat den Stoff 1941 in den USA noch einmal verfilmt (»Ein Frauenherz vergißt nie«). ✦ Schwarz-weiß. Deutschland 1943 **P** Bavaria **KI** Astor **R** Hans H. Zerlett **B** Gerta Ital, in Anlehnung an ein Drehbuch von Julien Duvivier **K** Bruno Stephan **M** Bernhard Eichhorn **D** Olga Tschechowa, Margot Hielscher, Ferdinand Marian, Hilde Hildebrand, Will Dohm **L** 84 **E** 5.11.1943/13.1.1964 DFF 1 **fd** 1 437

REISE IN DIE ZÄRTLICHKEIT (LE VOYAGE EN DOUCE). Zwei verheiratete Frauen, Freundinnen seit ihrer Kindheit, erinnern sich während einer Fahrt durch die Provence an gemeinsame Träume und Hoffnungen und ziehen eine Bilanz ihres Lebens. Formal ambitioniert, mit zwei hervorragenden Hauptdarstellerinnen, erzählt der Film seine Geschichte feinfühlig und mit Charme, bleibt in der Auseinandersetzung mit den angeschnittenen Themen jedoch oftmals oberflächlich. ✦ Frankreich 1979 **P** Prospectacle/Gaumont/Elefilm **R+B** Michel Deville **K** Claude Lecomte **M** Quentin Damamme, Johannes Brahms, Ludwig van Beethoven **S** Raymonde Guyot **D** Dominique Sanda, Geraldine Chaplin, Valérie Masterson, Jacques Zabor, Françoise Morhange **L** 98 **E** 20.12.1984 ZDF

REISE IN DIE ZEITLOSIGKEIT (BRIDGE OF TIME). Eine Entwicklungshelferin, ein Kriegsberichterstatter und ein Großgrundbesitzer, der im Krieg alles verloren hat, werden aus der Krisenregion eines vom Bürgerkrieg erschütterten ostafrikanischen Landes ausgeflogen. Doch das Flugzeug wird entführt und muss notlanden, wodurch die drei in eine mystische Zauberstadt geraten, in der sich neben unermesslichen Reichtümern alle großen philosophischen und literarischen Werke versammelt finden und deren Bewohner Heilkräfte gegen das Altern gefunden haben. (Fernseh-)Drama an der Schwelle zum Mystizismus, in dem Lebensutopien und Daseinsskepsis im Angesicht von Krieg und Tod miteinander ringen. ✦ USA 1997 **P** EMI Entertainment **Pd** Njeri Karago **R** Jorge Montesi **B** Christopher Canaan, Drew Hunter **K** David Geddes **M** Irwin Fisch **S** Ron Wisman **D** Susan Dey (Madeline Armstrong), Nigel Havers (Halek), Josette Simon (Fatima), Robert Whitehead (Maxwell Spring), Cotter Smith (Robert), Cicely Tyson (Guardian), Todd Jensen (William) **L** 102 (TV 92) **E** 6.1.1999 premiere

REISE IN EIN BESSERES LEBEN (MISPLACED). Ein 17jährige Pole verläßt kurz vor der Verhängung des Kriegsrechts im Jahr 1981 gemeinsam mit seiner Mutter sein Heimatland, um in die USA zu seiner Großmutter und seiner Tante zu ziehen. Während der Vater, ein Solidarnosc-Aktivist, zurückbleibt, beginnt für den jungen Mann eine konfliktreiche Zeit der Orientierung. Halbdokumentarischer Erstlingsfilm über Anpassungsschwierigkeiten zeitgenössischer europäischer Immigranten in den USA. ✦ USA 1989 **R** Louis Yansen **D** John Cameron Mitchell (Jacek Nowak), Viveca Lindfors (Zofia), Elzbieta Czyzewska (Halina Nowak), Drew Snyder (Bill), Deidre O'Connell (Ela), John Christopher Jones (David) **L** 91 **E** 14.6.1996 ZDF

REISE IN EINE ANDERE ZEIT (SPLIT INFINITY). Familienfilm. Nach einem Sturz vom Heuboden findet sich ein 14jähriges Mädchen plötzlich im Jahr 1929 wieder, als der Großvater auf Grund der wirtschaftlichen Depression seine Farm verlor. Als dessen kleine Schwester lernt es nun einiges über sein fehlendes Mitgefühl für die Mitmenschen. – Ab 12. ✦ USA 1992 **R** Stan Ferguson **B** Leo D. Paur **D** Melora Slover (»AJ« Knowlton), Trevor Black (Frank), Barta Heiner (Ruth), Sean Neves (James), Marcia Dangerfield (Mary Ellen) **L** 86 **E** 1.11.1995 RTL 2

REISE IN ITALIEN →Liebe ist stärker

REISE INS EHEBETT. Ein Kapitän versucht, seinen flatterhaften Bootsmann zu zähmen, sprich: an die geeignete Frau fürs Leben zu bringen. Dazu lädt er eine reizende Journalistin an Bord. Aber plötzlich taucht auch noch eine blinde Passagierin auf. Als die Frauen merken, was gespielt wird, verbünden sie sich gegen die Männer. Dramaturgisch schwache Musikkomödie mit dem DDR-Schlagerstar Frank Schöbel in seiner ersten Filmrolle. ✦ Scope. DDR 1966 **P** DEFA, Gruppe »Johannisthal« **KI** Progress **VA** Icestorm **Pd** Horst Dau **R** Joachim Hasler **B** Maurycy Janowski, Joachim Hasler, Claus Hammel **K** Joachim Hasler, Hans-Jürgen Reinecke **M** Gerd Natschinski **S** Hildegard Tegener **D** Eva-Maria Hagen (Marylou), Anna Prucnal (Eva), Claus Jurichs (Bootsmann), Frank Schöbel (Moses), Günther Simon (Kapitän), Werner Lierck (Obermeier) **L** 95 (TV 85) **FSK** o. A. (Video) **E** 8.4.1966 Kino DDR/8.12.1967 DFF 1/10.7.1993 ORB/2000 Video

EINE REISE INS GLÜCK. Eine verschuldete Gasthausbesitzerin vom Rhein erbt ein Weingut in Italien. Erbschafts-, Gauner- und Liebesgeschichte, die mit albernem Klamauk und italienischen Landschaftsbildern gespickt ist. – Ab 12 möglich. ✦ BR Deutschland 1958 **P** Hübler-Kahla **KI** NF **R** Wolfgang Schleif **B** J.A. Hübler-Kahla, Franz Gribitz **K** Willi Sohm **M** Horst Dempwolff **S** Hermann Ludwig **D** Rudolf Prack (Carlo Brandolini), Waltraut Haas (Renate), Teddy Reno (Riccardo), Oskar Sima (Romeo Brandolini), Paul Westermeier (Gastwirt Eberwein) **L** 94 **FSK** ab 6; nf **E** 25.12.1958 **fd** 7 717

REISE INS GRAUEN (TWISTED NIGHTMARE). Ein angeblich vor zwei Jahren ums Leben gekommener Oberschüler tötet auf bestialische Weise seine auf eine zum Feriencamp umgebaute Farm zurückgekehrten Mitschüler. Der zu einem grunzenden Ungeheuer mutierte junge Mann kann schließlich gemeinsam mit seiner teuflischen Schwester verbrannt werden. In Anlehnung an die Serie »Freitag, der 13.« inszenierter Horrorschocker, der sein Vorbild in blutrünstig-widerlichen Spezialeffekten und spekulativem Sex weit übertrifft. – Wir raten ab. ✦ USA 1984 **P** United Filmmakers **VA** RCA/Columbia **Pd** Sandy Horowitz **R** Paul Hunt, Charles Philip Moore **B** Paul Hunt **K** Paul Hunt, Gary Graver **M** Bruce Wallenstein **S** Allen Persselin **D** Rhonda Gray (Laura), Cleve Hall, Robert Padilla (Kane), Brad Bartrum, Scott King **L** 91 **FSK** ab 18 **E** 10.5.1988 Video **fd** 26 975

REISE INS HERZ DER FINSTERNIS →Hölle am Amazonas

DIE REISE INS ICH (INNERSPACE). Der um ein Vielfaches verkleinerte Testpilot einer geheimen Versuchsreihe gelangt durch widrige Umstände in den Körper eines gestreßten Verkäufers. Dieser muß sich nicht nur mit dem ungebetenen Gast, sondern auch einer Gangsterclique herumschlagen, die in den Besitz eines Mikrochips kommen will, der sich ebenfalls in seinem Körper befindet. Temporeich inszeniertes, komödiantisches Science-Fiction-Märchen mit parodistischen Elementen, das eine Vielzahl von Filmzitaten aneinanderreiht. Seinen Witz erzielt es in erster Linie durch die Beschreibung der ungewöhnlichen »Männerfreundschaft«. – Ab 16. ✦ USA 1987 **P** Amblin **Kl** Warner **SF** atlas **VA** Warner Home **Pd** Michael Finnell, Chip Proser **R** Joe Dante **B** Jeffrey Boam, Chip Proser **K** Andrew Laszlo **M** Jerry Goldsmith **S** Kent Beyda, Michael S. Moore **D** Dennis Quaid (Tuck Pendleton), Martin Short (Jack Putter), Meg Ryan (Lydia Maxwell), Kevin McCarthy (Victor), Fiona Lewis (Dr. Margaret Canker), Vernon Wells (Igoe), Robert Picardo (Cowboy), Wendy Schaal (Wendy), Dick Miller (Taxifahrer), Henry Gibson, Harold Sylvester **L** 120 **FSK** ab 12; f **FBW** w **E** 10.12. 1987/16.6.1988 Video/5.1.1990 Kino DDR **fd** 26 490

REISE INS JENSEITS – DIE WELT DES ÜBERNATÜRLICHEN. Mit wissenschaftlichem Anspruch auftretende Dokumentation über parapsychologische und okkulte Phänomene, Wunderheilungen und Exorzismen. Die sensationsbeflissene Mixtur wird begleitet von einem Kommentar im Illustriertenstil, der die filmische Darstellung als Beweis für die Unleugbarkeit solcher Phänomene hinstellt. ✦ BR Deutschland 1974/75 **P** Neue Tele-Contact **Kl** Cinerama **R+B** Rolf Olsen **K** Franz X. Lederle **M** Sonoton **L** 116 **FSK** ab 16; f **E** 14.11.1975 **fd** 19 590

DIE REISE INS LABYRINTH ... UND ALLES WIRD MÖGLICH (LABYRINTH). Die 15jährige Sarah versucht, ihr einjähriges Brüderchen zu retten, das durch ihre Verwünschungen in die Hände von Kobolden geriet. Sie muß ein Labyrinth überwinden, zahlreiche Abenteuer überstehen und sich selbst läutern, um ihr Ziel zu erreichen. Teils fantasie- und humorvolle, teils schleppende Mischung aus Puppentrick- und Realfilm; das Interesse wird hauptsächlich durch die skurrilen Puppen und deren mitunter rüde Streiche wachgehalten. DVD: Die Extras umfassen u. a. die erhellende 60-minütige Dokumentation zum Film (»Im Labyrinth«). – Ab 14 möglich. ✦ Scope. Großbritannien/USA 1985 **P** Henson Associates/ Lucasfilm **Kl** Warner-Columbia **SF** atlas **VA** Embassy **DVD** Columbia TriStar Home (16:9, 2.35:1, DS engl./dt.) **Pd** Eric Rattray **R** Jim Henson **B** Terry Jones **K** Alex Thomson **M** Trevor Jones, David Bowie **S** John Grover **D** Jennifer Connelly (Sarah), David Bowie (Jareth), Toby Froud (Toby), Shelley Thompson (Stiefmutter), Christopher Malcolm (Vater) **L** 101 **FSK** ab 12; f **E** 11.12.1986/September 1987 Video/ 6.3.1992 premiere/1.12.1999 DVD **fd** 25 942

EINE REISE INS LICHT – DESPAIR (DESPAIR). Ende der 20er Jahre: Ein russischer Emigrant, der als Schokoladenfabrikant in Berlin lebt, ermordet einen Landstreicher, um sich eine andere Identität zu verschaffen, wird aber nach seiner Flucht in der Schweiz verhaftet. R. W. Fassbinder schildert mit einem kühlen Raffinement, das beinahe an Sterilität grenzt, am Beispiel eines langsam dem Wahnsinn anheimfallenden Mannes den schleichenden Identitätsverlust und Sittenverfall einer ganzen Gesellschaftsschicht. Die Nabokov-Verfilmung war die erste internationale Großproduktion des deutschen Filmemachers. Brillant in der Hauptrolle: Dirk Bogarde. ✦ BR Deutschland/Frankreich 1977 **P** NF Geria II/WDR/S.F.P. **Kl** Filmverlag der Autoren **R** Rainer Werner Fassbinder **B** Tom Stoppard, nach einem Roman von Vladimir Nabokov **K** Michael Ballhaus **M** Peer Raben **S** Juliane Lorenz, Franz Walsch (= Rainer Werner Fassbinder) **D** Dirk Bogarde (Hermann Hermann), Andréa Ferréol (Lydia), Volker Spengler (Ardalion), Klaus Löwitsch (Felix), Alexander Allerson (Mayer), Hark Bohm (Doktor), Bernhard Wicki (Orlovius), Peter Kern (Müller), Gottfried John (Perebrodov), Adrian Hoven (Inspektor Schelling), Roger Fritz (Inspektor Braun), Y Sa Lo (Elsie), Liselotte Eder (Sekretärin), Armin Meier (Vorarbeiter), Gitty Djamal (Frau in Pension), Ingrid Caven (Hotelangestellte) **L** 119 **FSK** ab 12; f **FBW** bw **E** 19.5.1978/30.8.1981 ARD **fd** 20 813

REISE INS PARADIES (PUTESCHESTWIJE W RAJ). Ende des 19. Jahrhunderts kehrt ein einstmals gedemütigtes junges Mädchen als wohlhabende, verwitwete Frau in ihr kleines Dorf zurück, um Rache für die Schmähungen zu nehmen. Mit ihrer besitzergreifenden und rücksichtslosen Liebe zu einem jungen verheirateten Fischer wird sie an dessen Tod schuldig. – Ab 16. ✦ Scope. UdSSR 1981 **P** Lituwa-Film **Kl** Progress **R** Arunas Shebrunas **B** Saulus Schaltjanis, nach dem Roman »Die Reise nach Tilsit« von Hermann Sudermann **K** Ionas Grizjus **M** Lainis Wilkontschus **D** Algis Latenis (Ansas), Romanta Krilawisjute (Indre), Egle Gabrenaite (Marta), Juris Strenga (Pastor), Witautas Paukschte (Jakschaitis) **L** 73 **E** 10.12.1982 Kino DDR/22.5.1983 DFF 2

REISE INS REICH DER LÜSTE (LA SEPTIEME PORTE). Der Titel des Films ist Programm, diesmal allerdings im Cyber-Look, da sich zwei Programm-Entwickler in Sachen Sex sehr nahe kommen. Das übliche Softsex-Programm mit geringfügigen Abweichungen. ✦ Frankreich 2000 **R** Sylvain Lambert **B** Béatrice Chevreau **D** Lou Berger (Salomé), Antoni Saint-Aubin (Cyril), Benoît Clerc (Eric), Jade (Béatrice) **L** 90 **E** 29.9.2001 Vox

DIE REISE INS UNGEWISSE (NO HIGHWAY IN THE SKY). Ein als Sonderling geltender Wissenschaftler warnt ohne Erfolg vor einer drohenden Flugzeugkatastrophe durch Materialermüdung. Psychologisch meisterhaft, glänzend gespielt, spannend und voller Humor: bestes amerikanisches Erzählkino. ✦ Schwarz-weiß. USA 1951 **P** 20th Century Fox **Kl** Centfox **Pd** Louis D. Lighton **R** Henry Koster **B** R. C. Sherriff, Oscar Millard, Alec Coppel, nach einem Roman von Nevil Shute **K** Georges Périnal **S** Manuel del Campo **D** James Stewart (Theodore Honey), Marlene Dietrich (Monica Teasdale), Glynis Johns (Marjorie Corder), Jack Hawkins (Dennis Scott), Janette Scott (Elspeth Honey), Ronald Squire (Sir John) **L** 89 **FSK** ab 12; f **E** 11.3.1952/9.9.1972 ARD **fd** 1 609

REISE INS VERDERBEN (INNER SANCTUM). Während einer Zugfahrt bekommt eine junge Frau von einem Mitreisenden eine furchterregende Mordgeschichte erzählt. Plötzlich nimmt die Wirklichkeit Züge der Fiktion an. Billig produzierter und inszenierter Thriller, der als späte Fortsetzung einer Reihe belangloser Gruselfilme entstand. Der Titel entstammt einer Radio-Show mit »Mystery Stories«, die erst in letzte Sekunde eine Auflösung parat hielten. In den ersten fünf Filmen gelangte Lon Chaney jr. zu einem gewissen Ruhm. – Ab 16. ✦ Schwarz-weiß. USA 1948 **P** Film Classics **R** Lew Landers **B** Jerome Todd Gollard **K** Al Ziegler **M** Emil Newman **D** Charles Russell, Mary Beth Hughes, Lee Patrick, Nana Bryant, Billy House **L** 65 **E** 24.4.1991 Tele 5

REISE INS ZENTRUM DER ZEIT (JOURNEY TO THE CENTER OF TIME). Durch einen Maschinenfehler werden Zeitreisende ins Jahr 6968 verschlagen und finden sich auf einer von Atomkriegen verwüsteten Erde wieder. Auch bei der Rückkehr stellt sich eine Panne ein, so daß die Reisenden in grauer Vorzeit landen und sich Saurierangriffen erwehren müssen. Nur mühsam gelingt die Rückreise in die Gegenwart. Billig produzierter Science-Fiction-Film nach einem haarsträubenden Drehbuch. – Ab 14. ✦ USA 1967 **P** Borealis Enterprises-Dorad/American General/Western International **Pd** David L. Hewitt, Ray Dom **R** David L. Hewitt **B** David Prentiss **K** Robert Caramico **S** William Wellburn **D** Scott Brady (Stanton), Anthony Eisley (Mark Manning), Gigi Perreau (Karen White), Abraham Sofaer (Dr. von Steiner), Austin Green (Denning), Poupee Gamin (Vina), Tracy Olsen (Susan), Andy Davis (Dave), Lyle Waggoner **L** 82 **E** 29.1. 1994 PRO 7

REISE MIT ANITA (VIAGGIO CON ANITA / VOYAGE AVEC ANITA). Was sich ein gewissenloser verheirateter Spießer als galantes Abenteuer mit einer attraktiven amerikanischen Studentin denkt, entwickelt sich immer mehr zu einer von Lügen zusammengehaltenen Farce, die bei der Beerdigung seines Vaters in einem familiären Desaster endet. Ein leidlich unterhaltsamer, jedoch allzu oberflächlicher Versuch einer moralkritischen Komödie, die, da ihr Stil nicht überzeugt, weitgehend im Klamaukhaften steckenbleibt. ✦ Italien/Frankreich 1978 **P** P.E.A./Artistes Associés **Pd** Alberto Grimaldi **R** Mario Monicelli **B** Tullio Pinelli, Leo Benvenuti, Piero de Bernardi, Mario Monicelli, P. Zimmerman **K** Tonino Delli Colli **M** Ennio Morricone **S** Ruggero Mastroianni **D** Goldie Hawn (Anita), Giancarlo Giannini (Guido), Claudine Auger (Elisa), Aurore Clément (Cora), Laura Betti (Telefonistin), Andréa Ferréol (Noemi) **L** 100 (Orig. 117) **E** 16.12.1984 ZDF

EINE REISE MIT DER LIEBE UND DEM TOD (A WALK WITH LOVE AND DEATH). Die Wanderung zweier Liebender durch die Wirren des mittelalterlichen Frankreich endet im Tod. Ein atmosphärisch dichter Bilderbogen der Grausamkeiten und Mißstände einer vergangenen Zeit, durchdrungen von romantisch-schwermütiger Resignation. Hollywood-Altmeister John Huston variiert sein altes Thema vom würdevollen Untergang des Individualisten. Das Mädchen wird dargestellt von Hustons Tochter Anjelica, die sich später, ebenfalls unter der Regie ihres Vaters, in »Die Ehre der Prizzis« einen »Oscar« erspielte. ✦ USA 1969 **P** 20th Century Fox **Pd** Carter DeHaven **R** John Huston **B** Dale Wasserman, nach einem Roman von Hans Koningsberger **K** Ted Scaife **M** Georges Delerue **S** Russell Lloyd **D** Anjelica Huston, Assaf Dayan, Anthony Corlan, John Huston, Joseph O'Conor **L** 85 **E** 9.2.1976 ZDF **fd** 19 644

REISE MIT GEPÄCK (PUTESCHESTWENNIK S BAGASHOM). Ein Junge vermißt sehr seinen Vater, der getrennt von der Mutter lebt. Voller Sehnsucht, Hoffnung und Bereitschaft begibt er sich auf die Suche. Er findet ihn, aber die Begegnung verläuft so enttäuschend, daß er sich äußerlich und wohl auch innerlich von ihm trennt. Psychologisch einfühlsames Drama über den schmerzlichen Abschied von Kindheitsträumen. – Ab 14. ✦ Scope, schwarz-weiß. UdSSR 1965 **P** Gorki-Studio **Kl** Progress **R** Ilja Fres **B** Wladimir Shelesnikow, Ilja Fres **K** Michail Kirillow **M** Nikolai Jakowlew **D** Wolodja Kostin (Sjewka), Ljudmila Chitjajewa (Mutter), Wladimir Semljanikin (Vater), Michail Pugowkin (Chauffeur), Viktor Awdjuschko (Direktor) **L** 85 **E** 7.10.1966 Kino DDR/ 16.6.1968 DFF 1

REISE MIT HINDERNISSEN (WERNYJE DRUSJA). Ein Arzt, ein Architekt und ein Pferdezüchter erfüllen den Schwur ihrer Kindheit: Sie unternehmen eine Floßfahrt auf einem großen Strom. Preisgekrönte, sehr unterhaltsame Komödie. – Ab 14. ✦ UdSSR

1954 **P** Mosfilm **KI** Progress **R** Michail Kalatosow **B** Alexander Galitsch, Konstantin Issajew **K** Mark Magidson **M** Tichon Chrennikow **S** W. Golikow **D** Wassili Merkurjew (Nestratow), Boris Tschirkow (Tschishow), Alexander Borissow (Lapin), Alexej Gribow (Nechoda), Lilija Grizenko (Natalja Sergejewna) **L** 102 **E** 19.11.1954 Kino DDR/26.3.1973 DFF 2

REISE MIT JAKOB (UTAZAS JAKABBAL). Die sensibel erzählte Geschichte zweier ungarischer Feuerlöscher-Inspekteure, die über ihr fantastisch-abenteuerliches Vagabundenleben letztlich zu sich selbst finden. Ein ausgelassenes Schelmenstück, das jedoch immer den Bezug zur Realität wahrt. ✦ Ungarn 1972 **P** Hungaro **KI** Progress **R** Pál Gábor **B** István Császár, Pál Gábor **K** János Kende **M** János Gonda **D** Péter Huszti (István), Ion Bog (Jakob), Györgyi Andai (Emese), Erika Bodnár (Eszeter), Eva Szabó, Mariann Moór (Juli) **L** 85 **E** 31.5.1974 Kino DDR/16.12.1974 ARD **fd** 19104

EINE REISE MIT THICH NHAT HANH →Schritte der Achtsamkeit

EINE REISE NACH ARIZONA (THE FALL GUY). Pilotfilm der auch hierzulande gezeigten Fernsehserie »Ein Colt für alle Fälle«: Die Untersuchungsrichterin Samantha Jack überträgt dem Stuntman Colt Seavers zwei Fälle. Er muß einen untergetauchten alten Freund suchen und soll einen einflußreichen Sheriff überreden, einen schweren Autounfall zu gestehen. Aktionsreiche Krimikost, die allenfalls von einigen Auto- und Hubschrauberstunts zehrt, ansonsten aber konventionellen Bahnen folgt. (Fernsehtitel auch: »Ein Colt für alle Fälle: Die Reise nach Arizona«) – Ab 14 möglich. ✦ USA 1981 **P** ABC/20th Century Fox/Glen Larson Prod. **Pd** Harker Wade **R** Russ Mayberry **B** Glen A. Larson **K** Frank Beascoechea **M** David Somerville, Gail Jensen, Glen A. Larson **D** Lee Majors (Colt Seavers), Heather Thomas (Jody), Douglas Barr (Howie), Jo Ann Pflug (Samantha Jack), Eddie Albert (Cramer) **L** 88 **E** 26.11.1990 PRO 7

EINE REISE NACH DEUTSCHLAND. Ein westdeutscher Handwerker nimmt spontan die Einladung einer Zufallsbekanntschaft in die DDR an. An der Ostsee findet er eine idyllische Kate vor. Das Urlaubsglück wird durch eine 17jährige, die einem Flirt nicht abgeneigt ist, komplettiert. Schwierigkeiten ergeben sich, als deren ältere Schwester, Offizier der Volksarmee, auftaucht. Ihr sind Westkontakte untersagt, und so rüstet sich der Schlosser zur baldigen Abreise. Elegische Komödie, die unterschiedliche Haltungen und Erwartungen und dadurch ausgelöste Kommunikationsstörungen zwischen Angehörigen einer Generation beschreibt, die mit der Teilung Deutschlands aufgewachsen sind. – Ab 16. ✦ BR Deutschland 1987 **R** Heidi Genée **B** Jochen Ziem **K** Henning Zick **D** Hannes Jaenicke (Carl), Nora Barner (Katja), Leo Bardischewski (Paul), Heike Faber (Sonja), Christiane Carstens (Heide) **L** (TV) 85 **E** 23.3.1987 ZDF

REISE NACH INDIEN (A PASSAGE TO INDIA). In den 20er Jahren reist eine junge Engländerin nach Indien zu ihrem Verlobten, der als Beamter der Kolonialverwaltung tätig ist. Die fremde Kultur wirkt auf die puritanische Lady als Verlockung und Gefährdung zugleich; die Begegnung mit einem einheimischen Arzt führt zu tiefen Gefühlsverwirrungen und provoziert einen Skandal. Der letzte Film von Altmeister David Lean (1908–1991) ist mit brillanter Routine inszeniert, bietet herausragende Figurenporträts und faszinierend exotische Bilder. Leider tritt die zeitkritische Substanz der Romanvorlage von E. M. Forster – der Gentleman-Rassimus der Briten, das erwachende Selbstbewußtsein des indischen Volkes – hinter den Schauwerten stark zurück. ✦ Großbritannien 1984 **P** GW Films/HBO/Columbia **VA** Thorn EMI **Pd** John Brabourne, Richard Goodwin **R** David Lean **B** David Lean, nach einem Roman von E. M. Forster und einem Theaterstück von Santha Rami Rau **K** Ernest Day **M** Maurice Jarre **S** David Lean **D** Peggy Ashcroft (Mrs. Moore), Judy Davis (Adela Quested), James Fox (Richard Fielding), Alec Guinness (Godbole), Nigel Havers (Ronny Heaslop), Sandra Hotz (Stella), Ann Firbank (Mrs. Callendar), Clive Swift (Major Callendar) **L** 163 **FSK** ab 6; f **FBW** bw **E** 26.4.1985/Oktober 1985 Video/7.10.1989 DFF 2 **fd** 25033

REISE NACH ITALIEN (1953) →Liebe ist stärker

REISE NACH ITALIEN (1985). Jugendfilm um die Probleme der Selbstbestimmung und -findung. Gegen seine Veranlagung soll ein junger Mann zum Eishockeyspieler geformt werden. Als Belohnung winkt eine Reise nach Italien. Allein der Großvater steht dem Jungen in seinem Konflikt bei. – Ab 14. ✦ CSSR/BR Deutschland 1985 **R** Milos Bobek **B** Jana Dobiasova **D** Vlastimil Kristl (Großvater), Karel Houska (Martin), Katerina Machacková (Mutter), Miroslav Nohynek (Vater), Václav Sloup (Trainer), Miroslav Masopust (Dr. Merta) **L** 85 **E** 14.9.1995 3sat

REISE NACH KANDAHAR (SAFA RÉ GHANDEHAR / KANDAHAR). Eine junge afghanischstämmige Journalistin, die in Kanada lebt, erhält einen Brief von ihrer Schwester aus Kandahar, in dem diese ihren Selbstmord während der nahenden Sonnenfinsternis ankündigt. Die Frau macht sich auf den beschwerlichen Weg durch eine Wüstenlandschaft und eine von Armut, Kriegselend und Unterdrückung gezeichnete Gesellschaft. Der Film beschreibt, als erstes fiktionales Werk, in Form eines Reisetagebuchs auf sachliche, aber eindringliche und fesselnde Weise die repressiven Zustände unter dem radikal-islamischen Taliban-Regime. Die Nähe zu den wirklichen Zuständen ist jederzeit sichtbar und durch die Besetzung mit authentischen Figuren tatsächlich erreicht. (O.m.d.U.; Kinotipp der katholischen Filmkritik) – Sehenswert ab 16. ✦ Iran/Frankreich 2001 **P** Makhmalbaf Film House/Bac Films **KI** Movienet **Pd+R+B** Mohsen Makhmalbaf **K** Ebraham Ghafouri **M** Mohamad Reza Darvishi **S** Mohsen Makhmalbaf **D** Niloufar Pazira (Nafas), Hassan Tantaï (Tabib Sahib), Sabou Teymouri (Khak) **L** 85 **FSK** ab 6; f **E** 20.12.2001 **fd** 35199

DIE REISE NACH KYTHERA (TAXIDI STA KITHIRA). Ein Filmproduzent beginnt mit den Vorbereitungen zu einem Film über einen politischen Flüchtling, der nach 32 Jahren Exil in seine griechische Heimat zurückkehrt. Während seiner persönlichen Auseinandersetzung mit diesem Thema nimmt die Geschichte des Flüchtlings als die seines eigenen Vaters Gestalt an, der schließlich, in seiner Heimat unwillkommen, abgeschoben wird. Ausgehend von einer klassischen, mythisch aufgeladenen Grundkonstellation, entwickelt sich ein meisterhaft inszeniertes Drama, das politische Aspekte mit philosophischen Fragen nach Identität und Glück verbindet. (Erster Teil einer »Trilogie des Schweigens«, die der Regisseur später mit »Der Bienenzüchter« und »Landschaft im Nebel« fortführte.) – Sehenswert. ✦ Griechenland 1984 **P** Filmzentrum Griechenland/Television Grecque/ZDF/Channel Four/R.A.I. **Pd+R** Theo Angelopoulos **B** Theo Angelopoulos, Tonino Guerra, Thanassis Valtinos **K** Giorgos Arvanitis **M** Eleni Karaindrou **S** Giorgos Triantafylou **D** Manos Katrakis (Alter Mann), Mary Chronopoulou (Voula), Dora Volanaki (Alte Frau), Dionyssis Papayannopoulos (Antonis), Giorgos Nezos (Panayotis), Athinodoros (Polizeikapitän), Mikhalis Yannatos (Hafenkapitän) **L** 149 **E** 5.9.1984 ZDF **fd** 24754

EINE REISE NACH LILIPUT →Gullivers Reisen (1976)

DIE REISE NACH LYON. Eine junge Historikerin reist nach Lyon, im Gepäck das Tagebuch der Flora Tristan, einer Sozialistin und Feministin des 19. Jahrhunderts, deren Leben, Erfahrungen und Spuren sie in der sinnlichen Realität der Gegenwart rekonstruieren will. Erster langer Spielfilm der vor allem als Dokumentarfilmerin hervorgetretenen Regisseurin Claudia von Alemann: eine empfindsame Studie, die spezifisch weibliche Erlebnis- und Wahrnehmungsformen zu erforschen versucht. ✦ BR Deutschland 1978–80 **P** Alemann Produktion **KI** Basis **R+B** Claudia von Alemann **K** Hille Sagel **M** Frank Wolff **S** Monique Dartonne **D** Rebecca Pauly, Denise Péron, Jean Badin, Sarah Stern, Maurice Garden **L** 112 **FSK** ab 6; f **E** 27.2.1981 **fd** 22980

DIE REISE NACH MARRAKESCH (1949). Liebesverwicklungen um zwei Berliner Halbweltdamen, von denen eine in der Ehe Zuflucht findet, während die andere einem Eifersuchtsdrama zum Opfer fällt. Triviale Liebes- und Abenteuerschnulze. Eichberg, ein bedeutender Stummfilmregisseur, hatte mit dem »Indischen Grabmal« (1938) einen großen Tonfilmerfolg und drehte nach diesem mißglückten Comeback-Versuch keinen Film mehr. ✦ Schwarz-weiß. Deutschland 1949 **P** Merkur **KI** Ufa **Pd** Wilhelm Sperber **R** Richard Eichberg **B** Benno Vigny **K** Franz Koch, Josef Illig **M** Theo Mackeben **D** Luise Ullrich, Maria Holst, Karl Ludwig Diehl, Paul Dahlke, Grethe Weiser **L** 94 **FSK** ab 12; f (früher 16) **E** 21.12.1949 **fd** 535

DIE REISE NACH MARRAKESCH (1986) (LUNA DE AGOSTA). Eine junge Spanierin fährt nach Tanger, um ihren Freund zu treffen, der jedoch mußte bereits nach Marrakesch abreisen mußte. Sie folgt ihm auf dem gefährlichen Weg und wird dabei von einem elfjährigen Jungen begleitet. ✦ Spanien 1986 **P** Juan Miñon P.C./TVE **Pd** Soledad Polo **R+B** Juan Miñon **K** Miguel A. Trujillo **M** Juan C. Arranz **S** José Salcedo **D** Patricia Adriani (Ana), Aiman Mechbal (Gibran), Claudia Gravy (Yamila), Chema Muñoz (Miguel), Maati Zaari (Abselan) **L** 90 **E** 15.9.1989 DFF 2/11.5. 1993 ORB

DIE REISE NACH MELONIA (RESAN TILL MELONIA). Frei nach William Shakespeares »Der Sturm« erzählter Zeichentrickfilm: Den Bewohnern der paradiesischen Insel Melonia gelingt es, die Kinder des benachbarten Plutonia aus den Waffenfabriken skrupelloser Geschäftsmänner zu befreien. Fantasievolle und spannende, im Entwurf der einzelnen Figuren äußerst liebevolle Familienunterhaltung, die trotz des ernsten Hintergrundes auf den pädagogischen Zeigefinger verzichtet. – Sehenswert ab 8. ✦ Schweden 1989 **P** Pennfilm/Svenska Filminstitutet/Filmhuset/Skrivstugan/Läskonsten/STV 2/Sandrew/Film Teknik/Norsk Film **KI** Delta **VA** EuroVideo **Pd** Klas Olofsson, Katinka Farago **R** Per Åhlin **B** Per Åhlin, Karl Rasmusson, in Anlehnung an William Shakespeares Drama »Der Sturm« **K** Per Svensson, Piotr Jaworski **M** Björn Isfält, Morts Nörklit **S** Per Åhlin **L** 101 **FSK** ab 6; f **FBW** w **E** 9.5.1991/19.11.1991 Video/4.7. 1993 premiere **fd** 28880

REISE NACH MOSTAR. Hans Koschnick, ehemaliger Bremer Bürgermeister, übernimmt im Sommer 1994 als EU-Administrator die Verwaltung der bosnischen Stadt Mostar. Das filmische Tagebuch, das die Arbeit des SPD-Politikers protokolliert, ist aus dem gleichen Material wie der Dokumentarfilm »Die dritte Brücke« entstanden, konzentriert sich aber auf scheinbare Nebensächlichkeiten und zufällige Begegnungen. – Ab 16. ✦ Deutschland 1995 **P** NDR **Pd** Dagmar Voss **R+B** Klaus Wildenhahn **K** Frank Groth **L** 98 **E** 7.6.1995 N 3

REISE NACH NORDEN →Reise in den Norden

REISE NACH OSTENDE. Der Film dokumentiert eine Reise, die Wildenhahn Ende der 80er Jahre auf den Spuren der deutschen Invasionsarmee des Ersten Weltkriegs in Belgien unternahm. Der Film erinnert an Wunden und Narben, die der Krieg schlug, läßt Historiker und Zeitzeugen zu Wort kommen und versucht dem Widersinn des grauenhaften Geschehens nachzuspüren. Konventionell gestaltet, liefert der Film wertvolle Denkanstöße über die Zeit der Barbarei und versteht sich als Plädoyer für dauerhaften Frieden. – Ab 14. ✦ BR Deutschland 1989 **P** NDR/WDR **SF** Stiftung deutsche Kinemathek **R+B** Klaus Wildenhahn **L** 118 **E** 16.12.1989 N 3

DIE REISE NACH PALERMO (IL VIAGGIO / LE VOYAGE). Anfangs des 20. Jahrhunderts scheitert die Liebe von Cesare und Adriana an den antiquierten

Moralvorschriften der sizilianischen Gesellschaft. Da sich Regisseur de Sica ausschließlich auf die sentimentalen Aspekte seiner Geschichte konzentriert, bleibt der mit exquisitem Geschmack inszenierte Film im Unverbindlichen stecken. Melodramatisches Starkino. – Ab 10. ✦ Italien/Frankreich 1973 **P** Champion/C.A.P.A.C. **KI** United Artists **Pd** Carlo Ponti **R** Vittorio de Sica **B** Diego Fabbri, Massimo Franciosa, Luisa Montagnana, nach einer Erzählung von Luigi Pirandello **K** Ennio Guarnieri **M** Manuel de Sica **S** Kim Arcalli **D** Sophia Loren (Adriana De Mauro), Richard Burton (Cesare Braggi), Ian Bannen (Antonio Braggi), Barbara Pilavin (Signora De Mauro), Sergio Bruni (Armando Gill), Renato Pinciroli (Dr. Mascione), Ettore Geri (Rinaldo) **L** 101 **FSK** ab 12; f **E** 31.10.1974 **fd** 19 077

REISE NACH SIBIRIEN. Ein Dokumentarfilm, der auf verschiedenen Ebenen Eindrücke aus Rußland und Sibirien einfängt und reflektiert. Die Fahrt mit dem »Rossija«, dem Rußland-Express, nach Wladiwostok im Frühjahr 1991 löst Gedanken über die Gegenwart und Vergangenheit des Landes aus. Die Sommerreise entlang der transsibirischen Eisenbahnstrecke bringt Begegnungen mit den Schriftstellern Rybakow und Astafiew. Den August-Putsch erlebte der Autor in einem Lager-Gebiet 4000 Kilometer von Moskau entfernt mit. ✦ Deutschland 1991 **R** Peter Welz **L** 105 **E** 5.3.1992 B 3

REISE NACH SÜDWEST (1988). Ein persönlicher Dokumentarfilm, in dem der Regisseur mit der Kamera die Orte seiner Kindheit aufsucht und am Neckar zwischen Heidelberg und Stuttgart die Veränderungen durch Flurbereinigungen, Umweltbelastungen bzw. -zerstörungen und Raketendepots registriert. Vehement wird die systematische Betonisierung und Militarisierung angeprangert. Allerdings verbirgt sich hinter dem Schutzschild der Subjektivität nicht mehr als eine pessimistisch-wehleidige Besichtigungsreise von nur geringem Informationswert. ✦ BR Deutschland 1988 **P** Horst Herz Prod./ZDF **R** Horst Herz **B** Horst Herz, Angelika Dreischulte (Mitarbeit) **K** Horst Herz **S** Horst Herz, Gerda Breuer **L** (TV) 85 **E** 5.7.1988 ZDF

REISE NACH SÜDWEST (1989) (CESTA NA JIHOZAPAD). Ein Waisenjunge wird im Wilden Westen in einer Goldgräbersiedlung als Sklave gehalten. Von einem Banditen befreit, flieht er mit einem Trapper und dessen vermeintlichem Schatz nach Südwesten, verfolgt von seinem Befreier und dessen Kumpanen. Betulich inszenierter Kinderfilm mit schönen Landschaftsaufnahmen, der die Qualitäten der literarischen Vorlage von Jack London nicht zu nutzen weiß. – Ab 6. ✦ CSSR 1989 **P** Filmstudio Gottwaldov **KI** Progress **R** Zdenek Sirovy **B** Jirí Krizan, nach Motiven der Erzählungen von Jack London **K** Jirí Kolín **M** Ondrej Soukup **D** Jirí Strach (Ben), Jirí Schmitzer (Chett), Milan Sandhaus (Jones), Zdenek Podhursky (Tommy), Oldrich Vlach (Bill), Ivan Palúch (Jeff), Gustav Opocensky (Indianer), Jan Preucil (Wirt), Petr Cepek (O'Brian) **L** 87 **FSK** ab 6; f **E** 20.11.1991 H 3/5.3.1992 Kino **fd** 29 483

DIE REISE NACH SUNDEVIT. Die Erlebnisse eines Jungen, der zum erstenmal mit einer Pioniergruppe in die Ferien reisen darf. Als ihn jedoch einige unvorhersehbare Dinge aufhalten, fahren die Freunde ohne ihn los; nun muss der Sohn des Leuchtturmwärters die abenteuerliche Reise nach Sundevit alleine antreten. Empfehlenswerter, in der Charakterzeichnung der Kinder sehr detaillierter Familienfilm, der unaufdringlich für gegenseitige Achtung und Hilfe plädiert. ✦ Schwarz-weiß. DDR 1966 **P** DEFA, Gruppe »Kinderfilm« **KI** Progress **Pd** Siegfried Kabitzke **R** Heiner Carow **B** Heiner Carow, Benno Pludra, nach dem Buch von Benno Pludra **K** Jürgen Brauer **M** Karl-Ernst Sasse **S** Erika Lehmphul **D** Ralf Strohbach (Timm Tammer), Siegfried Höchst (Kalli), Horst Drinda (Abschnittsbevollmächtigter), Arno Wyzniewski (Oberwachtmeister Schröder), Ralph Borgwardt (Theo Brom), Fritz Bartholdt (Vater Tammer), Ursula Wolf (Mutter Dammer) **L** 75 **E** 20.5.1966 Kino DDR/30.9.1967 DFF 1/31.5.1993 ORB

DIE REISE NACH TARZANIA (OPTIONS). Ein weltfremder Amerikaner reist von Hollywood nach Afrika, um seiner Filmfirma die Rechte an der Lebensgeschichte einer im Dschungel mit Tierpflege beschäftigten belgischen Prinzessin zu sichern. Die beiden werden ein Paar, die Afrikaner applaudieren, Lösegeld-Erpresser fallen rechtzeitig in den Abgrund. Tierbilder aus dem Archiv, wild trommelnde »Eingeborene«, pseudo-afrikanische Landschaften, eine dümmliche Handlung voller kindischer Komik: eine völlig mißratene Komödie. – Ab 14. ✦ USA 1988 **P** Vestron/Silver Lion **VA** atlas **Pd** Lance Hool **R** Camilo Vila **B** John J. Strauss, Edward Decter **K** Tony Imi, James Robb, Leo Napolitano **M** Roger Bellon **S** Christopher Greenbury **D** Matt Salinger (Donald Anderson), Joanna Pacula (Prinzessin Nicole), John Kani (Jonas), Danny Deogh (Philippe), Tobie Cronje (Rajid), James Keach (Ed Sloan), Alan Pierce (Raff), Siobhan Taylor (Priscilla) **L** 86 **FSK** ab 12 **E** 29.6.1990 Video **fd** 28 412

DIE REISE NACH TILSIT. Ein ostpreußischer Fischer wird durch die Leidenschaft zu seiner polnischen Jugendgeliebten fast zum Mörder an seiner Ehefrau. Auf einer gemeinsamen Reise nach Tilsit findet das Paar wieder zueinander. In Anlehnung an Hermann Sudermanns naturalistisch-mystische Erzählung drehte Harlan einen Film, der formale Qualitäten besitzt, aber durch rassistische Tendenzen und einen (von der Vorlage abweichenden) »aufbauenden« Schluß den NS-Machthabern zu gefallen suchte. – Bedeutende Stummfilmversion des Stoffs: »Sunrise« (USA 1927, Regie: F. W. Murnau) ✦ Schwarz-weiß. Deutschland 1939 **P** Majestic **KI** Panorama **R** Veit Harlan **B** Veit Harlan, frei nach einer Erzählung von Hermann Sudermann **K** Bruno Mondi **M** Hans-Otto Borgmann **D** Frits van Dongen, Kristina Söderbaum, Anna Dammann, Albert Florath, Ernst Legal **L** 88 **FSK** ab 12; f **E** 2.11.1939 **fd** 1 727

DIE REISE NACH TOKIO (TOKYO MONOGATARI). Ein altes Ehepaar aus der Provinz besucht seine Kinder und Enkel in Tokio, muß jedoch feststellen, daß sich die Generationen inzwischen weitgehend auseinandergelebt haben. Der international bekannteste Film des japanischen Meisterregisseurs Ozu: eine behutsame, in meditativem Bildrhythmus entfaltete Studie über den Zerfall einer Familie, über die Begegnung von Tradition und Moderne, über den alltäglichen Mut zum Neubeginn. Jenseits spektakulärer Effekte liefert Ozu eine Beschreibung der Normalität, deren Widersprüche weder dramatisiert noch verschwiegen, sondern der aufmerksamen Beobachtung und der kritischen Anteilnahme erschlossen werden. – Sehenswert. ✦ Schwarz-weiß. Japan 1953 **P** Shôchiku (ôfuna) **KI** Atlas **Pd** Takeshi Yamamoto **R** Yasujirô Ozu **B** Kôgo Noda, Yasujirô Ozu **K** Yûshun Atsuta **M** Takanobu Saitô (= Ichiro Saitô) **S** Yoshiyasu Hamamura **D** Chishû Ryû (Shûkichi Hirayama), Chieko Higashiyama (Tomi, seine Frau), Sô Yamamura (Kôichi Hirayama), Setsuko Hara (Noriko), Haruko Sugimura (Shige Kaneko), Nobuo Nakamura (Kurazo), Kyôko Kagawa (Legrerin) **L** 136 **FSK** ab 12; f **E** 9.7.1965/3.11.1970 ARD **fd** 13 565

REISE NACH TRAPAR. Die Geschichte eines Berliner Malers in einer Schaffenskrise, der zudem noch in eine Fälscheraffäre verwickelt wird, wird zum Porträt der Künstler- und Politszene der Stadt hochstilisiert. Die banale Geschichte umranken ebenso unbedeutende Nebenepisoden, so daß letztlich Konzeptionslosigkeit, mangelnde Stringenz und Dialoge voller Platitüden den Film bestimmen. ✦ Schwarz-weiß. Deutschland 1991 **P** Eberhard Bommarius Prod. **KI** Eigenverleih **Pd** Eberhard Bommarius **R+B** Laurent Vivien **K** Dieter Johannsen **S** Bilbo Calvez **D** Lucien Brest, Sylvain Faysse, Vincent Lefrançois-Mangold, Catherine F. Grigull, Françoise Cactus **L** 89 **E** März 1993

REISE NACH WEIMAR. Eine Westdeutsche italienischer Abstammung, die nach der Wiedervereinigung in Weimar eine Pizzeria eröffnen will, lernt einen ehemaligen Gymnasialdirektor kennen, der sich nun als Gelegenheitsarbeiter durchschlägt. Der Mann verliebt sich in sie, doch ihre durch und durch kapitalistische Einstellung ist ihm ein Dorn im Auge. Als es zu handfesten Auseinandersetzungen kommt, kann der Großvater der Frau, ein italienischer Kommunist, das Schlimmste verhindern und für eine persönliche Wiedervereinigung sorgen. Komödie, in deren Mittelpunkt die unterschiedlichen deutsch-deutschen Mentalitäten, Lebensanschauungen und -haltungen stehen. ✦ Deutschland 1995 **P** Bavaria/SDR **Pd** Michael Hild **R** Dominik Graf **B** Johannes Reben **K** Martin Gressmann **S** Christel Suckow **D** Barbara Auer (Mafalda La Rocca), Sylvester Groth (Dr. Hauke Wolf), Rosemarie Fendel (Hilde La Rocca), Remo Remotti (Nonno Cicillo), Ursula Dierichs (Marta Garancij-Wolf) **L** 90 **E** 3.10.1996 ARD

DIE REISE NACH WIEN. Zwei lebenshungrige junge Soldatenfrauen unternehmen im Kriegsjahr 1943 in schein-emanzipatorischer Aufwallung eine Vergnügungsreise nach Wien, von der sie zwar desillusioniert, aber ohne bewußtseinsverändernde Einsichten in ihr Städtchen im Hunsrück heimkehren. Der Versuch Reitz', mit der Schilderung eines privaten Schicksals Erkenntnisse über die politischen und sozialen Zustände einer Epoche zu vermitteln, ist hier kaum gelungen. Dies glückte dem Regisseur erst zehn Jahre später mit der großen, ebenfalls im Hunsrück entstandenen Familiensaga »Heimat«. ✦ BR Deutschland 1973 **P** Edgar Reitz **KI** Gloria **R** Edgar Reitz **B** Edgar Reitz, Alexander Kluge **K** Robby Müller, Martin Schäfer **M** Hans Hammerschmid **D** Elke Sommer (Toni), Hannelore Elsner (Marga), Mario Adorf (Scheuermann), Nicolas Brieger (Rudi Schuster), Heinz Reincke **L** 102 **FSK** ab 16; nf **FBW** w **E** 26.9.1973/2.2.1975 ARD **fd** 18 532

REISE OHNE AUFTRAG. Ein Handschriften-Experte beginnt an seiner Fähigkeit zu zweifeln, als er bemerkt, daß er hinters Licht geführt wurde. Er begibt sich auf eine Reise durch Frankreich nach Spanien, doch statt die Wahrheit zu finden, verliert er Beruf, Heimat und Hoffnung. Kopflastiger Film um die Relativität von Lüge und Wahrheit; wohl nur für ein Minderheitenpublikum von Interesse. – Ab 16 möglich. ✦ BR Deutschland 1988 **P** Frankfurter Filmproduktion **R+B** Friedemann Schulz **K** Ludolph Weyer **M** Eberhard Weber **D** Christian Brückner, Cordula Reyer, Karl Michael Vogler, Daniel Leger, Christiane Lemm **L** 100 **E** 19.7.1988 ZDF **fd** 27 295

REISE OHNE HOFFNUNG (VOYAGE SANS ESPOIR). Der überall gesuchte Bandit Gohelle trifft einen angeblichen Bankier, der mit 300.000 Francs nach Südamerika will – Beginn eines düster-fatalistischen Dramas, in das auch noch ein geheimnisvoller »schwarzer Mann« eingreift, der sich als Kriminalbeamter entpuppt. – Ein pessimistischer und merkwürdig wirrer Kriminalfilm, entstanden zur Zeit der deutschen Okkupation. ✦ Schwarz-weiß. Frankreich 1942 **P** Richebé **KI** IFA **R** Christian-Jaque **B** Marc-Gilbert Sauvajon, Christian-Jaque **K** Robert Le Febvre **M** M. P. Guillot **D** Jean Marais, Simone Renent, Paul Bernard, Louis Salou, Clary Monthtal **L** 98 **E** August 1946 Kino **fd** 241

REISE OHNE WIEDERKEHR (1932) (ONE WAY PASSAGE). Während der Überfahrt von Hongkong nach San Francisco begegnet ein zum Tode Verurteilter einer Dame der besseren Gesellschaft, die an einer tödlichen Krankheit leidet. Sie verlieben sich ineinander. Das solide inszenierte Melodram illustriert auf recht drastische Weise die These, daß wahre Liebe alles Irdische überdauert. Gefühlvolle Unterhaltung. ✦ Schwarz-weiß. USA 1932 **P** Warner Bros. **Pd** Hal B. Wallis **R** Tay Garnett **B** Wilson Mizner, Joseph Jackson, Robert Lord **K** Robert Kurrle **S** Ralph Dawson **D** William Powell (Dan Hardesty), Kay Francis (Joan Ames), Frank McHugh (Skippy), Aline MacMahon (Betty), Warren Hymer (Steve

Burke), Frederick Burton (Doktor) **L** 69 **E** 27.2.1974 WDR

REISE OHNE WIEDERKEHR (1989). Das Schicksal behinderter Kinder in der NS-Zeit, die aus einem Kinderheim angeblich in andere Heime verlegt werden sollen, jedoch zu medizinischen Versuchen mißbraucht und dann als »Ballastexistenzen« ermordet werden, wird überlagert von einer Liebesgeschichte, einer Entführung und einer todbringenden Flucht. Trotz einer dem Stoff entsprechenden düsteren Schwarz-Weiß-Fotografie (nur die Kinderträume sind in Farbe) kann der Film, der mit den historischen Fakten sehr frei umgeht, die Zuschauer kaum tiefer bewegen. – Ab 16. ✦ Teils schwarz-weiß. BR Deutschland 1989 **P** Journalfilm/Basis/Verena Rudolph Prod./Aba/Adolf Winkelmann Prod. **KI** Basis **Pd** Klaus Volkenborn **R** Alexandra von Grote **B** Alexandra von Grote, nach Motiven eines Romans von Franz Lutzius **K** Heinz Pehlke **M** Andi Brauer, Egisto Macchi **S** Susann Lahaye **D** Gabriele Osburg (Luise), Mark McGann (Robert), Ulrich Matschoss (Schulte-Pelkum), Hans Peter Hallwachs (Dr. Hegemann), Rüdiger Joswig (Dr. Schaller) **L** 109 **FSK** ab 12; f **FBW** w **E** 11.4.1991 **fd** 28 863

REISE UM DIE ERDE IN 80 TAGEN. Puppentrickfilm nach dem Roman von Jules Verne um einen Londoner Gentleman, der sich auf die Wette einläßt, in 80 Tagen die Welt umkreisen zu können. – Ab 10. ✦ Deutschland/VR China 1998 **R** Hu Zhaohong, Manfred Durniok **B** Günter Rätz, Sibille Rätz, Manfred Durniok, Hu Zhaohong, nach dem Roman von Jules Verne **L** 90 **E** 8.11.1998 Kinderkanal

DIE REISE VON NATTY GANN →Natty Gann

DIE REISE VON PETERSBURG NACH MOSKAU. In St. Petersburg erschienen 1790 einige Exemplare des Buches »Reise von Petersburg nach Moskau«, in dem Alexander Radischtschew vor allem Szenen aus dem Leben leibeigener Bauern wahrheitsgetreu schilderte. Der Autor wurde daraufhin nach Sibirien verbannt. Die Sowjetunion feierte ihn später als revolutionären Helden. 200 Jahre nach diesen Geschehnissen folgt die Filmemacherin den Spuren des einstmals berühmten Buches. An Stelle der notleidenden Leibeigenen trifft sie nun Menschen, die unter den Versorgungsengpässen während der Perestroika-Phase zu leiden haben, und andere, die davon hemmungslos profitieren. Ein beeindruckender Dokumentarfilm und ein nachdenklich stimmendes Zeitzeugnis. – Ab 12. ✦ Deutschland 1991 **P** Viola Stephan/Carsten Krüger Filmproduktion/WDR **KI** Freunde der Deutschen Kinemathek **Pd** Carsten Krüger **R+B** Viola Stephan **K** Pawel Lebeschew **M** Peter Gordon **S** Yvonne Loquens **L** 115 **FBW** w **E** November 1992

REISE ZU DIR (RESAN TIL DEJ). Ein junges Ehepaar, das sich auseinandergelebt hat, findet nach vielen Umwegen wieder zusammen. Triviale Liebesgeschichte mit viel Schlagermusik. ✦ Schwarz-weiß. Schweden 1953 **KI** Progress **R** Stig Olin **B** Stig Olin, Hasse Ekman **D** Alice Babs, Sven Lindberg **L** 90 **E** 26.12.1958 Kino DDR/22.7.1960 DFF 1/30.6.1963 ARD

DIE REISE ZUM MARS 1.+2.TEIL (THE MARTIAN CHRONICLES). Nach zwei gescheiterten Expeditionen gelingt es, auf dem Mars eine menschliche Weltraumstation zu errichten. Die Bevölkerung des Planeten scheint bis auf wenige Ausnahmen durch eine Seuche ausgestorben zu sein. Humorlose und veraltet wirkende Verfilmung eines Science-Fiction-Klassikers von Ray Bradbury, die trotz guter Besetzung mit Filmzitaten und Klischees spannungslos abgespult wird. – Ab 16. ✦ USA/Großbritannien 1980 **P** Fries Entertainment/Stonehenge **VA** MCP **Pd** Andrew Donnelly, Milton Subotsky **R** Michael Anderson **B** Richard Matheson, nach Romanen von Ray Bradbury **K** Ted Moore **M** Stanley Myers **D** Rock Hudson, Darren McGavin, Gayle Hunnicutt, Fritz Weaver, Roddy McDowall, Bernie Casey (Jeff Spender), Vadim Glowna (Sam Hinkston), Richard Heffer (Capt. Conover), Maria Schell (Anna Lustig), Dennis Dugan (Driscoll), Robert Beatty (Halstead), Chris Connelly (Marsianerin), Jon Finch **L** 156 **FSK** ab 12 **E** 1992 Video (zwei Teile)

DIE REISE ZUM MITTELPUNKT DER ERDE (1959) (JOURNEY TO THE CENTER OF THE EARTH). Ein schottischer Geologe begibt sich auf den Spuren eines verstorbenen isländischen Forschers zum Mittelpunkt der Erde: eine Expedition, die ihn und seine Begleiter mit allerlei Gefahren konfrontiert. Nach einem Roman von Jules Verne gestaltete utopische Geschichte, die effektvoll und mit Liebe zum Detail inszeniert wurde. Unbeschwerte, spannende Unterhaltung mit vielen witzigen Einfällen. (Verleihtitel auch: »Jules Verne: Die Reise zum Mittelpunkt der Erde«) – Ab 10 möglich. ✦ Scope. USA 1959 **P** 20th Century Fox/Joseph M. Schenk **KI** Progress **Pd** Charles Brackett **R** Henry Levin **B** Walter Reisch, Charles Brackett, nach einem Roman von Jules Verne **K** Leo Tover **M** Lionel Newman, Bernard Herrmann **S** Stuart Gilmore, Jack W. Holmes **D** James Mason (Prof. Oliver Lindenbrook), Arlene Dahl (Carla), Pat Boone (Alec McEwen), Diane Baker (Jenny), Thayer David (Graf Saknussemm), Peter Ronson (Hans), Robert Adler (Groom), Âlex Napier (Dekan), Alex Finlayson (Prof. Bayle), Ben Wright (Paisley) **L** 120 **FSK** ab 12; nf **E** 29.1.1960/20.1.1967 Kino DDR/3.4.1972 ZDF/3.4.1981 DFF 1 **fd** 8 881

REISE ZUM MITTELPUNKT DER ERDE (1977) →Phantastische Reise zum Mittelpunkt der Erde

DIE REISE ZUM MITTELPUNKT DER ERDE (1987) (JOURNEY TO THE CENTER OF THE EARTH). Eine junge Frau, die als Kindermädchen arbeitet, erhält eine neue Anstellung auf Hawaii: Sie soll auf den Hund eines Rockstars aufpassen. Gemeinsam mit einer kleinen Gruppe von neuen Freunden bricht sie zu einer abenteuerlichen Reise auf, bei der man viele unwahrscheinliche Gefahren zu meistern hat. Fürs Fernsehen produzierte Spannungsgeschichte in vager Anlehnung an den klassischen Roman von Jules Verne. ✦ USA 1987 **R** Rusty Lemorande **B** Debra Ricci, Regina Davis, Kitty Chalmers, Rusty Lemorande, nach einem Roman von Jules Verne **D** Paul Carafotes (Richard), Nicola Cooper (Chrystina), Ilan Mitchell-Smith (Bryan), Jaclyn Bernstein (Sara) **L** (TV) 80 **E** 22.11.1989 RTL plus

REISE ZUM MITTELPUNKT DER ERDE (1999) (JOURNEY TO THE CENTER OF THE EARTH). Ein Geologe und sein bunt zusammengewürfeltes Expeditionsteam begeben sich auf die Suche nach einem verschollenen Mann in Neuseeland. Sie geraten in ein Labyrinth von Höhlen, das sie immer tiefer in die Erde führt, bis sie schließlich deren Mittelpunkt erreichen. (Fernseh-)Adaption von Jules Vernes klassischem Abenteuerroman, die die gefahrvolle Reise der Protagonisten mit zahlreichen Computertricks imaginiert. Spannende Familienunterhaltung mit soliden darstellerischen Leistungen. – Ab 12. ✦ USA 1999 **P** Hallmark/RTL/USA Network **VA** Warner Vision **Pd** Connie Collins, George Miller **R** George Miller **B** Thomas Baum, nach dem gleichnamigen Roman von Jules Verne **K** John Stokes **M** Bruce Rowland **S** Harry Hitner **D** Treat Williams (Theodore Lytton), Jeremy London (Jonas Lytton), Tushka Bergen (Alice Hastings), Hugh Keays-Byrne (McNiff), Bryan Brown (Casper Hastings) **L** 180 (91 & 89) **FSK** ab 6/ab 12 **E** 12./13.8.2000 RTL (zwei Teile)

DIE REISE ZUM MOND (1902) (LE VOYAGE DANS LA LUNE). Eine Gruppe von Wissenschaftlern begibt per aus einer Kanone abgefeuertem »Raumfahrzeug« zum Mond, wo sie es mit einem Schneesturm und den feindlich gesinnten Bewohnern zu tun bekommen. Die Expeditionsteilnehmer werden verhaftet, können aber fliehen und kehren zur Erde zurück, wo sie vom Meeresgrund gerettet und schließlich gefeiert werden. Ein Klassiker (nicht nur) des Science-Fiction-Kinos, den der »Autorenfilmer« Georges Méliès in einer faszinierenden Mischung aus umwerfender Naivität und beeindruckendem tricktechnischen Erfindungsreichtum realisierte. ✦ Frankreich 1902 **P** Méliès Star Film **Pd+R+B** Georges Méliès **K** Michaut **D** Georges Méliès (Expeditionsleiter), Victor André (Expeditionsteilnehmer), Bleuette Bernon (Mond) **L** 16

DIE REISE ZUM MOND (1998). Drei ebenso verrückte wie abenteuerlustige Franzosen lassen sich mit einer Kanonenkugel auf den Mond schießen. Nach erheblichen Schwierigkeiten erreichen sie ihr Ziel und frönen ausgiebig ihrem Forschungsdrang, doch als sie zur Erde zurückkehren wollen, stellt sich das eigentliche Problem erst ein. Sie scheinen auf dem Mond festzusitzen. Puppentrickfilm nach der abenteuerlich-fantastischen Geschichte von Jules Verne. – Ab 10. ✦ Deutschland/VR China 1998 **R** Hu Zhao Hong, Manfred Durniok **B** Günter Rätz, Manfred Durniok, Hu Zhao Hong, nach einem Roman von Jules Verne **L** 75 **E** 27.12.1999 ARD

REISE ZUM NIL. Zweiteilige DDR-Fernsehdokumentation, die sich mit dem Bau des Assuan-Staudamms und Bewässerungsproblemen in der Nubischen Wüste beschäftigt. (1. »Fellah – Wohin gehst Du?«, 2. »Nubien auf Wanderschaft«) ✦ Schwarz-weiß. DDR 1964 **P** DEFA **R** Joachim Hadaschik **B** Günter Nerlich **K** Horst Orgel, Siegfried Kaletka **M** J. K. Forest **S** Inge Dochow **L** 78/78 **E** 25.10.,1.11.1964 DFF 1

REISE ZUR INSEL DER GEISTER (JOURNEY TO SPIRIT ISLAND). Vier Freunde, die gemeinsam ihre Ferien verbringen, finden, als beim Kanufahren ihr Boot leck schlägt, auf einer geheimnisvollen Insel Zuflucht. Dort kommen sie skrupellosen Bauspekulanten auf die Schliche, die aus der Idylle ein Feriengebiet machen wollen, und lösen das Rätsel, von dem eine alte indianische Sage erzählt. Abenteuerlicher Jugendfilm, dessen größter Pluspunkt in der eindrucksvollen Fotografie liegt. – Ab 12. ✦ USA 1991 **P** Pal/Seven Wonders **Pd** Bruce Clark **R** Laszlo Pal **B** Crane Webster **K** Vilmos Zsigmond **M** Fred Myrow **S** Bonnie Koehler **D** Bettina (Maria), Brandon Douglas (Michael), Gabriel Damon (Willie), Nick Ramus (Tom), Tarek McCarthy (Klim), Marie Antoinette Rodgers (Jimmy Jim) **L** 89 **E** 15.10.1994 RTL 2

DIE REISE ZUR INSEL DES GRAUENS (MISTERIO EN LA ISLA DE LOS MONSTRUOS). Die Abenteuer eines jungen Mannes auf einer Insel, wo er sich mit Monstern und anderen Feinden herumschlagen muß. Am Ende stellt sich heraus, daß die »Gefahren« inszeniert waren, um den Reifungsprozeß des Mannes zu beschleunigen. Einfältiges Spektakel mit naiven Geisterbahneffekten. (Titel DDR: »Das Geheimnis der Monsterinsel«) – Ab 12 möglich. ✦ Spanien 1981 **P** Aleman/Fort/Ariza **R** Juan Piquer Simon **B** Joaquin Grau, Juan Piquer Simon, Ron Gantman, frei nach Jules Verne **K** Andres Berenguer **M** Alfonso Aguillo **D** Peter Cushing, Terence Stamp, Ian Sera, David Hutton, Gasphar Ipua **L** 104 **FSK** ab 12; f **E** 7.10.1982/6.4.1984 Kino DDR/31.8.1988 DFF 1 **fd** 23 676

REISE ZUR SEXGÖTTIN →Porno-Reise zur Sex-Göttin

REISE ZUR SONNE (GÜNESE YOLCULUK). Ein unbedarfter junger Mann aus Anatolien, der sich in Istanbul als Hilfsarbeiter durchschlägt, wird durch einen unglücklichen Zufall der Willkür des Polizeiapparates ausgeliefert und mit der politischen Wirklichkeit im Lande konfrontiert. Als sein wenige Jahre älterer kurdischer Freund bei einer Demonstration zu Tode kommt, beschließt er, den Leichnam in dessen Heimatdorf im östlichen Grenzgebiet zu überführen. Die Reise führt durch ein verwüstetes, menschenleeres Land, dessen zerstörte Dörfer vom Ausmaß des Hasses zeugen. Ein ebenso subtiler wie mutiger Film, der die Kurdenproblematik mit keinem Wort anspricht, sie aber in fast jedem Bild erfahrbar macht. Darüber hinaus erzählt er vom leidvollen Reifungsprozess eines jungen Menschen, dessen (Selbst-)Bewusstsein durch erlittenes Unrecht gestärkt wird. (O.m.d.U.; Kinotipp der katholischen Filmkritik) – Sehenswert ab 16. ✦ Türkei/Deutschland/Niederlande 1999 **P** Istinai Filmler Ve Reklamlas/Medias Res/The Film Company **KI** Pegasos **SF** EZEF/FWU **Pd** Behrooz Hashemian, Pit Riethmüller, Phil van der Linden **R+B** Yesim Ustaoglu **K** Jacek Petrycki **M** Vlatko Stefanovski **S** Nicolas Gaster **D** Newroz Baz (Mehmet), Nazmi Oirix (Berzan), Mizgin Kapazan (Arzu), Ara Güler (Süleyman Bey) **L** 109 **FSK** ab 12; f **E** 10.6.1999 **fd** 33 722

REISE ZURÜCK IN DER ZEIT (WAXWORK). Einige Jugendliche kommen dem Grauen auf die Spur, das in einem Wachsmuseum lauert. Durch Morde, aus denen sie neue Lebensenergie ziehen, sollen die 18 scheußlichsten Monster der Menschheits- und Filmgeschichte wieder zum Leben erweckt werden und die Herrschaft über die Erde übernehmen. Nachdem das Häuflein der Kids dezimiert wurde, kann der Enkel des Monster-Sammlers dem Spuk ein Ende bereiten. Ein mit Genrezitaten gespickter Film, der nicht so ganz ernst genommen werden will, jedoch in der Inszenierung seiner Spezialeffekte sehr ernsthaft zu Werk geht. (Fortsetzung: »Spaceshift«, 1991) ✦ USA 1987 **P** Electric **VA** Vestron **Pd** Staffan Ahrenberg **R+B** Anthony Hickox **K** Gerry Lively **M** Roger Bellon **S** Christopher Cibelli **D** Zach Galligan (Mark), Deborah Foreman (Sarah), Michelle Johnson (China), Dana Ashbrook (Tony), Miles O'Keefe (Graf Dracula), David Warner (Mr. Lincoln), John Rhys-Davies (Anton Weber) **L** 88 **FSK** ab 18 **E** 29.3.1990 Video **fd** 28 243

REISEBEKANNTSCHAFT (REISEBEKANNTSCHAFT). Hans Moser in einer Paraderolle als schusseliger Privatdetektiv auf der Jagd nach einem versehentlich vertauschten Koffer mit einem Lotteriegewinn. Gefällige, auch in den Nebenrollen treffend besetzte Unterhaltung. – Ab 10. ✦ Schwarz-weiß. Österreich 1943 **P** Wien Film **R** E.W. Emo **B** Curt Wesse, Fritz Gottwald **K** E. Wilhelm Fiedler **M** Heinz Sandauer **D** Hans Moser, Elfriede Datzig, Wolf Albach-Retty, Lizzi Holzschuh, Richard Eybner **L** 85 **E** 7.10.1943/11.9.1961 DFF 1

REISEBEKANNTSCHAFTEN (PETSCHKI LAWOTSCHKI). Ein junger Bauer, von seiner Kolchose zu einer Kur geschickt, nimmt seine Frau mit auf die Fahrt in den Süden. Während der langen Bahnfahrt, der ersten Reise ihres Lebens, geraten die naiven Provinzler durch Gauner in Scherereien mit der Polizei, lernen aber auch einen Wissenschaftler kennen, der sie nach Moskau einlädt. Als sie schließlich auf der Krim ankommen, müssen sie sich trennen, da nur der Bauer im Sanatorium Unterkunft findet. – Ein aufschlußreicher und liebevoller Film, vorletztes Kinowerk des im Alter von 45 Jahren 1974 gestorbenen Schriftstellers, Schauspielers und Regisseurs Schukschin, der ironisch die Schwächen des sowjetischen Alltags aufspießt. ✦ Schwarz-weiß. UdSSR 1972/73 **P** Gorki-Studio **KI** Freunde der Deutschen Kinemathek **R+B** Wassili Schukschin **K** Anatoli Sabolozki **M** Pawel Tschekalow **D** Wassili Schukschin (Iwan), Lydia Fedossejewa-Schukschina (Njura), Wsewolod Sanajew (Sergej Fjodorwitsch), Georgi Burkow, Iwan Ryschow, Stanislaw Lubschin (Fjodorwitschs Sohn), Sinowi Gerdt (Professor) **L** 102 **E** 23.4.1976 Kino DDR/9.7.1977 DFF 2/1.11.1981 ZDF

REISEFÜHRER DURCH 23 TAGE IM MAI. Dokumentarfilm über den ersten Arbeitskampf in Ostdeutschland seit 60 Jahren, einen 23tägigen Streik in einem brandenburgischen Elektrostahlwerk. Begleitet von einem Gewerkschaftsfunktionär und einem Rentner, hat Wildenhahn Episoden im Streiklokal und am Eingangstor eingefangen. ✦ Deutschland 1993 **R** Klaus Wildenhahn **K** Frank Groth **S** Annemarie Lang-Johannsen **L** 120 **E** 12.12.1993 N 3

DIE REISEGEFÄHRTIN (COMPAGNA DI VIAGGIO). Die besorgte Tochter eines alternden Philosophie-Professors, der unter Gedächtnisverlust leidet, engagiert eine junge Aufpasserin für ihren Vater, die ihn – anfangs genervt – auf seinen Streifzügen durch Rom, später durch halb Italien observiert. Bei den Reisen wird er mit einem Land konfrontiert, das er nicht mehr verstehen kann, während die junge Frau Probleme mit ihrer eigenen Vergangenheit bekommt. Stimmungsvolles Roadmovie über Freundschaft und das Verständnis der Welt, wobei sich die anfängliche Konstellation der Distanziertheit in Nähe und Zutrauen wandelt. In den beiden Hauptrollen hervorragend gespielt. ✦ Italien 1996 **P** Alia Film/Instituto Luce **Pd** Enzo Porcelli **R** Peter del Monte **B** Peter del Monte, Mario Fortunato, Gloria Malatesta, Claudia Sbarigia **K** Giuseppe Lanci **M** Dario Lucantoni **S** Simona Paggi **D** Asia Argento (Cora), Michel Piccoli (Cosimo), Lino Capolicchio (Pepe), Silvia Cohen (Ada), Max Malatesta (Giulio) **L** 103 **E** 18.10.2000 WDR

DER REISEKAMERAD (VANDRONIK). Abenteuerlich aufbereiteter Märchenfilm nach Hans-Christian Andersen. Nachdem er verhindert hat, daß zwei finstere Gesellen einen Leichnam aus einer Kirche stehlen, findet ein bescheidener Junge, dessen Leben von einem bösen Magier bedroht wird, in einem mysteriösen Reisebegleiter einen Beschützer. Als der Junge um die Hand einer schönen Prinzessin wirbt, hilft er ihm, drei entscheidende Fragen zu beantworten. Ein sehr schöner Film mit vielen wechselnden Schauplätzen und einigen magischen Komponenten; die humane Gesinnung wird in fantasievolle Szenen umgesetzt, die den philosophischen Gehalt in Symbolen vermitteln. Die aufregende und turbulente Story findet in einem allgemeinen Versöhnungsfest einen stimmungsvollen Ausklang. – Ab 8. ✦ BR Deutschland / CSFR / Italien / Österreich / Frankreich 1990 **P** Omnia/ZDF/Slovensky/RAI Due/TVE/Films du Sabre/FR 3 **VA** Taurus **R** Ludvík Ráza **B** Michael Schulz, Ludvík Ráza, nach einem Märchen von Hans-Christian Andersen **K** Jirí Macák **M** Petr Hapka **D** Tomás Valík (Jan), Matthias Habich (Magus, der Magier), Thomas Bachschmidt (Reisekamerad), Mapi Galan (Hexe), Sergio Fiorentini (König) **L** 89 **FSK** o. A. **E** 29.3.1991 ZDF

DIE REISEN DES MR. LEARY (THE ACCIDENTAL TOURIST). Ein Autor, der unter dem Titel »Der Tourist wider Willen« erfolgreiche Reiseführer für Menschen verfaßt, die sich unterwegs wie zu Hause fühlen wollen, wird nach dem Tod seines 12jährigen Sohnes von seiner Frau verlassen und muß sich im Leben neu orientieren. Er, der glaubt, gegen alle Eventualitäten des Lebens gefeit zu sein, begegnet einer ungewöhnlichen Frau und muß feststellen, daß man nicht alles vorausplanen kann. Mehr an einem Psychogramm der Personen als an äußerer Handlung interessierter Film, der in einer sensiblen Mischung aus Melancholie und Heiterkeit ein faszinierendes Kaleidoskop verletzlicher Stimmungen und Gefühle entwirft. – Sehenswert ab 16. ✦ Scope. USA 1988 **P** Warner Bros. **KI** Warner Bros. **VA** Warner Home **Pd** Lawrence Kasdan, Charles Okun, Michael Grillo **R** Lawrence Kasdan **B** Frank Galati, Lawrence Kasdan, nach einem Roman von Anne Tyler **K** John Bailey **M** John Williams **S** Carol Littleton **D** William Hurt (Macon Leary), Kathleen Turner (Sarah Leary), Geena Davis (Muriel Pritchett), Amy Wright (Rose Leary), David Ogden Stiers (Porter Leary) **L** 121 **FSK** ab 12; f **E** 25.5.1989/19.1.1990 Video **fd** 27 591

REISEN INS LANDESINNERE. Sechs ineinander verschachtelte Kurzporträts von Menschen, die in der Schweiz leben und/oder arbeiten, die in der Summe kein Bild der Schweiz ergeben, sondern Einblicke in allgemein-menschliche Belange ermöglichen. In fragmentarischer Form wird die Auseinandersetzung mit Menschen und ihrer Ideenwelt ermöglicht, wobei das Nebeneinander der unterschiedlichen Lebensbereiche durch den Jahreskreislauf verbunden wird. Eine meditative und behutsame Betrachtung, die keinen Hehl aus ihrer unterschiedlichen Nähe zu den einzelnen Personen macht und die Motive für die Handlungen der Menschen aufzuspüren versucht; ein lange nachwirkendes Zeit-Dokument. (O.m.d.U.) – Ab 16. ✦ Schweiz 1988 **P** Matthias von Gunten/Alfred Richterich Prod. **Pd** Matthias von Gunten, Alfred Richterich **R+B** Matthias von Gunten **K** Pio Corradi, Bernhard Lehner **S** Bernhard Lehner **D** Bertha Massmünster (alte Frau, Münchenstein), Hans Stierli (Mann im Onsernonetal), Catherine Schenker (Nachrichtenkoordinatorin), Franz Jaeck (Kulturgutschützer), Giovanni Simonetto (Italiener) **L** 94 **E** 17.2.1990 S 3

REISEN INS LEBEN – WEITERLEBEN NACH EINER KINDHEIT IN AUSCHWITZ. Dokumentation über drei Menschen, die als Kinder die Hölle Auschwitz überlebt haben. Ohne aufgesetzten didaktischen Anspruch gelingt es Thomas Mitscherlich, die Ahnung individueller Verletzungen und Abgründe an Hand dreier konkreter Schicksale zu vermitteln. Die protokollarischen Erlebnisberichte werden flankiert von weithin unbekannten Aufnahmen, die 1945/46 im Westen Deutschlands entstanden. Auf sensible Weise gelingt so ein lebendiges Zeitbild, das weit über die bloßen historischen Geschehnisse hinauswirkt. – Sehenswert. ✦ Deutschland 1996 **P** Bremer Institut für Film Fernsehen **SF** Salzgeber **VA** absolut MEDIEN **Pd** Elke Peters **R+B** Thomas Mitscherlich **K** Bernd Fiedler **M** Jens-Peter Ostendorf **S** Margot Neubert-Maric (= Margot Neubert) **D** Gerhard Durlacher, Yehuda Bacon, Ruth Klüger **L** 130 **E** 12.9.1996/1997 Video **fd** 32 171

REISEN MIT MEINER TANTE (TRAVELS WITH MY AUNT). Ein solider Bankangestellter trifft bei der Beerdigung seiner Mutter eine alte Dame, die sich als seine Tante vorstellt. Er ist empört, als er feststellen muß, daß sie unverheiratet mit einem Schwarzen zusammenlebt. Die Situation wird zunehmend komplizierter, als er erfährt, daß die Urne statt der Asche seiner Mutter Rauschgift enthielt. Dialoglastige Verfilmung eines Romans von Graham Greene, die zwar nicht die Qualität der Vorlage erreicht, aber dank der hervorragenden Hauptdarstellerin und parodistischer Seitenhiebe gut unterhält. – Ab 16. ✦ Scope. Großbritannien 1972 **P** MGM **Pd** Robert Fryer, James Cresson **R** George Cukor **B** Jay Presson Allen, Hugh Wheeler, nach einem Roman von Graham Greene **K** Douglas Slocombe **M** Tony Hatch **S** John Bloom **D** Maggie Smith (Tante Augusta), Alec McCowen (Henry Pulling), Louis Gossett jr. (Wordsworth), Robert Stephens (Visconti), Cindy Williams (Tooley), Robert Flemyng (Crowder), José Luis López Vázquez (Dambreuse), Raymond Gérome (Mario) **L** 112 **E** 1.9.1982 HR/NDR/WDR

REISEN OHNE GEPÄCK (RIDING THE RAILS). Als ein junger Geschäftsmann bei waghalsigen Spekulationen an der New Yorker Börse alles verliert und man ihm einen Job in Kalifornien anbietet, macht er sich als blinder Passagier auf einem Güterzug auf den Weg. Unterwegs trifft er einen illegalen mexikanischen Einwanderer, der ihn in diese Art des Reisens einführt. Eine Reise quer durch die USA, die den täglichen Kampf ums Überleben von seiner dramatischen Seite zeigt, ihm aber auch komische Aspekte abgewinnt. ✦ **R+B** Neil Hollander **D** Jim Babchak, José Zuniga **L** 87 **E** 3.3.1991 West 3

REISENDE →Landfahrer

REISENDER KRIEGER (REISENDER KRIEGER). Das Leben des Vertreters eines amerikanischen Kosmetikkonzerns in der Schweiz, der verheiratet ist und an der Peripherie von Zürich wohnt, während einer Woche: Seine Arbeit und sein Privatleben sind gekennzeichnet von Flüchtigkeit. Ein Film, der an diesem Beispiel Entfremdung und Kommunikationsunfähigkeit der modernen Gesellschaft bewußt zu machen versucht. Hervorragend fotografiert. ✦ Schwarz-weiß. Schweiz/BR Deutschland 1979–81 **P** Filmkollektiv Zürich/Fernsehen DPS/Eidgenossenschaftliches Departement des Innern/ZDF **R+B** Christian Schocher **K** Clemens Klopfenstein **M** Scharlatan Quintett, u. a. **S** Christian Schocher, Franz Rickenbach **D** Willy Ziegler, B. Bischoff, Marianne Huber, Max Ramp, Heinz Lüdi **L** 195 **E** 6.8.1981 ZDF/12.3.1982 Kino

REISEZIEL ERFURT. Ein kleiner Junge aus der Provinz verpasst den Zug zum Pioniertreffen in Erfurt. Weil er dort fürs Sportprogramm gebraucht wird, macht er sich per Anhalter auf den Weg und findet Unterstützung bei mehreren freundlichen Erwachsenen. Abenteuerlicher Kinderfilm der DEFA, dessen simple Spielhandlung nur Mittel zum Zweck ist, das Pionierleben ausführlich dokumentarisch abzubilden und zu propagieren. – Ab 8 möglich. ✦ DDR 1962 **P** DEFA, Gruppe »60« **KI** Progress **Pd** Heinz Kuschke **R** Heinz Fischer **B** Klaus Beuchler, Fred Rodrian **K** Karl Plintzner, Hartwig Strobel, Günter Weschke, Gustav Voigt **M** Ernst Peter Hoyer, Wolfgang Richter **S** Bärbel Weigel **D** Friedhelm Eberle (LPG-Vorsitzender), Horst Ludwig (Gemeindediener), Ulrich Brehm (Tim), Annerose Böttcher (Anne), Rainer Henning (Bulette), Monika Reeh (Bärbel), Bernd Stellmacher (Peter) **L** 79 **E** 1.6.1962 Kino DDR

DAS REISFELD (NEAK SRE / LES GENS DE LA RIZIERE). Nach dem Tod eines kambodschanischen Reisbauern muß seine Frau den Erhalt der Ernte sichern und sich zugleich um die sieben Töchter kümmern. Sie ist den Belastungen nicht gewachsen, wird zur Bedrohung für die Kinder und zur psychiatrischen Behandlung in die Stadt gebracht. Die älteste Tochter übernimmt ihren Platz. Ein bodenständiger Film, der eine archaische Welt und ihre Produktionsbedingungen in einfachen, klaren Bildern vermittelt und sich in seinem Erzählrhythmus ganz auf das bäuerliche Leben einläßt. (Fernsehtitel: »Die Familie im Reisfeld«) – Ab 16. ✦ Kambodscha/Deutschland/Großbritannien/Frankreich/Schweiz 1994 **P** JBA/Thelma Films/La Sept Cinéma/ZDF/TSR **KI** Pandora **Pd** Jacques Bidou **R** Rithy Panh **B** Rithy Panh, Eve Deboise **K** Jacques Bouquin **M** Marc Marder **S** Andrée Davanture, Marie-Christiane Rougerie **D** Peng Phan (Yim Om), Mom Soth (Vong Poeuv), Chhim Naline (Sokha), Va Simorn (Sokhoeun) **L** 130 **FSK** ab 6; f **E** 17.11.1994/29.6.1995 3sat **fd** 31 060

DAS REISMÄDCHEN (LA RISAIA). Ein Gutsbesitzer opfert sich für die Arbeiterin, in der er sein uneheliches Kind wiedererkennt. Vor der Kulisse der oberitalienischen Reisfelder angesiedeltes Melodram, das sich seinerzeit an den Kassenerfolg »Bitterer Reis« anlehnte. Ohne dessen Ausdruckskraft und sozialkritische Perspektive ist lediglich eine buntbebilderte romantische Geschichte vor dekorativem Hintergrund entstanden. – Ab 16. ✦ Scope. Italien 1956 **P** Carlo Ponti/Excelsa **KI** Herzog **R** Raffaello Matarazzo **B** Aldo de Benedetti, Ennio de Concini, Carlo Musso **K** Luciano Trasatti **M** Angelo Francesco Lavagnino **D** Elsa Martinelli, Folco Lulli, Michel Auclair, Rik Battaglia, Susanne Levesy **L** 99 **FSK** ab 16; f **E** 31.5.1956/13.11.1982 DFF 2 **fd** 4 995

DER REISSENDE PUMA → Bruce Lee – Der reißende Puma

REISSENDE STRÖMUNG – RAFTINGTRIP INS VERDERBEN (WHITE MILE). Ein erfolgreicher Werbemanager versucht mit immer neuen Mitteln, Kunden an seine Agentur zu binden. Eines Tages organisiert er einen Schlauchboot-Trip durch gefährliches Wildwasser. Das anfängliche Vergnügen endet für die meisten Teilnehmer mit dem Tod. Der Manager glaubt sich durch Verzichtserkkärungen abgesichert, doch eine der Witwen strebt dennoch einen Prozeß an. – Ab 16. ✦ USA 1994 **R** Robert Butler **B** Michael Butler **M** Pray For Rain **D** Alan Alda (Dan Cutler), Jack Robbins (Peter Gallagher), Robert Loggia (Nick Karas), Bruce Altman (David Koenig), Fionnula Flanagan (Gena Karas) **L** 92 **E** 16.1.1996 Pro Sieben

REITE AUF DEM ROSA PFERD (RIDE THE PINK HORSE). Ein Mann, der den Mord an seinem Freund rächen will, kommt aus Chicago in eine kleine Stadt New Mexikos, wo gerade die alljährliche Fiesta gefeiert wird. Er geht zum Schein auf einen Handel mit dem Gangsterboß ein, gerät in eine Falle, wird aber von einem Indianermädchen gerettet. Trotz seiner Verletzung sucht er erneut Kontakt zu dem Gangster. Das scheint sein Ende zu sein. – Düsterer Kriminalfilm, der die Versatzstücke der »Schwarzen Serie« zu einer eigenwilligen Geschichte verdichtet. Mit Gespür für menschliche Werte inszeniert und von hervorragenden Hauptdarstellern getragen. ✦ Schwarz-weiß. USA 1947 **P** Universal **R** Robert Montgomery **B** Ben Hecht, Charles Lederer, nach einem Roman von Dorothy B. Hughes **K** Russell Metty **M** Frank Skinner **D** Robert Montgomery, Fred Clark, Thomas Gomez, Wanda Hendrix, Andrea King **L** 95 **E** 16.1. 1980 WDR

DER REITER AUF DEM GOLDENEN PFERD (WSADNIK NA SOLOTOM KONJE). Der Sohn eines Stammesfürsten in der Gegend am Ural verliebt sich in die Tochter eines anderen Fürsten. Da sich die beiden Herrscher jedoch feindlich gegenüberstehen, haben es die Liebenden schwer, sich gegen Feindschaft und Zauberei durchzusetzen. Farbenprächtiger, von den Landschaftsaufnahmen lebender Märchenfilm auf der Grundlage alter baschkirischer Sagen und Legenden. – Ab 8 möglich. ✦ Scope. UdSSR 1980 **P** Mosfilm **KI** offen (70 mm) **VA** IMV **R** Wassili Shurawljow **B** Viktor Witkowitsch, nach baschkirischen Sagen **K** Nikolai Bolschakow **M** R. Chassanow **D** Fidan Gafarow (Altynuduga), Irina Malyschewa (Ai), Ilschat Jumagulow (Kusser-Mursa), Chusain Kudaschow (Kusmess-Bij), Pjotr Glebow (Katil-Badtscha) **L** 68 **FSK** ab 6 **E** 30.7.1982 Kino DDR/1.2.1986 DFF 1/31.1.1988 RTL plus

REITER AUF VERBRANNTER ERDE (THE JACK BULL). Ein Pferdehändler ficht einen (auch gerichtlichen) Streit mit einem Farmer aus, weil dieser zwei seiner Tiere gestohlen und misshandelt haben soll. Ein an Kleists »Kohlhaas«-Erzählung orientierter Western, der in allen Belangen zu überzeugen versteht und sich in eine gewichtige (Film-)Tradition einreihen kann. Trotz vieler Verweise keine Kopie bekannter Stoffe, sondern deren Fortschreibung mit anderen Mitteln, die Fragen nach Gerechtigkeit vor dem Hintergrund einer Gesellschaft aufwirft, die sich anschickt, das Recht auf Selbstjustiz in die Hände der staatlichen Gerichtsbarkeit zu überantworten. ✦ USA 1999 **P** HBO/John Badham Film/New Crime/ River One **Pd** Kevin Reidy, D.V. DeVincentis **R** John Badham **B** Dick Cusack, nach Motiven der Novelle »Miccael Kohlhaas« von Heinrich von Kleist **K** Gale Tattersall **M** Lennie Niehaus **S** Frank Morriss **D** John Cusack (Myrl Redding), John Goodman (Richter Tolliver), L.Q. Jones (Herny Ballard), Miranda Otto (Cora Redding), John C. McGinley (Woody) **L** 112 **E** 1.5.2000 Premiere World

REITER DER REVOLUTION (WSADNIKI REWOLJUZII). Der Kampf der Rotarmisten gegen Nationalisten und Konterrevolutionäre um 1918 in Turkestan. Abenteuerlicher »geschichtskundlicher« Film, für ein jugendliches Publikum konzipert. – Ab 14. ✦ Scope, schwarz-weiß. UdSSR 1969 **P** Usbekfilm **KI** Progress **R** Kamil Jarmatow **B** Michail Melkumow, Kamil Jarmatow **K** Miron Penson **M** Ikram Akbarow **D** Muchtar Aga-Mirsajew, Schukur Burchanow, Abbas Bakirow, Chamza Umarow, Wladimir Jemeljanow **L** 97 **E** 17.4.1970 Kino DDR

REITER DER VERGELTUNG (FIVE GUNS TO TOMBSTONE). Ein »bekehrter« Revolverheld lockt zum Beweis seiner Unschuld zwei Bankräuberbanden in die Falle. B-Western. ✦ Schwarz-weiß. USA 1960 **P** Zenith **KI** United Artists **Pd** Robert E. Kent **R** Edward L. Cahn **B** Richard Schayer, Jack DeWitt, nach einer Erzählung von Arthur Orloff **K** Maury Gertsman **M** Paul Sawtell **S** Robbe Roberts **D** James Brown (Billy Wade), John Wilder (Ted Wade), Walter Coy (Ike Garvey), Della Sharman (Arlene), Richard Karnes (Matt Wade), Red Morgan (Hoagie), Joe Haworth (Hoke), Quent Sondergaard (Hank), Jon Locke (Kolloway), Gregg Palmer, Willis Bouchey, Al Wyatt, Bob Woodward **L** 72 **FSK** ab 12; nf **E** 18.5.1961 **fd** 10 258

REITER DES SCHRECKENS (IL TERRORE DEI MANTELLI ROSSI / LES CAVALIERS DE LA TERREUR). Geheimnisvolle Reiter, die von den einfachen Landbewohnern für Boten der Hölle gehalten werden, terrorisieren ein Herzogtum. Mantel-und-Degen-Film mit den üblichen Fechtduellen, endlosen Reiterjagden und einer klischeehaften Liebesgeschichte. – Ab 14. ✦ Scope. Italien/Frankreich/Spanien 1963 **P** Tibre/Radius/Pamec/Hispaner **KI** Pallas **R** Mario Costa **B** Nino Lillo, E. Falletti **K** Julio Ortas **M** Carlo Rustichelli **D** Tony Russell, Scilla Gabel, Alf Marholm, Jacques Dacqmine, Carla Calò **L** 84 **FSK** ab 12; nf **E** 7.8.1964 **fd** 12 902

REITER GEGEN SITTING BULL (CAVALRY SCOUT). Bescheidener B-Western: Ein Armeekundschafter enttarnt und bestraft die Schmuggler, die Waffen an die Sioux verkauft haben. Nach dem Sieg über alle Gegner gibt er sich großmütig. ✦ Schwarz-weiß. USA 1951 **P** Allied Artists **KI** Nordwest **Pd** Walter Mirisch **R** Lesley Selander **B** Daniel B. Ullman **K** Harry Neumann **M** Marlin Skiles **S** Richard Heermance **D** Rod Cameron (Kirby Frye), Audrey Long (Claire), Jim Davis (Spaulding), James Millican (Martin Gavin), James Arness (Barth), John Doucette (Varney), William Phillips (Sgt. Wilkins), Stephen Chase (Col. Drumm), Edward Waller (Gen. Sherman), Frank Wilcox (Matson) **L** 70 **FSK** ab 12; nf **E** 11.3.1955 **fd** 3 925

REITER GEGEN TOD UND TEUFEL (BOOT HILL BANDITS). Ein Film aus der Western-Serie »Drei Musketiere der Prärie« (»Three Mesquiteers«), die es zwischen 1935 und 1943 in den USA auf insgesamt 51 Folgen brachte. In dieser Episode säubert das Heldentrio eine Präriestadt von Gangstern, die vom Bürgermeister gedeckt werden. (Einige Sequenzen stammen aus einem anderen Teil der Serie.) ✦ Schwarz-weiß. USA 1942 **P** Monogram **KI** Nordwest **R** S. Roy Luby **B** John Rathmell **K** Robert Cline **M** Frank Sanucci **D** Ray Corrigan, Max Terhune, John King **L** 60 **FSK** ab 12; nf **E** 22.9.1950 **fd** 893

DER REITER MIT DEM BLITZ IN DER HAND (WSADNIK S MOLNIJEJ W RUKJE). Ein Geologin, die mit einer kleinen Expedition nach Wolfram- und Molybdänvorkommen forscht, stößt bei den ortsansässigen Dorfbewohnern auf Unverständnis. Nur mit Hilfe des jungen Schmieds gelingt es ihr, das Vorkommen aufzuspüren. Später kommt sie durch eine Steinlawine ums Leben. ✦ Scope, schwarz-weiß. UdSSR 1975 **P** Gorki-Studio **R** Hassan Chashkassimow **B** Juli Dunski, Valeri Frid **K** Boris Seredin **M** Arif Melikow **D** Tatjana Kulisch (Natascha), Rassim Balajew (Elbert), Sufjan Soblirow (Andsor), Viktor Awdjuschko (Andrej Dmitrijewitsch), Boris Kudrjawzew (Samson) **L** 79 **E** 14.12.1975 DFF 2

REITER OHNE GNADE (KANSAS RAIDERS). Während des amerikanischen Bürgerkriegs schließen sich Jesse James und eine Bande jugendlicher Gesetzloser den »Quantrill Raiders« an, einer grausamen Partisanentruppe. Handlungsreicher Audie-Murphy-Western mit atmosphärisch treffendem Zeitkolorit. – Ab 16. ✦ USA 1951 **P** Universal **KI** Universal **Pd** Walter Wanger **R** Ray Enright **B** Robert L. Richards, nach seinem Buch **K** Irving Glassberg **M** Joseph Gershenson **S** Milton Carruth **D** Audie Murphy (Johnny Camps), Brian Donlevy (Col. Quantrill), Marguerite Chapman (Kate Clark), Scott Brady (Richard Long), Tony Curtis (Ken Norton), Richard Arlen (Union Captain), Richard Long (Frank James), James Best (Cole Younger), John Kellogg (Red Leg-Führer), George Chandler (Willie), Richard Egan (Leutnant), Buddy Roosevelt (Indianer) **L** 76 **FSK** ab 12; nf **E** 23.12.1956 **fd** 4 725

REITER OHNE KOPF (WSADNIK BES GOLOWY). Liebes- und Eifersuchtsdrama Mitte des 19. Jahrhunderts. Die Tochter eines reichen Siedlers bekennt sich schließlich zu ihrem mittellosen Freund und kann so einen Schurken entlarven. Ein in Western-Kulissen angesiedelter exotisch-abenteuerlicher Unterhaltungsfilm in dick aufgetragenen Farben. – Ab 14. ✦ Scope. UdSSR 1973 **P** Lenfilm **KI** Progress **R** Wladimir Wainstok **B** Wladimir Wladimirow, Pawel Finn, nach einem Roman von Mayne Reids **K** Konstantin Ryshow **M** Nikita Bogoslowski **D** Iwan Petrow (Zeb Stump), Alfonso Gadines (Pluto), Rolando Dias

(Major), Ljudmila Saweljewa (Louise Poindexter), Oleg Widow (Maurice Gerald) **L** 96 **E** 5.4.1974 Kino DDR/26.12.1975 DFF 1

DIE REITER VON DEUTSCH-OSTAFRIKA. Der unter der Schirmherrschaft des Reichskolonialbundes hergestellte Film erzählt, wie ein deutscher Farmer am Kilimandscharo noch an seinem Hochzeitstag – bei Kriegsausbruch 1914 – ausrücken muß, um mit Landsleuten und Askaris in den Kampf gegen die Briten zu ziehen. Seine Frau, die ihn vor dem Verdursten retten kann, gerät später in englische Gefangenschaft, wird aber befreit und schlägt sich zu General Lettow-Vorbeck durch. Obschon als »volksbildend« prädikatisiert, wurde der heroische Abenteuerfilm am 19. Dezember 1939 von der NS-Zensur verboten, weil darin die Engländer, nunmehr »Feinde des Reiches«, zu positiv gezeichnet waren. Nach 1945 von den Alliierten Militärregierungen verboten. ✦ Schwarz-weiß. Deutschland 1934 **P** Terra-Film **R** Herbert Selpin **B** Marie-Luise Droop, nach dem Roman »Kwa heri« **K** Emil Schünemann **M** Herbert Windt **S** Lena Neumann **D** Ilse Stobrawa, Sepp Rist, Peter Voß, Ludwig Gerner, Georg H. Schnell **L** 89 **E** 19.10.1934

REITET DAS ROSAROTE PFERDCHEN (COME, RIDE THE WILD PINK HORSE). Zwei gelangweilte Ehefrauen erleben auf der Suche nach erotischen Abenteuern in einer Malerkommune Gruppensex und Partnertausch. Primitiver Sexfilm. ✦ Schwarz-weiß. USA 1967 **P** Chellee **Kl** Adria **R+B** Joseph W. Sarno **K** Bruce Sparks **M** Piri Mirini **D** Mona Marshall, Steffen Wolf, Sheila Britt, René Valli **L** 83 **FSK** ab 18; nf **E** 17.4.1969 **fd** 16 106

... REITET FÜR DEUTSCHLAND. Ein nach der Verwundung im Ersten Weltkrieg gelähmter deutscher Offizier besiegt seine Krankheit und wird nach hartem Training und persönlichen Krisen auf dem Rücken seines ehemaligen Militärpferds Sieger eines Europachampionats für Springreiter. Das heroische und nationalistische Sportlerdrama feiert die wiedererlangte Weltgeltung Deutschlands nach dem verlorenen Ersten Weltkrieg. Nach 1945 wurde eine von antisemitischen Ausfällen gereinigte Fassung des Films in bundesdeutschen Kinos gezeigt. ✦ Schwarz-weiß. Deutschland 1941 **P** UFA **Kl** Prisma **VA** Ufa **R** Arthur Maria Rabenalt **B** Fritz Reck-Malleczewen, Richard Riedel, Josef Maria Frank, nach der von Clemens Laar bearbeiteten Biografie des Freiherrn von Langen **K** Werner Krien **M** Alois Melichar **S** Kurt Hampp **D** Willy Birgel (Rittmeister von Brenken), Gertrud Eysoldt (Tante Ulle), Gerhild Weber (Toms), Herbert A.E. Böhme (Olav Kolrep), Willi Rose (Karl Marten), Wolfgang Staudte **L** 92 **FSK** ab 6; f **E** 11.4. 1941 **fd** 2 410

DIE REITSCHULE DER MADAME O (I LOVENS TEGN). Eine mit Musik, Sentiment und viel Frivolität ausgestattete Komödie über einen naiven jungen Mann, der von zwei alten Damen als Verfasser eines Pornoromans ausgegeben und schließlich als Graf erkannt wird. Der Film ist zwar pfiffiger als die übliche Sexfilm-Ware, bietet ansonsten aber doch nicht mehr als das übliche Augenfutter für Voyeure. – Wir raten ab. ✦ Dänemark 1976 **P** Happy Film **Kl** A.B. **R** Werner Hedman **B** Werner Hedman, Edmondt Jensen, Anders Sandberg **K** Rolf Ronne **M** Ole Oyer **D** Sitter Horne Rasmussen, Else Petersen, Poul Bundgaard, Lisi Osterfeld, Ole Soltoft **L** 85 **FSK** SPIO: X **E** 20.5.1977 **fd** 20 398

EINE REIZENDE FAMILIE. Geschichte um ein junges Mädchen und seine sechs Geschwister, die gegen ihren Willen in ihr Haus einen Mieter aufnehmen müssen. – Ab 14. ✦ Schwarz-weiß. Deutschland 1945 **P** Berlin-Film **Kl** Progress **R** Erich Waschneck **B** Gustav Kampendonk **K** Kurt Schulz **M** Werner Eisbrenner **D** Ernst von Klipstein, Karin Hardt, Sonja Ziemann, Gunnar Möller, Paul Henckels **L** 70 **E** 1948 Kino/24.8.1987 DFF 1

REIZENDE NACHBARN (CHARMANTS VOISINS). Ein Lausanner Stadtrat engagiert einen Zürcher Wirtschaftsprüfer, der die Stadtverwaltung durchleuchten soll. Der Deutschschweizer, dem der Ruf eines schonungslosen Abwicklers vorauseilt, ist von Beginn an verhasst, doch als er ausgerechnet eine Villa neben der eines leitenden Beamten des Katasteramtes bezieht, ist der korrupte Beamte zu Kompromissen gezwungen. Es gelingt sogar, eine fadenscheinige Freundschaft aufzubauen, doch als der Prüfer durchgreift und gegen den Kollegen seines Nachbarn vorgeht, muss Farbe bekannt werden. Augenzwinkernde Komödie mit gutem Timing, die ihren Humor aus den mentalen Gegensätzen dies- und jenseits des »Röschtigrabens« zieht und in der der Regisseur seinen Landsleuten liebevoll einen Spiegel vorhält. ✦ Schweiz 1999 **P** Thelma Film/TSR **Pd** Pierre-Alain Meier **R** Claudio Tonetti **B** Pierre Hans, Jean Stein **K** Thomas Hardmeier **M** L'Attirail **S** Robert Mabillard **D** Daniel Prévost (Daniel Berger), Eva Darlan (Catherine Berger), Martin Huber (Walter Schäfer), Babett Arens (Erika Schäfer), Philippe Duclos (Visinand), Fedele Papalia (Gianni Pastore) **L** 90 **E** 13.6.2001 SF 2/DRS

EIN REIZENDER FRATZ (LITTLE MISS MARKER). Ein rauhbeiniger Buchmacher kümmert sich – zunächst widerwillig, dann aber mit Begeisterung – um ein verwaistes Kind und entdeckt dabei nicht nur sein gutes Herz, sondern findet auch die Frau fürs Leben. Ein altbewährter Komödienstoff, konventionell zwischen Komik und Rührseligkeit inszeniert; trotz gelegentlich mangelnden Tempos und einiger Schwächen in der Schauspielerführung weitgehend gefällige Unterhaltung. – Ab 8. ✦ USA 1979 **P** Universal **Kl** CIC **R** Walter Bernstein **B** Walter Bernstein, nach einer Story von Damon Runyon **K** Philip Lathrop **M** Henry Mancini **D** Walter Matthau, Julie Andrews, Tony Curtis, Bob Newhart, Lee Grant **L** 102 **FSK** ab 12; f **E** 25.7.1980/5.7.1987 DFF 1 **fd** 22 576

DIE REIZENDSTEN ELTERN DER WELT →Es begann in Schneiders Opernhaus

RÉJEANNE PADOVANI (REJEANNE PADOVANI). Ein mächtiger Bauunternehmer, der wieder einmal einen Konkurrenten durch Drohung und Bestechung aus dem Rennen geworfen hat, gerät durch seine scheidungswillige Frau in Schwierigkeiten, denn die Gattin kennt brisante Details aus dem schmutzigen Geschäftsleben ihres Mannes. Ein um dokumentarische Wirklichkeitsnähe bemühter Spielfilm des kanadischen Autorenfilmers Arcand, der ein kritisches Gesellschafts- und Sittenbild zeichnet. ✦ Schwarz-weiß. Kanada 1973 **R** Denys Arcand **B** Jacques Benoît, Denys Arcand **K** Alain Dostie **M** Christoph Willibald Gluck, Walter Boudreau **D** Jean Lajeunesse, Luce Guilbeault, Robert Lebel, Pierre Thériault, Frédérique Collin **L** 90 **E** 12.3.1976 Kino DDR/7.12. 1977 DFF 1/27.2.1980 BR

REJS – DER AUSFLUG (REJS). Ein Vergnügungsdampfer auf der Weichsel: Die Ausflügler beschäftigen sich, ganz ihrer Privilegiertheit bewußt, hauptsächlich damit, vom Schiff aus die anderen, die Nicht-Privilegierten, zu beobachten. Als einem als Poseidon verkleideten blinden Passagier vom Kapitän die Verantwortung für gemeinschaftliche Aktivitäten übertragen wird, entwickeln sich an Bord skurrile Situationen, in denen sich die soziale und kulturelle Befindlichkeit des Landes widerspiegelt. Genaue Beobachtung und inszenatorisches Geschick zeichnen den ohne ausgearbeitetes Drehbuch und mit nur wenigen professionellen Schauspielern entstandenen Film aus, der, von der polnischen Zensur zunächst verboten, 1970 in einer um 22 Minuten gekürzten Version zur Aufführung kam. Da jedoch nur eine Kopie zur Verfügung stand, war er de facto kaum zu sehen. Der Film entwickelte sich zum Geheimtip, später zum Kultfilm. (O.m.d.U.) ✦ Schwarz-weiß. Polen 1968/70 **P** PRF Zespoly Filmowe – TOR **Kl** Freunde der Deutschen Kinemathek **R** Marek Piwowski **B** Marek Piwowski, Janusz Glowacki **K** Marek Nowicki **M** Wojciech Kilar **D** Stanislaw Tym (»Kulturreferent«), Jolanta Lothe, Wanda Stanislawska-Lothe, Andrzej Dobosz, Feridun Erol **L** 68 **E** 1994 Kino/ 15.2.1996 Südwest 3

REJUVENATOR (REJUVENATOR – A CLASSIC TALE OF TERROR). Ein Wissenschaftler entdeckt eine Rezeptur gegen den Alterungsprozeß, ein Destillat aus der menschlichen Großhirnrinde, das er einer verblühenden Diva zukommen lassen will. Diese beschafft es sich jedoch bald selbst und mutiert zum hirnschlürfenden Monster. Bald häufen sich die Leichen, das böse Ende ist vorporgrammiert. Ein sich in seinem Blutdurst steigernder Horrorfilm, der die anfängliche Dichte rasch zugunsten von Ekeleffekten und grausigen Masken vernachlässigt. ✦ USA 1988 **P** Bedford **VA** HVW Focus **Pd** Steven Mackler **R** Brian Thomas Jones **B** Simon Nuchtern, Brian Thomas Jones **K** James McCalmont **M** Larry Juris **S** Brian O'Hara **D** Vivian Lanko (Elisabeth Warren), John MacKay (Dr. Gregory Ashton), James Hogue (Wilhelm), Katell Pleven (Dr. Stella Stone), Marcus Powell (Dr. Germaine) **L** 72 **FSK** ab 16 **E** Mai 1989 Video **fd** 27 764

REKONSTRUKTION (ANAPARASTASSI). Eine Frau und ihr Liebhaber in einem entlegenen Dorf der Region Epiros töten gemeinsam den heimkehrenden Ehemann, der in Deutschland als Gastarbeiter gelebt hat. In Milieuzeichnung und Atmosphäre sehr dichter und fesselnder Film, der sich an Hand des Kriminalfalles mit der sozialen Lage Griechenlands zu Beginn der 70er Jahre auseinandersetzt und Verhältnisse anklagt, die zahlreiche Menschen zur Emigration zwingen. ✦ Schwarz-weiß. Griechenland 1970 **P** Giorgos Samiotis **Kl** Freunde der Deutschen Kinemathek **R** Theo Angelopoulos **B** Theo Angelopoulos, Stratis Karras, Thanassis Valtinos **K** Giorgos Arvanitis **M** Volkslieder **S** Takis Davlopoulos **D** Toula Stathopoulou (Ehefrau), Jannis Totsikas (Liebhaber), Thanos Grammenos (Ehemann), Petros Choidas (Untersuchungsbeamter), Nicos Alevras (Polizeibeamter), Michalis Fotopoulos **L** 105 **E** 9.10.1972 ZDF

DIE REKONSTRUKTION (RECONSTITUIREA). Zwei rumänische Oberschüler, angeklagt wegen Sachbeschädigung und leichter Körperverletzung, werden verurteilt, ihre Tat zu rekonstruieren, damit ein erzieherischer Lehrfilm für ihre Altersgenossen gedreht werden kann. Während der Dreharbeiten werden sie Schikanen ausgesetzt, damit der Film drastischer ausfällt als die eigentliche Tat. Das Spiel schlägt in tödlichen Ernst um. Eine mit rabenschwarzem Humor gewürzte Groteske als Anklage gegen den Stalinismus. Der im Stil des englischen Free Cinema gedrehte Film überzeugt durch Inszenierung, Atmosphäre und präzise Schauspielerführung. Er kam nur für wenige Wochen in die Bukarester Kinos, dann verschwand in in den Schränken der Zensurbehörden. ✦ Schwarz-weiß. Rumänien 1969 **P** Studi Bucuresti **R** Lucian Pintilie **B** Lucian Pintilie, Horia Patrascu **K** Sergiu Huzum **D** George Constantin, Emil Botta, George Mihaita, Vladimir Gaitan, Ernest Maftei **L** 99 **E** 30.4.1972 Bayerischer Rundfunk/24.11.1996 N 3

DER REKORD (1973). Georgischer Spielfilm nach Karl Capek. Das Talent eines jungen Georgiers, kiloschwere Steine über unglaubliche Entfernungen zu werfen, wenn er in Rage versetzt wird, ruft Funktionäre der Partei auf den Plan. Vor dem ungewohnten Publikum versagt er jedoch mangels Motivation – bis jemand auf eine rettende Idee kommt. (O.m.d.U.) ✦ Schwarz-weiß. UdSSR 1973 **R** Guram Pataraja **B** nach Motiven einer Novelle von Karel Capek **D** Gowen Tscheischwili (Chuta), Dschumber Uwania (Gitu), Koba Gwiniaschwili (Djotia), Georgi Zomaja (Roman), Eva Chutischwili (Zuza) **L** 58 **E** 18.4.1996 S 3

DER REKORD (1984) (DER REKORD). Zwei gescheiterte Münchener Video-Piraten versuchen, mit einem »Weltrekord« neue Geldquellen aufzutun: 240 Stunden Dauerfernsehen. Die Tortur endet in einem Alptraum. Der Versuch einer Satire auf die Fernseh-Sucht bleibt in nett erdachten komödiantischen

Ideen stecken und beraubt sich mit dem ernsten Schluß seiner ursprünglichen Leichtigkeit. – Ab 16. ✦ Schwarz-weiß. BR Deutschland/Schweiz 1984 **P** HFFM/BR/Cactus-Film/Schweizer Fernsehen **KI** Titania **R+B** Daniel Helfer **K** Kay Gauditz **M** The Chance **S** Peter R. Adam **D** Uwe Ochsenknecht (Rico), Laszlo Imre Kish (Banana), Catarina Raake (Bigi), Kurt Raab (P.K. Wüterich), András Fricsay, Vitus Zeplichal **L** 85 **FSK** ab 16; f **FBW** w **E** 28.11.1985 **fd** 25 536

DER REKORD (1998) (LE RECORD). Um der Schließung ihrer Zeche den Grund zu entziehen, beschließen die Kumpel in Rekordzeit einen Stollen voranzutreiben, womit sie freilich Leben und Gesundheit aufs Spiel setzen. Ein realistischer Blick auf eine von Verzweiflung geprägte Arbeitswelt. Dabei nimmt sich der ambitionierte Film auch Zeit für Seitenblicke auf Freundschaften, Kneipenbesuche und Liebschaften, wobei er Arbeiter in den Mittelpunkt rückt, die Stolz auf ihre Leistungen sind. ✦ Frankreich 1998 **P** King Movies/France 3/La Sept/arte **Pd** Jean-Luc Michaux **R** Edwin Baily **B** Alain Robillard, Gabriel Weber, Jean-Louis Sonzogni **K** Vivi Dragan Vasile, Jean-Jacques Bouhon **M** François Hadji Lazaro **S** Yvon Lemière **D** Patrick Raynal (Roman), Antoine Basler (Bang Bang), Charlie Nelson (DJ), Daniel Krellenstein (Arizona), Djemel Barek (Bachir) **L** 87 **E** 15.1.2000 arte

REKORDJÄGER (LES CONVOYEURS ATTENDENT). Der Fotoreporter einer belgischen Provinzzeitung will mit seiner Familie ins »Buch der Rekorde« aufgenommen werden und trimmt seinen Sohn darauf, den Weltrekord im Türenöffnen zu brechen. Dazu wird sogar ein amerikanischer Trainer engagiert. Doch bald tauchen Probleme auf, und der eigentlich fürsorgliche Familienvater entwickelt sich zum Tyrannen. Erstlingsfilm über die Träume des kleinen Mannes an der Schwelle zur Jahrtausendwende, der die Absurditäten des Alltags spiegelt. Überzeugend gespielt, strahlt der im dokufiktionalen Stil inszenierte Film einen faszinierenden Hauch des Morbiden aus. – Ab 14. ✦ Belgien/Frankreich/Schweiz 1999 **P** K2/RTBF/K-Star/CAB **R** Benoît Mariage **B** Benoît Mariage, Emmanuelle Bada, Jean-Luc Seigle **K** Philippe Guilbert **M** Stéphane Huguenin **S** Philippe Guilbert **D** Benoît Poelvoorde (Roger Closset, der Vater), Dominique Baeyens (die Mutter), Morgane Simon (Luise, die Tochter), Jean-François Devigne (Michel, der Sohn), Bouli Lanners (der Trainer) **L** 94 **E** 17.5.2000 WDR

REKRUT WILLIE WINKIE (WEE WILLIE WINKIE). 1897. Eine verwitwete Amerikanerin siedelt mit ihrer kleinen Tochter zum Großvater über, der in Indien Kommandant eines britischen Regiments ist. Die dauernden Fehden zwischen Engländern und indischen Aufständischen werden durch die Enkelin des Kommandanten beendet: Sie geht ins Lager der Rebellen und vermittelt zwischen den Parteien. Gefühlsselige Unterhaltung mit dem Kinderstar der 30er Jahre, Shirley Temple, nach einer Kurzgeschichte von Rudyard Kipling. – Ab 10. ✦ Schwarz-weiß. USA 1937 **P** 20th Century Fox **Pd** Darryl F. Zanuck **R** John Ford **B** Ernest Pascal, Julien Josephson, nach einer Kurzgeschichte von Rudyard Kipling **K** Arthur Miller **M** Louis Silvers **D** Shirley Temple (Priscilla Williams), Victor McLaglen (Sgt. MacDuff), C. Aubrey Smith (Col. Williams), June Lang (Joyce Williams), Michael Whalen (Lt. »Coppy« Brandes) **L** 90 (Orig. 99) **E** 29.12.1937/24.8.1976 ZDF

REKRUTEN IM TODESDSCHUNGEL (THE VIRGIN SOLDIERS). Die Erlebnisse englischer Rekruten einer Garnison bei Singapur im Jahr 1950: sturer Kasernenbetrieb, sexuelle Frustration und die »Feuertaufe« bei einem Gefecht mit Aufständischen. Satirisch-grimmige, gelegentlich überzeichnete und im Dialog rüde Attacke gegen das Militär als Erziehungsanstalt und gegen jegliche Ausprägung von Militarismus. ✦ Großbritannien 1969 **P** Openhouse/Highroad (für British Columbia) **VA** RCA/Columbia **R** John Dexter **B** John Hopkins, John McGrath, nach einem Roman von Leslie Thomas **K** Ken Higgins **M** Peter Greenwell, Raymond Douglas Davis **D** Lynn Redgrave, Nigel Davenport, Hywel Bennett, Nigel Patrick, Rachel Kempson **L** 91 **FSK** ab 16 **E** 3.6.1985 Video

REKRUTEN RECHTS 'RAUS (91 KARLSSON BRAVADER). Schwedische Militärklamotte: Zwei Soldaten bringen ihren Feldwebel wegen eines verlorenen Manöverplans um seinen Dienstrang. ✦ Schwarz-weiß. Schweden 1952 **P** Imago **KI** Karp/Odeon/Äquator/Titania **R** Gösta Bernhard **B** Harry Iseborg **K** Kalle Bergholm **M** Harry Iseborg **D** Gus Dahlström, Holger Höglund, Irene Söderblom, Marion Sundh, Fritjof Billquist **L** 80 **FSK** ab 12; nf **E** 12.12.1952 **fd** 2 311

RELATIVITÄT (RELATIVITY). Der amerikanische Experimentalfilmer Ed Emshwiller reflektiert in diesem Film über den Menschen und seine »Umgebung«, womit die Stellung im Universum, seine Beziehungen zu einer psychischen, sexuellen und unterbewußten Welt gemeint sind. Der 1925 geborene Filmemacher arbeitet mit Doppelbelichtungen, Zeitlupenverfahren etc., mit denen er assoziative und vielschichtige Bilder konstruiert, die sich einer rein rationalen Verstehensweise entziehen. ✦ USA 1966 **R** Ed Emshwiller **L** 100 **E** 15.11.1969 WDR

DAS RELIKT (THE RELIC). Während der Eröffnungsgala einer Ausstellung über »Aberglauben« im Chicagoer Naturkundemuseum fällt ein blutrünstiges Wesen über die Besucher her, das sich als ein brasilianischer Dämon oder als genetisches Hybridwesen verstehen läßt. Nervenzerrender Horrorthriller, der aktuelle Angstthemen zu einem dramaturgisch übersteigerten Actionfilm verwebt, seine vielfältigen Anspielungen aber über Ansätze hinaus nicht vertiefen kann. ✦ Scope. USA 1996 **P** Cloud Nine/Polygram Filmed Entertainment/Marubeni/Toho-Towa/Tele München/BBC/Paramount Pictures/Pacific Western **KI** Concorde – CR/Turner **VA** Concorde (VCL) **DVD** Concorde (1.85:1, DD5.1 dt.) **Pd** Gale Anne Hurd, Sam Mercer **R** Peter Hyams **B** Amy Holden Jones (= Amy Jones), John Raffo, Rick Jaffa, Amanda Silver, nach einem Roman von Douglas Preston und Lincoln Child **K** Peter Hyams, Philip Harrison **M** Penny Perry **S** Gregory L. McMurry **D** Penelope Ann Miller (Dr. Margo Green), Tom Sizemore (Lieutenant Vincent D'Agosta), Linda Hunt (Dr. Ann Cuthberg), James Whitmore (Dr. Albert Frock), Robert Lasser (Bürgermeister Owen) **L** 110 **FSK** ab 16; f **E** 1.5.1997/25.11.1997 Video/26.11.1998 DVD **fd** 32 522

REMBETIKO (REMBETIKO). Das Schicksal einer (fiktiven) Rembetiko-Sängerin von 1917 bis 1956, verbunden mit den großen politischen Ereignissen in der Geschichte Griechenlands. In einer Erzählform, die das Melodram mit der Ballade, die Stilisierung mit südländischem Pathos verbindet, wird aus der Sicht des einfachen Volkes Geschichte und persönliches Geschick kommentiert, reflektiert und erfahrbar gemacht. (O.m.d.U.) – Sehenswert. ✦ Griechenland 1983 **P** Rembetiko E.P.E./Greek Film Centre **KI** prokino **Pd** Georges Zervoulakos **R** Costas Ferris **B** Sotiria Leonardou, Costas Ferris **K** Takis Zervoulakos **M** Stavros Xarchakos **S** Yiana Spyrpoulou **D** Sotiria Leonardou (Marika Ninou), Nikos Kalogeropoulos (Bobbis), Michalis Maniatis (Giogakis), Nikos Dimitratos (Panagis), Konstantinos Tzoumas (Juan), Themis Bazaka (Adrianna), Giorgos Zorbas (Thomas) **L** 120 **E** 5.10.1984 **fd** 24 748

REMBRANDT (1937) (REMBRANDT). Dramatische Skizzen aus dem Leben des holländischen Malers (1606–1669). Eine mit starken Licht- und Schatteneffekten stimmungsvoll fotografierte und von Charles Laughton mit hinreißender Vitalität gespielte historische Milieu- und Charakterstudie. – Ab 14. ✦ Schwarz-weiß. Großbritannien 1937 **P** London **Pd+R** Alexander Korda **B** Carl Zuckmayer, Lajos Biro, June Head, Arthur Wimperis **K** Georges Périnal, Richard Angst **M** Geoffrey Toye **S** William Hornbeck, Francis D. Lyon **D** Charles Laughton (Rembrandt), Elsa Lanchester (Hendrickje Stoffels), Gertrude Lawrence (Geertje Dirx), Edward Chapman (Fabrizius), Walter Hudd (Banning Cocq), Roger Livesey (Bettler), John Bryning (Titus van Rijn) **L** 110 **FSK** ab 12; f **E** Juli 1945/28.10.1962 ARD

REMBRANDT (1942). Biografischer Film über den niederländischen Maler. Ausgezeichnet fotografiert und gespielt, aber nicht frei von Einflüssen der nationalsozialistischen Kulturlenkung. Regisseur Steinhoff inszenierte auch den Propagandafilm »Hitlerjunge Quex«. (Alternativtitel: »Ewiger Rembrandt«) ✦ Schwarz-weiß. Deutschland 1942 **P** Terra **KI** Athena/Karp/Titanic **R** Hans Steinhoff **B** Kurt Heuser, Hans Steinhoff, unter Einbeziehung des Romans »Zwischen Hell und Dunkel« von V. Tornius **K** Richard Angst **M** Alois Melichar **D** Ewald Balser (Rembrandt van Rijn), Hertha Feiler (Saskia), Gisela Uhlen (Hendrickje Stoffels), Elisabeth Flickenschildt (Geertje Dierks), Theodor Loos **L** 107 **FSK** ab 12; f **E** 17.6.1942/1953 Kino DDR/8.8.1957 ARD/23.12.1957 DFF 1 **fd** 139

REMBRANDT (1999) (REMBRANDT). Prunkvoll und detailliert ausgestattete Künstlerbiografie des niederländischen Barockmalers Rembrandt van Rijn. In Rückblenden erzählt, überzeugt der Film durch längere Seitenblicke auf das Schicksal von drei Frauen an der Seite des Künstlers. Abgesehen von einigen hölzern inszenierten Szenen, geben der hervorragend spielende Hauptdarsteller sowie seine ebenso überzeugenden Partnerinnen der Geschichte die notwendige dramaturgische Balance. – Ab 14. ✦ Frankreich/Deutschland/Niederlande 1999 **P** Ognon Pictures/Argus Film Productie/Pain Unlimited/Procirep **KI** Pegasos **Pd** Humbert Balsan **R** Charles Matton **B** Charles Matton, Sylvie Matton **K** Pierre Dupouey **M** Nicolas Matton **S** François Gédigier **D** Klaus Maria Brandauer (Rembrandt), Romane Bohringer (Hendrickje), Jean Rochefort (Nicholaes Tulp), Johanna Ter Steege (Saskia), Jean-Philippe Ecoffey (Jan Six) **L** 103 **FSK** ab 12; f **E** 3.5.2001 **fd** 34 818

DIE REMBRANDT-CONNECTION → Alistair MacLean – Der Rembrandt-Deal

REMBRANDT LAUGHING (REMBRANDT LAUGHING). Der Film zeigt die Stadt San Francisco und einige ihrer Bewohner mit ihren Hoffnungen, Wünschen und Träumen. Er erzählt Geschichten über Leben, Liebe und Tod, über Beziehungen, die zu Ende gehen, und über solche, die sich gerade anbahnen. Dabei ist er von Zuneigung für die Menschen erfüllt und lenkt den Blick auf Details, die mitunter beredter sind als viele Worte. Der Film entstand im Februar 1988 als zwangloser Arbeitsprozeß, wobei das »Drehbuch« vom Regisseur in Zusammenarbeit mit den Darstellern improvisiert wurde. (O.m.d.U.) ✦ USA 1989 **P** Henry Rosenthal/Jon Jost **SF** Freunde der Deutschen Kinemathek **Pd** Henry Rosenthal (= Henry S. Rosenthal), Jon Jost **R+B+K** Jon Jost **M** Jon A. English, Ludwig van Beethoven **S** Jon Jost **D** Jon A. English, Barbara Hammes, Jennifer Johanson, Ed Green, Nathaniel Dorsky **L** 100 **E** August 1989

REMBRANDT 7 ANTWORTET NICHT. Agentenabenteuer um eine begehrte physikalische Formel, die Ost und West in ihren Besitz bringen wollen, die der Wissenschaftler aber schließlich mit ins Grab nimmt. Wirr, langatmig, ohne Witz und Spannung. – Ab 16. ✦ Scope. BR Deutschland/Italien/Spanien 1965 **P** Planet/C.A.P.I./Agata/Erich Mehl **KI** Constantin **R** Gian Carlo Romitelli **B** Ennio de Concini, Gian Carlo Romitelli, Robert Weller **K** Guglielmo Mancori **M** Aldo Piga **D** Joachim Hansen, Christiane Maybach, Lang Jeffries, Laura Valen, Karl Wintermann **L** 95 **FSK** ab 16; nf **E** 24.6.1966 **fd** 14 126

REMBRANDT VAN RIJN – LICHT UND SCHATTEN (REMBRANDT FECIT 1669). Das Leben des Malers Rembrandt bis zu seinem Tod im Jahre 1669: sein schwieriger Charakter, sein turbulentes Liebesleben, sein Elend, sein Schaffen. Geradlinig, bisweilen aber recht einförmig erzählte Künstlerbiografie, die auf jegliche künstlerische Deutung und Wertung verzichtet. – Ab 16. ✦ Niederlande 1977 **P** Jos Stelling Film Produkties **Pd+R** Jos Stelling **B** Jos Stelling, Wil Heldebrand **K** Ernst Bresser **M** Peter Vink, Laurens van Rooyen **D** Frans Stelling (junger Rembrandt), Ton de Koff (alter Rembrandt), Lucie Singeling (Saskia van Uylenburg), Hanneke van der Velden (Geertghe Dirkx), Aya Gil (Hendrickje Stoffels) **L** 105 **E** 11.5. 1985 DFF 1/30.7.1991 DFF

REMINISCING IN TEMPO →Duke Ellington: Reminiscing in Tempo

REMO – UNBEWAFFNET UND GEFÄHRLICH (REMO WILLIAMS: THE ADVENTURE BEGINS). Ein in alten koreanischen Kampfmethoden geschulter Spezialagent tötet im Auftrag einer Geheimorganisation einen betrügerischen Industriellen. Agentenfilm mit witzigen Einfällen, der mehr auf Humor als auf Härten setzt; zusätzlich belebt durch die Schüler-Meister-Beziehung, bei der unterschiedliche Lebenseinstellungen aufeinandertreffen. – Ab 16. ✦ USA 1985 **P** Orion **KI** 20th Century Fox **SF** 20th Century Fox **VA** RCA/Columbia **Pd** Larry Spiegel, Mel Bergman **R** Guy Hamilton **B** Christopher Wood **K** Andrew Laszlo **M** Craig Safan **S** Mark Melnick **D** Fred Ward (Remo Williams), Joel Grey (Chiun), Wilford Brimley (Harold Smith), J. A. Preston (Conn MacClearly), Kate Mulgrew (Major Rayner Fleming) **L** 116 **FSK** ab 16; f **FBW** w **E** 20.3.1986/Oktober 1986 Video **fd** 25 522

RENAISSANCE DER BAHNHÖFE. Der Bahnhof als Spiegel kultureller, politischer und sozialer Entwicklungen. Ein Reisefilm besonderer Art, der große europäische Bahnhöfe und ihre Geschichte an Hand von Archivbildern und Spielfilmszenen vorstellt. Im Verlauf kommen auch Architekten und Baumeister zu Wort. ✦ Deutschland 1999 **R** Heiner Sylvester **L** 72 **E** 12.12.1999 arte

RENALDO UND CLARA (RENALDO AND CLARA). Ein in der Langfassung fast vierstündiges Selbstporträt des Sängers und Poeten der Pop-Generation Bob Dylan, zusammengesetzt aus Mitschnitten einer Konzerttournee im Winter 1975/76, dokumentarischen Bildern und einigen hinzugefügten Spielszenen, die sich alle um Dylan ranken und seine Liebesbeziehung zu zwei Frauen umschreiben. In seiner assoziativen Bilderflut ein sehr persönlicher Film, der sich in seinem politischen wie künstlerischen Engagement zwar nur schwer erschließen läßt, insgesamt aber sehr reizvoll ist als eine Art »Stream of Consciousness«, als Ausdruck einer Suche nach Identität und Kommunikation. Die radikal reduzierte Kurzversion ist letztlich nur noch eine Aneinanderreihung von Dylan-Songs der »Rolling Thunder Tournee«, die vor allem Rockmusik-Fans fesseln wird. (O.m.d.U.) ✦ USA 1977 **P** Lombard Street Films **KI** AG Kino **Pd+R+B** Bob Dylan **K** David Myers, Paul Goldsmith, Howard Alk, Michael Levine **M** Bob Dylan **S** Bob Dylan, Howard Alk **D** Bob Dylan (Renaldo), Sara Dylan (Clara), Joan Baez (Frau in Weiß), Allen Ginsberg (Vater), Dave Mansfield, Ronee Blakely, Sam Shepard **L** 232 (Kurz. 111) **FSK** ab 18; nf (Kurzfas.) **E** 13.4.1979 **fd** 22 157

DER RENAULT-KONZERN. Ein anläßlich des 100. Geburtstages des Renault-Konzerns entstandener Dokumentarfilm über die Firmengeschichte des größten französischen Automobil-Herstellers. Der Film untersucht in parallelen Strängen die technischen, industriellen und wirtschaftlichen Aspekte wie auch die menschliche und soziale Dimension des Produkts Auto. ✦ Frankreich 1998 **R** Marcel Teulade, Gérard de Verbizier **L** 102 **E** 3.4.1998 arte

RENDEZ-VOUS (RENDEZ-VOUS). Ein junge Pariser Schauspielerin kommt in Existenzkonflikte zwischen zwei gegensätzlichen jungen Männern. Psychologisch und philosophisch überladenes Melodram, bedeutungsschwanger im Anspruch, in der Realisierung jedoch platt und wenig überzeugend. ✦ Scope. Frankreich 1985 **P** T. Films/Antenne 2 **KI** Filmverlag der Autoren **SF** atlas **VA** VCL/Virgin **Pd** Alain Terzian **R** André Téchiné **B** André Téchiné, Olivier Assayas **K** Renato Berta **M** Philippe Sarde **S** Martine Giordano **D** Juliette Binoche (Nina), Lambert Wilson (Quentin), Wadeck Stanczak (Paulot), Jean-Louis Trintignant (Scrutzler), Dominique Lavanant (Gertrude), Anne Wiazemsky (Theaterleiterin), Caroline Faro (Juliette), Jacques Nolot (Max) **L** 84 **FSK** ab 16; f **E** 29.8.1985/April 1986 Video **fd** 25 264

DAS RENDEZVOUS →Hinter fremden Fenstern

RENDEZVOUS AM FLUSS →SOS – 11 Uhr nachts

RENDEZVOUS AUF DER MILCHSTRASSE (SWIDANIJE NA MLETSCHINOM PUTI). Autobiografisch gefärbter Film um eine junge Lettin, die 1941 als Übersetzerin in der russischen Armee dient und erst nach drei Jahren erstmals ihren Verlobten wiedersieht. ✦ Scope. UdSSR 1986 **P** Studio Riga **R** Janis Streitsch **B** Ingrida Sokolowa **K** Valdis Fglitis **M** Martins Brauns **D** Inara Sluzka (Astra Leinen), Nina Iljina, Anatoli Lukjanenko, Igor Tschernjawski **L** 85 **E** 16.7. 1987 DFF 2

RENDEZVOUS D'ANNA (LE RENDEZ-VOUS D'ANNA). Eine im Beruf anerkannte, im privaten Bereich aber weit weniger erfolgreiche junge Frau fährt drei Tage durch Europa, um ihren Film vorzustellen. Hotels, Bahnhöfe und Züge sind die Stätten ihrer Begegnungen. In ruhigem, meditativen Rhythmus und in kühlen, oft statischen Bildern erzählt die Belgierin Chantal Akerman von Vereinsamung und Heimatlosigkeit. Die Stationen der Reise bilden gleichsam ein internationales Exil, das als Lebensraum begreifbar wird. ✦ Frankreich/Belgien/BR Deutschland 1978 **P** Hélène/Paradise/ZDF **R+B** Chantal Akerman **K** Jean Penzer **M** Johannes Brahms **S** Francine Sandberg **D** Aurore Clément (Anna), Helmut Griem (Heinrich Schneider), Magali Noël (Ida), Hanns Zischler (Hans), Jean-Pierre Cassel (Daniel) **L** 122 **E** 6.7.1978 ZDF

RENDEZVOUS DER FREUNDE. »Au rendez-vous des amis« (»Rendezvous der Freunde«) betitelte der Künstler Max Ernst 1922 ein Gemälde, das seine Pariser Freunde zusammen auf einem Gruppenbild zeigt. Das Bild, das im Laufe der Jahrzehnte alle Stadien der Bewertung durchlief, gilt heute als Schlüsselwerk des Surrealismus. Die Geschichte des Bildes ist zugleich die Geschichte der Sammler, die es unter anderem durch die Nazi-Zeit brachten, während der Max Ernsts Werke als »entartete Kunst« galten. ✦ Deutschland 1992 **P** die thede **Pd** Peter Stockhaus **R** Maria Hemmleb, Christian Bau **B** Christian Bau, Maria Hemmleb **K** Maria Hemmleb, Christian Bau **M** Roland Musolff **L** 57 **E** 28.11.1993 N 3

RENDEZVOUS DER KILLER (PLEINS FEUX SUR STANISLAS). Ein Geheimagent wider Willen und eine Journalistin als Verfolger und Verfolgte in einer parodistisch angehauchten Spionage- und Kriminalkomödie, die teilweise recht flott unterhält. – Ab 16. ✦ Schwarz-weiß. BR Deutschland/Frankreich 1965 **P** Caro/C.I.C.C./Les Films de la Licorne **KI** Constantin **Pd** Roger de Broin **R** Jean-Charles Dudrumet **B** Michel Cousin, Jean-Charles Dudrumet **K** Pierre Guéguen **M** Georges Delerue **S** Armand Psenny, Brigitte Guerin **D** Jean Marais (Stanislas), Nadja Tiller (Benedicte), André Luguet (Chef der Abwehr), Bernadette Lafont (Rosine), Nicole Maurey (Claire) **L** 96 **FSK** ab 16; nf **E** 17.12.1965 **fd** 13 830

RENDEZVOUS DER LUST →Ein Zwinger voll Verrückter

RENDEZVOUS DES TODES. Das geordnete Leben einer glücklich verheirateten Frau gerät aus den Fugen, als sie vom Selbstmord ihrer Schwester erfährt, zu der der Kontakt abgebrochen war. Zunächst erfährt sie, daß die Schwester als Pornofilmdarstellerin arbeitete, dann führt die Spur zum elterlichen Bauernhof und allmählich kristalliert sich eine bittere Wahrheit heraus, die die Version eines Selbstmordes in Frage stellt. ✦ Deutschland 1997 **R+B** Richard Huber **D** Karoline Eichhorn (Sabine Gabriel), Max Tidof (Alexender Gabriel), Saskia Vester (Christa), Dirk Bach (Ültje) **L** 90 **E** 8.9.1998 N 3

RENDEZVOUS IM JENSEITS – EINE HIMMLISCHE KOMÖDIE ÜBER DAS LEBEN DANACH (DEFENDING YOUR LIFE). Auf einer Durchgangsstation zwischen Himmel und Hölle verliebt sich ein gestorbener Geschäftsmann in eine engelsgleiche Frau. Dem Glück scheint keine Dauer beschieden, weil er seine Ängste nicht überwinden kann und auf die Erde zurückgeschickt werden soll. Von der Idee her nette »Himmels«-Komödie, unterm Strich jedoch kaum mehr als belanglose Unterhaltung, der es an Charme und Leichtigkeit mangelt. – Ab 12. ✦ USA 1990 **P** Geffen **KI** FiFiGe **VA** Warner Home **Pd** Michael Grillo **R+B** Albert Brooks **K** Allen Daviau **M** Michael Gore **S** David Finfer **D** Meryl Streep (Julia), Albert Brooks (Daniel Miller), Rip Torn (Bob Diamond), Lee Grant (Lena Foster), Buck Henry (Dick Stanley) **L** 111 **FSK** ab 6; f **E** 30.4.1992/7.8.1992 Video/6.9.1993 premiere **fd** 29 549

RENDEZVOUS IM SALZKAMMERGUT (RENDEZVOUS IM SALZKAMMERGUT). Verwechslungskomödie um zwei Wiener Stenotypistinnen während ihres Urlaubs in den Bergen. Leichtgewichtige Unterhaltung vor hübscher Landschaftskulisse. – Ab 12. ✦ Schwarz-weiß. Österreich 1948 **P** Wiener Mundus **KI** Continental **R** Alfred Stöger **B** Aldo von Pinelli **K** Ludwig Berger **M** Robert Stolz **D** Herta Mayen, Hans Holt, Josef Meinrad, Inge Konradi, Elisabeth Markus **L** 95 **FSK** ab 16; nf **E** 25.12.1948 **fd** 298

RENDEZ-VOUS IM ZOO (RENDEZ-VOUS IM ZOO). Mit Originalaufnahmen, teilweise aufregendem Archivmaterial, Fotografien und Interviews gestaltete Filmerzählung über die Geschichte des Zoos, über seine kulturelle, anthropologische, naturwissenschaftliche und gesellschaftspolitische Bedeutung. Der Dokumentarfilm läßt die erschreckende Vision einer Welt entstehen, die nur noch aus künstlichen Biotopen besteht, und mündet in die Erkenntnis, daß die Existenz der Tiere immer leidvoll ist – auch wenn der Zoo heutzutage vorderhand ihrem Wohl dient. ✦ Schweiz 1995 **P** Catpics/Teleclub **Pd** Alfi Sinniger, Peter Baumann **R+B** Christoph Schaub **K** Pio Corradi **S** Fee Liechti **L** 82 **E** 6.8.1996 DRS

RENDEZVOUS IN BRAY (RENDEZ-VOUS A BRAY). Ein sensibler junger Mann erlebt zur Zeit des Ersten Weltkriegs im Hause eines Freundes eine traumhafte Reise in die eigene Vergangenheit. Der mit literarischen und musikalischen Referenzen nicht sparende Film beschwört eine Epoche französischer Gefühlskultur, die in den Jahren vor dem Ersten Weltkrieg ihren Höhepunkt hatte. – Sehenswert. ✦ Belgien/Frankreich 1971 **P** Cinevog/Parc **R** André Delvaux **B** André Delvaux, nach einer Erzählung von Julien Gracq **K** Ghislain Cloquet **M** Johannes Brahms, César Franck, Frédéric Devreese **D** Mathieu Carrière, Anna Karina, Bulle Ogier, Roger van Hool, Pierre Vernier **L** 90 **E** 6.4.1975 ARD **fd** 19 249

RENDEZVOUS IN ISCHIA (APPUNTAMENTO AD ISCHIA). Belanglose Komödie über einen berühmten Schlagersänger, dessen kleine Tochter ihm die passende Frau und sich selbst die Mutter aussucht. – Ab 14. ✦ Scope. Italien 1960 **P** Serena **KI** Progress **R** Mario Mattoli **B** Vittorio Metz, Roberto Gianviti **K** Roberto Gerardi, Marco Scarpelli **M** Gianni Ferrio **D** Domenico Modugno (Mimmo), Antonella Lualdi (Mirella), Maria-Letizia Gazzoni (Letizia), Linda Christian (Mercedes), Paolo Ferrari (Paolo) **L** 101 **E** 21.12. 1962 Kino DDR/4.8.1968 DFF 1

RENDEZVOUS IN MADRID (THE HAPPY THIEVES / ONCE A THIEF). Ein verliebtes Gaunerpaar stiehlt ein überlebensgroßes Goya-Gemälde aus dem Madrider Kunstmuseum. Vergnüglich pointierte Komödie mit charmanten und spielfreudigen Hauptdarstellern. – Ab 16. ✦ Schwarz-weiß. USA 1961 **P** Hillworth **KI** United Artists **Pd** James Hill, Rita Hayworth **R** George Marshall **B** John Gay, nach einem Roman von Richard Condon **K** Paul Beeson **M** Mario Nascimbene **S** Oswald Hafenrichter **D** Rex Harrison (Jim Bourne), Alida Valli (Herzogin Blanca), Joseph Wiseman (Jean Marie Calbert), Grégoire Aslan (Dr. Muñoz), Rita Hayworth (Eve Lewis) **L** 88 **FSK** ab 16; nf **E** 16.3. 1962/19.8.1972 ZDF **fd** 11 082

RENDEZVOUS IN PARIS (1950) (LE CHATEAU DE VERRE). Eine in besten Verhältnissen lebende Frau liebt ihren Mann zwar, beginnt aber dennoch eine Affäre. Weder Liebschaft noch Ehe halten dem Druck letztlich stand. Sehr elegant inszenierte Romanverfilmung. ✦ Schwarz-weiß. Frankreich 1950 **P** Franco **KI** Prisma **R** René Clément **B** René Clément, Pierre Bost, nach dem Roman »Das große Einmaleins« von Vicki Baum **K** Robert Le Febvre **M** Yves Baudrier **D** Michèle Morgan, Jean Marais, Jean Servais, Elisa Cegani, Elina Labourdette, Fosco Giachetti **L** 96 **FSK** ab 16; f **E** 14.6.1951/21.1.1967 ZDF/21.12.1968 DFF 1 **fd** 1 199

RENDEZVOUS IN PARIS (1995) (LES RENDEZ-VOUS DE PARIS). Liebe, Lügen, Seitensprünge, die Suche nach einem beständigen Partner, das sind die großen Themen in Rohmers dreiteiligem Episodenfilm. Wie immer in seinen Filmen setzt der Zufall die Handlungen in Gang und liefert die jungen Protagonisten einer nüchternen, aber feinfühligen Versuchsanordnung aus. Ein kluger Film mit einfühlsamen Dialogen, der die Stadt Paris sehr reizvoll als »Darsteller« in die Handlung einbezieht. – Sehenswert ab 16. ✦ Frankreich 1995 **P** Les Films du Losange **KI** FPV **VA** Arthaus **Pd** Françoise Etchegaray, Eric Rohmer **R+B** Eric Rohmer **K** Diane Baratier **S** Mary Stephen **D** Clara Bellar (Esther, 1), Antoine Basler (Horace, 1), Aurore Rauscher (Sie, 2), Serge Renko (Er, 2), Michael Kraft (der Maler, 3), Bénédicte Loyen (die junge Frau, 3) **L** 100 **FSK** o. A.; f **E** 13.7.1995/6.6.1996 premiere/5.2.1996 Video **fd** 31 425

RENDEZVOUS IN ROM (SOUVENIR D'ITALIE). Drei eigenwillige junge Mädchen – eine Französin, eine Engländerin, eine Deutsche – trampen unbeschwert durch Italien, bis schließlich in Venedig jede ans Ziel ihrer Wünsche, das heißt angemessen unter die Haube gekommen ist. Bunte Urlaubskomödie mit malerischen Ansichten von Italien. (TV-Titel: »Drei Mädchen erobern Rom«) – Ab 14. ✦ Italien/Großbritannien 1957 **P** Athena **KI** Rank **R** Antonio Pietrangeli **B** Antonio Pietrangeli, Age (= Agenore Incorocci), Furio Scarpelli **K** Aldo Tonti **M** Lelio Luttazzi **D** June Laverick (Margaret), Isabelle Corey (Josette), Ingeborg Schöner (Hilde), Vittorio de Sica (Graf) **L** 101 **FSK** ab 12; nf **E** 17.1.1957 **fd** 6 513

RENDEZ-VOUS IN WIEN (1933) (REUNION IN VIENNA). Ein ehemaliger Erzherzog, der jetzt als Taxifahrer in Wien arbeitet, trifft seine frühere Geliebte wieder, die inzwischen mit einem Psychiater verheiratet ist. Auf einer Party flammt die alte Liebe wieder auf. Weitgehend unterhaltsame, wenn auch etwas angestaubte Filmkomödie mit soliden Leistungen der Darsteller. – Ab 16. ✦ Schwarz-weiß. USA 1933 **P** MGM **R** Sidney Franklin **B** Ernest Vajda, Claudine West, nach einem Bühnenstück von Robert E. Sherwood **K** George J. Folsey jr. **S** Blanche Sewell **D** John Barrymore (Rudolf), Diana Wynyard (Elena), Frank Morgan (Anton), Henry Travers (Krug), May Robson (Frau Lucher) **L** 100 **E** 17.4.1991 RTL plus

RENDEZVOUS IN WIEN (1936) (RENDEZVOUS IN WIEN). Der hindernisreiche Weg eines jungen Wiener Komponisten zum Erfolg im Beruf und zum Glück in der Liebe. Prominent besetztes, sichtlich veraltetes musikalisches Lustspiel, allenfalls noch reizvoll für Verehrer Adele Sandrocks und Fans von Leo Slezak. – Ab 14. ✦ Schwarz-weiß. Österreich 1936 **P** Mondial **KI** Kopp **R** Viktor Janson **B** H. W. Becker, Julius Horst **K** Eduard Hoesch **M** Willy Schmidt-Gentner **D** Magda Schneider (Gusti), Wolf Albach-Retty (Franz), Adele Sandrock, Leo Slezak, Lizzi Holzschuh **L** 88 **FSK** ab 12; nf **E** 30.4.1936/23.3.1964 DFF 1 **fd** 2 794

RENDEZVOUS IN WIEN (1958) →Whisky, Wodka, Wienerin

RENDEZVOUS MIT DEM TEUFEL. Eine in einer Serie von Frauenmorden ermittelnde Kommissarin gerät selbst ins Fadenkreuz des Mörders, als seine Identität bekannt wird. Zwar prominent besetzter, in seiner Anlage aber ziemlich hanebüchener Fernsehkrimi. ✦ Deutschland 1999 **P** Olga Film (für ProSieben) **Pd** Kerstin Dobbertin von Fürstenberg, Harald Kügler **R** Thomas Berger **B** Thomas Berger, Barbara Jago **K** Pit Janzen **M** Thorsten Breuer **S** Claudia Bobsin **D** Jasmin Tabatabai (Valerie Henninger), Heinz Hoenig (Jacob Vogel), Felix Eitner (Alex Müller), Johannes Silberschneider (Willi Remmer), Rüdiger Vogler (Henry Scholl) **L** 95 **E** 17.9.1999 ProSieben

RENDEZVOUS MIT DEM TOD (GOLDEN RENDEZVOUS). Skrupellose Killer bemächtigen sich eines schwimmenden Spielcasinos, um auf hoher See einen Goldtransport zu berauben. Unsicher und oberflächlich inszeniert, erreicht der brutale Film kaum die Spannung der Romanvorlage. ✦ USA 1977 **P** Filmtrust Milton Okun/Golden Rendezvous **KI** United Artists **R** Ashley Lazarus **B** Stanley Price, nach einem Roman von Alistair MacLean **K** Ken Higgins **M** Jeff Wayne **D** Richard Harris (Carter), Ann Turkel (Susan Beresford), David Janssen (Conway), John Vernon (Carreras), Dorothy Malone (Mrs. Skinner) **L** 109 **FSK** ab 16; f **E** 13.1.1979 **fd** 20 616

RENDEZVOUS MIT DER SANFTEN STIMME (DON'T TALK TO STRANGE MEN). Ein junges Mädchen verfällt der Stimme eines unbekannten Anrufers, bei dem es sich um einen Sittlichkeitsverbrecher handelt, der bereits mehrere Mädchen ermordet hat. In letzter Sekunde wird er dingfest gemacht. Formal konventioneller Thriller mit pädagogischem Zeigefinger. ✦ Schwarz-weiß. Großbritannien 1962 **P** Bryanston **Pd** Derick Williams **R** Pat Jackson **B** Gwen Cherell **K** Stephen Dade **D** Christina Gregg (Jean Painter), Janina Faye (Ann Painter), Cyril Raymond (Mr. Painter), Gillian Lind (Mrs. Painter), Dandy Nichols (Molly) **L** 63 **E** 15.6.1968 ARD **fd** 15 535

RENDEZVOUS MIT EINEM ENGEL (THE PREACHER'S WIFE). Ein gestreßter Reverend erbittet göttlichen Beistand, um die Gemeindearbeit bewältigen zu können. Als tatsächlich ein Engel vor seiner Tür steht, begegnet er ihm voller Unglauben und muß außerdem feststellen, daß sich der himmlische Gesandte ein wenig zu erfolgreich um seine vernachlässigte Ehefrau kümmert. Eine fantasievoll inszenierte und gut gespielte romantische Komödie, die sich bewußt einer naiven Perspektive verschrieben hat. Dabei büßt sie zwar durch dramaturgische Mängel und starke Gefühlsbetontheit etwas an Reiz ein, bietet insgesamt aber dennoch ausgesprochen sympathische Unterhaltung. – Ab 10. ✦ USA 1996 **P** The Samuel Goldwyn Company **KI** Buena Vista **VA** Buena Vista **DVD** Buena Vista (16:9, 1.85:1, DD5.1 engl./dt.) **Pd** Samuel Goldwyn jr. **R** Penny Marshall **B** Nat Mauldin, Allan Scott **K** Miroslav Ondrícek **M** Hans Zimmer **S** Stephen A. Rotter, George Bowers **D** Courtney B. Vance (Henry Biggs), Whitney Houston (Julia Biggs), Denzel Washington (Dudley), Gregory Hines (Joe Hamilton), Jenifer Lewis (Marguerite Coleman) **L** 124 **FSK** o. A.; f **E** 16.1.1997/16.10.1997 Video/3.8.1998 premiere/29.9.1999 DVD **fd** 32 356

RENDEZVOUS MIT EINEM FREMDEN →Eine heiße Affäre (1994)

RENDEZVOUS MIT EINEM KILLER →Two Shades of Blue

RENDEZVOUS MIT EINER LEICHE (APPOINTMENT WITH DEATH). Der belgische Meisterdetektiv Hercule Poirot klärt während einer Urlaubsreise in Israel den Mord an einer reichen Amerikanerin. Die sehr betuliche, antiquiert wirkende Verfilmung eines Agatha-Christie-Romans vermag trotz guter Darsteller nur wenig Interesse für die Story und die Figuren zu erwecken. Konventionelles Unterhaltungskino ohne Biß. – Ab 14. ✦ USA 1987 **P** Cannon International **VA** VMP/Cannon **Pd+R** Michael Winner **B** Anthony Shaffer, Peter Buckman, Michael Winner, nach einem Roman von Agatha Christie **K** David Gurfinkel **M** Pino Donaggio **S** Arnold Crust (= Michael Winner) **D** Peter Ustinov (Hercule Poirot), Lauren Bacall (Lady Westholme), Carrie Fisher (Nadine Boynton), John Gielgud (Colonel Carbury), Piper Laurie (Mrs. Emily Boynton) **L** 102 **FSK** ab 12; f **E** 2.11.1989/1.7.1989 DFF 1/April 1990 Video **fd** 27 966

RENDEZVOUS MIT EINER MÖRDERIN →Tödliche Bekanntschaften

RENDEZVOUS MIT JOE BLACK (MEET JOE BLACK). In Gestalt eines attraktiven jungen Mannes verschafft sich der Tod Eingang in das Leben eines 65-jährigen Medienmoguls und seiner Familie. Das Thema aus der alten Hollywood-Komödie »Death Takes a Holiday« (1934) von Mitchell Leisen verwandelt sich zu einer bedächtigen und behutsamen Meditation über das langsame Sich-Öffnen der Menschen im Angesicht des Todes. Dabei scheut der Film nicht davor zurück, Gefühlen und Gemütsbewegungen breiten Raum zu lassen. Das Ergebnis ist ein Werk, das heutzutage üblich gewordener Sensationalisierung mit leisen, oft geradezu konventionellen Mitteln entgegenzusteuern versucht. Abgesehen von dem oft überforderten Brad Pitt sind die hervorragenden Darsteller eine verläßliche Stütze, die den Film davor bewahren, einer gelegentlich spürbaren Überbelastung des Stoffes zu erliegen. – Sehenswert ab 16. ✦ USA 1998 **P** Universal **KI** UIP **VA** Universal **DVD** Universal Home (16:9, 1.85:1, DD5.1 engl., DS dt.) **Pd+R** Martin Brest **B** Bo Goldman, Ron Osborne, Jeff Reno, Kevin Wade **K** Emmanuel Lubezki **S** Joe Hutshing, Michael Tronick **D** Brad Pitt (Joe Black), Anthony Hopkins (William Parrish), Claire Forlani (Susan Parrish), Marcia Gay Harden (Allison), Jeffrey Tambor (Quince) **L** 180 **FSK** ab 6; f **FBW** w **E** 14.1.1999/12.8.1999 Video/12.8.1999 DVD **fd** 33 483

RENDEZVOUS MIT LEICHE (SOMEBODY KILLED HER HUSBAND). Ein kleiner Büroangestellter mit Ambitionen als Kinderbuch-Autor geht eine Affäre mit einer verheirateten Frau ein. Als deren Ehemann ermordet wird – ebenso wie einige Personen in dessen Nachbarschaft und ein falscher Detektiv –, werden die beiden zu Amateurdetektiven und geraten in haarsträubende Situationen, die ihren Höhepunkt während einer Thanksgiving-Parade finden. Überdrehte Kriminalkomödie mit einigen amüsanten Momenten, überwiegend aber recht abgestandenen Drehbucheinfällen. – Ab 16 möglich. ✦ USA 1978 **P** Columbia/Mel Simon Prod. **VA** VPS **Pd** Martin Poll **R** Lamont Johnson **B** Reginald Rose **K** Andrew Laszlo, Ralf D. Bode **M** Alex North **S** Barry Malkin **D** Jeff Bridges (Jerry Green), Farrah Fawcett-Majors (= Farrah Fawcett) (Jenny Moore), John Wood (Ernest van Santen), Tammy Grimes (Audrey van Santen), John Glover (Hubert Little) **L** 93 **FSK** ab 16 **E** 17.4.1986 Video

RENDEZVOUS NACH LADENSCHLUSS (THE SHOP AROUND THE CORNER). Zwei Menschen, die in einem anonymen Briefwechsel miteinander stehen, werden, ohne es zu wissen, in einem kleinen Galanterie- und Lederwarengeschäft Kollegin und Kollege. Nach einem hintergründig-turbulenten Versteckspiel mündet die im Budapest der 30er Jahre angesiedelte Geschichte in einen märchenhaft-romantischen Schluß. Glänzend inszenierte Komödie mit wunderbaren Darstellern. Im Gegensatz zu Lubitschs frechen Salonkomödien spielt diese liebenswerte Kleine-Leute-Geschichte vor einem relativ realistischen Hintergrund. – Sehenswert ab 14. ✦ Schwarz-weiß. USA 1940 **P** MGM **KI** Die Lupe **Pd+R** Ernst Lubitsch **B** Samson Raphaelson, nach einem Bühnenstück von Nikolaus Laszlo **K** William H. Daniels **M** Werner R. Heymann **S** Gene Ruggiero **D** James Stewart (Alfred Kralik), Margaret Sullavan (Klara Novak), Frank Morgan (Hugo Matuschek), Joseph Schildkraut (Ferencz Vadas), Felix Bressart (Perovitch) **L** 97 **E** April 1947/22.12.1969 ZDF/Dezember 1986 (Neustart)/11.7.86 DFF **fd** 26 020

RENDEZVOUS UM MITTERNACHT →Das fremde Gesicht (1961)

RENDEZVOUS UNTERM NIERENTISCH. Ein aus Kino-Werbung, Wochenschaumaterial, Parteien-Reklame und Kulturfilmen montierter Collage-Film über die 50er Jahre in der Bundesrepublik Deutschland mit Wirtschaftswunder, Verdrängung der Vergangenheit, Spießermoral und Wiederbewaffnung. Eine auf vordergründigen Jux hin angelegte schrill-schräge Revue, die zuwenig analytische Kraft besitzt, um als aufschlußreiches Zeitdokument gelten zu können. – Ab 16. ✦ Teils schwarz-weiß. BR Deutschland 1986 **P** Cult Film TV/Neue Pathos/Peter Goedel Filmprod. **KI** Impuls **VA** Warner Home **R+B** Manfred Breuersbrock, Wolfgang Dresler, Dieter Fietzke **L** 89 **FSK** o. A.; f **FBW** w **E** 12.3.1987/10.2.1989 Video **fd** 26 098

RENDEZVOUS ZU VIERT (DREAM DATE). Komödie über die erste Liebe von Teenagern und die typischen Reaktionen ihrer Eltern. Aus Sorge folgen ein 40jähriger Vater und seine Geliebte heimlich seiner 15-jährigen Tochter bei ihrer ersten Verabredung mit dem Football-Star ihrer Schule. Während die nichtsahnenden Jugendlichen einen schönen Abend verbringen, stolpern die Verfolger von einer Panne in die nächste. Zugleich bereiten die Freunde des Vaters in seinem Haus eine »Überraschungsparty für Erwachsene« vor. ✦ USA 1989 **P** Golchan-Kosberg/Hoffman-Israel **Pd** Harry R. Sherman **R** Anson Williams **B** Peter Crabbe **D** Tempestt Bledsoe (Dani Fairview), Clifton Davis (Bill Fairview), Anne-Marie Johnson (Donna Thompson), Kadeem Hardison (Jim Parker), Michelle Thomas (Sally Parker), Howard French (Mike) **L** 95 **E** 21.9.1994 VOX

RENDEZVOUS ZUM FRÖHLICHEN TOD (AU RENDEZVOUS DE LA MORT JOYEUSE). Okkulte Erscheinungen in einem einsamen Landhaus schlagen alle Bewohner und Besucher mit Ausnahme eines Mädchens in die Flucht. Unterhaltsamer, aber in der Symbolik ziemlich wirrer Film über Schwarze Magie und parapsychologische Phänomene – inszeniert von Luis Buñuels Sohn Juan. ✦ Frankreich/Italien 1972 **P** Les Artistes Associés/Europee Associate **R** Juan-Luis Buñuel **B** Jean-Pierre Maintigneux, Juan-Luis Buñuel **K** Ghislain Cloquet **M** Henri Vieuxtemps, Ludwig van Beethoven **D** Françoise Fabian, Jean-Marc Bory, Michel Creton, Yasmine Dahm, Renato Salvatori **L** 80 **E** 25.8.1976 **fd** 19 902

RENEGADE (RENEGADE). Mit dem 14jährigen Sohn eines Freundes zieht ein schlitzohriger Cowboy auf ein idyllisches Fleckchen Land in Arizona und verteidigt es gegen den Zugriff eines Großkonzerns. Episodisch aufgebauter, harmloser Unterhaltungsfilm, der seine Spannungsmomente aus einigen Stunt-Szenen bezieht. (Titel auch: »Renegade – Terence Hill und der faulste Gaul der Welt«) – Ab 12. ✦ Italien 1987 **P** Paloma **KI** Tobis **VA** Marketing **Pd** Lucio Bompani **R** E.B. Clucher (= Enzo Barboni) **B** Marco Tullio Barboni **K** Alfio Contini **M** Mauro Paoluzzi **D** Terence Hill (= Mario Girotti) (Luke), Ross Hill (Matt), Robert Vaughn (Lawson), Beatrice Palme (Thallulah), Norman Bowler (Moose), Donald Hodson, Cyrus Elias, Lisa Ann Rubin **L** 93 **FSK** ab 12; f **E** 21.4.1988/September 1988 Video **fd** 26 821

RENEGADE – TERENCE HILL UND DER FAULSTE GAUL DER WELT →Renegade

RENEGADES – AUF EIGENE FAUST (RENEGADES). Ein weißer Polizist und ein Lakota-Indianer jagen eine skrupellose Verbrecherbande, wobei der Weiße eigentlich einen korrupten Polizisten entlarven und sein Gefährte die »heilige Lanze« seines Stammes zurückholen will. Die nicht sonderlich originelle Geschichte wird mit Versatzstücken des Indianerfilms angereichert. Leidlich spannende Unterhaltung, mit einer Fülle von Materialschlachten und grimmigem Humor inszeniert. ✦ USA 1989 **P** Morgan Creek Prod. **KI** Delta **VA** RCA/Columbia **Pd** David Madden **R** Jack Sholder **B** David Rich **K** Phil Meheux **M** Michael Kamen **S** Caroline Biggerstaff **D** Kiefer Sutherland (Buster McHenry), Lou Diamond Phillips (Hank Storm), Jami Gertz (Barbara), Robert Knepper (Marino), Bill Smitrovich (Finch), Floyd Red Crow Westerman (Red Crow), Joe Griffin (Matt), Clark Johnson (JJ), Peter MacNeill (Denny Ramson), John di Benedetto (Corvo) **L** 106 **FSK** ab 16; f **E** 9.11.1989/12.6.1990 Video/1.6.1991 premiere **fd** 27 900

RENN NICHT INS OFFENE MESSER (LA NUIT DE LA VIOLENCE / LE CHIEN FOU). Ein Verbrecher, hinter dessen Diebesbeute die Polizei und eine Unterweltbande herjagen, bezahlt seine Tat mit dem Tod. Effektvoll inszenierter Krimi. (DDR-Titel: »Solo für einen Mörder«) ✦ Schwarz-weiß. Frankreich 1966 **P** C.E.P.C./Mat **KI** Rank **R+B** Eddy Matalon **K** Jean-Jacques Tarbès **M** Derry Hall **D** Claude Brasseur, Dany Carrel, Prudence Harrington, Howard Vernon, Olivier Hussenot **L** 86 **FSK** ab 16; nf **E** 10.3.1967/21.8.1976 DFF 1 **fd** 14 632

RENNBAHN-CHAOTEN →Horse Fever

DAS RENNEN GEGEN DIE SONNE (AGAINST A CROOKED SKY). Die Tochter einer Siedlerfamilie im Westen der USA wird von Indianern entführt. Jahrelang sucht man vergeblich nach ihr. Eines Tages gelingt es ihrem Bruder, sie aufzuspüren. Er ist entschlossen, sie zu befreien, obwohl sie inzwischen mit dem Sohn des Häuptlings zusammenlebt und ein Baby hat. Bescheidener Abenteuerfilm vor dem Hintergrund der amerikanischen Pionierzeit. ✦ USA 1976 **P** Doty-Dayton-Production **Pd** Lyman D. Dayton **R** Earl Bellamy **B** Douglas Stewart, Eleanor Lamb **K** Joe Jackman **M** Lex De Azevedo **S** Marsh Hendry **D** Jewel Blanch (Charlotte Sutter), Stewart Peterson (Sam Sutter), Shannon Farnon, Clint Ritchie, Richard Boone **L** 82 (Orig. 89) **E** 12.3.1983

DAS RENNEN IHRES LEBENS (RIDE WITH THE WIND). Ein körperlich und seelisch heruntergekommener Motorrad-Rennfahrer will seine längst vergangenen Erfolge durch den Sieg im einem extrem schwierigen Rennen zurückbeschwören. Alkohol und Schlägereien bringen ihn immer weiter weg von seinem Ziel, bis er einem leukämiekranken Jungen begegnet. Im Kampf um die Gesundheit des Jungen wandelt sich sein Charakter. Dramatische Geschichte, in die der Hauptdarsteller eigene Erfahrungen als Rennfahrer und Drogenabhängiger einbringt. – Ab 16. ✦ USA 1993 **R** Bobby Roth **B** Harry Grant, Craig T. Nelson **D** Craig T. Nelson (Frank Shelby), Helen Shaver (Kate Barnes), Bradley Pierce (Danny Barnes), Max Gail (Jack), Tracey Walter (Frances) **L** 87 **E** 6.7.1996 RTL 2

RENNFAHRER DER KATEGORIE RISIKO (JEZDEC FORMULE RISK). Ein Jugendlicher, der von einer Karriere als Rennfahrer träumt und mehrfach Autos gestohlen hat, soll sich in einem Kollektiv von Steinbrucharbeitern »bewähren«. Eine inhaltlich wie formal anspruchsvolle Auseinandersetzung mit den Problemen von Widereingliederung, Mißtrauen und Voreingenommenheit. Der Film plädiert für Verständnis und Geduld, ohne ein simples Happy-End zu bemühen. – Ab 14. ✦ CSSR 1973 **P** Filmstudio Barrandov **KI** Progress **R** Antonín Kachlík **B** Antonín Kachlík, Frantisek Vlcek **K** Ivan Slapeta **M** Karel Svoboda **D** Alexej Okunev (Jirka Hudecek), Ladislav Vecera (Beran), Marta Raslová (Rosmery), Ivan Rehák (Jacek), Roman Skamene (Prcek) **L** 92 **E** 20.9.1974 Kino DDR/11.6.1976 DFF 2

RENNFAHRER IM TEMPORAUSCH →Thunder Race

RENNLAUF (RENNLAUF). Eine Skirennläuferin, die sich nach einer schweren Verletzung entschieden hat, mit dem Sport aufzuhören und eine Familie zu gründen, wird von ihrem ehemaligen Cheftrainer zur Rückkehr überredet. Doch das Doppelleben macht ihr zusehends zu schaffen, zudem begegnet sie der Missgunst ihrer Mitstreiterinnen. Unbeholfen konstruiertes und inszeniertes Sportlerdrama. ✦ Deutschland/Österreich 1997 **R+B** Wolfram Paulus **D** Johanna Wölfl (Andrea), Franka Potente (Alice), Fritz Egger (Herbert), Ludwig Dornauer (Mühlthaler), Dietmar Mössmer (Danninger) **L** 90 **E** 7.4.1998 3sat

RENNSAISON →Races

RENNSCHWEIN RUDI RÜSSEL. Ein putziges Ferkel bringt den Haushalt und das Leben einer fünfköpfigen Großstadtfamilie gehörig durcheinander. Ein mit viel Komik und Charme episodisch inszenierter Familienfilm, der Fantasie und vergnügter Fabulierlust den Vorrang vor der Vernunft des wirklichen Daseins einräumt. Zwar mangelt es gelegentlich an Dichte, insgesamt aber bietet der Film vor allem dank der ausgezeichneten Besetzung der liebenswerten Familie sympathische Unterhaltung. – Ab 8. ✦ Deutschland 1994 **P** Royal Film/Günter Rohrbach-Senator Film Prod. **KI** Senator **VA** BMG/Ufa **DVD** BMG (16:9, 1.85:1, DD5.1 dt.) **Pd** Günter Rohrbach **R** Peter Timm **B** Uwe Timm, Ulrich Limmer, nach einem Roman von Uwe Timm **K** Fritz Seemann **M** Detlef Friedrich Petersen **S** Christel Suckow **D** Ulrich Mühe (Dr. Heinrich Gützkow), Iris Berben (Almut Gützkow), Cora Sabrina Grimm (Betty), Kristina Pauls (Zuppi), Constantin von Jascheroff (Tobi), Nikolaus Paryla (Campingwärter), Edgar Selge (Walter), Karl Lieffen (Buselmeier) **L** 101 **FSK** o. A.; f **FBW** w **E** 16.3.1995/13.9.1995 Video/24.8.1996 premiere/28.5.2001 DVD **fd** 31 269

RENO – DER TURBOSCHARFE FLITZER MIT DEM SUPERSKI (RENO AND THE DOC). Ein alternder Naturbursche läßt sich nach anfänglichem Widerwillen von seinem besten Freund, mit dem ihn ein geradezu telepathisches Verständnis verbindet, überreden, an einem Ski-Zirkus teilzunehmen. Bald entwickelt er sich überraschenderweise zum Favoriten. Äußerst dürftige Komödie voller banaler Gags und mit einigen biederen Stunts im Schnee. ✦ Kanada 1984 **P** Rose & Ruby/New World **VA** Highlight **R** Charles Dennis **B** Charles Dennis, nach einer Erzählung von Damien Lee **K** Ludek Bogner **M** Betty Lazebnik, Brian Bell **S** John Wright **D** Kenneth Welsh, Henry Ramer, Linda Griffiths, Gene Mack, Brian Grandbois **L** 90 **E** 13.2.1987 Video

RENO, NEVADA (SOUTH OF RENO). Ein Mann, der in der Wüste lebt, verbringt seine ganze Zeit vor einem Fernseher, mit dem nur ein einziges Programm zu empfangen ist. Er vernachlässigt die Realität ebenso wie seine Frau, die ihn betrügt. Als er eine aufregende Frau kennenlernt, reißt er mit ihr aus und mietet sich in einem Hotelzimmer ein. Das junge Glück ist jedoch extrem gefährdet, als er erfährt, daß der Hotel-Fernseher 30 Programme empfangen kann. Unabhängig produzierter Film um die Macht des Fernsehens und die Tendenz, sich durch das Gerät geistig, kulturell und sozial versklaven zu lassen. – Ab 16. ✦ USA 1987 **P** Open Road/Pendulum/Castle Hill **R** Mark Rezyka **B** Mark Rezyka, T. L. Lankford **K** Bernard Auroux **M** Nigel Holton, Clive Wright **D** Jeffrey Osterhage, Lisa Blount, Joe Phelan, Danitza Kingsley, Mary Grace **L** 94 **E** 3.4.1991 Tele 5

RENT-A-COP (RENT-A-COP). Ein Ex-Polizist und ein ehemaliges Callgirl kämpfen gegen einen Drogenring und einen psychopathischen Killer, der die Frau ermorden will. Ganz nebenbei kommen sich die beiden auch menschlich näher. Thriller mit komödiantischen Elementen, der auf die Zugkraft seiner Hauptdarsteller setzt und sich um kriminalistische Logik wenig kümmert; in einigen Momenten allzu brutal und schießwütig. ✦ USA 1986 **P** Kings Road Enfort **KI** Filmwelt **VA** Vestron **DVD** e-m-s (16:9, 1.78:1, DD2.0 engl./dt.) **Pd** Stephen Friedman **R** Jerry London **B** Dennis Shryack, Michael Blodgett, David Taylor **K** Giuseppe Rotunno **M** Jerry Goldsmith **S** Robert Lawrence **D** Burt Reynolds (Frank), Liza Minnelli (Della), James Remar (Dancer), Dionne Warwick (Beth), Richard Masur (Roger) **L** 96 **FSK** ab 16; f **E** 26.11.1987/Oktober 1988 Video/13.9.2001 DVD **fd** 26 540

RENT-A-KID (RENT-A-KID). Der stellvertretende Leiter eines Waisenhauses zieht einen schwunghaften Kinder-Verleih-Service auf und stiftet, als er drei Geschwister an ein mondänes Ehepaar ausleiht, auf Dauer sogar eine Familie. Ein gut gemeintes Familien-Lustspiel, das niemandem weh tun will, dem es jedoch an Tempo und Witz mangelt. Die skurrile Ausgangsidee wird nur unzureichend genutzt und die Komik des Hauptdarstellers auf Wortwitze reduziert. – Ab 10. ✦ USA 1995 **P** Paragon Entertainment **VA** Ascot **DVD** Splendid/Ascot (FF, DD2.0 engl./dt.) **Pd**

Dan Howard **R** Fred Gerber **B** Paul Bernbaum **K** Rene Ohashi **M** Ron Ramin **S** George Roulston **D** Leslie Nielsen (Harry Haber), Christopher Lloyd (Larry), Matt McCoy (Russ Syracuse), Sherry Miller (Valerie Syracuse), Amos Crawley (Brandon), Cody Jones (Kyle), Tabitha Lupien (Molly) **L** 86 **FSK** o. A. **E** 14.12. 1995 Video/4.8.1996 premiere/28.8.2000 DVD **fd** 31 780

RENT A MAN – EIN MANN FÜR GEWISSE SEKUNDEN (DEUCE BIGALOW: MALE GIGOLO). Ein von einem Edel-Callboy als »Haus-Sitter« engagierter Zierfisch-Beckenreiniger in Los Angeles nutzt dessen dreiwöchige Abwesenheit, um selbst in die Rolle der männlichen Prostituierten zu schlüpfen. Nach verschiedenen eher unangenehmen Begegnungen trifft er seine Traumfrau, die er nach turbulenten Verwicklungen schließlich für sich gewinnen kann. Flache Komödie, die abgenutzte Slapstick-Gags aneinander reiht und vergeblich auf die Wirksamkeit skurrilschräger Figuren hofft. ✦ USA 1999 **P** Touchstone Pictures **KI** Buena Vista **VA** Buena Vista **DVD** Buena Vista (16:9, 1.85:1, DD5.1 engl./dt.) **Pd** Sid Ganis, Barry Bernardi **R** Mike Mitchell **B** Harris Goldberg, Rob Schneider **K** Peter Lyons Collister **M** Marcia Ross, C.S.A. & Donna **S** George Bowers, Lawrence Jordan **D** Rob Schneider (Deuce Bigalow), William Forsythe (Detective Chuck Fowler), Eddie Griffin (T. J. Hicks), Arija Bareikis (Kate), Oded Fehr (Antonine Laconte) **L** 88 **FSK** ab 12; f **E** 13.4.2000/26.10. 2000 Video & DVD **fd** 34 199

DIE RENTNERGANG (1971) → Bunny und Bill

DIE RENTNER-GANG (1979) (GOING IN STYLE). Von weisem Humor getragene Gaunerkomödie um drei Rentner, die aus einem ereignislosen, ärmlichen Leben ausbrechen und einen Banküberfall durchführen, sich aber über den Erfolg und einen überraschenden Spielgewinn nicht lange freuen können. Ein kleines Meisterwerk stillen Humors, faszinierender Darstellungskunst und psychologisch stimmiger Milieuschilderung. – Sehenswert ab 16. ✦ USA 1979 **P** Warner Bros. **KI** Warner-Columbia **Pd** Tony Bill, Fred Gallo **R+B** Martin Brest **K** Billy Williams **M** Michael Small **S** Robert Swink, C. Timothy O'Meara **D** George Burns (Joe), Art Carney (Al), Lee Strasberg (Willie), Charles Hallahan (Pete), Pamela Payton-Wright (Kathy) **L** 98 **FSK** ab 12; f **E** 10.10.1980 **fd** 22 667

RENZO PIANO – STÜCK FÜR STÜCK (RENZO PIANO. PIECE BY PIECE). Impressionistische Annäherung an den italienischen Star-Architekten Renzo Piano, der alle bestehenden Stilarten ablehnt und darauf pocht, vor Ort die jeweilige Form seiner Projekte zu entwickeln. Sein bekanntestes Bauwerk ist das »Centre Culturel Georges Pompidou« in Paris. – Ab 14. ✦ Australien 1998 **R** Christopher Tuckfield **L** 75 **E** 4.3.1999 arte

REPLACING DAD – EINE FAMILIE OHNE VATER (REPLACING DAD). Eine Frau in den besten Jahren hält ihre Familie unter Schwierigkeiten zusammen, nachdem sie ihr Mann wegen einer Jüngeren verlassen hat. Recht uninteressantes Melodram, das allerdings mit einer schönen Rolle für Tippi Hedren aufwartet. ✦ USA 1998 **P** Larry A. Thompson Prod. **Pd** Daniel Schneider, Rhonda Bloom, Dale Eldridge Kaye **R** Joyce Chopra **B** David J. Hill, nach einem Roman von Shelley Fraser Mickle **K** Robert Draper **M** Lee Holdridge **S** Paul Lamastra **D** Mary McDonnell (Linda Marsh), William Russ (George Marsh), Jack Coleman (Dr. Mark Chandler), Erik von Detten (Drew), Camilla Belle (Mandy), Tippi Hedren (Dixie) **L** 88 **E** 23.9.2000 Premiere World

REPLICANT (REPLICANT). Um einem Serien-Mörder das Handwerk zu legen, der durch seine Morde an jungen Müttern Seattle in Angst und Schrecken versetzt, lässt eine US-Bundesbehörde aus einem Haar des Täters einen Klon herstellen, den man auf dessen Spur setzen kann. Leider hat der ausgewachsene (Kunst-)Mensch den Wissensstand eines Kindes, auch ist nicht sicher, wie sein Killerinstinkt unter Kontrolle zu halten ist. Ein durchaus gelungener B-Film, der seine schnörkellose Geschichte mit vielen Härten erzählt, dabei jedoch nie die Psyche seiner Protagonisten außer Acht lässt. Ein in seiner bitteren Aussage geradlinig umgesetzter Film, der das düstere Geschehen in seiner Optik nahezu perfekt gestaltet und in seinem Hauptdarsteller, Jean-Claude Van Damme am Ende seiner Leinwandkarriere, eine ideale Besetzung gefunden hat. ✦ USA 2001 **P** 777 Films/Millenium Films/Artisan Entertainment **VA** Highlight **DVD** Highlight Video (16:9, 1.85:1, DD5.1 dt., DTS dt.) **Pd** John Thompson, David Dadon, Danny Lerner **R** Ringo Lam **B** Les Weldon, Larry Riggins **K** Mike Southon **M** Guy Zerafa **S** David M. Richardson **D** Jean-Claude Van Damme (Replicant/ Garrotte), Michael Rooker (Jake), Catherine Dent (Angie), Brandon James Olson (Danny), Pam Hyatt (Mrs. Riley) **L** 96 (gek. 90) **FSK** ab 18 (gek. ab 16) (DVD ab 16 & 18) **E** 13.9.2001 Video & DVD **fd** 35 120

REPLIKATOR (REPLIKATOR). Die Erde im Jahr 2014: Zwei konkurrierende Unternehmen liefern sich einen technologischen Wettstreit um die Verdopplung von Gegenständen, in den auch ein korrupter Polizist eingreift. Erst das Einschreiten eines unbestechlichen Inspektors stellt die Chancengleichheit wieder her. Ein billig produzierter Science-Fiction-Film voller Ungereimtheiten, der in einer computererzeugten virtuellen Welt schwelgt und darüber seine Geschichte, die weitgehend spannungslos abgewickelt wird, vergißt. – Ab 16. ✦ Kanada 1994 **P** PNA/Replikator **VA** New Vision **Pd** David McGuire, Daniel D'Or **R** G. Philip Jackson **B** Tony Johnston, John Dawson, Michelle Bellerose **K** Jonathan Freeman **M** Donald Quan **S** Bill Towgood, John Whitcher **D** Michael St. Gerard (Ludo Ludovic), Brigitte Bako (Kathy Moskow), Lisa Howard (Lena), Peter Outerbridge (John Cheever), Ned Beatty (Inspektor Valiant), Ron Lea (Byron Scott), Ilona Staller **L** 96 **FSK** ab 16 **E** 28.11. 1994 Video/28.11.1995 Pro Sieben **fd** 31 220

REPO JAKE (REPO JAKE). Ein verschuldeter Mann macht sich nach Kalifornien auf, um dort Geld aufzutreiben. Er findet einen Job als »Repoman«, dem es obliegt, die Autos säumiger Ratenzahler wieder ihren rechtmäßigen Besitzern zuzuführen. In dieser Eigenschaft legt er sich mit einem Gangster an, der ihn zu einem Autorennen herausfordert und droht, seine Freundin umzubringen. Auf Crash-, Stunt- und Actionszenen zugeschnittener banaler Film aus der Werkstatt des Produzentengespanns Richard Pepin und Joseph Merhi. ✦ USA 1989 **P** PM Entertainment **VA** Scala **Pd** Richard Pepin, Joseph Merhi, Charla Driver **R** Joseph Merhi **B** Joe Hart **K** Richard Pepin **M** John Gonzalez **S** John Dagnen **D** Dan Haggerty (Repo Jake), Dana Bently (Jenny), Steve Wilcox (Blondie), Paul Hayes (Bulldog), Walter Cox (Lippy) **L** 86 **FSK** ab 16 **E** 30.11.1990 Video **fd** 29 215

REPOMAN (REPO MAN). Freche »Punk«-Komödie um einen Jungen, der im Auftrag einer Finanzierungsgesellschaft die Autos säumiger Ratenzahler zurückstiehlt. Ein Film, der auf originelle Weise mit der »New Wave«-Ästhetik und den Pop-Mythen der 80er Jahre spielt und dabei einige Unterhaltungsqualitäten entwickelt. ✦ USA 1984 **P** Edge City **KI** Filmwelt **Pd** Jonathan Wacks, Peter McCarthy **R+B** Alex Cox **K** Robby Müller **M** Tito Larriva, Steve Hufsteter, Iggy Pop (Titelsong) **S** Dennis Dolan **D** Emilio Estevez (Otto), Harry Dean Stanton (Bud), Olivia Barash (Leila), Tracey Walter (Miller), Sy Richardson (Lite), Susan Barnes (Agent Rogers) **L** 95 **E** 31.8.1984 **fd** 24 691

REPORT DER EROTIK (DON'T JUST LAY THERE). Ein Pornofotograf kompensiert im LSD-Rausch seinen sexuellen Minderwertigkeitskomplex, indem er seine weiblichen Fotomodelle umbringt. Dreiste Ausbeutung des Drogenproblems der Hippiekultur für einen billigen Sexfilm. Der deutsche Verleihtitel spielt auf die diversen Erotik-»Reports« der 70er Jahre an. (Alternativtitel: »Super-Sex-Report«) ✦ USA 1970 **P** Mattis-Pine **KI** Nobis **Pd** Jack E. Mattis **R+B** Phillip Pine **K** Earnie Beauchemin **M** Steve Mangulies, Martin Mangulies **D** Barbara Caron (Rusty), Mary Jane Shipper (Eva), Don Dyer (Rock), Jon Mattisse (Creighton), Kathy Hilton (Baller) **L** 76 (früher 80) **FSK** SPIO: X (fr ab 18) **E** 13.10.1972 **fd** 18 144

REPORT ÜBER EINE BRANDKATSTROPHE (PROBA OGNIA IN WODY). Ein Journalist untersucht die Geschehnisse beim Brand auf einem Tanker und nimmt dabei einen Ingenieur aufs Korn. Dieser wird zwar freigesprochen, aber er fühlt sich trotzdem moralisch belastet. Als dem Journalisten nach längerer Zeit die Problematik seiner Verhaltensweise aufgeht, hat der Betroffene inzwischen sein seelisches Gleichgewicht wiedergefunden. Thematisch interessante Romanverfilmung um Schuld und Verantwortung, wobei die filmische Umsetzung viele Wünsche offenläßt. – Ab 14. ✦ Polen 1978 **P** PRF »Zespoly Filmowe«/ Zespo »Pryzmat« **KI** Progress **R** Wlodzimierz Olszewski **B** Wlodzimierz Olszewski, nach einem Roman von Andrzej Braun **K** Krzysztof Wyszynski **M** Jerzy Maksymiuk **D** Jerzy Kryszak (Journalist), Edward Lubaszenko (Janicz), Iwona Bielska (Krystyna), Wanda Neumann (Frau Janicz), Zdzislaw Kuzniar (Ciecwierz) **L** 80 **E** 23.5.1980 Kino DDR

REPORT ÜBER EINEN JAPANISCHEN DICHTER (TAKIJI KOBAYASHI). 1933 wird Takiji Kobayashi, einer der bedeutendsten Schriftsteller Japans, in einem Gefängnis grausam getötet. Der interessante dokumentarische Spielfilm erzählt von den wichtigsten Etappen im Leben dieses Dichters, der sich zum Sprecher der unterdrückten Bauern und Fischer machte und mit seinen Werken in die »proletarische Weltliteratur« eingegangen ist. ✦ Schwarz-weiß. Japan 1974 **P** Takiji **KI** Progress **R** Tadashi Imai **B** Shunsuke Katsuyama, nach dem Roman »Takiji Kobayashi« von Hidetoka Tezuka **K** Shunichiro Nakao **M** Tako Izumi **D** Kei Yamamoto (Takiji Kobayashi), Tadashi Yokouchi (Erzähler), Sampeita Mori (Vater), Tanie Kitabayashi (Mutter), Yoshiko Nakano (Ofumi) **L** 116 **E** 14.5.1976 Kino DDR/31.1.1982 DFF 2

REPORTAGE AUS DEM ABGRUND (TEPORTASH IS BESDNY). Nach den Weltmeisterschaften im Unterwasserschwimmen kehrt der neue Titelträger in seine Heimat zurück, in der während seiner Abwesenheit ein Militärputsch stattgefunden hat. Zur Machtergreifung der faschistischen Junta und der politischen Entwicklung im Land äußert sich der bekannte Sportler nicht. Seine neutrale Haltung gibt er erst auf, als die Studentenunruhen brutal niedergeschlagen werden, sein Vater verschleppt und die Freundin verhaftet wird. Die Handlung spielt in einem fiktiven Land, nimmt aber Bezug auf den Militärputsch 1973 in Chile. ✦ Scope. UdSSR 1984 **P** Usbekfilm **R** Georgi Bsarow **B** Dal Orlow **K** Leonid Trawizki **M** Rumil Wildanow **D** Georgi Pizchelauri, Swetlana Chiltuchina, Mahmud Essambajew, Ato Muchamedshanow, Mintai Utepbergenow **L** 80 **E** 14.2.1985 DFF 2

REPORTAGE 57. Die Geschichte eines jungen Ehepaares im geteilten Berlin: Inge gibt ihren Job als Animiermädchen auf und sucht sich eine seriösere Arbeitsstelle, während Heinz immer noch im Westteil der Stadt beschäftigt ist. Als er in Kontakte mit eine Schieberbande gerät, muss er sich entscheiden – für eine glückliche Zukunft mit Inge im östlichen »demokratischen Sektor«. Handwerklich wie ideologisch gleichermaßen simple Unterhaltung. – Ab 14. ✦ Schwarz-weiß. DDR 1959 **P** DEFA **Pd** Willi Teichmann **R** János Veiczi **B** Lothar Dutombé, János Veiczi **K** Hans Hauptmann **M** Peter Fischer **S** Ursula Kahlbaum **D** Annekathrin Bürger (Inge), Willi Schrade (Heinz), Gerhard Bienert (Vater Kramer), Wilhelm Koch-Hooge (Lowinsky), Edwin Marian (Leimtüte), Paul Berndt (Godelmann) **L** 105 **E** 3.4.1959 Kino DDR/24.7.1959 DFF 1

REPORTAGE UNTER DEM STRANG GESCHRIEBEN (REPORTAZ PSANA NA OPRATCE). Verhaftung und Gefängnisaufenthalt des Nationalhelden Julius Fucik, der 1942 dem Zentralkomitee der kommunistischen Partei in Prag angehörte und ein Jahr später in Plötzensee hingerichtet wurde. Stellenweise eindrucksvoller Film, der allerdings oftmals zu dick aufträgt und im Vordergründigen steckenbleibt. Auch in der Wahl der Darsteller nicht ganz glücklich. – Ab 14. ✦ Scope, schwarz-weiß. CSSR 1962 **P** Filmstudio Barrandov **KI** Progress **R** Jaroslav Balík **K** Václav Hanus **M** Ivan Rezác **S** Jirina Lukesová **D** Ilja Racek (Julius Fucík), Libuse Svormová (Gustina Fuciková), Rudolf Hrusínsky (Gestapokommissar Böhm), Zdenek Stepánek (Landlehrer Pesek), Rudolf Deyl (Zweiter Mithäftling Karel Malc) **L** 92 **E** 6.9.1963 Kino DDR

DER REPORTER (THE PUBLIC EYE). Eine Episode aus dem Leben des Sensationsfotografen Leon »Bernzy« Bernstein. Er kommt 1942 einem Mafia-Komplott um Benzingutscheine auf die Spur und kann einen korrupten Regierungsbeamten enttarnen. Als Held gefeiert, erlebt er persönlich jedoch eine Enttäuschung. In den Momentaufnahmen gelungen, verliert der Film ausgerechnet dann an Atmosphäre und Dichte, wenn er sich auf seine Geschichte konzentriert. – Ab 16. ✦ USA 1992 **P** Universal **KI** UIP **VA** CIC **Pd** Sue Baden-Powell **R+B** Howard Franklin **K** Peter Suschitzky **M** Mark Isham **S** Evan Lottman **D** Joe Pesci (Leon »Bernzy« Bernstein), Barbara Hershey (Kay Levitz), Jerry Adler (Arthur Nabler), Dominic Chianese (Spoleto), Stanley Tucci (Sal) **L** 99 **FSK** ab 12; f **FBW** w **E** 4.2.1993/15.9.1993 Video **fd** 30 024

REPORTER (1980/81) (REPORTERS). Dokumentarfilm über die tägliche Arbeit von Bildjournalisten, die mit ihren Fotoapparaten den Stars der Medien nachjagen und dabei eine schamlose Aggressivität entwickeln. Der aufmerksame, intelligente Film sucht seinerseits nach dem Alltäglichen im Leben der Reporter, bietet Anlaß zur Reflexion über die Jagd nach Sensationen und den häufigen Widerspruch von Realität und Abbild. Er erhielt 1982 einen »César« als bester Dokumentarfilm und wurde im selben Jahr für einen »Oscar« nominiert. (O.m.d.U.) – Ab 16. ✦ Frankreich 1980/81 **P** Bibliothèque Publique d'Information du Centre Pompidou/Pari Films **SF** Freunde der Deutschen Kinemathek **R+B+K** Raymond Depardon **L** 90 **E** 1.4.1989 West 3

REPORTER (1991). Dokumentarfilm über die Arbeit eines in Berlin tätigen Fernsehreporters. Indem die Kamera den Journalisten auf Schritt und Tritt begleitet, weist sie unter anderem nach, wie Banalitäten von den Medien zu »wichtigen« Nachrichten aufgebauscht werden. Der Film fällt jedoch dem Leerlauf, den er darüber hinaus zeigt, durch seine Längen selbst zum Opfer. ✦ Deutschland 1991 **P** DFFB **R** Ludger Blanke **K** Pierre Bouchez **S** Monika Kappl **L** 64 **E** 11.3.1993 B 1

REPORTER DER LIEBE (TEACHER'S PET). Ein Selfmade-Journalist bricht einen beruflichen Wettstreit mit einer intellektuellen Kollegin vom Zaun, bis er sich in sie verliebt und die selbstgeschaffenen Gegensätze wieder abbauen muß. Routiniert inszenierte Doris-Day-Komödie. – Ab 14. ✦ Scope, schwarz-weiß. USA 1957 **P** Paramount **KI** Paramount **R** George Seaton **B** Fay Kanin, Michael Kanin **K** Haskell Boggs **M** Roy Webb **D** Clark Gable, Doris Day, Gig Young, Mamie van Doren, Nick Adams **L** 119 **FSK** ab 12; nf **FBW** w **E** 19.12.1958 **fd** 7 599

REPORTER DES GLÜCKS (GLITTER). Pilotfilm zu einer Fernsehserie: Die Reporter eines Klatschmagazins beschäftigen sich mit einer sterbenden Kurtisane, einem ambitionierten Senator und dem Treiben eines Rundfunk-Psychologen. ✦ USA 1984 **P** Aaron Spelling Prod. **Pd** Lynn Loring **R** Jackie Cooper **B** Nancy Sackett, Art Baer, Ben Joelson **D** David Birney (Sam), Morgan Brittany (Kate Simpson), Christopher Mayer (Pete), Kristen Meadows (Julie Tipton), Timothy Patrick Murphy (Chester »Chip« Craddock) **L** 93 **E** 28.1.1996 RTL 2

REPORTER DES SATANS (THE BIG CARNIVAL / ACE IN THE HOLE / THE HUMAN INTEREST STORY). Bei einem Mineneinsturz ist ein Mensch verschüttet worden. Er muß sterben, weil ein ehrgeiziger und skrupelloser Reporter die Rettungsaktion bewußt verzögert, um durch Sensationsberichte sein Comeback bei der Zeitung zu erreichen. Packendes, exzellent inszeniertes und gespieltes Drama, das – mit einem gewissen Zynismus – die Praktiken der Boulevardpresse und die menschliche Habgier kritisch bloßstellt. Einer der bittersten Filme Billy Wilders. – Sehenswert ab 14. ✦ Schwarz-weiß. USA 1951 **P** Paramount **KI** Paramount **Pd+R** Billy Wilder **B** Billy Wilder, Lesser Samuels, Walter Newman **K** Charles Lang jr. **M** Hugo Friedhofer **S** Arthur Schmidt **D** Kirk Douglas (Charles Tatum), Jan Sterling (Lorraine Minosa), Bob Arthur (= Robert Arthur) (Herbie Cook), Porter Hall (Jacob Q. Boot), Frank Cady (Mr. Federber) **L** 111 **FSK** ab 16; f **E** 15.2.1952/6.1.1973 ARD/ 17.9.1977 DFF 1 **fd** 1 382

DER REPORTER MIT DER GROSSEN KLAPPE (LIVIN' LARGE). Komödie um einen jungen Schwarzen, der unbedingt Nachrichtensprecher werden will und mit seiner Videoausrüstung auf der Straße Situationen einfängt, die ihm reizvoll erscheinen und er erhält tatsächlich seine große Chance. Einmal mehr die Beschwörung des amerikanischen Traums vom Glück des Tüchtigen. ✦ USA 1991 **R** Michael Schultz **B** William Mosely Payne **D** Terrence Carson (Dexter Jackson), Lisa Arrindell (Toynelle Davis), Blanche Baker (Kate Penndragin), Nathaniel Hall (Baker Moon), Julia Campbell (Missy Carnes) **L** 88 **E** 3.2. 1996 RTL 2

REPORTER, MORD UND MANNEQUINS (LA DRAGEE HAUTE). Der Reporter einer kleinen Tageszeitung findet die langgesuchte Sensation: Drei Mannequins werden heimtückisch ermordet. Bescheidener 50er-Jahre-Krimi aus Frankreich. ✦ Schwarz-weiß. Frankreich 1959 **P** Peyrou/Sirius **KI** Pallas **R** Jean Kerchner **B** Jean Kerchner, Jean-René Ruttinger **K** Marcel Combes **M** Marcel Landowski **D** Michel Piccoli, Odile Versois, Dany Saval, Yves Vincent, Roger Rudel **L** 85 **FSK** ab 16; nf **E** 29.11.1960 **fd** 9 892

DIE REPORTER: SCHMUTZIGE AFFÄREN →Reporter des Glücks

REPORTER, SKANDALE UND BRATTIGAN'S ENTDECKUNG →Brattigan – Reporter mit Biß

REPUBBLICA NOSTRA (REPUBBLICA NOSTRA). Dokumentarfilm über eine entscheidende Epoche der italienischen Politik, vom März 1994 bis zum Rücktritt des Medienzars Silvio Berlusconis vom Vorsitz des Ministerrates im Dezember desselben Jahres. Der Film reflektiert die Beziehungen zwischen Politik, Gesetz und Medien. ✦ Italien 1995 **P** La Sept/arte **R** Daniele Incalcaterra **L** 90 **E** 25.11.1995 arte

REPUBLIK DER AMAZONEN (RZECZPOSPOLITA BABSKA). Demobilisierte weibliche Soldaten, die im Frühjahr 1945 in ein herrenloses Gut eingewiesen werden, kämpfen gegen ihre benachbarten männlichen Kollegen, bis sich alle Konflikte auf dem Standesamt lösen. Leichte, anspruchslose Unterhaltung. – Ab 14. ✦ Scope, schwarz-weiß. Polen 1969 **P** Studio für Spielfilme, Lodz, ZRF »Rytm« **KI** Progress **R** Hieronim Przybyl **B** Stanislawa Drzewiecka, Hieronim Przybyl **K** Kazimierz Madejski **M** Piotr Marczewski **D** Aleksandra Zawieruszanka, Zofia Merle, Jan Machulski, Krystyna Chimanierko, Irena Karel **L** 81 **E** 16.1. 1970 Kino DDR/11.3.1972 DFF 1

REPUBLIK DER STROLCHE (RESPUBLIKA SCHKID). Film über die Ereignisse in der Leningrader Dostojewski-Schule, einer 1922 gegründeten Erziehungsanstalt, in der während der nachrevolutionären Jahre verwahrloste Kinder erzogen wurden. Die bewegende inhaltliche Aussage wird durch eine formal inkonsequente Gestaltung beeinträchtigt. – Ab 16. ✦ Scope, schwarz-weiß. UdSSR 1966 **P** Lenfilm **KI** Progress **R** Gennadi Polok **B** Leonid Pantelejew, nach dem Roman »Schkid, die Republik der Strolche« von Grigori Bjelych und Leonid Pantelejew **K** Dmitri Dolinin, Alexander Tschetschulin **M** S. Slonimski **D** Sergej Jurski (Wikniksor), Julia Burygina (Elanljum), Pawel Luspekajew (Kostalmed), A. Stolbow (Palwan), G. Kolossow (Meftachutdyn) **L** 94 **E** 22.3.1968 Kino DDR

REPUBLIK DER TRÄUME. Eine Reise auf der Suche nach dem polnisch-jüdischen Maler und Schriftsteller Bruno Scholz, der in seinen Erzählungen eine schlafwandelnde kleinbürgerliche Welt am Rande der k.u.k.-Monarchie schilderte und in dem Werk »Republik der Träume« eine Utopie der Hoffnung skizzierte. 1942 wurde er in seinem galizischen Geburtsort von einem SS-Mann auf offener Straße erschossen. Der Film schildert die Spurensuche seinerseits als – filmische – Fiktion: Ein Journalist überredet einen Puppentrickfilmer zu der Arbeit an einem letzten gemeinsamen Projekt. Der Trickfilmer zeigt sich fasziniert von Schulz' Werken, sie werden zu einem Fingerzeig für seine Suche nach sich selbst. (Titel auch: »Bruno Schulz – Republik der Träume«) ✦ Deutschland 1993 **P** Normalfilm **R** Jens Carl Ehlers **B** Evelyn Fischer **K** Andrzej Jaroszewicz **M** Zygmunt Konieczny **D** Henryk Nolewajka, Loriano Della Rocca, Edward Zentara, Katarzyna Walter, Henryk Bista **L** 102 **E** 30.7.1994 arte

DIE REPUBLIKANER. Der Film beobachtet Wahlveranstaltungen der Republikaner und ihres Vorsitzenden Franz Schönhuber, im Nationalsozialismus Mitglied der Waffen-SS. Dabei wird deutlich, mit welchen Stammtisch-Parolen auf Stimmenfang gegangen wird, welche simple Lösungen für komplexe Probleme angeboten werden, und daß es gerade diese Strategie ist, der die Neo-Nazis ihren Erfolg verdanken. Der Film enthält sich jeder Kommentierung, führt Fakten, Verhaltensweisen und Aussagen vor und läßt Künstler zu Wort kommen, die auf die Gefahr von rechts reagieren. ✦ Schwarz-weiß. BR Deutschland 1990 **P** Peter Würth Filmprod. **SF** Eigenverleih **Pd** Peter Würth **R+B** Peter Würth, Petra Schmidt, Uwe von Schumann **K** Heiner Stadler, Jürgen A. Knoll, Gyula Farkas, Stefan Motzek, Hans Fromm **S** Caroline Meier, Susanne Heim **L** 80 **FSK** ab 18; f **E** 13.12.1992

REQUIEM (1992) (REQUIEM). Unpathetischer Dokumentarfilm über europäische Soldatenfriedhöfe, dessen einziger Kommentar aus den Inschriften der Kreuze und Mahnmale erwächst. Eine ebenso bedrückende wie poetische Meditation über den Wahnsinn der beiden Weltkriege, die in Landschafts- und Naturpanoramen eine Ahnung vom Leben noch im Tod aufspürt. Ein Requiem wider das Vergessen. – Ab 12. ✦ Schweiz 1992 **P** Tele Production Zürich **KI** Subiaco **Pd+R+B** Reni Mertens, Walter Marti **K** Urs Thoenen **M** Léon Francioli **S** Edwige Ochsenbein **L** 81 **E** 20.11.1994 3sat **fd** 34 567

REQUIEM (1997) (REQUIEM). Ein Mann irrt an einem glühendheißen Sonntag im Juli durch Lissabon und begegnet innerhalb von zwölf Stunden Lebenden und Verstorbenen, die für sein Leben von Wichtigkeit sind und waren. Sein eigentliches Ziel ist eine Verabredung mit einem geheimnisvollen Gast, mit dem der Autor der literarischen Vorlage den Dichter Fernando Pessoa meint, was im Film jedoch nicht deutlich vermittelt wird. Der Film ist eine Art Gegenstück zu Alain Tanners 1983 entstandenem Lissabon-Film »In der weißen Stadt«: Auch dort wurde der Seelenzustand eines Mannes durch Begegnungen mit anderen gespiegelt. ✦ Schweiz 1997 **P** CAB/Filmograph/Gemini/Madragoa **Pd** Gérard Ruey, Jean-Louis Porchet, Alain Tanner, Paulo Branco **R** Alain Tanner **B** Alain Tanner, Bernard Comment, nach einem Roman von Antonio Tabucchi **K** Hugues Ryffel **M** Michel Wintsch **S** Monica Goux **D** Francis Frappat (Paul), André Marcon (Pierre), Alexandre Zloto (Vater), Cécile Tanner (Christine), Zita Duarte (Zigeunerin) **L** 100 **E** 16.12.2000 WDR

REQUIEM DER RATTEN (BRAM STOKER'S BURIAL OF THE RATS). Der junge Autor Bram Stoker wird während einer Kutschfahrt überwältigt und entführt und muß um sein Leben fürchten, weil ihm ein Heer von Amazonen nach dem Leben trachtet. Ohne sonderliche Spannung inszenierte Gruselgeschichte aus jener Zeit, als Dracula und Frankenstein das Licht ihres literarischen Lebens erblickten. Übertrieben und unbeholfen werden die sexualpathologischen Bezüge der Handlung in den Vordergrund gerückt. ✦ USA/Russland 1994 **P** New Horizons/Mosfilm **VA** CIC **Pd** Anatoly Fradis **R** Dan Golden **B** S. P. Somtow, Tara McCann, Adrien Hein, nach einer Erzählung von Bram Stoker **K** Wladimir Klimov **M** Eduard Artemjew **S** John Gilbert, Lorne Morris **D** Adrienne Barbeau (Königin), Maria Ford (Madeleine), Kevin Alber (Bram Stoker), Olga Kabo (Anna) **L** 82 **FSK** ab 18 **E** 23.8.1995 Video **fd** 31 508

REQUIEM FOR A DREAM (REQUIEM FOR A DREAM). Eine alternde Frau, die sich in die Scheinwelt einer Fernsehshow hinein träumt, und ihr Sohn, der mit Drogen handelt und – wie seine Mutter – allmählich der Sucht verfällt, sind die Demonstrationsobjekte eines kompromisslosen Films über Selbstzerstörung durch Drogenkonsum. Der Regisseur bedient sich ebenso extremer wie radikaler filmischer Mittel und steigert die Realistik der Story zu einem filmischen und emotionalen Delirium, das manchem Zuschauer manipulativ erscheinen mag, dessen Zugriff sich jedoch kaum jemand entziehen kann. ✦ USA 2000 **P** Artisan/Bandeira/Industry Entertainment/Protozoa/ Requiem for a Dream LLC/Sibling/Thousand Words/ Truth and Soul **KI** Central/Highlight **VA** Highlight **Pd** Eric Watson, Palmer West **R** Darren Aronofsky **B** Darren Aronofsky, Hubert Selby jr., nach dem Roman »Last Exit to Brooklyn« von Hubert Selby jr. **K** Matthew Libatique **M** Clint Mansell **S** Jay Rabinowitz **D** Ellen Burstyn (Sara Goldfarb), Jared Leto (Harry Goldfarb), Jennifer Connelly (Marion Silver), Marlon Wayans (Tyrone C. Love), Christopher McDonald (Tappy Tibbons) **L** 97 **FSK** ab 16 (Video) **E** 29.11. 2001 Video/3.1.2002 Kino **fd** 35 117

REQUIEM FÜR DEN WASSERMANN. Ein Student der Musikwissenschaft, der an seiner Dissertation arbeitet, übernimmt notgedrungen den Auftrag eines mysteriösen Musikredakteurs: Zum 200. Geburtstag Wolfgang Amadeus Mozarts im Jahr 1991 soll er einen Artikel über dessen Requiem sowie die Umstände seines Todes schreiben. Bald stößt der Student auf Ereignisse, die nicht mehr mit rationalen Erklärungen einzuordnen sind. Erstlingsfilm über den Einbruch des Irrationalen in die geordnete und erklärbare Alltagswelt. ✦ BR Deutschland 1990 **R+B** Ulli Stephan **K** Walter Hasenfratz **D** Max Herbrechter, Corinna Kirchhoff, Hans-Georg Panczak, Hans Diehl, Eva Hörbiger **L** (TV) 70 **E** 3.12.1990 S 3

REQUIEM FÜR DIE ÜBERLEBENDEN (REKVIEM ZA TY, KTERI PREZILI). Dokumentarfilm über das Schicksal der jüdischen Gemeinde von Prag. 1941 wurden die ersten Juden aus der Stadt deportiert, einige von ihnen mußten im Konzentrationslager Theresienstadt an makabren Filmdreharbeiten mitwirken: Die Nationalsozialisten wollten mit einem Propagandafilm über das angeblich angenehme Leben der Juden Gerüchten vom Massenmord entgegenwirken. Heute ist Prag eines der ältesten und bedeutendsten jüdischen Zentren Mitteleuropas. Die Nazis planten einst hier ein Zentralmuseum, als abschreckendes Bild von der Kultur einer »ausgestorbenen Rasse«. ✦ CSFR 1991 **R** Jaromil Jires **L** 55 **E** 6.1.1993 MDR

REQUIEM FÜR DJANGO (REQUIEM PER IL GRINGO). Ein Revolvermann rächt seinen ermordeten Bruder und vernichtet eine ganze Bande. Brutaler Italowestern. ✦ Italien/Spanien 1968 **P** Prodimex/Hispamer **KI** Apollo **R** José Luis Merino **B** Maria Del Carmen Martinez Roman **K** Mario Pacheco **M** Angelo Francesco Lavagnino **D** Lang Jeffries, Fernando Sancho, Carlo Gaddi, Femi Benussi **L** 81 (Orig. 100) **FSK** ab 18; nf **E** 20.6.1969 **fd** 16 223

REQUIEM FÜR DOMINIC (REQUIEM FÜR DOMINIC). Als ein Mann erfährt, daß sein Jugendfreund während der rumänischen Revolution verwundet wurde, reist er nach Temesvar. Dort verwehrt man ihm den Zutritt ins Krankenhaus, da der Freund beschuldigt wird, der »Schlächter von Temesvar« zu sein. Als die Frau des Verletzten ihn bittet, Beweise für dessen Unschuld zu suchen, beginnt eine mühselige und schmerzliche Spurensuche. An Originalschauplätzen nach einer tatsächlichen Geschichte gedrehter Dokumentarspielfilm: eine Hommage auf Robert Dornhelms Freund Dominic Paraschiv, der in den rumänischen Revolutionswirren im Dezember 1989 tödlich verletzt und als Terrorist diffamiert wurde. Ein leidenschaftliches Plädoyer gegen ein menschenverachtendes System, das auch die Rolle der Massenmedien kritisch hinterfragt. – Ab 14 möglich. ✦ Österreich 1990 **P** Terra **Pd** Norbert Blecha **R** Robert Dornhelm **B** Michael Kohlmeier, Felix Mitterer **K** Hans Selikovsky **M** Harald Kloser **S** Ingrid Koller, Barbara Heraut **D** Felix Mitterer (Paul), Viktoria Schubert (Clara), August Schmölzer (Dominic), Angelica Schütz (Codrata), Antonia Rados (Antonio), Nikolas Vogel (Nick) **L** 83 **E** 12.10.1990/20.11.1990 RTL plus

REQUIEM FÜR EINE LIEBE (PUNAINEN RUUKKU). Ein Mann und eine Frau, die in ihrer Kindheit miteinander befreundet waren, treffen sich zufällig im Nahen Osten wieder. Sie verlieben sich ineinander, doch zurück im heimischen Finnland ist ihr Verhältnis erheblichen Belastungen ausgesetzt. Der junge Mann faßt – gegen seine Gefühle – den Entschluß, die Frau nicht wiederzusehen. ✦ Finnland 1988 **P** YLE – I.M.G.C. **R** Eija-Elina Bergholm **B** Eija-Elina Bergholm, nach einer Erzählung von Rakel Liehu **K** Jukka Tuomisto **M** Olivier Messiaen, Jyrki Niemi, Mitsouko, Henry Purcell, Giuseppe Verdi **D** Riitta Kihlström (Anna-Maria), Kari Kihlström (Tuomas), Jaana Järvinen (Laura), Taisto-Bertil Orsmaa (Anders), Eila Halonen (Ava) **L** 75 **E** 22.7.1990 DFF 1

REQUIEM FÜR EINE ROMANTISCHE FRAU. Episoden aus den Biografien des deutschen romantischen Dichters Clemens Brentano (1778–1847) und seiner zweiten Frau Auguste Bußmann. Ein Film über das Missverhältnis zwischen einer auf ihre Körperlichkeit und Lust fixierten Frau und einem auf den Intellekt konzentrierten Mann, der sich unfähig zeigt, seine in der eigenen Literatur entworfenen radikalen Lebensentwürfe auch selbst auszuleben. Der als Melodram angelegte Stoff leidet an einer eintönigen Dramaturgie, die die Grundkonstellation der Geschichte immer wieder nur variiert. Sehenswert ist die herausragende Kameraarbeit, die den Zusammenprall von Natürlichkeit und Strenge optisch transparent macht. – Ab 16. ✦ Deutschland 1998 **P** Dagmar Knöpfel Filmprod./HR/BR/WDR/arte/Cinecam/Das Werk **KI** TiMe **VA** absolut MEDIEN **Pd+R** Dagmar Knöpfel **B** Dagmar Knöpfel, nach einem Treatment von Hans-Magnus Enzensberger **K** Igor Luther **M** Joschi Schumann **S** Edith Eisenstecken **D** Sylvester Groth (Clemens Brentano), Janina Sachau (Auguste Bußmann), Jeanette Hain (Bettine Brentano, spätere von Arnim), Felix von Manteuffel (Simon Moritz Bethmann), Anian Zollner (Achim von Arnim), Edgar Selge (Friedrich Karl von Savigny), René Dumont (Jakob Grimm), Max Urlacher (Wilhelm Grimm) **L** 100 **FSK** ab 12; f **FBW** bw **E** 18.3. 1999/Mai 2000 Video **fd** 33 574

REQUIEM FÜR 500000 (REQUIEM DLA 500000). Aus Fotos und Dokumentaufnahmen montierter Film über das Warschauer Ghetto, in dem die deutschen Invasoren die jüdische Bevölkerung der polnischen Hauptstadt eingeschlossen und dem Hungertod ausgeliefert hatten, sowie über den verzweifelten Aufstand gegen den Terror zu Ostern 1943. Der mit Musik von Händel unterlegte Film ist Anklage und Mahnung zugleich. – Sehenswert. ✦ Schwarz-weiß. Polen 1963 **P** Dokumentarfilmstudio Warschau **R+B** Jerzy Bossak **M** Georg Friedrich Händel **L** 28

REQUIEM FÜR HANS GRUNDIG. Biografie eines Malers und Grafikers der deutschen revolutionären und sozialistischen Kunst. Der Fernsehfilm schildert das dramatische Schicksal Grundigs in den bewegten Jahren von 1929 bis 1948, einer Zeit, in der auch die großen schöpferischen Leistungen des Künstlers entstanden. – Ab 16. ✦ DDR 1974/75 **P** DEFA **Pd** Martin Sonnabend **R** Achim Hübner **B** Achim Hübner, nach der Autobiographie »Zwischen Karneval und Aschermittwoch« von Hans Grundig **K** Wolfgang Pietsch **M** Günter Hauk **S** Anneliese Hinze-Sokolow **D** Rolf Ludwig (Hans Grundig), Otti Planerer (Lea Grundig), Thomas Langhoff (Kurt Wissig), Uwe-Detlef Jessen (Wolfgang Nitral), Günter Grabbert (Ministerialdirektor) **L** 84 **E** 19.2.1976 DFF 1

RESCUE MAN (RAIDERS OF THE SUN). Nach einem nuklearen Krieg will eine Gruppe wieder ein Leben nach Gesetz und Ordnung herstellen, wobei sie mit anderen militärischen Gruppierungen und Verrätern kämpfen muß. Langweiliger Endzeit-Actionfilm, dessen Mindestmaß an Handlung durch anspruchslos abgefilmte Schießereien, Explosionen und Zweikämpfe zusammengehalten wird. ✦ USA 1991 **P** Concorde/New Horizons **VA** Highlight **Pd+R** Cirio H. Santiago **B** Frederick Bailey **K** Joe Batac **M** Odette Springs, Gary Earl **S** Joseph Zucchero **D** Richard Norton (Brodie), Blake Boyd (Talbot), Brigitta Stenberg (Vera), Rick Dean (Hoghead) **L** 85 **FSK** ab 18 **E** 24.6. 1992 Video **fd** 29 837

RESCUERS – DIE GESCHICHTE DER HELDEN (RESCUERS: STORIES OF COURAGE – TWO WOMEN). Auftakt zu einer von Barbra Streisand mitproduzierten Mini-Serie über die Schicksale von Juden im Dritten Reich, die dem Staatsterror Widerstand entgegensetzen und denen Hilfe von unerwarteter Seite zuteil wird. 1.) »Mamusha«: Auf der Flucht aus Wilna nimmt eine junge Frau einen jüdischen Jungen an Kindesstatt an. 2.) »Woman on Bicycle« (»Die Frau auf dem Fahrrad«): Eine Französin, durchaus mit Vorbehalten gegen die Résistance, nimmt sich jüdischer Flüchtlingsschicksale an. Eine ambitionierte Produktion, die weniger auf den Gefühlsgehalt der Geschichten setzt, sondern die Zivilcourage des einzelnen in den Mittelpunkt stellt. Zweiteiliger Pilotfilm der Serie. – Ab 14. ✦ USA 1997 **P** Paramount **VA** CIC **Pd** Barbra Streisand, Jeff Freilich, Cis Corman **R** Peter Bogdanovich **B** Susan Nanus, Ernest Kinoy **K** Miroslaw Baszak **M** Hummie Mann **S** Dianne Ryder-Rennolds **D** Elizabeth Perkins (Gertruda Babilinska), Sela Ward (Marie-Rose Gineste), Fritz Weaver (Bishop Theas), Al Waxman (Dr. Jakob Weinstock), Anne Jackson (Mutter), Mark Humphrey (Thomas Kolerhak) **L** 103 **FSK** ab 12 **E** 12.1.1998 Video/1.2.1999 premiere

RESCUERS – DIE GESCHICHTE DER HELDEN TEIL 2 (RESCUERS 2: STORIES OF COURAGE – TWO COUPLES). Zwei Episoden aus den von den Nazis besetzten Benelux-Staaten, die jenen stillen Helden gewidmet sind, die zivilen Widerstand gegen die Besatzer leisteten: In der holländischen Provinz bewahrt ein Künstlerehepaar fast hundert Juden vor dem sicheren Tod in der Gaskammer; in Belgien versteckt eine couragierte Lehrerin jüdische Kinder in einer Klosterschule. Eine vielgepriesene Fernsehserie, die sich durch Engagement und gediegene Machart auszeichnet. ✦ USA 1997 **P** Paramount **VA** CIC **Pd** Barbra Streisand, Cis Corman **R** Tim Hunter, Lynne Littman **D** Dana Delany (Johtje Vos), Linda Hamilton (Marie Taquet), Alfred Molina (Emile Taquet), Martin Donovan (Aart Vos) **L** 105 **FSK** ab 12 **E** 12.10.1998 Video

RESCUERS – DIE GESCHICHTE DER HELDEN TEIL 3 (RESCUERS 3: STORIES OF COURAGE – TWO FAMILIES). Zwei in sich abgeschlossene Geschichten von Alltagshelden vor dem Hintergrund des Nazi-Terrors: 1.) »Malka Csizmadia«: Eine 18jährige Frau hilft Juden, denen hinter dem Garten ihres Elternhauses ein Ghetto errichtet wurde, verliebt sich in einen von ihnen, und ermöglicht ihnen selbstlos die Flucht. 2.) »We are Circus«: Der Zirkusdirektor Adolf Althoff versteckt und rettet eine jüdische Artistin und ihre Familie. 1995 erhält er für diese Tat die höchste Auszeichnung, die der jüdische Staat an Nichtjuden zu vergeben hat. Zwei Geschichten vor dem Hintergrund des Holocaust, von denen die erste durch ihre Mitmenschlichkeit überzeugt, während die Zirkus-Episode abfällt und durch ihre historische Ungenauigkeit enttäuscht. – Ab 14 möglich. ✦ USA 1997 **P** Paramount **VA** CIC **Pd** Barbra Streisand, Cis Corman **R** Tim Hunter (1), Tony Bill (2) **B** Adam Rodman (1), John Pielmeier (2), nach einem Buch von Gay Block und Malka Drucker **K** Miroslaw Baszak **M** Pino Donaggio **S** Peter Basinski **D** Michael Rapaport (Josef Szarany, 1), Robin Tunney (Malka Csizmadia, 1), Barrow Davis (Olga Csizmadia, 1), Caterina Scorsone (Irena Csizmadia, 1), Brenda Devine (Maria Csizmadia, 1), Daryl Hannah (Maria Althoff, 2), Tim Matheson (Adolf Althoff, 2), Trent McMullen (Peter Bento, 2), Elisabeth Rosen (Irene Bento, 2), John Friesen (Rausch, 2), Arnold Pinnock (Mohammed, 2), Joe Boestick (Hans, 2) **L** 101 **FSK** ab 12 **E** 26.11.1998 Video **fd** 33 516

RESERVE HAT RUH. Erst unter den Klängen von »Preußens Gloria« verwandelt sich der vor 1914 einberufene Astronom Dr. Breitner in einen »richtigen Kerl«, d. h. in einen trinkfesten Draufgänger und forschen Schürzenjäger; sein Stubenältester steht ihm dabei Modell. Hauptmann und Feldwebel sind blöde, aber letzten Endes harmlose Kommistypen, und Manöverübungen sind nicht mehr als sportliche Freiluftveranstaltungen. Uralter Militärschwank mit sämtlichen Schwächen dieses Genres. (Alternativtitel: »Das Ganze halt!«) – Ab 14 möglich. ✦ Schwarz-weiß. Deutschland 1931 **P** Aafa **KI** Nordwest **Pd** Gabriel Levy **R** Max Obal **B** Bobby E. Lüthge, Karl Noti **K** Guido Seeber, Hugo von Kaweczynski **M** Bert Reisfeld, Rolf Marbot **S** Else Baum **D** Fritz Kampers (Paule Zapp), Paul Hörbiger (Dr. Egon Breitner), Senta Söneland (Frau Dienstag), Hugo Fischer-Köppe (Feldwebel), Albert Paulig (Hauptmann Sauer) **L** 92 **FSK** ab 12; nf **E** 16.10.1931 **fd** 1 091

DER RESERVEHELD. Trotz Paraderolle für den beliebten Komiker Rolf Herricht nur ein relativ anspruchsloses Militärlustspiel. Die grotesken Erlebnisse eines plötzlich zu einer Reserveübung eingezogenen Filmkomikers verbreiten allenfalls mäßige Heiterkeit. Interessant als ein in der DDR seltener Versuch, das Thema Nationale Volksarmee einmal nicht bierernst zu nehmen. – Ab 8. ✦ Schwarz-weiß. DDR 1965 **P** DEFA, Gruppe »Berlin« **KI** Progress **VA** Icestorm **Pd** Erich Albrecht **R** Wolfgang Luderer **B** Wolfgang Luderer, Rudi Strahl **K** Hans Heinrich **M** Wolfgang Pietsch **S** Ilse Peters **D** Rolf Herricht (Ralf Horricht), Marita Böhme (Susanne), Günther Simon (Oberst), Gerhard Rachold (Hauptmann Hottas), Peer Jäger (Leutnant Malorti), Horst Jonischkan (Unteroffizier Bellmann) **L** 75 **FSK** o. A. (Video) **E** 27.2.1965 Kino DDR/5.6.1974 DFF 1/13.11.1993 MDR/2000 Video

DER RESERVEOFFIZIER (OFIZIR SAPASA). Der Alltag eines Bezirksparteisekretärs. ✦ Scope, schwarzweiß. UdSSR 1971 **P** Moldaufilm **R** Juri Borezki, Witaly Demin **B** Nikolai Gibu, Sinaida Tschirkowa **K** Leonid Proskurow **M** Eduard Lasarjew **D** Boris Seidenberg, Swetlana Korkoschko, Wladimir Kosel, Grigori Grigoriu, Viktor Tschutak **L** 87 **E** 19.10.1972 DFF 2

RESERVIERT FÜR DEN TOD. Im Zug nach Erfurt wird ein West-Spion plötzlich mit dem Auftrag konfrontiert, einen früheren Freund zu ermorden. Reißerischer, dicht inszenierter und schauspielerisch ansehnlicher Agentenfilm, dessen Handlung beinahe ausschließlich auf engstem Raum im Zug spielt. – Ab 14. ✦ Schwarz-weiß. DDR 1963 **P** DEFA, Gruppe »60« **VA** Icestorm **Pd** Erich Kühne **R** Heinz Thiel **B** Gerhard Bengsch **K** Horst E. Brandt **M** Helmut Nier **S** Anneliese Hinze-Sokolow **D** Hans-Peter Minetti (Erich Becker), Peter Herden (Harry Korb), Irma Münch (Hanna Melvien), Martin Flörchinger (Dr. Jadenburg), Hannjo Hasse (Hauptmann Donath), Peter Sturm (Zugschaffner) **L** 85 **FSK** ab 6 **E** 6.6.1963 Kino DDR/5.6.1964 DFF 1/26.9.2000 Video

RESERVOIR DOGS – WILDE HUNDE (RESERVOIR DOGS). Nach einem mißglückten Raubüberfall belauern sich die überlebenden Mitglieder einer Gangsterbande gegenseitig, weil einer von ihnen ein Polizeispitzel sein muß. Die Atmosphäre angespannten Mißtrauens entlädt sich folgerichtig in einem Blutbad. Ein stellenweise furios inszeniertes, glänzend gespieltes pessimistisches Drama um Vertrauen und Verrat, das ebenso konsequent wie kraß Gewalt und ihre Folgen vor Augen führt. ✦ Scope. USA 1991 **P** Live Entertainment **KI** Ascot **VA** VCL **DVD** VCL (2.35:1, DD5.1 dt.) **Pd** Lawrence Bender, Monte Hellman **R+B** Quentin Tarantino **K** Andrzej Sekula **M** Karyn Rachtman **S** Sally Menke **D** Harvey Keitel (Mr. White), Tim Roth (Mr. Orange), Christopher Penn (Nice Guy Eddie), Steve Buscemi (Mr. Pink), Lawrence Tierney (Joe Cabot), Michael Madsen (Mr. Blonde) **L** 95 **FSK** ab 18; nf **E** 10.9.1992/26.4.1993 Video/25.2.2000 DVD **fd** 29 780

RESHMA UND SHERRA (RESHMA OUR SHERRA). Die tragische Liebe zweier junger Leute, die letztlich an der Feindschaft der Eltern scheitert. – Ab 14. ✦ Indien 1971 **P** Ayanta Arst **KI** Progress **R** Sunil Dutt **B** Ali Raza **K** Ramchandra **M** Jaidev **D** Sunil Dutt (Sherra), Waheeda Rehman (Reshma), Raakhee, Jayant, Sulochana **L** 123 **E** 18.1.1974 Kino DDR

RESORT TO KILL (RESORT TO KILL). Auf einer Karibik-Insel wird ein Wissenschaftler gefangen gehalten, der ein Kraut entdeckt hatte, das übermenschliche Kräfte verleiht. Die Organisation, die sich dieses Wissen aneignen will, wird von zwei aus Los Angeles angereisten Polizisten ausgehoben, die auf der Insel eigentlich den Mörder einer Kollegin suchten. Actionfilm, der mit zahlreichen überraschenden Wendungen weniger Spannung als Verwirrung schafft und letztlich auf das Gewaltpotential fernöstlicher Kampfriten setzt. ✦ USA 1993 **P** Powerhouse Blue Ridge/RTK **VA** Highlight **Pd+R** Daniel A. Neira **B** Daniel A. Neira, Robert Crabtree **K** Henner Hoffman **M** Ron Schwartz **S** Sherril Schlesinger, Joel Bender **D** Sonny Chiba (J. J.), Roddy Piper (John), Meg Foster (Quinn), Deron McBee (Muller), Tiny Lister (= Tommy »Tiny« Lister jr.) (Yanagi) **L** 89 **FSK** ab 18 **E** 18.10.1994 Video/2.10.1996 VOX **fd** 31 121

RESPECT! (OUTRAGED FUGITIVE). Ein muskelbepackter UN-Soldat wird in Somalia von Guerilleros gefangengenommen und gefoltert, was aus dem Helden einen Schlägertyp macht. Wieder in den USA, wird er in die Machenschaften eines Drogenkartells verwickelt. Gequälter Action-Thriller mit extrem dünner und durchsichtiger Handlung, miserabel inszeniert. ✦ USA 1994 **P** PT Rapi Film **VA** Starlight **Pd** Gope T. Samtani **R+B** Robert Anthony **K** Gerry Lively **M** Steve Edwards **S** Rob Kobrin **D** Frank Zagarino (John Carter), Ayu Azhari (Tanya), Frans Tumbuam (Captain Karho), Martin Kove (Wolf Larsen) **L** 82 **FSK** ab 18 **E** 27.9.1995 Video **fd** 31 647

RESSOURCES HUMAINES (RESSOURCES HUMAINES). Ein Student der Betriebswirtschaft soll als Praktikant in der Firma, in der sein Vater seit Jahren hinter einer Stanzmaschine steht, eine Befragung über die 35-Stunden-Woche durchführen. Als er erfährt, dass seine Arbeit in Wahrheit der Umstrukturierung des Betriebes dient und Entlassungen zur Folge haben wird, von denen auch sein Vater betroffen sein wird, organisiert er einen Streik. Ausgerechnet bei seinem Vater, der die Karriere seines Sohnes gefährdet sieht, stößt er auf taube Ohren. Eine packende Geschichte über Arbeitsethik und Aufsteigermentalität, Anpassung und Widerstand. Überzeugend vermittelt sich der Riss, den sozialer Aufstieg innerhalb eines Mikrokosmos hinterlassen kann. (O.m.d.U.; Fernsehtitel: »Der Jobkiller«) – Sehenswert ab 16. ✦ Frankreich 1999 **P** La Sept/arte/Haut et Court/arte **KI** Neue Visionen **Pd** Caroline Benjo, Carole Scotta **R** Laurent Cantet **B** Laurent Cantet, Gilles Marchand **K** Claire Caroff, Matthieu Poiret Delpech **S** Robin Campillo **D** Jalil Lespert (Frank), Jean-Claude Vallod (Vater), Chantal Barré (Mutter), Véronique de Pandelaère (Sylvie), Michel Begnez (Olivier) **L** 103 **FSK** ab 12; f **E** 14.1.2000 arte/19.7.2001 Kino **fd** 34 942

DER REST IST SCHWEIGEN. Der 1959 aus Amerika heimkehrende Erbe eines Ruhr-Konzerns deckt den Brudermord auf, den sein Onkel im letzten Kriegsjahr beging, um seine Schwägerin heiraten zu können. Ein Kriminalfilm von Helmut Käutner, der die Handlung aus Shakespeares »Hamlet« in die industrielle Welt des Ruhrgebiets zu übertragen versucht. Das Experiment ist leider mißlungen: Der Film wirkt in seinen sozialkritischen Aspekten wenig plausibel und erschöpft sich in kunstgewerblichen Bemühungen. – Ab 14. ✦ Schwarz-weiß. BR Deutschland 1959 **P** Freie Filmproduktion **KI** Europa **Pd** Harald Braun, Helmut Käutner **R** Helmut Käutner **B** Helmut Käutner, nach dem Bühnenstück »Hamlet« von William Shakespeare **K** Igor Oberberg **M** Bernhard Eichhorn **S** Klaus Dudenhöfer **D** Hardy Krüger (John H. Claudius), Peter van Eyck (Paul Claudius), Ingrid Andree (Fee von Pohl), Adelheid Seeck (Gertrud Claudius), Rudolf Forster (Sanitätsrat Max von Pohl) **L** 105 **FSK** ab 12; f **FBW** w **E** 22.7.1959 **fd** 8 213

RESTORATION – ZEIT DER SINNLICHKEIT →Zeit der Sinnlichkeit – Restoration

RESTRISIKO (ACCEPTABLE RISKS). Wachsende Konkurrenz zwingt eine amerikanische Chemiefabrik dazu, an den Sicherheitsvorkehrungen zu sparen. Das hat furchtbare Folgen, als während der Herstellung einer tödlichen Chemikalie eine Giftwolke entweicht, die in der benachbarten Ortschaft Hunderte von Todesopfern fordert. Gutgemeintes (Fernseh-) Drama, das jedoch zu sehr an der Oberfläche verharrt. ✦ USA 1986 **P** ABC Circle **R** Dick Wallace **B** Michael Jablow, nach einem Roman von Norman Strum **K** John McPherson **M** Mark Snow **D** Brian Dennehy (Don Sheppard), Cicely Tyson (Janet Framm), Kenneth McMillan (Wes Boggs), Christine Ebersole (Lee Snyder), Beah Richards (Sally Framm) **L** 91 **E** 14.10.1991 Tele 5

RESTRISIKO ODER DIE ARROGANZ DER MACHT. Dokumentarfilm um einen Erörterungstermin zur zweiten atomrechtlichen Teilgenehmigung der Wiederaufbereitungsanlage bei Wackersdorf im Sommer 1988. Während die Bauarbeiten auf Hochtouren laufen, haben Politiker und Beamte der Genehmigungsbehörde jene 881.000 Menschen zu einer Anhörung eingeladen, die dann nach dem Motto »Ihr da oben, wir da unten« ablief. Die Gegner brachten Material, das Zweifel an der Integrität der Behörden zuließ; doch die »Mächtigen« ignorierten die Einwände und Ängste der Bürger. Ein parteiisches, dadurch nicht minder wichtiges Dokument über eines der politisch brisanten Themen der 80er Jahre in der Bundesrepublik Deutschland. Zwar übertrieben wortlastig, dennoch eine diskussionswerte Reflexion über Demokratie und wie sie nicht funktionieren sollte. – Ab 14 möglich. ✦ BR Deutschland 1988 **P** Denkmal-Film/Institut für Psychologie und Friedensforschung **KI** Verleihgenossenschaft **SF** Verleihgenossenschaft **Pd** Claus Strigel **R+B** Bertram Verhaag, Claus Strigel **K** Claus Strigel, Waldemar Hauschild, Friedrich Klütsch, Thomas Willke **M** Ulrich Bassenge, Wolfgang Neumann **S** Matthias Bauer **L** 93 **FBW** bw **E** 6.4.1989

RESURRECTION – DIE AUFERSTEHUNG (RESURRECTION). Serienmorde in Chicago: Sechs Wochen vor Ostern beginnt eine Mordserie, der 33 Jahre alte Männer mit den Namen der Apostel zum Opfer fallen. Rasch wird klar, der Täter, der eindeutige Spuren hinterlässt, will sich aus Leichenteilen der verstümmelten Opfer einen eigenen Christus »basteln«. Makabrer Psychothriller, der nie die Intensität der eindeutig zitierten Vorbilder erreicht, sondern seinen Erfolg in schamlos ausgestellten Gewaltszenen sucht. Die Charaktere bleiben trotz sie vertiefender Anlagen konturlos, die religiöse Motivation aufgesetzt und ohne Sinn. Eine schwache Genre-Geschichte ohne jede Originalität, dafür aber in schlampiger Inszenierung. ✦ USA/Kanada 1999 **P** Interlight/Baldwin-Cohen Prod. **VA** Kinowelt Home **DVD** Kinowelt Home (16:9, 1.85:1, DD5.1 engl., DS dt.) **Pd** Howard Baldwin, Christopher Lambert, Patrick Choi, Nile Niami **R** Russell Mulcahy **B** Brad Mirman, nach einer Story von Brad Mirman und Christopher Lambert **K** Jonathan Freeman **M** James McGrath **S** Gordon McClellan **D** Christopher Lambert (John Prudhomme), Leland Orser (Andrew Hollingworth), Barbara Tyson (Sara Prudhomme), Robert Joy (Killer), Rick Fox (Detective Scholfield), James Kidnie (Walter Chibley) **L** 103 **FSK** ab 16 **E** 13.6.2000 Video/17.10.2000 DVD **fd** 34 479

RESURRECTION MAN (RESURRECTION MAN). Belfast 1975: Der ohnehin gewalttätige Alltag wird durch eine Straßengang, die wahllos foltert und tötet, noch unsicherer gemacht. Ein Journalist kommt mittels eines Drahtziehers an den unberechenbaren Kopf der Bande heran und wird mit dem Sog der Gewalt konfrontiert. Ein wegen seiner exzessiven Gewaltszenen in England umstrittener Film, der seine Brutalitäten jedoch nie selbszweckhaft einsetzt, sondern sie in den Alltag des Bürgerkriegs einzubetten versteht. Eine stimmige Farbdramaturgie und die Präsenz des Hauptdarstellers tragen zur nachhaltigen Wirkung des Films bei, der in allen Belangen Hoffungslosigkeit vermittelt. Eine düster-konsequente, zur Diskussion anregende Produktion. ✦ Großbritannien 1997 **P** Revolution Films **VA** PolyGram **Pd** Michael Winterbottom, Andrew Eaton **R** Marc Evans **B** Eoin McNamee **K** Pierre Aïm **M** David Holmes, Gary Burns, Keith Tenniswood **S** John Wilson **D** Stuart Townsend (Victor Kelly), Geraldine O'Rawe (Heather Graham), James Nesbitt (Ryan), John Hannah (Darkie Larche), Brenda Fricker (Dorcas Kelly) **L** 98 **FSK** ab 18 **E** 20.8.1998 Video

RETALIATOR (RETALIATOR / PROGRAMMED TO KILL). Die CIA pflanzt einer libyschen Terroristin einen Mikrochip unter die Schädeldecke, die sie zu einem manipulierbaren Killer im eigenen Lager machen soll. Doch die »Mensch-Maschine« richtet sich gegen ihre Schöpfer. Menschenverachtendes Spektakel mit einer Aneinandereihung brutaler Gewalttaten, das sein Frankenstein-Thema mit unausgegorenen militaristisch-politischen Fantasien mischt. – Wir raten ab. ✦ USA 1986 **P** Retaliator/Trans World Entertainment **KI** Metropol **VA** VPS **Pd** Don Stern **R** Allan Holzman, Robert Short **B** Robert Short, nach seinem Roman **K** Nitcho Leon Nissim, Ernest Holzman **M** Jerrold Immel, Craig Huxley **S** Michael Kelly **D** Robert Ginty (Eric Matthews), Sandahl Bergman (Terroristin), Louise Claire Clark (Sharon), James Booth (Broxk), Paul W. Walker (= Paul Walker) (Jason), Alex Courtney (Blake), Peter Bromilow (Donovan), George Fisher (Mike), Jim Turner (Chris), Arnon Tzador (Hassim) **L** 86 **FSK** ab 18; nf **E** 23.7.1987/1987 Video

DER RETORTEN-GOLIATH (THE STRONGEST MAN IN THE WORLD). Durch eine chemische Lösung in seinen Haferflocken bekommt ein Student gigantische Kräfte, was zu einem harten Konkurrenzkampf zwischen zwei Firmen um die mysteriöse Formel führt. Harmlose Familienunterhaltung aus dem Hause Disney. (Österreichischer und Schweizer Titel: »Der stärkste Mann der Welt«) – Ab 10. ✦ USA 1975 **P** Walt Disney **KI** 20th Century Fox **R** Vincent McEveety **B** Joseph L. McEveety, Herman Groves **K** Andrew Jackson **M** Robert F. Brunner **S** Cotton Warburton **D** Kurt Russell, Joe Flynn, Eve Arden, Cesar Romero, Phil Silvers **L** 92 **FSK** ab 6; f **E** 5.2.1981 **fd** 22 764

DER RETORTEN-KILLER (NATURAL SELECTION). In der Firma eines Computerspezialisten tritt ein Architekt eine Stelle an, der körperlich wie charakterlich sein Zwillingsbruder sein könnte. Als der Computerfachmann herausfindet, daß die beiden das Ergebnis eines illegalen biologischen Experiments sind, kommt es zu einem mörderischen Zweikampf, da der Architekt den Platz im Leben seines Doppelgängers einnehmen will. Science-Fiction-Thriller vor dem Hintergrund von künstlicher Befruchtung und Genmanipulation. ✦ USA 1993 **P** WIN **R** Jack Sholder **B** Todd Slavkin, Darren Swimmer **K** Bryan England **M** David McHugh **D** C. Thomas Howell (Alex/Ben/Simon), Lisa Zane (Elizabeth), Cameron Dye (Craig), Ethan Phillips (Henry), Miko Hughes (Nick) **L** 88 **E** 4.10.1996 ARD

RETOUCHE. Ein junger Mann kehrt nach dem Tod seines Vaters aus Berlin in sein süddeutsches Heimatstädtchen zurück und steht vor der Frage, ob er das elterliche Fotogeschäft weiterführen oder verkaufen soll. Der auf die Wirksamkeit und Aussagekraft seiner Bilder setzende Film befaßt sich behutsam und geduldig mit dem Generationenkonflikt und appelliert an die Bereitschaft zum Verständnis unterschiedlicher Lebens- und Geisteshaltungen. – Ab 16. ✦ Schwarz-weiß. BR Deutschland 1985 **P** dffb **SF** Averdung/a Campo **R+B** Dieter Funk, Beat Lottaz **K** Peter van den Reek **M** Konrad Haas, Dominic Diaz **S** Dieter Funk, Andrea Wenzler **D** Bernd Tauber (Wolf Rotter), Gabi Pochert (Rita), Martina Gedeck (Laure), Marc Cevio (Makler), Barbara Boschan (Mutter) **L** 74 **FSK** ab 12; f **FBW** w **E** 27.4.1987 **fd** 25 987

DIE RETOURKUTSCHE →Vabanque – 2. Retourkutsche

RETRO PUPPET MASTER (RETRO PUPPETMASTER). Im siebten Teil der »Puppet Master«-Serials sinnen die mörderischen Marionetten eines Puppenspielers darüber nach, wie sie zum Leben erweckt wurden. Die Spur führt bis ins alte Ägypten zurück, verweist auf das Geheimnis des Lebens, das einem Gott gestohlen wurde, und führt ins Paris des ausgehenden 19. Jahrhunderts. Fortsetzung einer langjährig eingeführten Horrorgeschichte, die jeglichen Horror vermeidet und die konfuse Story mit etlichen verwirrenden Nebenhandlungen belastet. Billige Effekte und sichtlich desinteressierte Darsteller tragen ebenfalls nicht zum Gelingen des überflüssigen Films bei. – Ab 12 möglich. ✦ USA/Rumänien 1999 **P** Full Moon **VA** Sunfilm **DVD** Sun Film (FF, DS engl./dt.) **Pd** Kirk Edward Hansen, Vlad Paunescu **R** Joseph Tennent, David DeCoteau **B** Benjamin Carr, Charles Band **K** Viorel Sergovici **M** John Massari **D** Greg Sestero (Andre Toulon), Guy Rolfe (Andre Toulon im Alter), Brigitta Dau (Ilsa), Stephen Blackehart (Verfolger), Jack Donner (Afzel), Robert Radoveanu, Vitalie Bantas, Sando Teodor **L** 88 **FSK** ab 12 **E** 21.8.2001 Video & DVD **fd** 35 170

RETROACTIVE (RETROACTIVE). Ein junger Wissenschaftler und eine Polizei-Mitarbeiterin lassen sich mit Hilfe einer Zeitmaschine einige Minuten in die Vergangenheit zurückversetzen, um einem amoklaufenden Killer das Handwerk zu legen. Sie können zwar nicht alle Morde verhindern, den Mörder aber unschädlich machen. Thriller, der das Zeitreise-Problem nie in den Griff bekommt und die Logik komplett auf der Strecke läßt. Auch die klassischen Topoi – der Fluch der bösen Tat, die Unentrinnbarkeit des Schicksals – helfen dem Film nicht über die Runden, da es an stimmiger Psychologisierung der Personen mangelt. ✦ USA 1997 **P** Orion/Cohiba **VA** Starlight **Pd** Brad Krevoy, Steve Stabler **R** Louis Morneau **B** Michael Hamilton-Wright, Robert Strauss, Phillip Badger **K** George Mooradian **M** Tim Truman **S** Glenn Garland **D** James Belushi (Frank), Kylie Travis (Karen), Frank Whaley (Brian), Shannon Wirry (Rayanne), Jesse Borrego (Jesse), M. Emmet Walsh (Sam) **L** 87 **FSK** ab 16 **E** 9.9.1998 Video **fd** 33 489

RETROACTIVE – GEFANGENE DER ZEIT →Retroactive

RETTE DEINE HAUT, KILLER (POUR LA PEAU D'UN FLIC). Ein Privatdetektiv und Expolizist gerät bei einem scheinbaren Routinefall an einen Rauschgiftring, der seine Zentrale in einer Schlankheitsklinik hat. Regiedebüt des Schauspielers Alain Delon, dem es in einer auf Actionszenen, geschwätzige Dialoge und Brutaleffekte setzenden Inszenierung nicht gelingt, seinem Helden mythische Züge zu verleihen. ✦ Frankreich 1981 **P** Adel **KI** Jugendfilm **VA** All **R** Alain Delon **B** Alain Delon, Christopher Frank, nach einem Roman von Jean-Patrick Manchette **K** Jean Tournier **S** Michel Lewin **D** Alain Delon (Choucas), Anne Parillaud (Charlotte), Michel Auclair (Hayman), Daniel Ceccaldi (Coccioli), Jean-Pierre Darras (Chauffard) **L** 94 **FSK** ab 16; nf **E** 19.2.1982 **fd** 23 330

RETTE MICH, WER KANN (1950) →Der geheimnisvolle Ehemann

RETTE MICH, WER KANN (1998) (NADA EN LA NEVERA). Eine junge Krankenschwester sucht den Mann fürs Leben und glaubt, bei einem Comic-Zeichner fündig geworden zu sein. Nach viel versprechenden Anfängen macht sich jedoch zunächst einmal Enttäuschung breit. Schwungvolle Beziehungskomödie, die im letzten Drittel mit einem überraschenden Perspektivwechsel aufwartet. – Ab 16. ✦ Spanien 1998 **P** Bocaboca Prod./Antena 3/Aurum Prod./Canal+ España **Pd** Cesar Benitez **R+B** Alvaro Fernandez Armero **K** Hans Burman (= Hans B. Sanchez) **M** Manuel Villalta, Andreas Prittwitz (Lieder) **S** Ivan Aledo **D** Maria Esteve (Carlota), Roberto Alvarez (Rodrigo), Laura Aparicio (Juan), Paul Zubillaga (Santi), Paulina Galvez (Rubia), Coque Malla (Nummer 1) **L** 85 **E** 22.12.1999 Vox

RETTE SICH, WER KANN! (POLOSSATYI REIS). Auf einem russischen Frachter gerät die aus Tigern und Löwen bestehende Decklast durch einen Affen in Freiheit. Nach lustig-spannender Panik bringt ein beherztes Mädchen die Tiere wieder unter Kontrolle. Russischer Kinder- und Familienfilm. – Ab 8. ✦ UdSSR 1961 **P** Lenfilm **KI** Pegasus **R** Wladimir Fetin **B** Alexej Kapler, Viktor Konezki **K** Dmitri Meschijew **M** Wenjamin Basner **D** Margarita Nasarowa (Marianne/Dompteuse), Jewgeni Leonow (Schulejkin), Alexej Gribow (Kapitän), Iwan Dmitrijew (Erster Offizier), Wladimir Belokurow **L** 81 **FSK** ab 6; nf **E** 2.2.1962 Kino DDR/7.12.1962 Kino BRD/2.2.1963 DFF 1 **fd** 11 675

RETTE SICH, WER KANN (DAS LEBEN) (SAUVE QUI PEUT (LA VIE)). Ein Regisseur, der tödlich verunglückt; ein Mädchen, das aufs Land zieht; ein anderes Mädchen, das als Hure mühsam seinen Lebensunterhalt verdient: drei Geschichten, die sich immer wieder treffen und doch keine Einheit ergeben. Jean-Luc Godard kehrte mit diesem Film nach einer Phase des Schweigens und des Experimentierens mit Video wieder zum »großen« Kino zurück. Sein »zweiter erster« Film greift viele bekannte Themen und Stilmittel auf und wirkt zugleich wie ein tastender Versuch, sich in der Welt des Kinos wieder zurechtzufinden. Das Ergebnis ist ein schwer entschlüsselbares Filmexperiment, das als düsteres Gleichnis über die Gegenwart verstanden werden will; wegen seiner teilweise schockierenden Ausdrucksmittel und der resignativen Grundhaltung fordert der Film zum politischen und weltanschaulichen Widerspruch heraus. ✦ Frankreich/Schweiz/BR Deutschland/Österreich 1980 **P** Sara/MK 2/Saga/Sonimage/C.N.C./ZDF/S.S.R./ORF **KI** prokino **R** Jean-Luc Godard **B** Jean-Luc Godard, Anne-Marie Miéville, Jean-Claude Carrière **K** William Lubtchansky, Renato Berta, Jean-Bernard Menoud **M** Gabriel Yared **S** Anne-Marie Miéville, Jean-Luc Godard **D** Isabelle Huppert, Jacques Dutronc, Nathalie Baye, Roland Amstutz, Guy Lavoro **L** 88 **E** 6.11.1981 **fd** 23 199

RETTE WER KANN (DAS LEBEN) →Rette sich, wer kann (das Leben)

DER RETTENDE ENGEL. Ein Seemann, der einen Bauernhof geerbt hat, wirbelt die einheimischen Bergdörfer durcheinander, bis er sich am Ende als guter Landmann Achtung erwirbt und in der Ehe mit einem Dorfmädchen zur Ruhe kommt. Antiquiertes Heimatlustspiel. ✦ Schwarz-weiß. Deutschland 1940 **P** Arnold & Richter **KI** Commerz/Globus **R** Ferdinand Dörfler **B** Ferdinand Dörfler, Maximilian Vitus, nach dem Lustspiel »St. Pauli in St. Peter« von Maximilian Vitus **K** Karl Attenberger, Ludwig Zahn **M** Walter Petzl, Emil Kaiser **D** Carla Rust, Sepp Rist, Grethe Weiser, Gustav Waldau, Franz Schafheitlin **L** 80 **E** 19.4.1940 **fd** 52

DAS RETTENDE LIED (TAKE MY LIFE). Ein Mann steht unter dem Verdacht, eine frühere Freundin ermordet zu haben; seine Frau reist nach Schottland, um den wahren Sachverhalt aufzuklären, und überführt den Täter. Sorgfältig gestalteter kleiner Kriminalfilm. (TV-Titel auch: »Es geschah nach der Premiere«) – Ab 16. ✦ Schwarz-weiß. Großbritannien 1947 **P** Cineguild **Kl** Rank **Pd** Anthony Havelock-Allan **R** Ronald Neame **B** Winston Graham, Valerie Taylor, Margaret Kennedy **K** Guy Green **M** William Alwyn **S** Jack Harris, Geoffrey Foot **D** Hugh Williams (Nicholas Talbot), Greta Gynt (Philippa Bentley), Marius Goring (Sidney Flemming), Francis L. Sullivan (Strafverfolger), Rosalie Crutchley (Elizabeth Rusman) **L** 79 **FSK** ab 16; nf **E** 7.11.1947/30.5.1964 ARD/15.8.1985 DFF 2 **fd** 96

RETTENDE SIGNALE → High Frequency

RETTENDER RUIN (A SUCCESSFUL CALAMITY). Nach einjähriger Abwesenheit in politischer Mission in Europa fürchtet ein steinreicher Bankier, daß ihm Ehefrau, Sohn und Tochter durch Vergnügungssucht entgleiten. Als er vorgibt, geschäftlich ruiniert zu sein, zeigen alle ihr gutes Herz. Der antiquierte, aber unverändert witzige Film propagiert die allzu simple Formel »arm gleich glücklich«. ✦ Schwarz-weiß. USA 1932 **P** Warner Bros. **Pd** Lucien Hubbard **R** John G. Adolfi **B** Maude T. Howell, Julien Josephson, Austin Parker, nach einem Bühnenstück von Clare Kummer **K** James Van Trees **S** Howard Bretherton **D** George Arliss (Henry Wilton), Mary Astor (Emmie Wilton), Evalyn Knapp (Peggy Wilton), Grant Mitchell (Connors), William Janney (Eddie Wilton), David Torrence (Partington) **L** 90 **E** 26.9.1964 ARD

DER RETTER (SPASITEL). Kinder auf dem Wege zum Erwachsenwerden. Was ist ein Jahr nach dem Abschluß der Schule von dem Gelernten und den übermittelten Wertvorstellungen geblieben? ✦ Scope. UdSSR 1980 **P** Mosfilm **R+B** Sergej Solowjew **K** Pawel Lebeschew **M** Isaak Schwarz **D** Tatjana Drubitsch (Assja Wedenejewa), Sergej Schakurow (Larikow), Olga Beljawshawa (Olja), Wassili Mischtschenko (Wilja), Wjatscheslaw Kononenko (Ganin) **L** 96 **E** 19.2.1981 DFF 2

RETTER DER ERDE (SAVIOR OF THE EARTH). Drei Episoden aus der Science-Fiction-Zeichentrickfilmreihe »Masters of the Future«. Die einzelnen Episoden: 1. »Der Computer-Krieg«; 2. »Der Kampf geht weiter«; 3. »Das Energie-Raumschiff«. ✦ USA 1988 **VA** Allround **R** Rick Thomas **B** Rick Ashley **L** 67 **FSK** ab 12 **E** 1990 Video

RETTER DER NATION (CARRY ON ENGLAND). Dürftige Klamotte aus der »Carry On«-Serie mit besonders abgeschmackten Gags und Pointen. In einer Flugabwehr-Einheit der britischen Armee geht zu Anfang des Zweiten Weltkriegs einiges nicht mit rechten Dingen zu. Schließlich erweisen die Soldaten ihrem Land dennoch einen großen Dienst. (Alternativer TV-Titel: »Ist ja irre – Retter der Nation«) ✦ Großbritannien 1976 **P** Fox/Rank **Pd** Peter Rogers **R** Gerald Thomas **B** Jack Seddon, David Pursall **K** Ernest Steward **S** Richard Marden **D** Kenneth Connor (Captain S. Melly), Windsor Davies (Sergeant Major Bloomer), Patrick Mower (Sergeant Len Able), Judy Geeson (Sergeant Tilly Willing), Jack Douglas (Bombardier Ready) **L** 84 **E** 11.11.1993 RTL 2

DIE RETTER: FEUERHÖLLE IN MANHATTAN (FIREHOUSE). Actionfilm um eine New Yorker Feuerwache, die eine verschworene Männertruppe ist, bis eine Ärztin dem Team zugeteilt wird. ✦ USA 1996 **R** Alan Smithee **B** Tom Fontana **K** Frank Prinzi, Fred Schuler **M** Dave Darlington, Steve Rosen **S** Gregg Featherman **D** Richard Dean Anderson (Michael Brooks), Burt Young (Frankie Shea), Lillo Brancato jr. (Gaetano Luvulio), Skipp Sudduth (Cy MacAndrews), Morris Chestnut (Andre Borden) **L** 83 **E** 1.8.1998 premiere

RETTER VON TULONGA (SAVAGE MUTINY). Weiterer Film aus der Serie um den Wildhüter Dschungel Jim. Diesmal spielt die Atombombe (!) mit; die Dschungelbraut und der spaßige Affe dürfen nicht fehlen. Zwei Schurken betrügen die Bewohner der Insel Tulonga im Bernsteinhandel. Sie sind skrupellos genug, das ahnungslose Völkchen wieder in die Gefahrenzone zu hetzen, aus der es wegen eines geplanten Atomtests schon evakuiert war. Jim, im blendend weißen Tropenanzug, schreitet ein. – Ab 12 möglich. ✦ Schwarz-weiß. USA 1953 **P** Columbia **Kl** Columbia **Pd** Sam Katzman **R** Spencer G. Bennet **B** Sol Shor **K** William Whitley **M** Mischa Bakaleinikoff **S** Henry Batista **D** Johnny Weissmuller (Dschungel Jim), Angela Stevens (Joan Harris), Lester Matthews (Maj. Walsh), Nelson Leigh (Dr. Parker), Charles Stevens (Häuptling) **L** 80 **FSK** ab 12; nf **E** 5.3.1954 **fd** 3 169

RETTET DAS TAL DER ZAUBERBÄREN! (GOLDILOCKS AND THE THREE BEARS). Fantastischer Kinderfilm. Ein Waisenmädchen, das bei seinem Onkel in den Wäldern aufwächst, freundet sich mit einer Bärenfamilie an. Die Tiere können nicht nur sprechen, sie verfügen auch über Zauberkräfte, doch sie nützen ihnen nichts im Kampf gegen ein Wirtschaftsunternehmen, das den Naturschutzpark in ein Wintersportgebiet umwandeln will. Gemeinsam nehmen sie den Kampf auf. – Ab 10. ✦ USA 1995 **R** Brent Loefke **B** Mike Snyder **D** Hanna Hall (Gabrielle Lockner), Dwier Brown (Hal), Staci Greason (Samantha), Leon Russom (Crane), Diane Robin (Stark) **L** 87 **E** 23.12.1995 RTL 2

RETTET DEN TIGER → Save the Tiger

RETTET DEN WEIHNACHTSMANN (THE NIGHT THEY SAVED CHRISTMAS). Geplante Sprengungen einer Ölgesellschaft am Nordpol bedrohen die Werkstatt des Weihnachtsmanns. Als dieser interveniert, schenkt man ihm kein Gehör. Erst als die Kinder des Ölmagnaten seine Partei ergreifen, kann das Vorhaben in letzter Sekunde gestoppt werden. Fürs Fernsehen produzierte Märchen-Komödie, die sich weniger den ökologischen Aspekten der Geschichte zuwendet, als durch typengerechte Besetzung und hervorragend aufgelegte Darsteller unterhält. – Ab 12. ✦ USA 1984 **P** Robert Halmi Inc. **Pd** David Kappes, Robert Halmi jr. **R** Jackie Cooper **B** Rudy Dochtermann, James C. Moloney, David Niven jr. **D** Jaclyn Smith (Claudia Baldwin), Art Carney (Weihnachtsmann), Paul Le Mat (Michael Baldwin), June Lockhart, Mason Adams, Paul Williams (Ed) **L** 90 **E** 6.12.1992 Kabelkanal

RETTET DIE BESTIEN (THE BEASTS ARE ON THE STREETS). Ein LKW durchbricht den Zaun eines Safari-Parks, woraufhin die wilden Tiere ausbrechen und eine Kleinstadt in Angst und Schrecken versetzen. Es kommt zur Konfrontation zwischen Wildschützern und der Polizei. Die Lage spitzt sich zu, als sich Wilderer einmischen, die auf Trophäen aus sind. Fürs Fernsehen produzierter Abenteuerfilm, der seinen bescheidenen Unterhaltungswert aus der vertrauten Mischung aus Panik und Spannung sowie zahlreichen Tierbildern bezieht. – Ab 16. ✦ USA 1978 **P** NBC/Hanna-Barbera **R** Peter Hunt **B** Laurence Heath **K** Charles G. Arnold **M** Gerald Fried **D** Dale Robinette (Chefranger), Carol Lynley (Veterinärin), Anna Lee, Billy Green Bush, Philip Michael Thomas **L** 95 **E** 21.1.1990 SAT 1

RETTET MRS. TINGLE! (TEACHING MRS. TINGLE). Der Versuch dreier amerikanischer Schüler, sich vor ihrer gestrengen Lehrerin zu rechtfertigen, mündet in eine unbeabsichtigte Racheaktion. Teenager-Film des »Scream«-Autors Kevin Williamson, der diesmal auf die gewohnten Slasher-Effekte verzichtet, dessen Film jedoch weder glaubwürdig noch hinreichend unterhaltsam ist. (Videotitel: »Tötet Mrs. Tingle«) – Ab 16 möglich. ✦ USA/Großbritannien 1999 **P** Konrad Pictures/Interscope Communications Prod. **Kl** Kinowelt **VA** Kinowelt Home **DVD** Kinowelt Home (16:9, 1.85:1, DD5.1 engl./dt.) **Pd** Cathy Konrad **R+B** Kevin Williamson **K** Jerzy Zielinski **M** John Frizzell **S** Debra Neil-Fisher (= Debra Neil) **D** Helen Mirren (Mrs. Eve Tingle), Katie Holmes (Leigh Ann Watson), Jeffrey Tambor (Coach Wenchell), Barry Watson (Luke Churner), Marisa Coughlan (Jo Lynn Jordan), Liz Stauber (Trudie Tucker), Michael McKean (Rektor Potter) **L** 95 **FSK** ab 12; f **E** 11.11.1999/30.5.2000 Video/5.9.2000 DVD **fd** 33 966

RETTET UNS! HILFESCHREIE UNTER TRÜMMERN → Troubleshooters – Trapped

DIE RETTUNG. Dokumentarfilm über die Rettung von bulgarischen Juden vor den Vernichtungslagern der Nationalsozialisten. In historischen Aufnahmen, Interviews mit Zeitzeugen und Szenen aus einem nach Originalprotokollen gedrehten bulgarischen Spielfilm wird das Zusammenspiel von Politikern, Zivilisten, politisch Organisierten sowie der bulgarisch-orthodoxen Kirche aufgezeigt, welches die Auslieferung an die Deutschen verhinderte. ✦ Schwarz-weiß. BR Deutschland 1987 **P** Lea Rosh/SFB **R+B** Lea Rosh **K** Rainer Koch **L** (TV) 90 **E** 31.10.1987 NDR

RETTUNG AUS DER HÖLLE (WHICH WAY HOME). Flüchtlingsdrama, angesiedelt 1979 im krisengeschüttelten Kambodscha. Eine engagierte amerikanische Krankenschwester versucht mit Hilfe eines australischen Kapitäns, sieben kleine Waisenkinder außer Landes zu bringen. ✦ Neuseeland/USA 1991 **P** McElroy & McElroy/TV New Zeeland **R** Carl Schultz **B** Michael Laurence **M** Bruce Rowland **D** Cybill Shepherd (Karen Parsons), John Waters (Steve Hannah), Peta Toppano (Annie), John Ewart (Ferguson), Ruben Santiago-Hudson (Jim Waters), Marc Gray (Billy) **L** 133 **E** 11.9.1994 PRO 7

RETTUNG AUS DER WEISSEN HÖLLE (MAYDAY). Als bei einem Bergungsversuch ihr Vorgesetzter verunglückt, keimt zwischen zwei kanadischen Bergrettern eine tiefe Feindschaft auf, die auch im Privatleben ihre Spuren hinterlässt. Als ein guter Freund der beiden verunglückt, müssen sie dennoch zusammen ausrücken und ihre Bewährungsprobe bestehen. Dramatischer Actionfilm, angesiedelt in den kanadischen Rocky Mountains, der trotz vieler dramatischer Wendungen letztlich wieder einmal »nur« eine Männerfreundschaft beschwört. – Ab 16. ✦ Kanada 1996 **P** CNC/CIPANGO/Communications Claude Héroux International/Ellipse/Téléfilm Canada **Pd** Jacques Dercourt, Claude Héroux **R** Jean-Louis Daniel **B** Alain Berliner, Robert Gautier **K** Norbert Marfaing-Sintes **M** Guy Skornik **S** Jean-Marie Drot **D** Carl Marotte (Bruce Harvey), Bruno Wolkowitch (Phillippe Perrin), Macha Grenon (Caroline Thomas), Jochen Nickel (Wolf Schroeder), Paul Stewart (Nelson Roussel) **L** 89 **E** 18.3.2000 ARD

DIE RETTUNG DER JESSICA MCCLURE (EVERYBODY'S BABY – THE RESCUE OF JESSICA MCCLURE / THE RESCUE OF JESSICA MCCLURE). Eine wahre Begebenheit, durchaus gelungen als routinierter Spannungsfilm aufbereitet: 1987 fiel ein 18 Monate altes Mädchen in Texas in einen stillgelegten Brunnenschacht. Der Unfall löste eine dramatische Rettungsaktion aus. (TV-Titel auch. »Lebendig verschüttet – Rettet mein Baby!«) – Ab 16. ✦ USA 1989 **P** Stonehenge **Pd** Diana Kerew **R** Mel Damski **B** David M. Eyre jr. **D** Patty Duke (Carolyn Henry), Beau Bridges (Richard Czech), Pat Hingle (James Roberts), Roxana Zal (Cissy McClure), Laura Loesch (Jessica McClure), Jennifer Loesch (Jessica McClure) **L** 90 **E** 9.10.1992 PRO 7

RETTUNG DER SMARAGDENSTADT → Rückkehr nach Oz – Ein Zaubermärchen

RETTUNG FÜR KIAH (COYOTE SUMMER). Dramatischer Unterhaltungsfilm: Ein 16jähriges Mädchen wird von den Eltern zu Verwandten aufs Land geschickt. Zunächst stellt es sich ungeschickt an, kommt dann aber einem Betrug um ein Rennpferd auf die Spur. – Ab 14. ✦ USA 1995 **R** Matias Alvarez **B** Karen Kremis **K** Brian Sullivan **M** Steve Dorff **D** Vinessa Shaw (Callie Carpenter), Adam Beach (Rafe Acuna), Bruce Weitz (Snapper), Cindy Pickett (Tante Maggie), Ed Lauter (Onkel Mitchell) **L** 89 **E** 2.3.1997 premiere

RETTUNG VOR DER TODESZELLE → Die Schwester in der Todeszelle

DAS RETTUNGSBOOT (LIFEBOAT). Passagiere und Besatzungsmitglieder eines alliierten Schiffs, das von einem deutschen U-Boot torpediert wurde, sehen sich im Rettungsboot plötzlich mit ihrem Widersacher konfrontiert: Der U-Boot-Kapitän wird ebenfalls als Schiffbrüchiger aus der See gefischt. Dem Deutschen gelingt es mit subtiler Täuschungs- und Verhandlungstaktik, das Kommando an sich zu reißen; die anderen töten ihn, als sie die Gefahr erkennen. Hitchcocks einziger Kriegsfilm wirkt wie ein Zugeständnis an den Propagandageist jener Jahre. Aber der Regisseur interessierte sich weniger für die politische Tendenz der Geschichte, sondern eher für deren handwerkliche und dramaturgische Herausforderung. Scharf konturierte Typenporträts und große gestalterische Raffinesse zeichnen den Film aus. – Sehenswert. ✦ Schwarz-weiß. USA 1943 **P** 20th Century Fox **Pd** Kenneth Macgowan **R** Alfred Hitchcock **B** Jo Swerling, nach einer Story von John Steinbeck **K** Glen MacWilliams **M** Hugo Friedhofer **S** Dorothy Spencer **D** Tallulah Bankhead (Connie Porter), William Bendix (Gus), Walter Slezak (Willi, der Deutsche), Henry Hull (Charles D. Rittenhouse), John Hodiak (Kovak), Heather Angel (Mrs. Higgins), Canada Lee (Joe) **L** 90 **E** 2.8.1974 ZDF

RETURN OF BRUCE →Die Rache der Todeskralle

RETURN OF CAPTAIN INVINCIBLE ODER WER FÜRCHTET SICH VOR AMERIKA? (THE RETURN OF CAPTAIN INVINCIBLE). Ein heruntergekommener Superheld wird aktiviert, um wieder einmal einen Finsterling an der Beherrschung der Welt zu hindern. Parodie auf Superhelden-Comics und -Filme mit Revue-Elementen; ein unterhaltsames, originelles Spiel mit den Versatzstücken des Genres, nicht ohne Tiefsinn und politische Seitenhiebe. (Fernsehtitel: »Captain Invincible«) – Ab 16. ✦ Australien 1981/82 **P** Seven Keys **KI** Atlas **R** Philippe Mora **B** Steven E. de Souza, Andrew Gaty **K** Louis Irving, Mike Malloy **M** William Motzing **D** Alan Arkin (Captain Invincible), Christopher Lee (Mister Midnight), Kate Fitzpatrick (Patty), Bill Hunter (Tupper), Michael Pate (Präsident) **L** 96 **FSK** ab 12; f **E** 17.2.1984/5.6.1993 ZDF **fd** 24688

RETURN OF THE FAMILY MAN (RETURN OF THE FAMILY MAN). Ein aus der Haft enflohener Massenmörder, der einst seine Familie umbrachte, schleicht sich an das Elternhaus heran, das mittlerweile von einer jugendlichen Wohngemeinschaft bewohnt wird, und richtet – ganz den Gesetzen des Genres folgend – ein weiteres Blutbad an. ✦ USA 1989 **P** Image Organization **VA** Skyline **Pd** Johan Van Rooyen, Karl Johnson **R** John Murlowski **B** John Fox, John Murlowski **K** Rene Smith **M** Colin Shapiro, Darry Bekker **S** Steve Sandrock, Margaret Fieldgate **D** Ron Smerczak, Liam Cundill, Terence Reis, Richelle Constant, Debra Kaye **L** 87 **FSK** ab 18 **E** 8.1.1990 Video

RETURN OF THE HITCHER (RETURN OF THE HITCHER). Ein Psychopath reist im Wohnmobil durch die Sümpfe Floridas, stets auf der Suche nach jungen Frauen, die er mißbraucht, tötet und den Krokodilen zum Fraß vorwirft. Für eine Frau, die in seinen Wagen steigt, beginnt ein Alptraum, doch am Ende schlägt das Opfer zurück. Einfallslose Mär vom Schrecken der Mutterbindung, brutal in der Machart, ohne jeden erkennbaren Sinn (außer der skrupellosen Vermarktung). ✦ USA 1989 **P** Filmirage **VA** Ascot **R** Humphrey Humbert (= Umberto Lenzi) **B** Olga Pehar **K** Jerry Philipps **M** Piero Montanari **S** Kathleen Stratton **D** Josie Bissett (Daniela), Joseph Balogh (Mark), James Saucier (Kevin), Robin Fox (Marks Vater), Thomas Mitchell **L** 89 **FSK** ab 16 **E** 26.8.1992 Video **fd** 29892

RETURN OF THE LIVING DEAD 3 (RETURN OF THE LIVING DEAD III). Nach dem Unfalltod seiner Freundin reanimiert Curt die Tote im Versuchslabor seines Vater. Der Experiment gelingt, doch als das wiedervereinte Paar in den Kampf mit einer Straßengang verwickelt wird, erkennt er, daß seine Freundin ein Zombie ist, der nach Menschenfleisch giert. Ein hartgesottener Horrorfilm, der mit einschlägigen Effekten zielstrebig auf ein bluttriefendes Finale zusteuert. ✦ USA 1993 **P** Trimark **VA** New Vision **DVD** VCL/Laser Paradise (FF, Mono dt.) **Pd** Gary Schmoeller **R** Brian Yuzna **B** John Penney **K** Gerry Lively **M** Barry Goldberg **S** Christopher Roth **D** Mindy Clarke, J. Trevor Edmond, Kent McCord **L** 90 (DVD 93) **FSK** ab 18 **E** 15.2.1994 Video/Oktober 1999 DVD

RETURN TO HORROR HIGH (RETURN TO HORROR HIGH). Ein Filmproduzent will am Originalschauplatz eine rätselhafte Mordserie an einer High-School verfilmen. Doch während der Dreharbeiten schlägt der inszenierte Horror in reales Grauen um. Das Filmteam wird unter mysteriösen Umständen dezimiert. Banaler Horrorfilm nach üblichen Mustern und mit gewohnt blutrünstigen Effekten. ✦ USA 1987 **P** New World/Balcor/Greg H. Sims Prod. **VA** Highlight **R** Bill Froehlich **B** Bill Froehlich, Mark Lisson, Gregory H. Sims, Dana Escalante **K** Roy H. Wagner **M** Stacy Widelitz **D** Vince Edwards, Brendan Hughes, Scott Jacoby, Lori Lethin, Alex Rocco **L** 89 **FSK** ab 18 **E** Dezember 1987 Video

RETURN TO WATERLOO – EINMAL WATERLOO UND ZURÜCK (RETURN TO WATERLOO). Für einen Londoner Geschäftsmann wird die tägliche Routinefahrt in der U-Bahn unversehens zur Odyssee durch alle Höhen und Tiefen menschlicher Gefühle, bei der er mit seinen teils verdrängten Empfindungen konfrontiert wird. Mit Musik der englischen Pop-Gruppe »Kinks« unterlegte Produktion, die Elemente des Videoclips mit filmischen Erzählmitteln zu einer Reise durch Traum und Wirklichkeit verbindet. (TV-Titel auch: »The Kinks – Return to Waterloo«) – Ab 12 möglich. ✦ Großbritannien 1984 **P** RCA **KI** Arsenal **Pd** Dennis Woolf **R+B** Ray Davies **K** Roger Deakins **M** The Kinks **S** David Mingay **D** Kenneth Colley (Reisender), Valerie Holiman (Frau des Reisenden), Dominique Barnes (Tochter), Aaron Probyn, Gretchen Franklin, Betty Romaine **L** 57 **E** 1.5.1986/17.6.1989 ARD

RETURNING (THE RETURNING). Während eines Campingausfluges findet eine Familie einen seltsamen Bergkristall, der mit einem indianischen Fluch beladen ist und seinen Findern Unglück bringt. Der Sohn fällt einem Unfall zum Opfer, der Vater wird von bösen Geistern und Visionen beherrscht, die ihn dazu treiben, den Unfallfahrer umzubringen. Im letzten Augenblick kann seine Frau das Schlimmste abwenden. Statt indianischer Mythologie bietet der lustlos gespielte Film eine oberflächliche Schauermär, deren Handlung sich durch zahlreiche Rückblenden nur zäh entwickelt. ✦ USA 1989 **P** Willow **VA** New Vision **Pd** Sally Faile **R** Joel Bender **B** Patrick Nash **K** Oliver Wood **M** Harry Manfredini **S** Daniel Loewenthal **D** Gabriel Walsh (John Ophir), Susan Strasberg (Sybil Ophir), Victor Arnold (Al Lyons), Brian Poelman (Jason Ophir), Mostea Oshley (Medizinmann) **L** 81 **FSK** ab 16 **E** 15.3.1991 Video **fd** 28809

DIE REUE (MONANIEBA / POKAJANIJE). Der verstorbene Bürgermeister einer georgischen Provinzhauptstadt wird immer wieder aus seinem Grab geholt und im Garten der Hinterbliebenen ausgestellt. Als Grabschänderin wird eine Frau ertappt, die mit dieser Aktion verhindern will, daß die politischen Greueltaten des Potentaten vergessen werden. Während des Prozesses gegen sie kommen Unterdrückung und Bewußtseinsdeformationen eines Terror-Regimes ans Tageslicht. Eine teils bittere, teils groteskesatirische Abrechnung mit dem Stalinismus. Ein eindrucksvoll inszeniertes Geflecht aus Traumspielen, absurder Komik und politisch-moralischen Debatten, dessen Bezugnahme auf christliche Symbolik unübersehbar ist. (Preis der Ökumenischen Jury in Cannes 1987.) – Sehenswert. ✦ UdSSR 1984 **P** Grusia-Film **R** Tengis Abuladse **B** Nana Dshanelidse, Tengis Abuladse, Reso Kwesselawa **K** Michail Agranowitsch **M** Nana Dshanelidse **S** Guliko Omadse **D** Awtandil Macharadse (Warlam/Abel), Ija Ninidse (Guliko), Merad Ninidse (Tornike), Sejnab Botswadse (Ketewan Barateli), Ketewan Abuladse (Nino Barateli), Edischer Giorgobiani (Sandro Baratelli) **L** 146 **E** 13.10.1987 ZDF **fd** 26399

DIE REUE DES PIERRE GUILHEM (LE REGRET DE PIERRE GUILHEM). Der Viehhirt Pierre, stark mit seiner Landschaft und Arbeit verwachsen, verliert seine Geliebte aus der Stadt, als er sie wegen seines früheren Pferdes vernachlässigt, das er unbedingt vor dem Tod in der Stierkampfarena bewahren will. Die etwas sentimentale Geschichte läßt einige Wünsche offen. Eindrucksvoll sind die Landschaftsaufnahmen und die Schilderung der verschiedenen Seiten des Stierkampfes. – Ab 14. ✦ Frankreich 1969 **P** O.R.T.F./LIP **KI** Progress **R** Frédérique Hebrard, Jean de Nesle **B** Frédérique Hebrard, nach dem Roman von Joseph d'Arbaud **K** Georges Leclerc **M** Alphonse Stallaert **D** Pierre Brice (Pierre Guilhem), Catherine Rouvel (Nai), Louis Velle (Fähnrich), Jacques Degor (Bourquin), Gérard Gadiot (Bon Pache) **L** 90 **E** 3.7.1969 Kino DDR

REVAK, DER SKLAVE VON KARTHAGO (THE BARBARIANS). Ein keltischer Prinz befreit sich und römische Gefangene aus der Sklaverei. Turbulenter »Muskel-und-Sandalen«-Film mit Jack Palance im knappen Sklavenhemdchen. – Ab 14. ✦ USA 1960 **P** Mahin-Rackin **KI** DFG **Pd** Doug Adams **R** Rudolph Maté **B** John Lee Mahin **K** Carl Guthrie **M** Franco Ferrara **S** Tony Staenberg **D** Jack Palance (Revak), Milly Vitale (Tiratha), Austin Willis (Varro), Guy Rolfe (Kainus), Richard Wyler (Lycursus), Joseph Cuby (Babu) **L** 82 **FSK** ab 12; nf **E** 2.2.1962 **fd** 10863

DIE REVANCHE (1978) (REVANSA). Rumänien 1940/41: In die erbitterte Auseinandersetzung zwischen zwei rumänischen faschistischen Gruppierungen greift der bereits legendäre Kommissar Moldovan ein. Im Sinne der progressiven nationalen Bewegung Rumäniens führt er den erfolgreichen Kampf gegen die Schwarzen Legionäre. Effektvoller Abenteuer- und Kriminalfilm mit authentischem Hintergund. – Ab 16. ✦ Rumänien 1978 **P** Filmstudio Bukarest **KI** Progress **R** Sergiu Nicolaescu **B** Sergiu Nicolaescu, Vintila Corbu, Eugen Burada **K** Nicolae Girardi **M** Ileana Popovici **D** Gheorghe Dinica, Sergiu Nicolaescu, Jean Constantin, Ion Besoiu, Amza Pellea **L** 105 **E** 1.2.1980 Kino DDR/31.8.1982 DFF 2

DIE REVANCHE (1982) →Ich, Chiara und der Finstere

REVANCHE FÜR SPARTACUS (LA VENDETTA DI SPARTACUS). Sklaven und Gladiatoren führen nach Niederlage und Tod des Rebellen Spartacus den Aufstand gegen Rom weiter und erkämpfen sich trotz Verrats in den eigenen Reihen die Freiheit. Serienprodukt des italienischen »Antik«-Kinos der 60er Jahre. ✦ Scope. Italien 1964 **P** Leone **KI** MGM **R** Michele Lupo **B** Lionello de Felice, Ernesto Guida **K** Guglielmo Mancori **M** Francesco De Masi **D** Roger Browne, Gordon Mitchell, Scilla Gabel, Giacomo Rossi Stuart, Germano Longo **L** 93 **FSK** ab 12; f (fr. 12; nf) **E** 16.12.1965 **fd** 13861

REVANCHE IN RIO (VENGEANCES). Kriminalfilm. Nachdem seine schwangere Frau bei einer Schießerei unter Drogenhändlern umgekommen ist, beschließt ein hochdekorierter Pilot, die Schuldigen zur Verantwortung zu ziehen. – Ab 16. ✦ Frankreich 1994 **R** Christophe Desencla **D** Bernard Le Coq (Vincent), Luna Sentz (Anna), Didier Flamand (Matthieu), Jean-Noël Brouté (Clément), Chico Diaz (Perejra) **L** 90 **E** 23.11.1995 Vox

REVANCHE – JETZT ERST RECHT (BREACH OF FAITH: FAMILY OF COPS II). Die Ermordung eines katholischen Priesters, der vor Jahren aus der Sowjetunion in die USA emigrierte, ruft einen jüdischen Inspektor auf den Plan. Bald vermischen sich Beruf und Privatleben, da der Ermittler selbst Kind russischer Einwanderer ist und drei seiner erwachsenen Kinder bei der Polizei arbeiten. Sequel des Films »Family of Cops – Eiskalte Wut«, das auf das vertraute Personenarsenal zurückgreift, jedoch zu blaß und konturlos bleibt, um die Figuren wirklich nahezubringen. Die biedere Inszenierung und das unkonzentrierte Spiel der Darsteller tragen zusätzlich dazu bei, daß der Film weder als Krimi noch als melodramatisches Porträt eines Polizisten-Clans funktioniert. – Ab 14. ✦ Kanada 1996 **P** Alliance **VA** VPS **Pd** John Ryan **R** David Greene **B** Joel Blasberg **K** Ron Orieux **M** Peter Manning Robinson **S** Michael Pacek **D** Charles Bronson (Inspektor Paul Fein), Joe Penny (Benny), Angela Featherstone (Jackie Fein), Barbara Williams, Sebastian Spence **L** 88 **FSK** ab 12 **E** 28.8.1997 Video **fd** 32 975

REVELATION – TÖDLICHE PROPHEZEIUNG (APOCALYPSE II: REVELATION). Nach einer geheimnisvollen Katastrophe, die auch seine Familie traf, ist ein Poizist am Ende und jagt die wenigen verbliebenen Christen, die als Terroristen gebrandtmarkt sind und ihr Leben im Untergrund fristen. Als er ihr wahres Wesen und die wahren Zusammenhänge erkennt, wechselt er die Fronten. Christlich bewegter Fantasy-Film, der Genre-Chiffren für seine Botschaft nutzt. Er ist Teil einer Spielfilm-Miniserie, der, aus dem größeren Kontext herausgelöst, kaum noch einen Einblick in den christlich motivierten Endzeit-Mythos ermöglicht. Stattdessen dominiert Science-Fiction pur. ✦ USA 1999 **P** Prophecy/Scorpio **VA** Madison **Pd** Paul Lalonde, Peter Lalonde **R** Andre Van Heerden **B** Paul Lalonde, Peter Lalonde **K** George Tirl **M** Gary Koftinoff **D** Jeff Fahey (Thorold Stone), Nick Mancuso (Franco Macalousso), Carol Alt (Cindy Bolton), Tony Nappo (Willie Spino), Leigh Lewis (Hellen Hannah) **L** 87 **E** 25.10.2001 Video

REVENANT – SIE KOMMEN IN DER NACHT (REVENANT). Nach langer Abwesenheit kommt ein relativ junger Vampir nach Los Angeles zurück und seinem Urahnen ins Gehege, der sich die Stadt zum Jagdrevier erkoren hat. Den Konflikt will ein unermüdlicher Vampirjäger für seine Zwecke nutzen. Horrorfilm, der die Mythen des Genres nicht ernst nimmt, sondern nur als Bezugsrahmen für eine unstrukturierte Abfolge beliebiger Szenen nutzt. Das Ergebnis ist ein Mix aus Drama, Komödie, Action-Abenteuer und Teenie-Romanze, der keine Spannung erzeugt und dies mit recht drastischen Tötungsszenen auszugleichen versucht. Besonders ärgerlich: der latente Rassismus des Films. ✦ USA 1998 **P** Storm Entertainment **VA** VMP (Kinowelt Home) **Pd** Brad Wyman, Chris Hanley **R** Richard Elfman **B** Matthew Bright **K** Robin Brown **M** Michael Wandmacher **S** Larry Bock **D** Casper van Dien (Dallas), Natasha Gregson Wagner (Nico), Rod Steiger (Van Helsing), Udo Kier (Vincent), Natasha Lyonne (Rachel) **L** 86 (Langf. 90) **FSK** ab 16 (Langf.18) **E** 23.4.1999 Video **fd** 33 785

REVENGE – DES TEUFELS BLUTIGE KRALLEN (REVENGE). Ein junger Mann kommt einem satanischen Treiben in seiner Heimatstadt auf die Spur. Die Honoratioren des Ortes haben einen Blutkult des 17. Jahrhunderts wiederbelebt und versuchen, aus verschiedenen Körperteilen ein neues Lebewesen zu schaffen. Je mehr er erfährt, um so größer wird die Gefahr für ihn. Horrorfilm in Anlehnung an den Frankenstein-Mythos. ✦ USA 1986 **P** United Entertainment **VA** Gloria **Pd** Linda Lewis **R+B** Christopher Lewis **K** Steve McWilliams **M** Rod Slane **S** James Lenertz **D** Patrick Wayne (Michael Hogan), John Carradine (Senator Bradford), Josef Hanet (Dr. White), Stephanie Kropke (Liz), Fred Graves (Dean Bailey), Charles Ellis (Ron), Andrea Adams (Reporter) **L** 101 **FSK** ab 18 **E** Juli 1987 Video

REVENGE OF THE LIVING DEAD →Die Rückkehr der lebenden Toten

REVENGE – TODESSCHWUR DER RACHE (DANGEROUS ORPHANS). Ein junger Mann, der als Kind die Ermordung seiner Eltern mitansehen mußte, rächt sich mit Hilfe zweier Freunde, ebenfalls Waisen, für den Doppelmord. Was zunächst noch wie ein Spiel aussieht, gewinnt dabei zunehmend bedrohliche und mörderische Züge. Routiniert inszenierter Suspense-Thriller. ✦ Neuseeland 1986 **P** New Zealand Film Commission/Cinepro **VA** Splendid **Pd** Don Reynolds **R** John Laing **B** Kevin Smith **K** Warrick Attewell **M** Jonathan Crayford **S** Michael Horton **D** Peter Stephens (O'Malley), Jennifer Ward-Lealand (Costello), Michael Hurst (Moir), Ross Girven (Rossi), Peter Bland (Jacobs) **L** 88 **FSK** ab 16 **E** 4.2.1988 Video

REVENGERS (THE REVENGERS). Der blutige Rachefeldzug eines Ranchers, dessen Familie von Indianern ermordet wurde. Ein routiniert inszenierter, aber farblos und schematisch bleibender Versuch, den dahinsiechenden amerikanischen Western durch den Rückgriff auf Klischees des Italowesterns zu beleben. (TV-Titel: »Der Rächer«) ✦ Scope. USA 1971 **P** Martin Reckin/Enriques **KI** Centfox **Pd** Martin Rackin **R** Daniel Mann **B** Wendell Mayes **K** Gabriel Torres **M** Pino Calvi **S** Walter A. Hannemann, Juan Jose Marino **D** William Holden (John Benedict), Ernest Borgnine (Hoop), Susan Hayward (Elizabeth), Woody Strode (Job), Roger Hanin (Quiberon), Rene Koldehoff (Zweig), Jorge Luke (Chamaco), Jorge Martinez de Hoyes (Cholo), Arthur Hunnicutt, Larry Pennell (Arny), Raul Prieto **L** 99 **FSK** ab 12; f (früher 16) **E** 8.9.1972 **fd** 17 982

DER REVISOR (REWISOR). Ansehnliche Verfilmung der Gesellschaftskomödie des russischen Dichters Nikolai Gogol. – Ab 14. ✦ UdSSR 1952 **P** Mosfilm **KI** Progress **R** Wladimir Petrow **B** Wladimir Petrow, nach dem Roman von Nikolai Gogol **D** Juri Tolubejew, A. Georgijewskaja, T. Nosowa, Igor Gorbatschow **L** 132 **E** 6.11.1953 Kino DDR/16.1.1954 DFF 1

REVOLTE DER AUSGESTOSSENEN →Die Straße des Bösen

DIE REVOLTE DER GLADIATOREN (I DIECI GLADIATORI). Zehn Gladiatoren machen gemeinsame Sache mit einer römischen Verschwörergruppe, die Neros Sturz betreibt. Italienischer »Muskel-und-Sandalen«-Film nach üblichem Schema. – Ab 16. ✦ Scope. Italien 1963 **P** Associate **KI** Constantin **R** Gianfranco Parolini **B** Giovanni Simonelli, Gianfranco Parolini, Sergio Sollima **K** Piero Izzarelli **M** Angelo Francesco Lavagnino **D** Roger Browne, Susan Paget, Dan Vadis, Gianni Rizzo, Margaret Taylor **L** 98 **FSK** ab 16; nf **E** 14.8.1964 **fd** 12 996

DIE REVOLTE DER KADETTEN →Die Kadetten von Bunker Hill

DIE REVOLTE DER SIEBEN (GLI INVINCIBILI SETTE). Zwei adlige Brüder und fünf ehemalige Sklaven befreien im 4. Jahrhundert v. Chr. Sparta von einem Tyrannen. Pseudohistorisches »Antik«-Kino. – Ab 14. ✦ Scope. Italien/Spanien 1963 **P** Columbus/Atenea **KI** MGM **R** Alberto de Martino **B** Piero Poletto, Tonino Guerra **K** Eloy Mella **M** Carlo Franci **D** Tony Russell (Axel), Massimo Serato (Leslio), Helga Liné (Lydia), Livio Lorenzon (Rabirio), Gérard Tichy, Renato Baldini **L** 92 **FSK** ab 16; nf **E** 4.6.1965 **fd** 13 848

REVOLTE HINTER GITTERN (1948) →Rebellion im grauen Haus

REVOLTE HINTER GITTERN (1980) (STIR). Brutale und entwürdigende Behandlungsmethoden des Wachpersonals in einem australischen Gefängnis führen zu einem Aufstand der Häftlinge. Die Revolte wird niedergeschlagen. Der nach tatsächlichen Ereignissen entstandene Film macht die komplizierten zwischenmenschlichen Prozesse zwischen Wächtern und Bewachten, Tätern und Opfern auf eindringliche Weise nachvollziehbar. Der Drehbuchautor, ein ehemaliger Geldschrankknacker, war Augenzeuge der Ereignisse. Im Film spielen einige Ex-Häftlinge sich selbst. ✦ Australien 1980 **P** New South Wales Film Corporation **Pd** Richard Brennan **R** Stephen Wallace **B** Bob Jewson **K** Geoff Burton **M** Cameron Allan **S** Henry Dangar **D** Bryan Brown (China), Max Phipps (Norton), Dennis Miller (Redford), Phil Motherwell (Alby), Michael Gow (Andrew), Edward Robshaw (Partidge), Paul Sonkkila (McIntosh) **L** 95 **E** 3.5.1986 ZDF

REVOLTE IM DORF (VABOURENI NA VSI). Der Kampf um die Gleichberechtigung und um eine Waschmaschine in einem Dorf kurz nach dem Krieg. Primitiver Ulk, auf »fortschrittlich« frisiert; handwerklich mangelhaft. – Ab 6. ✦ Schwarz-weiß. CSR 1949 **P** Tschechoslowakischer Staatsfilm **KI** Progress **R** Josef Mach **B** Josef Mach, Ivan Osvald **K** Bohumil Vich **M** Julius Kalas **D** Frantisek Filipovsky (Mratschek), Ela Nollová (Frau Mratschek), J. Senik (Tscherny), D. Fiala (Jasan), Vera Kalendová (Frau Tscherny) **L** 90 **E** 4.5.1951 Kino DDR/23.10.1953 DFF 1

REVOLTE IM ERZIEHUNGSHAUS →Gestrandete Jugend

REVOLTE IM FRAUENZUCHTHAUS (WOMEN'S PRISON). Die ungerechte Behandlung von Insassinnen einer Strafanstalt durch eine psychopathische Aufseherin führt zur Revolte. Kleine Routineproduktion auf B-Film-Niveau. ✦ Schwarz-weiß. USA 1955 **P** Columbia **KI** Columbia **Pd** Bryan Foy **R** Lewis Seiler **B** Crane Wilbur, Jack DeWitt **K** Lester White **M** Mischa Bakaleinikoff **S** Henry Batista **D** Ida Lupino (Amelia Van Zant), Jan Sterling (Brenda Martin), Cleo Moore (Mae), Phyllis Thaxter (Helene Jensen), Audrey Totter (Joan Burton), Howard Duff (Dr. Clark), Warren Stevens (Glen Burton) **L** 78 **FSK** ab 16; nf **E** 19.8.1955 **fd** 4 288

REVOLTE IN BLOCK A (HOUSE OF WOMEN). In einem amerikanischen Frauengefängnis, das auch die Kinder der Sträflinge beherbergt, treibt ein sadistischer Direktor die Frauen zum Aufstand. Bescheidener Gefängnisfilm nach einem Drehbuch von Crane Wilbur, dem Spezialisten für »Häftlingsschicksale« im amerikanischen Film der 50er Jahre (»Rebellion im grauen Haus«, »Ins Leben entlassen«, »Meuterei im Morgengrauen«). Hier hat Wilbur bei sich selbst abgeschrieben: Der Film wirkt wie ein Remake des Ida-Lupino-Dramas »Revolte im Frauenzuchthaus« (1955). – Ab 16. ✦ Schwarz-weiß. USA 1961 **P** Warner Bros. **KI** Warner Bros. **R** Walter Doniger **B** Crane Wilbur **K** Harold Stine **M** Howard Jackson **D** Shirley Knight, Andrew Duggan, Constance Ford, Barbara Nichols, Margaret Hayes **L** 86 **FSK** ab 16; f **E** 6.7.1962 **fd** 11 234

REVOLTE IN DER UNTERWELT (THE OUTFIT). Ein kleiner Gangster rächt nach seiner Entlassung aus dem Gefängnis den Mord an seinem Bruder und bringt die Bosse des Syndikats zur Strecke. Überdurchschnittlicher, geradlinig inszenierter Gangsterfilm. – Ab 16. ✦ USA 1973 **P** MGM **KI** Fox-MGM **R** John Flynn **B** John Flynn, nach einem Roman von Richard Stark (= Donald E. Westlake) **K** Bruce Surtees **M** Jerry Fielding **D** Robert Duvall (Earl Macklin), Karen Black (Bett Harrow), Joe Don Baker (Cody), Robert Ryan (Mailer, Syndikatsboß), Timothy Carey **L** 102 **FSK** ab 18; nf **E** 1.5.1975 **fd** 19 342

REVOLUTION (REVOLUTION). Aufwendiges Historiendrama, das die Odyssee eines Trappers und seines Sohnes in den Wirren des amerikanischen Unabhängigkeitskrieges im 18. Jahrhundert schildert. Das interessante Thema wird durch dramaturgische und inszenatorische Schwächen leider verspielt. Entstanden ist ein reiner Ausstattungsfilm mit wenig profilierten, unglaubwürdigen Figuren. – Ab 16. ✦ Scope. Großbritannien/Norwegen 1985 **P** Goldcrest/Viking/Irwing Winkler **KI** Concorde **VA** VCL/Virgin/Polyband **Pd** Irwin Winkler **R** Hugh Hudson **B** Robert Dillon **K** Bernard Lutic **M** John Corigliano **S** Stuart Baird **D** Al Pacino (Tom Dobb), Donald Sutherland (Sgt. Major Peasy), Nastassja Kinski (Daisy McConnahay), Joan Plowright (Mrs. McConnahay), Dave King (Mr. McConnahay), Annie Lennox (Liberty Woman), Steven Berkoff (Sergeant Jones), Dexter Fletcher (Ned Dobb), Sid Owen (der junge Ned), Richard O'Brien (Lord Hampton) **L** 125 **FSK** ab 12; f **FBW** w **E** 6.11.1986/30.5.1987 Video/17.12.1988 ARD **fd** 25 895

REVOLUTION AM TELEFON – EINE DOKUMENTATION ZUM 20. JULI. Dokumentation über das Hitler-Attentat vom 20. Juli 1944 mit einem szenischen Vorspiel. Der Film untersucht die unterschiedlichen Beweggründe der Verschwörer – allerdings aus einer sehr einseitigen Sichtweise heraus. Während Stauffenberg zur »progressiven« Figur erklärt und seine Nähe zum kommunistisch beeinflussten Nationalkomitee Freies Deutschland hervorgehoben wird, erfährt Carl Goerdeler, als »Deutschnationalist« und Vorläufer Adenauers abgestempelt, eine sehr kritische Würdigung. Bemerkenswert trotzdem, da in den 60er Jahren der bürgerliche Widerstand gegen Hitler von der offiziellen DDR-Geschichtsschreibung als Tabuthema behandelt wurde. ✦ Schwarz-weiß. DDR 1964 **P** DEFA **Kl** Progress **Pd** Gerhard Abraham **R** Karl Gass **B** Karl Gass, Karl-Eduard von Schnitzler **K** Michael Biegholdt **M** Jean Kurt Forest **S** Christel Hemmerling-Gass **L** 103 **E** 19.7.1964 DFF 1

DIE REVOLUTION IM FERNSEHEN. Im Dezember 1989 reist ein ungarischer Filmemacher zum erstenmal nach seiner illegalen Ausreise vor zehn Jahren wieder in seine Heimat. Sein Video-Essay verbindet die private Perspektive seiner Mutter auf die Revolution im Fernsehen mit Gesprächen zwischen Fernsehmachern und Nachrichtensprechern sowie historischen Fernsehausschnitten aus der Zeit der Zensur und des Umbruchs. ✦ BR Deutschland 1990 **R+B** Gusztáv Hámos **K** Christoph Dreher **L** 60 **E** 23.4.1991 ZDF

REVOLUTION UND LEIDENSCHAFT →Chouans! – Revolution und Leidenschaft

EINE REVOLUTIONÄRE FAMILIE (WODE YI JIA). Die Lebensgeschichte einer Frau und ihrer Familie, in der sich zugleich die Geschichte der opferreichen Freiheitskämpfe des chinesischen Volkes während zweier Bürgerkriege wiederspiegelt. – Ab 14. ✦ **P** Filmstudio Peking **Kl** Progress **R** Schui Hua **B** Hsia Yän, Schui Hua **K** Tjiän Djiang **M** Djü Wei **D** Yü Lan (Dshou Liän), Sun Dau-Lin (Djiang Mei-tjing), Zhang Liang (Li-tjün), Liu Kue-Lin (Hsiau Liän), Schi Hsiau-Man (Hsiau Tjing) **L** 101 **E** 5.10.1962 Kino DDR

REVOLVER (REVOLVER). Thriller um einen ehemaligen Agenten des FBI, der seit einem Attentat an den Rollstuhl gefesselt ist und nach Barcelona reist, um sich an dem für sein Unglück verantwortlichen Mafioso zu rächen. Dabei deckt er eine Verschwörung gegen die USA auf. ✦ USA/Spanien 1992 **P** Televisio de Catalunya/Columbia TV/Victoria **Pd** Christopher Seitz **R** Gary Nelson **B** Mark Waxman, Rift Fournier **K** Neil Roach **M** Phil Marshall **S** Donald R. Rode **D** Robert Urich (Nick Sastre), David Ryall (Aldo Testi), Neil Dudgeon (Volkner), Dakin Matthews (McCall), Steven Williams (Ken) **L** 87 **E** 27.5.1994 premiere

DER REVOLVER DES CORPORALS. Befreiungskampf in Kuba: Zwei Jungen versuchen, in den Besitz von Waffen zu kommen, damit sie zusammen mit ihren Brüdern in den Bergen gegen die Batista-Truppen kämpfen können. Eine handwerklich durchschnittliche »Abenteuer«-Geschichte, die schablonenhaft in der Zeichnung von Personen und Konflikten bleibt und sich mit äußerer Spannung begnügt. ✦ Schwarz-weiß. DDR 1967 **P** DEFA, Gruppe »Jugend- und Kinderfilm« **Kl** Progress **Pd** Siegfried Kabitzke **R** Rolf Losansky **B** Günther Mehnert, Rolf Losansky, nach der gleichnamigen Erzählung von Eberhard Panitz **K** Günter Eisinger **M** Karl-Ernst Sasse **S** Anneliese Hinze-Sokolow **D** Peter Donat (Hilario), Heinz Tischer (José), Günter Naumann (Corp. C. Calzado), Ruth Kommerell (Mutter von José), Bruno Carstens (Vater von José), Sylvia Kuziemski (Schwester von José) **L** 93 **E** 1.6.1967 Kino DDR/22.7.1978 DFF 1

REVOLVER DISKUTIEREN NICHT (TOWN TAMER). Ein Sheriff rächt den gewaltsamen Tod seiner Ehefrau und befreit die Stadt vom Terror des verbrecherischen Spielsalonbesitzers, wobei er selbst reichlich Tote hinterläßt. Routine-Western. ✦ Scope. USA 1964 **P** Paramount **Kl** Paramount **Pd** A.C. Lyles **R** Lesley Selander **B** Frank Gruber, nach seinem Roman **K** W. Wallace Kelley **M** Jimmie Haskell **S** George Gittens **D** Dana Andrews (Tom Rosser), Terry Moore (Susan Tavenner), Pat O'Brien (Richter), Lon Chaney jr. (Leach), Bruce Cabot (Riley Condor), Lyle Bettger (Lee Ring), Coleen Gray (Carol Rosser), Barton MacLane (James Fenimore Fell), Richard Arlen (Dr. Kent), Richard Jaeckel (Honsinger), DeForest Kelley (Guy Tavenner), Richard Webb (Kevin), Bob Steele (Vigilante) **L** 89 **FSK** ab 16; nf **E** 14.10.1965 **fd** 13 743

REVOLVER GIRLS (HARD BOUNTY). Western um einen Kopfgeldjäger, der seinen Job an den Nagel hängt und einen Saloon mit »leichten Mädchen« kauft. Als aber eine der Frauen ermordet wird, macht er sich zusammen mit den übrigen auf die Jagd nach dem Mörder. ✦ USA 1995 **P** Workin' Man Films/ Sunset Films Intern. **Pd** Jim Wynorski, Tripp Reed **R** Jim Wynorski **B** Karen Kelly **K** Zoran Hochstatter **M** Taj **S** Mark Speer **D** Matt McCoy (Martin Kanning), Kelly LeBrock (Donnie), John Terlesky (Carver), Kimberly Kelley (Glory), Rochelle Swanson (Jess) **L** 90/86 (TV 83) **E** 7.2.1998 ProSieben

REVOLVER-KELLY (MACHINE GUN KELLY). Der brutale Verbrecherboß Kelly ist durch seine abergläubische Todesfurcht verwundbar; nach einem mißglückten Bankraub bleibt nur seine Freundin bei ihm. Die geplante Kindesentführung scheitert am Verrat eines Mitwissers. Frühes Gangsterdrama vom späteren Kommerzfilmkönig Corman: ein reichlich rüde inszeniertes Plagiat älterer »film noir«-Klassiker. ✦ Schwarz-weiß. USA 1958 **P** El Monte/AIP **Kl** NF **Pd+R** Roger Corman **B** R. Wright Campbell **K** Floyd Crosby **M** Gerald Fried **S** Ronald Sinclair **D** Charles Bronson (Kelly), Susan Cabot (Flo), Morey Amsterdam (Fandango), Jack Lambert (Howard), Wally Campo (Maize), Barboura Morris (Lynn), Robert E. Griffin (Vito) **L** 82 **FSK** ab 18; nf **E** 13.2.1959 **fd** 7 973

DIE REVOLVERHAND (HE RIDES TALL). Kurz vor seiner Amtsabgabe muß sich ein junger Sheriff mit schießfreudigen Cowboys herumschlagen. Konventioneller Western. ✦ USA 1963 **P** Universal **Kl** Universal **Pd** Gordon Kay **R** R.G. Springsteen **B** Charles W. Irwin, Robert C. Williams **K** Ellis W. Carter **M** Irving Gertz **S** Russell Schoengarth **D** Tony Young (Marshal Morg Rocklin), Dan Duryea (Bart Thorne), Jo Morrow (Kate McCloud), Madlyn Rhue (Ellie Daniels), Joel Fluellen (Dr. Sam), R.G. Armstrong (Josh McCloud), George Murdock (Burt), Myron Healey (zweiter Sheriff) **L** 84 **FSK** ab 16; nf **E** 24.4. 1964/13.12.1969 ARD **fd** 12 704

DER REVOLVERHELD (THE SILENT GUN). Nachdem er beinahe ein Mädchen getötet hat, beschließt ein berüchtigter Revolverheld, seine Waffe nicht mehr zu gebrauchen. Als er zum Sheriff einer Kleinstadt gewählt wird, soll allein sein Ruf als Abschreckung reichen. Selbst einen skrupellosen Gangster, der die Stadt terrorisiert, will er ohne Blutvergießen vertreiben. Ein kleiner, fürs Fernsehen produzierter Western, der unter einem lachhaften Drehbuch und einer langweiligen Regie leidet. – Ab 16. ✦ USA 1969 **P** Paramount **R** Michael Caffey **B** Clyde Ware, nach einer Idee von Bob Kane **D** Lloyd Bridges (Brad Clinton), John Beck (Billy Reed), Ed Begley (John Cole), Edward Byrnes (Joe Henning), Pernell Roberts (Sam Benner) **L** 70 **E** 14.6.1998 SAT.1

DER REVOLVERHELD VON LAREDO (GUNMAN FROM LAREDO). Ein Viehzüchter erschießt den Mörder seiner Frau. Mittelmäßiger B-Western. ✦ USA 1958 **P** Columbia **Kl** Columbia-Bavaria **Pd+R** Wallace MacDonald **B** Clark E. Reynolds **K** Irving Lippman **M** Lambert Day **S** Al Clark **D** Robert Knapp (Gil Reardon), Walter Coy (Ben), Jana Davi (Rosita), Jean Morehead (Katy Reardon), Paul Birch (Matt Crawford), Don C. Harvey (Dave Marlow), Clarence Straight (Frank Bass), Charles Horvath (Coloradas), Harry Antrim (Richter Parker), Ron Hayes (Walt Keefer) **L** 66 **FSK** ab 6; nf **E** 10.7.1964 **fd** 12 856

REVOLVERHELDEN VON FALL RIVER (YOUNG FURY). Vater und Sohn, die sich wegen eines alten Familienkonflikts feindlich gegenüberstehen, bekämpfen später gemeinsam die Dawson-Bande. Western mit grobkörniger Psychologie und dem Versuch einer Auseinandersetzung mit den Themen Jugend und Generationenkonflikt. – Ab 16. ✦ Scope. USA 1964 **P** Paramount **Kl** Paramount **Pd** A.C. Lyles **R** Christian Nyby **B** Steve Fisher **K** Haskell Boggs **M** Paul Dunlap **D** Rory Calhoun, Virginia Mayo, Lon Chaney jr., Merry Anders, Joan Huntington **L** 80 **FSK** ab 16; nf **E** 2.4.1965 **fd** 13 363

REVOLVERHELDEN VON WYOMING (CATTLE KING). Ein Rancher verteidigt sich erfolgreich gegen Profitjäger, die mit Gangstermethoden seine und seiner Nachbarn Existenz bedrohen. Um »Familieneignung« bemühter Western mit humaner Tendenz. (TV-Titel DDR: »In einem Tal in Wyoming«) – Ab 16. ✦ USA 1962 **P** MGM **Kl** MGM **Pd** Nat Holt **R** Tay Garnett **B** Thomas Thompson **K** William E. Snyder **M** Paul Sawtell, Bert Shefter **S** George White **D** Robert Taylor (Sam Brassfield), Robert Loggia (Johnny Quatro), Joan Caulfield (Sharleen), Robert Middleton (Clay Mathews), Larry Gates (Präsident Arthur), Malcolm Atterbury (Clevenger), William Windom (Harry Travers), Ray Teal (Ed Winters), Richard Devon (Vince Bodine), Robert Ivers (Webb Carter) **L** 88 (TV 75) **FSK** ab 12; nf **E** 2.8.1963/4.8.1973 ARD/6.9.1986 DFF 1 **fd** 12 131

REVOLVERLADY (FRENCHIE). Liebe und Gerechtigkeit siegen über die Rachegefühle einer Spielbank-Teilhaberin in New Orleans, deren Vater ermordet wurde. Komödiantische Mischung aus Western und Abenteuerfilm, in dem nur die aus der Vorlage übernommene Rauferei zwischen zwei Frauen aus dem Rahmen fällt; insgesamt ein schwaches Remake der glänzenden Western-Komödie »Der große Bluff« mit James Stewart und Marlene Dietrich (USA 1939), deren Regisseur George Marshall 1954 selbst noch eine weitere Version – mit Audie Murphy und Mari Blanchard in den Hauptrollen – inszenierte. ✦ USA 1950 **P** Universal **Kl** Universal **Pd** Michel Kraike **R** Louis King **B** Oscar Brodney, nach dem Roman von Max Brand **K** Maury Gertsman **M** Hans J. Salter **S** Ted J. Kent **D** Joel McCrea (Tom Banning), Shelley Winters (»Frenchie« Fontaine), Paul Kelly (Pete Lambert), Elsa Lanchester (Gräfin), John Russell (Lance Cole), Marie Windsor (Diane), John Emery (Clyde Gorman), Regis Toomey (Carter), Paul Burns (Rednose), Frank Ferguson (Jim Dobbs), Larry Dobkin (Barkeeper) **L** 80 **FSK** ab 12; nf **E** 18.4.1952 **fd** 1 800

DER REVOLVERMANN (THE REDHEAD AND THE COWBOY). Ein Cowboy gerät gegen Ende des Bürgerkriegs unversehens in das Agentennetz der Konföderierten. Solide Westernunterhaltung. ✦ Schwarz-weiß. USA 1950 **P** Paramount **Kl** Onyx **R** Leslie Fenton **B** Jonathan Latimer, Liam O'Brien, nach einem Roman von Charles Marquis Warren **K** Daniel L. Fapp **M** David Buttolph **D** Glenn Ford (Gil Kyle), Edmond O'Brien (Dunn Jeffers), Rhonda Fleming (Candace Bronson), Alan Reed (Lamartine), Ray Teal (Brock), Morris Ankrum (Sheriff), Edith Evanson (Mrs. Barrett), Perry Ivins (Mr. Barrett), Janine Perreau (Mary Barrett), King Donovan (Munroe), Tom Moore (Gus) **L** 81 **FSK** ab 6; nf **E** 17.7.1964 **fd** 12 858

REVOLVERMÄNNER (GUN BROTHERS). Bruderzwist zwischen einem aus der Armee entlassenen Trapper und einem Outlaw, der sich bekehren läßt und am Ende für die gute Sache sein Leben einsetzt. Mittelmäßige Variante eines alten Westernklischees. ✦ Schwarz-weiß. USA 1956 **P** Grand **Kl** United Artists **R** Sidney Salkow **B** Gerald Drayson Adams, Richard Schayer **K** Kenneth Peach **M** Irving Gertz **D** Buster Crabbe (Chad Santee), Ann Robinson (Rose Fargo), Neville Brand (Jubal), Michael Ansara (Shawnee), Walter Sande (Yellowstone), Lita Milan (Meeteetse), James Seay (Blackjack Silk), Roy Barcroft (Sheriff Jergen), Slim Pickens (Moose MacLain), Dorothy Ford (Molly) **L** 79 **FSK** ab 12; nf **E** 2.7.1957/18.10. 1996 Kabel 1 **fd** 6 007

REVOLVING DOORS (LES PORTES TOURNANTES / THE REVOLVING DOORS). Als sich sein Vater mit der Vergangenheit und dem Leben seiner Mutter beschäftigt, erkennt ein Junge, daß die eigene Gegenwart in ähnlich unglücklichen Bahnen verläuft. Er unternimmt eine Reise in die Vergangenheit. Eine teils lebendig wirkende, teils mit Weichzeichner übergossene Romanverfilmung zu Generations- und Familienproblemen, deren Brückenschlag in die Vergangenheit nur bedingt gelingt. (TV-Titel: »Türen in die Vergangenheit«) – Ab 14 möglich. ✦ Frankreich/Kanada 1988 **P** Malofilm/Office National du Film du Canada/U.G.C. **VA** Highlight **Pd** Renée Mario **R** Francis Mankiewicz **B** Jacques Savoie, Francis Mankiewicz, nach einem Roman von Jacques Savoie **K** Thomas Vamos **M** François Dompierre **S** André Corriveau **D** Monique Spaziani (Céleste Beaumont), Gabriel Arcand (Blaudelle), Miou-Miou (Lauda), François Méthé (Pierre Blaudelle), Jacques Penot (Antoine) **L** 97 **FSK** ab 12 **E** 2.4.1990 Video/9.10. 1991 ZDF **fd** 28 285

REVUE UM MITTERNACHT. Die verzwickte Entstehungsgeschichte eines DEFA-Revuefilms. Weitgehend schwungvoll und voller selbstironischer Anspielungen, verliert sich die Originalität erst am Schluss in konventionellen Shownummern. Beachtlich die von Jazz und Soul inspirierten Gesangsauftritte von Manfred Krug. In 4-Kanal-Magnetton und Breitwand gefertigtes Spektakel. – Ab 14. ✦ Scope. DDR 1962 **P** DEFA, Gruppe »60« **VA** Icestorm **Pd** Erich Kühne **R** Gottfried Kolditz **B** Kurt Bortfeldt, Gerhard Bengsch **K** Erich Gusko **M** Gerd Natschinski **S** Hildegard Tegener **D** Christel Bodenstein (Claudia Glück), Manfred Krug (Alexander Ritter), Werner Lierck (Theo), Claus Schulz (Eberhard Gallstein), Hans Klering (Herbert Schöninger), Gerry Wolff (Jens Holle), Johannes Arpe (Otto Kruse) **L** 104 **FSK** o. A. **E** 7.7.1962 Kino DDR/25.5.1999 Video

REXOSAURUS (DR. MORDRID). Zwei mit Zauberkräften ausgestattete Unsterbliche bekämpfen einander seit Jahrhunderten. Im New York der Gegenwart kommt es zur endgültigen Auseinandersetzung, bei der eine junge Polizei-Angehörige den »guten« Zauberer unterstützt. Ein in jeder Hinsicht unscheinbarer Film um Hexenkult und Mystizismus, der mit seinem Titel versucht, auf der »Dino-Welle« mitzureiten. Die winzige Sequenz, die dieser Spekulation gerecht werden könnte, ist in primitivster Tricktechnik hergestellt. – Ab 16. ✦ USA 1992 **P** Full Moon **VA** Highlight **Pd** Charles Band **R** Albert Band, Charles Band **B** C. Courtney Joyner **K** Adolfo Bartoli **M** Richard Band **S** Lauren Schaffer **D** Jeffrey Combs (Dr. Mordrid), Yvette Nipar (Samantha Hunt), Brian Thompson (Kabal), Jay Acovone (Tony Gaudio), Keith Coulouris (Adrian), Richard Brinkley (»Gunner«) **L** 72 **FSK** ab 12 (fr. ab 16) **E** 2.11.1993 Video/ 22.7.2001 ProSieben **fd** 30 519

DAS REZEPT IHRER JUGEND (REZEPT JEJO MOLODOSTI). Eine Frau wurde 300 Jahre alt, nachdem ihr Vater Makropolus einst ein Wundermittel an ihr ausprobiert hatte. Nun fühlt sie den Tod nahen und begibt sich auf die Suche nach dem Rezept, hinter dem aber sofort auch Geschäftemacher her sind. Ein russisches Musical mit ausgezeichneten Theaterschauspielern, die der gleichnishaften Geschichte über den Sinn der Sterblichkeit viel Leben einhauchen. ✦ Scope. UdSSR 1983 **P** Mosfilm **R** Jewgeni Ginsburg **B** Alexander Adabaschjan, nach dem Roman »Die Sache Makropolos« von Karel Capek **K** Genrich Abramjan **M** Georgi Garanjan **D** Ljudmila Gurtschenko (Emilia Marti), Oleg Borissow (Baron von Prus), Armen Dshigarchanjan (Graf Hauk), Alexander Abdulow (Gregor), Sergej Schakurow (Bombito) **L** 115 **E** 27.12.1984 DFF 2

DIE REZEPTE EINES VERLIEBTEN KOCHS →1001 Rezepte eines verliebten Kochs

RHAMANGO – DER RÄCHER BIN ICH →Shamango

RHAPSODIE DES NORDENS (SEWERNAJA RAPSODIJA). Gegen den Willen des strengen Vaters will ein Mädchen aus einem Dorf in der Nähe von Archangelsk Tänzerin werden und zur Aufnahmeprüfung für das Staatliche Tanzensemble nach Moskau reisen. Unbeirrt nimmt sie eine gefahrvolle lange Reise auf sich und legt selbst einen siebzig Kilometer langen Fußmarsch bei heftigem Schneetreiben zurück, um ans Ziel zu gelangen. ✦ Scope. UdSSR 1974 **P** Mosfilm **R** Eduard Abalow-Abaljan **B** Jewgeni Tschernezki **K** Vitali Abramow **M** Valentin Lewaschow **D** Ludmila Gawrilowa (Tonja), Leonid Kurawljew (Ladejkin), Stanislaw Tschekan (Sewastjanow), Ludmila Weilikan (Milka), Georgi Wizin (Verkäufer) **L** 78 **E** 23.2.1975 DFF 2

RHAPSODIE IM AUGUST (HACHIGATSU NO RAPUSODI / RHAPSODY IN AUGUST). Eine greise Japanerin erfährt, daß ihr nach Amerika ausgewanderter und von ihr fast schon vergessener älterer Bruder im Sterben liegt. Allmählich erinnert sie sich wieder an ihre Familie und das Leid, das durch die Atombombe in Nagasaki über sie kam. Akira Kurosawas Alterswerk ist eine stille, von sanfter Wehmut und Heiterkeit geprägte Meditation über Schmerz und Trauer, das Erinnern und die heilende Kraft der Versöhnung. Die gelöste Magie der Bilder wird gegen Ende von weihevollen Reden über die Freundschaft einst verfeindeter Nationen beeinträchtigt. (Kinotipp der Katholischen Filmkritik) – Sehenswert ab 14. ✦ Japan 1990–91 **P** Kurosawa Prod./Shochiku **Kl** Tobis **Pd** Hisao Kurosawa, Yoshio Inoue, Seikichi Iizumi **R** Akira Kurosawa **B** Akira Kurosawa, nach einem Roman von Kiyoto Murata **K** Takao Saito, Masaharu Ueda **M** Shin'ichirô Ikebe, Antonio Vivaldi, Franz Schubert **D** Sachiko Murase (Kane, die Großmutter), Richard Gere (Clark, Kanes Neffe), Hisashi Igawa (Tadao, Kanes Sohn), Narumi Kayashima (Machiko, Tadaos Frau), Tomoko Ohtakara (Tami, Tadaos Tochter) **L** 98 **FSK** ab 6; f **E** 14.11.1991 **fd** 29 204

RHAPSODIE IN BLAU (RHAPSODIE IN BLUE). Die Lebensgeschichte des amerikanischen Komponisten George Gershwin (1898–1937), eines Autodidakten, der die amerikanische Musikszene durch Filmschlager, Musicals, symphonischen Jazz und die Oper »Porgy and Bess« nachhaltig beeinflußte und jung an einem Hirntumor starb. Der biografisch unzuverlässige, sentimentale und zuweilen kitschige Film hat seine Vorzüge in der guten Erfassung der Zeitatmosphäre und in blendend präsentierter Gershwin-Musik. (TV-Titel: »Rhapsody in Blue – Die George Gershwin-Story«) – Ab 12. ✦ Schwarz-weiß. USA 1945 **P** Warner Bros. **Kl** Warner **Pd** Jesse L. Lasky **R** Irving Rapper **B** Howard Koch, Elliot Paul **K** Sol Polito **M** George Gershwin **S** Folmar Blangsted **D** Robert Alda (George Gershwin), Joan Leslie (Julie Adams), Alexis Smith (Christine Gilbert), Charles Coburn (Dreyfus), Julie Bishop (Lee Gershwin), Albert Bassermann (Prof. Frank), Morris Carnovsky (Poppa Gershwin), Al Jolson **L** 147 **FSK** ab 16; nf **E** 28.4.1948/29.3.1964 DFF 1 **fd** 95

RHAPSODIE IN BLEI (1959) (LONG DISTANCE / THE TREASURE OF SAN TERESA). Typischer Eddie-Constantine-Krimi. Diesmal geht es um ein Juwelenpaket, das er einer zum Callgirl gewordenen deutschen Generalstochter zurückbringen will. Hartgesotten, handfest, komisch. ✦ Schwarz-weiß. Großbritannien 1959 **P** Sidney Box/Beaconsfield/Orbit/ Kurt Ulrich Prod. **Kl** Constantin **Pd** John Nasht, Patrick Filmer-Sankey **R** Alvin Rakoff **B** Jeffrey Dell, Jack Andrews **K** Wilkie Cooper **M** Jeff Davis, Philip Martell, Don Banks **S** Jim Connock **D** Eddie Constantine (Larry Brennan), Dawn Addams (Hedi von Hartmann), Nadine Tallier (Zizi), Willy Witte (General von Hartmann), Gaylord Cavallaro (Mike Jones) **L** 80 **FSK** ab 18; nf **E** 21.7.1959 **fd** 8 268

RHAPSODIE IN BLEI (1984) (RUSTLER'S RHAPSODY). Ein singender Cowboy wie aus einem B-Western der 30er und 40er Jahre gerät in allerlei genreübliche Situationen. In der skandalösen deutschen Synchronisation werden sie zum Vorwand für dümmliche Blödeleien. Diese Peinlichkeiten dominieren den Film derart, daß von der einstmals reizvollen Hommage an die Trivialwestern absolut nichts mehr übrig bleibt. – Ab 16 möglich. ✦ USA 1984 **P** Paramount **Kl** UIP **VA** CIC **Pd** David Giler **R+B** Hugh Wilson **K** José Luis Alcaine **M** Steve Dorff **S** John Victor Smith (= John Victor-Smith), Colin Wilson **D** Tom Berenger (Rex O'Herlihan), G. W. Bailey (Peter), Marilu Henner (Miss Tracy), Andy Griffith (Col. Ticonderoga), Fernando Rey (Railroad Colonel), Christopher Malcolm (Jud), Jim Carter (Blackie), Patrick Wayne (Bob Barber), Sela Ward, Thomas Abbott (Saloon-Besitzer) **L** 89 **FSK** ab 12; f **E** 26.7.1985/ Januar 1986 Video **fd** 25 197

RHAPSODY IN BLUE – DIE GEORGE GERSHWIN-STORY →Rhapsodie in Blau

RHEA M... ES BEGANN OHNE WARNUNG (MAXIMUM OVERDRIVE / OVERDRIVE). Als die Erde in den Schweif des Kometen »Rhea M« eintaucht, wendet sich die Technik plötzlich gegen ihre Erfinder. Eine zusammengewürfelte Gruppe von Menschen muß sich gegen »mordende« Trucks zur Wehr setzen. Unlogisch aufgebauter und von Horror-Kultautor Stephen King enttäuschend platt inszenierter B-Film, der Humor mit Vulgarität und Spannung mit billigen Effekten verwechselt. (TV-Titel: »Stephen Kings Rhea M – Es begann ohne Vorwarnung«) ✦ USA 1985 **P** Dino De Laurentiis Corp. **Kl** CineVox **VA** VCL/Virgin **Pd** Martha Schumacher **R+B** Stephen King **K** Armando Nannuzzi **M** AC/DC **S** Evan Lottman **D** Emilio Estevez (Bill Robinson), Pat Hingle (Hendershot), Laura Harrington (Brett), Yeardley Smith (Connie), John Short (Curt), Ellen McElduff, J. C. Quinn, Christopher Murney, Stephen King **L** 97 **FSK** ab 16; nf **E** 20.11.1986/30.4.1987 Video/23.8.1991 premiere **fd** 25 946

EINE RHEINFAHRT, DIE IST LUSTIG (ZUM GOLDENEN OCHSEN). Ein geldgieriger Schweizer Gastwirt, der seiner Tochter nachspioniert, lernt an Bord eines Rheinschleppers das Leben in anderem Licht sehen. So wird die Fahrt für Jung und Alt zu einer schicksalhaften Reise ins Glück. Ein behäbig-biederer Film, mit lebendigen Bildern aus dem Schiffahrtsmilieu und einem bisweilen treffenden Humor. (Alternativtitel: »Die unfreiwillige Rheinfahrt«; späterer TV-Titel: »Zum Goldenen Ochsen«) – Ab 10 möglich. ✦ Schwarz-weiß. Schweiz 1958 **P** Unitas **Kl** Müller **Pd** Oscar Düby (= Lazar Wechsler) **R** Hans Trommer **B** Schaggi Streuli, Werner Wollenberger **K** Emil Berna **M** Hans Moeckel **S** Hans Heinrich Egger **D** Paul Bösiger (Lukas Mäglin), Ursula Kopp (Rosmarie Egli), Schaggi Streuli (Hans Egli), Margrit Rainer (Frau Egli), Lina Carstens (Frau Mäglin) **L** 88 **FSK** ab 6; nf **E** 20.3.1959 **fd** 8 215

RHEINGOLD. Eine Diplomatengattin, die ihrer Ehe durch die Begegnung mit einem Jugendfreund zu entfliehen versucht, wird von ihrem eifersüchtigen Mann auf der Zugfahrt von Düsseldorf nach Basel tödlich verletzt. Während sie stirbt, vermischen sich in ihrem Bewußtsein Wahn und Wirklichkeit, Traum und banaler Bundesbahn-Alltag zu einer unentwirrbaren Einheit. Der gebürtige Schweizer Niklaus Schilling spielt hintersinnig mit den Erzählformen des Melodrams und beschwört zugleich die Mythen und Mysterien deutscher Vergangenheit, die sich um den geschichtsträchtigen »Vater Rhein« ranken. Der formal brillante Film spielt fast ausschließlich im Inter-City »Rheingold« und nutzt konsequent die Einheit von Raum und Zeit. ✦ BR Deutschland 1977 **P** Visual **Kl** prokino **R+B** Niklaus Schilling **K** Ernst Wild **M** Eberhard Schoener **S** Thomas Nikel **D** Elke Haltaufderheide (Elisabeth Drossbach), Rüdiger Kirschstein (Wolfgang Friedrichs), Gunther Malzacher (Karl-Heinz Drossbach), Alice Treff (Mutter), Franz Zimmermann (Großvater) **L** 91 **FSK** ab 16; f **E** 24.2. 1978 **fd** 20 951

DAS RHEINGOLD. Eine in Farb-, Bild- und Tongestaltung sehr uneinheitlich geratene Verfilmung von Richard Wagners »Rheingold« durch Star-Dirigent Herbert von Karajan. Wem die filmische Umsetzung nicht zusagt, kann auf den Hörgenuß umschalten, den die Berliner Philharmoniker bieten. ✦ BR Deutschland 1980 **P** Unitel **R** Herbert von Karajan **K** Ernst Wild **M** Richard Wagner **D** Thomas Stewart,

Brigitte Fassbaender, Peter Schreier, Zoltan Kelemen, Jeannine Altmeyer **L** 145 **fd** 22 984

RHEINSBERG (1967). Ein junges Liebespaar entflieht dem turbulenten Berlin und verlebt ein paar schöne Tage im Provinzstädtchen Rheinsberg. Nostalgische Komödie nach der gleichnamigen Tucholsky-Novelle. Routiniert-biedere Unterhaltung. – Ab 16. ✦ BR Deutschland 1967 **P** Independent **KI** Constantin/Schorcht **R** Kurt Hoffmann **B** Herbert Reinecker, nach einer Erzählung von Kurt Tucholsky **K** Richard Angst **M** Hans-Martin Majewski **S** Gisela Haller **D** Cornelia Froboess (Claire), Christian Wolff (Wolf), Werner Hinz (Claires Vater), Ehmi Bessel (Claires Mutter), Ruth Stephan (Dienstmädchen Anna) **L** 88 **FSK** ab 12; nf **FBW** w **E** 21.12.1967/19.7.1968 Kino DDR/5.10.1973 ARD/19.8.1987 DFF1 **fd** 15 158

RHEINSBERG (1987). Zwei jungverliebte Berliner verleben unbeschwerte, ereignisreiche Tage in und um Rheinsberg. Leise, stimmungsvolle Tucholsky-Verfilmung fürs DDR-Fernsehen. ✦ DDR 1987/88 **P** DEFA **Pd** Andrea Hoffmann **R** Klaus Gendries **B** Anne Habeck, nach der gleichnamigen Erzählung von Kurt Tucholsky **K** Peter Krause, Dieter Chill **M** Günther Fischer **S** Vera Nowark **D** Silke Klan (Claire), Peter René Lüdicke (Wölfchen), Dietlind Stahl (Wölfchens Mutter), Wolfgang Dehler (Herr Adler), Franziska Matthus (Lissi Aachner) **L** 84 **E** 7.1.1990 DFF 1

RHESUS-ROMEO (RHESUS ROMEO). Eine junge Friseuse kommt der Bitte eines Medizinprofessors nach und stellt sich als Knochenmark-Spenderin zur Verfügung. Auf Grund ihrer Neugier bricht sie jedoch die Vereinbarung, die Identität des Empfängers nicht erfahren zu wollen. Sie dringt heimlich in sein Krankenzimmer ein, um einen Blick auf ihren »Rhesus-Romeo« zu werfen und verliebt sich in den hübschen jungen Mann. Melodramatischer Liebesfilm. – Ab 16. ✦ Frankreich 1992 **P** Canal+/Flach/La Sept-arte **R** Philippe Le Guay **B** Lou Jeunet, Philippe Le Guay **K** Pierre Novion **M** Jorge Arriagada **D** Isabelle Pasco (Joëlle), Anthony Delon (Arnaud), Philippe Clévenot (Prof. Thibaud), Judith Magre (Arnauds Mutter), Philippe Laudenbach (Arnauds Vater), Karin Viard (Anne-Victoire) **L** 99 **E** 13.1.1995 arte

DAS RHINOZEROS →Wenn man vom Teufel spricht

RHYTHMUS DER HERZEN (THE BALLERINA AND THE BLUES). Romantisch-wirklichkeitsferne Liebesgeschichte um eine Ballett-Tänzerin, die nach einer Verletzung ihre Karriere aufgeben muß, und einen Musiker, der ihr neue Hoffnung gibt. – Ab 12. ✦ Kanada 1987 **P** Karl/Lorimar **VA** Starlight **R** Glenn Bydwell **B** Tannis Kobrin, Julian Roffman **D** Tamara Chaplin, Rex Smith, Jean Pierre Matte, Dennis O'Connor **L** 76 **FSK** o. A. **E** 1988 Video

RHYTHMUS DER NACHT (1951) (BOITE DE NUIT). Ein Nachtclub-Tänzer leidet unter krankhafter Eifersucht. Als ein Kollege ermordet wird, verdächtigt man ihn. Der Täter ist jedoch der Orchesterchef, der seine Familie rächen wollte, die der Ermordete in der Okkupationszeit verraten hatte. Die schlecht geschriebene Geschichte ist schwach inszeniert und voller Ungereimtheiten. ✦ Schwarz-weiß. Frankreich 1951 **P** Sté. Française **KI** Prisma **R** Alfred Rode **B** Alfred Rode, Marcel Rivet **K** Leon Bellet **M** Alfred Rode, Rolf Marbot, Henri Decoin **D** Claudine Depuis, Alfred Rode, Saint-Granier, Pierre Louis, Roland Leonar **L** 82 **FSK** ab 18; nf **E** 11.1.1952 **fd** 1 568

RHYTHMUS DER NACHT (1992) (BLAME IT ON THE NIGHT). Drama. Ein Junge, der ein streng geführtes Internat bewohnt, wird nach dem Tod seiner Mutter dem Vater zugesprochen. Dieser, ein Rocksänger, kommt mit dem verschlossenen Jungen nicht zurecht. ✦ USA 1992 **R** Gene Taft **D** Nick Mancuso (Chris Dalton), Byron Thames (Job Dalton), Leslie Ackerman (Shelley), Richard Bakalyan (Manzini), Leeyan Granger **L** 77 **E** 17.3.1998 ORF 1

RHYTHMUS HINTER GITTERN (JAILHOUSE ROCK). Dritter Film mit Rock-'n'-Roll-Idol Elvis Presley (1935–1977). Elvis spielt einen Häftling, der Gesang und Gitarre bei einem Zellengenossen erlernt und danach, beschützt von einer Musik-Managerin, die Erfolgsleiter zum Rockstar erklimmt. Die billige Produktion – mit einem Drehbuch, das nicht weniger als 30 Songs ermöglichte – gehörte in den USA zu den zehn erfolgreichsten Kinofilmen des Jahres 1957. (Videotitel: »Jailhouse Rock«) – Ab 16. ✦ Scope, schwarz-weiß. USA 1957 **P** Avon **KI** MGM **VA** MGM/UA/Warner Home **R** Richard Thorpe **B** Guy Trosper **K** Robert Bronner **M** Jeff Alexander **D** Elvis Presley (Vince Everett), Judy Tyler (Peggy), Mickey Shaughnessy (Hunk Houghton), Vaughn Taylor (Mr. Shores), Dean Jones **L** 96 **FSK** ab 16; nf **E** 5.4.1958/11.1.1985 ARD **fd** 6 865

RHYTHMUS IM BLUT (THERE'S NO BUSINESS LIKE SHOW BUSINESS). Die reichlich sentimentale Geschichte einer Artistenfamilie, eingebunden in eindrucksvolle Revue- und Varieté-Nummern. Anspruchslose, aber gefällige Hollywood-Unterhaltung. – Ab 16. ✦ Scope. USA 1954 **P** 20th Century Fox **KI** Centfox **Pd** Sol C. Siegel **R** Walter Lang **B** Phoebe Ephron, Henry Ephron **K** Leon Shamroy **M** Irving Berlin **S** Robert Simpson **D** Ethel Merman (Molly Donahue), Donald O'Connor (Tim Donahue), Marilyn Monroe (Vicky), Dan Dailey (Terrance Donahue), Johnny Ray (Steve Donahue), Mitzi Gaynor (Katy Donahue), Richard Eastman (Lew Harris), Hugh O'Brian (Charles Gibbs) **L** 108 **FSK** ab 12; nf **E** 6.5.1955 **fd** 4 108

RHYTHMUS, LEIDENSCHAFT UND LIEBE →Der Mann ihrer Träume (1949)

RICH DONATO – SCHULE DES LEBENS (IN A CLASS OF HIS OWN). Der Hausmeister einer High School genießt das volle Vertrauen der Schüler. Da erfährt er von seiner vorgesetzten Behörde, dass er seine Arbeit nur fortführen darf, wenn er einen High-School-Abschluss vorweisen kann. In seiner Not kommen ihm die Schüler zur Hilfe und revanchieren sich für erwiesene Freundlichkeiten. Sozialdrama nach authentischer Vorgabe. – Ab 14 möglich. ✦ USA 1999 **Pd** Lindsay Williams **R+B** Robert Munic **K** Ron Stannett **M** Sharon Farber **S** Robin Katz **D** Lou Diamond Phillips (Ricardo »Rich« Donato), Lee Jay Bamberry (Freddy), Lenno Britos (Mr. Guiterrez), Cara Buono (Sherry Donato), Joan Chen (Linda Ching) **L** 90 **E** 17.3.2001 Premiere World

RICH GIRL (RICH GIRL). Eine 21jährige, die ihren schwerreichen Vater und ihren aalglatten Verlobten verlassen hat, um sich zu emanzipieren, arbeitet als Kellnerin in einem Nachtlokal, verliebt sich in einen Rock-Sänger und gewinnt an dessen Seite einen Nachwuchs-Wettbewerb. Lieblos und sprunghaft entwickelte Unterhaltung, die offensichtlich nur dazu dient, die zahlreichen Musiknummern zu verbinden; anspruchsloser Zeitvertreib für die Freunde der dargebotenen Rock-Musik. – Ab 16. ✦ USA 1989 **P** Studio Three Film Corp./Film West **VA** Starlight **Pd** Michael B. London **R** Joel Bender **B** Robert Elliot **K** Levie Isaacks **M** Jay Chattaway **S** Mark Helfrich, Richard Candib **D** Don Michael Paul (Rick), Jill Schoelen (Courtney), Ron Karabatsos (Rocco), Sean Kanan (Jeffrey), Paul Gleason (Marvin Wells) **L** 93 **FSK** ab 16 **E** 29.1.1992 Video **fd** 29 665

RICH IN LOVE (RICH IN LOVE). Als ihre Mutter nach langen Ehejahren die Familie verläßt, bricht für die heranwachsende Lucille eine Welt zusammen. Die fieberhafte Suche nach der Mutter wird zur Suche nach einer scheinbar intakten Vergangenheit. Lucille versucht, die Dinge zu ordnen und jede Veränderung zu verhindern, doch sie kann die eingetretene Entwicklung und ihre Folgen nicht aufhalten. Ein sanftes Familiendrama über Veränderungen auf der einen und starres Beharren auf Traditionen auf der anderen Seite und den Leidensdruck, den diese Diskrepanz erzeugt. Ein annehmbarer, aber kein gelungener Film, der trotz des bewegenden Themas recht teilnahmslos läßt. (TV-Titel auch: »Auf der Suche nach dem Glück«) – Ab 16. ✦ USA 1991 **P** The Zanuck Company **VA** Warner Home **Pd** Richard D. Zanuck, Lili Fini Zanuck **R** Bruce Beresford **B** Alfred Uhry, nach einem Roman von Josephine Humphreys **K** Peter James **M** Georges Delerue **S** Mark Werner **D** Albert Finney (Vater), Jill Clayburgh (Mutter Helen), Kathryn Erbe (Lucille), Kyle MacLachlan (Schwager Billie), Alfre Woodard (Rae) **L** 101 **FSK** ab 12 **E** 21.1.1994 Video/5.1.1995 premiere **fd** 30 790

RICHARD AVEDON – DARKNESS AND LIGHT (RICHARD AVEDON – DARKNESS AND LIGHT). Dokumentarfilm über den amerikanischen Fotografen Richard Avedon, der im Paris der Nachkriegszeit die Modefotografie revolutionierte, indem er realistische Darstellungsweisen einführte. Berühmt geworden sind auch seine Porträts von Prominenten sowie von anonymen Menschen in ihrem jeweiligen Lebensumfeld. Der Film zeigt beide Seiten des Künstlers und läßt Weggefährten zu Wort kommen. (Titel auch: »Richard Avedon – Schatten und Licht) – Ab 14. ✦ USA 1995 **R** Helen Whitney **L** 85 **E** 20.4.1997 Bayern 3

RICHARD III. (1955) (RICHARD III.). Shakespeares Königsdrama aus der blutigen Endphase im Kampf der Häuser York und Lancaster: Richard III. (1452–1485) ist ein zynischer Krüppel, der durch Heuchelei, Verrat und Mord an die Macht kommt und ein Terrorregime führt, bis er in der Schlacht von Bosworth von rebellischen Edelleuten getötet wird. Unterstützt von der souveränen Kamera und einem Ensemble kompetenter Shakespeare-Darsteller (allen voran der Regisseur), übertrug Olivier die Vorlage klug, opulent und werkgetreu auf die Leinwand. ✦ Scope. Großbritannien 1955 **P** Olivier/Korda **KI** DFH **Pd** Laurence Olivier **R** Laurence Olivier, Anthony Bushell **B** Alan Dent, Laurence Olivier, Colley Cibber, David Garrick, nach dem Bühnenstück von William Shakespeare **K** Otto Heller **M** William Walton **S** Helga Cranston **D** Cedric Hardwicke (König Edward IV.), Nicholas Hannen (Erzbischof von Canterbury), Laurence Olivier (König Richard III.), Ralph Richardson (Buckingham), John Gielgud (Clarence) **L** 138 **FSK** ab 16; f **FBW** w **E** 14.12.1956/28.8.1958 Kino DDR/17.5.1965 ZDF/22.10.1976 DFF **fd** 5 482

RICHARD III. (1995) (RICHARD III.). Auch nach dem Ende des englischen Bürgerkriegs zwischen den Geschlechtern derer von York und Lancester kommt das Land nicht zur Ruhe, weil Richard, der jüngste, körperlich wie moralisch verunstaltete York, den Thron besteigen will. Eine eigenwillige Shakespeare-Adaption, die das düstere Königsdrama aus dem 15. Jahrhundert in der Ära des Faschismus ansiedelt und mit den forcierten Mitteln des Actionkinos inszeniert. Eine temporeiche, lebendige Theaterverfilmung mit ausgeklügelter Farb- und Musikdramaturgie sowie exzellenten Darstellern, die nur in der psychologischen Zeichnung der Figuren an Tiefenschärfe einbüßt. – Sehenswert. ✦ Scope. USA/Großbritannien 1995 **P** Bayly/Paré/United Artists/British Screen/First Look **KI** Kinowelt **VA** Arthaus **DVD** Kinowelt Home (16:9, 2.35:1, DS engl./dt.) **Pd** Stephen Bayly, Lisa Katselas Paré **R** Richard Loncraine **B** Ian McKellen, Richard Loncraine, nach Richard Eyres Bühnenadaption von William Shakespeares »Richard III.« **K** Peter Biziou **M** Trevor Jones **S** Paul Green **D** Ian McKellen (Richard III.), Annette Bening (Königin Elizabeth), Kristin Scott Thomas (Lady Anne), Jim Broadbent (Buckingham), Robert Downey jr. (Earl Rivers), Maggie Smith (Herzogin von York), Nigel Hawthorne (Clarence) **L** 104 **FSK** ab 16; f **E** 14.3.1996/7.10.1996 Video 13.9.1998 ARD/25.8.1999 DVD **fd** 31 831

RICHARD LÖWENHERZ UND DIE KINDER GOTTES →Lionheart

RICHARD PRYOR LIVE ON THE SUNSET STRIP (RICHARD PRYOR LIVE ON THE SUNSET STRIP). Abgefilmter Bühnenauftritt des amerikanischen Entertainers, Komikers und Filmschauspielers Richard Pryor, der mit teils bissigen, teils rüden Kommentaren die Lebensweise und Moral der amerikanischen Gesellschaft aufs Korn nimmt. ✦ USA 1982 **P** Rastar **KI** Warner-Columbia **R** Joe Layton **B** Richard Pryor

K Haskell Wexler **M** Harry R. Betts **S** Sheldon Kahn **D** Richard Pryor **L** 82 **E** 12.11.1982

RICHARD STRAUSS – KEIN HELDENLEBEN. Mit zahlreichen Musikaufnahmen ausgestatteter Dokumentarfilm über den Komponisten Richard Strauss. Neben älteren Archivaufnahmen kommen in Interviews verschiedene Künstler zu Wort. ✦ Teils schwarz-weiß. BR Deutschland 1979 **P** Jochen Richter/Elektra/RM/BR **Pd+R+B+K** Jochen Richter **M** Richard Strauss **S** Jochen Richter **L** 99 (gek. 60) **E** 9.9.1979 ARD (Kurzfassung)

RICHARD UND COSIMA →Wahnfried

RICHARD WAGNER. Eine Stummfilm-Biografie des Komponisten Richard Wagner, die anläßlich seines 100. Geburtstages gedreht wurde. Die Rolle Wagners spielte der damals bekannte Komponist Giuseppe Becce, der eine eigene Musik komponierte, da seitens der Wagner-Erben zu hohe Tantiemen für die Verwendung von Original-Musik verlangt wurden. In der jetzigen Fassung ist der Film sparsam mit Wagner-Musik unterlegt, die in einer für damalige Kinoverhältnisse typischen Besetzung von 13 Musikern gespielt wird. ✦ Schwarz-weiß. Deutschland 1913 **P** Meßter-Film, Berlin **R** Carl Froelich, William Wauer **K** Carl Froelich **M** Giuseppe Becce, Armin Brunner (neue Musikfassung) **D** Giuseppe Becce, Olga Engel, Manny Ziener, Miriam Horwitz, Ernst Reicher **L** 80 **E** 31.5.1913/9.4.1983 NDR

RICHARDS ERBE (RICHARD'S THINGS). Am Sterbebett ihres Mannes erfährt eine Ehefrau von der Geliebten ihres Mannes. Sie macht sich auf die Suche nach dieser Frau und findet sie in der 20jährigen Josie, deren Faszination sie selbst erliegt. Am Schaffen Ingmar Bergmans orientiertes leises Drama, das allerdings nie die Dichte und gedankliche Tiefe des großen Vorbilds erreicht. ✦ Großbritannien 1980 **P** Southern Pictures Ltd. **Pd** Mark Shivas **R** Anthony Harvey **B** Frederic Raphael, nach seinem gleichnamigen Roman **K** Freddie Young **M** Georges Delerue **S** Lesley Walker **D** Liv Ullmann (Kate), Amanda Redman (Josie), Tim Pigott-Smith (Peter), Elizabeth Spriggs (Mrs. Sells), David Markham (Mr. Morris) **L** 100 **E** 2.12.1989 DFF 1

RICHIE RICH (RICHIE RICH). Ein Zwölfjähriger, der plötzlich den Weltkonzern seiner Familie leiten muß, weil seine Eltern als Opfer eines Flugzeug-Attentats gelten, muss sich der Intrigen eines Abteilungsleiters erwehren, der den Konzern an sich reißen will. Er meistert seine Aufgabe mit Bravour. Ein mit unaufdringlichen sozialkritischen Tönen perfekt inszenierter Film nach einem erfolgreichen Comic; sorgfältig auch in Charakterzeichnung und Darstellung. – Ab 14. ✦ USA 1994 **P** Silver Pictures/Warner Bros. **Kl** Warner Bros. **VA** Warner Home **Pd** Joel Silver, John Davis **R** Donald Petrie **B** Tom S. Parker, Jim Jennewein **K** Don Burgess **M** Alan Silvestri **S** Malcolm Campbell **D** Macaulay Culkin (Richie Rich), John Larroquette (van Dough), Edward Herrmann (Mr. Rich), Christine Ebersole (Mrs. Rich), Jonathan Hyde (Cadbury) **L** 94 **FSK** ab 6; f **E** 9.2.1995/10.8.1995 Video/10.8.1996 premiere **fd** 31 179

RICHIE RICH – DER WEIHNACHTSWUNSCH →Richie Rich – Die Wunschmaschine

RICHIE RICH – DIE WUNSCHMASCHINE (RICHIE RICH'S CHRISTMAS WISH). Der reichste Junge der Welt, in der Vorweihnachtszeit mit sozialen Aufgaben betraut, tappt in die Falle seines ewigen Widersachers und äußert den Wunsch, nie geboren worden zu sein. Dies »hört« dummerweise eine halb fertige Wunschmaschine, die den Wunsch, der alles zum Schlechteren wendet, prompt erfüllt. Nun gilt es erst recht, Weihnachten zu retten. Ein hausbackener Slapstick-Film, der seine verschiedenen Elemente uninspiriert und lieblos miteinander verbindet. Ein durch die Bank synthetisches Produkt, das noch nicht einmal zur vorweihnachtlichen Berieselung taugt. – Ab 6. ✦ USA 1998 **P** Harvey Comics **VA** Warner Home **Pd** Mike Elliott **R** John Murlowski **B** Mark Furey **K** Christian Sebaldt **M** Deddy Tzur **S** John Gilbert **D** David Gallagher (Richie Rich), Jake Richardson (Reggie Van Dough), Michelle Trachtenberg (Gloria), Martin Mull (Mr. Rich), Keene Curtis (Cadbury), Marla Maples (Mrs. Van Dough) **L** 84 **FSK** ab 6 **E** 11.12.1998 Video **fd** 34 037

RICHIES FANTASTISCHE REISE →Der Pagemaster – Richies fantastische Reise

DER RICHTER (1959) →Menschen, die im Schatten stehen

DER RICHTER (1960) (DOMAREN). Ein Brautpaar geht einem Schurken ins Netz, der als angesehener Richter unangreifbar zu sein scheint. Die Polemik des schwedischen Films gegen Machtmißbrauch im Rechtsstaat verliert durch die allzu reißerisch konstruierte Story etwas an Wirkung. Der Regisseur Sjöberg liefert zum Teil verblüffende Proben seines Talents, ohne aber zu einem einheitlichen Stil zu finden. (Späterer Titel: »Skandalös«) – Ab 16. ✦ Schwarz-weiß. Schweden 1960 **P** AB Sandrew **Kl** Topas **Pd** Rune Waldekranz **R** Alf Sjöberg **B** Alf Sjöberg, Vilhelm Moberg, nach einem Roman von Vilhelm Moberg **K** Sven Nykvist **M** Torbjörn Lundquist **D** Ingrid Thulin, Gunnar Hellström, Per Myrberg, Åke Lindström, Georg Arlin **L** 106 **FSK** ab 16; f **E** 16.3. 1962 **fd** 10 987

DER RICHTER (1986) (SYDIATA). Die Geschichte eines Richters, der Ende des 19. Jahrhunderts in einer kleinen bulgarischen Stadt Recht und Ordnung wiederherstellen und nach dem Goldschatz des geflüchteten türkischen Beys suchen soll. Spannungsarmer historischer Abenteuerfilm mit einem Minimum an Handlung und verkrampften Western-Zitaten. – Ab 14. ✦ Scope. Bulgarien 1986 **P** Filmstudio Bojana **Kl** Progress **R** Plamen Maslarow **B** Jordan Iwanschew, Plamen Maslarow **K** Plamen Somow **M** Stefan Dimitrow **D** Georgi Tscherkelow, Djoko Rosic, Zako Datschew, Iwailo Christow, Kalin Arsow **L** 87 **E** 26.2.1988 Kino DDR/4.7.1989 DFF 2

DER RICHTER AUS DEM JENSEITS →Metal Face

DER RICHTER BIN ICH (1953) (I, THE JURY). Mike Hammer, der kaltschnäuzige Privatdetektiv aus der Feder Mickey Spillanes, überführt auf eigene Faust seine Geliebte als Mörderin seines vietnamesischen Freundes und übt blutige Rache. Harter und zynischer Kriminalfilm. (Neuverfilmung: »Ich, der Richter«, USA 1981) ✦ Schwarz-weiß. USA 1953 **P** United Artists **Kl** United Artists **Pd** Victor Saville **R** Harry Essex **B** Harry Essex, nach dem Roman von Mickey Spillane **K** John Alton **M** Franz Waxman **D** Biff Elliot, Preston Foster, Peggie Castle, Margaret Sheridan, Alan Reed **L** 85 **FSK** ab 18; nf **E** 3.9.1954 **fd** 3 530

DER RICHTER BIN ICH (1955) (LAIN MUKAAN). Durch einen reichen Gutsbesitzer wird die Familie eines armen Tagelöhners zerstört, die Frau verführt und der Mann ins Zuchthaus gebracht. Inhaltlich klischeehaftes, handwerklich indiskutables Drama. – Ab 14. ✦ Schwarz-weiß. Finnland 1955 **P** Fennada **Kl** Progress **R** Roland Af Hallström **B** Viljo Hela **K** Esko Töyri **M** Tauno Pylkkänen **D** Eila Peitsalo, Matti Oravisto, Fritz-Hugo Backman, Elvi Saarnio, Leo Riuttu **L** 77 **E** 13.9.1957 Kino DDR

RICHTER DEE UND DER KLOSTERMÖRDER (JUDGE DEE AND THE MONASTERY MURDERS). Von einem Sturm in ein altes Kloster verschlagen, untersucht ein Richter das Verschwinden dreier Nonnen. Seine Nachforschungen enthüllen ein Netz von Intrigen und bringen ihn selbst in Lebensgefahr. Im China des 7. Jahrhunderts angesiedelte (Fernseh-) Verfilmung eines Kriminalromans von Robert Van Gulick, der mit dem weisen Richter Dee eine attraktive Variante des Hercule Poirot vor verändertem historischem und sozialem Hintergrund schuf. Solide inszenierte und gespielte Unterhaltung. – Ab 14 möglich. ✦ USA 1974 **P** ABC Circle **R** Jeremy Paul Kagan **B** Nicholas Meyer, nach einem Roman von Robert Van Gulick **K** Gene Polito **M** Leonard Rosenman **D** Khigh Dhegh, Yuki Shimoda, Keye Luke, Miiko Taka, Soon-Teck Oh **L** 100 **E** 22.7.1991 Tele 5

DER RICHTER, DEN SIE SHERIFF NANNTEN (LE JUGE FAYARD, DIT »LE SHERIFF«). Bei seinen Ermittlungen gegen eine als Schutzorganisation getarnte Gangsterbande entdeckt ein französischer Richter die Verstrickung höchster Amtsträger in Korruption und Verbrechen. Nach einem authentischen Fall perfekt inszenierter Thriller, der vor allem die von Mißtrauen, Angst, Intoleranz und Fremdenfeindlichkeit geprägte Atmosphäre des Kleinstadtmilieus hervorragend einfängt. (DDR-Titel: »Richter Fayard, genannt ›Der Sheriff‹«) – Sehenswert. ✦ Frankreich 1977 **P** Action Films/S.F.P. **Kl** Team **R** Yves Boisset **B** Yves Boisset, Claude Veillot **K** Jacques Loiseleux **M** Philippe Sarde **S** Albert Jurgenson, Laurence Leininger **D** Patrick Dewaere (Jean-Marie Fayard), Aurore Clément (Michelle Louvrier), Philippe Léotard (Inspektor Marec), Michel Auclair (Simon Pradal), Jean Bouise (Oberstaatsanwalt Arnould) **L** 100 (Orig. 110) **E** 4.12.1978 ARD/16.2.1979 Kino DDR/23.12.1979 DFF 1

RICHTER FAYARD, GENANNT »DER SHERIFF« →Der Richter, den sie Sheriff nannten

RICHTER HORTONS GRÖSSTER FALL (JUDGE HORTON AND THE SCOTTSBORO BOYS). 1931 verurteilte ein Gericht in Alabama acht unschuldige junge Schwarze wegen Vergewaltigung von zwei weißen Frauen zum Tode. Da der Prozeß nicht ordnungsgemäß geführt wurde, kam ein zweites Verfahren in Gang. Der Richter stellte sich nach dem Schuldspruch der Jury gegen die Geschworenen, weil er seiner Überzeugung und den Argumenten der Verteidigung folgte. Damit war seine politische Karriere zerstört. Der Film schildert fast dokumentarisch die Vorgeschichte und den dramatischen Verlauf dieses spektakulären Justizfalls. Die Charaktere, ihre Beweggründe und ihre Beziehung zur Umwelt werden sorgfältig nachgezeichnet. – Ab 16. ✦ USA 1976 **P** Tomorrow Entertainment **R** J. Fielder Cook **B** John McGreevey, nach einem Roman von Dan T. Carter **K** Mario Tosi **D** Arthur Hill (Richter Horton), Lewis J. Stadlen (Liebowitz), Vera Miles (Mrs. Horton), Ken Kercheval (Knight), Ellen Barber (Victoria Price) **L** 100 **E** 14.7.1981 ZDF

EIN RICHTER IN ANGST. Ein fürs Fernsehen produzierter Kriminalfilm mit bemerkenswerten darstellerischen Leistungen: Ein unbeliebter Richter gerät in Verdacht, eine Prostituierte getötet zu haben. Während die Beweislast gegen ihn ständig wächst, versucht sein Pflichtverteidiger, die ganze Wahrheit ans Licht zubringen. ✦ Deutschland 1995 **P** TV-60 Filmproduktion **R** Josef Rödl **B** Fred Breinersdorfer **K** Wolfgang Grasshoff **M** Wolfgang Dauner **S** Margret Borsche **D** Bruno Ganz (Crusius), Günther Maria Halmer (Abel), Matthias Habich (Staatsanwalt), Andrea L'Arronge, Sabine Postel **L** 89 **E** 20.3.1998 arte

DIE RICHTER MACHEN MOBIL. Dokumentation, die sich mit den Problemen der Rechtsprechung angesichts gefallener Grenzen innerhalb Europas befasst. Während das organisierte Verbrechen europaweit operieren kann, sind die Rechtssysteme der einzelnen Länder immer noch nicht angeglichen, was Fahndung und Urteilsfindung erschwert. Um auf diesen Notstand aufmerksam zu machen, unterzeichneten sieben europäische Richter am 1. Oktober 1996 den Genfer Appell. ✦ Frankreich 2000 **R** Martin Meissonnier **L** 84 **E** 8.6.2000 arte

RICHTER OHNE SKRUPEL (THE GUILTY). Ein erfolgreicher Staatsanwalt, der sich um ein Richteramt beworben hat, vergewaltigt seine Sekretärin. Als sie ihn zum Verzicht auf den Karrieresprung zwingen will und droht, ihn anzuzeigen, beschließt er, sie umbringen zu lassen. Unwissentlich wendet er sich mit dem Mordauftrag an seinen unehelichen Sohn. Thriller. ✦ Großbritannien 1993 **R** Colin Gregg **D** Michael Kitchen (Stephen Vey), Caroline Catz (Nicky Lennon), Sean Gallagher (Eddie Doyle) **L** 120 **E** 22.4.1994 VOX

EIN RICHTER RECHNET AB (BROKEN TRUST). Thriller. Ein Richter soll undercover bestechliche Kollegen aufspüren, entdeckt unter den Verdächtigen aber auch enge Freunde. (Videotitel: »Korruption in schwarze Robe«) ✦ USA 1995 **P** Bonfiglio/Turner Network **VA** Taurus **R** Geoffrey Sax **D** Tom Selleck (Tim Nash), William Atherton (Roemer), John Milford (Frank), Charles Haid (Ashley), Cynthia Martells (Cindy) **L** 92 **FSK** ab 12 **E** 23.9.1997 SAT1

EIN RICHTER SIEHT ROT (STAR CHAMBER). Ein junger Richter, der mehrfach wegen Formfehlern die Verfahren gegen überführte Mörder einstellen mußte, verzweifelt an der Rechtsprechung und schließt sich einer Juristengruppe an, die Todesurteile spricht und vollstrecken läßt. Als sich herausstellt, daß ein Urteil zwei »Unschuldige« trifft, versucht er, die Vollstreckung zu verhindern. Selbstjustiz-Film à la »Ein Mann sieht rot« auf höherer Ebene. Der halbherzige Schluß hebt die zweifelhafte Tendenz nicht auf. Konventionell inszeniert, schauspielerisch schwach. ✦ Scope. USA 1982 **P** 20th Century Fox **KI** 20th Century Fox **Pd** Frank Yablans **R** Peter Hyams **B** Roderick Taylor, Peter Hyams **K** Richard Hannah **M** Michael Small **S** James Mitchell, Charles Tetoni **D** Michael Douglas (Steve Hardin), Hal Holbrook (Benjamin Caulfield), Yaphet Kotto (Det. Harry Lowes), Sharon Gless (Emily Hardin), James B. Sicking (Dr. Harold Lewin), Joe Regalbuto (Arthur Cooms), Don Calfa (Lawrence Monk) **L** 109 **FSK** ab 12; f **FBW** bw **E** 25.11. 1983 **fd** 24 312

DER RICHTER UND DAS MÄDCHEN. Psychologischer Krimi: Das Leben eines Richters, der wegen seiner konsequenten Haltung gegenüber Sexualstraftätern bekannt ist, gerät aus den Fugen, als er sich selbst zu einer 13-Jährigen hingezogen fühlt. ✦ Deutschland 1995 **P** Radio Bremen/arte **R** Rainer Boldt **B** Christian Ohlig **K** Rolf Romberg **M** Jens-Peter Ostendorf **S** Petra Heymann **D** Udo Schenk (Dr. Maximilian Pfeiffer), Roswitha Schreiner (Marion Köhler), Janne Drücker (Sandra Köhler), Senta Bonneval (Franziska Pfeiffer), Michael Greiling (Manfred Schadewald), Anuk Ens (Ines Schadewald), Marina Krogull (Jutta Pfeiffer), Paul Frielinghaus **L** 89 **E** 9.2. 1996 arte

DER RICHTER UND DER MÖRDER (LE JUGE ET L'ASSASSIN). Ende des 19. Jahrhunderts in Frankreich: Ein ehemaliger Unteroffizier wird nach einem Mordversuch in eine Nervenheilanstalt eingewiesen. Angeblich geheilt entlassen, wird er zum Massenmörder, ohne daß die Justiz ihn verdächtigt. Nur einem ehrgeizigen Untersuchungsrichter kommen Zweifel. Trotz wachsenden Verständnisses will er den offensichtlich Kranken zum Tode verurteilt sehen, was er auch erreicht. Doch der Preis ist hoch: Er verliert die Achtung der Gesellschaft. Eine Mischung aus Kriminalfilm und Psychodrama mit hervorragenden Darstellern. ✦ Frankreich 1975 **P** Lira **R** Bertrand Tavernier **B** Bertrand Tavernier, Jean Aurenche, Pierre Bost **K** Pierre-William Glenn **M** Philippe Sarde **D** Philippe Noiret (Richter), Michel Galabru (Bouvier), Isabelle Huppert (Rose), Jean-Claude Brialy (Staatsanwalt), Cécile Vassort (Louise), Yves Robert (Bassompierre), Renée Faure (Mme. Rousseau) **L** 125 **E** 15.4.1977 ZDF

DER RICHTER UND SEIN HENKER (IL GIUDICE E IL SUO BOIA). Einem todkranken Kriminalkommissar gelingt es nach Jahren, seinen zum Verbrecher gewordenen einflußreichen Jugendfreund mit geschickt konstruierten Beweisen zur Strecke zu bringen – für einen Mord, den er nicht begangen hat. Psychologischer Kriminalfilm nach einem Roman von Dürrenmatt. Eine Reflexion über Gut und Böse; fesselnd, wenn auch nicht ohne Effekthascherei inszeniert, mit hervorragenden Darstellern. – Ab 16. ✦ BR Deutschland/Italien 1975 **P** MFG/T.R.A.C. **KI** Neue Constantin **VA** Filmverlag der Autoren **R** Maximilian Schell **B** Maximilian Schell, Bo Goldman, Friedrich Dürrenmatt, nach dem Roman von Friedrich Dürrenmatt **K** Ennio Guarnieri, Roberto Gerardi, Klaus König **M** Ennio Morricone **D** Martin Ritt (Kommissar Bärlach), Jon Voight (Walter Tschanz), Jacqueline Bisset (Anna Crawley), Robert Shaw (Richard Gastmann), Helmut Qualtinger (Von Schwendi), Donald Sutherland, Lil Dagover, Gabriele Ferzetti **L** 92 **FSK** ab 12; f **FBW** bw **E** 5.5.1978/21.9.1979 Kino DDR/20.12.1980 DFF 1/19.12.1987 ZDF/November 1998 Video **fd** 20 778

DER RICHTER UND SEIN SOHN →Junger Mann mit Zukunft

DER RICHTER VON COLORADO (THE MAN FROM COLORADO). Ein Colonel, der im amerikanischen Sezessionskrieg die ihm unterstellten Gefangenen hat erschießen lassen, wird später Richter in einer Kleinstadt. Die Härte und Unmenschlichkeit, mit der er seine Funktion ausübt, macht selbst den befreundeten Staatsanwalt zu seinem Gegner. Stark konstruiert wirkender, aber effektvoller Western. ✦ USA 1947 **P** Columbia **KI** Columbia **Pd** Jules Schermer **R** Henry Levin **B** Robert D. Andrews, Ben Maddow **K** William E. Snyder **M** George Duning **S** Charles Nelson **D** Glenn Ford (Col. Owen Deveraux), William Holden (Capt. Del Stewart), Ray Collins (Big Ed Carter), Ellen Drew (Caroline Emmett), Edgar Buchanan (Doc Merriam), Jerome Courtland (Johnny Howard), James Millican (Sgt. Jericho Howard), Jim Bannon (Nagel), William Phillips (York), Denver Pyle (Easy Jarrett), James Bush (Dickson), Ian MacDonald (Jack Rawson), Stanley Andrews (Roger MacDonald), Myron Healey (Powers), Ben Corbett (Deputy), Walter Baldwin (Tom Barton) **L** 97 **FSK** ab 12; f **E** 10.8.1951 **fd** 1 218

DER RICHTER VON MARSEILLE (LE JUGE). Ein Richter kommt in Marseille einer Bande von Heroin-Schiebern auf die Spur. Deren Aktivitäten sind der Polizei zwar bekannt, aber die Beweislage ermöglicht kein Einschreiten. Hartnäckige Ermittlungen führen den Richter zu einem mächtigen Drogen-Magnaten, was er jedoch mit dem Tod bezahlt. Von diesem authentischen Mordfall aus dem Jahr 1981 ausgehend, entwickelt der handwerklich solide Film eine fiktive Kriminalgeschichte über die Verfilzung von Drogen-Mafia und »feiner Gesellschaft« in Marseille; zwar um psychologische Glaubwürdigkeit bemüht, aber atmosphärisch nicht sehr dicht. ✦ Frankreich 1984 **P** GEF/Revcom/TF 1/Trinacra **R** Philippe Lefebvre **B** Philippe Lefebvre, Bernard Stora **K** Jean-Paul Schwartz **M** Luis Enriquez Bacalov **S** Youcef Tobni **D** Jacques Perrin (Richter Muller), Richard Bohringer (Lucien Inocenti), Daniel Duval (Antoine Rocca), Andréa Ferréol (Régine Sauvat), Michel Lonsdale (Doktor) **L** 97 **E** 16.5.1988 3sat/29.3.1990 DFF 2

DER RICHTER VON NEVADA →Butterfly – Der blonde Schmetterling

DER RICHTER VON ZALAMEA. Im 16. Jahrhundert rächt ein spanischer Alkalde die Entehrung seiner Tochter. Auf der Inszenierung der Ost-Berliner Volksbühne beruhende DDR-Verfilmung des gleichnamigen Dramas von Calderon. Regisseur Hellberg, der sich vielfach mit Theateradaptionen beschäftigte (»Emilia Galotti«, 1958; »Kabale und Liebe«, 1959; »Minna von Barnhelm«, 1962, etc.), behält die gebundene Rede der Vorlage bei und versucht, durch häufige Schauplatzwechsel eine spezifisch filmische Qualität zu erreichen. Ein achtbares, wenn auch nicht restlos gelungenes Experiment. ✦ Schwarz-weiß. DDR 1955/56 **P** DEFA **KI** Rheinischer/Atrium/Rebus **VA** Icestorm **Pd** Paul Ramacher **R** Martin Hellberg **B** Martin Hellberg, nach dem gleichnamigen Bühnenstück von Pedro Calderon de la Barca **K** Götz Neumann **M** Wilhelm Neef **S** Lieselotte Johl **D** Hans-joachim Büttner (Pedro Crespo), Gudrun Schmidt-Ahrens (Isabel), Albert Garbe (Don Lope), Hans-Rüdiger Renn (Don Alvaro), Günther Ballier (König Philipp II.), Rolf Ludwig (Rebolledo), Ursula Braun (Chispa), Walter Lendrich (Soldat) **L** 106 **FSK** ab 12; f **FBW** w **E** 20.4.1956 Kino DDR/5.6.1972 DFF 1/ Januar 2000 Video **fd** 5 986

RICHTER VOR GERICHT (TOTUUS ON ARMOTON). Die Geschichte vom sympathischen jungen und edlen Richter, dem Glück, Ehre und Frauen zufliegen und der auch die Stunde der Bewährung besteht. Verlogener Hintertreppenroman, in der Ausführung so schwach wie im Entwurf. ✦ Schwarz-weiß. Finnland 1963 **P** Suomi **KI** Progress **R** Valentin Vaala **B** Juha Nevalainen, Mauri Seriola, nach dem Roman von Mauri Sariola **K** Reijo Las **M** Osmo Lindeman **D** Sauli Seppälä (Rechtsanwalt Eero Reivi), Salme Karppinen (Irene Peteri), Lauri-Juhani Ruusksanen (Rechtsanwalt Timo Lyytinen), Ritva Vepsä (Birgit Dahl), Risto Mäkelä (Peteri) **L** 79 **E** 3.6.1966 Kino DDR

DIE RICHTERIN, TEIL 1: IN AMT UND WÜRDEN (LE JUGE EST UNE FEMME: AUX MARCHES DU PALAIS). Eine junge engagierte Richterin wird mit dem Fall eines Chirurgen betraut, der für den Tod einer Schwangeren verantwortlich gemacht wird. Die Richterin kommt einem Familienskandal auf die Spur. Routinierter Kriminalfilm; Teil einer kleinen Fernsehserie. – Ab 16. ✦ Frankreich 1993/94 **R** Serge Leroy **B** Didier Lacoste, Serge Leroy, nach dem Roman »L' inculpé« von Noelle Loriot **D** Florence Pernel (Florence Larrieu), Anthony Delon (Emmanuel Faure), Florence Darel (Ann Leslie Mansfield), François Perrot (Alain Buisson), Pascale Roberts (Fabienne Parent) **L** 84 **E** 3.10.1997 tm 3

DIE RICHTERIN, TEIL 2: TANZ MIT DEM TOD (LE JUGE EST UNE FEMME: DANSE AVEC LA MORT). Zweiter Teil der routinierten (Fernseh-)Krimireihe. Die Richterin untersucht diesmal den Mord an einer Studentin, die auf einer Auktion ein Gemälde von Goya erstanden hatte – für einen Mafioso. – Ab 16. ✦ Frankreich 1993/94 **R** Claude Grinberg **B** Michel Leviant, nach dem Roman »L'Inculpé« von Noelle Loriot **D** Florence Pernel (Florence Larrieu), David Soul (Jérôme Keaton), Claire Keim (Pauline Vivien), François Dyrek (Falconni), Richard Bean (Joubert) **L** 84 **E** 10.10.1997 tm 3

DIE RICHTERIN (3): ROMEO UND JULIA →Die Richterin, Teil 3: Tödliche Erkenntnis

DIE RICHTERIN, TEIL 3: TÖDLICHE ERKENNTNIS (LE JUGE EST UNE FEMME: DERIVE MORTELLE). Dritter Teil der Krimireihe: Die Richterin untersucht einen Betriebsunfall in einer Chemiefabrik, die ein skrupelloser Chef leitet; gleichzeitig bahnt sich bei ihm zu Hause ein Familiendrama an. (Alternativer TV-Titel: »Die Richterin (3): Romeo und Julia«) – Ab 16. ✦ Frankreich 1993/94 **R** Claude Grinberg **B** Michel Leviant, Sophie Deschamps, nach dem Roman »L'inculpé« von Noelle Loriot **D** Florence Pernel (Florence Larrieu), Jean-Pierre Cassel (Vernier), Macha Meril (Mdm. Vernier), Sebastien Rochelle (Cedric), Judith Reval (Nathalie) **L** 85 **E** 17.10.1997 tm 3

DIE RICHTERIN, TEIL 4: VERGEWALTIGT (LE JUGE EST UNE FEMME: LE SECRET DE MARION). Vierter Teil der Kriminalfilmreihe. Die Richterin untersucht die Vergewaltigung einer Spitzensportlerin, die es aber vorzieht, über die Tat zu schweigen. Die Täter sind zwei Kollegen aus ihrem Trainingszentrum, und die einzige Zeugin bangt um ihren Job. – Ab 16. ✦ Frankreich 1993/94 **R** Didier Albert **B** Daniel Saint-Hamont, Sophie Deschamps **D** Florence Pernel (Florence Larrieu), Richard Berry (Marion), Frédéric Diefenthal (Colas), arsène jiroyan (Le Greffier) **L** 95 **E** 24.10.1997 tm 3

DER RICHTIGE DREH (ALL THE RIGHT MOVES). Um einem vorprogrammierten Leben als Stahlarbeiter zu entgehen, versucht ein junger Mann, über die Football-Mannschaft seiner High-School zum College zu kommen. Kurz vor dem Ziel bricht seine Karriere zusammen, als seine Mannschaft ein wichtiges Spiel verliert und der Trainer ihn aus dem Team nimmt. Nach weiteren Rückschlägen ebnet seine Freundin, die aufopfernd zu ihm hält, den Weg zum Happy-End. Jugend- und Aufsteigergeschichte; die erste Regiearbeit des Kameramannes Michael Chapman, der mit Martin Scorsese arbeitete. (Titel auch: »Da fahr' ich voll drauf ab«) – Ab 14 möglich. ✦ USA 1983 **P** 20th Century Fox **VA** CBS/Fox **Pd** Stephen Deutsch, Gary Morton **R** Michael Chapman **B** Michael Kane **K** Jan de Bont **M** David Richard Campbell

S David Garfield **D** Tom Cruise (Stef), Craig T. Nelson (Coach Nickerson), Lea Thompson (Lisa), Charles Cioffi (Pop), Paul Carafotes (Salvucci) **L** 90 **FSK** ab 12; f **E** 1984 Kino/15.4.1988 Video

DIE RICHTIGE FRAU IM FALSCHEN BETT (LETTI SBAGLIATI). Ein offensichtlich von den »Tagewerken« aus Boccaccios »Decamerone« inspirierter Episodenfilm. Die Pointe der drei frivolen Liebesabenteuer besteht darin, daß der erotisch stimulierte Herr trotz seiner Tricks jeweils der Übertölpelte ist, indem ein anderer die Früchte seiner Bemühungen genießt. Die Inszenierung besitzt parodistischen Witz, Ironie und komödiantische Einfällen von unterschiedlicher Qualität. ✦ Schwarz-weiß. Italien 1965 **P** Adelphia **KI** Sonderfilm **R** Steno (= Stefano Vanzina) **B** Alessandro Continenza **K** Clemente Santoni **M** Carlo Rustichelli **D** Ingeborg Schöner, Raimondo Vianello, Margaret Lee, Carlo Giuffrè, Franco Franchi **L** 78 **FSK** ab 16; nf **E** 21.10.1966 **fd** 14 342

DER RICHTIGE SCHRITT (PAVLE PAVLOVIC). Ein jugoslawischer Arbeiter provoziert einen Skandal, als er Mißstände in seinem Betrieb öffentlich anprangert. Von Vorgesetzten und Kollegen malträtiert und bestochen, widerruft er die Vorwürfe, sucht sich eine neue Stelle und begegnet dort derselben Korruption. Man bringt ihn auf makabre Weise zum Schweigen. Eine polemische Attacke gegen marode Zustände im Wirtschafts- und Gesellschaftssystem Jugoslawiens. Regisseur Djordjevic wurde bekannt durch seine »Serbische Trilogie« (»Ein serbischer Traum«, »Ein serbischer Morgen«, »Ein serbischer Mittag«, 1966–68). ✦ Schwarz-weiß. Jugoslawien 1975 **P** Centar FRZ **R+B** Purisa Djordjevic **K** Tomislav Pinter **M** Purisa Djordjevic **D** Bekim Fahmiu, Milena Dravic, Slobodan Djunic, Rade Markovic, Skender Radotina **L** 88 **E** 21.5.1976 ARD

DER RICHTSPRUCH DER GÖTTER →Herkules, der Held von Karthago

RICHTUNG BERLIN (KIERUNEK: BERLIN). Der Kampf polnischer Verbände innerhalb der Sowjetarmee in der letzten Kriegsphase. Nach harten Kämpfen gelingt es, die Oder zu überschreiten und den Vormarsch in Richtung Berlin fortzusetzen. Eine gelungene Verbindung von Dokumentation und Spielhandlung; spannend und zur Auseinandersetzung anregend. – Ab 16. ✦ Scope, schwarz-weiß. Polen 1969 **P** Studio für Spielfilme, Lodz, ZRF »Studio« **KI** Progress **R** Jerzy Passendorfer **B** Wojciech Zukrowski, Jerzy Passendorfer **K** Kazimierz Konrad **M** Adam Walacinski **D** Wojciech Siemion (Wojtek Naróg), Krzysztof Chamiec (Leutnant Kaczmarek), Michal Szewczyk (Bacioch), Jerzy Jogalla (Zalewski), Waclaw Kowalski (Fronczak) **L** 79 **E** 30.1.1970 Kino DDR/12.10.1971 DFF 2

RICHY GUITAR. Ein junger Mann hält nichts von der ordentlichen Lehre, zu der ihn seine Eltern bewegen wollen, und träumt statt dessen von einer Karriere als Rockmusiker. Mit seinen Freunden probt er in einer leeren Fabrikhalle, bis er schließlich erkennt, daß nur ein Skandal ihn und seine Band aus der Anonymität hebt. Mit einer gestohlenen Musikanlage plant man einen aufsehenerregenden Auftritt auf der Berliner Stadtautobahn. Milieugenauer Musikfilm über die Träume und Lebensvorstellungen Jugendlicher aus der Berliner »Szene«; frech, schrill und dissonant. – Ab 16. ✦ BR Deutschland 1985 **P** Moviola **KI** Demos **SF** atlas **Pd** Dietmar Buchmann **R+B** Michael Laux **K** Hans-Günther Bücking **M** Die Ärzte **S** Clarissa Ambach **D** Jan Vetter (Richard), Bela B. Felsenheimer (Igor), Hans Runge (Hans), Kristina Raschen, Horst Pinnow, Ingrid van Bergen, Bert Lawrence, Nena, Plan B. **L** 91 **FBW** w **E** 7.6.1985/Oktober 1985 Video/8.8.1987 West 3

RICKY ONE – HARD TO WIN (HEART TO WIN). Ein glückloser Boxer muß sich gegen die Ring-Mafia durchsetzten, damit er eine Prämie im Entscheidungskampf gewinnt, mit der er die Geburt seines Kindes bezahlen will. Persiflage auf die »Rocky«-Serie. ✦ USA 1985 **P** Bullians International **VA** IHV **R+B** Bill Naud **K** David Golia **M** Joel Goldsmith **S** Bill Naud **D** Michael Michaud (Ricky), Maggie Hughes (Angela), James Herbert (The Champ), Peter Zellers, Lane Montano **L** 83 **FSK** ab 16 **E** August 1986 Video

RICOCHET – DER AUFPRALL (RICOCHET). Ein junger schwarzer Polizist, dem die spektakuläre Verhaftung eines Killers zur Bilderbuchkarriere verhilft, muß sich nach dessen Ausbruch sieben Jahre später gegen einen perfiden Rachefeldzug behaupten. Gelegentlich übertrieben harter, in den Actionszenen aber spannend inszenierter Thriller, dessen guter Hauptdarsteller die Ungereimtheiten des Drehbuchs teilweise vergessen läßt. ✦ Scope. USA 1991 **P** Silver/HBO/Cinema Plus **KI** Ascot **VA** VPS **DVD** Alligator DVD/Movie Edition (1.85:1, DTS dt.) **Pd** Joel Silver, Michael I. Levy **R** Russell Mulcahy **B** Steven E. de Souza **K** Peter Levy **M** Alan Silvestri **S** Peter Honess **D** Denzel Washington (Nick Styles), John Lithgow (Odes Talbot Blake), Ice-T (Odessa), Kevin Pollak (Larry), Lindsay Wagner (Brinleigh), Victoria Dillard (Alice) **L** 102 (gek. 96) **FSK** ab 18; nf (gek. 16) (DVD 16) **E** 23.7.1992/17.12.1992 Video/10.9.1994 premiere/3.4.1999 DVD **fd** 29 725

RICO'S GAME – ABGERECHNET WIRD AM SCHLUSS (DEADLY CURRENCY). Ein ehemaliger FBI-Agent, der sich als Rausschmeißer in einer drittklassigen Rotlicht-Bar verdingt, läßt sich von seinem Chef zu einem Überfall überreden. Als dieser nur zum Teil gelingt, hat der Mann nicht nur die Polizei zu fürchten, sondern auch seine raffgierigen Komplizen. Ein Film mit einem hauchdünnen Plot, der seine Geschichte im Zeitlupentempo erzählt und dessen talentlose Darstellerriege endlose Dialoge voller Klischees hersagen muß. Der Mangel an Spannung soll durch Brutalitäten und Klischees wettgemacht werden. ✦ USA 1995 **P** G. Macher Entertainment **VA** Warner Home **Pd+R** Marque Case Chantal **B** Marque Case Chantal, Christopher Prince **K** Celiana Cardanos **M** Lorelei McColloug, Warren Cann **S** Les Purcell **D** William Smith (Verelli), Deron McBee (Rico), Robert Z'Dar (Maz), Traci Adell (Julia), James Zahnd (Jason) **L** 87 **FSK** ab 18 **E** 23.1.1998 Video **fd** 32 997

RIDDLE OF MIDNIGHT (RIDDLE OF MIDNIGHT). Dokumentarfilm. Ein von dem indischstämmigen britischen Schriftsteller Salman Rushdie gestaltetes Porträt Indiens, das angesichts seiner vielen Volksgruppen, Religionen, Sprachen und Dialekten Mühe hat, als Staat seine Identität zu finden. ✦ Großbritannien/Indien 1987 **R+B** Salman Rushdie **L** 80 **E** 17.2. 1994 arte

RIDE HARD – LIVE FREE – DER MOTORRADFILM. Dokumentarischer Film über Menschen, die Motorrad fahren und sich in verschiedenen Formen und aus unterschiedlichen Motiven mit dem Motorrad beschäftigen. Im Mittelpunkt steht die Frage nach den oft irrationalen Beziehungen zwischen dem Fahrzeug und seinem Besitzer, dessen persönliche Identität oftmals untrennbar mit seiner Maschine verbunden ist. Beobachtungen in einem Motorradclub und Szenen, Träume und Probleme seiner Mitglieder werden mit Sequenzen historischer Motorrad-Ereignisse kombiniert. – Ab 16. ✦ BR Deutschland 1988 **P** Quarz Film **SF** ex picturis **R+B** Klaus Schrader, Paul Oberle **K** Klaus Schrader, Werner Leckebusch, Stefan Kraus, Ralf Klingelhöfer, Heide-Marie Spessert **M** Tom Cunningham, Paul Oberle **L** 86 **FSK** ab 12; f **FBW** w **E** 20.10.1988

RIDE WITH THE DEVIL (RIDE WITH THE DEVIL). Die Geschichte eines Immigrantensohns, der sich im amerikanischen Bürgerkrieg auf die Seite der Konföderierten stellt, aber nicht der Armee beitritt, sondern mit einer Gruppe von Gleichgesinnten eine Art Partisanenkrieg führt. Der taiwanesische Regisseur Ang Lee nimmt sich des Themas der so genannten Bushwhackers an, wobei er sich weniger für das äußere Kampfgeschehen interessiert als sich mit großer Sorgfalt um die Entwicklung von Charakteren und Konflikten bemüht. Ein breit angelegter, eher nachdenklicher als aktionsfreudiger Film über ein immer noch nicht ganz ausgelotetes Kapitel der amerikanischen Geschichte, der Geduld und Einfühlungsvermögen verlangt. – Sehenswert ab 16. ✦ Scope. USA 1999 **P** Good Machine **KI** Tobis Studio Canal **VA** BMG Video **DVD** BMG (16:9, 2.35:1, DD5.1 engl./dt.) **Pd** Ted Hope, Robert F. Colesberry, James Schamus **R** Ang Lee **B** James Schamus, nach dem Roman »Woe to live on« von Daniel Woodrell **K** Frederick Elmes **M** Mychael Danna **S** Tim Squyres **D** Skeet Ulrich (Jack Bull Chiles), Tobey Maguire (Jake Roedel), Jewel Kilcher (Sue Lee Shelley), Jeffrey Wright (Daniel Holt), Simon Baker (George Clyde), Jonathan Rhys-Myers (Pitt Mackeson), Jim Caviezel (= James Caviezel) (Black John) **L** 138 **FSK** ab 12; f **FBW** w **E** 4.1. 2001/17.7.2001 Video/14.1.2001 DVD **fd** 34 650

RIDICULE – VON DER LÄCHERLICHKEIT DES SCHEINS (RIDICULE). Ein junger Landadeliger kommt 1780 an den Hof von Versailles, um Hilfe für die Drainage eines todbringenden Sumpfgebietes zu erbitten. Um König Louis XVI. für sein Anliegen zu gewinnen, unterwirft er sich den Regeln des dekadenten Hofes, wo sich Höflinge und Mätressen mit scharfzüngigen Reden lächerlich zu machen versuchen. Eine funkelnde historische Satire, die eine kritische Analyse des »bel esprit« mit opulenten Bildern verbindet, den historischen Abstand aber wahrt und soziale Verhaltensweisen erkenntnisstiftend zu entschlüsseln versucht. Ein kraftvolles, intelligentes Zeit- und Sittengemälde, das die Anatomie einer auf den schönen Schein gegründeten Gesellschaft enthüllt. – Sehenswert ab 14. ✦ Scope. Frankreich 1996 **P** Epithète/Cinéa/France 3/CNC/Canal+/Investimage 4/Procirep/Gras Savoye **KI** TiMe **VA** Polyband **Pd** Gilles Legrand, Frédéric Brillion, Philippe Carcassonne **R** Patrice Leconte **B** Rémi Waterhouse **K** Thierry Arbogast **M** Antoine Duhamel **S** Joëlle Hache **D** Charles Berling (Ponceludon de Malavoy), Jean Rochefort (Marquis de Bellegarde), Fanny Ardant (Madame de Blayac), Judith Godrèche (Mathilde de Bellegarde), Bernard Giraudeau (Abbot de Vilecourt) **L** 102 **FSK** ab 12; f **E** 3.4.1997/17.10. 1997 Video/8.1.1998 premiere **fd** 32 465

RIDING BEAN (RIDING BEAN). Gezeichneter Gangster- und Actionfilm, basierend auf den Erzählformen und -techniken des Comic Strips: Ein jenseits des Gesetzes agierender Draufgänger, der sich als Fluchtfahrer von Bankräubern anheuern läßt, wird in die raffinierte Intrige einer Frau eingespannt, die einen reichen Mann und seine elfjährige Tochter entführt hat. Reizvoll und detailreich in den Hintergrundentwürfen, bedient sich der Film nicht ungeschickt üblicher Genreelemente, bleibt dabei aber plakativ und krankt sichtlich an der steifen Fließband-Animation. (O.m.d.U.) ✦ Japan 1989 **P** Youmex **VA** OVA Films **Pd** Tooru Miura, Hiroshi Tazaki **R** Yasuo Hasegawa **B** Kenichi Sonoda, nach seiner Original-Story **M** Junji Fujita **L** 55 **FSK** ab 16 **E** 29.4. 1996 Video **fd** 32 104

RIDING HIGH (RIDING HIGH). Ein junger Engländer will der berühmteste Stuntfahrer werden und schafft dies schließlich auch – im Kampf gegen den amtierenden Weltmeister und dessen korrupten Manager. Naive Aufsteigergeschichte mit einigen Gags, vielen Motorradstunts und Popmusik. ✦ Großbritannien 1980 **P** Michael Klinger Ltd. **VA** VCL **R+B** Ross Cramer **K** Brian Tufano **M** Paul Fishman **D** Eddie Kidd, Irene Handl, Murray Salem, Morella Oppenheim, Bill Mitchell **L** 88 **E** 1982 Video **fd** 23 863

RIDLEY SCOTT'S – GLADIATOR →Gladiator

RIEDLAND (RIEDLAND). Als in den 20er Jahren ein Konsortium in der Linth-Ebene am oberen Ende des Zürichsees nach Öl zu bohren beginnt, gerät die Bevölkerung in eine erregte Auseinandersetzung über diesen Versuch. Wilfried Bolliger schildet subtil den Einbruch der Technik in ein bislang unberührtes Reservat der Natur (und der Zeit). ✦ Schweiz 1976 **P** Condor/DRS **Pd** Peter-Christian Fueter **R** Wilfried Bolliger **B** Wilfried Bolliger, nach dem Roman »Riedland« von Kurt Guggenheim **K** Edwin Horak, Peter

Stierlin, Pio Corradi **M** Eugen Illin **S** Heinz Berner, Johnny Dubach, Fee Liechti **D** Anne-Marie Blanc (Therese Vogelsanger), Robert Freitag (Bieli, Waldarbeiter), Claudine Rajchman (Marie, Postangestellte), Jean-Martin Roy (Alban Rochat, Ingenieur), Margrit Winter (Pia, Ordensschwester) **L** 105 **E** Schweiz

RIEKES WILDPFERD (VILLHESTEN). Ein in norwegischen Bergen lebendes Mädchen macht sich mit einigen Klassenkameraden auf die Suche nach einem in den Bergen lebenden verletzten Wildpferd. Ein Kinderfilm, der viele Alltagsprobleme seiner kleinen Protagonisten anspricht und löst und somit dem jungen Zielpublikum Identifikationsmuster anbietet, ohne penetrant pädagogisch zu wirken. Ausgewogen in Spannung und Dramaturgie, wunderschön fotografiert und von ausgezeichneten (Kinder-)Darstellern getragen. – Sehenswert ab 8. ✦ Norwegen 1994 **P** ViPro/NRK Drama **KI** wild utopia **Pd** Lars Borg, Jörn Brente **R** Morten Kolstad **B** Morten Kolstad, Lars Borg **K** Pål Bugge Haagenrud **M** Morten Halle **S** Jörn Brente **D** Linda Digernes (Rieke), Susanne Nielsen (Mona), Trygve Vassborn (Jörgen), Michael Solhjem (Runar), Arild Elias Torgersen (Geir) **L** 89 **FSK** o. A.; f **E** 17.10.1996 **fd** 32 176

RIEL – REBELL WIDER WILLEN (RIEL). Als 1868 der kanadische Premierminister seinen Traum von einer Eisenbahnlinie vom Pazifik bis zum Atlantik verwirklichen will, sehen die ursprünglichen Bewohner der Gebiete im Westen Kanadas darin eine Bedrohung ihrer Lebensinteressen. Ein Mann namens Louis Riel, der nach seinem Studium in seine Heimat am Red River zurückkehrt, wird zur Schlüsselfigur im Kampf der Indianer und »Metis« (der Nachkommen französischer Siedler und indianischer Frauen). Filmisches Porträt einer der eigenwilligsten Gestalten der kanadischen Geschichte. ✦ Kanada 1979 **P** CBC-TV **R** George Bloomfield **B** Roy Moore **K** Vic Sarin **M** William McCauley **D** Raymond Cloutier (Louis Riel), Christopher Plummer (Sir John A. McDonald), Roger Blay (Gabriel Dumont), Don Harron (Donald Smith), Lloyd Bochner (Dr. Schultz), James Bradford (Captain Bradshaw), Lee Broker (Evans) **L** 111 **E** 24.11.1986 DFF 1/4.9.1991 DFF

RIEN QUE DES MENSONGES (RIEN QUE DES MENSONGES). Eine Geschichte aus dem Innenleben einer Ehe der modernen Pariser Oberschicht: Die schöne Adrienne versteht nicht, wo die Liebe von und zu ihrem Ehemann geblieben ist, und macht sich auf die Suche nach seiner Gunst. Der Film kommt im Gewand eines Frauenfilms daher, verbreitet jedoch ein Frauenbild, das sich heute selbst ein (männlicher) Regisseur nicht mehr leisten kann. ✦ Schweiz/Frankreich 1991 **P** Arena/Vega **Pd** Bruno Pesery **R+B** Paule Muret **K** Renato Berta **S** Catherine Quesemand **D** Fanny Ardant (Muriel), Alain Bashung (Adrien), Jean-Pierre Malo (Alain), Jacques Perrin (Antoine), Stanislas Carré de Malberg (Basile) **L** 86 **E** Schweiz

RIEN QUE LES HEURES (RIEN QUE LES HEURES). Früher Dokumentarfilm über die Stadt Paris, der Vorbild für viele andere Städteporträts wurde. ✦ Frankreich 1926 **R** Alberto Cavalcanti **L** 60 **E** 18.6.1977 NDR III

RIEN SUR ROBERT (RIEN SUR ROBERT). Ein Filmkritiker, der ohne Skrupel über einen Film schreibt, den er nicht gesehen hat, wird zum Gespött der intellektuellen Kreise. Zudem fühlt er sich von einem Schriftsteller verfolgt, den er für sein Alter ego hält, und wird von seiner Geliebten verlassen, die mit Männern und deren Gefühlen genauso sorglos umgeht wie er mit Fakten. Komödie über eine moderne Gesellschaft voller egoistischer und oberflächlicher Menschen, die nicht wissen, was sie wollen, und die niemanden an sich heranlassen. Ein dialogbetonter Film voller philosophischer Gedanken, getragen von amüsanter Situationskomik und glänzenden Darstellern. – Sehenswert. ✦ Frankreich 1998 **P** Rezo Films/Assise Prod./France 2 Cinéma **KI** TiMe **Pd** Jean-Michel Rey, Philippe Liégeois **R+B** Pascal Bonitzer **K** Christophe Pollock **S** Suzanne Koch **D** Fabrice Luchini (Didier Temple), Sandrine Kiberlain (Juliette Sauvage), Valentina Cervi (Aurélie), Michel Piccoli (Ariel Chattwick-West), Bernadette Lafont (Mme Sauvage) **L** 107 **E** 30.12.1999 **fd** 34 323

DER RIESE. Dokumentarischer Kompilationsfilm, der aus Video-Aufnahmen von Überwachungskameras in deutschen Städten zusammengestellt wurde. Seine Bedeutung liegt weniger in der möglichen Suggestion eines Überwachungsstaates, der mittels der Videokameras seine Bürger kontrolliert, als vielmehr im ungewöhnlichen Sichtbarwerden zufälliger Bewegungen, Begegnungen, Gesten und Ereignisse. Durch seine ungewöhnliche Ruhe lädt der Film zum genauen Betrachten der von ihm gesammelten Bildmaterialien ein, ohne sie mit Sinn aufzuladen. ✦ Teils schwarz-weiß. BR Deutschland 1983 **P** Klier/ZDF **KI** Freunde der Deutschen Kinemathek **Pd+R** Michael Klier **B** Michael Klier, Bettina Niedt (Mitarbeit), Frank Stehling (Mitarbeit) **K** Frank Stehling **M** Gustav Mahler, Richard Wagner **S** Michael Klier, Bettina Niedt **L** 83 **E** 24.1.1983 ZDF

DER RIESE AUS DEN DONNERBERGEN (THE GIANT OF THUNDER MOUNTAIN). Drama um einen unverstandenen Riesen, der mit einigen Kindern aus der Stadt Freundschaft schließt, dem die Vorurteile der Erwachsenen aber zum Verhängnis werden. Jugendgeschichte mit pädagogischen Absichten. ✦ USA 1995 **R** James W. Roberson **B** Richard Kiel, T. Lozito **K** R. Stradling **M** R. la Rocque **D** Richard Kiel (Eli), N. Thornton (Amy), C. M. Thornton (Tommy), R. Stradling (Ben) **L** 84 **E** 3.10.1996 RTL 2

DER RIESENKÜRBIS →Der große Kürbis

DAS RIESENRAD. Das Schicksal einer Unternehmerfamilie im Laufe dreier Generationen. Als Hintergrund dienen die politischen Wandlungen Österreichs vom Kaiserreich bis zu den 50er Jahren. Ein in Darstellung und Dialog gepflegter Starfilm, zugeschnitten auf ein großes Publikum. – Ab 14. ✦ Schwarz-weiß. BR Deutschland 1961 **P** CCC **KI** Gloria **Pd** Artur Brauner **R** Géza von Radványi **B** Ladislas Fodor, nach dem Bühnenstück »The Four Poster« von Jan de Hartog **K** Friedl Behn-Grund **M** Hans-Martin Majewski **S** Jutta Hering **D** Maria Schell (Elisabeth Hill), O. W. Fischer (Rudolf Hill), Adrienne Gessner (Adele Hill), Rudolf Forster (Hofrat Hill), Heinz Blau (Hubert Hill) **L** 110 **FSK** ab 12; f **FBW** w **E** 25.8.1961/9.6.1968 ARD **fd** 10 482

RIEVKOOCHE-MADONNA →Vringsveedeler Triptychon

RIFF. Ein kaleidoskopischer Film über die Fassaden einer großen Stadt, die viele Städte repräsentieren soll, darüber hinaus eine ziemlich willkürliche Montage fast surrealistischer Szenen von Menschen in Extremsituationen. Als filmisches Experiment durchaus interessant, aber wegen der Bruchstückhaftigkeit der Bildsequenzen kaum aussagekräftig. ✦ BR Deutschland 1985 **R** Rolf S. Wolkenstein **D** Ed Cantu, Elektre DeSalvo, Oliver Schund **L** (TV) 60 **E** 17.6.1986 ZDF

RIFF-PIRATEN (JAMAICA INN). Cornwall Ende des 18. Jahrhunderts: Die junge Waise Mary wird von ihrer Tante aufgenommen, die in einem Fischerdorf an der Küste eine Herberge betreibt. Im Ort geschehen geheimnisvolle Morde und Verbrechen, als deren Urheber sich ein vermeintlich honoriger Bürger entpuppt. Hitchcock war mit dieser Mischung aus Kriminalgeschichte und Kostümfilm nicht sehr glücklich. Der letzte britische Film des Regisseurs vor seiner Übersiedlung nach Hollywood ist ganz auf den Hauptdarsteller Charles Laughton zugeschnitten. DVD: Der Film ist hier in einer um ca. eine Minute verlängerten Version enthalten (die entsprechenden Teile sind in Originalsprache mit dt. UT). Des weiteren umfassen die Extras u. a. ein 45-minütiges Interview mit dem Regisseur aus dem Jahr 1966 (»Frankfurter Stammtisch«). – Ab 14. ✦ Schwarz-weiß. Großbritannien 1939 **P** Mayflower **KI** Continental **VA** Kinowelt Home **DVD** Kinowelt Home (FF, Mono engl./dt.) **Pd** Erich Pommer, Charles Laughton **R** Alfred Hitchcock **B** Sidney Gilliat, Joan Harrison, J. B. Priestley, nach dem Roman »Jamaica Inn« von Daphne du Maurier **K** Harry Stradling, Bernard Knowles **M** Eric Fenby **S** Robert Hamer **D** Charles Laughton (Sir Humphrey Pengallan), Maureen O'Hara (Mary), Leslie Banks (Joss Merlyn), Robert Newton, Emlyn Williams **L** 100 **FSK** ab 12; f **E** 14.9.1951/10.8.1974 ZDF/16.1.2001 Video/16.01.2001 DVD **fd** 1 392

RIFF-RAFF (RIFF-RAFF). Ein Bauhilfsarbeiter in London sieht sich um seine Träume betrogen und setzt, als Ausbeutung, Menschenverachtung und Druck übergroß werden, ein anarchisches Zeichen. Eine grimmige, aber von großer Sympathie für die Protagonisten getragene Komödie über den Niedergang der britischen Arbeiterklasse. Eine Momentaufnahme aus scheinbar hoffnungslosen Zeiten, die überzeugend dafür argumentiert, gerade jetzt nicht aufzugeben. – Sehenswert ab 16. ✦ Großbritannien 1990 **P** Parallax/Channel Four **KI** Impuls **SF** Matthias **Pd** Sally Hibbin **R** Ken Loach **B** Bill Jesse **K** Barry Ackroyd **M** Stewart Copeland **S** Jonathan Morris **D** Robert Carlyle (Stevie), Emer McCourt (Susan), Jimmy Coleman (Shem), George Moss (Mo), Ricky Tomlinson (Larry) **L** 94 **FSK** ab 12; f **E** 2.1.1992 **fd** 29 305

RIFFS III – DIE RATTEN VON MANHATTAN (RATS – NOTTE DI TERRORE / LES RATS DE MANHATTAN). Eine Bande durchstreift das von einer Atombombe zerstörte New York, dringt in ein Labor ein und stößt auf Abertausende von Ratten. Diese haben den Menschen den Krieg erklärt. Brutaler und primitiver Science-Fiction-Horror. ✦ Italien/Frankreich 1984 **P** Beatrice/I.M.P. **KI** Alemannia **VA** Silwa-Royal **DVD** e-m-s (?) **R** Vincent Dawn (= Bruno Mattei) **B** Claudio Fragasso, Bruno Mattei, Hervé Piccini **K** Franco Delli Colli **M** Luigi Ceccarelli **D** Richard Raymond, Janna Ryann, Alex McBride (= Massimo Vanni), Tony Lombardo, Richard Cross **L** 97 **FSK** SPIO: X (DVD ungeprüft, nicht unter 18) **E** 3.8.1984/DVD **fd** 24 675

RIFIFI (DU RIFIFI CHEZ LES HOMMES). Eine hochspezialisierte Bande internationaler »Fachleute« plant den Raub von Diamanten aus einem Geschäft in Paris. Der Beutezug wird generalstabsmäßig vorbereitet und ebenso minutiös ausgeführt, aber rivalisierende Gangster bekommen Wind davon. Bei der »Endabrechnung« kommen alle um, das Geld gerät in die Hände der Polizei. Mit diesem meisterhaft inszenierten Film hat Jules Dassin den Begriff des »Thrillers« in den französischen Kriminalfilm eingeführt. Die berühmte Einbruchsszene, die mit allen Details gezeigt wird, dauert fast 26 Minuten und kommt ohne Dialog und Musik aus. ✦ Schwarz-weiß. Frankreich 1954 **P** Indus/Prima/Pathé **KI** Bavaria **Pd** Henri Bérard **R** Jules Dassin **B** Jules Dassin, René Wheeler, Auguste le Breton, nach dem Roman »Du Rififi chez les hommes« von Auguste le Breton **K** Philippe Agostini **M** Georges Auric **S** Roger Dwyre **D** Jean Servais (Tony le Stephanois), Carl Möhner (Jo le Suedois), Robert Manuel (Mario Ferrati), Janine Darcey (Louise), Pierre Grasset (Louis Grutter) **L** 111 **FSK** ab 18; nf **E** 30.9.1955/8.2.1965 ZDF **fd** 4 440

RIFIFI AM KARFREITAG (THE LONG GOOD FRIDAY). Ein von korrupten Politikern und Polizisten gestützter Gangsterboß will mit Hilfe amerikanischer Mafia-Gelder in London ein riesiges Freizeitzentrum errichten. Aber die irische Untergrundarmee vereitelt seine Pläne. Nicht ganz schlüssig in der Schilderung politischer und krimineller Verstrickungen und auch auf formaler Ebene nur streckenweise überzeugend. ✦ Großbritannien 1979 **P** Calendar/Hand Made **KI** Filmwelt **VA** Cannon **Pd** Barry Hanson **R** John Mackenzie **B** Barrie Keeffe **K** Phil Meheux **M** Francis Monkman **S** Mike Taylor **D** Bob Hoskins (Harold Shand), Helen Mirren (Victoria), Eddie Constantine (Charlie), Dave King (Parky), Bryan Marshall (Harris) **L** 114 **FSK** ab 18; nf **E** 22.1.1987/28.9.1987 Video/30.4.1988 ARD **fd** 26 036

RIFIFI BEI DEN FRAUEN (DU RIFIFI CHEZ LES FEMMES). Die Wiederaufnahme des erfolgreichen »Rififi«-Motivs geriet nicht ganz so spannend wie das Original. Es geht um eine Milliarde, die durch den Fahrstuhlschacht der belgischen Staatsbank verschwindet. Doch wie gehabt macht der Neid der »Kollegen« einen dicken Strich durch die Rechnung. Verglichen mit dem Film von Dassin (1954) nur ein konventionelles Krimidrama ohne eigenen Stil. ✦ Schwarz-weiß. Frankreich/Italien 1959 **P** Etoile/Dismage/Technostampa/Transalpina **KI** Prisma **Pd** Jacques Planté **R** Alex Joffé **B** Alex Joffé, Gabriel Arout, nach einem Roman von Auguste le Breton **K** Pierre Montazel **M** Louiguy **S** Léonide Azar **D** Nadja Tiller (Vicky), Robert Hossein (Marcel), Eddie Constantine (Williams), Sylvia Montfort (Yoko), Roger Hanin (Lu Bug), Pierre Blanchar (Der Pirat), Françoise Rosay (Berthe), Jean Gaven (James) **L** 100 **FSK** ab 16; nf **E** 28.5.1959 **fd** 8 142

RIFIFI IN AMSTERDAM (RIFIFI AD AMSTERDAM). Ein amerikanischer Spezialagent, der in Amsterdam einer Diamantenschieberbande auf der Spur ist, dringt bis zum Auftraggeber eines Juwelenraubes vor und entdeckt das Komplott eines verrückten Wissenschaftlers, der in einer Atombasis einen ungeheuerlichen Plan ausheckt. Seriengefertigtes Spionage-Abenteuer als billige Kopie der James-Bond-Filme, das den Klischees des Genres folgt und sie mit trivialen Postkarten-Fotos bebildert. ✦ Scope. Italien/Spanien 1966 **P** Claudia Cinematografica/Procenza **R** Terence Hathaway (= Sergio Grieco) **B** Lucio Battistrada, Armando Crispino, Ramon Comas de Turnes **K** Eloy Mella **M** Piero Umiliani **S** Renato Cinquini **D** Roger Browne, Aida Power, Umi Raho (= Umberto Raho), Franco Ressel, Frank Linston (= Franco Lantieri), Tullio Altamura, Michael Rivers **L** 86 **E** 20.4.1990 PRO 7

RIFIFI IN PARIS (DU RIFIFI A PANAME / RIFIFI INTERNAZIONALE). Ein CIA-Agent schleicht sich als Leibwächter des Chefs in eine internationale Bande ein und erledigt diese mitsamt dem amerikanischen Konkurrenzunternehmen. Aufwendiger, mäßig spannender Gangsterfilm mit ansehnlichem Staraufgebot. (DDR-Titel: »Der Boß von Paris«) ✦ Scope. BR Deutschland/Frankreich/Italien 1965 **P** Gloria/Copernic/Comacico/Fida **KI** Gloria **R** Denys de la Patellière **B** Denys de la Patellière, nach einem Roman von Auguste le Breton **K** Walter Wottitz **M** Georges Garvarentz **D** Jean Gabin, George Raft, Nadja Tiller, Mireille Darc, Gert Fröbe **L** 97 **FSK** ab 16; nf **E** 23.7.1966/25.9.1971 DFF 1 **fd** 14 167

RIFIFI IN ST. LOUIS (THE GREAT ST. LOUIS BANK ROBBERY). Vier Gangster planen einen Bankraub; ein Mädchen sucht die Tat zu vereiteln und findet den Tod. Betont kühl und sachlich inszenierter Kriminalfilm nach authentischen Polizeiakten. ✦ Schwarz-weiß. USA 1958 **P** Guggenheim/Associates **KI** United Artists **R** Charles Guggenheim, John Stix **B** Richard T. Heffron **K** Victor Duncan **M** Bernardo Segall **D** Steve McQueen, David Clarke, Crahan Denton, Molly McCarthy **L** 88 **FSK** ab 18; nf **E** 23.9.1960 **fd** 9 526

RIFIFI IN STOCKHOLM (STÖTEN). Zwei ausgebrochene Zuchthäusler berauben die Kasse einer Rennbahn. Billige »Rififi«-Imitation aus Schweden. ✦ Schwarz-weiß. Schweden 1961 **P** AB Svensk **KI** NWDF-Unitas **R** Hasse Ekman **B** Jan Olof Rydqvist **K** Martin Bodin **M** Rune Öfwermann **D** Gunnar Hellström (Rick Hunter), Maud Adelson, Tor Isedal **L** 91 **FSK** ab 18; nf **E** 14.9.1962 **fd** 11 472

RIFIFI IN TOKIO (RIFIFI A TOKYO). »Schwarzer« Kriminalfilm über die minutiösen Vorbereitungen dreier Gangster, die in die Bank von Tokio einbrechen. Reportagehaft sachlich und spannend, wenn auch längst nicht so gelungen wie das »Rififi«-Original von 1954. ✦ Schwarz-weiß. Frankreich/Italien 1961 **P** Artistiques/Mondiale **KI** MGM **R** Jacques Deray **B** José Giovanni, Jacques Deray, R. M. Arlaud, nach Auguste le Breton **K** Todashi Aramaki **M** Georges Delerue **D** Karlheinz Böhm, Barbara Lass (= Barbara Kwiatkowska), Charles Vanel **L** 89 **FSK** ab 16; nf **E** 26.4.1963 **fd** 11 950

RIFT – ABGRUND DER SEELE (RIFT). Das ungezügelte Verlangen nach der Frau seines besten Freundes beschert einem in sich zurückgezogenen Songschreiber Schuldgefühle und Albträume, in denen er von dem Freund ermordet wird. Nach dem Gespräch mit einem Psychiater, der ihm erklärt, die Träume könnten durchaus Realität sein, verschwimmt für ihn die Grenze zwischen Vision und Wirklichkeit. (Fernsehtitel: »Abgrund der Seele«) ✦ USA 1993 **P** Curb Entertainment/Off-Screen **VA** Concorde **R+B** Edward S. Barkin **D** William Sage (Tom), Timothy Cavanaugh (Bill), Jennifer Bransford (Lisa), Alan Davidson (Dr. Myron Messers) **L** 82 **FSK** ab 12 **E** 27.6.1995 RTL 2

RIGHT ON! (RIGHT ON!). Drei Schwarze, die sich »The Original Last Poets« nennen, tragen provokative Texte über die Situation der Schwarzen vor. Die Kamera bleibt dabei ganz auf die Akteure konzentriert; nur vereinzelt illustrieren Aufnahmen vom Leben in den schwarzen Gettos New Yorks die Aussagen der Künstler. (Originalfassung) ✦ USA 1970 **Pd** Herbert Danska, Woodie King jr. **R** Herbert Danska **B** Gylan Kain **M** Abdul Hakien, Jim Pollard, Harold Sorel, Carlos Cuebas, Gene Callender **D** Gylan Kain, David Nelson, Felipe Luciano **L** 70 **E** 11.12.1971 WDR III

RIGHT TO DIE (RIGHT TO DIE). Eine glücklich verheiratete Frau wählt mit Hilfe ihres Mannes und eines Anwalts den Freitod, als sie erfährt, daß sie unheilbar erkrankt ist und der körperliche Verfallsprozeß unaufhaltsam eintritt. Das heikle Thema der Sterbehilfe als Hintergrund für eine gefühlvoll-verklärende Hollywood-Geschichte im Stil amerikanischer Fernsehfilme. (TV-Titel: »Das Recht zu sterben«) ✦ USA 1987 **P** Ohlmeyer **VA** City Lights **Pd** Karen Danaher Dorr **R** Paul Wendkos **B** Philip Penningroth **K** Bernd Heinl **M** Brad Fiedel **D** Raquel Welch (Emily Bauer), Michael Gross (Bob Bauer), Bonnie Bartlett (Lillian), Joanna Miles (Psychiater), Diane Salinger, Peter Michael Goetz **L** 93 **FSK** ab 16 **E** 15.11.1988 Video

RIGOLBOCHE (RIGOLBOCHE / LA MAISON D'EN FACE). Eine von ihren »Verehrern« mißhandelte und ausgenutzte Tänzerin verläßt in der Angst, in Notwehr einen Mord begangen zu haben, Dakar und beginnt eine Arbeit in einem Pariser Nachtclub. Ein reicher Graf macht ihr Avancen, die sie zunächst abwehrt, zumal ihre Vergangenheit sie einholt. Düsteres Melodram aus dem Milieu der Varietés und Glücksspielhäuser, in dem die berühmte Tänzerin Mistinguett (1873–1956) in ihrer einzigen Tonfilmrolle zu sehen ist. (O.m.d.U.) ✦ Schwarz-weiß. Frankreich 1936 **R** Christian-Jaque **B** Jean-Henri Blanchon, Jacques de Bénac **K** Marcel Lucien, André Germain **M** Casimir Oberfeld, Jacques Simoneau **D** Mistinguett, André Lefaur, Jules Berry, André Berley, Lino Carenzio **L** (TV) 90 **E** 5.5.1987 BR

RIGOLETTO (1942) (RIGOLETTO / IL RE SE DEVERTE). Nach Victor Hugos Drama und mit Verdis Musik schildert der Film das Schicksal eines Hofnarren, der seine Tochter vor der Welt behütet und doch an seinen ausschweifenden König verliert. Seine Rache trifft an Stelle des Königs sein eigenes Kind. Opernhafte Verfilmung mit starken melodramatischen Akzenten und theatralischer Darstellung. ✦ Schwarz-weiß. Italien 1942 **P** Scalera **KI** Hamburg **R** Mario Bonnard **B** Tomaso Smith, nach dem Drama »Le Roi s'amuse« von Victor Hugo und der Oper von Giuseppe Verdi **K** Ubaldo Arata **M** Giuseppe Verdi **D** Michel Simon, Rossano Brazzi, Maria Mercader, Paola Barbara, Doris Duranti **L** 92 **E** 1943 Kino/9.3.1951 Kino DDR

RIGOLETTO (1947) (RIGOLETTO). Atmosphärisch authentische Filmversion von Giuseppe Verdis gleichnamiger Oper, gedreht an Originalschauplätzen von Carmine Gallone, einem italienischen Filmschaffenden der ersten Stunde. – Ab 12. ✦ Schwarz-weiß. Italien 1947 **R** Carmine Gallone **D** Tito Gobbi, Mario Filipeschi, Marcella Covoni, Lina Paluighi, Giulio Neri **L** 100 **E** 8.3.1990 3sat

RIGOLETTO (1954) (RIGOLETTO E LA SUA TRAGEDIA). Werkgetreue, aber allenfalls musikalisch beeindruckende Verfilmung der bekannten Verdi-Oper über das tragische Schicksal des buckligen Hofnarren Rigoletto am Palast des Herzogs von Mantua im 15. Jahrhundert. (DDR-Titel auch: »Der Hofnarr«) – Ab 14 möglich. ✦ Italien 1954 **P** Diva **KI** Ring/Hamburg **R** Flavio Calzavara **B** Jacopo Corsi, Flavio Calzavara, nach der gleichnamigen Oper von Giuseppe Verdi **K** Adalberto Albertini **M** Giuseppe Verdi **D** Mario del Monaco, Aldo Silvani, Janet Vidor, Gérard Landry, Tito Gobbi **L** 85 **FSK** ab 12; f **E** 14.11.1958 Kino DDR/30.12.1962 DFF 1/13.5.1965 ARD **fd** 8 682

RIGOLETTO (1993) (RIGOLETTO). Musikfilm nach der Oper von Verdi: Der neue Bewohner eines geheimnisumwobenen Schlosses, ein hochbegabter Gesangslehrer, zieht trotz seiner körperlichen Entstellung mit seiner wunderbaren Stimme die Kinder des Ortes an. Damit schürt er jedoch die Vorurteile im Dorf und ruft Neider auf den Plan. (Fernsehtitel: »Das unheimliche Schloß«) – Ab 14. ✦ USA 1993 **R+B** Leo D. Paur **M** Giuseppe Verdi **D** Josef Paur (Ribaldi), Ivey Lloyd (Bonnie), Cynthia Jump (Margie), John Huntington (Hans), Mason Ben (Nicky) **L** 93 **E** 23.9.1995 RTL 2

RIK →Pusteblume (1974)

RIKE. Rike, ein kleines Mädchen, hat eine blühende Fantasie. Eines Tages gewinnt sie einen Wettlauf gegen die schnellsten Jungen ihrer Klasse, nur weil sie glaubt, ein Reh zu sein. Kinderfilm fürs DDR-Fernsehen. ✦ DDR 1989 **P** DEFA **Pd** Holger Bohm **R** Karola Hattop **B** Karola Hattop, nach dem gleichnamigen Roman von Egon Aderhold **K** Günter Jaeuthe **M** Gruppe »Servi«, Jan Bilk, Thomas Nawka **S** Ilona Thiel **D** Andrea Bräsicke (Rike), Ralf Piersig (Jörg), Jens Klinowski (Schulle), Cornelia Kaupert (Mutter), Falk Rockstroh (Vater) **L** 62 **E** 17.12.1989 DFF 1

RIKKI TIKKI TAVI (RIKKI-TIKKI-TAVI). Während einer Entdeckungsreise im Urwald geraten der kleine englische Junge Teddy und sein indischer Freund in eine gefährliche Situation, als sie während eines Sturmes einem Mungo das Leben retten. Teddy kann daraufhin seine Beine nicht mehr bewegen. Doch seine neue Freundschaft mit dem Mungo wird ein Wunder bewirken. Kinderfilm nach einem Roman von Rudyard Kipling. – Ab 8. ✦ UdSSR/Indien 1975 **P** Zentrnautschfilm/Kinderfilmgesellschaft **R** Alexander Sguridi **B** Nana Kawelaschwili, Alexander Sguridi, nach einem Roman von Rudyard Kipling **K** W. Ropejko, Wladimir Pustowalow **M** Alfred Schnittke **D** Margarita Terechowa (Margaret Lawson), Alexej Batalow (Robert), Igor Alexejew (Teddy), Saudip Wischnu (John), Wladimir Wassiljew (Arzt) **L** 80 (BRD 70) **E** 28.11.1976 DFF 2/15.1.1983 ZDF

RIKKI UND DIE MÄNNER (RIKKI OG MAENDENE). Eine junge geschiedene Frau verschreibt sich der käuflichen Liebe, bis sie sich eines Tages vor sich ekelt. Ein Jugendfreund schlägt ihr vor, ihre Memoiren zu veröffentlichen, die prompt zum Bestseller werden. Dänisches Trivialkino. ✦ Scope. Dänemark 1962 **P** ASA **KI** Inter-Film **R+B** Lisbeth Lauritzen, Lau Lauritzen **K** Rudolf Frederiksen **M** Sven Gyldmark **D** Ghita Nörby, Poul Reichhardt, Holger Juul Hansen, Preben Mahrt, Bodil Steen **L** 92 **FSK** ab 18; nf **E** 29.5.1964 **fd** 12 808

RIKKY UND PETE (RIKKY AND PETE). Ein Geschwisterpaar versucht, dem eingefahrenen Leben in Melbourne zu entfliehen und macht sich in die australische Wildnis auf. Unterwegs hat es eine Reihe von merkwürdigen Begegnungen und wird mit allerlei komischen Käuzen konfrontiert. In Form eines Roadmovies inszenierte leichtgewichtige Komödie. – Ab 16. ✦ Australien 1988 **Pd** Nadia Tass, David Parker **R** Nadia Tass **B+K** David Parker **M** Brian Baker, Eddie Rayner **S** Ken Sallows **D** Stephen Kearney (Pete), Nina Landis (Rikky), Tetchie Agbayani (Flossie), Bill

Hunter (Whitstead), Bruno Lawrence (Sonny), Bruce Spence (Ben) **L** 98 **E** 19.1.1996 RTL 2

RIKSCHAKULI (LUOTUO XIANGZI). Ein junger redlicher Rikscha-Kuli versucht im Peking der 20er Jahre vergeblich, sich aus dem drückenden Elend seiner Existenz zu befreien. Die erzwungene Ehe mit der Tochter eines Rikscha-Verleihers bleibt lange ohne Gefühlsbindung, die Liebe zu einer anderen Frau endet schmerzlich. Verfilmung eines Romans von Lao She, welche den emotionalen Gehalt der Vorlage stärker als die propagandistischen Akzente herausarbeitet und auf beeindruckende Weise mit dem Scope-Format arbeitet. (Westdeutscher TV-Titel: »Der Junge mit der Rikscha«) – Ab 16. ✦ Scope. VR China 1982 **P** Filmstudio Peking **R** Ling Zifeng **B** Ling Zifeng, nach dem Roman von Lao She **K** Wu Hansheng, Wu Yin-Xian, Liang Zi-Yong **M** Qu Xixian **D** Zhang Fengyi, Siqin Gaowa, Yin Xin, Yan Bide, Lin Tang **L** 117 **E** 31.8.1984 DFF 1/10.9.1984 ARD

DER RIKSCHAMANN (1958) (MUHOMATSU NO ISSHO). Der scheinbar grobschlächtige Rikschafahrer Matsu gewinnt die Freundschaft eines kleinen Jungen, dessen reicher Vater wenig später stirbt. Jahrelang begleitet Matsu den Lebensweg seines Schützlings, von der Witwe geduldet und insgeheim verachtet, bis der Junge erwachsen geworden ist. Erst nach Matsus Tod erkennen die Leute seine Charaktergröße. Ebenso gefühlsstarker wie poesievoller japanischer Film mit einem herausragenden Hauptdarsteller und temperamentvoll inszenierten Alltagsbildern aus der Zeit des alten Japan vor dem Ersten Weltkrieg. ✦ Scope. Japan 1958 **P** Toho **Kl** UFH **R** Hiroshi Inagaki **B** Mansaku Itami, Hiroshi Inagaki, nach einem Roman von Shunsaku Iwashita **K** Kazuo Yamada **M** Ikuma Dan **D** Toshirô Mifune (Muhomatsu), Hideko Takamine (Mrs. Yoshioka), Hiroshi Akutagawa (Yoshioka), Chishû Ryû (Mr. Yuki), Choko Lida (Barkeeper) **L** 85 **FSK** ab 6; f **FBW** bw **E** 3.3.1960/13.12.1981 DFF 2 **fd** 9 015

DER RIKSCHAMANN (1979) (MY KUNG-FU 12 KICKS). Eine »komödiantische« Variante der Kung-Fu-Filme: Der jugendliche Held lernt – vor allem von einem Rikschamann, der insgeheim ein Kung-Fu-Meister ist – allerlei Kampfvarianten und Tricks. So kann er am Ende einen Superkämpfer zur Strecke bringen. ✦ Scope. Hongkong 1979 **P** Hsiung Ping Chung **Kl** United Artists **R** To Lo-Po **D** Liang Hsiao-Lung, Ku Feng, Han Kuo-Tsai, Li Tung-Ming **L** 83 **FSK** ab 12; nf **E** 25.1.1980 **fd** 22 339

RIKYU, DER TEEMEISTER (RIKYU). Mit der Hilfe seines Angestellten, der die rituelle Teezeremonie wie kein zweiter beherrscht, will ein Emporkömmling seine Machtposition am kaiserlichen Hof festigen. Als der Teemeister sich jedoch nicht für dessen Intrigen und Komplotte einspannen lassen will, kommt es zum tödlichen Konflikt zwischen den beiden. Prunkvoll ausgestatteter, souverän inszenierter und eindrucksvoll gespielter Historienfilm, der differenziert das nicht nur im 16. Jahrhundert problematische Verhältnis von Kunst und Macht beleuchtet. ✦ Japan 1989 **P** Teshigahara/Shochiku Eizo/C. Itoh/Hakuhodo **Pd** Yoshisuke Mae, Hiroshi Morie **R** Hiroshi Teshigahara **B** Genpei Akasegawa, Hiroshi Teshigahara, nach dem Roman von Yaeko Nogami **K** Fujio Morita **M** Toru Takemitsu **S** Toshio Taniguchi **D** Rentarô Mikuni (Rikyu), Yoshiko Mita (Riki, seine Frau), Tsutomu Yamazaki (Hideyoshi Toyotomi), Ryo Tamura (Lord Hidenaga), Koshiro Matsumoto (Lord Oda), Kichiemon Nakamura (Fürst Ieyasu) **L** 116 **E** 9.2.1994 ARD

RILEYS LETZTE SCHLACHT (ONE MAN'S HERO / HEROES SIN PATRIA). Eine Randepisode aus dem amerikanisch-mexikanischen Krieg (1846–48): Die Truppen eines irisch-stämmigen Kommandeurs der amerikanischen Armee desertieren in Richtung Mexiko, da die Katholiken des Hungerlandes Irland, die sich als frühe Wirtschaftsflüchtlinge in Richtung Amerika orientieren und nun als Soldaten dienen, in der neuen Heimat drangsaliert und gedemütigt werden. Doch auch im katholischen Mexiko finden die Männer nicht ihr Glück und geraten nach dem verlorenen Krieg in Gefangenschaft. Opulent inszenierter Historienfilm, der ein düsteres Kapitel amerikanischer Geschichte aufgreift und US-patriotischen Produktionen (wie »Alamo« von John Ford) einen Spiegel aus mexikanischer Sicht vorhält. ✦ USA/Mexiko/Spanien 1999 **P** Arco/Filmax/Hool-Macdonald Prod./Producciones San Patria/Silver Lion/MGM/Orion **Pd** Conrad Hool, Lance Hool, William J. Macdonald, Paul L. Newman **R** Lance Hool **B** Milton Gelman **K** Joao Fernandes **M** Ernest Troost **S** Mark Conte **D** Tom Berenger (John Riley), Joaquim de Almeida (Cortina), Daniela Romo (Marta), Mark Moses (Col. Benton Lacy), Stuart Graham (Corporal Kennealy) **L** 118 **E** 14.5.2001 Premiere World

RIMSKI-KORSAKOW (RIMSKI-KORSAKOW). Leben und Schaffen des russischen Komponisten Nikolai Rimski-Korsakow. Eine Musikerbiografie, die mit Ausschnitten aus Werken des Künstlers unterhält, in ihren ideologischen Absichten aber ebenso aufdringlich wie naiv verfährt: die Zeichnung des Zarenregimes entbehrt wie die Hinwendung des Komponisten zum Volk jeglicher Zwischentöne. – Ab 14. ✦ UdSSR 1952 **P** Lenfilm **Kl** Progress **R** Grigori Roschal, Gennadi Kasanski **B** A. Abramow, Grigori Roschal **K** Michail Magid, Lew Sokolski **M** Nikolai Rimski-Korsakow **D** Grigori Below (Rimski-Korsakow), Viktor Chochrjakow (Glasunow), Anatoli Kusnezow (Ljadow), Lilija Grizenko (Sawella-Wrubel), Alexander Ognizew (Schaljapin) **L** 113 **E** 20.4.1956 Kino DDR/13.3.1989 DFF 2

RIN-TIN-TIN GREIFT EIN (THE CHALLENGE OF RIN-TIN-TIN). Um einen dressierten Schäferhund ranken sich drei naiv erzählte Westernabenteuer. Auffällig, daß die Indianer der ersten Episode nur als kaltblütige Meuchelmörder erscheinen. – Ab 6. ✦ Schwarz-weiß. USA 1957 **P** Columbia **Kl** Columbia **R** Robert G. Walker, Lew Landers **B** John O'Dea, Jennings Cobb, Lee Bery **K** Fred Jackman **D** Jim Brown, Lee Aaker, Joseph Sawyer **L** 77 **FSK** ab 6; nf **E** 19.6.1959 **fd** 8 295

RIN TIN TIN IM WILDEN WESTEN (RIN TIN TIN – HERO OF THE WEST). Episodisches Western-Abenteuer um die Erlebnisse eines zehnjährigen Waisenjungen und seines gelehrigen Schäferhundes Rin Tin Tin, die mit Mut und Einfallsreichtum einem Landvermesser, einem Häuptlingssohn und einem wilden Hengst aus der Patsche helfen. – Ab 8. ✦ Schwarz-weiß. USA 1955 **P** Columbia **R** Robert G. Walker, Ranald MacDougall, Douglas Heyes **D** Jim Brown (Lt. Rip Masters), Lee Aaker (Rusty), Joseph Sawyer (Sgt. O'Hara), Rand Brooks (Boone), Louis Letteri (Pokiwa), Steve Rich (Tukimawi) **L** 72 **E** 1.11.1994 ZDF

RINALDO BLÄST ZUM ZAPFENSTREICH →Graf Porno bläst zum Zapfenstreich

RINALDOS FLOTTE MÄDCHEN →Graf Porno und seine Mädchen

RINDVIECHER UNTER SICH (THE BEST OF LAUREL AND HARDY). Beileibe nicht das Beste von Laurel und Hardy, aber doch viele charakteristische komische und abenteuerliche Situationen: ein turbulenter Querschnitt aus leider zu vielen Filmen: »Night Owls«, »Below Zero«, »One Good Turn«, »The Live Ghost«, »Pardon Us«, »Laughing Gravy«, »Be Big«, »County Hospital«, »Our Wife«, »Their First Mistake«, »Our Relations«. (Titel auch: »Dick und Doof – zwei Rindviecher unter sich«) – Ab 6. ✦ Schwarz-weiß. USA 1967 **P** MGM **Kl** MGM **R** James Parrott **D** Stan Laurel, Oliver Hardy, James Finlayson **L** 94 **FSK** ab 6; nf **E** 1969 Kino **fd** 15 945

RINDVIEH NR. 1 (PUBLIC PIGEON NO. ONE). Ein tölpelhafter Kellner wird in die Machenschaften einer Gangsterbande verwickelt, zieht sich aber in aller Einfalt glänzend aus der Affäre. Ein bescheidenes Slapstickvergnügen, das nur im Mittelteil (Flucht aus dem Gefängnis) zu einiger Form aufläuft. ✦ USA 1956 **P** Val-Ritchie/RKO **Kl** RKO **Pd** Harry Tugend **R** Norman Z. McLeod **B** Harry Tugend, nach einem Fernsehdrehbuch von Devery Freeman **K** Paul C. Vogel **M** David Rose **S** Otto Ludwig **D** Red Skelton (Rusty Morgan), Vivian Blaine (Rita DeLacey), Janet Blair (Edith Enders), Benny Baker (Frankie Frannis), Milton Frome (Avery), Jay C. Flippen (Lt. Ross Quallen), Allyn Joslyn (Harvey Baker) **L** 80 **FSK** ab 6; nf **E** 20.12.1957 **fd** 6 582

RING DER AMAZONEN (AMAZONS). Eine junge Ärztin in einem Krankenhaus in Washington kommt einer Gruppe radikaler Feministinnen auf die Spur, die die Macht im Staat übernehmen will und Männer in Führungspositionen skrupellos beseitigt. Fernseh-Thriller, der sich ohne ernstzunehmenden Hintergrund freier Spekulation hingibt. ✦ USA 1984 **P** ABC **R** Paul Michael Glaser **B** David Solomon, Guerdon Trueblood **D** Madeleine Stowe, Jack Scalia, Jennifer Warren, Tamara Dobson, Peter Scolari **L** 96 **E** 1.8.1990 RTL plus

RING DER BEGIERDE (RING OF DESIRE). Billiger US-Sexfilm: Ein Ring dient als verbindendes Leitmotiv für die übliche Aneinanderreihung stupider Beischlaf-Gymnastiknummern. Durch Schnitte fürs »Normal-Kino« zurechtgestutzte Hardcore-Ware. ✦ USA 1982 **Kl** Mike Hunter **R** Pierre Balakoff **D** Jennifer West, Paul Thomas, Monique Fabergé, Hillary Summers **L** 70 **FSK** SPIO:X **E** 15.7.1983 **fd** 24 186

DER RING DER FÜRSTIN ANNA (PIERSCIEN KSIERZNEJ ANNY). Die Geschichte dreier Jungen, die, vor dem historischen Hintergrund der Kämpfe zwischen Polen und deutschen Ordensrittern, bei der Erforschung einer historischen Burg unversehens von der Gegenwart ins Mittelalter geraten. ✦ Scope. Polen 1970 **P** Spielfilmstudio Lodz **Kl** Progress **R** Maria Kaniewska **B** nach dem Roman von A. Lach **K** Antoni Wojtowicz **M** Wojciech Kilar **S** Lidia Pstrokonska **D** Jerzy Makalowski, Krzysztof Stroinski, Wieslawa Kwasniewska, Andrzej Szalawski, Jerzy Braszka **L** 102 **E** 28.7.1972 Kino DDR/27.7.1974 DFF 1

DER RING DER GEJAGTEN (COUNT FIVE AND DIE). Ein alliiertes Spionageabwehrzentrum in London täuscht den Deutschen eine bevorstehende Invasion in Holland vor. Die fiktive Episode aus dem Zweiten Weltkrieg ist sorgfältig und kühl als Mischung aus Agententhriller und Drama inszeniert. – Ab 16. ✦ Scope, schwarz-weiß. Großbritannien 1957 **P** Zonic **Kl** Deutsche Fox **Pd** Ernest Gartside **R** Victor Vicas **B** Jack Seddon, David Pursall **K** Moray Grant **M** John Wooldridge **S** Russell Lloyd **D** Jeffrey Hunter (Ranson), Nigel Patrick (Howard), Annemarie Düringer (Rolande), David Kossoff (Mulder), Arthur Gross (Jan), Claude Kingston (Willem), Philip Bond (Piet) **L** 93 **FSK** ab 16; f **E** 6.5.1958 **fd** 7 024

DER RING DER VERSCHWORENEN (THE CONSPIRATORS). Ein holländischer Widerstandskämpfer entkommt während des Zweiten Weltkriegs nach Lissabon und verhindert dort eine internationale Verschwörung. Aufwendiger Spionage-Thriller im Stil von »Casablanca«. In der gekürzten deutschen Kino-Bearbeitung der Nachkriegszeit sollten offenbar antideutsche Tendenzen abgeschwächt werden – der Film wurde zum wirren, kolportagehaften Fälscherabenteuer umfrisiert. Die vom Fernsehen 1990 rekonstruierte Fassung offenbart ein routiniert entwickeltes Melodram mit gutgemeinter politischer Haltung, das an den Schauspielern krankt, die irritierenderweise an ihren Rollen »vorbeiagieren«. – Ab 16. ✦ Schwarz-weiß. USA 1944 **P** Warner Bros. **Kl** Warner Bros. **R** Jean Negulesco **B** Vladimir Pozner, Leo Rosten **K** Arthur Edeson **M** Max Steiner **D** Hedy Lamarr (Irene von Mohr), Paul Henreid (Vincent van der Lyn), Sydney Greenstreet (Quintanilla), Peter Lorre (Bemazsky), Victor Francen (Hugo von Mohr) **L** 97 (Kino 85) **FSK** ab 16; nf **E** 27.11.1953/29.6.1990 ARD (rekonstruierte Fassung) **fd** 2 961

DER RING DES DRACHEN (DESIDERIA – L'ANELLO DEL DRAGO). Zweiteiliger Fernseh-Fantasyfilm über die Intrigen in einem märchenhaften Königreich, dessen Herrscher seine Macht durch einen magischen Ring sichert. Als der König ein Findelkind mit geheimnisvollen Kräften aufnimmt, ahnt er nicht, daß das kleine Mädchen zu einer mißgünstigen Schurkin heranwachsen wird, die Zank und Streit in seiner Familie sät und im Streit um die Hand eines Prinzen zur Rivalin der leiblichen Tochter wird. Ungeheuer opulent inszenierter Film, mit abwechslungsreicher Handlung und einem ungeheueren Aufwand an Stars, der an Schaupracht und Bildwirkung seinesgleichen sucht. Für kleinere Kinder ist der Film allerdings in einigen Szenen zu schrecklich. – Sehenswert ab 12. ✦ Italien 1994 **P** Anfri/Rete Italia **VA** Taurus **R** Lamberto Bava **B** Giovanni Romoli **K** Romano Albani, Stefano Ricciotti **M** Amedeo Minghi **S** Pietro Bozza **D** Sophie von Kessel (Selvaggia), Anna Falchi (Desideria), Franco Nero (König), Billie Zöckler (Amme), Ute Christensen (Königin), Marek Vasut (Karl), Joel Beeson (Victor) **L** 90/93 (zwei Teile) **FSK** ab 12 **E** 25.,26.12.1994 SAT 1 (zwei Teile)/1997 Video **fd** 32 971

DER RING DES SKORPIONS →Ring of Scorpio

RING FREI (BOKSERY). Die Erlebnisse einer sowjetischen Boxmannschaft während des Trainings und auf einer Auslandstournee. – Ab 14. ✦ Schwarz-weiß. UdSSR 1941 **P** Kinostudio Odessa **KI** Sovexportfilm **R** Wladimir Gontschukow **B** P. Kapiza **K** J. Leibow **D** Vitali Doronin (Dorochow, Boxmeister), D. Sagal (Kotschweanow, Boxer), N. Iwakin (Ssomow, Trainer), K. Gradopolow (Lands, Europameister), K. Michailow (Bonet, Impresario) **L** 64 **E** 28.10.1949 Kino DDR

RING FREI – DIE JERRY-SPRINGER-SHOW (RINGMASTER). Der Arbeitsalltag bei der Vorbereitung und Durchführung einer »Konflikt-Talkshow«, bei der schmutzige Wäsche gewaschen und emotionale Schläge unter die Gürtellinie ausgeteilt werden. Die Darstellung des totalen Chaos, in der eine reale Show nachgestellt wird und die ausgerechnet Jerry Springer, einen der Quotenführer des Metiers, bei der Inszenierung tatsächlicher Vorfälle zeigt: eine Steigerung des Zynismus. ✦ USA 1998 **P** Artisan/The Kushner-Locke **VA** Laser Paradise **Pd** Gary W. Goldstein, Bradley Jenkel, Gina Rugolo, Jerry Springer, Steven Stabler, David Bales, Jade Ramsey **R** Neil Abramson **K** Russell Lyster **M** Kennard Ramsey **S** Suzanne Hines **D** Jerry Springer (Jerry Farrelly), Jaime Pressly (Angel Zorzak), Molly Hagan (Connie Zorzak), John Capodice (Mel Riley), William McNamara (Troy Davenport) **L** 86 **FSK** ab 18 **E** 2.5.2001 Video

RING FREI FÜR DIE LIEBE (1932) →Fleisch (1932)

RING FREI FÜR DIE LIEBE (1953) (ERA LEI CHE LO VOLEVA ...). Komödie um einen erfolgsverwöhnten Boxer und Frauenheld, dessen Weltbild leichte Kratzer erhält, als ausgerechnet die von ihm verehrte junge Frau seinen Verführungskünsten widersteht. ✦ Italien 1953 **P** Excelsa **R** Marino Girolami, Giorgio Simonelli **K** Riccardo Pallottini **D** Walter Chiari, Lucia Bosé, Carlo Campanini, Jone Morino, Giuseppe Porelli **L** 75 **E** 3.5.1988 DFF 2

RING FREI FÜR STOKER THOMPSON (THE SET-UP). Ein alternder Boxer, in dessen Fähigkeiten niemand mehr Vertrauen hat, auch nicht seine Frau, gewinnt gegen die Abmachung seines Managers, der den Kampf »verschoben« hatte. Gangster machen ihn zur Strafe für immer kampfunfähig. Bemerkenswert kritische Denunzierung der Auswüchse im amerikanischen Berufssport und der mitleidlosen Reaktion des Publikums; meisterhaft vor allem die Beobachtungen vor dem Kampf. – Ab 16. ✦ Schwarz-weiß. USA 1949 **P** RKO **Pd** Richard Goldstone **R** Robert Wise **B** Art Cohn **K** Milton Krasner **M** Constantin Bakaleinikoff (Ltg.) **S** Roland Gross **D** Robert Ryan (Bill »Stoker« Thompson), Audrey Totter (Julie), George Tobias (Tiny), Alan Baxter (Little Box), Wallace Ford (Gus), Percy Helton (Red), Hal Fieberling (= Hal Baylor) (Tiger Nelson) **L** 70 **E** 22.5.1965 ARD

DER RING MIT DEM GEKRÖNTEN ADLER (PIERSCIONEK Z ORLEM W KORONIE). Warschau 1944: Nach 100tägigem Aufstand kapituliert die polnische »Heimatarmee« vor den deutschen Besatzern. Einem jungen Leutnant gelingt trotz Verwundung die Flucht. Er versteckt sich bei einer Krankenschwester, bis die vorrückende Rote Armee die Wehrmacht zurückdrängt. Nun übernehmen kommunistische Funktionäre die Verwaltung Polens und versuchen, mit Intrigen und Terror ein neues politisches System zu installieren. Dabei gerät der nationalistisch eingestellte Leutnant zwischen die Fronten. Literaturverfilmung über den Warschauer Aufstand und die folgenden Auseinandersetzungen zwischen nationalen und kommunistischen Untergrundkämpfern. ✦ Polen 1992 **R** Andrzej Wajda **B** Andrzej Wajda, nach einem Buch von A. Scibor-Ryski **K** Dariusz Kuc **S** Ewa Smal **D** Rafal Krolikowski (Marcin), Adriana Biedrzynska (Janina), Cezary Pazura (Kosior), Miroslaw Baka (Tatar), Piotr Bajor (Steinert) **L** 105 **E** 12.6.1994 arte

RING OF FIRE (RING OF FIRE). Melodram aus dem Rodeoreiter-Milieu: Nach der Genesung von einem schweren Unfall drängt es einen Bullenreiter zurück in die Arena, in der er auf seinen Bruder trifft, der sich nicht nur als Rodeoclown, sondern auch als Züchter gefährlicher Kampfstiere einen Namen gemacht hat. Als er sich in dessen Geliebte verliebt, ist der Bruderzwist eine ausgemachte Sache. Prachtvoll inszeniertes Drama nach einem Buch von Robert Redfords Sohn James, der universelle Werte beschwört; mit Teenager-Stars der 80er-Jahre ebenso sinnvoll wie gut gesetzt. – Ab 16. ✦ USA 2000 **P** Neverland **VA** e-m-s **Pd** Al Corley, Eugene Musso, Bart Rosenblatt **R** Xavier Koller **B** James Redford **M** Andrew Gross, Richard Horowitz, Daniel Licht **D** Kiefer Sutherland, Daryl Hannah, Molly Ringwald, Anthony Lucero, Russell Means **L** 105 **E** 6.12.2001 Video

RING OF SCORPIO (RING OF SCORPIO). Bei einem Hippie-Urlaub in Marokko werden drei Freundinnen von einem jungen Mann ahnungslos als Drogenkuriere benutzt. Als der Schmuggel auffliegt, sind sie Mißhandlungen der spanischen Polizei ausgesetzt. Zwanzig Jahre später werden die Frauen, die inzwischen in Australien ein normales Leben zu führen versuchten, von der Vergangenheit eingeholt – der totgeglaubte Mann taucht unerwartet auf und erweist sich als noch gefährlicher als damals. Eine der Frauen entschließt sich, den von ihm geplanten Coup zu verhindern. Psychothriller. – Ab 16. ✦ Großbritannien/Australien 1991 **P** BBC **R** Ian Barry **B** Suzanne Hawley **K** Jamie Doolan **M** Martin Armiger **D** Caroline Goodall (Helen), Linda Cropper (Marlene), Catherine Oxenberg (Fiona), Jack Scalia (Richard Deveraux), Peter Kowitz (Gary Withers) **L** 90/90 **E** 13.,20.12.1993 N 3 (zwei Teile)

RING OF STEEL (RING OF STEEL). Ein junger Fechter, der unabsichtlich seinen Konkurrenten bei einem Turnier getötet hat, läßt sich auf einen zwielichtigen Geschäftsmann ein und kämpft für viel Geld in einer zylindrischen Arena aus Stahl. Zwar befallen ihn Skrupel, doch da man seine Geliebte gefangensetzt, kämpft er sich bis zum Finale durch. Actionfilm nach simplen Strickmustern. Zahlreiche Fechtszenen sind zwar teilweise virtuos inszeniert, insgesamt kommt der Film aber nicht ohne spekulative Anleihen beim brutalen Kickboxen aus. ✦ USA 1994 **P** Shapiro Glickenhaus Entertainment **VA** UFA **Pd** David Speaker, Alan M. Solomon **R** David Frost **B** Robert Chapin **K** Mackenzie Waggaman **M** Jeff Beal **S** Norman Buckley **D** Joe Don Baker (Mann in Schwarz), Carol Alt (Tanya), Robert Chapin (Alex Freyer), Darlene Vogel (Elena Carter), Gary Kasper (Jack) **L** 89 **FSK** ab 16 **E** 2.5.1995 Video/28.5.1998 ProSieben **fd** 31 398

DER RING SCHLIESST SICH UM KRALJEVO (CRVENA ZEMLJA). Die kleine serbische Industriestadt Kraljevo ist 1941 Schauplatz erbitterter Auseinandersetzungen zwischen den faschistischen Okkupanten und jugoslawischen Partisanen. 6000 Einwohner werden dabei Opfer eines grauenvollen Massakers an unschuldigen Zivilisten. Partisanenfilm nach authentischen Ereignissen, handwerklich wenig bemerkenswert. – Ab 16. ✦ Scope. Jugoslawien 1975 **P** Danas/Viba **KI** Progress **R** Tori Jankovic **B** Branimir Tori Jankovic **K** Aleksandar Petkovic **M** Zoran Hristic **D** Dragana Borkovic (Majda), Zoran Cvijanovic (Milos), Dragomir ›Gidra‹ Bojanic (Avram), Ljubisa Samardzic (Kosta), Bata Zivojinovic (= Velimir Bata Zivojinovic) **L** 98 **E** 17.2.1978 Kino DDR/2.5.1979 DFF 1

DIE RINGE DES SATURN (DIE RINGE DES SATURN). Ein ehemaliger Agent des Bundesnachrichtendienstes, der als Antiquar in Wien lebt, wird nach dem Putsch in Moskau 1991 reaktiviert. In der neuen Tschechoslowakei soll er mit Hilfe seines alten Agenten-Netzes herausfinden, wie und mit welchen Zielen östliche Geheimdienste unter den neuen Gegebenheiten arbeiten. Doch die damaligen Kontakte existieren nicht mehr, und die Lage ist unübersichtlicher als je zuvor. Ein spannendes Verwirrspiel im Agentenmilieu. ✦ Österreich 1992 **P** Satel **R** Michael Kehlmann **B** Peter Zeindler, Michael Kehlmann, nach einem Roman von Peter Zeindler **K** Gérard Vandenberg **M** Rolf Wilhelm **S** Irene Tomschik **D** Franz Morak (Sembritzki), Dagmar Mettler (Sybille Behrend), Alexander Kerst (Hohenstein), Graziella Galvani (Wanda), Wolfgang Stendar (Bartels) **L** 178 **E** 28.2.,2.3.1993 ZDF (zwei Teile)

RINGELBLUMEN IM AUGUST (MARIGOLDS IN AUGUST). Ein engagierter Film gegen die Apartheid-Politik Südafrikas. Die Schwarzen leben in ihrer fruchtbaren, reichen Heimat unter unwürdigen Bedingungen, derweil die Weißen ihr schönes Leben mit den Reichtümern des Landes finanzieren. Dienerarbeiten bieten wenigen Schwarzen eine schmale Existenzgrundlage, die sie auch gegen ihresgleichen verteidigen. Die klare Parabel entlarvt die widersinnige Situation und will zum Widerstand ermuntern. (TV-Titel: »Der Gast«) – Ab 14. ✦ Südafrika 1980 **P** Serpents/RM **SF** Kinder- und Jugendfilmzentrum **R** Ross Devenish **B** Athol Fugard **K** Michael Davis **D** Winston Ntshona, John Kani, Athol Fugard, Joyce Hesha, Mabel Ntshinga **L** 86 **FSK** ab 12; f **E** 25.5.1982 HR

DER RINGER →The American Success Company

RINGO (STAGECOACH). Bei einer Postkutschenfahrt durch gefährliches Indianergebiet zeigen die Reisenden ihre wahren Gesichter. Auf den Revolverhelden Ringo wartet noch der Show-Down in der Stadt. Erster Film John Fords in der Kulisse des »Monument Valley« mit bizarren Felsmassiven und weiten Ebenen als Schauplatz für Gewissenskonflikte und seelische Läuterungen. Action, Stimmung und Figurenzeichnung sind in vollendeter Ökonomie aufeinander abgestimmt. Ein klassischer, mythisch überhöhter Western, der das Genre maßgeblich beeinflußt hat – und, nach zahlreichen B-Film-Auftritten, die erste große Rolle für John Wayne, die seinen Ruhm begründete. (Früherer Titel: »Höllenfahrt nach Santa Fé«) – Sehenswert ab 16. ✦ Schwarz-weiß. USA 1939 **P** United Artists **KI** Ernestus/Atrium **Pd** Walter Wanger **R** John Ford **B** Dudley Nichols, nach der Erzählung »Stage to Lordsburg« von Ernest Haycox **K** Bert Glennon **M** Richard Hageman, W. Franke Harling, Louis Gruenberg, Leo Shuken, John Leipold **S** Dorothy Spencer, Walter Reynolds **D** John Wayne (Henry, genannt »Ringo Kid«), Claire Trevor (Dallas), John Carradine (Hatfield), Thomas Mitchell (Dr. Josiah Boone), Andy Devine (Buck Rickabaugh), George Bancroft (Sheriff Curly Wilcox), Donald Meek (Samuel Peacock), Berton Churchill (Bankier Gatewood), Louise Platt (Lucy Mallory), Tim Holt (LT. Blanchard), Tom Tyler (Luke Plummer), Elvira Rios (Yakima), Francis Ford (Billy Pickett), Chief John Big Tree (Indianer-Scout) **L** 94 (Orig. 97) **FSK** ab 12; nf **FBW** w **E** 13.10.1950/7.3.1970 ZDF/16.12.1972 DFF 1 **fd** 12 163

RINGO KOMMT ZURÜCK (IL RITORNO DI RINGO). Ein totgeglaubter Hauptmann befreit seine Vaterstadt von der Tyrannei mexikanischer Banditen. Tessaris zweiter Ringo-Film, eine moderne Variation der

Odyssee, verzögert geschickt den Showdown; es dauert sehr lange, bis Ringo seine Zurückhaltung aufgibt und den Kapf aufnimmt. Ein überdurchschnittlicher, psychologisch angehauchter Italowestern, der weitgehend auf die genreüblichen Brutalitäten verzichtet und stattdessen auf melodramatische und lyrische Elemente setzt. (Alternativtitel: »Gnade spricht Gott – Amen mein Colt«) ✦ Scope. Italien/Spanien 1965 **P** P.C.M./Rizzoli/Balcazar **KI** Cine-Union **Pd** Luciano Ercoli, Alberto Pugliese **R** Duccio Tessari **B** Duccio Tessari, Fernando Di Leo **K** Francisco Marin **M** Ennio Morricone **D** Giuliano Gemma (Ringo), Fernando Sancho (Esteban Fuentes), Lorella de Luca (Hally), George Martin (= Jorge Martin) (Paco Fuentes), Antonio Casas (Sheriff), Hally Hammond (= Lorella de Luca) (Hally), Nieves Navarro (Rosita) **L** 96 **FSK** ab 18; nf **E** 28.10.1966 **fd** 14 443

RINGO MIT DEN GOLDENEN PISTOLEN (JOHNNY ORO). Dem Revolvermann Ringo gelingt es mit Hilfe vieler Tricks und eines idealistischen Sheriffs, eine Banditenbande zu besiegen. Handwerklich gekonnt inszenierter, an »Rio Bravo« orientierter Italowestern; ein gelungenes Frühwerk von Sergio Corbucci (»Django«). ✦ Italien 1966 **P** Sanson **KI** MGM **R** Sergio Corbucci **B** Adriano Bolzoni, Franco Rossetti **K** Riccardo Pallottini **M** Carlo Savina **D** Mark Damon (Ringo), Valeria Fabrizi (Margie), Franco Derosa (Norton), Ettore Manni (Juanito), Giulia Rubini **L** 88 **FSK** ab 16; nf **E** 20.12.1966 **fd** 14 474

RINGO SCHIESST ZUERST →Die Todesminen von Canyon City

RINGO, SUCH DIR EINEN PLATZ ZUM STERBEN (JOE! CERCATI UN POSTO PER MORIRE!). Mexikanische Verbrecher und ihr amerikanischer Anführer bringen sich auf der Jagd nach einer Frau und nach Gold gegenseitig um. Übrig bleibt nur der Boß, der beides bekommt. Handwerklich dilettantischer Italowestern. ✦ Italien 1968 **P** Aico **KI** Constantin **R** Anthony Ascott (= Giuliano Carmineo) **B** Lamberto Benvenuti **K** Riccardo Pallottini **M** Gianni Ferrio **D** Jeffrey Hunter, Pascale Petit, Piero Lulli, Gianni Pallavicino, Reza Fazeli **L** 88 **FSK** ab 16; nf **E** 20.6.1969 **fd** 16 229

DIE RINGSCHLACHT VON MANNHEIM. Dokumentarischer Bericht über die Trainingsvorbereitungen und den anschließenden Kampf zwischen dem amerikanischen Boxer Jersey Joe Walcott und seinem deutschen Gegner Hein ten Hoff im Mai 1950 in Mannheim. – Ab 14. ✦ Schwarz-weiß. BR Deutschland 1950 **P** Wochenschau »Blick in die Welt« **KI** Super-Film **R** Heinz Salomon **K** Carl Selbach, Kurt Ratzke, Rainer Starke, Heinz Sasse **L** 65 **FSK** ab 12; f **E** 2.6.1950 **fd** 753

DER RINGVERKÄUFER (BAYAA EL-KHAWATIM). Der Dorfbürgermeister rühmt sich heldenhafter Taten gegen einen gefährlichen Räuber. Als ein Fremder ins Dorf kommt, wird er zunächst für den Verbrecher gehalten, erweist sich aber als harmloser Schmuckverkäufer, in dem die Nichte des Bürgermeisters den Mann fürs Leben findet. Verfilmung eines libanesischen Singspiels in volkstümlich-naivem Erzählstil. Regisseur Youssef Chahine entwickelte sich in den folgenden Jahren zum bedeutendsten Filmemacher der arabischen Welt. – Ab 6. ✦ Libanon 1965 **P** Rhenicia **R** Youssef Chahine **B** Rahbani-Brüder, nach ihrem Singspiel **K** Roger Tellier **M** Rahbani-Brüder, Philemon Wahby **D** Fairouz (Rima), Nasri Chams el Dine (Bürgermeister), Youssef Azar (Rajeh), Saloua Haddad (Zobeida), Philemon Wahby (Sabeh) **L** 90 **E** 15.6.1975 ZDF

RINKOS GURGEN-SOMMER (RINKO: THE BEST BAD THING). Ein amerikanisches Mädchen verbringt seine Schulferien während der 30er-Jahre bei einer japanischen Einwanderer-Familie. Dabei lernt es nicht nur eine ihm unbekannte Lebensweise kennen, sondern auch die Schwierigkeiten seiner neuen Freunde, die in zwei Kulturen aufwachsen. Fürs Fernsehen produzierter Kinderfilm vor realistischem Hintergrund. – Ab 8. ✦ Kanada 1997 **R** Peter Rowe **B** David Preston **M** Jimmy Tanaka **D** Lana McKissack (Rinko), Kirin Kiki (Mrs. Hata), Michel Perron (Mr. Saunders), Robert Ito (Mr. Tsujimura), Natsuko Ohama (Mrs. Tsujimura) **L** 90 **E** 9.1.1999 Kinderkanal

RIO BRAVO (RIO BRAVO). Sheriff John Chance gerät bei der Festnahme eines Mörders in Bedrängnis: Der Bruder des Täters, Boß einer Bande von Revolvermännern, belagert das Gefängnis. Nur durch die Mithilfe eines versoffenen Hilfssheriffs, eines kauzigen Alten und eines jungen Scharfschützen kann die Lage bereinigt werden. Herausragender Western von Howard Hawks, der die einfache, aber spannende Story mit professioneller Gelassenheit und ironischen Zwischentönen inszeniert. Die Figurenzeichnung ist brillant. Das Thema wurde vom selben Regisseur später in den Filmen »El Dorado« (1966) und »Rio Lobo« (1970) variiert. – Ab 14. ✦ USA 1959 **P** Warner Bros. **KI** Warner Bros. **VA** Warner Home **DVD** Warner Home (16:9, 1.85:1, Mono engl./dt.) **Pd+R** Howard Hawks **B** Jules Furthman, Leigh Brackett **K** Russell Harlan **M** Dimitri Tiomkin **S** Folmar Blangsted **D** John Wayne (John T. Chance), Dean Martin (Dude), Rick Nelson (Colorado Ryan), Angie Dickinson (Feathers), Walter Brennan (Stumpy), Ward Bond (Pat Wheeler), John Russell (Nathan Burdette), Claude Akins (Joe Burdette), Harry Carey jr. (Harold), Malcolm Atterbury (Jake), Bob Steele (Matt Harris), Bing Russell (Cowboy), Fred Graham (Burdett-Mann), Bob Terhune (Charlie) **L** 140 **FSK** ab 12; nf **E** 25.8.1959/5.12.1972 ARD/30.8.2001 Video & DVD **fd** 8 394

RIO CONCHOS (RIO CONCHOS). Texas 1867: Zwei US-Soldaten fahnden mit Hilfe zweier Verbrecher an der mexikanischen Grenze nach einer Waffenlieferung, die von Südstaatenrebellen gestohlen wurde. Packend inszenierter und hervorragend gespielter Western. – Ab 16. ✦ Scope. USA 1964 **P** 20th Century Fox **KI** Centfox **Pd** David Weisbart **R** Gordon Douglas **B** Joseph Landon, Clair Huffaker, nach einem Roman von Clair Huffaker **K** Joseph MacDonald **M** Jerry Goldsmith **S** Joseph Silver **D** Stuart Whitman (Captain Haven), Richard Boone (Lassiter), Anthony Franciosa (Rodriguez), Wende Wagner (Sally), Warner Anderson (Col. Wagner), Edmond O'Brien (Pardee), Rodolfo Acosta (Bloody Hand), Jim Brown (Sgt. Ben Franklyn), Barry Kelley (Croupier), House Peters jr. (Pardee Officer), Kevin Hagen (Blondebeard), Timothy Carey (Barmann) **L** 107 **FSK** ab 16; nf **E** 27.11.1964/28.4.1973 ARD **fd** 13 171

RIO DAS MORTES. Zwei Lehrlinge wollen sich einen Kindheitstraum erfüllen und als Schatzsucher nach Peru auswandern. Eine Freundin fühlt sich im Stich gelassen und sabotiert das Unternehmen. Früher Fassbinder-Film, von der kargen Ästhetik des Münchener »antiteaters« geprägt; eine zum Teil komödiantische Auseinandersetzung mit den Fluchttendenzen und Utopien der 68er Jugend. ✦ BR Deutschland 1970 **P** Antiteater-X-Film/Janus **R** Rainer Werner Fassbinder **B** Rainer Werner Fassbinder, nach einer Idee von Volker Schlöndorff **K** Dietrich Lohmann **M** Peer Raben **S** Thea Eymèsz **D** Hanna Schygulla (Hanna), Michael König (Michel), Günther Kaufmann (Günther), Katrin Schaake (Katrin, Hannas Freundin), Lilo Pempeit (Günthers Mutter), Joachim von Mengershausen (Joachim, Katrins Freund), Franz Maron (Hannas Onkel), Harry Baer (Kollege von Michel), Marius Aicher (Meister), Carla Aulaulu (= Carla Egerer) (Kundin), Walter Sedlmayr (Sekretär), Ulli Lommel (Autohändler), Monika Stadler (Angestellte im Reisebüro), Hanna Axmann-Rezzori (Mäzenin), Ingrid Caven (Kollegin), Kerstin Dobbertin (Kollegin), Magdalena Montezuma (Kollegin), Elga Sorbas (Kollegin), Kurt Raab (Tankwart), Rudolf Waldemar Brem (Kneipenbesucher), Carl Amery (Bibliothekar), Rainer Werner Fassbinder (Tänzer) **L** 84 **E** 15.2.1971 ARD **fd** 17 193

RIO DE LA PLATA, EINFACH. An Hand der Lebensgeschichten dreier Personen (von denen zwei erfunden sind) zwischen 1850 und 1930 erforscht der Dokumentarfilm das Kollektivabenteuer von sechs Millionen Einwanderern, die aus dem Land am Rio de la Plata in Argentinien und Uruguay die europäischste Gegend Lateinamerikas gemacht haben. – Ab 16. ✦ Frankreich 1994 **R** Noël Burch, Nadine Fischer, Nelson Scartaccini **L** 90 **E** 13.5.1995 arte

RIO DIABLO (RIO DIABLO). Ein alternder Westerner, der wegen eines Schicksalsschlags zum erbarmungslosen Kopfgeldjäger wurde, verfolgt gemeinsam mit einem jungen Mann ein Bruderpaar, das eine Bank ausraubte und eine Mexikanerin als Geisel verschleppte. Der Alte will die hohen Prämien für die Banditen kassieren, der Junge seine Braut befreien. Erst allmählich wird aus den ungleichen Männern ein Team. Nach vertrauten Mustern konzipierter (Fernseh-)Western, der klassische Motive des Genres aufleben lassen will und vor allem der Landschaft eine wichtige dramaturgische Aufgabe einräumt. ✦ USA 1992 **Pd** Kenny Rogers **R** Rod Hardy **B** Frank Q. Dobbs, Dave Cass, Stephen Lodge **K** David Connell **M** Larry Brown **D** Kenny Rogers (Quinton Leech), Travis Tritt (Ben Tabor), Naomi Judd (Flora Mae Pepper), Brion James (Jake Walker), Bruce Greenwood (Jervis Walker), Laura Harrington (Maria Gutierrez) **L** 89 **E** 14.5.1994 ARD

RIO ESCONDIDO (RIO ESCONDIDO). Mexiko in den 20er Jahren: Eine junge Lehrerin kämpft in einem abgelegenen Dorf gegen Großgrundbesitzer und einen Bürgermeister um die Rechte der Indios. Formal ansprechender und spannender gesellschaftskritischer Film. ✦ Schwarz-weiß. Mexiko 1948 **KI** Progress **R** Emilio Fernández **B** Emilio Fernández, Mauricio Magdaleno **K** Gabriel Figueroa **M** Francisco Dominguez **D** Maria Félix, Carlos Lopez Moctezuma, Fernando Fernández, Agustin Isunza, Manuel Donde **L** 96 **E** 1.7.1955 Kino DDR

RIO GRANDE (RIO GRANDE). 1879: Kirby Yorke lebt von seiner Frau getrennt als Kavallerieoffizier in einem texanischen Fort, das regelmäßig von Indianerüberfällen heimgesucht wird. Neben militärischen Problemen hat Kirby Ärger mit der Familie: Zuerst wird Kirbys Sohn Rekrut in der Einheit des Vaters, dann taucht auch die besorgte Ehefrau und Mutter auf. Dank der Mithilfe wohlwollender Vorgesetzter können die Familienmitglieder versöhnt und die Apachen besiegt werden. Im Vergleich zu den vorhergehenden Teilen von John Fords Kavallerie-Trilogie (»Bis zum letzten Mann«, 1948, »Der Teufelshauptmann«, 1949) wirkt »Rio Grande« weniger konsequent und homogen. Neben dem beschwichtigenden Optimismus irritiert vor allem das folkloristische Element: die Countrymusikgruppe »Sons of the Pioneers« hat mehrere unmotivierte Auftritte. DVD: Als Bonus enthält die Edition die John Wayne-Dokumentation »Johnny, wenn du Geburtstag hast«. – Ab 14. ✦ Schwarz-weiß. USA 1950 **P** Argosy/Republic **KI** Glora **DVD** Kinowelt Home (FF, Mono engl./dt.) **Pd** John Ford, Merian C. Cooper **R** John Ford **B** James Kevin McGuinness, nach der Erzählung »Mission with No Record« von James Warner Bellah **K** Bert Glennon, Archie Stout **M** Victor Young **S** Jack Murray **D** John Wayne (Lt. Col. Kirby Yorke), Maureen O'Hara (Mrs. Yorke), Claude Jarman jr. (Trooper Jeff Yorke), Victor McLaglen (Sgt. Quincannon), Ben Johnson (Trooper Tyree), J. Carroll Naish (General Sheridan), Claude Jarman jr. (Jeff Yorke), Harry Carey jr. (Daniel Boone), Chill Wills (Dr. Wilkins), Grant Withers (Deputy Marshal), Peter Ortiz (Capt. St. Jacques) **L** 103 **FSK** ab 12; f **E** 28.9.1951/18.3.1972 ARD/28.11.2000 DVD **fd** 1 404

RIO HONDO (COMANCHE BLANCO / WHITE COMANCHE). Ein edelmütiges Halbblut tötet seinen machthungrigen Zwillingsbruder, der die Indianer zum Kampf gegen die Weißen aufgehetzt hat. Schlichter Eurowestern. ✦ Spanien/USA 1968 **P** Cinematograficás A.B./International Producers Enterprises **KI** Trust **Pd** Sam White **R** Gilbert L. Kay **B** José Britz, Manuel Rivera, Frank Gruber **K** Francisco Fraile **M** Jean

Ledrut, Antonio Pérez Olea **S** Javier Morán **D** William Shatner (Johnny Moon/Notah), Joseph Cotten (Sheriff Logan), Rosanna Yanni (Kelly), Perla Cristal (White Fawn), Vidal Molina **L** 95 **FSK** ab 18; f **E** 9.6. 1972 **fd** 18 302

RIO LOBO (RIO LOBO). Ein ehemaliger Colonel der Nordstaaten-Armee jagt nach Beendigung des amerikanischen Bürgerkriegs hinter zwei Verrätern her, die den Konföderierten einst einen Goldtransport zuspielten. Einer der beiden ist inzwischen ein mächtiger Großfarmer, der mit Terror und Mord das umliegende Land in seinen Besitz zu bringen versucht. Gemeinsam mit einem ehemaligen Südstaaten-Captain befreit der Ex-Oberst die Stadt von der Tyrannei des Verbrechers. Ein spannender, mit Sorgfalt und trockenem Humor hervorragend inszenierter und besetzter Western. In seiner letzten Regiearbeit variiert Howard Hawks (1896–1977) einmal mehr seine vertrauten Western-Topoi und verdichtet sie in klaren Bildern zu einer reizvollen Abenteuer-Saga, die weniger von komplizierten Konflikten als von Gestik, professionellen Bewegungsabläufen und stimmungsvollen Ruhepunkten bestimmt wird. – Ab 14. ✦ USA 1970 **P** Malabar (für Cinema Center) **KI** Centfox **Pd+R** Howard Hawks **B** Burton Wohl, Leigh Brackett **K** William H. Clothier **M** Jerry Goldsmith **S** John Woodcock **D** John Wayne (Cord McNally), Jorge Rivero (Pierre Cordona), Christopher Mitchum (Tuscarora), Jennifer O'Neill (Shasta), Jack Elam (Phillips), Susana Dosamantes (Maria Carmen), Victor French (Ketchum), Mike Henry (Sheriff Hendricks), Edward Faulkner (Lt. Harris), Robert Donner (Whitey Carter), Jim Davis (Riley), Boyd »Red« Morgan (Zugführer), Hank Worden (Hotelportier), Chuck Roberson (Soldat) **L** 114 **FSK** ab 12; f (früher 16) **E** 2.4.1971 **fd** 19 308

RIO MORTE → Pancho Villa reitet

RIO NEGRO (1977) (RIO NEGRO). Vor der Revolution in Kuba entsteht zwischen zwei Männern eine unversöhnliche Feindschaft, als der eine bei Auseinandersetzungen zwischen zwei Großgrundbesitzern widerrechtlich einen Hof besetzt und der Vater des Pächters bei der Aktion den Tod findet. Nach der Revolution, zur Zeit des sozialistischen Aufbaus, kommt es erneut zur Konfrontation. Ein allzu schwarz-weiß malender Film, der mit den Mitteln des Actionkinos kubanische Geschichte darzustellen versucht. ✦ Kuba 1977 **P** ICAIC **R+B** Manuel Pérez **K** Jorge Herrera **M** Juan Marquez **D** Sergio Corrieri, Nelson Villagra, Alejandro Lugo, Mario Balmaseda, Raul Pomares **L** 130 **E** 25.8.1980 WDR

RIO NEGRO (1990) (RIO NEGRO). Geschichtsdrama über wechselnde Formen der Diktatur in den entlegenen Amazonasgebieten Venezuelas: Im Jahr 1912 tritt ein neuer Gouverneur seinen Posten in Rio Negro an; er reißt sofort alle Zügel an sich, bemächtigt sich der Gewinne aus den Gummiplantagen und leitet eine grausame, dekadente Ära ein. Schließlich wird er vom Sicherheitschef der Plantagen entmachtet, doch dessen puritanisches Regime ist kaum weniger willkürlich. – Ab 16. ✦ Venezuela/Frankreich 1990 **P** Yavita/Flach **Pd** Atahualpa Lichy, Jean-François Lepetit **R** Atahualpa Lichy **B** Antonio Larreta, Manolo Matji, Atahualpa Lichy, Joaquin Gonzalez, Eduardo de Gregorio **K** Mario García Joya **M** José María Vitier, Rafael Salazar **S** Jacqueline Meppiel **D** Angela Molina (Maria Fernanda), Frank Ramirez (Tomas Funes), Daniel Alvarado (Ricardo Osuna), Marie-José Nat (Mme. Ginette), Nathalie Nell (Juliette), Fanny Bastien (Marie) **L** 116 **E** 27.4.1992 S 3

RIO SHANNON – DER TRAUM MEINES LEBENS (RIO SHANNON). Nach dem Todes ihres Mannes versucht eine Frau, in Mexiko eine verfallene Ranch wieder aufzubauen. Dabei kommt sie einem mächtigen Widersacher in die Quere. Als das Geld knapp wird, läßt sie sich mit ihrem Konkurrenten auf eine riskante Wette ein. Abenteuerfilm. ✦ USA 1992 **R** Mimi Leder **B** Linda Bergman **D** Blair Brown (Elizabeth Cleary), Patrick van Horn (Jack Cleary), Michael DeLuise (Patrick Cleary), Shay Astar (Bridget Cleary), Robert Beltran (Tito Carson) **L** 90 **E** 10.3.1996 Kabel 1

RIOT – TAGE DES TERRORS (RIOT). Der Versuch einer Dramatisierung der Ergeignisse vom 29. April 1992, als in Los Angeles nach dem Freispruch gegen Polizisten, die einen Schwarzen mißhandelt hatten, schwere Unruhen ausbrachen. Personen aus verschiedenen Ethnien treffen an jenem Tag schicksalhaft aufeinander, darunter ein friedlicher Koreaner und sein Sohn, die von einer Hispano-Gang angegriffen werden, und ein weißer Polizist, der in eine Auseinandersetzung zwischen Asiaten und Schwarzen gerät. ✦ USA 1996 **R** Galen Yuen, Richard Dilello, David C. Johnson, Alex Munoz **B** David C. Johnson, Galen Yuen, Joe Vasquez **K** Paul Elliott **M** Luke Cresswell, Steve McNicholas **S** Norman Buckley **D** Luke Perry (Boomer), Mario Van Peebles (Turner), Mako (Mr. Lee), Dante Basco (Jeff Lee), Melvin Van Peebles (Vernon) **L** 92 **E** 5.5.1998 premiere

RIP OFF – THE DIAMOND CONNECTION → Gretchko

RIPPER – DER SCHLITZER (THE RIPPER). Spekulationen ohne Ende: Einmal mehr steht »Jack the Ripper«, der Londoner Serienmörder, der Ende des 19. Jahrhunderts Prostituierte zerstückelte, im Blickpunkt. Der Film greift eine der verwegensten Theorien auf und konzentriert sich bei der Tätersuche auf den damaligen Kronprinz Albert, den Sohn der Königin Viktoria. Doch der in diese Richtung ermittelnde Inspektor wird zurückgepfiffen. Ein Film, der mehr auf (Melo-)Dramatik als auf Action setzt, daher hält sich das Schlitzer-Potential in Grenzen und die True-Crime-Story wird im getragenen Tempo vorgetragen. ✦ USA 1997 **P** Universal **VA** CIC **Pd** Allison Lyon Segan, Tony Winley **R** Janet Meyers **B** Robert Rodat **K** Martin McGrath **M** Mason Daring **S** Elba Sanchez-Short **D** Patrick Bergin (Inspector Hansen), Gabrielle Anwar (Florry), Samuel West (Prince Eddie), Michael York (Charles Warren), Adam Couper **L** 93 **FSK** ab 16 **E** 17.12.1998 Video

RIPPER MAN (RIPPER MAN). Ein desillusionierter Ex-Polizist, der sich als Hypnotiseur durchschlägt, macht die Bekanntschaft eines geheimnisvollen Mannes. Bei einer Hypnosesitzung stellt sich heraus, daß der Fremde ein Serienkiller und die Reinkarnation von Jack the Ripper ist. Da die Polizei dem Ex-Kollegen keinen Glauben schenkt, ermittelt er auf eigene Faust. Recht spannender Thriller mit klassischen Gruselelementen. (TV-Titel: »Ripperman – Das Grauen hört nie auf«) ✦ USA 1994 **P** Tanglewood Entertainment **VA** Highlight **Pd** Aaron Norris **R+B** Phil Sears **D** Mike Norris (Mike Lazo), Timothy Bottoms (The Ripper), Sofia Shinas (Gena), Robert F. Lyons (Frankel), Charles Napier (Harry) **L** 89 **FSK** ab 18 **E** 28.3.1995 Video/22.10.1996 Pro Sieben

RIPPERMAN – DAS GRAUEN HÖRT NIE AUF → Ripper Man

RIPTIDE (THE MASQUE OF THE RED DEATH). Eine junge Fotografin nimmt auf Schloß Neuschwanstein an einem Maskenball teil, der unter dem Motto »Die Maske des roten Todes« steht. Einer der Anwesenden nimmt dies allzu wörtlich und richtet ein Blutbad unter den anwesenden Jet-set-Freunden an. Konzeptionsloser Horrorfilm in Anlehnung an die Geschichte von Edgar Allan Poe, der weder gruselig noch amüsant zu unterhalten versteht. Ein einfältiges Werk, das sich mühsam seinem absehbaren Ende entgegenschleppt. ✦ USA 1989 **P** 21st Century **VA** 21st Century **Pd** Avi Lerner, Harry Alan Towers **R** Alan Birkinshaw **B** Michael J. Murray, nach einer Kurzgeschichte von Edgar Allen Poe **K** Joseph Wein **M** Coby Recht **S** Jason Krasucki **D** Frank Stallone (Duke), Brenda Vaccaro (Elaina), Herbert Lom (Ludwig), Michelle McBride (Rebecca), Christine Lunde (Colette) **L** 88 **FSK** ab 18 **E** 8.1.1991 Video **fd** 28 962

RISIKO (1965). Ein junger Wissenschaftler muss bei der Umsetzung seiner Erfindung in die Praxis mit einigen Schwierigkeiten fertig werden. Trägheit, mangelndes Vertrauen und fehlende Risikobereitschaft der Entscheidungsträger drohen das Unternehmen zum Scheitern zu bringen. Wortlastiger, problembeladener DDR-Fernsehfilm. ✦ Schwarz-weiß. DDR 1965 **P** DEFA **Pd** Fried Eichel **R** Hans-Erich Korbschmitt **B** Harald Hauser, Henryk Keisch **K** Erwin Anders **M** Wilhelm Neef **S** Brigitte Krex **D** Helmut Schellschardt (Prosper), Felicitas Schink (Inge), Fred Praski (Birgenfeld), Max Bernhardt (Bauknecht), Walter Richter-Reinick (Köster) **L** 61 **E** 26.10.1965 DFF 1

RISIKO (1970) (RISK). Zweiter Weltkrieg im deutsch besetzten Polen: Die russische Armee ist bereits auf dem Vormarsch nach Warschau, die Wehrmacht muß Verteidigungsanlagen bauen, um die Front halten zu können. Eine Gruppe von Partisanen erhält den Auftrag, die Unterlagen dieser Verteidigungsanlage zu beschaffen. Kriegsfilm. ✦ Schwarz-weiß. UdSSR 1970 **P** Moldowa-Fillm **R** Wassile Paskaru **B** Prasskowja Didyk, Eduard Wolodarski, Nikita Michalkow **K** Wlad Tschurja **M** Wladislaw Sagorski **D** Natalja Sorina (Maria), Leonard Mersin (Kurz), Nikolai Burljajew (Jusek), Uldis Puzitis (Marek), Wladislaw Dworshezki (Schiptschek) **L** 85 **E** 6.9.1974 DFF 2

RISIKO – DER SCHNELLSTE WEG ZUM REICHTUM (BOILER ROOM). Ein junger Mann heuert in einer Finanzmakler-Firma an und wird dort einer der Starverkäufer von Aktien. Als er zu recherchieren beginnt, woher die ungewöhnlich hohen Profite kommen, entdeckt er ein betrügerisches System von Scheinfirmen und wertlosen Aktien. Ausgerechnet seinen Vater, dem er eigentlich imponieren wollte, zieht er zudem in die dunklen Geschäfte hinein. Ansehnlicher Debütfilm, der versucht, sich mit dem Phänomen des boomenden Aktiengeschäfts und besonders dessen Schattenseiten auseinander zu setzen. Er zeigt unreife Menschen beim ebenso skrupellosen wie selbstzweckhaften Geldverdienen. DVD: Die Special Edition beinhaltet u. a. einen Audiokommentar des Regisseurs sowie ein Feature mit nicht verwendeten Szenen und einem alternativen Ende. – Ab 16. ✦ USA 2000 **P** Team Todd/New Line Cinema **KI** Kinowelt **VA** Kinowelt Home **DVD** Kinowelt Home (SE, 16:9, 1.85:1, DD5.1 engl./dt.) **Pd** Suzanne Todd, Jennifer Todd **R+B** Ben Younger **K** Enrique Chediak **M** The Angel **S** Chris Peppe **D** Giovanni Ribisi (Seth Davis), Vin Diesel (Chris), Ben Affleck (Jim Young), Tom Everett Scott (Michael), Nia Long (Abby Halperin), Ron Rifkin (Marty Davis), Nicky Katt (Greg), Scott Caan (Richie), Jamie Kennedy (Adam) **L** 120 **FSK** ab 12; f **E** 18.5.2000/14.11.2000 Video & DVD **fd** 34 251

RISIKO NULL – DER TOD STEHT AUF DEM SPEISEPLAN. Thriller vor dem Hintergrund eines hochbrisanten Themas: Ein Journalist recherchiert für einen Artikel über Rinderwahnsinn. Er stellt fest, daß die Seuche auch in Deutschland grassiert, auf dem Hof seines zukünftigen Schwiegervaters. Die Entdeckung führt nicht nur zu persönlichen Schwierigkeiten, sondern bringt den Journalisten auch in tödliche Gefahr. – Ab 16. ✦ Deutschland 1995 **P** HDTV **VA** Taurus **R** Roland Suso Richter **D** Maria Schrader (Ute Böning), August Zirner (Moritz Nestler), Adolf Laimböck (Wilhelm Böning), Rudolf Kowalski (Dr. Dornbusch), Barbara Focke (Frau Schadow) **L** 94 **FSK** ab 12 **E** 5.11.1995 SAT 1

RISING TONE CROSS. Dokumentarischer Film über die zeitgenössische Jazzmusik der New Yorker Avantgarde, gefilmt vor einem ständig wechselnden Hintergrund der Stadt und begleitet von persönlichen Kommentaren. Unter anderem spielen das Charles Tyler Quintet, Don Cherry and Sound Unity Festival Orchestra, Irene Schweizer, John Zorn und Peter Brötzmann, wobei das Zusammenspiel schwarzer und weißer, amerikanischer und europäischer Musik deutlich wird. Solche musikalische Kreativität steht in krassem Gegensatz zu den Normen der weißen Gesellschaft, die nach wie vor schwarzen Musikern mit Mißtrauen und Vorbehalten begegnet. – Ab 16. ✦ BR Deutschland 1985 **P** Ebba Jahn Film/dffb **SF** Titania/dffb **R+B** Ebba Jahn **K** Ebba Jahn, Brian Denitz **S** Jeanette Menzel **L** 119 **E** 8.10.1985

RISKANTER ZEITVERTREIB (LES DISTRACTIONS). Ein leichtlebiger Reporter treibt seinen von der Polizei gesuchten Ex-Kriegskameraden in den Tod und seine Freundin zum Selbstmordversuch. Die Milieustudie aus dem Umfeld der »Nouvelle Vague« bemüht sich um einen harten, kaltschnäuzigen Realismus, bleibt aber völlig an der polierten Oberfläche. ✦ Schwarz-weiß. Frankreich/Italien 1960 **P** S.F.C./France Cinéma/Sirius/CEI **KI** Pallas **R** Jacques Dupont **B** Jean Bassan, Jacques Dupont, nach einem Roman von Jean Bassan **K** Jean-Jacques Rochut **M** Richard Cornu **D** Jean-Paul Belmondo, Sylva Koscina, Claude Brasseur, Alexandra Stewart, Eva Damien **L** 105 **FSK** ab 18; nf **E** 21.10.1960/29.6. 1985 DFF 1 **fd** 9 622

RISKANTES SPIEL (BES WIDIMYCH PRITSCHIN). Im östlichen Sibirien kämpfen 1921 wenige Komsomolzen einen scheinbar aussichtslosen Kampf gegen versprengte weißgardistische Offiziere und Soldaten, ehe ihnen durch eine raffinierte, überraschende List ein erster Erfolg gelingt. Weitgehend mißglücktes Revolutionskriminalstück, das zum Thema nichts Neues zu sagen weiß. (TV-Titel DDR: »Mord auf der Bühne«) – Ab 10. ✦ Scope. UdSSR 1981 **P** Lenfilm **KI** Progress **R** Jewgeni Tatarski **B** Sergej Alexandrow **K** Konstantin Ryshow **M** Nadeshda Simonjan **D** Ernst Romanow (Kamtschatow), Irina Alfjorowa (Nina), Lew Prigunow (Drosdow-Owtschinnikow), Georgi Drosd (Meschtscherjakow), Michail Kononow (Washin) **L** 80 **E** 10.11.1983 DFF 2/3.2.1984 Kino DDR

RISKY BUSINESS – TOD EINES EROTIKSTARS (WHO KILLED BUDDY BLUE?). Zwei Polizeidetektive von der Mordkommission stoßen auf eine Mauer des Schweigens, als sie im Mordfall eines Pornodarstellers ermitteln, der während der Dreharbeiten ums Leben kam. Ebenso spekulative wie missratene Mischung aus Erotik- und Kriminalfilm. ✦ USA 1996 **P** Mystique Films **Pd** Steven J. Brandman **R** Jennifer Marchese **B** R. M. Johnson **K** Mark Vicente **M** Patrick Scott **S** Gareth O'Neil **D** Anthony Addabbo (Matt Murno), Kimber Sissons (Ivy Saxon), Scott Atkinson (Eric Sanders), Kevin Spirtas (Brad Caesar), John Menick (Alvin Reynolds), Lou Martini jr. (Vaughn), Tane McClure (Moira), Jacqueline Lovell (Cindy), Brian Heidik (Buddy Blue), Beth Tegarden (Amanda Sanders) **L** 90 **E** 19.7.2000 ProSieben

RISKY GAME (RISKY GAME). Ein glückloser Wetter bekommt einen Job vermittelt, bei dem er nicht nur Schutzgelder einkassieren muß, sondern auch rasch in einen Strudel gewalttätiger Auseinandersetzungen verwickelt wird. Zusätzliche Gefahr droht aus seiner Affäre mit der Geliebten seines Bosses. In kargen Kulissen spielender, äußerst brutaler Kriminalfilm, der Mord und Totschlag zelebriert und die Botschaft transportiert, daß Freundschaft und Liebe keinen Wert haben. – Wir raten ab. ✦ USA 1989 **P** IRS Media/Copeland/Colichman **VA** Eurovideo **Pd** Larry J. Rattner, Guy J. Louthan, William Ewart **R+B** Kurt Voss **K** Dean Lent **M** Deborah Holland **S** Christopher Koefoed **D** Terence Stamp (Hellwart), Peter Berg (Henry), Michelle Johnson (Girl), M. K. Harris (Cowboy Jack), Teddy Wilson (Billy) **L** 83 **FSK** ab 16 **E** 10.12.1991 Video **fd** 29 864

RISKY TRIO →Kellerkinder – Orphans

DER RISS (LA RUPTURE / ALL'OMBRA DEL DELITTO). Im Vorfeld des Scheidungsprozesses kämpft eine junge Frau gegen ihren Schwiegervater, der nicht nur seinen Sohn in völliger Abhängigkeit hält, sondern auch noch den Enkel für sich beansprucht. Perfekt inszenierter, mit surrealen Elementen durchsetzter Thriller von Claude Chabrol, der sich scharfsichtig mit dem Konflikt zwischen Besitzanspruch und Freiheit und den Machtverhältnissen zwischen Männern und Frauen auseinandersetzt. – Sehenswert. ✦ Frankreich/Belgien/Italien 1970 **P** La Boétie/Cinévog/Euro Intern **SF** Atlas **Pd** André Génovès **R** Claude Chabrol **B** Claude Chabrol, nach einem Roman von Charlotte Armstrong **K** Jean Rabier **M** Pierre Jansen **S** Jacques Gaillard **D** Stéphane Audran (Hélène Régnier), Jean-Pierre Cassel (Paul Thomas), Michel Bouquet (Ludovic Régnier), Marguerite Cassan (Emilie Régnier), Jean-Claude Drouot (Charles Régnier), Michel Duchaussoy (Jourdan) **L** 125 **E** 17.1.1972 ARD/Mai 1974 Kino **fd** 17 657

EIN RISS IN DER WELT (CRACK IN THE WORLD). Ein Nobelpreisträger versucht, die Substanz des Erdinneren in den Dienst der Energiewissenschaft zu stellen, und führt dadurch den Weltuntergang herbei. Katastrophenfilm mit seinerzeit beachtlicher Tricktechnik. – Ab 16. ✦ USA 1964 **P** Security **KI** Paramount **Pd** Bernard Glasser, Lester A. Sansom **R** Andrew Marton **B** Jon Manchip White, Julian Halevy, nach einem Roman von Jon Manchip White **K** Manuel Beranguer **M** John Douglas **S** Derek Parsons **D** Dana Andrews (Dr. Stephen Sorenson), Janette Scott (Mrs. Maggie Sorenson), Kieron Moore (Ted Rampion), Alexander Knox (Sir Charles Eggerston), Peter Damon (Masefield), Gary Lasdun (Markov), Mike Steen (Steele), Todd Martin (Simpson), Jim Gillen (Rand), Alfred Brown **L** 96 **FSK** ab 16; nf **E** 7.5.1965 **fd** 13 418

RITA (RITA). Während der deutschen Besetzung Lettlands versorgt ein Mädchen vier geflohene KZ-Häftlinge, die in einer von der Wehrmacht beschlagnahmten Schule Unterschlupf gefunden haben. Spannende und solide inszenierte Unterhaltung. – Ab 14. ✦ Schwarz-weiß. UdSSR 1957 **P** Filmstudio Riga **KI** Progress **R** Ada Neretniece **B** Fjodor Knorre **K** Maris Rudsitis **M** Adolf Skulte **D** Inesse Gulbe (Rita), H. Avens (Großvater), Eduard Pawuls (Sergei), Voldemar Zandbergs (Maris), R. Ligars (Aivars) **L** 88 **E** 6.3.1959 Kino DDR/8.5.1959 DFF 1

RITA RITTER. Da seine Drehbücher vom Fernsehen abgewiesen werden, heiratet der Autor Rita Ritter, aus Sehnsucht nach seiner gleichnamigen Geliebten zur Frau geworden, eine Fernsehredakteurin. Doch der Ehe ist ebensowenig Erfolg beschieden wie der Schriftstellerei. Der eigensinnige Dichter und Filmemacher Herbert Achternbusch schuf eine weitere valentineske Tragikomödie mit autobiografischen Bezügen: das Protokoll einer persönlichen Identitäts- und Schaffenskrise, zugleich eine ebenso bittere wie erheiternde Attacke auf kulturelle und politische Mißstände in der Bundesrepublik der 80er Jahre. ✦ BR Deutschland 1984 **P** Herbert Achternbusch Filmproduktion/Schier-Straubl/Exportfilm Bischoff **KI** Filmwelt **R+B** Herbert Achternbusch **K** Jörg Schmidt-Reitwein **S** Micki Joanni **D** Annamirl Bierbichler, Christiane Cohendy, Armin Mueller-Stahl, Barbara Valentin, Eva Mattes **L** 93 **FSK** ab 18; nf **E** 22.6.1984

RITA, SUE ... UND BOB DAZU (RITA, SUE AND BOB TOO). Zwei pummelige Teenager der untersten englischen Unterschicht arrangieren sich mit einem schmierigen Vertreter der Mittelklasse zu einer »menage à trois«, durch die sich alle drei eine Flucht aus den ihnen ausweglos scheinenden Lebenssituationen erhoffen. Eine derbe Sittenkomödie mit vulgären Dialogen. Die beinahe denunzierende Personenzeichnung und das grobe soziale Raster des Films erscheinen bedenklich. ✦ Großbritannien 1986 **P** Film Four/British Screen/Oscar Loewenstein Prod./ Umbrella Entertainments **KI** Arsenal **VA** Vestron **Pd** Sandy Lieberson **R** Alan Clarke **B** Andrea Dunbar, nach ihrem Theaterstück **K** Ivan Strasburg **M** Michael Kamen **S** Stephen Singleton **D** Siobhan Finneran (Rita), Michelle Holmes (Sue), George Costigan (Bob), Lesley Sharp (Michelle), Willie Ross (Sues Vater) **L** 92 **FSK** ab 16 (Video) **E** 6.10.1988/17.4. 1989 Video/12.5.1991 premiere **fd** 27 122

RITA WILL ES ENDLICH WISSEN (EDUCATING RITA). Rita, eine junge Frau aus dem Arbeitermilieu, will ihr Leben verändern. Sie besucht die Universität, wo sie von einem desillusionierten, etwas heruntergekommenen Professor an die Bildungsgüter der Literatur herangeführt wird. Nach vielen Turbulenzen haben beide eine Menge hinzugelernt. Die temporeiche und brillant gespielte Theaterverfilmung variiert das »Pygmalion«-Motiv auf recht originelle Weise, wobei sie freilich nicht allzusehr in die Tiefe lotet und die angeschnittenen Konflikte eher verharmlost. – Ab 16. ✦ Großbritannien 1983 **P** Acorn **KI** Warner Columbia **Pd+R** Lewis Gilbert **B** Willy Russell, nach seinem Bühnenstück **K** Frank Watts **M** David Hentschel **S** Garth Craven **D** Michael Caine, Julie Walters, Michael Williams, Maureen Lipman, Malcolm Douglas **L** 110 **FSK** ab 12; f **E** 4.5.1984/24.12.1989 DFF 1 **fd** 24 563

RITORNO A CASA (RITORNO A CASA). Der zweite Teil von »Emigrazione« (1978) geht den Beweggründen der Emigration aus Italien auf den Grund und beschreibt das Fremdsein im eigenen Land nach vielen Jahren Aufenthalt in der Schweiz. Lange Einstellungen geben den formalen Rahmen für diese sensitive Dokumentation, die ganz auf dem Vertrauen zwischen dem Regisseur und den Dorfbewohnern von Aquaviva Colleroce (südlich von Pescara, ursprünglich kroatisch) basiert. ✦ Schweiz 1980 **P** Filmkollektiv Zürichletiv/Jacusso Prod. **Pd+R+B** Nino Jacusso **K** Elio Bisignani **M** Benedikt Jeger **L** 105 **E** Schweiz

DER RITT AUF DEM TIGER →Vergewaltigt in Ketten

DER RITT DER LADY GODIVA (LADY GODIVA RIDES). Eine Lady wird nach Gattenmord und Flucht in den Wilden Westen dort von ihrem nachgereisten Liebhaber dem Leben im Bordell entrissen. Ordinärer Sex-Western. ✦ Scope. USA 1969 **P** Monarex/ Z.S.A. **KI** Schneider **Pd** A. C. Stephen (= Stephen C. Apostolof), Stephen C. Apostolof **R** A. C. Stephen (= Stephen C. Apostolof) **B** A.C. Stephen (= Stephen C. Apostolof), Stephen C. Apostolof **K** P. Ruben **M** Peter Weiner **D** Marsha Jordan (Lady Godiva), Forman Shane (Tom Jones), Deborah Downley, James Myers, Liese Rene **L** 89 **FSK** ab 18; nf **E** 26.3.1970 **fd** 16 748

RITT IM WIRBELWIND (RIDE IN THE WHIRLWIND). Farmer, die sich zum Selbstschutz zusammengeschlossen haben, verfolgen zunächst eine Verbrecherbande, jagen dann aber drei Männer, die nach eigenen Angaben unschuldig sind. Der amerikanische Western, der dem Regisseur Hellman und dem bis dahin ebenfalls unbekannten Jack Nicholson eine frühe Bewährungschance gab, wirkt – bei einem sehr kleinen Budget – stilistisch unausgeglichen und nur stellenweise spannend. – Ab 16. ✦ USA 1966 **P** Proteur **R** Monte Hellman **B** Jack Nicholson **K** Gregory Sandor **M** Robert Drasnin **D** Cameron Mitchell, Jack Nicholson, Millie Perkins, Tom Filer, Katherine Squire, George Mitchell (Evan), Brandon Carroll (Sheriff), Rupert Crosse (Indianer Joe), Harry Dean Stanton, Peter Cannon, John Hackett (Hilfssheriff) **L** 90 **E** 21.6.1969 ARD/1.8.1980 Kino DDR **fd** 16 184

RITT IN DEN TOD (WALK THE PROUD LAND). Der junge John Philip Clum wird 1874 Regierungsbeauftragter für eine Apachenreservation. Sein aufrechter Charakter und sein Verständnis für die Interessen der Indianer bringen ihn immer wieder in Konflikte mit Militär und Regierungsstellen. Ein solider Western mit ansprechender Thematik. – Ab 14. ✦ Scope. USA 1956 **P** Universal **KI** Universal **Pd** Aaron Rosenberg **R** Jesse Hibbs **B** Gil Doud, Jack Sher **K** Harold Lipstein **M** Joseph Gershenson **S** Sherman Todd **D** Audie Murphy (John Philip Clum), Anne Bancroft (Tianay), Pat Crowley (Mary Dennison), Charles Drake (Sergeant Sweeny), Tommy Rall (Taglito), Robert Warwick (Eskiminzin), Jay Silverheels (Geronimo), Eugene Mazzola (Tono), Anthony Caruso (Disalin), Victor Millan (Santos), Eugene Iglesias (Chato), Morris Ankrum (Gen. wade), Maurice Jara (Alchise), Frank Chase (Stone), Ed Hinton (Naylor) **L** 87 **FSK** ab 12; f **E** 22.1.1957 **fd** 5 626

RITT IN DIE FREIHEIT (1936). Ein polnischer Ulanenoffizier, der 1830 in der kleinen Garnison Grodno einem russischen Kommando unterstellt ist, verzichtet auf die Liebe zu der Schwester des zaristischen Gouverneurs, um seinen aufständischen Kameraden beizustehen. Er stirbt im polnischen Unabhängigkeitskampf. Aufwendige UFA-Produktion (teilweise an polnischen Originalschauplätzen mit polnischen Schwadronen gedreht) mit heroischem Pathos: Die Idee muß leben, auch wenn es das Leben kostet. ✦ Schwarz-weiß. Deutschland 1936 **P** UFA **R** Karl Hartl **B** Edmund Strzygowsky, Walter Supper **K** Günther Rittau, Otto Baecker **M** Wolfgang Zeller **S** Gertrud Hinz **D** Willy Birgel (Rittmeister Graf Staniewski), Ursula Grabley (Prinzessin Katerina), Hansi Knoteck (Janka Koslowska), Viktor Staal (Rittmeister Wolski), Edwin Jürgensen (Gouverneur Fürst Tscherikoff) **L** 92 **E** 14.1.1937

RITT IN DIE FREIHEIT (1961) (COL FERRO E COL FUOCO). Blutrünstiger Kostümfilm vom Kampf zwischen Ukrainern und Polen. Die Sympathie gilt den Polen; die Gegenseite wird von einem Schurken angeführt, der schließlich von seinem Pferd zu Tode geschleift wird. – Ab 14. ✦ Scope. Italien 1961 **P** Europa **Kl** Rolei **R** Fernando Cerchio **B** Ugo Liberatore, George St. George, nach dem Roman »Mit Feuer und Schwert« von Henryk Sienkiewicz **K** Pier Ludovico Pavoni **M** Giovanni Fusco, Francesco De Masi **D** Jeanne Crain, Pierre Brice, Akim Tamiroff, John Barrymore jr. **L** 103 **FSK** ab 12; nf **E** 27.7.1962/8.7.1995 VOX **fd** 11 308

RITT IN DIE HÖLLE (SHOT GUN). Ein Gesetzeshüter ist erschossen worden. Sein Hilfssheriff, der mit dem Opfer befreundet war, sinnt auf Rache und kann den Täter, einen Banditen und Waffenschmuggler, in einem Indianerlager stellen. Durchschnittswestern. ✦ USA 1954 **P** Allied Artists **Kl** Nordwestdeutscher **R** Lesley Selander **B** Clark E. Reynolds, Rory Calhoun **K** Ellsworth Fredricks **M** Carl Brandt **D** Sterling Hayden (Clay), Yvonne de Carlo (Abby), Zachary Scott (Reb), Guy Prescott (Thompson), Robert J. Wilke (Bentley), Ralph Sanford (Chris), John Pickard (Perez), Ward Wood (Ed), Rory Mallinson (Frank), Harry Harvey (Davey), Lane Chandler (Fletcher), Al Wyatt (Greybar), James Parnell (Kavalrist), Francis McDonald (Tellerwäscher) **L** 90 **FSK** ab 12; nf **E** 15.6.1956 **fd** 5 037

DER RITT INS TODESTAL (RIDER OF DEATH VALLEY). Goldfieber im Death Valley: Zwei Schurken versuchen, in den Besitz einer gewinnträchtigen Goldader zu gelangen, doch ein aufrechter Cowboy wacht darüber, daß der Schatz seinen rechtmäßigen Erben zukommt. In Kampf gegeneinander müssen alle erkennen, daß Wasser wertvoller als Gold sein kann. Ein vergessener Klassiker des Western-Genres, der als bester Tonfilm des Hauptdarstellers Tom Mix angesehen wird. Neben der exzellenten Fotografie machen die »schauspielerischen« Leistungen des Pferdes Tony einen Reiz des Films aus. Ab 12. ✦ Schwarz-weiß. USA 1932 **P** Universal **Pd** Carl Laemmle jr. **R** Albert S. Rogell **B** Jack Cunningham, Al Martin **K** Daniel B. Clark **D** Tom Mix (Tom Rigby), Louis Wilson (Helen Joyce), Fred Kohler sr. (Lew Grant), Forrest Stanley (Doc Larribe), Willard Robertson (Bill Joyce), Edith Fellowes (Betty Joyce) **L** 76 **E** 3.9.1995 WDR

RITT INS WUNDERLAND (KONJOK-GORBUNOK). Abendfüllender Trickfilm nach einem mehrfach verfilmten Buch von P. Jerschow (vgl. »Das Wunderpferdchen«, 1941). ✦ Schwarz-weiß. UdSSR 1947 **P** Sojusdetfilm **R** Iwan Iwanow-Wano **E** 8.2.1949 Kino SBZ

RITT MIT DEM TEUFEL (RIDE CLEAR OF DIABOLO). Nachdem sein Vater und sein Bruder ermordet wurden, läßt sich ein junger Mann zum Hilfssheriff ernennen und sucht nach den Tätern. Schließlich stellt er fest, daß der Sheriff, sein Vorgesetzter, selbst in das Mordkomplott verwickelt ist. Konventioneller Audie-Murphy-Western. – Ab 16. ✦ USA 1954 **P** Universal **Kl** Universal **R** Jesse Hibbs **B** George Zuckerman **K** Irving Glassberg **M** Joseph Gershenson **D** Audie Murphy (Clay O'Mara), Susan Cabot (Laurie), Dan Duryea (Whitey Kincade), Abbe Lane (Kate), Russell Johnson (Ringer), Paul Birch (Sheriff Kenyon), William Pullen (Meredith), Jack Elam (Tim), Lane Bradford (Harry), Mike Regan (Jim) **L** 84 **FSK** ab 12; nf **E** 22.10.1954/28.11.1970 ARD **fd** 3 516

DER RITT NACH ALAMO (LA STRADA PER FORT ALAMO / ARIZONA BILL). Ein Farmer, der seine Ranch im Bürgerkrieg verloren hat, schließt sich einer Gangsterbande an, rettet aber dann unter Einsatz seines Lebens einen Militärtreck vor der Vernichtung durch Indianer. Langweiliger Eurowestern. ✦ Scope. Italien/Frankreich 1964 **P** Achille Piazzi/Comptoir Français **Kl** Ceres **R** John M. Old (= Mario Bava) **B** Vincent Thomas (= Vincenzo Gicca Palli), Charles Price, Jane Brisbane **K** Bud Third **M** Piero Umiliani **D** Ken Clark, Jany Clair, Michel Lemoine, Andreina Paul, Kirk Bert **L** 78 **FSK** ab 12; nf **E** 8.10.1965 **fd** 13 962

DER RITT NACH HAUSE (CROSSFIRE TRAIL). Ein nicht mehr ganz taufrischer Cowboy verspricht seinem sterbenden Freund, auf dessen Farm und Frau aufzupassen. Schon bald bekommt er es mit einem Schurken zu tun, der es auf beides abgesehen hat. Natürlich obsiegt der integre Freund. Überzeugend besetzter (Spät-)Western, der weniger klassische Genremuster beliefert als familientaugliche Fernsehunterhaltung bietet. – Ab 14. ✦ USA 2001 **P** Turner **Pd** Steven J. Brandman, Thomas John Kane **R** Simon Wincer **B** Charles Robert Carner, nach einem Roman von Louis L'Amour **K** David Eggby **M** Eric Colvin **S** Terry Blythe **D** Tom Selleck (Rafe Covinton), Virginia Madsen (Anne Rodney), Mark Harmon (Bruce Barkow), Wilford Brimley (Joe Gill), David O'Hara (Rock Mullaney) **L** 92 **E** 9.9.2001 Premiere World

RITT ÜBER DIE GRENZE (RIT OVER DE GREENS / CROSSING BORDERS). Dokumentarischer Spielfilm über eine 22jährige Frau ohne festen Wohnsitz, die mit ihrem Hund durch Deutschland trampt, auf der Suche nach einer ihr angemessenen Art zu leben. Die Geschichte beruht auf persönlichen Erlebnissen der aus Dresden stammenden Hauptdarstellerin und Co-Autorin des Films, die noch vor Maueröffnung die DDR verlassen hat und nach Amsterdam gegangen ist. Ein filmisch schlichtes und sprödes Roadmovie, das eindringlich die Schattenseiten unserer Gesellschaft dokumentiert. (O.m.d.U.) – Ab 16. ✦ Schwarz-weiß. Deutschland/Niederlande 1994 **P** Casa Film/Wüste/ZDF **Kl** Freunde der Deutschen Kinemathek **Pd** Stefan Schubert **R** Rosemarie Blank **B** Christien Vroegop, Rosemarie Blank **K** Martin Gressmann **S** Mara Loytved-Hardegg, Rosemarie Blank **D** Christien Vroegop (Nele), Ursula Geyer-Hopfe (Großmutter) **L** 94 **E** 19.3.1995 ZDF

RITT ZUM GALGENBAUM (THE RIDE TO HANGMAN'S TREE). Drei Banditen planen 1848 in Kalifornien einen Goldraub, gehen aber schließlich leer aus. Zähflüssiger B-Western, bescheiden in Regie und Darstellung. ✦ USA 1966 **P** Universal **Kl** Universal **Pd** Howard Christie **R** Alan Rafkin **B** Luci Ward, Jack Natteford, William Bowers **K** Gene Polito **M** Frank Skinner **S** Gene Palmer **D** Jack Lord (Gay Russell), James Farentino (Matt Stone), Melodie Johnson (Lillie Malone), Don Galloway (Nevada Jones), Richard Anderson (Steve Carlson), Robert Yuro (Jeff Scott), Ed Peck (Sheriff Stewart), Paul Reed (Corbett), Richard Cutting (Ed Mason), Robert Cornthwaite (T.L. Harper) **L** 89 **FSK** ab 12; nf **E** 9.6.1967 **fd** 15 099

RITT ZUM OX-BOW (THE OX-BOW INDICENT). Drei Männer werden in Nevada (1885) von einem illegalen Aufgebot unter dem unbegründeten Verdacht des Pferdediebstahls und des Mordes gehenkt. Ein in Auseinandersetzung mit dem amerikanischen Faschismus entstandener klassischer Western mit der zeitlosen Botschaft, daß Respekt vor dem Recht und Ehrfurcht vor dem Menschenleben sich gegenseitig bedingen. – Ab 14. ✦ Schwarz-weiß. USA 1942 **P** 20th Century Fox **Kl** neue filmform **Pd** Lamar Trotti **R** William A. Wellman **B** Lamar Trotti, nach einem Roman von Walter Van Tilburg Clark **K** Arthur Miller **M** Cyril J. Mockridge **S** Allen McNeil **D** Henry Fonda (Gil Carter), Dana Andrews (Donald Martin), Anthony Quinn (Juan Martines), Mary Beth Hughes (Rose Mapen), Henry Morgan (= Harry Morgan) (Art Croft), Jane Darwell (Ma Grier), Matt Briggs (Richter Tyler), William Eythe (Gerald Tetley), Harry Davenport (Arthur Davies), Frank Conroy (Major Tetley), Marc Lawrence (Farnley), Victor Kilian (Darby), Francis Ford (alter Mann), George Chandler (Jimmy Cairnes), Paul Burns (Winder) **L** 77 **FSK** ab 12; f **FBW** bw **E** 1.9.1964/31.1.1970 ARD **fd** 13 075

DER RITT ZUR HÖLLE (I SETTE DEL GRUPPO SELVAGGIO). Nach dem Mord an einer jungen Frau räumen deren Bruder und sein dicker Freund unter den schuldigen Banditen auf. Trash-Italowestern, dessen schauspielerische Darbietungen jeder Beschreibung spotten. ✦ Italien 1974 **VA** Phoenix **Pd** Itala Giardina, Dante Grilli **R+B** Gianni Crea **K** Silvio Fraschetti, Angelo Lotti **M** Stelvio Cipriani **D** Dean Stratford (= Dino Strano), Femi Benussi, Mario Brega, Gordon Mitchell **L** 82 **E** Video

DER RITT ZURÜCK (THE RIDE BACK). 1870: Ein Sheriff, der einen von ihm lange gesuchten Doppelmörder in Mexiko verhaftet hat, erkennt auf dem gefährlichen Transport heimwärts die menschlichen Qualitäten seines Gefangenen, der die Tat in Notwehr begangen hat. Ein mit geringem Aufwand produzierter, aber intelligent konstruierter Western mit einer faszinierenden Charakterstudie von Anthony Quinn. – Ab 14. ✦ Schwarz-weiß. USA 1957 **P** Associates/Aldrich **Kl** United Artists **Pd** William Conrad **R** Allen H. Miner **B** Antony Ellis **K** Joseph Biroc **M** Frank De Vol **S** Michael Luciano **D** Anthony Quinn (Kallen), William Conrad (Hamish), George Trevino (= Jorge Trevino) (Wächter), Lita Milan (Elena), Victor Millan (Pater), Ellen Hope Monroe (Mädchen), Joe Dominguez (Luis), Louis Towers (Junge) **L** 80 **FSK** ab 16; f **E** 25.7.1958/17.6.1973 ZDF **fd** 7 165

RITT ZWISCHEN DEN FRONTEN. Patriotischer Kostümfilm über preußische Tugend zur Zeit Napoleons in Anlehnung an den Aufstand der Schill'schen Offiziere. In theatralischem Stil zum Zwecke der »Schulung nationalpolitischen Geschichtsbewußtseins« gedreht. Die moralische Botschaft und ihre historische Maskerade wirken heute antiquiert und peinlich. (Früherer Titel: »Kameraden«) ✦ Schwarz-weiß. Deutschland 1941 **P** Bavaria **Kl** Kristall **R** Hans Schweikart **B** Peter Francke, Emil Burri **K** Franz Koch, Josef Illig **M** Alois Melichar **D** Willy Birgel, Karin Hardt, Rudolf Fernau, Maria Nicklisch, Martin Urtel **L** 93 **FSK** ab 12; f **E** 26.9.1941 **fd** 9 360

RITTER AUF HEISSEN ÖFEN →Knightriders – Ritter auf heißen Öfen

DER RITTER AUS DEM ALL (SUBURBAN COMMANDO). Ein galaktischer Krieger, der nach seiner Landung auf der Erde zunächst auf Abwehr und Feindseligkeit stößt, verhilft auch auf der Erde dem Guten zum Sieg. Unterhaltsames Weltraum-Märchen, das seinen komischen Reiz weitgehend den sehr gegensätzlichen Hauptfiguren verdankt. – Ab 14. ✦ USA 1990 **P** New Line **Kl** Highlight **VA** Highlight **Pd** Howard Gottfried **R** Burt Kennedy **B** Frank Cappello **K** Bernd Heinl **M** David Michael Frank **S** Terry Stokes **D** Hulk Hogan (= Terry Gene Bollea) (Shep Ramsey), Christopher Lloyd (Charlie Wilcox), Shelley Duvall (Jenny Wilcox), William Ball (General Suitor), Laura Mooney (Theresa Wilcox), Larry Miller (Adrian Beltz), JoAnn Dearing (Margie Tanen), Jack Elam (Col. McHowell), Roy Dotrice (Zanuck), Tony Longo (Knuckles), Luis Contreras (Ringo), Michael Faustino (Mark Wilcox) **L** 91 **FSK** ab 12; f **E** 31.10.1991/19.2.1992 Video/6.1.1994 premiere **fd** 29 231

DER RITTER AUS DEM FÜRSTENSTÄDTCHEN (RYZAR IS KNJASH-GORODKA). Russischer Fernsehfilm über einen jungen Fechtschüler, der von einem bekannten Trainer ausgebildet wird und hofft, es in seinem Sport zum erfolgreichen »Ritter« zu bringen. ✦ UdSSR 1979 **P** Lenfilm **R** Wadim Michailow **B** Juri Lakerbai **K** Boris Timkowski **M** Valeri Gawrilin **D** Nikolai Wolkow (Nowgorodow), Wanja Suchodolski (Smirnow), Serjoscha Kokowin (Zarew), Denis Koslow (Cholod), Tanja Saz (Gribowa) **L** 76 **E** 3.2.1980 DFF 2

RITTER AUS LEIDENSCHAFT (A KNIGHT'S TALE). Der Sohn eines Londoner Dachdeckers will trotz fehlender adliger Abstammung als Ritter an Turnierkämpfen teilnehmen und gibt sich deshalb als blaublütig aus. Schon bald ist er ein gefeierter Held des Lanzenduells, doch dann provoziert ein dunkler Ritter das Ende des Versteckspiels. Amüsante, handwerklich gelungene Neuauflage des Ritterfilm-Genres, das überzeugend modernisierte Charaktere aufweist; reizvoll suggeriert der Film mittels Rockmusik-Hymnen die Nähe der Ritterspiele zu heutigen Sportspektakeln. – Ab 14. ✦ Scope. USA 2000 **P** Columbia/Escape **KI** Columbia TriStar **VA** Columbia TriStar Home **DVD** Columbia TriStar Home **Pd** Brian Helgeland, Tim Van Rellim, Todd Black **R+B** Brian Helgeland **K** Richard Greatrex **M** Carter Burwell **S** Kevin Stitt **D** Heath Ledger (William), Mark Addy (Roland), Rufus Sewell (Graf Adhemar), Paul Bettany (Geoff Chaucer), Shannyn Sossamon (Jocelyn), Alan Tudyk (Wat), Laura Fraser (Kate) **L** 134 **FSK** ab 12; f **E** 6.9.2001/5.3.2002 Video & DVD **fd** 35 023

RITTER BLAUBART. Jacques Offenbachs Oper über die Liebesabenteuer des Ritters Blaubart nach der Aufführung Walter Felsensteins an der Komischen Oper Berlin. Mehr eine Dokumentation der großen Inszenierung denn eine filmische Interpretation der Oper. Dennoch hochgradig sehens- und hörenswert. – Sehenswert ab 12. ✦ DDR 1972/73 **P** DEFA **KI** Progress **Pd** Willi Teichmann **R+B** Walter Felsenstein, Georg F. Mielke **K** Otto Merz, Hans-Jürgen Reinecke **M** Jacques Offenbach **S** Thea Richter **D** Manfred Hopp (Daphnis, ein Schäfer), Ingrid Czerny (Fleurette), Anny Schlemm (Boulotte), Rudolf Asmus (Popolani), Helmut Polze (Graf Oscar) **L** 150 **E** 10.6. 1973 DFF 1/5.10.1973 Kino DDR

DER RITTER DER APOKALYPSE →Knight of the Apocalypse

RITTER DER DÄMONEN (TALES FROM THE CRYPT – DEMON KNIGHTS). Ein teuflischer Gesandter versucht, einen blutgefüllten Schlüssel, dessen Träger bald sterben wird, in seinen Besitz zu bringen, was eine tapfere Frau verhindert. Damit ist ihr die Bürde gewiß, fortan den Schlüssel zu behüten. Ein lächerlicher, einfallsloser »Gruselfilm«, der nicht einmal den bescheidenen Humor der Fernsehvorlage (»Masters of Horror«) besitzt. Sein einziger Pluspunkt ist die Hauptdarstellerin. ✦ USA 1994 **P** Universal **KI** UIP **VA** CIC **Pd** Gilbert Adler, Alan Katz, Scott Nimerfro, Wendy Wanderman **R** Ernest Dickerson **B** Ethan Reiff, Cyrus Voris, Mark Bishop **K** Rick Bota **M** Edward Shearmur **S** Stephen Lovejoy **D** Billy Zane (Collector), William Sadler (Brayker), Jada Pinkett (Jeryline), Brenda Bakke (Cordelia), CCH Pounder (Irene) **L** 92 (gek. 81) **FSK** ab 18; nf (gek. 16) **E** 16.3. 1995/18.10.1995 Video **fd** 31 252

RITTER DER FINSTERNIS →Die Günstlinge des Mondes

DIE RITTER DER KOKOSNUSS (MONTY PYTHON AND THE HOLY GRAIL). Ein Historiker erläutert die Geschichte von König Artus und den Rittern seiner Tafelrunde, die auf der Suche nach dem Heiligen Gral kreuz und quer durch die Lande ziehen. Die Komiker von »Monty Python« parodieren mit dem ihnen eigenen anarchisch-grotesken, oft in schieren Nonsens ausfallenden Witz einschlägige Historien- und Kostümfilme. Das Ergebnis geht über die reine Sketch-Sammlung ihrer ersten Kinoproduktion hinaus (»Monty Python's wunderbare Welt der Schwerkraft«, 1971), erreicht aber noch nicht die inszenatorische Geschlossenheit von »Monty Python's – Das Leben des Brian« (1979). Immerhin finden sich in der oft wirren Story einige aberwitzige Gags. – Ab 16. ✦ Großbritannien 1974 **P** Python (Monty) Pictures **KI** 20th Century Fox **Pd** Mark Forstater **R** Terry Jones, Terry Gilliam **B** Terry Jones, Graham Chapman, John Cleese, Eric Idle, Michael Palin **K** Howard Atherton, Terry Bedford **M** Neil Innes, De Wolfe **S** John Hackney **D** Graham Chapman, John Cleese (Sir Lancelot), Terry Gilliam (Knappe Patsy), Eric Idle (Sir Robin), Neil Innes (Minstrel), Terry Jones (Sir Bedevere), Michael Palin (Sir Galahad), Carol Cleveland (Zoot und Dingo) **L** 92 **FSK** ab 12 (fr. 16; nf) **E** 13.8.1976 **fd** 19 915

RITTER DER NACHT (1945) (LE BOSSU). Der Ritter Lagardère verspricht dem sterbenden Duc de Nevers, seine Tochter Aurore vor den Nachstellungen seines Feindes, des Prinzen de Gonzague, zu bewahren. Nach dem historischen Abenteuerroman von Paul Féval entstandene anspruchslose Unterhaltung mit steifen Dialogen und grimassierenden Schauspielern. Der Stoff wurde 1959 mit Jean Marais in der Hauptrolle neu verfilmt. ✦ Schwarz-weiß. Frankreich 1945 **P** Regina **KI** Blick in die Welt **R** Jean Delannoy **B** Paul Féval, Bernard Zimmer, nach einem Roman von Paul Féval **K** Christian Matras **M** Georges Auric **D** Pierre Blanchar, Yvonne Gaudeau, Paul Bernard, Hélène Vercors, Annette Poivre **L** 106 **FSK** ab 12; nf **E** Juni 1946 Kino **fd** 334

RITTER DER NACHT (1959) (LE BOSSU / LA SPADA DEGLI ORLEANS). Ein junger Edelmann flieht, des heimtückischen Mordes angeklagt, mit der kleinen Tochter seines getöteten Freundes nach Spanien. Nach 16 Jahren kehrt er zurück, nimmt Rache und heiratet das inzwischen erwachsen gewordene Mädchen. Schöne Landschaftsfotografie und humoristische Einlagen heben den auf Jean Marais zugeschnittenen Mantel-und-Degen-Film etwas über den Durchschnitt. (Verleihtitel DDR: »Der Gejagte«; Fernsehen auch: »Der Gejagte – Ritter der Nacht«) – Ab 14. ✦ Scope. Frankreich/Italien 1959 **P** PAC/ Globe **KI** Pallas **R** André Hunebelle **B** Jean Halain, André Hunebelle, Pierre Foucaud, nach einem Roman von Paul Féval **K** Marcel Grignon **M** Jean Marion **D** Jean Marais (Chevalier de Largardère), Sabina Sesselmann (Isabelle), François Chaumette (Fürst von Gonzague), Bourvil (Passepoil), Hubert Noël (Herzog Nevers), Paul Cambo (der Regent), Edmond Beauchamp (Don Miguel) **L** 110 **FSK** ab 12; nf **E** 26.11.1959/1.12.1961 Kino DDR/21.8.1971 DFF 2 **fd** 8 695

RITTER DER PRÄRIE (THE BOUNTY HUNTER). Ein professioneller Kopfgeldjäger klärt einen Eisenbahnüberfall auf, erledigt die Schuldigen – angesehene Bürger der Ortschaft Twin Forks – und wird Sheriff. Routinierter Randolph-Scott-Western. ✦ USA 1954 **P** Warner Bros. **KI** Warner Bros. **Pd** Samuel Bischoff **R** André De Toth **B** Winston Miller **K** Edwin DuPar **M** David Buttolph **S** Clarence Kolster **D** Randolph Scott (Jim Kipp), Dolores Dorn (Julie Spencer), Marie Windsor (Alice), Harry Antrim (Dr. Spencer), Howard Petrie (Sheriff Brand), Ernest Borgnine (Rachin), Dub Taylor (Danvers), Phil Chambers (Ed), Mary Lou Holloway (Mrs. Ed) **L** 79 **FSK** ab 16; nf **E** 1.3.1955 **fd** 3 950

DIE RITTER DER TAFELRUNDE (KNIGHTS OF THE ROUND TABLE). Der Ritter Lancelot kämpft für seinen Freund und König Artus gegen aufsässige Vasallen. Spezialisten für mittelalterliche Literatur werden sich ob dieser aufwendigen, prominent besetzten Hollywood-Verfilmung der Artussage natürlich die Haare raufen. Davon abgesehen ist der Film ein handwerklich glänzend gemachtes Stück Unterhaltungskino, das mit viel Ritter-Romantik, Edelmut und Kampfgetümmel für Kurzweil sorgt und optisch einiges zu bieten hat. – Ab 12. ✦ Scope. USA 1953 **P** MGM **KI** MGM **Pd** Pandro S. Berman **R** Richard Thorpe **B** Talbot Jennings, Jan Lustig, Noel Langley, nach der Erzählung »Le Morte d'Arthur« von Sir Thomas Malory **K** Freddie Young, Stephen Dade **M** Miklos Rozsa **S** Frank Clarke **D** Robert Taylor (Sir Lancelot), Ava Gardner (Königin Genever), Mel Ferrer (König Arthur), Anne Crawford (Fee Morgan), Stanley Baker (Sir Mordred) **L** 110 **FSK** ab 6; f **E** 17.12.1954/ 21.2.1986 DFF 1 **fd** 3 491

RITTER DER ZEIT (TO THE ENDS OF TIME). Ein Ritter des idyllischen Reiches Avalon zieht aus, um jene Uhr zu vernichten, die sich in den Händen einer machtgierigen Intrigantin befindet und deren gewaltiges Zerstörungspotential die Welt bedroht. Weitgehend spannungsarmer Fantasyfilm für Jugendliche in kunterbunt-kitschigen Kulissen, dessen unfreiwillig Komik die freiwillige weit übertrifft. Dem altbacken inszenierten Märchenstoff fehlt es an ironischen Brechungen und einer Auffrischung des Rollenverständnisses, so daß der Unterhaltungswert für Kinder eher bescheiden ist. ✦ USA 1996 **P** Imperial Entertainment **VA** Highlight **Pd** Ash R. Sha, Raj Mehrotra **R** Markus Rothkranz **B** Markus Rothkranz, Dan Benton, Thomas Wheeler **K** Bryan Duggan **M** Eckart Seeber **S** Jack Tucker **D** Joss Ackland (König Francis), Christine Taylor (Stephanie), Tom Schultz (James), Wayne Thomas Yorke (Loffo), James Paradise (Sauris) **L** 88 **FSK** ab 12 **E** 21.10.1996 Video/26.12. 1998 RTL 2 **fd** 32 269

RITTER DES BILDSCHIRMS (GYULA VITEZ TELENYARON). Ein Transportarbeiter wird von einem Regisseur »entdeckt« und avanciert zum Helden einer Abenteuerserie. Der Begeisterung der Massen und Freunde stehen Schwierigkeiten hinter den Kulissen gegenüber. Als diese überhandnehmen, muß der Ritter sterben. Das Volk aber erzwingt seine »Auferstehung« – wenn auch in einer neuen Serie. Turbulente Unterhaltung, deren satirische Seitenhiebe unpräzise bleiben. – Ab 16. ✦ Scope. Ungarn 1970 **P** Mafilm **KI** Progress **R** István Bácskai Lauró **B** András Polgár, nach einem Roman von Miklós Herczenik **K** Miklós Herczenik **M** György Vukán **D** Gábor Koncz (Ferenc Prohászka), Lajos Öze (Regisseur), Ferenc Kállai (Bodó), Sándor Suka (Gál), Eva Almási (Frau Gál) **L** 71 **E** 28.1.1972 Kino DDR/5.1.1973 DFF 1

RITTER DES GOLDENEN STERNS (KAWALER SOLOTOI SWESDY). Der Bau eines Elektrokraftwerks am Kuban wird zur Bewährungsprobe für die Arbeitsleistung sowjetischer Bauleute. – Ab 14. ✦ UdSSR 1951 **P** Mosfilm **R** Juli Raisman **B** B. Tschirskow, nach dem gleichnamigen Roman von S. Babajewski **K** Sergej Urussewski **M** Tichon Chrennikow **D** Sergej Bondartschuk (Sergej Tutarinow), Anatoli Tschemodurow (Semjon Gontscharenko), Kira Kanajewa (Irina Ljubaschowa), Boris Tschirkow (Kondratjew), Nikolai Komissarow (Chochlakow) **L** 118 **E** 6.8.1951 Kino DDR/13.8.1953 DFF 1

DER RITTER DES ROTEN HERZENS (RYCERZYK CZERWONEGO SERDUZKA). Der Pik-König und seine rechte Hand Rotbart versuchen, auf kriegerische Weise die schöne Tochter des Herz-Königs zu rauben. Dieser ist sehr friedfertig und den aggressiven Nachbarn nur dank seiner listigen und mutigen Ritter des roten Herzens gewachsen. Ein temporeicher Zeichentrickfilm mit einigen originelle Einfälle. – Ab 12. ✦ Polen 1982 **P** Miniaturfilmstudio Warschau **KI** Progress **R** Bogdan Nowicki **B** Andrzej Lach **K** Maria Niedzwiecka-Szybisz, Barbara Stankiewicz **L** 65 **E** 17.4.1987 Kino DDR

RITTER HANK, DER SCHRECKEN DER TAFELRUNDE (A CONNECTICUT YANKEE IN KING ARTHUR'S COURT / A YANKEE IN KING ARTHUR'S COURT). Infolge eines Sturzes vom Pferd wird ein Amerikaner aus dem Jahr 1910 in die Vergangenheit katapultiert und wacht am Hofe des legendären englischen Königs Arthur auf. Dort hat er sich mit dem Zauberer Merlin und einigen Rittern der Tafelrunde auseinanderzusetzen; es gelingt ihm, die Nichte des Königs auf seine rauhbeinige amerikanische Art zu umgarnen. Fantasie- und geistvoll inszenierte Mark-Twain-Verfilmung, die zugleich eine Parodie des mittelalterlichen höfischen Lebens und eine Satire auf die gesellschaftlichen Konventionen Amerikas ist. Amüsante Unterhaltung, überzeugend gespielt und durch die Farbdramaturgie von zusätzlichem

Interesse. – Ab 10. ✦ USA 1949 **P** Paramount **R** Tay Garnett **B** Edmund Beloin, nach einem Roman von Mark Twain **K** Ray Rennahan **M** Victor Young **D** Bing Crosby (Hank Martin), Rhonda Fleming (Alisande), Cedric Hardwicke (König Arthur), William Bendix (Sir Sagramore), Murvyn Vye (Merlin) **L** 106 **E** 12.5. 1988 BR

EIN RITTER IN CAMELOT (A KNIGHT IN CAMELOT). Statt ein komplexes Computerproblem zu lösen, transferiert sich eine Programmiererin selbst ins Mittelalter, wo sie am Hofe des König Artus nun mit ganz anderen Problemen zu kämpfen hat, vornehmlich mit ihrer Rückführung in die Gegenwart. Zuvor gibt es allerdings einige mittelalterliche Konflikte zu lösen. Erneute Verfilmung der Mark-Twain-Geschichte, diesmal als Vehikel für Whoopi Goldberg, die mit nur dürftigen Gags für Stimmung sorgen soll. Ein Film in typischer Disney-Manier, der die ganze Familie bedienen will, es jedoch niemanden recht macht. ✦ USA 1998 **P** Rosemont/Walt Disney **Pd** Nick Gillott, Norman Rosemont **R** Roger Young **B** Joe Wiesenfeld, nach einem Roman von Mark Twain **K** Elemér Ragályi **M** Patrick Williams **S** Benjamin A. Weissman **D** Whoopi Goldberg (Vivien Morgan), Michael York (König Arthur), Simon Fenton (Clarence), Paloma Baeza (Sandy), James Coombs (Sir Lancelot), Amanda Donohoe (Königin Guinevere) **L** 85 **E** 16.4.2001 SF 1/DRS

RITTER OHNE FURCHT UND TADEL →Dick und Doof im Wilden Westen

RITTER OHNE HARNISCH (RIZAR BES BRONYA). Die Abenteuer eines achtjährigen Jungen in Sofia. Ein respektabler Versuch, die städtische Alltagswelt aus der Kinderperspektive lebendig und wirklichkeitsnah zu schildern, ohne dabei einem ideologisch erstarrten sozialistischen Realismus zu verfallen. ✦ Schwarz-weiß. Bulgarien 1966 **P** Studio für Spielfilme **R** Borislaw Scharaliew **B** Valeri Petrow **K** Atanas Tassew **M** Wassil Kasandshiew **D** Oleg Kowatschew (Wanja), Maria Russaljwa (Mutter), Slawtscho Nikolow (Wanjas Freund), Oleg Popow (Wanjas Freund), Wicher Stojtschew (Pinokio) **L** 70 **E** 26.3.1967 ARD/8.12.1968 DFF 1 **fd** 14 642

RITTER ORGAS MUSS MAL WIEDER. Der Kampf zwischen Lehnsherren und Vasallen als Aufhänger für einen strohdummen Sexfilm, der im Mittelalter spielt. ✦ BR Deutschland 1970 **P** Neue Film Company **KI** CS **R** Charles M. Wakefield **B** Ted Henner, R. M. Tänzler **K** Ernst Stritzinger **M** Dave Pike **S** Charles M. Wakefield, Katharina Herberg **D** Herbert Fux, Michael Maien, Heide Maien, Rainer Weiss **L** 81 **FSK** ab 18; nf **E** 25.12.1970 **fd** 17 296

RITTER SEINES KÖNIGS (DU GUESCLIN). Bertrand du Guesclin, junger Baron aus kleinem Landadel, zeichnet sich in den Kämpfen gegen die Navarrer in Spanien und gegen die Engländer in der Bretagne aus. Ein billig produzierter, im 14. Jahrhundert spielender Ritterfilm mit viel Schwertgeklirr, Treueschwüren und markigen Sprüchen. ✦ Schwarz-weiß. Frankreich 1948 **P** Film du Verseau **KI** Lloyd **R** Bernard de la Tour **B** Bernard de la Tour, Roger Varcel **D** Fernand Gravey, Gisèle Casadesus, Noël Roquevert **L** 96 **E** 1949 Kino **fd** 459

DER RITTER VON PARDAILLAN →Der scharlachrote Musketier

RITTMEISTER WRONSKI. Ein ehemaliger polnischer Offizier, der nach seinem finanziellen Ruin gezwungen ist, als Agent zu arbeiten, nutzt seine attraktive Wirkung auf Frauen, um die Mitarbeiterinnen des deutschen Reichswehrministeriums auszuhorchen. Am Ende bezahlt er mit seinem Leben. Die Verfilmung des historischen Spionagefalls Sosnowski aus dem Jahr 1934 hat eine spannende Story und gute Darsteller, wirkt aber vor allem in ihren melodramatischen Zügen wenig glaubhaft. – Ab 16 möglich. ✦ Schwarz-weiß. BR Deutschland 1954 **P** Apollo **KI** DFH **Pd** Fritz Hoppe **R** Ulrich Erfurth **B** Axel Eggebrecht, in Anlehnung an den Spionagefall Sosnowski (1934) **K** Igor Oberberg **M** Norbert Schultze **S** Hermann Ludwig **D** Willy Birgel (Rittmeister Wronski), Ilse Steppat (Leonore Cronberg), Irene von Meyendorff (Liane von Templin), Antje Weisgerber (Ilse von Jagstfeld), Rudolf Forster (Oberst Maty) **L** 102 **FSK** ab 12; f **E** 11.10.1954 **fd** 3 605

DAS RITUAL (1974) (LA MESSE DOREE). Eine Sexparty steigert sich über lesbische Intimitäten und Inzest zum Ritual einer Entjungferung. Ein ganz auf die Wirkung von Dekor und Kostümen ausgerichteter Film, der – optisch eher zurückhaltend – mit bedeutungsschwerer Geste sein erotisches Kunstgewerbe zelebriert. ✦ Frankreich/Italien 1974 **P** Films de la Seine/Films de Deux Mondes/S.C.E.T.R. **KI** CS **R+B** Beni Montresor **K** Jean Monsigny **M** Severino Gazzelloni **D** Lucia Bosé, Maurice Ronet, Stefania Casini, Benoit Feneure **L** 79 **FSK** ab 18; nf **E** 12.3.1976 **fd** 19 808

DAS RITUAL (1986) (THE BELIEVERS). Ein Psychiater in New York wird Zeuge unerklärlicher Vorgänge. Er erkennt schließlich, daß sich hinter den Morden an zwei Jungen rituelle Opferhandlungen eines Voodoo-Zirkels verbergen; dieser Zirkel will auch seinen Sohn und ihn selbst in seine Gewalt bringen. Der anfangs geschickt aufgebaute Thriller gleitet durch Schockeffekte und die ernstgemeinte Darstellung der Voodoo-Magie in einen lächerlichen okkulten Horrorfilm ab. ✦ USA 1986 **P** Orion **KI** 20th Century Fox **SF** 20th Century Fox **VA** RCA/Columbia **Pd** John Schlesinger, Michael Childers, Beverly J. Camhe **R** John Schlesinger **B** Mark Frost, nach der Buchvorlage »The Religion« von Nicholas Conde **K** Robby Müller **M** J. Peter Robinson **S** Peter Honess **D** Martin Sheen (Cal Jamison), Helen Shaver (Jessica Halliday), Robert Loggia (Lt. Sean McTaggert), Harley Cross (Chris Jamison), Richard Masur (Marty Wertheimer), Malick Bowens (Palo), Lee Richardson (Dennis Maslow) **L** 114 **FSK** ab 18; f **FBW** w **E** 12.11.1987/ 17.5.1988 Video **fd** 26 463

RITUALE DER DOGON – DAS FEST DES SIGI. 1931 entdeckte der französische Ethnologe Marcel Griaule in Mali das Volk der Dogon, das in einem 60jährigen Zyklus ein Fest feiert, das sieben Jahre dauert und dabei von Ort zu Ort wandert: das Sigi. Jean Rouch, der Begründer des »cinéma vérité«, und Germaine Dieterlen haben von 1950 bis 1974 mit insgesamt 14 Filmen versucht, dem Geheimnis des legendären Sigi auf die Spur zu kommen. Der erste Film widmete sich der Vorbereitung des Sigi (1966), sieben Filme (1967–1973) beschreiben die verschiedenen Phasen der Zermonie und sechs Filme halten die Totenrituale der Dogon fest. Der WDR hat im ersten Teil seiner sechsteiligen Reihe die Filme »Das Jahr Null« (Sigi 1966), »Der Amboß von Yougo« (Sigi 1967) und »Die Tänzer von Tyogou« (1968) zusammengefaßt. ✦ Mali/Frankreich 1966–68 **R** Jean Rouch, Germaine Dieterlen **L** 96 **E** 13.10.1998 WDR

DER RITUS (RITEN). Der Gerichtsprozeß gegen eine Schauspieltruppe, die sich wegen Verletzung der Sittlichkeit verantworten muß, offenbart die Existenznot und Triebverstrickung sowohl der Angeklagten wie des ermittelnden Richters. Mit schonungslos scharfem Blick analysiert Ingmar Bergman in diesem streng konstruierten Psychodrama das Seelenleben seiner Figuren und grübelt zugleich über die Verantwortlichkeit und Effektivität künstlerischer Darstellung. ✦ Schwarz-weiß. Schweden 1968 **P** Cinematograph **Pd+R+B** Ingmar Bergman **K** Sven Nykvist **S** Siv Kanälv **D** Ingrid Thulin (Thea Winkelman), Gunnar Björnstrand (Hans Winkelman), Anders Ek (Sebastian Fischer), Erik Hell (Richter Abrahamsson), Ingmar Bergman (Pfarrer) **L** 75 **FSK** ab 16; f **E** 20.1.1970 ZDF

RIVALE UND VERRÄTER →Das letzte Fort

RIVALEN (1957) (KINGS GO FORTH). Zwei amerikanische Soldaten und Freunde entzweien sich 1944, während der Invasion in Frankreich, über ihre Liebe zu einer schönen Französin, ohne zunächst zu ahnen, daß sie eine Farbige ist. Unrealistisches und unverbindliches Kriegs-, Liebes- und Rassendrama mit viel Action, Sentimentalität und guten Schauspielern. ✦ Schwarz-weiß. USA 1957 **P** Frank Ross/Eton **KI** United Artists **Pd** Frank Ross, Richard Ross **R** Delmer Daves **B** Merle Miller, nach dem Roman »Kings go Forth« von Joe David Brown **K** Daniel L. Fapp **M** Elmer Bernstein **S** William B. Murphy **D** Frank Sinatra (Sam Loggins), Tony Curtis (Britt Harris), Natalie Wood (Monique Blair), Leora Dana (Mrs. Blair), Karl Swenson (Colonel) **L** 110 **FSK** ab 12; f **E** 31.10.1958 **fd** 7 498

RIVALEN (1991) (ACROSS THE TRACKS). Nach seiner Entlassung aus der Besserungsanstalt trifft ein jugendlicher Autodieb auf der High School seinen ehrgeizigen älteren Bruder wieder, der sein Talent als Läufer nutzt, um ein Stipendium für die Universität zu bekommen. Als der jüngere ebenfalls ins Sportler-Team der Schule aufgenommen wird, tragen die beiden ungleichen Brüder ihre schwelenden Konflikte als Konkurrenten auf der Aschenbahn aus. Sportler- und Familiendrama für Teenager, das einen realistischen Blick auf die Probleme und Hoffnungen jener Altersgruppe wirft und sich dabei ihrer unverblümten Alltagssprache bedient. – Ab 16. ✦ USA 1991 **P** Desert/Rosenbloom **Pd** Dale Rosenbloom **R+B** Sandy Tung **K** Michael Delahoussaye **M** Joel Goldsmith **S** Farrel Levy **D** Rick Schroder (Billy), Brad Pitt (Joe), Carrie Snodgress (Mutter), David Anthony Marshall (Louie), Cyril O'Reilly, Jack McGee, Thomas Mikal Ford **L** 96 **E** 16.11.1994 RTL

RIVALEN AM ABGRUND (1996). Thriller. Die Bergtour zweier Freunde steht unter keinem guten Stern. Auf den einen, einen erfolgreichen Architekten, wird ein Giftattentat verübt, das er nur mit Hilfe seines Freundes überlebt. Der hat sich jedoch in die Frau seines Freundes verliebt und wäre Nutznießer, wenn die Tour vom Ableben seines Kletterpartners überschattet würde. – Ab 14. ✦ Deutschland 1996 **P** Pro Sieben **R** Michael Steinke **B** Michael Baker **D** Christoph M. Ohrt (Philipp Gabert), Ann-Kathrin Kramer (Julia Gabert), Michael Roll (Dr. Nicolas Amberg), Stefan Glowacz (Bergsteiger), Michael Gahr (Dr. Helmiling) **L** 92 **E** 18.11.1996 Pro Sieben

RIVALEN AM ABGRUND (1997) →Auf Messers Schneide – Rivalen am Abgrund

RIVALEN AM GOLDRIVER →Der Galgenbaum

RIVALEN AM NORDPOL →Mission: Nordpol

RIVALEN AM REISSENDEN STROM (RIVER LADY). Ende des 19. Jahrhunderts versucht die Besitzerin eines Amüsierdampfers auf dem Mississippi vergeblich, sich die Liebe eines rauhbeinigen Sägewerksbesitzers zu erkaufen, indem sie ihn beim Kampf gegen die Konkurrenz finanziell unterstützt. Konventionelles romantisches Abenteuerdrama vor historischem Western-Hintergrund. ✦ USA 1948 **P** Universal **KI** Universal **Pd** Leonard Goldstein **R** George Sherman **B** D.D. Beauchamp, William Bowers **K** Irving Glassberg **M** Paul Sawtell **S** Otto Ludwig **D** Yvonne de Carlo (Sequin), Rod Cameron (Dan Corrigan), Dan Duryea (Beauvais), Helena Carter (Stephanie), Lloyd Gough (Mike), Florence Bates (Ma Dunnigan), John McIntire (Mr. Morrison), Jack Lambert (Swede), Anita Turner (Esther), Edmund Cobb, Edward Waller (Hewitt), Milton Kibbee (Limpy), Bob Wilke (= Robert J. Wilke), Paul Fierro **L** 80 **FSK** ab 16; nf **E** 26.8.1952 **fd** 2 245

RIVALEN AM STEUER. Vom Ehrgeiz getrieben, nimmt ein ostdeutscher Rennfahrer das Angebot eines südamerikanischen Unternehmens an, muss aber dessen verwerflichen Geschäftsgeist erkennen und kehrt zu seinen Freunden zurück. Künstlerisch schwache Unterhaltung ohne Atmosphäre und Spannung. – Ab 6. ✦ Schwarz-weiß. DDR 1957 **P** DEFA **Pd** Willi Teichmann **R** E. Wilhelm Fiedler **B** Günter Hofé, nach den Erlebnissen von Manfred von Brauchitsch **K** E. Wilhelm Fiedler **M** Manfred Nitschke **S** Ursula Kahlbaum **D** Axel Monjé (Manfred Falk), Wilhelm Koch-Hooge (Hermann Seering), Christa Fügner (Inge Thorwald), Edelweiß Malchin (Manuela), Johannes Arpe (Altwirt), Richard Lauffen

(Roseiro) **L** 101 **E** 26.4.1957 Kino DDR/27.6.1957 DFF 1

RIVALEN DER LIEBE (THE PASSAGE). In einem amerikanischen Provinzstädtchen im Alabama der 30er Jahre bewahrt sich die Tochter des reichsten Mannes im Ort unbeirrbar ihre Liebe zu einem einfachen Holzfäller, um dessentwillen sie der Vater verstieß. Bald hat das Paar vier Kinder, die Mutter stirbt Weihnachten an gebrochenem Herzen, aber erst nach einer weiteren Beerdigung findet der Vater die Kraft, die Tochter um Vergebung zu bitten. Eine anrührend erzählte sympathische Ehe- und Familiengeschichte vom Lande, bemerkenswert ausgestattet und vortrefflich gespielt. (Früherer Titel: »The Passage«) – Sehenswert ab 14. ✦ USA 1987 **P** Spectrum Films/Maverick Prod. (für Carrera) **VA** Ufa **Pd** Brandon Baade, Andy Howard, Dee Law, Paul Carrera **R** Harry Thompson **B** Dee Law **K** Peter Stein **M** Paul Loomis, Stan Ratliff **S** Peter Appleton **D** Brian Keith (Byron Monroe), Alexandra Paul (Annie May Bonner), Barbara Barrie (Rachel Bonner), Dee Law (Jesse), Ned Beatty (Matthew Bonner) **L** 102 **FSK** ab 12 **E** 15.3.1990 Video **fd** 28 228

RIVALEN DER MANEGE. Verbrecherische Machenschaften, angesiedelt im Zirkusmilieu: Kleiner Kollege trachtet dem großen Artisten nach dem Leben. Unbeholfen inszeniertes deutsches Unterhaltungskino. ✦ BR Deutschland 1958 **P** Corona **Kl** DFH **Pd** Hans Raspotnik **R** Harald Philipp **B** Hans Raspotnik, Erich Kröhnke **K** Willy Winterstein **M** Theo Mackeben **S** Eva Kroll **D** Claus Holm, Elma Karlowa, Germaine Damar, Hans von Borsody, Helmut Schmid **L** 92 **FSK** ab 12; nf **E** 18.7.1958/2.7.1967 ZDF **fd** 7 150

DIE RIVALEN DER MUSKETIERE →Die Rivalen der vier Musketiere

DIE RIVALEN DER VIER MUSKETIERE (I QUATTRO MOSCHETTIERI / LE QUATRIEME MOUSQUETAIRE). Vier Kleinbürger bestehen an Stelle der von ihnen übertölpelten Musketiere die bekannten Abenteuer nach Dumas' Roman. Parodistisch gemeinter Mantel-und-Degen-Film, der sich nach witzigen Ansätzen in Klamauk verliert. (TV-Titel DDR: »Die Rivalen der Musketiere«) ✦ Italien/Frankreich 1963 **P** Titanus/Buffardi/S.G.C. **Kl** Wilhelm Schneider **R** Carlo Ludovico Bragaglia **B** Bruno Corbucci, Giovanni Grimaldi **K** Clemente Sartoni **M** Gianni Ferrio **D** Aldo Fabrizi, Nino Taranto, Erminio Macario, Carlo Croccolo, Peppino de Filippo **L** 88 **FSK** ab 12; nf **E** 23.10.1964/22.9.1973 DFF 1 **fd** 13 079

RIVALEN DES GLÜCKS – THE CONTENDERS (THE CONTENDERS). Zwei junge rumänische Einwanderer in New York träumen von der großen Karriere und versuchen, bei Film und Theater Fuß zu fassen. Nach vielen Rückschlägen gelingt ihnen ein kleiner Anfang. Wenn die verschiedenen Episoden sich auch nicht zu einem dramaturgischen Ganzen verbinden, atmet die Geschichte doch etwas vom Lebensgefühl der von großer Karriere träumenden Außenseiter. Das durchweg frische Spiel mindert die Schwächen in Buch und Regie dieses Talent verratenden Erstlingswerkes. – Ab 14. ✦ Deutschland/USA/Kanada 1993 **P** Tobias Meinecke Prod./Infafilm/Shortcut/MaTi-Ma/BR **Kl** Filmverlag der Autoren **Pd** J. Foxe **R+B** Tobias Meinecke **K** Laszlo Kadar **M** David Yazbek **S** Michelle Gorchow, Birgit Hohnhausen **D** Tom Gallop (Ivo), Davide Manuli (Anton), Jon Polito (Perusia), Avital Dicker (Anja), Clark Middleton (John) **L** 86 **FSK** ab 6; f **E** 2.12.1993 **fd** 30 646

RIVALEN DES TODES (A GUNFIGHT). Zwei fast etablierte, aber finanziell ungesicherte Revolverhelden, die zur Einsicht gelangen, nicht mehr als nur schnell schießen zu können, kommen überein, ihr Duell gegen Eintrittsgeld in einer Arena durchzuführen, damit wenigstens einer eine gesicherte Zukunft vor sich hat. Belangloser, langweiliger Western, den auch zwei populäre Darsteller nicht zu retten vermögen. (TV-Titel: »Duell in Mexiko«) – Ab 16. ✦ USA 1970 **P** Paramount/Harvest **Pd** Ronald Lubin, Harold Jack Bloom **R** Lamont Johnson **B** Harold Jack Bloom **K** David M. Walsh **M** Laurence Rosenthal, Johnny Cash **S** Bill Mosher **D** Kirk Douglas (Will Tenneray), Johnny Cash (Abe Cross), Jane Alexander (Nora Tenneray), Karen Black (Jenny Simms), Raf Vallone (Francisco Alvarez), Eric Douglas (Bud Tenneray), John Wallwork (Toby), Robert Wilke (= Robert J. Wilke) (Marshal Cater), Keith Carradine (Cowboy), Dick O'Shea (Pokerspieler) **L** 90 **E** 8.12.1979 ARD/4.6. 1990 DFF 2

RIVALEN GEGEN TOD UND TEUFEL →Brüll den Teufel an

RIVALEN IM NORDMEER →Nordlicht (1938)

RIVALEN IM SATTEL →Bronco Buster

RIVALEN IM URWALD (SONS OF MATTHEW). Das Schicksal einer Siedlerfamilie, die sich im australischen Busch eine Existenz aufbaut. Zwei der Brüder bemühen sich um die Tochter eines Nachbarn; die Mutter stellt den Familienfrieden wieder her. Gute Darsteller, eindrucksvolle Naturaufnahmen. ✦ Schwarz-weiß. Großbritannien/Australien 1949 **P** Universal **Kl** Rank **Pd+R** Charles Chauvel **B** Elsa Chauvel, Charles Chauvel, Maxwell Dunn, nach den Büchern »Cullenbenbong« und »Green Mountains« von Bernard O'Reilly **K** Bert Nicholas, Carl Kayser **M** Henry Cripps **S** Terry Banks **D** John O'Malley (Matthew), Thelma Scott (Jane), Michael Pate (Shane), Wendy Gibb (Cathy), Ken Wayne (Barney) **L** 108 **FSK** ab 12; f **E** 1.6.1951 **fd** 1 137

RIVALEN IN 6 NÄCHTEN (SEKS-DAGESLOBET). Die Geschichte einer Ehekrise, erzählt vor dem lebhaften Hintergrund eines Sechstagerennens. Der Erstlingsspielfilm des als Dokumentarfilmer bekannt gewordenen Regisseurs beeindruckt durch fesselnde Milieuzeichnung. Die melodramatische Spielhandlung wirkt dagegen weniger überzeugend. ✦ Schwarz-weiß. Dänemark 1958 **P** Nordisk **Kl** Goldeck **R** Jörgen Roos **B** Tork Haxthausen, Erik Balling **K** Poul Pedersen **D** Poul Reichhardt, Lily Broberg, Fleming Larsen, Judy Gringer, Preben Kaas **L** 94 **FSK** ab 12; nf **E** 12.2.1960/21.11.1964 DFF 1 **fd** 8 464

RIVALEN OHNE GNADE (THREE VIOLENT PEOPLE). Ein aus dem amerikanischen Bürgerkrieg heimkehrender Rancher heiratet überstürzt eine Frau, von deren Vergangenheit als Tänzerin in einem Saloon er erst später erfährt. Er muß seinen Bruder und beinahe die Farm verlieren, um zu entdecken, daß er sich von der schnell verstoßenen Frau nicht trennen kann. Melodramatischer Western. ✦ Scope. USA 1956 **P** Paramount **Kl** Paramount **Pd** Hugh Brown **R** Rudolph Maté **B** James Edward Grant, nach der Erzählung »The Maverick« von Leonard Praskins und Barney Slater **K** Loyal Griggs **M** Walter Scharf **S** Alma Macrorie **D** Charlton Heston (Colt Saunders), Anne Baxter (Lorna Hunter Saunders), Gilbert Roland (Vormann Innocencio), Tom Tryon (Cinch Saunders), Forrest Tucker (Cable), Bruce Bennett (Harrison), Elaine Stritch (Ruby LaSalle), Barton MacLane (Yates), Peter Hansen (Lt. Marr), Leo Castillo (Luis), Argentina Brunetti (Maria) **L** 100 **FSK** ab 16; f **E** 21.6. 1957 **fd** 6 019

RIVALEN UM DIE MACHT (A FEVER IN THE BLOOD). Ein Staatsanwalt, der sich um die Nominierung für das Amt des Gouverneurs bemüht, nutzt einen Mordfall, in dem der Neffe eines Parteifreundes der Beschuldigte ist, skrupellos für seine Publicity aus und plädiert wider besseres Wissen und unter Anwendung illegaler Praktiken auf schuldig. Der Richter, Mitglied derselben Partei, versucht, die Absichten des Staatsanwalts zu durchkreuzen. Eine dialogbetonte Mischung aus Gerichtsfilm und Politthriller, simpel in der Charakterzeichnung und ganz auf Effekte ausgerichtet. – Ab 16. ✦ Schwarz-weiß. USA 1960 **P** Warner Bros. **R** Vincent Sherman **B** Roy Huggins, Harry Kleiner, nach einem Roman von William Pearson **K** J. Peverell Marley **M** Ernest Gold **D** Efrem Zimbalist jr., Angie Dickinson, Jack Kelly, Don Ameche, Ray Danton **L** 115 **E** 4.7.1980 ZDF

RIVALEN UNTER HEISSER SONNE (KILLERS OF KILIMANJARO). Zur Zeit des Eisenbahnbaus in Ostafrika muß sich ein aufrechter Ingenieur der Anschläge eines Sklavenhändlers erwehren. Buntes Abenteuerkino. ✦ Scope. Großbritannien 1959 **P** Warwick **Kl** Columbia **R** Richard Thorpe **B** John Gilling, Earl Fenton, nach einem Roman von J. A. Hunter und Dan P. Mannix **K** Ted Moore **M** William Alwyn **D** Robert Taylor (Robert Adamson), Anthony Newley (Hooky), Anne Aubrey (Jane Carlton), Grégoire Aslan (Ben Ahmed), Orlando Martins **L** 89 **FSK** ab 12; f (fr.12; nf) **E** 25.12.1959/28.10.1995 Kabel 1 **fd** 8 806

RIVALEN UNTER ROTER SONNE (LE SOLEIL ROUGE / SOLE ROSSO). Arizona 1870: Das gemeinsame Ziel, den Mann zu finden, der den ehemaligen Kumpan des einen betrogen und den Gefährten des anderen getötet hat, führt einen Westerner und einen Samurai trotz starker Charaktergegensätze und unterschiedlicher Beweggründe zusammen. Am Ende erweist sich die Lebensauffassung des Samurai als die stärkere. Publikumswirksame Mischung aus Western und Samurai-Film; dank des ironischen Untertons durchgehend unterhaltsam. ✦ Frankreich/Italien 1971 **P** Corona/Oceania **Kl** Warner-Columbia **Pd** Ted Richmond **R** Terence Young **B** Denne Petitclerc, William Roberts, Lawrence Roman, nach einem Roman von Laird Koenig **K** Henri Alekan **M** Maurice Jarre **S** John Dwyre **D** Charles Bronson (Link), Alain Delon (Gauche), Toshirô Mifune (Kuroda), Ursula Andress (Cristina), Capucine (Pepita), Barta Barry (= Barta Barri) (Sheriff), Satoshi Nakamura (Botschafter), Lee Burton (= Guido Lollobrigida), Anthony Dawson, José Nieto, John Vermont **L** 114 **FSK** ab 16; f **E** 15.10. 1971 **fd** 17 541

RIVALEN UNTER SÜDLICHER SONNE (THE PRIVATE WAR OF LUCINDA SMITH). England zur Zeit des Ersten Weltkriegs: Ein junger Adliger verliebt sich in eine Revue-Tänzerin und will mit ihr auf einer Palmeninsel heiraten, da seine Eltern die Verbindung ablehnen. Doch sie denkt nicht daran, ihm zu folgen. Historisierendes (Fernseh-)Melodram. ✦ Großbritannien/Frankreich/Österreich 1990 **Pd** Ray Alchin, Geoffrey Daniels **R** Ray Alchin **B** Peter Yeldham **K** Peter Hendry **M** Bruce Smeaton **S** Pippa Anderson **D** Nigel Havers (Edward), Linda Cropper (Lucinda), Werner Stocker (Hans), Bill Kerr (Scotty), Burt Cooper (Gustav) **L** 180 (90 & 90) **E** 22./23.7.1999 ORF 2 (zwei Teile)

RIVALEN UNTERM HALBMOND (L'ALGERIE DES CHIMERES 1–3). Zwei befreundete Franzosen, die 1836 von ihrer Regierung nach Algerien geschickt werden, sind stolz darauf, etwas für die Vereinigung der westlichen und der islamischen Welt tun zu können. Doch ihre Mission gestaltet sich schwieriger als angenommen. Nach Jahrzehnten stehen sie sich in verfeindeten Lagern gegenüber. Dreiteiliger Fernsehfilm über das angespannte Verhältnis französisch-algerischer Beziehungen, die die historischen Grundlagen des Konflikts anhand persönlicher Schicksale darzustellen versucht. (1. »Der Arzt des Emirs«; 2. »Die Braut des Todes«; 3. Das arabische Königreich) ✦ Frankreich 2001 **P** arte/Gétévé/France 2 **R** François Luciani **B** Henri de Turenne, Robert Soulé **K** Jonny Semeco **M** Jean-Marie Senia-Ed (= Jean-Marie Senia) **S** Marc Autheserre **D** Aladin Reibel (Odilon Hubert), Olivier Sitruk (Hélie Toussaint), Marion Beulque (Leila), Nozha Khoudra (Bahia), Lilah Dadi (Hadj Hamou) **L** 260 (92/76/92) **E** 15./16./17.11.2001 arte (drei Teile)

DIE RIVALIN (1949) (MADNESS OF THE HEART). Nach kurzem Aufenthalt im Kloster kehrt eine junge blinde Frau in die Welt zurück, heiratet und zieht mit ihrem Mann in die Provence. Dort führt sie einen Dauerkampf gegen eine zu jeder Bosheit fähigen Nachbarin, an der sie sich schließlich rächen kann. Melodram ohne besondere Qualitäten. – Ab 16. ✦ Schwarz-weiß. Großbritannien 1949 **P** Two Cities **Kl** Rank **Pd** Richard Wainwright **R** Charles Bennett **B** Charles Bennett, nach einem Roman von Flora Sandstrom **K** Desmond Dickinson, Cecil Conney **M** Allan Gray **S** Helga Cranston **D** Margaret Lockwood (Lydia

Garth), Paul Dupuis (Paul de Vandière), Kathleen Byron (Vérité Faimont), Maxwell Reed (Joseph), Thora Hird (Rosa) **L** 83 **FSK** ab 16; f **E** 31.10.1950 **fd** 966

DIE RIVALIN (1973) (ASH WEDNESDAY). Mit einer Schönheitsoperation hofft eine alternde Frau, die Gunst ihres Gatten zurückzugewinnen. Vergeblich, denn der Mann beharrt auf der Scheidung. Star-Kino im Jet-set-Milieu. ✦ USA 1973 **P** Sagittarius **KI** Gloria **R** Larry Peerce **B** Jean-Claude Tramont **K** Ennio Guarnieri **M** Maurice Jarre **D** Elizabeth Taylor (Barbara Sawyer), Henry Fonda (Mark Sawyer), Keith Baxter (David Carrington), Helmut Berger (Erich), Maurice Teynac (Dr. Lambert) **L** 81 **FSK** ab 16; f **E** 22.11.1974

RIVALIN DER ZARIN (TARAKANOWA / LA PRINCIPESSA TARAKANOWA). Graf Orloff, Liebhaber Katharinas II., erhält von der Zarin den Auftrag, Elisabeth Tarakanowa, die einen Anspruch auf den russischen Thron erhoben hat, von Venedig nach St. Petersburg zu entführen; er verliebt sich in die reizvolle Prinzessin. Technisch und künstlerisch antiquiertes historisches Melodram, das in zwei Versionen gedreht wurde: eine französische mit Annie Vernay und eine italienische mit Anna Magnani. ✦ Schwarzweiß. Italien 1938 **P** S.A.I. **KI** Rota **R** Fedor Ozep, Mario Soldati **D** Anna Magnani, Memo Benassi, Antonio Centa **L** 92 **FSK** ab 12; f **E** 31.8.1939 **fd** 314

RIVALINNEN (1974) (LA RIVALE). Nach dreizehn Jahren Ehe entdeckt die Frau durch Zufall, daß ihr Mann eine Geliebte hat. Sie arrangiert ein Zusammentreffen mit der ahnungslosen Rivalin und findet ihren Verdacht bestätigt. Bei einem Treffen zu dritt gewinnt die Frau ihren Mann zurück. Effektvoll inszeniertes, leicht ironisches Unterhaltungskino. (TV-Titel: »Der Schürzenjäger«) ✦ Frankreich 1974 **P** Paris-Cannes **KI** Tivoli **VA** Gloria **R** Sergio Gobbi **B** Sergio Gobbi, Paul Gégauff **K** Daniel Vogel **M** Vladimir Cosma **D** Jean Piat, Bibi Andersson, Geneviève Fontanel, Maurice Biraud **L** 90 **E** 5.6.1976 ZDF/Juli 1985 Video/1986 Kino

RIVALINNEN (1985) (SOPERNIZY). Eine Gymnastin, die bei Wettkämpfen die ewige Zweite ist, schafft es nach hartem Training endlich, auf dem Siegertreppchen ganz oben zu stehen. ✦ Scope. UdSSR 1985 **P** Lenfilm **R** Viktor Sadowski **B** Valentin Jeshow, Viktor Sadowski **K** Viktor Karassew **M** Wladimir Schainski **D** Larissa Gussewa (Natascha), Juri Demitsch, Viktoria Sadowskaja, Oleg Schtefanka, Georgi Wizin **L** 83 **E** 30.10.1986 DFF 2

RIVALINNEN (1992) (WEEP NO MORE MY LADY). Als die Leiche eines launischen Filmstars gefunden wird, fällt der Tatverdacht auf ihren Verlobten, den Produzenten des jüngsten Films, der mit Beteiligung der Schwester der Diva fertig gestellt werden soll. Doch nun gerät auch die junge Frau ins Fadenkreuz des Mörders. Ein im Filmmilieu angesiedelter (Fernseh-)Krimi, der die Versatzstücke des Genres aneinander reiht und sich auch nicht scheut, Anleihen bei Altmeister Hitchcock zu nehmen. ✦ Kanada/Frankreich 1992 **P** Telescene Film Group Prod./Caméra Continentales/Le Studio Canal+/Antenne 2/M6 Films **Pd** Patrick Moine **R** Michel Andrieu **B** Michel Andrieu, Robert Levine, nach einem Roman von Mary Higgins Clark **K** Renan Polles **M** René-Marc Bini **S** Maureen Mazurek **D** Kristin Scott Thomas (Elisabeth), Daniel J. Travanti (Ted), Francesca Annis (Lelia), Pascal Ternisien (Richard), Shelley Winters (Vi), Stéphane Audran (Min) **L** 90 **E** 6.8.1999 mdr

RIVALINNEN DER LIEBE (WER DIE NACHTIGALL HÖRT). Die lebenslange Feindschaft zweier Frauen eskaliert, als eine den Ex-Geliebten der Mutter ihrer Feindin heiratet. Nach vielen Komplikationen, einer Fehlgeburt und dem Tod des Mannes muss ausgerechnet ein Pferderennen zwischen beiden die Entscheidung bringen. Fürs Fernsehen entstandene Edel-Schnulze voller aufgebauschter Trivialitäten, gedreht nach dem Roman einer Bestseller-Autorin. – Ab 16. ✦ Deutschland 1999 **R** Karola Zeisberg-Meeder **B** Barbara Engelke, nach einem Roman von Charlotte Bingham **K** Marc Prill **M** Richard Blackford **D** Katja Woywood (Cassie), Tina Ruland (Leonora), Walter Sittler (Tyrone), Manou Lubowski (Dexter), Rolf Becker (Tomas) **L** 90 **E** 3.12.1999 ARD

RIVALINNEN DER LUST (ILLICIT INTIMACY). Italien um 1911: Nach einem Unfall verliebt sich eine junge Adlige in ihren Hauslehrer und löst damit eine Reihe mittelschwerer Katastrophen aus. Der Geliebte ist der Ex-Geliebte ihrer jungen Stiefmutter, und die Beziehung gefährdet einige Beerbungsabsichten. Die Konflikte scheinen nur in diversen Betten beigelegt werden zu können. Öder Sexfilm mit fadenscheiniger Geschichte. ✦ Italien 1997 **R+B** Alex Perry **D** Jasmine Barnes (Cristina), Robert Waldream (Paolo), Natascia Norton (Amalia), Michael Konso (Graf Umberto), Jeff Abbot (Filippo) **L** 90 **E** 29.1.2000 Vox

RIVALINNEN – EINE HERZZERREISSENDE KOMÖDIE (UNE HISTOIRE INVENTEE). Ein gealterter Jazz-Musiker erwehrt sich seit Jahren den Avancen einer in Sachen Liebe erfolgsverwöhnten Frau und erliegt dem Charme ihrer Tochter; diese spielt allerdings mit ihm, um ihrem untreuen Liebhaber einen Denkzettel zu verpassen. Tragikomödie über die vergebliche Suche nach Lebens- und Liebesglück, in der individuelle Versuche bis ins Groteske übersteigert werden. Intelligente Unterhaltung, die Alltagssituationen und -verhalten mit fast analytischer Schärfe beschreibt und dennoch den Blick fürs Komische nicht verliert. – Sehenswert ab 16. ✦ Kanada 1990 **P** C.M. Luca Inc./La Groupe Film Téléscene/National Film Board/Téléfilm Canada/La Société Générale des Industries Culturelles du Québec (Sogic)/Super Ecran **KI** TiMe **VA** E.A.T. **Pd** Claudio Luca, Robin Spry **R** Marc André Forcier, Gervais Gaudreau **B** Jacques Marcotte, Marc André Forcier **K** Georges Dufaux, J. McPherson **M** Serge Fiori **S** François Gill **D** Jean Lapointe (Gaston), Louise Marleau (Florence), Charlotte Laurier (Soledad), Jean-François Pichette (Tibo), Marc Messier (Lentaignes) **L** 110 (Video 86) **FSK** ab 12 (Video) **E** 16.1.1992/1995 Video **fd** 29 349

RIVER OF DEATH – FLUSS DES GRAUENS (RIVER OF DEATH). Tief im Amazonas-Dschungel setzt ein deutscher KZ-Arzt seine gewissenlosen Experimente fort, nachdem er im April 1945 sein Revier nach Südamerika verlegte. 20 Jahre später begeben sich Nazi-Jäger auf eine 500-Meilen-Expedition, die finanziert wird von einem reichen, als Jude auftretenden SS-Standartenführer a. D., der mit dem einstigen Kameraden eine Rechnung zu begleichen hat. Am Schluß werden die beiden Nazis von einer ebenfalls auf Rache sinnenden Frau liquidiert. Die Story, die gut einem Comic-Heft entsprungen sein könnte, mißbraucht auf lachhafte Weise Zeitgeschichte für Billig-Action. (TV-Titel: »Fluß des Grauens«) ✦ USA 1988 **P** Breton Film/Cannon **VA** VMP **Pd** Harry Alan Towers, Avi Lerner **R** Steve Carver **B** Andrew Deutsch, Edward Simpson, nach einem Roman von Alistair McLean **K** Avraham Karpick **M** Sasha Matson **S** Ken Bornstein **D** Robert Vaughn (Manteuffel), Donald Pleasence (Heinrich Spaatz), Herbert Lom (Colonel Diaz), Michael Dudikoff (John Hamilton), L. Q. Jones (Hiller), Sarah Maur Thorp (Anna), Foziah Davidson (Dahlia), Ian Yule (Long John) **L** 97 **FSK** ab 16 **E** 12.2.1990 Video **fd** 28 162

RIVER OF DIAMONDS (RIVER OF DIAMONDS). Ein unermeßlicher Diamantenschatz lockt einen deutschen Ingenieur und seine Firma auf eine Insel vor der südafrikanischen Küste. Zwar werden die Beteiligten von einem alten Mann vor dem Fluch des Schatzes gewarnt, aber da sie nicht hören und finstere Gesellen die Suche erschweren, endet alles in einem blutigen Showdown. Holprig inszenierter Abenteuerfilm ohne Spannung und eigentliche Höhepunkte. ✦ Südafrika/BR Deutschland 1989 **P** Karat/IMV **VA** EuroVideo **Pd** Hans Kühle jr. **R** Robert J. Smawley **B** Hans Kühle, Ian Yule, nach einem Roman von Geoffrey Jenkins **K** Hans Kühle jr. **M** Russel Sterling **S** Robert Simpson **D** Dack Rambo (John Tregard), Angela O'Neill (Mary Caldwell), Ferdy Mayne (Fred Shelborne), Graham Clark (Keach), David Sherwood (Felix Rhennin) **L** 88 **FSK** ab 16 **E** 19.3. 1991 Video/24.6.1995 RTL **fd** 28 994

RIVERBEND (RIVERBEND). Drei schwarze Offiziere, die sich in Vietnam weigerten, auf Zivilisten schießen zu lassen, flüchten im Jahr 1966 auf dem Weg ins Gefängnis. Sie geraten in ein Südstaaten-Nest, dessen stiernackiger Sheriff die schwarzen Einwohner terrorisiert. Sie führen die Bevölkerung in den offenen Aufstand, wobei ihnen allmählich die Durchsetzung der Bürgerrechte wichtiger wird als ihr eigenes Schicksal. Schon nach kurzer Zeit gibt der Film alle guten politischen Vorsätze auf. Die sattsam bekannten Keilereien und Feuergefechte untergraben jede Glaubwürdigkeit; der Rassenhaß der Weißen wird reduziert auf eine singuläre abstoßende Gestalt. ✦ USA 1989 **P** Vandale/Intercontinental Releasing Corporation **VA** New Vision **Pd** Sam Vance **R** Sam Firstenberg **B** Sam Vance **K** Ken Lamkin **M** Paul Loomis **S** Marcus Manton **D** Steve James (Major Quinton), Margaret Avery (Bell), Tony Frank (Sheriff Jake), Julius Tennon (Tony), Alex Morris (Butch) **L** 96 **FSK** ab 16 **E** Dezember 1989 Video/30.3.1991 premiere **fd** 28 074

RIVERBOAT BILL UND DIE FLUSSPIRATEN (THE STEAM DRIVEN ADVENTURES OF RIVERBOAT BILL). Zeichentrickfilm für Kinder über die Abenteuer eines Kapitäns, der von seinem Flußdampfer aus mit seinen Freunden gegen Piraten kämpft. – Ab 8. ✦ Australien 1978 **P** Phantascope **Pd+R** Paul Williams **B** Cliff Green, nach seinen Büchern »Riverboat Bill« **M** Kevin Hocking **L** 73 **E** 23.5.1994 RTL

RIVERDANCE – DIE SHOW (RIVERDANCE – THE NEW SHOW). Mitschnitt eines Auftritts der »Riverdance Irish Dance Troupe« in der New Yorker Radio City Hall. Eine von perfekten Tänzern vorgetragene Ensembleleistung als einzigartige Mischung zwischen Tradition und Moderne, arrangiert als mitreißende Step-Stakkati. Perfekt geschnitten und montiert, ergibt dies ein Fest für Augen und Ohren; ein faszinierender Film, der nicht viele Worte braucht und den Zuschauer in den Sog der Ereignisse hineinzieht. – Sehenswert ab 12. ✦ Irland/USA 1996 **P** Tyrone/Abnkann **VA** Columbia TriStar **Pd** Maya Doherty **R** John McColgan **M** Bill Whelan **L** 94 **fd** 32 885

RIVIERA HOTEL (RIVIERA HOTEL). Auf den ersten Blick ein Bericht über das »Riviera Hotel« auf dem Pracht-Boulevard von Havanna, das ein Jahr vor der Revolution eröffnet wurde und u. a. zahlreiche amerikanische Stars und Gangster beherbergte. Der Film verdichtet sich jedoch zu einer Reportage über das heutige Kuba, über die Sorgen und Nöte der Menschen sowie verpasste Entwicklungschancen vor den Hintergrund der Revolution. Ein ebenso gesellschaftlich relevanter wie persönlicher Film. – Ab 16. ✦ Niederlande 1998 **R** Bernie Ijdis **L** 91 **E** 19.4.1999 WDR

RIVIERA-STORY. Der Seitensprung einer Reedersgattin mit einem Schriftsteller. Der vielbeschäftigte Ehemann bekommt Wind davon, aber nach einigen Gemütsaufwallungen verschließt er den schuldigen Mund der Gattin mit einem Kuß: »Ich habe mich zu wenig um dich gekümmert.« Deutsches Unterhaltungskino anno 1961. (Alternativtitel: »Die von der Elbchaussee«, »Die Nacht mit Anja«) ✦ BR Deutschland 1961 **P** Cine International **KI** Deutsche Cinevox **Pd** Leopold Branoer **R** Wolfgang Becker **B** Stefan Gommermann, Wolfgang Becker, nach einer Erzählung von Hans Nicklisch und Wolfgang Steinhardt **K** Franz X. Lederle, Richard Graf **M** Herbert Trantow **D** Ulla Jacobsson (Anja Dahlberg), Wolfgang Preiss (Arthur Dahlberg), Hartmut Reck (Roy Benter), Adeline Wagner (Lis), Walter Rilla (Nikanos) **L** 86 **FSK** ab 16; nf **E** 7.12.1961 **fd** 10 743

RJABA, MEIN HÜHNCHEN (KUROCHKA RYABA / RIABA, MA POULE). Eine Bäuerin, die jeden Tag auf dem Markt Eier verkauft, findet in ihrem Stall ein goldenes Ei. Der Fund stellt das Leben der Kolchose auf den Kopf, die plötzlich Reichtum und Wohlstand wittert. Doch da tauchen Gangster auf, denen das Ei von einem Möchtegern-Ganoven aus dem Dorf gestohlen wurde. Eine heitere Satire über den Umgang der Russen mit dem Kapitalismus und der gewonnenen Freiheit. Der Regisseur, der sich auf seinen 1967 entstandenen Film »Assjas Glück« bezieht (diese Geschichte spielt im selben Dorf, Szenen des alten Films werden immer wieder einmontiert), zeigt zugleich den Verlust, der durch den Wandel eingetreten ist, und das Vakuum, das an Stelle der alten Lebensfreude getreten ist. – Ab 16. ✦ Russland/Frankreich 1994 **P** ARF-Film/Roskomkino/Ruuskaya Ruletka/CNC/Le Studio Canal+/Chara Commercial Bank/AO Logovaz **R** Andrej Konchalowski (= Andrej Michalkow-Konchalowski) **B** Andrej Konchalowski (= Andrej Michalkow-Konchalowski), Victor Merejko **K** Jewgeni Guslinski **M** Boris Basurow **S** Hélène Gagarin (= Hélène Gagarine) **D** Inna Curikowa (Assja), Alexander Surin (Stephan), Gennadi Jegoricew (Cirkunow), Gennadi Jegoricew **L** 112 **E** 18.5.2000 SF1/DRS

ROAD ENDS (ROAD ENDS). Ein Gerichtszeuge, der von den Drogenfahndern der Regierung ebenso gesucht wird wie von den Killern eines Rauschgift-Syndikats, taucht in einem Provinznest im mexikanischen Grenzgebiet unter und erregt das Mißtrauen des ansonsten sympathischen Sheriffs. Als er aufgespürt wird, kommt es zum Showdown mit zahlreichen Leichen. Action-Krimi der unteren Mittelklasse, dessen hochkarätige Besetzung die dünne, einem veralteten Western nachempfundene Handlung nicht aufwerten kann. Der Regie gelingt es kaum, Interesse an den Figuren und ihrem gewalttätigen Treiben wachzuhalten. ✦ USA 1997 **P** PM Entertainment Group **VA** Ascot **Pd** Anthony Esposito, Rick King, Richard Pepin, Joseph Merhi **R** Rick King **B** Bill Mesce **K** Bruce Douglas Johnson **M** Dan Young **S** Daniel Loewenthal **D** Dennis Hopper (Sheriff Gilchrist), Chris Sarandon (Estaban Maceda), Peter Coyote (Gene Gere), Mariel Hemingway (Kat) **L** 94 **FSK** ab 12 **E** Februar 1998 Video/4.1.1999 Premiere **fd** 33 002

ROAD HOME (ROAD HOME). Ein mit rebellischem Verhalten um die Zuwendung seiner Eltern ringender Jugendlicher wird in eine psychiatrische Anstalt für Schwererziehbare abgeschoben, muß sich dort durchsetzen und kann sich dank der Unterstützung eines wohlmeinenden Therapeuten dazu durchringen, seiner Mutter eine neue Chance zu geben. Mit Konflikten vollgestopfter Familienfilm, der weder überzeugend entwickelt noch glaubhaft interpretiert wird, so daß die dargestellten Probleme letztlich unberührt lassen. Das hoffnungsvolle Ende belegt nur die Harmoniesucht des sich streitbar gebenden Films. – Ab 16 möglich. ✦ Scope. USA 1989 **P** Orion **KI** 20th Century Fox **VA** RCA/Columbia **Pd** Howard Rosenman, Thomas Baer **R** Hugh Hudson **B** Michael Weller **K** Juan Ruiz Anchia **M** Philippe Sarde **S** David Gladwell **D** Adam Horovitz (Tim Doolan), Donald Sutherland (Dr. Charles Loftis), Amy Locane (Cheryl), Don Bloomfield (Andy), Celia Weston (Felicia Marks), William O'Leary (Link), Graham Beckel (Richard Doolan), Patricia Richardson (Mrs. Anderson), Ron Frazier (Barton Marks) **L** 116 (ProSieben: 103) **FSK** ab 16; f (ProSieben-Fassung: ab 12) **E** 31.5.1990/9.4.1991 Video/19.1.1992 premiere **fd** 28 322

ROAD HOUSE (ROAD HOUSE). Ein Philosophie-Absolvent der New Yorker Universität muß sich in einem üblen Nachtclub in einer Kleinstadt in Missouri als Rausschmeißer betätigen und kann schließlich den Ort von einem Mafioso und seiner faschistischen Verbrecherbande befreien. Ein primitiver Actionfilm voller selbstzweckhafter Brutalitäten, in dem das beste Argument eine hart geschlagene Faust ins Gesicht des Gegners ist. – Wir raten ab. ✦ Scope. USA 1988 **P** Joel Silver Prod. (für United Artists) **KI** UIP **SF** UIP **VA** Warner Home **Pd** Joel Silver **R** Rowdy Herrington **B** David Lee Henry, Hilary Henkin **K** Dean Cundey **M** Michael Kamen **S** Frank J. Urioste, John F. Link **D** Patrick Swayze (Dalton), Kelly Lynch (Dr. Elisabeth Clay), Sam Elliott (Wade Garrett), Ben Gazzara (Brad Wesley), Marshall Teague (Jimmy) **L** 114 **FSK** ab 18; nf **E** 6.7.1989/15.6.1990 Video/20.7.1991 premiere **fd** 27 721

ROAD MOVIE (ROAD MOVIE). Zwei Lastwagenfahrer sind mit einer Ladung Gefrierfleisch von New Jersey nach Chicago unterwegs. Aus den Streitereien mit einer jungen Anhalterin entwickelt sich eine Folge von Katastrophen bis hin zum Mord. Ein Film, der sich kritisch mit dem amerikanischen Trucker- und Landstraßen-Mythos auseinandersetzt. Anfangs zerdehnt, gewinnt er an Dichte vor allem durch die treffende Charakterisierung der Figuren und ihrer hoffnungslosen Lebenslage. ✦ USA 1973 **P** Joseph Strick Production **R** Joseph Strick **B** Judith Rascoe **K** Don Lenzer **M** Stanley Myers **D** Regine Baff, Robert Drivas, Barry Bostwick, David Bauer **L** 79 **E** 29.9.1984 WDR

ROAD ONE/USA → Route One, USA

ROAD RAGE (A FRIDAY NIGHT DATE). Eine Studentin, die ein Fremder rettete, als sie Opfer ihres brutalen Ex-Freundes zu werden drohte, wird in eine anonyme Bedrohung verwickelt, als ihr Retter durch seinen unkonventionellen Fahrstil einen Pick-up-Fahrer provoziert, der fortan mit seinem getunten Fahrzeug Jagd auf die beiden macht. Ein in den Stunts, der Kameraarbeit und der Montage durchaus aufwenig gestalteter Film, der jedoch an seiner Konstruktion und unrealistischen Details leidet. Die Qualität von Spielberg ähnlich gelagertem Film »Duell« (1971) wird bei weitem nicht erreicht. – Ab 16. ✦ Kanada 2000 **P** Road Rage Films **VA** BMG **Pd** Gary Howsam **R** Sidney J. Furie **B** Greg Mellott **K** Curtis Petersen **M** Robert Carli **S** Saul Pincus **D** Casper van Dien (Jim Travis), Danielle Brett (Sonia Walker), Joseph Griffin (Ex-Freund Bo), Anthony Tullo (Zack), Chuck Byrn (Larry) **L** 93 **FSK** ab 16 **E** 7.11.2000 Video **fd** 34 615

ROAD RAIDERS (ROAD RAIDERS). Die hart umkämpften Philippinen im Jahr 1942 als Schauplatz einer Militärkomödie. Ein Weißer und ein Farbiger, beide unehrenhaft aus der Armee entlassen, wollen die Insel unbedingt verlassen, wozu ersterer die Identität eines tödlich verwundeten Colonels annimmt. Unerwartet sieht er sich an der Spitze eines Trupps geistig verwirrter Soldaten, die unter seiner trickreichen Führung bestehen können. Was sich zunächst flott und selbstironisch anläßt, verflacht zunehmend zu der fragwürdigen Erkenntnis, daß amerikanische Macher-Mentalität über japanische Verschlagenheit triumphiert. ✦ USA 1989 **P** Universal **VA** CIC **Pd** Charles F. Engel **R** Richard Lang **B** Glen A. Larson **K** Anthony B. Richmond **M** Stu Phillips **D** Bruce Boxleitner (Charlie Rhodes), Susan Diol (Lt. Hanson), Reed McCants (Harlem), Noble Willingham, Leslie Jordan **L** 91 **FSK** ab 16 **E** November 1989 Video **fd** 28 122

ROAD TRIP (ROAD TRIP). Ein Student macht sich mit drei Kommilitonen ins 1800 Kilometer entfernte Austin auf, um ein versehentlich an seine Geliebte abgeschicktes Videoband abzufangen, auf dem er bei einem »Seitensprung« zu sehen ist. Uninspiriert inszenierte, mit pubertären Sex- und Ekel-Gags angereicherte College-Komödie, die besonders würdelos mit Frauen und alten Menschen umgeht. Auf perfide Art und Weise will sie ihre Botschaft von der »benutzbaren« Frau an den Mann, aber auch das weder geschmacklich noch sexualpädagogisch gefestigte Kind bringen. DVD: Die Extras umfassen u. a. ein Feature mit nicht verwendeten Szenen. ✦ USA 2000 **P** DreamWorks/Montecito **KI** UIP **VA** Universal **DVD** Universal Home (2.35:1, DS engl./dt.) **Pd** Daniel Goldberg, Joe Medjuck **R** Todd Phillips **B** Scot Armstrong, Todd Phillips **K** Mark Irwin **M** Mike Simpson **S** Sheldon Kahn **D** Breckin Meyer (Josh), Seann William Scott (E. L.), Paulo Costanzo (Rubin), DJ Qualls (Kyle), Amy Smart (Beth), Rachel Blanchard (Tiffany) **L** 94 **FSK** ab 12; f **E** 24.8.2000/22.2.2001 Video/3.5.2001 DVD **fd** 34 427

ROAD TRIP INS CHAOS → Meet the Deedles

ROADBLOCK (DETOUR). Nach dem mißglückten Überfall auf die Kriegskasse einer Gangster-Organisation zieht sich der Rädelsführer mit den Überlebenden in seinen provinziellen Heimatort zurück. Er muß erfahren, daß die Jugendgeliebte, nun mit dem Sheriff glücklich verheiratet, den gemeinsamen Sohn großzieht und sich mit seinen Gefährten der bleihaltigen Endabrechnung stellen. Ein unbedarfter, weitgehend schwungvoller Actionfilm, der nicht mehr als funktionstüchtige Genre-Unterhaltung bieten will. ✦ USA 1998 **P** North by Northwest Prod. **VA** VPS **Pd** Doug Mankoff **R** Joey Travolta **B** Raymond Martino, William Stroum **K** Brian Cox **M** Chris White **S** Rich Cowen, Will Wuorinen **D** Jeff Fahey (Danny), Michael Madsen (Burl Rogers), Gary Busey (Mo Ginsberg), James Russo (Ziggy Rotella), Tim Thomerson (Mel) **L** 85 **FSK** ab 16 **E** 21.12.1998 Video

ROADFLOWER (ROADFLOWER). Ein Psychopath und seine drei ebenfalls gestörten Begleiter terrorisieren eine Familie und deren Freunde, bis sie von der Polizei und dem Vater zur Strecke gebracht werden. Actionfilm, der Selbstjustiz propagiert und seine Gewaltszenen lustvoll vorführt. Dramaturgisch holprig und psychologisch oberflächlich inszeniert; auch schauspielerisch wird ein Klischee ans andere gereiht. ✦ Scope. USA 1993 **P** Miramax/Silver Lion/John Flock Prod. **KI** Highlight **VA** Highlight **Pd** John Flock, Lance Hool **R** Deran Sarafian **B** Tedi Sarafian **K** James L. Carter **M** Les Hooper **S** Peck Prior **D** Christopher Lambert (Jack), Craig Sheffer (Cliff), Christopher McDonald (Glen), Alexandra Lec (Ashley), Michelle Forbes (Helen), Adrienne Shelly **L** 89 (gek. 81) **FSK** ab 18; f (gek. 16) **E** 2.6.1994/27.9.1994 Video/20.10.1995 premiere **fd** 30 854

ROADHOME → Road Home

ROADIE (ROADIE). Die Liebesgeschichte zwischen dem dicken Bühnenarbeiter einer Rockshow und einem schmächtigen Groupie, das sich nach einer Liebesnacht mit Rockstars sehnt. Dürftiger Film mit banaler Handlung, wenig zugkräftigen Musiknummern und kaum nennenswerten Gags. – Ab 16. ✦ USA 1979 **P** Alive Enterprises **KI** United Artists **Pd** Carolyn Pfeiffer **R** Alan Rudolph **B** Big Boy Medlin, Michael Ventura **K** David Myers **M** Craig Hundley **S** Carol Littleton, Tom Walls **D** Meat Loaf (Travis W. Redfish), Kaki Hunter (Lola Bouilliabaise), Art Carney (Corpus C. Redfish), Gailard Sartain (B. B. Muldoon), Rhonda Bates (Alice Poo) **L** 106 **FSK** ab 6; f **E** 31.7.1980 **fd** 22 552

ROADKILL (ROADKILL). Eine junge Frau begibt sich auf die Suche nach einer Rock-Gruppe und begegnet dabei in der kanadischen Provinz einer Reihe von Leuten, die alle auf der Suche nach dem Sinn ihres Lebens sind. Als sie endlich die vier Gruppenmitglieder beisammen hat, arrangiert sie ein Zusammentreffen der neugewonnenen Freunde und führt herbei, daß sich das Schicksal eines jeden auf tragische Weise erfüllt. Ein eigenwilliges »Roadmovie« über Sinnsuche und Rockmusik, das seine Geschichte lakonisch und zum Ende hin mit rabenschwarzem Humor erzählt. (Kino: O. m. d. U.; TV-Titel: »Tod auf dem Highway«) ✦ Schwarz-weiß. Kanada 1989 **P** Mr. Shack Motion Pictures **KI** endfilm **Pd** Bruce McDonald, Colin Brunton **R** Bruce McDonald **B** Don McKellar **K** Miroslaw Baszak **M** div. Rocksongs **S** Mike Munn **D** Valerie Buhagiar (Ramona), Gerry Quigley (Seth, der Produzent), Larry Hudson (Buddy, der Taxifahrer), Bruce McDonald (Shack, der Regisseur), Shaun Bowring (Matthew, der Weinerliche) **L** 80 **E** 22.2.1991/26.4.1993 3 sat (synchronisiert) **fd** 28 653

ROALD AMUNDSEN – DIE EROBERUNG DES NORD- UND SÜDPOLS (ROALD AMUNDSEN). Norwegischer Dokumentarfilm mit zeitgeschichtlich wie filmhistorisch wertvollen Aufnahmen von den verschiedenen Polarexpeditionen des 1928 verschollenen Forschers. Zugleich die packende Biografie eines Mannes, der im Dienst der Wissenschaft sein Leben wagte. ✦ Schwarz-weiß. Norwegen 1954 **P** A/S Fotorama **KI** Äquator/Donau **SF** Bruno Schmidt

R+B Reidar Lunde **K** Archivmaterial **M** Gunnar Sönstevold **L** 79 **FSK** ab 6; f **E** Februar 1956 **fd** 6 986

ROAR – DIE LÖWEN SIND LOS →Roar – Ein Abenteuer

ROAR – EIN ABENTEUER (ROAR). Die Familie eines Tierforschers gerät im Dschungel in eine riesige Schar von Raubkatzen. Hervorragende Tier- und riskante Actionszenen beleben die dünne und alberne Handlung, die als bloßer Vorwand für eine Reihe von komischen und gefährlichen Situationen dient. Regisseur und Produzent Noel Marshall hat den Film sozusagen in Heimarbeit auf seiner Tierfarm in Kalifornien gedreht; als Mitspieler fungieren u. a. seine Frau Tippi Hedren (»Die Vögel«, »Marnie«) und deren Tochter Melanie Griffith, die später ebenfalls als Schauspielerin Karriere machte. (TV-Titel auch: »Roar – Die Löwen sind los«) – Ab 10 möglich. ✦ Scope. USA 1970–81 **P** Noel Marshall Prod. **KI** Jugendfilm **Pd+R+B** Noel Marshall **K** Jan de Bont **M** Terence P. Minogue **S** Jerry Marshall, Jan de Bont, Ted Nicolaou, Larry Carroll **D** Noel Marshall (Hank), Tippi Hedren (Madeline), Kyalo Mativo (Mativo), John Marshall (John), Jerry Marshall (Jerry), Melanie Griffith (Melanie) **L** 100 **FSK** ab 6; f **E** 25.3.1982 **fd** 23 387

ROB ROY (ROB ROY). Filmische Adaption einer schottischen Volkssage um Robert Roy MacGregor, der am Beginn des 18. Jahrhunderts als aufrechter Clan-Chef von sich reden machte. Der Film verzichtet fast vollständig auf die Erhellung der historischen Umstände und rückt stattdessen die Beziehung des Ehepaares MacGregor als rührselige Love-Story in den Mittelpunkt. Trotz guter schauspielerischer Leistungen und sehenswerter Landschaftsaufnahmen aus den schottischen Highlands ein eher durchschnittlicher Unterhaltungsfilm. – Ab 16. ✦ Scope. USA 1994 **P** United Artists/Talisman Films **KI** UIP **VA** Warner Home **DVD** Fox Home (2.35:1, DD5.1 engl./dt.) **Pd** Peter Broughan, Richard Jackson (= Ernst von Theumer) **R** Michael Caton-Jones **B** Alan Sharp, nach einer Volkssage von Robert Roy MacGregor **K** Karl Walter Lindenlaub **M** Carter Burwell **S** Peter Honess **D** Liam Neeson (Robert Roy MacGregor), Jessica Lange (Mary MacGregor), John Hurt (Marquis von Montrose), Tim Roth (Archibald Cunningham), Eric Stoltz (Alan McDonald), Brian Cox (Killearn) **L** 139 **FSK** ab 16; f **E** 25.5.1995/24.11.1995 Video/24.11.1999 DVD **fd** 31 341

ROB ROY – DER KÖNIGLICHE REBELL (ROB ROY, THE HIGHLAND ROGUE). Der rebellische Anführer eines schottischen Clans wird 1715 von englischen Truppen besiegt, führt in den Wäldern des Hochlands ein abenteuerliches Leben à la Robin Hood und versöhnt sich schließlich mit König George I. Ein wenig unbeholfener historischer Abenteuerfilm, der sich vor allem an jugendliche Zuschauer richtet. ✦ Großbritannien 1953 **P** Walt Disney **KI** RKO **Pd** Perce Pearce **R** Harold French **B** Lawrence Edward Watkin **K** Guy Green **M** Cedric Thorpe Davie **S** Geoffrey Foot **D** Richard Todd, Glynis Johns, James Robertson Justice, Michael Gough, Jean Taylor Smith **L** 75 **FSK** ab 6; f **E** 22.10.1954 **fd** 3 393

ROBBERS OF THE SACRED MOUNTAIN (ROBBERS OF THE SACRED MOUNTAIN). Eine Expedition sucht im mexikanischen Dschungel nach einem verschollenen Goldschatz. Sie wird von einem gewissenlosen Millionär verfolgt, der im Schatz enthaltene außerirdische Substanzen zur Welteroberung verwenden will. Dürftiger Abenteuerfilm mit hektisch aneinandergereihten Effekten. ✦ Kanada 1982 **P** Intrepid/Heller/Schulz **VA** V.I.A. Tapes **R** Bob Schulz **B** Olaf Pooley, Walter Bell **K** Laszlo George **M** Lalo Schifrin **D** John Marley, Simon MacCorkindale, Louise Vallance, Blanca Guerra, George Tonliatos **L** 95 **E** 1984 Video **fd** 24 788

ROBBERY – EIN MÖRDERISCHER COUP (ROBBERY). Der zwangsbeurlaubte Leiter einer militärischen Elite-Truppe plant den Raub von sechs Millionen australischer Dollar, die Buchmacher am Tag des »Großen Preises von England« einnehmen. Ehemalige Mitstreiter werden aktiviert, mit militärischem Drill wird der Überfall vorbereitet. Als die rivalisierende Unterwelt einen der Komplizen entführt, der auch unter der Folter nichts verrät, rächt der Ex-Soldat dessen Tod. Brutaler Kriminalfilm mit militärischer Grundhaltung; eindimensionale Spannungsunterhaltung. ✦ Australien 1985 **P** The Edgecliff Film Group/Indian Pacific **VA** Cannon/VMP **Pd+R** Michael Thornhill **B** Brian Dale **K** Peter Levy **M** Glen Muirhead, Mick Walker **S** Denise Hunter **D** John Sheerin, Tony Richards, Tim Hughes, Regina Gaigalas, Simon Chillers **L** 91 **FSK** ab 18 **E** März 1989 Video **fd** 27 659

ROBBIE UND MATT – AUSSER RAND UND BAND (BOYS WILL BE BOYS). Während die Eltern sich bei einer Grillparty vergnügen, verwandeln die beiden kleinen Söhne, die allein zu Hause bleiben durften, das Heim in ein Schlachtfeld. Doch die Geschichte hat etwas Gutes: Die Kinder können einen Einbrecher unschädlich machen, der dem Familienvater Geld unterschieben wollte, um ihn in beruflichen Misskredit zu bringen. Turbulente Komödie in »Kevin-allein-zu-Haus-Manier«, die zwar nichts Neues bietet, aber solide unterhält. – Ab 14. ✦ USA 1997 **P** Crystal Sky **Pd** Steven Paul **R** Dom DeLuise **B** Mark Dubas, Gregory Poppen **K** Lenny Schway **M** Kristopher Carter **S** Heidi Scharfe **D** James Williams (Matt Clauswell), Drew Winget (Robbie Clauswell), Michael DeLuise (Skip LaRue), Jon Voight (Lt. Palladino), Julie Hagerty (Emily Clauswell) **L** 86 **E** 1.5.2000 SAT 1

ROBBYKALLEPAUL (ROBBYKALLEPAUL). Drei in einer Wohngemeinschaft lebende Freunde beschließen nach einigen Enttäuschungen mit dem anderen Geschlecht, eine Zeitlang ohne Frauen zu leben. Nach einigen Komplikationen landen sie dann doch wieder in trauter Zweisamkeit. Grelle, geschwätzige Beziehungskomödie, deren Platitüden-Feuerwerk nur Tempo vortäuscht und deren Narzißmus Humor und Charme im Keim erstickt. Allein in der Bildauflösung des beschränkten Handlungsraumes zeigen sich Ansätze inszenatorischen Geschicks. – Ab 16 möglich. ✦ BR Deutschland/Schweiz 1988 **P** Luna/Fool/Levy/Koschnik/Atlas Saskia/Fama **KI** Delta **SF** atlas **VA** atlas **Pd** Gudrun Ruzicková **R** Dani Levy **B** Dani Levy, Maria Schrader, Anja Franke, Holger Franke **K** Carl-Friedrich Koschnick **M** Niki Reiser **S** Uwe Lauterkorn **D** Dani Levy (Robby), Frank Beilicke (Kalle), Josef Hofmann (Paul), Anja Franke (Henny), Maria Schrader (Malu) **L** 95 **FSK** ab 12; f **FBW** w **E** 23.3.1989/27.10.1989 Video **fd** 27 534

ROBBY RABBIT (THE ADVENTURES OF THE AMERICAN RABBIT). Ein Kleinstadtkaninchen verliert seinen Job als Barpianist, als eine Bande hinterlistiger Schakale das Lokal abbrennt. Zeichentrickfilm für Kinder. ✦ USA 1986 **Pd** Masaharu Etoh **R** Fred Wolf, Nobutaka Nishizawa **B** Norm Lenzer **K** Hisao Shirai **M** John Hoier, Howard Kaylan, Mark Volman **S** Peter Harrison, Shinji Shimizu **L** 82 **E** 18.8.1996 premiere

ROBERT A. HEINLEINS PUPPET MASTERS →Puppet Masters

ROBERT ALTMAN'S JAZZ IN KANSAS CITY →Robert Altman's Jazz '34 – Remembrances of Kansas City Swing

ROBERT ALTMAN'S JAZZ '34 – REMEMBRANCES OF KANSAS CITY SWING (ROBERT ALTMAN'S JAZZ '34 – REMEMBRANCES OF KANSAS CITY SWING). Für die Dreharbeiten zu seinem Spielfilm »Kansas City« (1996) lud Robert Altman 21 der besten zeitgenössischen Jazz-Musiker ein, die die klassischen Melodien der 30er Jahre im Stile das »Kansas City Swing« interpretieren sollten. Dabei diente die Originalmusik zwar als Vorlage, doch die jungen Musiker brachten auch ihren eigenen unverkennbaren Stil ein. Gedreht wurde diese Dokumentation in den Kulissen des Films »Kansas City«; Höhepunkt ist die Neuinterpretation der legendären »cutting session«, bei der Lester Young, Coleman Hawkins und der damals 14jährige Charlie Parker mit- und gegeneinander spielten. Ein faszinierender Musikfilm und ein Genuß für Jazzfreunde. – Sehenswert ab 14. ✦ USA 1996 **P** Sandcastle 5/Ciby Pictures **R+B** Robert Altman **K** Oliver Stapleton **S** Brent Carpenter, Dylan Tichenor **L** 72 (TV 60) **E** 28.6.1997 arte

ROBERT KOCH, DER BEKÄMPFER DES TODES. Das Wirken des Arztes und Forschers Robert Koch, der am Ende des 19. Jahrhunderts gegen finsteren Provinzaberglauben, später gegen die Berliner Bürokratie im Alleingang den Tuberkulose-Erreger »entlarvt«. Die Art seiner Schilderung weist den Film als typisches Beispiel der NS-Produktion aus: Mit großem schauspielerischen Aufwand wird eine historische deutsche Persönlichkeit zur Autoritätsfigur stilisiert, der aufgrund ihrer Überlegenheit jegliche Mittel erlaubt sind. Hier hilft sie auch noch, den »deutschen Stamm« reinzuhalten. ✦ Schwarz-weiß. Deutschland 1939 **P** Tobis **KI** Dafa/Türck **R** Hans Steinhoff **B** Walter Wassermann, C. H. Diller, nach einer Idee von Paul Josef Cremers und Gerhard Menzel **K** Fritz Arno Wagner **M** Wolfgang Zeller **S** Martha Dübber **D** Emil Jannings (Robert Koch), Werner Krauss (Edmond Montez), Viktoria von Ballasko, Raimund Schelcher, Hilde Körber **L** 115 **FSK** ab 12; f **E** 26.9.1939 **fd** 1 155

ROBERT MAYER – DER ARZT AUS HEILBRONN. Biografischer Spielfilm über Robert Mayer, den Entdecker des Energiegesetzes, der nach schweren Kämpfen seine Erkenntnisse gegen rückschrittliche Anschauungen durchsetzt. Etwas belehrende Unterhaltung mit gesellschaftskritischem Akzent. In konventioneller Machart inszeniert. – Ab 14. ✦ Schwarz-weiß. DDR 1955 **P** DEFA **KI** Progress **Pd** Harry Studt **R** Helmut Spieß **B** Alfred Böttcher **K** Robert Baberske **M** Joachim Werzlau **S** Ruth Moegelin **D** Emil Stöhr (Robert Mayer), Gisela Uhlen (Wilhelmine Mayer), Otto Eduard Stübler (Cloß), Martin Flörchinger (Fritz Mayer), Walther Süssenguth (Geheimrat Liebig), Herwart Grosse (Hofrat von Zeller) **L** 95 **E** 28.10.1955 Kino DDR/4.11.1955 DFF 1

ROBERT UND BERTRAM (1939). Musikalische Posse im Biedermeierkostüm: Zwei Vagabunden schleichen sich in die Bankiersfamilie Moses Impelmeier ein. Beim Galafest im Palais stehlen sie Schmuck, um einem bedrängten Gastwirt zu helfen. Sie entkommen im Fesselballon, der sie am Himmelstor absetzt. Das turbulente reichsdeutsche »Musical« ist treffend besetzt, enthält aber auch einige böse antisemitische Karikaturen: »Die Juden« sind plattfüßig, mauschelnd, geil und geldgierig. ✦ Schwarz-weiß. Deutschland 1939 **P** Tobis **R** Hans H. Zerlett **B** Hans H. Zerlett, nach der gleichnamigen Posse von Gustav Raeder **K** Friedl Behn-Grund **M** Leo Leux **S** Ella Ensink **D** Rudi Godden, Kurt Seifert, Carla Rust, Fritz Kampers, Heinz Schorlemmer **L** 93 **E** 7.7.1939

ROBERT UND BERTRAM (1961). Zwei Fußwanderer auf bravem Urlaub von der Ehe. An den Schönheiten Ostfrankens vorüber führt die anspruchslos-routinierte Regie in Lustspielgefilde, wo man die beiden Hauptdarsteller als Heiratsschwindler bewundern darf. Die Neuverfilmung des gleichnamigen Bühnenschwanks hat mit der Vorlage kaum noch etwas zu tun. Eine betuliche und belanglose Komödie mit Heimatfilm-Elementen. – Ab 12. ✦ BR Deutschland 1961 **P** Alfa **KI** Europa **Pd** Artur Brauner **R** Hans Deppe **B** Gustav Kampendonk, Janne Furch, nach Motiven einer Posse von Gustav Raeder **K** Siegfried Hold **M** Gert Wilden **S** Ilse Voigt **D** Willy Millowitsch (Robert Ziegel), Vico Torriani (Bertram Weiler), Trude Herr (Klara Ziegel), Marlies Behrens (Yvonne Berger), Helen Vita (Mieze Frühling), Hubert von Meyerinck (Kommissar Wolff) **L** 88 **FSK** ab 6; nf **E** 29.9.1961/3.2.1968 ZDF **fd** 10 562

ROBERT WALSER (ROBERT WALSER). In seinem Experimentalfilm geht es Schoenherr darum, über das Leben des Dichters Robert Walser (und modellhaft über eines jeden Dichters Leben) zu meditieren. Der Film ist eine einzige Liebeserklärung an einen, der sich nicht hat vereinnahmen lassen. Robert Walser wird da zum Vor-Bild des Filmautors, der sich radikaler als alle seine Kollegen der Grammatik und Rhetorik des gängigen Films entzogen – oder verweigert – hat. ✦ Schweiz 1978 **P** Nemo/Schoenherr Prod. **Pd+R+B+K+M** Hans Helmut Klaus Schoenherr **S** Lia Schoenherr **D** Peter Ziegler, Niklaus Meienberg (Verleger, Chefredaktor), Adolf Muschg (Dienerschaft) **L** 90 **E** Schweiz

ROBERT WILSON UND DIE CIVIL WARS (ROBERT WILSON – THE CIVIL WARS). Dokumentarische Bestandsaufnahme der Inszenierung von Robert Wilsons monumentalem Theaterprojekt »the CIVIL warS«, das 1985 als zwölfstündiges Spektakel für die Bühne inszeniert wurde. Gleichzeitig ein Porträt Wilsons, der bei der Beschaffung der Finanzen und der Realisierung des Stücks beobachtet wird. (Auch O.m.d.U.) ✦ BR Deutschland/Großbritannien 1986 **P** Aspekt Telefilm/ZDF/Markus Trebitsch/BBC **SF** Edition Salzgeber **Pd** Markus Trebitsch, Orin Wechsberg **R+B** Howard Brookner **K** Bob Chapell, René Perraudin, Petrus Schloemp **D** Robert Wilson, Philip Glass, Peter Lühr, Maria Nicklisch, Ingrid Andree **L** 90 **E** 27.1.1986 ZDF/Oktober 1986 Kino

ROBERTO →Der Weg zum Ruhm

ROBERTO ROSSELLINI – TAGE DER ABENTEUER. Dokumentarfilm über den am 3. Juni 1977 gestorbenen italienischen Regisseur Robert Rossellini. An Hand von Interviews mit Mitarbeitern und Verwandten wird das Leben und das reichhaltige Werk des Filmregisseurs beschrieben und vorgestellt. Dabei wird Rossellini als ein zukunftsweisender Außenseiter interpretiert. Ein reizvoller und detailreicher Porträtfilm, der noch in seinen Abschweifungen mehr Charme besitzt als viele thematisch vergleichbare Arbeiten und so dem gezeichneten Bild von Rossellini nahekommt. – Ab 16. ✦ Teils schwarz-weiß. Italien/BR Deutschland 1988 **R+B** Ivo Barnabò Micheli **L** (TV) 90 **E** 6.6.1988 West 3

ROBIN COOK'S ACCEPTABLE RISK (ACCEPTABLE RISK / ROBIN COOK'S ACCEPTABLE RISK). Ein junger Forscher will gemeinsam mit seinem Freund im Selbstversuch eine natürliche Substanz testen, die Schmerzen lindern und Krankheiten heilen kann. Dumm ist nur, dass die Vorfahrin seiner Frau nach Verwendung des besagten Pilzes als Hexe angeklagt wurde. Auch bei ihm treten nach Einnahme der »neuen« Medizin seltsame Veränderungen auf. Thriller mit Fantasy- und Horror-Elementen, der spannungslos dem guten Ende entgegen dümpelt. ✦ USA 2001 **P** Zerneck-Sertner Films **R** William A. Graham **B** Michael J. Murray, nach dem Roman von Robin Cook **M** Chris Boardman **D** James Bulliard (Billy), Kelly Rutherford (Kim), Chad Bruce (Tim), Arne MacPherson (Rupert), Bruce McFee (J. B.), Sean Patrick Flanery **L** 92 **E** 25.9.2001 Premiere World

ROBIN CRUSOE, DER AMAZONENHÄUPTLING (LT. ROBIN CRUSOE, U.S.N.). Ein amerikanischer Marineflieger wird beim Absturz seiner Maschine auf eine einsame Südseeinsel verschlagen und gerät dort in mancherlei Schwierigkeiten. Parodistisch gemeinte, aber ziemlich klamaukhafte Komödie mit nur wenigen witzigen Gags. – Ab 12. ✦ USA 1965 **P** Walt Disney **Kl** Walt Disney **R** Byron Paul **B** Bill Walsh, Don DaGradi **K** William E. Snyder **M** Robert F. Brunner **D** Dick van Dyke, Nancy Kwan, Akim Tamiroff, Arthur Malet, Tyler McVey **L** 95 **FSK** ab 6; nf **E** 4.8.1967 **fd** 14 830

ROBIN HOOD (1922) (ROBIN HOOD). Der turbulente und actionreiche Film von 1922 mit Douglas Fairbanks in der Rolle des legendären Helfers der Armen und Unterdrückten gilt als der prominente Urahn aller späteren Mantel-und-Degen-Filme. Er war zudem der teuerste amerikanische Stummfilm überhaupt; die riesige Schloß-Kulisse stellte alles in den Schatten, was in Hollywood je an Filmdekorationen gebaut worden war. ✦ Schwarz-weiß. USA 1922 **P** United Artists **Pd** Douglas Fairbanks **R** Allan Dwan **B** Lotta Woods, Elton Thomas (= Douglas Fairbanks) **K** Arthur Edeson **S** William Nolan **D** Douglas Fairbanks (Robin Hood), Wallace Beery (Richard Löwenherz), Enid Bennett (Lady Marian Fitzwalter), Sam de Grasse (Prinz John), Paul Dickey (Sir Guy), William Lowery, Roy Coulson, Alan Hale **L** 100 **E** 21.8.1978 HR/NDR/WDR

ROBIN HOOD (1973) (ROBIN HOOD). Die alte Legende um den sagenhaften Robin Hood, der das unterdrückte und ausgebeutete Volk gegen den falschen König Johann schützt, in einem Zeichentrickfilm des Disney-Studios ohne nennenswerte Abweichungen von der bekannten Handlung. Verlegt in ein »vermenschlichtes« Tierreich, ist Robin jetzt ein Fuchs, Prinz John ein Löwe (köstlich gestaltet in der deutschen Fassung von der Stimme Peter Ustinovs), Prinz John ist ein Bär. In der Tricktechnik perfekt, halten sich originelle Einfälle und süßliche Sentimentalität die Waage. Bemerkenswert der geglückte Versuch, das Elend der unterdrückten Untertanen im Trickfilm nicht auszusparen. (Die deutschen Lieder werden von Reinhard Mey gesungen.) – Ab 6. ✦ USA 1973 **P** Walt Disney Prod. **Kl** Fox-MGM **VA** Buena Vista **Pd** Walt Disney **R** Wolfgang Reitherman **B** Larry Clemmons **M** George Bruns **L** 82 **FSK** ab 6; f (Video o. A.) **FBW** w **E** 13.12.1974 **fd** 19 095

ROBIN HOOD, DER BEFREIER (IL MAGNIFICO ROBIN HOOD). Die sattsam vertraute Geschichte vom entrechteten Robin Hood, der für die Rechte seines Königs Richard Löwenherz gegen die Intrigen des bösen Prinzen John streitet, in einer italienischen Trivialversion. ✦ Italien 1970 **P** RM Films/Marco Claudia Cinematografica **R** Roberto Bianchi Montero **B** Manuel Iglesias **K** Jaime Deu Casas **M** Augusto Martelli **D** George Martin (= Jorge Martin) (Robin Hood), Frank Braña (Prinz John), Chris Huerta (Little John), Dennis Colt (Mellin), Luciano Conti (Will) **L** 80 **E** 30.7.2000 Kabel 1

ROBIN HOOD – DER FILM (ROBIN HOOD – THE MOVIE). Zusammenschnitt einer englischen Fernsehserie: Robin Hood kehrt von den Kreuzzügen zurück, schließt sich im Sherwood Forest den Geächteten an und wird deren neuer Anführer, als der alte ums Leben kommt. Sterile Studio-Abenteuer ohne Atmosphäre und voller schlechter Kampf- und Fechtszenen. (Weitere Teile: »Robin Hood – Die Rückkehr«, »Robin Hood – Die größten Abenteuer«) – Ab 12. ✦ Großbritannien 1955–59/91 **P** ITC **VA** VCL/Carolco **Pd** Philip May, Joseph L. Shields **R** Ralph Smart, Terence Fisher **B** Eric Heath, Ann Rodney, Arthur Beb, Ian Lartain **K** Gerald Gibbs, Ken Hodges **M** Dana Walden, Paul Klingberg **S** Bill Lewthwaite, Peter Seabourne, H. C. Pearson **D** Richard Greene (Robin), Leo McKern (Sir Roger), Bernadette O'Farrell (Marian), Alan Wheatley (Sheriff), Archie Duncan (Little John) **L** 88 **FSK** ab 12 **E** 27.1.1992 Video **fd** 29 865

ROBIN HOOD – DER FREIHEITSHELD (A CHALLENGE FOR ROBIN HOOD). Robin Hood im Kampf gegen die ausbeuterischen Mannen eines Intriganten und für den rechtmäßigen König Richard Löwenherz. Unterhaltsam inszeniertes Historien-Abenteuer mit witzigen Dialogen. – Ab 14. ✦ Großbritannien 1967 **P** Hammer **Kl** Centfox **Pd** Clifford Parkes **R** C. M. Pennington-Richards **B** Peter Bryan **K** Arthur Grant **M** Gary Hughes **S** James Needs **D** Barrie Ingham (Robin), James Hayter (Bruder Tuck), Jenny Till (Lady Marian), Peter Blythe (Roger de Courtenay), Gay Hamilton (Mary) **L** 96 **FSK** ab 12; nf **E** 9.2.1968 **fd** 15 272

ROBIN HOOD – DER LÖWE VON SHERWOOD (IL TRIONFO DI ROBIN HOOD). Mantel-und-Degen-Abenteuer im gewohnten Stil, doch handwerklich auf bescheidenem Niveau und wenig originell: Robin Hoods Bande besteht diesmal aus lauter Muskelprotzen, Deppen und tumben Schlägern. ✦ Scope. Italien 1962 **P** Buena Vista **Kl** Mercator **R** Umberto Lenzi **B** Gian Carlo Romitelli **K** Angelo Filippini **M** Aldo Piga **D** Don Burnett (Robin Hood), Gia Scala (Anna, Williams Schwester), Vincenzo Musolino (Sir William Gamwel von Canterbury), Germano Longo (Alain Clare, Herzog von York), Gerard Philippe Nod (Elwin von Nottingham) **L** 84 **FSK** ab 12; nf **E** 17.4. 1965 **fd** 13 420

ROBIN HOOD – DER REBELL →Rebell ohne Gnade

ROBIN HOOD, DER ROTE RÄCHER (THE MEN OF SHERWOOD FOREST). Witz und Mut des listigen Robin Hood und seiner Gesellen retten des Königs Thron und Leben. Flotte und vergnügliche Unterhaltung speziell für Kinder. – Ab 8. ✦ Großbritannien 1954 **P** Astor **Kl** Prisma **Pd** Michael Carreras **R** Val Guest **B** Allan MacKinnon **K** James Harvey **M** Doreen Corwithen **S** James Needs **D** Don Taylor (Robin Hood), Eileen Moore (Lady Alys), Reginald Beckwith (Bruder Tuck), Patrick Holt (König Richard), David King-Wood (Sir Guy Belton) **L** 77 **FSK** ab 6; nf **E** 26.7.1957 **fd** 6 071

ROBIN HOOD, DER SCHWARZE KAVALIER (IL PRINCIPE DALLA MASCHERA ROSSA). Bescheidenes Abenteuerkino vor historischem Hintergrund: Ein böser Herzog und seine Mordgesellen finden ihren Meister in einem maskierten Helden. Mit Robin Hood hat der Film überhaupt nichts zu tun. (TV-Titel »Der Prinz mit der Maske«) ✦ Schwarz-weiß. Italien 1955 **P** Trionfalcine **Kl** Constantin **Pd** Giovanni Addessi **R** Leopoldo Savona **B** Giovanni Addessi **K** Vincenzo Seratrice **D** Maria Fiore (Amely), Frank Latimore (Robin Hood), Yvonne Furneaux (Linda), Elio Steiner (Herzog von Allerton), Livio Lorenzon (Monaldo) **L** 77 **FSK** ab 12; nf **E** 2.9.1960/24.7.1966 ARD **fd** 9 665

ROBIN HOOD – DIE GRÖSSTEN ABENTEUER (ROBIN HOOD'S GREATEST ADVENTURES). Dritter und letzter Zusammenschnitt einer englischen Fernsehserie: Robin Hood wehrt sich erfolgreich gegen weitere Ränke Prinz Johns und des Sheriffs von Nottingham. Der mißlungenste Film der Serie, eine völlig zusammenhanglose, langweile Nummernrevue. (Weitere Teile: »Robin Hood – Der Film«, »Robin Hood – Die Rückkehr«) – Ab 12. ✦ Großbritannien 1955–59/91 **P** ITC **VA** VCL/Carolco **Pd** Philip May, Joseph L. Shields **R** Peter Seabourne, Bernard Knowles, Terry Bishop **B** Louis Marks, Ann Rodney, Charles Early, Albert Ruben **K** Michael Heed, Ken Hodges, Ernest Palmer **M** Dana Walden, Barry Fasman **S** Joan Warwick, Peter H. Johnson, Robert J. Kern, Inman Hunter **D** Richard Greene (Robin), Donald Pleasence (Prinz John), Patricia Driscoll (Marian), Alan Wheatley (Sheriff), Edward Mulhare (Lord) **L** 91 **FSK** ab 6 **E** 27.1.1992 Video **fd** 29 867

ROBIN HOOD – DIE RÜCKKEHR (ROBIN HOOD – QUEST FOR THE CROWN). Weiterer Zusammenschnitt der englischen Fernsehserie: Robin Hood kämpft erfolgreich gegen die vielfältigen Intrigen Prinz Johns gegen König Richard und dessen Sohn. Belanglose, amateurhaft inszenierte Studio-Kost ohne Atmoshpäre und Spannung; allenfalls Donald Pleasence amüsiert gelegentlich als bösartiger Prinz John. (Weitere Folgen: »Robin Hood – Der Film«, »Robin Hood – Die größten Abenteuer«) – Ab 12. ✦ Großbritannien 1955–59/91 **P** ITC **VA** VCL/Carolco **Pd** Philip May, Joseph L. Shields **R** Lindsay Anderson, Peter Seabourne, Bernard Knowles **B** Ann Rodney, Louis Marks, Ernest Bornemann, Ralph Smart, Neil Collins, Paul Symonds **K** Michael Heed, Gerald Gibbs, Ken Hodges **M** Dana Walden, Barry Fasman **S** Joan Warwick, Harry Booth, David Hawkins **D** Richard Greene (Robin), Donald Pleasence (Prinz John), Bernadette O'Farrell (Marian), Alan Wheatley (Sheriff), Edward Mulhare (Sir Walter) **L** 91 **FSK** ab 6 **E** 27.1. 1992 Video **fd** 29 866

ROBIN HOOD – EIN LEBEN FÜR RICHARD LÖWENHERZ (ROBIN HOOD). Um äußerliche Authentizität bemühte Neuverfilmung der legendenumwobenen Abenteuer des englischen Banditen Robin Hood, der das den Reichen gestohlene Geld unter die Armen verteilt und seinem Widersacher Folcanet die schöne Maid Marian ausspannt. Die behäbige, humorlose Inszenierung und ein ohne Schwung und Charme agierender Hauptdarsteller lassen mit Wehmut an frühere gelungenere Verfilmungen des Stoffes denken. – Ab 16. ✦ USA 1991 **P** Working Title (für 20th Century Fox) **KI** 20th Century Fox **VA** Fox **Pd** Sarah Radclyffe, Tim Bevan **R** John Irvin **B** Sam Resnick, John McGrath, Marc Allen Smith **K** Jason Lehel **M** Geoffrey Burgon **S** Peter Tanner **D** Patrick Bergin (Robin Hood), Uma Thurman (Maid Marian), Jürgen Prochnow (Sir Miles Folcanet), Edward Fox (Prinz John), Jeroen Krabbé (Baron Daguerre) **L** 104 **FSK** ab 12; f **E** 13.6.1991/12.9.1991 Video/23.10.1993 premiere **fd** 28 947

ROBIN HOOD – HELDEN IN STRUMPFHOSEN (ROBIN HOOD: MEN IN TIGHTS). Die Abenteuer von Robin Hood und seinen Gesellen in einer nur halbwegs geglückten Genre-Parodie. In der Handlungsführung konventionell, enthält die komische Betriebsamkeit des Films zu viele schale Gags, als daß die wirklich originellen und geistvollen Einfälle und Ideen voll zum Tragen kommen können. – Ab 16. ✦ USA 1993 **P** Brooksfilms **KI** Columbia **VA** Columbia TriStar **DVD** Columbia TriStar Home (16:9, 1.85:1, DS engl./dt.) **Pd+R** Mel Brooks **B** Mel Brooks, Evan Chandler, J. David Shapiro **K** Michael D. O'Shea **M** Hummie Mann **S** Stephen E. Rivkin **D** Cary Elwes (Robin Hood), Richard Lewis (Prinz John), Roger Rees (Sheriff), Amy Yasbeck (Marian), Mel Brooks (Rabbi Tuckman), Tracey Ullman (Latrine) **L** 103 **FSK** ab 6; f **E** 9.12.1993/7.6.1994 Video/3.6.1995 premiere/29.8.2000 DVD **fd** 30 564

ROBIN HOOD IN DER STADT DES TODES (L'INVINCIBILE CAVALIERE MASCHERATO). Ein maskierter Unbekannter – nur in der deutschen Fassung heißt er Robin Hood – kämpft auf der Seite unterdrückter Bauern gegen einen spanischen Tyrannen. Konventionelles Mantel-und-Degen-Kino. (TV-Titel auch: »Kavalier mit der schwarzen Maske«) – Ab 14. ✦ Scope. Italien/Frankreich 1962 **P** Romana/S.N.C. **KI** Constantin **R** Umberto Lenzi **B** Gino de Sanctis, Luciano Martino **K** Augusto Tiezzi **M** Angelo Francesco Lavagnino **D** Pierre Brice (Don Diego/Robin Hood), Hélène Chanel (Carmenzita), Daniele Vargas, Massimo Serato, Aldo Bufi Landi **L** 93 **FSK** ab 12; nf **E** 13.9.1963/19.3.1978 DFF 2 **fd** 12 250

ROBIN HOOD JUNIOR (1974) (ROBIN HOOD JUNIOR). England im Jahr 1190. Während Lord Gilbert auf Kreuzzug ist, hat sein machtlüsterner Bruder die Herrschaft an sich gerissen. Der Tochter des Lords gelingt die Flucht. Gemeinsam mit Robin Hood Junior durchkreuzt sie die Pläne des bösen Barons, unterstützt von dem inzwischen zurückgekehrten Lord. Für ein jugendliches Publikum konzipierter Abenteuerfilm der bekannten englischen Children's Film Foundation. – Ab 12. ✦ Großbritannien 1974 **P** Children's Film Foundation **R** Matt MacCarthy, John Black **B** Matt MacCarthy **K** Tony Imi **M** De Wolfe **D** Keith Chegwin (Robin), Mandy Tulloch (Marion), Keith Jayne (Will), Nicholas Dunn (John), Dean Lawrence (Edmund) **L** (TV) 55 **E** 25.8.1982 ZDF/28.12.1986 DFF 2

ROBIN HOOD JUNIOR (1993) (RECKLESS KELLY). Das letzte aktive Mitglied einer legendären australischen Bankräuber-Sektion, der wie weiland Robin Hood seine Beute an die Armen verteilt, weicht vor seinem Gegenspieler, einem reichen Bankier, in die USA aus. Da dort durch das Kreditkarten-Geschäft das traditionsreiche Bankräuber-Gewerbe ruiniert ist, wird er Filmstar und verdient genügend Geld, um sein heimatliches Quartier, eine idyllische Insel, vor dem Zugriff des Bankiers zu retten. Eine schrill-schräge Komödie mit lauter Musik, polternden Gags und kalkuliertem Unsinn, bei der allenfalls Freunde solcher Chaos-Kost einigermaßen unterhalten werden. – Ab 14. ✦ Australien 1993 **P** Serious Entertainment **VA** Warner Home **Pd** Yahoo Serious, Warwick Ross **R** Yahoo Serious **B** Yahoo Serious, David Roach, Warwick Ross, Lulu Serious **K** Kevin Hayward **M** Yahoo Serious, Anthony Marinelli, Tommy Tycho, Maurice Sheldon **S** Yahoo Serious **D** Yahoo Serious (Ned Kelly), Melora Hardin (Robin Banks), Hugo Weaving (Sir John), Alexei Sayle (Major Wip), John Pinette (Sam Delance) **L** 77 **FSK** ab 6 **E** 10.2.1995 Video/15.2.1996 premiere **fd** 31 262

ROBIN HOOD – KÖNIG DER DIEBE (ROBIN HOOD: PRINCE OF THIEVES). Die Abenteuer des englischen Volkshelden im Kampf für die Armen und Entrechteten in einer weiteren Filmversion, die ihre Figuren den Leinwand-Idolen und ihre Action den Fantasy-Errungenschaften der 80er Jahre anpaßt. Obwohl in der Handlungsführung nicht origineller als viele Vorgänger, unterhält der Film weitgehend mit Tempo und Ironie. – Ab 14. ✦ USA 1991 **P** Morgan Creek **KI** Concorde **VA** Concorde/Warner Home **Pd** Richard Barton Lewis, Pen Densham, John Watson **R** Kevin Reynolds **B** Pen Densham, John Watson, nach einer Erzählung von Pen Densham **K** Doug Milsome **M** Michael Kamen **S** Peter Boyle **D** Kevin Costner (Robin Hood), Morgan Freeman (Azeem), Christian Slater (Will Scarlet), Alan Rickman (Sheriff von Nottingham), Mary Elizabeth Mastrantonio (Maid Marian Dubois) **L** 143 **FSK** ab 12; f **FBW** w **E** 5.9.1991/18.3.1992 Video/17.4.1993 premiere **fd** 29 066

ROBIN HOOD, KÖNIG DER VAGABUNDEN (THE ADVENTURES OF ROBIN HOOD). Farbenprächtiger Abenteuerfilm, angesiedelt im mittelalterlichen England. Robin Hood, der vom unrechtmäßig herrschenden Bruder des Königs geächtete Adlige und sagenumwobene Held, kämpft gegen den Verräter John und seine Vasallen und verhilft dem rechtmäßigen König Richard Löwenherz auf den Thron. Unterhaltsam, weitgehend spannend und humorvoll. (Alternativtitel: »Die Abenteuer des Robin Hood«) – Ab 8. ✦ USA 1938 **P** Warner Bros. **KI** Warner Bros. **Pd** Hal B. Wallis, Henry Blanke **R** Michael Curtiz, William Keighley **B** Norman Reilly Raine, Seton I. Miller **K** Sol Polito **M** Erich Wolfgang Korngold **S** Ralph Dawson **D** Errol Flynn (Robin Hood), Olivia de Havilland (Marian), Basil Rathbone (Sir Guy), Claude Rains (Prinz John), Patric Knowles (Will), Eugene Pallette (Bruder Tuck), Alan Hale (Little John), Melville Cooper (Sheriff von Nottingham) **L** 102 **FSK** ab 6; nf **E** 1950 Kino/18.,19.11.1972 ZDF (zwei Teile) **fd** 592

ROBIN HOOD, REBELL DES KÖNIGS →Robin Hood und seine tollkühnen Gesellen

ROBIN HOOD UND DIE DÄMONEN DES SATANS (UNA SPADA PER BRANDO). Robin Hood hebt mit Hilfe schlauer Mönche einen Geheimbund aus. Naiver Kostümfilm mit derbem Humor und einigen Gruseleffekten. ✦ Scope. Italien 1970 **P** Regalfilm **KI** Apolo **R+B** Alfio Caltabiano **K** Aldo Giordani **M** Carlo Rustichelli **D** Paul Winston, Karin Schubert, Tano Cimarosa, Furio Miniconi, Gérard Herter **L** 88 **FSK** ab 12; nf **E** 2.9.1971 **fd** 17 587

ROBIN HOOD UND DIE PIRATEN (ROBIN HOOD E I PIRATI). Robin Hood beendet das Schreckensregiment eines Tyrannen. Anspruchslose Ritter- und Piratenromantik vor fotogener Landschaftskulisse. – Ab 12. ✦ Scope. Italien 1960 **P** FICIT **KI** Materna **R** Giorgio Simonelli **B** Carlo Infascelli, Enrico Bomba, Edoardo Anton **K** Raffaele Masciocchi **M** Carlo Rustichelli **D** Lex Barker (Robin Hood), Jackie Lane (Karin), Rossana Rory (Lisbeth), Mario Scaccia (Brooks), Giulio Donnini **L** 82 **FSK** ab 12; nf **E** 4.8.1961/26.10.1972 Kino DDR/3.4.1971 DFF 2 **fd** 10 400

ROBIN HOOD UND SEINE LÜSTERNEN MÄDCHEN (THE RIBALD TALES OF ROBIN HOOD). Der Kampf von Robin Hood gegen den machtgierigen Prinzen John als Aufhänger für primitive Sex- und Gewaltszenen. – Wir raten ab. ✦ USA/BR Deutschland 1969 **P** Mondo **KI** Avis **VA** Highlight **Pd** Edward A. Paramore, John Harvey, Erwin C. Dietrich **R+B** Richard Kanter **K** Andreas Demmer, Paul Hipp **M** Walter Baumgartner **S** Sam Kopetsky **D** Ralph Jenkins, Bambi Allen, Heidi Frey, Daniela Larsen, Danielle Carver **L** 79 (Video 69) **FSK** ab 18; nf (Video 16) **E** 14.8.1970 **fd** 16 935

ROBIN HOOD UND SEINE TOLLKÜHNEN GESELLEN (THE STORY OF ROBIN HOOD AND HIS MERRIE MEN). Um der skrupellosen Ausbeutung des englischen Volkes durch den Thronprätendenten John Plantagenet ein Ende zu setzen, versammelt Robin Hood eine Schar mutiger Rebellen im Sherwood Forest. Das rustikale Ritterdrama aus der Disney-Produktion bietet Abenteuerromantik und komödiantische Zwischentöne in einer angenehmen Mischung: Kurzweilige Familienunterhaltung. Remake des ersten Robin-Hood-Farbfilms von 1938. (TV- und DDR-Titel: »Robin Hood, Rebell des Königs«) – Ab 10 möglich. ✦ USA 1952 **P** Walt Disney **KI** RKO **R** Ken Annakin **B** Lawrence Edward Watkin **K** Guy Green **M** Clifton Parker **D** Richard Todd (Robin Hood), Joan Rice (Marian), James Hayter (Bruder Tuck), Martita Hunt, Peter Finch **L** 82 **FSK** ab 12; f **E** 12.9.1952/15.10.1989 DFF 2 **fd** 2 177

ROBIN HOOD 2000 →Robin räumt ab

ROBIN HOODS GROSSE LIEBE (THE PRINCE OF THIEVES). Wieder einmal verficht Robin Hood die Rechte des im Morgenland weilenden Königs Richard Löwenherz gegen dessen anmaßenden Bruder, den Prinzen John, der sich durch rücksichtslose Ausbeutung beim Volk unbeliebt macht. Am Ende des bescheidenen Mantel-und-Degen-Films stehen gleich drei Hochzeiten. ✦ USA 1948 **P** Columbia **KI** Columbia **Pd** Sam Katzman **R** Howard Bretherton **B** Maurice Tombragel, Charles H. Schneer, nach einem Roman von Alexandre Dumas **K** Fred Jackman jr. **M** Mischa Bakaleinikoff **S** James Sweeney **D** Jon Hall (Robin Hood), Patricia Morison (Lady Marian), Adele Jergens (Lady Christabel), Alan Mowbray (Mönch), Michael Duane (Sir Allan Claire), H. B. Warner (Gilbert Head) **L** 70 **FSK** ab 12; nf **E** 1952 **fd** 2 354

ROBIN HOODS TOLLKÜHNE ERBEN →Die Touristenfalle – Robin Hood's tollkühne Erben

ROBIN HOODS VERGELTUNG (ROGUES OF SHERWOOD FOREST). Der sagenhafte Rebell und sein Sohn kämpfen auf der Seite freiheitsliebender Adliger für die Unterzeichnung der Magna Charta, in der die Rechte der Untertanen gegenüber königlicher Willkür festgelegt werden sollen (1215). Romantisches Abenteuerkino vor historischem Hintergrund. Hauptdarsteller John Derek versuchte sich später als Regisseur. (Fernsehtitel DDR: »Die Rache von Sherwood Forest«) ✦ USA 1950 **P** Columbia **KI** Columbia **R** Gordon Douglas **B** George Bruce **K** Charles Lawton jr. **M** Heinz Roemheld, Arthur Morton **D** John Derek (Robin, Earl of Huntington), Diana Lynn (Lady Marianne), George Macready (King John), Alan Hale (Little John), Paul Cavanagh (Sir Giles) **L** 76 **FSK** ab 12; nf **E** 21.12.1951/27.12.1974 DFF 1 **fd** 1 538

ROBIN RÄUMT AB (ROBIN OF LOCKSLEY). Kriminalfilm für (ältere) Kinder. Ein 16jähriger Junge wird nach dem Lottogewinn der Eltern gegen seinen Willen auf ein Elite-College geschickt. Als ein Mitschüler nach einem Unglück verletzt und mittellos wird, räumt er in Robin-Hood-Manier die Konten seiner meistgehaßten Mitschüler ab, um ihm zu helfen. ✦ USA 1996 **Pd** Larry Sugar **R** Michael Kennedy **B** Larry Sugar **K** Mark Irwin **M** John Welsman **S** Bill Goddard **D** Devon Sawa (Robin), Sarah Chalke (Marion), Joshua Jackson (Prince), Billy O'Sullivan (Will), Tyler Labine (John) **L** 93 **E** 15.2.1998 premiere

ROBIN UND ANNABEL. Tragikomödie für und über Jugendliche. Als der tüchtige, höfliche Sohn aus gutem Hause ein »revolutionäres« Punk-Mädchen kennenlernt, das sich tatkräftig, wenn auch nicht immer ganz legal, für Umwelt und Unterdrückte engagiert, nimmt sein bisheriges behütetes Leben im Kreise der Familie eine neue Wendung. – Ab 14. ✦ BR Deutschland 1989/90 **R+B** Marc-Andreas Borchert **K** Sven Opitz **S** Sven Opitz **D** Marc-Andreas Borchert (Robin), Eva Knobel (Annabel), Helmut Knobel (Vater), Gertrude Borchert (Mutter), Uli Kahle (Die Frau in Rot), Rüdiger Glockemann (Onkel), Sammy Ochs (Sammy) **L** 75 **E** 19.12.1993 NDR

ROBIN UND MARIAN (ROBIN AND MARIAN). Nach 20 Jahren kehrt Robin Hood, der romantische Held des Mittelalters, nach England zurück und wird hier mit seiner zur Legende gewordenen Vergangenheit konfrontiert, bis der Tod ihn erlöst. Der Film versucht eine ironische Revision des Mantel-und-Degen-Klassikers, findet aber nicht zu einem überzeugenden Stil. Entstanden ist ein eher konventionelles Kostümabenteuer mit sentimentalen Zwischentönen. – Ab 16. ✦ USA 1975 **P** Rastar **KI** Warner-Columbia **R** Richard Lester **B** James Goldman **K** David Watkin **M** Michel Legrand, John Barry **D** Sean Connery (Robin Hood), Audrey Hepburn (Marian), Nicol Williamson (Little John), Richard Harris (König Richard), Robert Shaw (Sheriff von Nottingham), Denholm Elliott (Will Scarlett) **L** 107 **FSK** ab 12; f **E** 12.11. 1976/7.7.1978 Kino DDR **fd** 20 045

ROBINSON CRUSOE (1952/54) (ROBINSON CRUSOE / ADVENTURES OF ROBINSON CRUSOE). Die Abenteuer des englischen Schiffbrüchigen auf einer einsamen Insel nach dem populären Roman von Daniel Defoe – inszeniert von Luis Buñuel während seiner produktiven mexikanischen Schaffensphase. Buñuel lieferte einen geradlinigen, handwerklich anspruchsvollen Abenteuerfilm, der ohne Pathos und weltanschauliche Phrasen auskommt. Nur in Crusoes Fieberträumen folgt Buñuel seinem surrealistischen Erbe. Ansonsten gilt sein besonderes Augenmerk der Frage, inwieweit die sogenannte Zivilisation dem Menschen nützlich, zuträglich oder entbehrlich ist: ein Motiv, das sich als roter Faden durchs Gesamtwerk des Regisseurs zieht. Der Film wurde in zwei Sprachversionen – spanisch und englisch – gedreht. ✦ USA/Mexiko 1952/54 **P** United Artists/ Ultramar **KI** United Artists **Pd** Oscar Dancigers **R** Luis Buñuel **B** Phillip Ansel Roll, Luis Buñuel, nach dem Roman von Daniel Defoe **K** Alex Phillips **M** Anthony Collins, Luis Hernández Bretón **S** Carlos Savage, Alberto Valenzuela **D** Dan O'Herlihy (Robinson Crusoe), Jaime Fernández (Freitag), Felipe de Alba (Captain Oberzo), José Chávez (Seeräuber), Emilio Garibay (Seeräuber) **L** 90 **FSK** ab 6; f **E** 21.12.1954/ 22.11.1972 ARD **fd** 3 735

ROBINSON CRUSOE (1972) (SHISN I UDIWITELNYJE PRIKLJUTSCHENIJA ROBINSONA KRUSO). Russische Verfilmung des berühmten Abenteuerromans. Der auf eine einsame Insel verschlagene Schiffbrüchige Robinson findet in Freitag, den er vor Kannibalen rettet, nach langen Jahren einen Gefährten, mit dem er eine meuternde Schiffsmannschaft überlisten kann. Damit ist nach 28 Jahren das Ende des Inseldaseins gekommen. Sorgfältig in der Ausstattung, mit schönen Landschaftsaufnahmen, aber dilettantisch inszeniert – nicht mehr als ein farbenprächtiger Bilderbogen. (Fernsehtitel BRD: »Leben und Abenteuer des Robinson Crusoe«) – Ab 8. ✦ Scope. UdSSR 1972 **P** Filmstudio Odessa **KI** Progress **R** Stanislaw Goworuchin **B** Felix Mironer, nach dem Roman von Daniel Dafoe **K** Oleg Martynow **M** Jewgeni Geworgjan, Andrej Geworgjan **D** Leonid Kurawljew (Robinson), Irakli Chisanischwili (Freitag) **L** 89 **E** 12.4.1974 DDR/10.1.1976 DFF 1/8.1.1977 ARD

ROBINSON CRUSOE (1981) →Die wundersamen Abenteuer des Robinson Crusoe

ROBINSON CRUSOE (1996) (DANIEL DEFOE'S ROBINSON CRUSOE). Der englische Seemann Robinson Crusoe strandet auf einer einsamen Insel und muß den Kampf gegen die Naturgewalten und die Einsamkeit aufnehmen. Als er einen Eingeborenen vor Kannibalen rettet und dieser sich ihm anschließt, könnte die Einsamkeit ein Ende haben, aber aus Standesdünkel kann sich Crusoe zunächst nicht entschließen, seinem Gefährten die Freundschaft anzubieten. Freie Verfilmung des Klassikers von Daniel Defoe, der die Actionelemente der Geschichte in den Mittelpunkt stellt und existentielle Fragen weitgehend vermeidet. Sprünge in der Dramaturgie und eine stellenweise holprige Szenenfolge lassen auf nachträgliche Kürzungen des nicht gerade spannenden Films schließen, die ihm den Garaus machen. – Ab 16. ✦ USA 1996 **P** RHI Entertainment/Miramax **VA** Concorde (VCL) **DVD** Concorde (1.85:1, DD5.1 dt.) **Pd** Njeri Karago **R** Rod Hardy, George Miller **B** Christopher Lofton, Tracy Keenan Wynn, Christopher Canaan, nach dem Roman von Daniel Defoe **K** David Connell **M** Jennie Muskett **S** Craig Featherman, Kevin Stitt, Richard Bracken **D** Pierce Brosnan (Robinson Crusoe), William Takaku (Freitag), Polly Walker (Mary), Ian Hart (Daniel Defoe), Damian Lewis **L** 87 **FSK** ab 12 **E** 16.12.1997 Video/20.6.1998 DVD **fd** 33 085

ROBINSON CRUSOE AUF DEM MARS →Notlandung im Weltraum

ROBINSON CRUSOE UND DER TIGER (ROBINSON CRUSOE / ROBINSON CRUSOE AND THE TIGER). Robinson Crusoe strandet als einziger Überlebender eines Schiffbruchs auf einer einsamen Insel. Sein einziger Kamerad wird ein gezähmter Tiger – bis zu dem Tag, an dem er einen Eingeborenenjungen, den er »Freitag« nennt, aus den Händen von Kannibalen rettet. In Anlehnung an Defoes Klassiker entstandener, leidlich unterhaltsamer Abenteuerfilm mit zahlreichen Aufnahmen exotischer Tierwelt; sehr schlicht, aber für ein junges Publikum durchaus fesselnd. – Ab 10. ✦ Mexiko 1969 **P** Avant-Zacarias-Film **R** René Cardona jr. **B** Mario Marzac, René Cardona jr., nach Motiven eines Romans von Daniel Defoe **K** Alex Phillips, Luis Medina **M** Raúl Lavista **S** Alfredo Rosas Priego **D** Hugo Stiglitz (Robinson), Ahui Camacho (Freitag) **L** 109 (TV 91) **E** 6.12.1986 ZDF

ROBINSON IM WATTENMEER. Ein moderner junger Großstädter findet einen ungewöhnlichen Job auf einer nordfriesischen Vogelinsel. Gut fotografierter Dokumentarfilm mit einer etwas blassen Spielhandlung. – Ab 8. ✦ BR Deutschland 1960 **P** Schulz-Kampfhenkel **SF** Kreis- und Stadtbildstellen **R+B+K** Otto Schulz-Kampfhenkel **L** 69 **FSK** ab 6; f **FBW** bw **E** 1961 Kino **fd** 10 894

ROBINSON IN ÖSTERREICH (ROBINSON IN ÖSTERREICH). Dokumentarischer Film über den Universalgelehrten Friedrich Morton, der in der ersten Hälfte des 20. Jahrhunderts als Biologe, Archäologe, Schriftsteller, Historiker und früher Umweltschützer im österreichischen Hallstatt tätig war und diesem Ort bis heute zu seiner überregionalen Bedeutung verholfen hat. Der Film spürt nach der Exotik in der eigenen Heimat und sucht zugleich nach den Lebenszusammenhängen hinter dem Postkartenbild der Öffentlichkeit. ✦ Österreich/BR Deutschland 1988 **SF** Verleih der Filmemacher **R+B** Wilma Kiener, Dieter Matzka **K** Dieter Matzka **M** Karl Goldmark **S** Wilma Kiener, Dieter Matzka **L** 90

ROBINSON JR. (ROBINSON JR.). Ein Mailänder Modemacher wird nach einer Schiffshavarie auf eine unbewohnte Insel verschlagen, wo er auf sich allein gestellt mit den Anforderungen der ungewohnten Lebenslage fertig werden muß. Erst ein bildhübsches Mädchen von der Nachbarinsel verhilft ihm schließlich nach mancherlei Mißverständnissen zur Rückkehr nach Europa. Unterhaltsame, dramaturgisch geschickte Komödie frei nach Daniel Defoe. – Ab 14. ✦ Scope. Italien 1976 **P** Vides Cinematografica, Rom **KI** Progress **R** Sergio Corbucci **B** Castellano (= Franco Castellano), Pipolo (= Giuseppe Moccia), Paolo Villaggio, Sergio Corbucci, nach Motiven des Romans von Daniel Defoe **K** Marcello Gatti **M** Guido de Angelis, Maurizio de Angelis **D** Paolo Villaggio (Robinson), Zeudi Araya (Freitag), Anna Nogara, Percy Hogan **L** 103 **E** 27.4.1979 Kino DDR/12.4.1980 DFF 1/14.6.1992 ORB

ROBINSON SOLL NICHT STERBEN. Kinder aus den Armenvierteln Londons organisieren Hilfe für Daniel Defoe (1660–1731), den betagten und in Not geratenen Autor ihres Lieblingsbuchs »Robinson Crusoe«. Keine historische Biografie, aber warmherzige, munter inszenierte und gespielte Unterhaltung. – Ab 8. ✦ BR Deutschland 1956 **P** NDF **KI** Ufa **R** Josef von Baky **B** Emil Burri, Johannes Mario Simmel, nach dem gleichnamigen Theaterstück und Jugendbuch Friedrich Forster **K** Günther Anders **M** Georg Haentzschel **D** Romy Schneider, Horst Buchholz, Erich Ponto, Magda Schneider, Mathias Wieman **L** 97 **FSK** ab 6; f **FBW** w **E** 7.2.1957/24.12.1966 ZDF/21.12. 1983 DFF 2 **fd** 5 650

ROBINSON UND SEINE WILDEN SKLAVINNEN. Ein junger Apotheker verwirklicht seinen Traum, auf einer Robinsoninsel mit leichtbekleideten Gespielinnen zu leben. Läppische Sex-Komödie. ✦ BR Deutschland/Frankreich 1971 **P** Telecine/Comptoir Français du film **KI** Pilot **R** Frank Hollmann (= Jésus Franco Manera) **B** Art Bernd (= Artur Brauner) **K** Gérard Brissaud **M** Daniel White **D** Yehuda Barkan, Andrea Rau, Ruth Gassmann, Ingeborg Steinbach **L** 81 **FSK** ab 18; nf **E** 26.5.1978 **fd** 20 806

ROBINSONADE ODER: MEIN ENGLISCHER GROSSVATER (ROBINZONADA ILI MOY ANGLIJSKIJ DEDUCHKA / ROBINSONADA ANU TSCHEMI INGLISELI PAPA). Die Geschichte eines Engländers, der 1920 nach Georgien kommt, um am Aufbau der Telegrafenlinie London – Delhi zu arbeiten. Er verliebt sich in eine Einheimische, wird aber von den Revolutionären vertrieben, die die Macht übernehmen. Da der Boden drei Meter um die Telegrafenmasten von der englischen Regierung aufgekauft wurde, flüchtet er sich auf dieses Miniterritorium und richtet sich ein, bis er von einem aufgebrachten Grundbesitzer eher versehentlich erschossen wird. Die Rahmenhandlung stellt den Enkel des Engländers vor, einen Komponisten, der seinem Großvater eine Sinfonie widmet. Ein poesievoller Film, von Witz und Humor getragen, der für ein friedliches Zusammenleben der Menschen verschiedener Ideologien und Kulturen plädiert. (O.m.d.U.) – Sehenswert ab 16. ✦ Scope, teils schwarz-weiß. UdSSR 1987 **P** Grusia **R** Nana Dshordshadse **B** Irakli Kwirikadse **K** Lewan Paataschwili **M** Enri Lolaschwili **D** Shanri Lolaschwili, Ninel Tschankwetadse, Guram Pirchalawa, Grudse Dusdull, Elgudia Burduli **L** 75 **E** 24.11.1988 DFF 2/2.12.1989 S 3

ROBINSONS GARTEN (ROBINSON NO NIWA). Eine junge Drogenhändlerin zieht sich aus der hektischen Stadt zurück und richtet sich in einer Fabrikhalle eine Wohnung ein. Dann legt sie einen Kohlgarten an, den sie wie ihren Augapfel hütet. Trotz aller Anstrengungen scheint alles dem Untergang geweiht, sie erkrankt schwer, doch zumindest der Garten gedeiht. Ein Film über einen radikalen Ausstieg, der zu einem neuen Leben führt. Eine schwer verständliche, mitunter verquaste Studie über die Macht der Pflanzen, deren chaotische Inszenierung es nie versteht, fantasievolle filmische Ideen ordnend zu einer Einheit zusammenzufügen. (O.m.d.U.) ✦ Japan 1986/87 **P** Lay Line Corporation **KI** Freunde der Deutschen Kinemathek **Pd** Ayi Shinohara **R** Masachi Yamamoto **B** Masachi Yamamoto, Mikio Yamazaki **K** Tom DiCillo, Noboru Asano **M** Jagatara **S** Chiaki Tohyama **D** Kumiko Ota (Kumi), Chiibo (Maki), Machizo Machida (Kie), Yuko Ueno (Yû), Mitsuwa Sakamoto (Erika) **L** 123 **E** August 1989

ROBINSONS HÜTTE. Fernsehkomödie: Die Abenteuer einer Großstadtfamilie beim Silvesterurlaub in einer einsamen Berghütte. ✦ DDR 1981 **P** DFF **R** Günter Meyer **B** Claus-Ulrich Wiesner **K** Horst Schneiderheinze **M** Gottfried Riedl **S** Rolf Wellingerhof **D** Madeleine Lierck (Mutter), Gerd Grasse (Vater), Josephin Hellmund (Mücke), René Kulschewski (Thomas), Ostara Körner (Oma), Kurt Radeke (Opa) **L** 60 **E** 31.12.1998 ORB

ROBINSONS TOLLSTE ABENTEUER (IL RACCONTO DELLA GIUNGLA). Zeichentrickversion der Robinson-Geschichte von Daniel Defoe mit einigen Gags und viel Leerlauf. – Ab 8 möglich. ✦ Scope. Italien 1973 **P** Coronal/I.F.E. **KI** Jugendfilm **R** Gibba **B** Frankie Driver, Alberto Chimenz, Anthony Victors, Alan Thornton, nach dem Roman von Daniel Defoe **K**

Helios Strong, Anka Beards **M** Francesco De Masi **L** 86 **FSK** ab 6; nf **E** 29.3.1974 **fd** 18 796

ROBO ADVENTURE – RETTET DIE ERDE →Robo Warriors

ROBO WARRIORS (ROBO WARRIORS). Eine Gruppe von Widerstandskämpfern liefert außerirdischen Invasoren, die die Erde mit Hilfe gigantischer Kampfroboter unterjochen wollen, eine verbissene Abwehrschlacht. Als es den Menschen gelingt, eine eigene Kampfmaschine zu aktivieren, kann der Sieg errungen werden. Ein unausgegorenes Konglomerat aus Dschungelabenteuer, Endzeit-Spektakel, Thriller, Actionreißer und Science Fiction. Die schwülstigen Dialoge lassen die selbstzweckhafte Brutalität unfreiwillig komisch erscheinen. ✦ USA 1996 **P** Republic Pictures **VA** Ascot **DVD** Splendid/Ascot (FF, DD5.1 dt.) **Pd** Loucas George **R** Ian Barry **B** Michael Berlin **K** John Stokes **M** Richard Band **S** Tom Wallis **D** James Remar (Ray Gibson), Kyle Howard (Zach Douglas), Dennis Creaghan (Major Dreesen), Bernard Kates (Charlies Walers), James Tolkan (Quon) **L** 89 (gek. 82) **FSK** ab 16 (gek. ab 12) (DVD 16) **E** 27.3.1997 Video/25.12.1998 ProSieben/27.11.2000 DVD **fd** 32 633

ROBO WARRIORS – DIE SCHLACHT DER KAMPFGIGANTEN →Robo Warriors

ROBOCOP (ROBOCOP). Ein ermordeter Polizist wird zu künstlichem Leben erweckt und jagt als Synthese von Mensch und Roboter seinen Mörder. Er entlarvt den führenden Mann einer polizeiverbundenen Firma für Sicherheit als machtgierigen Großverbrecher. Optisch hervorragend gestalteter Thriller, der die »Frankenstein«- und »Mabuse«-Thematik jedoch ganz in den Dienst einer genüßlich ausgeschöpften Darstellung von Gewalt und Brutalität stellt. – Wir raten ab. ✦ Scope. USA 1987 **P** Orion **KI** 20th Century Fox **SF** 20th Century Fox **VA** RCA/Columbia **Pd** Arne L. Schmidt **R** Paul Verhoeven **B** Edward Neumeier, Michael Miner **K** Jost Vacano **M** Basil Poledouris **S** Frank J. Urioste **D** Peter Weller (Wagner/Robocop), Nancy Allen (Lewis), Ronny Cox (Jones), Kurtwood Smith (Clarence), Miguel Ferrer (Morton), Dan O'Herlihy (der »Alte«), Ray Wise (Leon), Felton Perry (Johnson) **L** 101 (gek. 78) **FSK** ab 18; nf (gek. 16) **E** 7.1.1988/13.9.1988 Video **fd** 26 601

ROBOCOP II →Robocop – The Comic

ROBOCOP 2 (ROBOCOP 2). Fortsetzung des 1987 von Paul Verhoeven inszenierten Science-Fiction-Action-Spektakels um einen Polizeiroboter mit menschlichem Gehirn, angesiedelt nach Atomkatastrophe und zerstörter Ozonschicht zu Beginn des 21. Jahrhundert: Robocop bekommt es gleichzeitig mit einem Drogenkönig und seinem eigenen Nachfolgemodell zu tun, das der Herstellerfirma die völlige Kontrolle über Detroit garantieren soll. Einige selbstironische Brechungen und die tricktechnische Brillanz können die Tendenz zur Gewaltverherrlichung nicht aufwiegen. ✦ USA 1989 **P** Orion **KI** 20th Century Fox **VA** RCA/Columbia **Pd** Jon Davison **R** Irvin Kershner **B** Frank Miller, Walon Green, nach einer Story von Frank Miller und nach den Charakteren von Edward Neumeier und Michael Miner. **K** Mark Irwin **M** Leonard Rosenman **S** William M. Anderson **D** Peter Weller (Robocop), Nancy Allen (Anne Lewis), Felton Perry (Donald Johnson), Belinda Bauer (Juliette Faxx), Tom Noonan (Cain), Robert DoQui (Sgt. Reed), Willard Pugh (Bürgermeister Kuzack), Gabriel Damon (Hob), Galyn Gorg (Angie), Dan O'Herlihy (der »Alte«) **L** 115 (gek. 83) **FSK** ab 18; nf (gek. 16) **E** 13.9.1990/5.3.1991 Video/18.4.1992 premiere **fd** 28 511

ROBOCOP 3 (ROBOCOP 3). Als die Einwohner eines ärmlichen Detroiter Stadtviertels im Auftrag eines Großkonzerns aus ihren Wohnungen vertrieben werden, erinnert sich der künstliche Superpolizist der Firma seines menschlichen Ursprungs und wechselt die Seiten. Zusammen mit anderen Überläufern hilft er der Widerstandsgruppe des Quartiers. Dritte Folge der Science-Fiction-Reihe um den Roboter-Polizisten, nicht so perfekt inszeniert wie der selbstironisch gefärbte erste, aber weit weniger brutal als der zweite Teil. Im Kern der Action-Geschichte steckt die nachdenkenswerte Botschaft über die Notwendigkeit zwischenmenschlicher Solidarität in einer materialistischen Welt. – Ab 16. ✦ USA 1992 **P** Orion **KI** Columbia **VA** Columbia TriStar **DVD** Columbia TriStar Home (16:9, 1.85:1, DS engl./dt.) **Pd** Patrick Crowley **R** Fred Dekker **B** Frank Miller, Fred Dekker **K** Gary B. Kribbe **M** Basil Poledouris **S** Bert Lovitt **D** Robert Burke (Robocop), Nancy Allen (Lewis), Rip Torn (Commander), CCH Pounder (Bertha), Jill Hennessy (Lazarus), Mako (Kanemitsu), Remy Ryan (Nikko), John Castle **L** 104 **FSK** ab 16; f **E** 5.5.1994/8.11.1994 Video/11.1.2000 DVD **fd** 30 779

ROBOCOP III – THE COMIC (ROBOCOP III – THE COMIC). Ein unbesiegbarer, halb menschlicher, halb künstlicher Superpolizist legt in Zusammenarbeit mit einer Polizistin den Verbrechern von Detroit das Handwerk. Nach dem Kinoerfolg des gleichnamigen Films fürs Fernsehen entstandene Zeichentrick-Serie, von der wiederum vier 20-Minuten-Folgen als Videokassette vorliegen. Robocop entlarvt einen windigen Geschäftemacher, stoppt eine führerlose U-Bahn, beschützt einen arabischen Diplomaten und geht gegen Umweltzerstörer vor. Action- und gewalthaltige Episoden, deren überdenkenswerte Inhalte in Lärm und Explosionen untergehen. – Ab 16. ✦ USA 1991 **P** Marvel/Akom/Orion **KI** Columbia TriStar **VA** New Vision **Pd** Boyd D. Kirkland (= Boyd Kirkland), Margaret Loesch Stimpson, Joseph M. Taritero **R** Ray Lee **B** Rich Fogel, Mark Seidenberg, nach einer Vorlage von Edward Neumeier und Michael Miner **M** Haim Saban, Shuki Levy **L** 81 **FSK** ab 16 **E** 20.5.1991 Video **fd** 29 122

ROBOCOP 4 – FOR LAW AND ORDER (ROBOCOP – THE FUTURE OF LAW ENFORCEMENT). Ein größenwahnsinniger Wissenschaftler strebt mit der Hilfe eines Supercomputers diktatorische Macht an. Damit das elektronische System funktioniert, pflanzt er ihm das Gehirn einer hübschen Sekretärin ein. So wird ihr Geist zur Maschine, und nur ein gutmütiger Android kann Freiheit und Menschlichkeit retten. Eine futuristische, als Pilotfilm zu einer Fernsehserie produzierte Komödie, die den Frankenstein- und Metropolis-Stoff reizvoll fortspinnt und zugleich Genre-Klischees und Reality-TV parodiert. Entertainment-Nachrichten und Werbeclips unterbrechen ironisch die Action-Szenen und entlarven die Scheinkultur des Fernsehens. (Titel auch: »Robocop 4 – Law and Order«) – Ab 16. ✦ Kanada 1994 **P** SkyVision **VA** VCL/Carolco **Pd** J. Miles Dale **R** Paul Lynch **B** Michael Miner, Edward Neumeier **K** William Gereghty **M** Jon Stroll, Kevin Gillis **S** Gary L. Smith **D** Richard Eden (Robocop), Yvette Nipar (Lisa Madigan), Blu Mankuma (Sgt. Parks), Sarah Campbell (Gadget), Andrea Roth (Diana Powers), David Gardner, Cliff De Young **L** 85 **FSK** ab 16 **E** 20.3.1995 Video/15.12.1995 RTL **fd** 31 355

ROBOCOP: PRIME DIRECTIVES – DARK JUSTICE (ROBOCOP: PRIME DIRECTIVES 1 – DARK JUSTICE). Die in die Jahre gekommene polizeiliche Mensch-Maschine RoboCop, für die es keine Ersatzteile mehr gibt, muss es mit einer Mensch gewordenen Monsterfigur aufnehmen, die als gnadenloser Rächer für ihre Art von Gerechtigkeit sorgt, kann jedoch ein tiefer liegendes Komplott nicht durchdringen. Auftakt einer vierteiligen Miniserie im ambitionierten Breitwandformat, die jedoch mit den witzig-trashigen Kinovorläufern wenig gemein hat und kaum Gesellschafts- oder Technikkritik übt, sondern eher wie eine futuristische Billig-Soap aussieht und austauschbare Fernsehroutine bietet. (Die anderen Folgen: 2. »Melttown«. 3. »Crash and Burn«. 4. »Der unschuldige Engel«) ✦ USA 2001 **P** Robocop Productions **VA** Sunfilm **DVD** Sun Film (16:9, 1.85:1, DD2.0 engl., DD5.1 dt.) **Pd+R** Julian Grant **B** Brad Abraham, Joseph O'Brien **K** Gerald R. Goozee **M** Norman Orenstein **S** Chuck Kahn, Marlon Moskal, Jocelyn Poon, David Ransley, Bill Towgood **D** Page Fletcher (Alex J. Murphy/RoboCop), Maurice Dean Wint (John T. Cable), Geraint Wyn Davies (David Kaydick), Maria Del Mar (Sara Cable), Anthony Lemke (James Murphy), Kevin Jubinville (Damian Lowe), Leslie Hope (Ann R. Key), Rebeka Coles-Budrys (Jordan) **L** 95 **FSK** ab 16 **E** 18.9.2001 Video & DVD **fd** 35 167

ROBOCOP – THE COMIC (ROBOCOP – THE COMIC). Robocop, ein Zwitter aus Mensch und Maschine, als Comic-Held in einer Mischung aus Science-Fiction- und Horrormotiven, verwurstet zu einer geballten Action-Ladung im grellen Animation-Stil der Marvel Comics. In vier Episoden (1. »Crime Wave«, 2. »Scrambler«, 3. »Project Deathspore«, 4. »Menace of the Mind«) muß sich der Unbesiegbare mit verrückten Wissenschaftlern, Gangsterbanden, Killerpflanzen und dergleichen herumschlagen und darf dabei übelste Law-and-Order-Ideologie absondern. Formal stets nach gleichem durchsichtigem Muster gestrickt und entsprechend öde. (Neuer Videotitel: »Robocop II«) – Ab 16. ✦ USA 1988 **P** New World **VA** New Vision **R** Ray Lee **B** Mark Seidenberg (1,2), Rich Fogel (1,2), Donald F. Glut (3), Roger Slifer (4) **M** Haim Saban, Shuki Levy **L** 84 **FSK** ab 16 **E** März 1990 Video **fd** 28 212

ROBODAD (AND YOU THOUGHT YOUR PARENTS WERE WEIRD). Zwei junge Männer konstruieren einen Roboter, in den der Geist ihres verstorbenen Vaters fährt. So kann die mit menschlicher Intelligenz ausgestattete Maschine bösen Konkurrenten zuvorkommen, die den noch minderjährigen Söhnen die Patente abjagen wollen. Märchenhafte und sentimentale Teenie-Komödie, die trotz aller High-Tech- und New-Age-Accessoirs bloß biedere Unterhaltung bietet. – Ab 12. ✦ USA 1991 **P** Panorama **VA** Starlight **Pd** Just Betzer **R+B** Tony Cookson **K** Paul Elliott **M** Randy Miller **S** Michael Ornstein **D** Marcia Strassman (Sarah), Joshua Miller (Joah), Edan Gross (Max), John Quade (Walter Kotzwinkle), Sam Behrens (Steve) **L** 88 **FSK** ab 6 **E** 16.4.1992 Video/10.11.1994 RTL 2 **fd** 29 718

ROBODOG (C.H.O.M.P.S.). Ein junger Erfinder revolutioniert mit seiner computergesteuerten Hunde-Nachbildung die Alarmanlagen-Branche und lehrt Einbrecher das Fürchten. Hausbacken inszenierte Familienunterhaltung mit Comic-Strip-Gags und einigen hübschen Ideen. – Ab 8 möglich. ✦ USA 1979 **P** Orion **VA** VCL/Virgin **Pd** Joseph Barbera, Burt Topper **R** Don Chaffey **B** Dick Robbins, Duane Poole **K** Charles F. Wheeler **M** Hoyt Curtin **S** Warner Leighton **D** Wesley Eure (Brian Foster), Valerie Bertinelli (Casey Norton), Conrad Bain (Ralph Norton), Larry Bishop (Ken Sharp), Red Buttons (Brakken) **L** 87 **FSK** ab 6 **E** März 1987 Video/21.4.1991 premiere **fd** 26 285

ROBOFORCE (ROBOFORCE). Menschenähnliche Roboter versuchen im Auftrag einer finsteren Verbrecherorganisation, die Erde in ihre Gewalt zu bringen. Erst als ein Gangster abtrünnig wird und seine Hilfe anbietet, kann die Gefahr abgewendet werden. Banale Mischung aus »Martial Arts« und bemühtem Humor, die sich schamlos an Erfolgsfilme wie »Terminator« und »Robocop« anhängt. ✦ Hongkong 1988 **P** Film Workshop **VA** Splendid **Pd** Tsui Hark, John Sham **R+B** David Chung **K** Lo Wash Shing **M** Nongo Diaz **D** Tsui Hark (Whisky), John Sham (Loony), Sally Yeh (Maria), Tony Leung Ka Fai **L** 83 **FSK** ab 16 **E** Februar 1989 Video

ROBOMAN (ROBOWAR / ROBOT DE GUERRA). Auf einer philippinischen Insel ist der zum Kampf gegen brutale Guerilleros eingesetzte Maschinenmensch »Omega 1« außer Kontrolle geraten und tötet gnadenlos die »falschen« Leute. Von einem wagemutigen Kommando, das den Roboter im Dschungel aufspüren will, überlebt nur eine Krankenschwester, die dem Monster mittels Napalm den Garaus macht. Auf amerikanisch geschminkter Dutzendfilm, arm an Ideen, reich an Schieß-, Blut- und Ekelszenen. ✦ Italien 1988 **P** Flora **VA** Scala **Pd** Franco Gaudenzi

R Vincent Dawn (= Bruno Mattei) **B** Rossella Drudi **K** Riccardo Grassetti **M** Al Festa **S** Daniele Alabiso **D** Catherine Hickland (Virgin), Alex McBride (= Massimo Vanni) (Sonny Peel), Romano Puppo (Corey), John P. Dulaney (Bray), Mel Davidson (Erfinder Mascher) **L** 83 **FSK** ab 18 **E** 10.2.1991 Video **fd** 29 216

ROBOSAURUS (STEEL JUSTICE). Die Überlebensbedingungen im 21. Jahrhundert sind denkbar schlecht geworden: Die Umwelt ist zerstört, die Bevölkerungszahl explodiert, Armut und Gewalt beherrschen das Bild. Die Ordnungshüter können gegen das organisierte Verbrechen nichts mehr ausrichten. Ein Polizist, dessen Sohn ermordet wurde, will mit Hilfe eines stählernen Dinosauriers dagegen ankämpfen. In jeder Hinsicht düsterer – da auch schlecht ausgeleuchteter – Science-Fiction-Thriller, der seine Existenz einem sehr schlichten Drehbuch verdankt. – Ab 16. ✦ USA 1992 **P** Universal **VA** CIC **Pd** Stephen Lovejoy **R** Christopher Crowe **B** Christopher Crowe, John Hill **K** Michael Watkins **M** Frank Becker **D** Robert Taylor (David Nash), J. A. Preston (Jeremiah J. Jonas), Roy Brocksmith (Colonel Roland Duggins), John Finn (Lt. Aaron Sones), Neil Ciuntoli (Jerrod) **L** 86 **FSK** ab 12 **E** Febr.1993 Video/1.11.1995 RTL

ROBOT JOX (ROBOTJOX). In ferner Zukunft werden die Rivalitäten zwischen den Machtblöcken durch Duelle gigantischer Kampfroboter ausgefochten. Weil durch einen Unfall beim Kampf um Alaska unschuldige Zuschauer ums Leben kommen, zieht sich einer der Roboter-«Jockeys« vorrübergehend zurück, springt aber wieder ein, als seine Gefährtin im entscheidenden Kampf zu unterliegen droht. Relativ solide inszeniertes Science-Fiction-Spektakel mit Anleihen beim Western und Motiven der antiken Tragödie. – Ab 14. ✦ USA 1989 **P** Trans World Entertainment **VA** Empire **Pd** Albert Band, Charles Band, Frank Hildebrand **R** Stuart Gordon **B** Joe Haldeman, Stuart Gordon **K** Mac Ahlberg **M** Frederic Talgorn **S** Ted Nicolaou, Lori Ball **D** Gary Graham (Achilles), Anne-Marie Johnson (Athena), Paul Koslo (Alexander), Robert Sampson (Commissioner Jameson), Danny Kamekona (Dr. Matsumoto), Hilary Mason (Professor Laplace), Michael Alldredge (Tex Conway), Jeffrey Combs, Jason Marsden, Carolyn Purdy-Gordon, Ian Patrick Williams **L** 81 **FSK** ab 12 **E** 2.11. 1990 Video **fd** 28 789

ROBOT JOX 2 (ROBOT WARS). Die Welt in 100 Jahren: Die Japaner haben einen riesigen Kampfroboter in Gestalt eines Skorpions entführt und streben die Weltherrschaft an. Einem tapferen Piloten gelingt es, ihn unschädlich zu machen. Eine idiotische Handlung, schlechte Dialoge und miserable Schauspieler bestimmen diesen Film, dessen aufwendig inszenierter Schlußkampf die vielen Schwächen nicht wettmachen kann. (Fernsehtitel: »Robot Jox – Krieg der Stahlgiganten«) – Ab 16. ✦ USA 1992 **P** Full Moon **VA** VPS **Pd+R** Charles Band **B** Jackson Barr **K** Adolfo Bartoli **M** David Arkenstone **S** Margaret-Anne Smith **D** Don Michael Paul (Drake), Barbara Crampton (Leda), James Staley (Stumpy), Lisa Rinna (Dr. Hamill), Danny Kamekona (Wa-Lee), Peter Haskell (Rooney) **L** 72 **FSK** ab 12 **E** 29.7.1993 Video/10.2. 1996 RTL 2 **fd** 30 433

ROBOT JOX – KRIEG DER STAHLGIGANTEN →Robot Jox 2

ROBOT MANIAC (DEATH WARMED UP). Ein junger Mann wird durch die Machenschaften eines Gen-Technikers zum Elternmörder. Nach Jahren aus der Anstalt entlassen, trifft er auf einer einsamen Insel seinen ehemaligen Peiniger wieder, der ihn gleich wieder in seine monströsen Experimente einbezieht und ihm das Leben zur Hölle macht. Das aktuelle Thema der Gen-Manipulation wird mit »Frankenstein-«, »Zombie-« und »Mad Max«-Zutaten zu einem allenfalls noch als Unterhaltung ernstzunehmenden Thriller versetzt. ✦ Neuseeland/Australien 1983 **P** Murray Newey Prod. **VA** VMP/Cannon **Pd** Murray Newey **R** David Blyth **B** Michael Heath **K** James Bartle **M** Mark Nicholas **S** David Hugget **D** Michael Hurst (Michael Tucker), Margaret Umbers (Sandy), Gary Day (Dr. Archer Howell), David Letch (Spider), William Upjohn (Lucas), Norelle Scott (Jeannie), Geoff Snell (Jannings) **L** 85 **FSK** ab 18 **E** 10.12.1987 Video

ROBOT NINJA (ROBOT NINJA). Nachdem ein Comiczeichner Zeuge einer Vergewaltigung und schwer verletzt wird, als er dem Opfer beistehen will, schlüpft er nach seiner Genesung in die Rolle seines »Robot Ninja«, den er für einen Fernsehsender entwickelt hat und zieht als Rächer durch die Stadt, um Verbrechern den Garaus zu machen. Billigst Splatterfilm, der wenig Wert auf Inhalt legt und Gewalteffekte in den Vordergrund stellt. ✦ USA 1990 **VA** Screen Power (Böhling) **R** J. R. Bookwalter **D** James L. Edwards (Scully), Michael Kemper, Bill Morrison, Linnea Quigley (Miss Barbeau), Scott Spiegel, Burt Ward **L** 80 **E** 31.3.1999 Video

ROBOT-WAR (GUNHED). Der Supercomputer »Kyron 5«, der vor Jahren einen Krieg zwischen Menschen und Robotern anzettelte und nun die Weltherrschaft anstrebt, soll vernichtet werden. Dieser Aufgabe haben sich ein Techniker auf einer künstlichen Pazifikinsel, eine Polizistin, zwei Kinder und ein Kampfroboter verschrieben. Lärmendes Science-Fiction-Spektakel aus den Toho-Studios, angereichert mit jeder Menge trivialem Feuerzauber. ✦ Japan 1989 **P** Toho/Sunrise **VA** VPS **Pd** Tomoyuki Tanaka, Eiji Yamaura **R+B** Masato Harada **K** Junichi Fujisawa **M** Toshiyuki Honda **S** Yoshitami Kuroiwa **D** Masahiro Takashima (Brooklyn), Yajin Harada (Elf), Kaori Mizushima (Sieben), Brenda Bakke (Nim), Mickey Curtis (Bansho), Randy Reyes (Gunhed), James Brewster Thompson (Barabbas), Doll Nguyen (Boomerang), Jay Kabira (Bombbay) **L** 92 **FSK** ab 16 **E** 19.7.1990 Video/14.4.1994 PRO 7

ROBOTER DER STERNE (THE IRON MAN). Im legendenumwobenen Bermuda-Dreieck hat der »erhabene Koordinator« mit seinen außerirdischen Robotern Stellung bezogen, um die Erde zu vernichten. Ein Professor entdeckt daraufhin die Formel Titanium, mit der er eine magische Schußwaffe konstruiert. Seine Elitetruppe nimmt den Kampf gegen die Monster aus dem All auf. Hirnrissiger Hongkong-Film, dem die deutsche Synchronisation den Rest gibt. ✦ Hongkong 1976 **P** Carrel **KI** CFC-Contact **L** 86 **FSK** ab 12; nf **E** 2.12.1977 **fd** 20 582

ROBOTER DES GRAUENS (THE MONSTER AND THE APE). Ein guter und ein böser Wissenschaftler haben gemeinsam einen Roboter konstruiert. Über dessen praktische Nutzung kommt es zu Konflikten, die sich zu einem mit brutalen Mitteln geführten Gangsterkrieg auswachsen. Zweiteiliger utopischer Gangsterfilm (1. »Maskierte Feinde«; 2. »Zerfetzte Masken«). Eine handwerklich simpel gemachte Serienproduktion, die den Charme des Dilettantismus ausstrahlt. (Der erste Teil wurde später unter dem Titel: »Der Gorilla und seine Feinde« erneut ausgewertet.) ✦ Schwarz-weiß. USA 1945 **P** Columbia **KI** Columbia **R** Howard Bretherton **B** Sherman Lowe **K** L. William O'Connell **M** Lee Zahler **D** Robert Lowery (Ken Morgan), George Macready (Prof. Ernst), Carole Mathews (Babs Arnold), Ralph Morgan (Prof. Arnold), Willie Best (Flash), Jack Ingram (Nordik), Anthony Warde (Flint), Ted Mapes (Butler), Stanley Price (Mead), Eddie Parker (Blake) **L** 81/95 **FSK** ab 12; nf **E** 8.9. 1953 (Teil 1)/15.9.1953 (Teil 2) **fd** 2 753

ROBOTER IM STERNBILD KASSIOPEIA →Stern Alpha ruft Erde

DIE ROBOTER KOMMEN →Die Androiden – Sie sind unter uns

ROBOTER MIT HERZ (TOO MUCH). Ein amerikanisches Mädchen, das mit seinen Eltern Tokio besucht, brennt mit einem vom Gastgeber der Familie konstruierten Roboter durch. Von der Polizei gesucht und von einem Konkurrenten des Konstrukteurs verfolgt, verlaufen sich beide. Die niedliche Maschine entwickelt ungeahnte Talente und stiftet allerhand Chaos, ehe die Familie wieder zusammenfindet. Bemüht auf Kind getrimmte Erzähl-Einsprengsel des Mädchens, ungelenke Slapstick-Nummern, der Fujiyama im Postkartenformat: man gibt sich alle Mühe, sein Publikum (gleich welchen Alters) für dumm zu verkaufen. – Ab 8 möglich. ✦ USA 1987 **P** MGM-UA/Odyssey/Cannon **VA** Cannon/VMP **Pd** Menahem Golan, Yoram Globus **R** Eric Rochat **B** Joan Caine, Eric Rochat **K** Daisaku Kimura **M** George S. Clinton **S** Alain Jakubowicz **D** Bridgette Anderson (Susie), Masao Fukazawa (Too Much), Morikiyo Bowhay (Tetsuro), David M. Spencer (Tom), Hiroyuki Watanabe (Tetsuro) **L** 85 **FSK** ab 6 **E** 27.3.1991 Video **fd** 29 153

ROBOTO, DIE MENSCHENMASCHINE (NOT QUITE HUMAN). Ein Androide, der einem 17jährigen Durchschnittsjungen nachmodelliert ist, bringt mit seinem buchstabengetreuen Gehorsam das Leben seines Erfinders durcheinander. Als sein »Vater« und seine »Schwester« in Todesgefahr geraten, entwickelt er plötzlich die sehr menschlichen Gefühle eines Lebensretters und emanzipiert sich vom Dasein der rein künstlichen Intelligenz. Linientreue Hollywood-Komödie, die jedoch vom witzigen und sprachgewitzten Spiel ihrer Hauptfigur profitiert. (Späterer Titel: »Mein großer Bruder Chip«; Fortsetzungen: »Chip schafft alle«, »Chip wird erwachsen«) – Ab 14. ✦ USA 1987 **P** Sharmill **VA** EuroVideo **Pd** Noel Resnick **R** Steven Hillard Stern **B** Alan Ormsby **K** Ken Lamkin **M+S** Tom Scott **D** Alan Thicke (Dr. Jonas Carson), Robyn Lively (Becky), Robert Harper (Durks), Joseph Bologna (Gordon Vogel), Jay Underwood (Chip) **L** 88 **FSK** ab 12 **E** 14.12.1988 Video **fd** 27 380

ROBOTRIX (ROBOTRIX). Ein Konstrukteur von Androiden, Kampfmaschinen in menschlichen Körpern, transferiert sich selbst und beginnt, die Welt zu terrorisieren. Seine Gegenspielerin nimmt mit zwei Gehilfinnen, ebenfalls Androiden, die Verfolgung auf. Da sich die »Robots« neben vielen anderen Eigenschaften vor allem durch Schönheit auszuzeichnen haben, rutscht der handwerklich unterdurchschnittliche Film in fade Softporno-Gefilde ab. Lediglich die Kampfszenen weisen eine ausgefeilte Choreografie auf. ✦ Hongkong 1991 **P** Paragon **VA** Ufa **Pd** Chua Lam **R+B** Luk Kim Ming **K** Yeung Jim **D** Amy Yip, Chikako Aoyama, Hsu Hsiao Tan, David Wu, Billy Chow, Wo Fung **L** 83 **FSK** ab 18 **E** 18.7.1994 Video **fd** 30 973

ROBUR – DER HERR DER SIEBEN KONTINENTE (MASTER OF THE WOLRD). Vier amerikanische Ballonfahrer geraten in die Gewalt eines Zeppelin-Kapitäns, der, mit futuristischer Technik ausgerüstet, einen Krieg gegen den Krieg führt. Bescheidener, billig wirkender Abenteuerfilm nach Jules Verne. – Ab 12. ✦ USA 1960 **P** Alta Vista/AIP **KI** Mercator **Pd** James H. Nicholson **R** William Witney **B** Richard Matheson, nach Erzählungen von Jules Verne **K** Gilbert Warrenton **M** Les Baxter **S** Anthony Carras **D** Vincent Price (Robur), Mary Webster (Dorothy), Charles Bronson (Strock), Henry Hull (Prudent), David Frankham (Philip), Richard Harrison (Alistair), Vito Scotti (Topage), Wally Campo (Turner), Steve Masino (Weaver), Ken Terrel (Shanks), Peter Besbas (Wilson) **L** 86 **FSK** ab 6; nf **E** 5.10.1962 **fd** 11 475

ROCCO →Der Mafia-Boß – Sie töten wie Schakale

ROCCO – DER EINZELGÄNGER VON ALAMO (BALLATA PER UN PISTOLERO / PISTOLE NELLA POLVERE). Rocco, der unschuldig 15 Jahre hinter Gittern saß, nimmt Rache an seinem Widersacher und entlarvt dabei eine üble Bande. Brutaler Euro-Western. ✦ Scope. BR Deutschland/Italien 1966 **P** Tefi/Giano/Prodi **KI** Constantin **R** Alfio Caltabiano **B** Alfio Caltabiano, Ernst von Theumer **K** Guglielmo Mancori **M** Marcello Giombini **D** Anthony Ghidra (= Dragomir 'Gidra' Bojanic) (Rocco), Angelo Infanti (Nigros), Anthony Freeman (= Mario Novelli) (Chinchi), Al Northon (= Alfio Caltabiano) (El Bedoja), Dan May, Monica Teuber (Maruja) **L** 98 **FSK** ab 18; nf **E** 3.11. 1967 **fd** 15 044

ROCCO – DER MANN MIT DEN ZWEI GESICHTERN (SUGAR COLT). Verbrecher halten eine Gruppe Scharfschützen der Nordstaaten-Armee gefangen. Rocco erledigt die Banditen und befreit die Gefangenen. Dank menschlicher Aspekte und origineller Regie ein überdurchschnittlicher Italowestern. (TV-Titel DDR: »Kavallerie in Not«) – Ab 16. ✦ Scope. Italien/Spanien 1966 **P** Mega/Eva **KI** Constantin **R** Franco Giraldi **B** Giuseppe Magione, Augusto Finocchi, Alessandro Continenza, Fernando Di Leo, Franco Giraldi **K** Alejandro Ulloa **M** Luis Enriquez Bacalov **D** Hunt Powers (= Jack Betts) (Rocco), Soledad Miranda (Josefa), Julian Rafferty (Colonel), James Parker (Jonger), Georges Rigaud (Pinkerton) **L** 100 **FSK** ab 16; nf **E** 14.5.1968/10.11.1985 DFF 2 **fd** 15 481

ROCCO – ICH LEG' DICH UM (L' ULTIMO KILLER). Ein Mexikaner, der durch den Terror eines verbrecherischen Viehzüchters Farm und Angehörige verloren hat, tötet im Alleingang alle Komplizen des Ranchers und zuletzt auch dessen Killer Rocco, seinen eigenen Lehrmeister. Brutal-sentimentaler Italowestern. ✦ Scope. Italien 1967 **P** Castoro/Jupiter Generale/Rofilm/Garfilm **KI** Constantin **R** Joseph Warren (= Giuseppe Vari) **B** Augusto Caminito **K** Angelo Filippini **M** Roberto Pregadio **D** George Eastman (= Luigi Montefiori), Anthony Ghidra (= Dragomir ›Gidra‹ Bojanic), Dana Ghia, Mirko Ellis, John Hamilton, Daniele Vargas **L** 87 **FSK** ab 18; nf **E** 23.2.1968 **fd** 15 311

ROCCO UND SEINE BRÜDER (ROCCO E I SUOI FRATELLI / ROCCO ET SES FRERES). Eine Witwe folgt mit ihrer Familie dem ältesten Sohn von Sizilien in die Industriestadt Mailand, wo sie bessere Lebensbedingungen erwartet. Doch die Begegnung mit der modernen italienischen Gesellschaft führt zum Zerfall der Gemeinschaft. Die fünf Brüder gehen unterschiedliche Wege, einer von ihnen wird zum Gewalttäter und treibt auch den idealistischen ältesten Bruder in den Untergang. Ein ausdrucksstarkes, tragisch überhöhtes Sozialdrama, angesiedelt zwischen dem Neorealismus von Viscontis Frühwerken und der ausladenden Epik seiner späteren Familienporträts. Wie die meisten Arbeiten des Regisseurs kam auch dieses Meisterwerk stark gekürzt in die deutschen Kinos. Das Fernsehen zeigte erstmals die vollständige und restaurierte Fassung (ergänzte Passagen im Original mit Untertiteln). – Sehenswert. ✦ Schwarz-weiß. Italien/Frankreich 1960 **P** Titanus/Les Films Marceau/Cocinor **KI** Die Lupe **Pd** Goffredo Lombardo **R** Luchino Visconti **B** Luchino Visconti, Suso Cecchi d'Amico, Pasquale Festa Campanile, Massimo Franciosa, Enrico Medioli, nach dem Roman »Il ponte della Ghisolfa« von Giovanni Testori **K** Giuseppe Rotunno **M** Nino Rota **S** Mario Serandrei **D** Annie Girardot (Nadia), Alain Delon (Rocco Parondi), Renato Salvatori (Simone), Claudia Cardinale (Ginetta), Katina Paxinou (Rosaria, die Mutter), Alessandra Panaro, Spiros Focas, Max Cartier, Corrado Pani, Rocco Vidolazzi, Claudia Mori, Adriana Asti **L** 166 (TV 171) **FSK** ab 18; f **FBW** w **E** 14.4.1961/28.9.1962 Kino DDR/1.6.1974 DFF 1/28.3.1993 ZDF (rekonstr. Fassung)/3.9.1998 Neustart Kino **fd** 10 143

ROCHADE (ROCHADE). Die Geheimdienste aus Wien und Bratislawa wollen eine international operierende Waffenschieber-Bande zerschlagen. Ihre Kontaktperson ist ein umtriebiger Geschäftsmann, der zum Kopf der Organisation führen könnte. Doch auch unter Druck erweist der Mann sich als harter Brocken. Agententhriller, in dessen Mittelpunkt die Zusammenarbeit ehemals verfeindeter Geheimdienste steht. ✦ Österreich/CSFR 1991 **P** ORF/Slowakisches Fernsehen **R** Peter Patzak **M** Christian Kolonovits **D** Michael York (Paul Grumbach), Iris Berben (Kristina/Zdenka), Ernst Schröder (Alexander Melkovic), Karim Allaoui (Mann im Nadelstreifenanzug) **L** 100 **E** 28.11.1994 Nord 3

ROCK (ROK). Dokumentarfilm über die Rockmusik in der UdSSR, der am Beispiel einiger Leningrader Gruppen die Musik, den Alltag der Musiker und ihr Auftreten in der Öffentlichkeit darstellt. Bemerkenswert ist der Film, dessen Auftritte während des Leningrader Rock-Festivals im Sommer 1987 gedreht wurden, vor allem wegen seiner Haltung gegenüber dieser lange Zeit verpönten Jugend-Kultur: er will Sympathie für diese Musik wecken und stellt die Frage, wie sich diese Musikform, die lange Jahre nur im Untergrund geduldet wurde, im Zeichen der Perestroika in der Öffentlichkeit behaupten und entwickeln wird. (O.m.d.U.) – Ab 16. ✦ Teils schwarz-weiß. UdSSR 1988 **P** Dokumentarfilmstudio Leningrad **R** Alexej Utschitel **B** Juri Filipow, Alexej Utschitel **K** Dmitri Mass **M** Boris Grebenschtschikow, Aquarium, Auktion, Kino, AWIA, DDT **L** 94 **E** 21.12.1989 BR

ROCK A DOODLE (ROCK A DOODLE). Als der Hahn Sir Rock seine heimatliche Farm aus Ärger verläßt, drohen Regenfluten die zurückgebliebenen Menschen und Tiere zu vernichten. Der Junge Edmond, den eine gierige Eule in eine Katze verwandelt hat, bricht mit drei Tieren in die Stadt auf, wo der Hahn als Rock-'n'-Roll-Sänger Schlagzeilen macht. Zeichentrickfilm in den Fußstapfen des traditionellen Disney-Stils, der ohne große Überraschungen eine spannende und sympathische Geschichte um Treue und Freundschaft erzählt. – Ab 6. ✦ Irland/USA 1991 **P** Sullivan Bluth Studios **KI** Jugendfilm **VA** VPS **Pd** Don Bluth, Gary Goldman, John Pomeroy **R** Don Bluth **B** David N. Weiss **K** Mary Walsh **M** Robert Folk **S** Dan Molina **D** Toby Scott Granger (Edmond) **L** 74 **FSK** o. A.; f **E** 3.10.1991/16.4.1992 Video/29.5.1993 premiere **fd** 29 211

ROCK-A-DOODLE – EIN HAHN EROBERT DIE STADT → Rock a Doodle

ROCK ALIEN (ROCK ALIEN). Als ein neuer Weltkrieg droht, bekommt ein Rockmusiker von einer außerirdischen Macht die Gabe geschenkt, durch seine Musik Frieden zu stiften. Während seiner Mission kann er sich auch gegen ein Monster durchsetzen. Musikfilm mit zahlreichen Anleihen bei der biblischen Geschichte. – Ab 14. ✦ USA 1988 **P** Herculian I **VA** MCP **R+B** Dennis Adam Zervos **K** Robert Gardner **M** Dennis Adam Zervos **D** Henry Coleman (George), Harry Sands (Ritto), Gregory Harvey (Feeder), Dennis Adam Zervos (Tyler Upshaw), Tamela Glenn (Lazer) **L** 79 **FSK** ab 12 **E** 1991 Video

ROCK ALIENS – LET'S DANCE TONIGHT (VOYAGE OF THE ROCK ALIENS). In einer amerikanischen Kleinstadt kommt es zu einem rockmusikalischen Wettkampf zwischen der ortsansässigen High-School-Band und außerirdischen Musikern. Die dürftige Story wird mit langweilig inszenierten Musik- und Tanzeinlagen und dummen Gags auf Spielfilmlänge gedehnt. – Ab 14 möglich. ✦ USA 1984 **P** Inter Planetary Curb **KI** Metropol **VA** VPS **R** James Fargo **B** S. James Guidotti, Edward Gold, Charles Hairston **K** Gilbert Taylor **M** Jack White (= Horst Nussbaum) **D** Pia Zadora (Dee Dee), Tom Nolan (Absid), Craig Sheffer (Frankie), Alison LaPlaca (Diare), Michael Berryman (Chainsaw), Ruth Gordon (Sheriff) **L** 95 **FSK** ab 6; f **E** 31.5.1985/August 1985 Video **fd** 25 116

ROCK AND ROLL (THE KING OF FRIDAY NIGHT). In einem verschlafenen kanadischen Provinzstädtchen treffen sich 1986 die ehemaligen Mitglieder der Rockgruppe »Monarchs«, die sich nach vier erfolgreichen Jahren als Band in den 60er Jahren hoffnungslos zerstritt. Der Film blendet zurück in die große Zeit des Rock'n'Roll und berichtet von den Hoffnungen und Enttäuschungen der Gruppenmitglieder, die in einem Erinnerungskonzert die Vergangenheit auferstehen lassen wollen. ✦ Kanada 1986 **R** John Gray, Andrew Gosling **B** John Gray **M** John Gray **D** Eric Peterson (Screamin' John), Frank Mackay (Parker), Geoffrey Bowes (Chink), Alec Willows (Manny), Andrew Rhodes (Brent), Sheree Jeacoke (Shirly) **L** 90 **E** 25.12.1990 N 3

ROCK AND RULE (ROCK AND RULE). Ein Superrocker will durch die reine Stimme eines Mädchens zu absoluter Macht gelangen. Er wird vom Dämon, den er rief, zerstört. Auf ein jugendliches Publikum ausgerichteter Zeichentrickfilm mit Computer- und Videospiel-Ästhetik und viel Rockmusik. – Ab 14 möglich. ✦ USA 1983 **P** Nelvana **VA** Embassy **R** Clive A. Smith **B** Peter Sander, John Halfpenny **K** Lenora Hume **L** 76 **E** Mai 1985 Video **fd** 25 181

ROCK CITY (ROCK CITY). Dokumentarspielfilm mit bekannten Rocksänger und -gruppen, unter anderem »The Animals«, die »Rolling Stones«, Ike und Tina Turner, »Pink Floyd«. Gedreht wurde zwischen 1964 und 1973 in London. ✦ Großbritannien 1973 **P** BBC **KI** Theatiner/Atlas **R+B** Peter Clifton **M** The Rolling Stones, Eric Burdon & The Animals, Donovan, Arthur Brown, Otis Redding **D** The Rolling Stones, Eric Burdon & The Animals, Donovan, Arthur Brown, Otis Redding **L** 60 **E** 21.1.1977 NDR

ROCK FIGHTING (KNIGHTS AND EMERALDS). In einem Arbeiterviertel in Birmingham nehmen am jährlichen Wettbewerb der »Marching Bands« drei Musikgruppen teil, die weißen »Knights«, die schwarzen »Crusaders« und die reine Frauentruppe »Emeralds«, was zu heftigen Konkurrenzkämpfen und rassistischen Vorurteilen, aber auch zu einer gefühlvollen Romanze führt. Spielfilmdebüt. ✦ Großbritannien 1986 **R+B** Ian Emes **M** John Midgley **D** Christopher Wild (Kevin Brimble), Beverly Hills (Melissa), Warren Mitchell (Mr. Kirkpatrick), Bill Leadbitter (Enoch), Rachel Davies (Mrs. Fountain), Tracie Bennett (Tina) **L** 94 **E** 27.11.1993 Kabelkanal

ROCK HUDSON (ROCK HUDSON). Die Geschichte eines Lastwagenfahrers, der von seinem Agenten zum Hollywood-Traummann Rock Hudson aufgebaut wurde. Der homosexuelle Schauspieler war eines der ersten prominenten Aids-Opfer; er starb im Oktober 1985 an der Immunschwäche. Eine banale Fernseh-Seifenoper mit viel Klatsch, Tratsch und Spekulationen, aber wenig Einfühlungsvermögen. – Ab 16. ✦ USA 1990 **P** The Konigsberg-Sanitsky Comp. **Pd** Renee Palyo **R** John Nicolella **B** Dennis Turner, nach einem Buch von Phyllis Gates und Erinnerungen von Marc Christian **D** Thomas Ian Griffith (Rock Hudson), Daphne Ashbrook (Phyllis Gates), William R. Moses (Marc Christian), Andrew Robinson (Henry Willson), John Frankenheimer (Galloway) **L** 94 **E** 21.6.1992 SAT 1

ROCK HUDSON'S HOME MOVIES – DEMONTAGE EINER KINOLÜGE (ROCK HUDSON'S HOME MOVIES). Eine ironische Montage mit Ausschnitten aus bekannten Filmen des Hollywood-Stars Rock Hudson, die so geschickt angelegt und (von Hudsons Alter ego) kommentiert ist, daß selbst in den berühmtesten Liebesszenen mit Doris Day Hudsons Homosexualität schon ein überraschend frühes »Outing« erfährt. Gleichzeitig treibt der Film ironischen Schabernack mit den Seh- und Rezeptionsgewohnheiten einer ganzen Zuschauergeneration. Eine liebevolle und witzige Reminiszenz an den an Aids gestorbenen Schauspieler. ✦ USA 1992 **P** Tuxedo/Couch Potato **SF** Freunde der Deutschen Kinemathek **Pd+R+B** Mark Rappaport **K** Mark Daniels **S** Mark Rappaport **D** Eric Farr **L** 63 **E** September 1993/21.2.1994 West 3

ROCK 'N' ROLL (ROCK, PRETTY BABY). Ein aufsässiger Sohn, Mitglied einer Schülerband, bekehrt seinen strengen Vater durch den Gewinn eines Musikwettbewerbs zum Rock-'n'-Roll-Fan. Der für die 50er Jahre typische kommerzielle Musikfilm verbindet Songs eher durchschnittlicher Qualität mit einer dünnblütigen Spielhandlung um Generationskonflikte und Schülerflirts. ✦ Schwarz-weiß. USA 1956 **P** Universal **KI** Universal **R** Richard Bartlett **B** Herbert Margolis, William Raynor **K** George Robinson **M** Joseph Gershenson **D** Sal Mineo, John Saxon, Luana Patten, Edward Platt, Fay Wray **L** 89 **FSK** ab 18; nf **E** 11.1.1957 **fd** 5 592

ROCK 'N' ROLL HIGH SCHOOL (ROCK 'N' ROLL HIGH SCHOOL). Eine autoritäre Schulleiterin, beschränkte Lehrer, Schüler die nur Rock 'n' Roll und Sex im Kopf haben, und eine drittklassige Band als »komische« Zutaten einer High-School-Klamotte, die mit der Sprengung der Schule durch die Jugendlichen endet. ✦ USA 1979 **P** New World **R** Allan Arkush **B** Allan Arkush, Joe Dante, Richard Whitley, Russ Dvonch, Joseph McBride **K** Dean Cundey **M** The Ramones, div. Gruppen **D** P.J. Soles, Mary Woronov, Vincent van Patten, Clint Howard, Dey Young **L** 93 **E** 20.,27.5.1984 ARD (zwei Teile)

ROCK 'N' ROLL MAM (ROCK 'N' ROLL MOM). Eine gesangsbegabte Enddreißigerin und zweifache Mutter aus einem kalifornischen Provinznest wird als Rocksängerin entdeckt und vermarket. Erst der zweite Anlauf läuft nach ihren Bedingungen ab. Eine Komödie, die die im Stoff angelegten satirischen Momente zugunsten märchenhafter Züge vernachlässigt. Das mitreißende Spiel der Hauptdarstellerin läßt die Geschichte jedoch beinahe glaubhaft erscheinen. – Ab 16. ✦ USA 1988 **P** Walt Disney **VA** EuroVideo **Pd** Stan Rogow **R** Michael Schultz **B** Gen Le Roy **K** Isidore Mankofsky **M** Lee Ritenour **D** Dyan Cannon (Annie Hackett), Michael Brandon (Jeff Robins), Heather Locklear (Darcy X), Nancy Lenehan, Joe Pantoliano, Telma Hopkins **L** 94 **FSK** ab 6 **E** 21.11.1988 Video **fd** 27 340

ROCK, ROCK, ROCK (ROCK, ROCK, ROCK). Eine dürftige Story um Teenager-Liebe, Geldsorgen und Examensnöte dient als Aufhänger für 21 Rock-'n'-Roll-Nummern. Mit sehr bescheidenen Mitteln technisch unzulänglich realisiert, bietet der Film zum Teil bemerkenswerte (Chuck Berry u. a.) populäre Musik aus dem Amerika der 50er Jahre. ✦ Schwarz-weiß. USA 1956 **P** Warner Bros. **KI** Warner Bros. **R** Will Price **B** Milton Subotsky **K** Michael Rayhack **M** Milton Subotsky **D** Alan Freed, Frankie Lymon, La Vern Baker, Chuck Berry, Tuesday Weld **L** 96 **FSK** ab 12; nf **E** 11.1.1957 **fd** 5 591

ROCKABYE (ROCKABYE). Der zweijährige Sohn einer jungen Frau wird in New York auf offener Straße entführt. Mit Hilfe einer ehrgeizigen Journalistin kommt die Mutter einer Organisation von Kinderhändlern auf die Spur. Der schleppend anlaufende Film gewinnt im zweiten Teil an Spannung, bleibt aber insgesamt oberflächlich, da er das sozialkritische Potential des Themas Kindeshandel unberücksichtigt läßt. (Titel auch: »Dirty Deal«, TV: »Rockabye – Gebt mir mein Kind zurück«) – Ab 14 möglich. ✦ USA 1985 **P** Peregrine/Bertinelli **VA** VCL/Virgin **Pd** Jack Grossbart, Marty Litke **R** Richard Michaels **B** Laird Koenig **K** John Lindley **M** Charles Bernstein **D** Valerie Bertinelli (Susannah Bartok), Rachel Ticotin (Victoria Garcia), Jason Alexander (Lieutenant Foy), Ray Baker (Donald), Roderick Cook, Jonathan Raskin (Sonny) **L** 91 **FSK** ab 16 **E** 20.6.1987 Video **fd** 26 187

ROCKEINSATZ. Lebendige Dokumentation von Konzertauftritten Berliner »New Wave«-Bands mit zum Teil schon historischem Material. Eingeschobene Spielszenen bleiben laienhaft. ✦ BR Deutschland 1980/81 **P** No Budget **KI** Peter H. Vollmann **M** Bel Ami, PVC, Scala 3, Tempo, Ideal **D** Verena Türlich, Elke Bab, Herrmann Platz, Mario Provokati, Kongo Gomobil **L** 99 **E** 1981 Kino **fd** 23 032

ROCKER STERBEN NICHT SO LEICHT (LA LUNGA SPIAGGIA FREDDA). Bei einem Wochenendurlaub wird ein junges Ehepaar von einer Rockerbande überfallen, die Frau vergewaltigt. Die Ehe zerbricht an der fortdauernden Beziehung der Frau zu dem Rockerführer. Brutalitäten und dummes Geschwätz: langweilig. ✦ Scope. Italien 1971 **P** Synthesis **KI** Schmidt/Ring **R** Ernesto Gastaldi **D** Robert Hoffmann, Mara Maryl, Riccardo Salvino **L** 77 **FSK** ab 18; nf **E** 28.11.1974 **fd** 19 102

DIE ROCKER VON DER BOSTON STREET (ANGELS DIE HARD). Vorurteile, falsche Anschuldigungen und ein brutaler Sheriff verursachen in einer amerikanischen Provinzstadt im Kampf gegen eine durchfahrende Rockerbande einen blutigen Exzeß. Spektakulärer, in seinen Gewaltszenen spekulativer Motorradfilm im Gefolge von »Easy Rider«: Naive Aussteigermentalität trifft auf faschistoide Law-and-order-Ideologie. ✦ USA 1971 **P** New World **KI** Alemannia **VA** Video-Disc/Action/Loyal **Pd** Charles Beach Dickerson **R+B** Richard Compton **K** Arch Archambault **M** Marcia Waldorf, Richard Hieronymus **S** Tony De Zarraga **D** Tom Baker (Blair), William Smith (Tim), R.G. Armstrong (Mel Potter), Alan de Witt (Bestatter), Connie Nelson (Nancy Davis) **L** 86 **FSK** ab 18; nf **E** 22.10.1976/1980 Video **fd** 20 105

ROCKERS (ROCKERS). Ein Musiker aus Jamaika wehrt sich gegen eine kriminelle Organisation, indem er wiederum die Diebe bestiehlt und die Beute an die Armen der Slums verteilt. Eine betont naive Sozialparabel, deren Botschaft dem europäischen Zuschauer zu simpel erscheinen mag, die aber Musikfreunden einen erhellenden Blick auf die ethnischen und sozialen Wurzeln einer musikalischen Gattung gewährt. ✦ USA/Jamaika 1978 **P** Rockers **KI** Atlas **Pd** Patrick Hulsey **R+B** Theodoros Bafaloukos **K** Peter Sova **M** Les Rockers **S** Susan Steinberg **D** Leroy Wallace (Horsemouth), Richard Hall (Dirty Harry), Monica Craig (Madgie), Marjorie Norman (Sunshine), Jacob Miller (Jakes) **L** 100 **E** 23.11.1979 **fd** 22 274

ROCKET BABY DOLLS. Ein experimenteller, aus Comic-Elementen zusammengesetzter Film, der das biblische Thema der Vertreibung aus dem Paradies vor dem Hintergrund der modernen Metropole variiert. (O.m.d.U.) ✦ Schwarz-weiß. USA/Taiwan/Deutschland 1993 **P** Pow-Wow/ZDF **Pd+R+B** Christopher Anderson **K** Christopher Anderson, Cyrus Amini **M** Franz Schubert, Bob Marley, D.J.12, monster mix **S** Anton Herbert, Christopher Anderson **D** Asako Sumi (Asako), Ramon Quanta la Gusta (Niko), Christopher Anderson (Cyrus) **L** 90 **E** 21.12.1993 ZDF

ROCKET GIBRALTAR (ROCKET GIBRALTAR). Während eines heiteren Sommerurlaubs der gesamten Großfamilie an der See stirbt das 80jährige Oberhaupt der Familie. Seine Enkel lassen den Leichnam, den geheimen Wünschen des Verstorbenen entsprechend, in einem brennenden Boot aufs Meer hinaustreiben – als Zeichen der besonderen Verbundenheit mit ihm. Eine stille, facettenreiche Familiengeschichte zwischen drei Generationen, die ohne großen formalen Ehrgeiz und mit knappen Mitteln die Strukturen liebevollen Umgangs miteinander darstellt und unaufdringlich für menschliche Nähe sensibilisiert. Hervorragend: die sensibel gestaltete Altersrolle für Burt Lancaster. (Auch Originalfassung) – Ab 12. ✦ USA 1988 **P** Rocket Gibraltar (für Columbia Pictures) **VA** RCA/Columbia **Pd** Jeff Weiss **R** Daniel Petrie **B** Amos Poe **K** Jost Vacano **M** Andrew Powell **S** Melody London **D** Burt Lancaster (Levi Rockwell), Suzy Amis (Aggie Rockwell), Patricia Clarkson (Rose Black), Frances Conroy (Ruby Hanson), Sinéad Cusack (Amanda Rockwell) **L** 94 **FSK** ab 12 **E** 5.9.1989 Video **fd** 27 916

ROCKET MAN (THE BEST OF TIMES). Ein erfolgloser Bankangestellter versucht, durch ein Football-Spiel endlich zu Anerkennung und Erfolg zu gelangen. Weitgehend amüsanter, routiniert gespielter Unterhaltungsfilm, in dem Ansätze zur Ironie über die Torheit der Sportnarren mit der Faszination am sportlichen Geschehen wechseln. (Titel auch: »Rocket Man – Der Beste aller Zeiten«) – Ab 14. ✦ USA 1985 **P** Kings Road **VA** Cannon **DVD** e-m-s (1.85:1, DD2.0 engl./dt.) **Pd** Gordon Carroll **R** Roger Spottiswoode **B** Ron Shelton **K** Charles F. Wheeler **M** Arthur B. Rubinstein **S** Garth Craven **D** Kurt Russell (Reno), Robin Williams (Jack), Holly Palance (Elly), Donald Moffat (der Colonel), Margaret Whitton (Darla), Pamela Reed (Gigi), Donovan Scott (Eddie) **L** 100 **FSK** ab 12 **E** Juni 1987 Video/29.8.2001 DVD **fd** 26 260

ROCKETEER (ROCKETEER). Ein junger Pilot und ein leidenschaftlicher Tüftler stoßen 1938 auf den geheimnisumwitterten Prototyp eines Fluggerätes, mit dem der Pilot zum von FBI und Gangstern verfolgten »Raketenmann« wird, der einem Nazi-Spion auf die Schliche kommt. Turbulente Verfilmung eines Comic strips, die Realteile, Animationen und Trickaufnahmen zu einem rasant-vergnüglichen Abenteuer verbindet. Sympathisch vor allem durch die einfallsreiche Ausstattung und zahlreiche amüsante Zwischentöne. (TV-Titel auch: »Rocketeer – Der Raketenmann«) – Ab 14. ✦ USA 1991 **P** Gordon Company/Silver Screen Partners IV (für Walt Disney) **KI** Warner Bros. **VA** Touchstone **DVD** Buena Vista (16:9, 2.35:1, DS engl., DD2.0 dt.) **Pd** Lawrence Gordon, Charles Gordon, Lloyd Lewin **R** Joe Johnston **B** Danny Bilson, Paul De Meo, nach Motiven eines Comic strips von Dave Stevens **K** Hiro Narita **M** James Horner **S** Arthur Schmidt **D** Bill Campbell (Cliff), Jennifer Connelly (Jenny), Alan Arkin (Peevy), Timothy Dalton (Neville Sinclair), Paul Sorvino (Eddie Valentine) **L** 108 **FSK** ab 12; f **E** 15.8.1991/14.5.1992 Video/20.6.1993 premiere/20.5.1999 DVD **fd** 29 077

ROCKIN' ROAD TRIP (ROCKIN' ROAD TRIP). Bei einem Rockkonzert lernt ein Yuppie, der sich abends als Rockmusiker austobt, ein hübsches, zunächst schüchternes Mädchen vom Lande kennen, das es allerdings faustdick hinter den Ohren hat; bald befindet sich der junge Mann mit einer ausgeflippten Reisegesellschaft auf dem Weg nach Florida. Das Chaos wird durch drei Juwelenräuber vervollständigt, deren Beute sich im Gepäck der Jugendlichen befindet. Mit viel Musik garnierte, leidlich unterhaltsame turbulente Komödie. – Ab 14. ✦ USA 1985 **P** Troma/Triad Entertainment Group **VA** RCA/Columbia **DVD** Troma (FF, Mono dt.) **Pd** Michael Rothschild, William Olsen **R** William Olsen **B** William Olsen, Nancy Sterling **K** Austin McKinney **M** Ricky Keller **S** David H. Lloyd **D** Margaret Currie (Nicole), Steve Boles (Wally), Leland Grantt (Curtis Little), Katherine Harrison (Samantha), Garth McLean (Martin) **L** 97 **FSK** ab 12 **E** Juli 1988 Video/24.8.2000 DVD

ROCKING SILVER (ROCKING SILVER). Ein Dockarbeiter muß erleben, wie ein Freund während eines Streiks von einem Streikbrecher getötet wird. Schockiert will er sich aus jedem sozialen Engagement zurückziehen und reorganisiert seine alte Rock-'n'-Roll-Band, mit der er und einige Freunde in den 50er Jahren eine kleine Karriere machten. Doch 25 Jahre lassen sich nicht einfach überbrücken. Ein interessanter, um Authentizität bemühter Film, der an Hand der Musik private und soziale Wirklichkeit einst und jetzt rekonstruiert und gegenüberstellt. Leider bleibt es beim allzu akademischen Entwurf, der mit einigen sentimentalen Verklärungen durchsetzt ist. ✦ Dänemark 1983 **P** Film-Cooperativet Danmark **R+B** Erik Clausen **K** Morton Bruus, Sören Berthelin **M** Leif Sylvester Petersen, Erik Clausen **D** Leif Sylvester Petersen, Erik Clausen, Björn Ugleberg, Hans Frellesvig, Eva Madsen **L** 94 **E** 10.9.1986 HR/NDR

ROCKIT – FINAL EXECUTOR (GLI ESECUTORI – L'ULTIMO GUERRIERO). Nach der atomaren Katastrophe werden die strahlenverseuchten Menschen von denen abgeschlachtet, die ohne Schaden geblieben sind: Motorisierte Wüstlinge ziehen durchs Land und töten, was ihnen begegnet. In einem jungen Ingenieur ersteht den Gemordeten ein gnadenloser Rächer. Die Endzeit-Story dient lediglich als Staffage für Brutalitäten und Sadismen. ✦ Italien 1983 **P** L'Immagine **KI** A.B. **VA** Starlight **R** Romolo Guerrieri (= Romolo Girolami) **K** Guglielmo Mancori **D** Woody Strode, William Mang, Marina Costa, Harrison Muller, Karl Zinny **L** 92 **FSK** ab 18; nf **E** 9.3.1984 **fd** 24 466

ROCKNACHT DES GRAUENS (NEW YEAR EVIL). Um sich an seiner Ehefrau zu rächen, die ihn seiner Meinung nach ständig vernachlässigt, tötet ein Psychopath in der Neujahrsnacht mehrere Frauen. Streckenweise recht spannender Psychothriller, der unterschwellig die Thematik einer orientierungslos gewordenen Männergesellschaft angesichts eines sich wandelnden Rollenverständnisses behandelt. ✦ USA 1980 **P** Cannon **VA** ITT Contrast **R** Emmett Alston **B** Leonard Neubauer **K** Edward Thomas **M** Michael J. Lewis, Laurin Rinder **D** Roz Kelly, Kip Niven, Chris Wallace, Grant Cramer, Louisa Moritz **L** 84 **E** 1982 Video **fd** 23 767

ROCKS OFF – THE ROLLING STONES US-TOUR '81 (ROCKS OFF / TIME IS ON YOUR SIDE). Mit großem technischem Aufwand, geradlinig und ohne formalen Schnickschnack dokumentiert der Musikfilm die Amerika-Tournee 1981 der Rolling Stones. Regisseur Hal Ashby (1929–1988), seit »Harold und Maude« eine Kultfigur der rebellischen Jugend der 70er Jahre, lieferte eine handwerklich saubere, wenn auch ambitionslose Routinearbeit. Für Stones-Fans ein großes Vergnügen. (Titel auch: »Rolling Stones – Rocks Off«) ✦ USA 1981 **P** Raindrop **KI** Tobis **R+B** Hal Ashby **K** Caleb Deschanel, Gerald Feil, Garret Brown **M** The Rolling Stones **S** Lisa Day **D** Mick Jagger, Keith Richard, Ron Wood, Bill Wyman, Charlie Watts **L** 93 **FSK** ab 6; f **E** 12.8.1982 **fd** 23 600

ROCKTOBER BLOOD – AN DER SCHWELLE ZUM WAHNSINN (ROCKTOBER BLOOD). Der für zwei Morde hingerichtete, einst gefeierter Star einer Rockgruppe kehrt scheinbar aus seinem Grab zurück. Er tötet alle, die sich ihm in den Weg stellen, wobei Frauen seine bevorzugten Opfer sind. Billiger Horrorfilm mit zahlreichen blutrüstigen Effekten. – wir raten ab. ✦ USA 1984 **P** Sebastian International **VA** Rainbow/Lightning **R+B** Ferd Sebastian, Beverly Sebastian **K** Ferd Sebastian **M** Nigel Benjamin, Richard Onori **D** Tray Loren (Billy Eye/John), Donna Scoggins (Lynn Starling), Nigel Benjamin (Chris), Rene Hubbard (Donna), Ben Sebastian (Tony) **L** 87 **FSK** ab 18 **E** 24.6.1986 Video

ROCKULA (ROCKULA). Einem gutaussehenden Vampir widerfährt seit Jahrhunderten immer wieder das gleiche Mißgeschick: jedesmal wenn er sich in eine Normalsterbliche verliebt, wird sie von einem Nebenbuhler getötet. Als ihm bei seiner Liebe zu einer Rocksängerin das gleiche Schicksal droht, schreitet er zur Tat. Wenig überzeugende Variante des alten Vampirthemas, die jedoch einige parodistische Einlagen und komödiantische Noten aufweisen kann. – Ab 14 möglich. ✦ USA 1990 **P** Cannon **VA** VMP/Cannon **Pd** Jefery Levy **R** Luca Bercovici **B** Jefery Levy, Luca Bercovici, Christopher Verwiel **K** John Schwartzman **M** Hilary Bercovici **S** Maureen O'Connell **D** Dean Cameron (Ralph), Tawny Fere (Mona), Thomas Dolby (Stanley), Toni Basil (Phoebe), Susan Tyrrell (Chuck), Bo Diddley (Axman), Kevin Hunter (Betrunkener), Nancy Ferguson (Robin), Rick Zumwalt (Boom Boom), Tamara De Treaux (Bat Dork), Tony Cox (Big Al), Greg Rusin (Elmo) **L** 87 **FSK** ab 12 **E** 28.5.1990 Video **fd** 28 494

ROCKY (ROCKY). Rocky Balboa, der junge Mann aus den Slums von Philadelphia mit dem Beinamen »Italienischer Hengst«, verdient seinen Lebensunterhalt mit Preisboxen und Geldeintreiben, bis er eines Tages die Chance erhält, um den Weltmeistertitel zu boxen. Er kann den Kampf gegen Apollo Creed zwar nicht gewinnen, macht aber seine Kampfqualitäten eindrucksvoll deutlich. Eine typisch amerikanische Geschichte vom »Underdog«, der durch Zähigkeit, Mut und Naivität die soziale Hierarchie auf den Kopf stellt. Nach dem phänomenalen Erfolg des Films blieben Fortsetzungen nicht aus, die allerdings die stimmige Figurenpsychologie und die authentische Milieuzeichnung dieses ersten Films nie mehr erreichten. DVD: Die Special Edition enthält u. a. einen dt. untertitelten Audiokommentar des Regisseurs, des Produzenten und diverser Darsteller. ✦ USA 1976 **P** United Artists **KI** United Artists **VA** Warner Home **DVD** Fox Home (16:9, 1.85:1, Mono engl./dt.), Special Edition: Fox Home (SE, 16:9, 1.85:1, DD5.1 engl./dt.) **Pd** Irwin Winkler, Robert Chartoff **R** John G. Avildsen **B** Sylvester Stallone **K** James Crabe **M** Bill Conti **S** Richard Halsey, Scott Conrad **D** Sylvester Stallone (Rocky Balboa), Talia Shire (Adrian), Burt Young (Paulie), Burgess Meredith (Mickey), Carl Weathers (Apollo Creed), Thayer David (Miles Jergens), Joe Spinell (Tom Gazzo) **L** 118 **FSK** ab 12; f **E** 1.4.1977/2.2.1999 DVD/15.6.2001 DVD (Special Edition) **fd** 20 250

ROCKY II (ROCKY II). Der Verlierer im Kampf um die Weltmeisterschaft im Schwergewicht ist zu ehrlich für ein lukratives Geschäft in der Werbung, verliert schließlich seinen Job und wird von seiner Frau bestärkt, wieder zu boxen. In einer mörderischen Ringschlacht besiegt er seinen alten Gegner. Die etwas simple, durchsichtige Dramaturgie hat nicht viel Realitätsbezug, vermittelt aber positive Gefühlswerte. Statt sorgfältiger Figurenzeichnung liefert die – nunmehr von Stallone persönlich inszenierte – »Rocky«-Fortsetzung hauptsächlich Sentimentalität und Kraftmeierei. – Ab 16. ✦ USA 1978 **P** United Artists **KI** United Artists **VA** Warner Home **Pd** Irwin Winkler, Robert Chartoff **R+B** Sylvester Stallone **K** Bill Butler **M** Bill Conti **S** Danford B. Greene **D** Sylvester Stallone (Rocky Balboa), Talia Shire (Adrian), Burt Young (Paulie), Burgess Meredith (Mickey), Carl Weathers (Apollo Creed), Tony Burton (Apollos Trainer), Joe Spinell (Gazzo) **L** 116 **FSK** ab 12; f **FBW** w **E** 29.2.1980 **fd** 22 355

ROCKY III →Das Auge des Tigers

ROCKY IV – DER KAMPF DES JAHRHUNDERTS (ROCKY IV). Boxweltmeister Rocky besiegt nach eisernem Training in der UdSSR eine russische »Kampfmaschine«, die zuvor seinen besten Freund im Ring tötete, und gewinnt die Herzen der Sowjetbürger. Vierter Teil der Boxersaga, der sich auf naive Weise um einen sportlichen Brückenschlag zwischen Ost und West bemüht, mit seinem polternden Chauvinismus und seinen infantilen Rußlandklischees aber nur noch lächerlich wirkt. Aufschlußreich als Kommentar zum neuerwachten US-amerikanischen Selbst- und Sendungsbewußtsein unter der Reagan-Regierung Mitte der 80er Jahre. ✦ USA 1985 **P** United Artists **KI** UIP **SF** UIP **VA** Warner Home **Pd** Irwin Winkler, Robert Chartoff **R+B** Sylvester Stallone **K** Bill Butler **M** Vince DiCola **S** Don Zimmerman, John W. Wheeler **D** Sylvester Stallone (Rocky Balboa), Talia Shire (Adrian), Dolph Lundgren (Ivan Drago), Burt Young (Paulie), Carl Weathers (Apollo Creed) **L** 92 **FSK** ab 16; f **E** 13.2.1986/16.4.1988 ARD **fd** 25 493

ROCKY V (ROCKY V). Völlig verarmt kehrt der Boxweltmeister Rocky nach Little Italy zurück und muß sich mit seiner Familie in aller Bescheidenheit einrichten. In dem jungen Boxtalent Tommy sieht er die Chance, als Trainer und Manager Fuß zu fassen, übersieht dabei jedoch, daß er ausgenutzt wird und sich der Familie entfremdet. Unbefriedigende Fortsetzung der Boxer-Saga, dialoglastig und hölzern inszeniert, voller dramaturgischer Schwächen, sogar in den Boxszenen langweilig. – Ab 16. ✦ USA 1990 **P** United Artists **KI** UIP **VA** Warner Home **Pd** Irwin Winkler, Robert Chartoff **R** John G. Avildsen **B** Sylvester Stallone **K** Steven Poster **M** Bill Conti **S** John G. Avildsen, Michael N. Knue **D** Sylvester Stallone (Rocky Balboa), Talia Shire (Adrian), Burt Young (Paulie), Sage Stallone (Rocky jr.), Tommy Morrison (Tommy), Burgess Meredith (Mickey), Richard Gant (George W. Duke), Tony Burton (Tony) **L** 104 **FSK** ab 12; f **E** 20.12.1990/8.8.1991 Video/13.10.1992 premiere **fd** 28 686

ROCKY – DIE CHANCE SEINES LEBENS →Rocky

ROCKY MARCIANO (1979) (MARCIANO). Die authentische Geschichte eines Profiboxers, der sich mit Hilfe eines gewieften Managers zum Champion hocharbeitet, dafür jedoch sein Privatleben opfern muß. Die Fernseh-Aufbereitung eines altbekannten Themas, das weder Überraschungen bietet noch neue Akzente setzt. – Ab 16. ✦ USA 1979 **P** ABC **Pd** John G. Stevens **R** Bernard L. Kowalski **B** Paul Savage **K** Michael P. Joyce **M** Ernest Gold **D** Tony Lo Bianco (Rocky Marciano), Belinda J. Montgomery (Barbara Marciano), Michael O'Hare (Allie Columbo), Richard Herd (John Furst), Vincent Gardenia (Al Weill) **L** 95 **E** 3.9.1991 Tele 5

ROCKY MARCIANO (1999) (ROCKY MARCIANO). Die Lebensgeschichte des Boxers Rocco »Rocky« Marciano, in deren Mittelpunkt natürlich seine Faustkämpfe, insbesondere sein Weltmeisterschaftskampf gegen sein Idol Joe Louis stehen. Ein zwar sorgfältig inszenierter Fernsehfilm, der sich aber zu oberflächlich an einer Reihe von Klischees entlanghangelt und die vorgetäuschte ethische Tiefe nie ernsthaft einzulösen versucht. – Ab 16. ✦ USA 1999 **P** MGM Worldwide Television **VA** Warner Home **Pd** Rob Cowan **R** Charles Winkler **B** Larry Golin, Charles Winkler, Dick Beebe **K** Paul Sarossy **M** Stanley Clarke **S** Clayton Halsey **D** Jon Favreau (Rocky Marciano), Penelope Ann Miller (Barbara), Judd Hirsch (Al Weill), Tony Lo Bianco (Frankie Carbo), George C. Scott (Pierino), Duane Davis (Joe Louis) **L** 96 **FSK** ab 12 **E** 13.8.1999 Video **fd** 33 950

ROCKYS MESSER – DIE GESCHICHTE DER OPEL-KAPITÄN-BANDE. Der Film versucht, Aussagen straffällig gewordener Jugendlicher in eine reißerische Spielhandlung umzusetzen und für den Abbau der Vorurteile gegenüber entlassenen Rechtsbrechern einzutreten. Gut gemeint, aber kolportagehaft, plump und den Klischees des Kriminalfilms näher als der anvisierten sozialen Wirklichkeit. ✦ Schwarzweiß. BR Deutschland 1966 **P** Mock **KI** Hermes **R** Joachim Mock **B** Joachim Mock, nach Aussagen von Häftlingen der Jugendstrafanstalten **K** Wolfgang Lührse, Klaus J. Merl **M** Horst A. Hass **D** Michael Miller, Thomas Rau, Barbara Ratthey, Christiane Dass, Manfred Kunkel **L** 88 **FSK** ab 16; f **E** 2.3.1967 **fd** 14 599

RODAN (RODAN). Überdimensionale Flugdrachen, durch Atomversuche und Lavaströme zum Leben erweckt, bedrohen Japan und werden – nachdem sie bereits eine Stadt verwüstet haben – durch einen Bombenhagel mit anschließendem Vulkanausbruch ausgerottet. Honda, der Erfinder des populären Kino-Monsters »Godzilla«, hat nach ähnlichem Muster dieses utopische Alptraummärchen mit aufwendigen Spezialeffekten und einer abstrusen Story inszeniert. (TV-Titel: »Die fliegenden Monster von Osaka«) ✦ Japan 1957 **P** DCA **KI** Rank **DVD** CinePlus (FF, Mono dt.) **R** Inoshirô Honda **B** Takeshi Kimura, Takeo Murata **K** Isamu Ashida **M** Akira Ifukube **D** Kenji Sawara (Shigeru), Yumi Shirakawa (Kiyo), Akihiko Hirata (Dr. Kashiwagi), Akio Kobori (Nishimura), Yasuko Nakata, Minosuke Yamada (Ohsaki), Yoshibumi Tajima (Izeki), Kiyoharu Ohnaka (junger Mann) **L** 73 **FSK** ab 12; nf **E** 26.9.1958/2001 DVD **fd** 6 903

RODGERS & HAMMERSTEIN'S CINDERELLA (CINDERELLA). Verfilmung des Aschenputtel-Märchens in einer überzeugenden Musical-Version nach Rodgers/Hammerstein, die mit großartigen gesanglichen Leistungen aufwartet. Besonderes Interesse verdient die Disney-Produktion durch ihre Besetzung, die afroamerikanische Darsteller in den Mittelpunkt stellt und den Popstar Whitney Houston als gute Fee darbietet. ✦ USA 1997 **P** Brown House/Citadel/Storyline/Walt Disney **Pd** Mike Moder, Chris Montan **R** Robert Iscove **B** Robert L. Freeman, Oscar Hammerstein II, Charles Perrault **K** Ralf D. Bode **M** Martin Erskine, Danny Troob, Richard Rodgers **S** Casey O. Rohrs, Tanya M. Swerling **D** Whitney Houston (Feen-Patin), Bernadette Peters (Cinderellas Stiefmutter), Brandy Norwood (Cinderella), Jason Alexander (Lionel), Whoopi Goldberg (König Constantina) **L** 85 **E** 16.6.2000 Premiere World

RODINA HEISST HEIMAT. Dokumentarfilm über den Abzug eines sowjetischen Regiments von der ehemaligen deutsch-deutschen Grenze in eine ungewisse Zukunft. Er thematisiert den doppelten Verlust von Heimat, weil die Sowjetarmee ebenso zerfällt wie das sowjetische Reich, findet jedoch dafür kaum aussagekräftige Bilder. Neben unübersehbaren konzeptionellen Schwierigkeiten bleibt der Film häufig allzu unverbindlich und verdeutlicht lediglich in zwei »Fallbeispielen« die Probleme und Ängste der Menschen. – Ab 16. ✦ Deutschland 1992 **P** Regina Ziegler Filmprod./ZDF/arte **SF** Basis **VA** allstar **Pd** Hartmut Köhler **R+B** Helga Reidemeister **K** Peter van den Reek, Thomas Keller, Axel Brandt **M** Andi Brauer **S** Ursula West **L** 116 **FBW** w **E** 3.10.1992 arte/November 1992 Kino/Januar 1993 Video **fd** 30 162

ROGER & ME (ROGER & ME). Ein aus subjektiver Perspektive pointiert formulierter und mit bissigem Humor gestalteter Dokumentarfilm über die Situation der amerikanischen Autostadt Flint im Bundesstaat Michigan, die nach Massenentlassungen durch den Automobilkonzern General Motors in den 80er Jahren am Rande des Zusammenbruchs steht. Keine chronologisch exakte Rekonstruktion der Ereignisse, sondern eine schwarze ideologiekritische Sozialsatire über Ungerechtigkeiten im amerikanischen Wirtschaftssystem. (O.m.d.U.; TV-Titel: »Roger & ich«) – Sehenswert ab 14. ✦ USA 1989 **P** Dog Eats Dog Films (für Warner Bros.) **KI** Warner Bros. **VA** Warner Home **Pd+R+B** Michael Moore **K** Christopher Beaver, John Prusak, Kevin Rafferty, Bruce Schermer **M** Pat Boone, Anita Bryant, The Beach Boys, Bruce Springsteen, The Night Hawks, u. a. **S** Wendey Stanzler, Jennifer Beman **D** Roger Smith, Ronald Reagan, Miss America, Pat Boone, Fred Ross **L** 90 **FSK** ab 12; f **FBW** bw **E** 19.4.1990/17.5.1991 Video/6.1.1995 3sat **fd** 28 254

ROGER BORNEMANN – TOD EINES SKINHEAD. Der Dokumentarfilm beleuchtet den Weg eines jungen Mannes, der mit 14 ins neonazistische und kriminelle Milieu abrutscht, mit 17 aussteigen will und nach umfassenden Aussagen bei der Polizei von befreundeten Skinheads zu Tode geprügelt wird. Deutlich wird die Hilflosigkeit im Umgang mit dem nach rechtsaußen abgerutschten Jungen. Der Vater, die Lehrer, die Behörden fanden keine oder keine angemessenen Antworten auf die Irritationen des Jungen. Durch die geschickte Montage der Einzelaussagen gewinnt die Darstellung des Falls Roger B. eine Bedeutung, die weit über das Individuelle hinausreicht. Der Film nahm 1989 vieles von dem vorweg, was in Deutschland der folgenden Jahre noch geschehen würde. – Ab 16. ✦ BR Deutschland 1989 **P** SWF **Pd** Ebbo Demant **R+B** Andrea Morgenthaler **K** Horst Schellenberger **S** Monika Zeindler **L** 78 **E** 1989 ARD

ROGER CORMAN PRESENTS: SUSPECT DEVICE →Suspect Device

ROGER CORMANS FRANKENSTEIN (FRANKENSTEIN UNBOUND). Eine selbstverschuldete Zeitreise macht einen besessenen Wissenschaftler aus dem 21. Jahrhundert zum unfreiwilligen Zeitgenossen Doktor Frankensteins. Der Kollege aus der Zukunft versucht vergeblich, den berühmt-berüchtigten »Mad Scientist« an seinen Experimenten mit künstlichen Menschen zu hindern, begreift aber selbst nach seiner Rückkehr in die Zukunft nicht, daß die Zeitreise auch ihn zur Selbstbesinnung mahnen wollte. Roger Cormans erste Regiearbeit nach vielen Jahren ist eine in der rüden Machart und dick aufgetragenen Aussage für ihn typische Billigproduktion, technisch altbackener, aber gedankenvoller als vergleichbare Großproduktionen. ✦ USA 1990 **P** Byron Films/Mount Company (für Warner Bros.) **VA** Warner Home **Pd** Roger Corman, Thom Mount, Kobi Jaeger **R** Roger Corman **B** Roger Corman, F. X. Feeney, nach einem Roman von Brian W. Aldiss **K** Armando Nannuzzi, Michael Scott **M** Carl Davis **S** Jay Cassidy, Mary Bauer **D** John Hurt (Buchanan), Raul Julia (Viktor Frankenstein), Nick Brimble (Monster), Bridget Fonda (Mary), Catherine Rabett (Elizabeth), Jason Patric (Lord Byron), Michael Hutchence (Percy Bysshe Shelley), Catherine Corman (Justine), Mickey Knox (General) **L** 83 **FSK** ab 18 **E** 12.4.1991 Video/11.9.1992 premiere **fd** 28 968

ROGER LA HONTE →Späte Rache (1945)

ROGER & ICH →Roger & Me

ROGERS: SEIN HÖCHSTER EINSATZ →Der beste Spieler weit und breit: Sein höchster Einsatz

ROGUE LION – IM ZEICHEN DES LÖWEN (ROGUE LION). Ein wilder Löwe dringt in das afrikanische Ekoluleni-Reservat ein. Die Landbesitzer wollen ihn unschädlich machen, stoßen aber auf den Widerstand der Wildhüter, die den Löwen retten wollen. Bei dieser selbstgestellten Aufgabe haben sie einige gefährliche Abenteuer zu bestehen. Abenteuerfilm mit vielen Tierszenen aus dem afrikanischen Busch, inszeniert von einem ehemaligen Kameramann. (TV-Titel auch: »Im Zeichen des Löwen«) – Ab 16. ✦ USA 1977 **R** Sven Persson **D** Brian O'Shaughnessy, Bruce Miller, Tessa Riegler **L** (TV) 76 **E** 8.2.1986 RTL plus

ROHE OSTERN →Rohe Ostern – Keine Panik, nix passiert

ROHE OSTERN – KEINE PANIK, NIX PASSIERT. Vertauschte Jacken täuschten den Tod: An Stelle seines Freundes findet sich ein Architekturstudent in der Unterwelt wieder, erhält aber Gelegenheit, den Irrtum aufzuklären und seine Revision zu betreiben. Lakonische deutsche Beziehungskomödie zwischen Diesseits und Jenseits, die mit Witz, Tempo und überzeugenden Darstellern einen bemerkenswerten Charme entfaltet. Ein weitgehend beschwingtes Vergnügen, freilich ohne jeglichen inneren Bezug zu realen Begebenheiten. – Ab 16. ✦ Deutschland 1995 **P** Hofmann & Voges/Tele München **KI** Concorde-Castle Rock/Turner **Pd** Manfred Held **R** Michael Gutmann **B** Matthias Dinter **K** Johannes Geyer **S** Gisela Castronari **D** Julia Jäger (Inge), Oliver Korittke (Frieder), Anian Zollner (Sebastian), Axel Milberg (Schulz), Karl Lieffen (Großvater Gustav), Catherine Fleming (= Catherine Flemming) (Martina), Nikolaus Paryla (Prof. Meerapfel) **L** 88 **FSK** ab 12; f **E** 15.2.1996 **fd** 31 790

ROHR FREI FÜR FAMILIE HOLLOWHEAD – LIFE ON THE EDGE (LIFE ON THE EDGE). In einer Zukunftswelt, deren Bewohner rundum durch Rohrleitungen ver- und entsorgt werden, versucht sich eine Familie gegen die Widrigkeiten des Alltags und den widerwärtigen Chef des Familienvaters zu behaupten. Ein unappetitlicher Scherz ohne tiefere Bedeutung, der im Gewand einer Negativ-Utopie den guten Geschmack des Zuschauers unter Dauerbeschuß nimmt. (Alternativtitel: »Leben am Abgrund – Life on the Edge«) ✦ USA 1988 **P** Linden Prod. **KI** Delta **VA** Warner Home **Pd** John Chavez **R** Tom Burman **B** Tom Burman, Lisa Morton **K** Marvin Bush **M** Glenn Jordan **S** Carl Kress **D** John Glover (Henry Hollowhead), Nancy Mette (Myriam Hollowhead), Richard Portnow (Mr. Crabneck), Matt Shakman (Billy Hollowhead), Juliette Lewis (Cindy Hollowhead), Anne Ramsay (Babbleaxe), Logan Ramsey (Top Drone), Chaz Connor (Oliver) **L** 87 **FSK** ab 16; nf **E** 7.12.1989/12.10. 1990 Video **fd** 28 029

ROI BLANC, DAME ROUGE (ROI BLANC, DAME ROUGE). Eine russische Reisegruppe wird mit den Segnungen der westlichen Welt konfrontiert. In einer Reihe von Episoden erfährt man beispielsweise von der Pein, wegen knapp werdender Devisen die Luxussuite mit einem Hotel niedriger Kategorie wechseln zu müssen, oder vom Geschick eines reichen, emigrierten Russen, der seiner alten Geliebten aus Moskau begegnet und diese unbedingt in der Schweiz zurückhalten möchte. Hinter dem Spiel mit Klischees treten immer wieder die Menschen, ihre Wünsche und Enttäuschungen, zum Vorschein. Eine leise Komödie voller Wehmut. ✦ Schweiz/Frankreich/Russland 1992 **P** Alhena/Initial Groupe/Metropolis/Studio Courier/Mosfilm **Pd** Richard Sadler, Chris Bolzli **R** Sergej Bodrow **B** Sergej Bodrow, Ganna Oganissian **K** Fjodor Azanychev **M** Joseph Schwarz **S** Tatjana Egorychevy, Alberto Yaccelini **D** André Dussollier (Alexei Goryounov), Tatjana Wassiljewa (Katerina), Wladimir Iljin (Zoline), Zouc **L** 85 **E** Schweiz

ROKOKO. Eine zurückgezogen lebende Schneiderin erregt 1753 die Gemüter zweier adliger Herrn, weist sie jedoch ab und verliebt sich ihrerseits in einen durchreisenden Ritter, der sich neu einkleiden will. Dieser zeigt ihr zunächst die kalte Schulter, verliebt sich dann aber doch in sie und muß die Duellforderungen seiner beiden Nebenbuhler entgegennehmen. Im letzten Augenblick kann Blutvergießen verhindert und das beschauliche Landleben wieder aufgenommen werden. Freie Adaption des Stücks »La Locandiera« von Carlo Goldoni, die die Schneiderkunst der Rokoko als schöpferischen Geist des Films in den Mittelpunkt stellt. ✦ Deutschland 1996 **P** Ulrike Pfeiffer Filmprod. **Pd+R** Ulrike Pfeiffer **B** Ulrike Pfeiffer, nach einem Stück von Carlo Goldoni **K** Philipp von Lucke **S** Florentine Bruck **D** Frank Behnke (Marquis de la Tour du Pin), Coraly von le Fort (Octavia), Karl Hell (Dimitri), Uwe Irmscher, Antonia zu Knyphausen **L** 81 **E** 24.4.1998 arte

ROLAND (LA CHANSON DE ROLAND). Im 13. Jahrhundert zieht ein Pilgerzug durch Frankreich auf der Straße nach Santiago de Compostela. Während die Pilger die Beschwernisse der Reise als gottgewollt auf sich nehmen, zerfällt ringsum die mittelalterliche Ordnung, kämpfen Bauern gegen Herren. Dagegen führt die allabendlich zur Erbauung der Pilger inszenierte Legende vom Leben und Tode Rolands in eine ganz andere, strahlende Welt. Dem Roland-Darsteller wird seine Rolle angesichts der Wirklichkeit immer fragwürdiger, bis er schließlich das Lied der rebellierenden Bauern singen will. Ein eigenwilliger, von marxistischer Dialektik geprägter Film über die Verbindungen und Widersprüche zwischen Kunst und Leben, Wirklichkeit und Fiktion. ✦ Frankreich 1978 **P** Gaumont/Z/FR 3 **VA** Contex **R** Frank Cassenti **B** Michèle Annie Mercier, Thierry Joly, Frank Cassenti **K** Jean-Jacques Flori **M** Antoine Duhamel **D** Klaus Kinski, Alain Cuny, Pierre Clementi, Dominique Sanda, Jean-Pierre Kalfon **L** 110 **E** 1982 Video **fd** 23 705

DIE ROLLE MEINER FAMILIE IN DER WELTREVOLUTION (ULOGA MOJE PORODICE U SVJETSKOJ REVOLUCIJI). Satirischer Film über die Rolle einer bürgerlichen Familie während des Einmarsches der Roten Armee. ✦ Jugoslawien 1971 **R** Bata Cengic **D** Milena Dravic, Dragan Nikolic, Mica Tomic **L** 65 **E** 22.4.1972 NDR III

ROLLENSPIELE (REPERAGES). Ein Filmregisseur erarbeitet mit drei Schauspielerinnen die Rollen für einen Film nach Tschechows »Drei Schwestern«. In Wahrheit geht es ihm darum, eine der Darstellerinnen, seine ehemalige Frau, wiederzusehen und seine Identitätskrise zu meistern. Der autobiografisch getönte Film des bedeutenden Schweizer Regisseurs Soutter über »Midlife Crisis« und Beziehungsprobleme wirkt in seiner steifen Stilisiertheit wenig überzeugend. Hervorragend: die Kameraführung. ✦ Schweiz/Frankreich 1977 **P** Citel/Action/Gaumont **Pd** Yves Peyrot, Yves Gasser **R+B** Michel Soutter **K** Renato Berta **M** Arié Dzierlatka **S** Albert Jurgenson **D** Jean-Louis Trintignant (Victor), Delphine Seyrig (Julie), Léa Massari (Cécilia), Valérie Mairesse (Esther), Roger Jendly (Jean Vallée) **L** 100 **E** 2.4.1979 ARD **fd** 21 145

ROLLENTAUSCH (EEN MAAND LATER / ONE MONTH LATER). Eine brave Frau und Mutter verläßt für eine Weile ihr Heim und nimmt im Tausch die Rolle einer jungen Journalistin ein, die betont unbürgerlich lebt. Beide Frauen machen – nicht nur mit ihren neuen Partnern – überraschende Erfahrungen. Eine feministisch konzipierte Komödie aus Amsterdam, mäßig amüsant. ✦ Niederlande 1987 **P** Sigma **KI** Warner Bros. **VA** Warner Home **Pd** Matthijs van Heijningen **R** Nouchka van Brakel **B** Nouchka van Brakel, Jan Donkers, Ate de Jong **K** Peter De Bont **M** Rob Van de Ven **S** Edgar Burgsen **D** Renée Soutendijk (Liesbeth), Monique van de Ven (Monika), Edwin de Vries (Constant), Sunny Bergman (Judith), Tijmen Bergman (Jonas) **L** 100 **FSK** ab 16; f **E** 2.6.1988/13.1.1989 Video **fd** 26 903

ROLLER BLADE (ROLLER BLADE). Kriegerinnen auf Rollschuhen stellen sich gegen eine Armee und bekämpfen eine bösartige Macht. Ödes Endzeit-Spektakel mit Gewalt- und Sex-Einlagen. ✦ USA 1985 **P** New World **VA** VPS **R** Donald G. Jackson **B** Donald G. Jackson, Randall Frakes **K** Donald G. Jackson **D** Suzanne Solari, Jeff Hutchinson, Shaun Michelle, Katina Garner **L** 97 **FSK** ab 18 **E** 21.5.1987 Video

ROLLER BOOGIE (ROLLER BOOGIE). Erlebnisse einer Gruppe von Jugendlichen, die sich der Rollschuhmode verschrieben haben. Die recht simple und klischeehafte Story, bereichert mit Disco-Musik und Rollschuhtanz-Einlagen, richtet sich in erster Linie an jüngere Zuschauer. (Videotitel: »Roller Fever«) – Ab 10. ✦ USA 1979 **P** Compass International **KI** Neue Constantin **R** Mark L. Lester **B** Barry Schneider **K** Dean Cundey **M** Bob Esty **D** Linda Blair, Jim Bray, Beverly Garland, Roger Perry, Sean McClory **L** 103 **FSK** ab 6; f **E** 13.6.1980 **fd** 22 504

ROLLER FEVER →Roller Boogie

ROLLER-FIEBER (UNHOLY ROLLERS / LEADER OF THE PACK). Ein junges Mädchen versucht mit allen Mitteln, die Nummer eins eines Rollschuhläuferteams zu werden, und scheut auch Intrigen und körperliche Angriffe nicht. Die billige und fade Corman-Produktion bietet einem Teenager-Publikum die übliche Mischung aus Action, Sex und Musik. ✦ USA 1972 **P** Roger Corman **KI** Adria **Pd** John Prizer, Jack Bohrer **R** Vernon Zimmermann **B** Howard R. Cohen, nach einer Story von Vernon Zimmermann und Howard R. Cohen **K** Mike Shea **M** Danny Janssen, Bobby Hart **S** George Trirogoff, Yeu-Bun Yee **D** Claudia Jennings (Karen), Louis Quinn (Stern), Roberta Collins (Jennifer), Betty Anne Rees (Mickey), Alan Vint (Greg) **L** 89 **FSK** ab 16; nf **E** 1.12.1978

ROLLERBALL (ROLLERBALL). Im Jahr 2018 trägt die Gesellschaft ihre Konflikte nicht mehr in Kriegen, sondern in einem brutalen Kampfspiel aus: Rollerball ist eine barbarische Mischung aus Hockey, Football, Motorradrennen und Skateboardfahren. Ein Champion versucht, sich der totalen Lenkung durch das Management zu widersetzen. Der Film siedelt diese negative Utopie in einer äußerlich recht gegenwartsnahen Umgebung an, bleibt ansonsten aber in der Zeichnung des politischen und sozialen Umfeldes sehr unbestimmt. In vielen Details unglaubwürdig, bietet der in den Actionszenen perfekte, aber auch reichlich brutale Reißer kaum Ansatzpunkte zur Auseinandersetzung mit einer drohenden Zukunft. DVD: Die Extras umfassen u. a. einen Audiokommentar des Regisseurs. ✦ USA 1974 **P** Algonquin **KI** United Artists **DVD** Fox Home (16:9, 1.85:1, DD5.1 engl., Mono dt.) **Pd+R** Norman Jewison **B** William Harrison **K** Douglas Slocombe **M** André Previn **S** Anthony Gibbs **D** James Caan (Jonathan E.), John Houseman (Bartholomew), Maud Adams (Ella), John Beck (Moonpie), Moses Gunn (Cletus), Pamela Hensley (Mackie), Barbara Trentham (Daphne), Ralph Richardson (Bibliothekar), Shane Rimmer (Team-Leiter), Alfred Thomas (Trainer) **L** 125 **FSK** ab 18; nf **E** 5.9.1975/11.5.2000 DVD **fd** 19 476

ROLLERBOY (ROLLERBOY). Ein amerikanischer Schüler, der gehänselt wird, weil er häßlich und schwächlich ist, brennt in den Sommerferien durch und entdeckt, daß man auch ein glücklicher Teenager sein kann, wenn man nicht dem allgemeinen Schönheitsideal entspricht. ✦ USA 1986 **R** Oliver Hellman (= Ovidio G. Assonitis) **D** Steve Tracey, Dana Handler, Eddie Deezen, Isabelle Sanford, Paul Benedict, Christopher Lee **L** 97 **E** 1.1.1994 RTL

ROLLERBOYS (THE PRAYER OF THE ROLLERBOYS). Die amerikanische Wirtschaft ist bankrott, die USA sind verelendet. Eine straff organisierte Straßenbande hat es sich zum Ziel gesetzt, die Heimat wieder auf Vordermann zu bringen. Dabei schreckt der Anführer auch vor Gen-Manipulation nicht zurück. Ein Einzelgänger vereitelt schließlich den neuen Faschismus. Futuristisches B-Picture, das die Probleme der Gegenwart einigermaßen konsequent weiterdenkt, dann aber einer unglaubwürdigen Lösung zuführt. ✦ USA 1990 **P** Fox/Lorber/Gaga/Academy/JVC-TV **KI** Metropol **VA** VPS **Pd** Robert Mickelson **R** Rick King **B** W. Peter Iliff **K** Phedon Papamichael **M** Stacy Widelitz **S** Daniel Loewenthal **D** Corey Haim (Griffin), Christopher Collet (Gary Lee), Patricia Arquette (Casey), J. C. Quinn (Jodorowski), Julius Harris (Speedbager), Devin Clark, Mark Pellegrino, Morgan Weisser **L** 95 **FSK** ab 18; f (früher 16) **E** 21.3.1991/20.6.1991 Video/28.1.1993 premiere **fd** 28 844

ROLLING (ROLLING). Der arbeitslose Sohn italienischer Einwanderer wird in Lausanne durch seine Inliner-Künste zum lokalen Helden und kann seinen Ruhm durch ein Fachgeschäft, das er eröffnet, versilbern. Seine Frau unterstützt ihn dabei, doch der freiheitsliebende junge Mann vernachlässigt recht bald das Geschäft, muss Konkurs anmelden, siegt nicht mehr in Skate-Wettbewerben und wird von seiner Frau verlassen. Drei Jahre lang beobachtete der Filmemacher seinen sympathischen, aber leichtlebigen Helden und verdichtet seine Geschichte zu einer bitteren Kritik an den Ausbeutungsmethoden des Kapitalismus, der in wirtschaftlichen Problemzeiten kaum Raum zur Selbstentfaltung lässt. ✦ Schweiz 1997 **R** Peter Entell **L** 90 **E** 7.3.2000 arte

ROLLING STONES – ROCKS OFF →Rocks Off – The Rolling Stones US-Tour '81

ROLLKOMMANDO (THE WRECKING CREW). Superagent Matt Helm im Kampf gegen einen Großgangster, der einen weltpolitisch brisanten Goldtransport geraubt hat. Aufwendiger Agentenfilm, der seine parodistischen Absichten nicht ganz einlösen kann. ✦ USA 1968 **P** Meadway-Claude **KI** Columbia **Pd** Irving Allen **R** Phil Karlson **B** William P. McGivern, nach einem Roman von Donald Hamilton **K** Sam Leavitt, Frank Tallman **M** Hugo Montenegro **S** Maury Winetrobe **D** Dean Martin (Matt Helm), Elke Sommer (Linka Karensky), Sharon Tate (Ferya Carlson), Nancy Kwan (Yu-Rang), Nigel Green (Graf Massimo Contini), Tina Louise (Lola Medina), John Larch (MacDonald) **L** 116 **FSK** ab 16; nf **E** 11.4.1969 **fd** 16 111

DAS ROLLOVER-KOMPLOTT (ROLLOVER). Während Börsenmakler versuchen, den internationalen Geldmarkt notfalls mit illegalen Mitteln zu stabilisieren, führt die Erbin eines petrochemischen Unternehmens durch Unwissenheit und Eigennutz einen weltweiten Wirtschaftszusammenbruch herbei. Ohne große Ambitionen inszeniert, versucht der Hochfinanz-Thriller dem Wall-Street-Milieu einige glamouröse Reize abzugewinnen. Die melodramatischen Elemente der Story bleiben eher platt und konventionell. Moral der Geschichte: Frauen sollten die Finger von Männersachen lassen. ✦ USA 1981 **P** I.P.C. **KI** UIP **Pd** Bruce Gilbert **R** Alan J. Pakula **B** David Shaber **K** Giuseppe Rotunno, William Garroni **M** Michael Small **S** Evan Lottman **D** Jane Fonda (Lee Winters), Kris Kristofferson (Hub Smith), Hume Cronyn (Maxwell Emery), Josef Sommer (Roy Lefcourt), Bob Gunton (Sal Naftari), Macon McCalman (Mr. Fewster), Ron Frazier (Gil Hovey) **L** 115 **FSK** ab 12; f **E** 13.5.1983 **fd** 24 007

ROLLSCHUH-FIEBER (THE FIREBALL). Ein elternloser Heimzögling startet eine erfolgreiche Karriere als Rollschuhläufer und lernt nach Rückschlägen, Rücksichtslosigkeit und Ehrgeiz zu zügeln. Vornehmlich vom energiegeladenen Hauptdarsteller getragenes Sportlerdrama mit Marilyn Monroe in einer Nebenrolle. ✦ Schwarz-weiß. USA 1950 **P** Thor **Pd** Bert E. Friedlob **R** Tay Garnett **B** Tay Garnett, Horace McCoy **K** Lester White **M** Victor Young **S** Frank Sullivan **D** Mickey Rooney (Johnny Cesar), Pat O'Brien (Pater O'Hara), Beverly Tyler (Mary Reeves), Glenn Corbett (Mack Miller), Ralph Dumke (Bruno Crystal), Marilyn Monroe (Polly) **L** 83 **E** 1.6.1996 ZDF

DER ROLLSTUHL (EL COCHECITO). Der alte, vereinsamte Don Anselmo vergiftet seine hartherzige Familie, um endlich in den Besitz eines motorisierten Rollstuhls zu kommen und damit Anschluß bei einer Gruppe Invalider zu finden. Bei der ersten Ausfahrt wird er in der Bannmeile von Madrid verhaftet. Eine sehr makabre gesellschaftskritische Satire – hervorragend gespielt und inszeniert. – Sehenswert. ✦ Schwarz-weiß. Spanien 1960 **P** Athos **R** Marco Ferreri **B** Marco Ferreri, Rafael Azcona **K** Juan Julio Baena **M** Miguel Asins Arbó **D** José Isbert, Pedro Porcel, José Luis López Vázquez, María Luisa Ponte, Lope Antonio Gavilan **L** 85 **E** 7.8.1967 ZDF **fd** 14 832

ROLLTREPPE ABWÄRTS. Ein 13jähriger Junge lebt bei seiner geschiedenen Mutter, die wenig Gefühle für ihn aufbringt und ihn nicht versteht. Er läßt sich von einem Mitschüler, dem arroganten Sohn eines Rechtsanwaltes, zu Ladendiebstählen verleiten und gerät zunehmend auf die schiefe Bahn. Die Fürsorgeerziehung im Heim mit ihren verfehlten Methoden bewirkt nichts Gutes: schon als 14jähriger landet er im Jugendgefängnis. Nach dem bekannten Jugendbuch von Hans Georg Noack gestaltete die Film-AG des Rhein-Sieg-Gymnasiums St. Augustin bei Bonn diesen (Video-)Film, der trotz deklamatorischer Ungeschicklichkeit und Schwächen im Handlungsaufbau frisch, unverstellt und ehrlich bemüht wirkt. – Ab 14 möglich. ✦ BR Deutschland 1987 **P** Film-AG des Rhein-Sieg-Gymnasiums St. Augustin **R** Martin Ruffert **B** Martin Ruffert, nach einem Roman von Hans-Georg Noack **D** Paul Müller-Brühl, Martin Gerke, Fabian Wagner, Roland Schmitt-Hartmann, Gisela Guja **L** (TV) 72 **E** 3.8.1990 ZDF

ROM 11 UHR →Es geschah Punkt 11

ROM IN FLAMMEN (L' APOCALISSE). Der Abfall Roms vom Christentum unter Kaiser Julian Apostata (332–363), der in einer sittenlosen Zeit die Größe des Römischen Reichs durch die Rückkehr zu den alten Göttern zu erneuern hoffte. Das Geschehen gipfelt in einem verheerenden Brand der Stadt und wird in beziehungsreiche Parallelen zum Faschismus und zum Zweiten Weltkrieg gesetzt. Ein ambitionierter, aber sehr theaterhafter Antikfilm, von dem ehemaligen Maler Scotese in dekorativer Manier inszeniert. – Ab 16. ✦ Schwarz-weiß. Italien 1946 **P** Exceptional **KI** Karp **R** Giuseppe Maria Scotese **B** Roland Dorgeles **M** Ed. Micucci **D** Tullio Carminati, Massimo Serato, Alfredo Varelli, Lilia Landi, Vera Bergmann **L** 90 **FSK** ab 12; f **E** 15.7.1949 **fd** 369

ROM, OFFENE STADT (ROMA, CITTA APERTA). Die Aktivitäten, die Verfolgung und das grausame Ende einer italienischen Widerstandsgruppe zur Zeit der deutschen Besatzung Roms (1944). Im Mittelpunkt die Schicksale eines in einer illegalen Druckerei beschäftigten Arbeiters und eines Priesters, der ihm und anderen Verfolgten Schutz gewährt. Der Film wurde noch während des Krieges konzipiert und beruft sich auf historisch belegte Begebenheiten. Rossellini inszenierte mit persönlichem, spontanem Engagement in dokumentarischem Stil. Ein Zeugnis der Zeitgeschichte – und ein Meilenstein der Filmgeschichte, der den italienischen »Neorealismus« weltweit berühmt machte. DVD: Als Bonus enthält die filmhistorisch interessante Special Edition eine 45-minütige Dokumentation über den Regisseur sowie ein Kurz-Feature, das sich mit den Unterschieden zwischen der deutschen und der italienischen Fassung des Filmes beschäftigt. – Ab 16. ✦ Schwarz-weiß. Italien 1945 **P** Excelsa/Contessa Carla Politi/Aldo Venturini **KI** prokino **VA** Kinowelt Home **DVD** Kinowelt Home (SE, FF, Mono ital./dt.) **R** Roberto Rossellini **B** Sergio Amidei, Federico Fellini, nach einem Stoff von Sergio Amidei **K** Ubaldo Arata **M** Renzo Rossellini **S** Eraldo da Roma **D** Anna Magnani (Pina), Aldo Fabrizi (Don Pietro Pellegrini), Marcello Pagliero (Giorgio Manfredi/Luigi Ferrars), Maria Michi (Marina Mari), Francesco Grandjacquet (Francesco, Drucker) **L** 100 **FSK** ab 16; f (Video 12) **FBW** bw **E** 24.2.1961/22.1.1968 DFF 1/18.9.1978 WDR III/5.9.2000 Video/8.11.1999 DVD **fd** 10 132

ROM, STATION TERMINI (ROMA, STAZIONE TERMINI / INDISCRETION OF AN AMERICAN WIFE). Psychologisches Kammerspiel vor dem Hintergrund des römischen Hauptbahnhofes: Eine verheiratete Amerikanerin entscheidet sich gegen den Geliebten für Mann und Kind. In Einzelheiten hervorragend, erreicht de Sicas Film insgesamt nicht die überzeugende Verbindung von menschlichen Schicksalen und dokumentarisch eingefangener Alltagsrealität, die seine vorhergehenden »neorealistischen« Werke auszeichnet. – Ab 16. ✦ Schwarz-weiß. Italien/USA 1953 **P** de Sica/Girosi Prod. **KI** Bavaria **Pd** Vittorio de Sica, Marcello Girosi **R** Vittorio de Sica **B** Cesare Zavattini **K** G.R. Aldo (= Aldo Graziati) **M** Alessandro Cicognini **S** Eraldo da Roma, Jean Barker **D** Jennifer Jones (Maria Forbes), Montgomery Clift (Giovanni Doria), Gino Cervi (Paul Stevens), Richard Beymer, Paolo Stoppa **L** 85 **FSK** ab 16; f **E** 11.6.1954/2.10. 1961 ARD **fd** 3 351

ROMA BENE – LIEBE UND SEX IN ROM (ROMA BENE / SCANDALE A ROME). Elegant, aber allzu glatt und unverbindlich inszeniertes Sittenbild der korrupten, lasterhaften römischen Schickeria, die nur an Geld- und Lustgewinn interessiert ist. Das Niveau der Regenbogenpresse wird selten verlassen. Regisseur Lizzani, ehemals ein Fürsprecher des italienischen »Neorealismus«, praktiziert kommerzielles Kunsthandwerk. ✦ Scope. Italien/BR Deutschland/ Frankreich 1972 **P** Oceanic/Castoro/Marianne **KI** Warner-Columbia **Pd** Nino E. Krisman **R** Carlo Lizzani **B** Luciano Vincenzoni, Nicola Badalucco, Edith Bieber, nach einem Stück von Luigi Bruno Di Belmonte **K** Giuseppe Ruzzolini **M** Luis Enriquez Bacalov **S** Franco Fraticelli **D** Senta Berger (Prinzessin Dede Marescalli), Vittorio Caprioli (Baron Mauro de Vittis), Virna Lisi (Silvia Santi), Franco Fabrizi (Mino Rappi), Nino Manfredi (Kommissar Tartamella), Philippe Leroy (Giorgio Santi), Michèle Mercier (Wilma Rappi), Irene Papas (Elena Sabilius) **L** 99 **FSK** ab 16; f **E** 14.7.1972 **fd** 17 926

ROMAMOR – ODER BERLINER BRIEFE. Ein filmischer Brief, eine Bildergeschichte, konstruiert um drei Städte, Paris, Berlin und Rom. Im Mittelpunkt ein verliebtes jüdisches Paar und die Super-8-Kamera, mit der er sie unablässig filmt. Ein Filmessay, der europäische Vergangenheit ebenso reflektiert wie das Verhältnis der jüdischen Kultur zum Bild. ✦ Deutschland/Frankreich 1992 **P** La Boîte à Images/ ZDF **R+B** Joseph Morder **D** Joseph Morder (Mark), Françoise Michaud (Sandra) **L** (TV) 92 **E** 14.5.1992 ZDF

ROMAN EINER ABENTEUERIN →L'Emigrante

ROMAN EINER DIRNE →Der Pfarrer von Pigalle

ROMAN EINER EXISTENZ →Roman eines Lebens

ROMAN EINER JUNGEN EHE. Die Geschichte eines Berliner Künstlerehepaares, das in den verschiedenen Seiten der gespaltenen Stadt arbeitet und erst nach einem Zerwürfnis wieder zueinander findet. Propagandafilm, der die Geschehnisse in Berlin zwischen 1946 und 1951 aus strikter SED-Sicht darstellt und dabei vor allem Aussagen über kulturpolitische Entwicklungen trifft. Während West-Berliner Theateraufführungen wie Sartres »Schmutzige Hände« als Kriegshetze diffamiert werden und der Freispruch Veit Harlans im »Jud Süß«-Prozeß als symptomatisch für die neofaschistische Entwicklung im Westen herhalten muss, ist der Osten ausschließlich positiv dargestellt. Die plakative Handlung endet mit einem Richtfest an der Stalinallee und einer von Maetzigs damaliger Ehefrau Yvonne Merin vorgetragenen Ode an Stalin. Künstlerisch unbedeutend, ist der Film als authentisches Zeitdokument über die Hysterie und die daraus resultierenden Verfälschungen der Wahrheit im Kalten Krieg wichtig und aussagekräftig. – Ab 14. ✦ Schwarz-weiß. DDR 1952 **P** DEFA **VA** Icestorm **Pd** Alexander Lösche **R** Kurt Maetzig **B** Bodo Uhse, Kurt Maetzig **K** Karl Plintzner **M** Wilhelm Neef **S** Lena Neumann **D** Yvonne Merin (Agnes Sailer), Hans-Peter Thielen (Jochen Karsten), Willy A. Kleinau (Dr. Ulrich Plisch), Hilde Sessak (Carla), Harry Hindemith (Burmeister), Martin Hellberg (Möbius), Hanns Groth (Lutz Frank), Albert Garbe (Otto Dulz), Brigitte Krause (Brigitte Dulz) **L** 104 **FSK** ab 6 **E** 18.1.1952 Kino DDR/23.2.1999 Video

ROMAN EINER SIEBZEHNJÄHRIGEN. Ein junges Mädchen wechselt nach einem unglücklichen Liebesabenteuer von den Adoptiveltern wieder zu den leiblichen Eltern, die ihm materiell weniger zu bieten haben. Realitätsfernes Unterhaltungskino der 50er Jahre. ✦ Schwarz-weiß. BR Deutschland 1955 **P** Delos **KI** Alcron/Comet **R** Paul Verhoeven **B** Werner Hill, nach einer Idee von Bock-Reinecker **K** Karl Schröder **M** Norbert Schultze **S** Heinz Haber **D** Ingrid Andree, Therese Giehse, Paul Dahlke, Heidi Brühl, Hans Nielsen **L** 100 **FSK** ab 12; f **E** 4.11.1955 **fd** 4 490

ROMAN EINER TÄNZERIN (THE MEN IN HER LIFE). Eine ehemalige Zirkusreiterin verliert auf dem Weg zum Ruhm als Primaballerina alle Männer, die ihrem Herzen nahestehen, und findet schließlich das Lebensglück an der Seite ihres Tanzlehrers. Tränentreibende Hollywood-Unterhaltung mit einer geradezu aberwitzigen Häufung tragischer Verwicklungen. – Ab 14. ✦ Schwarz-weiß. USA 1941 **P** Columbia **KI** Columbia **R** Gregory Ratoff **B** Frederick Kohner (= Friedrich Kohner), Michael Wilson, Paul Trivers, nach dem Roman »Ballerina« von Lady Eleanor Smith **K** Harry Stradling, Arthur Miller **M** David Raksin **S** Barbara Keon **D** Loretta Young, Conrad Veidt, Dean Jagger, Eugenie Leontovich, Shepperd Strudwick **L** 90 **FSK** ab 12; f **E** August 1946 Kino/18.9. 1967 DFF 1 **fd** 145

ROMAN EINES ARZTES. Ein Arzt geht für einen von seiner Frau begangenen Mord ins Zuchthaus, damit sein Kind nicht ohne Mutter aufwachsen muß; nach seiner Entlassung findet er Verständnis und Ruhe in einer neuen Ehe. Trivialer, larmoyanter Unterhaltungsfilm voller psychologischer und gesellschaftlicher Klischees. ✦ Schwarz-weiß. Deutschland 1939 **P** Aco **KI** Adler **R** Jürgen von Alten **B** Kurt E. Walter, Curt Reinhard Dietz, nach Motiven des Romans »Heimkehr ins Leben« von Curt Reinhard Dietz **K** Eduard Hoesch **M** Herbert Windt **S** Willy Zeunert **D** Albrecht Schoenhals, Camilla Horn, Maria Andergast, Fritz Genschow, Theodor Loos **L** 96 **FSK** ab 12; f **E** 15.9.1939 **fd** 56

ROMAN EINES FRAUENARZTES. Konflikte eines Gynäkologen zwischen ärztlicher Pflicht, Berufsethos und Liebe. Verfilmung eines Illustriertenromans: eine Mischung aus Edelkitsch und moralischem Anspruch im Stil der 50er Jahre. ✦ Schwarz-weiß. BR Deutschland 1954 **P** CCC Filmkunst **KI** Gloria **Pd** Leon Canel **R** Falk Harnack **B** Werner P. Zibaso, nach dem gleichnamigen Roman von Curt Riess **K** Herbert Körner **M** Herbert Trantow **S** Kurt Zeunert **D** Rudolf Prack, Winnie Markus, Anne-Marie Blanc, Peter Fischer, Nadja Regin **L** 92 **FSK** ab 18; nf **E** 29.10.1954 **fd** 3 696

ROMAN EINES LEBENS. Stationen der Karriere von Edith Piaf. Der Dokumentarfilm setzt sich ausschließlich aus Chansons und Filmen zusammen, in denen die berühmte Sängerin auftrat. (TV-Titel auch: »Roman einer Existenz«) ✦ Frankreich 1992 **P** La Sept/ arte **R** Claude-Jean Philippe **L** 90 **E** 31.1.1993 arte

ROMAN EINES SCHWINDLERS (LE ROMAN D'UN TRICHEUR). Ein Schwindler erzählt, während er in einem Pariser Café sitzt und an seinen Memorien schreibt, die Geschichte seines Lebens. Guitrys Verfilmung seines eigenen Romans gilt als eines der Meisterwerke des französischen Autors und Regisseurs; die kunstvoll gestalteten Rückblenden in das Leben des Schwindlers werden ohne Dialog gespielt und von den geistreichen Kommentaren des Helden begleitet. Ein für seine Entstehungszeit sehr experimentierfreudiger Film. (O.m.d.U.) – Ab 14. ✦ Schwarz-weiß. Frankreich 1936 **P** Cineas **R** Sacha Guitry **B** Sacha Guitry, nach seinem Roman »Mémoires d'un Tricheur« **K** Marcel Lucien **M** Adolphe Borchard **S** Myriam **D** Jacqueline Delubac (Ehefrau), Marguerite Moreno (Abenteurerin), Rosine Derean (Diebin), Pauline Carton (Madame Moriot, Tante), Frehel (Sängerin), Sacha Guitry (Schwindler) **L** 80 **E** 18.1.1938

ROMAN EINES SPIELERS. Die Tragödie einer Generalsfamilie aus dem zaristischen Rußland, die durch das Roulettespiel zugrunde gerichtet wird. Trotz enger Anlehnung an Dostojewskis Erzählung und der um künstlerische Sorgfalt bemühten Regie ein allzu biederes Drama ohne Atmosphäre und ohne psychologische Tiefe. 1938 unter dem Titel »Der Spieler« uraufgeführt, wurde der Film nach wenigen Wochen verboten. – Ab 16. ✦ Schwarz-weiß. Deutschland 1938 **P** Euphono **KI** Panorama **R** Gerhard Lamprecht **B** Peter Hagen, Alois Johannes Lippl, nach der Novelle von Fjodor M. Dostojewski **K** Otto Baecker **M** Giuseppe Becce **D** Lida Baarová, Albrecht Schoenhals, Hannes Stelzer, Hilde Körber, Hedwig Bleibtreu **L** 90 **FSK** ab 16; nf **E** 1.9.1938/Wiederaufführung 1950 **fd** 615

ROMAN HOLIDAY (ROMAN HOLIDAY). Die bittersüße Romanze zwischen einem amerikanischen Auslandskorrespondenten und einer attraktiven, ihrer Repräsentationspflichten müden Prinzessin in Rom, denen nur einige heitere und erlebnisreiche gemeinsame Tage beschieden sind. Fürs Fernsehen entstandene Neuverfilmung eines Hollywood-Klassikers (»Ein Herz und eine Krone« von William Wyler) auf biederstem Standard. Charme und Einfühlungsvermögen des Vorgängers werden nie erreicht. – Ab 12. ✦ USA 1987 **P** Paramount **VA** CIC **Pd** Mel Efros **R** Noel Nosseck **B** Jerry Ludwig, nach einer Erzählung von Ian McLellan Hunter **K** Romano Albani **M** Mark Snow **D** Tom Conti (Joe), Catherine Oxenberg (Prinzessin Alica), Christopher Munke (Phil), Paul Daneman (König), Eileen Atkins (Gräfin) **L** 95 **FSK** ab 6 **E** August 1988 Video/13.5.1994 Kabelkanal **fd** 27 106

ROMANCE (ROMANCE). Eine junge Lehrerin, die von ihrem Partner in sexueller Hinsicht ignoriert wird, versucht, dies in Begegnungen mit anderen Männern zu »kompensieren«, gelangt aber dabei weder zu Glück noch zu äußerer Befriedigung. Erst am Ende erfolgt ein unreal wirkender Akt der Befreiung. Der in sexueller Hinsicht ausgesprochen explizite, »unverschämte« Film stellt die Sinnsuche einer Frau kompromisslos und in aller Widersprüchlichkeit dar. Gleichzeitig büßt er durch Überstilisierungen und ein gewisses Maß an Thesenhaftigkeit vieles an Vitalität und Überzeugungskraft ein. (auch O.m.d.U.) ✦ Frankreich 1998 **P** Flach Film/CB Films/Arte France Cinéma **KI** Arthaus **VA** Kinowelt Home **DVD** Kinowelt Home (16:9, 1.66:1, DD5.1 frz./dt.) **Pd** Jean-François Lepetit **R+B** Catherine Breillat **K** Giorgos Arvanitis **M** Raphael Tidas, DJ Valentin **S** Agnès Guillemot **D** Caroline Ducey (Marie), Sagamore Stévenin (Paul), François Berléand (Robert), Rocco Siffredi (Paolo), Reza Habouhossein **L** 99 **FSK** ab 18; f **E** 15.6.2000/9.1.2001 Video & DVD **fd** 34 299

ROMANOFF UND JULIA (ROMANOFF AND JULIET). Die Ost-West-Spannungen und das Bemühen der Vereinten Nationen als Thema einer mit leichter Hand inszenierten Kabarettkomödie von und mit dem Multitalent Peter Ustinov: Bei einer UNO-Abstimmung enthält sich der völlig unbekannte Kleinstaat »Concordia« der Stimme – was zur Reaktion der beiden Machtblöcke führt. Das Vergnügen am witzig-munteren Beginn hält nicht lange vor: Das vielversprechende satirische Spiel endet wenig originell in einer Liebesgeschichte zwischen den Kindern des amerikanischen und des russischen Botschafters. – Ab 12. ✦ USA 1960 **P** Universal **KI** Universal **Pd+R** Peter Ustinov **B** Peter Ustinov, nach seinem Theaterstück **K** Robert Krasker **M** Mario Nascimbene **S** Renzo Lucidi **D** Peter Ustinov (Der Genral), Sandra Dee (Julia Moulsworth), John Gavin (Igor Romanoff), Akim Tamiroff (Vadim Romanoff), Tamara Shayne (Evdokia Romanoff), Alix Talton (Beulah Moulsworth), Rik van Nutter (Freddie van der Stuyt) **L** 98 **FSK** ab 12; nf **FBW** **W E** 8.9.1961 **fd** 10 302

ROMANTIC FIGHTER. Auf Action getrimmter (Fernseh-)Film um zwei Brüder, die beide leidenschaftliche Kickboxer sind und in den Diensten eines Zuhälters stehen. Als sich der eine in die Geliebte des anderen verliebt, entbrennt ein Kampf auf Leben und Tod. ✦ Deutschland 1999 **P** ProSieben **R** Rainer Matsutani **B** Christian Limmer, Sven Ulrich, Stefan Kornatz **K** Gerhard Schirlo **D** Christian Oliver (Dennis), Thure D. Riefenstein (Wulf), Drago Ragutin (Pjotr), Pjotr Olev (Nicolai), Ako Michael Hintzen (Thai), Chiara Schoras (Tanja), Theresa Hübchen (Lara), Michael Schiller (Irokese), Sandra Seubert (Ricarda) **L** 96 **E** 12.3.1999 ProSieben

ROMANTIK BEVORZUGT (I'LL TAKE ROMANCE). Fernseh-Melodram. Das geordnete Leben einer Fernseh-Wetterfrau droht aus dem Ruder zu laufen, als sie sich bei einem Wettbewerb, bei dem der romantischste Mann ermittelt werden soll, in einen Kandidaten verliebt und mit ihm ein leidenschaftliches Verhältnis eingeht. ✦ USA 1990 **P** New World TV **Pd** Harry R. Sherman **R** Piers Haggard **B** James Henerson, James G. Hirsch **K** Paul Murphy **M** Yanni **S** Pamela Malouf **D** Linda Evans (Jane McCormick), Heather Tom (Caroline), Tom Skerritt (Richter Warren Dennis), Larry Poindexter (Mike Heller), Delane Matthews **L** 90 **E** 19.8.1992 RTL plus

DIE ROMANTIKER (ROMANTIKI). Die Geschichte einer kleinen Station im einem unwirtlichen nördlichen Tundragebiet. Der Stationsleiter, ein Arzt und eine junge Lehrerin haben sich der Aufgabe verschrieben, der Bevölkerung Lesen und Schreiben beizubringen und gleichzeitig politische Bewußtseinsarbeit im Sinne des jungen Sowjetstaates zu leisten. ✦ Schwarz-weiß. UdSSR 1941 **P** Sojusdetfilm **R** Mark Donskoi **B** Tichon Sjomuschkin, Fjodor Knorre **K** Boris Monastyrski **M** Leonid Schwarz **D** D. Sagal (Kusnezow), I. Fedotowa (Tatjana Petrowna), W. Wladislawski (Iwan Pawlowitsch), Lew Swerdlin (Tukai), Michail Trojanowski (Schamane) **L** 69 **E** 11.1.1985 DFF 2

ROMANTISCHE BRAUTFAHRT. Infolge einer Kette von Verwechslungen übernachten eine schöne Gräfin und ein junger Diplomat – ohne es zu wissen – im selben Wiener Hotelappartement. Die überraschende und skandalöse Entdeckung am folgenden Morgen führt letztlich zum Happy-End. Harmlos heitere Unterhaltung. ✦ Schwarz-weiß. Deutschland 1944 **P** Wien **R** Leopold Hainisch **B** Elsbeth Karstorff, Stefan von Kamare **K** Jaroslav Tuzar **M** Anton Profes **D** Marte Harell, Wolf Albach-Retty, Christl Mardayn, Paul Hörbiger, Otto Treßler **L** 87 **E** 9.3.1944/2.4.1990 DFF 1

DIE ROMANTISCHE ENGLÄNDERIN (THE ROMANTIC ENGLISHWOMAN). Die Frau eines englischen Erfolgsschriftstellers versucht vergeblich, durch eine Liebschaft ihrem goldenen Ehekäfig zu entkommen. Satire auf die Zwänge bürgerlicher Konventionen; einfühlsam und psychologisch glaubwürdig, von vorzüglichen Darstellern gespielt. – Sehenswert. ✦ Scope. Großbritannien/Frankreich 1975 **P** Meric-Matalon/Dial **Pd** Daniel M. Angel **R** Joseph Losey **B** Tom Stoppard, Thomas Wiseman, nach einem Roman von Thomas Wiseman **K** Gerry Fisher **M** Richard Hartley **S** Reginald Beck **D** Glenda Jackson (Elizabeth Fielding), Michael Caine (Lewis Fielding), Helmut Berger (Thomas Hursa), Marcus Richardson (David Fielding), Michel Lonsdale (Swan) **L** 116 **E** 14.11.1976 ARD **fd** 20 003

DIE ROMANTISCHEN (ROMANTYCZNI). Zwei junge Polen schließen sich 1849 einem Revolutionsgeneral an, der mit einer Einheit polnischer Soldaten gegen die kaiserlich-österreichischen Truppen in Siebenbürgen kämpft. Bei einem Gutsherrn nehmen sie vorübergehend Unterkunft. ✦ Schwarz-weiß. Polen 1970 **P** Filmstudio Lodz **R** Stanislaw Rózewicz **B** Stanislaw Rózewicz, Witold Zalewski **K** Krzysztof Winiewicz **M** Wojciech Kilar **D** Ignacy Gogolewski (Henryk), Wladyslaw Hancza (Nawrock), Olgierd Lukaszewicz (Wladyslaw), Jan Ciecierski (Count Turno), Marta Lipinska (Emilka) **L** 93 **E** 10.2.1973 DFF 2

EIN ROMANTISCHES UNTERFANGEN (ROMANTIC UNDERTAKING). Drama. Ein Koch zieht in ein Appartement, das zu einem Beerdigungsunternehmen gehört. Als Gegenleistung dafür, daß er mit der Besitzerin des Unternehmens ausgeht, bietet ihm deren Angestellter einen Job in einem nahegelegenen Laden an. Am nächsten Morgen erfährt die Frau von dem Deal. ✦ Kanada 1995 **R** Peter McCubbin **B** Melissa R. Byer, Treena Hancock **D** William Katt (Richard Tennant), Valerie Buhagiar (Jenny Tanner), Ishwar Mooljee (Oscar), Paul Berry (Squirrelly), Greg Blanchard (Harry) **L** 95 **E** 2.8.1997 tm 3

ROMANZE (ROMANCE). 20 Jahre, nachdem ein Vater seine Familie verließ und sich in eine einsame Hütte in den Bergen zurückzog, bittet er den inzwischen 30jährigen Sohn um einen Besuch. Die Begegnung zwischen dem Alten und dem etablierten Versicherungsagenten wird zu einem Zusammenprall sehr verschiedener Lebensvorstellungen und Wertnormen. (O.m.d.U.) ✦ Italien 1984 **R+B** Massimo Mazzucco **K** Fabio Cianchetti **M** Andrea Centazzo **D** Walter Chiari (Vater), Luca Barbareschi (Andrea), Julia Hiebaum Colombo (Mädchen), Patrizia Fachini (Andreas Frau), Regina Nitsch (Andreas Geliebte) **L** 90 **E** 1.12.1991 BR

ROMANZE FÜR EINE KRONE (ROMANCE ZA KORUNU). Der 17jährige Radiomechanikerlehrling Pidja verliebt sich auf den ersten Blick in seine neue Arbeitskollegin Maruna und verabredet mit ihr ein erstes Rendezvous. Dieses Treffen am gleichen Abend verläuft jedoch nicht nur sehr turbulent, sondern auch mit einigen Unterbrechungen, da Pidja immer wieder seinen ebenfalls neuen Freunden – einer Gruppe Schlagersänger – zu Hilfe eilen muß. Mäßig unterhaltsamer und künstlerisch bedeutungsloser Musikfilm mit bekannten tschechoslowakischen Schlagerstars in den Hauptrollen. – Ab 14. ✦ CSSR 1975 **P** Filmstudio Barrandov **Kl** Progress **R** Zbynek Brynych **B** Vladimír Kalina, Zbynek Brynych **K** Emil Sirotek, K. Kaderábek **M** Karel Svoboda **D** Erik Pardus (Pidja), Miroslava Safránková (Maruna), Tomas Stengl (Jana Prgerová), Frantisek Hanus (Pavel Bláha), Karel Augusta (Eva Kytlacilová) **L** 98 **E** 31.12.1976 Kino DDR/21.6.1978 DFF 2

ROMANZE FÜR FLÜGELHORN (ROMANCE PRO KRIDLOVKU). Die unerfüllte Liebe eines jungen Studenten zu der Tochter eines Karussellbesitzers. Ein gedanklich wie künstlerisch anspruchsvolles Filmwerk, dessen herben poetischen Reiz und schwermütige Romantik eine sensible Kamera meisterhaft in Bildern festhält. – Ab 14. ✦ Schwarz-weiß. CSSR 1966 **Kl** Progress **R** Otakar Vávra **B** Frantisek Hrubin, Otakar Vávra, nach dem Roman von Frantisek Hrubin **K** Andrej Barla **M** Jirí Srnka **D** Jaromír Hanzlík (Vojta), Zuzana Cigánová (Termina), Janusz Strachocki (Der Alte), Stefan Kvietik (Viktor) **L** 86 **E** 13.10.1967 Kino DDR

ROMANZE FÜR VERLIEBTE (ROMANS O WLJUBLENNYCH). Ein Poem über die Liebe, das von überschäumendem Glück, von Schmerz, Leid und Trennung berichtet – und vom Sieg des Lebens, dessen Sehnsüchte und Wünsche trotz aller Enttäuschungen zur Erfüllung streben. Ein anspruchsvoller Film, der mit seiner ungewöhnlichen Gestaltung zugleich fasziniert und Widerspruch provoziert. – Sehenswert ab 16. ✦ Scope. UdSSR 1974 **P** Mosfilm **Kl** Progress **R** Andrej Michalkow-Konchalowski **B** Jewgeni Grigorjew **K** Lewan Paataschwili **M** Alexander Gradski **D** Jewgeni Kindinow (Sergej Nikitin), Jelena Korenewa (Tanja), Innokenti Smoktunowski (Trompeter), Irina Kuptschenko (Ljuda), Jelisaweta Solodowa (Sergejs Mutter) **L** 116 **E** 30.5.1975 Kino DDR/10.7.1975 DFF 2

ROMANZE IM ORIENTEXPRESS (ROMANCE ON THE ORIENT EXPRESS). Eine erfolgreiche amerikanische Schriftstellerin begegnet während der Eisenbahnfahrt im Orientexpress durch Südfrankreich einem Engländer wieder, mit dem sie vor Jahren eine Liebesbeziehung verband. Die Erinnerungen daran überwältigen sie ebenso wie die Hoffnung auf eine neue Romanze. Gepflegt inszeniertes (Fernseh-) Liebesmelodram ohne große Tiefe; atmosphärische Dichte wird verwechselt mit aufgedonnerten, oft kitschigen melodramatischen Effekten. – Ab 16. ✦ Großbritannien 1985 **P** Yorkshire TV/Von Zerneck Production **R** Lawrence Gordon Clark **B** Jan Worthington **K** Peter Jackson **D** Cheryl Ladd, Stuart Wilson, John Gielgud, Renée Asherson, Ralph Michael **L** 96 **E** 18.4.1990 RTL plus

ROMANZE IM SÜDEN (MAN ABOUT THE HOUSE). Zwei altjüngferliche Engländerinnen erben ein Schloß bei Neapel. Der attraktive junge Verwalter heiratet eine von beiden und entpuppt sich als geldgieriger Schurke, der seine Ehefrau durch Gift aus dem Weg zu räumen trachtet. Altmodisches, aber spannend inszeniertes Kriminaldrama mit psychologischem Raffinement. – Ab 14. ✦ Schwarz-weiß. Großbritannien 1948 **P** London **Kl** DFH **Pd** Edward Black **R** Leslie Arliss **B** J. B. Williams, Leslie Arliss, nach einem Roman von Francis Brett Young und einem Bühnenstück von John Perry **K** Georges Périnal **M** Nicholas Brodszky **S** Russell Lloyd **D** Margaret Johnston (Agnes Isit), Dulcie Gray (Ellen Isit), Kieron Moore (Salvatore), Felix Aylmer (Richard Sanctuary), Lilian Braithwaite (Mrs. Armitage), Jone Salinas (Maria) **L** 90 **FSK** ab 12; f **E** 24.10.1950

ROMANZE IN MOLL. Die aparte Ehefrau eines gutmütig spießigen Buchhalters führt ein Doppelleben, nachdem sie durch einen weltmännischen jungen Komponisten die große Liebe kennengelernt hat. Als der Vorgesetzte ihres Mannes sie durch seine Mitwisserschaft zu einem Verhältnis erpressen will, begeht sie Selbstmord. Käutner ließ sich durch Novellen von Maupassant zu diesem sensiblen, melancholischen Liebes- und Gesellschaftsdrama inspirieren, das im Paris des 19. Jahrhunderts angesiedelt ist. Der Film zählt zu den besten Arbeiten des Regisseurs. ✦ Schwarz-weiß. Deutschland 1942/43 **P** Tobis **Kl** Nordwest **R** Helmut Käutner **B** Willy Clever, Helmut Käutner **K** Georg Bruckbauer **M** Lothar Brühne, Werner Eisbrenner **S** Anneliese Sponholz **D** Marianne Hoppe (Madeleine), Paul Dahlke (Ihr Mann), Ferdinand Marian (Michael), Siegfried Breuer (Viktor), Elisabeth Flickenschildt (Portiersfrau), Ernst Legal, Hans Stiebner, Carl Günther, Anja Elkoff, Eric Helgar, Karl Platen, Hugo Flink, Walter Lieck, Klaus Pohl, Leo Peukert, Maria Loja, Karl Etlinger, Helmut Käutner, Herbert Weißbach, Ethel Reschke, Ernst Rotmund **L** 97 **FSK** ab 16; nf **E** 25.6.1943/12.10.1959 DFF 1/19.1.1967 ARD **fd** 93

ROMANZE IN VENEDIG (ROMANZE IN VENEDIG). Aus enttäuschter Liebe flüchtet eine reiche Gutstochter vor der Hochzeit nach Venedig und schnellstens in ein Verhältnis. Ihr unehelicher Sprößling vermittelt die verspätete Elternhochzeit. Ein rührseliger Film voller falscher Gefühle. – Ab 14 möglich. ✦ Österreich 1962 **P** Donau **Kl** Columbia-Bavaria **R** Eduard von Borsody **B** Theodor Ottawa, Eduard von Borsody **K** Václav Vich **M** Heinz Neubrand **D** Ann Smyrner (Andrea von Bruggern), Walter Reyer (Stefan Schröder), Willy Birgel (Theodor von Bruggern), Annie Rosar (Barbara), Jane Tilden (Bettina von Wertheim) **L** 96 **FSK** ab 12; f **E** 28.9.1962 **fd** 11 385

ROMANZE MEINER SEHNSUCHT (IL ROMANZO DELLA MIA VITA). Episoden aus den Jugendjahren des italienischen Sängers Luciano Tajoli. Der 1916 geborene Sänger war durch eine schwere Kinderlähmung in seiner Entwicklung stark behindert. ✦ Italien 1952 **P** Diva-Film **R** Lionello de Felice **B** Luciano Tajoli **K** Luigi Kuweiler **D** Luciano Tajoli (Luciano Tajoli), Antonella Lualdi (Maria), Vittorio Sanipoli (Alfredo), Enzo Biliotti, Gino Cavalieri **L** 87 **E** 4.6.1973 DFF 1

ROMANZE MIT AMÉLIE. Die Geschichte der unerfüllten Liebe zwischen einem jungen Schafhirten und einer adeligen Gutsherrentochter, eingebettet in die politischen und militärischen Ereignisse der letzten Kriegs- und ersten Nachkriegsjahre. Mosaikartig angelegter Spielfilm, der in zahlreichen – die Geschichte komplizierenden – Episoden bemüht ist, eine im Grunde banale Liebesgeschichte mit zeitgeschichtlichen Bezügen aufzuwerten. – Ab 16. ✦ Scope. DDR 1981 **P** DEFA, Gruppe »Babelsberg« **KI** Progress **Pd** Herbert Ehler **R** Ulrich Thein **B** Ulrich Thein, Hartwig Strobel, nach einem Roman von Benito Wogatzki **K** Hartwig Strobel **M** Günther Fischer **S** Ilse Peters **D** Thomas Stecher (Jürgen Siebusch), Brit Gülland (Amélie), Gudrun Ritter (Mutter Siebusch), Fritz Marquardt (Schwoffke), Brigitte Lindenberg (Unsefrau), Wilfried Ortmann (Donath) **L** 102 **E** 21.1. 1982 Kino DDR/5.4.1983 DFF 2/30.9.1984 ZDF

ROMANZE MIT HINDERNISSEN (ON MOONLIGHT BAY). Ein burschikoses Mädchen kann nach anfänglichen Schwierigkeiten seinen Vater von seiner Liebe zu einem draufgängerischen Studenten überzeugen. 1917 in Indiana angesiedeltes folkloristisches Musical ohne große Bedeutung. (Fortsetzung: »Heiratet Marjorie?«, 1953) ✦ USA 1951 **P** Warner **Pd** William Jacobs **R** Roy Del Ruth **B** Jack Rose, Melville Shavelson, nach dem Roman »Alice Adams« und den »Penrod«-Geschichten von Booth Tarkington **K** Ernest Haller **M** Max Steiner, Ray Heindorf (Ltg.) **S** Thomas Reilly **D** Doris Day (Marjorie Winfield), Gordon MacRae (William Sherman), Jack Smith (Hubert Wakeley), Leon Ames (George Winfield), Rosemary DeCamp (Mrs. Winfield) **L** 95 **E** 13.10.1996 ZDF

DIE ROMANZE VON BUCH UND SCHWERT (SHU JIAN EN CHOU LU (1.TEIL) / XIANG XIANG GONG ZHU (2.TEIL)). Der Kampf einer Geheimgesellschaft gegen die Quing-Dynastie im China des 18. Jahrhunderts, erzählt an Hand der Schicksale zweier Brüder. Der eine operiert nahezu emotionslos als chinesischer Kaiser aus machtpolitischer Räson, der andere setzt sich für die Rechte von moslemischen Nationen im Vielvölkerstaat China und für seine eigene aristokratische Linie, die Ming-Dynastie, ein. Ein grandioses Epos, bildgewaltig und lyrisch, mit perfekt choreografierten Kampfszenen, melodramatischen und musikalischen Einlagen, imposanten Massenszenen und eindrucksvollen Landschaften; hinter der trivialen Handlung und ihrem tragischen Ausgang verbirgt sich ein pessimistischer Lebensentwurf von der Übermacht der Geschichte, die individuelle Schicksale und Hoffnungen zu überrollen droht. (O.m.d.U.) Deutsche Synchronfassung in zwei Teilen (analog zur Uraufführung in Hongkong): Die »Romanze von Buch und Schwert«, »Prinzessin Wohlgeruch«. – Sehenswert. ✦ Hongkong/VR China 1987 **P** Yeung Tse Kong Movie Enterprises/Sil-Metropole Organisation **KI** Freunde der Deutschen Kinemathek **Pd** Liang Quin-Rong, Fu Qi, Zhang Ying-Xiu **R** Ann Hui (= Xu Anhua) **B** Ann Hui (= Xu Anhua), Kam Yung, nach dem gleichnamigen Roman von Kam Yung **K** Xi-Mu Xiao-Er **M** Luo Yang-Hui, Gu Guan-Ren **S** Qiu Mu-Liang **D** Da Shi-Chang (Kaiser Quian Long), Zhang Duo-Fu (Chen Jia-Luo), Liu Jia (Huo Jing-Tong »Jadefeder«), Ai Nuo (Prinzessin Xiang-Xiang) **L** 180 **E** 1988 Kino

DIE ROMANZE VON CHARLES UND DIANA (THE ROYAL ROMANCE OF CHARLES AND DIANA). Rührselige Chronik um den englischen Thronfolger und seine Frau von der ersten Begegnung des Paares bis zur Geburt des ersten Sohnes. Im Stil der Regenbogenpresse werden die Gestalten des englischen Königshauses in mythischer Form dargestellt und gleichzeitig trivialisiert. Kitschig und verquast. – Ab 12. ✦ Großbritannien 1982 **P** Chrysalis-Yellen **R** Peter Levin **B** Robert L. Freedman, Selma Thompson, Jonathan Platnick, Linda Yellen **K** Arthur J. Ornitz **M** David Palmer **D** Catherine Oxenberg, Christopher Baines, Ray Milland, Dana Wynter, Stewart Granger **L** 95 (TV) **E** 29.4.1984 ZDF

ROMAREI, DAS MÄDCHEN MIT DEN GRÜNEN AUGEN (ROMAREY: OPERAZIONE MAZAREFF). Ein mit hellseherischen Fähigkeiten begabtes deutsches Mädchen kommt einem in Afrika lebenden Großindustriellen zu Hilfe, dessen Leben in Gefahr ist. Sie gerät dabei selbst in Not, da sie die Aufmerksamkeit dreier Lüstlinge erregt, die ihre Gier allerdings mit dem Leben bezahlen. Dummdreistes Trivialkino, dessen Story im Fahrwasser der in den 50er Jahren erfolgreichen »Liane«-Filme dümpelt. (Alternativtitel: »Wer ist Mazareff?«) – Ab 14 möglich. ✦ BR Deutschland/Italien 1958 **P** Arca **KI** NF **Pd** Helmuth Volmer **R** Harald Reinl **B** Gerda Corbett **K** Hans Schneeberger **M** Willi Mattes **S** Johanna Meisel **D** Carola von Kayser (Romarei), Joachim Hansen (Lorenz), Leonard Steckel (Sir Boris Olinzoff), Werner Peters (Papas), Reggie Nalder (von Dewitz) **L** 84 **FSK** ab 12; nf **E** 18.12.1958 **fd** 8 202

ROME DÉSOLÉE (ROME DESOLEE). Ein filmischer Spaziergang durch Rom abseits der touristischen Routen; Bilder von öden Stadtlandschaften, unterbrochen durch Werbefetzen, Nachrichten von CNN und Fernsehbildern aus Berlusconis Fernsehsendern. Die hektische Montage ist mit der emotionslosen Stimme eines jungen Homosexuellen unterlegt, der vom erbarmungslosen Leben auf der Straße, von der Suche nach Sex und Drogen berichtet. Ein präziser Blick auf urbanes, entwurzeltes Leben, der durch die permanente Konfrontation von Bild und Wort das pessimistische Protokoll einer ausweglosen Situation enthüllt. (O.m.d.U.) ✦ Frankreich 1995 **P** G.R.E.C./Artefilm **SF** Freunde der Deutschen Kinemathek **Pd** Jean-Marie Boulet **R+B** Vincent Dieutre **K** Gilles Marchand **S** Ariane Doublet **L** 68 **E** 1996

ROMEO. Eine Mitarbeiterin des bayerischen Innenministeriums wird wegen des Verdachts der Spionage für die DDR verhaftet. Es stellt sich heraus, dass ein Stasi-Mann auf die alleinstehende Frau angesetzt war, der ihr die große Liebe vorgaukelte und eine (Schein-)Ehe mit ihr einging. Als die Lebenslüge auffliegt, ist auch das Verhältnis zwischen Mutter und der von ihr alleine aufgezogenen Tochter bedroht. Tragikomödie über ein Kapitel deutsch-deutscher Vergangenheit, die Zeitgeschichte an einem Einzelschicksal darzustellen versucht. ✦ Deutschland 2000 **P** Bavaria/ZDF **Pd** Martin Bach **R** Hermine Huntgeburth **B** Ruth Thoma **K** Diethard Prengel **M** Biber Gullatz, Eckes Maltz, Andreas Schäfer **S** Bettina Böhler **D** Martina Gedeck (Lotte), Sylvester Groth (Hermann), Katrin Bühring (Julia), Martin Glade (Ralf), Michael Sideris (Anwalt) **L** 90 **E** 26.11.2001 3sat

ROMEO, DER TOLLE STIER (TORRO DA MONTA). Sexfilm. Ein sizilianischer Bauer, der einen wertvollen Zuchtstier geerbt hat, will im Norden des Landes sein Glück machen. Zunächst kann nur der Bulle, nicht aber sein Besitzer den Erwartungen an die sexuelle Ausdauer der Sizilianer gerecht werden. ✦ Italien 1976 **R** Roberto Mauri **D** Alfonso Saggese, Femi Benussi, Daniela Giordano **L** 89 **E** 2.4.1994 RTL

ROMEO IS BLEEDING (ROMEO IS BLEEDING). Ein korrupter Polizist, dem Geld und den Frauen verfallen, verstrickt sich immer mehr in seine Kontakte zur Mafia. Als er einer schönen Verbrecherin verfällt, wird er zum Bauernopfer in einem Spiel, dessen Dimensionen er nicht mehr überschaut. Ein bizarrer Film über den selbstverschuldeten Verlust des Lebensglücks. Die uneinheitliche Inszenierung, die sich für kein Genre entscheiden kann, sucht ihr Heil in immer grelleren, zum Ende recht gewalttätigen Effekten und durchkreuzt die Bemühungen der guten Darsteller. ✦ USA/Großbritannien 1993 **P** Polygram/Working Title **KI** Atlantic (Erstverleih: Amazonas) **VA** VMP **DVD** EuroVideo (FF, DD5.1 dt.) **Pd** Hilary Henkin, Paul Webster **R** Peter Medak **B** Hilary Henkin **K** Dariusz Wolski **M** Mark Isham **S** Walter Murch **D** Gary Oldman (Jack Grimaldi), Lena Olin (Mona DeMarkov), Annabella Sciorra (Natalie Grimaldi), Roy Scheider (Don Falcone), Michael Wincott (Sal), Juliette Lewis (Sheri) **L** 105 (gek. 99) **FSK** ab 18 (gek. 16) (DVD 16 & 18) **E** 6.10.1994/4.4.1995 Video/3.5.1996 premiere/27.4.2000 DVD **fd** 31 002

ROMEO, JULIA UND DIE FINSTERNIS (ROMEO, JULIE A TMA). Zur Zeit der deutschen Besetzung und des Attentats auf den SS-Führer Heydrich (1942) versteckt ein Prager Gymnasiast eine zur Deportation nach Theresienstadt bestimmte jüdische Arzttochter. Hervorragend gestalteter, atmosphärisch dichter Film, der sich seinem tragisches Thema einfühlsam nähert. ✦ Schwarz-weiß. CSR 1959 **P** Filmstudio Barrandov **KI** Accon/Progress **R** Jirí Weiss **B** Jirí Weiss, Ján Otcenásek, nach einem Roman von Jan Otcenásek **K** Václav Hanus **M** Jirí Srnka **D** Ivan Mistrík, Dana Smutná, Jirina Sejbalová **L** 96 **FSK** ab 12; f **FBW** bw **E** 5.5.1961 Kino DDR/1.6.1962 DFF 1/28.10.1966 Kino BRD

ROMEO MUST DIE (ROMEO MUST DIE). Nachdem ein Mitglied der chinesischen Mafia in San Francisco offenbar einem auflodernden Gangsterkrieg zum Opfer gefallen ist, bricht sein Bruder in Hongkong aus dem Gefängnis aus, um den Mord zu rächen. Doch auch die potenziellen Schuldigen – die afro-amerikanischen Gangster der Stadt – werden Opfer kaltblütiger Morde. Rasanter Actionfilm, der seine wenig stringente Konzeption durch spektakuläre, zum Teil humorige Kämpfe ausgleicht und durch seine reizvoll angedeutete Romeo-und-Julia-Geschichte unterhält. DVD: Die Special Edition beinhaltet u.a. diverse Featurettes zu Stunts und Spezialeffekten. ✦ Scope. USA 2000 **P** Warner Bros./Silver Pictures **KI** Warner Bros. **VA** Warner Home **DVD** Warner Home (SE, 16:9, 2.35:1, DD5.1 engl./dt.) **Pd** Joel Silver, Jim van Wyck **R** Andrzej Bartkowiak **B** Eric Bernt, John Jarrell **K** Glen MacPherson **M** Stanley Clarke, Timbaland **S** Derek G. Brechin (= Derek Brechin) **D** Jet Li (Han Sing), Isaiah Washington (Mac), Russel Wong (Kai), Delroy Lindo (Isaak O'Day), Aaliyah (Trish O'Day), DMX (Silk) **L** 115 **FSK** ab 16; nf **FBW** w **E** 8.6.2000/19.1.2001 Video & DVD **fd** 34 312

ROMEO UND GIULIANA – EINE SOMMERLIEBE IN ITALIEN (L' ESTATE STA FINENDO). Statt wie jedes Jahr die Ferien bei ihrer Mutter zu verbringen, macht sich die 15jährige Giuliana mit dem Hausmeistersohn Romeo zu einer Tramp-Tour quer durch Italien auf. Während der Vater seine Tochter sucht und dabei in pausenlose Schwierigkeiten gerät, verliebt sich das Mädchen in eine Zufallsbekanntschaft und beschwört Probleme mit Romeo herauf. Erst als dieser eigene Wege geht, stellt Giuliana fest, wie sehr sie ihn braucht. Seichte Komödie nach sattsam vertrautem Schema. – Ab 14 möglich. ✦ Italien 1987 **P** Clesi Cinematografica/Italian International Film/RAI 1 **R** Bruno Cortini **B** Francesca Archibugi, Gloria Malatesta, Claudia Sbarigia **K** Blasco Giurato **M** Carmelo La Bionda, Michelangelo La Bionda **D** Fiorenza Tessari, Leonardo Ferrantini **L** (TV) 95 **E** 2.9.1990 PRO 7

ROMEO UND JULIA (1954) (ROMEO AND JULIET). Shakespeares Tragödie von den unglücklichen jungen Liebesleuten in Verona, die an der Unversöhnlichkeit ihrer Familien zugrunde gehen. Der aufwendig inszenierte Film besticht mehr durch die sorgfältige Ausstattung als durch die Wahl der Hauptdarsteller und die Umsetzung Shakespearescher Verse in Filmdialoge. Die Regie ist bemüht, der poetischen Stimmung der Dichtung gerecht zu werden, läßt aber die dramatische Spannung nicht deutlich werden. – Andere Verfilmungen des Stoffes (Auswahl): Frankreich 1901, Regie: Georges Meliès / USA 1916, Regie: J. Gordon Edwards; mit Harry Hilliard, Theda Bara / England 1926, Regie: E.A. Dupont; mit André Mattoni, Mary Philbin / USA 1936, Regie: George Cukor; mit Leslie Howard, Norma Shearer / UdSSR 1955, Regie: Leo O. Arnschtam; mit Galina Ulanowa, Y. Idanow (Ballett) / England 1966, Regie: Paul Czinner; mit Margot Fonteyn, Rudolf Nurejew (Ballett) / Italien/England 1967, Regie: Franco Zeffirelli; mit Leonard Whiting, Olivia Hussey. – Ab 14 möglich. ✦ Großbritannien/Italien 1954 **P** Verona/Universalcine **KI** Rank **R** Renato Castellani **B** Renato Castellani, nach William Shakespeare **K** Robert Krasker **M** Roman Vlad **D** Laurence Harvey (Romeo), Susan Shentall (Julia), Mervyn Johns (Bruder Laurence), Bill

Travers (Benvolio), Sebastian Cabot (Capulet), Lydia Sherwood (Lady Capulet), Guilio Garbinetti (Montaque), Nietta Zocchi (Lady Montaque) **L** 140 **FSK** ab 12; f **FBW** w **E** 24.12.1954/16.10.1959 Kino DDR/ 28.3.1971 ARD **fd** 3 795

ROMEO UND JULIA (1955) (ROMEO I DSCHULJETTA). Ballettfilm nach Shakespeare mit der Musik von Prokofjew. Bedeutende russische Tänzer in einem Film, dessen Ausstattung dem Geschmack der Jahrhundertwende und dessen szenische Choreographie den Traditionen und Konventionen des klassischen Balletts entsprechen. (Alternativtitel: »Der letzte Tanz von Romeo und Julia«) – Ab 14. ✦ UdSSR 1955 **P** Mosfilm **KI** Carlton **R** Lew Arnschtam **B** Lew Arnschtam, Leonid Lawrowski, nach dem Bühnenstück von William Shakespeare **K** Alexander Schelenkow, Tschen Yo-Lan-Ta **M** Sergej Prokofjew **D** Galina Ulanowa, Y. Idanov, S. Korem, E. Ermolayer **L** 92 **FSK** ab 6; f **E** 4.11.1955 Kino DDR/26.11.1955 DFF 1/16.2.1957 Kino BRD **fd** 5 283

ROMEO UND JULIA (1966) (ROMEO AND JULIET). Dokumentation einer hervorragenden Bühnenaufführung des Balletts »Romeo und Julia« nach der Musik von Prokofjew durch das königliche englische Ballett in klassischem Stil. Auch die filmische Umsetzung ist sehr gelungen. – Ab 12. ✦ Großbritannien 1966 **P** Poetic **KI** Rank **Pd+R** Paul Czinner **B** nach William Shakespeare **K** S.D. Onions **M** Sergej Prokofjew **S** Philip Barnikel **D** Margot Fonteyn (Julia), Rudolf Nurejew (Romeo), David Blair (Mercutio), Michael Somes (Capulet), Desmond Doyle (Tybalt) **L** 126 **FSK** ab 6; f **FBW** w **E** 23.10.1968 **fd** 14 420

ROMEO UND JULIA (1967) (GIULIETTA E ROMEO / ROMEO AND JULIET). Shakespeares Bühnenwerk in einer Filmfassung, die das Liebesdrama und seine tragische Einbettung in die alte Familienfehde kraftvoll und modern interpretiert und die Szenerie in schauprächtige Bildkompositionen auffächert. Ein beachtenswerter Versuch des italienischen Theater- und Opernspezialisten Zeffirelli. – Ab 16. ✦ Italien/Großbritannien 1967 **P** Dino de Laurentiis/Verona/B.H.E. **KI** Paramount **Pd** Anthony Havelock-Allan, John Brabourne **R** Franco Zeffirelli **B** Franco Brusati, Masolino D'Amico, Franco Zeffirelli, nach dem Drama von Shakespeare **K** Pasquale de Santis **M** Nino Rota **S** Reginald Mills **D** Olivia Hussey (Julia), Leonard Whiting (Romeo), Milo O'Shea (Bruder Lorenzo), Michael York (Tybalt), John McEnery (Mercutio) **L** 138 **FSK** ab 12; f **FBW** bw **E** 1968 Kino BRD/ 21.3.1975 Kino DDR **fd** 15 797

ROMEO & JULIA (1996) →William Shakespeares Romeo & Julia

ROMEO UND JULIA AUF DEM DORFE (1941) (ROMEO UND JULIA AUF DEM DORFE). Die Liebe zweier Bauernkinder gerät durch die plötzliche Feindschaft ihrer Väter in Gefahr. Sie bleiben sich treu und verlassen miteinander das Dorf. Die um Werktreue bemühte Verfilmung der Novelle von Gottfried Keller wirkt in Typen- und Milieuzeichnung frisch und ungekünstelt. – Ab 16. ✦ Schwarz-weiß. Schweiz 1941 **P** Pro-Film **KI** Progress **R** Valerien Schmidely **B** Hans Trommer, nach der gleichnamigen Novelle von Gottfried Keller **K** Ady Lumpert **M** Jack Trommer **D** Margrit Winter, Erwin Kohlund, Johannes Steiner, Emil Gyr, Emil Gerber **L** 90 **E** 7.4. 1975 BR

ROMEO UND JULIA AUF DEM DORFE (1983). Tragödie einer unglücklichen Liebe zweier junger Menschen, die nicht zueinander finden, weil sich ihre Eltern im kleinlichen Streit um einen Acker entzweien. Uneinheitliche Literaturverfilmung mit drastisch naturalistischen und sentimentalen Szenen. – Ab 14. ✦ Scope. DDR 1983 **P** DEFA, Gruppe »Babelsberg« **KI** Progress **Pd** Volkmar Leweck **R** Siegfried Kühn **B** Siegfried Kühn, nach der gleichnamigen Novelle von Gottfried Keller **K** Erich Gusko **M** Hans-Jürgen Wenzel, Joseph Haydn **S** Brigitte Krex **D** Grit Stephan (Veronika), Thomas Wetzel (Fabian), Hilmar Baumann (Grimm), Horst Rehberg (Melcher), Heide Kipp (Frau Grimm), Barbara Teuber (Frau Melcher) **L** 91 **E** 10.5.1984 Kino DDR/21.5.1986 DFF 1

ROMEO UND JULIA IM SCHNEE. Frühe Stummfilmgroteske von Ernst Lubitsch, die den Shakespeare-Stoff in den Schwarzwald versetzt und ihn mit Karikaturen aus dem Volksstück belebt. Die Capulethofers verloben ihre Julia mit einem törichten verfressenen Jüngling aus der Nachbarschaft, und der Streit der Familien wird vom Apotheker mit Hilfe von Zuckerwasser vereitelt. Die Pointen sitzen präzise und akzentuiert. ✦ Schwarz-weiß. Deutschland 1920 **P** Maxim/Ebner **KI** Freunde der Deutschen Kinemathek **R** Ernst Lubitsch **B** Hanns Kräly, Ernst Lubitsch **K** Theodor Sparkuhl **D** Jakob Tiedtke, Marga Köhler, Lotte Neumann, Gustav von Wangenheim, Ernst Rückert, Josefine Dora **L** 34 **E** 12.3.1920

ROMERO (ROMERO). Zwischen seiner Wahl zum Erzbischof von San Salvador 1977 und seiner Ermordung durch einen rechtsradikalen Killer im März 1980 entwickelt sich Oscar Arnulfo Romero von einem konservativen Kandidaten der herrschenden Kreise zu einem engagierten Fürsprecher der Armen, der täglich gegen Ungerechtigkeit und Terror ankämpft und zur international bekannten moralischen Autorität wird. Gestaltet mit Mitteln des politischen Thrillers, der Charakterstudie und des Melodrams, zeichnet der Film die Entwicklung Romeros glaubhaft nach, entwirft ein bedrückend eindringliches Bild des Militärregimes in El Salvador und greift die Themen und den Kontext der Theologie der Befreiung differenziert auf. Trotz einiger sentimentaler Momente und formaler Oberflächlichkeiten ein diskussionswürdiger Beitrag zur Situation der Kirchen Lateinamerikas. (Kinotip der katholischen Filmkritik) – Sehenswert ab 16. ✦ USA 1989 **P** Paulist Pictures **KI** Delta **VA** Warner Home **Pd** Ellwood E. Kieser **R** John Duigan **B** John Sacret Young **K** Geoff Burton **M** Gabriel Yared **S** Frans Vandenberg **D** Raul Julia (Erzbischof Oscar Romero), Richard Jordan (Pater Rutilio Grande), Ana Alicia (Arista Zeleda), Harold Gould (Francisco Galedo), Tony Plana (Pater Morantes) **L** 105 **FSK** ab 12; f **FBW** w **E** 12.10.1989/18.5.1990 Video **fd** 27 884

DIE RÖMERSTRASSE IM AOSTATAL. Dokumentarfilm über die historische, wirtschaftliche und politische Bedeutung des nach dem römischen Kaiser Augustus benannten Aostatals, das 2000 Jahre lang straßenbautechnisch vorbildliche Passage für Kriegsheere und Händler war und heute eine Hauptverkehrsader des modernen Europas darstellt. – Ab 14. ✦ Deutschland 1998 **P** SWR **SF** Filmmuseum Berlin-Deutsche Kinemathek **R+B** Peter Nestler **L** 92

DER RÖMISCHE FRÜHLING DER MRS. STONE (THE ROMAN SPRING OF MRS. STONE). Eine alternde Schauspielerin verfällt einem italienischen Nichtstuer, der von der Leidenschaft einsamer Frauen lebt. Die schauspielerischen Leistungen in dieser Tennessee – Williams – Verfilmung sind weitaus beeindruckender als das trivial geratene Drehbuch. ✦ USA/Großbritannien 1961 **P** Anglo/Amalgamated/Seven Arts **KI** Warner Bros. **Pd** Louis de Rochemont **R** José Quintero **B** Gavin Lambert, Jan Read, nach einem Bühnenstück von Tennessee Williams **K** Harry Waxman **M** Richard Addinsell **S** Ralph Kemplen **D** Vivien Leigh (Karen Stone), Warren Beatty (Paolo), Lotte Lenya (Contessa), Jill St. John (Barbara), Carol Brown (Meg) **L** 104 **FSK** ab 12; f (früher 18) **E** 20.9. 1962 **fd** 11 003

DIE RÖMISCHE KANONE (S.P.Q.R. – 2000 E 1/2 ANNI FA). Italien im Jahre 71: Ein Mailänder Staatsanwalt kommt zwei korrupten römischen Senatoren auf die Schliche, ist aber nach einigen Intrigen und einem Mordversuch letztlich selbst der Dumme. Hinter den durch die zotige deutsche Synchronisation noch geschmackloser wirkenden Blödel-Dialogen ist die beabsichtigte Parodie auf aktuelle politische Verhältnisse nur noch zu ahnen. Besonders ärgerlich sind die frauen- und ausländerfeindlichen Kalauer des Films, dessen niedriges Niveau sich auch in den übel chargierenden Darstellern und einer einfallslosen Inszenierung spiegelt. ✦ Italien 1994 **P** Filmauro **KI** Highlight **VA** Highlight **Pd** Aurelio De Laurentiis, Stefano Bolenoni **R** Carlo Vanzina **B** Enrico Vanzina, Carlo Vanzina **K** Gianlorenzo Battaglia **M** Federico De Robertis **S** Enrico Fiorentini, Tonino Zerva **D** Christian de Sica (Cesare Atticus), Massimo Boldi (Antonius Servilio), Leslie Nielsen (Lucius Cynicus), Anna Falchi (Poppea) **L** 102 **FSK** ab 12; f **E** 16.11.1995/27.2.1996 Video **fd** 31 675

RÖMISCHER REIGEN (VILLA BORGHESE / LES AMANTS DE LA VILLA BORGHESE). Sechs kleine Episoden zum Thema »Liebe«, von denen einige durch ihre feinfühlige Beobachtung auffallen. Schauplatz ist der große öffentliche Park der Villa Borghese in Rom. Ein souverän und locker inszeniertes Spiel, das seine prominenten Darsteller ins beste Licht zu setzen versteht. ✦ Schwarz-weiß. Frankreich/Italien 1953 **P** Astoria/Sigmavog/Columbia **R** Gianni Franciolini **B** Curcio, Liana Ferri, Ennio Flaiano, Rodolfo Sonego, Furio Scarpelli **K** Mario Bava **M** Mario Nascimbene **D** François Périer, Gérard Philipe, Micheline Presle, Eduardo de Filippo, Vittorio de Sica **L** 90 **E** 9.3.1961 ARD/11.3.1968 DFF **fd** 10 006

ROMMEL, DER WÜSTENFUCHS (THE DESERT FOX). Nach dem gescheiterten Afrikafeldzug kehrt Generalfeldmarschall Rommel desillusioniert nach Berlin zurück und wird in den politischen Widerstand gegen Hitler einbezogen, der am 20. Juli 1944 tragisch scheitert. Gut inszenierte Actionszenen, dokumentarisches Material und ein überzeugender Hauptdarsteller machen den amerikanischen Kriegsfilm diskussionswürdig. James Mason verkörperte Rommel ein zweites Mal in »Die Wüstenratten« (USA 1953). – Ab 16 möglich. ✦ Schwarz-weiß. USA 1951 **P** 20th Century Fox **KI** Centfox **Pd** Nunnally Johnson **R** Henry Hathaway **B** Nunnally Johnson, nach der Biografie von Desmond Young **K** Norbert Brodine **M** Daniele Amfitheatrof **S** James B. Clark **D** James Mason (Erwin Rommel), Jessica Tandy (Frau Rommel), Cedric Hardwicke (Dr. Karl Strolin), Luther Adler (Hitler), Everett Sloane (General Burgdorf), Leo G. Carroll (Von Rundstedt), George Macready (General Bayerlein) **L** 86 **FSK** ab 12; f **E** 22.8.1952 **fd** 1 983

ROMMEL RUFT KAIRO. Ein deutscher Agent gelangt während des Zweiten Weltkriegs nach Kairo ins englische Hauptquartier, wo er geheime Dokumente fotografiert und dank seiner erotischen Wirkung auf Frauen in den Besitz der Pläne der Festung Tobruk gelangt. Klischeebeladenes Kriegs- und Spionageabenteuer auf bescheidenem Niveau. ✦ Schwarzweiß. BR Deutschland 1958 **P** Omega **KI** NF **R** Wolfgang Schleif **B** K.H. Turner, Heinz Oskar Wuttig **K** Kurt Grigoleit **M** Wolf Droysen **D** Adrian Hoven, Elisabeth Müller, Peter van Eyck, Paul Klinger, Ernst Reinhold **L** 105 **FSK** ab 12; f **E** 19.2.1959 **fd** 7 869

ROMMEL – SCHLACHTFELD IN DER WÜSTE →Das war unser Rommel

ROMMEL – SEINE GROSSE SCHLACHT →Königstiger vor El Alamein

DER ROMMELSCHATZ (IL TESORO DI ROMMEL). Zwei ehemalige Soldaten sowie Agenten aus Ost und West fahnden im Mittelmeer nach dem Kriegsschatz des deutschen Afrikakorps. Der Schatz versinkt beim Bergungsversuch in unerreichbare Tiefen; der beteiligte Leutnant wird, schon fast erstickt, von seiner Geliebten aus dem Wasser geholt, die Ostagenten werden erschossen. Langweiliger Abenteuerfilm ohne originelle Ideen. ✦ Scope. USA/Italien 1955 **P** Imperial/Translux **R+B** Romolo Marcellini **K** Renato del Frate **M** Carlo Rustichelli **D** Dawn Addams, Paul Hubschmid, Isa Miranda, Bruce Cabot, Andrea Checchi **L** 100 **FSK** ab 12; nf **E** 15.3.1956 **fd** 4 817

ROMPER STOMPER (ROMPER STOMPER). Eine Bande australischer Skinheads, ungebildet und arbeitslos, reagiert ihren Rassenwahn an asiatischen Einwanderern ab. Da die Jugendlichen mit äußerster Brutalität Straßenschlachten provozieren, entwickeln gegnerische Gangs wirkungsvolle Methoden der

Verteidigung. Zu internen Auseinandersetzungen kommt es, als ein privater Racheakt nicht nach Plan verläuft. Das Ansinnen des Films, die Beweggründe der Neonazis in deren individueller Verletzlichkeit zu suchen, wird von den massiven Brutalitäten zugedeckt, die kaum Raum lassen für Besinnung auf tiefere menschliche Probleme. ✦ Australien 1992 **P** Seon/Romper Stomper Prod. **KI** Delta **VA** Ufa **Pd** Ian Pringle, Daniel Scharf **R+B** Geoffrey Wright **K** Ron Hagen **M** John Clifford White **S** Bill Murphy **D** Russell Crowe (Hando), Daniel Pollock (Davey), Jacqueline McKenzie (Gabe), Alex Scott (Martin), Leigh Russell (Sonny Jim) **L** 94 **FSK** ab 18; nf **E** 11.3.1993/6.9.1993 Video

ROMULUS UND REMUS (ROMOLO E REMO). Historien-Spektakel um die Frühgeschichte Roms, verkürzt zur schlachtenreichen Vita der Zwillingsbrüder Romulus und Remus, die als Ausgesetzte von einer Wölfin genährt und von einem Hirtenpaar erzogen und schließlich zu Gründern der »Ewigen Stadt« wurden. Seriell gefertigtes »Muskel-und-Sandalen«-Kino voller naiver Schauwerte. Regisseur Corbucci und sein Co-Autor Sergio Leone wurden einige Jahre später ebenfalls zu Gründervätern – nämlich des Italo-Western. – Ab 14. ✦ Scope. Italien 1961 **P** Ajace/Titanus **KI** Scotia **Pd** Alessandro Jacovoni **R** Sergio Corbucci **B** Luciano Martino, Sergio Leone, Sergio Corbucci **K** Enzo Barboni, Dario Di Palma **M** Piero Piccioni **D** Steve Reeves (Romulus), Gordon Scott (Remus), Virna Lisi (Julia), Massimo Girotti (Tazio), Jacques Sernas (Curzio) **L** 108 **FSK** ab 12; f **E** 18.1.1963/25.8.1989 DFF 2 **fd** 11 277

ROMY. ANATOMIE EINES GESICHTES. Porträt der im Mai 1982 verstorbenen Schauspielerin Romy Schneider, entstanden Mitte der 60er Jahre. Als Syberberg mit Romy Schneider sprach, war sie 27 Jahre alt und hatte gerade ihren 27. Film (»Schornstein Nr. 4« mit Michel Piccoli) abgedreht. Das »Sissi«-Image gehörte der Vergangenheit an, die eigentliche Weltkarriere hatte noch nicht begonnen. Nach den Aufnahmen setzte Romy Schneider, die inzwischen geheiratet und sich neu orientiert hatte, Änderungen und Schnitte am Film durch, woraufhin Syberberg seinen Namen als Autor zurückzog. Der ursprüngliche Film hatte eine Länge von 90 Minuten. (TV-Titel: »Romy – Porträt eines Gesichts«) – Ab 14. ✦ BR Deutschland 1965 **P** Rob-Houwer-Filmprod. **Pd** Rob Houwer **R+B** Hans Jürgen Syberberg **K** Kurt Lorenz **L** 60

ROMY – PORTRÄT EINES GESICHTS →Romy. Anatomie eines Gesichtes

ROMY UND MICHELE (ROMY AND MICHELE). Zehn Jahre nach ihrem High-School-Abschluß reisen zwei erfolglos gebliebene Freundinnen zu einem Ehemaligentreffen, das ihnen – und dem Zuschauer – die Verlogenheit spießiger Wertmaßstäbe komödiantisch vor Augen führt. Durch ihre gesellschaftliche Relevanz rangiert diese unscheinbare Komödie über dem Genredurchschnitt. – Ab 16. ✦ USA 1997 **P** Touchstone/Bungalow 78 **KI** Buena Vista **VA** Buena Vista **DVD** Buena Vista (16:9, 1.85:1, DD5.1 engl./dt.) **Pd** Laurence Mark **R** David Mirkin **B** Robin Schiff **K** Reynaldo Villalobos **S** David Finfer **D** Mira Sorvino (Romy), Lisa Kudrow (Michele), Janeane Garofalo (Heather), Alan Cumming (Sandy Frink), Julia Campbell (Christie) **L** 92 **FSK** ab 6; f **E** 14.8.1997/26.2.1998 Video/26.3.1999 DVD **fd** 32 689

RONALD BIGGS – GEFANGEN IN RIO (PRISONER OF RIO). Kriminalfilm um den englischen Posträuber Ronald Biggs, orientiert an tatsächlichen Ereignissen aus dem Jahre 1981. Biggs, der nach dem »Verbrechen des Jahrhunderts« in Rio de Janeiro Asyl fand, liefert sich ein Katz-und-Maus-Spiel mit einem englischen Kriminalbeamten, der ihn an Bord eines britischen Marineschiffs locken will. Das Drehbuch entstand in Zusammenarbeit mit Biggs. (Fernsehtitel: »Gefangen in Rio«) – Ab 16. ✦ Brasilien/Großbritannien 1988 **P** Doisirmaos/Sampa/multi media **VA** RCA/Columbia **Pd** Juliusz Kossakowski, Mark Slater **R** Lech Majewski **B** Lech Majewski, Ronald Biggs, Julie Frankel **K** George Mooradian **M** Luis Bonfa, Hans Zimmer **S** Darren Kloomok **D** Steven Berkoff (Jack McFarland), Paul Freeman (Ronald Biggs), Peter Firth (Clive Ingram), Florinda Bolkan (Stella), José Wilker (Salo) **L** 102 **FSK** ab 12 **E** 5.3.1991 Video/11.5.1992 ZDF

RONDO (RONDO). Ein beruflich erfolgreiches Ehepaar gerät durch einen Freund und Schachpartner in eine Krise, die in ein permanentes Dreiecksverhältnis führt. Eine bittere Liebes- und Ehekomödie aus Jugoslawien. ✦ Schwarz-weiß. Jugoslawien 1966 **P** Studio 43 **KI** Neue Filmkunst **R+B** Zvonimir Berkovic **K** Tomislav Pinter **M** Wolfgang Amadeus Mozart **D** Stevo Zigon, Milena Dravic, Relja Basic **L** 96 **E** 29.8.1973 ARD **fd** 18 434

RONIN (RONIN). Eine Handvoll arbeitsloser Ex-Agenten jagt hinter einem Koffer her, der das Interesse der Russen-Mafia ebenso erregt wie das der IRA. Am Ende liegen zahlreiche Leichen am Boden, und das Objekt der Begierde ist zur Bedeutungslosigkeit degradiert. Ein Thriller nach klassischem Muster, die sich als Hommage an die Filme des französischen Regisseurs Jean-Pierre Melville versteht und der drei furiose Autoverfolgungsjagden ebenso vorweisen kann wie eine Riege erstklassiger Darsteller. Die Handlung ist nicht immer ganz logisch und durchschaubar, dennoch bietet der Film insgesamt spannende Genreunterhaltung. DVD: Die Special Edition beinhaltet u. a. einen Audiokommentar des Regisseurs sowie ein alternatives Filmende. – Ab 16 möglich. ✦ Scope. USA 1998 **P** United Artists **KI** UIP **VA** Warner Home **DVD** Fox Home (SE, 16:9, 2.35:1, DD5.1 engl./dt.) **Pd** Frank Mancuso jr. **R** John Frankenheimer **B** J. D. Zeik, Richard Weisz **K** Robert Fraisse **M** Elia Cmiral **S** Tony Gibbs **D** Robert De Niro (Sam), Jean Reno (Vincent), Natascha McElhone (Deirdre), Stellan Skarsgard (Gregor), Sean Bean (Spence), Skipp Sudduth (Larry), Michael Lonsdale (= Michel Lonsdale) (Jean-Pierre), Jonathan Pryce (Seamus) **L** 121 **FSK** ab 16; f **FBW** w **E** 3.12.1998/16.7.1999 Video/16.7.1999 DVD **fd** 33 434

RONINGAI (RONINGAI). Drei herrenlose Samurai aus den Vergnügungsvierteln Edos müssen es mit einer Übermacht aufnehmen, als sie gegen einen Prostituierten-Mörder antreten, einen Samurai aus der Herrschaftsklasse, der die Polizeigewalt untersteht. Ein historischer Schwertkämpferfilm, der allenfalls im blutigen Finale inszenatorische Qualitäten erreicht; hervorragend fotografiert, aber nicht mehr als ein unzusammenhängender Zusammenschnitt, der offenbar aus einer Fernsehserie stammt. ✦ Japan 1989 **P** Yoko Yamada Right Vision/Shochiku/Nippon Television Network Corporation **KI** Progress **Pd** Yoko Yamada **R** Kazuo Kuroki **B** Kazuo Kasahara, nach einer Erzählung von Itaro Yamagami **K** Jin Takaiwa **M** Teizo Matsumura **S** Toshio Taniguchi **D** Yoshio Harada (Gennai Aramaki), Kanako Higuchi (Oshin), Renji Ishibashi (Horo), Shintarô Katsu (Akaushi), Kaoru Sugita (Obun) **L** 114 **FSK** ab 18; f **E** 16.7.1992 **fd** 29 681

RONJA – DIE RÄUBERTOCHTER (RONJA RÖVARDOTTER). Ronja, des Räubers Mattis kleiner Tochter, und Birk, dem Sohn des feindlichen Räubers Borka, bleibt es nach generationenlanger Feindschaft zwischen beiden Sippen vorbehalten, durch ihre Freundschaft Frieden zu stiften. Das liebenswert optimistische, witzige und spannende Abenteuer-Märchen nach dem Roman von Astrid Lindgren besticht durch seine exzellenten Darsteller und seine große handwerkliche Sorgfalt. Ein Film für Kinder, der auch Erwachsenen Spaß macht. – Sehenswert ab 8. ✦ Schweden/Norwegen 1984 **P** Svensk Filmindustri/Svenska Ord/Norsk/SvTV 1/Fiction/Film-Teknik **KI** Jugendfilm/Progress **SF** Matthias **VA** Taurus **Pd+R** Tage Danielsson **B** Astrid Lindgren, nach ihrem Roman **K** Rune Ericson **M** Björn Isfält **S** Jan Persson **D** Hanna Zetterberg (Ronja), Dan Håfström (Birk), Börje Ahlstedt (Mattis), Lena Nyman (Lovis), Per Oscarsson (Borka) **L** 126 **FSK** ab 6; f **FBW** bw **E** 20.3.1986/12.12.1986 Kino DDR/1.,8.,15.11.1987 ZDF/12.4.1992 premiere **fd** 25 545

RONJA, DIE RÄUBERTOCHTER →Ronja – Die Räubertochter

RONJA RÄUBERTOCHTER →Ronja – Die Räubertochter

RONNIE & JULIE – VERBOTENE KÜSSE (RONNIE AND JULIE). Zwei Jugendliche verlieben sich ineinander, doch da der Vater des Mädchens und die Mutter des Jungen um den Posten des Bürgermeisters konkurrieren und beide Familien verfeindet sind, wollen sie ihre Liebe geheimhalten. Als die Eltern von den Heimlichkeiten erfahren, verbieten sie den beiden den Umgang, was diese zunächst nicht stört, bis es durch eine Intrige des Vaters zum Streit kommt und das Ziel der Mutter in unerreichbare Ferne rückt. Komödie auf Grundlage des »Romeo und Julia«-Stoffes, die nach vielen Verwicklungen mit einem Happy-End für die Liebenden endet. ✦ USA 1996 **Pd** Larry Sugar **R** Philip Spink **B** Richard Clark, Larry Sugar **K** Bruce Worrall **M** Jim Guttridge, Daryl Bennett **D** Teri Garr (Elizabeth Monroe), Joshua Jackson (Ronnie), Margot Finley (Julie), Tom Butler (Arthur Cappell), Alexandra Purvis (Willa) **L** 93 **E** 26.4.1998 ProSieben

ROOFTOPS – DÄCHER DES TODES (ROOFTOPS). In der Lower Eastside von Manhattan herrscht die Gewalt, Crack-Dealer haben sich das Gebiet aufgeteilt. An einen von ihnen gerät der Obdachlose T. In der Folgezeit spitzt sich die Gewalt zu und als Ts Freund den Tod findet, scheint die Konfrontation unvermeidlich. Mit viel Musik unterlegter Film über urbane Gewalt, Drogenkriminalität und Rassenkonflikte. In Struktur und Aussage und durch seine unmöglich erscheinende Liebesgeschichte erinnert der Film an die »West Side Story«, die Robert Wise 1961 verfilmte. – Ab 16. ✦ USA 1989 **P** New Vision **Pd** Howard W. Koch jr. **R** Robert Wise **B** Terence Brennan **K** Theo van de Sande **M** David A. Stewart, Michael Kamen **S** William Reynolds **D** Jason Gedrick (T), Troy Beyer (Elana), Eddie Velez (Lobo), Alexis Cruz (Squeak), Tisha Campbell (Amber), Allen Payne (Kadim), Steve Love (Jackie) **L** 95 **E** 30.5.1995 premiere

ROOKIE – DER ANFÄNGER (THE ROOKIE). Ein zynischer, mundfauler Polizist kommt gemeinsam mit einem unerfahrenen Kollegen einer Autoschieberbande auf die Spur. Aufwendiges, aber wenig originelles Action-Spektakel mit verbrauchtem Grundmuster, das keine Möglichkeit ausläßt, Gewalttätigkeiten zu demonstrieren. ✦ Scope. USA 1990 **P** Malpaso **KI** Warner Bros. **VA** Warner Home **Pd** Howard Kazanjian, Steven Siebert, David Valdes **R** Clint Eastwood **B** Boaz Yakin, Scott Spiegel **K** Jack N. Green **M** Lennie Niehaus **S** Joel Cox **D** Clint Eastwood (Nick), Charlie Sheen (Ackerman), Raul Julia (Strom), Sonia Braga (Liesl), Tom Skerritt (Eugene Ackerman) **L** 121 (Video 103) **FSK** ab 18; nf (Video 16) **E** 18.4.1991/8.11.1991 Video/4.12.1992 premiere **fd** 28 881

ROOMMATES – BIS ANS ENDE DES WEGES (ROOMMATES). Drama über einen verlotterten Ex-Sträfling und einen homosexuellen Harvard-Absolventen, die einander als unfreiwillige Zimmergenossen in einem Wohnheim der Aids-Hilfe kennen- und respektieren lernen. – Ab 16. ✦ USA 1994 **R** Alan Metzger **B** Robert W. Lenski **K** Geoffrey Erb **M** Lee Holdridge **D** Eric Stoltz (Bill Thomas), Randy Quaid (Jim Riley), Elizabeth Pena (Lisa Elliott), Charles Durning (Barney Riley) **L** 93 **E** 2.2.1995 premiere

ROOTS (ROOTS). Amerikanische Fernsehserie über die Sklaverei. Sie erzählt die Geschichte von Kunta Kinte, der als junger Mann aus Afrika verschleppt und in die Südstaaten der USA verkauft wird. Die Serie folgt dem Schicksal seiner Familie von den Tagen der Unterdrückung und Erniedrigung bis zum Augenblick der Befreiung. Das Familienschicksal vermischt sich publikumswirksam, aber gelegentlich auch recht spekulativ mit politischen Ereignissen und den Wirren der Bürgerkrieges. – Ab 16 möglich.

✦ USA 1977 **P** David L. Wolper **VA** Warner Home (sechs Kassetten) **Pd** Stan Margulies **R** Marvin J. Chomsky, John Erman, David Greene, Gilbert Moses **B** William Blinn, M. Charles Cohen, Ernest Kinoy, James Lee, nach einem Roman von Alex Haley **K** Stevan Lerner, Joseph M. Wilcots **M** Gerald Fried, Quincy Jones **D** LeVar Burton, Louis Gossett jr., Edward Asner, Chuck Connors (Tom Moore), Ben Vereen (Chicken George) **L** 561 **FSK** ab 16 **E** 12.11. 1987 Video

ROOTS – DAS GESCHENK DER FREIHEIT (ROOTS: THE GIFT). Durchschnittliche Fernsehverfilmung der Vorgeschichte zu Alex Haleys Südstaatendrama, das die Geschichte der schwarzen Sklaven Amerikas von ihrer Verschleppung bis zur Befreiung durch den Bürgerkrieg erzählt. Auf der Farm, auf der er 1775 als Zwangsarbeiter eingesetzt wird, freundet sich der gekidnappte Mandinka-Krieger Kunta Kinte mit einem erfahrenen Sklaven an. Im Gegensatz zu dem älteren rebelliert der junge Mann gegen die Machtverhältnisse auf der Farm. – Ab 16. ✦ USA 1988 **P** David L. Wolper Prod./IAW Warner **Pd** Mark M. Wolper **R** Kevin Hooks **B** David M. Eyre jr., nach dem Roman von Alex Haley **D** Louis Gossett jr. (Fiddler), LeVar Burton (Kunta Kinte), Avery Brooks (Cletus), Kate Mulgrew (Hattie Carraway), Shaun Cassidy (Edmund Parker, Jr.), John McMartin (Edmund Parker, Sr.) **L** 90 **E** 14.3.1995 RTL 2

ROOTS – EINE AMERIKANISCHE FAMILIENSAGA → Roots

ROSA, DAS SCHUTZGESPENST. Kinderfilm. Die ängstliche Jana ist allein zu Hause, bekommt aber zum Glück Besuch von einer Freundin, die nichts erschrecken kann. Im Keller wecken sie das Gespenst Rosa, das aber nur Jana sehen kann, weil sie an Gespenster glaubt. Rosa hilft Jana, ihre Angst zu überwinden. – Ab 8. ✦ Tschechien 1994 **R** Véra Plívová-Simková, Drahomíra Králová **B** Jana Procházková, Halina Pavlovská, nach einem Roman von Christine Nöstlinger **D** Iva Janzurová (Rosa), Karolina Pospisilová (Jana) **L** 70 **E** 22.8.1998 Kinderkanal

ROSA LA ROSE – LIEBE WIE EIN KEULENSCHLAG (ROSA LA ROSE, FILLE PUBLIQUE). Die Geschichte eines Strichmädchens aus Leidenschaft, das sich nach unglücklicher Liebe mit Hilfe eines Dorfdeppen das Leben nimmt. Melodram ohne sonderliches Niveau, das zwar auf eindeutige Sexszenen verzichtet, gedanklich jedoch dem Soft-Sexfilm verpflichtet ist: fröhliche Prostituierte und hilfsbereite Zuhälter stellen das Personenarsenal dieses gelackten Films. ✦ Frankreich 1985 **P** Diagonale/Stephan/Périphérie **VA** Atlas **Pd** Pierre Bellot **R+B** Paul Vecchiali **K** Renato Berta, Georges Strouvé **M** Roland Vincent **S** Paul Vecchiali, Frank Mathieu **D** Marianne Basler (Rosa), Jean Sorel (Gilbert), Pierre Cosso (Julien), Catherine Lachens (Quarante), Laurent Levy (Dorfdepp) **L** 86 **FSK** ab 16 **E** 21.4.1992 Video/5.11.1992 premiere **fd** 29 582

ROSA LUXEMBURG. Leben und Sterben der Sozialistin und Pazifistin Rosa Luxemburg (1870–1919). Die behutsame und gefühlsstarke Frauenbiografie legt das Augenmerk weniger auf historische Vollständigkeit, nähert sich vielmehr in erster Linie den persönlichen inneren Beweggründen politischen Handelns. Einfühlsam in Inszenierung, Spiel und Fotografie, überzeugt der Film inhaltlich als Besinnung auf Zivilcourage, unbestechliche politische Moral sowie auf den Mut zu utopischem Denken. – Sehenswert ab 16. ✦ BR Deutschland 1985 **P** Bioskop/WDR **KI** Vision (Erstverleiher: Concorde/Progress) **SF** atlas **Pd** Eberhard Junkersdorf **R+B** Margarethe von Trotta **K** Franz Rath **M** Nicolas Economou **S** Dagmar Hirtz **D** Barbara Sukowa (Rosa Luxemburg), Adelheid Arndt (Luise Kautsky), Daniel Olbrychski (Leo Jogiches), Doris Schade (Clara Zetkin), Otto Sander (Karl Liebknecht), Jürgen Holtz (Karl Krautsky), Hannes Jaenicke, Jan Biczycki, Winfried Glatzeder, Regina Lemnitz, Barbara Lass (= Barbara Kwiatkowska), Karin Baal **L** 123 **FSK** ab 12; f **FBW** bw **E** 10.4.1986/28.11.1986 Kino DDR/14.1. 1990 DFF 1/20.5.1999 Neustart **fd** 25 558

ROSA UND LIN. Die Geschwister Rosa und Lin, sechs und zehn Jahre alt, rebellieren gegen ihre Eltern, deren scheinbar »progressive« Erziehungsmethoden nur Tarnung sind für Gefühlsarmut, Leistungsdenken und pädagogische Hilflosigkeit. Der Spielfilm zeigt sehr genau die Lebenswelt einer materiell gesicherten, aber in steriler Modernität befangenen Mittelstandsfamilie; das überzeugende Spiel der Kinder und die hintersinnige Argumentation des Regisseurs geben dem Film auch einen beachtlichen Unterhaltungswert. ✦ BR Deutschland 1971/72 **P** BR **SF** Freunde der Deutschen Kinemathek **R+B** Klaus Emmerich **K** Luy Briechle **S** Helga Kriller **D** Veronika Elsen (Rosa), Christian Frerichs (Lin), Horst Siede (Vater), Carin Braun (Mutter), Jörg Hube (Lehrer) **L** 94 **E** 1972 Kino **fd** 17 962

ROSALIE GOES SHOPPING. In einem abgelegenen Provinzort in Arkansas verschafft sich die schwergewichtige bayerische Ehefrau eines amerikanischen Besatzungssoldaten mit kleinen Betrügereien und immer raffinierteren Tricks das nötige Geld, um Ehemann und die sieben Kinder zu versorgen. Betont schräge Komödie, zugeschnitten auf die Hauptdarstellerin Marianne Sägebrecht, die nach ihren erfolgreichen Rollen in »Zuckerbaby« und »Out of Rosenheim« erneut mit entwaffnender Naivität und Schlitzohrigkeit die Zuschauer gewinnt, aber die Schwächen des Buches nicht ausgleichen kann. Mäßige Unterhaltung. – Ab 14. ✦ BR Deutschland 1988 **P** Pelemele/BR **KI** Filmverlag der AUtoren **VA** RCA/Columbia **Pd** Percy Adlon, Eleonore Adlon **R** Percy Adlon **B** Percy Adlon, Eleonore Adlon, Christopher Doherty **K** Bernd Heinl **M** Bob Telson **S** Jean-Claude Piroué **D** Marianne Sägebrecht (Rosalie), Brad Davis (Ray), Judge Reinhold (Priester), Erika Blumberger (Rosalies Mutter), Willy Harlander (Rosalies Vater) **L** 94 **FSK** ab 6; f **FBW** w **E** 9.11.1989/12.10.1992 ARD **fd** 27 933

ROSALIE – HEISSE KÖRPER (ROSALIE SE DECOUVRE / ROSALIE OU LA DEBAUCHE D'UN ADOLESCENTE). Im Mittelpunkt des Sexfilms stehen die erotischen Abenteuer eines Bauernmädchens, das schnell alle Zucht und Moral fahren läßt, nachdem es in der Stadt eine Stellung als Arztgehilfin angetreten hat. Eine ebenso banale wie spekulative Primitiv-Produktion, offensichtlich die »gereinigte« Version eines Pornos. – Wir raten ab. ✦ Frankreich 1983 **KI** Ascot **R** Michel Leblanc (= Michel Lemoine) **B** Michel Lemoine **D** Olinka (= Olinka Hardiman) (Rosalie), Gabriel Pontello (Dr. Palmer), Esther Allen, Dominique Saint Clair, Silvio Bello **L** 80 (TV 60) **FSK** ab 18 **E** 1984 Kino/1.2.1992 SAT 1

ROSAMUNDE. Eine junge Frau und drei arbeitslose junge Männer entführen 1930 in Berlin den Sohn einer reichen großbürgerlichen Familie jüdischer Herkunft, um ein hohes Lösegeld zu erpressen. Die Frau verliebt sich in das Entführungsopfer, die Spannungen im Verbrecherquartett wachsen, die ermittelnde Polizei knüpft ihre Fäden, und schließlich kommt es zur tödlichen Katastrophe. Mit großem Aufwand inszeniertes »Zeitgemälde«, das für die Beschreibung einer chaotisch-wirren Epoche lediglich banale Klischees und schale »Sensationen« ohne dramaturgisch stichhaltige Verankerung findet. ✦ BR Deutschland 1989 **P** Mutoskop/Toro/Maran **KI** Scotia **VA** VMP **Pd** Matthias Deyle **R+B** Egon Günther **K** Gérard Vandenberg **M** Rolf Wilhelm **D** Anica Dobra (Rosamunde), Jürgen Vogel (Emil), Richy Müller (Bruno), Boris Koneczny (Franz), Mario Adorf (Levin Austerlitz), Patrick Elias (Abel Austerlitz), Gerd Duwner (Herr Abzug), Manfred Krug (Jablonski), Mathieu Carrière (Oskar), Brigitte Mira (Oma Kaminski) **L** 111 **FSK** ab 16; f **FBW** w **E** 1.2.1990/Juni 1990 Video **fd** 28 125

ROSAMUNDE PILCHER: BLUMEN IM REGEN. Als der Erbe einer Tee-Dynastie den Reizen einer geheimnisvollen Fotografin erliegt, löst seine Verlobte schweren Herzen die Beziehung. Wenig später verliebt sich ihre Mutter in den Vater des Ex-Verlobten, der jedoch ein böses geschäftliches Spiel mit ihr treibt. Zu allem Überfluss kommt das Geheimnis der Unbekannten ans Tageslicht, eine Enthüllung, die das Leben der herzkranken Großmutter gefährdet. Überkonstruierte melodramtische Unterhaltung auf gedanklich bescheidenem Niveau. – Ab 14 möglich. ✦ Deutschland/Österreich 2001 **P** ZDF/ORF **R** Ralf Gregan **B** Charlotte Drews-Bernstein, nach einer Erzählung von Rosamunde Pilcher **K** Franz Ritschel **M** Richard Blackford **D** Karina Kraushaar (Lavina Hunter), Oliver Hörner (John Shipley), Katja Woywood (Sheila Lewis), Wolf Roth (Gordon Shipley), Andrea L'Arronge (Moira Hunter) **L** 90 **E** 16.12.2001 ZDF

ROSAMUNDE PILCHER: BLÜTE DES LEBENS. Die 30. »Rosamunde-Pilcher-Verfilmung« fürs Fernsehen: Über eine Familie in einem kleinen Küstenort bricht Ungemach herein, als eine berühmte Verwandte in das Städtchen zurückkehrt. Die Tochter ermuntert sie zu einem Studium in London, dem Ehemann verdreht sie den Kopf, und gegen die Frau agiert sie mit einer raffinierten Intrige. Kolportage. – Ab 14 möglich. ✦ Deutschland/Österreich 1999 **P** ZDF/ORF **VA** BMG **R** Gero Erhardt **B** Gabriele Kister, nach der Erzählung »Das Vorweihnachtsgeschenk« von Rosamunde Pilcher **K** Martin Stingl **M** Richard Blackford **D** Susanne Uhlen (Ellen Parry), Bernd Herzsprung (James Parry), Anne Brendler (Vanessa Parry), Eva Kryll (Bridget Sanderford), Sky Dumont (Sir Peter Salvage), Martin Gruber (Frank Manning), Michael Kausch (Thomas) **L** 90 **FSK** ab 6 **E** 12.12. 1999 ZDF

ROSAMUNDE PILCHER: DAS ENDE EINES SOMMERS. Fernsehfilm nach einem Pilcher-Roman: Eine junge Schottin, die mit ihrem Vater zurückgezogen an der kalifornischen Küste lebt, entschließt sich, nach Schottland zur Großmutter zurückzukehren. Dort trifft sie ihren Cousin wieder, der alles daransetzt, an das Familienerbe zu kommen, um seine Spielschulden begleichen zu können. Als sie seinen Heiratsantrag ablehnt, sieht er nur noch die Möglichkeit, seine Cousine zu beseitigen. Der Familien-Anwalt weiß die Situation auf seine Weise zu bereinigen. Gediegene Fernsehunterhaltung; schön fotografierte Landschaften, aber vorhersehbar und ohne dramaturgische Akzente inszeniert. – Ab 14. ✦ Deutschland/Österreich 1994 **P** ZDF/ORF **R** Hans-Jürgen Tögel **B** Barbara Engelke, nach dem Roman von Rosamunde Pilcher **K** Michael Steinke **M** Richard Blackford **D** Iris Junik (Jane Marsh), Diego Wallraff (Sinclair Bailey), Ralf Lindermann (David Stewart), Lola Müthel (Mrs. Bailey), Inka Calvi (Tessa Faraday) **L** 90 **E** 5.2.1995 ZDF

ROSAMUNDE PILCHER: DAS GROSSE ERBE. Eine Fortsetzung des 1997 gedrehten Pilcher-(Fernseh-) Films »Heimkehr«: Die Familiensaga der Carey-Lewis' wird weitergesponnen. Die Handlung beginnt nach dem Zweiten Weltkrieg, reicht bis in die 50er-Jahre und konzentriert sich auf den Erhalt des Familienschlosses Nancherrow sowie auf diverse Liebeleien und Intrigen. Zweiteilige Adpation nach einem Roman von Rosamunde Pilcher, die weitscheifig an die Gefühle appelliert. – Ab 14 möglich. ✦ Deutschland 1998 **P** ZDF/ORF **R** Simon Langton **B** John Goldsmith **K** Simon Kossoff **D** Joanna Lumley (Diana Carey-Lewis), Patrick MacNee (Lord Peter Awliscombe), Katie Ryder-Richardson (Loveday Carey-Lewis), Senta Berger (Alexandra Gower), Christian Kohlund (Nikko Bornhoffer) **L** 180 (90 & 90) **E** 23./ 24.5.1999 ZDF (zwei Teile)

ROSAMUNDE PILCHER: DAS HAUS AN DER KÜSTE. Eine Witwe zieht nach dem Unfalltod ihres Mannes mit ihren beiden Kindern nach Cornwall, um das Haus ihrer Tante zu übernehmen. Eine Jugendliebe, der als Frauenheld bekannt ist, hält sie auf Distanz, doch zu einem undurchschaubaren Mathematikprofessor fühlt sie sich magisch hingezogen. Gefühlige Verfilmung einer Rosamunde-Pilcher-Erzählung. – Ab 16. ✦ Deutschland 1996 **P** Frankfurter Filmproduktion **R** Dieter Kehler **B** Jack Korn **K** Wilfried Kleist **M** Richard Blackford **D** Maria Furtwängler (Veronica Breen), Gerhart Lippert (Marcus Rydale), Hans Schenker (Frank Kirby), Ute Willing (Debra Morrisoe), Michael Hinz (Nicolas Breen) **L** 90 **FSK** o. A. **E** 3.11.1996 ZDF

ROSAMUNDE PILCHER: DER LANGE WEG ZUM GLÜCK. Mitten in den Hochzeitsvorbereitungen entdeckt eine junge Frau, dass ihr Zukünftiger sie betrügt. Sie sucht Rat und Trost bei ihrem besten Freund, und während eines Aufenthalts am Meer kommt es zu einer Liebesäffäre zwischen den beiden. Als die Frau auf Distanz geht, treten Spannungen auf, und plötzlich belastet ein Schatten aus der Vergangenheit die Gegenwart des Paares. Sentimentaler Liebeskitsch nach der bekannten Pilcher-Rezeptur. – Ab 14. ✦ Deutschland/Österreich 1999 **P** ZDF/ORF **VA** BMG **R** Dieter Kehler **B** Christine Hartmann, Tim Krause, nach einer Roman von Rosamunde Pilcher **K** Winfried Kleist **M** Richard Blackford **D** Barbara Wussow (Eleanor Dean), Harald Krassnitzer (Tom Talbot), Michael Roll (Frederic Talbot), Clelia Sarto (Catherine), Karin Eickelbaum (Kate Renwick) **L** 87 **FSK** ab 6 **E** 16.1.2000 ZDF

ROSAMUNDE PILCHER: DIE MUSCHELSUCHER (THE SHELL SEEKERS). Eine 63jährige Witwe läßt nach einer Herzattacke ihr Leben Revue passieren und nimmt, angeregt durch ein Gemälde namens »Die Muschelsucher«, wieder Kontakt zu ihren drei Kindern auf – was sich als problematisch erweist. Verfilmung eines Romans von Rosamunde Pilcher, deren Grundtenor auf Wunsch der Produktionsfirma im Gegensatz zum Buch gehörig aufgehellt wurde. ✦ Großbritannien/USA 1989 **P** Hallmark **Pd** William Hill, Anne Hopkins **R** Waris Hussein **B** John Pielmeier, nach dem Roman »Die Muschelsucher« von Rosamunde Pilcher **K** Brian West **M** James Di Pasquale **S** Fred A. Chulack **D** Angela Lansbury (Penelope), Anna Carteret (Nancy), Patricia Hodge (Olivia), Christopher Bowen (Noel), Sophie Ward (Antonia) **L** 105 **E** 23.4.1997 ORF 2

ROSAMUNDE PILCHER: DIE ROSE VON KERRYMORE. Eine junge Fotografin kehrt in ihre Heimat Dorset zurück, um Herrenhäuser zu fotografieren. Sie macht die Bekanntschaft eines alten Lords, der sie wegen ihrer Ähnlichkeit mit seiner verstorbenen Tochter in sein Herz schließt. Dessen Nichte, die auf die Erbschaft lauert, registriert die Freundschaft argwöhnisch; als der Adelige stirbt, nachdem er die Fotografin als Universalerbin eingesetzt hat, brechen die Konflikte hervor. Triviale Verfilmung des scheinbar immer gleichen Rosamunde-Pilcher-Romans mit Landadel, Erbschaftsstreiten und problembelasteter Liebe als feste Größen. ✦ Deutschland/Österreich 2000 **P** ZDF/ORF **R** Axel de Roche **B** Marlis Ewald, nach der Erzählung »Ein Tag zu Hause« von Rosamunde Pilcher **K** Heinz Dieter Sasse **M** Richard Blackford **D** Jenny Jürgens (Sally), Matthias Zahlbaum (Tom Winter), Dietmar Schönherr (Lord Kerrymore), Daniela Ziegler (Mary Norton), Cecilia Kunz (Liso Norton) **L** 90 **E** 7.1.2001 ZDF

ROSAMUNDE PILCHER – DIE ZWEI SCHWESTERN → Rosamunde Pilcher: Zwei Schwestern

ROSAMUNDE PILCHER: DIE ZWEITE CHANCE. Verfilmung der Pilcher-Erzählung »Der Ringelblumengarten«, die von Liebesirrungen einer ehrgeizigen Journalistin handelt sowie von diversen Generationskonflikten. ✦ Deutschland 1997 **R** Dieter Kehler **B** Uta Berlet, nach der Erzählung »Der Ringelblumengarten« von Rosamunde Pilcher **K** Wilfried Kleist **M** Richard Blackford **D** Sandra Speichert (Julia Hawthorne), Andreas Bruckner (Miles Brendan), Rita Russek (Liz Hawthorne), Thomas Fritsch (Garry), Jan Sosniok (Vic)

ROSAMUNDE PILCHER: DORNEN IM TAL DER BLUMEN. Eine junge Lehrerin, die vor einer gescheiterten Liebesbeziehung aufs Land geflohen ist, lernt einen Gartenarchitekten kennen, dessen nach dem Unfalltod ihrer Mutter verstörte Tochter Vertrauen zu ihr fasst. Doch auch die neue Verbindung steht unter keinem guten Stern, und bald melden sich die Schatten der Vergangenheit wieder. Weitere (Fernseh-)Verfilmung eines Kolportage-Romans von Rosamunde Pilcher. – Ab 14 möglich. ✦ Deutschland 1998 **P** Frankfurter Filmproduktion **VA** Universum **R** Dieter Kehler **B** nach einem Roman von Rosamunde Pilcher **D** Ursula Karven (Charlotte), Miroslav Nemec (Gerald Bradley), Siemen Rühaak (Matthew), Eva-Ingeborg Scholz (Winifred) **L** 89 **E** 10.3.1999 ORF 2

ROSAMUNDE PILCHER: EINE BESONDERE LIEBE. Melodram. Eine Frau vernachlässigt die Beziehung zu einem Mann zugunsten ihres kranken Vaters. Als dieser stirbt und ihr ein Vermögen vererbt, muß sie entdecken, daß ihr Auserwählter sich einer anderen Frau zugewandt hat. Sie lernt einen anderen Mann kennen, aber schon bald steht ihr ursprünglicher Geliebter vor der Tür. ✦ Deutschland 1996 **P** Frankfurter Filmproduktion **VA** Universum **R** Peter Deutsch **D** Gaby Dohm (Isobel), Christian Wolff (Henry), Friedrich von Thun (Dr. McLeish), Nicolin Kunz (Harriet), Ingrid Steeger **L** 89 **FSK** ab 6

ROSAMUNDE PILCHER: HEIMKEHR. Trivialer Familienfilm nach einem Roman von Rosamunde Pilcher. Cornwall 1936: Ein Reederei-Angestellter, der in Singapur arbeitet, steckt seine 14jährige Tochter Judith in ein düsteres englisches Internat und holt nur ihre Mutter und Schwester zu sich. Erst als Judith dort die Freundschaft der eigenwilligen Loveday gewinnt, die sie während der Ferien mit auf ihr Schloß nimmt, nehmen Glück und erste Liebe ihren Lauf. ✦ Großbritannien 1997 **VA** Concorde **R** Giles Foster **B** John Goldsmith, nach einem Roman von Rosamunde Pilcher **K** Simon Archer **D** Peter O'Toole (Edgar), Joanna Lumley (Diana), Anneliese Uhlig (Lavinia), Keira Knightley (Judith als Mädchen), Emily Mortimer (Judith als junge Frau) **L** 180 **FSK** ab 6 **E** 1./7.6.1998 ZDF (zwei Teile)

ROSAMUNDE PILCHER: IM LICHT DES FEUERS (ROSAMUNDE PILCHER: IM LICHT DES FEUERS). Nachdem die Pferdestallungen des hoch verschuldeten Herrenhauses Edenvalle Mansion niedergebrannt sind – ein Unglück bei dem ihre Schwester und deren Mann ums Leben kamen – und ihre Mutter der Brandstiftung verdächtigt wird, kehrt die rechtmäßig Erbin aufs Land zurück, um nach dem Rechten zu sehen. Sie nimmt sich des verwaisten Neffen an und begegnet dem Sohn des ehemaligen Gärtners, der im Ausland zu Reichtum gekommen ist. Zu ihm fühlt sie sich magisch hingezogen, doch ein Geheimnis aus der Vergangenheit belastet zunächst ihre Liebe. Geschichte aus dem Gartenlauben-Schreibcomputer, die wirklich alle Bausteine des Genres in bewährter Herz-Schmerz-Manier ausschlachtet. ✦ Deutschland/Österreich 2000 **P** ZDF/ORF **Pd** Vanessa Lackschewitz, Michael Smeaton, Heidi Ulmke **R** Hans Werner **B** Rochus Bassauer, Astrid Meyer-Gossler, nach einer Erzählung von Rosamunde Pilcher **K** Martin Stingl **M** Richard Blackford **S** Gisela Zick **D** Mariella Ahrens (Julia), Barbara Rütting (Catherine), Nicolas König (Stephen), Clemens Jakubetz (Christopher), Thure D. Riefenstein (Gordon), Eva Maria Meineke (Sophie) **L** 88 **E** 12.12.2000 ZDF

ROSAMUNDE PILCHER: IRRWEGE DES HERZENS. Romanze. Nach Jahren treffen sie sich in ihrem Heimatdorf wieder: ein Mann, der sich mit seinem kranken Vater versöhnen will, und eine Frau, die ihre sterbende Mutter besucht. ✦ Deutschland 1996 **R** Karola Zeisberg **D** Ann-Kathrin Kramer (Claudia Burns), Andreas Herder (Magnus), Hans Teuscher (Ballater sen.), Götz Otto (Giles Savour) **L** 95 **E** 9.5.1997 ORF 1

ROSAMUNDE PILCHER: KARUSSELL DES LEBENS. (Fernseh-)Verfilmung eines Romans der Bestseller-Autorin: Eine junge Frau besucht ihre Tante in Cornwall, die gerade Witwe geworden ist. Sie verliebt sich in einen Maler und entdeckt bald, daß über dem kleinen Hafenstädtchen einige Geheimnisse liegen. – Ab 14. ✦ Deutschland 1994 **P** Frankfurter Filmproduktion **VA** BMG/Ufa **R** Rolf von Sydow **B** Barbara Engelke, nach dem Roman von Rosamunde Pilcher **K** Michael Faust **M** Richard Blackford **D** Christiane Hörbiger (Phoebe), Barbara Wussow (Prue), Jacques Breuer (Daniel), Aline Metzner (Charlotte) **L** 91 **FSK** o. A. **E** 1994 Video

ROSAMUNDE PILCHER: KINDER DES GLÜCKS. Das beschauliche Leben einer Gärtnerin in Cornwall gerät ins Wanken, als ihre Schwester, ein international erfolgreiches Model, ins Dorf kommt, um den Besitzer eines Herrenhauses zu heiraten. Trotz anfänglicher Spannungen fühlt sich die Gärtnerin zu ihrem zukünftigen Schwager hingezogen und muss ihn bald in das Familiengeheimnis einweihen: Das Kind, für das sie aufopferungsvoll alleinerziehend sorgt, ist das ihrer Schwester. Gartenlauben-Unterhaltung mit dem üblichen Konfliktpotenzial. – Ab 14 möglich. ✦ Deutschland/Österreich 2001 **P** ZDF/ORF **R** Michael Steinke **B** Marlis Ewald, nach einem Roman von Rosamunde Pilcher **K** Heinz Dieter Sasse **M** Richard Blackford **D** Diana Körner (Elisabeth Belford), Saskia Valencia (Sandra Robins), Andreas Brucker (Mark Belford), Sylvia Leifheit (Serena), Ilona Grübel (Betty Summers), Rüdiger Vogler (Walter Summers) **L** 90 **E** 11.11.2001 ZDF

ROSAMUNDE PILCHER: KLIPPEN DER LIEBE. Ein Verlagsmanager und Künstler verliebt sich in eine Krankenschwester, die ihm das Leben gerettet hat, und sucht, obwohl sie verheiratet ist, ihre Nähe. Als er zu Erholungszwecken ein Haus auf dem Lande bezieht, lernt er zunächst unwissentlich, ihren Mann kennen, einen an den Rollstuhl gefesselten Kunstsammler, kann aber von seiner Liebe auch dann nicht lassen, als sich die Zusammenhänge klären. Sein Beharren wird vom Ehemann toleriert, doch die ehemalige Geliebte des Künstlers wartet auf ihre Rache. Übliche (Fernseh-)Kolportage voller Intrigen, teuflischer Pläne und einem mehr als großmütigen Verzicht. – Ab 14 möglich. ✦ Deutschland/Österreich 1999 **P** ZDF/ORF **VA** BMG **R** Dieter Kehler **B** Uta Berlet **K** Wilfried Kleist **M** Richard Blackford **D** Gerit Kling (June Arland), Volker Lechtenbrink (Geoffrey Arland), Johannes Brandrup (Ben Hoadey), Ursula Gottwald (Rebecca), Rolf Hoppe (Peter Green) **L** 90 **FSK** ab 6 **E** 19.9.1999 ZDF

ROSAMUNDE PILCHER: KÜSTE DER TRÄUME. Eine Witwe in den besten Jahren wagt mit ihren Kindern einen Neuanfang an der Küste Englands. Der beste Freund ihres Mannes, ein Hotelier, bietet die denkbar beste Starthilfe, doch nicht ganz uneigennützig, denn er ist seit langem in die Frau verliebt. Es kommt zu Konflikten, als sie sich zu einem Ingenieur hingezogen fühlt, der mit der Schwester des Wirtes liiert ist. Triviale Pilcher-Verfilmung, die einmal mehr die Gefühle arg strapaziert. – Ab 14 möglich. ✦ Deutschland/Österreich 2000 **P** ZDF/ORF **R** Dieter Kehler **B** Christiane Sadlo, nach einer Erzählung von Rosamunde Pilcher **K** Winfried Kleist **M** Richard Blackford **D** Carin C. Tietze (Kate Milhouse), Martin Halm (Geoffrey Hynes), Benedict Freitag (Arnold Talbot), Wolfgang Völz (Humphrey), Anaid Iplicjian (Augusta Pritchett) **L** 90 **E** 4.2.2001 ZDF

ROSAMUNDE PILCHER: LICHTERSPIELE. Verfilmung eines Pilcher-Romans: Die Tochter eines berühmten Malers umgibt ein Geheimnis. Als sie bei einem Aufenthalt in Cornwall spurlos verschwindet, macht sich der Mann, der sie liebt, daran, es zu lüften. ✦ Deutschland/Österreich 1996 **P** ZDF/ORF/ZDF Enterprises **VA** Universum **R** Thomas Nikel **B** Barbara Engelke, nach dem gleichnamigen Roman von Rosamunde Pilcher **K** Mike Gast **M** Richard Blackford **D** Anja Kling (Emma Litton), Rainer Grenkowitz (Robert Murrow), Alexander Wussow (Christopher Ferris), Olivia Pascal (Jane Marshall), Felix von Manteuffel (Ben Litton) **L** 88 **FSK** o. A.; f **E** 3.3.1996 ZDF

ROSAMUNDE PILCHER: MAGIE DER LIEBE. Weitere (Fernseh-)Verfilmung eines melodramatischen Pilcher-Romans. Eine Studentin möchte auf dem Gut ihrer Jugendfreundin und deren Mann ihre Magisterarbeit beenden. Während das Paar mit hohen Schulden zu kämpfen hat, verliebt sich die Studentin in einen geheimnisvollen ehemaligen Chirurgen. Kolportage-Unterhaltung. – Ab 14. ✦ Deutschland/Österreich 1998 **P** ZDF/ORF **VA** BMG **R** Rolf von Sydow **B** Gabriele Kister, nach der Erzählung »Das Haus auf dem Hügel« von Rosamunde Pilcher **K** Martin Stingl **M** Richard Blackford **D** Reiner Schöne (Ben Fox), Christine Reinhart (Melanie Sheffield), Karina Thayenthal (Sarah Rudd), Sebastian Baur (Jimmy Rudd), Antje Hagen (Marjorie Barnes) **FSK** ab 6 **E** 17.1.1999 ZDF

ROSAMUNDE PILCHER: MELODIE DER HERZEN. Melodramatische Verfilmung eines Pilcher-Romans. Eine junge Frau in einem verschlafenen Ort ist mit dem Neffen eines Nachbarn liiert, zu dem sich wiederum ihre Mutter hingezogen fühlt. Kurz vor dem Sommerball überstürzen sich die Ereignisse. – Ab 14. ✦ Deutschland 1998 **VA** BMG **R** Hans-Jürgen Tögel **B** Gabriele Kister, nach der Erzählung »Lalla« von Rosamunde Pilcher **K** Rolf Greim **M** Richard Blackford **D** Nina Bagusat (Allyssa), Olivia Shilhavy (Gwen), Elmar Wepper (Charles), Björn Kegel-Casapietra (George), John Freigang (Barney Branningham) **L** 90 **FSK** ab 6 **E** 6.12.1998 ORF 2

ROSAMUNDE PILCHER: MÖWEN IM WIND. Melodram über die unglückliche Liebe einer Londoner Architektin zu einem jungen Arzt. Gefühlsgeladene Kolportage nach einem Roman von Rosamunde Pilcher. – Ab 14 möglich. ✦ Deutschland/Österreich 1999 **P** ZDF/ORF **VA** BMG **R** Rolf von Sydow **B** Christiane Sadlo, nach der Erzählung »Die weißen Vögel« **K** Martin Stingl **M** Richard Blackford **D** Doris Schretzmayer (Jane Murchinson), Florian Fitz (David Douglas), Renate Schroeter (Eve Livingston), Karl Michael Vogler (Dr. Walter Gill), Miguel Herz-Kestranek (Michael Murchinson), Stefan Gubser (John Tyson), Sylvia Leifheit (Claire Miller), Wilfried Klaus (James Kent), Enzi Fuchs (Mona Cooper), Klaus Götte (Henry Douglas) **L** ca. 90 **FSK** ab 6 **E** 28.11.1999 ZDF

ROSAMUNDE PILCHER: ROSEN IM STURM. Erst als ihr Vater, dem sie die Schuld am Tod der Mutter gab, auf dem Sterbebett liegt, söhnt sich eine Frau in den besten Jahren mit ihm aus. Das Erbe, ein hochverschuldetes Gestüt, stellt sie jedoch vor eine schwere Wahl, denn seine Annahme würde ihre Zukunftspläne und die ihres Verlobten durchkreuzen. Auch das Auftauchen eines alten Freundes der Familie bringt ihr bisheriges Leben ins Wanken. Handelsübliche (Fernseh-)Verfilmung eines Romans von Rosamunde Pilcher, die sich an den gewohnten Klischees sentimentaler Groschenunterhaltung entlanghangelt. – Ab 14 möglich. ✦ Deutschland/Österreich 1998 **P** ZDF/ORF **VA** BMG **R** Stefan Bartmann **B** Herbert Kugler, Tom Maier, nach einem Roman von Rosamunde Pilcher **K** Marc Prill **D** Simone Heher (Sarah Atherton), Harry Blank (Robert Cummings), Peter Bongartz (Paul Manleigh), Eleonore Weisgerber (Barbara Harding), Louise Martini (Dr. Martha Green) **L** 85 **FSK** ab 6 **E** 14.2.1999 ZDF

ROSAMUNDE PILCHER: RÜCKKEHR INS PARADIES. Weitere Verfilmung eines melodramatischen Pilcher-Romans. Ein Londoner Architektenpaar, das bald heiraten möchte, fährt zum Geburtstag einer Tante aufs Land. Doch die Frau kehrt zurück, als in der Stadt ein Termin ansteht; währenddessen trifft der Mann seine Jugendliebe wieder. ✦ Deutschland 1998 **VA** BMG **R** Dieter Kehler **B** Herbert Kugler, Tom Maier, nach der Erzählung »Rückblick und Ausblick« von Rosamunde Pilcher **K** Wilfried Kleist, Frank Ullmann **M** Richard Blackford **D** Manou Lubowski (Tom Barns), Ursula Buschhorn (Kitty), Tina Ruland (Elaine), Antje Weisgerber (Tante Mabel), Heinz Weiss (Ned Goldman) **L** 90 **FSK** ab 6 **E** 20.9.1998 ZDF

ROSAMUNDE PILCHER: RUF DER VERGANGENHEIT. Der neue Leiter eines englischen Internats lernt die zukünftige Schwiegertochter des Gartenarchitekten kennen, der den Park seines Instituts umgestaltet. Obwohl die junge Frau verlobt ist, verlieben sie sich ineinander, zumal sich der zukünftige Ehemann durch allzu große Lieblosigkeit auszeichnet. Als die Frau schwanger wird und ihren Seitensprung gesteht, spitzen sich die Ereignisse dramatisch zu und gipfeln in einem Jagdunfall mit verheerenden Folgen. Tränennaher Gartenlauben-Kitsch nach den üblichen Vorgaben und Mustern. – Ab 14. ✦ Deutschland/Österreich 2000 **P** ZDF/ORF **R** Rolf von Sydow **B** Christiane Sadlo, nach einem Roman von Rosamunde Pilscher **K** Martin Stingl **M** Richard Blackford **D** Tanja Wedhorn (Charlotte Harris), Daniel Morgenroth (Henry Browning), André Dietrich (Philip Stockton), Günther Schramm (Cecil Stockton), Karin Dor (Emily Stockton) **L** 90 **E** 12.11.2000 ZDF

ROSAMUNDE PILCHER: SCHLAFENDER TIGER. Verfilmung eines der rührseligen Pilcher-Bücher. Eine junge Frau reist nach Spanien, um ihren totgeglaubten Vater aufzuspüren. Dort angekommen, verdächtigt dessen Frau sie als Nebenbuhlerin, während ihr Verlobter sie verzweifelt sucht. – Ab 16. ✦ Deutschland 1995 **VA** Universum **R** Rolf von Sydow **B** Barbara Engelke, nach dem Roman von Rosamunde Pilcher **K** Michael Faust **M** Richard Blackford **D** Inka Groetschel (Selina Bruce), Stephan Schwartz (George Dyer), Hans-Jürgen Schatz (Rodney Ackland), Andrea L'Arronge (Frances Dongen), Michele Oliveri (Rudolfo) **L** 89 **FSK** o. A.; f **E** Video 1995/5.11. 1997 ZDF

ROSAMUNDE PILCHER: SCHNEESTURM IM FRÜHLING → Schneesturm im Frühling

ROSAMUNDE PILCHER: SEPTEMBER → Rosamunde Pilchers September

ROSAMUNDE PILCHER: SOMMER AM MEER. Eine junge Frau verliebt sich während der Ferien in Cornwall in einen Farmer, muß aber den von der Mutter erwählten adeligen Gutsbesitzer heiraten. Nach zehn unglücklichen Ehejahren und dem Unfalltod ihres betrügerischen Mannes steht sie unversehens wieder dem Geliebten von einst gegenüber. Rosamunde-Pilcher-Verfilmung. – Ab 14. ✦ Deutschland 1995 **P** Frankfurter Filmproduktion **VA** Universum **R** Hans-Jürgen Tögel **B** Barbara Engelke, nach dem Roman von Rosamunde Pilcher **K** Otto Kirchhoff **M** Richard Blackford **D** Kerstin Draeger (Virginia), Heikko Deutschmann (Eustace), Ruth-Maria Kubitschek (Lady Kelle), Burkhard Heyl (Anthony Kelle), Claudia Wedekind (Alice) **L** 90 **FSK** ab 6 **E** 1995 Video/15.10.1995 ZDF

ROSAMUNDE PILCHER: STUNDEN DER ENTSCHEIDUNG. Eine junge Frau aus schottischem Landadel, die während der Semesterferien in der Heimat weilt, will einen Amerikaner heiraten. Als die Hochzeitsvorbereitungen auf Hochtouren laufen, begegnet sie einem Freund aus Kindertagen und merkt, daß sie für ihn mehr empfindet als die Erinnerung an eine Jugendfreundschaft. Melodram nach einem Bestseller über die Verwirrung der Gefühle. – Ab 16. ✦ Deutschland/Österreich 1996 **P** ZDF/ORF **R** Karola Zeisberg **B** Axel Plogstedt, nach einem Roman von Rosamunde Pilcher **K** Frank Claus **M** Richard Blackford **D** Valerie Niehaus (Christabel Lowyer), Timothy Peach (Sam Crichtan), Benjamin Sadler (Nigel Davenport), Gila von Weitershausen (Felicity Lowyer), Uwe Kockisch (Paul Lowyer), Nadja Tiller (Cindy Tucker), Walter Giller (Colonel Fos) **L** 90 **E** 30.3.1997 ZDF

ROSAMUNDE PILCHER: STÜRMISCHE BEGEGNUNG. Nach dem Tod ihrer Mutter folgt eine Frau den verwandtschaftlichen Spuren und trifft in Cornwall auf ihren Großvater, der so manches Geheimnis bereithält. Äußerst langweilige Schmonzette. ✦ Deutschland 1993 **P** Frankfurter Filmproduktion **VA** BMG **R** Helmut Förnbacher **B** Barbara Engelke, nach einem Roman von Rosamunde Pilcher **K** Axel de Roche **M** Richard Blackford **D** Sophie von Kessel (Rebecca), Michael Lesch (Joss), Heidelinde Weis (Lisa), Horst Janson, Rolf Hoppe (Grenville) **L** 86 **FSK** o. A. **E** 1994 Video

ROSAMUNDE PILCHER: WECHSELSPIEL DER LIEBE. Der Zufall führt Zwillingsmädchen, die nach der Geburt getrennt wurden, nach 22 Jahren wieder zusammen. Für Rose, die bei der wohlhabenden Mutter aufwuchs, ist das Zusammentreffen ein glücklicher Zufall, glaubt sie doch, durch ihre »Doppelgängerin« lästigen Verpflichtungen entgehen zu können. Während sie nach Griechenland abreist, sieht sich die Schwester plötzlich einem Mann gegenüber, der seine Verlobte sucht. Ein kitschig-romantisches Verwechslungsspiel, dessen Mißverständnisse sich in englischer Landsitz-Atmosphäre geradlinig zum erwarteten Happy-End entwickeln. – Ab 14. ✦ Deutschland 1994 **P** Frankfurter Filmproduktion **VA** BMG/Universum **R** Rolf von Sydow **B** Barbara Engelke, nach dem Roman von Rosamunde Pilcher **K** Michael Faust **M** Richard Blackford **D** Stephanie Philipp (Flora Waring/Rose Schuster), Ulrike Kriener (Isobel Armstrong), Gudrun Okras (Watty), Pascal Breuer (Anthony Armstrong), Jessica Kosmalla (Anna Stoddard) **L** 89 **FSK** o. A. **E** 1994 Video/15.1.1995 ZDF

ROSAMUNDE PILCHER: WILDER THYMIAN. Ein Theaterautor, der seine junge Freundin vor Jahren wegen einer anderen Frau verlassen hatte, taucht plötzlich wieder auf und bittet die ehemalig Geliebte, ihn und seinen kleinen Sohn aufzunehmen. Sie ahnt nicht, daß er das Kind entführt hat, und man verbringt einige gemeinsame Urlaubstage in Schottland. Dort lernt sie einen charmanten jungen Börsenmakler kennen. Anspruchslose, sentimentale Fernseh-Unterhaltung. ✦ Deutschland 1994 **P** Frankfurter Filmproduktion **VA** ZDF **Pd** Heidi Ulmke **R** Gero Erhardt **B** Barbara Engelke **K** Mike Gast **M** Richard Blackford **S** Susanne Lübbe **D** Muriel Baumeister (Victoria), Helmut Zierl (John), Michael Roll (Oliver), Karl-Heinz Vosgerau (Roddy), Traugott Buhre (Jock) **L** 89 **FSK** ab 6 **E** November 1994 ZDF/Video

ROSAMUNDE PILCHER: WIND DER HOFFNUNG. Verfilmung eines Pilcher-Romans. Eine junge Frau verliebt sich in den Enkel eines Gutsbesitzers, aber ihre Eltern sind strikt gegen eine Verbindung – weil die beiden angeblich Halbgeschwister sind. – Ab 16. ✦ Deutschland 1996 **VA** Universum **R** Rolf von Sydow **B** nach einem Roman von Rosamunde Pilcher **D** Lara Joy Körner (Vicky), Roman Demuth (Toby), Frank Jordan (Tom), Patrik Fichte (Philip), Loni von Friedl (Mary) **L** 89 **FSK** o. A.; f **E** 1997 Video

ROSAMUNDE PILCHER: WOLKEN AM HORIZONT. Ein anonymer Brief zerstört beinahe des Lebensglück eines frisch verheirateten Paares. Erst die Initiative des erwachsenen Sohnes aus der ersten Ehe des Mannes kann die Intrige stoppen. Verfilmung eines Romans, die sich durch Melodramatik, Sentimentalität und Klischees auszeichnet. – Ab 16 möglich. ✦ Deutschland/Österreich 1995 **P** Frankfurter Filmproduktion **VA** Universum Film **R** Rolf von Sydow **B** Barbara Engelke, nach einem Roman von Rosamunde Pilcher **K** Mike Gast **M** Richard Blackford **D** Marijam Agischewa (Laura Haverstock), Klaus Wildbolz (Alec Haverstock), Manou Lubowski (Ivan), Lisa Kreuzer (Sylvia), Klausjürgen Wussow (Gerald), Monika Woytowicz (Eve) **L** 89 **FSK** ab 6 **E** 10.12.1995 ZDF

ROSAMUNDE PILCHER: ZEIT DER ERKENNTNIS. Der Tod des Vaters und die anschließende Testamentseröffnung führen eine Familie wieder auf dem Familienstammsitz zusammen. Doch das Treffen steht unter keinem guten Stern, und die Lage spitzt sich dramatisch zu, als sich der ältere Bruder unwissenlich in die Verlobte des Jüngeren verliebt. Auch das Testament entspricht nicht den Erwartungen der Angehörigen. Melodramatisch und sentimental aufbereitete Verstrickungen in Pilcher-Manier. – Ab 14.

✦ Deutschland/Österreich 2000 **P** ZDF/ORF **VA** BMG Video **R** Erich Neureuther **B** Marc Rosenberg, Jerzy May, nach einer Erählung von Rosamunde Pilcher **K** Martin Stingl **M** Richard Blackford **D** Sophie Schütt (Kathlin Grey), Pascal Breuer (Simon Mansley), Karin Anselm (Heather Padington), Frank Stieren (Patrick Mansley), Katharina Abt (Jenny Kenton) **L** 86 **FSK** ab 6 **E** 23.4.2000 ZDF

ROSAMUNDE PILCHER: ZERRISSENE HERZEN. Ein Forstverwalter, der mit der Frau seines Arbeitgebers ein leidenschaftliches Liebesverhältnis hat, gerät in eine Zwickmühle, als er sich in eine geschiedene Frau verliebt, seine momentane Geliebte ihn jedoch nicht frei geben will. Mit von der Partie ist ferner der schwer kranke Waldbesitzer, der seine weitaus jüngere Frau kaum noch halten kann. Herz-Schmerz-Geschichte nach dem üblichen Schema, deren positive Charaktere sich durch ihre extrem edle Gesinnung auszeichnen. – Ab 14. ✦ Deutschland/Österreich 2000 **P** ZDF/ORF **R** Michael Steinke **B** Gabriele Kister, nach einer Erzählung von Rosamunde Pilcher **K** Heinz Dieter Sasse **M** Richard Blackford **D** Marion Mitterhammer (Christina Tolliver), Karsten Speck (Stephen McDowell), Anja Kruse (Juliet Pierce), Günter Mack (Jonathan Pierce), Peer Jäger (Ernest Mirphy) **L** 90 **E** 15.10. 2000 ZDF

ROSAMUNDE PILCHER: ZWEI SCHWESTERN. Die körperbehinderte Tochter eines englischen Landarztes verliebt sich in den neuen Nachbarn, zieht sich wegen ihrer Behinderung jedoch zurück. An ihre Stelle tritt ihre Schwester, die die Heirat erreicht, als sie ein Kind erwartet. Als sie jedoch erfährt, wen ihr Mann wirklich liebt, erleidet sie eine Fehlgeburt. Den alten Arzt ereilt ein Herzinfarkt. Am Grab des Vaters sehen die Schwestern sich wieder. Tränenreiche Kolportage nach einer Erzählung von Rosamunde Pilcher. ✦ Deutschland/Österreich 1997 **P** ZDF/ORF **R** Rolf von Sydow **B** Gabriele Kister **K** Michael Faust **M** Richard Blackford **D** Eva Habermann (Laurie Dillan), Andreas Elsholz (William Byron), Chrissy Schulz (Jane Dillan), Gerhard Olschewski (Dr. Dillan), Ingeborg Schöner (Anne Winter) **L** 90 **FSK** ab 6 **E** 16.11.1997 ZDF

ROSAMUNDE PILCHERS SEPTEMBER (ROSAMUNDE PILCHER'S SEPTEMBER). Rosamunde-Pilcher-Verfilmung. Nach zwanzig Jahren kommt eine energiegeladene Frau in ihren idyllischen Heimatort zurück, um das Leben unter der wohlanständigen Oberfläche durcheinanderzuwirbeln. ✦ Großbritannien 1995 **P** Portman Hannibal Prods. **VA** Concorde **R** Colin Bucksey **B** Lee Langley, nach dem Roman »September« von Rosamunde Pilcher **K** Peter Sinclair **M** Richard Hartley **D** Jacqueline Bisset (Pandora), Mariel Hemingway (Virginia), Edward Fox (Archie), Michael York (Edmond), Virginia McKenna (Violet) **L** 176 **FSK** ab 6 **E** 1995 Video/7.,8.4.1996 ZDF (zwei Teile)

ROSANNA'S LETZTER WILLE (ROSEANNA'S GRAVE). In einem italienischen Dorf will ein naiv-gewitzter Mann seiner todgeweihten Frau ihren letzten Wunsch erfüllen: auf dem örtlichen Friedhof begraben zu werden. Leider ist der Friedhof überfüllt, und bevor die Frau stirbt, werden die letzten Gräber voll, auch wenn sich ihr Mann bemüht, die Leichen zu verstecken. Ein hilflos zwischen Komödie und sentimentalem Melodram hin und her schwankender Klischee-Verschnitt, der weder psychologisch noch durch seinen dick aufgetragenen Witz überzeugen kann. ✦ Scope. Großbritannien 1996 **P** Hungry Eye/ Trijbits & Worrell/Renote/Remil & Associates **KI** Tobis **VA** Ufa (BMG) **Pd** Paul Trijbits, Alison Owen, Dario Poloni **R** Paul Weiland **B** Saul Turteltaub **K** Henry Braham **M** Trevor Jones **S** Martin Walsh **D** Jean Reno (Marcello), Mercedes Ruehl (Rosanna), Polly Walker (Cecilia), Mark Frankel (Antonio), Giuseppe Cederna (Pater Bramilla), Renato Scarpa (Dr. Benvenuto), Luigi Diberti (Capestro), Roberto Della Casa (Rossi), Trevor Peacock (Iaccoponi) **L** 98 **FSK** ab 6; **f E** 8.5.1997/22.12.1997 Video/9.11.1998 Premiere **fd** 32 528

DAS ROSAROTE MANNEQUIN →Ein süßer Fratz

DIE »ROSAROTE PANTHER«-FILME. Zwischen 1963 und 1992 entstanden unter der Regie des US-Amerikaners Blake Edwards die »Pink Panther«-Filme. Der »Rosarote Panther«, ein kostbarer Riesendiamant, fungiert als thematischer Leitfaden der Kriminalkomödien; er wird zum Anlaß für turbulente Verfolgungsjagden, Verwechslungs- und Verkleidungsspiele, vor allem aber für die Auftritte des wahren Helden: des vertrottelten Inspektor Clouseau aus Paris. Bis zu seinem Tode 1980 drückte Hauptdarsteller Peter Sellers der Serie in besonderem Maße seinen Stempel auf. Neben den nachfolgend aufgeführten Produktionen drehte Blake Edwards folgende »Rosarote Panther«/»Clouseau«-Filme: »Ein Schuß im Dunkeln« (1964), »Inspektor Clouseau, der ›beste‹ Mann bei Interpol« (1976), »Inspektor Clouseau – der irre Flic mit dem heißen Blick« (1978), »Der Fluch des rosaroten Panthers« (1983, ohne Clouseau), »Der Sohn des rosaroten Panthers« (1992, mit Roberto Benigni als Clouseaus unehelichem Filius).

DER ROSAROTE PANTHER (THE PINK PANTHER). Im Wintersportort Cortina und später in Rom ist ein versierter Gentlemanverbrecher hinter dem »rosaroten Panther« her, einem Diamanten, der sich im Besitz einer orientalischen Prinzessin befindet. Inspektor Clouseau hat keine Ahnung, daß seine liebe Ehefrau die Komplizin und Geliebte des Täters ist; nach haarsträubenden Verwicklungen wird er selbst als vermeintlicher Juwelendieb verhaftet. Die spritzige, elegant inszenierte Gaunerkomödie wurde nicht zuletzt auch berühmt durch ihren Trickfilm-Titelvorspann, aus dem später eine TV-Zeichentrickserie (in Deutschland: »Paulchen Panther«) hervorging. Der Film ist der Auftakt zu einer Reihe von Filmen über den trotteligen Inspektor Clouseau, die bis auf eine Ausnahme (»Inspektor Clouseau«, Regie: Bud Yorkin) stets von Blake Edwards inszeniert wurden und in denen – bis auf zwei Ausnahmen (»Inspektor Clouseau«, »Der Sohn des rosaroten Panther«) – stets Peter Sellers in der Hauptrolle zu sehen war. (Vgl. »Ein Schuß im Dunkeln«, 1964; »Der rosarote Panther kehrt zurück«, 1974; »Inspektor Clouseau, der ›beste‹ Mann bei Interpol«, 1976; »Inspektor Clouseau – der irre Flic mit heißem Blick«, 1978; »Der rosarote Panther wird gejagt«, 1982; »Der Fluch des rosaroten Panthers«, 1983) – Ab 16. ✦ Scope. USA 1963 **P** Mirisch **KI** United Artists **Pd** Martin Jurow **R** Blake Edwards **B** Maurice Richlin, Blake Edwards **K** Philip Lathrop **M** Henry Mancini **S** Ralph E. Winters, Marshall M. Borden, David Zinnemann **D** David Niven (Sir Charles Lytton), Peter Sellers (Inspektor Clouseau), Capucine (Simone Clouseau), Claudia Cardinale (Prinzessin Dala), Robert Wagner (George Lytton), Brenda de Banzie (Angela Dunning), Fran Jeffries (Cousin), Colin Gordon (Tucker), John Le Mesurier **L** 115 **FSK** ab 16; nf **FBW** w **E** 19.12. 1963/1.3.1975 ZDF/2.4.1983 DFF 1 **fd** 12 464

DER ROSAROTE PANTHER: INSPEKTOR CLOUSEAU →Inspektor Clouseau

DER ROSAROTE PANTHER KEHRT ZURÜCK (THE RETURN OF THE PINK PANTHER). Als der begehrte rosarote Riesendiamant aus einem fernöstlichen Museum gestohlen wird, setzt sich Inspektor Clouseau – inzwischen zum Streifenpolizisten degradiert – erneut auf die Spur von Sir Charles und verursacht beträchtliches Chaos. Kommissar Dreyfus, am Rande des Nervenzusammenbruchs, trachtet seinem Untergebenen nach dem Leben, verhilft ihm aber unfreiwillig zum Happy-End. Der Fortsetzungsfilm zum »Rosaroten Panther« von 1963 hat einen erfrischend schrägen Humor und viele groteske Slapstick-Szenen. – Ab 14. ✦ Scope. Großbritannien 1974 **P** Jewel/Pimlico **KI** United Artists//Progress **Pd+R** Blake Edwards **B** Frank Waldman, Blake Edwards **K** Geoffrey Unsworth **M** Henry Mancini **S** Tom Priestley **D** Peter Sellers (Inspektor J. Clouseau), Christopher Plummer (Sir Charles Litton), Catherine Schell (Claudine Litton), Herbert Lom (Chefinspektor Dreyfus), Burt Kwouk (Colonel Sharki) **L** 113 **FSK** ab 12; nf **E** 26.9. 1975/24.6.1977 DDR/14.7.1984 DFF 1 **fd** 19 487

DER ROSAROTE PANTHER WIRD GEJAGT (TRAIL OF THE PINK PANTHER). Noch einmal Peter Sellers als Chaos und Verwüstung hinterlassender Inspektor Clouseau auf der Jagd nach dem berühmten gestohlenen Diamanten. Als er mitsamt Flugzeug verschwindet, recherchiert eine Journalistin seinen »Werdegang«. Ein aus alten, teilweise nie verwendeten Szenen und einer neu gedrehten Rahmenhandlung entstandener, liebenswürdiger Nachruf auf den Komiker Peter Sellers und seine legendäre Verkörperung des vertrottelten Polizisten. Diese »Resteverwertung« hinterläßt allerdings einen schalen Nachgeschmack, da sie neben einigen genialen Slapstick-Gags auch viele schwache, überflüssige Szenen enthält, die nur dazu dienen, den Film auf abendfüllende Länge zu strecken. – Ab 16. ✦ Scope. Großbritannien 1982 **P** Likeline **KI** UIP **Pd** Blake Edwards, Tony Edwards **R** Blake Edwards **B** Frank Waldman, Tom Waldman, Blake Edwards, Geoffrey Edwards **K** Dick Bush **M** Henry Mancini **S** Alan Jones **D** Peter Sellers (Inspektor Clouseau), Joanna Lumley (Marie Jouvet), Herbert Lom (Dreyfus), Richard Mulligan (Clouseau sen.), David Niven (Sir Charles Litton), Capucine (Lady Litton), Robert Loggia (Bruno) **L** 97 **FSK** ab 6; f **E** 8.7.1983 **fd** 24 091

ROSAROTE TRÄUME →Pink Nights – Rosarote Träume

ROSAROTES ZIMMER (INTERIOR ROJO). Auf der Flucht vor der Polizei findet der Ex-Priester und Anarchist Nil Unterschlupf in einem der Bordelle Barcelonas. Seine Zeit im rosaroten Zimmer der Prostituierten Ljuba markiert einen weiteren Wendepunkt in seinem Leben. Liebesfilm vor dem Hintergrund der sozialen Unruhen im Spanien der 20er Jahre. ✦ Spanien 1982 **P** Figaro Films/Profilmar **R+B** Eugenio Anglada **K** Jaime Peracaula **M** Jordi Doncos **S** Elena Jaumandreu **D** Charo López (Ljuba), Euric Majo (Nil), Maria Martin (Pura), Joan Miralles (Anton), Fernando Gomez **L** 80 (DDR 90) **E** 8.10. 1985 DFF 2/9.9.1991 DFF

ROSE AGAINST THE ODDS (ROSE AGAINST THE ODDS). Boxerfilm nach einer wahren Begebenheit. Lionel Rose, aufgewachsen im Ghetto der australischen Aborigines, schafft eines Tages das nahezu Unmögliche: im Handumdrehen Weltmeister im Bantamgewicht zu werden. Doch der Ruhm verändert sein Leben, er flüchtet sich in Drogen. ✦ Australien 1990 **R** John Dixon **D** Paul Williams (Lionel Rose), Telly Savalas (George Parnassus), Tsurutaro Kataoka (Fighting Harada), Kris McQuade (Shirley Rennie), Tony Barry (Jack Rennie) **L** 187 (92 & 95) **E** 2./3.9. 1997 SAT 1 (zwei Teile)

EINE ROSE AUS BETON (RUZA OD BETONA). Auseinandersetzungen in einem großen Baubetrieb. Ein erfahrener Kranführer nimmt einen jungen Arbeiter in seine Schule; beiden gelingt es schließlich, Mißstände zu beseitigen. Problemfilm, der interessante Einblicke in den jugoslawischen Arbeitsalltag erlaubt, sein Thema aber nicht überzeugend in den Griff bekommt. – Ab 16. ✦ Scope. Jugoslawien 1975 **P** Telefilm **KI** Progress **R** Jovan Acin **B** Milan Secerovic, Dejan Djurkovic, nach einem Roman von Jug Grizel **K** Milan Spasic, D. Vilutic, D. Jovanovic **M** Djordje Karaklajic **D** Milan Strljic (Dusan), Adem Cejvan (Ples), Ruzica Sokic (Milena), Neda Arneric (Nada), Zika Milenkovic **L** 91 **E** 15.10.1976 Kino DDR/29.6.1977 DFF 2

ROSE BERND. Verfilmung des Bühnenstücks von Gerhart Hauptmann, die jedoch durch die Verlegung der Geschichte in eine andere Region nichts mehr von dem Naturalismus der Vorlage enthält. Das als Flüchtling auf einem Gut im Westen lebende schlesische Bauernmädchen Rose Bernd, zwischen »Trieb« und pietistischem Erziehungseinfluß schwankend, verstrickt sich, vom Begehren der Männer getrieben, in Schuld. Trotz einer gewissen Verflachung der Vorlage eine handwerklich und darstellerisch weit überdurchschnittliche Produktion im westdeutschen Film der 50er Jahre. ✦ BR Deutschland 1956 **P** Bavaria **Kl** Schorcht **R** Wolfgang Staudte **B** Walter Ulbrich, nach dem Bühnenstück von Gerhart Hauptmann **K** Klaus von Rautenfeld **M** Herbert Windt **S** Lilian Seng **D** Maria Schell, Raf Vallone, Käthe Gold, Leopold Bilberti, Hannes Messemer, Arthur Wiesner, Siegfried Lowitz, Helmut Brasch **L** 98 **FSK** ab 16; f **FBW** bw **E** 1.2.1957 **fd** 5 643

ROSE CAFÉ (ROSE CAFE). Romantische Liebesgeschichte im Stil der »Lore«-Romane. (Alternativtitel: »Zwei Männer um Courtney«) ✦ Kanada 1987 **P** Shades of Love Prod./ Astral Film Enterprises **VA** Starlight **R** Daniele J. Suissa **B** Julian Roffman **K** René Verzier **D** Parker Stevenson, Linda Smith, Bronwen Mantel, Damir Andrei **L** 75 **FSK** ab 12 **E** 1988 Video

EINE ROSE FÜR ALLE (UNA ROSA PER TUTTI). Eine hübsche Italienerin in Rio lebt nur für ihre zahlreichen Liebhaber, denen sie aus Gründen der »Nächstenliebe« abwechselnd ihre Gunst schenkt. Starbestückte Frivolkomödie. ✦ Italien 1965 **P** Vides **Kl** Columbia-Bavaria **R** Franco Rossi **B** Eduardo Borrás, Ennio de Concini, Franco Rossi, nach einem Bühnenstück von Glauco Gil **K** Mauritio Scanzani, Alfio Contini **M** Luis Enriquez Bacalov **D** Claudia Cardinale, Nino Manfredi, Mario Adorf, Akim Tamiroff, Lando Buzzanca **L** 108 **FSK** ab 18; nf **E** 12.2.1967/28.1. 1977 DFF 2 **fd** 14 598

EINE ROSE FÜR DEN MAHARADSCHA (ROSE ET MARGUERITE). Fürs Fernsehen entstandener Abenteuerfilm vor dem Hintergrund eines Befreiungskrieges auf einer Insel nahe Sri Lanka in den 50er Jahren. Ein Waffenschieber zwingt eine ahnungslose Nachtclubsängerin dazu, eine Bombe in den Palast des Maharadschas zu schmuggeln. Dieser stirbt bei dem Attentat, dennoch glaubt der Prinz an die Unschuld der Frau und verhilft ihr zur Flucht. Während sie sich den Rebellen anschließt, muß der Prinz sich gegen mächtige Widersacher zur Wehr setzen. ✦ Frankreich/Deutschland 1996 **R** Denys Granier-Deferre **B** Michel Leviant **K** Hugues de Haeck **M** Eric Demarsan **D** Sophie Broustal (Rose/Marguerite), Ralf Bauer (Nadjah), Horst Janson (Schwartz), Gulshan Grover (Rebellenführer), Ravindra Randeniya (Oberst Taradjahi) **L** 87 **E** 31.5.1998 ARD

ROSE HILL – DER TRAUM VOM WILDEN WESTEN (ROSE HILL). Vier New Yorker Straßenjungs beschließen, im Westen ihr Glück zu machen. Mittellos und mit einem Findelkind im Schlepp, bauen sie sich eine Ranch auf, sehen sich jedoch bald mit Neidern und Viehdieben konfrontiert. Als Jahre später einer der Männer ermordet wird, zieht das zur jungen Frau herangewachsene Findelkind nach New York zurück und kann ihre leiblichen Eltern ausfindig machen. Doch der Wilde Westen lässt es nicht mehr los. Abenteuerlicher Western, inszeniert nach einem Bestseller. ✦ USA/Kanada 1997 **P** Boys Next Door Prod./Hallmark Hall of Fame Prod. **Pd** Andrew Gottlieb **R** Christopher Cain **B** Earl Wallace, nach einem Roman von Julie Garwood **K** Willy Kurant **M** Steve Dorff **S** Sabrina Plisco-Morris **D** Jennifer Garner (Mary Rose mit 17), Jeffrey D. Sams (Adam), Zak Orth (Douglas), Justin Chambers (Cole), Tristan Trait (Travis) **L** 99 **E** 1.3.1999 premiere

ROSE MARIE (ROSE MARIE). Ein elternloses Mädchen, das in den kanadischen Wäldern allein aufgewachsen ist, wird von einem Polizisten aufgegriffen und von einer Schenkenbesitzerin in die Anfangsgründe der Zivilisation eingeführt. Ihre Zuneigung verteilt sie zunächst auf den Polizisten und einen Fallensteller; diesem folgt sie schließlich zurück in die Freiheit der Wälder. Schöne Landschaftsbilder, im übrigen eine schwache Mixtur aus Abenteuer-, Musical- und Heimatfilm. (Remake der bemerkenswerten Musicalverfilmung von 1936, Regie: W.S. van Dyke) ✦ Scope. USA 1954 **P** MGM **Kl** MGM **Pd+R** Mervyn LeRoy **B** Ronald Millar, George Froeschel, nach dem Musical »Rose Marie« von Otto A. Harbach, Oscar Hammerstein II, Rudolf Friml, Herbert Stothart **K** Paul C. Vogel **M** Rudolf Friml, Herbert Stothart **S** Harold F. Kress **D** Ann Blyth (Rose Marie), Howard Keel (Mike Malone), Fernando Lamas (James Severn Duval), Bert Lahr (Barney McGorkle), Marjorie Main (Lady Jane Dunstock), Joan Taylor (Wanda), Roy Collins (Inspektor Appleby), Chief Yowlachie (Black Eagle), Al Ferguson, Marshall Reed (Mountie), Sheb Wooley (Korporal), Dabbs Greer, John Pickard **L** 104 **FSK** ab 6; f **E** 31.5.1955 **fd** 4 131

ROSE TATOO →Manila Tattoo

DIE ROSE VON BAGDAD (LA ROSA DI BAGDAD). Italienischer Märchenzeichentrickfilm. Der Musiklehrer einer Prinzessin verhindert deren Heirat mit einem bösen König am Tigris. Die Fabel hat leicht erkennbare ethische Hintergründe, aber die satirisch-politischen Momente sind für kleinere Kinder unverständlich. (Alternativtitel: »Der Zauberer und die Prinzessin«) – Ab 10. ✦ Italien 1949 **P** Ima **Kl** Paris **R** Antongiorgio Domenighini **M** Riccardo Margiergalli **L** 72 **FSK** ab 6; f **FBW** w **E** 21.3.1953 **fd** 2 442

DIE ROSE VON CIMARRON (ROSE OF CIMARRON). Eine junge Frau rächt die Ermordung ihrer indianischen Zieheltern durch weiße Banditen, gerät dadurch mit dem Gesetz in Konflikt und muß vorübergehend fliehen, bis sie endlich dem geliebten Sheriff in die Arme sinken darf. Dutzendwestern von der Stange. (TV-Titel: »Die Gesetzlosen von Cimarron«) – Ab 16 möglich. ✦ USA 1952 **P** Centfox **Kl** Centfox **Pd** Edward L. Alperson **R** Harry Keller **B** Maurice Geraghty, Ben Chapman **K** Karl Struss **M** Raoul Kraushaar **S** Arthur Roberts **D** Mala Powers (Rose von Cimarron), Jack Buetel (Marshal Hollister), Bill Williams (George Newcomb), Jim Davis (Willie Whitewater), Dick Curtis (Clem Dawley), Tom Monroe (Mike Finch), William Phipps (Jeb Dawley), Bob Steele (Rio), Irving Bacon (Sheriff), Monte Blue (Lone Eagle), Argentina Brunetti, Lane Bradford **L** 68 **FSK** ab 16; nf **E** 4.3.1953 **fd** 2 448

DIE ROSE VON STAMBUL. Verwechslungsklamauk, kitschige Orientromantik und üppige Haremsdamen in einer »modernisierten« Verfilmung der gleichnamigen Operette von Leo Fall. ✦ Schwarz-weiß. BR Deutschland 1953 **P** Central-Europa **Kl** Prisma **Pd** Waldemar Frank, Dietrich von Theobald **R** Karl Anton **B** Walter Forster, Joachim Wedekind, nach der gleichnamigen Operette von Leo Fall **K** Fritz Arno Wagner **M** Leo Fall (Melodien), Willy Schmidt-Gentner (Bearbeitung) **S** Martha Dübber **D** Inge Egger, Albert Lieven, Laya Raki, Grethe Weiser, Paul Hörbiger **L** 100 **FSK** ab 18; nf **E** 7.5.1953 **fd** 2 515

DIE ROSE VON TOKIO (JOE BUTTERFLY). Die Mannschaft einer Soldatenzeitung entdeckt zufällig eine langgesuchte Spionin; dies bewahrt sie vor Bestrafung für ihre illegalen Abenteuer. Amerikanische Militärkomödie, die zur Zeit des Einmarsches in Japan spielt und das Land von seiner vordergründig-klischeehaften Seite zeigt. ✦ Scope. USA 1957 **P** Universal **Kl** Universal **R** Jesse Hibbs **B** Sy Gomberg, Jack Sher, Marion Hargrove **K** Irving Glassberg **M** Joseph Gershenson **D** Audie Murphy, George Nader, Keenan Wynn, John Agar, Burgess Meredith **L** 91 **FSK** ab 12; nf **E** 4.3.1958 **fd** 6 806

ROSEANNE & TOM: EINE LIEBE IN HOLLYWOOD (ROSEANNE AND TOM: BEHIND THE SCENES). Eine Ehefrau und vierfache Mutter findet als Comedy-Künstlerin Anklang und bringt es zur eigenen Show in Hollywood. Dort lernt sie einen Kollegen kennen und vom Fleck weg lieben. Beide heiraten und feiern Showerfolge, doch das Glück währt nicht lange. Der Mann nimmt immer mehr das Produzentenheft in die Hand, beide entfremden sich, und als er sich eine Geliebte nimmt, lässt die Frau sich nach drei Jahren Ehe scheiden. Eine wahre Geschichte aus dem Showbiz, die von Liebe und Scheidungskrieg erzählt und deren Hintergrund das Leben des Fernsehstars »Roseanne« bildet. ✦ USA 1994 **Pd** John Thomas Lenox **R** Richard A. Colla **B** Brad Buckner, Eugenie Ross-Leming **K** Michael D. Margulies **M** Craig Safan **S** Steve Mirkovich, Terry Stokes **D** Patrika Darbo (Roseanne Arnold), Stephen Lee (Tom Arnold), Tom Ormeny (Bud Roker), Heather Paige Kent (Kim Silva), John Goodman (Sean Moran) **L** 89 **E** 28.1.2001 Super RTL

ROSEBUD BEACH HOTEL (THE ROSEBUD BEACH HOTEL). Ein Hotelbesitzer will sein schlecht besuchtes Haus durch einen Anschlag zerstören lassen und die Versicherungssumme kassieren, während seine Tochter die Belegung erhöht, indem sie Prostituierte als Dienstmädchen einschleust. Seichte Komödie mit schwachen parodistischen Ansätzen und einigen voyeuristischen Momenten. ✦ USA 1984 **P** Almi **VA** Vestron **Pd** Irving Schwartz, Harry Hurwitz **R** Harry Hurwitz **B** Harry Narunsky, Irving Schwartz, Thomas Rudolph **K** Joao Fernandes **M** Jay Chattaway **S** Daniel Loewenthal **D** Colleen Camp (Tracy), Peter Scolari (Elliot), Christopher Lee (King), Hank Garrett (Kramer), Fran Drescher (Linda) **L** 79 **FSK** ab 16 **E** Januar 1986 Video **fd** 25 590

DIE ROSEL VOM SCHWARZWALD. Die Titelheldin gerät in amouröse Verwicklungen mit dem Sägewerksbesitzerssohn Martin und der Schwarzwald zum Schauplatz einer hirnlosen Heimatschnulze. Höhepunkt der folkloristischen Exzesse im Mittelgebirge ist die aufsehenerregende Wahl zur »Miß Kirschwasser«. – Ab 14. ✦ BR Deutschland 1956 **P** Central-Europa **Kl** Prisma **Pd** Helmut Ungerland **R** Rudolf Schündler **B** Werner Eplinius, Janne Furch **K** Karl Loeb **M** Gerhard Winkler **S** Margarete Steinborn **D** Herta Staal, Helmuth Schneider, Susi Nicoletti, Willy Reichert, Bibi Johns **L** 90 **FSK** ab 12; nf **E** 14.9. 1956 **fd** 5 286

ROSELYNE (ROSELYNE ET LES LIONS). Ein junges Paar lernt die Kunst der Raubtier-Dressur und wird nach einer ernüchternden Lehrzeit in einem französischen Provinz-Zirkus mit seiner »Löwen-Nummer« von einem deutschen Zirkus-Unternehmen engagiert. Als der junge Mann bei den Proben verletzt wird, übernimmt sie die Einstudierung und wird am Premieren-Abend begeistert gefeiert. Nur in den nicht gedoubelten, brillant fotografierten Dressurszenen erreicht der Film eine atmosphärische und dramaturgische Dichte, die das Spannungsfeld zwischen Mensch und Tier widerspiegelt. Die übrigen »Füllszenen« sind lieblos inszeniert und wirken teilweise unfreiwillig komisch. (Fernsehtitel: »Roselyne und die Löwen«) – Ab 12. ✦ Frankreich 1988 **P** Cargo Films/Gaumont **Kl** Jugendfilm **VA** Starlight **R** Jean-Jacques Beineix **B** Jacques Forgeas, Jean-Jacques Beineix **K** Jean-François Robin **M** Reinhardt Wagner **S** Marie Castro-Bréchignac, Annick Baly, Danielle Fillios **D** Isabelle Pasco (Reoselyne), Gérard Sandoz (Thierry), Philippe Clévenot (Bracquard), Gabriel Monnet (Frazier), Günter Meisner (Klint) **L** 118 **FSK** ab 6; f **E** 7.6.1990/15.1.1991 Video **fd** 28 484

ROSELYNE UND DIE LÖWEN →Roselyne

ROSEMARIE GMBH (ANONIMA COCOTTES). Ein pfiffig-serviler Buchhalter, der ein Opfer seiner Ehrlichkeit wurde, rächt sich mittels eines Komplotts, durch das Dirnen ihre Kunden in die Pleite treiben. Anfangs ein satirischer Komödienspaß, später nur noch vulgäre Klamotte. ✦ Schwarz-weiß. Italien/Frankreich 1960 **P** Titanus/Marceau/Cocinor **Kl** Constantin **R** Camillo Mastrocinque **B** Alessandro Continenza, Guerra, Dino Verde, nach Marcello Coscia und Fabio Rinaudo **K** Alvaro Mancori **M** Armando Trovaioli **D** Anita Ekberg (Rosi), Renato Rascel (Paolo), Sophie Desmarets (Frau Pfiffer), Francis Blanche (Patrizia), Gabriella Farinon (Wanda), Franco Sportelli (Oswaldo) **L** 103 **FSK** ab 18; nf **E** 2.6.1961 **fd** 10 380

ROSEMARIE MAGDALENA ALBACH, GENANNT ROMY SCHNEIDER. Das wechselvolle Leben von Romy Schneider, erzählt aus einer ungewohnten Perspektive: In Tausenden von Zetteln und Briefen gab die Schauspielerin seit Beginn der 60er Jahre gegenüber ihrer Freundin Christina Höllger ihrer Hoffnung auf Anerkennung außerhalb des Films Ausdruck. Die Filmerzählung basiert auf dieser Korrespondenz. ✦ Teils schwarz-weiß. Deutschland 1994 **R** Christina Höllger, Claudia Holldack **L** 120 **E** 3.6.1996 West 3

ROSEMARIE, SUSANNE, RUTH (ROSEMARIE, SUSANNE, RUTH). Was als polemischer Film über das fehlende Frauenstimm- und Wahlrecht in Appenzell Ausserrhoden geplant war, entwickelte sich zu einem differenzierten Porträt dreier etwa 16jähriger Mädchen, die aus einer Bauern-, einer Unternehmers- und einer Gastarbeiterfamilie stammen. Indem die Studie den Einfluß von Tradition, Brauchtum und der unterschiedlichen Milieus auf die Entwicklung und das Selbstverständnis der drei Mädchen aufzeigt, wird sie zu einer aufschlußreichen Darstellung der Gegebenheiten und Bedingungen, die die Rolle der Frau in Familie und Öffentlichkeit prägen. ✦ Schweiz 1978 **Pd+R** Franz Reichle **K** Ruedi Staub **S** Franz Reichle **L** 77 **E** Schweiz

ROSEMARIES BABY (ROSEMARY'S BABY). Der Teufel bedient sich der sektiererischen Magie von Nachbarn, die einen jungen Mann in ihren Bann ziehen, damit seine Frau einen Nachkommen Satans zur Welt bringe. Roman Polanskis raffinierter Horrorfilm spielt effektvoll mit traditionellen Formen des Aberglaubens, die er mit modernen psychoanalytischen Motiven verbindet. Die hintersinnige Story von der »jungfräulichen« Mutter, die von ihrem Gatten an den Teufel verkauft wird, verdankt ihre Wirkung nicht plumpen Schocks, sondern einer subtilen Spannungsdramaturgie: Das Grauen erwächst langsam aus der scheinbar »normalen« Alltagsrealität des modernen Großstadtlebens, das den Nährboden für Angst, Entfremdung und Paranoia bildet. ✦ USA 1967 **P** Paramount **KI** Paramount **DVD** Paramount (16:9, 1.85:1, Mono engl./dt.) **Pd** William Castle **R** Roman Polanski **B** Roman Polanski, nach einem Roman von Ira Levin **K** William A. Fraker **M** Krzysztof Komeda (= Krzysztof Trzcinski-Komeda) **S** Sam O'Steen **D** Mia Farrow (Rosemary Woodhouse), John Cassavetes (Guy Woodhouse), Ruth Gordon (Minnie Castavet), Maurice Evans (Hutch), Ralph Bellamy (Dr. Sapirstein), Angela Dorian (Terry Fionoffrio), Patsy Kelly (Laura-Louise), Sidney Blackmer (Roman Castavet), Elisha Cook jr. (Mr. Nicklas), Charles Grodin (Dr. Hill), Emmaline Henry (Elise Dunstan), William Castle (Mann in der Telefonzelle) **L** 137 **FSK** ab 16; f **FBW** bw **E** 17.10.1968/2.11.1975 ARD/8.11.2001 DVD **fd** 15 794

ROSEMARIES LIEBESREPORT IN DREI DIMENSIONEN (THE FOUR DIMENSIONS OF GRETA). Sexfilm, teilweise fotografiert in 3-D-Technik: Bei der Suche eines Reporters nach einem in London untergetauchten Au-Pair-Mädchen reihen sich episodenhaft einschlägige Szenen aneinander. (Videotitel: »Die vier Dimensionen der Lust«) ✦ Großbritannien 1972 **P** Pete Walker **KI** Scotia **VA** VMP **R** Pete Walker **B** Murray Smith **K** Peter Jessop **M** Harry South **D** Tristan Rogers, Leena Skoog, Karen Boyes, Alan Curtis, Robin Askwith **L** 90 **FSK** ab 18; nf **E** 16.3.1973 **fd** 18 229

ROSEMARIES TOCHTER. Die Tochter von Rosemarie Nitribitt sucht den Mörder ihrer Mutter im Milieu von deren alten Gesellschafts- und Politkunden. Der Film knüpft an die Frankfurter Prostituierten-Affäre an, die schon für »Das Mädchen Rosemarie« (1958) den Stoff geliefert hat. Kabarettistische und zeitsatirische Ansätze sind größtenteils sehr plump geraten. Trotz aufwendiger Gestaltung gerät dieses späte, wenig ruhmreiche Werk Rolf Thieles in die Nähe einer dummen Sexplotte. – Wir raten ab. ✦ BR Deutschland 1976 **P** Luggi Waldleitner/Roxy-Divina/GGB-4 KG **KI** Constantin **R** Rolf Thiele **B** Ted Rose, Friedhelm Lehmann, Helmuth Ruge, Joe Berger **K** Charly Steinberger **M** Norbert Schultze, Kristian Schultze **D** Lillian Müller, Béla Ernyei, Werner Pochath, Horst Frank, Hanne Wieder **L** 92 **FSK** ab 18; nf **E** 18.11.1976 **fd** 20 059

ROSEMARY'S HOCHZEIT. Ein verstorbener Profiboxer holt sich seine Freunde und eine junge Frau, die er begehrt, ins Jenseits. Damit beginnt für die Frau eine verwirrende Reise durch »andere Stadien des Daseins«, während der sie mit verschiedenen Männerträumen konfrontiert wird. Ein vielfach gebrochenes und verfremdetes Bild menschlichen Begehrens, das als »visonäres Spiel mit der weiblichen Vorstellungswelt« verstanden werden will. ✦ BR Deutschland 1985 **P** Tropiafric Filmprod. **VA** Tropiafric **R+B** Karol Schneeweiss **K** Uli Fischer **D** Ines Hayn-Thielbeer, Kiev Stingl, Domenica, Oliver Hirschbiegel, Jakob Schneeweiß **L** (TV) 60 **E** 3.7.1985 ZDF

ROSEN AUF PUMP – REBELLION DER JUNGEN (ROSEN AUF PUMP – REBELLION DER JUNGEN). Ein junger Eidgenosse bricht aus dem Gehege bürgerlichen Ordnungszwanges und begeht einige Untaten, um schließlich wieder zu seiner Braut zurückzufinden. Versuch zu einer helvetischen »nouvelle vague«, der durch eine im Schweizer Film ungewohnte Machart aufmerken ließ. ✦ Schweiz 1961 **P** Jeppesen Prod. **Pd** Urs Jeppesen **R** Franz Matter **B** Hans Sigg, Helmut Förnbacher **K** Joe Boog, Ernst Bolliger **M** François Gaudard **S** Franz Matter **D** Helmut Förnbacher (Peter Moosbach), Sacha Berger (Françoise), Doris Hefti (Ruth), Margret Neuhaus (Anita), Hans Berg (Max Moosbach) **L** 98 **E** Schweiz

ROSEN AUS DEM SÜDEN (1934). Das gemütliche und gemütvolle alte Wien ist der Schauplatz eines operettenseligen Musikfilms, der Episoden aus dem Leben von Johann Strauß (1825–1899) mit einem Querschnitt durch seine Melodien verbindet. Leichte Unterhaltung, schwerfällig inszeniert. ✦ Schwarz-weiß. Deutschland 1934 **P** Schulz & Wuellner **KI** Panorama **R** Walter Janssen **B** Hans Vietzke, Max Wallner **K** Willy Winterstein **M** Johann Strauß (Melodien), Erich Ernst Buder (Bearbeitung) **D** Paul Hörbiger, Gretl Theimer, Hugo Werner-Kahle, Oscar Sabo, Ekkehard Arendt **L** 93 **FSK** ab 12; nf **E** 30.8.1934

ROSEN AUS DEM SÜDEN (1954). Ein Baron, als Diplomat eines Zwergstaates unterwegs, trifft auf eine Operndiva und erregt die Eifersucht des Heldentenors, woraufhin sich die Ebenen von Diplomatie und Bühne verwirren. Schlampig inszenierte musikalische Komödie mit völlig indisponierten Darstellern. – Ab 12. ✦ Schwarz-weiß. BR Deutschland 1954 **P** Viktor von Struve Filmprod. **KI** Panorama **Pd** Viktor von Struve **R** Franz Antel **B** Edgar Kahn **K** Hans H. Theyer **M** Lotar Olias, Johann Strauß (Melodien) **S** Ursula Winter **D** Gustav Fröhlich, Karl Schönböck, Susi Nicoletti, Maria Holst, Hannelore Bollmann **L** 102 **FSK** ab 12; nf **E** 30.4.1954/15.2.1988 DFF 2 **fd** 3 261

ROSEN AUS JERICHO (ROSEN AUS JERICHO). Ein 52jähriger Makler gerät durch eine Krebserkrankung in eine schwere berufliche und seelische Krise, aus der er sich nach vielen Mühen durch die Änderung seiner Einstellung zur Krankheit und zum Tod und durch eine erfolgreiche Chemotherapie lösen kann. Ein auf eigenen Erfahrungen basierender Film eines Kabarettisten, der wichtige Informationen über die immer noch tabuisierte Krankheit liefert, zugleich aber den Blick auf den Bereich der seelischen Betreuung lenkt und an die Lebensbejahung Betroffener appelliert. Ein von guten Darstellern getragener wichtiger Beitrag zum Thema. ✦ Österreich 1994 **P** Interspot/PICT & SHOW **Pd+R+B** Hans Peter Heinzl **K** Gerhard Hierzer **S** Karl Koenigsberger **D** Peter Uray (Franz Schuster), Marion Mitterhammer (Katja Elsner), Dietmar Schönherr (Dr. Zimmer), Franz Buchrieser (Peter Arndt), Erika Pluhar (Frau Fecher) **L** 87 **E** 1994 Österreich

ROSEN BLÜHEN AUF DEM HEIDEGRAB. Ein Mädchen leidet unter abergläubischen Zwangsvorstellungen und lockt seinen brutalen Liebhaber ins Moor, um dort mit ihm den Tod zu finden. Das effektvoll fotografierte Drama ist dank seiner keinesfalls idyllischen, sondern düster-fatalistischen Grundstimmung ein interessanter Außenseiter im bundesdeutschen Heimatfilm der 50er Jahre. ✦ Schwarz-weiß. BR Deutschland 1952 **P** König **KI** Panorama **Pd** Richard König **R+B** Hans H. König **K** Heinz Schnackertz, Bertl Höcht **M** Werner Bochmann **D** Ruth Niehaus, Konrad Mayerhoff, Hilde Körber, Armin Dahlen, Hermann Schomberg **L** 90 **FSK** ab 16; f **E** 25.12.1952 **fd** 2 308

ROSEN DER LIEBE (LIEBLING DER WELT). Ein Revue-Manager macht aus einer jungen Frau einen berühmten Star, verliert jedoch privat ihre Gunst, als sie ihn mit einer anderen ertappt. Sie verliebt sich in den portugiesischen König, den sie auch nach Intrigen des Managers bekommt, zumal er abdankt und mit seiner zukünftigen Frau ins Exil geht. Ein sentimentaler Revuefilm. (Titel auch: »Seine Hoheit darf nicht küssen«) – Ab 14. ✦ Schwarz-weiß. Österreich/Frankreich 1949 **P** Donau/Berna/Arta **KI** Super **Pd** Eduard Hoesch, Georges Dancigers **R** Max Neufeld, Hervé Bromberger **B** Siegfried Bernfeld, Karl Farkas **K** Oskar Schnirch **M** Nicholas Brodszky, Frank Fox **D** Nadia Gray, O. W. Fischer, Karl Farkas, Siegfried Breuer, Maria Eis **L** 97 **FSK** ab 12; f **E** 23.12.1949 **fd** 587

ROSEN DER RACHE (ROSES ARE FOR THE RICH). Um ihren bei einem Grubenunglück verstorbenen Mann zu rächen, setzt eine Frau alles daran, den Minenbesitzer zu ruinieren. Als sich dies auf finanzieller Ebene nicht verwirklichen läßt, sucht sie die Bekanntschaft des Mannes, nötigt ihn zur Ehe und zwingt ihn, den gemeinsamen Sohn zum Alleinerben des Vermögens zu machen. Als der Mann Jahre später stirbt, wird sie des Mordes angeklagt. Wirklichkeitsfernes Ränkespiel um Geld und Sex, Macht und Amoral, das die üblichen Bahnen oberflächlich-stereotyper Fernsehkost nie verläßt. (TV-Titel auch: »Rosen des Todes«) – Ab 16. ✦ USA 1987 **P** Phoenix Entertainment Group **VA** RCA/Columbia **Pd** Jonathan Bernstein **R** Michael Miller **B** Judith Paige Mitchell, nach einer Novelle von Jonell Lawson **K** Kees Van Oostrum **M** Arthur B. Rubinstein **S** Gregory Prange, Ann Mills, Barry Taylor **D** Lisa Hartman (Autumn), Bruce Dern (Douglas), Joe Penny (Lloyd), Richard Masur (Everett), Howard Duff (Denton) **L** 127 **FSK** ab 12 **E** Januar 1989 Video/5.12.1990 PRO 7 **fd** 27 615

ROSEN DES TODES →Rosen der Rache

ROSEN-EMIL. Berlin um die Jahrhundertwende. Ein Hausierer und Gelegenheitsganove tut sich mit einer lebensfrohen Hure zusammen. Das private Glück zerbricht, als der Mann vorübergehend den Verlockungen einer ebenso reichen wie besitzergreifenden »Dame« erliegt. Außergewöhnlich sorgfältig ausgestatteter, aber inhaltlich belangloser, miserabel nachsynchronisierter filmischer »Groschenroman«. – Ab 16. ✦ Deutschland/Frankreich/Schweiz/Rumänien 1993 **P** Galla/DEFA/Molecule/Artimage/ZDF **KI** Senator **VA** Ufa **Pd** Radu Gabrea, Henry Lange, André Martin **R** Radu Gabrea **B** Radu Gabrea, Meir Dohnal, nach einem Roman von Georg Hermann **K** Dinu Tănase **M** Charles Kalman, Stefan Zorzor **S** Sophie Coussein, Emanuel DeWit **D** Werner Stocker (Emil), Dana Vávrová (Lissy), Erich Bar (Palisaden-Karl), Dominique Sanda (Bertha), Serge Reggiani (Dr. Levy) **L** 96 **FSK** ab 6; f **E** 19.8.1993/25.4.1994 Video **fd** 30 407

ROSEN FÜR AFRIKA. Schonungslos-brutal inszeniertes Psychogramm eines auf Zerstörung und Selbstzerstörung programmierten Mannes, zugleich ein Film über eine in die Katastrophe führende Suche nach Liebe. Ein 30jähriger Gelegenheitsarbeiter lernt eine »feine« Bürgerstochter kennen. Die Ehe über alle sozialen Unterschiede hinweg mündet bald in eine Krise, in der sich der Mann nur noch mit roher Gewalt zu helfen vermag. Nach dem Bruch der Beziehung zieht er bei einem älteren Arbeitskollegen ein, sucht Vergessen im Alkohol und überfällt schließlich eine Bank. ✦ Deutschland 1991 **P** Infafilm **Pd** Manfred Korytowski **R** Sohrab Shahid Saless **B** Sohrab Shahid Saless, nach einem Roman von Ludwig Fels **K** Eberhard Scheu **S** Christel Orthmann, Claudia Schuhmann **D** Silvan-Pierre Leirich (Paul), Ursula Rosenberger (Karola), Jan Biczycki (Zuzzi), Enzi Fuchs (Pauls Mutter), Ingeborg Schöner (Karolas Mutter) **L** (TV) 183 **E** 7.6.1992 ZDF

ROSEN FÜR BETTINA. Eine Ballerina, an Kinderlähmung erkrankt und später geheilt, verliert den geliebten Ballettmeister an ihre Stellvertreterin, findet aber in dem berühmten Arzt, der sie behandelt hat, einen neuen und besseren Lebensgefährten. Der konstruiert wirkende Unterhaltungsfilm – eine Routinearbeit von G.W. Papst – enthält zwei Ballettaufführungen der Münchner Staatsoper. – Ab 14. ✦ Schwarz-weiß. BR Deutschland 1956 **P** Carlton **KI** NF **Pd** Klaus Stapenhorst **R** Georg Wilhelm Pabst **B** Werner P. Zibaso **K** Franz Koch **M** Herbert Windt, Peter Iljitsch Tschaikowski (»Nussknacker«), Maurice Ravel (»Bolero«) **S** Lilian Seng **D** Willy Birgel, Elisabeth Müller, Ivan Desny, Eva Kerbler, Carl Wery **L** 94 **FSK** ab 12; f **E** 29.3.1956/5.3.1963 DFF 1 **fd** 4859

ROSEN FÜR DEN STAATSANWALT. Wegen einer Lappalie wird ein junger Wehrmachtssoldat kurz vor Kriegsende von einem Militärrichter zu Tode verurteilt; nur ein Zufall rettet sein Leben. Nach 1945 begegnet er dem Richter erneut. Der Ex-Nazi ist inzwischen Staatsanwalt und angesehener Bürger einer Kleinstadt. Es kommt zu einem tragikomischen Duell, bei dem am Ende der bornierte Jurist den kürzeren zieht. Mit bitterer Ironie schildert der zeitkritische Film die Verdrängung faschistischer Vergangenheit und den Fortbestand alter obrigkeitsstaatlicher Tendenzen in der Bundesrepublik. Obwohl er durch zahlreiche Konzessionen ans Unterhaltungskino jener Jahre teilweise an Schärfe und Deutlichkeit verliert, bleibt er doch in zentralen Punkten treffsicher und beständig aktuell. Brillant: Martin Held als Staatsanwalt. – Ab 16. ✦ Schwarz-weiß. BR Deutschland 1959 **P** Kurt Ulrich **KI** NF **R** Wolfgang Staudte **B** Georg Hurdalek **K** Erich Claunigk **M** Raimund Rosenberger **S** Klaus M. Eckstein **D** Martin Held (Dr. Wilhelm Schramm), Walter Giller (Rudi Kleinschmidt), Ingrid van Bergen (Lissy), Camilla Spira (Hildegard Schramm), Paul Hartmann (Diefenbach), Werner Peters (Verteidiger), Inge Meysel (Erna), Ralf Wolter (Hessel), Roland Kaiser (Werner) **L** 97 **FSK** ab 12; f **FBW** w **E** 24.9.1959/2.12.1968 ZDF/20.5.1960 Kino DDR **fd** 8443

ROSEN FÜR DIE LADY (THE SUBJECT WAS ROSES). Verfilmung eines der erfolgreichsten Broadway-Stücke der 60er Jahre. Als ein 21jähriger nach drei Jahren Einsatz im Zweiten Weltkrieg ins New Yorker Elternhaus zurückkehrt, scheinen die früheren Krisen innerhalb der Familie zunächst der Vergangenheit anzugehören. Aber schon bald wird der Sohn erneut zum Spielball zwischen den Problemen und Erwartungen von Vater und Mutter, wobei auch seine Entfremdung von der katholischen Kirche und die Starrheit des traditionalistischen Vaters angesprochen werden. Ein sorgfältig aufbereitetes, gleichwohl etwas zähflüssig umgesetztes Drama um den tiefen Graben zwischen den Generationen, bemerkenswert vor allem durch die hervorragenden Schauspielerleistungen. – Ab 14 möglich. ✦ USA 1968 **P** MGM **Pd** Edgar Lansbury **R** Ulu Grosbard **B** Frank D. Gilroy, nach seinem Bühnenstück **K** Jack Priestley **M** Lee Pockriss **S** Jerry Greenberg **D** Patricia Neal (Nettie), Jack Albertson (John), Martin Sheen (Timmy), Don Saxon (Nachtclubchef), Elaine Williams (Die Frau) **L** 107 **E** 5.1.1992 ZDF

ROSEN FÜR DIE SÄNGERIN (NA GOSPOSHIZATA I NEJNATA MYSHKA KOMPANIJA). Sofia, 1944: In einer Bar wird ein Staatsanwalt erschossen. Ungewollt wird die Band mit ihrer Sängerin in das Geschehen hineingezogen und sieht sich plötzlich einer unmenschlichen Polizeimaschinerie ausgeliefert, die ihrer Scheinwelt die harte Realität gegenüberstellt. Ein in der Charakterisierung der Personen inkonsequentes Drama, dessen über den konkreten historischen Bezug hinausweisendes Thema von der Problematik des Sich-heraushalten-Wollens in Ansätzen steckenbleibt. – Ab 16. ✦ Bulgarien 1984 **P** Filmstudio Bojana **KI** Progress **R** Iwan Dobtschew **B** Margarit Minkow, nach einem Roman von Ewgeni Kusmanow **K** Dimko Minow **M** Kiril Dontschew **D** Plamena Getowa, Naum Schopow, Iwan Iwanow, Nikola Todew, Marin Mladenow **L** 82 **E** 7.12.1984 Kino DDR/13.5.1985 DFF 2

ROSEN IM DEZEMBER (ROSES IN DECEMBER – THE STORY OF JEAN DONOVAN). Dokumentarfilm über das Leben und den gewaltsamen Tod einer jungen amerikanischen Missionshelferin, die gemeinsam mit drei Ordensschwestern in El Salvador tätig war. Die vier Frauen wurden Opfer einer von Soldaten verübten Bluttat. Das Schicksal der Frauen wurde auch in den Spielfilmen »Salvador« und »Romero« in fiktiver Form verarbeitet. ✦ USA 1982 **P** 2nd of December Films **R** Ana Carrigan, Bernhard Stone **B** Ana Carrigan **K** Christine Burrill, Breffin Byrne, Michael Davis, Kip Durin, Carl Hersh, Michael Livesey **L** 55 **E** 1.11.1983 ARD

ROSEN IM HERBST. Theodor Fontanes »Effi Briest« als gepflegt-gefühliges Unterhaltungskino: Ehe- und Ehrkonflikte in der preußischen Welt um 1900. Sorgfältig inszeniert, aufwendig in der Ausstattung, doch sehr auf Äußerlichkeiten konzentriert. – Ab 16. ✦ BR Deutschland 1955 **P** Divina **KI** Gloria **R** Rudolf Jugert **B** Horst Budjuhn, nach dem Roman »Effi Briest« von Theodor Fontane **K** Werner Krien **M** Franz Grothe **S** Elisabeth Kleinert-Neumann **D** Ruth Leuwerik (Effi Briest), Bernhard Wicki (Geert von Innstetten), Carl Raddatz (Major von Crampas), Paul Hartmann (Herr von Briest), Lil Dagover (Frau von Briest) **L** 107 **FSK** ab 12; f **FBW** w **E** 29.9.1955/29.12.1969 ZDF **fd** 4398

ROSEN IM WINTER → Der wütende Mond

ROSEN IN TIROL. Die leichtsinnigen Affären eines liebenswert vertrottelten Kleinstaat-Souveräns führen dazu, daß es zwischen dem Vogelhändler Adam und seiner Braut, der Christel von der Post, Mißverständnisse und Eifersucht gibt. Mit leichter Hand inszenierte musikalische Komödie. ✦ Schwarz-weiß. Deutschland 1940 **P** Terra **KI** Gloria **VA** Ufa **R** Géza von Bolváry **B** Ernst Marischka, nach der Operette »Der Vogelhändler« von Carl Zeller **K** Willy Winterstein **M** Carl Zeller (Melodien), Franz Grothe **D** Marte Harell, Johannes Heesters, Hans Holt, Hans Moser, Theo Lingen, Dorit Kreysler **L** 102 **FSK** ab 12; nf **E** 5.12.1940

ROSEN-RESLI. Ein neunjähriges Schweizer Waisenmädchen sorgt mit Umsicht für das Wohlergehen seiner herzkranken Pflegemutter und bringt den Doktor listig unter die Haube. Volkstümliche, sentimental-erzieherisch eingefärbte Unterhaltung nach Johanna Spyri. Ihre erste Kinderstar-Rolle begründete die Karriere von Christine Kaufmann. – Ab 6. ✦ Schwarz-weiß. BR Deutschland 1954 **P** EVA **KI** Constantin **Pd** Oskar Marion **R** Harald Reinl **B** Maria von der Osten-Sacken, Harald Reinl, frei nach einer Novelle von Johanna Spyri **K** Walter Riml **M** Bernhard Eichhorn **S** Gertrud Petermann **D** Christine Kaufmann (Resli), Josefin Kipper (Helga Wieland), Paul Klinger (Dr. Schumann), Katharina Mayberg (Christine Rohrbach), Arno Assmann (Fred Rohrbach), Walter Sedlmayr, Gerhard Richter **L** 85 **FSK** ab 6; f **E** 4.5.1954 **fd** 3289

ROSEN SIND TOT (ROSES ARE DEAD). Thriller um eine durch ihren verruchten Lebenswandel berüchtigte Filmschauspielerin, die in Mordverdacht gerät, nachdem ihr Produzent tot aufgefunden worden ist. Als wenige Tage später auch eine junge Frau ermordet wird, der die Diva kurz zuvor den Verlobten ausgespannt hatte, scheint sich die Schlinge zuzuziehen. – Ab 16. ✦ USA 1993 **R** Sam Irvin **B** Mark Pittman, Alan Moskowitz, nach einer Story von Solomon Weingarten **D** C. Thomas Howell (Paul Stevens), Linda Fiorentino (Susan Gittes), Nancy Allen (Cathy Tomas), Judith Hoag (Gail Black), Tom Wright (Dave Byers), Adam Ant (Eric Boggs), Paul Bartel (Bruno) **L** 90 **E** 8.10.1994 RTL 2

ROSEN UND KANONEN → Bittere Liebe (1974)

DIE ROSEN VON DANZIG (LE ROSE DI DANZICA). 1919 in Danzig: Ein desertierter preußischer General adliger Herkunft, der seiner Klasse die Schuld am verlorenen Krieg gibt, nimmt einen jungen Adligen gefangen. Die anfängliche Feindschaft verwandelt sich langsam in Freundschaft, so daß der junge Mann den letzten Wunsch des Generals erfüllt. Vor der Hintergrund der Revolutionswirren von 1919 versucht der Film eine Reflexion über Ehre und Verrat. Mit pathetisch-melodramatischem Unterton huldigt er dem Soldatenmythos preußischer Prägung. ✦ Italien 1979 **P** RPA/R.A.I. **R+B** Alberto Bevilacqua **K** Giuseppe Aquari **M** Luis Enriquez Bacalov **D** Helmut Berger, Franco Nero, Roberto Posse, Olga Karlatos, Macha Méril **L** 85 **E** 3.11.1983 BR

DIE ROSEN VON IFRIQUIYA → Das Geheimnis der goldenen Rose

ROSENBAUM – DIE ZEUGIN (THE LAST WITNESS). Kurz nachdem er seine Stelle gekündigt hat, wird der Starvertreter einer schwedischen Computerfirma ermordet aufgefunden. Ein renommierter Rechtsanwalt übernimmt die Verteidigung des unter Mordverdacht geratenen Firmenbesitzers, von dem man auf Grund von Indizien annimmt, er habe einen Mitwisser dunkler Geschäfte beseitigt. Als seine Verurteilung droht, meldet sich plötzlich eine Entlastungszeugin. Kriminalfilm. (Alternativer TV-Titel: »Die Zeugin«) ✦ Schweden 1993 **R** Kjell Sundvall **B** Björn Gunnarsson, Kjell Sundvall **D** Erland Josephson (Samuel Rosenbaum), Charlotte Sieling (Rhea Moser), Allan Svensson (Edvard Dahl), Johan Rabaeus (Staffan Dahl), Johan H. Son Kjellgren (Bo Stenman), Rune Turesson (Julius Algotson) **L** 85 **E** 2.8.1994 Hessen 3

ROSENBAUM – SCHÜLERMORD. Ambitionierter Kriminalfilm um eine bereits eingeführte Serienfigur: Der erfahrene Staatsanwalt Rosenbaum, trotz seiner Erlebnisse im KZ voller Glauben an Wahrheit und Gerechtigkeit, übernimmt mit Vorliebe besonders schwierige Fälle. Diesmal ist eine Schülerin ermordet worden; ihr Sportlehrer, der zugleich ihr Geliebter war, wird verhaftet. – Ab 16. ✦ Schweden 1993 **R** Kjell Sundvall **B** Björn Gunnarsson, Kjell Sundvall, nach einem Roman von Leif Silbersky **D** Erland Josephson (Samuel Rosenbaum), Charlotte Sieling (Rhea Moser), Stefan Sauk (Martin Hansson), Jessica Zandén (Anna Stern), Halvar Björk (Rektor Westerlund) **L** 85 **E** 6.5.1995 Südwest 3

DAS ROSENBETT (BED OF ROSES). Ein Blumenhändler, ehemals erfolgreicher Börsenmakler, verliebt sich in eine arbeitswütige Finanzberaterin und überhäuft sie mit Rosen und Gefühlen. Ihre schwere Kindheit und Angst sind Stolpersteine auf dem Weg zueinander. Der mißlungene Versuch einer romantischen Komödie, die vor allem an humorlosen Dialogen, einfallsloser Regie und oberflächlicher Zeichnung der Charaktere scheitert. – Ab 14. ✦ USA 1995 **P** New Line Cinema **KI** Constantin **VA** Constantin (VCL) **DVD** VCL (1.85:1, DD5.1 dt.) **Pd** Allan Mindel, Denise Shaw **R+B** Michael Goldenberg **K** Adam Kimmel **M** Michael Convertino **S** Jane Curson **D** Christian Slater (Lewis), Mary Stuart Masterson (Lisa), Pamela Segall (Kim), Josh Brolin (Danny), Brian Tarantino (Randy) **L** 88 **FSK** ab 6; f **FBW** w **E** 23.5.1996/26.11.1996 Video/14.12.1997 premiere/8.1.1999 DVD **fd** 31935

DER ROSENGARTEN. Nach einer Tätlichkeit gegen einen ehemaligen KZ-Kommandanten steht ein alter Jude in Frankfurt vor Gericht. Der nimmt das neue Leid auf sich, um die Schuld des Mannes, der den Tod von 20 Kindern zu verantworten hat, zu dokumentieren und Gewißheit über das Schicksal seiner beiden Schwestern zu erhalten. Ein gutgemeinter, aber in vielen Belangen mißratener Film, der sein tragisches Thema nicht bewältigt; in Inszenierung, Personenzeichnung und Darstellung voller Schwächen. – Ab 16 möglich. ✦ BR Deutschland/Großbritannien 1989 **P** CCC Filmkunst/Cannon **KI** Filmverlag der Autoren **Pd** Artur Brauner, Menahem Golan, Yoram Globus **R** Fons Rademakers **B** Paul Hengge **K** Gernot Roll **M** Egisto Macchi **S** Kees Linthorst **D** Maximilian Schell (Aaron Reichenbach), Liv Ullmann (Gabriele Freund), Peter Fonda (Herbert Schlüter), Jan Niklas (Pässler), Kurt Hübner (Arnold Krem) **L** 112 **FSK** ab 12; f **FBW** bw **E** 15.11.1990 **fd** 28 606

DER ROSENKÄFER. Polen, Ende des 19. Jahrhunderts. Eine verarmte, auf dem Land lebende aristokratische Familie wird von unerklärlichen tragischen Ereignissen heimgesucht, nachdem die 17jährige Tochter mit einem magischen Talisman in Berührung gekommen ist. Spielfilm des jungen Regisseurs Mariusz Grzegorzek (Jahrgang 1962), der mit symbolisch dichten, emotional expressiven Kurzfilmen auf sich aufmerksam machte. (O.m.d.U.) ✦ Polen 1989 **P** Krakatau **R+B** Mariusz Grzegorzek **K** Jolanta Dylewska, Katarzyna Remin **M** Johann Sebastian Bach **D** Ewa Szykulska, Anna Pasinska, Artur Krajewski, Alexander Bednarz **L** (TV) 60 **E** 24.9.1990 ZDF

DER ROSENKAVALIER (1926) (DER ROSENKAVALIER). Die Geschichte des verarmten Landedelmanns Ochs von Lerchenau, der nach Wien kommt, um ein reiches Mädchen zu heiraten, sich aber bald in ein Netz von Affären und Intrigen verstrickt sieht. Robert Wienes nach dem Krieg verschollene »Rosenkavalier«-Verfilmung, realisiert mit ungeheurem Aufwand und über 10.000 Statisten, wurde am 10. Januar 1926 in der Dresdener Staatsoper unter stürmischen Ovationen für den Regisseur und für den Komponisten Richard Strauss, der selbst dirigierte, uraufgeführt. Die rekonstruierte und restaurierte Urfassung wurde erstmals 1979 in Europa wieder aufgeführt. Im Fernsehen war der Film in einer von Armin Brunner 1986 vorgenommenen neuen musikalischen Bearbeitung zu sehen. Brunner verwendete die Original-Partitur von Strauss, fügte jedoch Zitate aus anderen Strauss-Werken sowie von Mahler und Wagner hinzu. Für filmkundlich Interessierte sehenswert. – Ab 14 möglich. ✦ Schwarz-weiß. Österreich 1926 **P** Pan-Film **R** Robert Wiene **B** Louis Herz, Robert Wiene, Hugo von Hofmannsthal, nach einem Opernlibretto von Hugo von Hofmannsthal **K** Hans H. Theyer, Ludwig Schaschek, Hans Androschin **M** Richard Strauss, Armin Brunner (Neubearbeitung 1986) **D** Michael Bohnen, Huguette Duflos, Paul Hartmann, Jaque-Catelain, Elly Felicie Berger, Fritz Eckhardt **L** (TV) 75 **E** 30.3.1988 NDR

DER ROSENKAVALIER (1960) (DER ROSENKAVALIER). Herbert von Karajan dirigiert die Oper von Richard Strauss bei den Salzburger Festspielen 1960. Eine Filmdokumentation von mehr als dreistündiger Dauer, in der die wenig überzeugende Schnittechnik die eindrucksvollen Leistungen der Musiker etwas beeinträchtigt. ✦ Großbritannien 1960 **P** Poetic **KI** Rank **Pd+R** Paul Czinner **B** Rudolf Hartmann, nach Hugo von Hoffmannsthal **K** S. D. Onions **M** Richard Strauss **D** Elisabeth Schwarzkopf, Otto Edelmann, Sena Jurinac (Wojtek), Erich Kunze, Anneliese Rothenberger **L** 193 **FSK** ab 12; f **FBW** w **E** 17.10.1961 **fd** 10 647

DER ROSENKÖNIG. In einer verlassenen Gegend Portugals züchten eine Frau und ihr erwachsener Sohn Rosen. Seine fanatische Suche nach der idealen Rose verschmilzt allmählich mit seiner Liebe zu einem von ihm gefangen gehaltenen jungen Dieb. Am Ende sterben beide den Liebestod. Symbolüberfrachtete, im schwülstigen Opernstil inszenierte Parabel um Liebe, Schmerz und Tod, deren überhebliches Kunstverständnis genauso verärgert wie die kindischen Blasphemien. ✦ BR Deutschland 1984–86 **P** Werner Schroeter Filmprod./Juliane-Lorenz-Filmprod./Futura **KI** Filmverlag der Autoren **VA** VCL/Virgin **R** Werner Schroeter **B** Werner Schroeter, Magdalena Montezuma **K** Elfi Mikesch **M** Giuseppe Verdi, Gaetano Donizetti **S** Juliane Lorenz **D** Magdalena Montezuma (Anna), Mostefa Djadjam (Albert), Antonio Orlando (Fernando) **L** 106 **FSK** ab 18; nf **FBW** w **E** 15.1.1987/26.1.1988 Video **fd** 26 154

DIE ROSENKÖNIGIN 1968/1979 (LA ROSIERE DE PESSAC 1968/79). Zwei Dokumentarfilme über die Wahl und das Fest der Rosenkönigin in Pessac bei Bordeaux, die jährlich im April und Juni stattfinden. Die Zusammenstellung bezieht keine ausdrückliche Position zu den Ereignissen; deren schlichte Dokumentation, 1968 und elf Jahre danach, macht Veränderungen deutlich. ✦ Frankreich 1968/79 **P** Galba (1)/Mediane (2)/ZDF **R+B** Jean Eustache (1,2), Françoise Lebrun (1) **K** Robert Alazraki (1), Philippe Theaudière (2) **M** Originalmusik **L** 52/78 **E** 3.1.1980 ZDF

ROSENKRANZ & GÜLDENSTERN (ROSENCRANTZ AND GUILDENSTERN ARE DEAD). Shakespeares Königsdrama »Hamlet« wird erzählt aus der Perspektive von Rosenkranz und Güldenstern, den beiden Jugendfreunden des Prinzen. In Stoppards Version übernehmen sie die Funktion der reinen Toren, die, obwohl mitten im Geschehen, nichts begreifen, keine Zusammenhänge und keinen Bezug zur Welt herstellen können. Ihr Scheitern ist folglich keine Tragödie, sondern eine Farce. Opulent ausgestattetes Filmvergnügen, das die Vorgabe einfallsreich variiert und auf vielfältige Weise die Rolle des Menschen in der Welt reflektiert; hervorragend gespielt. – Sehenswert ab 16. ✦ Großbritannien 1990 **P** Brandenberg Intern./Michael Brandman Prod. **KI** NEF 2 **VA** Warner Home **Pd** Michael Brandman, Emanuel Azenberg **R** Tom Stoppard **B** Tom Stoppard, nach seinem Theaterstück **K** Peter Biziou **M** Stanley Myers **S** Nicolas Gaster **D** Gary Oldman (Rosenkranz), Tim Roth (Güldenstern), Richard Dreyfuss (Leiter der Wanderschauspieler), Joanna Roth (Ophelia), Iain Glen (Hamlet) **L** 117 **FSK** ab 12; f **FBW** bw **E** 28.2.1991/30.4.1992 Video/16.2.1995 premiere **fd** 28 779

DER ROSENKRIEG – BIS DASS DER TOD UNS SCHEIDET (THE WAR OF THE ROSES). Die scheinbar vom Glück begünstigte Ehe eines erfolgreichen Anwalts und einer ehemaligen Turnerin endet in Haß und Selbstzerstörung. Diese Geschichte, als abschreckendes Beispiel vom Freund und Anwalt des Paares erzählt, steigert sich fast unmerklich zu einem Crescendo immer greller werdender Effekte und endet konsequent in den satten Farben des Horrorfilms. Dabei besitzt die schwarze Komödie durchaus einen altmodisch moralischen Hintergrund, wobei die perfekte Inszenierung die Stationen des ehelichen Zerwürfnisses zwischen boshafter Ironie und Anteilnahme geschickt in der Waage hält. Eine erstaunliche Regieleistung des Komödien-Stars Danny De Vito. – Ab 16 möglich. ✦ USA 1989 **P** Gracie Films (für 20th Century Fox) **KI** 20th Century Fox **SF** 20th Century Fox **VA** CBS/Fox **DVD** Fox Home (16:9, 1.85:1, DD2.0 engl./dt.) **Pd** James L. Brooks, Arnon Milchan **R** Danny DeVito **B** Michael Leeson, nach einem Roman von Warren Adler **K** Stephen H. Burum **M** David Newman **S** Lynzee Klingman **D** Michael Douglas (Oliver Rosen), Kathleen Turner (Barbara Rosen), Danny DeVito (Anwalt Gavin D'Amato), Marianne Sägebrecht (Haushälterin Susan), G. D. Spradlin (Harry Thurmont), Sean Astin (Josh mit 17), Heather Fairfield (Carolyn mit 17), Peter Donat (Larrabee) **L** 118 **FSK** ab 16; f **FBW** w **E** 22.2.1990/10.9.1990 Video/6.9.1991 premiere/19.4.2001 DVD **fd** 28 152

ROSENMONTAG. Die Geschichte einer nicht standesgemäßen Liebe, angesiedelt in einer badischen Garnisonsstadt um die Jahrhundertwende: Ein junger Leutnant bemüht sich um eine hübsche Blumenbinderin, die Tochter eines Bahnwärters. Nach einem ausgiebigen Tanz entschließt er sich, zu ihren Gunsten auf die Liaison mit einer Kommerzienratstochter und auf seine Karriere zu verzichten. Fader Unterhaltungsfilm im Stil der 50er Jahre, gelegentlich unfreiwillig komisch. – Ab 16. ✦ BR Deutschland 1955 **P** Mondial **KI** Gloria **Pd** Werner Fischer, Alfred Kirschner **R** Willy Birgel **B** Heinz Werner John, Georg C. Klaren, nach einem Bühnenstück von O. E. Hartleben **K** Georg Bruckbauer, Bruno Stephan **M** Bert Grund **S** Anneliese Artelt **D** Ruth Niehaus (Anna Krüger), Dietmar Schönherr (Hans Rudloff), Elma Karlowa (Ingeborg Wagner), Willy Birgel (Georg von Grobitzsch), Heinrich Gretler (Heinrich Krüger) **L** 97 **FSK** ab 16; f **E** 6.10.1955 **fd** 4 425

DER ROSENMÖRDER. (Fernseh-)Kriminalfilm. Eine junge, ehrgeizige Anwältin stürzt sich auf den Fall eines Mädchenmörders. Auf Grund von Indizien zweifelt sie die Schuld des Mannes an, der als Täter verurteilt wurde, und rollt das Verfahren neu auf. Dessen Verlauf aber hat für sie und ihren Mann fatale Folgen. ✦ Deutschland 1997 **R** Matti Geschonneck **B** Detlef Michel **K** Rudolf Blahacek **M** Stephan Zacharias **S** Heidi Handorf **D** Natalia Wörner (Bettina), Sebastian Koch (Bernd), Christian Redl (Georg Taubert), Joachim Kemmer (Kommissar), Michael Greiling (Anwalt) **L** 87 **E** 27.2.1998 arte

ROSETTA (ROSETTA). Porträt eines jungen Mädchens, das mit seiner alkoholsüchtigen Mutter am Rande einer belgischen Stadt auf einem Campingplatz haust und verbissen darum kämpft, einer geregelten Arbeit nachzugehen und nicht in die Verwahrlosung abzugleiten. Intensive Studie über eine seelische Verhärtung, die zugleich der westlichen Erwerbsgesellschaft einen Spiegel vorhält. Im »Dogma«-Stil gefilmt, enthüllt sich die scheinbar einfache formale Gestaltung als reflektiertes ästhetisches Verfahren, das eine Begegnung zwischen filmischer Wirklichkeit und jener der Zuschauer ermöglicht. (O.m.d.U.) – Sehenswert ab 14. ✦ Belgien/Frankreich 1999 **P** Les Films du Fleuve/ARP/RTBF **KI** Peripher **Pd** Jean-Pierre Dardenne, Luc Dardenne, Laurent Pétin, Michèle Pétin **R+B** Jean-Pierre Dardenne, Luc Dardenne **K** Alain Marcoen **S** Marie-Hélène Dozo **D** Emilie Dequenne (Rosetta), Fabrizio Rongione (Riquet), Anne Yernaux (Rosettas Mutter), Olivier Gourmet (Chef) **L** 94 **FSK** ab 12; f **E** 3.5.2001 **fd** 34 825

ROSEWOOD BURNING (ROSEWOOD). Eine junge Weiße beschuldigt gegen besseres Wissen einen Schwarzen der brutalen Mißhandlung und löst damit einen Lynch-Feldzug gegen den von Farbigen bewohnten Nachbarort aus. Dramatisierung historischer Ereignisse aus dem Jahr 1923, die sich einer Fülle veräußerlichender Filmklischees bedient und nicht vor einer unsensiblen Überzeichnung beider Seiten des Konflikts zurückschreckt. Ein der Kommunikation zwischen den Rassen mehr schädlicher als nützlicher Film. ✦ USA 1996 **P** Warner Bros. **VA** Warner Home **Pd** Jon Peters **R** John Singleton **B** Gregory Poirier **K** Johnny E. Jensen **M** John Williams **D** Jon Voight (John Wright), Ving Rhames (Mann), Bruce McGill (Duke), Don Cheadle (Sylvester Carrier), Michael Rooker (Sheriff Walker) **L** 136 **FSK** ab 12 **E** 26.9.1997 Video/1.10.1998 Premiere **fd** 32 811

ROSI UND DIE GROSSE STADT. Nach der Scheidung ihrer Eltern zieht die 12jährige Rosi vom bayrischen Dorf ins graue Berlin-Kreuzberg. Doch bald findet sie neue Freundinnen, und eines Nachts machen sie sich auf, das Großstadtleben zu entdecken. Die gegenwarts- und problembezogene Story wurde als fetziges Rockmusical inszeniert. Spielerisch und unaufdringlich plädiert der Film für Mitmenschlichkeit und solidarisches Handeln. – Ab 8. ✦ BR Deutschland 1980 **P** tura-film **KI** Filmverlag der Autoren **R+B** Gloria Behrens **K** Leo Borchard **M** Wolfgang Dauner **S** Marlies Braun-Ertlmaier **D** Rosi Schindler (Rosi), Gerhard Polt (Vater), Robert Sibler (Bepi), Kerstin Müller (Jutta), Jango Edwards (Lehrer) **L** 98 **FSK** ab 6; f **FBW** w **E** 27.8.1981 **fd** 23 097

ROSIE (1967) (ROSIE). Eine Millionärswitwe, die endlich nach ihrem Geschmack leben will, wird zwecks Entmündigung von ihren argwöhnisch gewordenen Erben in ein Sanatorium gebracht, aus dem sie aber mit Hilfe von Freunden fliehen kann. Hollywoodkomödie, die dank der großartigen Darstellung der

Titelrolle Verständnis für Würde und Recht älterer Menschen wecken kann. ✦ Schwarz-weiß. USA 1967 **P** Universal **Pd** Jacques Mapes **R** David Lowell Rich **B** Samuel Taylor, nach einem Theaterstück von Philippe Hériat **K** Clifford Stine **M** Lyn Murray **S** Stuart Gilmore **D** Rosalind Russell (Rosie Lord), Sandra Dee (Daphne Shaw), Brian Aherne (Oliver Stevenson), Vanessa Brown (Edith Shaw), Audrey Meadows (Mildred Deever), James Farentino (David Wheelwright), Leslie Nielsen (Cabot Shaw) **L** 97 **E** 31.5. 1974 ARD **fd** 18 821

ROSIE (1998) (ROSIE). Drama um eine 13-Jährige in einem Antwerpener Randbezirk, die von ihrer überforderten Mutter verleugnet wird und sich in eine aus Groschenromanen gespeiste Fantasiewelt hineinsteigert. Das immer nur herumgestoßene, zurückgesetzte und ausgenutzte Mädchen gelangt an den Punkt, an dem es zurückschlägt: Das ewige Opfer wird zum Täter und verschlimmert dadurch seine Lage nur noch weiter. Hervorragend gespieltes Spielfilmdebüt, das trotz gelegentlicher künstlerischer Schwächen durch die differenzierte Personenzeichnung als wertvoller sozialer Seismograf der westlichen Wohlstandsgesellschaft überzeugt. (O.m.d.U.) – Sehenswert. ✦ Belgien 1998 **P** Prime Time Prod. **Kl** Pegasos **Pd** Antonino Lombardo **R+B** Patrice Toye **K** Richard van Oosterhout **M** John Parish **S** Ludo Troch **D** Aranka Coppens (Rosie), Sara De Roo (Irène (Mutter)), Franck Vercruyssen (Michel (Onkel)), Dirk Roofthooft (Bernard), Joost Wijnant (Jimi) **L** 96 **FSK** ab 12; f **E** 15.6.2000 **fd** 34 296

ROSIGE TRÄUME (RUZOVE SNY). Die Liebesgeschichte zwischen einem jungen Postbeamten und einer schönen Zigeunerin steckt voller Probleme, die der junge Mann zunächst nichtwahr haben will. Eigenwilliger Erstlingsfilm mit reizvollem Lokalkolorit aus der Slowakei, der seine Geschichte einfühlsam in märchenhaft-poetischen Bildern erzählt. Heiter-ironische Unterhaltung. – Ab 16. ✦ CSSR 1976 **P** Filmstudio Bratislava-Koliba **Kl** Progress **R** Dusan Hanák **B** Dusan Hanák, Dusan Dusek **K** Dodo Simoncic **M** Petr Hapka **D** Juraj Novota, Iva Bíttová, Josef Hlinomaz, Marie Motlová, Ludvik Króner **L** 87 **E** 1.9.1978 DDR/5.8.1979 DFF/30.3.,7.4.1980 ARD (zwei Teile)

ROSINANTE (ROCINANTE). Ein Mann versucht, Bilder des geliebten und vertrauten Englands in einem Kino zu konservieren, doch nach dessen Abriß ist er heimatlos. Er begibt sich auf eine Odyssee durch ein unwirtliches Land, die ihn mit Einzelgängern zusammenbringt, die jeweils eigene Überlebensstrategien entwickelt haben. Ein ausgeklügeltes, wirkungsvoll fotografiertes Traumspiel vor dem Hintergrund des britischen Bergarbeiterstreiks im Jahr 1984. Der vordergründig schwerelose Film schildert den Verlust politischer Ideen sowie die Flucht des einzelnen in Resignation, Weltflucht und politischen Aktivismus. Er handelt vom Verlust realer und sozialer Heimat und der Identität. (O.m.d.U.) – Sehenswert. ✦ Großbritannien 1986 **P** Cinema Action/Channel Four **Kl** Freunde der Deutschen Kinemathek **Pd** Gustav Lamche **R** Ann Guedes, Eduardo Guedes **B** Eduardo Guedes, Ann Guedes **K** Thaddeus O'Sullivan **M** Jürgen Knieper, Wolfgang Amadeus Mozart **S** Eduardo Guedes, Richard Taylor **D** John Hurt (Bill), Maureen Douglas (Jess), Ian Dury (Spaßmacher), Carol Gillies (Molly), Jimmy Jewel (Vorführer) **L** 93 **E** April 1988

ROSINE (ROSINE). Die 14jährige Rosine, die davon träumt, Rocksängerin zu werden, hat ein sehr inniges Verhältnis zu ihrer Mutter, wobei die Beziehung nicht klar definiert ist. Manchmal scheint das Mädchen reifer und fürsorglicher als die 30jährige Fabrikarbeiterin, die oft Stimmungsschwankungen unterliegt. Als ein Mann auftaucht, der sich als Rosines Vater zu erkennen gibt, droht ihr Leben aus den Fugen zu geraten. Ein sensibel inszenierter, genau beobachtender Erstlingsfilm, der eine außergewöhnliche Liebesgeschichte vor dem Hintergrund einer französischen Industriestadt erzählt. Er konzentriert sich auf die Beziehung zwischen Mutter und Tochter und zeigt Menschen, die auf der Suche nach einem Zuhause, nach Heimat sind. Ein auch dank großartiger Schauspielerleistungen überzeugender Film. – Sehenswert ab 16. ✦ Frankreich 1994 **P** Bernard Verley Films/Films Alain Sarde **R** Christine Carrière **B** Christine Carrière, Jean Aurel **K** Christophe Pollock **S** Raymonde Guyot **D** Eloïse Charretier (Rosine), Mathilde Seigner (Marie), Laurent Olmedo (Pierre), Christine Murillo (Chantal), Aurélie Vérillon (Yasmina) **L** 100 **E** 10.2. 1997 arte

DER ROSINENBERG. Einst lebten auf dem Rosinenberg, einer kleinen Erhebung in Mecklenburg, die schönsten Mädchen der Gegend; heute sind es drei alleinstehende Künstler. Einfühlsames impressionistisches Porträt eines Ortes und seiner Bewohner, das seine dokumentarische Recherche in das Gewand eines Märchens kleidet. Durch Rückblenden in die Zeit vor und nach dem Zweiten Weltkrieg gewinnt der Film an politischer wie historischer Tiefenschärfe, ohne seine Orientierung an individuellen Schicksalen aufzugeben. – Sehenswert ab 16. ✦ Deutschland 1995 **P** Der Ochsenkopf **Kl** Ventura **Pd** Katrin Richter **R+B** Trevor Peters **K** Niels Bolbrinker (= Niels C. Bolbrinker) **S** Margot Neubert-Maric (= Margot Neubert) **L** 86 **E** 11.4.1996/11.10.1996 arte **fd** 31 879

ROSMARIE KOMMT AUS WILDWEST (ROSMARIE KOMMT AUS WILDWEST). Ein in Texas aufgewachsenes Mädchen kommt nach Wien, schockiert die dortigen Anverwandten mit seiner rauhen Herzlichkeit, entlarvt die betrügerischen Machenschaften des Onkels und findet einen Mann. Eine Mischung aus Wildwestparodie und Wiener Volksstück. (Alternativtitel: »Rosmarie räumt auf«) ✦ Österreich 1956 **P** Donau **Kl** NF **R** Wolfgang Becker **B** Karl Farkas, Karl Hans Leiter **K** Walter Tuch **M** Fritz Schulz-Reichel **S** Paula Dworak **D** Erika Remberg, Gunnar Möller, Paul Westermeier, Oskar Sima, Adrienne Gessner **L** 90 **FSK** ab 12; nf **E** 27.7.1956 **fd** 5 116

ROSMARIE RÄUMT AUF →Rosmarie kommt aus Wildwest

ROSSELLINI VISTO DA ROSSELLINI (ROSSELLINI VISTO DA ROSSELLINI). Filmdokumentation über Roberto Rossellini, einen der Hauptvertreter des italienischen Neorealismus. An Hand zahlreicher Filmausschnitte, Fotos und Selbstaussagen wird der Zuschauer nicht nur mit der widersprüchlichen Persönlichkeit Rossellinis vertraut, er erhält zugleich einen Einblick in diese in den 40er und 50er Jahren richtungsweisende Filmschule. – Sehenswert. ✦ Teils schwarz-weiß. Italien 1992 **P** Istituto Luce Italnoleggio Cinematografico **Kl** Freunde der Deutschen Kinemathek **Pd** Maurizio Pucciarelli **R+B** Adriano Aprà **S** Gabriella Brunamonti **L** 62 **E** August 1993 **fd** 30 474

ROSSINI ODER DIE MÖRDERISCHE FRAGE, WER MIT WEM SCHLIEF. In einem vornehmen Restaurant kreuzen sich die Wege zahlreicher Stammgäste, darunter selbstverliebte Repräsentanten der Filmbranche, die sich innerhalb des schicken Ambientes selbstinszenieren und feiern. Allmählich bekommt die Fassade Risse, und es geben sich Lügen, Illusionen und Lebensängste zu erkennen, bevor man wieder zur »Tagesordnung« übergeht. Ein an der Schnittstelle von Komödie und Tragödie aufwendig und solide inszenierter Unterhaltungsfilm, der mit pointierten Dialogen und guten Darstellern das mal komisch-skurrile, mal bissig-makabre Bild einer Schickeria-Welt voller Eitelkeiten entwirft. – Ab 16. ✦ Scope. Deutschland 1996 **P** Diana/BA Film/Bavaria/Fanes **Kl** Constantin **VA** Constantin (Starlight) **DVD** CinePlus (1.85:1, DD5.1 dt.) **Pd** Helmut Dietl, Norbert Preuss **R** Helmut Dietl **B** Helmut Dietl, Patrick Süskind **K** Gernot Roll **M** Dario Farina **S** Inez Regnier **D** Götz George (Uhu Zigeuner), Mario Adorf (Paolo Rossini), Heiner Lauterbach (Oskar Reiter), Gudrun Landgrebe (Valerie), Veronica Ferres (Schneewittchen), Joachim Król (Jakob Windisch), Hannelore Hoger (Charlotte Sanders), Jan Josef Liefers (Bodo Kriegnitz), Meret Becker (Fanny Watussnik), Martina Gedeck (Serafina), Armin Rohde (Siggi Gelber), Axel Milberg (Herr Ledersteger) **L** 110 **FSK** ab 12; f **FBW** bw **E** 23.1.1997/23.7.1997 Video/11.10.1998 Sat1/ 30.4.1998 DVD **fd** 32 348

ROSSINIS PASTICCIO ODER DIE GEBURT DER KOCHKUNST AUS DEM GEIST DER KOMPOSITION. Ein junger Journalist und Publizist spürt Gioacchino Rossinis Leidenschaft für die Kochkunst nach und fahndet nach dessen Autorenschaft in Sachen Kochrezepten. Doch die These, daß sich der berühmte Komponist, der 38jährig seine letzte Oper schrieb, kulinarischen Schöpfungen zuwandte, um einer anderen ästhetisch-künstlerischen Kategorie zu huldigen, läßt sich nicht belegen. Der Film verbindet dokumentarische Recherche und inszenierte Spielszenen, wobei er auf amüsante und dem Thema angemessen genußvolle Weise Spekulationen und Legenden in die filmische Wahrheitssuche einarbeitet; eine intelligent-verspielte Reflexion um Formen von Kunst, Kultur und »savoir vivre«. – Ab 16. ✦ BR Deutschland 1989 **P** Medias Res/BR/HR/SWF/SFB/RM Associates **R** Pit Riethmüller **B** Roland Zag **K** Klaus Müller-Laue **M** Gioacchino Rossini **D** Sebastian Baur, Krystyna Janda **L** 86 **E** 10.1.1990 HR

ROSSO – EINE REISE IN DIE FINSTERNIS →Reise in die Finsternis (1985)

ROSSO – FARBE DES TODES (PROFONDO ROSSO). Eine hellseherisch begabte Frau löst während eines Parapsychologen-Kongresses in Rom eine Serie von bestialischen Morden aus, deren Ursachen weit in die Vergangenheit zurückführen. Die Täterin ist eine schizophrene Frau, die später selbst auf grausige Weise umkommt. Mythischer Thriller, der durch seine zuweilen befremdliche Farbdramaturgie für Fans das Genres von Interesse ist; dieser formale Aspekt kann jedoch die substanzielle Inhaltslosigkeit des Films nicht überdecken. DVD: Der USA-Import enthält den Director's Cut (126 Min.). ✦ Scope. Italien 1975 **P** Seda Spettacoli **VA** New Vision **DVD** VCL/Laser Paradise (2.35:1, Mono dt.), USA Import: Ancor Bay (16:9, 2.35:1, DD.5.1 engl.) **Pd** Claudio Argento **R** Dario Argento **B** Dario Argento, Bernardino Zapponi, Sergio Arriotti **K** Luigi Kuveiller **M** Giorgio Gaslini, Goblin **S** Franco Fraticelli **D** David Hemmings (Marcus Daly), Daria Nicolodi (Gianna Brezzi), Gabriele Lavia (Carlo), Macha Méril (Helga Ulmann), Clara Calamai (Carlos Mutter) **L** 99 (Orig. 126) **FSK** ab 18 **E** 24.4.1991 Video/ **fd** 28 878

ROSSO SANGUE →Absurd

ROSSO VENEZIANO – EINE MÖRDERISCHE AFFÄRE →Vivaldi

ROST (RYD). Die Rückkehr eines als Mörder verurteilten Mannes in eine abgelegene isländische Autowerkstatt rückt die mühsam verdrängten Umstände des Verbrechens wieder ins Bewußtsein der Beteiligten und zieht eine neue Bluttat nach sich. Dramaturgisch wenig origineller Psychothriller aus Island, der die ländliche Einsamkeit auf beklemmende Weise als Brutstätte für Neurosen und Schuldverstrickungen zeichnet und mit einigen ausgezeichneten Schauspielern aufwartet. (Videotitel: »Das Verbrechen«) – Ab 16. ✦ Island/BR Deutschland 1990 **P** Verkstaedi/Stöd-2/Connexion Film/Garage Films **Kl** Impuls **VA** VMP **Pd** Sigurjon Sighvatsson, Willi Bär **R** Lárus Ymir Oskarsson **B** Olafur Haukur Simonarson, nach seinem Bühnenstück **K** Göran Nilsson **M** Wim Mertens, Egill Olafsson **S** Monica Mertens, Skafti Gudmundsson **D** Egill Olafsson (Petur), Bessi Bjarnason (Baddi), Sigurdur Sigurjónsson (Raggi), Christine Carr (Sissa), Stefan Jónsson (Magnus) **L** 103 **FSK** ab 16; f **E** 26.11.1992/10.5.1993 Video **fd** 29 901

ROSTIGE BILDER. Kommentarlos begleitet der Film mehrere Fahrten des Berliner Landschafts- und Architekturmalers Fritz Kreidt zu Industrielandschaften im Berliner und Leipziger Raum, wo er Skizzen des Verfalls anfertigt, die er im Atelier zu akribischen Gemälden verwendet. Ein überlanger, insgesamt außergewöhnlicher Dokumentarfilm über Möglichkeiten der Wahrnehmung mittels der Malerei und des Filmemachens am Beispiel von Industrieanlagen und deren Wandel, der gleichzeitig als ein politisches Dokument über den Letztzustand eines angeblich fortschrittlichen Systems (der DDR) verstanden werden kann. ✦ Deutschland 1992 **P** Lassoband **KI** Manfred Wilhelms, Berlin **Pd+R+B+K** Manfred Wilhelms **M** Gabriel Fauré, Dejan Gavric, Herbert Joos, Frank Kirchner, Franz Liszt, Olaf Normann, Konstantin Schönberg, Vier Four 4 **S** Manfred Wilhelms **L** 114 **E** Juni 1992 **fd** 29 679

ROSTOV – LUANDA (ROSTOV – LUANDA). Rostov, Ukraine 1980: Sissako, angehender Filmemacher aus Mauretanien, studiert russisch, um an der Moskauer Filmhochschule angenommen zu werden. Er hat eine Zufallsbegegnung mit einem Studenten aus Angola, der sich so gar nicht den Konventionen des Gastlandes unterordnen will und sich als Widerstandskämpfer bezeichnet. 17 Jahre später begibt sich der Regisseur auf die Suche nach jenem Mann und kann in Luanda, der Hauptstadt Angolas, seine Spur aufnehmen. Ein sehr persönlicher Dokumentarfilm, der zugleich die Geschichte Afrikas vermittelt und jenen Spuren nachgeht, die die beiden Supermächte auf dem »Schwarzen Kontinent« hinterlassen haben, dessen Bürgerkriege als Stellvertreterkriege zu werten sind. ✦ Angola/Frankreich 1997 **P** ZDF/RTBF/Morgane/Ministère Français de la Cooperation/Televisao Popular de Angola/Instituto Angolano de Cinema/L'Agence de Cooperation Culturelle et Technique **VA** absolut MEDIEN **R+B** Abderrahmane Sissako **K** Jacques Besse **M** Man'Ré **S** Claudio Martinez-Chaigneau **L** 76 (TV gek. 59) **E** 3.8.1997 ZDF/1998 Video

ROSWELL – THE ALIENS ATTACK (ROSWELL: THE ALIENS ATTACK). Die Kleinstadt Roswell in New Mexico genießt unter Ufologen einen besonderen Ruf: Nach Augenzeugenberichten soll hier am 2. Juli 1947 ein Kontakt mit Außerirdischen zustande gekommen sein. Seitdem beschäftigt sich der Science-Fiction-Film immer wieder mit diesem Phänomen. Auch dieser Film nutzt diesen Reiz, transformiert die Standards des Genres allerdings nur in die Vergangenheit, ohne der vermeintlichen Begegnung eine neue Facette abringen zu können. Nachdem zwei humanoide Aliens, die in Roswell strandeten, zunächst die Erde vernichten wollen, ändern sie ihre Meinung, als einer von ihnen eine nette Frau kennen lernt. Eine intergalaktische Soap-Opera ohne Ambitionen, die nur durch lähmende Langeweile aus dem Rahmen fällt. – Ab 12. ✦ USA 1999 **P** Paramount **VA** CIC **Pd** Michael Scott **R** Brad Turner **B** Jim Makichuk **K** Robert Steadman **M** Fred Mollin **S** Robert Lower **D** Steven Flynn, Kate Greenhouse, Heather Hansen, Brent Stait, Sean McCann **L** 85 **FSK** ab 6 **E** 2000 Video **fd** 34 269

ROSWELL – UFOABSTURZ ÜBER NEW MEXIKO → Visitors – Besucher aus einer anderen Welt

ROSY UND DER HERR AUS BONN. Rosy, eines Wohlstandsspießers liebstes Kind und noch Schülerin, versteht es raffiniert, sich lüsternen Männern als Edelprostituierte zu verkaufen, ohne dieses »Versprechen« zu halten. Geringe Spuren von Gesellschaftskritik versanden rasch in plattem Stammtischhumor. (Späterer Titel: »Bleib sauber, Liebling!«) ✦ BR Deutschland 1971 **P** Rialto **KI** Constantin **R** Rolf Thiele **B** Vratislav Blazek **K** Wolf Wirth **M** Peter Schirmann **D** Horst Tappert, Heidi Hansen, Uwe Friedrichsen, Margot Trooger, Margot Hielscher **L** 84 **FSK** ab 18; nf **E** 4.8.1971 **fd** 17 454

ROT IST DIE BLAUE LUFT (LE FOND DE L'AIR EST ROUGE). Ende der 70er Jahre zieht der Essayist und Dokumentarist Chris Marker die Bilanz der politischen Linken. In weit ausholenden Gedankenbewegungen beschreibt er die Lage der Linken – nach den Niederlagen in Lateinamerika, dem Sieg des Vietcong in Vietnam, der politischen Eiszeit unter Breschnew in den Staaten des Warschauer Paktes. Wie bei allen Filmen Markers beruht die besondere Qualität auf der Verknüpfung von philosophischen und politischen Betrachtungen, auf der angemessenen Reflexion des visuellen Materials aus Fotos, Dokumentarstücken, Fernsehbildern und eigenen Aufnahmen, auf der poetischen Stilisierung und lyrischen Verknappung komplexer Tatbestände und Sachverhalte. (O.m.d.U.; 1996 strahlte arte unter dem Titel »Rot liegt in der Luft« eine neue Fassung des Films aus.) ✦ Teils schwarz-weiß. Frankreich 1977 **P** INA/ISKRA/DOVIDIS **SF** Freunde der Deutschen Kinemathek **R+B** Chris Marker **M** Luciano Berio **S** Chris Marker **L** 178 **E** 5., 6.1.1979 West 3/31.5.1996 arte (neue Fssg.)

ROT IST DIE LIEBE. Eine äußerlich aufwendige Verfilmung von Hermann Löns' autobiografisch gefärbtem Roman »Das zweite Gesicht«. Der Held pendelt unentschlossen zwischen Ehefrau und Jugendgeliebter, bis das Eingreifen einer »höheren Gewalt« in Form der Mobilmachung von 1914 ihm die Entscheidung erspart. ✦ BR Deutschland 1956 **P** Bavaria **KI** Bavaria **R** Karl Hartl **B** Karl Hartl, nach dem Roman »Das zweite Gesicht« von Hermann Löns **K** Oskar Schnirch **M** Ulrich Sommerlatte **S** Adolph Schlyßleder **D** Cornell Borchers (Rosemarie), Dieter Borsche (Hermann Löns), Barbara Rütting (Lisa), Susanne Cramer (Annemieken), Renate Mannhardt (Frau Dröge) **L** 90 **FSK** ab 12; f **E** 17.1.1957 **fd** 5 583

ROT UND GOLD (CZERWONE I ZLOTE). In das Haus einer alten Frau tritt ein Mann, der vorgibt, ihr vor 50 Jahren in den Krieg gezogener und seitdem verschwundener Ehemann zu sein. Kleine poetische Liebesgeschichte, mit viel Fingerspitzengefühl inszeniert. – Ab 16. ✦ Schwarz-weiß. Polen 1969 **P** Filmstudio Wroclaw **KI** Progress **R** Stanislaw Lenartowicz **B** Stanislaw Grochowiak **K** Czeslaw Swirta **M** Wojciech Kilar **S** Krystyna Komosinska **D** Jadwiga Chojnacka (Barbara), Zdzislaw Karczewski (Ignaz), Wieslawa Niemyska (Bozená), Jerzy Block, Aleksander Dzwonkowski **L** 98 **E** 20.2.1970 Kino DDR/26.5.1971 DFF 2

ROT UND SCHWARZ (LE ROUGE ET LE NOIR / IL UOMO E IL DIAVOLO). Der skrupellose Emporkömmling Julien Sorel macht als Hauslehrer die Mutter seiner Zöglinge, Madame de Rénal, zu seiner Geliebten, verläßt sie aber, um im Kirchendienst Karriere zu machen. Aus dem Priesterseminar verjagt, wird er Sekretär bei einem Marquis und strebt die Einheiratung in den Adel an, was von Madame de Rénal verhindert wird. Autant-Laras Verfilmung des berühmten Romans, angesiedelt vor dem Hintergrund des Streits zwischen Adel und Kirche um 1830, besitzt einige handwerkliche Qualitäten, wirkt jedoch sehr akademisch. Stendhals revolutionäres Pathos ist bis hin zu den dick aufgetragenen Farben konsequent abgemildert. ✦ Frankreich/Italien 1954 **P** Franco-London/Documento Films **KI** Deutsche Cosmopol **R** Claude Autant-Lara **B** Jean Aurenche, Pierre Bost, nach dem gleichnamigen Roman von Stendhal **K** Michel Kelber **M** René Cloërec **D** Gérard Philipe, Danielle Darrieux, Jean Martinelli, Antonella Lualdi, Antoine Balpêtré **L** 145 **FSK** ab 18; f **E** 21.10.1955/9.12.1955 Kino DDR/1.4.1956 DFF 1 **fd** 4 510

ROT UND WEISS (CZERWONE I BIALE). Am Schicksal eines Mannes, dessen schwierige Lebensgeschichte in ein bewußtes Bekenntnis zur Revolution mündet, wird polnische Geschichte zwischen den Weltkriegen zu verdeutlichen versucht. Formal uneinheitlich und dem historisch wenig orientierten Publikum zum Teil schwer verständlich. – Ab 16. ✦ Polen 1975 **P** PRF »Zespoly Filmowe«/Zespol »Silesia« **KI** Progress **R** Pawel Komorowski **B** Jan Pierzchala, Pawel Komorowski **K** Stefan Pindelski **M** Maciej Malecki **D** Czeslaw Jaroszynski (Rafal Naziemiec), Anna Milewska (Nascia), Jan Englert (Ocieski), Henryk Bista (Karol Krause), H. Bedínska **L** 105 **E** 21.1.1977 Kino DDR/8.2.1978 DFF 1

ROTATION. Rückblick auf das Leben eines deutschen Arbeiters in den Jahren 1920 bis 1945: Der gelernte Drucker wird arbeitslos, arrangiert sich 1933 seiner Familie zuliebe mit der NSDAP, engagiert sich – wieder aus persönlichen Motiven – zu spät gegen das politische Unrecht, wird von seinem eigenen, in der HJ organisierten Sohn denunziert, von der SS verhaftet und durch die einmarschierenden sowjetischen Truppen vor der Hinrichtung gerettet. Staudtes Film ist eine realistisch-kritische Analyse des unpolitischen, kleinbürgerlichen Opportunisten und Mitläufers, ohne den der Nationalsozialismus in Deutschland keine Chance gehabt hätte. Ein eindrucksvolles, engagiertes Zeitbild. ✦ Schwarz-weiß. Deutschland 1948 **P** DEFA **KI** Westfalen/Sovexportfilm **VA** Icestorm **Pd** Herbert Uhlich **R** Wolfgang Staudte **B** Wolfgang Staudte, Erwin Klein **K** Bruno Mondi **M** H. W. Wiemann **S** Lilian Seng **D** Paul Esser (Hans Behnke), Karlheinz Deickert (Hellmuth Behnke), Irene Korb (Lotte Behnke), Brigitte Krause (Inge, seine Freundin), Reinhold Bernt (Kurt Blank), Reinhard Kolldehoff (Rudi Wille) **L** 81 **FSK** ab 12; f **E** 16.9.1949 Kino DDR/1950 Kino BRD/30.4.1954 DFF 1/13.5.1958 ARD/30.3.1999 Video **fd** 5 981

DIE ROTE (LA ROSSA). Eine junge Frau steigt aus ihrer oberflächlichen Ehe aus und läßt gleichzeitig auch ihr Liebesverhältnis hinter sich; in Venedig erlebt sie kriminelle und erotische Abenteuer. Käutners Film erreicht nicht annähernd die erzählerische Qualität, Vielschichtigkeit und zeitkritische Bedeutung der Romanvorlage. Ruth Leuwerik bleibt der Hauptfigur ihre intelligente Vitalität schuldig. Gert Fröbe allerdings liefert in der Rolle des Nazimörders Kramer eine Glanzleistung. ✦ Schwarz-weiß. BR Deutschland/Italien 1962 **P** Real/Magic/Champion **KI** Rolei **R** Helmut Käutner **B** Helmut Käutner, Alfred Andersch, nach dem Roman von Alfred Andersch **K** Otello Martelli **M** Emilia Zanetti, Tortorella **S** Klaus Dudenhöfer **D** Ruth Leuwerik (Franziska Lucas), Rossano Brazzi (Fabio), Gert Fröbe (Agent Kramer), Richard Münch (Joachim), Harry Meyen (Herbert Lucas) **L** 100 **FSK** ab 18; f **E** 30.6.1962 **fd** 11 216

ROTE AMEISEN – DIE KIDS VON DER STRASSE (O PARADISOS AINGI ME ANTIKLIDI). Drei von der grenzenlosen Freiheit träumende Kinder begegnen bei ihren Streifzügen durch die nächtliche Hafenstadt lauter komischen Typen. Sie befreien drei Pferde aus ihrem Stall und entkommen in einem Fesselballon. Ein Außenseiter-Abenteuerfilm, der nicht so recht weiß, wie er alle kurzen Ereignisse und Metaphern in den Griff bekommen kann, so daß letztlich vieles zusammenhangslos bleibt. – Ab 16. ✦ Griechenland 1987 **P** Ann/Films/Greece Film Centre **VA** RCA/Columbia **Pd** Nicos Yannopoulos **R** Vassilis Boydoyris **B** Vassilis Boydoyris, Corrina Seeds, Andreas Tsilifonis **K** Stavros Chassapis **M** Michael Grigorioy **S** Andreas Tsilifonis **D** Ian Dury (Verkrüppelter Akrobat), Cassandra Voyadgis (Hara), Stevanos Elliot (Haras Bruder), Nicos Melas (Haras Freund), Lydia Lenossi (Haras Mutter) **L** 94 **FSK** ab 12 **E** 18.10.1988 Video **fd** 27 243

DER ROTE AMERIKANER (AMERICANO ROSSO). Eine in den 30er Jahren angesiedelte Komödie um einen Mitläufer des Faschismus. Ein Opportunist und Lebenskünstler hilft einem vermögenden Amerikaner bei der Suche nach einer Frau fürs Leben. Als er jedoch in Verdacht gerät, seinen Onkel ermordet zu haben, merkt er, daß sein Klient aus Übersee ein übles Spiel mit ihm getrieben hat. ✦ Italien 1991 **P** RAI 3 **R** Alessandro D'Alatri **B** Enzo Monteleone, nach einem Roman von Gino Pugnetti **K** Alessio Gelsini **M** Gabriele Ducros **D** Burt Young (George Maniago), Fabrizio Bentivoglio (Vittorio), Valeria Milillo (Antonietta), Sabrina Ferilli (Zaira), Orsetta De Rossi (Irinia) **L** 95 **E** 26.5.1993 Bayern 3

DER ROTE APFEL (KRASNOJE JABLOKO). Der erfolgreiche Maler Temir erinnert sich in seiner Ehe immer wieder an eine unerfüllte Liebe zu einem jungen, ihm kaum bekannten Mädchen, dem er in seiner Jugend als Zeichen der Zuneigung einen roten Apfel geschenkt hatte. Eine sehr poetische Geschichte des kirgisischen Schriftstellers Tschingis Aitmatow, deren filmische Umsetzung jedoch nur unvollkommen gelingt. – Ab 16. ✦ UdSSR 1975 **P** Kirgisfilm **KI** Progress **R** Tolomusch Okejew **B** Tschingis Aitmatow, Elga Lyndina, Tolomusch Okejew, nach einem Roman von Tschingis Aitmatow **K** Konstantin Orosalijew **M** Sandor Kallos **D** Sjuimenkul Tschokmorow (Tamir), Gulsara Adschibekowa (Sabira), Tattububu Tursunbajewa (Unbekannte), Anara Massekadyrowa (Anara) **L** 80 **E** 3.12.1976 Kino DDR/20.2.1977 DFF 2

DER ROTE BALLON (LE BALLON ROUGE). Ein kleiner Junge in Paris findet einen roten Ballon mit sonderbaren Eigenschaften: Er folgt seinem neuen Besitzer überall hin und läßt sich auch von Hausmeistern und anderen Vertretern der Obrigkeit nicht abschütteln. Das erregt Aufmerksamkeit und Neid bei den anderen Kindern, die dem Jungen den Ballon wegnehmen und zerstören wollen. Poetischer Kurzfilm mit einer kongenialen Musik, der fast vollständig auf Dialog verzichtet. Ein vielfach preisgekröntes Juwel des Kinderfilms, das bis heute nichts von seinem Zauber verloren hat. – Sehenswert ab 6. ✦ Frankreich 1956 **P** Les Films Montsouris **KI** Allianz **Pd+R+B** Albert Lamorisse **K** Edmond Séchan **M** Maurice Le Roux **D** Pascal Lamorisse (Pascal), Georges Sellier, Wladimir Popof, Paul Perey, Renée Marion, Sabine Lamorisse, Michel Pezin **L** 34 **FSK** ab 6; f **FBW** bw **E** 1956 Kino **fd** 5 285

DER ROTE BARON – MANFRED VON RICHTHOFEN →Manfred von Richthofen – der rote Baron

DER ROTE DOLCH (FLAME OF CALCUTTA). Ein als Mann verkleidetes Mädchen rächt den Tod des Vaters im Kampf gegen die Gewaltherrschaft eines unrechtmäßigen Regenten. Abenteuerfilm der B-Kategorie mit romantischer Liebe und Schlachtengetümmel aus den Tagen der Ostindischen Handelsgesellschaft im 18. Jahrhundert. – Ab 12. ✦ USA 1953 **P** Columbia **KI** Columbia **R** Seymour Friedman **B** Robert E. Kent **K** Henry Freulich, Ray Cory **M** Mischa Bakaleinikoff **D** Denise Darcel, Patric Knowles, Paul Cavanagh, George Keymas, Joseph Mell **L** 69 (gek. 67) **FSK** ab 12; nf (gek. 6; f) **E** 24.9.1954 **fd** 3 627

DER ROTE DOPPELDECKER (SKY HIGH). Disney-Jugendfilm. Durch Zufall geraten zwei Freunde in den Besitz eines alten Doppeldecker-Flugzeugs aus dem Ersten Weltkrieg. Als ihnen ein ehemaliger Kunstflieger Unterricht erteilt, eröffnet sich für die beiden Jungen eine Welt voller Abenteuer. – Ab 12. ✦ USA 1990 **R** James Whitmore **D** Damon Martin (Jim Lincoln), Anthony Rapp (Wes Hansen), James Whitmore (Gus Johnson), Traci Lind (Dawn), Annie Oringer (Sara) **L** 84 **E** 9.10.1994 RTL

ROTE EBERESCHEN (JARZEBINA CZERWONA). Die Soldaten und Offiziere der polnischen Kompanie »Rote Eberesche« stürmen die von faschistischen Truppen eingenommene Stadt Kolobrzeg. Die Schlacht dauert elf Tage und elf Nächte und fordert auf beiden Seiten viele Opfer. ✦ Scope, schwarzweiß. Polen 1970 **P** Dokumentarfilmstudio **R** Ewa Petelska, Czeslaw Petelski **B** Waldemar Kotowicz, Ewa Petelska, Czeslaw Petelski **K** Krzysztof Winiewicz **M** Jerzy Maksymiuk **D** Andrzej Kopiczynski, Wladyslaw Kowalski, Andrzej Lapicki, Wieslawa Niemyska, Iwan Pierowierzow **L** 119 **E** 1.4.1974 DFF 2

DAS ROTE EICHHÖRNCHEN (LA ARDILLA ROJA). Eine junge Frau verliert bei einem Motorradunfall ihr Gedächtnis und wird von ihrem Retter als seine langjährige Freundin ausgegeben. Auf dieser Lüge baut sich eine Beziehung auf, die der Film in ein irritierendes Puzzle aus Alltäglichem, Mysteriösem, Poesievollem und Surrealistischem verwandelt. Ein von einer überragenden Hauptdarstellerin getragenes, mit verstörenden Bildern von großer Schönheit und Tiefe inszeniertes Schicksalsdrama. (O.m.d.U.) – Sehenswert ab 16. ✦ Spanien 1993 **P** Sogetel **KI** Kinowelt **Pd** Ricardo Garcia Arrojo **R+B** Julio Medem **K** Gonzalo Berridi **M** Alberto Iglesias **S** Elena Sainz de Rozas (= María Elena Sáenz de Rozas) **D** Emma Suarez (Lisa), Nancho Novo (Jota), María Barranco (Carmen), Karra Elejalde (Anton), Carmelo Gomez (Felix) **L** 110 **E** Januar 1995 **fd** 31 274

DER ROTE ENGEL (SCARLET ANGEL). Ein Barmädchen schmuggelt sich unter absonderlichen Umständen in eine reiche Familie ein und gibt sich als Schwiegertochter aus. Ein alter Bekannter will sie daraufhin erpressen. Eine abenteuerliche Story, mit Geschick und Tempo verfilmt. – Ab 16. ✦ USA 1952 **P** Universal **KI** Universal **R** Sidney Salkow **B** Oscar Brodney **K** Russell Metty **M** Joseph Gershenson **D** Yvonne de Carlo (Roxy), Rock Hudson (Frank Truscott), Richard Denning (Malcolm), Henry O'Neill (Morgan Caldwell), Amanda Blake (Susan Bradley) **L** 78 **FSK** ab 12; nf **E** 21.8.1953 **fd** 2 716

DIE ROTE FAHNE. Kompilationsfilm, der aus kurzen Dokumentarfilmen von Studenten des ersten Studiengangs der 1966 gegründeten Deutschen Film- und Fernsehakademie Berlin (dffb) zusammengestellt wurde. Der Zeit entsprechend, beeinflußt und angeregt durch Studentenbewegung und Außerparlamentarische Opposition, nehmen die Filme explizit Stellung zu den politischen Ereignissen jener Jahre: 1. »Die Worte des Vorsitzenden«; 2. »De opresso liber«; 3. »Subjektitüde«; 4. »Oskar Langenfeld«; 5. »Der eine – der andere«; 6. »Der einsame Wanderer«. Die Filme sind als kollektive Kameraarbeiten entstanden und werden durch den Stapellauf einer roten Fahne gerahmt, die durch Berliner Vororte bis zum Schöneberger Rathaus getragen wird. ✦ BR Deutschland 1968/96 **P** dffb **R** Harun Farocki (1), Carlos Bustamente (2), Helke Sander (3), Holger Meins (4), Wolfgang Petersen (5), Philip Werner Sauber (6) **L** 67 **E** 24.4.1998 3sat

ROTE FAHNEN SIEHT MAN BESSER. Der Dokumentarfilm, dessen Titel fast sprichwörtlich für eine ganze Gattung an politischen Dokumentarfilmen der 70er Jahre in der Bundesrepublik Deutschland wurde, berichtet von einer Betriebsstillegung eines Krefelder Chemiewerkes. Er rekonstruiert die komplizierte Geschichte des Falls, spricht mit den betroffenen Arbeitern, untersucht, warum der Widerstand gegen die Stillegung nicht erfolgreich war, beschreibt nebenbei, wie gefährlich die Arbeit im Chemiewerk für die Arbeiter war. Ein Lied des Sängers Dieter Süverkrüp, das am Ende des Films die politische Quintessenz (Einigkeit der Arbeiter, starke unabhängige Gewerkschaft etc.) noch einmal verkündete, wurde bei der Fernsehausstrahlung gekürzt, so daß die Verleihversion als »unzensiert« beworben wurde. – Ab 16. ✦ Schwarz-weiß. BR Deutschland 1971 **P** Gallehr/Schübel Prod. **SF** Unidoc **R+B** Rolf Schübel, Theo Gallehr **K** Karsten H. Müller **M** Dieter Süverkrüp (Song) **S** Christel Suckow **L** 100 (auch 60)

DER ROTE FALKE VON BAGDAD (THE MAGIC CARPET). Ein Kalifensohn kommt aus der Verbannung zurück, um den tyrannischen Usurpator vom Thron zu vertreiben. Bescheidene Hollywood-Kostümkomödie nach Motiven aus »1001 Nacht«. ✦ USA 1951 **P** Columbia **KI** Columbia **R** Lew Landers **B** David Matthews **K** Ellis W. Carter **M** Mischa Bakaleinikoff **D** Lucille Ball, Patricia Medina, John Agar, George Tobias, Raymond Burr **L** 89 **FSK** ab 12; nf **E** 31.10.1952 **fd** 2 027

DIE ROTE FLUT (RED DAWN). Als sowjetische Truppen zu Beginn des »Dritten Weltkrieges« in die Vereinigten Staaten eindringen, schlagen sich Schüler in die Wälder und kämpfen dort als Partisanen gegen die Besatzer. Ein perfider Wehrertüchtigungs-Film, der mit faschistoiden Feindbildern operiert und gewaltverherrlichende Propaganda betreibt. (TV-Titel: »Red Dawn«) – Wir raten ab. ✦ USA 1983 **P** MGM/UA **KI** UIP **VA** Warner **Pd** Buzz Feitshans, Barry Beckerman **R** John Milius **B** Kevin Reynolds, John Milius **K** Ric Waite **M** Basil Poledouris **S** Thom Noble **D** Patrick Swayze (Jed), C. Thomas Howell (Robert), Lea Thompson (Erica), Charlie Sheen (Matt), Darren Dalton (Daryl), Jennifer Grey (Toni), Brad Savage (Danny), Doug Toby (Aardvark), Ben Johnson (Mason), Harry Dean Stanton (Mr. Eckert), Ron O'Neal (Bella), Powers Boothe, Pepe Serna **L** 113 **FSK** ab 16; f **E** 21.12.1984/9.5.1985 Video/14.10.1995 Pro Sieben **fd** 24 915

DAS ROTE FRAUENBATAILLON (THE RED DETACHMENT OF WOMEN / HONGSE NIANGZI JUN). Auf Taiwan wird die ehemalige Sklavin eines skrupellosen Gutsbesitzers zur aktiven Kämpferin in Armee und kommunistischer Partei. Schematischer und linientreuer Film aus der chinesischen Volksrepublik. ✦ Schwarz-weiß. VR China 1960 **P** Tienma **R** Hsieh Tsin **B** Lian Hsii **K** Shen Hsi-Lin **M** Huang Tsu **D** Chu Hsi-Chuan, Wang Hsin-Kang, Chen Chiang, Hsiang Me **L** 92 **E** 22.7.1968 ARD **fd** 15 637

DER ROTE GEIGER (KRASNAJA SKRIPKA). Der sowjetische Violinvirtuose Eduard Soermus gab in den 20er Jahren auch in Deutschland Konzerte für die internationale Arbeiterhilfe, um so mit dem Mittel der Musik leidenschaftlich und konsequent für die junge Sowjetunion einzutreten. Der Film zeichnet biografische Episoden nach, bleibt aber in seiner Machart völlig koventionell. ✦ UdSSR 1975 **P** Tallinnfilm **KI** Progress **R** Kaljo Kiisk **B** Anatoli Grebnew **K** Michail Dorowatowski **M** Jaan Koha **D** Viktor Lorents (Eduard Sormus), Kaarel Ird (Broszowski), Hans-Peter Reinecke (Brückner), Rodion Alexandrow (Lunatscharski), Arvo Krunsement (Veski) **L** 90 **E** 7.1.1977 Kino DDR/11.8.1981 DFF 2

ROTE GLUT. Ein Unternehmensberater kehrt in seine Heimatstadt im Ruhrgebiet zurück, um über die Rentabilität eines Stahlwerks zu entscheiden. Eine Aufgabe, die ihn in Konflikt mit seinem Bruder bringt, der in der Firma als Stahlwerker arbeitet und Mitglied des Betriebsrates ist. Verschärft wird die Auseinandersetzung noch durch die Frau des Arbeiters, die die Jugendliebe des Managers war. An Originalschauplätzen inszenierter (Fernseh-)Film, der die schaurig-schöne Tristesse des Stahlwerks in eindrucksvollen Bildern einfängt und sein Thema – den Strukturwandel im Ruhrgebiet – in eine realitätsbezogene und dennoch spannend erzählte Geschichte um den Kampf eines Bruderpaares einbettet. – Ab 16. ✦ Deutschland 2000 **P** d.i.e. film/ZDF/arte **Pd** Dieter Ulrich Aselmann **R** Mark Schlichter **B** Christian Jeltsch **K** Diethard Prengel **M** Claus Wagner **S** Mona Bräuer **D** Richy Müller (Adam Vegener), Meret Becker (Judith), Michael Degen (Dr. Kolmers), Hermann Lause (Egon), Roman Knizka (Robert Vegener) **L** 91 **E** 3.11.2000 arte

ROTE HAARE – FRECHE LIPPEN (JULIE LA ROUSSE). Die Zweckehe eines Fabrikantensohns mit einer Zirkusartistin gibt, bis zur liebenden Versöhnung, Anlaß zu Mißverständnissen, Betrug und Intrigen. Relativ gemächlich inszenierte Komödie, die sich immer dann schwertut, wenn »Ernsthaftigkeit« angestrebt wird. ✦ Schwarz-weiß. Frankreich 1959 **P** Matignon/Metzger et Woog **KI** Constantin **Pd** Fred Genty **R** Claude Boissol **B** Paul Andréota, Claude Boissol, Béatrice Rubinstein **K** Roger Fellous **M** René-Louis Lafforgue **S** Louis Devaivre **D** Daniel Gélin (Eduard/Jean Lavigne), Pascale Petit (Julie), René-Louis Lafforgue (Max), Margo Lion (Frau Lavigne), René Blancard (Vater Lavigne), Liliane Patrick **L** 83 **FSK** ab 12; nf **E** 11.3.1960/5.9.1970 DFF 1 **fd** 8 986

DIE ROTE HAND. Das Duell zwischen Geheimdiensten und Waffenhändlern, wobei eine Liebesgeschichte und luxuriöses Ambiente nicht fehlen dürfen. Langweilige Krimi-Klamotte. ✦ Schwarz-weiß. BR Deutschland 1960 **P** Ernst Neubach **KI** Constantin **R** Kurt Meisel **B** Ernst Neubach **K** Georg Bruckbauer **M** Harald Böhmelt **S** Ingrid Wacker **D** Hannes Messemer, Paul Hubschmid, Eleonora Rossi-Drago, Elma Karlowa, Eddi Arent **L** 97 **FSK** ab 16; f **E** 26.10.1960 **fd** 9 645

DIE ROTE HERBERGE (L'AUBERGE ROUGE). 1833, in den Bergen der Ardèche in Südfrankreich. Die Reisenden einer Kutsche suchen Zuflucht in einer abgelegenen Herberge. Wie der mitreisende Mönch von der Herbergsmutter in einer Beichte erfährt, werden in dem Logierhaus die Reisenden stets umgebracht. Durch allerlei Tricks gelingt es ihm zunächst, die Reisegesellschaft vor diesem Schicksal zu bewahren. Eine hervorragend gestaltete sardonische Farce, die respektlos mit dem Makabren spielt. Der Hang zur Symbolträchtigkeit wird durch die wohldosierte Komik des großartigen Fernandel abgefangen. – Ab 16. ✦ Schwarz-weiß. Frankreich 1951 **P** Memnon **Kl** Paris **R** Claude Autant-Lara **B** Jean Aurenche **K** André Bac **M** René Cloërec **D** Fernandel (Mönch), Françoise Rosay (Marie Martin), Julien Carette (Pierre Martin), Marie-Claire Olivia (Mathilde), Luc Germain (Novize), Grégoire Aslan (Baboeuf) **L** 100 **FSK** ab 16; nf **E** 1953 Kino **fd** 2 978

DER ROTE HERZOG (THE HELLFIRE CLUB). Ein unversehens heimgekehrter Grafensohn kämpft gegen seinen Vetter um den Adelstitel. Routinierter, schwungvoller »Mantel-und-Degen-Film«.(TV-Titel DDR: »Der Höllenfeuerclub«) ✦ Scope, teils schwarz-weiß. Großbritannien 1960 **P** New World **Kl** Bavaria **Pd+R** Robert S. Baker, Monty Berman **B** Leon Griffiths, Jimmy Sangster, nach einer Erzählung von Jimmy Sangster **K** Robert S. Baker, Monty Berman **M** Clifton Parker **S** Frederick Wilson **D** Kai Fischer (Yvonne), Keith Michell (Jason), Adrienne Corri (Lady Isobel), Peter Arne (Thomas), David Lodge (Timothy) **L** 92 **FSK** ab 12; nf **E** 31.7.1961/9.10.1988 DFF 2 **fd** 10 403

DER ROTE IBIS (L'IBIS ROUGE). Ein biederer Pariser Angestellter verwandelt sich nach Dienstschluß in einen Frauenmörder, der seine Opfer mit Fliegen dekoriert, weil er durch ein Kindheitserlebnis traumatisiert ist. Als ihm eines Tages ein verschuldeter Spirituosenhändler auf die Schliche kommt, hat das ungeahnte Folgen. Skurrile Kriminalkomödie, die ihren schrägen Humor auf viele kleine Gags verteilt, ohne zu dramaturgischer Geschlossenheit zu finden. – Ab 16. ✦ Frankreich 1975 **P** Jean C. Roblin **Pd** Jean C. Roblin **R** Jean-Pierre Mocky **B** André Ruellan, Jean-Pierre Mocky, nach einem Roman von Frederic Brown **K** Marcel Weiss **M** Eric de Marsan **D** Michel Simon (Zizi), Michel Serrault (Killer Jeremie), Michel Galabru (Raymond Villiers), Evelyne Buyle (Evelyne Villiers), Jean Le Poulain (Restaurateur) **L** 78 (Orig. 85) **E** 31.3.1995 ARD

DIE ROTE KAMILLE. Film über den tatarisch-sowjetischen Lyriker Mussa Dshalil, der als Kriegsgefangener von den Nazis 1944 in Berlin hingerichtet wurde. Während seiner Haft im Moabiter Gefängnis tritt er dagegen ein, dass aus sowjetischen Kriegsgefangenen eine »Tatarische Legion« gebildet wird, die gegen ihr Heimatland kämpfen soll. Als die Nazis merken, welchen Einfluss Dhalil auf seine Mitgefangenen hat, wird er isoliert und ermordet. – Zwischen dokumentarischer Rekonstruktion und theatralischer Überhöhung changierendes Kammerspiel, das auch das Tabuthema russischer Überläufer relativ undogmatisch aufgreift. ✦ Schwarz-weiß. DDR 1963 **P** DEFA **Pd** Rudolf Kobosil **R** Lothar Bellag **B** Rudolf Böhm **K** Karl Plintzner, Horst Hardt **M** Wolfgang Pietsch **S** Thea Richter **D** Hilmar Thate (Dshalil), Albert Hetterle (Timur), Hans-Joachim Hanisch (Fuad), Fred Delmare (Sachrum), Günter Naumann (Habdulla) **L** 64 **E** 24.11.1963 DFF 1

DIE ROTE KATZE →Das Geheimnis der roten Katze (1931)

DAS ROTE KORNFELD →Rotes Kornfeld

DER ROTE KORSAR (THE CRIMSON PIRATE). Aufwendig inszenierte, spannende und humorvolle Seeräubergeschichte. Ein edler Pirat, Beschützer der Unterdrückten, Befreier schöner Frauen und Feind der ausbeuterischen Gouverneure verbündet sich mit einem Wissenschaftler, der neuartige Waffen erfindet. So gelingt es ihm, die Auseinandersetzungen für sich zu entscheiden. Abenteuerliches »Seemannsgarn«, ein später Höhepunkt des Genres. – Ab 10. ✦ USA 1952 **P** Norma **Kl** Warner Bros. **Pd** Harold Hecht **R** Robert Siodmak **B** Roland Kibbee **K** Otto Heller **M** William Alwyn **S** Jack Harris **D** Burt Lancaster (Vallo), Nick Cravat (Ojo), Eva Bartok (Consuelo), Torin Thatcher (Bellows), James Hayter (Prudence), Leslie Bradley (Baron Gruda), Margot Grahame (Bianca) **L** 101 **FSK** ab 12; nf **E** 25.12.1952/5.2.1967 ARD/5.6.1981 DFF 1 **fd** 2 283

DER ROTE KREIS. Eine geheimnisvolle Mordserie hält London in Atem. Ein Krimi nach Edgar Wallace: Gänsehaut-Unterhaltung mit routinierten Spannungseffekten. – Ab 16. ✦ Schwarz-weiß. BR Deutschland 1959 **P** Constantin/Rialto **Kl** Constantin **VA** Kinowelt Home **R** Jürgen Roland **B** Trygve Larsen, Wolfgang Menge, nach einem Roman von Edgar Wallace **K** Wolfgang Treu **M** Willi Mattes **D** Karl Georg Saebisch (Inspektor Parr), Renate Ewert (Thalia Drummond), Klausjürgen Wussow (Derrick Yale), Thomas Alder (Jack Beardmore), Eddi Arent (Sergeant Haggett) **L** 92 **FSK** ab 16; nf (Video 12) **E** 2.3. 1960/8.6.1974 ZDF/7.5.1987 DFF 2/22.2.2000 Video **fd** 8 999

ROTE KÜSSE (ROUGE BAISER). Eine 15jährige kommunistische Aktivistin, Tochter polnischer Emigranten, lernt 1952 in Paris einen Fotografen und sein bürgerliches Milieu kennen. Als der ehemalige Geliebte ihrer Mutter aus der UdSSR zurückkehrt und statt vom Arbeiterparadies von Straflagern berichtet, gerät ihre Vorstellung von der Welt ins Wanken. Einfühlsame dramatische Komödie über das Erwachsenwerden und den damit verbundenen Verlust von Illusionen; gleichzeitig eine ironische Auseinandersetzung mit politischem Schwärmertum. – Sehenswert ab 16. ✦ Frankreich/BR Deutschland 1985 **P** Stéphan Films/Films A 2/Farena Film/C & H Film **Kl** Filmverlag der Autoren **VA** VCL/Virgin **R+B** Véra Belmont **K** Ramon Suarez **M** Jean-Marie Sénia **S** Georges Klotz, Martine Giordano **D** Charlotte Valandrey (Nadia), Lambert Wilson (Stéphane), Marthe Keller (Bronka), Günter Lamprecht (Herschel), Laurent Terzieff (Moische), Laurent Arnal (Roland) **L** 107 **FSK** ab 12; f **FBW** bw **E** 21.8.1986/30.5.1987 Video **fd** 25 754

ROTE LATERNE (DAHONG DENGLONG GAOGAO GUA / RAISE THE RED LANTERN). In den 20er Jahren kommt eine junge Frau als vierte Ehefrau eines mächtigen Feudalherren in dessen Palast und wird mit den strengen Ritualen der Einordnung und Unterwerfung konfrontiert. Handelnde Figur im Intrigenspiel der rivalisierenden Frauen und dessen Opfer zugleich, zerbricht sie an den unmenschlichen Strukturen. Ein düsteres, in faszinierenden Bildern von konzentrierter Strenge entwickeltes Drama. In Blicken und Gesten eingefangene Signale der Leidenschaft, sinnlichen Stärke und individuellen Würde werden zu bewegenden Hoffnungsträgern für ein mögliches Leben jenseits von Unfreiheit und Unterdrückung. – Sehenswert ab 16. ✦ Hongkong/ VR China 1991 **P** ERA/China Film **Kl** Kinowelt **VA** Arthaus **Pd** Chiu Fu-Sheng **R** Zhang Yimou **B** Ni Zhen, nach einem Roman von Su Tong **K** Zhao Fei **M** Zhao Jiping **S** Du Yuan **D** Gong Li (Songlian), Ma Jingwu (der Herr), He Caifei (Meishan), Cao Cuifeng (Zhuoyun), Kong Lin (Yanér), Jin Shuyuan (Yuru) **L** 125 **FSK** ab 12; f **E** 30.7.1992/27.4.1994 ARD/1.5.1994 Video **fd** 29 732

ROTE LICHTUNGEN (KRASNYJE POLJANY). Schafhirten aus Bessarabien ziehen im Jahr 1964 mit ihren vom Hunger bedrohten Herden auf bessere Weideplätze. Mit ihnen zieht ein Reporter, der Einblick gewinnt in das harte und ehrliche Leben dieser Menschen, dessen Liebe zur schönen Joanna sich aber nicht erfüllt. Eindringlich inszenierte Studie über das Zusammentreffen von alten Traditionen und Moderne; vor allem die Fotografie sorgt für beeindruckende Momente. – Ab 16. ✦ UdSSR 1966 **P** Moldawa-Studio **Kl** Progress **R+B** Emil Lotjanu **K** Wlad Tschurja, Ion Bolbotschanu **M** S. Lunkewitsch **S** K. Blinowa **D** Swetlana Toma, Viktor Wojnitschesku, Viktor Tschutak, Grigori Grigoriu, Michail Badikjanu **L** 91 **E** 10.11.1967 Kino DDR/28.10.1972 DFF 2

ROTE LIEBE – WASSILISSA. Der Versuch des Regisseurs Rosa von Praunheim, eine Novelle der russischen Revolutionärin Alexandra Kollontai (1972–1952) zu verfilmen – mit chaotischem Resultat: Nachdem eine erste Fassung unbefriedigend ausfiel, montierte Praunheim kurzerhand auf Video aufgenommene Interviewausschnitte mit Statements der selbsternannten »Sexualreformerin« Helga Goetze in die fiktive Handlung und schuf damit eine sonderbare Mischung aus Dokument und schwülstigschrägen, bewußt dilettantisch inszenierten Spielszenen. Grundthese: Weibliche Emanzipation bleibt unvollständig, wenn sie neben der politischen nicht auch die sexuelle Befreiung umfaßt. Eine wüste Provokation, die den Zuschauer völlig entnervt zurückläßt. – Wir raten ab. ✦ BR Deutschland 1980/82 **P** Rosa von Praunheim Filmprod. **Kl** Basis **SF** Basis **Pd** Bernhard Stampfer, Birgit Lelek **R** Rosa von Praunheim **B** Rosa von Praunheim, nach Motiven des Romans »Wassilissa Malygina« von Alexandra Kollontai **K** Mike Kuchar, Rosa von Praunheim, Michael Oblowitz, Wolfgang Pilgrim, Bernhard Stampfer **M** Ideal, Din A Testbild, Jakob Lichtmann **S** Rosa von Praunheim **D** Sascha Hammer (Wassilissa), Mark Eins (Wolodja), Helga Goetze (Helga Goetze), Olga Demetriescu (Alexandra Kollontai), Rose Hammer (Haushälterin), Eddie Constantine (Pawel Pawlowitsch) **L** 86 **FSK** ab 16; f **E** 21.2.1982 **fd** 23 429

ROTE LINIE 7000 (RED LINE 7000). Die dramatischen Abenteuer einer Gruppe junger Draufgänger im Rennsport-Milieu, wobei der Filmtitel jenen Punkt bezeichnet, an dem der Fahrer den Motor seines Wagens »überdreht« und in den gefährlichen Hochdrehzahlbereich vorstößt. In episodischer Verzahnung werden die Rivalitäten und Liebesverwicklungen dreier Rennfahrer sowie dreier junger Frauen, die sich zu ihnen hingezogen fühlen, entwickelt. Mit Professionalität, spielerischer Leichtigkeit und unbekümmertem Charme wechselt der Film zwischen spannungsreichen Actionszenen und besinnlicheren Momenten, ohne freilich eine überzeugende Dichte zu erreichen. Er bleibt stets an der Oberfläche und relativiert nur in wenigen Momenten den Heroismus seiner männlichen Protagonisten mit ironischem Augenzwinkern. – Ab 14 möglich. ✦ USA 1965 **P** Laurel **Kl** Paramount **Pd+R** Howard Hawks **B** George Kirgo, Howard Hawks **K** Milton Krasner **M** Nelson Riddle **S** Stuart Gilmore, Bill Brame **D** James Caan (Mike Marsh), Laura Devon (Julie Kazarian), Gail Hire (Holly MacGregor), Charlene Holt (Lindy Bonaparte), John Crawford (Ned Arp), James Ward (Dan McCall), Marianna Hill (Gabrielle) **L** 110 (Orig. 127) **FSK** ab 12; f (früher nf) **E** 18.3.1966/26.5.1973 ARD **fd** 13 993

DIE ROTE LINIE (VOM ZARENREICH ZU MALENKOW). Internationales dokumentarisches Bild- und Filmmaterial, mit einer umrahmenden Spielhandlung zusammengeschnitten zu einem antisowjetischen Propagandafilm mit oberflächlichem Kommentar. Ein typisches, politisch sehr fragwürdiges Produkt des »Kalten Krieges«, das mit tendenziös arrangierten Halbwahrheiten ein schiefes Bild der Zeit und der politischen Fakten zeichnet. ✦ Schwarz-weiß. BR Deutschland 1954 **P** Maskott/Anker **Kl** Interna **Pd+R** Richard Richardsen **B** Gerhard Grindel, Hans Lehmann **K** Peter Haller, Wochenschau- und Archivmaterial **M** Rudolf Perak **D** Ernst Konstantin, Erica Beer, Werner Brand, Karl Peters, Iwan Minischki **L** 75 **FSK** ab 12; f **E** 11.6.1954 **fd** 3 343

ROTE LIPPEN – BLAUE BOHNEN (VOUS PIGEZ). Geheimagent Lemmy Caution kommt nach Italien und bringt mit Fäusten und Dienstpistole Ordnung in die Mafia, wobei ihm wie gewohnt eine Reihe schöner Mädchen kichernd behilflich ist. Ein Eddie-Constantine-Abenteuer, teilweise witzig-frivol, meistens ziemlich lächerlich und manchmal wirklich spannend. – Ab 16 möglich. ✦ Schwarz-weiß. Frankreich/Italien 1955 **P** Dismage/Transalpina **Kl** Costantin **R** Pierre Chevalier **B** Victor Trivas, Jacques Doiniol, nach einem Illustriertenroman von Peter Cheyney **K** Léonce-Henry Burel **M** Jean Marion **D** Eddie

Constantine (Lemmy Caution), Maria Frau (Fernanda), Yorick Royan (Georgette), François Perrot (Tony Martinelly), Roger Hanin (Istria) **L** 90 **FSK** ab 16; nf **E** 16.3.1956 **fd** 4 880

ROTE LIPPEN (SADISTEROTIKA). Ein abartig veranlagter Künstler läßt von einem Sadisten junge Frauen erwürgen, um sie im Todesschrecken fotografieren zu können. Eine abstruse Mischung aus Softporno, kriminalistischem Suspense und Horrorkino-Klischees. ✦ BR Deutschland/Spanien 1967 **P** Aquila/Montana **Kl** Alpha **R** Jess Frank (= Jésus Franco Manera) **B** Jess Frank (= Jésus Franco Manera), G.G. Hoffmann **K** Jorge Herrero, Franz Hofer **M** Jerry van Rooyen **D** Janine Reynaud, Rossana Yanni, Adrian Hoven, Chris Howland **L** 79 **FSK** ab 18; nf **E** 28.3.1969 **fd** 16 191

ROTE LIPPEN – SCHLANKE BEINE (LABBRA ROSSE). Ein römischer Anwalt stellt fest, daß seine Tochter und deren Freundinnen in ihrer Freizeit regen Sexualkontakt mit reiferen Herren pflegen. Obwohl nicht bewußt spekulativ angelegt, überzeugt der Film weder in seinen formalen Ambitionen noch in seinen moralkritischen Aspekten; der »Antonionismus« der Inszenierung wirkt kunstgewerblich, Verweise auf die Ursachen des Generationenkonflikts bleiben phrasenhaft und unklar. ✦ Schwarz-weiß. Italien 1960 **P** Rotor **Kl** Columbia **R** Giuseppe Bennati **B** Giuseppe Bennati, Paolo Levi, Federico Zardi **K** F. Santoni **M** Piero Umiliani **D** Gabriele Ferzetti, Christine Kaufmann, Jeanne Valerie, Giorgio Albertazzi **L** 101 **FSK** ab 18; nf **E** 6.7.1961 **fd** 10 383

ROTE LIPPEN SOLL MAN KÜSSEN (DIE GANZE WELT IST HIMMELBLAU). Die Tochter eines amerikanischen Reisebüro-Millionärs verliebt sich in das schöne Wien und in einen Wiener Polizisten. Belanglose Schlagerunterhaltung. – Ab 12. ✦ Österreich 1963 **P** Wiener Stadthalle **Kl** Constantin **Pd** Howard Benedict **R** Franz Antel **B** Kurt Nachmann, Franz Arndt **K** Hanns Matula **M** Johannes Fehring **S** Russell Schoengarth **D** Johanna Matz (Eve), Peter Weck (Peter), Sabina Sesselmann (Candy), Gustav Knuth (Hoover), Peter Vogel (Frank) **L** 95 **FSK** ab 6; nf **E** 17.1.1964 **fd** 12 516

DIE ROTE LOLA (STAGE FRIGHT). Der junge Schauspielschüler Jonathan gerät in Verdacht, den Ehemann des Revuestars Charlotte aus Eifersucht ermordet zu haben. Jonathans Verlobte und Kollegin Eve versucht auf eigene Faust, Charlotte als Täterin zu überführen, und bringt dabei die überraschende Wahrheit ans Licht. Ein relativ schwacher, weil konventioneller Krimi von Hitchcock. Einige Rollen sind fehlbesetzt, Spannung entsteht nur selten. Statt dessen irritiert der Film mit einer verschachtelten Rückblendenhandlung, die sich im nachhinein als »Lüge« erweist. ✦ Schwarz-weiß. USA 1950 **P** ABPC **Kl** Warner **Pd+R** Alfred Hitchcock **B** Whitfield Cook, James Bridie, nach dem Roman »Man Running« von Selwyn Jepson **K** Wilkie Cooper **M** Leighton Lucas **S** E.B. Jarvis **D** Jane Wyman (Eve Gill), Marlene Dietrich (Charlotte Inwood), Michael Wilding (Inspektor Smith), Richard Todd (Jonathan Cooper), Alastair Sim (Kommodore Gill) **L** 110 **FSK** ab 16; nf **E** 1.9.1950/11.7.1970 ARD/18.12.1981 DFF 1 **fd** 860

DER ROTE MONARCH (THE RED MONARCH). Die UdSSR zu Anfang der 50er Jahre: Das Land ist in Angst vor dem Diktator Josef Stalin erstarrt, der Personenkult treibt ungeheure Blüten, Geheimdienstchef Berija gefällt sich – aus Angst, selbst das nächste Opfer zu werden – in der Rolle des willfährigen Vollstreckers; als Stalin stirbt, führt er Freudentänze auf. Eine einfallsreich inszenierte, in der Hauptrolle glänzend gespielte rabenschwarze Polit-Groteske, die keinen makabren Einfall und keine absurde Situation ausläßt, um den Tyrannen der Lächerlichkeit preiszugeben. Dem ebenso witzigen wie abgrundtief bösen Film geht es um die Entlarvung einer pervertierten Macht, wobei Stalin stellvertretend für alle Despoten steht. ✦ Großbritannien 1983 **P** Enigma (für Goldcrest Films & TV) **Pd** Graham Benson **R** Jack Gold **B** Charles Wood, nach Kurzgeschichten von Juri Krotkow **K** Mike Fash **S** Laurence Mery-Clark **D** Colin Blakely (Stalin), David Suchet (Berija), Carroll Baker (Ellen Brown), Ian Hogg (Shaposchnikow), Nigel Stock (Molotow) **L** (TV) 100 **E** 3.12.1988 ZDF

DER ROTE MOND (BUSHFIRE MOON). Australien im Jahr 1891: Kurz vor Weihnachten sucht eine Dürrezeit das Land heim. Ein achtjähriger Junge trifft derweil auf einen Vagabunden, der aussieht wie der Weihnachtsmann (an den er fest glaubt), in Wahrheit aber einen reichen Großgrundbesitzer erpressen will. – Ab 12. ✦ Australien 1987 **Pd** Peter Beilby, Robert Le Tet **R** George Miller **B** Jeff Peck **M** Bruce Rowland **D** Andrew Ferguson (Ned O'Day), Nadine Garner (Sarah O'Day), John Waters (Patrick O'Day), Dee Wallace Stone (Elisabeth O'Day), Bill Kerr (Trevor Watson) **L** 90 **E** 14.12.1997 Super RTL

ROTE MÜHLE. Eine ehrbare Mittfünfzigerin erbt vom geschiedenen Ehemann ein Nachtlokal unter der testamentarischen Bedingung, daß sie einen Monat lang jeden Abend nach 22 Uhr dort erscheint. Aller Mißgunst und Provokation zum Trotz hält sie durch. Die mit kriminalistischem Schlenker und Schlagern komplettierte Komödie wurde für das Ablenkungskino der Kriegszeit produziert. ✦ Schwarz-weiß. Deutschland 1940 **P** Aco **Kl** Adler **R** Jürgen von Alten **B** Kurt E. Walter, nach dem gleichnamigen Theaterstück von Jürgen von Alten **K** Günther L. Arko **M** Franz Grothe **D** Ida Wüst, Grethe Weiser, Theo Lingen, Edith Oß, Fritz Genschow **L** 101 **E** 11.1.1940 **fd** 1 438

DIE ROTE MÜTZE →Heiratsschwindler

ROTE ORCHIDEEN. Handlungsreicher Agenten- und Abenteuerfilm mit der Liebesromanze zwischen einem wegen Werksspionage zum Tode verurteilten Ingenieur und einer Sängerin. Der Italiener Malasomma hatte bereits rund 40 Stummfilme in Deutschland gedreht, bevor er in Italien Erfolg hatte und 1938 nach Berlin zurückkehrte, wo er mit handwerklichem Geschick und Routine Unterhaltungsfilme inszenierte. ✦ Schwarz-weiß. Deutschland 1938 **P** FDF **Kl** Bavaria/Panorama **R** Nunzio Malasomma, Walter Janssen **B** Philipp Lothar Mayring, Harald G. Petersson, Kurt Heuser **K** Franz Koch **M** Franz Grothe **D** Olga Tschechowa, Albrecht Schoenhals, Camilla Horn, Hans Nielsen, Herbert Hübner, Paul Westermeier, Walter Janssen **L** 86 **FSK** ab 12; f **E** 8.9.1938 **fd** 38

ROTE PERLEN (XUAN LIAN). Ein junger Mann sieht sich in einem Tagtraum als Pfleger in einer psychiatrischen Anstalt. Mit einer neuen Patientin verbindet ihn bald eine geistig-seelische Verwandtschaft; die geheimnisvolle Frau versucht, sich der subtilen Kontrolle ihres Arztes mit Hilfe eines Traums von roten Perlen zu entziehen. Die Anstalt, die zugleich Refugium und Ort sozialer Disziplinierung ist, versinnbildlicht die Anpassungsprozesse an eine im Wandel befindliche Gesellschaft. (O.m.d.U.) ✦ Schwarz-weiß. VR China 1993 **P** Zhongguo Dongfang/Wenhua Fazhan Zhongxin **Kl** Freunde der Deutschen Kinemathek **Pd** Xiao Ming **R** He Yi (= He Jianjun) **B** Liu Xiaojing, You Ni **K** Nie Tiejun **M** Guo Xiaohong **S** Liu Xiaojing **D** Shi Ke (Jiyun), Liu Jiang (Jingsheng), Tian Guo bin (Dr. Sha), Hu Zhi, Wang Yongsheng **L** 88 **E** 1994 Kino

DAS ROTE PHANTOM SCHLÄGT ZU (SUPERARGO CONTRO DIABOLIKUS). Ein dem Comic strip entsprungener Supermann namens »Das rote Phantom« zerstört die Welteroberungspläne eines zwischen Genie und Wahnsinn schwankenden Wissenschaftlers. Flapsig inszeniertes Spionageabenteuer. ✦ Scope. Italien/Spanien 1966 **P** Liber/S.E.C./Balcazar **Kl** Constantin **R** Nick Nostro **B** Mira Giarda, Jesus Balcazar **K** Francisco Marin **M** Franco Pisano **D** Ken Wood (= Giovanni Cianfriglia), Gérard Tichy, Loredana Nusciak, Monica Randal, Emilio Messina **L** 85 **FSK** ab 16; nf **E** 11.8.1967 **fd** 14 749

DER ROTE PLATZ (KRASNAJA PLOSCHTSCHAD). Die Gründung der Sowjetarmee nach der Oktoberrevolution und ihre Bewährung im Kampf gegen Interventen und Weißgardisten. Zugleich die Geschichte einer Freundschaft zwischen zwei ungleichen Männern: dem Kommissar aus dem Volke und dem Berufssoldaten aus einem Offiziersgeschlecht. Die unoriginelle Handlung wird durch das Bemühen um differenzierte Typenzeichnung teilweise wettgemacht. Die Verknüpfung einzelner Episoden allerdings wirkt holprig, der Schluß ist aufgesetzt. – Ab 16. ✦ Scope. UdSSR 1970 **P** Mosfilm **Kl** Progress **R** Wassili Ordynski **B** Juli Dunski, Valeri Frid **K** Valentin Shelesnjakow **M** Wenjamin Basner **D** Stanislaw Ljubschin (Amelin), Wjatscheslaw Schalewitsch (Kutassow), Valentina Maljawina (Natascha), Sergej Nikonenko (Matrose Wolodja), Uno Lojt (Uno Parts) **L** 143 **E** 5.11.1971 Kino DDR/21.2.1974 DFF 1

DER ROTE PRINZ (DER ROTE PRINZ). Die romantisch ausgeschmückte Geschichte des österreichischen Erzherzogs Johann Salvator (1852–1891), der sich mit seinen aufrührerischen Schriften in Gegensatz zur Krone stellte, degradiert wurde, auf Rang und Würden verzichtete und wahrscheinlich auf einer abenteuerlichen Seereise ums Leben kam. Im Mittelpunkt des durchschnittlichen Kostümfilms steht die Liebe des Prinzen zu einer Wiener Sängerin. ✦ Schwarz-weiß. BR Deutschland/Österreich 1953/54 **P** Ito/Patria **Kl** Panorama **R** Hanns Schott-Schöbinger **B** Josef Friedrich Perkonig **K** Klaus von Rautenfeld, Oskar Schnirch **M** Anton Profes **D** Peter Pasetti, Inge Egger, Richard Häussler, Rolf Wanka, Kurt Heintel **L** 90 **FSK** ab 12; f **E** 12.3.1954 **fd** 3 185

DER ROTE PULLOVER (LE PULL-OVER ROUGE). Im Juni 1974 wird in der Nähe von Marseille die Leiche eines neunjährigen Mädchens gefunden, das zehn Tage zuvor entführt wurde. Die Polizei verhaftet einen jungen Mann, der unter Druck die Tat gesteht, später aber widerruft. Obwohl viele Indizien Zweifel aufkommen lassen, wird er verurteilt und hingerichtet. Der Spielfilm rekonstruiert den authentischen Fall präzise und in nüchternem Stil. Dabei geht es weniger um die Frage nach Schuld oder Unschuld, sondern um fragwürdige Methoden der Polizei und die indifferente Haltung der Politiker, die unter dem öffentlichen Druck fahrlässig und vorschnell handeln. Ein erschütterndes Plädoyer gegen die Todesstrafe. – Sehenswert. ✦ Frankreich 1979 **P** Port Royal **R** Michel Drach **B** Michel Drach, Ariane Litaize, nach einem Buch von Gilles Perrault **K** Jean Boffety **M** Jean-Louis d'Onorio **S** André Gaultier **D** Serge Avedikian, Michelle Marquais, Claire Deluca, Roland Bertin, Roland Blanche **L** 120 **E** 1.4.1983 DFF 1/19.10. 1984 ZDF

DER ROTE RAUSCH. Klaus Kinski als geistesgestörter Frauenmörder, der, von allen Seiten gehetzt, wieder in die Irrenanstalt zurückkehrt. Trivialer Kriminal-Thriller ohne Witz und Biß. ✦ Schwarz-weiß. BR Deutschland 1962 **P** Rex **Kl** Nora **R** Wolfgang Schleif **B** Hellmut Andics, nach einem Illustriertenroman von Hans Ulrich Horster **K** Walter Partsch **M** Hans-Martin Majewski **D** Klaus Kinski, Brigitte Grothum, Sieghardt Rupp, Marina Petrowa, Dieter Borsche **L** 88 **FSK** ab 16; f **E** 24.5.1962 **fd** 11 134

DER ROTE REITER (1952) (PONY SOLDIER). Ein Indianerstamm hat 1876, vom Hunger getrieben, sein Reservat verlassen und bei einem Überfall zwei Weiße als Geiseln genommen. Ein kanadischer Reiterpolizist hat den Auftrag, den Stamm ins Reservat zurückzuführen. Mit persönlicher Mut und menschenfreundlicher Diplomatie kann er größere Kämpfe verhindern. Gefällige Western-Unterhaltung. – Ab 12. ✦ USA 1952 **P** 20th Century Fox **Kl** Centfox **Pd** Samuel G. Engel **R** Joseph M. Newman **B** John C. Higgins **K** Harry Jackson **M** Alex North **S** John McCafferty **D** Tyrone Power (Duncan McDonald), Cameron Mitchell (Konah), Thomas Gomez (Natayo), Penny Edwards (Emerald Heeley), Robert Horton (Jess Calhoun), Howard Petrie (Inspektor Frazer), Stuart Randall (Stehender Bär), Muriel Landers (Poks-Ki), Frank de Kova (Gustin), John War Eagle (Indianer),

Anthony Earl Numkena (Kommt Gerannt) **L** 82 **FSK** ab 12; f **E** 17.7.1953 **fd** 2 768

DER ROTE REITER (1970). Der abenteuerliche Weg eines Lehrlings aus dem Erzgebirge zu den revolutionären Budjonny-Reitern in die Sowjetunion. Unterwegs lässt der Junge einen Waffenschmuggel der Weißgardisten auffliegen und widersteht der Liebe einer Zirkusartistin, ehe er endlich Petrograd erreicht und in die Armee der Arbeiterklasse aufgenommen wird. Ideologisch überfrachtete Unterhaltung für Kinder und Jugendliche. – Ab 12 möglich. ✦ Schwarz-weiß. DDR 1970 **P** DEFA, Gruppe »Kinder- und Jugendfilm« **Pd** Siegfried Kabitzke **R** Walter Beck **B** Joachim Plötner **K** Günter Heimann **M** Klaus Lenz **S** Rita Hiller **D** Burkhard Mann (Michael), Gerhard Lau (Gustel), Klaus Pönitz (Felix), Regina Popig-Heeger (Fanny), Rüdiger Giese (Zicke), Ralph Borgwardt (Lotse Kramer), Marianne Wünscher (Zirkusdirektorin) **L** 76 **E** 6.11.1970 Kino DDR/16.7.1973 DFF 1

ROTE ROSEN FÜR ANGELIKA (ROSE ROSSE PER ANGELICA / EL AVENTURO DE LA ROSA ROJA / LE CHEVALIER A LA ROSE ROUGE). Die Liebes- und Degenabenteuer eines jungen französischen Adligen, der, um die Liebe einer attraktiven Schankwirtin zu gewinnen, zu einem gegen Unterdrückung und Ausbeutung kämpfenden Bandenführer wird. Oberflächliche Abenteuerunterhaltung für Anspruchslose. – Ab 10. ✦ Italien/Spanien/Frankreich 1966 **P** Flora/West/Ilama/Cineurop **KI** Progress **R** Steno (= Stefano Vanzina) **B** Marcello Ciorciolini, Roberto Gianviti, Steno (= Stefano Vanzina), Natividad Zaro, nach dem Roman von Alexandre Dumas **K** Mario A. Capriotti **M** Angelo Francesco Lavagnino **D** Jacques Perrin (Henri de Verlaine), Raffaella Carrà (Angelika), Carlos Estrada (Lafleche), Michèle Girardon (Antonietta), Chris Huerta (Paul) **L** 105 **E** 12.7.1968 Kino DDR

ROTE ROSEN FÜR EIN CALLGIRL → Manila Tattoo

ROTE ROSEN, ROTE LIPPEN, ROTER WEIN. Das Schicksal einer Gruppe von Wehrmachtssoldaten auf der Flucht vor der Gefangenschaft in Italien als Stoff für einen episodisch angelegten Landser-Film, der mit Wiedersehensfreude und Liebesglück endet – laut Vorspann entstanden »nach Motiven des gleichnamigen Liedes«. Deutsche Nachkriegsunterhaltung: verklärend, verlogen, wirklichkeitsfern. – Ab 14. ✦ Schwarz-weiß. BR Deutschland 1953 **P** Apollo **KI** DFH **Pd** Willie Hoffmann-Andersen, Helmuth Volmer **R** Paul Martin **B** Bobby E. Lüthge, Jacob Geis, Paul Martin **K** Albert Benitz **M** Wolfgang Zeller **S** Martha Dübber **D** Gardy Granass, John van Dreelen, Hans Richter, Jeanette Schultze, Peter Mosbacher, Lil Dagover, Eva Schulz **L** 97 **FSK** ab 12; f **E** 18.9.1953 **fd** 2 776

DER ROTE SCHAKAL (DER ROTE SCHAKAL). Agententhriller über den prominenten Doppelagenten Werner Stiller aus der Endphase des Kalten Krieges. Für den TV-Film wurden Stillers Aussagen rekonstruiert und durch wissenschaftliche Recherchen ergänzt. ✦ Deutschland/Österreich 1996 **P** Eikon/WDR/ORF **R** Hajo Gies **B** Thomas Wittenburg **K** Achim Poulheim **M** Irmin Schmidt **D** August Zirner (Werner Leiser), Hans Diehl (Niemeyer), Felix von Manteuffel (Küster), Catherine Flemming (Katja), Peter Franke (Kubel), Peer Jäger (Hunschke), Lisa Seehaus (Trixi), Jürgen Holtz (Prof. Franke), Jessica Kosmalla, Hermann Treusch (Holm), Jaecki Schwarz, Nadja Engelbrecht **L** 89 **E** 9.4.1997 ARD

DER ROTE SCHATTEN (CIRCUS OF HORRORS). Ein verbrecherischer Schönheitschirurg betreibt einen Zirkus als Tarnung für seine Untaten. Wenig origineller britischer Gruselfilm, handwerklich unter dem Durchschnitt. ✦ Großbritannien 1960 **P** Lynx/Independent **KI** Rank **R** Sidney Hayers **B** George Baxt **K** Douglas Slocombe **M** Franz Reizenstein, Muir Mathieson **D** Erika Remberg (Elissa), Anton Diffring (Dr. Schuler), Yvonne Monlaur (Nicole), Donald Pleasence (Vanet), Jane Hylton (Angela) **L** 92 **FSK** ab 18; nf **E** 11.8.1960 **fd** 9 396

DIE ROTE SCHLINGE (THE BIG STEAL). Ein vom wahren Täter geschickt in Verdacht gebrachter Buchhalter einer amerikanischen Bank, die auf raffinierte Weise um eine riesige Summe beraubt wurde, verfolgt den Gangster und wird selbst wiederum von einem Kriminalkommissar verfolgt. Die drei Männer hetzen hintereinander her, bis es in einem Hehlernest zu Totschlag und Verhaftung kommt. Mischung aus Abenteuer- und Gangsterfilm mit spannenden Autoverfolgungsjagden durch Mexiko. Durch Humor so weit aufgelockert, daß der Film fast eine parodistische Note erhält. – Ab 16. ✦ Schwarz-weiß. USA 1949 **P** RKO **KI** RKO **Pd** Jack J. Gross **R** Don Siegel **B** Geoffrey Hames, Gerald Drayson Adams, nach einer Story von Richard Wormser **K** Harry J. Wild **M** Leigh Harline **S** Samuel E. Beetley **D** Robert Mitchum (Duke), Jane Greer (Joan), William Bendix (Blake), Patric Knowles (Fiske), Ramon Novarro (Colonel Ortega), Don Alvarado (Lt. Ruiz), John Qualen (Seton), Pascual Garcia Pena (Manuel) **L** 75 **FSK** ab 12; nf **E** 1.4.1955/7.4.1973 ARD **fd** 4 017

DIE ROTE SCHLUCHT (RED CANYON). Das Wildpferd »Black Velvet« wird von einem berufsmäßigen Zureiter und der Tochter des größten Pferdezüchters der Gegend eingefangen und zum Sieg im traditionellen Rennen geführt. Zügig inszenierter, gut gespielter Western in malerisch-wilder Landschaft. (TV-Titel: »Hurrikan«) ✦ USA 1949 **P** Universal **KI** Universal **Pd** Leonard Goldstein **R** George Sherman **B** Maurice Geraghty, nach dem Roman »Wildfire« von Zane Grey **K** Irving Glassberg **M** Walter Scharf **S** Otto Ludwig **D** Ann Blyth (Lucy Bostel), Howard Duff (Lin Slone/Cordt), George Brent (Mathew Bostel), Edgar Buchanan (Jonah Johnson), John McIntire (Floyd Cordt), Chill Wills (Brackton), Jane Darwell (Tante Jane), Lloyd Bridges (Virgil Cordt), James Seay (Joel Creech), Denver Pyle (Hutch), Willard Willingham (Van), Hank Patterson (Osborne), Ray Bennett (Pronto), Hank Worden (Charley), Edmund Cobb **L** 78 **FSK** ab 12; nf **E** 8.12.1950/29.7.1993 West 3 **fd** 1 013

DIE ROTE SCHWADRON (THE CANADIANS). Ein kleines Kommando der Königlich-Kanadischen berittenen Polizei erledigt 1876 einen schwierigen Auftrag im Indianergebiet. Western-Abenteuer mit vielen Landschaftsaufnahmen, schwermütigen Indianersongs und bärbeißigem Soldatenhumor. – Ab 14. ✦ Scope. USA 1960 **P** 20th Century Fox **KI** Deutsche Fox **Pd** Herman Webber **R+B** Burt Kennedy **K** Arthur Ibbetson **M** Douglas Gamley **S** Douglas Robertson **D** Robert Ryan (Capt. Gannon), John Dehner (Frank Boone), Teresa Stratas (weiße Squaw), Torin Thatcher (Sgt. McGregor), Burt Metcalfe (Springer), Richard Arlen (Maj. Walker), John Sutton (Walker), Jack Creley (Greer), Scott Peters (Ben), Michael Pate **L** 83 **FSK** ab 12; f **E** 28.4.1961/25.3.1973 ZDF **fd** 10 188

ROTE SCHWARZERDE (KRASSNY TSCHERNOSTEM). Während der Kollektivierung der Landwirtschaft in den 30er Jahren wirbt der Komsomolsekretär eines Dorfes mit vielfältigen Aktivitäten für den Eintritt der jungen Landbevölkerung in den Kolchos. Damit zieht er sich die Feindschaft der Kulaken zu, russischer Großbauern, die seinem Treiben nicht länger tatenlos zusehen wollen. ✦ Scope, schwarz-weiß. UdSSR 1977 **P** Gorki-Studio **R** Lew Mirski **B** Filipp Nasedkin, Nikolai Roshkow **K** Aurelin Jacevicus **M** Leonid Afanasjew **D** Viktor Shukow (Chwilja), Olga Gawriljuk (Mascha), Wladimir Smirnow (Semiwerstow), Valeri Nossik (Morgunow), Ljubow Polechina (Stepanida) **L** 76 **E** 1.6.1978 DFF 2

DAS ROTE SIGNAL (IL FERROVIERE). Die mit Temperament und Talent erzählte Geschichte einer kleinbürgerlichen Eisenbahnerfamilie in Rom, gesehen mit den Augen des noch die Schule besuchenden jüngsten Sohnes. Zwar etwas dialoglastig und nicht ohne Längen, doch atmosphärisch sehr dicht und wirklichkeitsnah. (DDR-Titel: »Signal auf Halt«) ✦ Schwarz-weiß. Italien 1956 **P** Ponti/De Laurentiis **KI** Union **R** Pietro Germi **B** Pietro Germi, Luciano Vincenzoni **K** Leonida Barboni **M** Carlo Rustichelli **D** Pietro Germi (Andrea Marcocci), Luisa della Noce (Sara), Edoardo Nevola (Sandrino), Sylva Koscina (Giulia), Saro Urzi **L** 115 **FSK** ab 12; f **FBW** bw **E** 20.12.1957/31.1.1958 Kino DDR/17.8.1958 DFF 1 **fd** 5 976

ROTE SIGNALE (LE SIGNAL ROUGE). Doktor Berthold, dessen Frau bei einem Eisenbahnunglück umgekommen ist, leidet unter Anfällen geistiger Verwirrung, die bis hin zum Wahnsinn führen, so daß er Attentate auf Züge begeht. Eine Frau pflegt ihn, läßt ihn aber dann in eine Heilanstalt einliefern, um sich einem charmanten Mann zuzuwenden. Dieser verursacht in seiner Eifersucht eine Zugentgleisung, für die sich Doktor Berthold tragischerweise verantwortlich fühlt. Ein effektvoll und reißerisch inszeniertes psychologisches Drama. ✦ Schwarz-weiß. Frankreich 1948 **P** Pen **KI** Union **R** Ernst Neubach **B** Ernst Neubach, Herbert Victor, nach einem Roman von Schütz und Bandisch **K** Raymond Clunie **M** Curt Lewinnek **D** Erich von Stroheim, Denise Vernac, Frank Villard, Claude Chenard, Claire Gérard **L** 96 **FSK** ab 16; f **E** 22.11.1950 **fd** 1 037

ROTE SONNE. Vier junge Frauen, die in einer Münchner Wohngemeinschaft zusammenleben, töten ihre wechselnden Partner. Als sich eine von ihnen in ein potentielles Opfer verliebt, kommt es zum tödlichen Showdown am Ufer des Starnberger Sees. Zweiter Spielfilm von Rudolf Thome, nach Mustern des Hollywoodkrimis, des Western und der Howard-Hawks-Komödie inszeniert. Ein unterhaltsamer Genrefilm mit ansehnlicher Fotografie und witzig-vertrackten Dialogen, die das Lebensgefühl und die Träume einer Generation spiegeln, für die Lebens- und Kinoerfahrung eins sind. DVD: Während des gesamten Films ist es möglich, unterschiedliche Kamerawinkel (Multi Angle) abzurufen. Des weiteren kann ein Gespräch zwischen Rudolf Thome und Ex-Kommune-1-Mitglied Rainer Langhans parallel zum Film eingeblendet werden. ✦ BR Deutschland 1969 **P** Independent **KI** Alpha **VA** Filmgalerie 451 **DVD** Galileo (SE, FF, DD2.0 dt.) **Pd** Heinz Angermeyer **R** Rudolf Thome **B** Max Zihlmann **K** Bernd Fiedler **M** Tommaso Albinoni, The Nice, Small Faces **S** Jutta Brandstaedter **D** Marquard Bohm (Thomas), Uschi Obermeier (Peggy), Diana Körner (Christine), Gaby Go (Isolde), Sylvia Kékulé (Sylvie), Peter Moland (Wenders), Don Wahl (Howard), Hark Bohm (linker Student), Axel Wilschrei (Schriftsteller), Henry van Lyck (Lohmann), Günter Lemmer (Manager), Wolfgang Glück (Mercedesfahrer), Peter Berling (2. Mercedesfahrer), Elga Sorbas (tanzendes Mädchen), Carlo Fedier (Mann an der Bar) **L** 89 **FSK** ab 18; f **FBW** w **E** 1.9.1970/6.8.2001 DVD **fd** 17 237

DIE ROTE SONNE DER RACHE (LA BANDA JES – CRONACA CRIMINALE DEL FAR-WEST). Ein gewalttätiges Banditenpärchen wird von einem Sheriff weniger des Gesetzes als der persönlichen Rache wegen gejagt. Mischung aus Westernelementen, Komödie, Parodie und sentimentaler Liebesgeschichte im Gewande des Italo-Western. ✦ Scope. BR Deutschland/Italien/Spanien 1971 **P** Terra/Loyola/Orfeo **KI** Constantin **R** Sergio Corbucci **B** Sergio Corbucci, Sabatino Ciuffini, Michael Haller, Mario Amendola **K** Alejandro Ulloa **M** Ennio Morricone **S** Eugenio Alabiso **D** Tomas Milian (Jed), Susan George (Sonny), Telly Savalas (Franciscus), Rossana Yani (Linda), Herbert Fux (Merril), Eduardo Fajardo (Don Garcia), Werner Pochath (Killer) **L** 97 **FSK** ab 18; nf **E** 24.11.1972 **fd** 18 116

DER ROTE SPEER (SCARLET SPEAR). Ein Distriktkommissar im Gebiet von Kenia versucht, einen blutigen Stammesritus der Massai zu unterbinden, hat aber erst Erfolg, nachdem der Ritus noch einmal vollzogen ist. Naiver Abenteuerfilm mit schönen Tier- und Landschaftsbildern. ✦ USA 1954 **P** United Artists **KI** United Artists **Pd** Charles Reynolds **R+B** George Breakston, Ray Stahl **K** Bernard Davies **M** Ivor

Slaney **S** John Shirley **D** John Bentley (Jim Barneson), Martha Hyer (Christine), Morasi (Morasi) **L** 79 **FSK** ab 6; f **E** 5.11.1954 **fd** 3693

DER ROTE STECKBRIEF (L'AFFICHE ROUGE). Eindrucksvolle Auseinandersetzung mit einem Stück französischer Vergangenheit während der deutschen Besatzung. Am 21. Februar 1944 wurden 22 Mitglieder der Partisanengruppe Manouchian von einem deutschen Militärgericht zum Tode verurteilt. Der Film rekonstruiert das Geschehen und schlägt eine Brücke zwischen Gestern und Heute: Nach dem Rückblick blendet er in die Gegenwart und zeigt, wie eine Gruppe Schauspieler auf Mitglieder der Résistance stößt. Von diesen erfahren sie Details der historischen Ereignisse und versuchen, sie nachzuspielen. Ein wichtiger politischer Film, dem überzeugend die Balance zwischen Geschichte und Theater, Realität und Fiktion gelingt. ✦ Frankreich 1976 **P** Z/I.N.A. **R** Frank Cassenti **B** Frank Cassenti, René Richon **K** Philippe Rousselot, Claire Lusseyran **M** Juan Cedron, Carlos Carlsen **D** Roger Ibanez, Pierre Clementi, László Szabó, Maia Wodeska, Malka Ribovska **L** 90 **E** 30.6.1977 ZDF

DER ROTE STRUMPF. Die elfjährige Marie schließt Freundschaft mit der alten Frau Panacek, die als Patientin in einer psychiatrischen Klinik lebt. Ein manchmal etwas aufdringlich pädagogischer und inhaltlich überfrachteter Kinderfilm, der jedoch überzeugend gegen Vorurteile antritt und Hilfe für den Umgang mit Behinderten geben kann. Hervorragend gespielt. – Ab 8. ✦ BR Deutschland 1980 **P** Aspekt-Telefilm/ZDF **KI** Atlas **VA** Matthias **R** Wolfgang Tumler **B** Elfie Donnelly, nach ihrem Kinderbuch **K** Petrus Schloemp **M** Eberhard Weber, Rainer Brüninghaus **S** Peter Przygodda **D** Inge Meysel (Maria Panacek), Julie Tumler (Mari), Ulrike Bliefert (Mutter), Peter Bauer (Vater), Dorothea Moritz (Schneiderin) **L** 92 **FSK** ab 6; f **FBW** bw **E** 29.5.1981/Juni 2000 Video **fd** 22827

DER ROTE STURM (KRASNAJA METEL). Ein Soldat der Roten Armee kehrt in sein Dorf zurück und beginnt, die dort Ansässigen davon zu überzeugen, daß ihre neugewonnene Freiheit verteidigt werden muß. ✦ Schwarz-weiß. UdSSR 1971 **P** Moldaufilm **R** Wassile Paskaru **B** Georgi Malartschuk **K** Wlad Tschurja **M** Jewgeni Doga **D** Michail Golubowitsch, Semjon Sokolowski, Jewgeni Wesnik, Valeri Rushakow, Jelena Sanko **L** 93 **E** 10.8.1972 DFF 2

DIE ROTE TAPFERKEITSMEDAILLE (THE RED BADGE OF COURAGE). Als ein frisch an die Front des amerikanischen Bürgerkriegs verlegtes Regiment erstmals dem Feind gegenübersteht, flieht einer der Soldaten, die vorher noch mit den Heldentaten prahlten, die sie vollbringen wollten. Der junge Mann wird durch Zufall nicht als Deserteur erkannt und avanciert beim zweiten Angriff zum »Helden«, als er, eher verzweifelt als mutig, allen voran in die Schlacht stürmt. John Hustons Film handelt von der dünnen Trennungslinie zwischen Feigheit und Heldentum und ist als schonungslos realistisches Kriegsdrama angelegt. Konflikte mit der Produktionsfirma führten dazu, daß der Film umgeschnitten wurde und Hustons Absichten nur noch andeutungsweise sichtbar blieben. Die ursprüngliche Fassung existiert nicht mehr. – Ab 16. ✦ Schwarz-weiß. USA 1951 **P** MGM **Pd** Gottfried Reinhardt **R** John Huston **B** John Huston, nach einem Roman von Stephen Crane **K** Harold Rosson **M** Bronislau Kaper **S** Ben Lewis, Margaret Booth **D** Audie Murphy (Henry Fleming), Bill Mauldin (Tom Wilson), Douglas Dick (Lieutenant), Royal Dano, Andy Devine, Arthur Hunnicutt **L** 69 **E** 14.8.1981 ZDF

DAS ROTE TELEFON ... ALARM! (THE LOST MISSILE). Eine todbringende »Hitzerakete« aus dem All läßt die Maschinerie der amerikanischen Luftabwehr aktiv werden. Letztere wird in diesem B-Picture so ausgiebig in Szene gesetzt, als handele es sich um einen Lehrfilm über zivilen Luftschutz. ✦ Schwarz-weiß. USA/Kanada 1958 **P** William Berke **KI** Pallas **Pd** Lee Gordon **R** William Berke **B** William Berke, John McPartland, Jerome Bixby **K** Kenneth Peach **M** Gerald Fried **S** Everett Sutherland **D** Robert Loggia (David Loring), Larry Kerr (General Barr), Ellen Parker (Joan Woods), Philip Pine (Joe Freed), Marilee Earle (Ella Freed), Fred Engelberg (Tv-Sprecher), Kitty Kelly (Ellas Mutter), Selmer Jackson (Minister) **L** 70 **FSK** ab 12; f **E** 10.3.1961 **fd** 10088

DER ROTE TEUFEL (THE RED STALLION). Ein Junge wächst als Waise auf der Farm seiner Großmutter in Nordkalifornien auf. Mit zehn Jahren rettet er die Farm vor der drohenden Versteigerung, indem er seinen Fuchshengst zum Sieg auf der Rennbahn führt und Partner eines Rennstallbesitzers wird. Familienfreundliches Unterhaltungskino für Pferdeliebhaber. (Alternativtitel: »Joel reitet auf Sieg«) – Ab 8. ✦ USA 1953 **P** Eagle Lion **KI** Union/Berliner Filmverleih **Pd** Ben Stoloff **R** Lesley Selander **B** Robert E. Kent, Crane Wilbur **K** Virgil Miller **M** Frederick Hollander (= Friedrich Hollaender) **S** Fred Allen **D** Noreen Nash (Ellen Reynolds), Robert Paige (Andy McBride), Ted Donaldson (Joel Curtis), Jane Darwell (Mrs. Curtis), Ray Collins (Barton), Guy Kibbee (Dr. Thompson), Willie Best (Jackson) **L** 92 **FSK** ab 6; f **E** 29.5.1953/1.10.1995 Kabel 1 **fd** 2574

ROTE TEUFEL UM KIT CARSON (KIT CARSON). Captain Fremont führt 1842 einen Trupp Soldaten nach Kalifornien. Ihm und einem Auswanderertreck dient Kit Carson als Pfadfinder. Von den Indianern werden sie gnadenlos bekämpft. Später kann Carson einen Angriff von General Castro auf die kalifornischen Amerikaner vereiteln. Ein teilweise historisch fundierter Western von überdurchschnittlicher Qualität, der gegen Schluß etwas abfällt. (Alternativtitel: »Im Tal des Schreckens«) – Ab 14. ✦ Schwarz-weiß. USA 1940 **P** Edward Small Prod. **KI** Illtis/HAS **Pd** Edward Small **R** George B. Seitz **B** George Bruce **K** John Mescall, Robert Pittack **M** Edward Ward **S** Fred R. Feitshans jr., William Claxton (= William F. Claxton) **D** Dana Andrews (Capt. John C. Fremont), Jon Hall (Kit Carson), Lynn Bari (Dolores Murphy), Harold Huber (Lopez), Ward Bond (Ape), Renie Riano (Miss Genevieve Pilchard), Clayton Moore (Paul Terry), Raymond sutherland (Jim Bridger), Stanley Andrews (Larkin), Charles Stevens (Ruiz), Iron Eyes Cody (Indianer) **L** 98 **FSK** ab 12; nf **E** 31.3.1950 **fd** 718

ROTE TINTE (VÖRÖS TINTA). Eine 14jährige Schülerin muß entdecken, daß ihr Vater, der Zeichenlehrer an ihrer Schule ist, ein Verhältnis mit ihrer Klassenlehrerin hat. Das stellt ihr Vertrauen den Erwachsenen gegenüber und ihren Glauben an die Richtigkeit des von Schule und Elternhaus gelehrten moralischen Verhaltens sehr in Frage. Schließlich entscheidet sich die Klassenlehrerin, die Schule und die Stadt zu verlassen. Gut gespieltes, ansonsten handwerklich mittelmäßiges Drama, das trotz überflüssiger Sentimentalitäten die Gefühlswelt einer Heranwachsenden überzeugend und einfühlsam vermittelt. – Ab 14. ✦ Schwarz-weiß. Ungarn 1959 **P** Filmstúdió Budapest **KI** Progress **R** Viktor Gertler **B** Magda Szabó **K** János Tóth **M** Tibor Polgár **D** Eva Vass, György Pálos, Nóra Tábori, Myrtill Nádasi, József Tímár **L** 89 **E** 26.8.1960 Kino DDR/10.3.1961 DFF 1

DIE ROTE VIOLINE (THE RED VIOLIN / IL VIOLINO ROSSO). Eine rote Violine wandert im Laufe von vier Jahrhunderten von ihrer Entstehung im 17. Jahrhundert bis in die heutige Zeit durch verschiedene Kulturen: vom italienischen Baumeister über ein Wiener Wunderkind und einen Londoner Virtuosen bis zu einer Versteigerung in Kanada. Das fiktive Instrument dient als Aufhänger für einen historischen Bilderbogen, der die Epochen allzu illustrativ und oberflächlich abbildet und seine opulente Ausstattung einer sinnvollen Dramaturgie vorzieht. (Videotitel: »Red Violin«) – Ab 14. ✦ Kanada/Italien 1998 **P** Rhombus Media/Mikado/New Line International/Channel Four Films/Telefilm Canada **KI** Concorde **VA** Concorde (VCL) **DVD** Concorde (1.85:1, DD5.1 dt.) **Pd** Niv Fichman, Daniel Iron, Giannandrea Pecorelli **R** François Girard **B** Don McKellar, François Girard **K** Alain Dostie **M** John Corigliano **S** Gaetan Huot **D** Carlo Cecchi (Nicolo Bussotti), Irene Grazioli (Anna Bussotti), Sylvia Chang (= Zhang Ai-Jia) (Xiang Pei/Xiang Peis Mutter), Greta Scacchi (Victoria Byrd), Jason Flemyng (Frederick Pope), Samuel L. Jackson (Charles Morritz) **L** 130 **FSK** ab 6; f **FBW** bw **E** 26.11.1998/25.5.1999 Video/3.11.1999 DVD **fd** 33426

DER ROTE WASSERBALL →Wasserball und Kommunismus

ROTE WIESEN (DE RODE ENGEN). Eindringliches und überzeugendes Drama über die Zeit des Widerstandes gegen die deutsche Okkupation. Der Film verzichtet auf Pathos und Schwarzweißmalerei zugunsten eines teilweise schonungslosen Realismus. – Ab 16. ✦ Schwarz-weiß. Dänemark 1945 **P** A/S Nordisk **KI** Progress **R** Bodil Ipsen, Lau Lauritzen **B** Leck Fischer **K** Rudolf Frederiksen **M** Sven Gyldmark **D** Poul Reichhardt (Michael), Lisbeth Movin (Ruth), Lau Lauritzen (Olaf), Preben Neergaard (Prikken), Freddy Kock (Dreyer) **L** 82 **E** 6.1.1956 Kino DDR/10.3.1975 DFF 1

DIE ROTE WÜSTE (IL DESERTO ROSSO). Die Frau eines Ingenieurs in Ravenna leidet nach einem Autounfall an neurotischen Ängsten: Mann und Kind werden ihr fremd; die künstliche Umwelt der Fabriken und Raffinerien dagegen rückt bedrohlich nahe und verwandelt sich in apokalyptische Visionen des Zerfalls. Nach einer kurzen Liaison mit dem Kollegen ihres Mannes kehrt sie ins alltägliche Leben zurück, dessen Haltlosigkeit sie zu akzpetieren gelernt hat. Antonioni verfolgt in seinem ersten Farbfilm die thematischen und formalen Ansätze aus »Die mit der Liebe spielen« (1959), »Die Nacht« (1960) und »Liebe 1962« (1961) auf neuer Ebene weiter: Die Sinnkrise ist radikal; nach dem Verlust von religiösen, emotionalen und sozialen Bindungen bleibt nur die sinnliche Oberfläche der Dinge, deren Poesie erst erlernt und deren »Sinn« erst gefunden werden muß. Antonioni beschreibt die Entfremdung der Heldin mit Hilfe einer bewußt irrealen Farbdramaturgie. ✦ Italien 1963 **P** Cervi **KI** Cine-Union **R** Michelangelo Antonioni **B** Michelangelo Antonioni, Tonino Guerra **K** Carlo Di Palma **M** Giovanni Fusco, Vittorio Gelmetti **S** Eraldo da Roma **D** Monica Vitti, Richard Harris, Carlo Chionetti, Rita Renoir, Xenia Valderi, Aldo Grotti **L** 117 **FSK** ab 18; f **FBW** w **E** 4.12.1964 **fd** 13187

DAS ROTE ZELT (LA TENDA ROSSA / KRASNAJA PALATKA). Die mißglückte Luftschiff-Polarexpedition des italienischen Generals Nobile im Jahr 1928 und die Suchaktionen nach den Überlebenden als Gegenstand eines technisch hervorragend gestalteten und prominent besetzten Abenteuerfilms mit melodramatischen Akzenten. – Ab 16. ✦ Italien/UdSSR 1969 **P** Vides/Mosfilm **KI** CIC **Pd** Franco Cristaldi **R** Michail Kalatosow **B** Ennio de Concini, Nicola Badalucco, Michail Kalatosow **K** Leonid Kalaschnikow **M** Ennio Morricone **S** Peter Zinner **D** Sean Connery (Amundsen), Claudia Cardinale (Waleria), Peter Finch (Nobile), Hardy Krüger (Lindberg), Mario Adorf (Biagi), Eduard Marzewitsch (Malmgreen), Massimo Girotti (Romagna), Luigi Vannuchi (Capt. Zappi), Nikita Michalkow (Chuknowski), Juri Solomin (Troiani), Donatas Banionis (Mariano), Otar Koberidse (Cecioni) **L** 121 **FSK** ab 12; f **E** 15.10.1971/30.7.1971 Kino DDR/1.,2.1.1973 DFF 2/24.12.1976 ZDF **fd** 17544

DAS ROTE ZIMMER (LA STANZA DEL VESCOVO / LA CHAMBRE DE L'EVEQUE). Kurz nach dem Zweiten Weltkrieg verstrickt sich ein junger Mann in einer prachtvoll am Lago Maggiore gelegenen Villa in ein rätselhaftes Beziehungsgeflecht zwischen einer mannstollen jungen Frau, einem ältlichen Schürzenjäger und dessen unbefriedigter Frau, bis nach einem Mord die Fassade von vorgeblicher Wohlanständigkeit zusammenbricht. Ein Film, der unentschlossen zwischen italienischer Sittenkomödie und Psychothriller sowie zwischen einer Satire auf das

Großbürgertum und der Charakterstudie eines lächerlichen, lüsternen Faschisten schwankt. ✦ Italien/Frankreich 1977 **P** Merope/Carlton Film Export/Société Nouvelle Prodis **Pd** Giovanni Bertolucci **R** Dino Risi **B** Leo Benvenuti, Piero de Bernardi, Dino Risi, nach einem Roman von Piero Chiara **K** Franco di Giacomo **M** Armando Trovaioli **S** Antonietta Zita **D** Ugo Tognazzi (Orimbelli), Ornella Muti (Matilda), Patrick Dewaere (Mattei), Gabriella Giacobbe (Cleofe), Marcello Turilli (Berlusconi), Franco Sangermano (Richter) **L** 110 **E** 7.7.1990 ARD

ROTE ZONE. Dokumentarfilm über die Geschichte des 1. Mai. Fünf Beiträge – jeweils aus einem anderen europäischen Land – rücken gesellschaftliche Konflikte in den Vordergrund, die von der Umwandlung einer über hundert Jahre alten Industriestruktur herrühren, und stellen den internationalen Aspekt der Arbeiterbewegung heraus. Verbunden werden die Beiträge durch einen Rückblick von Paul Meyer, dem belgischen Pionier des sozialen Dokumentarfilms. ✦ Großbritannien/Frankreich/Belgien/Deutschland/Italien 1990 **R** Didi Danquart (dt. Beitrag), Paul Lhoir (belg. Beitrag), Gian Filippo Pedote (ital. Beitrag) **B** Helmut Bürgel (dt. Beitrag), Guido Welkenhuisen (belg. Beitrag), Felice Pesoli (ital. Beitrag) **L** (TV) 95 **E** 1.5.1992 3SAT

DER ROTE ZUG (LE TRAIN ROUGE). Anläßlich der Parlamentswahlen in Italien fahren jeweils Zehntausende von italienischen Emigranten in Spezialzügen in ihr Land zur Abstimmung. Der Zug, der ihre Arbeitsplätze in der Schweiz mit ihrem Herkunftsland verbindet, wird im Laufe des Films zum roten Faden einer Dialektik, die die sozio-ökonomischen Gegensätze aufdeckt zwischen einem hoch industrialisierten Land und unterentwickelten Zonen, deren wirtschaftliche Lage den Ländern der Dritten Welt gleicht. ✦ Schweiz/BR Deutschland 1972 **P** Ammann Prod./EDI/SSR/Bayerischer Rundfunk **Pd+R+B** Peter Ammann **K** Jimmy Glasberg **M** Paolo Pietrangeli, Gioacchino Rossini **S** Jaques Morzier **L** 105 (87) **E** Schweiz

DIE ROTEN LATERNEN (TA KOKKINA FANARIA). Prostituiertenschicksale in einem Bordell im Hafen von Piräus – auf den Spuren von »Sonntags nie«. Was sich den Anschein von Realitätsnähe geben will, beschränkt sich auf Sozialromantik und melodramatische Klischees. ✦ Schwarz-weiß. Griechenland 1963 **P** Damaskinos/Michaelides **Kl** Kurt Zobel **Pd** Th. A. Damaskinos, V. G. Michaelides **R** Vassili Georgiadis **B** Alecos Galanos, nach dem gleichnamigen Bühnenstück von Vasili Georgiades **K** Nicos Gardelis **M** Stavros Xarchakos **D** Jenny Karezi (Eleni), Georges Foundas (Mignon), Dimitri Papamichael (Pavlos), Despo Diamantidou (Madame Parie), Mary Chronopoulou (Mary), Sandra Ladicou (Anna) **L** 101 **FSK** ab 18; nf **E** 7.7.1964 **fd** 12 844

DIE ROTEN PFERDE. Ein berühmtes Gestüt wird durch die untreue Ehefrau des Besitzers und den Verwalter aus Gewinnsucht an den Rand des Ruins gebracht. Am Ende stehen Erfolg und Glück für die rechtmäßigen Erben. Gemütvoller dänischer Unterhaltungsfilm mit ansprechenden Landschaftsaufnahmen. ✦ Dänemark 1960 **R** Alice O'Fredericks, Jon Iversen **D** Poul Reichhardt, Tove Maes, E. Federspiel **L** 70 **E** 13.10.1968 ZDF

DIE ROTEN SCHUHE (THE RED SHOES). Hans Christian Andersens Märchen von den roten Schuhen, die den, der sie anzieht, ewig tanzen lassen, ist in eine in unseren Tagen spielende Rahmenhandlung gekleidet, die den Konflikt zwischen Kunst und Leben auf fatalistisch-tragische Weise enden läßt. Ein Meisterwerk des Ballettfilms, das alle filmischen Gestaltungsmöglichkeiten – vorab Kamera, Montage, Farben – bestens ausschöpft. – Sehenswert ab 16. ✦ Großbritannien 1948 **P** The Archers/Rank **Kl** Filmwelt **Pd** Michael Powell, Emeric Pressburger (= Emmerich Pressburger) **R** Emeric Pressburger (= Emmerich Pressburger), Michael Powell **B** Emeric Pressburger (= Emmerich Pressburger), Michael Powell, Keith Winter, nach einem Märchen von Hans Christian Andersen **K** Jack Cardiff **M** Brian Easdale **S** Reginald Mills **D** Moira Shearer (Victoria Page), Anton Walbrook (= Adolf Wohlbrück) (Boris Lermontow), Marius Goring (Julian Craster), Leonide Massine (Grischa Ljubov), Robert Helpmann (Ivan Boleslawsky) **L** 133 **FSK** ab 12; f **E** 7.12.1948/14.7.1968 ARD/27.12.1984 DFF 1 **fd** 24 623

DIE ROTEN TEUFEL VON ARIZONA (FLAMING FEATHER). Gut fotografierter Western vor der Landschaftskulisse von Arizona: Eine Bande von Weißen und Indianern unter Führung einer geheimnisvollen »schwarzen Maske« terrorisiert einen Landstrich, bis ein mutiger Mann nach einem Überfall auf seine Farm den Verbrecher entlarvt und zusammen mit Soldaten die Bande unschädlich macht. – Ab 14. ✦ USA 1951 **P** Paramount **Kl** Constantin **Pd** Nat Holt **R** Ray Enright **B** Gerald Drayson Adams, Frank Gruber **K** Ray Rennahan **M** Paul Sawtell **S** Elmo Billings **D** Sterling Hayden (Tex McCloud), Arleen Whelan (Carolina), Victor Jory (Lucky Lee), Forrest Tucker (Lt. Tom Blaine), Barbara Rush (Nora Logan), Carol Thurston, Edgar Buchanan, Richard Arlen **L** 78 **FSK** ab 12; nf **E** 28.2.1956 **fd** 4 455

DIE ROTEN TEUFELCHEN (KRASNYJE DJAWOLJATA). Zwei Kinder haben ihren Vater bei einem Bandenüberfall verloren und dem Sterbenden die Vergeltung der Tat geschworen. Mit einem schwarzen amerikanischen Matrosen stoßen sie auf Budjonnys Erste Reiterarmee. Im Kampf mit den Banditen erfüllen sie das Vermächtnis. ✦ Schwarz-weiß. UdSSR 1923 **P** Filmsektion des Volkskommissariats für Bildungswesen **R** Iwan Perestiani **B** R. Bljachin, Iwan Perestiani, nach der Erzählung von P. Bljachin **K** Alexander Digmelow **D** P. Jessikowski (Mischa), S. Shoseffi (Dunjascha), Kador Ben-Salim (Tom Jackson), A. Dawydowski (Budjonny), W. Satyrin (Machno) **L** 67 **E** 19.3.1973 DFF 2

ROTER DRACHE → Blutmond

ROTER MOHN (ROTER MOHN). Eine junge Schauspielerin wird irrtümlich für die Ehefrau eines Grafen gehalten, was zahlreiche Turbulenzen auslöst, bis sie schließlich wirklich seine Gattin wird. Alberne Komödie mit einigen Revuenummern und einem Hang zu derben Pointen; schlecht gespielt und dürftig inszeniert. – Ab 16. ✦ Österreich 1956 **P** Sascha/Lux **Kl** Gloria **R** Franz Antel **B** Werner P. Zibaso, Kurt Nachmann **K** Hans H. Theyer, Hanns Matula **M** Johannes Fehring **S** Arnfrid Heyne **D** Rudolf Prack (Stefan von Reiffenberg), Gundula Korte (Marina), Hans Moser (Anton), Ida Wüst (Tante Theresa), Carola Höhn (Barbara) **L** 101 (gek. 97) **FSK** ab 16; nf (gek. 6; f) **E** 21.12.1956 **fd** 5 518

ROTER MOHN VON ISSYK-KUL (ALYE MAKI ISSYK-KULJA). Eine Grenzeinheit der Roten Armee versucht Anfang der 20er Jahre im kirgisischen Bergland Opiumschmugglern das Handwerk zu legen. Spannender Abenteuerfilm, der die großartige Landschaft und die besondere Lebens- und Denkart ihrer Menschen mit einbezieht und bemerkenswerte schauspielerische Leistungen zeigt. ✦ UdSSR 1972 **P** Kirgisfilm **Kl** Progress **R** Bolotbek Schamschijew **B** W. Sokol, Yuri Sokol, A. Dshakybekow **K** Viktor Ossennikow **M** M. Murutajew **D** Sjuimenkul Tschokmorow (Karabalta), Boris Chimitschew (Kokarjew), Sowjetbek Dshumadylow (Baisak), G. Wirkawa (Olga), E. Omursakow (Kalmat) **L** 97 **E** 3.8.1973 Kino DDR/26.12.1974 DFF 1

ROTER PSALM (MEG KER A NEP). Ungarn in der zweiten Hälfte des vorigen Jahrhunderts. Ein Aufstand von Landarbeitern wird blutig von den Militärs niedergeschlagen. Der Film abstrahiert dabei weitgehend von konkreten historischen Begebenheiten, um in symbolisch stilisierten und choreografierten Bildern und langen Kamerafahrten den Prozeß menschlicher Selbstbefreiung an sich zu feiern. Ein faszinierendes Kunstwerk, das einige Ansprüche an den Zuschauer stellt. – Ab 16. ✦ Ungarn 1972 **P** Mafilm **Kl** Progress **R** Miklós Jancsó **B** Gyula Hernádi **K** János Kende **M** Ferenc Sebö **D** Andrea Drahota, Lajos Balázsovits, András Bálint, Gyöngyi Bürös, József Madaras **L** 84 **E** 8.3.1974 Kino DDR/6.1.1978 DFF 2

ROTER SAND (KRASNYJE PESKI). Kampf eines kleinen Trupps usbekischer Rotarmisten gegen die Banden des Chans von Chiwa im Jahre 1920. Abenteuerfilm in exotischem Ambiente. ✦ Scope. UdSSR 1968 **P** Usbekfilm **Kl** Progress **R** Akmal Akbarchodshajew, Ali Chamrajew **B** K. Ikramow, Artur Makarow **K** Alexander Pann **M** Rumil Wildanow **D** Bolot Bejschenalijew (Kommandeur Mirscharapow), Artyk Dshallyjew (Dshunaid-Chan), Anatoli Aso (Sergej), G. Ismailowa (Aina), Chamza Umarow (Machmudow) **L** 70 **E** 6.2.1970 Kino DDR/14.11.1971 DFF 2

ROTER STAUB (THE BRAVE ONE). Die Geschichte eines mexikanischen Bauernjungen, der den Kampfstier, den er aufzog, vor dem grausamen Tod in der Arena retten will. Eine spannende Story in sorgfältiger Inszenierung, dazu die reizvolle Landschaft und Eindrücke vom kargen bäuerlichen Leben: Kurzweilige Unterhaltung besonders für Tierfreunde. – Ab 10. ✦ Scope. USA 1956 **P** RKO **Kl** RKO **Pd** Maurice King, Frank King **R** Irving Rapper **B** Harry Franklin, Merrill White, Robert Rich (= Dalton Trumbo) **K** Jack Cardiff **M** Victor Young **S** Merrill White **D** Rodolfo Hoyos (Rafael Rosillo), Michael Ray (Leonardo), Elsa Cardenas (Maria), Carlos Fernandez (Manuel), Carlos Navarro (Don Alejandro) **L** 99 **FSK** ab 12; f **E** 14.3.1957 **fd** 5 695

ROTER WEIN (CERVENE VINO). Die Chronik einer Familie vor dem Hintergrund der Jahre 1913 bis 1930. – Ab 14. ✦ CSSR 1976 **P** Filmstudio Bratislava-Koliba **Kl** Progress **R** Andrej Lettrich **B** Jozef Bob, Andrej Lettrich, nach einem Roman von Frantisek Hecko **K** Tibor Biath **M** Zdenek Liska **D** Stefan Kvietik (Urban), Emília Vásáryová (Kristina), Ivan Rajniak, Karol Machata, Július Vasek **L** 148 **E** 20.4.1979 Kino DDR

ROTES BANNER AUF GRÜNEM FELS. Das Schicksal einer einfachen Familie während des chinesischen Befreiungskampfes. ✦ Schwarz-weiß. VR China 1950 **Kl** Progress **R** Chang Tsung-Hsiang **B** Tu Tan **K** Feng Sze Chih **M** Wang Yun Chieh **S** Chin Hsueh Chin **D** Meng Tse (Chang Fa), Lao Sze (Pei), Hsiao (Cheng Tien Kuo), Feng Chih-Ku (Pei Mu), Chung Wang (Mu Hung) **L** 102 **E** 24.4.1953 Kino DDR/14.6.1955 DFF 1

ROTES KORNFELD (HONG GAOLIANG / RED SORGHUM). Ein grandioser Bilderbogen aus dem ländlichen Leben im China der 20er und 30er Jahre, der vom Leben, der Liebe und den Begierden der Bevölkerung erzählt und den unmenschlichen Terror der japanischen Invasoren ebenso drastisch vor Augen führt wie den verzweifelten Widerstand der Bevölkerung. Eine künstlerisch ausdrucksstarke Mischung aus Epos und derbem Bauerntheater, die das Heitere und die Tragik des Lebens am Beispiel einfacher Menschen augenfällig macht; eindrucksvoll auch durch die außergewöhnlich agile Kamera und die ausgereifte Farbdramaturgie. (O.m.d.U.; Kinotip der katholischen Filmkritik.) – Sehenswert. ✦ Scope. VR China 1987 **P** Xi'an Film Studio **Kl** Sputnik/Salzgeber **R** Zhang Yimou **B** Chen Jianyu, Zhu Wei, Mu Yan, nach Kurzgeschichten von Mu Yan **K** Gu Changwei **M** Zhao Jiping **S** Du Yuan **D** Gong Li (Nine, Großmutter), Jiang Wen (Yu, Großvater), Teng Rujun (Luohan), Cui Cun-Hua (Huer), Liu Ji (Douguan) **L** 90 **E** 8.6.1989/4.10.1989 ZDF (synchr.)/10.11.1989 Kino DDR **fd** 27 622

ROTES LICHT (RED LIGHT). Johnny Torno, ein großer Geschäftsmann, hat seinen betrügerischen Buchhalter ins Gefängnis gebracht. Aus Rache läßt dieser Tornos Bruder, einen jungen Kaplan, von einem Gangster erschießen. Torno kann den Mörder aufspüren, verzichtet aber auf Vergeltung. Konventioneller Kriminalfilm mit einem »moralischen« Ende, das aufgesetzt wirkt. – Ab 14. ✦ Schwarz-weiß. USA 1949 **P** United Artists **Kl** NWDF **Pd+R** Roy Del Ruth **B** George Callahan **K** Bert Glennon **M** Dimitri Tiomkin

S Richard Heermance **D** George Raft (Johnny Torno), Virginia Mayo (Carla North), Gene Lockhart (Warni Hazard), Raymond Burr (Nick Cherney), Henry Morgan (= Harry Morgan) (Rocky), Barton MacLane (Strecker), Bill Phillips (Ryan) **L** 82 **FSK** ab 12; f **E** 25.5.1951 **fd** 1 204

ROTES PULVER (POLVO ROJO). Nach der kubanischen Revolution kämpfen drei Männer für die ökonomische Unabhängigkeit des Landes gegenüber ausländischen Mächten. ✦ Kuba 1981 **P** ICAIC **R+B** Jesús Diaz **K** Raul Rodriguez **M** José María Vitier **D** Adolfo Llauradó, René de la Cruz, José Antonio Rodriguez, Christina Obin, Tito Junco **L** 113 **E** 25.7. 1983 DFF 2

ROTES TUCH – WENN EIN TORERO LIEBT (LA FIESTA SIGUE). Ein junger Torero verliebt sich in eine schöne Zigeunerin, doch ihre Wege trennen sich, als sie mit ihrer Tanztruppe weiterreist und er hofft, in Madrid ein gefeierter Matador zu werden. Jahre später treffen beide erneut zusammen – er ist unglücklich in die Tochter eines Marquis verliebt, sie erkennt, daß sie den Falschen geliebt hat. Ein Melodram im Stierkämpfer-Milieu, angereichert mit authentischen Kampfaufnahmen. – Ab 14. ✦ Schwarz-weiß. Spanien 1949 **P** Sagitario **KI** Jugendfilm **R** Enrique Gomez **B** Juan Martin **M** Jesus G. Leoz **D** Rafael Albaicin (Rafael), Margarita Andrey (Genoveva), José María Seoane (Christobal), Leonor Maria (Soledad), Mariano Asquerino (Marqués) **L** 70 **FSK** ab 12; nf **E** 19.6.1951

ROTFUCHS. Die Erlebnisse einer 28jährigen Frau, die als Postbotin allein mit ihrem Sohn in einem Dorf an der Havel lebt. Heiterer Fernsehfilm. ✦ DDR 1973 **P** DEFA **Pd** Adolf Fischer **R+B** Manfred Mosblech **K** Günter Eisinger **M** Hartmut Behrsing **S** Bärbel Bauersfeld **D** Angelika Waller (Eva), Jürgen Zartmann (Jon), Günter Naumann (Engel), Harald Wandel (Martin), Manfred Borges (Marski) **L** 83 **E** 24.12. 1973 DFF 1

DIE ROTHAARIGE (ROOISE SIEN). Mit eingängigen Musical-Melodien angereicherter Spielfilm um eine Varieté-Künstlerin, die in den »goldenen« 20er Jahren Karriere macht. Veraltete Unterhaltung aus den »rebellischen« Jahren des niederländischen Kinos. ✦ Niederlande 1975 **P** Parkfilm **Pd** Rob de Mée **R** Frans Weisz **B** Frans Weisz, Judith Herzberg, Beppie Nooy jr., Rob du Mée, Richard Nooy, nach einem Bühnenstück von Marius Spree **K** Ferenc Kálmán-Gáll **D** Willeke Alberti, Jules Hamel, Beppie Nooy jr., Mayra Ward, Peter Faber **L** 109 **E** 23.4.1985 DFF 1

DER ROTHAARIGE (RYSCHIK). Als er erfährt, daß er ein Findelkind ist, läuft ein 10jähriger Junge von seinen Pflegeeltern in einer russischen Provinzstadt fort und schließt sich einem vagabundierenden Zirkuskünstler an. In den Erlebnissen und Abenteuern des Kindes spiegelt sich ein Stück Sozialgeschichte der Zarenzeit. (DDR-Titel: »Rotschopf«) ✦ Schwarz-weiß. UdSSR 1960 **P** Gorki-Studio **R** Ilja Fres **B** Michail Lwowski, nach einer Novelle von A. Svirskij **K** Margarita Pilichina **M** Nikita Bogoslowski **D** Serjoscha Solotarjow (Sanka, der Rothaarige), Sascha Krynkin (Spirka), Tanja Saljais (Dunja), V. Salivin (Halbe Portion) **L** 85 **E** 6.10.1967 Kino DDR/6.12. 1970 ARD

DER ROTHAARIGE TEO (TEO EL PELIRROJO). Der zehnjährige Sohn eines Madrider Richters wird von seinem sterbenden Großvater in ein peinliches Geheimnis eingeweiht, das ihn von seinen Eltern entfremdet. Er freundet sich mit Teo, dem bärenstarken Faktotum des Großvaters, an, der als unheimlicher Sonderling mit dunkler Vergangenheit gilt und dem er vergeblich zum erstrebten Posten des Dorfpolizisten verhelfen möchte. Als Teo in einem Amoklauf mehrere Honoratioren niederschießt, muß der Junge eine Reihe widerstreitender Gefühle durchlaufen, bis er seinem Vater Teos letzte Nachricht und damit Großvaters Geheimnis entschlüsselt. Poetisch und mythisch überhöhter Film, der einfühlsam die Beziehung zwischen einem Kind und einem sozialen Außenseiter beschreibt; die Schwelle zwischen Kindheit und Erwachsenwerden wird zur geheimnisvollen Sphäre, in der die eindeutige Trennung von Gut und Böse aufgehoben scheint. – Sehenswert ab 16. ✦ Spanien 1985 **P** Pedro Román Prod. **Pd** Pedro Román **R+B** Paco Lucio **K** Federico Ribes **M** Jan Garbarek, Rosita Ferrer, Felipe Campuzano **S** Luis Manuel de Valle **D** Alvaro de Luna (Teo), Juan Diego Botto (Santiago), Ovidi Montllor (Luis), María Luisa San José (Viviana), Sarai Hermosa (Valeriana), Luis Escobar (Großvater), Daniel Barros (Matias) **L** 100 **E** 24.1. 1990 ZDF

DIE ROTHAARIGE VON SANTA FÉ →Aus dem Leben einer Ärztin

ROTKÄPPCHEN (1953). Eine moderne Version des Grimmschen Märchens. Rotkäppchen ist ein Kind der 50er Jahre, das mit dem »bösen Wolf« in Gestalt des modernen Straßenverkehrs konfrontiert wird. Die eigentliche Märchenhandlung erscheint als Traumvision. Diese kunstgewerblichen Verrenkungen haben leider zur Folge, daß der Märchenzauber verlorengeht, ohne daß der pädagogische Effekt zur Geltung kommt. Die Rahmenhandlung ist schwarzweiß, das Märchen farbig. ✦ Teils schwarz-weiß. BR Deutschland 1953 **P** Genschow **KI** Westfilm **Pd+R** Fritz Genschow **B** Fritz Genschow, Renée Stobrawa, nach dem Märchen der Brüder Grimm **K** Gerhard Huttula **M** Richard Stauch **D** Daniela Maris, Werner Stock, Fritz Genschow, Theodor Vogeler, Renée Stobrawa **L** 85 **FSK** ab 6; nf **E** 25.10.1953 **fd** 2 960

ROTKÄPPCHEN (1954). Verfilmung des bekannten Märchens vom Rotkäppchen, die sich eng an die Vorlage hält und wegen ihrer betulichen Machart auch schon von kleineren Kindern verstanden wird. – Ab 6. ✦ BR Deutschland 1954 **P** Schonger **KI** Jugendfilm **Pd** Hubert Schonger **R** Walter Janssen **B** Konrad Lustig, nach dem Märchen der Brüder Grimm **K** Wolfgang Schwan **M** Giuseppe Becce **D** Maren-Inken Bielenberg (Rotkäppchen), Peter Lehmann, Michael Beutner, Rudolf Gerhofer, Götz Wolf **L** 48 **FSK** ab 6; f **E** 10.10.1954

ROTKÄPPCHEN (1962). DEFA-Verfilmung des populären Märchens der Gebrüder Grimm. Einzige Kinoarbeit des Opernregisseurs Götz Friedrich, der bei der Gestaltung der Tierfiguren auch Bühnenerfahrungen mit dem Prokofjew-Singspiel »Peter und der Wolf« und der Felsenstein-Inszenierung »Das schlaue Füchslein« einfließen ließ. – Ab 8. ✦ DDR 1962 **P** DEFA, Gruppe »Berlin« **KI** Progress **Pd** Erich Albrecht **R** Götz Friedrich **B** Hans Rodenberg, nach dem gleichnamigen Märchen der Brüder Grimm und nach Jewgenij Schwarz. **K** Helmut Bergmann **M** Gerhard Wohlgemuth **S** Christel Röhl **D** Blanche Kommerell (Rotkäppchen), Helga Raumer (Mutter), Horst Kube (Vater), Friedel Nowack (Großmutter), Werner Dissel (Wolf), Harald Engelmann (Fuchs), Ernst-Georg Schwill (Bär), Jochen Bley (Häschen) **L** 72 **FSK** o. A.; f **E** 13.7.1962 DDR/1997 Video

ROTKÄPPCHEN (1987) (RED RIDING HOOD). Neuverfilmung des Grimmschen Märchens mit stark veränderter Handlung: Der Wolf (in Menschengestalt) steht in Diensten eines Tyrannen, der ein grausames Regiment führt, für die Macht jedoch seine Seele verkaufen mußte. Die Frau seines verschollenen Bruders schlägt alle Heiratsanträge des herzlosen Herrschers aus, da sie wie ihre Tochter an die Rückkehr des Verschwundenen glaubt. So soll die Tochter Opfer des Wolfes werden, doch der zurückkehrende Vater greift rettend ein. Ein kläglich mißlungener Film mit konfuser Handlung, billigen Effekten und ungeschickten Tanz- und Gesangseinlagen. – Ab 8 möglich. ✦ USA 1987 **P** Cannon **VA** VMP/Cannon **Pd** Menahem Golan, Yoram Globus **R** Adam Brooks **B** Carole Lucia Satrina, Ennio de Concini, Gaio Frattini, nach dem Märchen der Gebrüder Grimm **K** Danny Shneuer, Hilik Neleman **M** Stephen Lawrence **S** David Tour **D** Craig T. Nelson (Godfrey/Percival), Isabella Rossellini (Lady Jean), Rocco Sisto (Dagger/Wolf), Amelia Shankley (Linet), Helen Elazary (Großmutter Bess) **L** 77 **FSK** ab 6 **E** 1992 Video/16.8. 1992 RTL plus **fd** 29 370

ROTKÄPPCHEN (1994). Zeichentrickfilm, der Motive des Grimmschen Märchens variiert. Auf dem Weg zur Großmutter lernt Rotkäppchen drei Tiere kennen, die ihre Freunde werden und ihr gegen den bösen Wolf beistehen. – Ab 12. ✦ USA 1994 **DVD** VCL (FF, DD2.0 dt.) **R** Toshiyuki Hiruma **B** George Bloom, nach einer Erzählung von Charles Perrault **L** 60 **FSK** o. A. **E** 6.7.1997 ARD/10.2.1999 DVD

ROTLICHT! (ROTLICHT!). Ein Werbemann, jung, lässig und ein Yuppie, versetzt seine Freundin und sieht sich plötzlich selber in die Rolle des fünften Rades am Wagen abgeschoben, was sein Selbstwertgefühl arg in Frage stellt. Das Spielfilmdebüt von Urs Odermatt ist locker, über weite Strecken witzig, unterhaltend und wartet mit Überraschungen in puncto »Star«-Besetzung auf. ✦ Schweiz 1986 **P** Cinéfilm/ Balance **Pd** Christoph Locher **R+B** Urs Odermatt **K** Rainer Klausmann, Helena Vagnières **M** Matt Bianco, Dmitri Schostakowitsch, Anne Clark **S** Peter R. Adam **D** Uwe Ochsenknecht (Uwe Rühle), Anouschka Renzi (Ariela), Michaela Galli (Nora), Yvonne Kupper (Frau Hartmann-Hartmann), Nicolay Milanek (Bootsvermieter) **L** 70 **E** Schweiz

ROTMORD. Epochales, heftig diskutiertes Fernsehspiel aus dem Jahr 1968 nach dem Theaterstück »Toller« von Tankred Dorst, in dem die Geschichte der Münchner Räterepublik von ihrem schwärmerischen Beginn zu ihrem tragischen Scheitern nacherzählt wird. Interviews mit ehemaligen Revolutionären gehen über die Vorlage hinaus. Für seine radikale Ästhetik wurde die Verfilmung 1969 mit dem Prix Italia ausgezeichnet. ✦ BR Deutschland 1968 **R** Peter Zadek **B** Trankred Dorst, Peter Zadek, nach dem Theaterstück »Toller« von Tankred Dorst **M** Werner Haentjes **S** Eva Schmidt **D** Gerd Baltus (Ernst Toller), Siegfried Wischnewski (Levine), Werner Haentjes (Landauer), Walter Riss (Dr. Lipp), Wolfgang Neuss (Mühsam), Gernot Duda (Paulukum), Harry Wüstenhagen (Reichert) **L** 86 **E** 21.4.1969 ARD

DIE ROTRÖCKE (GIUBBE ROSSE). Um 1900 in Kanada: Ein als Gangsterschreck bekannter Sergeant der berittenen Polizei jagt einen aus dem Gefängnis ausgebrochenen Verbrecher, der den Sohn des Sergeanten gekidnappt hat, um ihn als Köder zu benutzen. Doch auch eine Bande, die von dem Ausgebrochenen betrogen wurde, ist dem Flüchtigen auf der Spur. Konventionelles Abenteuerkino auf sehr bescheidenem Niveau. (Alternativtitel: »Die gnadenlose Meute«) – Ab 16 möglich. ✦ Italien 1974 **P** Coralta **VA** Elfra **R** Joe d'Amato (= Aristide Massaccesi) **B** Aristide Massaccesi, Claudio Bernabei **K** Aristide Massaccesi **M** Carlo Rustichelli **D** Fabio Testi (Cormack), Lionel Stander (Doktor Higgins), Guido Mannari (Cariboo), Renato Cestiè (Jimmi), Lynne Frederick (Elizabeth) **L** 90 **FSK** ab 12 **E** 17.5.1977 ZDF

ROTSCHLIPSE. Stimmungsvoll und spannend inszenierte Abenteuer einer Kindergruppe, die 1927 in ein von Mitgliedern der KPD organisiertes Ferienlager fährt. Unter anderem kann ein Sabotageakt von SA-Angehörigen auf das Lager verhindert werden. – Ab 12 möglich. ✦ Scope. DDR 1978 **P** DEFA, Gruppe »Berlin« **Pd** Uwe Klimek **R** Helmut Dziuba **B** Hans-Albert Pederzani **K** Lothar Gerber **M** Christian Steyer **S** Barbara Simon **D** Andreas Reinschmidt (Hotte), Babette Breitenborn (Sonni), André Schneider (Mante), Dirk Beckmann (Bürschte), Kerstin Beyer (Traudchen), Udo Schenk (Werner), Michael Narloch (Adi Kalweit), Hildegard Alex (Mutter von Sonni), Käthe Reichel (Filitzen) **L** 82 **E** 6.7.1978 Kino DDR/8.9. 1979 DFF 1

ROTSCHOPF →Der Rothaarige

ROTTENKNECHTE. Fünfteiliger Fernsehfilm über ein Schnellboot-Bataillon im Zweiten Weltkrieg, wobei die Schicksale der Matrosen und Offiziere über das Kriegsende hinaus verfolgt werden. Mit dieser anspruchsvollen Inszenierung, die Dokumentarisches und Fiktives geschickt verknüpft, kehrte der nach dem Verbot von »Spur der Steine« (1966) aus den DEFA-Studios vertriebene Regisseur Frank Beyer zum Film zurück. Besonders im letzten Teil wird massiv die Nachkriegsentwicklung in der Bundesrepublik kritisiert. ✦ Schwarz-weiß. DDR 1969/70 **P** DEFA **Pd** Erich Kühne, Oscar Ludmann **R+B** Frank Beyer **K** Günter Marczinkowsky, Siegfried Hönicke **M** Karl-Ernst Sasse **S** Hildegard Conrad-Nöller **D** Karl Albert (Kölle), Axel Dietrich (Bretzke), Kaspar Eichel (Peters), Peter Friedrichson (Grümmert), Rüdiger-Hubertus Gumm (Wilkowski), Dietmar Richter-Reinick **L** 354 (fünf Teile) **E** 8.,10.,15.,17.1.1971 DFF 1

ROTWANG MUSS WEG! Der Industrieführer Rotwang ist ermordet worden. Im Rückblick erzählt der Film die Vorgeschichte und beschreibt die wahnwitzigen Motive, die der Bluttat zugrunde liegen. Eine von Fabulierlust geprägte schwarze Komödie, die deutsch-deutsche Geschichte ebenso Revue passieren läßt wie deutsche Filmwirklichkeit. Ein kleiner, intelligenter Film mit vielen Brüchen, der Vergnügen bereitet und gut unterhält. – Ab 16. ✦ Deutschland 1994 **P** ROTWANG **KI** Wild Okapi **Pd** Patrick Brandt, Hans-Christoph Blumenberg **R+B** Hans-Christoph Blumenberg **K** Klaus Peter Weber **M** Gast Waltzing **S** Florentine Bruck **D** Udo Kier (Arthur Eigenrauch), Sybill Norvak (Clarissa Rotwang), Heikko Deutschmann (Basil Schatter), Beate Finckh (Roswitha Meier-Krull), Klaus Bueb (Mirko Budnikowski), Horst Tomayer (Bruno Ringeltaub) **L** 82 **E** 1.12.1994/20.4.1995 SF/DRS **fd** 31 099

ROUGH DRAFT – MÖRDERISCHES SPIEL →Tod aus erster Hand

ROUJIN Z (ROUJIN Z). Ein als technisches Wunderwerk gefeiertes »Roboter-Bett« soll die Altenpflege von allen bisherigen Unannehmlichkeiten befreien. Einzig eine Krankenschwester, deren greiser Patient als »Versuchskaninchen« mißbraucht wird, wehrt sich gegen die menschenunwürdige Maschine, die jedoch ein unkontrollierbares Eigenleben entwickelt. Ein überdrehtes, trotz teilweise schablonenhaft entwickelter Charaktere recht sympathisches Science-Fiction-Zeichentrick-Märchen, in dem der menschliche Geist über die Allmacht des Fortschritts siegt. (Englische Fassung) – Ab 14 möglich. ✦ Japan 1991 **P** APPP **KI** rapid eye movies **R** Hiroyuki Kitakubo **B** Katsuhiro Otomo **L** 80 **E** 18.9.1997 **fd** 32 746

ROULA – DUNKLE GEHEIMNISSE. Ein Kinderbuchautor, der mit seiner Tochter unbeschwerte Ferientage am Meer verleben möchte, um sich von einem traumatischen Erlebnis zu erholen, erliegt den Reizen einer jungen Frau, die sich jedoch immer wieder von ihm zurückzieht. Es gelingt ihm, zum Geheimnis ihrer Vergangenheit vorzudringen. Ein ambitionierter Film um das Thema des sexuellen Mißbrauchs, der aber an der übertriebenen Bedeutungsschwere seiner Bilder und Motive krankt. ✦ Deutschland 1995 **P** M.I.M./Roxy Film **KI** Zorro **VA** Starlight **Pd** Mark von Seydlitz, Luggi Waldleitner **R** Martin Enlen **B** Martin Enlen, Bernd Mollenhauer **K** Martin Peglau **M** Dieter Schleip **S** Mona Bräuer **D** Anica Dobra (Roula), Martin Umbach (Leon), Ernst Jacobi (Vater), Tina Hamperl (Tanja), Birgit Thot Jensen (Anette), Julia Burger (Sonja), Felicitas Grimm-Lucke (Roula jung) **L** 95 **FSK** ab 16; f **FBW** w **E** 23.5.1996/4.12.1996 Video **fd** 31 918

ROULETTE DER LIEBE (KÄRLEK 65). Ein junger Regisseur durchlebt während der Vorbereitungen zu einem neuen Film eine künstlerische und persönliche Krise; die Suche nach neuen Ausdrucksformen stürzt ihn in tiefe Zweifel am Sinn seines Berufes und seines privaten Alltags. Ein Spiegel filmästhetischer und politischer Debatten der 60er Jahre; zwar etwas konfus und unausgegoren, aber aufrichtig in seiner bohrenden Selbstreflexion. ✦ Schwarz-weiß. Schweden 1964 **P** AB Europa **KI** Constantin **R+B** Bo Widerberg **K** Jan Lindeström **D** Keve Hjelm, Ann-Marie Gyllenspetz, Eva Britt Strandberg, Ben Carruthers **L** 95 **FSK** ab 18; f **FBW** w **E** 18.11.1965 **fd** 13 732

ROULETTE DES TODES (NAKED LIES). Eine Polizistin wird als verdeckte Ermittlerin ins Casino eines mächtigen mexikanischen Gangsters eingeschleust, gewinnt dessen Vertrauen und steigt zu seinem persönlichen Kurier auf. Als ihre Tarnung auffliegt, gerät sie in Lebensgefahr. Stereotyper Thriller mit genreüblichen Actionelementen, der vor allem die Plattform für Erotikszenen der Hauptdarstellerin, einem einstigen »Playmate des Jahres«, abgibt. ✦ USA 1999 **R** Ralph Portillo **B** Michael Edwards, D. Alvelo, Jalee Bailey, Ralph Portillo **M** Carl Fryberg **D** Shannon Tweed (Cara Landry), Steven Bauer (Kevin Dowd), Fernando Allende (Damian Medina), Jay Baker (Mitch Kendall), Salvador Pineda (Rives) **L** 90 **E** 16.2.2000 ProSieben

ROUND UP (KANSAS CITY BOMBERS). Eine junge Frau, Starläuferin in brutalen Wettrennen auf Rollschuhen vor einem sensationsgierigen Publikum, setzt sich gegen die Manipulationen eines korrupten Managers durch. Die oberflächliche Mischung aus sentimentaler Frauenstory und brutaler Action läßt jegliche Distanz zu dieser fragwürdigen »Sportart« und ihren Ausbeutungsmechanismen vermissen. – Wir raten ab. ✦ USA 1972 **P** MGM **VA** MGM/UA **R** Jerrold Freedman **B** Thomas Rickman, Calvin Clements **K** Fred J. Koenekamp **M** Don Ellis **S** David Berlatsky **D** Raquel Welch (K.C. Carr), Kevin McCarthy (Burt Henry), Helena Kallianiotes (Jackie Burdette), Mary Kay Pass (Lovey), Norman Alden (Horrible Hank Hopkins) **L** 94 **FSK** ab 18 **E** 15.7.1985 Video **fd** 25 274

ROUSTABOUT →König der heißen Rhythmen

ROUTE 9 (ROUTE 9). Zwei Highway-Polizisten glauben, nach einem Feuergefecht unter Drogendealern, deren Beute an sich nehmen zu können, haben jedoch nicht mit dem einzigen Überlebenden der Auseinandersetzung gerechnet. Ein halbwegs unterhaltsamer Film mit einigen Längen, der seinem vertrauten Plot keine Neuerungen hinzufügen kann. ✦ USA 1998 **P** Capital Arts/MPCA/P&G Entertainment **Pd** David Bixler, Mike Elliott, Brad Krevoy, Rob Kerchner, Jon Kuyper, Shelley Strong **R** David MacKay **B** Brendan Broderick, Rob Kerchner **K** Brian Sullivan **M** Don Davis **S** Bret Marnell **D** Kyle MacLachlan (Booth Parker), Peter Coyote (Sheriff Dwayne Hogan), Amy Locane (Sally Hogan), Wade Williams (Earl Whitney), Miguel Sandoval (Jesse Segundo) **L** 102 **E** 16.9.2000 Premiere World

ROUTE ONE, USA (ROUTE ONE, USA). Der Reisende »Doc«, ein Arzt und Filmemacher und das Alter ego des Autors Robert Kramer, unternimmt mit einer kleinen Filmcrew eine Reise auf der »Straße Nr. 1«, die von Kanada nach Florida führt und die die einst meistbefahrene Straße der Welt war. Man wohnt Begegnungen mit Menschen bei, beobachtet die Natur und die Städte, sieht Veränderungen und Gleichklang. Ein außergewöhnliches Zeitdokument über Amerika, das den Zuschauer trotz seiner Länge nicht ausschließt, sondern ihn zum Mitdenken anregt. (O.m.d.U.; Fernsehtitel: »Road One/USA«) ✦ USA/Frankreich/Großbritannien 1989 **P** Les Films d'Ici/La Sept/Channel Four **KI** Freunde der Deutschen Kinemathek **R+B** Robert Kramer **K** Robert Kramer, Richard Copans **M** Barre Phillips **S** Robert Kramer, Pierre Choukroun, Claire Laville, Keja Kramer **D** Paul McIsaac **L** 255

ROVER & DAISY (ROVER & DAISY). Ein Zeichentrickfilm über die Abenteuer des versnobten Hundes Rover, den es aus der Glitzerwelt von Las Vegas auf eine Farm verschlagen hat. Nach vielen Anpassungsschwierigkeiten bewährt er sich im Kampf gegen ein mordlustiges Wolfsrudel, wird berühmt und gewinnt die Hand (bzw. Pfote) einer schönen Hundedame. Eine schlichte, harmlose Geschichte mit mäßigen Gesangseinlagen. Die Animation orientiert sich allzu offensichtlich an bekannten Vorbildern, erreicht jedoch nie deren Charme. – Ab 8. ✦ USA 1991 **P** Rodney Dangerfield Prod./Hyperion/Warner Bros. **VA** Highlight/Warner **Pd** Willard Carroll, Thomas L. Wilhite **R** Jim George, Bob Seeley **B** Rodney Dangerfield **M** David Newman **S** Tony Mizgalski **L** 71 **FSK** ab 6 **E** 12.2.1993 Video/13.3.1994 premiere **fd** 30 175

ROXANNE (ROXANNE). Ein von der Natur mit einer allzu langen Nase versehener Feuerwehrmann verliebt sich in eine hübsche Astronomie-Studentin. Die poesievollen Liebesbriefe, die er uneigennützig für einen ungelenken Nebenbuhler verfaßt, bringen ihn schließlich ans Ziel – die junge Frau erkennt ihn als den wahren Verfasser. Frei nach »Cyrano de Bergerac« entworfene Komödie, deren Längen trotz einiger witziger Einfälle nicht zu übersehen sind. – Ab 16. ✦ Scope. USA 1986 **P** Indie (für Columbia Pictures) **KI** Columbia **SF** atlas **VA** RCA/Columbia **DVD** Columbia TriStar Home (16:9, 2.35:1, DS engl./dt.) **Pd** Daniel Melnick, Michael Rachmil **R** Fred Schepisi **B** Steve Martin, nach Motiven eines Theaterstücks von Edmond Rostand **K** Ian Baker **M** Bruce Smeaton **S** John Scott (= Hanns Schott-Schöbinger) **D** Steve Martin (Charlie »C.D.« Bales), Daryl Hannah (Roxanne), Shelley Duvall (Dixie), Michael J. Pollard (Andy), Fred Willard (Bürgermeister Deebs) **L** 107 **FSK** ab 6; f **E** 1.10.1987/17.5.1988 Video/11.1.2000 DVD **fd** 26 347

ROXIE HART (ROXIE HART). Pointierte Komödie um eine Tänzerin, die der Publicity wegen einen nicht begangenen Mord gesteht und trotzdem freigesprochen wird. Voll satirischer Seitenhiebe auf Justiz und Sensationspresse im Chicago des Jahres 1927. ✦ Schwarz-weiß. USA 1942 **P** 20th Century Fox **Pd** Nunnally Johnson **R** William A. Wellman **B** Nunnally Johnson, nach dem Bühnenstück »Chicago« von Maurine Watkins **K** Leon Shamroy **M** Alfred Newman **S** James B. Clark **D** Ginger Rogers (Roxie Hart), Adolphe Menjou (Billy Flynn), George Montgomery (Homer Howard), Lynne Overman (Jake Callahan), Nigel Bruce (E. Clay Benham), Phil Silvers (Babe), Sara Allgood (Mrs. Norton) **L** 75 **E** 8.2.1976 ARD **fd** 19 629

ROXY (ROXY). Sexfilm über die Abenteuer einer gerade verlassenen Frau als Sekretärin eines Boxers. ✦ USA 1991 **R** Paul Thomas **D** Savannah (Roxy Powell), Rachel Ryan (Justine), Jeanna Fine, Taylor Wane, Marc Wallice (Boxer) **L** 77 **FSK** ab 18 **E** 26.3.1993 premiere

ROXYS GEFÄHRLICHES SPIEL (THE NIGHT THAT NEVER HAPPENED). Am Vorabend der Hochzeit feiern drei Männer eine Junggesellenparty. Zwar soll die Freundin der Verlobten als Anstandsdame fungieren, doch sie stimmt einem Stillschweigeabkommen zu, sodass in einer Striptease-Bar der Abend aus dem Ruder läuft, als die Feiernden auf eine verheißungsvolle Tänzerin stoßen. Softsex nach dem üblichen Schablonen, der jedes Niveau vermissen lässt. ✦ USA 1997 **P** Mystique **Pd** William Burke **R** James Winner **B** Sahara Riley **K** Ben Kufrin **M** Chris Anderson, Carl Schurtz **S** Tamara Friedman **D** Lisa Boyle (Roxy), Joshua D. Comen (Brad), Scott Coppola (Jeremy), Judd Dunning (Rat), Colleen McDermott (Tori) **L** 93 **E** 22.8.2001 ProSieben

ROYAL-BALLETT (THE ROYAL BALLET). »Schwanensee« und »Undine« in einer Tanzaufführung des königlichen Balletts von England, die sich bewußt an die Tradition klassischer Schule anlehnt. Eine gepflegte Filmdokumentation mit vielen künstlerischen Höhepunkten. ✦ Großbritannien 1959 **P** Paul Czinner **KI** Rank **R** Paul Czinner **K** S.D. Onions **M** Peter Iljitsch Tschaikowski, Hans Werner Henze **D** Margot Fonteyn, Michael Somes, Julia Farron, Alexander Grant **L** 97 **FSK** ab 6; f **FBW** w **E** 3.8.1960 **fd** 9 384

ROYAL FAMILY (ROYAL FAMILY). Ein diskret gestalteter Dokumentarfilm über das englische Königshaus, über die Verpflichtungen der Königin Elisabeth II., ihren Hofstaat und das Privatleben der königlichen Familie. ✦ Großbritannien 1969 **R** Richard Cawston **L** 89 **E** 1970 Kino

ROYAL FLASH (ROYAL FLASH). Der englische Romanheld Harry Flashman gerät im Deutschland des 19. Jahrhunderts durch eine Intrige Bismarcks in bedrohliche Schwierigkeiten, kann sich aber seiner

Haut erwehren. Nur teilweise gelungene Parodie auf »deutsches Wesen«, der es ein bißchen an Tempo und treffsicherem Witz mangelt. (DDR-Titel: »Königspoker«) – Ab 16. ✦ Scope. Großbritannien 1975 **P** Two Roads **KI** Fox-MGM **Pd** David V. Picker, Denis O'Dell **R** Richard Lester **B** George MacDonald Fraser, nach seinem Roman **K** Geoffrey Unsworth **M** Ken Thorne **S** John Victor Smith (= John Victor-Smith) **D** Malcolm McDowell (Harry Flashman), Alan Bates (Rudi von Sternberg), Florinda Bolkan (Lola Montez), Oliver Reed (Otto von Bismarck), Britt Ekland (Herzogin Irma), Lionel Jeffries (Kraftstein), Tom Bell (de Gautet), Joss Ackland (Sapten), Christopher Cazenove (Hansen), Roy Kinnear, Alastair Sim, Michael Hordern **L** 98 **FSK** ab 12; nf **FBW** w **E** 17.10.1975/ 6.2.1981 Kino DDR **fd** 19 527

ROYAL RUMBLE 1991 →Summer Slam 90/Royal Rumble 1991

ROYALEMENT VÔTRE – CHRONIQUE D'UN VILLAGE À TRAVERS SON CINÉMA (ROYALEMENT VOTRE – CHRONIQUE D'UN VILLAGE A TRAVERS SON CINEMA). Das Kino »Royal« in Tavannes und sein Gründer und erster Betreiber Walter Gwinner stehen im Mittelpunkt einer kleinen, witzigen Chronik, die Franz Rickenbach aus Erinnerungen von Zeitgenossen sowie an Hand von Zeitungs- und Filmausschnitten zusammengefügt hat. Der auf Video aufgenommene Film mit ausdrücklichem Lokalkolorit entstand anläßlich einer Initiative zur Rettung des Kinos, macht aber darüber hinaus auf anschauliche und amüsante Art hellhörig für in Not geratene Filmtheater in der Provinz. ✦ Schweiz 1991 **P** Odyssée **R+B+K** Franz Rickenbach **M** Pierre Alain Kessi **S** Frank Götz **L** 70 **E** Schweiz

ROYCE (ROYCE). Da der US-Geheimdienst in Ermangelung von Feindbildern aufgelöst werden soll, hecken einige Agenten ein Komplott aus, das den Weltfrieden nachhaltig bedrohen soll. Ein Agent schert aus und steht fortan auf der Abschußliste der ehemaligen Kollegen. Schematisch entwickelte Spionagegeschichte nicht ohne Unterhaltungswert, deutlich am Vorbild der »James-Bond«-Filme orientiert. – Ab 16. ✦ USA 1993 **P** Gerber/ITC **VA** Ufa **DVD** EuroVideo (FF P&S, DD2.0 engl, DD5.1 dt.) **Pd** J. Boyce Harman jr. **R** Rod Holcomb **B** Paul Bernbaum **K** Thomas Del Ruth **M** Stanley Clarke **S** Christopher Nelson **D** James Belushi (Royce), Miguel Ferrer (Gribbon), Chelsea Field (Marnie Paymer), Anthony Head (Pitlock), Peter Boyle (Huggins) **L** 94 **FSK** ab 16 **E** 1.12.1994 Video/23.2.1996 premiere/ 15.2.2001 DVD **fd** 31 218

RUBEN, RUBEN (REUBEN, REUBEN). Ein alkoholseliger Poet nutzt seinen verblassenden Ruhm zu Liebesaffären und ironischer Distanz zu seinen »Bewunderern«, ohne seine ausweglose Situation meistern zu können. Im biederen Milieu einer Kleinstadt in Neuengland angesiedelte bitterböse Komödie. Witzige Dialoge und ein hervorragender Hauptdarsteller können nicht verdecken, daß viele Möglichkeiten der intelligenten Vorlage verschenkt wurden. (TV-Titel: »Poeten küßt man nicht«) ✦ USA 1982 **P** Saltair (20th Century Fox) **KI** atlas **SF** atlas **VA** VPS **Pd** Walter Shenson **R** Robert Ellis Miller **B** Julius J. Epstein, nach einem Roman von Peter DeVries und einem Bühnenstück von Herman Shumlin **K** Peter Stein **M** Billy Goldenberg **S** Skip Lusk **D** Tom Conti (Gowan McGland), Kelly McGillis (Geneva Spofford), Roberts Blossom (Frank Spofford), Cynthia Harris (Bobby Springer), E. Katherine Kerr (Lucille Haxby), Damon Douglas (Tad Springer), Lois Smith (Mare Spofford) **L** 100 **FSK** ab 16 (Video) **E** 5.9.1985/21.2. 1986 Video **fd** 25 257

RUBENS (RUBENS). Dokumentation über den im westfälischen Siegen geborenen Meister des flämischen Barock (1577–1640). Biografie, Werkgeschichte, Wertung der Stileinflüsse und Bilddeutungen sind unterschiedlich gelungen. Ein informativer, kunst- und kulturgeschichtlich aufschlußreicher Film. – Ab 12. ✦ Schwarz-weiß. Belgien 1948 **P** Ministère de l'Instruction Publique et Commissariat Général au Tourisme **KI** Filmkunst **R** Paul Haesaerts, Henri Storck **L** 63 **FSK** ab 12; f **E** 26.12.1952 **fd** 3 759

RÜBEZAHL, DER HERR DER BERGE. Kinderfilm nach dem Sagenstoff um Rübezahl, den Berggeist des Riesengebirges, der die Guten belohnt und an die Bösen handfeste Denkzettel austeilt. Das alte Volksmärchen wurde unterhaltsam und mit pädagogischen Hintergedanken für ein ganz junges Publikum adaptiert. (Titel auch: »Rübezahl, Herr der Berge«) – Ab 8. ✦ BR Deutschland 1957 **P** Schonger **KI** Jugendfilm/Globus **VA** EuroVideo **R** Erich Kobler **B** Konrad Lustig, Erich Kobler, Karl Springenschmid **K** Heinz Hölscher **M** Ulrich Sommerlatte **S** Elisabeth Wienecke **D** Franz Essel (Rübezahl), Bobby Todd (Bäuerlein Veit), Monika Greving (Rübezahls Frau), Fritz Wepper, Helmo Kindermann (Vetter Klaus) **L** 73 **FSK** ab 6; f **FBW** w **E** 6.10.1957 **fd** 6 434

RÜBEZAHL UND DIE SCHNEESCHUHLÄUFER →Das Fest des Rübezahl

RÜBEZAHL UND DIE SKILÄUFER →Das Fest des Rübezahl

RUBICON (ETTER RUBICON). Nach einem nuklearen Unfall im norwegischen Eismeer versuchen Militär und Geheimdienst, die tödlichen Folgen zu vertuschen. Ein unerschrockener Arzt kommt hinter das Geheimnis und damit in lebensgefährliche Situationen. Fesselndes Abenteuer, das Unterhaltung mit Engagement verbindet und ohne große Effekthascherei die Gefahren atomarer Katastrophen anspricht. (Fernsehtitel: »Geheimsache Rubikon«) – Ab 16. ✦ Norwegen 1987 **P** Filmeffekt/Norsk Film/Vikingfilm **VA** Atlas **Pd** Dag Alveberg **R** Leidulv Risan **B** Arthur Johansen, Leidulv Risan **K** Harald Paalgard **M** Geir Bøhren, Bent Aserud **S** Russell Lloyd, Yngve Refseth **D** Sverre Anker Ousdal (Jon Hoff), Ewa Carlsson (Mona Axen), Ellen Horn (Maria Hamaröy), Toralv Maurstad (Carl Berntsen), Jack Fjeldstad (Thorvald Hoff) **L** 90 **FSK** ab 16 **E** 15.12.1988 Video **fd** 27 310

DER RUBIN DES BLUTES →Bloodstone

RUBLAK – DIE LEGENDE VOM VERMESSENEN LAND. Eine Trasse soll durch abgelegenes Lausitzer Bauernland verlegt werden. Landvermesser kündigen mit ihrer Arbeit bereits die »neue Zeit« an. Auch an den Menschen geht das Geschehen nicht spurlos vorüber. Stilistisch eigenwilliger erster Spielfilm eines vom Dokumentarfilm kommenden Regisseurs. Die Geschichte wird als Gleichnis über das Verhältnis des Menschen zum Fortschritt erzählt, wobei die Darsteller ihre Freiräume äußerst geschickt nutzen. ✦ DDR 1983 **P** Hochschule für Film und Fernsehen der DDR **KI** Progress **Pd** Astrid von Gliszcynski, Uwe Kraft **R** Konrad Herrmann **B** Konrad Herrmann, Lutz Körner, nach dem Roman »Landvermesser« von Jurij Koch **K** Lutz Körner **M** Peter Gotthardt **D** Christian Grashof (Rublak), Doris Thalmer (alte Frau), Kurt Böwe (Vater), Hans-Uwe Bauer (Sohn), Johanna Schall (Maria) **L** 60 **E** 14.9.1984 Kino DDR

RUBY (1970) (RUBY). Am Beispiel einer älteren Schulbus-Fahrerin mit einem durch Krankheit an den Rollstuhl gefesselten Mann zeigt die ironische Low-budget-Komödie das Leben in einer amerikanischen Provinzstadt, das durch seine ausweglose Eintönigkeit zu Langeweile, Enttäuschungen und Kommunikationsunfähigkeit führt. Beachtlich sind die Leistungen des Laiendarsteller, die ihren unspektakulären Figuren überraschende Lebendigkeit verleihen. (O.m.d.U.) ✦ USA 1970 **P** Bartlett **Pd+R** Dick Bartlett **B** Ray Loring, Dick Bartlett **K** Dick Bartlett **M** Ray Loring **S** Dick Bartlett **D** Ruth Hurd (Ruby), Phillip Webber (Clifford), Joanie Andrews (Mutter), George Bartlett (Vater), Danny Kosow (Nachtclubsänger), Susan Peters (Mädchen) **L** 90 **E** 4.8.1973 WDR III

RUBY (1977) (RUBY). In einem amerikanischen Autokino werden zwei Horrorfilme als »Double Feature« gespielt. Eines Nachts verselbständigt sich der Leinwand-Horror und kehrt sich gegen die meist jugendlichen Zuschauer. In den 50er Jahren angesiedelter Horrorfilm, dessen Idee an Peter Bogdanovichs »Bewegliche Ziele« erinnert. ✦ USA 1977 **P** Dimension **VA** Mike Hunter **R** Curtis Harrington, Stephanie Rothman **B** George Edwards, Barry Schneider **K** William Mendenhall **M** Don Ellis **D** Piper Laurie, Stuart Whitman, Roger Davis, Janit Baldwin, Crystin Sinclaire **L** 81 **FSK** ab 18 **E** 1987 Video

RUBY (1991) (RUBY). Psychogramm des Barbesitzers Jack Ruby, der 1962 den Kennedy-Attentäter Lee Harvey Oswald erschoß. Die spannende und atmosphärisch stimmige Beschreibung eines apolitischen Menschen, der durch seine kriminellen Beziehungen mit der großen Politik konfrontiert und für die Ziele der Drahtzieher geopfert wird, ist die Grundlage für einen faszinierenden Film, dessen Ende jedoch nicht ganz zufriedenstellen kann. Dank guter Kamearbeit und eines großartigen Hauptdarstellers dennoch ein gelungener Beitrag über Opportunismus und Verführbarkeit. – Ab 16. ✦ USA 1991 **P** Poly-Gram/Propaganda Films **KI** Concorde **VA** Concorde **Pd** Sigurjon Sighvatsson, Steve Golin **R** John Mackenzie **B** Stephen Davis, nach seinem Bühnenstück **K** Phil Meheux **M** John Scott (= Hanns Schott-Schöbinger) **S** Richard Trevor **D** Danny Aiello (Jack Ruby), Sherilyn Fenn (Candy Cane), Arliss Howard (Maxwell), Tobin Bell (Ferrie), David Duchovny (Tippet) **L** 110 **FSK** ab 12; f **E** 3.9.1992/11.1.1993 Video/ 18.4.1994 premiere **fd** 29 798

RUBY BRIDGES – EIN MÄDCHEN KÄMPFT FÜR SEIN RECHT (RUBY BRIDGES). Ein sechsjähriges Mädchen soll 1960 in New Orleans als erste Schwarze an einer Schule für Weiße integriert werden. Doch der erste Schultag gerät zum Spießrutenlauf. Durch den Einsatz der Eltern und zweier aufgeschlossener Pädagogen hält das Mädchen den massiven Anfeindungen aber stand. ✦ USA 1998 **Pd** Anne Hopkins **R** Euzhan Palcy **B** Tony Ann Johnson **K** John W. Simmons **M** Patrice Rushen **S** Paul LaMasta **D** Michael Beach (Abon Bridges), Penelope Ann Miller (Barbara Henry), Chaz Monet (Ruby Bridges), Kevin Pollak (Dr. Robert Coles), Lela Rochon (Lucy Bridges), Diana Scarwid (Ms. Woodmere) **L** 86 **E** 3.6.1999 premiere

RUBY CAIRO (RUBY CAIRO). Ein cleverer Mechaniker, der in eine brisante, von Ost-Berlin in den Nahen Osten steuernde Giftgas-Schmuggelei verwickelt ist, kommt vorgeblich bei einer Flugzeug-Explosion in Mexiko ums Leben. Seine junge Frau folgt jedoch seinen Spuren über Veracruz, Berlin und Athen nach Kairo und muß abenteuerliche Erfahrungen machen. Ein reichlich romanhaft entwickelter Unterhaltungsfilm, dramaturgisch nachlässig, oberflächlich im Spiel der Darsteller, unglaubwürdig in der Handlung. Für die fehlende Krimispannung entschädigen allenfalls die betont schönen Bilder aus Kairo. (Fernsehtitel: »Der Tod lauert in Kairo«) – Ab 16. ✦ USA 1992 **P** Majestic **VA** VMP **Pd** Lloyd Phillips, Hiroshi Sugawara, Haruki Kadokawa, David Nichols **R** Graeme Clifford **B** Robert Dillon, Michael Thomas (= Erwin C. Dietrich) **K** Laszlo Kovacs **M** John Barry **S** Caroline Biggerstaff **D** Andie MacDowell (Bessie Faro), Liam Neeson (Dr. Fergus Lamb), Viggo Mortensen (Johnny Faro), Jack Thompson (Ed), Luis Cortes (Hermes) **L** 106 **FSK** ab 12 **E** 1995 Video/8.3.1996 premiere **fd** 31 338

RUBY JEAN AND JOE →Pick Up

RUBY UND RATA (RUBY AND RATA). Eine ledige Rocksängerin mit Kind und ihre neue Vermieterin, eine ältere Dame, führen zunächst einen erbitterten Kleinkrieg gegeneinander, obwohl die beiden sehr unterschiedlichen Frauen sich eigentlich nur, jede auf ihre eigenwillige Art, gegen die Abschiebung ins soziale Abseits wehren. Eine einfühlsame Komödie über Einsamkeit und gegenseitige Abhängigkeit in den Vorstädten. (Titel auch: »Herzliche Feindschaft«) – Ab 14 möglich. ✦ Neuseeland 1990 **P** Preston Laing Prod. **Pd** Robin Laing **R** Gaylene Preston **B** Graeme Tetley **K** Leon Narbey **M** Jonathan Crayford **D** Yvonne Lawley (Ruby), Vanessa Rare (Rata), Simon Barnett (Buckle), Lee Mete-Kingi (Willie),

Debes Bhattacharya **L** 97 **E** 17.9.1991 premiere/ 26.2.1994 3sat

RÜCKE VOR AUF: FRÜHLINGSMORGEN. Ein Film ohne Handlung, der die Bedeutung von Bildern, Begriffen und Symbolen hinterfragt. Dabei wird eine lineare Erzählstruktur bewußt vermieden, der Regisseur nähert sich seinen Objekten auf elliptischen Bahnen, nutzt sich überschneidende Sequenzen, um seine Begriffe einzugrenzen und zu definieren. Die Darsteller des Films tragen keine Handlung, sondern sollen die Bilder beleben. Die verwendeten Texte, Schöpfungen voller Sprachwitz, treten in Korrespondenz zur Collage und erhöhen den Reiz des Films. ✦ BR Deutschland 1989 **P** Reinhard-Kahn-Filmprod. **KI** Reinhard-Kahn-Filmprod. **R+B+K** Reinhard Kahn **S** Reinhard Kahn **D** Hanna Lipp, Ursula Braun, Christel Burmeier, Georg W. Krefeld, Marianne Horstkemper **L** 80

RÜCKFAHRKARTE (BILET POWROTNY). Die Geschichte einer polnischen Bäuerin, die nach Kanada geht, um für ihren einzigen, über alles geliebten, bereits erwachsenen Sohn möglichst schnell viel Geld zu verdienen. Ihre übersteigerte Mutterliebe zu dem undankbaren Sohn bezahlt sie mit der grausamen Zerstörung ihres eigenen Lebens. Künstlerisch und thematisch beeindruckendes, wenn auch gelegentlich allzu »inszeniertes« Drama. ✦ Scope. Polen 1978 **P** PRF »Zespoy Filmowe«/Zespo »Iluszion« **KI** Progress **R** Ewa Petelska, Czeslaw Petelski **B** Jerzy Stefan Stawinski, nach dem Roman »Und er wird ein Haus haben« von Jerzy Stefan Stawinski **K** Kazimierz Konrad, Stanisaw Noszuk **D** Anna Seniuk (Antonia), Leszek Herdegen (Pierre), Zofia Saretok (Schwester), Henryk Bak (Onkel), Janusz Andrzejewski **L** 113 **E** 12.12.1980 Kino DDR

RÜCKFÄLLIGE (VISSZAESÖK). Nach ihrer Rückkehr in das Dorf ihrer Eltern verliebt sich eine junge Frau in ihren Halbbruder. Als sie ein Kind erwartet, wendet sich ihre entsetzte Mutter an die Behörden, die ein gerichtliches Verfahren einleiten. Nach einem authentischen Fall entstandener Spielfilm, der mit seinem engagierten Plädoyer für Verständnis zur Reflexion herrschender Normen beitragen will. ✦ Ungarn 1982 **P** Mafilm, Objektív Stúdió **R+B** Zsolt Kézdi-Kovács **K** János Kende **S** Andrásné Kármentö **D** Lili Monori (Juli), Miklós B. Székely (György), Mari Töröcsik (Mutter), József Horváth (Vater), József Tóth (Julis Bruder), Tibor Molnár (Onkel Pista), György Bánffy (Doktor) **L** 88 **E** 3.5.1990 ZDF

RÜCKKEHR (VOLVER). Nach 18 Jahren im amerikanischen Exil kehrt Alfredo Caselli im Auftrag eines amerikanischen Konzerns wieder in seine argentinische Heimat zurück. Das Treffen mit seinen einstigen Freunden ist überschattet von den durch die Militärjunta beherrschten Verhältnissen. ✦ Argentinien 1982 **P** LDG Films S.A./Kiko Tenenbaum **R** David Lipszyc **B** Aida Bortnik **K** Miguel Rodriguez **M** Astor Piazzolla **D** Héctor Alterio, Graciella Dufau, Rodolfo Ranai, Maria Rosa Gallo, Hugo Arana **L** 90 **E** 16.7. 1984 DFF 2

DIE RÜCKKEHR (1986) (PHERA). Der letzte Nachkomme einer Adelsfamilie lebt mit einem Diener zurückgezogen in einer baufälligen Villa und hält nur über das geliebte Theater, für das er Stücke schreibt und inszeniert, Kontakt zur Außenwelt. Als er das Theater verliert, schottet er sich noch weiter ab. Erst der Besuch seiner Schwägerin und ihres kleinen Sohns reißen ihn nach und nach aus der Lethargie. Über die Begeisterung des Jungen findet der Misanthrop zu seinen Theaterutensilien zurück. ✦ Indien 1986 **P** Buddhadeb Dasgupta Prod. **KI** Freunde der Deutschen Kinemathek **Pd+R+B** Buddhadeb Dasgupta **K** Dhrubajyoti Bose **M** Jyotishka Dasgupta **D** Subrata Nady (Sasanka), Aloknanda Dutt (Saraju), Sunil Mukherjee (Rashu), Aniket Sengupta (Kanu), Ohhanda Dutt (Kalyani) **L** 94 **E** 1988 Kino

DIE RÜCKKEHR (1989) (RETURN HOME). Ein erfolgreicher Versicherungskaufmann kehrt aus Melbourne in seinen idyllischen Heimatort zurück und sieht dort nach langer Trennung den jüngeren Bruder wieder, der mit seiner Tankstelle und Werkstatt in finanziellen Schwierigkeiten steckt. Der Mann aus der Metropole muß sich nun zwischen Stadt und Provinz, Karriere und Familie entscheiden. Unspektakuläre, aber sehr anrührende Familiengeschichte, zugleich das liebevolle Porträt einer australischen Kleinstadt; Regiedebüt eines Kameramanns. ✦ Australien 1989 **P** Musical Films **Pd** Cristina Pozzan **R+B** Ray Argall **K** Mandy Walker **M** Joe Camilleri, Anton Dvorák, Wolfgang Amadeus Mozart, Georg Friedrich Händel **S** Ken Sallows **D** Dennis Coard (Noel McKenzie), Frankie J. Holden (Steve McKenzie), Ben Mendelsohn (Gary Wilson), Micki Camilleri (Judy McKenzie), Rachel Rains (Wendy) **L** 95 **E** 9.5.1993 West 3

DIE RÜCKKEHR (1990) (L'AFRICANA). Ein Pariser Journalist betrügt seine Lebensgefährtin mit ihrer besten Freundin, worauf sie als Ärztin nach Afrika geht. Als die Freundin an Krebs erkrankt, kommt sie zurück und söhnt sich nach langen Diskussionen mit beiden aus. Uninspiriert inszeniertes, von hölzernen Dialogen getragenes Beziehungsdrama, das die Problematik von verratener Liebe und zerstörtem Vertrauen mit unausgegorenem esoterischem Gedankengut und Voodoo-Zauber mischt. Auch die prominenten Darsteller werden von der Regie im Stich gelassen. ✦ BR Deutschland/Italien/Frankreich 1990 **P** Bioskop-Film/Scena Group/Rachel **KI** Filmverlag der Autoren **Pd** Eberhard Junkersdorf **R+B** Margarethe von Trotta **K** Tonino Delli Colli **M** Eleni Karaindrou **S** Nino Baragli **D** Barbara Sukowa (Martha), Stefania Sandrelli (Anna), Sami Frey (Victor), Jan Biczycki (Swinarski), Alexandre Mnouchkine (Andrej) **L** 105 **FSK** ab 12; f **FBW** bw **E** 1.11.1990 **fd** 28 593

RÜCKKEHR ALS TOTER. Ein junger Türke will ein Mädchen, das er in seiner Heimat Anatolien während ihres Urlaubs kennen gelernt hat, in Hamburg besuchen. Dort angekommen, bemüht er sich um eine Aufenthaltserlaubnis und eine Arbeitsgenehmigung, erhält aber nur ein Touristenvisum. Trotzdem findet er Arbeit als Schauermann im Hafen. Einen Tag darauf ist er spurlos verschwunden. DDR-Fernsehkrimi. ✦ DDR 1973/74 **P** DEFA **Pd** Martin Sonnabend **R** Ingrid Sander **B** Ingrid Sander, Werner Toelcke **K** Jürgen Brauer, Rolf Schrade **M** Wolfgang Pietsch **S** Helga Gentz **D** Werner Toelcke (Ahrens), Heidemarie Wenzel (Lore Pohl/Frau Dreesen), Dieter Franke (Kommissar Schnabel), Friedo Solter (Ofterdinger), Petra Hinze (Gisela Escherich) **L** 93 **E** 10.3.1974 DFF 1

DIE RÜCKKEHR AUS AFRIKA (LE RETOUR D'AFRIQUE). Ein junges Paar aus Genf plant, nach Afrika auszuwandern, muß zuletzt aber doch in der Stadt bleiben. An die Stelle der Flucht tritt nun die konkrete Auseinandersetzung mit dem Alltag einer erstarrten Wohlstandsgesellschaft. Stark theoretisierender Film des bedeutenden Schweizer Regisseurs Alain Tanner, der den Zuschauer in der Distanz hält und zur Reflexion der dargebotenen Thesen auffordert. ✦ Schwarz-weiß. Schweiz/Frankreich 1973 **P** Alain Tanner, Groupe 5/Télévision Suisse Romande/ N.E.F./Filmanthrope **KI** Neue Filmkunst **R+B** Alain Tanner **K** Renato Berta **M** Johann Sebastian Bach **D** Josée Destoop, François Marthouret, Roger Ibanez **L** 113 **E** 11.1.1974

RÜCKKEHR AUS DEM JENSEITS →Julias unheimliche Wiederkehr

RÜCKKEHR AUS DEM NICHTS – TOCHTER, WAS HAST DU GETAN (CHILDHOOD SWEETHEART?). Eine junge Frau, die als 12-jähriges Mädchen spurlos verschwand, taucht nach 17 Jahren wieder in ihrer Heimatstadt auf. Sie lebt sich wieder bei ihren Eltern ein, erzählt von ihrer Entführung und jahrelangem sexuellem Missbrauch und nimmt ihre Beziehung zu ihrem Jugendfreund wieder auf. Als ihr Vater unter rätselhaften Umständen stirbt, keimt bei dem jungen Mann ein entsetzlicher Verdacht auf. Er stellt Nachforschungen an. Fürs Fernsehen produzierter Psycho-Thriller mit ebenso mysteriösem wie unglaubwürdigem Hintergrund. ✦ USA 1997 **P** Daniel H. Blatt Prod./Warner Bros. TV **Pd** Elliot Friedgen **R** Marcus Cole **B** Devra Maza **K** Ross Berryman **M** Patrick Williams **S** Jim Oliver **D** Melissa Gilbert (Karen Carlson), Michael Reilly Burke (Greg Davis), Ed Lauter (Sheriff Bowman), Leon Russom (Lieutnant Walker), Barbara Babcock (Rose Carlson), Ronny Cox (Warren Carlson) **L** 89 **E** 7.7.1999 RTL

RÜCKKEHR AUS DEM ORBIT (WOSWRASCHTSCHENIJE S ORBITY). Zwei sowjetische Kosmonauten bereiten sich seit Jahren intensiv auf einen Flug in den Weltraum vor, bleiben aber stets das Ersatzteam. Erst eine Havarie in der Raumstation macht ihren Einsatz möglich und notwendig. Spannender und unterhaltsamer Science-Fiction-Film. (TV-Titel DDR: »Rückkehr aus dem Weltraum«) – Ab 14. ✦ UdSSR 1984 **P** Filmstudio Alexander Dowshenko **KI** Progress **R** Alexander Surin **B** Jewgeni Mesjazew **K** Sergej Stassenko **M** Eduard Artemjew **D** Juosas Budraitis (Kusnezow), Vitali Solomin (Muchin), Alexander Porochowschtschikow (Swiridow), Tamara Akulowa (Sascha), Igor Wassiljew (Jotow), Valeri Jurtschenko (Romanow), Michail Schigarijew (Pawlow) **L** 85 **E** 1.11.1985 Kino DDR/10.4.1986 DFF 2

RÜCKKEHR AUS DEM WELTRAUM →Rückkehr aus dem Orbit

RÜCKKEHR AUS DER FREMDE (THE STRANGER'S RETURN). Eine gelangweilte New Yorkerin entflieht ihrer Ehe und besucht die Farm ihres Großvaters in Iowa, auf der sie die Kindheit verbrachte. Dort verliebt sie sich in einen verheirateten Lehrer und wird von ihrer Stieftante angefeindet, die befürchtet, um ihr Erbe gebracht zu werden. Melodram um Familienbande und einen Patriarchen, der einen Strich durch die Erbschaftsrechnungen seiner Verwandten macht. ✦ Schwarz-weiß. USA 1933 **P** MGM **R** King Vidor **B** Brown Holmes, Phil Stong, nach einem Roman von Phil Stong **K** William Daniels **S** Ben Lewis, Richard Fantl **D** Lionel Barrymore (Grandpa Storr), Miriam Hopkins (Louise Storr), Franchot Tone (Guy Crane), Stuart Erwin (Simon), Irene Hervey (Nettie Crane) **L** 88 **E** 12.1.2001 ORB

RÜCKKEHR AUS DER HÖLLE (INTOARCEREA DIN IAD). Zwei miteinander verfeindete Rumänen erhalten 1914 gemeinsam ihren Einberufungsbefehl. Im Dorf lassen sie eine Frau zurück, die des einen Ehefrau und des anderen Geliebte ist. Trotz brillanter Fotografie (der Regisseur arbeitete zunächst als Kameramann) bleibt die psychologische Durchleuchtung der Figuren auf der Strecke, die Tragik der Geschichte läßt weitgehend unberührt. – Ab 16. ✦ Rumänien 1982 **P** Filmstudio Bucuresti, Filmhaus Nr. 3 **KI** Progress **R** Nicolae Margineanu **B** Nicolae Margineanu, nach dem Roman »Der Polizist« von Ion Agirbiceanu **K** Vlad Paunescu **M** Cornel Taranu **D** Constantin Branzea (Dumitru Bogdan), Remus Margineanu (Ion Rosu), Maria Ploae (Veronica), Ana Ciontea (Catarina), Ion Sasaran (Gligor) **L** 93 **E** 24.8. 1984 Kino DDR/22.8.1985 DFF 2

RÜCKKEHR AUS DER WÜSTE. Ein junger DDR-Bürger entwickelt als Lehrausbilder in Algerien zuviel Eigeninitiative und kommt deshalb mit seinen Vorgesetzten in Konflikt. Auch im privaten Leben findet er keinen Halt. Langweiliger, viele Fragen nur anreißender Problemfilm. – Ab 14. ✦ Scope. DDR/Algerien 1990 **P** DEFA, Gruppe »Berlin«/ENPA **R** Bernhard Stephan **B** Bernd Schirmer, nach dem gleichnamigen Roman von Konrad Potthoff. **K** Otto Hanisch **M** Peter Kuno Kühnel **S** Margrit Brusendorff **D** André Hennicke (Thomas Tänzer), Barbara Schnitzler (Doris), Deborah Kaufmann (Angela), Azzedine Medjoubi (Mohamed), Bernd-Uwe Reppenhagen (Napoleon) **L** 89 **E** 22.3.1990 Kino DDR/11.8.1996 ORB

RÜCKKEHR AUS EINER ANDEREN WELT (ICEMAN). In der Nähe einer arktischen Forschungsstation wird ein Urmensch gefunden, eingefroren in einen Eisblock. Beim Auftauen erwacht er zum Leben und wird Gegenstand biologischer und anthropologischer Forschung. Ein Wissenschaftler ermöglicht ihm am Ende einen menschenwürdigen Ausweg aus dem Dasein als Versuchskaninchen. Unspektakulärer, liebevoller Film, der zum Nachdenken anregt über die Verantwortung der Wissenschaft und die verlorengegangene Unschuld des einfachen Lebens. (Fernsehtitel: »Der Mann, der aus dem Eis kam«, »Iceman – Der Mann, der aus dem Eis kam«) – Ab 16. ✦ Scope. USA 1984 **P** Universal **VA** CIC **R** Fred Schepisi **B** Chip Proser, John Drimmer **K** Ian Baker **M** Bruce Smeaton **S** Billy Weber **D** Timothy Hutton (Dr. Stanley Shepard), Lindsay Crouse (Dr. Diane Brady), John Lone (Charly), Josef Sommer (Whitman), David Strathairn (Dr. Singe), Philip Akin (Dr. Vermeil), Danny Glover (Loomis), Amelia Hall (Mabel), Richard Monette (Hogan), James Tolkan (Maynard) **L** 96 **E** März 1985 Video/13.12.1986 ARD **fd** 25 202

DIE RÜCKKEHR DER 18 BRONZE KÄMPFER (THE RETURN OF THE 18 BRONZEMEN). Durch Testamentsfälschung kommt ein chinesischer Prinz unrechtmäßig auf den Kaiserthron und unterzieht sich den Kung-Fu-Prüfungen im Shaolin-Tempel, um unbesiegbar zu werden. Er besiegt schließlich die Rächerin, die ihn zu stürzen versucht. Langweilig und uninteressant, wenn auch handwerklich über dem Durchschnitt des Genres. ✦ Scope. Hongkong 1977 **P** Hong HWA/International **KI** Filmhansa **R+B** Joseph Kuo (= Kuo Nanhung) **D** Carter Wang, Polly Shang-Kuan, Tien Peng, Shan Kuang, Ling Fon **L** 87 **FSK** ab 16; nf **E** 15.6.1979 **fd** 22 079

DIE RÜCKKEHR DER AUSSERIRDISCHEN → The Return – Tödliche Bedrohung

RÜCKKEHR DER FAMILIE ARZIK. Dokumentation über die türkische Familie Arzik, die nach 18 Jahren Aufenthalt in Hamburg beschließt, in die Türkei zurückzukehren. Gül, die in Deutschland geborene zehnjährige Tochter, ist hin- und hergerissen zwischen Ängsten und Neugier vor dem Unbekannten und Abschied von ihrer Freundin. Ali, der jüngste Sohn, hat eine Deutsche geheiratet und bleibt als einziges Familienmitglied in Hamburg. Der Film gibt nachvollziehbar und voller Sympathie Einblick in die Schwierigkeiten der Arbeitsemigranten zwischen Heimat und Fremde, Hoffnungen und Ängsten. – Ab 14. ✦ BR Deutschland 1982 **P** Trigon Film/ZDF **SF** MPZ Hamburg/Zentral **R** Brigitte Krause **B** Brigitte Krause, Michael Sombetzki **K** Brigitte Krause **M** Peter Robert, Ismail Demir **L** 61 **E** April 1982/2.6.1983 ZDF

DIE RÜCKKEHR DER FAMILIE FRANKENSTEIN (THE MUNSTERS' REVENGE). Gag-Komödie, die sich auf die 1964/65 produzierte Fernseh-Erfolgsserie »Die Munsters« bezieht: Die seltsame Familie, zu der Frankensteins Monster, einige Vampire bzw. vampirähnliche Wesen sowie ein Wolfsjunge gehören, wird in turbulente Abenteuer mit einem verbrecherischen Forscher verwickelt, der Roboter für seine Raubzüge einsetzt. Zwei dieser Wesen sind Mitgliedern der Munster-Familie nachgebildet. Unterhaltung ohne jeglichen Anspruch, ganz auf kurzzeitige Lacher hin konzipiert. – Ab 14 möglich. ✦ USA 1981 **P** NBC/Universal **Pd** Edward J. Montagne **R** Don Weis **B** Don Nelson, Arthur Alsberg **K** Harry L. Wolf **M** Vic Mizzy **D** Fred Gwynne (Herman Munster), Yvonne de Carlo (Lily Munster), Al Lewis (Grandpa), Joe McDonnell (Marilyn), Sid Caesar (Dr. Dustin Diabolo), K.C. Martel (Eddie Munster) **L** 96 **E** 26.12. 1996 RTL

DIE RÜCKKEHR DER FLIEGE (THE RETURN OF THE FLY). Fortsetzung des Horrorfilms »Die Fliege« (1958): Eine Generation später erlebt der Sohn des zerquetschten Forschers mittels derselben Zaubermaschine weitere Abenteuer. Diesmal darf auch ein Gangster mit dem famosen »Disintegrator« hantieren. So hockt denn bald ein Polizist mit Rattenfüßen im Labor. ✦ Scope, schwarz-weiß. USA 1959 **P** 20th Century Fox **KI** Centfox **Pd** Bernard Glasser **R+B** Edward Bernds **K** Brydon Baker **M** Paul Sawtell, Bert Shefter **S** Richard C. Meyer **D** Vincent Price (François Delambre), Brett Halsey (Philippe Delambre), David Frankham (Alan Hinds), John Sutton (Inspektor Charas), Dan Seymour (Max Berthold), Danielle de Metz (Cecile Bonnard), Janine Graudel (Madame Bonnard), Richard Flato (Sgt. Dubois), Pat O'Hara (Evans), Barry Bernard (Lt. McLish) **L** 80 **FSK** ab 16; nf **E** 28.8.1959 **fd** 8 367

DIE RÜCKKEHR DER GLORREICHEN SIEBEN (RETURN OF THE SEVEN). Sieben Revolverhelden befreien die entführten und zur Zwangsarbeit erpreßten Männer mehrerer Dörfer im vorrevolutionären Mexiko aus den Händen eines Banditenführers. Der Fortsetzungsfilm zu John Sturges' klassischem Western »Die glorreichen Sieben« (1960) ist weniger originell als der Vorläufer, aber doch überdurchschnittlich spannend. (Dritter Film der Reihe: »Die Rache der glorreichen Sieben«, 1968) – Ab 16. ✦ Scope. USA/Spanien 1966 **P** Mirisch **KI** United Artists **DVD** Fox Home (16:9, 1.85:1, Mono engl./dt.) **Pd** Ted Richmond **R** Burt Kennedy **B** Larry Cohen **K** Paul C. Vogel **M** Elmer Bernstein **S** Bert Bates **D** Yul Brynner (Chris), Robert Fuller (Vin), Julián Mateos (Chico), Warren Oates (Colbee), Claude Akins (Frank), Jordan Christopher (Manuel), Emilio Fernández (Lorca), Rodolfo Acosta (Lopez), Elisa Montez (Petra), Fernando Rey (Pfarrer) **L** 86 **FSK** ab 12; f **E** 7.4.1967/8.11.2001 DVD **fd** 14 676

DIE RÜCKKEHR DER HÖLLENZOMBIES → Toll treiben es die wilden Zombies

DIE RÜCKKEHR DER JEDI-RITTER (THE RETURN OF THE JEDI). Der dritte Teil der »Star Wars«-Serie, die 1977 mit »Krieg der Sterne« begann und 1979 mit »Das Imperium schlägt zurück« fortgesetzt wurde: Der kosmische Kampf gegen die Boten der Finsternis, die in Gestalt des mächtigen Imperators den Aufstand der Rebellen-Allianz niederschlagen und der »dunklen Seite« der Macht zur endgültigen Herrschaft verhelfen wollen, findet seinen Abschluß. Die Abenteuer von Luke Skywalker und seinen Freunden besitzen dabei nur noch stellenweise den unbeschwerten Charme des Comic Strip, während die Vielzahl der Effekte den Eindruck eines computergesteuerten Puppentheaters aufkommen läßt. Die vielen Monster und Kreaturen können ihr Eigenleben kaum mehr gegen den geballten Einsatz von Tricktechnik und Spezialeffekten behaupten. (Der Film kam 1997 als »Star Wars Special Edition« zusammen mit seinen beiden Vorgängern erneut in die Kinos – in einer überarbeiteten, digitalisierten und um neue Szenen und Effekte ergänzten Fassung. FBW-Prädikat von »Star Wars Special Edition«: »bw«.) – Ab 12. ✦ Scope. USA 1982 **P** Lucasfilm **KI** 20th Century Fox **VA** Fox **Pd** Howard Kazanjian, Robert Watts, Jim Bloom **R** Richard Marquand **B** Lawrence Kasdan **K** Alan Hume, Jack Lowin, James Glennon **M** John Williams **S** Sean Barton, Marcia Lucas, Duwayne Dunham, Arthur Repola **D** Mark Hamill (Luke Skywalker), Harrison Ford (Han Solo), Carrie Fisher (Prinzessin Leia), Billy Dee Williams (Lando Calrissian), Anthony Daniels (C-3PO), Alec Guinness (Ben Obi-Wan Kenobi), Peter Mayhew (Chewbacca), Sebastian Shaw (Anakin Skywalker), Frank Oz (Yoda), Tim Rose (Admiral Ackbar), Annie Arbogast (Sy Snootles), Kenneth Colley (Admiral Piett), Jane Busby (Chirpa), Kenny Baker (R2D2) **L** 132 (Special-Edition: 135) **FSK** ab 12; f **FBW** w **E** 9.12.1983/24.4.1997 Neustart/25.9.1997 Video **fd** 24 283

DIE RÜCKKEHR DER KILLERRATTEN → Night Eyes

DIE RÜCKKEHR DER KILLERTOMATEN (RETURN OF THE KILLER TOMATOES). Einige Überlebende sind von dem »Angriff der Killertomaten« (1977) noch immer so traumatisiert, daß sie den Anblick normaler Tomaten nicht ertragen können. Chad hat also Glück, daß er bei einer Pizzeria unterkommt, die »Nicht-Tomaten-Saucen« verwendet; doch der Alptraum beginnt, als er erfährt, daß die Frau, die er liebt, eine mutierte Killertomate ist, mittels der ein verrückter Professor die Welt erobern will. Haarsträubende Fortsetzung eines Kultfilms, der den anspruchslos-fröhlichen Unfug des ersten Teils noch überbieten will. – Ab 16. ✦ USA 1987 **P** Four Square/New World **VA** Highlight **Pd** J. Stephen Peace **R** John De Bello **B** John De Bello, Stephen F. Andrich, Constantine Dillon **K** Stephen Kent Welsh **M** Rick Patterson, Neal Fox **S** John De Bello, Stephen F. Andrich **D** Anthony Starke (Chad), George Clooney (Matt), Karen Mistal (Tara), Steve Lundquist (Igor), John Astin (Professor Gangrene), Mike Vilani (Bob), Harvey Weber (Sid), Rock Peace (Wilber Finnlatter) **L** 94 **FSK** ab 12 **E** April 1989 Video

DIE RÜCKKEHR DER LEBENDEN TOTEN (LA REVANCHE DES MORTES VIVANTES). Drei junge Arbeiterinnen einer Milchfabrik mutieren nach dem Genuß eines Glases Milch zu lebenden Toten und nehmen grausame Rache an den Menschen. Zombie-Film, der das ökologische Thema zum fadenscheinigen Aufhänger für eine blutrünstige Geschichte nimmt; in der abstoßend-spekulativen Handlung werden auch das Ausweiden von Menschen sowie Kastrationsszenen nicht ausgespart. – Wir raten ab. ✦ Frankreich 1986 **P** Tanagra **KI** Ring Film **VA** Allround **DVD** Astro (1.85:1, DD2.0 dt.) **Pd** Jean-Claude Roy **R** Peter B. Harson **B** John King **K** Henri Froger **M** Christian Bonneau **S** Pierre Renhardt **D** Kathryn Carly, Anthea Wyler, Véronique Catanzaro, Sylvie Novak, Gabor Rassov **L** 80 **FSK** ab 18; nf **E** 11.5.1989/Juli 1989 Video

DIE RÜCKKEHR DER MAVERICKS (THE NEW MAVERICK). Ein gerissener Westernheld und Glücksspieler begegnet am angeblichen Grab seines gar nicht verstorbenen Bruders seinem nicht weniger durchtriebenen Vetter. Gemeinsam versuchen sie, geraubte Armeewaffen wiederzubeschaffen, lassen jedoch keine Gelegenheit aus, sich gegenseitig zu betrügen. Komödiantischer Western nach der international erfolgreichen TV-Serie. ✦ USA 1978 **P** Warner Bros. TV **R** Hy Averback **B** Juanita Bartlett, nach einer Erzählung von Clark Howard **K** Andrew Jackson **M** John Rubinstein **D** James Garner (Bret Maverick), Charles Frank (Ben Maverick), Jack Kelly (Bart Maverick), Susan Blanchard (Nell McGarrahan), Susan Sullivan (Alice Ivers) **L** 90 **E** 13.4.1984 ARD

DIE RÜCKKEHR DER MUSKETIERE (THE RETURN OF THE MUSKETEERS). 20 Jahre nach ihren ersten Abenteuern raufen sich die Musketiere erneut im Dienste ihres Königs zusammen. Die Helden sind etwas müder geworden, dennoch können sie den betrügerischen Ratgeber des Königs und die rachelüsterne Tochter ihrer ehemaligen Todfeindin Lady de Winter in Schach halten. Richard Lester hat die verspätete Fortsetzung seiner ersten Musketier-Filme zu kompliziert angelegt; darunter leidet der Witz, der die Vorläufer auszeichnete: die vielen kleinen Seitenhiebe auf die Zeitläufte und die slapstickartige Ironisierung des Mantel-und-Degen-Genres. – Ab 14. ✦ Großbritannien/Frankreich/Spanien 1988 **P** Timothy Burrill Prod./Fildebroc/Cine 5/Iberoamericana **VA** VPS **Pd** Pierre Spengler, Mario Sotela **R** Richard Lester **B** George MacDonald Fraser, nach dem Roman »Twenty Years After« von Alexandre Dumas **K** Bernard Lutic **M** Jean-Claude Petit **S** John Victor Smith (= John Victor-Smith) **D** Michael York (d'Artagnan), Oliver Reed (Athos), Frank Finlay (Porthos), C. Thomas Howell (Raoul), Kim Cattrall (Justine) **L** 97 **FSK** ab 12 **E** 13.12.1990 Video **fd** 28 743

DIE RÜCKKEHR DER NINJA (REVENGE OF THE NINJA). Ein von Ninja-Kämpfern bedrohter Japaner geht mit seinem kleinen Sohn nach Amerika, wo er mit einem amerikanischen Freund eine Galerie eröffnet. Der Freund indes entpuppt sich als Heroinschmuggler, gerät in einen Krieg mit der Mafia, ehe er von dem Japaner als dem gewandteren Ninjutsu-Kämpfer zur Strecke gebracht wird. Obwohl nicht ganz so brutal wie der Vorgänger »Ninja, die Killermaschine« und trotz ironischer Zwischentöne bietet der Film kaum mehr als plakatives Gewaltkino. – Wir raten ab. ✦ USA 1983 **P** Golan-Globus **KI** Scotia **VA** VMP **Pd** Menahem Golan, Yoram Globus **R** Sam Firstenberg **B** James R. Silke **K** David Gurfinkel **M**

Rob Walsh, W. Michael Lewis, Laurin Rinder **S** Mark Helfrich, Michael J. Duthie **D** Sho Kosugi (Cho), Keith Vitali (Dave), Virgil Frye (Lt. Dime), Ralph Arthur Roberts (Braden), Ashley Ferrare (Cathy) **L** 87 **FSK** ab 18; nf **E** 6.4.1984/10.2.1996 Pro Sieben **fd** 24 482

RÜCKKEHR DER PARTY-KILLER (ASSAULT OF THE PARTY NERDS). Eine Studentenverbindung mit nur vier Mitgliedern veranstaltet zu Werbezwecken eine Party, zu der sie die Mädchen der Konkurrenzverbindung einlädt. Ungeladen erscheinen ihre muskelbepackten Freunde. Dämliche College-Komödie, die die üblichen Zutaten des Genres – dumme Sprüche, laute Musik, nackte Haut – zu einer wenig bekömmlichen Mischung zusammenrührt. (Früherer Titel: »Assault of the Party Nerds«) – Ab 16 möglich. ✦ USA 1989 **P** Check Entertainment **VA** Ufa **R+B** Richard Gabai **M** L. Berlinger, M. Horrell **D** Linnea Quigley, Troy Donahue, Richard Gabai, C. Paul Demsey **L** 81 **FSK** ab 16 **E** 12.4.1995 Pro Sieben

DIE RÜCKKEHR DER PIRANHAS (PIRANHA). Mutierte Piranhas aus einem stillgelegten Testgelände der US-Armee gelangen in einen Fluß und suchen ihre Opfer unter Teenagern, korrupten Polizisten und lasziven Blondinen. Spekulativer Gruselfilm, der in seinem vordergründigen Moralverständnis an die Tradition von B-Pictures der 50er Jahre erinnert, aber viel zu sehr von billigen Effekten, albernen Dialogen und steif agierenden Darstellern geprägt wird, um als Genre-Unterhaltung funktionieren zu können. ✦ USA 1995 **P** New Horizons **VA** New Vision (Highlight) **Pd** Chako van Leeuwen, Mike Elliott **R** Scott Levy **B** Alex Simon, nach dem Original-Drehbuch von John Sayles **K** Christopher Baffa **M** Christopher Lennertz **S** John Gilbert **D** Alexandra Paul (Maggie McNamara), William Katt (Paul Grogan), Darleen Carr (Dr. Lucia Baines), Soleil Moon Frye (Laura), Monte Markham (J. R. Randolph) **L** 87 **FSK** ab 16 **E** 26.3.1996 Video **fd** 31 925

DIE RÜCKKEHR DER REITENDEN LEICHEN (EL ATAQUE DE LOS MUERTOS SIN OJOS). Vor 500 Jahren wurde eine Schar von Rittern nach dem Raub und der rituellen Tötung der Jungfrauen eines portugiesischen Dorfes von den empörten Bauern ermordet. Nun entsteigen sie ihren Gräbern und nehmen Rache an den Nachkommen. Zweitklassiger Horrorfilm aus der spanischen Reihe, die 1971 mit »Die Nacht der reitenden Leichen« begann. ✦ Spanien 1973 **P** Ancia Century **KI** Jugendfilm **DVD** Mc-One (FF, DD2.0 dt.) **R+B** Amando de Ossori **K** Miguel F. Mila **M** Anton Garcia Abril **D** Tony Kendall, Esperanza Roy, Fernando Sancho, Esther Roy, Frank Braña **L** 83 (DVD 89) **FSK** ab 16; nf **E** 14.9.1973/ 2001 DVD **fd** 18 502

RÜCKKEHR DER ROBOTER (RETURN OF THE SIX MILLION DOLLAR MAN AND THE BIONIC WOMAN). Ein »männlicher« und ein »weiblicher« bionischer Halb-Roboter, die mit hochkomplizierten künstlichen Gliedmaßen und Sinnesorganen ausgestattet sind, die gewöhnlichen Organen weit überlegen sind, kämpfen im Geheimdienst gegen Bösewichte. Einfältige Episoden einer Fernsehserie in Nachfolge von »Der 6-Millionen-Dollar-Mann« und »Das 6-Millionen-Dollar-Girl«; voller fader Tricks und ohne Konzept. – Ab 16. ✦ USA 1987 **P** Universal **VA** CIC **R** Ray Austin **B** Michael Sloan, Bruce Lansbury **K** William K. Jurgensen **M** Marvin Hamlisch **D** Lindsay Wagner, Lee Majors, Richard Anderson, Martin Cardin, Scott Kraft **L** 94 **FSK** ab 16 **E** Oktober 1987 Video **fd** 26 592

DIE RÜCKKEHR DER SEMMELKNÖDELBANDE (APPLE DUMPLING GANG RIDES AGAIN). Zwei vertrottelte Mitglieder der »Semmelknödel«-Bande wollen endlich sittsame Bürger werden und machen dadurch erst recht den Wilden Westen unsicher. Die anspruchslos-unterhaltsame Fortsetzung des parodistischen Klamauk-Western »Die Semmelknödelbande« von 1976. – Ab 10. ✦ USA 1979 **P** Walt Disney Prod./Buena Vista **VA** EuroVideo **Pd** Ron Miller, Tom Leetch **R** Vincent McEveety **B** Don Tait **K** Frank Phillips **M** Henry A. Maffrett **S** Gordon D. Brenner **D** Tim Conway (Amos), Kenneth Mars (Marshall W. Bill Hitchcock), Don Knotts (Theodore), Tim Matheson (Jeff Reid), Elyssa Davalos (Millie Gaskill), Jack Elam (Big Mac), Robert Pine (Ravencroft), Harry Morgan (Major Gaskill), Rex Holman, George Chandler **L** 89 **FSK** ab 6 **E** 25.2.1988 Video/10.5.1992 premiere

DIE RÜCKKEHR DER TRUNKENBOLDE (KAETTE-KITA YOPPARAI). Drei Studenten, die ihre Ferien am Meer verbringen wollen, werden dort für illegale koreanische Einwanderer gehalten und sehen sich plötzlich auf der Flucht. Äußerlich eine Kriminalstory mit beinahe surrealistischem Touch, deren einzelne Sequenzen oft zusammenhanglos nebeneinanderstehen und ihre Bedeutung nur schwer preisgeben. ✦ Japan 1968 **P** Sozo-sha **KI** Freunde der Deutschen Kinemathek **R** Nagisa Oshima **B** Tsutomu Tamura, Mamoru Sasaki, Masao Adachi, Nagisa Oshima **K** Yasuhiro Yoshioka **M** Hikaru Hayashi **S** Keiichi Uraoka **D** Kazuhiko Kato (der Große), Osamu Kitayama (der Kleine), Norihiko Hashida (der Dritte), Mako Midori (das Mädchen), Kei Sato (der Koreaner), Fumio Watanabe (Ehemann) **L** 80 **E** 1974 Kino

DIE RÜCKKEHR DER UNTOTEN (NIGHT OF THE LIVING DEAD). Sieben Menschen müssen sich in einem abgelegenen Bauernhaus der Angriffe von Zombies erwehren. Innerhalb der Gruppe brechen Rassismus, Faschismus und Haß offen hervor. Remake des zum Kultfilm avancierten Horrorfilms »Die Nacht der lebenden Toten«, das zwar die Grenze zur Ekelschwelle überschreitet, durch seine Aussage von der Bestie im Menschen jedoch bedenkenswerte Ansätze enthält. (Videotitel: »Night of the Living Dead«) ✦ USA 1990 **P** 21st Century Fox **KI** Esplanade **VA** Starlight **Pd** John A. Russo, Menahem Golan, Russell Steiner **R** Tom Savini **B** George A. Romero, John Russo **K** Frank Prinzi **M** Paul McCollough **S** Tom Dubensky **D** Tony Wood (Ben), Patricia Tallman (Barbara), Tom Towles (Harry), William Butler (Tom), McKee Anderson (Helen) **L** 88 **FSK** ab 18; nf **E** 21.2. 1991/23.10.1991 Video **fd** 28 825

DIE RÜCKKEHR DER VERGESSENEN FREUNDE (DON'T LOOK UNDER THE BED). Ein 14-jähriges Mädchen, das allzu früh seine kindliche Fantasie verlor, sieht seine rational geordnete Welt erschüttert, als ein mysteriöser Kinderschreck die Ordnung in seiner Heimatstadt auf den Kopf stellt. Nur mit Hilfe des Fantasie-Freundes ihres kleinen Bruders, den nur das Mädchen sehen kann, kann der Frieden wieder hergestellt werden. Unterhaltsamer Familien-Fantasyfilm, der mit vertrauten und konventionellen Mitteln, zudem auf eine sehr sanfte Art des Gruselns eingeschworen ist. – Ab 14. ✦ USA 1999 **P** Hal Roach Studios/Disney **R** Kenneth Johnson **B** Mark Edward Edens **S** David Strohmaier **D** Eric Hodges (Larry Houdini), Robin Riker (Karen McCauland), Steve Valentine (Boogeyman), Mary Parker Williams (Mrs. Readle), Geoff Hansen (Mr. Kepler) **L** 89 **E** 28.10.2001 RTL

DIE RÜCKKEHR DER WILDGÄNSE (THE RETURN OF THE WILD GEESE / MISSION COBRA). Vier frustrierte Ex-Dschungelkämpfer kehren zehn Jahre nach Kriegsende nach Vietnam zurück, da sie der offiziellen Version, es gebe dort keine gefangenen amerikanischen Landsleute mehr, nicht glauben. Ihre Aktion scheitert. Primitives Söldner-Abenteuer nach dem Schema von »Rambo II«. ✦ BR Deutschland/Italien 1985 **P** Ascot/Fulvia/VIP-Delta **KI** Ascot **VA** Ufa **Pd** Erwin C. Dietrich, Vincenzo Mannino **R** Larry Ludman (= Fabrizio de Angelis), Gianfranco Clerici **B** Gianfranco Clerici, Vincenzo Mannino, Fabrizio de Angelis, Erwin C. Dietrich **K** Sergio d'Offizi **M** Francesco De Masi **S** Alberto Moriani **D** Christopher Connelly (Roger), Manfred Lehmann (Mark), John Steiner (James), Oliver Tobias (Richard), Donald Pleasence (Oberst) **L** 89 **FSK** ab 18; nf **E** 31.7.1986/Januar 1986 Video **fd** 25 734

DIE RÜCKKEHR DER ZOMBIES (ZOMBI 3 / LE NOTTI DEL TERRORE). Eine Gruppe junger Leute wird von Zombies überfallen und bis zum letzten Mann zerfleischt. Trotz einiger effektvoller Sequenzen ein äußerst fragwürdiger Horrorfilm voller Zynismus und Blutrünstigkeiten. ✦ Italien 1980 **P** Esteban **KI** Scotia **VA** Ufa **R** Andrea Bianchi **B** Piero Regnoli **M** Elio Mancuso, Burt Rexon **D** Roberto Caporali, Peter Bark, Maria Angela Giordano, Gianluigi Chirizzi, Karin Well **L** 83 **FSK** ab 18; nf **E** 23.1.1981/1981 Video **fd** 23 049

DIE RÜCKKEHR DES DR. PHIBES (DR. PHIBES RISES AGAIN). Fortsetzung des Films »Das Schreckenskabinett des Dr. Phibes«, in der der geheimnisumwitterte Arzt aus einer dreijährigen Leichenstarre erwacht und dem Geheimnis eines altägyptischen Lebenselixiers nachjagt, das seine Frau ins Leben zurückholen soll. Dabei kommt ihm ein anderer Forscher in die Quere. Variation des Gruselfilm-Motivs vom besessenen Wissenschaftler, die in bizarren Dekors und skurrilen Morden schwelgt; inszenatorisch weitaus schwächer als sein Vorgänger, geht der Film bereits in die Richtung der selbstzweckhaften Horrorschocker, die eklige Grausamkeiten und deutlichen Sadismus bebildern. (Videotitel: »Im Bund mit dem Teufel«) – Ab 16. ✦ Großbritannien 1972 **P** AIP **VA** CBS-Fox **Pd** Louis M. Heyward **R** Robert Fuest **B** Robert Fuest, Robert Blees, nach Charakteren von William Goldstein, James Whiton **K** Alex Thomson **M** John Gale **S** Tristam Cones **D** Vincent Price (Dr. Anton Phibes), Robert Quarry (Biederbeck), Valli Kemp (Vulnavia), Hugh Griffith (Ambrose), John Thaw (Shavers), Keith Buckley (Stuart), Peter Cushing (Captain), Lewis Fiander (Baker), Gerald Sim (Hackett) **L** 88 (gek. 82) **FSK** ab 16 (gek. ab 12) **E** 23.5.1987 ARD

DIE RÜCKKEHR DES ELIOT NESS → Die Rückkehr des Unbestechlichen

DIE RÜCKKEHR DES GEFÜRCHTETEN (ERIK IL VICHINGO). Der Wikingerheld Erik setzt sich mit Einfalt und Bärenkräften gegen seine hinterlistigen Feinde durch. Prügelszenen mit Schwertern und Beilen in schlecht imitiertem Normannendekor. Eine Variante des italienischen »Muskel-und-Sandalen-Films«. (Alternativtitel: »Die größten Abenteuer der Wikinger«; TV-Titel DDR: »Erik, der Wikinger«) – Ab 16. ✦ Italien/Spanien 1965 **P** Nike/As **KI** Düssel **R** Mario Caiano **B** Arpad De Riso, Nino Scolaro **K** Enzo Barboni **M** Carlo Franci **D** Gordon Mitchell, Giuliano Gemma, Elisa Montes, Fajardo Deus, Ely McWhite **L** 88 **FSK** ab 16; nf **E** 30.8.1968/26.3.1983 DFF 1 **fd** 15 713

DIE RÜCKKEHR DES IDIOTEN (NAVRAT IDIOTA). Nach Jahren in der Psychiatrie kehrt ein Mann in die böhmische Provinz zurück, wo er unfreiwillig die amourösen Verwicklungen zwischen zwei Brüdern und zwei Schwestern aufdeckt. Lakonisch-melancholische, märchenhafte Komödie nach Motiven von Dostojewskijs Roman »Der Idiot«, die aus der kunstvollen Variation minimalistischer Mittel ein Höchstmaß an cineastischer Wirkung erzielt. Von einem starken Stilwillen getragen und hervorragend besetzt, bezieht der Film bei der Reflexion über das Verhältnis von Selbsttäuschung und Projektion auch das Medium Kino mit ein. (O.m.d.U.) – Sehenswert ab 16. ✦ Tschechien 1999 **P** Negativ Ltd./Tschechisches Fernsehen/ZDF **KI** Horch & Guck **Pd** Petr Oukropec **R** Sasa Gedeon **B** Sasa Gedeon, nach Motiven des Romans »Der Idiot« von F. M. Dostojewskij **K** Stepán Kucera **M** Vladimír Godár **S** Petr Turyna **D** Pavel Liska (Frantisek), Anna Geislerová (Anna), Tatiana Vilhelmová (Olga), Jirí Langmajer (Emil), Jirí Machácek (Robert) **L** 100 **E** 29.3.1999 ZDF/29.6. 2000 Kino **fd** 34 351

DIE RÜCKKEHR DES KING KONG (KING KONG TAI GOJIRA / KING KONG VS. GODZILLA). Der Riesenaffe King Kong befreit Japan von dem bösartigen Urweltsaurier Godzilla. Die perfekt inszenierte Trickfilmshow bietet eine Anthologie des Monsterkinos à la Inoshiro Honda. Für Liebhaber der Gattung ein unterhaltsamer Zeitvertreib. (Fernsehtitel: »King Kong kommt zurück«) – Ab 14. ✦ Japan 1963 **P** Toho **KI** Avis **DVD** CinePlus (FF, Mono dt.) **Pd** Tomoyuki Tanaka **R** Inoshirô Honda, Thomas Montgomery **B** Paul Mason, Bruce Howard **K** Hajime Koizumi **M** Peter Zinner, Akira Ifukube **S** Peter Zinner **D** Michael Keith (Eric Carter), James Yagi (Yataka Omura), Harry Holcombe (Dr. Arnold Johnson), Mie Hama (Fumiko Sakuraj), Tadao Takashima (O. Sakuraj), Kenji Sahara (Kazuo Fujita), Yu Fujiki (Kinzaburo Furue), Tatsuo Matsumura (Dr. Markino) **L** 82 **FSK** ab 12; nf **E** 23.8. 1974/2001 DVD **fd** 19 003

DIE RÜCKKEHR DES PANZERKREUZERS (WOSWRASCHTSCHENIJE BRONENOSZA). Filmische Hommage an Sergej Eisenstein und seinen Film »Panzerkreuzer Potemkin«: An Hand eines deutschen Parteifunktionärs, der im Odessa des Jahres 1925 pflichtbewußt den Kommunismus vorantreiben will, werden Widersprüche eines im Käfig seines theoretischen Ideals gefangenen Menschen aufgezeigt. Leider glaubt der Film, die an sich schon absurde Situation durch eine Vielzahl überdrehter Momente noch unterstreichen zu müssen. Das Ergebnis ist ein lärmender, ja polternder Film, dem alle Zwischentöne fehlen, und der einen wehmütig an die fein gesponnenen Gesellschaftssatiren der Sowjetunion, vor allem aus Georgien, denken läßt. (O.m.d.U.) ✦ Russland 1996 **P** RITM Studio/Gorki-Studios **KI** Freunde der Deutschen Kinemathek **Pd** Igor Kowalensky, Juri Kuschnerjow, Gennady Poloka, Michail Susmanowitsch **R** Gennady Poloka **B** Gennady Poloka, Wladimir Bragin, nach der Novelle »Wiederkehr des Panzerkreuzers« von A. Kapler **K** Jewgeni Dawydow **M** Veniamin Basner **S** S. Guralskaya, T. Moliawina **D** Michail Susmanowitsch, Jelena Majorowa, Ludmila Potapowa, Tatjana Wassiljewa, Armen Dshigarchanjan, Boris Nowikow, Igor Kowalensky **L** 161 **E** 1997

DIE RÜCKKEHR DES RESIDENTEN (WOSWRASCHTSCHENIJE REDIDENTA). Der Sohn eines russischen Emigranten wird vom sowjetischen Geheimdienst wegen Spionage verhaftet und »umerzogen«. ✦ Scope. UdSSR 1982 **P** Gorki-Studio **R** Wenjamin Dorman **B** Oleg Schmeljow, Wladimir Wostokow **K** Wadim Korniljew **M** Mikael Tariwerdijew **D** Georgi Shenow (Tuljew), Pjotr Weljaminow (Lukin), Jewgeni Gerassimow (Kusnezow), Leonid Bronewoi (Staube), Irina Aser (Marta) **L** 100 **E** 14.4.1983 DFF 2

DIE RÜCKKEHR DES SHERLOCK HOLMES (SHERLOCK HOLMES RETURNS). Sherlock Holmes, der sich vor 100 Jahren einfrieren ließ, wird durch ein Erdbeben erweckt und geht im San Francisco der Gegenwart erneut auf Verbrecherjagd. Dabei trifft er auch auf einen Nachkommen seines Erzfeindes Moriarty. Kriminalfilm, der die Geschichten von Arthur Canon Doyle weiterspinnt. – Ab 14. ✦ USA 1993 **R+B** Kenneth Johnson **D** Anthony Higgins (Sherlock Holmes), Debrah Farentino (Dr. Amy Winslow), Mark Adair Rios (Zapper), Joy Coghill (Mrs. Hudson), Daniel Chambers (Mr. Hudson) **L** 95 **E** 5.6.1995 RTL 2

DIE RÜCKKEHR DES SOLDATEN →Schatten der Vergangenheit (1982)

DIE RÜCKKEHR DES UNBEGREIFLICHEN (RETRIBUTION). Eine ebenso unheimliche wie gefährliche Macht ergreift Besitz von einem Mann, der nach einem gescheiterten Selbstmordversuch mittels Elektroschocks ins Leben zurückgeholt wird. Der tagsüber friedliche Künstler streunt nachts als mordende Bestie durch die Straßen. Vordergründig-platter, passagenweise abstoßender Horror-Thriller, der sich des klassischen Jekyll & Hyde-Motivs bedient und es zeitgemäß variiert. – Wir raten ab. ✦ USA 1987 **P** Unicorn **KI** Hollywood **VA** Ufa **Pd+R** Guy Magar **B** Guy Magar, Lee Wasserman **K** Gary Thieltges **M** Alan Howarth **S** Alan L. Shefland, Guy Magar **D** Dennis Lipscomb (George Miller), Leslie Wing (Jennifer Curtis), Susan Marie Snyder (Angel), Jeff Pomerantz (Alan Falconer), Pamela Dunlap (Sally Benson) **L** 106 **FSK** ab 16; f **E** 21.4.1988/2.12.1988 Video/ 31.7.1992 premiere **fd** 26 895

DIE RÜCKKEHR DES UNBESTECHLICHEN (THE RETURN OF ELIOT NESS). Spätes Comeback des unerschrockenen Gangsterjägers Eliot Ness, der 1959–63 in der Fernsehserie »Chicago 1930« in der Unterwelt der Prohibitionszeit aufräumte. Inzwischen über 70 Jahre alt, kehrt Ness (erneut von Robert Stack gespielt) 1947 zurück, um den Mord an einem Anwalt, seinem ehemaligen Weggefährten, aufzuklären, der den Bandenkriegen nach dem Tode Al Capones zum Opfer gefallen ist. ✦ USA 1991 **P** NBC/ Michael Filerman Prod. **Pd** Joseph B. Wallenstein **R** James A. Contner **B** Michael Petryni **M** Lee Holdridge **D** Robert Stack (Eliot Ness), Jack Coleman (Gil Labine), Philip Bosco (Art Malto), Anthony DeSando (China Malto), Lisa Hartman (Madeline Whitfield) **L** 95 **E** 27.4.1993 PRO 7

DIE RÜCKKEHR DES UNHEIMLICHEN HULK →Thor 2000

DIE RÜCKKEHR DES VERLORENEN SOHNES (NAVRAT ZTRACENEHO SYNA). Die Ursachen der psychischen Erkrankung des Ingenieurs Jan Sebek, die sich in einem Selbstmordversuch äußert, lassen sich nicht ermitteln. Es stellt sich heraus, daß sie nicht bei dem Kranken zu finden sind, sondern in Krankheitssymptomen der Gesellschaft, deren Opfer er ist. Ein anspruchsvoll-kritischer Film des Tschechen Evald Schorm (geb. 1931), der schon mit seiner vorangegangenen Gesellschaftsstudie »Mut für den Alltag« Aufsehen und Protest bei den kommunistischen Funktionären erregt hatte. Schorm zählte zu den wichtigsten Regisseuren der tschechischen »Neuen Welle« im Umfeld des »Prager Frühlings«. ✦ Schwarz-weiß. CSSR 1966 **P** Filmstudio Barrandov **R** Evald Schorm **B** Evald Schorm, Sergej Machonin **K** Frantisek Uldrich **M** Jan Klusák **D** Jan Kacer (Jan), Jirina Trebická (Krankenschwester), Jirí Menzel, Dana Medrická (Olga), Milan Morávek (Arzt), Jana Brejchová **L** 100 (BRD 90) **FSK** ab 16; f **E** 10.3. 1968 ZDF/21.9.1990 DFF 2 **fd** 15 996

DIE RÜCKKEHR DES WHISTLER (THE RETURN OF THE WHISTLER). Die Heirat einer jungen Witwe wird durch die Familie der Frau verhindert. Ehe der Mann die Intrigen und ihre Ursache – eine reiche Erbschaft der Frau – durchschaut, geschehen viele unerklärliche Dinge, die er jedoch mit Hilfe eines Privatdetektivs schließlich aufklären kann. (Vgl. »Der Whistler«) ✦ Schwarz-weiß. USA 1948 **P** Columbia **Pd** Rudolph C. Flothow **R** D. Ross Lederman **B** Edward Bock, Maurice Tombragel, nach einer Story von Cornel Woolrich **K** Philip Tannura **M** Wilbur Hatch, Mischa Bakaleinikoff **S** Dwight Caldwell **D** Michael Duane (Ted Nichols), Lenore Aubert (Alice Bradley), Richard Lane (Gaylord Travers), James Cardwell (John), Ann Shoemaker (Mrs. Bradley) **L** 63 **E** 26.11.1980 WDR

DIE RÜCKKEHR EINES STAATSBÜRGERS. Ein Ägypter, der jahrelang in der Golfregion gearbeitet hat, kehrt in seine Heimat zurück, um seine Familie materiell zu unterstützen. Doch sein Geld schweißt die Familie nicht zusammen, sondern beschleunigt nur noch deren Verfall. Mohamed Khan, einer der wichtigen ägyptischen Regisseure der 80er-Jahre, entwickelte in seinen Filmen eine kohärente und kritische Sicht der fundamentalen Veränderungen in der ägyptischen Gesellschaft seit der Intifada. ✦ Ägypten 1986 **R** Mohamed Khan **B** Assem Tewfik **K** Ali El-Ghazouli **M** Kamal Bakir **S** Nadia Chukri **D** Zehia El-Fakhrani, Mervat Amin, Ahmed Abdul Aziz, Magda Zaki, Sherif Moumir **L** 100 **E** 6.7.2000 arte

RÜCKKEHR EINES TOTEN (NETCHAIEV EST DE RETOUR). Einige Jahre nachdem er seinen »Tod« inszenierte, taucht ein Terrorist wieder auf. Er wird von allen gejagt: Ehemalige, jetzt systemkonforme Mitstreiter setzen Killerkommandos auf ihn an, staatliche Sicherheitskräfte wollen ihn als Mitwisser eines illegalen Waffengeschäfts der Regierung zum Schweigen bringen. Sein Vater, Chef des Geheimdienstes, bemüht sich, eine Eskalation der Ereignisse zu verhindern. An die Biografie des Terroristen Carlos angelehnter Polit-Thriller, der unentschlossen zwischen der Kriminalhandlung, der Erhellung politischer Hintergründe und einem bis zur Karikatur vereinfachten psychologischen Drama schwankt. – Ab 16. ✦ Frankreich/Italien 1991 **P** Les Films de l'Ecluse/TF1/Italmedia **R** Jacques Deray **B** Dan Franck, Jacques Deray, nach einem Roman von Jorge Semprun **K** Yves Angelo **M** Claude Bolling **S** Henri Lanoë **D** Yves Montand (Marroux), Vincent Lindon (Netchaïev), Miou-Miou (Brigitte), Carolina Rosi (Sonsoles), Patrick Chesnais (Leloy) **L** 101 (Orig. 112) **E** 25.5.1995 premiere

RÜCKKEHR EINES UNBEQUEMEN (PRISASTWIJE). Ein Chemieingenieur, der die Schuld an einem mißglückten Forschungsexperiment auf sich genommen hatte, kehrt nach zweijähriger Haft in seinen Betrieb zurück. Doch seine Absicht, die wissenschaftliche Arbeit fortzusetzen, stößt auf erhebliche Schwierigkeiten. Handwerklich und dramaturgisch schwaches Drama um zwischenmenschliche Konflikte und Arbeitsethos. – Ab 14. ✦ Bulgarien 1975 **P** Spielfilmstudio Sofia **KI** Progress **R** Todor Stojanow **B** Dimitar Weltschew **K** Wenez Dimitrow **M** Iwan Ignew **D** Kolja Dontschew (Karow), Georgi Tscherkelow (Drago), Penka Zizelkowa (Julia), Mariana Dimitrowa (Anni), Alexander Pritup **L** 92 **E** 14.1.1977 Kino DDR

RÜCKKEHR (HOHES LIED DER VATERLIEBE) (WOSWRASCHTSCHNIE). Ein Neunjähriger fährt auf eigene Faust nach Leningrad, um seinen ihm unbekannten Vater aus der Arktis heimzuholen. Schlicht unterhaltendes Familienkino aus dem Rußland der 40er Jahre. ✦ Schwarz-weiß. UdSSR 1940 **P** Lenfilm **KI** Sovexport **R** Jan Frid **B** B. Tschirskow, R. Musikant **K** Alexander Xenofontow **M** Sh. Pustilnik **D** A. Schostjakow, Tatjana Gurezkaja (Anna), Nikolai Simonow (Sergej Petrowitsch Iwanow), L. Kartaschowa, Wowa Tumalarjan **L** 90 **E** 5.7.1946 **fd** 9

RÜCKKEHR IN DEN TOD (CONTAR HASTA DIEZ). Ein Mann ist 1976 im vom Militär beherrschten Argentinien auf der Suche nach seinem verschwundenen Bruder. Er stößt auf Widerstände, Mißtrauen und Verunsicherung. Als er endlich die Mauer der Verschwiegenheit durchbrechen kann, findet er den Bruder als gebrochenen Menschen in einer psychiatrischen Klinik. Einfühlsam und unspektakulär zeigt der Film die psychischen und physischen Schäden in einem Klima der Gewalt und Unterdrückung. Ein engagiertes und aufschlußreiches Drama, das auf subtile Weise auch den gesellschaftlichen Nährboden der Diktatur anspricht. ✦ Argentinien 1984 **P** Oskar Barney Finn **R+B** Oscar Barney Finn **K** Juan Carlos Lenardi **M** Luis Maria Serra **S** Julio Di Risio **D** Oscar Martinez (Ramón), Héctor Alterio (Francisco), Arturo Maly (Pedro), Julia von Grolman (Paula), Maria José Demare (Ana), Arturo Bonin (Federico), Selva Aleman (Lucia) **L** 105 **E** 30.11.1989 DFF 1

RÜCKKEHR IN DIE VERLORENE WELT (RETURN TO THE LOST WORLD). Ein exzentrischer englischer Wissenschaftler im 19. Jahrhundert kehrt gemeinsam mit den Gefährten von einst auf jenes afrikanische Hochplateau zurück, wo er einst Dinosaurier entdeckte, die dort in friedlicher Koexistenz mit den Einheimischen leben. Jetzt ist das Gebiet von habgierigen Ölsuchern bedroht. Fortsetzung des Films »Die verlorene Welt«, erneut entstanden nach einem Abenteuerroman von Arthur Conan Doyle, in seinen inszenatorischen Mitteln freilich mehr dem aktuellen Abenteuer-Kintopp verpflichtet. – Ab 16. ✦ USA 1992 **P** Harmony Gold **VA** Taurus **Pd** Michael Games, Frank Agrama, Norman Siderow, Daniele Lorenzano, Harry Alan Towers **R** Timothy Bond **B** Peter Welbeck (= Harry Alan Towers), nach einem Roman von Arthur Conan Doyle **K** Paul Beeson **M** Lawrence Shragge, Larry Wolff, Isaiah Sanders, Gerhard Shadrick **S** Stephen Lawrence **D** John Rhys-Davies (Prof. Challenger), David Warner (Summerlee), Eric McCormack (Edward Malone), Nathania Stanford (Malu), Darren Peter Mercer (Jim) **L** 94 **FSK** ab 12 **E** 6.9.1993 PRO 7

RÜCKKEHR INS HOCHLAND (HIGH COUNTRY). Um das Leben eines Rennpferdes zu retten, entführt ein Rinderzüchter das Tier und kehrt in die unwegsame Bergwelt der Snowy Mountains zurück, der er, nach dem tragischen Tod seiner Frau, vor Jahren den Rücken kehrte. Hier entwickelt sich eine dramatische Verfolgungsjagd. (Alternativer TV-Titel: »Flucht in die Berge«) ✦ Australien 1983 **P** PBL Productions **R** Bill Hughes **B** Ian Bradley **K** Ray Henman **M** David Skinner **D** John Waters (Ben Lomax), Tom Oliver (Frank Stacey), Terry Serio (Dave Baxter), Simone Buchanan (Debbie Lomax), Tim Hughes **L** 90 **E** 3.11. 1989 DFF 1/10.1.1993 ORB

RÜCKKEHR INS LEBEN (1948) (RETOUR A LA VIE). Fünf Episoden über während des Krieges deportierte Franzosen, die im Mai 1945 heimkehren und versuchen, wieder Fuß zu fassen. Der Film erzählt komische und tragische Geschichten von unterschiedlichem Gehalt, jedoch voller menschlicher Wärme. – Ab 14. ✦ Schwarz-weiß. Frankreich 1949 **P** Les Films Marceau **R** André Cayatte, Georges Lampin, Henri-Georges Clouzot, Jean Dreville **B** Charles Spaak, Henri-Georges Clouzot, Jean Ferry, Noel-Noel **D** Bernard Blier (Gaston), Helena Manson (Simone), François Périer (Antoine), Patricia Roc (Lt. Evelyne), Louis Jouvet (Girard), Serge Reggiani, Noel-Noel **L** 119 **E** 8.11.1996 ORF 2

RÜCKKEHR INS LEBEN (1982) (COME BACK!). Bei einem Autounfall erleidet ein Saxophonist schwere Verletzungen. Die Mitteilung der Ärzte, er sei querschnittgelähmt, löst bei dem Musiker Depression und Auflehnung gegen die unabänderliche Lage aus. Er trennt sich von seiner Lebensgefährtin, tyrannisiert aus Verzweiflung das Personal und zerstört in einem Wutanfall sein Saxophon. Erst allmählich gelingt es ihm, insbesondere durch die Liebe zur Musik, sich auf seine neue Lebenssituation einzustellen. ✦ Niederlande 1982 **P** De Maatschap **R** Jonne Severijn **B** Alma Popeyus, Jonne Severijn, Chiem von Houweninge **K** Egbert Altena **M** Herman de Wit **D** Theu Boermans, Sylvia Millecam, Annelies Knoop, Teuntje de Klerk, Cor van Rijn **L** 120 **E** 11.1.1985 DFF 1/20.3. 1991 DFF

RÜCKKEHR INS PARADIES (RETURN TO PARADISE). Auf einer Südseeinsel hat ein puritanischer Pastor einen »Gottesstaat« aufgebaut, der auf harten Zwangsmaßnahmen basiert. Ein Abenteurer kommt auf die Insel, zerbricht das tyrannische System und stellt die Freiheit wieder her. Später verläßt er die Insel, kehrt aber nach Jahren wieder zurück. Umständlich erzähltes Südseeabenteuer. ✦ USA 1953 **P** United Artists **Kl** United Artists **R** Mark Robson **B** Charles Kaufman, nach dem gleichnamigen Roman von James A. Michener **K** Winton C. Hoch **M** Dimitri Tiomkin **D** Gary Cooper, Roberta Haynes, Barry Jones, Moira MacDonald, John Hudson **L** 83 **FSK** ab 12; f **E** 20.1.1954 **fd** 3 319

RÜCKKEHR NACH AZTLAN (IN NECUEPALIZILI IN AZTLAN – RETORNO A AZTLAN). Leiden und Sterben eines aztekischen Bauern im 15. Jahrhundert, der sich der Erdgöttin Coatlicue nähert und den Regen geschenkt bekommt, damit aber die Mächte und die Mächtigen herausfordert. Eine stilisierte geistesgeschichtliche Rekonstruktion aztekischen Lebensgefühls vor dem Eintreffen der Spanier, die in einem faszinierenden Geflecht von symbolischen Bildern und Klängen überlieferte Mythen neu erzählt. (O.m.engl.U.) – Sehenswert. ✦ Mexiko 1990 **P** Catlett/Volcán/Sociedad Cooperativa de Produccion/ Cinematografica ›José Revueltas‹/Dirección de Actividades Cinematográficas de la Universidad Nacional Aut. u.a **Kl** Freunde der Deutschen Kinemathek **R+B** Juan Mora Catlett **K** Toni Kuhn **M** Antonio Zepeda **S** Jorge Vargas **D** Rodrigo Puebla, Rafael Cortes, Amado Sumaya, Socorro Avelar, Soledad Ruiz **L** ca. 90 **E** 1992 Kino **fd** 29 578

RÜCKKEHR NACH CHILE (TERRES ETRANGERES – INCA DE ORO). Fernsehdrama. In einem chilenischen Ort trifft ein französisches Paar auf eine Exilchilenin, die zurückgekehrt ist, um ihre vom Pinochet-Regime getötete Mutter zu rächen. In einer Fernsehdokumentation erkennt sie einen der Peiniger ihrer Mutter. ✦ Frankreich 1997 **P** La Sept arte/ SM Films **R** Patrick Grandperret **B** Carmen Castillo **K** Miguel Sanchez **S** Dominique Gallieni **D** Yvonne Kerouedan (Alba), Antoine Chappey (Max), Florence Thomassin (France), Julio Jung (El Guaton Ramos), Laurent Thiel (Francis) **L** 92 **E** 7.11.1997 arte

RÜCKKEHR NACH KORSIKA (LE GRAIN DE SABLE). Die 43jährige Kassiererin eines kleinen Theaters leidet am Tod ihres Lebensgefährten und stürzt in eine große innere Leere, als das Theater schließen muß. Sie zieht sich zunehmend aus dem alltäglichen Dasein zurück, wobei sich ihre Erinnerungen an glückliche Tage während eines Korsika-Urlaubs vor 20 Jahren zu einer Traumwelt verdichten. Drama, in dessen Zentrum Delphine Seyrig (1932–1990) mit einer bewundernswerten Sololeistung steht; sie durchlebt nicht nur die Stadien der Arbeitslosigkeit, sondern weitet ihren Exkurs über Einsamkeit und Kommunikationslosigkeit zu einer intensiven »Suche nach der verlorenen Zeit«, die im Tod endet. Eine bemerkenswerte, aber unsagbar traurige Studie. – Ab 16 möglich. ✦ Frankreich/BR Deutschland 1983 **P** Les Ateliers du Sud/FR 3/C.M.C.C./Janus **R+B** Pomme Meffre **K** Jean-Noël Ferragut **M** Karel Trow **S** Catherine Galodé, Hélène Ducret, Patrick Houdot **D** Delphine Seyrig (Solange), Geneviève Fontanel (Huguette), Brigitte Roüan (Catherine), Coralie Seyrig (Martine), Michel Aumont (Maurice) **L** 90 **E** 17.2.1991 ZDF

RÜCKKEHR NACH MARSEILLE (RETOUR A MARSEILLE). Zum Begräbnis seiner Tante kehrt ein älterer Mann in seine Heimatstadt Marseille zurück. Als ihm von seinem Neffen das Auto gestohlen wird, bemüht er sich, den Wagen wiederzubekommen, und entdeckt dabei im Verhalten des Neffen Parallelen zur eigenen Jugend und zum eigenen Handeln. Ein interessanter, autobiografisch gefärbter Film über den Generationskonflikt und die Suche nach den Ursprüngen. ✦ Frankreich/BR Deutschland 1980 **P** Action Films/FR 3/Janus **R** René Allio **B** René Allio, Janine Peyre **K** Renato Berta **M** Lucien Bertolina, Georges Boeuf **S** Sylvie Blanc **D** Raf Vallone (Michel), Andréa Ferréol (Cécé), Jean Maurel (Charles), Gilberte Rivet (Jeanne), Paul Allio (Le Mino) **L** 117 **E** 16.3.1982 ZDF

RÜCKKEHR NACH OZ – EIN ZAUBERMÄRCHEN (JOURNEY BACK TO OZ). Die kleine Dorothy aus Kansas kehrt in das Land über dem Regenbogen, das Zauberreich Oz, zurück und hat erneut lustige, aber auch schaurige Abenteuer zu bestehen, da das Böse noch immer nicht ganz ausgerottet ist. Turbulente, aber arg hektische Zeichentrickfassung des berühmten amerikanischen Kinderbuches »The Wizard of Oz«, der schon 1964 produziert, aber erst zehn Jahre später ausgewertet wurde. In der Originalfassung wird Dorothy von Liza Minnelli gesprochen, deren Mutter Judy Garland die Dorothy der Realfilm-Fassung darstellte; weitere populäre Sprecher des Originals sind Milton Berle, Ethel Merman, Mickey Rooney und Mel Blanc. (TV-Titel auch: »Rettung der Smaragdenstadt«) – Ab 10 möglich. ✦ USA 1974 **P** Filmation **Pd** Norm Prescott, Lou Scheimer **R** Hal Sutherland **B** Fred Ladd, Norm Prescott, nach der Erzählung von L. Frank Baum **M** James van Heusen, Sammy Cahn **L** 90 **E** 3.10.1990 DFF 2

RÜCKKEHR NACH PEYTON PLACE (RETURN TO PEYTON PLACE). Fortsetzung des Films »Glut unter der Asche« von 1957, im Zentrum die Ereignisse einer amerikanischen Kleinstadt, in der junge Leute die schiefe Moral der Erwachsenen besiegen. Auch diesmal routinierte Hollywood-Dramatik für ein Publikum, das angenehm unterhalten und nicht mit tiefergehenden Konflikten behelligt werden möchte. Die Romanvorlage wurde später auch erfolgreich zur TV-Serie verarbeitet. – Ab 16. ✦ Scope. USA 1961 **P** 20th Century Fox **Kl** Centfox **Pd** Jerry Wald **R** José Ferrer **B** Ronald Alexander, nach einem Roman von Grace Metalious **K** Charles G. Clarke **M** Franz Waxman **S** David Bretherton **D** Carol Lynley (Allison MacKenzie), Eleanor Parker (Connie Rossi), Jeff Chandler (Lewis Jackman), Robert Sterling (Mike Rossi), Brett Halsey (Ted Carter), Mary Astor (Roberta Carter), Tuesday Weld (Selena Cross) **L** 119 **FSK** ab 16; f **E** 11.8.1961 **fd** 10 379

DIE RÜCKKEHR NACH SECAUCUS (THE RETURN OF THE SECAUCUS SEVEN). Wiedersehenstreffen einer Gruppe von Menschen, die in den Tagen der Studentenbewegung der 60er Jahre zusammenfanden. Während eines gemeinsamen Wochenendes zeigt sich, daß sie sich im Laufe der zurückliegenden zehn Jahre von der einstigen Aufbruchstimmung weit entfernt haben. In der Wärme und Solidarität, die immer noch besteht, ist dennoch etwas von der verlorengeglaubten Utopie enthalten. Ein dialogreicher, aber mit Witz und Ironie inszenierter Film, der auf differenzierte Weise die Wandlung einer Generation beschreibt. – Sehenswert ab 16. ✦ USA 1978 **P** Salsipuedes/Libra **Pd** William Aydelott, Jeffrey Nelson **R+B** John Sayles **K** Austin De Besche **M** Mason Daring **S** John Sayles **D** Bruce McDonald (Mike), Maggie Renzi (Kate), Adam Lefevre (J.T.), Maggie Cousineau (Frances), Gordon Clapp (Chip), Mark Arnott (Jeff), Brian Johnston (Norman Gaddis), Karen Trott (Maura) **L** 106 **E** 24.9.1985 ZDF **fd** 25 301

DIE RÜCKKEHR NACH TIRANA →Wiedersehen in Tirana

DIE RÜCKKEHR VON JESSE JAMES (THE RETURN OF JESSE JAMES). Johnny, ein junger brutaler Bandit, wird 1884 von einem erfahrenen Kollegen beim Versuch eines Banküberfalls überrascht. Der Ältere macht ihn auf seine Ähnlichkeit mit dem zwei Jahre zuvor erschossenen Jesse James aufmerksam. Johnny schlüpft in die Rolle und verübt eine Reihe von Überfällen, bis er von Frank James erschossen wird. B-Western. ✦ Schwarz-weiß. USA 1949 **P** Lippert **Kl** Nordwest **Pd** Carl K. Hittleman **R** Arthur David Hilton **B** Jack Natteford **K** Karl Struss **M** Albert Glasser, Ferde Grofe **S** Harry Coswick **D** John Ireland (Johnny), Ann Dvorak (Sue Younger), Henry Hull (Hank Younger), Hugh O'Brian (Lem), Reed Hadley (Frank James), Victor Kilian (Rigby), Byron Foulger (Bakin), Tom Noonan (Charlie Ford), Clifton Young (Bob Ford), Barbara Woodell **L** 70 **FSK** ab 18; nf **E** 13.10.1953 **fd** 3 186

DIE RÜCKKEHR VON TOMMY TRICKER →Tommy Tricker – Die Rückkehr

DIE RÜCKKEHR ZU DEN 36 KAMMERN DER SHAOLIN (SHAO-LIN TA-P'ENG HSIAO-TZU / RETURN TO THE 36 CHAMBERS OF SHAOLIN). Ein jugendlicher Draufgänger erlernt in einem Shaolin-Kloster durch Gerüstbau »spielerisch« alle Techniken des Kung Fu, ohne seine Fähigkeiten zu begreifen. Doch angesichts des Elends der von den Mandschus ausgebeuteten Menschen wird er zum »Meister mit der Gerüstbautechnik« und führt das Volk zum Widerstand. Weniger eine Fortsetzung als ein vergröbertes, komödiantisches Remake von »Die 36 Kammern der Shaolin«: eine sehr bescheidene, wenn auch unblutige Easternkomödie. ✦ Scope. Hongkong 1980 **P** Shaw Brothers **Kl** Avis/Apollo **R** Liu Chia-Liang **B** Yi Kuang **K** Lo Yun-Cheng **S** Chiang Hsing-Lung **D** Liu Jia Hui, Chen Szu-Chia, Hui Ying-Hung **L** 89 **FSK** ab 16; nf **E** 24.3.1981 **fd** 22 922

RÜCKKEHR ZUM PLANET DER AFFEN (BENEATH THE PLANET OF THE APES). Ein amerikanischer Astronaut sucht seinen verschollenen Kollegen, verspätet sich dabei um 2000 Jahre und gerät in die inzwischen eingetretene Gesellschaftsordnung der Affenmacht, deren die letzten Menschen nur noch durch totale Selbstzerstörung und Zündung der »göttlichen« Atombombe Herr werden. Der Fortsetzungsfilm ist nicht mehr so beklemmend satirisch wie der Vorgänger, aber im Rahmen der Serie nicht ohne Reiz. – Ab 16. ✦ Scope. USA 1969 **P** Apjac/ Fox **Kl** Centfox **Pd** Arthur P. Jacobs **R** Ted Post **B** Paul Dehn, Mort Abrahams, nach Charakteren von Pierre

Boulle **K** Milton Krasner **M** Leonard Rosenman **S** Marion Rothman **D** Charlton Heston (Taylor), James Franciscus (Brent), Kim Hunter (Zira), Linda Harrison (Nova), Thomas Gomez (Minister), Paul Richards (Mendez), Maurice Evans (Dr. Zaius), Victor Bruno (Fetter Mann), James Gregory (Ursus), Jeff Corey (Caspay), Thomas Gomez (Priester) **L** 95 **FSK** ab 16; nf **E** 1.5.1970 **fd** 16 808

RÜCKKEHR ZUR BLAUEN LAGUNE (RETURN TO THE BLUE LAGOON). Fortsetzung des Films »Die blaue Lagune«, in der der Sohn des Liebespaares den gleichen Abenteuern, Entbehrungen und Idyllen, wie sie seinen Eltern widerfuhren, ausgesetzt wird. Ihm zur Seite steht ein Mädchen, das während der Inseleinsamkeit zur jungen Frau heranreift, so daß auch die sexuellen Erfahrungen der Eltern-Generation gemacht werden können. Ebenso lustlos wie langweilig inszeniert, setzt der Film in erster Linie auf Postkarten-Reize und vernachlässigt sträflich Handlungs- und Schauspielerführung. Ein dramaturgisches Konzept läßt sich in diesem einfältigen Abklatsch eines Erfolgsfilms kaum erkennen. – Ab 14 möglich. ✦ USA 1990 **P** Price Entertainment/Randall Kleiser Prod. **KI** Columbia TriStar **VA** RCA/Columbia **Pd** William A. Graham, Frank Price **R** William A. Graham **B** Leslie Stevens, nach einem Roman von Henry de Vere Stacpoole **K** Robert Steadman, Ronnie Taylor, Valerie Taylor **M** Basil Poledouris **S** Ronald J. Fagan **D** Milla Jovovich (Lilli), Brian Krause (Richard), Lisa Pelikan (Sarah), Nana Coburn (Sylvia), Courtney Phillips (Junge Lilli) **L** 102 **FSK** ab 6; f **E** 15.8.1991/18.2.1992 Video/6.3.1993 premiere **fd** 29 110

RÜCKKEHR ZUR ERDE (POWROT NA ZIEMIE). Ein Arzt kann den Freitod seiner Frau Wanda nicht überwinden und wird zum einsamen Außenseiter. ✦ Schwarz-weiß. Polen 1966 **P** ZRF »Rytm« **R** Stanislaw Jedryka **B** Krzysztof Gruszczynski **K** Stanislaw Loth **M** Wojciech Kilar **D** Ewa Krzyzewska, Stanislaw Mikulski, Barbara Bargielowska, Maria Omielska, Irena Szczurowska **L** 77 **E** 16.8.1968 DFF 1

RÜCKKEHR ZUR ERSTEN LIEBE (INTOARCERE LA DRAGOSTEA DINTII). Der erste Hochzeitstag gibt einer jungen Frau Anlaß zum Rückblick auf das Ehejahr. Alles scheint in Ordnung, dennoch beschließt sie, zu ihrer Mutter zu fahren und mit Distanz über ihre Zukunft nachzudenken. ✦ Rumänien 1981 **P** Casa de filme 5 **R+B** Mircea Muresan **K** Marian Iordache **M** Gheorghe Zamfir **D** Rodica Muresan, Costel Constantin, Radu Beligan, Ion Hidisan, Toma Dimitriu **L** 109 **E** 26.10.1982 DFF 2

RÜCKKEHR ZUR GELIEBTEN (LE RETOUR A LA BIEN-AIMEE). Ein Pianist heckt einen teuflischen Plan aus, um seine Ex-Frau wiederzugewinnen: er begeht einen Mord, den er ihrem jetzigen Mann unterschiebt. Der Plan gelingt, zumal er sein Opfer immer wieder mit neuen Indizien belasten kann. Nach der Verhaftung des Nebenbuhlers glaubt er sich am Ziel der Wünsche. Kriminalistisch angehauchtes, betont artifizielles Melodram um eine sehr extreme »Leidenschaft«; gut gespielt, ambitioniert und ohne Zugeständnisse ans Kommerzkino inszeniert. ✦ Frankreich 1979 **P** A.T.C. 3000/FR 3/Prodis **Pd** Benjamin Simon **R** Jean-François Adam **B** Jean-François Adam, Georges Perec, Jean-Claude Carrière, Benoît Jacquot **K** Pierre Lhomme **M** Franz Schubert, Antoine Duhamel **S** Eric Pluet **D** Jacques Dutronc (Julien), Isabelle Huppert (Jeanne), Bruno Ganz (Dr. Kern), Jean-François Adam (Corbin), Christian Rist (Keller) **L** 100 **E** 27.7.1987 ARD

RÜCKKOPPLUNG (OBRATNAJA SWJAS). Bei der Errichtung eines Industriekombinats macht der Bauleiter unter dem Druck der Verhältnisse Zugeständnisse, die Millionenschäden zur Folge haben werden. Der Erste Sekretär des Stadtkomitees nimmt mit einer Ökonomin den Kampf um die Zurücknahme getroffener Entscheidungen auf. Kritische Auseinandersetzung mit der Verantwortlichkeit des einzelnen in der sozialistischen Gesellschaft. – Ab 16. ✦ Scope. UdSSR 1978 **P** Lenfilm **KI** Progress **R** Viktor Tregubowitsch **B** Alexander Gelman **K** Eduard Rosowski **M** Alexej Rybnikow **D** Oleg Jankowski (Sakulin), Michail Uljanow (Nurkow), Kirill Lawrow (Okunew), Ljudmila Gurtschenko (Wjasnikowa), Igor Wladimirow (Lonschakow) **L** 91 **E** 27.10.1978 Kino DDR/24.5.1979 DFF 2

EIN RUCKSACK VOLLER ÄRGER (40 POUNDS OF TROUBLE). Ein junger Kasinomanager wird von einem kleinen Mädchen derart gerührt, daß er die Enttäuschung seiner ersten Ehe überwindet. Durch eine neue Heirat wird die Adoption der kleinen Waise möglich. Rührselige Hollywood-Unterhaltung. – Ab 16. ✦ Scope. USA 1962 **P** Curtis Enterprises **KI** Universal **Pd** Stan Margulies **R** Norman Jewison **B** Marion Hargrove **K** Joseph MacDonald **M** Mort Lindsey **S** Marjorie Fowler **D** Tony Curtis (Steve McCluskey), Phil Silvers (Bernie Friedman), Suzanne Pleshette (Chris Lockwood), Claire Wilcox (Penny Piper), Larry Storch (Floyd), Kevin McCarthy (Blanchard), Gregg Palmer (Piper) **L** 105 **FSK** ab 6; nf **E** 4.4.1963 **fd** 11 908

EIN RUCKSACK VOLLER LÜGEN (EIN RUCKSACK VOLLER LÜGEN). Zwei Jungen und ein Mädchen verfolgen beim Schulausflug nach Salzburg ihre eigenen Interessen, indem sie mit kleinen Lügen und fantastischen Flunkereien ihre Wünsche durchsetzen. Als sie die Rückfahrt verpassen und an einen Diamantendieb geraten, entwickelt sich ihr Abenteuer zum nächtlichen Krimi. Ein Kinderfilm, der zu großen Teilen von Jugendlichen produziert wurde. Die fehlende Auseinandersetzung mit den Folgen von Unwahrheit schränkt die Qualität des engagierten Laienschauspiels dabei beträchtlich ein. – Ab 12. ✦ Österreich 1996 **P** SK Filmprod. **KI** Movienet **Pd** Josef Koschier **R** Wolfram Paulus **B** Drehbuchwerkstatt der »Leoganger KinderKultur«, Wolfram Paulus (Ltg.), Wolfgang Haberl (Ltg.) **K** Jerzy Palacz **M** Hubert von Goisern, Drehbuchwerkstatt der »Leoganger KinderKultur« **S** Wolfram Paulus, Wolfgang Haberl **D** Judith Feldner (Kathi), Philipp Prandstätter (Hannes), Georg Aigner (Joschi), Martin Abram (Klassenlehrer Schwaiger), Rolf Zacher (Henry Wolke), Werner Friedl (Busfahrer Wallner), Ilse Hanel (Oma), Ingrid Hermanseder (Schwaigers Freundin) **L** 72 **E** 20.3.1997 **fd** 32 423

DIE RÜCKSEITE DES MONDES. Ein junger Bildhauer sieht seine Idee von einem angesehenen Kollegen gestohlen, will jedoch einen Skandal vermeiden, da er eine viel spektakulärere Kunstaktion plant. Helfen soll ihm ausgerechnet der Mann, der ihn betrogen hat. Eine neugierige Kunstagentin erschwert das Unterfangen des jungen Mannes. Ein »lyrischer Abenteuerfilm«, der die Versatzstücke verschiedener Filmgenres geschickt für seine Zwecke nutzt. Erzählt wird keine lineare Geschichte, sondern ein Geflecht aus Handlungsfäden, von denen eine suggestive Spannung ausgeht. – Ab 16. ✦ Schwarz-weiß. BR Deutschland 1984 **P** Augenschein-Film **KI** Eigenverleih **Pd+R** Wolfgang Braden **B** Wolfgang Braden, Martina Siefert **K** Herbert Baumann **S** Wolfgang Braden, Herbert Baumann **D** Alex Schulz, Hiltrud Linnemann, Olido Weber, Rainer Bellebaum, Bernd Rickfelder **L** 94 **E** 22.6.1985

DER RÜCKSICHTSLOSE (PAR LE SANG DES AUTRES). Mit einer Geiselnahme versucht ein Geisteskranker zu erreichen, daß ihm das schönste Mädchen des Dorfes übergeben wird. Nach dramatischem Verlauf gelingt es der Tochter des Bürgermeisters, den Erpresser, für den sie Sympathien entwickelt hat, zur Freilasssung der Geiseln zu bewegen. Als er sich auf ihr Zureden hin ergeben will, wird er erschossen. Ein ebenso harter wie handwerklich unbeholfener Thriller. Regie führte der Sohn des berühmten Schriftstellers Georges Simenon (»Kommissar Maigret«). ✦ Frankreich/Italien/Kanada 1974 **P** Films La Boétie/Kangourou/Verona/Cinévidéo **VA** All Video **R** Marc Simenon **B** Jean Max **K** René Verzier **M** Francis Lai **D** Yves Beneyton, Francis Blanche, Bernard Blier, Robert Castel, Riccardo Cucciolla, Mariangela Melato, Mylène Demongeot, Denise Filiatrault, Georges Géret, Jacques Godin, Charles Vanel **L** 95 **E** Juli 1984 Video

RUCKUS (RUCKUS IN MADOC COUNTY / THE LONER). Ein durchreisender Vietnam-Veteran wird von einigen Hinterwäldlern gejagt, kann sich aber zur Wehr setzen und die Widersacher zu Aufgabe zwingen. Spannungsarmer Actionfilm, der das amerikanische Vietnam-Trauma für seine simple Geschichte auszunutzen versucht. ✦ USA 1980 **P** New World **KI** WaBo-Mondial **Pd** Paul Maslansky **R+B** Max J. Kleven **K** Don Michael Burgess **M** Willie Nelson, Hank Cochran **D** Dirk Benedict, Linda Blair, Ben Johnson, Richard Farnsworth, Matt Clark **L** 98 **FSK** ab 18; nf **E** 11.11.1983 **fd** 24 310

RUCKUS II – UNTERNEHMEN: »CONDOR« (ULTIMAX FORCE). Ein US-Sergeant kehrt nach Vietnam zurück, um seinen ehemaligen Vorgesetzten aus einem streng bewachten vietnamesischen Gefangenenlager zu befreien. Plattes »Rambo«-Plagiat. ✦ Philippinen 1986 **P** F. Puzon Enterprises **VA** Mike Hunter **Pd** Conrad F. Puzon, Pierre C. Lee **R** Wilfred Milan **B** Joe Avalon **K** Joe Tutanes **M** Willie Cruz **S** Mark Tarnate **D** Arnold Nicholas, Jeremy Ladd, Patrick Scott, Vincent Griffin, Vivian Cheung **L** 83 **FSK** ab 18 **E** 31.8.1987 Video

RÜCKWÄRTSLAUFEN KANN ICH AUCH. Die Geschichte einer körperbehinderten Schulanfängerin, die an einer »normalen« Schule zu lernen beginnt und ständig beweisen muss, den verschiedensten Anforderungen gewachsen zu sein. Tief berührender, nachdenklich stimmender, poesievoller Gegenwartsfilm mit dem unüberhörbaren Appell, Behinderte mehr in den Alltag zu integrieren. Die Idee zu dem Film konnte erst nach zehn Jahren realisiert werden. – Sehenswert ab 8. ✦ DDR 1989 **P** DEFA, Gruppe »Babelsberg« **KI** Progress **Pd** Martin Sonnabend **R** Karl Heinz Lotz **B** Manfred Wolter **K** Michael Göthe **M** Andreas Aigmüller **S** Ilse Peters **D** Peggy Langner (Kati), Vera Irrgang (Mutter), Roland Kuchenbuch (Vater), Claudia Geisler (Gerda), Heiko Krüger (Frank), Peter Dommisch (Schimaniak) **L** 87 **E** 25.1.1990

RUCKZUCK IM WALDE (KOMEDI I HÄGERSKOG). Schwierigkeiten zwischen sexhungrigen Frauen und liebesunfähigen Männern in einem kleinen schwedischen Ort. Verworrener Sexfilm. ✦ Schwarz-weiß. Schweden 1968 **P** Omega **KI** Cinema Service **R** Torgny Anderberg **B** Torgny Anderberg, nach einem Roman von Arthur Lundkvist **K** Åke Dahlquist **M** Lars Färnlöf **D** Anita Björk, Monica Nordquist, Bente Dessau, Ulf Brunnberg **L** 68 **FSK** ab 18; nf **E** 19.9.1969 **fd** 16 581

RUDE BOY (RUDE BOY). Musikfilm über einen jungen Mann und die Punk-Band »The Clash«. Ray fühlt sich zwar von der Musik angezogen, kann das politische Engagement der Gruppe aber nicht teilen und ist auch den Ansprüchen seiner Wunschrolle als Roadie nicht gewachsen. – Gute Konzertaufnahmen, aber der Versuch, die Geschichte Rays und seiner Konfrontation mit der Gruppe darzustellen, ist kaum gelungen. Eine glaubhafte Auseinandersetzung mit den Problemen einer Generation findet nicht statt. ✦ Großbritannien 1980 **P** Buzzy Enterprises **KI** Arsenal/Impuls **R** Jack Hazan, David Mingay **B** Jack Hazan, David Mingay, Ray Gange **K** Jack Hazan **M** Joe Strummer, Mick Jones **D** Ray Gange, Joe Strummer, Mick Jones, Paul Simonon, Nicky Headon **L** 133 **E** 2.1.1981 **fd** 22 862

RUDI, BENIMM DICH! Rudi Carrell als Erfinder eines Roboters, den er erst nach vielen Zwischenfällen an den Mann bringen kann. Witzlose Klamotte. – Ab 12. ✦ BR Deutschland 1971 **P** Lisa **KI** Constantin **R** Franz Josef Gottlieb **B** Erich Tomek **K** Franz X. Lederle **M** Gerhard Heinz **S** Karin Vietinghoff **D** Rudi Carrell (Rudi Carnel), Ernst H. Hilbich, Angelica Ott (Andrea), Chris Roberts (Georg Gordon), Heidi Hansen (Doris) **L** 91 **FSK** ab 6; nf **E** 18.11.1971 **fd** 17 597

RUDIN (RUDIN). Das Lebensbild eines russischen Intellektuellen in der Mitte des 19. Jahrhunderts. – Ab 14. ✦ Scope. UdSSR 1977 **P** Mosfilm **KI** Progress **R** Konstantin Woinow **B** Konstantin Woinow, Nikolai Figurowski, nach dem gleichnamigen Roman von Iwan Turgenjew **K** Michail Agranowitsch, Wladimir Sachartschuk **M** Andrej Eschpai **D** Oleg Jefremow (Rudin), Armen Dshigarchanjan (Leshjew), Swetlana Pereladowa (Natalja), Lidija Smirnowa (Lassunskaja), Rolan Bykow (Pigassow) **L** 92 **E** 5.2.1978 DFF 2/14.4.1978 Kino DDR

RUDOLFO. Rudolfo, ein erfolgloser Western-Sänger auf dem Podium von Supermärkten, zieht mit seinen zwei Freunden im Wohnwagen von Ort zu Ort. Als ihm Franziska, seine 12jährige Tochter aus gescheiterter Ehe, die er zehn Jahre nicht mehr sah, zugeschoben wird, muß sich der aus seinen Illusionen gerissene Sänger den Realitäten stellen, zumal der altkluge, energische Teenager ihm tüchtig zusetzt. Als modernes Märchen leichthändig, aber mit vielen Klischees des Roadmovies inszeniert; unverkennbar soll das Mädchen als »Fee« auftreten, die den Vater Lebenssinn und -mut spüren läßt, was jedoch allzu modisch affektiert entwickelt wird, um zu überzeugen. – Ab 14 möglich. ✦ BR Deutschland 1988 **P** Saarländischer Rundfunk **R** Beate Klöckner **B** Beate Klöckner, Barbara Grupp **K** Peter Gauhe **M** Hans Georg Koch, Nicolas Brieger, The Townrebels, The Railways **D** Nicolas Brieger, Sandra Tschierschwitz, Martin Sperr, Volker Niederfahrenhorst, Jochen Senf **L** 80 **E** 28.2.1990 ARD

RUDOLPH MIT DER ROTEN NASE (RUDOLPH THE RED-NOSED REINDEER: THE MOVIE). In einem verschneiten Dorf im hohen Norden, in dem Zwerge und Rentiere friedlich zusammenleben, warten alle auf die jährliche Abfahrt des geschenkbeladenen Santa-Claus-Schlittens. Als das kleine Rentier Rudolph, das sich wegen seiner roten Nase schämt, eines Tages fortläuft, beginnt eine große Suchaktion, an deren Ende der kleine Racker begreift, dass nicht das Aussehen, sondern das Herz entscheidend ist. Rundum kindgerechtes Zeichentrickkino in gefälligem Animationsstil, das jede Grobheit vermeidet und mit einer herzerfrischenden Geschichte und gefälligen Liedern für gute Unterhaltung sorgt. – Sehenswert ab 6. ✦ USA 1998 **P** Tundra Prod./Cayre Brothers **VA** Intertainment/Warner Vision **Pd** William R. Kowalchuk **R** Jonathan Flom **B** Michael Aschner, nach einer Geschichte von Robert L. May **M** Al Kasha, Michael Lloyd **S** Tom Hok **L** 86 **FSK** o. A. **E** 1999 Video **fd** 34 015

RUE BARBARE (RUE BARBARE). In einem Vorort einer französischen Stadt regiert eine Jugendlichen-Mafia, bis ein einzelgängerischer »Held« den Anführer unschädlich macht. Unausgegorenes und brutales Selbstjustiz-Drama, das sich zwar an modischen Trends orientiert, aber völlig reaktionäre Ideologien vertritt. – Wir raten ab. ✦ Frankreich 1983 **P** Les Films de la Tour/Farena/International Projet **KI** Arsenal **VA** Embassy **R** Gilles Béhat **B** Jean Herman, Gilles Béhat, nach einem Roman von David Goodis **K** Jean-François Robin **M** Bernard Lavilliers **S** Geneviève Vaury **D** Bernard Giraudeau (Daniel Chetman), Christine Boisson (Emma La Rouge), Jean-Pierre Kalfon (Paul Chetman), Michel Auclair (Chetman jr.), Bernard-Pierre Donnadieu (Mathias Hagen), Nathalie Courval (Pauls Frau), Jean-Pierre Sentier (Yougo), Pierre Frag (Temporini) **L** 107 **E** 26.4.1985 Video/Mai 1985 Kino **fd** 25 022

RUE DES PRAIRIES → Wiesenstraße Nr. 10

DER RUF. Erster Film von Fritz Kortner nach seiner Rückkehr aus der Emigration. Ein während der Herrschaft der Nationalsozialisten in die USA emigrierter jüdischer Professor kehrt nach Deutschland zurück, stößt auf Widerstand und Ablehnung reaktionärer Kreise und stirbt, als sich durch seinen Einsatz und seine Überzeugungskraft ein Gesinnungswechsel abzeichnet. Vom Drehbuch her schwach, in der Darstellung der Hauptrolle durch Kortner jedoch beeindruckend. – Ab 12. ✦ Schwarz-weiß. Deutschland 1949 **P** Objektiv **KI** Bavaria **Pd** Richard König **R** Josef von Baky **B** Fritz Kortner **K** Werner Krien **M** Georg Haentzschel **D** Fritz Kortner (Professor Mauthner), Johanna Hofer (Lina), Rosemary Murphy (Mary), Lina Carstens (Emma), William Sinnigen (Elliot), Charles Regnier (Bertram), Michael Murphy, Ernst Schröder, Paul Hoffmann, Arno Assmann, Georg Lehn **L** 106 **FSK** ab 16; f **E** 19.4.1949 **fd** 313

RUF AN DAS GEWISSEN. Ein Mordfall wird durch die Mitwirkung des Rundfunks aufgeklärt. Trotz namhafter Darsteller ein dürftiger Kriminalfilm mit oberflächlicher Motivation und geringer Spannung. (Westdeutscher Titel: »Strafakte André«) – Ab 16. ✦ Schwarz-weiß. Deutschland 1945 **P** Tobis/DEFA **KI** Imperial **R** Karl Anton **B** Jacob Geis, nach einer Vorlage von Vring Wiemer und Herbert Engelsing **K** Herbert Körner **M** Franz R. Friedl **D** Karl Ludwig Diehl, Werner Hinz, Gustav Diessl, Käthe Haack, Marina von Ditmar **L** 92 **FSK** ab 16; nf **E** 3.2.1950 Kino DDR/14.5.1951/12.1.1959 DFF 1 **fd** 1 232

RUF AUS DEM ÄTHER (RUF AUS DEM ÄTHER). Eine Schmugglerbande, die nach dem Zweiten Weltkrieg an der österreichisch-schweizerischen Grenze ihr Unwesen treibt, geht der Polizei ins Netz, als sie über einen Geheimsender ärztliche Hilfe für ein erkranktes Kind herbeiruft. Ein gut gespielter Zeit- und Kriminalfilm, der spannende Unterhaltung mit moralischem Anspruch verbindet. (Alternativtitel: »Piraten der Berge«) ✦ Schwarz-weiß. Österreich 1949 **P** Pabst-Kiba **KI** Ring **R** Georg C. Klaren, Georg Wilhelm Pabst **B** Kurt Heuser **K** Willi Sohm **M** Roland Kovar **D** Fritz Imhoff, Ernst Waldbrunn, Oskar Werner, Otto Woegerer, Heinz Moog **L** 82 **FSK** ab 12; f **E** 5.1.1951 **fd** 834

RUF DER BERGE (1944) (PREMIER DE CORDEE). Konflikte eines alten Bergführers und seines auf seiner Bergtour verunglückten Sohnes zwischen ihrer Passion zur Bergsteigerei und dem versuchten Wechsel in den gefahrloseren Job des Hoteliers. Trotz dramatischer Zuspitzungen insgesamt schwerfällig inszeniert. ✦ Schwarz-weiß. Frankreich 1944 **R** Louis Daquin **B** Paul Leclerc, Jacqueline Jacoupy **D** André Le Gall, Yves Furet, Marcel Delaitre, Irene Corday, Andrée Clément **E** Dezember 1945

RUF DER BERGE (1954) (RUF DER BERGE). Werbefilm der alpinen Touristikbranche: Reklamemäßige Darbietung von Naturschönheiten nebst praktischen Winken für Reisen und Kletterpartien. (Alternativtitel: »Eine Filmreise in das Berner Oberland«) – Ab 10. ✦ Schwarz-weiß. Österreich/Schweiz 1954 **P** Wieser/Schweizer Schul- und Volkskino **KI** Jugendfilm **Pd+R** Eduard Wieser **B** Eduard Wieser, Reinhardt Pahlen **K** Eduard Wieser, Louis-Pierre Vigg **M** Giuseppe Becce **L** 98 **FSK** ab 6; f **E** 13.3.1955 **fd** 3 978

RUF DER BERGE (1967) → Da lacht Tirol

RUF DER BERGE (1998) (PREMIER DE CORDEE). Chamonix in den 30er-Jahren: Nachdem seinen Vater, einen erfahrenen Bergführer, durch Verschulden eines Mailänder Industriellen der Bergtod ereilt, tritt sein Sohn gegen den Willen der Familie in seine Fußstapfen, muss allerdings erst noch einen Schädelbruch auskurieren, den er sich bei der Bergung der Leiche zuzog. Wochen später tritt die von Gewissensbissen geplagte Tochter des Italieners auf den Plan, die nicht nur von den Kletterkünsten des Naturburschen fasziniert ist. Melodram, das die Anfänge des Massenalpinismus mit einer gefühlvollen Geschichte verbindet. ✦ Frankreich 1998 **P** Gaumont **Pd** Christian Charret, Jean-Marc Henchoz, Marc de Lassus, Alain Mijani d'Inguimbert **R** Pierre-Antoine Hiroz, Edouard Niermans **B** Jacques Ertaud, Louis-Charles Sirjacq, Marc Syrigas, nach einem Roman von Roger Frison-Roche **K** Jacques Mahrer **M** Gabriel Yared **S** Yann Dedet **D** Silvia De Santis (Bianca Ruspoli), Frédéric Gorny (Zian Servettaz), Didier Bienaimé (Georges Bonzon), Andréa Ferréol (Marie Servettaz), Matthieu Rozé **L** 93 **E** 23.7.2000 arte

RUF DER BLONDEN GÖTTIN (RUF DER BLONDEN GÖTTIN). Auf einer Karibikinsel gerät eine europäische Blondine in einen Alptraum aus Sex und Gewalttätigkeit. Alberne Mischung aus Erotik und Voodoo-Hokuspokus; blutrünstig und voyeuristisch. ✦ Schweiz 1977 **P** Elite **KI** Avis **VA** Videophon **R** Jess Franco (= Jésus Franco Manera) **B** Manfred Gregor (= Erwin C. Dietrich) **K** Andreas Demmer, Peter Baumgartner **M** Walter Baumgartner **D** Vicky Adams, Ada Tauler, Jack Taylor, Karine Gambier, Ly Frey **L** 82 **FSK** ab 18; nf **E** 9.12.1977 **fd** 20 868

DER RUF DER FREIHEIT (FLIGHT OF THE DOVES). Ein Geschwisterpaar nimmt vor dem groben englischen Stiefvater Reißaus, um die geliebte Großmutter in Irland zu besuchen. Doch er lauert ihnen auf, um sich ihrer zu entledigen und so selbst an die Erbschaft des Großvaters zu gelangen. Erst nach vielen Gefahren erreichen die Kinder ihr Ziel. Ein wunderbar gespieltes, vor allem für jugendliche Zuschauer höchst unterhaltsames Abenteuer. – Ab 12. ✦ USA 1971 **P** Columbia **Pd+R** Ralph Nelson **B** Ralph Nelson, Frank Gabrielson, nach einem Roman von Walter Macken **K** Harry Waxman **M** Roy Budd **S** John Jympson **D** Ron Moody (Hawk Dove), Jack Wild (Finn), Dorothy McGuire (Großmutter O'Flaherty), Stanley Holloway (Richter Liffy), Helen Raye (Derval) **L** 101 **E** 2.6.1994 RTL 2

RUF DER GÖTTER. Dokumentarfilm über Indien, in dem vor allem die religiöse Durchdringung des Lebens herausgestellt und gedeutet wird. Sorgfältig in der Bildgestaltung, knapp und sprachlich ausgefeilt im Kommentar, der auch Zitate aus indischen Dichtungen einbezieht. ✦ Scope. BR Deutschland 1957 **P** Knoop **KI** Bavaria **R** Dietrich Wawrzyn **K** Klaus Schumann **M** Peter Sandloff **L** 79 **FSK** ab 6; f **FBW** bw **E** 19.7.1957 **fd** 6 103

DER RUF DER SIBYLLA (DER RUF DER SIBYLLA). Ein in Haßliebe verstricktes Paar kann durch den Genuß bestimmter Liköre Wünsche Wirklichkeit werden lassen. Ein Zaubermärchen, angesiedelt vor der Kulisse der geheimnisvollen, stimmungsvoll eingefangenen Landschaft Umbriens. Der Film überzeugt mehr durch das frische Spiel und eine vorzügliche Kameraführung als durch das etwas wirre Drehbuch. – Ab 16. ✦ Schweiz 1984 **P** Ombra **KI** Pandora **Pd** Clemens Klopfenstein, Dieter Fahrer **R** Clemens Klopfenstein **B** Clemens Klopfenstein, Serena Kiefer, Dieter Fahrer, Max Rüdlinger, Franz Rickenbach **K** Clemens Klopfenstein **S** Franz Rickenbach **D** Christine Lauterburg (Clara), Max Rüdlinger (Balz), Hans Gaugler (Alter Mönch), Michael Schacht (Thomas), Norbert Klassen (Regisseur), Jenny Rausnitz (Inspizientin), Valentina Croce (Barfrau) **L** 120 **E** 27.2.1985 ZDF/5.9.1985 Kino

RUF DER VERGANGENHEIT (SHOP AT SLY CORNER). Ein Londoner Antiquitätenhändler, der in jungen Jahren einen Mord begangen hat, betreibt auch weiterhin dunkle Geschäfte. Von einem Mitwisser, der zugleich Angestellter der Firma ist, wird er über längere Zeit hinweg erpreßt, bis er ihn schließlich erwürgt. Während eines Konzerts, das seine Tochter gibt, macht er seinem eigenen Leben ein Ende. Ein etwas theatralischer, aber gut besetzter britischer Krimi. (Alternativtitel: »Der Mann, der zum Mörder wurde«) – Ab 16. ✦ Schwarz-weiß. Großbritannien 1946 **P** London **KI** Ixa **Pd+R** George King **B** Katherine Strueby, nach einem Bühnenstück von Edward Percy **K** Hone Glendinning **M** George Melachrino **S** Manuel del Campo **D** Oskar Homolka (Descius Heiss), Derek Farr (Robert Graham), Muriel Pavlow (Margaret Heiss), Kenneth Griffith (Archie Fellowes), Kathleen Harrison (Mrs. Catt), Manning Whiley (Corder Morris), Garry Marsh (Major Elliott) **L** 90 **FSK** ab 16; f **E** 1.11.1949 **fd** 454

RUF DER WÄLDER (RUF DER WÄLDER). Die junge Leiterin der Sparkasse muß sich zwischen einem Forstgehilfen und einem Ortsfremden entscheiden. Heimatfilm, in dem das schlimme Schicksal eines italienischen Gastarbeiters dramatische und tragische Akzente setzt. Filmdebüt des Eislaufstars Hans-

Jürgen Bäumler, dem es ebenfalls schwerfällt, sich in der Fremde zu bewähren. – Ab 14 möglich. ✦ Scope. Österreich 1965 **P** Neue Delta **KI** Nora **R** Franz Antel **B** Kurt Nachmann **K** Siegfried Hold **M** Johannes Fehring **D** Hans-Jürgen Bäumler (Bernd Helwig), Mario Girotti (Marcello Scalzi), Johanna Matz (Angelika Hirt), Paul Hörbiger (Gustl Wegrainer), Gerhard Riedmann (Mathias) **L** 84 **FSK** ab 6; f **E** 1.10.1965 **fd** 13 644

RUF DER WILDGÄNSE (RUF DER WILDGÄNSE). Zu Beginn des 20. Jahrhunderts hat eine Farmersfamilie in Kanada unter der Härte des habgierigen puritanischen Vaters zu leiden. Glaubwürdig gespieltes Drama, das sich der attraktiven Landschaft Kanadas bedient, um die üblichen Verwicklungen und Stimmungen des deutschsprachigen Heimatfilms jener Jahre zu entwickeln. – Ab 14. ✦ Österreich 1961 **P** Wiener Mundus **KI** UFH **R** Hans Heinrich **B** Per Schwenzen, nach einem Roman von Martha Ostenso **K** Walter Tuch **M** Rolf Wilhelm **D** Ewald Balser (Kaleb Gare), Brigitte Horney (Frau Sandbo), Heidemarie Hatheyer (Amelia), Marisa Mell (Judith), Gertraud Jesserer (Ellen) **L** 91 **FSK** ab 12; f **E** 22.9.1961/11.8. 1973 ZDF **fd** 10 530

RUF DER WILDNIS (IL RICHIAMO DELLA FORESTA / L' APPEL DE LA FORET / LA SELVA BLANCA). Die Geschichte eines Schäferhundes, der sich zum Führer eines Wolfsrudels wandelt, verbunden mit den Abenteuern zweier Männer zur Zeit des Goldrausches in Alaska. Mittelmäßige Verfilmung eines Romans von Jack London, dessen vielschichtige Darstellung einer zivilisatorischen Entwurzelung von Mensch und Tier zur reinen Abenteuerstory verflacht ist. – Ab 14. ✦ BR Deutschland/Spanien/Italien/Frankreich 1972 **P** CCC/Izaro/Oceania/U.P.F. **KI** Constantin// Progress **Pd** Artur Brauner, Harry Alan Towers **R** Ken Annakin **B** Hubert Frank, Tibor Reves, Federico de Urrutia, nach einem Roman von Jack London **K** John Cabrera **M** Carlo Rustichelli **S** Renate Engelmann, Thelma Connell, Soledad López **D** Charlton Heston (John Thornton), Raimund Harmstorf (Pete), Michèle Mercier (Calliope Laurent), George Eastman (= Luigi Montefiori) (Black Burton), Maria Rohm (Mercedes), Sancho Gracia (Talish Charlie), Rik Battaglia, Juan Luis Galiardo (Seze), Friedhelm Lehmann (Charles) **L** 103 **FSK** ab 6; f **E** 29.12.1972/16.8.1974 Kino DDR/29.7.1984 DFF 1 **fd** 18 206

DER RUF DER WILDNIS (1976) (THE CALL OF THE WILD). Relativ krasse, aber werkgetreue Verfilmung des Abenteuerromans von Jack London: Die Geschichte eines Hundes, der aus seinem behüteten Zuhause im sonnigen Kalifornien herausgerissen und im Norden Alaska als Schlittenhund an zwei Goldsucher verkauft wird, wo er die wilden Instinkte seiner Urahnen wiederentdeckt. (Späterer Titel: »Gefangen in der Wildnis«) – Ab 16. ✦ USA 1976 **P** Charles Fries/NBC **Pd** Malcolm Stewart **R** Jerry Jameson **B** James Dickey, nach dem Roman von Jack London **D** John Beck (John Thornton), Bernard Fresson (François), John McLiam, Donald Moffat (Simpson), Michael Pataki **L** 96 **FSK** ab 6 **E** 3.10. 1994 RTL

DER RUF DER WILDNIS (1992) (CALL OF THE WILD). Neuverfilmung der Abenteuergeschichte von Jack London: Goldsucher stoßen in Alaska auf eine Mine, verzichten jedoch darauf, sie auszubeuten, um die Natur nicht zu zerstören. Auf dem Rückweg müssen sie sich gegen brutale Hundefänger und kriegerische Indianer zur Wehr setzen. – Ab 14. ✦ USA/ Italien 1992 **R** Michael Toshiyuki Uno **B** Christopher Lofton, nach dem Roman von Jack London **D** Rick Schroder (John Thornton), Mia Sara (Jessie Gosseling), Gordon Tootoosis (Charlie), Duncan Fraser (Red Fiske), Richard Newman (Perrault) **L** 93 **E** 18.6. 1995 RTL 2

DER RUF DER WILDNIS (1996) (THE CALL OF THE WILD). Ein kalifornischer Hofhund, der nach Alaska verkauft wird und dort als Schlittenhund mehreren Herren dient, vernimmt den »Ruf der Wildnis« und schließt sich nach dem Tod seines Herren einem Wolfsrudel an. Erneute Verfilmung der berühmten Novelle von Jack London, deren Poesie jedoch durch den nüchternen Off-Ton manches Mal auf darwinistische Platitüden reduziert wird. Obwohl der Film die Atmosphäre und Dramatik des unerbittlichen Existenzkampfes nur unzureichend wiedergeben kann, liefert er gediegene Fernsehunterhaltung mit sympathischen Darstellern, bewundernswerten Dressurleistungen und einer familiengerechten Grundstimmung. (Alternativtitel: »The Call of the Wild«) – Ab 14. ✦ Kanada 1996 **P** Wild Dog Films **VA** Highlight **Pd** Pieter Kroonenburg **R** Peter Svatek **B** Graham Ludlow, nach der gleichnamigen Novelle von Jack London **K** Sylvain Brault **M** Alan Reeves **S** Dennis Papillon **D** Bronwen Booth (Mercedes), Charles Powell (Hal), Burke Lawrence (Charles), Luc Moorissette (M. Perrault), Robert Pierre Côté (François), John Novak (Mr. Mathewson), Rutger Hauer (John Thornton) **L** 87 **FSK** ab 12 **E** 1.4.1997 Video/1.6.1998 premiere **fd** 32 529

RUF DER WÖLFE (THE SAVAGE WILD). Ein amerikanischer Naturforscher und Fotograf studiert in der Wildnis des Yukon-Territoriums zwei Jahre lang das Verhalten von Wölfen. Es gelingt ihm, einige Welpen aufzuziehen und ihr Vertrauen zu gewinnen. Schließlich bringt er sie wieder in die Wildnis zurück, wo sie lernen müssen, in der Freiheit zu überleben. Dokumentarischer Film mit abenteuerlicher Spielhandlung und fesselnden Tier- und Landschaftsaufnahmen aus Alaska. – Ab 12. ✦ Scope. USA 1970 **P** AIP **Pd+R** Gordon Eastman **B** Gordon Eastman, nach seinem Roman **K** Gordon Eastman, Rod Eastman, Brad Eastman, Wes Marks, Art Bothum **M** Jaime Mendoza-Nava **S** Tom Boutross **D** Gordon Eastman (Gordon), Carl Spore (Red), Maria Eastman (Maria), Arlo Curtis (Arlo), Jim Timiaough (Jim) **L** 100 **E** 1.11.1982 ARD

DER RUF DES ADLERS →Once upon a Time

DER RUF DES ENGELS (THE CHRISTMAS BOX). Der Besitzer eines Geschäfts für Skiausrüstungen zieht mit seiner Familie in das Haus einer alten Dame ein. Die anfängliche Begeisterung über das neue Heim legt sich schnell, denn die launische Vermieterin mischt sich in die Familienangelegenheiten ein, und der Vater wird von seltsamen Alpträumen heimgesucht. Nach ihrem Tod jedoch kommt der streßgeplagte Geschäftsmann dem Geheimnis ihres Lebens auf die Spur und zieht daraus Lehren für seine eigene Existenz. Die Briefe der Vermieterin an die tote Tochter zeigen ihm, das die Familie wichtiger ist als jedes noch so gute Geschäft. ✦ USA 1995 **Pd** Erica Fox **R** Marcus Cole **B** Greg Taylor, nach einem Roman von Richard Paul Adams **K** John Newby **M** Richard Gibbs **S** Jim Oliver **D** Richard Thomas (Richard Evans), Maureen O'Hara (Mary Parkin), Annette O'Toole (Keri), Kelsey Mulroney (Jenna) **L** 92 **E** 18.8.1996 premiere

DER RUF DES HERZENS →Verbranntes Land

DER RUF DES NORDENS. Der einzige Überlebende einer Bergexpedition wird verdächtigt, den Tod seines Gefährten verschuldet zu haben, weil er in ihm angeblich einen Rivalen im Kampf um die geliebte Frau gesehen hat. Während einer weiteren Polarreise erzählt der Beschuldigte einem schwedischen Kollegen die Wahrheit, bevor sich beider Schicksal in der eisigen Einöde erfüllt. Wegen der faszinierenden Bilder der Arktis-Expedition ein eindrucksvoller Stummfilm um die Rivalität zweier Männer in extremer Situation, der als mystische Tragödie ausklingt. ✦ Schwarz-weiß. Deutschland 1929 **P** Hom AG **VA** Polyband **R** Nunzio Malasomma, Mario Bonnard **B** Nunzio Malasomma, Curt J. Braun **K** Willy Winterstein, Eduard von Borsody, F. Eigner **D** Luis Trenker, Max Holsboer, Eva von Berne, Nico Turoff, Aribert Mog **L** (TV) 105/61 **FSK** o. A. **E** 13.9.1929/30.6. 1985 BR

RUF DES SCHICKSALS (L'APPEL DU DESTIN). Ein junger, hochbegabter Orchesterchef ist vaterlos unter der gestrengen Obhut der Mutter aufgewachsen. Unter seltsamen Umständen lernt er den Vater als alkoholisches Wrack kennen; mit seiner und der Mutter Hilfe faßt der Verzweifelte wieder Fuß und gewinnt seinen Lebenswillen zurück. Ebenso dröhnend wie die zweitklassige Musik wirkt auch die Inszenierung dieses wahrhaft sinistren Melodrams. (Verleihtitel DDR: »Konzert in Venedig«) ✦ Schwarz-weiß. Frankreich 1953 **P** Miramar **KI** Kopp **R** Georges Lacombe **B** Jacques Viot **K** Robert Le Febvre **M** Louis Beydts **D** Jean Marais, Roberto Benzi, Jacqueline Porel, Renée Devillers, Charles Deschamps **L** 85 **FSK** ab 6; f **FBW** w **E** 10.11.1953/1955 Kino DDR/17.3. 1967 DFF 1 **fd** 2 937

DER RUF DES STAMMES →Geschichten aus der Steinzeit: Der Ruf des Stammes

DER RUF DES TODES (REUNION). Nach dem Tod ihres vierjährigen Sohnes, für den sie sich verantwortlich glaubt, leidet eine Hausfrau unter Depressionen und vernachlässigt ihre Familie. Mit der Zwillingsschwester des Jungen unternimmt sie einen Selbstmordversuch. Psychothriller über die Folgen von nicht bewältigtem Alltagsleid. – Ab 16. ✦ USA 1994 **R** Lee Grant **B** Ronald Bass, John Pielmeier, nach einem Roman von Linda Gray Sexton **D** Marlo Thomas (Jessie Yates), Peter Strauss (Sam Yates), Frances Sternhagen (Tobie Yates), Courtney Chase (Meggie Yates), Matthew Kelly (Jamie Yates) **L** 91 **E** 9.11.1995 Kabel 1

DER RUF DES WOLFES →Die Spur des Wolfes

RUF NACH VERGELTUNG (NEXT OF KIN). Ein Polizist in Chicago rächt den Tod seiner zwei Brüder, die die Mafia auf dem Gewissen hat. Dabei kommen ihm die Hillbillies aus seinem Heimatdorf mit ihren eigenwilligen Waffen und Kampfmethoden zu Hilfe. Banaler Polizei-Thriller, der das krasse Stadt-Land-Gefälle zwischen abgefeimten Killern und aufrechten Hinterwäldlern in eine fragwürdige Rechtfertigung des Faustrechts ummünzt. ✦ USA 1989 **P** Barry & Enright Films (für Lorimar Entertainment) **KI** Warner Bros. **VA** VCL/Carolco **R** John Irvin **B** Michael Jenning, Jeb Stuart **K** Steven Poster **M** Jack Nitzsche **S** Peter Honess **D** Patrick Swayze (Truman Gates), Liam Neeson (Brian Gates), Adam Baldwin (Joey Rosselini), Helen Hunt (Jessie), Andreas Katsulas (John) **L** 108 **FSK** ab 16; f **E** 24.5.1990/20.11.1990 Video **fd** 28 305

RUF NICHT ZU LAUT (ONE POTATO, TWO POTATO). Tragische Rassenprobleme in den USA – aufgerollt am Beispiel eines Gerichtsfalles: Durch die Heirat mit einem Schwarzen verliert eine junge weiße Frau ihr Kind aus erster Ehe an den geschiedenen Mann. Trotz sentimentaler Ausrutscher und konventioneller Machart ein Film, der durch seine engagierte Anteilnahme überzeugt. (DDR-Titel: »Ich und Du«; TV-Titel auch: »1, 2, 3, du bist frei«) – Ab 14. ✦ Schwarzweiß. USA 1964 **P** Balwalco **KI** Accon **Pd** Sam Weston **R** Larry Peerce **B** Raphael Hayes, Orville H. Hampton, nach einer Erzählung von Orville H. Hampton **K** Andrew Laszlo **M** Gerald Fried **S** Robert Fritch **D** Barbara Barrie (Julie Cullen Richards), Bernie Hamilton (Frank Richards), Richard Mulligan (Joe Cullen), Marti Mericka (Ellen Mary), Harry Bellaver (Richter Powell), Sam Weston (Johnny Hruska) **L** 91 **FSK** ab 12; f **FBW** w **E** 8.10.1965 Kino DDR/25.2. 1966 BRD/21.12.1971 DFF 1 **fd** 13 912

RUFE MICH IN DIE LICHTE FERNE (POSOWI MENJA W DAL SWETLUJU). Eine nicht mehr ganz junge Bäuerin soll nach dem Willen ihres Bruders wieder verheiratet werden. Der als Partner ausgewählte, sehr biedere und eingebildete Buchhalter aus der Stadt stößt bei seinen Besuchen aber auf die zunehmende Abneigung der Frau und ihres 12jährigen Sohnes. Eine vitale russische Literaturverfilmung. – Ab 14. ✦ UdSSR 1977 **P** Goskino/Pereulok 7/Maly Gnezdnikowski **KI** Progress **R** German Lawrow, Stanislaw Lubschin **B** Wassili Schukschin, German Lawrow, nach der Novelle »Die Heirat« von Nikolai Gogol **K** Juri Awdejew, Wladimir Fridkin **M** Juri Buzko **D** Lydia Fedossejewa-Schukschina, Michail Uljanow,

Wolodja Naumenko, Stanislaw Ljubschin, Iwan Ryschow **L** 100 **E** 27.10.1978 Kino DDR/9.10.1979 DFF 2/8.8.1982 ZDF

RUFMORD (1963) (TWILIGHT OF HONOR). In einem scheinbar aussichtslosen Mordprozeß übernimmt ein junger Anwalt die Verteidigung des Anklagten, der von der eigenen Ehefrau angezeigt wurde. Im Verfahren stellt sich heraus, daß das Geständnis des Mannes erpreßt wurde und die Verhandlung nicht unbedingt der Wahrheitsfindung dient. Gerichtsdrama mit einem jungen Richard Chamberlain in der Hauptrolle, der seine Rolle facettenreich anlegt und dem Film einiges Interesse sichert. – Ab 16. ✦ Scope, schwarz-weiß. USA 1963 **P** Perlberg-Seaton **KI** MGM **R** Boris Sagal **B** Henry Denker, nach einem Roman von Al Dewlen **K** Philip Lathrop **M** Johnny Green **D** Richard Chamberlain (David Mitchell), Nick Adams (Ben Brown), Claude Rains (Ari Harper), Joan Blackman (Susan Harper), James Gregory (Norris Bixby), Joey Heatherton (Laura Mae Brown) **L** 104 **FSK** ab 16; f **E** 6.2.1964/19.2.1965 Kino DDR/ 22.10.1973 ZDF **fd** 12 562

RUFMORD (1989) (THE IMAGE). Ein erfolgreicher Skandalreporter, der 22 Jahre lang die Schnelligkeit seiner Recherchen höher geschätzt hat als ihren Wahrheitsgehalt, geht angesichts der voreiligen Berichterstattung über den Selbstmord eines Unternehmers voller Selbstkritik in sich. Der fruchtbaren Thematik werden nicht mehr als die gewohnten Journalismus-Klischees abgewonnen: das angekündigte Gewissensdrama weicht schon bald einer unverbindlichen Erfolgs-Story. – Ab 16. ✦ USA 1989 **P** HBO/Citadel **VA** Warner Home **Pd** Ron Roth, Steve McGlothen, David R. Ginsburg **R** Peter Warner **B** Brian Rehak, Albert Beich **K** Neil Roach **M** James Newton Howard **S** Steven Cohen **D** Albert Finney (Jason Cromwell), John Mahoney (Irv Michelson), Kathy Baker (Marcie Guilford), Swoosie Kurtz (Joanne), Spalding Gray (Frank) **L** 89 **FSK** ab 12 **E** 8.11. 1991 Video/2.1.1993 premiere **fd** 29 375

RUFNUMMER KOPENHAGEN SEX SEX SEX (IL PRIMO PREMIO SI CHIAMA IRENE). Der italienische Dokumentarfilm über Dänemark versucht eine informative Schilderung von Land und Leuten, wobei Sexualität und Pornografie in gestellten Szenen behandelt werden. Der hirnrissige deutsche Verleihtitel lockt absichtsvoll auf eine falsche Fährte. ✦ Scope. Italien 1969 **P** Dino De Laurentiis **KI** Paramount **R** Renzo Ragazzi **B** Fabio Pittorru, Massimo Felisatti, Bruno Todini **K** Toni Secchi **M** Carlo Fraiese **L** 99 **FSK** ab 18; nf **E** 6.3.1970 **fd** 16 731

RUFNUMMERN DER LUST (PERSONALS). Aus verschiedenartigem Material zusammengestoppelte »Reportage« über das Verhältnis der US-Amerikaner zu Sex und Prostitution in Theorie und Praxis. ✦ USA 1972 **P** Monarex/Clover **KI** Apollo **R** Armand Weston, Howard Winters **B+K** Howard Winters **D** Armand Winters (Interviewer) **L** 62 **FSK** SPIO: X **E** 18.5.1973 **fd** 18 402

RUGANTINO – HILFE, ICH BIN SPITZE →Hilfe, ich bin Spitz...e!

RUGBYSPIELER IM ABSEITS (MIJLOCAS LA DESCHIDERE). Ein junger Schlosser auf einer rumänischen Schiffswerft gerät durch persönliches und gesellschaftliches Versagen auf kriminelle Abwege und bezahlt seine Unvernunft fast mit dem Leben, ehe er wieder auf einen geordneten Lebensweg zurückfindet. Schwerfällig erzählter, ungenügend motivierter und schauspielerisch schwacher Problemfilm. – Ab 14. ✦ Rumänien 1979 **P** Filmstudio Bucuresti **KI** Progress **R** Dinu Tănase **B** Mihai Istrătescu **K** Vasile Vivi Drăgan **M** Marius Popp **D** Stefan Maitec (Andrei Pandoru), Mircea Cretu (Jean), Sorina Stanculescu, Gabriela Chiper, Dana Siclovan **L** 96 **E** 9.1.1981 Kino DDR

RUGRATS – DER FILM (THE RUGRATS MOVIE). Als eine freche Geschwisterbande im Kleinkinderalter weiteren Zuwachs bekommt, will sie das Baby ins Krankenhaus zurückbringen, verliert es jedoch an einen Zauberer und eine Affenbande. Die Wiederbeschaffung sorgt für zahlreiche Komplikationen. Zeichentrickfilm,der die sich hart an den Geschmacksgrenzen bewegende, aus den Fugen geratene Welt einer populären Fernsehserie fürs Kino aufbereitet. Ein reiner Unterhaltungsfilm, der die diesbezüglichen Bedürfnisse seiner Zielgruppe durchaus ernst nimmt und mitunter sogar für Erwachsene recht amüsant ausfällt. (Videotitel: »Der Rugrats-Film«) – Ab 6. ✦ USA 1998 **P** Paramount Pictures/Nickelodeon Movies/Klasky-Csupo **KI** UIP **VA** CIC **Pd** Arlene Klasky, Gabor Csupo, Eryk Casemiro, Julia Pistor, Hal Waite **R** Norton Virgien, Igor Kovalyov **B** David N. Weiss, David Stern **M** Mark Mothresbaugh, Jamshied Sharifi **S** Kimberly Rettberg **L** 80 **FSK** ab 6; f **E** 13.5.1999/11.11.1999 Video **fd** 33 677

RUGRATS IN PARIS – DER FILM (RUGRATS IN PARIS: THE MOVIE – RUGRATS II). Die Fortsetzung eines nach einer Fernsehserie entstandenen Leinwandabenteuers, das eine sechsköpfige US-amerikanische Säuglingsbande und ihre Eltern nach Paris verschlägt, wo auf die Rasselbande Probleme mit einer Kinderhasserin warten. Weitgehend zäh und humorlos entwickelter Zeichentrickfilm, der nur in wenigen Momenten zündende Gags bietet. DVD: Die Extras umfassen u. a. ein Feature mit zwei alternativen Filmenden. – Ab 10 möglich. ✦ USA 2001 **P** Paramount/Klasky-Csupo/Nickelodeon Movies **KI** UIP **VA** Paramount Home **DVD** Paramount (16:9, 1.78:1, DD5.1 engl./dt.) **Pd** Gabor Csupo, Arlene Klasky **R** Stig Bergqvist, Paul Demeyer **B** J. David Stem, David N. Weiss, Jill Gorey, Barbara Herndon, Kate Boutilier **M** Mark Mothersbaugh **S** John Bryant **L** 88 **FSK** o. A.; f **E** 31.5.2001/8.11.2001 Video/ 6.12.2001 DVD **fd** 34 860

RUHE, DAS GERICHT TAGT (SHANTATA COURT CHALOO AAHEY). Eine unverheiratete Lehrerin, die schwanger wird, bekommt die ganze Macht gesellschaftlicher Konventionen und Vorurteile zu spüren. Engagierter Erstlingsfilm, der heftige Attacken gegen starre Moralvorschriften richtet und für gesellschaftliche Toleranz plädiert. (O.m.engl.U.) ✦ Schwarzweiß. Indien 1972 **P** Satyadev-Givind Prod. **KI** Freunde der Deutschen Kinemathek **R** Satyadev Dubey **B** Vijay Tendulkar **K** Govind Nahlani **M** Jitendra Abhisheki **L** 95 **E** 1972 Kino

RUHE IN FRIEDEN (REST IN PEACE). Der Erbin eines Familienbesitzes erscheinen die verstorbenen Verwandten als Gespenster. Die Geister, die niemand rief, sind vorerst nicht mehr aus dieser Welt zu schaffen. Banaler Horror-Ulk. ✦ USA 1985 **P** Calepas International **VA** Ufa **Pd** José Frade **R** Joseph Braunstein (= José Ramón Larraz) **B** Santiago Moncada **K** John Tharp **M** Greg Obbelles **D** Dorothy Malone, Scott Thompson Baker, Lorin Jean, David Rose, Fernando Bilbao, Robert Case, Tony Isbert, Jeffrey Segal **L** 84 (gek. 81) **FSK** ab 18 (gek. 16) **E** 1988 Video

RUHE SANFT (GOODNIGHT SWEET WIFE). Eine hochschwangere Frau wird bei einem Überfall ermordet. Ihr überlebender Mann identifiziert den Täter als Schwarzen, woraufhin die Polizei Razzien in den Schwarzen-Vierteln durchführt und einen jungen Verdächtigen festnimmt. Eine Reporterin verfolgt die Aussagen des Ehemanns allerdings mit Mißtrauen. Die an den »film noir« angelehnte Inszenierung überzeugt durch atmosphärische Dichte, während die Story in ungenügend verbundenen Handlungsfäden einen vorhersehbaren Verlauf nimmt. Die gesellschaftskritischen Ambitionen scheinen dem Regisseur beim Erzählen der Kriminalstory bisweilen im Weg zu stehen. ✦ USA 1990 **P** CBS/ASP **VA** CBS/Fox **Pd** Jean O'Neill, Nancy Jacoby **R** Jerrold Freedman **B** Daniel Freudenberger **K** John Toll **M** Patrick Williams **S** Anthony Redman **D** Ken Olin (Charles Stuart), Margaret Colin (Michelle Caruso), Annabella Price (Carol Stuart), James Handy (McQuiggen), B. D. Wong (Kim Tan) **L** 90 **FSK** ab 16 **E** 19.6.1991 Video **fd** 29 168

»RUHE SANFT« GMBH (THE COMEDY OF TERRORS). Zwei Bestattungsunternehmer, die vor der Pleite stehen, sanieren ihr Geschäft durch Morde. Aber nicht nur scheintote Opfer bringen Probleme, sondern auch innerfamiliäre Zwiste, die das Unternehmen schließlich ins Chaos stürzen. Letzter Hollywood-Film von Tourneur: eine schrille, amüsante Horrorgroteske mit vielen Anleihen bei den Poe-Verfilmungen von Roger Corman – bis hin zum Kameramann, zum Komponisten, zu den Schauspielern Price, Lorre, Karloff. (Alternativtitel: »Komödie des Grauens«) – Ab 16. ✦ Scope. USA 1963 **P** Alta Vista **KI** Warner **Pd** Anthony Carras, Richard Matheson **R** Jacques Tourneur **B** Richard Matheson **K** Floyd Crosby **M** Les Baxter **S** Anthony Carras **D** Vincent Price (W. Trumbull), Peter Lorre (Felix Gillie), Boris Karloff (Amos Hinchley), Joyce Jameson (Amaryllis Trumbull), Basil Rathbone (John F. Black) **L** 83 **FSK** ab 16; nf **E** 15.10.1964 **fd** 13 078

RUHE UND UNORDNUNG (RUHE UND UNORDNUNG). Ein Porträt von fünf Frauen und Männern zwischen 27 und 73 in Bern und Umgebung. Mit dem Einblick in ihren Lebensalltag zeigt der visuell streng komponierte Dokumentarfilm, eine Fortsetzung von »Berner Beben« (1985–90), unterschiedliche Formen politischen und sozialen Engagements für eine lebenswertere und gerechtere Welt auf. Der Schriftsteller Kurt Marti liest zwischendurch aus seinem Buch »Högerland« Passagen mit kritischen Gedanken zur Schweiz als Wohn- und Lebensraum. ✦ Schweiz 1994 **P** Andreas Berger Prod. **R** Andreas Berger **B** Andreas Berger, nach Ausschnitten aus den Erzählungen »Högerland« von Kurt Martis **K** Christian Iseli, Hansueli Schenkel, Andreas Berger **M** Andi Hug, Jürg Schmidhauser, Stop the Shoppers **L** 85 **E** Schweiz

RUHE VOR DEM STURM (CIRCLES IN A FOREST). Südafrika im ausgehenden 19. Jahrhundert: Ein zu bescheidenem Vermögen gekommener Holzfällersohn setzt sich dafür ein, daß die brutale Elefantenjagd ein Ende nimmt und die durch den Goldrausch angezogenen Menschen nicht den Wald zerstören. Gefällig inszenierter Film, dessen aktuelle Thematik sich zugunsten einer Bilderbuch-Ökologie verliert. In seiner Kritik ist der mit einigen schönen Tieraufnahmen ausgestattete Film eher romantisierend als bewußtseinsbildend. – Ab 16. ✦ USA/Südafrika 1988 **P** Philo Pieterse Prod. **VA** Cannon/VMP **Pd** Philo Pieterse **R** Regardt van den Bergh **B** Fabrice Ziolkowski, Luli Barman, nach einer Erzählung von Dalene Mathee **K** George Tirl **M** Leonard Rosenman **S** John Grover **D** Ian Bannen (MacDonald), Arnold Vosloo (Saul Barnard), Judi Trott (Kate MacDonald), Brion James (Mr. Patterson), Joe Stewardson (Joram Barnard) **L** 92 **FSK** ab 6 **E** 27.7.1992 Video **fd** 29 764

DAS RUHEKISSEN (LE REPOS DU GUERRIER / IL RIPOSO DEL GUERRIERO). Brigitte Bardot als finanziell unabhängige Pariser Studentin, die einem lebensüberdrüssigen Alkoholiker verfällt. Ein formal recht geschicktes Melodram, dessen dick aufgetragenes Pathos allerdings bisweilen ermüdet. ✦ Scope. Frankreich/Italien 1962 **P** Francos/Incei **KI** Columbia-Bavaria **R** Roger Vadim **B** Claude Choublier, Roger Vadim, nach einem Roman von Christiane Rochefort **K** Armand Thirard **M** Michel Magne **D** Brigitte Bardot, Robert Hossein, James Robertson Justice, Macha Méril, Michel Serrault **L** 102 **FSK** ab 18; nf **E** 28.9.1962 **fd** 11 435

RUHELOS – KINDER AUS LEBENSBORN – DIE NARBEN DER VERGANGENHEIT. Menschen, die das Licht der Welt im Entbindungsheim »Lebensborn e.V.« erblickten, berichten über ihr Schicksal. Dieses unmenschliche Experiment der Nazis diente als »Zuchtanstalt« für arischen Nachwuchs. Mütter mit den entsprechenden Erbanlagen konnten hier vaterlose Kinder austragen, deren Erzeuger »wissenschaftlich« ausgewählt wurden. Ferner fungierte die Anstalt als Pflegeheim für nichtdeutsche Kinder mit arischem Aussehen. Die Dokumentation beschreibt das Los dieser Kinder, die meist bei Pflegefamilien aufwuchsen und deren Herkunft lange verschleiert und verschwiegen wurde. ✦ **R+B** Christiane Ehrhardt **L** 100 **E** 29.1.1994 arte

RUHELOS WANDERNDE SEELE (ASWATHAMA). Ein junger indischer Collegelehrer, Sohn einer Brahmanenfamilie, heiratet auf Drängen seiner Familie eine Frau, die sich in der Hochzeitsnacht als Epileptikerin entpuppt. Er verfällt einem ruhelosen Leben, da er, hin- und hergerissen zwischen seinem traditionellen Glauben und seiner naturwissenschaftlichen Ausbildung, zu keiner Entscheidung finden kann. Im unentwegten Alkohol- und Sexgenuß verliert er nicht nur den Boden unter den Füßen, sondern auch seine Identität. Ein eindringlich gestalteter Erstlingsfilm über die zerrissene indische Seele zwischen Tradition und Moderne. ✦ Schwarz-weiß. Indien 1978 **P** Mohan Mohammed Films Patturakahal **R** K. R. Mohanan **B** P.R. Nair, nach einem Roman von Madampu Kunjukuttan **K** Madhu Ambat **M** A. Ananda Padmanabhan **D** Madampu Kunjukuttan, Vidhubala, Ravi Menon, Valsala, Savithri **L** 110 **E** 6.7.1983 HR/NDR/WDR

DAS RUHELOSE GEWISSEN (THE RESTLESS CONSCIENCE). Preisgekrönte und für den »Oscar« nominierte Dokumentation über den deutschen Widerstand gegen Hitler zwischen 1933 und 1945. Neun Jahre lang hat die jüdische Filmemacherin Männer und Frauen des Widerstands befragt, ihre Angehörigen interviewt und Archivmaterial erschlossen. ✦ USA 1991 **Pd+R+B** Hava Kohav Beller **K** Volker Rodde, Martin Schaer, Gabor Bagyoni **M** Elliot Sokolov **S** Tonicka Janek, Juliet Weber **L** 90 **E** 19.7.1992 ZDF

RUHELOSE LIEBE (LOVE AFFAIR). Zwei Menschen treffen einander auf einem Ozeandampfer und verlieben sich auf den ersten Blick. Um ihre Gefühle auf die Probe zu stellen, verabreden sie ein Wiedersehen nach Ablauf eines halben Jahres. Wegen eines Autounfalls kann das Mädchen sein Versprechen nicht einhalten. Handwerklich perfekte Hollywoodromanze. Leo McCarey verfilmte den Stoff später noch einmal: »Die große Liebe meines Lebens« (USA 1957). – Sehenswert ab 14. ✦ Schwarz-weiß. USA 1939 **P** RKO **KI** RKO **Pd+R** Leo McCarey **B** Delmer Daves, Donald Ogden Stewart, nach einer Erzählung von Leo McCarey, Delmer Daves und Mildred Cram **K** Rudolph Maté **M** B. G. Sylva, Harold Arlen, Roy Webb **S** Edward Dmytryk, George Hively **D** Irene Dunne (Terry McKay), Charles Boyer (Michel Marnet), Maria Ouspenskaya (Großmutter Janou), Lee Bowman (Kenneth Bradley), Astrid Allwyn (Lois Clarke) **L** 84 **E** 1949 Kino **fd** 1 264

RUHESTÖRUNG – EREIGNISSE IN BERLIN, 2.–12. JUNI 1967. Dokumentation über die erste Phase der Studentenbewegung in West-Berlin. Der Schah trifft am 2. Juni 1967 in Berlin ein, Demonstranten finden sich ein, Benno Ohnesorg wird erschossen, der studentische Protest organisiert sich, an der FU wird die »kritische Universität« gegründet, der Funke springt über nach Westdeutschland. ✦ Schwarz-weiß. BR Deutschland 1967 **SF** Freunde der Deutschen Kinemathek **R+B** Günther Hörmann, Hans Dieter Müller **K** Günther Hörmann **S** Beate Mainka-Jellinghaus **L** 97

EINE RUHIGE HOCHZEIT (QUIET WEDDING). Zwei gutbürgerliche Verlobte wünschen sich eine möglichst stille Hochzeitsfeier. Aber es kommt anders: vor lauter Vorbereitungen zerstreiten sie sich beinahe. Bezaubernde Filmkomödie, die die spätere Verfilmung »Wenn zwei Hochzeit machen« (1957, Regie: Roy Boulting) deutlich in den Schatten stellt. ✦ Schwarz-weiß. Großbritannien 1940 **P** Conqueror/Universal **Pd** Paul Soskin **R** Anthony Asquith **B** Terence Rattigan, Anatole de Grunwald, nach einem Bühnenstück von Esther McCracken **K** Bernard Knowles **M** Nicholas Brodszky **S** Reginald Beck **D** Margaret Lockwood (Janet Royd), Derek Farr (Dallas Chaytor), Marjorie Fielding (Mildred Royd), A. E. Matthews (Arthur Royd), Athene Seyler (Tante Mary), Jean Cadell (Tante Florence), Margaretta Scott (Marcia Royd), Peggy Ashcroft **L** 80 **E** Januar 1946

DER RUHM DES KHAN (THE GLORY OF KHAN). Historienfilm über die Zeit der Völkerwanderung im Südosten Europas und die Ursprünge Bulgariens. Die protobulgarischen Stämme unter Khan Asparoukh sind in vier Gruppen aufgeteilt, um ihr Überleben zu sichern. Im Jahr 681 stellen sie sich dem übermächtigen byzantinischen Heer und versetzen ihm eine vernichtende Niederlage. ✦ Bulgarien/USA 1976 **R** Ljudmil Staikow **B** Jules Minton, Sam Locke **D** Stoiko Peev, Antony Genov, Vanya Tsvetkova, Anya Pencheva, Vassil Mihailov **L** 91 **E** 12.7.1998 Kabel 1

DER RUHM MEINES VATERS (LA GLOIRE DE MON PERE). Zweiteilige Verfilmung der Kindheitserinnerungen des französischen Schriftstellers, Bühnen- und Filmautors Marcel Pagnol, die das bescheidene, aber harmonische Leben seiner Familie um die Jahrhundertwende nachzeichnen. Im Mittelpunkt des ersten Teils stehen die idyllischen Ferien im Hochland der Provence, wo Marcel die Geheimnisse der Natur kennenlernt und heiter-aufregende Tage erlebt. Der liebevoll inszenierte, von zartem Humor getragene Film besticht vor allem durch seine wunderschön fotografierten Landschaftsaufnahmen und das sensible und natürliche Spiel der Darsteller. (Titel des zweiten Teils: »Das Schloß meiner Mutter«) – Sehenswert ab 10. ✦ Frankreich 1989 **P** Gaumont/Productions de la Guéville/TF 1/Centre National de Cinématografie **KI** Jugendfilm **VA** atlas **Pd** Alain Poiré **R** Yves Robert **B** Jérôme Tonnerre, Louis Nucéra, Yves Robert, nach einem Roman von Marcel Pagnol **K** Robert Alazraki **M** Vladimir Cosma **S** Pierre Gillette **D** Philippe Caubère (Joseph), Nathalie Roussel (Augustine), Didier Pain (Onkel Jules), Thérèse Liotard (Tante Rose), Julien Ciamaca (Marcel) **L** 105 **FSK** o. A.; f **FBW** w **E** 4.7.1991/24.12.1991 DFF/28.10.1992 Video/5.8.1993 premiere **fd** 29 003

RUHM UND EHRE (GLORY & HONOR). Abenteuerfilm über die Nordpol-Expedition des Amerikaners Robert Peary, der als Erster den Nordpol erreichte. Der (Fernseh-)Film lässt seinem afroamerikanischen Begleiter Mathew Henson späte Gerechtigkeit widerfahren, indem er die entscheidende Rolle des Farbigen bei dieser Expedition herausarbeitet. – Ab 16. ✦ USA 1998 **P** TNT Originals **Pd** Lynn Raynor, Ralph Kendall Berge **R** Kevin Hooks **B** Jeff Lewis, Susan Rhinehart **K** Doug Milsome **M** Bruce Broughton **S** Karen Stern **D** Delroy Lindo (Mathew Henson), Henry Czerny (Robert Peary), Bronwen Booth (Josephine Peary), Kim Staunton (Lucy Ross), David Ferry (John Verhoeff), Richard Fitzpatrick (Dr. Draper) **L** 90 **E** 2.9.1999 premiere

RULES OF THE ROAD. Dokumentarfilm über die Jahrhunderte alte Geschichte der irischen Landfahrer. Die »Tinker« zogen durchs bäuerliche Irland und leisteten der seßhaften Bevölkerung willkommene Dienste als Kesselflicker, Erntehelfer, Pferdehändler, aber auch als Wahrsager und Geschichtenerzähler. Mit der jüngsten Generation aber ist die Reise der Tinker beendet: sie fristen ihr Dasein an der Peripherie der Städte und sind für den Sozialstaat zum Problemfall geworden. Der Film versucht, die nur mündlich überlieferte Kultur der Landfahrer festzuhalten und dem kollektiven Gedächtnis einzuschreiben. (O.m.d.U.; Fernsehtitel auch: »Gesetz der Straße«) ✦ Deutschland 1993 **P** Oliver Herbrich Filmprod./Hans W. Geissendörfer Prod./arte/BR/WDR **KI** Oliver Herbrich **Pd+R+B** Oliver Herbrich **K** Jan Betke **M** Mary Donovan (Songs), Larry Donovan (Songs), John Donovan (Songs), Johnny Collins (Songs), Mikeen McCarty (Songs) **S** Uwe Klimmeck **L** 87 **E** 22.6.1995

RULES – SEKUNDEN DER ENTSCHEIDUNG (RULES OF ENGAGEMENT). Als der Kommandant einer US-Eingreiftruppe nach einem Einsatz im Jemen in den Verdacht gerät, ein Massaker unter Zivilisten angerichtet zu haben, übernimmt ein ehemaliger Kamerad, dem er vor 28 Jahren in Vietnam das Leben rettete, seine Verteidigung. Obwohl die Anklage mit einer erdrückenden Beweislast aufwartet, kann ein Freispruch erwirkt werden. Ärgerlicher, unzeitgemäßer Film, der weder erzählerische Logik noch die Genfer Konvention gelten lässt, um ein Loblied auf einen tapferen Offizier anzustimmen, der die Dolchstöße der Politiker nur mit Mühe abwehren kann. Weder filmisch noch inhaltlich eine Bereicherung. ✦ Scope. USA 2000 **P** Paramount Pictures/Seven Arts **KI** Helkon **VA** Columbia TriStar Home **DVD** Columbia TriStar Home (16:9, 2.35:1, DD5.1 engl./dt.) **Pd** Richard D. Zanuck, Scott Rudin, Arne L. Schmidt **R** William Friedkin **B** Stephen Gaghan **K** Nicola Pecorini, William A. Fraker **M** Mark Isham **S** Augie Hess **D** Tommy Lee Jones (Colonel Hays Hodges), Samuel L. Jackson (Colonel Terry Childers), Guy Pearce (Major Mark Biggs), Ben Kingsley (Botschafter Mourain), Bruce Greenwood (William Sokal) **L** 127 **FSK** ab 16; f **E** 19.10.2000/24.4.2001 Video & DVD **fd** 34 490

RUM-BOULEVARD (BOULEVARD DU RHUM). Erlebnisse eines Kapitäns, der zur Zeit der Prohibition Alkohol von den Antillen in die USA schmuggeln soll, aber ins Schlepptau eines von ihm verehrten Stummfilmstars gerät. Die Rekonstruktion der späten 20er Jahre ist gelungen und der Film streckenweise recht amüsant – wenn nur die Story nicht so langatmig und verworren wäre. (TV-Titel: »Die Rum-Straße«) – Ab 16. ✦ Frankreich/Italien/Spanien 1971 **P** Gaumont International/Parme/Rizzoli/Film Internationale **KI** Progress **R** Robert Enrico **B** Robert Enrico, Pierre Pelegri, nach dem Roman »Boulevard du Rhum« von Jacques Pérechal **K** Jean Boffety **M** François de Roubaix **S** Michel Lewin **D** Brigitte Bardot (Linda Larue), Lino Ventura (Cornelius), Bill Travers (Sanderson), Clive Revill (Lord Hammond), Hunt Powers (= Jack Betts) (Renner), Guy Marchand (Ronald) **L** 120 **E** 25.8.1972 Kino DDR/31.1.1975 ARD

DIE RUM-STRASSE →Rum-Boulevard

RUMBA, RUM UND DIE SCHWIERIGKEIT ZU LEBEN. Dokumentarfilm über die Rumba, den traditionellen kubanischen Tanz. Im Mittelpunkt des Films steht die Tanzgruppe »Raices Profundes« aus Havanna. – Ab 16. ✦ Deutschland 1995 **R** Christian Weisenborn **L** 80 **E** 13.7.1997 3sat

RUMBLE FISH – RUSTY JAMES →Rumblefish

RUMBLE IN SHANGHAI →Green Hornet – Die Rückkehr der grünen Hornisse

RUMBLE IN THE BRONX (RUMBLE IN THE BRONX). Ein Polizist aus Hongkong gerät bei einem Privataufenthalt in der Bronx in eine Fehde zweier Gangsterbanden. Mit nationaltypischer Kampfkunst rettet er dabei eine junge Amerikanerin chinesischer Herkunft und ihren behinderten Bruder. Ein unambitionierter, aber kurzweiliger Actionfilm mit virtuos choreografierten Stunts und einer kindlich-naiven Liebe zum Chaos. – Ab 16. ✦ Hongkong 1995 **P** Raymond Chow/Golden Harvest **KI** Constantin **VA** Ascot/PolyGram **DVD** Splendid/Ascot (2.00:1, MPEG2.0 dt.), 2. Auflage: Splendid/Ascot (16:9, 2.35:1, DD5.1 dt.) **Pd** Leonard Ho **R** Stanley Tong **B** Edward Tang, »Fibe« Ma **K** Jingle Ma **M** Jonathan Wong **S** Peter Cheung **D** Jackie Chan (= Cheng Long) (Keung), Anita Mui (Elaine), Françoise Yip (Nancy), Bill Tung (Onkel Bill), Marc Akerstream (Tony) **L** 89 **FSK** ab 16; f **E** 17.10.1996/30.5.1997 Video/21.2.1998 premiere/28.9.1999 DVD/ 30.7.2001 DVD (2. Auflage) **fd** 32 167

RUMBLEFISH (RUMBLE FISH). Die Geschichte eines unangepaßten Jugendlichen, der auf der Suche nach einem Ideal seinen älteren Bruder, einen einst gefürchteten Bandenführer, zum Vorbild wählt, ohne dessen Resignation zu sehen und zu begreifen. Ein ausdrucksstarker Versuch, durch eine stilisiert-symbolträchtige Bildersprache Träume und Gefühle Jugendlicher auszudrücken und die selbstzerstörerische Wirkung ritualisierten Rollenverhaltens aufzuzeigen. ✦ Teils schwarz-weiß. USA 1983 **P** Hot

Weather **KI** Scotia **VA** Universal **Pd** Fred Roos, Doug Claybourne **R** Francis Ford Coppola **B** S.E. Hinton, Francis Ford Coppola, nach einem Roman von S.E. Hinton **K** Stephen H. Burum **M** Stewart Copeland **S** Barry Malkin **D** Matt Dillon (Rusty-James), Mickey Rourke (Motorcycle Boy), Vincent Spano (Steve), Diane Lane (Patty), Dennis Hopper (Vater), Diana Scarwid (Cassandra), Nicolas Cage (Smokey), Christopher Penn (B. J. Jackson), Tom Waits (Benny) **L** 94 **FSK** ab 16; f **E** 3.8.1984/Mai 2001 Video **fd** 24 701

RUMBO – KÖNIG VON SEVILLA (SEVILLA DE MIS ENSUENOS). Ein Zigeuner verliebt sich in eine Aristokratentochter und versteht es, die Schöne nach einigen Schwierigkeiten an sich zu binden. Spanische Variante der »Widerspenstigen Zähmung«, die ihre kitschige Geschichte sehr seicht entwickelt. – Ab 16. ✦ Spanien 1949 **P** Selecciones Capitolio **KI** Siemfilm **R** Ramón Torrado **B** Manuel Beranguer **D** Rico Paquita, Fernando Granada, Fernandez de Cordoba, Julia Layos **L** 82 **FSK** ab 16; nf **E** 1953 Kino

RUMEUR (RUMEUR). Durch einen mysteriösen Mord an einem Unbekannten werden in einer kleinen Schweizer Stadt Gerüchte und Ereignisse ausgelöst, die die Gemeinde und ihre Bewohner verändert zurückläßt. Ob der fiktive Ort, und damit wahrscheinlich auch die Schweiz, zu einem »Chicaco« geworden sei, wird gefragt. Unklar bleibt, ob der Film – eine Mischung von Krimi und zeitkritischer Studie – überhaupt eine Antwort beabsichtigt. ✦ Schweiz 1977 **P** TSR **R** Pierre Koralnik **B** Pierre Koralnik, Walter Weideli **K** Simon Edelstein **M** Arié Dzierlatka **S** Eliane Guignet **D** Fernand Berset (César Clottu), Agnès Chateau (Suzy Fernandez), Gérard Carrat (Charles Morel), Jean Vigny (Philippe Collard), Pierre Walker (Fritz Fröhlich) **L** 105 **E** Schweiz

RUMMEL UM JOHN (JOHN OF THE FAIR). Unterhaltsamer abenteuerlicher »Historienfilm« für Jugendliche: Im England des 18. Jahrhunderts entdeckt ein 14jähriger Junge, der sich auf Rummelplätzen seinen Unterhalt verdienen muß, daß er von adligem Stand ist und um sein Erbe betrogen wurde. Zusammen mit seinen Freunden nimmt er den Kampf um sein Recht auf. – Ab 12. ✦ Schwarz-weiß. Großbritannien 1954 **P** Merton Park/Continental **Pd** Frank A. Hoare **R** Michael McCarthy **B** Michael McCarthy, nach einem Roman von Arthur William Groom **K** Josef Ambor **M** Max Saunders **S** Eric Hodges **D** John Charlesworth (John Claydon), Arthur Young (»Doc« Claydon), Richard George (William Samuels), Michael Mulcaster (Jasper Sly), Hilda Barry (Ma Miggs) **L** 63 **E** 24.5.1989 PRO 7

RUMMELPLATZ DER LIEBE (CARNIVAL STORY). Ein mittelloses Mädchen wird von einem Zufallsbekannten an einen Zirkus vermittelt, wo sie bald Karriere macht und heiratet. Ihre Hörigkeit gegenüber dem »väterlichen« Freund endet erst, nachdem dieser ihren Mann umgebracht hat. Klischeeshafte Zirkus-Story. Die erste deutsch-amerikanische Co-Produktion nach 1945 wurde in zwei Versionen gedreht; in der US-Fassung spielten Anne Baxter und Steve Cochran. ✦ USA/BR Deutschland 1954 **P** King Brothers/Westra **KI** RKA **Pd** Arthur Siteman, Herbert Junghans **R** Kurt Neumann **B** Hans Jacoby, Kurt Neumann, nach einer Story von Marcek Klauber und C.B. Williams **K** Ernest Haller **M** Willy Schmidt-Gentner **S** Merrill White, Ludolf Grisebach **D** Eva Bartok, Curd Jürgens, Bernhard Wicki, Robert Freytag, Helen Stanley **L** 95 **FSK** ab 18; nf **E** 20.8.1954 **fd** 3 354

RUMPELSTILTSKIN (RUMPELSTILTSKIN). Durch die Träne der Mutter eines neugeborenen Kindes wird ein böser Zwerg zu neuem Leben erweckt, der im 14. Jahrhundert von einer Zauberin in einen Stein verwandelt wurde. Fortan trachtet er nach Leben und Seele des Kindes. Ein mühsam auf abendfüllende Länge getrimmter Horrorfilm, der mit dem gleichnamigen Märchen der Gebrüder Grimm nur noch den Namen gemein hat. Plumpe Horroreffekte sollen über fehlendes handwerkliches Geschick hinwegtäuschen. ✦ USA 1994 **P** Transnational/Dino De Laurentiis **VA** VCL **Pd** Joe Ruby, Ken Spears, Michael Prescott **R** Mark Jones **B** Mark Jones, Joe Ruby **K** Doug Milsome **M** Charles Bernstein **S** Christopher Holmes **D** Kim Johnston Ulrich (Shelley Stewart), Tommy Blaze (Max Bergman), Allyce Beasley (Hildy), Vera Lockwood (Matilda), Sherman Augustus (John McCabe) **L** 87 **FSK** ab 18 **E** 18.2.1997 Video **fd** 32 492

RUMPELSTILZCHEN (1955). Das Grimmsche Märchen von der schönen Müllerstochter, die mit Hilfe eines Kobolds die Hand des Königs gewinnt, wurde durch einige Veränderungen und Auslassung »grausiger« Szenen gegenüber der Vorlage etwas entschärft. Die insgesamt relativ gut gelungene Verfilmung ist mit Einfühlungsvermögen in die kindliche Vorstellungswelt inszeniert und richtet sich speziell an die ganz kleinen Zuschauer. – Ab 6. ✦ BR Deutschland 1955 **P** Förster **KI** Jugendfilm **VA** EuroVideo **Pd** Alfred Förster, Werner Lehndorff **R** Herbert B. Fredersdorf **B** Christof Schul-Gellen, nach dem Märchen der Gebrüder Grimm **K** Ted Kornowicz **M** Richard Stauch **D** Werner Krüger (Rumpelstilzchen), Liane Croon (Müllerstochter Marie), Wilhelm Grothe (Müller Mehlsack), Günter Hertel (Königssohn Max), Franz W. Schröder-Schrom (Alter König), Harry Wüstenhagen (Schatzmeister) **L** 80 **FSK** ab 6; f **FBW** w **E** 9.9.1955 **fd** 4 411

RUMPELSTILZCHEN (1960) →Das Zaubermännchen

RUMPELSTILZCHEN (1987) (RUMPELSTILTSKIN). Das Märchen von der armen Müllerstochter, die durch die Lügen ihres Vaters, der behauptet, sie könne Stroh zu Gold spinnen, in eine hochnotpeinliche Situation gebracht wird: der König läßt das Mädchen zu sich bringen und befiehlt ihm, drei Nächte »Gold zu spinnen«. Mit Hilfe eines Zwerges gelingt das Wunder, doch der Preis ist hoch: der Zwerg verlangt die Seele des erstgeborenen Kindes der jungen Frau. Opulent ausgestattete Verfilmung des bekannten Märchens, die Kindern anspruchslose Unterhaltung bietet. – Ab 8 möglich. ✦ USA 1987 **P** Cannon **VA** Cannon/VMP **R** David Irving **B** David Irving, nach einem Märchen der Gebrüder Grimm **K** David Gurfinkel **M** Max Robert **D** Amy Irving, Clive Revill, Billy Barty, Priscilla Pointer, Robert Symonds **L** 80 **FSK** ab 6 **E** 17.2.1991 RTL plus

RUMPELSTILZCHEN & CO. Märchenfilm, der die bekannte Geschichte des Rumpelstilzchen variiert. Ein Prinz, der standesgemäß heiraten soll, sich aber in ein armes Bauernmädchen verliebt hat, erhält Hilfe von einem geheimnisvollen Männlein, das dafür allerdings eine ungewöhnliche Belohnung verlangt. – Ab 8. ✦ Tschechien 1997 **R** Zdenek Zelenka **B** Helena Sykorová, nach Geschichten von Jan Werich **D** Ivan Hora (Hubert), Andrea Elnserová (Maria), Julius Satinsky (König), Ruzena Merunková (Matylda), Ladislav Potmesil (Vater) **L** 90 **E** 22.11.1998 Kinderkanal

RUMPO KID BITTET ZUM DUELL (CARRY ON COWBOY). Weil in Washington die Marshalls knapp sind, greift der zuständige Beamte zu, als sich ein Kanalisationsingenieur mit Vornamen Marshall bei ihm meldet. Marshall wird nach Stodge City geschickt, wo er unerwartet zur Säuberung nicht der Kanalisation, sondern des von Rumpo Kid und seinen Kumpanen terrorisierten Städtchens eingesetzt wird. An der Seite der schießfreudigen Annie sind eine Reihe von Abenteuern zu bestehen, die die turbulente Handlung dieser Westernparodie in Gang halten. Klamaukunterhaltung auf bescheidenem Niveau. (Fernsehtitel: »Ist ja irre – der dreiste Cowboy«) – Ab 16. ✦ Großbritannien 1965 **P** Adder Prod. (für Rank) **KI** Rank **Pd** Peter Rogers **R** Gerald Thomas **B** Talbot Rothwell **K** Alan Hume **M** Eric Rogers **S** Roderick Kays **D** Sidney James (Rumpo Kid), Kenneth Williams (Judge Burke), Joan Sims (Belle), Jim Dale (Marshall P. Knutt), Percy Herbert (Charlie), Charles Hawtrey (Chief Big Heap), Angela Douglas (Annie Oakley), Davy Kaye (Josh), Peter Butterworth (Doc), Sydney Bromley (Sam), Peter Gilmore (Curley) **L** 94 **FSK** ab 12; nf **E** 7.7.1967/7.1.1986 ZDF **fd** 14 844

RUMTREIBER (SLACKER). 24 Stunden im Leben der Stadt Austin, Texas. Man begegnet 100 Leuten aus allen Schichten, Menschen mit verschiedenen Überzeugungen und Meinungen, vom Studenten bis zum Stadtstreicher. Kein Dokumentarfilm, sondern rekonstruierter Alltag; was wie zufällig daherkommt, ist sehr genaue Kalkulation. (O.m.d.U.; Fernsehtitel auch: »Slacker«) ✦ USA 1989 **P** Detour **VA** absolut MEDIEN **R+B** Richard Linklater **K** Lee Daniel **L** 102 **E** 17.11.1991 West 3

RUN (RUN). Ein Jura-Student wird in den Unfalltod des Sohnes eines Mafiabosses verwickelt und ist fortan auf der Flucht vor den Schergen des Clans und der örtlichen Polizei, die auf der Gehaltsliste des Bosses steht. Nur die Angestellte eines Spielcasinos hält zu ihm, als er schließlich von der ganzen Stadt gejagt wird. Uninteressanter Thriller mit angestrengt eingearbeitetem Humor. (Fernsehtitel auch: »Run – Lauf um dein Leben«) ✦ USA 1990 **P** Silver Screen Partners IV/Hollywood/Greyhound **VA** EuroVideo **Pd** Raymond Wagner **R** Geoff Burrowes **B** Dennis Shryack, Michael Blodgett **K** Bruce Surtees, Brenton Spencer **M** Phil Marshall **S** Jack Hofstra, Stephen E. Rivkin **D** Patrick Dempsey (Charlie Farrow), Kelly Preston (Karen Landers), Ken Pogue (Matt Halloran), Alan C. Peterson (Denny Halloran), James Kidnie (Sammy) **L** 87 **FSK** ab 16 **E** 7.7.1992 Video/19.8. 1993 premiere

RUN, ANGEL, RUN (RUN, ANGEL, RUN). Ein Motorrad-Rocker kommt auf der Flucht vor seiner ehemaligen Bande zur Erkenntnis über sein leeres Leben. Film in der Nachfolge der »Wilden Engel«, der sich trotz aller Klischees um eine differenzierte Figurenzeichnung zumindest bemüht. ✦ USA 1969 **P** Fanfare **KI** Kora/Aktuell **Pd** Joe Solomon **R** Jack Starrett **B** Jerome Wish, V.A. Furlong (= Valerie Starrett) **K** John Stephens **M** Stu Phillips **S** Renn Reynolds **D** William Smith (Angel), Valerie Starrett (Laurie), Daniel Kemp (Dan Felton), Gene Shane (Ron), Eugene Cornelius (Space), Lee de Broux (Pappy) **L** 95 **FSK** ab 16; f **E** 1.1.1971 **fd** 17 196

RUN, CHRISSIE, RUN! (RUN, CHRISSIE, RUN!). Ein abtrünniger IRA-Kämpfer will sich in Australien, wo eine frühere Geliebte mit der gemeinsamen Tochter lebt, ein neues Leben aufbauen. Ehe er sein Ziel erreicht, muß er Killer unschädlich machen, die auf ihn angesetzt sind. Solide inszenierte und gespielte Spannungsunterhaltung ohne psychologischen Tiefgang, aber auch ohne genreübliche Brutalitäten. ✦ Australien 1984 **P** South Australian Filmproduction **VA** EuroVideo **R** Chris Langman **B** Graham Hartley, nach einem Roman von Keith Leopold **K** Ernest Clark **M** Robert Kretschmer **D** Carmen Duncan, Michael Aitkens, Annie Jones, Shane Briant, Red Symons **L** 86 **FSK** ab 16 **E** September 1985 Video **fd** 25 476

RUN FOR YOUR LIFE – EIN SIOUX SIEGT FÜR SEINE BRÜDER (RUNNING BRAVE). Ein junger Halbindianer und guter Läufer feiert erste Erfolge an der Kansas University, droht aber angesichts der zahlreichen Vorurteile wegen seiner Hautfarbe zu resignieren. Erst als er sich der Geschichte seines Großvaters besinnt, stellt er sich der Herausforderung und gewinnt nach hartem Kampf in Tokio bei der Olympiade. Engagiertes, doch reichlich naiv entwickeltes Sozialmärchen, das immerhin auf einer wahren Geschichte beruht. Trotz inszenatorischer Schwächen verdeutlicht es nachhaltig die fragwürdige Rolle des Spitzensports sowie die Diskriminierung der Indianer in den USA. – Ab 16. ✦ USA 1983 **P** Englander Prod./The Erminaskin Band **VA** atlas **Pd** Ira Englander **R** D. S. Everett **B** Henry Bean, Shirl Hendryx **K** François Protat **M** Mike Post **S** Tony Lower, Earle Herdan **D** Robby Benson (Billy Mills), Pat Hingle (Coach Easton), Claudia Cron (Pat Mills), Jeff McCracken (Dennis), August Schellenberg (Billys Vater) **L** 102 **FSK** ab 16 **E** 21.4.1992 Video **fd** 29 683

RUN FOR YOUR LIFE – SEINE RACHE KENNT KEINE GRENZE (RUN FOR YOUR LIFE). Ein von seiner Frau gedemütigter Mann »straft« sie für eine Affäre, indem er sie in Mordverdacht bringt. Er verfolgt sie im Kellergewölbe unter seiner Villa, bringt es jedoch nicht über sich, sie zu töten. Dann bricht der sonderbar fragmentarisch wirkende, schlampig inszenierte Militär-, Sport-, Ehe- und Horrorkrimi abrupt ab. ✦ Italien/USA 1988 **P** RAI/Fremantle **VA** VMP **Pd** Tommy Iwering **R** Terence Young **B** Robert Brodie Booth, nach einem Roman von Tommy Iwering **K** Franco di Giacomo **M** Björn Jason Lindh **D** David Carradine (Major Charles Forsyth), Lauren Hutton (Sarah Forsyth), George Segal (Aldo Morandi), Franco Nero (Kommissar), Sabine Sun **L** 87 **FSK** ab 16 **E** August 1989 Video **fd** 27 797

RUN IF YOU CAN (RUN IF YOU CAN). Während die Polizei fieberhaft nach einem achtfachen Frauenmörder fahndet, erlebt eine junge Studentin die Ermordung ihrer besten Freundin auf dem Fernsehbildschirm mit, die der psychopathische Täter selbst auf Video aufzeichnet. Spekulativer Thriller, der Frauen stets in der Rolle der Opfer zeigt; die eindimensionale Dramaturgie ist in erster Linie auf die Ermordungsszenen abgestellt. – Wir raten ab. ✦ USA 1987 **P** Fleet Film **VA** Gloria **Pd+R** Virginia Lively Stone **B** J.A.S. McCombie **M** Christopher L. Stone **D** Martin Landau (Detektiv Malvani), Yvette Nipar (Kim), Jerry van Dyke, Morgan Douglas, Christopher Stone **L** 91 **FSK** ab 16 **E** 22.8.1988 Video

RUN – LAUF UM DEIN LEBEN → Run

RUN OFF (BOYS). Ein Internatsschüler findet ein bewußtloses Mädchen, das sich bei einem Reitunfall verletzte, und bringt es gegen alle Verbote auf sein Zimmer. Als die Leitung von seiner Anwesenheit erfährt, soll der Junge von der Schule fliegen, doch unter dem Einfluß der aufkeimenden Liebe begehrt er auf und brennt mit der Freundin durch. Ein geradlinig erzählter Jugendfilm, realistisch in der Darstellung des Internatsmilieus und sensibel in der Annäherung der Jugendlichen. Die beiden guten Hauptdarsteller tragen zur passablen Unterhaltung bei. – Ab 16. ✦ USA 1995 **P** Buena Vista **VA** Touchstone/VCL **DVD** CinePlus (FF, DD2.0 dt.) **Pd** Peter Frankfurt, Paul Feldsher, Erica Huggins **R+B** Stacy Cochran **K** Robert Elswit **M** Stewart Copeland **S** Camilla Toniolo **D** Winona Ryder (Patty), Lukas Haas (Francis Baker), Skeet Ulrich (Bud Valentine), John C. Reilly (Off. Kellogg Curry), William Sage (Off. Bill Martone) **L** 83 **FSK** ab 12 **E** 26.11.1996 Video/1.6.2001 DVD **fd** 32 453

RUN OR DIE (HELL BEHIND BARS). Spekulativer Actionfilm. Ein unschuldig zu einer Haftstrafe Verurteilter muß im Gefängnis die grausamsten Mißhandlungen erleiden, bis es seinem Sohn gelingt, ihn zu befreien. ✦ USA 1988 **P** Coral **VA** Gloria **Pd** Paul Herrera **R** Rudy D'Anda **B** Ramon Obon **K** Emmanuel Montreal **S** James Bryan **D** Rudy D'Anda, Raul Herrera, George Russek, Yirah Aparicio, Wally Barron **L** 85 **FSK** ab 18 **E** Februar 1989

RUN TIGER RUN (OUT ON BAIL). Ein Fremder kommt in eine Stadt, wo der Drogenhandel blüht und in seinem Gefolge Mord und Totschlag regieren. Kopf der Korruption ist der Bürgermeister, sein Gehilfe der Sheriff. Der Fremde wird die Stadt erst verlassen, wenn Recht und Ordnung wiederhergestellt sind. Reißerische Neuauflage altbekannter Klischees. Die Stunts verweisen die horrende Unglaubwürdigkeit der Story stellenweise in den Hintergrund. ✦ USA 1988 **P** Trans World Entertainment/Shuster/B.S.B. **VA** VPS **Pd** Alan Amiel **R** Gordon Hessler **B** Michael D. Sonye, Jason Booth, Tom Badal **K** Johan van de Vyver **M** Briani, John David Hiler **S** Brian Varaday **D** Robert Ginty (John Dee Tiger), Kathy Shower (Sally Ann Lewis), Tom Badal (Sherrif Taggert), Sydney Lassick (Smiley), Len Sparrowhawk (Bürgermeister) **L** 98 (gek. 92) **FSK** ab 18 (gek. 16) **E** 24.5.1989 Video **fd** 27 729

RUNAWAY. Die Geschichte einer 16jährigen, die aus den quälenden Alltäglichkeiten ihrer behüteten Kindheit flieht und langsam in die Drogensucht rutscht. Spielfilm eines renommierten Dokumentaristen, der mit erhobenem pädagogischem Zeigefinger daherkommt und jegliche Schauspielerführung vermissen läßt. ✦ Deutschland 1992 **P** DENKmal/ZDF **KI** Verleih der Filmemacher **SF** Verleih der Filmemacher **Pd** Claus Strigel, Bertram Verhaag **R** Claus Strigel **B** Friedrich Klütsch, Claus Strigel **K** Carl-Friedrich Koschnick **M** Ulrich Bassenge, Wolfgang Neumann **S** Ilona Demuth, Claus Strigel **D** Françoise Leone (Lisa), Elisabeth Schraml (Maxie), Ingrid Ollrogge (Christine), Günter Brombacher (Herbert), Benedikt Bassenge (Ralf) **L** 87 **FBW** w **E** 20.5.1993/1.11.1993 ZDF

RUNAWAY DREAMS (RUNAWAY DREAMS). Die 15jährige Tracy, von ihrem Stiefvater sexuell mißbraucht, reißt von zu Hause aus und gerät in den Kreislauf von Prostitution und Drogenmißbrauch. Erst als ihrer jüngeren Schwester des gleiche Schicksal widerfährt, kann sie ihre Lethargie abstreifen, den Tod der Schwester jedoch nicht verhindern. Ambitionierter sozialkritischer Film, der versucht, dem ernsten Thema gerecht zu werden. Solide inszeniert, mit bemerkenswerter Kameraarbeit und einer hervorragenden suggestiven Musik. – Ab 16. ✦ USA 1989 **P** Cinema Spectrum/Swanyard **VA** Ufa **Pd** Frank Little **R** Michele Noble **B** John Hopkins **K** Geza Sinkovics **M** Bernie Madsen **S** Peter Novak **D** Jennifer Gorey (Tracy), Brian Tarantina (Jay), Cordis Heard (Simmens), Kathryn Erbe (Denise), Kaitlin Hopkins (Francine) **L** 92 **FSK** ab 12 **E** 16.11.1992 Video **fd** 30 061

RUNAWAY FLIGHT (A CASE OF HONOUR). Einer Gruppe gefangener US-Soldaten im Nachkriegs-Vietnam gelingt die Flucht, kurz bevor man sie in die Sowjetunion »verlegen« kann. Anspruchslose Action-Unterhaltung ohne jeden Anflug reflektorischen oder aufklärerischen Gehalts, die nicht mit Klischees und märchenhaften Naivitäten spart, um den Triumph von Technik und menschlichem Durchhaltewillen zu demonstrieren. ✦ USA/Philippinen 1988 **P** J & M Entertainment/Eastern Film Management Corp. **VA** EuroVideo **Pd** D. Howard Grigsby, Lope V. Juban **R** Eddie Romero **B** John Trayne, William Hellinger **K** José Batac **M** William Motzing **S** Toto Natividad **D** Timothy Bottoms (Sgt. Joseph Case), John Phillip Law (Capt. Roger L. Barnes), Candy Raymond (Charlene »Charlie« Delibes), Nick Nicholson (Pops), Steven Rogers (Bondano) **L** 89 **FSK** ab 16 **E** 5.1.1991 Video/24.6.1992 premiere **fd** 28 740

RUNAWAY HEART (RUNAWAY HEART). Eine frustrierte Hausfrau verläßt nach dem Tod ihrer besten Freundin ihre Familie. Sie trifft auf einen kleinen Ganoven, mit dem sie eine Entführung vortäuscht, um ihren Mann zu erpressen. Nach geglücktem Coup trennen sich die Wege der beiden, und die Frau zieht in eine ungewisse Zukunft nach Irland. Ansprechendes komödiantisches Roadmovie. ✦ Großbritannien 1990 **P** Consolidated **VA** Focus **Pd** Peter Katz **R** James Frawley **D** Jill Eikenberry (Bunny Brown), Michael Tucker, Ray Wise **L** 90 **FSK** ab 12 **E** 30.3.1992 Video/16.1.1996 Kabel 1

RUNAWAY – SPINNEN DES TODES (RUNAWAY). Der Polizist einer Spezialeinheit kämpft gegen einen Verbrecher, der Roboter zu gefährlichen Waffen umfunktioniert und an Terroristen verkauft. Das Thema der Technologiekritik tritt zugunsten reiner Spannungseffekte zurück und schrumpft zum Vorwand für einen Action- und Monster-Thriller nach klassischem Muster. Den anspruchslosen, aber immerhin spannenden Film inszenierte der bekannte Bestseller-Autor Michael Crichton (»Jurassic Park«) nach eigenem Drehbuch. – Ab 16 möglich. ✦ Scope. USA 1984 **P** TriStar/Delphi III **KI** Warner-Columbia **VA** RCA/Columbia **Pd** Michael Rachmil **R+B** Michael Crichton **K** John A. Alonzo **M** Jerry Goldsmith **S** Glenn Farr, James Coblentz **D** Tom Selleck (Sgt. Jack Ramsey), Cynthia Rhodes (Sgt. Karen Thomson), Gene Simmons (Dr. Charles Luther), Kirstie Alley (Jackie Rogers), Stan Shaw (Marvin), Carol Teesdale (Sally), Elizabeth Norment (Miss Shields) **L** 100 **FSK** ab 16; nf **E** 8.3.1985/9.9.1985 Video **fd** 24 985

RUNAWAY TRAIN (RUNAWAY TRAIN). Zwei aus dem Gefängnis entkommene Schwerverbrecher und eine junge Bahnarbeiterin rasen in einem führerlos gewordenen Zug, der aus vier Diesellokomotiven besteht, durch die grandiose Winterlandschaft Alaskas. Ihr Leben wird sowohl durch die entfesselte Technik als auch durch den Gefängnisdirektor bedroht, der seine Jagd als persönliche Rache versteht. Brillant inszenierter Action-Thriller; der erste im Westen entstandene Film des russischen Regisseurs Konchalowski. (TV-Titel: »Express in die Hölle«) ✦ USA 1985 **P** Cannon **KI** Scotia **VA** VMP **Pd** Menahem Golan, Yoram Globus **R** Andrej Konchalowski (= Andrej Michalkow-Konchalowski) **B** Djordje Milicevic, Paul Zindel, Edward Bunker, nach einem Treatment von Akira Kurosawa **K** Alan Hume **M** Trevor Jones, Antonio Vivaldi **S** Henry Richardson **D** Jon Voight (Manny), Eric Roberts (Buck), Rebecca De Mornay (Sara), Kyle T. Heffner (Frank Barsto), John P. Ryan (Warden Ranken) **L** 110 (gek. 101) **FSK** ab 16; f **E** 22.5.1986/September 1986 Video **fd** 25 629

RUND UM DIE LIEBE (RUND UM DIE LIEBE). Zwei junge Frauen mit unterschiedlichen Vorstellungen von Leben und Moral mieten zusammen eine Stadtwohnung. Als Christa sich in einen jungen Musiker verliebt, wird das empfindliche Gleichgewicht in der Wohngemeinschaft gestört. Helen wird zur Voyeurin einer Beziehung, sie vereinsamt und erfindet sich einen eigenen Liebhaber. Mit einfachen Mitteln gedrehte, subtile und humorvolle Betrachtung moderner zwischenmenschlicher Beziehungen. ✦ Schweiz 1992 **P** Alba-Film **Pd** Sandor von Grosz **R** Ueli Mamin **B** Irène Rupp, Ueli Mamin **K** Martin Fuhrer **M** Giancarlo Nicolai, Jens Schäfer **S** Collin Games **D** Caroline Redl (Helene), Stephanie Philipp (Christa), Jens Schäfer (Jan), Dieter Moor (Peter), Stefan Suske (Paul) **L** 91 **E** 30.3.1993 ZDF/November 1993 Kino

RUND UM DIE WELT MIT PETER TOWNSEND (PASSEPORT POUR LE MONDE). Von seiner Weltreise im Jahre 1957 mit französischen Kameraleuten brachte der englische Fliegeroberst Townsend einen Reportagefilm mit, der keine Überraschungen zu bieten hat. ✦ Frankreich 1958 **P** Pathé **KI** UFH **R** Victor Stoloff **B** Peter Townsend, nach seinen Reisebeschreibungen **K** André Bac **M** Camille Sauvage **L** 96 **FSK** ab 6; f **E** 30.10.1959 **fd** 8 660

RUND UM DIE WELT MIT TIMON UND PUMBAA (AROUND THE WORLD WITH TIMON AND PUMBAA). Zeichentrick-Abenteuer um das rustikale Warzenschwein Pumbaa und den possierlichen Affen Timon aus dem Kinofilm »Der König der Löwen«. Verklammert durch eine Rahmenhandlung, werden sieben relativ belanglose Kurzfilme um vermenschlichte Tiere, hektische Aktionen und bizarre Szenerien aneinandergereiht. Die kalkulierte Mischung aus Action und Gefühl verrät nur in wenigen Momenten einen Hauch von skurrilem Aberwitz und bietet in ihrem bunten Getümmel ein eher kurzatmiges Vergnügen. (Episoden: 1. »Boara Boara«; 2. »Yukon Con«; 3. »Saskatchewan Catch«; 4. »Stand by Me«; 5. »Brazil Nuts«; 6. »Truth or Zaire«; 7. »Never Everglades«) – Ab 6. ✦ USA 1995 **P** Walt Disney Company/Wang Film **VA** Disney (Buena Vista) **Pd+R** Tony Craig (1,2,7), Roberts Gannaway (1,2,7), Rob LaDuca (3), Steve Moore (4), Jeff DeGrandis (5,6) **B** Roberts Gannaway (1,7), Kevin Campbell (2,5,6), Darrell Campbell (3) **M** Stephen James Taylor **L** 70 **E** 23.5.1996 Video **fd** 32 103

RUNNER (ON THE EDGE). Ein Langstreckenläufer ist von der Idee besessen, nach Jahren der Sperre sein Comeback ausgerechnet im härtesten Rennen der Welt, das 14 Meilen durch die nordkalifornischen Berge führt, zu unternehmen. Für ihn ist die Teilnahme mehr als eine sportliche Herausforderung, da er schon 44 Jahre alt ist. Melodramatischer Sportfilm um fragwürdigen Leistungszwang und um ein Wettrennen als persönliche Standortbestimmung. ✦ USA 1984 **P** Alliance **VA** Vestron **Pd** Jeffrey Hayes **R+B** Rob Nilsson **K** Stefan Czapsky **M** Herb Pilhofer **S** Richard Harkness **D** Bruce Dern (Wes Holman), Pam Grier (= Pamela Grier) (Cora), Bill Bailey (Flash Holman), Jim Haynie (Owen Riley), John Marley (Elmo) **L** 83 **FSK** ab 6 **E** März 1988 Video

DER RUNNER. Berlin im 21. Jahrhundert: Die Stadt wird von einem gigantischen Kreditinstitut kontrolliert, das Geld verleiht, wenn man seine Organe verpfändet. Ein Journalist mit Spielschulden glaubt, das Unternehmen austricksen zu können, hat die Rechnung jedoch ohne den Wirt gemacht, da er nicht mit den brutalen Jägern der Firma gerechnet hat. Futuristischer (Fernseh-)Thriller, der die Metropole Berlin als chaotischen Moloch darstellt. ✦ Deutschland 2000 **P** Pro 7 **Pd** Elke Keck **R** Michael Rowitz **B** Juergen Werner, Peter Kramm **K** Dietmar Koelzer **M** Stephen McKeon **S** Ute A. Rall **D** Tim Bergmann (Jan), Doreen Jacobi (Anna), Sonja Kirchberger (Danielle Reuter), Manfred Lehmann (Victor), Ingo Naujoks (Rick) **L** 95 **E** 13.10.2000 ProSieben

RUNNERS – AUSGERISSEN (RUNNERS). Durch das plötzliche Verschwinden ihrer 11jährigen Tochter wird eine vierköpfige Familie aus Nottingham auseinandergerissen. Während Schwester und Mutter des Mädchens irgendwann die Hoffnung aufgeben, schließt sich der Vater einer Selbsthilfe-Gruppe für Angehörige vermißter Personen an und sucht unbeirrt weiter. Nach zwei Jahren findet er seine Tochter tatsächlich wieder, doch diese hegt keinerlei Absichten, nach Hause zurückzukehren. Das von zu vielen Problemstellungen überfrachtete Familiendrama wird seinen hochgesteckten Ansprüchen nicht gerecht, da sich die Motivationen seiner Charaktere in Klischees erschöpfen. (TV-Titel auch: »Rachel, bitte komm zurück«) ✦ Großbritannien 1983 **P** Hanstall **Pd** Barry Hanson **R** Charles Sturridge **B** Stephen Poliakoff **K** Howard Atherton **M** George Fenton **S** Peter Coulson **D** James Fox (Tom), Jane Asher (Helen), Kate Hardie (Rachel), Robert Lang (Wilkins), Eileen O'Brien (Gillian), Ruti Simon (Lucy) **L** 110 **E** 14.4. 1994 PRO 7

RUNNING COMBAT →Running Hero

RUNNING COOL (RUNNING COOL). Rauhe Sprüche und Prügeleien bei den Männern, nasse T-Shirts und lockere Sitten bei den Frauen; Tattoos bei beiderlei Geschlecht: Klischees für das Motorradfahrer-Milieu. Die »Biker« stehen einem dem Naturschutz verbundenen »Bruder« bei, der sein Land nicht an einen Großunternehmer verkaufen will. Mit schwachen Dialogen und Darstellern, ohne jegliche Ironie und Kritik versucht der Film, die »Hell's Angels« zu rehabilitieren. ✦ USA 1992 **P** Sebastian International **VA** CIC **Pd+R+B** Ferd Sebastian, Beverly Sebastian **K** Ferd Sebastian **M** Robert Etoll **S** Ralph Clemente **D** Andrew Divoff (Bone), Tracy Sebastian (Blue Hogg), Dedee Pfeiffer (Michele), Paul Gleason (Calvin Hogg), Arlen Dean Snyder (Sheriff), Bubba Baker **L** 102 **FSK** ab 16 **E** 9.2.1994 Video **fd** 30 692

RUNNING FREE – RETTET DAS BÄREN-BABY! (RUNNING FREE). Ein 12jähriger Junge findet in der Wildnis Alaskas ein verwaistes Bärenjunges, nimmt es mit nach Hause und zieht es auf. Während des Sommers verbringen die beiden eine schöne Zeit, doch dann neigen sich die Ferien dem Ende zu. Der Bär kehrt zurück in die Wildnis. Im nächsten Jahr kommt der Junge wieder, von seinem Bären-Freund findet er jedoch keine Spur. Das ändert sich, als er in Lebensgefahr gerät. Abenteuerlicher Kinderfilm um eine außergewöhnliche Freundschaft, angesiedelt in den Wäldern Alaskas. (Fernsehtitel: »Running Wild – Die Fährte des Teufels-Bären«) – Ab 12. ✦ USA 1994 **R+B** Steve Kroschel **D** Jess Montgomery Sythe (Garrett), Jayme Lee Misfeldt (Cari), Michael Pena (Buck), Jim Fowler (Game Warden) **L** 92 **E** 31.3. 1997 Pro Sieben

RUNNING FROM THE GUNS (RUNNING FROM THE GUNS). Zwei kleine Ganoven, die sich durch das Verschieben beiseite gebrachter Ware einen lukrativen Nebenverdienst eröffnet haben, geraten zufällig an eine Ladung illegal geschmuggelter Dollarnoten, hinter der gefährliche Gangster und die Polizei her sind. Konventionell inszenierter Genrefilm mit flauen komischen Einlagen. (Neuer Titel: »Running Guns«) ✦ Australien 1987 **P** Burrowes Film Group/Hoyts **VA** Ufa **Pd** Geoff Burrowes **R+B** John Dixon **K** Keith Wagstaff **M** Bruce Rowland **S** Ray Daley **D** Jon Blake (Dave Williams), Mark Hembrow (Peter), Nikki Coghill (Joll), Terence Donovan (Bangles), Bill Kerr (Gilman), Peter Whitford (Terence), Warwick Sims (Martin) **L** 83 **FSK** ab 16 **E** Juni 1989 Video **fd** 27 686

RUNNING GAME (RUNNING GAME / THE RUNNER). Ein nicht gerade erfolgsverwöhnter junger Spieler tritt in die Dienste eines Berufszockers, für den er Einsätze tätigen und Quoten beobachten muss. Er wird schuldig, da er immer wieder Geld für eigene Zwecke abzweigt und bringt seine Familie in arge Schwierigkeiten, als seine Geliebte schwanger wird und er aus dem Milieu aussteigen will. Ein stimmungsvoll und sorgfältig inszeniertes Spieler-Drama, das die Geschichte vom ewigen Verlierer erzählt, der mehr und mehr seine Skrupel aufgibt und sich erst am bitteren Ende läutern kann. Trotz des sentimentalen Schlusses ein um Realismus und Distanz bemühter Film, der überdurchschnittliche Konfektionsware bietet. – Ab 16. ✦ USA 1999 **P** Aspect Ratio Films/Oberseas **VA** Ufa/BMG **Pd** Ron Moler, Wayne Rice **R** Ron Moler **B** Anthony Zuiker **K** James Glennon **M** Anthony Marinelli **S** Paul Heiman, Gene M. Gamache **D** Ron Eldard (Edward), Courteney Coy (Karina), John Goodman (Deepthroat), Joe Mantegna (Rocco), Bokeem Woodbine (477), Dave Jensen (Nosey) **L** 90 **FSK** ab 16 **E** 2000 Video **fd** 34 153

RUNNING GUNS (1975) →Auge um Auge (1975)

RUNNING GUNS (1987) →Running from the Guns

RUNNING HERO (RUNNING COMBAT). Ein amerikanischer Top-Agent soll in Afghanistan das Wrack eines abgestürzten russischen Flugzeugprototyps bergen, als er auf eine Wunderwaffe stößt und schließlich gar mit seiner vergessenen Vergangenheit konfrontiert wird. Hemmungslos zusammengebasteltes Agentenabenteuer italienischer Machart, das vergleichbare US-Produktionen fast in jeder Hinsicht unterbietet. (Alternativtitel: »Running Combat«) – Ab 16. ✦ Italien 1987 **P** Realta Cinematografica **VA** Ufa **Pd** Alfred Nicolaj **R** Frank Valenti **B** David Parker jr. (= Dardano Sacchetti), Frank Valenti **K** Rado Likon **M** Elio Polizzi **D** Daniel Greene (Johnny Hondo), Bo Svenson (Salinski), George H. Thausanij (Rossi), Savina Gersak, Danuta Lato **L** 90 **FSK** ab 16 **E** April 1990 Video **fd** 28 286

RUNNING MAN (THE RUNNING MAN). Ein amerikanischer Polizeioffizier weigert sich, wehrlose Menschen niederzuschießen. Deshalb wird er zum Todeskandidaten in einer perversen Fernsehshow: vor Millionen von Zuschauern soll er zu Tode gehetzt werden. Schon bald dreht er jedoch den Spieß um. Ein zynischer Actionfilm, der die wenigen Ansätze zu einer kritischen Auseinandersetzung mit dem Mißbrauch der Medien durch seine grelle Inszenierung verschenkt. DVD: Von Laser Paradise existieren neben der FSK 16-Fassung noch diverse FSK 18-Fassungen, die sich nicht nur in der Bildqualität, sondern auch in der Länge erheblich unterscheiden. ✦ USA 1987 **P** Taft/Keith Barrish Prod. **KI** Neue Constantin **VA** Taurus **DVD** VCL/Laser Paradise (1.85:1, DS engl., DD5.1 dt.) **Pd** Tim Zinnemann, Georg Linder **R** Paul Michael Glaser **B** Steven E. de Souza, nach einem Roman von Richard Bachman (= Stephen King) **K** Thomas Del Ruth, Reynaldo Villalobos **M** Harold Faltermeyer **S** Mark Warner, Edward A. Warschilka, John Wright **D** Arnold Schwarzenegger (Ben Richards), Maria Conchita Alonso (Amber Mendez), Richard Dawson (Damon Killian), Gus Rethwisch (Stalker), Eddie Bunker (Lenny) **L** 100 (gek. 90) **FSK** ab 18; f (gek. 16) (DVD 16 & 18) **E** 30.6.1988/30.10. 1988 Video/5.2.1999 DVD (FSK 16) **fd** 26 966

RUNNING MATES (RUNNING MATES). In den Südstaaten der Vereinigten Staaten spielende moderne Version des »Romeo und Julia«-Stoffes: Ein 17jähriges Mädchen aus einer traditionsbewußten Familie in Nashville verliebt sich in einen Musiker, den Sohn eines Country-Stars. Die Väter – politische Gegner bei einer anstehenden Wahl – sind gegen die Verbindung. ✦ USA 1986 **P** New World **VA** Highlight **R+B** Thomas L. Neff **D** Gregory Webb (Tommy Lee), Barbara Howard (Elizabeth), J. Don Ferguson, Bob Hannah, Clara Dunn **L** 84 **FSK** ab 6 **E** Video/16.10. 1994 RTL 2

RUNNING ON EMPTY →Flucht ins Ungewisse

RUNNING OUT – COUNTDOWN DES TODES (NO CONTEST). Ein skrupelloser Gangster und seine Kumpane nehmen in einem Nobelhotel junge Frauen als Geiseln, die an einem Schönheitswettbewerb teilgenommen haben. Während ein ehemaliger CIA-Agent den Einsatzleiter der Polizei berät und diese das Gebäude umstellt, unternehmen die Geiseln unter Leitung einer karatekundigen Schönheit einen eigenen Befreiungsversuch. Schlecht inszenierter Thriller mit aufgesetzten High-Tech-Effekten, unglaubwürdig in der Handlung, miserabel gespielt. ✦ USA 1994 **P** Norstar **VA** Warner Home **DVD** Sun Film (16:9, 1.85:1, DD5.1 chin./dt.) **Pd** Peter Simpson **R** Paul Lynch **B** Robert C. Cooper **K** Curtis Peterson **M** Paul Zaza **S** Nick Rotundo **D** Robert Davi, Andrew Clay, Shannon Tweed, Roddy Piper **L** 94 **FSK** ab 18 **E** 31.8.1995 Video/28.12.2000 DVD **fd** 31 561

RUNNING OUT 2 – DER COUNTDOWN LÄUFT WEITER (NO CONTEST II – ACCESS DENIED). Eine Karatespezialistin gerät während Dreharbeiten in einen brutalen Raubüberfall, in dessen Verlauf der Sohn eines Nazis es auf Chemiewaffen abgesehen hat, die in einer Skulptur in einem Museum versteckt sind. Während ihre Gefährten gefangengenommen und gefoltert werden, kann sie sich verstecken und den Kampf gegen die Gangster aufnehmen. Ein herkömmlicher Actionfilm in ungewohntem Ambiente, der auf Dauer an seinem allzu plumpen Drehbuch krankt. Die Charaktere wirken im Rahmen des Genres überzeugend, auch wenn für psychologische Feinzeichnung kein Platz ist. ✦ USA 1995 **P** Norstar **VA** Warner Home **Pd** Peter R. Simpson **R** Paul Lynch **B** Michael Stokes, Richard Beattie **K** Barry Gravelle **M** Paul J. Zaza **S** Nick Rotundo **D** Lance Henriksen (Dengler), Shannon Tweed (Sharon), Bruce Payne (Jack), Jayne Heitmeyer (Bobbi) **L** 85 **FSK** ab 18 **E** 4.4.1997 Video/2.7.1998 Premiere **fd** 32 625

RUNNING OUT OF LUCK (RUNNING OUT OF LUCK). Musikfilm um den Rocksänger Mick Jagger, der die Songs seiner neuen Langspielplatte vor dem Hintergrund einer banalen Handlung präsentiert, in der er während der Dreharbeiten für einen Videoclip in Rio de Janeiro verschleppt wird und in der abgelegenen Provinz Südamerikas um seine Existenz kämpfen muß. Mit den Mitteln des Musikvideos aufwendig als buntes Spektakel in Szene gesetzt, bietet der Film allenfalls Musikfreunden oberflächliche, gelegentlich amüsante Unterhaltung. (Originalfassung) – Ab 16. ✦ Großbritannien/USA 1985 **P** Nitrate/The Julien Temple Prod./CBS **VA** CBS/Fox **Pd** Mick Jagger **R+B** Julien Temple **K** Oliver Stapleton **M** Mick Jagger, Luis Jardin **S** Richard Bedford **D** Mick Jagger (Mick), Jerry Hall (Jerry), Rae Dawn Chong (Samba), Dennis Hopper (Regisseur), John Proctor (Casino-Manager) **L** 86 **FSK** ab 16 **E** Juli 1987 Video **fd** 26 356

RUNNING OUT OF TIME (AUM JIN / RUNNING OUT OF TIME). Ein todkranker Gangster in Hongkong spielt ein Katz- und Mausspiel mit seinem Jäger und macht ihn so zum Mittelsmann eines letzten Coups. Ein ebenso heiterer wie melancholischer Actionfilm, stringent und spannend entwickelt, dabei voller lyrischer Momente. Reizvoll und unaufdringlich fließt in die schlichte Handlung die Reflexion über Zeit, aber auch über das Geheimnis menschlicher Lebenserwartung ein. (O.m.d.U.) – Sehenswert. ✦ VR China/Hongkong 1999 **P** Milkyway Image **KI** Rapid Eye Movies **VA** Sunfilm **DVD** Sun Film (16:9, 1.85:1, DD5.1 chin./dt.) **Pd+R** Johnnie To **B** Laurent Courtiaud, Julien Carbon **K** Cheng Siu Keung **S** Chan Chi Wai **D** Andy Lau (Wah), Lau Ching Wan (Sang), Yoyo Mung (Ting), Lee Chi Hung (Chan) **L** 92 **E** 28.9. 2000/28.12.2000 Video/9.1.2001 DVD **fd** 34 467

RUNNING RED – SCHATTEN DER VERGANGENHEIT (RUNNING RED). Ein Ex-Killer der Sowjetarmee, der nun als Börsenmakler in Kalifornien lebt, wird nach elf Jahren von seiner Vergangenheit eingeholt. Sein ehemaliger Kommandant, der ihn durch Zufall wieder erkennt, kann ihn zu einem weiteren Mord zwingen, als er einen zweiten Auftrag ablehnt, entführt der Ex-Führungsoffizier Frau und Kind des Killers, die von seiner Vergangenheit nichts wissen. Einfältiger Action-Thriller als Vehikel für Schießereien und Verfolgungsjagden, der mit Leichenbergen und faustdicken Klischees aufwarten, die ein freies Amerika propagieren. ✦ USA 1998 **P** PM Entertainment **VA** VCL **Pd** Roland Jacobs **R** Jerry P. Jacobs **B** David C. Stauffer, George Ferris **K** Ken Blakey **M** Jan Halfpenny **S** Kevin Mock, Dan Williams **D** Jeff Speakman (Gregory Julianow/Greg Wallace), Angie Everhart (Katherine), Elya Baskin (Strelkin), Delane Matthews (Stephanie), Cassie Ray (Amanda), Stanley Kamel (Alexi) **L** 89 **FSK** ab 16 **E** 21.3.2000 Video **fd** 34 260

RUNNING WILD (RUNNING WILD). Jugendliche Straßenbanden in Wien und ihre Auseinandersetzungen. Die »Streetgangs« erzählen von ihren Vorbildern und ihrer Einstellung zum Leben. Der Dokumentarfilm beschreibt das soziale Umfeld der Banden und eröffnet einen Einblick in die Szene, der, obgleich begrenzt, zur Auseinandersetzung auffordert. ✦ Österreich 1992 **P** Prisma **Pd** Michael Seeber, Heinz Stussak **R+B** Egon Humer **K** Wolfgang Lehner **M** Snap, Muttertag, Krüppelschlag **S** Karina Ressler **L** 90 **E** 8.3.1993 ORF 2

RUNNING WILD – DIE FÄHRTE DES TEUFELSBÄREN →Running Free – Rettet das Bären-Baby!

RUNNING WOMAN (RUNNING WOMAN). Eine Frau wird abends auf der Heimfahrt in ihrem Auto überfallen, wobei ihr kleiner Sohn ums Leben kommt. Zuerst ist ihr das Mitgefühl der Medien sicher, doch dann präsentieren korrupte Polizisten Indizien, die sie als Kindesmörderin belasten. Als man ihr auch noch einen Polizisten-Mord anhängen will, taucht sie unter und macht sich auf die Suche nach dem wahren Mörder, wobei sie einem Umweltskandal auf die Spur kommt. Ein Actionfilm voller Ungereimtheiten, der Logik und Psychologie der Figuren arg strapaziert und nicht mehr als flotte Unterhaltung bietet. ✦ USA 1998 **P** The Pacific Trust/New Horizons **VA** Highlight **Pd** Roger Corman **R+B** Rachel Samuels **K** Chris Manley **M** Christopher Lennertz **S** Sonya Polonsky **D** Theresa Russell (Emily Russo), Andrew J. Robinson (Captain Gibbs), Gary Graham (John Delaney), Eddie Velez (Reuben Alvarez), Anthony Crivello (Detective Harris) **L** 89 **E** 21.6.1999 Video **fd** 33 784

RUNTER MIT DEM KEUSCHHEITSGÜRTEL (UP THE CHASTITY BELT). Ein heruntergekommener Adliger, der als Leibeigener mit Liebestränken und Keuschheitsgürteln handelt, wird zum Rivalen eines großspurigen Ritters, der es auf eine blaublütige Schönheit abgesehen hat. Eher lächerliche als humorvolle Komödie mit pubertären Späßen. Nur der Soundtrack ist bemerkenswert. ✦ Großbritannien 1971 **P** EMI/Associated London/International Co-Productions **R** Bob Kellett **B** Sid Colin, Ray Galton, Alan Simpson **K** Ian Wilson **M** Carl Davis **D** Frankie Howerd (Lurkalot), Graham Crowden (Sir Coward de Custard), Bill Fraser (Sir Braggart de Bombast), Anna Quayle (Lady Ashfodel), Eartha Kitt (Scheherazade) **L** 94 **E** 9.7.1989 RTL plus

RÜPEL. Die Geschichte eines in seiner neuen Schule isolierten Jungen. Als ein Mitschüler fahrlässig seinen Hund tötet, beginnt sich die Klasse für ihn zu interessieren. Die Mutter des Jungen ist blind, und das Tier war ein Blindenhund. Der Mitschüler gibt seinen eigenen Hund her, um den Verlust zu ersetzen. Sensibler, stimmungsvoll fotografierter Kinderfilm der ersten DEFA-Spielfilmregisseurin. – Ab 6. ✦ Schwarz-weiß. DDR 1963 **P** DEFA, Gruppe »Heinrich Greif« **KI** Progress **Pd** Dieter Dormeier **R+B** Bärbl Bergmann **K** Rolf Sohre **M** Gerhard Wohlgemuth **S** Ursula Zweig, Monika Behrendt **D** Lissy Tempelhof (Mutter von Mathias), Ilse Bastubbe (Lehrerin), Ruth Kommerell (Mutter von Heiner), Otto Stark (Ausbilder der Blindenhunde), Dieter Perlwitz (GST-Ausbilder), Karl Friedrich Schorsch (Heiner), Lutz Dieckmann (Mathias), Rolf Micklejewski (Peter), Vera Eichel (Hannelore) **L** 61 **E** 22.2.1963 Kino DDR/ 15.7.1982 DFF 1

RUPERT PATTERSON – DER SUPERHELD (RUPERT PATTERSON WANTS TO BE A SUPER HERO). Jeden Morgen verkündet ein neunjähriger Junge mit einem Megaphon den Einwohnern seiner kleinen Heimatstadt von seiner Mission, sie vor Unheil zu schützen. Die Bewohner glauben, dass er, der ganz in der Welt seiner Comic-Helden lebt, nicht ganz richtig im Kopf ist, zumal er mit seinen Hilfsaktionen immer wieder für Verwirrung sorgt. Doch dann kommt er Bankräubern auf die Schliche, die er im Alleingang ausschalten muss, da ihm niemand seine Entdeckung glaubt. Fantasievoller (Fernseh-)Kinderfilm, der spielerisch die Frage nach dem Platz im Leben stellt und das Selbstvertrauen seiner kleinen Zuschauer stärken und unterstützen möchte. – Ab 12. ✦ Kanada 1997 **Pd** Brooks Campbell, Robert L. Crawford **R** Brooks Campbell **B** Brooks Campbell, Jeff Wright **K** Carl Bartels **S** John W. Carr **D** Sean Campbell (Rupert Patterson), Melissa DiLuigi (Alley), Johnny Crawfod (Art), Jeff Wright (Sheriff Wes Patterson), Leo Ware (Chuck), Christopher Ball (Scud) **L** 74 **E** 1.5.2000 ZDF

RUSALKA (RUSALKA). Aus Liebe zu einem Prinzen nimmt eine Nixe Menschengestalt an. Als sich aber der Prinz einer kaltherzigen Fürstin zuwendet, muß Rusalka als Irrlicht in das Reich der Geister zurückkehren. Künstlerisch beeindrückende Verfilmung der gleichnamigen Oper von Dvorak. – Ab 14. ✦ CSSR 1962 **KI** Progress **R** Václav Kaslík **B** Václav Kaslík, Jan Stallich, nach der gleichnamigen Oper von Antonin Dvorák **K** Jan Stallich **D** Jana Andrsová (Rusalka), Vladimír Ráz (Prinz), Ivana Mixová (Fürstin), Josef Hlinomaz (Wassermann), Jirina Sejbalová (Hexe) **L** 109 **E** 2.8.1964 DFF 1

RUSH (RUSH). Ein muskelbepackter Einzelkämpfer rettet den Rest der durch Hunger und Seuchen stark dezimierten, in Arbeitslager verschleppten Menschheit vor barbarischen Unterdrückern. Eine wüste Endzeit-Story aus italienischen Studios: brutal, primitiv und unfreiwillig komisch. Vorbild für diese und ähnliche Apokalypse-Thriller, von denen es in den 80er Jahren nicht wenige gab, waren vor allem die erfolgreichen »Mad Max«-Filme. (TV-Titel: »Rush – Ein Mann wie ein Erdbeben«) – Wir raten ab. ✦ Italien 1983 **P** Biro **KI** Apollo/Avis **VA** Constantin **R** Anthony Richmond (= Tonino Ricci) **B** Tito Carpi **K** Giovanni Bergamini **M** Francesco De Masi **S** Vincenzo Tomassi **D** Conrad Nichols (Rush), Gordon Mitchell (Herrscher), Laura Trotter, Brigitte Pelz, Riccardo Pizzoli, Daniele Stroppa, Rita Furlan, Paolo Celli **L** 80 **FSK** ab 18; nf **E** 1983 Video/6.1.1984 Kino **fd** 24 363

RUSH II – FINAL GAME (RUSH II). In nachapokalyptischer Zeit soll ein Einzelkämpfer Uran erbeuten, findet aber nur noch die Geschichte der Zivilisation in Bildern und Video-Bändern. Ebenso schwachsinnig wie der erste »Rush«, besteht auch seine Fortsetzung hauptsächlich aus Schießereien und Schlägereien. – Wir raten ab. ✦ Italien 1984 **P** Tiber International **KI** Filmallianz/Avis **VA** VPS **R** Anthony Richmond (= Tonino Ricci) **B** Jaime Comas **K** Renato Doria **M** Francesco De Masi **D** Conrad Nichols (Rush), Werner Pochath, Victoria Vance, Stelio Candelli **L** 85 **FSK** ab 18; nf **E** 31.10.1985/12.12.1985 Video **fd** 25 328

RUSH HOUR (RUSH HOUR). Ein Elitepolizist aus Hongkong klärt in Los Angeles den Entführungsfall eines kleinen Mädchens, wobei er sich unkonventioneller Methoden bedient und sich mit einem zunächst eher hinderlichen schwarzen Kollegen zusammenraufen muß. Überdrehte Polizei- und Buddy-Komödie nach bekannten Mustern, die den Aktionsradius von Actionstar Jackie Chan einengt und seine eigenwillige Komik für ein amerikanisches Publikum genießbar macht. DVD: Die umfangreiche Special Edition beinhaltet u. a. einen Audiokommentar des Regisseurs und des Filmkomponisten sowie ein Feature mit nicht verwendeten Szenen. – Ab 16. ✦ Scope. USA 1998 **P** New Line **KI** Kinowelt **VA** Ufa/ BMG **DVD** BMG (SE, 16:9, 2.35:1, DD5.1 engl./dt.) **Pd** Roger Birnbaum, Arthur Sarkissian, Jonathan Glickman **R** Brett Ratner **B** Jim Kouf, Ross LaManna **K** Adam Greenberg **M** Lalo Schifrin **S** Mark Helfrich **D** Jackie Chan (= Cheng Long) (Inspektor Lee), Chris Tucker (James Carter), Tom Wilkinson (Thomas Griffin), Elizabeth Pena (Tania Johnson), Tzi Ma (Konsul Han), Julia Hsu (Soo Young), Ken Leung (Sang), Chris Penn (= Christopher Penn) (Clive) **L** 98 **FSK** ab 12; f **E** 25.3.1999/27.9.1999 Video/ 20.3.2000 DVD **fd** 33 604

RUSH WEEK (RUSH WEEK). Eine Jagdveranstaltung in einem amerikanischen College endet mit einem Mord an einer Studentin. Primitiver Grusel-Thriller mit eher peinlichen parodistischen Seitenhieben und spekulativen Sex-Einlagen. ✦ USA 1988 **P** Leighton & Hilpert Prod./Noble **VA** Ufa **Pd** Michael W. Leighton **R** Bob Bralver **B** Michael W. Leighton, Russell V. Manzatt **K** Jeff Mart **M** The Hamiltons **S** Jeffrey Reiner **D** Dean Hamilton (Jeff), Pamela Ludwig (Toni), Courtney Gebhart (Jonelle), Donald Grant (Byron), Gregg Allman (Cosmo) **L** 92 **FSK** ab 16 **E** 17.4.1991 Video

RUSHMORE (RUSHMORE). Ein ungewöhnlicher 15-jähriger Schüler und ein Industrieller, die anfangs Freunde sind, verlieben sich in dieselbe High-School-Lehrerin und bekriegen sich fortan heftig. Keine platte Komödie, sondern eine in jeder Beziehung leicht surreale Geschichte mit subtilen Gags, einer Portion schwarzem Humor und zarter Gesellschaftskritik. Obwohl im 60er-Jahre-Ambiente angesiedelt, ist der Film zeitlos und beeindruckt durch den Altersunterschied der Gegenspieler und die guten darstellerischen Leistungen. – Ab 14 möglich. ✦ Scope. USA 2000 **P** American Empirical/Touchstone/Walt Disney **KI** Movienet **VA** Buena Vista **Pd** Barry Mendel, Paul Schiff, John Cameron **R** Wes Anderson **B** Wes Anderson, Owen Wilson **K** Robert Yeoman **M** Mark Mothersbaugh, Pete Townsend **S** David Moritz **D** Jason Schwartzman (Max Fisher), Bill Murray (Herman Blume), Olivia Williams (Rosemary Cross), Seymour Cassel (Bert Fischer), Brian Cox (Dr. Guggenheim), Mason Gamble (Dirk Calloway), Sra Tanaka (Margaret Young) **L** 93 **FSK** ab 6; f **E** 8.3. 2001/20.9.2001 Video **fd** 34 741

RUSS MEYER'S MOTORPSYCHO →Motorpsycho ... wie wilde Hengste

RUSS MEYER'S MUDHONEY →Im Garten der Lust

DIE RUSSEN KOMMEN (1968/88). Ein junger sowjetischer Fremdarbeiter kommt in den letzten Kriegstagen durch die Mitschuld eines Hitlerjungen zu Tode. Provokativ stellt der Film einen Mitläufer als Opfer in den Mittelpunkt, stellt die Grenzen zwischen Schuld und Unschuld infrage und liefert ein eindringliches Plädoyer für Völkerfreundschaft und gegen Volksverhetzung. Formal an Vorbildern der »Nouvelle Vague« (Godard, Truffaut) orientiert, fesselt der Film durch seine eindringliche Bildsprache und seine ehrliche »Trauerarbeit« über eine verführte Jugend. – 1967/68 verboten, wurde der Film erst 1987 uraufgeführt. 1970 fertigte der Regisseur eine durch Gegenwartsszenen aus der Bundesrepublik ergänzte, politisch »saubere« Fassung namens »Karriere«, von den er sich später vehement distanzierte. – Sehenswert ab 14. ✦ Scope, schwarz-weiß. DDR 1968/88 **P** DEFA, Gruppe »Babelsberg« **KI** Unidoc **Pd** Dieter Dormeier **R** Heiner Carow **B** Claus Küchenmeister, Heiner Carow, nach der Erzählung »Die Anzeige« von Egon Richter **K** Jürgen Brauer **M** Peter Gotthardt **S** Evelyn Carow **D** Gert Krause-Melzer (Günter), Viktor Perewalow (Igor), Dorothea Meißner (Christine), Wsewolod Safonow (Golubkow), Norbert Christian (Vater Bergschicker), Karla Runkehl (Bergschicker), Hans Hardt-Hardtloff (Polizist), Rolf Ludwig (Vater Walcher) **L** 106 **E** 3.12.1987 Kino DDR/Februar 1989 Kino BRD/4.5.1990 DFF 2 **fd** 28 024

DIE RUSSEN KOMMEN (2000). Aus Gesprächen mit 30 Deutschen der älteren und mittleren Generation setzt der Film einen Bilderbogen zusammen, der das widersprüchliche Verhältnis zum russischen Volk thematisiert. So war für die Einen die Rote Armee die Befreiung, Andere sahen ihn ihr die Unterdrücker. Diese gespaltene Situation setzte sich im Kalten Krieg fort, und dass sie auch heute noch nicht der Vergangenheit angehört, belegt der Dokumentarfilm. ✦ Deutschland 2000 **R+B** Wilhelm Rösing **L** 104 **E** 4.12.2000 ZDF

DIE RUSSEN KOMMEN! DIE RUSSEN KOMMEN! (THE RUSSIANS ARE COMING, THE RUSSIANS ARE COMING). Beim Versuch, ihr vor einer nordamerikanischen Insel aufgelaufenes U-Boot wieder flottzumachen, versetzt eine russische U-Boot-Besatzung die an eine Invasion glaubenden Bevölkerung in Panik. Nach der gemeinsamen Rettung eines verunglückten Kindes löst das Chaos sich in eine menschenfreundliche Hilfsaktion für die Russen auf. Die Filmsatire auf ost-westliche Spannungen und latente Kriegsangst bemüht sich teilweise mit einer allzu herzigen Naivität um den Abbau beidseitiger Feindbilder. Hervorragend gespielt. – Ab 14. ✦ Scope. USA 1965 **P** The Mirisch Company **KI** United Artists **Pd+R** Norman Jewison **B** William Rose, nach einem Roman von Nathaniel Benchley **K** Joseph Biroc **M** Johnny Mandel **S** Hal Ashby, J. Terry Williams **D** Alan Arkin (Rozanow), Carl Reiner (Walt Whittaker), Eva Marie Saint (Elspeth Whittaker), Brian Keith (Link Mattocks), Theodore Bikel (russischer Kapitän), Jonathan Winters (Norman Jones) **L** 125 **FSK** ab 6; nf **E** 29.9.1966 **fd** 14 310

RUSSIAN LULLABY (RUSSIAN LULLABY). Film aus einer Dokumentationsreihe über die russische Gesellschaft. Der japanische Regisseur Ohbayashi bat drei Familien, ihr Alltagsleben auf Video festzuhalten, und montierte daraus eine Art Collage, die eine Kluft zwischen Jung und Alt ebenso dokumentiert wie einen Gegegnsatz von Stadt und Land. (O.o.U.; Titel der übrigen Teile: »Alice in Russialand«, »Bells from the Deep«, »Les Enfants jouent à la Russie«, »The Nose«) ✦ Russland/Japan 1993 **P** Cecco Films **Pd** Alessandro Cecconi, Ira Barmak **R+B** Nobuhiko Ohbayashi **L** 60 **E** 28.8.1995

RUSSIAN MAFIA →Lebenslinien – Schicksal auf Russisch

RUSSICUM (RUSSICUM – I GIORNI DEL DIAVOLO). Ein Angehöriger des amerikanischen Konsulats in Rom wird in eine verzwickte Agentengeschichte verwickelt, in der CIA, KGB und einige andere zwielichtige Organisationen den Besuch des Papstes in Moskau hintertreiben bzw. fördern wollen. Dank dem Jesuitengeneral kann der Heilige Vater seine Mission antreten. Verworrener, in sich unstimmiger Spionagethriller, dessen Hauptüberraschung sein kirchliches Umfeld ist. Weitgehend unverständlich und langweilig. (TV-Titel: »Die Vatikan-Verschwörung«, »Russicum – Die Vatikan-Verschwörung«) – Ab 16 möglich. ✦ Scope. Italien 1988 **P** Cecchi Gori Group/Tiger Cinematografica/RAI Due **KI** Columbia TriStar **VA** RCA/Columbia **R** Pasquale Squitieri **B** Mario Cecchi Gori, Robert Balchus, Pasquale Squitieri, nach dem Roman »I marfedi del diavolo« von Enzo Russo. **K** Giuseppe Tinelli **M** Renato Serio, Vangelis (= Vangelis Papathanassiou) **S** Mauro Bonanni **D** Treat Williams (Mark Hendrix), F. Murray Abraham (Pater Carafa), Danny Aiello (George Sherman), Rita Rusic (Alexandra), Rossano Brazzi (Marini), Luigi Montini (Mario Preti), Robert Balchus (Michael Wessling), Nigel Court (Pater Hanema), Leopoldo Mastelloni (Pater Isidoro) **L** 112 **FSK** ab 12; **f E** 4.1.1990/9.10.1990 Video **fd** 28 098

RUSSICUM – DIE VATIKAN-VERSCHWÖRUNG →Russicum

DIE RUSSISCHE FRAGE (RUSSKIJ WOPROS). Verfilmung eines Theaterstücks über das Schicksal eines amerikanischen Journalisten, der für die Freundschaft zur Sowjetunion eintritt. – Ab 14. ✦ UdSSR 1948 **P** Mosfilm **KI** Progress **R** Michail Romm **B** Michail Romm, nach dem gleichnamigen Bühnenstück von Konstantin Simonow **K** Boris Woltschek **M** Aram Chatschaturjan **D** Wsewolod Aksenow (Smith), Jelena Kusmina (Jessy), Michail Astangow (MacPherson), Boris Tenin (Murphy), M. Barabanowa (Mag Stanley) **L** 94 **E** 15.5.1948

DIE RUSSISCHE HOCHZEIT (LA NOCE / SWADBA). Die Hochzeitsfeier in einem russischen Dorf wird als Mikrokosmos von Verlierern der Perestroika gezeichnet. Die Braut war einst eine Mafia-Geliebte, der Bräutigam wirkt wie ein Dorftrottel, und die dem Wodka zusprechenden Dorbewohner haben gelernt, mit der Staatsgewalt in Form der Polizei zu leben und zu improvisieren, wenn gerade wieder kein Geld da ist. Stellenweise amüsante Komödie, die aber zu oft ins Pittoreske und Märchenhaft-Chaotische abgleitet, um als zeitgenössisches Sozialporträt wirklich zu überzeugen. – Ab 14 möglich. ✦ Frankreich/Russland/Deutschland 2000 **P** CDP/Lichtblick Film- und Fernsehproduktion/WDR/Arte France Cinéma/Arte **KI** Ventura **Pd** Catherine Dussart **R** Pawel Lungin **B** Pawel Lungin, Alexander Galin **K** Alexander Burow **M** Wladimir Chekassin **S** Sophie Brunet **D** Marat Bascharow (Mischa), Maria Mironowa (Tanja), Andrej Panin (Garkuscha), Alexander Galin (Borsow), Wladimir Simonow (Borodin), Maria Golubkina (Sveta), Natalja Kaljakanowa (Rimma) **L** 113 **FSK** ab 12; **f E** 17.5.2001 **fd** 34 841

DIE RUSSISCHE SYMPHONIE (RUSSKAJA SIMFONIJA). Eine in surrealen Bildern und einer ironischkritischen Bildsprache inszenierte apokalyptische Katastrophe, die den Zustand der russischen Gesellschaft in der Nach-Perestroika-Zeit umschreibt, bei dem alle überkommenen kulturellen Deutungsversuche versagen. »Die bedrängende Kraft des endzeitlichen Geschehens stellt radikal die Frage nach Gott.« (Preis der Ökumenischen Jury in Berlin 1995; Text nach der Jury-Begründung; O.m.d.U.; Fernsehtitel: »Apokalyptische Träume – Eine russische Symphonie«) ✦ Russland/Frankreich/Deutschland 1994 **P** Lenfilm/2 P & Co. Studio/Orient Express/Interfilm/ZDF **KI** Freunde der Deutschen Kinemathek **Pd** Alexander Golutwa, Raissa Proskurjakowa **R+B** Konstantin Lopuschanski **K** Nikolai Pokopzew **M** Andrej Sigle **D** Viktor Michailow, Alexander Iljin **L** 135 **E** 1995 Kino/10.6.1996 arte

DAS RUSSISCHE WUNDER. Der Dokumentarfilm versuchte 1963 eine Bilanz der voran gegangenen 70 Jahre der russischen Geschichte. Da der Film vom Satz Lenins ausgeht, die UdSSR werde die kapitalistischen USA »ein- und überholen«, hat er all seine Materialien so ausgewählt, dass der unaufhaltsame Aufstieg der Heimstatt des Sozialismus überdeutlich wird. Diese Überformung erreicht der Film durch seine symphonische Struktur, aus der Widersprüche, Gegensätze und Zweifel systematisch getilgt sind. Bei aller Eleganz, mit der die Filmemacher in historische Dokumente von allgemein politischer Bedeutung hineingehen, sie fantasievoll mit möglichen Geschichten individueller Personen anreichern, um dann wieder in die Allgemeingeschichte zu wechseln, eine ermüdende Feier des Leninismus. ✦ Schwarz-weiß. DDR 1963 **P** DEFA **KI** Unidoc **Pd** Jochen Lange, Wassili Saizew **R** Andrew Thorndike, Annelie Thorndike **B** Annelie Thorndike, Andrew Thorndike, Joachim Hadaschik, Klaus Alde, Manfred Krause, Richard Cohn-Vossen **K** Sergej Kisseljow, Wolfgang Randel, Wladimir Kopalin, Peter Süring, Alexander Kotschetkow **M** Paul Dessau **S** Christa Bramann, Renate Cohn-Vossen **L** 118

RUSSISCHER SOMMER (UN UOMO / ONE RUSSIAN SUMMER). Ein junger Mann provoziert im Rußland der Zarenzeit gegen einen Gutsherren einen Bauernaufstand, der in einem Blutbad endet, und rächt dadurch die Ermordung seiner Eltern. Triviales Drama, dessen schwache sozialkritische Ansätze in Sentimentalität und brutaler Action untergehen. ✦ Scope. Italien/Großbritannien 1972 **P** Da. Ma./Lowndes **KI** Fox-MGM **R** Antonio Calenda **B** Ugo Pirro, Edward Bond, Antonio Calenda, nach einem Roman von Michail Lermontow **K** Alfio Contini **M** Riz Ortolani **D** Oliver Reed, John McEnery, Carole André, Ray Lovelock, Claudia Cardinale **L** 101 **FSK** ab 16; nf **E** 8.6.1973 **fd** 18 347

RUSSISCHES DREIECK (BONHEUR, IMPAIR ET PASSE). Liebe und Leiden gegen Ende des 19. Jahrhunderts auf einem Landsitz in Rußland: Da ein junger Grafensohn aus übertriebener Eifersucht jeden Mann, der sich seiner Frau nähert, zum Duell fordert, will ein lebensmüder Fürst dies für seinen Freitod ausnutzen. Verfilmung eines Theaterstücks von Françoise Sagan, die hinter der kolportagehaften Kostümgeschichte Lebensgefühle moderner Menschen, Schmerzen, Leere und Übersättigung verdeutlichen will. ✦ Frankreich 1977 **R** Roger Vadim **B** nach einem Theaterstück von Françoise Sagan **K** Michel Carré **D** Danielle Darrieux (Gräfin), Ludmila Mikael (Angora), Philippe Léotard (Igor), François Marthouret (Wladimir), Jean-François Balmer (Ladislav), Roger Desmares (Katov) **L** 110 (TV) **E** 18.10. 1983 ZDF

RUSSISCHES FELD (RUSSKOE POLE). Nach zwanzig Jahren Ehe wird eine Frau von ihrem Mann verlassen. Der Sohn und ihre Freunde helfen ihr, über den Schicksalsschlag hinwegzukommen. ✦ Scope. UdSSR 1971 **P** Mosfilm **R** Nikolai Moskalenko **B** Michail Alexejew **K** Juri Gantman **M** Alexander Fsjarkowski **D** Nonna Mordjukowa, Leonid Markow, Wladimir Tichonow, Inna Makarowa, Ljubow Malinowskaja **L** 88 **E** 26.10.1972 DFF 2

RUSSISCHES ROULETT (RUSSIAN ROULETTE). Ein suspendierter Polizeisergeant verhindert in letzter Minute die Ermordung des sowjetischen Staatspräsidenten durch KGB-Verschwörer während eines Staatsbesuches in Kanada. Der verworrene und spannungsarme Polit-Thriller bleibt qualitativ weit hinter den Vorbildern zurück, die er kopieren will. – Ab 16. ✦ Großbritannien 1975 **P** Bulldog **KI** Cinerama **R** Lou Lombardo **B** Tom Ardies, Stanley Mann, Arnold Margolin, nach einem Roman von Tom Ardies **K** Brian West **M** Michael J. Lewis **D** George Segal, Christina Raines, Denholm Elliott, Bo Brundin, Louise Fletcher **L** 90 **FSK** ab 16; **f E** 24.9.1976 **fd** 19 992

RUSSKIES (RUSSKIES). Vier amerikanische Jugendliche verstecken einen gestrandeten russischen Seemann vor den Militärs des eigenen Landes und machen ihn mit amerikanischer Lebensart und Konsumhaltung vertraut. Routinierte Komödie um Völkerverständigung auf amerikanisch, mit der offensichtlich das »Rambo«-Klischee Hollywoods relativiert werden sollte. – Ab 14 möglich. ✦ USA 1987 **P** New Century/Vista Film **KI** Highlight **VA** New Vision **Pd** Mark Levinson, Scott M. Rosenfelt **R** Rick Rosenthal **B** Alan Jay Glueckman, Sheldon Lettich, Michael Nankin **K** Reed Smoot **M** James Newton Howard **S** Anthony Gibbs **D** Whip Hubley (Mischa), Leaf Phoenix (= Joaquin Phoenix) (Danny), Peter Billingsley (Adam), Stefan De Salle (Jason), Susan Walters (Diane) **L** 98 **FSK** ab 6; **f E** 16.6.1988/Dezember 1988 Video/18.6.1992 RTL plus

DIE RUSSLAND-AFFÄRE (DEN RUSSISKE SANGERINDE). In Moskau werden eine dänische Diplomatin und eine Prostituierte tot aufgefunden. Während die russischen Behörden das Geschehen als Mord mit anschließendem Selbstmord der dänischen Täterin deuten, kommt ein nachforschender Kollege der Diplomatin zu anderen Ergebnissen. Ein Kriminalfilm, der sich weitgehend geschickt die verworrene politische Lage im gegenwärtigen Rußland zunutze macht. Dabei mangelt es ihm jedoch an Vielschichtigkeit und einer überzeugenden Einbeziehung der komplexen Machtverhältnisse in die Genregeschichte, so daß letztlich nur die Charaktere die Handlung tragen. (Fernsehtitel: »Die Rußlandaffäre«) – Ab 16. ✦ Dänemark/Russland/Schweden 1993 **P** Nordisk Film/Starlight Svensk Filmindustri **VA** VMP **Pd** Erik Grone **R** Morten Arnfred **B** William Aldridge, Morten Arnfred, Leif Davidson, nach einem Roman von Leif Davidson **K** Alexander Gruszynski **M** Ole Arnfred **S** Lizzi Weischenfeldt **D** Ole Lemmeke (Jack Anderson), Eleana Butenko (Lili), Wsewolod Larionow (Gawrilin), Igor Wolkow, Igor Wasulowich **L** 92 **FSK** ab 16 **E** 27.6.1995 Video/18.7.1996 premiere **fd** 31 436

DAS RUSSLAND-HAUS (THE RUSSIA HOUSE). Im Auftrag des britischen Geheimdienstes versucht ein englischer Verleger herauszufinden, warum ein angesehener russischer Physiker sein Wissen über den sowjetischen Rüstungsstand im Westen veröffentlichen will. Dabei gerät er in einen Konflikt zwischen seinem politischen Auftrag und der Zuneigung zu einer Freundin des russischen Wissenschaftlers. Ungewöhnlicher Spionagefilm nach einem Roman von John Le Carré, dessen intelligente und witzige Dialoge die Basis für eine geschickte Verknüpfung von intellektuell vergnüglicher Polit-Story und behutsam akzentuiertem Melodram abgeben. – Sehenswert ab 16. ✦ Scope. USA 1990 **P** Pathé **KI** Senator **VA** Cannon/VMP **Pd** Fred Schepisi, Paul Maslansky **R** Fred Schepisi **B** Tom Stoppard, nach dem Roman von John Le Carré **K** Ian Baker **M** Jerry Goldsmith **S** Peter Honess **D** Sean Connery (Barley Blair), Michelle Pfeiffer (Katya), Klaus Maria Brandauer (Dante), Roy Scheider (Russell Sheriton), James Fox (Ned), John Mahoney (Brady), Ken Russell (Walter), J.T. Walsh (Quinn), Michael Kitchen (Clive) **L** 123 **FSK** ab 12; f **FBW** w **E** 14.3.1991/11.9.1991 Video/19.3.1994 RTL **fd** 28 793

RUSSLANDS WUNDERKINDER. Vier junge Pianisten, Schüler eines berühmten, 1932 gegründeten Moskauer Konservatoriums, werden bei Proben und Prüfungen, Auftritten und Gastspielreisen begleitet. Dabei beleuchtet der Film auch die Lebensbedingungen der oft nicht wohlhabenden Familien und setzt jenen Lehrern ein Denkmal, die mit viel Idealismus ganz für die Musik und ihre Schützlinge zu leben bereit sind. Impressionistische Studie, die sich dem musischen Hochleistungstraining weitgehend unvoreingenommen nähert, auf Gefährdungen aufmerksam macht und im Finale die aktuelle russische Politik angreift, die den kulturellen Verfall des Landes nicht aufhält und selbst die letzten Inseln der Kunst noch gefährdet. (O.m.d.U.) – Ab 14. ✦ Deutschland 2000 **P** Lichtfilm/arte/WDR **KI** Real Fiction **Pd** Wolfgang Bergmann **R+B** Irene Langemann **K** Sergej Astachow, Valeri Rewitsch **S** Kawe Vakil **L** 98 **E** 19.10.2000 **fd** 34 492

RUST NEVER SLEEPS (RUST NEVER SLEEPS). Dokumentation eines Konzertauftritts des Rockmusikers Neil Young und seiner Gruppe »Crazy Horse«. Obwohl von der Tonqualität her nicht ganz zufriedenstellend, ein außergewöhnlicher Film für Freunde der Gattung, der ganz von der Qualität der Musik und der Spielfreude der Musiker lebt. – Sehenswert ab 16. ✦ USA 1979 **P** Shakey Pictures **KI** Arsenal/Impuls **Pd+R+B** Bernhard Shakey **K** Paul Goldsmith **M** Neil Young & Crazy Horse, Crazy Horse **D** Neil Young, Frank Sampedro, Ralph Molina, Billy Talbot **L** 103 **E** 25.8.1980 **fd** 22 589

DIE RUSTAM-LEGENDE. Der tapfere Recke Rustam hat im Dienst des Schahs von Persien viele Kämpfe und Abenteuer zu bestehen – so besiegt er einen bösen Zauberer und besteht den Zweikampf mit einem jungen feindlichen Feldherren. Nachdem er zu spät erkannt hat, daß er seinen eigenen Sohn getötet hat, beschwört er die feindlichen Heere, Frieden zu schließen. Abenteuerfilm in drei Teilen: 1. »Der Überfall auf Masandaran«, 2. »Auf der Suche nach Tachmina«, 3. »Die Schlacht im Tal der weißen Tulpen«. (Teil 3 lief auch im DDR-Kino.) ✦ **P** Tadshikfilm **R** Boris Kimjagarow **B** nach Motiven des iranischen Nationalepos »Schahname« von Ferdousi **L** 231 (drei Teile) **E** 25./26./27.12.1974 DFF 2

RUSTY – DER TAPFERE HELD (RUSTY: A DOG'S TALE). Familienfilm um einen Mischlingshund, der mit seinen tierischen Gefährten für Aufregung auf einem Bauernhof sorgt und eine Reihe von spannenden Abenteuern erlebt. Nicht unbedingt originelle Unterhaltung die sprechende Tier à la »Schweinchen Babe« in den Mittelpunkt stellt. ✦ USA 1997 **P** Saban Entertainment **VA** Fox Home **Pd** Shuki Levy, Haim Saban **R** Shuki Levy **B** Shell Danielson, Shuki Levy **K** Frank Byers **M** Inon Zur **S** Priscilla Nedd-Friendly (= Priscilla Nedd) **D** Hal Holbrook (Boyd Callahan), Rue McClanahan (Edna Calahan), Laraine Newman (Bertha Bimini), Charles Fleischer (Bart Bimini), Blake Foster (Jory) **L** 89 **E** 21.4.2000 Premiere World/8.7.1999 Video

RUTH → Blutiger Schnee (1983)

RUY BLAS – DER GELIEBTE DER KÖNIGIN (RUY BLAS). Der Polizeiminister am spanischen Hof engagiert gegen Ende des 17. Jahrhunderts den Studenten Ruy Blas wegen seiner Ähnlichkeit mit seinem rebellierenden Sohn und bringt ihn in die Nähe der Königin, die sich sofort in ihn verliebt und ihn zum Premierminister ernennt – was den Polizeiminister zu einer perfiden Intrige veranlaßt. Victor Hugos düster-romantisches Drama als wilder Kostüm-Schmachtfetzen mit desorientierten Darstellern. (DDR-Titel: »Der Geliebte einer Königin«) ✦ Schwarz-weiß. Frankreich 1946 **P** André Paulvé **KI** Ring/Hamburg **R** Pierre Billon **B** Jean Cocteau, nach einem Roman von Victor Hugo **K** Michel Kelber **M** Georges Auric **S** Maurice Serein **D** Jean Marais, Danielle Darrieux, Marcel Herrand, Gilles Quéant, Gabrielle Dorziat **L** 97 **FSK** ab 16; nf **E** 1948 Kino/1954 Kino DDR **fd** 335

RUZO (RUZO). Der Film erzählt die Geschichte des hochdotierten Malers Rutz (»Ruzo«) in Form einer leidenschaftlich dargestellten Selbstbiografie. Angefangen als erfolgreicher Plakatmaler, ist er es bald leid, sein Schaffen auf eine konsumierende Gesellschaft auszurichten. Er will sich nicht mehr selbst verleugnen und sucht in seinem nun gänzlich auf sein Fühlen abgestimmten Schaffen nach dem Unbekannten, das vielleicht den Sinn des Lebens ausmachen könnte. ✦ Schweiz 1972 **P** Marwed Film **R** Marc Michel, Victor Rutz **B** Victor Rutz **K** Marc Michel **M** Talal Droubi **S** Claude Kuonen **L** 94 **E** Schweiz

RY COODER & THE MOULA BANDA RHYTHM ACES: »LET'S HAVE A BALL« (RY COODER & THE MOULA BANDA RHYTHM ACES: »LET'S HAVE A BALL«). Ein schnörkelloser, ohne filmische Ambitionen und Extravaganzen in dokumentarisch nüchternem Stil aufgenommener Konzertfilm eines Auftritts von Stargitarrist Ry Cooder und zahlreichen Jazz- und Rockgrößen im Frühjahr 1987 im kalifornischen Santa Cruz. Ohne Hintergrundinformationen oder Interviews präsentiert der Film eine Band, die sich mit traumwandlerischer Sicherheit in verschiedenen Stilen – Blues, Gospel, Rock oder karibische Musik – bewegt. (Originalfassung) – Ab 14. ✦ USA 1988 **P** Warner Bros./Flower/Sooland **KI** Theaterfilm **R+B** Les Blank **K** Les Blank, John Knoop, Stephen Lighthill **M** Ry Cooder **S** Maureen Gosling **L** 90 **E** 20.4.1989 **fd** 28 173

RYA RYA – NUR EINE MUTTER (BARA EN MOR). Die Geschichte einer schwedischen Landarbeiterin, deren natürliche Lebensfreude die Mißgunst ihrer Umgebung erregt, die aber trotz aller Schwierigkeiten und Enttäuschungen ihren Weg geht. Ein faszinierendes Frauenporträt vor dem Hintergrund naturalistisch-düsterer Milieubilder aus dem Schweden der Jahrhundertwende. Neben der herausragenden Kameraarbeit fesselt vor allem das Spiel der Hauptdarstellerin. ✦ Schwarz-weiß. Schweden 1949 **P** AB Svensk **KI** Panorama **Pd** Helge Hagerman **R** Alf Sjöberg **B** Ivar Lo-Johansson **K** Martin Bodin **M** Dag Wirén **D** Eva Dahlbeck, Ragnar Falck, Ulf Palme, Åke Fridell, Max von Sydow **L** 95 **FSK** ab 16; f **E** 14.9.1951 **fd** 1 381

RYANS TOCHTER (RYAN'S DAUGHTER). Die Liebe zwischen einer irischen Lehrersfrau und einem jungen englischen Offizier. Ein monumentales Melodram vor dem Hintergrund des irischen Freiheitskampfes im Jahre 1916, mit dem David Lean an die breite Epik – und an den Erfolg – von »Doktor Schiwago« anzuknüpfen versuchte. Großartige Landschaftsaufnahmen und die handwerkliche Souveränität des Regisseurs verdecken nicht immer die trivialen Züge der Story. – Ab 16. ✦ Scope. Großbritannien 1969/70 **P** Faraway **KI** MGM **Pd** Anthony Havelock-Allan **R** David Lean **B** Robert Bolt **K** Freddie Young **M** Maurice Jarre **S** Norman Savage **D** Sarah Miles (Rosy Ryan), Robert Mitchum (Charles Shaughnessy), Trevor Howard (Pater Collins), Christopher Jones (Randolph Doryan), John Mills (Michael), Leo McKern (Tomy Ryan), Barry Foster (Tim O'Leary), Archie O'Sullivan (McCardie) **L** 207 **FSK** ab 16; f **FBW** w **E** 17.12.1970 **fd** 17 144

RYDER (STREET ASYLUM). Ein Bürgermeisterschaftskandidat, der sich in seinen Reden vehement für Gesetz und Recht und gegen die um sich greifenden Verbrechen in den nächtlichen Straßen Amerikas einsetzt, erliegt selbst dem Faszinosum des Bösen und wird von einem Polizei-Detektiv überführt. Gewalttätiges Spektakel, das Elemente des Polizeifilms mit Science-Fiction-Zutaten verbindet; der Film gibt sich kritisch und ist doch verlogen: es geht ihm allein um die Darstellung exzessiver Gewalt. – Wir raten ab. ✦ USA 1989 **P** Metropolis/Hit **VA** Highlight **Pd** Walter Gernert **R** Gregory Brown **B** Gregory Brown, John Powers **K** Paul Desatoff **M** Leonard Marcel **S** Kert van der Meulen **D** Wings Hauser (Ryder), Alex Cord (Quinton), G. Gordon Liddy (Miller), Roberta Vasquez (Kristen), Sy Richardson (Joker) **L** 85 **FSK** ab 18 **E** 12.02.1992 Video **fd** 29 468

RYHINER'S BUSINESS (RYHINER'S BUSINESS). Der Dokumentarfilmer Klaus Wildbolz folgt den Spuren des Basler Tierfängers Peter Ryhiner In Afrika, Asien und Amerika, der in den 50er-Jahren die Vision hatte, vom Aussterben bedrohten Tierarten in den Zoos der Ersten Welt das Überleben zu sichern. Der Film beschreibt ein wildbewegtes Leben und den Glanz und Niedergang eines einträglichen Gewerbes, wahrt jedoch kaum kritische Distanz zur porträtierten Person, sondern erliegt ihren ebenso trügerischen wie abenteuerlichen Glamour. ✦ Schweiz 1998 **P** Studio Ludiano/SF DRS/TSI/Teleclub **R+B** Mike Wildbolz **K** Thomas Hardmeier **M** Ivo Antognini **S** Marianne Quarti **L** 89 **E** 29.7.2001 3sat

S

S.A.M. – REISE DURCH DIE ZEIT (TOP KIDS). Vier computerbegeisterte Jungen wollen mit einem neuen Spiel den Markt erobern und kidnappen »S.A.M.«, den modernsten Computer der Welt. Einer der Jungen wird in das Computerhirn einprogrammiert und startet so zu einer Zeitreise. Eine unterhaltsame filmische Geschichtslektion, die mit Tempo und Begeisterung für allerlei computergrafische Mätzchen inszeniert wurde, aber spürbar am krampfhaften Bemühen um eine flotte Aufbereitung des eher trockenen Themas leidet. – Ab 12. ✦ Norwegen/USA 1986/88 **P** Jubileumsproduksjon/TV One **VA** Highlight **Pd+R** Michael Pfleghar **B** Jean-Paul Ouellette, Mark Princi **K** Bob Hankins, Peter Rohe **M** Sylvester Levay, Vincenzo Tempera **D** Ross Harris (Eric), Scott Nemes (Andy), Anthony Ko, Niki Lauda **L** 79 **FSK** ab 6 **E** 28.8.1991 Video **fd** 29 419

S.A.S. MALKO – IM AUFTRAG DES PENTAGON (S.A.S. A SAN SALVADOR). Ein Superagent, der in Österreich ein luxuriöses Schloß unterhält, schaltet im Auftrag des CIA in San Domingo einen skrupellosen Verbrecher aus. Verfilmung eines trivialen Agentenromans; formal und inhaltlich gleichermaßen armselig. – Ab 16 möglich. ✦ BR Deutschland/Frankreich 1982 **P** Eléphant/UGC Top 1/Malko Films/CCC Filmkunst **Kl** Ascot **VA** atlas **Pd** Raymond Danon, Gérard de Villiers, Artur Brauner **R** Raoul Coutard **B** Gérard de Villiers, nach seinem Roman »Terreur à San Salvador« **K** Georges Liron **M** Michel Magne **S** Hélène Plemiannikov **D** Miles O'Keefe (SAS Malko Linge), Raimund Harmstorf (Enrique Chacon), Anton Diffring (Reynolds), Catherine Jarrett (Rosa), Dagmar Lassander (Maria Luisa) **L** 85 **FSK** ab 16; nf **E** 25.2.1983 **fd** 23 892

S.E.A.L.S. (THE FINEST HOUR). Zwei in der Navy zu Kampftauchern ausgebildete Soldaten lieben dieselbe Frau. Als einer der beiden im Golfkrieg sein Leben läßt, erlischt auch das Verlangen des anderen nach der Frau. Eine ebenso simpel wie verräterisch gestrickte Geschichte um Männerfreundschaft, die auch den Tod überdauert, hochstilisiert zum Hohen Lied auf militärische Tapferkeit. ✦ USA/Israel 1991 **P** 21st Century Film Corporation/Golan Prod. **VA** VPS **Pd** Menahem Golan **R** Shimon Dotan **B** Shimon Dotan, Stuart Shoffman **K** Avi Karpick (= Avraham Karpick) **M** Walter Rothe **S** Netaya Anbar, Bob Ducsay **D** Rob Lowe (Hammer), Gale Hansen (Dean), Tracy Griffith (Barbara), Eb Lottimer (Bosco), Gilya Stern (Diane) **L** 101 **FSK** ab 18 **E** 17.9.1992 Video **fd** 29 893

S.F.W. – SO FUCKING WHAT (S.F.W.). Nachdem er eine 36tägige Geiselnahme durch seine schnoddrigen Sprüche überlebt hat, wird ein 20jähriger über Nacht zum nationalen Helden, von dem alle profitieren wollen: die Medien, die Pop-Industrie, Eltern und Anwälte. Während er von FBI wegen »nihilistischer Umtriebe« zum öffentlichen Feind erklärt wird, verehrt ihn die Masse sozialer Verlierer als Idol. Um sich der allgemeinen öffentlichen Vereinnahmung zu entziehen, geht der junge Mann ein zweites Mal in die Offensive. Eine bittere Satire auf eine aus den Fugen gehende Gesellschaft ohne Werte, effektvoll und detailreich inszeniert, in der Hauptrolle überzeugend gespielt. ✦ USA 1994 **P** A & M Film/Propaganda Films **VA** VCL **Pd** Dale Pollock **R** Jefery Levy **B** Danny Rubin, Jefery Levy **K** Peter Deming **M** Graeme Revell **S** Lauren Zuckerman **D** Stephen Dorff (Cliff Spab), Reese Witherspoon (Wendy Mister), Jake Busey (Morrow Streeter), Joey Lauren Adams (Monica Dice), Pamela Didley (Janet Streeter) **L** 91 (gek. 81) **FSK** ab 16 (gek. ab 12) **E** 18.6.1996 Video **fd** 32 083

'S GOHT DAGEGA. Dokumentarfilm über die schwäbisch-alemannische Fastnacht mit eingefügten Spielfilmteilen. ✦ BR Deutschland 1980 **P** Cine Kreis **Kl** Cine Kreis **R** Michael Mackenroth **B+K** Michael Steinke **M** Peter Schirmann **L** 81 **FSK** ab 6; f **E** 14.2.1982

S.H.E. (S.H.E.). Skrupellose Gangster bedrohen mit neuartigen Mikroben die Erdölvorräte der Welt. Eine amerikanische Superagentin hebt die Bande aus. Wohl als Parodie auf James Bond gedacht, aber nur mit mäßigem Witz ausgestattet, bietet der Film anspruchslose Unterhaltung. (Neuer Fernsehtitel: »Ein superharter Engel«) – Ab 16. ✦ USA 1979 **P** A.E.C. **Kl** Chronos **R** Robert Lewis (= Robert Michael Lewis) **B** Richard Maibaum **K** Jules Brenner, Ron Vargas, Claudio Cirillo **M** Michael Kamen **D** Omar Sharif (Cesare Magnasco), Cornelia Sharpe (Lavinia Kean), Robert Lansing (Otis Hunt), Anita Ekberg (Elsa), Fabio Testi (Caserta) **L** 90 **FSK** ab 12; f **E** 5.6.1980 **fd** 22 498

S.L.C. PUNK! →Punk!

'S MARGRITLI UND D'SOLDATE – ERNSTES UND HEITERES AUS DER GRENZBESETZUNG 1940 ('S MARGRITLI UND D'SOLDATE / MARGUERITE ET LES SOLDATES). September 1939 in Estavayer: Eine Flugabwehr-Batterie der Schweizer Miliz bezieht Stellung in der Nähe eines an der Grenze gelegenen Hotels. Die Tochter des Hauses wird von allen Soldaten verehrt. Bei einem nächtlichen Luftkampf, in dessen Verlauf ein »ausländisches« Flugzeug abgeschossen wird, kommt ein Kamerad ums Leben. Nur das Mädchen kann die überforderten Soldaten trösten; erst ein Notfall bei einem Unwetter schweißt sie zusammen. Ein Modellfall von verlogenem Militärkitsch, als Mischung aus Musik- und patriotischem Heimatfilm ohne logische Verknüpfungen schlecht inszeniert. – Ab 16 möglich. ✦ Schwarz-weiß. Schweiz 1940/41 **P** Autropa **Kl** Neue Interna **Pd** Oskar Friedrich Alfred Bally **R** August Kern **B** August Kern, Arnold Hans Schwengeler, Oskar Friedrich Alfred Bally, Richard C. Schmidt **K** Gérard Perrin, Adrien Porchet **M** Jack Trommer, Buddy Bertinat, Teddy Staufer **S** August Kern **D** Lillian Herman (Marguerite Monnier), Robert Trösch (Ernst Burri, BE), Fred Lucca (Nöldi Buser, BS), Stephan Bloetzer (Tonio Bossi, TI), André Louis Béart (Jules Burdet, VD), Arnold Müdespacher (Honegger, ZH) **L** 105 (TV 98) **E** Schweiz

S.O.B. – HOLLYWOODS LETZTER HEULER →Hollywoods letzter Heuler – S.O.B.

S.O.S. BARRACUDA – DER HAI VON MALLORCA. Eine Sondereinheit der deutschen Polizei muss sich auf Mallorca mit drei toten Touristen beschäftigen und kommt einem Antiquitätenhändler auf die Spur, der groß ins Drogengeschäft eingestiegen ist. Während der Ermittlungen kommt es unter den Fahndern zu Zerwürfnissen, da der jüngste von ihnen sich in die Tochter des Hauptverdächtigen verliebt. Fernsehkrimi von der Stange, der die beliebte Urlaubsinsel als pittoresken Hintergrund nutzt. ✦ Deutschland 2000 **P** RTL **Pd** Walter Poettgen, Charly Schaper **R** Holger Barthel **B** Michaela Rudolph **D** Nick Wilder (Jan Fehrmann), Oliver Bootz (Marc Hinrichs), Sandra Keller (Tina Schönborn), Nadja Abd el Farrag (Eva Stein), Peter Gavajda (Gabriel Crespo) **L** 93 **E** 27.3.2001 RTL

S.O.S. BERMUDA DREIECK →SOS-SOS-SOS Bermuda-Dreieck

S.O.S. – DER KÄPT'N SPINNT (PASQUALE CAMMARATA CAPITANO DI FREGATA). Dümmlicher Militärschwank um einen tolpatschigen Schreibtischgeneral, der durch einen fehlerhaften Computer zum Schiffskommandanten befördert wird. – Ab 16. ✦

Scope. Italien/Spanien 1974 **P** Colosseo Artistica/Hesperia **KI** Constantin **R** Mario Amendola **K** Francisco Marin **M** Renato Serio **S** Daniele Alabiso **D** Aldo Giuffrè (Pasqualino), Agata Flory (Dolores), Ninetto Davoli (Otello), Tano Cimarosa (Kapitän Patano), Agata Lys (Novella) **L** 79 **FSK** ab 12; nf **E** 21.2. 1975 **fd** 19 199

S.O.S. TITANIC (S.O.S. TITANIC). Der Untergang des als unsinkbar geltenden britischen Luxus-Passagierschiffes »Titanic« im Jahr 1912 wird mit den obligaten Problemen einiger Passagiere verquickt. In der Schilderung der Unglücksfahrt zurückhaltender Katastrophenfilm, der durch glaubhafte Figuren, gepflegte Dekors und eine professionell geführte (wenn auch etwas sterile) Kamera zu unterhalten vermag. Der ursprünglich fürs Fernsehen produzierte Film kam in einer um 40 Minuten gekürzten Fassung in einigen Ländern auch in die Kinos. – Ab 14. ✦ Großbritannien/USA 1979 **P** Argonaut/Roger Gimpel Prod./ABC/EMI **R** Billy Hale **B** James Costigan **K** Christopher Challis **M** Howard Blake **D** David Janssen, Cloris Leachman, Susan Saint James, David Warner, Ian Holm **L** 140 (TV 97) **E** 23.9.1989 RTL plus

S.O.S. – WEIHNACHTEN IN GEFAHR →Der Junge, der Weihnachten rettete!

S.P.Y.S. (S.P.Y.S.). Zwei von gegnerischen Geheimdiensten und vom CIA gejagte amerikanische Agenten schlüpfen durch alle Maschen – und mit viel Geld in die Freiheit. Die Agentenfilmparodie trägt zu dick auf und bleibt weitgehend schwunglos. (Fernsehtitel: »Das Chaos Duo«) – Ab 16. ✦ Großbritannien 1974 **P** Dymphana/Chartoff-Winkler/American Film Properties **KI** Gloria **R** Irvin Kershner **B** Malcolm Marmorstein, Lawrence J. Cohen, Fred Freeman **K** Gerry Fisher **D** Elliott Gould (Douglas Griffin), Donald Sutherland (Eric Brulard), Zouzou (Sybil), Joss Ackland (Martinson) **L** 104 **FSK** ab 16; nf **E** 17.10.1974 **fd** 19 047

'S VRENELI VOM EGGISBERG →Frühlingslied

'S VRENELI VOM EGGISBERG – FRÜHLINGSLIED →Frühlingslied

'S WAISECHIND VO ENGELBERG →Heidemarie

'S WESCHPENÄSCHT. Dokumentarvideo, das die zwölfjährige Geschichte des Widerstands gegen das in den 70er Jahren geplante Atomkraftwerk Whyl festhält. – Ab 16. ✦ BR Deutschland 1982 **P** Medienwerkstatt Freiburg **VA** Medienwerkstatt Freiburg **R+B+K** Medienwerkstatt Freiburg **L** 85

SAADIA (SAADIA). Ein junger französischer Arzt kämpft in der Sahara gegen Zauberei und Aberglauben und um die Liebe einer marokkanischen Tänzerin. Abenteuerfilm mit landschaftlichen Attraktionen und einem gewissen intellektuellen Anspruch. – Ab 12. ✦ USA 1953 **P** MGM **KI** MGM **R** Albert Lewin **B** Albert Lewin, nach dem Roman »Echec au Destin« von Francis D'Autheville **K** Christopher Challis **M** Bronislau Kaper **D** Cornel Wilde, Mel Ferrer, Rita Gam, Michel Simon, Wanda Rotha **L** 87 **FSK** ab 6; f **E** 25.2.1955 **fd** 3 918

SAARABA (SAARABA). Ein junger Afrikaner kehrt nach 17jähriger Abwesenheit aus Europa in sein Heimatland Senegal zurück und muß feststellen, wie sehr man sich dort westlichen Vorbildern anpaßt und traditionelle Lebensformen aufgibt. Das ihm früher versprochene Mädchen muß einen einflußreichen Politiker heiraten; Alkohol, Drogen, Depressionen sind an der Tagesordnung und durchbrechen die Hoffnungsvisionen. Ein formal etwas ungelenkes, jedoch genau beobachtendes Zeitbild, das auch vom Heimatverlust und den daraus entstehenden Problemen des in Europa geschulten senegalesischen Filmemachers handelt. – Ab 16. ✦ BR Deutschland 1987 **P** HFFM/Azanie/Société Nouvelle Promotion Cinématographique **KI** HFFM **R+B** Amadou Saalum Seck **K** Thomas Merker **D** Abdoul Azis Diop, Fabienne Joelle Felhio, Diankou Bakhayokho, Awa Cheickh Gueye, Elhdaj Abdoulaye Seck **L** 85 **E** 2.2.1988 ZDF

DIE SAAT BRICHT AUF (LET NO MAN WRITE MY EPITAPH). Melodram aus dem Chikagoer Elendsviertel: Das Schicksal eines Jungen, der eine Prostituierte zur Mutter und einen Mörder zum Vater hat. Ansehnliche Darsteller und der dokumentarisch erfahrene Regisseur verhalfen dem zeitweise ergreifenden Film zu Kinoqualität. – Ab 16. ✦ Schwarz-weiß. USA 1960 **P** Columbia **KI** Columbia **Pd** Boris D. Kaplin **R** Philip Leacock **B** Robert Presnell jr., nach einem Roman von Willard Motley **K** Burnett Guffey **M** George Duning **S** Chester Schaeffer **D** Burl Ives, Shelley Winters, Jean Seberg, James Darren, Jeanne Cooper **L** 105 **FSK** ab 16; f **FBW** w **E** 28.10.1960 **fd** 9 643

SAAT DER ANGST (UNA VELA PARA EL DIABLO / A CANDLE FOR THE DEVIL). In der von zwei Schwestern geführten Pension in einem spanischen Bergstädtchen geschehen geheimnisvolle Dinge. Immer wieder verschwinden Touristinnen, die durch ihr freizügiges Verhalten den Unmut der Öffentlichkeit erregten. Verantwortlich ist eine der Schwestern, die sich als Werkzeug Gottes begreift und die personifizierte Sünde bekämpft. Als eine junge Fremde das Geheimnis durchschaut, eskalieren die Ereignisse. Banaler Horrorfilm, der als Triebfedern des Bösen Doppelmoral, Neid und sexuelle Frustrationen ausmacht. ✦ Spanien 1973 **P** Verga Films/Azor Films/Mercofilms **VA** Mike Hunter/International Home **R** Eugenio Martín **B** Eugenio Martín, Tony Fos **K** José Fernández Aguayo **M** Antonio Pérez Olea **S** Pablo G. del Amo **D** Judy Geeson (Laura), Aurora Bautista (Martha), Esperanza Roy (Veronica), Vic Winner (Eduardo), Lone Fleming **L** 75 **FSK** ab 18 **E** März 1988 Video

DIE SAAT DER ERINNERUNG (EL RIGOR DEL DESTINO). Film über Gewalt und Brutalität einer Militärdiktatur. Ein zehnjähriger Junge kehrt nach Jahren des Exils in seine Heimat zurück. Bei seinem Großvater erfährt er mehr über das Schicksal seiner Familie, insbesondere über den Vater, der sich als Anwalt gegen das argentinische Militärregime engagierte. – Ab 16. ✦ Argentinien 1985 **P** Vallejo/INC **Pd+R+B** Gerardo Vallejo **K** Yito Blanc **M** José Luis Castiñeira de Dios **S** Luis Mutti **D** Carlos Carella, Alejandro Copley, Leonor Manso, Ana Maria Picchio, Victor Laplace **L** 100 **E** 17.9.1993 ORB

DIE SAAT DER GEWALT (THE BLACKBOARD JUNGLE). Ein Berufsschullehrer in den New Yorker Slums stellt sich dem Kampf mit Kriminellen, die seine Schüler unter Druck setzen, und kann das Vertrauen seiner Klasse gewinnen. Gut gemachter, kompromißloser Film über die Jugendprobleme der 50er Jahre, der zu seiner Zeit heiß diskutiert wurde. Bill Haleys »Rock around the clock« (und der Rock-'n'-Roll-Rhythmus überhaupt) wurde zur Erkennungsmusik der damaligen Jugend. – Ab 14. ✦ Schwarz-weiß. USA 1955 **P** MGM **Pd** Pandro S. Berman **R** Richard Brooks **B** Richard Brooks, nach einem Roman von Evan Hunter **K** Russell Harlan **M** Bill Haley, Charles Wolcott **S** Ferris Webster **D** Glenn Ford (Richard Dadier), Anne Francis (Anne Dadier), Louis Calhern (Jim Murdock), Margaret Hayes (Lois Judby Hammond), John Hoyt (Mr. Warneke), Richard Kiley (Joshua Y. Edwards), Emile Meyer (Mr. Halloran), Warner Anderson (Dr. Bradley), Basil Ruysdael (Prof. A. R. Kraal), Sidney Poitier (Gregory W. Miller), Vic Morrow (Artie West), Paul Mazursky (Emmanuel Stoker) **L** 107 **FBW** bw **E** 28.10.1955/20.11.1967 ZDF/26.7.1986 DFF 2 **fd** 4 314

DIE SAAT DER LIEBE (THE YOUNG LOVERS). Die Liebe zwischen zwei amerikanischen Collegestudenten führt zu einer ungewollten Schwangerschaft, doch für eine Abtreibung findet sich kein Arzt. Liebesfilm mit etlichen dramaturgischen Konstruktionen, aber ansprechendem Erzählton und gutem Spiel des Hauptdarstellers. – Ab 16. ✦ Schwarz-weiß. USA 1963 **P** Tigertail/MGM **KI** MGM **Pd+R** Samuel Goldwyn jr. **B** George Garrett, nach einem Roman von Julian Halevy **K** Joseph Biroc, Ellsworth Fredricks **M** Sol Kaplan **S** William A. Lyon **D** Peter Fonda (Eddie Slocum), Sharon Hugueny (Pam Burns), Nick Adams (Tarragoo), Deborah Walley (Debbie), Beatrice Straight (Burns), Malachi Throne (Prof. Schwartz) **L** 109 **FSK** ab 16; f **E** 23.9.1965 **fd** 13 709

SAAT DER UNSCHULD (SEED OF INNOCENCE). Ein 14jähriges schwangeres Mädchen und ihr 15jähriger Geliebter fliehen vom Land nach New York. Als es nach einem Jahr zwischen ihnen zu kriseln beginnt, kehren sie reumütig nach Hause zurück. Ein Porträt von Jugendlichen in der Großstadt: klischeehaft, rührselig, wirklichkeitsfern. – Ab 16. ✦ USA 1980 **P** Cannon/Golan-Globus **VA** ITT Contrast **R** Boaz Davidson **B** Stu Krieger, Boaz Davidson **K** Adam Greenberg **M** Shalom Hanoch **D** Tim Wead, Mary Cannon, T. K. Carter, Vincent Schiavelli, Azizi Johari **L** 90 **E** Video

DIE SAAT DES ALIEN (THE STRANGER WITHIN). Die glückliche Ehe eines Paares wird jäh gestört: die Frau wird schwanger, doch nicht der Ehemann ist der Vater, sondern ein außerirdisches Wesen, wie er der Frau unter Hypnose entlocken kann. Die Veränderung der Frau nimmt beängstigende Züge an, und schließlich bricht sie mit vielen anderen schwangeren Frauen auf, um den Vater ihres Kindes zu suchen. Science-Fiction-Gruselfilm, der sein makabres Thema mit religiösen Motiven verbrämt; optisch unspektakulär im Stil amerikanischer Fernsehproduktionen. – Ab 16. ✦ USA 1973 **P** Lorimar **VA** VCL/ Virgin **Pd** Neil T. Maffeo **R** Lee Philips **B** Richard Matheson **K** Michael D. Margulies **M** Charles Fox **S** Samuel E. Beetley **D** Barbara Eden (Ann Collins), George Grizzard (David Collins), Joyce Van Patten (Phyllis), David Doyle (Bob), Nehemiah Persoff (Dr. Edward Klein) **L** 71 **FSK** ab 12 **E** 9.11.1988 Video

DIE SAAT DES BÖSEN (THE BAD SEED). Die neunjährige Tochter einer junge Witwe zieht auf übernatürliche Weise das Unglück an: wie sich herausstellt, ist sie nicht nur Zeugin, sondern Ursache einer Reihe von unerklärlichen Todesfällen. Annehmbares Fernseh-Remake des Thrillers »Böse Saat«. – Ab 16. ✦ USA 1985 **P** Hajeno Prod./IAW Warner **Pd** George Eckstein **R** Paul Wendkos **B** George Eckstein **D** Carrie Wells (Rachel), Blair Brown (Christine Penmark), David Carradine (Leroy Jessup), David Ogden Stiers (Emory Breedlove), Lynn Redgrave (Monica Breedlove), Richard Kiley (Richard Bravo) **L** 91 **E** 2.4.1995 RTL 2

DIE SAAT DES STURMES (RAINIS). Episoden aus dem Leben des lettischen Dichters Jan Rainis. – Ab 14. ✦ Schwarz-weiß. UdSSR 1949 **P** Filmstudio Riga **KI** Sovexportfilm **R** Juli Raisman **B** F. Rokpelnis, W. Kreps **K** Alexander Schelenkow **M** Adolf Skulte **D** J. Grantin (Jan Rainis), N. Kletnijeze (Aspasia), A. Pilipson (Peteris), Elsa Radsinja (Dora), M. Werdin (Nikaranow) **L** 105 **E** 23.12.1949 Kino DDR/10.11. 1953 DFF 1

SAAT DES WAHNSINNS – CLONUS HORROR (PARTS: THE CLONUS HORROR). In einem geheimnisvollen Institut werden künstliche Menschen hergestellt, die als Duplikate von berühmten Politikern und Wissenschaftlern im Bedarfsfall als Organspender dienen. Als ein überdurchschnittlich intelligenter Clone den Sinn und Zweck seines armseligen Lebens erkennt, gelingt ihm die waghalsige Flucht nach draußen, wo seine Existenz einen nationalen Skandal hervorruft. Intelligent gemachter, spannender Science-Fiction-Thriller über die Machenschaften einer skrupellosen Wissenschaft. – Ab 16. ✦ USA 1979 **P** Group I **VA** IMV **R** Robert S. Fiveson **B** Ron Smith, Bob Sullivan **K** Max Beaufort **M** Hod David Schudson **D** Timothy Donnelly (Richard), Dick Sargent (Dr. Jameson), David Hooks (Richard Knight), Keenan Wynn (Jake Noble), Peter Graves (Jeff Knight), Paulette Breen (Lena), Zale Kessler (Doktor Nelson), Lurene Tuttle (Anna Noble), Chuck Hayward, James Mantell (Ricky) **L** 87 **E** 1983 Video

SABABU – DIE URSACHE (SABABU). Ein Dorf in Burkina Faso zu Beginn der 60er Jahre: Ausgelöst durch einen Mord kommt es zu Kämpfen zwischen den verschiedenen Clans, zu Intrigen und Bruderzwisten. Die gesetzgebende Verwaltung ist relativ hilflos, da sich die Dorfbewohner auf ihre Traditionen berufen und an den alten Sitten festhalten wollen. Zwischen den beiden Lagern soll ein Dolmetscher vermitteln. Der Mann, der die Botschaften in seinem Sinne manipuliert, erweist sich dadurch als geschickter Mittler. Ein zur Versöhnung aufrufender Film, der die Macht der Sprache beschwört. (O.m.d.U.) – Ab 16. ✦ Burkina Faso 1992 **P** N. J. Traoré/Diproci **KI** Freunde der Deutschen Kinemathek **Pd+R+B** Nissi Joanny Traoré **K** Nara Keokosal **M** Ray Lema **S** Marie-Jeanne Kanyala **D** Rasmane Ouédraogo, Kalilou Outtara **L** 90 **E** Januar 1994

SABADO (SABADO). In einem Elendsviertel von Sao Paulo will ein Filmteam einen Werbespot für ein neues Parfüm drehen. Bevor die Arbeit beginnen kann, bleibt die Filmarchitektin mit zwei Mitarbeitern des gerichtsmedizinischen Instituts, einem Toten und einem Bewohner eines verfallenen Hauses in einem Aufzug stecken. Während der Befreiungsversuche werden die unterschiedlichsten sozialen Schichten Brasiliens miteinander konfrontiert. Eine mit grimmigem Humor inszenierte Groteske, die sich mit dem »jeitinho brasileiro«, dem speziellen Kniff, Probleme zu lösen, auseinandersetzt. ✦ Brasilien 1995 **R+B** Ugo Giorgetti **K** Rudolfo Sanchez **D** Otávio Augusto, Maria Padilha, Giulia Gam, Tom Zé **L** 82 **E** 16.9.1997 arte

SABATA (EHI AMICO... C'E SABATA: HAI CHIUSO!). Ein skrupelloser Revolverheld klärt einen Bankraub, erpreßt reiche Bürger und läßt viele Leichen zurück. Wirrer Italowestern, stümperhaft inszeniert und hölzern gespielt. ✦ Scope. Italien 1969 **P** P.E.A. **KI** United Artists **R** Frank Kramer (= Gianfranco Parolini) **B** Renato Izzo, Gianfranco Parolini **K** Alessandro Mancori **M** Marcello Giombini **S** Edmondo Lozzi **D** Lee Van Cleef (Sabata), William Berger (Banjo), Pedro Sanchez (Carrincha), Nick Jordan (Fergusson), Linda Veras (Jane), Franco Ressel (O'Hara), Anthony Gradwell (= Antonio Gradoli), Robert Hundar **L** 106 **FSK** ab 18; nf **E** 2.5.1970 **fd** 16 790

SABATA KEHRT ZURÜCK (IL RITORNO DI SABATA / LE RETOUR DE SABATA). Revolverheld Sabata nimmt einem betrügerischen Iren den zusammengerafften Goldschatz ab. Eine durch die verworrene Handlung nur mäßige Parodie auf Italowestern. ✦ BR Deutschland/Italien/Frankreich 1971 **P** Artemis/P.E.A./Artistes Associés **KI** United Artists **R** Frank Kramer (= Gianfranco Parolini) **B** Renato Izzo, Frank Kramer (= Gianfranco Parolini) **K** Alessandro Mancori **M** Bruno Nicolai, Marcello Giombini **S** Edmondo Lozzi, u. a. **D** Lee Van Cleef (Sabata), Reiner Schöne (Clyde), Annabella Incontrera (Maggie), Giampiero Albertini (McIntock), Pedro Sanchez (Bronco), Jacqueline Alexandra (Jackie), Nick Jordan (Angel), Karis Vassili (Akrobat), Benito Vasconi, Steffen Zacharias **L** 108 **FSK** ab 16; nf **E** 18.5.1972 **fd** 17 864

SABBA, DIE HEXE (LA VISIONE DEL SABBA / LA SORCIERE). Ein junger Psychiater verfällt den Reizen einer attraktiven Frau, deren Geisteszustand er untersuchen soll und die von sich behauptet, eine Hexe aus dem 17. Jahrhundert zu sein. Er wird von Visionen in den Bann gezogen, die sie ihm als Besessene erscheinen lassen. Sowohl in der Anlage der Geschichte als auch der Figurenzeichnung dürftiger Film, der nichts als gähnende Langeweile verbreitet. ✦ Frankreich/Italien 1987 **P** Cinemax/TF 1/Gruppo Bema/Rete Italia **KI** Jugendfilm **VA** Starlight **Pd** Achille Manzotti **R** Marco Bellocchio **B** Marco Bellocchio, Francesca Pirani **K** Giuseppe Lanci **M** Carlo Crivelli **S** Mirco Garrone **D** Béatrice Dalle (Sabba), Daniel Ezralow (David), Corinne Touzet (Cristina), Jacques Weber (Professor Cado), Omero Antonutti (Arzt), Renata Loni **L** 95 **FSK** ab 16; f **E** 6.4.1989/Dezember 1989 Video **fd** 27 529

SABBATH IN PARADISE. Musikdokumentation aus dem Herzen der New Yorker Musik-Avantgarde: der Saxophonist John Zorn und einige seiner engsten Begleitmusiker gewähren Einblicke in das Laboratorium ihrer Klangexperimente, in die Rock, Jazz und nicht zuletzt Klezmer einfließen. Der Film untersucht, inwieweit jüdische Abstammung und Tradition ausschlaggebend für diese Art kultureller Aufgeschlossenheit sind, nimmt sich aber sowohl inhaltlich als auch formal zu viel vor. So wirkt das Unterfangen insgesamt wie eine interessante Materialsammlung, die ihrer endgültigen Bearbeitung freilich noch harrt. (O.m.d.U.) ✦ Teils schwarz-weiß. Deutschland 1997 **P** Claudia Heuermann **SF** Ventura **VA** absolut MEDIEN **Pd+R+B** Claudia Heuermann **K** Rainer Hartmann **M** John Zorn **S** Claudia Heuermann **D** Michael Alpert, Anthony Coleman, David Krakauer, Frank London, Roy Nathanson, Marc Ribot, Andy Statman, John Zorn **L** 90 **FSK** o. A.; f **FBW** w **E** 19.3.1998 **fd** 33 064

SÄBEL UND WÜRFEL (KARD ES KOCKA). Ungarn, Anfang des 18. Jahrhundertes: Die aufständischen Kurucen überlisten den Habsburger Offizier von Schwarzenau beim Würfelspiel und rauben ihm eine Truhe mit Gold, das für den Kauf von Waffen bestimmt war. ✦ Schwarz-weiß. Ungarn 1959 **P** Hunnia-Stúdió **R** Imre Fehér **B** Gábor Thurzó, Pál Buzás, nach dem Roman von Zsigmond Remenyik **K** Ottó Forgács **D** Eva Ruttkai, Mari Töröcsik, Miklós Gábor, László Bánhidy, Ferenc Zenthe **L** 68 **E** 19.8.1961 DFF 1

SABINE (1974). Deutscher Aufklärungsfilm über Geschlechtskrankheiten. In einer Mischung aus medizinischem Bildmaterial und Spielszenen plädiert er für rechtzeitige ärztliche Behandlung von Gonorrhoe und Syphilis und untermauert diese Forderung vor allem durch krasse klinische Belege des syphilitischen Sekundärstadiums. Der Film verharmlost die vorgestellten Geschlechtskrankheiten und erreicht formal knapp durchschnittliches Niveau; optisch ist er zurückhaltender als das Gros der deutschen Sexfilme der 70er Jahre. ✦ BR Deutschland 1974 **P** Arca-Winston **KI** Constantin **Pd** Peter Metzner **R** Reinhard Clausen, Frank Guarente **B** Reinhard Clausen **K** Ernst W. Kalinke **M** Heinz Kiessling **D** Karl John, Bente Nielsen, Günter Clemens, Ivetta Braszda, Dagobert Walter **L** 82 **FSK** ab 16; f **E** 10.10.1974 **fd** 19 040

SABINE (1992) (SABINE). Mit 15 flieht Agnès aus dem Haus ihres Vaters. Obdachlos und bald drogenabhängig, verdient sie ihren Lebensunterhalt als Prostituierte. Mit einem Freund und einer Freundin lebt sie bis zur Geburt ihres Kindes zusammen, dann reißt sie erneut aus. Lebensgeschichte einer jungen Frau, die 1990 an AIDS starb. Der Film thematisiert die Sinnsuche der Hauptfigur zwischen existentieller Unsicherheit und trotziger Hoffnung im Kampf gegen die tödliche Krankheit. ✦ Frankreich 1992 **P** Ognon Pic./La Sept **Pd** Humbert Balsan **R** Philippe Faucon **B** Philippe Faucon, William Karel **K** Tomasz Cichawa **M** Benoît Schlosberg **S** Christian Dior **D** Catherine Klein (Agnès), Mark Saporta (Jérôme), Sylvia Haunetto (Nicole), Corinne Debonnière (Liliane), Frank Paitel (Fred) **L** 90 **E** 13.2.1993 arte/September 1993 Kino

SABINE KLEIST, 7 JAHRE... Ein siebenjähriges Mädchen lebt nach dem Unfalltod seiner Eltern in einem Heim, wo es in einer Kindergärtnerin eine Art Ersatzmutter findet. Als diese selbst ein Kind erwartet, reagiert das Mädchen enttäuscht und flieht. Zwei Tage lang zieht es durch Ost-Berlin und gewinnt nach zahlreichen Abenteuern die Erkenntnis, dass man auf andere Rücksicht nehmen muss. Ein unsentimentaler und sensibler Kinderspielfilm, der seine überdenkenswerte Botschaft in einer leicht verständlichen Form vermittelt. – Ab 10. ✦ DDR 1981/82 **P** DEFA, Gruppe »Babelsberg« **KI** Progress **Pd** Günter Schwaack **R+B** Helmut Dziuba **K** Helmut Bergmann **M** Christian Steyer **S** Barbara Simon **D** Petra Lämmel (Sabine Kleist), Simone von Zglinicki (Edith), Martin Trettau (Karl Schindler), Heide Kipp (Frau Marloch), Gert Gütschow (Mann mit Baßtuba), Lars Hillersheim (Stani) **L** 73 **E** 3.9.1982 Kino DDR/24.12.1983 DFF 1/23.4.1984 BR

SABINE UND DER ZUFALL →Mein Mann darf es nicht wissen

SABINE UND DIE HUNDERT MÄNNER. Ein nach Krieg und Gefangenschaft arbeitsloser Konzertmeister findet durch seine einfallsreiche Tochter wieder Anschluß an seinen Beruf. Mit der klischeehaften Handlung dieses Films versöhnt allenfalls die Violinkunst von Yehudi Menuhin. Insgesamt nicht mehr als solide inszenierte Kinounterhaltung mit humoristischen Auflockerungen. – Ab 12. ✦ Schwarz-weiß. BR Deutschland 1960 **P** CCC **KI** DFH **Pd** Artur Brauner **R** Wilhelm Thiele **B** Curth Flatow, Paul H. Rameau, nach Hans Kraly **K** Karl Loeb **M** Gerhard Becker, Bert Grund **S** Walter Wischniewsky **D** Sabine Sinjen (Sabine Lorenz), Dieter Borsche (Viktor Lorenz), Dietmar Schönherr (Michael Böhm), Paul Hörbiger (Portier Schulz), Gerhard Hartig (Garagenbesitzer Freitag), Yehudi Menuhin **L** 95 **FSK** ab 6; f **E** 22.12.1960 **fd** 9 839

SABINE WULFF. Geschichte eines aus einem »Jugendwerkhof« entlassenen Mädchens, das mühsam versucht, als Fabrikarbeiterin Fuß zu fassen. Kritischer, wenngleich bieder inszenierter Film über Außenseiter in der DDR und Probleme ihrer Integration. Gezeigt werden Konflikte in der Arbeitswelt, allerdings werden gesellschaftliche Aussteiger auch moralisch denunziert. Letztlich singt der Film ein Hohelied der Anpassung, das durch einige aufmüpfige Dialogstellen nur notdürftig camoufliert ist. – Ab 14. ✦ DDR 1978 **P** DEFA, Gruppe »Berlin« **KI** Unidoc **Pd** Erich Albrecht **R** Erwin Stranka **B** Erwin Stranka, nach dem Roman »Gesucht wird die freundliche Welt« von Heinz Kruschel **K** Peter Brand **M** Karl-Ernst Sasse **S** Evelyn Carow **D** Karin Düwel (Sabine Wulff), Manfred Ernst (Jimmy), Jürgen Heinrich (Atsche), Jutta Wachowiak (Heide Hobohm), Hans-Joachim Frank (Hansel) **L** 92 (DDR 88) **E** 10.11.1978 Kino DDR/4.12.1979 DFF 1/21.10.1979 Kino BRD **fd** 22 255

SABOTAGE (1936) (SABOTAGE). Ein biederer Londoner Bürger geht im Auftrag einer Geheimorganisation terroristischen Aktivitäten nach. Seine Frau ahnt von nichts. Als die Polizei ihm schon auf der Spur ist, verübt der Agent seinen letzten Anschlag: Er schickt seinen kleinen Schwager mit einem Bombenpaket in die Stadt; durch einen Verkehrsstau aufgehalten, erreicht der Junge sein Ziel nicht, sondern sitzt noch im Bus, als die Bombe explodiert. Die Frau tötet ihren Mann, wird aber von einem sympathischen Polizisten vor Bestrafung bewahrt. Spannender Thriller aus Hitchcocks englischer Periode. Das Publikum tat sich seinerzeit schwer mit der ungewöhnlich eisigen, perfekt kalkulierten, oft sogar zynisch wirkenden Erzählweise des Films – und wohl auch mit der Tatsache, daß Hitchcock die Janusköpfigkeit eines vermeintlich »normalen« Durchschnittsmenschen derart scharf herausarbeitete. – Ab 16. ✦ Schwarz-weiß. Großbritannien 1936 **P** Sheperd/Gaumont British **KI** Vollmann **Pd** Michael Balcon **R** Alfred Hitchcock **B** Charles Bennett, Alma Reville, nach Joseph Conrads »The Secret Agent« **K** Bernard Knowles **M** Louis Levy **S** Charles Frend **D** Oskar Homolka (Mr. Verloc), Sylvia Sidney (Mrs. Verloc), Desmond Tester (Stevie), John Loder (Ted Spencer), Joyce Barbour (Renee) **L** 90 **E** 17.10.1978 ZDF

SABOTAGE (1952) (CARSON CITY). Als ehrbare Bürger getarnte Gangster versuchen, den Bau einer Eisenbahnlinie in Nevada zu verhindern. Einfältiger, mäßig gespielter Serienwestern mit üblichem Gut-Böse-Schema. – Ab 14. ✦ USA 1952 **P** Warner **KI** Warner **Pd** David Weisbart **R** André De Toth **B** Sloan Nibley, Winston Miller **K** John W. Boyle **M** David Buttolph **S** Robert Swanson **D** Randolph Scott (Jeff), Lucille Norman (Susan Mitchell), Raymond Massey (»Big Jack« Davis), Richard Webb (Alan Kincaid), James Millican (Jim Squires), Don Beddoe (Zeke Mitchell), Larry Keating (William Sharon), George Cleveland (Henry Dodson), William Haade (Hardrock Haggerty), Thurston Hall (Charles Crocker), Vince Barnett (Henry) **L** 86 **FSK** ab 12; nf **E** 27.2.1953 **fd** 2 393

SABOTAGE (1967) →Das Auto auf der Wüstenstraße

SABOTAGE AUF DER ESPERANZA (IL PIRATA SONO IO). Eine neu eingeheiratete Schwiegertochter mit anrüchiger Herkunft ist Anlaß für familiäre Spannungen und Verwirrungen. Ein Gesellschaftsdrama mit abenteuerlicher Note und kräftiger Schwarzweißmalerei. – Ab 16. ✦ Schwarz-weiß. Italien 1940 **P** Sangraf **Kl** Döring **R** Mario Mattoli **D** Corinne Luchaire, Giorgio Rigato, Maria Denis, Dora Bini, Juan De Landa **L** 77 **E** 22.8.1950 **fd** 1 035

SABOTAGE – DARK ASSASSIN (SABOTAGE). Ein Scharfschütze, der als einziger eine Geiselbefreiung in Bosnien überlebte und nun in den USA als Bodyguard arbeitet, wird nach Jahren mit seinem einstigen Widersacher konfrontiert, der ihm nun systematisch die Schutzbefohlenen ermordet. Als er Nachforschungen anstellt, stößt er auf ein Komplott, das bis in höchste Regierungskreise reicht. Spannender Actionfilm in einer rasanten Inszenierung. ✦ Kanada 1996 **P** Applecreek **VA** Starlight **R** Tibor Takacs **D** Mark Dacascos (Bishop), Tony Todd (Sherwood), Graham Greene (Tolliver), Richard Coulter (Jeffrey Trent), Carrie-Ann Moss (Lou Castle) **L** 95 (gek. 93) **FSK** ab 18 (gek. ab 16) **E** 20.11.1996 Video

SABOTAGE IM ALL →Lifepod

SABOTAGEAKTE. Vier junge Leute in San Francisco versuchen am Ende der 90er-Jahre, gegen die lebensfeindlichen Bedingungen ihrer Umwelt anzugehen und engagieren sich in umweltschützerischen Aktionen. Durch den massiven Einsatz der Polizei sehen sie ihre Ziele gefährdet und werden zunehmend radikalisiert, als sie merken, dass sie mit friedlichen Protesten nichts erreichen können. Dokufiktion nach einer wahren Geschichte, die das Lebensgefühl junger Leute, denen jegliche Werte genommen wurden, mit einer atmosphärisch dichten Bildsprache beschreibt. ✦ USA 1998 **R+B** Christopher Anderson **K** Cyrus Amini **D** Bettina Hurzner (Saffron), Rehane Abrahams (Mayu), Ross Campbell (Ross), Kevin Evensen (Freddy) **L** 83 **E** 14.12.1998 ZDF

SABOTAGEAUFTRAG BERLIN (DESPERATE JOURNEY). Der Krieg als lustiges Indianerspiel mit Feuerwerk: Eine internationale Bomberstaffel schlägt sich von Polen aus durch ein in jeder Hinsicht synthetisches Deutschland nach England durch. Der Film besteht aus einer Kette dümmlicher Episoden mit noch dümmlicheren Dialogen, und auch die lustlose Inszenierung ist nicht dazu angetan, nachhaltiges Interesse zu sichern. (O.m.d.U.) – Ab 14. ✦ Schwarz-weiß. USA 1942 **P** Warner Bros. **Kl** AG Kino **R** Raoul Walsh **B** Arthur T. Horman **K** Bert Glennon **M** Max Steiner **D** Errol Flynn (Lieutenant Terrence Forbes), Ronald Reagan (Officer Johnny Hammond), Arthur Kennedy (Officer Jed Forrest), Alan Hale (Sergeant Kirk Edwards), Patrick O'Moore (Squadron Leader Lane-Ferris), Nancy Coleman (Kaethe Brahms) **L** 107 **E** Februar 1977 **fd** 20 407

SABOTEURE (SABOTEUR). Ein Flugzeugmechaniker wird der Sabotage verdächtigt, flieht vor der Polizei und macht sich auf die Suche nach dem wahren Täter. Zusammen mit einer schönen Blondine verhindert er die Versenkung eines amerikanischen Marineschiffes im Hafen von New York und bringt den Bösewicht auf der Freiheitsstatue zur Strecke. Oberflächlich gesehen ein Beitrag zur politischen Propaganda und geistigen Mobilmachung vor dem Kriegseintritt der USA, verwandelt Hitchcock das Sujet in einen subversiven und spannenden Abenteuer-Thriller, der das Fluchtmotiv grandios ausspielt und die Grundzüge von »Der unsichtbare Dritte« (1959) vorwegnimmt. DVD: Die Extras umfassen ein informatives 35-minütiges Making Of. – Ab 16. ✦ Schwarz-weiß. USA 1942 **P** Universal **Kl** Universal **VA** Universal **DVD** Universal Home (FF, DD2.0 engl./dt.) **Pd** Frank Lloyd **R** Alfred Hitchcock **B** Peter Viertel, Joan Harrison, Dorothy Parker, nach einer Idee von Alfred Hitchcock **K** Joseph Valentine **M** Charles Previn **S** Otto Ludwig **D** Priscilla Lane (Patricia Martin), Robert Cummings (Barry Kane), Otto Kruger (Charles Tobin), Alan Baxter (Freeman), Clem Bevans (Neilson) **L** 85 **FSK** ab 16; nf **E** 28.3.1958/ 20.1.1968 ARD/18.11.1999 Video/13.6.2001 DVD **fd** 6 869

SABRE JET →Jagdstaffel z.b.V.

SABRINA (1954) (SABRINA). Eine Chauffeurstochter wird in Paris zur Dame ausgebildet und erringt die Liebe eines spröden Millionärs, der ursprünglich nur ihre Verbindung mit seinem leichtlebigen Bruder verhindern wollte. Eine geistreiche Gesellschaftskomödie voller Witz und Charme, leichthändig inszeniert. – Sehenswert ab 12. ✦ Schwarz-weiß. USA 1954 **P** Paramount **Kl** Die Lupe (Erstverleih: Paramount) **DVD** Paramount (FF, Mono engl./dt.) **Pd+R** Billy Wilder **B** Billy Wilder, Samuel Taylor, Ernest Lehman, nach dem Bühnenstück »Sabrina Fair« von Samuel Taylor **K** Charles Lang jr. **M** Frederick Hollander (= Friedrich Hollaender) **S** Arthur Schmidt **D** Audrey Hepburn (Sabrina Fairchild), Humphrey Bogart (Linus Larrabee), William Holden (David Larrabee), Walter Hampden (Oliver Larrabee), John Williams (Thomas Fairchild), Martha Hyer (Elizabeth Tyson) **L** 113 **FSK** ab 12; f **FBW** bw **E** 16.11.1954/ 25.12.1966 ZDF/15.8.1996 Neustart/6.9.2001 DVD **fd** 3 722

SABRINA (1995) (SABRINA). Neuverfilmung des gleichnamigen romantischen Filmklassikers von Billy Wilder aus dem Jahr 1954: die Geschichte einer Chauffeurstochter, die sich heillos in einen Millionärssohn verliebt, schließlich aber in dessen Bruder die dauerhafteren Qualitäten entdeckt. Trotz (oder wegen) seines Widerspruchs zu allen Trends der heutigen Zeit funktioniert der Film durchaus als unterhaltsames Spiel mit den Traditionen der romantischen Komödie. Der direkte Vergleich mit Wilders Film verdeutlicht aber schmerzhaft, wie sehr die filmische Sprache des modernen Hollywood-Kinos an Reichtum eingebüßt hat: von der zauberhaften Poesie, den Stimmungen und den Träumen des Originals blieb nur noch wenig übrig. – Ab 14. ✦ USA 1995 **P** Sydney Pollack Film **Kl** Neue Constantin **VA** Marketing (Starlight) **Pd** Sydney Pollack, Scott Rudin **R** Sydney Pollack **B** Barbara Benedek, David Rayfiel, nach einem Drehbuch von Billy Wilder, Samuel Taylor und Ernest Lehman sowie einem Bühnenstück von Samuel Taylor **K** Giuseppe Rotunno **M** John Williams **S** Fredric Steinkamp **D** Julia Ormond (Sabrina Fairchild), Harrison Ford (Linus Larrabee), Greg Kinnear (David Larrabee), Nancy Marchand (Maude), John Wood (Fairchild), Angie Dickinson (Ingrid Tyson), Richard Crenna (Patrick Tyson), Fanny Ardant **L** 127 **FSK** ab 6; f **FBW** bw **E** 11.1.1996/14.8.1996 Video **fd** 31 721

SABRINA DOWN UNDER (SABRINA DOWN UNDER). Zwei Nachwuchshexen finden an australischen Gestaden einen durch Chemie-Verklappung verletzten Wassermann und machen ihn mit Hilfe eines Arztes wieder fit. Ein Zauberkater päppelt mit seinen lockeren Sprüchen die einfältige Handlung auf. Verschnitt einer Fernsehserie, die leicht konsumierbare Unterhaltung verspricht, diese jedoch durch eine einfallslose Inszenierung, schlechte Hauptdarsteller und eine ebenso primitive wie lieblose Tricktechnik verspielt. Familienunterhaltung mit durchschnittlichem Spaßfaktor. – Ab 10. ✦ USA 1999 **P** Viacom **VA** Paramount Home **Pd** Melissa Joan Hart **R** Kenneth R. Koch **B** Daniel Berendsen **K** Nino Martinetti **M** Michel Colombier **S** Stuart Bass **D** Melissa Joan Hart (Sabrina Spellman), Tara Charendoff (Gwen), Scott Michaelson (Barnaby), Lindsay Sloane (Fin), Peter O'Brien (Dr. Julian Martin) **L** 84 **FSK** ab 6 **E** 2000 Video **fd** 34 590

SABRINA UND DIE ZAUBERHEXEN (SABRINA, TEENAGE WITCH). Komödie nach einer Fernsehserie. Weil ihre Eltern sich im Ausland aufhalten, zieht die 16-jährige Sabrina zu ihren beiden Tanten. Diese stellen sich nicht nur als Hexen heraus, sondern auch Sabrina selbst verfügt bald über Zauberkräfte. – Ab 16. ✦ USA 1996 **P** Hallmark Entertainment/ Showtime/Heartbreak Films/Once & Future Films **Pd** Richard Davis, Alana Lambros **R** Tibor Takács **B** Barney Cohen, Kathryn Wallack **K** Bernard Salzman **M** Greg DeBelles **S** Daria Ellerman **D** Melissa Joan Hart (Sabrina), Charlene Fernetz (Tante Zelda), Sherry Miller (Tante Hilda), Tobias Mehler (Harvey), Michelle Beaudoin (Jenny) **L** 90 **E** 15.8.1999 Pro-Sieben

SABRINA – VERHEXT IN ROM (SABRINA GOES TO ROME). Eine junge amerikanische Hexe reist nach Rom, um das Geheimnis eines Amuletts zu ergründen. Von verschiedener Seite wird ihr Hilfe zu Teil und auch der Liebe zu einem amerikanischen Journalisten sind Tür und Tor geöffnet. Unentschlossene Mischung zwischen Fantasy- und Tennie-Komödie, die sich an ein jugendliches Publikum anbiedert, sich aber durch handwerkliche Mängel selbst disqualifiziert. – Ab 12. ✦ USA 1998 **P** Viacom/Paramount **VA** CIC **Pd** Ovidio G. Assonitis, Kenneth R. Koch, Melissa Joan Hart **R** Tibor Takács **B** Daniel Berendsen, Nicholas Factor **K** Adolfo Bartoli **M** Danny Lux **S** Marcus Manton **D** Melissa Joan Hart (Sabrina), Eddie Mills (Tom), Tara Charendoff (Gwenn), James Fields (Alberto), Eric Alexander (Johnny) **L** 87 **FSK** o. A. **E** 12.8.1999 Video **fd** 34 109

SACCO UND VANZETTI (SACCO E VANZETTI/SACCO ET VANZETTI). Zwei italienische Einwanderer und Anarchisten werden 1920 in den USA in einem politisch angeheizten Prozeß wegen Raubmordes zum Tode verurteilt und trotz weltweiter Proteste hingerichtet. Dramatisierte Rekonstruktion einer zur Legende gewordenen Episode aus der amerikanischen Justizgeschichte; in Stil und Intention in der Tradition des italienischen Politthrillers. – Ab 14. ✦ Italien/ Frankreich 1970 **P** Unidis/Théatre Le Rex **Kl** Constantin **Pd** Arrigo Colombo, Giorgio Papi **R** Giuliano Montaldo **B** Giuliano Montaldo, Fabrizio Onofri **K** Silvano Ippoliti **M** Ennio Morricone **S** Nino Baragli **D** Gian Maria Volonté (Bartolomeo Vanzetti), Riccardo Cucciolla (Nicola Sacco), Cyril Cusack (Katzman), Rosanna Fratello (Rosa Sacco), Geoffrey Keen (Richter Thayer) **L** 124 **FSK** ab 12; f **FBW** bw **E** 10.5.1972/ 19.4.1974 Kino DDR/21.12.1976 DFF 1/19.11. 1977 ARD **fd** 17 764

SACHAROW (SACHAROW). Englischer Fernsehfilm, der Episoden aus dem Leben des sowjetischen Bürgerrechtlers Andrej Sacharow erzählt. Durch die unverhohlene Sympathie für Sacharow tendiert der Film zu einer überhöhenden Heldenlegende nach gängigem Hollywood-Muster. Dennoch verdient er Interesse als Plädoyer für Zivilcourage und als Aufforderung zur Skepsis gegenüber totalitären Machtstrukturen. – Ab 14. ✦ Großbritannien 1984 **P** Titus **R** Jack Gold **B** David W. Rintels **K** Tony White **M** Carl Davis **D** Jason Robards, Glenda Jackson, Anna Massey, Nicol Williamson, Frank Finlay **L** 118 **E** 16.9. 1984 ZDF **fd** 24 814

EINE SACHE DER EHRE (TSCHEST IMEJU). Während der revolutionären Ereignisse des Jahres 1905 verliebt sich ein Student in seine Gartennachbarin, wobei er auch deren Freunde kennenlernt. Als einer von ihnen verfolgt wird, glaubt sich der Student mitschuldig. – Ab 16. ✦ UdSSR 1988 **P** Moldowa-Film **R** Oleg Tulajew **B** Mark Sacharow, Wladimir Motyl **K** Alexej Majka **M** G. Trofimow **D** Alexander Kachun, Andrej Boltnew, Valentin Nikulin, Anna Isaikina, Oleg Wawilow **L** 83 **E** 6.10.1988 DFF 2

DIE SACHE DER ERDE (DELA SEMNYJE). In einem wissenschaftlichen Institut in Kirgisien simulieren Geophysiker Explosionen, um Schlamm- und Geröll-Lawinen zu erzeugen und zu erforschen. ✦ Scope. UdSSR 1983 **P** Kirgisfilm **R** Ussenshan Ibragimow **B** Kadyrkul Omurkulow **K** Wassili Sokolow **M** Igor Kantjukow **D** Shorobek Aralbajew (Meder), Aiturgan Temirowa (Sagynai), Nurkanat Dshakipajew (Kassym), Isken Sartbajew (Tschoro), Schachan Musin (Atajew) **L** 117 **E** 29.11.1984 DFF 2

EINE SACHE, DIE SICH VERSTEHT. Lehrfilm, der Begriffe der politischen Ökonomie von Karl Marx (z. B.

Gebrauchswert – Tauschwert) im Zusammenhang erläutert und erklärt. Ohne jede ästhetische Zugabe puristisch aufgelöst, versuchen die Filmemacher die Irritation des herrschenden Bewußtseins: »Ihre Absicht ist es, einen Gehenden über das Gehen so nachdenken zu lassen, daß er hinfällt.« Zum Glück wird im Kino weniger gegangen als gesessen, so daß der Film nicht an allzu vielen Stürzen die Schuld trägt. ✦ Schwarz-weiß. BR Deutschland 1971 **P** Larabelfilm **SF** Freunde der Deutschen Kinemathek **Pd** Harun Farocki **R+B** Hartmut Bitomsky, Harun Farocki **K** Carlos Bustamente, David Slama **S** Hasso Nagel **D** Ingrid Oppermann, Angelika Wehbeck, Rolf Becker, Herbert Chwoika, Norbert Langner **L** 64

DIE SACHE MIT BRONEK (PRAWDZIE W OCZY). Die Untersuchung eines schweren Unfalles in einem Warschauer Stahlwerk läßt Mängel in der Organisation und in der Leitung des Betriebes deutlich werden. In der Haltung der Arbeiter zur Schuldfrage offenbaren sich Unterschiede in Verantwortungsgefühl und Arbeitsmoral. Zeitkritik in einem Film, der nichts beschönigt und Probleme der Arbeitswelt atmosphärisch überzeugend ins Bild rückt. – Ab 14. ✦ Scope, schwarz-weiß. Polen 1970 **P** Filmstudio Warschau, Gruppe »Nike« **KI** Progress **R** Bohdan Poreba **B** Jerzy Grzymkowski, Bohdan Poreba **K** Czeslaw Swirta **M** Adam Walacinski **D** Tadeusz Janczar (Bronek Kaczmarski), Ewa Zukowska (Janka), Mariusz Dmochowski (Ing. Bawada), Zygmunt Nawrocki (Mirek), Stanislaw Niwinski (Ing. Karbowaniec) **L** 97 **E** 20.8.1971 Kino DDR/5.10.1972 DFF 1

DIE SACHE MIT DANIELLE. Dokumentarfilm über eine Weinbäuerin in einem kleinen südfranzösischen Winzerdorf, die mit ihrem Mann, ihren drei Kindern und drei Enkelkindern zusammenlebt – und mit ihrer Geliebten. Diese »andere Liebe« ist kein Grund für Geheimhaltungen, Ressentiments oder Peinlichkeiten, vielmehr Teil einer Normalität, die auch die anderen Dorfbewohner mitgestalten. Die Filmemacherin kannte die Bäuerin und ihre ungewöhnliche Familie bereits seit 20 Jahren, als sie beschloß, einen Film zu drehen »über den Versuch und die Schwierigkeit, anders zu leben«. – Ab 16. ✦ Deutschland 1996 **P** Filmkraft/Parabol/BR **SF** Verleih der Filmemacher **VA** Verleih der Filmemacher **Pd** Peter Heller **R+B** Sylvie Banuls **K** Otmar Schmid **S** Anette Hillig **L** 91 **FBW** w **E** 1996

DIE SACHE MIT DEM FEUER (WILDER NAPALM). Zwei unterschiedliche Brüder, ein böser Clown und ein gutmütiger Feuerwehrmann, die mittels telekinetischer Kräfte alles in ihrer Umgebung in Brand setzen können, geraten wegen einer Frau in Streit. Die anfänglich verwirrend und mit befremdlichen, teils surreal wirkenden Bildern erzählte Geschichte schwingt sich zu einer mit viel Einfallsreichtum und Detailfreude inszenierten, unterhaltsamen Komödie auf. – Ab 16. ✦ USA 1993 **P** Baltimore/TriStar **VA** Columbia/TriStar Home **Pd** Mark Johnson, Stuart Cornfeld **R** Glenn Gordon Caron **B** Vince Gilligan **K** Jerry Hartleben **M** Michael Kamen **S** Artie Mandelberg **D** Debra Winger (Vida), Dennis Quaid (Wallace), Arliss Howard (Wilder), M. Emmet Walsh (Chef der Feuerwehr), Jim Varney (Rex) **L** 105 **FSK** ab 12 **E** 10.5.1994 Video/13.5.1995 premiere **fd** 30 820

DIE SACHE MIT DEM REGENSCHIRM → Die Regenschirmmörder

DIE SACHE MIT DEN FRAUEN (THE POMPATUS OF LOVE). Vier Freunde um die Dreißig reflektieren über die Liebe allgemein und über ihre Beziehungen zu den Frauen. ✦ USA 1996 **R** Richard Schenkman **B** Richard Schenkman, Jon Cryer, Adam Oliensis **D** Jon Cryer (Mark), Tim Guinee (Runyon), Adam Oliensis (Phil), Adrian Pasdar (Josh), Arabella Field (Lori), Mia Sara (Cynthia), Kristin Scott Thomas (Caroline) **L** 100 **E** 3.2.1997 Vox

DIE SACHE MIT STYX. Gesandtschaftsattaché soll dunkle Geschäfte in einem Balkan-Kleinstaat klären. Dabei wird er von seinen Gegnern, an der Spitze der korrupte Konsul, in eine Mordaffäre hineingezogen. Mit Hilfe einer Tänzerin kommt jedoch alles zum guten Ende. Angestaubte, doch launige Unterhaltung mit sanfter Spannung. (Nachkriegstitel: »Wer die Heimat liebt«) – Ab 12. ✦ Schwarz-weiß. Deutschland 1942 **P** Tobis **KI** Stern/Viktoria **R** Karl Anton **B** Curt J. Braun, nach dem Roman »Rittmeister Styx« von Georg Mühlen-Schulte **K** Georg Bruckbauer **M** Harald Böhmelt **D** Viktor de Kowa, Margit Symo, Will Dohm, Laura Solari, Hans Leibelt **L** 98 **FSK** ab 12; nf **E** 1.4.1942 **fd** 2 693

EINE SACHE UNTER FREUNDEN (BETWEEN FRIENDS). Die Geschichte einer Männerfreundschaft, die an der Zuneigung des einen zur Geliebten des Freundes zerbricht. Ein gemeinsam durchgeführter Raubüberfall, mit dem sich die beiden den Traum von einem besseren Leben erfüllen wollten, endet dadurch mit mehreren Toten. Gelungene Synthese aus Gangsterfilm und realistischer Milieuschilderung. (Alternativer Titel: »Between Friends«) – Ab 16. ✦ Kanada 1973 **P** Clearwater/Canadian Film **KI** prokino **R** Donald Shebib **B** Claude Harz **K** Richard Leiterman **M** Matthew McCauley **S** Donald Shebib, Tony Lower **D** Michael Parks (Toby), Bonnie Bedelia (Ellie), Chuck Shamata (Chino), Henry Beckman (Will), Hugh Webster (Coker) **L** 90 **E** 3.2.1979 ARD **fd** 21 078

EINE SACHLICHE ROMANZE (AN AWFULLY BIG ADVENTURE). Im Liverpool der Nachkriegszeit erhält ein 16jähriges Mädchen aus kleinen Verhältnissen, das Schauspielerin werden will, eine Anstellung am Theater, allerdings zunächst hinter den Kulissen. Es verliebt sich in den arroganten Leiter der Theatergruppe, beginnt aber eine Romanze mit einem zurückkehrenden Mitglied des Ensembles. Romanverfilmung, die ein düsteres Bild der von der übrigen Gesellschaft gemiedenen und unter finanziellen Nöten leidenden Theaterwelt zeichnet. Indem er die Schicksale seiner Figuren in der Schwebe hält, verfällt er nicht in Pessimismus. Dynamisch, aber zurückhaltend inszeniert und schauspielerisch beeindruckend. – Ab 16. ✦ Großbritannien 1994 **P** Portman **KI** 20th Century Fox **VA** Fox **Pd** Hilary Heath, Philip Hinchcliffe **R** Mike Newell **B** Charles Wood, nach einem Roman von Beryl Bainbridge **K** Dick Pope **M** Richard Hartley **S** Jon Gregory **D** Alan Rickman (PL O'Hara), Hugh Grant (Meredith Potter), Georgina Cates (Stella), Alun Armstrong (Onkel Vernon), Peter Firth (Bunny) **L** 110 **FSK** ab 12; f **FBW** bw **E** 11.5.1995/15.11.1995 Video **fd** 31 323

SACHSENS GLANZ UND PREUSSENS GLORIA. Szenisch opulente und herausragend besetzte Fernsehverfilmung eines polnischen Romans, der in Polen bereits unter dem Titel »Gräfin Cosel« adaptiert worden war. 1733, nach dem Tod August des Starken, regiert am sächsischen Hof in Dresden der neue Kurfürst, August III. Aber nicht er prägt das Leben am Hof, sondern der Adlige Heinrich von Brühl. Mit Scharfsinn, Finesse und Intrigen verschafft er sich zusehends Einfluß. Unter seiner Herrschaft blüht Sachsens Handel, mehren sich die Kunstschätze in den Galerien. Grob vernachlässigt wird die Sicherung des Landes. Preußens Spione überbringen Friedrich II. Nachrichten, die Friedrich veranlassen, gegen Sachsen ohne Kriegserklärung ins Feld zu ziehen. Während des siebenjährigen Krieges verändert sich das Machtgefüge am sächsischen Hof. (Der Film lief in 4 Teilen: 1. »Brühl« (1), 2. »Brühl« (2), 3. »Aus dem Siebenjährigen Krieg« (1), 4. »Aus dem Siebenjährigen Krieg« (2).) ✦ DDR 1982–85 **P** DEFA **Pd** Horst Dau **R** Hans-Joachim Kasprzik **B** Hans-Joachim Kasprzik, nach Motiven des Buches »Aus der Sachsenzeit« von Josef I. Kraszewski **K** Horst Hardt **M** Karl-Ernst Sasse **S** Ursula Rudzki **D** Ezard Haußmann (von Brühl), Gunter Schoß (von Sulkowski), Rolf Hoppe (August III.), Jitka Molavcová (Komtesse von Kolowrath), Marta Rafael (Oberhofmeisterin), Arno Wyzniewski (Friedrich der Große) **L** 373 (vier Teile) **E** 20.,22.,25.,27.12.1985 DFF 1

DIE SACHVERSTÄNDIGEN. Ein junger Jurist gerät unverschuldet mit dem Gesetz in Konflikt und wird im bürokratischen Zusammenspiel von justiziären Maßnahmen und psychiatrischen Fehldiagnosen zugrunde gerichtet. Der Münchner Jurist und Filmemacher Kückelmann weist in seiner ersten Regiearbeit auf die Gefährdung des Individuums in einer bürokratisch organisierten Massengesellschaft hin. Eine geglückte Kombination aus Thesen- und Erzählkino, Dokumentation und Fiktion. – Ab 16. ✦ BR Deutschland 1972 **P** R.F. Report/Guba-Film **KI** Filmverlag der Autoren **SF** Matthias **R+B** Norbert Kückelmann **K** Alfred Tichawsky **M** Janis Joplin **D** Mathias Eysen, Walter Sedlmayr, Michael Strixner, Wolfgang Ebert, Miriam Mahler, Roland Wiegenstein **L** 98 **FSK** ab 16; f **E** 7.9.1973 **fd** 18 485

EIN SACK VOLL FLÖHE (PRIMO AMORE). Ein in einem Seniorenheim für Künstler lebender Komödiant verliebt sich in eine junge Hausangestellte. Gemeinsam fahren sie nach Rom, um mit seiner Rentennachzahlung eine Karriere aufzubauen. Doch seine Träume erfüllen sich nicht. Tragikomödie, die sich mit den Problemen des Alterns und der Einsamkeit auseinandersetzt und das Thema des Professor Unrat aus »Der blaue Engel« aufgreift. In leisen Tönen inszeniert, in der Hauptrolle hervorragend gespielt. – Sehenswert ab 16. ✦ Italien 1978 **P** Dean **KI** Tobis **R** Dino Risi **B** Ruggero Maccari, Dino Risi **K** Tonino Delli Colli **M** Riz Ortolani **S** Alberto Gallitti **D** Ugo Tognazzi, Ornella Muti, Mario del Monaco, Caterina Boratto, Venantino Venantini **L** 115 **FSK** ab 12; f **E** 1.10.1982/27.7.1986 DFF 1 **fd** 23 674

SACKETTS – TÖDLICHE VERGELTUNG (THE SACKETTS). Drei Brüder aus Tennessee ziehen nach Westen und bestehen eine Reihe von Abenteuern als Viehtreiber, Revolverhelden und Goldsucher. Episode aus einer amerikanischen Western-Mini-Serie. – Ab 16 möglich. ✦ USA 1979 **P** Telepictures Corp. (für NBC/NB Scott/Shalako) **VA** VCL/Virgin **R** Robert Totten **B** Jim Byrnes, nach einem Roman von Louis L'Amour **K** Jack Whitman **M** Jerrold Immel **D** Tom Selleck, Jeffrey Osterhage, Sam Elliott, Glenn Ford, Gene Evans **L** 90 **FSK** ab 16 **E** Oktober 1985 Video

SACKGASSE (DEAD END / CRADLE OF CRIME). Der achtfache Killer »Baby Face« Martin kehrt nach New York zurück, um Mutter und Jugendfreundin wiederzusehen; da er zu ihnen keinen Zugang mehr findet, stürzt er sich in einen tödlichen Verfolgungskampf. Sozialkritisch bedeutendes und entwicklungsgeschichtlich interessantes, atmosphärisch dichtes Vorkriegswerk von William Wyler. – Sehenswert ab 16. ✦ Schwarz-weiß. USA 1937 **P** United Artists **Pd** Samuel Goldwyn **R** William Wyler **B** Lillian Hellman, nach einem Roman von Sidney Kingsley **K** Gregg Toland **M** Alfred Newman **S** Daniel Mandell **D** Humphrey Bogart (»Baby Face« Martin), Sylvia Sidney (Drina), Joel McCrea (Dave Connell), Wendy Barrie (Kay Burton), Claire Trevor (Francey) **L** 95 **E** 18.11.1974 ZDF **fd** 19 071

SACRAMENTO (RIDE THE HIGH COUNTRY). Um 1900 sollen Steve und Gil, zwei alte Westerner, zusammen mit dem jungen Heck einen Goldtransport nach Sacramento bringen. Als sich ihnen unterwegs eine junge Frau anschließt, geraten sie ihretwegen in Streit mit einer Goldgräberfamilie. Steve wird dabei tödlich verwundet, kann aber Gil das Versprechen abnehmen, das Gold ordnungsgemäß in der Stadt abzuliefern. Peckinpahs zweiter Film entmythologisiert den Weste(r)n und begründet zusammen mit John Fords »Der Mann, der Liberty Valance erschoß« (1961) den Spätwestern. Die Helden von »Sacramento« sind müde, sie brauchen Brillen und kommen nicht mehr alleine in den Sattel; Autos und selbst Kamele sind schneller als Pferde. – Sehenswert ab 16. ✦ Scope. USA 1961 **P** MGM **KI** MGM **Pd** Richard E. Lyons **R** Sam Peckinpah **B** N. B. Stone jr. **K** Lucien Ballard **M** George Bassman **S** Frank Santillo **D** Randolph Scott (Gil Westrum), Joel McCrea (Steve Judd), Ronald Starr (Heck Longtree),

Mariette Hartley (Elsa Knudsen), R. G. Armstrong (Joshua Knudsen), Edgar Buchanan (Richter Tolliver), John Anderson (Elder Hammond), L. Q. Jones (Sylvus Hammond), Warren Oates (Henry Hammond), James Drury (Billy Hammond), John Davis Chandler (Jimmy Hammond), Jenie Jackson (Kate), Carmen Phillips (Frau im Saloon), Percy Helton **L** 94 **FSK** ab 16; nf **E** 28.8.1962/17.11.1973 ARD/12.10. 1985 DFF 2 **fd** 11 400

SACRIFICE – DER SWEETWATER-KILLER (SACRIFICE). Nachdem seine Tochter von einem Serienmörder getötet wurde, bricht ein Bankräuber aus dem Gefängnis aus und versucht, den Täter zu stellen. Hilfe wird ihm dabei von einem in Unterweltskreisen verkehrenden Ex-Callgirl zuteil. Gemeinsam können sie eine religiös verwirrte Krankenschwester überführen. Nach konfusem Beginn entwickelt sich ein sorgsam durchdachter Thriller, der seine Spannung konsequent aufbaut und in seinem guten Hauptdarsteller einen Rückhalt findet. Ärgerlich sind allerdings der unreflektierte Umgang mit Gewalt und die abgedroschenen Serienkiller-Klischees. ✦ USA 1999 **P** Lions Gate/American World Pictures **VA** Ufa/BMG **Pd** Dana Dubovsky, Mark L. Lester **R** Mark L. Lester **B** Randall Frakes, nach einem Roman von Mitchell Smith **K** Bob Steadman **M** Steve Edwards **S** Christopher Roth **D** Michael Madsen (Tyler), Bokeem Woodbine (Gottfried), Jamie Luner (Naomi), Diane Farr (Karen Yaeger), Deborah Shelton (Margaret), Michele Lintel (Hildebrandt) **L** 87 **FSK** ab 18 **E** 9.1.2001 Video **fd** 34 812

DER SACRO MONTE VON VARALLO – DIE NACHAHMUNG DER GESCHICHTE JESU (PROPAGANDA FIDE). Dokumentarfilm über den Sacro Monte von Varallo, einem biblischen Erlebnisparcours, der einzelne Stationen aus dem Leben Jesu figürlich darstellt. Der Sacro Monte entstand zur Zeit der Gegenreformation, um der Fortpflanzung des Glaubens zu dienen; auch heute noch ist der »multimediale Erlebnisraum« aus der Renaissance in Betrieb. Die 270 Jahre alte Tradition ist heute allerdings um die Errungenschaften des multimedialen Zeitalters bereichert. ✦ Schweiz 1994 **P** Videogenossenschaft Basel/SF DRS **Pd** Franz Schnyder **R+B** Reinhard Manz **K** Arthur Manz, Franz Schnyder, Reinhard Manz **S** Reinhard Manz **L** 82 **E** 5.4.1996 3sat

SACY PERERE. »Sacy Perere« ist eine Gruppe brasilianischer Musiker, die sich in der Emigration in Paris begegnet sind. Der Dokumentarfilm verfolgt die Arbeit der fünf Musiker. Im Mittelpunkt steht die Auseinandersetzung mit der Tradition brasilianischer Musik im Samba. Improvisation ist für die Band ein entscheidendes Element, um traditionelle und moderne musikalische Entwicklungen zu verbinden. Ein Film über die Genese von Musik. – Ab 16. ✦ Schwarz-weiß. BR Deutschland 1983–84 **P** dffb **SF** Menos-Film Berlin **R+B+K** Rolf Müller **M** Sacy Perere **S** Ursula Dieterich **L** 61

SADE (SADE). Marquis de Sade, Autor ausschweifend freizügiger Romane, sitzt 1794 als Adeliger und quasi natürlicher Feind der Französischen Revolution in einem Pariser Luxusgefängnis ein. Dort führt er seinen Mitgefangenen die Gräueltaten der Revolution vor Augen und schafft es, ein neugieriges unschuldiges Mädchen dazu zu bringen, dass es sich nach Lektüre seiner sexuellen Vorlieben freiwillig hingibt. Ein in der Hauptrolle bestechend interpretierter, nachdenklich stimmender politisch-philosophischer Film über Außenseiter, Macht, Normen und die Würde des Menschen. ✦ Scope. Frankreich 2000 **P** Aliceleo/TF 1/Cofimage 11 **KI** Prokino **VA** Universal **DVD** Universal Home (16:9, 2.35:1, DS frz./dt.) **Pd** Patrick Godeau **R** Benoît Jacquot **B** Jacques Fieschi **K** Benoît Delhomme **M** Francis Poulenc (»Suite Française II + IV«), Nicolas Fiorenza (»Sizilienne«) **S** Luc Barnier **D** Daniel Auteuil (Sade), Isild Le Besco (Emilie), Marianne Denicourt (Marie-Constance Quesnet »Sensible«), Grégoire Colin (Fournier), Jeanne Balibar (Madame Santero) **L** 98 **FSK** ab 12; f **E** 21.12.2000/23.8.2001 Video & DVD **fd** 34 628

DER SADIST (1949) →Sündige Liebe (1949)

DER SADIST (1957) (VALERIE). Breit geschilderte Gerichtsverhandlung in den 70er Jahren des 19. Jahrhunderts: Ein reicher Viehzüchter ist des Mordes an seinen Schwiegereltern und des Mordversuchs an seiner Frau angeklagt. Drei Rückblenden beleuchten den Sachverhalt aus verschiedenen Perspektiven, bringen jedoch kaum Licht in den verwirrend gestalteten Film. ✦ Schwarz-weiß. USA 1957 **P** Hal R. Makelim **KI** United Artists **Pd** Hal R. Malekim **R** Gerd Oswald **B** Leonard Heideman, Emmett Murphy **K** Ernest Laszlo **M** Albert Glasser **S** David Bretherton **D** Sterling Hayden (John Garth), Anita Ekberg (Valerie), Anthony Steel (Pfarrer Blake), Peter Walker (Herb Garth), John Wengraf (Louis Horvat) **L** 82 **FSK** ab 18; nf **E** 30.1. 1959 **fd** 7 939

DIE SADISTEN (LES CHIENS DANS LA NUIT). Ein Ganoventrio erpreßt einen für weibliche Reize anfälligen jungen Bankier und treibt ihn zum Selbstmord. Auf der Flucht über die Grenze zerfleischt sich das Trio gegenseitig; das erschwindelte Geld fliegt von einer Klippe ins Meer. In Griechenland spielender, unachtsam inszenierter Thriller, der zwischen Lächerlichkeit und Langeweile schwankt. ✦ Frankreich 1964 **P** Marceau/Sport **KI** Ring/Schmidt **R** Willy Rozier **B** Xavier Vallier, nach einem Roman von Thrasso Castanakis **M** Jean Yatove **D** Maria Xenia, Georges Rivière, Claude Cerval, Jean Sobieski, Jenny Astruc **L** 86 **FSK** ab 18; nf **E** 9.5.1969 **fd** 16 136

DIE SADISTEN DES SATANS (SATANS SADISTS). Einem ehemaligen US-Marinesoldaten gelingt es, eine Satansbande zur Strecke zu bringen, die vergewaltigend und mordend ihr Unwesen treibt. Ein aus aktuellem Anlaß (Sharon Tates Ermordung 1969) gefertigter Schocker, der einzig an der Darstellung von Brutalitäten und Sex interessiert zu sein scheint. ✦ USA 1969 **P** Kennis-Frazer **KI** Condor-Synchron **VA** Arcade **R+B** Al Adamson **K** Gary Graver **M** Harley Hatcher **D** Russ Tamblyn, Scott Brady, Kent Taylor, Evelyn Frank **L** 86 **FSK** ab 18; nf **E** 8.5.1970/1982 Video **fd** 16 793

SADISTICO (PLAY MISTY FOR ME). Ein Amateurcasanova, Discjockey einer Rundfunkstation in einer langweiligen Provinzstadt, hat sich mit einer fanatischen Verehrerin eingelassen, die sich in das Verhältnis hysterisch hineinsteigert und zu immer verzweifelteren Mitteln greift, um den widerstrebenden Mann an sich zu binden. Nach einem Selbstmordversuch und einem Angriff auf die Haushälterin verbringt sie eine Zeit in der Heilanstalt, danach schmiedet sie Mordpläne. Ein Psychothriller von und mit Clint Eastwood, bei dem der Hauptdarsteller dem debütierenden Regisseur im Wege stand. In keiner Phase der fesselnd geschriebenen Story gelingt es, die psychische Entwicklung der Protagonisten glaubhaft zu machen. Nur gelegentlich tauchen besser inszenierte Actionszenen auf, für die offenbar Don Siegel, Eastwoods früherer Lehrmeister, verantwortlich war. (Titel auch: »Sadistico – Wunschkonzert für einen Toten«) ✦ USA 1970 **P** Universal/Malpaso **KI** CIC **R** Clint Eastwood **B** Jo Heims, Dean Riesner, nach einer Erzählung von Jo Heims **K** Bruce Surtees **M** Dee Barton **D** Clint Eastwood (Dave Garland), Donna Mills (Tobie Williams), Jessica Walter (Evelyn Draper), John Larch (McCallum), Irene Hervey (Madge Brenner) **L** 102 **FSK** ab 18; nf **E** 28.1.1972 **fd** 17 713

SADKO, DER VAGABUND →Sadkos Abenteuer

SADKOS ABENTEUER (SADKO). Die altrussische Sage vom Sänger, der in die Welt hinauszieht, um das Glück zu suchen, und es zu guter Letzt in seiner Heimat findet, als schauprächtig-naiver Märchenfilm. (Alternativtitel: »Sadko, der Vagabund«, DDR: »Lockendes Glück«) – Ab 10. ✦ UdSSR 1952 **P** Mosfilm **KI** Atlantic **R** Alexander Ptuschko **B** Konstantin Issajew, nach Motiven der russischen Sage von Sadko **K** Fjodor Proworow **M** Nikolai Rimski-Korsakow **S** M. Gerschengorin **D** Sergej Stoljarow (Sadko), Alla Larionowa (Ljubawa), Michail Trojanowski (Trifon), N. Malischewski (Wyschata), Iwan Perewersew (Timofej) **L** 90 **FSK** ab 6; f **E** 7.5.1953 Kino DDR/ 8.9.1953 DFF 1/26.11.1958 Kino BRD **fd** 5 947

SADO MANIAC →Sado – Stoß das Tor zur Hölle auf

SADO – STOSS DAS TOR ZUR HÖLLE AUF (BUIO OMEGA). Von drastischen Ekelszenen strotzender Horrorfilm um einen jungen Mann, der seine Verlobte nach ihrem Tod ausstopft und alle jungen Frauen, die ihm zu nahe kommen, in brutalen Blutorgien ermordet. Ein Film, der in Sadismus und Zynismus kaum zu übertreffen ist. – Wir raten ab. ✦ Italien 1977 **P** D.R. Production **KI** cfc-Contact **VA** Videophon **R** Joe d'Amato (= Aristide Massaccesi) **B** Ottavio Fabbri, Giacomo Guerrini **K** Jean Tartos (= Enrico Biribicchi) **M** The Goblins, Efraim Monti **D** Kieran Canter, Cinzia Monreale, Franca Stoppi, Anna Cardini, Samuel Miedosto **L** 93 **FSK** SPIO: X **E** 14.11.1980 **fd** 22 783

SADOMANIA – HÖLLE DER LUST. Ein amerikanisches Paar auf Flitterwochen gerät in ein sogenanntes Rehabilitationszentrum für gefangene Frauen, das von einer dunkelhäutigen Sadistin geleitet wird und einen impotenten Gouverneur mit »Ware« beliefert. Ein diffamierendes, schludrig inszeniertes Machwerk. – Wir raten ab. ✦ BR Deutschland/Spanien 1980 **P** Lisa/Metro/Plata **KI** Residenz **VA** VMP **DVD** Astro (1.66:1, Mono dt.) **R** Robert Griffin (= Jésus Franco Manera) **B** Günter Ebert, Jesus Franco (= Jésus Franco Manera) **K** Hannes Fürbringer **M+S** Jesus Franco (= Jésus Franco Manera) **D** Ajita Wilson, Andrea Guzzon, Robert Foster, Uta Koepke, Gina Jansen **L** 86 **FSK** SPIO: X **E** 19.3.1981/2001 DVD **fd** 22 876

SADOMONA – INSEL DER TEUFLISCHEN FRAUEN (POLICE WOMEN). Goldschmuggel en gros, verbunden mit Rauschgifthandel, soll aufgeklärt werden. Eine im Schießen wie in Karate gleichermaßen versierte Polizistin sprengt den Ring. Schlägerfilm voller Sadismen, in dem die Hauptakteure Frauen sind; eine perfide Spekulation mit rassistischen Tönen. – Wir raten ab. ✦ USA 1974 **P** Crown **KI** Jugendfilm **VA** VMP/ITT **Pd** Wes Bishop **R** Robert Lee Frost **B** Robert Lee Frost, Wes Bishop **K** Paul Hipp **M** Clark Will **D** Sondra Currie, Tony Young, Phil Hoover, Elizabeth Stuart, Chuck Daniel, Wes Bishop **L** 95 **FSK** ab 18; nf **E** 15.10.1976/1980 Video **fd** 20 078

SADOR – HERRSCHER IM WELTRAUM (BATTLE BEYOND THE STARS). Auf einem kleinen Planeten lebendes friedliches Volk, das vom Kommandanten eines riesigen Raumschiffes bedroht wird, rettet sich mit Hilfe eines jungen Helden und sechs intergalaktischer Söldner. Science-Fiction-Abenteuer, das Motive aus bekannten Werken der Filmgeschichte (»Die sieben Samurai«, »Die glorreichen Sieben«) abwandelt. Einfallsreich und mit Humor inszeniert, unterhält der Film trotz einiger fragwürdiger Elemente Freunde des Genres annehmbar. – Ab 14. ✦ USA 1980 **P** Orion-Pictures **KI** Warner-Columbia **Pd** Roger Corman **R** Jimmy T. Murakami **B** John Sayles **K** Daniel Lacambre **M** James Horner **S** Allan Holtzman, Bob Kizer **D** Richard Thomas (Shad), Robert Vaughn (Gelt), George Peppard (Space Cowboy), John Saxon (Sador), Sybil Danning (St. Exmin), Darlanne Fluegel (Namelia), Sam Jaffe (Dr. Hephaestus), Morgan Woodward (Kaiman), Steve Davis (Quopeg), Carl Boen (1. Nestor), Terrence McNally (Gar) **L** 103 **FSK** ab 12; f **E** 13.11.1980 **fd** 22 686

SAFARI. Geografische und völkerkundliche Belehrung an Hand einer Expeditionsreise ins Innere Afrikas. Antiquierter Dokumentarfilm, aus altem Material zusammengeschnitten. – Ab 14. ✦ Schwarz-weiß. Deutschland 1938/49 **P** Wilhelm Eggert **KI** Schonger **R+B** Wilhelm Eggert **K** Wilhelm Eggert, Frau Eggert **M** Walter Winnig **L** 80 **FSK** ab 12; f **E** 24.4.1939 **fd** 2 521

SAFARI DES TODES – AUF DER JAGD NACH DEM WEISSEN GOLD (IVORY HUNTERS). Ein arroganter Schriftsteller aus New York kommt auf der Suche nach einer verschwundenen Fotografin erstmals nach Schwarzafrika. Diese wurde von Elefantenschlächtern erschossen, und bald sieht sich der bestürzte Amerikaner selbst bedroht. Im Lauf der Kriminalaffäre rettet ihn der unterschätzte einheimische Polizei-Chef, und er muß seine Vorurteile über Land und Leute in Kenia korrigieren. Mit verführerisch schönen Tier- und Landschaftsaufnahmen inszenierter Abenteuerfilm; insgesamt etwas schönfärberisch, aber gewinnend afrikafreundlich. – Sehenswert ab 12. ✦ USA 1990 **P** Turner Pictures/National Audubon Society/RHI **VA** Warner Home **Pd** Robert Halmi, Christopher N. Palmer, James Chroy **R** Joseph Sargent **B** Richard A. Guttman, Bill Bozzone **K** Kees Van Oostrum **M** Charles Bernstein **S** Debra Karen **D** John Lithgow (Carter), Isabella Rossellini (Maria di Conti), Carolyn Nelson (Liz Page), James Earl Jones (Inspektor Nkuru), Tony Todd (Jomo) **L** 95 **FSK** ab 6 **E** 27.3.1992/1992 Video **fd** 29 560

SAFARI 3000 (SAFARI 3000). Ein Mechaniker besiegt mit Hilfe einer Playboy-Reporterin in einer 3000 km langen Afrika-Rallye seinen ehemaligen Dienstherrn. Mittelmäßige Mischung aus Auto-Action und Liebesgeschichte mit einigen reizvollen Landschaftsbildern. (Fernsehtitel: »Eine irre Safari«) – Ab 16. ✦ USA 1982 **P** United Artists **VA** Warner Home **R** Harry Hurwitz **B** Michael Harresschou **K** Adam Greenberg **M** Ernest Gold **S** Samuel E. Beetley **D** David Carradine (Eddie Miles), Stockard Channing (J. J. Dalton), Christopher Lee (Graf Borgia), Hamilton Camp (Feodor), Ian Yule (Freddie Selkirk) **L** 88 **FSK** ab 16 **E** Mai 1986 Video/6.2.1989 ARD **fd** 25 701

SAFARI EXPRESS (SAFARI EXPRESS). In einer unberührten Region mitten in Zentralafrika entbrennt ein heftiger Kampf um ein Uranvorkommen, das ein skrupelloser Geschäftemacher ausbeuten will. Ein Flugzeugpilot macht ihm dabei einen Strich durch die Rechnung. Konventioneller Abenteuerfilm, durch komödiantische Atempausen aufgelockert. – Ab 16. ✦ Italien 1977 **P** Tritone/Fox **Pd** Salvatore Alabiso, Willi Welker **R** Duccio Tessari **B** Mario Amendola, Bruno Corbucci, Duccio Tessari, Gianfranco Clerici, Antonio Exacoustos **K** Claudio Cirillo **M** Guido de Angelis, Maurizio de Angelis **S** Eugenio Alabiso **D** Giuliano Gemma (John Baxter), Ursula Andress (Miriam), Jack Palance (van Daalen), Enzo Bottesini (Howard), Giuseppe Maffioli (Peter Gasperini) **L** 97 **E** 18.11.1994 RTL

SAFARI ZUR HÖLLE (RHINO). Ein junger amerikanischer Zoologe will in Afrika seltenes Großwild vor dem Aussterben retten und wird dabei von Wilderern behindert. Der Film verpackt Informationen über das Tiersterben im Schwarzen Erdteil unterhaltsam in eine Abenteuerhandlung. – Ab 12. ✦ USA 1963 **P** Ivan Tors **KI** MGM **Pd** Ben Chapman **R** Ivan Tors **B** Art Arthur, Arthur Weiss, nach einem Roman von Art Arthur **K** Sven Persson, Lamar Boren **M** Lalo Schifrin **S** Warren Adams **D** Harry Guardino (Alec Burnett), Robert Culp (Dr. Jim Hanlon), Shirley Eaton (Edith Arleigh), Harry Mekela (Jo-Po), George Lane (Haragay) **L** 85 **FSK** ab 6; f **E** 26.6.1964 **fd** 12 855

SAFE (1993). Bericht über den täglichen Überlebenskampf im London der 90er Jahre. In einer Notunterkunft kommen die unterschiedlichsten Schicksale zusammen, darunter ein 18-jähriger Schwarzer, der Kindheit und Jugend in Heimen verbracht hat, und eine 16-jährige aus Nordengland, die vom Geliebten ihrer Mutter sexuell mißbraucht wurde. ✦ Großbritannien 1993 **P** BBC TV **R** Antonia Bird **B** Al Ashton **K** Fred Tammes **M** Billy Bragg **S** Ardan Fisher **D** Aidan Gillen (Gypo), Kate Hardie (Kaz), Robert Carlyle (Nasty), George Costigan (Sean), Andrew Tiernan **L** 65 **E** 15.10.1995 arte

SAFE (1995) (SAFE). Eine junge Ehefrau der gehobenen Mittelschicht, die ihrem Luxus frönt, wird plötzlich von Allergien befallen und benimmt sich nicht mehr konform. Nach erfolgloser psychiatrischer Behandlung landet sie in einem dubiosen »New Age«-Behandlungszentrum. Ein Film über eine inhumane Umwelt, die krank macht, der in seiner Zeichnung der »New Age«-Bewegung bis zur Karikatur geht. Dabei wird der Zwang zum Glücklichsein als eines der Übel der amerikanischen Gesellschaft entlarvt. Ein mit minimalistischen Mitteln gestalteter Abgesang auf die vermeintliche Sicherheit der Mittelschicht, der vor Augen führt, dass man lernen muss, sich selbst zu lieben, um geliebt zu werden. ✦ USA 1995 **P** Chemical Films/Sony Pictures Classics **Pd** Christine Vachon, Lauren Zalaznick **R+B** Todd Haynes **K** Alex Nepotwiaschy **M** Ed Tomney **S** James Lyons **D** Julianne Moore (Carol White), Xander Berkley (Greg White), Peter Friedman (Peter), James Le Gros (Chris), Mary Carver (Nell) **L** 115 **E** 1.7.1999 arte

SAFE BREAKER (YIDDISH CONNECTION). Vier jüdische Amateurganuer und ein katholischer Seminarist versuchen sich als Tresorknacker. Schmunzelkrimi mit vielversprechender Grundidee, aber in der Ausführung enttäuschend, da die Figuren zu flach gezeichnet sind und jüdischer Humor zu wenig zum Tragen kommt. – Ab 14 möglich. ✦ Frankreich 1986 **P** FR 3/A.F.C./Top 1/Sofica Cinergie **VA** VCL/Virgin **Pd** Maurice Bernart **R** Paul Boujenah **B** Charles Aznavour, Didier Kaminka **K** Yves Dahan **M** Georges Garvarentz **S** Eva Zora **D** Charles Aznavour (Aaron Rapoport), Ugo Tognazzi (Moshe di Cremona), André Dussollier (Seminarist), Vincent Lindon (Zvi), Charly Chemouny (Samy) **L** 81 **FSK** ab 12 **E** 26.6.1988 Video **fd** 27 029

SAFE HOUSE – ABGESCHOTTET (SAFE HOUSE). Thriller. Ein ehemaliger Geheimdienstagent hat sein Haus zu einer Festung ausgebaut, die er nur selten verläßt. Die Menschen in seiner Umgebung halten ihn für verrückt, zumal ihn auch die Alzheimer Krankheit plagt. Tatsächlich aber ist der alte Mann im Besitz von Geheimdokumenten, die den Präsidentschaftskandidaten als Verbrecher entlarven. Er muß davon ausgehen, daß ihm der Kandidat dafür nach dem Leben trachtet. ✦ USA 1997 **Pd** Eric Steven Stahl, Sean McLain **R+B** Eric Steven Stahl **K** Vincent Donohue **M** Kevin Kiner **S** Liza McDonald **D** Patrick Stewart (Mace Sowell), Kimberly Williams (Andi Travers), Joy Kilpatrick (Michelle Sowell-Ross), Craig Shoemaker (Stuart Bittenbinder), Hector Elizondo (Dr. Simon), James Harlow (Marc Ross) **L** 112 **E** 1.7. 1998 premiere

SAFE PASSAGE (SAFE PASSAGE). Eine 43jährige Mutter von sieben Kindern erfährt, daß auf die Militärbasis, wo einer ihrer Söhne stationiert ist, ein Sprengstoff-Attentat verübt worden ist. Während der bangen Zeit der Ungewißheit beginnt für sie, ihren Mann sowie die übrigen sechs Söhne eine Zeit der intensiven Wiederbegegnung. Ein vor allem in der Hauptrolle hervorragend gespieltes Drama von hoher innerer Spannung, das behut- und einfühlsam die Sehnsüchte, Ängste und Zweifel der Personen herausarbeitet. – Ab 12. ✦ USA 1994 **P** Pacific Western **VA** VMP **Pd** Gale Anne Hurd **R** Robert Allan Ackerman **B** Deena Goldstone, nach einem Roman von Ellyn Bache **K** Ralf D. Bode **M** Mark Isham **S** Rick Shaine **D** Susan Sarandon (Meg), Sam Shepard (Patrick), Robert Sean Leonard (Alfred), Nick Stahl (Simon), Jason London (Gideon) **L** 94 **FSK** ab 6 **E** 8.8.1995 Video/22.8.1996 premiere **fd** 31 560

DIE SAFE-SPEZIALISTEN (SAFE MEN). Zwei erfolglose Sänger, die im Nebenerwerb als Aushilfs-Safeknacker arbeiten, legen sich unwissentlich mit der jüdischen Mafia an. Brenzlig wird die Situation, als sich einer von ihnen in die Tochter eines »Paten« verliebt. Kaum originelle Gaunerkomödie, immerhin mit charmanten Darstellern und einigen amüsanten Gags. Als Debütfilm eine gute Visitenkarte. ✦ USA 1998 **P** Andell Entertainment/Blue Guitar **Pd** Ellen Bronfman, Jeffrey Clifford, Jonathan Cohen, Andrew Hauptman **R+B** John Hamburg **K** Michael Barrett **M** Theodore Shapiro **S** Suzanne Pillsbury **D** Sam Rockwell (Sam), Steve Zahn (Eddie), Michael Lerner (Big Fat Bernie Gayle), Paul Giamatti (Veal Chop), Michael Schmidt (Bernie jr.) **L** 85 **E** 3.4.2001 Premiere World

SAFEKNACKER (LOOPHOLE). Ein angesehener, aber in finanzielle Nöte geratener Architekt beteiligt sich an einem generalstabsmäßig vorbereiteten Bankeinbruch. Kriminalfilm ohne Substanz und Überraschungen. (TV-Titel: »Ein perfekter Bruch«) – Ab 14. ✦ Großbritannien 1980 **P** Brent Walker **KI** Progress **Pd** Julian Holloway, David Korda **R** John Questedt **B** Jonathan Hales, nach einem Roman von Robert Pollock **K** Michael Reed **M** Lalo Schifrin **S** Ralph Sheldon **D** Albert Finney (Mike Daniels), Susannah York (Dinah Booker), Martin Sheen (Booker), Colin Blakely (Gardner), Jonathan Pryce (Taylor) **L** 105 **E** 6.8.1982 Kino DDR/8.9.1996 Kabel 1

SAFEKNACKER NR. 1 (THE SAFECRACKER). Ein verurteilter Tresorknacker wird im Zweiten Weltkrieg zu einem gefährlichen Sondereinsatz des britischen Geheimdienstes begnadigt und kommt dabei ums Leben. Obgleich wenig logisch im Handlungsablauf und unglaubhaft in den Spionagedetails, bietet der Film spannende Unterhaltung. ✦ Schwarz-weiß. Großbritannien 1957 **P** Coronado **KI** MGM **Pd** John R. Sloan **R** Ray Milland **B** Paul Monash, nach einer Story von Rhys Davies und Bruce Thomas **K** Gerald Gibbs **M** Richard Rodney Bennett **S** Ernest Walter **D** Ray Milland, Barry Jones, Jeannette Sterke, Ernest Clark, Melissa Stribling **L** 97 **FSK** ab 12; f **E** 26.9. 1958 **fd** 7 437

DER SAFESCHLÜSSEL (POSLEDNJAJA WSTRETSCHA). Die Untersuchung eines Juwelenraubes führt den ermittelnden Kommissar zu einer jungen Frau, die für die Anfertigung eines zweiten Safeschlüssels zu sorgen hatte. Doch schließlich deutet alles darauf hin, daß ein Unbekannter den eigentlichen Einbrechern zuvorkam. – Ab 16. ✦ UdSSR 1977 **P** Dowshenko-Studio **R** Grigori Kochan **B** Alexej Nagorny, Georgi Rjabow **K** Felix Gilewitsch **D** Jewgeni Sharikow (Kondratjew), W. Dolgorukow, Jewgeni Schutow, Boris Borissow, Leonid Gubanow **L** 177 (zwei Teile) **E** 27.4./4.5.1978 DFF 2

SAFETY PATROL – MIT SICHERHEIT INS CHAOS (SAFETY PATROL). Ein Schüler, dessen sehnlichster Wunsch es ist, der Sicherheitstruppe seiner Schule anzugehören, wird an eine andere Schule verwiesen, nachdem er einen folgenschweren Unfall verursacht hat. Das Sicherheitsteam der neuen Lehranstalt zieht ihn durch seine akkuraten Übungen in Bann, doch ungewollt legt er sich mit den Mitgliedern an, die als die übelsten Schläger der Schule gelten. Belanglose Teenie-Komödie mit nur bescheidenen Witzen und aufgesetzten Cameo-Auftritten einiger Comedy-Größen. – Ab 14 möglich. ✦ USA 1998 **P** Disney **Pd** Jeffrey Lampert **R** Savage Steve Holland **B** Doug Draizin, Savage Steve Holland **K** David A. Makin **M** Joseph Vitarelli **S** Kaja Fehr **D** Bug Hall (Scott Bozell), Lainie Kazan (Mrs. Day), Curtis Armstrong (Mr. Miller), Leslie Nielsen (Mr. Penn), Stephanie Faracy (Direktorin Marlow) **L** 85 **E** 3.12.2000 RTL

SAFFI UND DER ZIGEUNERBARON → Jonas und der verschwundene Schatz

SAG' DER DAME GUTEN TAG → Sag' guten Tag zu der Dame

SAG DIE WAHRHEIT. Ein noch nicht geschiedener, aber schon wieder verlobter Architekt landet im Irrenhaus, weil er sich durch seinen Wahrheitsfanatismus in unmögliche Situationen bringt. Die erste westdeutsche Filmproduktion nach dem Zweiten Weltkrieg – ein penetrant albernes Lustspiel aus dem Traumfabrik-Niemandsland – war ein Fehlstart auf der ganzen Linie. – Ab 16. ✦ Schwarz-weiß. Deutschland 1946 **P** Studio 45 **KI** Herzog **Pd** Erich Holder **R** Helmut Weiss **B** Ernst Marischka, nach dem gleichnamigen Lustspiel von Johann von Vaszary **K** Walter Pindter, Hans Hauptmann **M** Werner Eisbrenner **S** G. Bellers, Anneliese Schönnenbeck **D** Gustav Fröhlich, Mady Rahl, Ingeborg von Kusserow, Sonja Ziemann, Georg Thomalla, Aribert Wäscher **L** 96 **FSK** ab 16; f **E** 20.12.1946 **fd** 28

SAG ES MIT MUSIK. Eifersuchtskomödie mit Gesang und Tanz vor spanischer Kulisse. Langatmig, niveaulos und mit kümmerlichem Humor präsentiert. – Ab 14. ✦ Scope. BR Deutschland 1956 **P** Despa **Kl** Union **R** Ignacio F. Iquino **B** Francisco Prada, Fritz Böttger **K** Alfredo Fraile **M** J. C. Auge **S** J. L. Oliver **D** Bibi Johns, Pero Alexander, Hanita Hallan, Franz Muxeneder, Rosa Carmina **L** 95 **FSK** ab 12; nf **E** 1.3. 1957 **fd** 5 713

SAG' GUTEN TAG ZU DER DAME (DIS BONJOUR A LA DAME). Ein biederer Postbeamter hat Schwierigkeiten mit der Erziehung seiner der Pubertät entwachsenen Söhne: Während der eine ein unerwartetes Kind ankündigt, ist der andere scheinbar dem eigenen Geschlecht zugetan. Weitgehend oberflächliche und banale Alltagskomödie, die nur zu Beginn unterhält. (TV-Titel: »Sag' der Dame guten Tag«) – Ab 16. ✦ Scope. Frankreich 1978 **P** Cinephonic/ Productions J. Roitfeld/Les Activités Cinégraphiques **Kl** Progress **R** Michel Gérard **B** Michel Gérard, François Chavane **K** Jean Monsigny **M** Alain Le Meur **D** Pierre Tornade, Micheline Luccioni, Remi Laurent, Sophie Barjac, Roger Carel **L** 76 (TV 85) **E** 27.6.1980 Kino DDR/22.4.1989 RTL plus

SAG JA! (DIS-MOI OUI ...). Mit einigen Tricks gelingt es einem zwölfjährigen Mädchen, bei einem Kinderarzt Unterschlupf zu finden. Wie sich herausstellt, ist es eine Patientin seines Vaters und schwer krank. Während der Kinderarzt sich auf die Suche nach einem Chirurgen mit einer neuen Heilmethode macht, vertieft sich die Freundschaft zu der Nymphe, allerdings ohne die vom Mädchen geforderte erotische Note. Eine kleine, aber märchenhafte Geschichte voller lebhaft dargestellter Figuren, die sich letztlich dem Schema einer Kolportage unterwirft. – Ab 16. ✦ Frankreich 1995 **P** New Light Films/TF 1/S.G.G.C./Jiby/Sofinergie 3/Cofimage 6/Canal+ **Kl** Nil **Pd** Alexandre Arcady, Jean-Bernard Fetoux **R** Alexandre Arcady **B** Alexandre Arcady, Olivier Dazat, Antoine Lacomblez **K** Robert Alazraki **M** Philippe Sarde **S** Martine Giordano **D** Jean-Hugues Anglade (Stéphane), Claude Rich (Professor Villiers), Nadia Farès (Florence), Patrick Braoudé (Brice), Julia Maraval (Eva), Valérie Kaprisky (Nathalie) **L** 107 **FSK** ab 12; f **FBW** w **E** 17.3.1996 **fd** 31 855

SAG JA ZUR LIEBE (GABLE AND LOMBARD). Die Liebesgeschichte zwischen dem 1942 verunglückten Hollywood-Star Carole Lombard und dem einstigen »König von Hollywood«, Clark Gable. Der die Glanzzeit der amerikanischen Filmmetropole schwach beleuchtende Film bringt nur in wenigen Szenen mehr als eine banale, klischeehafte Kinoromanze zustande, die formal eher vorgestrig wirkt. – Ab 16. ✦ USA 1975 **P** Universal **Kl** CIC **R** Sidney J. Furie **B** Barry Sandler **K** Jordan Cronenweth **M** Michel Legrand **D** James Brolin (Clark Gable), Jill Clayburgh (Carole Lombard), Allen Garfield (Louis B. Mayer), Red Buttons (Ivan Cooper), William Bryant **L** 115 **FSK** ab 16; f **E** 17.9.1976 **fd** 19 944

SAG' MIR, DASS DU MICH LIEBST (DIS-MOI QUE TU M'AIMES). Des Ehelebens überdrüssig, setzen zwei Französinnen ihre »Göttergatten« kurzerhand vor die Tür. Die ausgesperrten Männer nutzen die gewonnene Freiheit zu einigen amourösen Abenteuern; die beiden Freundinnen stehen ihnen darin kaum nach, ehe alle vier wieder am häuslichen Herd zusammenfinden und die Wogen geglättet scheinen. Amüsante Komödie; eine augenzwinkernde Analyse zum Thema Ehe. – Ab 16. ✦ Frankreich 1974 **P** Francos/Mannic **R** Michel Boisrond **B** Annette Wademant, Michel Boisrond **K** Daniel Gaudry **M** Claude Bolling **D** Mireille Darc (Charlotte), Marie-José Nat (Victoria), Jean-Pierre Marielle (Richard), Daniel Ceccaldi (Bertrand), Geneviève Fontanel **L** 90 **E** 25.12.1987 DFF 2/25.6.1994 ORB

SAG' MIR, WAS DU WILLST (JUST TELL ME WHAT YOU WANT). Um privat wie beruflich aus dem Schatten eines skrupellosen, erfolgreichen Geschäftsmannes zu treten, steuert eine attraktive Journalistin eine eigene Karriere als Fernsehproduzentin an. Ihre Aktivitäten bleiben jedoch ohne Erfüllung, und schließlich kehrt sie zu dem plötzlich erkrankten Tycoon zurück. Mitunter albern überzogene Komödie, die zu geflissentlich Seitenhiebe gegen das Leben amerikanischer Erfolgsmenschen verteilt. Durchaus unterhaltsam, aber sehr vordergründig angelegt. – Ab 16. ✦ USA 1980 **P** Warner **Pd** Jay Presson Allen, Sidney Lumet **R** Sidney Lumet **B** Jay Presson Allen, nach ihrem Roman **K** Oswald Morris **M** Charles Strouse **S** John J. Fitzstephens **D** Ali MacGraw (Bones Burton), Alan King (Max Herschel), Myrna Loy (Stella Liberti), Keenan Wynn (Seymour Berger), Peter Weller (Steven Routledge) **L** 112 **E** 17.2.1989 ZDF

SAG MIR, WIE DEIN NAME IST (INTOARCEREA LUI MAGELLAN). Während der faschistischen Diktatur lernt ein junger Widerstandskämpfer ein Mädchen kennen und lieben, das jedoch im Verdacht steht, ein Polizeispitzel zu sein. In der Stunde höchster Gefahr aber bewährt sich die junge Frau. Der Film wird mit seinen Unwahrscheinlichkeiten und seiner Pseudopsychologie dem anspruchsvollen Thema nicht gerecht. – Ab 16. ✦ Rumänien 1973 **P** Filmstudio Bucuresti **Kl** Progress **R+B** Christiana Nicolae **K** Dinu Tănase **M** Adrian Enescu **D** Mihaela Marinescu (Magellan), Vladimir Caitan (Bucur), Cornelia Gheorghiu (Matoi), George Motoi (Freund), Radu Beligan (Professor) **L** 91 **E** 18.4.1975 Kino DDR/10.11.1976 DFF 2

SAG NEIN. Dokumentation eines Musikfestivals in Hamburg 1983, bei dem sich Künstler gegen die Nachrüstung einsetzten. Weitgehend zurückhaltend und stimmungsvoll inszeniert, versteht sich der Film als Darstellung eines anderen, durch eine vielschichtige Kultur umschriebenen Lebens. Er regt zudem dazu an, sich mit der Möglichkeit der unterschiedlichen Verwertbarkeit von Bildinhalten auseinanderzusetzen. – Ab 12. ✦ BR Deutschland 1983 **P** Freie Film Redaktion/Project **Kl** Filmverlag der Autoren **R+B** Stefan Aust **K** Eckhard Dorn, Lucas Maria Böhmer, Reiner Schäfer, Joseph Vilsmaier, Peter Maiwald, Niels C. Bolbrinker **M** Joan Baez, Harry Belafonte, Franz Josef Degenhardt, Gisela May, Konstantin Wecker **S** Barbara Hennings, Maria Jonderko **D** Joan Baez, Harry Belafonte, Franz Josef Degenhardt, Gisela May, Konstantin Wecker, Wolf Biermann, Gianna Nannini **L** 98 **FSK** ab 12; f **FBW** bw **E** 11.11.1983 **fd** 24 320

SAG NICHT ADDIO →Vergiß, wenn du kannst

SAG' NIE WIEDER INDIO (CACCIA ALL' UOMO/CANE ARRABBIATO). Ein junger Mann, unschuldig des Pferdediebstahls beschuldigt, wird in der Haft sadistisch gequält. Er bricht aus und kann sich rehabilitieren. Formal belangloser, auf Brutalitäten ausgerichteter Actionfilm. (Titel auch: »Sag' nie wieder Indio – Manhunt«) ✦ Scope. Italien 1984 **P** Fulvia **Kl** Alemannia **R+B** Larry Ludman (= Fabrizio de Angelis) **K** Ralph Chasse **M** Francesco De Masi **S** Vincent P. Thomas (= Vincenzo Tomassi) **D** John Ethan Wayne, Ernest Borgnine, Raimund Harmstorf, Henry Silva, Bo Svenson **L** 80 **FSK** ab 18; nf **E** 30.11. 1984/10.5.1995 SAT 1 **fd** 24 941

SAG NIEMALS JA (CALIFORNIA HOLIDAY/SPINOUT). Drei junge Frauen versuchen, einen Schlagerstar zu erobern, der sich aber für keine entscheiden kann. Komödie, deren banale Handlung als Aufhänger für die Songs von Elvis Presley dient. – Ab 14. ✦ Scope. USA 1966 **P** Euterpe **Kl** MGM **Pd** Joe Pasternak **R** Norman Taurog **B** Theodore J. Flicker, George Kirgo **K** Daniel L. Fapp **M** George Stoll **S** Rita Roland **D** Elvis Presley (Mike McCoy), Shelley Fabares (Cynthia Foxhugh), Diane McBain (Diana St. Clair), Deborah Walley (Les), Dodie Marshall (Susan) **L** 93 **FSK** ab 6; nf **E** 9.6.1967 **fd** 15 105

SAG NIEMALS NIE (NEVER SAY NEVER AGAIN). Superagent James Bond führt im vierzehnten Abenteuer einen trickreichen Kampf gegen einen gefährlichen Verbrecher, der zwei Cruise-Missile-Raketen geraubt hat. Neuverfilmung des Films »Feuerball«, die über weite Strecken die üblichen Materialschlachten und langatmige Genre-Klischees aneinanderreiht. Lediglich in der ersten halben Stunde ein abwechslungsreiches, selbstironisch erzähltes Actionabenteuer, mit dem Sean Connery nach 12jähriger Bond-Pause zurückkehrte. ✦ Scope. USA 1982 **P** Woodcote/Talia **Kl** Neue Constantin **DVD** Fox Home (16:9, 2.35:1, DS engl., Mono dt.) **Pd** Jack Schwartzman **R** Irvin Kershner **B** Lorenzo Semple jr., nach einer Vorlage von Ian Fleming, Kevin McClory, Jack Whittingham **K** Douglas Slocombe **M** Michel Legrand **S** Robert Lawrence **D** Sean Connery (James Bond), Klaus Maria Brandauer (Largo), Max von Sydow (Blofeld), Barbara Carrera (Fatima Blush), Kim Basinger (Domino), Bernie Casey (Felix Leiter), Edward Fox (»M«), Alec McCowen (»Q«/Algy), Pamela Salem (Miss Moneypenny) **L** 133 **FSK** ab 12; f **FBW** w **E** 20.1.1984/ 10.5.2001 DVD **fd** 24 389

SAG'S OFFEN, SHIRLEE (STRAIGHT TALK). Durch Zufall schlüpft eine Blondine vom Lande in die Rolle einer Chicagoer Psychologin und begeistert die Hörer einer Rundfunkstation mit volksnahen Lebensweisheiten. Doch erst als sie den Schwindel eingesteht, fliegen ihr die Herzen wirklich zu, und auch die Liebe kommt zu ihrem Recht. Ganz auf die Hauptdarstellerin zugeschnittene Komödie, die zwar Offenheit und Natürlichkeit propagiert, diese Vorzüge aber nicht aufweist. Weitgehend dem Äußerlichen verhaftet, fehlen ihr Witz und Ironie. – Ab 16. ✦ USA 1991 **P** Chartoff Prod./Hollywood Pictures/Touchwood Pacific **Kl** Warner Bros. **VA** Hollywood/EuroVideo **Pd** Robert Chartoff, Fred Berner **R** Barnett Kellman **B** Craig Bolotin, Patricia Resnick **K** Peter Sova **M** Dolly Parton, Brad Fiedel **S** Michael Tronick **D** Dolly Parton (Shirlee Kenyon), James Woods (Jack Russell), Griffin Dunne (Alan Riegert), Michael Madsen (Steve Labell), Deidre O'Connell (Lily) **L** 91 **FSK** ab 12; f **E** 23.7.1992/29.4.1993 Video **fd** 29 727

SAGARMATHA – WAGNIS IM EWIGEN EIS (SAGARMATHA). Ein Junge darf seinen Vater, einen erfahrenen Bergsteiger, zum Himalaja begleiten, um dort an einer Expedition teilzunehmen. Dies führt zu Spannungen innerhalb der Bergsteigertruppe, und der Junge merkt bald selbst die Grenzen seiner körperlichen und geistigen Belastbarkeit. Als während des Aufstiegs sein Vater eine lebenswichtige Sauerstoff-Flasche verliert, beschließt der Junge, das rettende Gas hochzubringen. Abenteuerlicher Spielfilm um eine lebensgefährliche Bewährungsprobe, angesiedelt vor der eindrucksvollen Naturkulisse Nepals. (DDR-Titel: »Wagnis im ewigen Eis«) – Ab 12. ✦ CSSR/Nepal 1988 **P** Filmstudio Bratislava-Koliba/ Nepal Royal Film Corporation **R** Ján Piroh **B** Ján Piroh, Viera Piroh **K** Vladimír Ondrus **M** Svetozár Stracina **D** Oldrich Kaiser (Jan), Borivoj Navrátil, Rajshree Chhetri, Peter Staník, Mirek Vladyka **L** (TV) 85 **E** 15.4.1990 DFF 1/18.11.1992 ORB

DIE SÄGE DES TEUFELS (I CORPI PRESENTATO TRACCE DI VIOLENZA CARNALE). Ein psychopathischer Killer ermordet die Schülerinnen eines Internats und verstümmelt anschließend ihre Leichen mit einer Säge. Ein in allen Belangen unerquicklicher Film, in dem Sensationslust und spekulative Gesinnung eine widerliche Verbindung eingehen. – Wir raten ab. ✦ Italien 1974 **VA** Allround **R+B** Sergio Martino **K** Giancarlo Fernando **D** Suzy Kendall, Tina Aumont, Luc Merenda, John Richardson, Roberto Bisacco **L** 79 (gek. 74) **FSK** ab 18 (gek. 16) **E** Video

DIE SÄGE DES TODES. Der Lehrer einer kleinen spanischen Ferienspracheschule entpuppt sich als psychopathischer Mörder. Dilettantisches Horrormachwerk, das sich mit der minuziösen Darstellung barbarischen Tötens über die Runden zu retten versucht. – Wir raten ab. ✦ BR Deutschland 1980 **P** Lisa/Rapid/Metro **Kl** Residenz **Pd** Erich Tomek **R** Jess Franco (= Jésus Franco Manera) **B** Rayo Casablanca **K** Juan Soler **M** Gerhard Heinz **S** Karl Aulitzky **D** Olivia Pascal (Manuela), Christoph Moosbrugger (Alvaro), Alexander Waechter (Miguel), Nadja Gerganoff, Jasmin Losensky **L** 84 **FSK** ab 18; nf **E** 27.3.1981 **fd** 22 874

Sciencefiction

Weit, weit entfernte Galaxien. *Star Wars* ◆ **Leeres All?** Wider die Trägheit des Denkens ◆ **Ein ungeliebtes Genre.** Sciencefictionfilme in Osteuropa ◆ **Ein Apokalyptiker.** James Cameron ◆ **Blade Runner.** Europäisches Finale

Weit, weit entfernte Galaxien
Star Wars: Anmerkungen zu einem Phänomen

VON HORST PETER KOLL

»R2-D2: Der hochentwickelte Computerreparatur- und Informationsdroide R2-D2 ist eine äußerst hilfreiche Astromech-Einheit, die mit einer Vielzahl von Apparaten ausgestattet ist. Seine Abenteuer haben es ihm erlaubt, eine klare Persönlichkeit und geistige Schnelligkeit zu entwickeln. R2 legt eine starke Motivation zu Tage, die ihm anvertrauten Aufgaben zu lösen, und kann dabei mit sehr verbissener Entschlossenheit und Einfallsreichtum vorgehen, die für einen Wartungsdroiden ungewöhnlich sind. Ein Protokolldroide wie C-3PO muss sein elektronisches Piepsen und Pfeifen für Nichtmaschinen übersetzen – aber normalerweise gelingt es R2 auch so, sich verständlich zu machen. R2 ist äußerst loyal und schreckt nie davor zurück, Schäden oder seine eigene Zerstörung zu riskieren, um seinem Besitzer zu helfen oder eine Aufgabe zu bewältigen.« (»*Star Wars* – Was ist was im *Star Wars*-Universum«, München 1998)

* * *

Irgendwann vor Weihnachten 1998 wurde für manchen Kinobesucher der Hauptfilm zur Nebensache, weil ein davor eingesetzter Werbetrailer mit einer Länge von höchstens zwei bis drei Minuten für Aufregung sorgte: Es erklang eine fanfarenartige Musik, die seit 20 Jahren vertraut ist wie kaum eine andere Filmmelodie, es erschien ein Schriftzug, der zu einem Warenzeichen mit dem Wiedererkennungswert von Coca-Cola geworden ist: *Star Wars*. Doch das seit 20 Jahren so Vertraute erfuhr in diesen wenigen Filmmetern eine aufsehenerregende neue Variation: Ein Junge war zu sehen, der den illustren Namen Annakin Skywalker trug (und der eingeweihte Filmfreund wusste, dass aus diesem Kind einmal der bösartige schwarze Lord Darth Vader werden würde); der einer jüngeren Generation durchaus vertraute Schauspieler Ewan McGregor verkündete mit charmantem Lächeln, er heiße Obi-Wan Kenobi (und der *Star Wars*-Kenner sah das gütige Gesicht des weitaus älteren Alec Guinness vor sich); und da saßen um einen mächtigen kreisrunden Tisch wie weiland König Artus' Ritter der Tafelrunde bizarre Wesen von den verschiedensten fernen Planeten, darunter ein kleiner grüner Gnom mit langen Ohren (den Fans unschwer als längst im Alter von fast 900 Jahren verstorbenen Jedi-Meister Yoda erkennen) – es ist der hohe Rat der Jedi auf Coruscant, der Hauptwelt der Republik vor den Tagen des Imperiums, ein Bild, das es bislang noch in keinem *Star Wars*-Film gegeben hat. Und da waren in kurzen, signalartigen Bildern neue Raumschiffe, bizarre Roboter, utopische Szenerien, so dass schlagartig klar wurde: Eine Legende kehrt zurück, besser noch: Endlich wird sie weiter erzählt!

* * *

»Es war einmal vor langer Zeit in einer weit, weit entfernten GalaxisX …« (Vorspanntext der *Star Wars*-Teile 4 bis 6)

* * *

In den Jahren 1977, 1979 und 1983 starteten jene drei Sciencefictionfilme, die das Genre nach Jahren des Niedergangs neu beleben sollten: *Krieg der Sterne*, *Das Imperium schlägt zurück* und *Die Rückkehr der Jedi-Ritter*. Vielleicht war es der Einfluss von Stanley Kubricks markanter Weltraumoper *2001: Odyssee im Weltraum*, der George Lucas dazu inspirierte, wahrscheinlich war es dann aber nicht minder seine persönliche Liebe zu Comicstrips, Fortsetzungsgeschichten und Filmserien der 30er Jahre wie *Flash Gordon* und *Buck Rogers*, die seine Fantasie beflügelte und mit den Ritter- und Zauberergeschichten der Artus-Legende, womöglich auch Tolkiens *Herr der Ringe* und den Romanen von Carlos Castaneda in Einklang bringen ließ. Alles in *Star Wars* sollte den Betrachter später zurückverweisen auf erzählerische Vorbilder, sollte Erinnerungen in ihm zum Schwingen bringen, Vertrautes innerhalb der neuen, hypertechnisierten Welt ferner Sternenkriege anklingen lassen. Wie ein riesig-monumentaler Steinbruch der Referenzen und Querverweise fungierte die Trilogie, und gerade in diesen vielfältigen Bezügen zur Welt der Märchen und Fabeln, Ritterlegenden und Kinomythen lag wohl der Erfolg der Filme begründet.

Da spielte es denn überhaupt keine Rolle, dass in der äußeren Realität das Mondflugprogramm der NASA nach den ersten Erfolgen nach 1969 längst in Misskredit geraten und auf Grund der immensen Kosten äußerst unpopulär geworden war. Lucas' Filmtrilogie benötigte nicht den geringsten Rückbezug zu einer solcher Wirklichkeit, schuf sich vielmehr einen ganz eigenen »realistischen« Kosmos, der sich selbst genügte: triviales, märchenhaft-naives Kino um des Kinos willen. Entsprechend scherte es Lucas nicht im Geringsten, dass er der NASA-Ideologie neuen Auftrieb und neuen Nährboden lieferte – offizielle Anfragen, ob man im Zusammenhang mit den eigenen Vorstellungen zukünftiger »Sternenkriege« Begriffe und Namen aus seinen Filmen zitieren dürfte, lehnte er stets kategorisch ab.

Stattdessen verwirklichte Lucas seine eigenen Vorstellungen von »weit, weit entfernten« Galaxien, angesiedelt zwischen Mystik und Märchen, virtuellem Kampfspiel und trivialer Poesie. Oftmals wurde ihm die allzu schlichte Handlung der Geschichten angekreidet, die gerade mal tragfähig genug sei, um nicht hinter der bombastischen Musik, vor allem aber dem riesigen technischen Apparat zu versinken. In der Tat entwickelte Lucas parallel zu den Filmen sein eigenes Trickstudioimperium Industrial Light & Magic, das die Technik der computergesteuerten Motioncontrolkamera erfand, verfeinerte und perfektionierte und so erstmals eine »entfesselt« wirkende Kamera schaffen konnte, die das Prinzip sich linear bewegender Raumschiffe durchbrach. Auch hier wurden im Übrigen revolutionierte Technik und cineastische Tradition in Einklang gebracht: Was Lucas tricktechnisch löste, fand seine visuellen Vorbilder in Wochenschauaufnahmen von Stuka-Angriffen aus dem Zweiten Weltkrieg, aber auch in Hollywoodkriegsfilmen wie *Die Brücken von Toko-Ri*. Als 20 Jahre später »die Zeit reif« war für eine Neuauflage der Sternen-Trilogie, konnte Lucasfilm des Weiteren auf neueste Computertechniken zurückgreifen, um fehlerhafte Stellen in den alten Versionen auszubessern, aber auch um neue Szenerien, geriert aus dem Computer, einzubauen. So entstand der von Schmugglern und anderen dubiosen Wesen bevölkerte Weltraumhafen Mos Eisley nahezu neu. Dies waren dann die Appetithäppchen, mit denen sich das Publikum erneut millionenfach bereitwillig ködern ließ. Aber: Nur der Einsatz von protziger Technik allein konnte diese ungeheure Popularität nicht erklären. Die schlichte Handlung musste etwas haben, was Kritiker unterschätzt hatten. Sie hatte die Fähigkeit zum eigenen Mythos, und ihre Figuren, gleich ob die menschlichen oder mechanischen, entwickelten ein solch hohes Maß an Identifikationsbereitschaft, das selbst über tricktechnisch perfekte Weltraumflüge mit doppelter Lichtgeschwindigkeit triumphierte.

* * *

»*Suchdroiden (Probot)*: Die intelligenten Suchdroiden werden in Hyperantriebskapseln zu ihren Zielplaneten befördert, wo sie zum Beispiel nach Beweisen für eine Präsenz der Rebellen suchen. Sie schweben auf Repulsorlifts über den Boden und bewegen sich lautlos durch Schubaggregate fort. Probots sind mit einer Myriade von Sensoren und investigativen Befehlsmustern ausgestattet. Sie sind darauf programmiert, die Geheimnisse eines Ortes auszukundschaften, und übermitteln ihre Entdeckungen über Hochfrequenz-HoloNet-Sender zu oft weit entfernten Sternenzerstörern.« (»*Star Wars* – Was ist was im *Star Wars*-Universum«, München 1998)

* * *

Die *Star Wars*-Filme funktionieren auf dem Prinzip des Fortsetzungsromans: Wie bei diesen wurde auch dem Zuschauer der Filme, jeweils auf Kinolänge verteilt, eine genau dosierte Ration angeboten, die durch effektvolle, spannungserregende Kapitelschlüsse das Interesse an der Fortsetzung erregen sollte. Jeder einzelne Teil musste dabei die Handlung um ein Stück weiterbringen, dies gemäß einem Grundprinzip solcher Fortsetzungsgeschichten. *Krieg der Sterne* endete mit dem Sieg der Rebellen über den Todesstern, lustvoll ausgespielt in einem Fritz Lang'schen Stummfilmdekor, doch der »dunkle Ritter des Bösen« Darth Vader war entkommen; *Das Imperium schlägt zurück* endete mit gleich mehreren offenen Spannungsbögen: Luke Skywalker, der junge Mann, der auf dem Weg zu sich selbst der letzte der Jedi-Ritter werden sollte, hatte erfahren, dass Darth Vader sein eigener Vater ist, und der draufgängerische Weltraumschmuggler Han Solo war zudem bei lebendigem Leibe in einen Karbonitblock »eingefroren« worden und harrte seiner Befreiung. Der abschließende Teil der Trilogie *Die Rückkehr der Jedi-Ritter* endete mit dem totalen finalen Triumph durch die Zerstörung des neuen Todessterns, die »Erlösung« Darth Vaders und den Tod des Imperators Palpatine. Die Trilogie war damit in der Tat beendet. Aber bereits von Beginn an hatte Lucas das Grundprinzip der Fortsetzungsgeschichte mit einer pikanten Variation in Frage gestellt bzw. erweitert: Wer zu Beginn des ersten Films genau hingeschaut hatte, war bereits hier auf eine kuriose Unstimmigkeit gestoßen. Unmittelbar zu Beginn des Films war nämlich der Titel wie folgt zu lesen: *Krieg der Sterne – Episode IV: Neue Hoffnung*. Demnach müssten die beiden Nachfolgefilme die Episoden V und VI sein, und die ersten drei Episoden waren noch gar nicht erzählt! (Darauf nahm auch der ausführliche Rollentext Bezug, der zu Beginn eines jeden der drei Filme nach dem Motto »Was bisher geschah« schon Gesehenes mit nachfolgend zu Erwartendem verband.) Lucas erfand, abgeleitet aus dem englischen Wort »Sequel« für Fortsetzung, den Begriff des »Prequel«, um nicht in der Tradition der Fortsetzung in der Zeit nach vorn schreiten zu müssen, sondern um die »Geschichte vor den Geschichten« fortspinnen zu können. Und so erwartet den Kinogänger in den Jahren 1999, 2000 und 2001 eine weitere Trilogie. Und konsequenterweise wird für die Jahre danach eine dritte Trilogie angekündigt, die die Episoden VII, VIII und IX erzählen soll.

Mit der Faszinationskraft minuziös kalkulierter technischer Tricks allein ist längst nicht mehr zu erklären, warum das Publikum inzwischen über Zuschauergenerationen hinweg diesen bis zum Äußersten ausgereizten Kult so begeistert mitmacht. In der Tat hat die *Star Wars*-Saga längst Kultstatus angenommen. Luke Skywalkers Schicksal rührte an, der störrische kleine Roboter R2-D2 erschien als liebenswert und sympathisch, der Kopfgeldjäger Boba Fett wurde mit wenigen sprachlosen Auftritten und einer einzigen Kopfbewegung zur mystischen Kultfigur, deren rätselhaftes Dasein in einer eigenen Comicstrip-Serie immer wieder Anlass zu Spekulationen bietet. Der monströse Jabba the Hutt auf dem Planeten Tatooine ist ebenso längst mehr als eine handelsübliche Kinogestalt, wie auch die Raumschiffe der Rebellen-, aber auch der Imperialen Flotten ein bis ins Detail identifizierbares »Eigenleben« gewonnen haben. Der Zuschauer denkt sich seine eigenen Fortsetzungen hinzu bzw. markttüchtige Medien denken für ihn, so dass es längst nicht mehr nur um eine linear erzählte dreiteilige Trivialgeschichte geht, sondern um einen in allen Richtungen wuchernden Kosmos. Da nimmt es kein Wunder, dass das Kino nun in der Zeit um mehrere Generationen nach vorne springt, um die Vorgeschichte der bekannte Trilogie zu erzählen.

* * *

»Sternenzerstörer: Der Sternenzerstörer ist ein Symbol der militärischen Macht des Imperiums, der verwüstende Feuerkraft und Sturmtruppen überall in die Galaxie bringt, um die Opposition zu unterdrücken. Ein Sternenzerstörer kann leicht die meisten vor ihm fliegenden Raumfahrzeuge überholen, sie beschießen, bis sie aufgeben, und sie mit einem Traktorstrahl in seinen Haupthangar ziehen. Sternenzerstörer der Imperial-Klasse sind 1600 vor Turbolasern und Ionenkanonen strotzende Meter lang und mit acht gigantischen Kanonenturmstationen ausgestattet. Sternenzerstörer führen 9700 Mann Sturmtruppen und ein Geschwader von 72 TIE-Schiffen (setzen sich zusammen aus 48 TIE-Jägern, 12 TIE-Bombern und 12 TIE-Enterfahrzeugen) mit sich sowie eine Reihe anderer Angriffs- und Landefahrzeuge.« (»STAR WARS – Die Risszeichnungen«, München 1998)

* * *

Die *Star Wars*-Saga hat längst ihre eigene Semantik entwickelt. Und so sehr sie auch literarische Mythen plündert, so sehr hat sie sich doch als ureigenes Kinothema durchgesetzt: Der Mythos *Star Wars* entspringt letztlich nur dem Kino selbst; Figuren, Musik und Design sind identifizierbar mit dem Kino. Wer heute in der Spielzeugindustrie, in der Werbung, auch in anderen Kinofilmen Variationen, Zitate, Nachbildungen und Bezugnahmen entdeckt, stößt auf eine unverwechselbare Ikonografie, die von der einen (Produzenten-)Seite aufmerksam geschützt und gepflegt wird, von der anderen (Rezipienten-) Seite geradezu verehrt wird. Peter Kutzner schrieb noch ebenso nachdenklich wie skeptisch in seinem Beitrag »Noch 16 Jahre bis ›2001‹« (in »Special Effects«, hrsg. von Rolf Giesen, 1985): »Im Sog der *Star Wars*-Filme entstanden die Videospielhallen. Es galt, bei diesen Spielen mit Waffen und Raketen allerlei Monster, Raumschiffe und sonstige feindliche Gebilde abzuschießen, zu demontieren u.ä. Wie Suchtkranke standen die Besucher manchmal stundenlang vor den Monitoren, starrten fasziniert auf das Bild und droschen auf die ›Fire‹-Knöpfe ein. Der Bildaufbau dieser Videospiele kopiert die Bilder des Sciencefictionfilms: Ein endlos dunkles Weltall wird dargestellt, durch das der Spieler sich entlang geometrischer Hilfslinien und Perspektiven mit rasendem Tempo und wild schießend dem unerreichbaren Ziel entgegenbewegen muss. Inzwischen werden die meisten dieser Kampfspiele am heimischen Computer ausgefochten.« Es ist verblüffend, wie beharrlich sich in den letzten zehn Jahren solche Trends behauptet und verfestigt, zugleich aber mit außergewöhnlicher Rasanz weiterentwickelt, modifiziert und schließlich sogar verfeinert haben. Der martialische, furchteinflößende Waffenfetisch, der durchaus auch in *Star Wars* vorhanden ist, wurde immer weiter in den Hintergrund gedrängt. Stattdessen dominiert die Verspieltheit des Stoffes, liegt der stärkere Akzent in der Wahrnehmung des Produkts *Star Wars* auf den fantastischen und verspielten Elementen. Selbst die Spielzeugindustrie, die mit einem geradezu bewundernswerten Elan hyperrealistische, extrem detailgetreue Modelle der Raumschiffe auf den Markt bringt, betont kaum den zerstörerischen, infernalischen Aspekt der damit einhergehenden Waffen-«Kultur«, sondern fesselt Kinder und Erwachsene gleichermaßen durch die Vielfalt der Formen, Einsatzmöglichkeiten und Funktionsweisen. Natürlich besitzen die imperialen TIE-Bomber Vernichtungswaffen – interessanter aber ist, dass die unförmigen Raumschiffe mit detailliert nachvollziehbarer Solartechnik angetrieben werden und dass nur Darth Vaders eigener TIE-Jäger über einen Hyperschutzschild verfügt…

Das Spielerische dieser Welt findet sich ebenso längst im Alltag der Gameboyspiele, in Büchern, vor allem so genannten Novelizations, aber auch im guten alten Spiel der Spiele, Monopoly, das in einer speziellen *Star Wars* Edition auf den Markt kam. Und dafür, dass dieser immer wieder Nahrung bekommt, sorgt inzwischen auch das Internet: Die offizielle Adresse http://www.starwars.com sorgt für Neuigkeiten und Trends.

* * *

»Todesstern: Diese gigantische Kampfstation des Imperiums hat einen Durchmesser von 160 Kilometer und ist damit groß genug, um mit einem kleinen Mond verwechselt zu werden. Das geistige Kind von Grand Moff Tarkin wurde entworfen, um das Gesetz des Imperators in Form von Terror durchzusetzen, und präsentiert sich sowohl als Symbol wie auch als reale, ultimative Vernichtungskraft. (…) Im Geheimen von Sklavenarbeitern und titanischen Maschinenfabriken erbaut, beheimaten die weiten Strukturen des Todessterns Millionen von Soldaten und Tausende bewaffnete Raumschiffe, die es ermöglichen, ganze Sternensysteme mit Gewalt zu okkupieren.« (»Star Wars – Die Risszeichnungen«, München 1998)

* * *

Die Saga der Sternenkriege ist längst bei Publikum wie Filmemachern gleichermaßen verinnerlicht: Eine eigene Welt existiert neben der eigentlichen. Ein heute (erfolg-)reicher Hollywoodregisseur wie Roland Emmerich, geboren am 10. November 1955, bastelte einst, fast selbst noch ein Kind, mit selbstgebauten Modellen in der elterlichen Garage, auf die er schließlich voller Faszination eine Kamera richtete. Wie die Muttermilch wird er auch die *Star Wars*-Welten aufgesogen haben, wie bereits 1983 sein Film *Das Arche Noah Prinzip* verriet – auch wenn man dabei kaum noch unterscheiden konnte, ob Emmerich vom Original oder von einem daraus resultierenden Videospiel angesprochen worden war. Zwölf Jahre später hatte dieser Tüftler die heimische Provinz hinter sich gelassen und seine Träume in Hollywood realisiert: *Independence Day*. Und an jeder Ecke dieses Erfolgsfilms meint man die mit der Muttermilch eingesogenen vertrauten *Star Wars*-Elemente zu spüren: in Details, in den stakkatoartigen Spannungsmomenten der Musik, in Teilen der trivialen Handlung. Hier wie dort geht es um eine Invasion durch übermächtige »böse« Gegner, die einer »dunklen Seite der Macht« entsprungen sind; und hier wie dort geht es am Ende um ein Himmelfahrtskommando, mit dem der »Todesstern« bzw. das »Mutterschiff« des übermächtigen Gegners zerstört werden muss. Hier, in *Independence Day*, ist er aber wieder in überdeutlicher, unsympathischer Weise zu verspüren: der »ungesunde« Unterton des Themas, die Kehrseite der Medaille. »ID4« verbindet die Grundzüge einer *Star Wars*-Geschichte mit dem waffenstrotzenden Chauvinismus eines Landes, das sich als Mittelpunkt der Welt versteht, während der Charme und auch die (Selbst-)Ironie der *Star Wars*-Saga einem geradezu zwanghaften Ernst gewichen sind. Das spielerische, die Fantasie anregende »Unschuld« der Lucas-Filme ist ganz und gar verschwunden.

Bleibt der Trost, dass die Legende auch in ihrer positiven, fantasieanregenden Variante weiterlebt, demnächst eben auch wieder im Kino. Und bleibt die Hoffnung, dass es auch in den weiteren *Star Wars*-Welten Platz gibt für Gestalten wie Droopy McCool, Sy Snootles, Max Rebo sowie für Figrin D'an und seine Band, die auf so liebenswürdigen Musikinstrumenten wie Omni-Box, Fanfar, Kloohorn, Bandfill und Fizz (das man auch als doremianische Beshniquel kennt) aufspielen.

Leeres All? Wider die Trägheit des Denkens

VON JOSEF LEDERLE

Nein, Gott habe er nicht getroffen, soll der russische Kosmonaut Gagarin auf Chruschtschows Frage geantwortet haben, nachdem er als erster Mensch im Weltall auf die Erde zurückgekehrt war. In der von der Sowjetpropaganda gerne als Bestätigung ihrer atheistischen Weltsicht kolportierten Anekdote klingt jedoch auch ein uneingestandener Rest archaischen Schreckens vor Grenzüberschreitungen mit, durchaus vergleichbar mit dem Horror mittelalterlicher Seefahrer vor dem Fall in den Abgrund, der angeblich an den Rändern der Weltmeere klaffte. Die blühende Fantasie ihrer Geschichten gibt erschöpfend Auskunft, was die Menschen damals beschäftigte, legt aber auch die erzählerischen Techniken offen, mit denen sie das Unbehagen bannen wollten. Eine ähnliche Doppelfunktion lässt sich auch an der ab Mitte des 19. Jahrhunderts aufkommenden Sciencefictionliteratur erheben, als deren Ahnvater der französische Schriftsteller Jules Verne (1828–1905) gelten darf. Spielerisch-imaginativ werden darin die durch den naturwissenschaftlich-technischen Fortschritt eröffneten Möglichkeiten popularisiert – und das mit ihnen verbundene enorme Potential an Verunsicherung und Gefährdung kanalisiert. Im Gegensatz zum Fantasygenre spiegelt sich im Sciencefictionfilm aber nicht nur die mythische Auseinandersetzung zwischen Gut und Böse wider, die dort in aller Regel mit dem märchenhaften Sieg des Guten endet. Sciencefiction ist vielmehr vom Wissen um und der drohenden Wirklichkeit von Katastrophen überschattet, die oft globale oder apokalyptische Züge tragen. Bis auf wenige Ausnahmen neigen vor allem filmische Versionen zur Beschwörung von Chaos, Destruktion und negativen Endzeitutopien, in denen die Bedrohung ins Unabwendbare rückt. Einem Gott begegnet man in diesen futuristischen Szenarien allenfalls als gefallenem Engel, in dessen diabolischen Zügen sich das endgültige Verhängnis konkretisiert.

Metamorphosen des Menschlichen

Wer sich deshalb auf die Suche nach Spuren des Religiösen im Sinne abendländisch-theistischer Vorstellungen macht, wird im Sciencefictionfilm nur wenige konstruktive Beispiele finden. Ihm ergeht es ähnlich wie den wechselnden Generationen auf der Kommandobrücke der U.S.S. Enterprise, die mit Warp-Antrieb durch Galaxien und ferne Epochen jagen, ohne je auf anderes als Metamorphosen des Menschlichen zu stoßen. Drosselt man jedoch die Geschwindigkeit und nimmt die jeweiligen Visionen näher in Augenschein, entdeckt man überraschend viele Elemente, die den Traditionen der großen Religionen entliehen sind. Das beginnt bei priesterähnlichen Gestalten, die oft in Bruderschaften oder Geheimbünden organisiert sind und die eigentliche Macht in Händen halten. In Alex Proyas' *Dark City* (1997) versammeln sie sich um Mitternacht in einer unterirdischen Kathedrale, um die Zeit anzuhalten und ihre Inselstadt – ein künstliches Gebilde in den Weiten des Alls – nach eigenem Gutdünken umzugestalten. Auch auf Arrakis, David Lynchs *Wüstenplanet* (1983), zieht ein geheimnisvoller Frauenorden insgeheim die Fäden: Aus den Reihen der »Bene Gesserit« soll der »Kwisatz Haderach« hervorgehen, der die ersehnte Freiheit bringt. Auf dem *Planet der Affen* (Regie: Franklin J. Schaffner; 1967) sind es die Überlebenden des atomaren Infernos, die sich in einer »verbotenen Zone« ein letztes Refugium errichtet haben, wo sie dem »Gottesdienst« an der Bombe – einer noch intakten Trägerrakete – huldigen. Und auch Boris Sagal kleidete in *Der Omega-Mann* (1971) die stigmatisierte Gefolgschaft der Matthias-Sekte in schwarze Kutten, die mehr an Mönche als an den Ku-Klux-Klan erinnern. Vorstellungen von einer exklusiven Gruppe, die über esoterische Kräfte verfügt oder ein geheimes Wissen, das sich meist auf die historische Genese der Gesellschaft nach einer verheerenden Katastrophe bezieht, verbinden sich mit der Figur dessen, der religionssoziologisch zwischen dem Profanen und Sakralen vermittelte.

Weniger offenkundig ist die religiöse Herkunft der pervertierten Megastädte, die von *Metropolis* (Fritz Lang, 1926) bis *Der Blade Runner* (Ridley Scott, 1982) oder *Strange Days* (Kathryn Bigelow, 1994) architektonisch und inhaltlich den Topos der »großen Hure Babylon« nachbilden, in der grenzenloser Egoismus alle tragenden Strukturen zum Einsturz brachte. Die »heilige Ordnung«, derer man sich archetypisch etwa im Kalender, durch sakrale Handlungen (wie z.B. der antiken Olympiade) oder mittels der umfriedeten Stadt versicherte, ist einem alles verschlingenden Moloch gewichen, der in den labyrinthartigen Wolkenkratzerschluchten sein modernes Inbild fand.

»Religiöses« Zeichenvokabular

Mit der apokalyptischen Vision der Religionsgeschichte verbindet die Millenniumswelle der Katastrophenfilme vor allem das ikonologische Zeichenvokabular des Untergangs. Sterne, die vom Himmel fallen (*Armageddon*, *Deep Impact*, beide 1998), der Boden, der sich auftut (*Dante's Peek*, 1996), feindliche Außerirdische (*Independence Day*, 1995) und entfesselte Naturmächte (*Twister*, 1996) rekurrieren derzeit zwar nicht auf den Menschen als Urheber des Untergangs (wie noch 1983 Nicholas Meyer in *The Day After*), fügen sich aber ungeachtet ihres spektakulären Eventcharakters dennoch zumindest partiell in die Perspektive eines »jüngsten Gerichts«, das die verborgensten Regungen nach außen kehrt. In den religiösen Erzählungen war dies freilich ausschließlich dem Numinosen vorbehalten, das selbst in der märchenhaften *Star Wars*-Trilogie nur im Gruß »Die Macht sei mit Dir« aufscheint. George Lucas' hemmungslos aus allen Genres zusammengebastelte Space-Saga bescherte der Menschheit 1977 eine Weltraumfabel mit heiligen Sternenrittern, unfreiwilligen Gralssuchern, einer Prinzessin und tausend fantastischen Gestalten, die zum Kampf gegen das Imperium des Bösen ausziehen. Dem neomythologischen Charakter entsprechend, wimmelte es von Ritualen, Symbolen und »religiösen« Handlungsmustern, die aus völlig unterschiedlichen Quellen stammen. Dass die zentrale Figur, Luke Sykwalker, ein Jüngling von schmächtiger Gestalt ist, dessen Kampf mit Darth Vader einer nachgeholten Initiation ins Erwachsenenleben gleicht, unterstrich den »pubertären« Zug dieses Fantasy-Sciencefiction-Films.

Der »Held« in James Camerons *Terminator 2 – Tag der Abrechnung* (1991) musste hingegen nicht nur aus erzähltechnischen Gründen ein Kind sein, das 20 Jahre später den Aufstand gegen die Diktatur der Maschinen anführen wird. Auf verschiedenen Ebenen spielt der martialische Thriller mit Elementen der Jesus-Figur bis hin zur »Bekehrung« seines aus der Zukunft entsandten

»Schutzengels«, dem er nicht nur das Töten abgewöhnt, sondern ihn so weit »vermenschlicht«, dass sich der Android am Ende selbst opfert, um das künftige Schicksal der Menschheit zu ändern. Selbstlose Handlungen auch um den Preis des eigenen Lebens zählen zwar durchaus zu den Mustern des Genres, sind in aller Regel aber vergeblich: Sciencefiction kennt wie die Botschaft der alttestamentarischen Propheten nur selten eine Erlöserfigur, weil das Verhängnis meist das letzte (mahnende) Wort behält.

Wider die Trägheit des Denkens

Wesentlich näher an explizit jüdisch-christliche Grundgedanken rühren Filme, in denen Fragen nach Identität, der Qualität von Zeit oder nach menschlicher Verantwortung in den Vordergrund treten. In *Der Blade Runner* (Ridley Scott, 1982) wagen sich vier intelligente Androiden unter Lebensgefahr auf die für sie verbotene Erde, um ihren »Schöpfer« um eine Verlängerung ihrer »Lebens«-Dauer zu bitten. Der Replikantenjäger Deckard, der ihnen auf den Fersen ist und einen nach dem anderen erbarmungslos zur Strecke bringt, liebt selbst eine Frau, die »künstlich« erschaffen wurde, obwohl sie über das Kriterium des Menschlichen – Erinnerung und eine Biografie – verfügt. Deckards Entdeckung, dass auch ein Gedächtnis implantiert sein kann, stürzt ihn in tiefe Zweifel, ob er selbst ein »Mensch« oder auch nur ein Artefakt sei. Eine Verifizierung ist für den Einzelnen persönlich nicht möglich, weil Androiden vollständig aus organischem Material bestehen. Im Kampf mit dem letzten Replikanten unterliegt der Jäger, doch der Gejagte rettet sein Leben, ehe er selbst stirbt. Nicht nur in dieser »menschlichen« Handlung verdichtet sich ein Grundthema des Films: die Frage, was Kennzeichen des »Humanen« sei. Nachhaltig klingt in diesem düsteren Meisterwerk immer wieder der Gedanke an, dass »Geschöpflichkeit« Werte wie Freiheit, Selbstbestimmung oder Würde nicht automatisch ausschließt, sondern jedem, egal ob »Mensch« oder »Android«, soviel Handlungsspielraum eingeräumt ist, dass er wählen und sich entscheiden muss.

Die damit gegebene Verantwortung bildet eines der Leitmotive in Andrej Tarkowskijs *Stalker* (1979), dessen parabelhafte Reise durch eine geheimnisvolle »Zone« vor ein mysteriöses Zimmer führt, in dem die innersten Wünsche in Erfüllung gehen sollen. Keiner der drei Figuren wagt jedoch den Schritt, weil sie sich während der gefahrvollen Wanderung über ihre widerstreitenden Motive klar geworden sind und der Mühsal des Alltags den Vorzug vor einem undurchsichtigen »Paradies« einräumen. Tarkowskijs komplexes, schwer dechiffrierbares Filmrätsel handelt von menschlichen Grundbefindlichkeiten und ist eines der wenigen Beispiele, in denen die Frage nach der Kraft dessen, woran jemand glaubt, eine tragende Rolle spielt. Weniger enigmatisch, in seiner thematischen Tiefe aber kaum oberflächlicher ist Stanley Kubricks *2001: Odyssee im Weltraum* (1968), der die Menschheitsgeschichte von einer Urhorde bis ins zweite Jahrtausend im Zeitraffer vorbeiflitzen lässt. Für die geistige Evolution wird ein schwarzer Monolith verantwortlich gemacht, der den menschlichen Ahnvätern den Werkzeuggebrauch lehrte und im Jahr 2001 zu einer bemannten Expedition zum Jupiter führt, weil dort der Ursprung der Monolithen vermutet wird. Auch Kubricks Film ist eine philosophische Parabel, die im Gewand des Utopischen nach der Herkunft des menschlichen Geistes fragt und mit seinem verschlüsselten Schluss, der Wiedergeburt des letzten Astronauten, dem Nachdenken eine schwer zu knackende Aufgabe stellt.

Darin trifft er sich nicht nur mit vielen Gleichnissen und Erzählungen aus der Religionsgeschichte, sondern auch mit Tarkowskijs »Antwort« auf Kubricks Film: *Solaris* (1972) greift Kubricks Themen auf, führt sie aber in eine ganz andere Richtung weiter. Der Psychologe Kris Kelvin soll die intelligente Masse untersuchen, die den Planeten Solaris umgibt. In der Raumstation wird er mit Materialisationen seines eigenen Unterbewusstseins konfrontiert, die Ängste und vor allem verdrängte Schuldgefühle wachrufen. Kelvins Fluchtversuche führen zur Verstärkung der Phänomene und seiner Qualen, die sich erst lindern, als er sich seiner Vergangenheit stellt. Wo es bei Tarkowskij um Schuld und Versöhnung geht, handelt Kubricks Film von den Grenzen der Zeit und ihrem Verhältnis zur Ewigkeit. Das Rätsel des Geistes können (und wollen) beide nicht lösen; mit ihren exzeptionellen filmischen Metaphern versuchen sie aber, die Trägheit des Denkens aufzurütteln.

Ihre paradoxen Filmwerke scheinen im Sciencefictiongenre der Frage nach den Geheimnissen des Seins und der menschlichen Existenz wesentlich angemessener zu sein als jeder Versuch, Transzendentes bildhaft in Szene zu setzen. Juri Gagarin jedenfalls, so wird es berichtet, habe sich nie der Illusion hingegen, die Frage nach dem Göttlichen mit einem Blick aus seiner winzigen Kosmonautenkugel klären zu können.

Ein ungeliebtes Genre
Sciencefictionfilme in Osteuropa

VON MICHAEL HANISCH

Schon in der Terminologie gab es Unterschiede. Gegenüber Anglizismen stets misstrauisch, wurde in den sozialistischen Ländern nahezu nie von Sciencefiction gesprochen. In der Sowjetunion drehte man wissenschaftlich-fantastische Filme – ein Terminus, der »Sciencefiction« schon sehr nahe kam. Vor dem Krieg schrieb man in Deutschland Zukunftsromane. In der DDR entstanden bis zu ihrem Ende – wenige – utopische Filme. Dass später sowjetische Kosmonauten in den Weltraum starteten, die in Konkurrenz zu amerikanischen Astronauten standen, unterstreicht nur, dass es in den Zeiten des Kalten Krieges keinem Bereich, schon gar nicht dem der Sprache, erlaubt war, das Schlachtfeld zu verlassen.

Im Osten tat man sich schwer mit »Sciencefiction«. Um Genrefilme zu drehen, braucht man eine Industrie mit einer gewissen Quantität an Filmen. Und die gab es nach dem Zweiten Weltkrieg allenfalls in der UdSSR. In den 60er, 70er und 80er Jahren kamen dann auch aus den verschiedenen sowjetischen Studios eine ganze Zahl von Filmen, die sich dem Thema widmeten. Doch weder war ein herausragender Film darunter, noch konnte sich ein namhafter Regisseur hier profilieren. Die zwei besten russischen Sciencefictionproduktionen stammen von einem Regisseur, der sich für ganz andere Themen interessierte und das Genre gewissermaßen nur als Folie für seine Geschichten nutzte: Andrej Tarkowskij und seine Filme *Solaris* und *Stalker*. Und natürlich ist Konstantin Lopuschanskis *Briefe eines Toten* zu nennen, eine Tarkowskij sehr verwandte Arbeit.

Begonnen hatte es Mitte der 20er Jahre, als man in Moskau versuchte, den Publikumserfolg amerikanischer und westeuropäischer Filme auch mit Hilfe von Genrefilmen zu erreichen. Jakow Protasanow mit *Aelita* (1924) und Lew Kuleschow mit *Der Todesstrahl* (1925), eigentlich zwei Antipoden, konservativer Erfolgsregisseur der eine, Neuerer und Avantgardist der andere, versuchten sich an Sciencefiction. Doch weder von anderen Filmemachern noch vom sowjetischen Kino allgemein wurde dies als Anregung verstanden. Es dauerte elf Jahre, bis 1936 Wassili Shurawljow sich mit *Die kosmische Reise* erneut am Thema versuchte. Auch dies blieb ohne Folgen. Ab den 60er Jahren entstand dann eine Reihe von Filmen in der UdSSR, die sich mit den verschiedensten Aspekten des Themas befassten – von der Kritik zumeist wenig freundlich behandelt, vom Publikum aber durchaus angenommen. Die Reihe reichte von Gennadi Kasanskis *Der Amphibienmensch* (1961) – ein junger Mann kann wie ein Fisch im Wasser leben – über Richard Wiktorows *Start zur Kassiopeia* (1973) – eine Schülerexpedition zum Stern Alpha im Sternbild Kassiopeia – bis hin zu Leonid Menakers *Das Vermächtnis des Professors Dowell* (1984) – eine Meditation über Sinn oder Unsinn von Organtransplantationen.

Mangel an Ideen und Routine

Fast alle Filme aus dem Osten, die die Welt der Zukunft beschreiben, zeichnen sie durch eine optimistische Perspektive aus. Das noch heute gültige Grundmuster des Westens: Die Welt der Zukunft wird bedroht oder ist bereits verloren, ein mutiger Einzelkämpfer aber rettet alles in letzter Minute, transponiert das Modell des Westerners in die Zukunft. Im Osten dagegen sieht die künftige Welt zumeist wie ein friedliches Paradies aus. Nur einige »bad guys« bedrohen den Frieden – doch sie werden durch die vereinten Kräfte der friedlichen Völker besiegt. Prototyp ist der erste DDR-Sciencefictionfilm, Kurt Maetzigs *Der schweigende Stern* (frei nach Stanislaw Lem). Später dann, als die ideologischen Zügel lockerer wurden, kamen auch düstere Zukunftsbilder in die östlichen Kinos.

Zwischen 1946 und 1992 produzierte die DEFA, die einzige Filmgesellschaft der DDR, über 700 Filme. Davon waren ganze fünf (!) Sciencefiction- oder, genauer, utopische Filme. *Der schweigende Stern* (1960) blieb eine weitgehend folgenlose Pionierarbeit. Maetzig selbst kehrte nie wieder zum Genre zurück. Zehn Jahre später versuchte Gottfried Kolditz mit *Signale – ein Weltraumabenteuer* eine Fortsetzung: die Suche nach einem durch einen Meteoriteneinschlag außer Gefecht gesetzten Raumschiff. 1972 dann *Eolomea* von Herrmann Zschoche über die Erforschung von Lichterscheinungen eines Lichtjahre entfernten Sternenbildes. 1976 der vierte Sciencefictionfilm der DEFA, Kolditz' *Im Staub der Sterne*: Ein Raumschiff landet auf einem fernen Planeten, dessen Bewohner von diktatorischen Machthabern unterdrückt werden. (Eine ferne Erinnerung an Protasanows *Aelita*.) Und schließlich Horst Seemanns *Besuch bei van Gogh*, ein wenig überzeugender zweifacher Zeitsprung in das 22. Jahrhundert sowie in die Zeit des holländischen Malers. Utopische Filme waren recht kostenintensiv, weshalb sie oft als Coproduktion mit anderen sozialistischen Ländern realisiert wurden. Doch überblickt man die wenigen Filme dieser Art, so fehlte es den Regisseuren nicht nur an finanziellen Mitteln, sondern auch an Ideen, vor allem aber an souveräner Routine im Umgang mit den Strukturen des Genres. Regisseure, die sich – wie Kolditz – immer wieder der Unterhaltung, dem Genrefilm widmeten, ließen eine besondere Affinität zum Sciencefiction nie erkennen.

Im Westen unentdeckt: Piotr Szulkin

Aus Polen stammt einer der bedeutendsten Schriftsteller der Sciencefictionliteratur: Stanislaw Lem. Leider aber hat sein Werk eigenartigerweise nie sehr inspirierend auf das polnische Kino gewirkt. *Solaris* verfilmte der Russe Andrej Tarkowskij. Die komplizierten Abenteuer des Weltraumpiloten Pirx auf einem Probeflug in die Galaxis behandelte lediglich Marek Piestrak 1978 in *Testflug zum Saturn*. Das war es dann auch schon. Sind die Geschichten des populären Autoren zu kompliziert für das Kino? Juliusz Machulski gelang mit *Sexmission* 1984 ein großer Publikumserfolg. Neben ihm arbeitete aber auch ein anderer Pole, dessen düstere, teilweise mit beachtlichem Aufwand gedrehten Sciencefictionfilme kaum den Weg in die Kinos der sozialistischen »Bruderstaaten« fanden: Piotr Szulkin. 1980 entstand *Der Golem* nach Gustav Meyerink, 1981 *Der Krieg der Welten* nach H.G. Wells, 1985 *O-bi, o-ba – Das Ende der Zivilisation* nach einem Originalstoff – alles ungemein düstere, mitunter etwas betont artifizielle Filme, die dem positiven Grundtenor osteuropäischer Sciencefictionfilme widersprachen. Dass diese Werke zwar auf speziellen Filmfestivals ausgezeichnet wurden, aber nicht einmal via Fernsehen im Westen bekannt wurden, hat wohl eher etwas mit der Ignoranz westlicher Medien gegenüber den Produktionen aus dem Osten zu tun.

Ingesamt war der Output an Filmen, die sich am Genre versuchten, sehr gering. Das sah auch in der CSSR nicht viel anders aus. Vor allem zwei Regisseure profilierten sich hier zeitweise auf diesem Terrain. Oldrich Lipsky, dessen Gebiet ohnehin das Lustspiel und die Komödie war, ließ einige seiner komischen Filme – von *Der Mann aus dem 1. Jahrhundert* (1961) bis zu *Herzliche Grüße vom Erdball* (1982) – auch auf fernen Planeten und Galaxien spielen. Vor allem aber sein Landsmann Karel Zeman – durchaus ein Pionier des osteuropäischen fantastischen Films – versuchte sich wiederholt auf diesem Terrain: Sein an Jules Verne orientierter Film *Die Erfindung des Verderbens* (1957) beeindruckte durch originelle Ideen bei der Verknüpfung von Trick- und Realszenen. Eine Art Fortsetzung – ebenfalls nach Jules Verne – drehte er 1970: *Auf dem Kometen* schildert streitsüchtige Menschen des ausgehenden 19. Jahrhunderts, die nach einer Katastrophe erst im Weltall zu einer friedlichen Koexistenz zusammenfinden. Auf belehrende Botschaften durfte auch in Prag nie verzichtet werden.

Ein Apokalyptiker
James Cameron

VON THOMAS KOEBNER

Düsteres Heulen liegt über der Szene, eine Müllhalde der Zivilisation, unübersichtlich, umgeben von einem tiefschwarzen Horizont. In Nahaufnahmen sehen wir, wie der eiserne Fuß eines riesenhaften metallglitzernden Roboters die Schädel von Menschen zertritt. In einer anscheinend ewigen Nacht bekämpfen selbständig gewordene Maschinen, riesige Kolosse, die über alles hinwegwalzen oder sich beweglich wie todbringende Kolibris in der Luft bewegen, wenige zerlumpte Menschen, die sich mit Feuerwaffen gegen die anscheinend übermächtigen Gegner zur Wehr setzen. Eine Variante zu dieser Szenerie: Undurchdringliche Wolken überziehen den neu besiedelten Planeten. Auf dieser »Erde« ist die Welt schwarzgrau, nass, wüst. Gestirne zeigen sich fahl am Himmel, die wie eine Sonne durch dichte Schleier hindurchscheinen, weder strahlendes Licht noch Wärme bringen. Ein ewiger Sturm tost über diesem Ort, an dem Menschen sich hinter dicke Betonmauern zurückziehen, um etwas Wärme und Häuslichkeit zu erfahren, so weit dies in Laboratorien und militärischen Unterkünften überhaupt denkbar ist. So sieht die Zukunft auf einem fernen Stern in *Aliens – Die Rückkehr* aus.

Eine weitere Variante: Meeresgrund, dunkel. Der Druck des Wassers scheint spürbar zu sein, das lebensbedrohlich die wenigen Menschen umgibt, die sich in kleinen Tauchmaschinen oder Taucheranzügen in dieses gefährlich menschenfeindliche Element hineinbegeben. Unter Wasser eröffnet sich gleichsam eine Hochgebirgslandschaft, die umgestülpt scheint, in die Tiefe reicht. Unendliche Schächte, aus denen kein Entkommen möglich ist. Gleichzeitig wird dieser Ort in tiefer Flut zum Schauplatz einer Begegnung mit außerirdischen Wesen, zart gestalteten farbigen Lichtwesen, die an Engel erinnern. Noch eine Variante: Die Reling ist von Muscheln überzogen, das versunkene Schiff völlig in kaltes Eisgrau getaucht. Träge und stumm liegt es in der Düsternis des Meeres. Erst die Rückverwandlung in den Zustand davor zeigt, dass diese Ruine eines technischen Traums einst blitzend und glänzend war.

An der Grenze des Todes

Die Zeit, die danach kommt, ist durch Schrecken und Todesstarre gekennzeichnet. James Cameron zählt zu den ausgeprägten Apokalyptikern des gegenwärtigen Mainstreamkinos. Ihm schweben Szenerien des Grauens für unsere Zukunft vor, Szenerien, in denen sich Ungeheuer biotechnischer Beschaffenheit und surrealer Größen- oder Terrordimensionen ausbreiten. Von Vertrauen in die Weiterentwicklung humaner Lebensformen dank der Technik kann keine Rede sein. Selbst die höchstentwickelte Apparatur, die zum Schutz der Menschen oder zur Ausbeutung der »natürlichen« Ressourcen erdacht wurde – eine festungsähnliche Kolonistenstadt auf einem fernen Planeten (*Aliens*) oder eine futuristische Unterwasserplattform zur Ölgewinnung (*Abyss*) –, ist nicht gefeit gegen die Übermacht von draußen, seien es Aliens, die Erschütterung durch einen Hurrikan oder das elektrische Vorbeirasen der fremden Wesen aus der abgründigen Unterwasserwelt. Die zu imponierenden Kulissen aufgerüsteten Riesenmaschinerien oder Trutzarchitekturen bieten keine Sicherheit. Immer wieder sind einbrechende Wände, Türen, Umschalungen zu sehen: Es handelt sich um ein Urmotiv in Camerons Filmen. Dass die Technik unvollkommen bleibt und vor den Mächten einer futuristischen Imagination kollabiert, gehört zu den wichtigsten Denkmustern in Camerons Filmen. Darin unterscheidet er sich von den traditionellen Sciencefictionfantasien der 50er Jahre – obwohl die Aliens als »Tarantula«-Variante auftreten, ist kein endgültiger Sieg über sie möglich, nur Flucht.

Wenn die alte Regel gilt, dass die bedrohlichen Außenmächte nichts anderes sind als kaschierte Projektionen der den Menschen innewohnenden Furcht- und Hassimpulse, entfaltet Cameron hochpathetische psychologische Kampfplätze, ummantelt von bisweilen üppiger Ausstattung. Dass ausgerechnet er sich mit dem provozierenden Phänomen der Titanic, dem Untergang des angeblich unsinkbaren Schiffes auseinandersetzt, scheint nur logisch. Kein Artefakt, kein künstlicher Apparat kann den ins Große übersetzten Kräften des menschlichen »Herzens« widerstehen: Hochmut, Ehrgeiz, Hass – aber auch Liebe. Es ist bemerkenswert, wie Cameron das Drama der Bewährung unberechenbaren Mächten gegenüber immer wieder mit familiären Konstellationen, zumindest in deren Rumpfzustand: der Zuneigung zweier Menschen, zu verbinden versucht (darin Steven Spielberg nicht unähnlich). Im ersten *Terminator* wird das Rachemonster aus der Zukunft erst zum Anlass, dass das Paar, das vor ihm flüchtet, zusammenfindet, um den späteren Retter und Partisanenführer gegen die Aggressionen der selbständig gewordenen Maschine zu erzeugen. In *Terminator 2 – Tag der Abrechnung* wird der gute Terminator (Arnold Schwarzenegger) zum väterlichen Freund oder hilfreichen Vater des Jungen, der sich in der Zukunft als Heilsfigur bewähren soll. Die Engelwesen aus der Meerestiefe bringen ähnlich wie der erste Terminator, gleichsam als Katalysatoren, ein zankendes Ehepaar wieder zusammen, das an der Todesgrenze die Begegnung mit diesen Wesen als Offenbarung menschlicher Begrenztheit und der Kraft ihrer eigenen Gefühle versteht. Die verschiedenen Versuche, Liebesgeschichten gegen Katastrophenvisionen zu stemmen, kulminieren schließlich in *Titanic.*

Gebrochener Machismus

Cameron kann sein Entzücken über schwere Handfeuerwaffen in keinem seiner Filme verbergen: offensichtlich die Weiterentwicklung eines nie überwundenen Cowboyfetischismus für den Colt, weniger geprägt von der Zuversicht, Vernichtungstechnologie werde aus dem Dilemma helfen (wie in den Sciencefiction der 50er Jahre, wo immerhin die Ungeheuer, die die Atombombenexplosion hervorgebracht haben, durch fortgeschrittene Waffentechnik überwunden werden können). Sein Machismus ist unverkennbar, doch zugleich in reizvoller Weise gebrochen. Linda Hamilton hat in den beiden Terminator-Filmen die Rolle einer zusehends gestählten, ins Maskuline verschobenen Frau zu spielen, der als Mutter eines Helden auch der Rang einer Heldin zugestanden wird. Mary Elizabeth Mastrantonio in *Abyss* erweist sich Männern gegenüber ebenso als kraftvoller Kumpel wie den fremden Engeln gegenüber als sensibel und zartfühlend, als unerschrockene Forscherin und knallharte Ingenieurin. Dass selbst in *Aliens* das Supermonstrum als Muttertier der ganzen Brut auftritt, lässt vermuten, dass das Bild der eisernen Mutter, manchmal ins Liebenswürdige abgewandelt, durch alle Filme Camerons geistert. Cameron interessiert sich überhaupt für biotechnische Extremfälle, den muskelbepackten Kraftmenschen oder den Cyborg. Dass sich hinter dem scheinbar menschenähnlichen Wesen eine Maschine verbirgt, inszeniert Cameron als wiederkehrenden (vielleicht sogar in der Kindheit begründeten) Schreckmoment: Wenn der lädierte Terminator vor dem Spiegel sein Auge herausnimmt und dahinter eine Art Videokamera in Miniaturausgabe sichtbar wird, erinnert diese Demontage nicht nur an die Verletzlichkeit des menschlichen Körpers, insbesondere des Auges, und das allgemein verbreitete Grauen vor seiner Beschädigung – wie in Luis Buñuels berühmter Eingangssequenz aus *Der andalusischen Hund*, in der mit einem Rasiermesser ein Augapfel durchschnitten wird –, sondern an das ebenso allgemein verbreitete Entsetzen vor der jähen Verwandlung des vertrauten Gesichts. Das gilt auch für die Szenen einer Art Vivisektion, in denen unter dem Fleisch des Körpers das stählerne Gerippe freigelegt wird. Die Steigerung dieses Motivs findet sich in der Figur des zweiten Terminators, der zahlreiche Metamorphosen durchlaufen kann und immer wieder zur Gestalt des unheimlichen, unerschütterlichen, kalten Exekutors in Polizistengestalt gerinnt.

Camerons Repräsentanten einer Welt von morgen sind Ausgeburten einer feinnervigen, ebenso technikoptimistischen wie technikkritischen Horrorfantasie, die die archaischen Momente der Verwandlung von Lebendigem in Unlebendiges und umgekehrt herbeizitiert: als eine Leiterfahrung der Moderne im Zeitalter der Sciencefiction.

Blade Runner
Europäisches Finale

VON FRANZ EVERSCHOR

November 2019. Ort der Handlung ist eine von bizarrer Architektur und überfüllten düsteren Straßenzügen beherrschte Stadt. Giftiger Regen entlädt sich unaufhörlich über Menschenmassen ethnisch verschiedenster Herkunft. Megaindustrien haben die Aufgaben der Regierung übernommen. Die totalitäre Kontrolle beherrscht auch Militär und Weltraumaktivitäten. Der größte Industriekonzern benutzt fortgeschrittene Erkenntnisse der Genetik zur Herstellung zweitklassiger Bürger, die dazu ausersehen sind, gefährliche Dienste in den Weltraumkolonien zu verrichten. Die Androiden, oder wie sie im Film genannt werden: Replikanten, sind Menschen ohne Familie und ohne emotionale Bindungen. Ihre Lebensspanne ist aus Sicherheitsgründen auf vier Jahre begrenzt, ihr Aufenthalt auf der Erde unerwünscht. Replikanten sind Freiwild. Deckard (Harrison Ford) ist ein Replikantenkiller, ein Blade Runner.

Das ist die Ausgangssituation eines Films, der seit seinem Erscheinen im Jahre 1982 vor allem in den englischsprachigen Ländern eine Flut von Interpretationen ausgelöst hat. Obwohl bei seiner Erstauswertung ein kompletter kommerzieller Misserfolg, hat sich Ridley Scotts *Blade Runner* zu einem Kultfilm entwickelt, wie es im Genre der Sciencefiction seit Kubricks *2001* keinen anderen gegeben hat. Mit jenem hat er die Vernachlässigung traditioneller Genreformeln und vorstellbarer Zuschauererwartungen gemeinsam, unterscheidet sich jedoch von Kubricks philosophischem Konzept durch den Entwurf einer wissenschaftlich fundierten Zukunftsgesellschaft, die andererseits auch dem fantastischen Konzept des herkömmlichen Sciencefictionfilms widerspricht. *Blade Runner* ist keine »Space Odyssee« und kein Sciencefictionfilm, sondern ein Zukunftsfilm. Sciencefiction versucht nicht, zukünftige Entwicklungen vorherzusagen. Es geht ihr nicht darum, ob die beschriebenen Situationen Anspruch auf Tatsächlichkeit und Wahrscheinlichkeit erheben können. *Blade Runner* hingegen überträgt existente Realität in eine zukünftige Entwicklungsphase. »Es ist wie alles, was man am heutigen Großstadtleben hasst, abgehoben auf das Niveau von Dantes Inferno.«

Wie in einer Computerprojektion simuliert Scott eine Zukunftsgesellschaft nach den Mustern unserer Wirklichkeit. Die konfliktreiche Koexistenz der Rassen in seinem Megalopolis ist eine logische Weiterentwicklung der gesellschaftlichen Struktur im heutigen Los Angeles und in anderen amerikanischen Großstädten; die Beispiele technologischer Errungenschaften lassen sich alle auf bereits gesicherte Erkenntnisse zurückführen; das genetische Konzept ist in seinen wissenschaftlichen Grundlagen jetzt schon erforscht, wird nur in eine Dimension routinierter und von ethischen Belastungen befreiter Anwendungspraxis transponiert und dabei in künstlerischer Freiheit mit vertrauten Motiven des Frankensteinmythos verbunden. Scotts eigene interpretative Komponente kommt weniger in den Einzelelementen der von ihm kreierten Zukunftslandschaft zum Ausdruck als in deren philosophischer Akzentuierung. Die in die Zukunft projizierte Technologie begründet keine glänzende, fortschrittliche, menschenfreundliche Umwelt, sondern in Scotts Vision überlagern sich existente Technologien und wissenschaftlicher Fortschritt zu einer hochqualifizierten, in ihren Auswirkungen jedoch zutiefst deprimierenden Infrastruktur, die jeden Augenblick vom Zusammenbruch bedroht zu sein scheint.

Vom Roman zum Film

Ausgestattet mit einer Vielzahl von Rückbezügen auf aktuelle gesellschaftliche Probleme, unter denen der Rassismus nur das wesentlichste ist, und mit einem den ganzen Film durchziehenden Geflecht von biblisch-religiösen Verweisen, ist *Blade Runner* das vielschichtige, weit interpretierbare Ergebnis einer komplizierten und nicht immer harmonischen Produktionsgeschichte.

Philip K. Dicks Roman »Do Androids Dream of Electric Sheep?« (deutsch als »Träumen Roboter von elektrischen Schafen?«) ist 1968 erschienen und war in Hollywood schon mehrmals Gegenstand des Interesses, bevor Ridley Scott mit der Inszenierung betraut wurde, zum ersten Mal 1974, als Herb Jaffe sich für den Stoff interessierte. Vier Jahre später nahmen Brian Kelly und Hampton Fancher eine Option, und das Projekt tauchte im Produktionsplan von Universal auf. Als Regisseur war Robert Mulligan (*Wer die Nachtigall stört*) vorgesehen, als Star Robert Mitchum. Fancher schrieb ein Drehbuch unter dem Titel »Dangerous Days«, das auch noch die Grundlage war, als das Vorhaben zu Warner Brothers wechselte und Anfang 1980 Ridley Scott an Bord kam. Dick hasste das Fancher-Drehbuch und er zeigte sich geradezu schockiert, als er erfuhr, dass Scott seinen Roman überhaupt nicht kannte und auch nicht zur Kenntnis nehmen wollte. Dicks Abneigung ist verständlich, denn die Konzeption wich in mehr als einer Hinsicht von dem zugrundeliegenden Roman ab. Im Roman erscheinen die Androiden als grausam und unsympathisch, im Drehbuch nahmen sie ein differenzierteres, auf Intelligenz, Stärke und Agilität bedachtes Profil an. Bei Dick stehen sie jedoch auch nicht in gleichem Maße im Mittelpunkt der Story; sie sind mehr oder weniger eine Erfindung, um den Gedanken der Unvermeidbarkeit eines moralischen Konfliktes bei der Bekämpfung jeden Übels zu vergegenständlichen.

Ästhetik des Film noir

Die Handlung selbst sah in jenem Frühstadium des Films noch mehr einem Detektivthriller als einem visionären Zukunftsfilm ähnlich. Vieles davon macht schließlich den Vordergrund und die Atmosphäre auch des fertigen Films aus, wird jedoch überlagert von dem damals nicht einmal im Rohzustand existierenden futuristischen Konzept. *Blade Runner* hat in der Tat auch im Endzustand viel von der Ästhetik des Film noir und Deckard viel von den Figuren des klassischen Detektivfilms. Sprache und Verhalten identifizieren Deckard gleich von Beginn an als harten Detektivtyp. Die professionelle, unpersönliche, trinkfeste Bogart-Imitation wird kontrastiert mit der breitschultrigen, legeren Eleganz Rachaels, einer Femme fatale à la Bacall, wie sie typischer nicht denkbar ist.

»Dangerous Days« erscheint als adäquater Titel für den Film, wie er sich im Anfangsstadium darstellte. Ein neuer Drehbuchautor, David Peoples, rückte erst den Konflikt zwischen menschlichen Wesen und ihren selbstgeschaffenen Abbildern sowie die antipodische Konfrontation von Deckard und dem nun »Replikanten« genannten Androiden Batty in den Mittelpunkt. Philip Dick änderte nach Lektüre dieses Entwurfs – einem unter insgesamt mindestens zehn – völlig seine Meinung über das Projekt, und Ridley Scott sah sich nach einem neuen Titel um, der dem futuristischen Entwurf gemäßer sein könnte. »Gotham City« war sein Favorit, aber die Rechte waren nicht frei.

Diese Titelwahl wirft gleichzeitig ein bezeichnendes Licht auf die Unentschiedenheit, mit der die Lokalisierung der Handlung immer wieder hinausgezögert und entsprechend dem sich wandelnden Gesicht des Vorhabens geändert wurde. Dicks Roman spielt in einem aus den Fugen geratenen San Francisco des Jahres 1992. Fanchers Drehbuch verlegte die Story in eine Fantasiestadt mit offenbaren Anklängen an die Realität: San Angeles. Doch als der Dauerregen eine zusehend wichtigere Rolle zu spielen begann, verlegte man die Handlung nach New York. Erst in der letzten Produktionsphase kam Los Angeles wieder in die erste Wahl, um amerikanische Zuschauer nicht zu verunsichern, die im Film verwendete historische Gebäude (wie das Bradbury-Building) wiedererkennen könnten.

Umkehrung des Heldenbildes

Das Hin und Her in der Titelwahl und in der Festschreibung des Schauplatzes ist typisch für die Produktionsphase, in deren Verlauf auch Deckards Figur und seine Beziehung zu der Replikantin Rachael mehrmals umgeschrieben und weiterentwickelt wurden. Immer deutlicher schoben sich Perspektiven in den Vordergrund, die im fertigen Film zu den entscheidendsten Komponenten gehören. *Blade Runner* wurde langsam zu einem Exkurs über die Frage, was es moralisch, technologisch und politisch bedeuten kann, in der Zukunft zu leben. Ridley Scott, der zu Anfang mehrfach erklärt hatte, der Film solle zu nichts anderem als zur Unterhaltung da sein, förderte die sich nahezu von Woche zu Woche verändernde Konzeption mit wachsender Begeisterung. Künstliche Fortpflanzung, anfangs nichts als ein handlungsförderndes Mittel zum Zweck, erscheint in einer ethischen Dimension; die Replikanten, obwohl im Filmvorhaben sogleich mit mehr äußeren und inneren Qualitäten ausgestattet als im Roman, erhalten die menschlichere Rolle zugeordnet. Es ist nicht Deckard, sondern Batty, der Replikant, der sich in einen tragischen Helden verwandelt. Und Humanität tritt uns nicht in den Menschen, sondern in den Replikanten entgegen, während die Inhumanität des Künstlichen (Roman!) im Verlauf des Films mehr und mehr einer Inhumanität des Menschlichen weicht.

Das Publikum hat vor allem Schwierigkeiten mit der Figur des Deckard, dessen Charakter für viele Zuschauer schwer definierbar ist. Während Batty und Rachael, unerwartet und überraschend, zu Exponenten menschlicher Emotionen werden, präsentiert sich Deckard als kalter, gefühlloser, fast mechanisch handelnder Mann, zumindest in der ersten Hälfte des Films ohne jedes Gespür für die Leiden der Welt und für die Folgen seines eigenen Tuns. Seine Exfrau nennt ihn »Sushi – kalter Fisch« und liefert damit die knappste und treffendste Charakterisierung. Diese Eindimensionalität Deckards beginnt sich erst zu verändern, als er Batty nicht töten kann und Rachael nicht töten will. Durch seine Opfer wird die geschäftsmäßige Haltung des Film-noir-Detektivs aufgebrochen. Erst in der Beziehung zu Rachael lernt Deckard, seine eigenen Emotionen zu entdecken.

Der Film legt sogar die Vermutung nahe, Deckard selbst könne ein Replikant sein, aber es wird bis zu seinem Ende nie unzweifelhaft klar gemacht, ob diese Vermutung Bestand haben soll. Bei genauer Betrachtung gibt es mindestens ebenso viele Anhaltspunkte dafür wie dagegen. Scott hat absichtlich deutlichere Hinweiszeichen beim Endschnitt des Films entfernt. So ist zum Beispiel Deckards Traum von einem Einhorn im Wald geschnitten worden, auf den Gaffs Stannioleinhorn Bezug nahm und damit andeutete, das Gaff Deckards (implantierte) Träume kennt, so wie Deckard um Rachaels Träume weiß. Diese Ambivalenz macht ein gut Teil der Essenz des Films aus. Nicht nur reflektiert die Ungewissheit, ob Deckard selbst ein Replikant ist oder nicht, Deckards eigene Selbstzweifel gegen Ende des Films, sondern lässt auch das zentrale Thema um so deutlicher hervortreten: die Trauer um den Verlust des Menschlichen. Gerade damit identifiziert sich *Blade Runner* als ein Musterbeispiel des Zukunftsfilms, dessen extremster Schrecken (schon bei »Klassiker«-Vorlagen wie Huxley und Orwell) nie Tod und Zerstörung sind, sondern der Verlust individueller Gefühle, des freien Willens und der moralischen Wertordnung.

Blade Runner und kein Ende

Abgesehen von der Beseitigung des naiven Offkommentars, der in der Verleihfassung von *Blade Runner* die Handlung in – wie sich herausstellt – höchst überflüssiger Weise im Stil alter Detektivfilme erklärt (und einigen Änderungen in der Vangelis-Musik), unterscheidet sich der jetzt auch in Deutschland in die Kinos kommende Director's Cut durch sein Ende von der früher aufgeführten Version. Von Anfang an war unter den Beteiligten (Autoren, Regisseur, Produzent) das Ende des Films umstritten. Entgegen der heute oft auch in Kritiken zu lesenden Auffassung, es habe zwei verschiedene Endfassungen gegeben, waren es in Wirklichkeit nicht weniger als sechs, die in verschiedenen Stadien der Produktion diskutiert wurden.

Im allerersten Script, das noch Dicks (später im Film fast bis zur Unkenntlichkeit unterdrückte) Vorstellung enthält, dass die Zukunftswelt nur noch Platz für synthetische Tiere bietet, finden wir Rachael am Rand eines Daches stehend, ein richtiges lebendiges Tier im Arm haltend. Der Dialog zwischen ihr und Deckard endet in einem bewegenden Vergleich zwischen Rachael, dem lebendigen und einem synthetischen Tier und in ihrer Frage, ob er sie eines Tages wohl für eine »menschliche« Frau aufgeben werde. Rachael weiß, dass es für sie und Deckard keine gemeinsame Zukunft gibt. Sie gibt ihm das Tier und tritt über die Kante des Dachs ins Leere zurück. Wir sehen den verstörten Deckard in einer öden Wüstenlandschaft wieder, wo er eine Schildkröte findet. Er dreht sie auf den Rücken und sieht stundenlang zu, wie sie sich aufzurichten versucht. Schließlich hat sie Erfolg.

In einer Revision des Scripts vom Juli 1980 führt Deckard die staunende Rachael in eine einsame, schneebedeckte Landschaft, die Rachael zuvor auf einer seiner Fotografien gesehen hat. Es ist das erste Mal, dass sie ein Stück Erde ohne Gebäude sieht. Lachend und singend verbringen sie die Zeit. Aber Rachael, für die das Wichtigste in ihrem Leben die Tatsache ist, dass sie eine Wahl hat, zieht es vor, zu sterben, statt gejagt zu werden. Man hört das Echo eines Schusses und bemerkt, dass Deckard ihren Wunsch erfüllt hat. Deckard erkennt, dass dies der einzige Weg ist, um sich daran zu hindern, Rachael jemals wie alle anderen Replikanten zu verfolgen. Für einen kurzen Augenblick sind Replikant und Mensch ununterscheidbar.

Wenige Monate später wurde dieses Ende abgeschwächt. Auch in der bearbeiteten Version wird Rachael von Deckard erschossen, doch Deckards Gefühle werden weniger intensiv beschrieben. Der Film schließt mit einem Monolog Deckards: »Ich fragte mich, ob ich sie jemals geliebt hatte. Ich fragte mich, welche meiner Erinnerungen wahr und welche die Erinnerungen eines anderen waren. Der große Tyrell hat mich nicht entworfen, aber wer immer es getan hat, hat's nicht viel besser gemacht. ›Du bist auch programmiert‹, hat Rachael zu mir gesagt, und sie hat Recht gehabt. Auf meine bescheidene Art war ich ein Kampfmodell. Roy Batty war mein verstorbener Bruder.«

Im Shooting Script, das während der Dreharbeiten fortwährend mit neuen Änderungen versehen wurde, las sich das Ende so: Deckard kehrt in sein Apartment zurück. Er fragt Rachael: »Liebst du mich? Vertraust du mir?«, während er seinen Revolver lädt. Gemeinsam fliehen sie aus der Stadt, mit Gaff als Verfolger hinter sich. Deckard setzt Gaffs Stannioleinhorn auf sein Armaturenbrett und gibt zu erkennen, dass er weiß, auch er ist ein Replikant – »für diese Welt gemacht«.

Die bisher bekannte Kinofassung beginnt die Schlussszene genau wie das Shooting Script. Beim Verlassen des Apartments findet Deckard das kleine glitzernde Einhorn. Gaffs Stimme aus dem Off: »Zu schade, dass du nicht leben wirst. Aber schließlich, wer kann's schon?« Er geht mit Rachael in den Aufzug. Die Aufzugtür schließt sich. Die nächste Einstellung zeigt eine helle, offene Landschaft. Flugaufnahmen von Wolken, Bergen und grünen Hügeln. Deckard und Rachael fahren in eine unbekannte, aber sehr hoffnungsvoll aussehende Zukunft.

Die erste Schnittfassung des Films, die jetzt als Director's Cut in die Kinos kommt, lässt die Szene mit der sich schließenden Aufzugtür enden. Scott hält diese Version für das definitiv beste Ende. Er nannte es »ein perfektes intellektuelles Ende« und »ein europäisches Finale«, gab aber stets zu, dass er die Bedenken des Produzenten teilte, das Publikum könnte diesen Schluss »wie ein Gefängnis« empfinden, und setzte dem optimistischen Ausklang hier ebenso wenig Widerstand entgegen wie zuvor bei *Alien*. Obwohl sich Scott heute als heftiger Gegner auch des jetzt eliminierten Offkommentars ausgibt, waren de facto seine Einwände gemäßigter als die seines Stars Harrison Ford.

Patricia S. Warrick fasst ihren Eindruck von Philip Dicks Roman so zusammen: »Es ist schwer, zu einem abschließenden Urteil über ein Buch wie ›Do Androids Dream of Electric Sheep?‹ zu kommen, das zweifelsfrei eine von Dicks komplexesten und dichtesten Arbeiten ist. Jede neue Lektüre eröffnet faszinierende und sonderbare Details, die man vorher nicht bemerkt hat. Jede neue Entdeckung wiederum erfordert eine Überprüfung früherer Einsichten. Es ist ein eigenartiger Roman, der einen verfolgt und über den das letzte Wort noch nicht gesprochen ist.« So auch der Film.

Einige Anregungen zu den Kommentaren dieses Artikels lieferte die Lektüre des Kompilationsbandes »Retrofitting Blade Runner« von Judith B. Kerman, 1991.

DIE SAGE VOM TAPFEREN CHOTSCHBAR (SKASANIJE O CHRABROM CHOTSCHBARE). Die Geschichte eines tapferen Recken im Dagestan des 17. Jahrhunderts, der aus freien Stücken der Liebe zur Tochter eines mächtigen Khans entsagt, um die Unabhängigkeit seines freien Dorfes nicht zu gefährden. Nur mäßig unterhaltsamer Abenteuerfilm nach einer alten Legende, vor großartiger Naturkulisse in Szene gesetzt. – Ab 14. ✦ Scope. UdSSR 1987 **P** Lenfilm **KI** Progress **R** Aschab Abakarow, Michail Ordowski **B** Swetlana Karmalita, nach einem Roman von Rassul Gamsatow **K** Oleg Kuchowarenko, Nikolai Pokopzew **M** Schirwani Tschalajew **D** Konstantin Butajew (Chotschbar), Abduraschid Machsudow (Nuzal), Irina Logunowitsch (Saadat), Bogand Magomedow (Baschir), Danja Podolski (Kikaw-Omar) **L** 95 **E** 24.6.1988 Kino DDR

DIE SAGE VON ANATAHAN (THE SAGA OF ANATAHAN). Eine Gruppe japanischer Soldaten auf einer Insel im Pazifik glaubt noch sechs Jahre nach Kriegsende an die Fortdauer des Zweiten Weltkriegs; eine Kapitulation des Kaiserreichs ist unvorstellbar. Mittelpunkt der Konflikte unter den dreizehn Männern ist die einzige Frau auf der Insel. Keine Soldatengeschichte, sondern eine Robinsonade, die ihre Abenteuer mehr in den Dschungel männlicher Leidenschaften als in die Gefahrenzone Mensch-Natur verlegt. Der in Japan gedrehte Film ist die vielbeachtete letzte Arbeit von Sternbergs. (O.m.d.U.; Fernsehtitel auch: »Anatahan«) – Ab 16. ✦ Schwarz-weiß. Japan 1953 **P** Daiwa **R+B+K** Josef von Sternberg **M** Akira Hukube **S** Mitsuzo Miyata **D** Akemi Negeshi (Keiko), Tadashi Suganuma (Kusakabe), Shoji Nakayama **L** 90 **E** 19.9.1971 West 3

DIE SAGE VON DER LIEBE (PRITSCHA O LJUBWI). Zwei befreundete Testpiloten erproben in der kasachischen Steppe neue Flugmodelle. Bei ihrer riskanten Arbeit unterstützen sie sich gegenseitig, doch die privaten Beziehungen muß jeder für sich klären. ✦ UdSSR 1976 **P** Kasachfilm **R** Bulat Mansurow **B** Eduard Tropinin, Bulat Mansurow **K** Ennar Daulbajew **M** Alexander Lunatscharski **D** Shonna Kuanyschewa (Alma), Larissa Woltschenko (Mascha), Dshambul Chudaibergenow (Tair), Alexej Sweklo (Nikolai), Biken Rimowa (Sara) **L** 84 **E** 28.4.1977 DFF 2

DIE SAGE VON ON DAL (ONDALJON). Eine Prinzessin flüchtet vom Hof ihres Vaters in die Hütte eines Köhlers. Dieser läßt sich – verbotenerweise – im Waffenhandwerk ausbilden, besiegt ins Land eingedrungene Feinde und kann schließlich auch den despotischen Herrscher günstig stimmen, so daß einer Heirat des ehedem so ungleichen Paares nichts mehr im Wege steht. Sagen- und Märchenfilm, der annehmbar unterhält und gute Einblicke in ein fremdes Land mit seinen Sitten und Gebräuchen vermittelt. – Ab 10. ✦ VR Korea 1986 **P** Filmstudio »8. Februar« **KI** Progress **R** Ha Ung Man **B** Sol Ju Yong, nach einer koreanischen Legende aus dem 6./7. Jahrhundert **K** Han Ryong Su **M** Han Shi Jun **D** Choe Sun Gyu, Choe Gum Ok, Yu Gyong Ae, Hwang Yong Il **L** 86 **E** 3.3.1989 Kino DDR

SAHARA (1943) (SAHARA). Eine versprengte amerikanische Panzerbesatzung stößt bei der Fahrt durch die Wüste auf eine Gruppe englischer Soldaten mit deutschen und italienischen Gefangenen. Gemeinsam verteidigen sie eine Wasserstelle gegen deutsche Truppen, die so zur Kapitulation gezwungen werden. Durchhaltefilm aus dem Jahre 1943, der dank der nüchternen Gestaltung und dem hervorragenden Humphrey Bogart beachtenswert geblieben ist. – Ab 14. ✦ Schwarz-weiß. USA 1943 **P** Columbia **Pd** Harry Joe Brown **R** Zoltan Korda **B** John Howard Lawson, Zoltan Korda, James O'Hanlon, nach einem Originalstoff von Philip MacDonald **K** Rudolph Maté **M** Miklos Rozsa **S** Charles Nelson **D** Humphrey Bogart (Sgt. Joe Gunn), Bruce Bennett (Waco Hoyt), J. Carroll Naish (Giuseppe), Lloyd Bridges (Fred Clarkson), Rex Ingram (Tambul) **L** 97 **E** 30.1.1974 NDR

SAHARA (1982) (SAHARA). Die Tochter eines reichen amerikanischen Autokonstrukteurs gewinnt nach höchst unglaubwürdigen Verwicklungen mit Gegnern und sich bekriegenden arabischen Stämmen eine Rallye und einen Scheich als Mann. Ein besonders dummer Abenteuerfilm. – Ab 14 möglich. ✦ USA 1982 **P** Cannon/Golan-Globus **KI** Warner Columbia **Pd** Menahem Golan, Yoram Globus **R** Andrew V. McLaglen **B** James R. Silke, Leslie Stevens **K** David Gurfinkel, Amando Dannuzzi **M** Ennio Morricone **S** Alan Strachan, Michael J. Duthie **D** Brooke Shields (Dale), Horst Buchholz (von Glessing), John Mills (Cambridge), Lambert Wilson (Jaffar), John Rhys-Davies (Rasoul) **L** 107 **FSK** ab 12; f **E** 16.12.1983/3.2.1990 ZDF **fd** 24 341

SAHARA (1984) → Heiße Spuren in der Wüste

DIE SAHARA BRENNT (LE SAHARA BRULE). Der Chef einer Bohrstation in der Sahara, ein selbstherrlich entscheidender, wortkarger Mann, der weder Rücksicht auf seine Arbeiter noch auf sein Unternehmen kennt, setzt seinen Willen gegenüber Auftraggeber und Saboteuren erfolgreich durch. Spannungsarmer Abenteuerfilm, der ein bedenkliches Führerbild propagiert. ✦ Schwarz-weiß. Frankreich 1960 **P** C.T.I. **KI** Cinema **R** Michel Gast **B** Jean Lartéguy, Michel Gast, nach einem Roman von Gil Perrault **K** Marc Fossard **M** Alain Goraguer **S** Eliane Bensdorf **D** Paul Guers, Jean Servais, Jess Hahn, Magali Noël, Jean-Marie Amato **L** 92 **FSK** ab 18; nf **E** 8.5.1964 **fd** 12 759

SAHARA CROSS – DUELL IN DER WÜSTE (SAHARA CROSS). Actionfilm, der das Thema Terrorismus als Hintergrund für eine einigermaßen gut fotografierte, im übrigen aber magere und nur auf reißerische Effekte angelegte Geschichte benutzt. Vier Ingenieure verfolgen in der Sahara Terroristen, die ihren Kollegen entführt haben. – Ab 16. ✦ Italien 1977 **P** Cine Vera **VA** Elfra **R** Tonino Valerii **D** Franco Nero, Michel Constantin, Pamela Villoresi, Mauro Barabani **L** 97 **FSK** ab 16 **E** 28.5.1993 RTL

DAS SAHARA-PROJEKT. Vierteiliger Fernsehthriller über den Kampf eines Wissenschaftlerteams gegen die verheerenden Folgen der Klimakatastrophe: Erst als die Insel Sylt im Meer versinkt, raufen sich ein Wissenschaftler und ein Konzernchef (mit dessen Frau der Forscher verbandelt ist) zusammen, um die Energieprobleme der Menschheit endlich in den Griff zu bekommen. – Eine sündhaft teure europäische Koproduktion, die kaum einen internationalen Schauplatz und kaum eine mehr oder weniger passende politische Verwicklung auslässt, um ihre letztlich dürftige Story aufzupeppen. Trotz guter Schauspieler hart an der Grenze zur (unfreiwilligen) Persiflage. ✦ Deutschland/Österreich/Schweiz/Italien/Großbritannien/Spanien 1993 **P** EPG (ZDF/ORF/SRG/RAI/Channel Four/RTVE) **Pd** Helmut Krapp **R** Hans Noever **B** Helmut Krapp, Horst Vocks **K** Arthur Ahrweiler **M** Nellis Du Biel **S** Claudia Minzloff **D** Peter Bongartz (Altenburg), Michael Degen (Graf Waldegg), Delia Boccardo (Giovanna), Helmut Berger (Bergmann), Anne Kasprzik (= Anne Kasprik) (Eva Bosch), Laura Sadler (Laura), Renan Demirkan **L** ca. 360 (vier Teile) **E** 25.10.,31.10.,1.11.,6.11. 1993 ZDF

SAHARA – WÜSTE DES TODES (SAHARA). Drei amerikanische Soldaten fliehen im Zweiten Weltkrieg vor den deutschen Panzern in die Sahara. In der Wüste finden sie einen Brunnen und verteidigen ihn mit einigen Verbündeten gegen die deutsche Übermacht, auch als das Wasser längst versiegt ist. Kriegsfilm, der allenfalls durch das prägnante Spiel der Darsteller die Einfalt der dramaturgischen Struktur vergessen läßt. Zunehmend verfällt er einem üblen, undifferenzierten Militarismus, der Krieg als Abenteuerspiel für Männer darstellt. ✦ USA 1995 **P** Village Roadshow Pictures/Clipsal **VA** Columbia Tristar **Pd** Darryl Sheen **R** Brian Trenchard-Smith **B** David Phillips **K** John Stokes **M** Garry McDonald, Lawrence Stone **S** Alan Lake, Patrick Stewart **D** James Belushi (Joe Gunn), Alan David Lee (Bates), Simon Westaway (Williams), Mark Lee (Doyle), Michael Massee (Leroux) **L** 106 **FSK** ab 16 **E** 16.4.1996 Video **fd** 31 947

SAIGON (OFF LIMITS). Zwei Armeepolizisten werden mit der heiklen Untersuchung einer Serie von Prostituiertenmorden beauftragt, für die als Verdächtige einige höhere Offiziere in Frage kommen. Solide gebauter, »hartgesottener« Kriminalfilm, der mehr von der Atmosphäre des Hexenkessels Saigon gegen Ende der 60er Jahre lebt als von überzeugenden Hauptfiguren. Rüde im Jargon und stellenweise unnötig brutal. ✦ USA 1987 **P** 20th Century Fox **KI** 20th Century Fox **SF** 20th Century Fox **VA** CBS/Fox **Pd** Alan Barnette **R** Christopher Crowe **B** Christopher Crowe, Jack Thibeau **K** David Gribble **M** James Newton Howard **S** Doug Ibold **D** Willem Dafoe (Buck McGriff), Gregory Hines (Albaby Perkins), Fred Ward (Dix), Amanda Pays (Nicole), Scott Glenn (Oberst Armstrong) **L** 102 **FSK** ab 16; f **E** 5.5.1988/31.1.1989 Video **fd** 26 846

SAIGON BABY (SAIGON BABY). Drama. Einem in Bangkok lebenden englischen Ehepaar mißlingen alle Versuche, seinen sehnlichsten Wunsch zu verwirklichen, ein Kind auch außerhalb der Legalität zu adoptieren. Zudem verstärken sich seine moralischen Skrupel. ✦ Großbritannien 1995 **R** David Attwood **B** Guy Hibbert **D** Kerry Fox (Kate Cooper), Douglas Hodge (Michael Cooper), John Hurt (Jack) **L** 91 **E** 15.3.1997 tm3

SAIGON COMMANDOS (SAIGON COMMANDOS). Ein ehemaliger GI kämpft mit seiner Mannschaft im Saigon des Jahres 1970 gegen Drogenhändler mit Verbindungen zu höchsten politischen Kreisen. Als er in Mordverdacht gerät und seine Mission zu scheitern droht, stellt er ein Himmelfahrtskommando aus aktiven Soldaten zusammen und beginnt einen regelrechten Feldzug. Actionfilm vor dem Hintergrund des Vietnam-Krieges. ✦ USA 1987 **P** Concorde **VA** CBS/Fox **Pd** John Schouweiler, Isabel Sumayao **R** Clark Henderson **B** Thomas McKelvey Cleaver, nach einem Roman von Jonathan Cain **K** Juanito Pereira **M** Samuel Asuncion, Noli Aurillo **S** Pacifico Sanchez **D** Richard Young (Mark Stryker), P. J. Sales (Jean Lassiter), John Allen Nelson (Tim Bryant), Jimmi B. jr. (Will Thomas), Frederick Bailey (Cpt. Daniels) **L** 84 **FSK** ab 18 **E** 21.3.1988 Video

SAINT-EX (SAIN-EX). Biografischer Spielfilm über das eigenwillige Leben Saint-Exupérys, der in der Begegnung mit Consuelo Suncin Sandoval 1930 auf die Liebe seines Lebens traf, in seiner Existenz aber auch weiterhin zwischen extremen Polen hin- und gerissen blieb. – Ab 16. ✦ Großbritannien/USA 1995 **P** Majestic/BBC/The Oxford Film Company **Pd** Jake Lloyd, Anand Tucker, Mark Bentley **R** Anand Tucker **B** Frank Cottrell Boyce **K** David Johnson **M** Barrington Pheloung **S** Peter Webber **D** Bruno Ganz (Antoine de Saint-Exupéry), Miranda Richardson (Consuelo), Daniel Craig (Guillaumet), Janet McTeer (Geneviève de Ville-Franche), Anna Calder-Marshall (Moisy), Karl Johnson (Didier Daurat), Katrin Cartlidge (Gabrielle de Saint-Exupéry) **L** 82 **E** 2.7.2000 arte

SAINT-EXUPÉRY (SAINT-EXUPERY). Die unterhaltsame Biografie des französischen Piloten und Schriftstellers Saint-Exupéry (»Der kleine Prinz«), der viele Bruchlandungen überlebte und im Juli 1944 von einem Aufklärungsflug nicht mehr zurück kam. Ein Porträt, angesiedelt zwischen Abenteuergeist und Tollkühnheit. (Titel auch: »Saint-Exupéry: Der letzte Auftrag«) – Ab 14. ✦ Frankreich 1994 **P** FR 2/FR 3/Son et Lumière **Pd** Alain Clert **R** Robert Enrico **B** Marcel Jullian **K** Cyril Lathus **M** Jean Musy **S** Patricia Neny **D** Bernard Giraudeau (Saint-Exupéry), Frédéric van den Driessche (Mermoz), Jean-Paul Comart (Guillaume), Geoffroy Thiebaut (Reine), Pierre Santini (Daurat) **L** 105 **E** 22.6.2000 3sat

SAINT JACK (SAINT JACK). Ein Amerikaner, nach dem

Korea-Krieg in Fernost hängengeblieben, schlägt sich in Singapur mit kleinen Gaunereien und als Zuhälter mehr schlecht als recht durchs Leben, verliert alles und beginnt von neuem. Porträt eines Glücksritters, der sich inmitten von Amoralität und Gewalt seine Integrität und Moral bewahrt. Zugleich ein interessanter, vielschichtiger Film über Sex und seine Vermarktung, der darauf hinweist, daß eine Welt, die wie ein Bordell regiert wird, dem Untergang zustrebt. ✦ USA 1979 **P** Playboy/Shoals Creek/Cope de Oro **KI** Concorde **Pd** Roger Corman **R** Peter Bogdanovich **B** Howard Thackler, Paul Theroux, Peter Bogdanovich, nach einem Roman von Paul Theroux **K** Robby Müller **M** div. Songs **S** William Carruth **D** Ben Gazzara (Jack Flowers), Denholm Elliott (William Leigh), James Villiers (Frogget), Joss Ackland (Yardley), Rodney Bewes (Smale) **L** 115 **FSK** ab 16; f **E** 9.5.1980 **fd** 22 457

SAINT TROPEZ VICE (POLICE DE MOERS/LES FILLES DE SAINT TROPEZ). Zwei Polizisten legen einem deutschen Mädchenhändler-Ring in St. Tropez, der Frauen mit falschen Versprechungen ködert und in arabische Länder verschleppt, das Handwerk. Letztklassiger, primitiver Softporno auf dem Niveau eines schmuddeligen Fotoromans. (Fernsehtitel: »Heiße Nächte in St. Tropez«) – Wir raten ab. ✦ Frankreich 1987 **P** Maillot Films **VA** Galaxy Home/VTO **R** Jean Rougeron **B** Michel Caputo, nach einem Roman von Pierre Lucas **K** Gérard Loubeau **M** André Maruani **S** Annie Lemesle **D** Yves Jouffroy, Henri Poirier, Laurence Savin, Elisabeth Steiner, Pierre Lordiche **L** 83 **FSK** ab 18 **E** Dezember 1987 Video/24.11.1990 RTL plus

SAISON DER SIEGER → Champions

SAISON DER WUNDER (SESON TSCHUDES). Ein junger Kunstmaler, der vom Lärm und Streß der Hauptstadt genug hat, zieht sich in ein Haus am Meer zurück, wo ihn etliche wundersame Begegnungen und Begebenheiten zu einer neuen Sicht des Lebens bringen. Eine musikalische Komödie, die Alltägliches und Unwahrscheinliches, Altgewohntes und Paradoxes miteinander verflechtet. – Ab 12. ✦ UdSSR 1985 **P** Filmstudio Odessa **R** Georgi Jungwald-Chilkewitsch **B** Sergej Abramow **K** Gennadi Karjuk **M** Juri Tschernjawski **D** Arunas Storpirschtis (Wadim), Boris Schuwalow (Oleg), Larissa Schachworostowa (Taja), Iwan Agapow (Alexej), Olja Gorschkowa (Sinka) **L** 87 **E** 3.7.1986 DFF 2

SAISON FÜR SEITENSPRÜNGE (SEPARATE VACATIONS). Leidlich unterhaltsame Ehekomödie. Nach zehn Ehejahren beschließt ein Paar, »Urlaub von der Ehe« zu nehmen und getrennt in Urlaub zu fahren. Was zur Auffrischung der Beziehung gedacht war, führt zu erheblichen Komplikationen und endet beinahe mit der Trennung. (Fernsehtitel: »Getrennte Ferien«; Alternativtitel: »Fun Holidays«) – Ab 16 möglich. ✦ Kanada 1985 **P** R.S.L.Films/Playboy **VA** CBS/Fox **Pd** Robert Lantos, Stephen J. Roth **R** Michael Anderson **B** Robert Kaufman, nach einem Roman von Eric Weber **K** François Protat **M** Stanley Myers, Hans Zimmer **S** Ron Wisman **D** David Naughton (Richard Moore), Jennifer Dale (Sarah Moore), Mark Keyloun (Jeff Ferguson), Blanca Guerra (Alicia), Laurie Holden (Karen) **L** 86 **FSK** ab 16 **E** 11.12.1987 DFF 2/25.10.1988 Video

EINE SAISON IN HAKKARI (HAKKARI DE BIR MEVSIM). Das Leben in einem unwirtlichen, neun Monate des Jahres von Schnee bedeckten türkischen Hochgebirgsdorf an der Grenze zum Iran, gesehen durch die Augen eines strafversetzten Lehrers, der für einen Winter in dieses rückständige Dorf kommt. In faszinierenden Aufnahmen der Landschaft und Gesichter entwickelt sich ein eindrucksvolles Mosaik des Alltags abseits der Zivilisation. Einfühlsam und verhalten, kritisch in der Beschreibung der Situation, mit kargem Dialog. – Sehenswert ab 14. ✦ Türkei/BR Deutschland 1982/83 **P** Kentel Film/DATA A.S. **KI** Kinofilm **R** Erden Kiral **B** Onat Kutlar, nach einem Roman von Ferit Edgü **K** Kenan Ormanlar **M** Timur Selcuk **S** Yilmaz Atadeniz **D** Genco Erkal, Serif Sezer, Erkan Yüzel, Rana Cabbar, Erol Demiröz **L** 109 **E** 6.1.1984 **fd** 24 377

SAISON IN KAIRO. Der Sohn einer reichen amerikanischen Witwe und die Tochter eines ebenso reichen Grafen beschließen aus Angst um ihr Vermögen, die leichtlebigen Eltern zusammenzubringen. Am Ende der unter dem blauen Himmel Ägyptens spielenden Liebeskomödie steht die unvermeidliche Doppelhochzeit. – Ab 12. ✦ Schwarz-weiß. Deutschland 1933 **P** UFA **R** Reinhold Schünzel **B** Walter Reisch **K** Carl Hoffmann **M** Werner R. Heymann **S** Eduard von Borsody **D** Renate Müller (Stefanie, Leopolds Tochter), Willy Fritsch (Tobby, Ellinors Sohn), Gustav Waldau (Leopold), Leopoldine Konstantin (Ellionor Blackwell), Anton Pointner (Giacomo Ottaviani) **L** 80 **E** 20.7.1933/22.5.1989 DFF 1

SAISON IN OBERBAYERN → Hotel Allotria (Saison in Oberbayern)

SAISON IN SALZBURG (1952). Drei arbeitslose Schauspieler finden in einem Berggasthof bei Salzburg Lohn und Brot und verlieren ihr Herz. Realitätsfernes Lustspiel rund um die gleichnamige Operette von Fred Raymond. – Ab 12. ✦ Schwarz-weiß. Österreich 1952 **P** Wien **KI** Ufa **Pd** Friedrich Erban **R** Ernst Marischka **B** Ernst Marischka, nach der gleichnamigen Operette von Max Wallner, Kurtz Feltz und Fred Raymond **K** Sepp Ketterer **M** Fred Raymond **D** Adrian Hoven, Walter Müller, Hans Richter, Johanna Matz, Gretl Schörg, Adi Berber, Gusti Wolf, Lotte Lang, Hermann Erhardt, Else Rambausek, Richard Romanowsky, Erik Frey, Loni Heuser, Richard Eybner, Fritz Imhoff **L** 105 **FSK** ab 12; nf **E** 9.9.1952 **fd** 2 039

SAISON IN SALZBURG (1961). Farbiges Remake von Marischkas gleichnamigem Film von 1952, trotz Peter Alexander auch nicht erheiternder. (Alternativtitel: »Wenn der Toni mit der Vroni«) – Ab 12. ✦ Österreich 1961 **P** Sascha **KI** Gloria **Pd** Karl Schwetter **R** Franz Josef Gottlieb **B** Ernst Marischka, nach der gleichnamigen Operette von Max Wallner und Kurt Feltz **K** Elio Carniel **M** Fred Raymond **S** Herma Sandtner-Sedivy **D** Peter Alexander, Gunther Philipp, Waltraut Haas, Ingeborg Schöner, Gunnar Möller **L** 97 **FSK** ab 6; nf **E** 27.10.1961 **fd** 10 641

SAISONBEGINN (ZACIATOK SEZONY). Nach dem Tod seiner Frau weigert sich ein alter Mann trotz Drängens von Tochter und Schwiegersohn, sein ländliches Anwesen mit Weinberg in einem slowakischen Dorf aufzugeben. Seine Freundschaft zu einem asthmakranken Jungen, der zur Genesung ins Dorf übersiedelte, gibt ihm eine neue Orientierung, die ihn seinen Starrsinn überwinden läßt. Poetisch durchdrungene, musikalisch breit aufgefächerte Verhaltensstudie, die durchaus zum Nachdenken über Leben und Sterben, Kindsein und Alterswürde anregt, sich jedoch gelegentlich allzu langatmig in Skurrilität flüchtet. – Ab 12 möglich. ✦ CSSR 1987 **P** Filmstudio Bratislava-Koliba **KI** Progress **R** Zoroslav Záhon **B** Jozef Banás **K** Viktor Svoboda **M** Dusan Rapos **D** Karl L. Zachar (Karol Vicen), Martin Jenca (Karol Tesár), Josef Dóczy (Vendel), Magda Paveleková (Cousine), Milan Kis (Vrcúl), Karol Cálik **L** 80 **E** 15.9.1989 Kino DDR/11.5.1990 ARD

SAKAT (SAKAT). Opulent ausgestattete Literaturverfilmung nach Motiven von Isaak Babel, die das historische Odessa als Stadt der Anekdoten, der jüdischen Kultur und der antijüdischen Pogrome beschwört, in der das Leben als immerwährendes öffentliches Spektakel abläuft. Im Zentrum der Geschichte, die von Rabbis, Dichtern, Abenteurern und Prostituierten bevölkert wird, steht die Familie eines Pferdefuhrunternehmers. (Fernsehtitel auch: »Sakat – Sonnenuntergang«) – Ab 16. ✦ UdSSR 1990 **P** Mosfilm, Studio »Slowo« **KI** ex picturis **R** Alexander Seldowitsch **B** Pawel Finn, nach Motiven von Isaak Babels »Geschichten aus Odessa« und seines gleichnamigen Theaterstücks **K** Alexander Knjashinski **M** Leonid Desjatnikow **S** I. Kolotikowa **D** Ramas Tschchikwadse (Mendel Krik), Viktor Gwosdizki (Benja Krik), Sinowi Kogorodski (Großvater), Marina Majlo (Marussja), Olga Wolkowa (Potapowna), Irina Sokolowa (Nechama Krik) **L** 87 **E** Sommer 1991/8.7.1994 arte

SAKIKOS GEHEIMER SCHATZ (HIMITSU NO HANAZONO). Eine von Kindesbeinen von Geld faszinierte junge Frau, die als Kassiererin einer Bank arbeitet, wird bei einem Überfall als Geisel genommen. Als die beiden Gangster bei der Flucht in der unwirtlichen Gegend am Fuße des Fujiyama ihr Leben verlieren, macht sie sich auf die Suche nach der verlorengegangenen Beute, nimmt dafür sogar ein Geologiestudium in Kauf und finanziert ihre Suche durch Beteiligung an Bergsteiger-Wettbewerben. Eine amüsante groteske Komödie um die Gier nach Geld als kapitalistischem Fetisch mit einer hyperaktiven Hauptfigur, deren Gier sie in absurde Slapstick-Situationen bringt. (O.m.d.U.; der Film wurde zunächst als »Mein geheimer Garten« in der nichtkommerziellen Auswertung angeboten; als »Mein geheimer Schatz« kam er ins Fernsehen, bevor er 1999 seinen Kinostart erlebte.) – Ab 16. ✦ Japan 1996 **P** Toho/Pia Corporation **KI** Salzgeber (früher: Freunde der deutschen Kinemathek (nur im Rahmen von Festivals) **VA** Salzgeber **Pd** Hideyuki Takai, Hiroshi Yanai **R** Shinobu Yaguchi **B** Shinobu Yaguchi, Takuji Suzuki **K** Masahiro Kishimoto **M** Kuniaki Yagura **S** Miho Yoneda **D** Naomi Nishida (Sakiko), Go Riju (Edogawa), Taketoshi Naito (Morito) **L** 83 **FSK** ab 6; f (OmdU) **E** 1997/23.9.1998 WDR/28.1.1999 Kinoneustart **fd** 33 331

DAS SAKRAMENT (HET SACRAMENT). Ein flämisches Dorf in den 50er Jahren: Am alljährlich im Hause eines Pfarrers gefeierten Todestag der Mutter kommt es zwischen den verschiedenen Familienmitgliedern zu Spannungen. Sie münden in eine Katastrophe, als sich die verzweifelte Suche nach Liebe und Anerkennung Bahn bricht, die bislang unter selbstauferlegten Zwängen und gesellschaftlichen Konventionen verborgen war. Eine sehr intelligente Tragikomödie, die Figuren und Milieu mit Witz, unbarmherzigem Realismus und satirischer Schärfe zeichnet. (Flämisch mit deutschen Untertiteln) – Ab 16. ✦ Belgien 1989 **P** Breuls/Conrad **Pd** Paul Breuls, Patrick Conrad **R+B** Hugo Claus **K** Gilberto Azevedo **M** Frédéric Devreese **S** Menno Boerema **D** Frank Aendenboom (DeeDee), Ann Petersen (Natalie), Carl Ridders (Claude), Jan Decleir (Albert), Marc Didden (Gigi), Hugo van den Berge (Antoine) **L** 100 **E** 15.4.1994 arte

SAKURA KILLER (THE SAKURA KILLERS). Eine Gruppe Ninjas entwendet aus einem geheimen Forschungslabor ein Videoband mit Formeln zur Genmanipulation. Ein Spezialist des CIA setzt sich auf ihre Spur und kann eine Organisation auf Taiwan ausfindig machen, deren Kopf der Urheber des Verbrechens ist. Agentenfilm mit den Zutaten des Ninja-Genres. ✦ USA 1985 **P** Bonaire Films **VA** Ufa **Pd** K. L. Lim, Roy McAree **R** Richard Ward, Dusty Nelson **B** David Marks, Dusty Nelson **K** Alan Brennecke **M** William Scott **D** Chuck Connors (Colonel), George Nichols (Dennis), Mike Kelly (Sonny), John Ladalski, Manji Otsuki (Manji) **L** 87 **FSK** ab 16 **E** Oktober 1987 Video

SALAAM BOMBAY! (SALAAM BOMBAY!). Halbdokumentarischer Spielfilm um Straßenkinder im »Rotlichtbezirk« von Bombay, die sich im zarten Alter schon mit Drogen, Prostitution und Mord herumschlagen müssen. Dichte, detailreiche sozialkritische Studie mit einer im Kern zutiefst humanen Botschaft. Wichtig als Information und Diskussionsanstoß. – Sehenswert ab 14. ✦ Indien/USA/Frankreich/Großbritannien 1988 **P** Mirabi/National Development/Channel Four/Cadrage **KI** Pandora **VA** atlas **Pd+R** Mira Nair **B** Sooni Taraporevala **K** Sandi Sissel **M** L. Subramaniam **S** Barry Alexander Brown **D** Shafik Syed (Krishna »Chaipau«), Sarfuddin Qurassi (Koyla), Raju Barnard (Keera), Raghubir Yadav (Chillum), Nana Patekar (Baba) **L** 113 **FSK** ab 12; f

FBW bw **E** 27.4.1989/26.1.1990 Kino DDR/16.5. 1990 ARD **fd** 27 528

SALAM CINEMA (SALAM CINEMA). Der Dokumentarfilm, entstanden zum 100. Jubiläum des Kinos, zeigt das Casting für einen imaginären Film in einer Stadt im Iran. In dessen Verlauf stellt sich die manipulative, zuweilen sadistische Macht des Regisseurs und mithin des Kinos heraus, die die Menschen nicht nur zu steuern, sondern auch in ihrem Wesen zu entblößen vermag. ✦ Iran 1995 **R+B** Mohsen Makhmalbaf **K** Mahmoud Kalari **M** Shahrdad Rohani **S** Mohsen Makhmalbaf **D** Azadeh Zangeneh, Maryam Keyhan, Feyzola Ghashghai, Shaghayegh Djotat, Mohsen Makhmalbaf **L** 75 **E** 30.3.1998 arte

SALAMANDER (LE SALAMANDRE). Eine weiße Fotografin unterhält eine Liebesbeziehung zu einem schwarzen Fotomodell, bis ein Psychotherapeut das Verhältnis stört und ebenso wie die Fotografin von der hintergangenen Schwarzen aus Eifersucht getötet wird. Lesbisches Liebesdrama von technisch überdurchschnittlicher Qualität, doch oberflächlicher Psychologie und wenig überzeugender Darstellung. ✦ Italien/Frankreich 1969 **P** Vega **Kl** Roland/Allianz/RCS **R+B** Alberto Cavallone **K** Maurizio Centini **M** Franco Potenza **S** Mario Salvatore **D** Anthony Vernon, Beryl Cunningham, Erna Schurer, Tony Carrel **L** 93 **FSK** ab 18; f **E** 27.3.1970 **fd** 16 831

DER SALAMANDER (1971) (LA SALAMANDRE). Ein Schriftsteller und ein Journalist arbeiten nach verschiedenen Konzeptionen an einem Drehbuch und machen dabei nähere Bekanntschaft mit ihrer Hauptfigur, einer jungen Frau am Rande der Gesellschaft. Mehrschichtiger Film, der sich mit dem Problem der Identitätssuche und dem Verhältnis des Künstlers zur Wirklichkeit beschäftigt; poetisch, humorvoll und intelligent. – Sehenswert. ✦ Schweiz 1971 **P** Svociné **Pd+R** Alain Tanner **B** Alain Tanner, John Berger **K** Renato Berta, Sandro Bernardoni **M** Patrick Moraz, Mainhorse Airlines **S** Brigitte Sousselier, Marc Blavet **D** Bulle Ogier, Jean-Luc Bideau, Jacques Denis, Véronique Alain, Daniel Stuffel **L** 128 **E** 3.10.1972 ARD **fd** 17 981

DER SALAMANDER (1981) →Kennwort: Salamander

SALAR, DER LACHS. Zeichentrickfilm, der vom abenteuerlichen Leben der Lachse erzählt. Salar, ein Lachs, lernt auf seiner langen Wanderung vom Atlantik in einen schottischen Gebirgsbach Tiere und Menschen und damit die schönen und hässlichen Seiten des Lebens kennen. Entstanden nach der in den 30er Jahren veröffentlichten Naturgeschichte des Schotten Henry Williamson. – Ab 8. ✦ CSSR/BR Deutschland 1989 **P** Kratky-Film/WDR **R** Jirí Ptacek, Ivan Renc **B** Jirí Ptacek, Ivan Renc, nach einem Roman von Henry Williamson **L** (TV) 50 **E** 15.6.1990 ARD

SALEM II – DIE RÜCKKEHR (A RETURN TO SALEM'S LOT). Ein Anthropologe zieht mit seinem schwer erziehbaren Sohn in das verschlafene Nest Salem's Lot, wo er das Haus einer Tante geerbt hat. Gerade als sie sich näher kommen, machen sie eine grauenhafte Entdeckung: die Bewohner des Ortes sind ausnahmslos Vampire, die den beiden versprechen, daß man sie verschone, wenn der Forscher die Chronik des Ortes niederschreibt. Als sie doch zu Vampiren gemacht werden sollen, nehmen sie, unterstützt von einem alten Nazi-Jäger, den Kampf auf. Mit schwarzem Humor gewürzte Gruselgeschichte, die respektlos mit den Stereotypen des Genres umspringt; einige recht blutrünstige Szenen werden durch die ironische Distanz der Inszenierung etwas gemildert. (Fernsehtitel: »Stadt der Vampire«) ✦ USA 1987 **P** Warner Bros. **VA** Warner Home **Pd** Paul Kurta **R** Larry Cohen **B** Larry Cohen, James Dixon, nach Personen eines Romans von Stephen King **K** Daniel Pearl **M** Michael Minard **S** Armond Leibowitz **D** Michael Moriarty (Joe Weber), Samuel Fuller (Van Meer), Ricky Addison Reed (Jeremy Weber), Andrew Duggan (Richter Axel), Ronee Blakley (Sally) **L** 96 **FSK** ab 18 **E** 14.7.1988 Video/23.6.1993 3sat

SALEM ALEIKUM. Ein Schlagersänger, der einem Waffenschmuggler ähnlich sieht, gerät in Tanger in Bedrängnis. Lustspiel mit Peter Alexander, dürftig in Story und Ausführung; was wohl als Parodie im Stil amerikanischer Groteskfilme gemeint ist, erschöpft sich in flachen Dialogen. – Ab 16. ✦ BR Deutschland 1959 **P** Real **Kl** Europa **Pd** Heinz-Günter Sass **R** Geza von Cziffra **B** Richard Anden, Helmuth M. Backhaus **K** Willy Winterstein **M** Kurt Feltz, Heinz Gietz **D** Peter Alexander, Germaine Damar, Rudolf Platte, Oskar Sima, Hubert von Meyerinck **L** 89 **FSK** ab 12; nf **E** 3.12.1959/3.8.1975 ZDF **fd** 8 716

SALLAH – ODER: TAUSCHE TOCHTER GEGEN WOHNUNG (SALLAH). Ein jeminitischer Jude kommt mit seiner kinderreichen Familie als Einwanderer nach Israel. Seinen Kampf mit dem modernen technischen Leben und die Schwierigkeiten des jungen Staates schildert der Film mit liebenswürdiger Selbstkritik. Geistreiche Unterhaltung mit Witz, Humor und glänzenden Darstellern. – Sehenswert ab 14. ✦ Israel 1964 **P** Sallah **Kl** United Artitsts **Pd** Menahem Golan **R+B** Ephraim Kishon **K** Floyd Crosby **M** Yohanan Zarai **D** Chaim Topol, Geula Noni, Arik Einstein, Gila Almagor, Shraga Friedmann **L** 93 **FSK** ab 6; f **FBW** w **E** 30.8.1968 **fd** 14 390

SALLY – HEISS WIE EIN VULKAN. Beobachtungen bei der Fertigstellung eines Films, der vorgibt, sexuelles Verhalten aus dem Blickwinkel der Frau darzustellen. Ein unglaublich primitiver Sexfilm, der sich weitgehend auf Albernheiten beschränkt. – Wir raten ab. ✦ BR Deutschland 1973 **Kl** Malzahn **Pd+R** Barny Bornhauser (= Hans D.) **D** Rosi Schubert, Karin Lorson, Achim Neumann **L** 82 **FSK** SPIO: X **E** 1973 Kino

SALLY UND DIE FREIHEIT (SALLY OCH FRIHETEN). Sally, eine junge Ehefrau und Mutter, verläßt nach zehnjähriger Ehe ihren Mann, um ein Leben in Unabhängigkeit zu führen. Als sie in zweiter Ehe den unkonventionellen Lehrer Simon heiratet, hat sie erneut mit männlichem Führungsdenken zu kämpfen und erlebt erneut die ihr aus erster Ehe bekannten Probleme. Eine kritische, leidenschaftliche Auseinandersetzung mit der Rolle der Frau in der Industriegesellschaft und ein Beitrag zum Thema Selbstverwirklichung. Selbst die auf den ersten Blick »konventionell« und oft recht weinerlich anmutenden Szenen entsprechen einer Wirklichkeit, die sich an gesellschaftlichen Mustern orientiert. Preis der Ökumenischen Jury in Montreal 1981. ✦ Schweden 1981 **P** Cinematograph/Svenska Filminstitutet/Sandrews **Pd** Ingmar Bergman **R** Gunnel Lindblom **B** Margareta Garpe, Gunnel Lindblom **K** Tony Forsberg **M** Stefan Nilsson **S** Sylvia Ingemarsson, Siv Lundgren **D** Ewa Fröling (Sally), Hannes Wigren (Simon), Leif Ahrle (Jonas), Gunnel Lindblom (Nora), Oscar Ljung (Sallys Vater), Gunn Wallgren (Sallys Mutter), Svea Holst (Großmutter) **L** 100 **E** 30.7.1985 ZDF

SALLY VOM JAHRMARKT (SALLY OF THE SAWDUST). Eine der wenigen Komödien unter den 300 Filmen des berühmten David Wark Griffith (1875–1948), geprägt von hintergründiger Ironie, Humor und tiefer Menschlichkeit. Der Komiker W. C. Fields tritt als erfolgloser Taschenspieler auf, der sich mit seiner Adoptivtochter mühsam durchs Leben schlägt, bis sich in der Heimatstadt von Sallys Mutter herausstellt, daß das Mädchen aus vornehmem Bürgerhaus stammt. – Sehenswert ab 12. ✦ Schwarz-weiß. USA 1925 **P** Paramount **R** David Wark Griffith **B** Forrest Halsey, nach einem Theaterstück von Dorothy Donnelly **K** Harry Fischbeck, Hal Sintzenich **D** Carol Dempster, W. C. Fields, Alfred Lunt, Effie Shannon, Erville Anderson **L** 85 **E** 30.12.1972 WDR

SALMONBERRIES. Eine 20jährige Frau, die als Findelkind aufwuchs, sucht im eisigen Alaska nach ihren Ursprüngen und gerät an eine deutsche Bibliothekarin, die an ihrer deutsch-deutschen Vergangenheit leidet. Gemeinsam therapieren sich die Frauen und finden nach einem schmerzvollen Prozeß zu sich selbst. Ein enttäuschender Film über Emanzipation und Selbstfindung, der seinen Darstellern hölzerne Dialoge abverlangt. Auch die grandiosen Landschaftsaufnahmen können den Film nicht retten. – Ab 16. ✦ Deutschland 1991 **P** pelemele Film **Kl** Futura/Filmverlag **VA** Arthaus **Pd** Eleonore Adlon **R+B** Percy Adlon **K** Tom Sigel **M** Bob Telson **S** Conrad M. Gonzalez **D** K. D. Lang (Kotz), Rosel Zech (Roswitha), Chuck Connors (Bino-Chuck), Jane Lind (Noayak), Oscar Kawagley (Butch) **L** 95 **FSK** o. A.; f **FBW** w **E** 31.10.1991/12.10.1994 ARD/28.11.1994 Video **fd** 29 207

SALOME (1922) (SALOME). Die Geschichte der Salome, die für ihren Schleiertanz den Kopf von Johannes dem Täufer fordert und erhält. Stummfilmversion der Geschichte nach Oscar Wilde, für deren interessante Dekors Natacha Rambowa, die Frau Rudolph Valentinos, verantwortlich zeichnete. Produziert wurde der bewußt bis zur Stilisierung künstlich gestaltete Film, der sich an den Originalillustrationen von Aubrey Beardsley orientiert, von der russischen Tänzerin Nazimova. Vor allem filmhistorisch eine interessante »Ausgrabung«, die die Dekadenz ihrer Entstehungszeit und die Exzentrik seiner Schöpfer spiegelt. Nach mäßigen Erfolg verschwand der Film in der Versenkung. 1993 wurde er vom George Eastman House wiederentdeckt und rekonstruiert; der Filmkomponist Marc-Olivier Dupin schuf eine neue Musik. Nun ist der »erste Kunstfilm Amerikas« erstmals wieder in einer Fassung zu sehen, die in etwa der ursprünglichen Länge entspricht. – Ab 16. ✦ Schwarz-weiß. USA 1922 **P** Nazimova/Allied Producers and Distributors **Pd** Alla Nazimova **R** Charles Bryant **B** Peter M. Winters, nach einem Bühnenstück von Oscar Wilde **K** Charles Van Enger **D** Alla Nazimova (Salome), Rose Dione (Herodias, Salomes Mutter), Mitchell Lewis (Herodes), Nigel de Brulier (Johannes, der Täufer), Earl Schenck (Narraboth, syrischer Prinz) **L** (TV) 45/75 (restaurierte Fassung) **E** 17.6.1990 Tele 5/16.8.2001 (restaurierte Fassung)

SALOME (1952) (SALOME). Jerusalem 30 n. Chr.: Durch ihre Liebe zu einem römischen Offizier kommt Salome, die Tochter des jüdischen Königs Herodes, mit der Verkündigung des Johannes in Berührung. Als dem Täufer die Hinrichtung droht, versucht sie, Johannes durch ihren Schleiertanz zu retten. Künstlerisch unterdurchschnittlicher Monumentalfilm, der biblische Motive und Figuren nach Belieben zu einer erfundenen, auf Dauer ermüdenden Geschichte zusammenwürfelt. – Ab 16. ✦ USA 1952 **P** Beckworth Corporation/Columbia **Kl** Columbia **Pd** Buddy Adler **R** William Dieterle **B** Harry Kleiner, Robert Ardrey (ursprüngl. Buch), nach dem Roman »The Good Tidings« von William Sidney (= William Dieterle) **K** Charles Lang jr. **M** George Duning **S** Viola Lawrence **D** Stewart Granger (Claudius), Charles Laughton (König Herodes), Judith Anderson (Königin Herodias), Cedric Hardwicke (Tiberius), Rita Hayworth (Salome) **L** 103 **FSK** ab 12; f **E** 20.8.1953 **fd** 2 729

SALOME (1971/88). Auf der Grundlage von Oscar Wildes gleichnamiger Tragödie gestaltete Version des biblischen Stoffes, inszeniert in den Ruinen von Baalbek im Libanon. Der literarische Text wurde stark gekürzt, die klassische Einheit von Ort, Zeit und Raum streng gewahrt; die Musik stellte Schroeter aus Zitaten von Mozart, Bellini, Verdi, Wagner und Rosita Serranos Lied »La Paloma« zusammen, wobei er zur Wiederausstrahlung des Films 1988 eine neue Musikmischung erstellte, da einige Musikrechte ausgelaufen waren. ✦ BR Deutschland 1971/88 **P** Werner Schroeter **R** Werner Schroeter **B** Werner Schroeter, nach einer Tragödie von Oscar Wilde **L** 81 **E** 5.8.1988 3SAT

SALOME (1986) (SALOME). Die sehr frei nach Oscar Wilde gestaltete biblische Geschichte von Herodes, der nach dem Schleiertanz seiner Tochter Salome den Propheten Johannes den Täufer enthaupten ließ. Biblisches läßt sich in dieser Adaption kaum ausmachen, dafür modisches Dekor aus schwarzen, höhlenartigen Kulissen, vor denen die nackten Körper männlicher und weiblicher Sklaven besonders wirkungsvoll zur Geltung kommen. Ebenso banales wie spekulatives Kunstgewerbe, das sich bewußt dekadent und lasterhaft gibt. ✦ Italien/Frankreich 1986 **P** Cannon Group/Dedalus/TF 1 **VA** Cannon/VMP **R** Claude d'Anna **B** Claude d'Anna, nach Motiven des Bühnenstücks von Oscar Wilde **K** Pasqualino de Santis (= Pasquale de Santis) **M** Egisto Macchi **D** Tomas Milian, Pamela Salem, Tim Woodward, Jo Champa, Fabrizio Bentivoglio **L** 97 **FSK** ab 16 **E** 2.7. 1989 RTL plus

SALOMES LETZTER TANZ (SALOME'S LAST DANCE). London 1892: Zu Ehren und in Anwesenheit des Dichters Oscar Wilde führt eine Gruppe Laienschauspieler in einem Bordell dessen verbotenes Stück »Salome« auf. Grell-»erotische« Inszenierung von Wildes Bühnenstück und Leben, die mit Stilmitteln der Travestie und Farce moralische Normen und bürgerliche Zuschauererwartungen provokativ unterlaufen will, jedoch meist in vordergründig-derben Kalauern steckenbleibt. ✦ Großbritannien 1987 **P** The Jolly Russel Company **KI** Vestron **VA** Concorde **Pd** Penny Corke **R** Ken Russell **B** Ken Russell, frei nach dem Theaterstück von Oscar Wilde **K** Harvey Harrison **M** David Nolam **S** Timothy Gee **D** Imogen Millais-Scott (Salome/Rose), Stratford Johns (Herodes/Alfred Taylor), Glenda Jackson (Herodias/Lady Alice), Douglas Hodge (Johannes der Täufer/Bosie), Nickolas Grace (Oscar Wilde) **L** 98 **FSK** ab 16; f **E** 6.4.1989/27.6.1990 Video **fd** 27 504

SALOMON → Die Bibel – Salomon

SALOMON UND DIE KÖNIGIN VON SABA (SOLOMON AND SHEBA). Mit farbenprächtigem Aufwand inszenierter Monumentalfilm um Salomons Berufung zum König von Israel, seinen Kampf gegen Ägypten, die Vollendung der israelitischen Machtstellung und seine Romanze mit der Königin von Saba. Schlachtgetümmel und veräußerlichtes Liebesgeplänkel ohne menschliche Leidenschaften und religiöse Substanz werden zwar inszenatorisch geschickt ins Bild gerückt, lassen aber über die monumentale Unterhaltungsschau hinaus unbeteiligt. – Ab 16. ✦ USA 1959 **P** Edward Small/Arthur Hornblow **KI** United Artists **Pd** Ted Richmond **R** King Vidor **B** Anthony Veiller, Paul Dudley, George Bruce, nach Crane Wilbur **K** Freddie Young, Johnny Harris **M** Mario Nascimbene **D** Yul Brynner (Salomon), Gina Lollobrigida (Königin von Saba), George Sanders (Adonijah), Marisa Pavan (Abishag), David Farrar **L** 141 **FSK** ab 12; nf **E** 25.12.1959 **fd** 8 763

SALOMON UND GAENOR (SOLOMON AND GAENOR). Eine Waliser Zechensiedlung im Jahr 1911: Der Sohn eines orthodoxen Juden, der eine Pfandleihe betreibt, und die Tochter einer traditionsbewussten walisischen Bergbaufamilie verlieben sich ineinander und müssen gegen Ressentiments und Vorurteile ankämpfen. Der erste Spielfilm eines Dokumentarfilmers, der den klassischen Romeo-und-Julia-Stoff im Milieu der walisischen Arbeiterschaft zu Beginn des letzten Jahrhunderts ansiedelt und die Spannungen zwischen zwei unterschiedlichen Kulturen thematisiert. Beeindruckend gespielt und inszeniert; nominiert für einen »Oscar« als bester nicht englischsprachiger Film. – Ab 16. ✦ Großbritannien 1999 **P** APT/Arts Council of England/Arts Council of Wales/Channel Four/National Lottery/S4C/September Films **Pd** Sheryl Crown **R+B** Paul Morrisson **K** Nina Kellgren **M** Ilona Sekacz **S** Kant Pan **D** Ioan Gruffudd (Solomon Livingston), Nia Roberts (Gaenor R.), Sue Jones-Davies (Gwen), William Thomas (Idris), Maureen Lipman (Rezl) **L** 100 **E** 2.12.2001 Bayern 3

SALON KITTY (SALON KITTY). Die tragische Liebesgeschichte zwischen einem Fliegeroffizier und einer Dirne ist verwoben mit der Geschichte eines Berliner Luxusbordells, das von den Nazis allein zu Spionagezwecken eingerichtet wurde. Ein spekulativer Film ohne zeitkritischen Wert, der lediglich auf den Reiz von Sex und Nazi-Nostalgie baut. ✦ BR Deutschland/Italien/Frankreich 1975 **P** Cinema Seven/Coralta/Fox Europa **KI** Cinerama **R** Tinto Brass **B** Ennio de Concini, Maria Pia Fusco, Tinto Brass **K** Silvano Ippoliti **M** Fiorenzo Carpi **D** Helmut Berger, Ingrid Thulin, Teresa Ann Savoy, Bekim Femiu, John Steiner **L** 106 **FSK** ab 18; nf **E** 26.3.1976 **fd** 19 727

SALON MEXICO → Bezahlte Nächte

SALON PITZELBERGER. Der Trikotagenhändler Pitzelberger verweigert einem armen Musikanten die Hand seiner Tochter. Seine Haltung ändert sich erst, als der junge Mann ihm hilft, eine Soiree zu organisieren, deren italienische Gesangsstars plötzlich abgesagt haben. Die neureichen, dümmlichen Gäste des Abends spüren den Schwindel nicht und jubeln den falschen Italienern, darunter Pitzelberger, seiner Tochter und dem Gärtner, frenetisch zu. Satirischer Operettenfilm nach einer Inszenierung der Deutschen Staatsoper Berlin. ✦ DDR 1965 **P** DEFA, Gruppe »Johannisthal« **Pd** Helmut Klein **R** Horst Bonnet **B** Horst Bonnet, Helmut Grewald, Alfred Hirschmeier, nach der gleichnamigen Operette von Jacques Offenbach **K** Helmut Grewald **M** Jacques Offenbach, Robert Hanell **S** Wally Gurschke **D** Helga Piur (Ernestine), Harald Neukirch (Casimir), Rainer Süß (Pitzelberger), Gerd E. Schäfer (Brösel), Sabine Thalbach (Gast im Salon) **L** 35 **E** 5.2.1965 Kino DDR

SALONWAGEN E 417. Ein Eisenbahnwagen aus fürstlichem Besitz erzählt als Neuankömmling im Verkehrsmuseum den alteingesessenen Ausstellungsstücken zur Geisterstunde seine Geschichte: vor dem Ersten Weltkrieg als Salonwagen für die Hochzeitsreise eines Prinzenpaares; nach 1918 Plünderung, Inflation und Benutzung als Zirkuswagen. Ein breitgefächerter Bilderbogen mit verschiedensten Episoden, der aus der originellen Idee wenig Kapital schlägt und oft in Sentimentalität abgleitet. ✦ Schwarz-weiß. Deutschland 1939 **P** Deka-Film **KI** Transit/Murnau-Stiftung/DIF **Pd** Rüdiger von Hirschberg, Karl Schulz **R** Paul Verhoeven **B** Bobby E. Lüthge, Helmut Käutner, nach einer Idee von Bobby E. Lüthge **K** Karl Hesselmann **M** Giuseppe Becce **S** Fritz Christian Mauch **D** Käthe von Nagy, Curd Jürgens, Maria Nicklisch, Paul Hörbiger, Hilde Körber **L** 90 **FSK** ab 6; f **E** 14.4.1939/15.1.1986 RTL plus

DER SALPETERKRIEG (CALICHE SANGRIENTO). Historischer Spielfilm, angesiedelt im Jahr 1879/80, als Chile um das an Salpetervorkommen reiche Wüstengebiet von Atamaca gegen Bolivien und Peru Krieg führte. Eine Gruppe von 17 chilenischen Soldaten, die unter dem Kommando eines auf Befehlsgehorsam bestehenden Hauptmannes durch die Wüste marschiert, wird durch die ungeheuren Strapazen und Gefechte mit Freischärlern bis auf den letzten Mann aufgerieben. Im Stil eines Western inszenierter Erstlingsfilm, der die Grausamkeit und Unsinnigkeit des Krieges anprangert; zugleich ein Aufruf zur Solidarität der Völker Südamerikas. – Ab 16. ✦ Chile 1969 **P** Icla Industria Cinem **R+B** Helvio Soto **K** Silvio Caiozzi **M** Tito Ledermann **S** Carlos Piaggio **D** Hector Duvauchelle, Jaime Vadell, Jorge Yanez, Jorge Guerra, Patricia Guzman **L** 115 **E** 6.7.1971 ARD/26.10.1974 DFF 2

SALSA (SALSA). Ein zwischen einem Tanzwettbewerb und seiner Freundin hin und her gerissener Puertoricaner folgt im letzten Augenblick doch dem Ruf des Herzens. Tanzfilm in der Nachfolge von »Dirty Dancing«; voller Klischees und ohne Wirklichkeitsbezug. – Ab 16. ✦ USA 1988 **P** Cannon **KI** Scotia-Cannon **VA** Cannon/VMP **Pd** Menahem Golan, Yoram Globus **R** Boaz Davidson **B** Boaz Davidson, Tomas Benitez, Shepard Goldman **K** David Gurfinkel **M** Jack Fishman, Michael Linn **S** Alain Jakubowicz **D** Robby Rosa (Rico), Magali Alvarado (Rita), Moon Orona (Lola), Rodney Harvey (Ken), Miranda Garrison (Luna) **L** 99 **FSK** ab 12; f **E** 28.7.1988/9.12.1988 Video **fd** 27 018

SALSA & AMOR (SALSA). Ein 24-jähriger Pianist verlässt das Konzertpodium mit einem Paukenschlag und tritt fortan als Salsa-Spieler und -Tänzer auf. Um sein französisches Publikum zu begeistern, färbt er sich die Haare schwarz, bräunt sich die Haut und legt sich einen spanisch klingenden Namen zu. Romantische Komödie, die in ihren besten Momenten auf die Kraft der Musik zu setzen versteht, inszenatorisch aber viel Sensibilität vermissen lässt. – Ab 14. ✦ Frankreich/Spanien 1999 **P** Vertigo Prod./Maté Prod./M6 Films/Universal Pictures/TPS Cinema/Sofygram3/Canal+ Spanien **KI** Highlight **VA** Highlight (PHE) **DVD** Highlight (16:9, 1.85:1, DD5.1 dt.) **Pd** Eric Hubert **R** Joyce Sherman Buñuel **B** Joyce Sherman Buñuel, Jean-Claude Carrière **K** Javier Aguirresarobe **M** Jean-Marie Sénia, Yuri Buenaventura, Sierra Maestra **S** Nicole Saunier **D** Christianne Gout (Nathalie), Vincent Lecoeur (Rémi), Catherine Samie (Letty), Michel Aumont (Monsieur Redele), Roland Blanche (Henry), Alexis Valdés (Félipe), Eliza Maillot (Françoise) **L** 105 **FSK** ab 6; f **E** 31.8.2000/19.2.2001 Video & DVD **fd** 34 405

DIE SALSAPRINZESSIN. Durch Zufall lernt eine unscheinbare Krankenschwester einen arbeitslosen kubanischen Salsa-Tänzer kennen, in den sie sich Hals über Kopf verliebt. Der beachtet sie zunächst nicht, doch die verliebte Frau lässt nicht locker, nimmt heimlich Tanzunterrichtet und kann den Mann für sich interessieren. Als er sie endlich erhört, wird ihr klar, dass sie eigentlich einen anderen liebt. Lieheskomödie um Gegensätze, die sich anziehen, und das Glück, das man erst erkennt, wenn es fast zu spät ist. ✦ Deutschland 2000 **P** Relevant Film/RTL **R** Dror Zahavi **B** Georg Heinzen **D** Bojana Golenac (Christel), Pasquale Aleardi (Ruben), Maverick Quek (Han), Hannelore Minkus (Frau Lindenblatt), Sabine Orléans (Stationsärztin) **L** 95 **E** 28.3.2001 RTL

SALTO (SALTO). Ein junger Mann stiftet in einer kleinen polnischen Stadt Verwirrung, als er in ein Haus eindringt und behauptet, den Hausbesitzer zu kennen und während des Kriegs in dieser Stadt gekämpft zu haben. Die Bevölkerung ist zwischen Annahme und Ablehnung des Fremden gespalten. Seine Erklärungen wecken in den Menschen Erinnerungen, Hoffnungen und Träume. Schließlich kommt die Wahrheit ans Tageslicht. Die Hauptrolle in diesem Film, der eine Analyse bestimmter Formen der Massensuggestion anstrebt, spielt der 1967 tödlich verunglückte Zbigniew Cybulski. – Ab 16. ✦ Schwarz-weiß. Polen 1965 **P** Film Polski **R+B** Tadeusz Konwicki **K** Kurt Weber **M** Wojciech Kilar **D** Zbigniew Cybulski, Gustaw Holoubek, Wojciech Siemion, Marta Lipinska, Irena Laskowska, Ewa Krzyzewska (Wala) **L** 100 **E** 5.9.1981 S 3

SALTO IN DEN SARG (TABUTTA ROVASATA). Ein obdachloser Türke, der den Winter in der Altstadt von Istanbul fristen muss, wäre gerne im Gefängnis, doch keine Anstalt nimmt den Meisterdieb auf, da er mühelos alle Schlösser knacken kann. Als er eine heroinabhängige Prostituierte kennen lernt, kümmert er sich liebevoll um sie, doch das gemeinsame Glück ist nur von kurzer Dauer. Eine allegorische Geschichte, gefilmt im Stil des Neorealismus, die vom Überlebenskampf in einer kalten Welt berichtet und im stakkatoartigen Stil Szenen alltäglicher Gewalt spiegelt. ✦ Türkei 1995 **Pd** Ezel Akay, Dervis Zaim **R+B** Dervis Zaim **K** Mustafa Kuscu **M** Baba Zula, Yansimalar **S** Mustafa Presheva **D** Ahmet Ugurlu (Mahsun), Tunçel Kurtiz (Reis), Aysen Aydemir (die junge Frau), Serif Erol (Zühtü), Fuat Onan (Ali) **L** 78 **E** 16.7. 1999 arte

SALTO MORTALE. Die Tochter eines verunglückten Zirkusdirektors tritt nach Anfangsschwierigkeiten in die Fußstapfen des Vaters und übernimmt die Verantwortung für das Unternehmen. Durchschnittlich gestalteter Zirkusfilm voller Klischees. – Ab 12. ✦ Schwarz-weiß. BR Deutschland 1953 **P** Komet **KI** Panorama **Pd** Helmuth Schönnenbeck **R** Viktor Tourjansky **B** Felix Lützkendorf **K** Konstantin Irmen-Tschet **M** Lotar Olias **S** Anneliese Schönnenbeck **D** Margot Hielscher, Karlheinz Böhm, Frits van Dongen, Paul Kemp, Gunnar Möller **L** 90 **FSK** ab 12; f **E** 30.4.1953/17.9.1954 Kino DDR **fd** 2 497

SALTWATER (SALTWATER). Der Sohn eines Imbissbuden-Besitzers überfällt in einem irischen Dorf einen Buchmacher, um die Schulden seines spielsüchtigen Vaters zu tilgen. Eine in episodischer Form entwickelte melancholische Komödie mit liebenswert-hintergründigen Charakteren, getragen von herausragenden Darstellern. Dank der dramaturgisch geschickten Strukturierung gelingt es ihr, eine Vielzahl von Nebenhandlungen reizvoll zu integrieren. (O.m.d.U.) – Sehenswert ab 16. ✦ Großbritannien 1999 **P** BBC/Bord Scannán na hÉireann/Radio Telefis Éireann/Alta Films **Kl** Kairos **Pd** Robert Walpole **R** Conor McPherson **B** Conor McPherson, nach Motiven seines Bühnenstücks »The Lime Tree Bower« **K** Oliver Curtis **M** The Plague Monkeys **S** Emer Reynolds **D** Peter McDonald (Frank), Brian Cox (George), Conor Mullen (Ray), Laurence Kinlan (Joe), Brendan Gleeson (Simple Simon), Valerie Spelman (Carmel) **L** 97 **E** 19.4.2001 **fd** 34 802

SALTWATER MOOSE (SALTWATER MOOSE). Nur widerwillig verbringt ein Junge die Ferien mit seiner Mutter an der Küste. Das ändert sich, als er ein gleichaltriges Mädchen kennenlernt, die ihm eine Insel zeigt, auf der ein einsamer Elch lebt. Sofort ist der Unternehmungsgeist geweckt. Doch die Zweisamkeit mit der Freundin wird getrübt, als der Junge entdeckt, daß das Dorf auch über ein Baseballteam verfügt. Saubere Unterhaltung, die den amerikanischen Mittelstandsgeist spiegelt. Von den Kindern gut gespielt, plätschert der Film dahin, ohne wirklichen Charme zu entwickeln. (Alternativtitel: »Ein Elch namens Charlie«; »Ein Elch in Seenot«) – Ab 10. ✦ USA 1995 **P** Norstar Entertainment **VA** Splendid **Pd** Peter R. Simpson **R** Stuart Margolin **B** Bruce McKenna **K** Vic Zarin **M** Paul J. Zaza **S** Nick Rotundo **D** Timothy Dalton (Lester), Lolita Davidovich (Eva), Johnny Morina (Bobby), Katharina Isobel (Jo), Corinne Conley (Großmutter) **L** 93 **FSK** ab 6 **E** 25.6. 1996 Video **fd** 32 157

SALTY – DER SEELÖWE →Mein Freund Salty

SALUDOS AMIGOS →Drei Caballeros im Samba-Fieber

SALUT COUSIN! →Kuss-Kuss in Paris

SALUT FÜR EINEN SCHWARZEN BÜFFEL (SORTÜZ EGY FEKETE BIVALYERT). Das Leben in einem kleinen ungarischen Dorf kurz nach dem Zweiten Weltkrieg, erlebt aus der Perspektive von zehnjährigen Kindern. Durch treffende Milieuschilderung, einfühlsame Zeichnung der Personen und der Geschehnisse eine lohnende Unterhaltung. – Ab 14. ✦ Ungarn/Frankreich 1984 **P** Mafilm, Objektív Stúdió/Procinex **Kl** Progress **R** László Szabó **B** László Szabó, Ferenc Jeli, Ferenc András, nach einem Roman von Nándor Gijon **K** János Kende **M** Tamás Somló **D** László Máté (Dávid), László Berendi (Tamás), Jean-Louis Trintignant (Lehrer), Fanny Cottençon (Frau des Lehrers), Jean Rochefort (Lajos Acsi) **L** 100 **E** 11.4.1986 Kino DDR

SALUT L'ARTISTE →Mach's gut, Nicolas

SALUT, MARIA! (SALJUT MARIJA!). Das Leben einer Frau, die trotz aller Schicksalsschläge nicht aufgibt und bewußt ihren Weg als Kämpferin für die Sache der Arbeiterklasse geht, von den Jahren der Russischen Revolution bis zum Ausbruch des spanischen Bürgerkriegs. Ein überdurchschnittlich gestalteter und gespielter Lebensrückblick. – Ab 16. ✦ Scope, schwarz-weiß. UdSSR 1970 **P** Lenfilm **Kl** Progress **R** Jossif Cheifiz **B** Grigori Baklanow, Jossif Cheifiz **K** Genrich Marandshan **M** Nadeshda Simonjan **D** Ada Rogowzewa (Maria), A. Gutierrez (Pablo), Vitali Solomin (Sjewa), Wladimir Tatossow (Ignassio), Valentina Wladimirowa (Mutter) **L** 127 **E** 25.2.1972 Kino DDR/27.8.1973 DFF 2

SALVADOR (SALVADOR). Ein Journalist erlebt hautnah die Schrecken des salvadorianischen Bürgerkrieges 1980/81. Eine sich authentisch gebende Rekonstruktion der wichtigsten Ereignisse jener Zeit sowie der Verflechtung der amerikanischen Regierung, die sich zwar eindeutig gegen das fragwürdige US-Engagement und für Menschenrechte ausspricht, in der optischen Aufbereitung jedoch lediglich ein bluttriefendes, plakatives Spektakel bietet. ✦ USA 1985 **P** Hemdale **Kl** Jugendfilm/Progress **SF** atlas **VA** Vestron/PolyGram **Pd** Gerald Green, Oliver Stone **R** Oliver Stone **B** Oliver Stone, Richard Boyle **K** Robert Richardson **M** Georges Delerue **S** Claire Simpson **D** James Woods (Richard Boyle), James Belushi (Dr. Rock), Michael Murphy (Thomas Kelly), John Savage (John Cassady), Elpidia Carrillo (Maria), Tony Plana (Major Max), Colby Chester (Jack Morgan) **L** 125 **FSK** ab 16; f **E** 11.6.1987/November 1987 Video/2.9.1988 Kino DDR/6.10.1981 DFF 1 **fd** 26 193

SALVATION (SALVATION – HAVE YOU SAID YOUR PRAYERS TODAY? / SALVATION!). Die Anhängerin eines Fernsehpredigers erpreßt sich mit Hilfe ihrer sexbesessenen Schwester und ihres gewalttätigen Ehemanns einen Auftritt in seiner Fernseh-Show. Mißlungene Satire auf amerikanische Sektenhörigkeit, in der gedankliche Unklarheit und dramaturgische Konfusion durch das Arsenal schriller Typen nicht wettgemacht werden können. (O.m.d.U.; Titel der gekürzten und synchronisierten Videofassung: »Vasallen des Satans«) ✦ USA 1986 **P** B Movies/Manipulator Comp. **Kl** Arsenal **VA** Vestron/Concorde **Pd** Beth B., Michael Shamberg **R** Beth B. **B** Beth B., Tom Robinson **K** Francis Kenny **M** New Order, Cabaret Voltaire, Dominique, The Hood and Arthur Baker, Destroy all Evil **S** Elizabeth Kling **D** Stephen McHattie (Reverend Edward Randall), Dominique Davalos (Lenore Finley), Exene Cervenka (Rhonda Stample), Viggo Mortensen (Jerome Stample), Rockets Redglare (Oliver) **L** 85 (Video 74) **FSK** ab 18 **E** 26.11. 1987/Juli 1988 Video **fd** 26 563

SALZ AUF DER HAUT (DU SEL SUR LA PEAU). Durch eine Autopanne lernen sich eine alleinerziehende Frau und ein eigenbrötlerischer Modellbauer kennen. Bei der Wahl des neuen Partners ihrer Mutter will die neunjährige Tochter jedoch ein Wörtchen mitreden. Komödie. – Ab 12. ✦ Belgien/Frankreich/Kanada 1984 **R** Jean-Marie Degesves **D** Catherine Frot (Charlotte), Richard Bohringer (Julien), Anne Clignet, Yvette Merlin **L** 80 **E** 28.11.1993 MDR

SALZ AUF UNSERER HAUT (LES VAISSEAUX DU COEUR / SALT ON OUR SKIN). Verfilmung eines Roman-Bestsellers: Die leidenschaftliche Liebe zwischen einer Intellektuellen französisch-schottischer Abstammung und einem schottischen Fischer, die trotz aller Zwistigkeiten und Unterbrechungen über Jahrzehnte lebendig bleibt, ohne je zu einer festen Bindung zu führen. Gepflegte Unterhaltung, die ihre Liebesgeschichte effektvoll, wenngleich konventionell erzählt. Andere Aspekte der Vorlage, etwa die soziokulturelle Kluft zwischen den Hauptfiguren, verliert sie darüber jedoch aus den Augen. – Ab 16. ✦ Scope. Deutschland/Kanada/Frankreich 1991 **P** Neue Constantin/Telescene Film Group **Kl** Neue Constantin **VA** Constantin **DVD** VCL (2.35:1, DD5.1 dt.) **Pd** Bernd Eichinger, Martin Moskowicz **R** Andrew Birkin **B** Andrew Birkin, Bee Gilbert, nach einem Roman von Benoite Groult **K** Dietrich Lohmann **M** Klaus Doldinger **S** Dagmar Hirtz **D** Greta Scacchi (George McEwan), Vincent D'Onofrio (Gavin McCall), Anaïs Jeanneret (Frederique), Petra Berndt (Josie), Claudine Auger (Georges Mutter), Rolf Illig (Georges Vater) **L** 110 **FSK** ab 12; f **E** 17.9.1992/22.3.1993 Video/15.4.1999 DVD **fd** 29 830

DAS SALZ DER ERDE (SALT OF THE EARTH). In diesem, von der amerikanischen Minenarbeitergewerkschaft finanzierten und von einer Gruppe linker Filmemacher gedrehten, halbdokumentarischen Film spielen mexikanische Arbeiter den Streik nach, mit dem sie für mehr Sicherheit und die gleiche Bezahlung wie ihre amerikanischen Kameraden kämpften; nachdem die Polizei eingegriffen hatte, führten die Frauen den Streik bis zum Erfolg weiter. Ein Dokument von überzeugendem Einsatz für die Gleichberechtigung der Geschlechter und der Rassen. (DDR-Titel: »Salz der Erde«) – Sehenswert ab 14. ✦ Schwarz-weiß. USA 1953 **P** Independent/International Union of Mine, Mill and Smelter Workers **Kl** Freunde der Deutschen Kinemathek/Atlas **Pd** Paul Jarrico **R** Herbert J. Biberman **B** Michael Wilson, Herbert J. Biberman **K** Simon Lazarus **M** Sol Kaplan **S** Ed Spiegel, Joan Laird **D** Rosaura Revueltas, Will Geer, David Wolfe, David Sarris, Merwin Williams **L** 92 **E** 3.3.1955 Kino DDR/7.4.1955 DFF 1/29.4.1972 SWF

SALZ DER ERDE →Das Salz der Erde

DAS SALZ DER SCHWARZEN ERDE (SOL ZIEMI CZARNEJ). Die Geschichte des Kampfes oberschlesischer Arbeiter um 1920 gegen deutsche und polnische Grubenbesitzer, am Beispiel einer vielköpfigen Familie. – Ab 14. ✦ Polen 1970 **P** Filmstudio Lodz **R+B** Kazimierz Kutz **K** Wieslaw Zdort **M** Wojciech Kilar **D** Olgierd Lukaszewicz (Gabryel), Jan Englert (Erwin), Jerzy Binczycki, Wieslaw Dymny **L** 100 **E** 12.6. 1973 DFF 1

DAS SALZ SWANETIENS (SOL SWANETII). Dokumentarfilm über eine durch Armut und Aberglauben gekennzeichnete, unaufgeklärt-archaische Gesellschaft im asiatischen Teil der UdSSR. Die starke Spannung des Films erwächst aus dem Kontrast zwischen den ästhetisch vollkommenen Aufnahmen und den katastrophalen Zuständen, die sie zeigen. (O.m.d.U.) – Ab 16. ✦ Schwarz-weiß. UdSSR 1930 **R** Michail Kalatosow **B** Sergej M. Tretjakow **K** Michail Kalatosow **L** 60 **E** Kino DDR/16.3.1968 WDR III

SALZ UND PFEFFER (SALT AND PEPPER). Zwei Londoner Nachclubbesitzer retten das englische Königreich vor einem Putschversuch. Unterhaltsames Kriminallustspiel mit gut vorbereiteten Gags und technischem Raffinement, allerdings ohne den Biß, zu dem das politische Thema eigentlich hätte inspirieren können. – Ab 14. ✦ Scope. Großbritannien 1967 **P** Chris-Mark Productions **Kl** United Artists **R** Richard Donner **B** Michael Pertwee **K** Ken Higgins **M** John Dankworth **D** Sammy Davis jr., Peter Lawford, Michael Bates, Ilona Rodgers, John Le Mesurier **L** 101 **FSK** ab 12; nf **FBW** w **E** 5.7.1968 **fd** 15 572

SALZBURG. Österreichischer Dokumentarfilm über die Stadt Salzburg und das Salzkammergut mit einem Text des Heimatdichters Karl Heinrich Waggerl. Die Vorführung von Baudenkmälern, Kunstschätzen und Festspielattraktionen entspricht dem Standard gehobener Fremdenverkehrswerbung. – Ab 12. ✦ Schwarz-weiß. Österreich 1950 **P** Zehenthofer **Kl** Max Zehenthofer **R** Max Zehenthofer, Wilfried Fraß **B** Max Zehenthofer **K** Hubert Isepp, Harald Kicher, Hans Gessl **M** Giuseppe Becce **L** 75 **FSK** ab 12; f **E** 1.4. 1951 **fd** 2 504

SALZBURGER GESCHICHTEN. In Salzburg verliebt sich eine junge Frau in einen attraktiven Mann, muß sich jedoch als Stubenmädchen ausgeben, damit ihr Vater, ein spleeniger gräflicher Lustspielautor, aus den sich ergebenden Verwirrungen Inspirationen für ein neues Werk ziehen kann. Charmante Unterhaltung nach Erich Kästners »Kleiner Grenzverkehr«, in der sich Regie, Schauspielerleistungen und Musik auf ansehnlichem Niveau treffen. – Ab 14. ✦ BR Deutschland 1956 **P** Georg Witt **Kl** Constantin **Pd** Georg Witt **R** Kurt Hoffmann **B** Erich Kästner, nach seinem Roman »Der kleine Grenzverkehr« **K** Werner Krien **M** Franz Grothe, Wolfgang Amadeus Mozart (Motive) **S** Eva Kroll **D** Marianne Koch (Konstanze), Paul Hubschmid (Georg), Peter Mosbacher (Karl), Richard Romanowsky (Leopold), Helmuth Lohner (Franz), Adrienne Gessner (Karoline) **L** 90 **FSK** ab 12; nf **FBW** w **E** 25.1.1957/2.6.1964 ARD **fd** 5 588

SALZIGE BONBONS (KUCIERKY / SLANE CUKRIKY). Alltagsgeschichten über vier junge Menschen in einer kleinen tschechoslowakischen Stadt. Belanglose Unterhaltung, langatmig und oberflächlich in Handlungsführung und Charakterzeichnung. – Ab 14. ✦ CSSR 1985 **P** Filmstudio Bratislava-Koliba **Kl** Progress **R** Eva Stefankovicová **B** Zuzana Suchánová **K** Stacho Machata **M** Andrej Seban **D** Monika Horáková (Vlasta Sláviková), Zuzana Krupicová (Helena Sláviková), Jaroslav Rostinsky (Vater Slávik), Jonás Jirásek (Jozo), Jakub Kohl (Fero) **L** 86 **E** 28.8.1987 Kino DDR

DIE SALZIGE ROSE (SLONA ROZA/SLANA RUZE). Ein junger, im spanischen Bürgerkrieg verwundeter Pole lernt 1938 im von den Nationalsozialisten besetzten Karlovy Vary eine tschechische Geigerin kennen. Vom äußeren Geschehen scheinbar unbeeinflußt, lebt er mit ihr in der Stadt am Rande des nordböhmischen Berglandes. Spannungslose, recht banale Liebesromanze vor historischem Hintergrund. – Ab 14. ✦ Polen/CSSR 1982 **P** Zespoly Filmowe »KADR«/ Filmstudio Barrandov **KI** Progress **R** Janusz Majewski **B** Pavel Hajny, nach einem Roman von Ryszard Frelek **K** Josef Pávek **M** Jerzy Matuszkiewicz **D** Daniela Vacková (Ida), Jan Piechocinski (Marek), Jirí Kodet (Petr), F. Krupa, Svetlana Nálepková (Florence) **L** 90 **E** 10.8.1984 Kino DDR/1.2.1989 DFF 2

DIE SALZMÄNNER VON TIBET. Die in epischer Form entwickelte ethnografische Beschreibung eines in seiner Existenz bedrohten nomadischen Volkes im Norden von Tibet. Zwar versammelt der Film interessante Aspekte von Kulturgeschichte, religiöser Identität, Alltagswirklichkeit und Arbeitskultur, folgt aber in seinem dokumentarischen Ansatz allzu unkritisch und unreflektiert einer romantisierenden Tradition, die sich ein betont »schönes« und harmonisches Bild der abgefilmten »Wirklichkeit« macht, dabei aber dringender Fragen der gegenwärtigen industriellen Welt ausklammert. (O.m.d.U.) – Ab 14. ✦ Deutschland/Schweiz 1996 **P** Catpics/D.U.R.A.N./ BR/MDR/DRS/TSI **KI** Ventura Film **VA** absolut MEDIEN **Pd** Alfi Sinniger, Christoph Bicker, Knut Winkler **R+B** Ulrike Koch **K** Pio Corradi **M** Stefan Wulff, Frank Wulff **S** Magdolna Rokob **L** 112 **FSK** o. A.; f **E** 2.10. 1997/6.4.1998 Video/9.12.1998 SF 1 **fd** 32 803

DER SALZPRINZ (SOL NAD ZLATO). Verfilmung eines Märchens: Ein alter König will seine drei Töchter verheiraten, aber die jüngste liebt allein den »Salzprinzen«, den Sohn des Königs der Unterwelt. Durch allerlei Mißverständnisse kommt es zum Streit: Der Unterweltkönig verflucht das irdische Reich, weil sein Sohn beleidigt wurde, und läßt alles Salz in Gold verwandeln. Bald merken die Menschen, daß man ohne Salz nicht leben kann, auch wenn man alles Gold der Erde besitzt. – Ab 8. ✦ BR Deutschland/CSSR 1982 **P** Slovensky Film Koliba **KI** Progress **R** Martin Holly **B** Peter Kovacik, Martin Holly **K** Dodo Simoncic **M** Karel Svoboda **S** Maximilian Remen **D** Karol Machata (König Pravoslav), Jozef Króner (Jester), Zuzana Kocúriková (Prinzessin Vanda), Dietlinde Turban (Prinzessin Barbora), Libuse Safránková (Prinzessin Maruska) **L** 100 **E** 3.,4.4.1983 ZDF (zwei Teile)/19.7.1985 Kino DDR

DIE SALZSÄULE (PILLAR OF SALT). Verfilmung des ersten Teils eines autobiografischen Romans: Die Kindheit eines Jungen in einer jüdischen Handwerkerfamilie, deren Höhepunkt das Bar-Mitzvah-Fest ist. Als der Junge ein Stipendium zum Besuch des Gymnasiums und der Universität bekommt, scheint sein Weg ins Leben gesichert. 1980 beim »Prix Jeunesse« mit dem Sonderpreis der UNESCO-Kommission ausgezeichneter Film. Die hebräische Originalfassung wird von einem Erzähler auf deutsch erläutert. – Ab 12. ✦ Israel 1979 **P** Instructional Television **R** Haim Shiran **B** Haim Shiran, nach einem Roman von Albert Memmi **K** Yoram Bar Sade **D** Doron Zvi, Yosseph Shiloah, Rita Choukroune **L** 105 **E** 8.3.1981 BR

SALZSTANGENGEFLÜSTER. Ein Film der Kölner Entenproduktion, der den deutschen Schlagerstars der 60er Jahre gewidmet ist. Die Autoren nehmen den Kleinbürgeralltag aufs Korn. Eine bis ins bewußt Geschmacklose grotesk übersteigerte Super-8-Produktion, die sich als grelle Farce gefällt. ✦ BR Deutschland 1975 **P** Entenproduktion **Pd** Walter Bockmayer, Rolf Bührmann **R+B** Walter Bockmayer **K** Rolf Bührmann **M** Schlager der 60er Jahre **D** Peggy Jones, Helmut Kuhn, Norbert Schaub, Dietmar Hirsch, Bernd Holzmüller **L** 105 **E** 25.11.1975

SAM HELL IS »THE HUNTER« → The Hunter – Ein erbarmungsloser Jäger

SAM MARLOW, PRIVATDETEKTIV (THE MAN WITH BOGART'S FACE/SAM MARLOW, PRIVATE EYE). Ein steckbrieflich gesuchter Gangster verändert durch eine Gesichtsoperation sein Aussehen und wird als Detektiv in verzwickten Fällen tätig. Eine detailreiche Kompilation aus Motiven und Handlungsfäden der Kriminalfilme der Schwarzen Serie der 40er Jahre. Mehr wirklichkeitsferne Hommage auf die Kinomythen vergangener Zeiten als bewußte Auseinandersetzung mit dem Genre des Detektivfilms. (Alternativtitel: »Der Mann mit Bogarts Gesicht«) – Ab 16. ✦ USA 1979 **P** Simon Film **KI** 20th Century Fox **Pd** Andrew J. Fenady, Melvin Simon **R** Robert Day **B** Andrew J. Fenady **K** Richard C. Glouner **M** George Duning **S** Houseley Stevenson jr. **D** Robert Sacchi, Franco Nero, Herbert Lom, Michelle Phillips, Olivia Hussey **L** 111 **FSK** ab 12; nf **E** 15.5.1981 **fd** 22 961

SAM PECKINPAH – EIN HARTER KNOCHEN (SAM PECKINPAH – MAN OF IRON). Porträt des besessenen Filmemachers und nonkonformistischen Exzentrikers (1925–1984), der für einige aufsehenerregende Hollywood-Filme der 60er und 70er Jahre verantwortlich zeichnet, insbesondere durch seine extrem stilisierte Darstellung von Gewalt. (Original mit Voice-Over) ✦ Großbritannien 1991 **R** Paul Joyce **L** 90 **E** 23.8.1993 West 3

SAM SHAW ÜBER JOHN CASSAVETES (SAM SHAW ON JOHN CASSAVETES). Anläßlich einer Ausstellung seiner Fotos erinnert sich der Fotograf Sam Shaw an seinen langjährigen Freund, den Schauspieler und Regisseur John Cassavetes. ✦ Teils schwarz-weiß. Deutschland 1990 **R** Romuald Karmakar **L** 25 **E** 15.6.1993 West 3

SAM SUFFIT → La femme normale

SAM UND DAVE – ZWEI BALLERMÄNNER AUF TAUCHSTATION (SCUBA SCHOOL). Zwei befreundete junge Männer aus Detroit werden in der hypermodernen Ferienanlage ihres Onkels, ein synthetisches Tropenparadies, für Marinetaucher in CIA-Diensten gehalten und können am Ende sogar eine Schatztruhe bergen, die statt des üblichen Goldes Filmbüchsen enthält. Nonsense für Teenager, der vor keinem Schwachsinn zurückschreckt, um seine junge Zielgruppe mit harmlos-ulkigen Späßen zu langweilen. – Ab 14. ✦ USA 1993 **P** Scuba School Prod./National Lampoon **VA** Warner Home **Pd** Damian Lee, Jeff Sackman, Ashok Amritraj, Donald A. Starr **R** Rafal Zielinski **B** Patrick Labyorteaux (= Patrick Laborteaux), Damian Lee **K** Peter Benison **M** Ronald J. Weiss **S** David Mitchell **D** Corey Feldman (Sam), Corey Haim (Dave), Robert Mandan (Hemlock), Maureen Flannigan (Sonja), Geoffrey Lewis (Rex Carver) **L** 89 **FSK** ab 12 **E** 6.3.1998 Video **fd** 33 106

SAM WHISKEY (SAM WHISKEY). Rififi verkehrt im Wilden Westen: Drei Abenteurer haben gestohlene Goldbarren erst vom Grund eines Flusses zu bergen und dann in den Tresor eines Münzamtes zurückzuschmuggeln. Mit unterhaltsamen Zwischenfällen gespickte Abenteurerstory in sorgfältiger, temporeicher und humorvoller Inszenierung. ✦ USA 1968 **P** Brighton **KI** United Artists **Pd** Jules Levy, Arthur Gardner, Arnold Laven **R** Arnold Laven **B** William Norton **K** Robert C. Moreno **M** Herschel Burke Gilbert **S** John Woodcock **D** Burt Reynolds (Sam Whiskey), Clint Walker (O. W. Bandy), Ossie Davis (Jedidiah Hooker), Angie Dickinson (Laura Breckinridge), Rick Davis (Fat Henry Hobson), Del Reeves (Fischer), William Schallert (Mint Superintendent Perkins), Woodrow Parfrey (Thornton Bromley), Anthony James (Leroy), John Damler (Hank) **L** 97 **FSK** ab 16; nf **E** 11.7.1969 **fd** 16 240

SAMANTHA (SAMANTHA). Kurz vor ihrem 21. Geburtstag erfährt Samantha von ihren Eltern, daß sie nicht deren leibliches Kind ist, sondern als Findelkind gefunden wurde. Sie setzt alle Hebel in Bewegung, um ihre wahre Identität in Erfahrung zu bringen, und opfert darüber auch wichtige gewachsene Beziehungen. Nach einer großen Enttäuschung wendet sie sich wieder ihrem alten Leben zu. Turbulente Familienkomödie, die in einigen Rückblenden Sinn für hintergründigen Witz offenbart. (TV-Titel: »Samantha – der Satansbraten aus dem Körbchen«) – Ab 14. ✦ USA 1991 **P** Planet Prod. **VA** New Vision/CIC **Pd** Donald P. Borchers **R** Stephen La Rocque **B** John Golden, Stephen La Rocque **K** Joey Forsyte **M** Joel McNeely **S** Lisa Churgin (= Lisa Zeno Churgin) **D** Martha Plimpton (Samantha), Dermot Mulroney (Henry), Hector Elizondo (Walter), Mary Kay Place (Marylyn), Ione Skye (Elaine) **L** 96 **FSK** ab 12 **E** 22.12.1992 Video **fd** 30 184

SAMANTHA – DER SATANSBRATEN AUS DEM KÖRBCHEN → Samantha

SAMANTHA FERNGESTEUERT (THE TROUBLE SAME DOUBLE). Elspeth wird von ihren Mitschülerinnen fortwährend gehänselt, weil sie eine schlechte Schwimmerin ist. In ihrer Not erklärt sie, sie werde bei den bevorstehenden Schwimmwettkämpfen siegen. Ihr Bruder, ein junges Elektronik-Bastelgenie, hilft ihr, indem er eine elektronische Doppelgängerin seiner Schwester konstruiert, deren Schwimmprogramm er auf einen Weltrekord im Kraul programmiert. – Ab 12. ✦ Großbritannien 1972 **R** Milo Lewis **D** Keith Chegwin, Julie Collins, Tracy Collins, Richard Wattis

SAMARS ERSTE LIEBE (L'ADOLESCENTE, SUCRE D'AMOUR). Im vom Bürgerkrieg zerrissenen Beirut lernt ein 14jähriges Mädchen, für das der Krieg zum Alltag gehört, einen älteren Maler kennen, der zurückgezogen lebt und für niemanden Partei ergreift. Zwischen beiden entwickelt sich eine Beziehung, in der sich dem Mädchen eine bisher unbekannte Gefühlswelt erschließt und die den Maler mit Empfindungen konfrontiert, die er längst verloren glaubte. Erstlingsfilm der libanesisch-französischen Regisseurin Jocelyne Saab. (O.m.d.U.) ✦ Frankreich 1985 **R** Jocelyne Saab **B** Gérard Brach, Jocelyne Saab **K** Claude La Rue **D** Hala Bassam, Jacques Weber, Juliet Berto, Youssef Housni **L** (TV) 100 **E** 16.5. 1987 HR

SAMBA DA CRIACAO DE MUNDO (SAMBA DA CRIACAO DE MUNDO). Dokumentarfilm über eine Samba-Oper, in der die Erschaffung der Welt nach einem afro-brasilianischen Mythos erzählt wird. In der formalen Gestalt entwickelt der Film zu wenig Zutrauen zu seinem Gegenstand und versucht, die eigentliche Geschichte durch nachgestellte Teile der Oper zu ergänzen. Doch lediglich die authentischen Aufnahmen aus dem Straßenkarneval in Rio vermögen etwas von der Kraft dieser Volkskultur zu vermitteln. (O.m.d.U.) – Ab 16. ✦ Brasilien 1978 **P** Embrafilms **KI** FiFiGe **R+B** Vera de Figueiredo **K** Dib Lufti **M** Neguihno Gilson Mazinho, Vera de Figueiredo **L** 85 **E** 19.3.1982 **fd** 23 149

SAMBA LENTO (SAMBA LENTO). Mit dem Porträt einer Vier-Mann-Tanzband wird ein Einblick in den schweizerischen Mittelstand gewährt; Unterhaltungsmusik als Freizeitbeschäftigung und als Grundlage für Berufs- und Familienleben soll dargestellt werden. Daraus ergeben sich Zwiespältigkeiten gegenüber Gesellschaft und Arbeitsplatz, Lebensstil und Lebensphilosophie, die von den Zuschauern eine persönliche Stellungnahme fordern. Das einfühlsame Porträt verdichtet sich so zu einer provozierenden Konfrontation. ✦ Schweiz 1980 **P** Moll Prod. **Pd+R+B** Bruno Moll **K** Edwin Horak **L** 83 **E** Schweiz

SAMBA ODER DIE ERSCHAFFUNG DER WELT → Samba da Criacao de Mundo

SAMBA – SAMBA. Filmische Collage mit Dokumentaraufnahmen aus dem Berlin des Jahres 1983, als der damalige amerikanische Präsident Ronald Reagan die Stadt besuchte und die Linke gegen ihn demonstrierte. Gesehen aus der Perspektive eines Australiers, der wegen eines Steinwurfs ins Gefängnis gerät – radikaler Dilettantismus, auf Super-Acht gedreht und fertiggestellt. ✦ BR Deutschland 1984 **P** Samba Film **SF** Gegenlicht **R** Claudio Fischer-Zernin, Klaus Otto, Volker Schutsch **B** Claudio Fischer-Zernin, Klaus Otto **K** Claudio Fischer-Zernin, Klaus Otto, Volker Schutsch **M** Walter Mossmann, IG Blech, Ton Steine Scherben **S** Claudio Fischer-Zernin, Klaus Otto, Volker Schutsch **L** 95 **E** 7.5.1984

SAMBA TRAORÉ (SAMBA TRAORE). Nach dem Überfall auf eine Tankstelle in Ouagadougou zu Reichtum gekommen, kehrt ein Mann in sein Dorf zurück und versucht, an der Seite einer geliebten Frau ein neues Leben anzufangen. Als das anfängliche Wohlwollen der Dorfbewohner in Mißgunst umschlägt, holt ihn seine Vergangenheit ein. In elegischem Erzählrhythmus entwickelter Film aus Burkina Faso, der ohne Pathos vom Scheitern im Streben nach Liebe und Glück berichtet. In der Grundstruktur erinnert er an eine klassische Tragödie, ebenso aber auch an den »film noir« und an amerikanische Western. – Sehenswert ab 14. ✦ Burkina Faso/Frankreich/Schweiz 1992 **P** Les Films de la Plaine/Les Films de l'Avenir/Waka **KI** Arsenal **VA** 451 Video **Pd** Sophie Salbot **R** Idrissa Ouédraogo **B** Idrissa Ouédraogo, Jacques Arhex, Santiago Amigorena **K** Pierre-Laurent Chenieux, Mathieu Vadepied **M** Wasis Diop, Faton Cahen **S** Joëlle Dufour **D** Sangare Bakary (Samba), Mariam Kaba (Saratou), Abdoulaye Komboudri (Salif), Irene Tassembedo (Binta) **L** 85 **E** 7.10.1993 **fd** 30 473

SAMBAFIEBER (THE THRILL OF BRAZIL). Belanglose Ehekomödie, die mit südamerikanischen Rhythmen und folkloristisch eingefärbten Revueszenen halbwegs auf Touren gebracht wird. – Ab 14. ✦ Schwarzweiß. USA 1946 **P** Columbia **KI** Columbus **Pd** Sidney Biddell **R** S. Sylvan Simon **B** Allen Rivkin, Harry Clark, Devery Freeman **K** Charles Lawton jr. **M** Philip Faulkner **D** Evelyn Keyes, Keenan Wynn, Ann Miller, Allyn Joslyn, Felix Bressart **L** 95 **E** 31.12.1949 **fd** 656

SAMBIZANGA (SAMBIZANGA). Der Titel ist der Name eines Vorortes von Luanda, von wo aus am 4. Februar 1961 angolanische Kämpfer aufbrachen, um das Militärgefängnis der portugiesischen Kolonialherren zu stürmen. Der Film erzählt weder Hergang noch Ausgang der Revolte, sondern eine Geschichte aus ihrem Vorfeld. Eine junge Schwarze sucht ihren Mann, der von portugiesischen Sicherheitskräften gefoltert und getötet wird, weil er den Namen eines weißen Sympathisanten nicht preisgeben will. Sein Tod wird letzter Anstoß zur revolutionären Aktion. Mit einfachen visuellen Mitteln inszeniert, stellt der Film ein Dokument der politischen Bewußtseinsbildung dar und schildert seinen Fall engagiert, aber ohne Pathos. – Sehenswert. ✦ Frankreich/Kongo 1972 **P** Isabelle **KI** Freunde der Deutschen Kinemathek **Pd** Jean Velter **R** Sarah Maldoror **B** Maurice Pons, Mario de Andrade, Sarah Maldoror, nach einer Erzählung von Luandino Vieira **K** Claude Agostini **M** Les Ombres **S** Georges Klotz **D** Elisa de Andrade (Maria), Domingos de Oliveira (Domingos), Jean M'Vondo (Petelo), Adelino Nelumba (Zito), Benoit Moutsila (Chico) **L** 103 **E** 21.10.1974 ARD/4.8.1976 DFF 2 **fd** 19 018

SAMEDI, SAMEDI (DROLE DE SAMEDI). Der Alltag eines jungen Paares erhält durch eine Reihe von Irrungen und Wirrungen einen eigenmächtigen, verwirrlichen Lauf. Der Versuch, ein Bündel von Trivialem und Absurdem mit leichter Hand zu schnüren, ist nicht von der inspirierten Art, mit der beispielsweise Otar Iosseliani seine Stoffe in den Griff bekommt. ✦ Frankreich/Schweiz 1983–85 **P** Condor/Frisbee/Helios **R+B** Bay Okan **K** Ramon Suarez **M** Vladimir Cosma **D** Francis Huster, Carole Laure, Jacques Villeret, Michel Blanc, Catherine Alric **L** 80 **E** Schweiz

SAMEN DES BÖSEN (INSEMINOID). Das weibliche Mitglied einer Weltraumexpedition wird von einem Monster vergewaltigt, erlangt daraufhin übermenschliche Kräfte, zerfleischt seine Kollegen und gebiert schließlich zwei Monsterbabys. Spekulationsprodukt mit hanebüchener Story und unmotiviert aneinandergereihten Brutalitätsszenen. – Wir raten ab. ✦ Scope. Großbritannien/Hongkong 1980 **P** Jupiter/Shaw Bros. **KI** Residenz **VA** Arcade **R** Norman J. Warren **B** Nick Maley, Gloria Maley **K** John Metcalfe **M** John Scott (= Hanns Schott-Schöbinger) **S** Peter Boyle **D** Robin Clarke (Mark), Jennifer Ashley (Holly), Stephanie Beacham (Kate), Judy Geeson (Sandy), Barrie Houghton, Steven Grives (Garry), Rosalind Lloyd **L** 89 **FSK** ab 18; nf **E** 23.1.1981 **fd** 22 784

SAMMELSURIUM. Im Untertitel heißt der Dokumentarfilm »Ein ostelbischer Kulturfilm«. Das bezeichnet weniger die Zugehörigkeit zu einer bestimmten Gattung als vielmehr den Grad an Ironie und Witz, mit der Koepp Anfang der 90er Jahre bei seinen Streifzügen in der ehemaligen DDR Überbleibsel aus den Zeiten des »real existierenden Sozialismus« entdeckte. Dabei entstand ein kunterbuntes filmisches Sammelsurium von Relikten, die mal wie Abfall, mal wie Reliquien behandelt, stets aber als Waren gehandelt werden. Der Film sei, so eine Produktionsmitteilung, so lustig wie die Feststellung eines Nachbarn im Film: »Was heißt hier Aufschwung Ost? Früher haben wir viel mehr getrunken.« – Ab 16. ✦ Teils schwarz-weiß. Deutschland 1991/92 **P** Ö-Film/WDR **KI** Verleih der Filmemacher **R+B** Volker Koepp **K** Thomas Plenert **S** Angelika Arnold **L** 103 **FSK** o. A.; f **FBW** w **E** 9.1.1993/4.10.1993 West 3

DIE SAMMLER UND DIE SAMMLERIN (LES GLANEURS ET LA GLANEUSE). Die französische Filmemacherin Agnès Varda fährt mit einer digitalen Kamera durch Frankreich und filmt Menschen, die aus Not, Leidenschaft oder nur zufällig Dinge aufsammeln, die andere weggeworfen haben. Altersweises Doku-Essay, filigran und vielschichtig, das Bilder von Rande der Gesellschaft mit sensiblen Reflexionen über das Alter und den Tod, das Filmemachen und die Fantasie verbindet, ohne darüber schwermütig zu werden. (O.m.d.U.; Kinotipp der katholischen Filmkritik) – Sehenswert ab 16. ✦ Teils schwarzweiß. Frankreich 2000 **P** Ciné Tamaris **KI** Peripher **Pd+R+B** Agnès Varda **K** Didier Doussin, Stéphane Krausz, Didier Rouget, Pascal Sautelet, Agnès Varda **M** Joanna Bruzdowicz **S** Agnès Varda, Laurent Pineau **L** 82 **FSK** o. A.; f **E** 1.10.2001 arte/6.12.2001 Kino **fd** 35 182

SAMMLERGLÜCK & MEHRWEGFLASCHEN (SAMMLERGLÜCK & MEHRWEGFLASCHEN). Beobachtungen über drei Flaschensammler in Basel, die mit dem Pfandgeld von gefundenen Mehrwegflaschen mehr oder weniger ihren Lebensunterhalt bestreiten. Ein warmherziger Dokumentarfilm voller feinsinnigem Humor, der von der Sympathie für seine Protagonisten getragen wird und sie nicht dem Voyeurismus preis gibt. Der mitfühlende Blick auf das Leben am Rand der Gesellschaft formuliert zugleich eine dezidierte Kritik an der Überflussgesellschaft und ihren Kreisläufen. (O.m.d.U.) – Sehenswert ab 14. ✦ Schweiz/Deutschland 1999 **P** biehler.film **KI** Kool Film **Pd+R+B** Armin Biehler **K+M** Thomas Isler **S** Armin Biehler, Georg Janett **L** 90 **E** 24.2.2000 **fd** 34 118

DIE SAMMLERIN (LA COLLECTIONNEUSE). Ein moderner Dandytyp möchte sich kultiviertem Müßiggang hingeben, wird aber durch ein sich täglich einen anderen Mann angelndes Mädchen irritiert. Tagebuchartige, durch die verhaltene Gestaltung kühl distanzierte Schilderung einer von Pseudophilosophie geprägten Verhaltensweise, deren Beurteilung Rohmer dem Zuschauer überläßt. Der bemerkenswerte Film gehört zu den sechs »moralischen Erzählungen« des französischen Regisseurs. – Sehenswert. ✦ Frankreich 1967 **P** Les Films du Losange/Rome-Paris **Pd+R+B** Eric Rohmer **K** Nestor Almendros **M** Blossom Toes, Giorgio Gomelsky **S** Eric Rohmer **D** Patrick Bauchau, Haydée Politoff, Daniel Pommereulle, Mijanou Bardot, Seymour Hertzberg **L** 91 **E** 6.4.1970 ARD **fd** 16 667

SAMMY & ROSIE TUN ES (SAMMY AND ROSIE GET LAID). Ein gealterter indischer Politiker kehrt nach London zurück, um sich mit seinem Sohn auszusöhnen, ein beschauliches Lebensglück zu genießen und eine Jugendliebe aufzufrischen. Doch nicht nur die Stadt, auch die Menschen und das politische Klima haben sich gewandelt. Der Inder scheitert sowohl an der englischen Gegenwart als auch an der eigenen Vergangenheit. Eine rigorose Abrechnung mit der »postsozialen Gesellschaft« des Englands Ende der 80er Jahre, in der sich Realität, überhöhtes Traumspiel und irreale Momente wechselseitig durchdringen und die die Sexualität als einen der letzten politischen Freiräume interpretiert. In Machart und Darstellung außergewöhnlich und für ein kritikfähiges Publikum ein Gewinn. – Sehenswert. ✦ Großbritannien 1987 **P** Working Title/Film Four International/Cinecom **KI** Concorde **VA** New Vision **Pd** Tim Bevan, Sarah Radclyffe **R** Stephen Frears **B** Hanif Kureishi **K** Oliver Stapleton **M** Stanley Myers **S** Mick Audsley **D** Shashi Kapoor (Rafi), Ayub Khan Din (Sammy), Frances Barber (Rosie), Roland Gift (Danny), Claire Bloom (Alice) **L** 100 **FSK** ab 16; f **FBW** w **E** 7.7.1988/März 1989 Video **fd** 26 937

SAMOA – REBELL ZWISCHEN 2 WELTEN (FLYING FOX IN A FREEDOM TREE). Ein Nachfahre samoanischer Ureinwohner lehnt sich gegen den Vater und die westliche Zivilisation auf und versucht, im Einklang mit den alten Göttern und Legenden zu leben. Seine Ausgrenzung bringt ihn mit Gesetz, Gesellschaft und Kirche in Konflikt, doch er glaubt felsenfest an die Richtigkeit seines Handelns. Sein Untergang ist ebenso vorhersehbar wie der Untergang dessen, was er verteidigen möchte. Schwer zu entschlüsselndes Filmwerk, anspruchsvoll in seiner filmischen Struktur sowie seinem philosophischen und zivilisationskritischen Hintergrund; ein interessanter Beitrag über den Niedergang archaischer Kulturen sowie die Rolle der westlichen Welt bei diesem scheinbar unaufhaltsamen Prozeß. (O. m.d.U.; synchronisierte TV-Fassung: »Der fliegende Fuchs im Baum der Freiheit«) ✦ Neuseeland/Samoa 1988–89 **P** Grahame McLean Associates/New Zealand Film Commission **KI** endfilm/TiMe **Pd** Grahame McLean **R** Martyn Sanderson **B** Martyn Sanderson, nach einem Roman von Albert Wendt **K** Allen Guilford **S** Ken Zemke **D** Faifua Amiga jr. (Pepe), Richard von Sturmer (Tagata), Peseta Sinave Isara (Pepes Vater), Fuialo Molimau (Toasa), Afatia Aloese (Susana), Aloema Anae (Pepes Mutter), Sapio To'Ala (Susanas Vater), Pativaine Ainuu (Susanas Mutter) **L** 92 **E** 20.9. 1990/31.1.1994 3sat **fd** 28 546

DAS SAMS – DER FILM. Ein koboldähnliches, kindergroßes Fabelwesen mit Rotschopf und Schweinsnase stürzt das geordnete Leben seines Ziehvaters, eines schüchternen Regenschirm-Konstrukteurs, ins Chaos, weil sich seine Sommersprossen als »Wunschpunkte« entpuppen. Einfallsreich inszenierte, witzig geschriebene, hervorragend fotografierte und bis in die Nebenrollen hinein ausgezeichnet gespielte Verfilmung des populären Kinderbuch-Klassikers von Paul Maar. Unaufdringlich vermittelt sich die pädagogische Botschaft vom Sinn und Unsinn des Wünschens, wobei Erwachsenen wie Kindern ein nachdenklich-unterhaltsamer Verhaltensspiegel vorgehalten wird. – Sehenswert ab 6. ✦ Scope. Deutschland 2001 **P** Kinowelt **KI** Kinowelt **Pd** Ulrich Limmer **R** Ben Verbong **B** Paul Maar, Ulrich Limmer, nach den Kinderbüchern von Paul Maar **K** Klaus Eichhammer **M** Nicola Piovani **S** Norbert Herzner **D** Christine Urspruch (das Sams), Ulrich Nöthen (Bruno Taschenbier), Aglaia Szyskowitz (Margarete März), Armin Rohde (Anton Mon), Eva Mattes (Annemarie Rotkohl), August Zirner (Oliver Oberstein jr.) **L** 103 **FSK** o. A.; f **FBW** bw **E** 18.10.2001 **fd** 35 088

SAM'S SOHN (SAM'S SON). Ein erfolgreicher amerikanischer Filmschauspieler erinnert sich auf dem Weg zur Premiere seines neuesten Films an seine Kindheit in einer Kleinstadt, seine Beziehung zu seinem Vater und den dramatischen Kampf um eine College-Ausbildung. Stark autobiografisch gefärbter Rückblick in biederer Inszenierung; interessant lediglich durch die Verweise auf die Kinogeschichte. – Ab 14 möglich. ✦ USA 1984 **P** Worldvision/Invictus **R+B** Michael Landon **K** Ted Voigtlander **M** David Rose **D** Eli Wallach, Anne Jackson, Timothy Patrick Murphy, Hallie Todd, Michael Landon **L** 104 **E** 16.10. 1989 PRO 7

SAMSON (SAMSON). Die Geschichte eines jüdischen Studenten in Polen vor und während des Zweiten Weltkriegs. Nach einem Zusammenstoß mit antisemitischen Studenten kommt er ins Gefängnis, bei seiner Entlassung haben die Deutschen das Land besetzt. Erfolgreich aus dem Warschauer Ghetto entflohen, schließt er sich einer Partisanengruppe an, für die er sich im Kampf opfert. Ein erschütternder, dabei mitunter symbolisch verschlüsselter Film, der, ohne seinen Helden zu heroisieren, das Einzelschicksal mit dem Leidensweg des jüdischen Volkes in Beziehung setzt. Sorgfältig und diszipliniert in Inszenierung und Kameraarbeit. – Sehenswert ab 16. ✦ Scope, schwarz-weiß. Polen 1961 **P** Kadr/Droga **R** Andrzej Wajda **B** Kazimierz Brandys, Andrzej Wajda, nach dem Roman von Kazimierz Brandys **K** Jerzy Wójcik **M** Tadeusz Baird **S** Janina Niedzwiecka **D** Serge Merlin (Jakub Gold »Samson«), Alina Janowska (Lucyna), Jan Ciecierski (Herr Malina), Elzbieta Kepinska (Kazia), Tadeusz Bartosiak (Pankrat) **L** 110 (Orig. 117) **E** 6.11.1967 ZDF

SAMSON, BEFREIER DER VERSKLAVTEN (LA FURIA DI ERCOLE / HERCULE SE DECHAINE). Der antike Muskelprotz Samson rettet eine Stadt aus der Hand der Königin, die von einem verbrecherischen Ratgeber beherrscht wird. Ein Film aus der italienischen Muskel-und-Sandalen-Serie. – Ab 14. ✦ Scope. Italien/Frankreich 1961 **P** Associate/Comptoir **KI** Austria **R** Gianfranco Parolini **B** Gianfranco Parolini, Giorgio Simonelli **K** Francesco Izzarelli **M** Carlo Innocenzi **D** Brad Harris, Brigitte Corey, Carlo Tamberlani, Mara Berni, Serge Gainsbourg **L** 95 **FSK** ab 12; nf **E** 11.1.1963 **fd** 11 777

SAMSON GEGEN DIE KORSAREN DES TEUFELS (SANSONE CONTRO IL CORSARO NERO). Muskelheld Samson, im Dienst eines spanischen Gouverneurs, befreit die Herrscherfamilie aus den Händen des intriganten Ratgebers und der mit ihm verbündeten Piraten. Bilderbuchabenteuer aus der italienischen Muskel-und-Sandalen-Serie. (TV-Titel: »Gegen die Korsaren des Teufels«) – Ab 14. ✦ Scope. Italien 1963 **P** Romana **KI** Mercator **R** Luigi Capuano **B** Arpad De Riso, Piero Pierotti **K** Augusto Tiezzi **M** Angelo Francesco Lavagnino **D** Alan Steel (Samson), Rosalba Neri (Rosita), Piero Lulli (Rodrigo Sanchez), Elsa Mainardi (Carmelita), Andrea Aureli (Der Schwarze Pirat) **L** 87 **FSK** ab 12; nf **E** 14.5. 1965/11.6.1986 DFF 1/25.6.1995 mdr **fd** 13 488

SAMSON UND DELILA → Die Bibel – Samson & Delila

SAMSON UND DELILAH (1949) (SAMSON AND DELILAH). Die konfliktreiche Liebesgeschichte um einen übermenschlich starken Freiheitshelden und eine schwache Frau aus dem feindlichen Lager. Verfilmung einer Begebenheit aus dem Alten Testament; ein naives Kostümspektakel mit guten Massenszenen, das das ursprüngliche Thema auf eine tragisch endende Liebesaffäre reduziert. Als filmhistorisches Dokument von einigem Interesse. – Ab 14. ✦ USA 1949 **P** Paramount **KI** Paramount **Pd+R** Cecil B. DeMille **B** Jesse L. Lasky jr., Fredric M. Frank, nach einem Manuskript von Harald Lamb und Vladimir Jabotinsky **K** George Barnes, Farciot Edouart, W. Wallace Kelley **M** Victor Young **S** Anne Bouchens **D** Hedy Lamarr (Delilah), Victor Mature (Samson), George Sanders (Saran von Gaza), Angela Lansbury (Semadar), Henry Wilcoxon (Ahtur) **L** 128 **FSK** ab 16; nf **E** 2.11.1951 **fd** 1 271

SAMSON UND DELILAH (1984) (SAMSON AND DELILAH). Frei nach biblischen Motiven entwickeltes Liebesdrama in exotischer Kulisse: Dem israelitischen Führer Samson wird seine Liebe zur schönen Delilah zum Verhängnis, die ihn an die feindlichen Philister verrät. Eine Fernseh-Inszenierung, die nicht an Cecil B. DeMilles gleichnamiges naives Kollossalstück heranreicht. – Ab 16. ✦ USA 1984 **P** Catalina/Comworld **VA** Allround **R** Lee Philips **D** Anthony Hamilton (Samson), Belinda Bauer (Delilah), Max von Sydow (Sidka), Stephen Macht, Victor Mature (Manoah), Maria Schell (Deborah), José Ferrer (Hohepriester) **L** 91 **FSK** ab 12 **E** Video

SAMSON UND DER SCHATZ DER INKAS (SANSONE E IL TESORO DEGLI INCAS). Eine Gangsterbande terrorisiert ein Städtchen und kommt schließlich beim Überfall auf einen sagenhaften Inkaschatz um. Einfältige Verquickung von Wildwestmilieu und mythologischem Kostümfilm. (TV-Titel: »Der schatz der Inkas«) – Ab 16. ✦ Scope. BR Deutschland/Italien 1964 **P** Constantin/Romana **KI** Constantin **Pd** Nino Misiano **R** Piero Pierotti **B** Piero Pierotti, Arpad De Riso **K** Augusto Tiezzi **M** Angelo Francesco Lavagnino **S** Jolanda Benvenuti **D** Alan Steel (Sandy), Mario Petri (Jerry Damon), Toni Sailer (Alan Fox), Wolfgang Lukschy (El Puma), Brigitte Heiberg (Jenny), Mario Petri (Jerry), Anna Maria Polani (Mysia) **L** 96 **FSK** ab 12; nf **E** 1.2.1966/26.9.1987 DFF 2 **fd** 13 916

SAMSON UND DIE WEISSEN SKLAVINNEN (SANSONE CONTRO I PIRATI). Kraftprotz Samson rettet spanische Mädchen aus der Sklaverei und beendet die Seeräuberherrschaft im Karibischen Meer. Serienprodukt aus dem unerschöpflichen Muskel-und-Sandalen-Vorrat der Italiener. (TV-Titel DDR: »Rebellion auf der Teufelsinsel«) – Ab 16. ✦ Scope. Italien 1963 **P** Romana **KI** Mercator **R** Amerigo Anton (= Tanio Boccia) **B** Guido Malatesta **K** Augusto Tiezzi **M** Angelo Francesco Lavagnino **S** Jolanda Benvenuti **D** Kirk Morris, Margaret Lee, Daniele Vargas, Aldo Bufi Landi, Tullio Altamura **L** 81 **FSK** ab 12; nf **E** 30.7. 1965/23.4.1988 DFF 2 **fd** 13 607

SAMSON & SALLY (SAMSON & SALLY). Zwei kleine Wale leiden unter der Verpestung der Meere. Sie beschließen, den legendären Moby Dick zu Hilfe zu holen. Zeichentrickfilm, der Kindern anschaulich macht, was Umweltverschmutzung bedeutet, ohne dabei den Zeigefinger zu heben. Ein Film, der den Bedürfnissen von Kindern auch in der Länge entgegenkommt. – Sehenswert ab 6. ✦ Dänemark 1984 **P** A/S Nordisk/Dansk Tegnefilm **KI** Atlas **SF** Atlas **VA** Atlas **R** Jannik Hastrup **B** Jannik Hastrup, nach einer Novelle von Bengt Haller **K** Jacob Koch **M** Jens Wilhelm Pedersen **S** Jannik Hastrup **L** 63 **FSK** o. A.; f **E** 21.8.1986/30.11.1987 Video **fd** 26 002

EIN SAMSTAG AUF ERDEN (UN SAMEDI SUR LA TERRE). In einem anspruchsvollen Geflecht aus zahlreichen Puzzlesteinen setzt sich allmählich das (Lebens-)Bild einer schönen jungen Frau zusammen, die zu Beginn erschossen in ihrem Sportwagen auf einer einsamen Küstenstraße sitzt. Ein reizvolles filmisches Vexierspiel, das sich in Spielszenen und gestellten Interviews auf die Suche nach Wahrheit begibt, um dahinter deren Relativität zu entdecken. ✦ Frankreich 1996 **P** Ima Films/MP Films/Le Sept Cinéma/Lumière/Studio Images 2 **Pd** Georges Benayoun, Michel Propper **R** Diane Bertrand **B** Diane Bertrand, Guillaume Laurant **K** Michel Amathieu **M** Pascal Comenade **S** Maryline Monthieux **D** Elsa Zylberstein (Claire), Eric Caravaca (Martin), Kent (Arnaud), Johan Leysen (Franck), Dominique Pinon (Morel), Sylvie Laguna (Agathe Morel) **L** 92 **E** 12.10. 1998 arte **fd** 33 358

SAMSTAG, DER 14. (SATURDAY THE 14TH). Ein junges Ehepaar und seine beiden Kinder erben ein verfallenes Haus, in dem ein magisches Buch versteckt ist. Der Junge entdeckt das Buch und läßt die »Ungeheuer« frei, die fortan ihr Unwesen treiben, bis sie durch einen »Kammerjäger« und den Jungen in ihre Schranken gewiesen werden. Gruselspaß voller Zitate auf einschlägige Vorbilder, aber ohne eigenen Stil. Die ständigen Verweise und einige unnötige Schockeffekte machen den Film für jüngere Zuschauer unverständlich und unverdaulich. – Ab 14. ✦ USA 1981 **P** New World **VA** VCL/Virgin **Pd** Julie Corman, Jeff Begun **R** Howard R. Cohen **B** Howard R. Cohen, nach einer Erzählung von Jeff Begun **K** Daniel Lacambre **M** Parmer Fuller **S** Joanne D'Antonio **D** Richard Benjamin (John), Paula Prentiss (Mary), Jeffrey Tambor (Waldemar), Severn Darden (Van Helsing), Kari Michaelsen (Debbie) **L** 85 **E** 10.6.1987 Video **fd** 26 203

SAMSTAG, DER 14. SCHLÄGT ZURÜCK (SATURDAY THE 14TH STRIKES BACK). Überraschungen für Familie Baxter: Ihr geerbtes Haus ist abbruchreif, aus einer Bodenspalte dringen Dämpfe, die die Familie zunehmend verrückt spielen lassen. Nur Sohn Eddie bleibt verschont, sieht sich aber mit Vampiren und anderen Geistern konfrontiert, die ihn in ein schreckliches Geheimnis einweihen. Am kommenden Samstag, seinem Geburtstag, werden die Mächte der Finsternis unter seiner Führung die Weltherrschaft übernehmen. Nur der alte Großvater kann das Unheil abwenden. Leicht verdauliches Gruselvergnügen, das seinen Witz aus den bissigen Dialogen bezieht, die den »alltäglichen Wahnsinn« des Konsumverhaltens karikieren. – Ab 14 möglich. ✦ USA 1988 **P** Concorde **VA** EuroVideo **Pd** Julie Corman **R+B** Howard R. Cohen **K** Levie Isaacks **M** Parmer Fuller **S** Bernard Caputo **D** Ray Walston (Opa), Jason Presson, Patty McCormack (Kate), Julianne McNamara (Linda), Rhonda Aldrich (Alice), Avery Schreiber (Frank) **L** 75 **FSK** ab 12 **E** 10.4.1990 Video

SAMSTAG, SONNTAG, MONTAG (SABATO, DOMENICA E LUNEDI). Sophia Loren als temperamentvolle neapolitanische Mamma in einer in den 30er Jahren angesiedelten Komödie um Liebe, Eifersucht und das Ritual des sonntäglichen Mittagessens: Für das neuerdings distanzierte Verhalten seiner Frau weiß Peppino nur eine Erklärung: Es muss ein anderer Mann im Spiel sein. Die kulinarischen Geschenke eines befreundeten Professors an seine Frau scheinen den »Schuldigen« zu entlarven. Heiter-konventionelle Verfilmung einer Bühnenkomödie, die sich auch als Huldigung an die Hauptdarstellerin und ihre herausragende Rolle im italienischen Nachkriegskino versteht. ✦ Italien 1990 **P** Reteitalia **Pd** Alex Ponti **R** Lina Wertmüller **B** Raffaela La Capria, Lina Wertmüller, nach einem Bühnenstück von Eduardo de Filippo **K** Carlo Tafani **M** Antonio Sinagra **D** Sophia Loren (Rosa Priore), Luca de Filippo (Don Peppino Priore), Luciano de Crescenzo (Professor Janniello), Alessandra Mussolini (Giulianella), Pupella Maggio (Tante Memè), Ester Carloni (Addolorata) **L** 110 **E** 11.1.1992 ORF

SAMSTAGNACHT BIS SONNTAGMORGEN (SATURDAY NIGHT AND SUNDAY MORNING). Das Wochenende eines englischen Fabrikarbeiters zwischen Kino, Kneipe und Liebesabenteuern mit der älteren Frau eines Kollegen. Ein sensibel beobachtetes Alltagsprotokoll, das soziale Hintergründe sichtbar macht und dessen Held in seiner unreflektierten, aber konsequenten Auflehnungshaltung zur Symbolfigur der unzufriedenen britischen Nachkriegsgeneration wird. Erster Spielfilm des gebürtigen Tschechen Karel Reisz, der zusammen mit Tony Richardson und Lindsay Anderson das sozialkritische »Free Cinema« begründete. (DDR-Titel: »Sonnabend nacht und Sonntag morgen«) – Sehenswert. ✦ Schwarzweiß. Großbritannien 1960 **P** Woodfall **KI** Europa **Pd** Tony Richardson, Harry Salzman **R** Karel Reisz **B** Alan Sillitoe, nach seinem Roman **K** Freddie Francis **M** John Dankworth **S** Seth Holt **D** Albert Finney (Arthur), Shirley Ann Field (Doreen), Rachel Roberts (Brenda), Hylda Baker (Tante Ada), Norman Rossington (Bert), Bryan Pringle (Jack), Robert Crawdon (Robboe), Edna Morris (Mrs. Bull) **L** 89 **FSK** ab 18; f

FBW w **E** 15.3.1961/9.3.1962 Kino DDR/25.9.1972 ZDF **fd** 10 062

SAMSTAGNACHT IM VIERTEL DER SCHWARZEN (UPTOWN SATURDAY NIGHT). Bei einem Überfall werden zwei farbige Arbeiter um ihre Barschaft und ein 50000 Dollar wertvolles Glückslos gebracht. Sie nehmen die Jagd auf und geraten an einen schurkischen Privatdetektiv, einen Schnellredner von Priester, einen heuchlerischen Kongreßabgeordneten, einen Gangsterboß und mit diesem in einen Unterweltkrieg, den sie nur mit Mühe, Geschick und Glück überstehen. Rasante Actionkomödie, garniert mit Autozusammenstößen und Schießereien, konventionell und routiniert inszeniert; ein leidlich unterhaltsames Vehikel für zahlreiche farbige Leinwandstars. (Fernsehtitel auch: »Samstagnacht oben in der Stadt«) – Ab 14 möglich. ✦ USA 1974 **P** Warner Bros./Verdon/First Artists **R** Sidney Poitier **B** Richard Wesley **K** Fred J. Koenekamp **M** Tom Scott **D** Sidney Poitier (Steve Jackson), Bill Cosby (Wardell Franklin), Harry Belafonte (Geechie Dan Beauford), Flip Wilson (Reverend), Richard Pryor (Scharfes Auge Washington) **L** 104 **E** 18.11.1989 PRO 7

SAMSTAGNACHT OBEN IN DER STADT →Samstagnacht im Viertel der Schwarzen

SAMSTAGS IMMER, SONNTAGS NIE (LES PETITS CALINS). Die Geschichte einer nach freizügigem Lebenswandel geschiedenen jungen Frau, die mit zwei Freundinnen zusammenlebt und an zwei Männer unterschiedlichen Typs gerät. Eine banale Komödie mit schwachen Dialogen. ✦ Frankreich 1977 **P** Gaumont International/de la Gueville **Kl** Residenz **R+B** Jean-Marie Poiré **K** Edmond Séchan **M** Bryan Ferry **S** Marie-Josèphe Yoyotte **D** Dominique Laffin, Caroline Cartier, Roger Mirmont, Josiane Balasko, Jean Bouise **L** 96 **FSK** ab 16; f **E** 28.9.1978 **fd** 20 953

SAMSTAGS NIE (PAS QUESTION LE SAMEDI). Turbulente Geschehnisse um eine Riesenerbschaft, an deren Antritt gewisse Bedingungen geknüpft sind. Israelische Selbstparodie über Charakterzüge, Lebensformen und religiösen Kult. Reich an witzigen Einfällen, gelegentlich aber auch klamaukhaft. Hervorragend: Robert Hirsch in sieben Rollen. – Ab 14. ✦ Israel/Frankreich 1964 **P** Athos/Meroz **Kl** Paramount **R** Alex Joffé **B** Jean Ferry, Alex Joffé **K** Jean Bourgoin **M** Sacha Argov **S** Eric Pluet **D** Robert Hirsch, Dalia Friedland, Gaula Nuni, Yona Levi **L** 113 **FSK** ab 6; nf **E** 7.10.1966 **fd** 14 320

SAMSTAGS, WENN KRIEG IST. In einer Gruppe Jugendlicher – wochentags normale Lehrlinge und Arbeiter, samstags randalierende Skinheads, die jüdische Friedhöfe schänden – ereignet sich ein Mord. Der geistig behinderte Bruder eines Mitläufers wird Tatzeuge, kann jedoch keine Aussage machen, der wahre Täter versucht, die Tat einem italienischen Pizzabäcker in die Schuhe zu schieben, um Ressentiments zu schüren. Ein gediegen inszenierter Fernsehkrimi, der neben der Kriminalgeschichte an der Zeichnung eines jugendlichen Milieus interessiert ist, dessen Mitglieder sich als nützliche Idioten vor den Karren rechtsradikaler Drahtzieher spannen lassen. – Ab 16. ✦ Deutschland 1994 **P** Süddeutscher Rundfunk **R** Roland Suso Richter **B** Klaus-Peter Wolf **K** Hans Grimmelmann **M** Jens Langbein, Robert Schulte Hemming **S** Ursula Fritsche **D** Heino Ferch (Wolf), Markus Knüfken (Siggi), Felix Eitner (Yogi), Angelica Domröse (Kommissarin Bilewski), Martin Armknecht (Heinz) **L** 94 **E** 18.9.1994 ARD

SAMTPFÖTCHEN DREHT SEIN LETZTES DING →Carrera – Das Geheimnis der blonden Katze

SAMUEL FULLERS D-DAY – EIN AMERIKANER IN DER NORMANDIE. Der amerikanische Filmregisseur Samuel Fuller, dessen Ruf nicht zuletzt auf seinen Inszenierungen des Krieges (»The Big Red One«) gründet, kehrt 50 Jahre nach seiner Teilnahme an der alliierten Landung in »Omaha Beach« in die Normandie zurück und äußert sich zu seinen Erlebnissen und Empfindungen als Soldat. Seine Reflexionen über Krieg, Gewalt und Tod werden begleitet von Bild- und Tondokumenten jener Zeit. ✦ Frankreich 1994 **P** GMT/La Sept-arte **R** Jean-Louis Comolli **B** Jean-Pierre Catherine **L** 50 **E** 5.6.1994 arte

SAMURAI (MIYAMOTO MUSASHI). Die Geschichte eines Bauernsohnes, der im 17. Jahrhundert auszieht, um Samurai zu werden, zunächst jedoch lernen muß, sein Temperament zu zügeln. Erst nach Jahren, als er gelernt hat, Mut, Tapferkeit und Weisheit in Einklang zu bringen, kommt er dem angestrebten Ideal nahe. Ein in ruhigen, pastellfarbenen Bildern erzählter Film, durch seine schlichte Art von anrührender Herzlichkeit. – Sehenswert ab 16. ✦ Japan 1954 **P** Toho **Kl** NF **Pd** Kazuo Takimura **R** Hiroshi Inagaki **B** Hiroshi Inagaki, Tokuhei Wakao, Hideji Hojo, nach dem Roman »Miyamoto Musashi« von Eiji Yoshikawa **K** Jun Yasumoto **M** Ikuma Dan **S** Robert Homel, William Holden **D** Toshirô Mifune (Takezo), Kaoru Yachigusa (Otsu), Kuroemon Onoe (Takuan), Rentarô Mikuni (Matahachi), Mariko Okada (Akemi) **L** 92 **E** 11.6.1965

SAMURAI-COP (SAMURAI-COP). Ein karatekundiger Polizist mit dem Spitznamen »Samurai« bekämpft zusammen mit einem farbigen Kollegen in Los Angeles die Gangsterbande eines japanischen Kokainhändlers. Schund wie dutzendfach gehabt. Ungewöhnlich ist allenfalls die widerwärtige Form der Darstellung: krasse Brutalität im Wechsel mit aufdringlichem Sex. – Wir raten ab. ✦ USA 1991 **P** Hollywood Royal **VA** Madison **Pd** Amir Shervan, Orlando Corradi **R+B** Amir Shervan **K** Peter Palian **M** Alan Dermarderosian **S** Ruben Zadurian, Amir Shervan **D** Robert Z'Dar (Joe/Samurai), Matt Hannon (Frank), Janis Farley, Mark Frazer, Melisa Moore Cameron **L** 87 **FSK** ab 16 **E** 27.11.1991 Video **fd** 29 416

SAMURAI COWBOY (SAMURAI COWBOY). Nachdem sein bester Freund an Überarbeitung gestorben ist, will ein japanischer Geschäftsmann sein Leben von Grund auf ändern. Er zieht nach Montana, um endlich Cowboy zu werden. Actionfilm-Persiflage. ✦ USA 1993 **R** Michael Keusch **B** Dave Hunsacker, Rick Ponte **D** Hiromi »Go« Haratake (Yutaka Sato), Robert Conrad (Gabe), Matt McCoy (Colt Wingate), Catherine Mary Stewart (Jessie), Byron Chief Moon (Eagle Eye), Brad Rapier (C. C. Ryder) **L** 97 **E** 10.9.1994 RTL 2

SAMURAI FICTION (SAMURAI FICTION). Japan, Ende des 17. Jahrhunderts: Ein Wächter der Schätze eines Clans stiehlt das wertvolle Schwert des Shogun. Der Sohn eines Clan-Beamten heftet sich an die Fersen des Diebes, wird aber überwältigt und im letzten Moment von einem Samurai gerettet, der dem Kämpfen abgeschworen hat. Begleitet von dessen Tochter, bereitet sich der Rächer, ebenso wie der Dieb, auf das entscheidende Duell vor. Auf dem Handlungsgerüst einer klassischen Samurai-Geschichte aufbauend und mit entsprechenden schwarz-weißen Bildern ausgestattet, bricht der Film nicht nur diese Tradition auf, indem er die Tragödie mit komödiantischen Elementen versetzt; mit derselben stilistischen Raffinesse schlägt er auch eine Brücke zur heutigen, von Musikvideos beeinflussten Bildersprache und kombiniert diese mit zeitgenössischer Popmusik. (O.m.d.U.) ✦ Teils schwarz-weiß. Japan 1998 **P** Samurai Fiction Production Committee **Kl** rapid eye movies **VA** rapid eye movies **Pd** Takaaki Ezaki, Hiroto Kimura, Kaora Hayashi, Tsuyoshi Takashiro **R** Hiroyuki Nakano **B** Hiroshi Saito **K** Yujiro Yajima **M** Tomoyasu Hotei **S** Kiyoharu Miyazaki, Hiroyuki Nakano **D** Mitsuru Fukikoshi (Heishiro Inukai), Tomoyasu Hotei (Rannosuke Kazamatsuri), Morio Kazama (Hanbei Mizoguchi), Tamaki Ogawa (Koharu), Mari Natsuki (Okatsu) **L** 111 **E** 8.4.1999/Oktober 2000 Video **fd** 33 614

DIE SAMURAI-SIPPE DER TAIRA (SHIN HEIKE MONOGATARI). Der Kampf eines aufrechten jungen Samurai gegen eine brutale und intrigante Mönchskaste im 12. Jahrhundert. Ein hervorragend fotografierter Abenteuerfilm, der insgesamt aber nicht die Qualität der bekannteren Produktionen Mizoguchis erreicht. – Ab 16. ✦ Japan 1955 **P** Daiei **R** Kenji Mizoguchi **B** Yoshikata Yoda, Masashige Narusawa, Kyuichi Tsuji, nach einem Roman von Eiji Yoshikawa **K** Kazuo Miyagawa **M** Fumio Hayasaka **D** Raizo Ichikawa, Yoshiko Kuga, Naritoshi Hayashi, Michiyo Kogure, Ichijiro Oya **L** 102 **E** 7.10.1969 ARD **fd** 16 363

SAN ANTONIO →Ein Mann der Tat

SAN BOSCO – TÖDLICHES RIFF (TREASURE OF SAN BOSCO REEF). Ein amerikanischer Teenager auf Besuch bei seinem Onkel, der an der Küste Italiens einen Unterwasser-Schatz bergen will, kann die verbrecherischen Machenschaften einiger Expeditionsteilnehmer aufklären, die sich an den Fundstücken bereichern wollen. Jugend-Abenteuerfilm. (Alternativer TV-Titel: »Der Schatz von San Bosco«) – Ab 10. ✦ USA 1968 **P** Disney **R** Lamar Boren **D** Roger Mobley (Dave Jones), James Daly (Onkel Max), Nehemiah Persoff (Capt. Malcione), Antony Alda (Gus Donata), Robert Sorells (Cece) **L** 87 **E** 12.2.1994 RTL

SAN CLEMENTE (SAN CLEMENTE). »San Clemente« heißt eine psychiatrische Anstalt in der Nähe von Venedig. Im Stil des »Cinéma vérité« porträtiert der Fotoreporter und Filmemacher Depardon mit ungemein beweglicher und dennoch sensibler Kamera den Ort und seine Menschen. In langen, kaum geschnittenen Einstellungen ermöglicht er authentische Einblicke in diese sonst verschlossene Zone der menschlichen Gesellschaft. Direkte, ungeschliffene Bilder einer Realität, die keines erklärenden Kommentars mehr bedürfen. (O.m.d.U.) – Sehenswert. ✦ Schwarz-weiß. Frankreich 1982 **P** Double D. Copyright Films/Parifilm **SF** Freunde der Deutschen Kinemathek **R+B** Raymond Depardon, Sophie Ristelhuber **K** Raymond Depardon **L** 100 **E** 22.4.1989 West 3

SAN DEMETRIO (SAN DEMETRIO, LONDON). Im Kriegsjahr 1940 wird ein amerikanischer Tankergeleitzug im Atlantik von deutschen Kriegsschiffen zersprengt. Die Überlebenden eines in Brand geschossenen Tankers können nach dreitägiger Irrfahrt im Rettungsboot auf ihr Schiff zurückkehren und es heimbringen. Ein Loblied auf die britische Handelsmarine, zugleich Propaganda für die Allianz mit den USA. Vom dokumentarischen Stil der Grierson-Schule geprägter Vorläufer des noch eindrucksvolleren Seekriegsfilms »Der große Atlantik« (1952). – Ab 14. ✦ Schwarz-weiß. Großbritannien 1943 **P** Ealing **Pd** Robert Hamer **R** Charles Frend **B** Robert Hamer, Charles Frend **K** Ernest Palmer **M** John Greenwood **S** Sidney Cole, Eily Boland **D** Walter Fitzgerald (Charles Pollard), Mervyn Johns (John Boyle), Ralph Michael (Hawkins), Robert Beatty (»Yank« Preston), Charles Victor (Deckshelfer) **L** 105 **E** August 1945

SAN DIEGO, ICH LIEBE DICH (SAN DIEGO, I LOVE YOU). Ein begabter Erfinder, im Hauptberuf Lehrer, ist verwitwet und Vater von fünf Kindern: einer 20jährigen Tochter und vier jüngeren Söhnen. Durch eine List zwingt ihn die Tochter, das Angebot eines Forschungsinstitutes in San Diego anzunehmen. Bereits die Fahrt dorthin gestaltet sich chaotisch, die Wohnungssuche ist fast hoffnungslos und der Mäzen zu allem Überfluß nicht mehr an seinen Forschungen interessiert. Eine turbulente Hollywood-Komödie; solide gespielt, voller überraschender Gags und vor allem mit einem Auftritt Buster Keatons als Busfahrer. – Ab 12. ✦ Schwarz-weiß. USA 1944 **P** Universal **Pd** Michael Fessier, Ernest Pagano **R** Reginald LeBorg **B** Michael Fessier, Ernest Pagano **K** Hal Mohr **M** Hans J. Salter **S** Charles Maynard **D** Jon Hall (John Caldwell), Louise Allbritton (Virginia McCooley), Edward Everett Horton (Philip McCooley), Eric Blore (Butler Nelson), Buster Keaton (Busfahrer) **L** 83 **E** 24.4.1986 BR

SAN DOMINGO. Ein jugendlicher Ausreißer aus gutem Hause gerät in eine Münchner Rockerkommune, wird ausgenutzt und rächt sich durch Mord und Selbstmord. Syberberg überträgt Motive der Kleist-Novelle »Die Verlobung in St. Domingo« ins Milieu jugendlicher Subkultur. Ein kurioses Experiment, das jedoch weder die literarische Vorlage neu erschließt noch die behauptete soziale Authentizität besitzt. ✦ BR Deutschland 1970 **P** TMS **KI** TMS **R+B** Hans Jürgen Syberberg **K** Christian Blackwood **M** Amon Düül II **S** Ingrid Anna Fischer **D** Michael König, Alice Ottawa, Carla Aulaulu (= Carla Egerer) **L** 138 **FSK** ab 18; f **E** 10.11.1970 **fd** 17 070

SAN FERNANDO (STAGECOACH). Abenteuer einer bunt zusammengewürfelten Reisegesellschaft, die mit der Postkutsche eine Fahrt durch gefährliches Indianergebiet antritt. Eine ehrgeizige Neuverfilmung von John Fords Klassiker »Stagecoach«/»Ringo«, die auf weiten Strecken zwar spannend ist, über eine Routineleistung aber nicht hinauskommt. – Ab 16. ✦ Scope. USA 1965 **P** 20th Century Fox **KI** Centfox **Pd** Martin Rackin **R** Gordon Douglas **B** Joseph Landon, Dudley Nichols, nach einem Roman von Ernest Haycox **K** William H. Clothier **M** Jerry Goldsmith **S** Hugh S. Fowler **D** Red Buttons (Mr. Peacock), Michael »Touch« Connors (Hatfield), Alex Cord (Ringo), Bing Crosby (Doc Josiah Boone), Ann-Margret (Dallas), Bob Cummings (Mr. Gatewood), Van Heflin (Curly), Slim Pickens (Buck), Stefanie Powers (Mrs. Lucy Mallory), Keenan Wynn (Luke Plummer) **L** 114 **FSK** ab 16; nf **E** 22.4.1966 **fd** 14 028

SAN FRANCISCO (SAN FRANCISCO). Existenzprobleme und Liebeskonflikte eines Nachtclubbesitzers in San Francisco kulminieren in der Nacht des verheerenden Erdbebens von 1906. Noch immer wirkungsvolle Kinounterhaltung: eine Mischung von Emotion, Spannung, tricktechnisch hervorragenden Katastrophensensationen und bahnbrechenden Toneffekten. – Ab 12. ✦ Schwarz-weiß. USA 1936 **P** MGM **KI** MGM **Pd** John Emerson, Bernard H. Hyman **R** W. S. van Dyke, David Wark Griffith (ungenannt) **B** Anita Loos, Erich von Stroheim (ungenannt), nach einer Geschichte von Robert Hopkins **K** Oliver T. Marsh **M** Edward Ward **S** Tom Held **D** Clark Gable (Blackie Norton), Jeanette MacDonald (Mary Blake), Spencer Tracy (Pater Tim Mullin), Jack Holt (Jack Burley), Jessie Ralph (Maisie Burley), Ted Healy (Matt), Margaret Irving (Della Bailey), Harold Huber (Babe), Russell Simpson (Red Kelly) **L** 104 **FSK** ab 12; f **E** 31.12.1936/1955 (WA)/9.12.1972 ZDF/1.11.1986 DFF 1 **fd** 4 535

SAN FRANCISCO IM GOLDFIEBER (BARBARY COAST). San Francisco zur Goldgräberzeit: Ein verbrecherischer Spielbankbesitzer beherrscht die Stadt, bis seine Bande durch die Rache eines Mädchens und den Aufstand aufrechter Männer zerschlagen wird. Ein episch angelegter Film, der durch seine sorgfältige Milieu- und Personenbeschreibung fasziniert. (Alternativtitel: »Die Spielhölle von San Francisco«) – Ab 16. ✦ Schwarz-weiß. USA 1935 **P** Samuel Goldwyn **KI** United Artists **R** Howard Hawks **B** Charles MacArthur, Ben Hecht, Edward Chodorov **K** Ray June **M** Alfred Newman **S** Edward Curtiss **D** Miriam Hopkins (Mary Rutledge), Edward G. Robinson (Louis Chamalis), Joel McCrea (James Carmichael), Brian Donlevy (Knuckles), Frank Craven (Colonel Marcus A. Cobb), Walter Brennan, Clyde Cook (Oakie), Harry Carey (Slocum), Otto Hoffman (Peebles), J. M. Kerrigan (Richter Harper), David Niven (Seemann) **L** 97 **FSK** ab 16; nf **E** 29.9.1950 **fd** 935

SAN FRANCISCO LILLY (FLAME OF THE BARBARY COAST). Ein unbescholtener Farmer verliebt sich in San Francisco in die Freundin eines Spielbankbetreibers. Mit ergaunertem Geld baut er ein Konkurrenzunternehmen auf, doch am Eröffnungsabend wird das ganze Stadtviertel von dem Erdbeben von 1906 vernichtet. Während des Wiederaufbaus besiegt der Farmer den Rivalen nicht nur in der Liebe, sondern auch im Bürgermeisterwahlkampf, verzichtet jedoch auf den Posten und zieht sich geläutert mit der Geliebten zurück. Langatmiger Serienwestern mit vorhersehbarem Ausgang und wenig Überzeugungskraft. – Ab 16 möglich. ✦ Schwarz-weiß. USA 1945 **P** Republic **Pd+R** Joseph Kane **B** Borden Chase **K** Robert de Grasse **M** R. Dale Butts **S** Richard L. Van Enger **D** John Wayne (Duke Fergus), Ann Dvorak (Flaxon Tarry), Joseph Schildkraut (Tito Morell), William Frawley (Smooth Wylie), Virginia Grey (Rita Dane), Russell Hicks (Cyrus Danver), Jack Norton (Byline Conners), Paul Fix (Calico Jim), Eve Lynne (Martha) **L** 91 **E** 17.10.1950

SAN FRANCISCO ZEPHYR. Experimenteller Dokumentarfilm: Die Bilder einer Reise durch die USA werden am Printer bearbeitet. ✦ BR Deutschland 1978 **P** Bastian Clevé **Pd+R+B** Bastian Clevé **K** Bastian Clevé, Marlies Clevé **M** Eberhard Weber, Scott Walker **S** Bastian Clevé **L** 81 **E** 6.3.1978

SAN GOTTARDO (SAN GOTTARDO). Geschickt miteinander verbundene Spiel- und Dokumentarszenen über den Bau des Gotthard-Eisenbahntunnels (1872–1882) und den späteren Bau des Straßentunnels (begonnen 1969). Eine kritische Geschichtsstunde von einigem Informationswert, wenn auch nicht in allen Teilen gleich überzeugend: Während das sozialpsychologische Porträt der Arbeiter zu den gelungenen Partien des Films gehört, fällt die karikierende Verzeichnung des Bürgertums doch etwas zu oberflächlich aus. – Ab 14. ✦ Schweiz 1977 **P** Filmkollektiv Zürich/Villi Hermann **R** Villi Hermann **B** Villi Hermann, Eve Martin **K** Renato Berta, Hans Stürm **M** Volkslieder **S** Rainer Maria Trinkler, Elisabeth Waelchli **D** Maurice Aufair, Alex Freihart, Roger Jendly, Klaus Henner Russius, Norbert Schwientek **L** 90 **E** 9.2.1978 ZDF

SAN MICHELE HATTE EINEN HAHN → Der Aufstand des Giulio Manieri

SAN SALVATORE. Eine lungenkranke junge Frau zwischen zwei Ärzten. Sie heiratet den brillanteren und labileren von beiden, findet aber Glück, Geborgenheit und Gesundheit erst bei seinem ernsthaften Kollegen. Sentimentalität und Tristesse beherrschen diesen unrealistischen »Zauberberg«-Verschnitt, der sich in melodramatischem Kitsch ergeht. – Ab 16. ✦ Schwarz-weiß. BR Deutschland 1955 **P** Rotary **KI** Bavaria **Pd** C. W. Tetting **R** Werner Jacobs **B** Felix Lützkendorf, nach dem Roman von Hans Kades **K** Heinz Schnackertz **M** Herbert Jarczyk **D** Dieter Borsche (Dr. Robert Kant), Will Quadflieg (Dr. Manfred Carrell), Antje Weisgerber (Dagmar Gerken), Charles Regnier (Professor Dr. Monthe), Hanna Rucker (Trude) **L** 100 **FSK** ab 16; f **E** 9.3.1956 **fd** 4 806

SAN SEBASTIAN (LA BATAILLE DE SAN SEBASTIAN/ GUNS FOR SAN SEBASTIAN). Ein von Regierungstruppen verfolgter Rebell befreit ein kleines mexikanisches Dorf von der Bedrohung durch Indianer und Banditen. Unterhaltsamer, ganz auf Anthony Quinn zugeschnittener Abenteuerfilm; der einzige Western von Regisseur Verneuil. (Videotitel: »Die Hölle von San Sebastian«) – Ab 16. ✦ Scope. Frankreich/Mexiko/Italien 1967 **P** C.I.P.R.A./Distribudora de Pelliculas Enriquez/Filmes **KI** MGM **VA** IMV **Pd** Jacques Bar **R** Henri Verneuil **B** James R. Webb, Ennio de Concini, Serge Ganze, nach dem Roman »A Wall für San Sebastian« von William Barby Flaherty **K** Armand Thirard **M** Ennio Morricone **S** Françoise Bonnot **D** Anthony Quinn (Leon Alastray), Anjanette Comer (Kinita), Charles Bronson (Teclo), Sam Jaffe (Pater Joseph), Silvia Pinal (Felicia), Jorge Martinez de Hoyos (Cayetano), Jaime Fernandez (Goldene Lanze) **L** 115 (gek. 105) **FSK** ab 12; f **FBW** w **E** 12.9.1968/ 12.4.1993 SAT 1 **fd** 15 746

SANATORIUM TOTAL VERRÜCKT. Füllige reiche Damen vertrauen sich den Händen eines Kurpfuschers an. Lustspiel mit geschmacklosen Witzen. (Alternativtitel: »Paradies der Frauen«) – Ab 16. ✦ BR Deutschland 1953/54 **P** Astra-Planet **KI** Büttner **Pd** Adolf Elling, Harry Grimm **R** Alwin Elling **B** Erwin Kreker, Alwin Elling **K** Paul Grupp **M** Friedrich Schröder **S** Norbert J. Pleyer **D** Ingrid Andree, Mady Rahl, Harald Paulsen, Maria Andergast, Charlott Daudert, Claus Biederstaedt **L** 95 **FSK** ab 16; nf **E** 2.3.1954 **fd** 3 161

DAS SANATORIUM ZUR TODESANZEIGE (SANATORIUM POD KLEPSYDRA). Ein junger Pole reist zu seinem sterbenden Vater. Während der Reise wird auf verschiedenen Zeitebenen und im Wechsel zwischen Realität und Phantasie seine Geschichte erzählt. Die privaten Erinnerungen und Träume verknüpfen sich mit dem gesellschaftlichen Bild Polens vor dem Zweiten Weltkrieg. Ein phantastisch-poetischer Film nach Texten des Schriftstellers Bruno Schulz, voller Symbolik und atmosphärisch dicht erzählt. – Ab 14. ✦ Polen 1973 **P** Film Polski **R** Wojciech J. Has **B** Wojciech J. Has, nach Texten von Bruno Schulz **K** Witold Sobocinski, Waclaw Dybowski **M** Jerzy Maksymiuk **D** Jan Nowicki, Tadeusz Kondrat, Halina Kowalska, Gustaw Holoubek, Mieczyslaw Voit **L** 120 **E** 15.11.1977 BR

SANCHO – DICH KÜSST DER TOD (SETTE MAGNIFICHE PISTOLE). Der junge Besitzer einer Goldmine wird von ehemaligen Soldaten im Schnellkurs zum Pistolenhelden gedrillt und besteht mit ihrer Hilfe den Kampf gegen seinen Widersacher. Ein wenigstens teilweise vergnüglicher Western europäischer Produktion. ✦ Scope. Italien/Spanien 1966 **P** G.I.A./ Balcazar **KI** Kora **R** Rod Gilbert (= Romolo Girolami) **B** Giovanni Simonelli, Alfonso Balcázar **K** Víctor Monreal, Angelo Filippini **M** Gino Peguri **D** Sean Flynn, Evelyn Stewart (= Ida Galli), Tito Garcia, Poldo Bendandi, Spean Convery (= Spartaco Conversi) **L** 85 **FSK** ab 16; nf **E** 6.12.1968 **fd** 15 860

SANCTUARY (SANCTUARY). Nach der Ermordung seiner Eltern kommt ein Zehnjähriger in die Obhut eines dubiosen Geheimagenten, der die ihm schutzbefohlenen Kinder durch eisenhartes Training zu Todes-Schwadronen ausbildet. Als er als junger Erwachsener aussteigen will, steht er selbst auf der Abschußliste seines »Familien-Clans«. Ein Thriller, der das sattsam bekannte Thema staatlich sanktionierter Selbstjustiz variiert und außer effektvoller Action-Unterhaltung nicht sonderlich viel zu bieten hat. ✦ USA 1998 **P** Appelcreek **VA** VCL **Pd** Andy Emilio **R** Tibor Takacs **B** Michael Stokes **K** George Mooradian **M** Norman Orenstein **S** Evan Landis **D** Mark Dacascos (Luke Kovak), Kylie Travis (Rachel Malcolm), Jaimz Woolvett, Alan Scarfe, Monika Schnarre **L** 99 **FSK** ab 18 **E** 30.11.1998 Video

SAND (RU SHI). Ein Bildhauer lebt in vier verschiedenen Zeitdimensionen, die durch vier Frauen an vier Orten symbolisiert werden. Auf der Suche nach sich selbst und einer verschwundenen Statue wird er mit einem stets anderen China, mit persönlichen und kollektiven Erinnerungen und Spuren des Vergangenen konfrontiert. Ein für westliche Zuschauer schwer zugänglicher, experimenteller Spielfilm, der aus Fragmenten, Ideen und Episoden montiert ist und dessen überhöhte Weltsicht an ein intellektuelles Traumspiel erinnert. (O.m.d.U.) ✦ Hongkong 1986 **P** Modern Films **SF** Freunde der Deutschen Kinemathek **Pd** Roger Garcia **R** Jim Shum **B** Hwang Chen-Fan **K** Kirk Ng **M** Jam Machine **S** Eddie Fong **D** Antonio Mak, Wendy Mok, Fiona Hawthorne, Susan Fung, Boriana Varbonov-Song **L** 80

SANDAKAN, HAUS NR. 8 (SANDAKAN HACHIBANSHOKAN, BOHK YO). Eine junge Historikerin, die sich mit der Geschichte der japanischen Frau befaßt, begegnet einer alten Frau, die auf den Amakusa-Inseln im Süden des Landes geboren ist. Wie viele andere Mädchen aus jener Region wurde sie im Ausland zur Prostitution gezwungen, ein Schicksal, dessentwegen sie später durch die Umwelt und durch die Familie geächtet wird. Das ergreifende, ausgezeichnet gestaltete Drama der Frau vermittelt ein Bild der gesellschaftlichen Verhältnisse Japans in den 20er und 30er Jahren, offenbart aber vor allem das bittere Los der »Freudenmädchen«. – Ab 16. ✦ Japan 1975 **P** Haiuza/Toho **KI** Progress **Pd** Masayuki Sato, Hideyuki Shiino **R** Kei Kumai **B** Sakae Hirosawa, Kei Kumai, nach einem Roman von Tomoko Yamazaki **K** Mitsuji Kaneu **M** Akira Ifukube **D** Komaki Kurihara, Yoko Takahashi, Ken Tanaka, Mitsuo Hamada, Ichiro Nakaya **L** 120 **E** 21.10.1977 Kino DDR

DIE SANDBURG (PETITS ARRANGEMENTS AVEC LES MORTS). Ein zehnjähriger Junge, ein 30jähriger Mann und eine 40jährige Frau beobachten den 45jährigen Vincent, der am Strand in der Bretagne eine Sandburg baut. Während sie zuschauen, reflektieren sie ihr Leben und werden mit den Kernpunkten ihrer Existenz konfrontiert. Ihr Leben ist vom Tod geliebter Personen geprägt, sie fühlen sich schuldig, haben jedoch individuelle Wege gefunden, mit ihrer Vergangenheit fertig zu werden. Ein sehr vielschichtiger Film, der es dem Zuschauer überläßt, dem Geheimnissen der Personen auf die Spur zu kommen. Ein Film mit Mut zu erzählerischen Lücken und Überschneidungen, der von großartigen Darstellern getragen wird. – Ab 16. ✦ Frankreich 1994 **P** Eclipsa Films/La Sept/arte **R** Pascale Ferran **B** Pascale Ferran, Pierre Trividic, Arnaud Desplechin **K** Jean-Claude Larrieu **M** Béatrice Thiriet **S** Guy Lecorne **D** Charles Berling (François), Catherine Ferran (Zaza), Guillaume Charras (Jumbo), Didier Sandre (Vincent), Sabrina Leurquin (Suzanne) **L** 108 **E** 2.12.1996 arte

DER SANDENER KINDESMORDPROZESS. Im Winter des Jahres 1802 entdecken spielende Kinder in einem Teich im Fürstbistum Münster die Leiche eines Neugeborenen. Bald wird die Mutter als vermeintliche Täterin festgenommen. Unter Zuhilfenahme einer Gerichtsordnung von 1532 erpresst der wegen seiner Strenge ebenso gefürchtete wie geachtete Richter ein Geständnis von der jungen Frau. Fernsehfilm. ✦ Schwarz-weiß. DDR 1973/74 **P** DEFA **Pd** Adolf Fischer **R+B** Georg Leopold **K** Siegfried Hönicke **M** Hans-Friedrich Ihme **S** Anneliese Hinze-Sokolow **D** Wolfgang Dehler (Heinrich Schirmer, Gograf), Solveig Müller (Anna Hallbauer), Ljuba Krassilnikowa (Schirmers Frau, Thresette), Uta Schorn (Ludmilla), Anne-Kathrein Kretzschmar (Marianne) **L** 82 **E** 21.7.1974 DFF 1

SANDERS UND DAS SCHIFF DES TODES (COAST OF SKELETONS). Ein Polizeikommissar gerät durch den Auftrag einer Versicherungsfirma in einen Kampf mit Dunkelmännern wegen eines Goldschatzes vor der afrikanischen Südwestküste. Abenteuerfilm nach einem Roman von Edgar Wallace, nicht ohne Härten und nur mäßig spannend. – Ab 16. ✦ Scope. Großbritannien 1964 **P** Towers of London **Kl** Constantin **Pd** Oliver A. Unger, Harry Alan Towers **R** Robert Lynn **B** Anthony Scott Veitch, Peter Welbeck (= Harry Alan Towers), nach einem Roman von Edgar Wallace **K** Stephen Dade, Egil S. Waxholt, Ronnie Maass **M** Christopher Whelen **S** John Trumper **D** Heinz Drache (Janny von Koltze), Richard Todd (Harry Sanders), Marianne Koch (Helga), Elga Andersen (Elisabeth von Koltze), Dale Robertson (A.J. Magnus) **L** 84 **FSK** ab 12; nf **E** 30.4.1965 **fd** 13 412

SANDINO (SANDINO). Nicaragua 1928: Amerikanische Truppen kämpfen auf Regierungsseite gegen die Rebellen. Ein US-Reporter findet im Dschungel den Freiheitskämpfer Augusto C. Sandino, der offiziellen Verlautbarungen zufolge längst getötet sein soll. Schließlich begleitet der Amerikaner den Guerillaführer auf seinem Marsch in die Hauptstadt. Aufwendig produzierter Kriegsfilm mit großer Besetzung, der eindeutig Stellung für die Widerstandskämpfer bezieht. – Ab 16. ✦ Spanien/Chile 1990 **R** Miguel Littin **D** Kris Kristofferson (Tom Holte), Joaquim de Almeida (Augusto C. Sandino), Dean Stockwell (Hatfield), Angela Molina (Teresa Villator), Victoria Abril (Blanca Arauz) **L** 135 **E** 21.11.1995 SAT 1

SANDKASTENSPIELE (UP THE SANDBOX). Eine von den Strapazen und Sorgen des Alltags geplagte Hausfrau, Mutter zweier Kinder und Frau eines Geschichtsprofessors, verheimlicht ihrem Mann ihre erneute Schwangerschaft, als sie ihn mit einer attraktiven Kollegin sieht. Sie flüchtet sich in Tagträume und Ausbruchs-Fantasien, in denen sie sich als temperamentvolle Feministin und Revolutionärin sieht. Exzentrische Komödie um Rollenmuster und Verhaltensklischees, die auf teils groteske Weise das Eingeengtsein der Frauen darstellt. Unterhaltsam durch das ausgelassene Spiel von Barbra Streisand. – Ab 16. ✦ USA 1972 **P** First Artists/Barwood **Pd** Barbra Streisand **R** Irvin Kershner **B** Paul Zindel, nach einem Roman von Ann Richardson Roiphe **K** Gordon Willis **M** Billy Goldenberg **S** Robert Lawrence **D** Barbra Streisand (Margaret Reynolds), David Selby (Paul Reynolds), Arianne Heller (Elisabeth Reynolds), Jacob Morales (Fidel Castro), Paul Benedict (Dr. Beineke), Jane Hoffman (Mrs. Yussim), John C. Becher (Mr. Yussim) **L** 96 **E** 5.3.1984 ARD

SANDMAN → Demon House

DER SANDMANN (1992). Eine Urlaubsreise nach Italien wird für ein Liebespaar zum rätselhaften Alptraum: In Gestalt des mysteriösen »Sandmanns« lebt dem jungen Mann seine Kindheit wieder auf, und er verliebt sich mit obsessiver Macht in eine rätselhafte Frau von fremdartiger Schönheit. Eine Verfilmung der klassischen Schauer-Erzählung des deutschen Romantikers E.T.A. Hoffmann. ✦ Deutschland 1992 **P** Raphaela/Provobis **Kl** Raphaela (Eigenverleih) **VA** E.A.T. Medien **Pd** Eckhart Schmidt, Anja Schmidt-Zäringer, Karl Markgraf **R** Eckhart Schmidt **B** Eckhart Schmidt, nach der gleichnamigen Erzählung von E. T. A. Hoffmann **K** Johannes Kirchlechner **M** Frédéric Chopin, Antonio Vivaldi **S** Raoul Sternberg (=Eckhart Schmidt) **D** Lorenzo Flaherty (Daniel), Sabrina Paravicini (Clara), John Karlsen, Erik Schuhmann (Coppola), Stella Vordemann (Olimpia) **L** 104 **FSK** ab 12; f **E** 1.7.1993

DER SANDMANN (1995). Thriller um eine Fernsehredakteurin, die für eine Sendung über einen Kriminalschriftsteller recherchiert und dabei Verdacht schöpft, daß der Autor selbst einige Morde begangen hat. Eine (auch zynische) Auseinandersetzung mit der Medienkonsumgesellschaft, getragen von guten Darstellern und inszeniert in der Absicht, Kinoqualität zu erzielen. – Ab 16. ✦ Deutschland 1995 **P** Westdeutsche Universum Film **VA** Concorde **R** Nico Hofmann **B** Matthias Seelig **D** Götz George (Henry Kupfer), Karoline Eichhorn (Ina Littmann), Barbara Rudnik (Sabine Amman), Martin Armknecht (Volker Lommel), Michael Brandner (Hermann Krieger) **L** 94 **FSK** ab 16 **E** 5.10.1995 RTL 2

DAS SANDMÄNNCHEN. Da das Sandmännchen von einer bösen Prinzessin gefangengenommen wurde, können die Menschen keinen Schlaf mehr finden. Erst nach seiner Befreiung durch die kleine Tochter des Königs und seine Frau kommen die Dinge wieder ins rechte Lot. Märchenunterhaltung in mangelhafter Umsetzung; fantasiearm und belanglos. – Ab 8 möglich. ✦ Schwarz-weiß. BR Deutschland 1955 **P** Delos **Kl** Hamburg/Rheinischer/Ring **R+B** Emil Surmann **K** Herbert Körner **M** Norbert Schultze **S** Wolfgang Flaum **D** Alice Decarli, Heidi Ewert, Erika Knab, Waltraut Simons, Walter Bluhm **L** 84 **FSK** ab 6; nf **E** 30.10.1955 **fd** 4 506

SANDO KID → Sando Kid spricht das letzte Halleluja

SANDO KID SPRICHT DAS LETZTE HALLELUJA (SU LE MANI CADAVERS SEI IN/UN DOLAR PARA SARTANA). Nach dem Ende des amerikanischen Bürgerkrieges kämpft ein Einzelgänger gegen einen mächtigen Großgrundbesitzer, der einst Greueltaten an gefangenen Südstaatlern begangen hatte und jetzt als neureicher Spekulant mit einer Killerbrigade kleine Farmer terrorisiert. Primitiver Italo-Western nach üblichem Muster aus der letzten Phase des Genres. (Video-Titel: »Sando Kid«) ✦ Italien/Spanien 1972 **VA** Mike Hunter **R** Léon Klimovsky **D** Peter Lee Lawrence, Espartaco Santoni, Helga Liné, Franco Agostini, Léon Klimovsky **L** 79 **FSK** ab 16 **E** 13.8.1986 RTL plus

SANDOKAN (1963) (SANDOKAN, LA TIGRE DI MOMPRACEM). Sandokan, der Sohn eines Sultans auf Borneo, lehnt sich gegen die unmenschliche Kolonialherrschaft der Engländer auf und verliebt sich in die Nichte des britischen Kommandeurs. Bunte, ins Alberne abrutschende Abenteuergeschichte. – Ab 14. ✦ Italien/Spanien/Frankreich 1963 **P** Filmes/Océan/Comptoir **Kl** MGM **Pd** Joseph Fryd **R** Umberto Lenzi **B** Víctor Andrés Catena, Fulvio Sicca Palli, Umberto Lenzi, nach einem Roman von E. Salgari **K** Angelo Lotti, Giovanni Scarpellini **M** Giovanni Fusco **D** Steve Reeves (Sandokan), Geneviève Grad (Mary Ann), Andrea Bosic (Yanez), Leo Anchoriz, Maurice Poli **L** 114 **FSK** ab 12; nf **E** 16.10.1964 **fd** 13 097

SANDOKAN (1995) (SANDOKAN – THE TV-MOVIE). Zeichentrick-Abenteuer um den malayischen Piraten und Freiheitshelden Sandokan, der Mitte des vorigen Jahrhunderts gegen die englischen Kolonialherren kämpfte. Ein Stoff, der schon mehrfach als (Real-) Film realisiert wurde. ✦ USA 1995 **R** Claudio Biern Boyd **B** Doug Stone **D** Dave Mallow **L** 75 **E** 31.12. 1999 RTL

SANDOKAN, DER TIGER VON MALESIA (LE TIGRI DI MOMPRACEM). Der Sohn eines Maharadschas widersetzt sich der Kolonialisierung Borneos durch England. Abenteuerfilm mit asiatischer und afrikanischer Folklore, Statisten jeglicher Hautfarbe, schönen Landschafts- und Tieraufnahmen, ärgerlichen Klischees und krasser Schwarzweißmalerei. – Ab 16. ✦ Scope. Italien/Spanien 1970 **P** S.p.A./Corpercines **Kl** Alemannia **R** Mario Sequi **B** Eduardo Manzanos Brochero, Mario Sequi, Alfredo M. Tucci **K** Emilio Foriscot **M** Angelo Francesco Lavagnino **S** Pier Paolo Benedetti **D** Ivan Rassimov, Andrea Bosic, Claudia Gravy, Anna Zinneman, Luis Davila **L** 94 **FSK** ab 12; f **E** 24.3.1977

SANDOKAN UND DER LEOPARD (SANDOKAN CONTRO IL LEOPARDO DI SARAWAK). Machtkampf um den Thron des Fürstentums Sarawak, bei dem der rechtmäßige Herrscher siegt. Serienabenteuer mit vielen Unwahrscheinlichkeiten und Schlägereien. – Ab 16. ✦ Scope. Italien 1964 **P** Liber/Eichberg **Kl** Cine-Union **R** Luigi Capuano **B** Arpad De Riso, Luigi Capuano, nach einem Roman von Emilio Salgari **K** Adalberto Albertini **M** Carlo Rustichelli **S** Antonietta Zita **D** Ray Danton (Sandokan), Guy Madison (Yanez), Franca Bettoja (Samoa), Mario Petri (Charles Drooks), Alberto Farnese (Tremal Naik) **L** 87 **FSK** ab 12; nf **E** 9.4.1965 **fd** 13 812

SANDOR SCHAFFT ES (BECSÜLET ES DICSÖSEG). Die Wandlungen eines Arbeiters in einem volkseigen gewordenen ungarischen Großbetrieb. Erst durch äußere Anstöß überwindet er seine Isolation, nimmt an einer Stalin-Schicht teil und entlarvt Saboteure. Einer der wesentlichen extrem dogmatischen ungarischen Filme aus der Stalin-Ära, gedreht von einem jüdischen Regisseur, der bis 1933 bei der Ufa als Cutter (u. a. »Der Kongreß tanzt«) und Produktionsassistent gearbeitet hatte. – Ab 14. ✦ Schwarz-weiß. Ungarn 1951 **P** Magyar-Film **Kl** Progress **R** Viktor Gertler **B** István Örkény **K** István Eiben, István Pásztor **M** Pál Kadosa **S** Mária Szécsényi **D** János Görbe (Lugosi), Mária Sulyok (Eszter), István Szatmári (Lucko), Hilda Gobbi (Mutter), Mari Szemes (Rozsi), Tibor Molnár (Bikor), Sándor Deák (Dallos), Sándor Kömives (Jona), Joszef Képessy (Santha) **L** 91 **E** 5.10. 1951 Kino DDR

SANDRA (DIE TRIEBHAFTE) (VAGHE STELLE DELL'ORSA). Eine junge Frau, deren Vater im KZ umgekommen ist, besucht mit ihrem amerikanischen Ehemann nach Jahren zum ersten Mal ihre Heimatstadt in Italien. Zunehmend wird sie von Kindheitserinnerungen übermannt und von ihren dekadenten Verwandten in Intrigen verstrickt, wobei eine inzestuöse Beziehung zum Bruder ans Licht kommt. Wenig überzeugender Visconti-Film, der sich einiger Motive des Elektra-Mythos und der Stilmittel der Verdi-Oper bedient, um das Schicksal der Heldin zur Metapher gesellschaftlicher Mißstände auszuweiten. Die mit Symbolismen überladene Inszenierung schwelgt ausgiebig in romantischem Pathos und schwülen Gefühlen, ohne zu präzisen Aussagen zu kommen. ✦ Schwarz-weiß. Italien 1964 **P** Vides **Kl** Columbia-Bavaria **Pd** Franco Cristaldi **R** Luchino Visconti **B** Luchino Visconti, Suso Cecchi d'Amico, Enrico Medioli **K** Armando Nannuzzi **M** César Franck **S** Mario Serandrei **D** Claudia Cardinale (Sandra), Michael

Craig (Andrew), Jean Sorel (Gianni), Renzo Ricci (Antonio Gilardini), Marie Bell (die Mutter) **L** 100 **FSK** ab 18; f **E** 14.1.1966 **fd** 13 761

SANDRA UND DER DOKTOR (TAMMY AND THE DOCTOR). Eine unbefangene bibelfeste Unschuld vom Lande kommt in ein städtisches Krankenhaus, wo sie sich nützlich macht und in einen jungen Arzt verliebt. Bonbonsüße Unterhaltung mit einigen amüsanten Einfällen und spritzigen Dialogen, überwiegend jedoch von entwaffnend naiver Gefühlsduselei. – Ab 10. ✦ USA 1962 **P** Ross Hunter **KI** Universal **Pd** Ross Hunter **R** Harry Keller **B** Oscar Brodney **K** Russell Metty **M** Frank Skinner **S** Milton Carruth **D** Sandra Dee, Peter Fonda, Macdonald Carey, Beulah Bondi, Margaret Lindsay **L** 88 **FSK** ab 6; f **E** 21.6. 1963 **fd** 12 037

DIE SANDROSE (ROSA DE AREIA). Mittels lose zusammengefügter Assoziationsketten soll ein Bild des menschlichen Lebens sowie der Gesellschaft entworfen werden, wobei einzelne Gedanken wie Traumgestalten auftauchen und verschwinden, Metaphern von Natur und Zivilisation, Abstraktion und Körperlichkeit beschworen werden. Ein Film, der weitgehend auf rationales Denken verzichtet und die großen Menschheits-Mythen in überwältigenden Bildern beschwört; trotz seiner universellen Bildsprache und des hohen Abstraktionsgrades durchaus allgemeinverständlich. (O.m.d.U.) ✦ Portugal 1989 **P** Inforfilmes **KI** Freunde der Deutschen Kinemathek **Pd** Acázio de Almeiro, Fernando Neto, José Mazedo **R+B** Margarida Cordeiro, António Reis **K** Acácio de Almeida **M** César Franck **S** Margarida Cordeiro, António Reis **D** Ana Umbelina, Balbina Ferro, Christina de Jesus, Lia Nascimento, Maria Olinda **L** 87

DER SANDSTURM (SMERTSCH). Unter der Führung eines greisen Propheten macht sich ein Stamm auf eine mühevolle Reise, um das Land seiner Träume zu finden. Nicht nur den Unbilden der Natur muß getrotzt werden, sondern mehr noch den Zweifeln, die die Hoffnungen der Menschen zu zerstören drohen. Ein allegorischer Erstlingsfilm über die Suche nach dem Paradies, der eine Vielzahl der Urmythen der Menschheit aufgreift. Er will nicht nur universelle Aussagen über die Befindlichkeit des Menschengeschlechts treffen, sondern auch Bezüge zum ökologischen Zustand der Erde herstellen. Ein gewaltiger Bilderbogen, der in überwältigenden Landschaften schwelgt, ohne daß das Menschheitsanliegen aus den Augen verloren wird. – Ab 16. ✦ UdSSR 1988 **P** Tadschikfilm **R** Bako Sadykow **B** Tschingis Aitmatow, Bako Sadykow **K** Riwkat Ibragimow **D** Wladimir Morjan, Dimitru Fussu, Muchamadali Machmadow, Isfandijor Guljamow **L** (TV) 95 **E** 8.12.1989 S 3

DIE SANDUHR (PESSOTSCHNYJE TSCHASSY). Vierzig Jahre nach ihrem gemeinsamen Kampf in einer Einheit sehen sich zwei Kriegskameraden erstmals wieder. Sehr bald spüren sie, daß ihre Lebensauffassungen sehr weit auseinanderliegen. – Ab 16. ✦ UdSSR 1984 **P** Mosfilm **KI** Progress **R** Sergej Wronski **B** Semjon Frejlich, Sergej Wronski **K** Fjodor Dobronrawow, Viktor Schestoperow **M** Stas Namin **D** Anatoli Kusnezow (Grebenzow), Nikolai Skorobogatow (Panschin), Galina Polskich (Nadja), Ljudmila Karausch (Olja), Ljudmila Nilskaja (Inga) **L** 87 **E** 1.11. 1985 Kino DDR/6.12.1984 DFF 2

SANDY BOTTOM – KONZERT FÜR EINE STADT (THE SANDY BOTTOM ORCHESTRA). Die Leiterin des Kirchenchors in Sandy Bottom, Minnesota, die ihre Karriere als Pianistin ihrem Mann zuliebe an den Nagel hing, plant in der Kleinstadt ein Konzert mit ihrer musikalisch hochbegabten Tochter und kommt mit ihrem Mann in Konflikt. Kleinstadtdrama, das geschickt gefühlsselige Töne anschlägt. – Ab 12. ✦ USA 2000 **P** Hallmark/Helios/Showtime **R** Bradley Wigor **B** Joseph Maurer, nach einem Roman von Garrison Keillor und Jenny Lind Nilsson **K** Robert Primes **M** David Bell **S** David Campling **D** Glenne Headly (Ingrid Green), Tom Irwin (Norman Green), Madeline Zima (Rachel Green), Jane Powell (Delia Ferguson), Richard McMillan (Jim Sykes) **L** 100 **E** 24.6.2001 Premiere World

DIE SANFTE (UNE FEMME DOUCE). An der Leiche seiner durch Selbstmord aus dem Leben geschiedenen jungen Frau erinnert sich ein Mann ihres Zusammenlebens und sucht nach den Ursachen der Verzweiflungstat. In asketischem Stil zeichnet Robert Bresson nach einer Novelle von Dostojewski das seelische Drama eines Paares nach, das seine innere Fremdheit nicht zu überwinden vermag. – Sehenswert. ✦ Frankreich 1969 **P** Marianne/Parc **Pd** Mag Bodard **R** Robert Bresson **B** Robert Bresson, nach einer Novelle von Fjodor Dostojewski **K** Ghislain Cloquet **M** Jean Wiener **S** Raymond Lamy **D** Dominique Sanda (Sie), Guy Frangin (Er), Jane Lobre (Anna), Dorothée Blank, Claude Ollier **L** 88 **E** 20.8. 1973 ARD **fd** 18 382

SANFTE AUGEN LÜGEN NICHT →Strangers (1992)

DER SANFTE BEN →Gentle Giant

SANFTE GLUT →Heiße Flut

DER SANFTE KUSS DES TODES (EDGE OF DECEPTION). Ein Polizist will einer attraktiven jungen Frau beistehen, die offenbar unter der Gewalttätigkeit ihres Mannes leidet. Schließlich stürmt er die Wohnung der Frau und tötet in Notwehr den Mann. Allmählich aber kommen Zweifel am Tathergang auf. Ein solide inszenierter, ansprechend gespielter Thriller um des vertraute Genre-Motiv des Voyeurismus. Neben einigen Spannungsmomenten häufen sich aber plumpe Effekte in der zunehmend konstruierteren Handlung. ✦ Kanada 1994 **P** Libra Pictures/ Shalick Entertainment **VA** VMP **Pd** James Sharick **R** George Mihalka **B** Miguel Tejada-Flores **K** Bruce Worrall **M** Barron Abramovitch **S** Judy Andreson **D** Mariel Hemingway (Joan Branson), Stephen Shellen (Nick Gentry), Jennifer Rubin (Irene Sadler), Vladimir Kulich (Alan Sadler), Wally Dalton (Detective Phil Rains) **L** 96 **FSK** ab 16 **E** 21.3.1995 Video/ 20.1.1996 ARD **fd** 31 380

DER SANFTE LAUF. Ein junger, aufstrebender Elektroingenieur verliebt sich in die Tochter eines reichen Bauunternehmers und wird ohne sein Wissen von ihrem Vater beruflich gefördert. Am Ende bleibt offen, ob er den sanften Weg der Anpassung weitergehen oder sich für eine unabhängige Existenz entscheiden wird. Haro Senft analysiert in seinem ersten Spielfilm die Nöte und Konflikte der westdeutschen Nachkriegsgeneration zwischen idealistischem Aufbruch und pragmatischen Sachzwängen. In seiner deutlichen Kritik am Materialismus der Wohlstandsgesellschaft und in seiner Auseinandersetzung mit der sozialen Wirklichkeit ein beispielhaftes Werk des »Jungen Deutschen Films«. ✦ Schwarz-weiß. BR Deutschland 1967 **P** Haro Senft **KI** Constantin **Pd** Hans von der Heydt **R** Haro Senft **B** Haro Senft, Hans Noever **K** Jan Curík **M** Erich Ferstl **S** Thurid Söhnlein **D** Bruno Ganz, Verena Buss, Wolfgang Büttner, Lia Eibenschütz, Hans Putz **L** 89 **FSK** ab 16; f **FBW** w **E** 25.5.1967/17.11.1970 ZDF **fd** 14 734

DER SANFTE MIT DEN SCHNELLEN BEINEN (LA CARAPATE). Ein etwas tolpatschiger Anwalt gerät beim Besuch seines Mandanten in eine Gefängnisrevolte und sieht sich plötzlich zusammen mit diesem auf der Flucht, wobei sie, bis zum glücklichen Ende, eine Fülle von Abenteuern zu bestehen haben. Vor dem Hintergrund der Mai-Unruhen von 1968 angesiedelte Komödie mit Pierre Richard, die wenigstens streckenweise Witz, Tempo und Situationskomik besitzt. – Ab 12. ✦ Frankreich 1978 **P** Gaumont International **KI** Neue Constantin **R** Gérard Oury **B** Gérard Oury, Danièle Thompson **K** Edmond Séchan **M** Philippe Gérard **S** Albert Jurgenson **D** Pierre Richard, Victor Lanoux, Raymond Bussières, Jean-Pierre Darras, Yvonne Gaudeau **L** 100 **FSK** ab 12; nf **E** 2.2.1979 **fd** 21 106

DER SANFTE WEG ANS LICHT. Dokumentarfilm über die Vorbereitungen eines Ehepaares in den letzten Monaten der Schwangerschaft und über das gemeinsame Erlebnis der Geburt. ✦ BR Deutschland 1979 **P** MAMMA **KI** MAMMA **Pd+R+B** Helge Max Jahns **K** Wilfried Zeckai **S** Helge Max Jahns **L** 90 **FSK** ab 12; f **E** 30.3.1979

EIN SANFTER MORD →Ein sanfter Tod

EIN SANFTER TOD (MERCY OR MURDER?). Drama nach einer wahren Begebenheit. Nach 51 Jahren Ehe erschießt ein Mann seine über alles geliebte Frau, die an der Alzheimerschen Krankheit leidet und sich ausdrücklich den Tod wünscht. Vor Gericht wird der Mann des Mordes angeklagt. (Titel auch: »Ein sanfter Mord«) ✦ USA 1987 **P** NBC **Pd** Len Steckler **R+B** Steven Gethers **D** Robert Young (Roswell Gilbert), Frances Reid (Emily Gilbert), Eddie Albert (Joe Varon), Marshall Colt (Kelly Hancock), Michael Learned (Skipper) **L** 91 **E** 29.1.1997 ProSieben

SANGAREE (SANGAREE). Piratenabenteuer und Familienkonflikte im 19. Jahrhundert um einen Sklaven in Georgia, der von seinem Herrn zum Erben einer großen Plantage bestimmt wird. Kostümdrama, das abgesehen von einigen 3-D-Effekten ohne Bedeutung ist. – Ab 14. ✦ USA 1953 **P** Paramount **KI** Paramount **Pd** William H. Pine, William C. Thomas **R** Edward Ludwig **B** David Duncan, nach dem Roman »Sangaree« von Frank G. Slaughter **K** Lionel Lindon, W. Wallace Kelley **M** Lucien Cailliet **D** Fernando Lamas (Dr. Carlos Morales), Arlene Dahl (Nancy Darby), Patricia Medina (Martha Darby), Francis L. Sullivan (Dr. Bristol), Charles Korvin (Felix Pagnol) **L** 95 **FSK** ab 6; f (fr. 12; nf) **E** 2.10.1953 **fd** 2 819

EIN SÄNGER DES VOLKES →Ein Lied geht um die Welt (1933)

SANGER FRAN ANDRA VANINGEN (SANGER FRAN ANDRA VANINGEN). Bizarre Endzeitvision, die einen grotestken Kosmos voller leichenblasser Menschen, zumeist Greise, entwirft, die durch eine ihnen unverständliche Welt wie durch ein Labyrinth irren, ohne einen Ausweg zu finden. Durch die extrem skurrilen Episoden zieht sich ein schwarz-morbider Humor mit sarkastischer Note. ✦ Schweden/Frankreich 2000 **P** Roy Andersson Filmproduktion/Société Parisienne de Production **R+B** Roy Andersson **K** István Borbás, Jesper Klevenas **M** Benny Andersson **S** Roy Andersson **D** Lars Nordh (Karl), Stefan Larsson (Stefan), Hanna Eriksson (Mia), Peter Roth (Thomas), Klas Gösta Olsson (Colonel) **L** 100

DER SÄNGER IHRER HOHEIT →Die Stimme des Herzens (1937)

DER SÄNGER VON CAPRI →Serenade einer großen Liebe

DER SÄNGER VON MEXIKO (LE CHANTEUR DE MEXIKO). Ein junger stimmbegabter Baske bekommt die Chance seines Lebens – er darf für den Star einer Operette einspringen, der, wie er findet, gute Gründe hat, nicht mit auf die Tournee nach Mexiko zu gehen: Er hat dort eine Braut sitzengelassen. Harmlos unterhaltende Operettenverfilmung. – Ab 6. ✦ Scope. Frankreich 1956 **P** Jason **R** Richard Pottier **B** Felix Gandera, nach der Operette von Gandera und Raymond Vincy **K** Lucien Joulin **M** Francis López **D** Luis Mariano, Bourvil, Annie Cordy, Tilda Thamar, Gisèle Grandpré **L** 104 **E** 23.2.1981 DFF 1

SANJA, DER FLIEGENDE ERFINDER (PRIMITE TELEGRAMMU W DOLG). Kinderfilm über die konfliktgeladene Freundschaft zwischen einem stillen, erfindungsfreudigen Jungen, der sich besonders gern an der Entwicklung merkwürdiger Flugapparate erprobt, und einem neu zugezogenen Mädchen, das in seiner kindlichen Grausamkeit den Altersgenossen das Versteck dieser Erfindungen verrät. – Ab 8. ✦ UdSSR 1979 **P** Belarusfilm **KI** Progress **R** Leonid Netschajew **B** Anatoli Ussow **K** Wladimir Kalaschnikow **M** Alexej Rybnikow **D** Andrej Tichontschik (Sanja), Tatjana Peltzer, Jekaterina Wassiljewa, Anastassija Wosnessenskaja, Andrej Mjagkow **L** 80 **E** 26.12.1980 Kino DDR

SANJURO (TSUBAKI SANJURO). Ein heruntergekommener Samurai befreit einen hohen Beamten aus der Gewalt einer korrupten Fürstenclique. Eine geistreiche, spannende und amüsante Auseinandersetzung mit dem Ehrenkodex einer stolzen japanischen Kriegerkaste und der allzu vorschnellen Trennung von Begriffen wie »Gut« und »Böse«. Durch die in brillante Bildkompositionen übertragene Fabel wird die Sinnlosigkeit von Gewalt dargelegt. – Sehenswert. ✦ Scope. Japan 1962 **P** Kurosawa Film (für Toho) **KI** Silver Cine **VA** Taurus **R** Akira Kurosawa **B** Ryuzo Kikushima, Akira Kurosawa, Hideo Oguni, nach einem Roman von Shugoro Yamamoto **K** Fukuzo Koizumi, Takao Saito **M** Masaru Satô **S** Akira Kurosawa **D** Toshirô Mifune (Tsubaki Sanjuro), Yuzo Kayama (Iiro Izaka, Samurai-Führer), Tatsuya Nakadai (Hanbei Muroto), Takashi Shimura (Kurofuji), Akihiko Hirata (junger Samurai) **L** 96 **FSK** ab 12 **E** 28.6. 1985/4.11.1972 WDR III/22.2.1981 DFF 2 **fd** 25 106

SANKOFA (SANKOFA). Bei Aufnahmen in Ghana wird ein schwarzes Fotomodell aus den USA durch einen Trommler in Ekstase versetzt. Eine Zeitreise führt sie in die Sklaverei zurück, auf eine Zuckerrohrplantage auf Jamaika, wo die Anführer der Sklaven eine Rebellion planen. Der Film findet für die Frühgeschichte der afro-amerikanischen Gemeinschaft Bilder einer afrikanischen Sensibilität. Die sich daraus entwickelnde Perspektive lautet: sich auflehnen gegen die Unterdrückung, kämpfen für die eigene Würde, die auch die Würde der eigenen Bilder und Töne ist. In seiner religiösen Thematik versteigt sich der Film zu bitterbösen antikirchlichen und antireligiösen Tendenzen, wobei u. a. der Marienkult als Psychopathie, die Mission als Sklavenhalter-Korrelat dargestellt wird. (O.m.d.U.) ✦ USA/Deutschland/Ghana/Burkina Faso 1993 **P** Negod Gwad **Pd+R+B** Haile Gerima **K** Agustin Cubano **M** David J. White **S** Haile Gerima **D** Oyafunmike Ogunlano (Mona/Shola), Alexandra Duah (Nunu), Kofi Ghanaba (Joe), Nick Medley (Plantagenbesitzer), Mutabaraku (Shango) **L** 125 **E** 13.7.1995 3sat

SANKT PETRI SCHNEE. Nach mehrwöchiger Bewußtlosigkeit erwacht ein junger Arzt in einer Klinik. Man sagt ihm, er sei bei einem Verkehrsunfall verletzt worden. Der Patient aber erinnert sich dunkel, daß er in gefährliche Experimente mit einer künstlichen Droge verwickelt war, und glaubt nun, man wolle etwas vertuschen. Unkonventionelle (Fernseh-)Verfilmung eines Romans von Leo Perutz, der in den 30er Jahren mit seinen kolportagehaften Stoffen populär wurde. – Ab 16. ✦ Deutschland/Österreich/Schweiz 1991 **P** ORF/ZDF/SRG **R** Peter Patzak **B** Walter Wippersberg, nach einem Roman von Leo Perutz **K** Martin Stingl **M** Peter Ponger **D** Werner Stocker (Dr. Amberg), Iris Berben (Bibiche), Günter Mack (Malchin), Hartmut Becker (Praxatin), Alexander Kerst (Priester) **L** 90 **E** 18.8.1991 ZDF

SANKT URBAN. Vierteiliger Fernsehfilm über die Neuerschließung des Uran-Bergbaus im ökonomisch rückständigen Erzgebirge in den Jahren 1946 bis 1950. Anders als Konrad Wolfs im gleichen Milieu spielender, 1958 verbotener und 1971 uraufgeführter DEFA-Film »Sonnensucher« weniger hart und weitgehend konfliktscheu. – Ab 14. ✦ DDR 1969 **P** DEFA **Pd** Irene Ikker, Wolfgang Rennebarth **R** Helmut Schiemann **B** Helmut Schiemann, nach dem gleichnamigen Roman von Martin Viertel **K** Jürgen Kruse, Hans-Jürgen Sasse **M** Siegfried Matthus **S** Helga Emmrich **D** Wolfgang Dehler (Kargin), Kaspar Eichel (Tamschug), Günter Naumann (Georg), Lissy Tempelhof (Maria), Jürgen Reuter (Janek) **L** 328 (vier Teile) **E** 30.,31.10,1.,2.11.1969 DFF 1

SANNIKOW-LAND (SEMLJA SANNIKOWA). Eine Expedition findet nach Überwindung vieler Schwierigkeiten im Nördlichen Eismeer das legendäre blühende Sannikow-Land und stößt dort auf einen Volksstamm, der noch am Anfang der Zivilisation steht. Für Kinder und Jugendliche gedachter Abenteuerfilm, der in erster Linie auf den Reiz des Exotischen setzt. – Ab 8. ✦ Scope. UdSSR 1972 **P** Mosfilm **KI** Progress **R** Albert Mkrtschjan, Leonid Popow **B** Mark Sacharow, Wladislaw Fedossejew, nach dem Roman von W. A. Obrutschew **K** Michail Koprozow **M** Alexander Sazepin **D** Wladislaw Dworshezki (Iljin), Georgi Wizin (Ignati), Juri Nasarow (Gubin), Oleg Dal (Krestowski), Machmud Assembajew (Schamane) **L** 93 **E** 10.2.1974 DFF 2/15.2.1974 Kino DDR

SANS SOLEIL – UNSICHTBARE SONNE (SANS SOLEIL). Ein Filmessay über das menschliche Erinnerungsvermögen und zugleich eine Reisedokumentation mit einer Flut von Eindrücken aus Afrika und vor allem aus Japan. Interessant nicht nur wegen seines in Briefform gehaltenen Kommentars, der von der Adressatin verlesen wird und der das aus verschiedensten Quellen stammende Bildmaterial zusammenhält. Ein fesselndes intellektuelles Abenteuer des Sehens und des Hörens. – Sehenswert. ✦ Frankreich 1982 **P** Argos **KI** Silver Cine (Erstverleih FiFiGe) **R+B** Chris Marker **K** Sandor Krasna, Chris Marker **M** Modest Mussorgski, Jean Sibelius **S** Chris Marker **L** 100 **E** 28.10.1983/1995 Neustart **fd** 24 435

SANSHO DAYU – EIN LEBEN OHNE FREIHEIT (SANSHO DAYU). Japanisches Familienschicksal im 11. Jahrhundert: Ein wegen seiner Milde verbannter Statthalter verliert Frau und Kinder an brutale Sklavenhalter; sein Sohn gewinnt die Freiheit zurück. Ein Meisterwerk von Mizoguchi, das Bilddichtung mit kraftvoller Darstellung vereint und von der Überzeugung beseelt ist, daß der Mensch nur durch Mitleid und Barmherzigkeit bestehen kann. – Sehenswert. ✦ Schwarz-weiß. Japan 1954 **P** Daiei **KI** Neue Filmkunst **R** Kenji Mizoguchi **B** Fuji Yahiro, Yoshikata Yoda, nach einem Roman von Ogai Mori **K** Katsuo Myagawa **M** Fumio Hayasaka **S** Mitsuzo Miyata **D** Kinuyo Tanaka, Yoshiako Hanayagi, Kyôko Kagawa, Eitaro Shindô, Ichiro Sugai **L** 119 **E** 18.7.1964 ARD **fd** 12 885

SANSIBAR ODER DER LETZTE GRUND. Kurz vor Ausbruch des Zweiten Weltkrieges finden vier völlig verschiedene Personen, ein evangelischer Pastor, ein kommunistischer Fischer, ein Kurier aus dem Berliner Untergrund und eine jüdische Frau auf der Flucht, zu einer Notgemeinschaft, als sie versuchen, gegen das System der Nazis zu arbeiten. Inszenatorisch dichter, von hervorragenden Schauspielern getragener Film nach dem bekannten, zeitkritischen Roman von Alfred Andersch, der dem Terrorregime solidarisches Handeln von unterschiedlichen Menschen mit ihren Träumen von einer besseren Welt entgegenstellt. – Auftragsproduktion des westdeutschen Fernsehens im DEFA-Studio für Spielfilme. – Sehenswert ab 16. ✦ BR Deutschland/DDR 1987 **P** C.S.M./WDR/DEFA **Pd** Rolf Martius, Lilo Pleimes **R** Bernhard Wicki **B** Wolfgang Kirchner, Bernhard Wicki, nach einem Roman von Alfred Andersch **K** Claus Neumann, Edward Klosinski, Jürgen Lenz **M** Günther Fischer **S** Eva Schlensag **D** Peter Kremer (Gregor), Cornelia Schmaus (Judith), Gisela Stein (Judiths Mutter), Michael Gwisdek (Knudsen), Elisabeth Endriss (Bertha Knudsen), Rolf Ludwig (Wirt) **L** 163 **E** 13.12.1987 ARD

SANTA CLAUS (SANTA CLAUS: THE MOVIE). Märchen um den amerikanischen Weihnachtsmann Santa Claus, der verhindert, daß ein Spielzeugfabrikant aus Gewinnsucht einen zweiten Heiligabend einrichtet. Zwar holzschnittartig und ein wenig kitschig, doch kindgerecht erzählt, verbindet die stellenweise poetische Geschichte ihre Botschaft von gegenseitigem Vertrauen, Güte und Hilfsbereitschaft mit Kritik an den Auswüchsen des Kapitalismus und der Werbung und liefert recht gute Unterhaltung. – Ab 6. ✦ USA 1985 **P** Santa Claus Prod./TriStar **KI** Scotia **VA** CBS/Fox **Pd** Alexander Salkind, Ilya Salkind **R** Jeannot Szwarc **B** David Newman **K** Arthur Ibbetson **M** Henry Mancini **S** Peter Hollywood **D** Dudley Moore (Patch), John Lithgow (B. Z.), David Huddleston (Santa Claus), Burgess Meredith (Elf), Judy Cornwell (Anya), Christian Fitzpatrick (Joe) **L** 95 **FSK** o. A.; f **E** 5.12.1985/November 1986 Video **fd** 25 374

SANTA CLAUS MIT MUCKIS (SANTA WITH MUSCLES). Ein exzentrischer Millionär, der sein Vermögen mit Muskelaufbaupräparaten gemacht hat, steht den Bewohnern eines kleinen Waisenhauses bei, als sie sich gegen einen immobiliengierigen Schurken zur Wehr setzen müssen. Ein temporeich, charmant und nicht ohne Herz erzähltes Gegenwartsmärchen, das fantastische Elemente mit typisch amerikanischen Gags verbindet und sogar sanfte Kritik an der Kommerzialisierung des Weihnachtsfestes übt. Störend wirken allerdings die vielen Schlägereien, die dem Hauptdarsteller, einem ehemaligen Catcher, auf den Leib geschnitten sind. Trotz dieses Vorbehaltes ein unterhaltsamer Familienfilm. – Ab 8. ✦ USA 1996 **P** Hit Entertainment/Cabin Fever **VA** Highlight/Arcade **Pd** Brian Shuster **R** John Marlowski **B** Jonathan Bond, Fred Mata, Dorrie Krum Raymond **K** Michael Gfelner **M** James Covell **S** William Marrinson, Stephen Myers **D** Hulk Hogan (= Terry Gene Bollea) (Blake), Ed Begley jr. (Frost), Don Stark (Lenny), Robin Curtis (Leslie), Clint Howard (Hinkley), Aria Noelle Curzon (Elizabeth) **L** 94 **FSK** ab 6 **E** 17.11.1997 Video **fd** 32 950

SANTA CLAUSE – EINE SCHÖNE BESCHERUNG (SANTA CLAUSE). Die unfreiwillige langsame Verwandlung in den leibhaftigen Weihnachtsmann macht einen lieblosen Geschäftsmann zu einem sympathischen Querulanten, der von der Gesellschaft schikaniert wird. Eine gelungene fantastische Komödie, die durch ihren bissigen Humor aufkommende Sentimentalitäten im Zaum hält und Kinder wie Erwachsene vorzüglich unterhält. – Ab 10. ✦ USA 1994 **P** The Walt Disney Company **KI** Buena Vista **VA** Buena Vista **DVD** Buena Vista (FF P&S, DD5.1 engl., DD2.0 dt.) **Pd** Brian Reilly, Jeffrey Silver, Robert Newmyer **R** John Pasquin **B** Leo Benvenuti, Steve Rudnick **K** James Miller **M** Michael Convertino **S** Larry Bock **D** Judge Reinhold (Neal), Wendy Crewson (Laura), Eric Lloyd (Charlie), David Krumholtz (Bernard), Tim Allen (Scott Calvin) **L** 97 **FSK** o. A.; f **FBW** bw **E** 2.11.1995/10.10.1996 Video/11.12.1998 DVD **fd** 31 599

SANTA, DIE SKLAVIN DES LASTERS (SANTA). Ein naives Mädchen vom Land sinkt willenlos und umstandshalber zur Großstadtdirne herab. Primitiv gemachtes, verlogenes Sittenmelodram. ✦ Schwarz-weiß. Mexiko 1943 **P** Nacional Productora **KI** Adler **R** Norman Foster **D** Esther Fernandez, Ricardo Montalban, José Cibrian, Stella Inda **L** 94 **FSK** ab 18; nf **E** 28.11.1958 **fd** 6 987

SANTA ESPERANZA (SANTA ESPERANZA). Beschreibung der Verhältnisse in einem Konzentrationslager in Südamerika, in der Bergwelt der Anden. Die Häftlinge, Männer unterschiedlicher politischer Richtung, versuchen immer wieder, die Öffentlichkeit auf sich aufmerksam zu machen und die Freiheit zu erlangen. Obwohl einzelne Aktionen keinen Erfolg haben, wird die Hoffnung durch die wachsende Solidarität untereinander genährt. Politisches Drama eines chilenischen Regisseurs, das bei aller Parteinahme auch Zwischentöne findet. – Ab 16. ✦ UdSSR 1980 **P** Mosfilm **KI** Progress **R** Sebastian Alarcon **B** Wladimir Amlinski, Sebastian Alarcon **K** Wadim Alissow **M** Gabriel Castro, Ramiro Soriano, Adriano Chamorro **D** Borislaw Brondukow, Pawel Kadotschnikow, Jewgeni Leonow-Gladyschew, Wladimir Lomisow, Laimonas Norejka **L** 93 **E** 4.9.1981 Kino DDR/9.9.1983 DFF 1

SANTA FÉ (1985) (SANTA FE). Ein junger jüdischer Emigrant kommt Anfang der 40er Jahre auf der Flucht vor Nazi-Deutschland in die USA. Mit den literarischen und philosophischen Größen von Goethe bis Nietzsche im Gepäck, weigert er sich, Amerikaner zu werden und sich den dortigen Lebensweisen anzupassen. Im Emigrantenmilieu um ihn herum herrscht hektische Aufbruchstimmung zwischen Hysterie und hinter Witzen und Bluffereien verborgener Existenzangst. Nach dem Eintritt der USA in den Krieg meldet er sich zur Army – einerseits aus Dankbarkeit gegenüber seinem Gastland, andererseits, um seiner unhaltbaren Situation zu entkommen. Zweiter Teil der Trilogie »Wohin und zurück«, der hierzulande nicht ins Kino kam: eine von hervorragenden Schauspielerleistungen geprägte Situationsstudie, die Stimmungen und Empfindungen im Auswanderermilieu jener Zeit präzise herausarbeitet. (Weitere Teile: »An uns glaubt Gott nicht mehr«, »Welcome in Vienna«) – Sehenswert ab 16. ✦ Schwarz-weiß. Österreich/BR Deutschland 1985 **P** Thalia Film/ORF/ZDF/SRG **Pd** Matija Barl (Ltg.) **R** Axel Corti **B** Georg Stefan Troller, Axel Corti **K** Gernot Roll, Otto Kirchhoff **M** Franz Schubert **S** Claudia Rieneck **D** Gabriel Barylli (Freddy Wolff), Doris Buchrucker (Lissa), Peter Lühr (Dr. Treumann), Johannes Silberschneider (Ferry), Monika Bleibtreu (Mrs. Shapiro), Ernst Stankowski (Feldheim), Gideon Singer (Popper) **L** 120 **E** 1986 ZDF

SANTA FE (1996) (SANTA FE). Ein Streifenpolizist, der wegen seiner Zugehörigkeit zu einer suizid-gefährdeten Sekte seine Familie in Gefahr bringt und vom Dienst suspendiert wird, erwirkt nach seiner Gesundung die Wiedereinstellung in den Polizeidienst. Er muss allerdings feststellen, dass nun seine Frau einem Chiropraktiker verfallen ist und die Tochter an fragwürdigen Selbstfindungskursen teil nimmt. Erneut lässt er sich auf die Esoterik-Szene ein und verliebt sich prompt in seine Therapeutin. Eine bissige Satire auf den Sekten- und Therapiemarkt, die hintergründige Unterhaltung mit guten Darstellern bietet und deren gesellschaftskritische Dialoge von scharfem Wortwitz zeugen. ✦ USA 1996 **P** Doradel Pic./Nu Image **Pd** Larry Estes, Andrew Shea **R** Andrew Shea **B** Mark Medoff, Andrew Shea **K** Paul Elliott **M** Mark Governor **S** Melissa Gerrero **D** Lolita Davidovich (Eleanor Braddock), Tina Majorino (Crystal Thomas), Gary Cole (Paul Thomas), Sheila Kelley (Lea Thomas), Jere Burns (Dr. Dan Yates) **L** 90 **E** 4.3.2001 ARD

SANTA LUCIA. Schlagerstar Vico Torriani als singender Eselstreiber in einer Gaunerkomödie mit italienischem Hintergrund. Einfältig-schmalzige Musik-Unterhaltung. – Ab 16. ✦ BR Deutschland 1956 **P** Willy Zeyn **Kl** Gloria **Pd** Willy Zeyn **R** Werner Jacobs **B** Helmut Weiss, Ursula Bloy **K** Oskar Schnirch **M** Willi Mattes **S** Elisabeth Kleinert-Neumann **D** Vico Torriani, Eva Kerbler, Peer Schmidt, Karin Dor, Hubert von Meyerinck **L** 95 **FSK** ab 12; nf **E** 20.7.1956/16.2. 1970 DFF 1 **fd** 5 108

SANTA SANGRE (SANTA SANGRE). Orgiastisch-sadistische Familientragödie und panische Alpträume eines Kindes in südamerikanischer Zirkuswelt: ein bewußt die Normalität ausschließendes Spiel mit spektakulärer Gewalt zwischen (Un-)Schuld, Sühne und Grausamkeit. Inszenatorisch attraktiver »Ödipus-Entwurf« mit plagiativ ausgestellten vielfältigen Mitteln, doch ohne künstlerischen Ernst und historisch-selbstkritische Perspektive. ✦ Italien 1989 **P** Produzioni Intersound **Kl** Kinowelt **VA** Cannon/VMP **Pd** Claudio Argento **R** Alejandro Jodorowsky **B** Alejandro Jodorowsky, Roberto Leoni, Claudio Argento **K** Daniele Nannuzzi **M** Simon Boswell **S** Mauro Bonanni **D** Axel Jodorowsky (Fenix), Sabrina Dennison (Alma), Blanca Guerra (Concha), Guy Stockwell (Orgo), Thelma Tixou (tätowierte Frau) **L** 123 **FSK** ab 18; f **E** 25.7.1991 **fd** 28 769

SANTA & PETE (SANTA AND PETE). Der Großvater erzählt seinem zehnjährigen Enkel eine Weihnachtsgeschichte: Der Holländer Nikolaus wird im Mittelalter in Spanien wegen seines Glaubens ins Gefängnis geworfen. Nach seiner Befreiung durch den jungen Pete schließen sich die Beiden den Siedlern nach Übersee an und tun Gutes. Nachdem Nikolaus sein Pferd gegen ein Rentier eintauscht, seine Kleidung geändert hat und ihm die friedliebenden Indianer ein rotes Gewand schenken, ist seine Wandlung zum Santa Claus perfekt. Eine schlichte, als Rückblende erzählte Weihnachtsgeschichte, die sentimental unterhält. – Ab 10 möglich. ✦ USA 1999 **P** The Polson Company **Pd** Erica Fox **R** Duwayne Dunham **B** Greg Taylor, nach einem Roman von Christopher Moore und Pamela Johnson **K** John Newby **M** Alan Williams **S** Jonathan P. Shaw **D** James Earl Jones (Großvater Nicholas), Sedrathe Gillespie (Terence Nicholas Moore), Hume Cronyn (Sankt Nicholaus/Santa Claus), Flex Alexander (Pete), Emily Mae Young (Marlene) **L** 86 **E** 6.12.2000 tm3

SANTANA – DIE ERLEBNISSE EINES JUNGEN KOJOTEN (BIRTH OF A LEGEND). Amerikanischer Jugendfilm. Ein junger Schafhirte findet in den Naturreservaten Arizonas ein halbverhungertes Kojotenbaby, pflegt es und hat in dem erwachsenen Tier, das sonst allgemein als der schlimmste Feind der Schafe angesehen wird, einen aufmerksamen Hirtenhund. Als er gezwungen wird, sich von dem Tier zu trennen, retten Navajo-Indianer dem Kojoten das Leben. – Ab 10. ✦ USA 1980 **P** American International Enterprises **R** Dick Robinson **B** Edward Hawkins **K** Bill Wiley, Wolfgang Obst, Dick Robinson **L** 90 **E** 26.5. 1984 ZDF

SANTAS WEIHNACHTSWUNSCH (ONCE UPON A CHRISTMAS). Der Weihnachtsmann ist sauer, weil immer weniger Kinder brav sind und ihre Wünsche an ihn richten. Seine Tochter zieht aus, um zumindest eine amerikanische Familie vom wahren Sinn des Festes zu überzeugen, scheint sich jedoch ihre Zähne an einer Familie auszubeißen, die die Mutter verloren hat und deren Vater die Kinder zu verlieren droht, weil er sich in seine Arbeit vergräbt. Erbauliche Weihnachtsgeschichte mit einigen skurrilen Einfällen, wobei sie das betuliche Sujet mit »boshaften« Erweiterungen unterläuft. – Ab 14. ✦ Kanada 2000 **P** Legacy **VA** Paramount Home **Pd** Jon Carrasco, Deboragh Gabler, Stephen Roseberry, Edward Wessex **R** Tibor Takács **B** Steven H. Berman **S** Ellen Fine **D** Mary Donnelly-Haskell (Rudolfa), John Dye (Bill Morgan), Michael Gilden (Dunder), Kathy Ireland (Kristin Klaus) **L** 90 **E** 6.12.2001 Video

SANTEE, DER EINZELGÄNGER (SANTEE). Ein Kopfgeldjäger, der seinen Sohn durch Banditen verloren hat, nimmt den Sohn eines von ihm Getöteten an seiner Seite an, verliert ihn aber bei einem Rachefeldzug. Schlampig inszenierter Durchschnittswestern. ✦ USA 1972 **P** Vagabond **Kl** Warner-Columbia **Pd** Deno Paoli, Edward Platt **R** Gary Nelson **B** Brand Bell **K** Donald M. Morgan **M** Don Randi **S** George W. Brooks **D** Glenn Ford (Santee), Michael Burns (Jody), Dana Wynter (Valerie), Harry Townes (Sheriff Carter), Jay Silverheels (John Crow), John Larch (Banner), Robert Wilke (= Robert J. Wilke) (Deaks), Boyd »Red« Morgan, Robert Donner (J. C.), Taylor Lacher (Lance) **L** 92 **FSK** ab 16; f **E** 26.7.1974 **fd** 18 948

SANTIAGO → Es regnet über Santiago

SANTIAGO – DER VERDAMMTE (THE NAKED DAWN). Das Leben eines edelmütigen mexikanischen Banditen auf der Flucht wird mit dem eines jungen Farmerehepaares schicksalhaft verstrickt. Der Bandit opfert sein Leben, als er den Jüngeren vor einem Mordanschlag rettet. Moralischer Western, der durch Kennedys Darstellung glaubhaft und lebensnah wird. – Ab 16. ✦ USA 1955 **P** Universal **Kl** Universal **Pd** James Q. Radford **R** Edgar G. Ulmer **B** Nina Schneider, Herman Schneider **K** Frederick Gately **M** Herschel Burke Gilbert **S** Dan Milner **D** Arthur Kennedy (Santiago), Betta St. John (Maria), Eugene Iglesias (Manuel), Charlita (Tita), Roy Engel (Guntz) **L** 82 **FSK** ab 16; nf **FBW** w **E** 20.1.1956 **fd** 5 066

SAO BERNARDO (SAO BERNARDO). Ein vereinsamter Mann auf einer brasilianischen Fazenda schreibt seine Lebensgeschichte: die Stationen eines Emporkömmlings, der alles aus dem Weg räumen konnte, um ein Gut in seinen Besitz zu bringen, sein Leben damit aber zerstört hat. Ein beachtliches Dokument zur Situation eines Landes zwischen Feudalherrschaft und industrieller Revolution. – Sehenswert ab 16. ✦ Brasilien 1972 **P** Saga Filmes/Mapa Filmes/Embrafilmes **Kl** Freunde der Deutschen Kinemathek **R** Leon Hirszman **B** Leon Hirszman, nach dem gleichnamigen Roman von Craciliano Ramos **K** Lauro Escorel **M** Caetano Veloso **D** Othon Bastos, Isabel Ribeiro, Nildo Parente **L** 112 **E** 27.10.1976 DFF 2/ 25.11.1976 WDR

SAO JOAQUIM (SAO JOAQUIM). Das Porträt einer Institution im Nordosten Brasiliens, die sich der Straßenkinder annimmt. Darüber hinaus versucht der Film eine Analyse des Einflusses, den Erziehung und Sozialisation in einer sehr schwierigen Realität haben können, zu vermitteln. Eine eindringliche Dokumentation, deren Einzelbilder und -schicksale erschüttern. ✦ Schweiz 1993 **P** Hofmann Prod. **Pd** Bettina Hofmann, Karen Loop **R+B** Bettina Hofmann **K** Myung Hoon Oh **M** Nana Vasconcelos **S** Bettina Hofmann **L** 70 **E** Schweiz

SAO PAULO (SAO PAULO SOCIEDADE ANONIMA). Ein junger Mann läßt seine amourösen Abenteuer Revue passieren. Ein Film, der versucht, die Situation der apathischen Mittelschicht Brasiliens zu beleuchten. (Titel auch: »Anonyme Gesellschaft«) ✦ Schwarz-weiß. Brasilien 1967 **P** Amplavisào-Primo Carbonari/ Radio e TV Record Renner S.A./A Dega Dreher/ Transportes Rodo Carga **R+B** Luiz Sergio Pérson **K** Ricardo Aronovich **M** Claudio Petraglia **D** Ana Esmeralda, Eva Wilma, Otello Zeloni, Walmor Chagas, Darlene Gloria **L** 92 **E** 2.9.1967 DFF 1

SAPHO (SAPHO). Die Verfilmung eines Romans von Alphonse Daudet: Ein junger Student will in Paris seine Prüfung als Konsul ablegen. Er wird in Künstlerkreise eingeführt und lernt dabei ein Modell kennen und lieben. Die Beziehung isoliert die beiden zunehmend, so daß der Student schließlich versucht, ihr mittels der Heirat mit einer anderen Frau zu entfliehen. ✦ Frankreich 1996 **P** Image et Compagnie (La Sept/arte, France 2) **R** Serge Moati **B** Pierre Dumayet, nach einem Roman von Alphonse Daudet **M** Jean-Marie Sénia **S** Pascale Arnaud **D** Mireille Darc (Fanny), Arnaud Giovaninetti (Jean), Pierre Meyrand (Onkel Cäsar), Mathieu Delarive (Joachim Baille), Paul Barge (Dechelette) **L** 97 **E** 22.2.1997 arte

SAPPHO, VENUS VON LESBOS (SAFFO, VENERE DI LESBOS). Die Geschichte eines antiken Tempelmädchens, das sich in einen Volkshelden verliebt. Erzählt im Stil des italienischen Serienkinos mit zahlreichen Anleihen beim Historienkitsch. ✦ Scope. Frankreich/Italien 1960 **P** Orsay/Documento **Kl** Columbia **Pd** Marcello D'Amico **R** Pietro Francisci **B** Ennio de Concini, Pietro Francisci, Luciano Martino, nach einer Erzählung von Pietro Francisci **K** Carlo Carlini **M** Angelo Francesco Lavagnino **D** Tina Louise, Kerwin Mathews, Susy Golgi, Riccardo Garrone, Enrico Maria Salerno **L** 100 **FSK** ab 12; nf **E** 10.2.1961 **fd** 9 997

SARA AMERIKA. Berlin 1993: Vier junge Leute, deren Wege sich zufällig kreuzen – zwei Berliner, die farbige Tochter eines US-Soldaten aus Sachsen-Anhalt und ein Russe, der in die Heimat möchte –, suchen in der Hauptstadt ihr individuelles Glück und bemühen sich, ihrem Leben eine positive Wende zu geben, müssen aber feststellen, dass sie zu den Verlierern der Wendezeit gehören. Ein Mischung aus Roadmovie und Berlin-Ballade, die ihr desillusionierendes Sujet zur Spurensuche in einer Zeit des Umbruchs nutzt. Wobei die Handlung immer wieder durch Statements der Hauptdarsteller unterbrochen wird, die sich direkt an die Zuschauer richten. ✦ Deutschland 1999 **P** Blackwood/Helkon **Pd+R** Roland Suso Richter **B** Roland Suso Richter, Tobias Stille **K** Martin Langer **M** Ulrich Reuter **S** Eva Schnare **D** Thomas Heinze (Hans), Dennenesch Zoudé (Sara), Gregor Törzs (Jo), Oliver Korittke (Stanislaw), Detlef Bothe (Jim J.) **L** 118 **E** 14.6.2001 Vox

SARAFINA (SARAFINA). Sarafina, eine Schülerin in Soweto, erlebt, wie zuerst ihre Lehrerin, danach ihre Schulklasse Opfer der rassistischen Gewaltherrschaft wird. Schließlich wird sie selbst inhaftiert und gefoltert. Nach der Freilassung beschließt sie, gewaltfrei gegen die Apartheid zu kämpfen. Verfilmung des gleichnamigen Bühnenmusicals, musikalisch qualitätsvoll, inszenatorisch aber zwiespältig, zwischen

Realismus und ästhetischer Verfremdung schwankend. – Ab 16. ✦ Südafrika/Frankreich/Großbritannien 1992 **P** Distant Horizon/Ideal/Videovision Ent./Les Films Ariane/VPI/BBC **KI** Senator **VA** Euro-Video **Pd** Anant Singh, David M. Thompson **R** Darrell James Roodt **B** William Nicholson, Mbongeni Ngema **K** Mark Vicente **M** Stanley Myers, Mbongeni Ngema, Hugh Masekela **S** Peter Hollywood, Sarah Thomas **D** Leleti Khumalo (Sarafina), Whoopi Goldberg (Mary Masombuka), Miriam Makeba (Mutter Sarafinas), Mbongeni Ngema (Sabela), John Kani (Schuldirektor) **L** 115 **FSK** ab 12; f **FBW** w **E** 8.4.1993/17.8.1993 Video/13.11.1994 premiere **fd** 30 200

SARAGOSSA (ORLANDO E I PALADINI DI FRANCIA). Die Rolandsage: Fränkische Helden unter Karl dem Großen im Kampf gegen die Sarazenen. Theatralisches Historienabenteuer ohne künstlerischen Wert. – Ab 12. ✦ Scope. Italien 1956 **P** Italgamma **KI** RKO **R** Pietro Francisci **B** Pietro Francisci, Gaio Fratini, Giorgio Graziosi, Ennio de Concini **K** Mario Bava, Renato de Frate **M** Angelo Francesco Lavagnino **D** Rik Battaglia, Fabrizio Mioni, Rosanna Schiaffino, Lorella de Luca, Ivo Garani **L** 93 **FSK** ab 12; nf **E** 5.4.1958 **fd** 6 856

SARAH. Eine junge Engländerin aus dem schicken Milieu der Hamburger Elbchaussee steigt nach dem Tod ihres Mannes und durch dessen hinterlassene Schulden zur Edelnutte und schließlich zur gedemütigten Prostituierten des Straßenstrichs ab. Nach einem Nervenzusammenbruch wird sie in die Psychiatrie eingeliefert. Indiskutabler Film, der vorgibt, vor Männergewalt und Frauenausbeutung zu warnen, aber ungeniert auf Praktiken des Milieus spekuliert; schmierig-degoutant und erbärmlich inszeniert und gespielt. – Wir raten ab. ✦ BR Deutschland 1985/86 **P** Reginald Puhl Filmprod. **KI** Nova **VA** Starlight **Pd+R** Reginald Puhl **B** Jane Murray, Reginald Puhl **K** Michael Marszalek, Dragan Rogulj **M** Nya Murray, Andi Mason **S** D. Laninger **D** Jane Murray (Sarah), Gunhild Branchart (Julia), Maria Schulenberg (Kris), Ralph Winkler (Mark), Monica Burrasch (Nina) **L** 109 **FSK** ab 18; nf **E** 7.5.1987/25.11.1987 Video **fd** 26 163

SARAH T., EINE JUGENDLICHE ALKOHOLIKERIN (SARAH T., PORTRAIT OF A TEENAGE ALCOHOLIC). Durch die Scheidung ihrer Eltern und die Wiederheirat der Mutter aus dem Gleichgewicht geraten, verfällt die 15jährige Sarah immer mehr dem Alkohol, ohne daß ihre nähere Umgebung etwas bemerkt. Erst nach dem Eklat kommt das Mädchen zu einem Arzt, der es einer Gruppe junger Alkoholiker zuführt, die gemeinsam gegen ihre Sucht kämpfen. Der amerikanische Fernsehfilm wirkt wenig überzeugend: eine psychologische Entwicklung wird nicht sichtbar, und die Figuren sind eher Klischees denn lebensecht. Die Inszenierung setzt mehr auf Gefühl als auf Reflexion und kippt zum Schluß völlig ins Rührselige um. – Ab 16. ✦ USA 1975 **P** Universal **R** Richard Donner **B** Richard Shapiro, Esther Shapiro **K** Gayne Rescher **M** James Di Pasquale **D** Linda Blair, Verna Bloom, Larry Hagman, Mark Hamill, Michael Lerner **L** 95 **E** 6.4.1979 ARD

SARAH UND DAS WILDPFERD (THE PRINCESS STALLION). Abenteuerfilm für Kinder. Ein junges Mädchen zieht zu seinem Vater, der seit seiner Scheidung in der Wildnis wohnt. Sehr schnell lernt es das Leben in der Natur zu schätzen. Als es bei einem Ausritt stürzt, wird es von einem Einsiedler gerettet, der die Natur um sich herum hegt, sich aber immer wieder gegen Wilderer zur Wehr setzen muß. ✦ USA 1996 **Pd** Don Reynolds **R** Mark Haber **B** Tom Gabbay, Mark Grindle **K** Jim Peters **M** Arthur B. Rubinstein **S** John Gow **D** Ariana Richards (Sarah Stewart), Andrew Keir (Fergus), David Robb (Ian Stewart), Liam Dolan (Alistair), Ann Scott Jones (Mrs. Brown) **L** 85 **E** 4.7.1998 premiere

SARAH UND MAJOR FORSYTH →Run for your Life – Seine Rache kennt keine Grenze

SARAH UND SAM (CROSSING DELANCEY). Eine Aufsteigerin aus jüdisch-kleinbürgerlichem Milieu muß erst ihre dünkelhaften Idealvorstellungen überwinden, ehe sie in einem vorerst verschmähten Verehrer ihren Traummann erkennt. Ebenso feinsinnige wie breitenwirksame Großstadtkomödie mit unterschwellig märchenhaften Zügen, die durch warme Ironie, treffsichere Milieuschilderung und direkten Charme besticht. Ein unpathetisches Bekenntnis zu ehrlichen Gefühlen und eigener sozialer Identität. (Kinotip der katholischen Filmkritik) – Sehenswert ab 14. ✦ USA 1987/88 **P** Midwest Film Distributors (für Warner Bros.) **KI** Warner Bros. **VA** Warner Home **Pd** Michael Nozik **R** Joan Micklin Silver **B** Susan Sandler, nach ihrem Bühnenstück **K** Theo van de Sande **M** Paul Chihara, The Roches **S** Rick Shaine **D** Amy Irving (Isabelle Grossman), Peter Riegert (Sam Posner), Reizl Bozyk (Bubbie Kantor), Jeroen Krabbé (Anton Maes), Sylvia Miles (Hannah Mandelbaum) **L** 97 **FSK** ab 12; f **E** 4.5.1989/10.11.1989 Video **fd** 27 621

SARAH ZWISCHEN LAND UND MEER (SKYLARK). Kansas um 1910: Ein verwitweter Farmer hat eine Frau aus Maine geheiratet, die sich in der Prärie gut eingelebt hat. Als das Land von einer Dürre heimgesucht wird, geht die Frau mit den Kindern zurück an die Ostküste, wo sie merkt, daß sie schwanger ist. Durchschnittliches Drama; die Fortsetzung von »Ein Meer für Sarah« (1990). ✦ USA 1992 **P** Self Prod./Trillium **Pd** Glenn Close, William Self **R** Joseph Sargent **B** Patricia MacLachlan **K** Mike Fash **M** David Shire **D** Glenn Close (Sarah), Christopher Walken (Jacob), Lexi Randall (Anna), Christopher Bell (Caleb), Jon de Vries (= Jon DeVries) **L** 99 **E** 3.10.1993 premiere

SARAHS GROSSES SPIEL →Kiss Shot

SARAHSARA (SARAHSARA). Südafrika kurz vor Ende des Apartheid-Regimes: Ein zwölfjähriges Schwimmtalent träumt von Anerkennung, doch die schwarze Hautfarbe der Schülerin und eine Gehbehinderung mindern ihre Chance. Dennoch bauen Eltern, Trainer und Freunde sie auf, und als sie ohne offizielle Erlaubnis der Regierung an dem Langstreckenschwimmen Capri–Neapel teilnimmt, sorgt sie für eine kleine Sensation. Versöhnliche Familienunterhaltung im Sportmilieu, die Zusammenhalt beschwört und zugleich das Thema Rassismus anspricht. ✦ Italien 1993 **R** Renzo Martinelli **B** Renzo Martinelli, Maurizio D'Adda, Giulio Paradisi **K** Fabio Cianchetti, Giuliano Giustini **M** Mauro Pagani **S** Osvaldo Bargero **D** Giulio Brogi (Gershe), Kim Engelbrecht (Sarah), Ciro Esposito (Ciro), Denise Newman (Karima), Ray Ntlokwana (Lucky) **L** 105 **E** 21.4.2001 3sat

SARAJEVO – WAS HABEN SIE DAVON GESEHEN? (OU' AVEZ-VOUS VU DE SARAJEVO). Szenen aus einer Straße in Sarajevo, die die Vor-, Kriegs- und Nachkriegszeit spiegeln. Die Dokumentation wurde 1993 begonnen, sie fragt nach den Befindlichkeiten der Menschen, von denen nicht wenige die Solidargemeinschaft während der Notzeiten mystifizieren und die wachsende Habgier und Vereinzelung beklagen. Ferner thematisiert der Film die Rolle des Fernsehens und dessen Verhältnis zu den porträtierten Menschen, deren Stellung als Subjekt oder Objekt häufig im Unklaren bleibt. ✦ Frankreich 1998 **R** Patrice Barrat **L** 76 **E** 8.10.1999 arte

SARAKA BÔ (SARAKA BO). Morde an Prostituierten im Schwarzenviertel von Paris erschüttern die Stadt. Der ermittelnde Polizist steht vor einem Rätsel, weil er die Hintergründe um die grausam verstümmelten Leichen nicht verstehen kann. Schließlich findet er einen Hauptverdächtigen, jedoch kein Motiv. In seiner Not zieht er einen Ethno-Psychologen zu Rate, doch die Zusammenarbeit erweist sich als schwieriger als erwartet. Ein im schwarz-afrikanischen Stadtteil von Paris spielender spannender Kriminalfilm, dem es weniger um veräußerlichte Action als um eine stimmige Atmosphäre und psychologische Glaubwürdigkeit geht. ✦ Frankreich 1996 **P** Caroline de Vivaise Prod./Alicéléo **R** Denis Amar **B** Marc Guilbert, Simon Michaël, Marie Devort, nach den gleichnamigen Roman von Tobie Nathan **K** Manuel Teran **M** Lokua Kanza, Jean-Claude Petit **S** Jacques Witta **D** Richard Bohringer (Inspektor Diamant), Yvan Attal (Nessim Taieb), Aissa Maiga (Danièle Cissé), Sotigui Kouyaté (Vater Cissé), Thierry Hancisse (Simon) **L** 85 **E** 11.12.1999 SF 1/DRS

SARANGIO. Dokumentarfilm über ein italienisches Bergdorf in der Nähe des Lago Maggiore, das inzwischen nur noch sieben Einwohner hat, während der Ferienzeit jedoch Zielort deutscher und italienischer Touristen ist. Zwei alte Freundinnen erinnern sich an die Zeit, als im Dorf noch Leben herrschte. (O.m.d.U.) – Ab 10. ✦ Deutschland/Italien 1993 **P** dffb **R+B+K** Cinzia Bullo **M** Pierluigi Petris **S** Inge Schneider, Simone Klier **L** 70 **E** 26.10.1993 ZDF

SARAS MÄNNER (TUTTI GLI UOMINI DI SARA). Kriminalfilm; das Spielfilmdebüt eines Kulturkritikers und Dokumentarfilmers. Eine erfolgreiche Scheidungsanwältin, die der Ehe sehr skeptisch gegenübergestanden hat, ändert ihre Meinung, als sie sich in einen Börsenmakler verliebt. Kurz vor der Trauung beginnt ein Unbekannter, sie zu bedrohen. ✦ Italien 1992 **P** Aran/RAIZ/Hamster/Antenne 2 **R** Gianpaolo Tescari **B** Silvia Napolitano **K** Fernando Ciangola **M** Antonio Di Pofi **D** Nancy Brilli (Sara), Giulio Scarpati (Max), Claudio Bigagli (Daniele), Luciano Bartoli (Riccardo), Maurizio Donadoni (Andrea), Silvio Vanucci (Eduardo) **L** 90 **E** 15.12.1993 BR 3

SARATOGA (SARATOGA). Die Tochter eines verschuldeten Gestütsbesitzers verliebt sich nach dessen Tod in einen windigen Buchmacher, der ihr die Entscheidung zwischen sich und ihrem reichen Verlobten schwer macht. Unterhaltsam, aber konventionell inszenierte Komödie; der letzte Film mit Jean Harlow, die kurz vor Abschluß der Dreharbeiten im Alter von 26 Jahren starb. Einige Szenen mußten mit einem Double nachgedreht werden, das in der Regel mit dem Rücken zur Kamera agiert oder eine Sonnenbrille trägt. – Ab 14. ✦ Schwarz-weiß. USA 1937 **P** MGM **Pd** Bernard H. Hyman **R** Jack Conway **B** Anita Loos, Robert Hopkins **K** Ray June **M** Edward Ward **S** Elmo Veron **D** Jean Harlow (Carol Layton), Clark Gable (Duke Bradley), Lionel Barrymore (Carols Großvater), Walter Pidgeon (Hartley Madison), Jonathan Hale (Carols Vater), Frank Morgan (Jesse Kiffmeyer), Una Merkel (Fritzi O'Malley) **L** 94 **E** 4.12.1938/16.9.1988 ARD

EIN SARG AUS HONGKONG. Ein Privatdetektiv stößt bei seinen Nachforschungen über den verunglückten Sohn eines reichen Engländers auf Rauschgifthändler. Überspitztes Kriminalabenteuer mit einigen gruseligen und erotischen Zutaten. – Ab 16. ✦ Scope. BR Deutschland/Frankreich 1964 **P** Urania/Rapid/Leitienne/Imp. Ex. Ci. **KI** Constantin **Pd** Bruno Michalk **R** Manfred R. Köhler **B** Manfred R. Köhler, nach einem Roman von James Hadley Chase **K** Klaus von Rautenfeld **M** Fred Strittmatter, Karl Barthel **S** Walter Boos **D** Heinz Drache (Nelson Ryan), Elga Andersen (Stella), Sabina Sesselmann (Janet West), Ralf Wolter (Bob Tooly), Willy Birgel (William Jefferson) **L** 86 **FSK** ab 16; nf **E** 21.8.1964 **fd** 12 954

DER SARG BLEIBT HEUTE ZU. Französische Agenten verhindern den heimtückischen Anschlag einer chinesischen Geheimorganisation. Unsympathischer Actionfilm: Blei und Karate machen es möglich, ungerührt und um der Unterhaltung willen einen Chinesen nach dem anderen in den Tod zu schicken. ✦ BR Deutschland/Spanien/Italien 1967 **P** Aquila/Procensa/Lucas **KI** Eckelkamp **R** Ramon Comas **B** Keith Luger, Chris Chatterley **K** Eloy Mella **M** Jerry van Rooyen **D** Adrian Hoven, Coren del Rio, Karin Feddersen, Wolfgang Preiss, Gérard Landry **L** 85 **FSK** ab 18; nf **E** 29.9.1967 **fd** 14 957

SARG DER BLUTIGEN RACHE →Sarg der blutigen Stiefel

SARG DER BLUTIGEN STIEFEL (IL VENDITORE DI MORTE/LA MANO NASCOSTA DI DIO). Ein Pistolero im Ruhestand entlarvt den scheinheilig-perversen

Geistlichen eines abgelegenen Städtchens als Verbrecher und bestraft den Mörder einer jungen Mexikanerin. Kleiner Italowestern mit Kriminalhandlung. Klischeefiguren bevölkern die unübersichtliche Geschichte, dümmliche Dialoge wechseln ab mit Prügel- und Schießszenen zwischen billigen Kulissen. ✦ Scope. Italien 1972 **P** Mida **KI** Filmagentur Süd **VA** Spectrum **Pd** Gabriele Silvestri **R** Vincent Thomas (= Vincenzo Gicca Palli) **B** Enzo Gicca (= Vincenzo Gicca Palli) **K** Franco Villa **M** Mario Migliardi **S** Maurizio Tedesco **D** Gianni Garko (Silver), Gely Genka, Franco Abbiana, Luciano Lorcas (= Luciano Catenacci), Laura Gianoli, Klaus Kinski (Chester Conway) **L** 92 **FSK** ab 16; nf **E** 27.4.1973 **fd** 18 375

DER SARG DES VAMPIRO (EL ATAUD DEL VAMPIRO). Ein Vampir, aus seinem Sarg befreit, nistet sich in einem finsteren Wachsfigurenkabinett ein und verfolgt ein junges Mädchen. Dummdreister Horrorfilm mit einer ohrenbetäubenden Musik. ✦ Mexiko 1958 **P** Salazar **KI** ABC **R** Fernando Mendez **B** Tommy Turner **K** Victor Herrera **M** William Hayden **D** Abel Salazar, Jack Curtis, Ariadne Welter, Margaret Miller, German Robles **L** 80 **FSK** ab 18; nf **E** 25.4.1961 **fd** 10 169

EIN SARG FÜR ZWEI LEICHEN (DET PARALLELLE LIG). Einer jungen Frau wird die Liebesbeziehung zu ihrem Stiefvater zum Verhängnis: Sie wird erwürgt. Als der Täter versucht, die Leiche in einem Krematorium verschwinden zu lassen, wird er das Opfer einer Erpressung. Nur streckenweise spannender, überwiegend langatmiger und umständlich erzählter Kriminalfilm. (DDR-Titel: »Die parallele Leiche«; Videotitel: »Eine Leiche zuviel«) – Ab 16 möglich. ✦ Scope. Dänemark 1982 **P** Panorama Film **KI** Progress **VA** Picture and Sound **R** Mark Quint, Allan Thomsen **B** Sören Melson, Hans-Erik Philip, nach einem Roman von Frits Remar **K** Henning Kristiansen **M** Ole Hoyer **S** Grete Möldrup **D** Buster Larsen (Hans Thomsen), Jörgen Kill (Allan Berg), Agneta Ekmanner (Karen Bentzen), Masja Dessau (Marie Louise), John Hahn-Petersen (Larsen) **L** 90 **FSK** ab 16 **E** 9.8.1985 Kino DDR/30.8.1986 DFF 1/22.7.1987 ARD/April 1988 Video

DER SARG KAM PER POST (LES VIOLENTS). Verbrechen beunruhigen die Hafengegend von Rotterdam; es geht um Geld, offenbar auch um geschmuggelte Gewehre. Ein Krimi mit unnötig kompliziertem Rachemotiv. Teilweise wirkungsvoll fotografiert, stilistisch aber nicht einheitlich. Vorzügliche Darstellung von Paul Meurisse. ✦ Scope. Frankreich 1957 **P** Ocean **KI** Defir **Pd** Jean-Marie Lotrel **R** Henri Calef **B** André Haguet, Henri André Legrand **K** Jean Isnard **M** Marcel Landowski **D** Paul Meurisse, Françoise Fabian, Fernand Ledoux, Béatrice Alta-Riba, René Havard **L** 89 **FSK** ab 16; nf **E** 13.2.1959 **fd** 7 849

SARG MIT DOPPELTEM BODEN → Juwelenraub

SARG ODER GEIGE → Radieschen von unten

EIN SARG VOLL BLUT → Django – Ein Sarg voll Blut

SARGASSO SEA – IM MEER DER LEIDENSCHAFT (WIDE SARGASSO SEA). Mitte des 19. Jahrhunderts: Die Beziehung einer in Jamaika aufgewachsenen jungen Frau zu ihrem aus England »importierten« Ehemann scheitert nach anfänglicher Leidenschaft an Mißverständnissen und kulturellen Unvereinbarkeiten. Der Mann »löst« die Konflikte durch die Rückkehr nach England, die Frau verfällt Einsamkeit und Wahnsinn. Mißglückte Romanverfilmung, die über farbenprächtiger Exotik und Symbolik nie wirklichen Zugang zu ihren Hauptfiguren findet. Hervorragend allein die Musik von Stewart Copeland. (TV-Titel: »Sargasso Sea – Im Meer der Leidenschaft«) ✦ USA/Australien 1992 **P** New Line Cinema/Laughing Kookaburra **KI** UIP **VA** VMP **Pd** Jan Sharp **R** John Duigan **B** Jan Sharp, Carole Angier, John Duigan, nach einem Roman von Jean Rhys **K** Geoff Burton, Gabriel Beristain **M** Stewart Copeland **S** Anne Goursaud, Jimmy Sanoval **D** Karina Lombard (Antoinette Cosway), Nathaniel Parker (Rochester), Rachel Ward (Annette Cosway), Michael York (Paul Mason), Martine Beswick (Tante Cora), Claudia Robinson (Christophene) **L** 99 **FSK** ab 12; f **E** 10.6.1993/8.11.1993 Video/29.6.1996 ZDF **fd** 30 242

SÄRGE OHNE LEICHEN → Ohne Dollar keinen Sarg

SARRAOUNIA – EINE AFRIKANISCHE KÖNIGIN → Der Kampf der schwarzen Königin

SARTANA (MILLE DOLLARI SUL NERO). Die Rivalität zwischen einem sadistischen Bandenhäuptling und seinem ungerecht ins Gefängnis geschickten Bruder, der fürs Recht eintritt. Ein Italowestern mit nahezu faschistischer Gesinnung, dessen magere Handlung als Feigenblatt für abstoßende Brutalitäten herhalten muß. (Videotitel: »Sartana – Zwei ungleiche Brüder in erbittertem Kampf«) – Wir raten ab. ✦ Scope. BR Deutschland/Italien 1966 **P** Lisa/Metheus **KI** Gloria **VA** United **Pd** Wolfgang Birk **R** Albert Cardiff (= Alberto Cardone) **B** Ernesto Gastaldi, Vittorio Salerno, Rolf Olsen **K** Gino Santini **M** Michele Lacerenza **D** Anthony Steffen (= Antonio de Teffe) (Johnny), John Garko (= Gianni Garko) (Sartana), Erika Blanc (Joschita), Sieghardt Rupp (Ralph), Angelica Ott (Mary), Jerry Wilson (Jerry), Carol Brown (Rhonda), Chris Howland (Doodle Kramer) **L** 92 **FSK** ab 18; nf **E** 28.7.1967 **fd** 14 831

SARTANA – BETE UM DEINEN TOD (SARTANA / SE INCONTRI SARTANA: PREGA PER LA TUA MORTE). Mehrere Räuberbanden und Einzelgänger bringen sich einer Kiste Gold wegen gegenseitig um. Üblicher Italo-Western mit gehäuften Grausamkeiten. – Wir raten ab. ✦ BR Deutschland/Italien 1968 **P** Parnass/Paris-Etoile **KI** Nora **R** Frank Kramer (= Gianfranco Parolini) **K** Enrico Mancori **M** Piero Piccioni **D** William Berger, Klaus Kinski, John Garko (= Gianni Garko), Fernando Sancho, Sydney Chaplin **L** 97 **FSK** ab 18; nf **E** 22.8.1969 **fd** 16 318

SARTANA – IM SCHATTEN DES TODES (PASSA SARTANA E L'OMBRA DELLA TULA MORTE). Angestaubter Italo-Western üblichen Zuschnitts: Revolvermann Sartana wird von einem Sheriff angeheuert, um einer Bande Gesetzloser das Handwerk zu legen. ✦ Italien 1969 **R** Sean O'Neal (= Demofilo Fidani) **D** Jeff Cameron (Sartana), Dennis Colt (Baby Face), Frank Fargas (Benny Randal), Dean Stratford (= Dino Strano) (Sherrif) **L** 82 **E** 21.01.2000 Kabel 1

SARTANA KOMMT... (UNA NUVOLA DI POLVERE... UN GRIDO DI MORTE... ARRIVA SARTANA). Verworrene Intrige um Gold und Falschgeld mit einer Unzahl von Toten. Italowestern nach Klischee und mit einer inhumanen Gesinnung. – Wir raten ab. ✦ Scope. Italien/Spanien 1970 **P** Devon/Copercines **KI** Novis **R** Anthony Ascott (= Giuliano Carmineo) **B** Eduardo Manzanos Brochero, Tito Carpi, Ernesto Castaldi **K** Julio Ortas **M** Bruno Nicolai **S** Ornella Micheli **D** John Garko (= Gianni Garko), Susan Scott (= Nieves Navarro), Massimo Serato, Piero Lulli, José Jaspe **L** 99 **FSK** ab 18; nf **E** 23.4.1971 **fd** 17 346

SARTANA – NOCH WARM UND SCHON SAND DRAUF (BUON FUNERALE AMIGOS... PAGA SARTANA). Unter Zurücklassung unzähliger Leichen entscheidet ein Gauner den Kampf um vermeintlich goldhaltiges Land für sich. Gewalttätiger Italowestern, dessen parodistische Ansätze wie ein Alibi wirken. ✦ Scope. Italien 1970 **P** Flora **KI** Constantin **Pd** Sergio Borelli-Stracca **R** Anthony Ascott (= Giuliano Carmineo) **B** Giovanni Simonelli, Roberto Gianviti **K** Stelvio Massi **M** Bruno Nicolai **S** Giuliana Attenni **D** John Garko (= Gianni Garko) (Sartana), Antonio Vilar (Hoffmann), Daniela Giordano (Jasmine), Ivano Staccioli (Blackie), George Wang (Lee Tse Tung) **L** 96 **FSK** ab 18; nf **E** 4.6.1971 **fd** 17 370

SARTANA – TÖTEN WAR SEIN TÄGLICH BROT (SONO SARTANA IL VOSTRO BECCHINO). Meisterschütze Sartana, der zu Unrecht eines Banküberfalls beschuldigt wird, sucht die wahren Übeltäter. Harter Italowestern mit kriminalistischen Zügen. ✦ Scope. Italien 1969 **P** Ambrosiana **KI** Adria **R** Anthony Ascott (= Giuliano Carmineo) **B** Tito Carpi, Enzo Dell'Aquila **K** Giovanni Bergamini **M** Vasco, Mancuso **S** Ornella Micheli **D** John Garko (= Gianni Garko), Frank Wolff, Klaus Kinski, Ettore Manni, Sal Borgese **L** 97 **FSK** ab 16; nf **E** 26.2.1970 **fd** 16 632

SARTANA – ZWEI UNGLEICHE BRÜDER IN ERBITTERTEM KAMPF → Sartana

SAS 181 ANTWORTET NICHT. Durch die Disziplinlosigkeit eines ehrgeizigen Lehrlings verliert das Fischkombinat Saßnitz einen Segelkutter. In harter Bewährungsprobe kann sich der Einzelgänger rehabilitieren. Drehbuch und Inszenierung verschenken mit ihrer Einfallslosigkeit eine gegenwartsnahe Problematik. – Ab 14. ✦ Schwarz-weiß. DDR 1958/59 **P** DEFA **KI** Progress **Pd** Adolf Fischer **R** Carl Balhaus **B** Wolfgang Krüger (= Günter Reisch) **K** Horst E. Brandt **M** Helmut Nier **S** Ilse Peters **D** Ulrich Thein (Kurt), Otmar Richter (Hannes), Rita Gödikmeier (Anke), Friedrich-Wilhelm Junge (Hänfling), Erwin Geschonneck (Laue), Wilhelm Koch-Hooge (Poppe), Gustav Püttjer (Jens) **L** 90 **E** 3.7.1959 Kino DDR/25.9.1959 DFF 1

SASCHKA (SASCHKA). Episoden aus dem Leben eines jungen sowjetischen Soldaten im Jahr 1942 in einem »ruhigen« Frontabschnitt: das Geschehen um einen deutschen Kriegsgefangenen, die eigene Verwundung, Erfahrungen im Lazarett und der Weg ins Hinterland. Ein Kriegsfilm, der durch seine ungewohnte Sichtweise auffällt und weitab von jeder Idealisierung das Alltägliche ins Blickfeld rückt. – Ab 16. ✦ UdSSR 1981 **P** Mosfilm **KI** Progress **R** Alexander Surin **B** Wjatscheslaw Kondratjew, nach seinem Roman **K** Juri Newski **M** Vitali Gewiksman **D** Andrej Taschkow (Saschka), Marina Jakowlewa (Sina), Wladimir Simonow (Wolodka), Juri Wejalis (Shora), Leonid Jarmolnik (der Deutsche) **L** 88 **E** 7.5.1982 Kino DDR

SASKATSCHEWAN (SASKATCHEWAN). Ein Sergeant der kanadischen Bergpolizei rettet ein Mädchen vor aufgehetzten Indianern und verbündet sich mit den kanadischen Cree-Indianern, um angreifende Sioux über die amerikanische Grenze zurückzutreiben. Lebendige Kampfszenen und schöne Landschaftsbilder in einem abenteuerlichen Indianerwestern. – Ab 14. ✦ USA 1954 **P** Universal **KI** Universal **Pd** Aaron Rosenberg **R** Raoul Walsh **B** Gil Doud **K** John Seitz **M** Joseph Gershenson **S** Frank Gross **D** Alan Ladd (Sgt. Thomas O'Rourke), Shelley Winters (Grace Markey), Robert Douglas (Inspektor Benton), Hugh O'Brian (Marshal Smith), Jay Silverheels (Cajou), J. Carroll Naish (Batoche), George J. Lewis (Lawson), Richard Long (Scanlon), Antonio Moreno (Häuptling), Frank Chase (Keller), Anthony Caruso, Henry Wills **L** 87 **FSK** ab 12; nf **E** 1.10.1954/18.1.1968 ARD **fd** 3 645

SASKIA – DIE VERBOTENEN LIEBESSPIELE DES HERRN STAATSANWALT (THE BABYSITTER). Konventioneller »Milieufilm« aus dem gehobenen amerikanischen Bürgertum: Ein angesehener Staatsanwalt läßt sich von einer Schwedin verführen, weil seine Frau zuviel Bridge spielt. Der Versuch, in die kinogängige Ehegeschichte auch noch Motive wie Hippie-Boheme, Rauschgift, lesbische Liebe, Rocker oder Lustmord einzuarbeiten, ist dem dürftigen Drehbuch nicht bekommen. Immerhin sieht Mrs. Maxwell am Ende ein, daß sie künftig weniger Bridge zu spielen hat. (Weitere Titel: »Die Liebesdose«, »Candy«) ✦ USA 1968 **P** Dundee **KI** Cinema Service **VA** Karo **R** Don Henderson **B** James E. McLarty **K** Stanton R. Fox **M** Robert O. Ragland **D** Patricia Wymer, George E. Carey, Ann Bellamy, Cathy Williams, Robert Tessier, Ken Hooker **L** 75 **FSK** ab 18; nf **E** 20.2.1970/März 1985 Video **fd** 16 860

SASS. Auf der Grundlage eines realen kriminalgeschichtlichen Falls versucht der Film, die gesellschaftliche Hybris im Berlin Ende der 20er-Jahre zu rekonstruieren und mit zwischenmenschlichen Querelen zu verquicken. Dabei werden die großen Vorbilder nie erreicht: Zwischen Anspruch und Umsetzung klafft ein Riss, der den Film ins Kolportagehafte kippen lässt. Unaufhörlich dudelnde Musik und ein ungeschickt eingesetzter Off-Kommentar tun ein übriges. Die uninspirierte Machart wird durch die teure

Ausstattung und die durchaus achtbaren darstellerischen Leistungen nicht aufgewogen. – Ab 16. ✦ Scope. Deutschland 2001 **P** MOOVIE/Constantin/Taurus/Roxy **KI** Constantin **Pd** Oliver Berben, Andreas Richter **R** Carlo Rola **B** Uwe Wilhelm, Holger Karsten Schmidt **K** Martin Langer **M** Georg Kleinebreil **S** Friederike von Normann (= Friederike von Norman) **D** Ben Becker (Franz Sass), Jürgen Vogel (Erich Sass), Henry Hübchen (Fabich), Julia Richter (Gertrude), Jeanette Hain (Sonja Weiss), Karin Baal (Mutter Sass), Otto Sander (Vater Sass), Martin Feifel (Adolf), Lars Rudolph (Gamasche), Jockel Tschiersch (Wachmann), Frank Sieckel (Feind) **L** 112 **FSK** ab 12; f **FBW** w **E** 27.9.2001 **fd** 35 064

SATAN (SAITANE). Beschreibung des Lebens in einem kleinen afrikanischen Dorf. Die Scharlatanerie eines Zima, eines Wahrsagers, dem die Leichtgläubigkeit der Leute ein angenehmes Leben verschafft, wird durch die Wirklichkeit entlarvt. Eine heiter-gelassene Satire auf das zurückgebliebene Bewußtsein in Teilen der afrikanischen Gesellschaft. (O.m.d.U.) ✦ Niger 1972 **P** Cabas **SF** Freunde der Deutschen Kinemathek **R+B** Oumarou Ganda **K** J. P. Leroux, Saïdou Maïga **S** Daniele Tessier, Soumassa Mounkaila **D** Oumarou Ganda (Zima), Moussa Alzouma (Karimou, Büroangestellter), Zalika Souley (Safi, Frau von Karimou), Damouré Zika (Safis Vater), Zaïnabou Lobo (Safis Freundin) **L** 65 **E** 1975 Kino

DER SATAN (1970) (SWEET SAVIOUR). Er fühlt sich als Erlöser der Menschheit, läßt sich »Moon« nennen und leitet eine Hippiekommune, die sich der Promiskuität und dem Rauschgift widmet. Um an den »Schweinen« ein Exempel zu statuieren, läßt er die Gastgeberin einer Sexparty, eine schwangere Schauspielerin, und ihre Partygäste ermorden. Ein Machwerk, das den Mordfall Manson/Sharon Tate ausschlachtet und sich sich in anödenden Sex- und Blutszenen ohne jeden Hintergrund erschöpft. – Wir raten ab. ✦ USA 1970 **P** Bob Roberts **KI** Cinerama **R** Bob Roberts **B** Matt Cavanaugh **D** Troy Donahue, Renay Granville, Francine Middleton **L** 89 **FSK** ab 18; nf **E** 29.6.1973 **fd** 19 037

DER SATAN (1990) (SATANA). Ein scheinbar freundlicher junger Mann entführt die kleine Tochter einer erfolgreichen Politfunktionärin. Der Entführer und seine Komplizen erpressen ein hohes Lösegeld von der in Schwarzmarktgeschäfte verwickelten Frau, obwohl das Kind längst tot ist. Im Tonfall zwischen Weinerlichkeit und Hysterie wechselnder, sozialkritisch gemeinter Kriminalfilm vor dem Hintergrund des Werteverlustes in der zusammenbrechenden Sowjetunion. Statt den Versuch einer Analyse zu unternehmen, beschränkt sich der Regisseur bei der Darstellung des aus den Fugen geratenen Systems auf vordergründige Symbolik. – Ab 16. ✦ UdSSR 1990 **P** Studio »Tak-T«/Studio »Uliss« **Pd** Sergej Awrutin, Valentina Goroschnikowa **R+B** Viktor Aristow **K** Juri Woronzow **M** Arkadi Gagulaschwili **S** J. Wigdorschik **D** Sergej Kuprijanow (Witalij), Swetlana Bragarnik (Aljona), Weniamin Malotschewskij (Aljonas Mann), Armen Nasikian (Armen), Marija Awerbach (Vera), Anatoli Aristow (Witalijs Großvater) **L** 105 **E** 3.5.1994 West 3

SATAN DER RACHE (… E DIO DISSE A CAINO). Nach zehn Jahren wird ein Engländer durch Amnestie aus der Haft entlassen und nimmt unbarmherzig Rache an seinem früheren Freund, der ihn um seinen Besitz und unschuldig ins Gefängnis gebracht hat. Rüder Italowestern voller einfallsloser Klischees. ✦ Scope. BR Deutschland/Italien 1969 **P** Peter CarstenPC/D.C.7 **KI** Inter **R** Anthony M. Dawson (= Antonio Margheriti) **B** Antonio Margheriti, Giovanni Addessi **K** Luciano Trasatti, Riccardo Pallottini **M** Carlo Savina **S** Nella Nannuzzi **D** Klaus Kinski, Peter Carsten, Marcella Michelangeli, Antonio Cantafora, Luciano Raffaelli **L** 91 **FSK** ab 16; nf **E** 5.2.1971 **fd** 17 314

SATAN IM SATTEL → Die letzte Jagd (1955)

SATAN IN BLOND (LOLITA TIS ATHINAS). Eine noch minderjährige Prostituierte bricht in das Leben eines griechischen Architekten ein und macht ihn sich hörig. Banale Kolportage. ✦ Griechenland 1965 **P** Faros **KI** Austria **R+B** Giorgios Papakostas **K** Nikos Milas **M** Georges Katsaros **D** Miriam Kallap, Dimitri Migrat, Vera Aposto, Paul Liaros **L** 93 **FSK** ab 18; nf **E** 30.6.1967 **fd** 14 802

SATAN IN WEISS (THE CRADLE WILL FALL). Ein Klinikarzt verabreicht für seine Experimente mit einem Verjüngungsmittel brauchbaren Patienten tödliche Spritzen. Als er auch die Tötung einer tüchtigen Staatsanwältin vorbereitet, wird er mit Hilfe eines scharfsinnigen Gerichtsmediziners entlarvt. Mittelmäßige Ferhsenproduktion. die im Verlauf der Story immerhin so viel Spannung entwickelt, dass sie leidlich unterhält – Ab 14 möglich. ✦ USA 1983 **P** Cates Films **VA** Taurus **Pd** Joseph Cates **R** John Llewellyn Moxey **B** Jerome Coopersmith, nach dem Roman von Mary Higgins Clark **K** Steven Poster **M** Elliot Lawrence **S** Dennis O'Connor **D** Lauren Hutton (Kathy DeMaio), Ben Murphy (Dr. Richard Carroll), James Farentino (Dr. Edgar Highley), Charita Bauer (Bert Bauer), Carolyn Ann Clark (Lesley Ann Monroe) **L** 102 **FSK** ab 12 **E** August 1988 Video **fd** 27 212

DER SATAN KOMMT UM MITTERNACHT (GOOD NIGHT, GOOD BLESS / OCCULT). Als Priester verkleidet, treibt ein Mörder in London sein Unwesen. Nach einem Massenmord in einer Schule will er eine kleine Zeugin umbringen. Er treibt das Kind und dessen Mutter an den Rand des Wahnsinns und kann erst in letzter Minute gestellt werden. Konfektionierter Horrorschocker mit den einschlägigen Versatzstücken des Genres; auch als Krimi mißraten, da Motiv und Täterfrage ins Nebulöse verlegt werden und der Teufel selbst ins Spiel gebracht wird. (TV-Titel: »Occult – Der Satan kommt um Mitternacht«) ✦ Großbritannien 1987 **P** ABC/Carrera Topline **VA** Allround **Pd** Geoff Griffiths, Zafar Malik **R** John E. Eyres (= John Eyres) **B** Ed Ancoats **D** Frank Rozelaar Green, Emma Sutton, Niki Rainsford, Jared Morgan, Jane Price **L** 86 **FSK** ab 16 **E** 28.10.1988 Video/30.11.1994 RTL 2 **fd** 27 347

DER SATAN LOCKT MIT LIEBE. Ein Häftling versucht, mit Hilfe seiner Geliebten, einer Nachtclubsängerin, auf einem Schiff zu entkommen. Sie aber verliebt sich in einen Bankräuber, den sie zur Rückgabe der gestohlenen Summe bewegen kann. Gangsterstory mit aufgesetzter Läuterungstendenz. ✦ BR Deutschland 1960 **P** Rapid **KI** NFA **Pd** Ludwig Spitaler **R** Rudolf Jugert **B** Ilse Lotz-Dupont **K** Georg Krause **M** Werner Scharfenberger **S** Herbert Taschner **D** Belinda Lee, Joachim Hansen, Ivan Desny, Heinz Engelmann, Peter Capell **L** 90 **FSK** ab 16; nf **E** 31.3.1960 **fd** 9 064

DER SATAN MISCHT DIE KARTEN (LAUGHTER IN THE DARK). Ein Londoner Kunsthändler verläßt seine wohlsituierte Familie um einer faszinierenden Platzanweiserin willen. Oberflächliche Bearbeitung eines Romans von Vladimir Nabokov, dessen Atmosphäre und Charakterzeichnungen nicht annähernd erreicht worden sind. ✦ Großbritannien/USA/Frankreich 1968 **P** Woodfall/Winkast/Marceau **KI** United Artists **Pd** Neil Hartley **R** Tony Richardson **B** Edward Bond, nach einem Roman von Vladimir Nabokov **K** Dick Bush **M** Claudio Monteverdi **S** Charles Rees **D** Nicol Williamson, Anna Karina, Jean-Claude Drouot, Peter Bowles, Sian Phillips **L** 104 **FSK** ab 18; f **E** 14.11.1969 **fd** 16 463

DER SATAN MIT DEN LANGEN WIMPERN (NIGHTMARE). Geistererscheinungen und Morde im Elternhaus eines seelisch belasteten jungen Mädchens. Effektvoll inszenierter Horrorfilm, dessen Geschichte allerdings nicht sonderlich originell ist. ✦ Großbritannien 1963 **P** Hammer **KI** Universal **Pd** Jimmy Sangster **R** Freddie Francis **B** Jimmy Sangster **K** John Wilcox **M** Don Banks **S** James Needs **D** David Knight (Henry Baxter), Moira Redmond (Grace Meddox), Brenda Bruce, Jennie Linden (Janet), George A. Cooper **L** 82 **FSK** ab 16; nf **E** 28.2.1964 **fd** 12 618

DER SATAN MIT DEN ROTEN HAAREN. Eine rothaarige Abenteurerin stiftet unter den Überlebenden einer Flugzeugbesatzung beträchtliche Verwirrungen. Die Geschichte ist im südamerikanischen Revolutionsmilieu angesiedelt, das genauso primitiv geschildert wird wie der Rest. ✦ Scope. BR Deutschland 1964 **P** Ernst Ritter von Theumer **KI** Nora **R** Alfons Stummer **B** Wolf Neumeister **K** Hans Schneeberger **M** Lothar Nakat **D** Helga Sommerfeld, Helmut Schmid, Hermann Nehlsen, Peter Jacob, Ellen Schwiers **L** 86 **FSK** ab 16; nf **E** 11.9.1964 **fd** 13 186

DER SATAN MIT DEN TAUSEND MASKEN (HOW TO MAKE A MONSTER). Ein auf Monster spezialisierter Maskenbildner rächt sich für seine Entlassung, indem er eine Reihe von Morden begeht, bis er im Feuer umkommt. Ein dilettantisch gefertigtes Horrorfilmchen. ✦ USA 1958 **P** Sunset **KI** Mercator **Pd** James H. Nicholson, Samuel Z. Arkoff **R** Herbert L. Strock **B** Kenneth Langtry, Herman Cohen **K** Maury Gertsman **M** Paul Dunlap **S** Jerry Young **D** Robert H. Harris (Pete Drummond), Gary Conway (Tony Mantell), Gary Clarke (Larry Drake), John Ashley (Gaststar), Paul Brinegar (Rivero) **L** 72 **FSK** ab 16; nf **E** 12.4.1962 **fd** 11 365

DER SATAN UND DIE LADY (SATAN MET A LADY). Ein Privatdetektiv gerät in ein Netz von Intrigen, als er sich auf die Suche nach einem mit Diamanten gefüllten Horn macht, hinter dem drei Auftraggeber gleichzeitig her sind. Die zweite Verfilmung des Romans »Der Malteser Falke« von Dashiell Hammett ist vorwiegend humoristisch angelegt, ohne jedoch zu überzeugen. Sie wurde an der Kinokasse ein Mißerfolg. Bette Davis lehnte die Rolle der Valerie zunächst ab und spielte sie dann nur auf Druck des Studiobosses Jack Warner. – Ab 14. ✦ Schwarz-weiß. USA 1936 **P** Warner Bros. **Pd** Henry Blanke **R** William Dieterle **B** Brown Holmes, nach dem Roman »Der Malteser Falke« von Dashiell Hammett **K** Arthur Edeson **M** Leo F. Forbstein **S** Max Parker **D** Bette Davis (Valerie Purvis), Warren William (Ted Shane), Alison Skipworth (Madame Barabas), Arthur Treacher (Mr. Travers), Marie Wilson (Murgatroyd) **L** 71 **E** 1.12.1997 ARD

SATANAS – DAS SCHLOSS DER BLUTIGEN BESTIE (THE MASQUE OF THE RED DEATH). Die Geschichte eines tyrannisch-grausamen Prinzen, der sich dem Teufel verschrieben hat und Schrecken und Tod verbreitet, bis er selbst qualvoll stirbt. Vordergründige Poe-Verfilmung, mittelmäßig inszeniert; in Dekor und Farbfotografie allerdings hervorragend. ✦ Großbritannien/USA 1964 **P** Alta Vista/Anglo Amalgamated/AIP **KI** Nobis **Pd+R** Roger Corman **B** Charles Beaumont, R. Wright Campbell, nach zwei Erzählungen von Edgar Allan Poe **K** Nicolas Roeg **M** David Lee **S** Ann Chegwidden **D** Vincent Price (Prinz Prospero), Hazel Court (Juliana), Jane Asher (Francesca), David Weston (Gino), Patrick Magee (Alfredo), Nigel Green (Ludovico) **L** 86 **FSK** ab 16; nf **E** 5.2.1971 **fd** 17 311

SATANAS – NACHT DER TEUFEL (THE THIRD HAND). Jedes Jahr macht der Teufel zwei Nächte lang den Bewohnern eines mittelamerikanischen Dorfes das Leben zur Hölle, da ihm vor Jahrhunderten ein Edelmann seine Seele verkaufen mußte, damit das Dorf verschont blieb. Da die Bewohner stets Reißaus nehmen, fallen dem Leibhaftigen immer nur die Unglücklichen und Ahnungslosen in die Hände, diesmal zwei Rucksacktouristen und ein Kneipenbesitzer, der seine Tochter retten will. Überraschend opernhaft inszenierter Filmspuk ohne sonderliche Logik der Handlung; allenfalls durch die Ausstattung für Gruselfreunde leidlich interessant. (TV-Titel: »Nacht der Teufel«) ✦ USA 1988 **P** Rockport/Ferde Grofe jr. Films **VA** Polyband **Pd+R+B** Ferde Grofe jr. **K** Peter Warrilow **M** Lucas Richman **D** Ken McLeod, David Anthony Smith, Monte Markham, Gloria Hayes, Peter Mark Richman **L** 89 **FSK** ab 18 **E** 24.10.1988 Video/22.9.1993 RTL **fd** 27 894

SATANIC – AUSGEBURT DES WAHNSINNS (SONNY

BOY). Irgendwo im amerikanischen Westen haust am Rande eines abgelegenen Kaffs eine Gruppe sadistisch-perverser Transvestiten, denen ein brutaler Mord an einem durchreisenden Ehepaar über Nacht ein Baby beschert. Dieses Kind wird wie ein Tier gehalten; geschlagen, verstümmelt und gequält, soll es zur Bestie werden. Der Plan scheint aufzugehen, wenn da nicht ein Hippie-Mädchen wäre, das dem zum Mann gewordenen Monster Liebe entgegenbringt und ihn so auf den Weg der Tugend zurückführt. Ein tieferer Sinn ist dieser niveaulosen Geschichte nicht zu entnehmen, abstruse Phantasien werden ungehemmt ausgelebt. – Wir raten ab. ✦ USA 1987 **P** Brouwersgracht Investments B.V./Emerald Films **VA** VPS **DVD** One World Entertainment (FF, Mono dt.) **Pd** Ovidio G. Assonitis **R** Robert Martin Carroll **B** Graeme Whifler **K** Roberto d'Ettore Piazzoli **M** Carlo Maria Cordio, David Carradine **S** Claudio Cutry **D** David Carradine, Paul Smith, Brad Dourif, Conrad Janis, Sydney Lassick **L** 93 **FSK** ab 18 **E** 22.3. 1989 Video/28.12.2000 DVD **fd** 27 603

DAS SATANISCHE DREIECK →Witchboard – Gate to Hell

SATANISCHE SPIELE (GAMES). Ein junges Ehepaar mit Luxusvilla, das sich mit harmlosen Spielen die Zeit vertreibt, wird durch eine geheimnisvolle Besucherin zum Sadismus gedrängt, der schließlich mit Mord endet. Elegant verpacktes psychologisches Kriminalspiel mit sadistischer Grundtendenz, das den reinen Schock als Unterhaltung anbietet. ✦ Scope. USA 1966 **P** Universal **KI** Universal **Pd** George Edwards **R** Curtis Harrington **B** Gene Kearney **K** William A. Fraker **M** Samuel Matlovsky **S** Douglas Stewart **D** Simone Signoret (Lisa), James Caan (Paul), Katharine Ross (Jennifer), Don Stroud (Norman), Estelle Winwood (Miss Beattie) **L** 100 **FSK** ab 18; nf **E** 1.9.1967 **fd** 15 033

SATAN'S BED (SATAN'S BED). Die Bewohner eines luxuriösen Hauses werden von übernatürlichen Kräften heimgesucht. Als Übeltäter kann ein Priester den Satan höchstpersönlich enttarnen, um ihn im nächsten Schritt auszutreiben. Exorzismus-Horrorfilm. ✦ Hongkong 1987 **P** P.T. Soraya Intercine **VA** All **R** Bam Bang Subana **B** Tom Rayul **K** Syams Judin **D** Mariane Wolf, Didier Hamel, Richie Ricardo, Gusti Randa **L** 83 **FSK** ab 18 **E** 15.11.1988 Video

SATAN'S BLADE (SATAN'S BLADE). Neun junge Leute, die ein vergnügliches Wochenende in den Bergen verleben wollen, werden die Opfer eines Fluches, der den Besitzer eines verwunschenen Messers zum triebhaften Mörder werden läßt. Banaler Horror-Thriller mit den üblichen Zutaten. (Gekürzte Videofassung: »Blutiger Stahl«) ✦ USA 1982 **P** M.C. Prod. **VA** Intermedicom **Pd+R** L. Scott Castillo **B** L. Scott Castillo, Thomas Cue **K** Terry Kempf **M** Martin Jaquish **D** Tom Bongiorno, Stepfanie Leigh-Steel, Thomas Cue, Jasper Lowe, Eliza R. Malinowitz **L** 84 (gek. 70) **FSK** ab 18 (gek. 16) **E** 29.8.1988 Video

SATANS BRAUT (MIDNIGHT'S CHILD). Fantasyfilm. Mit seinem schwedischen Au-Pair-Mädchen holt sich ein ahnungsloses Ehepaar aus Los Angeles eine Satansanbeterin ins Haus, die die sechsjährige Tochter dem Teufel als Braut darbringen will. – Ab 16. ✦ USA 1992 **P** The Polone Company **Pd** Kimberly Myers **R** Colin Bucksey **B** David Chaskin **D** Marcy Walker (Kate Cowan), Cotter Smith (Nick Cowan), Olivia D'Abo (Christina Cowan), Elizabeth Moss (Anna/Kirstin Grossband), Jim Norton (Dr. Grossband) **L** 89 **E** 28.8.1995 Kabel 1

DIE SATANS-ENGEL VON NEVADA (THE MINISKIRT MOB). Ein ehemaliges Bandenmitglied und seine eben erst angetraute Frau werden zu Opfern tödlicher Verfolgung durch eine eifersüchtige Rockerin. Nicht weiter erwähnenswerte Gewaltdemonstration; psychologisch oberflächlich und formal jenseits aller Kritik. – Wir raten ab. ✦ USA 1967 **P** American International **KI** Eckelkamp **R** Maury Dexter **B** Kurt James Gordon White **K** Arch R. Dalzell **M** Les Baxter, Val Johns **D** Jeremy Slate, Diane McBain, Sherry Jackson, Ross Hagen **L** 85 **FSK** ab 18; nf **E** 30.8.1968 **fd** 15 717

SATAN'S SCHOOL FOR GIRLS – MÖRDERISCHE RITUALE (SATAN'S SCHOOL FOR GIRLS). Die Schwester einer unter mysteriösen Umständen Verstorbenen schreibt sich unter falschem Namen in deren College ein und kann einem okkulten Geheimbund im Mädchenheim auf die Spur kommen. Dumm ist nur, dass sie im Kreise der auserwählten »Fünf« die Hellseherin abgibt, die schon lange gesucht wurde. Ein einfältiger Horrorkrimi mit ausdrucksarmen Darstellern, dessen simple Inszenierung sich um Glätte bemüht, jedoch das Abdriften in die Lächerlichkeit nicht vermeiden kann und unterschwellig eine frauenfeindliche Position zu erkennen gibt. – Ab 16. ✦ USA 2000 **P** Spelling Television/ ABC **VA** Paramount Home (auch DVD) **Pd** Murray Shostak **R** Christopher Leitch **B** Michael Hitchcock, auf Basis des Drehbuchs »Satan's School für Girls« von A. A. Ross **K** Sergej Kozlow **M** Peter Manning Robinson **S** John Duffy **D** Shannen Doherty (Beth/ Karen Oxford), Julie Benz (Allison), Daniel Cosgrove (Mark), Richard Joseph Paul (Nick Delacroix), Kate Jackson (Olivia Burtis) **L** 87 **FSK** ab 16 **E** 7.12.2000 Video **fd** 34 685

DIE SATANSBOTEN →Die Nacht mit dem Teufel

SATANSBRATEN. Ein exzentrischer Dichter beendet durch Lustmord seine zweijährige Schaffenskrise, identifiziert sich vorübergehend mit Stefan George und findet schließlich auf dem Wege masochistischer Selbsterniedrigung zu neuer Kreativität. Grell inszenierte Fassbinder-Farce über die Korrumption menschlicher Beziehungen durch Macht und Egozentrik, über die pathologische Hybris des genialischen Künstlers, über die Lächerlichkeiten des bürgerlichen Starkults im Kulturbetrieb und nicht zuletzt auch eine radikale Selbstkritik, die bewußt auf ästhetische Raffinessen und geschmackvolle Aufbereitung verzichtet. Zugleich stellt der Film eine wenig reflektierte Faschismuskritik dar. ✦ BR Deutschland 1976 **P** Albatros/Trio **KI** Filmverlag der Autoren **Pd** Michael Fengler **R+B** Rainer Werner Fassbinder **K** Michael Ballhaus, Jürgen Jürges **M** Peer Raben **S** Thea Eymèsz, Gabi Eichel **D** Kurt Raab (Walter Kranz), Margit Carstensen (Andrée), Helen Vita (Luise Kranz), Volker Spengler (Ernst), Ulli Lommel (Lauf), Ingrid Caven (Lilly), Marquard Bohm (Rolf), Y Sa Lo (Lana), Katharina Buchhammer (Irmgart von Witzleben), Armin Meier (Stricher), Vitus Zeplichal (Urs), Dieter Schidor (Willi), Peter Chatel (Eugen), Michael Octave (Jünger), Katren Gebelein (Lillys Mutter), Helmut Petigk (Schneider), Hannes Gromball (Taxifahrer), Adrian Hoven (Arzt), Monica Teuber (Dame im Rollstuhl) **L** 112 **FSK** ab 18; f **FBW** bw **E** 7.10.1976 **fd** 20 374

EIN SATANSBRATEN IST VERLIEBT (PROBLEM CHILD 3). Ein zehnjähriger Junge verliebt sich während der Tanzstunden in ein gleichaltriges Mädchen, seine Schüchternheit und drei kleine Nebenbuhler machen ihm jedoch das Leben schwer. Es gelingt ihm aber, sie mit ihren eigenen Waffen zu schlagen. In einer auf Dauer faden Mischung aus Klamotte, Teenager-Komödie und Slapstickfilm übersteigert der Film das Verhalten erwachsener Leinwand-»Vorbilder«, um kindlichen Aggressionsfantasien ein Ventil zu verschaffen. Doch dieser pädagogische Ansatz verpufft schnell, es bleibt der Eindruck, daß kindliche Probleme zu oberflächlich und gefühllos abgehandelt werden. – Ab 12. ✦ USA 1995 **P** Universal **VA** CIC **Pd** Anthony Santa Croce **R** Greg Beeman **B** Michael Hitchcock **K** Peter Smokler **M** David Michael Frank **S** Mallory Gottlieb **D** William Katt (Ben Healy), Justin Chapman (Junior Healy), Sherman Howard (Scoutmaster Phlim), Carolyn Lowery (Dr. Gray), Eric Edwards (Murph), Gilbert Gottfried (Dr. Peabody), Jack Warden (Big Ben Healy) **L** 84 **FSK** ab 6 **E** 24.1.1996 Video **fd** 31 806

EIN SATANSBRATEN KOMMT SELTEN ALLEIN (PROBLEM CHILD 2). Ein allein mit seinem Vater lebender ungebärdiger Junge hat alle Leute am Ort gegen sich aufgebracht, so daß sie umziehen müssen. Auch am neuen Wohnort beginnt er dasselbe Spiel. Fortsetzung der rabenschwarzen Komödie »So ein Satansbraten« (1989), angelegt als grellbunter Comic Strip; die satirische Schärfe der Vorlage wird nicht erreicht, so daß sich der Film stattdessen in Geschmacklosigkeiten und Witzen auf Kosten von Minderheiten ergeht. – Ab 14 möglich. ✦ USA 1991 **P** Universal **KI** UIP **VA** CIC **Pd** Robert Simonds **R** Brian Levant **B** Scott Alexander, Larry Karaszewski **K** Peter Smokler **M** David Kitay **S** Lois Freeman-Fox **D** John Ritter (Ben Healy), Michael Oliver (Junior Healy), Jack Warden (»Big« Ben Healy), Laraine Newman (LaWanda Dunmore), Amy Yasbeck (Annie Young) **L** 90 **FSK** ab 12; nf **E** 3.10.1991/17.6.1992 Video **fd** 29 183

DIE SATANSBRUT (UNMAN, WITTERING AND ZIGO). Schüler eines englischen Internats versuchen, nach dem Mord an ihrem Klassenlehrer auch seinen Nachfolger durch versteckte Drohungen und Quälereien zum willigen Werkzeug zu machen. Als Kritik am britischen Schulsystem angelegt, gerät der Film bei treffenden Ansätzen doch weithin zu simpel und plakativ, um überzeugen zu können. ✦ Scope. Großbritannien 1970 **P** Mediarts **KI** Cinema International **Pd** Gareth Wigan **R** John Mackenzie **B** Simon Raven, nach einem Fernsehstück von Giles Cooper **K** Geoffrey Unsworth **M** Michael J. Lewis **S** Fergus McDonell **D** David Hemmings, Douglas Wilmer, Tony Haygarth, Hamilton Dyce, Carolyn Seymour **L** 102 **FSK** ab 18; f **E** 5.11.1971 **fd** 17 599

DIE SATANSBRUT DES COLONEL BLAKE (SETTE WINCHESTER PER UN MASSACRO). Zwielichtiger Abenteurer bringt nach dem Bürgerkrieg der Nordgegen die Südstaaten eine Horde raubender und brandschatzender Soldaten und Banditen zur Strecke. Brutaler, leichenreicher Italo-Western mit zynischer Grundhaltung. ✦ Italien 1967 **P** Circus/Fono Roma **KI** Adria **R** E. G. Rowland (= Enzo Girolami) **B** Tito Carpi, E. G. Rowland (= Enzo Girolami) **K** Aldo Pennelli **M** Francesco De Masi **S** Antonietta Zita **D** Edward Byrnes, Thomas Moore (= Ennio Girolami), Louise Barrett (= Liz Barrett), Guy Madison, Ennio Girolami **L** 93 **FSK** ab 18; nf **E** 19.1.1968 **fd** 15 218

SATANSTANGO (SATANTANGO). Eine Gruppe verzweifelter, in ihrer Lebensangst erstarrter Menschen verläßt den heruntergekommenen Ort ihres bisherigen Daseins, um den Versprechungen eines charismatischen Mannes zu folgen, der sich jedoch als falscher Prophet erweist. Eine ungeheure ästhetische Entdeckungs- und Wahrnehmungsreise, die sich aus ständig wechselnden Perspektiven zu einer magisch-meditativen, visionären Parabel über den Niedergang der Menschheit verdichtet. Das herausragende Werk, das in formaler Strenge ein bestürzendes Bild der Auflösung gesellschaftlicher und moralischer Ordnungen zeichnet, ist zugleich eine Meditation über Zeit und Vergänglichkeit, Hoffnung und Untergang, die im Horizont von Schöpfung und Apokalypse eine metaphysische Dimension erreicht. (O.m.d.U.) – Sehenswert. ✦ Schwarz-weiß. Ungarn/Deutschland/ Schweiz 1991–93 **P** Mozgókép Társulás és Alapítvány/Von Vietinghoff Filmprod./Vega **KI** Freunde der Deutschen Kinemathek **Pd** György Fehér **R** Béla Tarr **B** Béla Tarr, László Krasznahorkai, nach einem Roman von László Krasznahorkai **K** Gábor Medvigy **M** Mihály Vig **S** Agnes Hranitzky **D** Mihály Vig (Irimiás), Putyi Horváth (Petrina), Erika Bók (Estike), Peter Berling (Doktor), Miklós B. Székely (Futaki), László Fe Lugossy (Herr Schmidt), Eva Almási Albert (= Eva Almási) (Frau Schmidt) **L** 450 **E** Mai 1994 **fd** 30 808

EIN SATANSWEIB (HIS KIND OF WOMAN). Um wieder in die Vereinigten Staaten einreisen zu können, will sich der Kopf einer Falschspieler-Organisation die Identität und – mittels Gesichtsoperation – das Aussehen eines leidenschaftlichen Spielers erkaufen. Als dieser erkennt, daß mit dem Gelingen des

Plans sein Leben verwirkt wäre, nimmt er den Kampf gegen die Gangster auf. Temporeicher, aber klischeebeladener Gangsterfilm mit sarkastischen Untertönen, der die Unterwelt glorifiziert, da er ihren strengen Ehrenkodex ungebrochen wiedergibt. – Ab 16. ✦ Schwarz-weiß. USA 1951 **P** RKO **Kl** RKO **Pd** John Farrow, Robert Sparks **R** John Farrow **B** Frank Fenton, Jack Leonard **K** Harry J. Wild **M** Leigh Harline **S** Eda Warren, Frederic Knudtson **D** Robert Mitchum (Dan Milner), Jane Russell (Lenore Brent), Vincent Price (Mark Cardigan), Raymond Burr (Nick Ferraro), Charles McGraw (Thompson) **L** 100 **FSK** ab 16; nf **E** 7.6.1952/14.10.1972 ARD **fd** 1 925

DIE SATANSWEIBER VON TITTFIELD (FASTER, PUSSYCAT! KILL, KILL!). Auf den Kopf gestelltes Gangsterschema: Drei Rennautos fahrende Striptease-Tänzerinnen terrorisieren die Provinzbevölkerung im amerikanischen Mittelwesten. Dabei wird das Potenzgehabe der Männerwelt zwar karikiert, doch Russ Meyers eigene Sexfantasien nehmen in den vollbusigen Heldinnen seiner Geschichte Gestalt an. ✦ Schwarz-weiß. USA 1966 **P** Cavalcade **Kl** Constantin **Pd+R** Russ Meyer **B** Jack Moran **K** Walter Schenk **M** Igo Kantor **S** Russ Meyer **D** Tura Satana, Lori Williams, Susan Bernard, Stuart Lancaster, Paul Trinka **L** 75 **FSK** ab 18; nf **E** 7.7.1967 **fd** 14 780

SATIN STEEL (SATIN STEEL / CHUNGGAMSUK). Zwei Polizistinnen einer Singapurer Spezialeinheit wachsen als Team zusammen, als der Geliebte der einen ermordet wird und die Heiratspläne der anderen an der grausamen Wirklichkeit zerbrechen. Actionfilm mit zwei leichtgeschürzten Hauptdarstellerinnen, der den Mythos kampferprobter Amazonen in die heutige Zeit überträgt. (TV-Titel: »Zwei wie Samt und Stahl«) ✦ Hongkong 1994 **P** Ko Chi Sum Films **VA** Splendid **Pd** Clifton Ko (= Ko Chi-Sum), Ronny Yu **R** Clifton Ko (= Ko Chi-Sum), Tony Leung Siu Hung **B** Roman Cheung, Vincent Kok **K** Sander Lee **S** Kam Ma **D** Jade Leung (Jade), Anita Lee (Ling), Russel Wong (Rechtsanwalt), Kent Chan (Killer) **L** 84 (TV 81) **FSK** ab 16 **E** 30.11.1998 Video/3.9.1999 premiere

SATISFACTION (1981) (HIGH RISK). Vier amerikanische Abenteurer erbeuten in Kolumbien Millionen, die ein Rauschgiftgroßhändler ergaunert hat. Ein Actionfilm voller billiger Klischees. (Alternativtitel: »Vier gegen Tod und Teufel«) – Ab 16 möglich. ✦ USA 1981 **P** Hemdale Leisure/City Films/Viacom **Kl** Senator **Pd** Joe Raffill, Gerald Green **R+B** Stewart Raffill **K** Alex Phillips jr. **M** Mark Snow **S** Tom Walls **D** James Brolin (Stone), Lindsay Wagner (Olivia), Anthony Quinn (Mariano), Cleavon Little (Rockney), Bruce Davison (Dan), James Coburn (Serrano) **L** 92 **FSK** ab 16; nf **E** 4.2.1982 **fd** 23 320

SATISFACTION (1987) (SATISFACTION). Vier Mädchen und ein junger Mann treten während eines Sommers als Musikband auf; als sie Erfolg haben, aber nur der Sängerin eine Karriere winkt, stellt sie die Freundschaft über den Erfolg. Teenagerkomödie mit Rock-Musik, Slapstick, Liebeleien, Eifersüchteleien und Illusionen: erstaunlich, wie viel in einem Film passieren kann, ohne daß etwas Entscheidendes geschieht. – Ab 14 möglich. ✦ USA 1987 **P** National Broadcasting Company **VA** CBS/Fox **Pd** Aaron Spelling, Alan Greisman **R** Joan Freeman **B** Charles Purpura **K** Thomas Del Ruth **M** Michel Colombier, div. Songs **S** Joel Goodman **D** Justine Bateman (Jennie Lee), Liam Neeson (Martin Falcon), Trini Alvarado (May Stark), Scott Coffey (Nickie Longo), Britta Phillips (Billy Swan), Julia Roberts (Daryle Shane), Deborah Harry (Tina) **L** 89 **FSK** ab 6 **E** 27.2.1989 Video **fd** 27 606

SATURDAY NIGHT SPECIAL (SATURDAY NIGHT SPECIAL). Sexfilm um einen Privatdetektiv, der für eine eifersüchtige Ehefrau den Affären des Gatten nachspioniert. – Wir raten ab. ✦ USA 1989 **Pd+R** Henri Pachard (= Ronald Sullivan) **B** Raven Touchstone **K** Cory Brandon **D** Cheri Taylor, Randy West, Ona Zee, Jon Martin, Maggie May, Renee Morgan **L** 66 **E** 18.9.1992 premiere

SATURN-CITY (SATURN 3). Auf einer nur von einem Mann und einer Frau bewohnten Weltraumforschungsstation im Schatten des Planeten Saturn landet ein fanatischer Techniker. Dessen Roboter ist mit dem Wissen, den Gefühlen und der Mordgier seines »Meisters« programmiert und wird zur tödlichen Gefahr. Routiniert, aber völlig ambitionslos inszenierter Science-Fiction-Film; wirr, unlogisch und kaum originell. – Ab 16. ✦ Großbritannien 1979 **P** Transcontinental **Kl** Ascot **VA** CBS/Fox **Pd+R** Stanley Donen **B** John Barry, Martin Amis **K** Billy Williams **M** Elmer Bernstein **S** Richard Marden **D** Kirk Douglas (Adam), Farrah Fawcett (Alex), Harvey Keitel (Benson), Douglas Lambert (Capt. James), Ed Bishop (Harding), Christopher Muncke (Zweiter Offizier) **L** 84 **FSK** ab 12; f **E** 26.4.1985/August 1985 Video **fd** 25 088

SATYAJIT RAY. Informativer Dokumentarfilm über den indischen Filmregisseur Satyajit Ray, dessen zentrales Thema der Zeitenumbruch und der Untergang einer unheilbar kranken Welt ist. Das Porträt stellt Ray und sein Werk vor, zeigt ihn bei der Arbeit und versucht, den künstlerischen Einflüssen auf die Spur zu kommen. Abgerundet wird er durch Gedanken über das kommerzielle indische Kino, von dem sich Ray abgrenzt, und den Einfluß Hollywoods auf das Filmschaffen auf dem indischen Subkontinent. (Deutsch übersprochene Originalfassung) – Ab 16. ✦ Teils schwarz-weiß. Indien 1985 **P** Films Division **Kl** Freunde der Deutschen Kinemathek **R+B** Shyam Benegal **K** Govind Nihalani **S** Bhanudas Divkar **L** 150 **E** 20.11.1989 West 3

EINE SAUBERE AFFÄRE →Nettoyage à sec – Eine Dreierbeziehung

SAUBERE AKTIEN (SAUBERE AKTIEN). TV-Thriller. Eine couragierte Steuerfahnderin und ein belgischer Journalist klären Vorgänge in einem Werk auf, das ihrer Meinung nach lebensgefährliche Geschäfte mit dem Nahen Osten betreibt. ✦ Österreich/Deutschland 1993 **P** Dor Film/ORF/ZDF **Pd** Milan Dor, Danny Krausz **R** Berthold Mittermayr **B** Thomas Knoglinger **K** Gerhard Hierzer **M** Georg Mittermayr **S** Veronika Putz **D** Silvia Reize (Paula), Michael Reiter (Max), Otto Clemens (Christian), Rüdiger Vogler (Brehm), Dietrich Mattausch (Wagner-Tarenzi), Katharina Stemberger (Arbeiterin) **L** 97 **E** 17.10.1995 3sat

SAUERBRUCH – DAS WAR MEIN LEBEN. Episoden aus dem beruflichen Wirken und dem Privatleben des berühmten Chirurgen und Forschers Ernst Ferdinand Sauerbruch (1875–1951). Eine publikumswirksame Filmbiografie, sorgfältig im Detail und konservativ in der Gesinnung. – Ab 12. ✦ Schwarz-weiß. BR Deutschland 1954 **P** Corona **Kl** Bavaria **Pd** Hermann Schwerin **R** Rolf Hansen **B** Felix Lützkendorf, nach der Autobiographie »Sauerbruch – So war mein Leben« von Ferdinand Sauerbruch **K** Helmuth Ashley **M** Mark Lothar **S** Anna Höllering **D** Ewald Balser (Prof. Sauerbruch), Heidemarie Hatheyer (Olga Ahrends), Maria Wimmer (Frau Sauerbruch), Hilde Körber (Oberschwester Psychatrie), Lina Carstens (Oberschwester Chirugie) **L** 104 **FSK** ab 6; f **E** 13.8.1954/9.4.1965 ZDF **fd** 3 468

SAUFBOLD UND RAUFBOLD (THE DRUNKEN ARTS AND CRIPPLED FIST). Der Sohn eines reichen Chinesen wird von einem alten Kung-Fu-Meister und Trunkenbold ausgebildet, um später an einer Kampfsportschule lehren zu können, die sein Vater finanziert hat. Parodistisch angelegter Eastern mit akrobatisch-perfekten Kampfszenen. Teil des »Drunken Master«-Zyklus. – Ab 16 möglich. ✦ Hongkong 1979 **P** Young's International **Kl** Filmhansa **R** Tom Dick **K** Pan Tai-Wai **M** Chow Fook-Leung **D** Yuan Xiao-Tien (= Sim Yuen) (Meister Kao), Li Yi-Min, Lung Tien-Shiang (Shao Ho), Lo Lieh, Yue Puig-Au **L** 82 **FSK** ab 12; nf **E** 1.8.1980 **fd** 22 699

DIE SÄULE DES TRAJAN →Der Tyrann

SAURE WOCHEN – FROHE FESTE. Anlässlich der vierjährigen Jubiläumsfeier in einem Kraftwerk entbrennt ein Theaterwettstreit zwischen der Jugend und den »alten Hasen«. Mageres Lustspiel, das mit heiteren Mitteln Propaganda für den sozialistischen Wettbewerb zu machen versucht. Aus der Vielzahl schwacher Szenen ragen bestenfalls einige kabarettistische Auftritte von Blandine Ebinger und Hans Klering heraus. – Ab 14. ✦ Schwarz-weiß. DDR 1950 **P** DEFA **Kl** Progress **Pd** Robert Leistenschneider **R** Wolfgang Schleif **B** Wolfgang Schleif, Hermann Werner Kubsch **K** E. Wilhelm Fiedler **M** Joachim Werzlau **S** Hermann Ludwig **D** Marianne Prenzel (Lotte Thieme), Blandine Ebinger (Adele), Karl Hellmer (Karl Knöller), Robert Trösch (Direktor Rossberg), Albert Garbe (Oskar Kumlich), Lotte Loebinger (Berta Böhme) **L** 86 **E** 24.11.1950 Kino DDR/14.8. 1953 DFF 1

DER SAUSTALL (COUP DE TORCHON). Am Vorabend des Zweiten Weltkriegs spielt sich unter den Weißen in einer französischen Kolonie in Westafrika eine makabre Komödie ab, die in blutigen Ernst umschlägt, als ein gedemütigter Polizist seine Peiniger der Reihe nach zur Strecke bringt. Tavernier verlegte den Schauplatz, in der Vorlage der US-amerikanische Süden um 1910, in die späten 30er Jahre nach Afrika. Ein faszinierendes, aber auch schwieriges und zwiespältiges Werk, das sowohl politische als auch ethische Rückschlüsse auf das Wertesystem der Weißen mit seinen brüchigen Moralprinzipien erlaubt. Hervorragend: die schauspielerischen Leistungen. ✦ Frankreich 1981 **P** Les Films de la TourFilm A2/Little Bear/Par-Afrance **Kl** Concorde **Pd** Adolphe Viezzi, Henri Lassa **R** Bertrand Tavernier **B** Jean Aurenche, Bertrand Tavernier, nach einem Roman von Jim Thompson **K** Pierre-William Glenn **M** Philippe Sarde **S** Armand Psenny **D** Philippe Noiret (Lucien Cordier), Isabelle Huppert (Rose), Jean-Pierre Marielle (Le Peron/Sein Bruder), Stéphane Audran (Hughuette Cordier), Eddy Mitchell (Nono), Guy Marchand (Chavasson) **L** 128 **FSK** ab 16; f **FBW** bw **E** 19.11.1982 **fd** 23 747

SAVAGE (SAVAGE). Ein nach dem gewaltsamen Tod seiner Familie schwer depressiver Mann bricht nach zwei Jahren aus einer psychiatrischen Anstalt aus. In der Wüste Kaliforniens erhält er den Auftrag, einen Cyber-Space-Mogul zu stoppen, der die Unsterblichkeit erreichen will und die Erde zu vernichten droht. Ein haarsträubend unsinniger, zudem schlampig inszenierter Film, der ohne Dramaturgie und innere Logik Versatzstücke des Fantasy-Genres aneinanderreiht. ✦ USA 1995 **P** Mahagony Pictures **VA** Starlight **Pd+R** Avi Nesher **B** Patrick Highsmith, Peter Sagal **K** Peter Fernberger **M** Roger Neill **S** Michael Schweitzer **D** Olivier Gruner (Savage), Kario Salem (Reese Burroughs), Jennifer Grant (Nicky Carter), Sam McMurray (Edgar Wallace), Kristin Minter (Marie Beloc), Luke Askew (Captain Rohmer), Herschel Sparber (Allan Poe), Michael Cudlitz (Spillane) **L** 95 **FSK** ab 16 **E** 28.2.1996 Video **fd** 31 997

SAVAGE BEACH (SAVAGE BEACH). Spekulativer Abenteuer- und Actionfilm mit sexistischen Einlagen. Zwei Agentinnen müssen mit ihrem Flugzeug auf einer einsamen Insel notlanden und geraten mitten in eine kriegerische Auseinandersetzung zwischen Einheiten der US-Armee und Gangstern. Alles dreht sich um einen Goldschatz aus dem Zweiten Weltkrieg. (Fernsehtitel: »Heiße Girls und scharfe Schüsse«) ✦ USA 1989 **P** Malibu Bay Films **VA** Ascot **Pd** Arlene Sidaris **R+B** Andy Sidaris **K** Howard Wexler **M** Gary Stockdale **S** Michael Haight **D** Hope Marie Carlton (Taryn Kendall), Dona Speir (Donna Hamilton), John Aprea (Captain Andreas), Bruce Penhall (Bruce Christian) **L** 91 **FSK** ab 18 **E** März 1990 Video

SAVAGE CONNECTION – WILDE VEREINIGUNG (SAVAGE CONNECTION). Nach blutigen Auseinandersetzungen wird eine Rauschgiftbande von einem neuen Boß übernommen. Eine konfuse Rockerstory mit Sex und Sadismen. – Wir raten ab. ✦ USA 1972 **Kl** Müller **R+B** Anthony Weber **D** Sandy Carey, Steve

Bennett, Barbara Allison **L** 77 **FSK** SPIO:X **E** 15.6. 1973 **fd** 18 535

SAVAGE – DIE LEGENDE AUS DER ZUKUNFT →Savage

SAVAGE HARBOUR (SAVAGE HARBOUR). Die ehemalige Geliebte eines Drogenbosses verliebt sich auf der Flucht in einen unbescholtenen Seemann. Als unliebsame Zeugin der Rauschgiftgeschäfte soll sie aus dem Verkehr gezogen werden, wird unter Drogen gesetzt und zur Prostitution gezwungen. Als der Seemann von einer Reise zurückkehrt und die Schandtat des Verbrechers erkennt, legt er ihm gemeinsam mit einem Freund das Handwerk. Actionkrimi, vermischt mit einer leicht melodramatisch gefärbten Liebesgeschichte. ✦ USA 1987 **P** Mars Prod. **VA** Focus **Pd** Mardi Rustam **R+B** Carl Monson **K** Jack Beckett **S** Henri Charr, Jess Mancilla **D** Frank Stallone (Joe), Christopher Mitchum (Bill), Karen Mayo Chandler (Anne), Anthony Caruso (Harry Kane) **L** 76 **FSK** ab 16 **E** 24.5.1988 Video

SAVAGE HEARTS (SAVAGE HEARTS). Eine todkranke Gangsterin beschließt, mit zwei Mio. Dollar, die sie ihrem Boß bringen soll, durchzubrennen. Auf ihrer Flucht begegnet sie einer Prostituierten und einem Hütchenspieler, die nach amüsanten Verwicklungen und Verwechslungen das Geld in ihren Besitz und sich in Sicherheit bringen. Darstellerisch überzeugender Thriller mit einem Schuß Sozialkritik, der die Heuchelei der englischen Oberklasse mit Witz aufs Korn nimmt. ✦ USA 1994 **P** August Entertainment **VA** Starlight **Pd** Keith Hayley **R+B** Mark Ezra **K** James Aspinall **M** Dominic Crawford-Collins **D** Andrea MacArthur, Jamie Harris (Johnny), Maryam D'Abo (Beatrice), Miriam Cyr (Jennifer), Richard Harris (Sir Foxley), Angus Deayton **L** 107 (gek. 104) **FSK** ab 18 (gek. ab 16) **E** 22.5.1996 Video **fd** 32 079

SAVAGE ISLAND (SAVAGE ISLAND). Nach zweijähriger Tortur in einem südamerikanischen Frauen-Arbeitslager betreibt eine elegante Ex-Gefangene eine Befreiungsaktion und erschießt in New York den steinalten Gangsterboß, der mittels Behördenbestechung weibliche Häftlinge als Diamantenwäscherinnen für sich schuften ließ. Fade Anhäufung von selbstzweckhaften Sex- und Sadismusszenen innerhalb einer Selbstjustiz-Handlung, die Teile des 1979 entstandenen italienischen Films »Die Liebeshexen vom Rio Cannibale« einarbeitet. – Wir raten ab. ✦ Italien/USA 1980/84 **P** Empire **VA** Starlight **R** Nicholas Beardsly (1984), Eduard Muller (1980) **D** Linda Blair, Ajita Wilson, Christina Lai, Cintia Lodetti, Leon Askin **L** 78 **FSK** ab 18 **E** Oktober 1986 Video **fd** 26 128

SAVAGE JUSTICE (SAVAGE JUSTICE). In einem unbenannten Land der Dritten Welt erklären Rebellen dem tyrannischen Diktator den Krieg. Stereotyper Kriegsfilm. ✦ USA 1987 **P** Eastern Film **VA** Highlight **Pd** Lope V. Juban, Rudolfos S.M. Confesor **R** Joey Romero **B** David Howard, Parker Bartel **K** Nonong Rasca **M** Marita Manuel **S** Toto Natividad **D** Julia Montgomery (Sarah), Steven Memel (Rick), Chanda Romero (Angelica), Ruel Vernal (Sanchez), Esther Chavez (Sun Lee) **L** 84 **FSK** ab 18 **E** 17.10.1988 Video

SAVAGE STREET – STRASSE DER GEWALT (SAVAGE STREETS). Eine Collegeschülerin rächt sich an einer Bande, die ihre taubstumme Schwester vergewaltigt und deren Freundin getötet hat. Billiger Actionfilm frei nach dem Motto »Überleben im Dschungel der Großstadt«, der Rockmusik und Gewalt in einen spekulativ-oberflächlichen Zusammenhang bringt. – Wir raten ab. ✦ USA 1984 **P** Motion Pictures Association **KI** Ascot **Pd** John Strong **R** Danny Steinmann **B** Danny Steinmann, Norman Yonemoto **K** Stephen L. Posey **M** Michael Lloyd, John Andrea **S** Bruce Stubblefield, John O'Connor **D** Linda Blair, John Vernon, Robert Dryer, Johnny Venocur, Sal Landi **L** 88 **FSK** ab 18; nf **E** 31.8.1984 **fd** 24 738

SAVAGE TEMPTATION (SAVAGE TEMPTATION). Drogenhändler und Zuhälter glauben, in einer arglosen jungen Frau einen Ersatz für ein totes Topmodel gefunden zu haben, haben aber die Rechnung ohne zwei Polizisten gemacht, die sich der Frau annehmen und der Gang das Handwerk legen. Banaler Actionkrimi. ✦ Hongkong 1987 **P** Joseph Lai Prod. **VA** Scala **Pd** Joseph Lai **R** Charles Lee (= Godfrey Ho) **D** Sean Odell, Pierre Kirby, Alan Cooper, Jean Paul, Bernard Jones **L** 85 **E** 7.11.1988 Video

SAVANNAH – EROTIK VOR GERICHT (ON TRIAL – IN DEFENSE OF SAVANNAH). In einem Gerichtsverfahren müssen Geschworene darüber entscheiden, ob der jüngste Film eines Porno-Produzenten veröffentlicht werden darf. Für die Fernsehausstrahlung »reduzierte« Version eines Sexfilms. – Wir raten ab. ✦ **P** Playboy **R** Paul Thomas **D** Christy Canyon, Britt Morgan, Savannah **L** 82 **E** 23.4.1994 RTL

SAVANNAH – HIMMEL UND HÖLLE (SAVANNAH). Die Hochzeit einer bildhübschen Tochter aus stinkreichem Hause lockt zahlreiche Gäste auf den glamourösen Landsitz der Familie. Nach dem rauschenden Fest stellen sich die ersten Probleme ein. Die junge Frau bemerkt, daß ihr Ehemann sie mit ihrer besten Freundin betrügt, eine Freundin des Hauses stellt fest, daß ihr Konto geplündert wurde, der dringend Tatverdächtige wird kurz darauf ermordet aufgefunden. Der Pilotfilm einer von der Kritik hochgelobten »soap opera« nach den Strickmustern von »Dallas«, der ohne dramaturgische Dichte vornehmlich das Personenarsenal der Serie vorstellt. – Ab 14 möglich. ✦ USA 1996 **P** Warner Networks **Pd** Robert Berger **R** Richard Lang **B** Constance M. Burge **D** Shannon Sturges (Reese Burton), Jamie Luner (Peyton Richards), Robyn Lively (Lane MacKenzie), Ray Wise (Edward Burton), George Eads (Travis Peterson) **L** 105 **E** 7.1.1997 RTL 2

SAVANNAH SMILES (SAVANNAH SMILES). Ein kleines Mädchen reißt aus dem von väterlicher Karrieresucht geprägten Elternhaus aus und schließt sich zwei kleinen Ganoven an. Diese entdecken durch den Umgang mit ihm ihre freundlichsten Charakterseiten, so daß sie das Kind entgeltlos bei den Eltern abliefern, woraufhin gegen sie Anklage wegen Kindesentführung erhoben wird. Harmlosliebe Kindergeschichte, die Kindern Spaß und Eltern Nachdenklichkeit vermitteln könnte. (Späterer Titel: »... und Savannah lächelt«) – Ab 8 möglich. ✦ USA 1982 **P** Gold Coast **KI** Senator **R** Pierre de Moro **B** Mark Miller **K** Stephen W. Gray **M** Ken Sutherland **D** Donovan Scott, Mark Miller, Bridgette Anderson, Michael Parks, Peter Graves **L** 104 **FSK** ab 6; f **E** 17.8. 1984 **fd** 24 422

SAVATE – KAMPF OHNE GNADE (SAVATE). Kurz nach Ende des amerikanischen Bürgerkrieges wird ein ehemaliger französischer Fremdenlegionär, Meister der Kampfsportart »Savate«, in Texas in die gewaltsamen Auseinandersetzungen zwischen Farmern und einem skrupellosen Landbesitzer verwickelt. Krude Mischung aus Kickboxer- und Spaghetti-Western, die uninspiriert Genremuster kopiert und lediglich auf die zahlreich eingestreuten Hau- und Tritt-drauf-Sequenzen abzielt. ✦ USA 1994 **P** MDF Worldcode/FM Entertainment/Joseph Mehrez Prod. **VA** Columbia TriStar **Pd** Alan Mehrez **R** Isaak Florentine **B** Julian Stone, Isaak Florentine **K** Bernard Salzman **M** Kevin Kiner **S** Irit Raz **D** Olivier Gruner (Joseph Charlegrand), Ian Ziering (Cain Parker), Ashley Laurence (Mary Parker), Marc Singer (Ziegfield von Trotta), James Brolin (Colonel Jones) **L** 88 **FSK** ab 18 **E** 23.4.1996 Video/14.12.1998 ProSieben **fd** 31 950

SAVE THE LAST DANCE (SAVE THE LAST DANCE). Eine junge Frau gibt sich die Schuld am Tod ihrer Mutter, versagt sich eine Karriere als Ballett-Tänzerin und zieht zu ihrem geschiedenen Vater nach Chicago. In einem vornehmlich von Schwarzen bevölkerten Viertel knüpft sie neue Freundschaften, fasst über den HipHop neuen Lebensmut und meistert ihre Familiensituation. Ein formal wie inhaltlich bemerkenswerter Film für ein jugendliches Publikum: Glaubhaft vermittelt er seine Botschaft von der Unsinnigkeit tradierter Ressentiments sowie der Kraft der Träume. DVD: Die umfangreichen Extras umfassen u. a. einen dt. untertitelten Audiokommentar des Regisseurs sowie ein Feature mit nicht verwendeten Szenen. – Ab 14. ✦ USA 2000 **P** Paramount/MTV-Film **KI** UIP **VA** Paramount Home **DVD** Paramount (16:9, 1.85:1, DD5.1 engl./dt.) **Pd** Robert W. Cort, David Madden **R** Thomas Carter **B** Duane Adler, Cheryl Edwards **K** Robbie Greenberg **M** Mark Isham **S** Peter E. Berger **D** Julia Stiles (Sara), Patrick Thomas Derek (Sean), Kerry Washington (Chenille), Fredro Starr (Malakai), Terry Kinney (Roy), Bianca Lawson (Nikki), Vince Green (Snookie) **L** 113 **FSK** ab 12; f **FBW** w **E** 22.3.2001/27.9.2001 Video/15.11.2001 DVD **fd** 34 758

SAVE THE TIGER (SAVE THE TIGER). Ein Geschäftsmann engagiert kurz vor dem Ruin seiner Textilfabrik einen professionellen Brandstifter. Er hofft, mit der fälligen Versicherungssumme sein angeschlagenes Unternehmen wieder flott zu bekommen. Bitterböse Satire auf die amerikanische Lebensart, die durch die hervorragende Leistung von Jack Lemmon den Rang des Besonderen erhält. (TV-Titel: »Rettet den Tiger«) – Ab 14. ✦ USA 1972 **P** Paramount/Filmways/Jalem **KI** AG Kino **Pd** Martin Ransohoff **R** John G. Avildsen **B** Steve Shagan **K** James Crabe **M** Marvin Hamlisch **S** David Bretherton **D** Jack Lemmon (Harry Stoner), Jack Gilford (Phil Greene), Laurie Heineman (Myra), Norman Burton (Fred Mirrell), Thayer David (Charlie Robbins) **L** 100 **E** 1977 Kino **fd** 19 691

SAVIOR (SAVIOR). Einen zynischen Söldner, der bereits als US-Offizier ein Massaker an Muslimen anrichtete, verschlägt es über die Fremdenlegion nach Jugoslawien, wo er auf der Seite der Serben am Bosnien-Krieg teilnimmt. Die perfekte Kampfmaschine ändert ihre Einstellung, als sie sich für eine junge Mutter und ihr neugeborenes Kind einsetzt und das Baby durch alle Fronten zu einer Rot-Kreuz-Station bringt. Ein Film gegen den Krieg und seine entmenschlichenden Folgen, der jedoch mehr das Sentiment des Zuschauers anspricht, als ihn zum Nachdenken anzuregen. Der Ergebnis ist der oberflächliche und konventielle Versuch eines Antikriegsfilms, dessen löbliche Absicht unbestritten ist, der jedoch durch die uninspirierte Umsetzung am eigenen Anliegen scheitert. ✦ USA 1997 **P** Initial Entertainment **VA** Ascot **DVD** Splendid/Ascot (FF, MPEG2.0 engl./dt.) **Pd** Oliver Stone, Janet Yang **R** Peter Antonijevic **B** Robert Orr **K** Ian Wilson **M** David Robbins **S** Ian Crafford, Gabriella Cristiani **D** Dennis Quaid (Josh/Guy), Nastassja Kinski (Maria), Natasa Ninkovic (Vera), Stellan Skarsgard (Peter), Sergej Tritunovic (Goran), John McLaren (Oberst) **L** 99 **FSK** ab 16 **E** 11.9.1998 Video/22.2. 1999 DVD **fd** 33 535

SAVIOR – SOLDAT DER HÖLLE →Savior

SAVOY HOTEL 217 →Mord im Savoy

SAWDUST TALES. Die Truppe eines kleinen Zirkus auf der Flucht vor dem Bürgerkrieg strandet in einer Hafenstadt, von wo aus die Flucht per Schiff organisiert werden soll. Da sich der Fluchthelfer verspätet, werden Vorstellungen improvisiert. Während dieser Zeit verliebt sich der junge Seiltänzer der Truppe in eine Meerjungfrau, die als Jahrmarktsattraktion im Ort gastiert, und führt beinahe das Zerwürfnis mit seinem väterlichen Freund herbei, ebenfalls einem Seiltänzer. Als der junge Mann den Tod findet, bleibt der Alte verzweifelt zurück; zuvor befreit er allerdings die Nixe. Allegorisches Märchen mit überirdisch wirkenden Bildern, das sinnbildhaft Vertreibung und Exil beschreibt. ✦ Deutschland/Türkei/Ungarn 1997 **P** Medias Res/Med Yapim/Focus Film **R+B** Baris Pirhasan **K** Jürgen Jürges **M** Peter Ogi, Simple Minds **S** Jamie Trevill **D** Hugh O'Conor (Isaac), Julia Brendler (Meerjungfrau), Károly Eperjes (Abib), Haluk Bilginer (Aaron), Meltem Cumbul (Katja, seine Frau) **L** 84 **E** 3.5.1999 arte

SAXANA, DIE HEXE →Das Mädchen auf dem Besenstiel

SAXO – MUSIK IN DUR UND MORD (SAXO). Ein Musikproduzent glaubt, in einem schwarzen Geschwisterpaar den »Sound« der Zukunft ausgemacht zu haben, und nimmt die beiden unter Vertrag. Das bringt dem verschuldeten Mann jedoch nicht nur zusätzlichen Ärger mit seinen Gläubigern ein, sondern stürzt ihn in unvorhersehbare Ereignisse von alptraumhaften Dimensionen. Düsterer Thriller, der eine Welt voller Verlierer zeichnet, in der Güte und Menschlichkeit Seltenheitswert haben und zunächst als Schwächen erscheinen. Was im Stil des manierierten »Post-Punk-Neon-Kinos« beginnt, wandelt sich zu einem weitgehend spannenden und unterhaltsamen Thriller. (Fernsehtitel: »Tödlicher Blues«) – Ab 16. ✦ Frankreich 1987 **P** Partners/Canal+/Film A 2/La Sofica Sofinergie/Ministère de la Culture **VA** RCA/Columbia **Pd+R** Ariel Zeïtoun **B** Jacques Audiard, Ariel Zeïtoun, Gilbert Tanugi, nach einem Roman von Gilbert Tanugi **K** Bruno de Keyzer **M** Gene Barge, Denise Osso, Roy Buchanan, Donald Kinsay **S** Hugues Darmois **D** Gérard Lanvin (Sam Friedman), Akosua Busia (Puppet), Richard Brooks (Joe), Laure Killing (Esther), Clément Harari (Toni) **L** 114 **FSK** ab 12 **E** 2.10.1990 Video/29.12. 1995 VOX **fd** 28 469

SAY AMEN, SOMEBODY (SAY AMEN, SOMEBODY). Der New Yorker Dokumentarfilmer Nierenberg, ein Kenner und Chronist der populären Künste Nordamerikas, porträtiert Pioniere der Gospel-Musik. Eine Chronik von außerordentlicher Sorgfalt und anrührender Wirkung, die tiefe Einblicke in das Wesen dieser Musik und der Menschen gestattet. (O.m.d.U.) – Ab 12. ✦ USA 1982 **P** GTN **Pd** George T. Nierenberg, Karen Nierenberg **R+B** George T. Nierenberg **K** Edward Lachman, Don Lenzer **M** Willie Mae Ford Smith, Tommy Dorsey, Sallie Martin, Billie Barrett Greenberg, Delois Barrett Campbell, Rhodessa Barrett Porter, Edward O'Neal, Edgar O'Neal **S** Paul Barnes **L** 100 **E** 8.3.1994 B 3

»SAY GOODBYE TO THE PRESIDENT« (»SAY GOODBYE TO THE PRESIDENT«). Am 5. August 1962 starb Marilyn Monroe an einer Überdosis Schlaftabletten. Seitdem kursiert die Version, daß die Schauspielerin nicht Selbstmord beging, sondern daß die CIA ihre Hände im Spiel hatte. Der Dokumentarfilm, der als kriminalistische Untersuchung angelegt ist, versucht, dieser Mutmaßung nachzugehen, und beleuchtet die Beziehung der Schauspielerin zu den Kennedy-Brüdern. – Ab 14. ✦ USA 1985 **R+B** Christopher Olgiati **L** 75 **E** 5.3.1986 ZDF

SAY YES! (SAY YES!). Ein Konzertpianist mit ausschweifendem Lotterleben soll eine Millionensumme erben, wenn er bis zu seinem 35. Geburtstag verheiratet ist. Die Zeit drängt, und obwohl er rasch die »Frau fürs Leben« findet, gestaltet sich die Hochzeit schwieriger als erwartet, zumal sich der eilends beschaffte Priester als Schwindler entpuppt. Rettung verspricht eine Trauung auf See, wo die Zeit um eine Stunde zurückgestellt ist. Turbulente Komödie ohne sonderlich originelle Einfälle. (TV-Titel: »Keine Kohle ohne Braut«) – Ab 16. ✦ USA 1985 **P** Faunt Le Roy Prod./Cinetel **VA** CBS/Fox **Pd** Rosemary Le Roy Layng, Larry Yust **R** Larry Yust **B** Larry Yust, Peter S. Ferrara **K** Isidore Mankofsky **M** Steve Le Gassick, Tony Riparetti, James Saad, Ron Grant **S** Margaret Morrison **D** Jonathan Winters (W. D. Westmoreland), Lissa Layng (Annie), Art Hindle (Luke), Logan Ramsey (George), Maryedith Burrell (Gladys) **L** 86 **FSK** ab 12 **E** 15.5.1988 Video

SAYONARA (SAYONARA). Gegen den Widerstand der amerikanischen Gesetze finden auf einem Luftwaffenstützpunkt der USA in Japan zwei amerikanisch-japanische Paare zueinander. Exotisches Liebesdrama nach dem gleichnamigen Roman von James A. Michener, das zwar nicht ganz überzeugen kann, durch den dekorativen Reiz des Ambientes und die Schauspielkunst aber Beachtung verdient. – Ab 16. ✦ USA 1957 **P** Warner **KI** Warner **Pd** William Goetz **R** Joshua Logan **B** Paul Osborn, nach dem gleichnamigen Roman von James A. Michener **K** Ellsworth Fredricks **M** Franz Waxman **D** Marlon Brando, Miiko Taka, Red Buttons, Patricia Owens, Martha Scott **L** 147 **FSK** ab 12; f **FBW** w **E** 27.2.1958/23.12.1969 ARD **fd** 6 779

SAZKA – DIE WETTE (SAZKA). Während einer Eisenbahnfahrt durch ein Niemandsland sorgen der Seitensprung eines jungen Mannes und ein Juwelendiebstahl für einige Verwirrung unter den Reisenden und rufen einen verschnupften Kommissar auf den Plan. Als »göttliches Schicksalsspiel« angelegte Kriminalkomödie, der es weniger um eine überzeugende Geschichte geht, als in einer ausgeklügelten Schwarzweißfotografie voller Zitate und Versatzstücke zu schwelgen. Faszinierend durch seine optische Fabulierlust und unzählige Ausstattungsdetails. (TV-Titel: »Die Wette«) – Ab 14. ✦ Schwarz-weiß. BR Deutschland/CSFR 1990 **P** Ecco Film/Escape/Filmstudio Barrandov **KI** Escape (Eigenverleih) **Pd** Lutz Weidlich, Martin Walz, Britta Kettner **R+B** Martin Walz **K** Ivan Slapeta **M** Emil Viklicky **S** Vera Flaková **D** Beatrice Manowski (Beatrice), Thomas Wolff (Thomas), Rudolf Hrusínsky (Kommissar), Jana Leichtová (Edith), Bruno Ganz (Kellner) **L** 80 **E** 17.7.1990 ZDF/2.1.1991 Kino **fd** 29 352

SCALA – TOTAL VERRÜCKT. Die Fortsetzung von: »Und abends in die Scala« (1957/58) als durchschnittlicher Revuefilm. Die banale Handlung – keines der Mädchen soll heiraten dürfen – ist mit einigen ansehnlichen Varieté- und Tanznummern garniert. – Ab 12. ✦ BR Deutschland 1958 **P** CCC **KI** UFA **Pd** Artur Brauner **R** Erik Ode **B** Paul H. Rameau, nach einem Entwurf von Erik Ode, Rolf Ulrich, Jo Herbst **K** Karl Loeb **M** Heino Gaze **S** Kurt Zeunert **D** Claus Biederstaedt (Bob), Germaine Damar (Linda), Erich Winn (Harry Hall), Rudolf Platte (Tanzmeister Mücke), Violetta Ferrari (Anita) **L** 98 **FSK** ab 6; nf **E** 30.12.1958 **fd** 7 709

SCALAWAG (SCALAWAG). In Buch und Inszenierung recht mäßig geratene Abenteuergeschichte von einem Schatz, der erst erobert, dann versteckt und zuletzt gesucht wird. Beteiligt sind ein einbeiniger Pirat, seine Bande, ein vertrauensvoller Junge und seine Familie. Ähnlichkeiten mit Stevensons »Die Schatzinsel« sind nur sehr schwach. – Ab 14. ✦ USA 1972 **P** The Bryna Company **KI** CIC **Pd** Anne Douglas **R** Kirk Douglas **B** Albert Maltz, Sid Fleischmann, nach Robert Louis Stevenson **K** Jack Cardiff **M** John Cameron **D** Kirk Douglas, Neville Brand, Lesley-Anne Down, Danny DeVito, George Eastman (= Luigi Montefiori) **L** 92 **FSK** ab 12; f **E** 12.7.1974 **fd** 18 926

SCALPS (SCALPS/VENGANZA INDIA). Nach dem amerikanischen Bürgerkrieg zieht eine versprengte Horde der Südstaaten-Armee mordend und brandschatzend durchs Land. Ihr Weg kreuzt den einer jungen Indianerin, die nur für ihre Rache lebt und einen Skalp nach dem anderen sammelt. Einer der Soldaten verliebt sich in sie. Überraschungsarme, banale Abenteuergeschichte im Western-Gewand, mit vielen Leichen und übertrieben krassen Szenen. – Wir raten ab. ✦ Italien/Spanien 1986 **P** Beatrice Film/Multivideo **VA** Ufa **Pd** Sergio Cortona **R** Werner Knox (= Bruno Mattei) **B** Clyde Anderson (= Carlos Aured), Bruno Mattei, Roberto di Girolamo, Italo Gasperini, Richard Harrison **K** Keith Morris, Julio Burgas, Luigi Ciccarese, Jose Villalba **M** Joe Reeve, Luigi Caccarelli **S** Vincenzo Vanni **D** Vassili Karis, Karen Wood, Albert Farley (= Alberto Farnese), Charlie Bravo, Mapi Galan **L** 95 **FSK** ab 18 **E** Mai 1989 Video

SCALPS: SIE KÄMPFT WIE EIN MANN →Scalps

SCAMPOLO. Das Waisenkind Scampolo findet im italienischen Touristenparadies Ischia Liebe, Glück und Heimat. Die flott inszenierte und unterhaltsame Komödie lebt vom Spiel Romy Schneiders, die als unsicheres und zugleich vitales Mädchen in ihrer Natürlichkeit unechte Konventionen entlarvt. – Ab 14. ✦ BR Deutschland 1957 **P** Rhombus **KI** Ufa **DVD** BestBuyMovie (FF, Mono dt.) **Pd** Georg M. Reuther **R** Alfred Weidenmann **B** Ilse Lotz-Dupont, Franz Höllering, Herbert Reinecker, nach dem Theaterstück von Dario Niccodemi **K** Bruno Mondi **M** Hans-Martin Majewski **S** Carl-Otto Bartning **D** Romy Schnei-der (Scampolo), Paul Hubschmid (Costa), Georg Thomalla (Andreas Michaelis), Eva Maria Meineke (Sabine Falconi), Franca Parisi (Franca) **L** 109 **FSK** ab 12; nf **E** 25.2.1958/28.12.1988 DFF 2/19.7.2001 DVD **fd** 6 752

SCANDAL (SCANDAL). England 1963. Durch die Vermittlung eines angesehenen Londoner Arztes steigt die junge Christine Keeler in gehobene britische Gesellschaftskreise auf und wird nach verschiedenen Affären zum Auslöser eines politischen Skandals, der den Verteidigungsminister zum Rücktritt zwingt. Ein Jahr danach kommt die oppositionelle Partei nach einem erdrutschartigen Wahlsieg an die Macht. Nach den authentischen Ereignissen des als »Profumo-Affäre« bekannt gewordenen Sex- und Politskandals mit handwerklichem Geschick, aber ohne überzeugende Konzeption inszeniert; der Film bleibt an der sensationellen Oberfläche des Falles haften und vermittelt kaum vertiefende Einblicke. ✦ Großbritannien 1988 **P** Palace Pictures/British Screen/Miramax **KI** UIP **VA** CIC **Pd** Stephen Woolley **R** Michael Caton-Jones **B** Michael Thomas (= Erwin C. Dietrich) **K** Mike Molloy **M** Carl Davis **S** Angus Newton **D** John Hurt (Stephen Ward), Joanne Whalley-Kilmer (= Joanne Whalley) (Christine Keeler), Bridget Fonda (Mandy Rice-Davies), Ian McKellen (John Profumo), Jeroen Krabbé (Eugene Ivanov) **L** 114 **FSK** ab 16; f **FBW** w **E** 13.7.1989/Januar 1990 Video **fd** 27 716

SCANDAL IN TOWN (SCANDAL IN A SMALL TOWN). Eine Kellnerin und alleinerziehende Mutter in einer amerikanischen Kleinstadt steht wegen ihres lockeren Lebenswandels in schlechtem Ruf. Als sie erfährt, daß ihre Tochter auf der Schule mit antisemitischen Parolen konfrontiert wird, will sie dies unterbinden und den verantwortlichen Lehrer zur Rechenschaft ziehen. Es kommt zum Prozeß, wobei zunächst ihr Leumund gegen sie zu sprechen scheint; doch dann kann der Gerechtigkeit zum Sieg verholfen werden. Um Ernsthaftigkeit bemühter Film, der aber seinem wichtigen Thema nicht gerecht wird, da er mehr die emotionale und private Seite des Konflikts behandelt. (Fernsehtitel auch: »Skandal in einer kleinen Stadt«) – Ab 14 möglich. ✦ USA 1988 **P** MC Prod. **VA** Scala **Pd** Michele Rappaport, Mark Carliner **R** Anthony Page **B** Robert J. Avrech **K** Paul Lohmann **M** Mark Snow **D** Raquel Welch (Leda Beth Vincent), Christa Denton (Julie), Frances Lee McCain, Peter van Norden, Robin Gammell **L** 92 **FSK** ab 12 **E** April 1989 Video/8.6.1990 DFF 2

SCANDALI NUDI (SCANDALI NUDI). Einfallslose Entkleidungsszenen, durch eine dürftige »Handlung« unzulänglich zusammengehalten: Der Initiator einer Freilicht-Stripshow in Calabria holt sich attraktive Frauen aus Rom und stößt dabei auf den Widerstand seiner Ehefrau und des örtlichen Geistlichen. »Unterhaltung« auf niedrigem Niveau. ✦ Italien 1965 **P** Ali **KI** Ton-Film **R** Enzo Di Gianni **B** Ernesto Gastaldi, Enzo Di Gianni **K** Alvaro Mancori **M** Franco Pisano **D** Mario Ravas, Carlo Giuffrè, Genny Lewis, Mario Carotenuto, Vicky Ludovisi **L** 81 **FSK** ab 18; nf **E** 11.6. 1965 **fd** 14 803

SCANDALOSA GILDA (SCANDALOUS GILDA). Eine von ihrem Mann betrogene Römerin Mitte Dreißig verläßt fluchtartig ihre exklusive Villa und stößt auf der Autobahn auf einen lebenslustigen Trickfilmzeichner und Amateur-Opern-Bariton. Im Bett des nächsten Motels nimmt eine verhängnisvolle sexuelle Abhängigkeit ihren Lauf, wobei sie ihn mit immer neuen Einfällen erniedrigt, um sich an den Männern zu rächen. Eine miserabel inszenierte, unverdauliche Mischung aus Voyeurismus und aufgesetztem Existentialismus, die sich quälend in die Länge zieht und jeden Ansatz psychologischer Vertiefung vermissen läßt. Der Zerfall aller Werte und menschlicher Haltungen dient lediglich als Hintergrund für halbpornografische Einfälle. – Wir raten ab.

✦ Italien 1985 **P** Globe/Dania/National Cinematografica **VA** VPS **Pd** Pietro Innocenzi **R** Gabriele Lavia **B** Gabriele Lavia, Riccardo Ghione **K** Mario Vulpiani **M** Giorgio Carnini **S** Daniele Alabiso **D** Monica Guerritore (Gilda), Gabriele Lavia (Marco), Pina Cei, Jasmine Maimone, Dario Mazzoli **L** 94 **FSK** ab 18 **E** 14.8.1991 Video **fd** 29 374

SCANDALOUS BEHAVIOUR (SINGAPORE SLING). Eine schöne Betrügerin stiehlt ihrem Gönner einen wertvollen Diamanten und flieht zu ihrem Ex-Verlobten, einem Öl-Tycoon, nach Texas. Dort glaubt sie sich vor den Nachstellungen des Bestohlenen sicher. Doch ihre Rechnung geht nicht auf, der Ölbaron steht vor dem Bankrott und hat außerdem eine neue Geliebte. Erotisch aufgeheizter Krimi um Unmengen von Geld und schöne Frauen. ✦ USA 1998 **P** Citation **Pd** Jens Hansen, James Hong, Perry Tong, Lars Wyka **R** James Hong **B** Jens Hansen **K** Bill Pecchi **D** Shannon Tweed (Lisa), James Hong (Adam Chance), Rena Riffel (Michelle), Lisa Shaw (Sandra), Troy Grant (Tom) **L** 106 **E** 26.11.1999 Kabel 1

SCANNER COP (SCANNER COP). Die Angehörigen einer Polizeitruppe werden verstärkt Opfer seltsamer Mordanschläge. Auf der Suche nach dem Mörder setzt der Polizeichef die telepathischen Fähigkeiten seines Adoptivsohns ein. Eine trotz grober Effekte und gelegentlicher Überzeichnungen durchaus spannende Mischung aus Horror und Science-Fiction mit deutlichen Anleihen bei David Cronenbergs »Scanners – ihre Gedanken können töten«. ✦ USA 1993 **P** Image **VA** Marketing/Starlight **Pd+R** Pierre David **B** George Saunders, John Bravant **K** Jacques Haitkin **M** Louis Febre **S** Julian Semilian **D** Daniel Quinn (Samuel Staziak), Darlanne Fluegel (Dr. John Aiden), Richard Grove (Commander Peter Harrigan), Mark Rolston (Lieutenant Brown), Richard Lynch (Clock), Hilary Shepard (Zena) **L** 90 (gek. 86) **FSK** ab 18 (gek. ab 16) **E** 27.5.1994/30.1.1996 Pro Sieben **fd** 30 913

SCANNER COP 2 (SCANNER COP 2 – VOLKIN'S REVENGE). Ein entflohener Sträfling will sich an dem Polizisten rächen, der ihn ins Gefängnis gebracht hat. Beide sind »Scanner« und können den Willen anderer beeinflussen, aber auch ständig ihre Gedanken hören, so daß es zum bestialischen Zweikampf kommt, zumal der Böse zur Stärkung auf telepathischem Wege die Körpersäfte anderer »Scanner« aussaugt. Horrorfilm, der sich auf schlecht gemachte Ekeleffekte verläßt, wobei er sich auf Grund seiner miserablen Inszenierung stets am Rande der Lächerlichkeit bewegt. – Wir raten ab. ✦ USA 1994 **P** Image Organisation/Republic Pictures **VA** Starlight **Pd** Pierre David **R** Steve Barnett **B** Mark Sevi **K** Thomas Jewett **M** Richard Bowers **S** Patrick Rand **D** Daniel Quinn (Samuel Staziak), Patrick Kilpatrick (Karl Volkin), Khrystyne Haje (Carrie Goodart), Stephen Mendel (Jim Mullins), Robert Forster (Captain Jack Bitters) **L** 91 **FSK** ab 16 **E** 25.1.1995 Video/6.2.1996 Pro Sieben **fd** 31 333

SCANNERS – IHRE GEDANKEN KÖNNEN TÖTEN (SCANNERS). Ein junger Mann mit todbringenden telepathischen Fähigkeiten, die Nebenwirkung eines Medikaments, das seine Mutter während der Schwangerschaft einnahm, wird von einem Wissenschaftler auf einen ähnlich veranlagten Mann angesetzt, der nach der Weltherrschaft strebt. Mischung aus Horror- und Science-Fiction-Film, der eine Kritik an moderner Medizin und Pharmazeutik anstrebt, jedoch nur zwiespältige Aussagen trifft und sich in Tricks und Schockeffekten ergeht. ✦ Kanada 1980 **P** Filmplan International **Kl** Neue Constantin **VA** Ufa **Pd** Claude Héroux **R+B** David Cronenberg **K** Mark Irwin **M** Howard Shore **S** Ronald Sanders **D** Stephen Lack (Cameron Vale), Jennifer O'Neill (Kim), Patrick McGoohan (Dr. Paul Ruth), Lawrence Dane (Keller), Michael Ironside (Darryl Revok), Charles Shamata (= Chuck Shamata) (Gaudi), Adam Lustig (Crostic), Robert Silverman (Pierce) **L** 99 **FSK** ab 18; f **E** 5.3.1981 **fd** 22 852

SCANNERS II (SCANNERS II – THE NEW ORDER). Um eine »Neue Ordnung« herstellen zu können, versucht ein faschistoider Polizeioffizier, den Menschen mit Hilfe eines »Scanners«, der über telepathische Kräfte verfügt, seinen Willen aufzuzwingen. Doch das Medium wendet sich gegen jene, die es benutzen wollen. Fortsetzungsfilm, in dem sich Ekel und Spannung in Grenzen halten; eine langweilige, teils rührselig erzählte Geschichte, deren politische Seitenhiebe in Phrasen untergehen. (Gekürzte Videofassung: »Scanners II – The New Order«) ✦ USA 1990 **P** Lance Entertainment/Malofilm/Filmtech Prod./Allegro **Kl** Esplanade **VA** Ascot **Pd** René Malo, Pierre David **R** Christian Duguay **B** B. J. Nelson **K** Rodney Gibbons **M** Marty Simons **S** Yves Langlois **D** David Hewlett (David Kellum), Deborah Raffin (Julie Vale), Yvan Ponton (Commander Forrester), Isabelle Mejias (Alice), Tom Butler (Dr. Morse) **L** 104 (gek. 98) **FSK** ab 18; nf (gek. 16) **E** 9.5.1991/16.10.1991 Video **fd** 28 930

SCANNERS III (SCANNERS III: THE TAKEOVER). Eine Frau, die mit ihren Gedanken Menschen manipulieren kann, entwickelt unter dem Einfluß einer Droge Weltmachtsfantasien. Dies ruft ihren Bruder auf den Plan, der ebenfalls über übersinnliche Fähigkeiten verfügt. Das ungleiche Geschwisterpaar liefert sich ein Duell. Zweite Fortsetzung von David Cronenbergs Kultfilm »Scanners« (1980), die jedoch nicht die Dichte und die Qualität des Vorgängers erreicht. ✦ Kanada 1990 **P** Malofilm/Lance Entertainment **VA** Ascot **Pd** René Malo **R** Christian Duguay **B** B. J. Nelson, Julie Richard, David Preston, René Malo **K** Hugues de Haeck **M** Marty Simon **S** Yves Langlois **D** Liliana Komorowska, Daniel Pilon, Valérie Valois, Steve Parrish, Sith Sekal (Mark Dragon), Colin Fox (Dr. Monet) **L** 97 **FSK** ab 16 **E** 8.4.1992 Video/26.8.1995 Kabel 1

SCAR – OHNE GESETZ →Scarred City

SCARABEA – WIEVIEL ERDE BRAUCHT DER MENSCH? Ein deutscher Tourist auf Sardinien wettet mit Einheimischen um das Land, das er im Laufe eines Tages erwandern kann. Der Marsch wird zur mörderischen »Bildungsreise« durch alle Höhen und Tiefen der Existenz; bei Sonnenuntergang braucht der Mann gerade so viel Erde, um darin begraben zu werden. Eine mit archaischen Landschaftsbildern, mythischen Traumvisionen und schockierenden Todesmetaphern überladene Parabel, die mit Methoden der dramatischen Konzentration und der assoziativen Verknüpfung experimentiert. ✦ BR Deutschland 1968 **P** TMS **Kl** Cinema Service **R** Hans Jürgen Syberberg **B** Hans Jürgen Syberberg, nach Motiven einer Novelle von Leo Tolstoij **K** Petrus Schloemp **M** Eugen Thomass **D** Walter Buschhoff, Nicoletta Machiavelli, Franz Treuberg, Karsten Peters **L** 114 **FSK** ab 18; f **FBW** w **E** 10.1.1969 **fd** 15 929

SCARAMOUCHE, DER GALANTE MARQUIS (SCARAMOUCHE). Ein Frauenheld und Meister der Fechtkunst rächt zur Zeit der Französischen Revolution, als Hanswurst maskiert, den Tod eines Freundes und erobert das Herz einer adeligen Schönen. Bewegte, abwechslungsreiche und exquisit ausgestattete Unterhaltung, die zuweilen auch hintergründige Konturen gewinnt. (DDR-Titel: »Scaramouche – Der Mann mit der Maske«) – Ab 14. ✦ USA 1952 **P** MGM **Kl** MGM **Pd** Carey Wilson **R** George Sidney **B** Ronald Millar, George Froeschel, nach dem Roman von Raffael Sabatini **K** Charles Rosher **M** Victor Young **S** James E. Newcom **D** Stewart Granger (Moreau/Scaramouche), Mel Ferrer (Marquis de Mayne), Eleanor Parker (Lenore), Janet Leigh (Aline de Gavrillac), Henry Wilcoxon (Chevalier de Chabrillaine) **L** 114 **FSK** ab 12; nf **E** 28.12.1952/31.10.1971 ARD/1.3.1986 DFF 1 **fd** 2 282

SCARAMOUCHE – DER MANN MIT DER MASKE →Scaramouche, der galante Marquis

SCARAMOUCHE, DER TEUFELSKERL (SCARAMOUCHE). Die galanten und kriegerischen Abenteuer des sagenhaften Marquis zur Zeit Napoleons, diesmal als an Plumpheit kaum zu übertreffende Klamotte. – Ab 14. ✦ BR Deutschland/Italien/Jugoslawien 1975 **P** Lisa/Zephir/Jadran **Kl** Warner-Columbia **Pd** Federico G. Aicardi **R** Enzo G. Castellari (= Enzo Girolami) **B** Tito Carpi, Enzo G. Castellari (= Enzo Girolami) **K** Giovanni Bergamini **M** Franco Bixio, Fabio Frizzi, Vincenzo Tempera **D** Michael Sarrazin, Ursula Andress, Aldo Maccione, Giancarlo Prete, Michael Forest **L** 91 **FSK** ab 6; nf **E** 2.4.1976 **fd** 19 764

SCARFACE (1932) (SCARFACE). In freier Bearbeitung der authentischen Lebensgeschichte von Al Capone erzählt der Film vom Aufstieg und Fall eines skrupellosen Gangsters im Amerika der 20er Jahre: Aus ärmlichen Verhältnissen stammend, arbeitet sich der Held zielstrebig bis an die Spitze eines mächtigen Verbrechersyndikats empor, scheitert jedoch an privaten Intrigen und an der Maßlosigkeit seines Machtstrebens. Die harte Negativversion einer amerikanischen Unternehmerkarriere bleibt in der Charakterisierung ihrer Hauptfigur mehrdeutig: zwar erscheint der Held in seinem asozialen, psychopathischen Verhalten als »Schande der Nation«, gewinnt jedoch starke Faszinationskraft als Prototyp des Tatmenschen und Individualisten, der seinen persönlichen und moralischen Code gegen die Regeln einer korrupten Gesellschaft durchsetzt – was den Produzenten Hughes mit der Zensur in Konflikt brachte und den Start des Films verzögerte. Ein Klassiker des amerikanischen Gangsterfilms, von Howard Hawks temporeich und mit grimmigem Humor inszeniert. – Sehenswert. ✦ Schwarz-weiß. USA 1932 **P** Atlantic Pictures/Ceddo Company/United Artists **Kl** United Artists **Pd** Howard Hughes **R** Howard Hawks **B** Ben Hecht, Seton I. Miller, John Lee Mahin, W. R. Burnett, Fred Palsey, nach einem Roman von Armitage Trail **K** Lee Garmes, L. William O'Connell **M** Adolph Tandler, Gus Arnheim **S** Edward Curtiss **D** Paul Muni (Tony »Scarface« Camonte), Ann Dvorak (Cesca Camonte), George Raft (Guido Rinaldo), Karen Morley (Poppy), Boris Karloff (Gaffney) **L** 93 **FSK** ab 16; f **E** 20.2.1981 **fd** 22 841

SCARFACE (1982) →Al Pacino – Scarface

SCARFIES (SCARFIES). Fünf neuseeländische Studenten richten sich mietfrei in einer heruntergekommenen Villa ein. Als sie im Keller eine Marihuana-Plantage entdecken, scheint das Glück perfekt, lassen sich die Pflanzen doch gewinnbringend veräußern. Als deren Besitzer auftaucht, eskalieren allerdings die Ereignisse, gipfeln in Folter und Mord, als die Studenten in ihrer Panik überreagieren. Eine schwarze Komödie mit Thriller-Elementen, die genreübliche Gewalttätigkeiten vermeidet und statt dessen auf skurrilen Ideenreichtum und den Spielwitz ihrer Hauptdarsteller setzt. – Ab 16. ✦ Neuseeland 1999 **P** Nightmare Prod. **VA** Highlight **Pd** Lisa Chatfield **R** Robert Sarkies **B** Duncan Sarkies, Robert Sarkies **K** Stephen Downes **S** Annie Collins **D** Willa O'Neill (Emma), Neill Rea (Scott), Ashleigh Seagar (Nicola), Taika Cohen (Alex), Charlie Bleakley (Graham) **L** 94 **FSK** ab 16 **E** 27.12.1999 Video **fd** 34 262

SCARLET PIMPERNEL →Das scharlachrote Siegel

SCARLET STREET (SCARLET STREET). Ein Bankkassierer gerät in die Abhängigkeit einer Prostituierten, ermordet sie und bringt ihren Zuhälter auf den elektrischen Stuhl; er selbst verfällt dem Wahnsinn. Remake eines Renoir-Films (»La Chienne«, 1931) und Meisterwerk des »film noir«. In Langs Inszenierung wird aus dem Kolportagestoff eine vielschichtige Studie über das Kleinbürgertum, die Ängste des urbanen Menschen und die Beziehungen zwischen Kunst und Leben, Kultur und Gesellschaftsstruktur. Der Film gelangte zunächst in einer synchronisierten, um 12 Minuten gekürzten Fassung unter dem Titel »Straße der Versuchung« in die Kinos. Erst 1982 erlebte die ungekürzte Version ihre Aufführung. (O.m.d.U.) – Sehenswert ab 16. ✦ Schwarz-weiß. USA 1945 **P** Universal **Kl** Universal/Notausgang **Pd+R** Fritz Lang **B** Dudley Nichols, nach »La Chienne« von George De La Fouchardière **K** Milton

Krasner **M** Hans J. Salter **S** Arthur Hilton **D** Edward G. Robinson (Christopher Cross), Joan Bennett (Kitty March), Dan Duryea (Johnny Prince), Margaret Lindsay (Millie), Rosalind Ivan (Adele Cross), Jess Barker (Janeway), Arthur Loft (Dellarowe), Samuel S. Hinds (Charles Pringle) **L** 102 **FSK** ab 12; nf **E** 22.6.1950/Wiederaufführung 1982 **fd** 23 527

SCARLETT 1–4. Eine aufwendige Produktion in der Nachfolge des Erfolgsfilms »Vom Winde verweht«. Nach dem Untergang von Atlanta trennen sich Wege von Scarlett O'Hara und Rhett Butler. Sie liebt ihren Mann noch immer, der letzten Liebesnacht erwächst ein Kind; doch er, der von der Schwangerschaft nichts weiß, reicht die Scheidung ein. Scarlett zieht es nach Irland, wo sie an der Seite eines Lords Trost zu finden hofft. Natürlich kreuzen sich die Wege der unglücklich Liebenden mehrmals, doch es bedarf vieler Schicksalsschläge, bis ein neuer Anfang möglich scheint. Von großem Medienrummel begleitete Fernsehproduktion, ganz als Seifenoper angelegt und bewußt sentimental inszeniert. – Ab 14. ✦ Deutschland/Italien 1993 **P** Beta/RHI Entertainment **VA** Taurus **DVD** Kinowelt Home (FF, DD2.0 engl./dt.) **Pd** John Erman, Richard Rosenbloom **R** John Erman **B** William Hanley, nach dem Roman von Alexandra Ripley **K** Tony Imi **S** Jack Wheeler, Malcolm Cooke, Keith Palmer **D** Joanne Whalley-Kilmer (= Joanne Whalley) (Scarlett O'Hara), Timothy Dalton (Rhett Butler), Sean Bean (Richard, Earl of Fenton), Julie Harris (Eleanor Butler), Ann-Margret (Belle Watling), Stephen Collins (Ashley Wilkes), Paul Winfield (Big Sam), Charles Gray (Friedensrichter) **L** 348 **FSK** ab 12 **E** 13.,16.,18.,20.11.1994 SAT 1/November 1994 Video/27.1.2000 DVD

DER SCARLETT-O'HARA-KRIEG (MOVIOLA – THE SCARLETT O'HARA WAR). Beschreibung der Schwierigkeiten während der Produktionsvorbereitungen zu der monumentalen Hollywood-Verfilmung von »Vom Winde verweht«, im Mittelpunkt der berühmte Hollywood-Produzent David O. Selznick. Besondere Probleme tauchen bei der Besetzung auf; wegen der Frage, wer die Rolle der Scarlett O'Hara spielen soll, bricht in Hollywood sogar eine Art »Krieg« aus. Amerikanischer Fernsehfilm. (TV-Titel auch: »Moviola – Gesucht: Scarlett O'Hara«) – Ab 14. ✦ USA 1981 **P** NBC/Warner **Pd** David L. Wolper, Stan Margulies **R** John Erman **B** William Hanley **D** Tony Curtis (David O. Selznick), Bill Macy (Myron Selznick), Harold Gould (Louis B. Mayer), Sharon Gless (Carole Lambert), George Furth (George Cukor) **L** 95 **E** 26.12.1984 HR

SCARLETTO – SCHLOSS DES BLUTES (IL BOIA SCARLATTO). Ein gescheiterter Schauspieler rückt mit mittelalterlichen Folterinstrumenten einer Mannequingruppe zu Leibe, die für eine Gruselproduktion posiert. Primitiver Horrorfilm. ✦ Italien/USA 1965 **P** M.B.S./International Entertainment **KI** Eckelkamp **Pd** Ralph Zucker (= Massimo Pupillo) **R** Max Hun-ter (= Massimo Pupillo) **B** Bob Christmas (= Roberto Natale), Robert McLorin **K** John Collins **M** Gino Peguri **S** Robert Ardis **D** Mickey Hargitay, Walter Brandt, Louise Barrett (= Liz Barrett), Rita Klein, Ralph Zucker (= Massimo Pupillo) **L** 87 **FSK** ab 18; nf **E** 14.7. 1967 **fd** 14 835

SCARRED CITY (SCARRED CITY). Ein schießwütiger Polizist wird vor die letzte Chance gestellt: entweder Gefängnis oder Teilnahme an einer Spezialeinheit. Hierbei handelt es sich um eine Truppe, die keine Gefangenen, sondern »kurzen Prozeß« macht. Als er einer Hure das Leben rettet, wird er nicht nur von seiner Einheit, sondern auch von der Drogenmafia gnadenlos verfolgt. Es ist offensichtlich, daß dem Regisseur die pausenlosen Schießereien mehr Spaß gemacht haben, als eine stimmige Liebesgeschichte zu entwickeln. So bleibt die gedankliche Kreativität ebenso auf der Strecke wie die vielen (Film-) Toten. (TV-Titel: »Scar – Ohne Gesetz) ✦ USA 1998 **P** Scarred City/Millennium Films/Nu Image **VA** VPS **Pd** Avi Lerner, Elie Samaha **R+B** Ken Sanzel **K** Michael Slovis **M** Anthony Marinelli **S** Troy T. Takaki (= Troy Takaki) **D** Stephen Baldwin (John Trace), Chazz Palminteri (Lt. Laine Devon), Tia Carrere (Candy), Michael Rispoli, Gary Dourdan (Sgt. Dan Creedy), Bray Poor (Zero), Steven Flynn (Bobby), Dana Eskelson (Janice), DB Woodside (Forrest), James Villemaire (Speedy), Larry Manetti, Herschel Sparber (Tito) **L** 92 **FSK** ab 18 **E** 24.11.1998 Video **fd** 33 581

SCARY – HORRORTRIP IN DEN WAHNSINN (THE VAGRANT). Der Traum vom eigenen Heim wird für einen aufstrebenden Yuppie zum lebensbedrohlichen Alptraum, als ihm ein kannibalischer Obdachloser seine Morde an den Nachbarn in die Schuhe schiebt. Routineprodukt, auffällig allenfalls durch einige ironische Bezüge und den Versuch, Zeitkritik mit den Elementen des Horrorfilms zu üben. ✦ USA 1992 **P** Le Studio Canal+/A Brooksfilm Prod. **VA** Fox **Pd** Gillian Richardson **R** Chris Walas **B** Richard Jeffries **K** Jack Wallner, John L. Connor **M** Christopher Young **S** Ly Ignanz **D** Bill Paxton (Graham Krakowski), Michael Ironside (Lt. Ralf Barfuss), Mitzi Kapture (Edie Roberts), Colleen Camp (Judy Dannis), Patrick Darbo (Doattie) **L** 88 **FSK** ab 18 **E** 11.8.1993 Video **fd** 30 451

SCARY LEGENDS – ICH WEISS, DASS DU HEUTE STERBEN WIRST! →Campfire Tales

SCARY MOVIE (SCARY MOVIE – SCREAM IF YOU KNOW WHAT I DID LAST HALLOWEEN). Zum wiederholten Mal treibt ein maskierter Killer auf einem Campus sein Unwesen und ermordet Studenten. Der Versuch einer Parodie des über seine Teenager-Varianten ohnehin zur Parodie verkommenen Horror-Genres, der sich allenfalls durch seine Überdeutlichkeit positionieren kann. Zugleich eine Zitation zahlreicher Schmuddelkomödien, die unverblümt schwarze und weiße Kids samt ihren popkulturellen Vorlieben vorführt, was teils drastisch, nie aber wirklich witzig ausfällt. (Fortsetzung: »Scary Movie 2«, 2001) ✦ Scope. USA 2000 **P** Miramax International/Dimension Film/Wayans Bros. Entertainment/Gold-Miller/Brad Grey Pictures **KI** Highlight **VA** Highlight **Pd** Eric L. Gold, Lee R. Mayes, Robb Wilson King, Liza Suzanne Blum **R** Keenen Ivory Wayans **B** Shawn Wayans, Marlon Wayans, Buddy Johnson, Phil Beauman, Jason Friedberg, Aaron Seltzer **K** Francis Kenny **M** David Kitay **S** Mark Helrich **D** Anna Faris (Cindy), Jon Abrahams (Bobby), Carmen Electra (Drew), Kurt Fuller (Sheriff), Cheri Oteri (Gail Hailstorm), Regina Hall (Brenda), Jayne Trcka (Miss Mann) **L** 95 **E** 5.10. 2000/22.3.2001 Video **fd** 34 470

SCARY MOVIE 2 (SCARY MOVIE 2). Eine Gruppe von Psychologie-Studenten findet sich für ein Wochenendseminar in einem geheimnisvollen Haus ein. Fragwürdige Fortsetzung der erfolgreichen Tennie-Slasher-Komödie »Scary Movie« (2000) mit allerlei Zitationen einschlägiger Horrorfilme, die zu keiner Zeit Eigenständigkeit beweist. Der geschmacklose, größtenteils im Fäkalbereich angesiedelte Humor speist sich distanzlos aus rassistischen, behindertenfeindlichen oder sexuell diskriminierenden Pointen. ✦ USA 2001 **P** Brillstein-Grey Entertainment **KI** Highlight **VA** Highlight **DVD** Highlight **Pd** Eric L. Gold **R** Keenen Ivory Wayans **B** Shawn Wayans, Marlon Wayans, Alyson Fouse, Greg Grabianski, Dave Polsky, Michael Anthony Snowden, Craig Wayans **K** Steven Bernstein **M** Kevin Kliesch, Michael McCuistion, Buck Sanders **S** Thomas J. Nordberg, Richard Pearson, Peter Teschner **D** Marlon Wayans (Shorty Meeks), Shawn Wayans (Ray Jones), Anna Faris (Cindy Campbell), Regina Hall (Brenda Meeks), James De Bello (Tommy), Chris Elliott (Hanson) **L** 82 **E** 8.11.2001/18.4.2002 Video/2.5.2002 DVD **fd** 35 146

SCAVENGER – DER SPION MIT DER GLUT IM BLUT (SCAVENGERS). Ein Sowjetagent wird in die USA geschickt, um Beweise für einen florierenden Rauschgifthandel zwischen Amerikanern und Russen zu beschaffen. Ein flott erzählter, aber völlig unglaubwürdiger Actionfilm, der dem Zuschauer keine Verschnaufpause gönnt und mit immer neuen Gags aufwartet. (TV-Titel auch: »Der Spion mit der Glut im Blut«) – Ab 16 möglich. ✦ USA 1987 **P** Davis-Berry Prod. **KI** Esplanade/Elysee **VA** Highlight **Pd** Chris Davis, David Barret **R+B** Duncan McLachlan **K** Johan van der Kifer, Johan van de Vyver, Nic Heroldt **M** Nick Piccard **S** Patti Regan **D** Kenneth David Gilman (John Scavenger), Brenda Bakke (Kimberly Blake), Norman Anstey (Boris), Patrick Mynhardt (Pavloske), Crispin de Nuys (Col. Ya Chenko) **L** 90 **FSK** ab 12 **E** 8.9. 1988/April 1989 Video **fd** 27 694

SCAVENGERS (THE SCAVENGERS). Acht Monate nach Ende des amerikanischen Bürgerkriegs raubt, mordet und vergewaltigt ein verlorener Haufen der ehemaligen Südstaatenarmee unter dem Befehl eines Captains, der von Haß gegen Yankees und Schwarze erfüllt ist. Primitiver Western, der genüßlich Sex- und Gewaltszenen aneinanderreiht. ✦ USA 1969 **P** R. W. Cresse/Republic **KI** Alpha **Pd** Robert W. Cresse, Robert Lee Frost **R** Robert Lee Frost **B** Robert W. Cresse **K** Robert Maxwell **M** Robert Lee Frost, Paul Hunt **S** B. Richard Conners, Paul Hunt **D** Jonathan Bliss (Captain), Maria Lease (Faith), Michael Dikova (Sergeant West), Roda Spain (Nancy), John Riazzi, Wes Bishop, Sanford Mitchell, Tom Siegel, Jody Berry **L** 91 **FSK** ab 18; nf **E** 15.1.1971/1981 Video **fd** 17 202

SCENES FROM THE CLASS STRUGGLE IN BEVERLY HILLS (SCENES FROM THE CLASS STRUGGLE IN BEVERLY HILLS). Um die Gunst einer Witwe und einer Geschiedenen in den besten Jahren entbrennt ein Wettstreit zwischen ihren Hausdienern. In den Sexreigen werden selbst die minderjährige Tochter und der jugendliche Sohn einbezogen. In den gehobenen Kreisen der amerikanischen Gesellschaft angesiedelte frivole Sexkomödie, die durch uneinheitliche Dramaturgie und geschmacklose Dialoge jeden Unterhaltungswert verspielt. (Alternativtitel: »Luxus, Sex und Lotterleben«) ✦ USA 1988 **P** Rank/Cinecom Entertainment/North Street Films **KI** Delta **VA** RCA/Columbia **Pd** James C. Katz **R** Paul Bartel **B** Bruce Wagner, Paul Bartel **K** Steven Fierberg **M** Stanley Myers **S** Alan Toomayan **D** Jacqueline Bisset (Clare Lipkin), Ray Sharkey (Frank), Robert Beltran (Juan), Mary Woronov (Lisabeth Hepburn-Saravian), Wallace Shawn, Ed Begley jr. **L** 103 **FSK** ab 16; nf **E** 4.1.1990/11.9.1990 Video **fd** 28 099

SCHABERNACK. Groteske Verwechslungen ergeben sich, als die Insassen eines abgebrannten Sanatoriums in einem Hotel einquartiert werden. Anspruchslos-turbulentes Lustspiel mit Situationswitz und bewährten Komikern. – Ab 12. ✦ Schwarz-weiß. Deutschland 1936 **P** Algefa **KI** AKA **R** E. W. Emo **B** Hans Fritz Köllner **K** Bruno Mondi **M** Viktor Corzilius **D** Paul Hörbiger (Peter Burgstaller), Trude Marlen (Eva Hügler), Hans Moser (Wandl), Heinz Salfner, Max Gülstorff **L** 84 **E** 4.9.1936

EIN SCHÄBIGES BEGRÄBNIS (KOPORTOS). Der Roma Mihay arbeitet in Budapest im Straßenbau. Als er vom Tod seiner Frau erfährt, kehrt er in sein Dorf zurück, um ihr ein würdiges Begräbnis auszurichten. Doch dabei legen ihm seine Nachbarn immer neue Hindernisse in den Weg. – Ab 16. ✦ Ungarn 1979 **P** Mafilm/ZDF **R** Lívia Gyarmathy **B** József Balázs **D** Jirí Menzel, Lajos Szabó, Ferenc Bencze, János Kovács **L** 80 **E** 14.6.1991 ZDF

SCHACH DEM KÖNIG (SAH LA REGE). Der Bukarester Polizei gelingt es, in mühevoller Kleinarbeit eine Fälscherbande dingfest zu machen. Mäßige Spannung in einem künstlerisch anspruchslosen Kriminalfilm. – Ab 14. ✦ Scope, schwarz-weiß. Rumänien 1965 **P** Filmstudio Bucuresti **KI** Progress **R** Haralambie Boros **B** Alexandru Andritoiu, Nicolae Stefanescu **K** Gheorghe Fischer **M** Mircea Istrate **D** Emil Botta (Prof. Deliv), Ion Besoiu (Grigoras), Haralambie Boros (Cazacu) **L** 77 **E** 21.4.1967 Kino DDR/29.11. 1968 DFF 1

SCHACH DEM MÖRDER (ACCUSED OF MURDER).

Eine Sängerin wird verdächtigt, ihren Liebhaber, einen Rechtsanwalt mit Verbindungen zur Unterwelt, ermordet zu haben. Ein Polizeidetektiv glaubt jedoch an ihre Unschuld und sucht hartnäckig nach Gegenbeweisen. Langweiliger Kriminalfilm mit einer ansprechenden Farbfotografie. – Ab 16 möglich. ✦ USA 1956 **P** Republic **Kl** Gloria **Pd+R** Joseph Kane **B** Bob Williams, W. R. Burnett, nach dem Roman »Vanity Row« von W. R. Burnett **K** Bud Thackery **M** R. Dale Butts **S** Richard L. Van Enger **D** David Brian (Polizeiinspektor Roy Hargis), Vera Ralston (Ilona Vance), Sidney Blackmer (Hobart), Virginia Grey (Sandra), Warren Stevens (Stan), Lee Van Cleef (Sgt. Lackey), Barry Kelley (Captain Smedley) **L** 73 **FSK** ab 12; nf **E** 23.9.1957 **fd** 6 261

SCHACH DEM RESIDENTEN (DRUHY TAH PESCEM). Der Geheimdienst vereitelt ein Unternehmen, das einen Wissenschaftler zur Republikflucht veranlassen soll. Spionagefilm, der seine Spannung weniger aus Action als aus der Darstellung von Details bezieht. – Ab 14. ✦ CSSR 1984 **P** Filmstudio Barrandov **Kl** Progress **R** Vít Olmer **B** Jaroslav Dietl **K** Ota Kopriva **M** Ondrej Soukup **D** Karel Hermánek (Prokop), Ondrej Pavelka (Libor), Jirí Samek (Vorgesetzter), Jana Paulova (Petra), Tomas Töpfer (Milda) **L** 79 **E** 10.10.1986 Kino DDR/27.9.1988 DFF 2

SCHACH DEM SATAN (LADRON DE CADAVERES). Mexikanischer Gruselfilm über einen mordenden Arzt, der durch Gehirnverpflanzung aus bulligen Catchern gorillastarke Übermenschen machen will. Ausgiebige Prügelszenen verlängern die Brutalitätenschau unnötig. ✦ Schwarz-weiß. Mexiko 1957 **P** International Cinematografica **Kl** Donau **R** Fernando Mendez **B** Rudolf Lubowski **K** Victor Herrera **D** Arturo Martínez, Eduardo Alcaraz, Columba Dominguez, Crox Alvarado **L** 78 **FSK** ab 16; nf **E** 27.11.1959 **fd** 8 690

SCHACH DEM TEUFEL (BEAT THE DEVIL / IL TESORO DELL'AFRICA). Uranhaltiges Land in Afrika lockt eine Gruppe Abenteurer an. Sie landet nach vielen aufregenden Erlebnissen aber nicht in Afrika, sondern in den Armen von Scotland Yard-Beamten. Ironische Verulkung der üblichen Gangsterfilme in hervorragender Besetzung. – Ab 16. ✦ Schwarz-weiß. Großbritannien/Italien 1953 **P** Santana-Romulus für United Artists **R** John Huston **B** John Huston, Truman Capote, nach dem Roman von James Helvick **K** Oswald Morris, Freddie Francis **M** Franco Mannino **S** Ralph Kemplen **D** Humphrey Bogart (Billy Dannreuther), Gina Lollobrigida (Maria Dannreuther), Jennifer Jones (Gwendolen Chelm), Robert Morley (Petersen), Peter Lorre (O'Hara) **L** 100 **E** 30.11.1954/ 7.12.1977 NDR III **fd** 3 764

SCHACH DER MAFIA (SCACCO ALLA MAFIA). Rauschgift- und Mafiakrieg in Rom. Verworrener Gangsterfilm, der seine lasche Geschichte mit Brutalität und Sex aufzuwerten versucht. (Späterer Titel: »Killer-Bestien des Grauens«) ✦ Italien 1970 **P** Afilm **Kl** Trust **R** Warren Kiefer **B** Lorenzo Sabatini **K** Amerigo Gengarelli **M** Stefano Torossi **S** Piera Gabutti **D** Pier Paolo Capponi, Maria Pia Conte, Victor Spinetti, Micaela Pignatelli, Nestor Garay **L** 94 **FSK** ab 18; nf **E** 8.12. 1972 **fd** 18 114

SCHACH VON WUTHENOW. Die tragische Geschichte des konservativen preußischen Rittmeisters Schach von Wuthenow vor dem Hintergrund der preußischen Niederlage in der Schlacht bei Jena und Auerstedt gegen Napoleon 1806. Der stimmungsvolle Fernsehfilm konzentriert sich im wesentlichen auf die Liebesgeschichte zwischen Wuthenow und der Witwe Josephine. Ein privates Schicksal als Sinnbild auf den Untergang Preußens. ✦ DDR 1976 **P** DFF **Pd** Peter Jährig **R** Richard Engel **B** Christian Collin, nach dem gleichnamigen Roman von Theodor Fontane **K** Kurt Bobek **M** Christian Steyer, Ludwig van Beethoven **S** Monika Wille, Carmen Born **D** Michael Gwisdek (Rittmeister von Schach), Petra Kelling (Victore von Carayon), Beata Tyszkiewicz (Josephine von Carayon), Klaus Piontek (Herr von Bülow), Marga Legal (Tante Marguerita), Helmut Straßburger (Daniel Sander) **E** 17.7.1977 DFF

SCHACHFIEBER (SCHACHMATNAJA GORJATSCHKA). Ein junger Mann vergißt über dem Schachspiel Braut und Trauungstermin, bis das Geschenk eines Schachsteckspiels die Versöhnung bringt. Humorvoll-groteske Stummfilmkomödie des berühmten russischen Regisseurs Pudowkin. ✦ Schwarz-weiß. UdSSR 1925 **P** Meschrabpom **R** Wsewolod Pudowkin **B** Nikolai Schpikowski **K** Anatoli Golownja **D** Wladimir Vogel, Anna N. Semzowa, Sergej Komarow, Jakow Protasanow, Juli Raisman **L** 25 **E** 10.2.1968 WDR **fd** 15 300

SCHACHMATT (PUSHOVER). Ein ehrbarer Polizeibeamter wird mit der Klärung eines Bankraubs beauftragt, verliebt sich in die Gangsterbraut und läßt sich auf kriminelle Machenschaften ein. Handfester, in sich stimmiger Kriminalfilm, der Kim Novak in ihrer ersten Starrolle präsentiert. – Ab 16. ✦ Schwarz-weiß. USA 1954 **P** Columbia **Kl** Columbia **Pd** Jules Schermer **R** Richard Quine **B** Roy Huggins, nach einem Roman von Thomas Walsh und William S. Ballinger **K** Lester White **M** Arthur Morton **S** Jerome Thoms **D** Fred MacMurray (Paul Sheridan), Kim Novak (Lona McLane), Phil Carey (Rick McAllister), Dorothy Malone (Ann), Allen Nourse (Paddy Dolan) **L** 85 **FSK** ab 16; f **E** 21.1.1955 **fd** 3 876

SCHACHNOVELLE. Das Schicksal eines von der SS in Einzelhaft geistig ausgehungerten Österreichers, nach der zeitsymbolischen Erzählung von Stefan Zweig. Vom Thema her packend und zunächst von starkem Eindruck, bei näherem Zusehen jedoch nur in Einzelleistungen überzeugend. Im Ergebnis nicht mehr als ein effektvolles Gesellschaftsspiel. – Ab 16. ✦ Schwarz-weiß. BR Deutschland 1960 **P** Roxy **Kl** NF **VA** Kinowelt Home **Pd** Luggi Waldleitner **R** Gerd Oswald **B** Harold Medford, Gerd Oswald, Herbert Reinecker, nach der gleichnamigen Erzählung von Stefan Zweig **K** Günther Senftleben **M** Hans-Martin Majewski **S** Klaus M. Eckstein **D** Curd Jürgens (Werner von Basil), Claire Bloom (Irene Andreny), Hansjörg Felmy (Hans Berger), Mario Adorf (Mirko Centowic), Albert Lieven (Hartmann, Bergers Vorgesetzte) **L** 103 **FSK** ab 12; f **E** 16.9.1960/8.5.1966 ARD/20.11.1971 DFF 1/Dez. 1999 Video **fd** 9 443

DIE SCHACHSPIELER (SHATRANJ KE KHILARI / THE CHESS PLAYERS). Lucknow, Hauptstadt des Oudh und Sitz der Moslemkultur im Indien des Jahres 1856. Während der Monarch eher schöngeistigen Künsten zugetan ist und sein Gegenspieler sich dieses politische Desinteresse zunutze macht, verlieren sich zwei Adelige in mit Leidenschaft geführten Schachpartien. Auch als das Land unter britische Befehlsgewalt gestellt wird, spielen sie weiter – nach britischen Regeln und mit der zentralen Schachfigur, die jetzt Königin heißt. Mit großem Aufwand um historische Authentizität bemühte facettenreiche Parabel um Indien zur Zeit des britischen Imperialismus; mit viel Situationskomik und bissigen Seitenhieben angereichert. (O.m.d.U.) – Sehenswert ab 16. ✦ Indien 1977 **P** Devki Chitra Prod. **R** Satyajit Ray **B** Satyajit Ray, nach eienr Erzählung von Munshi Premchand **K** Soumendu Roy **M** Satyajit Ray **D** Sanjeev Kumar, Saeed Jaffrey, Amjad Khan, Richard Attenborough, Shabana Azmi **L** 128 **E** 26.11.1989 West 3

SCHACKO KLAK (SCHACKO KLAK). Im Sommer 1942 erlebt ein zwölfjähriger Bauernjunge die Besatzung seines Heimatlandes Luxemburg durch die »Preußen«. Die heimlich beobachtete Erschießung eines deutschen Gendarmen durch Dorfbewohner und Fluchthelfer mißversteht er zunächst als ein spannendes Abenteuer, doch der Krieg ist eine ernste Sache – nicht nur für die Deutschen. Elegisches Familiendrama in nostalgischer Stimmung, das in seinen lose aneinandergereihten Episoden keine rechte Spannung aufkommen läßt. Nicht nur in der übertrieben pathetischen Musikbegleitung und im holprigen Schnitt zeigt sich die geringe Erfahrung der Regisseure; als in Landessprache für den winzigen heimischen Markt realisierte Kino-Produktion ist ihr zweiter Film dennoch beachtlich. (O.m.d.U.) – Ab 14. ✦ Luxemburg 1990 **P** Samsa **R** Paul Kieffer, Frank Hoffmann **B** Frank Feitler, Paul Kieffer, nach einem Roman von Roger Manderscheid **K** Jean-Louis Sonzogni, Jos Andries **M** Marcel Wengler **S** Nathalie Bosson **D** Claude Wagner (Chrescht), André Jung (Vater), Michéle Clees (Mutter), Ulrich Eichenberger (Onkel), Steve Karier (Nic), Myriam Muller (Nell) **L** 85 **E** 12.1.1995 Südwest 3

SCHADE, DASS BETON NICHT BRENNT. Dokumentation über die Auseinandersetzungen zwischen Hausbesetzern und Polizei in Berlin Anfang 1981. Trotz des Verzichts auf Kommentar ein offen parteilicher Film, der weniger eine politische Analyse anstrebt als eine hautnahe Zustands- und Stimmungsbeschreibung. ✦ BR Deutschland 1981 **P** November Film **Kl** Basis **R+B+K** Gabriele Bartels, Niels C. Bolbrinker, Barbara Etz, Barbara Hennings, Christoph Marzian, Helmut Nierychlo, Barbara Rhode, Klaus Salge, Wolfgang Schukrafft **M** Andi Brauer **L** 81 **E** 10.5.1981 **fd** 23 074

SCHADE, DASS DU EINE KANAILLE BIST (PECCATO CHE SIA UNA CANAGLIA). Eine schöne Diebin, von ihrem Vater als Köder benutzt, fängt sich einen Taxichauffeur – zunächst, um ihn auszunehmen, später zwecks Heirat. Temperamentvolle Diebes- und Liebeskomödie in römischem Milieu, harmlos und etwas angestaubt, aber unterhaltsam. – Ab 16. ✦ Schwarz-weiß. Italien 1955 **P** Documento **Kl** Schorcht **R** Alessandro Blasetti **B** Alessandro Continenza, Suso Cecchi d'Amico, Ennio Flaiano, nach einer Geschichte von Alberto Moravia **K** Aldo Giordani **M** Ennio Sensi **D** Vittorio de Sica (Signore Stroppiani), Sophia Loren (Lina Stroppiani), Marcello Mastroianni (Paolo), Umberto Melnati (der verheiratete Herr), Margherita Bagni **L** 97 **FSK** ab 12; nf **E** 20.12. 1955/11.9.1961 ARD/25.12.1962 DFF 1 **fd** 4 300

SCHADE ... JOSI. Ein drogensüchtiges Mädchen unterzieht sich einer Therapie, die es von allen Kontakten abschneidet. Die neue Situation stellt die Beziehung zu ihrem Freund, einem Krankenpfleger, der weiter schönen Idealen nachhängt, auf eine harte Probe. Das Mädchen geht schließlich eigene Wege. Der Film erzählt nicht nur eine Liebesgeschichte, sondern beschreibt daran anknüpfend den Versuch, sich aus Abhängigkeiten zu befreien. – Ab 16. ✦ BR Deutschland 1988 **R** Ulrike Reim **D** Lisa Wolf, Martin May, Regina Danhof, Tessi Tellmann **L** (TV) 100 **E** 10.4.1991 DFF

SCHADE UM DEINE TRÄNEN (SZKODA TU OICH LEZ). Die junge Tänzerin eines Revuetheaters träumt von einer internationalen Karriere. Als ihr endlich die Möglichkeit geboten wird, als Solistin aufzutreten, tauchen unvorhersehbare Hindernisse auf. In der Milieuzeichnung genau, versucht der Film, die Atmosphäre an den polnischen Revuetheatern der 20er Jahre lebendig werden zu lassen. – Ab 16. ✦ Polen 1983 **P** Zespoly Filmowe, Zepol »Iluzjon« **R** Stanislaw Lenartowicz **B** Stanislaw Lenartowicz, nach einem Roman von Maria Ukniewska **K** Jerzy Stawicki **M** Jerzy Maksymiuk **D** Izabela Trojanowska, Krzysztof Chamiec, Barbara Golaska, Mieczyslaw Hryniewicz, Emil Karewicz **L** 90 **E** 7.8.1987 DFF 2/26.11.1992 ORB

SCHADE UMS BENZIN (KAR A BENZINERT). Episoden um die Freuden und Nöte von Autobesitzern. Heitere Komödie mit leichten kritischen Untertönen. – Ab 12. ✦ Schwarz-weiß. Ungarn 1964 **P** Mafilm **Kl** Progress **R** Frigyes Bán **B** Imre Bencsik **K** Barnabás Hegyi **M** András Bágya **D** Ervin Kibédy (Erzähler), Dezsö Garas (Doktor), Sándor Pécsi (Familienvater), Mari Szemes (Ehefrau), Tamás Major (Direktor) **L** 68 **E** 8.10.1965 Kino DDR/28.4.1967 DFF 1

DER SCHÄDEL DES MARQUIS DE SADE (THE SKULL). Ein besessener Anatom bricht das Grab des im Irrenhaus verstorbenen Schriftstellers Marquis de Sade auf, um an dessen Schädel wissenschaftliche Studien vorzunehmen. Der mit magischen Kräften ausgestattete Totenschädel bringt seinen späteren Besitzern Verderben. Einfältiger und langweiliger Gruselfilm. ✦ Scope. Großbritannien 1965 **P** Amicus **Kl** Paramount **Pd** Milton Subotsky, Max J. Rosenberg **R** Freddie Francis **B** Milton Subotsky, nach einem Roman von Robert Bloch **K** John Wilcox **M** Elizabeth Lutyens **S** Oswald Hafenrichter **D** Peter Cushing, Christopher Lee, Nigel Green, Patrick Wymark, Jill Bennett **L** 83 **FSK** ab 16; nf **E** 29.4.1966 **fd** 14 039

DAS SCHÄFCHENZÄHLEN (POCITANI OVECEK). Die kleine Hanka, ein rechter »Wildfang«, macht der Schwesternschaft eines Krankenhauses sehr zu schaffen. Nicht einmal der gefürchtete Chefarzt, den sie respektlos Opa nennt, bleibt von ihr verschont. Kinderfilm. – Ab 8. ✦ CSSR 1981 **P** Filmstudio Barrandov **R** Karel Kachyna **B** Karel Cabrádek, Karel Kachyna **K** Jan Curík **M** Lubos Fiser **D** Zaneta Fuchsová (Hanka), Vera Galatíková (Anezka), Vlastimil Brodsky (Chefarzt), Nada Konvalinková (Slunicko), Nina Divisková (Stationsschwester) **L** 73 **E** 14.11. 1982 DFF 1/24.12.1982 ARD

SCHAFE IN WALES. Die Einsamkeit zweier Kinder, die einem makabren Leichenfledder-Hobby frönen, scheint überwunden werden zu können, als der windige Shorty, der ihr Vater sein könnte, mit abenteuerlichen Geschichten und kühnen Plänen in ihr Leben tritt. Für eine Weile dominieren neue Zukunftsaussichten ihr Leben, doch dann enthüllt der Mann sein wahres Gesicht. – Ab 16. ✦ BR Deutschland 1988 **P** ZDF **R** unbekannt **B** Sybille Lewitscharoff, Ulrich Moritz, Thomas Platt **K** Martin Gressmann **D** Volker Spengler (Shorty), Sebastian Müller (Zwilling), Christoph Müller (Zwilling), Irm Hermann (Margaret), Dietrich Kuhlbrodt (Helmut) **L** 65 **E** 13.9.1988 ZDF

SCHAFE TÖTEN (KILLER OF SHEEP). Um die Existenz seiner in einem Vorstadtghetto lebenden Familie zu sichern, arbeitet ein junger Schwarzer in einem Schlachthof in Los Angeles, wo er Schafe töten muß. Mit dokumentarisch genauen Bildern zeigt der Film den Alltag in einem Schwarzenghetto, in dem letztendlich der Lebensmut über das soziale Elend siegt. – Sehenswert. ✦ USA 1977 **P** Charles Burnett **Kl** Freunde der Deutschen Kinemathek **R+B+K** Charles Burnett **M** Grant Still, Paul Robeson, Louis Armstrong **D** Henry Sanders (Stan), Kaycee Moore (Stans Frau), Charles Bracy (Charles Bracy), Angela Barnett (Stans Tochter), Gene Cherry **L** 84 (TV 75) **E** 27.8.1981 ZDF **fd** 23 065

DER SCHÄFER VOM TRUTZBERG. Ritterspiel vom edlen Burgfräulein, das sich in einen tapferen Schäfer verliebt. Verfilmung eines Romans von Ludwig Ganghofer in der typischen Heimatfilm-Manier der 50er Jahre: bunt und kitschig. – Ab 12. ✦ BR Deutschland 1958 **P** Peter Ostermayr **Kl** Bavaria **Pd** Dietrich von Theobald **R** Eduard von Borsody **B** Peter Ostermayr, nach dem Roman »Die Trutze auf Trutzberg« von Ludwig Ganghofer **K** Franz Koch **M** Giuseppe Becce **S** Hilwa von Boro **D** Heidi Brühl (Hilda von Puechstein), Hans von Borsody (Lienhard, der Schäfer), Franziska Kinz (Angela von Trutzberg), Karl Skraup (Melchior von Trutzberg), Herbert Tiede (Korbin von Puechstein) **L** 95 **FSK** ab 6; f **E** 6.1.1959 **fd** 7 955

SCHAH MATT. Dokumentarfilm über die Widersprüche der iranischen Revolution, die den Schah stürzte und den Ayatolla Chomeini an die Macht brachte. Gedreht von Filmemachern, die 1967 bereits gegen den Schah protestierten, als er die Bundesrepublik Deutschland besuchte. (Thomas Giefer hat damals über die Ereignisse, bei denen der Student Benno Ohnesorg von einem Polizisten erschossen wurde, seinen ersten Film – »Berlin, 2. Juni 1967« – gedreht.) ✦ BR Deutschland 1981 **P** ConVoi **SF** Con-Film **R+B** Thomas Giefer, Ulrich Tilgner **K** Paul Burron, Sae Ghasanfar **M** Heiner Goebbels **S** Thomas Giefer **L** 90 **E** 15.5.1981

SCHAHIN DER FALKE (SAHIN). Kinderfilm über die Erlebnisse eines Jungen in der Tatra, der den Umgang mit einem abgerichteten Falken lernt. ✦ CSSR 1967 **P** Spielfilmstudio Bratislava-Koliba **Kl** Progress **R** Ctibor Kovác **B** Jan Beer **K** Viktor Svoboda **M** Ladislav Kupkovic **D** Július Stupák (Mischko), Ivan Maresi (Ivan), Jozef Bulsky (Vater), Jela Lukesová (Mutter), Jarka Vongrejová (Zuska) **E** 26.9.1969 Kino DDR

DER SCHAKAL (1972) (THE DAY OF THE JACKAL). 1963: Die Polizei sucht fieberhaft einen von der O.A.S. gedungenen Berufskiller, der ein Attentat auf de Gaulle vorbereitet. Mit großem Aufwand inszenierter, spannender Film, der Dichtung und Wahrheit geschickt vermischt. Unterhaltung ohne tiefergehende Ambitionen. – Ab 16. ✦ Großbritannien 1972 **P** Warwick/Universal **Kl** CIC **DVD** Universal Home (1.85:1, Mono engl./dt.) **Pd** John Woolf, David Deutsch, Julien Derode **R** Fred Zinnemann **B** Kenneth Ross, nach dem Roman von Frederick Forsyth **K** Jean Tournier **M** Georges Delerue **S** Ralph Kemplen **D** Edward Fox (»Der Schakal«), Terence Alexander (Lloyd), Michel Auclair (Col. Rolland), Alan Badel (Minister), Delphine Seyrig (Colette) **L** 145 **FSK** ab 16; f **E** 11.10.1973/3.1.1975 Kino DDR/ 10.1.1980 DFF 1/1.2.2001 DVD **fd** 18 505

DER SCHAKAL (1997) (THE JACKAL). Russische und amerikanische Sicherheitskräfte jagen den internationalen Top-Terroristen »Schakal«, der im Auftrag der »Russen-Mafia« einen prominenten Repräsentaten der westlichen Welt eliminieren soll. Die ambitionslose Neuverfilmung eines bereits 1972 von Fred Zinnemann adaptierten Romans von Frederick Forsyth wartet zwar mit zwei Superstars und vielen modischen Effekten auf, vermag aber seiner Vorlage keinerlei neue Facetten abzugewinnen. Im Gegenteil: Die Neuinszenierung fällt in jeder Hinsicht ab. DVD: Beide Special Editionen enthalten u. a. ein Feature mit nicht verwendeten Szenen (20 Min.) sowie ein alternatives Filmende. Die Extras des USA-Imports (Universal 20262) umfassen im Gegensatz zur deutschen DVD einen Audiokommentar des Regisseurs. – Ab 16. ✦ Scope. USA 1997 **P** Mutual Film Company/Tele München/Universal Pictures **Kl** Concorde C/R-Turner **VA** Concorde (VCL) **DVD** Concorde (2.35:1, DD5.1 dt.), DTS-Fsg.:VCL (16:9, 2.35:1, DD2.0 dt., DTS dt.), USA Import: Universal (16:9, 2.35:1, DD5.1 engl.) **Pd** James Jacks, Sean Daniel, Michael Caton-Jones, Kevin Jarre **R** Michael Caton-Jones **B** Chuck Pfarrer, nach dem Roman »The Day of the Jackal« von Frederick Forsyth **K** Karl Walter Lindenlaub **M** Carter Burwell **S** Jim Clark **D** Bruce Willis (Der Schakal), Richard Gere (Declan Mulqueen), Sidney Poitier (Carter Preston), Diane Venora (Valentina Koslova), Mathilda May (Isabella) **L** 124 **FSK** ab 16; f **FBW** w **E** 12.3.1998/22.9.1998 Video/2.3.1999 DVD/13.9.1999 DVD (DTS-Fsg.) **fd** 33 030

DER SCHAKAL VON NAHUELTORO (EL CHACAL DE NAHUELTORO). Wichtigster chilenischer Film der Vor-Allende-Zeit. Littin rollt einen typischen Fall von Klassenjustiz und sozialer Ungerechtigkeit auf und versucht, das Verbrechen des »Schakals«, einer authentischen Figur, aus dem sozialen Milieu heraus zu erklären. Ein elternloses Kind bleibt sich selbst überlassen und begeht später eine Bluttat aus Verzweiflung. Im Gefängnis lernt der Häftling Begriffe wie »Gott, Gesetz, Vaterland« und wird als »nützlicher Katholik« hingerichtet. ✦ Schwarz-weiß. Chile 1969 **P** Cine Experimental de la Universitad de Chile/Cine Tercer Mundo **Kl** Freunde der Deutschen Kinemathek **R+B** Miguel Littin **K** Héctor Rios **M** Sergio Ortega **S** Pedro Chaskel **D** Nelson Villagra (der »Schakal«), Shenda Román, Marcelo Romo, Hector Hoguera, Luis Alarcón **L** 85 **E** 18.9.1972 ARD/2.11. 1974 DFF 2

SCHAKALADU. Ein Jungarbeiter aus dem Ruhrgebiet, der seine Freizeit mit seinen Kumpels in zwielichtigen Kneipen totschlägt, schafft gemeinsam mit einem Barmädchen den Absprung in ein besseres Leben. Milieu-»Studie«, die allzu Bekanntes beschreibt. Mehr der Kolportage als der Realität verpflichtet. – Ab 16. ✦ BR Deutschland 1984 **P** Promedia **Kl** Demos **R** Rigo Manikofski **D** Jochen Schroeder, Ulrike Möckel, Markus Kopf **L** 82 **E** 1984 Kino

SCHAKALE DER NACHT (JACKALS). Ein Idealist im Kampf gegen einen Polizisten, der im Grenzgebiet zwischen USA und Mexiko mit dem Elend illegaler Einwanderer Geschäfte macht. Zunächst zwar konventionell, aber um glaubwürdige Figurenzeichnung und atmosphärische Dichte bemüht, artet der Film gegen Ende in eine Gewaltorgie aus, die nur noch spekulative Effekte aneinanderreiht. ✦ USA 1985 **P** Hunter/MFG **Kl** Okular **Pd** Jack Lucarelli **R** Gary Grillo **B** Dennis A. Pratt **K** Steve Yaconelli **M** Paul Chiara **S** Steve Mirkovich **D** Wilford Brimley (Sheriff Mitchell), Jack Lucarelli (Joe Cass), Gerald McRaney (Jake Wheeler), Jameson Parker (Dave Buchanon), Jeannie Wilson (Jess Buchanon) **L** 95 **FSK** ab 16; f **E** 27.11.1986 **fd** 25 938

SCHAKALE DER UNTERWELT (ILLEGAL). Ein Staatsanwalt, der nach der Hinrichtung eines Unschuldigen seinen Beruf wechselt, verteidigt zunächst mit wenig ehrbaren Mitteln Gangster, kämpft dann jedoch als Strafverteidiger weiter gegen die Unterwelt. Perfekter Kriminalfilm mit einer präzisen Milieuzeichnung; fesselnd durch die großartige Charakterstudie von Edward G. Robinson. – Ab 16. ✦ Schwarz-weiß. USA 1955 **P** Warner **Kl** Warner **Pd** Frank P. Rosenberg **R** Lewis Allen **B** W. R. Burnett, James R. Webb, nach einer Erzählung von Frank J. Collins **K** J. Peverell Marley **M** Max Steiner **S** Thomas Reilly **D** Edward G. Robinson (Victor Scott), Nina Foch (Ellen Miles), Jayne Mansfield (Angel O'Hara), Hugh Marlowe (Ray Borden), Albert Dekker (Frank Garland), Robert Ellenstein (Joe Knight), DeForest Kelley (Edward Clary) **L** 88 **FSK** ab 16; nf **E** 5.7.1957/2.8.1975 ARD **fd** 6 042

SCHALLTOT. Eines Morgens zieht ein Mann, bepackt mit Koffern, in denen sich nichts als Abfall befindet, aus seinem möblierten Zimmer in einem kleinbürgerlichen Einfamilienhaus aus. Langsam wird deutlich, daß dieser seltsame Mensch nach einem bewußten Plan arbeitet und sich als moderner Don Quichotte gegen allzeit aufdringliche Geräuschkulissen zu behaupten versucht. Skurrile Komödie mit Minimalbudget, aber mit viel Einfallsreichtum und Sinn fürs Absurde inszeniert. Ein filmisches Rätselspiel mit Widerhaken, das hellhörig macht. – Ab 16. ✦ BR Deutschland 1984 **P** Fred van der Kooij/SWF **Pd+R+B** Fred van der Kooij **K** Immo Rentz, Reinhard Kraft **M** Fred van der Kooij **S** Monika Kretschmann, Martina Bietz-Kofer **D** Peter Wyssbrod, Wolfram Berger, Henning Heers, Nikola Weisse, Edmund Saussen, Andreas Szerda **L** 84 **E** 9.1.1985 S 3

SCHALOM, GENERAL (SCHALOM, GENERAL). Ein Zivildienstleistender in einem Alten- und Pflegeheim führt mit einem gelähmten Wehrmachtsoffizier einen verbissenen Kleinkrieg, in dem ihre völlig unterschiedlichen Lebensauffassungen aufeinanderprallen. Im Laufe ihrer Beziehung entwickeln die Kontrahenten jedoch Toleranz und Verständnis füreinander, so daß eine Verständigung möglich wird. Die geglückte Verzahnung der Spielhandlung mit dokumentarischen Teilen macht den Film zu einer wichtigen Auseinandersetzung mit dem Alter. Da die zentralen Themen Toleranz und Verständigung mit Witz und Ironie aufbereitet werden, umgeht er schulmeisterliche Trockenheit und präsentiert seine Botschaft höchst unterhaltsam. – Sehenswert ab 14. ✦ Österreich 1989 **P** Thalia-Film/ORF **Kl** Europolis **SF** Mathias **R+B** Andreas Gruber **K** Hermann Dunzendorfer **M** div. Songs **S** Michael Spalt **D** Rainer Egger (Roman), Dieter Naumann (General Kulat), Suzanne Geyer (Bertha), Andrea Wolf (Grete), Mitzi Bodendorfer (Margit) **L** 100 **E** 23.5.1990 3sat/29.6.1990 Kino **fd** 28 316

SCHALOM, GENOSSEN. Dokumentarfilm, der das Leben des Ehepaares Alice und Gerhard Zadek Revue passieren läßt und dabei acht Jahrzehnte deutscher

Geschichte streift. Ausgehend von den Lebenserinnerungen der beiden, beschreibt er ihre Tätigkeit als überzeugte junge Zionisten und Sozialisten in einer Widerstandsgruppe gegen das Nazi-Regime, ihre Flucht nach England, ihre von Hoffnungen und Utopien geprägte Aufbautätigkeit für den sozialistischen Staat der DDR. – Ab 16. ✦ Deutschland/Niederlande 1996 **P** Chronik TV/ORB/Hochschule »Konrad Wolf«/Omroep Stichting **R** Gitta Nickel **B** Gitta Nickel, Wolfgang Schwarze **L** (TV) 60 **E** 2.1.1997 H3

SCHAMANEN IM BLINDEN LAND (SHAMANS OF THE BLIND COUNTRY). Ein ethnografischer Dokumentarfilm über die religiösen Praktiken von Schamanen und deren Bedeutung für die Bewohner von abgelegenen Dörfern am Fuße des Dhaulagiri-Massivs in Westnepal. Im Wechsel von erzählten Sagen und Mythologien einerseits und aktuellen Ritualen und Lebensweisen andererseits schildert der Film in ruhigen, breit angelegten Bildfolgen den Zusammenhang von alltäglichem Leben und kulturellen Besonderheiten, der bestimmend für die Existenz dieser asiatischen Völker ist. Der Schamanismus als religiöse Instanz, verankert in weit zurückliegender Vergangenheit und bestimmend für den Verlauf der Gegenwart, wird akribisch, aber trotzdem übersichtlich erläutert. Der erste Teil befaßt sich mit den Schamanen und ihrer religiösen Bedeutung, während der zweite Teil schildert, wie man Schamane wird. Für ethnografisch Interessierte eine fesselnde und faszinierende Information. – Sehenswert. ✦ BR Deutschland/Nepal/USA 1978–80 **P** Wieland Schulz Keil Produktion/WDR **KI** Freunde der Deutschen Kinemathek **SF** Freunde der Deutschen Kinemathek **R+B** Michael Oppitz **K** Jörg Jeshel, Rudi Palla **S** Hella Vietzke **L** 223 **E** 4.,11.4.1981 WDR (zwei Teile)/16.6.1981 Kino

SCHAMLOS. Als eine junge Prostituierte ermordet wird, klären zwei rivalisierende Banden das Verbrechen auf. Sex and Crime aus Österreich mit schamlos primitiven Dialogen. – Wir raten ab. ✦ Schwarz-weiß. Österreich 1968 **P** Commerz/Donau **KI** Austria **R** Eddy Saller **D** Udo Kier, Rolf Eden, Marina Paal **L** 78 **FSK** ab 18; nf **E** 3.10.1968 **fd** 15 756

SCHAMLOS HINTERGANGEN – EINE FRAU OHNE AUSWEG (PER QUEL VIAGGIO IN SICILIA). Ein seltsamer Ehevertrag bringt einen erfolgreichen Designer in Bedrängnis: Vereinbart war, dass bei einem Seitensprung des Partners beide Eheleute Selbstmord begehen. Als ihm dieser bei einem Besuch seiner Familie in Sizilien widerfährt, steht die Frau zu ihrer Abmachung, doch die Geliebte eilt aus Sizilien herbei, um den Doppelselbstmord zu verhindern. Ein Film über Untreue und Tod, der einzig auf einer schwachsinnigen Ausgangsidee fußt. ✦ Italien 1991 **R+B** Egidio Termine **D** Egidio Termine, Lucrezia Lante Della Rovere, Francesca d'Aloja **L** 89 **E** 8.3.2001 Onyx

SCHAMLOSE ANGELA (DOLCE PELLA DI ANGELA). Softsexfilm nach dem Muster der »Lebensbeichten« von Fanny Hill und Josefine Mutzenbacher. Ein mittelloses Mädchen gerät im Italien der Jahrhundertwende in ein römisches Bordell. ✦ Italien 1989 **R** Andrew White (= Andrea Bianchi) **D** Michela Miti (Angela), Carlo Mucari (Rocco), Piero Gerlini (Vescovo), Anita Ekberg (Madame Rocchi), Maria Pia Parisi **L** 83 **E** 28.11.1992 RTL plus

SCHAMLOSE FLITTCHEN (BRAZEN HUSSIES). Als ihr Mann Stripperinnen engagiert, um den Umsatz seines Pubs zu steigern, dreht die zunächst empörte Frau den Spieß um und bietet der weiblichen Kundschaft eine Stripshow mit Männern. Der Erfolg ihrer Geschäftsidee weckt die Begehrlichkeit des Geschäftspartners des Mannes auf vielfältige Weise. Englische (Arbeiter-)Komödie nach mittlerweile klassischen Mustern, die nicht nur männliches Ausbeutertum anprangert, sondern ihm weibliche Solidarität entgegen setzt. Eine Fernsehproduktion mit ungewöhnlich prominenter Besetzung. ✦ Großbritannien 1996 **P** BBC **Pd** Tatiana Kennedy **R** Elijah Moshinsky **B** Martyn Hesford **K** Gerry Floyd **M** Chris Whitten **S** Roy Sharman **D** Julie Walters (Maureen Hardcastle), Robert Lindsay (Billy Bowmans), Alun Armstrong (Jimmy Hardcastle), Jimmy Tarbuck (Mr. Belafonte), Crissy Rock (Dandra Delaney) **L** 90 **E** 18.10.2001 SF 1/DRS

EINE SCHAMLOSE FRAU (A WOMAN OF AFFAIRS). Eine junge reiche Engländerin aus gutem Hause genießt wegen ihres unkonventionellen und leichtlebigen Lebensstils einen zweifelhaften Ruf. Nach einer unglücklichen Liebesaffäre und einer mißglückten Ehe reist sie in Begleitung zahlreicher Verehrer ziellos herum. Als sie ihren ehemaligen Liebhaber wiedertrifft, kann sie dessen Vater zwar von ihrem noblen Charakter überzeugen, dem Liebeswerben des Mannes entzieht sie sich jedoch durch eine Autofahrt in den Tod. Romantisches Stummfilm-Melodram, das ganz auf Greta Garbo zugeschnitten wurde, das in seiner Absicht jedoch nicht über ein mittelmäßiges Gesellschaftsstück hinauskommt. (Alternativtitel: »Herrin der Liebe«) – Ab 14. ✦ Schwarz-weiß. USA 1928 **P** MGM **R** Clarence Brown **B** Bess Meredyth, nach einem Roman von Michael Arlen **K** William H. Daniels **M** William Axt, David Mendoza **D** Greta Garbo (Diana Merrick), John Gilbert (Neville Holderness), Hobart Bosworth (Sir Morton Montague), Johnny Mack Brown (David), Douglas Fairbanks jr. (Geoffrey Merrick) **L** (TV) 88 **E** 30.3.1988 NDR

SCHAMLOSE LIPPEN (SULLA PELLE). Auch Folter und Erpressung können der Sekretärin eines Professors eine wichtige Formel nicht entlocken. Miserabler Agentenfilm voller Klischees. ✦ Schwarz-weiß. Italien 1969 **P** D.A.G.A. **KI** Germania **R** A. van Dyke (= Amasi Damiani) **B** Roland Dunkel **K** Wolfgang Lührse **D** Melitta Tegeler, Virginia Honor, Jim Hamilton, Ivan Scraft (= Ivan Scratuglia) **L** 83 **FSK** ab 18; nf **E** 20.2.1970 **fd** 16 635

SCHAMLOSE SPIELE DER LEIDENSCHAFT (IMPUDICIZIA). Sexfilm. Durch einen Autounfall impotent geworden, übt sich ein Ehemann, statt die Wahrheit zu sagen, seiner Frau gegenüber in irritierender Zurückhaltung. In der Annahme, er habe eine Geliebte, rächt sie sich. – Wir raten ab. ✦ Italien 1990 **R** Pasquale Fanetti **D** Malú, Slobodan Negic, Branko Djuric, Lidia Zovkic **L** 84 **E** 30.9.1994 SAT 1

DIE SCHAMLOSEN (1959) (SERIOUS CHARGE). »Halbstarke« verdächtigen einen beherzten, modernen Pfarrer, sich einem der Rowdies unsittlich genähert zu haben. Das spekulative Drehbuch wurde von Terence Young relativ taktvoll umgesetzt. ✦ Großbritannien 1959 **P** Alva **KI** Lehmacher **Pd** Mickey Delamar **R** Terence Young **B** Guy Elmes, Mickey Delamar, nach einem Roman von Philip King **K** Georges Périnal **M** Leighton Lucas **D** Anthony Quayle, Sarah Churchill, Andrew Ray, Liliane Brousse, Irene Browne, Cliff Richard **L** 100 **FSK** ab 18; f **E** 14.10.1960 **fd** 9 594

DIE SCHAMLOSEN (1969) (L' INTRECCIO/LES LIBERTINES). Ein Sanatorium als Sammelplatz für reiche und exzentrische Leute, in dem alle männlichen Bewohner der jungen Direktrice Isabelle nachstellen. Sie interessiert sich jedoch nur für das Diamantenkollier einer herzkranken Patientin. Wirrer Kriminalfilm mit Anleihen beim »film noir«, der ohne ein positives Element zweideutige Personen und Situationen aneinanderreiht. ✦ Italien/Frankreich 1969 **P** Lira/Ascot Cineraid **R** Dave Young (= Pierre Chenal) **B** Antoine Tudal, Dave Young (= Pierre Chenal) **K** Juan Gelpi **M** Armand Seggian **D** Marisa Mell (Isabelle), Robert Hossein (Serge), Ettore Manni (Dr. Delmas), Robert Dalban (Mario), Albert Dalbes (Philippe) **L** 81 **E** 28.8.1985 RTL plus/31.10.1985 DFF 2

DIE SCHAMLOSEN (1994). Eine Krankenschwester mit Gesangsambitionen, ihr Bruder und ein Kaufhausdetektiv, der sie liebt, nehmen sich eines verwirrten Alten an, der eines Tages bei ihnen auftaucht. Sie erfüllen ihm seinen letzten Wunsch. Plötzlich scheint sich auch ihr Leben in geordneteren Bahnen zu bewegen, scheinen die eigenen Sorgen zu schrumpfen. – Ab 16. ✦ Deutschland 1994 **P** Olga Film/ZDF/arte **R+B** Horst Johann Sczerba **K** Klaus Eichhammer **M** Ulla Oster **S** Ueli Christen **D** Jürgen Vogel (Freddi), Meret Becker (Rita), Adolph Spalinger (King), Leonard Lansink (Benny), Inga Busch (Ladendiebin), Armin Rohde (Müller) **L** 87 **E** 8.7.1994 arte

DIE SCHANDE (PROSCHTSCHAI, SELEN LETA ...). Ein glückliches Paar wird durch das brutale Eingreifen der Familie der Braut voneinander getrennt. Der Mann sucht Vergessen in seiner Arbeit und macht Karriere. Sein Aufstieg ist jedoch mit Zugeständnissen und dem Verlust menschlicher Beziehungen verbunden. Den Versuch, nach einer Wiederbegegnung mit der Geliebten von einst umzukehren, muß er mit dem Leben bezahlen. Tragische Liebesgeschichte, die gesellschaftliche Gegebenheiten miteinbezieht. – Ab 16. ✦ UdSSR 1985 **P** Usbekfilm **KI** Progress **R** Eljor Ischmuchamedow **B** Dshasur Ischakow, Eljor Ischmuchamedow **K** Juri Ljubschin **M** Eduard Artemjew **D** Fachretdin Manafow (Timur), Larissa Belogurowa (Ulfat), Uktam Lukmanowa (Timurs Mutter), Ato Muchamedshanow (Ulfats Vater), Rustam Sagdullajew (Rustam) **L** 90 **E** 5.2.1988 Kino DDR

SCHANDE (1968) (SKAMMEN). Ein junges Musikerehepaar, das zurückgezogen auf einer Insel lebt, wird von unvermittelt und rätselhaft hereinbrechenden Bürgerkriegswirren aus seiner kontemplativen Existenz gerissen. Ihrer Sicherheit beraubt, fallen beide in vorzivilisatorische Verhaltensweisen zurück und werden Opfer alptraumhafter Verfallsprozesse. Bergman attackiert in allegorisch verdichteter Form die brüchige Fassade bürgerlicher Konventionen und zugleich – durch surrealistische Bildvisionen – das Wirklichkeitsverständnis des Zuschauers. ✦ Schwarz-weiß. Schweden 1968 **P** Svensk Filmindustri/Cinematograph **KI** United Artists **Pd** Lars-Owe Carlsberg **R+B** Ingmar Bergman **K** Sven Nykvist **S** Ulla Ryghe **D** Liv Ullmann (Eva Rosenberg), Max von Sydow (Jan Rosenberg), Gunnar Björnstrand (Oberst Jacobi), Sigge Fürst (Filip), Hans Alfredson (Lobelius) **L** 113 **FSK** ab 16; f **FBW** bw **E** 21.2.1969/25.7.1972 ZDF **fd** 16 048

SCHANDE (1987) (SHAME). Die Frauen in einem australischen Wüstennest leben in Angst und Schrecken: Vergewaltigungen sind an der Tagesordnung, die Angst vor öffentlicher Schande verhindert die Verfolgung der Täter. Erst eine Anwältin, die sich im Dorf aufhält und von den Verbrechen erfährt, macht gegen die Vergewaltiger mobil und organisiert den Kampf der Frauen gegen ihre Peiniger. Ein reißerischer Film zu einem ernsten Thema, der geschickt mit den Versatzstücken anderer Filme jongliert und durch Buch, Inszenierung und Darstellung überzeugt; die am Ende überharte Genregeschichte will freilich eher unterhalten als zum Nachdenken anregen. (TV-Titel: »Totgeschwiegen – Eine Frau schlägt zurück«) ✦ Australien 1987 **P** Barron Films/UAA **KI** Vestron **VA** Vestron **Pd** Damien Parer, Paul Barron **R** Steve Jodrell **B** Beverly Blankenship, Michael Brindley **K** Joseph Pickering **M** Mario Miller **S** Kerry Regan **D** Deborra-Lee Furness (Anwältin), Tony Barry (Mr. Curtis), Simone Buchanan (Lizzy), Gillian Jones (Tina Farrel), Peter Aanesen (Sgt. Cuddy) **L** 90 **FSK** ab 16; f **E** 16.11.1989/21.6.1991 Video/7.12.1992 ZDF **fd** 29 088

SCHANDE (1999). Eine Lehrerin und ihre jüngste Tochter leben mit einem Zahntechniker zusammen, der sich liebevoll um das Mädchen und den Haushalt kümmert. Als die Mutter die Anzeichen nicht mehr übersehen kann, die auf einen sexuellen Missbrauch ihrer Tochter hindeuten, verdächtigt sie den Vater des Kindes. Engagiertes Drama, das die Nöte des Mädchens in den Mittelpunkt stellt und aufmerksam die Verdrängungen registriert, mit der die Umwelt seine verzweifelten Signale überhört. ✦ Deutschland 1999 **R** Claudia Prietzel **B** Burkhard Driest **K** Florian Ballhaus **D** Stephanie Charlotta Kötz (Benice), Hansa Czypionka (Josch), Oliver Stritzel (Hubertus), Imogen Kogge (Claudia), Nina Franoszek (Petronella) **L** 90

DIE SCHANDE DES REGIMENTS (CONDUCT UNBECOMING). Indien 1876: Ein junger Leutnant der englischen Kolonialarmee gerät in den Verdacht, die Witwe des Regimentshelden mißhandelt zu haben. Das widerrechtlich einberufene Militärtribunal entlarvt sich und die von ihm vertretene Institution als elitären, von Standesdünkel geprägten, psychopathischen Männer-Club. Routinierte Verfilmung eines erfolgreichen Theaterstücks, spannend inszeniert und mit großartigen Darstellern besetzt. ✦ Großbritannien 1975 **P** British Lion/Crown **Pd** Michael Deeley, Barry Spikings, Andrew Donally **R** Michael Anderson **B** Robert Enders, nach einem Bühnenstück von Barry England **K** Bob Huke **M** Stanley Myers **S** John Glen **D** Michael York (Zweiter Leutnant Arthur Drake), Richard Attenborough (Major Lionel Roach), Trevor Howard (Colonel Benjamin Strang), Stacy Keach (Captain Rupert Harper), James Faulkner (Zw. Leutnant Edward Millington), Susannah York (Mrs. Scarlett), Christopher Plummer (Major Alastair Wimbourne), Michael Culver, James Donald, Rafiq Anwar, Helen Cherry, Michael Fleming, David Robb, David Purcell, Persis Khambatta, Michael Byrne **L** 105 **E** 23.3.1977 ZDF **fd** 20 198

DIE SCHANDE VON CHICAGO (THE SCARFACE MOB). Eine entschlossene Sonderkommission der Polizei im Einsatz gegen den Verbrecherkönig Al Capone. »Mit amtlicher Unterstützung« in halbdokumentarischem Stil nach einschlägigen Akten verfilmt. (Alternativtitel: »Al Capone kehrt zurück«) – Ab 16. ✦ Schwarz-weiß. USA 1959 **P** Desilu **KI** NF **Pd** Jack Aldworth **R** Phil Karlson **B** Paul Monash, nach einem Roman von Eliot Ness und Oscar Fraley **K** Charles Straumer **M** Wilbur Hatch **D** Robert Stack (Eliot Ness), Keenan Wynn (Joe Fuselli), Barbara Nichols (Brandy la France), Neville Brand (Al Capone), Pat Crowley (Betty) **L** 97 **FSK** ab 16; nf **E** 5.8.1960/20.3.1971 ARD **fd** 9 375

DER SCHANDFLECK (DER SCHANDFLECK). Liebesleid und -glück eines redlichen Bauernmädchens, das sich in einen Mann verliebt, der sich als ihr Halbbruder herausstellt, nachdem ein lange geheimgehaltener »Fehltritt« der Mutter bekannt wird. Volkskino, das sich zwar darum bemüht, die Schablonen der üblichen Heimatfilme zu vermeiden, das aber nicht mehr als oberflächliche und leicht sentimentale Unterhaltung bietet. – Ab 14 möglich. ✦ Österreich/BR Deutschland 1956 **P** Rex/Schönbrunn **KI** Kopp **Pd** Ernest Müller, Robert Siepen **R** Herbert B. Fredersdorf **B** Theodor Ottawa, nach dem gleichnamigen Roman von Ludwig Anzengruber **K** Sepp Riff **M** Hans Hagen **S** Brigitte Fredersdorf **D** Heinrich Gretler (Josef Reindorfer), Gerlinde Locker (Leni), Hans von Borsody (Florian), Lotte Ledl (Josefa), Armin Dahlen (Almhofbauer) **L** 99 **FSK** ab 12; f **E** 14.12.1956 **fd** 5 539

SCHANDTAT IM NAMEN GOTTES (JUDGEMENT). Für ein tiefreligiöses Ehepaar bricht eine Welt zusammen, als es erfahren muß, daß sein Sohn vom neuen Priester der Gemeinde sexuell belästigt wurde. Bald kommen weitere Fälle ans Tageslicht. Als die Eltern des Opfers einen Prozeß anstrengen, scheinen sie hoffnungslos zwischen die Mahlsteine zu geraten. Nach einem wahren Fall inszenierter Fernsehfilm mit guten Darstellerleistungen. – Ab 16. ✦ USA 1993 **R+B** Tom Topor **M** Cliff Eidelman **D** Keith Carradine (Pierre Guitry), Blythe Danner (Emmeline Guitry), David Strathairn (Pater Aubert), Michael Faustino (Robbie Guitry), Bob Gunton (Monsignor Beauvais), Jack Warden (Claude Fortier) **L** 92 **E** 13.10.1994 PRO 7

SCHARF AUF'S ERSTE MAL → Boys (1989)

SCHARF BEOBACHTETE ZÜGE → Liebe nach Fahrplan

SCHARF IN ALLEN STELLUNGEN → Perfekt in allen Stellungen

SCHARFE BEUTE – HEISSE WARE (A ROCK IN A HARD PLACE). Ein Weltenbummler gerät in die Auseinandersetzungen zwischen Diamantenschiebern und ist plötzlich im Besitz eines kostbaren Edelsteins. Doch sein Reichtum ist nicht von großer Dauer. Handelsübliche Intrigen und Kriminalspannung, gepaart mit einer Portion Erotik. ✦ USA 1997 **P** Playboy Enterprises **R** Ron Moler **B** Mike Kesey, Naomi L. Selfman **M** Sean Murray, Shawn K. Clement **D** Frank Rodriquic (Tom), Christine Cornell (Cynthia), Greg Neid (Keating), Ray Raglin (Nicolas), Alina Kalev (Carmella) **L** 98 **E** 27.1.1999 ProSieben

SCHARFE GIRLS AUF ACHSE (MOBILHOME GIRLS). Sexfilm um vier Pariser Prostituierte, die sich, weil ihre Stadtkunden in Urlaub sind, ein Wohnmobil mieten und ihren Arbeitsplatz nach Oberitalien verlegen. – Wir raten ab. ✦ Schweiz 1985 **R** Michel Leblanc (= Michel Lemoine) **D** Olinka (= Olinka Hardiman), Patricia Violet, Laura Clair, Maria Granada, John Oury **L** 80 **E** 26.3.1993 SAT 1

DER SCHARFE HEINRICH – DIE BUMSFIDELEN ABENTEUER EINER JUNGEN EHE. Die von Störungen und Zufällen behinderten Versuche dreier Ehepaare, Partnertausch und Gruppensex zu betreiben. Die beabsichtigte Ironisierung sexueller Verhaltensweisen entgleitet rasch in Klamauk und derbe Situationskomik. (Neuer Videotitel: »Der scharfe Heinrich – Die Bumsfidelen«) – Wir raten ab. ✦ BR Deutschland 1970 **P** Roxy/Caro **KI** Inter **R** Rolf Thiele **B** Vratislav Blazek, Willibald Eser **K** Wolf Wirth **M** Rolf Wilhelm **S** Gudrun Keyser **D** Grit Boettcher, Horst Frank, Marlene Rahn, Gunther Malzacher, Gaby Fuchs **L** 87 (gek. 83) **FSK** ab 18; nf (gek. 16) **E** 26.3.1971 **fd** 17 305

SCHARFE KATZEN DER LUST (DEUX GAMINES). Ein französischer Pornostar erzählt aus seinem Liebesleben und gibt damit Anlaß für zahlreiche Rückblenden. Sexfilm. – Wir raten ab. ✦ Frankreich 1981 **KI** Apollo u. a. **R** Alain Nauroy **D** Cathy Stewart, Dominique Irissou, Diana Dubois, Denis De Myokinos, Guy Royer **L** 70 **FSK** SPIO: X **E** 1983 Kino

SCHARFE KURVEN → Gefährliche Kurven (1989)

SCHARFE KURVEN FÜR MADAME (LE GRAND RESTAURANT). Der Besitzer eines Pariser Schlemmerlokals auf der abenteuerlichen Suche nach einem südamerikanischen Staatspräsidenten, der als Gast seines Hauses auf mysteriöse Weise verschwunden ist. Vergnügliche Unterhaltung mit gelungenen Einfällen. (Alternativtitel: »Oscar hat die Hosen voll«, »Louis, der Spaghettikoch«, DDR: »Das große Restaurant«) – Ab 14. ✦ Frankreich 1966 **P** Gaumont **KI** Alemannia **Pd** Alain Poiré **R** Jacques Besnard **B** Jean Halain, Jacques Besnard, Louis de Funès **K** Raymond Lemoigne **M** Paul-Louis Marion **D** Louis de Funès (Septime), Bernard Blier (Inspektor), Maria Rosa Rodrigues (Sekretärin), Folco Lulli, Venantino Venantini **L** 87 **FSK** ab 6; nf **E** 25.11.1966/30.1.1976 Kino DDR/14.5.1983 DFF 1 **fd** 14 412

SCHARFE KÜSSE FÜR MIKE FOSTER (CITY OF FEAR). Ein ebenso unvorsichtiger wie frauenfreundlicher Reporter aus den USA läßt sich in Ungarn zur Fluchthilfe für einen Kernphysiker überreden. Naiver Agentenfilm mit einer allzu dürftigen Story. ✦ Großbritannien 1965 **P** Towers of London **KI** Schneider **Pd** Harry Alan Towers **R** Peter Bezencenet **B** Peter Welbeck (= Harry Alan Towers) **K** Martin Curtis **M** Johnny Douglas **S** Peter Boita **D** Terry Moore, Paul Maxwell, Marisa Mell, Albert Lieven, Pinkas Braun **L** 89 **FSK** ab 16; f **E** 28.10.1966 **fd** 14 384

SCHARFE SACHEN (BLOWING HOT AND COLD). Ein italienischer Einwanderer, der den Farmern im australischen Hinterland Pornos verkauft, und ein Tankwart legen in der Stadt einem Drogendealer das Handwerk, in dessen Fänge die Tochter des Australiers geraten ist. Actionkomödie um die Freundschaft zweier völlig unterschiedlicher Männer, die ihre Geschichte auf anrührend menschliche Weise erzählt. (Alternativtitel: »Reine Nervensache«) – Ab 16. ✦ Australien 1988 **P** Colosimo Film/Chancon **VA** Ufa **Pd** Rosa Colosimo **R** Marc Gracie **B** Rosa Colosimo, Reg McLean, Luciano Vincenzoni, Sergio Donati **K** James Grant **M** Joe Dolce **S** Nicolas Lee **D** Peter Adams, Joe Dolce, Elspeth Ballantyne **L** 84 **FSK** ab 12 **E** 1.4.1992 Video

SCHARFE SACHEN FÜR MONSIEUR (LE CORNIAUD/COLPO GROSSO, MA NON TROPPO). Ein ahnungsloser kleiner Angestellter überführt einen schweren Luxuswagen mit Schmuggelgut von riesigem Wert von Neapel nach Frankreich. Amüsante Gaunerkomödie mit Louis de Funès. (Alternativtitel: »Louis, das Schlitzohr«) – Ab 14. ✦ Scope. Frankreich/Italien 1964 **P** Corona/Explorer **KI** Columbia-Bavaria **Pd** Yves Laplanche, Enzo Provenzale **R** Gérard Oury **B** Gérard Oury, Marcel Jullian, Georges Tabet, André Tabet, nach einer Erzählung von Gérard Oury **K** Henri Decaë **M** Georges Delerue **S** Albert Jurgenson **D** Bourvil (Antoine Marechal), Louis de Funès (Leopold Saroyan), Venantino Venantini (Stotterer), Pierre Roussel (Mario Costa), Lando Buzzanca (Lino) **L** 111 **FSK** ab 12; nf **FBW** w **E** 21.1.1966/19.4.1968 Kino DDR/11.11.1972 DFF 1 **fd** 13 789

SCHARFE SCHÜSSE AUF JAMAIKA. Der draufgängerische FBI-Agent Ken Stewart und sein schlagfreudiger Kollege vom Secret Service machen Waffenschmugglern in der Flamingo-Bucht das Leben schwer. Schwach inszenierter Agentenfilm in James-Bond-Manier. (TV-Titel: »Der Boß braucht viele Särge«) – Ab 16. ✦ BR Deutschland/Italien/Spanien 1965 **P** Theumer/Pea/Apolo **KI** Constantin **Pd** Ernst von Theumer **R** Richard Jackson (= Ernst von Theumer) **B** Karlheinz Vogelmann **K** Aldo Ricci **M** Marcello Giombini **S** Daniele Alabiso **D** Larry Pennell (Ken Stewart), Brad Harris (Jefferson), Barbara Valentin (Gloria), Margitta Scherr (Jane), Wolfgang Kieling (Hayes), Christine Schuberth (Evelyn), Rolf Lüder (Larry Pyat), Hermann Nehlsen (Arzt) **L** 84 **FSK** ab 16; nf **E** 25.2.1966 **fd** 13 908

SCHARFE TÄUSCHUNG – DIE MÖRDERISCHE KUNST ZU LÜGEN (LIAR). Ein drogensüchtiger Mann, der vom Geld seines Vaters lebt, wird verdächtigt, eine Prostituierte ermordet zu haben. Bei der Vernehmung durch zwei Polizisten wird er an einen Lügendetektor angeschlossen, dreht den Spieß aber um und bringt dunkle Seiten im Leben der Ermittler ans Licht. Die Grenzen zwischen Lüge und Wahrheit, Schuld und Unschuld verschwimmen. Eine Mischung aus Psychothriller und Kammerspiel, die sich selbst als Täuschungsmanöver erweist, weil die oberflächliche Zeichnung der Figuren und die platten Psychologisierungen jede innere Spannung verhindern. Weder intensiv noch nervenaufreibend, scheitert der Film am mißglückten Spagat zwischen bemühtem Independent- und stromlinienförmigen Mainstream-Kino. – Ab 16. ✦ Scope. USA 1997 **P** MDP Worldwide **KI** Jugendfilm **VA** Fox Home **Pd** Peter Glatzer **R+B** Jonas Pate, Josh Pate **K** Bill Butler **M** Harry Gregson-Williams **S** Dan Lebental **D** Tim Roth (John Wayland), Chris Penn (= Christopher Penn) (Braxton), Michael Rooker (Kennesaw), Renée Zellweger (Elizabeth Loftus), Ellen Burstyn (Mook), Rosanna Arquette (Mrs. Kennesaw) **L** 102 **FSK** ab 12; f **E** 6.8.1998/11.3.1999 Video **fd** 33 257

DIE SCHARFEN MÄDEL AUS DEM EDELBORDELL (THE ROSE BLUELIGHT). Sexfilm um lesbische Freundinnen, die eine Nobeldiskothek nebst Edelbordell eröffnen. ✦ Italien 1989 **R** Lawrence Webber **D** Malú (Kelly), Valentine Demy (Valentine), Silvia Dheve, Gill Royal **L** 75 **E** 23.1.1993 RTL plus

SCHARFER LEO/SEXY CLEO (CLEO/LEO). Ein Geschäftsmann und ausgeprägter Macho wird nach seiner Ermordung im Körper einer Frau wiedergeboren. Er muß sich alsbald aufdringlicher männlicher Annäherungsversuche erwehren, findet am Ende aber sogar den Mann fürs Leben. Rollentausch-Komödie des durch zahlreiche alberne Sexfilme einschlägig bekannten Kanadiers Chuck Vincent. (Alternativtitel: »Cleo/Leo«) ✦ USA 1989 **P** Platinum **VA** Summit **R+B** Chuck Vincent **K** Larry Revene **M** Joey Mennona

S Chuck Vincent **D** Jane Hamilton (= Veronica Hart) (Cleo Clock), Scott Baker (= Scott Thompson Baker) (Leo Blockman), Alan Naggar (Marvin Blockman), Ginger Lynn Allen (Karen), Kevin Thomsen (Bob Miller) **L** 83 **FSK** ab 16 **E** 16.8.1990 Video

DER SCHARFSCHÜTZE (THE GUNFIGHTER). Die letzten Stunden eines müde gewordenen Revolvermannes, der sich ins Familienleben zurückziehen will, aber das Opfer seiner eigenen Legende wird, als er von einem jungen Heißsporn, dem er ein Duell verweigerte, von hinten erschossen wird. Charakterstudie von Gregory Peck in einem atmosphärisch dichten und glänzend inszenierten Western, der zu Unrecht im Schatten von Zinnemanns »12 Uhr mittags« steht. – Sehenswert ab 16. ✦ Schwarz-weiß. USA 1950 **P** 20th Century Fox **KI** Centfox **Pd** Nunnally Johnson **R** Henry King **B** William Bowers, William Sellers **K** Arthur Miller **M** Alfred Newman **S** Barbara McLean **D** Gregory Peck (Jimmy Ringo), Helen Westcott (Peggy Walsh), Millard Mitchell (Sheriff Mark Strett), Jean Parker (Molly), Karl Malden (Mac), Skip Homeier (Hunt Bromley), Anthony Ross (Charlie), Verna Felton (Mrs. Pennyfeather), Ellen Corby (Mrs. Devlin), Richard Jaeckel (Eddie), Alan Hale jr. (erster Bruder), David Clarke (zweiter Bruder), Mae Marsh (Mrs. O'Brien) **L** 85 **E** 3.7.1953/8.7.1972 ARD **fd** 2 611

DER SCHARFSCHÜTZE JIMMY RINGO →Der Scharfschütze

SCHARFSCHÜTZEN (SNAIPERY). Die authentische Geschichte eines kasachischen Mädchens, das sich im Zweiten Weltkrieg zur Scharfschützin ausbilden ließ und für seinen aufopferungsvollen Einsatz posthum mit dem Titel »Held der Sowjetunion« geehrt wurde. – Ab 16. ✦ UdSSR 1986 **P** Kasachfilm **R** Bolotbek Schamschijew **B** Bolotbek Schamschijew, Sejlchana Askarowa, Boris Simaschko **K** Murat Alijew, Marat Duganow **D** Aiturgan Temirowa (Alija Moldagulowa), Marina Jakowlewa (Wetkina), Vera Glagolewa (Kowalewa), Jelena Nelnikowa (Pawlowa), Nikolai Skorobogatow (Sitkin) **L** 90 **E** 19.2.1987 DFF 2

DIE SCHARFSCHÜTZEN (SHARPE'S RIFLES / SHARPE'S EAGLES / SHARPE'S COMPANY / SHARPES'S BATTLE / SHARPE'S SWORD). Mehrteilige Abenteuerfilmreihe um einen Offizier, der mit seiner Truppe Anfang des 19. Jahrhunderts auf der iberischen Halbinsel gegen Napoleon kämpft und zum Leutnant befördert wird, nachdem er dem späteren Duke of Wellington das Leben gerettet hat. (1. Teil: »Das Banner des Blutes«; 2. Teil: »Der Adler des Kaisers«; 3. Teil: »Kommando ohne Wiederkehr«) – Ab 16. ✦ Großbritannien 1992–95 **R** Tom Clegg **B** Eoghan Harris **D** Sean Bean (Richard Sharpe), Assumpta Serna (Teresa), Brian Cox (Major Hogan), David Troughton (Wellesley (Wellington)), Simón Andreu (Vivar) **L** 101/101/102 **E** 12./19./26.4.1995 RTL 2 (drei Teile)

DIE SCHARFSCHÜTZEN – DAS VERSCHWUNDENE BATAILLON →Die Scharfschützen

DIE SCHARFSCHÜTZEN – DER VERRÄTER →Die Scharfschützen

DIE SCHARFSCHÜTZEN – TODFEINDE (SHARPE'S SIEGE). Fortsetzung der englischen Abenteuerserie um den Offizier Richard Sharpe, der 1813 mit Wellington gegen Napoleon zieht. Diesmal versucht ein französischer Doppelagent, Wellington nahe Bordeaux in eine Falle zu locken. ✦ Großbritannien 1995 **R** Tom Clegg **B** Nigel Kneale, Russell Lewis **D** Sean Bean (Richard Sharpe), Hugh Fraser (Wellington), Daragh O'Malley (Harper), Abigail Cruttenden (Jane), John Tams (Hagman), Jason Salkey (Harris), Féodor Atkine (Ducos), James Laurenso (Ross) **L** 101 **E** 2.12.2001 RTL II

DER »SCHÄRFSTE« ALLER BANDITEN (DIRTY DINGUS MAGEE). Mit Witz und plumpem Sex angereicherte Parodie auf amerikanische Western, deren Hauptfiguren eher komisch-jämmerliche Typen als edelmütige Helden sind. Schauspielerisch ein Vergnügen. (Fernsehtitel auch: »Dirty Dingus, der scharfe Bandit«) ✦ Scope. USA 1970 **P** MGM **KI** MGM **Pd+R** Burt Kennedy **B** Tom Waldman, Frank Waldman, Joseph Heller, nach einem Roman von David Marksons **K** Harry Stradling jr. **M** Jeff Alexander, Billy Strange **S** William B. Gulick **D** Frank Sinatra (Dingus Magee), George Kennedy (Hoke), Anne Jackson (Belle), Jack Elam (John Wesley Hardin), Lois Nettleton (Prudence), Michele Carey (Anna), John Dehner (General), Henry Jones (Rev. Green), Harry Carey jr. (Stuart), Paul Fix (Häuptling), Tom Fadden, Willis Bouchey (Ira Teasdale), Gayle Rogers **L** 85 **FSK** ab 12; nf **E** 10.4.1971 **fd** 17 253

DAS SCHARLACHROTE BLÜMCHEN. Film nach einem russischen Märchen. Ein wohlhabender Kaufmann, der zu einer langen Handelsreise aufbricht, will seinen drei Töchtern Geschenke mitbringen. Die Jüngste wünscht sich ein scharlachrotes Zauberblümchen, das, wie der Kaufmann im Laufe seiner Reise erfährt, Unglück bringen soll. Dennoch läßt er sich nicht von seiner Suche abbringen. – Ab 10. ✦ UdSSR 1991 **R** Wladimir Grammatikow **B** Iwan Birjukow, William Aldridge **K** Alexander Antipenko **M** Alexej Murawljow **D** Ekaterina Temnikowa (Aljona), Wladimir Gorodnitschew (Kaufmann Danila), Juliana Iwanowa (Olga), Anastassja Jakowlewa (Nastja), Lussjena Owtschinnikowa (Warwara) **L** 90 (TV) 75 **E** 18.,25.10.,1.11.1992 ZDF (drei Teile)

DIE SCHARLACHROTE BLUME →Das scharlachrote Siegel

DER SCHARLACHROTE BUCHSTABE (1972). Ende des 17. Jahrhunderts in einer der ersten Puritanerkolonien in Amerika: Eine Frau muß jährlich einmal am Pranger stehen, weil sie den Namen des Vaters ihres Kindes nicht nennen will. Als ihr Mann in den Ort kommt, versucht sie, ihren Geliebten, den Pfarrer des Dorfes, zur Flucht nach Europa zu bewegen. Doch auch dieser Ausweg wird vereitelt. Detailreich und um eine stimmige Atmosphäre bemüht, bleibt der Film seltsam steif und akademisch. Als Beitrag zur Auseinandersetzung mit den Folgen eines verbitterten Puritanismus diskussionswert. – Ab 16. ✦ BR Deutschland/Spanien 1972 **P** PIFDA (Produktion 1 im Filmverlag der Autoren)/WDR/Elias Querejeta P.C. **KI** Filmverlag der Autoren **Pd** Peter Genée, Primitivo Alvaro **R** Wim Wenders **B** Wim Wenders, Bernardo Fernández, nach dem Roman »The Scarlet Letter« von Nathaniel Hawthorne **K** Robby Müller **M** Jürgen Knieper **S** Peter Przygodda **D** Senta Berger (Hester Prynne), Hans Christian Blech (Chillingworth), Lou Castel (Dimmesdale), Yella Rottländer (Pearl), William Layton (Bellingham) **L** 90 **FSK** ab 12 **E** 13.3.1973 ARD

DER SCHARLACHROTE BUCHSTABE (1974) (THE SCARLET LETTER). (Fernseh-)Verfilmung eines klassischen amerikanischen Romans: Nach einem Ehebruch und der Geburt einer unehelichen Tochter wird eine stolze Frau aus der Bostoner Gesellschaft des Jahres 1642 ausgestoßen – als Zeichen ihrer Schande prangt ein scharlachrotes A auf ihrer Brust. Auch als der als vermißt geltende Ehemann auftaucht, bleibt sie standhaft und gibt den Namen des Vaters nicht preis. ✦ USA 1974 **P** WGBH Boston **R** Rick Hauser **B** Allan Knee, Alvin Sapinsley, nach dem Roman »The Scarlet Letter« von Nathaniel Hawthorne **M** John Morris **D** Meg Foster (Hester Prynne), Josef Sommer, John Heard **L** 170 (zwei Teile) **E** 14.7.1986 DFF 2

DER SCHARLACHROTE BUCHSTABE (1995) (THE SCARLET LETTER). Eine verheiratete Frau verliebt sich im Massachusetts der Kolonialzeit in den Pastor des Dorfes und wird öffentlich gebrandmarkt, als sie ein Kind zur Welt bringt, aber den Namen des Vaters verschweigt. Eine in Inhalt und Form auf den Kopf gestellte Neuverfilmung des Nathaniel-Hawthorne-Romans, dessen differenzierte Darstellung des Puritanismus in eine Emanzipationsgeschichte mit Soap-Opera-Charakter verwandelt wurde. ✦ Scope. USA 1995 **P** Lightmotive/Allied Stars/Cinergi/Moving Pictures **KI** Constantin **VA** Constantin (VCL) **DVD** VCL (1.85:1, DD5.1 dt.) **Pd** Roland Joffé, Robert F. Colesberry **R** Roland Joffé **B** Douglas Day Stewart, nach dem Roman »The Scarlet Letter« von Nathaniel Hawthorne **K** Alex Thomson **M** John Barry **S** Thom Noble **D** Demi Moore (Hester Prynne), Gary Oldman (Arthur Dimmesdale), Robert Duvall (Roger Prynne/R. Chillingworth), Joan Plowright (Harriet Hibbons), Lisa Jolliff-Andoh (Mituba), Edward Hardwicke (John Bellingham) **L** 135 **FSK** ab 12; f **FBW** bw **E** 18.4.1996/10.12.1996 Video/2.3.1999 DVD **fd** 31 876

DER SCHARLACHROTE GEIST →Der Mann mit der Totenmaske

DIE SCHARLACHROTE KAISERIN (THE SCARLET EMPRESS). Die junge deutsche Prinzessin, die durch die Heirat mit dem russischen Thronfolger als Katharina II. Kaiserin des Zarenreiches wird, bleibt durch Ausnutzung ihrer erotischen Anziehungskraft in den Machtkämpfen am Hof Siegerin. Josef von Sternbergs Film bemüht sich nicht um eine historisch getreue Rekonstruktion des Zeitkolorits; bemerkenswert ist er dank der verschwenderischen Dekors, der dynamischen Bildgestaltung und der schauspielerischen Leistung Marlene Dietrichs. – Sehenswert ab 16. ✦ Schwarz-weiß. USA 1934 **P** Paramount **Pd+R** Josef von Sternberg **B** Manuel Komroff, nach den Tagebüchern von Katharina der Großen **K** Bert Glennon **M** John Leopold, W. Franke Harling **S** Josef von Sternberg **D** Marlene Dietrich (Katharina die Große), John Lodge (Fürst Alexei), Sam Jaffe (Großfürst Peter), Louise Dresser (Zarin Elisabeth), Maria Sieber (Katharina als Kind), C. Aubrey Smith (Prinz August), Ruthelma Stevens (Gräfin Elisabeth), Olive Tell (Prinzessin Johanna), Gavin Gordon (Gregory Orloff), Jameson Thomas (Lt. Ostvyn), Hans Heinrich von Twardowski (Ivan Shuwolow) **L** 105 **E** Juni 1935/26.4.1969 TV

DER SCHARLACHROTE KAPITÄN (CAPTAIN SCARLETT). Nach dem Zusammenbruch des Napoleonischen Regimes befindet sich Frankreich in einem Zustand der Gesetzlosigkeit. Ein furchtloser Captain nimmt den Kampf gegen einen tyrannischen Machthaber auf. Durchschnittlich inszenierter Abenteuerfilm mit den üblichen Spannungszutaten. – Ab 14. ✦ USA 1952 **P** United Artists/Craftsman **KI** Paramount **Pd** Howard Dimsdale **R** Thomas Carr **B** Howard Dimsdale **K** Carlos Carbajal **M** Elias Breeskin **S** Gloria Schoemann **D** Richard Greene (Kapitän Scarlett), Leonore Amar (Prinzessin Maria), Ned Young (Pierre), Manolo Fabregas (Herzog Courlaine), Eduardo Noriega (Graf Villiers) **L** 75 **FSK** ab 12; nf **E** 24.4.1953 **fd** 2 561

DIE SCHARLACHROTE KLINGE (THE SCARLET BLADE). Schwacher Abenteuerfilm aus der Zeit des englischen Bürgerkriegs: Kämpfe und Intrigen zwischen den Reitertruppen Cromwells und einer königstreuen Geheimorganisation. – Ab 14. ✦ Scope. Großbritannien 1963 **P** Hammer **KI** Columbia-Bavaria **Pd** Clifford Parkes **R+B** John Gilling **K** Jack Asher **M** Gary Hughes **S** John Dunsford **D** Lionel Jeffries (Colonel Judd), Oliver Reed (Sylvester), June Thorburn, Jack Hedley (Edward Beverly), Duncan Lamont **L** 82 **FSK** ab 12; nf **E** 27.9.1963 **fd** 12 360

DIE SCHARLACHROTE KRALLE →Die Kralle

DER SCHARLACHROTE MUSKETIER (LE CHEVALIER DE PARDAILLAN). Französischer Chevalier rettet 1588 ein Edelfräulein aus den Händen eines machtlüsternen Herzogs. Mit viel Schwung inszenierte Fechtabenteuer, anspruchslos, aber vergnüglich. (DDR-Titel: »Der Ritter von Pardaillan«) – Ab 14. ✦ Scope. Frankreich/Italien 1962 **P** Florida/Fono **KI** Pallas **Pd** Henri Jaquillard **R** Bernard Borderie **B** André Haguet, Bernard Borderie, nach einem Roman von Michael Zevaco **K** Henri Persin **M** Paul Misraki **S** Christian Gaudin **D** Gérard Barray, Gianna Maria Canale, Michèle Grellier, Kirk Morris, Robert Berry **L** 89 **FSK** ab 12; nf **E** 2.11.1962/8.9.1967 Kino DDR/1.1.1971 ZDF **fd** 11 546

DER SCHARLACHROTE PIRAT (SWASHBUCKLER). Anfang des 18. Jahrhunderts stürzt ein von der Bevölkerung unterstützter Freibeuter den tyrannischen Gouverneur von Kingston. Turbulent-bewegter Piratenfilm alten Stils. In den optischen und sprachlichen Details mit Derbheiten überflüssig modernisiert. – Ab 16. ✦ USA 1976 **P** Universal **Kl** CIC **Pd** Jennings Lang, Elliott Kastner **R** James Goldstone **B** Jeffrey Bloom, nach einem Roman von Paul Wheeler **K** Philip Lathrop **M** John Addison **S** Edward A. Biery **D** Robert Shaw (Ned Lynch), James Earl Jones (Nick Debrett), Geneviève Bujold (Jane Barnet), Peter Boyle (Lord Durant), Bernard Behrens (James Barnet) **L** 101 **FSK** ab 12; nf **E** 1976 Kino **fd** 20 098

DER SCHARLACHROTE ROCK (THE SCARLET COAT). Während des amerikanischen Unabhängigkeitskrieges wird General Benedikt Arnold, der als britischer Spion auf amerikanischer Seite kämpft, als Gegenspion entlarvt. Einem authentischen Fall vage nachempfundenes Abenteuer von überdurchschnittlicher Spannung. – Ab 16. ✦ Scope. USA 1955 **P** MGM **Kl** MGM **Pd** Nicholas Nayfack **R** John Sturges **B** Karl Tunberg **K** Paul C. Vogel **M** Conrad Salinger **S** Ben Lewis **D** Cornel Wilde (Major John Boltan), Michael Wilding (Major John Andre), George Sanders (Dr. Jonathan Odell), Anne Francis (Sally Cameron), Robert Douglas (Benedict Arnold) **L** 100 **FSK** ab 12; f **E** 15.3.1956 **fd** 4 818

DAS SCHARLACHROTE SIEGEL (THE SCARLET PIMPERNEL). Ein geheimnisvoller Abenteurer versetzt die französische Revolutionsregierung in hilflose Wut, da er laufend prominente Adelige vor dem Schafott rettet. Abenteuerkomödie, die sich mit ihrem ironischen Tonfall und der außergewöhnlichen Darstellungskunst Leslie Howards unverminderten Reiz bewahrt hat. (Alternativtitel: »Die scharlachrote Blume«, Fernsehen: »Wer ist Scarlet Pimpernel?«) – Sehenswert ab 14. ✦ Schwarz-weiß. Großbritannien 1934 **P** London **Kl** Neue Filmkunst **Pd** Alexander Korda **R** Harold Young, Rowland V. Brown (ungenannt), Alexander Korda (ungenannt) **B** Lajos Biro, Sam Berman, Robert E. Sherwood, Arthur Wimperis, nach einem Roman der Baroness Orczy **K** Harold Rosson **M** Muir Mathieson (Ltg.), Arthur Benjamin **S** William Hornbeck **D** Leslie Howard (Sir Percy Blakeney), Merle Oberon (Lady Blakeney), Raymond Massey (Chauvelin), Walter Rilla (Armand St. Just), O. B. Clarence (Count de Tournay) **L** 97 **FSK** ab 12; nf **FBW** bw **E** vor 1938 Kino/27.9. 1964 ARD **fd** 11 884

DER SCHARLACHROTE VORHANG (LE RIDEAU CRAMOISI). Eine junge Bürgerstochter verliebt sich in einen napoleonischen Offizier, der bei ihren Eltern einquartiert ist. Ihre Affäre ist kurz und endet tragisch. Der Filmkritiker und -theoretiker Astruc experimentiert in seiner ersten Regiearbeit mit neuen Methoden der Literaturverfilmung. Der Text der Novellenvorlage begleitet als Kommentar das stumme Geschehen und bricht kritisch die Emotionen des Melodrams. Eine hervorragend fotografierte Studie über visuelle und sprachliche Ausdrucksmöglichkeiten. – Ab 16. ✦ Schwarz-weiß. Frankreich 1952 **P** Como/Argos **Kl** Goldeck **R** Alexandre Astruc **B** Alexandre Astruc, nach einer Novelle von Barbey d'Aurevilly **K** Eugen Schüfftan **M** Jean-Jacques Grunenwald **D** Jean-Claude Pascal, Anouk Aimée, Jim Gérald, Marguerite Carcya **L** 45 **FSK** ab 16; f **E** 5.12. 1958 **fd** 8 033

DIE SCHARLACHROTEN REITER (NORTHWEST MOUNTED POLICE). Die berittene kanadische Polizei schlägt 1885 einen Aufstand von Indianern und Mestizen gegen die englische Krone nieder. In die Kriegshandlungen verwoben ist der Kampf eines Polizeisergeanten und eines Texas-Rangers um die Liebe zu einer schönen Frau. Aufwendiger und geschwätziger Western mit allen Merkmalen einer schlechten DeMille-Produktion. – Ab 14. ✦ USA 1940 **P** Paramount **Kl** Paramount **Pd+R** Cecil B. DeMille **B** Alan LeMay, Jesse L. Lasky jr., C. Gardner Sullivan, nach einem Roman von R. C. Fetherston-Haugh **K** Victor Milner, W. Howard Greene **M** Victor Young **S** Anne Bauchens **D** Gary Cooper (Dusty Rivers), Paulette Goddard (Louvette Corbeau), Madeleine Carroll (April Logan), Preston Foster (Sgt. Jum Brett), Robert Preston (Constable Ronnie Logan), George Bancroft (Jacques Corbeau), Lynne Overman (Tod McDuff), Akim Tamiroff (Dan Duroc), Walter Hampden (Häuptling Big Bear), Lon Chaney jr. (Shorty), Francis McDonald (Louis Riel), Robert Ryan (Const. Dumont), Douglas Kennedy (Const. Carter), Lane Chandler, Wallace Reid jr., Chief Thundercloud **L** 120 **FSK** ab 12; nf **E** 21.8.1951 **fd** 3 256

DER SCHARLATAN (NIGHTMARE ALLEY). Ein Jahrmarktschreier macht als betrügerischer Hellseher eine zweifelhafte gesellschaftliche Karriere und geht am Ende moralisch und sozial vor die Hunde. Interessantes Drama, das mit kritischem Zynismus den Aberglauben und dessen Ausbeutung behandelt. ✦ Schwarz-weiß. USA 1947 **P** 20th Century Fox **Kl** Centfox **Pd** George Jessel **R** Edmund Goulding **B** Jules Furthman, nach einem Roman von William Lindsay Gresham **K** Lee Garmes **M** Cyril J. Mockridge **S** Barbara McLean **D** Tyrone Power, Joan Blondell, Coleen Gray, Helen Walker, Taylor Holmes **L** 110 **FSK** ab 16; f **E** 19.2.1954 **fd** 3 128

SCHARTL. Ein hasenschartiger Niederbayer will einen Fernsehredakteur für einen Film interessieren, den er gedreht hat. Dies ist der lose Faden, dem Sigi Zimmerschied bei seinen respektlosen Attacken gegen Kirche, Medien und das gesunde Volksempfinden folgt. Der Passauer Kabarettist schießt dabei über jedes Ziel hinaus und läßt keinen noch so grotesken Effekt aus, um seinem Publikum den vermeintlichen Spiegel vorzuhalten. Mit seiner unreflektierten Bosheit stößt der Film mehr ab, als daß er reale Zusammenhänge erhellt. – Wir raten ab. ✦ Deutschland 1994 **P** Hirtenbrief Filmprod. **Kl** Hirtenbrief **Pd+R+B** Siegfried Zimmerschied **K** Josef Rödl **M** Siegfried Zimmerschied **S** Fritz Baumann **D** Siegfried Zimmerschied (Herr Schartl u. a.), Barbara Dorsch, Miki Malor, Ivo Vrzal-Wiegand, Therese Affolter **L** 88 **E** Herbst 1994 **fd** 31 018

DER SCHATTEN (CIEN). Ein aus einem fahrenden Zug gestürzter Mann veranlaßt Zeugen und Polizei zu Erinnerungen an die Kriegs- und Nachkriegszeit. Eindrucksvoll gestalteter Episodenfilm um Verrat im Zweiten Weltkrieg, den Bürgerkrieg 1946 und Wirtschaftssabotage, der mit einem überraschenden Ausgang aufwartet. (DDR-Titel: »Der Mann ohne Gesicht«) – Sehenswert. ✦ Schwarz-weiß. Polen 1956 **P** Wytwórnia Filmow Fabularnych **Kl** Atlas **R** Jerzy Kawalerowicz **B** Aleksander Scibor-Rylski, nach seinem Roman **K** Jerzy Lipman **M** Andrzej Markowski **D** Zygmunt Kestowicz (Knyszyn), Adolf Chronicki (Karbowski), Tadeusz Jurasz (Mikula), Bohdan Ejmont **L** 94 **FSK** ab 16; f **E** 21.12.1956 Kino DDR/ 8.2.1957 DFF 1/5.10.1966

SCHATTEN (SHADOWS). Eine authentisch wirkende Studie über das Verhalten von Schwarzen in einer weißen Gesellschaft. Junge Leute drehten den Film ohne Drehbuch und Atelier in New York mit oftmals spontanem Dialog, als eine Art »Improvisation«, die eine Absage an die Spielregeln des Hollywood-Kinos erstrebt. Erste Regiearbeit des Schauspielers John Cassavetes, die auf Anhieb mehrere Preise gewann. – Sehenswert. ✦ Schwarz-weiß. USA 1960 **P** Athos **Kl** Europa **Pd** John Cassavetes, Maurice McEndree, Seymour Cassel **R+B** John Cassavetes **K** Erich Kollmar **M** Charles Mingus **S** Maurice McEndree **D** Hugh Hurd (Hugh), Lelia Goldoni (Lelia), Ben Carruthers (Ben), Anthony Ray (Tony), Dennis Sallas (Dennis), Tom Allen (Tom), David Pokitillow (David) **L** 80 **FSK** ab 16; f **E** 27.10.1961/13.11.1971 ZDF **fd** 10 881

SCHATTEN AM FENSTER (FINGERS AT THE WINDOW). Ein arbeitsloser Schauspieler rettet eine junge Frau vor einem Mordanschlag auf offener Straße. Damit verstrickt er sich in mysteriöse Verbrechen, hinter denen ein Psychiater steckt, der Geisteskranke als Werkzeuge für Tötungen mit einer Axt mißbraucht. Die dümmliche Polizei hält jedoch den Schauspieler für tatverdächtig. Bisweilen komödienhafter, meist schleppender Thriller, in dem Lew Ayres als vielseitiger Schauspieler brillieren kann. Für ihn war es lange Zeit die letzte Filmrolle, weil er als Pazifist den Kriegsdienst verweigerte, vom Produzenten fallengelassen und vom Publikum geschmäht wurde. – Ab 16. ✦ Schwarz-weiß. USA 1942 **P** MGM **R** Charles Lederer **B** Rose Caylor, Lawrence P. Bachmann **K** Harry Stradling, Charles Lawton **M** Bronislau Kaper **D** Lew Ayres (Oliver Duffy), Laraine Day (Edwina Brown), Basil Rathbone (Dr. Santelle), Walter Kingsford (Dr. Cromwell), Miles Mander (Dr. Immelmann) **L** 79 **E** 19.1.1989 West 3

SCHATTEN AM PIER (TEN U PIRSA). Der erfolgreiche Kampf der Sicherheitsorgane gegen Staatsfeinde. Niveauloser, politisch völlig schablonenhafter Spionagefilm. – Ab 14. ✦ Schwarz-weiß. UdSSR 1955 **P** Studio Odessa **Kl** Progress **R** Michail Winjarski **B** Nikolai Panow **K** W. Simbirzew **M** K. Kortschmarew **D** Oleg Shakow (Major Ljudow), A. Starodub (Leutnant Ssaweljew), R. Matjuschkina (Rakitina), O. Tumanow (Unterleutnant Agejew), Jekaterina Sawinowa (Schubina) **L** 79 (Orig. 85) **E** 14.9.1956 Kino DDR/11.1.1957 DFF 1

SCHATTEN AN DER WAND →Shadows on the Wall

EIN SCHATTEN AUF DEM DACH (JE REVIENDRAI A KANDARA). Ein Lehrer fällt beinahe dem Mörder zum Opfer, dessen Schatten er auf dem Dach des Nachbarhauses gesehen zu haben meint. Unglaubwürdiger Kriminalfilm mit psychologischem Einschlag. – Ab 16. ✦ Scope. Frankreich 1956 **P** Jad **Kl** Deutsche Fox **Pd** Paul Temps **R** Victor Vicas **B** Jacques Companéez, Alex Joffé, Victor Vicas, nach einem Roman von Jean Hougron **K** Pierre Montazel **M** Joseph Kosma **S** Jean Feyte **D** Daniel Gélin, Bella Darvi, François Périer, George Ardisson (= Giorgio Ardisson), Jean Brochard **L** 102 **FSK** ab 16; f **E** 26.3.1957 **fd** 5 763

SCHATTEN AUF DER SONNE (SHADOW ON THE SUN). Schwacher Fernseh-Abklatsch von »Jenseits von Afrika«: Die authentische Lebensgeschichte einer Engländerin, die 1906 nach Kenia übersiedelt und, beeindruckt von der Exotik Afrikas, ihr Leben mit diesem Kontinent für immer verbindet. Langatmig und banal. (Alternativtitel: »Afrika, mein Leben«, »Große Liebe Afrika«) – Ab 14 möglich. ✦ USA/Großbritannien 1988 **P** New World **VA** Arcade **Pd** Tamara Asseyev **R** Tony Richardson **B** Allan Scott **K** Steve Yaconelli **M** John Addison **D** Stefanie Powers, Claire Bloom, Jack Thompson, Timothy West, Peter Bowles **L** 100/95 **FSK** ab 6 **E** 18.4.1992 MDR (zwei Teile)

SCHATTEN AUS DEM JENSEITS (HUSID). Nach langer Suche findet ein junges Paar, ein Musiker und eine Lehrerin für taubstumme Kinder, endlich eine Wohnung. Sie mieten ein altes leerstehendes Haus. Doch ihr Glück ist nur von kurzer Dauer; die Frau wird zunehmend von spukhaften Erscheinungen und unerklärlichen Zwangsvorstellungen heimgesucht. Spannender, dicht inszenierter Psycho-Thriller mit ausgefeilter Kameraarbeit. ✦ Island 1983 **P** Saga **Pd** Björn Björnsson, Egill Edvardsson **R** Egill Edvardsson **B** Egill Edvardsson, Björn Björnsson, Snorri Thorisson **K** Snorri Thorisson **M** Thorir Baldursson **S** Snorri Thorisson, Egill Edvardsson **D** Lilja Thorisdottir (Bjorg), Johann Sigurdarson (Petur), Helgi Skúlason (Medium), Thóra Borg, Arni Tryggvason **L** 101 **E** 10.12.1988 DFF 1/10.7.1994 MDR

SCHATTEN DER ANGST (FRAGMENT OF FEAR). Nach der Ermordung seiner angeblich wohltätigen Tante wird ein ehemals rauschgiftsüchtiger Schriftsteller an den Nachforschungen nach den Tätern gehindert und schließlich in den Wahnsinn getrieben. Spannender, wenngleich nicht immer ganz durchschaubarer Thriller, mit hervorragenden Darstellern und gelungener Kameraarbeit. – Ab 16. ✦ USA 1970

P Columbia **Pd** John R. Sloan **R** Richard C. Sarafian **B** Paul Dehn, nach einem Roman von John Bingham **K** Oswald Morris **M** Johnny Harris **S** Malcolm Cooke **D** David Hemmings (Tom Brett), Gayle Hunnicutt (Juliet), Flora Robson (Lucy Dawson), Wilfrid Hyde-White (Mr. Copsey), Daniel Massey (Major Ricketts) **L** 94 **E** 4.5.1977 BR

SCHATTEN DER ENGEL. Ein reicher Jude, der ein Verhältnis mit einer Prostituierten unterhält, trägt durch Bauspekulation und Korruption zum Untergang seiner abhängigen und moralisch degenerierten Umgebung bei. Die stark stilisierte Inszenierung, von überflüssigen sprachlichen Obszönitäten durchsetzt, vermag die immanente Gesellschaftskritik nicht zu fassen und wirksam werden zu lassen. Das als Vorlage dienende Theaterstück von Fassbinder war eine polemische Attacke gegen die Finanzmetropole Frankfurt und löste wegen vorgeblich antisemitischer Tendenzen eine hitzig geführte Debatte aus. ✦ BR Deutschland 1975 **P** Albatros/Artcofilm **Kl** Filmverlag der Autoren **Pd** Michael Fengler, Jordan Bojilov **R** Daniel Schmid **B** Daniel Schmid, Rainer Werner Fassbinder, nach dem Bühnenstück »Der Müll, die Stadt und der Tod« von Rainer Werner Fassbinder **K** Renato Berta **M** Peer Raben, Gottfried Hüngsberg **S** Ila von Hasperg **D** Ingrid Caven (Lily Brest), Rainer Werner Fassbinder (Raoul), Klaus Löwitsch (Jude), Annemarie Düringer (Frau Müller), Adrian Hoven (Herr Müller), Boy Gobert (Müller II), Ulli Lommel (Kleine Prinz), Irm Hermann (Emma), Peter Chatel (Mann, Thomas), Ila von Hasperg (Violet), Harry Baer (Helfritz) **L** 101 **FSK** ab 18; **f E** 3.9.1976 **fd** 19 950

SCHATTEN DER ERDE (L'HOMBRE DE LA TERRE / DHIL AL-ARDH). Chronik des langsamen Verfalls einer Hirtendorfgemeinschaft im Landesinneren von Tunesien. Traditionelle Werte und Vorstellungen, kulturelle und soziale Einheit geraten zusehends in Vergessenheit. Die jungen Männer verlassen ihre Heimat, um in den Städten nach Arbeit zu suchen. Schließlich bleiben nur noch der alte Patriarch und seine Schwiegertochter übrig. Erstlingsfilm über eine Welt von gestern, die den Kampf ums Überleben nicht gewinnen kann. ✦ Tunesien/Frankreich 1982 **P** Satpec/Les Films Molière/ZDF/NCO **R** Taieb Louhichi, Egisto Macchi **B** Taieb Louhichi **K** Ramon Suarez **M** Egisto Macchi **S** Moufida Tlatli **D** Despina Tomazani, Abdellatif Hamrouni, Hélène Catzaras, Mouna Noureddine, Abdelkader Mokdad **L** 85 **E** 31.3. 1983 ZDF

SCHATTEN DER ERINNERUNG (1977) →Die einfache Vergangenheit

SCHATTEN DER ERINNERUNG (1990) →Haute Tension: Schatten der Erinnerung

SCHATTEN DER FREIHEIT (THE GRASSCUTTER). Thriller um den Kronzeugen eines Prozesses, der nach seiner Aussage um die halbe Welt flieht und sich und seiner Familie in Neuseeland eine neue Identität aufbaut. Nach zehn Jahren ist es mit der Ruhe vorbei, denn seine Tarnung fliegt auf. – Ab 16. ✦ Großbritannien/Neuseeland 1988 **P** Finlayson-Brewer **Pd** Tom Finlayson **R** Ian Mune **B** Roy Mitchell **D** Ian McElhinney (Brian Deeds), Frances Barber (Claire Deeds), Terence Cooper (Jack Macready), Martin Maguire (Billy), James Coile (Jim Wallace) **L** 102 **E** 14.5.1993 VOX

SCHATTEN DER KOBRA (SHADOW OF THE COBRA). Psychothriller. Zwei junge Journalisten erhalten 1977 den Auftrag, die Lebensgeschichte eines psychopathischen Massenmörders nachzuzeichnen, der seine Blutspur in ganz Asien hinterlassen hat. Als sie beginnen, den Fall in Indien zu recherchieren, geraten sie selbst in Lebensgefahr. (Alternativtitel: »Im Schatten der Kobra«) – Ab 16. ✦ Australien 1989 **VA** VMP **R** Mark Joffe **B** Scott Roberts, Michael Laurence **K** Geoff Burton **M** Chris Neal **D** Art Malik (Charles Sobhraj), Rachel Ward (Chris Royston), Michael Woods (Steven Caray) **L** 97/98 **FSK** ab 16 **E** 12.,19.4.1991 premiere (zwei Teile)

SCHATTEN DER LEIDENSCHAFT →Dark Passion

SCHATTEN DER LEINWAND →Die Lady vom Kino Shanghai

SCHATTEN DER LIEBE (SCHATTEN DER LIEBE). Ein in Los Angeles lebender Schweizer kommt nach Zürich, um sich um den Nachlaß seines Bruders zu kümmern, der sich angeblich erschossen hat. Er begegnet dubiosen Figuren, verliebt sich in eine zwielichtige Frau und muß bald um sein Leben fürchten. Ein bemühtes Spielfilmdebüt mit schwer durchschaubarer Geschichte; allein die atmosphärische Schilderung eines labyrinthischen Zürcher Unterweltmilieus kann überzeugen. – Ab 16. ✦ Schweiz 1992 **P** Luna **Pd** Rudolf Santschi, Christof Vorster **R** Christof Vorster **B** Christof Vorster, Gabriele Strohm **K** Rainer Klausmann **M** Peter von Siebenthal, Christian Brantschen **S** Georg Janett **D** Werner Stocker (Tom), Leslie Malton (Christin), Klaus Henner Russius (Steve), Barbara Lotzmann (Frau Beck), Thomas Horváth, Helmut Vogel **L** 96 **E** Schweiz

SCHATTEN DER MACHT →Im Schatten der Macht (1991)

SCHATTEN DER NACHT. Nach einigen Jahren glücklicher Ehe täuscht die Frau eines Verlegers einen tödlichen Unfall vor, um den Erpressungen ihres verbrecherischen Ex-Geliebten zu entkommen. Zur Prostituierten heruntergekommen, kreuzt sie noch einmal den Weg ihres Mannes. Verlogener Kolportagefilm. (Früherer Titel: »Ballade der Nacht«) – Ab 16. ✦ Schwarz-weiß. BR Deutschland 1949 **P** Real **Kl** Pröbster **Pd** Gyula Trebitsch **R** Eugen York **B** Otto Heinz Jahn **K** Willy Winterstein **M** Wolfgang Zeller **S** Alice Ludwig **D** Hilde Krahl, Willy Fritsch, Carl Raddatz, Josef Sieber, Hermann Schomberg **L** 82 **FSK** ab 16; nf **E** 10.1.1950 **fd** 566

SCHATTEN DER SCHULD (MOTHER NIGHT). Verfilmung eines Romans von Kurt Vonnegut. Ein amerikanischer Schriftsteller im Berlin der 30er Jahre läßt sich von seiner deutschen Frau überreden, auch nach der Machtergreifung der Nazis im Land zu bleiben. Von Landsleuten läßt er sich dazu bringen, als Spion zu arbeiten, während er offiziell Nazi-Propaganda im Radio betreibt. Dies aber wird ihm nach dem Krieg zum Verhängnis. ✦ USA 1996 **Pd** Keith Gordon, Robert B. Weide **R** Keith Gordon **B** Robert B. Weide, nach einem Buch von Kurt Vonnegut **K** Tom Richmond **M** Michael Convertino **S** Jay Rabinowitz **D** Nick Nolte (Howard Campbell), Sheryl Lee (Helga Noth), Alan Arkin (George Kraft), John Goodman (Frank Wirtanen), Kirsten Dunst (Resi Noth) **L** 109 **E** 1.12.1998 premiere

DER SCHATTEN, DER UNS VERFOLGTE (L'HOMME QUI NOUS SUIT). Die Fahrt eines Mannes mit seinem 12jährigen Stiefsohn quer durch Italien und Frankreich zur Mutter nach Paris wird zum Alptraum einer Verfolgung durch einen Geistesgestörten. Geschickt gebaute Spannungsunterhaltung in perfekter Inszenierung mit leichter Vertiefung der Handlung und ausgezeichneten schauspielerischen Leistungen. – Ab 16. ✦ Frankreich/Italien 1976 **P** Viaduc/Trianon/P.I.C. **Kl** Warner-Columbia **Pd** Léo L. Fuchs **R** Serge Leroy **B** Christopher Frank, Serge Leroy **K** Walter Wottitz, Jacques Assuerus **M** Claude Bolling **D** Jean-Louis Trintignant, Richard Constantini, Mireille Darc, Bernard Fresson, Adolfo Celi **L** 103 **FSK** ab 16; **f E** 18.3.1977/26.5.1978 Kino DDR **fd** 20 225

SCHATTEN DER UNTERWELT. Ein Einbruch in die Tresorkammer der Berliner Zentralbank löst eine dramatische Verfolgungsjagd vor dem Hintergrund der gewaltigen Berge des Engadins aus. Abenteuerfilm von und mit Harry Piel. (Alternativtitel: »Der Meisterdieb«) ✦ Schwarz-weiß. Deutschland 1931 **P** Ariel **Pd+R** Harry Piel **B** Henrik Galeen **K** Ewald Daub **M** Fritz Wenneis **D** Harry Piel (Harry West), Dary Holm (Irene von Sheridan), Elisabeth Pinajeff (Yvette Finetti), Hans Junkermann (Amadeus Keller), Hans Behal (Berry) **L** 84 **E** 27.4.1931/26.7.1971 DFF

DIE SCHATTEN DER VERGANGENHEIT →Night Shadow (1988)

SCHATTEN DER VERGANGENHEIT (1936) (SCHATTEN DER VERGANGENHEIT). Nach unschuldig erlittener Gefängnishaft sucht die Caféhausgeigerin Helene ihre Zwillingsschwester Betty auf, die als berühmter Revuestar in Wien mit einem Staatsanwalt verlobt ist. Bei einer Segeltour der beiden Schwestern ertrinkt Betty. Helene schlüpft zunächst unfreiwillig, dann bewußt in die Haut ihres charakterverschiedenen Abbildes. Nach einer Erpressergeschichte stellt sich das Happy-End ein. Ein eigenwillig und subtil inszeniertes Melodram, dessen Doppelrolle Luise Ullrich virtuos variiert. – Ab 14. ✦ Schwarz-weiß. Deutschland/Österreich 1936 **P** Donau-Film **R** Werner Hochbaum **B** Walther von Hollander, Karl Buda, Georg C. Klaren, nach dem Manuskript von Georg C. Klaren **K** Georg Bruckbauer **M** Anton Profes **S** Else Baum **D** Luise Ullrich (Betty/Helene), Gustav Diessl (Dr. Hellwig), Lucie Höflich (Anna), Gretl Berndt (Anita Roller), Oskar Sima (Semmelweich) **L** 77 **E** 17.7.1936/10.4.1972 DFF 1

SCHATTEN DER VERGANGENHEIT (1946) (UN REVENANT). Ein berühmter Ballettdirektor kehrt nach Lyon, seiner Vaterstadt, einzig aus Rachegründen zurück. Dort lebt ein ehemaliger Freund, ein satter Bürger, der ihm die Ehe mit seiner Schwester Geneviève nicht gönnte. Der Heimkehrer rächt sich doppelt: Er verliebt sich wieder in Geneviève, läßt sie sitzen und bringt den Sohn des Freundes fast zum Selbstmord. Der Film ist mit Eiseskälte in der Hauptrolle gespielt, und die Abwesenheit moralischer Skrupel ist Teil der zynisch-faszinierenden Handlung; vorzüglich in der Kameraarbeit. – Ab 16. ✦ Schwarz-weiß. Frankreich 1946 **P** C.F.C.C. **Kl** IFA **R** Christian-Jaque **B** Henri Jeanson **K** Louis Page **M** Arthur Honegger **D** Louis Jouvet (Jean-Jacques Sauvage), Gaby Morlay (Geneviève Gonin), François Périer (François Périer), Ludmilla Tchérina, Marguerite Moreno (Carina) **L** 90 **E** Januar 1947/15.4.1984 HR **fd** 151

SCHATTEN DER VERGANGENHEIT (1982) (THE RETURN OF THE SOLDIER). Ein englischer Captain kehrt aus dem Ersten Weltkrieg auf seinen Landsitz zurück. Er hat das Erinnerungsvermögen an die letzten zwanzig Jahre und damit an die Ehe mit seiner kühlen, ichbezogenen Frau verloren. Atmosphärisch dichter, stimmungsvoll fotografierter Film, der sich psychologisch bemüht mit den Folgen gesellschaftlicher Zwänge und Konventionen beschäftigt, dabei aber den Frauenfiguren mehr Überzeugungskraft abgewinnt als der zentralen Figur. (TV-Titel DDR: »Die Rückkehr des Soldaten«) – Ab 16. ✦ Großbritannien 1982 **P** Brent Walker Film/Barry R. Cooper Prod./Skreba/Fox **VA** Pacific **Pd** Ann Skinner, Simon Relph **R** Alan Bridges **B** Hugh Whitemore, Alan Bridges, nach einem Roman von Rebecca West **K** Stephen Goldblatt **M** Richard Rodney Bennett **S** Laurence Mery-Clark **D** Alan Bates (Chris, der Offizier), Julie Christie (Kitty Baldry), Ann-Margret (Cousine), Glenda Jackson (Margaret), Ian Holm (Arzt) **L** 98 **FSK** ab 12 **E** Mai 1987 Video/28.2.1988 ARD/20.9. 1989 DFF2 **fd** 26 439

SCHATTEN DER VERGANGENHEIT (1990) (DEAD AGAIN). Eine junge Frau wird von Alpträumen geplagt, in denen sie sich als Frau eines Komponisten erkennt, der sie aus Eifersucht umbringt. Wiedergeburt und schicksalhafte Schuldverstrickung dienen als Auslöser eines barocken Melodrams, in dessen ambitionierter Gestaltung die begabte Wiederbelebung filmischer Vorbilder erfolgreicher ist als die emotionale Überzeugungskraft der Personen und Konflikte. Ein talentierter, aber überwiegend kalt inszenierter und künstlich wirkender Film. ✦ Teils schwarz-weiß. USA 1990 **P** Paramount/Mirage **Kl** UIP **VA** CIC **Pd** Sydney Pollack, Lindsay Doran, Charles H. Maguire **R** Kenneth Branagh **B** Scott Frank **K** Matthew F. Leonetti **M** Patrick Doyle **S** Peter E. Berger **D** Kenneth Branagh (Mike Church/Roman Strauss), Andy Garcia (Gray Baker), Emma Thompson (Grace/Margaret Strauss), Derek Jacobi (Madson), Hanna Schygulla (Inga), Robin Williams (Cozy Carlisle)

L 108 **FSK** ab 16; f **FBW** bw **E** 20.2.1992/19.11.1992 Video/16.4.1995 Pro Sieben **fd** 29 380

SCHATTEN DER VERGANGENHEIT (1996) (TO FACE HER PAST). Als eine junge Frau an Leukämie erkrankt und geeignetes Knochenmark braucht, um die notwendige Strahlentherapie überleben zu können, macht sich die Mutter auf die Suche nach deren Halbschwester, die sie als Schülerin gebar und nach einem Streit bei ihren strengen Eltern ließ, zu denen seit Jahren jeder Kontakt abgebrochen ist. Sentimentales Familiendrama um Mutterliebe und Vergebung, das an Unwahrscheinlichkeiten kaum zu überbieten ist. ✦ USA 1996 **P** David Brooks Prod. **Pd** David R. Ginsburg **R** Steven Schachter **B** Renee Longstreet **K** Mark W. Gray **S** Stephen Lovejoy **D** Patty Duke (Beth Bradfield), Tracey Gold (Lori Molina), David Ogden Stiers (Ken Bradfield), Gabrielle Carteris (Megan Hollander), James Brolin (Greg Hollander), Maurice Bernard (Jesse Molina) **L** 84 **E** 30.6. 1999 RTL

SCHATTEN DER WAHRHEIT (WHAT LIES BENEATH). Ein in zweiter Ehe glücklich verheiratetes Ehepaar wird aus seinem von Wohlstand geprägten Alltag gerissen, als die Frau nach dem Umzug in ein abgelegenes Haus von Visionen und Erscheinungen heimgesucht wird. Die Konfrontation mit dem Übernatürlichen führt zur Lüftung eines grauenvollen Geheimnisses. Ein spannender, sich vertrauter Stilmittel bedienender Horrorfilm, der sich durch eine geschickte Spannungssteigerung, überzeugende Darsteller und einen bewussten Bruch mit den Erzähltraditionen des Hollywood-Kinos ebenso vielschichtig wie psychologisch glaubwürdig entwickelt. DVD: Die Extras der Kaufversion umfassen u. a. einen dt. untertitelten Audiokommentar des Regisseurs. – Ab 16. ✦ Scope. USA 2000 **P** Dreamworks/20th Century Fox **KI** 20th Century Fox **VA** Fox Home **DVD** Fox Home (16:9, 2.35:1, DD5.1 engl./dt.) **Pd** Steve Starkey, Robert Zemeckis, Jack Rapke **R** Robert Zemeckis **B** Clark Gregg **K** Don Burgess **M** Alan Silvestri **S** Arthur Schmidt **D** Harrison Ford (Dr. Norman Spencer), Michelle Pfeiffer (Claire Spencer), Diana Scarwid (Jody), Miranda Otto (Mary Feur), James Remar (Warren Feur) **L** 130 **FSK** ab 16; f **FBW** w **E** 28.9.2000/29.3.2001 Video & DVD **fd** 34 468

SCHATTEN DER WÜSTE. Zwei junge Deutsche, die drei Jahre als Entwicklungshelfer am Rand der afrikanischen Sahara gearbeitet haben, geraten in eine dunkle Wirtschaftsspionage-Affäre und flüchten in die Wüste, wo ihr Auto liegenbleibt. In einer Notgemeinschaft, die schließlich zur Freundschaft wird, versucht das ungleiche Paar, in der Einöde zu überleben. Abenteuerfilm, der trotz passabler Schauspieler keine Dramatik vermittelt und allenfalls in seinen grotesken Momenten überzeugt. – Ab 14 möglich. ✦ BR Deutschland 1989 **P** Voissfilm/Pro-ject/B.A. Prod./Neue Sentimental-Film/BR **KI** Filmverlag der Autoren **VA** Highlight **Pd** Peter Voiss **R+B** Jürgen Bretzinger **K** Jürgen Jürges **M** Andreas Köbner **S** Barbara von Weitershausen **D** Jessica Forde (Mona), Hannes Jaenicke (Adam), Oliver Stokowski (Kai), Joachim Kemmer (Chris), Adam Choucou **L** 99 **FSK** ab 12; f **FBW** w **E** 18.1.1990/3.9.1990 Video/ 15.4.1993 BR **fd** 28 103

SCHATTEN DER ZUKUNFT. Der Dokumentarfilm stellt die Frage nach den Nachwirkungen des Nationalsozialismus, wobei deutlich wird, daß Antisemitismus und Fremdenfeindlichkeit den ungezwungenen Zugang zu diesem Problem nach wie vor erschweren. Im Zusammenhang mit dem zerstörerischen Erbe der NS-Ideologie bringt er den Bezug zur Gegenwart dadurch zustande, daß er eine in Berlin lebende Israelin mit einem in München lebenden Palästinenser zusammenführt. Sie verständigen sich auf Deutsch. Ein bewußt subjektiv gestalteter, zur Diskussion herausfordernder Film. ✦ BR Deutschland 1985 **P** Bergmann/ZDF/Kirchlicher Entwicklungsdienst **SF** Verleihgenossenschaft/EZEF **Pd+R+B** Wolfgang Bergmann **K** Fritz Poppenberg, Gerd Tönsmann **M** Wolfgang Hamm **S** Vessela Martschewski **D** Anath Sieff, Fuad Hamadan, Abraham Sieff, Miriam Abu Latifa, Erich Fried **L** 92 **FBW** bw **E** 27.5.1985/27.11. 1985 ZDF

EIN SCHATTEN, DER ZURÜCKBLEIBT (HIJA GE MBETEN PAS). Ein junger Mann verläßt seine Verlobte, als er erkennt, daß der zukünftige Schwiegervater Kopf einer Schieberbande ist. – Ab 14. ✦ Scope. Albanien 1985 **P** Shqipëria-Film **KI** Progress **R** Esat Mysliu **B** Diana Culi, Esat Mysliu **K** Lionel Konomi **M** Maksim Shehu **D** Xhevdet Ferri, Matilda Makoci, Eva Alikaj, Ndriçim Xhepa **L** 100 **E** 9.9.1988 Kino DDR

SCHATTEN DES BÖSEN (NO PLACE TO HIDE). Thriller nach vertrauten (Fernseh-)Mustern. Eine junge Frau fühlt sich verfolgt. Polizei und Stiefmutter glauben, daß sie geistig verwirrt ist. – Ab 16. ✦ USA 1981 **P** CBS/Metromedia **Pd** Jay Daniel, S. Bryan Hickox **R** John Llewellyn Moxey **B** Jimmy Sangster **K** Robert Hauser **M** John Cavacas **D** Mariette Hartley (Adele Manning), Kathleen Beller (Amy Manning), Arlen Dean Snyder (James Stockwood), Gary Graham (David Norlan), Keir Dullea (Cliff Letterman) **L** 91 **E** 23.6.1992 Kabelkanal

DER SCHATTEN DES DÜNNEN MANNES (SHADOW OF THE THIN MAN). Erneut muß sich Lebenskünstler Nick Charles detektivisch mit Mordtaten auseinandersetzen, wobei er allerdings wesentlich weniger Aufmerksamkeit auf den Fall verwendet als darauf, Frau und Kind und Hund loszuwerden – was ihm nicht gelingt. Vom Kriminal-Plot her ist diese vierte Produktion des »Dünner Mann«-Serials nur noch ein »Schatten« der Vorgänger; das komödiantische Spiel von William Powell und Myrna Loy macht sie dennoch zu einem Vergnügen. – Ab 14 möglich. ✦ Schwarz-weiß. USA 1941 **P** MGM **Pd** Hunt Stromberg **R** W. S. van Dyke **B** Irving Brecher, Harry Kurnitz, nach Charakteren eines Romans von Dashiell Hammett **K** William H. Daniels **M** David Snell **S** Robert J. Kern **D** William Powell (Nick), Myrna Loy (Nora), Donna Reed (Molly), Loring Smith (Stephens), Sam Levene (Lieutenant Abrams) **L** 95 **E** 17.7.1992 ARD

DER SCHATTEN DES FLIEGENDEN VOGELS (STIN LETAJICIHO PTACKA). Ein Beamtenehepaar in einer Kleinstadt in der Nähe von Prag verliert seinen einzigen Sohn durch einen Verkehrsunfall, bei dem auch dessen Begleiterin verletzt wird. Durch den Tod des Sohnes und das den Eltern bisher unbekannte Mädchen kommt plötzlich Unruhe in das bisher zufriedene, kleinbürgerliche Leben der Familie. Psychologisch genau beobachtet und mit großem Einfühlungsvermögen geschildert, wirkt der Film durch den stark konstruierten Ausgangspunkt dennoch zwiespältig. In der Behandlung der Probleme aber interessant und zum Nachdenken anregend. – Ab 16. ✦ CSSR 1977 **P** Filmstudio Barrandov **KI** Progress **R** Jaroslav Balík **B** Ján Otcenásek, Jaroslav Balík **K** Jirí Macháne **M** Karel Mares **D** Eva Píchová (Jana), Petr Hanicinec (Sochor), Vera Galatíková (Sochorowa), Ilja Prachar (Benda), Jorga Kotrbová (Alena) **L** 97 (BRD 90) **E** 8.12.1978 Kino DDR/10.11.1979 DFF 2/ 20.,27.1.1980 ARD

DER SCHATTEN DES FREMDEN (STRANGER IN TOWN). Nach einer enttäuschenden Liebesgeschichte verkriecht sich eine junge Frau mit ihren beiden Kindern in ein Provinznest, findet jedoch keine Ruhe, da bald nach ihrer Ankunft eine Frau ermordet wird und der Gelegenheitsarbeiter, der ihr bei der Renovierung ihres Hauses hilft, der Tat verdächtigt wird. Kleiner Psychothriller, der auf Fernsehniveau nur oberflächliche Erwartungen befriedigen kann. ✦ Kanada 1998 **Pd** Rob King, Josh Miller **R** Stuart Margolin **B** John Hopkins **K** Jim Jeffrey **M** Bruce Ruddell **S** Jackie Dzuba **D** Harry Hamlin (Jack), Rebecca Jenkins (Katherine), Shaun Johnston (Polizeichef Waller), Dixie Seatle (Terri Orloff), Trevor Blumas (Aaron) **L** 91 **E** 3.8.2000 Premiere World

DER SCHATTEN DES GIGANTEN (CAST A GIANT SHADOW). Die Staatwerdung Israels und der Kampf des Amerikaners jüdischer Abstammung David Marcus für die Rechte der Juden. Aufwendige Hollywood-Produktion, die im Abenteuerlichen steckenbleibt und auch von Melodramatik nicht frei ist. – Ab 16. ✦ USA 1965 **P** The Mirisch/Llenroc/Batjac **KI** United Artists **Pd** Melville Shavelson, Michael Wayne **R** Melville Shavelson **B** Melville Shavelson, nach einer Biografie von Ted Berkman **K** Aldo Tonti **M** Elmer Bernstein **S** Bert Bates, Gene Ruggiero **D** Kirk Douglas (Col. David »Mickey« Marcus), Senta Berger (Magda Simon), Angie Dickinson (Emma Marcus), John Wayne (Gen. Mike Randolph), Yul Brynner (Asher Gonen), Frank Sinatra (Vince) **L** 138 **FSK** ab 12; f **E** 13.10.1966 **fd** 14 357

SCHATTEN DES GRAUENS (SHADES OF GRAY). Nach einem Mordanschlag auf ihren früheren Geliebten, einen Detective, verläßt eine Polizei-Zeichnerin ihre Heimatstadt und heiratet einen anderen Mann. Als ein Mädchen ermordet wird, deuten die Spuren auf den Ex-Geliebten. Auf Erotik getrimmter Thriller mit recht rüdem Dialog. ✦ USA 1995 **P** Everest Pictures **Pd** Jag Mundhra, Subhash Bal, Bharat Kumra **R** Jag Mundhra **B** Carl Austin **K** Blain Brown **M** Alan Dermarderosian **S** Frank Sacco **D** Doug Jeffery (Jack Kincaid), Tom Reilly (Frank Maxwell), Kathy Shower (Joyce Walker), Michelle Helm (Amy), Kelly Burns (Gray Goodman), Christopher Michael, Wendy MacDonald **L** 103 **E** 7.1.1998 ProSieben

DER SCHATTEN DES HERRN MONITOR. Aus Rache engagiert ein junger Mann einen heruntergekommenen Ingenieur, die Rolle eines Verlegers zu übernehmen und als sein Doppelgänger Raubüberfälle auszuführen. Die Frau des Verlegers, die der Grund für diese Racheaktion aus verschmähter Liebe ist, kann den »Schatten« jedoch entlarven. Konstruierter Kriminalfilm, spannungslos und schablonenhaft inszeniert. – Ab 14. ✦ Schwarz-weiß. BR Deutschland 1950 **P** Real **KI** Döring **Pd** Gyula Trebitsch **R** Eugen York **B** Just Scheu, Ernst Nebhut **K** Ekkehard Kyrath **M** Wolfgang Zeller **S** Alice Ludwig **D** Carl Raddatz, Paul Dahlke, Marianne Wischmann, Catja Görna, Carl-Heinz Schroth **L** 81 **FSK** ab 12; f **E** 5.9.1950/ 6.10.1964 DFF 1 **fd** 894

DER SCHATTEN DES MÖRDERS (SHE WOKE UP). Mit knapper Not übersteht eine Millionenerbin einen Mordversuch. Nachdem sie aus dem Koma erwacht ist, muß sie mit der Angst leben, daß der Unbekannte wieder zuschlagen könnte. Dazu kommt der Verdacht, daß es sich bei dem Täter um einen ihrer nächsten Angehörigen handelt. Fernsehthriller. – Ab 16. ✦ USA 1992 **P** Mandy Films **Pd** Terry Nelson **R** Waris Hussein **B** Claire Labine **K** Robert Steadman **M** Christopher Franke **D** Lindsay Wagner (Claudia Parr), David Dukes (Sloane), Frances Sternhagen (Noelle), Maureen Mueller (Alix), Ron Frazier (Dr. Bigelow) **L** 89 **E** 4.3.1994 ARD

SCHATTEN DES RUHMS (THERE MUST BE A PONY). Eine vergessene Filmdiva versucht nach einem Aufenthalt in einer psychiatrischen Klinik ein neues Leben. Da Rollen ausbleiben, wird ihr anfänglicher Elan gebremst. Beim Besuch der Rennbahn verliebt sie sich in einen charmanten Mann, der bei ihr einzieht. Doch das Glück ist von kurzer Dauer. Als einmal mehr ein Engagement platzt, betrinken sich die beiden. In derselben Nacht begeht der Mann Selbstmord, die Exdiva gerät in Mordverdacht. Erst zwei Abschiedsbriefe des Geliebten beweisen ihre Unschuld. Fürs Fernsehen entstandenes Krimimelodram als Starvehikel. – Ab 16. ✦ USA 1986 **R** Joseph Sargent **D** Elizabeth Taylor, Robert Wagner, James Coco, Chad Lowe **L** 90 **E** 9.12.1989 PRO 7

DER SCHATTEN DES RUHMS (SJENKA SLAVE). Ein Unfall verändert das Leben eines erfolgreichen Sportlers von Grund auf. Er arbeitet Tag und Nacht als Kraftfahrer und meidet seine alten Freunde, um über sein Schicksal hinwegzukommen. Erst die Begegnung mit einem jungen Mädchen gibt ihm Selbstvertrauen und ein neues Lebensgefühl. – Ab 14.

✦ Jugoslawien 1962 **P** Jadran-Film **R** Vanja Bjenjas **B** Vitomil Zupan **K** Branko Ivatovic **M** Bojan Adamic **D** Miha Baloh, Ingrid Lotarius, Boris Dvornik, Milan Srdoc, Jovan Rancic **L** 88 **E** 17.10.1969 DFF 1

SCHATTEN DES RUHMS – DIE MICHAEL-LANDON-STORY (MICHAEL LANDON, THE FATHER I KNEW/ A FATHER'S SON). Als der Fernsehstar Michael Landon (u. a. »Bonanza«) seine Familie wegen einer anderen Frau verlässt, leiden besonders die älteren Kinder darunter. Die Tochter entwickelt Bulimie, der Sohn greift zum Alkohol und sinkt immer tiefer. Erst am Endpunkt seiner Drogenkarriere ist er bereit, wieder Kontakt zu seinem Vater aufzunehmen. Autobiografisches Melodram, dass das Saubermann-Bild des Stars ankratzt und eine verspätete Auseinandersetzung mit dem 1991 an Krebs gestorbenen Schauspieler ist. – Ab 14 möglich. ✦ USA 1999 **P** Green/ Epstein Prod. **Pd** Jim Green **R** Michael Landon jr. **B** Linda Bergman **K** Michael Slovis **M** Richard Bellis **S** Peter Svab **D** John Schneider (Michael Landon), Cheryl Ladd (Lynn Landon), Daveigh Chase (Shawna Landon mit 8), Joel Berti (Michael Landon jr.), Sarah Lancaster (Leslie Landon mit 17) **L** 90 **E** 29.4.2000 Vox

SCHATTEN DES SCHRECKENS (THE SCARECROW). In einer idyllischen neuseeländischen Kleinstadt während der 50er Jahre, in der allenfalls die Streiche der Jugendlichen für Abwechslung und Aufsehen sorgen, taucht eines Tages ein mysteriöser alter Mann auf. In dramatischen Auseinandersetzungen erweist er sich als der Initiator einer zunächst unerklärlichen Mordserie. Mit Grusel- und Horrorelementen versetzter Erstlingsfilm, erzählt als wehmütiger Rückblick auf das Kleinstadtleben und pubertäre Nöte und Aufregungen; weit mehr als die nur wenig plausiblen Schockszenen überrascht das ungemein frische Spiel der jugendlichen Darsteller. (Alternativtitel: »Schrecken«) ✦ Neuseeland 1981 **P** Oasis/ New Zealand National Film Unit/Rob Whitehouse **Pd** Rob Whitehouse **R** Sam Pillsbury **B** Michael Heath, Sam Pillsbury, nach einem Roman von Ronald Hugh Morrison **K** James Bartle **M** Andrew Hagen **S** Ian John **D** Jonathan Smith (Ned), Tracy Mann (Pru), John Carradine (Salter), Daniel McLaren (Les), Stephen Taylor (Herbert), Desmond Kelly (Vater), Anne Flannery (Mutter) **L** 88 **E** 21.2.1987 ZDF

DER SCHATTEN DES SCHREIBERS (DER SCHATTEN DES SCHREIBERS). Ein erfolgreicher Krimi-Autor, der seinen ersten »ernsthaften« Roman geschrieben hat, wird mit der Tatsache konfrontiert, dass seine Romanheldin plötzlich in der Realität existiert, was zu Aufregungen führt. Ein verkrampft-witziger Film mit mäßigen Schauspielerleistungen, der abstrusen Männerfantasien freien Lauf läßt und das der Geschichte zugrunde liegende »Pygmalion«-Motiv nur unzureichend behandelt. – Ab 16. ✦ Österreich 1995 **P** Cult Film/ORF **Pd+R** Niki List **B** Bernhard Schärfl, Niki List **K** Martin Stingl **M** Peter Janda, Martin Lichtenwallner **S** Ingrid Koller **D** Gudrun Tielsch (Sarah), Hans-Werner Meyer (Robert), Hans Dieter Knebel (Max), Birgit Zamulo (Barbara), Gerhard Haase-Hindenberg (Kommissar) **L** 87 **E** 8.10. 1996 ORF 1

DER SCHATTEN DES SHOGUN (GEKITOTSU). Ein Trupp Samurai muß den kleinen Sohn eines Shogun binnen fünf Tagen in den Palast seines Vaters bringen. Der Auftrag entpuppt sich als Falle, und nur unter pausenlosen Gefechten erreicht der letzte Getreue sein Ziel. Eine dünne Geschichte, deren überaus kunstfertige Inszenierung jedoch die Mängel des Buches wettmacht. Neben schönen Landschaftsaufnahmen sorgen Dressur der Pferde, Schnitt und Choreografie für unterhaltsame Abwechslung in dem im 17. Jahrhundert angesiedelten Kostümfilm. – Ab 16. ✦ Scope. Japan 1989 **P** Toei **VA** Cannon/VMP **Pd** Shigero Okada **R** Yasuo Furuhata **B** Hiroo Matsuda, Sadao Nakajima **K** Kiyoshi Kitasaka, Hiroo Matsuda **M** Masaru Satô **S** Eifu Tamaki **D** Shinichi Chiba (Iba Shoemon), Ken Ogata (Igo Gyobu), Tetsuro Tamba (Hotta Masamori), Hu Chien Chiang (Shishi Jingoemon), Hiroki Matsukata (Abe Shigeji) **L** 90 (Orig. 114) **FSK** ab 16 **E** 20.2.1991 Video **fd** 28 851

SCHATTEN DES TODES (SHADOW OF DEATH). Reißerischer Thriller im Filmmilieu. Durch ein von ihm inszeniertes Blutbad kann sich ein Massenmörder seiner Hinrichtung entziehen. Als ein Filmteam später an Ort und Stelle dreht, schlägt der heimtückische Killer erneut zu. ✦ USA 1988 **P** Skoures Pictures **VA** Sony **R** Robert Kirk **B** Mark W. Rosenbaum **D** Deborah Foreman, Clayton Rohner, Lyle Alzado, Anthony Perkins **L** 92 **FSK** ab 18 **E** 1990 Video

DER SCHATTEN DES VATERS (APOUSSIES). Die Beziehungen zwischen drei Schwestern zur Zeit des Ersten Weltkrieges. Inspiriert von zwei Gemälden von Edvard Munch, entwirft der Film mit sensiblem Raffinement poetische Tableaus zur moralkritischen Reflexion einer trügerischen Belle Époque, die psychologisch spürbar wird und die romantische Absurdität jeglicher weltfremder Nostalgie ins Bewußtsein hebt. – Ab 16. ✦ Griechenland 1987 **P** Greek Film Centre **R** George Katakouzinos **B** George Katakouzinos, Dimitris Nollas **K** Tassos Alexakis **M** Stamatis Spanoudakis **D** Themis Bazaka (Eleni), Pemy Zouni (Maria), Nikitas Tsakiroglou (Mourouzis), Caterina Sarri, Maria Konstadakou (Anna) **L** 110 **E** 27.6.1991 DFF

SCHATTEN DES VERDACHTS (FATHER). 50 Jahre nach Kriegsende wird ein inzwischen in Australien lebender Mann von der Vergangenheit eingeholt: Eine jüdische Überlebende des Holocaust glaubt, in ihm den Mörder ihrer Familie erkannt zu haben. Die öffentlichen Anfeindungen als Kriegsverbrecher gestalten das nur an der Oberfläche intakte Verhältnis des alten Mannes zu seiner Tochter noch problematischer. Ein thematisch an Costa-Gavras' »Music Box« angelehntes Drama. Der Film gewinnt durch die zunehmend vielschichtiger werdende Charakterisierung der Hauptfigur an Faszination und Substanz. – Sehenswert ab 16. ✦ Australien 1990 **P** Transcontinental **Pd** Damien Parer, Paul Barron **R** John Power **B** Tony Cavanaugh, Graham Hartley **K** Dan Burstall **D** Max von Sydow (Joe Muller), Carol Drinkwater (Anne Winton), Julia Blake (Iya Zetnick), Steven Jacobs (Bobby Winton), Simone Robertson (Rebecca Winton), Kahli Sneddon (Amy Winton), Nicholas Bell (Paul Jamieson) **L** 100 **E** 11.4.1995 ZDF

SCHATTEN DES VERRATS (FELLOW TRAVELLER). In den frühen 50er Jahren macht der »Ausschuß für unamerikanische Umtriebe« Jagd auf Liberale und (angebliche) Kommunisten in Hollywood. Ein Drehbuchautor verzichtet auf seine Karriere und kommt in England beim Fernsehen unter; ein Schauspieler begeht Selbstmord. Der Autor stößt bei seinen Nachforschungen auf den Psychoanalytiker, der beide behandelt und beider Vertrauen ausgenutzt hat, um sie beim Ausschuß anzuschwärzen. Eine gedankenvolle Auseinandersetzung mit einem dunklen Kapitel der Filmgeschichte. – Ab 16. ✦ Großbritannien/USA 1989 **P** BBC/British Film Institute/HBO **R** Philip Saville **B** Michael Eaton **K** John Kenway **S** Greg Miller **D** Ron Silver (Asa Kaufman), Hart Bochner (Clifford Byrne), Imogen Stubbs (Sarah Aitchinson), Daniel J. Travanti (Jerry Leavy), Katherine Borowitz, Julian Fellowes **L** 88 **E** IA/21.9.1995 ZDF

DER SCHATTEN DES WOLFES (SHADOW OF THE WOLF). Mitte der 30er Jahre kommt es in arktischer Wildnis zu Konflikten in einem Eskimodorf, als der Sohn des Häuptlings im Streit einen weißen Händler tötet und mit seiner schwangeren Geliebten in die Einsamkeit flüchten muß. Abenteuerfilm um den Einbruch der Zivilisation in eine intakte Gemeinschaft. Er überzeugt durch hervorragende Landschaftsaufnahmen und solide Darsteller, ist insgesamt aber zu zerfahren inszeniert und behandelt die interessanten ethnischen Aspekte zu oberflächlich. – Ab 16. ✦ Scope. Kanada 1991 **P** Vision International/Mark Damon Prod. **Kl** UIP **VA** Warner Home **Pd** Claude Leger **R** Jacques Dorfmann **B** Evan Jones, Rudolph Wurlitzer, nach einem Roman von Yves Theriault **K** Billy Williams **M** Maurice Jarre **S** Françoise Bonnot **D** Lou Diamond Phillips (Agaguk), Toshirô Mifune (Kroomak), Jennifer Tilly (Igiyook), Bernard-Pierre Donnadieu (Brown), Donald Sutherland (Henderson) **L** 112 **FSK** ab 16; f **FBW** w **E** 12.11.1992/28.5.1993 Video/ 22.4.1996 ZDF **fd** 29 884

DER SCHATTEN DES ZWEIFELS (L'OMBRE DU DOUTE). Als eine Elfjährige endlich den Mut aufbringt, ihren Vater des sexuellen Mißbrauchs zu bezichtigen, setzt sie sich zunächst dem Psychoterror ihrer Umgebung aus. Doch der Schritt in die Öffentlichkeit erweist sich als der einzig mögliche Weg, dem familiären Vakuum zu entgehen und bei allen Beteiligten einen langwierigen Lernprozeß in Gang zu setzen. Ein gleichermaßen aufklärerischer wie sensibler Film, der eindeutig Partei für die Opfer bezieht, ohne voyeuristische oder melodramatische Akzente zu setzen. Der engagierte Beitrag zum Thema »sexueller Mißbrauch« vermeidet jedoch auch die pauschale Verteufelung der Täter. ✦ Frankreich 1993 **P** Ciby 2000/TF 1 **Kl** MFA **R** Aline Issermann **B** Aline Issermann, Martine Fadier-Nisse, Frédérique Gruyer **K** Darius Khondji **M** Reno Isaac **S** Hervé Schneid **D** Mireille Perrier (Marie), Alain Bashung (Jean), Sandrine Blancke (Alexandrine), Emmanuelle Riva (Großmutter), Michel Aumont (Großvater), Luis Issermann (Pierre), Dominique Lavanant (Gabrielle), Thierry Lhermitte (Baptiste) **L** 107 **E** März 1994

SCHATTEN – EINE NÄCHTLICHE HALLUZINATION. Berühmter Stummfilm des Deutschamerikaners Arthur Robison (1888–1935): Ein spanischer Grande verfolgt mit wachsender Eifersucht das Verhalten seiner Frau und ihrer Kavaliere bei einem festlichen Dinner. Nach dem Essen führt ein fahrender Schattenspieler im Salon ein Schreckensdrama über mögliche Folgen der Eifersucht vor und versetzt seine Zuschauer in eine Vision, in der alle Beteiligten ihre unbewußten Begierden frei ausleben – alle Spannungen verlieren sich nun. Ein abgründiges Selbstporträt des Mediums Film, das virtuos mit der Erotik, aber auch der Psychoanalyse spielt. In allen Belangen der Filmtechnik und -gestaltung gelungen. – Sehenswert. ✦ Schwarz-weiß. Deutschland 1923 **P** Pan **Kl** Transit **R** Arthur Robison **B** Rudolf Schneider, Arthur Robison, nach einer Idee von Albin Grau **K** Fritz Arno Wagner **D** Fritz Kortner (der Graf), Ruth Weyer (seine Frau), Gustav von Wangenheim (ihr Liebhaber), Alexander Granach (der Wanderspieler), Eugen Rex (ein Diener) **L** 83/62 **FSK** o. A.; f **E** 16.10. 1923/7.7.1973 NDR

SCHATTEN EINER BRAUTNACHT (SENJI DEMA). In der Brautnacht stirbt der frisch angetraute Ehemann eines Waisenmädchens. Der Tradition zufolge muß die junge Frau den Rest ihres Lebens im Hause der Schwiegereltern verbringen. Eines Tages kommt ein reicher Mandarin vorbei und will die Frau freikaufen. Film nach einer alten chinesischen Legende, die als Sinnbild des Guten und Schönen verstanden werden will. – Ab 16. ✦ VR China 1985 **P** Filmstudio der Inneren Mongolei **R** Chen Da **B** Lu Zirong **K** Guan Qingwu **M** Alatengoya **D** Bulude Gigige (Senji Dema), Wang Weigho (Jergo), Siqin Gaowa (Duma), Zhang Minquan (Mungken), Lu Ye (Geschäftsführer Liu) **L** 79 **E** 10.8.1987 DFF 1/18.8.1992 ORB

DER SCHATTEN EINER FRAU (SHADOW OF A WOMAN). Erst nach ihrer Eheschließung mit einem angesehenen Arzt erfährt eine junge Frau, dass er bereits verheiratet war und einen Sohn hat. Ihre Überraschung schlägt in Schrecken um, als sie realisieren muss, dass er seinem behinderten Neffen scheinbar nach dem Leben trachtet, um dessen Erbfolge antreten zu können. Die Frau sieht sich zum Handeln genötigt. Ein in Rückblenden erzählter Kriminalfilm. ✦ Schwarz-weiß. USA 1946 **P** Warner **Pd** William Jacobs **R** Joseph Santley **B** Whitman Chambers, C. Graham Baker, nach dem Roman »He Fell Down Dead« von Virginia Perdue **K** Bert Glennon **M** Adolph Deutsch **S** Christian Nyby **D** Helmut Dantine (Dr. Eric Ryder), Andrea King (Mrs. Ryder), Don

Spielberg

Hollywoods Wunderkind. Ein Porträt ◆ **Sterne und Träume.** Der Einfluss Walt Disneys ◆ **Ausgewählte Filmkritiken:** *Hook* ◆ *Jurassic Park* ◆ *Schindlers Liste* ◆ *Amistad* ◆ *Der Soldat James Ryan* ◆ *E. T. – Der Außerirdische*

Hollywoods Wunderkind
Ein Porträt

VON FRANZ EVERSCHOR

Zwei der größten Kassenerfolge aller Zeiten hatten den Namen des damals kaum dreißigjährigen Steven Spielberg bei der amerikanischen Filmindustrie bereits ins Rampenlicht von Bewunderung und Neid gerückt, als sein Film *Die Farbe Lila* 1986 für elf Oscars nominiert wurde – außer für die beste Regie. Kaum wurden die Nominierungen bekannt, begann die Branche zu spekulieren, was wohl hinter dieser auffälligen und überraschenden Auslassung stecken könnte. Ein Film, der sozusagen in allen Kategorien als der beste benannt wird, muss schlechterdings von einem eminenten Regisseur stammen. Irgendetwas konnte also nicht stimmen, und das wurde sonnenklar, als *Die Farbe Lila* bei der Preisverleihung in keiner der elf Kategorien mit der zumindest für die USA immer noch hochbedeutsamen Trophäe bedacht wurde. Der »Hollywood Reporter« rief nach einer offiziellen Untersuchung, der Komponist des Films, Quincy Jones, beschuldigte die Akademie des Rassismus, und die Mehrzahl der amerikanischen Kritiker polemisierte gegen das hohe Durchschnittsalter der Akademiemitglieder.

Diskutiert wurde der »Fall Steven Spielberg«, nicht die Qualität seiner Filme oder das Phänomen ihres Erfolgs beim Publikum. Kein Wunder also, dass all das entrüstete Gerede zu keinem Ergebnis führte. Spielberg, der Regisseur, blieb der beneidete Emporkömmling, dem das Image eines Protegés unverändert anhängt, seit Universal den Einundzwanzigjährigen unter ihre Fittiche genommen hatte. Und was immer er in den Folgejahren unternahm, an der Missgunst des Hollywoodestablishments hat sich nichts geändert. Anerkennung erwarb sich Spielberg mehr durch seine Produzententätigkeit und als Ziehvater talentierter junger Regisseure wie Joe Dante, Tobe Hooper und vor allem Robert Zemeckis, die er *Gremlins*, *Poltergeist* und *Zurück in die Zukunft* inszenieren ließ. Mehr als je zuvor scheint die kommerzialisierte Maschinerie der großen Studios Individualisten unter den Regisseuren nur als Unikum zu tolerieren, nicht jedoch als Vorbild oder als begehrenswertes Mitglied der Branche. Die Favoriten der Studios sind brillante Handwerker, die manipulierbar auf Projekte angesetzt werden können, denen sich mehr das Studio als der einzelne Regisseur verbunden fühlt. Steven Spielberg, begünstigt durch seine frühen Erfolge, hat seit dem *Weißen Hai* keinen einzigen Meter Film belichtet, den er nicht selbst machen wollte. Alle seine Filme sind höchstpersönliche Projekte, deren Verwirklichung er selbst oft über viele Jahre vorbereitet hat und die er mit Hilfe eines großen Studios realisierte, deren Ruhm sich aber kein Studioboss und kein Executive Producer anrechnen kann.

Enfant terrible, geliebtes und gehasstes Wunderkind. Außenseiter und Protagonist einer neuen Regisseurgeneration, aber auch begehrter Beschwörer der Massen, hat sich Steven Spielberg selbst immer hinter seine Filme zurückgezogen. Er gibt höflich Auskunft über sein Privatleben, über bewegende Eindrücke seiner Kindheit und seiner frühen Fernsehleidenschaft, doch er verweigert sich dem Personenkult. Das macht ihn sympathisch. Seine auch äußerlich sehr sichtbare Jugend addierte jene Bewunderung, die frühen Talenten häufig zuteil wird. Hinzu kam, dass die Stoffe, die er verfilmte, die Leidenschaften und Träume seiner Generation reflektieren, jener Generation, die den größten Teil des Kinopublikums der 70er und der frühen 80er Jahre ausmachte: infantile Geschichten von der Bewährung kleiner Leute in großen Gefahren. Doch auch der beharrlich seine Jugenderlebnisse variierende Spielberg musste langsam der Welt seiner aufwendig, trickreich und menschenfreundlich abgewandten Fantasien entwachsen. Allmählich werden die kleinen Leute in seinen Filmen große Leute, und mit dem Erwachsenwerden sieht sich der Filmemacher nicht nur neuen Dimensionen, sondern auch ganz neuen Problemen ausgesetzt. Apologeten seiner frühen Filme, wie die New Yorker Kritikerin Pauline Kael, haben den langsamen Rückzug in der Wertschätzung Steven Spielbergs angetreten. Die Bewunderung ist gemessener

Betrachtung gewichen, bei *Das Reich der Sonne* bereits umschlagend in harsche Kritik: »Der Film ist eine Kombination aus guter Handwerksarbeit und nahezu unglaublicher Geschmacklosigkeit« (Kael).

Pauline Kael vergleicht die Fluchtgeschichte des zwölfjährigen Engländers im Japanisch-Chinesischen Krieg boshaft, aber nicht ganz abwegig mit dem Handlungsgerüst des Trickfilms *An American Tail* (*Feivel*), den Spielberg produziert hat: Eine kleine Maus wird von ihren Eltern getrennt, erlebt furchterregende Abenteuer und wird schließlich mit Mama-Maus und Papa-Maus wieder vereint. Der Vergleich mag zynisch und überspitzt klingen, aber er weist in die zutreffende Richtung. Alle Spielberg-Filme appellieren an das Kind im Zuschauer, und das nicht von ungefähr. Befragt, woher er seine Inspiration erhält, verweist Spielberg bis zum heutigen Tag auf Eindrücke und Erlebnisse seiner Kindheit, unter denen neben dem kleinstädtischen Familienleben und dem Einfluss der naiven Fernsehserials der 50er Jahre immer wieder Walt Disney zitiert wird. Als den Film, der ihn am meisten beeindruckt hat, nennt er mit konstanter Regelmäßigkeit *Pinocchio*. Das Märchen von dem hölzernen Bengel, der so gern Mensch sein möchte, begleitet Spielbergs Werdegang. Er sieht sich in der Rolle des Puppenmachers und des hölzernen Pinocchio zugleich. Seine Schöpfungen sind Variationen des immer gleichen Themas: Kinder und Erwachsene, die kämpfen und gewinnen – gegen Monster, Vorurteile, überlebensgroße Gefahren oder neuerdings auch gegen Rassenkonflikte, Kriege und lodernde Waldbrände.

»Schreib über das, was du kennst.«

Spielbergs Filme einzuordnen, die bewegenden Motive hinter den so publikumsträchtigen Bildern zu finden, heißt, sich zurückzuversetzen in Spielbergs Jugend, die er selbst immer wieder als grundlegenden Faktor seines ganzen Schaffens zitiert. Das Spielberg'sche Universum ist ein menschenfreundliches, oft grelles, oft bonbonfarbenes Abbild der amerikanischen Provinzkultur der 50er Jahre. Was das Kind Steven einst sensibilisierte, motiviert den Regisseur Spielberg. Die Skala reicht vom matriarchalischen Fami-lienleben über Fastfood und Comics zum Weltraumprogramm der NASA, den Stereotypen der TV-Serials, Walt Disneys Trickfilmen und Chuck Jones' Road-Runner-Cartoons bis zur überdimensional vergrößerten Kinowelt von CinemaScope, Todd-A-O und Cinerama. »Schreib über das, was du kennst«, die alte Autorenweisheit scheint wie ein nostalgisch gerahmtes Motto über Spielbergs Schaffen zu hängen. Die besten seiner Filme leben von der Synthese Spielberg'scher Jugendeindrücke: die Familien und die Kinder in *Unheimliche Begegnung der dritten Art*, in *E.T. – Der Außerirdische* und in dem von ihm geschriebenen und produzierten *Poltergeist* tragen unverkennbar autobiografische Züge; die Vaterfiguren in *Unheimliche Begegnung* und *Indiana Jones und der letzte Kreuzzug* erinnern an Spielbergs Verhältnis zu seinem Vater, einen Elektroingenieur und Computerexperten, der erst relativ spät den heimischen Einfluss der unaufhörlich ihr Haus dekorierenden Mutter ausstach. Spielbergs Erwachsenwerden war professionell keine Zuwendung zu neuen Interessen, sondern der Ehrgeiz einer immer artifizielleren Aufarbeitung eigener Erinnerungen und Wunschträume. Der Übergang ist fließend. Seine ersten 8-mm-Filme mit Schauspielern (zumeist aus dem Familien- und Freundeskreis) drehte er bereits mit zwölf. Mit 13 gewann er einen Wettbewerb mit dem schon 40minütigen Kriegsfilm *Escape To Nowhere*. Und ein 140 Minuten langer Film, *Firelight*, den er als Sechzehnjähriger drehte, lief bereits in einem richtigen Kino seiner Heimatstadt Phoenix. Drei Jahre später wird der junge Filmenthusiast von Sidney Sheinberg entdeckt, der damals Präsident der Fernsehproduktion bei Universal war. Spielberg erhielt einen Siebenjahresvertrag und machte für Universal eine Reihe von Fernsehfilmen, u.a. auch in der *Columbo*-Serie (die Episode *Murder By The Book*). Der Durchbruch kam 1971 mit *Duell*, einer Geschichte, die Spielberg auf den Leib geschrieben war und mit der er damals sein Thema vom Kampf des kleinen Mannes gegen übermächtige Gewalten inszenieren konnte. Dennis Weaver spielt darin einen über Land fahrenden Durchschnittsamerikaner, der sich plötzlich von einem Lastwagen verfolgt sieht. Der ganze Film ist nichts anderes als ein Crescendo der Bedrohung und Angst, ein Katz-und-Maus-Spiel des Terrors, der um so schrecklicher ist, als man niemals einen Fahrer des Lastwagens zu Gesicht bekommt. Wie im Cartoon provoziert Spielberg durch immer andere technische Effekte die psychologische Parallele zu alternativen Formen der Bedrohung: der verfolgende Laster als Panzer, als prähistorisches Monster oder als Hai.

Noch einmal beschäftigt sich Spielberg mit Autos. Sein *Sugarland Express* (1974) ist eine weitere Fingerübung des technisch versessenen jungen Filmemachers. Dann kommt er an die Vorlage, die all seine Interessen summiert. Peter Benchleys Roman »Der weiße Hai« (1975). Der Polizeichef Brody, der den kleinen Badeort vor einer drohenden Katastrophe schützen will, muss seinen Kampf gleich an verschiedenen Fronten ausfechten: gegen den bürokratischen Bürgermeister und gegen die Gefährlichkeit des großen Hais. Hier zeigt sich Spielberg auf der Spitze seines Könnens. Seine Technik wird zur vollkommenen Illusion und der Urheber der Gefahr zum geschichtslosen Mythos. *Der weiße Hai* ist bis zum heutigen Tag Spielbergs geschlossenster und perfektester Film geblieben. Er ist auch der einzige, im dem ein echtes Interesse an der Entwicklung der Charaktere zu psychologischer Spannung führt, ohne dass die Personenkonflikte aufgesetzt oder konstruiert anmuten. Dass Spielberg dieses Niveau nie wiederholen konnte, liegt vermutlich daran, dass er nie mehr eine Vorlage gefunden hat, die sein Talent so herausforderte wie Benchleys Roman.

Reaktivierte Träume der Kindheit

So unterschiedlich ihre Themen zunächst anmuten, haben die Filme *Unheimliche Begegnung der dritten Art* (1977), *E.T. – Der Außerirdische* (1982) und die *Indiana-Jones*-Trilogie (1981, 1984, 1989) eine gemeinsame Grundlage. Demonstrierten *Der weiße Hai* und die vorausgegangenen Filme eine Perfektionierung der filmischen Fertigkeiten bis hin zur makellosen Umsetzung der Actionvorbilder, so dienen diese Filme der Aufarbeitung der emotionalen Ebene. Als habe Spielberg ein Bedürfnis verspürt, seinem Publikum nahebringen zu müssen, wo eigentlich die Wurzeln seiner Leidenschaft zum Filmemachen liegen, benutzt er die durch den Millionenerfolg des *Weißen Hais* gewonnene Freiheit dazu, die seit seiner Kindheit schlummernden Träume zu reaktivieren. Es sind naive Filme über kindliche Fantasien, die der mit milder Ironie beschriebenen Alltagswelt zu Menschen von anderen Sternen oder zu bunten Comic-Book-Abenteuern entfliehen. Die Thematik der Menschen im Kampf gegen bedrohliche Gewalten geht eine Verbindung mit der Magie des Märchens ein, mit den Wundern der Kinderzeit und der Fähigkeit, sich in schlichter Einfalt seinen Emotionen hingeben zu können, auch wenn sie ins Überlebensgroße gesteigert werden. Was diese Filme anziehend und reizvoll macht, ist nicht nur die bewundernswerte filmische Realisierung, sondern vor allem die unaufdringliche Freundlichkeit und Wärme, die sie ausstrahlen, oder in der *Indiana-Jones*-Trilogie der ungehemmte Spieltrieb, der alle Barrikaden der Konventionen fallen lässt. Im Zusammenhang dieser spontanen Geschichten kann sich Spielberg auch den sentimentalen Effekt leisten, der ihm bei seinen späteren – realistischen – Filmen zum Stolperstein wird. Schaut man etwas genauer hin, so stößt man darauf, dass sich seit dem *Weißen Hai* aber auch eine ernsthafte Thematik, die keineswegs nur Spielbergs Filmen jener Zeitepoche eigen ist, in den »Fantasiefilmen« fortsetzt: die Unfähigkeit der Protagonisten zu zwischenmenschlicher Kommunikation. Polizeichef Brody ist geradezu ein Prototyp der Unfähigkeit, sich anderen in persönlicher Weise mitzuteilen, und je dramatischer sich die Ereignisse entwickeln, um so mehr wird er in eine Außenseiterstellung gedrängt. Ähnliche Motive finden sich in den nächsten Spielberg-Filmen. In *Unheimliche Begegnung* kann nicht nur der kleine Junge seine Erlebnisse niemandem glaubhaft machen, auch der Vater hat konstante Verständigungsprobleme. In *E.T.* paraphrasiert Spielberg die Thematik ins Komische, wenn Elliott seine Geschwister ins Vertrauen zu ziehen versucht. Und in *Indiana Jones und der letzte Kreuzzug* findet sich wieder die Kommunikationsschwierigkeit zwischen Sohn und Vater, abermals mit vielen karikaturistischen Schlaglichtern. Die Verwobenheit der Kindheitseindrücke mit dem Kommunikationsproblem und dessen allmählich relativierender Auflösung reflektieren offenkundig Stadien in der Beschäftigung Spielbergs mit seiner eigenen Jugend und deren Bewältigung. Psychologen müssten beim Betrachten dieser Filme ihre helle Freude haben!

Probleme des »Erwachsenwerdens«

Spielbergs Bemühung, den »Kinderschuhen« zu entwachsen, ist umständlich und bisher wenig erfolgreich. In seinen Filmen des »Erwachsenwerdens« hat er sich sehr verschiedenartiger Themen angenommen. *Die Farbe Lila* (1985) schildert die Lebens- und Emanzipationsgeschichte einer jungen Farbigen in den amerikanischen Südstaaten, *Das Reich der Sonne* (1987) die Fluchtgeschichte eines Zwölfjährigen im Japanisch-Chinesischen Krieg, *Always* (1989) die Rückkehr eines wagemutigen Piloten aus dem Jenseits, der auf Erden als unsichtbarer Helfer wirken soll. Aus der Welt des Märchens wagt Spielberg den Sprung in die Realität. Es ist nicht die »Realität« von *Sugarland Express*, nämlich eine realistische Folie, die als Attrappe für eine sich verselbständigende Actionstory herhalten muss, sondern es ist die Realität unserer Welt: Rassenkonflikt, Krieg, Katastrophen. Spielberg findet sich in ihr auf seine Art zurecht. So wie er in seinen früheren Filmen Halt an den Vorbildern Hitchcock und Ford, an der simplen, aber funktionstüchtigen Dramaturgie der Cartoons und an dem freundlich-naiven Weltbild des verehrten Walt Disney gefunden hat, so versucht er nun, die bereits zu höchster Perfektion entwickelten Muster mit der humanistischen Philosophie Frank Capras und Victor Flemings zu verbinden. Hatte er schon bei den *Indiana-Jones*-Filmen neben George Stevens' *Gunga Din – Aufstand in Sidi Hakim* Frank Capras *Lost Horizon – In den Fesseln von Shangri-La* im Kopf, so scheint er sich nun häufiger an Capras realistisches Melodrama zu erinnern. In keinem seiner Filme hat er es jedoch geschafft, den humanitären Appell von falscher Sentimentalität freizuhalten, wie es charakteristisches Merkmal aller Capra-Filme ist. Welches Sujet Spielberg in den letzten Jahren auch angegangen ist, er hat nie den richtigen Ton gefunden, der die Story auf einer realistischen Ebene glaubhaft funktionieren lassen würde. Die Magie, mit der er seine Märchen- und Abenteuergeschichten zum Leuchten brachte, mit der er auf zwar technisch verzwickte, aber ansonsten ganz unprätentiöse Weise menschlich sein konnte, versiegt angesichts echter Konflikte in Banalität und weinerlicher Emotion. Spielbergs letzte Filme sind nach wie vor Zeugnisse großer handwerklicher Fertigkeit, aber sie sind auch voller falscher Töne. Spielberg versucht sich an der Realität zu orientieren, aber er inszeniert im Grunde stets nur die Oberfläche. Wo das eigentliche, menschliche Drama einsetzen müsste, vereinfacht er, vergröbert er und flüchtet sich in Sentimentalität. Alle seine früheren Filme profitieren enorm von der Fähigkeit, dramatische Ereignisse durch Komik zu akzentuieren. Auch davon finden sich in seinen neueren Filmen nur noch Restbestände. Die humanitäre Ebene, die er an Capra und Fleming bewundert, flacht zu einem blassen »Seid-nett-zueinander« ab, das oft genug noch in Gefahr ist, im äußerlichen Aufwand zu ersticken.

Auch dieser Aufwand, ausgelöst durch eine inzwischen höchst sensibel gehandhabte Technik, setzt neuerdings der Rezeption von Spielberg-Filmen erhebliche Grenzen. In allen seinen Filmen arbeitet Spielberg mit ausgeklügelten Perspektiven und Tiefenschärfen. Seine schon früh entwickelte Kombination von Kamerafahrten und gleichzeitigen konträren Zooms ist inzwischen so ausgereift, dass sie ihre optimale Wirkung nur in dem Medium erreicht, für das sie konzipiert ist, im Kino unter optimalen Projektionsbedingungen. Schon seit *Unheimliche Begegnung der dritten Art* musste der Zuschauer bei Spielberg-Filmen eine beträchtliche Reduzierung der ihnen eigenen Faszination hinnehmen, wenn er sie über den Fernsehbildschirm ansah. Je ausgetüftelter Spielberg aber mit Beleuchtung, Einstellungen, raffinierten Brennweiten, artifizieller Farbdramaturgie und nicht zuletzt dem Einsatz von Musik und Ton umgeht, um so größer ist die Gefahr, dass die Mehrzahl des Publikums gar nicht mehr den Film sieht, den Spielberg gemacht hat; denn er erschließt sich nur noch in einem technisch hochrangig ausgerüsteten und bedienten Filmtheater.

Es ist sicherlich zu früh für ein bilanzierendes Urteil über Spielbergs Schaffen. Oft genug wird über die Tatsache, dass Spielberg einige der kommerziell erfolgreichsten Filme der Filmgeschichte inszeniert hat, dass er zumindest als Produzent bereits seit einem Jahrzehnt zur Spitzengruppe Hollywoods gehört, völlig vergessen, wie alt er ist. Im letzten Dezember (1989) ist er 42 geworden. Mit 42 hatte Hitchcock gerade *Rebecca* und *Verdacht* gedreht – noch nicht *Im Schatten des Zweifels* oder *Das Fenster zum Hof*, *Psycho* oder *Die Vögel*. Das Talent, das Spielberg als Filmemacher immer wieder unter Beweis stellt, auch wenn er kein Meisterwerk abliefert, ist so eminent, dass man nur wenige vergleichbare Begabungen finden kann. Seine Gefahr ist nicht Mangel an Talent, seine Gefahr ist die Verzettelung zwischen Regie und Produktion, zwischen Kino und Fernsehen, zwischen dem Zwang zum kommerziellen Erfolg und der Beständigkeit eines auf Individualität bedachten Filmemachers. Seine Gefahr ist, nicht die Zeit zu haben, um sich weiter zu entwickeln.

Sterne und Träume
Der Einfluss Walt Disneys

VON DANIEL KOTHENSCHULTE

Alle Kinder, außer einem, werden erwachsen. Sie erfahren bald, dass sie erwachsen werden müssen, und Wendy hat es so erfahren: Eines Tages, als sie zwei Jahre alt war, spielte sie im Garten, und sie pflückte eine Blume und rannte damit zu ihrer Mutter. Ich vermute, dass sie ganz bezaubernd ausgesehen hat, denn Mrs. Darling griff sich ans Herz und rief: ›Ach, warum kannst du nicht immer so bleiben!‹ Mehr wurde über dieses Thema nicht gesprochen, aber seither wusste Wendy, dass sie erwachsen werden musste. Das weiß man immer, wenn man erst mal zwei ist. Zwei ist der Anfang vom Ende.«

Sir James Barrie hatte recht, als er seinem berühmten Kinderbuch im Jahre 1911 diese Zeilen voranstellte, aber wir wissen heute, dass die Ausnahme von der er uns erzählt, nicht Peter Pan sein kann – denn der ist soeben erwachsen geworden. Das Kind, das nicht erwachsen werden will, heißt Steven Spielberg: »Ich stelle mir wirklich vor, ich bin Peter Pan.«

Kindliche Einsamkeit

Steven Spielberg war sechs Jahre alt, als Walt Disneys *Peter Pan* (1953) zum ersten Mal in die Kinos kam. Die Filmzensur im Hause Spielberg war streng. »Meine Eltern hatten Angst vor Filmen. Sie verteilten ihre eigenen Filmprädikate, bevor dieses System überhaupt eingeführt war.« Und die fielen eigentlich nur positiv aus, wenn es sich um Walt-Disney-Filme handelte. Trotz des beschränkten Angebots fühlte sich Spielberg schon als Elfjähriger zum Regisseur berufen und inszenierte seinen ersten Film auf 8 mm. Der allerdings hieß *The Last Run* und war ein Western, was darauf schließen lässt, dass das Disney-Monopol wohl doch einmal gebrochen wurde, vermutlich durch den Fernseher, den die Spielbergs besaßen. Die farbigen Bilder aber gab es nur im Kino, und vielleicht haben deshalb Disneys Filme einen so starken Einfluss auf Spielbergs eigene Filme ausgeübt. »Um meine Kindheit kümmerte sich Walt Disney, die Glotze ersetzte mir meine Eltern.«

Mit diesem bitteren Satz ist auch auf das Trauma hingewiesen, das zum Leitmotiv im Spielbergschen Œuvre geworden ist: die Angst des Kindes vor dem Verlassenwerden. Schon im frühen Film *Something Evil* (*Das Haus des Bösen*, 1972) geraten die Kinder einer amerikanischen Durchschnittsfamilie durch einen Fluch, der auf ihrem Haus lastet, in eine fast unüberwindliche Isolation, und sogar von ihren Spielsachen werden sie angegriffen; in *Poltergeist* (1982) wird ein Mädchen von übersinnlichen Mächten, die im Kinderzimmer regieren, ins Jenseits entführt. Die Wände des Zimmers werden zur unüberwindlichen Grenze zwischen Kind und Mutter, ein Bild, das noch gesteigert wird durch die Menschenmasse in *Das Reich der Sonne* (1987), in der der kindliche Held seine Mutter aus den Augen verliert; *E.T.* (1982) ist sogar Lichtjahre von zu Hause entfernt, und in *Die Farbe Lila* (1985) werden Geschwister für Jahrzehnte getrennt; auch die unschuldigen Liebenden in *Always* (1989) stehen für dieses Motiv und die Sehnsucht, sogar den Tod als Hindernis zu überwinden; nicht zu vergessen Käpt'n Hook, der Peter Pans Kinder entführt.

Spielbergs Bilder für den Schrecken der kindlichen Einsamkeit lassen sich oftmals ikonografisch zurückverfolgen auf Disneys frühe Spielfilme, die Spielberg als Kind sah: »Walt-Disney-Filme haben mich mehr erschreckt, als irgendeiner dieser Horrorfilme, in die ich nicht gehen durfte. Das erste Mal, dass ich im Kino geheult habe, war bei einem Walt-Disney-Film. Nein, nicht, *Bambi*, das kam später, den sah ich zusammen mit einer kleinen Freundin, und als Junge, dachte ich, kann ich doch nicht einfach losheulen ... ich war damals elf. Nein, zum ersten Mal passierte es mir bei *Schneewittchen und die sieben Zwerge*. Disney hab' ich auch meine ersten Albträume zu verdanken, eine ganze Woche lang.«

Der dämonische Wald, in den Schneewittchen in der berühmten surrealen Filmszene flüchtet, wiederholt sich in *Poltergeist*, wenn ein Baum, der tagsüber Schatten spendet, des Nachts mit seinen Ästen nach Kindern greift. In *Pinocchio* finden sich Bilder, deren Schrecken für Kinder traumatisch sein kann, etwa wenn Pinocchio, an den Puppenspieler verkauft, in einen Käfig gesperrt wird und zusehen muss, wie andere Marionetten zu Brennholz zerhackt werden. Bambi verliert plötzlich seine Mutter und ist auf sich allein gestellt. Dumbo muss hilflos mit ansehen, wie seine Elefantenmutter eingesperrt wird. Dieser Sequenz begegnet man in Spielbergs *1941* wieder, als ein hoher Offizier den japanischen Angriff auf Hollywood verpasst, weil er sich im »Chinese Theatre« diesen Film ansah. Dem naiven Offizier, der als einziger in Spielbergs grotesker Klamotte einen klaren Kopf behält, gehören dann auch die Sympathien des Regisseurs.

Die Farbe Blau

In dieser Szene wird die emotionale Wirkung unterstützt durch ein Lied, das in Disneys Film enthalten ist: »Baby of Mine«. Musikalische Erinnerungen haben die Eigenschaft, dass sie den Zuschauer überall heimsuchen und in Melancholie stürzen können, so wie es James Joyce in der Erzählung »Die Toten« beschrieben hat. Für Spielberg sind die Erinnerungen an die Kindheit offenbar auch musikalischer Art. In *Unheimliche Begegnung der dritten Art* (1977) dreht sich alles um den Song »When You Wish Upon a Star« aus *Pinocchio*. Es ist das Lied von Jimminy Cricket, dem eigentlichen Star des Films, dem Gewissen Pinocchios mit dem direkten Draht zur guten Fee. Das Träumen wird wahr, heißt es in diesem musikalischen Leitmotiv Pinocchios. Eigentlich ist es der Wunsch, den man an eine Sternschnuppe äußert, aber diese Zeile lässt sich auch interpretieren als Wunsch, auf einem Stern selbst zu sein. »Das Schicksal«, heißt es weiter, »tritt ein und steht dir bei.« Und wo es herkommt, erfährt man auch: »Out of the Blue«.

Die Farbe Blau ist für Spielberg eine Metapher für das Unergründliche, die einem in *E.T.* wieder begegnet. Auch in der Kunstgeschichte ist das Blau die Farbe der Ferne, in der Alchemie hat sie magische Bedeutung, und der Maler Yves Klein nutzte ihre meditativen Qualitäten. Es spricht viel dafür, das Spielbergs meditative Lichtgestaltung, die größte Qualität dieses Films, auf die magische Wirkung des Blaus in *Pinocchio* zurückzuführen ist. Blau ist auch die Fee in *Pinocchio*, und ihr Zauberstab, den Oskar Fischinger, ein Freund der Esoterik, animierte, antizipiert die suggestive Wirkung des hellen, kreisförmigen Lichts, das für Spielberg eine wichtige Rolle spielt und noch zweimal, in *E.T.* und *Das Reich der Sonne*, wiederkehrt, und den Figuren, die sich vor ihm im Gegenlicht abbilden, einen Heiligenschein verleiht. *Unheimliche Begegnung* weist noch einen weiteren Bezug zu Disney auf. Der entlegene Berg, auf dem der Kontakt mit den Außerirdischen stattfindet, entstammt, wie Spielberg selbst bekannte, dem finstersten aller Disney-Filme: der Episode »Die Nacht auf dem kahlen Berge« aus *Fantasia*. Eine Woche habe er als Kind Albträume davon gehabt, und nie wieder habe er Berge so ansehen können, wie vorher.

Bilder als Lebenserfahrung

Obwohl Spielberg seine Vorbilder stets beim Namen nennt – neben Disney gehören dazu auch Capra, Hitchcock und Truffaut, der in *Unheimliche Begegnung* als Darsteller agiert –, sind die entliehenen Bilder, denen man in all seinen Filmen begegnet, kaum unter den Begriff des Zitates zu fassen. Das Zitat von intellektuellem Verweischarakter, wie es für einen Teil des gegenwärtigen Hollywoodkinos typisch zur vermeintlichen Anhebung des Niveaus von Genrefilmen ist, ist Spielberg fremd. Der Vorrat an Bildern ist ihm zu einem Teil der eigenen Lebenserfahrung geworden. Das verbindet ihn mit seinem Idol Truffaut, der als Jugendlicher bekanntlich Tausende von Filmen sah. Aber gerade hier liegt auch der große Unterschied: Spielberg hätte nie für einen Film die Schule geschwänzt. Er hat sich nicht einmal einen Vincente-Minnelli-Film angesehen, denn die hatten seine Eltern verboten, wegen der Frauen darin. So hat Spielberg nie etwas erlebt, von dem er erzählen könnte. Sein größtes Abenteuer waren die Pfadfinder, denen er angehörte. Die haben ihn nur einmal ausgezeichnet und nicht für eine gute Tat, sondern für einen guten Schmalfilm.

Spielberg ist Autodidakt, aber er hat das Filmen gelernt – von Walt Disney. Alle beide, Disney und er, mobilisieren alle Mittel für die von beiden verfolgte Utopie, eine erfundene Welt und eine synthetische Wirklichkeit glaubhaft zu machen.

Der Zeichentrickfilm Disneys bedurfte eines speziellen Instrumentariums, einer Technik, die den Zuschauer vergessen lässt, es mit flächiger Malerei zu tun zu haben. Diese Methode musste notwendigerweise in der malerischen Tiefenwirkung über die traditionellen Errungenschaften etwa der Barockmalerei auf diesem Gebiet hinausgehen, um die Mittel des Kinos voll ausschöpfen zu können. Erstaunlicherweise hat Spielberg die Disney-Technik für den Realfilm adaptiert, zu dessen Imitation sie ursprünglich erfunden wurde. Als Disney *Schneewittchen und die sieben Zwerge* drehte, war das Wagnis des ersten abendfüllenden Zeichentrickfilms nur einzugehen, wenn Konzessionen an den Spielfilm gemacht wurden.

Bewegungen und Schattenspiele

Diese betrafen die Dramaturgie – das Burleske der kurzen Situationskomik verschwand zugunsten epischer Erzählformen –, aber auch – und darum geht es Spielberg – die Ästhetik. Die Flächigkeit konnte nur überwunden werden durch Fahrten, denn so allein treten Einzelbilder unterschiedlicher Perspektive zueinander in Verbindung, lässt sich die simultane Erfassung von Wirklichkeitseindrücken, die die Augen dem wirklichen Leben abgewinnen, in eine Zeitlichkeit übertragen. In den Filmen Spielbergs ist die Kamera fast immer »leise« in Bewegung, reduzieren ihre Bewegungen die Distanz zum Geschehen; oder sie suggeriert Umraum, indem sie sanft emporgetragen wird, natürlich nie, ohne die Szenerie aus dem Auge zu verlieren.

Selbst die jüngste Entwicklung im Zeichentrickfilm, die scheinbare Entfesselung der Kamera durch Computersimulation, lässt Spielberg nicht ruhen: Cablecam heißt das Verfahren, das nun in *Hook* zum Einsatz kam, um blitzschnelle Kamerafahrten mittels eines komplizierten Drahtsystems zu ermöglichen. In *Hook* macht Spielberg auch – wie schon in *Jäger des verlorenen Schatzes* – Gebrauch von einem Kunstgriff, mit dem Disney seine Figuren optisch in den gezeichneten Umraum einbinden wollte: unvergesslich ist die Einstellung in *Schneewittchen*, in der die sieben Zwerge, ihr »High Ho« auf den Lippen, von der Arbeit kommen. Bevor man sie sieht, ziehen erst ihre Schatten lange Bahnen über die Hügel. In *Hook* kündigt sich Pan ebenfalls schon durch seinen Schatten an, der ihm – wie in Disneys Film und getreu der Vorlage Berries – noch immer nicht so recht gehorchen will. Spielberg hat den Schatten Peter Pans für diese Szene im Trickstudio zeichnen lassen.

Siegfried Kracauer hat Disney, als er über *Dumbo* schrieb, vorgeworfen, er gebe die Unabhängigkeit des Trickfilms um der erzählerischen Konvention des Spielfilms willen auf. Disney brauchte aber gerade diesen Apparat von Naturalismus, um die Suggestion seiner Erfindungen voll zur Wirkung zu bringen. Umgekehrt versucht Spielberg die Poetisierung der Wirklichkeit durch die Ästhetik des Zeichentrickfilms. Der Truck, dem er in *Duell* übernatürliche Züge verlieh, war ein später Nachfahre von Disneys *Plane Crazy* aus dem ersten Mickey-Mouse-Film oder dem *Tollen Käfer*, freilich unter negativen Vorzeichen.

Beseelte Technik

Am überraschendsten ist Spielberg, wenn er die Poetisierung der Realität à la Disney in Stoffen einsetzt, die es nicht erwarten lassen. In einer Schlüsselszene des Kriegsfilms *Das Reich der Sonne* entdeckt der kindliche Held ein Flugzeugwrack. Im bewegten Licht des Kriegsgeschehens scheint es sich zu verlebendigen. Spielberg evoziert die Identifikation mit der kindlichen Vorstellung einer beseelten Technik. Als das Kind nun im Cockpit spielt, verwandeln sich die Funken eines Schweißbrenners im Hintergrund in ein tanzendes Lichtermeer, wie es Disneys Mickey in *Fantasia* dirigierte. Der Junge in Spielbergs Film ist ein Zauberlehrling, wie es Mickey Mouse war.

Auch in *Always*, dem Remake eines patriotischen Fliegerfilms, wirken die Flugzeuge beseelt, für sie gilt, was Truffaut über Sternbergs *Jet Pilot* sagte: »Und die Tränen kommen einem vor so viel Schönheit, wenn das männliche und das weibliche Flugzeug sich suchen und finden, einander verdecken, sich erregen, sich beruhigen und schließlich Seite an Seite fliegen. Ja, in diesem Film schlafen die Flugzeuge miteinander.« Kracauer hatte Disney vorgeworfen, dass sich Dumbo einer magischen Feder bediente, um fliegen zu können, schließlich können Trickfiguren alles. Spielbergs Figuren brauchen, wie Disneys Erfindungen, den Zuspruch der guten Fee, wie sie Audrey Hepburn in *Always* und Julia Roberts in *Hook* verkörpern.

In *Always* möchte Richard Dreyfuss Holly Hunter ein Geschenk machen. Die will es eigentlich nicht haben, stolpert aber beim Wegwerfen über ein himmlisches weißes Abendkleid, der *Cinderella*-Effekt stellt sich ein, und in der Feuerwehrkantine wird sie »Belle of the Ball«. In einer der schönsten Szenen erwartet man sie, wie sie im neuen Gewand die Treppe herabsteigt. In Nahaufnahme die Stufen. Endlich Schritte. Inmitten grober Feuerwehrstiefel dann ihre weißen Schuhe. Natürlich möchte nun jeder mit ihr tanzen. Und hier folgt nun eine Reprise der berühmten Szene aus *Schneewittchen*, in der die Zwerge erst zum Händewaschen geschickt werden und dies dann auf turbulente Weise tun.

Nie sind solche Hommagen gegen den Geist der Vorlagen. Die Mythen Disneys freuen sich wie der Geist in der Flasche, als er befreit wird. Denn in der Realität Spielbergs finden sie die glaubhafte Umgebung, die sie zur Erfüllung ihrer Wunder brauchen. Da begegnet einem »Onkel Remus' Wunderland« in *Die Farbe Lila*, und Monstro, der Wal aus *Pinocchio*, darf als *Der weiße Hai* sterben. Wie sagt Julia Roberts in *Hook* als Tinker Bell? »Thank you for Believing!«

AUSGEWÄHLTE KRITIKEN

Hook, USA 1991

VON FRANZ EVERSCHOR

Wer nach *Die Farbe Lila* und *Always* dachte, Steven Spielberg werde allmählich erwachsen, sieht sich getäuscht. Der Untertitel des »Peter Pan«-Stücks von James M. Barrie, das Spielbergs neuem Film als Anregung gedient hat, lautet »The Boy Who Wouldn't Grow Up« (Der Junge, der nicht große werden wollte). Auch Spielberg will nicht erwachsen werden. Noch weiter als in seinem Erfolgsfilm *E.T. – Der Außerirdische* flüchtet er sich mit *Hook* in die irrationale Welt einer forcierten Rückkehr zu jugendlicher Fantasie und Unschuld. Doch es reicht ihm nicht, »Peter Pan« neu zu erfinden, nein, er muss ihm die ganze naive Unausgegorenheit seines eigenen komplexbeladenen Erwachsenseins auflasten und entstellt das leichtgewichtige Märchen von dem Jungen, der ins »Nimmerland« der kindlichen Abenteuer fliegt, zu einem bombastischen Kinoschinken der aufgedonnerten Aktionen und therapiereifen Schuldgefühle.

Die langwierige und langweilige Umständlichkeit der Exposition macht die Verkorkstheit der Story gleich zu Beginn des Films überdeutlich. Spielbergs Peter Pan ist kein kleiner Junge mehr, sondern ein Erwachsener, ein geschäftiger Konzernanwalt, der über dem Beruf das Privatleben vergisst und den erst die Ereignisse zur allmählichen Einkehr zwingen müssen. Die Vorgänge, von denen er sich zur Besinnung bringen lässt, sind fantastischer Natur. Um sie mit der Realität in Beziehung zu setzen, entwickeln Spielbergs Autoren ein ebenso kompliziertes wie dümmliches Geflecht aus Gegenwartshandlung und Reminiszenzen des Barrie-Stoffes, das eine gute halbe Stunde benötigt, bis der erwachsene Peter endlich als zunächst noch recht lahmer und flugunfähiger Peter Pan in Aktion treten kann. Die auch Märchen innewohnende Logik überspringt Spielberg dabei mehr als einmal und hält zur Erläuterung der dramaturgischen Stolpersteine den Verweis auf die magischen »Augenblicke zwischen Traum und Erwachen« bereit. Offenbar in einem solchen Augenblick hat Captain Hook, Peter Pans Gegner im Nimmerland, des Anwalts Kinder entführt. Um sie zurückzubekommen, muss sich Peter an seine eigene Jugend erinnern und sie erneut lebendig werden lassen; denn nur so vermag er, auch als Erwachsener das Nimmerland zu erreichen. Tinkerbell, die kleine gute Fee des Peter-Pan-Märchens, ist ihm dabei eine große Hilfe.

Im Reich der Fantasie angekommen, hält sich Spielberg nicht lange mit Subtilitäten auf, sondern inszeniert eine überbordende Aktionsoper, für die der Titel »Indiana Jones trifft den Fliegenden Holländer« angemessener gewesen wäre. Bei Peters unbeholfenen Versuchen, das Fliegen zu erlernen und dem Hook pari zu bieten, fallen ihm eine Reihe hübscher, zeitweilig auch mit ironischen Schlaglichtern versehene Details ein. Doch was immer auch an märchenhaften Konstellationen wiederbelebt wird, erstickt in dem Ballast Tausender Kubikmeter Holz und hunderttausend Liter Farbe zu einem attrappenhaften Disneyland-Abenteuer, in dem kein Klischee und kein Kitsch ausgelassen werden. Wer jedoch denkt, dass es schlimmer nicht mehr kommen könne, der warte erst das Ende ab! Obwohl voraussehbar und deshalb mitnichten überraschend, demonstriert Spielberg die ganze Unglaublichkeit seiner naiven Fabel dann in der Schlussszene, die sozusagen wieder »nach dem Erwachen«, also in der »Realität« spielt. Der Yuppie-Vater demonstriert die Abwendung vom beruflichen Engagement, und die über Filmlänge zu passiven Statistenrollen verdammten Kinder fliegen ihm um den Hals.

Märchen pflegen für gewöhnlich der Realität einen Spiegel vorzuhalten und im Spiegelbild Dinge sichtbar zu machen, die dem Blick normalerweise versperrt sind. Spielbergs Märchen vom erwachsenen Peter Pan verkleistert Realität und gaukelt naive Wunschvorstellungen als allmächtige Heilbilder ungleich komplexerer Gegenwartsprobleme vor. Er tut damit weder seinem jugendlichen noch seinem erwachsenen Publikum einen Gefallen. Das Schlimmste aber ist, dass er es nicht einmal weiß. Denn Spielberg, das verrät diese misslungene Peter-Pan-Version überdeutlich, will nicht erwachsen werden.

Jurassic Park, USA 1993

VON FRANZ EVERSCHOR

Im fantastischen Film haben Saurier so lange schon eine Rolle gespielt, wie es Kino gibt: von Harry Hoyts und William Dowlings damals für pure Magie gehaltenen Stummfilm *The Lost World* (1925) über Walt Disneys Cartoon-Saurier in *Fantasia* (1940) bis zu den furchterregenden Monstern in *King Kong* (1933), *Godzilla* (1956) und *Rodan* (1957), von Ray Harryhausens verschiedenen Ausflügen in prähistorische Zeiten bis zu Hammer-Films Camp-Klassiker *Als Dinosaurier die Erde beherrschten* (1970). Wer erwartet, der Ziehvater des niedlichen *E.T.* werde den Tyrannen der Urzeit eine ganz neue, kindertümliche Seite abgewinnen, sieht sich rasch enttäuscht. *Jurassic Park* unterscheidet sich nur in der unglaublichen Perfektion der Tricktechnik vom Standard seiner Vorgänger, geistiges Niveau und dramatische Ausrichtung des Saurierspektakels bleiben unverändert.

Herausgefiltert aus Michael Crichtons Bestseller, selbst schon ein derivativer Roman, entwickelt sich in rasch zum Thema kommender B-Movie-Technik die Geschichte eines schottischen Milliardärs, der auf einer kleinen tropischen Insel den Traum von einem »realen« Vergnügungspark verwirklicht hat. Ihm und seinen

Mitarbeitern ist es gelungen, aus dem Mageninhalt bernsteinumhüllter Insekten des Mesozoikums den genetischen Code zur Rekreation der vorgeschichtlichen Riesenechsen zu entschlüsseln und die seit 65 Millionen Jahren ausgestorbenen Monster zu neuem Leben zu erwecken. Hinter elektronisch aufgeladenen Schutzzäunen hegt er verschiedene Spezies der prähistorischen Erdbewohner und beabsichtigt, sie einer staunenden Menschheit für nicht unbeträchtliches Eintrittsgeld zur Schau zu stellen. Doch anwaltlichem Rat folgend, will er sich zunächst unabhängigen Wissenschaftlern zur Einholung einer Art Unbedenklichkeitsbescheinigung stellen. Dazu fliegt er einen Paläontologen, eine Botanikerin und einen Mathematiker und »Chaoswissenschaftler« ein. Zusammen mit einem seiner Angestellten und seinen zu Besuch weilenden Enkelkindern machen sich die Gäste auf, in ferngesteuerten Elektroautos den Schritt in eine längst vergangene Welt zu tun. Doch das Staunen entartet in nackten Horror, als ein tropischer Sturm aufzieht und zudem ein bestechlicher Mitarbeiter das Sicherheitssystem lahmlegt.

Steven Spielberg geht von der sicher zutreffenden Annahme aus, dass die Mehrzahl der Zuschauer ins Kino gekommen ist, um die Riesenechsen in Aktion zu sehen. Und er gibt seinem Publikum, wonach es verlangt. Die von Modellbauern und Computeranimation verlebendigten Monstren sind in der Tat nicht nur das Kostspieligste, sondern auch das Beste, was es auf diesem Gebiet je gegeben hat. Die Illusion lebendiger Tiere ist perfekt, selbst im Tonbereich, in dem notgedrungen die Fantasie Beistand leisten musste. Doch Spielbergs Film gleicht mehr einer Geisterbahn als einem neuen King Kong, der dem alten mit einer schweißtreibenden Feuersbrunst und aufregenden Reise in die Zukunft den Rang abliefe. Falls die Hollywoodindustrie das Filmemachen der 90er Jahre erst als perfekt ansehen sollte, wenn es das totale Merchandising initiiert, dann ist *Jurassic Park* der erste perfekte Film der Filmgeschichte.

Schindlers Liste, USA 1993

VON FRANZ EVERSCHOR

Es begann damit, dass ein jüdischer Lederwarenhändler in Beverly Hills einem australischen Schriftsteller die Geschichte seiner Rettung aus dem polnischen Ghetto erzählte, die gleichzeitig die Geschichte eines Mannes ist, den er »meinen Jesus Christus« nennt. Der Name des Mannes ist Oskar Schindler. Nie zuvor hatte der Australier Thomas Keneally von ihm gehört, noch war er mit der Judenverfolgung im »Dritten Reich« vertraut. Aus Leopold Pages (oder, wie er früher hieß, Poldek Pfefferbergs) Geschäft brachte er trotzdem außer einer neuen Aktentasche einen Haufen alter Dokumente in sein Hotel, und aus der zufälligen Faszination mit einer der ungewöhnlichsten, mutigsten und menschlichsten Rettungsaktionen aller Zeiten wurde ein sorgfältig recherchiertes Buch, das später die Grundlage für diesen Film abgab.

Es ist eine Sache, den Holocaust mit Worten zu beschreiben, eine ganz andere, ihn 50 Jahre später in Bildern und Szenen nachvollziehen zu wollen. Kann man Ereignisse von solch horrender Inhumanität überhaupt dramatisieren? Und ist Steven Spielberg, der Meister kindlicher Abenteuerlust und romantischer Jugendfantasien, der richtige Mann dafür? Man hörte von Spielbergs fast zwanghafter Besessenheit, als Jude der nachgewachsenen Generation gerade diese Geschichte auf die Leinwand bringen zu wollen. Man las von seiner unbeirrbaren Beharrlichkeit, mitten im Zeitalter der immer opulenteren, aber auch immer äußerlicheren Filme in Schwarzweiß zu drehen, ausgiebig die Handkamera zu verwenden und auf Studioaufnahmen so weit wie möglich zu verzichten. Doch konnte man einem Regisseur, dessen Ruhm mit *E.T.* und den *Indiana-Jones*-Filmen begründet wurde, der zwischen *Die Farbe Lila* und dem *Reich der Sonne* durch seine Sentimentalisierung an jedem realistischen Sujet gescheitert ist, zutrauen, den schrecklichsten Massenmord des 20. Jahrhunderts fürs Kino nachzustellen?

Der fertige Film enthebt weiterer Spekulationen. Er ist besser als erwartet und schlechter als erhofft. Warum? Weil Spielberg auch mit Handkamera und Schwarzweißfilm (einem extrem hart kopierten Schwarzweißfilm übrigens) nicht in der Lage ist, etwas völlig anderes als einen Hollywoodfilm zu machen. Weil aber gleichzeitig in der Gigantomanie der Szenerien und Ereignisse die kleinen, scheinbar unwesentlichen, aber doch so bezeichnenden Details nicht untergehen. Als Kritiker, dem Alain Resnais' *Nacht und Nebel* über Jahrzehnte hinweg nicht aus dem Gedächtnis geht, muss man sich *Schindlers Liste* mit Vorsicht und Geduld nähern; denn für inzwischen zwei Generationen von Kinobesuchern ist er einer der intensivsten Kontakte mit einem Thema, dessen fortwirkendes Leid auf der einen und dessen unverdrängbare Schuld auf der anderen Seite historische Barrieren aufgerichtet haben, die weder mit Kompensationsgeldern noch mit dem Preis des schlechten Gewissens eingeebnet werden konnten.

Es ist nicht zu leugnen, dass jede noch so kurze und vom Zeitablauf getrübte Dokumentarszene, jedes halbvergilbte Foto aus den polnischen Ghettos die Unbegreiflichkeit und den Horror jener Jahre tausendfach stärker vermitteln als Spielbergs akribische, aber eben doch nicht authentische Nachgestaltung historischer Vorgänge. Das gilt deutlicher für die KZ-Sequenzen als für die halbwegs fassbaren Bilder aus Krakau. Glücklicherweise wird der gelegentlich durchbrechende Cecil-B.-De-Mille-Stil von Spielberg immer wieder rechtzeitig in die Schranken gewiesen. Er muss instinktiv gespürt haben, dass jeder Dramatisierung des Holocaust Grenzen gesetzt sind, auf der Leinwand noch mehr als auf dem kleinen, ungenaueren Bildschirm. Deshalb konzentriert er den Blick des Zuschauers auch in den Massenszenen stets auf individuelle Ereignisse. Wahrheit und Wirkung seines Films liegen im Detail und nicht in der Totalen. Es sind die alltäglichen Monstren vom Schlage des Kommandanten Amon Goeth, die seelische Verwundung der jungen Jüdin, die er in seinem Haus als Dienstmädchen beschäftigt, das kleine, zu niemandem mehr gehörende Kind im allgemeinen Chaos und der zu Tode erschrockene Junge, der sich im Kot einer Latrine versteckt, die die Schreckensgeschichte erzählen.

Vor allem aber ist es jener joviale, selbstbewusste Bär von einem Menschen, den der überlebende Poldek Pfefferberg heute seinen Jesus Christus nennt, dessen schwer erklärbare und noch schwerer darstellbare Wandlung zum selbstvergessenen Menschenretter die ideologische und sadistische Verführung so vieler seiner Zeitgenossen entlarvt. In Liam Neeson hat Spielberg einen Darsteller für Oskar Schindler gefunden, der nicht nur durch seine gewaltige Statur, sondern auch durch seine Ausdrucksfähigkeit einen Menschen glaubhaft macht, der ehrgeizig, trink- und weiberfest sein geschäftliches und privates Ziel verfolgt, bis er schließlich Vermögen und Leben riskiert, um mehr als 1100 Juden vor dem sicheren Tod zu retten. Mit Draufgängertum und Bestechung gelingt es dem Nationalsozialisten Schindler, einem Unternehmer aus dem benachbarten Mähren, Katholik, aber offenbar ebenso wenig kirchen- wie parteitreu, im okkupierten Krakau eine Emailwarenfabrik einzurichten. Als Arbeitskräfte handelt er sich Juden ein, die er oft noch im letzten Augenblick vor der Deportation rettet. Er macht einen Haufen Geld mit den Schüsseln und Töpfen, und als er den Betrieb schließlich auf Kriegsgerät umstellen muss, hat er schon genug gesehen, um ausschließlich fehlerhaftes Material auszuliefern. Mehr als einmal riskiert er seinen Kopf, doch er versteht die Klaviatur des Kadavergehorsams zu spielen, und es gelingen ihm Husarenstücke, die, wären sie nicht hundertfach bezeugt, wie ausgemachte Lügengeschichten klingen. Als die ihm zugeteilten jüdischen Frauen durch einen Irrtum nach Auschwitz statt in seine Fabrik gebracht werden, holt er sie eigenhändig wieder aus dem KZ heraus und rettet auch noch ihre Kinder.

Für die überlebenden Schindler-Juden ist Oskar Schindler ein Held und ein Engel zugleich. Die Widersprüche seines ausschweifenden Lebens galt es darzustellen, und Spielberg triumphiert in dieser gewiss nicht leichten Aufgabe. Den komplexen Charakter dieses Mannes zu beschreiben gelingt ihm mit großer Glaubwürdigkeit. Er lässt sich nicht darauf ein, etwa Stadien einer inneren Wandlung zu fixieren, sondern er lässt den großen, robusten, lebensfreudigen Mann durch den Albtraum einer immer mehr aus den Fugen geratenden, immer pervertierteren Welt gehen, scheinbar unbeirrt und doch gelegentlich innehaltend, äußerlich kaum verändert und doch inwendig aufgerissen. Die Menschen um ihn herum, gleich ob Nazis oder Juden, sind alle eher unterspielt in ihrem Sadismus oder in ihrem Schmerz. Sie gewinnen dadurch an Intensität und bieten ein glaubhaftes Umfeld für jene Figur, deren Menschlichkeit in einer Situation, die alle Wertbegriffe auf den Kopf gestellt hat, leicht als unbegreifliche Absurdität erscheinen könnte.

Wenn der Film zu Ende geht, muss man Spielberg zugute halten, dass er mehr, als man zuvor vermutet hätte, seiner Neigung zur Emotionalisierung entsagt hat. Um so mehr wundert es, dass er bei der Wahl der Musik wenig Sensibilität beweist und seinen Hauskomponisten John Williams genau jene Gefühligkeit mobilisieren lässt, die seine ehrgeizig quasidokumentarische Gestaltung zu vermeiden weiß. Mit einem der besten Drehbücher der jüngsten Hollywoodgeschichte ausgestattet, bemüht er sich, stets nicht mehr in Bilder umzusetzen, als die Geschichte ihm vorgibt. Einige Male verrennt er sich in Klischees (z. B. der klavierspielende SS-Offizier während einer »Säuberungsaktion«), doch im Allgemeinen muss man ihm bescheinigen, dass er im Rahmen seines von Hollywood geprägten Denkens beharrlich versucht, bei der nackten Wahrheit zu bleiben, statt sie in eine melodramatische Legende umzumünzen. Nur einmal, kurz vor Schluss des über dreistündigen Films, geht sein Trieb zur Sentimentalisierung mit ihm durch – beim Abschied Schindlers von »seinen« Juden. Man mag es ihm verzeihen angesichts der weitaus größeren Gefahren, die er zuvor gemeistert hat.

Was der Film nicht mehr vermittelt, ist Schindlers Schicksal nach dem Kriegsende. Fast augenblicklich wandelte sich dessen traumwandlerischer Geschäftserfolg in das Gegenteil. Was immer er unternahm, misslang ihm. Doch die Juden, denen er geholfen hatte, ließen ihn nicht im Stich. Sie ermöglichten ihm einen neuen Anfang in Argentinien. Ohne Glück. Von seiner Frau getrennt, kehrte er nach Deutschland zurück, versuchte sich in der Zementindustrie und machte Pleite. Er besuchte Poldek Pfefferberg in Beverly Hills, ging nach Israel und hing, zum Kummer der ihn verehrenden Juden, nach wie vor am Alkohol und an den Frauen. Zu Beginn der 60er Jahre verkaufte er die Rechte an seiner Lebensgeschichte an MGM, doch das Geld war rasch durchgebracht. Als er 1974 starb, bewohnte er eine kleine Wohnung im Frankfurter Bahnhofsviertel. Die von ihm vor dem Tod Geretteten überführten seine Leiche nach Jerusalem und bestatteten ihn auf dem katholischen Friedhof am Berg Sion. Allein im amerikanischen Bundesstaat New Jersey haben dankbare Überlebende neun Straßen nach ihm benannt.

Amistad, USA 1997

VON FRANZ EVERSCHOR

Die historisch verbürgten Ereignisse, von denen *Amistad* berichtet, sind eine Randepisode in der bewegten Geschichte der damals noch jungen Vereinigten Staaten. Ein Plagiatsprozess, der um ein Haar die Premiere des Films verhindert hätte, brachte zwar ans Tageslicht, dass der Aufstand auf dem spanischen Sklavenschiff »La Amistad« bereits Gegenstand eines 1989 publizierten Romans war (Barbara Chase-Riboud: »Echo of Lions«), doch in landläufigen Geschichtsbüchern wird man ihn vergeblich suchen. Selbst in dem hervorragenden, kürzlich erschienenen Buch »The Slave Trade« von Lord Hugh Thomas, das sicher bald zum Standardwerk über den Sklavenhandel avancieren wird, finden die Amistad-Vorgänge keine Erwähnung. Doch Thomas hat dem Film inzwischen (in einem Beitrag für das Wall Street Journal) bescheinigt, dass dessen Handlung – abgesehen von einigen internationalen Bezügen – den historischen Tatsachen entspricht. Gerade weil man derartig penible Faktentreue von einem Kinofilm gar nicht notwendig verlangen müsste, legt Spielbergs Gewissenhaftigkeit im Umgang mit der Vergangenheit Zeugnis davon ab, mit wieviel Ernst und Verantwortungsbewusstsein er inzwischen vorgeht, wenn er sich mit einem solchen Thema befasst. Auch stilistisch hat Spielberg die kitschige Melodramatik weit hinter sich gelassen, mit der er einst Sujets wie *Die Farbe Lila* und *Das Reich der Sonne* behandelt hat. Seit seinem Holocaustfilm *Schindlers Liste* scheint man es immer mal wieder mit einem Steven Spielberg zu tun zu bekommen, der das Bedürfnis verspürt, die ewig jugendliche Fantasiewelt seiner kassenträchtigen Abenteuergeschichten hinter sich zu lassen, um sich mit gewichtigen, bis in unsere Tage fortwirkenden Ereignissen zu beschäftigen, die mehr in ihm – und im Zuschauer – herausfordern als die unbeschwerte Freude am Fabulieren.

Amistad besitzt eine Reihe von Querverbindungen zu *Schindlers Liste*. Beides sind Filme über Unrecht und Leid, das Menschen über andere Menschen gebracht haben, Filme über eine untilgbare, von Generation zu Generation sich forterbende Schuld und – mit den Worten, die der amerikanische Präsident John Quincy Adams in *Amistad* verwendet – über die tiefste Natur des Menschen. Wie aus abgründigen Bewusstseinsschichten scheinen die ersten Bilder von *Amistad* albtraumhaft ans Licht zu drängen: schmerzverzerrte Augen, blutende Finger, rinnender Schweiß, ein Nagel, der langsam aus dem Boden gelöst wird – das garstige Vorspiel zur blutigen Befreiung von den Peinigern. Es sind Schwarze aus der britischen Kolonie Sierra Leone, die 1839 das spanische Sklavenschiff »La Amistad« in ihre Gewalt bringen. Brutaler als Vieh sind sie aus ihren Heimatdörfern verschleppt, in Havanna als Sklaven verkauft und auf die »Amistad« zur Verschiffung an ihren Bestimmungsort gezerrt worden. Ziel der Rebellen ist die Rückkehr in ihre afrikanische Heimat; doch der Seefahrt unkundig und von zwei Weißen in die Irre geleitet, gelangen sie an die Küste von Connecticut, wo sie ins Gefängnis geworfen und vor Gericht gestellt werden. Die Prozesse müssen sie über sich ergehen lassen, die Sprache nicht verstehend, in der über ihr Schicksal verhandelt wird, und die Endlosigkeit der immer neuen Verfahren nicht begreifend, in die sie durch Formalismus und einen um seine Wiederwahl besorgten Präsidenten verstrickt werden. In den ersten beiden Prozessen ist es ein ehrgeiziger, aber aufrichtiger junger Immobilienanwalt, der sie vertritt. In der höchsten Instanz vermag er sich des ehemaligen Präsidenten John Quincy Adams zu versichern, der sich von seinen Kongressgeschäften weglocken lässt und nicht nur das Gewicht seiner Person, sondern auch das Gewicht seiner Argumente in den Dienst der Sache stellt. Die Schwarzen kommen frei und werden auf Staatskosten nach Afrika zurückgebracht. Doch auch dieses Ende ist ein bitteres: Freigesprochen wurden sie nicht aus humanitären Gründen, sondern wegen einer juristischen Spitzfindigkeit. Ihre Familien finden die Geschundenen im Bürgerkrieg ihres Heimatlandes nicht mehr vor, und die spanische Königin Isabella II. lässt die Sache nicht ruhen, sondern versucht ihre Interessen bei nicht weniger als sieben amerikanischen Präsidenten durchzusetzen.

Spielberg rückt einen der Afrikaner in den Mittelpunkt, einen hünenhaften Schwarzen namens Cinque. Damit gibt er dem Publikum eine Identifikationsfigur. Das namenlose Unrecht wird zur Leidensgeschichte dieses Mannes, dem weder sein Stolz noch seine Stärke gegen die Übermacht der Gewalt zu helfen vermögen. Diesem dramaturgischen Kunstgriff verdankt der Film seine bewegendsten und eindrucksvollsten Szenen. Das Ausgeliefertsein eines selbstbewussten, intelligenten Mannes an eine ihm unbegreifliche Kultur reduziert deren Repräsentanten und Errungenschaften – Anwälte, Richter und Gesetze – zu Insignien eines selbstgefälligen, funktionalistischen Systems, in dem für den Betroffenen mehr der Eigennutz als das Recht ihren Platz gefunden haben. Geschickt kontrastiert Spielberg den »Rechtsstaat« der Weißen mit dem himmelschreienden Unrecht, das den Schwarzen seit ihrer gewaltsamen Entführung widerfahren ist. In das Prozessgeschehen baut er zum Beispiel eine lange Sequenz ein, in der er die Torturen vorführt, denen Schwarze auf ihrer erzwungenen Atlantiküberquerung ausgesetzt waren: Auspeitschungen, Gewaltakte und schließlich massenweises Ertränken der Sklaven, als der Proviant zu Ende zu gehen droht. An der üppig gedeckten Tafel des amtierenden Präsidenten Van Buren argumentiert unterdessen der Vertreter der Südstaaten für die Rechtmäßigkeit und Notwendigkeit des Sklavenhandels. Es ist manchmal ein grobes Raster, das Spielberg anlegt, bis hin zur regelrechten Karikatur (die jugendliche spanische Königin), doch im Kontext der auf Filmlänge zusammengepressten Ereignisse bedarf es vielleicht solcher Zuspitzungen, um die horrende Situation in ein klares Licht zu rücken.

Wie sehr sich Spielberg den historischen Vorgängen verpflichtet fühlt, zeigt sich nicht zuletzt an der kommerzfeindlichen Mehrsprachigkeit des Films. Die Isolation der Schwarzen in einer ihnen völlig fremden Umwelt manifestiert sich am deutlichsten an der ihnen aufgezwungenen Sprachlosigkeit. Bis schließlich nach mühevoller Suche ein Dolmetscher gefunden wird, kann sich der Anwalt nicht mit den Angeklagten verständigen, und diese wiederum verstehen kein Wort von dem, was um sie herum vorgeht. Mit seinen Untertiteln unter den Konversationen der Schwarzen und mit den hilflosen Blicken und Gesten bei jedem Kommunikationsversuch der beiden sich so unendlich fernen Welten demonstriert der Film auffälliger als durch alle dramatischen Geschehnisse die Unvereinbarkeit des Denkens und Handelns. Andererseits wäre Spielberg nicht Spielberg, würde er nicht auch in einem noch so auf historische Treue bedachten Film zu Mitteln des Hollywoodkinos greifen, die er wie kein Zweiter mit solcher Perfektion beherrscht. Den Expräsidenten John Quincy Adams führt er mit allen Effekten einer absonderlichen mythischen Figur ein, und Anthony Hopkins kostet bis zum dramatischen Schlussplädoyer jede Kleinigkeit des schillernden Charakters aus. An einem der Prozesshöhepunkte exponiert er Cinque in emotionaler Großaufnahme und mit raumfüllender Chorbegleitung als personifiziertes Symbol erlittener Ungerechtigkeit. Solche und ähnliche Zugeständnisse an den Massengeschmack sind fragwürdig, aber publikumswirksam. Und Spielberg weiß seit *Schindlers Liste*, dass er eine unpopuläre Story, in der es mehr um Humanität als um Action geht, nur an ein Millionenpublikum herantragen kann, wenn er gelegentlich mit den Kunstgriffen aufwartet, für die er berühmt geworden ist. Deshalb auch wählt er vermutlich immer wieder John Williams als Komponisten, obgleich der selbst aus Konzentrationslager und Sklavenhandel nichts als große Oper zu machen versteht.

Dass sich trotz solcher Effekte schon in *Schindlers Liste* das Plädoyer für eine menschliche und menschenwürdige Gesellschaft behauptet hat und dass Gleiches auch jetzt wieder der Fall ist, hat seinen Hauptgrund wahrscheinlich im spürbaren Engagement und der Ehrlichkeit, mit der Spielberg diese Sujets angeht. Abermals wiederholt sich der Eindruck, dass sich Spielberg mit Filmen wie *Schindlers Liste* und *Amistad* auf einer Art Mission zu befinden scheint, als ob er sich verpflichtet fühle, seinem Publikum, das *Indiana Jones* und *Jurassic Park* zugejubelt und ihn zu einem der reichsten Männer der Welt gemacht hat, etwas zurückzugeben; als ob er auf seine Weise dazu beitragen wolle, dass die Welt ein lebenswerterer Platz werde. Jedenfalls besitzt das heutige Hollywood keinen anderen Regisseur von Rang, der so offenkundig mit ganzem Herzen bei der Sache ist, wenn es darum geht, dem Publikum zu zeigen, wie wichtig es ist, Mensch zu sein. Die meisten Filmemacher scheinen – im Gegensatz zu Spielberg – längst nicht mehr zu wissen, was das überhaupt bedeutet.

Der Soldat James Ryan, USA 1998

VON DANIEL KOTHENSCHULTE

Eine Plastik des Pop-Art-Künstlers Edward Kienholz im Kölner Museum Ludwig trägt den Titel »The Portable War Memorial«. Ein tragbares Kriegerdenkmal, das ist auch der Film in seiner Geschichte immer wieder gewesen. Nicht erst seit Frank Capra während des Zweiten Weltkriegs die Propagandaserie *Why We Fight* produzierte, bedurfte es nur einer Leinwand und eines Projektors, um an allen erdenklichen Orten zwischen Feldkino und Filmpalast die Opfer zu ehren und die Lebenden zur Opferbereitschaft zu mahnen. Kienholz hat seine Skulptur während des Vietnamkriegs geschaffen. Sie zeigt in Originalgröße ein Café, das der Museumsbesucher benutzen kann. Anwesend sind aber auch vier Soldaten, die eine Fahne hissen; es ist die Nachbildung eines berühmten Pressefotos, das als Illustration der Eroberung Ivo Jimas um die Welt ging und zur Vorlage des Kriegerdenkmals von Arlington wurde, von dem man allerdings auch früh erfahren konnte, dass es nachgestellt war. Nicht nur das Denkmal ist transportabel, sondern auch sein Anlass: Das inszenierte Bild der siegreichen Helden lässt sich überall dort aufstellen, wo wieder einmal Krieger zu würdigen sind.

Steven Spielbergs *Der Soldat James Ryan* ist so ein tragbares Kriegerdenkmal. Eine Fahne weht an seinem Anfang, und eine Fahne markiert sein Ende. Auch dies ist schon bei Capra so gewesen. Ein alter Mann ehrt an einem Friedhof das Grab seines einstigen Retters. Diese Szene rahmt den Film ein und fungiert, um, im Bild des Denkmals zu bleiben, gleichsam als Sockel: Es überhöht das Dargestellte und verankert es zugleich fest in der Gegenwart. Dazwischen befindet sich eine Geschichte, über deren Konventionalität in der Kritik weitgehend Einvernehmen herrscht, unabhängig davon, ob Spielbergs Film nun gefeiert oder als überschätzt abgetan wird. Seit jenem klugen amerikanischen Rezensenten, der den Vergleich mit einem Francis-Bacon-Gemälde anstellte, das Norman Rockwell, der Meister bürgerlicher Idyllen, zu Ende gemalt habe, wird dabei eine klare Trennung vollzogen zwischen den realistischen ersten 24 Minuten und den rund 140, die darauf folgen. Aber Spielberg wäre nicht der Meisterregisseur, der er ist, hätte er selbst eine solche Trennlinie vollzogen. Die Intensität des Anfangs wirkt durchaus auch in den Folgeszenen nach, und sei es als beständige Drohung der Schrecken, die möglich sind. So hält die in der Erinnerung präsente Schreckenserfahrung beim Zuschauer die Angst auch dann noch lebendig, wenn sie im Film keine direkte Entsprechung mehr findet. Das ist einerseits eine Qualität, andererseits die geschickte Strategie, den Hauch der Authentizität auch da noch zu wahren, wo das Fabulieren beginnt und etwa zu der geschmäcklerischen Trümmeridylle eines Grammophons führt, das ein Chanson von Édith Piaf abspielt. So wie der Feenstaub der Elfe Tinker Bell in Spielbergs *Hook* eine prosaische Welt verzauberte, kann umgekehrt die Aura des Verismus auch dem gebrochenen Heldenpathos den Anstrich von Authentizität verleihen.

Hat sich Spielberg tatsächlich geweigert, Krieg als »Stätte menschlicher Bewährung« darzustellen? Handelt sein Film nicht vielmehr davon, wie Tom Hanks einen absurden Befehl, dem auch in Spielbergs Inszenierung der Beigeschmack der Propaganda anhaftet, doch noch mit Sinn erfüllt, als er auf einen Soldaten trifft, der viel zu tapfer ist, um sich einfach retten zu lassen? Ein Kriegerdenkmal, das seiner Funktion gerecht werden möchte, wird nun einmal nicht den Soldatentod für sinnlos erklären. Gewiss ist die Bedeutung, die man Spielbergs Film beimisst, nicht unberechtigt. Doch wer *Der Soldat James Ryan* für einen ungewöhnlichen Kriegsfilm hält, verkennt darin vielleicht auch das geradezu klassisch konstruierte Melodrama, das ja auch *Schindlers Liste* in erster Linie ist. Dies ist auch der Grund, warum das Etikett »Kriegsfilm« nicht recht zu passen scheint für Spielbergs Film. Identifiziert man das Genre mit den endlosen Gefechten und strategischen Debatten in der Art internationaler Starvehikel wie *Der längste Tag*, jener Kollektivarbeit mehrerer Regisseure, die 1962 den D-Day wiedererstehen lassen wollte, dann wundert man sich in der Tat über Spielbergs bis zur physischen Schmerzgrenze ausgereizte emotionale Achterbahnfahrt – und glaubt möglicherweise, etwas Einzigartiges zu sehen.

Melodram und Horrorfilm

Dabei war der Kriegsfilm nicht immer jene trockene Männerangelegenheit der Filme von Fuller (*The Big Red One*) oder Peckinpah (*Das eiserne Kreuz*). Wenn man trotz der Faktengenauigkeit immer wieder das Gefühl haben kann, mit *Der Soldat James Ryan* einen Film über den Ersten Weltkrieg zu sehen, mag dies daran liegen, dass Spielbergs Mischung aus Realismus und Melodram zu einer anderen Generation amerikanischer Kriegsfilme zurückführt. Ende der 20er Jahre, als aus den ruhmreich heimgekehrten Veteranen die »forgotten men« der Depressionszeit zu werden drohten, widmete sich das Hollywoodkino ausführlich dieser nationalen Trauerarbeit. John Fords *Four Sons*, Frank Borzages *Seventh Heaven* und besonders King Vidors pazifistischer Klassiker *The Big Parade* wandten sich mit melodramatischen Erzählformen insbesondere auch an ein weibliches Publikum, dem die erlittenen Verluste noch allzu gut in Erinnerung waren. Die Errettungsgeschichte, die Spielberg erzählt, könnte geradewegs aus diesen Filmen stammen mit ihrer verzweifelten Suche nach Würde in einer entwürdigenden Kriegswirklichkeit. Spielbergs Verdienst ist es, die Funktionalität melodramatischer Erzählformen, deren Wechselbad aus Hoffnung und Tragik er souverän beherrscht, so weit zu modernisieren, dass ein zeitgenössisches Publikum sie wieder annimmt. *Schindlers Liste* war das spektakulärste Beispiel dafür: ein Film über den Holocaust mit positivem Ausgang – das konnte nur jenen als unmöglich erscheinen, die sich nicht mehr an die einfachen Regeln des klassischen Hollywoodmelodrams erinnerten.

Spielbergs frühere Beschäftigung mit dem Kriegsfilm macht diesen Weg nachvollziehbar. Bereits 1959–62 drehte er den 40-minütigen 8-mm-Film *Escape to Nowhere* über ein Nordafrikagefecht aus dem Zweiten Weltkrieg. Es war eine einzige Materialschlacht, bei der er immerhin 30 erwachsene Darsteller dirigierte. Das bittere Schlussbild zeigte einen amerikanischen Soldaten als einzigen Überlebenden. Nachdem er sich später auf nicht eben glückliche Weise mit *1941* an einer Fantasygroteske zum Thema versuchte, kam er mit *Das Reich der Sonne* darauf zurück. Spektakuläre Massenszenen boten lediglich das Rückgrat für die anrührende Odyssee eines in Shanghai verloren gegangenen Jungen. *Always* schließlich, sein Remake von Victor Flemings fantastisch angehauchtem Fliegerfilm aus dem Zweiten Weltkrieg (*A Guy Named Joe*), verlegte die Handlung in eine friedliche Gegenwart. *Der Soldat James Ryan* kombiniert nun die melodramatische Erzählstruktur mit Elementen des Horrorfilms – jenem Genre, in dem Spielberg eine besondere Erfahrung besitzt. Erst der Schreck in den Gliedern macht im Horrorfilm die Ruhe nach dem Sturm überhaupt noch interessant. Die Gewichtung der Schockeffekte innerhalb der Erzählung ist Spielbergs wirkliches Erfolgsgeheimnis. Wie sollte man den »weißen Hai« noch fürchten, wenn er nicht gleich zu Beginn eine Badende verspeiste? In *Schindlers Liste* werden nur eine Handvoll Mordtaten direkt im Bild gezeigt. Diese aber erscheinen in ihrer Unausweichlichkeit und Plötzlichkeit schrecklich genug, um sogar den unvorstellbaren Massenmord an sechs Millionen Juden zu repräsentieren.

Wenn es Spielberg gelingt, das Gefühl zu vermitteln, *Der Soldat James Ryan* sei etwas noch nie zuvor Gesehenes, dann durch eine simple Kontextverschiebung: Der Splatterfilm kennt längst alle Detailansichten menschlicher Verstümmelung, die man sich für einen Kriegsfilm vorstellen könnte. Dort allerdings berühren sie den Zuschauer nicht, weil er sie nicht als realistisch empfinden soll, sondern schlicht als grotesk. Wenn bei Spielberg nun ein Soldat in geistiger Verwirrung mit seinem abgetrennten Arm umherirrt, gräbt sich dieses Bild dank des realistischen Kontextes tief in die Erinnerung ein. Aber ist dieser Hyperrealismus, der durch Janusz Kaminskis pseudodokumentarische Kameraästhetik noch gesteigert wird, wirklich eine Erweiterung der filmischen Ausdrucksmöglichkeiten? Geht von ihm gar eine Erschütterung aus, die das Genre und vielleicht sogar den Krieg selbst in Frage stellen könnte? Bereits die Treppenszene im *Panzerkreuzer Potemkin* wurde einmal als schockierend empfunden.

Physische Erfahrung

Was Spielberg leistet, ist eine Vertiefung bekannter Darstellungsmodi, jedoch nicht ihre Verfeinerung oder Erweiterung. Es ist wohl unmöglich, von Spielbergs Kriegsbildern nicht berührt zu sein; das Kino verdankt nun einmal seine stärksten Wirkungen der emotionalen Überforderung des Zuschauers, und das wird sich hoffentlich auch nie ändern. Nur wenige Künstler beherrschen die Klaviatur der Gefühle wie Spielberg, und es ist sein Verdienst, auch einem scheinbar ausgereizten Genre noch immer solche Erfahrungen abzuringen. Dabei erreicht er gerade in der Montage der an sich schon intensiven Bildeindrücke eine beachtliche Steigerung, ein Erlebnis der Konfusion und der Desorientierung, das noch verstörender ist als es die grausamen Details sind. Werden aber diese Szenen wirklich in die Filmgeschichte eingehen, wie man bereits vielfach lesen konnte? »Ich fordere die Zuschauer dazu auf«, sagt Spielberg, »eine physische Erfahrung zu machen – was eine ziemliche Zumutung ans Publikum darstellt –, so dass sie ansatzweise nachvollziehen können, was diese Jungen tatsächlich durchgemacht haben.«

Es liegt immer eine gehörige Portion Naivität im Bestreben, etwas der Wirklichkeit »so ähnlich wie möglich« zu machen. Film wird wohl niemals eine wirkliche Kriegserfahrung simulieren können, kann aber schockieren. Ein heilsamer Schock aber ist *Der Soldat James Ryan* nicht. Anders als seine berühmten Vorgänger, zu denen auch Lewis Milestones *Im Westen nichts Neues* zu rechnen ist, stellt Spielberg seine Kunst nicht in den Dienst einer pazifistischen Botschaft. Es lohnt sich nicht, in seinem Krieg Gnade walten zu lassen. Indem Spielberg einen zweifelnden Intellektuellen schließlich doch noch zur Waffe greifen lässt, um den Deutschen zu töten, der sich der Schonung seines Lebens als unwürdig erwiesen hat, bestätigt er auch die Regeln des Krieges selbst. Und so, wie es in diesem zweifelhaften moralischen Konstrukt verwirkte Leben gibt, gibt es auch verdiente: Die Rettung des Gefreiten Ryan kann erst nach einem vorbildlich geführten Familienleben als sinnvoll verstanden werden. Als Frank Borzage in seinem utopistischen Weltkriegsmärchen *Seventh Heaven* einen Gefallenen von den Toten wiederauferstehen ließ, mochte man dies als naiven Romantizismus abtun. Doch es ging ihm damit um weit mehr als um die Errettung des American way of life: Es ging ihm um die Errettung des Lebens selbst.

E.T. – Der Außerirdische, USA 1981/2001

VON RÜDIGER SUCHSLAND

Zum Zeitpunkt seiner Premiere im Jahr 1982 war *E.T. – Der Außerirdische* einer der Filme des Jahres. Binnen kürzester Zeit war klar, dass Steven Spielberg nicht nur einer der größten Kassenerfolge aller Zeiten gelungen war; sein mythisches, von den zeitlosen Themen Suche, Flucht, Rettung und untergründigen Sexualmetaphern erfülltes Sciencefiction-Märchen berührte die Herzen der Erwachsenen und – mehr noch – der jungen Zuschauer. Jetzt kommt der Film anlässlich seines 20-jährigen Jubiläums als »20th Anniversary Edition« wieder ins Kino. Die Fassung ist nicht nur, wie heute bei vielen Restaurationen und Neufassungen üblich, dem Tonstandard der Gegenwart angepasst, sie wurde auch um einige digitale Effekte erweitert – vor allem, um die Wirkung der Mimik des kleinen Außerirdischen, der Verfolgungsjagden im Wald und der weltberühmten Szene mit dem fliegenden Fahrrad zu verbessern. Des Weiteren wurden kleinere Szenen hinzugefügt, dafür aber die Waffen bei den Jägern E.T.'s wegretuschiert bzw. durch Mobiltelefone ersetzt – ohne dass der Film jedoch als »Director's Cut« bezeichnet würde. Die künstlerische Moral eines derartigen Vorgehens ist ein Kapitel für sich. Als ob Film ein »work in progress« wäre, gibt sich Spielberg mit der Neufassung als Unvollendeter, der sein Werk nicht loslassen mag und damit auch an der eigenen Unsterblichkeit arbeitet.

Begegnet man dem Film heute wieder, ist die Erfahrung zwiespältig. Deutlich fällt auf, wie sehr der Film dem klassischen Hollywoodschema eines Buddy-Movies folgt: Freund trifft Freund, verliert Freund, gewinnt Freund zurück. Erzählt wird zum größten Teil aus der Kinderperspektive, und das wortwörtlich: Die Kamera bewegt sich auf Augenhöhe eines Achtjährigen, erfasst die Welt über weite Strecken mit subjektivem Blick, mal neugierig, aber auch ängstlich forschend wie der kleine Alien, mal vertraut wie Elliott. Dies ist kaum mit einem Zugeständnis an die Kernzielgruppe der Sechs- bis Zwölfjährigen zu erklären, vielmehr dient die Kameraführung dazu, auch den erwachsenen Zuschauer wieder in ein Kind zurückzuverwandeln. Man kann *E.T.* heute nicht sehen, ohne daran zu denken, was sich seit damals in Hollywood und in der Welt geändert hat. Als *E.T.* ins Kino kam, musste man ihn vor allem als »Beruhigungsfilm« verstehen, als symbolische Beendigung der Ära der politischen und sozialen Revolte, als Symptom einer reaktionären Rückwendung zum rein Privaten, als Mythos der Heimkehr verlorener Söhne. So, wie Spielberg mit *Der weiße Hai* eine Metapher auf den Vietnamkrieg schuf, auf Männer, die ausziehen, das Fürchten zu lernen, geht es nun um einen kleinen, bezeichnenderweise vaterlosen Jungen, der das Fürchten längst gelernt hat. Das Fremde ist hier kein Feind, keine Bedrohung; im Gegenteil: der Außerirdische mit seinen großen Augen wirkt als Körper gewordenes Kindchenschema. Wenn *E.T.* überdies noch mit gütigem Wesen und ohne alles Bedrohungspotenzial vielmehr selbst schutzbedürftig und als ultimative Niedlichkeit gezeigt wird, nimmt der Film durchaus Partei für die humanen Werte einer Achtung vor dem Fremden, des Verstehens des anderen, der Einfühlung. Hierin mag man ihn als das Gegenstück zu dem nur ein Jahr vorher gestarteten Publikumserfolg *Alien* erkennen, in dem das Fremde als das schlechthin Andere, als gewalttätig und mordlüstern gezeigt wird, womit eine Möglichkeit der Verständigung von vornherein ausgeschlossen ist. Andererseits muss auch der putzige *E.T.* am Filmende wieder aus den USA verschwinden. In Elliotts Heim ist kein Platz für ihn, die Menschenmutter darf keine Ersatzmutter werden, und Elliotts Schwester Gertie nicht seine Freundin. Wenn *E.T.* unter Heimweh leidet und sich nach der Mutter sehnt, vor allem aber wenn er schließlich im Schoß des Raumschiffs und damit in seiner eigenen Welt verschwindet, gibt Spielberg dem Amerika der beginnenden Präsidentschaft Ronald Reagans zu verstehen, dass es doch ebenfalls bei seinen Leisten bleiben, beziehungsweise zu ihnen zurückfinden sollte.

Danach kamen die Yuppie-Ära und das Ende des Kalten Krieges, der Aufstieg und Fall der New Economy und der 11. September 2001. Ob nun die Wiederaufführung von *E.T.* als neuerlicher Quietismus zu verstehen ist oder als nostalgische Rückkehr in eine Zeit der Unschuld und Unbefangenheit, als zeitgemäßes Plädoyer gegen plumpe Fremdenfeindlichkeit oder als subtile Entfernung und Verkindlichung des Fremden, das wird davon abhängen, welchem dieser im Film allesamt vorhandenen Aspekte man den Vorzug gibt. Dass *E.T.* auch nach 20 Jahren noch dieses Nachdenken auszulösen vermag und der zeitlichen Distanz standhält, ist nicht der geringste Verdienst von Spielbergs Werk.

McGuire (Johnnie), John Alvin (Carl), William Prince (David MacKeller) **L** 78 **E** 16.1.2001 ORB

SCHATTEN EINER KATZE (THE SHADOW OF THE CAT). In einem Landschloß geschieht ein Mord. Die Katze der Toten beobachtet die Tat und bringt die Schuldigen zur Strecke. Gut gespielter kleiner Gruselkrimi für Leichtgläubige. – Ab 16. ✦ Schwarz-weiß. Großbritannien 1960 **P** B.H.P. **KI** Universal **Pd** Jon Pennington **R** John Gilling **B** George Baxt **K** Arthur Grant **M** Mikis Theodorakis **S** James Needs **D** Andre Morell, Barbara Shelley, William Lucas, Conrad Phillips, Alan Wheatley **L** 78 **FSK** ab 16; nf **E** 19.1.1962 **fd** 10 198

SCHATTEN EINER LIEBE (TO GILLIAN ON HER 37TH BIRTHDAY). Ein Bostoner Professor, der vor zwei Jahren seine geliebte Frau bei einem Segelunfall verlor, kann die Tote nicht loslassen. Nachts erscheint sie ihm in seinem Ferienhaus am Meer und führt mit ihm Gespräche über die Tochter. Das 16jährige Mädchen konkurriert mit der verstorbenen Mutter um die Liebe des Vaters, der sich erst nach Konflikten mit der besorgten Verwandtschaft dazu durchringen kann, seine Frau auch innerlich zu begraben. Ein sehr gefühlvoll inszenierter und sensibel dargesteller Film, dem man einige Unglaubwürdigkeiten nachsehen kann. Die lebensnahen Charaktere und Dialoge, eine schöne Fotografie und die einfühlsame Musik tragen das Ihre zum Gelingen bei. – Ab 14. ✦ USA 1996 **P** Triumph/Rastar **VA** Columbia TriStar Home **Pd** David E. Kelley, Terry Morse **R** Michael Pressman **B** David E. Kelley, nach einem Stück von Michael Brady **K** Timothy Suhrstedt **M** James Horner **S** William S. Scharf **D** Peter Gallagher (David Lewis), Claire Danes (Rachel Lewis), Wendy Crewson (Kevin), Kathy Baker (Esther), Michelle Pfeiffer (Gillian Lewis) **L** 89 **FSK** ab 12 **E** 18.11.1997 Video/ 3.12.1998 Premiere **fd** 32 953

SCHATTEN EINES PFAUS (SHADOW OF THE PEACOCK). Eine Frau entdeckt die Untreue ihres Mannes und flieht auf eine tropische Insel, um ihr Leben zu überdenken. Dort verliebt sie sich in einen Tänzer aus Bali, findet zu sich selbst und fährt schließlich, innerlich gefestigt, zurück nach Australien und zu ihren Kindern. Kammerspielartiger Film, der nicht zu selbstquälerischer Nabelschau neigt, sondern seine Konflikte eher an exotischen Schauplätzen veräußerlicht. Ein in eine publikumswirksame Form gebrachtes Emanzipationsplädoyer, das ganz von der hervorragenden Wendy Hughes, einem der großen Stars des australischen Kinos, getragen wird. (Fernsehtitel auch: »Im Schatten eines Pfaus«) – Ab 16. ✦ Australien 1987 **P** Laughing Kookaburra **Pd** Jan Sharp **R** Phillip Noyce **B** Jan Sharp, Anne Brooksbank **K** Peter James **M** William Motzing **S** Frans Vandenberg **D** Wendy Hughes (Maria McEvoy), John Lone (Raka), Steven Jacobs (George McEvoy), Rod Mullinar (Terry), Peta Toppano (Judy) **L** 85 **E** 16.3.1990 DFF 2/10.4.1991 BR

SCHATTEN IM PARADIES (VARJOJA PARATIISISSA). Die Liebesgeschichte zwischen einem Müllfahrer und einer Supermarktkassiererin im Finnland der Gegenwart. In karger Ästhetik direkt inszeniert, entstand ein streckenweise anrührendes Melodram über Liebe und ihre Chancen in einer lebensfeindlichen Umwelt; gleichzeitig ist der Film eine packende Sozialreportage. Ein typischer Film aus Kaurismäkis finnischer »Arbeitertrilogie«, der filmisch seinen Ruf begründete. – Sehenswert. ✦ Finnland 1986 **P** Villealfa **KI** Pandora **Pd** Mika Kaurismäki **R+B** Aki Kaurismäki **K** Timo Salminen, Heikki Ortamo, Olli Varja, Mikko Mattila **M** Hari Marstio, Zouko Lumme **S** Raija Talvio **D** Matti Pellonpää (Nikander), Kati Outinen (Ilona), Saku Kuosmanen (Melartin), Esko Nikkari (Nikanders Kollege), Kylli Köngäs (Ilonas Freundin) **L** 76 **E** 28.4.1988/21.6.1988 BR/12.12.1989 DFF 1 **fd** 26 851

SCHATTEN IM RAMPENLICHT (SCHATTEN IM RAMPENLICHT). Einen Moment lang »wer zu sein« – diese Sehnsucht verbindet höchst unterschiedliche Menschen. Der Film zeichnet in elegischen, dann wieder alltagskomischen, mal banalen, mal philosophischen Episoden nach, wie sie versuchen, sich ihren Wunsch als Nebendarsteller im Showgeschäft zu erfüllen. Zusammen sollen diese Fragmente eine Geschichte ergeben, doch trotz einiger gelungener Teile bleiben sie weitgehend unzusammenhängend. Faszinieren können lediglich die Auswahl sowie einige Aussagen der Hauptpersonen. ✦ Österreich 1990 **P** Allegro/Wega/ÖFF/ORF **R** Nikolaus Leytner **B** Helmut Grasser, Wernfried Natter, Peter Zeitlinger, Nikolaus Leytner, nach einer Geschichte von Dorothy Atlas und A. Mann **K** Peter Zeitlinger **M** Martin Stepanek **D** Margarete von Angerholzer, Alexander Weber, Josef »Pepi« Taschner, Nadja Etzler, Richard Weiss, Josef Weiss, Artur Preuss **L** 97 **E** 14.6.1991 Österreich

SCHATTEN IM ZENIT. Die nüchterne Weltsicht eines Biologen an einem Forschungsinstitut gerät ins Wanken, als ihn ein Kollege mit einem eigentümlichen pflanzlichen Organismus konfrontiert. Bald verfällt er der »femininen« Ausstrahlung dieses Wesens, wird süchtig von der Substanz ihrer Früchte und verliert sich in Rauschzuständen, die seinem Leben bislang versagt waren. Eine »Psycho-Fiction-Geschichte« um die »Geheimnisse der beiden Geschlechter«. Ein psychedelisches Traumspiel, verwirrend und verworren zugleich. ✦ BR Deutschland/Ungarn 1988 **P** ZDF/Stúdió Innovációs Társulás **R+B** Rainer Kirberg **K** Hans-Peter Böffgen **M** Holger Hiller **D** Hans-Peter Minetti, Christoph Eichhorn, Wolfgang Dehler **L** 90 **E** 18.7.1989 ZDF

SCHATTEN IN DER DUNKELHEIT →Echoes in the Darkness

SCHATTEN IN DER WÜSTE →Zadar-Khan, der Wüstenrebell

SCHATTEN ÜBER DEM VERGEINER HOF →Angela (1949)

SCHATTEN ÜBER DEN INSELN. Auf den Faröer-Inseln, wo die Bevölkerung ihr kärgliches Dasein mit Vogel- und Fischfang fristet, kommt ein Arzt 1932 einer Seuche auf die Spur. Er kommt damit jedoch einem skrupellosen Händler in die Quere, gegen dessen Interessen er sich nur unter großem Einsatz durchsetzen kann. Realitätsnahe, durchaus spannend aufbereitete Gesellschaftskritik, bemerkenswert auch in den darstellerischen Leistungen. – Ab 14. ✦ Schwarz-weiß. DDR 1951/52 **P** DEFA **KI** Progress **Pd** Walter Lehmann **R** Otto Meyer **B** Kurt Adalbert, Otto Meyer **K** Eugen Klagemann **M** Herbert Trantow **S** Hildegard Tegener **D** Erwin Geschonneck (Dr. Sten Horn), Kriemhild Falke (Mette Horn), Siegfried Weber (Thorsten Horn), Fritz Diez (Arne Horn), Willy A. Kleinau (Bassen Brause), Hans Jungbauer (Amtmann Mikkelson) **L** 98 **E** 16.5.1952 Kino DDR/4.1.1977 DFF 2

SCHATTEN ÜBER EIN FRAUENHERZ (LE PART DE L'OMBRE). Ein berühmter Violinist schenkt seiner Tochter drei Ringe, die er als Erinnerung an drei große Leidenschaften in seinem Leben aufgehoben hat; er verbindet damit eine Auflage. Die Tochter darf sie nur an einen Mann weiterschenken, den sie wirklich liebt. Die junge Frau gibt die Ringe einem Mann, den sie dreimal in ihrem Leben getroffen und geliebt hatte, der aber dieser Liebe nicht würdig war. Jean Delannoy, ein sehr gewitzter Techniker und eigentlich einfallsreicher Regisseur auch bei schwächeren Stoffen, hat diese nichtige Geschichte so überinszeniert, daß auch Jean-Louis Barrault und Edwige Feuillere nicht dazu passen wollen. – Ab 14. ✦ Schwarz-weiß. Frankreich 1945 **P** Andre Paulvé **KI** Lloyd **R** Jean Delannoy **B** Charles Spaak, Jean Delannoy **K** Roger Hubert **M** Georges Auric **D** Edwige Feuillère, Jean-Louis Barrault, Jean Wall, Raphaël Patorni, Line Noro **L** 96 **E** 1949 Kino **fd** 397

SCHATTEN ÜBER ELVERON (SHADOW OVER ELVERON). Der Sheriff einer amerikanischen Kleinstadt mißbraucht sein Amt zu Terror und Verbrechen, ohne Widerstand in der wohlsituierten Bevölkerung zu finden. Erst ein neu in die Stadt kommender Arzt tritt ihm entgegen und entlarvt seine Machenschaften. Geschickt inszenierter Kriminalfilm, der seine spannende Handlung mit Kritik an bürgerlicher Gleichgültigkeit verbindet. – Ab 16. ✦ USA 1968 **P** Universal/ MCA **R** James Goldstone **B** Chester Krumholz **K** William Margulies **M** Leonard Rosenman **D** James Franciscus (Dr. Matthew Tregaskis), Leslie Nielsen (Sheriff Drover), Shirley Knight (Joanne Pettit), Franchot Tone (Barney Conners), James Dunn (Luke Travers) **L** 100 **E** 23.11.1968 ARD **fd** 15 833

SCHATTEN ÜBER MOSKAU (NIKOLAI WAWILOW). Die authentische Geschichte des sowjetischen Biologen und Genetikers Wawilow, der in den 30er Jahren eine weltverändernde Theorie der Getreidezucht entwickelte und als Gastprofessor an amerikanischen Hochschulen lehrte, bevor er ein Opfer der Stalin-Diktatur wurde und in einem Arbeitslager verhungerte. Eine in der UdSSR heißdiskutierte Abrechnung mit dem Stalinismus am Beispiel eines tragischen Einzelschicksals. ✦ UdSSR 1989 **R** Alexander Proschkin **B** Sergej Djatschenko, Juri Arabow, Alexander Proschkin **K** Boris Broshowski **M** Wladimir Martynow **D** Kostas Smoriginas (Nikolai Wawilow), Irina Kuptschenko, Andrej Martynow, Bogdan Stupka **L** 150 **E** 9.3.1992 ORF 1

SCHATTEN ÜBER NEAPEL (CAMORRA). Kolportagestory über den Kampf der Polizei gegen die neapolitanische Verbrecherorganisation Camorra. Eine versagende Regie und ein dürftiges Drehbuch reihen Mord, Verbrechen und Langeweile aneinander. – Ab 16. ✦ Schwarz-weiß. BR Deutschland/Italien 1950 **P** Comedia/A.B. **KI** NF **Pd** Herbert Sennewald **R** Hans Wolff **B** Ernst Marischka, Gino de Santis **K** Anchise Brizzi, Alberto Fusi **M** Renzo Rossellini **S** Hermann Leitner **D** Maria Montez, Hans Söhnker, Massimo Serato, Petra Peters, Otto Wernicke **L** 86 **FSK** ab 16; nf **E** 11.5.1951 **fd** 1 150

SCHATTEN ÜBER NOTRE DAME. Ein Journalist kommt 1939 in Paris einer Geheimorganisation auf die Spur, die mit ihren Mordtaten die Machtübernahme durch die deutschen und italienischen Faschisten vorbereiten will. Erst nach dem Krieg kann er seine Ermittlungen abschließen und die Schuldigen zur Verantwortung ziehen. Auf historischen Ereignissen beruhender, mehrteiliger Kriminalfilm fürs Fernsehen der DDR, der aus seinen propagandistischen Absichten keinen Hehl macht und durch seine politische Naivität verblüfft. – Ab 16. ✦ Scope, schwarz-weiß. DDR 1967 **P** DEFA **KI** Progress **R** Kurt Jung-Alsen **D** Herbert Köfer (Kommissar Rochambeaux), Angelica Domröse (Madeleine Labisse), Alfred Müller (Gaston Vernon), Jirí Vrstála (Jacques Batissier), Wolfgang Greese (Polizeipräfekt Blanchard) **L** 168 **E** 1966 DFF 1/1967 Kino DDR

SCHATTEN ÜBER SUNSHINE (LITTLE PEACE OF SUNSHINE). Wenige Tage vor der Unabhängigkeit wird der Gouverneur einer unter britischer Krone stehenden kleinen Karibikinsel erschossen. Ein Scotland-Yard-Spezialist gerät bei der Untersuchung des Falls in die Machenschaften zweier wenig vertrauenerweckender Präsidentschaftskandidaten und verbündet sich schließlich mit einem FBI-Agenten, der die blutige Spur des Medellin-Drogenhandels bis auf die Insel verfolgt hat. Fürs Fernsehen produziertes Spionageabenteuer vor exotischer Kulisse, mit einer Altersrolle für Lauren Bacall. – Ab 16. ✦ Großbritannien 1989 **P** London Weekend **R** James Cellan Jones **B** Murray Smith, nach einer Vorlage von Frederick Forsyth **K** Cristiano Pogany **M** Paul Chihara **D** Larry Lamb (Desmond Hannah), Chris Cooper (Ernie Favaro), Alan Howard (Sam McCready), Lauren Bacall (Lady Beatrix), Kitty Aldridge (Sabrina), Philip Michael Thomas (Marcus Tomson) **L** 93 **E** 7.6.1993 ZDF

SCHATTEN ÜBER TIRAN – KOMMANDO SINAI. Die erste Kinoreaktion auf den Yom-Kippur-Krieg vom Juni 1967 ist ein unglaubhafter Actionfilm, der in mancher Hinsicht den deutschen Landser-Groschenheften gleicht: Kurz vor Beginn der Offensive macht ein intelligenter israelischer Kommandotrupp unweit des anvisierten Luftziels Scharm-el-Scheich auf der Sinai-Halbinsel eine von dümmlichen Ägyptern bewachte Radarstation unschädlich. ✦ BR Deutschland/Israel 1967 **P** Aero/Ran **Kl** Eckelkamp **R+B** Raphael Nussbaum **K** Benno Bellenbaum, Jacob Kallach **M** Horst A. Hass, Rolf Bauer, Piero Umiliani **S** Ursula Möhrle, Erika von Stegmann **D** Esther Ullmann, John Hudson, Rolf Eden, Robert Fuller, Eli Sinai **L** 104 **FSK** ab 18; f **E** 21.6.1968 **fd** 15 605

SCHATTEN UM DOMINIQUE (DOMINIQUE). Die mysteriösen Vorgänge in ihrer Villa deutet eine Frau als die teuflische Intrige ihres Ehemannes, sie in den Wahnsinn zu treiben. Als jedoch ihre Leiche aufgefunden wird, treiben spukhafte Erscheinungen den Mann zur Verzweiflung. Gruseliger Thriller, der seine Spannung auf raffinierten Täuschungsmanövern aufbaut und darin Clouzots »Die Teuflischen« ähnelt, insgesamt jedoch zu sehr auf Sparflamme kocht, um mehr als einen lauwarmen Thrill zu erzielen. (DDR-Titel: »Dominique«) ✦ Großbritannien 1978 **P** Grand Prize/Sword & Sorcery **Pd** Milton Subotsky, Andrew Donally **R** Michael Anderson **B** Edward Abraham, Valerie Abraham, nach dem Roman »What Beckoning Ghost » von Harold Lawlor **K** Tod Moore **M** David Whitaker **S** Richard Best **D** Cliff Robertson (David Ballard), Jean Simmons (Dominique Ballard), Jenny Agutter (Ann Ballard), Simon Ward (Tony Calvert), Ron Moody (Doktor Rogers) **L** 100 (DDR 90) **E** 28.1. 1989 ZDF/21.4.1990 DFF 1

SCHATTEN UND NEBEL (SHADOWS AND FOG). Ein Angestellter, der als Mitglied der Bürgerwehr einen Massenmörder zur Strecke bringen soll, gerät selbst immer stärker in den Verdacht, der Täter zu sein. Auf seiner Irrfahrt durch die nächtlichen Straßen trifft er eine Schwertschluckerin aus dem Zirkus, die sich mit ihrem Geliebten entzweit hat. Philosophisches Traumspiel, das in virtuoser Weise die äußere Handlung mit der thematischen Reflexion über Gott, das Böse, die Liebe und die Kraft der Illusionen verbindet. Der stilistisch und inhaltlich mit Zitaten aus der Filmgeschichte und dem Werk Woody Allens gespickte Film strahlt bei aller künstlerischen Qualität auf Grund seiner gewollten Künstlichkeit eine gewisse Kälte aus. – Ab 14. ✦ Schwarz-weiß. USA 1992 **P** Orion Pictures/Rollins & Joffe Prod. **Kl** Columbia TriStar **Pd** Robert Greenhut, Jack Rollins, Charles H. Joffe **R+B** Woody Allen **K** Carlo Di Palma **M** Kurt Weill **S** Susan E. Morse **D** Woody Allen (Kleinman), Mia Farrow (Irma), John Malkovich (Clown), Lily Tomlin (Prostituierte), Jodie Foster (Prostituierte), Madonna (Seiltänzerin) **L** 85 **FSK** ab 12; f **E** 27.2.1992 **fd** 29 434

SCHATTEN UNSERER AHNEN (PITRU CHAYYA). Eine indische Filmmacherin folgt den Spuren des legendären Sängers Ramanathan, der in den südindischen Staaten Kerala und Tamil Nadu lebte und lehrte. Zu Lebzeiten nur einem kleinen Kreis bekannt, hat der Sänger nun eine immer größer werdene Schar von Anhängern, die in seinen Liedern und in seiner außergewöhnlichen Vortragsweise jahrhundertealte Traditionen erkennen. Der interessante Film führt an die Ursprünge dieser Kunst und vermittelt den dominierenden Gedanken der indischen Philosophie, daß alles mit allem zusammenhängt; die Tradition und die Moderne, die Entwicklung und die Verwurzelung. (Tamil m.d.U.) – Ab 16. ✦ Indien/Deutschland 1991 **P** Trishmat/ZDF **Pd+R+B** Soudhamani **K** R.V. Ramani **M** M.D. Ramanathan **D** John Alexis (Muthia), Visalam Ramanathan (Raman), M. Ramaswamy (Bharati), S. R. Janakiraman (Ravi), V. Siriram **L** (TV) 99 **E** 22.10.1991 ZDF

SCHATTEN VERGESSENER AHNEN →Feuerpferde

DER SCHATTEN VON PARIS (ENIGME AUX FOLIES-BERGERE). Morde und ihre Aufklärung in der Umgebung eines Pariser Amüsierbetriebs »Folies Bergères«. Ein verworrener Krimi mit steifen Revueszenen. ✦ Schwarz-weiß. Frankreich 1959 **P** Gimeno-Phillips/Marbeuf **Kl** Donau/Donau-Nordwest **R** Jean Mitry **B** Gloria Phillips, nach einem Roman von Léo Malet **K** Paul Fabian **M** Claude Bolling **D** Bella Darvi, Frank Villard, Yvonne Menard, Linda Romeo, Jean Tissier **L** 80 **FSK** ab 18; nf **E** 26.8.1960 Kino **fd** 9 595

DIE SCHATTEN WERDEN LÄNGER (DIE SCHATTEN WERDEN LÄNGER). Schweizer Spielfilm über minderjährige Mädchen in einer Erziehungsanstalt. Eine neue Erzieherin mit viel Engagement scheitert an der eigenen Vergangenheit. Die allzu konstruierte Story hindert den Film daran, seine gute Absicht – Verständnis für gefährdete junge Menschen – überzeugend zu vermitteln. ✦ Schwarz-weiß. Schweiz/BR Deutschland 1961 **P** Praesens/CCC **Kl** UFH **Pd** Lazar Wechsler, Artur Brauner **R** Ladislao Vajda **B** Ladislao Vajda, István Békeffy, Heinz Pauck **K** Enrique Gaertner **M** Robert Blum **S** Hermann Haller **D** Barbara Rütting (Christa Andres), Luise Ullrich (Frau Diethelm), Hansjörg Felmy (Max), Fred Tanner (Dr. Borner), Loni von Friedl (Erika Schöner) **L** 91 **FSK** ab 18; f **E** 11.8. 1961/22.2.1964 DFF 1/11.11.1971 ARD

SCHATTENBOXEN →Boxer

SCHATTENBOXER (1976) →Eierdiebe

SCHATTENBOXER (1992). Ein aus der Haft entlassener junger Mann will gemeinsam mit seinen zwei Komplizen einen Afrikaner aus der Abschiebehaft befreien, wobei sie zufällig in den Besitz von Geld gelangen, das einige Polizisten mit illegalen Drogengeschäften verdient haben. Ein routiniert entwickelter, erzähltechnisch reizvoller Kriminalfilm, frech und nachdenklich, unterhaltsam und böse zugleich erzählt. – Ab 16. ✦ Deutschland 1992 **P** Wüste/NDR **Kl** Kinowelt **Pd** Stefan Schubert **R+B** Lars Becker **K** Martin Gressmann **M** Frank Wulff, Stefan Wulff **S** Magdolna Rokob **D** Diego Wallraff (Eddie), Christian Redl (Rasselin), Ralph Herforth (Guido), Hussi Kutlucan (Tayfun), Alfred Kleinheinz (Timpe) **L** 80 **FSK** ab 16; f **FBW** w **E** 11.3.1993 **fd** 30 090

DER SCHATTENFÄNGER (THE SHADOW CATCHER). Weil sich die Fotografen zwischen Motiv und Sonne stellen, wurden sie von den Indianern Nordamerikas »Schattenfänger« genannt. Einer von ihnen war Edward S. Curtis, der zwischen 1896 und 1930 etwa 40 000 Fotos und 10 000 Tonaufnahmen mit Gesängen und Erzählungen der verschiedenen Stämme zwischen Mexiko und der Arktis machte. Der Dokumentarfilm rekonstruiert seine Expeditionen und setzt aus alten Filmen und neuen Aufnahmen das Lebensbild Curtis' zusammen. Eine sehr interessante, abwechslungsreiche Reportage. – Ab 16. ✦ USA 1974 **P** Teri McLuhan **Pd+R** Teri McLuhan **B** Teri McLuhan, Dennis Wheeler **K** Robert Fiore **L** 85 **E** 13.11. 1976 NDR

DIE SCHATTENGRENZE. Ein in vielen Berufen Gescheiterter, der durch die Beziehung mit einer Frau wieder Fuß zu fassen sucht, verstrickt sich in kriminelle Machenschaften und verliert sein Leben. Die gesellschaftskritischen Intentionen des zugrundeliegenden Romans werden von der Regie allerdings nicht eingelöst. – Ab 16. ✦ BR Deutschland 1978 **P** CCC/ZDF **R** Wolf Gremm **B** Dieter Wellershoff, nach seinem Roman **K** Jürgen Wagner **D** Günter Lamprecht (Matthias), Antje Hagen (Hilde), Friedrich W. Bauschulte (Ohlshausen), Dieter B. Gerlach (Kessler), Ulli Kinalzik (Paul) **L** 105 **E** 23.4.1979 ZDF

DIE SCHATTENLÄUFER (DE SCHADUWLOPERS). Die Lieblingsbeschäftigung zweier Brüder ist es, auf der Straße wildfremden Passanten zu folgen. Auf diese Weise kommen sie manch seltsamem Geschehen auf die Spur. Eines Tages treibt einer der beiden sein »Schattenlaufen« bis zur letzten Konsequenz, was ihn letztlich für immer von seinem Bruder und seiner Umgebung trennt. ✦ Niederlande 1995 **P** Van der Hoop Filmproductions/Studio Nieuwe Gronden/ZDF/arte **Pd** Frans van de Staak, Ton van der Lee **R+B** Peter Dop **K** Lex Wertwijn, Jan Wich, Peter Brugman **M** Fons Merkies **S** Jan Dop **D** Pierre Bokma (Leen), Aat Celen (Albert), Jeroen Willems (Stijn), Lineke Rijxman (Paula) **L** 85 **E** 1.1.1996 arte

DIE SCHATTENLINIE (1972) (LA LIGNE D'OMBRE). Fürs Fernsehen entstandene Verfilmung einer Erzählung von Joseph Conrad durch Georges Franju: Ein Steuermann, der der Seefahrt eigentlich Lebewohl sagen wollte, heuert als Kapitän auf einem Schiff an, dessen Kommando ihm sein neuer Steuermann streitig macht. Als Flauten das Schiff festsetzen und die Mannschaft am Tropenfieber erkrankt, sieht sich der frischgebackene Kapitän einem schmerzlichen Reifungsprozeß ausgesetzt. – Ab 16. ✦ Frankreich/BR Deutschland/Italien 1972 **P** ORTF/Télécip **R** Georges Franju **B** Georges Franju, Louis Guilloux, nach einer Erzählung von Joseph Conrad **K** Marcel Fradetal **S** Gilbert Natot **D** Kurt Großkurth (Alfred/Ernest Jacobus), Louis Masson (Ransome), Raymond Jourdan (Doktor), Jacqueline Parent (Alice), Jean-Paul Tribout (Leutnant), Margo Lion (Regentin), Roger Blin (Burns) **L** 83 **E** 2.11.1997 arte

DIE SCHATTENLINIE (1976) (SMUGA CIENIA / THE SHADOW LINE). Ein junger Seemann gerät auf seiner ersten Fahrt als Kapitän eines Seglers durch ungünstige Wetterverhältnisse, den katastrophalen Zustand des Schiffes und den Ausfall der Mannschaft in arge Bedrängnis, kann sich aber bewähren. Stimmungsvolle Verfilmung eines Romans von Joseph Conrad über den Übergang von sorgloser Jugend zu verantwortungsbereitem Leben. Wajdas Regie kennzeichnen ruhige Bilder, eine sorgfältige Charakterisierung der Figuren und der Verzicht auf jede Abenteuerromantik. – Ab 16. ✦ Polen/Großbritannien 1976 **P** PRF Zespól »X«/Thames **Pd** Jolyon Wimhurst **R** Andrzej Wajda **B** Boreslaw Sulik, Andrzej Wajda, nach dem Roman »The Shadowline« von Joseph Conrad **K** Witold Sobocinski **M** Wojciech Kilar, Lech Branski **S** David Naden, Miczyslawa Kalisz **D** Marek Kondrat (Joseph Conrad), Graham Lines (Burns), Tom Wilkinson (Ransome), Bernard Archard (Kapitän Ellis), John Bennett (Leiter des Seemannsheims) **L** 110 **E** 22.8.1977 ZDF/30.12.1977 Kino DDR/17.9. 1978 DFF **fd** 20 426

DIE SCHATTENMACHER (THE SHADOW MAKERS / FAT MAN AND LITTLE BOY). Während in Europa der Zweite Weltkrieg tobt, versammelt General Leslie R. Groves, von Gerüchten motiviert, hochqualifizierte Physiker unter der Leitung von Robert Oppenheimer, um in der Wüste New Mexicos die erste Atombombe vor den Deutschen zu entwickeln. Im Wettlauf mit der Zeit kommt es zu einem entnervenden Kleinkrieg mit den Militärs. Ein schmucklos und ohne äußere Effekte entwickelter Film über den Schritt ins Atomzeitalter und die dabei auftretenden organisatorischen, menschlichen und ethischen Probleme. Nach langatmiger Exposition enttäuschend in der zuwenig vertieften, unpassend melodramatischen Anlage von Personen und Konflikten. – Ab 16. ✦ Scope. USA 1989 **P** Veramount (für Paramount Pictures) **Kl** UIP **VA** CIC **Pd** Tony Garnett **R** Roland Joffé **B** Bruce Robinson, Roland Joffé **K** Vilmos Zsigmond **M** Ennio Morricone **S** Françoise Bonnot **D** Paul Newman (General Leslie R. Groves), Dwight Schultz (J. Robert Oppenheimer), Bonnie Bedelia (Kitty Oppenheimer), John Cusack (Michael Marriman), Laura Dern (Kathleen Robinson), Ron Frazier (Peer de Silvy), John C. McGinley (Richard Schoenfield), Natasha Richardson (Jean Tatlock), Ron Vawter (Jamie Latrobe), Michael Brockman (Parsons), Del Close (Dr. Kenneth Whiteside) **L** 127 **FSK** ab 12; f **E** 22.2. 1990/6.9.1990 Video/28.11.1993 PRO 7 **fd** 28 154

SCHATTENMUND (LES MOTS POUR LE DIRE). Eine von unkontrollierbaren Ängsten geplagte 34jährige Frau, die in Algerien als ungeliebte Tochter reicher Kolonialherren aufwuchs und unter ihrer egozentrischen Mutter litt, begibt sich in psychoanalytische Behandlung. Um die teuren Sitzungen finanzieren zu können, nimmt sie eine Arbeit an und durchbricht damit bereits ihre selbstgewählte Isolation. Während der Therapie tauchen immer deutlicher Bilder aus Kindheit und Jugend auf. Der nach wahren Lebenserinnerungen entstandene Film will Einblicke in das

Wesen und die Wirkungsweise der Psychoanalyse vermitteln, scheitert jedoch an zahlreichen Vereinfachungen und dem unglaubwürdigen Spiel der Schauspieler. – Ab 16. ✦ Frankreich 1983 **P** Stephan Films/Filmedis/UGC/Top No. 1/Belstar/TF1 **Pd** Véra Belmont, Jacques Dorfmann **R** José Pinheiro **B** Suso Cecchi d'Amico, Marie Françoise Leclerc, Marie Cardinal, José Pinheiro, nach dem Roman von Cardinal **K** Gerry Fisher **M** Jean-Marie Sénia **S** Claire Pinheiro **D** Nicole Garcia (Marie Saint-Jean), Marie-Christine Barrault (Eliane Saint-Jean), Daniel Mesguich (Psychoanalytiker), Claude Rich (Prof. Talbiac), Jean-Luc Boutté (François) **L** 92 **E** 1.4.1990 ZDF

SCHATTENREICH DES TODES (FROM THE DEAD OF NIGHT). In der ursprünglichen Fassung von 200 Minuten überlanger Gruselthriller, der versucht, traditionellen Zombie-Horror mit »New-Age«-Mystik zu verschmelzen. Nachdem eine attraktive Modedesignerin fast in einem Schwimmbassin ertrunken ist und, wie sie meint, kurz die Schwelle zum Jenseits überschritten hat, sieht sie sich fortan immer wieder lebensbedrohlichen Attacken ausgesetzt. Offenbar versucht eine unbekannte Macht, die junge Frau mit dämonischen Kräften ins Reich des Todes zurückzuholen. Banale Unterhaltung ohne tieferen Anspruch. – Ab 16. ✦ USA 1988 **P** Shadowplay Films/Phoenix Entertainment **R** Paul Wendkos **B** William Bleich, nach einem Roman von Gary Brandner **K** Bernd Heinl **M** Gil Melle **D** Lindsay Wagner (Joanna Darby), Bruce Boxleitner (Peter), Diahann Carroll (Maggie), Robin Thomas (Glen), Robert Prosky **L** 113 **E** 23.8.1992 ARD

DIE SCHATTENREITER →Im Schatten der Sklaven

SCHATTENREITER. Ein Vertreter verliebt sich in eine Prostituierte und wird dadurch aus all seinen Karrierebahnen geworfen. Die Frau wiederum macht sich durch ihre Liebe den mächtigsten Mann der Kleinstadt zum Feind. Am Ende sehen die Liebenden als einzigen Ausweg den Freitod. Ein holzschnittartiger Film von theatralischer Starre, der Motive einer klassischen japanischen Erzählung in die 20er Jahre verlegt und zermürbend monoton entwickelt. Die Stilübung erinnert an die Arbeiten von Fassbinders antiteater, ohne dessen Gelassenheit zu erreichen. ✦ BR Deutschland 1973/74 **P** Barbara Moorse Film-, Fernsehproduktion Workshop **Kl** Freunde der Deutschen Kinemathek **R** George Moorse **B** George Moorse, nach Motiven einer Erzählung von Chikamatsu Mouzaemon **K** Renato Berta **M** Wilfried Schröpfer **S** Christa Wernicke **D** Dieter Schidor (Karl), Peter Kern (Tony), Angelika Bender (Rosy), Isolde Barth (Schneewittchen), Klaus Dierig (Augenschmid) **L** 97 **E** 7.1.1974 ZDF

SCHATTENSEITE DES RUHMES (O SLAVE A TRAVE). Am Beispiel von vier Frauen, die an der Seite berühmter Sportler oder Künstler leben, zeigt der Film Kehrseiten, die der Ruhm mit sich bringt. – Ab 14. ✦ CSSR 1984 **P** Filmstudio Bratislava-Koliba **R** Peter Solan **B** Zora Kristufková, nach ihrem Roman **K** Stanislav Szomolányi **M** Peter Breiner **D** Vlado Miller, Monika Hilmanová, Milan Knazko, Jana Plichtová, Zdena Studénková **L** 60 **E** 31.8.1987 DFF 1

SCHATTENSPIELE (SHADOW PLAY). Eine amerikanische Autorin ist erinnerungshalber auf die kleine Orkney-Insel zurückgekehrt, wo sich vor sieben Jahren ihr Geliebter vom Leuchtturm stürzte. Sie findet heraus, daß der rätselhafte Selbstmord in Wahrheit ein Unfall war, und kann ihr Bühnenstück in Ruhe zu Ende schreiben. Ein viel zu lang geratener »Frauenfilm«, an dem weder Dramaturgie, Darstellung, Dialoge noch der Schnitt stimmen; nur der Kamera gelingt manchmal jene Stimmung, auf die der Titel hinauswill. – Ab 16. ✦ USA 1986 **P** New World/Millenium Pictures **VA** Highlight **Pd** Dan Biggs, Susan Shadburne **R+B** Susan Shadburne **K** Ron Orieux **M** Jon Nowton **S** Kenji Yamamoto **D** Dee Wallace-Stone (= Dee Wallace Stone) (Morgan Hanna), Cloris Leachman (Millie Crown), Ron Kuhlman (John Crown), Delia Salvi (Bette), Barry Laws (Jeremy Crown) **L** 94 **FSK** ab 16 **E** Januar 1989 Video **fd** 27 357

SCHATTENWELT (LAPSE OF MEMORY / MEMOIRE TRAQUEE). Durch Zufall kommt ein Jugendlicher darauf, daß sein Vater ein untergetauchter Journalist ist, dem der Geheimdienst wegen seines politischen Engagements eine »Legende« aufgebaut hat. Als der Junge diese Geschichte in einer Kurzgeschichte verarbeitet, hat dies zur Folge, daß seine Familie erneut flüchten muß. Formal ambitionierter, technisch brillanter psychologischer Thriller, hinter dessen glänzend inszenierter Actionhandlung die Identitätsprobleme eines Teenagers aufschimmern. (Fernsehtitel auch: »Schattenwelt – Rückkehr aus dem Nichts«) – Sehenswert ab 14. ✦ Frankreich/Kanada 1990 **P** Gerard Mital/Max Films **VA** VPS **Pd** Gerard Mital, Roger Frappier **R** Patrick Dewolf **B** Patrick Dewolf, Philippe de Guay, John Frizzel **K** Eduardo Serra **M** Alexandre Desplat **S** Fabienne Alvarez-Giro **D** John Hurt (Conrad Farmer), Marthe Keller (Linda Farmer), Mathew McKay (Bruce Farmer), Kathleen Robertson (Patrick), Marion Peterson (Dr. Laureen Brink) **L** 80 **E** 1.7.1992 Video/3.12.1993 VOX **fd** 29 994

DIE SCHATULLE AUS DER FESTUNG (SCHKATULKA IS KREPOSTI). Abenteuerlicher Kinderfilm über zwei Jungen, die versuchen, auf eigene Faust den Diebstahl von altem Brillantschmuck aufzuklären. – Ab 6. ✦ Scope. UdSSR 1982 **P** Aserbaidshanfilm **Kl** Progress **R** Golbenis Assimadse **B** Swetlana Kassumowa, Semjon Listow **K** Alekper Muradow, Valeri Kerimow **M** Rafik Alijew **D** Kjamran Schachmardanow, Ulwi Safarow, Samira Karajewa, Mikail Kerimow, Ibragim Alijew **L** 74 **E** 22.3.1985 Kino DDR/5.7.1986 DFF 1

DIE SCHATULLE DER MARIA MEDICI (LARESH MARIE MEDICI). Die Suche nach einem verschwundenen französischen Antiquitätenhändler erweist sich für die Leningrader Miliz als komplizierter Fall, dessen Spuren bis in die Zeit der Albigenser-Kriege im 13. Jahrhundert zurückführen. Mäßig spannender und in der Handlungsführung verwirrender Kriminalfilm. – Ab 16. ✦ Scope. UdSSR 1981 **P** Mosfilm **Kl** Progress **R** Rudolf Fruntow **B** Jeremej Parnow, Rudolf Fruntow, nach einem Roman von Parnow **K** Igor Gelejn, Wladimir Stepanow, Wladimir Kromas **M** Michail Siw **D** Valeri Ryshakow (Ljussin), Klara Lutschko (Madeleine Loquard), Emmanuel Vitorgan (Savigin), Jewdokija Urussowa (Tschrskaja), Anatoli Jegorow (Beresowski) **L** 89 **E** 6.11.1981 Kino DDR/11.3.1982 DFF 2

DER SCHATZ (1923). Modernes Anti-Märchen um einen Glockengießer, der mit einem Gesellen in den Gemäuern seines Hauses nach einem alten Schatz sucht. Konkurrenz bekommen sie von einem jungen Goldschmied, der sich in die Tochter des Hauses verliebt und im Gegensatz zu den beiden seine Suche mit wissenschaftlichen Mitteln betreibt. Ein lange Zeit unterschätztes Melodram von G. W. Pabst, das in seiner restaurierten, mit der Originalmusik eingespielten Fassung durch ambitionierten Kunstanspruch überzeugt. Einer der großen deutschen Kammerspielfilme, zugleich eines der letzten Werke des Expressionismus. – Sehenswert ab 14. ✦ Schwarz-weiß. Deutschland 1923 **P** Froelich Film **Pd** Carl Froelich **R** Georg Wilhelm Pabst **B** Willy Hennings, Georg Wilhelm Pabst, nach einer Novelle von Rudolf Hans Bartsch **K** Otto Tober **M** Max Deutsch **D** Albert Steinrück (Svetocar Badalic), Lucie Mannheim (Beate), Ilka Grüning (Anna), Werner Krauss (Svetelenz), Hans Brausewetter (Arno) **L** 80 **E** 14.10.1999 arte **fd** 33 914

DER SCHATZ (1949) (SKARB). Turbulente Nachkriegskomödie vor dem Hintergrund der zerstörten Stadt Warschau. Die Bewohner eines Mietshauses, unter ihnen ein junges Paar, geraten in helle Aufregung, als sie Hinweise auf einen im Haus versteckten Schatz finden. – Ab 8. ✦ Schwarz-weiß. Polen 1949 **P** Film Polski **Kl** Progress **R** Marian Leonard (= Leonard Buczkowski) **B** Roman Niewiarowicz, Ludwig Starski **K** Seweryn Kruszynski, Mieczyslaw Verocsy **M** Jerzy Harald **S** Joanna Rojewska **D** Jadwiga Chojnacka (Frau Malikowa), Wanda Jakubinska (Frau Kowalska), Alina Janowska (Barbara), Danuta Szaflarska (Krystyna Rozycka Konara), Jerzy Duszynski (Witold Konar), Adolf Dymsza (Fredek Ziólko), Ludwik Sempolinski (Gromocki), Stanislaw Jaworski (Herr Halny) **L** 91 **E** 30.6.1950 Kino DDR/22.11.1952 DFF 1

DER SCHATZ (1972) (NIDHANAYA). Während der englischen Kolonialzeit verfällt ein Brückenbaukonstrukteur in Ceylon dem Wahn, durch ein Jungfrauenopfer einen Schatz in seinen Besitz bringen zu können. Symbolische und realistische Erzählebenen virtuos verbindend, führt der Film über die schaurige Mär hinaus zu einer vielschichtigen Auseinandersetzung mit gestörten zwischenmenschlichen Beziehungen. – Sehenswert. ✦ Sri Lanka 1972 **P** Ceylon Studios **R** Lester James Peries **B** Tissa Abesekara **K** M. S. Anandan **M** Premasiri Kemadasa **D** Gamini Fonseka (Willi), Malini Fonseka (Irene), Saman Bokalawala (Julius), Francis Perera (Juwanis), Mapa Gunaratna (Doktor) **L** 110 **E** 22.11.1982 ARD **fd** 23 722

DER SCHATZ AUF DER VOGELINSEL →Der Schatz der Vogelinsel

SCHATZ, DAS IST EIN STARKES STÜCK (LE ROI DES CONS). Erfolgreicher, aber schwacher Verführer gerät in völlige Abhängigkeit von seinen selbstbewußten Geliebten, bekennt sich nach langen Irrungen zu seiner großen Liebe und heiratet. Etwas lahmes Lustspiel um Treue und Potenz, das kaum über eine Aneinanderreihung von Zoten und billigen Andeutungen hinauskommt. ✦ Frankreich 1980 **P** C.A.P.A.C./Films de la Colombe/Antenne 2 **Kl** Jugendfilm **R** Claude Confortes **B** Georges Wolinski, Claude Confortes, Paul Claudon, nach einem Theaterstück von Georges Wolinski und Claude Confortes **K** Jacques Loiseleux **M** Nicolas Samuel, Laurent Petitgirard **S** Ghislaine Desjonquères **D** Francis Perrin, Marie-Christine Descouard, Bernadette Lafont, Evelyne Buyle, Isabelle Mejias **L** 99 **FSK** ab 16; f **E** 23.10.1981 **fd** 23 174

DER SCHATZ DER AZTEKEN (LES MERCENAIRES DU RIO GRANDE / I VIOLENTI DI RIO GRANDE). Aufwendig inszenierte, thematisch aber flache Verfilmung zweier Karl-May-Romane: Ein sich eitel-bescheiden gebender Arzt soll als Kurier des Grafen Bismarck in Mexiko zwischen dem amerikanischen Präsidenten Lincoln und Benito Juarez vermitteln. Nach üblicher Rezeptur werden breit ausgespielte Kampfszenen von bemühter Heiterkeit aufgelockert, ohne daß diese Art von »Schau-Unterhaltung« wirklich Profil gewinnt. (Fortsetzung: »Die Pyramide des Sonnengottes«) – Ab 12. ✦ Scope. BR Deutschland/Frankreich/Italien 1965 **P** CCC/Franco-London/Serena/Avala **Kl** Gloria **Pd** Artur Brauner **R** Robert Siodmak **B** Georg Marischka, Ladislas Fodor, Robert A. Stemmle, nach den Romanen »Schloß Rodriganda« und »Das Waldröschen« von Karl May **K** Siegfried Hold **M** Erwin Halletz **D** Lex Barker (Dr. Karl Sternau), Gérard Barray (Graf Alfonso Rodriganda y Sevilla), Michèle Girardon (Josefa), Ralf Wolter (André Hasenpfeffer), Alessandra Panaro (Rosita Arbellez) **L** 101 **FSK** ab 12; nf **E** 4.3.1965 **fd** 13 306

DER SCHATZ DER BALEAREN (SEPTEMBER STORM). Im Mittelmeer tauchen drei Männer und ein Mädchen nach versunkenem Gold. Unwetter, Streitigkeiten und Raubfische zögern das Ende des langweiligen und oberflächlichen, in 3-D produzierten Abenteuerfilms lange hinaus. – Ab 14. ✦ Scope. USA 1959 **P** Alco **Kl** Centfox **Pd** Edward L. Alperson **R** Byron Haskin **B** W. R. Burnett **K** Jorge Stahl jr. **M** Edward L. Alperson jr., Raoul Kraushaar **S** Alberto Valenzuela **D** Joanne Dru (Anne Traymore), Mark Stevens (Joe Balfour), Robert Strauss (Ernie Williams), Asher Dann (Manuel Del Rio Montoya), Jean-Pierre Kérien (LeClerc) **L** 89 **FSK** ab 12; nf **E** 28.4.1961 **fd** 10 248

DER SCHATZ DER GEHENKTEN →Der Schatz des Gehenkten

DER SCHATZ DER INKAS →Samson und der Schatz der Inkas

DER SCHATZ DER JIVARO (JIVARO/LOST TREASURE OF THE AMAZON). Die Gier nach Gold verbindet eine Gruppe von Menschen, die einem trunksüchtigen Schatzsucher in den brasilianischen Urwald folgt. Leidenschaften, Kampfszenen und Abenteuer mit Indianern halten den mittelmäßigen Film in Gang. – Ab 14. ✦ USA 1953 **P** Paramount **KI** Paramount **Pd** William H. Pine, William C. Thomas **R** Edward Ludwig **B** Winston Miller, nach einem Roman von David Duncan **K** Lionel Lindon **M** Gregory Stone **S** Howard E. Smith **D** Fernando Lamas, Rhonda Fleming, Brian Keith, Lon Chaney jr., Richard Denning **L** 86 **FSK** ab 12; nf **E** 3.12.1954/20.2.1994 PRO 7 **fd** 3 762

DER SCHATZ DER KORSAREN (LONG JOHN SILVER). Ein verwegener Seeräuber plant eine neue Schatzgräberexkursion. Lose an Stevensons »Schatzinsel« anknüpfender kleiner Seeabenteuerfilm, der dank seines Humors und Tempos hinlänglich unterhält. – Ab 14. ✦ Scope. Australien 1954 **P** Treasure Island **KI** Centfox **Pd** Joseph Kaufman **R** Byron Haskin **B** Martin Rackin **K** Carl Guthrie, Ross Wood **M** David Buttolph **S** Mike Del Campo **D** Robert Newton (Long John Silver), Kit Taylor (Jim Hawkins), Connie Gilchrist (Purity Pinker), Eric Reiman (Trip Fenner), Syd Chambers (Ned Shill) **L** 107 **FSK** ab 16; nf **E** 28.10. 1955/13.7.1986 DFF 1 **fd** 4 514

DER SCHATZ DER MONA-INSEL (TESORO). Bei der Suche nach einem Schatz entdecken drei Jungen in einer geheimnisvollen Höhle drei Menschen, die sich dort versteckt halten. ✦ Kuba/Puerto Rico/Venezuela 1987 **P** ICAIC **R** Diego de la Texera **B** Diego de la Texera, Claribel Medina, Emilio Rodriguez Vázquez, Donald Myerston **K** Julio Valdés **D** Maya Oloe (Amanda), Xavier Serbia (Fermin), Frank Aguilar (Rubio), Ignacio Valdes Sigler (Don Pepe), Julio Hernandez de Armas **L** 90 **E** 26.9.1989 DFF 2

DER SCHATZ DER MONDGÖTTIN (TREASURE OF THE MOONGODDESS). Vier Abenteurer wollen den legendären Schatz einer Mondgöttin aus einem Tempel in Südamerika rauben. Strauchdiebe und fanatische Indios erschweren die illegale Mission. Stereotyper Abenteuerfilm vor exotischer Kulisse. – Ab 16. ✦ USA 1987 **P** Ascot Entertainment/Patsa Prod. **VA** G.L. **Pd** Gerald Green **R** José Luis Garcia Agraz **B** Eric Weston, Asher Brauner **K** Timothy Ross **M** Victor Hall, Stephen Metz **S** Chic Ciccolini, Gabrielle Gilbert **D** Linnea Quigley (Lu de Belle), Don Calfa (Harold), Jo-Ann Ayres (Brandy), Asher Brauner (Sam Kidd) **L** 87 **FSK** ab 16 **E** April 1988 Video

DER SCHATZ DER ROXANA →Der Schatz von Roxana

DER SCHATZ DER SIERRA MADRE (TREASURE OF SIERRA MADRE). Spannender Abenteuerfilm nach einem Roman von B. Traven: Drei heruntergekommene amerikanische Abenteurer schürfen in Mexiko in der heißen Sierra Madre gemeinsam nach Gold. Als sich der Erfolg einstellt, wachsen Mißtrauen, Besitzgier und Neid, so daß der gewonnene Schatz schließlich in alle Winde zerstreut wird. Ein Klassiker des Abenteuer-Genres, der exemplarisch das Scheitern des Bemühens um sicheren materiellen Besitz schildert. – Sehenswert ab 14. ✦ Schwarz-weiß. USA 1947 **P** Warner Bros./First National **KI** Warner **VA** Warner Home **Pd** Henry Blanke **R** John Huston **B** John Huston, nach einem Roman von B. Traven **K** Ted McCord **M** Max Steiner **S** Owen Marks **D** Humphrey Bogart (Dobbs), Walter Huston (Howard), Tim Holt (Curtin), Barton MacLane (McCormick), Bruce Bennett (Cody), Alfonso Bedoya (Gold Hat), José Torvay (Pablo), Julian Rivero (Barbier), John Huston, Pat Flaherty (Kunde), Clifton Young, Ann Sheridan (Passantin), Martin Garralaga **L** 125 **FSK** ab 6; nf/12 **E** 14.6.1949/3.1.1964 Kino DDR/ 1.1.1969 ZDF/16.12.1978 DFF 1 **fd** 255

DER SCHATZ DER SULAIKA →Karawane nach Zagora

DER SCHATZ DER VOGELINSEL (POKLAD PTACIHO OSTROVA). Ein Märchen, das den Fluch des Goldes und den Segen der Arbeit für die Menschen illustriert. Ein Puppenfilm mit unaufdringlicher politischweltanschaulicher Tendenz. Der bedeutende tschechische Animationsfilmer Karel Zeman erzielt durch die für ihn typische Mischform von Zeichentrick- und Puppenfilm eindrucksvolle formale und poetische Wirkungen. (DDR-Titel: »Der Schatz auf der Vogelinsel«) – Ab 8. ✦ CSR 1952 **P** Tschechoslowakischer Staatsfilm **KI** Karp **R+B** Karel Zeman **K** Antonín Horák **M** Zdenek Liska **L** 72 **FSK** ab 6; f **E** 27.2.1953 Kino DDR/26.2.1957 Kino BRD **fd** 5 479

DER SCHATZ, DER VOM HIMMEL FIEL (DER SCHATZ, DER VOM HIMMEL FIEL). Ein Mädchen und zwei Jungen erleben während ihrer Sommerferien an der südtürkischen Küste turbulente Abenteuer mit zwei Schatzräubern, die sie bis nach Istanbul verfolgen, wobei sie von einem »guten Geist« geleitet werden. Leichtgewichtige Krimiunterhaltung für Kinder, gewürzt mit Urlaubsimpressionen sowie Märchen- und Bazar-Ambiente, die eine Vielzahl von Episoden aneinander reiht, ohne den Personen Profil und den Ereignissen Dichte verleihen zu können. Immerhin bieten die drei kleinen Helden mit ihrem erfrischenden Spiel gute Identifikationsmöglichkeiten, sodass der Film weitgehend unterhält. – Ab 10. ✦ Österreich 1999 **P** SK Filmprod. **KI** Globus-Film **Pd** Josef Koschier **R** Wolfram Paulus **B** Wolfram Paulus, Wolfgang Haberl **K** Hans Selikovsky **M** Serdar Ateser, Andi Baum **S** Adi Wallisch **D** Lisa Trischler (Lucy), Nino Kratzer (Flori), Ozan Caliskanoglu (Ali), Rolf Zacher (Gangster Henry), Dietmar Mössmer (Gangster Heiner), Ahmet Ugurlu (Ahmet), Claudia Zöhrer (Lucys Mutter), Giulio Ricciarelli (Floris Vater) **L** 87 **E** 28.9. 2000 **fd** 34 556

DER SCHATZ DES BYZANTINERS (POKLAD BYZANTSKEHO KUPCE). Eine Kriminalbeamter für Sonderfälle ist einem Kunstdiebstahl und einem Mord auf der Spur. Mit der Hilfe einer eifrigen Kunststudentin gelingt die Aufklärung der Fälle. Anspruchsloser, einigermaßen spannender Kriminalfilm. – Ab 14. ✦ Scope, schwarz-weiß. CSSR 1966 **P** Filmstudio Barrandov **KI** Progress **R** Ivo Novák **B** Václav Erben, Zdenek Podskalsky, Ivo Novák **K** Rudolf Stahl **M** Zdenek Liska **D** Gabriela Vránová, Jirí Vala, Jirí Sovák, Lubomír Lipsky **L** 97 **E** 28.4.1967 Kino DDR

DER SCHATZ DES GEHENKTEN (THE LAW AND JAKE WADE). Ein ehemaliger Bankräuber, der bürgerlich geworden ist, wird von seinem früheren Komplizen zur Herausgabe der gemeinsamen Beute gezwungen. Der Ritt zum Versteck des Geldes in den Bergen entwickelt sich zum tödlichen Duell. Psychologischer Western, der anhand zweier Charakterporträts den Konflikt zwischen Zivilisation und Gesetzlosigkeit zur Zeit der amerikanischen Landnahme spannend darstellt; formal überdurchschnittlich, hervorragend besetzt. – Ab 16. ✦ Scope. USA 1957 **P** MGM **KI** MGM **Pd** William B. Hawks **R** John Sturges **B** William Bowers, nach einem Roman von Marvin H. Albert **K** Robert Surtees **S** Ferris Webster **D** Robert Taylor (Jake Wade), Richard Widmark (Clint Hollister), Patricia Owens (Peggy Carter), Robert Middleton (Ortero), Henry Silva (Rennie), DeForest Kelley (Wexler), Burt Douglas (Leutnant), Eddie Firestone (Burke) **L** 85 **FSK** ab 16; nf **E** 28.3.1959/30.12.1972 ZDF/1.2.1986 DFF 2 **fd** 7 998

DER SCHATZ DES GRAFEN CHAMARÉ (POKLAD HRABETE CHAMARE). Böhmen 1780. Die Kirche versucht mit allen Mitteln, ihre Macht vor den Auswirkungen der französischen Aufklärung zu bewahren, und verfolgt schonungslos alle Ketzer. Mit einem Wiener Arzt dringt neues Denken auch in ein Schloß ein und führt zu dramatischen Auseinandersetzungen. Historienfilm mit stark antikirchlicher Tendenz, der abenteuerliche Unterhaltung bietet. – Ab 14. ✦ CSSR 1984 **P** Filmstudio Barrandov **KI** Progress **R** Zdenek Troska **B** Josef Hanzlík, Zdenek Troska, nach dem Roman »Der Schatz« von Alois Jirásek **K** Jaroslav Brabec **M** Harry Macourek **D** Eduard Cupák, Blanka Bohdanová, Pavel Pípal, Petr Svoboda, Michaela Kuklová **L** 82 **E** 15.8.1986 Kino DDR/2.6. 1988 DFF 1

DER SCHATZ DES KAPITÄNS MARTENS (SKRAB KAPITANA MARTENSA). Ein junger Kapitän muß erfahren, daß eigenes Können mehr Glück bringt als ein ererbter Schatz. Streckenweise spannende Abenteuerunterhaltung. – Ab 14. ✦ Schwarz-weiß. Polen 1957 **P** Filmstudio Lodz, ZRF »Illuzjon« **KI** Progress **R** Jerzy Passendorfer **B** Jan Fethke, nach einem Roman von Janusz Meissner **K** Boguslaw Lambach **M** Jerzy Harald **D** Tadeusz Schmidt (Pawel), Barbara Polomska (Baska), Kazimierz Fabisiak (Dominik), Stanislaw Jasiukiewicz (Gac), Emil Karewicz **L** 75 **E** 17.1.1958 Kino DDR/28.3.1958 DFF 1

DER SCHATZ DES PIRATEN (SIMBAD E IL CALIFO DI BAGDAD). Nach dem Tod seiner Pflegemutter bleiben dem Seefahrer Sindbad lediglich ein zerrissenes Dokument und die mysteriöse Botschaft, daß die andere Hälfte im Tresor des Kalifen lagere. Auf der Suche nach ihr gerät er in gefährliche Abenteuer, bei denen er sich in die schöne Scheherazade verliebt. Abenteuerlicher Ausstattungsfilm mit Anleihen bei 1001 Nacht, der sich an amerikanische Vorbildern anzulehnen versucht, doch ohne Fantasie und überzeugende Darsteller dahinplätschert. (Fernsehtitel auch: »Sindbad und der Kalif von Bagdad«) – Ab 12. ✦ Italien 1973 **P** Buton **KI** Compact **VA** IHV **R+B** Pietro Francisci **K** Gino Santini **M** Alessandro Alessandroni **S** Otello Colangeli **D** Robert Malcolm (Sindbad), Sonia Wilson (Sherazade), Gigi Bonos (Faruk), Leo Valeriano, Spartaco Conversi **L** 88 (Orig. 101) **FSK** ab 12; f **E** 27.12.1986 DFF 2/März 1987 Video/ 17.6.1988 RTL plus

DER SCHATZ DES TEUFELS →Die Schatzinsel (1990)

SCHATZ, DU BIST VERHAFTET! (FAST COMPANY). Eine Sensationsreporterin und ihr Ehemann, ein Polizist, werden auf denselben Fall angesetzt – den Mord an einer Edelprostituierten. Während der Mann in der betrogenen Ehefrau eines Juristen die Täterin gefunden zu haben glaubt, ist die Reporterin von deren Unschuld überzeugt und stellt weitere Ermittlungen an, die für sie und ihren Mann bald gefährlich werden. Mischung aus Krimi und Komödie. ✦ USA 1995 **R** Gary Nelson **B** Dean Hargrove **K** Billy Dickson **M** Nicholas Pike **S** David Solomon **D** Ann Jillian (Frances Hampton-Smith), Tim Matheson (Jack Matthews), Nina Foch (Eloise Hampton-Smith), Constance Marie (Liz Shelby), Geoffrey Blake (Sgt. Harriman) **E** 10.9.1997 premiere

SCHATZ, DU STRAHLST JA SO! (MODERN PROBLEMS). Ein glückloser Fluglotse legt, nachdem er mit einer geheimnisvollen Flüssigkeit in Berührung gekommen ist, plötzlich telekinetische Fähigkeiten an den Tag, die er in der Folgezeit anwendet, um Ordnung in sein chaotisches Berufs- und Privatleben zu bringen. Bis in die Nebenrollen gut besetzte Komödie, die aber inszenatorisch kaum den erhofften Witz erzielt. – Ab 12. ✦ USA 1981 **P** 20th Century Fox **Pd** Alan Greisman, Michael Shamberg **R** Ken Shapiro **B** Ken Shapiro, Arthur Sellers, Tom Sherohman **K** Edmond L. Koons **M** Dominic Frontiere **S** Michael Jablow **D** Chevy Chase (Max), Patti D'Arbanville (Darcy), Mary Kay Place (Lorraine), Nell Carter (Dorita), Brian Doyle-Murray (Brian) **L** 91 **E** 5.5.1991 PRO 7

DER SCHATZ IM ALL →Space Pirates

DER SCHATZ IM BÜSTENHALTER →Sieben schwarze Büstenhalter

DER SCHATZ IM CANYON (THE TREASURE OF LOST CANYON). Ein Elfjähriger, der mit einer Clique kleiner Gauner zusammengelebt hat, wird von einem auf dem Lande in Kalifornien wohnenden Ehepaar aufgenommen, das ihn adoptieren will. Der Junge fühlt sich wohl bei ihnen; Komplikationen gibt es erst, als er in einer Höhle eine Truhe mit wertvollem Inhalt entdeckt. Verfilmung eines Romans von Stevenson, humorvoll inszeniert und gut gespielt. – Ab 10. ✦ USA 1952 **P** Universal **R** Ted Tetzlaff **B** Brainerd Duffield, Emerson Crocker, nach einem Roman von Robert Louis Stevenson **K** Russell Metty **M** Joseph Gershenson **D** William Powell, Tommy Ivo, Julie Adams, Charles Drake, Henry Hull **L** 80 **E** 18.2.1978 ARD

DER SCHATZ IM SILBERSEE (BLAGO U SREBRNOM JEZERU). In der Atmosphäre stimmige Karl-May-Verfilmung, die erste von zahlreichen aus den 60er Jahren: Der weiße Trapper Old Shatterhand und seine Gefährten sind auf den Spuren von verbrecherischen Schatzsuchern und erhalten durch den tapferen Apachenhäuptling Winnetou Unterstützung im Kampf gegen die skrupellose Bande. Ein in landschaftlich eindrucksvoller Kulisse angesiedelter Unterhaltungsfilm, der die Vorgaben des Romans zwar vergröbert, sich aber in der Handlung ähnlich nobel gibt; zurückhaltend bei Kampfszenen. – Ab 14. ✦ Scope. BR Deutschland/Jugoslawien 1962 **P** Rialto/Jadran **KI** Constantin **VA** Kinowelt Home **DVD** Kinowelt Home (16:9, 2.35:1, DS dt.) **Pd** Horst Wendlandt **R** Harald Reinl **B** Harald G. Petersson, nach einem Roman von Karl May **K** Ernst W. Kalinke **M** Martin Böttcher **S** Hermann Haller **D** Lex Barker (Old Shatterhand), Pierre Brice (Winnetou), Götz George (Fred Engel), Karin Dor (Ellen Patterson), Herbert Lom (Cornel Brinkley), Eddi Arent (Castlepool), Marianne Hoppe (Mrs. Butler), Ralf Wolter (Sam Hawkins), Jan Sid (Patterson), Mirko Boman, Ilija Ivezic, Branko Spoljar, Milivoj Stojanovic, Slobodan Dimitrijevic **L** 111 **FSK** ab 6; nf (fr. 12) **E** 14.12.1962/23.3.1974 ZDF/1.1.1983 DFF 1/31.5.1984 Kino DDR/19.9.2000 DVD/11.9. 2001 Video **fd** 11 679

DER SCHATZ IN DER BURG (POKLAD RYTIRE MILOTY). Zwei Jungen, die mit ihrer älteren Schwester den Großvater besuchen, der Verwalter einer Burg ist, begeben sich in dem alten Gemäuer auf Schatzsuche. Bei ihren Nachforschungen können sie einen Dieb auf frischer Tat ertappen, der eine kostbare chinesische Vase gegen eine Fälschung austauschen wollte. – Ab 10. ✦ CSSR 1989 **P** Filmstudio Gottwaldov **R** Eugen Sokolovsky jr. **B** Jirí Jilík **K** Juraj Fándli **M** Petr Skoumal **D** Marián Hluzín (Tomás), Jaroslav Tomana (Jindra), Kristína Madericová (Alena), Lubor Tokos (Großvater), Bozidara Richterová, Romana Será (Jana) **L** 80 **E** 13.4.1993 ORB

DER SCHATZ IN DER MÜHLE (TREASURE AT THE MILL). Um seiner verwitweten Mutter zu einem neuen Heim zu verhelfen, begibt sich ein Junge auf Schatzsuche. Er weiß, daß einer seiner Vorfahren den Schatz in einer alten Mühle versteckte, weiß aber nicht, daß der mürrische Arbeitgeber seiner Mutter auch auf der Suche danach ist. Hervorragend gespielter Kinderfilm mit vielen aufregenden Situationen. (Fernsehtitel: »Der Schatz in der Windmühle«) – Ab 10. ✦ Schwarz-weiß. Großbritannien 1957 **P** Wallace/Children's Film Foundation/British Lion **KI** Paikert **R** Max Anderson **B** Mary Cathcart Borer, nach einer Erzählung von Malcolm Saville **K** Jimmy Ewins **M** Jack Beaver **D** Richard Palmer, John Ruddock, Hilda Fenemore, Merrilyn Pettit, Harry Pettit **L** 60 **FSK** ab 6; f **E** 1957 Kino/17.5.1989 PRO 7

SCHATZ IN DER TIEFE (JAMAICAN GOLD / THE TREASURE SEEKERS). Eine Gruppe Abenteurer sucht einen sagenumwobenen versunkenen Goldschatz vor der Küste Jamaikas. Obwohl alle das gleiche Ziel vor Augen haben und der erhoffte Reichtum unermeßlich sein soll, traut keiner dem anderen über den Weg. Anspruchsloser Abenteuerfilm ohne jedes Profil. (Weitere Titel: »Jamaican Gold«, »40 Millionen Dollar«) – Ab 16. ✦ USA 1971 **R** Henry Levin **B** Rod Taylor, Walter Brough **D** Rod Taylor (Marian Casey), Stuart Whitman (Stack Baker), Elke Sommer (Ursula), Keenan Wynn (Cleaver Stewart), Jeremy Kemp (Landers), Patrice Wymore (Debbie) **L** 88 **E** 24.5. 1980 DFF 1/8.2.1990 Tele 5

DER SCHATZ IN DER WINDMÜHLE →Der Schatz in der Mühle

SCHATZ IN DER WÜSTE →Gefährlicher Auftrag (1952)

DER SCHATZ UNTER DER PALME (NA GRAFSKICH RASWALINACH). Drei Jungen verhindern, daß ein im Park vergrabener Schatz von Gangstern ins Ausland gebracht wird. Abenteuerlicher kinderfilm – Ab 8. ✦ Schwarz-weiß. UdSSR 1958 **P** Mosfilm **KI** Progress **R** Wladimir Skuibin **B** Igor Bolgarin, Wladimir Skuibin, nach einem Roman von Arkadi Gaidar **K** Piotr Satunowski **M** Michail Mejerowitsch **D** Walja Jerofejew (Jaschka), Senja Morosow (Walka), Tolja Nowikow (Dergatsch), Wladimir Soschalski (Graf), Boris Nowikow (Chrjatsch) **L** 66 **E** 12.12.1958 Kino DDR

DER SCHATZ VOM SHAOLIN-TEMPEL (SHAO-LIN SI DI SI). Ein Kung-Fu-kundiger chinesischer Robin Hood, der zu Unrecht verdächtigt wird, eine buddhistische Reliquie geraubt zu haben, macht sich auf die Suche nach den wirklichen Tätern. – Ab 16. ✦ Hongkong/VR China 1982 **P** Chung Yuen Motion Pictures **R** Hsu Son, Leung Wing-Tai **B** Wu Da **D** Zhang Fengyi (Jing Tian-Lei), Wang Xiu-Pin (Jing Tian-Feng), Wang Ji (Diao Xu-Juan), Wang Qun, Wang Qium **L** 80 **E** 8.1.1988 DFF 2/26.6.1991 DFF

DER SCHATZ VOM TOPLITZSEE. Der übliche Kinostoff vom tüchtigen Reporter, der böse Falschmünzer zur Strecke bringt, in einer zeitkritisch frisierten Abwandlung nach deutscher Illustriertenmanier. Es geht um Falschgeld aus der Nazizeit im steirischen Salzkammergut. – Ab 14. ✦ Schwarz-weiß. BR Deutschland 1959 **P** Cinelux **KI** Deutsche Cosmopol **Pd** Rudolf Wischert **R** Franz Antel **B** Kurt Nachmann, Rolf Olsen **K** Hans H. Theyer **M** Michael Jary **S** Arnfrid Heyne **D** Joachim Hansen, Sabina Sesselmann, Gert Fröbe, Werner Peters, Wolfgang Stumpf **L** 82 **FSK** ab 12; nf **E** 27.11.1959 **fd** 8 659

DER SCHATZ VON CABOBLANCO →Cabo Blanco

DER SCHATZ VON LIMBASI →Abenteuer im afrikanischen Busch / Der Schatz von Limbasi

DER SCHATZ VON ROXANA (MARTORI DISPARUTI). Historischer Abenteuerfilm über eine Familienintrige im Rumänien des 19. Jahrhunderts. Die in Italien weilende Tochter und Alleinerbin eines steinreichen Bukarester Bankiers soll von mißgünstigen Verwandten um ihr Vermögen gebracht werden, doch hat sie zwei Kavaliere auf ihrer Seite, die das zu verhindern wissen. (Titel auch: »Der Schatz der Roxana«) – Ab 14. ✦ Rumänien 1989 **P** Filmstudio Bucuresti **R** Dan Mironescu **B** Eugen Barbu, Nicolae Paul Mihail **K** Adrian Dragusin, Corneliu Cojocaru **M** Ion Christionoiu **D** Marga Barbu, Serban Ionescu, Sobi Ceh, Constantin Codrescu, Natasa Raab **L** 80 **E** 23.8.1990 DFF 2/21.3.1994 ORB

DER SCHATZ VON SAN BOSCO →San Bosco – Tödliches Riff

DER SCHATZ VON VADUL VECHI (COMOARA DIN VADUL VECHI). Im Dürrejahr 1946 kehrt ein in die Stadt gezogener Bauer in sein abgelegenes Dorf zurück und versucht, die ganze Bevölkerung unter seine Botmäßigkeit zu bringen. Die Natur und das langsam sich durchsetzende neue Bewußtsein der Menschen sind jedoch stärker als er. Sehr symbolhaft gestalteter Film über die ersten Jahre des Sozialismus in Rumänien. – Ab 14. ✦ Schwarz-weiß. Rumänien 1964 **P** Filmstudio Bucuresti **KI** Progress **R** Victor Iliu **B** Victor Emil Galan **K** Gheorghe Fischer **M** Tiberiu Olah **D** Stefan Mihailescu-Braila, Ion Caramitru, Mariana Pojar, Gheorghe Dinica **L** 92 **E** 11.6. 1965 Kino DDR/7.2.1977 DFF 1

DIE SCHÄTZE DER ZENSKI-SCHLUCHT (SOKROWISCHTSCHA ZENSKOWO USCHTSCHELJA). Erlebnisse einer Gruppe von Geologen bei ihrer gefahrvollen Arbeit in den Berggebieten des Kaukasus zur Feststellung und Erforschung von Bodenschätzen. Aufgelockert durch einige Episoden in der georgischen Stadt Tbilissi. ✦ Schwarz-weiß. UdSSR 1941 **P** Kinostudio Tbilissi **KI** Sovexportfilm **R** S. L. Berischwili **B** A. Beliaschwili **K** A. Magagjan, B. Burawljew **M** R. Gabitschwadse **D** Anna Toidse (Tina), Karol Matscharadse (Professor), K. Gegenawa (Ossiko), G. Bregwadse (Ssandro), D. Alawidse (Datiko) **L** 64 **E** 20.9.1946

DIE SCHÄTZE DES TEUFELS →Das Fräulein von Scuderi

DER SCHÄTZER (THE ADJUSTER). Filmisches Vexierspiel um einen Versicherungsangestellten, der gewissenhaft den Schaden bestimmt, den die Opfer von Brandunglücken erlitten haben, um seine Frau, die als Zensorin für pornografische Filme arbeitet, und um weitere Personen auf der Suche nach Lebensmodellen und -entwürfen. Eine intelligente, anspielungsreiche Auseinandersetzung mit den Abgründen vorgeblicher »Normalität«, in der sich die Menschen einrichten. – Sehenswert. ✦ Scope. Kanada 1991 **P** Ego Film Arts **KI** Kinowelt **Pd+R+B** Atom Egoyan **K** Paul Sarossy **M** Mychael Danna **S** Susan Shipton **D** Elias Koteas (Noah Render), Arsinée Khanjian (Hera), Maury Chaykin (Bubba), Gabrielle Rose (Mimi), Jennifer Dale (Bert) **L** 102 **FSK** ab 16; f **E** 30.1.1992 **fd** 29 350

DIE SCHATZINSEL (1934) (TREASURE ISLAND). Erste Tonfilmadaption des klassischen Abenteuerstoffes um den Jungen Jim Hawkins, falsche und echte Freunde und eine dramatische Schatzsuche in der Karibik. Eine fesselnde Umsetzung, die dem Stoff viel Respekt entgegenbringt und von einem faszinierenden Soundtrack unterstützt wird. (O.m.d.U.) ✦ Schwarz-weiß. USA 1934 **P** MGM **Pd** Hunt Stromberg **R** Victor Fleming **B** John Lee Mahin, Leonard Praskins, John Howard Lawson, nach dem Roman von Robert Louis Stevenson **K** Ray June, Harold Rosson, Clyde de Vinna **M** Herbert Stothart **S** Blanche Sewell **D** Wallace Beery (Long John Silver), Jackie Cooper (Jim Hawkins), Lionel Barrymore (Billy Bones), Otto Kruger (Dr. Livesey), Lewis Stone (Capt. Alexander Smollett) **L** 109 **E** 22.9.1996 arte

DIE SCHATZINSEL (1937) (OSTROW SOKROWISCHTSCH). Auf der Fahrt zu einer fernen Insel, auf der unermessliche Reichtümer zu finden sein sollen, gerät das Schiff »Hispaniola« in zahlreiche Turbulenzen: Die Besatzung meutert, und mit den geldgierigen Freibeutern wird ein Kampf um Leben und Tod ausgefochten. Am Ende siegen Gerechtigkeit und Vernunft. Frühe, naiv-aktionsreiche Verfilmung des klassischen Abenteuerromans von Robert Louis Stevenson. – Ab 8. ✦ Schwarz-weiß. UdSSR 1938 **P** Meshrabpomfilm **KI** Sovexportfilm **R** Wladimir Wainstok **B** Wladimir Wainstok, Arkadi Wainstok, Oleg Leonidow, nach dem Roman von Robert Louis Stevenson **K** Michail Kirillow **M** Nikita Bogoslowski **S** M. Shitowa **D** R. Pugatschewa (Jenny), Ossip Abdulow (John Silver), Michail Klimow (Trelawney), Nikolai Tscherkassow (Billy), A. Bykow (Kapitän Smolett), W. Jerschow (Kommandeur), Pjotr Galadjew (Ben-Gan) **L** 93 **E** 23.9.1949 Kino DDR

DIE SCHATZINSEL (1950) (TREASURE ISLAND). Eine alte Seeräuberkarte führt zu einer abenteuerlichen Seefahrt auf der Suche nach einem verborgenen Schatz. Spannend und effektvoll gemachter, in der Hauptrolle prächtig gespielter Abenteuerfilm. (Fortsetzung: »Der Schatz der Korsaren«, Australien 1954) – Ab 12. ✦ USA 1950 **P** Walt Disney **KI** RKO **DVD** Buena Vista (FF, Mono engl./dt.) **Pd** Perce Pearce **R** Byron Haskin **B** Lawrence Edward Watkin, nach dem Roman von Robert Louis Stevenson **K** Freddie Young **M** Clifton Parker **D** Robert Newton (John Silver), Bobby Driscoll (Jim Hawkins), Walter Fitzgerald (Mr. Trelawney), Basil Sydney (Captain Sydney), Denis O'Dea (Dr. Livesey) **L** 96 **FSK** ab 12; nf **E** 21.12.1951/27.10.1999 DVD **fd** 1 532

DIE SCHATZINSEL (1971) →Jolly Joker

DIE SCHATZINSEL (1972) (LA ISLA DEL TESORO / L'ILE AU TRESOR). Verfilmung des klassischen Jugendbuches von R. L. Stevenson: Die Suche nach einem vergrabenen Piratenschatz stürzt einen kleinen Jungen und seine väterlichen Freunde in aufregende Abenteuer. Handwerklich routiniert, aber vordergründig und fantasielos inszeniert. (Parallel wurde eine englische Version mit denselben Darstellern unter der Regie von John Hough gedreht, an dessen Drehbuch auch Orson Welles unter dem Pseudonym

O. W. Jeeves mitarbeitete.) – Ab 10. ✦ Spanien/Italien/Frankreich/BR Deutschland 1972 **P** Equiluz/Seven Film/F.D.L./CCC Filmkunst **Pd** Luis Bermejo Carrión, François de Lannurien, Artur Brauner **R** Andrew White (= Andrea Bianchi) **B** Antonio Margheriti, Hubert Frank, Wolf Mankowitz, Gérard Vergez, nach einem Roman von Robert Louis Stevenson **K** Cecilio Paniagua **M** Natale Massara **S** Renate Engelmann **D** Orson Welles (Long John Silver), Kim Burfield (Jim Hawkins), Walter Slezak (Squire Trelawney), Angel Del Pozo (Dr. Livesay), Rik Battaglia (Kapitän Smollett), Lionel Stander (Billy Jones) **L** 95 **E** 26.12.1972 **fd** 19 871

DIE SCHATZINSEL (1990) (TREASURE ISLAND). Ein Junge gerät in den Besitz einer Inselkarte mit dem eingezeichneten Versteck eines Schatzes. Er und seine Freunde können den Goldschatz zwar aufs Schiff bringen, werden aber in letzter Minute von ihrem Gegenspieler überlistet. Neuverfilmung des bekannten Romans von R. L. Stevenson; ohne atmosphärische Dichte und innere Spannung inszeniert und konturlos in der Charakterzeichnung, strickt der Film kein fantasievolles Seemannsgarn, sondern bietet ein naturalistisches Kriegsspektakel, das sich für eine Schiffsmeuterei mehr interessiert als für die eigentliche Schatzsuche. (Videotitel: »Der Schatz des Teufels«) – Ab 10 möglich. ✦ Großbritannien 1990 **P** Agamemnon **Kl** Warner Bros. **VA** Warner Home **Pd+R** Fraser Clarke Heston **B** Fraser Clarke Heston, nach einem Roman von Robert Louis Stevenson **K** Robert Steadman **M** Paddy Maloney, The Chieftains **S** Eric Boyd-Perkins **D** Charlton Heston (Long John Silver), Christian Bale (Jim Hawkins), Julian Glover (Dr. Livesay), Richard Johnson (Squire Trelawney), Oliver Reed (Captain Billy Jones), Christopher Lee (Blind Pew), Clive Wood (Kapitän Smollett), Isla Blair (Mrs. Hawkins) **L** 131 **FSK** ab 12; f **E** 7.6.1990/18.1.1991 Video **fd** 28 337

SCHATZSUCHE IN DEN TIEFEN DES ATLANTIKS (DREAMS OF GOLD – THE MEL FISHER STORY). Durchschnittlicher Abenteuerfilm nach einer wahren Begebenheit. Vor der Küste Floridas sucht ein Amerikaner nach einem mit einer spanischen Galeere 1622 untergegangenen Schatz. Trotz behördlicher Hindernisse und familiärer Schicksalsschläge gibt er nicht auf. – Ab 14 möglich. ✦ USA 1986 **R** James Goldstone **B** Stanford Whitmore **M** Ernest Gold **D** Cliff Robertson (Mel Fisher), Loretta Swit (Deo Fisher), Ed O'Ross (Agent Hudley), Scott Paulin (Don Kincaid), Jennifer Runyon (Angel Fisher) **L** 83 **E** 14.6.1997 ProSieben

SCHATZSUCHER. Ein junger begeisterter Amateurarchäologe kommt aus seinem Heimatdorf als Bauarbeiter auf eine Berliner Großbaustelle. Die Liebe zu einer älteren, geschiedenen Frau führt ihn zu neuen Lebenseinsichten und einer aktiven Auseinandersetzung mit seiner Umwelt. Dem dramaturgisch überladenen, darstellerisch schwachen Film mangelt es an psychologischer Durchdringung seiner Konflikte. – Ab 14. ✦ Scope. DDR 1978/79 **P** DEFA, Gruppe »Berlin« **Kl** Progress **Pd** Volkmar Leweck **R+B** Bernhard Stephan **K** Hans-Jürgen Kruse **M** Stefan Diestelmann **S** Barbara Simon **D** Dirk Wäger (Schulle), Alicja Jachiewicz (Helga), Klaus Manchen (Geschiedener Mann), Jürgen Heinrich (Jonny), Günter Naumann (Herr Schürbaum), Simone von Zglinicki (Sibylle), Werner Godemann (Edmund), Rolf Hoppe (Blinder) **L** 96 **E** 31.8.1979 Kino DDR/14.6.1981 DFF 1

SCHATZSUCHER IN DER SÜDSEE → Mara Maru

SCHATZSUCHER UND DETEKTIVE. Um den Umzug der Eltern zu verhindern, will ein Junge mit Hilfe seines Freundes beweisen, daß es sich bei dem alten Wohnhaus um ein historisches Bauwerk handelt. Dabei geraten sie in ungeahnte Schwierigkeiten. Verfilmung eines beliebten Kinderbuches. – Ab 8. ✦ CSSR 1988 **R** Libuse Koutná **D** Jan Kehar, Filip Blazek, Bronislav Poloczek **L** 78 **E** 23.10.1991 DFF

DER SCHATZTAUCHER. Der Sohn eines Marineoffiziers, der im Zweiten Weltkrieg am Tod von Zwangsarbeitern Schuld trug, wird von Regierungsbehörden gezwungen, in einer selbstmörderischen Tauchaktion Kunstschätze zu bergen, die sein Vater nach Kriegsende in einem später überfluteten Bergwerk deponiert hatte. Das Wagnis fördert über den Schatz wie über den Vater überraschende Erkenntnisse zu Tage. – Ab 16. ✦ Deutschland 1995 **R+B** Stephan Köster **D** Uli Brée (Kai Jungblut), Karina Ben Driss (Carine), Ingrid van Bergen (Jungbluts Mutter), Wookie Mayer (Lore), Leonard Lansink (Möhlenbruch) **L** 80 **E** 11.6.1995 ZDF

DIE SCHATZTRUHE. Aufregungen um Erbschleicherei und einen nicht vorhandenen Schatz. Durchschnittliches bäuerliches Lustspiel. – Ab 14. ✦ Österreich 1948 **P** Ring **Kl** Ring **Pd** Karl F. Sommer **R** Carl Kurzmayer **B** Ernst Henthaler, Carl Kurzmayer **K** Sepp Ketterer **M** Hans Hagen **D** Theodor Danegger, Anton Lehmann, Isolde Kaspar, Karl Skraup, Rudolf Carl **L** 85 **FSK** ab 16; nf **E** 16.9.1949 **fd** 438

SCHAU DICH NICHT UM, UNS FOLGT EIN PFERD (NECHLIZEJ SE, JDE ZA NAMI KUN). Zwei Jungen, Zwillinge, haben einen Wunsch: ein Go-Kart. Eine Möglichkeit, ihn zu verwirklichen, sehen sie in einer Lotterie, bei der man ein Los erhält, wenn man ein Kilo Altpapier sammelt. Sie sammeln eifrig. Um so größer ist ihre Enttäuschung, als sie nur den zweiten Preis gewinnen: ein Pferd. Was aber soll man mit einem Pferd in der Großstadt machen? Fantasievoller tschechischer Kinderfilm. – Ab 10. ✦ CSSR 1979 **P** Filmstudio Barrandov **R** Jirí Hanibal **B** Zdenek Mahler **K** Josef Pávek **M** Jan Hrábek **D** Jan Potmesil, Kamil Roedl, Jan Faltynek, Milena Dvorská, Ladislav Mrkvicka **L** 76 **E** 27.6.1982 ARD

SCHAU MICH NICHT SO BÖSE AN. Kommentarlos beobachtender Dokumentarfilm um Studenten, die als Weihnachtsmänner und Engel verkleidet Berliner Familien »bescheren« – eine kühle, unpersönliche Dienstleistung, die von den Auftraggebern oft auch als Erziehungsmittel für Kinder benutzt wird. Der Film montiert eine Fülle grotesker Szenen, hat einige Längen und redundante Momente, wirkt aber nie spöttisch oder sarkastisch. Am Schluß stellt sich vielmehr ein Gefühl von Traurigkeit darüber ein, daß das vielbeschworene Fest der Liebe und der Familie zu einem für viele Erwachsene lästigen Ritual und einer krampfhaften Warenbörse verkommen ist. – Ab 14. ✦ Deutschland 1997 **P** Happy Endings Film/ORB/SFB **Kl** Salzgeber **VA** Salzgeber **Pd** Roshanak Behesht Nedjad **R** Michael Chauvistré **B** Michael Chauvistré, Andreas Taglinger **K** Michael Chauvistré, Konstantin Kröning, Erik Krambeck **M** Georg Fischer, Christoph Seil **S** Michael Chauvistré **L** 66 **E** 22.10.1998/Januar 2001 Video **fd** 33 373

SCHAU NICHT ZURÜCK (HIGH TIDE AT NOON). Die Geschicke einer Fischerfamilie auf einer kargen Insel Neuschottlands. Als der Hummerfang immer weniger abwirft, nehmen die Spannungen unter den Bewohnern zu. Die Tochter der Familie heiratet einen Fischer, der der Spielleidenschaft verfallen ist und bei einem Unfall auf See ums Leben kommt. Nach Jahren kehrt sie auf die inzwischen verwaiste Insel zurück. Langweiliger sentimentaler Heimatfilm in kanadischer Landschaft. – Ab 14. ✦ Schwarz-weiß. Großbritannien 1957 **P** Rank **Pd** Julian Wintle **R** Philip Leacock **B** Neil Paterson, nach dem Roman von Elizabeth Ogilvie **K** Eric Cross **M** John Veale **S** Sidney Hayers **D** Betta St. John (Joanna MacKenzie), William Sylvester (Alec Douglas), Michael Craig (Nils), Flora Robson (Donna MacKenzie), Alexander Knox (Stephen MacKenzie) **L** 100 **E** 16.5.1970 ARD

SCHAU NIE NACH UNTEN! DIE ANGST AM ABGRUND (WES CRAVEN PRESENTS: DON'T LOOK DOWN/DON'T LOOK DOWN). Nachdem sie bei einer Bergwanderung den Tod ihrer Schwester unabsichtlich verschuldet hat, leidet eine junge Frau unter extremer Höhenangst. Um diese in den Griff zu bekommen, besucht sie die Selbsthilfegruppe eines erfahrenen Therapeuten. Als nach und nach die Mitglieder der Gruppe unter mysteriösen Umständen sterben oder ermordet werden, wird der Frau klar, dass die Todesfälle keine Zufälle sind. Gemeinsam mit der einzigen Überlebenden der Gruppe und dem Arzt begibt sie sich noch einmal auf Bergtour, um das Geheimnis zu klären. Überkonstruierter (Fernseh-)Thriller aus der Gruselschmiede von Wes Craven, der eine Vielzahl von Spannungstopoi aneinander reiht. ✦ USA 1998 **P** Woods Entertainment/Von Zerneck-Sertner Films/Craven-Maddalene Films **Pd** Richard Fischoff, Ted Babcock, Ron McGee, Randy Sutter, Erik Storey **R** Larry Shaw **B** Gregory Goodell **K** David Geddes **M** J. Peter Robinson **S** Michael Ornstein **D** Megan Ward (Carla Engel), Billy Burke (Mark Engel), Terry Kinney (Dr. Paul Sadowski), Angela Moore (Jocelyn), William McDonald (Ben), Kate Robbins (Hallie) **L** 86 **E** 16.6.1999 RTL

SCHAUDER (DRESCZE). Eine polnische Provinzstadt zu Beginn der 50er Jahre. Tomasz, ein scheuer, nachdenklicher 13jähriger, leidet unter den ihm unverständlichen Ereignissen: Sein Vater, im Krieg Mitglied der Volksmiliz, wird von Beamten des Sicherheitsdienstes verhaftet. Tomasz klammert sich fortan an eine fanatisch-idealistische Funktionärin, die ihn im Jugendlager die neue Moral einer kommunistischen Zukunft lehrt. Nach dem Tode Stalins (1953) ändert sich schlagartig alles: Das Lager wird überhastet aufgelöst; ratlos kehrt der Junge zurück in eine Welt, der man ihn entfremdet hat. Die Studie eines Jungen, der sich fataler Indoktrination ausgesetzt sieht. In suggestiven Bildern von großer, aber nie selbstzweckhafter Schönheit, analysiert der Film zugleich einen Abschnitt polnischer Geschichte. »Schauder« erhielt bei den Berliner Filmfestspielen 1982 vier Preise. – Ab 16. ✦ Polen 1981 **P** Film Polski, Produktionsgruppe Tor **R+B** Wojciech Marczewski **K** Jerzy Zielinski **M** Andrzej Trzaskowski **S** Irena Chorynska, Ewa Pakulska **D** Teresa Sawicka, Wladyslaw Kowalski, Tomasz Hudziec, Teresa Marczewska, Marek Kondrat **L** 106 **E** 11.10.1983 ZDF

DIE SCHAUKEL. Verfilmung des autobiografisch gefärbten Romans von Annette Kolb über eine ungewöhnliche Familie im München des ausgehenden 19. Jahrhunderts. Eine sorgfältige, aber mehr auf Dekor und Kostüme als auf die Zeitgeschichte konzentrierte Familienchronik, die nur begrenzt die Originalität, die Lebenslust und die bayerische Lebensart jener Jahre spürbar werden läßt. – Ab 14 möglich. ✦ BR Deutschland 1983 **P** Pelemele/Roxy/Pro-ject/BR/ORF **Kl** Filmverlag der Autoren **Pd** Dagmar Heyer **R** Percy Adlon **B** Percy Adlon, nach einem Roman von Annette Kolb **K** Jürgen Martin, Jürgen Jürges **M** Peer Raben **S** Clara Fabry **D** Anja Jaenicke, Lena Stolze, Christine Kaufmann, Günter Strack, Irm Hermann, Joachim Bernhard, Susanne Herlet **L** 133 **FSK** ab 6; f **FBW** w **E** 14.10.1983/31.10.1986 BR **fd** 24 251

DAS SCHAUKELPFERD (HORSE WITHOUT A HEAD). Das Lieblingsspielzeug einiger Kinder, ein kopfloses Schaukelpferd, wird zum heißumstrittenen Objekt der Begierde, als ein Bankräuber die enorme Summe von 100 Millionen Francs darin versteckt. Ein recht unterhaltsamer turbulenter Abenteuerfilm aus der Disney-Werkstatt, getragen von glänzenden Darstellern. (Alternativtitel: »Vier Kids gegen die Unterwelt«) – Ab 10 möglich. ✦ USA 1963 **P** Walt Disney Prod. **VA** EuroVideo **Pd** Hugh Attwooll **R** Don Chaffey **B** T. E. B. Clarke, nach einem Roman von P. Berna **K** Paul Beeson **M** Eric Rogers **D** Jean-Pierre Aumont, Herbert Lom, Leo McKern, Pamela Franklin, Vincent Winter **L** 89 **FSK** o. A. **E** 15.1.1988 Video

SCHAUPLATZ DES VERBRECHENS (LA LIEU DU CRIME). Ein 13jähriger Junge in der französischen Provinz sieht seine Familie auseinander- und das Böse hereinbrechen, als er zwei flüchtigen Sträflingen in die Arme läuft und von ihnen bedroht wird. Einer der beiden, ein verstörter junger Krimineller, wird der Geliebte der attraktiven Mutter, die sich vergeblich bemüht, dem Flüchtigen zu helfen. Vor der Kulisse der optisch faszinierend eingefangenen

Landschaft der Haute-Garonne angesiedelter, in eindrucksvollem erzählerischem Rhythmus entwickelter Film. Er nutzt die leicht triviale Folie zu einer irritierenden Allegorie um pubertäre Anwandlungen hinter vernunftsorientierter Fassade und beschreibt eine morbide Provinzidylle. Auch darstellerisch ein bemerkenswerter Film. ✦ Scope. Frankreich 1986 **P** T. Films/Films Antenne 2 **Pd** Alain Terzian **R** André Téchiné **B** André Téchiné, Pascal Bonitzer, Olivier Assayas, Michele Andreucci **K** Pascal Marti **M** Philippe Sarde **S** Martine Giordano **D** Catherine Deneuve (Lili Ravenel), Victor Lanoux (Maurice), Danielle Darrieux (Großmutter), Wadeck Stanczak (Martin), Nicolas Giraudi (Thomas) **L** 90 **E** 29.10.1988 ARD

DER SCHAUSPIELER (LE COMEDIEN). Sacha Guitry setzte mit diesem Film seinem Vater Lucien, einem sehr bedeutenden Schauspieler, ein witziges und sympathisches Denkmal. Die Texte Guitrys (teilweise aus seinem Buch »Lucien Guitry, von seinem Sohn erzählt«, teilweise aus seinem Theaterstück »Der Schauspieler«) sind ein reines Vergnügen; stilistisch findet allerdings nur Abfilmung von der Bühne statt. Dennoch ein bedeutendes Dokument menschlicher Nähe. (Alternativer Titel: »Ein Künstlerleben«) – Ab 14. ✦ Schwarz-weiß. Frankreich 1947 **P** UCL **Kl** Ringfilm **R+B** Sacha Guitry **K** Nikolai Toporkoff **M** Louis Beydts **D** Lucien Guitry, Lana Marconi, Jacques Baumer, André Brunot, Sacha Guitry **L** 96 **FSK** ab 12; f **E** 1.12.1950 **fd** 2 842

DER SCHAUSPIELER UND DIE WILDEN (ACTORUL SI SALBATICII). Ein Bukarester Vollblutkomödiant und Publikumsliebling revoltiert in Kabarettprogrammen gegen den rumänischen faschistischen Politiker Antonescu, die Eiserne Garde und gegen die deutschen Nationalsozialisten. Nach mehreren Auftritten in der Öffentlichkeit erhält er Morddrohungen. Schließlich wird ihm und seinem Textdichter eine Falle gestellt. Die Haupfigur trägt Züge des Satirikers Constantin Tãnase. – Ab 16. ✦ Rumänien 1974 **P** Filmstudio Bucuresti **R** Manole Marcus **B** Titus Popovici **K** Nicu Stan **M** George Grigoriu **D** Toma Caragiu, Mircea Albulescu, Margareta Pogonat, Ion Besoiu, Maria Chira **L** 147 **E** 4.2.1977 DFF 1

DIE SCHAUSPIELERIN (1977) (BHUMIKA). Die Lebensgeschichte einer indischen Schauspielerin, die mit ihren Filmrollen eine wirklichkeitsferne Scheinwelt aufzubauen hilft, aber in ihrem Alltag nicht aus der tradierten Rolle der Frau in der indischen Gesellschaft auszubrechen vermag. Mosaikartig gestaltet und brillant in der komplexen Verschachtelung von Schein und Sein, verdeutlicht der Film, daß im Spannungsfeld von Tradition, Fatalismus und eigenen Bedürfnissen eine Selbstfindung unmöglich ist. – Sehenswert ab 16. ✦ Indien 1977 **P** Blaze **R** Shyam Benegal **B** Girish Karnad, Pandit Satyadev Dubey, Shyam Benegal, nach der Autobiografie von Hansa Wadkar **K** Govind Nihalani **M** Vanraj Bhatia **D** Smita Patil (Usha), Anant Nag (Rajan), Amrish Puri (Kale), Naseeruddin Shah (Sunil Sharma), Sulabha Deshpande (Ushas Mutter) **L** 142 **E** 26.5.1984 WDR **fd** 24 608

DIE SCHAUSPIELERIN (1988). Eine junge deutsche Schauspielerin nimmt trotz der Rassengesetze im Dritten Reich eine jüdische Identität an, um einem Kollegen, den sie liebt, nahe zu sein. Sie folgt ihm nach Berlin an das Jüdische Theater. Charakterstudie einer ungewöhnlichen Frau, überzeugend gespielt, im Erzählstil eher distanziert und gleichnishaft. – Ab 16. ✦ Scope. DDR 1988 **P** DEFA, Gruppe »Babelsberg« **Kl** Progress **Pd** Volkmar Leweck **R** Siegfried Kühn **B** Regine Kühn, Siegfried Kühn, nach dem Roman »Arrangement mit dem Tod« von Hedda Zinner **K** Peter Ziesche **M** Stefan Carow, Jimmie Cox **S** Brigitte Krex **D** Corinna Harfouch (Maria Rheine), André Hennicke (Mark Löwenthal), Michael Gwisdek (Mario Montegasso), Blanche Kommerell (Judith Baumann), Jürgen Watzke (Stengele), Martin Brandt (Jaldas Großvater) **L** 87 **E** 13.10.1988 Kino DDR/3.4.1990 DFF 2/4.2.1993 arte

DIE SCHAUSPIELERIN UND DER GEIST (REN GU XING). Der Film schildert den Lebensweg der Operndarstellerin Qiu Yun, die sich über alle Widerstände hinwegsetzte und sich auf die Darstellung der mythologischen Figur Zhong Kui konzentrierte, die in der klassischen chinesischen Operntradition ausschließlich Männern vorbehalten war. Am Einzelschicksal stellt der Film den Kampf gegen die Diskriminierung der Frau in einer auf tradierte Rollenvorstellungen fixierten Gesellschaft dar. – Ab 16. ✦ VR China 1987 **P** Filmstudio Shanghai **R** Huang Shuqin **K** Xia Lixing **M** Ji Hongsheng **S** Yang Mao **D** Pei Yanling, Xu Shouli, Gong Lin, Wang Feifei, Li Baotian **L** 100 **E** 25.9.1990 DFF 2/23.11.1992 ORB

DIE SCHAUSTELLER-LADY. Dokumentarfilm über die 80jährige Lulu Herhaus, die als die »Grand Old Lady« des Schaustellergewerbes gilt, in dem ihre Familie seit 300 Jahren tätig ist. Der Film erzählt Episoden aus der abenteuerlichen Lebensgeschichte der Achterbahn-Besitzerin. – Ab 14 möglich. ✦ BR Deutschland 1985 **P** Maximiliane Mainka Prod./Institut für Filmgestaltung Ulm **R+B** Maximiliane Mainka **K** Kurt Lorenz **L** 82 **E** 18.12.1986 EINS PLUS

SCHAUT AUF DIESE STADT. Die Entwicklung beider Teile Berlins von den Nachkriegsjahren bis zu den Tagen nach dem Mauerbau am 13. August 1961 – eine dokumentarische Zusammenstellung aus DDR-Sicht. Geplant noch vor dem Mauerbau, sollte der Film die Bedeutung West-Berlins als »Pfahl im Fleisch der DDR« und Hort von Unmoral und Kriegslüsternheit belegen. Nach der Grenzschließung avancierte der Film zur direkten Rechtfertigung der Abriegelung der DDR. Parallel zur deutschen Fassung entstanden englische, französische und spanische Sprachversionen, die in den Vertretungen der DDR im Ausland und bei westlichen Kommunistischen Parteien gezeigt wurden. – Ab 16. ✦ Schwarz-weiß. DDR 1962 **P** DEFA **Kl** Progress **VA** Unidoc/Icestorm **Pd** Gerhard Abraham **R+B** Karl Gass **K** Hans Dumke, Hans-Eberhard Leupold **M** Jean Kurt Forest **S** Christel Hemmerling-Gass **L** 84 **E** 13.8.1962 Kino DDR/28.9.1999 Video

SCHAUT HER – UND SEHT DIE ANMUT MEINER HÄNDE. Eine eindringliche Studie über die Schwierigkeiten, gehörlose Kinder in die Gesellschaft zu integrieren und den Erwachsenen den ungeheuren Lernprozeß nahezubringen, den diese Gruppe von Behinderten zu leisten hat, um im Leben zurechtzukommen. Ein engagierter, wichtiger Film. ✦ Teils schwarz-weiß. BR Deutschland 1979 **P** Team 72/ZDF **Kl** Jahns Film **Pd** Wilm Bruckner, Michael Lau **R+B** Carin Braun **K** Henning Stegmüller, Thomas Müller **S** Eva Schlensag **D** Carin Braun (Praktikantin), Josef Bierbichler (Eisverkäufer), Alfredo Corrado (Gast), Günther Bernhard (Schüler), Brigitte Denk (Schülerin) **L** 73 **FBW** bw **E** 3.4.1980 ZDF

DER SCHECKIGE HUND (PEGI PJOS, BEGUSTSCHI KRAJEM MORJA). Bei seiner ersten Robbenjagd auf dem offenen Meer, die ihn zum Jäger und Mann machen soll, gerät ein 12jähriger Junge vom nordsibirischen Stamm der Niwuchen zusammen mit Großvater, Onkel und Vater in Seenot. Als das Trinkwasser an Bord des kleinen Bootes zur Neige geht, opfern sich die Verwandten gemäß dem ungeschriebenen Gesetz der Sippe, um das Überleben des Jungen zu sichern. Preisgekrönte Romanverfilmung über das Leben eines naturverbundenen Jäger- und Fischervolkes an der Küste des Ochotskischen Meeres. (Originalfassung mit eingesprochenem Kommentar und Übersetzung der Dialoge.) – Ab 12. ✦ UdSSR 1989 **P** Dowshenko-Studio **R** Karen Geworkjan **B** Tolomusch Okejew, Karen Geworkjan, nach dem Roman von Tschingis Aitmatow **K** Igor Beljakow, Rudolf Watinjan **M** Sandor Kallos **D** Bojarto Dambajew (Kirisk, der Junge), Doschan Sholshaksynow (Emraijin, der Vater), Alexander Sassikow (Ornan, der Großvater), Tokon Dagtyrbekow (Myglyn, der Onkel) **L** 79 (Orig. 137) **E** 16.11.1994 ZDF

EIN SCHEFFEL SAAT. Dokumentarfilm über drei Bauernfamilien im Oldenburger Münsterland, der zeigen will, wie die bäuerlichen Lebensstrukturen in der Auflösung begriffen sind und wie sich das angeblich idyllische Landleben bei näherer Betrachtung als anstrengend-ausdauernder Existenzkampf entpuppt. – Ab 16. ✦ BR Deutschland 1980 **P** ZDF **R+B** Thomas Hartwig **K** Claus Deubel **S** Sybille Windt **L** 80 **E** 4.12.1980 ZDF

SCHEHERAZADE → Sheherazade – Mit 1001 PS ins Abenteuer

SCHEHEREZADES LETZTE NACHT (POSLEDNJAJA NOTSCH SCHEHERESADY). Die Fortsetzung der Geschichte vom armen Flickschuster, der noch vieles durchstehen muß, ehe er endlich mit Hilfe des Dschinns die schöne und reiche Tochter des Kalifen heimführen kann. Märchenfilm orientalischer Prägung, erheblich schwächer als seine beiden Vorgänger »Eine Nacht mit Scheherezade« (1984) und »Die neuen Märchen von Scheherezade« (1987). – Ab 8. ✦ Scope. UdSSR/Syrien 1988 **P** Tadshikfilm/Ganem **Kl** Progress **R** Tachir Sabirow **B** Valeri Karen, Tachir Sabirow, nach den Märchen aus 1001 Nacht **K** Rustam Muchamedshanow **M** Gennadi Alexandrow **D** Jelena Tonunz (Scheherezade), Tachir Sabirow (Kalif), Ulugbek Musaffarow (Maruf), Tamara Jandijewa (Esmagül), Gada Alschama (Amal) **L** 87 **E** 23.6.1989 Kino DDR/30.3.1989 DFF 2

DER SCHEICH MIT DER SCHWARZEN MASKE → Der Sohn des Scheichs (1962)

SCHEIDEWEG EINER NONNE (VIOLENZA PER UNA MONACA). Die Geschichte einer bei den Unruhen im Kongo 1960 vergewaltigten Nonne, die ein Kind erwartet und vor die Wahl gestellt wird, das Kind wegzugeben oder den Orden zu verlassen. Sie entscheidet sich für keine dieser Lösungen: Sie wird zwar das Kloster verlassen, aber nun allein ein Leben nach ihren Gelübden führen und Notleidenden helfen. Gutwilliger, aber geistig und formal völlig unzulänglicher Film – eine Art religiöser »Gartenlaube«. ✦ Italien/Spanien 1967 **P** Filmes/Izaro **Kl** Gleim **R** Júlio Buchs **B** Federico de Urrutia, Manuel Sebares, Victor Auz, José Luiz Hernandez **K** Gabor Pogany **M** Giovanni Fusco **S** Gaby Penalva **D** Rosanna Schiaffino, John Richardson, Angel Picazo, Mara Cruz, Paloma Valdés **L** 92 **FSK** ab 12; f **E** 25.2.1971 **fd** 17 523

EINE SCHEIDUNG (A BILL OF DIVORCEMENT). Mit diesem »problem play« brachte Cukor zwei Neuheiten auf die Leinwand: das für damalige Verhältnisse längst nicht alltägliche Thema »Scheidung« und einen späteren Star in seiner ersten Filmrolle: Katharine Hepburn. Sie spielt die Tochter einer Frau, deren Mann seit 15 Jahren in einem Heim für psychisch Kriegsgeschädigte lebt, und die sich von neuem verheiraten möchte. Doch kurz nach der Scheidung wird ihr erster Mann als geheilt entlassen und stellt Mutter und Tochter vor große Probleme. Inszenatorisch nicht ohne Reiz zwischen Melodram und Komödie schwankend, psychologisch nicht sonderlich glaubwürdig. (TV-Titel auch: »Bill of Divorcement«) – Ab 16. ✦ Schwarz-weiß. USA 1932 **P** RKO **Pd** David O. Selznick **R** George Cukor **B** Howard Estabrook, Harry Wagstaff Gribble, nach einem Bühnenstück von Clemence Dane **K** Sid Hickox **M** Max Steiner **S** Arthur Roberts **D** John Barrymore (Hilary Fairfield), Katharine Hepburn (Sydney Fairfield), Billie Burke (Margaret Fairfield), David Manners (Kit Humphrey), Paul Cavanagh (Gray Meredith) **L** 67 **E** 23.6.1974 NDR/RB/SFB (O.m.d.U.)

SCHEIDUNG AUF AMERIKANISCH (1934) → Tanz mit mir (1934)

SCHEIDUNG AUF AMERIKANISCH (1966) (DIVORCE AMERICAN STYLE). Die Geschichte eines Ehepaares, das sich ständig streitet, sich scheiden läßt, dann aber doch wieder zueinanderfindet. Übermütige Komödie mit einigem Witz, guten Darstellern und einer ausgezeichneten Regie. – Ab 14. ✦ USA 1966 **P** National General/Tandem **Kl** Columbia-Bavaria **Pd** Norman Lear **R** Bud Yorkin **B** Norman Lear **K** Conrad L. Hall **M** Dave Grusin **S** Ferris Webster **D** Dick van

Dyke, Debbie Reynolds, Jason Robards, Jean Simmons, Van Johnson **L** 109 **FSK** ab 12; f (früher 16) **E** 6.10.1967 **fd** 15 018

SCHEIDUNG AUF AMERIKANISCH (2000). Jahre nachdem eine deutsche Musikstudentin einen Amerikaner geheiratet hat und ihm in die USA gefolgt ist, ist die Liebe längst der Alltagsroutinie gewichen. Die Mutter zweier Kinder versucht, zumindest nach außen hin den glücklichen Schein zu wahren, doch als ein eigenwilliger Forscher in ihr Leben tritt, der sich auf Anhieb in sie verliebt, muss die Zukunft neu überdacht werden. (Fernseh-)Film über Ehealltag und die damit verbundenen Probleme, über (Verlust-) Ängste und das Liebäugeln mit kleinen und großen Fluchten. ✦ Deutschland 2000 **Pd** Gabriela Sperl **R** Sherry Hormann **K** Ken Kelsch **D** Martina Gedeck (Sarah), John Corbett (David), Vyto Ruginis (Bob), Marianne Sägebrecht (Betty), Rosemarie Fendel (Sarahs Mutter Emma) **L** 90 **E** 28.2.2001 ARD

SCHEIDUNG AUF FRANZÖSISCH (1986) (CLUB DE RECONTRES). Ein geschiedener Mann wird von seinem in Liebesangelegenheiten erfahrenen Freund an einsame Frauen vermittelt, genießt zunächst seine amourösen Abenteuer, besinnt sich jedoch ermattet auf die wohltuende Ruhe eines geregelten Privatlebens. Überdrehter Klamauk, der ungezügelten männlichen Chauvinismus präsentiert. ✦ Frankreich 1986 **P** T.Films **KI** CineVox **VA** VCL/Virgin **Pd** Alain Terzian **R+B** Michel Lang **K** Daniel Gaudry **M** Michel Legrand **S** Hélène Plemiannikov **D** Francis Perrin (Nicolas), Jean-Paul Comart (Bernard), Valérie Allain (Cricri), Isabelle Margault (Bunny), Blanche Ravalec (Marion) **L** 93 **FSK** ab 16; f **E** 30.4.1987/Oktober 1987 Video **fd** 26 161

SCHEIDUNG AUF FRANZÖSISCH (1991) (BONJOUR LA GALERE). Komödie um ein Ehepaar, das sich nach 15 Jahren scheiden läßt. Um die Kinder nicht unter der Trennung leiden zu lassen und das gemeinsame Haus nicht opfern zu müssen, verfällt man auf eine pragmatische Lösung: der Mann bezieht das Erdgeschoß, die Frau lebt mit Sohn und Tochter im Obergeschoß. Die Kinder versuchen derweil, die neuen Partner der Eltern zu vergraulen und diese wieder zusammenzubringen. – Ab 14. ✦ Frankreich 1991 **R** Caroline Huppert **D** Guy Marchand (Antoine), Nancy Brilli (Marie), Eva Grimaldi (Michele), Jacques Spiesser (Jean-Pierre), Laura Betti (Mamita) **L** 80/85 **E** 6./7.6.1995 Vox (zwei Teile)

SCHEIDUNG AUF ITALIENISCH (DIVORZIO ALL'ITALIANA). Ehemüder sizilianischer Baron bringt seine Frau planvoll zum Ehebruch und erschießt sie dann aus »verletzter Ehre«, um nach kurzer Strafe eine junge Verwandte heiraten zu können. Eine routiniert ins Bild gesetzte amüsante Komödie mit schwarzem Humor als Pamphlet gegen die italienische Ehe- und Strafgesetzgebung der damaligen Zeit. ✦ Schwarzweiß. Italien 1961 **P** Lux/Vides/Galatea **KI** Atlas **Pd** Franco Cristaldi **R** Pietro Germi **B** Ennio de Concini, Alfredo Giannetti, Pietro Germi **K** Leonida Barboni **M** Carlo Rustichelli **D** Marcello Mastroianni (Baron Ferdinando Cefalu), Daniela Rocca (Baronin Rosalia Cefalu), Stefania Sandrelli (Angela), Leopoldo Trieste (Carmelo Patané), Odoardo Spadaro (Gaetano, Angelas Vater) **L** 105 **FSK** ab 18; nf **FBW** bw **E** 31.8.1962/23.4.1965 Kino DDR/22.1.1968 ZDF **fd** 11 382

SCHEIDUNG AUF RÄDERN. Nachdem sie ihren untreuen Ehemann verlassen hat, steht eine Frau in den besten Jahren mit ihrem Sohn vor dem Nichts. Als der Mann den Unterhalt verweigert und den gemeinsamen Hausrat beiseite schafft, macht sie aus der Not eine Tugend und gründet ein Umzugsunternehmen für Frauen, das den Auszug mit allem Hab und Gut innerhalb weniger Stunden erledigt. Zufriedene Kundinnen danken ihr den Service, doch als ein Mann um ihre Hilfe anfragt, muss vieles neu überdacht werden. (Fernseh-)Komödie über Beziehungskonflikte und Vorurteile im Miteinander von Frauen und Männern, die auf amüsante Weise verkrustete Klischees in Frage stellt. – Ab 16. ✦ Deutschland 2000 **P** Multimedia/ZDF/arte **R** Christine Kabisch **B** Pamela Katz **K** Florian Ballhaus **M** Ludwig Eckmann **S** Vessela Martschewski **D** Barbara Auer (Ute Ritter), Max Herbrechter (Geret Jakoby), Siegfried Terpoorten (Theo), Jakob Mann, Dietmar Mues (= Joachim Dietmar Mues) **L** 90 **E** 18.8.2000 arte

SCHEIDUNG AUF RATEN (PARTNERS 'N LOVE). Romantische Komödie um ein geschäftlich wie privat weiter verbundenes Paar, das nach fünf Jahren erfährt, daß seine Ehescheidung nicht rechtskräfig war. Während er sich Hoffnung auf einen Neuanfang macht, sieht sie die Angelegenheit als rechtlichen Lapsus an. Der Verkauf des gemeinsamen Unternehmens soll die Trennung endgültig dokumentieren, doch es kommt zu weiteren Verwicklungen. ✦ Kanada 1992 **R** Eugene Levy **B** Josh Goldstein **D** Eugene Levy (David Grodin), Linda Kash (Maxine Smith), John James (Carey Mays), Jayne Eastwood (Heddy Taylor), John Hemphill (Lloyd Peters) **L** 88 **E** 7.9. 1996 RTL 2

SCHEIDUNG PER MORD (TILL DEATH US DO PART). Mit Hilfe von Indizienbeweisen überführt ein ehrgeiziger junger Staatsanwalt einen ehemaligen Polizeibeamten, der zunächst den Ehemann seiner Geliebten und später seine Braut ermordet hat. In beiden Fällen sind hohe Lebensversicherungen im Spiel. Ein im Jahr 1967 in Los Angeles angesiedelter Kriminalfilm. – Ab 16. ✦ USA 1991 **P** Saban/Scherick **Pd** Nick Gillott **R** Yves Simoneau **B** Philip Rosenberg, nach einem Roman von Vincent Bugliosi und Ken Hurwitz **K** Paul Onorato **M** George S. Clinton **S** Michael Ornstein **D** Treat Williams (Alan Palliko), Arliss Howard (Vincent Bugliosi), Rebecca Jenkins (Sandra Stockton), Embeth Davidtz (Katherine Palliko) **L** 93 **E** 14.3.1994 ZDF

DER SCHEIDUNGSGRUND. Gesellschaftskomödie und Ehelustspiel: Der Film wurde als tschechische Originalfassung in Barrandov hergestellt und anschließend für den deutschen Markt aufbereitet. ✦ Schwarz-weiß. Deutschland/Tschechoslawkei 1937 **P** Ondra-Lamac-Film **R** Carl Lamac **B** Aldo von Pinelli, Wenzel Wassermann, nach dem Theaterstück »Der Spieler« von Karl Bachmann **K** Ferdinand Pecenka, Stefan Kopecky **M** Jára Benes **D** Anny Ondra, Paul Hörbiger, Ruth Eweler, Jack Trevor, Hans Volker **L** 75 **E** 17.8.1937 Kino/5.10.1999 Premiere World

SCHEIDUNGSGRUND: LIEBE. Eine viermal geschiedene Luxusdame verführt ihren Schweizer Anwalt in den Hafen der Ehe. Ein Starlustspiel, das weitgehend vergnügliche Unterhaltung bietet; von O. W. Fischer selbstbewußt gespielt. ✦ BR Deutschland 1960 **P** CCC **KI** Bavaria **Pd** Artur Brauner **R** Cyril Frankel **B** Ladislas Fodor, nach dem Roman »Marylin« von Ellinor Hartung **K** Klaus von Rautenfeld **M** Helmut Zacharias **S** Hermann Haller **D** O. W. Fischer (Dr. Thomas Werther), Dany Robin (Marylin), Alice Treff (Marylins Mutter Evelyn), Violetta Ferrari (Lorelei Kindl), Ernst Stankowski (Tullio) **L** 85 **FSK** ab 18; nf **E** 26.8.1960 **fd** 9 442

SCHEIDUNGSGRUND: MORD →Mord in Texas

SCHEIDUNGSKRIEGE (DIVORCE WARS: A LOVE STORY). Ein dynamischer Scheidungsanwalt, der mit den Trennungen meist begüterter Ehepaare viel Geld verdient, bemerkt nicht, daß er über seinen beruflichen Ambitionen Frau und Familie vernachlässigt. Gut besetztes und bemerkenswert intelligent konstruiertes Fernsehdrama. – Ab 16. ✦ USA 1981 **Pd** Sam Manners **R** Donald Wrye **B** Donald Wrye, Linda Elstad **K** Tak Fujimoto **M** Paul Chihara **S** Donald R. Rode **D** Tom Selleck (Jack), Jane Curtin (Victoria), Lara Swimmer (Amanda), Philip Sterling (Max), Charles Haid (Freddy), Mimi Rogers (Belinda) **L** 93 **E** 6.4.1994 ZDF

SCHEIDUNGSREISE. Unter den Reisenden, die mit dem Autobus von Berlin nach Venedig reisen, bricht handfester Krach aus – am Ende ist der Ausflug zur »Scheidungsreise« geworden. Ehe- und Liebeskomödie. – Ab 12. ✦ Schwarz-weiß. Deutschland 1938 **P** Minerva **R** Hans Deppe **B** Heinrich Spoerl **K** Erich Claunigk **M** Kurt Schröder **S** Ludolf Grisebach **D** Viktor de Kowa (Dr. Delius), Heli Finkenzeller (Frau Delius), Hans Olden (Reiseleiter), Hilde von Stolz (Ly Tomaczek), Hans Adalbert Schlettow (Herr Platte) **L** 91 **E** 18.11.1938/15.5.1972 DFF 1

DER SCHEIN-HEILIGE (LEAP OF FAITH). Ein Wanderprediger, der im amerikanischen Mittelwesten mit angeblichen »Wundern« seine Geschäfte macht, wird durch ein wahres Gotteswunder in seinem Treiben gestoppt und zu heilsamer Besinnung gebracht. Ein satirisches Zustandsbild von provinzieller Wundergläubigkeit und ihrer skrupellosen Ausnutzung durch Scharlatanerie. Ein Film, der trotz seiner komödiantischen Turbulenzen zur kritischen Nachdenklichkeit anregt. – Ab 14. ✦ USA 1992 **P** Paramount **KI** UIP **VA** CIC **Pd** Michael Manheim, David V. Picker, Ralph S. Singleton **R** Richard Pearce **B** Janus Cercone **K** Matthew F. Leonetti **M** Cliff Eidelman **S** Don Zimmerman, Mark Warner, John F. Burnett **D** Steve Martin (Jonas Nightengale), Debra Winger (Jane), Lolita Davidovich (Marva), Liam Neeson (Sheriff Will), Lukas Haas (Boyd) **L** 108 **FSK** ab 6; f **FBW** w **E** 1.4.1993/13.10.1993 Video/15.10.1994 premiere **fd** 30 143

DER SCHEIN TRÜGT (DOING TIME ON MAPLE DRIVE). Dem äußeren Anschein nach sind die Maples eine Vorzeigefamilie. Die Ehe der Eltern scheint glücklich, die Kinder haben es zu etwas gebracht und schätzen die Familienbande. Doch die Harmonie ist nur Projektionsfläche, unter der es kriselt. Alkoholismus, Eheprobleme und zunächst uneingestandene Homosexualität werfen ihre Schatten. Fernseh-Familiendrama, das durch gute Schauspieler und die mangelnde Scheu vor unbequemen Themen für sich einnimmt. Inszenatorisch etwas zu kammerspielartig entwickelt und in der Problemzeichnung auf typisch amerikanische Weise recht dick aufgetragen. – Ab 16. ✦ USA 1991 **P** FNM Films **VA** Fox **Pd** Paul Lussier **R** Ken Olin **B** James Duff **K** Bing Sokolsky **M** Laura Karpman **S** Elba Sanchez-Short **D** James B. Sikking, Bibi Besch, William McNamara, Jayne Brook, David Byron **L** 89 **FSK** ab 12 **E** 9.12.1992 Video **fd** 30 014

SCHEINEHE (LES NOCES DE PAPIER). Um einem von Abschiebung bedrohten chilenischen Journalisten zu helfen, willigt eine kanadische Dozentin in eine Scheinehe ein. Doch das »Paar« muß bei einer Anhörung seine Glaubwürdigkeit beweisen und ist gezwungen, zusammenzuziehen und sich näher kennenzulernen, woraus eine wirkliche Beziehung erwächst. Von einer glänzenden Hauptdarstellerin getragene melodramatische Komödie, deren politische Ambitionen dem Unterhaltungswert untergeordnet werden. Der Film behandelt ein brisantes Gegenwartsthema mit Intelligenz und Einfühlungsvermögen. (Kino: O.m.d.U.; Fernsehtitel: »Hochzeit auf Widerruf«) – Ab 14. ✦ Kanada 1989 **P** Production du Verseau/TV-Films Associés/National Filmboard of Canada **KI** FiFiGe **Pd** Aimée Danis, Danièle Bussy **R** Michel Brault **B** Jefferson Lewis, Andrée Pelletier **K** Sylvain Brault **M** Martin Fournier, Alice Wright **S** Jacques Gagné **D** Geneviève Bujold (Claire), Manuel Aranguiz (Pablo), Dorothée Berryman (Annie), Monique Lepage (Madame Recheleau), Gilbert Sicotte (Bouchard) **L** 90 **E** 5.9.1991/3.10.1991 ZDF **fd** 29 130

DER SCHEINHEILIGE FLORIAN. Das bayerische Dorf Moosdenning bekommt 1911 eine neue Dampf-Feuerwehrspritze. Zur Spritzenweihe soll ein Festspiel um den heiligen Florian stattfinden. Nach einigen Aufregungen um einen Brand, der vielleicht ein Versicherungsbetrug war, und eine unstandesgemäße Liebschaft der Bauerntochter mit dem Knecht kommt alles wieder ins Lot. Ein derber Schwank voller burlesker Situationskomik. – Ab 16. ✦ Schwarzweiß. Deutschland 1941 **P** Bavaria **KI** Nordwest **Pd** Gustl Lautenbacher, Rudolf Kley **R** Joe Stöckel **B** Ludwig Schmid-Wildy, Joe Stöckel, nach einem

Volksstück von Max Neal und Philipp Weichand **K** Bruno Stephan **M** Toni Thoms **S** Gottlieb Madl **D** Joe Stöckel, Erna Fentsch, Josef Eichheim, Elise Aulinger, Kurt Vespermann **L** 93 **FSK** ab 16; nf **E** 5.12.1941

DIE SCHEINHEILIGEN VOM GELDOFEN (THE MILLION HEIST). Gaunerkomödie aus Israel. Zwei einst zerstrittene Freunde, einer aus den USA heimgekehrt, der andere aus dem Gefängnis befreit, führen den raffinierten Plan eines dritten aus und werden hereingelegt. Anstatt die Beute in ihre Hände gelangt, kommt das Geld nun guten Zwecken zu. (Titel auch: »Zwei ganz ausgebuffte Halunken; TV: »Zwei ganz ausgeflippte Halunken«) – Ab 16. ✦ Israel 1979 **P** Reudor Wardimon & Yehudah Farhi **KI** Chronos **R** Shmuel Imberman **B** Eli Tabor, Reuven Bar-Yotam **K** David Gurfinkel **M** Ilan Mochiach **D** Yehuda Barkan, Reuven Bar-Yotam, Jacques Cohen, Yona Elian, Yossi Werzansky **L** 98 **FSK** ab 16; f **E** 2.8.1979

SCHEINSCHWANGERSCHAFT → Wer kriegt denn hier ein Baby?

DIE SCHEINWERFER VERLÖSCHEN (ONE TRICK PONY). Ein alternder Rockmusiker muß während einer Tournee durch mittelmäßige Konzerthallen feststellen, daß die Zeit der Rockballaden vorbei ist. Aber er akzeptiert sein Vagabundendasein und sucht immer wieder einen neuen Produzenten. Als seine musikalischen Ideen wieder einmal verstümmelt werden, zerstört er das Aufnahmeband. Eine Hommage an die Ideale einer Generation, zu deren Bewußtsein auch der Hauptdarsteller des Films, der amerikanische Songschreiber Paul Simon, beigetragen hat. Eine sensible, manchmal etwas sentimentale Bestandsaufnahme mit schöner Musik. – Ab 16. ✦ USA 1980 **P** Warner Brothers **Pd** Michael Tannen, Michael Hausman **R** Robert M. Young **B** Paul Simon **K** Dick Bush **M** Paul Simon **S** Edward Beyer, Barry Malkin, David Ray **D** Paul Simon (Jonah), Blair Brown (Marion), Michael Pearlman (Matty), Rip Torn (Walter Fox), Joan Hackett (Lonnie Fox) **L** 98 **E** 25.1.1986 ZDF

SCHEISS AUF DEN TOD (S'EN FOUT LA MORTE). Ein junger Schwarzer von den Antillen wird mit seinem gleichfalls farbigen Freund von einem Pariser Nachtclubbesitzer als »Trainer« für Hahnenkämpfe verpflichtet. Er kommt durch Totschlag ums Leben, als er sich auf Mythos und Ethos der Hahnenkämpfe in der Heimat besinnt und um seine Identität und Würde ringt. Eine sensible Studie über menschliche Gefährdung durch völkisch-kulturelle Entwurzelung und Isolation, Geringschätzung und Ausbeutung in einem fremden Lebensraum. (TV-Titel: »Tödliches Ritual«) – Sehenswert. ✦ Frankreich/BR Deutschland 1990 **P** Cinéma/Pyramide/Les Films du Mindif/Caméra One/NEF/La Sept **KI** NEF 2 **Pd** Francis Boespflug, Philippe Carcassonne **R** Claire Denis **B** Jean-Pol Fargeau, Claire Denis **K** Pascal Marti **M** Abdullah Ibrahim **S** Dominique Auvray **D** Isaach de Bankolé (Dah), Alex Descas (Jocelyn), Jean-Claude Brialy (Pierre Ardennes), Solveig Dommartin (Toni), Christopher Buchholz (Michel) **L** 92 **FSK** ab 12; f **FBW** w **E** 29.11.1990 **fd** 28 630

EIN SCHEISS-WOCHENENDE (MORDI E FUGGI). Ein römischer Industrieller und seine Geliebte, mit der er ein Wochenende verbringen möchte, werden von anarchistischen Bankräubern als Geiseln entführt. Der komödiantisch gefärbte Film, der dem opportunistischen, prinzipienlosen Bürger die konfusen revolutionären Ideen der Anarchisten gegenüberstellt, erweist sich allerdings selbst als ziemlich verworren und bedeutungslos. (Alternativtitel: »Schmutziges Wochenende«, »Ein verdorbenes Wochenende«) – Ab 16. ✦ Italien 1972 **P** Champion **KI** Fox-MGM **Pd** Carlo Ponti **R** Dino Risi **B** Ruggero Maccari, Dino Risi, Bernardino Zapponi **K** Luciano Tovoli **M** Carlo Rustichelli **S** Alberto Gallitti **D** Marcello Mastroianni (Giulio Borsi), Oliver Reed (Fabrizio), Carole André (Danda), Nicoletta Machiavelli (Sylva), Lionel Stander (General) **L** 98 **FSK** ab 16; f **E** 10.5.1974 **fd** 18 797

SCHEITERN ALS CHANCE. Dokumentarfilm über den Wahlkampf von Christoph Schlingensief und seiner Aktion »Chance 2000«, mit der Schlingensief Arbeits- und Obdachlose sowie Behinderte während des Bundestagswahlkampfes 1998 wieder sichtbar machen wollte. ✦ Deutschland 1999 **R** Stefan Corinth, Sibylle Dahrendorf, Alexander Grasseck **L** 94 **E** 7.2.2000 ZDF

DER SCHELM VON SALAMANCA (EL LAZARILLO DE TORMES). Not und Hunger zerstören die kindliche Unschuld eines Jungen, den seine wechselnden Dienstherren – darunter ein habgieriger Geistlicher – schlecht behandelten. Der Film folgt einem spanischen Schelmenroman aus dem 16. Jahrhundert, den die Regie in der schönen Landschaft Kastiliens in einem etwas fremdartig anmutenden balladesken Stil in Szene setzt. – Ab 16. ✦ Schwarz-weiß. Spanien 1959 **P** Hesperia **R+B** Cesar Ardavin **K** Manuel Beranguer **M** Salvador Ruiz de Luna **D** Marco Paoletti, Juan José Menendez, Carlos Casaravilla, Memmo Carotenuto, Carlo Pissacane **L** 115 **FBW** w **E** 5.6.1961 ARD **fd** 10 222

DIE SCHELME VON SCHELM (THE REAL SCHEMIEL / LE MONDE EST UN GRAND CHELM). Ein jüdischer Waisenjunge kommt in die Familie seines Onkels, der ihn als Gemeindediener in die liebenswert-verrückte Welt seines Dorfes einführt, das von der Dummheit reich »gesegnet« wurde. Schließlich rettet er die Bewohner vor einem machtbesessenen Zauberer. Ein nach Isaac B. Singers Kindergeschichten entstandener Zeichentrickfilm, halb Musical, halb Fantasy-Abenteuer, aufbereitet als sorgfältig gestaltete Familienunterhaltung. Zwar werden Tiefe und Hintergründigkeit der Vorlagen nicht ausgeschöpft, deren Charme und Liebenswürdigkeit aber durchaus einbezogen. – Ab 8. ✦ Frankreich/Deutschland/Ungarn 1995 **P** TMO Film/Les Films de l'Arlequin/Project Images Films/Videobox Studio/C2A/Media Investment Club **KI** Beaufilm **VA** Col.TriStar **Pd** Peter Völkle, Dora Benousilio, Gilbert Hus **R** Albert Hanan Kaminski **B** Galia Benousilio, Albert Hanan Kaminski, nach Geschichten von Isaac Bashevis Singer **M** Michel Legrand **L** 79 **FSK** o. A.; f **FBW** w **E** 12.10.1995/19.6.1996 Video **fd** 31 580

DIE SCHENKE DER VERLOCKUNG (GUINGUETTE). Die Inhaberin eines Ausflugslokals an der Marne verfällt einem Draufgänger, der mit gestohlenen Autos handelt. Unter Delannoys erfahrener Regie entstand ein sehr französischer Unterhaltungsfilm zwischen Eifersuchtskomödie und Gangsterstory. ✦ Schwarz-weiß. Frankreich 1958 **P** Gibe/Granco-London **KI** Pallas **Pd** Ludmilla Goulian **R** Jean Delannoy **B** Henri Jeanson, Dominique Daudre, Jean Delannoy **K** Pierre Montazel **M** Georges van Parys **D** Zizi Jeanmaire, Jean-Claude Pascal, Maria Gaioni, Maria Mergey, Paul Meurisse **L** 89 **FSK** ab 18; nf **E** 28.7.1959/9.11.1968 DFF 1 **fd** 8 290

DIE SCHENKE IN DER PJATNIZKAJA (TRAKTAR NA PJATNIZKOI). Eine Bande von Kriminellen liefert sich im Moskau der frühen 20er Jahre erbitterte Auseinandersetzungen mit der noch unerfahrenen Kriminalmiliz. Künstlerisch schwacher, nur teilweise spannender Kriminalfilm. – Ab 14. ✦ Scope. UdSSR 1978 **P** Mosfilm **KI** Progress **R** Alexander Fainzimmer **B** Nikolai Leonow **K** Sergej Wronski **M** Andrej Eschpai **D** Gennadi Korolkow (Klimow), Tamara Sjomina (Irina), Viktor Perewalow (Panin), Konstantin Grigorjew (»Grauer«), Lew Prigunow (»Franzose«) **L** 87 **E** 1.12.1978 Kino DDR/28.12.1978 DFF 2

DIE SCHENKE ZUM VOLLMOND (DEDEE D'ANVERS). Ein Animiermädchen lernt in einer Matrosen-Bar den Kapitän eines italienischen Schiffes kennen und lieben. Sie will gemeinsam mit ihm aus dem tristen Milieu ausbrechen, was der Zuhälter verhindert, indem er den Geliebten kaltblütig ermordet. Die junge Frau übt grausame Rache. Ein düsteres, von Fatalismus und Verzweiflung geprägtes Liebesdrama im Stil des poetischen Realismus, das Atmosphäre und Handlung benutzt, um auf sehr intensive und filmsprachlich dichte Weise ohne ethische Gewichtung eine endzeitliche Stimmung zu umschreiben. Die Schauspieler liefern in den hervorragenden Dekors von Wakhévitch beachtliche Leistungen. ✦ Schwarz-weiß. Frankreich 1948 **P** Sacha Gordine Prod. **KI** Consortial **Pd** Sacha Gordine **R** Yves Allégret **B** Jacques Sigurd, Yves Allégret, nach einem Roman von Ashelbé **K** Jean Bourgoin **M** Jacques Besse **S** Léonide Azar **D** Simone Signoret, Bernard Blier, Marcello Pagliero, Marcel Dalio, Jane Marken **L** 100 **FSK** ab 18; nf **E** 9.11.1951/26.2.1973 DFF 1/12.3.1988 N 3 **fd** 1 480

SCHERBEN. Bedeutender deutscher Stummfilm. Der gewissenlose Verführer einer Bahnwärterstochter treibt deren verzweifelte Mutter in den Tod und läßt den Vater zum Mörder werden. Ein kammerspielartiger Versuch, dem wirklichkeitsfernen Monumentalstoff und expressionistischen Film der frühen 20er Jahre Alltagsthemen aus der Welt der kleinen Leute entgegenzusetzen. Trotz des kolportagehaften Anstrichs wegweisend für den späteren Filmrealismus. – Ab 14. ✦ Schwarz-weiß. Deutschland 1921 **P** Rex **R** Lupu Pick **B** Carl Mayer, Lupu Pick **K** Friedrich Weinmann **M** Wolfgang Sternberg **D** Werner Krauss (der Bahnwärter), Hermine Straßmann-Witt (seine Frau), Edith Posca (die Tochter), Paul Otto (Bahninspektor) **L** 62 **E** 27.5.1921/27.3.1973 ZDF/13.5.1979 DFF 2

SCHERBEN BRINGEN GLÜCK (SCHERBEN BRINGEN GLÜCK). Groteske Begebenheiten um Liebe und Mißgeschick eines Komponisten. Revuefilm mit überwiegend geschmacklosen Blödeleien ohne komische Höhepunkte. (Späterer Verleihtitel: »Sieben Jahre Pech«) – Ab 14 möglich. ✦ Österreich 1957 **P** Erma **KI** Gloria **Pd** Karl Ehrlich **R+B** Ernst Marischka **K** Georg Bruckbauer **M** Anton Profes **S** Alfred Srp **D** Adrian Hoven, Gudula Blau, Gunther Philipp, Ellen Kessler, Alice Kessler **L** 104 **FSK** ab 12; nf **E** 16.8.1957 **fd** 5 965

SCHERBEN DES GLÜCKS (SCATTERED DREAMS). Eine arme Farmersfamilie kommt in den 50er Jahren schuldlos mit Recht und Gesetz in Konflikt, Die Familie wird auseinandergerissen, als die Eltern ins Gefängnis kommen. Nach Jahren lernt die Ehefrau mit Hilfe eines Reporters, sich juristisch zur Wehr zu setzen und bekommt das Recht zugesprochen. Drama über den schmalen Grat zwischen Recht und Gerechtigkeit. ✦ USA 1993 **R** Neema Barnette **D** Tyne Daly (Kitty Messenger), Gerald McRaney (George Messenger), Alicia Silverstone (Phyllis), Sonny Shroyer, Andrew Prine **L** ca. 90 **E** 23.1.1996 VOX

SCHERBEN DES LEBENS (SHATTERED SPIRITS). Gut konstruiertes Familiendrama über einen Trinker, der durch seinen exzessiven Alkoholkonsum selbst Alltagssituationen in für seine Familie peinliche Katastrophen verwandelt. Erst als er auf behördliche Anordnung das Haus nicht mehr betreten darf und seine Kinder in ein Heim eingewiesen werden, wendet er sich an eine Selbsthilfegruppe. In den Hauptrollen treffend besetzt und glaubwürdig gespielt. – Ab 14. ✦ USA 1985 **P** Sheen/Greenblatt Prods. **Pd+R** Robert Greenwald **B** Gregory Goodell **K** Johnny E. Jensen **M** Michael Hoenig **S** Robert Florio **D** Martin Sheen (Lyle), Melinda Dillon (Joyce), Matthew Laborteaux (Kenny), Roxana Zal (Lesley), Lukas Haas (Brian), Renée Estevez (Teenager) **L** 100 **E** 30.11.1994 ZDF

SCHERBEN EINES MORDES (MISSING PIECES). Eine Privatdetektivin untersucht den Tod eines Mannes, der auf ähnliche Weise ermordet wurde wie einige Zeit zuvor ihr Ehemann. Ihre Ermittlungen decken eine Drogenaffäre auf, in die auch hochrangige Politiker verwickelt sind. Ansehnlicher Fernsehkrimi mit Action-Einlagen und geschliffenen Dialogen. – Ab 16. ✦ USA 1983 **P** CBS/Entheos **Pd** Doug Chapin **R** Mike Hodges **B** Mike Hodges, nach einem Roman von Karl Alexander **K** Charles Correll **D** Elizabeth Montgomery (Sara Scott), Louanne (Valerie Scott),

Ron Karabatsos (Claude Papazian), Robin Gammell (Lawrence Conrad), John Reilly (Sam Gage) **L** 92 **E** 7.12.1991 Tele 5

SCHERE STEIN PAPIER (STONE, SCISSORS, PAPER). Nach dem Tod ihrer Mutter zieht sich eine Frau aufs Land zurück und versucht einen Neuanfang ohne ihren gewalttätigen Ehemann. Als sie einen verheirateten Bildhauer kennenlernt, wehren sich beide zunächst gegen die gegenseitige Anziehung, doch ihre verhaltene Beziehung sorgt im Dorf für Gerüchte, die bald zu schweren Konflikten führen. Eine leise Liebesgeschichte vor dem Hintergrund der Gegensätze von Stadt und Land; vor allem die guten Hauptdarsteller machen ihre akuten Kommunikationsschwierigkeiten auf subtile Weise erfahrbar. – Ab 16. ✦ Großbritannien 1997 **P** BBC/Diverse Fiction **Pd** Laurence Bowen, Sally French **R** Stephen Whittaker **B** Richard Cameron **K** Ernest Vincze **M** John Keane **S** Max Lemon **D** Juliet Stevenson (Jean), Ken Scott (Redfern), Melanie Kilburn (Mary), John Bowler (Frank), Ian Redford (Brian) **L** 83 **E** 23.3.2000 SF 1/DRS

SCHEREREIEN MIT SEINER LORDSCHAFT (TROUBLE IN THE GLEN). Ein aus Südamerika nach Schottland zurückgekehrter Lord löst durch seine Starrköpfigkeit nahezu einen Bürgerkrieg mit den nicht minder sturen und stolzen Bauern der Umgebung aus. Müde Komödie, die das Erfolgsrezept von John Fords »Der Sieger« unverhohlen zu übernehmen versucht, aber trotz Orson Welles kaum Mittelmaß erreicht. – Ab 12. ✦ Großbritannien 1954 **P** Republic/Wilcox-Neagle-Prod. **R** Herbert Wilcox **B** Frank Nugent, nach einer Erzählung von Maurice Walsh **K** Max Greene (= Mutz Greenbaum) **M** Victor Young **D** Forrest Tucker, Orson Welles (Sanin Cejador), Margaret Lockwood, Victor McLaglen, John McCallum **L** 91 **E** 22.7.1990 SAT 1/12.10.1990 DFF 1

DER SCHERZ (ZERT). Ein Tscheche wird 1949 wegen eines politischen Scherzes zu jahrelangem Militärstraflager verurteilt und will an dem Denunzianten private Rache nehmen. Hervorragende Romanverfilmung, die mit beißender Ironie und Resignation, aber dennoch distanziert das Scheitern einer Haltung schildert, die die Auseinandersetzung mit der Stalin-Zeit auf eine nutzlose individuelle Abrechnung reduziert. – Sehenswert. ✦ Schwarz-weiß. CSSR 1968 **P** Filmstudio Barrandov **Pd** Smido Barrandov **R** Jaromil Jires **B** Milan Kundera, Jaromil Jires, Zdenek Bláha, nach einem Roman von Milan Kundera **K** Jan Curík **M** Zdenék Pololánik **S** Josef Valusiak **D** Josef Somr (Ludvík Jahn), Jana Dítetová (Helena Zemánková), Ludek Munzar (Pavel Zemánek), Evald Schorm (Kostka), Vera Kresadlová (Brozová), Michal Pavlata (Jindra) **L** 85 **E** 13.9.1971 ZDF/24.8.1990 DFF 2 **fd** 17 474

SCHEUSAL. Am Sterbebett des Vaters kommen vier Schwestern, dreißig Jahre zuvor ein populäres Gesangsquartett in der DDR, nach langer Zeit erstmals wieder zusammen. Vor dem gespenstischen Hintergrund einer Brandnacht im nahen ehemaligen Braunkohlerevier werden Lebenslügen enthüllt und verkorkste Lebensläufe aufgerollt. Ausgezeichnet gespieltes Kammerspiel, dass die persönlichen Schicksale geschickt mit den politischen Hintergründen verzahnt. Dabei wirkt die Metaphorik und Endzeitstimmung bisweilen etwas dick aufgetragen. ✦ Deutschland 1992 **P** MDR **R** Bodo Fürneisen **B** Wolfram Witt **D** Christine Schorn (Corinna), Jutta Wachowiak (Carla), Walfriede Schmitt (Costanze), Ursula Werner (Christiane) **L** 85 **E** 6.5.1992 ARD

DAS SCHEUSAL (1951) (LA POISON). Paul Braconnier und seine versoffene Frau hassen einander. Sie wollen sich gegenseitig umbringen. Paul hört im Radio eine Sendung, in der ein Strafverteidiger über seinen 100. Freispruch spricht; er verteidigt nur Schuldige. Paul holt sich bei ihm das nötigste Rüstzeug, um seine Frau mit dem Brotmesser umbringen zu können und dann wegen Notwehr freigesprochen zu werden. Guitry hat mit diesem Film ein Meisterwerk des schwarzen Humors geliefert. Die ätzenden Dialoge, das unerträgliche Kleinstadtmilieu, die Haßausbrüche der Braconniers sind umwerfend inszeniert; zynische Ironie in perfekter Form. – Sehenswert. ✦ Schwarz-weiß. Frankreich 1951 **P** Gaumont **Kl** Paris-Film **R+B** Sacha Guitry **K** Jean Bachelet **M** Louiguy **D** Michel Simon, Jeanne Fusier-Gir, Pauline Carton, Jean Debucourt, Jacques Varennes **L** 85 **FSK** ab 16; nf **E** 29.4.1955 **fd** 4 055

DAS SCHEUSAL (1959) (DUVAD). Das Schicksal des vitalen Bauern, der, egoistisch, grausam und hemmungslos, auch nach Eintritt in die Genossenschaft seinen Lebensstil nicht ändern will. Er scheitert an der neuen Zeit, die den Menschen veränderte und auch seiner ehemaligen Geliebten Selbstbewußtsein gab. Inhaltlich anspruchsvoll und auch formal beachtlich. – Ab 16. ✦ Schwarz-weiß. Ungarn 1959 **P** Hunnia **Kl** Progress **R** Zoltán Fábri **B** Zoltán Fábri, nach dem Roman »Dúvad« von Imre Sarkadi **K** Ferenc Szécsényi **M** György Ránki **D** Ferenc Bessenyei (Ulveczki), Tibor Bitskey (János Gál), Mária Medgyesi (Zsuzsi), Béla Barsi, György Györfi **L** 95 **E** 9.2.1962 Kino DDR/7.8.1964 DFF 1

EIN SCHEUSAL VON MILLIONÄR (THE LUCKIEST MAN IN THE WORLD). Ein hartherziger Geschäftsmann verpaßt ein Flugzeug, das kurze Zeit später abstürzt. Dieser Vorfall ändert sein Leben schlagartig, er beschließt sich zu bessern und den Menschen mit Güte zu begegnen. Alle glauben, er handle aus Zynismus, und reagieren entsprechend, was zu vielen Verwicklungen führt. Erst am Ende steht die Versöhnung mit seiner Familie. Eine unabhängig produzierte Komödie, die ein wenig an Dickens' Weihnachtsgeschichte erinnert. Das Buch ist treffsicher und überzeugend entwickelt, die Inszenierung jedoch wirkt unbeholfen und läßt den Bühnenschauspielern zu viel Platz zu theatralischer Entfaltung. Dennoch gutmütige Unterhaltung. – Ab 12. ✦ USA 1987 **P** McLaughlin-Piven-Vogel-Inc./Second Effort **Pd** Norman I. Cohen **R+B** Frank D. Gilroy **K** Jeri Sopanen **M** Warren Vache, Jack Gale **S** John Gilroy **D** Philip Bosco (Sam Posner), Doris Belack (Mrs. Posner), Joanne Camp (Laura), Matthew Gottlieb (Sheldon), Arthur French (Cleveland) **L** 82 **E** 10.1.1997 ZDF

EIN SCHEUSAL ZUM VERLIEBEN. Nachdem seine Frau bei der Geburt seiner Tochter starb, steht ein arroganter Arzt vor dem Nichts; auch findet er keine Beziehung zu dem Baby. Das ändert sich erst, als eine »flippige« Jura-Studentin als Kindermädchen engagiert wird. Obwohl die beiden Charaktere wie Feuer und Eis sind, finden sie aneinander Interesse. Bis zum Happy-End muss der Mann erst noch lernen, über seinen Schatten zu springen. (Fernseh-)Liebeskomödie im üblichen seichten Fahrwasser. – Ab 16. ✦ Deutschland 1999 **P** SAT 1 **R** Sharon von Wietersheim **B** Karen Beyer, Julius Grützke **D** Max Tidof (Benjamin Hofer), Jasmin Gerat (Julia Poppe), Monika Woytowicz (Charlotte Hofer), Karl Michael Vogler (Harald Hofer), Gina Luisa Naumann (Anna) **L** 93 **E** 22.2.2000 SAT 1

SCHIBIL ODER DIE LIEBE DES HEIDUCKEN (SCHIBIL). Ein Anführer der Heiducken gibt um der Liebe zur Tochter eines reichen Gutsbesitzers willen sein räuberisches und rebellierendes Dasein auf. Doch als er, durch Versprechungen getäuscht, ins Dorf kommt, werden er und auch das Mädchen getötet. Bemerkenswerter Film, der vor allem durch seine hervorragende Bildsprache beeindruckt. – Ab 16. ✦ Scope, schwarz-weiß. Bulgarien 1967 **P** Studio für Spielfilme Sofia **Kl** Progress **R** Sachari Shandow **B** Sachari Shandow, Magda Petkanowa, nach einer Erzählung von Jordan Jowkow **K** Iwajlo Trentschew **M** Wassil Kasandshiew **D** Petyr Slabakow (Schibil), Dorotea Tontschewa (Rada), Iwan Bratanow (Großvater Wyljo), Dimitrina Sawowa (Shenda), Stojtscho Masgalow (Weliko Kechaja) **L** 86 **E** 31.1.1969 Kino DDR/1.6.1971 DFF 2

SCHICK DEINE FRAU NICHT NACH ITALIEN. Zwei Ehefrauen lassen ihre Männer in München zurück und begeben sich mit einer Freundin nach Italien. Als sich daheim die Schwierigkeiten häufen, machen sich die Männer auf den Weg und finden die drei in Portofino, wo die Aussöhnung stattfindet. Albernes Lustspiel um eheliche Treue und Scheidung, im Stile eines Tourismusprospekts fotografiert und mit schmalzigen Schlagern angereichert. – Ab 14. ✦ BR Deutschland 1960 **P** Seitz **Kl** Constantin **Pd** Hans Seitz **R** Hans Grimm **B** Ilse Lotz-Dupont **K** Heinz Schnackertz **M** Rolf Wilhelm **S** Herbert Taschner **D** Marianne Hold (Sabine Reimer), Gerlinde Locker (Lizzie Kiel), Claus Biederstaedt (Robert, ihr Mann), Elma Karlowa (Manuele Betz), Harald Juhnke (Karl, ihr Mann) **L** 101 **FSK** ab 6; nf **E** 22.9.1960 **fd** 9 530

SCHICK MIR KEINE BLUMEN (SEND ME NO FLOWERS). Ein eingebildeter Kranker, der schon sein eigenes Begräbnis vorbereitet, wird durch die Eifersucht seiner Ehefrau kuriert. Matte Starkomödie mit Doris Day und Rock Hudson. – Ab 12. ✦ USA 1964 **P** Universal/Martin Melcher **Kl** Universal **VA** Universal (Video o. A.) **Pd** Harry Keller **R** Norman Jewison **B** Julius J. Epstein, nach einem Bühnenstück von Norman Barasch und Carroll Moore **K** Daniel L. Fapp **M** Frank De Vol **S** J. Terry Williams **D** Doris Day (Judy Kimball), Rock Hudson (George Kimball), Tony Randall (Arnold Nash), Edward Andrews (Dr. Ralph Morrissey), Clint Walker (Bert Power), Paul Lynde (Mr. Akins), Hal March (Winston Burr), Patricia Barry (Linda Bullard), Dave Willock (Milchmann) **L** 100 **FSK** ab 12; nf **E** 18.12.1964/15.7.1981 DFF 2 **fd** 13 185

SCHICKE DEINEN TEUFEL IN MEINE HEISSE HÖLLE (METTI LO DIAVOLO TUO NE LO MIO INFERNO). In einem toskanischen Städtchen des Mittelalters fügen sich Einwohner und Reisende in einen hemmungslosen Sexualreigen. Das Gerüst der Handlung bilden die Bemühungen der Bürger, den Pilgerstrom nach Rom vom Nachbarort zu sich selbst umzuleiten. Ordinärer Sexschwank voller Zoten. ✦ Italien 1972 **P** Esteban/Cinemar **Kl** Adria **R** Bitto Albertini (= Adalberto Albertini) **B** Bitto Albertini (= Adalberto Albertini), Marino Onorati **K** Pier Luigi Santi **M** Stelvio Cipriani **S** Bitto Albertini (= Adalberto Albertini) **D** Antonio Cantafora, Mimmo Baldi, Melinda Pillon, Margaret-Rose Keil, Mario Frera **L** 87 **FSK** ab 18; nf **E** 16.3.1973 **fd** 18 275

SCHICKSAL (1941/42). Ein mazedonischer Diener rächt im Exil seinen ehemaligen Dienstherrn, der 1918 bei der Revolution ums Leben kam. Von Heinrich George eindrucksvoll gespieltes Melodram mit der NS-These, daß persönliche Gefühle vor der politischen Pflicht zurückzustehen haben. – Ab 16. ✦ Schwarz-weiß. Deutschland 1941/42 **P** Wienfilm **Kl** NWDF **R** Géza von Bolváry **B** Gerhard Menzel **K** Hans Schneeberger **M** Anton Profes **S** Arnfrid Heyne **D** Heinrich George (Stephan Rakitin), Gisela Uhlen (Dimka), Will Quadflieg (Dimo), Werner Hinz (Kosta Wasileff), Christian Kayßler (Fürst Melnik) **L** 92 **FSK** ab 16; f **E** 18.3.1942/26.9.1966 ZDF **fd** 2 299

SCHICKSAL (1977) (SUDBA). Zweiter Teil der Verfilmung des Romans »Schicksal« (siehe auch »Unvergängliche Leidenschaft«): Als das nationalsozialistische Deutschland in Rußland einfällt, meldet sich Sachar Derjugin zur Front. Er wird schwer verwundet und gerät in Gefangenschaft. Nach erfolgreicher Flucht schließt er sich einer Partisaneneinheit an. Unterdessen wird daheim, vor den Augen seiner Frau, der älteste Sohn erschossen. – Ab 16. ✦ Scope. UdSSR 1977 **P** Mosfilm **R** Jewgeni Matwejew **B** Petr Proskurin, Jewgeni Matwejew, nach dem Roman von Proskurin **K** Viktor Jakuschew **M** Jewgeni Matwejew **D** Sinaida Kirijenko (Jefrossinja), Jewgeni Matwejew (Sachar Derjugin), Wassili Spiridonow (Makaschin), Juri Jakowlew (Brjuchanow), Olga Ostroumowa (Manja) **L** 168 **E** 23.11.1978 DFF 2

DAS SCHICKSAL (1983) (ORISSIJA). Die Romanze zwischen einem Jungen und einem Mädchen kann sicht nicht erfüllen: Die Brüder des Mädchens entführen sie und tauschen sie gegen zwei Ziegen an einen Nachbarn zur Ehe. Jahre der Sehnsucht folgen für das Paar, das in ungeliebten Ehen lebt. Vierzig Jahre später pflegt der Mann zusammen mit seiner Jugendliebe deren kranken Ehemann – drei Leben nähern sich ihrem Ende. Das Drama erzählt ein Gleichnis von menschlichem Leid und menschlicher Größe. – Ab 14. ✦ Scope. Bulgarien 1983 **P** Filmstudio Bojana **KI** Progress **R** Nikola Korabow **B** Nikola Korabow, nach dem Roman »Eines Derwisch Samen« von Nikolai Chaitow **K** Plamen Somow **D** Elefteri Elefterow (Junge), Maria Christowa (Mädchen), Ljuben Tschatalow (Mann mit Pferd), Christo Gurbow (Der Junge als Kind), Jordan Spirow (Großvater) **L** 86 **E** 30.11.1984 Kino DDR

DAS SCHICKSAL (1997) (AL-MASSIR / LE DESTIN). Szenen aus dem Leben des großen maurischen Übersetzers, Rechtsgelehrten und Philosophen Ibn Rushd bzw. Averroes (in latinisierter Form), der im ausgehenden 12. Jahrhundert die Blütezeit einer kurzen islamischen Aufklärung verkörperte. Nachdem der Kalif von Córdoba den Gelehrten zunächst förderte und achtete, geriet er mehr und mehr unter den Einfluss von Fundamentalisten, ließ schließlich dessen Bücher verbrennen und ihn selbst nach Marrakesch verbannen. Da Kopien der Werke nach Kairo in Sicherheit gebracht worden waren, konnten diese die Jahrhunderte überleben. Eine mutige Parabel auf die Erosion von Toleranz und Aufklärung durch den Vormarsch fundamentalistischer Ideen, die deutliche Analogien zu aktuellen Entwicklungen im Nahen Osten aufweist. (O.m.d.U.) ✦ Frankreich/Ägypten 1997 **P** Ognon Pictures/Misr International **KI** Kool **Pd** Humbert Balsan, Gabriel Khoury **R** Youssef Chahine **B** Youssef Chahine, Khaled Youssef **K** Mohsen Nasr **M** Kamal el-Tawil, Yehia El Mougy **S** Rachida Abdel Salam **D** Nour el-Chérif (Ibn Rushd), Safia el-Emary (Zainab, seine Frau), Mahmoud Hémida (Kalif el-Mansur), Mohamed Mounir (Marwan, der Sänger), Khaled el-Nabawi (Prinz Nasir), Laila Eloui (Manuela, die Zigeunerin) **L** 135 **E** 21.1.1999 **fd** 33 500

SCHICKSAL AM BERG. Ein junger Fabrikarbeiter gerät bei einer Bergtour in Lebensgefahr. Dilettantisch gemachter Heimatfilm, dessen dünnblütige Handlung durch die bemühte Darstellung des dörflichen Milieus auch nicht tiefsinniger wird. – Ab 12. ✦ Schwarz-weiß. BR Deutschland 1950 **P** Hochland **KI** Ring/Karp **Pd+R** Ernst Heß **B** Julius Otto Bujanovich, Ernst Heß, nach einer Idee von Ernst Heß **K** Georg Krause **M** Hans Ebert **S** Luise Dreyer-Sachsenberg **D** Wastl Witt, Wolf Petersen, Harriet Geßner, Franz Loskarn, Willy Prager **L** 90 **FSK** ab 12; f **E** 10.2. 1950/18.1.1952 Kino DDR **fd** 2 505

SCHICKSAL AM BERGHOF →Alles Glück dieser Erde (1952)

SCHICKSAL AM LENKRAD (SCHICKSAL AM LENKRAD). Ein technisch begabter Junge vom Lande möchte gegen den Willen des Vaters Mechaniker werden. Über eine Zeitungsstory und einen Sieg beim Autorennen kommt er endlich zu einer Lehrstelle. Anspruchslose Unterhaltung mit gesellschaftskritischem Ansatz. – Ab 8. ✦ Schwarz-weiß. Österreich 1954 **P** Akkord **KI** Progress **R** Aldo Vergano **B** Ruth Wieden, Wolf-Dietrich Friese, Friedrich Lorenz **K** Karl Kirchner, Walter Tuch **M** Hanns Eisler **S** Josef Juvancic **D** Winfried Schatz (Franzl), Traute Wassler (Monika), Harry Fuß (Simmerl), Emil Stöhr (Dr. Bergmann), Richard Eybner (Kommerzialrat) **L** 103 **E** 30.7.1954 Kino DDR/20.8.1954 DFF 1

SCHICKSAL AM MATTERHORN →Von der Liebe besiegt (Schicksal am Matterhorn)

SCHICKSAL AUS ZWEITER HAND. Gegen den Willen ihrer Familie heiratet ein Versicherungsangestellter eine Frau aus reichem Haus und führt mit ihr eine glückliche Ehe. Dann jedoch gerät er an einen Hellseher, schenkt ihm Glauben und fällt in abgrundtiefes Unglück. Ein Versuch, den Aberglauben anzuprangern, wobei der Film die bürgerliche Gesellschaft als Nährboden solcher irrationaler Neigungen darstellt. Ein durch Kamera- und Schauspielerführung fesselndes Melodram. (Früherer Titel: »Zukunft aus zweiter Hand«) – Ab 16. ✦ Schwarz-weiß. Deutschland 1949 **P** Real **KI** Ufa **Pd** Gyula Trebitsch **R+B** Wolfgang Staudte **K** Willy Winterstein **M** Wolfgang Zeller **S** Alice Ludwig **D** Marianne Hoppe (Irene Scholz), Ernst Wilhelm Borchert (Michael Scholz), Erich Ponto (Prof. Sapis), Heinz Klevenow (Dr. van Hooven), Ernst Waldow (Studienrat Gärtner) **L** 110 **FSK** ab 12; nf **E** 6.10.1949/22.8.1964 ARD/27.5. 1967 DFF 1 **fd** 446

SCHICKSAL BLEIBT STUMM. An Hand des Schicksals einer 1911 geborenen Frau erzählt der Dokumentarfilm ein Stück deutscher Geschichte. Dabei wird ein Leben vorgestellt, das von Beginn an chancenlos war und dem man nie die Möglichkeit einräumte, sich hoffnungsvoll zu entfalten. Daß der Film nicht voller Bitternis ist, liegt am Naturell der vorgestellten Frau, die unbeugsamen Lebensmut und Menschlichkeit ausstrahlt. – Ab 16. ✦ Deutschland 1992 **R+B** Barbara von Poschinger **K** Axel Henschel **S** Ingo Hauss **L** 80 **E** 23.2.1993 ZDF

DAS SCHICKSAL DER IRENE FORSYTE (THAT FORSYTE WOMAN). Verfilmung des ersten Bandes der Romantrilogie »Forsyte Saga« von John Galsworthy: Eine arme Klavierlehrerin heiratet in die reiche und angesehene Familie Forsyte ein, fühlt sich jedoch an der Seite ihres geschäftstüchtigen Mannes nicht wohl und verliebt sich in den Verlobten einer Verwandten, was zu einer Katastrophe führt. Atmosphärisch dichte Schilderung einer dekadenten großbürgerlichen Gesellschaft. – Ab 16. ✦ USA 1949 **P** MGM **KI** MGM **Pd** Leon Gordon **R** Compton Bennett **B** Jan Lustig, Ivan Tors, James B. Williams, Arthur Wimperis, nach dem Roman »A Man of Property« von John Galsworthy **K** Joseph Ruttenberg **M** Bronislau Kaper **D** Greer Garson (Irene Forsyte), Errol Flynn (Soames Forsyte), Walter Pidgeon (Young Jolyon Forsyte), Robert Young (Philip Bosinney), Janet Leigh (June Forsyte) **L** 112 **FSK** ab 12; f **FBW** w **E** 24.11.1951/25.1.1969 ZDF/6.10.1985 DFF 1 **fd** 1 164

DAS SCHICKSAL DER JACKIE O. 1.–3. TEIL (A WOMAN NAMED JACKIE, PART 1–3). Das Leben Jackie Bouviers von ihrem gesellschaftlichen Aufstieg als »Debütantin des Jahres 1947« über ihre Ehe mit John F. Kennedy, die Jahre als Präsidentengattin, die Ermordung Kennedys und die zweite Ehe mit dem griechischen Reeder Onassis. Preisgekrönte Miniserie im Stil der Regenbogenpresse, der die beiden einflußreichen amerikanischen Familienclans mit ihren Licht- und Schattenseiten vorstellt. Gefühlige Unterhaltung nach Fernsehstandard. – Ab 14. ✦ USA 1991 **R** Larry Peerce **B** Roger O. Hirson **D** Roma Downey (Jacqueline Bouvier Kennedy), William Devane (Jack »Black Jack« Bouvier), Stephen Collins (John Fitzgerald Kennedy), Joss Ackland (Aristoteles Onassis), Wendy Hughes (Janet Bouvier) **L** 86/88/88 **E** 1./2./3.1.1994 B 1

DAS SCHICKSAL DER LILIAN H. Eine reiche Unternehmerin, die ihren untreuen Gatten enterben wollte, wird ermordet. Die Geliebte des Mannes wird in einem aus Geschäftsinteressen nachlässig geführten Prozeß auf Grund von Indizien verurteilt. Doch der mittlerweile verliebte Anwalt macht sich daran, die wahren Schuldigen zu überführen. Fürs Fernsehen produzierte, triviale Kriminal- und Liebesgeschichte nach einem Bestsellerroman. – Ab 14. ✦ Deutschland 1993 **P** tele-München **Pd** Manfred D. Heid, Herbert G. Kloiber **R** Marijan Vajda **B** Claus Cornelius Fischer, nach dem Roman von Marie Louise Fischer **K** Charly Steinberger **M** Nikolaus Glowna **S** Jean-Claude Piroué **D** Claudia Michelsen (Lilian Horn), Francis Fulton-Smith (Dr. Sturm), Klaus-Peter Thiele (Kurt Kayser), Lambert Hamel (Inspektor Kramer), Manfred Zapatka (Dr. Kulicke) **L** 95 **E** 23.9.1993 RTL

DAS SCHICKSAL DER MORELLI-BANDE →Alles war Sünde

DAS SCHICKSAL DES FREIHERRN VON LEISENBOHG (L'AMOUR MAUDIT DE LEISENBOHG). Im Wien des vergangenen Jahrhunderts verzehrt sich der hochmütige Baron Leisenbogh in unerfüllter Liebe zu einer verführerischen Opernsängerin. Melodram um Liebesleid und Realitätsverlust. ✦ Frankreich/Deutschland 1991/92 **R** Edouard Molinaro **B** Pascal Bonitzer, nach einer Novelle von Arthur Schnitzler **D** Michel Piccoli (Baron Leisenbogh), Anouk Aimée (Kläre Hell), Christine Citti (Sabine), Christina Marsillach (Fanny), Friedrich von Thun (Fürst Richard) **L** 85 **E** 11.4.1992 EINS PLUS

DAS SCHICKSAL DES TROMMLERS (SUDBA BARABANSCHTSCHIKA). Ein zwölfjähriger Junge, dessen Vater verhaftet wurde, weil ein wichtiges Dokument verlorenging, ist von seiner leichtsinnigen zweiten Mutter für mehrere Wochen allein in der Wohnung gelassen worden. Er fällt einer Verbrecherbande in die Hände, übergibt ihr ahnungslos das inzwischen gefundene Dokument, wird als Spitzel mißbraucht und hilft schließlich, die Bande dingfest zu machen. Nur teilweise spannender Film, reizvoll in erster Linie durch seine Einblicke in den sowjetischen Alltag der 20er Jahre. – Ab 14. ✦ Schwarz-weiß. UdSSR 1955 **P** Gorki-Studio **KI** Progress **R** Viktor Eyssimont **B** Arkadi Gaidar **K** Boris Monastyrski **M** L. Schwarz **D** Dmitri Sagal (Bataschow), Serjosha Jassinski (Serjosha), Alla Larionowa (Valentina), Nikolai Timofejew (Gratschkowski), Borja Burlajew (Slawka) **L** 89 **E** 8.2.1957 Kino DDR/31.8.1961 DFF 1

SCHICKSAL EINER FRAU (SUDBA SHENSCHTSCHINY). Eine junge Frau aus adliger Familie wandelt sich durch ihre Liebe zu einem Revolutionär und durch das Beispiel ihres Bruders zu einem fortschrittlich denkenden Menschen. Schließlich opfert sie ihr Leben für die Rettung der verfolgten Genossen. Stark verkitschte Gestaltung eines ernsthaften Themas. ✦ UdSSR 1957 **P** Grusia-Film **R+B** Nikolai Sanischwili **D** Lija Eliawa, Jakow Tripolski, G. Schawgulidse **L** 98 **E** 8.4.1960 Kino DDR

SCHICKSAL EINER LEIHMUTTER (MOMENT OF TRUTH: CHILD TOO MANY). Als der Wunsch nach einem zweiten Kind nicht in Erfüllung geht, entscheidet sich ein Ehepaar für eine Leihmutter. Eine Mutter dreier Kinder erklärt sich bereit, und zunächst gibt es keine Komplikationen, doch während der Schwangerschaft wächst die Spannung in der Familie. Der Konflikt spitzt sich zu, als die Schwangere erfährt, dass sie Zwillige bekommen wird, ihre Auftraggeber jedoch nur das Mädchen behalten wollen. Die leibliche Mutter adoptiert den Jungen und erstreitet das Sorgerecht für das Mädchen. Dann strebt sie ein Verbot der Leihmutterschaft an. Melodramatischer Film nach einem authentischen Fall, der der Leihmutterschaft und ihren möglichen Folgen eine Absage erteilt. ✦ USA 1993 **P** New Line Cinema/O'Hara-Horowitz Prod. **Pd** Michael G. Larkin **R** Jorge Montesi **B** Jayne Martin **D** Michele Greene (Patty Nowakowski), Conor O'Farrell (Aaron Nowakowski), Stephen Macht (Bill Davis), Nancy Stafford (Sharon Davis), Alex Doduk (Aaron jr.) **L** 88 **E** 17.5.2000 tm3

SCHICKSAL EINER NACHT (LA GRANDE MAGUET). Maguet, als Waisenkind von einer Schloßherrin aufgenommen, rächt diese, als deren Mann sie vergiftet, um eine andere heiraten zu können. Schlecht ausgeleuchtete Hintertreppengeschichte in einer äußerst bescheidenen Inszenierung, die allerdings vom Talent der Hauptdarstellerin profitiert. – Ab 16. ✦ Schwarz-weiß. Frankreich 1946 **P** Roger Richebé **KI** IFA **R** Roger Richebé **B** Roger Richebé, Marc-Gilbert Sauvajon, nach einem Roman von Catulle Mendes **K** Viktor Armenise **M** Henri Verdun **D** Madeleine Robinson, Jean Davy, Béatrice Lulli, Michèle Philippe, Silvia Maonfort **L** 95 **FSK** ab 16; nf **E** 18.10. 1949 **fd** 322

SCHICKSAL EINER NONNE (SUOR LETIZIA / QUANDO GLI ANGELI NON VOLANO). Die Liebe zu einem verlassenen Kind weckt in einer italienischen Nonne mütterliche Gefühle, die sie in einen Gewissenskonflikt bringen. Am Ende steht der Verzicht und die

Treue zum Orden. Das mit Gefühl und Takt inszenierte Drama umgeht die spezifisch geistlichen Probleme, ist aber durch Anna Magnanis Darstellungskunst menschlich bewegend. – Ab 14. ✦ Schwarz-weiß. Italien 1956 **P** Rizzoli/Pallavicini **Kl** Columbia **Pd** Emo Bilstolfi **R** Mario Camerini **B** Cesare Zavattini, Mario Camerini **K** Gianni di Venanzo **D** Anna Magnani, Eleonora Rossi-Drago, Antonio Cifariello, Piero Boccia, Luisa Rossi **L** 96 **FSK** ab 12; f **E** 18.4.1957/ 22.12.1966 ARD **fd** 5 891

SCHICKSAL EINER SÄNGERIN (BOZSKA EMA). Eine »Phantasie auf ein Motiv aus dem Leben der Ema Destinnová«: Die größte Sopranistin der Tschechoslowakei (1878–1939) debütierte 1898 an der Königlichen Oper in Berlin und errang in Bayreuth, Paris und New York Erfolge, bevor sie 1916 in ihre Heimat zurückkehrte und Schriftstellerin wurde. Der Film beschränkt sich auf die Jahre zwischen dem Höhepunkt ihrer Karriere und ihrem Niedergang, als sie im Ersten Weltkrieg wegen Hochverrats und Spionage unter Arrest gestellt und in ihrem Landschloß interniert wurde. Ein thematisch interessanter biografischer Film, der allerdings allzu patriotisch geraten und inszenatorisch uneinheitlich ist. – Ab 16 möglich. ✦ CSSR 1979 **P** Filmstudio Barrandov **Kl** Progress **R** Jirí Krejcík **B** Zdenek Mahler, Jirí Krejcík **K** Miroslav Ondrícek **M** Zdenek Liska, Gabriela Benacková (Gesang) **D** Bozidara Turzonovová (Ema Destinnová), Juraj Kukura (Viktor), Milos Kopecky (Samuel), Jirí Adamíra (Oberst), Josef Somr (Oberleutnant) **L** 113 **E** 17.10. 1980 Kino DDR/29.12.1981 DFF 2/18.11.1986 BR

DAS SCHICKSAL EINES MITGLIEDES DER »SELBSTVERTEIDIGUNG«. Die Geschichte eines jungen Mannes, der an seinem Hochzeitstag zwangsweise einer paramilitärischen Einheit zugeordnet wird und an der Seite der japanischen Gendarmerie gegen seine eigenen Landsleute kämpfen muss. Die Ermordung seines Vaters veranlasst ihn, die Fronten zu wechseln und sich dem Kampf für die Befreiung des Landes anzuschließen. Episch breit angelegter, handwerklich solider Film im Dienste der »patriotischen Erziehung«. ✦ Scope, schwarz-weiß. VR Korea 1970 **Kl** Progress **L** 120 **E** 19.4.1974 Kino DDR/ 25.6.1975 DFF 2

DAS SCHICKSAL HEISST KAMILA (OSUD JMENEM KAMILA). Mit dem Versprechen, ihn zu seiner Geliebten zu bringen, die das Land verlassen hat, kann ein Schweizer Gangster einen Prager Taxifahrer zu einem Kunstraub überreden. Künstlerisch durchschnittlicher Film von mäßigem Unterhaltungswert. – Ab 14. ✦ Schwarz-weiß. CSSR 1974 **P** Filmstudio Barrandov **Kl** Progress **R** Petr Schulhoff **B** Libuse Vánová, Petr Schulhoff **K** Josef Illík **M** Lubos Fiser **D** Jirí Klem (Tomás Gross), Renata Dolezalová (Eva), Zdenek Ornest (Pánek), Marie Drahokoupilová (Ilona), Jürgen Frohriep (Hans Richter) **L** 97 **E** 13.6.1975 Kino DDR/10.8.1977 DFF 1

SCHICKSAL IM MOOR (IL NIDO DI FALASCO). Nach unglücklichen Ehejahren, Trennung und Mordversuch versöhnt sich ein Ehepaar um seines Kindes willen wieder. Ein italienisches Melodram, das trotz seiner sentimentalen Auflösung realistisch inszeniert ist. – Ab 16. ✦ Schwarz-weiß. Italien 1950 **P** Romana **Kl** Accord **R** Guido Brignone **B** Gaspare Cataldo **K** Augusto Tiezzi **M** Ezio Carabella **D** Ermanno Randi, Liliana Tellini, Umberto Spadaro, Gaetano Verna, Giancarlo Nicotra **L** 92 **FSK** ab 16; f **E** 9.8.1955 **fd** 7 306

SCHICKSAL IN KETTEN (DER WEITE WEG). Ein Kriegsheimkehrer findet nach inneren und äußeren Kämpfen zu seiner Frau zurück, die von einem Sexualprotz verleumdet worden war. Trotz der verhaltenen Darstellung ein larmoyantes Ehedrama ohne psychologischen Tiefgang oder realistischen Zeitbezug. (Alternativtitel: »Der weite Weg«) – Ab 14. ✦ Schwarz-weiß. Österreich 1946 **P** Donau **Kl** Deutsche Commerz **Pd+R** Eduard Hoesch **B** Eduard Hoesch, nach einer Erzählung von Karl Jantsch **K** Anton Pucher **M** Frank Fox **D** Maria Andergast, Rudolf Prack, Hans Holt, Willy Danek, Karl Skraup **L** 81 **FSK** ab 12; f **E** 12.1.1950 **fd** 647

SCHICKSAL IN MEXIKO → Die Hochmütigen

SCHICKSAL IN WIEN (THE RED DANUBE). Menschenschicksale im besetzten und geteilten Wien des Nachkriegsjahrs 1947: Eine russische Ballerina soll gegen ihren Willen in die UdSSR zurückgebracht werden, aber ein englischer Offizier, der sich in sie verliebt hat, kann sie davor bewahren. Romanhafte Verstrickungen in Politik und Liebe mit antisowjetischer Tendenz und geringer Überzeugungskraft. – Ab 16. ✦ Schwarz-weiß. USA 1949 **P** MGM **Kl** MGM **Pd** Carey Wilson **R** George Sidney **B** Gina Kaus, Arthur Wimperis, nach der Novelle »Vespers in Vienna« von Bruce Marshall **K** Charles Rosher **M** Miklos Rozsa **D** Ethel Barrymore, Walter Pidgeon, Janet Leigh, Peter Lawford, Francis L. Sullivan **L** 119 **FSK** ab 12; f **E** 8.2.1952 **fd** 1 529

DAS SCHICKSAL KENNT KEIN ERBARMEN (CALLIE AND SON). Eine junge Frau gibt ihren unehelichen Sohn zur Adoption frei und verlässt ihre Heimatstadt. Sie heiratet einen Verleger und holt nach Jahren ihr erwachsenes Kind zurück. Als der Sohn seinerseits heiratet, sieht sie durch die Schwiegertochter dessen Karriere bedroht und ist zum Äußersten entschlossen. Familiendrama mit einer emotionell aufgeladenen Mutterrolle und allzu dick aufgetragenen Problemen. ✦ USA 1981 **P** CBS/Hemdale/City Films/Motown Pic. **Pd** Rosilyn Heller, Gary Credle **R** Waris Hussein **B** Thomas Thompson **K** Dennis Dalzell **M** Billy Goldenberg **S** Ronald J. Fagan **D** Lindsay Wagner (Callie Bordeaux), Jameson Parker (Randy Bordeaux), Dabney Coleman (Bordeaux), Joy Garrett (Jeannie), Michelle Pfeiffer (Sue Ann Bordeaux) **L** 142 **E** 11.3.2000 ORF 2

SCHICKSAL UND VERMÄCHTNIS. Dokumentarfilm, der Mitte der 50er Jahre Aufnahmen von Soldatenfriedhöfen aus den beiden Weltkriegen in 53 Ländern der Erde versammelte. ✦ Schwarz-weiß. BR Deutschland 1953 **P** Degeto **Kl** Pallas **Pd+R** Alfred Ehrhardt **B** Alfred Ehrhardt, Hans Joachim Hoßfeld **K** Alfred Ehrhardt **M** Walter Girnatis **D** Mathias Wieman (Sprecher) **L** 72 **FSK** ab 6; f **FBW** bw **E** 16.4.1954 **fd** 3 296

SCHICKSAL VON GESTERN (PICCADILLY INCIDENT). Eine englische Armeehelferin im Zweiten Weltkrieg gilt als tot und findet, als sie schließlich doch zurückkehrt, ihren Ehemann bereits wiederverheiratet. Die tränenselige Story wird so umständlich erzählt, daß sich der Film auch formal als »von gestern« erweist. – Ab 16. ✦ Schwarz-weiß. Großbritannien 1947 **P** Herbert Wilcox **Kl** Rank **Pd+R** Herbert Wilcox **B** Florence Tranter **K** Max Greene (= Mutz Greenbaum) **D** Anna Neagle, Michael Wilding, Michael Laurence, Frances Mercer, Coral Browne **L** 100 **FSK** ab 16; nf **E** Juli 1948 **fd** 106

SCHICKSAL ZWISCHEN EBBE UND FLUT (WATERFRONT). Das Schicksal einer Familie in Liverpool während der Wirtschaftskrise zu Beginn der 30er Jahre. Nach 14 Jahren kehrt ein Schiffsheizer zu Frau und Kindern im Armenviertel zurück, wird aber zu Hause abgewiesen. Nachdem er im Streit den Ingenieur erstochen hat, dessentwegen er gekündigt hatte, wandert er ins Gefängnis. Die dokumentarische Nüchternheit des sozialkritischen Dramas, das unverhüllt die Realitäten des Liverpooler Hafenviertels einfängt, wird von wenig überzeugenden melodramatischen Elementen überlagert. – Ab 14. ✦ Schwarz-weiß. Großbritannien 1950 **P** Conqueror/ General Film Distributors **Pd** Paul Soskin **R** Michael Anderson **B** John Brophy, Paul Soskin, nach dem Roman »Waterfront« von Brophy **K** Harry Waxman **M** Muir Mathieson **S** Michael Charlton **D** Robert Newton (Peter McCabe), Kathleen Harrison (Mrs. McCabe), Avis Scott (Nora McCabe), Susan Shaw (Connie McCabe), Robin Netscher (George Alexander), Richard Burton (Ben Satterthwaite) **L** 80 **E** 4.10.1969 ARD

SCHICKSALE AM KREUZWEG (NAGRODY I ODZNACZENIA). Im Lazarett einer ostpolnischen Stadt treffen nach der Befreiung Ende 1944 Angehörige der Volksmacht und Vertreter der Reaktion aufeinander. Am Schicksal von drei Männern versucht der künstlerisch belanglose Film, die historische Situation zu verdeutlichen. – Ab 16. ✦ Scope. Polen 1974 **P** Zespoly Filmowe, Gruppe »Iluzjon« **Kl** Progress **R** Jan Lomnicki **B** Jan Lomnicki, nach einem Roman von Waclaw Bilinski **K** Wieslaw Rutowicz, Jerzy Lukaszewicz **M** Krystyna Tunicka-Palluth **D** Maciej Rayzacher (Oberleutnant Bednarczuk), Witold Debicki (Leutnant Laszewski), Krysztof Kalozynski (Jarek Jackowski), Barbara Wrzesinska (Schwester Joanna Fontanska), Jadwiga Jankowska-Cieślak (Schwester Krystyna) **L** 105 **E** 21.11.1975 Kino DDR/30.3.1977 DFF 2

EIN SCHICKSALHAFTER SOMMER (A SUMMER STORY). Kitschige Liebesromanze im England der Jahrhundertwende: die unglückliche Liebe zwischen einem anständigen Bauernmädchen aus Dartmoor und einem Londoner Anwalt aus den sogenannten besseren Kreisen. Banale Unterhaltung, einigermaßen gepflegt gespielt und inszeniert. (TV-Titel auch: »Geschichte eines Sommers«) – Ab 16. ✦ Großbritannien 1988 **P** ITC Entertainment Group **Pd** Danton Rissner **R** Piers Haggard **B** Penelope Mortimer, nach einem Roman von John Galsworthy **K** Kenneth McMillan **M** Georges Delerue **S** Ralph Sheldon **D** James Wilby (Frank Ashton), Imogen Stubbs (Megan David), Susannah York (Mrs. Narracombe), Jerome Flynn (Joe Narracombe), John Elmes (Phil) **L** 84 **E** 29.4.1992 Tele 5

SCHICKSALS-SINFONIE (THE MAGNIFICENT REBEL). Das Leben Beethovens in einer naiv-unbekümmerten Verfilmung. Der sorglose Umgang sowohl mit der Geschichte als auch mit den Werken Beethovens dürfte manchem Musikfreund Qualen bereiten. – Ab 12. ✦ USA 1960 **P** Walt Disney **Kl** Rank **Pd** Walt Disney **R** Georg Tressler **B** Joanne Court **K** Göran Strindberg **M** Ludwig van Beethoven **D** Karlheinz Böhm, Giulia Rubini, Ivan Desny, Peter Arens, Oliver Grimm **L** 92 **FSK** ab 6; f **E** 2.11.1961 **fd** 10 664

SCHICKSALSMELODIE (THE JOKER IS WILD / ALL THE WAY). Die Lebensgeschichte des amerikanischen Barsängers Joe E. Lewis, dem in den 20er Jahren bei Auseinandersetzungen mit Gangstern die Stimmbänder zerschnitten wurden und der eine zweite Karriere als Schauspieler machte. Atmosphärisch dichter Gangsterfilm mit zahlreichen Musikeinlagen. – Ab 16. ✦ Scope, schwarz-weiß. USA 1957 **P** Paramount **Kl** Paramount **Pd** Samuel J. Briskin **R** Charles Vidor **B** Oscar Saul, nach der Biografie »Life of Joe E. Lewis« von Art Cohn **K** Daniel L. Fapp **M** Walter Scharf **S** Everett Douglas **D** Frank Sinatra (Joe E. Lewis), Mitzi Gaynor (Martha Stewart), Jeanne Crain (Letty Page), Eddie Albert (Austin Mack), Beverly Garland (Cassie Mack), Jackie Coogan (Swifty Morgan), Barry Kelley (Capt. Hugh McCarthy), Ted de Corsia (Georgie Parker) **L** 103 **FSK** ab 16; f **E** 26.9. 1958 **fd** 7 416

EIN SCHICKSALSSCHLAG → Der Aufprall

SCHICKSALSSCHLÄGE (A CHILD'S WISH / A FIGHT FOR JUSTICE). Als eine 14-Jährige an Krebs erkrankt, ändert sich das Leben der Familie radikal. Die Mutter gibt ihre Arbeit auf, um das Kind zu pflegen, doch als der Vater seinen Job verliert und die teuren Behandlungskosten nicht mehr aufzubringen sind, scheint das Schicksal aller besiegelt. In ihrer Not wendet sich die Familie an Politiker, um eine Gesetzesänderung zu erreichen, die kranken Kindern und dadurch in Not geratenen Eltern zu Gute kommt. Sie finden Gehör, der damalige Präsident Bill Clinton, der in einigen Szenen mitwirkt, setzt diese Reform durch. Ein Besuch im Weißen Haus krönt die Geschichte. Ein zu Herzen gehender Film nach einer wahren Geschichte, dennoch scheint vieles im Sinne rührender Fernsehunterhaltung dramatisiert. Interesse sichert dem Film einzige die Mitwirkung des damaligen US-Präsidenten Clinton. ✦ USA 1995 **P** CBS/TeleFilm **Pd** Michelle MacLaren, Susan Nanus, Rick Blumenthal **R** Waris Hussein **B** Susan Nanus **K** Henry M. Lebo **M** Stacy Widelitz **S** Ron Spang **D** John Ritter (Ed Chandler), Tess Harper (Joanna Chandler), Anna Chlumsky (Missy Chandler), Sarah Chalke (Belinda), Karl David-Djerf (Scott), Bill Clinton (Bill Clinton) **L** 87 **E** 12.8.2001 Super RTL

SCHICKSALSSPIEL. Ein Film über die Träume der Jugend und den Schmerz des Erwachsenwerdens, angesiedelt im Milieu der Fußballfans. Ein Anhänger des FC St. Pauli, der seinen Verein zu jedem Auswärtsspiel begleitet, lernt in Rostock ein Mädchen kennen. Für beide rückt zum erstenmal in ihrem Leben der Fußball in den Hintergrund. Eine kritisch-unterhaltende Ost-West-Tragödie, die die Flucht aus sozialer Ungerechtigkeit in Extremismus, Gewalt und auch in Gefühle plausibel vermittelt. ✦ Deutschland 1993 **P** Studio Hamburg **R+B** Bernd Schadewald **K** Klaus Eichhammer **M** Loy Wesselburg **S** Annemarie Bremer **D** Niels-Bruno Schmidt (Roland), Steffen Wink (Manni), Stefan Kukofka (Zocker), Ilja Jens Goldbach (Fetzer), Jan Patrick Voller (Hacki) **L** 88 **E** 31.8.1994 ARD

SCHICKSALSWENDE →Die Entlassung

SCHIEBENDE HÄNDE (TUI SHOU / PUSHING HANDS). Die sensibel erzählte Komödie um einen chinesischen Tai-Chi-Lehrer, der nach New York auswandert, um den Lebensabend bei seinem Sohn zu verbringen, jedoch feststellen muß, daß die Verständigung mit seiner neuen Umgebung schwierig ist. Der Originaltitel »Tui Shou« bezeichnet dabei sinnfällig die Fertigkeit des Tai-Chi, die Kraft eines Angreifers gegen ihn zu wenden, um ihn aus dem Gleichgewicht zu bringen. Der Film ist der erste Teil einer Trilogie, deren nachfolgende Teile »Das Hochzeitsbankett« und »Eat Drink Man Woman« auch ins Kino kamen. – Ab 16. ✦ Taiwan/USA 1991 **P** Central Motion Picture/Good Machine **Pd** Ang Lee, Emily Yi-Ming-Liu, Ted Hope, James Schamus **R+B** Ang Lee **K** Liang-Chung Lin **M** Xiasong Qu **S** Ang Lee, Tim Squyres **D** Hsiung Lang (Mr. Chu), Lai Wang (Mrs. Chen), Bo Z. Wang (Alex Chu), Deb Snyder (Martha Chu) **L** 106 **E** 21.12.1993 West 3

DER SCHIEBER →Irrsinniger Cancan

DAS SCHIELENDE GLÜCK (ZEZOWATE SZCZESCIE). Die Geschichte eines Pechvogels, dem das Glück eine Grimasse schneidet, sooft er glaubt, einen Zipfel davon erwischt zu haben. Eine scharfe zeit- und gesellschaftskritische Satire, die lachend bittere Wahrheiten aus dem Polen der letzten 40 Jahre transparent macht. Überdurchschnittlich auch in der künstlerischen Gestaltung. – Ab 16. ✦ Schwarz-weiß. Polen 1960 **P** ZRF Kamera **Kl** Neue Filmkunst **R** Andrzej Munk **B** Jerzy Stefan Stawinski, nach einer Erzählung von Jerzy Stefan Stawinski **K** Jerzy Lipman, Krzysztof Winiewicz **M** Jan Krenz **D** Bogumil Kobiela (Jan Piszczyk), Barbara Kwiatkowska-Lass (= Barbara Kwiatkowska), Wojciech Siemion, Maria Ciesielska, Ewa Wisniewska, Kazimierz Opalinski (Gefängnisdirektor) **L** 111 **E** 5.6.1964 ZDF **fd** 12 797

DER SCHIELENDE HEILIGE (PER GRAZIA RICEVUTA). Ein kleiner italienischer Waisenjunge erlebt am Tag seiner Erstkommunion ein vermeintliches Wunder, worauf er einem Heiligen geweiht und von Mönchen erzogen wird. Als Erwachsener steckt er voller Komplexe und schwankt zwischen Lebenslust und naiver Gottesfurcht. Eine skurrile Satire auf entartete Formen bigotter und wundersüchtiger Frömmigkeit im Stil der originellen Nino-Manfredi-Komödien. – Ab 16. ✦ Italien 1970 **P** Rizzoli **R** Nino Manfredi **B** Nino Manfredi, Leo Benvenuti, Piero de Bernardi **K** Armando Nannuzzi **M** Maurizio de Angelis, Guido de Angelis **D** Nino Manfredi, Lionel Stander, Delia Boccardo, Véronique Vendell, Paola Borboni **L** 119 **E** 7.12.1973 ZDF

SCHIENEN (ROTAIE). Psychologisches Drama um ein mittelloses junges Paar, das plötzlich zu großem Geld kommt, dadurch sein Glück gefährdet und erst zu sich selbst findet, als es wieder arm ist. (O.m.d.U.) – Ab 16. ✦ Schwarz-weiß. Italien 1929 **P** Sacia **R** Mario Camerini **B** Corrado d'Errico **K** Ubaldo Arata **M** Marcel Lattes **D** M. D'Ancora, Käthe von Nagy, D. Crespi, G. Moschini **L** 80 **E** 31.3.1972 WDR III

SCHIENENSCHLACHT (LA BATAILLE DU RAIL). In drei Episoden schildert Cléments erster Spielfilm den Kampf französischer Eisenbahner gegen die deutsche Besatzung im Zweiten Weltkrieg: Teil 1 führt in die Organisationsformen der Résistance ein und endet mit einer Geiselerschießung, Teil 2 erzählt vom Anschlag auf einen Panzerzug, Teil 3 feiert pathetisch die Befreiung des Landes durch die Amerikaner. Der nach einem improvisierten Skript mit Laiendarstellern gedrehte Film ist ein künstlerisches und historisches Dokument von hohem Rang, das durchaus mit Rossellinis »Paisa« zu vergleichen ist. – Sehenswert. ✦ Schwarz-weiß. Frankreich 1945 **P** Coopérative Générale du Cinéma Francais **Kl** Verleihgenossenschaft der Filmemacher/Progress **R** René Clément **B** Colette Audry **K** Henri Alekan **M** Yves Baudrier **D** Clarieux Daurand, Leray, Tony Laurent **L** 86 **FSK** ab 18; nf **E** 20.1.1956 Kino DDR/30.11.1964 DFF 1/21.4. 1973 WDR

SCHIESS AUF DIE WEISSEN (FEAR OF A BLACK HAT). Semidokumentarischer Spielfilm über die USA-Tour einer Rap-Band, die endlich den Durchbruch schaffen will, deren Erfolg sich jedoch nicht einstellt. An ihrer Seite eine Filmemacherin, die den beschwerlichen Weg der Band dokumentiert und immer wieder die unglückseligen Manager vor die Linse bekommt, die bei tragischen Unfällen ums Leben kommen. In der Anlage erinnert der Film am Rob Reiners »This is Spinal Tap«, einem Kultfilm der 80er-Jahre, doch der Humor ist hier focusierter und schärfer, womit sich der Film als ein Produkt der 90er-Jahre erweist. – Ab 16. ✦ USA 1993 **P** Incorporated Television Comp. **Pd** Darin Scott **R+B** Rusty Cundieff **K** John L. Demps jr. **S** Karen Horn **D** Kasi Lemmons (Nina Blackburn), Rusty Cundieff (Ice Gold), Howie Gold (Guy Freisch), Mark Christopher Lawrence (D. J. Tone Def), Larry B. Scott (Tasty-Taste) **L** 81 **E** 22.1.2000 tm 3

SCHIESS DOCH, BULLE! (ZABIJ MNIE, GLINO). Ein betont auf Actionelemente westlicher Vorbilder setzender dramatischer Kriminalfilm: Auf der Flucht vor der Polizei erschießt ein Berufsverbrecher aus Versehen die Frau eines Kommissars und deren Liebhaber. Der Kommissar macht sich daraufhin die Jagd nach dem Täter, der schwer krank ist, zur obsessiven Lebensaufgabe. ✦ Polen 1987 **R** Jacek Bromski **D** Boguslaw Linda (Malik), Piotr Machalica (Popczyk), Maria Pakulnis (Teresa), Anna Romantowska (Dorota), Zbigniew Zamachowski (Seweryn) **L** 116 **E** 26.9.1997 ZDF

SCHIESS DU ... ICH HOL' VERPFLEGUNG (KAKKIENTRUPPEN). Italienisches Kriegslustspiel, das den desolaten Zustand einer deutschen Kompanie vor Kriegsschluß auf der untersten Geschmacks- und Moralebene beschreibt. Inmitten des lauten Klamauks wird besonders die Feldseelsorge mit aggressivem Zynismus gezeichnet. ✦ Italien 1977 **P** Kristal **Kl** Apollo und andere **R** Franco Martinelli **M** Renato Serio **D** Francesco de Rosa, Oreste Lionello, Gianfranco D'Angelo, Lino Banfi, Florence Barnes **L** 74 **FSK** ab 18; nf **E** 16.3.1979 **fd** 22 073

SCHIESS ODER STIRB! (A GUN FOR A COWARD). Von drei Brüdern gewinnt nach dem Tod des einen und dem Verzicht des zweiten derjenige die elterliche Farm und das umworbene Mädchen, der zu Unrecht als Feigling verachtet wurde. Trotz der herkömmlichen Klischees ein achtbarer Edelwestern mit logischer Handlung. – Ab 14. ✦ Scope. USA 1956 **P** Universal **Kl** Universal **Pd** William Alland **R** Abner Biberman **B** R. Wright Campbell **K** George Robinson **M** Joseph Gershenson **D** Fred MacMurray (Will Keough), Jeffrey Hunter (Bless Keough), Janice Rule (Aud Niven), Chill Wills (Loving), Dean Stockwell (Hade Keough), Josephine Hutchinson (Mrs. Keough), Betty Lynn (Claire), Iron Eyes Cody (Häuptling), Robert Hoy (Danny), Jane Howard (Marie), John Larch (Stringer), Paul Birch (Andy Niven), Bob Steele (Durkee) **L** 87 **FSK** ab 12; nf **E** 26.3.1957 **fd** 5 758

SCHIESS SCHNELLER ODER MACH DEIN TESTAMENT →Sancho – dich küßt der Tod

SCHIESS, SOLANGE DU KANNST (L'ARME A GAUCHE /CORPO A CORPO). In der Karibischen See wird eine Hochseejacht gestohlen und soll für illegale Waffengeschäfte eingesetzt werden. Die Besitzerin des Schiffes und ein rauhbeiniger Kapitän machen sich an die Verfolgung der Gangster. Geradlinig entwickelter Abenteuerfilm ohne geistige oder folkloristische Abstecher; spannende Unterhaltung, die ihren Reiz vor allem aus dem Themenfundus des Krimiautors Charles Williams (»Todesstille«, »Auf Liebe und Tod«) bezieht. – Ab 16. ✦ Schwarz-weiß. Frankreich/Spanien/Italien 1965 **P** Intermondia/T.C./ Cite/Agata/Vides **Kl** Centfox **Pd** Jean-Paul Guibert **R** Claude Sautet **B** Claude Sautet, nach dem Roman »Aground« von Charles Williams **K** Walter Wottitz **M** Eddie Barclay, Michel Colombier **S** Jacqueline Thiédot **D** Lino Ventura, Sylva Koscina, Leo Gordon, Alberto de Mendoza, Antonio Martin, Franco Cristaldi **L** 101 **FSK** ab 12; nf **E** 22.7.1967 **fd** 14 178

SCHIESS ZURÜCK, COWBOY (FROM HELL TO TEXAS/ MAN HUNT). Ein despotischer Viehzüchter, dessen Sohn bei einer Schlägerei ums Leben kam, will Rache üben. Er verfolgt einen unschuldigen Cowboy und löst dadurch eine Kette von Gewalttaten aus, die seine Familie fast völlig vernichten, ehe er zu Besinnung kommt. Überdurchschnittlicher Western mit einer deutlichen Absage an die Glorifizierung von Rache und Gewalt. – Ab 14. ✦ Scope. USA 1958 **P** 20th Century Fox **Kl** Centfox **Pd** Robert Buckner **R** Henry Hathaway **B** Robert Buckner, Wendell Mayes, nach einem Roman von Charles O. Locke **K** Wilfred M. Cline **M** Daniele Amfitheatrof **S** Johnny Ehrin **D** Don Murray (Tod Lohman), Diane Varsi (Juanita Bradley), Chill Wills (Amos Bradley), Dennis Hopper (Tom Boyd), R. G. Armstrong (Hunter Boyd), R. G. Armstrong (Hunter Boyd), Jay C. Flippen (Jake Leffertfinger), Margo (Mrs. Bradley), John Larch (Hal Carmody), Ken Scott (Otis Boyd), Rodolfo Acosta (Bayliss), Harry Carey jr. (Trueblood), José Torvay (Miguel), Malcolm Atterbury (Hotelangestellter) **L** 85 **FSK** ab 12; f **E** 23.5.1958/3.6.1972 ARD **fd** 6 997

DAS SCHIESSEN (THE SHOOTING). Ein Westerner sucht in Begleitung einer Frau und eines bezahlten Killers nach seinem verschollenen Bruder. Die Reise endet in sinnlosen, absurden und tödlichen Auseinandersetzungen. Allegorischer Spätwestern, der die traditionellen Werte des Genres konsequent demontiert: Im Mittelpunkt stehen nicht Heroismus, Individualismus und Kooperation, sondern Verzweiflung, Identitätsverlust und Selbstzerfleischung. Ein pessimistischer Kommentar zur nationalen Krise der USA in den 60er Jahren. – Ab 16. ✦ USA 1966 **P** Proteus/Studio 43 **Pd** Jack Nicholson, Monte Hellman **R** Monte Hellman **B** Adrien Joyce (= Carole Eastman) **K** Gregory Sandor **M** Richard Markowitz **S** Monte Hellman **D** Warren Oates (Gashade), Will Hutchins (Coley), Millie Perkins (Die Frau), Jack Nicholson (Billy Spear), B. J. Merholz (Leland Drum), Charles Eastman (bärtiger Mann), Cuy El Tsosie (Indianer) **L** 85 **E** 1.4.1969 ARD **fd** 16 030

SCHIESSEN SIE AUF DEN PIANISTEN (TIREZ SUR LE PIANISTE). Ein scheuer Kneipenpianist, einst ein seriöser Musiker, wird durch seine verkommenen Brüder in eine Gangstergeschichte verwickelt. Tragikomische Filmdichtung, die durch raffinierte Stilmittel und die Darstellungskunst von Charles Aznavour in Bann zu schlagen vermag. Zweiter Spielfilm von François Truffaut, durchdrungen vom schwarzem Humor und liebenswerter Poesie. – Sehenswert ab 16. ✦ Scope, schwarz-weiß. Frankreich 1959/60 **P** Pléiade **Kl** NF **Pd** Pierre Braunberger **R** François Truffaut **B** François Truffaut, Marcel Moussy, nach dem Roman »Down There« von David Goodis

K Raoul Coutard **M** Georges Delerue **S** Cécile Decugis **D** Charles Aznavour (Charlie Kohler/Edouard S.), Marie Dubois (Léna), Nicole Berger (Thérésa), Michèle Mercier (Clarisse), Albert Remy (Chico Saroyan) **L** 82 **FSK** ab 18; nf **FBW** bw **E** 25.11.1960/ 12.11.1966 ARD **fd** 9727

SCHIESSEREI IN PHILADELPHIA (PHILADELPHIA: FUSILLADE DE MOLE STREET). Bericht über die Arbeit des Dienstes für ungeklärte Angelegenheiten in Philadelphia, der mit der Aufklärung von Mordfällen betraut wird, wenn die Dezernate für allgemeine Angelegenheiten den Fall nach 48 Stunden abgeben. Eine erschreckende Dokumentation über die Kriminalität in einer Stadt, in der sich jährlich ca. 400 Morde ereignen. Die Opfer sind meist Schwarze, was einen Soziologen zu der Äußerung veranlasst, dass die Lebenserwartung dieser Bevölkerungsgruppe den Statistiken des 19. Jahrhunderts entspricht. ✦ Frankreich 1997 **P** arte **R** Mosco Boucault **S** Tina Baz, Lizzie Gelber **L** 90 **E** 3.10.2000 arte

SCHIFF AHOI! (SHIP AHOY). Ein tolpatschiger Autor von abenteuerlichen Fortsetzungsromanen verliebt sich während einer Schiffsreise nach Puerto Rico in eine attraktive Tänzerin. Diese glaubt, im Auftrag der amerikanischen Regierung eine neuartige Magnetmine zu transportieren, ist jedoch in Wahrheit Opfer eines Täuschungsmanövers, das feindliche Agenten ersonnen haben – ausgerechnet nach einer Romanidee des verliebten Schriftstellers. Amüsante Gagkomödie mit parodistischen Spitzen auf Agentenfilme; die skizzenartige Handlung ist lediglich Aufhänger für zahlreiche kurzweilige Tanz- und Musiknummern. – Ab 10 möglich. ✦ Schwarz-weiß. USA 1942 **P** MGM **Pd** Jack Cummings **R** Edward Buzzell **B** Harry Clork, Irving Brecher, Harry Kurnitz **K** Leonard Smith, Robert Planck **M** Axel Stordahl, Sy Oliver, Léo Arnaud, George Bassman, Basil Adlam, George Stoll, Henry Russell **S** Blanche Sewell **D** Red Skelton (Merton K. Kibble), Eleanor Powell (Tallulah Winters), Virginia O'Brien (Fran Evans), Bert Lahr (»Skip« Owens), William Post jr. (H. U. Bennett) **L** 96 **E** 1.8. 1993 ARD

DAS SCHIFF DER ABENTEUER →Die Enid Blyton Abenteuer

DAS SCHIFF DER AUSSERIRDISCHEN (KORABL PRISCHELZEW). Raumfahrtwissenschaftler begeben sich auf die Suche nach einem vermißten Raumschiff und finden es – unter Einsatz ihres Lebens – tief in der verschneiten Taiga. Nach authentischen Ereignissen spannungslos und konventionell inszeniert. – Ab 16. ✦ UdSSR 1986 **P** Gorki-Studio **Kl** Progress **R** Sergej Nikonenko **B** Wladimir Gubarew **K** Andrej Kirillow **M** Eduard Artemjew **D** Oleg Tabakow (Chefkonstrukteur), Jekaterina Woronina (Tatjana Simenkowa), Sergej Nikonenko (Georgi Grischin), Raivo Trass (Arvid Pallo), Valeri Gatajew (Komarow) **L** 90 **E** 5.6.1987 Kino DDR/8.4.1987 DFF 2

DAS SCHIFF DER GEFÄHRLICHEN MÄNNER (CHERI-BIBI / IL FORZATO DELLE GUIANA). Der gefürchtete Bandit Cheri-Bibi kann mit seinen Kumpanen das Schiff unter seine Gewalt bringen, das ihn nach Cayenne in die Verbannung bringen soll. Durch eine Hauttransplantation nimmt er die Gestalt eines Adligen an und täuscht so dessen Frau, bis er, vermeintlich, in einem Flammenmeer stirbt: bereit für weitere Abenteuer. Die mit Bänkelgesang und Genrebildchen ausgestattete Schauermär wurde witzlos und langweilig inszeniert. – Ab 16. ✦ Frankreich/Italien 1954 **P** U.G.C./Memmon/Taurus **Kl** Phönix **Pd** Henri Lavorel **R** Marcel Pagliero (= Marcello Pagliero) **B** Paul Mesnier, nach einem Roman von Gaston Leroux **K** Mario Montuori **M** Georges Auric **D** Jean Richard, Raymond Bussières, Danielle Godet, Lea Padovani, Arnoldo Foà **L** 68 **FSK** ab 16; nf **E** 11.5.1956 **fd** 5005

DAS SCHIFF DER GEFANGENEN FRAUEN (LA MAISON DES FILLES PERDUES). Interpol-Agenten bringen eine Mädchenhändlerbande zur Strecke. Sex and Crime auf unterstem Niveau. ✦ Frankreich/Italien 1973 **P** Eurocine/C.R. Cinematografica **Kl** Avis und andere **VA** Loyal/VTD **R** Pierre Chevalier **B** Gerard Brissot **M** Daniel White **D** Silvie Solar, Sandra Jullien, Olivier Mathot, Evelyn Scott, Mario Santini **L** 75 **FSK** ab 18; nf **E** 30.12.1977/1980 Video **fd** 20702

SCHIFF DER JUNGEN PIONIERE (KAPITANT). Bulgarischer Jugendfilm über den wachsenden Zusammenhalt in einer Schulklasse und die gemeinsamen Bemühungen um den Bau eines Bootes, bei dem die Kinder von einem jungen Arbeiter unterstützt werden. Zu einer Krise kommt es, als ausgerechnet der »Kapitän« gegen die selbstauferlegten Regeln der Gruppe verstößt und daraufhin zum »einfachen Matrosen« degradiert wird. ✦ Schwarz-weiß. Bulgarien 1962 **Kl** Progress **R** Dimiter Petrow **B** Anastas Pawlow **K** Trendafil Sacharijew **M** Alexander Raitschew **D** Raiko Bodurow (»Kapitän« Bojan), Janusch Alurkow (Wane), Eduard Schachpasjan (der »Weiße Petjo«), Wladimir Bratanow (der »Pirat«), Iwan Daschew (der »Pascha«) **L** 80 **E** 12.6.1964 Kino DDR

DAS SCHIFF DER LIEBESTOLLEN FRAUEN (THERE SHE BLOWS). Primitiver Sexfilm um den Besitzer einer Segeljacht, den die Sexspiele einer Reisegesellschaft in den Selbstmord treiben. ✦ USA 1969 **P** Ado **Kl** Main-Taunus-Film **R** Richard Kanter **B** David F. Friedman **K** Richard Kanter **D** Shari Mann, Vincent Stevens, Stuart Lancaster **L** 77 **FSK** ab 18; nf **E** 14.7. 1970 Kino **fd** 16892

DAS SCHIFF DER NACKTEN WILDEN MÄDCHEN (SWITCHEROO). Die Abenteuer einiger Mädchen auf dem Schiff eines sadistischen Kapitäns, der seine Opfer per Annonce anlockt; er endet mit einem Messer im Bauch. Verschnitt aus Sexfilmmaterial amerikanischer Herkunft mit einigen Aufnahmen für die Rahmenhandlung. Vulgär und dumm. – Wir raten ab. ✦ USA 1971 **P** Leonard **Kl** Contact **R** Knut Bauer **D** Bettina Sanders, Vera Meyers **L** 56 **FSK** SPIO: X **E** 13.4.1973 **fd** 18580

SCHIFF DER VERDAMMTEN →Meuterei

DAS SCHIFF DER VERLORENEN FRAUEN (LA NAVE DELLE DONNE MALEDETTE). Ein italienisches Segelschiff soll straffällig gewordene Frauen in die Kolonien deportieren. Abenteuer und Orgien; hart an der Grenze des guten Geschmacks. ✦ Italien 1953 **P** Excelsia **Kl** Phönix **R** Raffaello Matarazzo **B** Aldo de Benedetti **K** Aldo Tonti **M** Nino Rota **D** Ettore Manni, May Britt, Tanja Weber, Elvy Lissiak, Kerima **L** 87 **FSK** ab 18; nf **E** 17.11.1954 **fd** 3721

DAS SCHIFF DER VERURTEILTEN (BOTANY BAY). Auf einem Schiff, das im 18. Jahrhundert Strafgefangene nach Australien bringt, leistet ein unschuldig verurteilter amerikanischer Student dem sadistischen Kapitän mutigen Widerstand. Rauhe Abenteuer für Liebhaber blutigen Meerwassers und stürmischer Leidenschaften. – Ab 14. ✦ USA 1953 **P** Paramount **Kl** Paramount **Pd** Joseph Sistrom **R** John Farrow **B** Jonathan Latimer, nach einem Roman von Charles Nordhof und James Hall **K** John Seitz **M** Franz Waxman **D** Alan Ladd (Hugh Tallant), James Mason (Kapitän Gilbert), Patricia Medina (Sally Monroe), Cedric Hardwicke (Gouverneur Phillipp), Murray Matheson (Reverend Thynne), Dorothy Patten **L** 90 **FSK** ab 12; f **E** 27.10.1953/15.8.1985 SAT 1 **fd** 2899

SCHIFF IN GOTTES HAND →Schiff ohne Hafen

SCHIFF NACH INDIALAND (SKEPP TILL INDIALAND). Kurz vor seiner Erblindung nimmt ein lebenshungriger Kapitän eine Varietétänzerin auf sein Bergungsschiff, wo sich sein buckliger Sohn in das Mädchen verliebt. Ein düsteres Eifersuchtsdrama nimmt seinen Lauf; es endet erst Jahre später, als der verstoßene Sohn, durch den Kampf mit seinem Vater selbstständig geworden, mit der noch tiefer gesunkenen Geliebten ein neues Leben beginnt. Ingmar Bergmans vierter Spielfilm trägt stark melodramatische Züge, ist deutlich von Vorbildern (dem poetischen Realismus Carnes, dem deutschen Expressionismus) beeinflußt und verrät das Interesse des Regisseurs für extreme Grenzsituationen und modellhafte Konstrukte. Charakteristisch für Bergmans Frühwerk ist die engagierte Zuspitzung des Generationenkonflikts. – Ab 16. ✦ Schwarz-weiß. Schweden 1947 **P** Sveriges Folkbiografer/Terrafilm **Pd** Lorens Marmstedt **R** Ingmar Bergman **B** Ingmar Bergman, nach dem Theaterstück von Martin Söderhjelm **K** Göran Strindberg **M** Erland von Koch **S** Tage Holmberg **D** Birger Malmsten (Johannes Blom), Gertrud Fridh (Sally), Holger Löwenadler (Kapitän Alexander Blom), Anna Lindahl (Alice Blom), Lasse Krantz (Hans), Jan Molander (Bertil), Erik Hell (Pekka) **L** 90 **E** 21.8.1965 ARD

SCHIFF OHNE HAFEN (MAITRE APRES DIEU). Ein holländischer Kapitän versenkt seinen Frachtdampfer vor der amerikanischen Küste, um jüdische Flüchtlinge, die niemand aufnehmen will, nicht in das Deutschland des Jahres 1939 zurückbefördern zu müssen. Thematisch achtbare Literaturverfilmung. (Westdeutscher TV-Titel: »Schiff in Gottes Hand«) – Ab 14. ✦ Schwarz-weiß. Frankreich 1950 **P** C.G.C.F./ Silver **Kl** Progress **R** Louis Daquin **B** Louis Daquin, nach einem Roman von Jan de Hartog **D** Pierre Brasseur, Jean-Pierre Grenier, Louis Bellon **L** 95 **E** 15.10. 1954 Kino DDR/8.2.1959 DFF 1/22.11.1959 ARD

SCHIFF OHNE HEIMAT (PLYMOUTH ADVENTURE). Drama über die geschichtliche Fahrt der Pilgerväter auf dem Schiff »Mayflower« in die Neue Welt (1620). Sorgfältig gestaltet, menschlich bewegend und von guten Darstellern getragen, aber ohne die große Linie eines mitreißenden Historiendramas. – Ab 14. ✦ USA 1952 **P** MGM **Kl** MGM **Pd** Dore Schary **R** Clarence Brown **B** Helen Deutsch, nach einem Roman von Ernest Gabler **K** William H. Daniels **M** Miklos Rozsa **S** Robert J. Kern **D** Spencer Tracy (Christopher Jones), Gene Tierney (Dorothy Bradford), Van Johnson (John Alden), Leo Genn (William Bradford), Dawn Addams (Priscilla Mullins) **L** 100 **FSK** ab 12; f **E** 1.10.1953/24.12.1968 ARD/27.11.1985 DFF 2 **fd** 2787

DER SCHIFFBRUCH →Buster Keaton: Der Navigator

SCHIFFBRUCH (NAUFRAGIO). Tagtäglich, Jahr um Jahr, wartet eine Mutter auf ihren verschollenen Sohn. Sie hält sein Zimmer in Ordnung, bereitet sein Bett und hofft unbeirrbar, daß er bald kommen wird. Ihr Glaube steckt sogar ihre junge Arbeitskollegin an, die mit ihr in der Wohnung lebt und sich in eine imaginäre Person verliebt. Als der Seemann tatsächlich heimkehrt, prallen die Vorstellungen der Frauen auf leidvolle Weise mit der Realität zusammen. ✦ Mexiko 1977 **P** Conacite I/Dasa **R** Jaime Humberto Hermosillo **B** Jaime Humberto Hermosillo, José de la Colina **K** Rosalio Solano **M** Joaquín Gutiérrez Heras **S** Rafael Ceballos **D** José Alonso (Miguel Angel), Maria Rojo (Leticia), Ana Ofelia Murguía (Amparo), Carlos Castanón (Gustavo), Guillermo Gil (Hernández) **L** 95 **E** 3.7.1982 DFF 1

SCHIFFBRUCH DER SEELEN (SOULS AT SEA). Ein Idealist tötet bei einem Schiffbruch Menschen, die sein Rettungsboot gefährden, damit er eine geheime Mission erfüllen kann. Routiniert inszenierter, weitgehend spannender Abenteuerfilm, der jedoch die Erörterung des moralischen Konflikts zugunsten von Actionszenen vernachlässigt. – Ab 16. ✦ Schwarz-weiß. USA 1937 **P** Paramount **Kl** Paramount **R** Henry Hathaway **B** Grover Jones, Dale Van Every **K** Charles Lang jr. **M** Milan Roder, W. Franke Harling **D** Gary Cooper, George Raft, Frances Dee, Henry Wilcoxon, Harry Carey **L** 92 **FSK** ab 12; f **E** 1939 Kino/4.9.1953 (Wiederaufführung) **fd** 2755

SCHIFFBRUCH UNTER PALMEN (WE'RE NOT DRESSING). Eine millionenschwere dekadente Gesellschaft kreuzt mit einer Luxusjacht durch den Pazifik, bis das Schiff auf ein Riff aufläuft und versinkt. Man rettet sich auf eine verlassene Insel und kann, ausgestattet nur mit dem Nötigsten, durch die Überlegenheit eines Matrosen, in den sich eine attraktive Millionärin verliebt, überleben. Ausgelassene Slapstick-Komödie, die sich wenig um die alberne Handlung schert, sondern von Dialogscharmützeln und -komik lebt. – Ab 12 möglich. ✦ Schwarz-weiß. USA 1934

P Paramount **Pd** Benjamin Glazer **R** Norman Taurog **B** Horace Jackson, Francis Martin, George Marion jr., nach einem Bühnenstück von J. M. Barrie **K** Charles B. Lang **M** Harry Revel, Mack Gordon **S** Stuart Heisler **D** Bing Crosby (Stephen Jones), Carole Lombard (Doris Worthington), George Burns (George), Gracie Allen (Gracie), Leon Errol (Hubert), Ethel Merman (Edith) **L** 63 **E** 26.2.1985 BR

DIE SCHIFFBRÜCHIGEN DER LIGURIA (LOS NAUFRAGOS DEL LIGURIA). Sieben Schiffbrüchige retten sich nach einer Havarie auf eine unbewohnte Insel. Mit viel Fantasie richtet sich der bunt zusammengewürfelte Haufen ein neues Zuhause ein. Die Harmonie wird empfindlich gestört, als zwei weitere Überlebende auftauchen und die Freunde in große Gefahr bringen. Abenteuerlicher Kinder- und Jugendfilm. – Ab 12. ✦ Mexiko 1985 **P** Peliculas Mexicanas **R** Gabriel Retes **D** Tina Romero, Ignacio Retes, Maria José Garrido, Juan Claudio Retes **L** 90 **E** 10.4.1993 MDR/B1

DIE SCHIFFBRÜCHIGEN DER SCHILDKRÖTENINSEL (LES ANUFRAGES DE L'ILE DE LA TORTUE). Ein Pariser Reisebüroangestellter wird Leiter einer Gruppe von Touristen, die er für einen Abenteuerurlaub geworben hat. Die Robinsonade scheitert, weil die Wegwerfzivilisation auch das vermeintliche Inselparadies schon längst erreicht hat. Eine ironisch konzipierte Komödie, deren Witz man etwas mehr Schwung gewünscht hätte. ✦ Frankreich 1975 **P** Callipix **Kl** prokino **Pd+R+B** Jacques Rozier **K** Colin Mounier **M** Dorival Caymi, Nana Vasconcelos **D** Pierre Richard, Maurice Risch, Jacques Villeret, Caroline Cartier, Jean-François Balmer **L** 124 **FSK** ab 18; nf **E** 17.2.1978 **fd** 20 662

SCHIFFE STÜRMEN BASTIONEN (KORABLI SCHTURMOJUT BASTIONY). Fortsetzung des abenteuerlichen Berichts über die Taten des Seekriegsstrategen Uschakow (vgl. »Segel im Sturm«) zu Beginn des 19. Jahrhunderts. Künstlerisch mäßig, aber immerhin unterhaltsam. – Ab 14. ✦ UdSSR 1953 **P** Mosfilm **Kl** Progress **R** Michail Romm **B** Alexander Stein **K** Alexander Schelenkow, Tschen Ju-Lan **M** Aram Chatschaturjan **D** Iwan Perewersew (Uschakow), Gennadi Judin (Ssenjawin), Wladimir Drushnikow (Wassiljew), A. Alexejew (Metaxa), Wladimir Balaschow (Belly) **L** 96 **E** 26.3.1954 Kino DDR/28.5.1954 DFF 1

DER SCHIFFSHUND →Schiffshund auf großer Fahrt

SCHIFFSHUND AUF GROSSER FAHRT (SOLENY PES). Die Geschichte eines Hundes, der auf einem Schiff aufgewachsen ist und von der ganzen Mannschaft verwöhnt wird. Als er eines Tages in Odessa das Schiff verpaßt, beginnt für ihn ein schweres Leben, bis er der Lebensretter für einen kleinen Jungen wird. Abenteuerlicher, das Gemüt ansprechender Tierfilm. (TV-Titel DDR: »Der Schiffshund«) – Ab 10 möglich. ✦ UdSSR 1973 **P** Lenfilm **Kl** Progress **R** Nikolai Koscheljow **B** Fjodor Knorre **K** Alexej Gambarjan **M** Wladislaw Uspenski **D** Wladimir Menschow (Martjanow), Tatjana Schestakowa (Nadja), Nikolai Lawrow (Syssojew), Witautas Paukschte (Kapitän), A. Arakelow (Bootsmann) **L** 71 (gek. 60) **E** 4.4.1975 Kino DDR/25.5.1975 DFF 2/27.5.1985 SAT 1

SCHIFFSJUNGE AHOI! (CABIN BOY). Statt auf einem Luxusdampfer landet ein verwöhnter Millionärssohn auf einem klapprigen Fischerkahn, von dessen Kapitän er prompt zum Schiffsjungen ernannt wird. Da er noch immer glaubt, die Reise gehe nach Hawaii, schlägt er sich wacker, und da er allen Gefahren und Fabelwesen trotzt, erringt er das Ansehen der Crew. Schwierigkeiten hat er nur mit einer Marathonschwimmerin, deren Rekordversuch er verhindert. Liebeswert überdrehte Komödie mit vielen skurrilen Einfällen, die sich als Hommage auf die Abenteuerteuerfilme der 40er- und 50er-Jahre versteht, deren Topoi sie kenntnisreich parodiert. – Ab 14 möglich. ✦ USA 1993 **P** Cabin Boy Prod./Steve White Prod./Touchstone **Pd** Denise Di Novi, Tim Burton **R+B** Adam Resnick **K** Steve Yaconelli **M** Steve Bartek **S** Jon Poll **D** Chris Elliott (Nathanial Mayweather), Ritch Brinkley (Kapitän Greybar), James Gammon (Paps), Brian Doyle-Murray (Skunk), Brion James (Big Teddy) **L** 80 **E** 24.6.2000 ARD

DER SCHIFFSJUNGE VON DER »KOLUMBUS« (JUNGA SO SCHCHUNY »KOLUMB«). Zwei Kinder, die Zeugen eines Mordes geworden sind, verfolgen auf die Verbrecher auf eigene Faust in einem kleinen Boot. In Seenot geraten, werden sie von einem Kutter aufgegriffen, der wenig später aber auch die Verbrecher an Bord nimmt. Abenteuerlicher Kinderfilm. – Ab 8. ✦ Scope, schwarz-weiß. UdSSR 1963 **P** Filmstudio »Alexander Dowshenko« **Kl** Progress **R** Jewgeni Scherstobitow **B** Juri Tschuljukin, nach dem Roman von N. Trublaini **K** Wassili Kuratsch **M** Ason Fattach **D** Ira Mizik (= Irina Mizik) (Ljuda), Wolodja Kislenko (Marko), Viktor Miroschnitschenko (Lewko), Iwan Ryshow (Otscheret), Tanja Fatejewa (Katja), S. Kriwoschlykow, Dmitri Franko, W. Janpawlis **L** 83 **E** 11.9.1964 Kino DDR/30.8.1974 DFF 1

DER SCHIFFSKOCH IST SEEKRANK →Ist ja irre – der Schiffskoch ist seekrank

SCHILD UND SCHWERT (STSCHIT I METSCH). Vierteiliger, publikumswirksamer, wenn auch teilweise etwas unglaubwürdiger Agentenfilm über einen sowjetischen »Kundschafter«, der jahrelang im faschistischen Deutschland tätig ist, in böse Fallen gerät, dann aber sogar zum Hauptsturmführer der Sicherheitsdienstes aufsteigt. In der Uniform der Faschisten gerät er 1945 in sowjetische Gefangenschaft und darf endlich zu seiner wahren Identität zurückkehren. Teil 1: »Ohne das Recht auf sich selbst«; Teil 2: »Befehl lautet: Durchhalten!«; Teil 3: »Berufung ausgeschlossen«; Teil 4: »In letzter Stunde«. ✦ Schwarz-weiß. UdSSR 1967/68 **P** Mosfilm **R** Wladimir Bassow **B** Wadim Koshewnikow, Wladimir Bassow, nach dem gleichnamigen Roman von Wadim Koshewnikow **K** Timofej Lebeschew **M** Wenjamin Basner **D** Stanislaw Lubschin (Alexander Below/Johann Weiß), Alla Demidowa (Angelika), Ljudmila Tschursina (Gefreiter), Nikolai Sasuchin (Papke), Oleg Jankowski (Heinrich) **L** 278 (vier Teile) **E** 27.,29.6.1969 DFF 1

DIE SCHILDKRÖTE AUF DEM RÜCKEN (LA TORTUE SUR LE DOS). Ein um Einfälle verlegener Schriftsteller verliert durch den Bruch mit seiner Geliebten zunächst den Boden unter den Füßen, bis er dann doch den Durchbruch zum zweiten Roman schafft. Eine Komödie, deren Ironie und Witz im zweiten Teil in düstere Absurdität umschlägt. – Ab 16. ✦ Frankreich 1978 **P** Filmoblic **R** Luc Béraud **B** Luc Béraud, Claude Miller **K** Bruno Nuytten **M** Ludwig van Beethoven, Giuseppe Verdi, Wolfgang Amadeus Mozart **D** Bernadette Lafont, Jean-François Stévenin, Claude Miller, Sandy Whitelaw, Marion Game **L** 105 **E** 1.2.1980 ZDF **fd** 22 295

DAS SCHILFROHR. Die Geschichte einer Frau, die 1944 einen Flüchtling in ihrem Hause beherbergt. In der Stunde der größten Gefahr versteckt sie ihn in einem angrenzenden See. Nach dem Krieg findet sie, in ihrem Selbstvertrauen gestärkt, die Kraft zu einem Neuanfang. Ursprünglich für das DDR-Fernsehen realisierte, meisterhafte Verfilmung der Seghers-Erzählung; weder aufdringlich in der Argumentation noch moralisierend in der Wertung. – Ab 16. ✦ DDR 1974 **P** DFF **Kl** Progress **Pd** Gerhard Freudel **R** Joachim Kunert **B** Joachim Kunert, nach einer Erzählung von Anna Seghers **K** Jürgen Heimlich **M** Wolfgang Thiel **S** Silvia Hebel **D** Walfriede Schmitt (Marta Emrich), Klaus-Peter Thiele (Kurt Steiner), Carl-Hermann Risse (Karl Emrich), Petra Hinze (Edith, seine Frau), Günter Wolf (Eberhard Klein), Helga Göring (Nachbarin) **L** 91 **E** 6.10.1974 DFF 1/7.11.1975 Kino DDR

SCHILTEN. Der Lehrer Schildknecht versucht vergeblich, mit Menschenfreundlichkeit und Bildung gegen ein rückwärtsgewandtes, erstarrtes dörfliches Milieu zu wirken. Umgeben von lauter Sinnbildern des Abgestorbenen, wird er zur Anpassung gezwungen, bis er scheitert. Kuerts eigenständige Umsetzung des Romans von Burger ist eine Metapher für die Erneuerungsfeindlichkeit nicht nur des deutsch-helvetischen Kleinbürgertums. Ein origineller Film, dessen Kraft in der Beschränkung auf das Wesentliche liegt. – Sehenswert ab 14. ✦ Schweiz 1979 **P** Beat Kuert/Barbara Riesen/Filmkollektiv Zürich **Kl** Skylight **Pd** Beat Kuert, Barbara Riesen **R** Beat Kuert **B** Beat Kuert, Michael Maassen, nach einem Roman von Hermann Burger **K** Hansueli Schenkel, Markus Fischer **M** Cornelius Wernle **S** Beat Kuert **D** Michael Maassen, Gudrun Geier, Norbert Schwientek, Kaarina Schenk, Rudolf Ruf **L** 92 **E** 18.4.1980

SCHIMANSKI: UNTER BRÜDERN. Ein »Tatort«-Fall mit Ost-West-Problematik: Kunstgegenstände, die in der DDR ihren Besitzern abgepreßt wurden, sollen über alte Stasi-Verbindungen im Westen feilgeboten werden. Schimanski und Thanner schreiten ein. (Die deutsch-deutsche Koproduktion wurde am selben Abend im DFF als »Polizeiruf 110: Unter Brüdern« und in der ARD als »Tatort: Unter Brüdern ausgestrahlt«.) – Ab 14. ✦ Deutschland 1990 **P** Bavaria **VA** Warner **R** Helmut Krätzig **B** Helmut Krätzig, Veith von Fürstenberg **K** Franz Ritschel **D** Götz George (Horst Schimanski), Eberhard Feik (Christian Thanner), Chiem van Houweninge (Hänschen), Peter Borgelt, Andreas Schmidt-Schaller **L** 95 **FSK** ab 12 **E** 28.10.1990 DFF und ARD/Video

SCHIMANSKI – ZAHN UM ZAHN →Zahn um Zahn

SCHIMANSKIS BLUTSPUR. Zwei polnische Fernfahrer werden auf einem Schrottplatz erschossen; bei einer Explosion in einem Hotel kommen zwei weitere Menschen ums Leben. Zunächst tappen Schimanski und Thanner im dunkeln, doch dann kommen sie auf die Spur eines arabischen Killerkommandos. Der »Tatort«-Krimi sucht bundesdeutsche Realitätsnähe und schießt dabei manchmal über das Ziel hinaus, ist jedoch einigermaßen spannend und gut gemeint. – Ab 16. ✦ BR Deutschland 1989 **P** Bavaria **VA** Warner **R** Werner Masten **B** Peter Steinbach **K** Wolfgang Simon **M** Leszek Zadlo **D** Götz George (Horst Schimanski), Eberhard Feik (Christian Thanner), Gerhard Olschewski (Ossmann), Chiem van Houweninge (Hänschen), Vadim Glowna (Leszek) **L** 85 **FSK** ab 16 **E** 20.8.1989 ARD/Video

SCHIMANSKIS WAFFE. Als er den bewaffneten Überfall auf ein italienische Restaurant abwehren will, erschießt Schimanski versehentlich seine Freundin. Wenig später wird auch Thanner schwer verletzt – Grund genug für den Kommissar, seine Waffe niederzulegen. In der Folgezeit tritt er dem organisierten Verbrechen im Ruhrgebiet unbewaffnet entgegen. Ein äußerst dichter »Tatort«-Krimi mit guter Milieuschilderung und überzeugender Typenzeichnung. – Ab 16. ✦ BR Deutschland 1990 **P** Bavaria **VA** Warner **R** Hans Noever **B** Uwe Erichsen, Hans Noever, Wolfgang Hesse **K** Kurt Lorenz **D** Götz George (Horst Schimanski), Eberhard Feik (Christian Thanner), Chiem van Houweninge (Hänschen), Klaus J. Behrendt (Erwin), Nina Petri (Martina) **L** 86 **FSK** ab 12 **E** 2.9.1990 ARD/Video

DER SCHIMMELKRIEG IN DER HOLLEDAU. Die Fehde eines Dorfbürgermeisters mit einem Nachbardorf wegen eines dreißig Jahre zurückliegenden Pferdediebstahls soll durch die Heirat zwischen der Tochter des Bürgermeisters und dem Sohn seines Amtsbruders beendet werden. Doch die jungen Leute spielen nicht mit. Erst nach vielen Verwirrungen und neuem Zwist gibt es ein allseitiges Happy-End. Verfilmung eines bayerischen Volksstücks aus der Vorkriegszeit. – Ab 12. ✦ Schwarz-weiß. Deutschland 1937 **P** Euphono (für Ufa) **R** Alois Johannes Lippl **B** Alois Johannes Lippl, nach seinem Bühnenstück »Der Holledauer Schimmelkrieg« **K** Willy Winterstein **M** Karl List **S** Ludolf Grisebach **D** Heli Finkenzeller (Anna), Richard Häussler (Anderl), Kurt Meisel (Bräuburschе Thomas), Gustav Waldau (Ziberl-Toni), Eduard Köck (Blasl, Bürgermeister) **L** 87 **E** 26.11.1937/21.4.1975 BR

DER SCHIMMELREITER (1933). Ein friesischer

Deichgraf im 19. Jahrhundert kämpft gegen Trägheit und Unwissenheit der Landleute um den Bau eines Damms und stürzt sich samt seinem Pferd ins Meer, als dieser bei einer Sturmflut bricht. Die Verfilmung von Theodor Storms Novelle nimmt dem Stoff das Balladesk-Mystische zugunsten eines zeitgemäßeren Realismus, besticht aber durch ihre Bildkompositionen und gute Darsteller. – Ab 14. ✦ Schwarzweiß. Deutschland 1933 **P** Fritsch **KI** Bruno Schmidt **VA** Universum **R** Curt Oertel, Hans Deppe **B** Curt Oertel, Hans Deppe, nach der gleichnamigen Novelle von Theodor Storm **K** Alexander von Lagorio **M** Winfried Zillig **D** Marianne Hoppe, Mathias Wieman, Ali Ghito, Hans Deppe, Walther Süssenguth **L** 86 **FSK** ab 6 **E** 12.1.1934/2.11.1987 DFF 1 **fd** 1 409

DER SCHIMMELREITER (1977/78). Storms berühmte Novelle vom Kampf eines fortschrittlichen Deichgrafen gegen die konservative Bevölkerung, die schicksalsergeben und abergläubisch im Status-quo-Denken verharrt. Mit stimmungsvollen Landschaftsaufnahmen routiniert inszenierter Film, in dem der politische Konflikt zugunsten einer breit ausgespielten, tragischen Liebesgeschichte zurücktritt. – Ab 12. ✦ BR Deutschland 1977/78 **P** »Schimmelreiter«-Albis-Film/Studio/ZDF **KI** Intercine **R** Alfred Weidenmann **B** Alfred Weidenmann, Georg Althammer, nach der gleichnamigen Novelle von Theodor Storm **K** Heinz Hölscher **M** Hans-Martin Majewski **S** Klaus Dudenhöfer **D** John Phillip Law (Hauke Haien), Anita Ekström (Elke Volkerts), Gert Fröbe (Tede Volkerts), Vera Tschechowa (Vollina Harders), Lina Carstens (Trin Jans) **L** 96 **FSK** ab 6; f **FBW** w **E** 29.3.1978 **fd** 20 723

SCHIMMERNDE WINDE (FENYES SZELEK). Mitglieder eines Volkskollegs ziehen zu einer Klosterschule, um die Katholiken zur Diskussion über Freiheit und Kommunismus herauszufordern und zu bekehren; taktische Erwägungen der Partei führen jedoch zum Abbruch des Versuchs. Eine überaus faszinierende und intelligente Filmparabel des Ungarn Jancso in dem für ihn bezeichnenden choreografischen Inszenierungsstil, der seine Inhalte fast ausschließlich über visuelle Strukturen vermittelt. ✦ Ungarn 1968 **P** Hungarofilm **R** Miklós Jancsó **B** Gyula Hernádi **K** Tamás Somló **D** Andrea Drahota, Kati Kovács, Lajos Balázsovits, András Bálint, András Kozák **L** 80 **E** 10.8. 1970 ZDF

SCHIMMI. Ein einfallsreicher Jugendlicher im Ruhrgebiet schlägt sich mit seiner Freundesclique durch Höhen und Tiefen des Alltags. Als er seine Lehrstelle verliert, gründet er mit den Freunden das Unternehmen »Schnelle Hilfe«, das anbietet, jeden Auftrag prompt zu erledigen. Dies führt zu komischen, aber auch problemreichen, in jedem Fall aber lehrreichen Erlebnissen. – Ab 16. ✦ BR Deutschland 1983 **P** WDR **SF** atlas **R** Werner Masten **B** Jo Pestum, nach seinem Roman **K** Wolfgang-Peter Hassenstein **S** Ellen Turecek **D** Sascha Disselkamp (Paul »Schimmi«), Susanne Wolff (Witha), Mark Eichenseher (Langen Grimm), Marc Saint-Macavy (Eskimo), Sven Welper (Schönling Manni) **L** 100 **E** 2.4.1985 West 3/Mai 1986 Kino

SCHIMPO, WAS MACHT EIN AFF' IN AFRIKA? Ein Schimpanse, »Starreporter« einer Affen-Illustrierten, soll eine Reportage über die Tierwelt Afrikas schreiben. Er begibt sich in die Wüste von Namibia und erlebt dort schöne, aber auch einige gefährliche Abenteuer mit der einheimischen Tier- und Pflanzenwelt. – Ab 12. ✦ BR Deutschland 1979 **P** Passat-Film **VA** EuroVideo **M** Sam Spence **D** Willy Kübler, Georg Thomalla (Sprecher) **L** 90 **FSK** o. A.; f **E** 24.5.1986 RTL plus

DER SCHINDERHANNES. Die historische Gestalt des Räuberhauptmanns im Hunsrück, der zur Zeit Napoleons eine blutige Fehde für den Schutz der Unterdrückten führt, tritt in dieser aufwendigen Zuckmayer-Verfilmung nicht hinreichend in das tragische Zwielicht von Recht und Unrecht. So wird sein Leben und Sterben zum bloßen spektakulären Schaustück. Einfallslos inszeniert, unglaubwürdig in der Besetzung, ohne Atmosphäre. – Ab 16 möglich. ✦ BR Deutschland 1958 **P** Real **KI** Europa **VA** Taurus **Pd** Heinz-Günter Sass **R** Helmut Käutner **B** Carl Zuckmayer, Helmut Käutner, nach dem gleichnamigen Roman von Carl Zuckmayer **K** Heinz Pehlke **M** Bernhard Eichhorn **S** Klaus Dudenhöfer **D** Curd Jürgens (»Schinderhannes«), Maria Schell (Julchen), Christian Wolff (Carl von Cleve-Boost), Fritz Tillmann (Hans Bast), Joseph Offenbach, Siegfried Lowitz **L** 115 **FSK** ab 12; f **FBW** w **E** 17.12.1958/12.7.1965 ZDF/21.2.1970 DFF 2 **fd** 7 623

SCHINDLER (SCHINDLER). Die bereits vor Spielbergs Kinoerfolg »Schindlers Liste« entstandene Fernsehproduktion weiß einiges über den Menschen Schindler zu berichten, was bei Spielberg bestenfalls anklingt. In wenig spektakulärem, aber informativem Dokumentarstil aufbereitet, treten die Schreckensbilder von damals neben die Schauplätze, wie sie heute aussehen; Interviews mit Zeitzeugen ergänzen die Eindrücke. Die meisten Äußerungen sind von Respekt getragen, nur einige fallen aus dem Rahmen, wie etwa die Rechtfertigungsversuche der Lebensgefährtin Goeths, die den SS-Mann als Opfer der Verhältnisse herausreden will. Eine sinnvolle Ergänzung zum Kinofilm. – Ab 14. ✦ Teils schwarzweiß. Großbritannien 1993 **P** Thames Television **VA** PolyGram/Unidoc **Pd+R+B** Jon Blair **K** Simon Kossoff **S** Alan Tingay (Video), Harry Kyle (Film) **L** 78 **FSK** ab 12 **E** Sommer 1994 Video **fd** 30 926

SCHINDLERS LISTE (SCHINDLER'S LIST). Die Dramatisierung eines dokumentarischen Romans über den Industriellen Oskar Schindler, der, zunächst Opportunist und Kriegsgewinnler, später seinen Einfluß bei den Nationalsozialisten Krakaus nutzte, um schließlich mehr als 1100 Juden das Leben zu retten. In zurückhaltendem Schwarzweiß und vorwiegend an Originalschauplätzen gedreht, überzeugt der Film vor allem in der Darstellung von Personen und Details, die sich zu einem bewegenden Zeugnis aktiver Menschlichkeit in einer unmenschlichen Umgebung entwickelt. Nicht ohne stilistische Mängel und stilistische Zugeständnisse an Hollywood, doch insgesamt auf hohem Niveau und von großer Eindringlichkeit. (Kinotip der Katholischen Filmkritik.) – Sehenswert ab 16. ✦ Schwarz-weiß. USA 1993 **P** Amblin **KI** UIP **VA** CIC **Pd** Steven Spielberg, Gerald R. Molen, Branko Lustig **R** Steven Spielberg **B** Steven Zaillian, nach einem Buch von Thomas Keneally **K** Janusz Kaminski **M** John Williams **S** Michael Kahn **D** Liam Neeson (Oskar Schindler), Ben Kingsley (Itzhak Stern), Ralph Fiennes (Amon Goeth), Caroline Goodall (Emilie Schindler), Jonathan Sagalle (Poldek Pfefferberg) **L** 195 **FSK** ab 12; f **FBW** bw **E** 3.3.1994/ 18.1.1995 Video **fd** 30 663

SCHINKEN MIT EI (ATTENTION LES YEUX!). Dreharbeiten für einen Sexfilm mit impotenter Hauptfigur und umstürzenden Plastikpalmen dienen als Handlungsgerüst für den Versuch einer Parodie auf das Genre. Da des Autors Sinn für Ironie und seine Distanz zum Thema offenbar gering waren, entstand nur ein weiteres Sex-Lustspiel. (Alternativtitel: »Süße, bring den Po in Stellung«) ✦ Frankreich 1975 **P** Films du Jeudi **KI** Apollo/Peiper **R** Gérard Pirès **B** Nicole de Buron **K** Michael Seresin **M** Guy Marchand **S** Jacques Witta **D** Claude Brasseur, André Pousse, Guy Marchand, Sonja Vareuil, Catherine Lachens **L** 74 **FSK** ab 18; nf **E** 13.5.1983 **fd** 24 046

SCHIRME →Umbrellas

SCHIROKKO (SIROKKO). Ungarn zu Beginn der 30er Jahre, nahe der jugoslawischen Grenze: Ein Doppelattentat auf den serbischen König Alexander III. und den französischen Außenminister Louis Barthou ist geplant. Der Attentäter wird in einem Lager angelernt, doch sein Eifer und sein Idealismus geraten bald in Konflikt mit den Interessen seiner Auftraggeber, die höchst reaktionäre Ziele verfolgen. Schließlich wird er ermordet – ein toter Volksheld ist manchmal nützlicher als ein unberechenbarer lebendiger. Eine politische Parabel, welche die Frage nach Macht und Machtmißbrauch stellt und das Problem der Opfer thematisiert. – Ab 16. ✦ Scope. Ungarn/ Frankreich 1969 **P** Studio 1 Mafilm/Les Films Marquise **KI** Freunde der Deutschen Kinemathek **R** Miklós Jancsó **B** Miklós Jancsó, Jacques Rouffio, Francis Girod **K** János Kende **M** Tihamér Vujicsics **S** Zoltán Farkas **D** Jacques Charrier (Markó), Marina Vlady (Mária), Eva Swann (Ilona), József Madaras (Maskovics), István Bujtor (Tano) **L** 80 **E** Dezember 1975

SCHIZOID (SCHIZOID). Eine Journalistin wird von einem anonymen Briefschreiber bedroht. Zur gleichen Zeit bringt ein geheimnisvoller Scherenmörder Frauen aus ihrer Therapiegruppe um. Ein routiniert inszenierter, aber überraschungsarmer Thriller, der Assoziationen an Hitchcocks »Psycho« zu wecken versucht. In dem simplen Krimi gelingt es einzig Klaus Kinski (als Psychiater), etwas Grusel zu bewirken. ✦ USA 1980 **P** Golan-Globus **KI** ITT Contrast **R+B** David Paulsen **K** Norman Leigh **M** Craig Hundley **D** Klaus Kinski, Marianna Hill, Craig Wasson, Christopher Lloyd, Flo Gerrish **L** 91 **E** 1982 Video **fd** 24 125

SCHIZOMANIAC (SCHIZO). Der Journalist Christopher begibt sich mit Freunden zu einem Schloß in Jugoslawien, in dem vor Jahren seine Familie ermordet wurde. Der Tatverdächtige sitzt seitdem im Irrenhaus. Bald ändert sich Chris' Verhalten, er hört Stimmen, wird merkwürdig, driftet in den Wahnsinn ab und bringt zwei seiner Freunde um. Seine Freundin entdeckt einen Geist, der für das Morden verantwortlich ist. Horrorfilm, in dem sich zum Ende hin die brutalen Szenen häufen, wenngleich die dunkle, für den Fernsehschirm ungeeignete Szenerie die meisten Schockeffekte verschluckt. ✦ USA 1989 **P** Luigi Cingolani Prod./Smart Egg Pict. **VA** Highlight/New Vision **Pd** Jason Clark, Luigi G. Cingolani **R** Manny Coto **B** Keaton Jones **K** James L. Carter **M** David Russo **S** Bernard Weiser **D** Lisa Aliff (Jenny), James Purcell (Paul), Jamie Rose (Mary), Christopher McDonald (Chris), Aron Eisenberg (Daniel) **L** 84 **FSK** ab 18 **E** 21.12.1990 Video **fd** 29 043

SCHIZOPHREN! EINE MUTTER ALS CALLGIRL (SHATTERED MIND). Fürs Fernsehen produzierter Psychothriller. Nach dem Tod ihres Vaters häufen sich bei der Mutter zweier Kinder die Gedächtnislücken. Dank eines Psychologen entdeckt sie, daß sie an einer multiplen Persönlichkeit leidet und insgesamt fünf Personen abwechselnd von ihr Besitz nehmen. ✦ USA 1996 **P** Jaffe-Braunstein Films **Pd** Stephen Gyllenhaal, Christine Sacani, Darrah Cloud **R** Stephen Gyllenhaal **B** Thomas Braum **K** John Campbell (=John J. Campbell) **M** Kurt Wortman **D** Heather Locklear (Suzy Mitchell), Brett Cullen (Sean), Kevin Dunn (Dr. Eric Scanlon), Richard Herd (Chester), Alexa Vega (Rosie) **L** 87 **E** 1.12.1998 RTL 2

SCHIZOPHRENIA (THE SURROGATE). Ein Mittelschichtehepaar mit Ehefrust bekommt von einer Therapeutin bizarre Sexspiele verordnet. Beide geraten in Mordverdacht, als eine brutale Mordserie beginnt. Endlich wird die Frau als psychothische Mörderin entlarvt. Sadomasochistisches Sexfilmchen mit aufgepfropfter Thrillerhandlung; spekulativ und verworren. – Wir raten ab. ✦ Kanada 1984 **P** Cinepix/Tele-Metropole International **VA** Lightning/ Locus **Pd** John Dunning, Don Carmody **R** Don Carmody **B** Robert Geoffrion, Don Carmody **K** François Protat **M** Daniel Lanois **S** Rit Wallace **D** Art Hindle (Frank Waite), Carlos Caure (Anouk Van Derlin), Shannon Tweed (Lee Waite), Michael Ironside (George Kyber), Marilyn Lightstone (Dr. Harriet Forman) **L** 95 **FSK** ab 18 **E** 24.9.1986 Video **fd** 25 970

DIE SCHLACHT AM APACHENPASS (BATTLE AT APACHE PASS). Ein skrupelloser weißer Regierungsvertreter hetzt Indianer und Weiße gegeneinander auf, um hart durchgreifen zu können. Western, der sich um eine objektive Verteilung der moralischen Gewichte bemüht, aber nicht an das Niveau von »Der gebrochene Pfeil« heranreicht, der sich auf dieselben historischen Tatsachen bezieht. – Ab 12. ✦ USA 1952 **P** Universal **KI** Universal **Pd** Leonard Goldstein **R** George Sherman **B** Gerald Drayson Adams **K** Charles P. Boyle **M** Hans J. Salter **S** Ted J. Kent **D** Jeff Chandler (Cochise), John Lund (Maj. Jim Colton), Bruce Cowling (Neil Baylor), Susan Cabot (Nono), James Best (Cpl. Hassett), Regis Toomey (Dr. Carter), Richard Egan (Sgt. Bernard), Hugh O'Brian (Lt. Harley), Palmer Lee (= Gregg Palmer) (Joe Bent), Jay Silverheels (Geronimo), Jack Elam (Mescal Jack), John Hudson (Lt. George Bascom) **L** 81 **FSK** ab 12; nf **E** 5.12.1952 **fd** 2 429

DIE SCHLACHT AM BLAUEN BERGE →Raub an der Goldküste

SCHLACHT AN DER BLUTKÜSTE (BATTLE AT BLOODY BEACH). Abenteuerlich geschilderte Kriegserlebnisse eines Amerikaners, der seine Frau auf den Philippinen in den Reihen der Freiheitskämpfer gegen die japanische Besatzung wiederfindet. Audie Murphy in seiner Standardheldenrolle. ✦ Scope, schwarz-weiß. USA 1961 **P** Associated **KI** Centfox **Pd** Richard Maibaum **R** Herbert Coleman **B** Richard Maibaum, Willard Willingham **K** Kenneth Peach **M** Henry Vars **S** Jodie Copelan **D** Audie Murphy, Dolores Michaels, Gary Crosby, Alejandro Rey, Marjorie Stapp **L** 79 **FSK** ab 16; nf **E** 28.7.1961 **fd** 10 397

DIE SCHLACHT AN DER NERETVA (BITKA NA NERETVI / LA BATTAGLIA DELLA NERETVA). Der heldenhafte und siegreiche Kampf jugoslawischer Partisanen gegen deutsche und italienische Truppen und die mit ihnen verbündeten Nationalisten aus dem eigenen Volk. Aufwendiges Schlachtengemälde, nur an der Oberfläche des Themas interessiert, in der Sympathieverteilung einseitig und nicht frei von sentimentalen Einlagen. – Ab 16. ✦ Scope. BR Deutschland/Jugoslawien/Italien 1968 **P** Eichberg/Vereinigte jugoslawische Filmproduzenten/Igor **KI** Columbia **R** Veljko Bulajic **B** Ugo Pirro, Ratko Djurovic, Stevan Bulajic, Veljko Bulajic **K** Tomislav Pinter **M** Vladimir Kraus-Rajteric **S** Vanja Bjenjas, Roberto Perpignani **D** Sergej Bondartschuk (Artillerie-Angehöriger), Yul Brynner (Vlado), Milena Dravic (Mädchen), Curd Jürgens (Deutscher General), Barbara Bold, Orson Welles (Senator) **L** 126 **FSK** ab 16; f **E** 25.12.1969/5.2.1971 Kino DDR/15.9.1972 DFF 2 **fd** 16 582

DIE SCHLACHT DER CENTURIONS (ROMA 2072 / GLI STERMINATORI DELL'ANNO 3000). Bei modernen Gladiatorenkämpfen im Rom des Jahres 2072 wendet sich ein kampfmüder Gladiator gegen seine Manager und zettelt einen Aufstand an. Dilettantisch inszeniertes Science-Fiction-Abenteuer mit genreüblichen Brutalitäten. ✦ Italien 1982 **P** 2 T **KI** Ascot **R+B** Lucio Fulci **D** Jared Martin (Drake), Fred Williamson (Grant), Eleonora Brigliadori (Sue), George Rover (Tolkien) **L** 93 **FSK** ab 18; nf **E** 10.2.1984 **fd** 24 456

DIE SCHLACHT DER GIGANTEN (MIHAI VITEAZUL). Um 1600 vertreibt Prinz Michael die Türken aus der Walachei und befreit das Volk von den einheimischen Ausbeutern. Aufwendiges rumänisches Historiengemälde, ein tendenziöses Lehrstück zum Thema Klassenkampf in geschichtlicher Verkleidung. Auf Schauwirkung angelegt und in den Massenszenen in der Tat beeindruckend. (Videotitel: »Kampf der Könige«; Kino DDR: »Michael der Tapfere«; Fortsetzung: »Kampf der Könige II«) ✦ Scope. Rumänien 1970 **P** Filmstudio Bucuresti **KI** Warner-Columbia **R** Sergiu Nicolaescu **B** Titus Popovici **K** George Cornea **M** Josif Confa **S** Dumitru Carabat, Jolanda Mintulescu **D** Amza Pellea (Michael der Tapfere), György Kovács, Florin Piersic (Preda Buzescu), Ion Besoiu (Sigismund Bathor), Septimiu Seder (Radu Buzescu) **L** 107 **FSK** ab 18; f **E** 23.7.1971 Kino DDR/30.6.1972 Kino BRD **fd** 17 947

DIE SCHLACHT DER GLADIATOREN →Der Tribun von Rom

DIE SCHLACHT DER ZEHN MILLIONEN (LA BATAILLE DES DIX MILLIONS). Dokumentation über Fidel Castros verlorengegangene »Zuckerschlacht« – 1970 sollte eine Rekordernte produziert werden –, die Kuba in eine schwere politische Krise stürzte. Der Film versucht, diese Produktionsschlacht in mitreißenden Bildern zu fassen, und nimmt entschieden Partei für Castro und seine Revolution. (Originalfassung mit deutschem Kommentar; Fernsehtitel: »La Bataille des Dix Millions«) – Ab 14. ✦ Schwarz-weiß. Kuba/Frankreich/Belgien 1970 **P** S.L.O.N./K.G./R.T.B./I.C.A.I.C. **SF** Freunde der Deutschen Kinemathek **R** Chris Marker **B** Chris Marker, Valérie Mayoux **K** Chris Marker, Santiago Alvarez **M** Leo Brouwer **L** 58 **E** 5.4.1972 HR III/1973 Kino

SCHLACHT DES GRAUENS (LA FIEL INFANTERIA). Kriegsfilm aus der Franco-Ära mit nationalistischen und militaristischen Zügen. In den ersten Monaten des Bürgerkriegs (1936) stürmt ein vom Aufopferungswillen seiner Kreuzzugsidee beseeltes nationalspanisches Bataillon eine strategisch wichtige Höhe, die von den »Roten« verbissen verteidigt wird. ✦ Scope. Spanien 1959 **P** Agata **KI** Sonderfilm **R** Pedro Lazaga **B** Rafael Garcia Serrano, nach seinem Roman **K** Manuel Beranguer **M** Anton Garcia Abril **D** Mabel Carr, Tony Leblanc, Arturo Fernandez, Analia Gadé **L** 78 **FSK** ab 16; f **E** 29.1.1965 **fd** 13 252

DIE SCHLACHT, DIE DIE WELT IN BRAND SETZTE →Tora! Tora! Tora!

SCHLACHT IM KORALLENMEER (BATTLE OF THE CORAL SEA). Einer der unredlichen Kriegsfilme, die in Abenteuern amerikanischer Seeoffiziere mit barbarischen Japanern schwelgen. Hauptschauplatz: ein Gefangenenlager in der Südsee, aus dem die Helden mit weiblicher Hilfe rechtzeitig vor der kriegswendenden Schlacht entkommen. – Ab 16. ✦ Schwarz-weiß. USA 1959 **P** Columbia **KI** Columbia **Pd** Charles H. Schneer **R** Paul Wendkos **B** Daniel B. Ullman, Stephen Kandel **K** Wilfred M. Cline **M** Ernest Gold **S** Chester Schaeffer **D** Cliff Robertson, Gia Scala, Teru Shimada, Gene Blakely, Patricia Cutts **L** 86 **FSK** ab 16; nf **E** 23.10.1959 **fd** 8 601

DIE SCHLACHT IM MITTELMEER 1940–1945 (LA BATTAGLIE SUI MARI). Dokumentation über den Verlauf des Zweiten Weltkrieges im Mittelmeerraum. Aus Wochenschauaufnahmen verschiedener Herkunft zusammengeschnitten, im Ton etwas forsch, in der Beurteilung der Kriegsgründe recht dürftig. – Ab 14. ✦ Schwarz-weiß. Italien 1960 **P** Eos **KI** Materna **R** Roberto L. Savarese **B** Alberto Albani Barbieri (= Alberto Albani) **M** Carlo Rustichelli **L** 92 **FSK** ab 12; f **E** 17.8.1962 **fd** 11 392

DIE SCHLACHT IM PAZIFIK (GUNSHIN YAMAMOTO GENSUI TO RENGOKANTAI). Japans politische Situation vor dem Bündnis mit Hitler-Deutschland, der Angriff auf Pearl Harbor und weitere Seekämpfe bis zum Tode des Admirals Yamamoto. Eine veredelte Kriegserinnerung für Japaner auf der Basis von Wochenschauen. ✦ Schwarz-weiß. Japan 1957 **P** Shin Toho **KI** Hermes **R** Toshio Shimura **D** Shin Saburi, Tadao Takashima, Ken Utsui **L** 75 **FSK** ab 12; nf **E** 17.2.1961 **fd** 10 022

DIE SCHLACHT IM TAL DER WEISSEN TULPEN (RUSTAM I SUCHRAB). Ein Heldenepos aus dem »Buch der Könige« des tadshikisch-persischen Dichters Ferdousi (um 1000 n. Chr.), in dem die Taten der beiden Krieger Rustam und Suchrab besungen werden, die schließlich als Vater und Sohn unwissend gegeneinander kämpfen. Abenteuerliches Poem, das eher für Kinder geeignet ist. (Teil 3 der »Rustam-Legende«, siehe auch dort) – Ab 10. ✦ Scope. UdSSR 1972 **P** Tadshikfilm **KI** Progress **R** Boris Kimjagarow **B** Grigori Koltunow, nach dem Poem »Schahname« von Abol Qasem Ferdousi **K** Dawlat Chudonasarow **M** Arif Melikow **D** Bimbulat Watajew (Rustam), C. Gadojew (Suchrab), Sajaram Issajewa (Gurdofarid), Swetlana Norajewa (Tachmina), G. Sawkibekow (Shandarasm) **L** 95 **E** 26.10.1973 Kino DDR

SCHLACHT IN DEN WOLKEN (ACES HIGH/LE TIGRE DU CIEL). Schilderung von sieben Einsatztagen einer britischen Flugstaffel im Ersten Weltkrieg, die ihren sinnlosen Untergang vor Augen hat. Trotz bemerkenswerter Darstellerleistungen verhindert die Vorstellung vom Krieg als Abenteuer und das breite Ausspielen flugtechnischer Tricks die möglicherweise beabsichtigte Entlarvung des Krieges als Vernichtung. – Ab 16. ✦ Großbritannien/Frankreich 1976 **P** S.Benjamin Fisz/J.Roitfeld **KI** Scotia **Pd** S. Benjamin Fisz **R** Jack Gold **B** Howard Barker, nach dem Bühnenstück »Journey's End« von R. C. Sheriff **K** Gerry Fisher **M** Richard Hartley **S** Anne V. Coates **D** Malcolm McDowell (Gresham), Christopher Plummer (Sinclair), Simon Ward (Crawford), Peter Firth (Croft), Ray Milland (Whale), John Gielgud, Trevor Howard (Silkin) **L** 114 **FSK** ab 12; f **E** 30.9.1976 **fd** 19 968

SCHLACHT UM ALGIER (LA BATTAGLIA DI ALGIERI). Dokumentarisch gehaltene Rekonstruktion wichtiger Episoden des algerischen Unabhängigkeitskampfes zwischen 1954 und 1960. Mit Sympathie für die Aufständischen und Verständnis für die Lage der Franzosen analysiert der Film unter Aussparung des politischen Hintergrundes zwar packend, aber auch mit gewissen melodramatischen Akzenten die schmerzhafte Geburt einer Nation. – Ab 16. ✦ Schwarz-weiß. Italien/Algerien 1965 **P** Igor/Casbah **KI** Universal **Pd** Antonio Musu **R** Gillo Pontecorvo **B** Franco Solinas, Gillo Pontecorvo **K** Marcello Gatti **M** Ennio Morricone, Gillo Pontecorvo **S** Mario Serandrei, Mario Morra **D** Brahim Haggiag (Ali La Pointe), Jean Martin (Oberst Mathieu), Yacef Saadi (Kader), Tommaso Neri (Hauptmann Dubeis), Fawzia El Kader (Halima) **L** 123 **FSK** ab 16; f **FBW** bw **E** 14.8.1970/29.4.1981 NDR **fd** 16 771

SCHLACHT UM ANZIO (LO SBARCO DI ANZIO). Das südlich von Rom gelegene Seebad Anzio war ab 21. Januar 1944 britisch-amerikanischer Landekopf im Kampf um Italien. Der Film schildert drastisch, wie zwei Einsatzbataillone der Rangers hinter den deutschen Linien bis auf acht Mann aufgerieben werden. Dmytryks erfahrene Regie zielt dabei nicht auf Dokumentation, sondern auf – teilweise eindrucksvolle – Unterhaltung. (TV-Titel: »Anzio«) ✦ Scope. Italien 1967 **P** Dino De Laurentiis **KI** Columbia-Bavaria **Pd** Dino De Laurentiis **R** Edward Dmytryk **B** Harry A. L. Craig, nach einem Buch von Wynford Vaughan-Thomas **K** Giuseppe Rotunno **M** Riz Ortolani **S** Peter Taylor **D** Peter Falk, Robert Mitchum, Mark Damon, Earl Holliman, Wolfgang Preiss **L** 116 **FSK** ab 16; f **E** 3.9.1968 **fd** 15 743

SCHLACHT UM BABYLON (IL CONQUISTATORE D'ORIENTE). Babylons Bewohner werden von einem Tyrannen beherrscht, der den rechtmäßigen Herrscher ermordet hat. Dessen Sohn rächt seinen Vater und tötet den Tyrannen im Zweikampf. Monumentalfilm, der bestenfalls durch seine unfreiwillige Komik unterhält. – Ab 14. ✦ Scope. Italien 1959 **P** Tabos **KI** Ceres **Pd** Michelangelo Ciafrè **R** Tanio Boccia **B** Mario Maroni, Gianni Mauro **K** Luciano Trasatti, Vincenzo Seratrice **M** Giovanni Fassino **D** Rik Battaglia, Gianna Maria Canale, Fosco Giachetti, Paul Muller, Irene Tunc **L** 82 **FSK** ab 12; nf **E** 25.12.1963 **fd** 11 842

DIE SCHLACHT UM BERLIN/DER LETZTE STURM →Befreiung 1.+2. Teil: Der Feuerbogen/Der Durchbruch

DIE SCHLACHT UM CHILE: DER KAMPF EINES UNBEWAFFNETEN VOLKES (LA BATALLA DE CHILE: LA LUCHA DE UN PUEBLO SIN ARMAS). Dreiteiliger Dokumentarfilm über das letzte Regierungsjahr der Unidad Popular unter Salvador Allende in Chile 1973 (1. »Der Aufstand der Bourgeoisie«/»La Insurreccion de la Burguesia«; 2. »Der Staatsstreich«/»El Golpe de Estrado«; 3. »Die Volksmacht«/»El Poder popular«). Zunächst werden jene Aktionen beschrieben, die vom März zum Juni des Jahres zum Sturz der chilenischen Regierung unternommen wurden. Dann wird (vom Juni bis Oktober) die Phase dokumentiert, in der der Klassenkampf seine schärfste Form annahm. Schließlich konzentriert sich der Film auf Beispiele für die organisatorischen Fähigkeiten des chilenischen Volkes während der Monate Januar bis September. Eine engagierte und präzise Bestandsaufnahme der Ereignisse; ernsthaft und anschaulich werden die Umstände dargelegt, die Chile in eine Diktatur steuern ließen. (O.m.d.U.) – Sehenswert. ✦ Chile/Kuba 1973–78 **P** Equipo Tercer Ano/ICAIC/ Chris Marker **KI** Freunde der Deutschen Kinemathek/1. Teil auch: Zentral Film **R+B** Patricio Guzmán **K** Jorge Müller Silva **L** 263 (90+90+83)

DIE SCHLACHT UM CITIZEN KANE (THE BATTLE OVER CITIZEN KANE – THE AMERICAN EXPERIENCE). Hochinteressantes Doppelporträt über Orson Welles und den vom ihm in »Citizen Kane« recht deutlich gezeichneten Pressemogul Randolph Hearst. Grundthesen des Dokumentarfilms sind, daß Welles auch starke autobiografische Momente hat einfließen lassen, daß er Kane/Hearst in vielen Punkten sehr ähnlich war und daß die Konfrontation des aufstrebenden mit dem absteigenden Genie letztlich für beide zerstörerisch endete. Das sind nicht unbedingt neue Erkenntnisse für die Filmgeschichte, doch in dieser Konzentration ist der jederzeit spannende Film eine lobenswerte Leistung. Schade nur, daß er das Klischee bedient, Welles hätte nach seiner Austreibung aus Hollywood nie wieder ein ernstzunehmendes Projekt realisiert. – Sehenswert ab 16. ✦ Teils schwarz-weiß. USA 1995 **P** Lennon-Epstein **Pd+R** Thomas Lennon, Michael Epstein **B** Richard Ben Cramer, Thomas Lennon **K** Greg Andracke, Michael Chin **M** Brian Keane **S** Ken Eluto **L** 108 **E** 2.3.1997 WDR

DIE SCHLACHT UM DEN PLANET DER AFFEN (BATTLE FOR THE PLANET OF THE APES). Nach einer atomaren Katastrophe gibt es noch einmal einen Krieg der Menschen gegen die Affen, den die intelligenten Tiere gewinnen, um für immer einen friedlichen Staat aufzubauen. Einfallslose, banale Utopie, die in kleinbürgerlichen Klischees und pseudophilosophischen Argumenten steckenbleibt. Schwächster und letzter Teil der »Planet der Affen«-Serie. – Ab 16. ✦ Scope. USA 1973 **P** Apjac/Fox **KI** Fox-MGM **Pd** Arthur P. Jacobs **R** J. Lee Thompson **B** John William Corrington, Joyce H. Corrington, nach Charakteren von Pierre Boulle **K** Richard H. Kline **M** Leonard Rosenman **S** Alan L. Jaggs **D** Roddy McDowall (Caesar), Claude Akins (Aldo), Natalie Trundy (Lisa), John Huston (Gesetzgeber), Severn Darden (Kolp), Lew Ayres (Mandemus), Austin Stoker (MacDonald), Noah Keen (Lehrer), France Nuyen (Alma), Paul Stevens (Mendez), John Landis (Motorrad-Mutant), Paul Williams (Virgil) **L** 86 **FSK** ab 12; f **E** 10.8.1973 **fd** 18 436

DIE SCHLACHT UM KRETA → Gold Warrior

SCHLACHT UM MIDWAY (MIDWAY). Mit großem Aufwand inszenierte Darstellung der Seeschlacht bei den Midwayinseln im Juni 1942, die die Wende im pazifischen Krieg herbeiführte. Ein handwerklich perfekter Kriegsfilm mit prominenter Besetzung, der jedoch den Krieg auf fatale Weise zu einem »Spiel für harte Männer« reduziert und keine historischen Zusammenhänge aufzeigt. ✦ Scope. USA 1975 **P** Mirisch **KI** CIC **Pd** Walter Mirisch **R** Jack Smight **B** Donald S. Sanford **K** Harry Stradling jr. **M** John Williams **S** Robert Swink, Frank J. Urioste **D** Charlton Heston (Capt. Matt Garth), Henry Fonda (Admiral Nimitz), James Coburn (Capt. Vinton Maddox), Glenn Ford, Robert Mitchum, Hal Holbrook, Toshirô Mifune, Cliff Robertson, Robert Wagner **L** 132 **FSK** ab 16; f **E** 7.10.1976 **fd** 19 981

SCHLACHT UM MOSKAU, 1. TEIL: DIE AGGRESSION (BITWA SA MOSKWU (AGRESSIJA)). Vorbereitung und Durchführung des deutschen Überfalls auf die Sowjetunion. Erster Teil einer fast sechsstündigen historischen Monumentalchronik zur Geschichte des Großen Vaterländischen Krieges. – Ab 16. ✦ Scope. UdSSR/CSSR 1985 **P** Mosfilm/Filmstudio Barrandov/Mitarbeit der DEFA und FAVIM **KI** Progress **R+B** Juri Oserow **K** Igor Tschernych, Wladimir Gussew **M** Alexandra Pachmutowa **D** Michail Uljanow (Shukow), Jakow Tripolski (Stalin), Alexander Goloborodko (Rokossowski), Vitali Rasstalnoi (Timoschenko), Nikolai Sassuchin (Molotow) **L** 171 **E** 31.8. 1986 DFF 2/31.10.1986 Kino DDR

SCHLACHT UM MOSKAU, 2. TEIL: OPERATION TAIFUN (BITWA SA MOSKWU (TAIFUN)). Die Verteidigung Moskaus und der Beginn der Gegenoffensive bis Ende 1941. Zweiter Teil einer künstlerisch kaum bedeutsamen Chronik zur Geschichte des Zweiten Weltkrieges in der Sowjetunion. – Ab 16. ✦ Scope. UdSSR/CSSR 1985 **P** Mosfilm/Filmstudio Barrandov/Mitarbeit der DEFA und der FAVIM **KI** Progress **R+B** Juri Oserow **K** Igor Tschernych, Wladimir Gussew **M** Alexandra Puchmatowa **D** Jakow Tripolski (Stalin), Michail Uljanow (Shukow), Alexander Goloborodko (Rokossowski), Nikolai Sassuchin (Molotow), Wjatscheslaw Jesepow (Schtscherbakow) **L** 178 **E** 7.9.1986 DFF 2/20.2.1987 Kino DDR

SCHLACHT UNTERWEGS (BITWA W PUTI). Der Kampf eines Ingenieurs um Arbeitsproduktivität und Arbeitsmoral. Dem 13. Parteitag der KPdSU gewidmeter Film, der zwar die Vorrangstellung der Arbeit im Leben betont, aber leise Kritik an Parteileitung und Persönlichkeiten der Gründerzeit übt. – Ab 14. ✦ Schwarz-weiß. UdSSR 1961 **P** Mosfilm **KI** Progress **R** Wladimir Bassow **B** Galina Nikolajewa, Maxim Sagalowitsch **K** Vitali Nikolajew **M** Wenjamin Basner **D** Michail Uljanow (Bachirew), Michail Naswanow (Walgan), Natalja Fatejewa (Tina Karamysch), F. Jaworski (Tschubassow), Ljudmila Krylowa (Dascha) **L** 145 (Orig. 171) **E** 4.5.1962 Kino DDR/13.1.1963 DFF 1

DIE SCHLACHT VON CEDYNIA (GNIAZDO). In der Nacht vor dem Kampf mit einem deutschen Markgrafen hält ein fieberkranker polnischer Fürst Zwiesprache mit seinem Vater. In der Rückschau tauchen Begebenheiten und Ereignisse auf, die sein bisheriges Leben bestimmten. Der nächste Morgen bringt die Schlacht und den Sieg der Polen. Historischer Film, der psychologische Zeichnung und aktionsreiche Handlung geschickt in eindringlichen Bildern verbindet. – Ab 16. ✦ Scope. Polen 1974 **P** Zespoly Filmowe, Zespol »Kadr« **KI** Progress **R** Jan Rybkowski **B** Aleksander Scibor-Rylski **K** Marek Nowicki **M** Jerzy Maksymiuk **D** Wojciech Przoniak (Mieszko), Marek Bargielowski (Czcibor), Wanda Neumann (Dobrawa), Franciszek Pieczka (Mrokota), Boleslaw Plotnicki (Ziemomysl) **L** 98 **E** 30.12.1977 Kino DDR/ 8.12.1978 DFF 1

DIE SCHLACHT VON DIÊN BIÊN PHÚ → Diên Biên Phú – Symphonie des Untergangs

DIE SCHLACHT VON HAWAII UND IN DER MALAIEN-SEE (HAWAII MAREI OKI KAISEN). Ein während des Zweiten Weltkriegs von der japanischen Regierung in Auftrag gegebener Propagandafilm, der den Angriff der Japaner auf Pearl Harbour verherrlicht. Durch raffinierte Trickaufnahmen fast wie ein Dokumentarfilm wirkend. ✦ Schwarz-weiß. Japan 1942 **P** Daiei **R** Kajirô Yamamoto **B** Kajirô Yamamoto, Kenta Yamazaki **K** Akira Mimura, Mitsuo Mimura **M** Seiichi Suzuki **L** 109 **E** 8.12.1981 NDR

DIE SCHLACHT VON MARATHON (LA BATTAGLIA DI MARATONA). Bärenstarker Olympiasieger aus Athen schlägt zu Lande, über und unter Wasser den Ansturm der Perser zurück. Einfältiges, von der Geschichte weit entferntes Abenteuergetümmel. – Ab 16. ✦ Scope. Italien/Frankreich 1959 **P** Titanus/ Galatea/Lux/Lux de France/Lyre **KI** MGM **Pd** Bruno Vailati **R** Jacques Tourneur **B** Ennio de Concini, Augusto Frassinetti, Bruno Vailati **K** Mario Bava **M** Roberto Nicolosi **D** Steve Reeves (Philippides), Mylène Demongeot (Andromeda), Sergio Fantoni (Theocritus), Alberto Lupo (Miltiades), Daniele Vargas (König Darius) **L** 86 **FSK** ab 12; nf **E** 14.6.1960 **fd** 9 245

DIE SCHLACHT VON SAN PIETRO (SAN PIETRO / BATTLE OF SAN PIETRO). Als Propagandafilm in Auftrag gegeben, wurde dieser Dokumentarfilm über den Zweiten Weltkrieg in der Regie von John Huston zu einem Werk gegen den Krieg. San Pietro ist ein an den Hügeln der Apenninen gelegenes Dorf an der Straße von Neapel nach Rom. Hier leistete die deutsche Armee hartnäckigen Widerstand gegen die Amerikaner, die den Ort nur unter schweren Verlusten einnehmen konnten. Nach Fertigstellung ist der Film durch die Armeeführung der USA verändert worden, was ihm jedoch seinen Charakter nicht nehmen konnte. – Ab 16. ✦ Schwarz-weiß. USA 1944/ 45 **P** U.S. Army Pictorial Service **R+B** John Huston **K** John Huston, Jules Buck **M** Dimitri Tiomkin **L** 90 **E** 31.5.1982 WDR

DIE SCHLACHT VON TAGRIFT → Tagrift – Aufstand der Verdammten

DIE SCHLACHT VON TOLEDO (SFIDA AL RE DI CASTIGLIA). Historischer Abenteuerfilm. Nachdem seine Stiefbrüder ihm die Verlobte geraubt haben, sinnt der König von Kastilien auf Rache. Indem er sich dabei vom gerechten Herrscher zum Tyrannen wandelt, macht er sich überall Feinde, was wiederum die Stiefbrüder für ihre Machtpläne ausnutzen. Triviale Unterhaltungskost mit handelsüblicher Ausstattung, konfektionierter Action und einigen amourösen Rivalitäten. – Ab 16. ✦ Scope. Italien/Spanien 1963 **P** Alexandra/Procinsa **R** Ferdinando Baldi **B** Ferdinando Baldi, Piero Pierotti, Adriano Bolzoni **K** Francisco Marin **M** Carlo Savina **S** Otello Colangeli **D** Mark Damon (König Pietro I.), Rada Rassimov (Aldonza), Carlos Estrada (Diego), Maria Teresa Orsini (Maria Coronel), Annamaria Surdo (Bianca von Bourbon) **L** 97 **E** 13.3.1988 RTL plus

SCHLACHTENBUMMEL. Angeregt durch das emotionslose Kompanie-Tagebuch seines Großvaters, vertieft sich der Filmemacher in die deutsch-französische Geschichte des Ersten Weltkrieges. Er sammelt weitere Dokumente und fährt schließlich zu den ehemaligen Schlachtfeldern, muß jedoch feststellen, daß Legenden die Schrecken von einst längst überwuchert haben und daß die Gedenkstätten zum Tummelplatz für Soldaten, Sammler, Geschäftemacher, Politiker und Filmemacher verkommen sind. Eine bewußt offengehaltene dokumentarische Collage, die mit Verfremdungen, Kommentaren, kabarettistischen Einschüben arbeitet, um zur Reflexion über ungewöhnliche Zusammenhänge einzuladen. – Ab 16. ✦ Teils schwarz-weiß. BR Deutschland 1988 **P** HE-Film Thomas Frickel **SF** Basis **R+B** Thomas Frickel **K** Wilhelm Rösing, Gunter Oehme, Thomas Frickel, Kerstin Dechering, Wolfram Dormann, Michael Busch **M** Benjamin Britten (»War Requiem«), Johann Strauß (»Radetzky-Marsch«), Alan Stivell, Kriegs-Volkslieder **S** Thomas Frickel, Regine Hauser **L** 152 (gek. 90) **FBW** w **E** 26.12.1989 N 3/18.10. 1990 Kino **fd** 28 777

DER SCHLACHTER (LE BOUCHER). Eine Serie von Frauenmorden versetzt eine Provinzstadt in Angst und Schrecken. Claude Chabrol nutzt den Kriminalfall zu einer erschütternden Parabel über die Macht des Bösen und die Zerbrechlichkeit menschlicher Ordnung. Die vollkommene Balance von Form und Inhalt macht den Film zu einem Höhepunkt des französischen Nachkriegsfilms. – Sehenswert. ✦ Frankreich/Italien 1970 **P** La Boétie/Euro International **KI** Atlas **Pd** André Génovès **R+B** Claude Chabrol **K** Jean Rabier **M** Pierre Jansen **S** Jacques Gaillard **D** Stéphane Audran (Hélène), Jean Yanne (Popaul), Roger Rudel (Inspektor Grumbach), Antonio Passalia (Angelo), Mario Beccaria (Leon Hamel) **L** 94 **E** 5.1. 1971 ARD/Mai 1974 Kino **fd** 18 661

DER SCHLÄCHTER IDI AMIN (AMIN – THE RISE AND FALL). Porträt des ugandischen Staatspräsidenten Idi Amin, während dessen Blutherrschaft (1971–79) Hunderttausende ihr Leben verloren. Der sich dokumentarisch gebende Film liefert nur ein spekulatives Action-»Gemälde«, das auf politische Fragen keine Antwort gibt. (Videotitel: »Der Abenteurer«; TV: »Aufstieg und Fall des Idi Amin«) ✦ Großbritannien/ Kenia 1980 **P** Intermedia/Film Cooperation of Kenia

KI TSC **VA** Mondial **R** Sharad Patel **B** Wade Huie **K** Harvey Harrison **M** Christopher Gunning **S** Keith Palmer **D** Joseph Olita, Denis Hills, Thomas Baptiste, Geoffrey Keen, Leonard Trolley **L** 82 **FSK** ab 16; f **E** 27.5.1983/1983 Video/19.2.1991 Tele 5 **fd** 24 017

SCHLACHTFELD DER EHRE (THE FIELD OF HONOR). Korea 1950: Ein Holländer, Mitglied der UN-Friedenstruppen, gerät durch eine Frontverschiebung allein hinter die feindlichen Linien und muß sich zu den Kameraden durchschlagen. Klischeehafter Kriegsfilm mit den üblichen Aussagen: der Krieg ist schrecklich, die Unschuldigen zahlen mit dem Leben, die alten Kämpen sind versoffen und überleben durch ihre Unmenschlichkeit; insgesamt reißerisch und uninteressant. ✦ USA/Niederlande 1986 **P** Cannon/Cannon City Produktie Maatschappij/Oranda Films **VA** VMP/Cannon **Pd** Menahem Golan, Yoram Globus **R** Hans Scheepmaker **B** Henk Bos **K** Hein Groot **M** Roy Budd **S** Victorine Habets **D** Everett McGill (Sire), Ron Brandsteder, Hey Young Lee, Min Yoo, Frank Schaafsma **L** 88 **FSK** ab 18 **E** 12.9.1987 Video

SCHLACHTFEST DER GIGANTEN →Die Rückkehr des King Kong

SCHLACHTGEWITTER AM MONTE CASSINO (STORY OF G.I. JOE/WAR CORRESPONDENT). Der amerikanische Kriegsberichterstatter Ernie Pyle begleitet eine Infanteriekompanie im Zweiten Weltkrieg auf die Schlachtfelder von Nordafrika und Italien. Keine heroischen Soldatenabenteuer, sondern ein skeptisches Kriegsdrama mit humaner Gesinnung, das ohne reißerische Spannung auskommt. ✦ Schwarz-weiß. USA 1945 **P** United Artists **KI** Lehmacher **Pd** Lester Cowan **R** William A. Wellman **B** Leopold Atlas, Guy Endore, Philip Stevenson, nach einem Buch von Ernie Pyle **K** Russell Metty **M** Ann Ronell, Louis Applebaum **S** Otho Lovering, Albrecht Joseph **D** Burgess Meredith (Ernie Pyle), Robert Mitchum (Lt. Walker), Freddie Steele (Sgt. Warnicki), Wally Cassell (Dondaro), Jimmy Lloyd (Spencer), Jack Reilly (Murphy), Bill Murphy (Mew), William Self (Cookie Henderson) **L** 92 **FSK** ab 16; f **E** 24.1.1958 **fd** 6 669

SCHLACHTHOF 5 (SLAUGHTERHOUSE FIVE). Ein Amerikaner flüchtet sich vor quälenden Erinnerungen an die Bombardierung Dresdens und der vom Vietnam-Krieg gezeichneten Gegenwart auf einen imaginären Planeten. Verschiedene Zeit- und Handlungsebenen werden virtuos ineinandermontiert. Trotz einiger Längen und der kitschigen Planeten-Sequenz, die lediglich eine Scheinlösung anbietet, liefert der Film überaus brauchbare Denkanstöße zum Thema Gewalt. – Sehenswert. ✦ USA 1971 **P** Universal **KI** CIC **Pd** George Roy Hill, Paul Monash **R** George Roy Hill **B** Stephen Geller, nach dem Roman »Schlachthof 5 oder der Kinderkreuzzug« von Kurt Vonnegut **K** Miroslav Ondrícek **M** Glenn Gould **S** Dede Allen **D** Michael Sacks (Billy Pilgrim), Ron Leibman (Paul Lazarro), Sharon Gans (Valencia Marble Pilgrim), Eugene Roche (Edgar Derby), Valerie Perrine (Montana Wildhack), Robert Blossom (Wild Bob Cody), Sorrell Brooke (Lionel Merble), Holly Near (Barbara), Friedrich von Ledebur (Hauptmann) **L** 102 **FSK** ab 16; f **E** 27.10.1972 **fd** 18 052

SCHLACHTZEICHEN (GEBRAUCHSANLEITUNG FÜR SONNTAGS-MYTHEN) (SCHLACHTZEICHEN (GEBRAUCHSANWEISUNG FÜR SONNTAGS-MYTHEN)). In seinem Erstling rollt Thomas Imbach die Heldenverehrung anläßlich der 600-Jahr-Schlachtfeier von Sempach dokumentarisch und kolportierend, mit Elementen des Spielfilms und der Reportage auf. Er bezieht dabei auf amüsante, entlarvend-kritische Art Stellung gegen jede Art militärischer Mythologisierung und stellt die Frage nach der schweizerischen Identität. Formale Unzulänglichkeiten beim Schnitt und bei der Bilddramaturgie werden durch die inhaltliche Stärke wettgemacht. ✦ Teils schwarz-weiß. Schweiz 1987 **P** Bachim Film **Pd+R+B** Thomas Imbach **K** Peter Liechti **M** Richard Wagner, Johann Sebastian Bach **S** Thomas Imbach **D** Melchior Morger (Oberst Ulrich), Werner Meyer (Korporal), Simon Meyer (Soldat/Ritter), Rémi Odermatt (Soldat), Hans Eggermann (Soldat) **L** 55 **E** Schweiz

SCHLACHTZONE PAZIFIK (BATTLE ZONE). Zwei Sergeanten des US-Marinecorps, Rivalen in Beruf und Liebe, erleben den Korea-Krieg als Filmreporter. Mittelmäßiger Kriegsfilm mit erschütterndem Dokumentarmaterial, von dessen Grauen in die Spielhandlung jedoch nichts eingegangen ist. – Ab 16. ✦ Schwarz-weiß. USA 1952 **P** Allied Artists **KI** Lehmacher **Pd** Walter Wanger **R** Lesley Selander **B** Steve Fisher **K** Ernest Miller **M** Marlin Skiles **D** John Hodiak, Stephen McNally, Linda Christian, Martin Milner, Dave Willcock **L** 81 **FSK** ab 12; nf **E** 21.6. 1957 **fd** 5 964

DER SCHLAF DER GERECHTIGKEIT (THE INNOCENT SLEEP). Ein Obdachloser beobachtet, wie ein Mann unter der Londoner Tower Bridge erhängt wird. Er muß zu seinem Entsetzen feststellen, daß einer der Täter ein Polizist ist. Mit Mühe kann er eine Journalistin von seiner Beobachtung überzeugen. Als beide zu recherchieren beginnen, stehen sie bald auf der Abschußliste eines einflußreichen Industriellen. Thriller, der seine genreimmanent erzählte Geschichte um Mafia, Freimaurer und Industrieinteressen in Grundzügen der Wirklichkeit entlehnt hat. – Ab 16. ✦ Großbritannien 1995 **R** Scott Michell **B** Ray Villis **K** Alan Dunlop **M** Mark Ayres **D** Rupert Graves (Alan Terry), Annabella Sciorra (Billie Hayman), Michael Gambon (Det. Insp. Matheson), Franco Nero (Adolfo Cavani), Graham Crowden (George) **L** 95 **E** 3.1.1997 premiere

DER SCHLAF DER VERNUNFT. Eine Ärztin engagiert sich ebenso tapfer für ihre Liebe wie gegen eine unmenschliche Medizin und verliert den Kampf. Ein rigoros subjektives Emanzipationsstück, das seine Realgeschichte zunehmend mit visionären und mythischen Motiven zum Modellfall einer Bewußtwerdung stilisiert. Ula Stöckls Film ist der faszinierende, weil auch stilistisch konsequent durchgearbeitete Versuch einer feministischen Filmästhetik. Ein Film, der hohe Konzentration erfordert und der sich im emanzipatorischen Geist für Familie und Mutterschaft ausspricht. ✦ Schwarz-weiß. BR Deutschland 1983 **P** Common-Film/Ula Stöckl Filmproduktion/ ZDF **KI** Basis **Pd+R+B** Ula Stöckl **K** Axel Block **M** Helmut Timpelan **S** Christel Orthmann **D** Ida di Benedetto, Christoph Lindert, Pina Esposito, Marta Bifano, Stefania Bifano **L** 82 **FSK** ab 16; f **FBW** w **E** 8.6.1984 **fd** 24 634

SCHLAF GUT, VATER (THE LAST TENANT). Ein junger Mann will heiraten und kann nicht mehr wie bisher seinen alten, etwas schrullig gewordenen Vater betreuen. Da seine Geschwister nicht bereit sind, den alten Mann bei sich aufzunehmen, scheint nur noch der Weg ins Heim zu bleiben. Fürs Fernsehen entstandenes, um realistische Darstellung bemühtes Melodram um Generationenprobleme und die Lebenssituation alter Menschen; mäßig inszeniert, gewinnt der Film vor allem durch das anrührende Spiel Lee Strasbergs. – Ab 14 möglich. ✦ USA 1979 **P** ABC/Titus **R** Jud Taylor **B** George Rubino **K** Sol Negrin **M** Dick Hyman **D** Lee Strasberg (Frank Russo), Tony Lo Bianco (Joey Russo), Christine Lahti (Carol), Julie Bovasso (Marie), Danny Aiello **L** 96 (TV 89) **E** 16.7.1988 ZDF

SCHLAF MIT MEINEM MANN. Eine Ehefrau, die sich in einen anderen Mann verliebt hat, bittet ihre beste Freundin, ihren Ehemann, den Inhaber eines Partyservice, zu verführen. Dann hätte sie Grund ihn zu verlassen, so die verquere Logik. Ahnlungslos stellt der Mann seine »Verführerin« ein, unter deren Mithilfe sich die marode Firma prächtig entwickelt. Nur mit der Verführung will es nicht recht klappen – zunächst aus Treue, dann, weil der Mann sich in der Tat verliebt hat, seine Frau aber nicht verlassen will. Komödie, deren am Reißbrett entworfene Gefühlsverwirrungen keinen Anspruch auf Realitätsnähe geltend machen. ✦ Deutschland 2000 **P** U5 Filmprod. **R** Donald Kraemer **B** Christos Yiannopoulos **D** Oliver Broumis (Leo), Bojana Golenac (Conny), Christian Oliver (Benny), Jennifer Steffens (Stella), Doris Kunstmann (Frau Ommer) **L** 94 **E** 1.1.2001 RTL

SCHLAFENDE HUNDE (1977) (SLEEPING DOGS). Ein Aussteiger gerät wider Willen in die Auseinandersetzungen zwischen terroristischen Gruppen und einen Putsch vorbereitenden Staatsdienern. Politthriller; zwar effektvoll und spannend inszeniert, jedoch in der Charakterzeichnung nachlässig und in der politischen Haltung unklar. ✦ Neuseeland 1977 **P** Aardvark/Television One/The Queen Elizabeth II Arts Council **VA** VCL **Pd+R** Roger Donaldson **B** Arthur Baysting, Ian Mune, nach einem Roman von Karl Stead **K** Michael Seresin **M** David Calder, Mathew Brown **S** Ian John **D** Sam Neill, Melissa Donaldson, Ian Mune, Clyde Scott, Bernard Kearns **L** 100 **E** 10.11. 1982 ZDF **fd** 23 694

SCHLAFENDE HUNDE (1992). Eine bislang eher unauffällige Buchhalterin beginnt für ihre beruflichen und privaten Interessen zu kämpfen. Sie intrigiert gegen die Geliebte ihres Mannes, der sie verlassen hat, und macht sich ihr Wissen über illegale Praktiken ihres Chefs für eine Erpressung zunutze. Eine gut besetzte und mit leichter Hand inszenierte Tragikomödie, die zwischen temporeichen Passagen viel Raum für Zwischentöne lässt. Erster langer Fernsehfilm des Regisseurs. ✦ Deutschland 1992 **P** ZDF **R+B** Max Färberböck **K** Rainer Gutjahr **D** Sabine Postel (Susanne), Peter Lohmeyer (Thomas), Peer Jäger (Benisch), Eva Kryll (Kerstin), Manuela Alphons (Stefanie), Ortrud Beginnen (Frau Gellhorn), Krystian Martinek (Breitner) **L** 100 **E** 22.3.1992 ZDF

DER SCHLAFENDE MANN (NEMURU OTOKO). Der »schlafende Mann« hat durch einen Unfall sein Bewusstsein verloren, liegt im Koma und wird aufopferungs- und liebevoll von seinen Angehörigen in seinem abgelegenen Heimatdorf gepflegt, nicht zuletzt auch, weil sie fest mit (s)einem Erwachen rechnen. Ein Film von atemberaubender Schönheit, erzählt ohne Anfang und Ende als meditatives Einlassen auf eine entfliehende Seele im Sinn des traditionellen japanischen Verständnisses für Leben und Tod, als stille, äußerst zarte, wenn nicht gar zärtliche Reflexion über die Balance von Mensch und Natur. Stets vermittelt der Film unausgesprochen eine Präsenz des Ewigen im Zeitlichen sowie des Unendlichen im Endlichen. Das Jenseits ruft und reicht ins Diesseits hinein – dies gibt der Film auf geradezu feierliche Art und Weise zu bedenken. (O.m.d.U.) – Sehenswert ab 16. ✦ Japan 1996 **P** Space Co. Ltd. **KI** Freunde der deutschen Kinemathek **Pd** Munashi Masuzawa, Hiroshi Fujikura, Hiroyuki Kodera **R** Kohei Oguri **B** Kohei Oguri, Kiyoshi Kenmochi **K** Kiyoshi Kenmochi **M** Toshio Hosokawa **S** Nobuo Ogawa **D** Sungki Ahn (Takuji), Christine Hakim (Tia), Kôji Yakusho (Kamimura), Masaso Imafuku (Kiyoji, Takujis Vater), Masako Yagi (Fumi, Takujis Mutter), Fumiyo Kohinata **L** 103 **E** 1997/22.6.1998 arte/7.6.2001 Neustart Kino **fd** 34 945

DER SCHLAFENDE TIGER (THE SLEEPING TIGER). Ein Psychiater behält einen Einbrecher in seinem Haus, weil er hofft, ihn resozialisieren zu können. Als die Frau des Arztes aus dem Urlaub zurückkehrt, entspinnt sich ein verhängnisvolles Dreiecksverhältnis. Gut fotografierter und gespielter melodramatischer Psychothriller. Die erste Regiearbeit des Amerikaners Joseph Losey, nachdem er sich geweigert hatte, vor dem »Ausschuß für unamerikanische Umtriebe« auszusagen; Losey kam auf die Schwarze Liste und war gezwungen, in England zu arbeiten. (TV-Titel auch: »Die Bestie erwacht«) – Ab 16. ✦ Schwarz-weiß. Großbritannien 1954 **P** Insignia **Pd+R** Victor Hanbury (= Joseph Losey) **B** Derek Frye, Harold Buchman, Carl Foreman, nach dem Roman von Maurice Moiseiwitsch **K** Harry Waxman **M** Malcolm Arnold **S** Reginald Mills **D** Dirk Bogarde (Frank Clements), Alexis Smith (Glenda Esmond), Alexander Knox (Dr. Clive Esmond), Hugh Griffith (Inspektor

Simmons), Patricia McCarron (Sally) **L** 89 **E** 2.6.1972 BR III

DER SCHLÄFER (SLEEPER). Ein Jazzmusiker, der nach einer Operation im Jahre 1974 eingefroren wurde, wird nach 200 Jahren wieder aufgetaut und versucht, sich in einer total veränderten, computergesteuerten Welt zurechtzufinden. Woody Allens satirische Komödie ist zwar im ersten Drittel intelligent, witzig und treffsicher, fällt im zweiten Teil aber ab. – Ab 16. ✦ USA 1973 **P** Rollins & Joffe/United Artists **KI** United Artists **VA** Warner Home **Pd** Jack Grossberg **R** Woody Allen **B** Woody Allen, Marshall Brickman **K** David M. Walsh **M** Woody Allen **S** Ralph Rosenblum **D** Woody Allen (Miles Monroe), Diane Keaton (Luna Schlosser), John Beck (Erno Windt), Marya Small (Dr. Nero), Bartlett Robinson (Dr. Orva), Mary Gregory (Dr. Melik), Chris Forbes (Rainer Krebs), Don Kiefer (Dr. Tryon), Peter Hobbs (Dr. Dean), Susan Miller (Ellen Pogrebin) **L** 87 **FSK** ab 16; nf **E** 25.4.1974 **fd** 18 832

DIE SCHLÄFER. Fernsehthriller. Eine junge Frau hat ihr Gedächtnis verloren. In einer Anstalt wird ihr die Chance gegeben, via Internet auf Spuren ihrer Erinnerungen zu stoßen. Sie wird fündig und reist auf die Ostseeinsel Tradum, wo eine Tragödie ans Tageslicht kommt. ✦ Deutschland 1998 **R** Roman Kuhn **B** Timo Berndt, Roman Kuhn, Lutz Schmökel **D** Gesine Cukrowski (Clair Castien), Michael Mendl (Björn), Axel Milberg (Günther), Michael Brandner (Hansen), Teresa Harder (Marlies) **L** 95 **E** 22.11.1998 ProSieben

SCHLAFES BRUDER. Zu Beginn des 19. Jahrhunderts wächst in einem abgeschiedenen Alpendorf ein junger Mann mit genialischer musikalischer Begabung auf. Durch Mißtrauen und Mißgunst ohnehin zum Außenseiter gestempelt, scheitert er letztlich an seiner unerfüllten Herzensliebe. Eine Verfilmung des Erfolgsromans von Robert Schneider, die für die subtile und komplexe Erzählstruktur der Vorlage nie eine filmische Entsprechung findet. Mit außergewöhnlichem äußerem Aufwand entstand eine protzige Großproduktion, die die Fabel unangemessen vereinfacht und auf eine doppelt scheiternde Liebesgeschichte reduziert. – Ab 16. ✦ Scope. Deutschland 1995 **P** Perathon/B.A./Kuchenreuther/Iduna/DOR/Österr. Filminstitut/ORF **KI** Senator/Central **VA** Starlight **DVD** CinePlus (1.78:1, DD5.1 dt.) **Pd+R** Joseph Vilsmaier **B** Robert Schneider, frei nach seinem Roman **K** Joseph Vilsmaier **M** Norbert Jürgen Schneider, Hubert von Goisern **S** Alex Berner **D** André Eisermann (Elias), Dana Vávrová (Elsbeth), Ben Becker (Peter), Detlef Bothe (Lukas), Paulus Manker (Oskar), Jochen Nickel (Köhler Michel) **L** 127 **FSK** ab 12; f **FBW** bw **E** 5.10.1995/10.4.1996 Video/6.7.2000 DVD **fd** 31 546

SCHLAFLOS. Die Schlaflosigkeit einer Universitätsdozentin bringt nicht nur ihren Alltag durcheinander, sondern gefährdet auch das Eheglück. Als der Ehemann entnervt auszieht, flieht die Frau in eine Affäre mit einem Studenten. Erst als sich die Eheleute in der Praxis eines Schlaftherapeuten wiedertreffen, scheint ein Neuanfang möglich. Versuch einer Screwball-Komödie nach dem Motto »getrenntes Leid ist halbes Leid«. ✦ USA 1994 **R+B** Susan Wittenberg, Carol Stein **D** Jodie Markell (Veronica Treadwill), Dan Reichert (Garr Treadwill), Nancy Hower, Paul Kneubuhl, Laura Weekes **L** 90 **E** 10.10.1996 BR

SCHLAFLOS IN NEW YORK (THE OUT-OF-TOWNERS). Ein in Wohlstand lebendes Ehepaar aus Ohio, dessen Leidenschaft füreinander in den Jahren merklich abgekühlt ist, reist für ein Bewerbungsgespräch nach New York und wird dabei mit den Gefahren der Großstadt konfrontiert. Temporeiche Komödie, die ihren Unterhaltungswert ausschließlich dem Spiel der Darsteller verdankt, die selbst die konservative Haltung des Films vorübergehend vergessen machen. (Ein Remake des Films »Nie wieder New York«, 1969; Videotitel: »Eine schlaflose Nacht in New York«) – Ab 12. ✦ USA 1998 **P** Paramount **KI** UIP **VA** CIC (Paramount Home) **DVD** Paramount (16:9, 1.78:1, DD5.1 engl./dt.) **Pd** Robert Evans, Teri Schwartz, Robert W. Cort, David Madden **R** Sam Weisman **B** Marc Lawrence, nach einem Originaldrehbuch von Neil Simon **K** John Bailey **M** Marc Shaiman **S** Kent Beyda **D** Steve Martin (Henry Clark), Goldie Hawn (Nancy Clark), John Cleese (Mersault), Mark McKinney (Greg), Oliver Hudson (Alan Clark) **L** 90 **FSK** ab 6; f **FBW** w **E** 16.12.1999/23.6.2000 Video/8.3.2001 DVD **fd** 34 003

SCHLAFLOS IN SEATTLE (SLEEPLESS IN SEATTLE). Die Journalistin Annie verliebt sich in einen unbekannten Mann, der in einer nächtlichen Radiosendung die Liebe zu seiner verstorbenen Frau offenbart. Nach einigen vergeblichen Versuchen gelingt es dem achtjährigen Sohn des Witwers, ein denkwürdiges Treffen zu »arrangieren«. Sentimental-nostalgische Komödie über die Idee einer einzigartigen Liebe, die mit überzeugenden Darstellern und einigen Kabinettstückchen versöhnliche Unterhaltung bietet. DVD: Die Special Edition beinhaltet u. a. einen Audiokommentar der Regisseurin sowie eine separate Soundtrackspur. In einer älteren, nicht als »Special Edition« betitelten Auflage, existiert die DVD auch ohne Bonusmaterial. – Ab 14. ✦ USA 1993 **P** TriStar **KI** Columbia TriStar **VA** Columbia TriStar Home **DVD** Columbia TriStar Home (SE, 16:9, 1.85:1, DS engl./dt.) **Pd** Gary Forster **R** Nora Ephron **B** Nora Ephron, David S. Ward, Jeff Arch **K** Sven Nykvist **M** Marc Shaiman **S** Robert Reitano **D** Tom Hanks (Sam Baldwin), Meg Ryan (Annie Reed), Ross Malinger (Jonah), Barbara Garrick (Victoria), Rosie O'Donnell (Becky), Rob Reiner (Jay), Bill Pullman (Walter) **L** 105 **FSK** ab 6; f **E** 16.9.1993/8.3.1994 Video/11.3.1995 premiere/11.1.2001 DVD **fd** 30 395

EINE SCHLAFLOSE NACHT IN NEW YORK →Schlaflos in New York

SCHLAFLOSE NÄCHTE. In Berlin suchen junge Leute auf ausgiebigen nächtlichen Streifzügen nach Zielen, Glück und Liebe. Sie stehen sich dabei meist selbst im Weg, wobei sie im Alltag ihre Orientierungslosigkeit mit Geschäftigkeit und Selbstbetrug überdecken. Episodenhaft aufgebaute, formal nicht reizlose Milieuzeichnung mit atmosphärischen Momenten, die jedoch kaum tiefer lotet. – Ab 16. ✦ BR Deutschland/Schweiz 1988 **P** Vulcano M/WDR/Kyros-Film/DRS **SF** Mega-Film **Pd** Frank Hofer **R** Marcel Gisler **B** Rudolf Nadler, Marcel Gisler, Frank Hofer **K** Patrick Lindenmaier **S** Catherine Steghens **D** Rudolf Nadler (Ludwig), Annemarie Knaak (Anna), Cordula Stepanek (Silvia), Andreas Herder (Nick), Matthias Tiefenbach (Stefan) **L** 99 **FSK** ab 12; f **E** 20.7.1989/23.6.1990 N 3 **fd** 27 737

DIE SCHLAFMÜTZE (BETE MAIS DISCIPLINE). Ein tolpatschiger Rekrut löst wider Willen ungeahnte Verwicklungen mit einer neuen Geheimwaffe aus. Der Versuch, Stilelemente der Militärklamotte mit stiller Charakterkomik zu verbinden, ist zwar nur streckenweise gelungen, aber dank der unaufdringlichen Darstellung von Jacques Villerets ist die Komödie nicht gänzlich uninteressant. – Ab 14. ✦ Frankreich 1979 **P** Films Christian Fechner **KI** Neue Constantin **Pd** Christian Fechner **R** Claude Zidi **B** Claude Zidi, Michel Fabre **K** Jean-Paul Schwartz **M** Olivier Dassault, Philippe d'Aram **S** Georges Klotz **D** Jacques Villeret, Michel Aumont, Kelvine Dumour, Catherine Lachens, Michel Robbe **L** 91 **FSK** ab 6; f **E** 23.5.1980 **fd** 22 487

SCHLÄFST DU NOCH? (OH PARDON! TU DORMAIS ...). Regiedebüt der Schauspielerin Jane Birkin. Nach langen Jahren einer durchschnittlichen Beziehung ohne Streit, aber auch ohne Höhepunkte stellt eine Frau ihrem gleichgültigen Partner endlich die Fragen, die sie seit langem bewegen. – Ab 16. ✦ Frankreich 1992 **P** Galatee/France 3/arte-La Sept/CNC **R+B** Jane Birkin **K** François Catonne **S** Marie-Josée Audiard **D** Christine Boisson (Sie), Jacques Perrin (Er) **L** 95 **E** 11.12.1993 arte

SCHLAFWAGEN NACH TRIEST (SLEEPING-CAR TO TRIEST). Die Jagd verschiedener Agenten auf politische Geheimdokumente und die Jagd eines Detektivs auf die Agenten in der Atmosphäre des Orientexpreß sind Anlaß für einen kleinen Nervenkitzel mit schwarzem Humor. Remake des berühmten englischen Spionagethrillers »Rome Express« aus dem Jahr 1932, bemerkenswert durch seine ironische Menschenzeichnung. – Ab 16. ✦ Schwarz-weiß. Großbritannien 1948 **P** Two Cities **KI** Eagle-Lion **Pd** George H. Brown **R** John Paddy Carstairs **B** Allan Mockinnon, nach einem Roman von Clifford Grey **K** Jack Hildyard **M** Benjamin Frankel **D** Albert Lieven, Jean Kent, David Tomlinson, David Hutcheson, Rona Anderson **L** 101 **FSK** ab 16; nf **E** August 1949 **fd** 388

SCHLAFWAGENABTEIL (ÄLSKARINNAN). Die Geschichte eines Mädchens zwischen zwei Männern: Auf der Flucht vor der kleinbürgerlichen Enge, in die ihr gutwilliger, aber verständnisloser Ehemann sie treiben will, erliegt die junge Frau dem Charme und der Souveränität eines verheirateten Herrn. Als sie merkt, daß sie auch hier bloßes Objekt männlicher Wunschvorstellungen ist, trennt sie sich von beiden. Subtil und stilvoll inszenierte psychologische Studie unter der Regie des früheren Schriftstellers und Bergman-Assistenten Sjöman. – Sehenswert. ✦ Scope, schwarz-weiß. Schweden 1962 **P** Svensk **KI** Nora **R+B** Vilgot Sjöman **K** Lars Björne **D** Bibi Andersson (Flickan), Per Myrberg (Pojken), Max von Sydow (Der verheiratete Mann), Öllegard Wellton (Seine Frau), Birger Lensander **L** 77 **FSK** ab 16; f **FBW** w **E** 4.7.1963/10.12.1995 Bayern 3 **fd** 12 075

DER SCHLAFWAGENKONTROLLEUR. Ein Eisenbahnangestellter hat im Jahre 1910 einen Autovergaser erfunden. Nach allerlei Verwechslungen und grotesken Zwischenfällen wird die Erfindung schließlich anerkannt. Schwankhaftes Lustspiel mit raschem Milieuwechsel von der Tiroler Bierstube zum Kostümball, vom Schlafwagen zu einem Autorennen in Nizza. Trotz seiner Hektik nur ein Dutzendfilmchen, das sich an die gute alte Zeit klammert. – Ab 16. ✦ Schwarz-weiß. Deutschland 1935 **P** Bavaria **KI** Dafa **R** Richard Eichberg **B** Hans F. Fischer, Hertha von Gebhardt, Werner Kortwich **K** Karl Hasselmann **M** Will Meisel, Hermann Josef Schneider **D** Georg Alexander, Olly van Flint, Theo Lingen, Gustav Waldau, Hansi Arnstaedt **L** 90 **FSK** ab 12; nf **E** 15.3.1935

SCHLAFWAGENMÖRDER (MÖRDAREN). Der Mord in einem Schlafwagenabteil bringt eine Handvoll Reisender in Tatverdacht. Der Kriminalfilm verzichtet auf reißerische Effekte, erzeugt durch viele Unwahrscheinlichkeiten in der Geschichte und durch eine Überzeichnung der Personen aber nur mäßige Spannung. ✦ Schwarz-weiß. Schweden 1966 **P** A-Prod. **KI** NWDF-Unitas **R** Arne Mattson **B** Per Wahlöö, Maj Sjöwall **K** Lars Björne **M** Georg Riedel **D** Lars Ekborg, Karl-Arne Holmsten, Allan Edwall, Britta Pettersson **L** 89 **FSK** ab 18; f **E** 2.5.1969 **fd** 16 119

SCHLAFWANDLER →Stephen Kings Schlafwandler

DAS SCHLAFZIMMER IST NEBENAN (THAT FUNNY FEELING). Verwechslungslustspiel zwischen einem erfolgreichen Verlagsmanager und einer Schauspielschülerin, die vorübergehend als Raumpflegerin arbeitet. Mittelmäßiges Hollywood-Kino. – Ab 14. ✦ USA 1964 **P** Universal **KI** Universal **R** Richard Thorpe **B** David R. Schwartz **K** Clifford Stine **M** Bobby Darin **D** Bobby Darin, Sandra Dee, Donald O'Connor, Nita Talbot, Larry Storch **L** 93 **FSK** ab 12; nf **E** 15.10.1965 **fd** 13 723

DAS SCHLAFZIMMERFENSTER (THE BEDROOM WINDOW). Um seine Geliebte, die während eines Stelldicheins Zeugin eines Überfalls auf eine andere Frau wurde, vor kompromittierenden Enthüllungen zu schützen, bietet sich ein junger Architekt der Polizei als Tatzeuge an. In Lügen und Widersprüche verstrickt, muß er sich schließlich von dem Verdacht reinigen, der gesuchte Frauenmörder zu sein. Stimmiger, auf »Suspense« ausgerichteter Thriller, mit Sinn für Timing inszeniert. – Ab 16. ✦ USA 1986 **P** Dino De Laurentiis Film **KI** 20th Century Fox

SF 20th Century Fox **VA** Vestron **Pd** Martha Schumacher **R** Curtis Hanson **B** Curtis Hanson, nach einem Roman von Anne Holden **K** Gilbert Taylor **M** Michael Shrieve, Patrick Gleeson **S** Scott Conrad **D** Steve Guttenberg (Terry Lambert), Elizabeth McGovern (Denise), Isabelle Huppert (Sylvia), Paul Shenar (Colin Wentworth), Carl Lumbly (Quirk) **L** 113 **FSK** ab 12; f **FBW** w **E** 20.8.1987/März 1988 Video/15.9.1989 Kino DDR **fd** 26 319

SCHLAFZIMMERSTREIT (THE PUMPKIN EATER). Die problematische Ehe zwischen einer mehrfach geschiedenen, eigensinnigen Frau und einem erfolgreichen Drehbuchautor: Erst nach verwickelten Auseinandersetzungen über Mutterschaft, Untreue und Eifersucht findet das Paar die Möglichkeit zu einer ausgewogenen, verständnisvollen Beziehung. Der Dramatiker Harold Pinter schrieb ein klug komponiertes Drehbuch ohne Sentimentalitäten. Der Inszenierungsstil des Films bewegt sich allerdings unentschlossen zwischen anspruchsvoller Stilübung und konventionellem Unterhaltungskino. ✦ Schwarz-weiß. Großbritannien 1963 **P** Romulus **KI** Columbia-Bavaria **Pd** James Woolf **R** Jack Clayton **B** Harold Pinter, nach einem Roman von Penelope Mortimer **K** Oswald Morris **M** Georges Delerue **S** James B. Clark **D** Anne Bancroft, Peter Finch, James Mason, Richard Johnson, Cedric Hardwicke **L** 110 **FSK** ab 18; nf **FBW** w **E** 15.1.1965/24.9.1970 ARD **fd** 13 280

SCHLAG AUF SCHLAG (1926) →Buster Keaton, der Killer von Alabama (Ich bin der Größte)

SCHLAG AUF SCHLAG (1958). Ein zweimal geschiedener Standesbeamter gibt seine Frauen an Freunde weiter und heiratet aufs neue. Eine harmlose Plattheit mit seichter Situationskomik, die mit abgedroschenen Mitteln zu unterhalten versucht. (Alternativtitel: »3 Männer in Nöten«) – Ab 14. ✦ BR Deutschland 1958 **P** Kurt Ulrich **KI** Ufa **Pd** Heinz Willeg **R** Geza von Cziffra **B** Peter Trenck (= Geza von Cziffra), nach Romanmotiven von Johannes Boldt **K** Georg Bruckbauer **M** Heinz Gietz **S** Klaus M. Eckstein **D** Peter Alexander, Wolfgang Wahl, Ingrid Andree, Ralf Wolter, Ruth Stephan **L** 97 **FSK** ab 12; nf **E** 29.1.1959/15.6. 1972 ZDF **fd** 7 796

SCHLAG AUF SCHLAG (1971) →Coup pour Coup

SCHLAG FÜR SCHLAG (FIGHTING BACK). Ein leicht autistischer 13-Jähriger, der weder lesen noch schreiben kann und als Problemkind gilt, eckt immer wieder in seiner strengen Schule an. Dies ändert sich, als sich ein neuer Lehrer des Kindes annimmt und dessen Gefühlspanzer aufbrechen kann. Als der Neue, der wegen seiner liberalen Methoden nicht gut gelitten ist, versetzt werden soll, scheint die alte Situation vorgegeben. Doch der Lehrer kündigt und widmet sich ganz seinem Schützling, um wenig später mit einer Kollegin ein Kinderheim zu gründen. Drama nach einer wahren Begebenheit, das Erziehungsmethoden hinterfragt und für das Recht des Kindes auf Anerkennung eintritt. – Ab 14 möglich. ✦ Australien 1982 **P** Samson Prod. **Pd** Tom Jeffrey, Sue Milliken **R** Michael Caulfield **B** Michael Cove, Tom Jeffrey, nach dem Roman »Tom« von John Embling **K** John Seale **M** Colin Stead **S** Ron Williams **D** Lewis Fitz-Gerald (John), Paul Smith (Tom Goodwood), Kris McQuade (Mrs. Goodwood), Robyn Nevin (Mary), Wyn Roberts (Payne) **L** 97 **E** 27.8.2000 tm3

SCHLAG WEITER, KLEINES KINDERHERZ! Melodramatischer TV-Film über den verzweifelten Kampf eines Elternpaares, dessen Kind mit einem schweren Herzfehler zur Welt kommt, um einen rechtzeitigen Termin für die dringend notwendige Operation. ✦ Deutschland 1994 **P** RTL **R** Michael Werlin **B** Beate Langmaack **D** Jacques Breuer (Sebastian Bernegger), Katja Bruegger (Ulrike), Justus von Dohnanyi (Dr. Gassner), Anne Kasprzik (= Anne Kasprik) (Sybille Bernegger), Alexander Radszun (Dr. Arnold), Iris Werlin (Schwester Anja) **L** 90 **E** 12.4.1995 RTL

SCHLAG 12 IN LONDON (THE TWO FACES OF DR. JEKYLL). Ein Wissenschaftler verwirklicht unter dem Einfluß von Drogen sein »zweites Ich« und wird zum mehrfachen Mörder. Pseudo-wissenschaftlich verbrämter Kriminalfilm; mehr verworren als spannend. ✦ Scope. Großbritannien 1960 **P** Hammer **KI** Columbia **R** Terence Fisher **B** Wolf Mankowitz, nach einem Roman von Robert L. Stevenson **K** Jack Asher **M** David Heneker, Monty Norman **S** James Needs **D** Paul Massie (Jekyll/Hyde), Christopher Lee (Paul Allen), Dawn Addams (Kitty), David Kossoff (Litauer), Norma Marla (Maria) **L** 87 **FSK** ab 18; nf **E** 18.8.1960 **fd** 9 429

SCHLÄGE INS HERZ (UNFORGIVABLE). (Fernseh-) Drama nach einer wahren Begebenheit. Jahrelang mißhandelt ein Autoverkäufer seine Frau, die trotzdem bestrebt ist, das Bild einer intakten Familie aufrechtzuerhalten. Erst als er auch die Kinder schlägt, geht sie zur Polizei. Er findet erst nach langer Zeit die Kraft, sich einer Selbsthilfegruppe für gewalttätige Männer anzuschließen. ✦ USA 1995 **R** Graeme Campbell **B** A. R. Simoun, Dan Levine **K** Gordon Lonsdale **M** Roger Bellon **D** Doug Caputo (Steve), Michael Flynn (Ben Corbin), Carmen Fournier (Polizistin), Frank Gerrish (Dave), Curly Green (Mann) **L** 100 **E** 21.2.1997 ARD

SCHLAGEN UND ABTUN (SCHLAGEN UND ABTUN). Dokumentarfilm über die in der deutschsprachigen Schweiz immer beliebter werdende Randsportart Hornussen, in dessen Verlauf sich ein gesellschaftlicher Mikrokosmos erschließt. Deutlich wird, wie sehr der Sport institutionalisiert wurde und wie die Sportler nicht nur ihren persönlichen Nutzen suchen, sondern den Spagat zwischen Tradition und Moderne wagen. Ein Film voller hintergründigem Witz, geprägt von der Liebe zum Sujet und zu den Menschen, die bei aller Kritik nie demontiert werden. – Sehenswert ab 14. ✦ Schweiz 1998 **P** Biograph Film **R+B** Norbert Wiedmer **K** Peter Guyer **M** Felix Hochuli **S** Stefan Kälin **L** 90 **E** 8.11.1999 WDR **fd** 33 943

SCHLAGENDE WETTER (HOW GREEN WAS MY VALLEY). Ein soziales Zeitbild aus den 80er Jahren des 19. Jahrhunderts, nach dem Roman von Richard Llewellyn. Ein Tal in Wales, das, von der Natur begünstigt, seinen Bewohnern ein glückliches, zufriedenes Leben ermöglichte, wird durch die Entdeckung seiner Bodenschätze zum Kampfplatz von Interessengegensätzen: Die Dorfgemeinschaft stellt sich dem rücksichtslosen Vordringen der Grubenindustrie entgegen. Im Mittelpunkt steht das Schicksal einer Bergarbeiterfamilie. Fords sehr beeindruckender Film erhielt mehrere Oscars. (Späterer Titel: »So grün war mein Tal«) – Sehenswert. ✦ Schwarz-weiß. USA 1941 **P** 20th Century Fox **KI** Centfox **Pd** Darryl F. Zanuck **R** John Ford **B** Philip Dunne, nach einem Roman von Richard Llewellyn **K** Arthur Miller **M** Alfred Newman **D** Walter Pidgeon (Mr. Gruffydd), Maureen O'Hara (Angharad Morgan), Roddy McDowall (Huw Morgan), Donald Crisp (Gwilym Morgan), Sara Allgood (Mr. Beth Morgan) **L** 117 **FSK** ab 12; f **E** 28.4. 1950 **fd** 626

SCHLAGER IN KONSTANZA (CINTECELE MARII). Ein Sänger eines Studenten-Ensembles verliebt sich in ein Mädchen, das sich als Beauftragte eines Festivalkomitees entpuppt. So kommt seine Gruppe schließlich zur Teilnahme an einem Liederwettstreit. Mißlungener Versuch eines heiteren Musikfilms. – Ab 14. ✦ Scope. Rumänien/UdSSR 1970 **P** Filmstudio Bucuresti/Mosfilm **KI** Progress **R** Francisc Munteanu **B** Francisc Munteanu, Boris Laskin **K** Alexander Schelenkow, Iolanta Ceu **M** Temistocle Popa, Mark Fradkin **D** Dan Spätaru (Mihai), Natalja Fatejewa (Nina), Stefan Banica, Ion Dichiseanu, Reka Nagy **L** 85 **E** 8.10.1971 Kino DDR/3.11.1972 DFF 2

SCHLAGER MIT CATERINA (PERDONO). Bewährungsproben für die Freundschaft zwischen zwei Frauen und einem Mann, die in einem Warenhaus arbeiten. Eins der Mädchen entdeckt sein Gesangstalent und wird zudem von dem Mann umworben, der eigentlich mit der anderen verlobt ist. Belanglose Liebesgeschichte, ganz auf Schlagerstar Caterina Caselli zugeschnitten. – Ab 12. ✦ Scope, schwarz-weiß. Italien 1966 **P** Mondial **KI** Progress **R** Ettore M. Fizzarotti **B** Giovanni Grimaldi **K** Mario A. Capriotti **M** Gianfranco Monaldi **S** Tommasino Tedeschi **D** Caterina Caselli (Caterina), Fabrizio Moroni (Federico), Nino Taranto, Gabriele Antonini, Clelia Matania **L** 109 **E** 9.8.1968 Kino DDR

SCHLAGER-RAKETEN. Ein verliebter Bankangestellter organisiert für Radio Luxemburg ein »Festival der »Herzen«. Die simple Geschichte dient dem belanglosen Unterhaltungsfilm als Vorwand für die lieblose Aneinanderreihung von Schlagern. – Ab 12. ✦ Scope, schwarz-weiß. BR Deutschland 1960 **P** Melodie **KI** UFH **Pd** Hans Otto Schröder **R** Erik Ode **B** Fred Ignor, Aldo von Pinelli **K** Igor Oberberg **M** Hans Jürgen Naumann **S** Heinz Haber **D** Vico Torriani, Loni Heuser, Vivi Bach, Conny Froboess (= Cornelia Froboess), Peter Kraus **L** 92 **FSK** ab 12; nf **E** 13.10.1960 **fd** 9 588

SCHLAGER-REVUE 1962. Diesmal verbindet die Schlager eine dürftige Geschichte um die Rettung eines Revuetheaters. – Ab 12. ✦ Österreich 1961 **P** Zenith **KI** Rolei **Pd** Willy Zeyn **R** Thomas Engel **B** Thomas Engel, Fred Ignor **K** Willi Sohm **M** Heinz Neubrand **S** Margarethe Egle **D** Erika Remberg (Steffi von Beckessy), Gustavo Rojo (Ferdinand Sander), Hugo Lindinger (Portier Niedermoser), Heinz Conrads (Inspizient Jelinek), Freddy Böhm (Dr. Nußgruber) **L** 93 **FSK** ab 12; nf **E** 22.12.1961/7.1.1996 SAT 1 **fd** 10 852

DIE SCHLÄGER VON BROOKLYN (DEFIANCE). In der Lower East Side New Yorks gerät ein Matrose in die Auseinandersetzungen um eine Straßenbande. Zuerst will er sich aus dem Konflikt heraushalten, bringt dann aber gemeinsam mit den Einwohnern des Viertels die Bande doch zur Strecke. Ein formal wie inhaltlich gleichermaßen zwiespältiger Versuch, die soziale Realität eines Viertels in den Griff zu bekommen. (Fernsehtitel auch: »Terror in Brooklyn«) – Ab 16. ✦ USA 1978 **P** American International Pictures **KI** Neue Constantin **R** John Flynn **B** Thomas Michael Donnelly, Mark Tulin **K** Ric Waite **M** Basil Poledouris **D** Jan-Michael Vincent (Tommy), Theresa Saldana (Marsha), Fernando Lopez (Kid), Danny Aiello (Carmine), Art Carney (Abe), Rudy Ramos (Angel Cruz), Joseph Campanella (Karenski) **L** 103 **FSK** ab 16; f **E** 18.7.1980 **fd** 22 564

SCHLÄGER VON CHICAGO (THE SQUARE JUNGLE). Der Aufstieg eines amerikanischen Berufsboxers schadet seinem Charakter, nachdem er aber seinen Kontrahenten um die Weltmeisterschaft fast tötet, macht er eine innere Wandlung durch. Harte Fights und eine milde Gesinnung in einem Film voller Klischees. – Ab 16. ✦ Schwarz-weiß. USA 1955 **P** Universal **KI** Universal **R** Jerry Hopper **B** George Zuckerman **K** George Robinson **M** Joseph Gershenson **D** Tony Curtis, Pat Crowley, Ernest Borgnine, Paul Kelly, Jim Backus **L** 88 **FSK** ab 12; nf **E** 29.6.1956 **fd** 5 218

SCHLAGERPARADE. Unterhaltungsshow mit namhaften Gaststars (Maurice Chevalier, Johannes Heesters) und Schlagern von vorgestern, präsentiert im Rahmen einer törichten Lustspielhandlung. Ein Musikstudent macht mit Hilfe der angebeteten Tänzerin eine rasche Karriere als Komponist der leichten Muse. – Ab 12. ✦ Schwarz-weiß. BR Deutschland 1953 **P** Melodie **KI** Ufa **Pd** Heinz Joachim Ewert **R** Erik Ode **B** Aldo von Pinelli, Hans Fritz Köllner **K** Richard Angst **M** Heino Gaze **S** Wolfgang Wehrum, Hermann Leitner **D** Germaine Damar (Barbara Blanc), Walter Giller (Walter Lorenz), Bully Buhlan (Max Balduweit), Karl Schönböck (Fred Pauli), Nadja Tiller (Sherry Sommer) **L** 100 **FSK** ab 12; nf **E** 3.11.1953/5.2.1967 ZDF **fd** 2 897

SCHLAGERPARADE 1960. Mit deutlicher Werbeabsicht produzieren sich Schlagersänger und Fans in zeitgenössischen Musik- und Tanznummern. Eine Klamaukhandlung hält den turbulenten Unsinn zusammen. – Ab 12. ✦ Schwarz-weiß. BR Deutschland 1960 **P** Tele **KI** Prisma **Pd** Carl Szokoll **R** Franz Marischka **B** Franz Marischka, Franz M. Schilder **K** Dieter Wedekind **M** Gert Wilden **S** Ilse Wilken **D** Renate Ewert, Vivi Bach, Rex Gildo, Walter Groß, Thomas Adler **L** 100 **FSK** ab 12; nf **E** 5.4.1960 **fd** 9 113

SCHLAGERPARADE 1961. Ein Münchner Teenagerlokal muß sich einer Bande »Halbstarker« erwehren. Die Kriminalhandlung dient als Vorwand, um das jugendliche Zielpublikum mit einer Reihe von Schlagern vertraut zu machen; bescheidene Unterhaltung mit einigen ironischen Spitzen. In einer der Hauptrollen der damalige Boxprofi Gustav »Buby« Scholz (Weiterer Titel: »Gehn Sie nicht allein nach Hause«) – Ab 12. ✦ Schwarz-weiß. BR Deutschland 1960 **P** Tele **Kl** Constantine **Pd** Carl Szokoll **R** Franz Marischka **B** Franz M. Schilder, Franz Marischka **K** Dieter Wedekind **M** Gert Wilden **D** Renate Ewert, Gustav Scholz, Chris Howland, Vivi Bach, Bill Ramsey, Klaus Löwitsch, Bobby Todd, Gerti Gordon, Ted Herold, Gernot Duda, Horst Pasderski, Eddi Arent, Rex Gildo **L** 91 **FSK** ab 12; nf **E** 2.3.1961 **fd** 10 025

SCHLAGERPIRATEN →The Girl Can't Help It

SCHLAGERREVUE →Schlager-Revue 1962

DER SCHLAGHAMMER AUS SHANGHAI (THE GOOD AND THE BAD). Ein chinesischer Polizist stößt bei der Zerschlagung eines Terroristenrings auf einen gegen China arbeitenden japanischen Geheimagenten und macht ihn auf eigene Faust unschädlich. Eine Aneinanderreihung von Schlägereien und Gefechten in einem antijapanischen Actionfilm. ✦ Scope. Hongkong 1973 **P** Eureka **Kl** Jugendfilm **R** Wu Xu-Yeun **D** Chen Xing, Bao Zhao, Chang Tian **L** 86 **FSK** ab 18; nf **E** 15.11.1973 **fd** 18 710

SCHLAGSCHUSS →Schlappschuß

SCHLAGZEILE: MORD! →Alibi des Todes

SCHLAGZEILE: RUFMORD (NEWS AT ELEVEN). Um die sinkenden Einschaltquoten aufzufangen, schreckt der eiskalte Sendeleiter einer privaten Fernsehstation auch vor der skrupellosen Berichterstattung über das angebliche Sexualdelikt eines Lehrers nicht zurück. Der aufrichtige, mutige Chefmoderator jedoch setzt sich gegen die üblen Machenschaften zur Wehr. ✦ USA 1986 **R+B** Mike Robe **M** Mark Snow **D** Martin Sheen (Frank Kenley), Peter Riegert (Eric Ross), Barbara Babcock (Joanne Stickler), Sheree J. Wilson (Christine Arnold), Sydney Penny (Melissa Kenley) **L** 90 **E** 22.8.1991 PRO 7

SCHLAGZEILEN (THE PAPER). In der Redaktion einer New Yorker Tageszeitung kommt es anläßlich eines spektakulären Mordfalles zu Auseinandersetzungen um die Schlagzeilen der nächsten Ausgabe, in die auch private Probleme der Betroffenen hineinreichen. Unentschlossen zwischen dramatischen und komischen Elementen schwankende Neubearbeitung eines alten Filmthemas. Zum oberflächlichen Drehbuch kommt eine einfallslose Regie, so daß lediglich im überzeugenden Spiel Michael Keatons die beiden Ebenen des Films zum Tragen kommen. (Fernsehtitel: »Schlagzeilen: Je härter, desto besser«) – Ab 14. ✦ USA 1993 **P** Universal **Kl** UIP **VA** CIC **DVD** Universal Home (1.85:1, DD5.1 engl., DS dt.) **Pd** Brian Grazer, Frederick Zollo, David Koepp **R** Ron Howard **B** David Koepp, Steven Koepp **K** John Seale **M** Randy Newman **S** Daniel Hanley, Michael Hill **D** Michael Keaton (Henry Hackett), Glenn Close (Alicia Clark), Robert Duvall (Bernie White), Martha Hackett (Marisa Tomei), Randy Quaid (McDougal) **L** 112 **FSK** ab 12; f **FBW** bw **E** 2.6.1994/23.1.1995 Video/12.1.1996 premiere/6.11.2001 DVD **fd** 30 797

SCHLAGZEILEN: JE HÄRTER, DESTO BESSER →Schlagzeilen

DIE SCHLAMM-BABIES (MUD DELTA PHI/MUGSY'S GIRLS). Die »abgebrannten« Mitglieder einer weiblichen Studentenvereinigung veranstalten ein Sahne-Ringen, um ihre Schulden bezahlen zu können. Dabei werden sie fürs Schlamm-Catchen entdeckt und können sich bewähren. Lärmender, bodenlos dummer und einfältiger Film, der gnadenlos seinem widerlichen Höhepunkt, der Schlammschlacht, entgegenstrebt. ✦ USA 1984 **P** Pegasus Cinema **Kl** Cineplus **VA** USA **Pd** Leonard Shapiro, Kevin Brodie **R+B** Kevin Brodie **K** Paul Lohmann **M** Nelson Kole **S** Bill Parker **D** Laura Branigan, Ruth Gordon (Mugs), Joanna Dierck, Eddie Deezen (Lane), Rebecca Forstadt **L** 85 **FSK** ab 16 **E** 1.10.1987/Dezember 1987 Video **fd** 26 311

SCHLAMMBEISSER. Ein der Spielleidenschaft verfallener 30jähriger Taxifahrer treibt haltlos durch die Frankfurter »Szene«, stets auf der Suche nach Geld, um seine Schulden bezahlen zu können. Ein melancholischer Film mit Gespür für den Reiz einer knappen Erzählweise; die grobkörnigen Bilder werfen Schlaglichter auf eine triste Welt und werden verklammert durch die hervorragende Jazzmusik. ✦ Schwarz-weiß. Deutschland 1991 **P** Samurai Film **SF** Sputnik **Pd+R+B+K** Charly Weller **M** Claus Dillmann **S** Charly Weller **D** Claus Dillmann (Manni), Sangeeta Bisnath (Suzanne), Werner Weinreich (Bubi), Carlos Roberto de Hohenstein (Freddi), Ute Schönfelder (Marianne) **L** 84 **E** 12.9.1991 **fd** 29 307

DIE SCHLAMPE – KARRIERE UM JEDEN PREIS →The Bitch

DIE SCHLANGE (1962) (L'ACCIDENT). Liebes- und Ehegeschichte zwischen bretonischem Dorfschullehrer und seiner jungen Kollegin. Nach mißlungenem Mordversuch an der Nebenbuhlerin tötet die aus Eifersucht meist betrunkene Ehefrau den untreuen Gatten. Ein langatmig inszenierter Hintertreppenroman. ✦ Frankreich 1962 **P** Univers/Felix **Kl** Deutsche Fox **Pd** José Bénazéraf **R** Edmond T. Gréville **B** Frédéric Dard, Edmond T. Gréville, nach einem Roman von Frederic Dard **K** Jean Badal **M** Peter Iljitsch Tschaikowski **D** Magali Noël, Danick Patisson, Georges Rivière, Roland Lesaffre **L** 91 **FSK** ab 18; nf **E** 15.1.1963 **fd** 11 766

DIE SCHLANGE (1965) (ORMEN). Die Geschichte der mannstollen Irene, die von einem Rekruten ebenso mißbraucht wird wie eine Reihe anderer Mädchen, dient hier lediglich als spekulatives Handlungsgerüst für einen primitiven Jugendproblemfilm. ✦ Schwarz-weiß. Schweden 1965 **P** Minerva **Kl** Nora **Pd** Tore Sjöberg **R** Hans Abramson **B** Stig Dagerman, nach seinem Roman **K** Mac Ahlberg **M** Georg Riedel **D** Christina Schollin, Harriet Andersson, Hans Ernback, Tor Isedal, Björn Gustafson **L** 94 **FSK** ab 18; nf **E** 10.2.1967 **fd** 14 606

DIE SCHLANGE (1972) (LE SERPENT/IL SERPENTE). Ein Oberst des sowjetischen Geheimdienstes wechselt in Paris die Fronten. Die Amerikaner entlarven nach vielen tödlichen Irrtümern den angeblichen Überläufer als Spitzel. Hervorragend fotografierter und solide inszenierter Spionagefilm, jedoch unglaubwürdig und nur mäßig spannend. (Videotitel: »Im Auftrag der Schlange«) – Ab 16. ✦ BR Deutschland/Frankreich/Italien 1972 **P** Rialto/La Boiëtie/Euro International **Kl** Tobis **VA** Movie Star **R** Henri Verneuil **B** Gilles Perrault, Henri Verneuil, nach einem Roman von Pierre Nord **K** Claude Renoir **M** Ennio Morricone **S** Pierre Gillette **D** Yul Brynner (Oberst Wlassow), Henry Fonda (CIA-Boß), Dirk Bogarde (Philip Boyle), Martin Held (Lepke), Philippe Noiret (Lucien Berthon) **L** 119 (Video 105) **FSK** ab 12; f **E** 12.4.1973/19.1.1991 ARD **fd** 18 304

SCHLANGE AUF DEM ALTAR. Ein evangelischer Gefängnispfarrer wird wegen seines allzu sorglosen Umgangs mit den Gefangenen ins multikulturelle Hamburger Schanzenviertel versetzt. Mit Witz und Begeisterung bringt er Schwung ins Gemeindeleben, muß sich aber gegen Rassisten, Eifersüchteleien und schließlich gegen eine attraktive Nigerianerin im Exil und eine drei Meter lange Python zur Wehr setzen. Sympathische Komödie, die vor allem dank der hervorragenden Darsteller gut unterhält. Manche (Geschlechterrollen-)Klischees sowie allzu plakative Verweise auf politische Implikationen des Stoffes wirken dagegen durchaus störend. – Ab 16. ✦ Deutschland 1998 **R** Hans-Erich Viet **B** Georg Heinzen **D** Armin Rohde (Georg Färber), Joana Adu-Giamfi (Mambele), Edgar Selge (Renhardt), Illa Gedergott (Roswitha Gross), Heike Falkenberg (Uta Blumenthal) **L** 90 **E** 16.12.1998 ARD

DIE SCHLANGE IM REGENBOGEN (THE SERPENT AND THE RAINBOW). Auf Haiti ist ein amerikanischer Wissenschaftler zur Zeit, als das Regime des Diktators »Baby Doc« ins Wanken gerät, dem Geheimnis der »lebenden Toten« auf der Spur. Brutales Horrorspektakel mit wenig überzeugenden Deutungsversuchen, vordergründig eingebettet in reale politische Ereignisse. – Wir raten ab. ✦ USA 1987 **P** Keith Barish Prod. **Kl** UIP **VA** CIC **Pd** David Ladd, Doug Claybourne **R** Wes Craven **B** Richard Maxwell, A. R. Simoun, nach einem Roman von Wade Davis **K** John Lindley **M** Brad Fiedel **S** Glenn Farr **D** Bill Pullman (Dennis Allen), Cathy Tyson (Marielle Celine), Zakes Mokae (Dargent Peytraud), Paul Winfield (Lucien Celine), Brent Jennings (Mozart) **L** 97 (gek. 93) **FSK** ab 18; nf (gek. 16) **E** 23.6.1988/1.2.1989 Video **fd** 26 957

DIE SCHLANGE IM SCHATTEN DES ADLERS (SHE-HSING TIAO SHOU / SNAKE IN THE EAGLE'S SHADOW). Ein scheinbar schwerfälliger alter Mann, der sich als Bettler verkleidet, ist in Wahrheit der letzte Meister der »Schlangen«-Kampftechnik. Seine Rivalen, Anhänger der »Adlerkrallen«-Technik, verfolgen ihn, doch als ein unterdrückter Junge, die Technik des Alten erfolgreich weiterentwickelt und damit an Selbstbewußtsein gewinnt, können beide den Gegner schlagen. Durch Selbstironie aufgelockerter Martial-Arts-Film um das Thema des »Drunken Master«; genreunüblich wird auf Brutalität weitgehend verzichtet. ✦ Scope. Hongkong 1977 **P** Seasonal **Kl** A.B. **VA** PolyGram **R** Yuen Wo-Ping **B** Hsi Ha An **K** Chan Hui **M** Chow Fu-Liang **D** Jackie Chan (= Cheng Long), Yuan Xiao-Tien (= Sim Yuen), Wang Chiang, Cheng Li **L** 93 **FSK** ab 12; nf **E** 13.4.1979/27.8.1993 PRO 7 **fd** 22 004

DIE SCHLANGE IN MEINEM BETT. Eine in Ghana geborene schwangere Nigerianerin reist nach Deutschland, weil ihr deutscher Ehemann – der ihr verschwiegen hatte, daß er bereits in der Heimat verheiratet ist – das gemeinsame Kind nicht anerkennt. Da der Sohn gemäß den Bräuchen ihres Stammes damit recht- und heimatlos würde, tritt die Frau den Gang zu den deutschen Ämtern an. Nach jahrelanger Odyssee haben ihre Bemühungen schließlich Erfolg. Ein afrikanischer Erzähltradition verhafteter Film über einen juristischen Präzedenzfall und ein Beispiel von Zivilcourage. – Ab 16. ✦ Deutschland 1992 **R+B** Omah Diegu **K** Petra Buda, Berthold Schweiz **L** 87 **FBW** w **E** 29.5.1995 ZDF

DIE SCHLANGE VOM NIL (SERPENT OF THE NILE). Cleopatra als Pin-up-Girl und Marc Anton als Muskelprotz durchleiden ihre historische Romanze in diesem unfreiwillig komischen Kostümfilm. Die B-Produktion wurde in den stehengebliebenen Kulissen von Dieterles »Salome« (1953) lieblos heruntergedreht. – Ab 16. ✦ USA 1953 **P** Columbia **Kl** Columbia **Pd** Sam Katzman **R** William Castle **B** Robert E. Kent **K** Henry Freulich **M** Mischa Bakaleinikoff **S** Gene Havlick **D** Rhonda Fleming (Cleopatra), William Lundigan (Lucilius), Raymond Burr (Marc Antonius), Jean Byron (Charmion), Michael Ansara (Octavius) **L** 80 **FSK** ab 16; nf **E** 22.12.1953 **fd** 3 056

DAS SCHLANGENEI (THE SERPENT'S EGG). Ein amerikanischer Jude kommt als Artist im November 1923 nach Deutschland, verliert seine Arbeit und wird mehrerer Morde verdächtigt, die sich in kurzer Zeit in seiner engsten Umgebung ereignet haben. Ingmar Bergman versucht in seinem vierzigsten Spielfilm (seinem ersten außerhalb Schwedens), anhand einer oft kolportagehaften Fabel die Genese des Faschismus zu analysieren. Mit seiner dick aufgetragenen Weltuntergangssymbolik und einer karikaturhaften Typenzeichnung wirkt der Film jedoch eher grob und aufdringlich tiefsinnig. ✦ BR Deutschland/USA 1977 **P** Rialto/Dino de Laurentiis **Kl** Tobis **Pd** Dino De Laurentiis, Horst Wendlandt **R+B** Ingmar Bergman **K** Sven Nykvist **M** Rolf Wilhelm **S** Petra von

Oelffen **D** David Carradine (Abel Rosenberg), Liv Ullmann (Manuela Rosenberg), Gert Fröbe (Kommissar Bauer), Heinz Bennent (Hans Vergérus), James Whitmore (Pfarrer), Glynn Turman (Monroe) **L** 119 **FSK** ab 18; f **FBW** bw **E** 26.10.1977/16.5.1980 Kino DDR/17.6.1987 DFF 1 **fd** 20 537

DAS SCHLANGENFISCHKANU. Zwei Dokumentaristen auf der Suche nach Lebensart und -qualität von Eingeborenen am Rio Negro in Brasilien. Der hervorragend fotografierte Film gibt weitgehend bemerkenswerte Aufschlüsse über die Mentalität der Indios, auch durch die Vermittlung eines 75jährigen Missionars. An einigen Stellen verfällt er jedoch in ideologisch verbrämte Philosophie. – Ab 14. ✦ BR Deutschland/Österreich 1984 **P** Baumhaus Film/HR/ORF **R** Herbert Brödl **B** Herbert Brödl, Jobst Grapow **K** Ali Reza Movahed, Cliff Bestall **M** Leos Janácek **L** 88 **E** 3.12.1985 ARD **fd** 25 654

SCHLANGENGIFT (HADI JED). Eine 18jährige Studentin, die sich als uneheliches Kind nach familiärer Geborgenheit sehnt, spürt nach dem Tod der Mutter den Vater auf, den sie nie kennengelernt hat. Doch der, ein Bauarbeiter, erweist sich als unverbesserlicher Alkoholiker. Die Hilfsversuche der Tochter scheitern. Ein optisch intensives Drama über Isolation und Hoffnungslosigkeit; beeindruckend durch seine optische Ausdruckskraft. ✦ Schwarz-weiß. CSSR 1981 **P** Filmstudio Barrandov **R** Frantisek Vlácil **B** Irena Charvátová, Frantisek Vlácil **K** Frantisek Uldrich **M** Lubos Fiser **S** Miroslav Hájek **D** Josef Vinklár, Ilona Svobodová, Karel Hermánek, Ferdinand Kruta, Jan Hrusínsky, Miriam Kantorková **L** 88 **E** 17.10.1983 DFF 2/6.12.1983 ZDF

DIE SCHLANGENGRUBE (THE SNAKE PIT). Eine junge Frau befindet sich nach einem psychischen Zusammenbruch in einem labilen Zustand zwischen Irrsinn und Normalität und macht in einer Anstalt eine Schocktherapie durch, die sie langsam gesunden läßt. Konventionelle Konflikte, aber gute Menschenschilderung und psychologische Sorgfalt in einem ehrenwerten Drama, das sich – ein wenig zu melodramatisch – um Verständnis für seelisch Kranke bemüht. Die Erkenntnisse und Methoden der Psychotherapie haben sich seit der Entstehungszeit allerdings weiterentwickelt. (Alternativtitel: »Menschen im Schatten«) ✦ Schwarz-weiß. USA 1948 **P** 20th Century Fox **KI** Centfox **Pd** Anatole Litvak, Robert Bassler **R** Anatole Litvak **B** Frank Partos, Millen Brand, nach einem Roman von Mary Jane Ward **K** Leo Tover **M** Alfred Newman **S** Dorothy Spencer **D** Olivia de Havilland (Virginia Stuart Cunningham), Leo Genn (Dr. Mark Kirk), Mark Stevens (Robert Cunningham), Celeste Holm (Grace), Glenn Langan (Dr. Terry), Helen Craig (Miss Davis), Leif Erickson (Gordon), Beulah Bondi (Mrs. Greer) **L** 108 **FSK** ab 16; f **E** 18.4.1950/14.7.1973 ZDF **fd** 617

DIE SCHLANGENGRUBE UND DAS PENDEL. Weil das Blut von 13 Jungfrauen ihm ewiges Leben bringt, versucht ein wegen zwölffachen Mordes hingerichteter Graf, die Tochter des einstmals entkommenen 13. Opfers in seine Gewalt zu bringen und zu töten. Deutscher Versuch eines Horrorfilms nach E. A. Poe, eher lachhaft als gruselig. ✦ BR Deutschland 1967 **P** Constantin **KI** Constantin **Pd** Wolfgang Kühnlenz **R** Harald Reinl **B** Manfred R. Köhler, nach einer Erzählung von Edgar Allan Poe **K** Ernst W. Kalinke **M** Peter Thomas **S** Hermann Haller **D** Lex Barker, Karin Dor, Christopher Lee, Carl Lange, Vladimir Medar **L** 85 **FSK** ab 12; nf **E** 5.10.1967 **fd** 15 000

DER SCHLANGENKUSS (THE SERPENT'S KISS). England 1699: Ein holländischer Gartenarchitekt kommt zum Anwesen eines Ehepaars, um den verwilderten Garten in eine faszinierende Parklandschaft zu verwandeln. Dazu erhält er Instruktionen eines im Hintergrund bleibenden Meisters und merkt erst spät, dass er eine Figur in einem heimtückischen Spiel ist, dessen Fäden seine Auftraggeberin zieht. Ein in opulenten Bildern schwelgender Historienfilm voller inhaltlicher Nichtigkeiten. Auch die gut aufgelegten Darsteller können den unglaubwürdig angelegten Charakteren kein Leben einhauchen. ✦ USA/Frankreich 1996 **P** Trinity/Berryer Films/Nef/Red Parrot/Rose Price Battsek Prod./Canal+/France 2 Cinéma/Président Films **Pd** John Battsek, Robert Jones, Tim Rose Price, Tracey Seaward **R** Philippe Rousselot **B** Tim Rose Price **K** Jean-François Robin **M** Goran Bregovic **S** Mick Audsley **D** Ewan McGregor (Meneer Chrome), Greta Scacchi (Juliana Smithers), Pete Postlethwaite (Thomas Smithers), Richard E. Grant (James Fitzmaurice), Carmen Chaplin (Thea), Donal McCann (Doktor) **L** 102 **E** 27.12.1999 ORF 2

DER SCHLANGENLADEN → Killer leben länger

SCHLANGENNEST (AMBIZIONI SBAGLIATE). Im Italien zur Zeit des Faschismus spielende Ereignisse um eine schöne Marquesa, die skrupel- und verantwortungslos ihren Reichtum und ihre gesellschaftliche Stellung auskostet, wobei sie sich weder um menschliche Schicksale noch um die Gefühle der Menschen, die unter ihr leiden, kümmert. Ein junges Mädchen, das sich gedemütigt und mißbraucht fühlt, sinnt schließlich auf Rache. Verfilmung eines Romans von Moravia um den Verfall einer Familie aus dem Milieu der oberen römischen Bürgerschicht. ✦ Italien 1983 **P** Film Odeon/RAI 2/ZDF **R** Fabio Carpi **B** Fabio Carpi, Giuseppe D'Avino, nach einem Roman von Alberto Moravia **K** Dante Spinotti **M** Nicola Piovani **D** Véronique Genest, Maria Laborit, Giovanni Visentini, Alessandro Haber, Maddalena Crippa **L** 99 **E** 13.10.1986 ZDF

DAS SCHLANGENNEST → In den Krallen der Leidenschaft

DIE SCHLANGENPRIESTERIN (COBRA WOMAN). Eine junge Frau wird am Tag ihrer Hochzeit geraubt. Die Befreiungsversuche ihres Bräutigams und seiner Freunde schlagen fehl; auch sie werden Gefangene der Cobra-Königin, die, wie sich später herausstellt, eine Zwillingsschwester der Frau ist. Nach vielen Qualen und vergeblichen Fluchtversuchen können die Gefangenen sich der Bösen entledigen und die Insel vom Terror befreien. Fantasievolles Hollywood-Kino, hochstilisiert und farbenprächtig umgesetzt. ✦ USA 1944 **P** Universal **Pd** George Waggner **R** Robert Siodmak **B** Richard Brooks, Gene Lewis **K** George Robinson, W. Howard Greene **M** Edward Ward **S** Charles Maynard **D** Maria Montez (Tollea/Nadja), Sabu (Kado), Jon Hall (Ramu), Lois Collier (Veeda), Edgar Barrier (Martok) **L** 70 **E** 21.12.1977 NDR/WDR

SCHLANGENZAUBER (SCHLANGENZAUBER). Auf drei Ebenen geht die Regisseurin die Schlangensymbolik an: Sie sammelt Fakten zum Selbstmord (oder Mord) der Schlangentänzerin Rositta Rayas, verknüpft ihn mit der geheimnisvoll-mythischen Rolle der Schlange und verbindet das Ganze mit dem trockene Humor einer Moritat. Daraus ergibt sich eine reizvolle Mischung aus Realität und magischer Überhöhung. ✦ Schweiz 1984 **P** Isa Hesse-Rabinovitch Prod. **Pd+R+B** Isa Hesse-Rabinovitch **K** Vital Hauser, Rob Gnant, Max Ramp **M** Tibor Kasics **S** Isa Hesse-Rabinovitch **D** Felice Rayas, Heidi Bürgin, Joana Emetz, Isa Hesse-Rabinovitch, H. Radosova **L** 72 **E** Schweiz

SCHLAPPE BULLEN BEISSEN NICHT (DRAGNET). Zwei im Wesen recht unterschiedliche Polizisten lernen einander zu verstehen; im Verlauf der Ereignisse können sie einer Verbrecherorganisation das Handwerk legen. Stellenweise recht amüsante Kriminalparodie, die jedoch an ihrer Überdrehtheit leidet und das Parodistische zugunsten des Klamauks vernachlässigt. – Ab 16. ✦ USA 1986 **P** Universal **KI** UIP **VA** CIC **DVD** Universal Home (1.78:1, DS engl./dt.) **Pd** David Permut, Robert K. Weiss **R** Tom Mankiewicz **B** Dan Aykroyd, Alan Zweibel, Tom Mankiewicz **K** Matthew F. Leonetti **M** Ira Newborn **S** Richard Halsey, William Gordean **D** Dan Aykroyd (Friday), Tom Hanks (Streebek), Christopher Plummer (Whirley), Alexandra Paul (Connie), Harry Morgan (Gannon) **L** 106 **FSK** ab 12; f **E** 7.12.1987/September 1988 Video/2.8.2001 DVD **fd** 26 542

SCHLAPPSCHUSS (SLAP SHOT). Eine erfolglose, in ihrer Existenz bedrohte Eishockeymannschaft kämpft sich mit regelwidrigen Spielmethoden nach vorn und gerät am Ende in den Konflikt zwischen manipuliertem Showgeschäft und Sportsgeist. Hill inszenierte mit furiosem Schwung und parodistischer Grundstimmung, aber die gezielt eingesetzten Brutalitäten beeinträchtigen ein wenig das Vergnügen. (Titel der von der ARD neusynchronisierten TV-Fassung: »Schlagschuß«) ✦ USA 1977 **P** Universal **KI** CIC **VA** (geänderte Fassung ab 12) **R** George Roy Hill **B** Nancy Dowd **K** Victor J. Kemper **M** Elmer Bernstein **D** Paul Newman (Reggie Dunlop), Strother Martin (Joe McGrath), Michael Ontkean (Ned Braden), Jennifer Warren (Francine), Lindsay Crouse (Lily) **L** 123 **FSK** ab 18; nf **E** 29.9.1977/21.11.1987 ARD (Neusynchronisation) **fd** 20 512

DER SCHLAPPSCHWANZ (WHAT'S GOOD FOR THE GOOSE). Ein Prokurist läßt sich auf einer Geschäftsreise in ein Liebesabenteuer mit einem Hippiemädchen ein und versucht vergeblich, seine Frau zu entsprechendem Lebensstil zu bekehren. Überdrehte britische Komödie, die um jeden Preis witzig sein will, der es aber nur in Maßen gelingt. ✦ Großbritannien 1968 **P** Tigon **KI** Alpha **Pd** Tony Tenser, Norman Wisdom **R** Menahem Golan **B** Norman Wisdom, nach einem Roman von Menahem Golan **K** William Brayne **M** Reg Pilsley **S** Dennis Lanning **D** Norman Wisdom, Sally Geeson, Sarah Atkinson, Sally Baseley, Derek Francis **L** 81 **FSK** ab 16; nf **E** 24.7.1970

SCHLARAFFENLAND (1990). Fernseh-Spielfilm über ein junges Paar aus der DDR, dem im September 1989 die genehmigte Ausreise in die Bundesrepublik Deutschland gelingt, wo es sich hoch verschuldet, trennt und wiederfindet. Die rasanten politischen Veränderungen bis zum Frühjahr 1990 sind dokumentarisch einbezogen, wobei der »kapitalistische Westen« recht klischeehaft dargestellt wird. Der Film fragt, ob die ehemalige DDR nunmehr ein »Schlaraffenland« für Geschäftemacher wird und ob dabei Menschen auf der Strecke bleiben; darin ist er durchaus ernsthaft und entsprechend ernst zu nehmen, tippt aber viele Probleme lediglich an und bleibt an der Oberfläche. ✦ BR Deutschland 1990 **P** Sentana **R+B** Michael Verhoeven **K** Axel de Roche **M** Stefan Lehrndorfer **D** Johannes Terne (Jürgen), Cornelia Lippert (Karin), Sigmar Solbach (Norbert), Horst Hiemer (Henri), Jutta Wachowiak (Marianne) **L** (TV) 100 **E** 19.11.1990 ZDF

SCHLARAFFENLAND (1995) (SCHLARAFFENLAND). Drei gesellschaftliche Außenseiter, Männer mittleren Alters, haben sich auf einem Schrottplatz ihr Refugium geschaffen. Müßiggang und Suff wechseln sich mit kleinen Geschäften sowie Träumen von einem besseren Leben ab. Erst die 16jährige Tochter eines der Männer bricht die selbstzufriedene Ruhe auf, als sie einigen Ganoven Geld abknöpft. Ein von lyrischen Bildern, guten Darstellern und liebevoll gezeichneten Details getragener Film in der Tradition Samuel Becketts über die Absurditäten des Lebens und die trotz allem angestellte Suche nach Sinn. – Ab 16. ✦ Schweiz 1995 **P** Balzli/SF DRS **R+B** Felix Tissi **K** Dieter Fahrer, Helena Vagnières **M** Patent Ochsner **S** Maya Schmid **D** Dietmar Mues (= Joachim Dietmar Mues), Jochen Regelien, Franz-Joseph Steffens, Johanna Klante **L** 78 **E** 20.5.1998 SF1

SCHLARAFFENLAND (1999). Sieben Jugendliche steigen nachts in ein Einkaufscenter ein, um ein mit Drogen und Sex garniertes Konsumfest zu veranstalten. Als sie von der Wachmannschaft, die es auf die Tageseinnahmen abgesehen hat, entdeckt werden, kommt es zu gewalttätigen Konfrontationen. Missglückter Versuch, Versatzstücke des amerikanischen Actionkinos mit den Problemen deutscher Jugendlicher zu vermischen. Dramaturgisch wenig durchdacht, inszeniert der Film seine vorgebliche Kritik an einer durch Werteverlust gewalttätig gewordenen Gesellschaft selbst als (Videospiel-)Abknall-Spaß, wobei er sich so wenig um die Charaktere der

Figuren wie um die Führung der Schauspieler kümmert und für seine »Botschaft« nur flache, selbstzweckhafte Bilder findet. ✦ Scope. Deutschland 1998 **P** Hager Moss Film/Seven Pictures/Babelsberg Film **KI** Buena Vista **VA** Buena Vista **Pd** Kirsten Hager, Eric Moss **R** Friedemann Fromm **B** Christoph Fromm **K** Jo Heim **M** Manu Kurz **S** Eva Schnare **D** Heiner Lauterbach (Mark Popp), Franka Potente (Mona Wendt), Jürgen Tarrach (Wolfi Berner), Roman Knizka (Michi Holzner), Ken Duken (Laser), Susanne Bormann (Lana), Tom Schilling (Dannie), Daniel Brühl (Checo), Tobias Schenke (Blocker), Camilla Renschke (Mary), Denise Zich (Pia) **L** 114 **FSK** ab 16; f **FBW** bw **E** 11.11.1999/11.5.2000 Video **fd** 33 930

DER SCHLAUE FUCHS (IL VOLPONE). Farce um einen geizigen Alten, seinen ehrgeizigen Diener und drei Erbschleicher, die sich in ihrem Konkurrenzdenken und ihrer Habgier gegenseitig ausmanövrieren. – Ab 16. ✦ Italien 1987 **P** Tiger Cinematografica **R** Maurizio Ponzi **B** Leo Benvenuti, Piero de Bernardi, Ottavio Jemma, Maurizio Ponzi, nach dem Theaterstück von Ben Jonson **K** Alessandro D'Eva **M** Fabio Liberatori **S** Sergio Montanari **D** Paolo Villaggio (Ugo Maria Volpone), Enrico Montesano (Mosca), Renzo Montagnani (Raffaele), Enrico Maria Salerno (Corvino), Alessandro Haber (Corbaccio) **L** 108 **E** 31.3. 1994 premiere

DER SCHLAUFUCHS → Geliebter Schuft

SCHLECHTE KARTEN. Maschinenschlosser-Lehrlinge im Ruhrgebiet erfahren kurz vor ihrer Prüfung zum Facharbeiter, daß nicht alle Auszubildenden ins Arbeitsverhältnis übernommen werden. Während einige der jungen Männer froh sind, überhaupt eine Arbeit zu haben und sich bedingungslos den hochgeschraubten Normen unterwerfen, suchen andere verzweifelt nach Arbeit. Ein aussichtsloses Unterfangen, das sie in die Kleinkriminalität abgleiten läßt. Ein ebenso engagierter wie unterhaltsamer Fernsehfilm, an dessen Buch die jugendlichen Laiendarsteller mitwirkten. Die Arbeits- und die Erlebniswelt der Jugendlichen werden authentisch und frisch eingefangen; das Spiel mit den Möglichkeiten, Erfahrungsprozesse sinnlich zu vermitteln, hat Autoren und Darstellern sichtlich Spaß gemacht. – Sehenswert ab 14. ✦ BR Deutschland 1977 **P** Adolf Winkelmann/WDR **R** Adolf Winkelmann **B** Adolf Winkelmann, Gerd Weiss **L** 90 **E** 2.,30.10.1977 WDR (zwei Teile)

DER SCHLECHTE SAMARITER. Nachdem er einem verfolgten jungen Puertoricaner die Zuflucht in seinem Haus verweigert und damit den Tod des Jungen mitverschuldet hat, wird ein alter Mann zum Aussätzigen in seiner Heimatstadt. Dem Lehrer des toten Jungen vertraut er schließlich an, was sich in jener Nacht wirklich ereignet hat. – Ab 16. ✦ **R** Elliot Silverstein **B** Bryan Williams **D** Barnard Hughes (Abner Abelsen), Daniel Hugh-Kelly (Paul Forrest), David Hernandez (Angel), Geraldine Fitzgerald (Abby Abelsen), Lili Taylor (Marina) **L** 89 **E** 28.11.1991 BR

SCHLECHTE VERLIERER (THE SCORE LOSERS). Nach 42 Jahren kehrt ein Außerirdischer auf die Erde zurück, um sein Werk zu vollenden: Er muß noch drei Menschen töten, um auf die magische Zahl zwölf zu kommen. Als sich ihm ein mordendes Pärchen anschließt, geraten die Dinge außer Kontrolle und besonders in Hippie-Kreisen häufen sich die Leichen. Erstlingsfilm eines Comic-Zeichners, der aus seiner Vorliebe für EC-Comics und die Filme von Russ Meyer keinen Hehl macht. In den USA genießt der mit viel Underground-Prominenz (Musik, Film, Porno) besetzte Film, nicht zuletzt wegen seiner schrillen Komik und unbändigen Zerstörungswut, Kultstatus. Alternativtitel: »The Score Losers – Schlechte Verlierer«) ✦ USA 1997 **P** Big Broad Guerrilla Monster **VA** Incredobly Strange Visions (Dominik) **Pd** Darin Ipema, Wheat **R+B** John Michael McCarthy **K** Darin Ipema **S** Denise Mustafa **D** Jack Oblivian (Blackie), Kerine Elkins (Kerine), Mike Maker (Mike), D'Lana Tunnell (D'Lana), Hugh Brooks (Tuthpick) **L** 81 **FSK** ab 18 **E** 18.1.1999 Video

EIN SCHLECHTER, GUTER MENSCH (PLOCHOJ CHOROSCHIJ TSCHELOWEK). Am Vorabend eines Duells zieht ein Mann eine Bilanz seines bisherigen Lebens und kommt zu der Erkenntnis, daß er nicht einen seiner Pläne verwirklicht hat. Adaption einer Tschechow-Novelle. – Ab 16. ✦ Scope. UdSSR 1973 **P** Lenfilm **R** Jossif Cheifiz **B** Jossif Cheifiz, nach der Novelle »Das Duell« von Anton Tschechow **K** Genrich Marandshan **M** Nadeshda Somonjan **D** Oleg Dal (Lajewski), Ljudmila Maxakowa (Nadeshda), Wladimir Wyssozki (von Koren), Anatoli Papanow (Samoilenko), Anatoli Aso (Kirillin) **L** 98 **E** 22.12.1975 DFF 2

SCHLEICHENDE ANGST → Fearstalk – Der Todesstachel

DER SCHLEICHENDE TOD (ENDANGERED SPECIES). Ein Expolizist und ein weiblicher Provinzsheriff suchen in einer Kleinstadt nach den Hintergründen eines mysteriösen Viehsterbens. Sie geraten in eine Intrige, die bis in höchste politische und militärische Kreise reicht. Spannender Thriller mit zivilisationskritischen Akzenten und Science-Fiction-Elementen, der allerdings Längen aufweist und in seiner politischen Aussage spekulativ bleibt. (Videotitel: »Der Tod aus dem Nichts«) – Ab 16. ✦ USA 1982 **P** Alive Enterprises (für MGM) **VA** IMV **Pd** Carolyn Pfeiffer **R** Alan Rudolph **B** Alan Rudolph, John Binder, nach einem Roman von Judson Klinger und Richard Woods. **K** Paul Lohmann **M** Gary Wright **S** Tom Walls **D** Robert Urich (Ruben Castle), JoBeth Williams (Harriet Purdue), Paul Dooley (Joe Hiatt), Hoyt Axton (Ben Morgan), Peter Coyote (Steele) **L** 97 **FSK** ab 16 **E** 1.11.1987 ARD **fd** 26 424

SCHLEICHENDES GIFT (SCHLEICHENDES GIFT). Dokumentarspielfilm über Geschlechtskrankheiten, der gedreht wurde, um die österreichische Landbevölkerung nach dem Durchzug sowjetischer Truppen aufzuklären und zur ärztlichen Untersuchung zu motivieren. Zwischen den Spielszenen hält ein Dermatologe eine medizinische Vorlesung über einschlägige Krankheitsbilder. – Ab 16. ✦ Schwarz-weiß. Österreich 1946 **P** Standard **KI** Sonderfilm **Pd** E. Valentinitsch **R** Hermann Wallbrück **B** Stefan Wolfram **K** Hermann Wallbrück **M** Oskar Wagner **D** Alfred Neuhart, Eleonore Beck **L** 62 **FSK** ab 16; nf **E** 10.1.1950 **fd** 641

SCHLEIER DER UNSCHULD (SEDUCTION IN A SMALL TOWN). Dramatischer Film mit Thriller-Elementen. Weil sie ihr kein Geld leihen wollte, beschuldigt eine neu zugezogene, psychisch labile Frau ihre Nachbarin des Kindesmißbrauchs. Diese sieht sich bald ohne Schuld in Verruf geraten. ✦ USA 1997 **R** Charles Wilkinson **B** William Phillips **K** Michael Slovis **M** Richard Bellis **D** Melissa Gilbert (Sarah Jenks), Dennis Weaver (Sam Jenks), Joely Fisher (Sandy Barlow), Brian McNamara (Paul Jenks) **L** 88 **E** 13.8.1997 premiere

DER SCHLEIER FIEL. Ein junger Motorradfahrer überfährt im Nebel einen Fußgänger und findet nicht den Mut, sich um den Verletzten zu kümmern. Aus der alltagsnah geschilderten Fahrerflucht entwickelt das Drehbuch einen Erpressungsroman, der bis zur tödlichen Verfolgungsjagd am Schluß deutsches Durchschnittskino bleibt. – Ab 16. ✦ Schwarz-weiß. BR Deutschland 1960 **P** Astra **KI** Bavaria **Pd** Ernst Steinlechner **R** Paul May (= Paul Ostermayr) **B** Heinz Werner John, Alexander Golling **K** Peter Haller **M** Rolf Wilhelm **S** Werner Preuss **D** Vera Tschechowa, Hartmut Reck, Hans Reiser, Franziska Kinz, Monika John **L** 84 **FSK** ab 16; f **E** 26.4.1960 **fd** 9 110

DIE SCHLEMMER-ORGIE (WHO IS KILLING THE GREAT CHIEFS OF EUROPE?). Ein fettleibiger Gourmet wird auf Diät gesetzt, die er aber nicht einhalten kann. Deshalb ermordet seine Sekretärin die Meisterköche, die ihn mit ihren unwiderstehlichen Köstlichkeiten umzubringen drohen. Flott und unterhaltsam erzählte schwarze Komödie mit ironischen Seitenhieben auf die Spitzengastronomie. (Alternativtitel: »Prost Mahlzeit«) – Ab 16. ✦ BR Deutschland/USA 1978 **P** Bavaria/NF Geria II/Lorimar/The Aldrich Company **KI** CS **Pd** William Aldrich **R** Ted Kotcheff **B** Peter Stone, nach einem Roman von Nan und Ivan Lyons **K** John Alcott **M** Henry Mancini **S** Thom Noble **D** George Segal (Robby Ross), Jacqueline Bisset (Natascha O'Brien), Robert Morley (Max Vanderveere), Jean-Pierre Cassel (Louis Kohner), Philippe Noiret (Jean-Claude Moulineau) **L** 112 **FSK** ab 12; nf **E** 11.5.1979 **fd** 22 036

SCHLEPPKÄHNE (REMORQUES). Mitten in die Hochzeitsfeier eines Mitglieds einer bretonischen Schleppermannschaft kommt der SOS-Ruf eines Dampfers in Seenot. Die Bergung verläuft nicht wie üblich: Die Mannschaft ist nicht auf dem Posten, der Kapitän des Dampfers unfähig und der Kapitän des Schleppers von der schönen Frau seines Kollegen fasziniert. Sorgfältige Milieustudien sowie der Versuch, die Figuren durch ihre Beziehungen zur Natur und Arbeitswelt zu definieren, machen Jean Grémillons Film zu einem beispielhaften Werk des französischen Vorkriegsrealismus. – Sehenswert. ✦ Schwarz-weiß. Frankreich 1939–41 **P** S.E.D.I.F. **R** Jean Grémillon **B** André Cayatte, Jacques Prévert, Roger Vercel, Charles Spaak, nach einem Roman von Roger Vercel **K** Armand Thirard, Louis Née, Philippe Agostini **M** Roland Manuel **D** Jean Gabin, Michèle Morgan, Madeleine Renaud, Jean Marchat, Fernand Ledoux **L** 91 **E** 13.11.1981 BR3

SCHLEPPZUG M 17. Ein Binnenschiffer aus Aken an der Elbe steuert mit Frau und Söhnchen an Bord seines Schleppkahns Berlin an. Dort verstrickt er sich in die Netze einer verführerischen Ganovenkomplizin, bis der Schiffsjunge die Frau verjagt und dabei verunglückt. Abgesehen von melodramatischen Klischees gewährt der Film wirklichkeitsnahe Einblicke in den Schifferalltag. ✦ Schwarz-weiß. Deutschland 1933 **P** Orbis-Film **R** Heinrich George, Werner Hochbaum **B** Willy Döll **K** Adolf Otto Weitzenberg **M** Alex Stone, Will Meisel, Richard Dochan **D** Heinrich George, Berta Drews, Betty Amann, Maria Schanda, Wilfried Seyferth **L** 77 **E** 19.4.1933

SCHLESIEN → Slask/Schlesien

DIE SCHLEUDER (KADISBELLAN). Dem zwölfjährigen Roland, Sohn einer russischen Jüdin und eines arbeitslosen Sozialisten, wird das Leben im Stockholm des Jahres 1920 schwer gemacht: Seiner Herkunft und seiner oftmals zerschundenen Nase wegen wird er von Altersgenossen gefoppt und von Lehrern perfid drangsaliert. So lernt er, sich Armut, Intoleranz und Ungerechtigkeit zu widersetzen, nach dem Motto: Was mich nicht umbringt, macht mich stark. Eine mit Witz und Humor durchsetzte, hervorragend gespielte, wenngleich in der Erinnerung etwas verklärte Milieuschilderung, in der Rolands scheinbar größte Niederlage – er wird in ein Erziehungsheim gesteckt – zu einem heimlichen Sieg wird. – Ab 10. ✦ Schweden 1993 **P** Svensk Filmindustri **KI** Columbia TriStar **Pd** Waldemar Bergendahl **R** Åke Sandgren **B** Åke Sandgren, nach dem autobiografischen Roman von Roland Schütt **K** Göran Bergendahl **M** Björn Isfält **S** Willie Peterson-Berger, Jan-Frederic Axelsson, Grete Möldrup **D** Jesper Salén (Roland Schütt), Stellan Skarsgard (der Vater), Basia Frydmund (die Mutter), Niclas Olund (der Bruder), Ernst-Hugo Järegard **L** 103 **FSK** ab 6; f **E** 17.11. 1994

SCHLEUDERGANG UND SEITENSPRUNG (DIRTY LAUNDRY). Der Besitzer einer Großwäscherei in New Jersey steckt in der Lebenskrise. Sein Liebesleben ist auf dem Nullpunkt, und auch der Psychiater weiß nicht mehr weiter. Als er entdeckt, dass seine Frau mit ihrem afroamerikanischen Heilpraktiker ein Verhältnis hat und schwanger ist, spitzt sich die Lage noch mehr zu. Komödie um Eheprobleme und Seitensprünge, in deren Mittelpunkt die Frage nach der Hautfarbe des zu erwartenden Babys steht. ✦ USA 1996 **R** Michael Normand, Robert Sherwin **B** Chuck Lorre **K** John Newby **M** James Legg **D** Jay Thomas

(Joey Greene), Tess Harper (Beth Greene), Tresa Hughes (Betty Greene), Michael Marcus (Max Greene), Stanley Earl Harrison (Lowell Bower) **L** 84 **E** 11.8.2000 ProSieben

SCHLEUDERGEFAHR →Schleuderpartie

SCHLEUDERPARTIE (SLITHER). Es geht um viel Geld, das ein Ganove mit einem Komplicen gut versteckt hat, bevor er ins Gefängnis wanderte. Nach seiner Entlassung überredet er einen Mitentlassenen, mit in seine Wohnung zu kommen, wo die beiden von einer Maschinengewehrsalve empfangen werden, die den Geldräuber tötet. Er kann jedoch dem Kumpel noch zwei Namen verraten, die den »Schlüssel« zum Geld bieten. Hervorragend in der Zeichnung der Personen und des Milieus und ausgezeichnet gespielt, hält der Film seine – allerdings rein äußerliche Spannung – bis zum Ende durch. (TV-Titel: »Schleudergefahr«) – Ab 16. ✦ USA 1973 **P** MGM/Sher/T.A.P. **R** Howard Zieff **B** W. D. Richter **K** Laszlo Kovacs **M** Tom McIntosh **S** David Bretherton **D** James Caan (Dick Kanipsia), Peter Boyle (Barry Fenaka), Sally Kellerman (Kitty Kopetzky), Louise Lasser (Mary Fenaka), Allen Garfield (Vincent Palmer) **L** 95 **E** 28.12.1981 ARD

SCHLEUSE 17. Drei Amerikaner verüben einen Banküberfall in Mittelfrankreich. Einer von ihnen wird schwer verletzt und stirbt wenig später, die beiden anderen streiten sich über die Beute und trennen sich. Auf seiner Flucht lernt John die Fremdenführerin Niki kennen, die sich in ihn verliebt und ihm helfen will. Ein Unsicherheitsfaktor ist allerdings Nikis deutscher Freund, ein abgeschieden lebender Schriftsteller, der weit mehr als ein väterlicher Freund sein möchte. Ein Kriminalfilm, der die Unwägbarkeiten der menschlichen Seele in seine Handlung einzubauen versucht. – Ab 16. ✦ BR Deutschland 1985 **R+B** Sebastian Lentz **K** Jo Heim **M** Paul Hornyak **D** Roxane Fuhrmann (Niki Miller), John Cooper (John Cooper), Georg Lentz (Georg Kleefuß), Mimi Gaillet (Frau Rodier), Lucien Jacazzi (Père Morot) **L** 68 **E** 6.2.1985 SWF

SCHLICHTER IM PAZIFIK. Dokumentarfilm über eine Gruppe französischer Abgesandter, drei Geistliche und drei Staatsdiener, die am anderen Ende der Welt, in Neukaledonien, einen blutigen Stammeskrieg zwischen Kanaken und Caldoches binnen 22 Tagen beenden wollen. ✦ Frankreich 1997 **P** MK2 Productions/La Sept Cinéma/RFO/INA/Canal+ **R** Charles Belmont **B** Charles Belmont, Olivier Duhamel **L** 112 **E** 4.6.1998 arte

EIN SCHLICHTES HERZ (UN CUORE SEMPLICE). Ein junges, etwas einfältiges Mädchen vom Lande zieht aus enttäuschter Liebe als Dienstmagd ins Haus einer verwitweten Dame. Alle, denen sie ihre Liebe zuwendet, verschwinden aus ihrem Leben. Schließlich hängt sie ihr Herz an einen Papagei und stirbt völlig vereinsamt. In Italien preisgekrönte Verfilmung einer Erzählung von Flaubert. Behäbig inszeniert, überzeugt in diesem stillen Drama vor allem die Hauptdarstellerin, die ihre Rolle bis zur Selbstverleugnung verkörpert. ✦ Scope. Italien 1977 **P** Cooperativa Nashira/Filmcoup **R** Giorgio Ferrara **B** Cesare Zavattini, nach einer Erzählung von Gustave Flaubert **K** Arturo Zavattini **M** Franco Mannino **S** Roberto Perpignani **D** Adriana Asti (Felicita), Joe Dallesandro (Teodoro), Alida Valli (Signora Obin), Alberto Asti, Ugo Bologna **L** 82 **E** 3.6.1984 ZDF

SCHLIEMANN – DIE LEIDENSCHAFT SEINES LEBENS (LA PASSION SCHLIEMANN). Von der Gelehrtenwelt belächelt, machen sich Heinrich Schliemann und seine 30 Jahre jüngere griechische Frau auf, um an Hand des Epos »Ilias« die untergegangene Stadt Troja zu suchen. Kurz vor der Bergung des Schatzes drängt sich ein junger französischer Journalist, erklärter Feind des Forschers, zwischen das ungleiche Paar, der die Leidenschaft der Frau weckt. Der (Ferneh-)Film nutzt die historische Folie, um die zeitlose Geschichte einer Leidenschaft zu erzählen, die gleich in drei Spielarten vorgestellt wird. ✦ Frankreich 1999 **P** La Sept/arte/Cinétévé **R** Bruno Gantillon **B** Bruno Gantillon, Jean-François Goyet **K** Houshang Baharlou **M** Bernard Grimaldi **S** Sophie Catherine Cornu **D** Hans-Peter Hallwachs (Heinrich Schliemann), Julie Beres (Sophie Schiemann), Frédéric Andrau (Julien Leroux), Michail Dontschew (Selim), Denis Braccini (Nicolas) **L** 83 **E** 18.3.2000 arte

SCHLIESSE MEINE AUGEN – BEGEHRE ODER TÖTE MICH (CLOSE MY EYES). Zwischen einem Londoner Architekten und seiner verheirateten Schwester kommt es zu einer leidenschaftlichen Affäre, die beinahe in eine Katastrophe mündet. Trotz des Tabu-Themas Inzest eine konventionelle Dreiecksgeschichte, die einer dilettantischen deutschen Synchronisation wenig entgegenzusetzen hat. Einzig die Bilder eines von städtebaulicher Gigantomanie bedrohten Londons sind bemerkenswert. ✦ Großbritannien 1990 **P** Beambright/Film Four International **KI** Atlas **VA** Atlas **Pd** Thérèse Pickard **R** Stephen Poliakoff **B** Stephen Poliakoff, nach seinem Theaterstück **K** Witold Stok **M** Michael Gibbs **S** Michael Parkinson **D** Alan Rickman (Sinclair), Clive Owen (Richard), Saskia Reeves (Natalie), Karl Johnson (Colin), Lesley Sharp (Jessica) **L** 109 **FSK** ab 16; f **E** 11.6.1992/26.10.1992 Video/26.4.1995 premiere **fd** 29 603

SCHLIMME ZEITEN FÜR DIE LADY →Spinne im Netz

SCHLIMMER GEHT'S IMMER (WHAT'S THE WORST THAT COULD HAPPEN?). Ein misanthropischer Millionär vereitelt einen Einbruch in sein Haus. Als er dem ertappten Meisterdieb den Freundschaftsring von dessen Geliebter abnimmt, entfacht der Dieb einen Wettstreit der Gemeinheiten, um den Ring zurückzubekommen. Kriminalkomödie ohne subtile Töne, die sich in einer ermüdenden Nummernrevue erschöpft. – Ab 16. ✦ USA 2001 **P** Turman-Morrissey Company/Hyde Park Entertainment **KI** 20th Century Fox **Pd** Lawrence Turman, David Hoberman, Ashok Amitraj, Wendy Ditman **R** Sam Weisman **B** Matthew Chapman **K** Anastas Michos **M** Tyler Bates **S** Carth Craven, Nick Moore **D** Martin Lawrence (Kevin Caffery), Danny DeVito (Max Fairbanks), John Leguizamo (Berger), Glenne Headly (Gloria), Carmen Ejogo (Amber Belhaven), Bernie Mac (Uncle Jack), Larry Miller (Earl Radburn), Nora Dunn (Lutetia Fairbanks), William Fichtner (Detective Alex Tardio), Richard Schiff (Walter Greenbaum) **L** 99 **FSK** ab 6; f **FBW** w **E** 13.12.2001 **fd** 35 176

DIE SCHLINGE (1958) (PETLA). Ein Alkoholiker versucht vergeblich, sich von seiner Sucht zu befreien. Auch die Hilfe eines Mädchens kann ihn nicht retten; von seinen Freunden verspottet, verfällt er wieder dem alten Laster. Sein einziger Ausweg ist der Tod. Psychologische Studie, die am Beispiel des Trinkers das Bemühen der Nachkriegsgeneration thematisiert, die schreckliche Vergangenheit zu bewältigen. (O.m.d.U.) – Ab 16. ✦ Polen 1958 **R** Wojciech J. Has **B** Marek Hlasko, Wojciech J. Has, nach einem Roman von Marek Hlasko **K** Mieczyslaw Jahoda **M** Tadeusz Baird **D** Gustaw Holoubek, Aleksandra Slaska, Teresa Szmigielówna, Tadeusz Fijewski **L** 75 **E** 15.8.1970 WDR III

DIE SCHLINGE (1974) (SB ZATVARA KRUG). Der Staatssicherheitsdienst kann im letzten Moment Saboteure stoppen, die für ausländische Auftraggeber ein Kraftwerk zerstören wollen. Mäßig spannender Agentenfilm. – Ab 16. ✦ Scope. Jugoslawien 1974 **P** Jadran **KI** Progress **R** Miomir Stamenkovic **B** Dragan Markovic, Dusan Porkovic, Miomir Stamenkovic **K** Milivoje Milivojevic **M** Darko Kraljic **D** Slobodan Dimitrijevic, Dusica Zegarac, Dragomir Felba, Rade Markovic, Voja Miric **L** 90 **E** 10.1.1975 Kino DDR/24.1.1976 DFF 2

SCHLINGEN DER ANGST (SLEEP MY LOVE). Ein Mann versucht, seine Frau durch Suggerierung von Angstzuständen in Wahnsinn und Selbstmord zu treiben, um Platz für eine Nachfolgerin zu schaffen. Psychothriller mit melodramatischen Akzenten, gut gespielt, spannend inszeniert und mit stimmungsvoller Kameraarbeit. ✦ Schwarz-weiß. USA 1947 **P** United Artists **KI** Constantin **Pd** Charles »Buddy« Rogers, Ralph Cohn **R** Douglas Sirk **B** St. Clair McKelway, nach einem Roman von Leo Rosten **K** Joseph Valentine **M** Rudy Schrager **D** Claudette Colbert (Alison Courtland), Robert Cummings (Bruce Elcott), Don Ameche (Richard Courtland), Hazel Brooks (Daphne), Rita Johnson (Barby) **L** 97 **FSK** ab 16; nf **E** 1950 Kino/31.3.1973 ZDF **fd** 898

DIE SCHLINGPFLANZE (BLUSZCZ). Eine alleinstehende Frau Mitte Dreißig, die sich nicht mehr zu einer dauerhaften Beziehung fähig glaubt, steckt in einer tiefen Lebenskrise. In ihrer Lethargie gelingt es ihr nicht, auf einen neuen Partner einzugehen. Oberflächliches, unverbindliches Drama, zutiefst pessimistisch in der Grundhaltung. – Ab 14. ✦ Polen 1982 **P** Zespoly Filmowe, Gruppe »Perspektywa« **KI** Progress **R** Hanka Wlodarczyk **B** Anda Rottenberg, Hanka Wlodarczyk **K** Zbigniew Wichlacz **M** Marek Bychowski **D** Monika Niemczyk (Kinga), Ewa Blaszczyk (Marta), Grazyna Dlugolecka (Urszula), Alicja Jachiewicz (Danusia), Justyna Kulczycka (Jutka) **L** 103 **E** 27.9.1985 Kino DDR

SCHLITZAUGE, HALT DIE OHREN STEIF →Zwei Dreschflegel schlagen alles kurz und klein

SCHLITZAUGE SEI WACHSAM (SLEEPING FIST). Ein alter Kung-Fu-Meister bildet einen Jungen zu einem kampfbewährten Haudegen aus, der für die Guten eintritt und die Bösen reihenweise zu Boden zwingt. Yuan in seiner Standardrolle in einem Film mit spielerisch-sportlichen Kampfszenen. (Alternativtitel: »›The Drunken Master‹ in Schlitzauge sei wachsam«) – Ab 16. ✦ Scope. Hongkong 1979 **P** Chou Fu-Liang International **KI** Filmhansa **R** Yeh Yung-Yu **K** Chang Hsi-Chun **D** Yuan Xiao-Tien (= Sim Yuen), Huang I-Lung, Liang Tschia-Yen **L** 85 **FSK** ab 12; nf **E** 19.10.1979 **fd** 22 278

DIE SCHLITZAUGEN MIT DEM SUPERSCHLAG (THE INCREDIBLE KUNG FU MASTER). Zwei Brüder haben einst einen Kung-Fu-Meister im Kampf besiegt. Der Bruder des Besiegten schleust Spione in die Kampfschulen der Sieger ein, um Rache zu nehmen: Ein Schüler verhilft seinen Meistern zum endgültigen Sieg. Klamauk-Eastern, der deutlich durch die Handschrift seines Hauptdarstellers geprägt ist. ✦ Scope. Hongkong 1978 **P** First Film **KI** Splendid **R** Joseph Cheung Tung **D** Samo Hung (= Hung Kim-Po), Tung Wei **L** 81 **FSK** ab 16; nf **E** 1.11.1979 **fd** 22 219

DER SCHLITZER (LA CASA SPERDUTA NEL PARCO). Ein Triebmörder, der seine Opfer vergewaltigt und grausam quält, wird am Ende niedergeschossen und ertränkt. Auf Schockeffekte angelegter Horrorfilm mit gewaltverherrlichender Tendenz. – Wir raten ab. ✦ Italien 1979 **P** F.D. **KI** United Artists **VA** Ufa **R** Ruggero Deodato **B** Gianfranco Clerici, Vincenzo Mannino **K** Sergio d'Offizi **M** Riz Ortolani **S** Vincenzo Tomassi **D** David Hess, Christian Borromeo, Marie-Claude Joseph, Annie Belle, Anca Lahrens **L** 88 **FSK** ab 18; nf **E** 17.4.1981 **fd** 22 929

DAS SCHLITZOHR (TURK 182!). Ein junger Mann kämpft für das Recht seines Bruders, eines Feuerwehrmanns. Dieser rettete unter Einsatz seines Lebens ein Kind, doch wird ihm die Anerkennung dafür verweigert, weil er an seinem dienstfreien Tag Alkohol getrunken hatte. Mit immer neuen Listen versucht er, beim Bürgermeister von New York Gehör zu finden, und als er eine Graffitikampagne mit dem Kürzel »Turk 182«, dem Spitznamen seines Bruders und dessen Feuerwehrnummer, startet, steht bald die ganze Stadt hinter ihm. Komödie, die einigermaßen unterhält, wenn man die banale Geschichte dieses modernen Kreuzzuges akzeptiert. – Ab 16. ✦ USA 1985 **P** 20th Century Fox **VA** CBS/Fox **Pd** Ted Field, René Dupont **R** Bob Clark **B** James Gregory Kingston, Denis Hamill, John Hamill **K** Reginald H. Morris **M** Paul Zaza **S** Stan Cole **D** Timothy Hutton (Jimmy Lynch), Robert Urich (Terry Lynch), Kim Cattrall (Danny Boudreau), Robert Culp (Tyler), Peter Boyle (Ryan) **L** 92 **FSK** ab 16 **E** Januar 1987 Video

EIN SCHLITZOHR AUSSER RAND UND BAND (DELITTO AL RISTORANTE CINESE). Ein römischer Kriminalkommissar hat gleichzeitig gegen Gangster der römisch-chinesischen Unterwelt und gegen die Behörden zu kämpfen, die ihm sein illegal gebautes Strandhaus abreißen wollen. Anspruchsloser Krimiklamauk um den »Superpolizisten« Tony Marroni. – Ab 16 möglich. ✦ Italien 1981 **P** Intercapital **R** Bruno Corbucci **B** Bruno Corbucci, Mario Amendola **K** Giovanni Ciarlo **M** Detto Mariano **S** Daniele Alabiso **D** Tomas Milian, Enzo Cannavale, Bombolo (= Franco Lechner), John Chen, Giacomo Furia

DAS SCHLITZOHR DER DRITTEN KOMPANIE (LES SURDOUES DE LA 1RE COMPAGNIE). Militärklamotte aus Frankreich: Die Verwicklungen und Späße junger Rekruten mit ihren Vorgesetzten. Unoriginell und nur sehr selten witzig. – Ab 16. ✦ Frankreich 1980 **P** Le Goff **KI** C.H./Beka/Elsner **R+B** Michel Gérard **K** Claude Becognée **M** Jean-Pierre Doering **S** Gérard Le Du **D** Bernard Lavalette, Philippe Brizard, Ariane Carletti, Hubert Deschamps, Darry Cowl **L** 86 **FSK** ab 12; nf **E** 23.4.1982 **fd** 23 623

DAS SCHLITZOHR MIT DEM DAMPFHAMMER (FIVE SUPERFIGHTERS). Ein berüchtigter Kung-Fu-Kämpfer verabreicht Meister Ma und seinen drei Schülern eine gehörige Abreibung. Während sich die drei jungen Kampf-Eleven in der Ferne weiterbilden, um sich für die erlittene Schmach rächen zu können, verfällt Ma anscheinend dem Trunke. Doch der Schein trügt. Mit Hilfe einiger Flaschen Reiswein entwickelt er die Kampftechnik des »Drunken Master«. Eastern, der trotz einiger komischer Elemente nur Fans des Genres unterhalten wird. ✦ Scope. Hongkong 1979 **P** Shaw Brothers **KI** Avis/Apollo **D** Hsung Kang, Kwan Tung, Wa Yu, Huo Chao-Sheng **L** 90 **FSK** ab 16; nf **E** 6.6.1980/12.2.1990 Tele 5

DAS SCHLITZOHR MIT DER AFFENTECHNIK (MAD MONKEY KUNG FU). Nach der Gefangennahme einer Artistin und der Verstümmelung ihres Bruders beginnt der von ihm in der Affentechnik ausgebildete Freund seinen Rachefeldzug gegen den bösen Geschäftemacher. Typischer Lehr-Kung Fu-Film mit viel Kanton-Komik. ✦ Scope. Hongkong 1979 **P** Shaw Brothers **KI** Avis/Apollo **R** Liu Chia-Liang **D** Liu Chia-Liang, Xiao Ho, Lo Lieh **L** 86 **FSK** ab 16; nf **E** 7.3.1980 **fd** 22 733

EIN SCHLITZOHR PACKT AUS →Bluff Poker – Ein Schlitzohr packt aus

DAS SCHLITZOHR UND DER BULLE (IL TRUCIDO E LO SBIRRO). Ein unkonventioneller Einzelgänger hilft einem Polizisten, die rücksichtslosen Entführer eines kleinen Mädchens unschädlich zu machen. Brutaler Kriminalreißer, der seine episodisch gegliederte Handlung für zahlreiche grausame Effekte nutzt. – Wir raten ab. ✦ Scope. Italien 1975 **P** Variety/S.G.M. Films **VA** VPS **R** Umberto Lenzi **B** Umberto Lenzi, Giordano Sacchetti **K** Luigi Kuveiller, Nino Celeste **M** Bruno Canfora **D** Tomas Milian, Claudio Cassinelli, Nicoletta Machiavelli, Robert Hundar, Henry Silva **L** 92 **E** 1984 Video **fd** 24 604

DAS SCHLITZOHR VOM HIGHWAY 101 (DELITTO SULL 'AUTOSTRADA). Ein als Fernfahrer getarnter Polizeiinspektor läßt eine Verbrecherbande auffliegen, die LKWs überfällt. Ein Serienprodukt, das nur wenig Action bietet und sie mit müden Sprüchen und rührseligem Beiwerk verbindet. – Ab 16. ✦ Italien 1982 **P** Intercapital **KI** Jugendfilm **R** Bruno Corbucci **B** Bruno Corbucci, Mario Amendola **K** Marcello Masciocchi **M** The Goblins, Franco Micalizzi **S** Daniele Alabiso **D** Tomas Milian (Nico Giraldi), Viola Valentino (Anna), Bombolo (= Franco Lechner) (Venticello), Giorgio Trestini (Carbona), Adriana Russo, Gabriella Giorgelli, Paco Fabrini, Olimpia Dinardo, Tony Kendall **L** 81 **FSK** ab 12; nf **E** 4.11.1983 **fd** 24 264

DAS SCHLITZOHR VON DER MAFIA →My Blue Heaven

DAS SCHLITZOHR VON DER SITTE (LA POLIZIOTTA DELLA SQUADRA DEL BUON COSTUME). Unterstützt von einem Kommissar und seinen zwei Gehilfen, stellt eine Inspektorin des Sittendezernats Untersuchungen über die Prostitution an, wobei sie auch ihre weiblichen Reize einzusetzen weiß. Italienisches Serienprodukt: rasch zusammengepfuscht und schwerfällig inszeniert. ✦ Italien 1980 **P** Dania/Medusa **KI** Kora **R** Michele Massimo Tarantini **B** Francesco Milizia, Marino Onorati, Michele Massimo Tarantini **K** Giancarlo Ferrando **M** Gianfranco Reverberi **S** Raimondo Crociani **D** Edwige Fenech (Gianna d'Amico), Alvaro Vitali (Tarallo), Marino Onorato, Gianfranco Barra, Sal Borgese **L** 81 **FSK** ab 16; nf **E** 11.2.1983 **fd** 23 896

SCHLOCK – DAS BANANENMONSTER (SCHLOCK). Die bekannte Geschichte vom Monster, das die Liebe entdeckt und durch sie stirbt, dient als Vehikel für eine Fülle von Gags. Erstlingsfilm von John Landis, der alte Horrorfilme persifliert und liebevoll Filmzitate aneinanderreiht. Doch nicht nur für Kenner bietet der Film vergnügliche Unterhaltung. – Ab 14. ✦ USA 1972 **P** Gazotskie Films **KI** Ascot **Pd** James C. O'Rourke **R+B** John Landis **K** Bob Collins **M** David Gibson **S** George Folsey jr. **D** John Landis, Eliza Garrett, Saul Kahan, Eric Allison, Charles Villiers **L** 79 **FSK** ab 12; nf **E** 10.9.1982 **fd** 23 629

DAS SCHLOSS (1968). Verfilmung des gleichnamigen Romanfragments von Franz Kafka: Ein Landvermesser kommt in eine unwirtliche Gegend, um in den Dienst einer mysteriösen Schloßverwaltung zu treten, findet jedoch weder ins Schloß noch in die Dorfgemeinschaft Einlaß. Der Film vereinfacht die vielfältigen Bedeutungsschichten und Interpretationsansätze der Vorlage und konzentriert sich vor allem auf die Schilderung einer makaberen Bürokratie, gegen die ein Individuum vergebens seine Autonomie durchzusetzen versucht. Trotz sorgfältiger Detailarbeit und schöner Bilder eine allzu theaternahe, zuweilen kunstgewerbliche Inszenierung. ✦ BR Deutschland/Schweiz 1968 **P** Noelte/Alfa **KI** CS **Pd** Rudolf Noelte, Maximilian Schell **R** Rudolf Noelte **B** Rudolf Noelte, Maximilian Schell, nach einem Romanfragment von Franz Kafka **K** Wolfgang Treu **M** Herbert Trantow **S** Dagmar Hirtz **D** Maximilian Schell (K.), Cordula Trantow (Frieda), Trudik Daniel (Brückenhofwirtin), Helmut Qualtinger (Bürgel), Franz Misar (Artur) **L** 88 **FSK** ab 18; **f FBW** bw **E** 31.8. 1971 **fd** 17 698

DAS SCHLOSS (1996) (DAS SCHLOSS). Die vergeblichen Versuche des Landvermessers K., ins Schloß zu gelangen und sich in der dazugehörenden Dorfgemeinde anzusiedeln. Intensive Verfilmung des Romans von Franz Kafka, die den Schwerpunkt auf die zunehmende Resignation und Vereinsamung der – von Ulrich Mühe eindringlich gespielten – Hauptfigur legt. Die angestrebte Werktreue erfährt durch eine Erzählerstimme Unterstützung, die Stellen aus Kafkas Text vorliest und zum Filmgeschehen in ein Spannungsverhältnis setzt. ✦ Österreich/Deutschland 1997 **P** WEGA-Filmproduktion/ORF/BR/Arte **Pd** Veit Heiduschka **R** Michael Haneke **B** Michael Haneke, nach dem Romanfragment von Franz Kafka **K** Jirí Stibr **S** Andreas Prochaska **D** Ulrich Mühe (K.), Susanne Lothar (Frieda), Frank Giering (Artur), Felix Eitner (Jeremias), Dörte Lyssewski (Olga) **L** 124 **E** 13.12.1997 ORF 2

DAS SCHLOSS DER ABENTEUER →Die Enid Blyton Abenteuer

DAS SCHLOSS DER BLAUEN VÖGEL (LA BESTIA UCCIDE A SANGUE FREDDO). In einem zum feudalen Irrenhaus ausgebauten Schloß wütet ein Massenmörder; nach blutigem Gemetzel kann er gestellt werden. Die dünne Kriminalhandlung ist nur Alibi für ausgespielte Mord- und Sexszenen. (Videotitel: »Der Triebmörder«.) – Wir raten ab. ✦ Scope. Italien 1971 **P** Dauna **KI** Avis **VA** VPS **Pd** Erwin C. Dietrich **R** Fernando Di Leo **B** Fernando Di Leo, Nino Latino, nach einem Roman von Helmut Konsalik **K** Franco Villa **M** Silvano Spadaccino **S** Amedeo Giomini **D** Klaus Kinski, Margaret Lee, Rosalba Neri, Monica Strebel, John Karlsen **L** 84 **FSK** ab 18; nf **E** 5.5.1972/ 1985 Video **fd** 17 844

DAS SCHLOSS DER LEIDENSCHAFT (LURID TALES: THE CASTLE QUEEN). Hanebüchener Erotikfilm. Ein junger Student wird von einer Zigeunerin mittels einer Zeitmaschine ins England des 17. Jahrhunderts versetzt, wo er es mit höfischen Avancen und Intrigen zu tun bekommt. ✦ USA 1996 **R** Ellen Cabot (= David DeCoteau) **D** Shannon Dow Smith, Kim Dawson, Christy Harris, Betsy Lynn George **L** 84 **E** 29.8.1998 SAT 1

DAS SCHLOSS DER LIEBE (CAVALCADE D'AMOUR). Erzählt werden drei Liebesdramen aus drei Epochen, die alle in demselben Schloß stattfinden – in den Jahren 1639, 1839 und 1939 – und von der unglücklichen Liebe einer seiner Bewohnerinnen handeln. Ein weitgehend in Vergessenheit geratener Film des seinerzeit für seinen inszenatorischen Aufwand und seine Akribie bekannten Raymond Bernard (1891–1977), der für dieses melodramatische Renommee-Objekt große Namen der französischen Kultur versammeln konnte. (O.m.d.U.) – Ab 14 möglich. ✦ Schwarz-weiß. Frankreich 1939 **R** Raymond Bernard **B** Jean Anouilh, Jean Aurenche **K** Robert Le Fèbre **M** Darius Milhaud, Arthur Honegger, Roger Desormières **D** Simone Simon (Juliette), Michel Simon (Tyrann/Bischof/Bankier), Saturnin Fabre (Lacouret), Corinne Luchaire (Junie), Janine Darcey (Julie) **L** 92 **E** 7.7.1997 arte

DAS SCHLOSS DER LÜSTE (LE PARFUM DE MATHILDE). Eine junge Frau soll einen exzentrischen Grafen heiraten, weil sie ihn an seine verstorbene Frau erinnert, die eine Nymphomanin war. Die neue Ehefrau soll für die erlittene Schmach des Mannes büßen. Schon am Polterabend zeigt er sein wahres Gesicht, und auch die angereisten Gäste legen ein sexuell freizügiges Verhalten an den Tag. Stereotyper Sexfilm mit sadistischem Einschlag. ✦ Frankreich 1994 **R** Marc Dorcel, Jean Rollin **B** Jean Rollin **D** Lydia Chanel, Christoph Clark, Draghixa, Elodie, Richard Langin **L** 65 **E** 27.7.2000 RTL II

SCHLOSS DER VAMPIRE (HOUSE OF DARK SHADOWS). Ein nach 200 Jahren aus einem Sarkophag befreiter Vampir kann erst nach verzögernden Liebes- und Eifersuchtskomplikationen unschädlich gemacht werden. Horrorfilm mit den üblichen Zutaten, durch die flache Inszenierung zum Gruseln aber kaum geeignet. – Ab 16. ✦ USA 1970 **P** MGM **KI** MGM **Pd+R** Dan Curtis **B** Sam Hall, Gordon Russell **K** Arthur J. Ornitz **M** Robert Cobert **S** Arline Garson **D** Jonathan Frid (Barnabas Collins), Grayson Hall (Dr. Julia Hoffman), Joan Bennett (Elizabeth Collins Stoddard), Kathryn Leigh Scott (Maggie Evans), Roger Davis (Jeff Clark) **L** 97 **FSK** ab 16; nf **E** 8.7.1971 **fd** 17 432

DAS SCHLOSS DER VERLORENEN SEELEN (NIGHT OF DARK SHADOWS). Der letzte Sproß eines alten Clans zieht mit seiner jungen Frau in das Anwesen der Familie ein. Dort wird er in Alpträumen Zeuge jener teuflischen Machenschaften, die seine Vorfahren in der Vergangenheit ausübten. Schließlich wird er selbst zu einem Monster und versucht, seine Frau zu töten. Langweiliger und veralteter Horror in billiger Machart. – Ab 16. ✦ USA 1971 **P** MGM **Pd** Dan Curtis **R** Dan Curtis, Alex Stevens **B** Sam Hall **K** Richard Shore **M** Robert Cobert **S** Charles Goldsmith **D** David Selby (Quentin/Charles Collins), Lara Parker (Angelique), Kate Jackson (Tracy Collins), Grayson Hall (Carlotta Drake), John Karlen (Alex Jenkins) **L** 90 **E** 5.8.1991 RTL plus

DAS SCHLOSS DES GRAUENS (LA VERGINE DI NORIMBERGA). Das Phantom, das die junge Frau eines Schloßbesitzers in Angst und Schrecken versetzt, erweist sich als Geisteskranker. Einer der vielen Horrorfilme, die sich skrupellos auf Edgar Allan Poe berufen. Seine Bezugnahme auf die Nazis, die den Mörder, weil zum Verschwörerkreis des 20. Juli gehörend, durch Versuchsoperationen entstellt und durch Folter zum Wahnsinn getrieben haben, wurde in der deutschen Synchronisation getilgt. ✦ Scope. Italien 1963 **P** Atlantica **Kl** Constantin **Pd** Fred Holliday, Jim Murray **R** Anthony M. Dawson (= Antonio Margheriti) **B** Anthony M. Dawson (= Antonio Margheriti), Gastad Green, Edmond T. Gréville, nach einem Roman von Frank Bogart **K** Richard Palton **M** Riz Ortolani **S** Angel Coly **D** Rossana Podestà, Christopher Lee, Georges Rivière, Jim Dolen, Lucille Saint-Simon **L** 78 **FSK** ab 18; nf **E** 15.5.1964 **fd** 12 929

SCHLOSS DES SCHRECKENS (THE INNOCENTS). Eine junge Gouvernante widmet sich der Erziehung zweier äußerlich wohlerzogener Waisenkinder in einem entlegenen Landhaus. Bald entdeckt sie seltsame Verhaltensweisen der Kinder und beobachtet rätselhafte Erscheinungen. Immer mehr schenkt sie alten Geschichten Glauben, nach denen ein ehemaliger Verwalter und eine frühere Betreuerin der Kinder als böse Mächte von den Kindern Besitz ergriffen haben. Intelligenter, mit subtilen Mitteln inszenierter Thriller, der alptraumhaft die morbide Atmosphäre der Vorlage von Henry James beschwört und virtuos die Schwebe zwischen übersinnlicher Gespenstergeschichte und Wahnwelt einer überspannten jungen Frau hält. Herausragend die Leistung der Hauptdarstellerin. – Ab 16. ✦ Scope, schwarz-weiß. Großbritannien 1961 **P** Achilles **Kl** Deutsche Fox **Pd** Albert Fennell **R** Jack Clayton **B** William Archibald, Truman Capote, nach der Erzählung »The Turn of the Screw« von Henry James **K** Freddie Francis **M** Georges Auric **D** Deborah Kerr (Miss Giddens), Michael Redgrave (der Onkel), Megs Jenkins (Mrs. Grose), Martin Stephens (Miles), Pamela Franklin (Flora) **L** 100 **FSK** ab 16; f **E** 25.5.1962/19.2.1971 ZDF **fd** 11 153

EIN SCHLOSS FÜR BARBARA (ZAMEK PRO BARBORKU). Kleine Hochstapelei mit schlimmen Folgen: Ein aus eigener Machtvollkommenheit zum Flugzeugkapitän avancierter Schlosser rettet sich mit knapper Not aus seinen Aufschneidereien in die Arme einer schönen Frau. Die Komödie serviert ihre Lebensweisheiten auf sehr nette Art. – Ab 14. ✦ Schwarz-weiß. CSSR 1962 **P** Filmstudio Barrandov **Kl** Progress **R** Stanislav Strnad **B** Drahoslav Makovicka, Stanislav Strnad **K** Josef Strecha, Jirí Sámal **M** Jirí Bazant, Jirí Malásek **D** Petr Kostka (Vasek), Rudolf Deyl jr. (Josef), Zuzana Stivínová (Barbara), Karla Chadimová (Blani), Milena Dvorská (Vlasta) **L** 79 **E** 2.8.1963 Kino DDR/14.8.1964 DFF 1

DAS SCHLOSS GEHÖRT MIR (JE SUIS LE SEIGNEUR DU CHATEAU). Frankreich 1954: Um das Überleben der Familie zu sichern, nimmt eine Frau, deren Mann in Indochina vermißt wird, eine Stellung als Gouvernante bei einem verwitweten Mann an. Zunächst scheint alles in Ordnung zu sein, doch bald spürt ihr Sohn, wie der Sohn des Witwers alles daransetzt, seine Vormachtstellung zu unterstreichen. Ein um atmosphärische Dichte bemühter Film, der jedoch einige Entwicklungen seiner Geschichte zu sehr auf die Spitze treibt. – Ab 16. ✦ Frankreich 1988 **P** Odessa **R** Régis Wargnier **B** Régis Wargnier, Alain Le Henry, nach dem Roman »I am the King of the Castle« von Susan Hill **K** François Catonne **M** Sergej Prokofjew **S** Geneviève Winding **D** Jean Rochefort (M. Bréaud), Dominique Blanc (Mme Vernet), Régis Arpin (Thomas Bréaud), David Béhar (Charles Vernet) **L** 88 **E** 5.6.1995 arte

SCHLOSS GRIPSHOLM. Ein Schriftsteller und seine Freundin erleben während eines Urlaubs in Schweden eine melancholische Liebesromanze, nach der beide wieder in ihren hektischen Großstadtalltag zurückkehren. Leicht aktualisierte Verfilmung des gleichnamigen Tucholsky-Romans, dessen heiter-ironische Geschichte vom Zusammenprall naiver Romantik mit intellektueller Skepsis von Komödienspezialisten Kurt Hoffmann zu anspruchsloser Kinounterhaltung verarbeitet wird. ✦ Scope. BR Deutschland 1963 **P** Independent **Kl** Gloria/Schorcht **Pd** Georg Richter **R** Kurt Hoffmann **B** Herbert Reinecker, nach dem Roman von Kurt Tucholsky **K** Richard Angst **M** Hans-Martin Majewski **S** Kurt Hoffmann, Ursula Kahlbaum **D** Jana Brejchová (Lydia), Walter Giller (Kurt), Hanns Lothar (Karlchen), Agnes Windeck (Frau Kremser), Nadja Tiller (Billie) **L** 99 **FSK** ab 18; nf **FBW** w **E** 4.10.1963/7.8.1964 Kino DDR/26.12.1969 DFF 1 **fd** 12 278

DAS SCHLOSS HINTERM REGENBOGEN (TINERETE FARA BATRINETE). Ein Bauernsohn macht sich auf den Weg, um das Reich der ewigen Jugend zu suchen. Nach vielen Abenteuern gelangt er in das Reich der Unsterblichkeit und kann die Tochter des Herrschers zur Frau nehmen. Doch inmitten seines Glücks erfaßt ihn die Sehnsucht nach den Eltern, er verläßt mit seiner Frau das Märchenreich und kehrt in die Welt der Menschen zurück. Rumänischer Märchenklassiker. – Ab 8. ✦ Rumänien 1969 **P** Filmstudio Bucuresti **Kl** Progress **R** Elisabeta Bostan **B** Elisabeta Bostan, nach einem rumänischen Volksmärchen **K** Julius Druckmann **M** Temistocle Popa **D** Carmen Stanescu (Sonnenblumenmädchen), Emanoil Petrut (Bauernsohn), Ana Szeles, Mircea Breazu, Nicolae Secareanu, Ion Tugearu, Mihai Paladescu **L** 97 **E** 7.8.1970 Kino DDR/14.11.1973 DFF 1

SCHLOSS HUBERTUS (1934). Nachdem er beim Ausnehmen eines Adlernests erblindet, besiegt ein cholerischer bayrischer Aristokrat den Standesdünkel und gibt seinen Kindern und deren bürgerlichen Partnern seinen väterlichen Segen. Sentimentales Heimatdrama vor dräuenden Bergkulissen. – Ab 12. ✦ Schwarz-weiß. Deutschland 1934 **P** UFA **Kl** Kopp/Unitas **R** Hans Deppe **B** Willy Rath, Philipp Lothar Mayring, Peter Ostermayr, nach dem gleichnamigen Roman von Ludwig Ganghofer **K** Karl Attenberger, Peter Haller **M** Franz R. Friedl **D** Hansi Knoteck, Paul Richter, Friedrich Ulmer, Arthur Schröder, Hans Schlenck **L** 85 **FSK** ab 12; f **E** 27.7.1934 **fd** 761

SCHLOSS HUBERTUS (1954). Jagdleidenschaft, Gesellschaftskonflikte, Liebes- und Generationenprobleme in einer bayrischen Grafenfamilie. Neuverfilmung des Ganghofer-Romans auf durchschnittlichem Heimatfilmniveau, aber diesmal in Farbe. – Ab 10. ✦ BR Deutschland 1954 **P** Peter Ostermayr **Kl** Kopp **Pd** Peter Ostermayr **R** Helmut Weiss **B** Peter Ostermayr, nach dem gleichnamigen Roman von Ludwig Ganghofer **K** Franz Koch **M** Bernhard Eichhorn **S** Adolph Schlyßleder **D** Friedrich Domin (Graf Egge), Marianne Koch (Kitty), Lil Dagover (Baronin Kleesberg), Michael Heltau (Forbeck), Paul Richter **L** 90 **FSK** ab 6; f **E** 24.8.1954 **fd** 3 498

SCHLOSS HUBERTUS (1973). Ganghofers Roman vom herzensharten, jagdfreudigen Grafen und den Konflikten mit seinen grundverschiedenen Kindern in einer Verfilmung, die auf die Möglichkeiten des Scopeformats vertraut. – Ab 12. ✦ Scope. BR Deutschland 1973 **P** CTV 72 **Kl** Constantin **R** Harald Reinl **B** Werner P. Zibaso, nach dem gleichnamigen Roman von Ludwig Ganghofer **K** Ernst W. Kalinke, Achim Gitt **M** Ernst Brandner **S** Ingeborg Taschner **D** Robert Hoffmann (Franz Hornegger), Karlheinz Böhm (Tassilo), Karl Lange (Graf Egge), Ute Kittelberger (Kitty), Klaus Löwitsch **L** 96 **FSK** ab 6; f **E** 19.12.1973 **fd** 18 645

SCHLOSS IM MOND → Schönste, liebe mich

DAS SCHLOSS IM SCHATTEN (MOONFLEET). Romantische Schmugglerballade an Südenglands Küste im 18. Jahrhundert: Der zehnjährige Waisenjunge John sucht nach dem früheren Verlobten seiner Mutter, der ihm zum Vormund bestimmt ist. Jeremias Fox entpuppt sich jedoch als eleganter Gentlemanverbrecher, der mit dem Kind zunächst nichts anfangen kann. Beide bestehen gemeinsam gefährliche Abenteuer, die für John zur Bewährungsprobe und für Fox zur moralischen Läuterung werden. Fritz Langs aufwendigste Hollywood-Produktion ist nur auf den ersten Blick ein bunter Abenteuerfilm nach gängigem Muster. Ein fatalistischer Gestus und eine düstere Stimmung beherrschen das Klima der Geschichte; in zahlreichen Details, vor allem in der virtuosen Raum- und Lichtregie macht sich die persönliche Handschrift des Regisseurs bemerkbar. – Ab 14. ✦ Scope. USA 1955 **P** MGM **Kl** MGM **Pd** John Houseman **R** Fritz Lang **B** Jan Lustig, Margaret Fitts, nach einer Erzählung von J. Meade Faulkner **K** Robert Planck **M** Miklos Rozsa **S** Albert Akst **D** Stewart Granger (Jeremy Fox), George Sanders (Lord Ashwood), Joan Greenwood (Lady Ashwood), Viveca Lindfors (Mrs. Minton), Jon Whiteley (John Mohune), Liliane Montevecchi (Tänzerin), Melville Cooper (Felix Ratsey), Sean McClory (Elzevir Block), Alan Napier, John Hoyt, Donna Corcoran, Jack Elam **L** 90 **FSK** ab 16; nf **E** 31.3.1956/30.10.1974 WDR III **fd** 4 871

DAS SCHLOSS IM SPINNWEBWALD (KUMONOSU-DJO). Shakespeares »Macbeth«, inhaltlich getreu und formal brillant in eine stilisierte japanische Ritterzeit versetzt. Das blutige Drama vom Königsmord aus maßlosem Ehrgeiz bekommt jedoch einen modernen Akzent. Ebenso abschreckend wie der skrupellose Kampf um die Macht zeigt sich die Unterdrückung der Machtlosen. Kurosawa entfaltet ein Samurai-Epos von überwältigender visueller Kraft, dessen ethische Grundproblematik universelle Bedeutung bekommt. Eine gelungene Synthese aus europäischer Literaturtradition und den rituellen Darstellungsformen der japanischen Kultur. – Sehenswert ab 16. ✦ Schwarz-weiß. Japan 1957 **P** Toho **Kl** Silver Cine **Pd** Sojiro Motoki, Akira Kurosawa **R** Akira Kurosawa **B** Hideo Oguni, Shinobu Hashimoto, Ryuzo Kikushima, Akira Kurosawa, nach einem Theaterstück von William Shakespeare **K** Asakazu Nakai **M** Masaru Satô **S** Akira Kurosawa **D** Isuzu Yamada (Asaji), Toshirô Mifune (Taketoki Washizu), Takashi Shimura (Noriyasu Odagaru), Minoru Chiaki (Yoshiaki Miki), Chieko Naniwa (Hexe) **L** 110 **E** 30.8.1965 ARD **fd** 15 313

DAS SCHLOSS IN DEN ARDENNEN (CASTLE KEEP). Ein Trupp amerikanischer Verwundeter wird gegen Ende des Zweiten Weltkrieges in ein Schloß in den Ardennen verlegt. Die mit Langeweile und Sex ausgefüllten Ruhetage finden ein blutiges Ende, als der Major sich gegen die anrückenden deutschen Truppen verschanzt. Ein unsicher zwischen Kolportage und Kritik inszenierter Kriegsfilm, der zum Ende hin in Zerstörungswut schwelgt. ✦ Scope. USA/Jugoslawien 1968 **P** Filmways/Avala **Kl** Columbia **Pd** Martin Ransohoff **R** Sydney Pollack **B** Daniel Taradash, David Rayfiel, nach einem Roman von William Eastlake **K** Henri Decaë **M** Michel Legrand **S** Malcolm Cooke **D** Jean-Pierre Aumont (Graf de Maldorais), Patrick O'Neal (Catain Beckman), Scott Wilson (Corporal Clearboy), Peter Falk (Sergeant Rossi), Burt Lancaster (Major Falconer) **L** 108 **FSK** ab 16; f **E** 16.10.1969 **fd** 16 447

DAS SCHLOSS IN DEN KARPATEN (CASTELUL DIN CARPATI). Ein junger Mann begibt sich auf die Suche nach dem Besitzer eines verlassenen Karpatenschlosses, der sich – von den Habsburgern verbannt – in Italien aufhalten soll. Es stellt sich heraus, daß der wohlhabende Schloßbesitzer die Erfindung eines jungen Gelehrten finanziert, mit dem er die Leidenschaft für die faszinierende Stimme einer schönen Sängerin teilt. Fantastischer Film nach Motiven des gleichnamigen Romans von Jules Verne. – Ab 16. ✦ Rumänien 1981 **P** Filmstudio Bucuresti **R** Stere Gulea **B** Nicolae Dragow, Mihai Stoian, nach dem Roman von Jules Verne **K** Valentin Ducaru **D** Cornel Ciupercescu, Maria Banica, Octavian Cotescu, Zoltán Vadász, Adrian Mazarache **L** 80 **E** 18.6.1982 DFF 1/20.3.1994 MDR

DAS SCHLOSS IN FLANDERN. Ein aus seiner adligen Familie ausgestoßener britischer Offizier versucht fünf Jahre nach dem Krieg, eine Sängerin kennenzulernen, die von den Offizieren seiner Einheit verehrt wurde. Unterhaltung aus dem deutschen Vorkriegskino; anspruchslos und mit vielen Musikeinlagen. – Ab 12 möglich. ✦ Schwarz-weiß. Deutschland 1936 **P** Tobis Magna **Kl** Transit **R** Géza von Bolváry **B** Curt J. Braun **K** Werner Brandt **M** Franz Grothe **D** Martha

Eggerth (Gloria Delamare), Paul Hartmann (Fred Winsbury), Hilde Weissner (Lady Margret), Sabine Peters, Otto Wernicke (Bonnet) **L** 91 **FSK** ab 6; f **E** 14.8.1936/22.1.1974 ZDF **fd** 24789

EIN SCHLOSS IN NEW YORK (MAN'S CASTLE). Ein Vagabund lebt zur Zeit der Depression in einer elenden Gegend New Yorks mit einer Gruppe von Außenseitern zusammen. Durch ein Mädchen, das er hilflos und hungrig findet, trennt er sich von seiner Freundin und heiratet es, als es ein Kind erwartet. Eines der schönsten Melodramen des Hollywood-Romantikers Borzage. ✦ Schwarz-weiß. USA 1933 **P** Columbia Pictures **R** Frank Borzage **B** Jo Swerling, nach einem Bühnenstück von Lawrence Hazard **K** Joseph August **D** Spencer Tracy, Loretta Young, Glenda Farrell, Walter Connolly, Arthur Hohl **L** 65 (Orig. 75) **E** 6.4.1974 WDR

EIN SCHLOSS IN SCHWEDEN (CHATEAU EN SUEDE/ IL CASTELLO IN SVEZIA). Ein junger Mann besucht das Schloß seiner Verwandten, die in obskuren inzestuösen Beziehungen leben und den Neuankömmling in eine makabre Liebes- und Mordaffäre verwickeln. Kostümfilm von Roger Vadim, der ausgiebig in Dekadenz schwelgt, aus der Verbindung von schwüler Erotik mit romantischen Horrorfilmklischees aber nur mäßige Unterhaltung entwickelt. ✦ Scope. Frankreich/Italien 1963 **P** Corona/Euro International **KI** United Artists **Pd** Robert Dorfmann **R** Roger Vadim **B** Roger Vadim, Claude Choublier, nach einem Bühnenstück von Françoise Sagan **K** Armand Thirard **M** Raymond le Sénéchal **S** Victoria Spiri Mercanton **D** Jean-Claude Brialy (Sébastien), Monica Vitti (Eléonore Falsen), Curd Jürgens (Hugo Falsen), Françoise Hardy (Ophelia), Jean-Louis Trintignant (Eric) **L** 102 **FSK** ab 18; nf **E** 20.3.1964 **fd** 12678

DAS SCHLOSS IN TIROL. Ein Hubschrauberkonstrukteur hat kein Glück, als er seine Erfindung an einen vermeintlich reichen Amerikaner verkaufen will, aber viel Glück bei der Wahl einer reichen Ehepartnerin. Harmloses Lustspiel im Heimatfilmstil. – Ab 12 möglich. ✦ BR Deutschland 1957 **P** Rhombus **KI** Ufa **Pd** Georg M. Reuther **R** Géza von Radványi **B** Géza von Radványi, Gina Kaus, Kurt Nachmann **K** Bruno Mondi **M** Ernst Brandner **S** Alfred Srp **D** Erika Remberg, Karlheinz Böhm, Maria Andergast, Gustav Knuth, Richard Romanowsky **L** 86 **FSK** ab 12; nf **E** 10.10.1957 **fd** 6281

SCHLOSS KÖNIGSWALD. Acht adelige alte Damen erwarten auf einem böhmischen Schloß das Ende des Zweiten Weltkrieges und werden in kurzer Zeit verteidigt, beschützt und befreit von deutschen Soldaten, Amerikanern und Russen. Schließlich ergreifen sie noch einmal die Flucht in Richtung Stammsitz am Rhein. Eine auf Grund der zeithistorisch kritischeren Vorlage von Horst Bienek zu vorsichtige und widersprüchlich angelegte Komödie, deren politischer Hintergrund nicht mehr zum Tragen kommt. Das auch künstlerisch interessante Ereignis ist der gelungene Wiederauftritt einer bühnenmäßig exzellent agierenden alten Schauspielergarde. (TV-Titel: »Die letzte Geschichte von Schloß Königswald«) – Ab 14. ✦ BR Deutschland 1987 **P** Peter Schamoni Prod./Allianz/ZDF **KI** Warner Bros. **VA** VCL/Virgin **Pd+R** Peter Schamoni **B** Horst Bienek, Peter Schamoni, nach einem Roman von Horst Bienek **K** Gérard Vandenberg **M** Ralph M. Siegel **S** Angelika Siegmeier **D** Camilla Horn (Fürstingroßmutter), Carola Höhn (Gräfin Dohna), Marianne Hoppe (Gräfin Hohenlohe), Fee von Reichlin (Baronin Schweinitz), Marika Rökk (Freifrau von Böhme), Dietlinde Turban (Fürstin Ursela), Anja Kruse (Milka Piontek), Wolfgang Fierek, Heino Ferch **L** 89 **FSK** ab 6; f **E** 14.1.1988/20.7.1988 Video **fd** 26621

DAS SCHLOSS MEINER MUTTER (LE CHATEAU DE MA MERE). Zweiteilige Verfilmung der Kindheitserinnerungen des französischen Schriftstellers, Bühnen- und Filmautors Marcel Pagnol, die das bescheidene harmonische Leben seiner Familie um die Jahrhundertwende nachgezeichnet. Im Mittelpunkt des zweiten Teils stehen Marcels erste große Liebe und die sich daraus ergebende Enttäuschung sowie die Einsicht, daß »Männerfreundschaften« wichtiger als Liebeständeleien sind. Der liebevoll inszenierte, von zartem Humor getragene Film besticht vor allem durch seine wunderschön fotografierten Landschaftsaufnahmen und das sensible und natürliche Spiel der Darsteller. (Titel des ersten Teils: »Der Ruhm meines Vaters«) – Sehenswert ab 10. ✦ Frankreich 1990 **P** Gaumont/Productions de la Guéville/TF 1 **KI** Jugendfilm **VA** atlas/Universum **Pd** Alain Poiré **R** Yves Robert **B** Jérôme Tonnerre, Yves Robert, nach einem Roman von Marcel Pagnol **K** Robert Alazraki **M** Vladimir Cosma **S** Pierre Gillette **D** Philippe Caubère (Joseph Pagnol), Nathalie Roussel (Augustine Pagnol), Didier Pain (Onkel Jules), Thérèse Liotard (Tante Rose), Jean Rochefort (Lois de Montmajour) **L** 98 **FSK** ab 6; f **FBW** w **E** 22.8.1991/ 28.10.1992 Video/17.12.1994 H 3 **fd** 29004

SCHLOSS UND SIEGEL. Durch eine Kontaktanzeige, die in einer Arbeitshose versteckt und gefunden wird, nehmen zwei Inhaftierte schriftlichen Kontakt auf. Aus der Brieffreundschaft wird Liebe, deren Zukunft nach einer persönlichen Begegnung ungewiß bleibt. Eine teils ideenreiche, aber letztlich belanglose Komödie mit Fernsehcharakter. – Ab 16. ✦ BR Deutschland 1986 **P** Frankfurter Filmwerkstatt/ZDF **KI** Pandora **SF** atlas **Pd** Michael Smeaton, Ute Lüers **R** Heidi Ulmke **B** Geraldine Blecker, Heidi Ulmke **K** Jörg Jeshel **M** Peter W. Schmitt **S** Susanne Hartmann **D** Christiane Carstens (Babsie), Karl Maslo (Michael), Susanne Bredehöft (Andy), Geraldine Blecker (Susan), Gerd Knebel (Klaus) **L** 81 **FSK** ab 12; f **FBW** w **E** 5.3.1987/18.8.1987 ZDF **fd** 26055

SCHLOSS VOGELÖD. Schwaches Remake des gleichnamigen Stummfilms von Murnau (1921): Von zwei feindlichen Brüdern einer gräflichen Familie eignet sich der ältere Braut und Erbteil des ausgewanderten jüngeren an. Nach dessen Rückkehr verschwindet der Schloßherr auf rätselhafte Weise. Der Verdacht fällt auf den Heimkehrer, der nunmehr bis zum Happy-End um seine Rehabilitierung kämpft. Endloses Gerede im Papierdeutsch von Heftchenromanen; dazu noch hölzern gespielt. ✦ Schwarz-weiß. Deutschland 1936 **P** Tonlicht **KI** Ufa **R** Max Obal **B** Peter Francke, Rudolf Stratz, frei nach dem gleichnamigen Roman von Rudolf Stratz **K** Karl Attenberger **M** Friedrich Wilhelm Rust **D** Carola Höhn, Hans Stüwe, Hans Zesch-Ballot, Käthe Haack, Walter Steinbeck **L** 79 **E** 19.3.1936/25.5.1987 DFF 1

SCHLÖSSER. Ein junger, dynamischer Geschäftsmann, der es mit Sicherheitsschlössern und Alarmanlagen zu Ansehen gebracht hat, will in lukrativere Geschäfte einsteigen und beabsichtigt, ein Hamburger Feinschmeckerlokal zu übernehmen. Das Geld zum Kauf erhofft er sich von seinem Vater. Obwohl dieser nicht gewillt ist, den Sohn zu unterstützen, treibt dieser das Geschäft voran, bis er erkennen muß, daß sein Traum wie eine Seifenblase zerplatzt. Ein Film über Sicherheits- und Wolkenschlösser, der von der Beständigkeit der einen und der Unbeständigkeit der anderen handelt. ✦ BR Deutschland 1990 **P** Vulcano M. **Pd** Christian Faust **R+B** Peter Zobel **K** Kay Gauditz **M** Gilles Zimmermann **S** Vera Burnus **D** Jophi Ries (Martin), Jürgen Arndt (Vater), Christian Polito (Philipp), Siegfried Kernen (Regert), Katharina Abt (Kindergärtnerin) **L** 81 **E** 12.11.1990 ZDF

SCHLÖSSER UND KATEN – 1. DER KRUMME ANTON / 2. ANNEGRETS HEIMKEHR. Zweiteiliger Film über die gesellschaftliche Entwicklung der DDR auf dem Lande in den Jahren 1945–53. Im Mittelpunkt stehen die Tochter eines ehemaligen Gutsherrn und ihr Ziehvater, der »Krumme Anton«, der früher als Knecht auf dem Hof arbeitete. Das umfassende Thema wird von der weit ausholenden Dorfballade trotz guter Darsteller inszenatorisch nicht immer bewältigt; neben vielen menschlich packenden Szenen stehen auch konstruierte und psychologisch wenig glaubhafte Handlungsmomente. Politisch ist der Film von Interesse, weil er sich ganz dem Aufbau eines sozialistischen Vaterlandes verschrieben hat: Überzeugte Funktionäre richten die Kleinmütigen auf, und wenn am Ende ein sowjetischer Mähdrescher die Ernte einfährt, ist nicht nur das Plansoll erfüllt, sondern auch der Sinn für eine Zusammenlegung der Felder-/Produktionseinheiten gestiftet. Zudem einer der wenigen DEFA-Filme, in denen der Volksaufstand des 17. Juni 1953 thematisiert und durchaus kritisch mit SED-Parteientscheidungen umgegangen wird. – Ab 14 möglich. ✦ Schwarz-weiß. DDR 1957 **P** DEFA **KI** Progress **VA** Icestorm **Pd** Hans Mahlich **R** Kurt Maetzig **B** Kuba (= Kurt Barthel), Kurt Maetzig **K** Otto Merz **M** Wilhelm Neef **S** Ruth Moegelin **D** Raimund Schelcher (Krummer Anton), Erika Dunkelmann (Marthe), Karla Runkehl (Annegret), Erwin Geschonneck (Bröker), Harry Hindemith (Kalle), Wilhelm Puchert (Jens Voss), Angelika Hurwicz (Hede), Dieter Perlwitz (Klimm), Ekkehard Schall (Ekkehart Bröker), Lotte Loebinger (Situra), Helga Göring **L** 203 (105/98) **FSK** ab 12/ab 6 **E** 8.2.1957 Kino DDR/10.6.1993 ORB/26.1.1999 Video

DIE SCHLUCHT (OBRYW). Rußland in der Mitte des 19. Jahrhunderts. Ein Landadliger kehrt nach Beendigung des Studiums von St. Petersburg auf seinen Landsitz zurück. Das Werben um eine Cousine scheitert, er zieht sich von seiner Umwelt zurück. Verfilmung eines Romans, der das Leben der russischen Gesellschaft an der Schwelle großer sozialer Veränderungen beschreibt. – Ab 14. ✦ UdSSR 1983 **P** Lenfilm **R** Wladimir Wengerow **B** Wladimir Wengerow, nach dem Roman von Iwan Gontscharow **K** Anatoli Sabolozki **M** Isaak Schwarz **D** Georgi Antonow (Reiski), Jelena Finogejewa (Vera), Nikolai Kotschegarow (Mark Wolochow), Jelena Solowej (Krizkaja), Marina Jakowlewa **L** 165 **E** 26.4.1986 DFF 2

DIE SCHLUCHT DER WÖLFE (LA BOCA DEL LOBO). Ordnungskräfte der peruanischen Armee besetzen ein kleines Dorf in den Anden, wo die Terrororganisation »Leuchtender Pfad« mehrere Bewohner umgebracht hat. Ein Oberleutnant, der die Ordnung mit legalen Mitteln wiederherstellen will, wird ermordet; sein Nachfolger, berüchtigt für seine skrupellosen Methoden, geht willkürlich gegen die Dorfbewohner vor, die in seinen Augen allesamt Terroristen sind. Als der Kreislauf der Gewalt vollends außer Kontrolle gerät und der Kommandant ein furchtbares Exempel statuieren will, bringt nur ein junger Soldat den Mut auf, sich aufzulehnen. Der Film setzt sich mit den Exzessen und der Eskalation von Gewalt und Terror in Peru auseinander, innerhalb deren die vordergründigen Fronten zwischen »Gut« und »Böse« verschwimmen und Begriffe wie Moral und Menschlichkeit keine Rolle mehr spielen. (Österreichischer Fernsehtitel: »Peruanisches Roulette«) ✦ Peru/Spanien 1988 **P** Inca/Tornasol **R** Francisco José Lombardi **B** Augusto Cabada, Giovanna Pollarolo, Gerardo Herrero **K** José Luis López-Linares **M** Bernardo Bonezzi **S** Juan Ignacio San Mateo **D** Gustavo Bueno (Oberleutnant Roca), Tono Vega (Vitin Luga), José Tejada (Gallardo), Gilberto Torres (Unteroffizier Moncada), Berta Pagaza (Julia) **L** 117 **E** 5.7.1992 ZDF

DIE SCHLUCHT DES GRAUENS (CANYON RIVER). Ein Viehzüchter, der durch Kreuzung zweier Rassen eine besonders widerstandsfähige Rinderart züchten will, behauptet sich gegen einen Verräter und marodierende Viehdiebe. Durchschnittswestern. – Ab 12. ✦ Scope. USA 1956 **P** Allied Artists **KI** RKO **Pd** Richard Heermance **R** Harmon Jones **B** Daniel B. Ullman **K** Ellsworth Fredricks **M** Harry Eisen **S** George White **D** George Montgomery (Steve Patrick), Peter Graves (Bob Andrews), Marcia Henderson (Janet Hale), Richard Eyer (Chuck Hale), Walter Sande (Maddox), Robert Wilke (= Robert J. Wilke) (Graycoe), Alan Hale jr. (Lynch), John Harmon (Ben), Jack Lambert (Kincaid), William Fawcett (Jergens) **L** 80 **FSK** ab 12; nf **E** 7.6.1957 **fd** 5931

SCHLUCHT DES VERDERBENS (GUN GLORY). Einem

ehemaligen Revolverhelden schlägt bei seiner Rückkehr ins bürgerliche Leben Mißtrauen entgegen, bis er gegen skrupellose Viehhändler seinen Wert unter Beweis stellen kann. Vergleichsweise sorgfältig inszenierter und gut gespielter Western, der das Motiv der Selbstverteidigung zum Plädoyer für den Waffengebrauch nutzt. – Ab 16. ✦ Scope. USA 1957 **P** MGM **KI** MGM **Pd** Nicholas Nayfack **R** Roy Rowland **B** William Ludwig, nach einem Roman von Philip Yordan **K** Harold J. Marzorati **M** Jeff Alexander **S** Frank Santillo **D** Stewart Granger (Tom Early), Rhonda Fleming (Jo), James Gregory (Grimsell), Chill Wills (Pfarrer), Steve Rowland (Tom Early jr.), Jacques Aubuchon (Sam Winscott), Arch Johnson (Gunn), William Fawcett (Martin), Carl Pitti (Joel), Ed Mundy **L** 88 **FSK** ab 12; nf **FBW** 19 **E** 27.3.1958 **fd** 6 528

SCHLUCHTENFLITZER. Probleme auf dem Lande als Hintergrund für die Geschichte eines 17jährigen Bauernsohnes, der seine Sehnsucht nach Freiheit und Selbständigkeit durch Mopedfahren und Diskothekbesuche zu verwirklichen sucht. Kinofassung des dreiteiligen Fernsehfilms von Rüdiger Nüchtern, der sich mit Originalschauplätzen und Laiendarstellern um Authentizität bemüht. Zugeständnisse an filmische Konventionen zum Zweck einer allzu unreflektierten Publikumsnähe sind jedoch unübersehbar. ✦ BR Deutschland 1978 **P** Monika Nüchtern/BR **KI** Tobis **Pd** Monika Nüchtern, Inge Richter **R+B** Rüdiger Nüchtern **K** Jürgen Jürges **M** Jörg Evers **S** Manja Rock, Susanne Hartmann **D** Hans Kollmannsberger (Andy Schwaiger), Hans Brenner (Vater Schwaiger), Ruth Drexel (Mutter Schwaiger), Bernard Hatzke (Lasso), Verene Disch (Roswitha) **L** 113 **FSK** ab 12; f **FBW** w **E** 5.4.1979 **fd** 21 176

EIN SCHLUCK MIT FOLGEN (COUP DE JEUNE). Eine als modernes Märchen konzipierte Geschichte um einen greisen Wissenschaftler auf der Suche nach der Formel für die ewige Jugend. Im Selbstversuch nimmt er eines Tages einige Substanzen ein, erwacht daraufhin als Kind und sieht sich mit den entsprechenden Problemen konfrontiert. Ein schwach inszenierter Erstlingsfilm mit vielen sich wiederholenden und vorhersehbaren Gags, die das Paradoxon des Kindes im Manne nicht erfassen und kaum Interesse fürs Thema wecken können. – Ab 16. ✦ Frankreich 1991 **P** Xavier Gélin Prod. **Pd+R** Xavier Gélin **B** Philippe Setbon, Xavier Gélin, nach einem Roman von Luis Garcia Gallo **K** Flore Thulliez **M** Vladimir Cosma **S** Marie Robert **D** Martin Lamotte (Jean Max), Ludmila Mikael (Anne-Christine), Jean Carmet (Ponsard), Daniel Gélin (Gaudéamus (75 Jahre)), Jean-Pierre Castaldi (Maurice Verret) **L** 103 (TV 89) **E** 13.8. 1997 tm 3

SCHLUCKAUF. Eine unscheinbare Frau aus der Provinz eifert in der Großstadt einem extravaganten Starmannequin nach. Erst später erkennt die selbsternannte »Schülerin«, daß ihr Vorbild selbstbetrügerischen Illusionen und Lebens-Hochstapeleien zu erliegen droht. An Ende sind beide Frauen zu ihrer wahren Größe gewachsen bzw. geschrumpft. Eine mit anarchistischem Witz erzählte Komödie; die überzeugenden Hauptdarstellerinnen, die Leichtigkeit der Inszenierung, eine exzellente Kamera und virtuose Montagetechnik machen den Film zu einem rundum gelungenen Vergnügen. – Ab 14. ✦ Deutschland 1992 **P** Roland Klick Prod. **SF** Eigenverleih **R+B** Roland Klick **K** Henning Zick **M** Peter Jahn **D** Irene Findeisen, Cathy Haase, Peter Hugo Daly **L** 92 **E** 1992 Kino

DIE SCHLÜMPFE UND DIE ZAUBERFLÖTE (LA FLUTE A SIX SCHTROUMPFS). In einem mittelalterlichen Königreich: Eine zum Tanzen zwingende Zauberflöte fällt einem Bösewicht in die Hände, dessen verbrecherischem Treiben erst ein Ende gesetzt werden kann, als der Hofnarr und der junge Prinz aus dem Zwergenreich eine gleichartige Flöte beschaffen. Zeichentrickfilm mit einigen hübschen Gags und vielen Songs. – Ab 8. ✦ Belgien/Frankreich 1975 **P** Edition J. Dupuis/Belvision **KI** Jugendfilm **R** M. Peyo **B** M. Peyo, Yvan Delporte **M** Michel Legrand **L** 74 **FSK** ab 6; f **E** 7.10.1976 **fd** 20 023

SCHLUSS MIT LUSTIG (DEAD FUNNY). »Schwarze« Komödie. Das turbulente Leben eines New Yorker Pärchens findet ein abruptes Ende, als nach einer wilden Party die Frau den Mann mit einem Samurai-Schwert auf dem Küchentisch festgenagelt vorfindet. Nun versucht sie sich an die Ereignisse des vergangenen Abends zu erinnern. ✦ USA 1994 **R** John Feldman **D** Andrew McCarthy (Reggie), Elizabeth Pena (Viv), Paige Turco (Louise), Blanche Baker (Barbara), Allison Janney (Jennifer) **L** ca. 100 **E** 29.7. 1996 VOX

SCHLUSSAKKORD (1936). Hanna, eine jungverheiratete Frau, die ihr Baby zurückließ, um den wegen einer Straftat flüchtigen Mann nach Amerika zu begleiten, kehrt nach dessen Selbstmord heim: Sie will ihr Kind. Unerkannt tritt sie eine Stelle als Erzieherin im Hause jenes Generalmusikdirektors an, der den Jungen adoptiert hat, um seine Ehe zu retten. Als dessen Gattin an einer Überdosis Morphium stirbt, wird Hanna verhaftet. Der Strafprozeß endet mit einer Überraschung. Das schauspielerisch kultivierte Melodram inszenierte Douglas Sirk (= Detlev Sierck) zu Beginn seiner UFA-Zeit. – Ab 16. ✦ Schwarz-weiß. Deutschland 1936 **P** UFA **VA** Ufa **R** Detlef Sierck (= Douglas Sirk) **B** Kurt Heuser, Detlef Sierck (= Douglas Sirk) **K** Robert Baberske **M** Kurt Schröder **S** Milo Habich **D** Willy Birgel (Generalmusikdirektor), Lil Dagover (Charlotte Garvenberg), Maria von Tasnady (Hanna), Maria Koppenhöfer (Wirtschafterin Freese), Kurt Meisel (Baron Salviany) **L** 102 **E** 27.6.1936/29.9.1977 BR

SCHLUSSAKKORD (1960). Liebe und fünf hochzeitsreife Paare in einem Salzburger Festspielfilm. Es geht um die Uraufführung einer Kurzoper und ihren eifersüchtigen Komponisten: Er verprügelt den Ersten Tenor und erschießt beinahe den Zweiten. Dazwischen singt Mario Monaco, Italiens Startenor, Leoncavallo, Verdi und Auric. Liebeneiner inszenierte den pompösen Krampf ausladend und ernsthaft. – Ab 16. ✦ BR Deutschland/Frankreich/Italien 1960 **P** Tele/Films modernes/Cosmos **KI** Gloria **Pd** Carl Szokoll **R** Wolfgang Liebeneiner **B** John Kafka **K** Georg Bruckbauer **M** Georges Auric **S** Ilse Wilcken **D** Eleonora Rossi-Drago (Linda Valore), Viktor de Kowa (Alexander von Berlin), Christian Wolff (Freddy), Christian Marquand (Frank Leroux), Marion Michael (Jacqueline Petersen) **L** 102 **FSK** ab 12; nf **E** 23.12. 1960 **fd** 9 834

DIE SCHLÜSSEL. Während ihres Urlaubs in Kraków werden eine junge Arbeiterin und ein Student vor die Frage gestellt, ob ihre Liebe trotz unterschiedlicher Lebensauffassungen Bestand haben wird. Der Unfalltod des Mädchens bringt dem jungen Mann sein Unverständnis und seine Unfähigkeit, anderen Menschen gerecht zu werden, zu Bewusstsein. Ein ethisch-moralisch bedenkenswerter, formal reizvoller, allerdings nicht leicht zu rezipierender Film. Die Regie bevorzugt statt eines starren Drehbuchs frei improvisierte Happenings – eine Ausnahme innerhalb der DEFA-Produktion. – Ab 16. ✦ DDR 1972 **P** DEFA, Gruppe »Berlin« **KI** Progress **Pd** Hans Mahlich **R** Egon Günther **B** Helga Schütz, Egon Günther **K** Erich Gusko **M** Czeslaw Niemen **S** Rita Hiller **D** Jutta Hoffmann (Ric), Jaecki Schwarz (Klaus), Magdalena Zawadzka (Helena), Jerzy Jogalla (Frantisek), Jadwiga Chojnacka (Großmutter), Leon Niemczyk (Pawlik), Anna Dziadyk (= Anna Dymna) (Hanka), Wolfgang Greese (DDR-Vertreter) **L** 97 **E** 21.2.1974 Kino DDR/1.5.1993 S 3

DER SCHLÜSSEL (1958) (THE KEY). Die Geschichte einer jungen Frau, die im Zweiten Weltkrieg den Schlüssel zu ihrer Wohnung und ihre Gunst von Fall zu Fall englischen Marineoffizieren leiht, die vor einem lebensgefährlichen Einsatz stehen. Die symbolische Liebesgeschichte ist wenig überzeugend mit effektvoll gefilmten Seekriegssequenzen verbunden. – Ab 16. ✦ Scope, schwarz-weiß. Großbritannien 1958 **P** Open Road **KI** Columbia **Pd** Carl Foreman **R** Carol Reed **B** Carl Foreman, nach der Novelle »Stella« von Jan de Hartog **K** Oswald Morris **M** Malcolm Arnold **S** Bert Bates **D** William Holden (David Ross), Sophia Loren (Stella), Trevor Howard (Chris Ford), Oskar Homolka (Captain Van Dam), Kieron Moore (Kane) **L** 127 **FSK** ab 12; f **FBW** w **E** 23.9.1958 **fd** 7 362

DER SCHLÜSSEL (1971) (KLIC). Film über den kommunistisch dominierten tschechischen Widerstand gegen die deutschen Okkupanten. Ein Mitglied des Zentralausschusses der KPC gerät bei einer Razzia nach dem Attentat auf Reinhard Heydrich in die Hände der Gestapo. Dieser gelingt es jedoch trotz des Einsatzes aller Mittel nicht, den Schwerverletzten zu identifizieren. Ein aussagestarkes, an historische Tatsachen angelehntes Drama, das durch vereinfachende Feind-Klischees und unangebrachte Symbolik einen Teil seiner Wirkung verliert. – Ab 16. ✦ Scope. CSSR 1971 **P** Filmstudio Barrandov **KI** Progress **R** Vladimír Cech **B** Vladimír Cech, Kamil Pixa, Kristián Topic **K** Václav Hunka **M** Stepán Lucky **D** Frantisek Vicena (Jan Zíka), Wilhelm Koch-Hooge (Friedrich), Zdenek Kampf (Nerger), Oldrich Velen (Preisler), Eva Jirousková (Frau Preisler) **L** 89 **E** 15.9. 1972 Kino DDR

DER SCHLÜSSEL (1988) (KELID). Einem fünfjährigen Jungen unterlaufen, während er in der abgeschlossenen elterlichen Wohnung auf seinen Bruder im Krabbelalter aufpassen muß, allerlei kleine Mißgeschicke. Als schließlich aus dem Herd Gas ausströmt und er nicht weiß, wie man es abstellt, sucht er verzweifelt nach dem Wohnungsschlüssel, um Hilfe holen zu können. Ein Film, der seine einfache Geschichte fast ohne Dialoge erzählt und zu einem packenden Drama formt. (O.m.d.U.) ✦ Iran 1988 **P** Institut für den Kinder- und Jugendfilm **Pd** Erfani Farabi **R** Ebrahim Foroozesh **B** Abbas Kiarostami **K** Mohammed Aladpush **S** Abbas Kiarostami **D** Amir Mohammed Poorhassan, Mahnaz Ansarian, Emad Taheri, Fatemeh Assar **L** 76 **E** 5.5.1993 West 3

EIN SCHLÜSSEL, DEN MAN NICHT WEITERGEBEN DARF (KLJUTSCH BES PRAWA PEREDATSCHI). Schüler einer schwierigen zehnten Klasse und ihre junge, ungewöhnliche Lehrerin sprechen miteinander über ihr Leben, ihre Zukunft, ihre Träume und ihr oftmals kritisches Verhältnis zu Elternhaus und Schule. Auch die Lehrer setzen sich mit Erziehungsproblemen und moralischen Verhaltensweisen auseinander. Vom Thema her interessanter, künstlerisch etwas uneinheitlicher Gegenwartsfilm. – Ab 14. ✦ Scope. UdSSR 1976 **P** Lenfilm **KI** Progress **R** Dinara Assanowa **B** Georgi Polonski **K** Juri Weksler **M** Jewgeni Krylatow **D** Jelena Proklowa (Marina Maximowna), Alexej Petrenko (Kirill Alexejewitsch), Lydia Malinowskaja (Olga Denissowna), Sinowi Gerdt (Oleg Grigorjewitsch), Jekaterina Wassiljewa (Bajuschkina) **L** 97 **E** 12.5.1978 Kino DDR/21.11.1980 DFF 1

SCHLÜSSEL ZUM ERFOLG (BYLO CTVRT A BUDE PUL). Ein 18jähriger Autoschlosser gewinnt bei einem Schlagerwettbewerb einen Preis. Übersteigert selbstbewußt gibt er seinen Beruf auf und tritt – ohne fundierte Ausbildung – ein Engagement an. Zunächst von der Gunst eines kritiklosen Publikums getragen, versagt er dann bei einem Auftritt vor Fachleuten. Handwerklich solide, heiter-nachdenkliche Stellungnahme zu fragwürdigen Aspekten des Showgeschäfts. – Ab 14. ✦ Schwarz-weiß. CSSR 1968 **P** Filmstudio Barrandov **KI** Progress **R** Vladimír Cech **B** Jaroslav Dietl, Vladimír Cech, Jaromír Vasta **K** Ivan Slapeta **M** Angelo Michajlov **D** Michal Pavlata (Jan Zikmund), Marie Drahokoupilová (Jana Havelková), Angelo Michajlov (Cankar), Jarmila Gerlová, Zdenek Díte **L** 98 **E** 12.9.1969 Kino DDR/2.6.1972 DFF 1

DER SCHLÜSSEL ZUM GLÜCK. Ein böser Hexenmeister hat das gesamte Wasser des Königreichs in seinen Besitz gebracht. Damit schlägt Janos Stunde, der mit dem Stein des Glücks, den er von einem alten weisen Mann erhielt, alles zum Guten wenden kann. Bevor das Böse besiegt wird, sind allerdings noch viele Abenteuer zu bestehen. Slowakischer Märchenfilm. – Ab 10. ✦ Slowakei 1995 **P** Slovenska televizia **VA** Polyband **R** Josef Holec **B** Olga Lichardova **K** Vladimír Ondrus **D** Karel Greif (Jannek), Jana Holenová (Prinzessin Alina), Jirí Bartoska (Alter Mann), Josef Laufer (Zaubermeister) **L** 82 **FSK** ab 6 **E** 18.4.1998 WDR

SCHLÜSSEL ZUM HIMMEL (KLJUTSCHI OT NEBA). Patriotischer Unterhaltungsfilm, der am Beispiel des Alltags in einer Raketenstellung die Schlagkraft der sowjetischen Armee demonstrieren will. ✦ UdSSR 1965 **P** Filmstudio Kiew **KI** Progress **R** Viktor Iwanow **B** Iwan Stadnjuk **K** Michail Iwanow **M** Wadim Gomoljaka **D** Alexander Lenkow (Semjon Lagoda), Valeri Bessarab (Iwan Kirillow), Soja Wichorjewa (Polina), Natalja Surowegina (Anja) **L** 77 **E** 25.2.1966 Kino DDR/7.10.1967 DFF 1

SCHLÜSSEL ZUM HIMMELREICH (THE KEYS OF THE KINGDOM). Leben und Wirken eines schottischen Missionars im China des 19. Jahrhunderts. Sehr ausladende Verfilmung des gleichnamigen Romans von A. J. Cronin: gefühlsbetont und handwerklich solide, aber ohne Vertiefung der religiösen Problematik. – Ab 14. ✦ Schwarz-weiß. USA 1944 **P** 20th Century Fox **KI** Centfox **Pd** Joseph L. Mankiewicz **R** John M. Stahl **B** Joseph L. Mankiewicz, Nunnally Johnson, nach einem Roman von A. J. Cronin **K** Arthur Miller **M** Alfred Newman **D** Gregory Peck (Pater Francis Chisholm), Thomas Mitchell (Dr. Willie Tulloch), Vincent Price (Reverend Angus Mealy), Rose Stradner (Schwester Maria-Veronica), Roddy McDowall (Francis als Kind) **L** 130 **E** 4.3.1947 **fd** 94

SCHLÜSSEL ZUM KÄFIG (TICKETS FOR THE ZOO). Volljährig geworden und aus dem Waisenhaus entlassen, sehen die Geschwister Carol und George hoffnungsvoll in die Zukunft. Doch Wohnungen und Jobs sind schwer zu bekommen, und so gleicht sich ihr Bild von der Wirklichkeit immer mehr dem zynischen Weltbild des Freundes Pogo an, der im Keller eines abbruchreifen Hauses lebt. Als Carol schwanger wird, findet sie sich immer schlechter mit ihrer schwierigen Situation zurecht. Das triste Bild einer »verlorenen Generation«, die trotz Tatendrang und Hoffnung an den sozialen Mißständen und der menschlichen Kälte zu zerbrechen droht, aber nicht bereit ist, ihre Träume aufzugeben. (O.m.d.U.) ✦ Großbritannien 1991 **P** Cormorant Films **Pd** Claudiaen Winford **R** Brian Crumlish **B** Christeen Winford **K** Martin Singleton **M** Wendy Wetherby **S** Fiona MacDonald **D** Alice Bree (Carol), Micky MacPherson (Pogo), Tom Smith (George), Ashley Jensen (Eleanor), Fiona Chalmers (Zoe) **L** 90 **E** 17.11.1992 arte

DER SCHLÜSSEL ZUM PARADIES (THE CAPTAIN'S PARADISE). Das Doppelleben eines englischen Kapitäns, dessen Fährdampfer zwischen Gibraltar und Algier pendelt und der in beiden Häfen von je einer Ehefrau unterschiedlichen Temperaments und Charakters erwartet wird. Alec Guinness in der Hauptrolle rettet die nur mäßig witzige Story über die Lustspielroutine hinweg. (Späterer Titel: »Kapitän im Paradies«) – Ab 16. ✦ Schwarz-weiß. Großbritannien 1952 **P** London Film **KI** London **Pd** Sidney Streeter **R** Anthony Kimmins **B** Alec Coppel, Nicholas Phipps **K** Ted Scaife **M** Malcolm Arnold **S** Gerald Turney-Smith **D** Alec Guinness (Henry St. James), Celia Johnson (Maud St. James), Yvonne de Carlo (Nita), Charles Goldner, Bill Fraser **L** 90 **FSK** ab 16; nf **E** 26.1.1954/10.3.1966 ARD **fd** 2632

SCHLÜSSEL ZUM PARADIES (KLJUTSCHI OT RAJA). Die Ermordung eines Zahntechnikers führt Sicherheitsorgane und Kriminalpolizei der Stadt Riga in unermüdlicher Routinearbeit auf die Spur einer Diamanten- und Goldschmugglerbande. Mäßig spannender Kriminalfilm. – Ab 14. ✦ Scope, schwarzweiß. UdSSR 1976 **P** Filmstudio Riga **KI** Progress **R** Alois Brentsch **B** Sergej Alexandrow, Wladimir Kusnezow **K** Richard Pix **M** Ivar Vigner **D** Wladimir Ossenew (Nassonow), Uldis Pucitis (Milizhauptmann Krastins), Karlis Trencis (Oberst Mednis), Uldis Dumpis (Major Lauk), Jelena Koselkowa (Regina) **L** 98 **E** 19.11.1976 Kino DDR/6.1.1977 DFF 2

SCHLÜSSEL ZUM SIEBTEN HIMMEL (L' ATTICO). Ein Mädchen vom Lande wird in Rom, auf dem Umweg über drei gegensätzliche Liebhaber, zur reichen Ehefrau und baldigen Witwe. In Form und Haltung eine versnobte Komödie, deren parodistischer Kern nur beiläufig Geltung erhält. ✦ Schwarz-weiß. Italien 1962 **P** Galatea **KI** Warner **Pd** Paolo Mercuri **R** Gianni Puccini **B** Ennio de Concini **K** Marcello Gatti **M** Piero Piccioni **S** Mario Serandrei **D** Daniela Rocca, Walter Chiari, Tomas Milian, Philippe Leroy, Lilla Brignone **L** 94 **FSK** ab 18; nf **E** 3.7.1964 **fd** 12838

SCHLÜSSELLOCH-REPORT. Wahllos aneinandergereihte Bettszenen, von einem dümmlichen Kommentar begleitet. Es geht um einen Jungen aus »Iserlohn im Rheinland« (!), den sich zwei Cousinen und die Tante aus München zur Kurzweil auserkoren haben; ferner um einen Kellner und sein Zimmermädchen, die sich per Verführung das Hotel in Italien zusammensparen – usw. usw. (Alternativer Titel: »Bettgeheimnisse junger Lippen«) – Wir raten ab. ✦ BR Deutschland 1973 **P** Rapid **KI** Modern **Pd** Wolf C. Hartwig **R** Walter Boos **B** F.B. Alleman **K** Klaus Werner, Ernst W. Kalinke **M** Karl A. Dilz **S** Herbert Taschner **D** Karin Götz, Josef Fröhlich, Achim Neumann, Rosl Mayr **L** 81 **FSK** ab 18; nf **E** 10.8.1973 **fd** 18421

SCHLÜSSELPARTY IN TEXAS (UNA MOGLIE AMERICANA / MES FEMMES AMERICAINES). Die amourösen Abenteuer eines italienischen Dolmetschers, der während einer Geschäftsreise in New York vergeblich versucht, eine Amerikanerin zu erobern, um mit dem Trauschein die begehrte US-Staatsbürgerschaft zu erwerben. Eine passagenweise gelungene Komödie, die den Zusammenprall der braven italienischen Lebensweise mit dem freizügigen Lebensstil der USA glossieren will. ✦ Scope. Italien/Frankreich 1964 **P** Sancro/Borderie **KI** Atlas **R** Gian Luigi Polidoro **B** Rafael Azcona, Ennio Flaiano, Gian Luigi Polidoro **K** Benito Frattari, Marcello Gatti **M** Nino Oliviero **S** Eraldo da Roma **D** Ugo Tognazzi (Riccardo), Rhonda Fleming (Nita), Marina Vlady (Carol), Graziella Granata (Callgirl), Juliet Prowse (Louise) **L** 114 **FSK** ab 18; nf **E** 20.5.1966 **fd** 14060

SCHLUSSKLAPPE '45. Dokumentarfilm, der die letzten Monate der UFA nachzeichnet, die durch Joseph Goebbels zu einem perfekten Propagandainstrument umfunktioniert worden war. Der Film zeigt, wie die Beteiligten die letzten Tage erlebten, und dokumentiert, welche Filme und Stoffe auf dem Drehplan standen. Die Produktion zeigt u.a. Ausschnitte aus unvollendeten Filmen. – Ab 14. ✦ Deutschland 1995 **P** BR **R+B** Christian Bauer **K** Peter Bonilla, Armin Fausten, Klaus Lautenbacher, Detlev Schneider **S** Matti Bauer **D** Boleslav Barlog, Illo Endrulat, Hardy Krüger, Bruni Löbel, Gunnar Möller, Susi Nicoletti, Heinz Pehlke, Will Quadflieg, Karl Schönböck, Gisela Uhlen **L** 60 **E** 9.5.1995 Bayern 3

SCHLUSSKONZERT (GOLEM BA'MAAGAL). Das einfühlsame Porträt einer jungen Frau, die darum kämpft, zu sich selbst zu finden. Die introvertierte Pianistin löst nach und nach die Bande, die sie in der isolierten und behüteten Welt ihrer Kindheit festhalten – zu ihrer Mutter, einer Überlebenden des Holocaust, zu ihrem passiven Vater und dem senilen Großvater. Zugleich muß sie sich mit ihrem früheren Geliebten auseinandersetzen und die enttäuschende Liebesbeziehung zu einem Nachbarn verarbeiten. ✦ Israel 1993 **R** Aner Preminger **B** Tal Zilberstein, Aner Preminger, nach dem Roman von Lilly Perry Amitai **D** Hagit Dasberg (Miki Stav), Nicole Casel, Gedalia Besser, Anat Waxman, Dani Litani **L** 95 **E** 14.12.1995 Bayern 3

DIE SCHMACH DES VERGESSENS (NEVER FORGET). Ein Jude ungarischer Abstammung, der einzige seiner Familie, der den Holocaust überlebte und nun in Vorträgen wider das Vergessen redet, wird von einer rechtsgerichteten Organisation aufgefordert, Beweise für die Vernichtung der Juden zu liefern. Obwohl ihm jüdische Organisationen davon abraten, die Provokation anzunehmen, setzt er sich mit Hilfe eines irischen Anwalts zur Wehr und erreicht, dass der Holocaust als Tatsache anerkannt wird. Ein in der Hauptrolle beeindruckend gespieltes (Fernseh-)Dokudrama, das sich engagiert gegen Rassismus und Geschichtsklitterung richtet. – Ab 14. ✦ USA 1991 **P** Turner Pic./Nimoy-Radnitz-Prod. **Pd** Robert B. Radnitz **R** Joseph Sargent **B** Ronald Rubin **K** Kees Van Oostrum **M** Henry Mancini **S** Michael Brown **D** Leonard Nimoy (Mel Mermelstein), Dabney Coleman (William Cox), Blythe Danner (Jane Mermelstein), Paul Hampton (Richard Fusilier), Jason Presson (Bernie Mermelstein) **L** 89 **E** 28.8.2000 tm3

DER SCHMALE GRAT (THE THIN RED LINE). Der aufreibende Kampf einer amerikanischen Infanterie-Einheit gegen die Japaner um die Beherrschung einer strategisch wichtigen Anhöhe auf der Pazifikinsel Guadalcanal (1943) als Zentrum eines unorthodoxen Kriegsfilms. Regisseur Terrence Malick verbindet Motive aus dem Roman von James Jones mit einer poetischen Beschwörung unverdorbenen Lebens und zahllosen individuellen Meditationen über den Sinn des Daseins und das Phänomen des Krieges. Der Film erreicht dabei keine letzte Geschlossenheit, verdient aber dennoch die Beachtung eines für den eigenwilligen Stil aufgeschlossenen Publikums. – Sehenswert ab 16. ✦ Scope. USA 1998 **P** Phoenix Pictures **KI** Twentieth Century Fox **VA** Fox Home **DVD** Fox (16:9, 2.35:1, DD5.1 engl./dt.) **Pd** Robert Michael Geisler, John Roberdeau, Grant Hill **R** Terrence Malick **B** Terrence Malick, nach einem Roman von James Jones **K** John Toll **M** Hans Zimmer **S** Billy Weber, Leslie Jones, Saar Klein **D** Sean Penn (Sergeant Edward Welsh), Adrien Brody (Fife), Jim Caviezel (= James Caviezel) (Soldat Witt), Ben Chaplin (Soldat Bell), George Clooney (Captain Charles Bosche), John Cusack (Captain Jon Gaff), Woody Harrelson (Sergeant Keck), Nick Nolte (Lieutenant Colonel Gordon Tall), Elias Koteas (Captain Staros), John Travolta (General Quintard), John Savage (Sergeant McCron) **L** 170 **FSK** ab 6; f **E** 25.2.1999/7.10.1999 Video/2.6.2000 DVD **fd** 33554

DER SCHMALE WEG DES GLÜCKS (HEARTACHES). Eine verheiratete Frau ist vom besten Freund ihres Mannes schwanger und entzieht sich aus Scham jedem Konflikt, um das Kind abtreiben zu lassen. Sie flüchtet nach Toronto und begegnet unterwegs der couragierten Rita, mit der sie sich anfreundet. Während Rita in der Liebe glücklos bleibt, versöhnt sich Bonnie schließlich mit ihrem Mann, der sich entschieden zu dem Kind bekennt. Komödiantisch beschwingte, schauspielerisch überzeugende Porträtstudie zweier grundverschiedener junger Frauen, die bei der Bewältigung ihrer Probleme unter ihren Eigenwilligkeiten leiden. Subtil beobachtet. – Sehenswert ab 16. ✦ Kanada 1981 **P** Rising Star **Pd** Pieter Kroonenburg, David J. Patterson, Jerry Raibourn **R** Donald Shebib **B** Terence Hefferman **K** Vic Sarin **M** Simon Michael Martin **S** Gerry Hambling, Peter Boita **D** Margot Kidder (Rita Harris), Annie Potts (Bonnie Howard), Robert Carradine (Stanley Howard), Winston Rekert (Marcello di Stassi), George Touliatos (Mario di Stassi) **L** 93 **E** 13.2.1991 ZDF

EIN SCHMALES STÜCK DEUTSCHLAND. Drei Filmemacher, einer aus West-, zwei aus Ostberlin, suchen während der Zeit der letzten noch vorhandenen Reste der Mauer, jenes »schmalen Stücks Deutschland«, das Ost und West trennte, nach Spuren, die sie in den Menschen hinterließ. Joachim Tschirner begegnet einem ehemaligen Major der DDR, Lew Hohmann unterhält sich mit Angehörigen von Menschen, die vergeblich versucht haben, aus der DDR zu fliehen, Klaus Salge besucht Karin Gueffroy, deren Sohn 1989 an der Mauer erschossen wurde. In der Summe dreier Blickwinkel will der Film ohne moralisierende

Absichten mit der eigenen Verantwortung gegenüber der Mauer konfrontieren. – Ab 16. ✦ Deutschland 1991 **P** Gerlinde Böhm Filmprod./SFB/Bremer Institut für Film und Fernsehen **SF** Basis **Pd** Gerlinde Böhm **R+B** Joachim Tschirner, Lew Hohmann, Klaus Salge **K** Claus Deubel, Frank Reinhold **M** Paul Oberle **S** Gabriele Schaetz, Gerlinde Böhm **L** 93 **E** 1991 Kino/3.10.1992 B1

SCHMALSPURGANOVEN (SMALL TIME CROOKS). Ein in die Jahre gekommener Tellerwäscher will endlich reich werden und plant einen Banküberfall. Zum Millionär wird er jedoch durch die selbstgebackenen Kekse seiner Frau, die eigentlich zur Tarnung des Überfalls dienen, sich aber zum kulinarischen Renner entwickeln. Betont »kunstlose« Gaunerkomödie, die auf schnelle Wortwechsel und abstruse Situationen setzt, inszenatorisch und dramaturgisch aber immer wieder ins Stocken gerät. Der größte Reiz liegt in der fast durchgehend brillanten Besetzung. – Ab 14. ✦ USA 2000 **P** Sweetland Films **KI** Concorde **VA** Concorde/EuroVideo **DVD** Concorde (16:9, 1.85:1, Mono engl./dt.) **Pd** Jean Doumanian **R+B** Woody Allen **K** Zhao Fei **S** Alisa Lepselter **D** Woody Allen (Ray Winkler), Tony Darrow (Tommy), Hugh Grant (David), George Grizzard (George Blint), Jon Lovitz (Benny), Elaine May (May), Michael Rapaport (Danny), Elaine Stritch (Chi Chi Potter), Tracey Ullman (Frenchy Winkler) **L** 94 **FSK** o. A.; f **E** 30.11. 2000/11.10.2001 Video & DVD **fd** 34 569

DER SCHMALSPURSCHNÜFFLER (THE CHEAP DETECTIVE). Ein Privatdetektiv hat sich im San Francisco von 1939 nicht nur mit dem Mordverdacht nach einem Massaker, sondern auch mit gegnerischen Deutschen und Franzosen, einigen mysteriösen Damen und etlichen dunklen Ehrenmännern auf der Suche nach einem Kunstschatz herumzuschlagen. Etwas verwirrende Mischung aus Komödie und Kriminalparodie; eine nostalgische Huldigung an Humphrey Bogart und dessen Filmklassiker der 40er Jahre, wobei die Parallelen zu »Casablanca« am deutlichsten sind. Nur mäßig witzig und schauspielerisch trotz prominenter Besetzung wenig befriedigend. – Ab 16. ✦ Scope. USA 1977 **P** Rastar **KI** Warner-Columbia **Pd** Ray Stark **R** Robert Moore **B** Neil Simon **K** John A. Alonzo **M** Patrick Williams **S** Sidney Levin, Michael A. Stevenson **D** Peter Falk (Lou Peckinpaugh), Ann-Margret (Jezebel Dezire), Eileen Brennan (Betty DeBoop), Sid Caesar (Ezra Dezire), Stockard Channing (Bess) **L** 92 **FSK** ab 12; nf **E** 14.9. 1978 **fd** 20 924

SCHMEISS' DIE MAMA AUS DEM ZUG! (THROW MOMMA FROM THE TRAIN). Komödiantischer Thriller um zwei Männer mit dem gleichen Problem: Der eine will seine Ex-Frau, der andere seine tyrannische Mutter loswerden. Der Film basiert auf dem Motiv der vertauschten Morde aus Hitchcocks Patricia-Highsmith-Verfilmung »Der Fremde im Zug«; er ist zwar typengerecht besetzt, leidet aber zunehmend unter Ideenmangel. DVD: Die Extras umfassen u. a. ein Feature mit nicht verwendeten Szenen. – Ab 16. ✦ Scope. USA 1987 **P** Orion Pictures **KI** 20th Century Fox **SF** 20th Century Fox **VA** RCA/Columbia **DVD** Fox Home (1.85:1, DS engl./dt.) **Pd** Larry Brezner **R** Danny DeVito **B** Stu Silver **K** Barry Sonnenfeld **M** David Newman **S** Michael Jablow **D** Danny DeVito (Owen Lift), Billy Crystal (Larry Donner), Anne Ramsey (Momma), Kim Greist (Beth), Kate Mulgrew (Margaret) **L** 87 **FSK** ab 12; f **E** 15.9.1988/11.4.1989 Video/26.7.2001 DVD **fd** 27 116

DER SCHMERZ (ACI). Ein wegen Blutrache zu langjähriger Gefängnisstrafe Verurteilter kehrt nach seiner Entlassung ins Heimatdorf zurück, um sich mit den Verwandten des Getöteten auszusöhnen. Sowohl seine ehemaligen Komplizen als auch die mißtrauischen Verwandten wenden sich gegen ihn. Ein früher Film des bedeutenden türkischen Regisseurs, Autors und Darstellers Yilmaz Güney. ✦ Türkei 1971 **P** Güney Filmcilik **R+B** Yilmaz Güney **K** Gani Turanli **M** Meton Bükey **D** Yilmaz Güney, Fatma Girik, Hayati Hamzaoglu, Oktay Yavuz, Mehmet Büyükgüngör **L** 75 **E** 5.5.1982 WDR

SCHMERZ DES FRIEDENS. Dokumentarfilm, der in symbolhaften und assoziativen Bildfolgen, in Form einer Collage aus Situationen und Meinungen, den Konflikt zwischen der israelischen und der palästinensischen Bevölkerung darzustellen versucht. ✦ Deutschland 1995 **R** Jens-Uwe Scheffler **B** Jens-Uwe Scheffler, Angelika Schrobsdorff **L** 90 **E** 22.8. 1998 N 3

SCHMERZ IST (PAIN IS ...). Dokumentarfilm, der dem Wesen und der Natur des Schmerzes auf die Spur kommen will und dazu Menschen befragt, die unter Schmerz leiden, ihn überwunden haben oder auch nach ihm suchen. ✦ Großbritannien/Frankreich/ Deutschland 1997 **R** Stephen Dwoskin **L** 80 **E** 1.3. 1998 arte

DER SCHMERZ LÄSST DIE HÜHNER GACKERN UND DIE MENSCHEN DICHTEN. Gaston Peter, 92jähriger Weinbauer aus dem Elsaß, ist Bauer und Dichter in einer Person. Seine Gedichte sind Ausdruck der schmerzhaften Erfahrungen der Menschen der Grenzregion, des einstigen Zankapfels der Erbfeinde Deutschland und Frankreich. Der Film dokumentiert seine Odyssee zwischen diesen Fronten und zeigt Gaston Peter als Träger der Uniformen seiner beiden »Vaterländer«, als Deserteur und als mit Schreibverbot belegten »Volksschädling«. Der eindrucksvolle Film verdichtet das Porträt des dichtenden Bauern zu einem exemplarischen Ausschnitt europäischer Zeitgeschichte. – Ab 16. ✦ BR Deutschland 1986 **P** Peter Heller **SF** Verleihgenossenschaft **R+B** Peter Heller, Joachim Gerner **K** Otmar Schmid **L** 80

DIE SCHMERZEN DER LAUSITZ. Dritter Teil eines Filmzyklus über die Lausitz (nach »Hochwaldmärchen« und »Leben am Fließ«), der die erschreckenden Umweltsünden in dieser Region aufdeckt. Ein engagierter Umweltbericht, in dem auch die Bewohner der Region, Deutsche und Sorben, zu Wort kommen und ihre Gedanken zum Begriff Heimat offenbaren. – Ab 16. ✦ DDR 1990 **P** DEFA, Gruppe »Sorbischer Film« **KI** Progress **Pd** Thomas Janze, Lothar Schuster, Alfred Mainka **R** Peter Rocha **K** Karl Farber **S** Ilse Gebhardt, Lieselotte Schönfeld **L** 58 **E** Dezember 1990

SCHMERZEN DER SCHÖNHEIT (THE FACE). Eine durch eine häßliche Gesichtsnarbe aus den Kindertagen entstellte Frau glaubt, endlich das Glück ihres Lebens gefunden zu haben. Doch der Mann ihrer Träume nutzt sie schamlos aus und verläßt sie, als sie seinetwegen ins Gefängnis geht. Dort unterzieht sie sich einer komplizierten plastischen Operation, die ihr Aussehen völlig verändert. Wieder in Freiheit, baut sie sich eine Existenz als Modeschöpferin auf, verfolgt jedoch den Plan, sich an dem treulosen Geliebten zu rächen. Belanglose Kolportage. (Alternativer Fernsehtitel: »The Face – Schmerzen der Schönheit«) – Ab 14. ✦ USA 1996 **Pd** Frank Königsberg, Robert Levinson **R** Jack Bender **B** Duane Poole **D** Yasmine Bleeth (Emily Gilmore/Adrian Corday), James Wilder (Alec Dalton), Robin Givens (Claudia), Richard Beymer (Dr. Matthew Sheridan), Chandra West (Sheila Gilmore) **L** 90 **E** 31.8.1996 RTL

DER SCHMERZENDE MILCHZAHN (BOL MOLOTSCHNOWO SUBA). Immer wenn sich der siebenjährige Kerim alleingelassen fühlt, flüchtet er sich in Zahnschmerzen. Erst eine neue Lehrerin erkennt das seelische Problem, das dahintersteckt. Kinderfilm. ✦ UdSSR 1987 **P** Aserbaidshanfilm **R** Gussein Mechtijew **B** Ramis Roschwan, nach seinem Roman **K** Amin Nowrusow **D** Parwis Gussejnow (Kerim), Fuad Dadaschew, Alidshan Asisow, Larissa Chalafowa **L** 84 **E** 24.8.1989 DFF 2

EIN SCHMETTERLING FLOG AUF (ALL THE WAY HOME). Ernsthafter Problemstellung ausweichender, nur auf emotionale Wirkung bedachter Film über eine Familie zur Zeit des Ersten Weltkriegs. Frau und sechsjähriges Söhnchen überwinden den Verlust des tödlich verunglückten Mannes und Vaters. – Ab 16. ✦ Schwarz-weiß. USA 1962 **P** David Susskind **KI** Paramount **Pd** David Susskind **R** Alex Segal **B** Philip Reisman jr., nach einem Bühnenstück von Ted Mosel und einem Roman von James Agee **K** Boris Kaufman **M** Bernard Green **S** Carl Lerner **D** Jean Simmons, Robert Preston, Michael Kearney, Pat Hingle, Aline MacMahon **L** 97 **FSK** ab 12; f **E** 7.1.1964 **fd** 12 439

SCHMETTERLINGE (1972) (MOTYLE). Ferienerlebnisse und -probleme Jugendlicher. Im Mittelpunkt steht eine Dreizehnjährige, die den Mangel an elterlicher Zuwendung durch Fantasie- und Wunschbilder kompensiert. Die einfühlsame Studie, die Partei für junge Menschen ergreift und die Welt Jugendlicher mit künstlerischem Engagement durchleuchtet. – Ab 12. ✦ Polen 1972 **P** Filmgruppe Iluzjon **SF** Imbild **R** Janusz Nasfeter **B** Janusz Nasfeter, Teresa Nasfeter **M** Andrzej Korzynski **D** Grazyna Michalska, Bozena Fedorczyk, Roman Mosior, Pjotr Szczerkowski, Bogdan Izdebski **L** 78 **E** 17.7.1974 DFF 1 **fd** 21 013

SCHMETTERLINGE (1987). Szenen aus dem trostlosen Leben eines 19jährigen Arbeitslosen aus einer heruntergekommenen Reihenhaussiedlung, der an einem ungewöhnlich heißen Spätsommertag als einziger Zeuge gesehen hat, wie ein kleines Mädchen aus der Nachbarschaft in einem Industriekanal ertrunken ist. Mittels fast bruchlos einmontierter Rückblenden werden die Umstände dieses Ereignisses rekonstruiert, so daß sich eine neue Wahrheit ergeben könnte. Ein vielversprechender Erstlingsfilm, der etwas manieriert, aber stimmungsvoll und mit einer erkennbar eigenständigen Filmsprache die Welt eines sprachlosen, psychisch deformierten Zeitgenossen beschreibt. ✦ Schwarz-weiß. BR Deutschland 1987 **P** dffb **SF** dffb **R** Wolfgang Becker **B** Wolfgang Becker, nach einer Erzählung von Ian McEwan **K** Martin Kukula **S** Wolfgang Becker, Verena Neumann **D** Bertram von Boxberg (Andi), Lena Boehncke (Katja), Dieter Oberholz (Charlie), Uwe Helfrich (Kommissar), Peter Franke (Katjas Vater) **L** 57 **FSK** ab 12; f **FBW** bw **E** 10.11.1988/24.10.1988 S 3

SCHMETTERLINGE DER NACHT. Eine junge Sängerin lernt bei ihrer Rückkehr aus den USA am Münchner Hauptbahnhof einen Taxifahrer kennen und lieben und wird mit ihm in eine tödlich endende Kriminalgeschichte verwickelt. Der Versuch eines deutschen »film noir«, der nie die Balance zwischen der poetisch-märchenhaften Liebes- und der harten Gangstergeschichte findet. Dem teilweise holprigen Inszenierungsstil und manch chargierendem Darsteller stehen eine atmosphärisch gelungene Fotografie und eine stimmungsvolle Musik gegenüber. – Ab 14 möglich. ✦ Deutschland 1999 **P** Berg Film **KI** Eigenverleih Berg Film **Pd** Andreas Lechner, Simone Pankofer **R+B** Andreas Lechner **K** Dixie Schmiedle **M** Andreas Weidinger **S** Bernd Schlegel **D** Dieter Landuris (Richie), Katja Giammona (Eva), Dietmar Mössmer (Killer), Richard Rigan (Riedhammer), Detlef Bothe (Killergehilfe) **L** 82 **E** 21.9.2000 **fd** 34 595

SCHMETTERLINGE SIND FREI (BUTTERFLIES ARE FREE). Nach einigen Schwierigkeiten gewinnt ein blinder junger Mann dank der Einsicht seiner Mutter und durch die Hilfe eines jungen Mädchens seine Selbständigkeit. Boulevard-Komödie, psychologisch simpel und streckenweise sehr sentimental; durch das komödiantische Spiel von Goldie Hawn jedoch unterhaltsam. – Ab 16. ✦ USA 1972 **P** Columbia **KI** Warner-Columbia **Pd** Mike Francovich **R** Milton Katselas **B** Leonard Gershe, nach seinem Bühnenstück **K** Charles B. Lang **M** Bob Alcivar **S** David Blewitt **D** Goldie Hawn (Jill), Edward Albert (Don Baker), Eileen Heckart (Frau Baker, Dons Mutter), Paul Michael Glaser (Ralph), Michael Warren (Roy) **L** 109 **FSK** ab 12; nf **E** 3.11.1972 **fd** 18 054

SCHMETTERLINGE WEINEN NICHT. Die problematische Liebe zwischen einem verheirateten älteren Unternehmer und einem volljährig werdenden Mädchen. Der erste Spielfilm des Fernsehregisseurs

Klaus Überall bemüht sich zwar um Niveau und sozialkritische Relevanz, bleibt über weite Strecken aber oberflächlich und voller Klischees. ✦ BR Deutschland 1970 **P** Peter Schamoni **Kl** Constantin **Pd** Peter Schamoni **R** Klaus Überall **B** Jürgen Hansen, nach einem Roman von Willi Heinrich **K** Jost Vacano **M** Kai Rautenberg **S** Heidi Genée **D** Siegfried Wischnewski, Gaby Fuchs, Lyvia Bauer, Klaus Grünberg, Wolfgang Stumpf **L** 88 **FSK** ab 18; f **FBW** w **E** 16.9. 1970 **fd** 16 999

SCHMETTERLINGSSCHATTEN. In inszenierten wie dokumentarischen Teilen wird von Müttern und ihren krebskranken Kindern erzählt. Die inszenierten Sequenzen rühren aus den persönlichen Erfahrungen der Regisseurin als Mutter eines krebskranken Kindes. Die Verbindung der zwei sehr unterschiedlichen Teile des Films macht auf emotional sehr eindringliche Weise die Erschütterungen nachvollziehbar, welche ein schwerkrankes Kind im Leben und im Selbstverständnis einer Mutter auslösen kann. ✦ Schweiz/Deutschland 1991 **P** A. Kasper-Spoerri Prod./ZDF **Pd+R+B** Anne Kasper-Spoerri (= Anne Spoerri) **K** Edwin Horak **M** Bruno Spoerri **S** Anne Kasper-Spoerri (= Anne Spoerri), Franziska Wirz **D** Anne-Marie Kuster (Mutter), Alexander Meyer (Michael), David Billeter, Gina Fischer, Hans Hodel **L** 105 **E** 14.1.1992 ZDF

DER SCHMIED VON ST. BARTHOLOMÄ. Ein nach neunjähriger russischer Kriegsgefangenschaft in sein österreichisches Gebirgsdorf zurückgekehrter Schmied wird so unfreundlich empfangen, daß er sich enttäuscht und voller Zorn von der Dorfbevölkerung abwendet. Erst als sein Kind in den Bergen vermißt wird, kehren unter dem Zwang äußerer Umstände Mitmenschlichkeit und Solidarität ins Dorf zurück. Wirklichkeitsfremder, aus Elementen des Heimatfilms reichlich planlos zusammengesetzter, umständlich erzählter Bergfilm. – Ab 14. ✦ Schwarz-weiß. BR Deutschland 1955 **P** Kronen **Kl** Defir **Pd** Hans Engelmann **R** Max Michel **B** Karl Heinz Busse, Hanns Prechtl **K** Klaus von Rautenfeld **M** Karl Bette **S** Herbert Taschner **D** Viktor Staal, Peter Czejke, Heinz Engelmann, Marianne Koch, Annie Rosar **L** 90 **FSK** ab 12; f **E** 8.4.1955 **fd** 3 982

SCHMIERE →Grease

DER SCHMUCKE ARNE UND ROSA (SMUKKE – ARNE OG ROSA). Um an einen Millionenbetrag in einem Banksafe zu kommen, hat ein Ganove einen, wie er meint, genialen Plan ausgetüftelt – fingierte Dreharbeiten zu einem Kriminalfilm sollen vor Ort den Bruch tarnen. Kriminalkomödie. – Ab 8. ✦ Dänemark 1970 **P** Saga **R+B** Sven Methling **K** Ole Lytken **M** Ole Hoyer **D** Morten Grunwald, Judy Gringer, Hass Christensen, Poul Bundgaard, Eick Koch **L** 87 **E** 11.3. 1978 DFF 1

DIE SCHMUDDELKINDER (THE GARBAGE PAIL KIDS). Als in einem dubiosen Antiquitätengeschäft ein geheimnisvoller Mülleimer umgestoßen wird, ergießt sich sein Inhalt auf den Boden. Ihm entwachsen sieben eigenwillige Gestalten, die rasch Freundschaft mit einem Waisenjungen schließen, doch dessen Rivale hetzt einen Kopfgeldjäger auf sie. Als Jugendfilm gedachte Fantasy-Geschichte, deren armseliger Inhalt mit den schlechten schauspielerischen Leistungen korrespondiert. – Ab 14 möglich. ✦ USA 1987 **P** Atlantic/Topps Chewing Gum **Pd+R** Rodney Amateau **B** Rodney Amateau, Melinda Palmer **S** Leon Carrere, Edward Salier **D** Mackenzie Astin (Dodger), Anthony Newley (Captain Manzini), Katie Barberi (Tangerine), Ron MacLachlan (Juice), J. P. Amateau (Wally) **L** 92 **E** 3.3.2000 tm3

SCHMUGGLER (1958) (CSEMPESZEK). Das Schicksal einer Rumänin und eines ungarischen Landarbeiters, die aus sozialer Not zu Schmugglern werden. Spannungsloser Film mit dramaturgischen Schwächen. – Ab 14. ✦ Schwarz-weiß. Ungarn 1958 **Kl** Progress **R** Félix Máriássy **B** Pál Szabó, Gábor Thurzó, Félix Máriássy, nach einem Roman von Szabó **K** Barnabás Hegyi **M** Imre Vincze **D** Margit Bara (Anyica), Gábor Agárdy (Mihály), Béla Barsi, Eva Kelemen, Alfred Deésy **L** 80 **E** 8.5.1959 Kino DDR/3.4.1961 DFF 1

SCHMUGGLER (1963) (THE SWITCH). Ein Zollfahnder legt einem skrupellosen Schmugglerring das Handwerk. Lebloser Thriller. – Ab 14. ✦ Schwarz-weiß. Großbritannien 1963 **P** R.F.D. **Pd** Philip Ridgeway, Lance Comfort **R** Peter Maxwell **B** Philip Ridgeway, Colin Fraser **K** Stephen Dade **M** Eric Spear **D** Anthony Steel (Bill Craddock), Zena Marshall (Carolind Markham), Conrad Phillips (John Curry), Dermot Walsh (Inspektor Tomlinson), Dawn Beret (Janice Lampton) **L** 65 **E** 3.2.1968 DFF 1

SCHMUGGLER (1974) (KONTRABANDA). Sowjetische Hafenzollbeamte entdecken in einer Reisetasche eine Konfektschachtel, die mit Platin gefüllt ist. Als wenig später eine Frau ermordet aufgefunden wird, erkennt ein junger Polizeibeamter einen Zusammenhang. Kriminalfilm. – Ab 14. ✦ Scope. UdSSR 1974 **P** Filmstudio Odessa **R+B** Stanislaw Goworuchin **K** Gennadi Karjuk, Juri Klimenko **M** Jewgeni Stichin **D** Wladimir Pawlow (Swonarjew), Raissa Rjasanowa (Schuranowa), Grigori Gai (Kapitän), Juri Pussyrjew (Offizier), Igor Klass (Kljatscho) **L** 84 **E** 18.1.1976 DFF 2

SCHMUGGLER (1984) (PRZEMYTNICY). Die Geschichte zweier rivalisierender Schmugglerbanden, die sich an der polnisch-rumänischen Grenze auf Leben und Tod bekämpfen. Kaum spannende, anspruchslos gestaltete Schmugglergeschichte aus den zwanziger Jahren. – Ab 14. ✦ Polen 1984 **P** Zespoly Filmowe, Gruppe Zodiak **Kl** Progress **R** Wlodzimierz Olszewski **B** Wlodzimierz Olszewski, Jan Purzycki **K** Stefan Pindelski **M** Piotr Marczewski **D** Artur Barcis, Bogusz Bilewski, Henryk Bista, Ryszard Dembinski, Bozena Dykiel **L** 85 **E** 17.10.1986 Kino DDR

SCHMUGGLER AM MONT BLANC →Weiße Hölle Mont Blanc

SCHMUGGLER AM WERK (LA MAISON DANS LA DUNE). Cesar, Sylvain und seine Geliebte Germaine betreiben an der belgisch-französischen Grenze Tabakschmuggel. Der Zöllner Lourges verliebt sich in Germaine, Cesar tötet aus Versehen einen Zöllner, und Sylvain verliebt sich in die jungfräuliche Pascaline, die auf ihn warten wird, bis er aus dem Knast kommt. Flott inszenierter Durchschnittsfilm ohne sonderliche Qualitäten. – Ab 16. ✦ Schwarz-weiß. Frankreich 1952 **P** Silver/Vendome **Kl** Pallas **R** Georges Lampin **B** Maxence van der Meersch **K** Jean Bourgoin **M** Maurice Thiriet **D** Ginette Leclerc, Roger Pinaut, Jean Chevrier, Arthur Devere, Guy Decomble **L** 93 **FSK** ab 16; nf **E** 24.10.1952 **fd** 2 080

SCHMUGGLER AN BORD (TAMOSHNJA). Ein junger Zollbeamter kann den Tod eines Freundes aufklären und den Täter und dessen Hintermänner entlarven. Teilweise spannender Kriminalfilm. – Ab 14. ✦ UdSSR 1982 **P** Lenfilm **Kl** Progress **R** Alexander Muratow **B** Wladimir Masur **K** Wladimir Wassiljew **M** Alexander Michailow **D** Michail Bojarski (Chorunshew), Valentin Gaft (Nikitin), Wadim Jakowlew (Delkow), Wladimir Jerjomin (Malyschew), Tatjana Taschkowa (Natascha) **L** 76 **E** 6.1.1983 DFF/5.8. 1983 Kino DDR

DER SCHMUGGLER VOM ÖTZTAL →Grenzfeuer

DIE SCHMUGGLER VON ARKANSAS →Black Deals

DIE SCHMUGGLER VON RAJGROD. Zwei Halbbrüder betreiben Anfang des Jahrhunderts an der russisch-preußischen Grenze in Masuren einen gefahrvollen Schmuggel mit revolutionären Schriften und politischen Flüchtlingen. Historischer Abenteuerfilm, zwar um Authentizität bemüht, aber oberflächlich in der politischen Aussage, unsicher in der Führung der Figuren und niveaulos in der Umsetzung. – Ab 14. ✦ Scope. DDR 1979 **P** DEFA, Gruppe »Roter Kreis« **Kl** Progress **Pd** Dorothea Hildebrandt **R** Konrad Petzold **B** Konrad Petzold, nach der Erzählung von Günter Karl **K** Siegfried Hönicke **M** Gerhard Rosenfeld **S** Thea Richter, Ilse Peters, Monika Schindler **D** Walter Plathe (Martin Anskath), Leon Niemczyk (Waldemar Dreßler), Lenka Pichlíková (Line Dreßler), Katrin Saß (Anna), Irena Kownas (Mutter Anskath) **L** 69 **E** 18.4.1980 Kino DDR

SCHMUGGLER VON SAIGON (SAIGON). Männerfreundschaft, Liebesabenteuer und die große Versuchung, sich gegen ein hohes Entgelt an Raub und Schmuggel zu beteiligen, begegnen einem Luftkriegsveteranen irgendwo auf der Linienflugstrecke zwischen Shanghai und Vietnam. Konfektionsabenteuerfilm. – Ab 14. ✦ Schwarz-weiß. USA 1947 **P** Paramount **Kl** MPEA **Pd** P. J. Wolfson **R** Leslie Fenton **B** P. J. Wolfson, Arthur Sheekman, nach einer Novelle von Julian Zimet **K** John Seitz **M** Robert Emmett Dolan **D** Alan Ladd (Major Larry Briggs), Veronica Lake (Susan Cleaver), Douglas Dick (Captain Mike Perry), Wally Cassell (Sergeant Pete Rocco), Luther Adler (Leutnant Keon) **L** 94 **FSK** ab 12; nf **E** Oktober 1949 **fd** 444

SCHMUGGLERKÖNIG DER DOLOMITEN →Duell in den Bergen

DIE SCHMUGGLERPRINZESSIN (PENNY PRINCESS). Eine New Yorker Verkäuferin wird Thronerbin eines winzigen europäischen Fürstentums und bringt geschäftstüchtig dessen verkorkste Wirtschaftsbilanz auf Touren. Matte Komödie mit wenigen witzigen Lichtblicken. – Ab 12. ✦ Großbritannien 1952 **P** Conquest **Kl** Rank **Pd** J. Arthur Rank **R+B** Val Guest **K** Geoffrey Unsworth **M** Philip Martell **S** Alfred Roome **D** Dirk Bogarde, Yolande Donlan, Edwin Styles, Reginald Beckwith, Kynaston Reeves **L** 94 **FSK** ab 12; nf **E** 3.2.1953 **fd** 2 353

DER SCHMUGGLERRING VON MARSEILLE (PORTE D'ORIENT). Ein junger Zollinspektor verliebt sich in Marseille in eine schöne Abenteurerin, wird von Gaunern beim Glücksspiel gerupft, soll, da er nicht zahlen kann, illegale Ware passieren lassen, weigert sich, entdeckt das Schmuggelgut und stellt fest, daß seine junge Schöne mit zu dem Club gehört. Die erbärmliche Geschichte ist so schlecht geschrieben und inszeniert, daß auch die schöne Altstadt von Marseille und die bunten Farben von Gefacolor nicht darüber hinwegtrösten können. – Ab 16. ✦ Frankreich 1950 **P** Protis **Kl** Union **R** Jacques Daroy **B** René Roques, nach seinem gleichnamigen Roman »Porte d'Orient« **K** Jean Leherissey **M** Marceau Van Hoorebeke, Jean Yatove **D** Tilda Thamar, Yves Vincent, Nathalie Nattier, Marcel Dalio, Verval **L** 90 **FSK** ab 16; nf **E** 15.1.1954 **fd** 3 144

DAS SCHMUGGLERSCHIFF (DUSTY BATES). Drei Kinder legen einer berüchtigten Schmugglerbande das Handwerk und sorgen dafür, daß wertvolle Schmuckstücke ihrem rechtmäßigen Besitzer zugeführt werden können. Schlicht produzierter Kinderfilm mit abenteuerlich-bewegter Handlung. – Ab 10. ✦ Schwarz-weiß. Großbritannien 1946 **P** G.B. Instructional **Kl** Goldeck **Pd** J. Arthur Rank **R** unbekannt **L** 86 **FSK** ab 12; f **E** 1952 Kino

SCHMUTZ. Ein penibler österreichischer Beamter der Wach- und Schließgesellschaft widmet all seine Energie dem Auftrag, eine verlassene Papierfabrik zu bewachen. Die Brutalitäten des Alltags, Disziplinlosigkeit, Bürokratie, vor allem aber Desinteresse und Mißachtung lassen ihn immer rigoroser »seine« Fabrik und seine Werte verteidigen: mit gebieterischer und aus seiner Sicht notwendiger Gewalt. Hintergründiger Erstlingsfilm um einen Beamten mit Leib und Seele, der sich zum »Ordnungsapostel« stilisiert, um das System aufrechtzuerhalten. – Ab 16. ✦ Österreich 1986 **P** MR TV-Film **Kl** Salzgeber **Pd** Kurt J. Mrkwicka **R+B** Paulus Manker **K** Walter Kindler **M** Yello **S** Marie Homolkova **D** Fritz Schediwy (Joseph Schmutz), Hans-Michael Rehberg (Oberkontrolleur), Siggi Schwientek (Fux), Josefine Platt, Mareile Geisler **L** 100 **E** 19.10.1989

EINE SCHMUTZIGE AFFÄRE (UNE SALE AFFAIRE). In einer französischen Hafenstadt greift die Kriminalpolizei zu drastischen Mitteln, um den Chef eines Heroinrings zu fassen. In ruhigem Rhythmus inszenierter Kriminalfilm, dem man die Produktion fürs

Fernsehen ansieht. (TV-Titel Westdeutschland: »Eine schmutzige Geschichte«.) – Ab 16. ✦ Frankreich 1980 **P** Les Films de la Drouette/C.A.A./J.L.B./Antenne 2/Top 1 **R** Alain Bonnot **B** Alain Bonnot, Michel Léviant, Jacques Cortal **K** Jean Charvein **M** Daniel Humair **S** Françoise Bonnot **D** Marlène Jobert, Victor Lanoux, Patrick Bouchitey, Agnès Chateau, Etienne Chicot **L** 95 **E** 25.12.1982 DFF 1/15.12.1984 ZDF

SCHMUTZIGE DOLLARS (CHEYENNE/THE WYOMING KID). Ein Berufsspieler mit nicht ganz sauberer Vergangenheit wird von einem Privatdetektiv genötigt, Betrugsfälle bei der Postkutschengesellschaft aufzuklären. Zwei mitreisende Frauen führen ihn in Cheyenne auf die Spur. US-Western auf gehobenem Regieniveau. (TV-Titel: »Wyoming Express«) – Ab 14. ✦ Schwarz-weiß. USA 1947 **P** Warner **Kl** Arco **Pd** Robert Buckner **R** Raoul Walsh **B** Alan LeMay, Thames Williamson, nach einer Vorlage von Paul I. Wellman **K** Sid Hickox **M** Max Steiner **S** Christian Nyby **D** Dennis Morgan (Jim Wylie), Jane Wyman (Ann Kincaid), Janis Paige (Emily Carson), Bruce Bennett (Ed Landers), Arthur Kennedy (Sundance Kid), Alan Hale (Fred Durkin), John Ridgely (Chalkeye), Barton MacLane (Yancey), Tom Tyler (Pecos), Bob Steele (Lucky), John Compton (Limpy Bill), Monte Blue (Timberline), Tom Fadden (Charlie), Ray Teal **L** 97 **FSK** ab 12; nf **FBW** w **E** 3.10.1964 ARD/13.5.1966 Kino **fd** 13 846

SCHMUTZIGE GESCHÄFTE (1955) (LA DELATORA). Ein argentinischer Autodieb wird von verfeindeten Komplizen sowie einer Konkurrenzbande gejagt und abwechselnd von drei Geliebten verraten; dennoch wollen zwei von ihnen auf den schließlich Gefaßten warten. Verfolgungsjagden und Schlägereien, amouröse Abenteuer und eine verwirrte Geschichte, amateurhaft gespielt und bestenfalls durchschnittlich inszeniert. ✦ Schwarz-weiß. Argentinien 1955 **P** Guaranteed **Kl** Hermes **R** Kurt Land **B** Ariel Cortazzo **D** George Rivier, Diana Maggi, Lautaro Murúa, George Tivers, Leslie Bendix **L** 92 **FSK** ab 18; nf **E** 30.11.1959 **fd** 8 686

SCHMUTZIGE GESCHÄFTE (1981) (KOMBINA). Ein Polizist versucht, als »Strafentlassener« an eine in Warna tätige Bande heranzukommen. Spannender, mitunter recht harter Krimi. – Ab 14. ✦ Scope. Bulgarien 1981 **P** Filmstudio Bojana **Kl** Progress **R** Nikolai Rudarow **B** Wladimir Ganew **K** Jazek Todorow **M** Mitko Schterew **D** Iwan Iwanow, Wanja Zwetkowa, Nikolai Sotirow, Wyltscho Kamaraschew, Mario Krastew **L** 100 **E** 27.5.1983 Kino DDR

SCHMUTZIGE GESCHÄFTE (1985) →Bluthund

EINE SCHMUTZIGE GESCHICHTE →Eine schmutzige Affäre

SCHMUTZIGE LIEBE →Bastard out of Carolina

SCHMUTZIGE TRICKS (1980) →Dirty Tricks (1980)

SCHMUTZIGE TRICKS (1992) →Dirty Tricks (1992)

SCHMUTZIGE TRICKS IN RENO (TRICKS). Thriller. Ein ehemaliges Showgirl, das sich und seinen kleinen Sohn durch Gelegenheitsjobs und Prostitution über die Runden bringt, gerät an einen Freier, der es erst verprügelt und danach terrorisiert. ✦ USA 1997 **Pd** Grazka Taylor, Barbara Gunning **R** Kenneth Fink **B** Deborah Amelon **K** John S. Bartley **M** Patrick Seymour **S** Jay Friedkin **D** Mimi Rogers (Jackie Simpson), Tyne Daly (Sarah), Ray Walston (Big Sam), Callum Keith Rennie (Addam), David Kaye (Joseph) **L** 96 **E** 1.9.1998 premiere

DIE SCHMUTZIGEN, DIE HÄSSLICHEN UND DIE GEMEINEN (BRUTTI, SPORCHI E CATTIVI). Die Mitglieder einer Großfamilie in einer Armensiedlung Roms haben es auf die Versicherungssumme abgesehen, die das Familienoberhaupt für den Verlust eines Auges erhielt. Mit dem Geld ziehen Neid und Mißgunst in die Hütte ein, und bald reifen Mordpläne heran. Eine grelle und vulgäre Farce, die nicht die Umstände für soziales Elend zu ergründen versucht, sondern die Armut als einen Sumpf beschreibt, aus dem sich niemand ohne fremde Hilfe befreien kann. Stilistisch mit den Mitteln des Neorealismus arbeitend, meidet der Film rigoros dessen Sentimentalitäten und Rührseligkeiten. ✦ Italien 1975 **P** Carlo Ponti Prod./Compagnia Cinematografica Champion **Kl** Filmwelt **Pd** Romando Dandi, Carlo Ponti **R** Ettore Scola **B** Ruggero Maccari, Ettore Scola **K** Dario Di Palma **M** Armando Trovaioli **S** Raimondo Crociani **D** Nino Manfredi (Giacinto), Francesco Anniballi (Domizio), Maria Bosco (Gaetana), Giselda Castrini (Lisetta), Maria Luisa Santella (Iside) **L** 115 **E** 23.5. 1991 **fd** 28 883

DIE SCHMUTZIGEN DREIZEHN (QUINDICI FORCHE PER UN ASSASSINO). Pferdediebe werden zu Unrecht beschuldigt, wehrlose Frauen ermordet zu haben. Als der Mörder in den Reihen der lynchwütigen Bürger gefunden wird, sind nur noch die beiden Anführer der Bande übrig. Einfältiger Eurowestern mit dummen Dialogen voller Bibelzitate. ✦ Scope. Italien/Spanien 1968 **P** Eos/Centauro **Kl** FAS/Äquator/Alfia **R** Nunzio Malasomma **B** José Luis Bayonas **K** Stelvio Massi **M** Francesco De Masi **S** Antonietta Zita **D** Craig Hill, George Martin (=Jorge Martin), Susy Andersen, Howard Ross (= Renato Rossini), Aldo Samrell **L** 95 **FSK** ab 18; nf **E** 18.4.1969 **fd** 16 169

DIE SCHMUTZIGEN HÄNDE (LES MAINS SALES). Der junge Bourgeois Hugo ist von seinem Milieu angeekelt und verschreibt sich den Zielen der Proletarierpartei. Nachdem man Vertrauen zu ihm gefaßt hat, bekommt er den Auftrag, den Parteichef Hoederer umzubringen, was Hugo allerdings erst kann, nachdem er feststellt, daß Hoederer ihn mit seiner Frau betrügt. Aus dem Gefängnis entlassen, erledigt ihn die Partei mit Genickschuß, da Hoederer mittlerweile zum Idol avanciert ist. Sartres Drama um die Verwicklungen von Politik und Gewissen hat in dieser Verfilmung dank der sehr guten Schauspieler nichts von seiner Intensität verloren. – Ab 16. ✦ Schwarz-weiß. Frankreich 1951 **P** Les Films Fernand Rivers/Eden Productions **Kl** Neue Filmkunst **R** Fernand Rivers, Simone Berriau **B** Jacques-Laurent Bost, Fernand Rivers, Jean-Paul Sartre, nach dem gleichnamigen Bühnenstück von J. P. Sartre **K** Jean Bachelet **M** Paul Misraki **D** Pierre Brasseur (Hoederer), Daniel Gélin (Hugo), Claude Nollier, Monique Artur (Jessica), Jacques Costelot (der Prinz) **L** 103 **FSK** ab 16; f **E** 1953 Kino/30.1.1961 ARD **fd** 2 520

DIE SCHMUTZIGEN HELDEN VON YUCCA (THE INVINCIBLE SIX). Eine Gruppe Ganoven schlägt sich widerwillig auf die Seite des Rechts und macht, zusammen mit den Bewohnern eines Dorfes, Gangster unschädlich. Reichlich verworrener und auch nur mäßig spannender Abenteuerfilm. ✦ Scope. Iran 1969 **P** Moulin Rouge **Kl** Cinema International **Pd** Mostafa Akavan **R** Jean Negulesco **B** Guy Elmes, nach einem Roman von Michael Barrett **K** Piero Portalupi **M** Manos Hadjidakis **S** Derek York **D** Curd Jürgens, Elke Sommer, Stuart Whitman, Ian Ogilvy, Beh Rooz **L** 101 **FSK** ab 18; nf **E** 15.10.1970 **fd** 17 032

SCHMUTZIGER ENGEL (1958). Ein Lehrer wird von einer überspannten Schülerin auf infame Weise verleumdet. Routiniert gefilmte Kolportageunterhaltung; die Probleme der Jugendpsychologie, der Rechtsfindung und der Rechtsprechung werden recht vereinfacht dargestellt. – Ab 16. ✦ Schwarz-weiß. BR Deutschland 1958 **P** Ultra **Kl** Europa **Pd** Herbert Sennewald **R** Alfred Vohrer **B** Harald G. Petersson **K** Kurt Hasse **M** Martin Böttcher **S** Carl-Otto Bartning **D** Peter van Eyck (Dr. Thorsten Agast), Corny Collins (Beate), Doris Kirchner (Norma Berg), Edith Hancke (Gerti), Adelheid Seeck (Erika Romayer), Alexander Gildo (= Rex Gildo), Sabine Sinjen, Ralf Wolter, Peter van Eyck **L** 94 **FSK** ab 16; f **E** 1.7.1958/5.9.1964 DFF 1 **fd** 7 132

SCHMUTZIGER ENGEL (1991) (SALE COMME UN ANGE). Bevor ein zynischer Polizeiinspektor, der mit der Frau eines jüngeren Kollegen ein Verhältnis unterhält, mit diesem darüber reden kann, wird der Kollege bei einem Einsatz erschossen. Den alten Beamten plagen Gewissensbisse und er fragt sich, ob er nicht unterbewußt den Tod des jüngeren herbeigesehnt hat. Polizei-Thriller, der das Genre um psychologische Momente zu erweitern versucht, jedoch zu oberflächlich entwickelt wird und in Spekulationen steckenbleibt. ✦ Frankreich 1991 **P** French/C.B./Ciné Manufacture/Veranfilm **R+B** Catherine Breillat **K** Laurent Dailland **M** Olivier Manoury **S** Agnès Guillemot **D** Claude Brasseur (Deblache), Lio (Barbara), Nils Tavernier (Théron), Roland Amstutz (Kommissar), Léa Gabrielle (Judy) **L** 105 **E** 23.6. 1996 Kabel 1

SCHMUTZIGER FLUSS (DORO NO KAWA). In einem ärmlichen Quartier nahe der Mündung des Aji-Flusses in Osaka freundet sich im Jahr 1956 ein neunjähriger Junge mit einem Gleichaltrigen an und macht in dessen ihm fremdem Milieu eigene Erfahrungen. In einer präzisen Bildsprache, mit hervorragenden Darstellern und dem unaufdringlichen Einsatz von Symbolen zeichnet der Film eindringlich-unspektakulär den Alltag der einfachen Leute; er entwirft ein exaktes Milieubild, in dem sich die Probleme des Nachkriegsjapans spiegeln. Oguris Film gilt als Beginn des neuen, unabhängigen japanischen Kinos der 80er Jahre. – Ab 14 möglich. ✦ Japan 1981 **P** Motoyasu Kimura **Pd** Motoyasu Kimura **R** Kohei Oguri **B** Takako Shigemori, nach einem Roman von Teru Miyamoto **K** Shohei Ando **M** Kurodo Mori **S** Nobuo Ogawa **D** Nobutaka Asahara (Nobuo), Takahiro Tamura (Shinpei), Yumiko Sadako (Sadako), Makiko Shibata (Ginko), Minoru Sakurai (Ki'ichi) **L** 105 **E** 27.10.1988 ZDF

SCHMUTZIGER KLEINKRIEG (NO HABRA MAS PENAS NI OLVIDO). In einem argentinischen Dorf führt die Absetzung eines angeblich »linken« Bürgermeisters zu einem blutigen Kleinkrieg, den alle im Namen Perons gegeneinander führen. Eine politische Farce, die die Mechanismen der Diktatur und die Karrieresucht einzelner grell beleuchtet; die Komik weicht dabei zunehmend dem Entsetzen. ✦ Argentinien 1983 **P** Aries Cinematográfica Argentinia **Kl** Futura **Pd** Fernando Ayala, Luis Osvaldo Repetto **R** Héctor Olivera **B** Roberto Cossa, Héctor Olivera, nach einem Roman von Osvaldo Soriano **K** Leonardo Rodriguez Solis **M** Oscar Cardozo Ocampo **S** Eduardo López **D** Federico Luppi (Ignatio Fuentes), Hector Bidone (Suprino), Victor Laplace (Reinaldo), Rodolfo Ranni (Inspektor Llanos), Miguel Angel Sola (Juan), Julio De Gracia (Garcia), Raul Rizzo (Sgt. Rossi) **L** 77 **FSK** ab 18; nf **FBW** w **E** 1.2.1985 **fd** 24 938

SCHMUTZIGER LORBEER (THE HARDER THEY FALL). Die Tragödie eines gutmütigen Boxers, den gewissenlose Manager von Scheinsieg zu Scheinsieg über »gekaufte« Gegner in einen aussichtslosen Weltmeisterschaftskampf treiben. In ähnlichem Stil wie »Faust im Nacken« und mit fast noch größerer Härte beleuchtet der Film die kriminellen Großgeschäfte mit dem Boxsport in den USA. Um Realismus bemühte Boxszenen und die melodramatische Spannung zeichnen den Film zusätzlich aus. – Sehenswert. ✦ Schwarz-weiß. USA 1956 **P** Columbia **Kl** Columbia **Pd** Philip Yordan **R** Mark Robson **B** Philip Yordan, nach einem Roman von Budd Schulberg **K** Burnett Guffey **M** Hugo Friedhofer **S** Jerome Thomas **D** Humphrey Bogart (Eddie Willis), Rod Steiger (Nick Benko), Jan Sterling (Beth Willis), Mike Lane (Toro Moreno), Max Baer (Buddy Brannen) **L** 109 **FSK** ab 16; nf **FBW** w **E** 24.7.1956/1.2.1965 ARD/20.10.1973 DFF 1 **fd** 5 114

SCHMUTZIGER PAKT (COPS AND ROBBERS). Ein korrupter Bostoner Polizei-Captain, Kopf einer Diebesbande, geht ins Netz verdeckter Ermittler, die gegen kriminelle Elemente innerhalb der Polizei vorgehen. Nach einem authentischen Fall inszenierter Fernsehfilm, dessen Drehbuch vom Hauptverdächtigen der Affäre mitgeschrieben wurde. – Ab 16. ✦ USA 1990 **P** Whitehead Prod./Screen Licence **VA** Cannon/VMP **Pd** Fred Whitehead **R** Paul Wendkos **B** Garry Clemente, Kevin Stevens, Bill Bleich, nach dem Roman von Gerald Clemente und Kevin Stevens **K** Ronald M. Lautore **M** Gil Melle **S** Christopher Cooke **D** George Kennedy (Dan Kirkland), Ray Sharkey (Captain Gerry Clemente), Edward Asner (Jake Quinn) **L** 90 **FSK** ab 12 **E** 6.7.1992 Video

SCHMUTZIGER RUHM (SCENES FROM THE GOLDMINE). Eine junge Musikerin und Komponistin schließt sich einer Rockband an, die kurz vor dem Durchbruch steht. Die junge Frau beginnt eine Affäre mit dem Bandleader, dem sie auf Drängen des Managers auch die Rechte an den von ihr komponierten Songs überträgt. Zu spät merkt sie, daß sie betrogen worden ist. – Ab 14. ✦ USA 1988 **P** Hemdale **Pd** Danny Eisenberg, Marc Rocco, Pierre David **R** Marc Rocco **B** Marc Rocco, John Norvet, Danny Eisenberg **K** Cliff Ralke **M** Steve Delacy, Marc Rocco, Danny Eisenberg **S** Russell Livingstone **D** Catherine Mary Stewart (Debi DiAngelo), Cameron Dye (Niles Dresden), Steve Railsback (Harry), Joe Pantoliano (Manny), John Ford Coley (Kenny Bond), Timothy B. Schmit (Dennis) **L** 101 **E** 6.12.1994 RTL 2

SCHMUTZIGES GELD (PAYROLL). Nach erfolgreichem Überfall auf einen Geldtransport kommen die Gangster ums Leben, weil zwei Frauen ins Spiel geraten. Eine unglaubwürdige Geschichte, langweilig in Szene gesetzt. ✦ Schwarz-weiß. Großbritannien 1960 **P** Lynx **KI** Rank **Pd** Norman Priggen **R** Sidney Hayers **B** George Baxt, nach einem Roman von Derek Bickerton **K** Ernest Steward **M** Reg Owen **D** Michael Craig, Françoise Prévost, Billie Whitelaw, William Lucas, Kenneth Griffith **L** 105 **FSK** ab 18; nf **E** 9.3.1962 **fd** 10 721

EIN SCHMUTZIGES GESCHÄFT →Big Busine$$

SCHMUTZIGES SCHICKSAL (SALE DESTIN). Ein verheirateter Metzgermeister, der ein Verhältnis zu einer Prostituierten unterhält, versucht sich eines Erpressers zu entledigen, indem er ein Killerkommando anheuert. Von den Arbeiten Chabrols inspirierter Thriller, der Heuchelei und Betrug des Bürgertums mit rabenschwarzem Humor entlarvt und das Interesse des Zuschauers durch pointierte Dialoge und kalkulierte Überraschungseffekte fesselt. ✦ Frankreich 1986 **P** Solus/Flach/Films A 2/Selena Audiovisuel **KI** Cine Plus **VA** MCP **Pd** Jean-Marie Duprez, Pascal Lafont, Jean-François Lepetit, Pascal Hommais **R+B** Sylvain Madigan **K** Patrick Blossier **M** Pascal Arroyo **S** Dominique Martin **D** Victor Lanoux (François Marboni), Pauline Lafont (Rachel), Jacques Penot (Alexandre Ragueneau), Marie Laforêt (Marthe Marboni), Michel Aumont (Inspektor Machandon) **L** 93 **FSK** ab 16 **E** 7.4.1988/Oktober 1988 Video **fd** 26 762

SCHMUTZIGES SPIEL (1980) (THE CLUB). Um endlich wieder die Meisterschaft zu gewinnen, verpflichtet der Präsident eines australischen Football-Clubs einen tasmanischen Ligaspieler. Dieser wird jedoch weder vom Trainer noch von der Mannschaft akzeptiert und dient nur als Vorwand für eine großangelegte Kampagne gegen den Präsidenten, der persönliche Rivalitäten und der Ehrgeiz eines ehemaligen Rekordspielers zugrunde liegen. Sarkastische Komödie um das Karriere- und Erfolgsdenken in der Gesellschaft, illustriert am Beispiel der Rivalitäten innerhalb des Clubs. Zum zweiten Mal nach »Don's Party« (1976) verfilmte Beresford ein Bühnenstück von David Williamson, und erneut unterliegt er weitgehend der räumlichen Enge, die mit viel theatralischem Geschrei gefüllt wird. ✦ Australien 1980 **P** South Australian Film Commission/New South Wales **Pd** Matt Carroll **R** Bruce Beresford **B** David Williamson, nach seinem Bühnenstück **K** Donald McAlpine **M** Mike Brady **S** William M. Anderson **D** Jack Thompson (Laurie Holden), Harold Hopkins (Danny Rowe), Graham Kennedy (Ted Parker), John Howard (Geoffrey Hayward), Maggie Doyle (Susy) **L** 99 **E** 17.7.1987 ZDF

SCHMUTZIGES SPIEL (1989) →Der Sex-Tapes Skandal

SCHMUTZIGES WOCHENENDE (1972) →Ein Scheiß-Wochenende

SCHMUTZIGES WOCHENENDE (1992) (A MASCULINE ENDING). Eine Linguistik-Dozentin, die auf einer Konferenz in Paris weilt, entdeckt, daß sie die Wohnung mit einem Toten teilt. Gemeinsam mit ihrem Ex-Mann, einem Reporter, und einer Kollegin nimmt sie die Ermittlungen auf. In der mißgünstigen Atmosphäre der Cambridger Universität werden sie rasch fündig. Kriminalfilm, der vom unterschiedlichen Temperament seiner Hobby-Detektivinnen lebt. – Ab 16. ✦ Großbritannien 1992 **P** BBC **R** Antonia Bird **B** Alma Cullen, nach einem Roman von Joan Smith **K** Fred Tammes **M** Andy Roberts **S** Sue Spivey **D** Janet McTeer (Loretta Lawson), Imelda Staunton (Bridget Bennet), Bill Nighy (John Tracey), Kevin McNally (Andrew Gardner), Nigel Bradshaw (Hugh Puddephat) **L** 96 **E** 2.1.1997 SF/DRS

SCHNAPPT DEN DOPPELGÄNGER (THE PRISONER OF ZENDA, INC.). Komödie nach Motiven eines seit 1913 bereits mehrfach adaptierten Romans (u.a. als »Der Gefangene von Zenda«, 1937). Nach dem Tod seines Vaters soll ein 14-Jähriger, der bereits ein genialer Programmierer ist, laut Testament die Firma leiten. Doch der Bruder des Vaters entführt den Jungen, um selbst zum Chef gewählt zu werden. Rechtzeitig aber macht ein mit dem Jungen befreundeter Professor einen Doppelgänger ausfindig. – Ab 14 möglich. ✦ USA 1996 **R** Stefan Sciani **B** Richard Clark, Rodman Gregg, nach Motiven eines Romans von Anthony Hope **M** John Welsman **D** Jonathan Jackson (Rudy Gatewick/Oliver Gillis), William Shatner (Michael Gatewick), Jay Brazeau (Professor Wooley), Richard Lee Jackson (Douglas), Don S. Davis (Colonel Zapf) **L** 96 **E** 3.5.1998 ProSieben

SCHNAPPT SHORTY (GET SHORTY). Einen sich stets »cool« und überlegen gebenden Ganoven, der als Geldeintreiber für die Mafia in Miami arbeitet, verschlägt es nach Los Angeles. Dort begegnet der kinobegeisterte Kleinkriminelle einem Trashfilm-Produzenten, mit dem er gemeinsam Filmgeschichte schreiben will, schließlich aber an üble Gauner gerät, gegen die er sich behaupten muß. Eine intelligente, durchweg kurzweilige Gauner- und Krimikomödie, brillant besetzt, zitatenreich und gespickt mit satirischen Spitzen gegen die eitlen Repräsentanten der vermeintlichen »Traumfabrik« Hollywood. – Ab 16. ✦ USA 1995 **P** MGM **KI** UIP **VA** MGM/UA (Warner) **DVD** Fox Home (16:9, 1.85:1, DD5.1 engl./dt.) **Pd** Danny DeVito, Michael Shamberg, Stacey Sher **R** Barry Sonnenfeld **B** Scott Frank, nach einem Roman von Elmore Leonard **K** Don Peterman **M** John Lurie **D** John Travolta (Chili), Gene Hackman (Harry Zimms), Rene Russo (Karen), Danny DeVito (Martin Weir), Dennis Farina (Ray Bones) **L** 105 **FSK** ab 12; f **FBW** w **E** 29.2.1996/30.8.1996 Video/15.12.1999 DVD **fd** 31 818

SCHNAPS IM WASSERKESSEL. Ausgehend von einem in den 40er Jahren entstandenen Dokumentarfilm über das Leben der Landarbeiter in Ostfriesland bei der Einbringung der Ernte, betreibt Hans-Erich Viet seinerseits Spurensuche im Land seiner Väter. In sehr persönlichen Begegnungen mit Land und Leuten sowie deren Geschichten fügt sich eine überaus lebendige Sozialstudie der Region zusammen. Eine behutsame filmische Annäherung, unprätentiös und bescheiden wie die liebenswerten »Originale« selbst – die letzten Repräsentanten einer noch intakten Lebensgemeinschaft, die einem unaufhaltsamen Prozeß der Wandlung unterworfen ist. – Sehenswert ab 14. ✦ Teils schwarz-weiß. Deutschland 1991 **P** Viet-Filmprod./dffb **SF** ex picturis **Pd+R+B** Hans-Erich Viet **K** Peter van den Reek **S** Petra Heymann **L** 76 **E** 24.9.1991 ZDF/9.4.1992 Kino **fd** 29 503

SCHNAPSNASE UND SCHLAPPOHR (MAD MAD KUNG FU). Ein trinkfester, schon etwas betagter Kung-Fu-Meister bewahrt ein Mädchen vor dem ungeliebten Bräutigam, indem er ihn tötet. Der Rache des Vaters entgeht er mit Hilfe eines jungen Kampfgenossen. Mit Gewalt auf Klamauk getrimmter Eastern. – Ab 16. ✦ Scope. Hongkong 1979 **P** Pak Sup Lini Toy Film **KI** Filmhansa **R** Ho Meng-Hua, Yu Cheng-Chun **K** Li Yue-Fong **M** Chow Fock-leng **D** Yuan Xiao-Tien (= Sim Yuen), Ching Tung, Kong Tao, Cheng Long **L** 79 **FSK** ab 12; nf **E** 22.2.1980 **fd** 22 427

DAS SCHNECKENHAUS (LUBOW MIRONA). Die heimliche Liebesbeziehung zwischen einer jungen Bauersfrau und einem verklemmten Jüngling von der dörflichen Poststelle findet durch eine infame Anschuldigung ein plötzliches Ende. Eine langweilige, oberflächliche und etwas diffuse Auseinandersetzung mit Verantwortung, Liebe, Treue und Ehrlichkeit. – Ab 14. ✦ Bulgarien 1980 **P** Experimentelles Filmstudio/Spielfilmstudio **KI** Progress **R** Plamen Maslarow **B** Plamen Maslarow, nach einem Roman von Radoslaw Michailow **K** Plamen Somow **M** Georgi Penkow **D** Sonja Boshkowa, Martin Pentschew, Radko Dischliew, Newena Mitewa, Georgi Wassilew **L** 66 **E** 16.10.1981 Kino DDR

DAS SCHNECKENRENNEN (LA COURSE DE L'ESCARGOT). Ein arbeitsloser Pariser erbt von seinem Onkel eine Schneckenzucht in der Bourgogne und ein heruntergekommenes Landhaus. Er richtet sich in der Provinz, deren Bewohner eine Leidenschaft für Schneckenrennen haben, ein und lernt eine junge Frau kennen, die ihre Doktorarbeit über Schnecken schreibt. Verspielt-beschwingte Komödie, die ihr Hauptaugenmerk auf den ländlichen Alltag legt und die Schrullen der Dorfbewohner liebevoll skizziert. – Ab 16. ✦ Frankreich 1997 **P** Flach Film/France 2/La Sept/arte **R** Jérôme Boivin **B** Laurent Bénégui **M** Eryck Abecassis **S** Corinna Lapassade **D** Eric Metayer (Albert), Isabelle Pasco (Margot), Didier Bénureau (Notar), Yves Alfonso, Fred Ulysse **L** 87 **E** 16.7.1999 arte

SCHNEE (NEIGE). Eine junge Frau will einem süchtigen Freund Drogen besorgen, um sein Leben zu retten. Dabei gerät sie mit dem Gesetz in Konflikt und scheitert. Eine düstere, illusionslose Geschichte aus der Halbwelt von Paris, die sich unsentimental und einfühlsam auf das geschilderte Milieu einläßt. Die oft konventionelle Dramaturgie steht dabei im Widerspruch zur geschilderten Szenerie. Erste Regiearbeit der französischen Schauspielerin Juliet Berto. ✦ Frankreich/Belgien 1981 **P** Babylone/FR 3/Odessa/Marion O.D.E.C. **KI** prokino **R** Juliet Berto, Jean-Henri Roger **B** Marc Villard **K** William Lubtchansky **M** François Bréant, Bernard Lavilliers **S** Yann Dedet **D** Juliet Berto (Anita), Jean-François Stévenin (Willy), Nini Crépon (Betty), Patrick Chesnais (Polizist), Jean-François Balmer (Polizist) **L** 90 **E** 5.2.1982 **fd** 23 405

SCHNEE AM KILIMANDSCHARO (THE SNOWS OF KILIMANJARO). Im afrikanischen Busch versucht ein todkranker Globetrotter, seinem ruhelosen Leben eine Sinndeutung zu geben. Zügiger Episodenfilm nach der Erzählung von Ernest Hemingway, publikumswirksam inszeniert, doch weit davon entfernt, die Charakterdarstellung und atmosphärische Dichte der Vorlage zu erreichen – Ab 16. ✦ USA 1952 **P** 20th Century Fox **KI** Centfox **Pd** Darryl F. Zanuck **R** Henry King **B** Casey Robinson, nach einer Novelle von Ernest Hemingway **K** Leon Shamroy **M** Bernard Herrmann **S** Barbara McLean **D** Gregory Peck (Harry), Susan Hayward (Helen), Ava Gardner (Cynthia), Hildegard Knef (Gräfin Liz), Leo G. Carroll (Onkel Bill) **L** 111 **FSK** ab 16; f **E** 13.3.1953/22.9.1990 DFF 1 **fd** 2 430

SCHNEE AUF CAPRI →Heißer Schnee (1984)

SCHNEE, DER AUF ZEDERN FÄLLT (SNOW FALLING ON CEDARS). Anlässlich des Todes eines einheimischen Fischers rekapitulieren die Bewohner einer Insel vor der US-Pazifikküste die Vergangenheit. Dabei rückt die Jugendliebe zwischen einem Amerikaner und einer japanischen Immigrantin ins kollektive Bewusstsein und weckt die Erinnerung an ein düsteres Kapitel amerikanischer Geschichte: Nach dem Angriff der Japaner auf Pearl Harbour wurden alle japanischstämmigen Bewohner in Internierungslager gebracht, wobei sich lang angestaute Ressentiments Luft verschafften. Im gleichberechtigten Nebeneinander von Gegenwart und Vergangenheit evoziert der Film Schmerz und Schönheit zugleich, indem er jenseits romantischer Klischees von der Tragik dieser einzigartigen Liebe erzählt. Außergewöhnlich behutsam inszeniert und eindrucksvoll gespielt. DVD: Die Special Edition beinhaltet u. a. einen Audiokommentar des Regisseurs sowie ein Feature mit nicht verwendeten Szenen. – Sehenswert ab 16. ✦ Scope. USA 1998 **P** Universal **KI** UIP **VA** Universal **DVD** Columbia TriStar Home (SE, 16:9, 2.35:1, DD5.1 engl./dt.) **Pd** Kathleen Kennedy, Frank Marshall, Harry Ufland, Ronald Bass, David Guterson **R** Scott Hicks **B** Ronald Bass, Scott Hicks, David Guterson, nach seinem gleichnamigen Roman **K** Robert Richardson **M** James Newton Howard **S** Hank Corwin **D** Ethan Hawke (Ishmael Chambers), Youki Kudoh (Hatsue Miyamoto), Max von Sydow (Nels Gudmundsson), Sam Shepard (Arthur Chambers), James Cromwell (Judge Fielding) **L** 127 **FSK** ab 12; f **FBW** bw **E** 23.3.2000/18.10.2000 Video/26.9.2000 DVD **fd** 34 160

SCHNEE IN CAPRI →Heißer Schnee (1984)

SCHNEE IN DER NEUJAHRSNACHT. Während ein einsamer Radiomoderator in Berlin die letzte Nacht des Jahrtausends zum magischen Moment verklärt, stellt sich das von ihm beschworene Wunder der Liebe nach vielen Umwegen ausgerechnet für einen tappsig-gutmütigen Busfahrer ein, der zuvor aber in ebenso turbulente wie gefährliche Ereignisse gerät. Episodisch angelegter Film zwischen poetischer Liebeskomödie und urbaner Actiongeschichte, der in seiner zwanghaften Suche nach romantischer Stimmung oft übers Ziel schießt. Dank des hervorragenden Hauptdarstellers gelingen die episodenhaften Verzahnungen von Raum und Zeit, Zufällen und Schicksalen jedoch nicht ohne Charme. – Ab 14. ✦ Deutschland 1999 **P** Ufa Filmprod. **KI** Buena Vista **VA** Buena Vista **Pd** Norbert Sauer **R** Thorsten Schmidt **B** Stefan Kolditz **K** Klaus Eichhammer **M** Ralf Wienrich **S** Claudia Wolscht **D** Jürgen Tarrach (Toto), Tamara Simunovic (Natalia), Hannes Jaenicke (Zippo), Dieter Landuris (Henry), Nadja Uhl (Nora), Eric Burdon (Rory), Barbara Rudnik (Carola) **L** 100 **FSK** ab 12; f **FBW** bw **E** 16.12.1999/23.11.2000 Video **fd** 34 009

SCHNEE IN FLORIDA (FLORIDA STRAITS). Drei desillusionierte Männer brechen von Florida nach Kuba auf, um dort eine Frau zu befreien und einen Schatz zu heben. Einfach strukturierter Film, der die Versatzstücke des Abenteuergenres bemüht, ohne an seine Vorbilder heranzureichen. (TV-Titel: »Zwei Millionen in Gold«) – Ab 16 möglich. ✦ USA 1986 **P** Orion Pictures **KI** 20th Century Fox **VA** VCL/Virgin **Pd** Stuart B. Rekant **R** Mike Hodges **B** Stephen Metcalfe, Roderick Taylor **K** Denis Lewiston **M** Michel Colombier **S** Edward M. Abroms **D** Raul Julia (Carlos), Fred Ward (Lucky), Daniel Jenkins (Mac), Antonio Fargas (El Gato Negro), Victor Argo (Pablo Churuka), James Sanchez **L** 98 **FSK** ab 16; f **E** 26.7.1987/November 1987 Video **fd** 26 271

SCHNEE ÜBER DEN WOLKEN (SKY TRAP). Eine junge Witwe und ihr segelfliegender Sohn müssen sich gegen Drogenschmuggler behaupten, die den Jungen als Kurier mißbrauchen wollen. Familiengerechte Abenteuerunterhaltung aus der Disney-Werkstatt. – Ab 12. ✦ USA 1978 **P** NBC/Walt Disney **Pd+R** Jerome Courtland **B** Jim Lawrence **K** Rexford Metz **M** Will Schaefer **D** Patricia Crowley (Florence Stone), Jim Hutton (Joe Reese), Marc McClure (Grant Stone), Kitty Ruth (Marti Benson), John Crawford (Mark Sanders) **L** 91 **E** 8.1.1994 ARD

DER SCHNEE WAR SCHMUTZIG (LA NEIGE ETAIT SALE). Der Film fragt nach der Schuld eines jungen Mannes, der aus Haß gegen sein eigenes Leben zum mehrfachen Mörder wird. Seine Lebensgeschichte wird als Rückblende erzählt. Frank wächst als unerwünschtes Kind einer Prostituierten auf, tötet einen deutschen Offizier, um an einen Revolver zu kommen, und läßt seine unschuldige Braut von einem Kumpel vergewaltigen. Als er schließlich verhaftet wird, empfindet er seine Verurteilung zum Tode als Erlösung. Trotz der schauspielerischen Leistung von Daniel Gélin zeigt sich diese Verfilmung eines Romans von Georges Simenon ihrem Thema nicht gewachsen. ✦ Schwarz-weiß. Frankreich 1953 **P** Tellus **KI** Phönix **R** Luis Saslavsky **B** André Tabet, Luis Saslavsky, nach einem Roman von Georges Simenon **K** André Bac **M** René Cloërec **D** Daniel Gélin, Valentine Tessier, Antoine Balpêtré, Daniel Ivernel, Marie Mansart **L** 96 **FSK** ab 18; nf **E** 4.5.1956 **fd** 4 978

DER SCHNEEBALLKRIEG – COOLE KIDS UND FAULE TRICKS (LA GUERRE DES TUQUES / THE DOG WHO STOPPED THE WAR). Um die Weihnachtsferien spannender zu gestalten, beschließen zwei Jungen, einen Schnellballkrieg durchzuführen. Man baut eine gewaltige Schneeburg, die es zu verteidigen gilt. Ständig wechselt das Kriegsglück, und erst der letzte Tag der Ferien scheint die Entscheidung zu bringen. Da wird der Hund des einen Jungen unter den Schneemassen der Burg begraben, und plötzlich ziehen alle am gleichen Strang, um das Leben des Tieres zu retten. Sympathischer Kinderfilm, der sich durch Humor, Ideenreichtum und vor allem sein Eintreten für ein friedfertiges und solidarisches Miteinander auszeichnet. (Der erste Film der Reihe »Tales for All«.) – Ab 10. ✦ Kanada 1984 **P** Les Productions La Fête **VA** atlas **Pd** Rock Demers, Nicole Robert **R** André Mélançon **B** Danyèle Patenaude, Roger Cantin, André Mélançon **K** François Protat **M** Germain Gauthier **S** André Corriveau **D** Cédric Jourde (Luke), Julien Elie (Mark), Mariepierre Arsenau-D'Amour (Sophie), Duc Minh Vu (Warren), Jean-Francois Leblanc (Jeremy) **L** 90 **FSK** o. A. **E** 17.12.1990 Video **fd** 28 762

SCHNEEBURGEN (SNESCHNAJA KREPOST). Ferienfreuden sowjetischer Pioniere in den Bergen und ihre Abenteuer bei einem Geländespiel. – Ab 6. ✦ Scope. UdSSR 1969 **P** Gorki-Studio **KI** Progress **R** Alexandra Lapidewskaja **B** Anatoli Moschkowski **K** Konstantin Arutjunow, S. Jegorow **M** Karen Chatschaturjan **S** T. Chorkowa **D** Wolodja Scheluchin (Mitjka Sorokin), Jura Milizin (Jura Swiridow), Alexej Krytschenkow (Wsewolod), Alexej Schirkewitsch (Rybakow) **L** 60 **E** 9.1.1970 Kino DDR

SCHNEEFALL (HOSZAKADAS). Ein 1944 in sein Gebirgsdorf geflüchteter ungarischer Soldat findet dort als einzige Bewohnerin nur noch seine Großmutter. Sie machen sich zusammen auf die Suche nach den Eltern des jungen Mannes, die in die Berge geflohen sind. Unterwegs werden sie von Gebirgsjägern gestellt, die schnell herausfinden, daß der Soldat kein Urlauber, sondern ein Deserteur ist. Ein Film mit irritierend schönen Landschaftsbildern in starkem Kontrast zu seiner schonungslosen Schilderung der Kriegswirklichkeit. ✦ Ungarn 1974 **P** Hunnia **R** Ferenc Kósa **B** Sándor Csoóri, Ferenc Kósa **K** Sándor Sára **M** Zsolt Durkó **D** Imre Szabó, Maria Markovicova, Péter Haumann **L** 93 **E** 18.4.1975 Kino DDR/30.10.1976 DFF 2/2.11.1979 ZDF

SCHNEEFLÖHE →Schneeglöckchen und Alleskönner

SCHNEEFREI (SNOW DAY). Nach unerwartet heftigen Schneefällen bricht in einer US-Kleinstadt das öffentliche Leben zusammen. Viele Erwachsene und alle Kinder freuen sich über schneefrei. Doch nicht allen passt die winterliche Freizeit in den Kram. Leidlich unterhaltsame Komödie nach vorhersehbarem Muster, die kaum Kapital aus der hübschen Ausgangsidee schlägt und recht biederen Humor ohne Gefühl für einzelne Gags bietet. DVD: Die Extras umfassen u. a. einen dt. untertitelten Audiokommentar des Regisseurs und des Drehbuchautors. – Ab 12 möglich. ✦ USA 2000 **P** Paramount/Nickelodeon Movies/New Faction Pictures **KI** UIP **VA** Paramount Home **DVD** Paramount (16:9, 1.78:1, DD5.1 engl./dt.) **Pd** Albie Hecht, Julia Pistor **R** Chris Koch **B** Will McRobb, Chris Viscardi **K** Robbie Greenberg **M** Steve Bartek **S** David Finfer **D** Chris Elliott (Schneepflugmann), Mark Webber (Hal Brandston), Jean Smart (Laura Brandston), Chevy Chase (Tom Brandston), Zena Grey (Natalie Brandston), Iggy Pop (Mr. Zellwegger), Schuyler Fisk (Lane Leonard), Pam Grier (= Pamela Grier) (Tina) **L** 89 (85 Video) **FSK** o. A. (Video) **FBW** w **E** 25.1.2001/18.10.2001 Video & DVD **fd** 34 670

SCHNEEGÄNSE ZIEHEN (GUSSI – LEBEDI LETJAT). Poetischer Film vom Aufbruch ins Leben, der am Einzelschicksal eines Jungen in einem Dorf kurz nach der Revolution gleichzeitig eine geschichtliche Chronik des ukrainischen Volkes entwickelt. Stimmungsvoll verhalten in der Erzählweise und positiv in den ethischen Wertmaßstäben. – Ab 10. ✦ Scope. UdSSR 1974 **P** Dowshenko-Studio **KI** Progress **R** Alexander Muratow **B** Michailo Stelmach **K** Wassili Kuratsch **M** Miroslaw Skorik **D** Wolodja Tschubarew (Michailik), Fjodor Strigun (Sebastian), Galina Demtschuk (Mutter), Wladimir Oleksejenko (Großvater Demjan), Valeri Scheptekita (Juchrim) **L** 76 **E** 3.6.1977 Kino DDR/24.2.1986 DFF 1

SCHNEEGLÖCKCHEN BLÜHN IM SEPTEMBER. Dokumentarnaher deutscher Spielfilm über den Arbeitskampf in einem Großbetrieb und über die Notwendigkeit einer nur unter persönlichen Opfern herstellbaren Solidarität. Der differenziert argumentierende Film verzichtet auf eine übersichtliche Story und konzentriert sich auf alltägliche Situationen. – Ab 16. ✦ BR Deutschland 1974 **P** Basis **KI** Basis **R** Christian Ziewer **B** Klaus Wiese, Christian Ziewer **K** Kurt Weber **M** Lokomotive Kreuzberg **S** Stefanie Wilke **D** Claus Eberth (Hannes), Wolfgang Liere (Ed), Hans-Peter Fischer, Gerhard Konzack, Wiegand Krätzmann **L** 108 **FSK** ab 12; f **FBW** w **E** 25.6.1974 **fd** 18 905

SCHNEEGLÖCKCHEN UND ALLESKÖNNER (SNEZENKY A MACHRI). Eine Oberschulklasse fährt zu einem Skilehrgang in die Berge und benutzt die nächtliche Abwesenheit des strengen Lehrers, um einen Abend mit viel Alkohol zu verbringen. Die Folgen zeigen, daß sie noch lange nicht erwachsen sind. Mäßig heiterer, anspruchsloser Unterhaltungsfilm für Jugendliche, der entwickelt, wie zwischen Erwachsenen und Jugendlichen Annäherung möglich ist, wenn beide Seiten auf einander zugehen. Die Probleme der Jugendlichen werden freilich kaum vertieft, so daß der Film allzu sehr an der Oberfläche bleibt. Preis der OCIC in Gijon 1983. (Westdeutscher TV-Titel: »Schneeflöhe«) – Ab 14. ✦ CSSR 1982 **P** Filmstudio Barrandov **KI** Progress **R** Karel Smyczek **B** Radek John, Ivo Pelant **K** Richard Valenta **M** Zdenek John **S** Jirí Brozek **D** Michal Suchánek (Karel), Antonín Duchoslav (Viki), Václav Kotka (Radek), Radoslav Brzobohaty (Kursleiter), Veronika Freimanová (Prof. Hanka) **L** 89 **E** 17.2.1984 Kino DDR/22.2.1985 ARD

DIE SCHNEEKÖNIGIN (1957) (SNESCHNAJA KOROLEWA). Als die Schneekönigin einen Jüngling entführt und ihn zum Eisprinzen verwandelt, macht sich dessen Freundin auf die Suche und kann ihn unter vielen Gefahren befreien. Originalgetreue russische Zeichentrickversion des Märchens von Hans Christian Andersen, das die herzergreifende Geschichte in wunderschönen Farben umsetzt und auch heute noch nichts von seiner Brillanz verloren hat. – Sehenswert ab 8. ✦ UdSSR 1957 **P** Soyuzmultfilm **R** Lew Atamanow **B** Lew Atamanow, Nikolai Erdman, nach einem Märchen von Hans Christian Andersen **K** Michael Drujan **M** L. Aiwasjan **L** 60 **E** 31.12.1999 mdr

DIE SCHNEEKÖNIGIN (1966) (SNESHNAJA KOROLEWA). Die Schneekönigin entführt einen kleinen Jungen in ihren Palast aus Eis. Sie beraubt ihn seiner Herzenswärme, um so Macht über die Welt zu erlangen. Seine Freundin kann ihn nach vielen gefährlichen Abenteuern dem Einfluß der Schneekönigin entreißen. Verfilmung des bekannten Märchens von Hans Christian Andersen. – Ab 6. ✦ Scope. UdSSR 1966 **P** Lenfilm **KI** Progress **R** Gennadi Kasanski

B Jewgeni Schwarz, nach dem Märchen von Hans Christian Andersen **K** Sergej Iwanow **M** Nadeshda Simonjan **S** I. Nowoshilowa **D** W. Nikitenko (Märchenerzähler), Jelena Proklowa (Gerda), Slawa Zjupa (Kai), Jewgenija Melnikowa (Großmutter), Natascha Klimowa (Schneekönigin) **L** 90 **E** 15.12.1967 Kino DDR/25.12.2001 MDR

DIE SCHNEEKÖNIGIN (1986) (LUMIKUNINGATAR). Die Schneekönigin entführt den Jungen Kai in ihr zu Eis erstarrtes Reich, um mit seiner menschlichen Wärme die Herrschaft über die Erde zu erlangen. Das Mädchen Gerda macht sich auf den Weg, um Kai zu befreien, und besiegt nach vielen Abenteuern und Gefahren die böse Königin. Eine fantasievoll inszenierte und eindrucksvoll fotografierte Interpretation des Andersen-Märchens, die die »alte« Märchenwelt geschickt mit modernen filmischen Mitteln verbindet. – Sehenswert ab 10. ✦ Finnland 1986 **P** Neofilmi Oy **Kl** atlas **SF** atlas **VA** atlas **Pd** Matti Ollila **R** Päivi Hartzell **B** Päivi Hartzell, Jukka Kemppinen, Juha Siltanen, nach einem Märchen von Hans Christian Andersen **K** Henrik Paersch **M** Jukka Linkola **S** Anne Lakanen, Olli Soinio **D** Satu Silvo (Schneekönigin), Outi Vainionkulma (Gerda), Sebastian Kaatrasalo (Kai), Tuula Nyman (Hexe), Esko Hukkanen (Narr) **L** 83 **FSK** ab 6; f **E** 3.11.1988/28.3.1989 Video/1.1.1990 DFF 1 **fd** 27 143

DIE SCHNEEKÖNIGIN (1995) (THE SNOW QUEEN). Zeichentrickversion des philosophischen Märchens von Hans Christian Andersen: Die Schneekönigin, die am kältesten Ort der Erde haust, will die Strahlen der Sonne ablenken, um die Erde zu einem unwirtlichen Ort zu machen. Zu ihrem Plan gehört auch die Entführung des kleinen Tom, dem sie Eisspiegelsplitter ins Auge und ins Herz getrieben hat, um ihn ihrer Welt einzuverleiben. Nur die Tränen reiner Liebe können das Eis tauen. Eine sehr freie Adaption des Märchens, die dennoch dem Weltbild des Dichters treu bleibt, und ansprechende Charaktere hinzuaddiert, um dem Unterhaltungsbedürfnis auch kleinerer Kinder gerecht zu werden. Ein anmutiger Zeichenstil, die gelungene Synchronisation und fröhliche Lieder verbreiten Kurzweil und tragen dazu bei, daß das tiefsinnige Märchen für Erwachsene auch Kindern Freude bereiten dürfte. – Sehenswert ab 10. ✦ Großbritannien 1995 **P** Gates/Carrington **VA** Warner Home **Pd** Martin Gates, Marion Edwards, Tom Parkhouse, Craig Hemmings **R** Martin Gates **B** Martin Gates, nach einem Märchen von Hans Christian Andersen **K** Frank Eagles **M** Chris Caswell **S** Mike Fraser **L** 75 **FSK** ab 6 **E** 5.4.1996 RTL 2/1998 Video **fd** 33 472

DIE SCHNEEKÖNIGIN 2 – DIE RÜCKKEHR ZUM EISPALAST (THE SNOW QUEEN'S REVENGE). Die böse Schneekönigin lockt die kleine Ellie, die im ersten Teil des Films ihre finsteren Pläne vereitelte, zum Südpol, an dem sie das fliegende Rentier Harald gefangenhält. Nach vielen Abenteuern auf dem beschwerlichen Weg kann das Mädchen Harald aus dem Gefängnis des Eispalastes befreien. Zeichentrickfilm nach Motiven von Hans Christian Andersen, dessen Handlung allzu sehr zerflattert, sodass sich knallige Animationseffekte selbstzweckhaft in den Vordergrund schieben. Trotz einiger hübscher Einfälle bleibt die Märchenkraft der Produktion gering. – Ab 8. ✦ USA/Großbritannien 1996 **P** Gates/Carrington **VA** Warner Home **Pd+R** Martin Gates **B** Sue Radley, Martin Gates **K** Richard Chuidian **M** Toby Allington **S** David Hillier **L** 64 **FSK** o. A. **fd** 34 125

SCHNEEKÖNIGIN – GNADENLOSE JAGD →Koks – Die Schneekönigin

SCHNEELAWINE (AVALANSA). Eine in den Karpaten gelegene Außenstation eines Eisenhüttenwerkes wird von einer Lawine begraben. Während der gefahrvollen Rettungsaktion finden die Menschen über ihre Gegensätze und persönlichen Feindschaften hinweg zu einem Kollektiv zusammen. Verkrampft und unbeholfen gespieltes Drama mit überdeutlicher lehrhafter Tendenz, reizvoll allein durch die Landschaft. – Ab 12. ✦ Schwarz-weiß. Rumänien 1959 **Kl** Progress **R** Gheorghe Turcu **B** Horia Lovinescu **K** Lupu Gutmann, Jean Pierre Lazar **M** Tiberiu Olah **D** Romulus Neacsu, George Maruta, Boris Ciornei, Sandu Sticlaru, Aurel Irimia **L** 78 **E** 26.5.1961 Kino DDR/2.12.1962 DFF 1

DER SCHNEEMANN. Actionkomödie um einen jungen Mann, der mit fünf Kilo Kokain sein Glück machen will, aber nur von einer Schwierigkeit in die nächste gerät. Unterhaltsamer Verschnitt von Genreklischees, temporeich, mit witzigen Dialogen und einem guten Hauptdarsteller; professionell und mit augenzwinkernder Ironie inszeniert. – Ab 16. ✦ BR Deutschland 1985 **P** Bavaria/NF Geria I/ZDF **Kl** Neue Constantin **SF** atlas **VA** EuroVideo **Pd** Jörn Schröder **R** Peter F. Bringmann **B** Matthias Seelig, nach einem Roman von Jörg Fauser **K** Helge Weindler **M** Paul Vincent Gunia **S** Annette Dorn **D** Marius Müller-Westernhagen (Dorn), Polly Eltes (Cora), Heinz Wanitschek (Roda), Riad Gholmie (Habib), Manuela Riva (Hermes), Towje Kleiner (Laslo), Donald Arthur (Kiefer), Oliver Lentz (Stephan) **L** 105 **FSK** ab 16; f **FBW** w **E** 22.3.1985/2.8.1987 ZDF **fd** 25 014

EIN SCHNEEMANN FÜR AFRIKA. Als Geschenk für ein kleines farbiges Mädchen transportiert ein Matrose auf einem Hochseeschiff einen Schneemann nach Afrika. Fantasiereiche und kindgerecht gestaltete Fabel. – Ab 8. ✦ DDR 1978 **P** DEFA **Kl** Progress **SF** Imbild **VA** Icestorm **Pd** Willi Teichmann **R** Rolf Losansky **B** Christa Kozik, Gudrun Deubener **K** Helmut Grewald **M** Gerhard Rosenfeld **S** Ursula Zweig **D** Wolfgang Penz (Matrose Karli), Wolfgang Winkler (Koch Bob), Jürgen Reuter (Chiefmate Sebastian), Bruno Carstens (Kapitän), Gerhard Rachold (Bootsmann) **L** 79 **FSK** o. A. (Video) **E** 30.9.1977 Kino DDR/1978 Kino BRD/16.12.1978 DFF 1/26.2.1999 Video **fd** 20 986

SCHNEEMÄNNER MIT HERZ (S TEBOU ME BAVI SVET). Drei Freunde, die ihren gemeinsamen Skiurlaub in der Hohen Tatra bisher als reines Männerunternehmen ansahen, müssen auf den sanften Druck ihrer Frauen hin die Kinder mitnehmen. Es scheint nur eine Frage der Organisation, daß sie Herren der Lage bleiben; doch das erweist sich bald als eine trügerische Hoffnung. Unbeschwerte Unterhaltung für die ganze Familie. (DDR-Titel: »Mit dir gefällt mir die Welt«) – Ab 6. ✦ CSSR 1982 **P** Filmstudio Barrandov **Kl** Progress **R+B** Marie Polednáková **K** Petr Polák **M** Václav Zahradnik **S** Miroslav Hájek **D** Julius Satinsky (Albert Horak), Jana Sulcová (Katerina Horakova), Marek Dvorak (Bertik), Marta Buchtikova (Kata), Lukas Machart (Matysek) **L** 86 **E** 21.3.1983 ARD/29.7.1983 Kino DDR/7.1.1985 DFF 2

DAS SCHNEEPARADIES. Eine von der Liebe enttäuschte Schmuckverkäuferin lässt sich von ihrem Chef überreden, Weihnachten mit ihm in der »Berghütte« der Familie zu verbringen, die sich als Schloss herausstellt. Auch sonst nimmt es der Mann mit der Wahrheit nicht so genau. Von einem sterbenskranken Vater kann nicht die Rede sein, und auch das Missverständnis, dass sein Gast als seine Geliebte in die Familie aufgenommen wird, scheint ihn nicht zu stören. Sentimentales Weihnachtsmärchen vor schneeglitzender Kulisse, das trotz vieler Wendungen und Missverständnisse mit einem Happy End aufwartet. ✦ Deutschland 2001 **R** Erwin Keusch **B** Marlis Ewald **K** Hagen Bogdanski **M** Enjott Schneider **D** Tanja Wedhorn (Pauline Bertram), Andreas Brucker (Max Hardenberg), Klaus Wildbolz (Ferdinand Hardenberg), Diana Körner (Marianne), Rosel Zech (Margot) **L** 90 **E** 23.12.2001 ZDF

SCHNEESTURM (METEL). Ausgezeichnete filmkünstlerische Umsetzung der gleichnamigen Novelle Puschkins: Bei der geplanten heimlichen Trauung eines Provinzfräuleins mit ihrem Geliebten wird in einer stürmischen Winternacht der Bräutigam verwechselt. – Ab 14. ✦ Scope. UdSSR 1965 **P** Mosfilm **Kl** Progress **R** Wladimir Bassow **B** Wladimir Bassow, nach der gleichnamigen Novelle von Alexander Puschkin **K** Sergej Wronski **M** Georgi Swiridow **D** Valentina Titowa (Marja Gawrilowna), Georgi Martynjuk (Burmin), Oleg Widow (Wladimir), Maria Pastuchowa (Praskowja Petrowna), S. Papow (Gawrila Gawrilowitsch) **L** 77 **E** 14.1.1966 Kino DDR

SCHNEESTURM IM FRÜHLING. Verfilmung eines in Schottland angesiedelten Pilcher-Romans: Eine boshafte junge Frau versucht einen Keil zwischen ihren Jugendfreund und eine 20jährige Frau aus London zu treiben. (Schweizer Fernsehtitel: »Rosamunde Pilcher: Schneesturm im Frühling«) ✦ Deutschland 1995 **R** Rolf von Sydow **B** Barbara Engelke, nach dem Roman von Rosamunde Pilcher **K** Michael Faust **M** Richard Blackford **D** Fiona Schwartz (Caroline Cilburn), Patrick Winczewski (Oliver Cairney), Mark Keller (Angus), Claudine Wilde (Liz Frazer), Julius Plass (Jody Cilburn) **L** 90 **E** 4.2.1996 ZDF

SCHNEESTURM IM PARADIES (TRAPPED IN PARADISE). Der Manager eines Restaurants wird durch seine kriminellen Brüder mit seiner Vergangenheit konfrontiert und in den Überfall auf eine schlecht bewachte Bank verwickelt. Der Coup gelingt, doch die Beute besteht aus Spendengeldern, und außerdem ist Heiligabend. Eine altmodische Komödie, deren Geschichte zwar einigen Charme hat, der jedoch durch die lieblose Inszenierung und das lustlose Spiel weitgehend wirkungslos bleibt. – Ab 14 möglich. ✦ USA 1994 **P** 20th Century Fox **Kl** 20th Century Fox **VA** Fox **Pd** Jon Davidson, George Gallo **R+B** George Gallo **K** Jack N. Green **M** Robert Folk **S** Terry Rawlings **D** Nicolas Cage (Bill Firpo), Jon Lovitz (Dave Firpo), Dana Carvey (Alvin Firpo), Donald Moffat (Clifford Anderson), Madchen Amick (Sarah Collins) **L** 111 **FSK** ab 12; f **E** 19.1.1995/14.12.1995 Video **fd** 31 112

SCHNEEWEISS (HOFEHER). Zeichentrickfilm nach Motiven aus Märchen der Gebrüder Grimm, in dem die Figuren von »Schneewittchen« und »Aschenputtel« modernisiert werden. Der Versuch einer ironischen Überhöhung der Zeichentrickfigur »Schneeweiß«, die einige Stationen der Schicksale ihrer »Vorgängerinnen« durchlebt, geht einher mit Versuchen neuer Animationsqualität. – Ab 8. ✦ Ungarn 1984 **P** Stúdió Pannónia **R** József Nepp **B** József Nepp, nach Märchen der Gebrüder Grimm **K** Irén Henrik **M** Tamás Deák **L** 96 **E** 23.12.1985 BR

SCHNEEWEISSCHEN UND ROSENROT (1955). Ein ansatzweise innovativer Versuch, den deutschen Märchenfilm der 50er mit Außenaufnahmen (aus dem bayerischen Bergwald) wenigstens von seiner Studiosteifheit zu befreien. Eine schlichte Verfilmung, die kindlichem Auffassungsvermögen entspricht. – Ab 6. ✦ BR Deutschland 1955 **P** Schonger **Kl** Jugendfilm **Pd** Hubert Schonger **R** Erich Kobler **B** Konrad Lustig, Walter Oehmichen, nach dem gleichnamigen Märchen der Brüder Grimm **K** Wolfgang Schwan **M** Oskar Sala **S** Horst Rossberger **D** Rosemarie Seehofer, Ursula Herion, Ruth von Zerboni, Nils Clausnitzer, Dieter Wieland **L** 60 **FSK** ab 6; f **E** 18.9.1955 **fd** 4 462

SCHNEEWEISSCHEN UND ROSENROT (1978). Zwei unzertrennliche Schwestern befreien durch ihre Liebe zwei von einem bösen Berggeist in einen Bären und einen Falken verwandelte Königssöhne. Märchenfilm, zwar hausbacken inszeniert, aber durch seine frische musikalische Untermalung und schöne Naturaufnahmen über dem Mittelmaß. – Ab 6. ✦ DDR 1978 **P** DEFA, Gruppe »Johannisthal« **Kl** Progress/Jugendfilm **VA** EuroVideo **Pd** Wolfgang Rennebarth **R** Siegfried Hartmann **B** Siegfried Hartmann, nach dem Märchen der Gebrüder Grimm **K** Siegfried Mogel **M** Peter Gotthardt **S** Renate Bade **D** Julie Juristová (Schneeweißchen), Katrin Martin (Rosenrot), Pavel Trávnícek (Michael), Bodo Wolf (Andreas), Hans-Peter Minetti (Berggeist) **L** 70 **FSK** o. A.; f **E** 6.7.1979 Kino DDR/18.1.1986 DFF 1/19.9.1986 ARD/1997 Video **fd** 25 646

SCHNEEWEISSE STRECKE (NA BIALYM SZLAKU).

Nach Zerstörung einer alliierten Wetterstation in Grönland während des Zweiten Weltkriegs läßt der Kampf ums nackte Überleben einen Polen und einen Deutschen zu Kameraden werden. Vom Gedanken der Versöhnung und Völkerverständigung getragener polnischer Abenteuerfilm. – Ab 16. ✦ Schwarz-weiß. Polen 1963 **P** Filmstudio Lodz **Pd** Marcelli Nowak **R** Jaroslaw Brzozowski, Andrzej Wrobel **B** Alina Centkiewicz, Czeslaw Centkiewicz **K** Boguslaw Lambach **M** Kazimierz Serocki **S** Miroslawa Garlicka **D** Leon Niemczyk, Emil Karewicz, Ryszard Kotas, Kazimierz Talarczyk, Bozena Kurowska **L** 76 (BRD 64) **E** 2.10.1968 DFF 1/23.10.1971 ZDF

SCHNEEWEISSROSENROT. Dokumentarisches Puzzle über das Leben der Zwillingsschwestern Gisela und Jutta aus Kassel, die unter dem Einfluß der 68er Revolte ihrer kleinbürgerlichen Welt entflohen und in Rom und Hollywood zu schillernden Protagonisten diverser »Szenen« wurden. Im Spiegel von Aussagen bekannter wie unbekannter Filmemacher, Musiker und Journalisten entstand ein sehr subjektives Porträt, das sich besonders mit dem Rollenspiel der Zwillinge beschäftigt. Allerdings sind die Ergebnisse nicht unbedingt eindeutig. In Gesprächseinschüben, die phasenweise psychologischen Privatstunden gleichen, kommt es immer wieder zum Streit um die Interpretation von Vorkommnissen und Personen – Streit zwischen den Zwillingen selbst wie zwischen ihnen und den Filmemachern. Ein ebenso lebendiger wie chaotischer Film, der sich mitunter an die Privatmythologie des Rainer Langhans verliert. ✦ Deutschland 1992 **P** Kick Film/WDR **KI** Kinowelt **Pd** Jörg Bundschuh **R+B** Christa Ritter, Rainer Langhans **K** Rainer Langhans, Hans Fromm **M** Ulrich Bassenge **S** Alexander Rupp **D** Jutta Winkelmann, Gisela Getty, Paul Getty III, Werner Herzog, Adolf Winkelmann, Sally Kirkland **L** 86 **FBW** bw **E** 14.5.1992/ 29.1.1993 West 3 **fd** 29 644

SCHNEEWITTCHEN (1961). Die Geschichte von der schönen Prinzessin, der die böse Stiefmutter nach dem Leben trachtet und die bei den sieben Zwergen Unterschlupf und schließlich zu ihrem Glück findet. Mit eingängigen Liedern versehene, eng an der Vorlage gehaltene, heiter-beschwingte Verfilmung des bekannten Märchens. – Ab 6 möglich. ✦ DDR 1961 **P** DEFA, Gruppe »Solidarität« **KI** Progress **Pd** Adolf Fischer **R** Gottfried Kolditz **B** Günter Kaltofen, nach dem Märchen der Gebrüder Grimm **K** Erwin Anders **M** Siegfried Tiefensee **S** Ursula Zweig **D** Doris Weikow (Schneewittchen), Marianne Christina Schilling (Königin), Wolf-Dieter Panse (Junger König), Harry Hindemith (Jäger), Steffie Spira (Alte) **L** 63 **FSK** o. A.; f **E** 6.10.1961 Kino DDR/27.12.1987 West 3/11.11.1993 (WA)/1997 Video

SCHNEEWITTCHEN (1986) (SNOW WHITE/SCHIGIA). Musical-Inszenierung um das Märchen von der schönen Prinzessin Schneewittchen, die auf der Flucht vor ihrer bösen Stiefmutter Zuflucht bei den sieben Zwergen findet. Kinderfilm im Rahmen einer Reihe von Märchenverfilmungen der Yoram-Globus-Produktion, die nur zum geringen Teil in unseren Kinos zu sehen waren. Auf Äußerlichkeiten konzentriert, ist der Film durchaus unterhaltsam, ohne wirklich überzeugen zu können. – Ab 8 möglich. ✦ Israel/USA 1986 **P** Golan-Globus/Cannon **VA** VMP **R** Michael Berz **B** Michael Berz, nach einem Märchen der Brüder Grimm **D** Diana Rigg (Königin), Nicola Stapleton, Sarah Patterson (Schneewittchen), Douglas Sheldon, Billy Barty (Iddy), Mike Edmunds (Biddy), Ricardo Gil (Kiddy) **L** 80 **FSK** ab 6 **E** 1.11. 1990 RTL plus

SCHNEEWITTCHEN (1996) (SNOW WHITE). Üppig ausgestattete Märchenverfilmung nach den Gebrüdern Grimm, die im ersten Teil der Vorlage weitgehend folgt, um dann in eine gruselig-verquere Räuberpistole abzugleiten. Die sieben Zwerge mutieren zu struppigen Proleten mit Sexfantasien, die böse Schwiegermutter erleidet eine Totgeburt, bevor sie dem Dolchstoß Schneewittchens erliegt. Trotz gelungener Anfangspartien und der gediegenen Fotografie ein Film, der das klassische Märchen eher mißbraucht, um seine eigene wüste Geschichte zu erzählen. – Ab 14. ✦ USA 1996 **P** Interscope **VA** PolyGram **Pd** Tom Engelman, Tim Van Rellim **R** Michael Cohn **B** Thomas Szollosi, Deborah Serra, nach dem Märchen der Gebrüder Grimm **K** Mike Southon **M** John Ottman **S** Ian Crafford **D** Sigourney Weaver (Claudia), Sam Neill (Frederik), Gil Bellows (Lilli), Brian Glover (Lars), Monica Keena (Liliane) **L** 96 **FSK** ab 12 **E** 17.11.1997 Video **fd** 32 898

SCHNEEWITTCHEN (1997). Silhouettentrickfilm nach dem bekannten Märchen der Gebrüder Grimm. – Ab 8. ✦ Deutschland/VR China 1997 **L** 75 **E** 25.12. 1997 Kinderkanal

SCHNEEWITTCHEN UND DAS GEHEIMNIS DER ZWERGE. Enttäuschende Neuverfilmung des Märchens um Schneewittchen, die sieben Zwerge und die Intrigen der bösen Stiefmutter, versehen mit einem allzu konstruiert wirkenden philosophischen Überbau. Nur selten flackert Fabulierfreude auf, die Darsteller spielen hölzern, die Ausstattung ist lieblos. – Ab 8. ✦ Deutschland 1992 **P** Omnia Film/ Eurokim/ZDF/Reteitalia/TVE **KI** atlas **Pd** Sabine Tettenborn **R** Ludvík Ráza **B** Bernd Fiedler, nach dem Märchen der Brüder Grimm **K** Frantisek Uldrich **M** Petr Hapka **S** Gisela Haller **D** Natalie Minko (Schneewittchen), Gudrun Landgrebe (Königin Mutter), Eberhard Feik (Pater), Alessandro Gassman (Narr), Dietmar Schönherr (König) **L** 90 **FSK** o. A.; f **E** 5.11.1992 **fd** 29 874

SCHNEEWITTCHEN UND DIE SIEBEN GAUKLER. Eine junge Heizungsingenieurin rettet mit Hilfe von sieben bankrotten Zirkusgauklern die verfahrene Situation eines fachfremden Hotelerben. Munter-sentimentales Lustspiel mit Musicaleinschlag. – Ab 12. ✦ BR Deutschland/Schweiz 1962 **P** Independent/ Praesens **KI** Constantin **Pd** Max Dora **R** Kurt Hoffmann **B** Günther Neumann **K** Sven Nykvist **M** Heino Gaze **S** Hermann Haller **D** Caterina Valente (Dr. Anita Rossi), Georg Thomalla (Clown Lukas), Walter Giller (Norbert Lang), Hanne Wieder (Ines del Mar), Ernst Waldow (Subdirektor Säuberlich) **L** 116 **FSK** ab 6; nf **E** 14.12.1962/25.12.1967 DFF 1/25.12.1970 ARD **fd** 11 673

SCHNEEWITTCHEN UND DIE 7 ZWERGE (1937) (SNOW WHITE AND THE SEVEN DWARFS). Nach dem Grimmschen Märchen schuf Disney seinen ersten abendfüllenden Zeichentrickfilm, wobei er die Vorlage als romantisches Melodram interpretiert, das zugleich voller zauberhafter Komik und Skurrilität ist: Jedem der sieben Zwerge wurde ein äußerst prägnanter Charakter verliehen. Innovativ wirkte seinerzeit der Einsatz der »Multiplan-Kamera«, die die gemalten Bildräume plastisch erfahrbar macht. Statt den Stoff zu »amerikanisieren«, beteiligte Disney namhafte europäische Illustratoren an der Konzeption, wobei einige düstere (nicht unbedingt kindgerechte) Passagen die Tradition der deutschen Romantik suchen. Zu Evergreens wurden Lieder wie »Someday my Prince will come« und »High Ho«. DVD: Die Extras umfassen u. a. einen Audiokommentar von Walt Disney sowie ein Making Of (inklusive geschnittener Szenen und Lieder). Die Extras des filmhistorisch wertvollen USA-Imports (2 DVDs) umfassen im Gegensatz zur deutschen DVD u. a. den Kurzfilm »The Goddess of Spring« sowie eine Fülle von Sekundärmaterial zu Teilaspekten des Trickfilms und seiner Rezeptionsgeschichte. – Sehenswert ab 6. ✦ USA 1937 **P** Walt Disney **KI** Herzog **VA** Euro-Video/Buena Vista **DVD** Buena Vista (FF, DD5.1 engl./dt.) **Pd** Walt Disney **R** David D. Hand **B** Ted Sears, Otto Englander, Earl Hurd, Dorothy Ann Blank, Richard Creedon, Dick Richard, Merrill de Maris, Webb Smith, nach dem gleichnamigen Märchen der Gebrüder Grimm **M** Frank Churchill, Leigh Harline, Paul J. Smith **L** 82 **FSK** ab 6; f **FBW** w **E** 24.2.1950/ 24.10.1994 Video/11.10.2001 DVD **fd** 591

SCHNEEWITTCHEN UND DIE 7 ZWERGE (1955). Konventionelle, aber darstellerisch ansprechende Filmfassung des Märchens der Gebrüder Grimm. – Ab 6. ✦ BR Deutschland 1955 **P** Schonger **KI** Jugendfilm **VA** EuroVideo **R** Erich Kobler **B** Konrad Lustig, Walter Oehmichen, nach dem gleichnamigen Märchen der Gebrüder Grimm **K** Wolfgang Schwan **M** Carl Stueber, Franz Miller **S** Horst Rossberger **D** Elke Arendt (Schneewittchen), Addi Adametz (Prinz), Nils Clausnitzer, Renate Eichholz, Ruth von Zerboni **L** 75 **FSK** ab 6; f **FBW** bw **E** 27.11.1955 **fd** 4 644

SCHNEEWITTCHEN UND DIE SIEBEN ZWERGE (1997). Das Grimmsche Märchen um die von der Stiefmutter verstoßene Königstochter, die bei den Bewohnern des Waldes Zuflucht findet, diesmal als ein fürs Fernsehen produzierter Scherenschnittfilm. – Ab 8. ✦ Deutschland/VR China 1997 **DVD** VCL (FF, DD2.0 dt.) **R** Qian Yun Da, Shen Ru Dong **B** Ling Shu, nach dem Märchen der Gebrüder Grimm **L** 75 **E** 13.4.1998 ARD/10.2.1999 DVD

SCHNEEWITTCHEN UND DIE 7. KLASSE (O SNEHURCE). Die Kinder eines Gebirgsdorfes proben die Aufführung des Märchens »Schneewittchen«; dabei ereignen sich lustige Begebenheiten und ernsthafte Zwischenfälle. Tschechischer Kinderfilm, der Fantasie und Wirklichkeit spannungsreich miteinander verbindet. (Titel auch: »Geschichten um Schneewittchen«; DDR: »Vom Schneewittchen«) – Ab 6. ✦ CSSR 1972 **P** Filmstudio Barrandov **KI** Progress **R+B** Véra Plívová-Simková **K** Emil Sirotek **M** Zdenek Liska **D** Václav Babka (Smetácek), Frantisek Husák (Bidlo), Marie Moravcová (Katka), Markéta Hermanová (Lenka), Zuzana Tucková (Martina) **L** 73 **FSK** ab 6; f **FBW** w **E** 6.7.1973 Kino DDR/31.8.74 DFF 2/2., 3.8.1977 ARD (zwei Teile)

DER SCHNEIDER VON PANAMA (THE TAILOR OF PANAMA). Ein in Ungnade gefallener britischer Spion wird nach Panama versetzt, um Informationen über die Zukunft des Kanals zu beschaffen, wobei er in einem Schneider mit dunkler Vergangenheit einen ebenso widerwilligen wie unzuverlässigen Informanten findet. So gegensätzlich wie die beiden Männer, die er porträtiert, sind die narrativen Taktiken, die Regisseur John Boorman in seinen Film integriert: Zugleich als weltpolitische Farce und intimes Drama angelegt, gelingt ihm ein delikater Balanceakt zwischen scharfer Satire und leiser Anteilnahme, der von hervorragenden Darstellern geprägt ist. DVD: Die Extras umfassen u. a. einen dt. untertitelten Audiokommentar des Regisseurs mit nicht verwendeten Szenen sowie ein kommentiertes Feature mit einem alternativen Filmende. – Ab 14. ✦ Scope. USA/Irland 2001 **P** Merlin Films **KI** Columbia TriStar **VA** Columbia TriStar Home **DVD** Columbia TriStar Home (16:9, 2.35:1, DD5.1 engl./dt.) **Pd** John Boorman, Kevan Barker **R** John Boorman **B** Andrew Davies, John Le Carré, John Boorman, nach dem gleichnamigen Roman von John Le Carré **K** Philippe Rousselot **M** Shaun Davey **S** Ron Davis **D** Geoffrey Rush (Harry), Pierce Brosnan (Osnard), Jamie Lee Curtis (Louisa), Leonor Varela (Marta), Brendan Gleeson (Mickie Abraxas), Harold Pinter (Onkel Bennie), Catherine McCormack (Francesca) **L** 109 **FSK** ab 12; f **E** 26.4.2001/6.11.2001 Video & DVD **fd** 34 831

DER SCHNEIDER VON TORSHOK (SAKROISCHTSCHIK IS TORSCHKA). Die Geschichte eines jungen Schneiders, der eine ältere Witwe heiraten soll, am Ende aber doch das von ihm geliebte Mädchen erlangt. Komödie, die das russische, von einem sozialistischen Bewußtsein noch weit entfernte Kleinbürgertum ironisiert. ✦ Schwarz-weiß. UdSSR 1925 **P** Meshrabpom **R** Jakow Protasanow **B** W. Turkin **K** Pjotr Jermolow **D** Igor Iljinski, Anatol Ktorow, Olga Shisnewa, Vera Marezkaja, L. Dejkun **L** 65 **E** 27.7. 1968 WDR III

DER SCHNEIDER VON ULM. Ein sehr persönlicher Film von Edgar Reitz über die besessenen Bemühungen des Ulmer Schneidergesellen Berblinger

(Ende 18. Jahrhundert), mit einer Flugmaschine nach Vogelart fliegen zu lernen. Berblingers Verbindung mit den örtlichen Jakobinern bringt ihn dabei auch in politische Schwierigkeiten. Der zeitpolitische Hintergrund der Handlung gewinnt allerdings wenig Leben, doch ist der Film im ganzen, trotz mancher formaler Mängel, von sympathischer Ernsthaftigkeit. – Ab 14. ✦ BR Deutschland 1978 **P** Genèe & von Fürstenberg/Reitz/ZDF **Kl** Filmverlag der Autoren **Pd** Peter Genée **R** Edgar Reitz **B** Petra Kiener, Edgar Reitz **K** Dietrich Lohmann **M** Nikos Mamangakis **S** Siegrun Jäger **D** Tilo Prückner (Albrecht Ludwig Berblinger), Vadim Glowna (Kaspar Fesslen), Harald Kuhlmann (Jakob Degen), Dieter Schidor (Schlumberger), Rudolf Wessely (Pointet) **L** 115 **FSK** ab 6; f **FBW** bw **E** 19.12.1978/15.2.1981 ZDF **fd** 21 054

SCHNEIDER WIBBEL (1939). Verfilmung einer Bühnenposse von Hans Müller-Schlösser: In der napoleonischen Besatzungszeit (1812) soll in Düsseldorf der Schneider Wibbel wegen Majestätsbeleidigung eingesperrt werden; für ihn geht sein Geselle Zimpel ins Gefängnis, wo er aber plötzlich stirbt. Um Publikumswirksamkeit bemühter Schwank, der 1956 mit Heinz Rühmann in der Titelrolle erneut verfilmt wurde (»Das Sonntagskind«). – Ab 12. ✦ Schwarz-weiß. Deutschland 1939 **P** Majestic **Kl** Schonger **R** Viktor de Kowa **B** Bobby E. Lüthge, Helmut Käutner, nach dem gleichnamigen Theaterstück von Hans Müller-Schlösser **K** Friedl Behn-Grund **M** Clemens Schmalstich **D** Erich Ponto, Fita Benkhoff, Irene von Meyendorff, Günther Lüders, Friedrich Benfer **L** 85 **FSK** ab 12; nf **E** 18.8.1939/13.3.1961 DFF 1 **fd** 2 221

SCHNEIDER WIBBEL (1956) → Das Sonntagskind

SCHNELL, BILLIG UND AUSSER KONTROLLE (FAST, CHEAP AND OUT OF CONTROL). Dokumentarfilm, der in verschachtelten Episoden vier Männer porträtiert, die sich auf sehr eigenwillige Weise mit Kreaturen befassen und dabei immer vom Scheitern bedroht sind: ein Zirkusdompteur, ein Erschaffer von insektengleichen Robotern, ein Gärtner, der Bäume in Tierform gestaltet, und ein Fotograf von nackten und blinden Maulwurfsratten. (Alternativer Fernsehtitel: »Von Tigern, Maulwürfen und Robotern«) ✦ USA 1996 **P** Fourth Floor Prod./American Playhouse **Pd** Errol Morris, Mark Lipson, Julia Sheehan, Kathy Trustman **R+B** Errol Morris **K** Robert Richardson **M** Caleb Sampson **S** Shondra Merrill **L** 80 **E** 2.6.1998 WDR

SCHNELL WIE DER WIND (SPIRIT OF THE WIND). Ein junger Indianer kehrt nach mehrjährigem Klinikaufenthalt in sein Heimatdorf im hohen Norden Alaskas zurück. Infolge einer Knochentuberkulose ist sein Bein steif, doch mehr als diese physische Behinderung stört ihn, daß er sich in seiner Heimat nicht mehr zurechtfindet. Auf der Suche nach Selbstbestätigung befaßt er sich mit Schlittenhundrennen und wird 1958 Weltmeister in dieser Sportart. Nach einer authentischen Vorlage einfühlsam gestalteter Film mit beeindruckenden Landschaftsaufnahmen; auf lebensbejahende, optimistische Weise spiegelt er sowohl die indianischen Traditionen als auch den Einfluß der Moderne auf diesen Lebensraum. – Sehenswert ab 6. ✦ USA 1978 **P** Raven Pictures/Doyon Ltd. **Pd+R** Ralph Liddle **B** Ralph Liddle, John Logue, nach der Biographie von George Attla **K** John Logue **M** Buffy Sainte-Marie, William Ackerman **S** Mark Goldblatt **D** Pius Savage (George Attla), George Clutesi (Georges Vater), Slim Pickens (Obie), Chief Dan George (Moses Paul), Rose Attla Ambrose (Georges Mutter), Leonard Kriska (Wilson Paul) **L** 98 **E** 28.5.1987 ZDF

SCHNELLBOOTE VOR BATAAN (THEY WERE EXPENDABLE). Amerikanische Torpedoboote auf dem pazifischen Schauplatz des Zweiten Weltkriegs nach Pearl Harbor. Heldentum, Action und Galgenhumor in einem teils realistisch, teils als effektvolles Feuerwerk inszenierten Kriegsfilm. Das (relativ maßvolle) nationale Pathos erklärt sich aus dem Produktionsdatum. – Ab 16. ✦ Schwarz-weiß. USA 1945 **P** MGM **Kl** MGM **Pd+R** John Ford **B** Frank W. Wead, nach einem Roman von William L. White **K** Joseph August **M** Herbert Stothart **S** Frank E. Hull, Douglas Biggs **D** Robert Montgomery (Lt. John Brickley), John Wayne (Lt. Rusty Ryan), Donna Reed (Lt. Sandy Davis), Jack Holt (Gen. Martin), Ward Bond (Boots Mulcahey) **L** 107 (Orig. 136) **FSK** ab 12; f **E** 18.5.1956/22.4.1976 WDR **fd** 4 974

SCHNELLE COLTS FÜR JEANNIE LEE (SFIDA A RIO BRAVO). Wyatt Earp und der Sheriff von Rio Bravo säubern unter Mithilfe einer Saloonbesitzerin die Gegend von Verbrechern. Nicht eben origineller, aber hinreichend unterhaltsamer Eurowestern. – Ab 16. ✦ Scope. Italien 1964 **P** Flora/West/Liama/S.N. Pathé **Kl** Adria **Pd** Ike Zingarmann (= Italo Zingarelli) **R** Tulio Demicheli **B** Gene Lutto, nach einem Roman von C. Morrison **K** Mario A. Capriotti **M** Angelo Francesco Lavagnino **D** Guy Madison (Wyatt Earp/Laramie), Madeleine Lebeau (Jeannie Lee), Massimo Serato (Leo), Carolyn Davys (Clementine Hewitt), Fernando Sancho (Pancho Bogan), Gérard Tichy (Zack Williams), Olivier Hussenot (Richter) **L** 85 (Orig. 100) **FSK** ab 12; nf **E** 9.4.1966 **fd** 13 978

SCHNELLE FÄUSTE (THE CROWD ROARS). Ein talentierter Boxer, dessen Karriere ein jähes Ende erfährt, als er gegen sein früheres Idol antreten muss und im Kampf dessen Tod zu verantworten hat, wird durch seinen verschuldeten Vater und einen kriminellen Buchmacher in abgesprochene Kämpfe verstrickt. Nur mit Not kann er sich dem korrupten Sumpf entziehen. Gut aufgebauter und intensiv inszenierter Boxerfilm um einen gebrochenen Helden, mit dem sein Hauptdarsteller den Versuch unternahm, das Image des »netten Jungen« abzulegen. 1947 wurde die Story unter dem Titel »Killer McCoy« neu verfilmt. – Ab 12. ✦ Schwarz-weiß. USA 1938 **P** MGM **Pd** Sam Zimbalist **R** Richard Thorpe **B** Thomas Lennon, George Bruce, George Oppenheimer **K** John Seitz **M** Edward Ward **S** Stavko Vorkapich **D** Robert Taylor (TommyMcCpy), Edward Arnold (Jim Cain), Frank Morgan (Brian McCoy), Maureen O'Sullivan (Sheila Carson), William Gargan (Johnny Martin), Jane Wyman (Vivian) **L** 87 **E** 11.9.1999 ARD

SCHNELLE JUNGS UND KESSE MÄDCHEN (HOT ROD GANG). Autoraserei und Rock 'n' Roll als Handlungselemente eines amerikanischen »Halbstarken«-Films voller Klischees. – Ab 16. ✦ USA 1958 **P** American International **Kl** Adria **R** Lew Landers **B** Lou Rusoff **K** Floyd Probsy **M** Ronald Stein **D** John Ashley, Gene Vincent, Jody Fair, Russ Bender, Steve Drexel **L** 72 **FSK** ab 12; nf **E** 18.10.1960 **fd** 9 646

SCHNELLE RÄDER – HEISSE STEINE (STEELRIDERS). Kurz nachdem er mit seinen beiden Kindern in die Großstadt umgezogen ist, wird ein Mann unter dem Verdacht des Juwelendiebstahls festgenommen. Die Tochter, die das Versteck der Edelsteine kennt, macht sich mit ihrem Bruder auf die Suche nach den wahren Tätern. Unterstützung finden sie dabei in einer Fahrradbande. Familienfilm, der in seiner ursprünglichen Fassung als achtteilige Serie im neuseeländischen Fernsehen lief. ✦ Neuseeland 1987 **R** Wayne Tourell **D** Josie Vendramini (Sandra Mitchell), Fraser Stephen-Smith (Mike Mitchell), Neha Belton (Gary), Peter McCauley (Brian Mitchell) **L** 88/88 **E** 25.,26.12.1991 SAT 1 (zwei Teile)

SCHNELLER ALS DAS AUGE (QUICKER THAN THE EYE). Verzwickter Thriller um einen amerikanischen Zauberkünstler, der in der neutralen Schweiz seine Kunststücke vor den beiden Vertretern zweier verfeindeter Nahoststaaten vorführen soll. Er bemerkt nicht, daß seine Vorstellung als Rahmen für das Attentat auf einen der Politiker herhalten soll. Als der Anschlag durchgeführt wird, scheint es, als sei der Zauberer selbst der Attentäter. Er hat nun alle Hände voll zu tun, um das Komplott aufzudecken. Ein origineller Thriller, der seinen Stoff jedoch nicht durchgehend spannend umzusetzen vermag. (Fernsehtitel: »Supertrick«) – Ab 16. ✦ Schweiz/Österreich/BR Deutschland 1988 **P** SRG/ORF/ZDF **VA** DEG **Pd** Peter-Christian Fueter **R** Nicolas Gessner **B** Joseph Morhaim, Nicolas Gessner, nach einem Roman von Claude Cueni **K** Wolfgang Treu **M** Georges Garvarentz **S** Daniela Roderer **D** Ben Gazzara (Ben), Mary Crosby (Mary), Catherine Jarrett (Catherine), Jean Yanne, Wolfram Berger **L** 89 **FSK** ab 12 **E** 23.3.1990 Video/2.1.1991 ZDF

SCHNELLER ALS DER TOD (THE QUICK AND THE DEAD). In einer finsteren Westernstadt ist der tyrannische Sheriff nur durch ein tödliches Duell-Spiel zu attackieren, das er selbst veranstaltet. Eine Revolverheldin und ein Prediger nehmen das Gesetz in die eigene Hand. Ein leidlich unterhaltsamer, in seiner Beschränkung auf das Wettkampfmotiv aber zusehends vorhersehbarer Actionfilm im Western-Milieu. ✦ Scope. USA 1995 **P** TriStar Pictures **Kl** Columbia TriStar **VA** Columbia TriStar **DVD** Columbia TriStar Home (16:9, 1.85:1, DD5.1 engl./dt.) **Pd** Joshua Donen, Allen Shapiro, Patrick Markey **R** Sam Raimi **B** Simon Moore **K** Dante Spinotti **M** Alan Silvestri **S** Pietro Scalia **D** Sharon Stone (Ellen), Gene Hackman (Herod), Russell Crowe (Cort), Leonardo DiCaprio (Kid), Tobin Bell (Dog Kelly), Roberts Blossom (Doc Wallace), Kevin Conway (Eugene Dred), Keith David (Sgt. Cantrell), Lance Henriksen (Ace Hanlon), Pat Hingle (Horace), Gary Sinise (Marshall), Olivia Burnette (Katie), Fay Masterson (Mattie Silk), Woody Strode (Charlie Moonlight) **L** 111 **FSK** ab 16; f **E** 9.11.1995/21.5.1996 Video/27.12.1998 RTL/12.10.1998 DVD **fd** 31 595

SCHNELLER ALS 1000 COLTS (THOMPSON 1880). Thompson, der Erfinder des Maschinengewehrs, befreit eine Stadt im Westen von einer Gangsterbande. Durchschnittlicher Italowestern mit Tendenz zur Groteske. ✦ Italien 1966 **P** Profilms/Balcazar/Lucy **Kl** Eckelkamp **R** Guido Zurli **B** Jesus Balcazar **K** Víctor Monreal **M** Marcello Gigante **S** Teresa Alcocer **D** George Martin (= Jorge Martin), Gia Sandri, José Bodalo, Ostride Peverello, Dino Strano **L** 79 **FSK** ab 18; nf **E** 7.2.1969 **fd** 15 972

SCHNELLER SOMMER (SCHNELLER SOMMER). Antonio, ein 20jähriger junger Mann, arbeitet in einer Brotfabrik am Fließband und träumt von einer Zukunft in Australien. Eines Tages lernt er die blonde Manuela kennen, ein deutsches Au-pair-Mädchen, das vor allem für schnelle Autos und modische Kleider schwärmt. Um sie zu erobern, unternimmt Antonio alles und kommt mit dem Gesetz in Konflikt. Eine Geschichte über das Jungsein in der Schweiz der 80er Jahre, die trotz der Brisanz der aufgegriffenen Themen belanglos bleibt. ✦ Schweiz 1988 **P** DRS/SFB **R** Jean-Pierre Heizmann **B** Johann Kaspar Mumenthaler **K** Peter Wullschleger, Peter Ramseier, Markus Balmer **M** Christoph Stiefel, Marcel Weiss **S** Evelyn Naef, Regina Bärtschi **D** Alain Schlatter (Antonio), Karina Marmann (Manuela), Mathias Gnädinger (Budenbesitzer), Nathalie Freitag (Helen), Francesco Russo (Paul) **L** 90 **E** Schweiz

SCHNELLES GELD (DER LANGE SCHATTEN EINES MORGENS). Ein junger Büchereiangestellter verfolgt ein Mädchen, das er zu lieben glaubt, und wird dadurch in kriminelle Machenschaften verwickelt. Im Ruhrgebiet angesiedelter Kriminalfilm, der die genreüblichen Elemente mit dem Thema der orientierungslosen Jugend und ihrer Fluchtversuche aus der Wirklichkeit verbindet. In manchen Szenen bemerkenswert dicht und pointiert erzählt, wird der Film zunehmend komplizierter und büßt an Spannung ein. ✦ BR Deutschland 1981 **P** Koplin/Stegmüller-Produktion/WDR **Kl** FiFiGe **R** Raimund Koplin, Renate Stegmüller **B** Raimund Koplin, Renate Stegmüller, nach einem Roman von Frank Göhre **K** Jürgen Jürges **M** Alfred Hart **S** Thorsten Näter **D** Karl Ghirardelli, Agnes Dünneisen, Willi Thomczyk, Lore Stefanek, Antje Papist **L** 95 **FBW** w **E** 1.7.1983 **fd** 24 397

DER SCHNELLSTE COLT VON RIVER FALLS (REQUIEM FOR A GUNFIGHTER). Gunman Dave, Augenzeuge eines heimtückischen Mordes an einem Richter, kommt der Mörderbande auf die Spur und stellt in der terrorisierten Stadt schließlich wieder Ruhe und Ordnung her. Ein etwas simpel geratener US-Western. – Ab 16. ✦ Scope. USA 1964 **P** Premiere **Kl** Rank **Pd** Alex Gordon **R** Spencer G. Bennet **B** Ronald Alexander **K** Frederick E. West **M** Ronald Stein **S** Charles H. Powell **D** Rod Cameron (Dave McCloud), Stephen McNally (Red Zimmer), Olive Sturgess (Bonnie Young), Dick Jones (Fletcher), Chet Douglas (Larry Young), Mike Mazurki (Ivy Bliss), Tim McCoy (Richter Irving Short), Johnny Mack Brown (Enkoff), Lane Chandler (Bryan Comer), Bob Steele (Max), Raymond sutherland (Hoops), Edmund Cobb, Fred Carson, Red Morgan **L** 87 **FSK** ab 12; f **E** 25.2.1966 **fd** 13 925

DER SCHNELLSTE WEG ZUM JENSEITS (A LOVELY WAY TO DIE). Eine Frau wird des Mordes an ihrem reichen Mann angeklagt, doch ein ehemaliger Polizist löst den verwickelten Fall und sorgt für ein Happy-End. Zwischen Gesellschaftsdrama und Krimi schwankender Film, der auch stilistisch unentschieden bleibt. – Ab 16. ✦ Scope. USA 1967 **P** Universal **Kl** Universal **Pd** Richard Lewis **R** David Lowell Rich **B** A.J. Russell **K** Morris Hartzband **M** Kenyon Hopkins **S** Sidney Katz, Gene Palmer **D** Kirk Douglas (Jim Schuyler), Sylva Koscina (Rena Westerbrook), Eli Wallach (Tennessee Fredericks), Kenneth Haigh (Jonathan Fleming), Sharon Farrell (Carol) **L** 103 **FSK** ab 16; nf **E** 19.4.1968 **fd** 15 463

SCHNELLZUG (SKORYJ POJESD). Das Porträt einer jungen alleinerziehenden Mutter, die ihren Traum, Sängerin zu werden, aufgeben mußte und als Kellnerin in einem Schnellzug das Geld zum Leben verdient. Dadurch bekommt sie ihren kleinen Sohn kaum noch zu sehen. Der Film gibt Einblick in aktuelle menschliche Probleme (nicht nur) in der UdSSR; seine spröde Machart entspricht dem tristen Thema. – Ab 16. ✦ UdSSR 1988 **P** Mosfilm, Arbeitsgruppe »Towaristsch« **Kl** Progress **R** Boris Jaschin **B** Jelena Laskarewa **K** Wladimir Papjan **D** Jelena Majorowa (Olga), Shenja Piwowarow (= Jewgeni Piwowarow) (Anton), Lidia Sawtschenko (Olgas Mutter), Alexander Safronow (Rybakow), Alexander Buklejew (Pascha) **L** 101 **E** 20.4.1990 Kino DDR

SCHNELLZUG NACH OSTRAVA (RYCHLIK DO OSTRAVY). Ein junger Monteur, der von seiner Frau betrogen wird, sucht Erfüllung in seinen beruflichen Leistungen. Oberflächlich-klischeehafte Unterhaltung. – Ab 14. ✦ Schwarz-weiß. CSSR 1960 **Kl** Progress **R** Jaroslav Mach **B** Frantisek Vlcek, Josef Neuberg **K** Václav Hanus **M** Stepán Lucky **D** Frantisek Vicena (Frantisek Machac), L. H. Struna (Vater Vanek), Jan Skopecek (Karel Klir), Ladislav Trojan (Soukop), Frantisek Slégr (Snabl) **L** 79 **E** 28.4.1961 Kino DDR/6.4.1962 DFF 1

SCHNELLZUG NR. 34 (34-YJ SKORY). Im Zug Moskau-Elektromar bricht durch menschliche Fahrlässigkeit Feuer aus. Die Reaktion der Fahrgäste reicht von Panik bis zur planmäßigen Hilfe. Zugbesatzung und Fahrgäste können gemeinsam das Feuer unter Kontrolle bringen. – Ab 12. ✦ Scope. UdSSR 1981 **P** Mosfilm **R** Andrej Maljukow **B** Wsewolod Iwanow, Andrej Maljukow **K** Juri Gantman **M** Mark Minkow **D** Lew Durow (Multja), Jelena Majorowa (Sima), Algimantas Masjulis (Wertelli), Alexander Fatjuschin (Muchanow), Alexander Ryschtschenkow (Jura) **L** 105 **E** 8.8.1982 DFF 2

SCHNITTWUNDEN (1984) (SCHNITTWUNDEN). Ein Mann und eine Frau, die im Schnittraum eines Videostudios leben, versuchen, eine Filmstory zu Ende zu bringen. In dieser Geschichte unternehmen fünf Jugendliche einen Einbruch, bei dem nicht alles nach Plan verläuft. Aber auch im Leben der zwei »Eingeschlossenen« ergeben sich keine neuen Perspektiven. Technische Geräte markieren einen erschreckenden Kommunikations- und Realitätsverlust. Der von einer Gruppe des Videoladens Zürich hergestellte Film (vgl. »Züri brännt«, 1980) zeigt vor allem die Trostlosigkeit nach der Jugendrevolte auf. ✦ Schweiz 1984 **P** Videoladen Zürich **R** Josy Meier, Pierre Mennel, Peters Krempke **B** Thomas Krempke, Josy Meier, Pierre Mennel **K** Petra Frey, Christoph Schaub, Thomas Krempke **S** Thomas Krempke, Josy Meier, Pierre Mennel **D** Josy Meier, Pierre Mennel, Annamarie Meier, Maya Vollenweider, Matthis Pilliod **L** 72 **E** Schweiz

SCHNITTWUNDEN (1987) (TRAVELLING AVANT). Im Paris des Jahres 1948 begegnen sich zwei Filmfreunde, die beide aus der Provinz stammen. Zusammen lernen sie eine junge Frau kennen, mit der sie einen Filmclub gründen. Es entwickelt sich eine Dreiecksbeziehung, die sich mit der Liebe fürs Kino überschneidet. Eine dramatische Komödie, die ihre interessante und sympathische Ausgangsidee nicht zu entwickeln versteht und sich in allzu langatmigen, arg theatralisch entwickelten Momenten verliert. Reizvoll und liebenswürdig bleiben indes viele entdeckungswürdige Details. – Ab 16. ✦ Frankreich 1987 **P** Erato/La Sept/JCT **R+B** Jean-Charles Tacchella **K** Jacques Assuerus **M** Raymond Alessandrini **S** Marie-Anne Debril **D** Thierry Fremont (Nino), Simon de la Brosse (Donald), Ann Gisel Glass (Barbara), Sophie Minet (Angèle), Laurence Côte (Janine) **L** 114 (TV 109) **E** 23.2.1997 arte

SCHNITZELJAGD – TEENAGE APOKALYPSE (TOY SOLDIERS). Eine Gruppe amerikanischer Studenten, die mit einer Segeljacht auf mittelamerikanischen Gewässern Urlaub macht, wird von linksgerichteten »Elementen« verschleppt. Eine junge Frau, der die Flucht gelingt, stellt eine »Elite-Truppe« zusammen, um die Freunde zu befreien. Unlogischer, spannungsloser Film ohne jeden formalen Anspruch, der Vorurteile gegen lateinamerikanische Revolutionsbewegungen transportiert und verstärkt. ✦ USA 1983 **P** New World **VA** RCA/Columbia **Pd** E. Darrell Hallenbeck **R** David Fisher **B** Walter Fox, David Fisher **K** Francisco Bojorquez **M** Leland Bond **S** Geoffrey Rowland **D** Jason Miller (Sarge), Cleavon Little (Buck), Rodolfo de Anda (Col. Lopez), Terri Garber (Amy), Tracy Scoggins (Monique), Willard Pugh (Ace), Tim Robbins (Boe) **L** 85 **FSK** ab 18 **E** 16.12.1985 Video **fd** 25 512

DER SCHNORCHEL (THE SNORKEL). Ein Mann, der sich in der Sicherheit wiegt, ihm sei mit der Ermordung seiner Frau das perfekte Verbrechen gelungen, wird von seiner Stieftochter entlarvt. Solider und spannender Krimi aus der britischen Thriller- und Horror-Werkstatt Hammer. ✦ Schwarz-weiß. Großbritannien 1958 **P** Hammer **Kl** Columbia **Pd** Michael Carreras **R** Guy Green **B** Peter Myers, Jimmy Sangster, nach dem gleichnamigen Roman von Anthony Dawson **K** Jack Asher **M** Francis Chagrin **S** James Needs **D** Peter van Eyck (Jacques Duvall), Betta St. John (Gouvernante), Mandy Miller (Candy Brown), Grégoire Aslan (Inspektor), William Franklyn (Konsulatsbeamter) **L** 92 **FSK** ab 16; f **E** 22.7.1958 **fd** 7 392

DIE SCHNÜFFELSCHWESTERN (FEMALE INSTINCT/THE SNOOP SISTERS). Zwei ältere Schwestern, beide Krimiautorinnen, bringen einen befreundeten Polizeibeamten in Verlegenheit, als sie den Mord an einer Schauspielerin untersuchen. Veralteter (Fernseh-)Kriminalfilm nach einschlägigen Vorbildern, dessen vielversprechende Idee unbefriedigend umgesetzt wurde. – Ab 16. ✦ USA 1972 **P** NBC/Universal **Pd** Douglas Benton **R** Leonard B. Stern **B** Leonard B. Stern, Hugh Wheeler, Alan Shayne **K** Harry L. Wolf **M** Jerry Fielding **D** Helen Hayes (Ernesta Snoop), Mildred Natwick (Gwendolyn »G« Snoop Ostrowski), Art Carney (Barney), Paulette Goddard (Norma Treat), Craig Stevens (Charles Corman) **L** 97 (BRD 90) **E** 15.7.1978 DFF 1/16.11.1991 RTL plus

DER SCHNÜFFLER (1967) (TONY ROME). Ein leichtlebiger Expolizist klärt als windiger Privatdetektiv Mord und einen geplanten Versicherungsbetrug auf. Spannendes Detektivabenteuer, das durch die darstellerische Leistung Frank Sinatras eine besondere Note erhält. – Ab 16. ✦ Scope. USA 1967 **P** Arcola/Millfield **Kl** Centfox **Pd** Aaron Rosenberg **R** Gordon Douglas **B** Richard L. Breen, nach einem Roman von Marvin H. Albert **K** Joseph Biroc **M** Billy May **S** Howard Warren, David Dockendorf **D** Frank Sinatra (Tony Rome), Jill St. John (Ann), Richard Conte (Lt. Santini), Gena Rowlands (Rita Kosterman), Simon Oakland (Rudolph Kosterman) **L** 110 **FSK** ab 18; nf **E** 21.12.1967 **fd** 15 127

DER SCHNÜFFLER (1982). Ein ahnungsloser Berliner Taxifahrer gerät zwischen die Fronten rivalisierender Agentenringe. Hallervorden-Lustspiel; anfangs witzig und unterhaltsam, später verliert der Film an parodistischem Schwung. – Ab 14. ✦ BR Deutschland 1982 **P** UFA **Kl** Neue Constantin **Pd** Werner Mietzner **R** Ottokar Runze **B** Christian Rateuke, Hartmann Schmige **K** Michael Epp **M** Wilhelm Dieter Siebert **S** Marina Runne **D** Dieter Hallervorden (Herbert Böckmann), Catherine Alric (Anna), Nikolaus Dutsch (Klaus), Tilo Prückner (Jim), Manfred Lehmann **L** 91 **FSK** ab 12; f **E** 18.2.1983 **fd** 23 869

EIN SCHNÜFFLER AUF HAWAII →Ananas und blaue Bohnen

EIN SCHNÜFFLER AUF VIER PFOTEN →Spürnase Sherlock

DER SCHOCK (LE CHOC). Ein Gangsterboß versucht, einen Berufskiller auszuschalten. Klüger und schneller als seine ehemaligen Auftraggeber, schießt dieser sich jedoch seinen Weg in ein anderes Leben frei. Eine Dutzendstory mit lustlos agierenden Hauptdarstellern. Die Bestandteile eines erfolgreichen Gangsterfilms sind so einfallslos verbunden, daß im Verlauf der blutigen, aber lahmen Handlung kaum Spannung aufkommt. ✦ Frankreich 1982 **P** Sara/T.Films **Kl** WaBo-Mondial **R** Robin Davis **B** Robin Davis, Dominique Robelet, Claude Veillot, Alain Delon, nach einem Roman von Jean-Pierre Manchette **K** Pierre-William Glenn **M** Philippe Sarde **S** Thierry Derocles **D** Alain Delon, Catherine Deneuve, Philippe Léotard, Stéphane Audran, Etienne Chicot **L** 90 **FSK** ab 16; nf **E** 19.8.1983 **fd** 24 169

SCHOCK (QUATERMASS). Der erste Teil einer (auf einer BBC-Serie basierenden) utopischen Gruselfilmtrilogie (vgl. auch »Feinde aus dem Nichts« und »Das grüne Blut der Dämomen«). Der Überlebende einer Weltraum-Raketenfahrt verwandelt sich unter dem Einfluß von kosmischen Strahlen zu einem gefährlichen Ungeheuer, das getötet werden muß. Für Professor Quatermass von der britischen Raumfahrtbehörde beginnt eine gefährliche Mission. Reizvoll-triviales Science-Fiction-Abenteuer; während der Film zunächst als »barbarische Abwegigkeit« abgelehnt wurde, gilt er – wie die ganze Serie – inzwischen als fantasiereiche Unterhaltung mit hervorragender Kameraarbeit. (Fernsehtitel: »Das Quatermass-Experiment«; die ursprüngliche Fassung wurde für die Kino-Auswertung um 30 Minuten gekürzt) ✦ Schwarz-weiß. Großbritannien 1955 **P** Hammer **Kl** Panorama **Pd** Anthony Hinds **R** Val Guest **B** Val Guest, Richard Landau, nach einem Fernsehspiel von Nigel Kneale **K** Jimmy Harvey, Leonhard Harris **M** James Bernard **S** James Needs **D** Brian Donlevy (Prof. Quatermass), Jack Warner (Inspektor Lomax), Margia Dean (Judith Carroon), Richard Wordsworth (Victor Carroon), David King-Wood (Dr. Gordon Briscoe), Thora Hird (Rosie), Gordon Jackson (Aufnahmeleiter), Harold Lang (Christie), Lionel Jeffries (Blake), Maurice Kaufman (Marsh) **L** 85 (TV 118) **FSK** ab 18; nf **E** 11.5.1956 **fd** 5 011

SCHOCK-KORRIDOR (SHOCK CORRIDOR). Ein Journalist will einen Mord in einer Nervenheilanstalt aufklären und schmuggelt sich als Patient ein. Obwohl er den Täter findet, geht er in der Welt des Irrsinns zugrunde. Ein vom Genreregisseur Samuel Fuller handfest und überzeugend inszenierter Psychothriller, der über bloße Spannungs- und Schockeffekte hinausgeht, um ein düsteres Panoptikum individueller und sozialer Neurosen der US-Gesellschaft zu entwerfen. ✦ Schwarz-weiß. USA 1963 **P** Allied Artists **Kl** Atlas **R+B** Samuel Fuller **K** Stanley Cortez

M Paul Dunlap **D** Peter Breck (Johnny Barrett), Constance Towers (Cathy), Gene Evans, James Best, Hari Rhodes **L** 101 **E** 24.3.1973 West 3

SCHOCK-THERAPIE (LOVE POTION). Nach dem Drogentod ihres Bruders wird eine ebenfalls süchtige junge Frau in eine Klinik eingewiesen, die für ihre seltsamen Entzugsmethoden berüchtigt ist. Alle Patienten scheinen unter Angstzuständen zu leiden, und es stellt sich heraus, daß sie in Wahrheit nur als Organspender dienen. Im nachhinein wird jedoch klar, daß das Horrorszenario nur gestellt war, um die Frau von ihrer Sucht zu befreien. Psychoschocker der unüblichen Art, der anfänglich Interesse weckt, sich dann jedoch umständlich entwickelt und zunehmend aufgesetzt wirkt. Zum Ende hin gibt sich die Geschichte selber der Lächerlichkeit preis. ✦ USA 1987 **P** Vestron/Flying High Ltd. **VA** Concorde **Pd** Mark Hill, Stephen A. E. Dalton, Graham Chapman **R** Julian Doyle **B** Mark Ezra, Julian Doyle **K** Brian Herlihy **M** De Wolfe Ltd. **S** Julian Doyle **D** Nancy Paul (Delaware), John Rowe (Samphire), Robert Ashby (Badel), Norman Chancer (Mr. Chamden), Ian Barritt (Ben & Nurse Bill) **L** 88 **FSK** ab 16 **E** 17.12.1990 Video **fd** 28 808

DER SCHOCKER (TRAITEMENT DE CHOC / L' UOMO CHE UCCIDEVA A SANGUE FREDDO). Eine reiche, vereinsamte Fabrikantin begibt sich aus Angst vor dem Alter in eine mondäne Frischzellenklinik, wo sie in einen Kreis angesehener Leute gerät, die ihre Verjüngungskuren auf Kosten der Organe junger Bediensteter durchführen lassen. Als die Patientin die verbrecherische Praxis aufzudecken beginnt, versucht man, ihr einen Mord anzuhängen. Ausgezeichneter Psychokrimi mit ungewöhnlicher Zeit- und Gesellschaftskritik. (Fernsehtitel: »Der Preis für ein Leben«) – Sehenswert ab 16. ✦ Italien/Frankreich 1972 **P** Lira/Belstar/Medusa **KI** Fox-MGM **R+B** Alain Jessua **K** Jacques Robin **M** René Koering, Alain Jessua **D** Annie Girardot (Hélène Masson), Alain Delon (Dr. Devilers), Robert Hirsch (Jérome Savignat), Michel Duchaussoy (Dr. Bernard), Jean-François Calvé (Rechtsanwalt Gassin) **L** 93 **FSK** ab 16; **f** **E** 7.9.1973 **fd** 18 462

SCHOCKPOLIZISTEN → Blut auf dem Asphalt

SCHOK UND SCHER → Chok und Cher

DIE SCHOKOLADEN-SCHNÜFFLER. Ein Zürcher Kantonspolizist klärt zwischen Zürich, London und Salzburg geheimnisvolle Frauenmorde. Anspruchslose Kriminalgroteske, die als Persiflage auf James-Bond-Filme gedacht ist, der es jedoch nicht gelingt, Spannung und Heiterkeit in Einklang zu bringen: Ernüchternd und beredt zugleich ist die Erkenntnis, daß auch ein talentierter Regisseur wie Menzel unter veränderten Produktionsbedingungen seine Qualitäten einbüßen kann. – Ab 12. ✦ BR Deutschland 1985 **P** Lisa/Roxy/K.S. Film/Bayerischer Rundfunk **KI** Tivoli **VA** MEDIAWITH **Pd** Erich Tomek, Otto W. Retzer, Wilma Bastian **R** Jirí Menzel **B** Erich Tomek, Sven Freiheit, nach Motiven von Edgar Wallace **K** Franz X. Lederle **S** Claudia Wutz **D** Rolf Knie (Max Rüttli), Gaston Häni (Gaston), Susanne Uhlen (Diana), Werner Kreindl (Sir Archibald), Gert Burkhard (Higgins) **L** 89 **FSK** ab 12; **f** **E** 10.4.1986/15.11.1986 Video **fd** 25 591

DIE SCHOKOLADENPRINZESSIN (HOT CHOCOLATE). Eine erfolgreiche texanische Geschäftsfrau reist in die französische Provinz, um dort eine alte Schokoladenfabrik zu kaufen. Ausgerechnet im Chauffeur ihres Geschäftspartners findet sie den Mann ihres Lebens, doch sie mißtraut seinen Beteuerungen aufrichtiger Liebe. Romantische Komödie. ✦ Frankreich 1992 **R** Josée Dayan **D** Bo Derek (B. J. Cassidy), Robert Hays (Eric Ferrier), François Marthouret (Hubert de la Canelle), David Martin (Gaston), Vincent Cassel (Dede), Jean-Yves Gautier (Jean-Pierre Morin) **L** 90 **E** 16.1.1994 VOX

DER SCHOLAR VON KRAKOW (JA, FRANZISK SKORINA). Biografie des russischen Arztes Franziskus Skorina, der im frühen 16. Jahrhundert die erste Druckerei in seiner Heimat gründete und durch seine Gedanken in Konflikt mit den kirchlichen Lehrauffassungen geriet. Künstlerisch unbefriedigender Film, dessen antikirchliche Tendenz durch die Primitivität der Gestaltung abgeschwächt wird. – Ab 16. ✦ Scope. UdSSR 1969 **P** Filmstudio Belarusfilm **KI** Progress **R** Boris Stepanow **B** Mikola Sadkowitsch **K** Vitali Nikolajew **M** W. Tscherednitschko **D** Oleg Jankowski (Franziskus Georgi Skorina), Nikolai Grizenko (Reichenberg), G. Karka (Mönch), G. Wirkawa (Margarita), J. Grantin (Glagowski) **L** 98 **E** 12.2.1971 Kino DDR/8.4.1972 DFF 2

SCHÖN IST DIE JUGENDZEIT (LUST OCH FÄGRING STOR). Während des Zweiten Weltkriegs beginnt in Malmö ein 14jähriger Schüler ein Liebesverhältnis mit seiner mehr als zwei Jahrzehnte älteren Lehrerin. Als er ihren Mann kennen- und schätzenlernt, entfremdet er sich allmählich der Geliebten, die zum rächenden Gegenschlag ausholt. Ein behutsam, bei aller Deutlichkeit diskret inszenierter und nuancenreich gespielter Bilderbogen, der sich zu einer intensiven psychologischen Studie über Beginn und Zerfall der Leidenschaft verdichtet. (Videotitel: »Verführung im Klassenzimmer«; Fernsehtitel: »Lehrstunden der Liebe«) ✦ Schweden/Dänemark 1995 **P** Per Holst Film/Danish Film Institute/Nordic Film & TV-Fund/Svenska Filminstitut/Egmont Film/TV 2/ Sveriges Television **KI** Highlight **VA** Highlight **Pd** Per Holst, Anne Ingvar **R+B** Bo Widerberg **K** Morton Bruus **S** Bo Widerberg **D** Johan Widerberg (Stig), Marika Lagercrantz (Viola), Tomas von Brömssen (Frank), Karin Huldt (Lisbet), Björn Kjellman (Sigge), Nina Gunke (Stigs Mutter) **L** 130 **FSK** ab 12; **f** **E** 5.9. 1996/3.3.1997 Video **fd** 32 152

SCHÖN IST DIE LIEBE AM KÖNIGSSEE. Eine Ballett-Truppe macht Ferien am Königssee, wobei die Chefin von Ehevorurteilen geheilt wird. Anspruchsloser Heimatfilm-, Revue- und Schlagermischmasch. – Ab 12. ✦ BR Deutschland 1960 **P** Franz Seitz **KI** Constantin **Pd** Franz Seitz **R** Hans Albin **B** Janne Furch **K** Dieter Wedekind **M** Werner Scharfenberger **D** Marianne Hold (Daniela), Gustavo Rojo (Ronald Twiss), Harald Juhnke (Maximilian), Monika Dahlberg (Gipsy), Michl Lang (Xaver Mitterwurzer) **L** 83 **FSK** ab 6; nf **E** 20.1.1961 **fd** 9 925

SCHÖN IST DIE WELT. Ein erfolgreicher Tenor nimmt Urlaub vom Beruf und begibt sich in die Berge, wo er sich nicht nur als Freizeitsänger betätigen, sondern auch das Herz einer Frau gewinnen kann. Heimatfilm mit dürftiger Geschichte, der seine Operetteneinlagen ganz auf die Popularität von Rudolf Schock zuschneidet. – Ab 12 möglich. ✦ BR Deutschland 1957 **P** Astra **KI** Ufa **R** Géza von Bolváry **B** Maria von der Osten-Sacken, Walter Forster **K** Erich Küchler **M** Franz Lehár **S** Ingrid Wacker **D** Rudolf Schock, Renate Holm, Mady Rahl, Rudolf Vogel, Herta Staal **L** 87 **FSK** ab 6; nf **E** 2.10.1957 **fd** 6 279

SCHÖN IST'S IM LABYRINTH – GEORGE GROSZ IN AMERIKA. Dokumentarischer Porträtfilm über den Grafiker und Maler George Grosz in Amerika im Spiegel von Aussagen seiner Söhne, seines letzten Schülers, von Galeristen, Freunden und Kollegen. Thematisch eine durchaus interessante Arbeit, die sich jedoch der Persönlichkeit Grosz' zu fantasielos nähert, um die spannungsreichen Wendungen in seiner Biografie einsichtig machen zu können. – Ab 14 möglich. ✦ Teils schwarz-weiß. Deutschland 1991 **P** Norbert-Bunge-Filmproduktion **KI** Edition Salzgeber **VA** absolut MEDIEN **Pd+R+B** Norbert Bunge, Christine Fischer-Defoy **K** Norbert Bunge **M** Andi Brauer **S** Norbert Bunge **L** 98 **FSK** ab 6; **f** **FBW** bw **E** 28.5.1992/29.7.1993 Neustart/1997 Video **fd** 29 676

SCHÖN MUSS MAN SEIN. Im Wirbel der Premierenvorbereitung einer Revue gibt sich ein begabtes Chorgirl als kapriziöse Diva aus und erhält die Hauptrolle, da sie Komponist und Texter – Vater und Sohn – gefällt. Mit Hilfe ihres Talents kann sie schließlich auch eine Rivalin aus dem Feld schlagen. Musik- und Revue-Lustspiel auf bescheidenem Niveau; zwischen den üblichen Belanglosigkeiten fallen einige witzige Dialoge auf. – Ab 14 möglich. ✦ Schwarzweiß. BR Deutschland 1950/51 **P** Real **KI** M. Döring **Pd** Gyula Trebitsch **R** Akos von Ratony **B** Gustav Kampendonk **K** Willy Winterstein **M** Michael Jary **S** Klaus Dudenhöfer **D** Anny Ondra (Madame de Lila), Sonja Ziemann (Maria Schippe), Willy Fritsch (Jupp Holunder), Hardy Krüger (Juppi Holunder), Rudolf Platte (Enrico Zwickel) **L** 96 **FSK** ab 12; nf **E** 1.2.1951 **fd** 1 070

SCHÖN, NACKT UND LIEBESTOLL (RIVELAZIONI DI UN MANIACO SESSUALE AL CAPO DELLA SQUADRA MOBILE). Als Strafe für ihren Ehebruch wird mehreren Damen der römischen High-Society von einem fanatischen Moralhüter die Kehle aufgeschlitzt. Krimidutzendware mit einem Übermaß an Blut und Sex. (Alternativtitel: »So schön – so nackt – so tot«) ✦ Italien 1972 **P** Romane **KI** Ring/NWDF-Unitas **R** Roberto Bianchi Montero **B** Luigi Angelo, Italo Fasan, Roberto Bianchi Montero **K** Fausto Rossi **M** Giorgio Gaslini **S** Rolando Salvatori **D** Farley Granger, Sylva Koscina, Silvano Tranquilli, Annabella Incontrera, Chris Avram (= Cristea Avram), Femi Benussi **L** 96 **FSK** ab 18; nf **E** 6.12.1974 **fd** 19 428

SCHÖN UND RAFFINIERT (MUTUAL NEEDS). Die Karriere eines Mannes wird von einer Frau befördert, die er kennenlernte, als er einen Begleitservice in Anspruch nahm. Zu spät bemerkt er die Skrupellosigkeit der Frau. Als er sich zu wehren beginnt, entbrennt ein Kampf bis aufs Messer. Handelsüblicher Erotik-Thriller. ✦ USA 1997 **R** Robert Angelo **B** Dode Levinson, George Ayvas **M** Bill Rogers **D** Eric Woods (Michael), Rochelle Swanson (Charlene), Tricia Lee Pascoe (Sandra), Charlotte Lewis (Louise Collier), Richard Grieco (Brandon Collier) **L** 88 **E** 21.10.1998 Pro Sieben

SCHON VERDAMMT LANGE HER (LONG TIME GONE). (Fernseh-)Actionfilm mit Familiensinn. Ein ehemaliger Detektiv, mit dem es nach der Aufgabe seines Jobs und der Trennung von Frau und Kind unaufhaltsam bergabgegangen ist, muß plötzlich wieder Verantwortung übernehmen, als ihm die Exfrau den inzwischen elfjährigen Sohn überläßt. Nebenbei soll er einen hohen Staatsbeamten finden, der sich mitsamt einer halben Million Dollar anscheinend in Luft aufgelöst hat. – Ab 16 möglich. ✦ USA 1986 **P** Picturemakers **Pd** Jay Daniel **R** Robert Butler **B** Artie Mandelberg, Glenn Gordon Caron **K** James Crabe **M** Artie Kane **D** Paul Le Mat (Nick Sandusky), Deborah Wakeham, Eddie Zammit, Bill Marcus, Wil Wheaton, Ann Dusenberry **L** 92 **E** 12.11.1991 Tele 5

SCHÖN WAR DIE ZEIT. Ein satirischer Rückblick auf die Neuanfänge des deutschen Nachkriegsfilms: Ein früherer UFA-Regisseur steigt ohne nennenswerte Schwierigkeiten wieder in die Filmproduktion ein und bleibt der Karrierist, der er stets war, während sein Kameramann an der unbewältigten Vergangenheit leidet. Gleichzeitig wird die Geschichte eines Dorfkinos im Allgäu erzählt. Ein vielschichtiger Film, der nicht nur die Geschichte des Kinos erzählt, sondern die Stimmungen in der Gesellschaft beleuchtet. In mehreren Ebenen angelegt, entwirft der Film ein stimmiges Zeitbild voller ironischer Brechungen. – Sehenswert ab 16. ✦ Teils schwarz-weiß. BR Deutschland 1988 **P** Westallgäuer Filmproduktion/ Maran/B.A. **KI** Filmverlag der Autoren **Pd** Georg Veit, Klaus Gietinger, Fritz Günther, Leo Hiemer **R** Klaus Gietinger, Leo Hiemer **B** Klaus Gietinger, Leo Hiemer, Marian Czura **K** Marian Czura **M** Klaus Roggors **S** Ilona Bruver **D** Gottfried John (Franz Bauer), Edgar Selge (Helmut Hartmeyer), Ewa Blaszczyk (Eva Kramer), Jessica Kosmalla (Anna Waschmitzius), Katharina Brauren (Frau Helmer) **L** 112 **FSK** ab 12; **f** **FBW** w **E** 3.11.1988/27.5.1991 ARD **fd** 28 195

SCHÖN WIE DIE ZIMTBLÜTE (FLEUR DE CANNELLE). Anlässlich seines 50. Geburtstags wird der chilenische Theaterregisseur Oscar Castro zum Ehrenbürger seines Heimatortes ernannt. Nach Jahren im französischen Exil kehrt er in seine Heimat zurück, um die Feierlichkeiten auszurichten, und begibt sich auf die Spuren seiner Vergangenheit, die von Haft und Folter geprägt war. Er trifft Weggefährten und Zeitzeugen und sucht nach seiner Mutter, die während der Pinochet-Diktatur spurlos verschwand. Die Nachinszenierung einer wahren Begebenheit, in der die Beteiligten sich selbst spielen. Dabei wird persönliche und kollektive Geschichte miteinander verwoben, wobei sich der Film zum Zeugnis der großen Kraft verdichtet, sich der Vergangenheit zu stellen. Eine ebenso ernsthafte wie fantasievolle Auseinandersetzung. – Sehenswert ab 16. ✦ Frankreich 1999 **P** Albert Films/arte **Pd** Christophe de Ponfilly, Frédéric Laffont **R+B** Frédéric Laffont **K** Didier Portal **M** Anita Vallejo **S** Jean-François Giré **D** Oscar Castro (Oscar Castro), Anita Vallejo (Anita Vallejo), Sylvie Castro-Miqueu (Sylvie Castro), Sébastian Castro (Sébastian Castro), Andrea Kerouani-Castro (Andrea Castro) **L** 82 **E** 11.11.2000 arte

SCHON WIEDER SPRINGE ICH ÜBER PFÜTZEN →Und wieder spring' ich über Pfützen

DAS SCHÖNE ABENTEUER. Eine englische Lehrerin sucht und findet in Südfrankreich die Familie ihres verstorbenen Vaters. In gemächlich-vergnüglichem Stil inszeniertes liebevolles Bild des Kleinbürgertums in der Provence. – Ab 12. ✦ Scope. BR Deutschland 1959 **P** Georg Witt-Film **Kl** Constantin **Pd** Georg Witt **R** Kurt Hoffmann **B** Heinz Pauck, Günther Neumann, nach dem Roman »Reise durchs Familienalbum« von Antonia Ridge **K** Günther Anders **M** Franz Grothe **S** Hilwa von Boro **D** Liselotte Pulver (Dorothee Durand), Robert Graf (Marius Bridot), Oliver Grimm (Pierre Bridot), Bruni Löbel (Françoise), Eva Maria Meineke (Cathérine) **L** 102 **FSK** ab 6; f **E** 29.9.1959/19.5.1961 Kino DDR/ 25.2.1967 DFF 1/25.12.1973 ARD **fd** 8 494

SCHÖNE AUGEN FÜR DESPINA (COICOLATA CO ALUNE). Zwei landwirtschaftliche Genossenschaften streiten mit allen erlaubten und unerlaubten Mitteln um die Vorherrschaft in ihrer Gemeinde. Erst die Eheschließung des von beiden vielumworbenen Technikers mit der Tochter eines Vorsitzenden macht diesem Kleinkrieg ein Ende. Anspruchslose, aber heitere Unterhaltung. – Ab 12. ✦ Rumänien 1979 **P** Filmhaus Nr. 1, Budapest **Kl** Progress **R** Gheorghe Naghi **B** Vintila Ornaru, Gheorghe Naghi **K** George Voicu **M** Cornelia Tautu **D** Stefan Mihailescu-Braila, Monica Ghiuta, Horatiu Nalaele, Adriana Trandafir, Aurel Giurumia **L** 87 **E** 19.9.1980 Kino DDR/2.3. 1982 DFF 2

DER SCHÖNE AUGENBLICK (DER SCHÖNE AUGENBLICK). Das Porträt der Fotografenfamilie Aschwanden (drei Generationen) in Altdorf, ergänzt durch die Begegnung mit dem Wanderfotografen Hiltbrunner und dem Straßenfotografen Amrein sowie durch einen Einblick in das fotografische Werk von Pater Matthäus Keust (1828–1898), ist auch ein Überblick über die Geschichte der Gebrauchsfotografie. Der Film wird aber darüber hinaus zu einer philosophischen Studie über das Festhalten des Augenblicks und das Verhältnis der Fotografie zur Wirklichkeit und ihrer Überhöhung ins Mythische. ✦ Schweiz 1985 **P** Schweizerische Gesellschaft für Volkskunde **R+B** Friedrich Kappeler **K** Pio Corradi **M** Bruno Spoerri **L** 83 **E** Schweiz

DER SCHÖNE BADETAG (DEN STORE BADEDAG). Die Erlebnisse eines sechsjährigen Jungen, der in einem tristen Kopenhagener Arbeiterviertel des Jahres 1935 aufwächst. Seine traute, heile Welt erhält Risse, als der verehrte Vater vor seinen Augen lächerlich gemacht und als Exsträfling entlarvt wird. Liebevoll und warmherzig gestaltet, zeichnet der ganz aus dem Blickwinkel des Jungen erzählte Film ein stimmungsvolles Zeitkolorit, verzichtet aber auf analytische Betrachtungen. – Sehenswert ab 12. ✦ Dänemark/Schweden 1991 **P** ASA/Nordisk/Danske Filminstitut/TV Fond./Svenska Filmindustri/Svenska Filminstitutet **Kl** Impuls **VA** Warner **Pd** Henrik Møller-Sørensen **R** Stellan Olsson **B** Stellan Olsson, Soren Skjaer, nach einer Erzählung von Pelle Fischer **K** Soren Skjaer **M** Kasper Winding, Lis Soerensen **S** Thomas Gíslason, Grete Möldrup **D** Erik Clausen (Axel), Nina Gunke (Svea), Benjamin Rothenborg Vibe (Gustav Adolf), Kirsten Rolffes (Frau Frederiksen), Hasse Alfredsson (Großvater) **L** 96 **FSK** ab 12; f **FBW** w **E** 17.9.1992/24.9.1993 Video **fd** 29 777

SCHÖNE BESCHERUNG (NATIONAL LAMPOON'S CHRISTMAS VACATION). Ein gestreßter Familienvater, der von geruhsamen Weihnachtstagen im Kreise seiner Lieben träumt, stolpert von einer Turbulenz in die nächste. Der Tannenbaum ist zu groß, die Festbeleuchtung versagt, der Puter ist zäh, der trinkfeste Cousin entführt den Chef des Familienoberhaupts, weil er diesem die Weihnachtsgratifikation strich. Weitere burleske »National Lampoon«-Komödie, die schon bald ihr satirisches Pulver verschossen hat und sich in billiges Augenrollen flüchtet. (Fernsehtitel: »Hilfe, es weihnachtet sehr«) – Ab 14. ✦ USA 1989 **P** Hughes Entertainments **VA** Warner Home **Pd** John Hughes, Tom Jacobson **R** Jeremiah Chechik **B** John Hughes **K** Thomas E. Ackerman **M** Angelo Badalamenti **S** Jerry Greenberg **D** Chevy Chase (Clark W. Griswold, jr.), Beverly D'Angelo (Ellen Griswold), Randy Quaid (Cousin Eddie), Miriam Flynn (Catherine, Eddies Frau), Cody Burger (Rocky) **L** 93 **FSK** ab 6 **E** 16.11.1990 Video/ 13.12.1993 ZDF **fd** 28 673

EINE SCHÖNE BESCHERUNG (1981) (CARBON COPY). Die Luxuswelt eines erfolgreichen weißen Werbemanagers in Kalifornien gerät völlig aus den Fugen, als plötzlich sein bereits 20jähriger unehelicher Sohn auftaucht, der zu allem Unglück noch eine schwarze Hautfarbe hat. Sozialkritische Komödie, die Vorurteile und Absurditäten der weißen Oberschicht mit teils schwarzem Humor zu entlarven versucht, aber auf Grund der uneinheitlichen Inszenierung viel an Brisanz einbüßt. – Ab 16. ✦ USA 1981 **P** Hemdale/RKO **Pd** Carter DeHaven, Stanley Shapiro **R** Michael Schultz **B** Stanley Shapiro **K** Fred J. Koenekamp **M** Bill Conti **S** Marion Segal **D** George Segal (Walter Whitney), Susan Saint James (Vivian Whitney), Jack Warden (Nelson Longhurst), Denzel Washington (Roger), Dick Martin (Victor Bard), Paul Winfield (Bob Garvey) **L** 92 (TV 86) **E** 25.3.1989 ZDF

EINE SCHÖNE BESCHERUNG (1984). Komödie fürs DDR-Fernsehen. Ein Arzt, der kurz vor Weihnachten eine Patientin ins Krankenhaus schickt, nimmt deren Kinder bei sich auf. ✦ DDR 1984 **P** DFF **R** Karola Hattop **B** Holmar-Attila Mück **K** Hans-Jürgen Pappert **S** Götz Filenius **D** Klaus-Peter Thiele (Dr. Beer), Rabea Atrott (Antonia), Jana Zoller (Julia), Reiko Blaschke (Mario), Carmen-Maja Antoni (Marie-Luise), Simone von Zglinicki (Veronika), Christine Poisl (Fürsorgerin), Carl Heinz Choynski (Bürgermeister), Jörg Panknin (Förster) **L** 61 **E** DFF

DIE SCHÖNE DER NEUNZIGER JAHRE (BELLE OF THE NINETIES). Mae West als begehrte Sängerin zwischen einem verbrecherischen Nachtklubbesitzer und einem Boxer, der nach turbulenten Ereignissen ihre Gunst gewinnt. Die recht einfallslos inszenierte Geschichte dient als Aufhänger für einige der schönsten Auftritte von Mae West, dem Weiblichkeitsidol der 30er Jahre, die die Banalität der Story mühelos überspielt. (auch O.m.d.U.) ✦ Schwarzweiß. USA 1934 **P** Paramount **Kl** Die Lupe **Pd** William LeBaron **R** Leo McCarey **B** Mae West **K** Karl Struss **M** Arthur Johnston, Sam Coslow **S** LeRoy Stone **D** Mae West (Ruby Carter), Roger Pryor (Tiger Kid), Johnny Mack Brown (Brooks Claybourne), Katherine DeMille (Molly Brant), John Miljan (Ace Lamont) **L** 73 **E** 24.5.1969 WDR **fd** 22 817

SCHÖNE DES TAGES →Belle de Jour – Schöne des Tages

DIE SCHÖNE EHE →Die schöne Hochzeit

DAS SCHÖNE ENDE DIESER WELT. Im Westen Australiens wandelt sich ein deutscher Chemiker, der für eine Industrieanlage seines Konzerns Land aufkaufen soll, zum engagierten Umweltschützer. Ein Film, der zwar durch die Fülle der Fakten, das brisante Thema und das glaubhafte Engagement für sich einnimmt, der wegen seiner Vereinfachungen und der abenteuerlichen Rahmenhandlung aber kaum überzeugt. – Ab 14. ✦ BR Deutschland 1983 **P** pentagramma **Kl** Imbild **VA** Starlight **Pd+R+B** Rainer Erler **K** Wolfgang Grasshoff, Peter Mathes **M** Eugen Thomass **D** Robert Atzorn, Claire Oberman, Judy Winter, Götz George, Werner Kreindl **L** 97 **E** 1985 Kino/4.6.1987 ZDF **fd** 24 940

SCHÖNE FRAUEN, HARTE DOLLARS (BEAU JAMES). Das skandalumwitterte Leben und die nicht immer lupenreine Karriere von Jimmy Walker, einem populären New Yorker Bürgermeister aus den 20er Jahren. Unterhaltsames Polit- und Liebesdrama mit sentimentalen und witzigen Details und lebendig eingefangenem Zeitkolorit. – Ab 14. ✦ Scope. USA 1957 **P** Paramount **Kl** Paramount **Pd** Jack Rose **R** Melville Shavelson **B** Jack Rose, Melville Shavelson, nach Gene Fowler **K** John F. Warren **M** Joseph J. Lilley **S** Floyd Knudtson **D** Bob Hope (Jimmy Walker), Vera Miles (Betty Compton), Paul Douglas (Chris Nolan), Alexis Smith (Allie Walker), Jimmy Durante (Charley Hand) **L** 106 **FSK** ab 12; nf **E** 22.11.1957 **fd** 6 442

SCHÖNE FRAUEN – HEISSE NÄCHTE (NOTTI CALDE D'ORIENTE). Nachtlokale in asiatischen Großstädten; gefilmt wurden ungefähr dreißig Tanz-, Gesangs- und Shownummern. ✦ Scope. Italien 1963 **P** Associate **Kl** Gloria **R** Roberto Bianchi Montero **B** Torti Castaldo, Roberto Bianchi Montero **K** Francesco Izzarelli, Giuseppe La Torre, Giovanni Varriano **M** Marcello Giombini **S** Enzo Alfonsi **L** 91 **FSK** ab 18; nf **E** 4.12.1964 **fd** 13 305

SCHÖNE FRAUEN SIND GEFÄHRLICH →Gefährliche Begegnung (1944)

DAS SCHÖNE FRÄULEIN SCHRAGG. Preußen nach dem Siebenjährigen Krieg 1770. Fridericus Rex (wie so oft: Otto Gebühr) will Ostpreußen mit entlassenen Soldaten besiedeln und kultivieren. Auf höchste Order wird ein Berliner Hoffräulein in die masurischen Wälder verschlagen, wo sie in einem ehemaligen Theologiestudenten den richtigen Mann findet. Gepflegte UFA-Liebesromanze zwischen der Rokokopracht des Königshofs und ländlicher Urwüchsigkeit. – Ab 12. ✦ Schwarz-weiß. Deutschland 1937 **P** Tonlicht für UFA **R** Hans Deppe **B** Joseph Dalman, Fred Andreas, nach dem gleichnamigen Roman von Fred Andreas **K** Werner Bohne **M** Herbert Windt **S** Paul Ostermayr **D** Hansi Knoteck (Anna-Maria Schragg), Paul Klinger (Ludwig Krüll), Otto Gebühr (König Friedrich II.), Paul Bildt (Geheimrat Schragg), Eduard von Winterstein (Landrat Schragg) **L** 96 **E** 9.4.1937

DIE SCHÖNE GEFANGENE (LA BELLE CAPTIVE). Bei der Ausführung eines undurchsichtigen Geheimauftrags gerät ein junger Mann in den Bann eines mysteriösen Mädchens, das sich als Vampir erweist. Ein Film als vielfach verschachteltes System aus mythischen Motiven, Genrefilm-Versatzstücken, literarischen Sprachspielen und assoziativen Bildfolgen, das aus dem Werk des Malers René Magritte entwickelt ist. Das Resultat ist ein in sich kreisendes, jede tiefsinnige Deutung verweigerndes Such- und Wiedererkennungsspiel; hervorragend fotografiert und mit Witz und Selbstironie inszeniert. ✦ Frankreich 1982 **P** Argos Film/FR 3 **Kl** FiFiGe **R+B** Alain Robbe-Grillet **K** Henri Alekan **M** Franz Schubert, Duke Ellington **S** Bob Wade **D** Daniel Mesguich (Walter), Gabrielle Lazure (Marie-Ange), Cyrielle Claire (Sara), Daniel Emilfork (Inspektor Francis), François Chaumette (Morgentodt) **L** 90 **E** 25.11.1983 **fd** 24 450

DIE SCHÖNE HELENA (HELEN OF TROY). Die Geschichte der spartanischen Königin Helena, deren Raub durch Paris, den Königssohn aus Theben, den Trojanischen Krieg auslöste. Griechische Mythologie à la Hollywood: protzige Ausstattung, naiver Handlungsaufbau, läppische Dialoge – ein Film, der sich leider ernst nimmt. (Titel auch: »Der Untergang von Troja«) – Ab 14. ✦ Scope. USA 1955 **P** Warner

KI Warner **R** Robert Wise **B** John Twist, Hugh Gray **K** Harry Stradling **M** Max Steiner **D** Rossana Podestà (Helena), Jacques Sernas (Paris), Cedric Hardwicke (Priamus), Stanley Baker (Achill), Niall MacGinnis (Menelaus) **L** 111 **FSK** ab 12; nf **E** 26.1.1956 **fd** 11 067

DIE SCHÖNE HOCHZEIT (LE BEAU MARIAGE). Ein junges Mädchen beschließt, den Geliebten zu verlassen und sein Glück um jeden Preis in der tradierten Rolle der Ehefrau zu suchen. Eine feinsinnige und hintergründige Komödie über die verzweifelte Glückssuche des Menschen, über das Problem vorgefertigter Geschlechterrollen und die Unwägbarkeit und Inkonsequenz menschlicher Gefühle. Erkenntniswert, leiser Charme und Humor des Films resultieren vor allem aus einer absichtsvoll kühlen und beherrschten Ästhetik. (O.m.d.U.; Fernsehtitel: »Die schöne Ehe«) – Sehenswert ab 16. ✦ Frankreich 1981 **P** Les Films du Losange/Les Films du Carrosse **KI** Die Lupe **SF** Die Lupe **Pd** Margaret Ménégoz **R+B** Eric Rohmer **K** Bernard Lutic **M** Ronan Girre, Simon des Innocents **S** Cécile Decugis **D** Béatrice Romand (Sabine), André Dussollier (Edmond), Féodor Atkine (Simon), Huguette Faget (Antiquitätenhändlerin), Arielle Dombasle (Clarisse), Sophie Renoir (Lise), Pascal Greggory (Nicolas), Hervé Duhamel (Frédéric), Vincent Gauthier (Claude) **L** 97 **E** 5.7.1985/14.9.1988 ZDF (Synchronfassung) **fd** 25 192

DIE SCHÖNE IPPOLITA (LA BELLEZZA DI IPPOLITA / LA BEAUTE D'HIPPOLYTE). Eine lebenshungrige ehemalige Tänzerin treibt ihren Mann, einen jungen Tankstellenpächter, mit aufdringlichen Flirts zur rasenden Eifersucht. Billiges Lustspiel mit Gina Lollobrigida. ✦ Schwarz-weiß. Italien/Frankreich 1962 **P** Arco/Francinex/Pathé **KI** Columbia-Bavaria **R** Giancarlo Zagni **B** Elio Bartolini, Pasquale Festa Campanile, Massimo Franciosa, Giancarlo Zagni, nach einem Roman von Elio Bartolini **K** Aldo Scavarda **M** Carlo Rustichelli **D** Gina Lollobrigida, Enrico Maria Salerno, Lars Bloch, Milva, Carlo Giuffrè **L** 90 **FSK** ab 18; nf **E** 19.4.1963/10.11.1984 DFF 2 **fd** 11 931

SCHÖNE ISABELLA (C'ERA UNA VOLTA / LA BELLE ET LE CHEVALIER). Ein junger spanischer Fürst, der eine Adelige heiraten soll, verliebt sich in ein Bauernmädchen, das er nach allerlei Abenteuern und Verwicklungen heiratet. Sorgfältig gestalteter Kostümfilm, der auf einem neapolitanischen Volksmärchen beruht. Trotz seiner schönen Bilder ist der Film als Kompromiß mit der Industrie erkennbar. Der engagierte Realist Rosi konnte seine Vorstellungen einer mit populären Mitteln inszenierten Hommage an die »vorkapitalistische« Volkskultur nicht verwirklichen; die Eingriffe des Produzenten Carlo Ponti sind augenfällig. – Ab 14. ✦ Scope. Frankreich/Italien 1966 **P** Champion/Concordia **KI** MGM **Pd** Carlo Ponti **R** Francesco Rosi **B** Tonino Guerra, Raffaele La Capria, Giuseppe Patroni Griffi, Francesco Rosi **K** Pasquale de Santis **M** Piero Piccioni **S** Jolanda Benvenuti **D** Sophia Loren (Isabella), Omar Sharif (Prinz Ramon), Dolores del Rio (Königinmutter), Georges Wilson (Koch Monzu), Leslie French (Bruder Joseph de Copertino) **L** 96 **FSK** ab 6; f **FBW** w **E** 29.12.1967/26.3.1978 ZDF/24.12.1989 DFF2 **fd** 15 402

DER SCHÖNE KARL (DOWNSTAIRS). Intrigen zwischen den Bediensteten eines Barons: Der Chauffeur erpreßt den Koch, um seine Affäre mit der attraktiven Frau des Butlers zu finanzieren. Früher Tonfilm mit einem Star der Stummfilmzeit in der Hauptrolle, der sich zuvor bei der Produktionsfirma über schlechte Drehbuchvorlagen beschwert hatte und nun sein eigenes Buch verfilmen lassen konnte. Das thematisch ungewöhnliche Drama krankt jedoch an der allzu steifen Inszenierung, so daß allenfalls die Schauspieler in Erinnerung bleiben. – Ab 14 möglich. ✦ Schwarz-weiß. USA 1932 **P** MGM **R** Monta Bell **B** Melville Baker, Lenore Coffee, nach einer Story von John Gilbert **K** Harold Rosson **D** John Gilbert (Karl), Paul Lukas (Albert), Virginia Bruce (Anna), Hedda Hopper (Gräfin), Reginald Owen (Baron) **L** 74 **E** 19.5.1992 RTL plus

DER SCHÖNE KÖRPER DER DEBORAH (IL DOLCE CORPO DI DEBORAH). Ein Mann will seine amerikanische Ehefrau auf raffinierte Weise umbringen, um in den Besitz ihres Geldes zu gelangen. Schwerfällig inszenierter Kriminalfilm ohne Spannung, der am Ende mit einer zwar überraschenden, aber wenig glaubwürdigen Wende aufwartet. ✦ Scope. Italien 1967 **P** Zenith/Flora/Lux **KI** Constantin **Pd** Sergio Martino **R** Romolo Guerrieri (= Romolo Girolami) **B** Ernesto Gastaldi, Luciano Martino **K** Marcello Masciocchi **M** Nora Orlandi **S** Eugenio Alabiso **D** Carroll Baker (Deborah), Jean Sorel (Marcel), Evelyn Stewart (= Ida Galli) (Susan), Luigi Pistilli (Philipp), George Hilton (Robert) **L** 95 **FSK** ab 18; nf **E** 12.7. 1968/5.1.1989 DFF 2 **fd** 15 727

DIE SCHÖNE KURTISANE (DU SHINIANG). Verfilmung einer alten chinesischen Legende aus der Ming-Dynastie: die Liebe zwischen der schönen Kurtisane und einem Studenten, der sogar das Silber aufbringt, um sie aus ihrem Bordell freizukaufen. ✦ VR China 1981 **R** Zhao Menglin, Zhou Yu **B** Zhou Yu, Zhao Meng Hui **K** Wang Jishun **M** Huang Zhun, Lü Qui Ming **D** Pan Hong, For Changchun, Tong Rui Min, Wu Ci Hua, Lou Ji Cheng, Jin Ya Qin **L** 100 **E** 30.7.1985 DFF 1/21.7.1992 ORB

SCHÖNE KÜSSE AUS FERNOST (BONS BAISERS DE HONG-KONG). Englands Königin wird gekidnappt; nicht aus politischen Gründen, sondern der Liebe wegen. Da die Königin gerade zum Staatsbesuch nach Hongkong aufbrechen wollte, muß ein Double her; es findet sich eine französische Putzfrau. Die kühne Mischung aus Verfolgungsjagden, Autokarambolagen und Gags aus der Mottenkiste liefert letztlich nur überdrehten Klamauk. – Ab 14 möglich. ✦ Frankreich 1975 **P** Christian Fechner/Renn **KI** Constantin **Pd** Suzanne Wiesenfeld **R** Yvan Chiffre **B** Yvan Chiffre, Christian Fechner **K** Walter Wottitz **M** Les Charlots **S** Robert Isnardon, Monique Isnardon **D** Gérard Rinaldi (Gérard), Gérard Filipelli (Phil), Jean-Guy Fechner (Jean-Guy), Mickey Rooney (Marty), Jean Sarrus (Jean) **L** 97 **FSK** ab 6; f **E** 13.8.1976 **fd** 19 929

DAS SCHÖNE LEBEN (LA BELLE VIE). Ein aus dem Algerien-Krieg nach Paris heimkehrender Soldat muß, als er nach vielen Schwierigkeiten im bürgerlichen Leben wieder Fuß gefaßt hat, zurück nach Algerien. Teils im Cinéma-vérité-Stil, teils mit dokumentarischen Einblendungen zeichnet Robert Enrico engagiert eine junge Ehe mit ihren Krisen; er attackiert – nur scheinbar sarkastisch – die moderne Gesellschaft und eine noch immer in Kriegsbarbareien befangene Menschheit. ✦ Schwarz-weiß. Frankreich 1963 **P** du Centaure **R+B** Robert Enrico **K** Jean Boffety **M** Henri Lanoë **D** Frédéric de Pasquale, Josée Steiner, Odile Geoffroy **L** 105 **E** 23.9.1967 WDR

DIE SCHÖNE LILI (LA REINE BLANCHE). Als nach 20jähriger Abwesenheit der Freund eines Ehepaares – einst Rivale um die Gunst der schönen Frau – zurückkehrt, wird deutlich, daß alle Beteiligten nicht wissen, wo sie im Leben stehen, und sie ihr Leben neu überdenken müssen. Aus dem Blickwinkel eines Kindes unspektakulär und einfühlsam entwickelte, hervorragend gespielte Familiengeschichte, die mit behutsamen melodramatischen Akzenten von Liebe und drohender Entfremdung sowie von der Kraft großer und kleiner Empfindungen erzählt. – Sehenswert ab 14. ✦ Frankreich 1991 **P** Caméra Noire/TF1/CIBY 2000 **KI** NEF 2 **Pd** Jean-Claude Fleury **R+B** Jean-Loup Hubert **K** Claude Lecomte **M** Georges Delerue **S** Raymonde Guyot **D** Catherine Deneuve (Liliane Ripoche), Richard Bohringer (Jean Ripoche), Jean Carmet (Lucien Soulas), Bernard Giraudeau (Yvon Legualoudec), Laure Moutoussamy (Annabelle) **L** 119 **FSK** ab 6; f **E** 13.8.1992 **fd** 29 704

DIE SCHÖNE LÜGNERIN (LA BELLE ET L'EMPEREUR). Verwechslungsspiel einer verliebten Korsettschneiderin, die sich beim Wiener Kongreß zur Komtesse hinaufflunkert. Regisseur Axel von Ambesser bläst dabei zaghaft ins politische Horn, doch reicht sein Atem kaum für die ersten Minuten. – Ab 12 möglich. ✦ Scope. BR Deutschland/Frankreich 1959 **P** Real/Regina **KI** Europa **VA** Taurus **Pd** Gyula Trebitsch **R** Axel von Ambesser **B** Maria Matray, Answald Krüger, nach einem Singspiel von Just Scheu und Ernst Nebhut **K** Christian Matras **M** Bernhard Eichhorn **S** Alice Ludwig-Rasch **D** Romy Schneider, Jean-Claude Pascal, Helmuth Lohner, Hans Moser, Charles Regnier **L** 98 **FSK** ab 6; nf **E** 10.9.1959/30.5.1964 ZDF **fd** 8 417

DIE SCHÖNE LURETTE. Die Erlebnisse einer Pariser Wäscherin, die sich erfolgreich gegen die Nachstellungen eines Herzogs wehrt. Vordergründige Gesellschaftskritik in einer betont aufwendigen, im Grunde aber weitgehend einfallslosen und erfolglos um Esprit bemühten Verfilmung der Operette von Jacques Offenbach. – Ab 12. ✦ Scope. DDR 1960 **P** DEFA **KI** Progress **Pd** Alexander Lösche **R** Gottfried Kolditz **B** Werner Bernhardy, nach der Operette von Jacques Offenbach **K** Erich Gusko **M** Jacques Offenbach **S** Hildegard Tegener **D** Evelyn Cron (Lurette), Jirí Papez (Campistral), Otto Mellies (Herzog), Hannjo Hasse (Malicorne), Marianne Wünscher (Marcellina), Lore Frisch (Rose) **L** 82 **E** 25.12.1960 Kino DDR/8.9. 1961 DFF 1/3.8.1996 ORB

SCHÖNE MÄDCHEN, WEINET NICHT (SZEP LANYOK, NE SIRJATOK). Jugendliche Arbeiter und Arbeiterinnen in Budapest, die in einem Wohnheim leben oder zu mehreren ein gemietetes Zimmer bewohnen und in der Freizeit Beatkonzerte besuchen. Im Mittelpunkt steht die Geschichte zweier Verlobter, deren Beziehung zu zerbrechen droht. Ein sensibles Alltagsporträt junger Leute. ✦ Schwarz-weiß. Ungarn 1970 **P** Mafilm **R** Márta Mészáros **B** Péter Zimre **K** János Kende **M** János Baksa Soós, Miklós Orszáczky, Zorán Sztevanovity, Károly Frenreisz, Levente Szörényi, László Tolcsvay **D** Lajos Balázsovits (Géza), Jaroslava Schallerová (Juli), Márk Zala (Julis Bräutigam), Balázs Tardy (Julis Bruder), Péter Blaskó **L** 81 **E** 5.11. 1972 ARD/23.5.1975 Kino DDR/7.7.1976 DFF 2

DER SCHÖNE MAI (LE JOLI MAI). Bemerkenswerte soziologische Studie aus der Stadt Paris im Mai 1962. Im Stil des »Cinéma vérité« bezieht der Film sein zu einer Chronik des Milieus, der Menschen und ihrer sozialen Befindlichkeit geformtes Material vorwiegend aus Interviews. Die subjektive Sicht des Autors macht sich im Kommentar und in der Auswahl der Befragten bemerkbar. – Ab 14. ✦ Frankreich 1962 **P** Sofracima **R** Chris Marker **B** Catherine Varlin **K** Pierre Lhomme **M** Michel Legrand **S** Eva Zora **D** Yves Montand **L** 140 **E** 14.,15.5.1965 BR III (zwei Teile)

DIE SCHÖNE MEISTERIN. Dorf- und Liebesintrigen um eine junge Bürgermeisterin in Bayern. Harmlose, neckische Witzchen bringen das flaue Heimatfilmlustspiel mit synthetischem Dorfmilieu auch nicht auf Touren. – Ab 12. ✦ BR Deutschland 1956 **P** Central **KI** Europa **Pd** Waldemar Frank, Artur Brauner **R** Rudolf Schündler **B** Werner Eplinius, Janne Furch **K** Karl Loeb **M** Gerhard Winkler **S** Margarete Steinborn **D** Herta Staal (Kathrin), Paul Bösiger (Peter), Walter Groß (Rabe), Susi Nicoletti (Lisa), Rudolf Platte (Fritz) **L** 96 **FSK** ab 12; nf **E** 6.12.1956 **fd** 5 481

DIE SCHÖNE MÜLLERIN. Liebesgeschichten eines Müllerburschen mit Mißverständnissen ohne Ende. Heimatfilm mit aufgesetzter Volkstümlichkeit. – Ab 12. ✦ BR Deutschland 1954 **P** Algefa **KI** Constantin **Pd** Erich Holder, Friedrich Wilhelm Gaik **R** Wolfgang Liebeneiner **B** Ilse Lotz-Dupont **K** Bruno Timm **M** Willi Mattes **S** Hermann Leitner **D** Gerhard Riedmann, Waltraut Haas, Katharina Mayberg, Hertha Feiler, Ursula Voß **L** 99 **FSK** ab 12; f **E** 23.9.1954 **fd** 3 622

SCHÖNE NEUE WELT (MEILI XIN SHIJIE). Ein Chinese vom Land gewinnt eine Zwei-Zimmer-Wohnung in Shanghai, muss aber vor Ort zu seiner leidvollen Erfahrung feststellen, dass die Fertigstellung der

Wohnung noch zwei Jahre in Anspruch nehmen wird. Nun muss er sich mit seiner Sippe in der Großstadt durchschlagen. Eine ironische Filmerzählung im Stile des Suzhou Pingtan, einer traditionellen südchinesischen Erzählweise, die nicht nur das Gefälle zwischen Stadt und Land thematisieren will, sondern auch den Verlust von Werten in einer sich ständig wandelnden Gesellschaft beklagt. Vor diesem Hintergrund macht die unbeirrliche Zielstrebigkeit des Protagonisten den Ruhepunkt des Films aus. (O.m.d.U.) ✦ VR China 1998 **P** Imar Film **Kl** Freunde der Deutschen Kinemathek **Pd** Peter Loehr **R** Shi Run Jiu **B** Liu Fen Dou **K** Lu Yue **S** Yang Hong Yu **D** Jiang Wu, Tao Hong, Wu Bai, Ren Xian Qi, Chen Ning **L** 98 **E** 1999

DER SCHÖNE OCTAVE → Immer wenn das Licht ausgeht

DIE SCHÖNE QUERULANTIN (LA BELLE NOISEUSE). Ein berühmter Maler beendet seine mehrjährige Schaffenspause und porträtiert eine junge und schöne Frau, um endlich sein definitives Meisterwerk zu schaffen. Der Schöpfungsprozeß führt bei allen Beteiligten zu einer radikalen Auseinandersetzung mit ihren Lebensentwürfen. Eine auf mehreren Erzählebenen kunstvoll verschachtelte Auseinandersetzung mit den Themenkreisen Kunst und Leben, verdichtet zu einer ebenso spielerischen wie intensiven Suche nach Lebenssinn und der Emanzipation des Menschen. (O.m.d.U.) – Sehenswert. ✦ Frankreich 1991 **P** FR 3/George Reinhart Prod./Centre National/Canal+/Sofica Invest. **Kl** prokino **Pd** Pierre Grise, Martine Marignac **R** Jacques Rivette **B** Pascal Bonitzer, Christine Laurent, Jacques Rivette, nach Motiven einer Erzählung von Honoré de Balzac **K** William Lubtchansky **M** Igor Strawinsky **S** Nicole Lubtchansky **D** Michel Piccoli (Edouard Frenhofer), Jane Birkin (Liz), Emmanuelle Béart (Marianne), Marianne Denicourt (Julienne), David Bursztein (Nicolas) **L** 240 **FSK** ab 6; f **E** 9.1.1992 **fd** 29 330

DIE SCHÖNE QUERULANTIN, DIVERTIMENTO (LA BELLE NOISEUSE, DIVERTIMENTO). Die von Jacques Rivette nahezu um die Hälfte gekürzte (und deutsch synchronisierte) Version seines Meisterwerks »Die schöne Querulantin«, in dem ein berühmter Maler eine junge, schöne Frau porträtiert, um sein Meisterwerk zu schaffen. Die in der ursprünglichen Fassung in mehrere Erzählebenen aufgefächerte Auseinandersetzung mit Lebensentwürfen und Schöpfungsprozessen wird zugunsten der zentralen Auseinandersetzung zwischen Maler und Modell verkürzt und verliert so ihren philosophisch wie filmkünstlerisch reichen Unterbau. Interessant als Experiment mit den erzählerischen Möglichkeiten des konventionellen Kinofilms, bezieht das »Divertimento« seine Berechtigung nur aus dem Vergleich mit der ursprünglichen Langversion. ✦ Frankreich 1991 **P** FR 3/George Reinhart Prod./Centre National de la Cinématographie/Canal+/Sofica Investimage 2 et 3 **Kl** prokino **VA** Arthaus **Pd** Pierre Grise **R** Jacques Rivette **B** Pascal Bonitzer, Christine Laurent, Jacques Rivette, nach Motiven einer Erzählung von Honoré de Balzac **K** William Lubtchansky **M** Igor Strawinsky **S** Nicole Lubtchansky **D** Michel Piccoli (Edouard Frenhofer), Jane Birkin (Liz), Emmanuelle Béart (Marianne), Marianne Denicourt (Julienne), David Bursztein (Nicolas) **L** 126 **E** 6.2.1992/2.5.1994 Video **fd** 29 387

DER SCHÖNE SCHEIN DES REICHTUMS (SIGNES EXTERIEURS DE RICHESSE). Ein auf großem Fuß lebender Pariser Tierarzt gerät an eine attraktive Steuerinspektorin, die ihm und seinem windigen Steuerberater auf den Zahn fühlen will. Nach etlichen Verwirrungen und Ränkespielen kommt es zum Happy-End. In den Hauptrollen solide gespielte Komödie, die angenehm unterhält, satirische Spitzen und Wirklichkeitsbezüge jedoch beharrlich ausklammert. (TV-Titel DDR: »Drum prüfe, wer sich ewig bindet«) – Ab 12 möglich. ✦ Frankreich 1983 **P** Via Productions/TF 1 **R** Jacques Monnet **B** Alain Godard, Jacques Monnet **K** Philippe Welt **M** Johnny Hallyday **D** Claude Brasseur (Gigi), Josiane Balasko, Jean-Pierre Marielle, Charlotte de Turckheim, Roland Giraud, Xavier Saint-Macary **L** 92 **E** 18.2.1988 HR/21.2.1988 DDR 2

DER SCHÖNE SERGE → Die Enttäuschten

SCHÖNE SITTEN (BRANDOS COSTUMES). Die Geschichte einer kleinbürgerlichen Familie unter der Diktatur Salazars (1932–1968) wird durch Dokumentaraufnahmen mit der Geschichte Portugals verbunden. Salazar und der Familienvater sterben gleichzeitig. Eine Auseinandersetzung mit der politischen Entwicklung Portugals, die zumindest in formaler Hinsicht wenig überzeugt. ✦ Portugal 1972–74 **P** Centro Portugues de Cinema/Tobis Portuguesa/Fondacion Gulbenkian **Kl** Freunde der Deutschen Kinemathek **R** Alberto Seixas Santos **B** Alberto Seixas Santos, Luiza Neto Jorge, Nuno Judice **K** Acácio de Almeida **M** Jorge Peixinho, César Franck, Richard Wagner **S** Solveig Nordlund **D** Luis Santos (Vater), Dalila Rocha (Mutter), Isabel de Castro (ältere Tochter), Sofia de Carvalho (jüngere Tochter), Constança Navarro (Großmutter), Cremilde Gil (Dienstmädchen) **L** 75 **E** 10.9.1979 WDR

DER SCHÖNE SOMMER (LE BEL ETE 1914). Sommer 1914: Traditionsgemäß verbringt eine Familie ihre Sommerfrische auf dem Schloss ihres Onkels. Da er Geld braucht, ist ein Teil des Schlosses an die Familie eines reichen Seidenhändlers vermietet, zu der zunächst jeder Kontakt vermieden wird. Doch bald kommt es zu mehr als nur zufälligen Begegnungen. Das Familienoberhaupt der Besucher verliebt sich in die lebenslustige Mieterin und stört die scheinbare Idylle empfindlich und nachhaltig. Eine stimmungsvolle Familienchronik, die metaphorisch den Vorabend des Ersten Weltkriegs beschwört und das Ende einer »alten Welt« ankündigt. Ein in allen Belangen überzeugender Film, der sich visuell auf klassische französische (Kino-)Vorbilder bezieht. – Sehenswert ab 16. ✦ Frankreich 1996 **P** Rhône-Alpes Cinéma/France 2 **R** Christian de Chalonge **B** Christian de Chalonge, Dominique Garnier, nach einem Roman von Louis Aragon **K** Patrick Blossier **M** Michel Portal **S** Anita Fernandez **D** Claude Rich (Graf von Sainteville), Maria Pacôme (Marie), Hippolyte Girardot (Pierre), Judith Henry (Paulette), Marianne Denicourt (Blanche), Philippe Torreton (Ernest) **L** 117 **E** 7.7.1999 WDR

DER SCHÖNE TAG. 24 Stunden im Leben einer jungen Schauspielerin und Synchronsprecherin türkischer Herkunft im sommerlichen Berlin, die sich von ihrem Freund trennt, ihre Mutter und ihre Schwester trifft und einen jungen Mann kennen lernt, ohne mit ihm eine neue Beziehung anknüpfen zu können. Dramaturgisch extrem zurückgenommene, unaufgeregte »Großstadt-Chronik«, die bei aller erzählerischen Distanz die unspektakulären Alltagsereignisse zu einem anregenden, ebenso ehrlichen wie spannenden Diskurs über Lebensperspektiven und -einstellungen zu verdichten weiß. (Letzter Teil einer Trilogie, zu der noch die Filme »Geschwister«, 1996, und »Dealer«, 1998, gehören.) – Sehenswert ab 16. ✦ Deutschland 2001 **P** Pickpocket Filmprod./zero-film/ZDF **Kl** Peripher **Pd** Thomas Arslan, Martin Hagemann **R+B** Thomas Arslan **K** Michael Wiesweg **M** Selda Kaya & shape: mod, Morton Feldman, Saul Williams **S** Bettina Blickwede **D** Serpil Turhan (Deniz), Bilge Bingül (Diego), Florian Stetter (Jan), Hafize Üner (Mutter), Selda Kaya & shape: mod (Leyla), Hanns Zischler (Regisseur), Elke Schmitter (Frau im Café) **L** 74 **E** 18.10.2001 **fd** 35 089

DIE SCHÖNE TAUBENZÜCHTERIN (LA FABULA DELLA BELLA PALOMERA). Ein reicher Lebemann und Fabrikbesitzer entflammt in Leidenschaft zu einer schönen Taubenzüchterin. Er kann in der Tat eine Affäre mit der Ehefrau anzetteln, doch sein »machismo« endet für die Untreue in einer Katastrophe. Irgendwo zwischen poetischer Überhöhung und den Oberflächenreizen lateinamerikanischer »telenovelas« angesiedeltes Drama, das nicht mehr als eine gekünstelte Literaturverfilmung darstellt, die die Zeitlosigkeit ihrer Geschichte durch die gediegene Ausstattung betont. (auch O.m.d.U.; Episode aus einer Video-Edition mit Geschichten von Gabriel García Márquez.) – Ab 14 möglich. ✦ Brasilien/Spanien 1988 **P** International Network/Televisión Española **VA** Planet **R** Ruy Guerra **B** Ruy Guerra, Gabriel García Márquez, nach einer Geschichte von Gabriel García Márquez **K** Edgar Moura **M** Egberto Gismonti **S** Mair Tavares **D** Ney Latorraca (Orestes), Claudia Ohana (Fulvia), Tonia Carrero (Mutter von Orestes), Dina Sfat, Chico Diaz **L** 67 **FSK** ab 12 **E** 1.11.1997 3sat/1999 Video **fd** 33 871

DIE SCHÖNE TÖLZERIN. Heimatfilm aus der bayrischen Geschichte des 18. Jahrhunderts: Die Geliebte des Kurfürsten Albrecht und späteren Kaisers Karl VII. rettet ihre Vaterstadt vor den Panduren. Mittelmäßige Unterhaltung. – Ab 16. ✦ Schwarz-weiß. BR Deutschland 1952 **P** Ostermayr **Kl** Kopp **Pd** Ottmar Ostermayr **R** Richard Häussler **B** Peter Ostermayr, nach der Erzählung von Karl Weinberger **K** Hans Schneeberger **M** Bernhard Eichhorn **S** Adolph Schlyßleder **D** Franziska Kinz, Ingeborg Cornelius, Richard Häussler, Paul Richter, Willy Rösner **L** 98 **FSK** ab 16; f **E** 18.9.1952 **fd** 2 049

DIE SCHÖNE UND DAS BIEST (1976) (BEAUTY AND THE BEAST). (Fernseh-)Verfilmung des Kunstmärchens von Madame Leprince de Beaumont. Um ihren Vater zu retten, muß sich die schöne Belle in die Gewalt eines verwunschenen Prinzen begeben, der als garstiges Tier in einem Schloß haust. Eine leidlich geglückte Adaption, die jedoch nie dem poetischen Gehalt der Vorlage gerecht wird. – Ab 12. ✦ USA 1976 **P** Hallmark Hall of Fame/Palm **Pd** Thomas M. C. Johnston **R** J. Fielder Cook **B** Sherman Yellen **M** Ron Goodwin **D** George C. Scott (das Biest), Trish Van Devere (die Schöne), Bernard Lee (der Vater), Virginia McKenna (Schwester), Patricia Quinn (Schwester) **L** 76 **E** 25.12.1996 RTL 2

DIE SCHÖNE UND DAS BIEST (1986) (THE BEAUTY AND THE BEAST). Als Geschenk für seine Tochter bricht ein Kaufmann eine Blume aus dem Rosengarten eines Schlosses. Damit verwirkt er sein Leben, denn der Hausherr, ein verwunschener Prinz in Gestalt einer Bestie, sieht seinen Garten entweiht. Der Mann darf noch einmal nach Hause und klagt der Tochter sein Leid. Um für das Leben des Vaters zu bitten, begibt sie sich in das Schloß der Bestie und beschwichtigt deren Zorn. Das Untier wird durch die Liebe von seinem Fluch erlöst. Verfilmung des kunstvollen, poetischen Märchens von Leprince de Beaumont aus der Reihe der Cannon-Kinderfilm-Produktionen, die mehr auf äußere Schauwerte setzt als auf den Gehalt der Fabel. (TV-Titel: »Die Schöne und das Tier«) – Ab 10. ✦ Israel/USA 1986 **P** G.G. Cannon Israel **VA** VMP/Cannon/Screen **Pd** Menahem Golan, Yoram Globus **R** Eugene Marner **B** Carole Lucia Satrina, nach einem Märchen von Madame Leprince de Beaumont **K** Avi Karpick (= Avraham Karpick) **M** Lori McKelvey **S** Samuel E. Tova Asher **D** Rebecca De Mornay (Beauty), John Savage (Tier/Prinz), Yossi Graber (Vater), Michael Schneider (Kuppel), Carmela Marner (Bettina) **L** 90 **FSK** ab 6 **E** 30.9.1990 RTL plus

DIE SCHÖNE UND DAS BIEST (1991) (THE BEAUTY AND THE BEAST). Ein schönes Mädchen erlöst mit der Hilfe freundlicher und quicklebendiger Küchengeräte einen verwunschenen Prinzen, der in der Gestalt einer Bestie steckt. Das Märchen von der inneren Schönheit, die es hinter einer abstoßenden Maske zu entdecken gilt, dient als Vorlage für einen bewegenden Zeichentrickfilm, der vergnügliche, aber auch nachdenklich stimmende Unterhaltung bietet. Auch in diesem Disney-Film sind es die Randfiguren, die zu Sympathieträgern auch für jüngere Zuschauer werden. – Sehenswert ab 8. ✦ USA 1991 **P** Walt Disney Company **Kl** Warner Bros. **VA** Walt Disney/EuroVideo **Pd** Sarah McArthur, Don Hahn **R** Gary Trousdale, Kirk Wise **B** Linda Woolverton, nach einem Märchen von Madame Leprince de Beaumont **K** Joe Juliano, James Baxter **M** Alan Menken **S** John Carnochan **L** 85 **FSK** o. A.; f **E** 26.11. 1992/26.11.1992 Video **fd** 29 927

DIE SCHÖNE UND DAS BIEST (1992) (BEAUTY AND THE BEAST). Zeichentrickfilm in Anlehnung an den klassischen Märchenstoff: Die Tochter eines Juweliers zieht nach einem Austauschgeschäft ihres Vaters in das Schloß des schrecklich häßlichen Ungeheuers und entwickelt wider Erwarten zärtliche Gefühle für das Biest. – Ab 10. ✦ Großbritannien 1992 **R** David Thwaytes **B** Paul Levinson, Nathalie Harrison, nach einem Märchen von Madame Leprince de Beaumont **M** Danny Schogger **L** 68 **E** 21.5.1995 premiere

DIE SCHÖNE UND DAS BIEST – WEIHNACHTSZAUBER (THE BEAUTY AND THE BEAST – ENCHANTED CHRISTMAS). Zeichentrickfilm, die das klassische Kunstmärchen der Madame de Beaumont fortschreibt und auf die Figuren der Disney-Produktion von 1991 aufbaut. Belle lebt glücklich im Schloß des verwunschenen Prinzen und will Weihnachten feiern. Dieses Harmoniestreben wird von dem heimtückischen Mr. Forte hintertrieben, doch die Freunde und kleinen Helfer – die Teekanne, die Tasse, die Uhr – können der Heldin zum Sieg verhelfen. Eine recht einfallsreiche Fernsehproduktion, die die Kinoerfahrung des Vorläuferfilms ausschöpfen kann, aber noch immer an dem allzu glatten Entwurf der Belle krankt. Doch Kinder werden darüber hinwegsehen und an den vielen Nebenfiguren ihre Freude haben. – Ab 8. ✦ USA 1997 **P** Walt Disney Television **VA** Buena Vista **DVD** Buena Vista (FF, DD5.1 engl./dt.) **Pd** Susan Kapigian **R** Andy Knight, Keith Ingham **B** Flip Kobler, Cindy Marcus, Bill Motz, Bob Roth **M** Rachel Portman, Michael Starobin, Don Black (Songs) **L** 72 **FSK** o. A. **E** 8.10.1998 Video/27.10. 1999 DVD **fd** 33 470

DIE SCHÖNE UND DAS SCHLITZOHR: EIN DIEB UND EINE SCHAUSPIELERIN (OVERAGE – PILOT/PALACE GUARD). Ein früherer Hoteldieb wird als Sicherheitsbeauftrager einer Luxushotelkette engagiert, um an der Seite einer ehemals mittelmäßigen Schauspielerin deren Geschicke zu leiten. Der erste Auftrag führt beide nach Acapulco, wohin sich die Tochter des Konzernchefs abgesetzt hat. Ferner gilt es, den Mord an einer jungen Frau zu klären. Der Pilotfilm einer stereotypen Mustern folgenden Fernsehkrimi-Serie, die einmal mehr ein ungleiches Paar zusammenspannt, das für Spannung, Humor und ein wenig Liebelei zu sorgen hat. – Ab 14 möglich. ✦ USA 1991 **P** Stephen J. Cannell Prod. **R** James A. Contner **B** Stephen J. Cannell **K** Henner Hoffman **M** Mike Post **D** D. W. Moffett (Tommy Logan), Marcy Walker (Christy Cooper), Tony Lo Bianco (Arturo Taft), Gary Jones (La May), Garry Chalk (Herman) **L** 95 **E** 20.4.1999 Kabel 1

DIE SCHÖNE UND DAS TIER →Die Schöne und das Biest (1986)

DIE SCHÖNE UND DAS UNGEHEUER (1978) (PANNA A NETVOR). Neuverfilmung des klassischen Märchens im Stil einer Parabel von der Kraft der Liebe, wobei die romantischen Züge abgeschwächt wurden und der Horrorcharakter hervortritt: Die jüngste und schönste Tochter eines Kaufmanns ist bereit, sich für ihren Vater, dessen Leben von einem wilden Untier bedroht wird, zu opfern. Doch das Untier und das Mädchen verlieben sich ineinander. Traum und Wirklichkeit verbinden sich zu einem glücklichen Ende. (TV-Titel Westdeutschland: »Die Jungfrau und das Ungeheuer«) ✦ CSSR 1978 **P** Filmstudio Barrandov **VA** IMV **R** Juraj Herz **B** Frantisek Hrubin, Ota Hofman, Juraj Herz, nach einem Roman von Leprince de Beaumont und einem Theaterstück von Frantisek Hrubin **K** Jiří Macháne **M** Petr Hapka **S** Jaromír Janáček **D** Zdena Studénková, Vlastimil Harapes, Zuzana Kocúriková, Václav Voska, Jana Brejchová **L** (TV) 90 **FSK** ab 12 **E** 1.1.1981 DFF 2/14.5.1982 ZDF/1997 Video

DIE SCHÖNE UND DAS UNGEHEUER (1986–88) (HOTEL ST. PAULI). Psychothriller mit erotischen Elementen. Der Film zählt zu den kommerziell erfolgreichsten und meistverkauften Produktionen Norwegens. ✦ Norwegen 1986–88 **P** Mefistofilm **Kl** Jugendfilm **R** Svend Wam, Petter Venneröd **B** John Ege, Petter Venneröd, Svend Wam, nach einem Roman von Erland Kiosterod **K** Philip Ogaard **D** Amanda Ooms, Oyvin Berven, John Ege **L** 108 **FSK** ab 18; nf **E** 1990 Video

DIE SCHÖNE UND DIE BESTIE →Es war einmal

SCHÖNE UND NARREN (SZEPEK ES BOLONDOK). Die einzigen Höhepunkte im Leben eines etwas schrulligen, alten Bäckers sind seine allwöchentlichen Auftritte als Schiedsrichter in drittrangigen Fußballspielen. Dieses Wochenende, der letzte Spieltag, verläuft nicht in den gewohnten Bahnen – am Ende ist er aus seinem mausgrauen Alltagsdasein und seiner Einsamkeit herausgerissen. – Ab 12. ✦ Ungarn 1976 **P** Hunnia **R+B** Péter Szász **K** Lajos Koltai **M** Gábor Presser, György Vukán **D** Ferenc Kállai (Ivic), Gyula Bodrogi (Fedák), Tamás Andor (Gadácsi), Judit Meszléri (Konditorin), Nóra Tábori (Nelle) **L** 101 **E** 17.3.1978 DFF 1

SCHÖNE VENUS (VENUS BEAUTE (INSTITUTE)). Ein kleiner Schönheitssalon in einem Pariser Vorort, die Chefin und ihre drei Mitarbeiterinnen stehen im Mittelpunkt einer Tragikomödie um Liebe und Frauen, die sich nicht nur mit den verschiedenen Formen des Herzschmerzes auseinander setzt, sondern auch über die Suche nach ewiger Jugend, die vergängliche Schönheit, das Alter und die Verleugnung von Gefühlen reflektiert. Die präzise Inszenierung und die schnörkellose Kamera konzentrieren sich ganz auf die Gesichter, Gesten und Dialoge der brillanten Darsteller, die mit faszinierender Leichtigkeit in die Seelenlandschaften ihrer Figuren eintauchen. (O.m.d.U.) – Sehenswert ab 16. ✦ Frankreich 1998 **P** Agat/Arte France Cinema/Tabo Tabo/Canal+/Sofia Sofinergie 4 **Kl** Arsenal **Pd** Gilles Sandoz **R** Tonie Marshall **B** Tonie Marshall, Marion Vernoux **K** Gérard de Battista **S** Jacques Comets **D** Nathalie Baye (Angèle), Bulle Ogier (Nadine), Mathilde Seigner (Samantha), Audrey Tautou (Marie), Samuel Le Bihan (Antoine) **L** 105 **E** 6.4.2000 **fd** 34 173

DIE SCHÖNE VOM ALHAMBRA (LA BELLA DEL ALHAMBRA). Die Geschichte einer Sängerin und Tänzerin, die für ihren kometenhaften Aufstieg in den 20er und 30er Jahren ihre Liebe opfert. Inkonsequenter, klischeehafter Musik- und Tanzfilm aus der Welt des Revuetheaters. ✦ Kuba/Spanien 1989 **P** ICAIC/Television Española **R** Enrique Pineda Barnet **B** Enrique Pineda Barnet, Miguel Barnet, Julio García Espinosa, nach einem Roman von Miguel Barnet **K** Raúl Rodríguez Cabrera **D** Beatriz Valdés (Rachel), Omar Valdés (Federico), César Evora (Pedro Carrero), Carlos Csuz (Adolfito) **L** 105 **E** 6.11.1991 DFF

DIE SCHÖNE WARWARA (WARWARA-KRASA, DLINNAJA KOSA). Die Tochter des Herrschers eines unterirdischen Reiches sehnt sich danach, ein Mensch zu sein. Ihre Liebe zu einem Fischerssohn, den der Zar für sein leibliches Kind hält, bringt eine Vertauschaktion an den Tag, mit welcher der Zar ihren Vater um seinen Lohn prellen wollte. Ein einfallsreicher Märchenfilm mit Spiel- und Inszenierungswitz, der sich auch durch seine Liebe zum Detail auszeichnet. – Sehenswert ab 8. ✦ UdSSR 1969 **P** Filmstudio »Maxim Gorki« **VA** EuroVideo/Progress **R** Alexander Rou **B** Michail Tschuprin, Alexander Rou **K** Dmitri Surenski **M** Arkadi Filippenko **D** Michail Pugowkin (Zar Jeremej), Sergej Nikolajew (Zarensohn), Alexej Katyschew (Fischersohn), Anatoli Kubazki (Afonja, der Schreiber), Georgi Milljar (Zar Tschudo-Judo) **L** 83 **FSK** ab 6 **E** 23.7.1971 Kino DDR/6.1. 1973 DFF 1/1994 Video **fd** 31 004

DIE SCHÖNE WASSILISSA (WASSILISSA PREKRASNAJA). Kinderfilm nach einem russischen Märchen. Ein alter Bauer verlangt von seinen drei Söhnen, daß jeder einen Pfeil abschießen und an der Stelle, wo er niedergeht, nach einer Frau zum Heiraten suchen soll. Auf diese Weise findet der gutmütige jüngste Sohn eine wunderschöne Braut, die er vor der Hochzeit jedoch von einem Zauber befreien muß. – Ab 6. ✦ Schwarz-weiß. UdSSR 1939 **P** Sojusdetfilm **Kl** Sovexportfilm **R** Alexander Rou **B** G. Wladytschin, O. Netschajew, Wladimir Schweizer **K** I. Gortschilin **M** L. Polowinkin **D** G. Millar (Bauer), H. Kodratjew (Anton), Lew Potjomkin (Agafon), Sergej Stoljarow (Iwan), W. Sorogoschkaja (Wassilissa) **L** 75 **E** 12.7. 1946/29.4.1967 DFF 1/24.4.1994 ORB

SCHÖNE WITWEN SIND GEFÄHRLICH (FIVE GOLDEN HOURS/CINQUE ORE IN CONTATI). Komödie um einen naiv-schlauen Charmeur, der offiziell die Toten auf den Friedhof fährt, sich in Wahrheit aber mehr für die hinterbliebenen Witwen interessiert und dabei unversehens zum betrogenen Betrüger wird. Stilistisch unausgegoren und auch nur mäßig erheiternd. (DDR-Titel: »Meine Witwe ist gefährlich«) – Ab 16. ✦ Schwarz-weiß. Großbritannien/Italien 1960 **P** Anglofilm/Avers **Kl** Atlas **Pd+R** Mario Zampi **B** Hans Wilhelm **K** Christopher Challis **M** Stanley Black **D** Cyd Charisse (Baronessa), Ernie Kovacs (Aldo), George Sanders (Bing), Kay Hammond (Martha), Dennis Price **L** 90 **FSK** ab 16; nf **E** 16.8. 1963/1966 Kino DDR/13.2.1976 DFF1 **fd** 12 168

DIE SCHÖNEN DER NACHT (LES BELLES DE NUIT). Aus Sehnsucht nach einem wirklich sorglosen Dasein eilt ein hilfloser Musiker im Traum die Jahrhunderte zurück. Er erfährt dabei, daß der Mensch zu allen Zeiten unzufrieden war und daß seine Wunschvorstellung immer über die erlebte Wirklichkeit hinausging. Eine originelle und lebenskluge Komödie; witzig, geist- und einfallsreich inszeniert. Die Sprünge zwischen Traum und Wirklichkeit sind ironisch perfekt gebrochen, und die Botschaft, daß das Leben schön ist, ist ohne Bitterkeit und Häme. – Sehenswert ab 14. ✦ Schwarz-weiß. Frankreich 1952 **P** Franco-London/Rizzoli **Kl** Prisma **R+B** René Clair **K** Armand Thirard, Robert Juillard, Louis Née **M** Georges van Parys **D** Gérard Philipe, Martine Carol, Gina Lollobrigida, Magali Vendeuil, Marilyn Buferd **L** 85 **FSK** ab 12; nf **E** 2.12.1962 DFF (gek.)/22.6. 1953 Kino BRD/26.3.1962 ARD **fd** 2 402

DIE SCHÖNEN MÄDCHEN VON FLORENZ (LE RAGAZZE DI SAN FREDIANO). Ein Florentiner Vorstadtcasanova der 50er Jahre erhält für seine Flausen, Flirts und Flunkereien die gerechte Strafe. Eine lebensnahe Liebeskomödie mit einigen netten Einfällen, doch leider mangelt es an dramaturgischen Höhepunkten. (TV-Titel: »Die Mädchen von San Frediano«) – Ab 16. ✦ Schwarz-weiß. Italien 1955 **P** Lux **Kl** Europa **R** Valerio Zurlini **B** Leonardo Benvenuti (= Leo Benvenuti), Piero de Bernardi, nach Motiven des Romans »Le Ragazze di San Frediano« von Vasco Pratolini **K** Gianni di Venanzo **M** Mario Zafred **D** Antonio Cifariello (Bob), Rossana Podestà (Tosca), Giovanna Ralli (Mafalda), Marcella Mariani (Gina), Giulia Rubini (Silvana) **L** 85 **FSK** ab 16; nf **E** 13.4.1956/19.7.1957 Kino DDR/15.3.1958 DFF 1 **fd** 4 302

DIE SCHÖNEN MORDE DES ERIC BINFORD (FADE TO BLACK). Ein in einem Hollywood-Filmlager beschäftigter junger Mann schlüpft immer mehr in die Rollen seiner Leinwandidole und ermordet schließlich aus enttäuschter Liebe seine Peiniger in den Masken seiner Lieblingsstars. Als er am Ende selbst erschossen wird, zitiert er noch James Cagney. Teils Hommage auf Hollywood, teils Kritik am schädlichen Einfluß der Medien, doch zu uneinheitlich, um überzeugen zu können. Es bleiben ein virtuoses Spiel mit Zitaten und einige hübsche Ideen. (Videotitel: »Moviekiller«) ✦ USA 1980 **P** Leisure Investment Comp./Movie Ventures **Kl** Atlas **Pd** George G. Braunstein, Ron Howard **R** Vernon Zimmermann **B** Vernon Zimmerman **K** Alex Phillips jr. **S** Howard Kunin **D** Dennis Christopher (Eric), Linda Kerridge (Marilyn), Tim Thomerson (Dr. Moriarity), Morgan Paull

(Gary Bialy), Eve Brent Ashe (Tante Stella) **L** 100 **E** 10.12.1982 **fd** 23 911

SCHÖNEN MUTTERTAG – DEIN GEORGE (HAPPY MOTHER'S DAY LOVE GEORGE). Ein 17jähriger wird auf der Suche nach seinem Vater in ein Geflecht aus Haß, Mißgunst und Gier verwickelt, das sich in mehrfachem bestialischem Mord entlädt. Meisterhaft fotografierter Erstlingsfilm, auf weite Strecken realistisch, zum Schluß leider in Brutalität und Horroreffekte abgleitend. ✦ USA 1973 **P** Taurean **R** Darren McGavin **B** Robert Clouse **K** Walter Lassally **M** Don Vincent **D** Patricia Neal (Cara), Cloris Leachman (Ronda), Bobby Darin (Eddie), Ron Howard (Johnny), Tessa Dahl (Celia) **L** 89 **E** 13.6.1975 ARD **fd** 19 307

DIE SCHÖNEN VON ST. TRINIANS (THE BELLES OF SAINT TRINIAN'S). Ein orientalischer Fürst wählt zur Erziehung seiner Tochter ahnungslos eine durch Schülerstreiche und ungewöhnliche Lehrmethoden unrühmlich bekannt gewordene englische Privatschule. Gagreiches Lustspiel um ein groteskes Mädchenpensionat – mit satirischen Zügen, aber vor allem dem baren Unsinn huldigend. – Ab 12. ✦ Schwarz-weiß. Großbritannien 1954 **P** London/British Lion **Pd** Frank Launder, Sidney Gilliat **R** Frank Launder **B** Frank Launder, Sidney Gilliat, Val Valentine **K** Stanley Pavey **M** Malcolm Arnold **S** Thelma Connell **D** Alastair Sim (Milicent/Clarence Fritton), Joyce Grenfell (Sergeant Ruby Gates), George Cole (Flaschen-Harry), Hermione Baddeley (Miss Drownder), Betty Ann Davies (Miss Waters) **L** 85 **E** 1.2.1969 ZDF

DIE SCHÖNEN WILDEN (LE SAUVAGE). Der abenteuerliche »Liebeskrieg« zwischen einem auf einsamer Insel Robinson spielenden Geschäftsmann und einem dort auftauchenden Mädchen, das vor einer unerwünschten Ehe flieht. Einfallsreich pointierte Komödie, die mit geistvollem Charme die Weltfluchtromantik verulkt und ungeachtet einiger Mängel schwungvoll unterhält. ✦ Frankreich 1975 **P** Lira **Kl** Scotia **R** Jean-Paul Rappeneau **B** Jean-Paul Rappeneau, Elisabeth Rappeneau, Jean-Loup Dabadie **K** Pierre Lhomme **M** Michel Legrand **D** Yves Montand (Martin), Catherine Deneuve (Nelly), Luigi Vannucchi (Vittorio), Tony Roberts (Alex), Dana Wynter (Jessie) **L** 105 **FSK** ab 12; nf **E** 16.1.1976/1.4.1978 DFF 1 **fd** 19 642

DIE SCHÖNEN WILDEN VON IBIZA. Ein junges Paar wird im Urlaub auf Ibiza Opfer von Betrug und Diebstahl und lernt die Schattenseiten eines Ferienparadieses kennen. Unbeholfene Mischung aus Lustspiel und Krimi mit nur schwachen kritischen Ansätzen. ✦ BR Deutschland 1980 **P** Lisa/Geiselgasteig **Kl** Residenz **R** Siggi Götz **B** Florian Burg **K** Heinz Hölscher **M** Gerhard Heinz **S** Eva Zeyn **D** Régis Porte (Mike), Tanja Spiess (Susi), Michael Gspandl (Poldi), Beate Gränitz (Gilda), Margit Geissler (Nadja) **L** 87 **FSK** ab 16; f **E** 17.10.1980 **fd** 22 659

SCHÖNER ALS FLIEGEN – GESCHICHTEN AUS DEM ERDINGER MOOS. Dokumentation über Bayerns größtes Bauwerk, den Franz-Joseph-Strauß-Airport bei München. Über drei Jahre lang beobachteten die Filmemacher, wie aus grünen Wiesen riesige Mondlandschaften und diese schließlich zu Landebahnen und Tower wurden. Der Film schildert den Zusammenprall und die Verschmelzung von Tradition und Moderne in Episoden. – Ab 16. ✦ Deutschland 1992 **P** Mediengruppe Schwabing **R+B** Wolfgang Ettlich, Elke Jeanrond **K** Hans-Albrecht Lusznat, Michael Wulfes **M** Haindling (= Hans Jürgen Buchner), Hans Jürgen Buchner **S** Monika Abspacher **L** 84 **E** 27.6. 1992

SCHÖNER GIGOLO, ARMER GIGOLO. Zur Zeit der Weimarer Republik: ein junger Preuße und verhinderter Kriegsheld verdingt sich erst als wandelnde Plakatsäule, dann als Gefolgsmann eines Faschisten und schließlich als Gigolo bei einer Baroneß. Trotz des großen Budgets und des beachtlichen Staraufgebots ein inszenatorisches Desaster: Der Film verkommt zu einem konfusen, stillosen und banalen Spektakel, in dem sogar die teuren Schauwerte in allgemeiner Belanglosigkeit untergehen. – Ab 16. ✦ BR Deutschland 1978 **P** Leguan **Kl** Warner-Columbia **Pd** Rolf Thiele **R** David Hemmings **B** Ennio de Concini, Joshua Sinclair **K** Charly Steinberger **M** Günther Fischer **S** Alfred Srp, Siegrun Jäger **D** David Bowie (Leutnant Paul von Przygodski), Sydne Rome (Cilly), David Hemmings (Hauptmann Hermann Krafft), Kim Novak (Helga), Maria Schell (Mutti), Marlene Dietrich (Baroness von Semering), Lotti Huber **L** 106 **FSK** ab 12; f **FBW** bw **E** 16.11.1978/23.11. 1980 DFF 1 **fd** 21 006

EIN SCHÖNER NOVEMBER →Ein heißer November

EIN SCHÖNER ORT ZUM STERBEN →Final Escape

EIN SCHÖNER TAG. Die als Schaffnerin bei den Berliner Verkehrsbetrieben kriegsdienstverpflichtete Medizinstudentin Barbara hat einem unbekannten Soldaten regelmäßig Feldpost mit Zigaretten geschickt, ohne zu wissen, daß er verheiratet ist. Bei einem Urlaub in Berlin kommt es zu Verwechslungen und Verwicklungen, bis sich das richtige Paar findet. Das in den Großstadtalltag des Zweiten Weltkriegs gepreßte Lustspiel wurde von der NS-Zensur als »volkstümlich wertvoll« prädikatisiert. Nach 1945 erhielt der Film alliiertes Vorführverbot. – Ab 16. ✦ Schwarz-weiß. Deutschland 1943 **P** Tobis **Kl** Philipp-Lothar Mayring **R** Philipp Lothar Mayring **B** Harald Röbbeling, Philipp Lothar Mayring **K** Richard Angst **M** Franz Doelle, Franz Marszalek **D** Gertrud Meyen, Carsta Löck, Sabine Peters, Volker von Collande, Günther Lüders **L** 83 **E** 27.1.1944

SCHÖNES ALPENLAND. Der Kulturfilm bietet eine Sightseeing-Tour quer durch die bayrischen und österreichischen Alpen vom Bodensee bis nach Salzburg. – Ab 6. ✦ Schwarz-weiß. BR Deutschland 1954 **P** Arnold/Richter **Kl** Jugendfilm **R** Joachim Quehl, E. Jühe **B** Franz Krezdorn **K** Ludwig Zahn, Ernst von Theumer, Karl Dittmann **M** Rudolf Perak **L** 83 **FSK** ab 6; f **E** 26.12.1954 **fd** 3 833

SCHÖNES, FERNES LAND →Far Country

SCHÖNES FRÄULEIN, DARF ICH'S WAGEN ... 1895 investierte Marie Seebach, eine der großen Schauspielerinnen des 19. Jahrhunderts, ihr gesamtes »erspieltes« Vermögen von 400 000 Reichstalern in die Gründung eines »Altersheims für Bühnenkünstler Deutschlands«. Die renommierte Dokumentaristin Helke Misselwitz besuchte das heutige »Marie-Seebach-Stift« in Weimar und arrangierte mit seinen Bewohnern – pensionierten Schauspielern, Sängern, Musikern, Inspizienten – einen filmischen Reigen, in dem die betagten Künstler noch einmal einen Auftritt haben. ✦ Deutschland 1993 **R** Helke Misselwitz **L** 60 **E** 17.5.1994 B 1

EIN SCHÖNES MÄDCHEN WIE DU →Du warst nie berückender

EIN SCHÖNES MÄDCHEN WIE ICH (UNE BELLE FILLE COMME MOI). Ein biederer Soziologiestudent verliebt sich während einer wissenschaftlichen Arbeit in die von ihm befragte Gefängnisinsassin und verbüßt schließlich statt ihrer die Strafe für einen Mord. Moritatenhaft erzählte Abenteuergeschichte um die bei Truffaut immer wieder auftretende Figur der raffinierten, mit allen Männern spielenden Frau. Spielerisch setzt der Film die Regeln der bürgerlichen Moral außer Kraft und etabliert eine Welt, in der Frechheit und Eigennutz siegen. Ein Film, der die Möglichkeiten des schwarzen Humors auslotet und sich in seinem Stil greller und schlaglichtartiger Elemente bedient. ✦ Frankreich 1972 **P** Carosse/Columbia **Pd** Claude Miller **R** François Truffaut **B** Jean-Loup Dabadie, François Truffaut, nach dem Roman »Such a Gorgeous Kid Like Me« von Henry Farrell **K** Pierre-William Glenn **M** Georges Delerue **S** Yann Dedet **D** Bernadette Lafont (Camile Bliss), Claude Brasseur (Anwalt Murene), Charles Denner (Arthur), Guy Marchand (Sam Golden, Sänger), André Dussollier (Stanislas Previne, Soziologe) **L** 98 **E** 5.5.1974 ARD/25.5.1974 Kino DDR/1.5.1976 DFF 1 **fd** 18 806

SCHÖNES SCHWEIZERLAND. Der Vorläufer von »Schönes Alpenland« – ein Reisefilm durch die Schweiz vom Bodensee bis ins Tessin. Landschaftsaufnahmen mit Kommentar. – Ab 6. ✦ Schwarz-weiß. BR Deutschland 1953 **P** Arnold/Richter **Kl** Jugendfilm **Pd+R+B** Gerhard A. Donner **K** Ludwig Zahn **M** Emil Ferstl **L** 83 **FSK** ab 6; f **E** 8.2.1953 **fd** 3 127

EIN SCHÖNES WOCHENENDE (ZELENA VLNA). Alltagsbeobachtungen aus Prag: In einem Episodenfilm werden viele unterschiedliche, mehr oder minder gewichtige und heiter-ernste Ereignisse aneinandergereiht. Teilweise treffend in der Charakterisierung, verliert der Film jedoch durch die Vielzahl der Einzelszenen und eine zerstückelnde Schnittechnik. – Ab 14. ✦ CSSR 1982 **P** Filmstudio Barrandov **Kl** Progress **R** Václav Vorlícek **B** Vladimír Kalina **K** Josef Vanis, Václav Helliman **M** Karel Svoboda **D** Radovan Lukavsky (Dr. Pelc), Rudolf Jelínek (Taxifahrer), Josef Chvalina (Prof. Doucha), Jirí Adamíra (Reichenberger), Svatava Hubenaková (Frau Reichenberger) **L** 90 **E** 15.4.1983 Kino DDR

SCHÖNES WOCHENENDE (A WEEKEND IN THE COUNTRY). Eine schwangere Reisejournalistin, die sich hat künstlich befruchten lassen, sucht einen Vater und passenden Partner und glaubt, ihn in einem Wein anbauenden Lebemann gefunden zu haben. Dieser wiederum wird mit der Überraschung konfrontiert, dass sich seine Tochter in Australien in einen Ureinwohner verliebt hat. Unterdessen will ein neurotischer Komödiant seine Liebesaffäre mit einer verheirateten Frau neu aufleben lassen. Sie alle begegnen sich in Kalifornien in einem kleinen Hotel, das einer dem Spirituellen zugeneigten Frau gehört, und erleben, dass sich die Dinge anders entwickeln, als sie es geplant haben. Prominent besetzte (Fernseh-)Komödie um Erotik, Romantik und die Unberechenbarkeiten des Lebens. – Ab 16. ✦ USA 1996 **P** Rysher Entertainment **Pd** Nancy Paloian **R** Martin Bregman **B** Rita Rudner, Martin Bregman **M** Patrick Williams **D** Nick Bakay (Dr Randall), Rita Rudner (Sally Shelton), Jack Lemmon (Bud Bailey), Richard Lewis (Bobby Stein), Dudley Moore (Simon Farrell), Christine Lahti (Ruth Oakley) **L** 89 **E** 2.7. 2000 tm3

SCHONET DIE MÄNNER! (BEREGITE MUSHTSCHIN). Das Leben einer emanzipierten Frau zwischen ihrem eher schwächlichen Mann und einem charmanten Bildhauer, der jedoch schnell ähnliche Eigenschaften wie der Gatte offenbart. – Ab 14. ✦ Scope. UdSSR 1982 **P** Mosfilm **Kl** Progress **R** Alexander Sery **B** Marina Akopowa **K** Ralf Kelli **M** Gennadi Gladkow **D** Nina Ruslanowa (Marfa), Leonid Kurawljew (Wowik), Alexander Lasarew (Graf), Alexander Wokatsch (Direktor), Natalja Selesnjowa (Alla) **L** 79 **E** 2.12. 1983 Kino DDR

SCHÖNHEIT DER SÜNDE (LEPOTA POROKA). Eine junge Frau aus einem montenegrischen Bergdorf löst sich während ihrer Arbeit in einem Ferienzentrum an der jugoslawischen Küste unter dem Einfluß freizügigen Urlauberverhaltens von ihren althergebrachten Moralvorstellungen. Nach einem Ehebruch wird sie von ihrem Mann nur deshalb nicht nach einem archaischen heimatlichen Gesetz getötet, weil er selbst sich an der Küste verändert hat. Antikdramatisch zugespitzte und von kritischer Tragikomik durchwirkte Studie über menschliche Verführbarkeit und den problematischen, Kultur und Moral verändernden Einfluß des Tourismus auf Urlaubsländer. Nicht frei von spekulativen Ausmalungen. ✦ Jugoslawien 1986 **P** Centar Filmskih Radnih Zaedniza SR Srbije **Kl** Senator **VA** Starlight **Pd** Milan Zmukic **R+B** Zivko Nikolic **K** Radoslav Vladic **M** Zoran Simjanovic **S** Zoltan Wagner **D** Mira Furlan (Jaglika), Milutin Karadzic (Luka), Petar Bozovic (George), Mira Banjac, Eva Ras **L** 109 **FSK** ab 16; f **FBW** w **E** 7.5. 1987/12.6.1987 Kino DDR/25.11.1987 Video/28.1. 1989 DFF 1 **fd** 26 126

DIE SCHÖNHEIT DES TEUFELS →Der Pakt mit dem Teufel (1949)

DIE SCHÖNHEIT UND DAS UNGEHEUER (BEAUTY AND THE BEAST). Eine mittelalterliche Sage, umgesetzt in einen trickreichen, aber banalen Film ohne Märchenatmosphäre: Herzog Eduardo verwandelt sich durch einen alten Fluch allnächtlich in ein scheußliches Untier; die Liebe eines Mädchens erlöst ihn von dem Fluch und dem Zorn seiner aufgebrachten Untertanen. – Ab 10. ✦ USA 1961 **P** Harvard **Kl** United Artists **Pd** Robert E. Kent **R** Edward L. Cahn **B** George Bruce, Orville H. Hampton **K** Gilbert Warrenton **M** Emil Newman **S** Robert Carlisle **D** Joyce Taylor (Lady Althea), Mark Damon (Duke Eduardo), Eduard Franz (Baron Orsini), Michael Pate (Prinz Bruno), Merry Anders (Prinzessin Sybil) **L** 76 **FSK** ab 12; nf **E** 29.6.1962 **fd** 11 198

SCHÖNHEITEN (SZEPLEANYOK). Halbdokumentarischer Film über den ersten Schönheitswettbewerb im sozialistischen Ungarn, der 1985 in Budapest nach westlichem Vorbild veranstaltet wurde. Mit überraschend deutlicher Kritik und voller Ingrimm werden dubiose Manipulationen und Gewinnsucht der Veranstalter, vor allem aber die skrupellose Verharmlosung des Selbstmordes der 17jährigen Gewinnerin, einer Schülerin, angeprangert. Über das Einzelschicksal hinaus gewährt der Film Einblick in die soziale und wirtschaftliche Befindlichkeit der ungarischen Gesellschaft, wenngleich er selbst nicht ganz frei von einer voyeuristischen Haltung ist. (Fürs Fernsehen leider leicht gekürzt und in einer schwachen deutsch übersprochenen Fassung.) ✦ Ungarn 1986 **P** Béla Balázs Stúdió **R+B+K** András Dér, László Hartai **L** 95 (TV 82) **E** 23.3.1988 ZDF

DIE SCHÖNHEITSKÖNIGIN VON PARIS (LA PLUS BELLE FILLE DU MONDE). Französische Attacke gegen den Schönheitsköniginnen-Schwindel und seine kommerziellen Hintergründe. Der Film, mit unzureichenden Mitteln gestaltet, gefällt sich in einer beharrlichen Schilderung von Situationen, die sich nicht für das Kino eignen. ✦ Frankreich 1951 **P** SNGE/ETPC **Kl** Corso **R** Christian Stengel **D** Paul Bernard, Françoise Arnoul, Nadine Alari, Louis Seigner **L** 110

DIE SCHÖNSTE → Bellissima

DER SCHÖNSTE. »Der Schönste«, ein Frankfurter Stadtstreicher mit Geld, Ambitionen und Zukunftsplänen, gerät in Bedrängnis, als ihm sein Startkapital abhanden kommt. Er verdächtigt eine Thailänderin des Diebstahls, verliebt sich dann aber in sie. Als er im Bahnhofsmilieu Zeuge eines Doppelmordes wird und er den Killer erkennt, beginnt seine Flucht. Spielfilm mit fast dokumentarischen Bildern aus dem Pennermilieu, der die »Normalität« des Außenseiter-Milieus mit Hilfe einer betont mosaikartig konzipierten Genre-Fabel vor Augen führen will, sich dabei jedoch häufig in voyeurhaften Effekten verliert. – Ab 16. ✦ BR Deutschland 1989 **P** Daniel Zuta-Burghard Schlicht Filmprod./ZDF **Kl** Filmgalerie Frankfurt **Pd** Burghard Schlicht, Daniel Zuta **R** Burghard Schlicht **B** Burghard Schlicht, Hanno Loewy **K** Jörg Jeshel **M** Rio Reiser **S** Bettina Böhler **D** Burghard Schlicht (Der Schönste), Ling Tai (Noi), Rolf Idler (Ecke), Rio Reiser (Nummerzwei), Circe **L** 90 **E** 14.11.1989 ZDF/5.4.1990 Kino

DAS SCHÖNSTE ALTER (LE PLUS BELLE AGE…). Eine Siebzehnjährige begibt sich in eine von Machtspielen geprägte Liebesbeziehung mit einem jungen Faschisten, der bereits eine Mitschülerin in den Tod getrieben hat. Ein diskussionsanregender, ebenso provozierender wie suggestiver Versuch, die Faszination neofaschistischer Ideologie auf der Ebene eines sexuellen Konflikts nachvollziehbar zu machen. ✦ Frankreich 1995 **P** Bloody Mary Productions/La Sept Cinéma **Pd** Frank de Vita, Marc de Bayser **R** Didier Haudepin **B** Claire Mercier, Didier Haudepin **K** Jean-Marc Fabre **M** Alexandre Desplat **S** Juliette Welfing **D** Elodie Bouchez (Delphine), Melvil Poupaud (Axel), Sophie Aubry (Claude), Gaël Morel (Bertrand), Marcel Bozonnet (Lehrer), Myriam Boyer (Delphins Mutter) **L** 85 **E** 9.2.1998 arte **fd** 32 985

DER SCHÖNSTE AUGENBLICK → Frauennot – Frauenglück (1956)

SCHÖNSTE DER STADT → Strawberry Blonde

DIE SCHÖNSTE FRAU → Recht und Leidenschaft

DIE SCHÖNSTE FRAU DER WELT (LA DONNA PIU BELLA DEL MONDO). Luxuriös ausgestatteter Film über die Karriere einer schönen Römerin (um 1900), der einst ein russischer Prinz aus der Not half und die in Paris zum Opernstar aufstieg. Hier sieht sie auch den Prinzen wieder, und dem Happy-End scheint nichts mehr im Wege zu stehen. Aber es gibt Komplikationen. Im ersten Teil frisch, manchmal sogar witzig und nicht ohne Selbstironie, im zweiten Teil ganz im sentimentalen »Gartenlaube«-Stil inszeniert. – Ab 16. ✦ Italien/Frankreich 1955 **P** SEDIF/G.E.S.I. **Kl** Schorcht **Pd** Vittorio Glori **R** Robert Z. Leonard **B** Maleno Malenotti **K** Mario Bava **M** Renzo Rossellini **D** Gina Lollobrigida (Lina Cavaleri), Vittorio Gassman (Großfürst Sergio Bariantine), Robert Alda (Kapellmeister Doria), Mario del Monaco, Anne Vernon (Carmela) **L** 102 **FSK** ab 12; nf **E** 3.8.1956/21.12.1970 DFF **fd** 5 166

DIE SCHÖNSTE FRAU VON TIRNOVO (TARNOWSKATA ZARIZA). Nach dem Studium in Paris kehrt ein junger Arzt um die Jahrhundertwende in eine bulgarische Kleinstadt zurück. Seine bereits ausgeprägte Entfremdung von der Heimat läßt ihn sowohl im Beruf als auch in der Liebe scheitern. Kunstvolles Sittengemälde und Porträt einer vergangenen Epoche. ✦ Bulgarien 1980 **P** Spielfilmstudio Sofia/Chemus **Kl** Progress **R** Janko Jankow **B** Janko Jankow, nach dem Roman von Emilijan Stanew **K** Georgi Georgiew **M** Georgi Cenkow **D** Kamelija Todorowa, Stefan Danailow, Eli Skortschewa, Newena Kokanowa, Boris Lukanow **L** 98 **E** 26.2.1982 Kino DDR/30.8.1983 DFF 2

DAS SCHÖNSTE FREUDENHAUS IN TEXAS (THE BEST LITTLE WHOREHOUSE IN TEXAS). In einer texanischen Stadt ist die Hölle los, als das Fernsehen aufdeckt, daß dort unter den Augen der Obrigkeit ein Bordell betrieben wird. Enthält die Geschichte auch manch treffenden Seitenhieb auf die bürgerliche Scheinheiligkeit, so ist sie als Musical enttäuschend: Die Melodien sind einfallslos, und zündende Songs fehlen ganz. ✦ USA 1982 **P** Universal/RKO General **Kl** UIP **Pd** Thomas L. Miller, Robert L. Boyett **R** Colin Higgins **B** Larry L. King, Peter Masterson, Colin Higgins, nach dem gleichnamigen Bühnenstück von Larry L. King und Peter Masterson **K** William A. Fraker **M** Patrick Williams, Gregg Perry, Caroll Hall **S** Pembroke J. Herring **D** Burt Reynolds (Sheriff Ed Earl Dood), Dolly Parton (Mona), Dom DeLuise (Melvin P. Thorpe), Charles Durning (Gouverneur), Jim Nabors (Hilfssheriff Fred) **L** 114 **FSK** ab 16; f **E** 18.11.1982 **fd** 23 741

DAS SCHÖNSTE GESCHENK (THE SWEETEST GIFT). Ambitionierter (Fernseh-)Familienfilm über die langsame Annäherung zweier Familien in Florida, die jeweils ohne männlichen Ernährer auskommen müssen. ✦ USA/Kanada 1997 **P** Temple Street Prod. **Pd** Patrick Whitley **R** Stuart Margolin **B** Rosa Jordan **K** Ron Stannett **M** Lawrence Shragge **S** Bill Goddard **D** Helen Shaver (Betty Martin), Tisha Campbell (Ruby Wilson), Marium Carvell (Cashier), Tony Craig (Bubba), Marc Donato (Chip Martin), Kristin Fairlie (Kate Martin), Diahann Carroll (Mrs. Wilson), Dylan Provencher (Justin Martin) **L** 97 **E** 6.4.1999 premiere

DIE SCHÖNSTE GESCHICHTE DER WELT (LA BELLE HISTOIRE). Geschichten und Episoden über Reinkarnation und Liebe auf den ersten Blick, rund um einen Zigeuner und eine Ladendiebin, die sich schon zu Lebzeiten Christi gekannt haben. Man braucht mehrere Leben, um jemanden zu lieben, und was man verpaßt hat, kann in einem nächsten Leben nachgeholt werden – eine naiv-schöne Idee, aber etwas zu mager, um einen Film (besonders wenn er drei Stunden dauert) zu tragen. Er überzeugt vor allem dort, wo er subtil den Alltag beobachtet. – Ab 14. ✦ Frankreich 1991 **P** Les Films 13/TF1 Films Productions **R+B** Claude Lelouch **K** Jean-Yves Le Mener **M** Francis Lai, Philippe Servain **S** Hélène de Luze **D** Gérard Lanvin (Jésus), Béatrice Dalle (Odona), Patrick Chesnais (Pierre), Marie-Sophie L. (Sophie), Vincent Lindon (Simon) **L** 179 (Orig. 210) **E** 27.7.1995 premiere

SCHÖNSTE, LIEBE MICH (LOVE ME TONIGHT). Die romantische Liebesgeschichte zwischen einem Schneider und einer Prinzessin dient als Vehikel für eines der amüsantesten und fantasievollsten Musicals der frühen Tonfilmzeit. Geistreich genutzte Pointen, Stilkontraste und die Handhabung der technischen Möglichkeiten lassen auch heute noch die innovative Bedeutung des Films erkennen und verhelfen nach wie vor zu ungetrübter Unterhaltung. (O.m.d.U.) (Vorkriegstitel: »Schloß im Mond«) – Sehenswert ab 16. ✦ Schwarz-weiß. USA 1932 **P** Paramount **Pd+R** Rouben Mamoulian **B** Samuel Hoffenstein, Waldemar Young, George Marion jr., nach einem Theaterstück von Leopold Marachand und Paul Armont **K** Victor Milner **M** Richard Rodgers, Lorenz Hart **S** William Shea **D** Maurice Chevalier (Maurice Courtelin), Jeanette MacDonald (Prinzessin Jeanette), Charles Ruggles (Vicomte Gilbert de Vareze), Charles Butterworth (Count de Savignac), Myrna Loy (Valentine), C. Aubrey Smith (Der Herzog) **L** 105/90 (TV) **E** 14.10.1932/2.2.1971 ARD **fd** 25 295

DER SCHÖNSTE MANN DER WELT. Die Freundschaft zweier Berliner Groschenroman-Autoren, die sich nach Key West zurückgezogen haben, um einen großen literarischen Roman zu schreiben, wird auf eine harte Bewährungsprobe gestellt, als der Geliebte des einen mit seinem Freund auftaucht. ✦ Deutschland 1995 **P** ZDF **R** Wolfgang B. Heine **B** Wolfgang B. Heine, Thomas Nennstiel **K** Klaus Günther, Wolfgang Hilser, Arnold Reidelhuber, Werner Schwanninger **D** Peter Eder (Otto), Rainer Philippi (Kelli), Thomas Morris (Ignatz), Matthias Eberth (Michael), Dinka Mrkowatschki (Marianne) **L** 80 **E** 22.10.1995 ZDF

DAS SCHÖNSTE PFERD (SAMY KRASSIWY KON). Ein 13jähriger pflegt das kranke Rennpferd seines Literaturlehrers, eines erfolgreichen Reitsportlers. Die Liebe zum Tier erweckt das Interesse des Jungen an diesem Sport. Der Lehrer motiviert ihn, einer Reitschule beizutreten. Die neue Umgebung, Training und Turniere werden zur großen Herausforderung für den Jungen. – Ab 10. ✦ Scope. UdSSR 1977 **P** Gorki-Studio **R** Stepan Putschinjan **B** Wjatscheslaw Naumow **K** Sergej Filippow **M** Andrej Geworgjan **D** Sascha Simakin (Igor »Panama«), Oleg Shakow (Denis Platonowitsch), Jewgeni Sharikow (Boris Stepanowitsch), Larissa Lushina, Leonid Kurawljew **L** 78 **E** 18.6.1978 DFF 2

DIE SCHÖNSTE SOIREE MEINES LEBENS (LA PIU BELLA SERATA DELLA MIA VITA / LA PLUS BELLE SOIREE DE MA VIE). Ein italienischer Geschäftsmann, der in der Schweiz Schwarzgeld anlegen will, findet nach einer Autopanne in einem Schloß Unterkunft. Dort sieht er sich einer Gruppe pensionierter Rechtsanwälte ausgeliefert, die ihn vergangener Verfehlungen wegen in einem fingierten Prozeß zum Tode verurteilen. Er kann zwar am anderen Morgen seine Reise fortsetzen, doch als er mit dem Auto eine mysteriöse Motorradfahrerin verfolgt, wird er in einen Unfall verwickelt und das Urteil so vollzogen. Tragikomödie frei nach Dürrenmatts »Die Panne«, die sich zunehmend zu einer Groteske mit satirischen Zügen entwickelt; die Durchdringung psychologischer und ethischer Fragen wird in einen historisch-realistischen Rahmen gestellt. ✦ Italien/Frankreich 1972 **P** Produzioni De Laurentiis/Inter. Ma.Co.S.p.A./Columbia **R** Ettore Scola **B** Sergio Amidei, Ettore Scola, nach der Erzählung »Die Panne« von Friedrich Dürrenmatt **K** Claudio Cirillo **M** Armando Trovaioli **D** Alberto Sordi, Michel Simon, Charles Vanel, Pierre Brasseur, Claude Dauphin **L** 110 **E** 9.7.1989 DFF 1/22.10.1989 PRO 7

DER SCHÖNSTE TAG MEINES LEBENS. Im Oktober 1956: Ein ungarisches Flüchtlingskind findet Aufnahme bei den Wiener Sängerknaben und kann sich nach einiger Zeit und einigen Verwicklungen in seiner neuen Umwelt behaupten. Verlogenes Rührstück mit einigen schönen Naturaufnahmen, das die Flüchtlingsproblematik als Aufhänger für viele Lieder der Sängerknaben benutzt. – Ab 8 möglich. ✦ Österreich 1957 **P** Donau **KI** NF **Pd** Eduard Hoesch **R** Max Neufeld **B** Max Neufeld, Karl Hans Leiter **K** Václav Vich **M** Heinz Neubrand **S** Hermine Diethelm **D** Michael Ande (Toni), Josef Egger (Donaukapitän), Paul Hörbiger (Direktor), Paul Bösiger (Kapellmeister Schmidt), Thomas Hörbiger (Kapellmeister Brunner) **L** 95 **FSK** ab 6; f **E** 27.9.1957 **fd** 6 208

DIE SCHÖNSTE VON MONTANA (MONTANA BELLE). Die ehemalige Banditenkönigin Belle Star läßt sich von der Polizei als Agentin anwerben. Sie nistet sich bei der berüchtigten Dalton-Bande ein, um ihr das Handwerk zu legen. Vorher stiftet sie natürlich noch jede Menge Verwirrung. Ein routinierter Western, dessen Konflikte aufgesetzt erscheinen und der Langeweile verbreitet. – Ab 16 möglich. ✦ USA 1952 **P** RKO **KI** RKO **Pd** Howard Welsch **R** Allan Dwan **B** Horace McCoy, Norman S. Hall **K** Jack Marta **M** Nathan Scott **S** Arthur Roberts **D** Jane Russell (Belle Starr), George Brent (Tom Bradfield), Scott Brady (Bob Dalton), Forrest Tucker (Mac), Andy Devine (Pete Bivins), Jack Lambert (Ringo), John Litel (Matt Towner), Ray Teal (Emmett Dalton), Rory Mallinson (Grat Dalton), Roy Barcroft (Jim Clark), Holly Bane (Ben Dalton), Iron Eyes Cody (Cherokee), Gregg Barton (Deputy Stewart), Glenn Strange (Deputy), George Chesebro (Deputy), Rex Lease, Frank Ellis, Stanley Andrews (Marshal Combs) **L** 76 **FSK** ab 16; nf **E** 12.6.1953 **fd** 2 598

DIE SCHÖNSTE VON NEW YORK (THE BELLE OF NEW YORK). Unterhaltsames, inszenatorisch freilich nur durchschnittliches Musical mit Fred Astaire als Playboy im New York des ausgehenden 19. Jahrhunderts. Eines Tages verliebt sich der Nichtstuer, der vom Geld seiner reichen Tante lebt, in eine reizende Angehörige der Heilsarmee. Ihretwegen versucht er sogar einer geregelten Arbeit nachzugehen. Einziger Höhepunkt der Shownummern: ein Tanz auf einem Triumphbogen hoch über der Stadt. – Ab 14. ✦ USA 1952 **P** MGM **Pd** Arthur Freed **R** Charles Walters **B** Robert O'Brien, Irving Elinson, nach einem Bühnenstück von Hugh Morton **K** Robert Planck **M** Harry Warren, Johnny Mercer **S** Albert Akst **D** Fred Astaire (Charlie Hill), Vera-Ellen (Angela Bonfils), Marjorie Main (Mrs. Phineas Hill), Keenan Wynn (Max Ferris), Alice Pearce (Elsie Wilkins) **L** 82 **E** 29.6.1992 ARD

DIE SCHÖNSTEN JAHRE DES LEBENS (EL MEJOR DE LOS TIEMPOS). Lakonisch-kühles Porträt einer Gruppe junger Menschen im heutigen Spanien. Im Mittelpunkt steht ein junger Drogenkurier aus Madrid, den es in ein Küstennest bei Almeria verschlägt. Dort lernt er eine junge Frau kennen, die wie ihre Freundinnen auf einer Gemüseplantage arbeitet und durch den bedenkenlosen Umgang mit Pestiziden bedroht ist. ✦ Spanien 1989 **P** Arenal **R** Felipe Vega **B** Felipe Vega, Ignacio Gutierrez Solana **K** José Luis López-Linares **M** Bernardo Bonezzi **S** Ivan Aledo **D** Jorge de Juan (Daniel), Iciar Bollain (Maria), Rafael Diaz (Teo), Rosario Flores (Sara), Carmen Bullejos (Carmen) **L** 95 **E** 15.7.1992 ARD

DIE SCHÖNSTEN TAGE DES LEBENS (I GIORNI PIU BELLI). Eine alte, etwas schrullige, aber tapfere Lehrerin verteidigt ihre Schule, die wegen Grundstücksspekulation zerstört werden soll. Begleitet wird die heiter-rührende Lektion in Humanität von einer so einfachen wie warmherzigen Liebesgeschichte. – Ab 12. ✦ Schwarz-weiß. Italien 1956 **P** Erredi **R** Mario Mattoli **B** Laura Pedrosi, Alessandro Continenza, Ruggero Maccari, Fede Arnaud, Mario Mattoli **K** Mario Montuori **M** Roman Vlad **D** Emma Gramatica, Antonella Lualdi, Franco Interlenghi, Giuseppe Porelli, Mario Carotenuto **L** 80 **E** 27.1.1962 ARD

SCHONUNGSLOS (THE PRICE OF FEAR). Fahrerflucht mit tödlichen Folgen und eine Kontroverse zwischen Gangstern sind zu einem Krimi gekoppelt, dessen erpreßte Heldin undurchsichtig zwischen Liebe und Verrat schwankt, bis sie in den Selbstmord flüchtet. Weder logisch noch glaubwürdig und nur mäßig spannend. – Ab 16 möglich. ✦ Schwarz-weiß. USA 1956 **P** Universal **KI** Universal **Pd** Howard Christie **R** Abner Biberman **B** Robert Tallmann **K** Irving Glassberg **M** Joseph Gershenson **D** Merle Oberon, Lex Barker, Charles Drake, Gia Scala, Warren Stevens **L** 78 **FSK** ab 16; nf **E** 9.10.1959 **fd** 8 655

SCHONZEIT FÜR FÜCHSE. Die Geschichte zweier junger Intellektueller aus dem niederrheinischen Großbürgertum, die vergeblich ihrem Milieu zu entkommen versuchen. Die Verlockungen des bequemen Lebens erweisen sich als übermächtig; man arrangiert sich widerwillig mit der Wohlstandsträgheit. Dem Erstlingswerk des Kurzfilmregisseurs Peter Schamoni gelingt nur teilweise ein Gegenentwurf zu Opas Kino, von dem sich der Unterzeichner des Oberhausener Manifests distanzieren wollte. Scharfsinnig im kritischen Ansatz und in der Milieuzeichnung, fehlt dem Film die analytische Konsequenz im Aufspüren gesellschaftlicher Zusammenhänge; ein Grundton versöhnlicher Larmoyanz ist unüberhörbar. ✦ Schwarz-weiß. BR Deutschland 1965/66 **P** Peter Schamoni **KI** Atlas **Pd+R** Peter Schamoni **B** Günter Seuren, Peter Schamoni, nach seinem Roman »Das Gatter« **K** Jost Vacano **M** Hans Posegga **S** Heidi Rente (=Heidi Genée) **D** Helmut Förnbacher (Er), Christian Doermer (Viktor), Andrea Jonasson (Clara), Monika Peitsch (Lore), Willy Birgel (Jagdautor), Edda Seipel (Claras Mutter) **L** 92 **FSK** ab 16; f **FBW** bw **E** 8.7. 1966/17.7.1969 ARD **fd** 14 166

SCHOOL FOR SEX – RUND UMS BETT (SCHOOL FOR SEX). Ein finanzbedürftiger Lord richtet auf seinem Schloß eine Sexschule ein, zu der Ford-weise nackte Frauen herangeschafft werden. Schwachsinnige Sexfilm. – Wir raten ab. ✦ Großbritannien 1968 **P** Pete Walker **KI** Sonderfilm **Pd+R** Pete Walker **B** Pete Walker, Paul Mart **K** Reg Phillips **M** Harry South **D** Derek Aylward, Rose Alba, Cathy Howard, Sylvia Barlow **L** 78 **FSK** ab 18; nf **E** 12.9.1969 **fd** 16 550

SCHOOL'S OUT. Debütfilm um eine als Großereignis geplante Abiturfeier, auf der alles schiefläuft. ✦ Deutschland 1997 **R** Achim Bornhak **D** Nicolas Romm (Tex), Christian Näthe (Sven), Oliver Bröcker (David), Stefanie Schmid (Bea), Rebecca Mosselmann (Tanja) **L** (TV) 100 **E** 24.11.1997 Südwest 3

DIE SCHÖPFER DER EINKAUFSWELTEN. Dokumentarfilm über die minutiöse Planung von Einkaufszentren, der nicht nur den architektonischen Aspekt berücksichtigt, sondern auch verkaufsstrategische und psychologische Überlegungen im Vorfeld der millionenteuren Investition untersucht. Einmal mehr verdichtet sich Farockis Film zu einer Studie über die menschliche Wahrnehmung, da die Planer dieser Zentren durch Versuchspersonen ermitteln, für welche Geschäfte Bedarf besteht und welche Waren wo positioniert sein müssen. ✦ Deutschland 2001 **R+B** Harun Farocki **L** 75 **E** 22.8.2001 ARD

DIE SCHÖPFUNG →Die Bibel – Genesis

SCHÖPFUNG OHNE ENDE →Forschung und Leben

SCHORNSTEIN NR. 4 (LA VOLEUSE). Eine junge Frau, seit Jahren kinderlos verheiratet, kämpft um ihr voreheliches Kind, das sie an Pflegeeltern weggegeben hat. Erst als der Pflegevater in verzweifeltem Protest einen Fabrikschornstein erklimmt, findet sich die Mutter mit den Tatsachen ab. Ungewöhnliches Frauenporträt mit Romy Schneider, die nach ihrem Abschied vom »Sissy«-Image erstmals wieder in Deutschland vor der Kamera stand: Ein in kargen Schwarzweißbildern und langen Dialogpassagen entfaltetes Psychogramm nach einem literarisch-ehrgeizigen Drehbuch. ✦ Scope, schwarz-weiß. BR Deutschland/Frankreich 1966 **P** Hans Oppenheimer/ Chronos/Procinex **KI** Team **R** Jean Chapot **B** Marguerite Duras, Jean Chapot **K** Jean Penzer **M** Antoine Duhamel **D** Romy Schneider, Michel Piccoli, Hans Christian Blech, Sonja Schwarz, Mario Huth **L** 85 **FSK** ab 16; f **FBW** w **E** 26.8.1966 **fd** 14 244

EIN SCHOTTE AUF BRAUTSCHAU (THE BRIDAL PATH). Ein junger Schotte, der von seiner Heimatinsel aufs Festland geschickt worden ist, um sich dort eine Frau zu suchen, sieht sich plötzlich als Mädchenhändler von der Polizei verfolgt. Eine unterhaltsame Komödie vor landschaftlich reizvoller Kulisse. – Ab 12. ✦ Schwarz-weiß. Großbritannien 1959 **P** Kingsley-Union/British Lion **Pd** Frank Launder, Sidney Gilliat **R** Frank Launder **B** Frank Launder, Geoffrey Willans, Nigel Tranter, nach dem Roman von Nigel Tranter **K** Arthur Ibbetson **M** Cedric Thorpe Davie **S** Geoffrey Foot **D** Bill Travers (Ewan McEwan), Bernadette O'Farrell (Siona), Alex Mackenzie (Finlay), Eric Woodburn (Archie), Jack Lambert (Hector), John Rae (Angus) **L** 95 **E** 23.10.1993 ARD

SCHOTTISCHE MILLIONEN →Wir sind vom schottischen Infanterie-Regiment

SCHOTTISCHE TRILOGIE (1): MEINE KINDHEIT (MY CHILDHOOD). Ein achtjähriger Junge, der mit seinem älteren Bruder und seiner Großmutter in einem schottischen Bergarbeiterdorf lebt, hat als einzigen Freund einen deutschen Kriegsgefangenen. Nach dessen Entlassung ist Jamie, der wie sein Bruder nicht weiß, wer sein Vater ist, völlig auf sich gestellt. Er läuft davon und springt auf einen fahrenden Kohlenzug. In der Bildkomposition hervorragender Film, überzeugend in Milieuzeichnung und Darstellung, psychologisch nuanciert und mit Einfühlungsvermögen und Anteilnahme gestaltet. Ein erschütterndes Bild menschlichen Elends. (TV-Titel auch: »Meine Kindheit«) – Sehenswert ab 16. ✦ Schwarz-weiß. Großbritannien 1972 **P** British Film Institute **Pd** Geoffrey Evans **R+B** Bill Douglas **K** Mick Campbell, Gale Tattersall **S** Brand Thumim **D** Stephen Archibald (Jamie), Hughie Restorick (Tommy), Jean Taylor-Smith (Großmutter), Karl Fieseler (Helmuth), Bernard McKenna (Tommys Vater), Paul Kermack (Jamies Vater), Helena Gloag (Mutter des Vaters), Ann Smith (Jamies Mutter) **L** 46 **E** 2.10.1974 ZDF

SCHOTTISCHE TRILOGIE (2): MEINE LEUTE (MY AIN FOLK). Zweiter Teil der »Schottischen Trilogie«, in der Bill Douglas die quälenden Erinnerungen an seine Kindheit und Jugend zu einer eindrucksvollen filmischen Autobiografie verarbeitet hat. In »Meine Leute« bricht die Familie der Hauptfigur Jamie endgültig auseinander: Der Vater des Jungen verläßt das Dorf, weil seine Frau ein Verhältnis hatte, der Großvater nimmt sich das Leben. Jamie kommt ins Waisenhaus. (Titel auch: »Meine Leute«) – Sehenswert ab 16. ✦ Schwarz-weiß. Großbritannien 1973 **P** British Film Institute **Pd** Nick Nascht **R+B** Bill Douglas **K** Mick Campbell, Gale Tattersall **S** Peter West **D** Stephen Archibald (Jamie), Hughie Restorick (Tommy), Jean Taylor-Smith (Großmutter), Bernard McKenna (Tommys Vater), Mr. Munro (Jamies Großvater), Helena Gloag (Mutter des Vaters), Paul Kermack (Jamies Vater) **L** 53 **E** 30.4.1975 ZDF

SCHOTTISCHE TRILOGIE (3): MEIN WEG ZURÜCK (MY WAY HOME). Im letzten Teil der autobiografischen »Schottischen Trilogie« wird der inzwischen 15jährige Jamie zwischen Heim, Zuhause und kurzfristigen Beschäftigungen herumgestoßen, bis er verzweifelt im Asyl der Heilsarmee landet. Bei der Armee in Ägypten begegnet er schließlich einem gebildeten jungen Mann, mit dessen Hilfe er lernt, sich selbst zu akzeptieren und seine Bedürfnisse zum Ausdruck zu bringen. Jamie beschließt, Künstler zu werden. In den sorgfältig gestalteten, immer helleren Bildkompositionen wird im wörtlichen und übertragenen Sinne eine Reise aus der Dunkelheit ans Licht erkennbar. (Titel auch: »Mein Weg zurück«) – Sehenswert ab 16. ✦ Schwarz-weiß. Großbritannien 1976 **P** British Film Institute **R+B** Bill Douglas **K** Ray Orton **S** Mick Audsley **D** Stephen Archibald (Jamie), Paul Kermack (Jamies Vater), Jessie Combe (die Frau des Vaters), William Carroll (ihr

Sohn Archie), Morag McNee (die Freundin des Vaters) **L** 75 **E** 28.10.1976 ZDF

DER SCHPOUNTZ →Le Schpountz

DER SCHRÄGE OTTO. Verwechslungsrummel um den Pressechef eines Revue-Theaters und die Schwäche der Männer für schöne Frauen als Handlungsgerüst für einen Film, der sein Entstehen einem in den 50er Jahren populären Schlager zu verdanken hat. Ein Film mit mäßigem Unterhaltungswert. (DDR-Titel: »Verwirrungen um Topsy«) – Ab 14. ✦ BR Deutschland 1956 **P** Berolina **Kl** Ufa **Pd** Kurt Ulrich **R** Geza von Cziffra **B** Gustav Kampendonk **K** Willi Sohm **M** Michael Jary **S** Ingrid Wacker **D** Germaine Damar (Topsy Müller), Walter Giller (Otto Schräge), Willy Fritsch (Alexander Korty), Grethe Weiser (Frau Sauerbier), Paul Hörbiger (Vater Müller) **L** 104 (DDR 98) **FSK** ab 12; nf **E** 10.1.1957/5.7.1963 Kino DDR **fd** 5 565

SCHRÄGE VÖGEL. Eine Junge, dessen ganzer Stolz die Taubenzucht ist, reagiert empört, als ein befreundetes Mädchen seiner Taube das Ei eines Falken unterjubelt. Doch dem Charme des frisch geschlüpften kleinen Turmfalken erliegt auch er sehr schnell, und das Tier wird gehegt und gepflegt und in seinem Heranwachsen gefördert. Abenteuerliche Verwicklungen stellen sich ein, als zwei eher tolpatschige Tierhändler auftauchen. Ein fürs Fernsehen entstandener sympathischer Kinderfilm, der in die kleine und überschaubare Spielhandlung viele liebevoll und geduldig eingefangene Szenen mit den Tieren einbaut. – Ab 8. ✦ Deutschland 1995/96 **P** WDR **R** Thomas Wegmann **B** Mathias Wegmann, Thomas Wegmann **K** Mathias Wegmann **M** Heribert Leuchter **D** Florian Köster (Dennis), Lena Beyer (Sarah), Joachim Król (Rick), Horst Krause (Olli), Walter Gontermann (Otto) **L** 89 **E** 3.10.1997 WDR

SCHRÄGER CHARME UND TOLLE CHANCEN (LA CHANCE). Vier von damaligen Nachwuchsregisseuren inszenierte Episoden, die durch die galante Conference von Maurice Chevalier und durch ein gemeinsames Grundthema – unverhofftes Glück in letzter Minute – nur notdürftig zusammengehalten werden. Die Skala reicht vom Militärschwank (1. »Dem Teufel von der Pfanne gehüpft«) über eine Liebesgeschichte (2. »Mit schrägen Charme ein Ding gedreht«) und eine Gangsterstory (3. »Heiße Blüten – blaue Bohnen«) bis zur Kleinstadtkomödie (4. »Liebe, Sex und tolle Chancen«). Vier eher unbeholfen inszenierte Fingerübungen. ✦ Schwarz-weiß. Frankreich/Italien 1964 **P** Rome Paris/Mondial **Kl** Pallas **Pd** René Demoulin **R+B** Claude Berri (1), Charles Bitsch (2), Bertrand Tavernier (3), Eric Schlumberger (4) **K** Alain Levent **M** Antoine Duhamel **S** Armand Psenny **D** Francis Blanche (Adjutant, 1), Hubert Deschamps (Deschamps, 1), Michel Piccoli (Philippe, 2), Sofia Torkeli (Lucky, 2), Bernard Blier (Camilly, 3), Michel Auclair (Lorriere, 3), Bernard Blier (Camilly, 3), Stefania Sandrelli (Helene, 4), Jacques Perrin (Marc, 4) **L** 97 **FSK** ab 18; nf **E** 30.10. 1964 **fd** 13 102

EIN SCHRÄGER VOGEL – FRAUDS (FRAUDS). Ein fieser, vor keiner Gemeinheit zurückschreckender Versicherungsdetektiv bringt ein junges Ehepaar, das in die eigene Wohnung einbrechen lassen will, um seinen Lebensstandard zu erhöhen, an den Rand des Nervenzusammenbruchs. Inszenatorisch bemerkenswerte, stilistisch aber allzu unentschlossene Mischung aus schwarzer Komödie und aufregendem Thriller, die vor allem von dem hervorragenden Hauptdarsteller zehrt. (Alternativtitel: »Ein schräger Vogel«, »Frauds – Ein mörderischer Betrüger«) – Ab 16 möglich. ✦ Australien 1992 **P** Latent Image **Kl** Highlight **VA** Highlight **Pd** Andrena Finlay, Stuart Quin **R+B** Stephan Elliott **K** Geoff Burton **M** Guy Gross **S** Frans Vandenberg **D** Phil Collins (Roland Copping), Hugo Weaving (Jonathan), Josephine Byrnes (Beth), Peter Mochrie (Michael Allen), Helen O'Connor (Margaret) **L** 94 **FSK** ab 16; f **E** 10.6.1993/ 7.9.1993 Video/2.6.1994 premiere **fd** 30 300

SCHRAMM. Low-Budget-Film um einen Serienmörder und seine Taten. Als er sein Wohnzimmer neu streicht, um das Blut seiner Opfer zu überdecken, stirbt er durch einen Sturz von der Leiter. Ausgehend von einer Illustrierten-Meldung, zersplittert der Film jegliche Chronologie und bietet ein extrem morbides Schreckensszenario voller Kraßheiten, das seine unverhohlende Lust an »Splatter«-Effekten nicht verbirgt. Beliebig werden austauschbare Bilder der Gewalt aneinandergeklebt, wobei es der Filmemacher offensichtlich schick findet, Tabus zu überschreiten, ohne daß er in der Lage wäre, dieses Überschreiten gedanklich und filmisch zu verarbeiten. – Wir raten ab. ✦ Deutschland 1993 **P** Manfred Jelinski Prod. **Kl** Eigenverleih **Pd** Manfred Jelinski **R** Jörg Buttgereit **B** Franz Rodenkirchen, Jörg Buttgereit **K** Manfred Jelinski **M** Max Müller, Gundula Schmitz **D** Florian Koerner von Gustorf, Monika M., Micha Brendel, Carolina Harnisch **L** 75 **E** 31.12.1993

SCHRAMMELN. Ende des 19. Jahrhunderts gründeten in Wien die Komponistenbrüder Johann und Josef Schrammel ihr volkstümliches Quartett, das zum Inbegriff der Heurigen-Musik wurde. Geldnot, Liebe, Eifersucht, Humor und viele gemütvolle Wiener Lieder. Unterhaltungsfilm für die ganze Familie. – Ab 10. ✦ Schwarz-weiß. Deutschland 1944 **P** Wien **Kl** Donau **R** Géza von Bolváry **B** Ernst Marischka **K** Günther Anders **M** Willy Schmidt-Gentner **D** Marte Harell (Fiakermilli), Paul Hörbiger (Hans Schrammel), Hans Moser (Strohmayer), Hans Holt (Josef Schrammel), Fita Benkhoff, Fritz Imhoff **L** 100 **E** 3.3. 1944/29.5.1972 DFF 1/14.9.1975 ZDF

SCHRECKEN →Schatten des Schreckens

SCHRECKEN ALLER SPIONE (AIR RAID WARDENS). Stan Laurel und Oliver Hardy scheitern in ihren beruflichen Bemühungen ebenso wie mit ihrer Bewerbung als Soldaten im Zweiten Weltkrieg. Immerhin werden sie als Luftschutzwarte eingesetzt, stiften aber in ihrem Übereifer viel Verwirrung, bis sie ungewollt die Sabotagepläne von Nazi-Agenten durchkreuzen. Grotesk-Lustspiel um das bekannte Komiker-Duo, das sich ganz in den Dienst der patriotischen Heimatfront stellt; dabei wirkt der Humor oft recht erzwungen, und nur in wenigen Szenen amüsieren die Komiker mit ihren absurden Einfällen. (Weiterer Titel: »Bombenkerle«) – Ab 12. ✦ Schwarz-weiß. USA 1943 **P** MGM **Pd** B.F. Zeidman **R** Edward Sedgwick **B** Martin Rackin, Jack Jevne, Charles »Buddy« Rogers, Harry Crane **K** Walter Lundin **M** Nathaniel Shilkret **S** Irvine Warburton **D** Stan Laurel (Stan), Oliver Hardy (Oliver), Edgar Kennedy (Joe Bledshoe), Jacqueline White (Peggy Parker), Stephen McNally (Dan Madison) **L** 67 **FSK** ab 6; nf **E** 12.9.1958 **fd** 7 438

SCHRECKEN AUS DEM JENSEITS (THE TWILIGHT ZONE: ROD SERLING'S LOST CLASSICS). Fernsehverfilmung zweier Grusel-Drehbücher aus dem Nachlaß des »Twilight Zone«-Schöpfers Rod Serling. 1. »Kino des Grauens«: Eine junge Frau sieht im Kino statt des Films Szenen aus ihrem Leben. Was sie zunächst für einen Scherz hält, entpuppt sich als Ankündigung ihres nahen Todes. 2. »Insel der Toten«: Kurz nach dem amerikanischen Bürgerkrieg trifft ein ehrgeiziger Chirurg einen mysteriösen Apotheker, der ein Mittel gefunden hat, Tote wieder zum Leben zu erwecken. ✦ USA 1993 **P** Universal/Amblin **VA** E.A.T. **R** Robert Markowitz **B** Richard Matheson, Rod Serling **K** Jacek Laskus **M** Patrick Williams **D** Gary Cole (Dr. James, 1), Amy Irving (Melissa Sanders, 1), Jack Palance (Jeremy Wheaton, 2), Patrick Bergin (Ben Ramsey, 2), Jenna Stern (Susan, 2) **L** 87 **FSK** ab 16 **E** 11.3.1995 ARD/1995 Video

DER SCHRECKEN DER BERGE (RIMEINZU). Im Jahre 1915 überfiel ein Bär die Behausungen der Dorfbewohner auf der japanischen Insel Hokkaido. Die wahre Begebenheit verschmolz in der Erinnerung der Menschen zur Legende vom menschenfressenden Tier. Der aktionsreiche Abenteuerfilm stellt in den Mittelpunkt seiner Handlung ein Mädchen, dessen Eltern und Brüder von dem Bären getötet wurden und das sich daraufhin auf eigene Faust auf die Jagd nach dem Raubtier macht. ✦ Japan 1990 **R** Sonny Chiba **D** Henry Sanada (= Hiroyuki Sanada) (Eiji), Mika Muramatsu (Yuki), Hikaru Kurosaki (Sabu), Takeshi Maya (Jiro), Isao Natsuyagi **L** 101 **E** 15.11.1991 DFF

SCHRECKEN DER DIVISION (JUMPING JACKS). Ein Fallschirmspringer ruft seinen als untauglich vom Militärdienst zurückgestellten Freund in die Kaserne, um mit ihm ein Musical zu starten. Damit beginnt der belustigende Weg der »Niete« zum dekorierten Fallschirmspringer-Korporal. Grotesk-Komödie, ganz zugeschnitten auf die Gegensätzlichkeiten des eingespielten Duos Lewis/Martin; einige zündende Gags entschädigen aber nicht für das Übermaß an Klamauk. – Ab 12. ✦ Schwarz-weiß. USA 1952 **P** Paramount **Kl** Paramount **Pd** Hal B. Wallis **R** Norman Taurog **B** Robert Lees, Herbert Baker, Frederic I. Rinaldo, James Allardice, Richard Weil **K** Daniel L. Fapp **M** Joseph J. Lilley, Mack David **S** Stanley Johnson **D** Jerry Lewis (Hap Smith), Dean Martin (Chick Allen), Robert Strauss (Sgt. McCluskey), Mona Freeman (Betsy Carter), Dick Erdman (Dolan), Don DeFore (Kelsey), Ray Teal (General Timmons) **L** 87 **FSK** ab 12; nf **E** 17.4.1970 **fd** 16 784

SCHRECKEN DER ERINNERUNG →Haus der Schatten (1995)

DER SCHRECKEN DER GARNISON. In einer kleinen Residenzstadt herrscht eine husarenfreundliche Erbprinzessin. Im Rivalitätsgerangel zwischen Infanterie und Kavallerie bekommt ein begriffsstutziger Musketier vorrübergehend – via Diebstahl – den »schwarzen Peter« zugeschoben. Betagte Militärklamotte, die allein der Besetzung wegen von gewissem Interesse ist. (Titel auch: »Stolz der Garnison«) – Ab 14. ✦ Schwarz-weiß. Deutschland 1931 **P** Aco **Kl** Adler **Pd** Gustav Althoff **R** Carl Boese **B** Bobby E. Lüthge, Karl Noti **K** Willy Hameister, Hans Karl Gottschalk **M** Artur Guttmann **S** Hildegard Grebner **D** Felix Bressart (Musketier Kulicke), Lucie Englisch (Antonie Bock), Adele Sandrock (Erbprinzessin Adelheid), Tamara Desni (Annemarie, seine Tochter), Olga Limburg (Institutsvorsteherin) **L** 82 **FSK** ab 16; nf **E** 24.4. 1931 **fd** 2 022

DER SCHRECKEN DER LONDON BRIDGE →Terror at London Bridge

DER SCHRECKEN DER MEDUSA (THE MEDUSA TOUCH / LA GRANDE MENACE). Ein telekinetisch veranlagter Schriftsteller spielt noch nach seinem klinischen Tod Schicksal und bestraft die verderbte Menschheit mit Katastrophen, indem er Leute sterben und Flugzeuge abstürzen läßt. Brillant inszenierte Mischung aus Krimi-, Horror- und Katastrophenfilm mit Seitenhieben gegen Staat, Kirche und Militär. – Sehenswert ab 16. ✦ Großbritannien/ Frankreich 1977 **P** ITC **VA** VCL/Carolco **Pd** Lew Grade, Arnon Milchan, Elliott Kastner **R** Jack Gold **B** John Briley, nach einem Roman von Peter van Greenaway **K** Arthur Ibbetson **M** Michael J. Lewis **S** Anne V. Coates **D** Richard Burton (John Morlar), Lino Ventura (Kommissar Brunel), Lee Remick (Zonfield), Marie-Christine Barrault (Patricia), Michael Byrne (Duff), Harry Andrews, Michael Hordern (Atropos), Derek Jacobi, Robert Lang, Jeremy Brett, Alan Badel **L** 105 **FSK** ab 12 **E** 8.11.1980 ARD **fd** 22 664

SCHRECKEN DER PRÄRIE (FLAMING LEAD). Simpler Low-Budget-Western über die Bekämpfung großer Banden von Pferdedieben. Eine der letzten Rollen von Cowboy-Altstar Ken Maynard. – Ab 14. ✦ Schwarz-weiß. USA 1943 **P** Alexander **Kl** Imex **R** Sam Newfield **D** Ken Maynard, Eleanor Stewart, Dave O'Brien **L** 60 **FSK** ab 12; nf **E** 16.6.1950 **fd** 805

DER SCHRECKEN DER RENNBAHN (SIX-DAY BIKE RIDER). Als ihm ein Radrennfahrer seine Freundin ausspannt, entwickelt der Vorsteher einer Station sportlichen Ehrgeiz und mißt sich mit seinem Nebenbuhler bei einem Sechstagerennen. Mit reichlich Stummfilm-Slapstick angereicherte Komödie um den weitgehend vergessenen Komiker Joe E. Brown in einem seiner besten Filme. Anspruchslose, aber vergnügliche Unterhaltung. – Ab 12. ✦ Schwarz-weiß. USA 1934 **P** First National **Pd** Samuel Bischoff **R** Lloyd Bacon **B** Earl Baldwin **K** Warren Lynch **S** George Amy **D** Joe E. Brown (Wilfred Simpson), Maxine Doyle (Phyllis Jenkins), Frank McHugh (Clinton Hemmings), Gordon Westcott (Harry St.Clair), Arthur Aylesworth (Col. Jenkins) **L** 69 **E** 29.4.1991 ARD

SCHRECKEN DER VERGANGENHEIT (OUT OF ANNIE'S PAST). Eine glücklich verheiratete Frau wird von ihrer Vergangenheit eingeholt, als sie ein Fremder mit dem Wissen erpreßt, daß sie seit zehn Jahren in New York wegen Mordverdachts gesucht wird. Ein erbärmlich inszenierter, fantasieloser Krimi, in dem Marionetten ohne menschliche Züge agieren. Spielfilmlänge erhält die Produktion erst durch zahlreiche Brüche in der hanebüchenden Handlung. – Ab 16. ✦ USA 1994 **P** Point of View (für Universal) **VA** CIC **Pd** Harvey Frand **R** Stuart Cooper **B** Pablo F. Fenjves **K** Reed Smoot **M** Charles Bernstein **S** Cari Coughlin **D** Catherine Mary Stuart (Annie), Scott Valentine (Michael), Dennis Farina (Charlie), Carsten Norgaard (Lev), Carlos Gomez (Mendoza) **L** 87 (gek. 86) **FSK** ab 16 (gek. ab 12) **E** 20.9.1995 Video/23.9. 1996 premiere **fd** 31 568

SCHRECKEN DER 2. KOMPANIE (YOU'RE IN THE ARMY NOW). Zwei Staubsaugervertreter geraten durch einen Zufall zum Militärdienst, wo sie die genreüblichen Verwirrungen stiften. Militärklamauk, der zeitgemäß-unterschwellig an die amerikanische Wehrbereitschaft appelliert. – Ab 14. ✦ Schwarz-weiß. USA 1941 **P** Warner **KI** Warner **R** Lewis Seiler **B** Paul Gerard Smith, George Beatty **K** Arthur Todd **M** Howard Jackson **D** Jimmy Durante, Jane Wyman, Phil Silvers, Regis Toomey, Donald MacBride **L** 78 **FSK** ab 12; nf **E** 18.7.1952 **fd** 1 981

SCHRECKEN EINER KINDHEIT → Mißbrauchte Kinder

SCHRECKEN IM MARSTEN HAUS → Brennen muß Salem

SCHRECKEN IM WELTALL → Planet der Vampire

SCHRECKEN IN DER NACHT → Nightwalk

DER SCHRECKEN LAUERT NEBENAN (COMPLEX OF FEAR). Ein Triebtäter, der junge Frauen vergewaltigt, versetzt die Bewohner einer komfortablen Wohnanlage in Angst und Schrecken. Das Klima wird vollends vergiftet, als sich der Verdacht erhärtet, daß der Täter unter den Bewohnern zu suchen ist. Ein auf tatsächlichen Ereignissen beruhender Kriminalfilm. ✦ USA 1993 **VA** E.A.T. **R** Brian Grant **B** Dyanne Asimow, Matt Dorff **K** Nic Knowland **M** Nan Mishkin (= Nan Schwartz) **D** Hart Bochner (Ray Dolan), Joe Don Baker (Frank Farrel), Chelsea Field (Michelle Dolan), Brett Cullen (Ed Wylie), Farrah Forke (Vicki), Ashley Gardner (Doreen Wylie) **L** 90 **FSK** ab 16 **E** 30.9.1994 ARD

DER SCHRECKEN SCHLEICHT DURCH DIE NACHT (MONSTER ON THE CAMPUS). Ein Biologe gewinnt aus einem prähistorischen Fisch ein Präparat, mit dem man Menschen und Tiere um Tausende von Jahren »zurückentwickeln« kann. Pseudowissenschaftlicher Science-Fiction-Film mit Horrorakzenten und Pappmaché-Attrappen. ✦ Schwarz-weiß. USA 1958 **P** Universal **KI** Universal **VA** Universal/13th Street **Pd** Joseph Gershenson **R** Jack Arnold **B** David Duncan **K** Russell Metty **M** Joseph Gershenson **S** Ted J. Kent **D** Arthur Franz (Donald Blake), Joanna Moore (Madeleine Howard), Judson Pratt (Mike Stevens), Nancy Walters (Molly Riordan), Troy Donahue (Jimmy Flanders), Phil Harvey (Sgt. Powell), Helen Westcott (Molly Riordan), Alexander Lockwood (Gilbert Howard), Whit Bissell (Dr. Oliver Cole), Eddie Parker (Das Monster), Hank Patterson (Mr. Townsend) **L** 76 **FSK** ab 12 (fr. 16; nf) **E** 22.1.1960/26.9. 1970 ARD **fd** 8 886

SCHRECKEN ÜBER COLORADO (THE LONE RIDER IN FRONTIER FURY / THE LONE RIDER AMBUSHED). Zwei Billigwestern aus der »Lone Rider«-Produktionsserie, für den deutschen Verleih zusammengeschnitten und als »Fuzzy«-Abenteuer vermarktet (siehe auch »Fuzzy«-Filme). Der komische Cowboy und sein Freund machen einen Outlaw unschädlich und klären den Mord an einem Rancher, der seiner habgierigen Nichte zum Opfer gefallen ist. Schlägereien, Schießereien und Verfolgungsjagden en masse, mit ein bißchen Klamauk gestreckt. – Ab 12. ✦ Schwarz-weiß. USA 1941 **P** PRC **KI** Accord **Pd** Sigmund Neufeld **R** Sam Newfield **B** Oliver Drake **K** Jack Greenhalgh **M** Johnny Lange, Lew Porter **S** Holbrook N. Todd **D** George Houston, Al »Fuzzy« St. John, Maxine Leslie, Frank Hagney, Hillary Brooke, Karl Hackett **L** 88 **FSK** ab 6; nf **E** 7.7.1959

DER SCHRECKEN VOM AMAZONAS (THE CREATURE FROM THE BLACK LAGOON). Eine Expedition begibt sich auf die Suche nach einem vorsintflutlichen, schuppengepanzerten Wesen in einem Nebenfluß des Amazonas. Es entgeht allen Fallen, bis es sich in eine junge Expeditionssekretärin verliebt. Seinerzeit im 3-D-Verfahren hergestellter Abenteuerfilm mit raffinierten Unterwasseraufnahmen, der mit seinen naiv-gruseligen Schauereffekten gute und lange Zeit unterschätzte Unterhaltung bietet. Ein Musterbeispiel an filmästhetischer Homogenität, wie man es selten im Genrekino findet. Zusammen mit »Tarantula« (1955, ebenfalls von Jack Arnold) beispielhaft für den amerikanischen Monsterfilm der 50er Jahre. Fortsetzungen: »Die Rache des Ungeheuers« (1954), »Das Ungeheuer ist unter uns« (1956). – Ab 14. ✦ Schwarz-weiß. USA 1954 **P** Universal **KI** Universal **VA** Universal **Pd** William Alland **R** Jack Arnold **B** Harry Essex, Arthur Ross **K** Charles S. Welbourne **M** Joseph Gershenson **D** Ben Chapman (der Kiemenmann), Richard Carlson (David Reed), Julie Adams (Kay Lawrence), Richard Denning (Mark Williams), Antonio Moreno (Carl Maia) **L** 79 **FSK** ab 12; f **E** 24.9.1954/ 18.1.2001 Video **fd** 3 716

DER SCHRECKEN VON ARIZONA (ARIZONA TERROR). Ein Cowboy findet mit Hilfe eines mexikanischen Banditen den Schuldigen an einem Mord, der ihm selbst in die Schuhe geschoben werden soll. Ken Maynard-Western mit wüst zusammengesponnenen Schurkenstreichen. – Ab 14. ✦ Schwarz-weiß. USA 1931 **P** Amity-Film **KI** Anton E. Dietz **R** Phil Rosen **B** John Francis Natteford **K** Arthur Reed **S** Martin G. Cohn **D** Ken Maynard (Ken), Lina Basquette (Kat Moore), Hooper Atchley (Chuckwalla), Nena Quartaro (Lola), Michael Visaroff (Emilio Vasquez) **L** 63 **FSK** ab 12; nf **E** 8.2.1952 **fd** 2 194

DER SCHRECKEN VON KUNG FU (THE HORSEMAN AND THE SAMURAI). Kampf und Gemetzel zwischen zwei rivalisierenden Vettern in Osaka um den Besitz eines Millionen-Dollarschecks, der in zwei getrennten Hälften einem Amerikaner zugespielt wurde. Einfallsloser, zwischen Western und Samurai-Epos angesiedelter Abenteuerfilm mit brutalen Auseinandersetzungen. ✦ Italien 1974 **P** MGM **KI** Fox-MGM **R** Vance Lewis (= Luigi Vanzi) **B** Vincenzo Cerami, Giancarlo Ferrando **K** Mario A. Capriotti **M** Stelvio Cipriani **D** Tony Anthony, Lloyd Battista, Kenji Ohara, Kim Omae, Rita Mura **L** 90 **FSK** ab 18; nf **E** 15.8.1975 **fd** 19 439

DER SCHRECKEN VON MARKS PRIORY (THE CASE OF THE FRIGHTENED LADY). Eine Witwe versucht ihren psychisch kranken Sohn davon abzuhalten, wehrlose Opfer mit einem Seidentuch zu erdrosseln. Überdrehter Thriller nach einem Stoff von Edgar Wallace. – Ab 16. ✦ Schwarz-weiß. Großbritannien 1940 **P** Pennant/British Lion **KI** Fritz Knevels **R** George King **B** Edward Dryhurst, nach dem Roman von Edgar Wallace **K** Bernhard Robinson **M** Jack Beaver **D** Marius Goring, Penelope Dudley-Ward, Helen Haye, Patrick Barr, Felix Aylmer **L** 80 **FSK** ab 16; nf **E** 1.11.1946 **fd** 538

DER SCHRECKEN VON TEXAS (THE RETURN OF THE BADMEN / THE RETURN OF THE BAD MEN). Eine Bandenchefin verliebt sich 1889 im Oklahoma Territory in einen Sheriff, der sie auf den Pfad der Tugend führen will. Durch ihren früheren Kontakt mit einem Gangster wird sie in einen Bankraub verwickelt, bei dem sie ums Leben kommt. Durchschnittlicher Western mit viel Melodramatik. – Ab 14. ✦ Schwarz-weiß. USA 1948 **P** RKO **KI** RKO **Pd** Jack J. Gross, Nat Holt **R** Ray Enright **B** Charles O'Neal, Jack Netteford, Luci Ward **K** J. Roy Hunt **M** Paul Sawtell **S** Samuel E. Beetley **D** Randolph Scott (Vance), Robert Ryan (Sundance Kid), Anne Jeffreys (Cheyenne), Jacqueline White (Madge Allen), Steve Brodie (Cole Younger), George Hayes (John Pettit), Robert Bray (John Younger), Lex Barker (Emmett Dalton), Walter Reed (Bob Dalton), Robert Armstrong (Wild Bill Doolin), Tom Tyler (Wild BillYeager), Walter Baldwin (Muley Wilson), Jason Robards sr. (Richter Harper), Harry Shannon (Wade Templeton), Lane Chandler (Ed), Bud Osborne (Steve), Charles Stevens, Earle Hodgins (Auktionator) **L** 90 **FSK** ab 12; nf **E** 13.10.1950 **fd** 1 076

DAS SCHRECKENS-KOMMANDO (NIGHTFORCE). Weil den Politikern die Hände gebunden sind, brechen fünf Studenten auf, um eine entführte Senatoren-Tochter aus den Händen mexikanischer Banditen zu befreien. Mit Hilfe eines kampferfahrenen Amerikaners und dessen Waffenarsenal machen sie einer Hundertschaft von Banditen den Garaus. Ein ebenso lächerlicher wie abstoßender, mit Sexszenen garnierter Film, dessen Schlagetot-Mentalität herhalten soll, um das Abschlachten ganzer Völker als »blutrünstige Hunde« zu rechtfertigen. (Videotitel: »Nightforce – Schreckenskommando«) – Wir raten ab. ✦ USA 1986 **P** Star Cinema **VA** Vestron **Pd** Victoria Paige Meyerink **R** Lawrence D. Foldes **B** Lawrence D. Foldes, Russel W. Colgin, Michael Engel **K** Roy H. Wagner, Billy Dickson **M** Nigel Harrison, Bob Rose **S** Ed Hansen **D** Linda Blair (Carla), James van Patten (Steve Worthington), Chad McQueen (Henry), Richard Lynch (Bishop), Cameron Mitchell (Senator Hanson) **L** 75 **FSK** ab 18 **E** Dezember 1987 Video **fd** 26 456

DIE SCHRECKENSFAHRT DER ORION STAR (VOYAGE OF TERROR / THE FOURTH HORSEMAN). Ein Kreuzfahrtschiff wird vor der Küste von Miami unter Quarantäne gestellt, als an Bord eine von einem unbekannten Virus verursachte tödliche Seuche ausbricht. Eine zufällig anwesende Seuchenforscherin macht sich auf die Suche nach dem rettenden Serum und muss einen Wettlauf mit der Zeit absolvieren, der auch von einem intriganten Präsidentenberater geschürt wird, der seinen Arbeitgeber in Misskredit bringen will. Handelsüblicher (Fernseh-)Katastrophenfilm, der seine Geschichte durch zahlreiche Nebenstränge aufzusplitten versucht. – Ab 16. ✦ USA/Deutschland 1998 **Pd** James Sharick **R** Brian Trenchard-Smith **B** Mel Frohman **K** Gordon Verheul **M** Brahm Wenger **S** Jeremy Presner, Gary L. Smith **D** Lindsay Wagner (Dr. Stephanie Tauber), Michael Ironside (McBride), Martin Sheen (Henry Northcutt), Horst Buchholz (Kapitän), William B. Davis (Dr. Norman Ellisy), Brian Dennehy (Präsident) **L** 89 **E** 17.9. 1999 ARD

DER SCHRECKENSFLUG DER BOEING 767 (FREEFALL: FLIGHT 614). Fernsehdramatisierung einer Begebenheit aus dem Jahr 1983: Beim Flug eines Passagierflugzeuges von Montreal nach Edmonton stellt der Pilot fest, daß die Maschine kein Benzin mehr hat und sich im Gleitflug auf den Boden zubewegt. Schließlich versucht die Crew, auf einer schon lange nicht mehr benutzten Landebahn notzulanden. – Ab 14. ✦ USA 1995 **R** Jorge Montesi **B** Lionel Chetwynd, nach dem Buch »Freefall« von William und Marilyn Hoffer **D** William Devane (Captain Bob Pearson), Hack Shelley (Lynn Brown), Mariette Hartley (Beth Pearson), Nicholas Turturro (Al Williams), Winston Reckert (Rick Dion) **L** 96 **E** 27.8.1995 RTL

DAS SCHRECKENSHAUS DES DR. DEATH (MADHOUSE). Ein alternder Horrorfilm-Darsteller gerät unter Mordverdacht, als mehrere Personen aus seinem Bekanntenkreis nach dem Muster seiner Filme getötet werden. Der ganz auf den Star Vincent Price zugeschnittene Film mit schwacher Handlung lebt von Reminiszenzen an die klassischen Poe-Verfilmungen von Roger Corman, in denen Price in den 60er Jahren brillierte. ✦ USA 1974 **P** American International/Amicus **VA** RCA/Columbia **R** Jim Clark **B** Greg Morrison, Ken Levison, nach einem Roman von Angus Hall **K** Ray Parslow **M** Douglas Gamley **D** Vincent Price (Paul Toombes), Peter Cushing (Herbert Flay), Robert Quarry (Quayle), Adrienne Corri (Faye), Natasha Pyne (Julia) **L** 87 **E** März 1986 Video **fd** 25 542

DAS SCHRECKENSHAUS DES DR. RASANOFF (LES YEUX SANS VISAGE). Ein angesehener Chirurg betätigt sich als Mädchenmörder, um seiner seit einem Autounfall entstellten Tochter zu neuer Schönheit zu verhelfen. Eine mit Sentiment angereicherte Gruselfilm-Produktion von dekorativer Kunstfertigkeit, der aber ein Funke Ironie die dringend notwendige Lebendigkeit verliehen hätte. (Fernsehtitel: »Augen ohne Gesicht«) ✦ Schwarz-weiß. Frankreich/Italien 1959 **P** Champs Elysees/Lux **KI** Deutsche Cosmopol **R** Georges Franju **B** Pierre Boileau, Thomas Narcejac, Jean Redon, Claude Sautet, Georges Franju, Pierre Gascar, nach einem Roman von Jean Redon **K** Eugen Schüfftan **M** Maurice Jarre **D** Pierre Brasseur (Dr. Rasanoff), Alida Valli (Louise), Juliette Mayniel (Edna Gruber), Edith Scob (Christiane Rasanoff), François Guerin (Jacques) **L** 82 **FSK** ab 18; nf **E** 11.3. 1960 **fd** 9 003

DAS SCHRECKENSKABINETT DES DR. PHIBES (THE ABOMINABLE DR. PHIBES). Der nach einem Unglück geheimnisvoll am Leben gebliebene Musiker und Theologe Dr. Phibes nimmt an neun Personen, die er fälschlich des Mordes an seiner Frau bezichtigt, auf bizarre Weise – nach Art der ägyptischen Plagen – tödliche Rache. Horrorfilm von bemerkenswertem visuellem Reiz und mit dem nicht ganz erfüllten Anspruch auf »schwarze Poesie«. ✦ USA 1971 **P** American International **KI** Constantin **Pd** James H. Nicholson, Samuel Z. Arkoff **R** Robert Fuest **B** James Whiton, William Goldstein **K** Norman Warwick **M** Basil Kirchin, Jack Nathan **S** Tristam Cones **D** Vincent Price (Dr. Anton Phibes), Joseph Cotten (Dr. Vesalius), Hugh Griffith (Rabbi), Terry-Thomas (Dr. Longstreet), Virginia North (Vulnavia) **L** 93 **FSK** ab 16; nf **E** 5.5. 1972 **fd** 18 188

DIE SCHRECKENSKAMMER (CHAMBER OF HORRORS). Aus verschmähter Liebe ermordete ein wahnsinniger Gentleman im Baltimore der Jahrhundertwende seine Braut. Vom Wachsfigurenkabinett aus, wo der Totgeglaubte ausgestellt ist, versucht er sich an jenen zu rächen, die seine Verurteilung und Hinrichtung betrieben. Ironisch getönter Horrorfilm, der mit Verfremdungseffekten eher auf den sanften Schock abzielt. ✦ USA 1966 **P** Warner **KI** Warner **Pd** Hy Averback **R** Hy Averbeck **B** Stephen Kandel **K** Richard H. Kline **M** William Lava **S** David Wages **D** Cesare Danova (Anthony Draco), Patrick O'Neal (Jason Cravette), Suzy Parker (Barbara Dixon), Wilfrid Hyde-White (Harold Blount), Laura Devon (Marie Champlain) **L** 99 **FSK** ab 16; nf **E** 5.1.1967 **fd** 14 518

DIE SCHRECKENSKAMMER DES DR. SEX (ANYBODY – ANYWAY). Ein krankhaft veranlagter Mediziner sucht sich für seine perversen Experimente zwei Opfer, die ihm so lange zu Willen sind, bis sie fliehen können und sein Haus in Flammen aufgeht. Pornografienahes Schundprodukt mit Horrorelementen. ✦ USA 1968 **P** Monrex/Prima **KI** Schneider **R+B** Charles Romine **D** Joyce Denner, Daniel Garth, Eve Reeves, Ivan Hagar **L** 81 **FSK** ab 18; nf **E** 27.6.1969 **fd** 16 255

DIE SCHRECKENSKAMMER DES DR. THOSTI (BLACK SLEEP). Ein gewissenloser Arzt der viktorianischen Epoche experimentiert mit gewaltsam festgehaltenen Patienten, um seine an einem Hirntumor erkrankte Frau zu retten. Die Produkte seiner Versuche, hirnlose, deformierte Wesen, treiben ihn in den Tod. Trotz der Besetzung mit kompetenten Horrorstars nur ein primitives Schauermärchen mit billigen Effekten. ✦ Schwarz-weiß. USA 1956 **P** Bel Air **KI** Lehmacher **Pd** Aubrey Schenck **R** Reginald LeBorg **B** John C. Higgins **K** Gordon Avil **M** Les Baxter **D** Basil Rathbone, Bela Lugosi, Lon Chaney jr., John Carradine, Akim Tamiroff **L** 81 **FSK** ab 16; nf **E** 29.11. 1957 **fd** 6 572

DIE SCHRECKENSMACHT DER ZOMBIES →Shock Waves – Die aus der Tiefe kamen

SCHRECKENSNACHT AM BLACK RIVER (THE SUNSET TRAIL). Cowboy Ken und sein Wunderpferd Tarzan helfen einer schönen Waisen, ihr väterliches Erbe gegen Schurken zu verteidigen. Verstaubter Western für Anspruchslose, der aus zwei alten Serials zusammengeschnitten wurde. – Ab 14. ✦ Schwarzweiß. USA 1931 **P** Tiffany **KI** Deutschland-Film **Pd** Phil Goldstone **R** B. Reeves Eason **B** Ben Cohen **K** Arthur Reed **S** S. Roy Luby **D** Ken Maynard, Ruth Riatt, Frank Rice, Buddy Hunter, Philo McCullough, Frank Ellis, Slim Whitaker, Bud Osborne **L** 86 **FSK** ab 12; nf **E** 18.3.1952 **fd** 1 578

SCHRECKENSREITER DER MONGOLENWÖLFE →Die Mongolen

DIE SCHRECKLICH LANGE NACHT (THE LONGEST NIGHT). Dramatische Kriminalgeschichte nach einem authentischen Fall: Ein Kidnapper hält die Tochter eines reichen Amerikaners in einem unterirdischen Verlies gefangen, dessen Lüftung von einer Batterie betrieben wird. Die gesetzte Frist des Verbrechers beträgt sieben Tage, danach fällt die Batterie aus, und das Mädchen würde ersticken. Der amerikanische Fernsehfilm bewegt sich knapp über dem Durchschnitt. – Ab 16. ✦ USA 1972 **P** Universal **R** Jack Smight **B** Merwin Gerard **K** Sam Leavitt **D** David Janssen, James Farentino, Phyllis Thaxter **L** 72 **E** 14.9.1974 ARD

EINE »SCHRECKLICHE« ENTDECKUNG →Kollege stirbt gleich

EINE SCHRECKLICHE FRAU (STRASNA ZENA). Die harmonische Partnerschaft einer Star-Eisläuferin und ihres Ehemanns wird getrübt, als die Frau eines Abends nicht nach Hause kommt und der Mann sich ihre vermeintlichen Seitensprünge ausmalt. Eisrevuefilm in ansprechender Ausstattung. Neben einigen amüsanten und originellen Szenen herrscht viel Leerlauf. – Ab 14. ✦ Scope. DDR/CSSR 1964/65 **P** DEFA, Gruppe »Roter Kreis«/Filmstudio Barrandov **KI** Progress **R** Jindrich Polák **B** Vratislav Blazek **K** Rudolf Milic **M** Helmut Nier, Karel Mares, Evzen Illín (= Eugen Illin) **S** Josef Dobrichovsky **D** Olga Divínová (Eva Nováková), Jirí Lír (Paul Novák), Karin Schröder (Alena Pokorná), Günter Junghans (Honza Pokorny), Karin Buchali (Schmetterling) **L** 88 **E** 30.7. 1965 Kino DDR/19.8.1996 ORB

DAS SCHRECKLICHE MÄDCHEN. Eine Schülerin erforscht für einen Aufsatz-Wettbewerb die nationalsozialistische Vergangenheit ihrer Heimatstadt und entlarvt dabei im Konflikt mit den Honoratioren deren politische Irrtümer und Verfehlungen. Eine politische Komödie, die mit Satire und Polemik das Problem einer ungenügenden Vergangenheitsbewältigung beleuchtet. Durch eine Überpointierung von Situationen und Typen wird die diskussionswerte Bestandsaufnahme von Formen der Verdrängung und ihren Einflüssen auf die Gegenwart etwas beeinträchtigt. In der filmischen Gestaltung bemerkenswert, da Realsatire und Unterhaltungsqualität auf eine für den deutschen Film ungewöhnliche Weise verbunden sind. – Ab 16. ✦ BR Deutschland 1990 **P** Sentana/ZDF **KI** Filmverlag der Autoren **Pd** Michael Senftleben **R+B** Michael Verhoeven **K** Axel de Roche **M** Mike Herting, Elmar Schloter, Billy Gorlt, Lydie Auvray **S** Barbara Hennings **D** Lena Stolze (Sonja), Monika Baumgartner (Mutter), Michael Gahr (Vater), Hans-Reinhard Müller (Prof. Juckenack), Robert Giggenbach (Martin) **L** 92 **FSK** ab 12; f **FBW** w **E** 15.2.1990/31.8.1990 Kino DDR/7.12.1992 ZDF **fd** 28 168

DIE SCHRECKLICHE WAHRHEIT (THE AWFUL TRUTH). Da seine Ehe nicht mehr zu funktionieren scheint, reicht ein Paar die Scheidung ein. Weil das Urteil erst nach 90 Tagen rechtskräftig wird, verbleibt den beiden eine Bedenkzeit, die vor allem er nutzt, um die Frau erneut für sich zu gewinnen. Eine »screwball comedy« in Perfektion, die vom Wortwitz der Dialoge und vom Spielwitz der Hauptdarsteller lebt. Auch die Nebenfiguren warten mit einigen komischen Überraschungen auf. (O.m.d.U.) – Sehenswert ab 14. ✦ Schwarz-weiß. USA 1937 **P** Columbia **KI** Amazonas **Pd+R** Leo McCarey **B** Vina Delmar, nach einem Bühnenstück von Arthur Richman **K** Joseph Walker **M** Ben Oakland **S** Al Clark **D** Irene Dunne (Lucy Warriner), Cary Grant (Jerry Warriner), Ralph Bellamy (Daniel Leeson), Alex D'Arcy (Armand Devalle), Cecil Cunningham (Tante Patsy) **L** 90 **E** 26.10. 1973 BR/19.3.1992 Kino **fd** 29 461

DIE SCHRECKLICHEN ELTERN (LES PARENTS TERRIBLES). Michel gesteht seiner Mutter seine Liebe zu Madeleine und weiß nicht, daß sie die Geliebte seines Vaters ist. Der Vater leugnet, die Mutter nimmt Gift, und die Tante, die in den Vater verliebt ist, führt die jungen Liebenden wieder zusammen. Geschliffenes Dialogstück über ein moralisch verwahrlostes Bürgertum, dessen morbides Klima in Cocteaus Filmversion mit sezierendem Blick kritisiert wird. Die Atmosphäre des Films erschließt sich auch über seine Ausstattung und die erhitzten Gesichter der Darsteller, die das Werk zu einem packenden Erlebnis werden lassen. ✦ Schwarz-weiß. Frankreich 1948 **P** Films Ariane **KI** Paris Film **R** Jean Cocteau **B** Jean Cocteau, nach seinem Bühnenstück **K** Michel Kelber **M** Georges Auric **D** Jean Marais (Michel), Josette Day (Madelaine), Yvonne de Bray (Yvonne), Marcel André (Georges), Gabrielle Dorziat (Leonie) **L** 95 **FSK** ab 16; f **E** 2.11.1953 **fd** 3 234

DIE SCHRECKLICHEN KINDER (LES ENFANTS TERRIBLES). Die Geschichte eines in inzestuöser Gemeinschaft lebenden Geschwisterpaares, dessen exklusive Gemeinsamkeit keine anderen Menschen neben sich duldet. Als diese Ursache des Leides verzweifelnd erkannt wird, gehen beide in den Tod. Leider wird der sensible Roman von Jean Cocteau in Melvilles Verfilmung zum geschmäcklerischen Kunstgewerbe, das der mythenreichen Fantasie des Autors nicht gerecht wird und die Vorlage zum »Hörspiel« degradiert. ✦ Schwarz-weiß. Frankreich 1949 **P** Melville **KI** Silver Cine **Pd+R** Jean-Pierre Melville **B** Jean Cocteau, Jean-Pierre Melville, nach einem Roman von Jean Cocteau **K** Henri Decaë **M** Johann Sebastian Bach, Antonio Vivaldi **S** Monique Bonnot **D** Nicole Stéphane (Elisabeth), Edouard Dermite (Paul), Renée Cosima (Dargélos), Jacques Bernard (Gérard), Mel Martin (Michael) **L** 107 **FSK** ab 18; nf **E** 1.2.1952/15.9.1980 ARD/13.5.1993 Wiederaufführung **fd** 22 616

SCHRECKLICHER VERDACHT (CROSSFIRE). Eine Agentin schleust den Chef des deutschen Geheimdienstes in eine Terrororganisation ein. Als der erste Auftrag – ein Bombenanschlag auf einen Staatssekretär – mißlingt, wird ihre Identität aufgedeckt, und sie gerät in Lebensgefahr. ✦ Deutschland 1995 **R** Jeannot Szwarc **B** Brian Finch **D** Susanne Schäfer (Anna Schilling), Sebastian Koch (Ernst Hoffmann), Michael Greiling (Helmut Mueller), Reiner Schöne (Vogel), Mark Kuhn (Kurt Brecht) **L** 91 **E** 25.9.1995 Pro Sieben

EIN SCHRECKLICHES GEHEIMNIS (KEEPING SECRETS). Am 50. Hochzeitstag ihrer Eltern läßt eine junge Frau ihr bisheriges Leben Revue passieren und erinnert sich an die Sonntagsreden des Vaters, die im krassen Widerspruch zur Vergangenheit standen: Jahrzehnte litt die mehrköpfige Familie unter dem trinkenden Vater, wobei es nur der Tochter gelang, sich vom Elternhaus zu lösen, um schließlich die Familie wieder auf den Pfad der Tugend zu führen. Aufwendig mit viel Kitsch und noch mehr Tränen inszenierte gefühlsselige »Seifenoper«, routiniert in Szene gesetzt – Kino der Gefühle und Tragödien, das kaum etwas mit der Realität gemein hat. (Fernsehtitel: »Ich will leben!«) – Ab 14. ✦ USA 1991 **P** Universal **VA** CIC **Pd** Pat Finnegan, Sheldon Pinchuk **R** John Korty **B** Edmond Stevens, nach einem Roman von Suzanne Somers **K** Sandi Sissel **M** Patrick Williams **S** Jim Oliver **D** Suzanne Somers (Suzanne Somers), Ken Kercheval (Frank »Ducky« Mahoney), Michael Learned (Marion Mahoney), Kim Zimmer (Maureen), David Birney (Alan Hamel), Michael Horton (Danny) **L** 90 **FSK** ab 12 **E** 21.10.1992 Video/ 26.6.1996 RTL **fd** 29 895

SCHRECKSCHUSS (RIASZTOLÖVES). Ein leitender Angestellter wird nach Budapest gerufen, weil seine schon erwachsene Tochter einen befreundeten Kommilitonen mit einer Waffe verletzt hat. Die Untersuchung bringt vielschichtige Konflikte und Probleme zwischen den beiden Generationen ans Tageslicht. Handwerklich sauberer psychologischer Kriminalfilm, der seinen besonderen Reiz aus der Konfrontation verschiedener Lebensmodelle und ethischer Normen bezieht. – Ab 14. ✦ Ungarn 1977 **P** Dialóg Stúdió **KI** Progress **R+B** Péter Bacsó **K** János Zsombolyai **M** György Vukán, Johann Sebastian Bach **D** Agoston Simon (János Finta), Erzsébet Kútvölgyi (Eva), Péter Andorai (Iván Vank), Teri Földi (Evas Mutter), István Iglódi **L** 94 **E** 20.10.1978 Kino DDR

DER SCHREI (1957) (IL GRIDO). Ein Arbeiter in einer Zuckerfabrik geht mit seiner kleinen Tochter auf eine lange Wanderschaft durch die Po-Ebene, nachdem sich seine langjährige Lebensgefährtin einem jüngeren Mann zugewendet hat. Begegnungen mit verschiedenen Frauen vertiefen seine Verzweiflung und Isolation; er kehrt zurück, besteigt den Turm seiner Fabrik und stürzt sich in den Tod. Antonioni gelangte mit diesem pessimistischen Außenseiterporträt erstmals zu einer konsequenten Ausformung seines Stils: In den grauen, trostlosen Schauplätzen teilt sich die innere Verfassung seines Helden unaufdringlich mit; ohne viele Worte, aber reich an symbolischen Details entsteht das Bild einer Grenzsituation, in der sich später vor allem Antonionis Frauengestalten wiederfinden. – Sehenswert. ✦ Schwarz-weiß. Italien/USA 1957 **P** Spa-Cinematografico/Robert Alexander **KI** neue filmform **R** Michelangelo Antonioni **B** Michelangelo Antonioni, Elio Bartolini, Ennio de Concini **K** Gianni di Venanzo **M** Giovanni Fusco **D** Steve Cochran (Aldo), Alida Valli (Irma), Dorian Gray (Virina), Betsy Blair (Elvia), Gabriella Pallotta **L** 111 **FSK** ab 16; f **FBW** w **E** 18.6. 1960/2.4.1962 ARD/6.9.1981 DFF 1 **fd** 8 829

DER SCHREI (1963) (KRIK). Aufrichtig und sensibel porträtiert ein 28jähriger tschechischer Regisseur ein junges Ehepaar in Prag an dem Tage, als es sein erstes Kind erwartet. Die poesievoll-kritische Gegenwartsreflexion wird dabei in Parallele gesetzt zu gemeinsamen früheren Erlebnissen persönlicher und gesellschaftlicher Art. Ein psychologisch wie soziologisch aufschlußreicher Film. (Westdeutscher TV-Titel: »Der erste Schrei«) – Ab 14. ✦ Schwarz-weiß. CSSR 1963 **P** Ceskoslovensky Film **KI** Filmkundliches Archiv, Köln **R** Jaromil Jires **B** Jaromil Jires, Ludvík Askenazy **K** Jaroslav Kucera **M** Jan Klusák **D** Josef Abrhám, Eva Limanová **L** 85 **E** 15.5.1964 Kino DDR/29.10.1966 NDR III **fd** 15 166

DER SCHREI (1983) (KRZYK). Eine 26jährige Arbeiterin will nach ihrer Entlassung aus dem Strafvollzug ihrem sozialen Milieu entfliehen, nimmt eine Stelle als Putzfrau in einem Altersheim an und sieht in einem alten Mann ein Opfer, an dem sie sich für ihre Erniedrigungen rächen und gleichzeitig zu Geld kommen kann. Eine realistische, provozierende Beschreibung der Situation von Randgruppen in einem sozialistischen Land; der düstere und pessimistische Film ist der letzte Teil einer Trilogie (nach »Ohne Liebe«, 1979, und »Die Debütantin«, 1981), mit der sich Barbara Sass mit der Stellung junger Frauen in Polen auseinandersetzt. ✦ Polen 1983 **P** Zespoly Filmowe, Gruppe Kadr **R+B** Barbara Sass **K** Wieslaw Zdort **M** Wojciech Trzcinski **D** Dorota Stalinska, Andrzej Pieczynski, Stanislaw Igar, Anna Romantowska, Iga Cembrzynska **L** 95 **E** 3.6.1988 West 3

SCHREI AM ABGRUND (SMALL SACRIFICES). Verwirrt und am Rande des Nervenzusammenbruchs bringt eine Mutter ihre drei durch Schüsse schwer verletzten Kinder in die Notaufnahme. Sie beschuldigt einen unbekannten Attentäter, verwickelt sich aber in Widersprüche und gerät selbst in Verdacht. Erst als eines der Kinder sein zwischenzeitlich verlorenes Sprachvermögen wiederfindet und gegen die Mutter aussagt, bestätigt sich die ungeheuerliche Vermutung. Eine leicht zu durchschauende Fernsehproduktion, die sich zum Ende einer immer monströseren Psychologisierung bedient, um die Täterin als Opfer einer unglücklichen Kindheit auszuweisen. Enttäuschend auch Farrah Fawcett, die das unzureichende Klischeebild einer Soziopathin liefert. (TV-Titel: »Blick in den Abgrund«, »Schrei vor dem Abgrund«) – Ab 16. ✦ USA 1989 **P** Allarcom & Fries Entertainment/Louis Rudolph Prod./Motown **VA** EuroVideo **Pd** S. Bryan Hickox **R** David Greene **B** Joyce Eliason, nach einem Roman von Ann Rule **K** Ron Orieux **M** Peter Manning Robinson **S** Parkie Singh **D** Farrah Fawcett (Diane Downs), John Shea (Frank Joziak), Ryan O'Neal (Lew Lewiston), Gordon Clapp (Doug Welch), Emily Perkins (Karen Downs) **L** 118 (TV 189) **FSK** ab 16 (Videofassung) **E** 21.1.1991 Video/ 1.,2.11.1991 ARD (zwei Teile) **fd** 29 062

SCHREI AUS DEM DSCHUNGEL (JUNGLE JIM IN THE FORBIDDEN LAND). Dschungel Jim rettet eine Elefantenherde vor der Elfenbeingier weißer Jäger und eine junge Anthropologin vor den grimmig-blöden Urwaldwesen, die in der Entwicklungsreihe vom Affen zum Menschen das langgesuchte Zwischenglied sein sollen. Naiver Abenteuerfilm nach tausendfach erprobtem Rezept. – Ab 14. ✦ Schwarz-weiß. USA 1950 **P** Columbia **KI** Columbia **Pd** Sam Katzman **R** Lew Landers **B** Samuel Newman **K** Fayte Browne **M** Mischa Bakaleinikoff **S** Henry Batista **D** Johnny Weissmuller, Angela Greene, Jean Willes, Lester Matthews, William Tannen **L** 73 **FSK** ab 12; nf **E** 28.8. 1953 **fd** 2 469

EIN SCHREI AUS DEM GRAB (A CRY FROM THE GRAVE). Erschütternde Dokumentation über die Lage holländischer Kfor-Truppen, die machtlos mit ansehen müssen, wie vor ihren Augen 7000 bosnische Moslems von Serben ermordet und sie selbst als Schutztruppe verhöhnt werden. Ein preisgekrönter Film, der auf vorbildliche Weise Beobachter und Zeitzeuge zugleich ist. – Sehenswert. ✦ Großbritannien/ USA/Niederlande/Deutschland 1999 **P** Antelope/ Ryninks Films/Thirteen-WNET/BBC/WDR **Pd+R+B** Leslie Woodhead **K** Gerry Piches **S** Ian Meller **L** 150 (TV 105) **E** 16.10.2000 B 1

SCHREI AUS DEM JENSEITS (HAUNTED). Über einer Westernstadt, die nur von einer einzigen Familie bewohnt wird, lastet der Fluch einer Indianerin, die einst unschuldig zu Tode verurteilt wurde. Als es eine Schauspielerin in den Ort verschlägt, scheinen sich die düsteren Ahnungen zu erfüllen. Trivialer Horrorfilm. (Alternativtitel: »Anruf aus dem Jenseits«) ✦ USA 1976 **P** Michael De Gaetano **VA** Ufa **Pd** Michael De Gaetano, Nicholas Nizich **R+B** Michael De Gaetano **K** William E. Kines **M** Lor Crane **S** Jack Hofstra **D** Aldo Ray, Virginia Mayo, Anne Michelle, Jim Negele, Paul Vincenzo **L** 88 **FSK** ab 16 **E** 20.5.1988 Video

SCHREI AUS DER FERNE (A DISTANT SCREAM). Während er im Sterben liegt, versucht ein zu Unrecht Verurteilter, die Vorgänge zu rekonstruieren, die vor 20 Jahren zum Tode seiner Geliebten und zu seiner Inhaftierung führten. Er träumt sich in die Vergangenheit und sieht sich als jungen Mann wieder. Gleichzeitig ist er jedoch auch als Alter am Ort des Geschehens, der die Tat verhindern oder zumindest den wahren Täter überführen will. Melodramatischer Kriminalfilm. ✦ **R** John Hough **D** David Carradine, Stephanie Beacham, Stephen Greif, Stephen Chase, Fanny Carby **L** 70 (TV) **E** 18.10.1989 SAT 1

DER SCHREI AUS DER STILLE (MOURIR A TUE-TETE). Die Geschichte einer brutalen Vergewaltigung und ihrer Folgen bis hin zum Selbstmord der Frau. Der Film stellt die Psychologie des Opfers in den Vordergrund, wirkt so als Pamphlet stellenweise überzeugend, löst jedoch keine wirkliche Betroffenheit aus. Dramaturgisch zu glatt, gibt der Film kaum Denkanstöße über die psychologischen und gesellschaftlichen Ursachen von Vergewaltigungsdelikten. ✦ Kanada 1978 **P** Office National du Film du Canada **KI** Skylight **Pd** Jacques Gagné, Anne-Claire Poirier **R** Anne-Claire Poirier **B** Marthe Blackburn, Anne-Claire Poirier **K** Michel Brault **M** Maurice Blackburn **S** André Corriveau **D** Julie Vincent (Suzanne), Germain Moude (der Vergewaltiger), Paul Savoie (Philippe), Monique Miller (die Regisseurin), Micheline Lanctôt (die Cutterin) **L** 96 **FSK** ab 16; f **E** 29.2.1980 **fd** 22 471

SCHREI AUS DER VERGANGENHEIT (JOUR BLANC). In einer Klinik mitten in den Schweizer Alpen werden eine mutige junge Frau und der in sie verliebte Bergführer mit der geheimnisvollen Vergangenheit eines Psychiaters konfrontiert. Der Fund einer seit Jahrzehnten vom Gletschereis verborgenen Leiche bringt den Arzt schließlich in Bedrängnis. Psychothriller vor der Kulisse der Walliser Alpen. ✦ Schweiz 1991 **P** Télévision Suisse Romande **Pd** Raymond Vouillamoz **R** Jacob Berger **B** Nadas-Mayou, Jacob Berger **K** Jacques Mahrer **M** Antoine Auberson **D** Heinz Bennent (Dr. Castelli), Fabienne Périneau (Francesca Hodler), Jean-Yves Berteloot (Théo), Judith Magre (Eva Kalinska), Armen Godel (Hans Zieffel) **L** 83 **E** Herbst 1991 Schweiz

SCHREI AUS STEIN (SCREAM OF STONE). Der Weltmeister der »Freeclimber« und ein Extrem-Alpinist liefern sich an einem als unbezwungen geltenden Berg in Patagonien ein Duell, das einer von ihnen nicht überlebt. Eine teilweise hochkarätige Besetzung kann nicht verhindern, daß dem mystisch getönten Film, der als Parabel über die ebenso unerklärliche wie unstillbare Sehnsucht nach dem Bergsteigen verstanden werden will, Spannung, Dramatik und Glaubwürdigkeit fehlen. – Ab 12 möglich. ✦ Deutschland/Frankreich/Kanada 1991 **P** Sera/Molecule/Les Stock Films International **KI** Neue Constantin **VA** VCL/Carolco **Pd** Walter Saxer **R** Werner Herzog **B** Hans-Ulrich Klenner, Walter Saxer, nach einer Idee von Reinhold Messner **K** Rainer Klausmann, Herbert Raditschnig (Kletter-Kamera) **M** Ingram Marshall, Sarah Hopkins, Alan Lamb **S** Suzanne Baron **D** Vittorio Mezzogiorno (Roccia), Stefan Glowacz (Martin), Mathilda May (Katherina), Donald Sutherland (Ivan), Brad Dourif (Fingerloser) **L** 106 **FSK** ab 6; f **FBW** w **E** 3.10.1991/4.4.1992 Video/21.2.1993 ZDF **fd** 29 184

SCHREI – DENN ICH WERDE DICH TÖTEN! Ein Mörder sucht am Abend der Abiturfeier seine Opfer unter den Schülern. Deutscher (Fernseh-)Beitrag zur Teenie-Horror-Welle. ✦ Deutschland 1999 **P** Real-Film (für RTL) **R** Robert Sigl **B** Kai Meyer **D** Katharina Wackernagel (Nina), Nils Nelleßen (Tom), Marlène Meyer (Anne), Niels Bruno (Philip), Rita Lengyel (Eva), Sandra Leonhard (Jessica), Raphael Vogt (Jan), Enie van de Maiglockjes (Jasmin), Urs Remond (Michaelis) **L** 93 **E** 10.11.1999 RTL

SCHREI DER EULE (LE CRI DU HIBOU). Ein sensibler Zeichner erwartet die Scheidung von seiner Frau in Paris. Er lernt in Vichy ein Mädchen kennen, dessen Verlobter aus Unverstand »Rache« übt. Eifersucht und Boshaftigkeit bringen ihn in eine fast aussichtslose Lage und den übrigen drei Beteiligten den Tod. Geschickt verkürzte, doch präzise Übertragung des psychologisch subtilen Romans von Patricia Highsmith in tragikomisch akzentuierender Inszenierung. – Ab 16. ✦ Frankreich 1987 **P** Italfrance/ CI.VI.TE.CA.SA-Films **KI** Delta **VA** Warner Home **Pd** Antonio Passalia **R** Claude Chabrol **B** Claude Chabrol, Odile Barski, nach einem Roman von Patricia Highsmith **K** Jean Rabier **M** Matthieu Chabrol

S Monique Fardoulis **D** Christophe Malavoy (Robert), Mathilda May (Juliette), Virginie Thévenet (Véronique), Jacques Penot (Patrick), Jean-Pierre Kalfon (Kommissar) **L** 108 **FSK** ab 12; f **E** 3.3.1988/25.10. 1988 Video **fd** 26 699

DER SCHREI DER EULE. TV-Version eines im gleichen Jahr auch von Claude Chabrol verfilmten Highsmith-Romans. Ein Mann entdeckt in einem abgelegenen Haus eine Frau, die er fortan immer wieder fasziniert beobachtet. Eines Tages überrascht sie ihn in ihrem Garten, und langsam entwickelt sich zwischen den beiden eine ungewöhnliche Liebesbeziehung. Als der eifersüchtige Geliebte der Frau kurz darauf spurlos verschwindet, führen die einsetzenden Verdächtigungen zu einer tragischen Entwicklung. ✦ BR Deutschland 1987 **P** TV-60 Filmproduktion **Pd** Christoph Holch **R** Tom Toelle **B** Peter Märthesheimer, Pea Fröhlich, nach dem gleichnamigen Roman von Patricia Highsmith **K** Anton Peschke **M** Wolfgang Dauner **S** Eva-Maria Grohmann **D** Matthias Habich (Robert), Birgit Doll (Johanna), Jacques Breuer (Karl), Fritz Lichtenhahn (Lippenholtz), Doris Kunstmann (Vicky), Roger Fritz (Ralph), Gernot Endemann (Jakob), Hans Christian Blech (Dr. Knapp) **L** 135 **E** 13.12.1987 ZDF

SCHREI DER GEHETZTEN (VIVA VILLA). Bilderbogenartige Schilderung der Revolutionswirren in Mexiko (1910–1923): Der ebenso legendäre wie umstrittene Pancho Villa befreit sein Volk von den Unterdrückern. Packender, aber streckenweise brutaler Abenteuerfilm mit hervorragenden schauspielerischen Leistungen. – Ab 16. ✦ Schwarz-weiß. USA 1934 **P** MGM **KI** MGM **Pd** David O. Selznick **R** Jack Conway, Howard Hawks (ungenannt) **B** Ben Hecht, nach dem Roman »Viva Villa« von Edgcumb Pinchon und O. B. Stade **K** James Wong Howe, Charles G. Clarke **M** Herbert Stothart **S** Robert J. Kern **D** Wallace Beery (Pancho Villa), Fay Wray (Teresa), Leo Carrillo (Sierra), Stuart Erwin (Johnny Sykes), George E. Stone (Emilio Chavito), Donald Cook (Don Felipe), Joseph Schildkraut (General Pascal), Henry B. Walthall (Madero), Frank Puglia (Villas Vater), John Merkel, Charles Stevens, Harry Cording, Francis McDonald (einer von Villas Männern), Julian Rivero (Telegrafist), Mischa Auer (Militär- Attaché) **L** 109 (Orig. 115) **FSK** ab 16; nf **E** 18.10.1957/2.12. 1967 ARD **fd** 6 390

SCHREI DER GROSSSTADT (CRY OF THE CITY). Grausames Katz- und Maus-Spiel zwischen einem Gangster und einem Polizisten, die einst Jugendfreunde in den Slums waren. Starke Atmosphäre und schwache Dramaturgie in einem harten Kriminalfilm. (Remake von »Manhattan Melodrama«, USA 1934, Regie: W.S. Van Dyke, mit William Powell und Clark Gable.) – Ab 16. ✦ Schwarz-weiß. USA 1948 **P** 20th Century Fox **KI** Centfox **Pd** Sol C. Siegel **R** Robert Siodmak **B** Richard Murphy, nach dem Roman »The Chair for Martin Rome« von Henry Edward Helseth **K** Fred Sersen **M** Alfred Newman **S** Harmon Jones **D** Victor Mature (Lt. Candella), Richard Conte (Martin Rome), Mimi Agulia (Mama Roma), Shelley Winters (Brenda), Tommy Cook (Tony), Fred Clark (Lt. Collins), Betty Garde (Mrs. Pruett), Debra Paget (Teena Riconti) **L** 94 **FSK** ab 16; nf **E** 13.7.1950 **fd** 784

DER SCHREI DER JENNIFER ASHFORD (DEAD ON THE MONEY). Eine hübsche, nur mäßig erfolgreiche Schauspielerin verliebt sich in einen gutaussehenden Mann, heiratet schließlich dessen reichen, exzentrischen Vetter und gerät damit in ein raffiniertes Mordkomplott. Kriminalfilm. ✦ USA 1990 **P** Perfect Circle/Voyager **Pd** John Dolf, Victor Simpkins **R** Mark Cullingham **B** Gavin Lambert, nach dem Roman »The End of the Tragedy« von Rachel Ingalls **M** Michael Minard **D** Corbin Bernsen (Carter Matthews), Amanda Pays (Jennifer Ashford), John Glover (Russell Blake), Kevin McCarthy (Waverley), Kathleen Wilhoite (Maggie) **L** 87 **E** 19.10.1993 PRO 7

DER SCHREI DER LIEBE. Drama um eine Familie, die zerbricht, als sich der Vater in den Freund der Tochter verliebt, der als Strichjunge sein Geld verdient. ✦ Deutschland 1997 **R** Matti Geschonneck **B** Hannah Hollinger, Helga Krauss **D** Jürgen Prochnow (Holger Behrend), Eva Mattes (Simone Behrend), Katharina Schüttler (Lara Behrend), Matthias Schloo (Yannis), Sontje Peplow (Kerstin) **L** 90 **E** 5.3.1997 ARD

DER SCHREI DER MENGE (THE CROWD ROARS). Ein berühmter Rennfahrer, der seinen talentierten jüngeren Bruder in sein Team aufgenommen hat, versucht, ihn zu beschützen und von karrieresüchtigen Frauen fernzuhalten. Als sich der Jüngere verliebt und gegen den Widerstand des Bruders heiratet, kommt es zur Konfrontation der beiden auf der Piste. Hawks' Film beweist das Talent des Regisseurs für Action und sein Gespür in der Darstellung von resoluten, starrköpfigen Figuren. Mitten in der Zeit der wirtschaftlichen Depression entstanden, ist der Film auch eine Variation des »amerikanischen Traums« vom erfolgreichen Individuum. – Sehenswert ab 16. ✦ Schwarz-weiß. USA 1932 **P** Warner Bros. **R** Howard Hawks **B** Kubec Glasmon, John Bright, Niven Busch, Seton I. Miller **K** Sid Hickox, John Stumar **M** Leo F. Forbstein **S** Thomas Pratt **D** James Cagney (Joe Greer), Joan Blondell (Ann Scott), Ann Dvorak (Lee Merrick), Eric Linden (Eddie Greer), Guy Kibbee (Vater Greer) **L** 70 **E** 5.5.1979 BR

DER SCHREI DER SCHWARZEN WÖLFE. Spannende Abenteuerunterhaltung im Milieu eines abgelegenen Camps am Fuß der Schnee- und Eiswüste Alaskas. Ein Pelztierjäger streitet heldenhaft für Recht und Menschlichkeit und bleibt in harten Gefahren und Gefechten Sieger. Kampfspektakel und Melodramatik halten sich dabei die Waage. – Ab 14 möglich. ✦ BR Deutschland 1972 **P** Lisa **KI** Constantin **Pd** Günther Eulau **R** Harald Reinl **B** Kurt Nachmann, nach einem Roman von Jack London **K** Franz X. Lederle **M** Gerhard Heinz **S** Eva Zeyn **D** Ron Ely (Bill Robin), Raimund Harmstorf (Jack Harper), Gila von Weitershausen (Frona Williams), Arthur Brauss (Tornado-Kid), Angelica Ott **L** 89 **FSK** ab 12; f **E** 5.10.1972/25.1.1974 Kino DDR/3.11.1979 DFF 1 **fd** 18 026

DER SCHREI DER SEIDE (LE CRI DE LA SOIE). Paris 1914: Ein Psychiater versucht, die Leidenschaft einer jungen Näherin zu ergründen, die bereits mehrfach wegen des Diebstahls von Seidenstoffen verhaftet wurde. So kommt er einer besonderen Form von Fetischismus auf die Spur und verliebt sich in seine Patientin, die seine Gefühle erwidert und zum ersten Mal ihre Sexualität nicht sublimieren muß. Eine faszinierende, in ruhigen und unspektakulären Bildern entwickelte Studie um die Erotik des Ver- und Enthüllens, getragen von zwei ausgezeichneten Darstellern. Gelegentliche Ausflüge ins Kunstgewerbe schmälern den positiven Gesamteindruck nur unwesentlich. (O.m.d.U.) – Sehenswert. ✦ Frankreich/ Schweiz/Belgien 1996 **P** Mimosa/La Sept Cinéma/ Scarebee/Ingrid/T & C/Télévision Suisse Romande/ CMC **KI** Salzgeber **VA** absolut MEDIEN/Salzgeber **DVD** Salzgeber (1.85:1; DD2.0 dt.) **Pd** Sylvain Bursztejn, Marcel Hoehn **R** Yvon Marciano **B** Yvon Marciano, Jean-François Goyet **K** William Lubtchansky **M** Alexandre Desplat **S** Catherine Quesemand **D** Marie Trintignant (Marie), Sergio Castellitto (Gabriel de Vilemer), Anémone (Cécile), Alexandra London (Aude), Adriana Asti (Gabriels Mutter) **L** 110 **FSK** ab 12; f **E** 19.2.1998/26.10.1998 arte/5.10. 1998 Video/27.11.2000 DVD **fd** 32 844

DER SCHREI DER TAUBE (BETRAYAL OF THE DOVE). Eine in Scheidung lebende Frau versucht bei einem attraktiven Arzt Sicherheit und neues Glück zu finden. In dem abgelegenen Haus, in dem sie mit ihrer kleinen Tochter wohnt, gehen allerdings unheimliche Dinge vor sich. Ausgerechnet ihr tolpatschiger Verehrer kann eine teuflische Verschwörung aufdecken. Der Film stützt sich auf ein spannendes, geschickt geknüpftes Netz von Intrigen, vergißt über dieser Konstruktion jedoch die logische Auflösung; das mangelnde Zutrauen in die Geschichte soll durch unglaubwürdige dramaturgische und darstellerische Effekte kaschiert werden. – Ab 16. ✦ USA 1992 **P** Prism/J & M Entertainment/Private **VA** VCL/ Carolco **Pd** Ashok Amritraj **R** Strathford Hamilton **B** Robby Benson **K** David Lewis **M** Sasha Matson **S** Marcy Hamilton **D** Helen Slater (Ellie), Billy Zane (Dr. Peters), Alan Thicke (Jack), David L. Lander (Norman), Kelly LeBrock (Una), Heather Lind (Autumn) **L** 91 **FSK** ab 16 **E** 21.2.1994 Video/19.4.1995 premiere **fd** 30 858

SCHREI DER VERDAMMTEN (MAX AND HELEN). Dramatische Inszenierung nach einem Bericht von Simon Wiesenthal: Einem polnischen Juden gelingt die Flucht aus einem KZ, wo er seine Verlobte zurückläßt. Er gerät in ein sowjetisches Zwangsarbeiterlager und sieht seine Verlobte erst nach seiner Entlassung im Jahr 1957 wieder, als er in Paris erfolgreich als Arzt arbeitet. Sie hat einen Sohn, der nicht weiß, daß er das Kind aus einer Vergewaltigung durch einen KZ-Wächter ist. Eine fürs amerikanische Kabelfernsehen produzierte Arbeit, die vor allem durch das Thema von Schuld und Gnade fesselt und anrührt, aber zu unausgeglichen besetzt ist. – Ab 16 möglich. ✦ USA/Großbritannien 1990 **P** Turner Pictures/Citadel **VA** EuroVideo **Pd** Steve McGlothen, David R. Ginsburg, Steve Cooper **R** Philip Saville **B** Corey Blechman, nach einem Bericht von Simon Wiesenthal **K** Elemér Ragályi **M** Christopher Young **S** S. Skip Schoolnik **D** Treat Williams (Max Rosenberg), Alice Krige (Helen Weiss), Martin Landau (Simon Wiesenthal), Jonathan Phillips (Schultze/ Weiss), Adam Kotz (Peter) **L** 91 **FSK** ab 16 **E** 11.6. 1991 Video/15.6.1995 RTL 2

SCHREI DER VERLORENEN (THE WATCHER IN THE WOODS). Eine Familie mietet von einer verarmten Offizierswitwe ein großes Landhaus. Bald geschehen merkwürdige Dinge, und die älteste Tochter hat Erscheinungen, die mit der vor Jahren verschwundenen Tochter der Hausbesitzerin in Verbindung stehen. Sie versucht, Licht in die mysteriösen damaligen Vorgänge zu bringen. Der erste fantastische Film, der von den Disney-Studios produziert wurde, überzeugt durch seine Kameraarbeit, die Zeichnung der morbiden Atmosphäre und vor allem durch Alt-Star Bette Davis. – Ab 16. ✦ USA 1982 **P** Disney **Pd** Ron Miller **R** John Hough **B** Brian Clemens, Harry Spalding, Rosemary Anne Sisson, nach einem Roman von Florence Engel Randall **K** Alan Hume **M** Stanley Myers **S** Geoffrey Foot **D** Bette Davis (Mrs. Aylwood), Carroll Baker (Helen Curtis), David McCallum (Paul Curtis), Lynn-Holly Johnson (Jan Curtis), Kyle Richards (Ellie Curtis) **L** 83 **E** 7.12.1992 ARD

DER SCHREI DES DONNERVOGELS →Schrei des Dornenvogels

SCHREI DES DORNENVOGELS (ISFUGLE). Die Freundschaft zwischen zwei grundverschiedenen jungen Männern Mitte 20, beide aufgewachsen in großstädtischer Hektik, der eine jedoch ein ruhiger, rationaler Typ, der andere ein aus deprimierenden Verhältnissen stammender, kämpferischer Einzelgänger ohne Rückhalt. Nach vorübergehender Annäherung beider Lebenswelten wird deutlich, daß der Einzelgänger dem Trauma seiner Kindheit nicht entrinnen kann; er droht in die radikale Terrorszene abzugleiten. Realitätsnaher dramatischer Spielfilm des vor allem als sensibler Regisseur von Kinder- und Jugendfilmen bekannten Sören Kragh-Jacobsen. (Titel auch: »Der Schrei des Donnervogels«) – Ab 16. ✦ Dänemark 1984 **P** Metronome **Pd** Bent Fabricius Bjerre **R+B** Søren Kragh-Jacobsen **K** Dan Laustsen, Jens Schlosser **M** Kennet Knudsen **S** Janus Billeskov Jansen, Gitte Naur, Ghita Beckendorf **D** Peter Hesse Overgaard (John), Michael Falch (René), Mette Munk Plum (Vivi), Rita Angela (Johns Mutter), Niels Möller (Helge), Dick Kaysoe (Renés Vater), Mogens Johansen (Johns Vater) **L** 100 **E** 28.7.1989 PRO 7/13.12.1990 DFF 1

SCHREI DES GEJAGTEN (CRY OF THE HUNTED). In den Sümpfen von Louisiana wird ein Gefängnisoffizier, der einem entflohenen Häftling weniger aus Gerechtigkeitssinn denn aus Eigennutz auf den Fersen ist, selbst zum Gejagten. Nachdem beide Männer verletzt sind, müssen sie gemeinsam nach einem Ausweg aus lebensbedrohender Situation suchen. Von der Atmosphäre und Ausstrahlung der Landschaft lebender Thriller um zwei Menschen in einer Extremsituation; gut gespielt und spannend inszeniert. – Ab 16. ✦ Schwarz-weiß. USA 1953 **P** MGM **R** Joseph H. Lewis **B** Jack Leonard **K** Harold Lipstein **M** Rudolph G. Kopp **D** Vittorio Gassman (Jory), Barry Sullivan (Lt. Tunner), Polly Bergen (Janet Tunner), William Conrad (Goodwin), Mary Zavian (Ella) **L** 78 **E** 6.4.1987 NDR

DER SCHREI DES GELBEN ADLERS (COLD BLOODED AVENGING EAGLE). Der Schüler eines despotischen Kung-Fu-Meisters erkennt die Grausamkeit und Skrupellosigkeit des machtlüsternen »Vaters« und wendet sich von ihm ab. Mit Hilfe eines zunächst unbekannten Rächers besiegt er schließlich in einem harten Kampf den mordgierigen Tyrannen. In Rückblenden erzählte Geschichte in stark stilisierter Darstellung, angereichert mit den für diesen Regisseur typischen harten Kampfszenen. ✦ Scope. Hongkong 1978 **P** Shaw Brothers **KI** Avis **R** Chang Cheh **D** Alexander Fu-Sheng, Ti Lung **L** 82 **FSK** ab 16; nf **E** 3.5.1979 **fd** 22 133

SCHREI DES GEWISSENS (LES ASSASSINS DE DIMANCHE). Ein junger Autoschlosser in einem Provencedorf verschuldet durch eine berufliche Nachlässigkeit beinahe den Unfalltod von fünf deutschen Urlaubern. Im letzten Augenblick kann die Gefahr abgewandt werden. Ein äußerst spannender Film im Stil des Neorealismus, der zwar mit vielen Zufällen aufwartet, aber gut beobachtet und sympathische Unterhaltung bietet. Auch aufnahmetechnisch und inszenatorisch auf hohem Niveau. (Alternativtitel: »Wie es der Teufel will«) – Ab 16. ✦ Scope, schwarz-weiß. Frankreich 1956 **P** E.D.I.C./Filmonde **KI** Pallas **Pd** Jacqueline Rémy **R** Alex Joffé **B** Alex Joffé, Gabriel Arout **K** Jean Bourgoin **M** Denis Kieffer **S** Jean Feyte **D** Barbara Laage, Dominique Wilms, Jean-Marc Thibault, Paul Frankeur, Michel André **L** 100 **FSK** ab 12; f **E** 3.8.1956 **fd** 5 142

DER SCHREI DES HERZENS (LE CRI DU COEUR). Mit 16 Jahren durch einen Unfall so verletzt, daß er nicht mehr gehen kann, sperrt sich ein junger Mann zunächst gegen jeden Kontakt mit der Umwelt und zwingt seine Eltern, seinem Willen zu entsprechen. Als er entdeckt, daß sein Egoismus totale Einsamkeit bedeutet, versucht er, wieder Anschluß an das Leben zu finden. Er verliebt sich in eine schöne Frau und wird von einem jungen Mädchen zurückgewiesen, als es seine Behinderung bemerkt. Ein französisches Psychodrama, das leider an der Oberfläche seiner Thematik bleibt. – Ab 16. ✦ Frankreich 1974 **P** La Boétie **R+B** Claude Lallemand **K** Alain Levent **M** Pierre Jansen **D** Stéphane Audran, Maurice Ronet, Eric Damain, Delphine Seyrig, Paul Frankeur **L** 90 **E** 10.4.1978 HR

DER SCHREI DES PELIKANS (UN SOLITARIO E MEZZO). Ein kleiner Junge, als millionenschwerer Konzernerbe von neidischen Schurken bedroht, freundet sich mit einem Abenteurer an und kann mit seinem neuen Helfer alle Gefahren meistern. Naives Abenteuer- und Kriminalmärchen an exotischen Schauplätzen. Die Figuren werden nach plattem Schema von Gut und Böse präsentiert, Rohheiten aber vermieden. (Fernsehtitel: »Das Geheimnis des schwarzen Tankers«) – Ab 10. ✦ Italien/BR Deutschland 1985 **P** Effe P.C./SDR **VA** VCL/Virgin **Pd** Pino Auriemma **R** Tommaso Dazzi **B** Sergio Donati **K** Luigi Verga **M** Tony Esposito **S** Mauro Bonanni **D** Franco Nero (Nick), Francisco Rabal (Eduardo Guerrero), Galo Ahumada (Paco), Santiago García (Benson) **L** 80 **FSK** ab 6 **E** 27.12.1985 ARD/11.7.1988 Video **fd** 27 075

DER SCHREI DES SCHMETTERLINGS. Eine Musikerin und ein melancholischer junger Mann finden sich bei einem Rock-Konzert, doch der Funke will nicht so recht überspringen. Erst als sie sich im Krankenhaus wieder treffen – er hat einen Selbstmordversuch hinter sich, sie ist an Leukämie erkrankt –, kommen sie einander näher, wobei die sich überlegen gebende Frau nun auch ihre Schwächen eingestehen muss. Ein preisgekrönter Liebesfilm, der Rollenverhalten umkehrt und neu auszutarieren versucht, wobei die Themen Krankheit, Tod und Sehnsucht in den Mittelpunkt gestellt werden. – Ab 16. ✦ Deutschland 1999 **P** Mira/ZDF/arte **KI** Filmmuseum Berlin-Deutsche Kinemathek **Pd** Elke Peters **R** Frank Strecker **B** Sarah Brigitte Thomsen **K** Jürgen Jürges **M** Paul Vincent Gunia, Tito Larriva, Mutlu **S** Gisela Zick **D** Marek Harloff (Pablo), Marie Zielcke (Paulina), Hannelore Elsner (Susanne Thiess), Dietmar Schönherr (Paulinas Opa), Tito Larriva (Joey) **L** 100 **E** 18.5.2001 arte

DER SCHREI DES TODES (SCREAM BLACULA SCREAM). Aus Eifersucht erweckt ein Voodoo-Priester einen schwarzen Vampir zum Leben, der sofort und zunächst unaufhaltsam mit seiner Blutsaugertätigkeit beginnt. Teilweise blutrünstiger Horrorfilm mit einigen Unappetitlichkeiten, der jedoch in erster Linie zum Lachen reizt. ✦ USA 1973 **P** AIP **Pd** Joseph T. Naar **R** Bob Kelljan **B** Joan Torres, Raymond Koenig, Maurice Jules **K** Isidore Mankofsky **M** Bill Marx **S** Fabian D. Tordjmann **D** William Marshall (Blacula), Pam Grier (= Pamela Grier) (Lisa), Don Mitchell (Justin), Richard Lawson (Willis), Lynn Moddy (Denny) **L** 95 **E** 27.10.1995 Kabel 1

DER SCHREI DES VOLKES → Die Stimme des Volkes

SCHREI DES WEISSEN WOLFES → Cry Of The White Wolf

DER SCHREI DIESES VOLKES (AL GRITO DE ESTE PUEBLO). Ein soziopolitischer Essay über die Wirklichkeit Boliviens, konsequent aus dem Blickwinkel des militanten Volkskampfes gestaltet. Die Montage aus Wochenschaumaterialien, Interviews, Kommentaren, revolutionären Gedichten und Liedern unternimmt eine Analyse der geschichtlichen Gründe, die das Land zu einem der finstersten Winkel des Kolonialismus und der Unterdrückung gemacht haben. ✦ Schwarz-weiß. Argentinien 1972 **P** Grupe Tercer Cine/Guillermo Ferrando **SF** Freunde der Deutschen Kinemathek **R** Humberto Rios **B** Humberto Rios, Hebe Serebrisky, Jorge Hönig **K** Mario Diez **M** Volksmusik **S** Juan Carlos Macias **L** 61

SCHREI GEGEN MAUERN → Mit dem Kopf gegen die Wände

SCHREI IM MORGENGRAUEN (THE MAN UPSTAIRS). Menschliche Hilfsbereitschaft und aufwendige Polizeimethoden im Widerstreit um die Verhaftung eines in seiner Wohnung eingeschlossenen Geistesgestörten. Aus einem Minimum an Handlung entstand ein zu keiner Minute langweilender Film; gute Unterhaltung in nüchternem Stil. – Ab 16. ✦ Schwarz-weiß. Großbritannien 1958 **P** A.C.T. **KI** Goldeck **Pd** Robert Dunbar **R** Don Chaffey **B** Alun Falconer **K** Gerald Gibbs **S** John Trumper **D** Richard Attenborough (Peter Watson), Bernard Lee (Insp. Thompson), Dorothy Alison (Mrs. Barnes), Donald Houston (Sanderson), Virginia Maskell (Helen Grey), Patricia Jessel (Mrs. Lawrence), Alfred Burke (Mr. Barnes), Kenneth Griffith (Pollen) **L** 77 **FSK** ab 16; f **E** 27.10.1961/15.6.1968 ZDF **fd** 10 648

EIN SCHREI IN DER DUNKELHEIT (A CRY IN THE DARK). Der dem Film zugrundeliegende Fall beschäftigte acht Jahre lang die australische Öffentlichkeit. Eine junge Frau und Mutter wurde verurteilt, ihr neun Wochen altes Kind getötet zu haben, obwohl alle Tatsachen dafür sprachen, daß das Baby bei einem Zelturlaub von einem Dingo verschleppt und getötet wurde. Zugunsten der dokumentarischen Genauigkeit verzichtet der Film auf die sonst übliche emotionale Dramatisierung. Durch seine strenge Orientierung an den Fakten wirkt die zutage tretende Anklage der Medien als den eigentlichen Urhebern der Tragödie um so eindringlicher. – Sehenswert ab 16. ✦ Scope. Australien 1988 **P** Cannon Entertainment **KI** UIP **VA** Cannon/VMP **Pd** Verity Lambert **R** Fred Schepisi **B** Fred Schepisi, Robert Caswell, nach einem Roman von John Bryson **K** Ian Baker **M** Bruce Smeaton **S** Jill Bilcock **D** Meryl Streep (Lindy Chamberlain), Sam Neill (Michael Chamberlain), Bruce Miles (Barker), Charles Tingwell (Richter Muirhead), Neil Fitzpatrick (Phillips) **L** 122 **FSK** ab 12; f **FBW** w **E** 25.5.1989/November 1989 Video **fd** 27 590

SCHREI IN DER NACHT (1956) (A CRY IN THE NIGHT). Ein emotional gestörter Einzelgänger entführt die Tochter eines Polizisten und droht mit ihrer Vergewaltigung, aber dem Vater und seinen Kollegen gelingt es rechtzeitig, die Spur aufzunehmen und ihn nach einer Verfolgungsjagd zu stellen. Kriminalreißer, der psychologisch zu banal ist, um über den puren Nervenkitzel hinaus tieferes Interesse zu wecken. ✦ Schwarz-weiß. USA 1956 **P** Warner **KI** Warner **R** Frank Tuttle **B** David Dortort, nach einer Erzählung von Whit Masterson **K** John Seitz **M** David Buttolph **D** Edmond O'Brien, Brian Donlevy, Natalie Wood, Raymond Burr, Richard Anderson **L** 75 **FSK** ab 18; nf **E** 1.2.1957 **fd** 5 633

SCHREI IN DER NACHT (1992) (A CRY IN THE NIGHT). Eine geschiedene junge Galeristin lernt auf einer Ausstellung in New York einen renommierten kanadischen Maler kennen und verliebt sich in ihn. Als er sie bittet, seine Frau zu werden, glaubt sie, einen liebevollen Vater für ihre beiden Töchter gefunden zu haben. In ihrem neuen Zuhause auf seiner Farm mehren sich jedoch bald die Anzeichen dafür, daß sie einen Psychopathen geheiratet hat. Psychothriller. ✦ Kanada 1992 **R** Robin Spry **B** Robin Spry, nach einem Roman von Mary Higgins Clark **K** Rodney Gibbons **M** Marty Simon **D** Perry King (Erich), Carol Higgins Clark (Jenny), Annie Girardot (Reine), Chris Wiggins (Clyde), Brigid Tierney (Tina), Amy Fulco (Beth) **L** 95 **E** 22.4.1994 ZDF

SCHREI IN DER STILLE (REFLECTING SKIN). Ein beklemmend düsterer Alptraum zwischen endlosen Weizenfeldern, im Idaho der 50er Jahre. Farmerskinder verschwinden und werden kurz darauf ermordet aufgefunden. Ein neunjähriger Junge erlebt mit, wie sein unschuldig verdächtigter Vater Selbstmord begeht. Sein älterer Bruder, der daraufhin nach Hause zurückkehrt, verliebt sich in eine verwitwete Nachbarin, die in den Augen des Jungen ein Vampir ist. Am Ende liefert er die ahnungslose Frau den Mördern aus. Ein bildgewaltiges, in seinen Schockmomenten wie in der Farbdramaturgie ausgeklügeltes, manchmal allzu effektverliebt und symbolträchtig geratenes Filmdebüt, das der einförmigen Landschaft eine unwirkliche Schönheit abgewinnt. ✦ USA/Kanada 1990 **P** Fugitive Features/Zenith/British Screen/Canadian Film Commission **KI** atlas **VA** atlas **Pd** Ray Burdis, Dominic Anciano **R+B** Philip Ridley **K** Dick Pope **M** Nick Bicât **S** Scott Thomas **D** Viggo Mortensen (Cameron Dove), Lindsay Duncan (Dolphin Blue), Jeremy Cooper (Seth Dove), Sheila Moore (Ruth Dove), Duncan Fraser (Luke Dove) **L** 95 **FSK** ab 16; f **E** 6.6.1991/27.11.1991 Video/14.6.1992 RTL plus **fd** 28 921

SCHREI IN DER WILDNIS (CRY IN THE WILD: THE TAKING OF PEGGY ANN). Kriminalfilm. In einem friedlichen Städtchen in Pennsylvania wird eines Tages ein 17jähriges Mädchen entführt. Während Polizei und FBI sich auf die Suche begeben, weckt der Entführer, ein psychisch kranker, vereinsamter Mann namens »Fahrrad-Pete«, bei seinem Opfer zunehmend Verständnis und Mitleid. (Alternativer Fernsehtitel: »Gepeinigt!«) ✦ USA 1990 **P** Leonard Hill Films/Ron Gilbert Associates **R** Charles Correll **B** Durrell Royce Crays **K** Steven Shaw **M** Sylvester Levay **S** Mark W. Rosenbaum **D** David Morse (Bicycle Pete), Megan Follows (Peggy Ann Bradnick), Dion Anderson (Ruegg), Tom Atkins (Jamieson), Travis Swords (Mitulski), David Soul (Terry Anderson), Jack Kehler (Eugene Bradnick) **L** 80 **E** 8.1.1994 RTL

SCHREI IN DIE VERGANGENHEIT (THE BROWNING VERSION). Neuverfilmung von Terence Rattigans Bühnenstück. Die Demütigung und Vereinzelung eines Lehrers der klassischen Sprachen spiegelt psychologische und gesellschaftliche Auswirkungen einer auf strikte äußere Haltung und Konventionen bedachten Epoche. Ein zutiefst bewegendes Porträt langsamer seelischer Zerstörung, mit sorgfältiger, unsensationeller Genauigkeit inszeniert und von Albert Finney eindringlich dargestellt. – Sehenswert ab 14. ✦ Großbritannien 1994 **P** Paramount Pictures **VA** CIC **Pd** Percy Main, Garth Thomas **R** Mike Figgis **B** Richard Harwood, nach einem Bühnenstück von Terence Rattigan **K** Jean-François Robin **M** Mark Isham **S** Hervé Schneid **D** Albert Finney (Andrew Crocker-Harris), Greta Scacchi (Laura Crocker-Harris), Matthew Modine (Frank Hunter), Julian Sands (Tom Gilbert), Michael Gambon (Dr. Frobisher) **L** 93 **FSK** ab 6 **E** 23.11.1995 Video **fd** 31 651

SCHREI LAUTER! (DECAMPITATED). Eine Gruppe junger Leute besucht ein Sommercamp in den Bergen und muss sich gleich nach der Ankunft eines machetenbewaffneten Irren erwehren, der ihre Reihen lichtet. Versuch der Billig-Horror-Schmiede »Troma«, sich an den Kino-Erfolg von »Scream« anzuhängen. Das Ergebnis ist eine äußerst blutige Slasher-Parodie mit amateurhaften Darstellern, der man den geringen Etat ebenso ansieht wie das schludrige Drehbuch. ✦ USA 1998 **P** Troma/Sneaky Pig **VA** Troma **DVD** Troma (FF, Mono engl., DD2.0 dt.) **Pd** Matt Cunningham, Eric Gardner, Ryan Lowery, Carolyn Miller, Brian Walters, Bret Wortley **R** Matt Cunningham **B** Matt Cunningham, Ryan Lowery, Carolyn Miller, Brian Walters **K** Kenny Carmack **D** Mike Hart (Garrett), Jonathon Scott (Vince), Thomas Martwick (Roger), Steve Ladden (Toby), Christine Paterson (April), Bethany La Voo (Paige) **L** 86 (DVD 92) **FSK** ab 16 (gek.) (DVD 18) **E** 15.2.1999 Video/17.7.2000 DVD

SCHREI NACH FREIHEIT (CRY FREEDOM). Die Freundschaft eines liberalen südafrikanischen Journalisten mit einem Bantu-Führer bildet die Basis für eine nachdrückliche Anklage gegen die Auswüchse der Apartheid-Politik. Obwohl der Film weder die politischen noch die gesellschaftlichen Hintergründe erhellt und damit die Chance zu einer differenzierten Auseinandersetzung ungenutzt läßt, ist er wegen seiner humanitären Tendenz beachtenswert. (Kinotip der katholischen Filmkritik) – Sehenswert ab 16. ✦ Großbritannien 1987 **P** Universal/Marble Arch Prod. **KI** UIP **SF** UIP **VA** CIC **Pd+R** Richard Attenborough **B** John Briley, nach Büchern von Donald Woods **K** Ronnie Taylor **M** George Fenton, Jonas Gwang wa **S** Lesley Walker **D** Kevin Kline (Donald Woods), Penelope Wilton (Wendy Woods), Denzel Washington (Steve Biko), Kevin McNally (Ken), John Thaw (Kruger) **L** 158 **FSK** ab 12; f **E** 25.2.1988/1.2.1989 Video/21.4.1989 Kino DDR **fd** 26 670

SCHREI NACH GERECHTIGKEIT (OUTRAGE). Aus Verbitterung gegen die amerikanische Rechtsprechung, die den Mörder seiner Tochter wegen eines Verfahrensfehlers wieder laufen ließ, erschießt ein Mann den Täter und stellt sich dem Gesetz. Bei der spektakulären Gerichtsverhandlung will er aus Protest gegen die Justiz als Mörder schuldig gesprochen werden. Gut gespielter, fürs Fernsehen entstandener Kriminal- und Gerichtsfilm, der an psychologischer Motivation und juristischen Fragen Interesse zeigt. – Ab 16. ✦ USA 1985 **P** CBS/Columbia Pictures/Irving Allen Prod. **R** Walter Grauman **B** Henry Denker **D** Robert Preston, Beau Bridges, Burgess Meredith, Linda Purl, Mel Ferrer **L** 96 **E** 3.1.1990 SAT 1

SCHREI NACH HILFE (MICHELE ALLA GUERRA). Ein italienischer Kommissar schmuggelt mit Hilfe eines Diplomaten, eines Pfarrers und eines UN-Soldaten etwa 100 zum Teil verwundete Kinder aus dem Bürgerkriegsgebiet in Bosnien. Sie benutzen einen Zug, der Hilfsgüter in eine belagerte Stadt gebracht hatte, und auf der Rückreise eigentlich leer sein sollte. Der Zug wird von serbischen Soldaten angehalten und kontrolliert. In einem dramatischen emotionalen Showdown entschließt sich der serbische Offizier, die hilflosen Kinder ziehen zu lassen. Ein anrührender Spielfilm, der die Kriegsumstände zwar thematisiert, jedoch in seinen rührseligen Momenten Gefahr läuft, die Wirklichkeit zu verklären. ✦ Italien/Deutschland 1994 **P** RAI 1/Betafilm/de RedFilmGroup/SAT 1 **Pd** Mario Rossini **R** Franco Rossi **B** Sandro Petraglia **D** Silvio Orlando (Michele), Désirée Nosbusch (Nini), Antonio Petrocelli (Padre Danilo), Brigitte Karner (Hanna), Pierre Cosso (Blériot) **L** 103 **E** 27.7.1994 SAT 1

DER SCHREI NACH LEBEN (AU NOM DE TOUS LES MIENS / FOR THOSE I LOVE). Die authentische Lebensgeschichte von Martin Gray(ewski), einem polnischen Juden, der im Warschauer Ghetto und im Vernichtungslager Treblinka Eltern und Brüder verlor. Nach dem Krieg wanderte er in die USA aus und gelangte zu Wohlstand, ehe 1970 bei einem Waldbrand in Frankreich Frau und Kinder ums Leben kamen. Aus diesem Hiobsschicksal wird ein aufwendiges Fresko, das aber, trotz einiger bewegender Szenen, nicht recht zu überzeugen vermag. Problematisch ist der Film auch wegen einiger brutaler Details. (Während in anderen Ländern eine 145minütige Kinofassung ausgewertet wurde, war hierzulande nur die ausführlichere Fernsehfassung zu sehen.) ✦ Frankreich/Kanada 1983 **P** Producteurs Associés/TF 1/Les Prod. Mutuelles Limitées **R** Robert Enrico **B** Robert Enrico, Tony Sheer, nach einem Roman von Martin Gray und Max Gallo **K** François Catonne **M** Maurice Jarre **D** Michael York, Jacques Penot, Brigitte Fossey, Macha Méril, Jean Bouise **L** (TV) 276 **E** 1.,2.11.1986 3sat

SCHREI NACH LEBEN (1963) (MUJHE JEENE DO). Der Anführer einer Räuberbande gewinnt durch ein Tänzerin, in die er sich verliebt, eine andere Einstellung zum Leben. Um seine Verbrechen zu sühnen, stellt er sich der Polizei und wird dabei aus dem Hinterhalt erschossen. Allzu klischeehaft inszeniertes Drama, dessen ethisches Anliegen kaum zur Geltung kommt. – Ab 16. ✦ Schwarz-weiß. Indien 1963 **P** Mohan-Studios **KI** Progress **R** Moni Bhattacharjee **B** Agha Jani Kashmiri **K** A. Bhattacharjee **M** Jai Dev **D** Sunil Dutt, Waheeda Rehman, Nirupa Roy, Rajinder Nath, Anwar Hussain **L** 127 **E** 9.4.1965 Kino DDR/1.4.1967 DFF 1

SCHREI NACH LEBEN (1970) (DIE SCREAMING, MARIANNE). Nach der Scheidung der Eltern wird ein Geschwisterpaar auseinander gerissen. Eine Tochter bleibt bei der Mutter, während die andere mit dem Vater, einem Richter, nach Portugal geht. Nach dem Tod ihrer Mutter erbt die jungen Frau ein beträchtliches Vermögen, aber auch Dokumente, die den Vater belasten. Da sie erst mit 21 das Erbe antreten kann, weiß sie von alledem nichts und wird zur Zielscheibe ihrer geldgierigen Schwester und des Vaters, der sein Geheimnis bewahrt wissen möchte. Konventioneller Kriminalfilm ohne sonderliche Qualitäten. ✦ Großbritannien 1970 **P** London Screen **R** Pete Walker **B** Murray Smith **K** Norman Langley **M** Cyril Ornadel **D** Susan George (Marianne), Barry Evans (Eli Frome), Christopher Sandford (Sebastian), Leo Glenn (Richter), Judy Huxtable (Hildegard) **L** 104 **E** 9.6.2000 hessen 3

DER SCHREI NACH LIEBE (GOD BLESS THE CHILD). Der soziale Abstieg einer jungen Frau mit Tochter, die von ihrem Mann verlassen wurde, scheint vorprogrammiert, als sie die billige Wohnung verliert. Der Weg von Heim zu Heim, von Massenschlafsaal zu Massenschlafsaal ist ein Weg ohne Hoffnung. Am Ende trifft sie eine Entscheidung, die ihr fast das Herz zerreißt: Sie gibt die Tochter zur Adoption frei. Wenigstens das Kind soll nicht die Hoffnung verlieren. Ein trauriger Film, radikal und konsequent: ein Lehrstück über den möglichen Fall durch die weiten Maschen sozialer Sicherung. Manches erscheint allzu dick aufgetragen, dennoch ein erschütterndes Plädoyer für die Würde des Menschen. (Fernsehtitel: »Teufelskreis der Armut«) – Ab 14. ✦ USA 1988 **P** King Features/Indieprod./Phoenix **VA** VCL/Virgin **Pd** Andras Hamori **R** Larry Elikann **B** Dennis Nemec **K** Laszlo George **M** David Shire **S** Peter V. White **D** Mare Winningham (Theresa), Grace Johnston (Hillary), L. Scott Caldwell (Althea Watkins), Obba Batatundé (Raymond Watkins), Dorian Harewood (Calvin) **L** 94 **FSK** ab 12 **E** 27.2.1989 Video **fd** 27 484

SCHREI NACH LIEBE (1952) →Wienerinnen im Schatten der Großstadt

SCHREI NACH LIEBE (1992) (THE CAROLYN WARMUS STORY). Die Ehefrau eines Lehrers, der ein Verhältnis mit einer Kollegin eingegangen ist, wird erschossen. Der Verdacht fällt auf die Geliebte, die auf Grund von Indizienbeweisen zu 25 Jahren Gefängnis verurteilt wird, obwohl sie ihre Unschuld beteuert. Justizdrama nach einem authentischen Fall. ✦ USA 1992 **P** Spectator **Pd** Barry Bernardi **R** Martin Davidson **B** Earl W. Wallace, Pamela Wallace, Martin Davidson **K** Robert Elswit **M** Kenny Vance **S** Bonnie Koehler **D** Virginia Madsen (Carolyn Warmus), Chris Sarandon (Paul Solomon), Olivia Burnette (Kristan Solomon), Jay Acovone (Robert Carlino), David Spielberg (Gary Pillersdorf) **L** 89 **E** 30.9.1993 RTL

SCHREI NACH LUST (LIEBE ALS KÖDER). Die Bettgeschichten eines holländischen Partygirls, das für Spionagezwecke ausgenutzt und am Ende von ihrem Zuhälter umgebracht wird. Dilettantische Kombination von Krimi und Sexfilm. – Wir raten ab. ✦ Schwarz-weiß. BR Deutschland 1968 **P** Günter Schlesinger **KI** Eckelkamp **R+B** Günter Schlesinger **K** Wolfgang Lührse **M** Wolfgang Hartmayer **D** Monica Teuber, Karin Heske, Alexander Allerson **L** 88 **FSK** ab 18; nf **E** 29.11.1968 **fd** 15 928

SCHREI OHNE ECHO →Giacomo

SCHREI UM VERGEBUNG →Der ungeratene Sohn

SCHREI VOR DEM ABGRUND →Schrei am Abgrund

SCHREI, WENN DER TINGLER KOMMT (THE TINGLER). Ein Arzt in New York entdeckt ein knochenbrechendes Wesen, das durch Angst im Menschen entsteht. Laute Schreie erlauben seine Abwehr: ein Verfahren, das der fantastische Horrorfilm, der Blut aus Wasserhähnen laufen und Leichen den Kopf heben läßt, auch seinem Publikum nahelegt. – Ab 16. ✦ Schwarz-weiß. USA 1959 **P** William Castle **KI** Columbia **Pd+R** William Castle **B** Robb White **K** Wilfred M. Cline **M** Von Dexter **S** Chester Schaeffer **D** Vincent Price (Dr. William Chapin), Judith Evelyn (Mrs. Higgins), Darryl Hickman (David Morris), Patricia Cutts (Isabel Chapin), Pamela Lincoln (Lucy Stevens), Philip Coolidge (Ollie Higgins) **L** 80 **FSK** ab 16; nf **E** 5.8.1960 **fd** 9 336

SCHREI, WENN DU KANNST (1958) (LES COUSINS). Die Geschichte einer Studentenclique im Pariser Universitätsviertel Saint-Germain-des-Pres: Hinter der Fassade von spielerischer Lässigkeit und gepflegter Langeweile verbirgt sich ein tiefer Lebensüberdruß. Aus harmlosen Späßen wird tödlicher Ernst, eine unglückliche Liebesgeschichte endet gewaltsam. Chabrols präzises Porträt ebenso wohlhabender wie neurotischer Nichtstuer schwankt zwischen Faszination und kritischer Distanz. Anspielungen auf die faschistoide Mentalität der jungen Helden, die sich in kleinen Details äußert (in der deutschen Synchronfassung teilweise getilgt oder verfälscht), legen eine politische Interpretation zwar nahe, bleiben allerdings wenig verbindlich, da sich der Film völlig auf die wertungsfreie Darstellung eines Milieus beschränkt. (Fernsehtitel auch: »Die Augen eienr Fremden«) ✦ Scope, schwarz-weiß. Frankreich 1958 **P** AJYM/Société Française du Cinéma pour la Jeunesse **KI** Bavaria **Pd** Jean Cotet **R** Claude Chabrol **B** Claude Chabrol, Paul Gégauff **K** Henri Decaë **M** Paul Misraki **S** Jacques Gaillard **D** Gérard Blain (Charles), Jean-Claude Brialy (Paul), Juliette Mayniel (Florence), Claude Cerval (Clovis), Geneviève Cluny (Geneviève) **L** 108 **FSK** ab 18; f **FBW** w **E** 9.10.1959/10.9.1966 ARD **fd** 8 540

SCHREI, WENN DU KANNST (1992) (IN THE EYES OF

A STRANGER). Eine junge Frau, die auf einem Bahnsteig den Selbstmord eines bekannten Millionenräubers mitangesehen hat, wird als Zeugin unter Polizeischutz gestellt. Sie verliebt sich in ihren Bewacher und überredet ihn, auf der Suche nach der Beute des Gangsters gemeinsame Sache mit ihr zu machen. Nach Vorbildern des »film noir« angelegter, mit überraschenden Handlungsumschwüngen entwickelter (Fernseh-)Thriller. – Ab 16. ✦ USA 1992 **R** Michael Toshiyuki Uno **D** Richard Dean Anderson (Jack Rourke), Justine Bateman (Lynn Carlson), Gordon Pinsent (Lt. Ted Burk), Cynthia Dale (Nancy), Denis Akiyama (Nelson) **L** 94 **E** 31.1.1995 SAT 1

SCHREI WENN DU KANNST (2001) (VALENTINE). Eine Clique ehemaliger High-School-Freundinnen fällt nach Jahr und Tag einem mysteriösen Killer zum Opfer, der sich für eine 13 Jahre zurück liegende Schmach rächen will. Tennie-Slasher nach einschlägigen Vorbildern, der sich nie um Eigenständigkeit bemüht und seine dramatischen Höhepunkte in ebenso abstrusen wie grausamen Morden zu finden versucht. DVD: Die Extras umfassen u. a. einen Audiokommentar des Regisseurs. ✦ Scope. USA 2001 **P** Warner Bros./Village Roadshow/NPV Entertainment **KI** Warner Bros. **VA** Warner Home **DVD** Warner Home (16:9, 2.35:1, DD5.1 engl./dt.) **Pd** Bruce Berman **R** Jamie Blanks **B** Donna Powers, Wayne Powers, Gretchen J.Berg, Aaron Harberts, nach einem Roman von Tom Savage **K** Rick Bota **M** Don Davis **S** Steve Mirkovich **D** Denise Richards (Paige Prescott), Marley Shelton (Kate Davies), David Boreanaz (Adam Carr), Jessica Capshaw (Dorothy Wheeler), Katherine Heigl (Shelley), Joel Palmer (Jeremy Melton), Jessica Cauffiel (Lily) **L** 96 **FSK** ab 16; f **FBW** w **E** 19.4.2001/26.10.2001 Video & DVD **fd** 34 794

SCHREIBEN FÜR MILLIONEN. Dokumentarfilm mit einem durchaus doppeldeutigen Titel, der einen kritischen Blick hinter die Kulissen des Buchmarktes liefert. Im Mittelpunkt stehen hierbei nicht die Millionen Leser, die ein Bestseller erreichen muss, sondern die Vertragssummen, die erfolgreichen Autoren für ihr nächstes Werk geboten werden, und die mehr als stattlichen Vorabhonorare, die fließen, ohne dass eine Zeile geschrieben ist. Der Film stellt die Großverdiener und ihre Agenten vor. ✦ Deutschland 2001 **R** Siegfried Aust **L** 90 **E** 23.3.2001 arte

SCHREIE (HURLEMENTS). Die Liebe zweier junger Menschen zerbricht an einem Gesellschaftssystem, das von der Vorherrschaft des Mannes über die Frau bestimmt ist. Sozialkritisch engagierte und vor allem durch in der Bildsprache beeindruckende Inszenierung. – Ab 16. ✦ Scope, schwarz-weiß. Tunesien 1972 **KI** Progress **R+B** Omar Khlifi **K** Izzedine Ben Ammar, Kamal Ban Aziza, Mondez Ben Osmane **D** Salwa Mohammed (Selma), Ahmed Zaibi (Hedi), Habiba Rochdi, El Habib Schaäri, Anissa Lotfi **L** 96 **E** 24.1.1975 Kino DDR/16.10.1979 DFF 2

SCHREIE AUS DEM INNERN (VOICES WITHIN: THE STORY OF TRUDDI CHASE). Psychodrama nach den authentischen Erinnerungen einer Frau, die als Kind von ihrem Stiefvater physisch und psychisch mißbraucht wurde und infolgedessen an Schizophrenie erkrankte. Um sich von ihrer Vergangenheit zu befreien, macht sie sich als Erwachsene auf den Weg, um den Stiefvater umzubringen. ✦ USA 1990 **P** Itsbinso Long/P.A./New World **Pd** Harry R. Sherman **R** Lamont Johnson **B** E. Jack Neuman, nach dem autobiografischen Roman von Truddi Chase **D** Shelley Long (Truddi Chase), Tom Conti (Dr. Stanley Phillips), John Rubinstein (Norman de Roin), Frank Converse (Peter Morgan) **L** 180 (90/90) **E** 20.,21.1.1994 RTL 2 (zwei Teile)

SCHREIE DER ANGST (AT THE STROKE OF NINE). Mittelklassiger englischer Kriminalfilm mit einer immerhin spannenden Geschichte: Ein Pianist will sich an der Skandalpresse für den Rufmord an seinem Vater rächen. – Ab 16. ✦ Schwarz-weiß. Großbritannien 1957 **P** Tower **KI** Panorama **Pd** Harry Booth, Michael Deeley, Jon Pennington **R** Lance Comfort **B** Tony O'Grady, Michael Deeley, Jon Pennington **K** Gerald Gibbs **M** Edwin Astley **D** Patricia Dainton, Stephen Murray, Patrick Barr, Dermot Walsh, Clifford Evans **L** 70 **FSK** ab 16; nf **E** 22.4.1960 **fd** 9 196

SCHREIE GEGEN DAS GIFT. Dokumentarfilm über drei spanische Familien, deren Mütter einer Vereinigung angehören, die ihre Kinder vor Drogenmißbrauch und der Drogen-Mafia schützen wollen. Der Film beschreibt ihr Engagement und zeigt, wie sie mit ihrem Schicksal fertigwerden. ✦ Deutschland 1994 **R+B** Reimar H. Allerdt **L** 90 **E** 14.1.1996 3sat

SCHREIE IM DUNKEL – PATTY HEARST →Patty

SCHREIE IM WALD (IN THE DEEP WOODS). Die Polizei sucht fieberhaft nach einem Frauenmörder. Eine junge Kinderbuchautorin wird in den Strudel der Ereignisse gerissen. Offenbar hält sie den Schlüssel zur Identität des Killers in ihren Händen. (Fernseh-) Thriller nach einem Bestseller; ein bis zum Schluß spannend inszeniertes Versteckspiel mit überzeugender Besetzung. – Ab 16. ✦ USA 1992 **P** Frederic Golchan Prod./Leonard Hill Films **Pd** Frederic Golchan, Leonard Hill, Joel Fields **R** Charles Correll **B** Robert Nathan, Robert Rosenblum, nach einem Roman von Nicholas Condé **K** James Glennon **M** Sylvester Levay **S** Mark W. Rosenbaum **D** Rosanna Arquette (Joanna Warren), Anthony Perkins (Paul Miller), Will Patton (Joannas Bruder), D.W. Moffett, Christopher Rydell **L** 120 **E** 14.10.1993 RTL

SCHREIE IN DER NACHT (CONTRANATURA). Zwei Bewohner eines Landhauses zwingen ihre Gäste, eine spiritistische Sitzung mitzuerleben, in deren Verlauf ein Mord aufgeklärt wird. Anspruchsloser Trivialkrimi nach Schablone. ✦ Scope. BR Deutschland/Italien 1968 **P** CCC Filmkunst/Super International/Edo **KI** Inter **Pd** Artur Brauner, Franco Ciferri (Ltg.) **R** Anthony M. Dawson (= Antonio Margheriti) **B** Antonio Margheriti, Hannes Dahlberg (Mitarbeit) **K** Riccardo Pallottini **M** Carlo Savina **S** Otello Colangeli **D** Joachim Fuchsberger (Ben Taylor), Marianne Koch (Vivian), Dominique Boschero (Margarete), Helga Anders (Elisabeth), Alan Collins (= Luciano Pigozzi) (Uriat), Marianne Leibl (Uriats Mutter) **L** 83 **FSK** ab 18; nf **E** 30.5.1969 **fd** 16 188

SCHREIE UND FLÜSTERN (VISKNINGAR OCH ROP). In einem stillen schwedischen Landsitz stirbt eine junge Frau in Gegenwart ihrer beiden Schwestern und einer Hausangestellten. Angesichts des Todes erhebt sich die Frage nach dem Sinn der Existenz, die bei den vier Frauen von Einsamkeit, Enttäuschung, Haß und Versagen überschattet wird. Brücken, die am Totenbett von Person zu Person geschlagen werden, deuten die Möglichkeit einer Besinnung an. Ein sehr intimer, aber auch kraftvoller Film; formal außerordentlich streng durchkomponiert und ungeheuer intensiv gespielt. Der Film ist als Psychodrama und Mysterienspiel gleichermaßen zu verstehen. – Sehenswert. ✦ Schweden 1972 **P** Cinematograph AB/Svenska Filminstitutet **KI** NEF Diffusion **Pd** Liv Ullmann, Ingrid Thulin, Harriet Andersson, Sven Nykvist **R+B** Ingmar Bergman **K** Sven Nykvist **M** Frédéric Chopin, Johann Sebastian Bach **S** Siv Lundgren **D** Harriet Andersson (Agnes), Kari Sylwan (Anna), Ingrid Thulin (Karin), Liv Ullmann (Maria/Marias Mutter), Erland Josephson (David, Arzt), Anders Ek (Isak, Pfarrer) **L** 90 **FSK** ab 12; f (fr. 18) **E** 10.3.1974 ARD **fd** 18 675

SCHREIENDES UNRECHT (KILLING STONE). Ein Reporter kommt einem Justizskandal auf die Spur: Nach elf Jahren Haft kann durch seine Recherchen ein Unschuldiger rehabilitiert werden, der sich eine neue Existenz als Privatdetektiv aufbaut. Routiniert inszenierter Politfilm zu einer geplanten Fernsehserie, die jedoch nicht zustande kam. – Ab 14. ✦ USA 1979 **P** NBC/Universal **VA** All **R+B** Michael Landon **K** Ted Voigtlander **M** David Rose **D** Gil Gerard, Jim Davis, J.D. Cannon, Nehemiah Persoff, Corinne Michaels **L** 93 **FSK** ab 12 **E** November 1985 Video

SCHREIT, WENN WIR VERRECKEN (CRY BLOOD, APACHE). Der alte Westernstar Joel McCrea erinnert sich in Rückblenden, wie verkommene Goldsucher Indianer ermorden und dann von einem Verfolger einer nach dem anderen recht sadistisch umgebracht werden. Am Schluß fällt der Rächer von der Hand seiner Schwester, die sich in einen der Goldsucher verliebt hat. Der angeblich wegen seiner Realistik »in zwölf Ländern verbotene Film« (Verleihreklame) entwickelt die Handlung langweilig, verquält und dilettantisch. Ein Western zum Abgewöhnen. ✦ USA 1970 **P** Golden Eagle **KI** Cinema Service **Pd** Jody McCrea, Harold Roberts **R** Jack Starrett **B** Sean McGregor **K** Bruce Scott **M** Elliot Kaplan **S** T. Robinson **D** Joel McCrea (Pitcalin als alter Mann), Jody McCrea (Pitcalin), Don Henley (Benji), Maria Gahva (Jemme), Robert Tessier, Daniel Kemp (Vittorio), Jack Starrett (Deacon), Barbara Sanford (Mutter), Rick Nervick (Billy), Andy Anza (Indianer) **L** 81 **FSK** ab 18; f **E** 3.8.1971 **fd** 17 457

SCHRIFT DES TODES →Jet Lee – Schrift des Todes

SCHRIFTSTELLER MIT LEIB UND SEELE (ZENSHIN SHOSETSUKA / A DEDICATED LIFE). Dokumentarisches Porträt des umstrittenen japanischen Schriftstellers Mitsuharu Inoue. Ursprünglich als Studie über einen Zeitraum von zehn Jahren konzipiert, wurde der Film schließlich von der Krebserkrankung des Autors diktiert und folgt nun dem Verlauf der Krankheit. Nach dem Tod Inoues sucht der Regisseur Verwandte, Schüler und Freunde Inoues auf und verbindet die Gespräche mit ihnen mit (schwarz-weißen) fiktiven Sequenzen zu einem Bild des Dichters und seiner Zeit. (O.m.d.U.) ✦ Teils schwarz-weiß. Japan 1994 **P** Shisso Prod. **KI** Freunde der Deutschen Kinemathek **Pd** Sachiko Kobayashi **R+B+K** Kazuo Hara **M** Takashi Sekiguchi **S** Jun Nabeshima **L** 160 **E** 1995 Kino

SCHRILLE NACHT – EIN TOTAL VERRÜCKTES WEIHNACHTSFEST (CRACKERS). An Weihnachten treffen sich die verschiedenen Mitglieder einer Familie höchst ungern in einem Strandhaus in der Nähe von Melbourne und lassen keine Gelegenheit aus, das »Fest der Liebe« in einen Albtraum zu verwandeln. Familienkomödie über die Schrecken des Weihnachtsfestes. ✦ Australien 1998 **P** Beyond Films/Film Victoria **Pd** Chris Warner **R+B** David Swann **K** László Baranyai **M** Ricky Edwards **S** Ken Sallows **D** Warren Mitchell (Albert), Peter Rowsthorn (Bruno), Susan Lyons (Hilary), Daniel Kellie (Joeyx), Terry Gill (Jack), Maggie King (Vi) **L** 90 **E** 20.12.1999 Vox

SCHRILLE NÄCHTE IN NEW YORK (THE VELOCITY OF GARY). Als ein bisexueller Pornodarsteller, der wegen seiner beiden Geliebten, einem Mann und einer Frau, die sich verständlicherweise nicht ausstehen können, seinem Job nicht mehr nachgehen kann, an Aids erkrankt, ist die Not zunächst groß. Doch dann wächst die Solidarität zwischen den Kontrahenten und für den Kranken. Gut besetzte Verfilmung eines gefeierten Theaterstücks, dessen Atmosphäre zwar überzeugt, dessen Aussage jedoch durch seine Dialoglastigkeit etwas verwässert wird. Ein Film für eine der Thematik ohnehin aufgeschlossene Randgruppe. – Ab 16 möglich. ✦ USA 1988 **P** Keystone Film Partner **VA** Columbia Tristar Home **Pd** Vincent D'Onofrio, Dan Lupowitz **R** Dan Ireland **B** James Still, nach seinem Bühnenstück **K** Claudio Rocha **S** Luis Colina **D** Salma Hayek (Mary Carmen), Thomas Jane (Gary), Chad Lindberg (Kid Joey), Olivia D'Abo (Veronica), Shawn Michael Howard (CoCo) **L** 97 **FSK** ab 12 **E** 28.9.1999 Video

DIE SCHRILLEN VIER AUF ACHSE (NATIONAL LAMPOON'S VACATION). Eine Ferienreise durch die USA mit allerlei Hindernissen und Katastrophen: Ein Familienvater verschafft sich mit Gewalt Zutritt in einen wegen Renovierung geschlossenen Vergnügungspark, provoziert damit eine Polizeiaktion, bietet aber seiner Familie ein Rummelplatzerlebnis ganz eigener Art. Als Satire auf den »american way of life« angelegte Slapstickkomödie, gelegentlich etwas zu sehr überdreht. – Ab 14. ✦ USA 1983 **P** Warner Bros. **Kl** Warner-Columbia **Pd** Matty Simmons **R** Harold Ramis **B** John Hughes **K** Victor J. Kemper **M** Ralph Burns **S** Pam Harring **D** Chevy Chase (Clark W. Griswold), Beverly D'Angelo (Ellen Griswold), Imogene Coca (Tante Edna), Randy Quaid (Cousin Eddie), Anthony Michael Hall (Rusty Griswold) **L** 98 **FSK** ab 6; f **E** 8.6. 1984 **fd** 24 624

DAS SCHRILLSTE FERNSEHEN DER WELT →The American Way

EIN SCHRITT ENTGEGEN (SCHAG NAWSTRETSCHU). Episodenfilm über das Glück und das Unglück der sogenannten kleinen Leute. Unaufdringlich wird verdeutlicht, daß nicht nur das Materielle zählt, sondern es viel mehr auf die Ehrlichkeit und Herzlichkeit von Beziehungen ankommt. ✦ UdSSR 1975 **P** Lenfilm **R** Naum Birman **B** Emil Braginski **K** Alexander Tschirow **M** Stanislaw Poshlakow **D** Jewgeni Leonow (Serafim), Semjon Morosow (Gehilfe), Valentina Wladimirowa (Maria), Jelena Solowej (Tatjana), Andrej Mironow (Kotschetkow) **L** 87 **E** 19.8.1976 DFF 2

SCHRITT FÜR SCHRITT (1959/60). Nach bestandener Fahrprüfung meldet sich ein junger Mann zur Volksarmee. Sein Vater, ein bewährter und klassenbewusster Arbeiter, ist gegen diesen Schritt, da er in den letzten Tagen des Krieges seinen ältesten Sohn verloren hat. Erst allmählich lernt er die Notwendigkeit der Armee und die Entscheidung seines Sohnes begreifen. Ein streng parteilicher und künstlerisch äußerst schwacher Film, der als Werbung für die Nationale Volksarmee diktatorische Züge aufweist. Interessant: Im Vorspann singt Manfred Krug ein Ertüchtigungslied. – Ab 14. ✦ Scope, schwarz-weiß. DDR 1959/60 **P** DEFA **Kl** Progress **Pd** Paul Ramacher **R** János Veiczi **B** Rudolf Böhm, Heinz Kahlau, János Veiczi, nach dem Roman »Hanna, die Jawa und ich« von Karl-Heinz Räppel. **K** Horst E. Brandt **M** Peter Fischer **S** Ursula Zweig **D** Raimund Schelcher (Dreher Rochlitz), Wolfgang Hübner (Hanne), Erika Dunkelmann (Frau Rochlitz), Dietlinde Greiff (Jutta), Wilhelm Koch-Hooge (Ingenieur Brinkmann), Harry Hindemith (Oberstleutnant Bremer), Gisela May (Frau Hellwig) **L** 95 **E** 5.10.1960 Kino DDR/2.6.1961 DFF 1

SCHRITT FÜR SCHRITT (1976) (CAMINANDO PASOS CAMINANDO). Ein Lehrer versucht, in dem abgeschiedenen Dorf, in das ihn ein Behördenirrtum verschlagen hat, mit Hilfe der Bewohner bessere Lebensbedingungen zu schaffen und eine Straße zu bauen, die den Ort an die Zivilisation anschließen soll. Die Entwicklung gleitet ihm jedoch aus der Hand. Ein unspektakulär mit dokumentarischen Mitteln gestalteter Versuch, Widersprüche des Fortschritts anschaulich zu machen. ✦ Mexiko 1976 **P** Patricia Weingartshofer **SF** Freunde der Deutschen Kinemathek **Pd** Patricia Weingartshofer **R** A. Federico Weingartshofer **B** A. Federico Weingartshofer, Mitl Valdéz **K** A. Federico Weingartshofer **S** Ramón Aupart **D** Ernesto Gomez Cruz, Salvador Sanchez, Patricia Reyes Spindola **L** 103 **E** 1978 Kino

SCHRITT IN DEN HIMMEL →Mit einem Fuß im Himmel

DER SCHRITT INS DUNKEL (KROK DO TMY). Effektvoll verfilmter Hintertreppenroman um Falschmünzer, Erpresser und andere Verbrecher. Sympathieträger der Handlung ist ein Gangster, der sich am Schluß als Detektiv entpuppt. – Ab 16. ✦ Schwarz-weiß. CSR 1938 **P** Lucerna **Kl** Dafa **R** Martin Fric **D** Rolf Wanka, Lil Adina, G. Fernau, Zvonimir Rogoz **L** 94 **E** 1943 Kino **fd** 36

EIN SCHRITT INS LEBEN (LARS I PORTEN). Ein Sommer in den 50er Jahren, im Arbeiterviertel Oslos. Der 12jährige Lars macht, auf der Schwelle zum Erwachsenwerden, Veränderungen durch, die ihn verwirren. Die Streitigkeiten zwischen seinen Eltern belasten ihn; er sucht Abwechslung bei einer jungen Nachbarin, die als Prostituierte arbeitet, und wird zum erstenmal mit seinen erotischen Gefühlen konfrontiert. Autobiografisch gefärbter Jugendfilm, der seine Geschichte leicht und ein wenig poetisch verklärt darbietet. ✦ Norwegen 1984 **P** Movie Makers/Norsk Film **Pd** Dag Nordahl **R+B** Leif Erlsboe **K** Svein Kroevel **M** Freddy Lindquist **S** Anne Marie Norholm **D** Magnus E. Haslund (Lars), Joachim Calmeyer (Tobby), Anne Kathrine Krigsvill (Lill), Peder Hamdahl (Naess), Anne Marie Ottersen (Lars' Mutter) **L** 95 **E** 15.2.1996 3sat

DER SCHRITT VOM WEGE. Die glücklose Ehe einer jungen Bürgerstochter mit einem karrieresüchtigen Staatsbeamten im märkischen Adels- und Gesellschaftsmilieu des späten 19. Jahrhunderts. Eine von mehreren Verfilmungen des Fontane-Romans »Effi Briest«, hier in einer solide inszenierten Vorkriegsversion, die statt des gesellschaftlichen Hintergrunds die emotionale Unmittelbarkeit der Darstellung betont. Spätere Filmversionen: »Rosen im Herbst«, 1955; »Effi Briest«, 1974. – Ab 14. ✦ Schwarz-weiß. Deutschland 1939 **P** Terra **Kl** Neue Filmkunst **R** Gustaf Gründgens **B** Georg C. Klaren, Eckart von Naso, nach dem Roman »Effi Briest« von Theodor Fontane **K** Ewald Daub **M** Mark Lothar **D** Marianne Hoppe (Effi Briest), Karl Ludwig Diehl (Baron von Instetten), Paul Hartmann (von Crampas, Major a. D.), Paul Bildt (Herr von Briest), Käthe Haack (Luise von Briest) **L** 101 **FSK** ab 12; f **E** 9.2.1939/4.7.1960 DFF 1 **fd** 15 412

EIN SCHRITT VOR DEM ABGRUND (THOSE SECRETS). Drama um eine Frau, die einen Seitensprung ihres Mannes nicht verkraften kann und heimlich beginnt, wieder als Callgirl zu arbeiten. Doch dadurch fangen ihre Probleme erst an. ✦ USA 1992 **R** David Manson **B** Lauren Currier **D** Mare Winningham (Faye), Blair Brown (Nielle), Arliss Howard (Simon), Paul Guilfoyle (Leonard), Louise Glambalvo (Kobe) **L** 89 **E** 7.12.1998 RTL 2

SCHRITTE DER ACHTSAMKEIT. Dokumentarische Aufzeichnungen über die Pilger- und Vortragsreise des buddhistischen Mönchs und Meditationslehrers Thich Nhat Hanh und seinen spirituellen Weg der »inneren Achtsamkeit«. Der getragene Rhythmus des Films ist vom Geist frommer Verehrung bestimmt, wodurch weder ein Porträt noch eine kritische Würdigung zustande kommt. Durch die ebenso schlichte wie naive Herangehensweise entstand weder ein Beitrag zum Verständnis des Buddhismus noch der »Lehre« Thich Nhat Hanhs. (O.m.d.U.) – Ab 14. ✦ Schweiz 1997 **P** roses for you films **Kl** Arthaus **Pd+R+B+K** Thomas Lüchinger **M** Raga Purina, Jecklin Disc **S** Anja Bombelli **L** 87 **FSK** o. A.; f **E** 1999 **fd** 33 652

SCHRITTE IM LABYRINTH. Der gebürtige Tscheche Ivan Fila, der 1977 seine Heimat verließ und sich in der Bundesrepublik Deutschland ansiedelte, kehrte nach den revolutionären Ereignissen Ende 1989 zum ersten Mal nach Prag zurück und dokumentierte die Veränderungen. Er befragte Menschen, die trotz anhaltender Repressionen ihre Heimat nicht verlassen haben, aber auch Personen, die emigrierten und nach dem Sturz des alten Regimes nicht mehr zurückkehren werden. Befragt wurden auch die noch Unentschlossenen, die noch nicht wissen, für welches Land sie sich entscheiden werden. Eine sehr persönliche Dokumentation, die die Ängste der Vergangenheit, aber auch die Hoffnung auf die Zukunft spiegelt. – Ab 16. ✦ Teils schwarz-weiß. BR Deutschland 1989 **P** Ecco Film **SF** Igel Film Hamburg **R+B** Ivan Fila **K** Martin Sec **M** Peter Kaizar, Miroslav Halik **L** 80 **E** 5.6.1990 ZDF

SCHRITTE IM NEBEL (KORACI KROZ MAGLE). Vier Partisanen versuchen, verfolgt von den Deutschen, ihre Brigade zu erreichen, deren Abzug sie gedeckt haben. Mißlungener Versuch einer psychologischen Studie menschlicher Angst, Schwäche und Tapferkeit; die handwerkliche Gestaltung läßt allzu viele Wünsche offen. – Ab 14. ✦ Scope, schwarz-weiß. Jugoslawien 1967 **P** Jadran **Kl** Progress **R** Zorz Skrigin **B** Mihajlo Renovcevic, Branko Savic **K** Sekula Banovic **M** A. Obradovic, M. Tajcevic **S** Olga Skrigin **D** Husein Cokic (Murdja), Borivoje Todorovic (=Bora Todorovic) (Gawrilka), Voja Miric (Mischko), Tanasije Uzunovic (Vignja), Nikola Simic (Anders) **L** 71 **E** 5.4.1968 Kino DDR

SCHRITTE IN DER NACHT (HE WALKED BY NIGHT). Die Jagd der Polizei auf einen Einbrecher und Mörder nach einem Kriminalfall aus den Akten der Polizei von Los Angeles. Spannend und durch gute Darsteller semidokumentarisch in Szene gesetzter Krimi mit ausgezeichneter Kameraarbeit und einigen realistischen Härten. (Alternativtitel: »Schritte ohne Spur«) – Ab 16. ✦ Schwarz-weiß. USA 1949 **P** Eagle Gamma **Kl** Omnium **Pd** Bryan Foy **R** Alfred Werker **B** John C. Higgins, Crane Wilbur **K** John Alton **M** Leonid Raab **D** Richard Basehart (Davis Morgan), Scott Brady (Marty Brennan), Roy Roberts (Captain Breen), Whit Bissell (Paul Reeves), James Cardwell (Chuck Jones) **L** 80 **FSK** ab 12; f **E** 24.2.1950 **fd** 596

SCHRITTE INS REICH DER FREIHEIT. Aus zwei (auch unabhängig voneinander verliehenen) Dokumentarfilmen bestehendes Programm, das modellhafte Beispiele der Bildungs- und gesellschaftlichen Bewußtseinsarbeit in Ländern der »Dritten Welt« vorstellt: 1. »Selbstalphabetisierung in Peru« (ein Projekt nach den Ideen Paolo Freires); 2. »Tansania – Self Reliance«. In beiden Fällen handelt es sich um Selbsthilfeprojekte als sinnvollere Alternative zur klassischen »kolonialistischen« Entwicklungshilfe nach europäisch geprägten Maßstäben. ✦ BR Deutschland 1977 **P** Susanne Osterried Film **SF** Neue Welt Filmverleih **Pd** Susanne Osterried **R+B** Hans Rolf Strobel **K** Otmar Schmid **S** Beate Schlegel **D** Hanna Schygulla (Sprecherin) **L** 93 **E** 1978 Kino

SCHRITTE OHNE SPUR (1949) →Schritte in der Nacht

SCHRITTE OHNE SPUR (1959) (A DOUBLE TOUR). Zwischen den Mitgliedern einer wohlhabenden Familie kommt es zu tödlichen Auseinandersetzungen, als der Vater mit einer jungen Geliebten aus dem Alltagstrott seiner maroden Ehe auszubrechen versucht. Vor dem Hintergrund einer trügerischen Sonntagsidylle in Südfrankreich konstruiert Chabrol ein exakt berechnetes Spiel um Macht, Familienterror, Gefühlsheuchelei und bourgeoise Rituale. Die ätzende Moralkritik versteckt sich hinter scheinbar distanzierter Beobachtung. ✦ Frankreich/Italien 1959 **P** Paris/Titanus **Kl** Gloria **Pd** Robert Hakim, Raymond Hakim **R** Claude Chabrol **B** Paul Gégauff, nach dem Roman »The Key to Nicholas Street« von Stanley Ellin **K** Henri Decaë **M** Paul Misraki **S** Jacques Gaillard **D** Madeleine Robinson (Thérèse Marcoux), Jacques Dacqmine (Henri Marcoux), Antonella Lualdi (Léda), Jeanne Valerie (Elisabeth Marcoux), Jean-Paul Belmondo (Laszlo Kovacs) **L** 94 **FSK** ab 18; f **E** 22.4. 1960/23.1.1971 ARD/30.9.1972 DFF **fd** 9 080

SCHROTT – DIE ATZENPOSSE. Ein angeberischer Schrottplatzbetreiber und ein sanfter, mit seiner bürgerlichen Existenz unzufriedener Taxifahrer werden zum ungleichen Freundespaar und verwirklichen gegen alle Widerstände ihren Traum vom erfolgreichen Autorennen. Anspruchslose Komödie voller derber Übertreibungen und Überzeichnungen, bei der sich nie erzählerische Dichte und Konturen, Witz und Komik einstellen. Vor allem das schauspielerische Potenzial bleibt sträflich ungenutzt. – Ab 16. ✦ Deutschland 1999 **P** Krümel Film **Kl** Krümel Film **Pd** Susan Nielebock, Henry Nielebock **R+B** Axel Hildebrand **K** David Slama **M** Ralf Goldkind **S** Susanne Peuscher **D** Uwe Ochsenknecht (Ecki), Boris Aljinovic (Robert), Inga Busch (Carmen), Luci van Org (Nicole), Hans Werner Olm (Nicoles Vater), Gerry Wolff (Opa) **L** 91 **FSK** ab 12; f **E** 13.1.2000 **fd** 34 043

DER SCHROTTDIEB (LADRON DE CHATARRA). Jugendfilm über einen Jungen, der mit seinem Vater Schrott sammelt und sehr darunter leidet, daß der Vater die Leute betrügt. Einziger Freund des Jungen ist ein Esel. – Ab 12. ✦ Spanien 1986 **P** Euro Films **R+B** Antonio Garcia Molina **K** Leopoldo Villasenor **M** Angel Gandullo, Gabriel Alzate »Tabaquito« **S** Antonio Ramirez **D** David Guevaras, La Polaca, Julio Campano, Tito Medrano, Aldo Sanbrell **L** 85 **E** 16.4. 1990 DFF 2/1.1.1993 ORB

DER SCHROTTPLATZ. Spielfilmstudie über die Jugendbanden in einem Baracken-Vorort von Paris. In schonungsloser Offenheit werden der triste Alltag und das kriminelle Umfeld der Jugendlichen beschrieben, wobei immer Raum für sensible Zwischentöne bleibt. Ein durchaus gelungener Film, dessen deutsche Synchronisation jedoch sehr zu wünschen übrig läßt: Pariser Rocker mit rheinischem Dialekt sind gewöhnungsbedürftig. – Ab 16. ✦ Schwarz-weiß. **P** Parc/Bavaria **R+B** Jacques Baratier **K** Ghislain Cloquet **M** Michel Legrand **D** Bernadette Lafont, Jean-Pierre Darras, Roland Dubillard, Robert Castel, Daniel Duval **E** 30.6.1971 ZDF

SCHROTTPLATZ-BLUES →Steelyard Blues

DIE SCHRUBBERGANG (THE CLEAN MACHINE). Komödie für ältere Kinder. Drei Schüler wollen während der Ferien Geld mit einer eigenen Dienstleistungsfirma verdienen. Sie putzen, entsorgen Müll, mähen Rasen und arbeiten als Babysitter. Bald werden die Jung-Unternehmer jedoch mit der rauhen Wirklichkeit des Geschäftslebens konfrontiert. – Ab 10. ✦ Kanada 1992 **P** Les Productions La Fête **VA** Atlas **R** Jean Beaudry **D** Vincent Bolduc (Ben), Pierre Luc Brillant (Charles), Delphine Pepperny (Meggie), Alexandra Laverdière (Chloë), Mathieu Lachapelle (Julian) **L** 82 **FSK** ab 6 **E** 7.3.1993 premiere

SCHTETL-GESCHICHTEN. Dokumentation, die versucht, an Hand der zahlreichen schriftlichen Zeugnisse, die vom Leben in den untergegangenen jüdischen Schtetln zeugen, sowie von Archivmaterial und Gemälden von Ilex Beller die jiddische Kultur zu vergegenwärtigen. ✦ Frankreich 1997 **P** Arte/Cabiria Films **R** Philippe Lubliner **L** 60 **E** 26.2.1998 arte

SCHTONK! Der Skandal um die Hitler-Tagebücher, die ein pfiffiger Kunstfälscher fälscht, ein windiger Sensationsreporter teuer verkauft und eine auflagenstarke Hamburger Illustrierte veröffentlicht, aufbereitet als grell-freche Posse mit grotesken Zügen. Der von guten Schauspielern getragene Film attackiert gesellschaftliche Doppelmoral sowie die »Wiederholbarkeit von Geschichte«, ohne sonderliche inszenatorische Dichte und dramaturgisches Geschick zu entwickeln. Die Gelegenheit zu einer überzeugenden und entlarvenden Satire bleibt weitgehend ungenutzt. – Ab 16. ✦ Scope. Deutschland 1991 **P** Bavaria/WDR **KI** Neue Constantin **VA** Cannon/VMP **DVD** EuroVideo (1.78:1, DS dt.) **Pd** Günter Rohrbach, Helmut Dietl **R** Helmut Dietl **B** Helmut Dietl, Ulrich Limmer **K** Xaver Schwarzenberger **M** Konstantin Wecker **S** Tanja Schmidbauer **D** Götz George (Hermann Willié), Uwe Ochsenknecht (Fritz Knobel), Christiane Hörbiger (Freya von Hepp), Dagmar Manzel (Biggi), Veronica Ferres (Martha), Harald Juhnke (Kummer), Rolf Hoppe (Karl Lentz), Rosemarie Fendel (Frau Lentz), Karl Schönböck (Prof. Strasser), Ulrich Mühe (Verlagsleiter), Armin Rohde, Martin Benrath (Uwe Esser), Hermann Lause (Kurt Glück), Georg Marischka (Von Klantz), Hark Bohm (Priester), Wolfgang Menge, Willy Harlander (Grenzbeamter) **L** 115 **FSK** ab 6; f **FBW** w **E** 12.3.1992/19.10.1992 Video/ 31.1.2000 DVD **fd** 29 455

SCHUBERTS UNVOLLENDETE SYMPHONIE →Leise flehen meine Lieder

DER SCHÜCHTERNE DRAUFGÄNGER (MATEJI, PROC TE HOLKY NECHTEJI?). Die Geschichte eines 18jährigen Dorfjungen, dessen größtes Problem darin besteht, keine passende Freundin finden zu können. Unterhaltsame, aber anspruchslose Komödie. – Ab 16. ✦ CSSR 1981 **P** Filmstudio Barrandov **KI** Progress **R** Milan Muchna **B** Milan Muchna, Karel Storkán **K** Richard Valenta **M** Jan Klusák **D** Ivan Wiesner (Matthias), Dita Kaplanová (Barca), Frantisek Rehák (LPG-Vorsitzender), Zdenek Podhursky (Evzen), Bronislav Poloczek (Cunát) **L** 80 **E** 24.9.1982 Kino DDR/19.6.1984 DFF 2

DER SCHUH (THE SHOE). Ende der 50er-Jahre gerät die Welt einer kleinen lettischen Küstenstadt aus den Fugen, als am Strand ein einzelner Frauenschuh entdeckt wird, hinter dem die sowjetische Militärmacht eine feindliche Spionin vermutet. Drei Soldaten werden losgeschickt, den Eindringling zu finden. Satirische Komödie nach Motiven des Aschenputtel-Märchens. Mit ebenso schlichten wie avantgardistischen Mitteln betreibt sie eine ästhetische Revision des Kalten Krieges und entlarvt die kollektive Hysterie als bleichen Tagtraum anonymer Militärs. (O.m.d.U.) – Sehenswert. ✦ Schwarz-weiß. Deutschland 1997 **P** Schlemmer Film/ZDF/arte **Pd** Christoph Meyer Weil **R+B** Laila Pakalnina **K** Gints Berzins **M** Anrijs Krenbergs **S** Sandra Alksne **D** Igor Buraks (Andrej, Soldat Nummer 1), Vadims Grossmans (Volodja, Soldat Nummer 2), Jaan Tätte (Juhan, Soldat Nummer 3), Vilke Liman (Vilka) **L** 78 **E** 26.6.2000 arte **fd** 34 326

DER SCHUH DES MANITU. Ein Apachen-Häuptling und sein weißer Blutsbruder kämpfen gegen einen sadistischen Gentleman-Verbrecher, der gegen sie intrigiert und ihnen eine Schatzkarte abspenstig gemacht hat. Stilechte, bis in technische Details aufmerksam nachempfundene Parodie auf die Karl-May-Filme der 60er-Jahre, die sich als absolut sinnfreie Nummernrevue gefällt und vor keiner Plattheit und Zote zurückschreckt, um oberflächlich-albern zu unterhalten. Die Mechanik der alten Kino-Klischees wird nur decouvriert, um die neuen Klischees der aktuellen Gag-Kultur auszubreiten. – Ab 16. ✦ Scope. Deutschland 2001 **P** herbX film **KI** Constantin **VA** BMG **DVD** BMG **Pd** Michael »Bully« Herbig, Michael Wolf **R** Michael »Bully« Herbig **B** Michael »Bully« Herbig, Alfons Biedermann **K** Stephan Schuh **M** Ralf Wengenmayr **S** Alexander Dittner **D** Michael »Bully« Herbig (Abahachi/Winnetouch), Christian Tramitz (Ranger), Sky Dumont (Santa Maria), Marie Bäumer (Uschi), Hilmi Sözer (Hombre), Rick Kavanian (Dimitri), Tim Wilde (John), Siegfried Terpoorten (Jim) **L** 84 **FSK** ab 6; f **FBW** w **E** 19.7.2001/7.1. 2002 Video & DVD **fd** 34 974

DER SCHUH DES PATRIARCHEN (DER SCHUH DES PATRIARCHEN). Ein Dokumentarfilm mit fiktiven Elementen, der anhand von 140 Jahren Firmen- und Familiengeschichte der in der Schweiz ansässigen Weltfirma Bally Firmen- und Fabrikarchäologie betreibt. Bilder aus dem heutigen Arbeitsalltag in der Schuhfabrik und aus der Region Schönenwerd, nachgespielte Tableaus mit den Bally-Herren als Akteuren, historisches Fotomaterial, ein Interview mit dem heutigen Manager bilden u. a. die einzelnen Stränge, die dank einer raffinierten Montage zu einem spannenden Ganzen zusammengeführt werden. ✦ Teils schwarz-weiß. Schweiz 1988 **P** Moll/ Xanadu **Pd** Georg Radanowicz **R+B** Bruno Moll **K** Edwin Horak **M** Bruno Spoerri, Henryk Mikolaj Gorecki **S** Rainer M. Janett **D** Beat Lüthy (Carl Franz/Eduard/ Iwan Bally), Bettina Heizmann (Sekretärin von Iwan Bally), Alfred Niederer (Chef der Gruppe Bally) **L** 110 **E** Schweiz

DER SCHUH NAMENS MELICHAR (BOTA JMENEM MELICHAR). Ein kleiner Junge, der eingeschult werden soll, ist fest entschlossen, in der Schule durchzufallen, um auf seinen jüngeren Freund warten zu können. Seine Schwester hingegen fühlt sich in der Schule wohl. Als er auf die Idee kommt, den Schuhen seiner Mitschüler Namen zu geben, wird dies akzeptiert; gleichzeitig ertappt er durch Zufall eine Diebin, die Schuhe und Kleider aus dem Ankleideraum der Kinder stiehlt. Humorvoller Spielfilm für Kinder. (Alternativtitel: »Silberne Stiefel«) – Ab 10. ✦ CSSR 1983 **P** Filmstudio Barrandov **R** Zdenek Troska **B** Zdenek Troska, Jana Knitlová **K** Josef Hanus **M** Karel Vágner **D** David Rauch (Radim), Milada Stybrová (Lamková), Eva Matejcková (Adamová), Jana Vanková (Stebetovská), Jirina Jirásková (Moutelíková) **L** (TV) 70 **E** 23.2.1986 ZDF

SCHUHE AUS AMERIKA (BOTINKI IZ AMERICA). Ein 70-jähriger Jude, der als einziger seiner ukrainischen Gemeinde den Holocaust überlebt hat, entwickelt nach dem Ende des Zweiten Weltkriegs die fixe Idee, auf den Messias zu warten, der ihm seine Familie wieder bringen soll. Unterstützung findet er bei einer Zigeunerin, die ihn zunächst gehörig ausnimmt, dann aber doch seine Beweggründe zu akzeptieren lernt. Mit ihrer Hilfe findet der alte Mann letztlich seinen Frieden. Ein bewegendes Drama, das sich für die Überwindung kultureller Unterschiede ausspricht und die Verständigung durch die Macht der Liebe beschwört. ✦ Ukraine/Deutschland/ Frankreich 2001 **P** Media Park/FREKO/Hope & Glory/ ZDF/arte **Pd** Michael Frenschkowski, Sophokles Tasioulis, Alexander Atanesian, Alexander Atanesian **R** Arkadi Yakhnis **B** Arkadi Yakhnis, Dinara Seidova, Swetlana Wassilenko, Gennadi Ostrowski **K** Sergej Jurisdizki **M** Iraida Jussupowa **S** Trevor Holland **D** Ramas Tschchikwadse (Issac), Victoria Maletorovich (Helena), Taras Denisenko (David), Victoria Maletorovich (Zigeunerin), Ljudmila Pogorelowa (Wanda) **L** 89 **E** 26.9.2001 arte

SCHUHGRÖSSE 32 →Nacktes Entsetzen

SCHUHMACHER →Shoemaker

SCHUHPUTZER (SCIUSCIA). Nach dem Zweiten Weltkrieg in den Straßen Roms: Zwei Jungen versuchen sich mit kleinen Gaunereien und Geschäften auf dem Schwarzmarkt über Wasser zu halten und ihre Träume zu verwirklichen. Als einer von der Polizei zum Verrat am anderen gezwungen wird, entwickelt sich eine Tragödie. Ein Schlüsselwerk des italienischen Neorealismus, das seine zornige Anklage gegen Eifersucht und Brutalität der Erwachsenenwelt mit einem Plädoyer für Menschlichkeit und Hoffnung verbindet. Außergewöhnlich dicht in der Beschreibung von Milieu, Charakteren und Nachkriegsatmosphäre und wegen seiner realistischen Zeichnung in der humanen Haltung ergreifend. (Alternativtitel: »Schuschia«) – Sehenswert ab 14. ✦ Schwarz-weiß. Italien 1946 **P** Alfa Cine **KI** Lloyd **R** Vittorio de Sica **B** Sergio Amidei, Adolfe Franci, Cesare Zavattini, C. G. Viola **K** Anchise Brizzi, Elio Paccara **M** Alessandro Cicognini **D** Franco Interlenghi (Pasquale Maggi), Rinaldo Smordoni (Giuseppe Filibucci), Emilio Cigoli (Staffera), Aniello Mele (Raffaele Titio), Anna Pedoni (Nannarella), Bruno Ortensi (Arcangelo) **L** 93 **FSK** ab 16; f **E** 25.1.1952/6.7.1956 Kino DDR/15.7.1957 DFF 1 **fd** 1 422

EIN SCHULAUSFLUG (UNA GITA SCOLASTICA). Eine 84jährige zerbrechliche Dame erinnert sich an ihre Jugend und berichtet von einem Erlebnis: Ein Schulausflug führte ihre Klasse nach Florenz, wo ihr Lehrer sie in die Magie der Stadt einführte. Doch der zunächst idyllische Ausflug endet traurig, weil sich folgenreiche Beziehungen und Konstellationen herausbilden und eine Lehrerin einen Seitensprung provoziert. Einfühlsam inszenierte, nostalgisch verklärte Komödie, die durch schöne Bilder, liebevolle Personenzeichnung und den charmanten Grundton besticht. (Erster Teil der »Bologneser Trilogie«; vgl. »Die Abschlußfeier« und »Weihnachtsgeschenk«) – Ab 16. ✦ Italien 1984 **P** A.M.A./RAI/Rete Italia 1 **R** Pupi Avati **B** Antonio Avati, Pupi Avati **K** Pasquale Rachini **M** Riz Ortolani **D** Carlo Delle Piane, Tiziana Pini, Rossana Casale, Lidia Broccolino, Giovanni Veronesi **L** 90 **E** 6.12.1988 BR

SCHULD (DLUG). Polen 1999: Zwei junge Männer wollen ein Geschäft mit italienischen Motorrollern aufziehen, drohen aber zu scheitern, als die Banken den Kredit verweigern. Sie geraten an einen Bekannten, der seine Hilfe bei der Kapitalbeschaffung anbietet, sich bald aber als brutaler Schuldeneintreiber der Mafia entpuppt, der eine enorme Verzinsung für Geld verlangt, das die Beiden nie erhalten haben. In ihrer Not bringen sie ihn und seinen Helfershelfer um. Doch mit dieser seelischen Schuld werden sie nicht fertig. Ein packender Film nach einem authentischen Fall, der die zunehmende Brutalisierung osteuropäischer Gesellschaften ebenso anprangert wie den wildwuchernden Kapitalismus und die mit ihm einhergehende Ausbeutung. ✦ Polen 1999 **Pd** Juliusz Machulski **R** Krzysztof Krauze **B** Jerzy Morawski, Krzysztof Krauze **K** Bartek Prokopowicz **M** Michal Urbaniak **S** Krzysztof Krauze **D** Robert Gonera (Adan), Jacek Borcuch (Stefan), Andrzej Chyra (Gerard), Joanna Szurmiej (Basia), Cezary Kosinski (Tadeusz) **L** 96 **E** 22.12.2001 Bayern 3

DIE SCHULD (1963) (MILCZENIE). Kurz nach dem Krieg erblindet in einer polnischen Kleinstadt ein elternloser Junge beim Hantieren mit einer Granate. Es entsteht das Gerücht, der nichtsnutzige Herumtreiber habe den Pfarrer überfallen wollen und sei dabei von Gottes Zorn getroffen worden. Der Priester weiß zwar, daß der Junge zu Unrecht verdächtigt wird, er erkennt aber auch, daß die Kirche endlich wieder im Mittelpunkt des Interesses steht, deshalb schweigt er. So geraten beide Gegenspieler – hier der mitleidlos herumgestoßene Junge, dort der alte Pfarrer mit seinen Schuldgefühlen – in tiefe Isolation. Psychologisches Drama in bestechend eindringlicher Gestaltung, das Bosheit, die Schwäche der Menschen und ihre Einsamkeit einfühlsam thematisiert. (DDR-Titel: »Das Schweigen«) – Sehenswert ab 16. ✦ Schwarz-weiß. Polen 1963 **P** KADR **R** Kazimierz Kutz **B** Kazimierz Kutz, Jerzy Szczygiel, nach einem Roman von Jerzy Szczygihel **K** Wieslaw Zdort **M** Wojciech Kilar **D** Kazimierz Fabisiak, Miroslaw Kobierzycki, Elzbieta Czyzewska **L** 94 **E** 2.5.1966 ZDF

DIE SCHULD (1976) (WINATA). Ein angesehener und beliebter junger Mann vergewaltigt eine unscheinbare, kaum bekannte junge Frau. Die Staatsanwältin, die Anklage erhebt, sieht sich der fast geschlossenen Front der Kleinstadt gegenüber. Als sie den Prozeß verliert, nimmt sich das Opfer der Willkür das Leben. Ein engagierter Film, der bedingungslos für Gerechtigkeit eintritt und sich gegen eine bigotte Moral und Kumpanei wendet. Neben der ethischen Grundhaltung überzeugt auch der Inszenierungsstil. – Ab 16. ✦ Bulgarien 1976 **P** Spielfilmstudio Sofia **Kl** Progress **R** Wesselina Gerinska **B** Ljuben Stanew **K** Plamen Wagenstein **M** Dimityr Griwa **D** Zwetana Manewa (Staatsanwältin), Katja Paskalewa, Stefan Danilow, Swetla Dobrinowitsch, Jossif Syrtschadshiew **L** 84 **E** 23.9.1977 Kino DDR

SCHULD ALLEIN IST DER WEIN. Filmschwank nach dem zu seiner Zeit viel gespielten Bühnenstück »Schweinefleisch in Dosen« von Walter Thierbach und Paul Neuhaus. Trotz witziger Zeitbilder zu substanzlos, um über die Tagesaktualität hinaus zu wirken. – Ab 14. ✦ Schwarz-weiß. Deutschland 1948 **P** Pontus **Kl** Hamburg **Pd** Willi Wiesner **R** Fritz Kirchhoff **B** Fritz Kirchhoff, nach dem Theaterstück »Schweinefleisch in Dosen« von Walter Thierbach und Paul Neuhaus **K** Horst Fink **M** Hans-Otto Borgmann **S** Elisabeth Kleinert-Neumann **D** Ernst Waldow, Olga Limburg, Inge Stoldt, Kurt Rackelmann, Charlotte Witthauer **L** 92 **E** 7.1.1949/19.5.1950 DDR **fd** 233

SCHULD DARAN IST RIO (BLAME IT ON RIO). Zwei ehemüde Mittvierziger entfliehen ihrer Lebenskrise, indem sie ein exotisches Urlaubsziel aufsuchen und ihre beiden Töchter mitnehmen. Am Urlaubsziel verliebt sich jedoch einer der beiden Teenager in seinen »Onkel«, was zu Komplikationen führt. Albernes Lustspiel um Ehemüdigkeit, Midlifecrisis und Seitensprünge der Männer, ohne Witz und intelligente Einfälle wie ein knallbunter Werbeprospekt inszeniert. (Remake des Films »Aller Anfang macht Spaß« von Claude Berri aus dem Jahr 1977.) ✦ USA 1983 **P** Sherwood **Kl** Jugendfilm **VA** Thorn Emi **Pd+R** Stanley Donen **B** Charlie Peters, Larry Gelbart, nach einem Drehbuch von Claude Berri **K** Reynaldo Villalobos **M** Cy Coleman, Ken Wannberg, Dennis Spiegel **S** George Hively, Richard Marden **D** Michael Caine (Matthew Hollis), Michelle Johnson (Jennifer Lyons), Joseph Bologna (Victor Lyons), Valerie Harper (Karen Hollis), Demi Moore (Nicole Hollis), Tessy Callado (Helaine), Nelson Dantas (Doktor) **L** 100 **FSK** ab 16; f **FBW** w **E** 1.3.1985/September 1985 Video **fd** 24 992

DIE SCHULD DER GABRIELE ROTTWEIL. Eine junge Frau, deren geliebter Leutnant in den Ersten Weltkrieg ziehen muß, fühlt sich verpflichtet, mit dem Finanzier ihrer Familie eine Vernunftsehe einzugehen. Als der Jugendfreund tödlich verwundet wird, erfüllt sie trotzdem seinen letzten Wunsch nach einer Kriegstrauung und findet beim Ehemann und vor Gericht Verständnis. Tendenziöses, larmoyantes Gesellschaftsdrama. (Alternativtitel: »Regimentsmusik«) – Ab 16. ✦ Schwarz-weiß. Deutschland 1944 **P** Bavaria **Kl** Ring **Pd** Ottmar Ostermayr **R** Arthur Maria Rabenalt **B** Peter Francke, nach dem gleichnamigen Roman von Hans Gustl Kernmayr **K** Franz Koch **M** Lothar Brühne **S** Gertrud Hinz **D** Heidemarie Hatheyer, Friedrich Domin, Siegfried Breuer, Kurt Müller-Graf, Gustav Waldau **L** 80 **FSK** ab 12; f **E** 1.9. 1950 **fd** 1 017

DIE SCHULD DER HELDEN (MEMORIAL DAY). Ein erfolgreicher Anwalt will seine Erinnerungen an den Vietnam-Krieg verdrängen. Als sich einer seiner Freunde aus jenen Tagen umbringt und ihn bittet, sich um seinen kleinen Sohn zu kümmern, bricht die Vergangenheit hervor. Fürs Fernsehen entstandenes psychologisierendes Drama, das den Vietnam-Krieg ernsthaft zu thematisieren versucht und dabei mit fast selbstquälerischer Haltung die Zusammenhänge seziert. – Ab 16. ✦ USA 1983 **P** CBS/Charles Fries Prod. **R** Joseph Sargent **B** Michael Bortman **K** Hector Figueroa **M** Billy Goldenberg **D** Mike Farrell (Walker), Shelley Fabares (Ellie), Robert Walden, Keith Mitchell (Gibbs), Bonnie Bedelia **L** 96 **E** 18.11.1989 PRO 7

DIE SCHULD DER LIEBE (DIE SCHULD DER LIEBE). Nach dem Tod eines österreichischen Politikers löst seine Tochter dessen Nachlass auf und erkennt dabei, wie wenig sie ihren Vater kaum gekannt hat. Ihre Versuche, sein Leben und seine Persönlichkeit zu rekonstruieren, machen ihr jedoch klar, dass man einem Menschen im Nachhinein nicht mehr nahe kommen kann. Eindringlich gespieltes und inszeniertes Drama. – Ab 16. ✦ Österreich/Schweiz/Frankreich 1997 **R** Andreas Gruber **B** Andreas Gruber, Agnes Pluch **K** Hermann Dunzendorfer **M** Peter Androsch **S** Hubert Canaval **D** Sandrine Bonnaire (Monika Besse), Rüdiger Vogler (Schweiger), Hanns Zischler (Wilem Besse), Gertraud Jesserer (Josefine Giese), Rainer Egger (Kagerer), Carl Achleitner (Konecny), Elfriede Irrall (Helma Schleif), Walter Reyer (Prälat Sippel), Heinrich Schweiger (Dr. Bredow) **L** 111 **E** 31.1.2000 SF 2

DIE SCHULD DES DR. HOMMA. Ein Arzt wird nach dem Selbstmord seiner Frau des Mordes angeklagt; ein Rückblick auf seine Ehe macht ihm seine indirekte Schuld bewußt. Ein Filmdrama, dessen unrealistisch konstruierter Konflikt durch die löbliche moralische Absicht nicht aufgewogen wird. – Ab 16. ✦ Schwarz-weiß. BR Deutschland 1951 **P** Nord/Lux **Kl** Constantin **Pd** Franz Mattler **R** Paul Verhoeven **B** Hans Otto Schröder, Peter Pewas **K** Fritz Arno Wagner **M** Friedrich Schröder **S** Artur Eckardt **D** Werner Hinz (Dr. Magnus Homma), Ilse Steppat, Albrecht Schoenhals, Viktoria von Ballasko, Liane Croon, Herbert Hübner, Hilde Hildebrand, Franz Schafheitlin, Karl Hellmer, Paul Verhoeven, Joachim Brennecke, Lutz Moik, Katharina Brauren, Hanns Lothar **L** 89 **FSK** ab 16; f **FBW** w **E** 4.10.1951 **fd** 1 369

SCHULD KENNT KEIN VERGESSEN (WOMAN WITH A PAST). Eine allseits geachtete Haus- und Geschäftsfrau wird von ihrer Vergangenheit eingeholt, als man sie unversehens verhaftet. Nun muß sie ihrem zweiten Mann und ihren Söhnen enthüllen, wie sie verzweifelt um die beiden Kinder kämpfte, die der brutale erste Ehemann entführt hatte. Krimi-Melodram. ✦ USA 1991 **P** WIN **Pd** Julie Anne Weitz, Steve Lewis, Susan Williams **R** Mimi Leder **B** Robert L.Freedman, Selma Thompson **K** Billy Dickson **M** Don Davis **S** Jacque Elaine Toberen **D** Pamela Reed (Ginny/Dee), Dwight Schultz (Mike), Richard Lineback (Wayne Porter), Carrie Snodgress (Florence), Paul Le Mat (Merle) **L** 93 **E** 24.11.1993 ARD

SCHULD UND FLUCH →My Father, My Son

SCHULD UND GEDÄCHTNIS. Dokumentation über vier hochrangige österreichische Nationalsozialisten, die erstaunlich offen ihren Werdegang schildern und Einblick in ihr damaliges und heutiges Denken geben. Besonders die aktuellen Stellungnahmen, die keinerlei Wandel des Bewußtseins anzeigen, sondern noch in nazistischer Nostalgie verharren, sind voller Schrecken. Der Filmemacher versucht der Suada der alten Nazis, die in der österreichischen Republik durchaus aufstiegen und sogar Ehrenposten bekleideten, durch eingestreute Dokumentarpassagen etwas entgegenzusetzen. Als Pathologie eines tendenziell verbrecherischen Bewußtseins von Belang. ✦ Teils schwarz-weiß. Österreich 1992 **P** Prisma Film **SF** Prisma Film **R+B** Egon Humer **K** Peter Freiß, Hans Eder **S** Karina Ressler **L** 87

SCHULD UND SÜHNE (1935) (CRIME AND PUNISHMENT). Eine Hollywoodversion des Romans von Dostojewski: Der Student Raskolnikoff scheitert beim Versuch, sich durch eine Mordtat von Gewissens- und Gesellschaftszwängen zu befreien. Düsteres Seelendrama unter der Regie Josef von Sternbergs, interessant vor allem durch Peter Lorres expressionistische Interpretation der Hauptfigur. – Ab 16. ✦ Schwarz-weiß. USA 1935 **P** Columbia **Pd** B. P. Schulberg **R** Josef von Sternberg **B** S. K. Lauren, Joseph Anthony, nach einem Roman von Fjodor Dostojewski **K** Lucien Ballard **M** Louis Silvers **S** Richard Cahoon **D** Peter Lorre, Marian Marsh, Tala Birell, Edward Arnold, Elisabeth Risdon **L** 85 **E** 30.1. 1972 WDR

SCHULD UND SÜHNE (1949) →Das Siegel Gottes

SCHULD UND SÜHNE (1956) (CRIME ET CHATIMENT). Der Schauplatz von Dostojewskis Roman ist nach Paris und in die 50er Jahre verlegt worden. Ein junger Mann glaubt sich über die Gesetze erhaben und erschlägt eine Wucherin. Das Milieu der armen Leute des Romans ist treffend wiedergegeben, die Personen sind überzeugend, allerdings fehlt die psychologische Tiefe der Vorlage. Von den vielen Versuchen, den berühmten Roman zu verfilmen, ist diese eigenwillige Neuverfilmung durchaus ansehnlich, zumal exzellente Schauspieler hervorragend geführt werden. – Ab 16. ✦ Schwarz-weiß. Frankreich 1956 **P** Champs Elysees **Kl** Gloria **Pd** Pierre Laurent **R** Georges Lampin **B** Charles Spaak, nach dem gleichnamigen Roman von Fjodor Dostojewski **K** Claude Renoir **M** Maurice Thiriet **S** Emma Le Chanois **D** Jean Gabin (Kommissar Galet), Marina Vlady (Lili), Julien Carette (Pierre Marcellin), Yvette Etievant (Frau Marcellin), Robert Hossein (René), Ulla Jacobsson (Nicole) **L** 106 **FSK** ab 16; f **E** 30.8.1957 **fd** 6 138

SCHULD UND SÜHNE (1970) (PRESTUPLENJE I NAKASANJE). Ein Student, der aus nihilistischer Überzeugung seine Unabhängigkeit von gesellschaftlichen Moralbegriffen beweisen will, verübt einen Doppelmord, wird jedoch von seinem Gewissen zur Beichte gezwungen. Werkgetreue, kultivierte und handwerklich anspruchsvolle Verfilmung des Dostojewski-Romans, allerdings uninspiriert und ohne Engagement. Der Film ist der Endpunkt einer Reihe aufwendiger Klassikerverfilmungen der 60er Jahre (»Krieg und Frieden«, »Anna Karenina«, »Die Brüder Karamasow«), mit denen sich das sowjetische Kino zu erneuern versuchte. – Ab 16. ✦ Scope. UdSSR 1970 **P** Gorki-Studio **Kl** Pegasus **R** Lew Kulidshanow **B** Lew Kulidshanow, Nikolai Figurowski, nach einem Roman von Fjodor Dostojewski **K** Wjatscheslaw Schumski **M** Michail Siw **D** Juri Taratorkin, Viktoria Fedorowa, Innokenti Smoktunowski, Irina Geschewa, Maja Bulgakowa **L** 157 **FSK** ab 16; f **E** 12.11.1971 Kino DDR/31.12.1971 Kino BRD/26.11.1972 DFF 1 **fd** 17 771

SCHULD UND SÜHNE (1988) (CRIME ET CHATI-

MENT). Die Bühnenfassung von Dostojewskis Roman »Schuld und Sühne« bedeutete für den polnischen Filmregisseur Andrzej Wajda die Rückkehr zum Theater. Nach der Uraufführung des Stückes in Polen folgte 1988 eine Inszenierung an der Berliner Schaubühne, deren Erfolg zu einer Filmfassung führte. Die Inszenierung ist sehr eng am Originaltext orientiert und bis auf wenige Ausnahmen mit dem Ensemble der Schaubühne besetzt. ✦ BR Deutschland/Österreich 1988 **P** ZDF/ORF **R** Andrzej Wajda **B** Andrzej Wajda, nach einer Bühnenfassung des Romans von Fjodor Dostojewski **K** Kurt-Oskar Herting **M** Zygmunt Konieczny **D** Udo Samel, Stephan Bissmeier, Jutta Lampe, Bernd Ludwig, Dirk Nawrocki **L** 120 **E** 2.9.1992 arte

SCHULD UND SÜHNE (1998) (CRIME AND PUNISHMENT). Ein junger Student, der in bitterer Armut lebt, tötet im Affekt einen geldgierigen Händler, wähnt sich zunächst moralisch im Recht, wird später jedoch von Schuldgefühlen heimgesucht. Neuerliche Verfilmung des Romans von Dostojewski, die trotz aller Ambitionen unter der Einengung des kleinen Fernseh-Formates leidet und ihren guten Darstellern kaum Entfaltungsmöglichkeiten bieten kann. ✦ USA 1998 **P** Hallmark/NBC **DVD** e-m-s (FF, DD5.1 engl./dt.) **Pd** Howard Ellis, Joseph Sargent **R** Joseph Sargent **B** David Stevens, nach dem gleichnamigen Roman von Dostojewski **K** Elemér Ragályi **M** Stanislas Syrewicz **S** Ian Farr **D** Patrick Dempsey (Raskalnikow), Ben Kingsley (Porfiry), Julie Delpy (Sonja), Eddie Marsan (Dimitri), Lili Horvath (Dounia) **L** 88 **FSK** ab 12 **E** 13.4.2000 Premiere World/28.6.2001 DVD

SCHULD WAR NUR DER BOSSA NOVA. Sehnsüchte, Enttäuschungen und Hoffnungen einiger Teenager im Sommer 1963 in einer kleinen Stadt am Rand des Ruhrgebiets. Zwei Freunde haben ihre Schlosserlehre beendet und sich in dasselbe Mädchen verliebt. Während der großspurigere der beiden die 17jährige, die in einem Friseursalon eine Lehre macht, erobert, ist der stillere und verträumte Freund tief enttäuscht. Als das Mädchen schwanger wird, brechen lange verborgene Konflikte auf. Angesiedelt in der Atmosphäre der frühen 60er Jahre, die hauptsächlich über die Musik vermittelt wird, opfert der unterhaltsame Film die Vielschichtigkeit der Protagonisten durch die allzu simpel gestrickte Handlung. – Ab 14 möglich. ✦ Deutschland 1992 **P** filmpool/ZDF **Pd** Ingrid von Pochhammer **R+B** Bernd Schadewald **K** Ingo Hamer **M** Schlager der 60er Jahre **S** Hedy Altschiller **D** Muriel Baumeister (Heike), Christian Standke (Manni), Benjamin Fürmann (= Benno Fürmann) (Little Joe), Fiona Schwartz (Gaby), Jürgen Vogel (Charly) **L** 95 **E** 5.10. 1992 ZDF

SCHULDIG BEI VERDACHT (GUILTY BY SUSPICION). Das Schicksal eines kommunistischer Kontakte beschuldigten, in Wirklichkeit ganz und gar unpolitischen Hollywood-Regisseurs, der sich in den frühen 50er Jahren vor dem »Komittee für unamerikanische Aktivitäten« verantworten soll. Seine Weigerung, Kollegen und Freunde zu denunzieren, führt zu Zerstörung seiner Karriere. Der konventionell inszenierte Film versäumt es, die historischen Hintergründe der »Hexenjagd« zu vermitteln, und bleibt in einer vordergründigen Beschreibung der Auswüchse der McCarthy-Ära stecken. – Ab 16. ✦ USA 1991 **P** Warner Bros./Arnon Milchan Prod. **Kl** Tobis **VA** VCL/Carolco **Pd** Arnon Milchan **R+B** Irwin Winkler **K** Michael Ballhaus **M** James Newton Howard **S** Priscilla Nedd **D** Robert De Niro (David Merrill), Annette Bening (Ruth Merrill), George Wendt (Bunny Baster), Patricia Wettig (Dorothy Nolan), Sam Wanamaker (Felix Graff) **L** 105 **FSK** ab 12; f **E** 15.8.1991/13.4.1992 Video/4.1.1995 ARD **fd** 29 025

SCHULDIG – EIN MÖRDERISCHER AUFTRAG (THE GUILTY). Ein Anwalt, der im Suff seine Sekretärin vergewaltigte, wird zum Bundesrichter ernannt. Dies will das Opfer nicht dulden und droht mit einer Anzeige, der Mann engagiert allerdings einen Killer, der die Zeugin aus dem Weg schaffen soll. Was er nicht weiß: der gedungene Mörder ist sein unehelicher Sohn, das Opfer dessen Geliebte. Solide inszenierter, die Logik allerdings etwas überstrapazierender Thriller in düsterer Grundstimmung, der immerhin grundsolide B-Pictures Qualitäten entwickelt. Technisch ist der Film allerdings eine Zumutung, da das Widescreen-Verfahren auf Fernsehvollbild gestaucht wurde. – Ab 16. ✦ Scope. Großbritanien/Kanada/USA 1999 **P** Guilty Prod./British Columbia Film/Canadian Film and Video/Dogwood/J&M/Muse **VA** BMG **Pd** Thomas Hedman, Lisa Richardson, Paul Cowan **R** Anthony Waller **B** William Davies, nach dem Roman »Guilty« von Simon Burke **K** Tobias A. Schliessler **M** Debbie Wiseman **S** Alison Grace **D** Bill Pullman (Anwalt Callum Crane), Devon Sawa (Nathan Corrigan), Gabrielle Anwar (Sophie Lennon), Angela Featherstone (Tanya Duncan), Darcy Belsher (Dennis), Joanne Whalley (Nathalie Crane) **L** 107 **FSK** ab 16 **E** 20.2.2001 Video **fd** 34 877

SCHULDIG? (EDES ANNA). Ein Dienstmädchen, ausgenutzt und mißbraucht von seiner Herrschaft, bringt in einem Anfall von Wahnsinn seine Peiniger um. Ein eindringlicher, formal auf hohem Niveau stehender Film von starker Aussagekraft. – Ab 14. ✦ Schwarz-weiß. Ungarn 1959 **P** Hunnia **Kl** Progress **R** Zoltán Fábri **B** Péter Bacsó, Zoltán Fábri, nach einem Roman von Dezsö Kosztolányi **K** Ferenc Szécsényi **M** György Ránki **D** Mari Töröcsik (Anna), Károly Kovács (Vizy), Mária Mezey (Frau Vizy), Zsigmond Fülöp (Jancsi), János Horkai **L** 85 **E** 11.12.1959 Kino DDR/14.7.1961 DFF 1

DER SCHULDIGE (OSTANOWILSJA POJESD). Ein Lokführer verhindert ein folgenschweres Unglück, verliert dabei aber selbst das Leben. Sein Opfer wirft Fragen nach Schuld und Versagen, nach dem Wert der Wahrhaftigkeit und des einzelnen Lebens auf. Eindringlicher, unspektakulärer Film, der auch den Widerstreit verschiedener Werte thematisiert und auf einfache Antworten nicht verzichtet. – Ab 14. ✦ UdSSR 1982 **P** Mosfilm **Kl** Progress **R** Wadim J. Abdraschitow **B** Alexander Mindadse **K** Juri Newski **M** Eduard Artemjew **S** A. Bourmistrova **D** Oleg Borissow (Jermakow), Anatoli Solonizyn (Malinin), Michail Glusski (Pantelejew), Nina Ruslanowa (Maria Ignatjewna), Ljudmila Saizewa (Timonina) **L** 95 **E** 25.5.1984 Kino DDR

DER SCHULDIGE BIN ICH (LE COUPABLE). Ein angesehener Staatsanwalt, der bei Ausbruch des Ersten Weltkrieges 1914 die schwangere Geliebte im Stich ließ, tritt in einer Schwurgerichtsverhandlung dem unschuldig in einen Mordfall verwickelten, durch eine freudlose Kindheit belasteten Sohn gegenüber. Pathetisch-rührseliges Vater-Sohn-Melodram, das sich allerdings auf gute Darsteller verlassen kann. (O.m.d.U.) – Ab 14 möglich. ✦ Schwarz-weiß. Frankreich 1936 **P** Filmor **Kl** Concordia **R** Raymond Bernard **B** Francis de Croisset, nach einem Roman von François Coppée **K** Serge Vallin, René Rebault **M** Jacques Ibert **D** Pierre Blanchar, Simone Signoret, Suzet Mais, Madeleine Ozeray, Marguerite Moreno, Gilbert Gil **L** 97 **E** November 1946

DIE SCHULDIGEN →Maurizio

DIE SCHULDIGEN DES III. REICHES (KRIGSFÖRBRYTARE). Kompilationsfilm, der die Hauptanklagepunkte des Nürnberger Prozesses in drei Kapiteln illustriert. Auf deutsches Bildmaterial vom Fronteinsatz der Wehrmacht folgen Belege für Greueltaten an Gefangenen und Ausschnitte aus dem Belastungsmaterial der Alliierten. Wegen wichtiger Auslassungen (z.B. Hitler-Stalin-Pakt) und simplifizierenden Schlußfolgerungen hinterläßt der schwedische Film einen eher zwiespältigen Eindruck. – Ab 14. ✦ Schwarz-weiß. Schweden 1962 **P** Minerva **Kl** Kerscher **R+B** Tore Sjöberg **L** 84 **FSK** ab 12; f **E** 21.4.1978

DIE SCHULDIGEN MIT DEN SAUBEREN HÄNDEN (LES MAGICIENS). Auf der Fahrt zum Hotel in Tunesien erzählt ein reisender Berufshellseher einem gelangweilten Schweizer Geschäftsmann von der bevorstehenden Ermordung einer jungen Frau auf der Insel Djerba. Von der Vision zunächst belustigt, nutzt der Geschäftsmann sie für eine teuflische Intrige. Als er sich als Herr der Lage wähnt, ändert sich die Situation, und das Spiel nimmt einen überraschenden Ausgang. Kriminalfilm um Zweifel, Eifersucht, Angst und Haß, Obsessionen und Zerstörungsgelüste. Claude Chabrol betont in der Inszenierung unablässig das Fiktive des Geschehens, wobei die sehr konstruiert und flach wirkende Handlung zunehmend an Interesse einbüßt. ✦ Frankreich/BR Deutschland/Italien 1975 **P** Carthago/Maran/Mondial TE-FI **Pd** Tarak Ben Ammar **R** Claude Chabrol **B** Pierre V. Lesou, Paul Gégauff, nach dem Roman »Initiation au meurtre« von Frédéric Dard **K** Jean Rabier **M** Pierre Jansen **S** Monique Fardoulis **D** Franco Nero (Sandry), Stefania Sandrelli (Sylvia), Gert Fröbe (Vestar), Jean Rochefort (Edouard), Gila von Weitershausen (Martine) **L** 88 (Orig. 93) **E** 12.10.1976 ARD

SCHULDLOS HINTER GITTERN (CRIME OF INNOCENCE). Ein übereifriger Richter läßt zwei Mädchen, die eine Nacht lang umhergefahren sind und als vermißt gemeldet wurden, aus erzieherischen Gründen ins Gefängnis sperren. Als dort ein Wächter eine der beiden vergewaltigt, ergreifen die Eltern Initiative gegen den Richter. Gutgemeinter, aber schwerfälliger und verworrener (Fernseh-)Film um Justizwillkür. ✦ USA 1985 **P** NBC/Ohlmeyer **Pd** Paul Radin (= Paul B. Radin) **R** Michael Miller **B** Michael Berk, Douglas Schwartz **D** Andy Griffith (Richter Sullivan), Shawnee Smith (Jodi), Ralph Waite (Frank Hayward), Diane Ladd (Rose Hayward), Steve Inwood (Dennis) **L** 92 **E** 8.1.1998

SCHULDLOS SCHULDIG (COUPABLE D'INNOCENCE). Im Jahre 1791 darf ein junger, naiver Uhrmacher im Schloß eines verstorbenen Erfinders die Uhren reparieren. In seiner Hoffnung, auf diese Weise Zugang zur Welt der Adligen zu finden, sieht er sich allerdings schnell getrogen – er wird zum idealen Opfer für die Spiele der dekadenten Aristokraten, sein Aufenthalt zur grausamen Lehrzeit des Lebens. Schwerfälliges, in seiner Rätselhaftigkeit ermüdendes historisches Drama eines Regiedebütanten. (Alternativer TV-Titel: »Unschuld macht schuldig«) – Ab 16. ✦ Frankreich/Polen 1992 **P** Atria/MS/La Sept Cinéma **R** Marcin Ziebinski **B** Andrzej Rychcik, Wojciech Ziminski **K** Dariusz Kuc **M** Jean-Claude Petit **S** Grazyna Jasinska-Wisniarowska **D** Jonathan Zaccai (Bardo), Aleksander Bardini (Professor Mock), Michal Pawlicki (Alexandre Plant), Jan Peszek (Jacques Kaltfish), André Wilms (Henri Bicken), Philippine Leroy-Beaulieu (Jeanne Eberlen), Janusz Gajos (Giacomo Cinquedea), Ute Lemper (Catherine Gless) **L** 110 **E** 16.1. 1995 mdr

SCHULE. Ein Tag und eine Nacht im Leben einer zehnköpfigen Schülergruppe kurz vor dem Abitur als Typenparade in einer lockeren Geschichte über Liebe, Lügen, Eitelkeiten und die letzte Phase eines sorglosen Lebens, in der man noch manches ausprobieren kann. Einfühlsames, episodenhaft geschickt verknüpftes Generationsporträt mit überzeugenden Darstellern. Aus Schülersicht erzählt, bietet das Regiedebüt zahlreiche Möglichkeiten zur Identifikation und Wiedererkennung. DVD: Die Special-Edition enthält u. a. einen Audiokommentar des Regisseurs, ein kommentiertes Feature mit nicht verwendeten Szenen, Marco Petrys Kurzfilm »Poppen« (23 Min.) sowie den kompletten 13-minütigen Kurzfilm, der in »Schule« als »Nabil & Saschas Abi-Film« in Ausschnitten gezeigt wird. – Ab 12. ✦ Scope. Deutschland 2000 **P** Bavaria **Kl** Constantin **VA** BMG **DVD** BMG (SE, 16:9, 2.35:1, DD5.1 dt.) **Pd** Uschi Reich **R** Marco Petry **B** Marco Petry, Stefan Wood **K** Axel Block **M** Jan Plewka **S** Barbara von Weitershausen **D** Daniel Brühl (Markus), Jasmin Schwiers (Sandra), Niels Bruno Schmidt (Stone), Mina Tander (Melanie), Tim Egloff (André), Lavinia Wilson

(Teresa), Christian Näthe (Steven), Axel Stein (Dirk), Sebastian Kroehnert (Karbrüggen), Denis Moschitto (Nabil), Aaron Tristan Hildebrand (= Aaron Hildebrand) (Sascha), Bettina Zimmermann (Nadine) **L** 99 **FSK** ab 12; f **FBW** w **E** 7.12.2000/17.5.2001 'Video/25.6.2001 DVD **fd** 34 600

DIE SCHULE DER BRIEFTRÄGER (L'ECOLE DES FACTEURS). Die komischen Erlebnisse französischer Briefträger in Jacques Tatis erster eigener Regiearbeit. Der Erfolg des Kurzspielfilms verschaffte Tati die Möglichkeit, den langen Spielfilm »Tatis Schützenfest« zu drehen, der Verlängerung und Fortsetzung der »Schule der Briefträger« ist. – Ab 12. ✦ Schwarz-weiß. Frankreich 1947 **R+B** Jacques Tati **D** Jacques Tati **L** 15 **E** 20.3.1986 WDR

SCHULE DER FRAUEN – GESCHICHTEN AUS DEM HAREM. Dokumentarfilm über den Harem des Sultanspalastes Topkapi Saray in Istanbul, jenen Bauabschnitt, in dem die Frauen einst weitgehend abgeschottet von der Welt lebten. Der Film will mit dem westlichen Vorurteil aufräumen, ein Harem sei eine Art Bordell mit Liebessklavinnen gewesen, und vielmehr zeigen, daß der Ort als Werkstatt, Kinderhort und Schule genutzt wurde. ✦ Deutschland 1998 **R** Merlyn Solakhan, Manfred Blank **L** 65 **E** 27.12.1998 3sat

SCHULE DER LÜSTE →Tanzstunden-Report

DIE SCHULE DER SHAOLIN 2 →Iron Monkey II

SCHULE DER VERFÜHRUNG (PETITS DESORDRES AMOUREUX). Ein junger Mann, der den Ruf genießt, ein Frauenheld zu sein, in Wirklichkeit jedoch unter Versagensängsten leidet, gerät auf Grund einer Wette an eine scheinbar schüchterne Frau, die sich als erotischer Vulkan entpuppt und ihm das Letzte abverlangt. Eine locker und frisch inszenierte, von einem spiellaunigem Ensemble getragene Beziehungskomödie, die mit vielen Wendungen und einer überraschenden Schlusspointe aufwartet. Durch die Verflechtung zweier Erzählebenen werden dem vertrauten Thema neue Reize abgewonnen. – Ab 16. ✦ Frankreich 1997 **P** K'ien Productions **Pd** David Kodsi **R** Olivier Péray **B** Eric Assous, Olivier Péray **K** Carlo Varini **M** David Moreau **S** Anna Ruiz **D** Bruno Putzulu (Lionel), Vincent Elbaz (Alain), Smadi Wolfman (Claire), Sarah Grappin (Sophie), Béatrice Palme (Sylvia) **L** 95 **E** 2.8.1999 ZDF

SCHULE DES BEGEHRENS (L'ECOLE DE LA CHAIR). Eine Frau mittleren Alters beginnt eine Affäre mit einem bisexuellen jungen Mann, wobei ihre Gier nach körperlicher Befriedigung sehr bald Opfer ihrer Gefühlskälte und Berechnung wird. Ein ausgesprochen düsteres modernes Melodram, das illusionslos über den Warencharakter von Sexualität und Liebe meditiert und in einem ausgeklügelten Rollenspiel ein zynisch gewordenes Welt- und Menschenbild beschreibt. Die von hervorragenden Darstellern gespielten Figuren bewegen sich dabei innerhalb der eleganten Inszenierung wie in einem Wachtraum und versinnbildlichen auf ebenso subtile wie ernüchternde Weise die Innenlandschaft ihrer Seelen. Darüber hinaus ist der Film eine faszinierende Hommage an die Schauspielerin Isabelle Huppert. (Auch O.m.d.U.) ✦ Scope. Frankreich 1998 **P** Orsans/V.M.P./La Sept Cinéma/Bel Age Distribution/Samsa Film/Canal+/Studio Images 4 **KI** Arsenal **VA** Arthaus (Kinowelt Home) **Pd** Fabienne Vonier, Vincent Malle, Claude Waringo **R** Benoît Jacquot **B** Jacques Fieschi, nach dem Roman »Nikutai Nogakko« von Yukio Mishima **K** Caroline Champetier **S** Luc Barnier **D** Isabelle Huppert (Dominique), Vincent Martinez (Quentin), Vincent Lindon (Chris), Marthe Keller (Madame Thorpe), François Berléand (Soukaz) **L** 105 **FSK** ab 12 (Video) **E** 4.2.1999/18.11.1999 Video **fd** 33 502

DIE SCHULE DES FLAMENCO (FLAMENCO VIVO/L'ECOLE DU FLAMENCO). Auf einer Reise durch Andalusien spürte ein Filmteam den Frühformen des Flamenco nach, die außer in Granada nur noch in den Clubs von Eingeweihten zu finden sind, die sich die Pflege des Tanzes zur Aufgabe machen. Ein stimmungsvoll fotografierter, sparsam kommentierter Tanz- und Musikfilm, der den Flamenco zu einem sinnlichen Erlebnis werden läßt. – Ab 14. ✦ BR Deutschland/Schweiz 1985 **P** NDR/Teleproduction **Pd+R+B** Reni Mertens, Walter Marti **K** Rob Gnant **S** Edwige Ochsenbein **L** 69 **E** 20.5.1991 BR

SCHULE DES SCHRECKENS →American Streetfighters

DIE SCHULE DES SHAOLIN (IRON MONKEY). Ein junger Mann, dessen Familie von einem Tyrannen ausgerottet worden ist, verschreibt sein Leben der Rache. In einem Kloster der Shaolin-Mönche erlernt er den gefährlichsten der zehn Kampfstile des Shaolin-Kung-Fu, um schließlich jeden einzelnen Banditen zu Tode zu prügeln. Wenig origineller Martial-Arts-Film von durchschnittlicher Machart. ✦ Scope. Hongkong 1977 **P** Alpha **KI** Avis und andere **VA** Madison **R** To Lo-Po, Shi Tong **B** I Kuan **D** Ho Chung-Do, Ku Phong, Tong Yin-Cheng, Tong Yea **L** 94 (gek. 69) **FSK** ab 18; nf (gek. 16) **E** 20.4.1979 **fd** 22 046

SCHULE DES SÜSSEN LEBENS (BITTER HARVEST). Ein Mädchen vom Lande gerät in London trotz der aufrichtigen Liebe eines jungen Mannes auf Abwege und endet durch Selbstmord. Englische Romanverfilmung, die sich redlich um sozialkritische Akzente müht, aber an der Oberfläche haften bleibt. ✦ Großbritannien 1963 **P** Independent Artists **KI** Rank **Pd** Albert Fennell, Leslie Parkyn **R** Peter Graham Scott **B** Ted Willis, nach dem Roman »The Secret Has a Thousand Skies« von Patrick Hamilton **K** Ernest Steward **M** Laurie Johnson **S** Russell Lloyd **D** Janet Munro (Jeannie Jones), John Stride (Bob Williams), Alan Badel (Karl Denny), Anne Cunningham (Ella), Thora Hird (Mrs. Jessup) **L** 96 **FSK** ab 18; nf **E** 22.5.1964/26.2.1985 DFF 2 **fd** 12 751

SCHULE DES VERBRECHENS (CRIME SCHOOL). Ein New Yorker Aufsichtsbeamter, der das Vertrauen einer Jugendbande erworben hat, kämpft gegen die Machenschaften eines korrupten und sadistischen Erziehungsheimleiters. Geradlinig inszenierter US-Kinoerfolg mit Humphrey Bogart als menschenfreundlichem Sozialreformer. – Ab 14. ✦ Schwarz-weiß. USA 1938 **P** First National für Warner Bros. **Pd** Bryan Foy **R** Lewis Seiler **B** Crane Wilbur, Vincent Sherman **K** Arthur Todd **M** Max Steiner **S** Terry Morse **D** Humphrey Bogart (Mark Braden), Gale Page (Sue Warren), Billy Halop (Frankie Warren), Bobby Jordan (Squirt), Huntz Hall (Goofy) **L** 86 **E** 20.7.1968 WDR

SCHULE FÜR EHEGLÜCK. Die fortgesetzte Untreue des Ehemanns führt zur Scheidung und nach Besinnung und Reue zur neuerlichen Heirat eines jungen Paares. Gutgemeinter, aber oberflächlicher Versuch, Eheratschläge in der Form eines hausbackenen Lustspiels zu erteilen. – Ab 16. ✦ Schwarz-weiß. BR Deutschland 1954 **P** Oska **KI** Union **Pd** Herbert Junghans **R** Anton Schelkopf, Rainer Geis **B** Franz Geiger, Peter Berneis, nach einem Roman von André Maurois **K** Franz Koch **M** Ulrich Sommerlatte **S** Adolph Schlyßleder **D** Liselotte Pulver (Marianne Schneemann), Paul Hubschmid (Justus Schneemann), Wolf Albach-Retty (Tobias), Cornell Borchers (Regine), Ingrid Lutz (Billy) **L** 100 **FSK** ab 16; nf **E** 20.5.1954/1.3.1957 Kino DDR/25.11.1987 DFF 2 **fd** 3 299

SCHULE FÜR REICHE LEUTE →Herz in der Hose

SCHULE 27 (ECOLE 27). Ein Dokumentarfilmer erzählt die Geschichte seiner Schule, der letzten jüdischen Schule Polens, 1947 von den überlebenden Juden in Lodz gegründet. Die »Schule 27«, anfangs ein Versuch, zu einem normalen Leben zurückzufinden, ohne die eigene Kultur verleugnen zu müssen, wurde mehr und mehr zu einer Nische, von der aus sich die Entwicklung des polnischen Staates anders als in der offiziellen Geschichtsschreibung darstellt. Amateurfilme, Archivmaterial und Aussagen von Zeitzeugen verdichten sich zu einem zeitgeschichtlich interessanten Dokumentarfilm. ✦ Belgien 1996 **R** Szymon Zaleski, Marilyn Watelet **B** Szymon Zaleski **K** Antoine Roch **L** ca. 62 **E** 20.10.1996 ZDF

DIE SCHÜLER (LE CHEMIN DES ECOLIERS/FURORE DI VIVERE). Im besetzten Paris des Jahres 1943 betätigt sich ein Schüler mit seinem Freund als Schwarzhändler und pflegt ein Verhältnis mit einer verheirateten Frau. Als er vermeintlich mit seinem Freund an der See, in Wahrheit aber mit seiner Geliebten in der Stadt ist, wird er von seinem Vater entdeckt. Im Laufe der Aussprache müssen beide Zugeständnisse machen. Trotz guter schauspielerischer Leistungen und eindrucksvoller Fotografie ist die zynische Grundhaltung des Films nicht zu übersehen. ✦ Schwarz-weiß. Frankreich/Italien 1959 **P** S.P.C.E./F.L.F./Mondex/Gaumont/Tempot/Zebra **KI** Pallas **R** Michel Boisrond **B** Jean Aurenche, Pierre Bost, nach einem Roman von Marcel Aymé **K** Christian Matras **M** Paul Misraki **S** Louisette Hautecoeur **D** Françoise Arnoul, Bourvil, Alain Delon, Madeleine Lebeau, Lino Ventura **L** 78 **FSK** ab 18; f **E** 25.9.1959/29.12.1982 DFF 2 **fd** 8 470

DER SCHÜLER (L'ELEVE). Im Jahr 1897 stellt eine adelige französische Familie einen 25jährigen Mann als Hauslehrer für den 12jährigen Sohn ein. Der hochbegabte und sensible, zugleich aber auch »ungebärdige« und kränkliche Junge wächst dem jungen Mann ans Herz, wobei sich allmählich eine Art Bruder-Beziehung einstellt, die auch über die ernüchternde Erkenntnis der Wahrheit hinweg Bestand hat: Die Familie ist völlig verarmt und muß durch ganz Europa bis nach Rußland ziehen, wobei sie das mondäne Leben als immer fragwürdigere Fassade aufrecht erhält. Eine aufwendig ausgestattete, hervorragend fotografierte Romanadaption, die aber zu akademisch geriet, um die verfallende Welt des Adels am Ende des 19. Jahrhunderts sinnfällig machen zu können. (O.m.d.U.) – Ab 16. ✦ Scope. Frankreich 1996 **P** Ocelot Prod./Capac/Les Sept Cinéma/Rhône-Alpes Cinéma **Pd** Josée Benabent-Loiseau **R** Olivier Schatzky **B** Olivier Schatzky, Eve Deboise, nach einem Roman von Henry James **M** Romano Musumarra **S** Jean-François Naudon **D** Vincent Cassell (Julien), Caspar Salmon (Morgan), Caroline Cellier (Emma, die Mutter), Jean-Pierre Marielle (Armand, der Vater), Sandrine Le Berre (Paula, Schwester), Sabine Destailleurs (Louise, Schwester) **L** 92 **E** 19.10.1998 arte

DER SCHÜLER GERBER. Die Tragödie eines begabten Schülers, der im letzten Jahr vor der Reifeprüfung an einem sadistischen Klassenlehrer zerbricht und Selbstmord begeht. Werkgetreue Verfilmung eines 1929 erschienenen, heute gleichermaßen aktuellen Romans. In der Darstellung der Hauptrolle und der Kameraarbeit sehr sensibel; solide, aber um eine Spur zu glatt inszeniert, so daß die psychologische Dramatik nicht ganz ausgelotet wird. Insgesamt jedoch eine beachtliche Auseinandersetzung mit einem brisanten Thema. – Ab 14. ✦ BR Deutschland/Österreich 1980 **P** Almaro/Arabella/Satel **KI** 20th Century Fox **R** Wolfgang Glück **B** Friedrich Torberg, Werner Schneyder, Wolfgang Glück, nach einem Roman von Friedrich Torberg **K** Xaver Schwarzenberger **M** Franz Schubert **S** Susanne Schett **D** Gabriel Barylli (Kurt Gerber), Werner Kreindl (Prof. Kupfer), Romuald Pekny (Albert Gerber), Paola Loew (Frau Gerber), Doris Mayer (Lisa Berwald) **L** 99 **FSK** ab 12; f **FBW** w **E** 29.4.1981 **fd** 22 897

SCHÜLER LIEBEN HÜBSCHE HASEN (GRAZIE NONNA). Komödie um eine italienische Industriellenfamilie, deren Mitglieder sich darum drücken, die angehende Ehefrau des Großvaters zu empfangen. Sie entpuppt sich als kaum 25jährige Schönheit, die einige Aufregungen und Eifersüchteleien unter den Familienangehörigen auslöst und Ursache für den Beinahe-Selbstmord der Freundin des Enkels ist. Uninspirierter Film, der einzig auf erotische Szenen ausgerichtet ist; schlampig inszeniert und lustlos gespielt. ✦ Italien 1975 **P** C.P.M. **KI** Avis **R** Franco Martinelli **B** Marino Girolami, Romano Scandariato **K** Salvatore Caruso **M** Enrico Simonetti **S** Daniele Alabiso **D** Edwige Fenech, Enrico Simonetti, Gianfranco D'Angelo, Valeria Fabrizi, Giuseppe Fioravanti **L** 94 **FSK** ab 16; nf **E** 11.4.1980

SCHÜLER-REPORT. Ein weiterer »Report« ohne Informationswert. Zwar greift das Drehbuch, etwa in der Schilderung der Beziehung zwischen einem Schüler und der Mutter seines Mitschülers, auch realitätsnahe Konfliktmöglichkeiten auf; die Regie betont aber in der Hauptsache die zotigen Witzchen. – Wir raten ab. ✦ BR Deutschland 1971 **P** Roxy **KI** Constantin **Pd** Luggi Waldleitner **R** Eberhard Schröder **B** Manfred Purzer **K** Klaus Werner **M** Gert Wilden **S** Ingeborg Taschner **D** Sascha Hehn, Astrid Snyder, Roland Greil, Kathi Utwardy, Isolde Bräuner **L** 85 **FSK** ab 18; nf **E** 25.11.1971 **fd** 17 705

SCHÜLER, SHAKESPEARE UND KARIBIK (CLASS CRUISE). Teenagerkomödie um eine Studienkreuzfahrt, auf der es zu Reibereien zwischen den Schülern einer öffentlichen High School und den Snobs einer privaten Eliteschule kommt. – Ab 12. ✦ USA 1989 **P** Portoangelo **Pd** Ervin Zavada **R** Oz Scott **B** Craig W. van Sickle, Steven Long Mitchell **D** Michael De Luise (Boz Crenshaw), Billy Warlock (Sam McBride), Brooke Theiss (Kim), Patrick Petersen (Evan Prescoll), McLean Stevenson (Miles Gimrich) **L** 94 **E** 4.6.1995 Kabel 1

SCHÜLERMORD →Rosenbaum – Schülermord

SCHÜLERREVOLTE (ZENDÜL AZ OSZTALY). In den 30er Jahren in einer ungarischen Provinzstadt: Das Leben wird von einem Ziegeleifabrikanten beherrscht, der alle unter Druck setzt, selbst die Schüler. Als diese bei der Wahl der Vertreter für die Schülerselbstverwaltung gezwungen werden sollen, den Sohn des Fabrikanten zu wählen anstatt einen armen, aber sehr talentierten Mitschüler, kommt es zum Aufstand der Schüler gegen die Lehrer. Ein Beispiel für die Versuche im heutigen Ungarn, die sozialen Spannungen der 30er und 40er Jahre darzustellen. – Ab 16. ✦ Ungarn 1975 **P** Ungarisches Fernsehen **R** Marianne Szemes **B** László Nádassy, L. Ranódy **K** Mihály Halász **D** Gábor Nagy, Miklós Kalocsay, Gyula Benkö, József Madaras **L** 105 **E** 19.1.1980 WDR

SCHULFAHRT OHNE WIEDERKEHR (VANISHED WITHOUT A TRACE/WHY HAVE THEY TAKEN OUR CHILDREN). Drei junge Männer entführen einen vollbesetzten Schulbus, um von den Eltern der 26 Kinder Lösegeld zu erpressen. Dank des mutigen Einsatzes des Busfahrers können sich die Geiseln befreien, noch bevor die skrupellosen Verbrecher ihre Forderungen übermitteln konnten. Handwerklich solider, spannend inszenierter Fernsehfilm. ✦ USA 1993 **P** Kansas **VA** RTL plus **Pd** Leonard Hill, Joel Fields, Joe Del Dierro **R** Vern Gillum **M** Lori Slomka **D** Karl Malden (Ed Ray), Julie Harris (Odessa Ray), Tim Ransom (Fred Woods), Tom Hodges (Jim Schoenfeld), Travis Fine (Rick Schoenfeld) **L** 89 **FSK** ab 12 **E** 11.11.1993 RTL/1995 Video

DAS SCHULGESPENST. Ein zehnjähriges, zu Hause und in der Schule widerborstiges Mädchen tauscht mit einem von ihm »befreiten« Schulgespenst die Gestalt und entwickelt sich fortan zu einer angepassten Musterschülerin. Schließlich kann es mit Hilfe seines Freundes das Gespenst überlisten und wird wieder das »alte« Kind von einst. Sympathischer Kinderfilm, der sich ganz auf die Alltagssituationen und Fantasien junger Zuschauer einlässt und diese zu einer humorigen und trickreichen Geschichte verbindet, in der die Erwachsenen, trotz ihrer Schwächen, nie denunziert werden. – Sehenswert ab 6. ✦ DDR 1986 **P** DEFA, Gruppe »Roter Kreis« **KI** Unidoc **SF** atlas **Pd** Gerrit List **R** Rolf Losansky **B** Peter Abraham, nach seinem Kinderbuch. **K** Helmut Grewald **M** Reinhard Lakomy **S** Ilse Peters **D** Nicole Lichtenheldt (Carola Huflattich), Ricardo Roth (Willi Neuenhagen), Karin Düwel (Fräulein Prohaska), Günter Schubert (Herr Palisander), Barbara Dittus (Mutter Huflattich), Dietmar Richter-Reinick (Vater Huflattich), Rolf Ludwig (Hausmeister Potter), Walfriede Schmitt (Direktorin), Jörg Panknin (Anton), Carl Heinz Choynski (Herr Miller) **L** 92 **FSK** ab 6; f **E** 3.7.1987 Kino DDR/3.3.1988 Kino BRD/2.9.1989 DFF 1 **fd** 26 800

DIE SCHULHOFRATTEN VON CHICAGO (MY BODYGUARD). Ein 15jähriger setzt sich gegen eine erpresserische Schülerbande durch und schließt Freundschaft mit einem Außenseiter, der sich für den Tod seines Bruders verantwortlich fühlt. Routiniert gemacht, jedoch insgesamt zu oberflächlich. Bedenklich durch den Schluß, der nur Gewalt als Mittel zur Konfliktlösung anbietet. – Ab 16. ✦ USA 1980 **P** Melvin Simon **KI** 20th Century Fox **Pd** Melvin Simon **R** Tony Bill **B** Alan Ormsby **K** Michael D. Margulies **M** Dave Grusin **S** Stu Linder **D** Chris Makepeace (Clifford Peache), Ruth Gordon (Gramma), Matt Dillon (Melvin Moody), Adam Baldwin (Rick Linderman), Martin Mull (Mr. Peache) **L** 96 **FSK** ab 12; f **E** 9.10.1981 **fd** 23 159

SCHULKAMERADEN (COMPAGNI DI SCUOLA). 15 Jahre nach dem Abitur treffen sich ehemalige Klassenkameraden im Landhaus einer schönen Frau, die den gesellschaftlichen Aufstieg geschafft hat und es den Mitschülern von einst zeigen will. Diese kehren ihrerseits ihren sozialen Status hervor, flüchten sich aber zugleich in ihre Rollen während der Schulzeit. Der Abend endet mit einem Eklat, als sich einer einen geschmacklosen Scherz erlaubt. Komödie mit bitteren Untertönen, die als Mikrokosmos die italienische Gesellschaft spiegelt, und in deren Verlauf die persönlichen Niederlagen und Neurosen jedes einzelnen aufgefächert werden. Eine interessante Studie, die jedoch ein wenig zu versöhnlich ausgefallen ist. – Ab 16 möglich. ✦ Italien 1989 **P** Cecchi Gori Group **Pd** Mario Cecchi Gori, Vittorio Cecchi Gori **R** Carlo Verdone **B** Leo Benvenuti, Piero de Bernardi, Carlo Verdone **K** Danilo Desideri **M** Fabio Liberatori **S** Antonio Siciliano **D** Carlo Verdone (Piero Ruffolo), Eleonora Giorgi (Valeria Donati), Christian de Sica (Bruno Ciardulli), Natasha Hovey (Cristina Romagnoli), Alessandro Benvenuti (Gino Santalamazza) **L** 115 **E** 20.11.1992 ARD

SCHULMÄDCHEN LIEBEN HEISS (OH DOLCI BACI E LANGUIDE CAREZZE). Ein Unternehmer büßt sein Verhältnis zu einem Schulmädchen und ihrem Hippiefreundeskreis mit Persönlichkeitszerfall und existenzvernichtender Freiheitsstrafe. Kolportage mit einseitiger Verteufelung der Jugend und voller drastischer Spekulationen. – Wir raten ab. ✦ Italien 1969 **P** Italian Int./Transeuropa **KI** Apollo/Aktuell **R** Mino Guerrini **B** Elvy Bayardo, Mino Guerrini, Marino Onorati, Luciano Salce **K** Carlo Carlini **M** Peppino De Luca, Carlo Pes **S** Ornella Micheli **D** Luciano Salce, Isabella Rey, Rita Calderoni, Fiorenzo Fiorentini, Gioia Desideri **L** 90 **FSK** ab 18; nf **E** 17.3.1972 **fd** 17 804

SCHULMÄDCHEN – REIF FÜR DIE LIEBE. Ein Möchtegern-Regisseur, dem das Geld für sein nächstes Projekt fehlt, will eine Millionärstochter »ausnehmen«, wofür er auf eine idyllische Insel zwielichtige Gestalten und mehrere Geliebte mitbringt. Amateurhaftes Bett- und Strandgerangel in einem amateurhaft heruntergekurbelten Softporno mit ungelenken Darstellern. – Wir raten ab. ✦ BR Deutschland 1985 **P** Atlas International **KI** AB **R** Ilia Milonako **B** Vangelis Fournistakis **M** Giovanni Ullu **D** Marcella Petri, Roger Beach, Mario Cutini, Telis Stallone, Pauline Teutscher **L** 79 **FSK** ab 18; nf **E** 3.4.1986 **fd** 25 676

DIE SCHULMÄDCHEN-REPORT-FILME. Die kommerziell erfolgreichste deutsche Kinoserie der 70er Jahre verarbeitete angeblich Ergebnisse einer Sexualverhaltensforschung bei der weiblichen Jugend zwischen 14 und 20 Jahren zu schein-authentischen Interview- und Episodenfilmen. Was darin an Sex gezeigt wurde, suchte den Kriterien der Freiwilligen Selbstkontrolle der Filmwirtschaft (FSK) zu entsprechen, die ihre Freigabegrenzen im Laufe der Jahre zunehmend weiter steckte. Die 13 entstandenen Schulmädchen-Report-Filme (neun davon inszenierte der Wiener Ernst Hofbauer, 1925–1984) wurden von Wolf C. Hartwig (Rapid-Film), in nachstehender Reihenfolge produziert:

SCHULMÄDCHEN-REPORT 1. TEIL: WAS ELTERN NICHT FÜR MÖGLICH HALTEN. Den Auftakt zur angeblich auf 157 Intimfragen fußenden »Bestandsaufnahme« bei Münchner Schulmädchen bildet der Modellfall einer Oberschülerin, die eine Werksbesichtigung schwänzt und sich stattdessen dem Chauffeur des Schulbusses hingibt. Ihre Verweisung von der Schule wird zum Diskussionsthema für den Elternbeirat, der sich zum Schluß zur Forderung nach sexueller Freiheit auch für Minderjährige durchringt. Alles in allem bieten die Reports, aus historischer Distanz betrachtet, ein trübes Bild von der »sexuellen Befreiung«. – Wir raten ab. ✦ BR Deutschland 1970 **P** Rapid **KI** Constantin **Pd** Wolf C. Hartwig **R** Ernst Hofbauer **B** Günther Heller, nach dem Buch von Günther Hunold **K** Klaus Werner **M** Gert Wilden **D** Günter Kieslich, Lisa Fritz, Gitti Netzle, Jutta Speidel, Friedrich von Thun **L** 90 (gek. 76) **FSK** ab 18; nf (V.gek.16) **E** 23.10.1970 **fd** 17 051

SCHULMÄDCHEN-REPORT 2. TEIL: WAS ELTERN DEN SCHLAF RAUBT. Abermals ein paar scheinauthentische Fälle, verbunden mit dem Appell für mehr Freiheit und Verständnis und illustriert mit einschlägigen Demonstrationen. Zum versöhnlichen Ende der Familienkonflikt um ein nichteheliches Kind, das Opas und Omas Widerstand zum Schmelzen bringt. Der Schauplatz der Straßeninterviews ist der Kurfürstendamm in Berlin. – Wir raten ab. ✦ BR Deutschland 1971 **P** Rapid **KI** Constantin **VA** Jünger Verlag **Pd** Wolf C. Hartwig **R** Ernst Hofbauer **B** Günther Heller **K** Klaus Werner **M** Gert Wilden **S** Herbert Taschner **L** 91 (Video 69) **FSK** ab 18; nf (Video 12) **E** 26.8.1971 **fd** 17 481

SCHULMÄDCHEN-REPORT 3. TEIL: WAS ELTERN NICHT MAL AHNEN. Weitere Modellfälle von Verführung, Libertinage und Beinahe-Promiskuität 15- bis 17jähriger Mädchen. In simplem Kunterbunt wechseln Sexabenteuer mit Ratschlägen zu neuer Moral. – Wir raten ab. ✦ BR Deutschland 1971 **P** Rapid **KI** Constantin **Pd** Wolf C. Hartwig **R** Ernst Hofbauer, Walter Boos **B** Günther Heller, nach Günther Hunold **K** Klaus Werner **M** Siegfried Franz **S** Herbert Taschner **D** Ingeborg Steinbach, Friedrich von Thun, Michael Schreiner **L** 97 **FSK** ab 18; nf **E** 17.2.1972 **fd** 17 734

SCHULMÄDCHEN-REPORT 4. TEIL: WAS ELTERN OFT VERZWEIFELN LÄSST. Unter Beimengung von etwas Gefühlskitsch und Situationskomik füllen diesen Teil der Serie Kurzgeschichten über Geschwisterinzest, Lehrerverführung, Schülerinnenbordell und Kuppeleiversuche. – Wir raten ab. ✦ BR Deutschland 1972 **P** Rapid **KI** Constantin **Pd** Wolf C. Hartwig **R** Ernst Hofbauer **B** Günther Heller, nach Günther Hunold **K** Klaus Werner **M** Gert Wilden **S** Herbert Taschner **D** Christina Lindberg, Gunther Möhner, Sascha Hehn, Ingrid Steeger **L** 88 **FSK** ab 18; nf **E** 28.9.1972 **fd** 18 004

SCHULMÄDCHEN-REPORT 5. TEIL: WAS ELTERN WIRKLICH WISSEN SOLLTEN. Fünfter »Report« über angebliche sexuelle Verhaltensweisen von Schülerinnen: Fehltritt des Großvaters mit der Enkelin, ein Schülerpaar lernt Sex von Untermieter und Tante, usw. Abgewandelte Wiederholungen früherer »Reports«. – Wir raten ab. ✦ BR Deutschland 1973 **P** Rapid **KI** Constantin **Pd** Wolf C. Hartwig **R** Ernst Hofbauer, Walter Boos **B** Günther Heller, nach Günther Hunold **K** Klaus Werner **M** Gert Wilden **S** Herbert Taschner **L** 86 **FSK** ab 18; nf **E** 13.4.1973 **fd** 18 283

SCHULMÄDCHEN-REPORT 6. TEIL: WAS ELTERN GERN VERTUSCHEN MÖCHTEN. Eine Flut neuen Materials, so die Einleitung, hat um der Vollständigkeit der Information willen diese Fortsetzung veranlaßt. Ausgangspunkt ist die Lehrer- und Elternversammlung in einem Gymnasium, wo ein Schüler mit seiner Freundin beim Geschlechtsakt im Musikzimmer ertappt worden ist. Nach 5 Rückblendeepisoden mit verschiedenen Varianten der Schülerliebe gibt der Vater des ertappten Jungen seinen Sprößling in eine Privatschule. – Wir raten ab. ✦ BR Deutschland 1973 **P** Rapid **Kl** Constantin **Pd** Wolf C. Hartwig **R** Ernst Hofbauer **B** Günther Heller, nach Günther Hunold **K** Klaus Werner **M** Gert Wilden **S** Herbert Taschner **L** 89 **FSK** ab 18; nf **E** 11.10.1973 **fd** 18 520

SCHULMÄDCHEN-REPORT 7. TEIL: DOCH DAS HERZ MUSS DABEI SEIN. Dieser Teil der Serie mußte angeblich produziert werden, weil wir heute »reif genug sind, um auch schwere Fälle unserer Schulmädchen zu diskutieren«, so der Vorspann. Danach werden in eine Gerichtsverhandlung verfängliche bis kriminelle Abenteuer von Schulmädchen eingeblendet. – Wir raten ab. ✦ BR Deutschland 1974 **P** Rapid **Kl** Constantin **Pd** Wolf C. Hartwig **R** Ernst Hofbauer **B** Günther Heller, nach Günther Hunold **K** Klaus Werner **M** Gert Wilden **S** Herbert Taschner **L** 93 **FSK** SPIO: X **E** 25.4.1974 **fd** 18 829

SCHULMÄDCHEN-REPORT 8. TEIL: WAS ELTERN NIE ERFAHREN DÜRFEN. Von seinen Vorgängern nur durch die laufende Nummer unterscheidbarer Pseudoreport über die sexuellen Abenteuer einer Abiturklasse in einem Landschulheim. – Wir raten ab. ✦ BR Deutschland 1974 **P** Rapid **Kl** Constantin **Pd** Wolf C. Hartwig **R** Ernst Hofbauer **B** Henry Racleur, F. B. Alleman **K** Klaus Werner **M** Gert Wilden **S** Herbert Taschner **L** 88 **FSK** ab 18; nf **E** 28.11.1974 **fd** 19 136

SCHULMÄDCHEN-REPORT 9. TEIL: REIFEPRÜFUNG VOR DEM ABITUR. Die serienüblichen Episoden aus dem »höheren« Schülermilieu: Lesbische Beziehungen, Exhibitionismus, Klamauk und unvermutete Anspielungen auf Arbeitslosigkeit und das Wiedererstarken autoritärer Erziehung. – Wir raten ab. ✦ BR Deutschland 1975 **P** Rapid **Kl** Constantin **R** Walter Boos **B** Günther Heller, nach Günther Hunold **K** Klaus Werner **M** Gert Wilden **L** 92 **FSK** ab 18; nf **E** 22.8.1975 **fd** 19 482

SCHULMÄDCHEN-REPORT 10. TEIL: IRGENDWANN FÄNGT JEDE AN. Nach der Titelmusik, der gewohnten Erkennungsmelodie der Serie, erinnert sich die Lehrerin einer Mädchenklasse aus Anlaß der Unterrichtsstunde über »Recht und Moral« einiger delikater Vorfälle, die in Rückblenden gezeigt werden. – Wir raten ab. ✦ BR Deutschland 1975 **P** Rapid **Kl** Constantin **R** Walter Boos **B** Günther Heller, nach Günther Hunold **K** Werner Kurz **M** Karl A. Dilz, Gert Wilden **L** 80 **FSK** ab 18; nf **E** 2.4.1976 **fd** 19 731

SCHULMÄDCHEN-REPORT 11. TEIL: PROBIEREN GEHT ÜBER STUDIEREN. Und wieder verführt die Oberschülerin den Lehrer, der daraufhin als Angeklagter dasteht; und wieder zwingen Rocker ein Mädchen zur Prostitution; nur die vierte und letzte Episode ist tragisch: Valium beendet eine enttäuschte Schülerliebe. Alles wie gehabt und keinen Deut besser als die Vorgänger. – Wir raten ab. ✦ BR Deutschland 1976 **P** Rapid **Kl** Constantin **R** Ernst Hofbauer **B** Günther Heller, nach einem »Bericht« von Günther Hunold **K** Klaus Werner **M** Gert Wilden **L** 79 **FSK** ab 18; nf **E** 24.3.1977 **fd** 20 268

SCHULMÄDCHEN-REPORT 12. TEIL: WENN DAS DIE MAMMI WÜSSTE/JUNGE MÄDCHEN BRAUCHEN LIEBE. Zwölfte Folge des Serienproduktes, nach dem gleichen einfallslosen Strickmuster wie üblich inszeniert. Ärgerlich ist vor allem die Leichtfertigkeit, mit der teils ernsthafte Probleme aufgegriffen und in spekulativer Weise dargestellt werden. – Wir raten ab. ✦ BR Deutschland 1978 **P** Cine Pool **Kl** Neue Constantin Film **R** Walter Boos **B** Günther Heller **K** Klaus Werner **M** Gert Wilden, K. A. Dietz **S** Herbert Taschner **D** Roswitha Krey, Claus Tinney (= Klaus Krause), Karin Kernke, Hans J. Jung, Elisabeth Welz **L** 83 **FSK** ab 18; nf **E** 3.2.1978 **fd** 20 679

SCHULMÄDCHEN-REPORT 13. TEIL: VERGISS BEIM SEX DIE LIEBE NICHT. Am Faden von Schülererinnerungen während einer Szenenprobe zu Shakespeares »Romeo und Julia« sind verschiedene Kurzgeschichten über Fälle von sexueller Erpressung, Jugendalkoholismus, Don-Juan-Gehabe und anderes mehr aufgehängt. Die Sexserie, die sich lange auf »Tatsachenberichte« berief, hat mittlerweile selbst dieses Etikett fallengelassen. – Wir raten ab. ✦ BR Deutschland 1980 **P** Rapid **Kl** Neue Constantin **Pd** Wolf C. Hartwig **R** Walter Boos **B** Günther Heller **K** Klaus Werner **M** K. A. Dietz **S** Herbert Taschner **D** Katja Bienert, Sylvia Engelmann, Gaby Fritz, Alexander Arndt, Don Bahner **L** 86 **FSK** ab 16; nf **E** 14.8.1980 **fd** 22 599

SCHULMÄDCHEN '84. Elf lose aneinandergereihte Episoden zum Thema Nr. 1. Auf Tempo und modischen Schick angelegter Unterhaltungsfilm voller Klischees. (Späterer Titel: »Schulmädchen von der Klasse Sex«) ✦ BR Deutschland 1984 **P** Starfilm/ Lisa **Kl** Tivoli **Pd** Eric Moss **R** Nikolai Müllerschön **B** Wolfgang Büld, Rainer Grupe, Michael Wojatzek **K** Franz X. Lederle **M** The Touch, Michael Heinkel, Rockola **S** Claudia Wutz **D** Jacqueline Elber, Petra Campbell, Rolf Zacher, Jonny Jürgens, Billy Aibel **L** 80 **FSK** ab 16; nf **E** 30.3.1984 **fd** 24 556

DIE SCHULMÄDCHEN VOM TREFFPUNKT ZOO. Ausschließlich auf »Schauwerte« bedachter Film über Drogenabhängigkeit und Prostitution in Berlin, der seine völlig unglaubwürdige Story mit Handlungselementen einschlägiger Sexfilme versetzt. Eine reißerische Mischung aus Schulmädchenreport und Schmierenmelodram. – Wir raten ab. ✦ BR Deutschland 1979 **P** Lisa/Geiselgasteig **Kl** Residenz **Pd** Karl Spiehs **R** Walter Boos **B** Georg Elmer **K** Klaus Werner **M** Gerhard Heinz **S** Gisela Haller **D** Marco Kröger (Mick), Katja Caroll (Petra), Ingeborg Steinbach (Frau Dr. Bauer), Walter Plumhoff (Assistent Steinberger), Dagmar von Thomas (Petras Mutter) **L** 87 **FSK** ab 18; nf **E** 6.7.1979 **fd** 22 093

DIE SCHULMÄDCHEN VON DER KLASSE SEX →Schulmädchen '84

SCHULMEISTER SPITZBART. Ein Dorfschullehrer um das Jahr 1830 träumt von einer moderneren Schule. Als er zum Direktor eines Gymnasiums berufen wird, beginnt er mit der Umsetzung seiner Träume. Doch er bleibt sowohl in der Schule als auch in der Ehe glücklos. Gediegene Literaturverfilmung fürs DDR-Fernsehen. ✦ DDR 1988/89 **P** DEFA **Pd** Wolfgang Rennebarth **R** Wolfgang Hübner **B** Wolfgang Hübner, nach dem Roman »Spitzbart« von Johann Gottlieb Schummel **K** Günter Eisinger **M** Karl-Ernst Sasse **S** Barbara Simon **D** Otto Mellies (Spitzbart), Simone von Zglinicki (Frau Spitzbart), Antje Straßburger (Friederike), Paul Müller (Michael), Dietrich Körner (Herz) **L** 80 **E** 27.12.1989 DFF 1/4.6.1995 N3

DIE SCHULSCHWÄNZERIN (LA RIPETENTE FA L'OCCHIETTO AL PRESIDE). Die Tochter eines Großindustriellen möchte ihr Abitur in einem Internat nachholen, aber in der Klasse herrscht geistiges Rowdytum vor, so daß sie ihre Reife eher in Sachen Sex beim liebestollen Direktor und beim dümmsten Mitschüler erhält. Konzeptloses Produkt italienischer Provenienz, in dem ein schielender Pauker, eine mannstolle Kollegin, ein feister Religionslehrer und ein Direktor auf Schülerinnenfang für Heiterkeit sorgen sollen. ✦ Italien 1980 **P** Medusa/Nuova Dania/ Dania **Kl** Alemannia/Arabella **R** Mariano Laurenti **B** Mariano Laurenti, Francesco Malizia **K** Federico Zanni **M** Gianni Ferrio **S** Alberto Moriani **D** Lino Banfi, Anna Maria Rizzoli, Alvaro Vitali, Carlo Sposito, Walter Margara **L** 83 **FSK** ab 16; nf **E** 3.7.1981 **fd** 23 169

DER SCHULWALZER (SCHKOLNY WALS). Zwei achtzehnjährige Abiturientinnen verlieben sich in einen Mitschüler, der mit der einen ein Kind bekommt, die andere aber heiratet. Alltagsnahe, problemreiche Gegenwartsgeschichte voll innerer Spannung. Trotz konventioneller Machart zur überdenkenswerten Auseinandersetzung anregend. – Ab 14. ✦ Scope. UdSSR 1978 **P** Gorki-Studio **Kl** Progress **R** Pawel Ljubimow **B** Anna Rodinowa **K** Pjotr Katajew **M** Wladimir Schainski **D** Jelena Zyplakowa (Sosja), Jewgenia Simonowa (Dina), Sergej Nassibow (Goscha), Natalja Wilkina (Sosjas Mutter), Juri Solomin (Sosjas Vater) **L** 93 **E** 30.3.1979 Kino DDR/16.5.1980 DFF 1

SCHULZEIT. In einer norddeutschen Provinzstadt in den frühen 50er Jahren bemüht sich ein Lehrer im Unterricht um einen kritischen Umgang mit der Geschichte und der politischen Gegenwart der Adenauer-Ära. Mit der allen öffentlichen Moralvorstellungen zuwider laufenden Liebesbeziehung zu einer Schülerin riskiert er einen Skandal. Bemerkenswerter Fernsehfilm, der sich mit penibler Detailgenauigkeit um die Rekonstruktion einer Epoche und ihrer Widersprüche bemüht. ✦ BR Deutschland 1977 **P** Radio Bremen **R** Rainer Wolffhardt **B** Thomas Valentin **K** Rolf Romberg **D** Hermann Treusch (Wolfgang Rohlfs), Dagmar Claus (Claudia Renz), Marlies Engel (Brigitte von Holst), Inge Birkmann (Maria Walser), Tilli Breidenbach (Anna Rohlfs), Sigfrit Steiner (Adolf Busch) **L** 105 **E** 25.10.1977 ARD

DIE SCHURKEN VOM BOLIVAR (THE PINK JUNGLE). Ein Werbefotograf und sein Mannequin werden im südamerikanischen Dschungel in die Auseinandersetzungen rivalisierender Banden verwickelt, die es auf eine Diamantenmine abgesehen haben. Unterhaltsame Agentenkomödie mit einigen Längen. – Ab 14. ✦ Scope. USA 1968 **P** Universal **Kl** Universal **R** Delbert Mann **B** Charles Williams, nach dem Roman »Snake Water« von Alan Williams **K** Russell Metty **M** Ernie Freeman **D** James Garner (Ben Morris), Eva Renzi (Alison Duquesne), George Kennedy (Sammy Ryderbeit), Nigel Green, Michael Ansara **L** 98 **FSK** ab 12; nf **E** 16.8.1968 **fd** 15 669

DER SCHÜRZENJÄGER (1928) (THE CHASER). Stummfilmburleske von und mit Harry Langdon: Statt von seiner Frau geschieden zu werden, wird Harry vom Richter zu 30 Tagen Hausarbeit verurteilt, worauf er sein Glück bei anderen Frauen versucht. Ein spätes Werk Langdons, kurz vor Ende der Stummfilmära. – Ab 12. ✦ Schwarz-weiß. USA 1928 **P** Harry Langdon Corporation **R** Harry Langdon **B** Clarence Hennecke, Robert Eddy, Harry McCoy, nach einer Story von Arthur Ripley **K** Elgin Lessley, Frank Evans **D** Harry Langdon (Harry Larking), Gladys McDonnell (Frau Larking), Helen Hayward (Schwiegermutter), Bud Jamieson (Harrys Freund), Charles Thurston (Richter) **L** 61 **E** 6.11.1971 ARD

DER SCHÜRZENJÄGER (1974) →Rivalinnen (1974)

SCHÜRZENJÄGER IN NOT (ÖZVEGY MENYASSZONYOK). Bei der Suche nach einem verschwundenen Taxichauffeur stellt sich heraus, daß der gleich sechs verschiedene Bräute hat. Seine Ehefrau allerdings wird eine andere, nicht zuletzt dank der tatkräftigen Unterstützung ihres Vaters. Anspruchslose, aber durchaus unterhaltsame Komödie. – Ab 12. ✦ Schwarz-weiß. Ungarn 1964 **P** Mafilm, Stúdió 3 **Kl** Progress **R** Viktor Gertler **B** Imre Bencsik, Anna Borhy, Nándor Kovács, nach einem Roman von Agnes Fedor **K** Ottó Forgács **M** Szabolcs Fényes **D** Sándor Pécsi, János Rajz, Sándor Szakács, Dezsö Garas, Mária Mezey **L** 76 **E** 16.4.1965 Kino DDR/ 5.6.1979 DFF 2

DER SCHÜRZENJÄGER VON VENEDIG (CASANOVA'S BIG NIGHT). Ein Schneidergeselle, der in den Rock Casanovas schlüpft, um der geliebten Gemüsehändlerin zu gefallen, gerät in das politische Ränkespiel des Dogen von Venedig, der Zwietracht mit Genua säen will. Turbulente Komödie, mit nur teilweise amüsanten Späßen. Keine gelungene Parodie auf Kostümfilme, doch immerhin ein unterhaltsamer Ulk. – Ab 16. ✦ USA 1954 **P** Paramount **Kl** Paramount **Pd** Paul Jones **R** Norman Z. McLeod **B** Hal Kanter, Edmund L. Hartmann **K** Lionel Lindon **M** Lyn Murray **S** Ellsworth Hoagland **D** Bob Hope (Pippo Popolino), Joan Fontaine (Francesca Bruni), Basil Rathbone (Lucio), Audrey Dalton (Elena), Hugh Marlowe (Stefano di Gambetta), Vincent Price (Casanova), John Carradine (Minister Foressi), Arnold Moss (Doge), John Hoyt (Maggiorin), Hope Emerson (Herzogin von Castelbello), Lon Chaney jr. (Emo), Raymond

Burr (Bragadin), Frank Puglia (Carabaccio) **L** 85 **E** 21.1.1955 **fd** 3 877

SCHUSCHIA →Schuhputzer

DER SCHUSS (1965, PL) (WYSTRZAL). Eine von ihrem Mann verlassene Italienerin, die mit Alkohol, Drogen und jugendlichen Liebhabern ihre Einsamkeit überspielt, stellt ein äthiopisches Dienstmädchen ein. Die Rassen- und Klassengegensätze führen zu einem Lernprozeß, der beide schließlich in gegenseitiger Hilfe das Leben meistern läßt. Von leiser Ironie durchzogen und feinfühlig in der Schilderung der Rassenproblematik, psychologisch jedoch nicht immer schlüssig. – Ab 16. ✦ Schwarz-weiß. Polen 1965 **P** ZRF »Rytm« für TV Warschau **KI** Progress **R** Jerzy Antczak **B** Jerzy Antczak, nach dem gleichnamigen Roman von Alexander Puschkin **K** Jan Janczewski **M** Waldemar Kazanecki **D** Ignacy Gogolewski (Sylvio), Iwona Mlodnicka (Mascha), Andrzej Zarnecki (Der Graf), Henryk Bak, Bogusz Bilewski **L** 75 **E** 1.7.1966 Kino DDR/8.10.1967 DFF 1

DER SCHUSS (1965, USA) (MOMENT TO MOMENT). Die Frau eines an der Cote d'Azur tätigen Psychiaters bricht mit einem Marineoffizier die Ehe und setzt den bei einem Streit Verletzten als vermeintliche Leiche aus. Der Psychiater behandelt den Offizier, der durch den Schuß sein Gedächtnis verloren hat, und ahnt schließlich die Zusammenhänge. Dezent aufs feine Bild bedachte Salonkolportage: elegant und unglaubwürdig. ✦ USA 1965 **P** Universal **KI** Universal **Pd+R** Mervyn LeRoy **B** John Lee Mahin, Alec Coppel, nach einer Erzählung von Alec Coppel **K** Harry Stradling **M** Henry Mancini **S** Philip W. Anderson **D** Jean Seberg (Kay Stanton), Honor Blackman (Daphne Fields), Sean Garrison (Mark Dominic), Arthur Hill (Neil Stanton), Grégoire Aslan (Inspektor DeFargo), Peter Robbins (Timmy Stanton), Donald Woods (Mr. Singer) **L** 108 **FSK** ab 16; nf **E** 28.1.1966 **fd** 13 863

DER SCHUSS (1967) (WYSTREL). Ein Adliger schlägt ein Duell aus, verstößt damit gegen die Ehrbegriffe der Gesellschaft und wird zum Außenseiter. Literaturverfilmung. ✦ Schwarz-weiß. UdSSR 1967 **P** Mosfilm **R** Naum Trachtenberg **B** Nikolai Kowarski, nach dem gleichnamigen Roman von A. S. Puschkin **K** S. Schejnin **M** Karen Chatschaturjan **D** Michail Kosakow (Sylvio), Juri Jakowlew (Graf), Oleg Tabakow (Fähnrich), W. Babjatinski (Fähnrich), Wladlen Dawydow (Oberst) **L** 96 **E** 17.12.1968 DFF 1

DER SCHUSS (2001). Ein Polizistenpaar wird zu einem Tankstellenüberfall gerufen. Es findet den Tankwart ermordet vor und erwischt die Täter bei der Flucht. Bei der Verfolgung löst sich ein Schuss aus der Waffe des Polizisten, der einen der Täter so schwer verletzt, dass er querschnittsgelähmt bleibt. Das Ermittlungsverfahren belastet die Polizistin, die plötzlich gegen ihren Kollegen, den sie in Kürze heiraten wollte, aussagen muss. Von soliden Darstellern getragenes (Fernseh-)Drama, das etwas schematisch über den Krimiplot psychologische Vorgänge sichtbar macht. Im Mittelpunkt steht eine junge Frau, die ihren scheinbar sicher vorgezeichneten Weg plötzlich hinterfragen muss. – Ab 16. ✦ Deutschland 2001 **P** teamworx/ZDF/arte **Pd** Nico Hofmann, Barbara Süvern **R+B** Nikolaus Leytner **K** Hermann Dunzendorfer **M** Jörg Lemberg **S** Jens Klüber **D** Lisa Martinek (Rita Bluhm), Felix Eitner (Martin Sabarski), Tim Wilde (Bruno Hellweg), Meriam Abbas (Cora Hellweg), Sandra Cervik (Johanna Wenig) **L** 88 **E** 27.10.2001 arte

DER SCHUSS AM PASS (WYSTREL NA PEREWALE KARASH). Geschichten über Menschen aus den Völkern der Basmatschen und Dshigiten und ihre jahrtausendalte Geschichte und Kultur. ✦ Schwarz-weiß. UdSSR 1969 **P** Kirgisfilm/Kasachfilm **R** Bolotbek Schamschijew **B** Bolotbek Schamschijew, A. Tarasi **K** M. Turatbekow **M** Dshon Ter-Tatewosjan **D** Sjuimenkul Tschokmorow (Bachtygul), Sowjetbek Dshumadylow (Sharasbai), Viktor Uralski (Fjodor), R. Telenbajew (Kokysch), B. Kydykejewa (Kaditscha) **L** 95 **E** 16.7.1971 DFF 1

DER SCHUSS AUS DEM NICHTS (JOHNNY NOBODY). Ein Dorfpfarrer in Irland sieht sich einem Mörder gegenüber, der einen atheistischen Schriftsteller öffentlich erschießt und sich als vermeintliches »Werkzeug Gottes« den gerichtlichen Freispruch erschwindelt. Ungreimter, großenteils dilettantisch wirkender Kriminalfilm. – Ab 16. ✦ Scope, schwarz-weiß. Großbritannien 1960 **P** Viceroy **KI** Rank **Pd** John R. Sloan **R** Nigel Patrick **B** Patrick Kirwan, nach einem Roman von Albert Z. Carr **K** Ted Moore **M** Ron Goodwin **S** Geoffrey Foot **D** Nigel Patrick, Yvonne Mitchell, Aldo Ray, William Bendix, Cyril Cusack **L** 85 **FSK** ab 12; nf **E** 26.6.1964 **fd** 13 256

SCHUSS DURCHS FENSTER (SCHUSS DURCHS FENSTER). Mehrere Morde in der unheimlichen Atmosphäre eines verlassenen Fabrikgeländes werden durch einen tolpatschigen Kriminalassistenten aufgeklärt. Künstlerisch und technisch zwar nicht der Rede wert, aber dennoch ein spannender Krimi. – Ab 14. ✦ Schwarz-weiß. Österreich 1949 **P** AFA **KI** Union **Pd** Herbert Sennewald **R** Siegfried Breuer **B** Siegfried Breuer, Rolf Olsen **K** Helmuth Ashley **M** Willy Schmidt-Gentner **D** Siegfried Breuer, Gunther Philipp, Curd Jürgens, Eva Leiter, Edith Mill **L** 93 **FSK** ab 12; nf **E** 17.1.1950/4.9.1960 ARD **fd** 757

SCHUSS – GEGENSCHUSS. Ausgehend von der These des französischen Medientheoretikers Paul Virilio, daß Waffen- und Filmtechnologie voneinander untrennbar die menschliche Wahrnehmung beeinflussen, befragt der Film Kameramänner der deutschen Propaganda-Kompanien des Zweiten Weltkrieges. Hinzukommen filmische Miniaturen, u. a. über die Zukunft der elektronischen Medien, so daß eine überquellende Textur aus Bildern und Tönen entstand, in der man sich phasenweise kaum noch orientieren kann. ✦ Schwarz-weiß. BR Deutschland 1990 **P** Dickerlitz/Tielsch/Bolbrinker Prod. **KI** Freunde der Deutschen Kinemathek/Sputnik **SF** Freunde der Deutschen Kinemathek **VA** absolut MEDIEN **Pd** Thomas Tielsch, Niels C. Bolbrinker **R+B** Niels C. Bolbrinker, Thomas Tielsch **K** Niels C. Bolbrinker **S** Niels C. Bolbrinker, Thomas Tielsch **D** Werner Bergmann, Jost von Hardenberg, Hans-Jürgen Musehold, Heinz Tödter, Fritz Hippler **L** 95 **FBW** w **E** November 1990/ Januar 2001 Video **fd** 28 717

SCHUSS IM DUNKEL (SHOOT FIRST/ROUGH SHOOT). Ein Offizier, der sich auf Urlaub in England ein Jagdrevier pachtet und dort einen Wilderer erschossen zu haben glaubt, verstrickt sich in ein Atomspionage-Abenteuer. Besonders zum Schluß hin wird es geradezu lächerlich unglaubhaft. – Ab 14. ✦ Schwarz-weiß. USA 1953 **P** United Artists **R** Robert Parrish **B** Eric Ambler, nach einem Roman von G. Household **K** Stanley Pavey **M** Hans May **D** Evelyn Keyes (Cecily Taine), Joel McCrea (Colonel Robert Taine), Herbert Lom (Peter Sandorski), Marius Goring (Hiart), Roland Culver (Randell) **L** 90 **E** 21.5.1962 ARD

EIN SCHUSS IM DUNKELN (A SHOT IN THE DARK). Ein vertrottelter Pariser Polizei-Inspektor bringt durch seine konfusen Aufklärungsmethoden in dem Schloß eines Millionärs, das von einer Mordserie heimgesucht wird, alle Beteiligten schrittweise um den Verstand. Nach »Der rosarote Panther« (1963) der zweite Film um die berühmte Kunstfigur »Inspektor Clouseau«; übermütige und gagreiche Komödienunterhaltung mit vielen absurden Situationen im Stil der Slapstick-Tradition und parodistischen Blödeleien von teilweise überraschend bitterer Konsequenz. – Ab 16. ✦ Scope. USA 1964 **P** Mirisch/ United Artists **KI** United Artists **Pd+R** Blake Edwards **B** Blake Edwards, William Peter Blatty, nach zwei Bühnenstücken von Harry Kurnitz und Marcel Achard **K** Christopher Challis **M** Henry Mancini **S** Bert Bates, Ralph E. Winters **D** Peter Sellers (Inspektor Jacques Clouseau), Elke Sommer (Maria Gambrelli), George Sanders (Benjamin Ballon), Herbert Lom (Chefinspektor Dreyfus), Tracy Reed (Dominique Ballon), Graham Stark (Hercule Lajoy), André Maranne (François) **L** 102 **FSK** ab 16; nf **E** 4.3.1965 **fd** 13 309

DER SCHUSS IM MORGENGRAUEN (VINA VLADIMIRA OLMERA). Ein junger Student aus gutem Hause kommt auf die schiefe Bahn und erst mit Freundeshilfe wieder wieder zur Selbstbesinnung. Kriminalfilm, der sich erfolgreich um die Verknüpfung realistischer Milieuschilderung und einer spannenden Handlung bemüht. – Ab 14. ✦ Schwarz-weiß. CSR 1956 **P** Statni-Film **KI** Progress **R** Václav Gajer **B** Václav Gajer, Miroslav Drtilek, Jirí Mares **K** Jan Kalis **M** Jirí Srnka **D** Eduard Cupák (Vladimír Olmer), Jirí Broz (Eman Prokes), Stanislav Fiser (Tomás Benda), Miroslav Zounar (Mirek Koutny), Dana Nejdlová (Irina) **L** 90 **E** 5.4.1957 Kino DDR/14.6.1957 DFF 1

DER SCHUSS IM NEBEL (WYSTREL W TUMANE). Eine ausländische Macht versucht, über ihren Botschaftsattaché die Forschungsergebnisse eines sowjetischen Ingenieurs, der in einem Raketeninstitut arbeitet, an sich zu bringen. Die sowjetische Spionageabwehr vereitelt jedoch dieses Vorhaben. Spannungslos und schwach inszeniert. – Ab 8. ✦ Schwarz-weiß. UdSSR 1963 **P** Mosfilm **KI** Progress **R** Alexander Bobrowski, Alexander Sery **B** Wladimir Alexejew, Michail Makljarski **K** Wladimir Boganow **M** Alexander Fljarkowski **D** Wladimir Krasnopolski (Jewdokimow), Lionella Skirda (Marina), Juri Gorobez (Kisseljow), Roman Chomjatow (Lagutin), Bruno Oja (Binkle) **L** 88 **E** 18.12.1964 Kino DDR

DER SCHUSS IM TONFILMATELIER. Bei den Dreharbeiten zu einer Eifersuchtsszene wird im Filmatelier tatsächlich eine Frau erschossen, weil zuvor die Waffe heimlich ausgetauscht wurde. Die Ermittlungen der Polizei konzentrieren sich aufs Filmteam, dessen Mitglieder sämtlich ein Motiv und die Möglichkeit zur Tat hatten. Kriminalfilm, an dem weniger die Aufklärung des Falls fasziniert als der Versuch, die neuen Möglichkeiten des Tonfilms selbst als Handlungselement zu nutzen. ✦ Schwarz-weiß. Deutschland 1930 **P** UFA **R** Alfred Zeisler **B** Egon Eis, Rudolf Katscher **K** Werner Brandes **D** Gerda Maurus (Filmdiva), Harry Frank (Hauptdarsteller), Berthe Ostyn (Saylor), Erwin Kalser (Regisseur), Paul Kemp (Aufnahmeleiter), Erich Kestin (Hilfsregisseur), Ewald Wenck (Kameramann) **L** 72 **E** 25.7.1930/16.9.1985 Kino DDR

SCHUSS UM MITTERNACHT. Ein von seinen unzufriedenen Vorgesetzten zwangsweise zur Erholung abkommandierter Kriminalrat überführt im Urlaub zwei Mörder, denen er jahrelang vergeblich auf der Spur war. Braver Krimi, und aus heutiger Sicht schon recht angestaubt. – Ab 14. ✦ Schwarz-weiß. Deutschland 1944 **P** Bavaria **KI** Regina **Pd** Oskar Marion **R** Hans H. Zerlett **B** Emil Burri, Walter Forster **K** Josef Strecha **M** Oskar Wagner **S** Gottlieb Madl **D** Mady Rahl, Albert Matterstock, Jakob Tiedtke, Ida Wüst, Theo Lingen **L** 85 **FSK** ab 12; nf **E** 28.4.1950/ 3.2.1964 DFF **fd** 912

EIN SCHUSS UND 50 TOTE (ALIAS JESSE JAMES). Witzig ersonnene Groteske von und mit Bob Hope als Agent einer Lebensversicherungsgesellschaft, die den Banditen Jesse James versichert hat. Dem Helden wider Willen helfen bekannte, nur dem Zuchauer sichtbare, Westerndarsteller von Roy Rogers bis Gary Gooper. Als Genre-Parodie durchaus brauchbar. – Ab 12. ✦ USA 1959 **P** Hope Enterprises **KI** United Artists **Pd** Jack Hope **R** Norman Z. McLeod **B** William Bowers, D. D. Beauchamp **K** Lionel Lindon **M** Joseph J. Lilley **S** Marvin Coil, Jack Bachom **D** Bob Hope (Milford Farnsworth), Rhonda Fleming (Cora Lee), Wendell Corey (Jesse James), Jim Davis (Frank James), Will Wright (Titus Queasley), James Arness (Matt Dillon), Gloria Talbott (Indianerin), Mary Young (Ma James), Fess Parker (Davy Crockett), James Garner (Bret Maverick), Roy Rogers (Roy Rogers), Gary Cooper (Gary Cooper), Gene Autry (Gene Autry), Jay Silverheels (Tonto), Bing Crosby (Bing Crosby), Gail Davis (Annie Oakley), Hugh O'Brian (Wyatt Earp) **L** 93 **FSK** ab 6; nf **E** 25.8. 1959/6.2.1967 ARD **fd** 8 390

DER SCHUSS VON DER KANZEL. Dialekt-Verfilmung

der gleichnamigen Novelle von C. F. Meyer: Im Mittelpunkt der Konflikt zwischen Pfarrer Werdmüller, einem Jäger und Waffennarren mit lascher Berufsauffassung, und dem frommen Vikar Pfannenstiehl, der ganz in seiner Berufung aufgeht. Ein auf den ersten Blick steriler Film, der jedoch in seiner Atmosphäre stimmig ist und seine Verwicklungen mit leichter Ironie darbietet. – Ab 16. ✦ Schwarz-weiß. Schweiz 1942 **P** Praesens **R** Leopold Lindtberg **B** Richard Schweizer, nach einer Novelle von Conrad Ferdinand Mayer **K** Emil Berna **M** Robert Blum **D** Adolf Manz (Pastor Werdmüller), Irene Naef (Rahel Wertmüller), Fred Tanner (Kandidat Pfannenstiel), Leopold Biberti (Hans-Rudolf Pfannenstiel), Jakob Sulzer (Hauptmann Kilchsperger) **L** 100 **E** 5.5.1975 TV

SCHUSSBEREIT (SHOOT-OUT AT MEDICINE BEND). Drei ausgemusterte Bürgerkriegssoldaten befreien ein Westernstädtchen von rabiaten Geschäftemachern und mordlustigen Sioux-Indianern. Nur mäßig unterhaltsamer Western. – Ab 16. ✦ Scope, schwarz-weiß. USA 1957 **P** Warner **KI** Warner **Pd** Richard Whorf **R** Richard L. Bare **B** John Tucker Battle, D. D. Beauchamp **K** Carl Guthrie **M** Roy Webb **S** Clarence Kolster **D** Randolph Scott (Cap Devlin), James Craig (Clark), Angie Dickinson (Priscilla), Dani Crayne (Nell), James Garner (Maitland), Gordon Jones (Clegg), Trevor Bardette (Sheriff), Don Beddoe (Bürgermeister), Myron Healey (Sanders), John Alderson (Walters), Harry Harvey sr. (King), Robert Warwick (Bruder Abraham), Ann Doran, Lane Bradford, Guy Wilkerson, Rory Mallinson, Harry Lauter, Tom Monroe, Buddy Roosevelt **L** 87 **FSK** ab 12; nf **E** 1.10.1957 **fd** 6 615

SCHÜSSE AM FLUSS (VJER). Ein mongolischer und ein russischer Fährmann, seit 20 Jahren befreundet, helfen während des Bürgerkrieges den russischen und mongolischen Revolutionären. Beide werden Opfer der Weißgardisten. Schlicht erzählter und in der Milieuschilderung realistischer Revolutionsfilm mit hervorragenden Darstellern. ✦ Schwarz-weiß. Mongolei 1966 **P** Studio Mongolkino **KI** Progress **R** Deshidin Shigshid **B** S. Udwal, Doshoodorsh **K** M. Duincher **M** L. Murdorsh **D** Nikolai Krjutschkow (Michail), S. Genden (Bold), B. Damtschaa (Molom), J. N. Ljudjajew (Chef der Weißgardisten), L. J. Lossj (Kladkop) **L** 71 **E** 9.7.1971 Kino DDR/ 10.7.1972 DFF 2

SCHÜSSE AN DER GRENZE (1933). Kriminalkommissar macht eine Schmugglerorganisation unschädlich, indem er sich als Bandenmitglied anheuern läßt. Nicht sonderlich aufregender Kriminalfilm. – Ab 12. ✦ Schwarz-weiß. Deutschland 1933 **P** K.M.R. **KI** Türck **Pd** J. A. Hübler-Kahla, Georg Muschner, Paul Rischke **R** J. A. Hübler-Kahla **B** Hanns Marschall, Otto Bellmann **K** Georg Muschner, Paul Rischke **M** Leberecht von Guaita **S** Peter Meyrowitz **D** Carla Bartheel (Gerda), Peter Erkelenz (Großunternehmer Michalski), Peter Voß (Nr. 34), Carl Auen (Oberzollinspektor Dr. Erdmannn), Fritz Kampers (der Schmugglerführer) **L** 75 **E** 1.9.1933 **fd** 868

SCHÜSSE AN DER GRENZE (1953) (SASTAWA W GORACH). Anspruchsloser Abenteuerfilm über den Kampf sowjetischer Grenzpolizisten gegen feindliche Agenten. Mit tollkühnen Reitkunststücken und wilden Verfolgungsjagden offenbar vornehmlich für ein jugendliches Publikum produziert. – Ab 14. ✦ UdSSR 1953 **P** Mosfilm **KI** Progress **R** Konstantin Judin **B** Michail Wolpin, Nikolai Erdman **K** Timofej Lebeschew **M** A. Spadawekkia **D** Wladlen Dawydow (Lunin), Marina Kusnezowa (Wera Alexandrowna), E. Schatrowa (Polina Antonowa), Sergej Gurso (Kuleschow), Stanislaw Tschekan (Martschenko) **L** 99 **E** 26.2.1954 Kino DDR/26.3.1954 DFF 1

SCHÜSSE AUF DER PIAZZA (LO SGARRO). Paolo, vom Militärdienst in sein Heimatdorf in Süditalien zurückgekehrt, schließt sich dem allmächtig scheinenden Viehhändler Don Michele an und bestiehlt und terrorisiert mit dessen Leuten die Umgebung. Langsam wird ihm die Verwerflichkeit seines Tuns bewußt. Er stellt sich auf die Seite der Ausgebeuteten, die endlich mit den Peinigern abrechnen. Sozial- und gesellschaftskritisches Drama. – Ab 16. ✦ Scope, schwarz-weiß. Italien/Frankreich 1962 **P** G.A. Cinematografica/U.G. Cinematografica/Comtoir Française **KI** Progress **R** Silvio Siano **B** Silvio Siano, Mario di Nardo, Sabatino Ciuffini **K** Toni Secchi **M** Gino Peguri **D** Gérard Blain, Gordana Miletic, Ubaldo Granata, Saro Urzi, Luisa Conte, Charles Vanel **L** 84 **E** 23.6.1967 Kino DDR/1.2.1969 DFF 1

SCHÜSSE AUF DER RANCH (MY PAL TRIGGER). Der berühmte Hengst Trigger kann sich nach einigen Abenteuern auch auf den Rennbahn behaupten und wird schließlich Vater zweier Fohlen. Serielle Unterhaltung ohne jeden Anspruch. – Ab 12. ✦ Schwarz-weiß. USA 1946 **P** Republic **Pd** Armand Schaefer **R** Frank McDonald **B** Jack Townley, John K. Butler **K** William Bradford **M** Morton Scott **S** Harry Keller **D** Roy Rogers (Roy Rogers), George Hayes (Gabby Kendrick), Dale Evans (Susan), Jack Holt (Brett Scoville), LeRoy Mason (Carson) **L** 79

SCHÜSSE AUS DEM GEIGENKASTEN. Jerry Cotton, Superkriminalist aus vielen Groschenromanen, zerschlägt eine Bande und rettet seinem Chef die Stellung. Weitgehend spannende Kriminalunterhaltung mit den üblichen Unwahrscheinlichkeiten und Übertreibungen. – Ab 16. ✦ Schwarz-weiß. BR Deutschland 1965 **P** Studio Hamburg/Allianz/Astoria **KI** Constantin **Pd** Hubert Fröhlich **R** Fritz Umgelter **B** Georg Hurdalek, nach einem Roman der Jerry-Cotton-Serie **K** Albert Benitz **M** Peter Thomas **S** Klaus Dudenhöfer **D** George Nader (Jerry Cotton), Heinz Weiss (Phil Decker), Richard Münch (Mr. High), Hans E. Schons (Cristallo), Franz Rudnick (Kilborne) **L** 89 **FSK** ab 16; nf **E** 6.5.1965/20.7.1974 ARD **fd** 13 423

SCHÜSSE AUS DER MANTELTASCHE (LE TEMPS DES LOUPS/TEMPO DI VIOLENZA). Der Kommissar jagt seinen ehemaligen Schulfreund, einen Juwelendieb und Bankräuber, der skrupellos über Leichen geht. Harter Kriminalfilm mit modischem Schick und einiger Spannung. Die beiden Hauptdarsteller spielen überzeugend. ✦ Frankreich/Italien 1969 **P** Lira/ Paris Cannes/Seven **KI** Constantin **Pd** Raymond Danon **R** Sergio Gobbi **B** Georges Tabet, Sergio Gobbi, André Tabet **K** Daniel Diot **M** Georges Garvarentz **S** Gabriel Rongier **D** Robert Hossein (Robert), Charles Aznavour (Georges Kramer), Virna Lisi (Stella), Fred Ulysse (Marco), Geneviève Thenier (Geneviève), Madeleine Sologne **L** 105 **FSK** ab 16; nf **E** 1.7.1971/1.6.1977 ZDF **fd** 17 408

DIE SCHÜSSE DER ARCHE NOAH. Ein zehnjähriger Berliner Jungen erlebt das letzte Jahr des Zweiten Weltkrieges als ein Wechselbad der Gefühle. Zwischen den Überzeugungen der bibelfesten Mutter, den Parolen des kommunistischen Vaters und der nationalsozialistischen Lehre an der Schule hin und her gerissen, glaubt er den Ausweg aus seinem Elend in einer Synthese aus Jesus und Lenin zu finden. Ansprechende, auch in der Ausdeutung religiöser Momente diskussionswerte Literaturverfilmung, die durch eine sensible Kamera und gute Darsteller unterstützt wird. – Ab 10. ✦ Scope. DDR 1982 **P** DEFA, Gruppe »Babelsberg« **KI** Progress **Pd** Dieter Dormeier, Volkmar Leweck **R** Egon Schlegel **B** Egon Schlegel, nach dem gleichnamigen Roman von Peter Abraham **K** Peter Brand **M** Gunther Erdmann **S** Ilona Thiel **D** Oliver Ohrt (Klaus), Simone Graja (Lottchen), Alexander Gorgs (Erich), Alexander Herrmann (Bernd), Tilo Braune (Kossak), Christine Schorn (Mutter von Klaus), Wolfgang Winkler (Vater von Klaus), Wolfgang Greese (Herr Rosenkranz), Marie-Anne Fliegel (Frau Rosenkranz), Zofia Slaboszowska (Mutter Oberin) **L** 89 **E** 4.2.1983 Kino DDR/16.2.1985 DFF 1

SCHÜSSE DURCHS HERZ (SHOT THROUGH THE HEART). Jugoslawien am Vorabend des Bürgerkrieges: Zwei Freunde in Sarajevo, ein Muslim und ein Serbe, die es im selben Schießsport-Club zur Meisterschaft gebracht haben, stehen sich nach dem Ausbruch des Krieges als Feinde gegenüber. Ein unter die Haut gehender, authentischer Film nach Artikeln des amerikanischen Journalisten John Falk, der den Alltag des Krieges schonungslos beschreibt und der Tragödie persönliche Gesichter verleiht. ✦ USA/Großbritannien 1998 **P** Alliance/BBC/Company Pic./LeFRak/Transatlantic Media **Pd** Su Armstrong **R** David Attwood **B** Guy Hibbert **K** Gábor Szabó **M** Edward Shearmur **S** Tim Wellburn **D** Linus Roache (Vlado), Vincent Perez (Slavko), Lia Williams (Maida), Lothaire Bluteau (Zijah), Adam Kotz (Misho) **L** 112 **E** 3.12.1999 Premiere World

SCHÜSSE IM DREIVIERTELTAKT (SCHÜSSE IM DREIVIERTELTAKT). Ein französischer Edelagent auf der Jagd nach einem militärisch wichtigen Fernlenkgerät für Raketen; in Wien kann er das geraubte Gerät endlich an sich bringen. In Stil und Handlung versucht sich der Film als James-Bond-Kopie, ist aber nicht annähernd so unterhaltsam. – Ab 16. ✦ Österreich 1965 **P** Stadthalle **KI** Nora **Pd** Karl Spiehs **R** Alfred Weidenmann **B** Herbert Reinecker **K** Karl Loeb **M** Charly Niessen **S** Hermine Diethelm **D** Pierre Brice (Philippe Tissot), Heinz Drache (Gilbert), Charles Regnier (Henry), Daliah Lavi (Irina), Jana Brejchová (Jana) **L** 92 **FSK** ab 12; nf **FBW** w **E** 9.4.1965 **fd** 13 378

SCHÜSSE IM MONDSCHEIN (IMPUSCATURI SUB CLAR DE LUNA). Siebenbürgen 1947: Ein räuberischer Hauptmann terrorisiert die Bauern und schafft Unsicherheit der neuen Staatsmacht gegenüber. Der Plan eines erfahrenen Offiziers des Sicherheitsdienstes führt endlich zum Erfolg: Es gelingt, die Helfershelfer zu entlarven und den Banditen unschädlich zu machen. Unterhaltsamer Abenteuerfilm. ✦ Schwarz-weiß. Rumänien 1977 **P** Filmstudio Bukarest **KI** Progress **R** Mircea Muresan **B** Petre Salcudeanu **K** Dan Miculescu **M** Ramon Tavenier **D** Ion Besoiu, Mircea Diaconu, Ion Caramitru, Dan Mutu, Catrinel Blaja **L** 95 **E** 11.1.1980 Kino DDR/17.11.1981 DFF 2

SCHÜSSE IM MORGENGRAUEN →Der Schatz vom Toplitzsee

SCHÜSSE IN BATASI (GUNS AT BATASI). Unteroffiziere einer britischen Garnison in Afrika bewähren sich während einer Revolution. Zwar ist der Film gut gemacht und spannend, aber er glorifiziert das Berufssoldatentum in einer Durchhaltestory, die von rassistischen Untertönen durchsetzt ist. – Ab 16. ✦ Scope, schwarz-weiß. Großbritannien 1964 **P** 20th Century Fox **KI** Centfox **Pd** George H. Brown **R** John Guillermin **B** Robert Holles, nach seinem Roman **K** Douglas Slocombe **M** John Addison **S** Max Benedict **D** Richard Attenborough, Mia Farrow, Flora Robson, Jack Hawkins, John Leyton **L** 103 **FSK** ab 12; f **FBW** bw **E** 30.10.1964 **fd** 13 104

SCHÜSSE IN DEN HIMMEL (RAFAL U NEBO). Die Suche eines ehemaligen Partisanenoffiziers nach den Mördern seiner Familie. ✦ Schwarz-weiß. Jugoslawien 1957 **P** Avala **R** Vanja Bjenjas **B** Bogdan Jovanovic **K** Branko Ivatovic **M** Bojan Adamic **D** Bert Sotlar, Dara Calenic, Pavle Vujisic, Abdurahman Salja, Mihajlo Viktorovic **L** 78 **E** 7.9.1967 DFF 1

SCHÜSSE IN DER FABRIK (LAUKAUS TEHTAALLA). In einer kleinen Stadt in Finnland hat die Direktion die Schließung des Betriebs verfügt. Fast alle Arbeiter verlieren dadurch nicht nur ihre Arbeitsstelle, sondern auch Haus und Heimat, da die Stadt keine anderen Verdienstmöglichkeiten bietet. Eine kritische Spielfilmstudie zum Thema Rationalisierung und soziale Verantwortung. – Ab 16. ✦ Schwarzweiß. Finnland 1973 **P** Jörn Donner **KI** Freunde der Deutschen Kinemathek **R** Erkko Kivikoski **B** Paavo Rintala, Erkko Kivikoski, Juho Gartz **K** Esko Nevalainen, Vesa Hauhia, Kari Kekkonen **S** Juho Gartz **D** Urpo Poikolainen (Henriksen), Aarne Hakulinen (Direktor Pylvänäinen), Pentti Viljakainen (Vertrauensmann Vuori), Artturi Haikonen (Oskari Niemi) **L** 82 **E** 1.5. 1974 West 3/9.11.1976 DFF 2

SCHÜSSE IN DER NACHT →Der große Bluff (1932)

SCHÜSSE IN KABINE 7. Zwei wertvolle Diamanten

werden von Kapstadt nach Europa gebracht. Obwohl Detektive den Schiffstransport bewachen, versuchen Diebe sich der wertvollen Beute zu bemächtigen. ✦ Schwarz-weiß. Deutschland 1937 **P** Majestic **R** Carl Boese **B** Walter Wassermann, C. H. Driller, nach dem Roman »Diamantenkomödie« von Horst Biernath **K** Carl Drews **M** Michael Jary **S** Hildegard Grebner **D** Maria Andergast (Carola Hollerthau), Hermann Speelmans (Dick Timperley), Fita Benkhoff (Daisy Lennox), Harald Paulsen (Fred Martini), Maria Koppenhöfer (Mrs. Smith) **L** 86 **E** 18.2.1938/28.3. 1960 DFF 1

SCHÜSSE IN MARIENBAD (VYSDRELY V MARIANSKYCH LAZNICH). Die Ermittlungen gegen den Mörder des deutschen antifaschistischen Professors Theodor Lessing, der 1933 in Marienbad erschossen wurde. Gezeigt wird die Wiederaufnahme des Falles 1945 und – in Rückblenden – die Untersuchungen zur Zeit der Tat. Politisch-historischer Spielfilm, der ein Grundwissen um die politischen Hintergründe voraussetzt. Die filmische Umsetzung des interessanten Themas ist dabei eher langatmig geraten. – Ab 14. ✦ Scope. DDR/CSSR 1973 **P** DEFA, Gruppe »Berlin«/Filmstudio Barrandov **KI** Progress **R** Ivo Toman, Václav Gajer, Claus Dobberke **B** Ivo Toman, Václav Gajer, nach dem Buch »Schüsse in der Villa Edelweiß« von Roman Cílek **K** Jirí Tarantík, Jan Kváca **M** Jirí Sust **S** Miroslav Májek **D** Václav Neuzil (Sedy), Josef Abrhám (Hanousek), Karel Hlusicka (Eckert), Friederike Aust (Irma Stich), Bohumil Smida (Pacák), Zdenek Díte (Fulin) **L** 91 **E** 23.9.1973 Kino DDR

SCHÜSSE IN NEW MEXICO (THE DUEL AT SILVER CREEK). Ein Sheriff und sein Stellvertreter im Kampf gegen eine skrupellose Verbrecherbande, die die Bevölkerung eines Städtchens terrorisiert. Ein spannend inszeniertes Wildwest-Spektakel mit Schwung und Tempo. Westerndebüt von Regisseur Don Siegel und Darsteller Lee Marvin. (Titel auch: »Schüsse in Neu-Mexico«) – Ab 16. ✦ USA 1952 **P** Universal **KI** Universal **Pd** Leonard Goldstein **R** Don Siegel **B** Gerald Drayson Adams, Joseph Hoffman **K** Irving Glassberg **M** Hans J. Salter **S** Russell Schoengarth **D** Audie Murphy (Silver Kid), Stephen McNally (Lightning), Faith Domergue (Opal Lacey), Susan Cabot (Dusty Fargo), Gerald Mohr (Rod Lacey), Eugene Iglesias (Johnny Sombrero), Lee Marvin (Burgess), Kyle James, Walter Sande (Pete Fargo), George Eldredge (Jim Ryan), James Anderson (Bit) **L** 73 **FSK** ab 12; nf **E** 21.5.1953 **fd** 2 538

SCHÜSSE, KÜSSE UND SPIONE →Gotcha! – Ein irrer Trip

SCHÜSSE PEITSCHEN DURCH DIE NACHT (SHOWDOWN AT ABILENE). Ein Mann, der nach einem Trauma im Bürgerkrieg keine Waffe mehr in die Hand nehmen will, nimmt widerstrebend den Posten eines Sheriffs in seiner Heimatstadt an und setzt sich gegen gewalttätige Viehzüchter durch. Psychologisierender Western bescheidenen Zuschnitts. (Remake 1966: »Der Sheriff schießt zurück«, Regie: William Hale) – Ab 12 möglich. ✦ USA 1956 **P** Universal **KI** Universal **Pd** Howard Christie **R** Charles Haas **B** Berne Giler, nach »Gun Shy« von Clarence Upson Young **K** Irving Glassberg **M** Joseph Gershenson **S** Ray Snyder **D** Jock Mahoney (Jim Trask), Martha Hyer (Peggy Bigelow), Lyle Bettger (Dave Mosely), Grant Williams (Chip Tomlin), Ted de Corsia (Dan Claudius), David Janssen (Verne Ward), Harry Harvey sr. (Ross Bigelow), Dayton Lummis (Jack Bedford), Richard Cutting (Nelson), John Maxwell (Frank Scovie), Lane Bradford (Loop) **L** 80 **FSK** ab 12; nf **E** 6.11.1956 **fd** 5 571

SCHÜSSE UNTERM GALGEN. Der Sohn eines Dorfschulmeisters erfährt, dass er der Erbe eines Lords ist. Nach vielerlei Abenteuern überwindet er seinen schurkischen Onkel, verzichtet aber auf Titel und Erbschaft, um mit einer schönen Bauerntochter ein einfaches Leben zu führen. Abenteuerfilm nach Motiven von R. L. Stevenson, der auf ironische Distanz zum romantischen Gehalt der Vorlage geht und der Geschichte unangemessene Gesellschaftskritik überstülpt. – Ab 14. ✦ Scope, schwarz-weiß. DDR 1967/68 **P** DEFA, Gruppe »Babelsberg« **KI** Progress **Pd** Siegfried Kabitzke **R** Horst Seemann **B** Horst Seemann, nach Motiven des Romans »Kidnapped« von Robert Louis Stevenson **K** Jürgen Brauer **M** Wolfram Heicking, Klaus Hugo **S** Erika Lehmphul **D** Werner Kanitz (David Balfour), Alena Procházková (Catriona), Thomas Weisgerber (Alan Breck), Herwart Grosse (Alexander/Ebenezar Balfour), Hans Hardt-Hardtloff (Kapitän), Werner Lierck (Joe), Jochen Thomas (Schäfer) **L** 108 **E** 22.6.1968 Kino DDR/1.8. 1970 DFF 1

SCHUSSFAHRT (DOWNHILL RACER). Ein ehrgeiziger Sportler ohne Mannschaftsgeist wird bis zum Olympiasieg aufgebaut. Er gewinnt die Goldmedaille und kann sich auch menschlich bewähren. Der Film bietet faszinierende Aufnahmen von Ski-Abfahrten und eine große Starbesetzung, aber der Versuch, auch die menschlichen Konflikte deutlich zu machen, ist nicht gelungen. – Ab 16. ✦ USA 1969 **P** Wildwood International **KI** CIC **R** Michael Ritchie **B** James Salter, nach dem Roman von Oakley Hall **K** Brian Probyn **M** Kenyon Hopkins **S** Richard Harris **D** Robert Redford (David Chappellet), Gene Hackman (Eugene Claire), Camilla Sparv (Carole Stahl), Karl Michael Vogler (Machet), James McMullan (Johnny Creech) **L** 101 **FSK** ab 12; f **E** 10.9.1970

SCHUSSFAHRT IN DEN TOD (THE ULTIMATE THRILL). Ein erfolgreicher Geschäftsmann verschafft sich Nervenkitzel, indem er die vermeintlichen Liebhaber seiner Frau durch die verschneiten Rocky Mountains hetzt und sie in einem ungleichen Duell umbringt. Ein versierter Skiläufer kann ihn schließlich töten. Thriller, der, bedeutungsschwer, Nichtigkeiten zu einem Pseudodrama über menschliche Entfremdung und Abgestumpftheit auswalzt. Recht routiniert inszeniert, dienen ihm schöne Landschaftsaufnahmen dazu, zahlreiche Längen und Unwahrscheinlichkeiten zu kaschieren. – Ab 16. ✦ USA 1975 **P** Centaur **VA** ITT Contrast **R** Robert Butler **B** John Rester Zodrow **K** Isidore Mankofsky **M** Ed Townsend **S** David Blangsted **D** Barry Brown, Britt Ekland, Eric Braeden, Michael Blodgett, John Chandler **L** 90 **E** Mai 1983 Video **fd** 24 544

SCHUSSFAHRT NACH SAN REMO (LES CRACKS / LA CORSA DEL SECOLO). Zur Zeit der »Belle Époque« angesiedelte Burleske um das erste Fahrradrennen von Paris nach San Remo im Jahr 1901, bei dem ein Gerichtsvollzieher den Erfinder eines Spezialfahrrades verfolgt, so daß der Erfinder selbst wider Willen am Rennen teilnimmt. Weitgehend vergnügliche Unterhaltung, die ganz auf die Komiker Bourvil und Hirsch zugeschnitten ist. – Ab 10. ✦ Scope. Frankreich/Italien 1968 **P** Fides Regina/S.N.C./Imperia/Les Films Corona/West Film **R** Alex Joffé **B** Gabriel Arout, Pierre Levy-Corti, Alex Joffé, Jean Bernard-Luc **K** Jean Bourgoin **M** Georges Delerue **D** Bourvil (Jules Auguste Duroc), Robert Hirsch (Monsieur Mulot), Monique Tarbes, Gianni Bonagura, Michel de Ré, Teddy Billis, Anne Jolivet **L** 110 (TV 88) **E** 9.1.1970 Kino DDR/16.2.1974 DFF 1/4.6. 1990 RTL plus

SCHUSSFAHRT VOM MOUNT EVEREST (THE MAN WHO SKIED DOWN EVEREST). Dokumentarfilm über das waghalsige Unternehmen des Japaners Yuichiro Miura, der 1970 in einer zwei Monate langen Expedition den Gipfel des Mount Everest bezwang, um von dort aus den sensationellsten und längsten Abfahrtslauf der Ski-Geschichte zu starten. Ein mit einmaligen Landschaftsbildern illustrierter Film über die Sucht des Menschen nach Höchstleistungen und Selbstbestätigung gegenüber den Herausforderungen der Natur; er wird kommentiert durch das von buddhistischem Gedankengut durchsetzte Tagebuch Miuras, der für seine »Herausforderung« den Tod von sechs nepalesischen Trägern in Kauf nahm. Der Film wurde mit einem »Oscar« als bester Dokumentarfilm ausgezeichnet. – Ab 12 möglich. ✦ Scope. Kanada/Japan 1974 **P** Crawley-Hager-Hartleben/Ishiara **Pd** F. R. Crawley, Dale Hartleben, James Hager **R** Isao Zeniya, Kenji Fukuhada **B** Judith Crawley, nach den Tagebuchaufzeichnungen von Yuichiro Miura **K** Mitsuji Kanau **M** Larry Crosley, Robert Aitken, Nexus **S** Millie Moore, Bob Cooper **D** Yuichiro Miura, Mitglieder der Everest Ski-Expedition **L** 86 **E** 24.10. 1987 ZDF

DER SCHUT (AU PAYS DES SKIPETARS / UNA CARABINA PER SCHUT / SUT). Abenteuer nach Karl-May-Romanen. Kara Ben Nemsi bringt mit Unterstützung seiner Helfer und Freunde den Schut, den gefürchtetsten Verbrecher des Balkans, zur Strecke. Spannende, durch heitere Passagen aufgelockerte Unterhaltung. – Ab 12. ✦ Scope. BR Deutschland/Frankreich/Italien/Jugoslawien 1964 **P** CCC/Criterion/Regina/Avala **KI** Gloria **Pd** Artur Brauner **R** Robert Siodmak (ungenannt) **B** Georg Marischka, Robert Siodmak, nach dem Roman von Karl May **K** Aleksandar Sekulovic **M** Martin Böttcher **S** Ursula Kahlbaum **D** Lex Barker (Kara Ben Nemsi), Ralf Wolter (Hadschi Halef Omar), Marie Versini (Tschita), Marianne Hold (Annette), Rik Battaglia (Nirwan) **L** 107 (Orig. 118) **FSK** ab 12; nf **E** 20.8.1964/1.1.1984 DFF 1 **fd** 12 933

SCHÜTT' DIE SORGEN IN EIN GLÄSCHEN WEIN. Ein Weinbauer gibt ein junges Mädchen als seine voreheliche Tochter aus, um sie finanziell abzusichern und ihr den Weg zum Happy-End zu ebnen. Alter Schwank aus einem rheinischen Winzerdorf, in Bauerntheater-Manier verfilmt. (Früherer Titel: »Das Verlegenheitskind«) – Ab 16. ✦ Schwarz-weiß. Deutschland 1938 **P** UFA **KI** Döring **R** Peter Paul Brauer **B** Franz Rauch, Ottokar Vomhof, nach dem gleichnamigen Bühnenstück von Franz Streicher **K** Robert Baberske **M** Hans Ebert **S** Fritz Stapenhorst **D** Ludwig Schmitz (Ludwig Schmitz), Ida Wüst (Anna Schmitz), Paul Klinger (Bartel, ihr Sohn), Josef Sieber (Jupp Spriesterbach), Maria Paudler (Kamilla) **L** 94 **FSK** ab 16; nf **E** 22.11.1938/1.1.1954 Kino DDR/23.10.1961 DFF 1 **fd** 2 808

DER SCHUTZ DER FLÜGEL (CHARACHAR). Nach dem Tod seines Sohnes verliert ein Vogelhändler den Bezug zur Realität. Er übt seinen Beruf nicht mehr aus und unternimmt auch nichts, als seine Frau sich einem anderen zuwendet. Schließlich findet er unter den Flügeln eines riesigen Vogelschwarms für immer Schutz. Ein eindrucksvoll gestalteter Film, der sich metaphorisch mit dem Sinn des Lebens aus dem Blickwinkel des Hinduismus befaßt. (O.m.d.U.) – Ab 16. ✦ Indien 1993 **P** Gope Movies (PVT) **KI** Freunde der Deutschen Kinemathek **Pd** Shankar Gope, Gita Gope **R** Buddhadeb Dasgupta **B** Buddhadeb Dasgupta, nach einer Kurzgeschichte von Prafulla Roy **K** Soumendu Roy **M** Biswadeb Dasgupta **S** Ujjal Nandi **D** Rajit Kapoor (Lakhinder), Laboni Sarkar (Sari), Sadhu Meher, Shankar Chakraborty, Monoj Mitra **L** 84 **E** 1994 Kino **fd** 31 515

SCHÜTZE BENJAMIN (PRIVATE BENJAMIN). Eine junge Frau verliert ihren zweiten Mann in der Hochzeitsnacht durch Herzschlag. Sie läßt sich zum Eintritt in die Armee überreden, lernt die Härten der Grundausbildung ertragen und wird schließlich zu einer NATO-Einheit nach Paris versetzt, kann aber dort mit einem alten französischen Freund nicht glücklich werden. Langatmiges Lustspiel: einzig Goldie Hawn kann einiges Vergnügen bereiten. – Ab 16. ✦ USA 1980 **P** Hawn-Meyers-Shyer-Miller/Warner Bos. **KI** Warner-Columbia **VA** Warner Home **Pd** Nancy Meyers, Charles Shyer, Harvey Miller **R** Howard Zieff **B** Nancy Meyers, Charles Shyer, Harvey Miller **K** David M. Walsh **M** Bill Conti **S** Sheldon Kahn **D** Goldie Hawn (Judy Benjamin), Eileen Brennan (Capt. Doreen Lewis), Armand Assante (Henri Tremont), Robert Webber (Col. Clay Thornbush), Sam Wanamaker (Teddy Benjamin) **L** 110 **FSK** ab 16; f **E** 25.9.1981 **fd** 23 113

SCHÜTZE BUMM AUF HOHER SEE →Der Supermann der Marine

SCHÜTZE BUMM IN NÖTEN (SOLDAT BOM). Ein pedantischer Bahnhofsvorsteher rückt der Liebe wegen zum Militär ein. Mittelmäßiger Schwank mit trockenem Witz. (Alternativtitel: »Schütze Bumm – Schrecken der Kompanie«) – Ab 12. ✦ Schwarz-weiß. Schweden 1948 **P** Svensk-Film/Fribergs Filmbyra **KI** Constantin **R** Lars-Eric Kjellgren **B** Per Schytte, Nils Poppe **K** Gunnar Fischer **M** Kai Gullmar, Sune Waldimir **D** Nils Poppe, Inga Landgré, Douglas Hage, Gunnel Wadner, Ake Jensen **L** 89 **FSK** ab 12; nf **E** 24.4.1951 **fd** 1 200

SCHÜTZE BUMM LERNT UM (TAPPA INTE SUGEN). Bumm versucht sich als Filmschaffender. Musikposse mit unbedarfter Slapstickkomik, trotz des Titels kein Militärschwank. – Ab 16. ✦ Schwarz-weiß. Schweden 1948 **P** Fribergs und Kommiska Teafern **KI** Constantin **R** Lars-Eric Kjellgren **B** Nils Poppe **K** Gunnar Fischer **M** Kai Gullmar, Sune Waldimir **D** Nils Poppe, Annalisa Ericson, Gaby Stenberg, Ulla Sallert, Karl-Arne Holmsten **L** 82 **FSK** ab 16; nf **E** 14.3.1952 **fd** 1 703

SCHÜTZE BUMM – SCHRECKEN DER KOMPANIE →Schütze Bumm in Nöten

SCHÜTZE BUMM WIRD ZOLLINSPEKTOR (TULLBOM). Groteske Veralberung eines überpedantischen kleinen Beamten. Matte Klamotte nach altbekanntem Schema mit spärlichen Einfällen. – Ab 12. ✦ Schwarz-weiß. Schweden 1950 **P** Ab Fribergs Filmbrya **KI** Constantin **Pd** Allan Ekelund **R** Lars-Eric Kjellgren **B** Nils Poppe, Per Schytte **K** Gunnar Fischer **M** Julius Jacobsen **D** Nils Poppe, Inga Landgré, Gunnar Björnstrand, Jan Molander, Marianne Löfgren **L** 82 **FSK** ab 12; nf **E** 5.9.1952 **fd** 2 005

SCHÜTZE DEINE RECHTE (SOIGNE TA DROITE). Der Idiot (eine Anspielung auf Dostojewski) soll einen Film drehen. Das Problem ist, daß das Projekt nur negativ definiert werden kann. Es soll weder von Sex, Liebe und Gewalt noch von Politik, Wahrheit und Freiheit handeln. Der Idiot besteigt ein Flugzeug und kehrt mit dem fertigen Film, einer Collage von unzähligen möglichen Filmen, zurück. Eine meisterhafte Mixtur aus Ton, Bildern und Geschichten, die als vielschichtiger Diskurs über das Filmemachen, die Filmsprache und die Möglichkeiten filmischer Ausdrucksmittel angelegt ist; zugleich eine Hommage an das Kino früherer Zeiten als Ort des großen Erlebens. Ein Film, der zwar nur ein begrenztes Publikum anspricht, dieses jedoch durch seine Vielzahl von Geschichten faszinieren wird. – Ab 16. ✦ Frankreich/Schweiz 1987 **P** Gaumont/J.-L.G. Films/Xanadu Films **R+B** Jean-Luc Godard **K** Caroline Champetier **M** Les Rita Mitsouko **S** Jean-Luc Godard **D** Jean-Luc Godard (Der Idiot und Fürst), Jacques Villeret (Das Individuum), François Périer (Der Mann), Jane Birkin (Die Zikade), Dominique Lavanant (Die Frau des Admirals), Michel Galabru (Der Admiral), Catherine Ringer (Musikerin), Frederic Chichin (Musiker) **L** 81 **E** 14.11.1990 ZDF

SCHÜTZE DIESES HAUS (BLESS THIS HOUSE). (Fernseh-)Komödie über einen geplagten Familienvater, der mit seiner Frau, seinen Kindern im Teenager-Alter und mit seiner eigenen Unfähigkeit zu kämpfen hat. ✦ Großbritannien 1973 **P** Thames TV **R** Gerald Thomas **B** Dave Freeman **K** Alan Hume **M** Eric Rogers **D** Sidney James (Sid Abbot), Diana Coupland (Jean Abbot), Terry Scott (Ronald Baines), June Whitfield (Vera Baines), Peter Butterworth **L** 84 **E** 3.4.1976 DFF 1/27.7.1991 DFF

SCHÜTZE LIESCHEN MÜLLER (FRAUENPARADE). Was geschieht, wenn deutsche Frauen in ein Fantasie-Heer einberufen werden? Die zur Hausarbeit verdonnerte Männerwelt wird rebellisch. Ein alberner Schwank mit abgeschmackten Witzchen. (Alternativtitel: »Frauen sind für die Liebe da«) – Ab 14. ✦ BR Deutschland 1956 **P** König **KI** Kopp **Pd** Edgar Röll **R** Hans H. König **B** Jo Hanns Rösler, Hans Lacmüller, Carl Winston **K** Günther Rittau **M** Herbert Jarczyk **S** Anneliese Artelt **D** Maria Sebaldt, Helmuth Schneider, Carla Hagen, Hans Richter, Elfie Pertramer **L** 90 **FSK** ab 12; nf **E** 8.2.1957 **fd** 5 642

SCHÜTZENFEST →Tatis Schützenfest

DER SCHUTZENGEL (1987) (ANDEO CUVAR). Ein Journalist geht dem Schicksal von Zigeunerkindern nach, die auf dunkle Weise von Belgrad nach Italien gelangen, wo sie als Taschendiebe und Prostituierte ausgenutzt werden. Obwohl er überall auf Widerstand stößt, gelingt es ihm endlich, die Hintergründe und Organisatoren des Menschenhandels aufzuspüren, doch er bezahlt seine Bemühungen mit dem Leben. Ein menschlich sehr anrührender und zum Nachdenken zwingender Film, der auf eindringliche Weise anschaulich macht, wie Armut und Hunger in die Ausbeutung durch skrupellose Geschäftemacher und Kriminelle führen. – Ab 14. ✦ Scope. Jugoslawien 1987 **P** Morava/Jugoart **R+B** Goran Paskaljevic **K** Milan Spasic **M** Zoran Simjanovic **S** Olga Skrigin **D** Neda Arneric (Mila), Saban Bajramovic (Chayines Vater), Ljubisa Samardzic (Dragan), Jakup Amzic (Chayine), Esmeralda Ametovic (Raba) **L** 88 **E** 4.5. 1990 Kino DDR

DER SCHUTZENGEL (1990) →The Guardian Angel/ Schutzengel

DIE SCHUTZENGEL (1995) (LES ANGES GARDIENS). Ein Nachtclubbesitzer holt den Sohn eines Freundes aus Hongkong nach England, wobei er sich der Hilfe eines Priesters bedient. Als beide mit der Moral in Konflikt kommen, treten zwei »Schutzengel« auf, die sie stets zu neuen Schandtaten anstiften. Eine geistlose und frauenfeindliche Klamotte, überaus aufwendig produziert. Gérard Depardieus komisches Talent macht die chaotische Anhäufung von Zoten auch nicht erträglicher. ✦ Scope. Frankreich 1995 **P** Gaumont **KI** Buena Vista **VA** Buena Vista **Pd** Alain Terzian **R** Jean-Marie Poiré **B** Jean-Marie Poiré, Christian Clavier **K** Jean Yves le Méner, Christophe Beaucarne **M** Eric Levi **S** Catherine Kelber **D** Gérard Depardieu (Antoine Carco), Christian Clavier (Vater Tarain), Eva Grimaldi (Régina Podium), Yves Rénier (La Pince), Alexandre Eskimo (Bao), Olivier Archard (Jean-Luc) **L** 111 **FSK** ab 12; f **E** 13.6.1996/4.2.1997 Video **fd** 31 984

DER SCHUTZENGEL (1997). Fragwürdiger, fürs (private) Fernsehen produzierter Psychothriller, der sich offensichtlich an einen authentischen Fall anlehnt. Eine junge Therapeutin befreit einen Sexualmörder aus der Anstalt und begibt sich damit in höchste Gefahr. Denn die sanftmütige Helferin mit sträflichem »Helfersyndrom« wird für ihre Nächstenliebe bitter bestraft und erduldet wie die Anstaltsärztin in einer orgiastischen Bild- und Tonfolge alle scheußlichen Varianten einer widerlichen Notzucht. Die gewiß glänzenden Leistungen der beiden Hauptdarsteller können nicht darüber hinwegtäuschen, daß hier unter dem Deckmäntelchen einer »psychologischen« Studie spekulative Gewaltdarstellungen allzu genüßlich ausgewalzt werden. ✦ Deutschland 1997 **P** RTL 2 **R** Uwe Janson **B** Suzanne Mustacich **D** Christiane Paul (Dr. Maria Fender), Heino Ferch (Marc Bittner), Barbara Rudnik (Dr. Alexandra Strauss), Huub Stapel (Peter Becker), Günter Bothur (Dr. Strohm) **L** 90 **E** 27.11.1997 RTL 2

SCHUTZENGEL GESUCHT. Die einsame Servicekraft eines deutschen Flughafens lernt am Abend ihres lange geplanten Selbstmordes einen lebensbejahenden Mann kennen, der ihr neue Zuversicht gibt. Als sich die Geschichten des vermeintlichen Busfahrers als Lügengespinste entpuppen, muss die Frau versuchen, ihre Liebe in die Tat umzusetzen. Ebenso gefühl- wie humorvolle Komödie um real existierende Schutzengel, die auf sympathische Weise das Wunder der Liebe feiert. ✦ Deutschland 2000 **P** FS-Film/ Letterbox **Pd** Susan Schulte, Henrik Meyer **R** Miguel Alexandre **B** Ben Taylor **K** Jörg Widmer **D** Bettina Kupfer (Anna), Armin Rohde (Eddi), Gisela Trowe (alte Dame), Bernadette Heerwagen (Tina) **L** 88 **E** 21.9. 2001 arte

DER SCHUTZENGEL VON NEW YORK →Equalizer – In der Falle

DER SCHÜTZENKÖNIG. Rivalität und fröhlicher Kleinkrieg zwischen einem Bajuwaren und einem Berliner während des Schützenfests in einem bayrischen Dorf. Alte Heimatfilmposse, die durch die Volksschauspieler Weiß Ferdl und Max Adalbert lebt. – Ab 12. ✦ Schwarz-weiß. Deutschland 1932 **P** Franz Seitz **KI** Europa **R** Franz Seitz sr. **B** Joseph Dalman, Joe Stöckel **K** Franz Koch **M** Toni Thoms **S** Paul Ostermayr **D** Weiß Ferdl (Josef Siebzehnrübel), Max Adalbert (Wilhelm Funke), Gretl Theimer (Anni), Hugo Schrader (Otto), Berthe Ostyn (Lola) **L** 80 **FSK** ab 16; nf **E** 24.9.1932 **fd** 5 232

SCHÜTZENLIESEL. Dörfliche Liebesverwicklungen aus Bayern in einem teils volkstümlich deftigen, teils leicht frivolen Musikschwank nach dem gleichnamigen Singspiel. Schlichter Unterhaltungsfilm. – Ab 12. ✦ Schwarz-weiß. BR Deutschland 1954 **P** Central-Europa **KI** Prisma **Pd** Waldemar Frank, Fritz Klotzsch **R** Rudolf Schündler **B** Ernst Nebhut, Fritz Böttger, nach der gleichnamigen Operette von Edmund Eysler und dem Libretto von Leo Stein und Carl Lindau **K** Karl Loeb **M** Edmund Eysler **S** Margarete Steinborn **D** Herta Staal, Helmuth Schneider, Susi Nicoletti, Paul Hörbiger, Joe Stöckel **L** 100 **FSK** ab 12; nf **E** 20.10.1954 **fd** 3 676

DIE SCHÜTZES – EIN LEBEN IN DEUTSCHLAND →Wir machen weiter! ... Die Schützes – Ein Leben in Deutschland 1989–1999

DIE SCHÜTZES – HELDEN ZWISCHEN KOHL UND BANANEN. Vier Jahre lang beobachtete der Dokumentarist Wolfgang Ettlich die Familie Schütze auf ihrem Weg »nach oben«. Der ehemaliger Leiter eines HO-Ladens bemüht sich seit dieser Zeit mit Hilfe seiner resoluten Frau durch Eigeninitiative um eine marktwirtschaftlich gesicherte Zukunft. Der humorvolle Film zeigt die Veränderungen im Leben der beiden Menschen, spart jedoch auch die Rückschläge nicht aus, die beide einstecken mußten. – Ab 12. ✦ Deutschland 1994 **R+B** Wolfgang Ettlich **E** 10.9. 1997 ORB

SCHUTZLOS AUSGELIEFERT (NO ONE COULD PROTECT HER). Dramatischer Thriller um eine starke Frau und ihren Versuch, ein traumatisches Erlebnis zu meistern, entstanden nach einer wahren Begebenheit: Eine glücklich verheiratete Frau wird in ihrem Haus von einem psychopathischen Einbrecher vergewaltigt. Da die Ermittlungen der Polizei schleppend vorangehen und angesichts weiterer Fälle in der Nachbarschaft, macht sie sich selbst auf die Suche nach dem Täter. Bald erkennt sie in den Taten ein systematisches Muster und sieht vorher, wann der Täter wieder zuschlagen wird. ✦ USA 1995 **R** Larry Shaw **B** Bruce Miller **K** Peter Benison **D** Joanna Kerns (Jessica Rayner), Anthony John Denison (Dan Rayner), Dan Lauria (Det. Corning), Dan Lett (Nick Foster), Christina Cox (Jordan), Peter MacNeill (Frnk) **L** 87 **E** 24.3.1997 ZDF

SCHUTZLOS – SCHATTEN ÜBER CAROLINA →Bastard out of Carolina

DER SCHUTZMANN (IL VIGILE). Leichte italienische Komödie, in der einem arbeitsscheuen Zeitgenossen die Stellung eines motorisierten Polizisten zufällt, worauf er sich mit einem einflußreichen Kommunalpolitiker anlegt. Neben amüsanten Späßen gibt es auch sarkastische Seitenhiebe auf korrupte Kräfte im demokratischen Parteienstaat. (Westdeutscher TV-Titel: »Wie schön, ein Polizist zu sein«) – Ab 14. ✦ Schwarz-weiß. Italien 1960 **P** Royal **KI** Progress **R** Luigi Zampa **B** Ugo Guerra, Luigi Zampa **K** Leonida Barboni **M** Piero Umiliani **D** Alberto Sordi, Vittorio de Sica, Marisa Merlini, Mara Berni, Nando Bruno **L** 108 **E** 27.4.1962 Kino DDR/26.5.1964 ARD

SCHWABINGER GIRLS. Eine junge Frau verliert ihre Stellung, weil sie kein Interesse an sexuellen Eskapaden hat, gerät in Schwabing dann aber doch in eben solche »Verwicklungen«. Primitives Sexfilmchen, das in einer radikal gekürzten Fassung um einschlägige Szenen »gereinigt« wurde, ohne besser zu werden. (Alternativtitel: »Sex und Straps und Rock'n'Roll«) – Wir raten ab. ✦ BR Deutschland

1985 **P** Hardy Wagner **KI** Apollo **VA** Apollo **Pd** Hardy Wagner **R** Jörg Michael (= Jürgen Enz) **K** Günter Lemmer **M** Basement Child Band **D** Michaela Schindler, Corinna Jansen, Hans Peter Gillich, Heidrun Krenner **L** 78 (Video 64) **FSK** ab 18; nf (Video 16) **E** 3.5.1985 Kino/1986 Video

DAS SCHWACHE GESCHLECHT (THE OPPOSITE SEX). Der Konflikt eines Ehepaares, das sich nach der Untreue des Mannes scheiden läßt, sich aber nach Jahr und Tag versöhnt, als Anlaß, um die Damen der New Yorker High-Society mit ihrem Klatsch, ihren Intrigen, Hysterien und Leichtfertigkeiten ironisch zu beleuchten und bloßzustellen. Allzu dick auftragende Verfilmung des Dramas »Die Frauen von New York« (»The Women«) als Musical-Version, die nie die Eleganz und Virtuosität der früheren Adaption durch George Cukor (»Die Frauen«) erreicht. Der allenfalls in den Revueszenen unterhaltsame Film ist zu gefallsüchtig, um über den giftigen Spaß hinaus gesellschaftskritisch zu wirken. – Ab 16. ✦ Scope. USA 1956 **P** MGM **KI** MGM **Pd** Joe Pasternak **R** David Miller **B** Fay Kanin, Michael Kanin, nach einem Theaterstück von Claire Boothe-Luce **K** Robert Bronner **M** George Stoll, Nicholas Brodszky (Songs) **S** John McSweeney jr. **D** June Allyson (Kay Hillard), Joan Collins (Crystal Allen), Dolores Gray (Sylvia Fowler), Ann Sheridan (Amanda Penrose), Agnes Moorehead (Gräfin Lavaliere), Ann Miller (Gloria), Joan Blondell (Edith), Leslie Nielsen (Steve Hilliard) **L** 120 **FSK** ab 16; nf **E** 10.1.1958 **fd** 6 657

DIE SCHWACHE STUNDE. Der Bewohner eines Männerheims erfüllt sich seinen Wunschtraum und macht als Frauenverführer Karriere bei einem privaten Fernsehsender, entwickelt sich dabei aber zur nur noch unterhaltenden, nicht mehr ernstzunehmenden Marionette. Ein erfrischender Film voller Seitenhiebe auf die Boulevard-Medien, der zwischenzeitliche Längen mit subtilem (Sprach-)Witz, einer überaus sorgfältigen Inszenierung und viel Atmosphäre überspielt. – Ab 16. ✦ Schweiz/Deutschland 1992 **P** Dschoint Ventschr/ZDF **Pd** Werner Schweizer **R** Danielle Giuliani **B** Georg Marioth **K** René Baumann **M** Peter Bräker **S** Rainer Maria Trinkler **D** Robert Hunger-Bühler (C.), Teresa Harder (Leila), Peter Bollag (Aschinger), Anke Schubert (Direktorin), Silvia Wessang (Pförtnerin) **L** 80 **E** 14.7.1992 ZDF

DIE SCHWÄCHEN DER FRAUEN (ELLES). Fünf miteinander bekannte Frauen um die 40 leiden unter dem Verstreichen der Zeit, dem Altern sowie der Vergänglichkeit des Lebens und der Liebe. Eine in den Hauptrollen äußerst prominent besetzte Tragikomödie, der der Balanceakt zwischen heiterer Leichtigkeit und traurigem Ernst aber nur stellenweise gelingt. Überzeugend sind die faszinierenden Leistungen der Darstellerinnen, die den Film trotz seiner inszenatorischen Schwächen durchaus tragen. – Ab 16. ✦ Spanien/Portugal/Schweiz/Frankreich/Belgien/Luxemburg 1997 **P** Samsa/Noe Prod./Artemis/Action/Fama Film, RTBF, Radio-Televisao, Schweizer Fernsehen/Teleclub AG **KI** TiMe **Pd** Jani Thiltges **R** Luís Galvao Teles **B** Luís Galvao Teles, Don Bohlinger **K** Alfredo Mayo **M** Alejandro Masso **S** Regina Bärtschi **D** Carmen Maura (Linda), Miou-Miou (Eva), Marisa Berenson (Chloé), Guesch Patti (Branca), Marthe Keller (Barbara), Joaquim de Almeida (Gigi) **L** 97 **FSK** ab 12; f **E** 12.3.1998 **fd** 33 034

DIE SCHWÄCHEN DER STARKEN FRAUEN (TEL AVIV STORIES). Drei junge israelische Frauen finden durch die Konfrontation mit ihren aktuellen oder ehemaligen Partnern aus ihrer jeweiligen Lebens- und Beziehungskrise heraus den Weg zu Identität und Selbständigkeit. Qualitativ unterschiedliche, aber handwerklich routinierte und humorvoll-leichthändig inszenierte Episoden-Komödie um weibliche Emanzipation und Unabhängigkeit, die verhalten satirisch-ironische Seitenhiebe gegen diskriminierende staatliche und religiöse Institutionen austeilt. Sie lebt vor allem vom natürlich-vitalen Spiel der Darstellerinnen. ✦ Israel 1992 **P** Udi/Dream **KI** Filmverlag der Autoren **VA** Filmverlag Homevideo **Pd** Yitzhak Ginsberg, Ehud Bleiberg **R** Ayelet Menahemi (1,3), Yirit Naron (2) **B** Shemi Zarhin (1), Ayelet Menahemi (1), Nirit Yaron (2,3) **K** Amnon Zlayet (1,3), Jorge Gurevitch (2) **M** Ari Frankel (1,3), Shlomo Gronich (2) **S** Ayelet Menahemi **D** Yael Abecassis (Sharona, 1), Sharon Alexander (Yonatan, 1), Juliano Mer (Gino, 1), Ruthi Goldberg (Zofit, 2), Rozina Kambus (Frau Bonner, 2), Dror Keren (Fotograf, 2), Anat Waxman (Tikva, 3), Sasson Gabay (Prosper, 3), Michal Matitiahou (Pazit, 3) **L** 95 **FSK** ab 12; f **E** 7.7.1994/1.6.1997 Video **fd** 30 899

SCHWACHES ALIBI (NAKED ALIBI). Ein Polizist wird entlassen, weil er bei den Ermittlungen gegen einen Polizistenmörder gegen die Vorschriften verstoßen haben soll. Er verfolgt auf eigene Faust den Verbrecher bis zur mexikanischen Grenze. Bis zur Überführung des Mörders und seiner eigenen Rehabilitierung hat er manche Gefahren zu überstehen. Routinierter Kriminalfilm, der realistisch inszeniert ist, aber unkritisch gewalttätige Polizeimethoden rechtfertigt. – Ab 16. ✦ Schwarz-weiß. USA 1954 **P** Universal International **R** Jerry Hopper **B** Lawrence Roman **K** Russell Metty **M** Joseph Gershenson **D** Sterling Hayden (Joseph Conroy), Gloria Grahame (Marianna), Gene Barry (Al Willis), Marcia Henderson (Helen Willis), Casey Adams (Detektiv Parks) **L** 86 **E** 12.11.1983 WDR

SCHWADRON DER FLIEGENDEN HUSAREN (ESKADRON GUSAR LETUTSCHICH). Im Kampf gegen Napoleons Truppen, die 1812 in Rußland einfallen, wird der glühende Patriot und Poet Denis W. Dawydow zum Partisanenführer und zu einem bekannten russischen Volkshelden. Breit angelegtes, aufwendig in Szene gesetztes Heldenepos. Der formal konventionelle Film verzichtet weitgehend auf Pathos und schwelgt statt dessen in Abenteuerlichkeit. – Ab 12 möglich. ✦ Scope. UdSSR 1980 **P** Gorki-Studio **KI** Progress **R** Nikita Chubow, Stepan Stepanow (= Stanislaw Rostozki) **B** Sergej Jermolinski **K** Michail Jakowitsch **M** Alexander Shurbin **D** Andrej Rostozki, Marina Schimanskaja, Lydia Kusnezowa, Jewgeni Lebedew, Juri Rytschkow **L** 164 **E** 12.2.1982 Kino DDR/22.7.1982 DFF/3.1.1988 RTL plus

SCHWALBEN UND AMAZONEN (SWALLOWS AND AMAZONS). Die Ferienabenteuer der Walker-Geschwister, die in den 20er Jahren mit ihrer Jolle auf einem englischen See segeln und dort die Bekanntschaft einer anderen Kinderbande, den Amazonen, machen. Kindgerechte, solide inszenierte und fotografierte Unterhaltung, für kleinere Kinder jedoch etwas zu aufregend. – Ab 10. ✦ Großbritannien 1977 **P** EMI/LDS **Pd** Richard Pilbrow **R** Claude Whatham **B** David Wood, nach einem Roman von Arthur Ransome **K** Denis Lewiston **M** Wilfred Josephs **S** Michael Bradsell **D** Virginia McKenna (Mrs. Walker), Ronald Fraser (Onkel Jim), Brenda Bruce (Mrs. Dixon), Jack Woolgar (Der alte Billy), John Franklyn-Robbins (Der junge Billy) **L** 92 **E** 22.10.1989 RTL plus

SCHWAMMSUCHER (LOWZY GUBOK). Liebe, Elend und Tod eines jungen griechischen Fischers und Schwammsuchers, der ein Opfer rücksichtsloser Ausbeutung wird. Durchschnittliche Unterhaltung mit etwas schablonenhafter Gesellschaftskritik. – Ab 16. ✦ Schwarz-weiß. UdSSR 1960 **P** Mosfilm **KI** Progress **R** Manos Sacharias **B** G. Sewestikoglu **K** Gawril Jegiasarow **M** J. Oganessjan **D** Nelli Kornijenko (Lenjo), Otar Koberidse (Petris), Juri Wassilew (Nikolos), G.Tschernowolenko (Anestis, Lenjos Vater), Michail Glusski (Kapitän Alimonos) **L** 79 **E** 15.6.1962 Kino DDR/26.4.1963 DFF 1/20.12.1969 ARD

DER SCHWAN (THE SWAN). Als die erhoffte Heirat zwischen ihrer Tochter und dem Kronprinzen zu scheitern droht, inszeniert die Mutter ein Spiel, das das Interesse des Prinzen an der Tochter wecken soll. Nach einem Bühnenstück inszenierte hintergründige Komödie um Liebesverwirrungen im Hochadel. Substanz und Atmosphäre des leicht wehmütigen Stückes wurden weitgehend beibehalten und mit leichter Ironie überzogen; ausgezeichnete Darstellerleistungen runden den ansprechenden Gesamteindruck ab. – Ab 12. ✦ Scope. USA 1956 **P** MGM **KI** MGM **Pd** Dore Schary **R** Charles Vidor **B** John Dighton, nach der gleichnamigen Komödie von Franz Molnar **K** Joseph Ruttenberg, Robert Surtees **M** Bronislau Kaper **S** John Dunning **D** Grace Kelly (Prinzessin Alexandra), Alec Guinness (Prinz Albert), Louis Jourdan (Dr. Nicholas Agi), Agnes Moorehead (Königin), Jessie Royce Landis (Prinzessin Beatrix), Brian Aherne (Pater Hyacinth), Leo G. Carroll, Estelle Winwood, Van Dyke Parks **L** 113 **FSK** ab 6; nf **E** 7.12.1956/28.7.1973 ZDF **fd** 5 102

EIN SCHWAN IM WINTER (O LEBADA IARNA). Die Hoffnungen einer Tänzerin auf eine Karriere als Primaballerina haben sich zerschlagen. In dieser Lage findet sie Trost bei einem deutlich älteren verheirateten Mann; bald allerdings stürzt diese Beziehung sie in eine tiefe Gefühlskrise. ✦ Rumänien 1983 **P** Romaniafilm **R** Mircea Muresan **B** Paul Everac **K** Ion Marinescu **M** Peter Iljitsch Tschaikowski, Charles Gounod, Giacomo Puccini **L** 80 **E** 22.10.1984 DFF 2

DER SCHWAN MIT DER TROMPETE (THE TRUMPET OF THE SWAN). Ein Trompeter-Schwan, der stumm zur Welt kommt und deshalb von seinen Artgenossen nicht akzeptiert wird, freundet sich mit einem Menschenkind an, lernt lesen und schreiben, macht Karriere als Jazz-Trompeter und kehrt nach Hause zurück, um die Anerkennung seiner Familie und die Liebe einer Artgenossin zu finden. Nach einem Kinderbuch-Klassiker entstandener Zeichentrickfilm, dessen eher schlichte Animation sich ganz der auf die jüngsten Kinobesucher zugeschnittenen Geschichte unterordnet, die mit verhaltener Spannung, leisem Humor und in kindgerechter Länge erzählt wird. – Ab 6. ✦ USA 2001 **P** Tristar Pictures/RichCrest Animation **KI** Columbia TriStar **VA** Columbia TriStar Home **DVD** Columbia TriStar Home (16:9, 1.66:1, DD5.1 engl./dt.) **Pd** Lin Oliver **R** Richard Rich, Terry L. Noss **B** Judy Rothman Rofé, nach dem gleichnamigen Roman von E.B. White **M** Marcus Miller **L** 75 **FSK** o. A.; f **E** 14.6.2001/6.11.2001 Video & DVD **fd** 34 887

SCHWANENGESANG (JIUE XIANG). Während der chinesischen Kulturrevolution wird die populäre Kanton-Opernmusik eines anerkannten Komponisten unterdrückt. Kurz vor seinem Tod erfährt der verarmte Musiker, daß ein Jugendfreund in Hongkong ihn um seine Tantiemen betrogen hat. Sein Sohn kehrt dem Kulturgeschäft den Rücken zu und schlägt sich als Straßenhändler durch, doch auch er muß zusehen, wie die Hinterlassenschaft des Vaters ausgenutzt wird und eine junge ehrgeizige Pianistin sie auch noch eigensüchtig verfälscht. Eine in subtil entwickelten Episoden formulierte Kritik am Kulturbetrieb im heutigen China und ein Verweis auf die Verwässerung nationaler Kulturen durch gesteigerten Kultur-Konsum westlicher Prägung. ✦ VR China 1985 **P** Filmstudio Zhujiang **R** Zhang Zeming **B** Zhang Zeming, nach einem Roman von Kong Jiesheng **K** Zheng Kangzhen, Zhao Xiaoshi **M** On Lao Shu **S** Yan Xiuying **D** Kong Xianzhu (Ou Laoshu), Feng Diqing (Guanzai als Kind), Mo Shaoying, Liu Qianyi (Huinu), Chen Rui (Guanzai), Li Jianjun (Huinu als Kind), Liang Yujin (Xiao Yinzhi), Ouyang Fenren (Jian Tianting) **L** (TV) 96 **E** 25.5.1987 ARD

DIE SCHWANENPRINZESSIN (THE SWAN PRINCESS). Eine durch einen Zauberer verwandelte Prinzessin zeigt sich tagsüber als Schwan, bis ihr Prinz seinen mächtigen Rivalen bezwingen kann. Ein traditionell gestalteter Zeichentrickfilm, inszeniert als altmodisches Musical in beschaulichem Tempo. Unterhaltung für Kinder auf beachtlichem handwerklichem Niveau, jedoch ohne besondere Originalität. – Ab 8. ✦ USA 1992–94 **P** Swan Princess Partners/Rich Animation Studios **KI** Columbia TriStar **VA** Col.TriStar **DVD** Columbia TriStar Home (16:9, 1.85:1, DD2.0 engl/dt.) **Pd+R** Richard Rich **B** Brian Nissen **M** Lex

De Azevedo **L** 89 **FSK** o. A.; f **E** 1.2.1996/13.8.1996 Video/29.6.1998 DVD **fd** 31 772

DIE SCHWANENPRINZESSIN UND DAS GEHEIMNIS DES SCHLOSSES (THE SWAN PRINCESS II – THE SECRET OF THE CASTLE). Ein einfalls- und lieblos gefertigter Fortsetzungsfilm von »Die Schwanenprinzessin« (1992–94), in dem Prinz und (Schwanen-)Prinzessin einen üblen Zauberer daran hindern, eine gefährliche Zauberkugel zu erbeuten. Vorhersehbar in der Handlung, bietet der Film für visuelle Einfälle wenig Spielraum, und die Songs strapazieren arg die Geduld des Zuschauers. – Ab 10. ✦ USA 1997 **P** Nest Entertainment/Rich Animation Studios **KI** Columbia TriStar **VA** Columbia TriStar **Pd** Richard Rich, Jared F. Brown **R** Richard Rich **B** Brian Nissen **M** Lex De Azevedo **S** James D. Koford (= Jim Koford) **L** 71 **FSK** o. A.; f **E** 26.6.1997/4.11.1997 Video/1.11.1998 Premiere **fd** 32 619

DIE SCHWANENPRINZESSIN UND DAS VERZAUBERTE KÖNIGREICH (THE SWAN PRINCESS AND THE MYSTERY OT THE ENCHANTED KINGDOM). Das unbeschwerte Leben der einst verzauberten Schwanenprinzessin Odette wird erneut gefährdet, als die böse Hexe Zelda hinter ihr Geheimnis kommt und den Zauberspruch in den Händen hält. Erst durch den Einsatz ergebener Freunde kann dieser Plan vereitelt werden. Binnen Jahresfrist bereits die dritte Animation um die »Schwanenprinzessin«, deren Schöpfer das heiße Eisen schmieden. Eine formal ansprechende Zeichentrickarbeit mit einigen Gesangseinlagen und verhaltenem Humor. – Ab 8. ✦ USA 1998 **P** Nest Entertainment **VA** Columbia TriStar **Pd** Richard Rich, Terry L. Noss, Thomas J. Tobin **R** Richard Rich **M** Lex De Azevedo, Clive Romney **L** 71 **FSK** o. A. **E** 20.10.1998 Video

SCHWANENSEE (1957) (LEBEDINOJE OSERO). Die Aufführung des Balletts »Schwanensee« mit der Musik Tschaikowskis im Moskauer Bolschoi-Theater. Wegen des Verzichts auf filmeigene Gestaltungsmittel auf die Dauer ermüdend. – Ab 8. ✦ UdSSR 1957 **P** Zentralstudio für Dokumentarfilme **KI** Progress **R** Soja Tulubjowa **B** A. Messerer, Soja Tulubjowa **K** M. Silenko, A. Chawtschin, u. a. **M** Peter Iljitsch Tschaikowski **D** Maja Plissezkaja (Odette-Odile), N. Fadejetschew (Prinz), W. Lewaschow (böser Geist), W. Chomjakow (Narr) **L** 80 **E** 10.10.1958 Kino DDR

SCHWANENSEE (1966). Das klassische Ballett (hier in der tragisch endenden Fassung) mit Tschaikowskis Musik in einer Aufführung der Wiener Staatsoper, glänzend interpretiert von Margot Fonteyn und Rudolf Nurejew. – Ab 12. ✦ BR Deutschland 1966 **P** Unitel **KI** Obelisk **R** Truck Branss **B** V. Begitschew, W. Geltser **K** Günther Anders, A. Carniel, J. Ketterer **M** Peter Iljitsch Tschaikowski **D** Rudolf Nurejew, Margot Fonteyn **L** 112 **FSK** ab 6; f **FBW** w **E** 22.12.1967

SCHWANENSEE (1968) (LEBEDINOJE OSERO). Eine in der Farb- und Bildgestaltung ausgezeichnete Verfilmung des Ballettklassikers von Peter Tschaikowski, hervorragend interpretiert vom Kirow-Ballett Leningrad. – Sehenswert ab 10. ✦ Scope. UdSSR 1968 **P** Lenfilm **KI** Progress **R** Apollinari Dudko, Konstantin Sergejew **B** Apollinari Dudko, Konstantin Sergejew, Isaak Glikman **K** Anatoli Nasarow, K. Solowjew, W. Amosedko, Nikolai Stroganow **M** Peter Iljitsch Tschaikowski **D** Elena Ewtejewa (Odette/Odile), John Markowsky (Siegfried), Mahmud Essambajew (Rotbart), Valeri Panow (Narr), W. Rjasanow (Lehrer) **L** 80 **E** 7.2.1969 Kino DDR/1969 Kino BRD **fd** 22 722

SCHWANENSEE – DIE ZONE (LEBEDINOE OZERO – ZONA / SWAN LAKE – THE ZONE). Symbolisch-realistische Schilderung von psychischen Zuständen der Unterdrückung. Auf der Flucht versteckt sich ein Häftling in einem gigantischen Hammer-und-Sichel-Monument. Eine Frau versorgt ihn, aber er wird bald wieder gefaßt. Nach einem Selbstmordversuch im Gefängnis fällt er auch bei seinen Mithäftlingen in Ungnade. Ein düsterer, selbstquälerischer Film, der mit dem fatalen Reiz des Kaputten kokettiert. ✦ UdSSR/Kanada/Schweden 1990 **P** Kobza International/Swea Sov Concult/3rd Artistic Union/Dovzenko Film **KI** NEF 2 **Pd** Virko Balej, Juri Iljenko **R** Juri Iljenko **B** Juri Iljenko, nach drei Geschichten von Sergej Paradzanov **K** Juri Iljenko **M** Virko Balej, Juri Iljenko **S** Eleanora Summovka **D** Viktor Solavjov (Mann), Ljudmila Jefimenko (Frau), Pilip Iljenko (Junge), Maja Bulgakowa (Moonie), Viktor Demertasch (Fähnrich) **L** 96 **E** Dezember 1990/23.5.1995 ZDF

SCHWANGER! – ES GESCHAH UNTER NARKOSE (CRIMES OF SILENCE / SHE WOKE UP PREGNANT). (Fernseh-)Drama an der Schnittstelle von Horrorfilm und realer Bedrohlichkeit: Eine glücklich verheiratete Lehrerin wird von Albträumen geplagt, in denen sie vergewaltigt wird. Als sie merkt, dass sie schwanger ist, ohne zu wissen, von wem, strengt sie eine Recherche an, die sie auf eine Narkosebehandlung bei ihrem Zahnarzt führt. Dieser streitet alles ab und strengt einen Zivilprozess an. ✦ USA 1996 **Pd** Tracey Jeffrey **R** James A. Contner **B** Michael O'Hara **K** Richard Leiterman **M** Stacy Widelitz **S** Ron Spang **D** Michele Greene (Connie Loftis), William R. Moses (Tom Loftis), Lynda Carter (Susan Saroyan), Theresa Saldana (Doris Cantore), Joe Penny (Dr. Roger Nolton), John P. Connolly (Privatdetektiv) **L** ca. 90 **E** 11.4. 2000 Vox

SCHWANGER VON NR. 247 (MODERN AFFAIR / MR. # 247). Liebesfilm. Eine New Yorker Managerin wünscht sich ein Kind, möchte aber keine Beziehung eingehen. Auf den Rat einer Freundin hin entschließt sie sich zu einer künstlichen Befruchtung. Entgegen den Gepflogenheiten schmuggelt sie die Adresse des Samenspenders heraus, der sich ebenfalls als überzeugter Single herausstellt. ✦ USA 1995 **P** Nick of Time Productions **Pd+R** Vern Oakley **B** Paul Zimmerman, Vern Oakley **K** Rex Nicholson **M** Jan Hammer **D** Lisa Eichorn (Grace Rhodes), Caroline Aaron (Elaine), Robert LuPone (Ben), Vincent Young (Tony), Tammy Grimes (Dr. Gresham) **L** 89 **E** 22.5. 1998 ARD

DAS SCHWANGERE MÄDCHEN. Familiendrama um eine schwangere Schülerin, das sich durch die Thematisierung verbrecherischer Methoden der Pharmaindustrie zum Thriller weitet. ✦ Deutschland 2000 **P** RTL **R** Bettina Woernle **B** Christine Hartmann, Klaus-Peter Wolf **D** Anna Brüggemann (Donna Huse), Ken Duken (Jens), Ulrich Pleitgen (Peter Huse), Hildegard Kuhlenberg (Monika Huse), Clelia Sarto (Sandra) **L** 93 **E** 21.2.2001 RTL

DER SCHWANZ DES SKORPIONS (LA CODA DELLO SCORPIONE). Nach einem groß angelegten Versicherungsbetrug wird die Athener Polizei durch eine Reihe brutaler Morde in Atem gehalten. Gängige Unterhaltungsware, inszeniert als ein Gemisch aus Krimi, Horror- und Werbefilm für Griechenland; erhebliche Längen strapazieren die Geduld der Zuschauer. ✦ Scope. Italien/Spanien 1971 **P** Devon/Copercines **KI** Kora **VA** ELFRA **R** Sergio Martino **B** Eduardo Manzanos Brochero, Sauro Scavolini, Ernesto Gastaldi **K** Emilio Foriscot **M** Bruno Nicolai **D** George Hilton, Anita Strindberg, Alberto de Mendoza, Evelyn Stewart (= Ida Galli), Luigi Pistilli, Janine Reynaud **L** 94 (Video gek. 76) **FSK** ab 18; nf (gek. 16) **E** 25.5.1973 **fd** 18 396

DIE SCHWÄRMER. Ein Mann bricht gleichzeitig in zwei Ehen ein und bringt die Frauen dazu, ihre Männer zu verlassen. Filmversion des in Vergessenheit geratenen, erst 1982 wiederentdeckten und mit großem Erfolg aufgeführten gleichnamigen Theaterstücks von Robert Musil; sie versucht, eine Analyse des Bürgertums in den 20er Jahren zu entwickeln, die über diesen Zeitraum hinaus gültig ist. Die knapp entworfene äußere Handlungsebene wird durch Traumsequenzen durchbrochen, die die Vorgeschichten und Sehnsüchte der Menschen ins Bild bringen. Dabei erschöpft sich der Film im artifiziellen Selbstzweck und verbirgt seine erschreckende Leere hinter einer formalen Manieriertheit, die oft ins Lächerliche umschlägt. ✦ BR Deutschland 1984 **P** Regina Ziegler Filmprod./WDR **Pd** Regina Ziegler **R** Hans Neuenfels **B** Hans Neuenfels, nach einem Theaterstück von Robert Musil **K** Jürgen Jürges, Rodger Hinrichs **M** Heiner Goebbels **S** Dörte Völz, Jeanette Menzel **D** Hermann Treusch, Elisabeth Trissenaar, Sabine Sinjen, Joachim Bliese, Lothar Blumhagen **L** 116 **E** 15.11.1988 ARD

SCHWARZ AUF WEISS. Schornsteinfeger mit heiratslustigem Sohn und Konditormeister mit wenig studierfreudiger Tochter kommen nach nachbarlichem Zank über allerlei Mißverständnisse hinweg zusammen. Ein freundlich-bescheidenes Wiener Lustspiel, das ganz auf Hans Mosers Nuschelkomik basiert. – Ab 12. ✦ Schwarz-weiß. Deutschland 1943 **P** Wien **KI** Knevels **VA** Taurus **Pd** Karl Künzel **R** E. W. Emo **B** Fritz Koselka **K** Jaroslav Tuzar **M** Nico Dostal **S** Munni Obal **D** Hans Moser (Streußler), Paul Hörbiger (Prof. Wolfgang Klaus), Elfriede Datzig (Nelly), Hans Holt (Heinz), Annie Rosar **L** 83 **FSK** o. A. **E** 29.10. 1943/18.6.1966 ZDF/10.3.1975 DFF 1 **fd** 1 439

SCHWARZ BIN ICH, STOLZ BIN ICH (I KNOW WHY THE CAGED BIRD SINGS). Ein farbiges Mädchen in den USA der 30er Jahre kommt nach der Trennung seiner Eltern in den Süden zur Großmutter. Dort erfährt es die Ungerechtigkeit der Rassendiskriminierung am eigenen Leibe und lernt, daß es nur durch intakte Familienverhältnisse und ein neues Selbstbewußtsein möglich wird, gegen die lebensfeindlichen Zustände anzukommen. Gutgemeinter dramatischer Spielfilm, dessen Engagement unter der glatten Fernsehästhetik leidet. – Ab 14. ✦ USA 1978 **P** CBS/Tomorrow **Pd** Jean Moore Edwards **R** J. Fielder Cook **B** Leonora Thuna, nach einem autobiografischen Buch von Maya Angelou **K** Ralph Woolsey **M** Peter Matz **D** Constance Good (Maya), John M. Driver II (Bailey Junior), Esther Rolle (Großmutter), Sonny Jim Gaines (Onkel Willie), Roger E. Mosley (Bailey Senior), Diahann Carroll (Vivian), Ruby Dee (Großmutter Baxter), Madge Sinclair (Mrs. Flowers), Paul Benjamin (Freeman) **L** 96 **E** 21.11.1987 ZDF

SCHWARZ, GELB, TOT (RHAPSODIE EN JAUNE). Bei seinen Recherchen über Greueltaten während des Vietnam-Krieges macht ein Pariser Reporter einen ehemaligen Soldaten ausfindig, der unter falschem Namen als Nachtclubmusiker arbeitet. Seine Nachforschungen stören einen mächtigen Unterweltboß, der mit Rauschgift handelt. Der Konflikt spitzt sich zu, als der Reporter mit einem Polizeibeamten, der gegen den Drogenhändler ermittelt, zusammenstößt. Kriminalfilm aus der Serie mit Verfilmungen zeitgenössischer »Série noire«-Romane. – Ab 16. ✦ Frankreich 1984 **P** Hamster/TF 1/RTL/SSR **R** Gérard Marx **B** Dominique Toussaint **D** Patrick Depeyrat, Nadja N'Guyen, Ei-Ichi Kikuya, Jim Adhi Limas **L** 86 **E** 16.9.1985 RTL plus

SCHWARZ GREIFT EIN: AUGE UM AUGE. Pilotfilm einer Krimireihe. Als im Frankfurter Bahnhofsmilieu ein junger Mann erschossen wird, schlägt für einen katholischen Pfarrer, zu dessen neuer Gemeinde auch der Kiez gehört, die Stunde der Bewährung. Nun kann er seine beiden Berufe und Berufungen unter einen Hut bringen, denn schließlich war er früher Kriminalhauptkommissar. – Ab 14. ✦ Deutschland 1993 **P** Image Film **VA** Taurus **R** Gert Steinheimer **D** Klaus Wennemann (Henning Schwarz), Rainer Grenkowitz (Reiner Berg), Klaus Herm (Konrad Hellmann), Ilona Grübel (Carola Nowack), Ingeborg Lapsien (Ma Becker), Dieter Landuris (Albert Jakob), Günter Strack (Bischof von Limburg), Johnny Logan (irischer Musiker) **L** 88 **FSK** ab 12 **E** 3.2.1994 SAT 1

SCHWARZ UND OHNE ZUCKER. Während eines Italienurlaubs verliebt sich ein junger Deutscher in eine isländische Schauspielerin. Bis zum Happy-End müssen sie Irr- und Umwege zurücklegen, die auch mit der traumhaften »Mission« der Schauspielgruppe zusammenhängen. Behutsam erzähltes, reizvoll gestaltetes Traumspiel in der Tradition des poetischen Realismus, das die Handlung zugunsten des ästhetischen Stilwillens etwas vernachlässigt. – Ab 16. ✦ Schwarz-weiß. BR Deutschland 1985 **P** Optische Werke/Salinas/BR/NDR **KI** Kinowelt **Pd+R+B** Lutz Konermann **K** Tom Fährmann **M** Egill Olafsson, Adrian Vonwiller **S** Lutz Konermann **D** Lutz Konermann (Hermann), Edda Heidrun Backman (Edda), Gudjon Pedersen (Gio), Kolbrun Halldórsdóttir (Kolla), Hanna Maria Karlsdottir (Hanna) **L** 85 **FBW** w **E** 17.12.1985 NDR/19.6.1986 Kino **fd** 25 672

SCHWARZ UND WEISS (NOIR ET BLANC). Der schüchterne Buchhalter Antoine entdeckt in einem Pariser Fitnesscenter seine masochistischen Neigungen. Seine Beziehung zu einem farbigen Masseur endet für beide Männer tragisch. Mit intellektueller Kälte beobachtete Beschreibung einer wechselseitig verhängnisvollen Beziehung. Der Film, der ohne plumpe Direktheit und mit ausgeklügelter Bildgestaltung die sadosexuelle Leidenschaft als ernstzunehmende Spielart menschlicher Existenz darstellt, klammert die ethischen Dimensionen aus und ist nur einem kritikfähigen Publikum zumutbar. (O.m.d.U.) ✦ Schwarz-weiß. Frankreich 1985 **P** Les Films du Vulcan **R+B** Claire Devers **K** Daniel Desbois, Christopher Doyle, Alain Lasfargues, Jean-Paul da Costa **M** La Chorale Rhapsodes **D** Francis Frappat, Jacques Martial, Joséphine Fresson, Marc Berman, Benoît Régent **L** 81 **E** 26.5.1989 West 3

SCHWARZ UND WEISS WIE TAGE UND NÄCHTE. Ein hochbegabter Mathematiker und Computerspezialist entwickelt ein Programm, das jeden Gegner im Schach schlagen kann. Im Kampf zwischen der Maschine und dem Schachweltmeister bleibt jedoch der Mensch Sieger. Aus »Rache« wird der Mathematiker Schachprofi. Obwohl er seit einem Nervenzusammenbruch vor 20 Jahren nicht mehr gespielt hat, kämpft er sich bis zum Weltmeistertitel vor. Doch seine Leidenschaft steigert sich zur Paranoia. Handwerklich konventioneller Film, der das Spiel als Chiffre für ein krankmachendes politisch-ökonomisches System benutzt. Eindrucksvoll allein durch die Präsenz der Schauspieler. – Ab 16. ✦ BR Deutschland 1978 **P** Monaco/Radiant/ORF/WDR **KI** Fantasia **R** Wolfgang Petersen **B** Karl-Heinz Willschrei, Jochen Wedegärtner, Wolfgang Petersen **K** Jörg-Michael Baldenius **M** Klaus Doldinger **S** Hannes Nikel **D** Bruno Ganz (Thomas Rosenmund), Gila von Weitershausen (Marie Rosenmund), René Deltgen (Lindford), Ljuba Tadic (Stefan Koruga), Joachim Wichmann (Grünfeld) **L** 103 **E** 13.9.1978

SCHWARZ-WEISS-ROT →Kaiser, Bürger und Genossen

DAS SCHWARZ-WEISS-ROTE HIMMELBETT. Ein »gesellschaftskritischer« Rolf-Thiele-Film, der mit seiner satirischen Schilderung der amourösen Abenteuer eines Unterprimaners die doppelbödige Lebensauffassung und die Freizügigkeit der »besseren Gesellschaft« in der Zeit vor dem Ersten Weltkrieg aufs Korn nimmt. Bis in die Nebenrollen hinein hervorragend besetzt, kann der Film zudem mit einigen Regie-Gags überraschen. ✦ Scope. BR Deutschland 1962 **P** Franz Seitz **KI** Schorcht **R** Rolf Thiele **B** Ilse Lotz-Dupont, Georg Laforet (= Franz Seitz), nach einem Roman von Hans Rudolf Berndorff **K** Heinz Schnackertz, Friedl Behn-Grund **M** Rolf Wilhelm **D** Daliah Lavi (Germaine), Martin Held (Friedrich de Wehrt), Thomas Fritsch (Jean), Margot Hielscher (Hortense de Wehrt), Karl Schönböck (Jules Rochberg) **L** 100 **FSK** ab 18; nf **FBW** w **E** 22.11.1962/20.4.1970 ZDF **fd** 11 615

SCHWARZ WIE DER TOD →Paint it Black

SCHWARZ WIE ICH (BLACK LIKE ME). Die authentische Geschichte des Schriftstellers John Howard Griffin, der seine Haut eindunkeln und die Haare färben ließ, um mehrere Monate als Schwarzer zu leben und den Rassismus am eigenen Leib zu spüren. Die Verfilmung von Griffins Erinnerungen leidet nicht nur unter technischen Mängeln, sondern mehr noch unter einer Beschönigung seiner Erfahrungen, so daß die eigentlich Intention bisweilen unterlaufen wird. Im DDR-Fernsehen war eine stark gekürzte Version des Films zu sehen. ✦ Schwarz-weiß. USA 1964 **P** Continental **Pd** Jules Tannebaum **R** Carl Lerner **B** Gerda Lerner, Carl Lerner, nach dem Roman von John Howard Griffin **K** Victor Lukens, Henry Mueller II **M** Meyer Kupferman **S** Lora Hays **D** James Whitmore (John Finley Horton), Sorrell Booke (Dr. Jackson), Roscoe Lee Browne (Christopher), Dan Priest (Busfahrer), Walter Mason (Mason) **L** 82 (Orig.107) **E** 5.8.1967 DFF 1

SCHWARZARBEIT (MOONLIGHTING). Vor dem 13. Dezember 1981 (Ausrufung des Kriegsrechts in Polen) kommen vier polnische Handwerker in London an, wo sie eine Wohnung für einen polnischen Funktionär renovieren sollen. Da nur einer von ihnen die englische Sprache beherrscht, bleibt den restlichen der Putsch in der Heimat verborgen. Erst nach Erledigung der Arbeit sagt er ihnen die Wahrheit. Ein leises Pamphlet, das Ausbeutungs- und Vernebelungsmechanismen totalitärer Regime in ihrer privaten wie in ihrer allgemein politischen Dimension erhellt. – Sehenswert ab 16. ✦ Großbritannien 1982 **P** Michael White Ltd/Channel Four/ZDF **R+B** Jerzy Skolimowski **K** Tony Pierce-Roberts **M** Stanley Myers **S** Barrie Vince **D** Jeremy Irons (Novak), Jiri Stanislav (Wolski), Eugene Lipinski (Banazak), Eugeniusz Haczkiewicz (Kudaj), Dorothy Zienciowska **L** 97 **E** 13.12.1982 ZDF **fd** 23 771

DER SCHWARZE ABT. Eine der schwächsten Edgar-Wallace-Verfilmungen: Ein wahnsinniger Lord und Verbrecher auf der Suche nach einem alten Goldschatz. Serienprodukt, das selbst ausgesprochene Genrefreunde enttäuscht. DVD: Die Extras umfassen u. a. ein aufschlussreiches Kurz-Interview mit Filmkomponist Martin Böttcher. – Ab 16. ✦ Scope, schwarz-weiß. BR Deutschland 1963 **P** Rialto **KI** Constantin **VA** Kinowelt Home **DVD** Kinowelt Home (16:9, 2.35:1, Mono dt.) **Pd** Horst Wendlandt **R** Franz Josef Gottlieb **B** Johannes Kai, Franz Josef Gottlieb, nach einem Roman von Edgar Wallace **K** Richard Angst **M** Martin Böttcher **S** Hermann Haller **D** Joachim Fuchsberger (Dick Alford), Dieter Borsche (Lord Harry Chelford), Eva-Ingeborg Scholz (Mary Wenner), Grit Boettcher (Leslie Gine), Klaus Kinski (Thomas Fortuna), Harry Wüstenhagen (Arthur Gine), Charles Regnier (Puddler), Eddi Arent (Horatio W. Smith), Werner Peters (Fabian Gilder), Alice Treff (Lady Chelford) **L** 88 **FSK** ab 12; nf **E** 5.7.1963/4.9.1970 Kino DDR/12.2.1974 ZDF/10.6.78 DFF 1/Juli 1999 Video/4.9.2001 DVD **fd** 12 081

DIE SCHWARZE AKTE (DOSSIER NOIR). Ein junger Untersuchungsrichter glaubt, daß ein reicher Bauunternehmer in der Provinz einen Mann aus dem Weg geschafft hat, weil der eine schwarze Akte über ihn zusammengestellt hatte. Ein Kommissar aus Paris hat andere Verdachtsmomente und ermittelt im privaten Bereich. Der unerfahrene Richter merkt zu spät, daß es sich nicht um Mord handelte, doch seine Ermittlungen haben einen Unschuldigen in den Tod getrieben. Ein Film, der die Schwachstellen der Justiz anprangert. Hervorragend inszeniert, eindrucksvoll fotografiert und ausgezeichnet gespielt. – Sehenswert ab 16. ✦ Schwarz-weiß. Frankreich 1955 **P** Speva/Rizzoli/Cinedis **KI** Pallas/Progress **R** André Cayatte **B** André Cayatte, Charles Spaak **K** Jean Bourgoin **M** Louiguy **S** Paul Cayatte **D** Antoine Balpêtré (Dutoit), Bernard Blier (Inspektor Noblet), Henri Crémieux (Staatsanwalt), Danièle Delorme (Yvonne Detoit), Paul Frankeur (Boussard) **L** 108 (DDR 114) **FSK** ab 16; f **E** 7.12.1956/13.12.1957 Kino DDR/13.6.1958 DFF 1/23.3.1964 ZDF **fd** 5 463

SCHWARZE AMERIKANER (BLACK ROOTS). Dokumentation über das Selbstverständnis farbiger Nordamerikaner, kombiniert aus Interviews, musikalischen Manifestationen der schwarzen Kultur und eindrucksvollen Großaufnahmen von Gesichtern. ✦ BR Deutschland/Schweden 1970 **P** NDR/Sveriges Radio 2 **R+B** Lionel Rogosin **K** J. Robert Wagoner **L** 60 **E** 31.10.1970 NDR

SCHWARZE ANGST →Afrika – Land der Hoffnung

DIE SCHWARZE ANGUSTIAS (LA NEGRA ANGUSTIAS). Verfilmung des Lebens der Banditin Angustias, die während der mexikanischen Revolution von 1911 bis 1917 gegen das Regime von Porfirio Diaz kämpfte und als erste Frau den Rang eines Colonels erreichte. Erst als sie sich in den bürgerlichen Manolo verliebt, gibt sie ihren revolutionären Anspruch auf und versucht, dem Frauenideal ihres Geliebten zu entsprechen. (O.m.d.U.) – Ab 16. ✦ Mexiko 1949 **R** Matilde Landeta **D** Maria Elena Marqués, Augustin Isunza, Eduardo Arozamena, Ramon Gay **L** 82 **E** 10.3.1995 3sat

SCHWARZE APHRODITE (BLACK APHRODITE). Um einen Verräter in den eigenen Reihen aufzuspüren, setzt eine Bande von Waffenschmugglern eine ansehnliche schwarze Gangsterlady ein. So geht es vom Sexgerangel zum Schlagabtausch mit feindlichen Gangstern. Sexfilmchen. – Wir raten ab. ✦ Griechenland 1977 **P** Andromeda **KI** Alemannia **R** Saul Filipstein **B** Nicola Angostini **D** Ajita Wilson, Harry Stevens, Annique Borel, Klay Half, Anta Bartolomy **L** 86 **FSK** ab 18; nf **E** 5.1.1978 **fd** 20 618

SCHWARZE AUGEN (1935) (LES YEUX NOIRS). Ein russischer Oberkellner im Restaurant eines Nobelbordells verschweigt seiner Tochter den wahren Charakter des Lokals. Als diese einen windigen Bankier kennenlernt, der mit ihr ausgerechnet dieses Lokal aufsucht, jagt der alte Kellner seine Tochter davon, denn er will verhindern, daß auch sie in schlechte Gesellschaft gerät. Sie tröstet sich durch die Liebe zu einem Klavierlehrer. In Pappdekors angesiedelter Film, der in keiner Weise zu überzeugen versteht. – Ab 16. ✦ Schwarz-weiß. Frankreich 1935 **KI** Prisma **R** Viktor Tourjansky **D** Harry Baur, Simone Simon **L** 90 **FSK** ab 16; nf **E** 23.4.1936 **fd** 69

SCHWARZE AUGEN (1951). Künstlerliebe, Eifersucht, feurige Zigeunermusik und eine allzu durchschaubare Kriminalhandlung, stillos und verworren gemixt in einem öligen Melodram. ✦ Schwarz-weiß. BR Deutschland 1951 **P** CCC **KI** Prisma **Pd** Artur Brauner **R** Géza von Bolváry **B** Bobby E. Lüthge, Curth Flatow **K** Herbert Körner **M** Frank Fox **S** Johanna Meisel **D** Cornell Borchers (Helene Samboni), Will Quadflieg (Fedor Varany), Angelika Hauff (Roszi), Georg Thomalla (Impresario McKing), Peter Mosbacher (Herr Samboni), Martin Held **L** 88 **FSK** ab 16; nf **E** 25.12.1951 **fd** 1 583

SCHWARZE AUGEN (1987) (OCI CIORNIE). Die Lebensbeichte eines italienischen Lebemannes zur Zeit der Jahrhundertwende, der seine große Liebe und sein Lebensglück durch Feigheit und Unaufrichtigkeit aufs Spiel setzte und der verpaßten Chance nachtrauert. Elegant erzählte Tragikomödie nach Kurzgeschichten von Anton Tschechow, in deren Mittelpunkt die Suche nach Lebenssinn und -ziel steht. Leichthändig inszeniert und ausgezeichnet gespielt, hält der Film stilsicher die Balance zwischen melancholischen und heiteren Komponenten. – Sehenswert ab 16. ✦ Italien 1987 **P** Excelsior TV/RAI I/Adriana **KI** Concorde **VA** Vestron **Pd** Carlo Cucchi, Silvia d'Amico Benedico **R** Nikita Michalkow **B** Alexander Adabaschjan, Nikita Michalkow, Suso Cecchi d'Amico, nach Motiven aus Kurzgeschichten von Anton Tschechow **K** Franco di Giacomo **S** Enzo Meniconi **D** Francis Lai, Marcello Mastroianni (Romano), Silvana Mangano (Elisa), Elena Sofonowa (Anna), Marthe Keller (Tina), Wsewolod Larionow (Pavel) **L** 118 **FSK** ab 6; f **FBW** w **E** 4.2.1988/Januar 1989 Video/18.8.1989 Kino DDR **fd** 26 618

DIE SCHWARZE AUS DAKAR (LA NOIRE DE ...). Eine junge Senegalesin wird von ihrer französischen Arbeitgeberin aus Dakar nach Frankreich geholt. Der Traum des Kindermädchens vom schönen Leben zerbricht unter den ständigen Demütigungen der weißen Herrin; am Ende bleibt als einziger Ausweg der Selbstmord. Eine ohne Umschweife und bei allem spürbaren Engagement protokollarisch kühl gestaltete Anklage gegen den Rassismus. – Ab 16. ✦

Schwarz-weiß. Senegal/Frankreich 1966 **R+B** Ousmane Sembene **K** Christine Lacoste **D** Mbissine Thérèse Diop (Diousana), Anne-Marie Jelinek (Madame), Robert Fontaine (Monsieur), Momar Nar Sene (Verlobter) **L** 55 **E** 31.10.1969 ZDF

DIE SCHWARZE BANDE (HELL CANYON OUTLAWS). Der unerwartete Terror von vier Banditen belehrt eine friedfertige Bürgerschaft, daß sie im Wilden Westen ohne bewaffneten Schutz nicht auskommt. Schematischer Durchschnittswestern. – Ab 16. ✦ Schwarz-weiß. USA 1957 **P** Republic **Kl** Löwen **R** Paul Landres **B** Allan Kaufman, Max Glandbard **K** Dave Milton **M** Irving Gertz **D** Dale Robertson, Brian Keith, Rossana Rory, Dick Kallman **L** 77 **E** 18.11.1958 **fd** 7 491

DAS SCHWARZE BATAILLON →Das Bataillon des Teufels

DER SCHWARZE BERG (TSCHORNAJA GORA). Die Geschichte des Elefanten »Schwarzer Berg«, angefangen mit dem Leben in seiner Herde im Dschungel über die Gefangenschaft und Dressur bis zur Rückkehr in die Freiheit. – Ab 8. ✦ UdSSR/Indien 1971 **P** Zentralstudio für populärwissenschaftliche Filme/ Gesellschaft für Kinderfilme **Kl** Progress **R** Alexander Sguridi **B** Alexander Sguridi, nach einem Buch von Abesmad Abbas **K** Nina Juruschkina, P. Malchotra **M** Alexander Lokschin **S** N. Dsugutowa **L** 84 **E** 12.5. 1972 Kino DDR/21.7.1984 DFF 1

SCHWARZE BEUTE →Blutiger Asphalt

DIE SCHWARZE BIRKE (TSCHORNAJA BERJOZA). Erinnerungen eines Mannes an die Zeit des Krieges und des Wiederaufbaus der Stadt Minsk. Langatmig erzählter melodramatischer Film, der seinem Thema nicht gerecht wird. – Ab 14. ✦ Scope. UdSSR 1978 **P** Belarusfilm **Kl** Progress **R** Vitali Tschetwerikow **B** Boris Archipowez, Michail Beresko, Samson Poljakow **K** Dmitri Saizew **M** Alexej Murawljow **D** Jewgeni Karelskich (Andrej), Natalja Brashnikowa (Nadja), Irina Alferowa (Tanja), Wladimir Kuleschow (Makar) **L** 142 **E** 15.2.1980 Kino DDR/10.7.1980 DFF 2

DER SCHWARZE BLITZ. Episoden und kleine Verwicklungen um Liebe und Wintersport in Tirol, die dem österreichischen Ski-As Toni Sailer Gelegenheit geben, seine sportlichen Talente und sein schauspielerisches Unvermögen zu zeigen. Freundliches Unterhaltungsfilmchen mit gelackten Aufnahmen schöner Winterlandschaften. – Ab 10. ✦ BR Deutschland 1958 **P** Bavaria **Kl** Bavaria **Pd** Georg Richter, Lutz Hengst **R** Hans Grimm **B** Franz Geiger **K** Klaus von Rautenfeld **M** Franz Grothe **S** Anneliese Schönnenbeck **D** Toni Sailer (Michael Kirchner), Maria Perschy (Gretl Mittermayr), Waltraut Haas (Uschi Bauer), Dietmar Schönherr (Herbert Thanner), Oliver Grimm (Andi) **L** 96 **FSK** ab 6; nf **E** 25.9.1958/26.8.1989 DFF 2 **fd** 7 369

DER SCHWARZE BOGENSCHÜTZE →Die Folterknechte von Rocco Nera

DER SCHWARZE BRIGANT (IL SECRETO DELLO SPARVIERO NERO). Im 17. Jahrhundert kämpfen Spanier, Engländer und Piraten um ein Handelsdokument. Ohne großen Ehrgeiz heruntergekurbelter Piratenfilm. – Ab 14. ✦ Scope. Italien 1961 **P** Romana **Kl** Materna **Pd** Nino Misiano **R** Domenico Paolella **B** Domenico Paolella, Sergio Sollima **K** Carlo Bellero **M** Gino Filippini **S** Jolanda Benvenuti **D** Lex Barker, Livio Lorenzon, Nadia Marlowa, Walter Barnes, Germano Longo **L** 91 **FSK** ab 12; nf **E** 7.9.1962/8.2.1986 DFF 2 **fd** 11 522

DIE SCHWARZE BRILLE (EL NADARA EL SADAA). Eine junge Frau, die bislang in der Welt reicher Nichtstuern und Playboys zu Hause war, lernt einen jungen Ingenieur kennen und lieben, der es ernst mit seinem Beruf und seinen Aufgaben nimmt. Auf Schwierigkeiten, Enttäuschungen und Zerwürfnisse folgt das Happy-End. Eine oberflächliche, »mit dem Holzhammer« argumentierende Demaskierung kapitalistischer Dekadenz. – Ab 14. ✦ Schwarz-weiß. VAR (Ägypten) 1963 **P** Film-Union **Kl** Progress **R** Hossam El Din Mustafa **B** Mohamed Abdel Salam, nach dem Roman von Ehsane Abdel Koddus **K** Mahmoud Naar **D** Ahmed Mazhar, Nadia Loutfi, Ahmed Ramsi, Sana Mazhar, Abdel Khalek **L** 120 **E** 2.9.1966 Kino DDR

DAS SCHWARZE BUCH →Guillotine

DER SCHWARZE CAPITANO →Der geheimnisvolle Ritter von Montferrat

DER SCHWARZE COWBOY →Einen vor den Latz geknallt

SCHWARZE DIAMANTEN →Schlagende Wetter

DIE SCHWARZE 13 (EYE OF THE DEVIL). In einem kleinen, dem Aberglauben verhafteten französischen Dorf opfert sich der Schloßherr für eine gute Ernte. Balladesker Horrorfilm, stimmungsvoll inszeniert und vorzüglich besetzt. ✦ Schwarz-weiß. Großbritannien 1965 **P** Martin Ransohoff **Kl** MGM **Pd** John Calley, Martin Ransohoff **R** J. Lee Thompson **B** Robin Estridge, Dennis Murphy, nach einem Roman von Philip Loraine **K** Erwin Hillier **M** Gary McFarland **S** Ernest Walter **D** David Niven (Philippe), Deborah Kerr (Catherine), Flora Robson (Countess), Sharon Tate (Odile), Donald Pleasence (Pére Dominic) **L** 90 **FSK** ab 16; nf **E** 11.8.1967 **fd** 14 887

DIE SCHWARZE DYNASTIE (CERNA DYNASTIE). Generationsprobleme in einer Familie, die eng mit einer benachbarten Lokomotivenfabrik verbunden ist. Präzise in der Milieuschilderung, verliert der Film durch zahlreiche Rückblenden an Geschlossenheit. – Ab 16. ✦ Schwarz-weiß. CSSR 1962 **P** Filmstudio Barrandov **Kl** Progress **R** Stepán Skalsky **B** Jan Procházka, Stepán Skalsky **K** Frantisek Valert **M** Evzen Illín (= Eugen Illin) **D** Ladislav Pesek (Antonin Koudelka), Jirí Nemecek (Rudolf Koudelka), Libuse Havelková (Andula Koudelka), Monika Pachnerová (Vera Koudelka), Ladislav Mrkvicka (Tonda Koudelka) **L** 92 **E** 23.8.1963 Kino DDR/4.8.1964 DFF 1

DER SCHWARZE ENGEL (1973/74). Bei Prozessionen während der Fiesta della Muerte in Mexiko stehen zwei Frauen im Mittelpunkt der Aufmerksamkeit: eine Blonde und eine Schwarze, die auf verschiedene Weise versuchen, das Geschehen mitzuvollziehen, wobei die Schwarze vom Volk angenommen, die Blonde jedoch verachtet und mißhandelt wird. Avantgardistisch-eigenwilliger Film, gleichermaßen abweisend und abschreckend; eine manieristische Reflexion über den Geist des Kolonialismus. ✦ BR Deutschland 1973/74 **P** Werner Schroeter/ZDF **Pd+R+B+K** Werner Schroeter **D** Magdalena Montezuma, Ellen Umlauf, Carlos de Muna **L** 71 **E** 15.1. 1975 ZDF/8.7.1988 3sat

DER SCHWARZE ENGEL (1990) (ANGELS). Ein weißer Jazz-Musiker aus New York löst in Barcelona den Haushalt seiner verstorbenen Mutter auf und trifft auf eine aus Schwarz-Afrika stammende Prostituierte. Zwischen ihnen entwickelt sich eine Liebesbeziehung, die letztlich unerfüllt bleibt, weil die Strukturen des Milieus zu tödlichen Verwicklungen führen. Mit Anklängen an den modischen Sado-Softporno symbolträchtig daherkommendes Melodram mit schlecht verarbeiteten Anleihen beim surrealistischen europäischen Kino. Die aufgesagt wirkenden Dialoge und hölzernen Darsteller fügen sich nahtlos in eine leidenschaftslose Inszenierung. ✦ Teils schwarz-weiß. Spanien/Frankreich/Schweiz/Belgien 1990 **P** Marea/Cadrage/CAB/Cannon Iberoamerica **Kl** Filmwelt **Pd** Gérard Ruey, Jean-Louis Porchet, Adrian Lipp, Daniel Vaissaire **R+B** Jacob Berger **K** Emmanuel Machuel **M** Michel Portal **S** Joëlle Hache **D** Belinda Becker (Sara), Steven Weber (Rickie), José Esteban jr. (Tonio), Justin Williams (Thomas), Féodor Atkine (Jugo) **L** 96 **FSK** ab 16; f **E** 13.6.1991/24.1.1992 ARD **fd** 28 957

SCHWARZE ERNTE (BLACK HARVEST). In der Zeit der Jahrhundertwende angesiedeltes Familiendrama. Durch seinen Jähzorn und seine Verschwendungssucht droht ein Großgrundbesitzer seine Familie in den Abgrund zu reißen. Als er seine Geliebte zum Weihnachtsfest einladen will, stellt sich die 17jährige Tochter gegen ihn. ✦ Schweden/Dänemark 1993 **R** Anders Refn **D** Ole Ernst (Nils Uldahl-Ege), Sofie Gråbøl (Clara), Marika Lagercrantz (Line Uldahl-Ege), Philip Zandén (Isidor Seeman) **L** 120 **E** 7.1.1996 Bayern 3

SCHWARZE FACKEL (FLAME IN THE STREETS). Britischer Beitrag zu dem Problem der Mischehe zwischen Schwarzen und Weißen in einer Gesellschaft, die ihre Vorurteile nicht überwinden kann. Die Hauptpersonen sind eine blonde Lehrerin in London, ihr dunkelhäutiger Verlobter, ein Hilfslehrer und die Widerstand leistenden Eltern. Dem sorgsam gestalteten Drehbuch mit seinen verschiedenen, sich überlagernden Handlungsebenen und der geschickten Inszenierung sind ein bemerkenswerter Film zu verdanken. – Sehenswert ab 16. ✦ Scope. Großbritannien 1960 **P** Somerset **Kl** Rank **Pd+R** Roy Ward Baker **B** Ted Willis **K** Christopher Challis **M** Philip Green **S** Roger Cherrill **D** John Mills (Jacko Palmer), Sylvia Syms (Kathie Palmer), Earl Cameron (Gabriel Gomez), Brenda de Banzie (Nell Palmer), Johnny Sekka (Peter Lincoln) **L** 83 **FSK** ab 16; f **FBW** w **E** 2.2. 1962/13.10.1973 ARD **fd** 10 861

DER SCHWARZE FALKE (THE SEARCHERS). Epischer Western um einen spröden, einsamen Westerner, der ein »Outlaw-Dasein« führt. Der Besuch bei der Familie seines Bruders ist ein Abschied für immer: kurz darauf ist die Ranch niedergebrannt. Er findet den Bruder und die im geheimen geliebte Schwägerin grausam verstümmelt vor und macht sich auf die lange Suche nach der Nichte, die der Comanchen-Stamm des »Schwarzen Falken« entführt hat. Die fünfjährige Suche entwickelt sich zu einer Reise in die Seelenlandschaft einer der vielschichtigsten Figuren der Western-Geschichte. Hinter der Oberfläche des starrköpfigen Einzelgängers werden Sensibilität und Verzweiflung sichtbar. Von seiner Reise, die glücklich endet, kommt er geläutert zurück und macht sich (in der berühmt gewordenen letzten Einstellung) erneut auf die Suche: nach Liebe und Sinn. Ein Meisterwerk des Genres, bis ins Detail stimmig und vorzüglich komponiert. – Sehenswert ab 16. ✦ Scope. USA 1956 **P** C.V. Whitney Pictures **Kl** Warner **VA** Warner Home **DVD** Warner Home (16:9, 1.85:1, Mono engl./dt.) **Pd** Merian C. Cooper, C. V. Whitney **R** John Ford **B** Frank Nugent, nach einem Roman von Alan LeMay **K** Winton C. Hoch **M** Max Steiner **S** Jack Murray **D** John Wayne (Ethan Edwards), Jeffrey Hunter (Martin Pawley), Vera Miles (Laurie Jorgensen), Ward Bond (Capt. Rev. Samuel Clayton), Natalie Wood (Debbie Edwards), John Qualen (Lars Jorgensen), Olive Carey (Mrs. Jorgensen), Henry Brandon (Chief Scar), Ken Curtis (Charlie McCorry), Harry Carey jr. (Brad Jorgensen), Hank Worden (Mose Harper), Ruth Clifford, Mae Marsh, Dan Borzage (Akkordeonspieler), Patrick Wayne (Lt. Greenhill) **L** 119 **FSK** ab 12; nf **E** 5.10.1956/13.5.1972 ARD/ 30.8.2001 Video/28.6.2000 DVD/30.8.2001 DVD (2. Auflage) **fd** 5 299

DER SCHWARZE FLUCH. Nachdem Einbrecher ihr Haus anzündeten und ihr Mann in den Flammen umkam, sucht eine Journalistin Vergessen in der Arbeit. Zwei Jahre später führt sie ein Auftrag auf eine südamerikanische Insel, auf der grauenhafte Ritualmorde geschehen. Sie lernt einen Richter kennen, der ihrem verstorbenen Mann zum Verwechseln ähnlich sieht. Beide verlieben sich ineinander. Doch die Frau des Richters spinnt eine teuflische Intrige, der bald Menschen zum Opfer fallen. – Ab 16. ✦ Deutschland 1994 **P** Lisa-Film **R** Otto W. Retzer **B** Julia Kent **D** Julia Kent (Jenny Levinski), James Brolin (David Levinski/Charles Marlowe), Deborah Shelton (Inka Marlowe), Brent Huff (Rick Hudson), Wilfried Baasner (Tomas Winston), Claude Oliver Rudolph, Herbert Fux, Ralf Richter, Eva Maria Meineke, Chuck Peyton **L** 93 (gek. 90) **FSK** ab 16; f (gek. 12;f) **E** 2.6. 1995 RTL

DER SCHWARZE FLUSS (1957) (KUROI KAWA). Der schwarze Fluß steht als Symbol für Armut, Not und Ausweglosigkeit in einem Vorstadtviertel, das für viele seiner Bewohner auch schon die »Endstation« ihres Lebens darstellt. Ein Student kämpft in dieser

Umgebung um die Liebe eines Mädchens und gegen den Bandenchef des Viertels, um seinem Leben einen Sinn zu geben. ✦ Schwarz-weiß. Japan 1957 **P** Toho-Film **R** Masaki Kobayashi **B** Takeo Tomishima **K** Yûshun Atsuta **M** Chuji Kinoshita **D** Tatsuya Nakadai, Ineko Arima, Fumio Watanabe, Isuzu Yamada, Yoko Katsuragi **L** 67 **E** 24.1.1970 DFF 1

DER SCHWARZE FLUSS (1975) (THE RIVER NIGER). Ein schwarzer amerikanischer Handwerker flüchtet aus der tristen Alltagswelt, indem er sich in der Freizeit als Dichter versucht. Sein Leben verkompliziert sich, als sein Sohn vom Militär zurückkehrt und aus alter Freundschaft noch einmal für seine in die Kriminalität abgerutschte alte Bande tätig wird. Mischung aus Melodram und Emanzipationsdrama, teils sehr eindringlich und glaubwürdig, teils voller Klischees und oberflächlicher Effekte. – Ab 16. ✦ USA 1975 **P** Sidney Beckermann, Isaac L. Jones **Pd** Sidney Beckerman, Isaac L. Jones **R** Krishna Shah **B** Joseph A. Walker, nach seinem Bühnenstück **K** Michael D. Margulies **M** War **D** James Earl Jones, Cicely Tyson, Louis Gossett jr., Glynn Turman, Jonelle Allen **L** 110 **E** 18.4.1977 ZDF

DIE SCHWARZE FONTÄNE (DZIURA W ZIEMI). Erzählung über einen jungen Geologen, der unter aussichtslosen Bedingungen Erdöl zu bohren versucht. Thematisch interessant und beachtlich inszeniert. ✦ Scope, schwarz-weiß. Polen 1970 **P** Filmstudio Lodz, Gruppe »Nike« **Kl** Progress **R** Andrzej Kondratiuk **B** Andrzej Bonarski, Andrzej Kondratiuk **K** Jan Laskowski **M** Tomasz Stánko **D** Jan Nowicki (Andrzej), Roman Klosowski (Miecio), Józef Nowak (Skawinski), Wadim Berestowski (Tomaszewski), Pawel Dolewski (Lipowicz) **L** 104 **E** 21.5.1971 Kino DDR/ 26.4.1973 DFF 1

SCHWARZE FRACHT AUS TAIWAN → Queen of the Road

DIE SCHWARZE FÜCHSIN (GONE TO EARTH). Balladenhaftes Liebesdrama um eine Halbzigeunerin in Wales zum Ende des 19. Jahrhunderts, die einen ehrenhaften, spröden baptistischen Dorfpfarrer heiratet, aber von einem Gutsherrn leidenschaftlich angezogen wird. Ambitionierte aber wirre Romanverfilmung. – Ab 16. ✦ Großbritannien 1950 **P** London **Kl** Deutsche London **Pd+R** Michael Powell, Emeric Pressburger (= Emmerich Pressburger) **B** Michael Powell, Emeric Pressburger (=Emmerich Pressburger), nach dem Roman »Gone to Earth« von Mary Webb **K** Christopher Challis **M** Brian Easdale **D** Jennifer Jones (Hazel Woodus), David Farrar (Jack Reddin), Cyril Cusack (Edward Marston), Esmond Knight (Abel Woodus), Sybil Thorndike (Mme. Marston) **L** 105 **FSK** ab 16; nf **E** 23.3.1951 **fd** 1 160

DIE SCHWARZE GALEERE. In der Zeit des Kampfes der Niederlande gegen die spanischen Unterdrücker bewährt sich die Liebe eines jungen Patrioten zu seiner Jugendfreundin. Eine aufwendige, aber sowohl dramaturgisch wie darstellerisch wenig überzeugende Inszenierung, die in gleichbleibender Langeweile erstarrt. – Ab 14. ✦ Scope, schwarz-weiß. DDR 1961/62 **P** DEFA, Gruppe »Solidarität« **Kl** Progress **VA** Icestorm **Pd** Siegfried Kabitzke **R** Martin Hellberg **B** Martin Hellberg, nach der gleichnamigen Erzählung von Wilhelm Raabe **K** Karl Plintzner **M** Wilhelm Neef **S** Ursula Rudzki **D** Dietrich Körner (Jan Norris), Gerry Wolff (Jeronimo), Gerhard Rachold (Leone della Rota), Hans-Peter Minetti (Antonio Valani), Beate Hanspach (Myga), Else Wolz (Marthe) **L** 99 **FSK** ab 6 (Video) **E** 10.7.1962 Kino DDR/7.8.1974 DFF 1/25.5.1999 Video

SCHWARZE GESCHICHTEN → Der grauenvolle Mr. X

DAS SCHWARZE GESICHT (SZEGENY GAZDAGOK). Die Moritat vom Baron, der als Räuber mit schwarzer Maske ein Doppelleben führt. Gesellschaftskritisch angehauchtes Räuberdrama, künstlerisch völlig ungenügend. – Ab 16. ✦ Ungarn 1959 **P** Mafilm **Kl** Progress **R** Frigyes Bán **B** Frigyes Bán, nach dem Roman »Arme Reiche« von Mór Jókai **K** György Illés **M** Rezsö Kókai **D** Gyula Benkö (Baron Hátszegi), Margit Bara (Anica), Mariann Krecsey (Henriette), József Lang (Szilárd Vámhidi), Gábor Mádi Szabó (Juan) **L** 91 **E** 2.6.1961 Kino DDR/11.5.1962 DFF 1

DAS SCHWARZE GESICHT VON PARIS (M'SIEUR LA CAILLE). Im Gangstermilieu von Montmartre gibt es zwischen Zuhältern und sonstigen finsteren Typen nicht nur Streit um die Ware, sondern es kommt auch zu einer Liebesgeschichte mit einer gutherzigen Nutte, die ihr Glück finden will, dem Verrat der anderen zum Opfer fällt und schließlich einen Mord auf sich nimmt. Wirrer Unterweltfilm, dessen ziellose Inszenierung en Zufällen Tür und Tor öffnet. ✦ Scope, schwarz-weiß. Frankreich 1955 **P** S.P.I.C./ Nice **Kl** Pallas **R** André Pergament **B** Frédéric Dard, André Pergament **K** Michel Rocca, Marcel Franchi **M** F. Carco, Joseph Kosma **D** Jeanne Moreau, Philippe Lemaire, Marthe Mercadier, Roger Pierre, Robert Dalban **L** 82 **FSK** ab 18; nf **E** 27.1.1956 **fd** 4 717

DIE SCHWARZE GÖTTIN (A DEUSA NEGRA / BLACK GODDESS). Am Sterbebett schwört ein junger Afrikaner seinem Vater, die Spuren seiner Familie, die einst als Sklaven nach Brasilien verschleppt wurde, zurückzuverfolgen. Er fährt nach Bahia und lernt dort eine schwarze Brasilianerin kennen, die ihn nicht nur in afrikanische Kulte einweiht, sondern ihn auch mit seiner Vergangenheit konfrontiert. Ein Kontinente und Kulturen umspannender Brückenschlag, der Gegenwart und Vergangenheit miteinander zu verknüpfen versucht. – Ab 16. ✦ Nigeria 1978 **R** Ola Balogun **D** Zozimo Bulbul, Milton Villar, Neuza Amaral, Antonio Pitanga **L** 90 **E** 12.4.1988 DFF 2/14.5.1994 ORB

DIE SCHWARZE HAND DER MAFIA (INSIDE THE MAFIA). Eine kalte Verbrechergeschichte aus den Vereinigten Staaten, in der die Revolver die Hauptrolle spielen. Verfeindete Gangsterführer streiten um die Vorherrschaft in New York. Routiniert inszenierter Gangsterfilm. ✦ Schwarz-weiß. USA 1959 **P** Premium **Kl** United Artists **Pd** Robert E. Kent **R** Edward L. Cahn **B** Orville H. Hampton **K** Maury Gertsman **S** Grant Whytock **D** Cameron Mitchell (Tony Ledo), Elaine Edwards (Anne Balcon), Robert Strauss (Sam Galey), Jim Brown, Ted de Corsia (Augie Martello) **L** 73 **FSK** ab 18; nf **E** 12.7.1960 **fd** 9 198

DER SCHWARZE HAUPTMANN (TSCHERNY KAPITAN). General Denikin, ein erbitterter Feind des jungen Sowjetrußland, plant im Jahr 1919 einen Anschlag auf die Bolschewiki. Ein Offizier einer ehemaligen Markow-Einheit versucht in verwegenen Einzelaktionen diesen Anschlag zu verhindern. Doch erst zusammen mit seiner Partisaneneinheit ist dem »schwarzen Hauptmann« Erfolg beschieden, und der Plan der Weißgardisten kann vereitelt werden. Revolutionskino wie gehabt. ✦ Scope, schwarz-weiß. UdSSR 1973 **P** Dowshenko-Studio **R** Oleg Lenzius **B** Juri Lukin, Wladoslaw Stepanow, Oleg Lenzius **K** Borsi Mjasnikow **M** Igor Schamo **D** Alexander Beloborodko (Galatenko), Irena Borissowa (Galja), Les Serdjuk (Saburunni), Jewgeni Gwosdew (Tschibissow), Silvia Sereitschikowa (Shuginal) **L** 88 **E** 16.5. 1974 DFF 2

DIE SCHWARZE HAUT → Sinha Moça – Aufstand der Sklaven

SCHWARZE HAUT UND HEISSE ERDE. Ein Film, der die geschichtliche Überlieferung des Königreiches Ruanda darstellt, um in schönen und optimistischen Bildern einen Begriff von afrikanischer Kultur zu geben. – Ab 14. ✦ BR Deutschland 1959 **P** Missionsanstalt der Weißen Väter **Kl** Adria **R+B+K** Erik Weymeersch **M** Hans Hagen **L** 88 **FSK** ab 12; f **FBW** w **fd** 11 112

DER SCHWARZE HENGST (THE BLACK STALLION). In zwei ungleiche Teile zerfallender Abenteuerfilm mit einem zwölfjährigen Jungen und einem ungebärdigen Araberhengst als Helden. Die erste Hälfte ist aus zauberhaft schönen Bildern komponiert, hat Legendencharakter und zeigt die Rettung der beiden nach einem Schiffsuntergang an der afrikanischen Küste. Die zweite, nach der Heimkehr in die USA, schildert, wie der Junge den Hengst zum siegreichen Rennpferd trainiert. Obwohl der Film im zweiten Teil beträchtlich abfällt, ist er für Familien und jugendliches Publikum sehenswert. – Sehenswert ab 8. ✦ USA 1979 **P** Fred Roos/Tom Sternberg **Kl** United Artists **VA** Warner Home **Pd** Francis Ford Coppola **R** Carroll Ballard **B** Melissa Mathison, Jeanne Rosenberg, William D. Wittliff, nach einem Roman von Walter Farley **K** Caleb Deschanel **M** Carmine Coppola **S** Robert Dalva **D** Kelly Reno (Alec Ramsay), Mickey Rooney (Henry Dailey), Teri Garr (Alecs Mutter), Clarence Muse (Snoe), Hoyt Axton (Alecs Vater) **L** 117 **FSK** ab 6; f **FBW** bw **E** 4.7.1980 **fd** 22 479

DER SCHWARZE HENGST KEHRT ZURÜCK (THE BLACK STALLION RETURNS). Fortsetzung der Abenteuer um den schwarzen Hengst, der von einem Berberscheich nach Nordafrika entführt wird. Sein Freund, ein 12jähriger Junge, folgt ihnen auf einer abenteuerlichen Fahrt, deren Höhepunkt ein Rennen in der Wüste ist. Holprig inszeniert, läßt der Film die märchenhaften Qualitäten des Vorgängers vermissen, bietet aber noch annehmbare Unterhaltung für ein junges Publikum. – Ab 10. ✦ USA 1981 **P** Zoetrope Studios/United Artists **Kl** UIP **Pd** Francis Ford Coppola **R** Robert Dalva **B** Richard Kletter, Jerome Kass, nach einem Jugendbuch von Walter Farley **K** Carlo Di Palma **M** Georges Delerue **S** Paul Hirsch **D** Kelly Reno (Alec Ramsey), Vincent Spano (Raj), Ferdy Mayne (Abu Ben Ishak), Teri Garr (Mrs. Ramsey), Woody Strode (Meslar) **L** 103 **FSK** ab 6; f **FBW** bw **E** 16.6.1983 **fd** 24 110

SCHWARZE HOCHZEIT (FOR BETTER ... AND FOR WORSE). Beim Klassentreffen auf einem Stützpunkt der US-Luftwaffe in Deutschland verliebt sich einer der ehemaligen Schüler in seine Lehrerin von damals. Der psychisch gestörte Mann verschleppt sein Opfer, das zum Schein auf seine Forderung eingeht, ihn zu heiraten. Thriller. ✦ USA/Deutschland 1991 **P** Gemini/Camera Continentales **R** Clive Donner **B** Mark Princi, nach einer Kurzgeschichte von Mary Higgins Clark **K** Gernot Roll **M** Carlo Siliotto **D** Kate Nelligan (Kay Steiner), Jennifer Beals (Virginia Holland), Madeleine Robinson (Madame Delbande), Werner Stocker (Franz Hecker), Geraint Wyn Davies (Tony Ortona) **L** 95 **E** 12.3.1994 ARD

DAS SCHWARZE HUHN (TSCHERNAJA KURIZA, ILI PODSEMNYJE SHITELI). Ein Junge aus behütetem Elternhaus wird Schüler eines Petersburger Internates. Nach unbekümmertem, harmonischem Leben zu Haus gewöhnt er sich nur schwer an den reglementierten Tagesablauf. Er flüchtet sich in Träume und wird darin Retter des schwarzen Huhnes, das ohne seine Hilfe im Suppentopf gelandet wäre. Kinderfilm mit märchenhaften Elementen. ✦ Scope. UdSSR 1980 **P** Dowshenko-Studio **R** Viktor Gres **B** Timur Sulfikarow, nach einem Märchen von Antoni Pogorelski **K** Andrej Wladimirow **M** Oleg Karawaitschuk **D** Vitali Sedlezki (Aljoscha Lanskoi), Larissa Kadotschnikowa (Maschenka), Aristarch Liwanow (Papachen), Albert Filosow (Iwan Karlowitsch), Valentin Gaft (Leforgue) **L** 73 **E** 10.1.1982 DFF 2

DER SCHWARZE HUSAR. Zur Besatzungszeit im Jahre 1812 überlistet ein preußischer Rittmeister den französischen Gouverneur, der auf Geheiß Napoleons eine badische Prinzessin an einen polnischen Prinzen verkuppeln soll. Der in den ersten fünf Tonfilmjahren häufig benutzte historische Stoff dient hier nur als Folie für eine flotte Abenteuer- und Liebeskomödie. Handfest gespielt und auf UFA-Unterhaltungsperfektion getrimmt. – Ab 12. ✦ Schwarz-weiß. Deutschland 1932 **P** UFA **R** Gerhard Lamprecht **B** Curt J. Braun, Philipp Lothar Mayring, nach einer Idee von Leo Lenz **K** Franz Planer **M** Eduard Künneke **D** Conrad Veidt (Rittmeister von Hochberg), Mady Christians (Marie Luise), Wolf Albach-Retty (Leutnant von Blome), Ursula Grabley (Brigitte), Otto Wallburg (Gouverneur Darmont) **L** 94 **E** 12.10.1932

DIE SCHWARZE ISABELL (CAPTAIN PIRATE). Ein als Arzt praktizierender ehemaliger Pirat wird bezichtigt, Cartagena ausgeplündert zu haben. Er kehrt vorübergehend zu seinem alten Metier zurück, um die Schuldigen zu verfolgen. Seeräuber- und Liebesromantik in einem farbenprächtigen Abenteuerfilm. Lose Fortsetzung von »Unter Piratenflagge« (USA 1935). – Ab 14. ✦ USA 1952 **P** Columbia **KI** Columbia **Pd** Harry Joe Brown **R** Ralph Murphy **B** Robert Libott, Frank Burt, nach dem Roman »Kapitän Blood kehrt zurück« von Rafael Sabatini **K** Charles Lawton jr. **M** George Duning **S** Gene Havlick **D** Louis Hayward (Peter Blood), Patricia Medina (Donna Isabella), John Sutton (Hilary Evans), George Givot (Thomas Valesquez), Ted de Corsia **L** 85 **FSK** ab 12; nf **E** 28.8.1953 **fd** 2 717

DER SCHWARZE JACK (BLACK JACK / CAPTAIN BLACK JACK). Rauschgiftaffäre an der Riviera: Ein als Arzt getarnter Detektiv entlarvt einen als Geheimagenten getarnten Schmuggler. Realitätsferne, aber spannende Abenteuerunterhaltung. – Ab 14 möglich. ✦ Schwarz-weiß. USA/Liechtenstein 1950 **P** Alsa/Jungla **KI** Union **Pd+R** Julien Duvivier **B** Julien Duvivier, Charles Spaak **K** André Thomas **M** Joseph Kosma **D** George Sanders (Mike Alexander), Patricia Roc (Ingrid Dekker), Herbert Marshall (Dr. Curtis), Marcel Dalio (Capt. Nikarescu), Agnes Moorehead (Mrs. Birk), José Nieto (Inspektor Carnero) **L** 94 **FSK** ab 16; nf **E** 10.7.1953/20.11.1962 ARD **fd** 1 905

DER SCHWARZE KASTEN. Dokumentarfilm über einen ehemaligen Oberstleutnant der Stasi, der an der Hochschule des Geheimdienstes »Operative Psychologie« in der ehemaligen DDR lehrte. In einem an die Substanz gehenden Gespräch wird versucht, seiner Sozialisation, seinem Denken sowie den Mustern seines Lebens auf die Spur zu kommen. Der Film zeigt die Annäherung an den Menschen, aber auch die Entfremdung eines Individuums sich selbst und seiner Arbeit gegenüber. Eine intensive Dokumentation, die nicht zuletzt deshalb berührt, weil sich die Filmemacher sehr stark einbringen und verzweifelt die quälende Suche nach Antworten vermitteln. – Ab 16. ✦ Deutschland 1991/92 **P** Max-Film/WDR **SF** Basis **Pd** Wolfgang Pfeiffer **R+B** Tamara Trampe, Johann Feindt **K** Johann Feindt **S** Sybille Windt **L** 98 **FSK** o. A.; f **FBW** bw **E** 11.6. 1992/9.10.1995 ORB

DIE SCHWARZE KATZE (THE BLACK CAT). Ein junges amerikanisches Ehepaar begegnet auf einer kleinen Bahnstation in Ungarn einem österreichischen Psychiater. Auf der Fahrt zum Hotel kommt es zu einem Unfall, wobei der Taxifahrer getötet und die Frau verletzt wird. Der Österreicher führt sie zu einem alten Herrenhaus, wo sie von dem exzentrischen Gastgeber bald durch die unheimliche Atmosphäre geängstigt werden. Nach vielen schlimmen Ereignissen kommt es zu einer tödlichen Auseinandersetzung zwischen dem Psychiater und dem Hausherrn. Gut inszenierter Gruselfilm, in dem erstmals die Horrorfilm-Stars Boris Karloff und Bela Lugosi gemeinsam vor der Kamera standen. – Ab 16. ✦ Schwarz-weiß. USA 1934 **P** Universal **Pd** Carl Laemmle jr. **R** Edgar G. Ulmer **B** Peter Ruric, Edgar G. Ulmer, nach einer Erzählung von Edgar Allan Poe **K** John Mescall **M** Heinz Roemheld **S** Ray Curtiss **D** Boris Karloff (Hjalmar Poelzig), Bela Lugosi (Dr. Verdegast), David Manners (Peter Alison), Jacqueline Wells (= Julie Bishop) (Joan Alison), Lucille Lund (Karen) **L** 65 **E** 21.10.1967 NDR

SCHWARZE KATZE, WEISSER KATER (CRNA MACKA, BELI MACOR / CHAT NOIR, CHAT BLANC). Der Sohn eines Schwarzhändlers an den Ufern der Donau soll die kleinwüchsige Schwester eines Gangsters heiraten, obwohl er eine andere liebt. Groteske Zigeunerballade voller Witz, Ironie und märchenhaften Zügen, deren pulsierender Einfallsreichtum jede Klassifizierung sprengt. Die orgiastische Verschmelzung von Musik und erzählerischer Form dient der Beschwörung einer vitalen Lebenslust, durch die gleichzeitig ein distanzierter Kommentar auf den Größenwahn von Emir Kusturicas Generation durchschimmert. – Sehenswert ab 14. ✦ Deutschland/Frankreich/Jugoslawien 1997 **P** Ciby 2000/Pandora Film/Komuna/France 2 Cinéma 2 **KI** Arthaus **VA** Kinowelt Home **DVD** Kinowelt Home (16:9, 1.78:1, DD5.1 serbokroatisch/dt.) **Pd** Karl Baumgartner **R** Emir Kusturica **B** Gordan Mihic **K** Thierry Arbogast, Michel Amathieu **M** Nelle Karajilic, Vogislav Aralica, Dejan Sparavalo **S** Svetolik Mica Zajc, Mirjana Kicovic **D** Bajram Severdzan (Matko Destanov), Srdan Todorovic (Dadan), Branka Katic (Ida), Forijan Ajdini (Zare Destanov), Ljubica Adzovic (Sujka, die Großmutter) **L** 129 **FSK** ab 6; f **E** 28.1.1999/21.8.1999 Video/13.8.1999 DVD **fd** 33 507

DIE SCHWARZE KERZE (THE BLACK CANDLE). Die wohlorganisierte Welt einer im Geschäftsleben erfolgreichen Frau gerät aus den Fugen, als ihr Manager des Mordes an seinem Bruder angeklagt wird und ihre Cousine den eigenwilligen Sprößling einer Aristokratenfamilie heiratet. Bestsellerverfilmung. ✦ Großbritannien 1992 **R** Roy Battersby **B** Gordon Hann, nach einem Roman von Catherine Cookson **D** James Gaddas (Joe Skinner), Cathy Sandford (Lily Whitmore), Samantha Bond (Bridget Mordaunt), Tara Fitzgerald (Victoria Mordaunt), Nathaniel Parker (Lionel Fillmore) **L** 103 **E** 21.12.1993 RTL 2

DIE SCHWARZE KOBRA (DIE SCHWARZE KOBRA). Durchschnittskrimi aus Österreich, in dem die sich gegenseitig ausrottenden Rauschgifthändler der Polizei viel Arbeit abnehmen. – Ab 16. ✦ Schwarz-weiß. Österreich 1963 **P** Wiener Stadthalle **KI** Nora **Pd** Adolf Eder **R** Rudolf Zehetgruber **B** Rudolf Zehetgruber, Roman Schließer **K** Hans Jura **M** Heinz Neubrand **S** Paula Dworak **D** Adrian Hoven, Ann Smyrner, Wolfgang Preiss, Paul Dahlke, Hans Richter **L** 96 **FSK** ab 16; nf **E** 17.5.1963/14.3.1970 DFF 1 **fd** 11 991

DER SCHWARZE KONTINENT → Dar el Kouti

DER SCHWARZE KORSAR (1948) (IL CORSARIO NEGRO / LE CORSAIRE NOIR). Um den Mord an seinem Bruder zu rächen, belagert ein Korsar den Hafen von Maracaibo, tötet den Gouverneur und kommt vorübergehend in Gewissensnot, weil er irrtümlich glaubt, die Dame seines Herzens sei dessen Tochter. Primitive Seeräuberpistole, die Rache und Gewalt verherrlicht. – Ab 12. ✦ Schwarz-weiß. Mexiko 1948 **P** C.L.A.S.A. Murdiales **KI** Union **R** Chano Urueta **K** Gabriel Figueroa **D** Pedro Armendáriz, Maria Luise Zea, June Marlowe, José Luis Moreno **L** 85 **FSK** ab 12; nf **E** 9.2.1951 **fd** 1 109

DER SCHWARZE KORSAR (1976) (IL CORSARO NERO). Um den Tod seiner Familie zu rächen, kämpft ein adliger Pirat gegen den hartherzigen spanischen Gouverneur von Maracaibo, dessen Ziel es ist, die Korsaren und Indianer in den fernen spanischen Provinzen auszurotten. Stark an das Gefühl appellierendes, wenig spannendes Bilderbuchabenteuer, das immerhin einige prachtvolle Szenen vorzuweisen hat. – Ab 14. ✦ Scope. Italien 1976 **P** Rizzoli **KI** Scotia **R** Sergio Sollima **B** Sergio Sollima, Alberto Silvestri **K** Alberto Spagnoli **M** Guido de Angelis, Maurizio de Angelis **D** Kabir Bedi, Carole André, Mel Ferrer, Angelo Infanti, Sonja Jeanine **L** 111 **FSK** ab 12; f **E** 10.3.1977/1.1.1982 DFF 2 **fd** 20 228

DER SCHWARZE KREIS (DEAD RINGER). Kolportagegeschichte von einer Barbesitzerin, die ihre reiche Schwester umbringt, deren Rolle weiterspielt und in der Gaskammer endet. Der Film spielt mit Überraschungseffekten vor morbidem geistigem Hintergrund. Eine Doppelrolle für die fabelhafte Bette Davis. ✦ Schwarz-weiß. USA 1963 **P** Warner **KI** Warner **Pd** William H. Wright **R** Paul Henreid **B** Albert Beich, Oscar Millard **K** Ernest Haller **M** André Previn **D** Bette Davis (Edith Philips/Margaret DeLorca), Karl Malden (Jim Hobbson), Peter Lawford (Tony Collins), Phil Carey (Sergeant Ben Hoag), Jean Hagen (Dede) **L** 116 **FSK** ab 16; f **E** 28.5.1964/25.6.1973 ZDF **fd** 12 749

DIE SCHWARZE LAWINE (THE SECRET FURY). Aus Rach- und Eifersucht hängt ein Rechtsanwalt seiner Verlobten eine falsche Vergangenheit an, um sie vorsätzlich in den Wahnsinn zu treiben. Raffiniert ausgeklügelter Kriminalfall, der spannende Unterhaltung bietet. – Ab 16. ✦ Schwarz-weiß. USA 1950 **P** RKO **KI** RKO **Pd** Jack H. Skirball, Bruce Manning **R** Mel Ferrer **B** Lionel Houser **K** Leo Tover **M** Roy Webb **D** Claudette Colbert, Robert Ryan, Jane Cowl, Paul Kelly, Philip Ober **L** 84 **FSK** ab 16; nf **E** 14.1.1955 **fd** 3 838

DER SCHWARZE LEIB DER TARANTEL (LA TARANTOLA DAL VENTRE NERO / LA TARENTULE AU VENTRE NOIR). Ein Frauenmörder pflegt seine Opfer, Kundinnen eines anrüchigen Massagesalons, zunächst durch einen Akupunkturstich zu lähmen, bevor er dann in Ruhe seinem Mordvergnügen frönt. Handwerklich solider Sex-Sado-Film, der seine Mordszenen detailliert ausmalt. ✦ Italien/Frankreich 1971 **P** DA. MA./P.A.C. **KI** MGM **R** Paolo Cavara **B** Lucile Laks, Marcello Danon **K** Marcello Gatti **M** Ennio Morricone **S** Mario Morra **D** Giancarlo Giannini (Inspektor Tellini), Claudine Auger (Laura), Barbara Bouchet (Maria Zani), Rossella Falk (Frau mit Muttermal), Stefania Sandrelli (Anna) **L** 97 **FSK** ab 18; nf **E** 7.5. 1972 **fd** 18 039

SCHWARZE LISTE (FEAR ON TRIAL). Ein populärer Radio-Moderator gerät in den 50er Jahren in New York auf die »Schwarze Liste« der Kommunistenjäger um Senator Joseph McCarthy. Fälschlich beschuldigt, verliert er seine Stellung und hat jahrelang keine Arbeit; schließlich erreicht er in einem sensationellen Prozeß seine Rehabilitierung. Fürs Fernsehen entstandenes Gerichtsdrama nach einem authentischen Fall; zähflüssig und holprig inszeniert, aber von George C. Scott hervorragend gespielt und wegen der zeitgeschichtlichen Hintergründe interessant. – Ab 16. ✦ USA 1975 **P** Alan Landsburg Prod. **R** Lamont Johnson **B** David W. Rintels **K** Bill Butler **D** George C. Scott (Louis Nizer), William Devane (John Henry Faulk), Dorothy Tristan (Laura Faulk), William Redfield (Stan Hopp), David Susskind **L** 100 **E** 22.8.1986 ARD/14.10.1989 DFF 1

DIE SCHWARZE LISTE (1975) → Schwarze Liste

DIE SCHWARZE LISTE (1978) (THE CRITICAL LIST). Glatt inszenierter zweiteiliger Film, der den Versuch schildert, eine Liste mit ärztlichen Kunstfehlern unter allen Umständen der Öffentlichkeit vorzuenthalten. ✦ USA 1978 **P** NBC/MTM **Pd** Jerry McNeely **R** Lou Antonio **B** Jerry McNeely, nach einem Roman von Marshall Goldberg **K** Charles Correll **M** James Di Pasquale **D** Lloyd Bridges, Robert Wagner, Buddy Ebsen, Louis Gossett jr., Barbara Parkins **L** 92/92 **E** 29.6.,1.7.1993 RTL 2 (zwei Teile)

DAS SCHWARZE LOCH (THE BLACK HOLE). Eine Raumschiff-Besatzung stößt auf ein verschollenes Riesenraumschiff, das von einem genial-dämonischen Wissenschaftler und seinen Robotern beherrscht wird. Es kommt zu einem Konflikt mit dem Wissenschaftler, der bei einem Flug durch ein »schwarzes Loch« die letzten Geheimnisse des Universums ergründen will. Mäßig spannender Science-Fiction-Film, der sich durch seine Ansammlung von Elementen aus anderen Filmen als ein nach Verkaufsgesichtspunkten konstruiertes synthetisches Produkt erweist. – Ab 12 möglich. ✦ Scope. USA 1979 **P** Walt Disney **KI** 20th Century Fox **Pd** Ron Miller **R** Gary Nelson **B** Jeb Rosebrook, Gerry Day **K** Frank Phillips **M** John Barry **S** Gregg McLaughlin **D** Maximilian Schell (Dr. Hans Reinhardt), Anthony Perkins (Dr. Alex Durant), Ernest Borgnine (Harry Booth), Robert Forster (Capt. Dan Holland), Yvette Mimieux (Dr. Kate McCrae), Joseph Bottoms (Lt. Charles Pizer), Tom McLoughlin (Capt. S.T.A.R.) **L** 98 **FSK** ab 12; f **FBW** w **E** 18.9.1980 **fd** 22 624

DIE SCHWARZE LORELEI (WHIRLPOOL). Die Flucht eines Mörders und seiner ihm widerwillig hörigen Geliebten, die auf einem Rheinfrachter unterschlüpft. Originell besetzter Reißer von fast komisch wirkender Unwahrscheinlichkeit. – Ab 14 möglich. ✦ Großbritannien 1959 **P** Rank **KI** Rank **Pd** George Pitcher

R Lewis Allen **B** Lawrence P. Bachmann, nach seinem Roman »The Lorelei« **K** Geoffrey Unsworth **M** Ron Goodwin **S** Russell Lloyd **D** O.W. Fischer (Ralph), Juliette Gréco (Lora), Muriel Pavlow (Dina), Marius Goring (Georg), William Sylvester (Herman) **L** 91 **FSK** ab 12; nf **E** 11.9.1959/18.8.1985 DFF 2 **fd** 8 428

SCHWARZE MÄCHTE DER VERFÜHRUNG (TEMPTRESS II). Erotik-Thriller um die Frau eines Anwalts, die mit Hilfe von Schwarzer Magie den ärgsten Konkurrenten ihres Mannes ausschalten will. Doch dessen Frau erweist sich als Meisterin des Okkulten. ✦ USA 1994 **R** Jim Wynorski **D** Linda Blair (Amelia Reynolds), Edward Albert (Howard Reynolds), Larry Pointdexter (Larry Barnes), Julie Strain (Erica Barnes), Rochelle Swanson (Carol Powell) **L** 85 **E** 22.11. 1997 SAT1

SCHWARZE MAGIE → Graf Cagliostro

DIE SCHWARZE MAMBA (VENOM). Eine perfekt geplante Kindesentführung scheitert an einer zufällig anwesenden Giftschlange, die alle Bösewichter nacheinander zur Strecke bringt. Nervenaufreibender britischer Thriller, dem trotz prominenter Besetzung keine glaubhafte Figurenzeichnung gelingt. Aneinandergereihte Schockeffekte müssen die fehlende Spannungsdramaturgie ersetzen. ✦ Großbritannien 1981 **P** Aribage **KI** 20th Century Fox **Pd** Martin Bregman **R** Piers Haggard **B** Robert Carrington, nach einem Roman von Alain Scholefield **K** Gilbert Taylor **M** Michael Kamen **S** Michael Bradsell **D** Klaus Kinski (Jacmel), Oliver Reed (Dave), Nicol Williamson (Inspektor Bulloch), Sarah Miles (Dr. Marion Stoew), Sterling Hayden (Howard Anderson) **L** 93 **FSK** ab 16; f **E** 22.4.1982 **fd** 23 441

DIE SCHWARZE MASKE (THE BLACK BART). Lola Montez, auf Tournee in Sacramento, verliebt sich in einen maskierten Banditen, der ihre Kutsche überfallen hat, und begegnet ihm später als angesehenem Bürger der städtischen Gesellschaft wieder. Western mit ironisch angehauchter Handlung. – Ab 14 möglich. ✦ USA 1948 **P** Universal **KI** Universal **Pd** Leonard Goldstein **R** George Sherman **B** Luci Ward **K** Irving Glassberg **M** Frank Skinner **S** Russell Schoengarth **D** Yvonne de Carlo (Lola Montez), Dan Duryea (Charles Boles), Jeffrey Lynn (Lance Hardeen), Percy Kilbride (Jersey Brady), Lloyd Gough (Sheriff Gordon), John McIntire (Clark), Don Beddoe (J. T. Hall), Ray Walker (MacFarland), Edward Waller (Mason), Douglas Fowley (Sheriff Mix) **L** 75 **FSK** ab 12; nf **E** 10.10.1952 **fd** 2 190

SCHWARZE MESSE AUF BLUTROTEM ALTAR → Die Hexe des Grafen Dracula

SCHWARZE MESSE DER DÄMONEN → Der Antichrist

SCHWARZE MESSEN AUF DEM CAMPUS (DYING TO BELONG). Thriller. Eine Studentin, die sich im ersten Semester einer Verbindung anschließt, kommt dahinter, daß diese etwas mit dem Tod ihrer Freundin zu tun hat. Sie sagt sich los und wird fortan unbarmherzig gejagt. ✦ USA 1997 **Pd** Gregory Pange **R** William A. Graham **B** Ron McGee **K** Robert Steadman **M** Michael Tavera **D** Hilary Swank (Lisa Connors), Sarah Chalke (Drea), Jenna von Oy (Shelby), Laurel Holloman (Shannon), Mark Paul Gosselaar (Steven Tyler) **L** 115 **E** 15.1.1998 ProSieben

DER SCHWARZE MILAN (MILAN NOIR). Ein seit Jahren untergetauchter Terrorist kündigt seine Rückkehr nach Mailand an. Auf ihn wartet nicht nur die Polizei, sondern auch seine frühere Geliebte, jetzt die Geschäftsführerin eines Spielzeuggeschäfts. Als sie einen jungen Mann kennenlernt, der dem Verschwundenen frappierend ähnlich sieht, glaubt der Kommissar, der sie überwachen und beschützen ließ und sich dabei in sie verliebt hat, in dem Unbekannten den Terroristen zu erkennen. Mischung aus Liebesgeschichte und undurchsichtigem Kriminalfilm, die über die vielen filmischen und literarischen Bezüge – von Orson Welles bis Graham Greene – nie eine eigene dramaturgische und schauspielerische Linie findet. ✦ Frankreich/Schweiz 1987 **P** Baccara/Palmyre/CFC/La Sept/COFICI/Les Films du Camélia **R** Ronald Chammah **B** Ronald Chammah, Catherine Breillat, Michel Butel, Simon Michaël, nach einem Roman von Poyntz Tyler **K** Willy Kurant **M** Michel Portal, Alain Curvelier **S** Geneviève Winding **D** Isabelle Huppert (Sarah), Joaquim de Almeida (Tremaine), David Warrilow (Moran), Jean Benguigui (De Giorgi), Hanns Zischler (Hardy) **L** 80 **E** 4.10. 1989 DFF 1/18.12.1993 ORB

DER SCHWARZE MÖNCH (TCHIERNO MONAKH). Ein an Überarbeitung und Nervosität leidender Magister fährt zur Erholung aufs Land zu seinem Ziehvater und verliebt sich in dessen Tochter. Bald erscheint seine Zukunft in angenehmstem Licht, doch nach seiner Rückkehr nach Moskau erscheint ihm immer wieder ein schwarzer Mönch, dessen Philosophien über die Mittelmäßigkeit des Lebens ihn in halluzinatorische Visionen stürzen. Schockiert von der »Normalität« seiner eigenen Existenz treibt er in Geisteskrankheit und körperlichen Verfall. Verfilmung einer Erzählung von Anton Tschechow, die einerseits zu seinen rätselhaftesten Werken zählt, andererseits mit erstaunlicher Offenheit Fragen des menschlichen Daseins aufwirft. ✦ UdSSR/BR Deutschland 1987 **P** Mosfilm/Allianz **R** Iwan Dychowitschnyi **B** Iwan Dychowitschnyi, Sergej Solowjew, nach einer Erzählung von Anton Tschechow **K** Wadim Jussow **M** Teimuras Bakuradse **S** Eleonora Praksina **D** Tatjana Drubitsch (Tanja), Stanislaw Ljubschin (Mönch), Pjotr Fomenko (Pessozki), Ljubow Seljutina, Viktor Sternberg **L** 90 **E** 25.5.1989 DFF 2/2.10.1989 ZDF

DAS SCHWARZE MONOKEL (LE MONOCLE NOIR). In einem Schloß in der Bretagne versammeln sich Spione und verhinderte neofaschistische Führer aus Italien, Deutschland und Spanien, um auf das Erscheinen eines Altnazis zu warten, der bei der Eroberung Berlins in den Untergrund ging, jetzt aber angeblich seine Zeit für gekommen hält. Statt die Weltherrschaft zu erreichen, bringen sie sich gegenseitig um. Ein spekulativer Film im Fahrwasser des »Kalten Krieges«, der nicht ganz ernst genommen werden will, doch Anlaß zur Verärgerung bietet. (Fernsehfassung O.m.d.U.) ✦ Schwarz-weiß. Frankreich 1961 **P** Orex/de Gestion/Ajax **KI** Columbia-Bavaria **Pd** Paul Joly **R** Georges Lautner **B** Jacques Robert, Pierre Laroche, nach einem Roman von Remy **K** Maurice Fellous **M** Jean Yatove **D** Paul Meurisse, Elga Andersen, Bernard Blier, Marie Dubois, Albert Remy **L** 102 **FSK** ab 18; nf **E** 29.6.1962/16.6.1995 arte **fd** 11 287

DIE SCHWARZE MÜHLE. Ein von Not und Wissensdurst gleichermaßen getriebener Wanderbursche gerät in die Macht des tyrannischen »Schwarzen Müllers«, der durch seine magische Mühle allen Furcht einflößt. Erst in verzweifelter Lage gelingt es, den Müller zu besiegen. Nach dem sorbischen Volksmärchen »Krabat« entstandener, ebenso abenteuerlicher wie philosophisch anspruchsvoller Märchenfilm fürs Fernsehen. – Ab 8. ✦ DDR 1975 **P** DEFA **KI** Progress **Pd** Dieter Dormeier **R** Celino Bleiweiß **B** Günter Kaltofen, nach der Erzählung »Die schwarze Mühle« von Jurij Brezan **K** Günter Marczinkowsky **M** Andrzej Korzynski **S** Erika Lehmphul **D** Leon Niemczyk (Müller), Klaus Brasch (Krabat), Wolfgang Penz (Markus), Irma Münch (Mutter), Monika Woytowicz (Mirka) **L** 90 (TV 83) **E** 25.12.1975 DFF 1/3.12.1975 Kino DDR/26.12.1990 RTL plus

DAS SCHWARZE MUSEUM (HORRORS OF THE BLACK MUSEUM). Ein verkrüppelter Schriftsteller, der sich auf Kriminalistik spezialisiert hat, betätigt sich als Mörder. Technisch aufwendige Horrorfilm-Produktion mit einigen Geschmacklosigkeiten. ✦ Scope. Großbritannien 1959 **P** Merton Park **KI** Rank **Pd** Jack Greenwood **R** Arthur Crabtree **B** Aben Kandel, Herman Cohen **K** Desmond Dickinson **M** Gerard Schurmann, Kenneth V. Jones **S** Geoffrey Muller **D** Michael Gough, June Cunningham, Graham Curnow, Shirley Ann Field, Geoffrey Keen **L** 81 **FSK** ab 18; nf **E** 9.6. 1960 **fd** 9 194

DER SCHWARZE MUSTANG (STRANGER AT MY DOOR). Ein zynischer junger Bankräuber sucht, als sein Pferd lahmt, Zuflucht auf einer einsamen, von einem Prediger mit Frau und Kind bewohnten Ranch. Der Glaube des frommen Mannes an den guten Kern des Banditen bewirkt bei diesem eine innere Wandlung. Die für einen B-Western ungewöhnliche spirituelle Thematik wird auf eine etwas melodramatische, aber sympathische Weise umgesetzt. Ein geruhsamer Western mit wenigen Höhepunkten. – Ab 14. ✦ Schwarz-weiß. USA 1956 **P** Republic **KI** Gloria **Pd** Sidney Picker **R** William Witney **B** Barry Shipman **K** Bud Thackery **M** R. Dale Butts **S** Howard E. Smith **D** Macdonald Carey (Hollis Jarret), Patricia Medina (Peg Jarret), Skip Homeier (Clay Anderson), Stephen Wootton (Dodie Jarret), Louis Jean Heydt (Sheriff John Tatum), Howard Wright (Doc Parks), Slim Pickens (Ben Silas), Malcolm Atterbury (Rev. Hastings), Fred Sherman **L** 78 **FSK** ab 12; f **E** 19.12. 1958 **fd** 7 831

DIE SCHWARZE NARZISSE (BLACK NARCISSUS). Fünf anglikanische Ordensschwestern versuchen sich an der Aufgabe, in einer Bergfeste am Rande des Himalaya eine Missionsschule und ein Krankenhaus für die einheimische Bevölkerung einzurichten. Schließlich versagen sie, nicht zuletzt durch den schweren Konflikt, in den sie die Liebe einer der Schwestern zu einem Engländer stürzt. Ein packendes Melodram in exotischer Umgebung, das sich ganz und gar dem Kino verschrieben hat und den religiösen Hintergrund nur als Staffage nutzt. Ein Musterbeispiel für eine effektvolle Farbdramaturgie. – Ab 16. ✦ Großbritannien 1947 **P** Archers **KI** Amazonas (Erstverleih: Eagle-Lion) **Pd+R** Michael Powell, Emeric Pressburger (= Emmerich Pressburger) **B** Michael Powell, Emeric Pressburger (= Emmerich Pressburger), nach dem Roman von Rumer Godden **K** Jack Cardiff **M** Brian Easdale **S** Reginald Mills **D** Deborah Kerr (Schwester Clodagh), Flora Robson (Schwester Philippa), Jenny Laird (Schwester Honey), Judith Furse (Schwester Briony), Kathleen Byron (Schwester Ruth), Jean Simmons (Kanchi), Sabu (Der junge General), David Farrar (Mr. Dean) **L** 97 **FSK** ab 16; nf **E** 29.8.1948/13.1.1994 Neustart **fd** 375

DIE SCHWARZE NATTER (DARK PASSAGE). Ein wegen Mordes an seiner Ehefrau unschuldig verurteilter Häftling bricht aus und betreibt auf eigene Faust seine Rehabilitierung, nachdem er sich durch eine Gesichtsoperation ein neues Aussehen verschafft hat. Handwerklich gut gemachter Kriminalfilm aus Hollywoods »Schwarzer Serie« mit intelligent ausgedachter Handlung. Bemerkenswert ist vor allem die subjektive Kamera in den ersten dreißig Minuten, bevor Hauptdarsteller Humphrey Bogarts »neues Gesicht« ins Bild gebracht wird. (Fernsehtitel: »Das unbekannte Gesicht«) – Ab 16. ✦ Schwarz-weiß. USA 1947 **P** Warner Bros./First National **KI** Warner **Pd** Jerry Wald **R** Delmer Daves **B** Delmer Daves, nach dem Roman von David Goodis **K** Sid Hickox **M** Franz Waxman **S** David Weisbart **D** Humphrey Bogart (Vincent Parry), Lauren Bacall (Irene Jansen), Bruce Bennett (Bob), Agnes Moorehead (Madge Rapf), Tom D'Andrea (Sam, der Taxifahrer) **L** 105 **FSK** ab 16; nf **E** 29.9.1950/7.2.1970 ARD **fd** 876

SCHWARZE NINJA GREIFEN AN → American Streetfighters

SCHWARZE NYLONS – HEISSE NÄCHTE. Bevor sie eine deutsche Tanzgruppe aus Tanger verschleppen kann, wird eine Bande von Rauschgift- und Mädchenhändlern dank der Zusammenarbeit einer Interpol-Agentin und eines Reporters verhaftet. Das Kriminalabenteuer in verruchtem Milieu ist biederer, als der spekulative Titel vermuten läßt. ✦ Schwarz-weiß. BR Deutschland 1957 **P** Filmaufbau/Cinelux **KI** Deutsche Cosmopol **Pd** Herbert Uhlich **R** Alfred Braun **B** Erwin Marno, Hanns H. Fischer **K** Karl Schröder **M** Fritz Schulz-Reichel **S** Caspar van den Berg **D** Peter van Eyck (Alexandre), Susanne Cramer (Karin),

Horst Frank (Sabri), Kai Fischer (Vera), Helga Münster (Sylvia) **L** 89 **FSK** ab 18; nf **E** 30.10.1958 **fd** 7 490

DIE SCHWARZE NYMPHOMANIN (BLACK DEEP THROAT). Eine schwarze Starreporterin versucht, hinter das Geheimnis eines Luxusbordells zu kommen. Dabei stellt sich bei ihr ein überwunden geglaubtes sexuelles Verlangen wieder ein. Der Film ist nur Vorwand für ausgedehnte sexuelle Darstellungen mit primitiver Psychologisierung. – Wir raten ab. ✦ Italien 1983 **P** Spectacular **KI** Allround **VA** VPS **R** Albert Moore (= Guido Zurli) **D** Ajita Wilson (Claudine), Ivano Staccioli (José Depardieu), Agnes Kalpagos (Francine), Patrizia Webley (Angelika), Johnny Deangelis **L** 82 (gek. 70) **FSK** SPIO: X (gek. ab 16) **E** 28.6.1985/21.1.1986 Video **fd** 25 217

DIE SCHWARZE NYMPHOMANIN 2. TEIL (EROTIC PASSION). Softsexfilm. Eine junge Frau erpreßt ein Gangsterpärchen dazu, ihre geldgierige Tante zu ermorden. Aber die Sucht nach Geld und Sex treibt einen Keil zwischen die drei jungen Leute. – Wir raten ab. ✦ Italien 1985 **KI** Allround **VA** VPS **R** Ilia Milonako **D** Ajita Wilson, Monica Nickel, Femi Benussi, Takis Lados, Telis Stallone **L** 85 **FSK** ab 18; nf **E** 3.4.1993 RTL

DAS SCHWARZE ORCHESTER. Ein in dreijähriger Recherchearbeit entstandenes Dokument über die Aktivitäten der neuen extremen Rechten in Belgien. Beschrieben werden die militante Struktur der Organisationen »VMO« und »Front de Jeunesse« sowie ihre Treffen, Strategien und Waffenausbildung. Dabei werden das Selbstverständnis und die Ideologie des modernen Faschismus deutlich, ebenso aber auch gesamteuropäische Verbindungen, die sich mit Belgien als Dreh- und Angelpunkt aus Kontakten europäischer Faschisten ergeben. ✦ Belgien 1985 **P** essel Films **KI** Unidoc **R+B** Stephane Lejeune **L** 78

DIE SCHWARZE ORCHIDEE (THE BLACK ORCHID). Im Italienerviertel von New York haben ein alternder Witwer und eine junge Witwe familiäre Widerstände zu überwinden, bevor sie ihre Liebe verwirklichen können. Etwas umständlich und mit lautstarkem italienischem Temperament in Szene gesetzt, wobei interessante Einblicke in das kleinbürgerliche Leben der Italo-Amerikaner gelingen. Die psychologischen und dramaturgischen Mängel werden durch die schauspielerischen Leistungen von Anthony Quinn und Sophia Loren etwas verdeckt. – Ab 16. ✦ Schwarz-weiß. USA 1958 **P** Paramount **KI** Paramount **Pd** Carlo Ponti, Marcello Girosi **R** Martin Ritt **B** Joseph Stefano **K** Robert Burks **M** Alessandro Cicognini **D** Sophia Loren (Rose Bianco), Anthony Quinn (Frank Valente), Ina Balin (Mary Valente), Jimmi Baird (Ralphie Bianco), Mark Richman (Noble) **L** 95 **FSK** ab 12; f **FBW** w **E** 24.3.1959/9.6.1973 ZDF **fd** 7 975

SCHWARZE PANTHER. Eine junge Artistin kann nicht mehr arbeiten, da sie nicht schwindelfrei ist. Ihr gesunder Ehrgeiz gibt sich aber nicht mit den ihr zugewiesenen Hilfsarbeiten zufrieden. Mit Energie und Mut erreicht sie es, dass ihr eine Tiergruppe anvertraut wird. Dürftig inszenierter Zirkusfilm, in dem allein die artistischen Einlagen ein befriedigendes Niveau erreichen. ✦ Scope. DDR 1966 **P** DEFA, Gruppe »Roter Kreis« **KI** Progress **VA** Icestorm **Pd** Dorothea Hildebrandt **R** Josef Mach **B** Dorothea Richter, Paul Berndt **K** Jaroslav Tuzar **M** Helmut Nier **S** Anneliese Hinze-Sokolow **D** Angelika Waller (Martina), Christine Laszar (Christina), Hannjo Hasse (Leon), Helmut Schreiber (Dittrich), Horst Kube (Paul), Gerd Ehlers (Direktor), Ivan Malré (Spielleiter) **L** 87 **E** 5.8.1966 Kino DDR/7.10.1967 DFF 1/ 31.10.2000 Video

DER SCHWARZE PANTHER →G

SCHWARZE PANTHER – REBELLEN DES ZORNS (SWARTE PANTERE). Drama um eine Gruppe von jugendlichen Tierschützern, die verschiedene Aktionen gegen Tierversuche unternimmt. Die Gruppe gewinnt schnell an Popularität, gerät aber auch ins Visier der Behörden. Als bei einer Aktion ein Mensch verletzt wird, müssen die Jugendlichen sich in einem Prozeß verantworten, der nicht nur mit fairen Mitteln geführt wird. ✦ Norwegen 1992 **R+B** Thomas Robsahm Tognazzi **M** Pee Jay **D** Henrik Mestad (Marius), Bjarte Hjelmeland (Erik), Guro Sibeko (Lise), Anneli Drecker (Sonia), Bettina Banoun (Bettina) **L** 83 **E** 16.4. 1998 ProSieben

DER SCHWARZE PANTHER VOM CYPRESS-MOOR (THE GHOST OF CYPRESS SWAMP). Ein 15jähriger Junge gerät in die Gewalt eines Mannes, der vor 16 Jahren einen Mann getötet hat und seitdem ganz allein in einem Sumpfgebiet lebt. Zwischen dem Jungen und dem Einsiedler entwickelt sich bald eine ungewöhnliche Freundschaft. Abenteuerfilm aus der Walt Disney-Werkstatt. – Ab 12. ✦ USA 1977 **P** Disney **R** Vincent McEveety **B** Harry Spalding, nach einem Buch von Linda Cline **K** Leonard J. South **M** Jimmie Haskell **D** Vic Morrow (Tom Stone), Noah Beery jr. (Doc Manners), Tom Simcox (Vater Bascombe), Cindy Eilbacher (Shirley Landers), Jacqueline Scott (Tante Louise) **L** 90 **E** 6.2.1993 ARD

DER SCHWARZE PANTHER VON RATANA. Unglaubwürdiger und schwungloser Kriminal- und Abenteuerfilm in der exotischen Landschaft Thailands: Ein Detektiv klärt einen Juwelenraub und muß sich mit einem geheimnisvollen Panther auseinandersetzen. – Ab 14 möglich. ✦ Scope. BR Deutschland/Italien 1962 **P** Rapid/Cineproduzioni Associate **KI** Constantin **Pd** Wolfgang Hartwig **R** Jürgen Roland **B** Johannes Kai **K** Klaus von Rautenfeld **M** Gert Wilden **S** Herbert Taschner **D** Marianne Koch (Dr. Marina Keller), Heinz Drache (Richard Paddberg), Horst Frank (Jack Roller), Dorothee Parker (Madeleine), Brad Harris (Larry Finch), Chris Howland (Charly) **L** 91 **FSK** ab 12; f (fr. 16;nf) **E** 15.3.1963/23.2.1971 ARD **fd** 11 857

DAS SCHWARZE PARADIES (THE INKWELL). New York, Mitte der 70er Jahre: Ein junger Schwarzer, der sich nicht für Mädchen zu interessieren scheint, bereitet seinen Eltern Sorgen. Besonders sein Vater, einst Mitglied der Black-Panther-Bewegung, erwartet einen Beweis seiner Männlichkeit. So soll der Junge die Ferien bei konservativen Verwandten auf einer Insel verbringen, wo er sich nach einer Eingewöhnungszeit als Mann bewähren kann. Komödie nach einem etwas konfusen Buch, die um eine detailgetreue Ausstattung bemüht ist. Die äußerliche Detailverliebtheit läßt die wenig ausgereiften Charaktere mitunter in den Hintergrund rücken. – Ab 16. ✦ USA 1994 **P** Touchstone/Vineyard **Pd** Irving Azoff, Guy Riedel **R** Matty Rich **B** Trey Ellis, Paris Qualles **K** John L. Demps jr. **M** Terence Blanchard **S** Quinnie Martin jr. **D** Larenz Tate (Drew Tate), Joe Morton (Kenny Tate), Suzzanne Douglas (Brenda Tate), Glynn Turman (Spencer Phillips), Vanessa Bell Calloway (Frances Phillips) **L** 112 **E** 12.11.1997 premiere

DER SCHWARZE PATE →The Black Godfather

DIE SCHWARZE PEITSCHE (THE BLACK WHIP). Die schwarze Peitsche ist das Erkennungszeichen eines Banditenführers, dessen Kumpane – abgemusterte Südstaatensöldner – die Gegend in Angst und Schrecken versetzen und zusammen mit den ortsansässigen Animiermädchen den Sheriff an der Nase herumführen. Konfuser Western, dem die ordnende Hand des Regisseurs fehlt. ✦ Scope, schwarz-weiß. USA 1956 **P** 20th Century Fox **KI** Centfox **Pd** Robert Stabler **R** Charles Marquis Warren **B** Orville H. Hampton **K** Joseph Biroc **M** Raoul Kraushaar **S** Fred W. Berger **D** Hugh Marlowe (Lorn), Coleen Gray (Jeannie), Richard Gilden (Dewey), Strother Martin (Thorny), Paul Richards (Murdock), Angie Dickinson (Sally), Sheb Wooley (Lasater), John Pickard (Sheriff), Harry Landers, Howard Culver (Dr. Gillette), Duane Thorsen (Deputy Floyd) **L** 77 **FSK** ab 18; nf **E** 26.4.1957 **fd** 5 869

DIE SCHWARZE PERLE (1953) (ALL THE BROTHERS WERE VALIANT). Zwei Kapitänsbrüder auf einem Walfänger geraten in der Südsee wegen eines Perlenschatzes und einer Frau in Konflikte. Vergleichsweise harter Abenteuerfilm um Walfang, Meuterei und eine romantische Liebe. – Ab 14 möglich. ✦ USA 1953 **P** MGM **KI** MGM **R** Richard Thorpe **B** Harry Brown, nach einem Roman von Ben Ames Williams **K** George J. Folsey jr. **M** Miklos Rozsa **D** Robert Taylor (Joel Shore), Stewart Granger (Mark Shore), Ann Blyth (Priscilla Holt), Betta St. John, Keenan Wynn (Silva) **L** 95 **FSK** ab 12; nf **E** 1.10.1954 **fd** 3 621

DIE SCHWARZE PERLE (1977) (BLACK PEARL). Der 16jährige Sohn eines Perlenhändlers in La Paz am Golf von Mexiko findet eines Tages eine wunderschöne schwarze Perle, die dem Dorf und insbesondere dem Jungen jedoch nur Unglück bringt und ihn in einige dramatische Situationen verstrickt. – Ab 12. ✦ USA 1977 **R** Saul Swimmer **B** Victor B. Miller, Rodney Sheldon, nach einem Roman von Scott O'Dell **D** Gilbert Roland, Carl Anderson, Mario Custodio, Carlos Estrada, Perla Cristal **L** (TV) 80 **E** 26.10. 1985 ZDF

DIE SCHWARZE PERLE (1986) (DIE SCHWARZE PERLE). Der Golfer und Heimkehrer Robi Schwarz, ein Mann in den Dreißigern, sucht in seiner Heimat erneut Fuß zu fassen, einem Ferienort in den Schweizer Alpen. Sein Amulett, eine schwarze Perle, bringt ihm Glück: Er findet in Silvia, einer fernwehgeplagten, jungen Frau, einen neuen Lebensanfang und einen Halt inmitten seiner Identitätskrise. Ein Erstlingsspielfilm, der durch den feinfühligen und liebevollen Umgang mit den Personen besticht und die alltägliche Liebesgeschichte fernab der üblichen Sentimentalitäten erzählt. ✦ Schweiz 1986 **P** Hubschmid Prod. **Pd** Edi Hubschmid, Dieter Fahrer, Ueli Mamin **R+B** Ueli Mamin **K** Hans Syz **M** Giancarlo Nicolai **S** Ueli Mamin **D** Max Rüdlinger (Robi Schwarz jr.), Agnes Dünneisen (Silvia Simeoni), Carlo E. Lischetti (Kari Kaufmann), Hans Gaugler (Willi Pulver), Walter Ruch (Robert Schwarz sen.) **L** 88 **E** Schweiz

DER SCHWARZE PETER (CERNY PETR). Der erste Spielfilm des 1969 in die USA emigrierten und dort zu internationalem Ruhm (»Einer flog über das Kuckucksnest«, 1975; »Amadeus«, 1984) gelangten Tschechen Forman: Eine auf die vorgefundene Wirklichkeit hin inszenierte, sehr authentisch wirkende Studie über das Leben der 16- bis 18jährigen neben der älteren Generation. Im Mittelpunkt steht der 17jährige Peter, der nicht nur als Lehrling eines Selbstbedienungsladens stets den »Schwarzen Peter« zu ziehen scheint. Ein anspruchsvolles Zeugnis hohen psychologischen und künstlerischen Einfühlungsvermögens, das sich durch seine Echtheit und Wahrhaftigkeit auszeichnet. – Sehenswert ab 14. ✦ Schwarz-weiß. CSSR 1963 **P** Filmstudio Barrandov **KI** Deutscher Filmdienst **R** Milos Forman **B** Milos Forman, Jaroslav Papousek **K** Jan Nemecek **M** Jirí Slitr **D** Ladislav Jakim (Peter), Pavla Martinkova (Pavla), Jan Vostrcil (Vater), Pavel Sedlacek, Bozena Matuskova (Mutter) **L** 89 **FSK** ab 12; nf **FBW** w **E** 14.8. 1964 Kino DDR/24.6.1965 Kino BRD/20.10.1966 ARD **fd** 13 500

DER SCHWARZE PFEIL (TSCHORNAJA STRELA). Aufwendiger russischer Abenteuerfilm über den »Rosenkrieg« der verfeindeten englischen Adelsgeschlechter Lancaster und York zwischen 1455–1485. Mit viel Schlachtengetümmel und der unvermeidlichen Liebesgeschichte ausgestattete Literaturverfilmung. – Ab 14. ✦ Scope. UdSSR 1985 **P** Mosfilm **KI** Progress **R** Sergej Tarassow **B** Sergej Tarassow, nach einem Roman von Robert Louis Stevenson **K** Michail Ardabjewski **M** Igor Kantjukow **D** Galina Beljajewa (Johanna Sedley), Igor Schawlak (Dick Shelton), Leonid Kulagin (Daniel Brackley), Juri Smirnow (Oliver Oats), Algimantas Masjulis (Bennet Hatch) **L** 88 **E** 12.12. 1986 Kino DDR/24.1.1988 DFF 1

SCHWARZE PFEILE (THE BLACK ARROW). Die Abenteuer und Irrfahrten eines edelmütigen Adeligen während der Rosenkriege im England des 15. Jahrhunderts. Er sucht die Mörder seines Vaters und findet die Dame seines Herzens. Gefälliger, harmloser Kostümfilm. – Ab 14. ✦ Schwarz-weiß. USA 1948 **P** Columbia **Kl** Columbus **Pd** Edward Small **R** Gordon Douglas **B** Richard Schayer, David P. Sheppard, Thomas Seller, nach einem Roman von Robert Louis Stevenson **K** Charles Lawton jr. **M** Paul Sawtell **S** Jerome Thoms **D** Louis Hayward (Richard Shelton), Janet Blair (Joanna Sedley), George Macready (Sir Daniel Brackley), Edgar Buchanan (Gesetzloser), Paul Cavanaugh (Sir John Sedley) **L** 76 **FSK** ab 12; f **E** 27.1.1950 **fd** 598

DER SCHWARZE PIRAT (THE BLACK PIRATE). Stummfilm, im dem Douglas Fairbanks sen. als Piratenanführer die wildesten Abenteuer besteht. So kapert er ganz allein ein Handelsschiff samt Besatzung. Einige der Bravourleistungen, die Fairbanks in diesem Film zeigt, sind bis heute nicht übertroffen. – Ab 12. ✦ Schwarz-weiß. USA 1926 **P** Pickford **R** Albert Parker **B** Jack Cunningham, Lotta Woods **K** Henry Sharp **S** William Nolan **D** Douglas Fairbanks (Der schwarze Pirat), Billie Dove (Prinzessin), Tempe Pigott (Duenna), Anders Randolf (Piratenanführer), Donald Crisp (McTavish) **L** 80 **E** 15.10. 1976 NDR

SCHWARZE PIRATEN (THE BLACK PIRATES). Piraten des 18. Jahrhunderts drangsalieren die Bewohner eines mittelamerikanischen Städtchens, um einen Schatz an sich zu bringen. Schwach konstruierter Abenteuerfilm, primitiv inszeniert und gespielt. – Ab 16. ✦ USA 1954 **P** Lippert **Kl** Panorama **Pd** Robert L. Lippert jr. **R** Allen H. Miner **B** Fred Freiberger, Al G. Ward **K** Gilbert Warrenton **D** Anthony Dexter, Martha Roth, Lon Chaney jr., Robert Clarke, Victor Manuel Mendoza **L** 72 **FSK** ab 16; nf **E** 4.5.1956 **fd** 5 080

DIE SCHWARZE PRANKE DES WEISSEN TIGERS (BLACK AND WHITE SWORDSMEN). Ein edler junger Mann und seine beiden Cousinen üben Familienrache an einem schurkischen Widersacher. Verblüffende Tricks in sorgfältiger Inszenierung und mit einigen harten Szenen. ✦ Scope. Hongkong 1973 **P** Migo **Kl** Ring **R** Hu Xiao-Tien **D** Wo Lung, Pai Ling-Tien, Chang Tsiu **L** 95 **FSK** ab 18; nf **E** 4.1.1974 **fd** 18 789

DER SCHWARZE PRINZ (1955) (THE DARK AVENGER). Ein Sohn Edwards III. verteidigt 1358 das eroberte Nordfrankreich gegen listenreiche französische Ritter und rettet eine Edelfrau. Historisch unbekümmerter, naiver Abenteuerfilm. – Ab 14. ✦ Scope. Großbritannien 1955 **P** Allied Artists **Kl** Centfox **Pd** Walter Mirisch **R** Henry Levin **B** Daniel B. Ullman, Phil Park (ungenannt) **K** Guy Green **M** Cedric Thorpe Davie **S** E. B. Jarvis **D** Errol Flynn (Prinz Edward), Joanne Dru (Lady Jane Holland), Peter Finch (Count de Ville), Yvonne Furneaux (Marie), Patrick Holt (Sir Ellys) **L** 85 **FSK** ab 12; nf **E** 4.11.1955 **fd** 4 565

DER SCHWARZE PRINZ (1973) (TSCHERNYJ PRINZ). Wegen eines kostbaren Brillanten werden mehrere Verbrechen begangen, die erst nach mühevoller kriminalistischer Kleinarbeit gelöst werden können. Wenig spannender, dafür aber gut gespielter und in der Charakterzeichnung genauer Kriminalfilm. – Ab 16. ✦ Scope, schwarz-weiß. UdSSR 1973 **P** Mosfilm **Kl** Progress **R** Anatoli Bobrowski **B** Wladimir Kusnezow **K** Georgi Kuprijanow **M** Isaak Schwarz **D** Wsewolod Sanajew (Sorin), Nikolai Grizenko (Mytnikow), Gennadi Korolkow (Jamzow), Tamara Sjomina (Jamzowa), Raissa Kurkina (Samochina) **L** 94 **E** 31.5.1974 Kino DDR/18.10.1973 DFF 2

DER SCHWARZE REGENBOGEN (BLACK RAINBOW). Eine junge Frau mit hellseherischen Fähigkeiten, die als Medium öffentlich auftritt, sieht Todesfälle voraus und gerät in Gefahr, weil sie den Namen eines Mörders kennt. Mäßig spannender Okkult-Krimi ohne Tiefgang, der die Handlungsfäden nicht recht zu verknüpfen weiß. (Videotitel: »Black Rainbow«) – Ab 16. ✦ USA 1988 **P** Goldcrest **Kl** Delta **VA** Warner Home **Pd** John Quested, Geoffrey Helman **R+B** Mike Hodges **K** Gerry Fisher **M** John Scott (= Hanns Schott-Schöbinger) **S** Malcolm Cooke **D** Rosanna Arquette (Martha Travis), Jason Robards (Walter Travis), Tom Hulce (Gary Wallace), Mark Joy (Lloyd Harley), Ron Rosenthal (Irving Weinberg) **L** 103 **FSK** ab 16; f **E** 22.3.1990/10.7.1990 Video **fd** 28 226

DER SCHWARZE REITER (1947) (THE ANGEL AND THE BADMAN). Ein verwundeter Revolverheld gerät in die Obhut einer friedliebenden Quäkerfamilie, verliebt sich in die Tochter des Hauses und legt die Waffe nieder. Er kommt mit seiner neuen Gesinnung aber in Konflikte, als seine schießwütigen Feinde auftauchen. Gut gemachter Western, der als gelungene Unterhaltung überzeugt, aber nicht ernsthafter auf sein tiefergreifendes Thema eingeht. – Ab 12. ✦ Schwarz-weiß. USA 1947 **P** Republic **Kl** MPEA **Pd** John Wayne **R+B** James Edward Grant **K** Archie Stout **M** Richard Hageman, Cy Feuer **D** John Wayne (Quirt Evans), Gail Russell (Penelope Worth), Bruce Cabot (Laredo Stevens), Harry Carey (Marshal Wistful McClintock), Irene Rich (Mrs. Worth), Lee Dixon (Randy McCall), Stephen Grant (Johnny Worth), Tom Powers (Dr. Mangrum), Paul Hurst (Frederick Carson), Hank Worden (Bürger) **L** 95 **FSK** ab 12; nf **E** 1949 Kino **fd** 466

DER SCHWARZE REITER (1983) (ZWARTE RUIDER). Zwei ehemalige Gefährten aus der niederländischen Widerstandsbewegung während des Zweiten Weltkrieges treffen sich in den 50er Jahren wieder. Nun stehen sie allerdings in unterschiedlichen Lagern; während der eine zum Chef des Zollwesens aufgestiegen ist, macht der andere als Schmuggler schwunghafte Geschäfte. – Ab 16. ✦ Niederlande 1983 **P** Joop van den Ende **Pd** Joop van den Ende **R** Wim Verstappen **B** Gerard Cox **K** Eddy van der Enden **M** Clous van Mechelen **S** Ton de Graaff, Rob Klinkert **D** Hugo Metsers (Fons Ruiter), Rijk de Gooyer (Rinus Ijzerman), Christel Braak (Liza), Pleuni Touw (Milou), Hugo van den Berge **L** 95 (TV 84) **E** 25.5. 1985 DFF 2/30.9.1991 DFF

DAS SCHWARZE REPTIL (THE REPTILE). In einem kleinen englischen Dorf kommt um die Jahrhundertwende ein Captain der Armee einem geheimnisvollen Mörder auf die Spur. Verworrenes Gruselstück voller Aberglauben und Schockelemente, immerhin vom »Chefregisseur des britischen B-Pictures« inszeniert. – Ab 16. ✦ Großbritannien 1965 **P** Hammer **Kl** Centfox **Pd** Anthony Nelson Keys **R** John Gilling **B** John Elder (= Anthony Hinds) **K** Moray Grant **M** Don Banks **S** Roy Hyde **D** Noel Willman (Dr. Franklyn), Jennifer Daniel (Valerie Spalding), Ray Barrett (Harry Spalding), Jacqueline Pearce (Anna), Michael Ripper (Tom Bailey) **L** 90 **FSK** ab 16; nf **E** 2.6.1967 **fd** 14 793

DIE SCHWARZE REPUBLIK (GOUDOULDO OURICHEROM). Ein wegen illegaler Aktivitäten von der Polizei gesuchter Student taucht als Arbeiter in der Brikettfabrik eines von sozialen Unruhen erschütterten Bergarbeiterdorfs unter. Durch den labilen und gewalttätigen Sohn des Fabrikbesitzers und eine örtliche Prostituierte gerät er bald in neue Probleme. Gesellschaftskritischer Spielfilm. (O.m.d.U.) ✦ Südkorea 1990 **R** Kwang-Soo Park **B** Kwang-Soo Park, Dae-Sung Yoon, Sung-Soo Kim, nach der Vorlage »Birds of Feathers« von In-Suk Choi **K** Young-Gil Yoo **M** Soo-Chul Kim **D** Sung-Keun Moon (Kim), Joong-Hoon Park (Lee), Hye-Jin (Song) **L** 101 **E** 4.1.1994 West 3

DER SCHWARZE RITTER (EL FARES EL ASWAD). Nachdem eine junge Frau erfahren hat, daß ihre Eltern Angehörige zweier miteinander verfeindeter Stämme sind, muß sie sich mit abenteuerlichen Mitteln ihre Erbschaft sichern. ✦ Schwarz-weiß. Ägypten 1954 **P** El Sahm El Zahabi **R** Niazi Mustafa **B** Mohamed Al-Imam, Hussain Hulmi Al-Muhendis **K** Wali Nurildin **M** Abdul Gani Al-Schaik, Fuad Al-Sahiri **D** Yehia Schahin, Farid Chawky, Fuad Fahim, Samiha Taufik **L** 81 **E** 23.9.1971 DFF 2

DIE SCHWARZE ROBE. Eine Rechtsanwältin kittet durch erfolgreiche Strafverteidigung ihre Ehe mit einem Maler. Sie verteidigt eine Baronesse, die ihren Mann in Notwehr erschoß, als er ihr das Kind wegnehmen wollte, dessen Vater der nichtsahnende Maler ist. Der kammerspielhaft inszenierte Film wurde auf Grund der zunehmenden Zerstörung und Schließung der Schauspielhäuser im Kriegsjahr 1944 in holländischen Ateliers abgedreht. Nach 1945 von den alliierten Militärregierungen nicht wieder freigegeben. – Ab 14. ✦ Schwarz-weiß. Deutschland 1944 **P** Berlin-Film **Kl** Fritz Peter Buch **R** Fritz Peter Buch **B** Fritz Peter Buch, Erich Ebermayer, nach einem Manuskript von Iwa Raffay **K** Kurt Schulz **M** Werner Bochmann **D** Lotte Koch, Richard Häussler, Kirsten Heiberg, Peter Widmann, Otto Treßler **L** 107 **E** 4.9.1944

EINE SCHWARZE ROBE FÜR DEN MÖRDER →Verdammt zum Schafott

DIE SCHWARZE ROSE (THE BLACK ROSE). Die Irrfahrten und Abenteuer eines jungen englischen Adeligen und seines Freundes, die im 13. Jahrhundert die Mongolei bereisen. Breit ausgewalzter Ausstattungsfilm mit einer Überfülle märchenhaft-abenteuerlicher Episoden. – Ab 12. ✦ USA 1950 **P** Centfox **Kl** Centfox **Pd** Louis D. Lighton **R** Henry Hathaway **B** Talbot Jennings, nach einem Roman von Thomas B. Costain **K** Jack Cardiff **M** Richard Addinsell **D** Tyrone Power (Walter von Gurnie), Cecile Aubry (Miriam), Orson Welles (General Bayan), Jack Hawkins (Tristram Griffen), Michael Rennie (König Edward) **L** 120 **FSK** ab 12; f **E** 27.4.1951 **fd** 1 085

SCHWARZE ROSE, ROSEMARIE (FESTIVAL). Liebesromanze zwischen einer deutschen Schülerin und einem amerikanischen Filmstar, vor dem Hintergrund der Filmfestspiele von San Sebastián. Belangloses Rührstück in formal bescheidenem Rahmen. – Ab 12. ✦ Schwarz-weiß. Spanien/BR Deutschland 1960 **P** Hesperia/International Germania **Kl** Constantin **R+B** Cesar Ardavin **K** Mario Pacheco **M** Augusto Alguero **D** Paul Hubschmid, Judith Dornys, Lucie Englisch, Frank Barufski, Marlies Sandoval **L** 82 **FSK** ab 6; f **E** 13.4.1962 **fd** 11 045

SCHWARZE ROSEN. Finnland Ende des 19. Jahrhunderts: Unter der Führung von Erkki Collin formieren sich die Finnen zum Kampf gegen die russischen Besatzer. Zwischen die Fronten gerät eine Ballerina, die mit dem Freiheitshelden sympathisiert, ihn versteckt und später liebt, obwohl ihr der russische Gouverneur den Hof macht. Als Collin gefangengenommen wird, verspricht sie dem Verehrer die Heirat, um den Geliebten zu retten, und wählt dann den Freitod. Perfekt ausgestatteter »Großfilm«, melodramatisch-sentimental gespielt vom Traum-Liebespaar Harvey/Fritsch; nach 1945 erhielt der Film von der alliierten Militärbehörde Aufführungsverbot. – Ab 14 möglich. ✦ Schwarz-weiß. Deutschland 1935 **P** UFA **Kl** Türck **VA** Vollstädt Filmproduktion **R** Paul Martin **B** Curt J. Braun, Walter Supper, Paul Martin **K** Fritz Arno Wagner **M** Kurt Schröder **S** Johanna Schmidt **D** Lilian Harvey (Marina Feodorowna), Willy Birgel (Gouverneur), Willy Fritsch (Erkki Collin), Gertrud Wolle (Wirtschafterin), Gerhard Bienert (Niklander) **L** 94 (Video 88) **FSK** ab 6; f **E** 23.12.1935/3.11.1990 S 3

DAS SCHWARZE SAMTGEWAND (THE BLACK VELVET GOWN). Dreiecksgeschichte zwischen einer Witwe aus einfachen Verhältnissen, ihrer bildungshungrigen Tochter und deren Hauslehrer. ✦ Großbritannien 1991 **R** Norman Stone **B** Gordon Hann **D** Bob Peck (Miller), Janet McTeer (Riah Millican), Jean Anderson (Madame Gullmington), David Hunt (Laurence Gullmington), Geraldine Somerville (Biddy Millican), Brendan Healy (Tol Briston), Christopher Benjamin **L** 103 **E** 28.12.1993 RTL 2

DAS SCHWARZE SCHAF (1943). Eine junge Verlagsleiterin, bisherige Alleinchefin des Großbetriebs, will den plötzlich aufgefundenen testamentarisch bestimmten Teilhaber zum Verzicht auf seine Rechte bewegen. Er lebt in einer Kleinstadt als Schriftsteller und Illustrator. Auf dem Schützenfest verliebt sie sich in ihn, aber er nimmt Reißaus. Unglaubwürdige Konfektionskomödie, im besetzten Prag von Miloslav Cikan inszeniert, dem ein deutscher Name und ein deutscher Dialogregisseur verordnet wurden. – Ab 12. ✦ Schwarz-weiß. Deutschland 1943 **P** Prag **KI** Südwest **DVD** BestBuyMovie (FF, Mono dt.) **R** Friedrich Zittau, Walter Janssen **B** Harald Bratt, Toni Huppertz, nach der Komödie »Schützenfest« von Harald Bratt **K** Wenzel Hanusch **M** Peter Brandt **D** Lotte Koch, Ernst von Klipstein, Waldemar Leitgeb, Wilma Tatzel, Helmi Mareich **L** 87 **E** 29.2.1944/31.8.1987 DFF 1/21.6.2001 DVD

DAS SCHWARZE SCHAF (1960). Ein soutanetragender Geistlicher erlebt bei der Aufklärung zweier Mordfälle verschiedene Abenteuer, bei denen er Scharfsinn, Humor und verschmitztes Verständnis zeigen kann. Heinz Rühmann spielt den Pater Brown in Höchstform. Ein weitgehend ungetrübtes Vergnügen. – Ab 12. ✦ Schwarz-weiß. BR Deutschland 1960 **P** Bavaria **KI** Bavaria **VA** Ufa **Pd** Claus Hardt **R** Helmuth Ashley **B** István Békeffy, Hans Jacoby, nach G.K.Chesterton **K** Erich Claunigk **M** Martin Böttcher **S** Walter Boos **D** Heinz Rühmann (Pater Brown), Siegfried Lowitz (Flambeau), Lina Carstens (Frau Smith, Haushälterin), Karl Schönböck (Theaterdirektor Scarletti), Maria Sebaldt (Gloria, seine Frau) **L** 95 **FSK** ab 12; nf **FBW** w **E** 19.12.1960/19.11.1966 ZDF **fd** 9 846

SCHWARZE SCHAFE (OVEJAS NEGRAS). Nach Jahr und Tag besucht ein 40jähriger Mann seinen alten Lehrer, einen Pater, und vertraut diesem sein Geheimnis an. Im Glauben, daß sein Bruder, der mit dem Hausmädchen ein Verhältnis hatte, nach seinem Unfalltod in der Hölle schmore, entwickelte er als Junge einen teuflischen Plan, um den Sündern, den »schwarzen Schafen«, zu helfen. Der Pater ist entsetzt, doch um einen Skandal zu vermeiden, rät er zum Schweigen. Dann jedoch entwickeln sich die Dinge auf makabre Weise. Als schwarze Komödie inszenierter Erstlingsfilm, der Stilelemente Hitchcocks und Buñuels verbindet und sich mit dem spanischen Erziehungssystem in den 50er Jahren auseinandersetzt. Die Kritik an der Kirche entzündet sich an der Sexualmoral und Verklemmtheit und verliert durch die allzu süffisante Charakterisierung des geistlichen Heimleiters an Wirkung. ✦ Spanien 1989 **P** Tornasol/Golem **Pd** Gerardo Herrero **R+B** José Maria Carreño **K** Antonio Pueche **M** Bernardo Bonezzi **S** Nieves Martín **D** Miguel Angel Rellán (Adolfo), Juan Diego Botto (Adolfo als Kind), José Sazatornil (Benito), Maribel Verdú (Lola), Gabino Diego (Emilio) **L** 83 **E** 23.10.1991 ZDF

DAS SCHWARZE SCHLOSS (THE BLACK CASTLE). Im 18. Jahrhundert versucht ein junger englischer Edelmann, die Ermordung zweier Freunde zu klären, die auf der Jagdgesellschaft eines sadistischen österreichischen Grafen verschwunden sind. Überspanntes Schauerdrama, dem es zum guten Gruselfilm an Fantasie und Atmosphäre fehlt. – Ab 16. ✦ Schwarz-weiß. USA 1952 **P** Universal **KI** Universal **Pd** William Alland **R** Nathan Juran **B** Jerry Sackheim **K** Irving Glassberg **M** Joseph Gershenson **D** Richard Greene, Stephen McNally, Boris Karloff, Lon Chaney jr., Paula Corday **L** 77 **FSK** ab 16; nf **E** 15.5.1953 **fd** 2 527

SCHWARZE SEELE (ANIMA NERA). Die Geschichte eines kleinen Spekulanten und Lebemenschen, der – nach freudloser Kindheit und homoerotischer Verführung durch einen deutschen Offizier – ohne moralische Hemmungen nach Geld und Genuß strebt. Rossellinis auf Effekte bedachte Verfilmung eines erfolgreichen italienischen Theaterstücks beschränkt sich auf einen journalistischen Reportagestil bloßen Abfotografierens: Ein überzeugendes Zeitbild kommt dabei nicht zustande. ✦ Schwarz-weiß. Italien 1962 **P** Documento **KI** Inter-Film **Pd** Dino De Laurentiis **R** Roberto Rossellini **B** Giuseppe Patroni Griffi, Roberto Rossellini, nach dem Bühnenstück von Guiseppe Patroni Griffi **K** Luciano Trasatti **M** Piero Piccioni **S** Daniele Alabiso **D** Vittorio Gassman, Annette Stroyberg, Nadja Tiller, Eleonora Rossi-Drago, Yvonne Sanson **L** 88 **FSK** ab 18; nf **E** 25.7. 1963 **fd** 12 108

DER SCHWARZE SEETEUFEL (GORDON IL PIRATA NERO). Ein unbesiegbarer Pirat kämpft gegen Sklavenhändler, wobei natürlich Edelmut und Liebe triumphieren. Durchschnittliches italienisches Seeräuberkino im bunt-naiven Stil der frühen 60er Jahre. – Ab 14. ✦ Scope. Italien 1961 **P** Max **KI** Columbia-Bavaria **Pd** Ottavio Poggi **R** Mario Costa **B** Ottavio Poggi, John Byrne **K** Carlo Bellero **M** Carlo Rustichelli **S** Renato Cinquini **D** Ricardo Montalban (Gordon), Vincent Price (Romero), Giulia Rubini (Manuela), Liana Orfei (Luana), Mario Feliciani (Tortuga) **L** 88 **FSK** ab 12; nf **E** 13.7.1962 **fd** 11 262

DER SCHWARZE SERGEANT → Mit einem Fuß in der Hölle

DER SCHWARZE SHERIFF → Weißer Haß

DIE SCHWARZE SKLAVIN (TAMANGO). Trotz der Aufhebung des Sklavenhandels gibt es um 1820 noch immer Kapitäne, die Schwarze gegen Rum und Waffen tauschen. Auf einem dieser Schiffe kommt es unter dem Sklaven Tamango zu einer Meuterei, die blutig niedergeschlagen wird. Prosper Mérimées Novelle war ein elegant-zynischer Exkurs, ein Hieb gegen die Aristokratie und das Bürgertum. Der Film, gut und bunt und breit inszeniert, ist eine larmoyante Moritat. (DDR-Titel: »Tamango«) – Ab 16. ✦ Scope. Frankreich 1957 **P** Cyclope **KI** Constantin **Pd** René G. Vuattoux **R** John Berry **B** Leo Gold, Tamara Hovey, John Berry, nach einer Novelle von Prosper Mérimée **K** Edmond Séchan **M** Joseph Kosma **S** Roger Dwyre **D** Dorothy Dandridge (Aiché), Curd Jürgens (Kapitän Reinker), Alex Cressan (Tamango), Jean Servais (Dr. Carot), Roger Hanin (Bebé) **L** 95 **FSK** ab 16; f **E** 2.4.1958/23.9.1960 Kino DDR/20.10.1961 DFF 1 **fd** 6 853

DER SCHWARZE SKORPION (CIFRATO SPECIALE: UCCIDERE MUELLER/MESSAGE CHIFFRE). Der blutige Kampf verschiedener Geheimdienste und Organisationen um eine Formel zur Aufhebung der Schwerkraft, die die Nazis, zusammen mit Gold und Dollars, in den letzten Kriegstagen am Bosporus versenkt haben. Einfältiger Agententhriller auf Groschenheftniveau. ✦ Italien/Spanien/Frankreich 1966 **P** Daiano/C. C. Atlantida/France Cinema **KI** Constantin **R** Herbert J. Sherman (= Pino Mercanti) **B** Ernesto Gastaldi, Ugo Guerra **K** Angelo Filippini **M** Riz Ortolani **S** Otello Colangeli **D** Lang Jeffries, Helga Liné, José Greci, Georges Rigaud, Andrew Scott, Philippe Hersent, Janine Reynaud, Umberto Raho, Jacques Stany **L** 93 **FSK** ab 16; nf **E** 30.6.1967 **fd** 14 814

SCHWARZE SONNE. Ein kompakter, sachlicher Dokumentarfilm, der die mythologischen Hintergründe des Nationalsozialismus untersucht und die Thesen einiger wesentlicher Vertreter des nordischen Rassenkults analysiert. Die Recherche erstreckt sich sowohl auf die okkulten Quellen der Nazis, auf die »Rassenforschungen« der SS, als auch auf die Architektur des Dritten Reiches mit »Lichtburgen« und anderen Orten übersteigerter Ahnengläubigkeit. Zudem schlägt der Film einen Bogen in die Gegenwart, fragt nach Gründen für das aktuelle Interesse an Esoterik, Mystik und Magie. Die Überfülle des Materials drängt zu einer Vertiefung in weiteren Filmen. – Sehenswert. ✦ Teils schwarz-weiß. Deutschland 1998 **P** Elis Müller Filmproduktion **KI** Eigenverleih **VA** absolut MEDIEN **Pd** Elisabeth Müller **R+B** Rüdiger Sünner **K** Michael Bertl **M** Manolis Vlitakis, Ian Melrose **S** Rüdiger Sünner **L** 90 **E** 29.5.1998 arte/1998 Kino **fd** 33 202

DER SCHWARZE SPIEGEL (1946) (THE DARK MIRROR). Eine psychopathische Mörderin weiß den Verdacht geschickt auf ihre Zwillingsschwester zu lenken, aber ein verliebter Psychiater bringt die Wahrheit an den Tag. Ein raffiniert ausgeklügeltes intellektuelles Spiel. Psychoanalyse zum Gruseln, spannend inszeniert und glänzend gespielt. – Ab 16. ✦ Schwarz-weiß. USA 1946 **P** Universal **KI** Universal **Pd** Nunnally Johnson **R** Robert Siodmak **B** Nunnally Johnson, nach einem Roman von Wladimir Posner **K** Milton Krasner **M** Dimitri Tiomkin **S** Ernest Nims **D** Olivia de Havilland (Terry Collins/Ruth Collins), Lew Ayres (Dr. Scott Elliott), Thomas Mitchell (Detective Stevenson), Garry Owen (Franklin), Richard Long (Rusty) **L** 85 **FSK** ab 16; f **E** 21.4.1950/27.1. 1959 ARD **fd** 687

DER SCHWARZE SPIEGEL (2000) → Utta Danella – Der schwarze Spiegel

DIE SCHWARZE SPINNE (DIE SCHWARZE SPINNE). Infolge einer Unvorsichtigkeit beim Einbruch in ein Chemiewerk lösen Drogensüchtige eine Umweltkatastrophe aus. Nach dem anschließenden Überfall auf einen Bauern befreien sie Gotthelfs »Schwarze Spinne« aus einem alten Balken. Umweltgefährdung und Drogensucht bilden den Rahmen zu einem historischen Kostümfilm nach der klassischen Novelle. Klischees und mangelnde Tiefenschärfe in der vordergründigen, aktuell hingeschluderten Kritik nehmen der Geschichte ihren Gehalt. ✦ Schweiz 1983 **P** Pica/Europa **Pd** Eduard Steiner **R** Mark M. Rissi **B** Walther Kauer, nach der gleichnamigen Novelle von Jeremias Gotthelf **K** Edwin Horak **M** Yello, Franz Liszt, Véronique Müller **S** Evelyne von Rabenau **D** Beatrice Kessler (Christine), Walo Lüönd (Rüedu), Peter Ehrlich (Ritter von Stoffeln), Walter Hess (Polenritter) **L** 100 **E** Schweiz

SCHWARZE SPOREN (BLACK SPURS). Ein gefürchteter Revolverheld verdient sich nicht nur Kopfprämien für steckbrieflich gesuchte Verbrecher, sondern läßt sich auch mit Gaunern in unsaubere Geschäfte ein. Später befreit er jedoch eine Kleinstadt vom Terror einiger Gangster. Um Realismus bemühter Durchschnittswestern mit einigen Ungereimtheiten. – Ab 16. ✦ Scope. USA 1964 **P** A. C. Lyles **KI** Paramount **Pd** A. C. Lyles **R** R.G. Springsteen **B** Steve Fisher **K** Ralph Woolsey **M** Jimmie Haskell **S** Archie Marshek **D** Rory Calhoun (Santee), Linda Darnell (Sadie), Terry Moore (Anna Elkins), Scott Brady (Tanner), Lon Chaney jr. (Gus Kile), Patricia Owens (Clare Grubbs), James Best (Sheriff Elkins), DeForest Kelley (Sheriff), Sandra Giles, Jeanne Baird (Mrs. Nemo), Chuck Roberson (Norton), Guy Wilkerson **L** 81 **FSK** ab 16; nf **E** 16.7.1965 **fd** 13 542

DIE SCHWARZE STADT – 1. TEIL (A FEKETE VAROS). Ein zum Tode Verurteilter kann im letzten Augenblick entfliehen. Schwer verwundet sucht er Zuflucht bei seiner Rechtsanwältin, die an seine Unschuld glaubt. Der Versuch, diese Unschuld zu beweisen, deckt Machenschaften der Polizei und kriminelle Geschäfte hoher Persönlichkeiten auf. Das Geständnis des Täters bringt sowohl diesem als auch dem Beschuldigten den Tod. Gesellschaftskritischer Kriminalfilm mit konstruierter Handlung, spektakulär aufgebaut. Spannende Unterhaltung mit guten schauspielerischen Leistungen. – Ab 16. ✦ Ungarn 1972 **P** Ungarisches Fernsehen **KI** Progress **R** Eva Zsurzs **B** Gábor Thurzó, nach dem gleichnamigen Roman von Kálmán Mikszáth **M** András Szöllösy **D** Ferenc Bessenyei (Pál Görgey), Gábor Nagy (Fabricius), Vera Venczel (Rosalie), Sándor Pécsi (Quendel), István Avar (Bibók) **L** 87 **E** 20.12.1974 Kino DDR

DIE SCHWARZE STADT – 2. TEIL (A FEKETE VAROS). Zweiter Teil einer abenteuerlichen Geschichte, in der eine ganze Stadt den Tod eines ihrer angesehensten Bürger zu rächen gewillt ist. In einem Handstreich gelingt es, den Mörder aufzugreifen und ihn dem Richter zu überantworten. Abenteuerliche, aber künstlerisch bedeutungslose Episoden, vermischt mit einer sentimentalen Liebesgeschichte. – Ab 16. ✦ Ungarn 1972 **P** Ungarisches Fernsehen **KI** Progress **R** Eva Zsurzs **B** Gábor Thurzó, nach dem gleichnamigen Roman von Kálmán Mikszáth **K** György Czabarka **M** András Szöllösy **D** Ferenc Bessenyei (Pál Görgey), Gábor Nagy (Fabricius), Vera Venczel (Rosalie), Sándor Pécsi (Quendel), István Avar (Bibók) **L** 96 **E** 27.12. 1974 Kino DDR

DER SCHWARZE STRUMPF (CERNA PUNCOCHA). In den dunklen Straßen von Prag werden mehrere blonde Frauen mit einem schwarzen Strumpf erwürgt aufgefunden. Während die Polizei nach dem Mörder fahndet, sucht der Modellschneider eines Modeateliers seinen Hausarzt auf, weil ihn merkwürdige Träume quälen, doch der Arzt zerstreut seine Befürchtungen. Auch bei seiner früheren Geliebten findet der Schneider kein Verständnis für seine nächtlichen Phantasien. Kriminalfilm. – Ab 16. ✦ CSSR 1987 **R** Otakar Fuka **D** Milam Karpisek (Mirek Opatovsky), Ljuba Skorepová, Stanislava Bartosová (Eva), Petr Pospíchal (Kommissar Krátky) **L** 85 **E** 17.6.1994 ORB

SCHWARZE SÜNDE (NOIR PECHE). Nach »Der Tod des Empedokles« (1986) eine neuerliche Auseinandersetzung der Filmemacher Straub/Huillet mit Hölderlins Drama. Diesem Film liegt die kaum mehr gespielte dritte Fassung des Stoffes zugrunde. Eine erneut sehr theatralische-statische Aufbereitung, in der die Texte in lähmender Langsamkeit rezitiert werden. Allenfalls für eingefleischte Freunde des literarischen Stoffes von Interesse. ✦ Frankreich/Italien/BR Deutschland 1989 **P** Straub/Huillet/Dominique Paini **VA** allstar **Pd** Jean-Marie Straub, Danièle Huillet, Dominique Paini **R** Jean-Marie Straub, Danièle Huillet **B** Jean-Marie Straub, nach der dritten Fassung des »Empedokles«-Dramas von Hölderin **K** William Lubtchansky **M** Ludwig van Beethoven **S** Danièle Huillet **L** 40 **E** 25.10.1990 HR/Januar 1993 Video

DER SCHWARZE TAG DES WIDDERS → Ein schwarzer Tag für den Widder

DER SCHWARZE TANNER. Ein Schweizer Bergbauer widersetzt sich im Zweiten Weltkrieg bis zur letzten Konsequenz einer Anordnung der Regierung, da es ihm unsinnig und schädlich erscheint, eine steile Gebirgsweide in Ackerland unzuwandeln. Ein unaufdringliches politisches Lehrstück über Recht und Pflicht des einzelnen zum politischen Widerstand und über die Unbeugsamkeit der Menschenwürde; hervorragend gespielt, ruhig und beherrscht inszeniert und fotografiert. Ein »Heimatfilm«, der inhaltlichen und formalen Anspruch mit Breitenwirksamkeit verbindet. (Videotitel: »Der Kartoffel-Krieg«) – Sehenswert ab 12. ✦ Schweiz/Österreich/BR Deutschland 1985 **P** Catpics/SRG/ZDF/ORF/Egli/Glass **Kl** Filmverlag der Autoren **VA** VCL/Virgin **Pd** Alfi Sinniger **R** Xavier Koller **B** Xavier Koller, Walter Deuber, nach einer Erzählung von Inglin Meinrad **K** Elemér Ragályi **M** Hardy Hepp **S** Fee Liechti **D** Otto Mächtlinger (Tanner), Renate Steiger (Agnes Tanner), Liliana Heimberg (Anna Tanner), Susanne Betschart (Lehni Tanner), Elisabeth Seiler (Annelies) **L** 107 **FSK** ab 6; f **FBW** bw **E** 20.11.1986/2.11.1987 ZDF **fd** 25 915

DER SCHWARZE TEUFEL (IL DIAVOLO NERO). Ein im Bilderbuchstil gedrehter, degenklirrender Abenteuerfilm aus Italien, der vom bösen Herzog und den todesmutig rächenden Freiheitshelden erzählt. – Ab 14. ✦ Scope, schwarz-weiß. Italien 1957 **P** Poggi **Kl** Odin **R** Sergio Grieco **B** Aldo Segre **K** Alvaro Mancori **M** Roberto Nicolosi **D** Gérard Landry, Andrea Aureli, Nadia Gray, Milly Vitale, Leonora Ruffo **L** 78 **FSK** ab 12; nf **E** 21.3.1958 **fd** 6 822

DER SCHWARZE TIGER (KNIGHT AND WARRIOR). Nach dem Attentat auf seine Ehefrau sieht ein Drogenfahnder rot und führt einen blutigen Rachefeldzug. Brutaler Eastern mit Selbstjustiz-Mentalität. – Wir raten ab. ✦ Hongkong 1986 **P** IFD Film/Arts Limited **VA** All **R** Joseph Lai, Betty Chan **D** Alphonse Beni, Stuart Smith **L** 90 **FSK** ab 18 **E** 17.12.1987 Video

DER SCHWARZE TOD. Dokumentar-Drama über die Havarie des Supertankers Exxon-Valdez vor der Küste Alaskas am 24. März 1989. Mehr als 40 Millionen Liter Rohöl fließen ins Meer und verpesten die Küste auf Jahre hinaus. Schon kurz nach dem Unglück behindern gegenseitige Schuldzuweisungen und Kompetenzgerangel wirksame Maßnahmen gegen die Katastrophe. Der sorgfältig recherchierte Film versteht es, nicht zuletzt dank seiner hervorragenden Darsteller, auf spannende Weise über die Zusammenhänge aufzuklären. ✦ Deutschland/Großbritannien/USA 1992 **P** ZDF/BBC/HBO **R** Paul Seed **B** Michael Baker **K** Ian Punter **M** David Ferguson **S** Dave King **D** John Heard (Dan Lawn), Christopher Lloyd (Frank Iarossi), Rip Torn (Admiral Paul Yost), Michael Murphy (Bill Reilly), Kenneth Welsh (Sam Skinner) **L** 88 **E** 18.10.1993 ZDF

SCHWARZE TRÄNEN (NO LAUGHING MATTER). Familiendrama um eine alkoholkranke Witwe, der von ihrem 18-jährigen Sohn aufopfernde Hilfe widerfährt. Es kommt zum Eklat, als bei der Freundin des jungen Mannes ein »Kennenlernabend« angesetzt ist und die Krankheit nicht mehr zu verbergen ist. Doch auch das Leben der jungen Leute ist nicht ohne Probleme. Als die Freundin gesteht, schwanger zu sein, wenden sich alle von ihr ab. Hilfe kommt ausgerechnet von der Alkoholkranken, die sich einer Entziehungskur unterzieht. ✦ USA 1997 **P** Universal TV/Great Falls Prod. **VA** CIC **Pd** John V. Struckmeyer **R** Michael Elias **B** Ted Kristian, Michael Elias **K** Reed Smoot **M** Lennie Niehaus **D** Suzanne Sommers (Emma Polsky), Chad Christ (Charlie Polsky), Robert Desiderio (Richard Warren), Selma Blair (Lauren Winslow) **L** 86 **FSK** ab 12 **E** 2.7.1999 premiere/25.3.1999 Video

SCHWARZE TROMMELN (LYDIA BAILEY). Ein Rechtsanwalt aus Boston reist um 1800 nach Haiti, um die Unterschrift einer eigenwilligen Erbin unter ein amtliches Dokument einzuholen und wird in einen Aufstand der Einheimischen gegen die Franzosen verstrickt. Gehobener Abenteuerfilm mit Spannung und Romantik; inszeniert in üppigen Farben. – Ab 14. ✦ USA 1952 **P** 20th Century Fox **Kl** Centfox **Pd** Jules Schermer **R** Jean Negulesco **B** Michael Blankfort, Philip Dunne, nach dem Roman »Lydia Bailey« von Kenneth Roberts **K** Harry Jackson **M** Hugo Friedhofer **D** Dale Robertson (Albion Hamlin), Anne Francis (Lydia Bailey), Charles Korvin (d'Autremont), William Marshall (King Dick), Luis van Rooten (General Le-Clerc) **L** 87 **FSK** ab 12; nf **E** 15.8.1952 **fd** 1 988

DIE SCHWARZE TULPE (LA TULIPE NOIRE). Die tollkühnen Taten adliger Zwillingsbrüder (Alain Delon in einer Doppelrolle), die am Vorabend der Französischen Revolution aus verschiedenen Gründen gegen die aristokratischen Unterdrücker kämpfen. Mit leichter Hand und voller Ironie nach Motiven von Dumas in Szene gesetztes Mantel-und-Degen-Abenteuer. – Ab 14. ✦ Scope. Frankreich/Italien/Spanien 1963 **P** Méditerranée/Mizar/Agata **Kl** Schorcht **R** Christian-Jaque **B** Christian-Jaque, Paul Andréota, Henri Jeanson, nach einem Roman von Alexandre Dumas **K** Henri Decaë **M** Gérard Calvi **D** Alain Delon (Julien/Guillaume de Saint Prex), Virna Lisi (Caroline), Dawn Addams (Marquise Cathérine de Vigogne), Akim Tamiroff (Marquis de Vigogne), Francis Blanche (Plantin) **L** 112 **FSK** ab 12; nf **E** 6.3.1964/12.11.1965 Kino DDR/23.1.1972 DFF 1 **fd** 12 607

SCHWARZE UND WEISSE MAGIE (MAGIJA TSCHORNAJA I BELAJA). Zwei Jungen, die in der Schule mehr schlecht als recht lernen und auch sonst scheinbar keine Interessen haben, werden vor ein Ultimatum gestellt: Entweder ihre Leistungen werden besser, oder sie dürfen nicht mit auf Klassenfahrt. Ausgerechnet eine neue Mitschülerin weiß den beiden zu helfen. Heitere Schülergeschichte, die unaufdringlich den Wert der Freundschaft vermittelt. – Ab 10. ✦ Scope. UdSSR 1983 **P** Lenfilm **R** Naum Birman **B** Valeri Prijomychow **K** Genrich Marandshan **M** Alexander Shurbin **D** Pawel Plissow (Sewa Kuchtin), Anton Granat (Witja Jelchow), Alexander Denissow (Valentin Dmitrijewitsch), Margarita Iwanowa (Elvira), Denis Lewin (Wassja Simakin) **L** 76 **E** 17.6.1984 DFF 2

DER SCHWARZE VORHANG (STREET OF CHANCE). Ein Mann stellt nach einem Unfall fest, daß er für lange Zeit sein Gedächtnis verloren und offensichtlich während dieser Zeit eine andere Identität hatte. Als er herausfindet, daß er unter anderem Namen wegen Mordes von der Polizei gesucht wird und versucht, seine Unschuld (oder Schuld) zu ergründen, erlebt er weitere Überraschungen. Schauspielerisch ansehnlicher, inszenatorisch eher bescheidener »film noir«; interessant durch die Thematik, den Verlust der Identität und den damit verbundenen Absturz aus der Normalität. – Ab 14 möglich. ✦ Schwarz-weiß. USA 1942 **P** Paramount **R** Jack Hively **B** Garrett Fort, nach einem Roman von Cornell Woolrich **K** Theodor Sparkuhl **M** David Buttolph **D** Burgess Meredith, Claire Trevor, Louise Platt, Sheldon Leonard, Jerome Cowan **L** 74 **E** 3.4.1985 WDR

DER SCHWARZE WALFISCH. Der Wirt des Hafenlokals »Zum schwarzen Walfisch« kümmert sich rührend um die Frau, die sein Sohn sitzengelassen hat. Um seinem Enkelkind einen Vater zu geben, fördert er ihre Heirat mit einem alten Freund und duldet nicht, daß der von großer Seefahrt heimkehrende Sohn diese Ehe zerstört. Der großartig gespielte Film ist die deutsche Version von Marcel Pagnols Dramen »Fanny« und »Marius«. – Ab 12. ✦ Schwarz-weiß. Deutschland 1934 **P** Riton **Kl** Super **R** Fritz Wendhausen **B** Fritz Wendhausen, nach dem Bühnenstück »Fanny« von Marcel Pagnol **K** Emil Schünemann **M** Walter Kollo, Siegfried Schulz **D** Emil Jannings, Angela Salloker, Max Gülstorff, Franz Nicklisch, Margarete Kupfer **L** 100 **FSK** ab 12; f **E** 2.3.1934 **fd** 1 247

DIE SCHWARZE WINDMÜHLE (THE BLACK WINDMILL). Ein englischer Geheimagent, der im Verdacht steht, seinen Sohn entführt zu haben, macht die Kidnapper auf eigene Faust dingfest und bringt zugleich die Verbindung feindlicher Schaltstellen ans Licht. Spannender und technisch präzise inszenierter Spionagefilm. Die psychologische Differenzierung ist weniger gelungen; das verwirrende Doppelagentenspiel macht die Geschichte nur schwer durchschaubar. – Ab 16. ✦ Scope. Großbritannien 1973 **P** Universal **Kl** CIC **Pd+R** Don Siegel **B** Leigh Vance, nach dem Roman »Seven Days to a Killing« von Clive Egleton **K** Ousama Rawi **M** Roy Budd **S** Anthony Gibbs **D** Michael Caine (Maj. John Tarrant), Donald Pleasence (Cedric Harper), Delphine Seyrig (Ceil Burrows), Joseph O'Conor (Sir Edward Julyan), John Vernon (McKee), Janet Suzman (Alex Tarrant), Joss Ackland (Chief Superintendent Wray) **L** 106 **FSK** ab 16; f **E** 6.9.1974 **fd** 18 985

DIE SCHWARZE WITWE (BLACK WIDOW). Eine mordende Heiratsschwindlerin wird von einer Agentin des FBI verfolgt und aufgespürt. Auf Hawaii kommt es zum Psycho-Duell zwischen den beiden ungleichen Frauen, die einander in einer Mischung aus Sympathie und Konkurrenzneid verbunden sind. Intelligent konstruierter, in Haupt- und Nebenrollen ausgezeichnet gespielter Thriller, der sich aber allzusehr auf den Reiz seiner schicken Schauplätze verläßt und teilweise im rein Dekorativen steckenbleibt. ✦ USA 1986 **P** 20th Century Fox **Kl** 20th Century Fox **SF** 20th Century Fox **VA** CBS/Fox **Pd** Harold Schneider **R** Bob Rafelson **B** Ronald Bass **K** Conrad L. Hall **M** Michael Small **S** John Bloom **D** Debra Winger (Alex), Theresa Russell (Catharine), Sami Frey (Paul), Dennis Hopper (Ben), Nicol Williamson (William Macauly), Leo Rossi (Ricci), Mary Woronov (Shelley) **L** 102 **FSK** ab 12; f **FBW** w **E** 14.5.1987/Mai 1988 Video **fd** 26 178

DER SCHWARZE WOLF (CERNY VLK). An der Grenze zwischen der CSSR und Österreich wird bei einem Schußwechsel eine Frau tödlich verletzt. Ihr Tod zieht eine Reihe mysteriöser Ereignisse nach sich, so daß sich die Spionageabwehr einschaltet. ✦ Schwarz-weiß. CSSR 1971 **P** Filmstudio Barrandov **R** Stanislav Cerny **B** Karel Fabian **K** Jirí Tarantík **M** Milos Vacek **D** Frantisek Peterka, Radovan Lukavsky, Josef Hejducik, Petr Hanicinec, Jirí Holy **L** 93 **E** 2.6.1974 DFF 1

SCHWARZE WUT (THE DITCHDIGGER'S DAUGHTERS). Ein Schwarzer, der als Junge die Erfahrung machte, dass Bildung die Grundvoraussetzung für gesellschaftlichen Erfolg ist, verlangt seinen fünf Töchtern das Äußerste ab, damit diese eine bessere Zukunft haben. Zunächst erreicht er damit allerdings nur, dass diese sich gegen ihn stellen. Gefühlvolle Chronik einer schwarzen Familie, die um Anerkennung ringt. – Ab 16. ✦ USA/Kanada 1997 **P** Four Papa/James Manos jr. Prod./MTM Enterprises **Pd** James Manos jr., Paris Qualles **R** Johnny E. Jensen **B** Yvonne S. Thornton, Jo Coudert **K** Fernando Arguelles **M** Phil Marshall **S** Allan Holzman **D** Carl Lumbly (Donald Thornton), Dule Hill (Donald als Junge), Victoria Dillard (Tass), Shelley Robertson (Donna), Andrienne Moique Coleman (Donna als Mädchen) **L** 88 **E** 19.3. 2000 tm3

DAS SCHWARZE ZELT (THE BLACK TENT). Der Sohn eines während des Zweiten Weltkrieges in Afrika vermißten englischen Offiziers fährt nach Nordafrika, um das Schicksal seines Vaters aufzuklären. Die Spur führt ihn zu einem Beduinenstamm, wo sein verwundeter Vater Zuflucht fand und die Tochter des Scheichs, seine Mutter, geheiratet hatte. Groß aufgemachte Orient-Romanze mit naiver Figurenzeichnung. – Ab 14. ✦ Scope. Großbritannien 1956 **P** Rank **Kl** Rank **Pd** William MacQuitty **R** Brian Desmond Hurst **B** Robin Maugham, Bryan Forbes **K** Desmond Dickinson **M** William Alwyn **S** Alfred Roome **D** Anthony Steel (David Holland), Donald Sinden (Charles Holland), Anna Maria Sandri (Mabrouka), Michael Craig (Faris), Andre Morell (Scheich Salem), Ralph Truman **L** 90 **FSK** ab 12; f **E** 28.9.1956 **fd** 5 339

DAS SCHWARZE ZIMMER (THE BLACK ROOM). Klassischer Horrorfilm mit Boris Karloff in einer Doppelrolle. In einer abgelegenen Landschaft Böhmens erkennt der gerechte Anton de Berghman nach der Rückkehr von einer Weltreise, daß aus seinem Zwillingsbruder ein sadistischer Mörder geworden ist, der vom Schloß ihrer Väter aus Angst und Schrecken unter den Bauern verbreitet. Ein in erster Linie vom Reiz seiner gruselig stilisierten Dekorationen lebendes Schauerkino, das seinerzeit die Kritik in Begeisterung versetzte. – Ab 16. ✦ Schwarz-weiß. USA 1935 **P** Columbia **Pd** Robert North **R** Roy William Neill **B** Henry Meyers, Arthur Strawn **K** Al Siegler **M** Louis Silvers **S** Richard Cahoon **D** Boris Karloff (Gregor/Anton), Marian Marsh (Thea), Katherine DeMille (Mashka), Robert Allen (Lt. Lussan), Thurston Hall (Col. Hassel) **L** 70 **E** 25.1.1983 NDR

DIE SCHWARZEN ADLER VON SANTA FE (LES AIGLES NOIRS DE SANTA FE). Ein Rancher läßt seine Leute, als Soldaten verkleidet, Indianer umbringen, um die Comanchen gegen die übrigen Weißen aufzuhetzen. Schematischer Eurowestern mit bescheidenem Unterhaltungswert. – Ab 16. ✦ Scope. BR Deutschland/Frankreich/Italien 1964 **P** Constantin/Rapid/Metheus/Société Nouvelle **Kl** Constantin **Pd** Günter Raguse **R** Ernst Hofbauer **B** Jack Lewis **K** Hans Jura **M** Gert Wilden **S** Herbert Taschner **D** Brad Harris, Joachim Hansen, Pinkas Braun, Werner Peters, Helga Sommerfeld **L** 91 **FSK** ab 12; nf **E** 12.3. 1965 **fd** 13 360

DIE SCHWARZEN ENGEL (TSCHERNITE ANGELI). Sechs junge Menschen haben als Angehörige einer Spezialeinheit der bulgarischen Volksbefreiungsarmee den Auftrag, die gefährlichsten Vertreter der deutschen und bulgarischen Faschisten zu töten. Sorgfältig inszenierter Kriegsfilm, dessen aktionsreiche Handlung auch die psychischen Belastungen der jugendlichen Soldaten verdeutlicht. – Ab 16. ✦ Scope. Bulgarien 1970 **P** Spielfilmstudio Sofia **Kl** Progress **R** Walju Radew **B** Walju Radew, nach dem Roman »Im Namen des Volkes« von Mitka Grybtschewa **K** Atanas Tassew **M** Simeon Pironkow **D** Stefan Danailow (Panther), Dorotea Tontschewa (Katina), Violetta Gindewa (Iskra), Jossif Sartschadshiew (Andre), Dobrinka Stankowa (Ratsche) **L** 129 **E** 2.4.1971 Kino DDR/12.10.1973 DFF 2

DIE SCHWARZEN PANTHER (ALL POWER TO THE PEOPLE). Dokumentation, die die Geschichte der schwarzen US-Bürgerrechtsbewegung »Black Panther« nachzeichnet, von ihren Anfängen als Untergrundorganisation in den 60er Jahren über ihre Ächtung durch das FBI in den 70ern bis zu ihrer Zerschlagung. Zahlreiche Bild- und Textdokumente, auch aus CIA- und FBI-Archiven, wurden verwertet; zu Wort kommen Augenzeugen wie Bobby Seale, ehemaliger Führer der Bewegung. ✦ USA 1996 **R** Lee Lew-Lee **L** 116 **E** 11.7.1997 arte

DIE SCHWARZEN PIRATEN VON MALAYSIA →Die Meute der Verdammten

DIE SCHWARZEN REITER VON DAKOTA (BUGLES IN THE AFTERNOON). Haß, Eifersucht und tödliche Rivalität zwischen zwei Kavalleristen unter General Custer 1872–76. Zügig inszenierter Western mit pausenlosen Schießereien. – Ab 14. ✦ USA 1952 **P** Warner **Kl** Warner **Pd** William Cagney **R** Roy Rowland **B** Geoffrey Homes (=Daniel Mainwaring), Harry Brown, nach einem Roman von Ernest Haycox **K** Wilfred M. Cline **M** Dimitri Tiomkin **S** Thomas Reilly **D** Ray Milland (Shafter), Helena Carter (Josephine), Hugh Marlowe (Captain Garnett), Forrest Tucker (Donovan), Barton MacLane (Moylan), George Reeves (Lt. Smith), James Millican (Sgt. Hines), Stuart Randall (Bannack Bill), William Phillips (Tinney), Dick Rich (Biers), John Pickard (McDermott), John War Eagle, Sheb Wooley (Gen. Custer), Virginia Brissac (Mrs. Carson), John Doucette (Bill), Bud Osborne (Teamster), Harry Lauter (Cpl. Jackson), Bob Steele **L** 85 **FSK** ab 12; nf **E** 8.10.1954 **fd** 3 643

DIE SCHWARZEN REITER VON TULA (I LANCIERI NERI). Kämpfe zwischen Polen und Kirgisen im 13. Jahrhundert, in denen schließlich zwei Brüder gegeneinander antreten müssen. Trotz des beträchtlichen Aufwands eine anspruchslose und unkonzentrierte Produktion. – Ab 14. ✦ Scope. Italien/Frankreich 1961 **P** Royal/France Cinéma **Kl** Columbia-Bavaria **Pd** Jone Tuzi **R** Giacomo Gentilomo **B** Ugo Guerra, Luciano Martino, Ottavio Alessi **K** Raffaele Masciocchi **M** Mario Nascimbene **D** Mel Ferrer, Yvonne Furneaux, Jean Claudio, Leticia Roman, Franco Silva **L** 95 **FSK** ab 12; nf **E** 31.5.1964 **fd** 11 999

DIE SCHWARZEN RITTER VON BORGOFORTE (GIOVANNI DALLE BANDE NERE). Schlachtengetümmel, Intrigenspiele und Kostümgepränge in einer sentimentalen Abenteuerhandlung aus den Kriegswirren zwischen Deutschland, Italien und Frankreich im 16. Jahrhundert. Dürftige Unterhaltung mit Pseudomoral. – Ab 16. ✦ Scope. Italien 1956 **P** Ottavio Poggi **Kl** Defir **Pd** Nino Battiferri **R** Sergio Grieco **B** Alessandro Continenza, Italo De Tuddo, Carlo Veo **K** Alvaro Mancori **M** Roberto Nicolosi **D** Vittorio Gassman, Constance Smith, Anna Maria Ferrero, Gérard Landry, Philippe Hersent **L** 85 **FSK** ab 16; nf **E** 13.12.1957 **fd** 6 577

DIE SCHWARZEN TEUFEL VON BAGDAD (BAGDAD). Die (im 19. Jahrhundert) in England erzogene Tochter eines Stammesfürsten kehrt in die Türkei zurück, um den Tod ihres Vaters an dem Usurpator zu rächen und um mit ihrem Volk in der Wüste zu leben. Etwas reißerisch aufgemachter Abenteuerfilm, der Motive aus 1001 Nacht in pompöser Ausstattung aufzugreifen versucht. (TV-Titel: »Bagdad«, »Die Prinzessin der Wüste«, »Die Prinzessin in der Wüste«, »Die Schwarzmäntel«) – Ab 14. ✦ USA 1949 **P** Universal **Kl** Universal **Pd** Robert Arthur **R** Charles Lamont **B** Robert Hardy Andrews **K** Russell Metty **M** Frank Skinner, Jack Brooks **S** Russell Schoengarth **D** Maureen O'Hara (Prinzessin Marjan), Paul Christian (= Paul Hubschmid) (Prinz Ahmed Khabar), Jeff Corey (Mohammad Jad), John Sutton (Raizul), Vincent Price (Pascha Al Nadim) **L** 78 **FSK** ab 12; nf **E** 24.8.1951/5.1.1990 DFF 2 **fd** 958

DIE SCHWARZEN TEUFEL VON EL ALAMEIN (SEA OF SAND). Ein britischer Stoßtrupp zerstört im Afrikafeldzug des Zweiten Weltkriegs ein weit hinter den gegnerischen Linien gelegenes deutsches Benzin- und Waffenlager. Kameradschaft auf Leben und Tod feiert dabei ihre kinoüblich-abenteuerlichen Triumphe. – Ab 16. ✦ Schwarz-weiß. Großbritannien 1958 **P** Rank/Tempean **Kl** Mercator **R** Guy Green **B** Robert Westerby, nach einem Roman von Sean Fielding **K** Wilkie Cooper **M** Clifton Parker **D** Richard Attenborough, John Gregson, Michael Craig, Vincent Ball, Barry Forster **L** 97 **FSK** ab 12; f **E** 16.11.1962 **fd** 11 593

DIE SCHWARZEN TEUFEL VON ROMANGAI (LA VENDETTA DEI TUGHS). Ein indischer Edeltarzan, der sich der Hilfe eines gezähmten Tigers erfreut, steigt kühn in den unterirdischen Bezirk bitterbös gezeichneter Tempeldiener hinab, um ein vor Jahren entführtes Mädchen englischer Abstammung zu befreien. Man wähnt sich, trotz Farbe und Ton, in längst versunkene Kintoppzeiten zurückversetzt. – Ab 16. ✦ Italien 1953 **P** Cosmopolitan **Kl** Lehmacher **Pd** George Venturini (= Giorgio Venturini) **R** Ralph Murphy **B** Ralph Murphy, Gian Paolo Callegari, nach einem Roman von Emilio Salgari **K** Massimo Dallamano **M** Giovanni Fusco **D** Lex Barker, Fiorella Mari, Paul Müller, Luigi Tosi, Enzo Fiermonte **L** 75 **FSK** ab 16; nf **E** 23.1.1959 **fd** 7 779

DIE SCHWARZEN TIGER VON HONGKONG →Once Upon a Time in China

DIE SCHWARZEN ZOMBIES VON SUGAR HILL (SUGAR HILL). Nachdem ihr Geliebter von den Handlangern eines Gangster erschlagen wurde, sichert sich die Frau mit Hilfe eines Voodoo-Kults die Unterstützung eines unheimlichen Barons, der seine Untoten ausschickt, um an den Gangstern Rache zu nehmen. Leichenreicher Horrorfilm auf dürftiger Drehbuchbasis und mit kruden Anschlussfehlern. Bemerkenswert ist allein der Umstand, dass er fast ausschließlich mit Schwarzen besetzt und so gesehen ein Unikat das Genres ist. ✦ USA 1973 **P** AIP **Pd** Elliot Schick **R** Paul Maslansky **B** Tim Kelly **K** Robert Jessup **M** Dino Fekaris, Nicki Zesses **S** Carl Kress **D** Marki Bey (Diana »Sugar« Hill), Robert Quarry (Morgan), Don Pedro Colley (Baron Samedi), Richard Lawson (Lt. Valentine), Betty Anne Rees (Celeste) **L** 123 **E** 29.7.2000 ProSieben

SCHWARZER ADLER (AQUILA NERA). Ein russischer Kosakenleutnant zur Zeit Katharinas II. zieht nach der Enteignung des väterlichen Besitzes als maskierter Rächer à la Robin Hood durchs Land. Temperamentvoller Kostümabenteuerfilm nach Alexander Puschkin. – Ab 14. ✦ Schwarz-weiß. Italien 1946 **P** Lux **Kl** Omnium **Pd** Romolo Laurenti, Franco Palaggi **R** Riccardo Freda **B** Riccardo Freda, nach der Novelle »Dumbrowsky« von Alexander Puschkin **K** Rodolfo Lombardi **M** Franco Casavola **D** Rossano Brazzi, Gino Cervi, Irasema Dilian, Harry Feist, Rina Morelli **L** 92 **FSK** ab 12; nf **E** 6.1.1950 **fd** 577

EIN SCHWARZER ENGEL (L'ANGE NOIR). Die respektierte Frau eines prominenten Richters gerät in Verdacht, einen Gangster umgebracht zu haben. Ein von ihrem Mann engagierter Anwalt bringt die fragwürdige Vergangenheit der aus bescheidenen Verhältnissen stammenden Frau ans Licht: Sie war Komplizin und Geliebte des Ermordeten. Das zuweilen überstilisierte Kriminaldrama droht der Faszination des bürgerlichen Milieus zu erliegen, das es kritisieren will. (Fernsehtitel auch: »Engel in Schwarz«) – Ab 16. ✦ Frankreich 1994 **P** Alain Sarde Prod. **Pd** Alain Sarde **R+B** Jean-Claude Brisseau **K** Romain Winding **M** Jean Musy **S** Maria-Luisa Garcia **D** Sylvie Vartan (Stéphane Feuvrier), Michel Piccoli (Georges), Lisa Herédia (Madeleine), Tchéky Karyo (Paul Delorme), Alexandra Winisky (Cécile) **L** 99 **E** 27.9.1995 premiere/26.5.1997 ZDF

SCHWARZER ENGEL (1946) →Vergessene Stunde

SCHWARZER ENGEL (1976) (OBSESSION). Sechzehn Jahre, nachdem Frau und Tochter bei einer Entführung ums Leben gekommen sind, begegnet ein Immobilienmakler aus New Orleans in jener Kirche in Florenz, in der er seine Frau kennengelernt hatte, einem Mädchen, das ihr verblüffend ähnlich ist. Geschickt konstruierter und brillant inszenierter romantischer Thriller. – Sehenswert. ✦ Scope. USA 1976 **P** Yellow Bird **Kl** United Artists **Pd** George Litto,

Harry N. Blum **R** Brian de Palma **B** Paul Schrader **K** Vilmos Zsigmond **M** Bernard Herrmann **S** Paul Hirsch **D** Cliff Robertson (Michael Courtland), Geneviève Bujold (Elizabeth/Sandra), John Lithgow (Robert LaSalle), Wanda Blackman (Amy Courtland), Patrick McNamara (3. Kidnapper) **L** 92 **FSK** ab 16; f **E** 25.3.1977 **fd** 20 261

SCHWARZER FREITAG (1940) (BLACK FRIDAY). Im Hospital liegen zwei Schwerverletzte: ein Professor und ein Gangster. Dem Professor wird von einem befreundeten Arzt interessehalber das Gehirn des tödlich angeschossenen Verbrechers transplantiert, mit gefährlichen Folgen für beide. Ein Horrorstück, das die Doktoren Jekyll und Frankenstein zu einer Persönlichkeit verschmolzen und mit einer spannend geschürten Gangsterstory kombiniert hat. Äußerst geschickt inszeniert und von grandiosen Hauptdarstellern getragen. – Ab 16. ✦ Schwarz-weiß. USA 1940 **P** Universal **Pd** Burt Kelly **R** Arthur Lubin **B** Curt Siodmak, Eric Taylor **K** Elwood Bredell **S** Philip Cahn **D** Boris Karloff (Dr. Ernest Sovac), Bela Lugosi (Eric Marnay), Stanley Ridges (Frof. Kingsley), Anne Nagel (Sunny Rogers), Anne Gwynne (Jean Sovac), Virginia Brissac (Margaret Kingsley), Edmund MacDonald (Frank Miller), Paul Fix (Kane), Murray Alper, Jack Mulhall **L** 70 **E** 9.6.1973 ARD **fd** 18 318

SCHWARZER FREITAG (1954) (BLACK TUESDAY). Zwei verurteilte Mörder werden von Komplizen aus der Todeszelle befreit und verbergen sich mit Geiseln vor der Polizei. In der Nachfolge der »Schwarzen Serie« der 40er Jahre ein sehr spannender, aber zynischer und brutaler Gangsterfilm. ✦ Schwarz-weiß. USA 1954 **P** Goldstein/United Artists **Kl** United Artists **Pd** Robert Goldstein, Leonard Goldstein **R** Hugo Fregonese **B** Sydney Boehm **K** Stanley Cortez **M** Paul Dunlap **S** Robert Golden **D** Edward G. Robinson, Peter Graves, Jean Parker, Milburn Stone, Warren Stevens **L** 80 **FSK** ab 18; nf **E** 10.2.1956 **fd** 4 742

SCHWARZER HORIZONT (THE CRUDE OASIS). Thriller. Eine junge Frau, die in der Prärie von Kansas lebt, wird von Depressionen geplagt. Eines Tages erkennt sie, daß ihre Alpträume einen wahren Hintergrund haben. ✦ USA 1995 **R+B** Alex Graves **K** Steven Quale **M** Steven Bramson **D** Jennifer Taylor (Karen Webb), Aaron Shields (Harley Underwood), Robert Peterson (Jim Webb), Mussef Sibay (Earp), Lynn Bieler (Stone) **L** 81 **E** 7.5.1997 premiere

EIN SCHWARZER IN DER TRAUMFABRIK. Porträt des über 70jährigen farbigen Berliner Gastwirts und ehemaligen Filmkomparsen Werner Egiomues, dessen Großvater aus der früheren deutschen Kolonie Kamerun ins kaiserliche Berlin zog und dort heiratete. Zuerst durfte sein Enkel sogar in die Hitler-Jugend – bis zur Olympiade 1936. Danach fühlte er sich nur noch auf dem UFA-Gelände in Babelsberg und in den Filmen, in denen er mitwirkte, anerkannt und gebraucht – wenn auch nur als das, was die NS-Rassenpropaganda zur exotischen Komplettierung ihrer Filmträume brauchte: schwarze »Untermenschen«. ✦ Deutschland 1994 **R** Helma Sanders-Brahms **L** 45 **E** 19.2.1995 Nord 3

SCHWARZER JÄGER JOHANNA. Eine norddeutsche Bürgerstochter lernt im Jahr 1809 einen Freikorpskämpfer kennen, der das »Schwarze Corps« des Herzogs von Braunschweig befehligt. Von den Franzosen verfolgt, schließt sie sich in schwarzer Husarenuniform dem Major an. Ein zwielichtiger Verbindungsoffizier der Gegenseite läßt sie aus der Gefangenschaft entkommen, so daß sie sich mit ihrem Geliebten zur Nordsee zu den Briten durchschlagen kann. Historischer Bilderbogen, der distanzlos preußische »Tugenden« und Männerbünde feiert und dessen Aufmärsche Parallelen zu den Machtdemonstrationen der Nazis zeigen. 1945 wurde der Film von den alliierten Militärregierungen verboten. – Ab 14 möglich. ✦ Schwarz-weiß. Deutschland 1934 **P** Terra **R** Johannes Meyer **B** Heinrich Oberländer, Heinz Umbehr, nach dem gleichnamigen Roman von Georg von der Vring **K** Alexander von Lagorio **M** Winfried Zillig **D** Marianne Hoppe (Jäger Johanna), Paul Hartmann (Major Korfes), Gustaf Gründgens (Doktor Frost), Fita Benkhoff, Genia Nikolajewa **L** 100 **E** 6.9. 1934/15.5.1988 BR

SCHWARZER KIES. In der Nähe eines Hunsrückdorfs baut die US-Armee einen Militärflugplatz. Die wirtschaftliche und kulturelle Invasion bringt die Einheimischen aus dem Gleichgewicht; ein Schwarzmarkthandel mit gestohlenem Kies endet für zwei Liebespaare tödlich. Käutners düstere Moritat bietet krasse Klischees statt kritischer Ansätze; für politischen Wirbel sorgte der Film, als der Zentralrat der Juden in Deutschland Anzeige gegen ihn erstattete, weil ein jüdischer Bordellbesitzer auftritt. Auch später vorgenommene Kürzungen (die ein Liebespaar mit dem Leben davonkommen lassen) änderten nichts an der ablehnenden Haltung von Kritik und Publikum. ✦ Schwarz-weiß. BR Deutschland 1960 **P** Universum **Kl** UFA **Pd** Hajo Wieland **R** Helmut Käutner **B** Helmut Käutner, Walter Ulbrich **K** Heinz Pehlke **S** Klaus Dudenhöfer **D** Helmut Wildt (Robert Neidhardt), Ingmar Zeisberg (Inge Gaines), Hans Cossy (John Gaines), Wolfgang Büttner (Otto Krahne), Anita Höfer (Elli) **L** 111 **FSK** ab 18; nf **E** 13.4.1961/ 18.10.1963 DFF 1 **fd** 10 142

SCHWARZER LOHN UND WEISSE WESTE. Der Leiter eines neugeschaffenen »Stützpunkts für illegale Arbeitsvermittlung« soll Schwarzarbeit und Schattenwirtschaft in seinem Einflußbereich unterbinden. Am Ende der Ermittlungen zappeln ein internationaler Baulöwe, ein verzweifelter Kleinunternehmer und ein Arbeitsloser in seinem Ermittlungsnetz. Ein Spielfilm, der verschiedene Abstufungen illegaler Beschäftigung und die unterschiedlichen Motivationen zu dieser Art von Wirtschaftskriminalität darstellen will. ✦ BR Deutschland 1985 **P** Horizont **Pd** Wolfgang Krenz **R+B** Marco Serafini **K** Lothar Elias Stickelbrucks **D** Peer Schmidt, Raphael Wilcek, Hagen Mueller-Stahl, Karl Walter Diess, Klaus Münster **L** 70 **E** 1985 Kino

SCHWARZER MARKT DER LIEBE. Von Genua aus werden durch Zeitungsanzeigen und Marihuanapartys als Tänzerinnen angeworbene junge Mädchen in den Orient abtransportiert. Interpol kann, nach mehreren Morden, den Mädchenhändlerring in Berlin ausheben. Ein stümperhaft inszeniertes Routineprodukt unter dem Deckmäntelchen des »Tatsachenreports«. ✦ Schwarz-weiß. BR Deutschland 1966 **P** Urania **Kl** Team **Pd** Erwin C. Dietrich **R+B** Ernst Hofbauer **K** Andreas Demmer, Günther Knuth **M** Frank Valdor **D** Uta Levka, Astrid Frank, Karin Field, Claus Tinney (= Klaus Krause), Tilly Lauenstein **L** 83 **FSK** ab 18; nf **E** 29.7.1966 **fd** 14 176

SCHWARZER MOND (BLACK MOON). Eine von einer exotischen Insel stammende junge Frau ist mit einem Amerikaner verheiratet und lebt mit ihm in den USA. Eines Tages kehrt sie mit ihrem Kind, einem Kindermädchen und der Sekretärin ihres Mannes auf die heimatliche Insel zurück. In Verbindung mit den Voodoo-Riten, an die sie immer noch glaubt, geschehen in der Folgezeit verwirrende Dinge. Als das Kindermädchen ermordet wird, ruft die Sekretärin den Ehemann zu Hilfe, der eben noch verhindern kann, daß sein Kind von der eigenen Mutter geopfert wird. Seine Frau muß er dabei allerdings töten. Ein veralteter, aber recht spannender Film, der sich mit Aberglauben und Voodoo-Kult nicht auseinandersetzt, sondern sie als Nervenkitzel nutzt. – Ab 16. ✦ Schwarz-weiß. USA 1934 **P** Columbia **R** Roy William Neill **B** Wells Root, nach einem Roman von Clement Ripley **K** Joseph August **D** Jack Holt (Stephen Lane), Fay Wray (Gail), Dorothy Burgess (Juanita Lane), Cora Sue Collins (Nancy Lane), Arnold Korff (Dr. Perez) **L** 65 **E** 30.11.1981 WDR

SCHWARZER NERZ AUF ZARTER HAUT. An Bord eines Ozeandampfers befinden sich ein Professor mit Geheimpapieren und mehrere Agenten verschiedener Geheimdienste, die aber überwiegend damit beschäftigt sind, ihre Begleiterinnen aus- und dann ins Bett zu ziehen. Zur einfallslosen Handlung gesellt sich eine auffallende Bescheidenheit in der Ausstattung. Die Billigproduktion ist auch in Regie und Darstellung unzulänglich. ✦ Scope. BR Deutschland 1969 **P** Urania **Kl** Avis **Pd** Erwin C. Dietrich, Eva Curtis **R** Michael Thomas (= Erwin C. Dietrich), Erwin C. Dietrich **B** Manfred Gregor (= Erwin C. Dietrich), Erwin C. Dietrich, nach einem Roman von Henry Pahlen **K** Peter Baumgartner **M** Walter Baumgartner **S** Brigitte Miethke, Marie-Luise Buschke **D** Erwin Strahl, Herbert Fux, Tamara Baroni, Claus Tinney (= Klaus Krause), Franca Polesello **L** 87 **FSK** ab 18; nf **E** 20.2.1970 **fd** 16 649

SCHWARZER REGEN (KUROI AME). Ein japanisches Dorf in der Nähe Hiroshimas 1950: Der Schock des Atombombenabwurfs sitzt tief, die Strahlenkrankheit fordert ihre Opfer. Verbissen versucht ein alter Mann, seine Nichte zu verheiraten, und tritt allen Gerüchten, daß die 25jährige verstrahlt sei, entschlossen entgegen. Doch seine Hoffnung erweist sich als trügerisch. Ein betroffen machender, bewußt nüchterner, dokumentarisch anmutender Film, der durch exzellente Kameraarbeit und Ausstattung das Grauen der Katastrophe von Hiroshima heraufbeschwört und einen rigorosen Pazifismus propagiert. Indem er verdeutlicht, wie die Personen ihr Leben als Todgeweihte in gegenseitiger Hilfsbereitschaft bewältigen, öffnet er das Auge für die geistigen Haltepunkte aus Tradition, Kultur und Religion auf diesem langen Sterbeweg. – Sehenswert ab 16. ✦ Schwarz-weiß. Japan 1988 **P** Imamura Prod./Hayashibara/Tohokushinsha Film **Kl** Concorde **VA** Concorde **Pd** Hisa Lino **R** Shôhei Imamura **B** Toshiro Ishido, Shôhei Imamura, nach einem Taschenbuchroman von Masuji Ibuse **K** Takashi Kawamata **M** Toru Takemitsu **S** Hajime Okayasu **D** Yoshiko Tanaka (Yasuko), Kazuo Kitamura (Shigematsu), Etsuko Ichihara (Shigeko), Shoichi Ozawa (Shokichi), Norihei Miki (Kotaro) **L** 122 **FSK** ab 12; f **FBW** w **E** 8.2.1990/30.7.1990 Video **fd** 28 128

SCHWARZER REGENBOGEN → Der schwarze Regenbogen

SCHWARZER SAMT. Um einem geplanten Verbrechen auf die Spur zu kommen, übernimmt ein Stasi-Beamter die Rolle eines Agenten. Nach gefährlichen Erlebnissen gelingt es ihm in letzter Minute, einen großangelegten Sabotageakt während der Leipziger Messe zu verhindern. Spannende Unterhaltung, die im Rahmen der Möglichkeiten den James-Bond-Mythos persifliert. – Ab 14. ✦ Scope, schwarz-weiß. DDR 1963 **P** DEFA, Gruppe »Heinrich Greif« **Kl** Progress **Pd** Dieter Dormeier **R** Heinz Thiel **B** Gerhard Bengsch, nach dem Roman »Der scharlachrote Domino« von Fred Unger **K** Horst E. Brandt **M** Helmut Nier **S** Anneliese Hinze-Sokolow **D** Erich Gerberding (Hauptmann Jensen), Rudolf Ulrich (Oberleutnant Wohlfahrt), Fred Delmare (Alexander Berg), Günther Simon (Manfred Sibelka), Christa Gottschalk (Helma Sibelka), Christine Laszar (Vera Gorm), Herbert Köfer (Dr. Kosel) **L** 79 **E** 28.2.1964 Kino DDR

SCHWARZER SCHNEE (BEN MIN NIAM). Ein von den chinesischen Behörden verbotenes Drama über Isolation in einer entfremdeten Welt. Ein Mann kommt nach längerer Haft zurück nach Peking, um seine Verwandten aufzusuchen. Diese aber sind sämtlich verstorben, nur eine alte Frau nimmt sich seiner an. Arbeit findet er nicht, so daß er seine Tage mit Trinken und Prügeln verbringt. Ein alter Freund taucht nur kurz auf und verschwindet bald wieder; auch von der Frau, in die er sich verliebt, wird er enttäuscht. ✦ VR China 1989 **P** Jugendfilmstudio/Beijing Film Academy **R** Xie Fei **B** Liu Heng **K** Xiao Feng **D** Jiang Wen (Li Huiquan, genannt Quanzi), Cheng Lin (Zhao Yaqiu), Cai Hongxiang (Chui Yongli), Liang Tian (Ma Yipu (Shuazi)), Liu Xiao Ning (Fang Chazi) **L** 99 **E** 26.5.1998 ZDF

SCHWARZER SKORPION (LE COURAGE DES AUTRES). Zu Beginn des 19. Jahrhunderts: Unter den von brutalen Häschern gefangengenommenen Afrikanern befindet sich ein geheimnisvoller Reiter, der zunächst mit stoischer Ruhe die Grausamkeit der Sklaventreiber hinnimmt, schließlich jedoch einen nach dem anderen von ihnen umbringt, bis die Befreiung gelingt. Ein Film über den Widerstand, der sich jedes Dialogs enthält. Im Stil afrikanischer Erzählungen versucht er, Aufmerksamkeit für die Bedeutung von Gesten und Blicken zu wecken. Ein außergewöhnliches Dokument des afrikanischen Spielfilms. – Ab 16. ✦ Obervolta 1982 **P** Cinafric **KI** BAG **R+B** Christian Richard **K** Serge Dalmas **D** Sotigui Kouyaté (der magische Reiter), Baba Kouyaté, Amadou Banou **L** 92 **E** 27.9.1984 S 3

SCHWARZER SOMMER (HAUNTED SUMMER). Im Sommer des Jahres 1816 treffen der Schriftsteller Shelley, seine Geliebte Mary und deren Halbschwester Claire den englischen Dichterfürsten, Menschenverächter und Zyniker Lord Byron in dessen Villa am Genfer See. Byron versucht, seine Gäste von der Wertlosigkeit des Menschengeschlechts zu überzeugen und gleichzeitig Marys Gunst zu gewinnen. Sie widersetzt sich ihm jedoch als einzige. Die historisch verbürgte Begegnung legt in einer altmodischen Inszenierung den Dünkel der »Freidenker« Byron und Shelley bloß, kann ihre endlosen Dispute jedoch kaum in sinnfällige Bilder kleiden. Ein langatmiger, ermüdender Film. ✦ USA 1987 **P** The Cannon Group **VA** Cannon/VMP **R** Ivan Passer **B** Lewis John Carlino, nach einem Roman von Anne Edwards **K** Giuseppe Rotunno **M** Christopher Young **S** Cesare d'Amico, Richard Fields **D** Philip Anglim (Lord Byron), Laura Dern (Claire Clairmont), Alice Krige (Mary), Eric Stoltz (Percy Shelley), Alex Winter **L** 102 **FSK** ab 16 **E** März 1990 Video **fd** 28 265

SCHWARZER SONNABEND (CERNA SOBOTA). Nach dem Diebstahl von Methylalkohol fallen mehrere Menschen dem gefährlichen »Schnaps« zum Opfer. Eine fieberhafte Suche beginnt, um weiteres Unheil zu verhindern. Kriminalfilm, der zwar mit einigen typischen Klischees (wie den westeuropäischen Hintermännern) bricht, aber keine eigene Handschrift entwickeln kann. – Ab 14. ✦ Schwarz-weiß. CSSR 1960 **P** Filmstudio Barrandov **KI** Progress **R** Miroslav Hubácek **B** Josef Boucek, Miroslav Kratochvil, Lubomír Pok, Ladislav Rychman, Vladimír Valenta, Jirí Brdecka **K** Jaromír Holpuch **M** Václav Lídl **D** Rudolf Deyl (Leutnant Hájek), Zdenek Díte (Oberleutnant Bláha), Lubor Tokos (Hauptmann Drahota), Dana Medrická (Vera Rezková), Josef Bek (Jan Valenc) **L** 74 **E** 20.10.1961 Kino DDR/13.10.1962 DFF 1

SCHWARZER SONNTAG (BLACK SUNDAY). An das Massaker im Münchner Olympischen Dorf 1972 angelehnt, entwirft Frankenheimers Film die Schreckensvision eines Attentats, das palästinensische Terroristen gegen den Präsidenten der USA und 80 000 mit ihm in einem Stadion anwesende Sportenthusiasten planen. Ein auf der Grenze zwischen Sensationskino und politischer Warnung angesiedelter, in einzelnen Passagen sehr eindrucksvoller Thriller. ✦ Scope. USA 1976 **P** Paramount **KI** CIC **Pd** Robert Evans **R** John Frankenheimer **B** Ernest Lehman, Kenneth Ross, Ivan Moffat, nach einem Roman von Thomas Harris **K** John A. Alonzo **M** John Williams **S** Tom Rolf **D** Robert Shaw (Kabakow), Marthe Keller (Dahlia), Bruce Dern (Lander), Fritz Weaver (Corley), Bekim Fehmiu (Fasil) **L** 143 **FSK** ab 18; nf **E** 8.9.1977 **fd** 20 483

SCHWARZER STERN IN WEISSER NACHT (UN HOMME SE PENCHE SUR SON PASSE). Einen kanadischen Pelzjäger, der eine Farmerstochter heiratet, zieht es allwinterlich zur lebensgefährlichen Jagd. In seine zerrüttete Ehe tritt ein früherer Verehrer der Frau. Der bis an den Rand des Ehebruchs getriebene Konflikt entwickelt sich zum Mordversuch und endet mit einer tödlichen Flucht. Die Gestaltung der deutsch-französischen Romanverfilmung bleibt melodramatisch-oberflächlich, das Abenteuer der Jagdzüge wirkt gestellt, nur die Landschaft ist echt und schön. – Ab 16. ✦ Frankreich/BR Deutschland 1957 **P** Sport/Pallas **KI** Pallas **R** Willy Rozier **B** Xavier Vallier, nach einem Roman von Maurice Constantin Weyer **K** Michel Rocca **M** Jean Yatove **S** Madeleine Crétolle **D** Barbara Rütting (Hanna McCloy), Hans Christian Blech (Harry), Jacques Bergerac (Jaques Monge), Pierre Dudan (Pat Durand), Barbara Cruze (Mary McCloy) **L** 78 **FSK** ab 12; f **E** 28.11.1958 **fd** 7 960

SCHWARZER STURM (VIENTO NEGRO). Mitten durch die Altar-Wüste in Sonora, Mexiko, wird eine Eisenbahnlinie gebaut. Zum Gruppenleiter eines Bauabschnitts wird ein brutaler, jähzorniger Mann ernannt. Seine Frau verachtet ihn und versucht, seinen Sohn von ihm fernzuhalten. Dieser kommt jedoch als Vermessungsspezialist ins Lager. Während einer Expedition in ein noch unerschlossenes Teilstück kommt er ums Leben. Hartes »Männerkino« mit vereinfachten Konflikten; die Atmosphäre früher Kolonialverhältnisse wird durch eine menschenfeindliche Landschaft vermittelt. ✦ Schwarz-weiß. Mexiko 1965 **P** Arbeiter der S.T.P.C. Mexiko **R** Servando Gonzalez **B** Rafael Garcia Travesi, Servando Gonzalez, nach einem Roman von Mario Martini **K** Alex Phillips, Augustin Jiménez **M** Gustavo C. Garrion **D** José Elias Moreno, David Reynoso, Enrique Lizalde **L** 116 (BRD 100) **E** 20.4.1974 DFF 1/23.10.1982 WDR

EIN SCHWARZER TAG FÜR DEN WIDDER (UNA GIORNATA NERA PER L'ARIETE/DESIDERIO PERVERSO). Ein Journalist wird verdächtigt, einen Kollegen ermordet zu haben. Von seiner Zeitung entlassen, sucht er den Täter auf eigene Faust. Nach einer Reihe mysteriöser weiterer Morde kann er den Täter entlarven. Stellenweise zwar spannend, insgesamt aber vordergründig und banal, mit einigen fragwürdigen Zutaten. (Alternativer Fernsehtitel: »Der schwarze Tag des Widders«) ✦ Scope. Italien 1971 **P** B.R.C./Dario **R** Luigi Bazzoni **B** Mario di Nardo, Mario Fenelli, Luigi Bazzoni, nach einem Roman von D.M.Levine **K** Vittorio Storaro **M** Ennio Morricone **D** Franco Nero (Andrea), Silvia Monti (Helen), Wolfgang Preiss (Kommissar Almont), Ira von Fürstenberg (Isabelle Lancia), Edmund Purdom **L** 95 **E** 5.9. 1987 DFF 1/30.11.1990 RTL plus

SCHWARZER TOD (BLACK DEATH). Als mitten in New York eine unbekannte Frau zum Opfer der Pest wird, beginnt für die Ärzte ein dramatischer Wettlauf mit dem Tod. Sie haben ganze fünf Tage Zeit, die Ausbreitung der mörderischen Seuche in der Millionenstadt zu verhindern. Abgedroschener Katastrophenfilm. ✦ USA 1992 **Pd+R** Sheldon Larry **B** I. C. Rapoport, nach einem Roman von Gwyneth Cravens und John S. Marr **K** Ron Orieux **M** Marty Simon **D** Kate Jackson (Dr. Nora Hart), Jeffrey Nordling (Dr. Jake Prescott), Howard Hesseman (Calvin Phillips), Al Waxman (Andrew Carmichael), Chip Zien (Lionel Katz) **L** 92 **E** 5.3.1993 ARD

SCHWARZER ZWIEBACK (TSCHJORNYJE SUCHARI). Bei Ausbruch der November-Revolution 1918 in Deutschland senden sowjetische Arbeiter ihren hungernden deutschen Klassengenossen einen Zug mit Brot und Getreide. An der Grenze jedoch wird die wertvolle Ladung von konterrevolutionärer deutscher Kavallerie zerstört. Konventionell gestaltetes Revolutionsdrama voller Sentimentalität und deklamatorischem Pathos. ✦ Scope. DDR/UdSSR 1971 **P** DEFA, Gruppe »Babelsberg« **KI** Progress **R** Herbert Rappaport **B** Herbert Rappaport, Edith Gorish, nach dem gleichnamigen Roman von Jelisaweta Drabkina **K** Eduard Rosowski, Rolf Schrade **M** Alexander D. Mnatzakanjan **S** Isolde L. Golowko **D** Natalja Warlej (Tanja), Rüdiger Joswig (Kurt), Nikolai Merslikin (Woronin), Viktor Uralski (Kajumow), Jessy Rameik (Betsy), Harald Hauser (Kirchner) **L** 84 **E** 13.4.1972 Kino DDR/30.4.1973 DFF 2

SCHWARZES ELFENBEIN (WHERE NO VULTURES FLY). Dokumentarspielfilm über die Erlebnisse eines Jagdaufsehers bei der Schaffung eines Naturschutzparkes am Fuße des Kilimandscharo in Kenia. Die dünne Handlung ist Aufhänger für eine Fülle großartiger Landschafts- und Tieraufnahmen. (Fortsetzung: »Westlich Sansibar«, 1954) – Sehenswert ab 10. ✦ Großbritannien 1951 **P** Ealing/African Films Prod. **KI** Rank **Pd** Leslie Norman **R** Harry Watt **B** W. P. Lipscomb, Ralph Smart, Leslie Norman, nach einer Idee von Harry Watt **K** Geoffrey Unsworth, Paul Beeson **M** Alan Rawsthorne **S** Gordon Stone **D** Anthony Steel (Robert Payton), Dinah Sheridan (Mary Payton), Harold Warrender (Mannering), Meredith Edwards (Gwyl Davies), William Simons (Tim Payton) **L** 105 **FSK** ab 12; f **E** 4.7.1952/30.5.1965 ZDF **fd** 1 815

SCHWARZES FEUER, WEISSE GEWALT (SHAMWARI). Ein schwarzer Polizeioffizier und ein weißer Maschinenbauer in Rhodesien (heute Zimbabwe) verlieren bei Terroranschlägen ihre Frauen, letzterer auch seinen Sohn. Während der Polizist bei seinen Ermittlungen auf einen berüchtigten Guerilla-Führer stößt und einen wenig kooperativen Schamanen erschießt, läßt der Maschinenbauer seine Wut an einer Gruppe Schwarzer aus. Beide werden zu Zwangsarbeit verpflichtet, beide entkommen – mit Ketten aneinander gefesselt. Als Parabel auf die rassischen Auseinandersetzungen im nachkolonialen Afrika angelegtes Drama. ✦ Zimbabwe 1982 **R** Clive Harding **B** Ian Yule **D** Ian Yule (Bill Matthews), Ken Gampu (Khumalo) **L** 85 **E** 7.4.1998 Vox

SCHWARZES GOLD (1961) (BLACK GOLD). Dürftiger Abenteuerfilm, der den harten Kampf zweier Rivalen um die Bohrlizenz für Erdöl schildert. – Ab 12 möglich. ✦ Schwarz-weiß. USA 1961 **P** Warner **KI** Warner **Pd** Jim Barnett **R** Leslie H. Martinson **B** Bob Duncan, Wanda Duncan, nach einer Erzählung von Harry Whittington **K** Harold Stine **M** Howard Jackson **S** Leo H. Shreve **D** Phil Carey (Frank McCandless), Diane McBain (Ann Evans), James Best (Jericho Larkin), Claude Akins (Chick Carrington), Fay Spain (Julie) **L** 97 **FSK** ab 12; nf **E** 30.11.1962 **fd** 11 820

SCHWARZES GOLD (1979/80). Ein vorbildlicher Arbeiter vermag seine Familienbeziehungen nicht zu ordnen und muss sich der Kritik seiner Kollegen stellen. Wenig überzeugender, schematischer Problemfilm des DDR-Fernsehens. ✦ DDR 1979/80 **P** DEFA **Pd** Dietmar Richter **R+B** Hans Werner **K** Jürgen Lenz **M** Jens-Uwe Günther **S** Brigitte Koppe **D** Marian Kociniak (Paul Budach), Ingeborg Westphal (Marlies Klotzsche), Christine Schorn (Trude Budach), Fritz Marquardt (Joseph Machulla), Gertrud Brendler (Oma Weidauer) **L** 84 **E** 1.8.1981 DFF 1

SCHWARZES HERZ (CUORE NERA). Kriminalfilm um einen römischen Rechtsanwalt, der sich für illegale Einwanderer engagiert und eines Nachts einem schrecklichen Geheimnis auf die Spur kommt, als der achtjährige Sohn eines Gärtners tot aufgefunden wird. ✦ Italien 1991 **R** Maurizio Ponzi **D** Giancarlo Giannini (Valentino), Patricia Millardet (Giovanna), Richard Roundtree (Ray), Gabriele Ferzetti (Noé Alga Croce), Alessandro Resseguier (Nicky) **L** ca. 95 **E** 4.6. 1996 VOX

SCHWARZES KOMMANDO (THE DARK COMMAND). Ein zum Bandenführer avancierter machthungriger Lehrer terrorisiert vor dem Bürgerkrieg Kansas und wird am Ende von einem jungen Sheriff, der auch in der Liebe sein Rivale ist, zur Rechenschaft gezogen. Halbwegs historischer Western, gut inszeniert und gespielt, der laut Aussage des Regisseurs durch Schnittauflagen des Studios in Erzählduktus und Spannung beeinträchtigt wurde. – Ab 16. ✦ Schwarz-weiß. USA 1940 **P** Republic Pictures **KI** Gloria **Pd** Sol C. Siegel **R** Raoul Walsh **B** Grover Jones, Lionel Houser, F. Hugh Herbert, nach einem Roman von W. R. Burnett **K** Jack Marta **M** Victor Young **S** Murray Seldeen, William Morgan **D** John Wayne (Bob Seton), Claire Trevor (Mary McCloud), Walter Pidgeon (William Cantrell), Roy Rogers (Fletch McCloud), George Hayes (Doc Grunch), Porter Hall (Angus McCloud), Marjorie Main (Elizabeth Adams), Raymond Walburn (Richter Buckner), Joseph Sawyer

(Bushropp), Trevor Bardette **L** 96 **FSK** ab 16; f **E** 31.8. 1951 **fd** 1 335

SCHWARZES LEDER, HEISSES BLUT (RED BLOODED AMERICAN GIRL II). Erotikthriller um eine Prostituierte, die sich einen Collegeboy angelt, um sich an ihrem brutalen Vater zu rächen. ✦ USA 1995 **R** David Blyth **B** Nicolas Stiliadis **D** Kari Salin (= Kari Wuhrer) (Miya Falk), Kristoffer Ryan Winters (Trent Colbert), Burt Young (Roy), Nicholas Pasco (Vukelich) **L** 105 **E** 14.6.1997 RTL 2

SCHWARZES VENEDIG (NERO VENEZIANO). In Venedig wird ein Geschwisterpaar mit den Mächten des Bösen konfrontiert. Während der blinde Junge, der in seinen Visionen ein Unheil vorhersieht, sich dem Teufel entgegenstellt, gebiert seine Schwester Luzifer ein Kind. Abstruser, verworrener Horrorfilm, der durch nicht eingelöste Genre-Assoziationen und spekulativ ausgeschlachtete Grausamkeiten vergeblich zu fesseln versucht; langweilig und abstoßend. (Alternativtitel: »Die Wiege des Teufels«) ✦ Italien 1977 **P** 3 B Produzione **KI** Allround/Filmagentur Werner **VA** Carrera **Pd** Luigi Borghese **R** Ugo Liberatore **B** Roberto Gandus, Ugo Liberatore **M** Pino Donaggio **D** Renato Cestiè, Olga Karlatos, Rena Niehaus, Yorgo Voayagis, Fabio Gamma **L** 85 **FSK** ab 16; nf **E** 14.11.1985/28.1.1988 Video **fd** 26 213

DIE SCHWARZFAHRER. Drei Herumtreiber in Westberlin, die sich mit kleinen Gaunereien und Gelegenheitsjobs über Wasser halten, machen mit dem Überfall auf einen Geldtransporter aus Ostberlin ihre Träume wahr. Eine kriminalistisch angehauchte Außenseitergeschichte, der es zu sehr an psychologischer und sozialer Genauigkeit mangelt, um mehr bieten zu können als ein flottes Kinoabenteuer. ✦ BR Deutschland 1982 **P** Tura/Trio/WDR **KI** Tivoli **Pd** Michael Wiedemann **R** Manfred Stelzer, Gerd Möbius **B** Manfred Stelzer, Gerd Weiss **K** David Slama **M** Kevin Coyne **S** Peter Przygodda **D** Rolf Zacher (Chris), George Meyer-Groll (Alois), Harald Henschel-Franzmann (Harry), Iris Berben (Lisa), Alisa Saltzman (Alisa) **L** 101 **FSK** ab 18; f **FBW** bw **E** 21.1.1983 **fd** 23 829

SCHWARZFAHRER (1977) (KIHAJOLNI VESZELYES). Das friedliche Leben auf einer kleinen, abseits gelegenen Bahnstation wird gestört, als eines Tages dem autoritären Bahnhofsvorsteher ein Schwarzfahrer übergeben wird. Eine unkonventionelle und hintergründige Parabel, die sich am Beispiel eines kleinen Kollektiv unerbittlich mit gesellschaftlichen Mißständen wie Routinedenken und Egoismus auseinandersetzt. – Ab 14. ✦ Ungarn 1977 **P** Stúdió Dialóg **KI** Progress **R** János Zsombolyai **B** András Simonffy **K** Elemér Ragályi **M** Gábor Presser, Lokomotive G.T. **D** Nándor Tomanek (Kerek), Gyula Bodrogi (Tóbi), Mari Kiss (Klárika), János Szikora (Student), Ferenc Bencze (Ferke) **L** 78 **E** 12.10.1979 Kino DDR

SCHWARZFAHRER (1996) (SCHWARZFAHRER). Ein verkrachter Student und ein alter Lebenskünstler versuchen sich als Ganoven im Milieu der Wiener Unterwelt. Ein weitgehend gelungenes, routiniert inszeniertes kabarettistisches Lustspiel mit mehr oder weniger geglückten Gags und Wortspielen, wenn auch ohne sonderliche künstlerische Ambitionen. – Ab 16. ✦ Österreich 1996 **P** Allegro Film/ORF **Pd** Helmut Grasser **R** Nikolaus Leytner **B** Bernhard Seiter, Nikolaus Leytner, Helmut Grasser **K** Hans Selikovsky **M** Karl Ritter **S** Andrea Wagner **D** Lukas Resetarits (Erich), Andreas Lust (Thomas), Roswitha Meyer (Claudia), Sandra Cervik (Katharina) **L** 83 **E** 7.6. 1997 ORF 1

SCHWARZFAHRT INS GLÜCK. Die Geschichte zweier Freunde und Teilhaber einer Autowerkstatt, die sich wegen einer jungen Frau zeitweilig entzweien. ✦ Schwarz-weiß. Deutschland 1938 **P** Terra **R** Carl Boese **B** Walter Wassermann, C. H. Diller, nach dem gleichnamigen Roman von H. M. Kritz **K** Carl Drews **M** Michael Jary **S** Alice Ludwig **D** René Deltgen (Rudi Winkler), Volker von Collande (Hanne Schmidt), Ruth Hellberg (Erika Dohmke), Viktoria von Ballasko (Trude Holm), Paul Dahlke (Carlo Sylvester) **L** 99 **E** 8.8.1938/14.5.1962 DFF 1

DIE SCHWARZMÄNTEL →Die schwarzen Teufel von Bagdad

SCHWARZWALD – LANDSCHAFT ZWISCHEN GESTERN UND HEUTE. Brauchtum und Landschaft des Schwarzwalds im Wechsel der Jahreszeiten. Gut fotografierter Dokumentarfilm mit romantischer Grundstimmung. – Ab 10. ✦ BR Deutschland 1964 **P** Edmund Tietze **R+B+K** Edmund Tietze **M** Robert Schumann, Ludwig van Beethoven **L** 90 **FSK** ab 6; f **E** 1964 Kino **fd** 12 605

SCHWARZWÄLDER KIRSCH. Zwei musizierende Landstreicher werden mit einem berühmten Komponisten und dessen Textdichter verwechselt, denen im Schwarzwald ein Denkmal errichtet werden soll. Banales Verwechslungslustspiel, in dem Humor und Witz Mangelware sind, Klamauk dagegen zuhauf vertreten ist; auch formal bescheiden. – Ab 12 möglich. ✦ BR Deutschland 1958 **P** Kurt Ulrich **KI** Bavaria **Pd** Heinz Willeg, Kurt Ulrich **R** Géza von Bolváry **B** Gustav Kampendonk **K** Georg Bruckbauer **M** Lotar Olias, Gerhard Winkler **S** Ingrid Wacker **D** Marianne Hold, Dietmar Schönherr, Edith Hancke, Boy Gobert, Wolfgang Neuss **L** 90 **FSK** ab 12; f **E** 1.8.1958 **fd** 7 186

SCHWARZWALDFAHRT AUS LIEBESKUMMER. Liebesgeschichte zwischen einem Architekten und einer Frau aus dem Schwarzwald. Von Schlagern umrahmte Serienunterhaltung nach »volkstümlichem« Muster. – Ab 14 möglich. ✦ BR Deutschland 1973 **P** Terra **KI** Constantin **Pd** Heinz Willeg **R** Werner Jacobs **B** August Rieger **K** Heinz Hölscher **M** James Last **S** Alfred Srp **D** Roy Black (Hannes Cremer), Barbara Nielsen (Renate), Heidi Hansen (Ilse), Bettina Haensler, Ludwig Schmid-Wildy (Großvater), Elke Aberle (Mucki) **L** 86 **FSK** ab 6; f **E** 8.3.1974 **fd** 18 732

SCHWARZWALDMÄDEL. Irrungen und Wirrungen zwischen Maler, Schwarzwaldmädel, intrigantem Revue-Star, Kapellmeister und Juwelier bis zum mehrfachen Happy-End. Erster bundesrepublikanischer Heimatfilm und erste Farbfilmproduktion nach dem Krieg. Die Verfilmung der bekannten Operette im (damals) neuen »Heimat«-Stil mit modernisierter Handlung und effektvoller Ausstattung wurde zu einem großen Publikumserfolg. (Frühere Verfilmung: »Schwarzwaldmädel«, 1933) – Ab 14. ✦ BR Deutschland 1950 **P** Berolina **KI** Ufa **Pd** Kurt Ulrich, Heinz Willeg **R** Hans Deppe **B** Bobby E. Lüthge, nach Motiven der gleichnamigen Operette von August Neidhardt und Leon Jessel **K** Kurt Schulz **M** Frank Fox **S** Margarete Steinborn **D** Sonja Ziemann (Bärbele Riederle), Rudolf Prack (Maler Hans Hauser), Fritz Kampers (Gastwirt Jürgen), Paul Hörbiger (Domkapellmeister Blasius), Gretl Schörg (Revuestar Malwine Heinau) **L** 104 **FSK** ab 12; nf **E** 7.9. 1950/4.2.1955 Kino DDR/20.8.1988 DFF 1 **fd** 932

SCHWARZWALDMELODIE. Das blonde Töchterlein eines Uhrmachers bekommt nach Turbulenzen doch noch den Geliebten, einen jungen Musiker, der erfolglos Heimatlieder komponiert, über Nacht berühmt wird und als vermögender Mann heimkehrt. Gefühlvoll-banales Heimatlustspiel, angesiedelt in blühenden Schwarzwaldtälern und angereichert mit etwas Zirkusatmosphäre. – Ab 12. ✦ BR Deutschland 1956 **P** Berolina **KI** Ufa **Pd** Kurt Ulrich **R** Géza von Bolváry **B** Werner P. Zibaso **K** Kurt Schulz **M** Gerhard Winkler **S** Ingrid Wacker **D** Carl Wery (Alter Stettner), Claus Biederstaedt (Hans Homann), Gardy Granass (Susanne), Willy Fritsch (Herbert Olberg), Siegfried Breuer jr. (Fredy) **L** 100 **FSK** ab 6; nf **E** 9.8.1956 **fd** 5 141

SCHWEBEN HEISST LIEBEN – DREI MENSCHEN JENSEITS DER NORM. Dokumentarfilm über Leben und Alltag dreier männlicher Bewohner der Camphill-Dorfgemeinschaft »Lehenhof« im Deggenhausertal bei Markdorf am Bodensee, wo geistig behinderte Menschen mit Nichtbehinderten in Hausgemeinschaften zusammenleben und -arbeiten. ✦ Deutschland 1994 **P** ZDF/arte **R** Thomas Riedelsheimer **K** Thomas Riedelsheimer **S** Thomas Riedelsheimer **L** 80 **E** 2.7.1994 arte

DER SCHWEBENDE SCHRITT DES STORCHES (LE PAS SUSPENDU DE LA CIGOGNE/TO METEORA VIMA TOU PELARGOU). Ein Fernsehjournalist forscht an der Grenze zur Türkei nach einem verschwundenen griechischen Minister. In dem kleinen griechischen Grenzort haben sich Asylanten aus dem fernen und nahen Osten versammelt, unter ihnen möglicherweise der Politiker, der sich auf einfache Lebensformen zurückgezogen hat. Es bleibt offen, ob er nicht erkannt werden will oder ein Gestrandeter unter anderen ist. Ein filmisches Meisterwerk voller (kino-) magischer Momente und mit ungeheurem Reichtum, ein philosophischer und politischer Diskurs über Grenzen zwischen Ländern und Kulturen, über die Grenzlinien in jedem einzelnen. Dabei lotet der Film das Überschreiten dieser Linien aus und registriert voller Trauer den Verlust von Utopien. (Kinotip der Katholischen Filmkritik; O.m.d.U.; Alternativtitel: »Der zögernde Schritt des Storches«) – Sehenswert. ✦ Frankreich/Griechenland/Schweiz/Italien 1991 **P** Arena/Theo Angelopoulos/VEGA-Film/ERRE/ Greek Filmcenter **KI** Freunde der Deutschen Kinemathek **Pd** Theo Angelopoulos, Bruno Pesery **R** Theo Angelopoulos **B** Tonino Guerra, Theo Angelopoulos, Petros Markaris, Thanassis Valtinos (Mitarbeit) **K** Giorgos Arvanitis, Andreas Sinanos **M** Eleni Karaindrou **S** Giannis Tsitsopoulos **D** Marcello Mastroianni (Politiker/Verschwundener), Jeanne Moreau (Frau des Politikers), Gregory Karr (Reporter), Dora Chrysikou (Mädchen), Ilias Logothetis (Colonel), Vassilis Bouyiouklakis (Produktionsleiter), Dimitris Poulikakos (Kameramann) **L** 140 **E** 25.12.1992 **fd** 30 070

SCHWEDEN – HÖLLE ODER PARADIES? (SVEZIA, INFERNO E PARADISO). Pseudo-Dokumentation über das Sexualleben der schwedischen Bevölkerung. Der Film gibt vor, jene Klischees ausräumen zu wollen, die er selbst bedient und mit denen er sein Publikum so anzuziehen trachtet, wie er seine Protagonisten auszieht. ✦ Italien 1968 **P** P.A.C./Caravel/Atlas **KI** Constantin **R+B** Luigi Scattini **K** Claudio Racca **M** Piero Umiliani **L** 87 **FSK** ab 18; nf **fd** 16 171

SCHWEDEN – NUR DER LIEBE WEGEN (I'LL TAKE SWEDEN). Der leitende Angestellte eines Ölkonzerns läßt sich nach Schweden versetzen, um sein Teenagertöchterchen vor einem gitarrespielenden Gammler zu bewahren. Im Land der sexuellen Freizügigkeit lassen sich beide prompt verführen. Zweitklassige Schlagerkomödie, die allzu heftige Anzüglichkeiten zu umgehen bemüht ist. ✦ USA 1964 **P** Superior **KI** United Artists **Pd** Edward Small **R** Frederick de Cordova **B** Nat Perrin, Bob Fisher, Arthur Marx **K** Daniel L. Fapp **M** Jimmie Haskell, »By« Dunham **S** Grant Whytock **D** Bob Hope, Tuesday Weld, Frankie Avalon, Dina Merrill, Jeremy Slate **L** 96 **FSK** ab 18; nf **E** 12.8.1965 **fd** 13 552

DAS SCHWEDENMÄDCHEN ANITA (ANITA). Die Geschichte einer 17jährigen Nymphomanin, die schließlich von einem mitleidigen Psychologiestudenten geheilt wird. Schund mit dem Anspruch auf psychologische Glaubwürdigkeit. – Wir raten ab. ✦ Schweden/Frankreich 1973 **P** Swedish Film/F.F.C.M. **KI** Fox-MGM **R+B** Torgny Wickman **K** Hasse Dittmer **D** Christina Lindberg, Stellan Skarsgard, Danièle Vlaminck, Michel David **L** 95 **FSK** ab 18; nf **E** 13.12.1974 **fd** 19 110

SCHWEDENMÄDEL (SOMMARFLICKAN). Eine Liebesromanze in einem internationalen College in Stockholm zerbricht in der Mittsommernacht zugunsten neuer Bindungen. Liebenswürdige Unterhaltung ohne tiefere Bedeutung. – Ab 14 möglich. ✦ Schwarz-weiß. BR Deutschland/Schweden 1955 **P** Melodie/ Sandrew-Bauman **KI** Ufa **Pd** Georg M. Reuther, Rune Waldekranz **R** Thomas Engel **B** Paul Helwig, Ursula Bloy, nach einer Filmnovelle von Aldo Pinelli und Walter Forster **K** Göran Strindberg **M** Heino Gaze, Willi Mattes, Alfvén Faith, Vic Sunesson **S** Carl-

Olov Skeppstedt **D** Karlheinz Böhm, Maj-Britt Nilsson, Walter Giller, Margit Saad, Doris Kirchner **L** 95 **FSK** ab 12; f **E** 29.9.1955/15.5.1967 ZDF **fd** 4 395

SCHWEDENMÄDEL IN PARIS (CRAZY SWEDISH HOLIDAYS IN PARIS). Bei ihrem Besuch in Paris werden zwei schwedische Frauen bei einem sexuellen Abenteuer betäubt und bestohlen. Sie nehmen auf die gleiche Weise an verschiedenen Männern Rache. Plumper Sexfilm. – Wir raten ab. ✦ Schweden 1979 **P** C.F. Films **KI** Movie **L** 81 **FSK** SPIO: X **E** 1.8.1980 **fd** 22 905

EINE SCHWEDIN IN PARIS →Verlockung (1960)

DIE SCHWEDINNEN (LA SVEDESI). Drei heißblütige Italiener auf der Jagd nach Liebesabenteuern im kühlen Schweden. Ein Lustspiel, das dem Gegensatz von italienischer und schwedischer Lebensart einige Komik abgewinnt. Nach vielversprechendem Beginn steuert der Film jedoch auf Mittelmaß zu. ✦ Schwarz-weiß. Italien 1960 **P** Ajace **KI** Columbia-Bavaria **Pd** Antonio Cervi, Alessandro Jacovoni **R** Gian Luigi Polidoro **B** Rodolfo Sonego, Sergio Perucchi, Gian Luigi Polidoro **K** Carlo Di Palma **M** Piero Piccioni **D** Franco Fabrizi, Franco Interlenghi, Leopoldo Trieste, Tiberio Murgia, Anne Charlotte Sundell **L** 96 **FSK** ab 18; nf **E** 12.1.1962 **fd** 10 821

SCHWEDISCH-AFRIKANISCHE AFFAIREN. Zwei Mitarbeiter einer humanitären Hilfsorganisation werden in Afrika Zeugen eines Waffengeschäfts. Der Mann sagt einer Befreiungsbewegung seine Hilfe zu und stirbt kurz darauf unter mysteriösen Umständen, die Frau, bei der Geheimpapiere vermutet werden, rückt in den Mittelpunkt der unterschiedlichen Interessen. Ein schwedischer Geheimagent versucht, die Angelegenheit zu entwirren und stößt auf ein Netz von Intrigen. ✦ Schweden 1990 **P** Sveriges Television **R** Jan Hemmel **B** Gunnar Ohrlander **D** Carina M. Johansson (Kristina), Anders Ahlbom (Harry), Gustaf Appelberg (Rolf), Lars Väringer (Pfarrer), Carl-Gustav Lindstedt (Sluggo) **L** 190 (zwei Teile) **E** 18.,25.8. 1993 B 1

DIE SCHWEDISCHE HOCHZEITSNACHT (BRÖLLOPSBESVÄR). Die Tochter eines Bauern heiratet den verwitweten Schlachter des Dorfes, weil sie von einem jungen Burschen ein Kind erwartet. In der Hochzeitsnacht geschehen allerlei komische und tragische Ereignisse, die ein Bild der Trostlosigkeit ergeben; Heiterkeit endet in Dissonanz, die Hochzeitstafel wird zum Totenlager, die Braut landet im Bett eines Anderen. Dumpfe Schicksalsergebenheit und deftige Arme-Leute-Klischees in einer schwedischen Romanverfilmung, die das ländliche Milieu eher denunziert als analysiert. ✦ Schwarz-weiß. Schweden 1965 **P** Minerva **KI** Constantin **Pd** Tore Sjöberg, Lorens Marmstedt **R** Åke Falck **B** Lars Widding, nach einem Roman von Stig Dagerman **K** Rune Ericson **M** Georg Riedel **D** Jarl Kulle, Lena Hansson, Christina Schollin, Edvin Adolphson, Isa Quensel **L** 97 **FSK** ab 18; nf **E** 17.9.1965 **fd** 13 626

DIE SCHWEDISCHE JUNGFRAU. Eine junge Schwedin kommt zum Studium nach München. Dort will sie einen Freund ihres Vaters, einen Zoologieprofessor und eingefleischten Junggesellen, zur Ehe verführen. Der Professor wehrt sich redlich, bis sie behauptet, von ihm ein Kind zu erwarten und nach Schweden zurückfährt. Als er ihr nachreist, gesteht sie ihm, eine schwedische Jungfrau zu sein. Langweiliges deutsches Lustspiel am Rande der Peinlichkeit. – Ab 16. ✦ Schwarz-weiß. BR Deutschland 1964 **P** Thalia **KI** Nora **R** Kurt Wilhelm **B** Ilse Lotz-Dupont, Georg Laforet (= Franz Seitz) **K** Heinz Schnackertz **M** Rolf Wilhelm **D** Paul Hubschmid, Leticia Roman, Thomas Fritsch, Gerlinde Locker, Margot Trooger **L** 90 **FSK** ab 16; nf **E** 4.6.1965/11.12. 1972 DFF 1 **fd** 13 455

EINE SCHWEDISCHE LIEBESGESCHICHTE (EN KÄRLEKSHISTORIA). Zwei Teenager erleben die erste Liebe als zarte Idylle, während ihre Eltern, Vertreter des materiell gesicherten, aber trostlos angepaßten Mittelstandes, mit Lebensängsten kämpfen und sich langweilen. Unprätentiöser, aber etwas klischeehafter Spielfilm auf gutem inszenatorischen Niveau. – Ab 14. ✦ Schwarz-weiß. Schweden 1969 **P** AB Europa **KI** Inter **R+B** Roy Andersson **K** Jörgen Persson **M** Björn Isfält **D** Ann-Sofie Kylin, Rolf Sohlman, Anita Lindblom, Bertil Norström, Margreth Weivers **L** 109 **FSK** ab 12; f **FBW** w **E** 6.11.1970/31.10.1971 ARD **fd** 17 099

SCHWEDISCHE NÄCHTE →Stockholm zwei Uhr nachts

DIE SCHWEDISCHE NACHTIGALL. Die unglückliche Liebe des dänischen Märchendichters Hans Christian Andersen zu der schwedischen Sängerin Jenny Lind, die ihn zunächst um der eigenen Liebe willen betrügt und später verläßt, um die Ruhe seines Dichterlebens nicht zu zerstören. Romantisches Kostümdrama mit nur geringem biografischem Wert. – Ab 14. ✦ Schwarz-weiß. Deutschland 1941 **P** Terra **KI** Kristall **R** Peter Paul Brauer **B** Gert von Klaß, Per Schwenzen, nach dem Bühnenstück »Gastspiel in Kopenhagen« von Friedrich Forster-Burggraf **K** Ewald Daub **M** Franz Grothe **D** Ilse Werner (Jenny Lind), Karl Ludwig Diehl (Graf Rantzau), Joachim Gottschalk (Hans Christian Andersen), Emil Heß (Thorwaldsen), Aribert Wäscher (Peer Upän) **L** 96 **FSK** ab 12; f **E** 9.4.1941/29.7.1975 ZDF

DAS SCHWEDISCHE ZÜNDHOLZ (SCHWEDSKAJA SPITSCHKA). Verfilmung der gleichnamigen Erzählung von Anton Tschechow mit starker Betonung der satirischen Elemente. Hervorzuheben die schauspielerischen Leistungen. ✦ UdSSR 1954 **KI** Progress **R** Konstantin Judin **B** Nikolai Erdman, nach der gleichnamigen Erzählung von Anton Tschechow **K** Igor Gelejn, W. Sacharow **M** W. Schirinski **S** T. Sintschuk **D** Alexej Gribow (Untersuchungsrichter), Andrej Popow (sein Gehilfe), Michail Janschin (Polizeihauptmann), Marina Kusnezowa (seine Gattin), Nikolai Grizenko (Gutsverwalter) **E** 1955 Kino DDR

SCHWEDISCHER SOMMERWIND. Eine Dame der Gesellschaft lebt vornehmlich vom Verkauf gefälschter Bilder alter Meister. Damit das Geschäft floriert, lädt sie Kunstexperten zu Orgien ein. Einfältiger Sexfilm. – Wir raten ab. ✦ BR Deutschland/Großbritannien 1975 **P** Jost Graf von Hardenberg & Co./ Elsinore **KI** Gleim/Malzahn **R+B** Peter Cullan **K** Jost von Hardenberg **M** Selected Sound, Olaf Meltzer **D** Anna Bergman, Linda Marlowe, Nicolas Day, George Murcell, Horst Fleck **L** 79 **FSK** ab 18; nf **E** 2.5.1975 **fd** 19 357

SCHWEDISCHER TANGO. Dokumentarfilm über ein altes Ehepaar in Nordschweden, das die Liebe zum Tango entdeckt und einen Tanzkurs besucht. Während der viermonatigen Dreharbeiten beobachtete die Kamera nicht nur ihre mühevollen Versuche, die schwierigen Schritte zu lernen, sondern auch Höhen und Tiefen ihres Alltags. – Ab 14. ✦ Schweden/ Deutschland/Polen 1999 **R** Jerzy Sladkowski **L** 91 **E** 26.2.1999 arte

SCHWEIGEGELD FÜR LIEBESBRIEFE (THE RECKLESS MOMENT). Während ihr Ehemann als US-Soldat in Berlin stationiert ist, gerät eine Frau in die Gewalt zweier Erpresser. Die wissen, daß ihre Tochter im Affekt einen zudringlichen Liebhaber umgebracht hat und die Leiche mit ihrer Hilfe hat verschwinden lassen. Sie verliebt sich in einen der Erpresser, der daraufhin seinen Komplizen im Kampf tötet, bei dem Versuch, seine Leiche zu beseitigen, aber selbst tödlich verunglückt. Atmosphärisch sehr dichte, eindrucksvoll gespielte Mischung aus Melodram und Kriminalthriller, die sich stilistisch und thematisch am Kino der »Schwarzen Serie« orientiert; vor allem die Charakterisierung der weiblichen Heldin und die brillante Kameraarbeit verraten deutlich Ophüls' individuelle Handschrift. – Ab 16. ✦ Schwarz-weiß. USA 1949 **P** Columbia **KI** Columbia **Pd** Walter Wanger **R** Max Ophüls **B** Henry Garson, Robert W. Soderberg, Mel Dinelli, Robert E. Kent, nach der Novelle »The Blank Wall« von Elisabeth S. Holding **K** Burnett Guffey **M** Hans J. Salter, Morris W. Stoloff **S** Gene Havlick **D** Joan Bennett (Lucia Harper), James Mason (Martin Donnelly), Geraldine Brooks (Beatrice Harper), Henry O'Neill (Mr. Harper), Shepperd Strudwick (Ted Darby) **L** 82 **FSK** ab 16; nf **E** 12.2.1952 **fd** 1 469

SCHWEIGEMAUER (WALL OF SILENCE). Zwei Morde und das Auftauchen eines ehemaligen Offiziers der israelischen Armee bringen Unruhe in eine jüdische Gemeinde in London. In der jüdischen Diaspora spielender Kriminalfilm. – Ab 16. ✦ Großbritannien 1993 **P** BBC **R** Philip Saville **B** Laurence Marks, Maurice Gran **K** John Kenway **M** Barrington Pheloung **D** Shmuel Singer (Warren Mitchell), Howard Mullen (Bill Paterson), Percy Reynolds (John Bowe), Rosa Klein (Suzanne Bertish), Rifka Klein (Juliette Caton) **L** 90 **E** 2.12.1995 West 3

DAS SCHWEIGEN (1963 PL) →Die Schuld (1963)

DAS SCHWEIGEN (1963 S) (TYSTNADEN). Zwei Schwestern und der kleine Sohn einer der beiden Frauen kommen in eine fremde Stadt, deren Bewohner eine unverständliche Sprache sprechen und die offenbar von kriegerischen Auseinandersetzungen heimgesucht wurde. In einem labyrinthischen Hotel isoliert, sinken alle in lähmende Kommunikationslosigkeit. Während ihre Schwester einer tödlichen Krankheit erliegt, gibt sich die Mutter des Jungen sexuellen Exzessen hin. Ingmar Bergman inszeniert ein Inferno der Angst, Verwirrung und Hilflosigkeit, wobei gerade das Fehlen lautstarker Katastrophen dem Film eine Aura eisiger Kälte und suggestiver Bedrohung verleiht. Die Schockwirkung beruht weniger auf spekulativen Details als vielmehr auf der stilistischen Geschlossenheit und Strenge des Films, die allgemein auf Existenznot und universelle Entfremdung zu verweisen scheint. Das in einem gottverlassenen, artifiziellen Niemandsland angesiedelte Werk Bergmans ist eine Parabel, die in ihrer Symbolfülle Raum für unterschiedliche Deutungen gibt. Aufgrund seiner Anfang der 60er Jahre provozierenden Darstellung von Sexualität wurde der Film in einigen europäischen Ländern beschlagnahmt bzw. zensiert. ✦ Schwarz-weiß. Schweden 1963 **P** Svensk Filmindustri **KI** Atlas **VA** Kinowelt Home **Pd** Allan Ekelund **R+B** Ingmar Bergman **K** Sven Nykvist **M** Johann Sebastian Bach **S** Ulla Ryghe **D** Ingrid Thulin (Ester), Gunnel Lindblom (Anna), Jörgen Lindström (Johan), Hakan Jahnberg (der junge Kellner), Birger Malmsten (der Barkellner) **L** 95 **FSK** ab 16 (fr. 18; f) **FBW** bw **E** 24.1.1964/25.5.1971 ZDF **fd** 12 486

DAS SCHWEIGEN DER HAMMEL (SILENCE OF THE HAMS). Groteske Parodie auf das Genre der Psychothriller: Ein unerfahrener FBI-Agent soll einen Massenmörder entlarven, indem er sich Tips bei einem anderen Psychopathen holt. Dieser bringt ihn auf die Spur eines Motelbesitzers, der seine Gäste ermordet und ihre Autos im Sumpf versenkt. Der Film ist über Strecken minuziös den Originalen von Jonathan Demme und Alfred Hitchcock nachempfunden, kann aber sein satirisches Potential nicht ausschöpfen. Klamauk, Nummernrevuen und ein starker Hang zum Kalauer bestimmen weitgehend die Handlung. – Ab 16. ✦ USA 1993 **P** 30th Century Wolf/Silvio Berlusconi Communications **KI** Highlight **VA** Condor (Highlight) **Pd** Julie Corman, Ezio Greggio **R+B** Ezio Greggio **K** Jacques Haitkin **M** Parmer Fuller **S** Robert Barrere, Andy Horvitch **D** Ezio Greggio (Antonio Motel), Dom DeLuise (Dr. Animal), Billy Zane (Joe Dee Fostar), Joanna Pacula (Lily), Charlene Tilton (Jane), Martin Balsam (Detective Balsam) **L** 82 **FSK** ab 12; f **E** 1.9.1994/16.12.1994 Video/2.1.1996 premiere **fd** 31 001

DAS SCHWEIGEN DER HERREN (LOS DUENOS DEL SILENCIO / SVART GRYNING). Argentinien zur Zeit der Militärdiktatur 1977. Auf der Suche nach einem spurlos verschwundenen schwedischen Mädchen lernt ein als Geschäftsmann getarnter Journalist die schlimme Situation im Lande kennen. Selbst in die Fänge der Junta geraten, gibt er unter der Bedrohung der Folter seinen Auftrag auf. Eindrucksvoller und erschreckender Film über unmenschliche Verhaltensweisen und Ungerechtigkeiten. ✦ Scope. Argentinien/Schweden 1986/87 **P** G.C. Producciones/Swedish Film Institute/Crescendo Film **KI** Progress **R+B** Carlos Lemos **K** Juan Carlos Lenardi **M** Luis di Matteo **D** Thomas Hellberg (Sixten Rydén), Bibi Andersson (Botschafterin Wallén), Grynet Molvig (Botschaftssekretärin), Peder Falk (Hauptmann), Oscar Martinez Rodrigues (Leutnant Rodriguez) **L** 100 **E** 24.11.1989 Kino DDR/19.4.1991 DFF

DAS SCHWEIGEN DER LÄMMER (THE SILENCE OF THE LAMBS). Eine junge FBI-Anwärterin wird bei der Verfolgung eines krankhaften Frauenmörders auf einen gefährlichen Soziopathen angesetzt, der einst ein brillanter Psychiater war, aber selbst zum kannibalistischen Mörder wurde. Ihr Ringen mit dem genialen Mörder endet, nachdem ihr Kindheitstrauma erneut hervorbricht und der Frauenmörder zur Strecke gebracht ist, in einer Patt-Situation. Eine perfekt inszenierte grauenerregende Geschichte, die weniger auf blutige Effekte als auf einer Atmosphäre bedrückender Angst aufgebaut ist. Im Mittelpunkt steht eine resolute Frau, deren Mut und Kraft einer extremistischen Männerwelt gegenübergestellt wird. Fesselnde Spannungsunterhaltung; hervorragend gespielt. DVD: Die Special Edition (2 DVD's) enthält u. a. eine ausführliche 60-minütiges Dokumentation über den Film, ein sowie ein Feature mit 21 nicht verwendeten Szenen. Die Extras des USA-Imports (Criterion Collection) umfassen im Gegensatz zur deutschen DVD u. a. einen Audiokommentar des Regisseurs, der beiden Hauptdarsteller, des Drehbuchautors und des FBI-Agents John Douglas sowie einen aufschlussreichen Storyboard/Film-Vergleich allerdings keine Dokumentation sowie nur sieben nicht verwendete Szenen. ✦ USA 1990 **P** Strong Heart/Demme Prod. **KI** Columbia Tri-Star **VA** RCA/Columbia **DVD** Fox Home (SE, 16:9, 1.85:1, DD5.1 engl./dt.), USA Import: Criterion Collection (SE, 1.85:1, DD2.0 engl.) **Pd** Gary Goetzman, Edward Saxon, Kenneth Utt, Ron Bozman **R** Jonathan Demme **B** Ted Tally, nach einem Roman von Thomas Harris **K** Tak Fujimoto **M** Howard Shore **S** Craig McKay **D** Jodie Foster (Clarice Starling), Anthony Hopkins (Dr. Hannibal Lecter), Scott Glenn (Jack Crawford), Ted Levine (Jame Gumb), Anthony Heald (Dr. Frederick Chilton), Brooke Smith (Catherine Martin), Charles Napier (Sergeant Boyle), Diane Baker (Sen. Ruth Martin), Kasi Lemmons (Ardelia Mapp), Roger Corman (Hayden Burke), Paul Lazar (Pilcher), Chris Isaak, George A. Romero **L** 118 **FSK** ab 16; f **FBW** w **E** 11.4.1991/5.11.1991 Video/5.3.1994 RTL/2.8. 2001 DVD **fd** 28 838

DAS SCHWEIGEN DER MÄNNER (DAS SCHWEIGEN DER MÄNNER). Ein Schauspieler und ein Rock-Sänger auf Wanderschaft durch Ägypten, wobei sich trotz exotischer Kulisse ihre (teilweise improvisierten) Dialoge ausschließlich um Schweizer Probleme drehen. Sie reden über Sex und die Schweiz, und es scheint, sie tun dies mit einer solchen Inbrunst, um nichts über die restliche Welt erfahren zu müssen. Ein experimenteller Spielfilm, aufgenommen mit leichter Handkamera. ✦ Schweiz 1997 **P** Ombra/Clemens Klopfenstein Prod. **Pd+R+B+K** Clemens Klopfenstein **M** Ben Jeger **S** Clemens Klopfenstein, Remo Legnazzi **D** Max Rüdlinger, Polo Hofer, Asa Forsman, Annette van der Maarel **L** 87 **E** 5.4.2000 WDR

DAS SCHWEIGEN DES DICHTERS. Ein israelischer Dichter, der nicht mehr schreibt und dieses »Schweigen« als Rückzug aus einer ungeordneten, nicht mehr an die Kraft des Wortes glaubenden Welt versteht, wird durch seinen geistig behinderten Sohn herausgefordert, als dieser die Bedeutung von Sprache erkennt. Leise, in poetischen Bildern nuancenreich aufgefächerte Beschreibung einer Vater-Sohn-Beziehung, die Sprache als lebensnotwendiges Mittel der Verständigung thematisiert. (»Lobende Erwähnung« der Jury der OCIC in Venedig 1986) – Sehenswert ab 16. ✦ BR Deutschland 1986 **P** Edgar Reitz Film/WDR **KI** Filmverlag der Autoren **Pd** Inge Richter, Edgar Reitz **R** Peter Lilienthal **B** Peter Lilienthal, nach einer Erzählung von Abraham B. Yehoshua **K** Justus Pankau **M** Claus Bantzer **S** Siegrun Jäger **D** Jakov Lind (Yoram), Len Ramras (Gideon), Daniel Kedem (Gideon als Kind), Towje Kleiner (Fayermann), Vladimir Weigl (Avi) **L** 102 **FSK** ab 12; f **FBW** w **E** 9.4.1987/29.5.1988 ARD **fd** 26 135

DAS SCHWEIGEN DES DR. EVANS (MOLTSCHANIJE DOKTORA IWENSA). Außerirdische Kosmonauten auf der Suche nach intelligenten Lebewesen müssen bei einem Besuch der Erde erkennen, daß die Menschheit für ihre hochentwickelte Technologie und deren friedliche Nutzung noch nicht reif ist. Der sowjetische Science-Fiction-Film ist eine melancholische Reflexion über die Unmöglichkeit der Kommunikation zwischen verschiedenen Lebensformen und die moralische Verantwortung des Wissenschaftlers für die Folgen seiner Forschungen. – Ab 16. ✦ Scope. UdSSR 1973 **P** Mosfilm **KI** Atlas **R+B** Boris Metalnikow **K** Yuri Sokol, Wladimir Bondarew **M** Jewgeni Artemjew **D** Sergej Bondartschuk (Dr. Evans), Irina Skobzewa (Frau Evans), Shanna Bolotowa (Orante), Leonid Obolenski (Sor), Igor Kusnezow (Rin) **L** 78 **E** 13.12.1974 Kino DDR/26.12. 1975 DFF 2 **fd** 24 119

DAS SCHWEIGEN DES MEERES (LE SILENCE DE LA MER). Frankreich 1941. Ein Oberleutnant der deutschen Wehrmacht wird bei einem alten Mann und seiner Nichte einquartiert. Sie begegnen dem Repräsentanten der Besatzungsmacht über Monate hinweg mit Schweigen, obwohl der Deutsche sich als gebildeter, sensibler Musiker mit ausgeprägter Liebe zu Frankreich und seiner Literatur offenbart. Als der Offizier erfährt, daß seine Vorgesetzten den »Geist Frankreichs« vernichten wollen, bittet er um seine Versetzung zu einer kämpfenden Einheit. Melvilles außergewöhnliches Spielfilmdebüt ist vielschichtiges, intelligentes Kammerspiel, das eindringlich die psychischen Auswirkungen der »Republik des Schweigens« auf den einzelnen thematisiert. Die sensible Inszenierung geht ebenso sorgfältig mit der Vorlage wie mit dem historischen Hintergrund um; auch Kameraführung, Lichtgestaltung und Besetzung sind eindrucksvoll. (arte: O.m.d.U.) – Sehenswert ab 16. ✦ Schwarz-weiß. Frankreich 1947 **P** Melville Prod. **Pd+R** Jean-Pierre Melville **B** Jean-Pierre Melville, nach dem Roman von Vercors **K** Henri Decaë **M** Edgar Bischoff **S** Jean-Pierre Melville, Henri Decaë **D** Howard Vernon (Werner von Ebrennac), Nicole Stéphane (Nichte), Jean-Marie Robain (Onkel), Ami Aroe (Werners Braut), Denis Sadier (SS-Offizier), Georges Patrix, Henri Cavalier, Dietrich Kandler **L** 86 **E** 7.5.1983 DFF 2/8.2.1994 arte

DAS SCHWEIGEN DES PALASTES →Palast des Schweigens

SCHWEIGEN = TOD →Die AIDS-Trilogie

DAS SCHWEIGEN IM WALDE (1937). Ein junger Fürst und ein Jagdgehilfe sind Rivalen um die Liebe einer jungen Malerin. Harmlose volkstümliche Unterhaltung mit viel Gefühl nach einem Roman von Ludwig Ganghofer. – Ab 12. ✦ Schwarz-weiß. Deutschland 1937 **P** UFA **KI** Unitas **Pd** Peter Ostermayr **R** Hans Deppe **B** Joseph Dalman, Charlie Amberg, nach dem gleichnamigen Roman von Ludwig Ganghofer **K** Karl Attenberger **M** Hans Ebert **D** Paul Richter, Hansi Knoteck, Friedrich Ulmer, Hans Adalbert Schlettow, Käte Merk **L** 78 **FSK** ab 12; f **E** 19.8. 1937 **fd** 1 245

DAS SCHWEIGEN IM WALDE (1955). Verfilmung des gleichnamigen Ganghofer-Romans von der Liebe eines Fürsten zu einer bürgerlichen Malerin – diesmal in Farbe und im gelackten Kitschstil des Heimatfilms der Nachkriegszeit. – Ab 12. ✦ BR Deutschland 1955 **P** Ostermayr **KI** Kopp **Pd** Peter Ostermayr **R** Helmut Weiss **B** Peter Ostermayr, Helmut Weiss, nach dem gleichnamigen Roman von Ludwig Ganghofer **K** Franz Koch **M** Giuseppe Becce **S** Claus von Boro **D** Rudolf Lenz (Fürst Heinz von Ettingen), Sonja Sutter (Lo Petri), Angelika Hauff (Baronin Edith von Prankha), Gustl Stark-Gstettenbaur (Peppi Praxlmaler), Paul Richter (Kersten) **L** 90 **FSK** ab 6; f **E** 5.9.1955/31.5.1970 ZDF **fd** 4 315

DAS SCHWEIGEN IM WALDE (1976). Ein junger Graf, der wegen einer kostspieligen Liebschaft seine Wälder abholzt, kommt zur Besinnung, als er sich in ein Mädchen aus den Bergen verliebt. Ganghofer-Verfilmung mit schönen Landschaftsaufnahmen und dick aufgetragenen Klischees. – Ab 12. ✦ Scope. BR Deutschland 1976 **P** CTV 72/Terra **KI** Constantin **R** Alfred Vohrer **B** Werner P. Zibaso **K** Ernst W. Kalinke, Fritz Baader **M** Ernst Brandner **D** Alexander Stephan (Götz Graf Ettingen), Belinda Mayne (Lore Petri), Evelyn Opela (Baronin Prankha), Ferdy Mayne (Baron Sternfeld), Walter Buschhoff (Sensburg) **L** 94 **FSK** ab 6; f **E** 13.10.1976 **fd** 20 020

SCHWEIGEN IST GOLD (LE SILENCE EST D'OR). Die Geschichte spielt hinter den Kulissen eines Pariser Filmateliers: Ein Regisseur, der sich zunächst nur als Beschützer einer jungen Frau aus der Provinz fühlt, verliebt sich in sie. Doch ein schüchterner Verehrer ist ihr nachgereist und lernt durch seinen Schauspielunterricht den Regisseur kennen. Dank der Ratschläge des Älteren siegt der Jüngere schließlich auf der ganzen Linie. Der Regisseur, der nicht wußte, mit wem er es zu tun hatte, zieht sich zurück und läßt den Liebenden ihr Glück. Die sentimentale, aber ironisch aufbereitete Geschichte nutzt Clair auch für eine perfekte Inszenierung der Kinoanfänge um 1900. Ein liebevoll inszenierter Film, der bis ins kleinste Detail stimmig ist. – Ab 14. ✦ Schwarz-weiß. Frankreich 1947 **P** Pathé/RKO **KI** Pallas **R+B** René Clair **K** Armand Thirard **M** Georges van Parys **D** Maurice Chevalier, François Périer, Marcelle Derrien, Dany Robin, Paul Olivier **L** 90 **E** 22.10.1947/30.1.1967 ARD/28.4.1982 DFF 2 **fd** 347

DAS SCHWEIGENDE DUNKEL (SILENT DUST). Ein erblindeter englischer Adliger glaubt, daß sein vergötterter Sohn im Zweiten Weltkrieg den Heldentod gestorben ist, aber der Vermißte taucht wieder auf und erweist sich als feiger Verbrecher. Psychologisches Melodram, nach einem Bühnenstück routiniert in Szene gesetzt. – Ab 16. ✦ Schwarz-weiß. Großbritannien 1949 **P** Associated British Pathé **KI** Omnium **Pd** N.A. Bronsten **R** Lance Comfort **B** Michael Pertwee, nach dem Theaterstück »The Paragon« von Roland und Michael Pertwee **K** Wilkie Cooper **M** Georges Auric **D** Sally Gray (Angela Rawley), Derek Farr (Maxwell Oliver), Stephen Murray (Robert Rawley), Nigel Patrick (Simon Rawley), Seymour Hicks (Lord Clandon) **L** 82 **FSK** ab 16; f **E** 1.8.1950 **fd** 843

DER SCHWEIGENDE ENGEL. Nach vielen Leiden gewinnt ein taubstummes Kind durch Schockwirkung die Sprache zurück. Farblos, steril und viel zu sentimental. – Ab 16. ✦ Schwarz-weiß. BR Deutschland 1954 **P** Eva **KI** Constantin **Pd** Oskar Marion, Maria von der Osten-Sacken **R** Harald Reinl **B** Maria von der Osten-Sacken, Harald Reinl **K** Walter Riml **M** Bernhard Eichhorn **S** Hilde Grabow **D** Christine Kaufmann (Angelika Helmer), Josefin Kipper (Sylvia Verena), Robert Freytag, Ingeborg Schöner, Siegfried Breuer jr. (Andreas) **L** 94 **FSK** ab 12; f **E** 21.10.1954 **fd** 3 708

SCHWEIGENDE LIPPEN (JOHNNY BELINDA). Eine taubstumme Farmerstochter aus Neuschottland erschießt einen Tunichtgut, der sie vergewaltigt hatte und ihr das gemeinsame Kind wegnehmen will. In dem Dorfarzt findet sie einen verständnisvollen Freund und nach dem Freispruch vor Gericht einen liebevollen Partner. Ein packendes, niveauvolles Melodram alten Stils mit starken Gefühlen, dichter Atmosphäre und einer sensiblen Hauptdarstellerin. – Ab 16. ✦ Schwarz-weiß. USA 1948 **P** Warner **KI** MPEA **Pd** Jerry Wald **R** Jean Negulesco **B** Irma von Cube, Allen Vincent, nach einem Theaterstück von Elmer Harris **K** Ted McCord **M** Max Steiner **D** Jane

Wyman (Belinda McDonald), Lew Ayres (Dr. Richardson), Charles Bickford (Black McDonald), Agnes Moorehead (Aggie McDonald), Stephen McNally (Locky McCormick) **L** 95 **FSK** ab 16; nf **E** 8.12.1949 **fd** 470

DER SCHWEIGENDE MUND. Die platonische Beziehung seiner jungen Frau zu einem noblen Architekten löst bei einem älteren Rechtsanwalt eine Vertrauenskrise aus. Kleinstädtisches Ehedrama mit kriminalistischem Einschlag ohne Anspruch auf Logik oder psychologische Glaubhaftigkeit. – Ab 14. ✦ Schwarz-weiß. Österreich 1951 **P** Excelsior **KI** Ufa **Pd** Anton Profes **R** Karl Hartl **B** Karl Hartl, Hugo Maria Kritz, nach einer Erzählung von Hugo Maria Kritz **K** Oskar Schnirch **M** Anton Profes **S** Herma Sandtner **D** Oskar Homolka, Gisela Uhlen, Curd Jürgens, Albin Skoda, Gusti Wolf **L** 97 **FSK** ab 12; f **E** 27.9.1951/ 8.1.1966 ZDF **fd** 1 354

SCHWEIGENDE SPUREN (MILCZACE SLADY). Der Kampf der staatlichen Sicherheitsorgane gegen Terroristen im Nachkriegsjahr 1946. Spannend und gut gespielt, krankt der Film an einer teilweise sprunghaften Handlungsführung. – Ab 16. ✦ Teils schwarz-weiß. Polen 1961 **P** Filmstudio Lódz **KI** Progress **R** Zbigniew Kuzminski **B** Marian Koslowski, Bohdan Czeszko **K** Karol Chodura **M** Wojciech Kilar **D** Józef Nowak, Józef Nalberczak, Lech Wojciechnowski, Witold Skaruch, Ryszard Kotas **L** 84 **E** 4.5.1962 Kino DDR/11.5.1963 DFF 1

DER SCHWEIGENDE STERN (MILCZADA GWIAZDA). Acht internationale Wissenschaftler, unter der Führung der Sowjetunion und unter Beteiligung eines progressiven Amerikaners, finden bei ihrer Landung auf der Venus im Jahre 1970 die Spuren einer gigantischen atomaren Vernichtungsmaschinerie, deren Urheber offenbar ihrer eigenen Erfindung zum Opfer gefallen sind. Der in Co-Produktion zwischen der DDR und Polen entstandene Science-Fiction-Film kleidet seine warnende politische Botschaft in ein utopisches Gewand. Ein ehrgeiziges Projekt der frühen DEFA, die hier mit Geschick und Improvisationskunst die aufwendigen »westlichen« Kinofilme zu kopieren versuchte. (Westdeutscher Titel: »Raumschiff Venus antwortet nicht«) – Ab 14. ✦ Scope. DDR/Polen 1959 **P** DEFA, Gruppe »Roter Kreis«/ZRF, Zespól »Iluzjon« **KI** Progress/Constantin **VA** Icestorm (Video ab 6) **Pd** Hans Mahlich, Edward Zajicek **R** Kurt Maetzig **B** Jan Fethke, Wolfgang Kohlhaase, Günter Reisch, Günther Rücker, Alexander Stenbock-Fermor, nach dem Roman »Astronauci« (»Planet des Todes«) von Stanislaw Lem **K** Joachim Hasler **M** Andrzej Markowski **S** Lena Neumann **D** Yoko Tani (Sumiko), Oldrich Lukes (Hawling), Ignacy Machowski (Saltyk), Julius Ongewe (Talna), Michail N. Postnikow (Arsenjew), Kurt Rackelmann (Sikarna), Günther Simon (Brinkmann), Tang Huata (Lao Tsu), Lucyna Winnicka (TV-Reporterin), Eva-Maria Hagen (Reporterin), Ruth-Maria Kubitschek (Arsenjews Frau), Eduard von Winterstein (Kernphysiker Weimann), Kurt Maetzig (Wissenschaftler) **L** 93 (BRD 80) **FSK** ab 12; nf **E** 26.2.1960 Kino DDR/9.9.1960 Kino BRD/29.8.2000 Video **fd** 9 441

SCHWEIGENDE STIMMEN (SILENT VOICE / AMAZING GRACE AND CHUCK). Das Beispiel eines 12jährigen amerikanischen Jungen, der durch Sportboykott und »stummes Reden« ein Widerstandszeichen gegen Atomrüstung setzt, mobilisiert eine weltweite Aktion für die sofortige Vernichtung aller Atomwaffen. Naive Utopie von der Durchsetzungskraft radikalen Friedenswillens, gefühlvoll-bieder inszeniert. – Ab 10 möglich. ✦ USA 1987 **P** TriStar **KI** Columbia **VA** RCA/ Columbia **Pd** David Field **R** Mike Newell **B** David Field **K** Robert Elswit **M** Elmer Bernstein **S** Peter Hollywood **D** Joshua Zuehlke (Chuck Murdock), Alex English (»Amazing Grace« Smith), Gregory Peck (Präsident), Jamie Lee Curtis (Lynn Taylor), William Petersen (Russell) **L** 115 **FSK** ab 6; f **E** 11.2.1988/August 1988 Video **fd** 26 695

DIE SCHWEIGENDE WELT (LE MONDE DU SILENCE). Der Tiefseeforscher Cousteau hat innerhalb von zwei Jahren mit dem damals noch unbekannten Regisseur Louis Malle im Mittelmeer, dem Roten Meer, dem Indischen Ozean und dem Persischen Golf den sicherlich spannendsten, überzeugendsten und intelligentesten Unterwasserfilm gemacht. Die Entdeckung der Meeresfauna und -flora ist eine kameratechnische und farbliche Meisterleistung, Kommentar und Musik enthalten sich gänzlich des sonst üblichen Schnulzentons. (DDR-Titel: »Die Welt des Schweigens«) – Sehenswert ab 8. ✦ Frankreich 1955 **P** Filmad/Film Société Jacques-Yves Cousteau **KI** Gloria **Pd** Viviane Blavier-Guibert **R** Jacques-Yves Cousteau, Louis Malle **B** Jacques-Yves Cousteau **K** Edmond Séchan, Louis Malle, Jacques-Yves Cousteau, Albert Falco, Frédéric Dumas **M** Yves Baudrier, Serge Baudo (Ltg.) **S** Georges Alepée **L** 85 **FSK** ab 6; f **FBW** bw **E** 7.9.1956/21.6.1957 Kino DDR **fd** 5 069

SCHWEIGENDE ZUNGE (SILENT TONGUE). In der Wüstenlandschaft New Mexikos kämpft 1873 ein irischer Pferdehändler um seinen dem Wahnsinn nahen Sohn, der vom Geist seiner verstorbenen Frau, einem indianischen Halbblut, bedroht wird. Ein thematisch wie formal ungewöhnliches, komplexes Drama um Schuld und Sühne, das Motive des Indianerfilms mit einer mythischen Geistergeschichte sowie Themen der klassischen amerikanischen Tragödie und der Shakespearschen Königsdramen verbindet. Schauspielerisch und inszenatorisch eindrucksvoll, verdichtet der Film auf radikalkonsequente Weise alle Elemente zu einer düsteren Reflexion über das Verlorensein der Menschen. (Titel auch: »Schweigende Zunge – Die Rache der Geister«) – Sehenswert. ✦ Scope. USA/Frankreich 1993 **P** Trimark/Canal+ **KI** Filmwelt **VA** AVU **Pd** Carolyn Pfeiffer, Ludi Boeken **R+B** Sam Shepard **K** Jack Conroy **M** Patrick O'Hearn, The Red Clay Ramblers **S** Bill Yahraus **D** Alan Bates (Eamon McCree), Richard Harris (Prescott Roe), River Phoenix (Talbot Roe), Dermot Mulroney (Reeves McCree), Sheila Tousey (Awbonnie McCree/Geist), Jeri Arredondo (Velada McCree), Tantoo Cardinal (Silent Tongue) **L** 101 **FSK** ab 12; f **E** 1.12.1994 **fd** 31 036

SCHWEIGEPFLICHT → Du mein stilles Tal

DER SCHWEIGSAME FREMDE (THE STRANGER WORE A GUN). Ein Abenteurer wird von einem Banditen, der ihm im Bürgerkrieg das Leben gerettet hat, zu Postkutschenüberfällen erpreßt, schafft aber mit List den Absprung in ein bürgerliches Leben. Unterdurchschnittlicher Konfektionswestern, ursprünglich im 3D-Verfahren hergestellt. – Ab 16. ✦ USA 1953 **P** Columbia **KI** Columbia **Pd** Harry Joe Brown **R** André De Toth **B** Kenneth Gamet, nach dem Roman »Yankee Gold« von John M. Cunningham **K** Lester White **M** Mischa Bakaleinikoff **S** Gene Havlick, James Sweeney **D** Randolph Scott (Jeff Travis), Claire Trevor (Josie Sullivan), Joan Weldon (Shelby Conroy), George Macready (Jules Mourret), Alfonso Bedoya (Degas), Lee Marvin (Dan Kurth), Ernest Borgnine (Bull Slager), Pierre Watkin (Jason Conroy), Clem Bevans (Jim Martin), Guy Wilkerson (ike), Frank Ellis, Francis McDonald, James Millican **L** 82 **FSK** ab 16; nf **E** 23.4.1954 **fd** 3 283

DAS SCHWEIGSAME MÄDCHEN (THE GIRL OF SILENCE / FAZAFAKKA). Die Leidensgeschichte eines 14jährigen Mädchens, das vom Geliebten seiner Mutter mißbraucht wird und sich in eine Comic-Fantasiewelt flüchtet, die ihm Zuflucht bietet und in der es die Stärke zu überleben findet. Nach dem autobiografischen Roman einer Manga-Zeichnerin gestalteter feinfühliger Film, der mit zahlreichen Symbolen und Chiffren an die Gefühle der Zuschauer appelliert. (O.m.d.U.) ✦ Japan 1995 **P** Film Makers Inc./Horipro Inc./Pony Canyon **KI** Freunde der Deutschen Kinemathek **Pd** Miyoshi Kikuchi, Yasukiko Sawada **R** Genjiro Arato **B** Goro Haiki, nach einem Roman von Shungiku Uchida. **K** Akiko Ashizawa **M** Yosuke Yamashita **S** Akira Suzuki **D** Mami Nakamura (Shizuko), Kaori Momoi, Micho Akiyama, Ayumi Yajima, Yoshio Harada, Kohei Urasawa, Ken Kaneko **L** 91 **E** 1996 Kino/12.6.1997 West 3 **fd** 32 577

DER SCHWEIGSAME WOLF → Der Fighter

DAS SCHWEIN – EINE DEUTSCHE KARRIERE. Mehrere Jahrzehnte umspannender satirischer TV-Dreiteiler über die Karriere eines skrupellosen Opportunisten und Intriganten. Nach einer von Not und Entbehrung der Nachkriegszeit geprägten Jugend gerät Stefan Stolze ins Hamburger Rotlichtmilieu. Er kommt für kurze Zeit ins Gefängnis und ergaunert sich anschließend die Kontrolle über die Firma eines Knastkumpels. Durch die Heirat mit einer wohlhabenden Frau verschafft er sich Zugang zu besseren Kreisen. Immer noch gierig nach Macht und gesellschaftlicher Anerkennung treibt er seinen Aufstieg mit gnadenloser Berechnung voran. ✦ Deutschland 1994 **P** Nostro Film/SAT 1 **Pd** Karl-Heinz Willschrei **R** Ilse Hofmann **B** Karl-Heinz Willschrei **K** Daniel Koppelmann **M** Andreas Köbner **S** Hans-Otto Krüger **D** Götz George (Stefan Stolze), Rosemarie Fendel (Monika Stolze), Andrea Sawatzki (Alice van Lück), Gudrun Landgrebe (Sybille Curtius), Karl Michael Vogler (Theodor van Lück), Arthur Brauss (Harald Deterding), Martina Gedeck (Wanda Weissenfeld), Bernd-Uwe Reppenhagen (Dr. Wiegand), Felix von Manteuffel (Lutz Krüger), Marie Bäumer (Rita Krüger), Daniel Weiß (Stefan Stolze mit 15) **L** 279 (drei Teile) **E** 19.,21.,22.3.1995 SAT 1

SCHWEIN GEHABT (1986/87). Ein junger Lehrer, der im Winter 1945/46 seine Stelle in einem kleinen Dorf antritt, bekommt es nicht nur mit der Erziehung der Kinder zu tun, sondern muss in einem schwierigen Fall vermitteln. Ein Schwein, das der Tochter seiner Vermieterin in die Falle gegangen ist, weckt im Dorf die unterschiedlichsten Interessen, zumal es juristisch gesehen Eigentum der Roten Armee ist. Nur stellenweise amüsantes Lustspiel, dessen langatmig-umständliche Erzählweise den Unterhaltungswert beträchtlich schmälert. – Ab 14. ✦ DDR 1986/ 87 **P** DEFA, Gruppe »Berlin« **KI** Progress **Pd** Martin Sonnabend **R** Karl-Heinz Heymann **B** Roland Kästner, Karl-Heinz Heymann, nach dem Roman »Das Schulschwein« von Walter Püschel **K** Otto Hanisch **M** Karl-Ernst Sasse **S** Renate Bade **D** Manuel Soubeyrand (Hadubrandt), Uwe Kockisch (Pfarrer), Dieter Montag (Stuten-Kalle), Christian Grashof (Gummi-Latsch), Margit Bendokat (Gertrud), Birgit Schneider (Anne-Grete), Ellen Thormann (Olly) **L** 82 **E** 11.2. 1988 Kino DDR

SCHWEIN GEHABT (1990) (SWINKA). Aus Neid läßt ein Wissenschaftler sein Gehirn in den Kopf eines erfolgreicheren Kollegen transplantieren und dessen Gehirn einem Schwein einpflanzen. Das nunmehr hochintelligente Schwein entkommt dem Schlachter und hält bald das ganze Land in Atem. Der »neue« Wissenschaftler wird indes – dank der Bosheit des operierenden Arztes – zusehends schweineähnlicher. Eine frech-turbulente, bisweilen hintersinnige Farce, die eher grob auf die beschriebenen Verhältnisse reagiert. – Ab 16. ✦ Polen 1990 **P** Studio Filmowe/ Frankfurter Filmproduktion **R** Krzysztof Magowski **B** Marcin Wolski, Krzysztof Magowski **K** Wlodzimierz Glodek **M** Zbigniew Raj **D** Tadeusz Huk (Holding), Ewa Skibinska (Lucy Crawford), Katarzyna Figura (Dolores Mendoza), Janusz Michalowski (Hans Weisenstein), Boleslaw Abart (O'Hara) **L** 96 **E** 1.7.1991 ZDF

SCHWEINCHEN BABE IN DER GROSSEN STADT (BABE: PIG IN THE CITY). Um den Verkauf ihrer in finanzielle Schwierigkeiten geratenen Farm zu verhindern, wollen Bäuerin Hoggett und »Schäferschwein« Babe das Preisgeld auf einer Agrar-Ausstellung gewinnen. Der Weg dorthin wird für beide zu einer aktionsreichen Odyssee im Großstadtdschungel, die mit der glücklichen Heimkehr aller Beteiligten in die ländliche Idylle des Bauernhofs endet. Die Fortsetzung von »Ein Schweinchen namens Babe« (1995) ist vergleichsweise aktionsreicher, insgesamt aber auch merklich düsterer, wobei der Film in seinem brillanten Einsatz visueller Effekte nicht mehr als reine Kinderunterhaltung zu verstehen ist. Sein Reiz liegt vor allem in der detailgenau gestalteten Ausstattung, aber auch in der unaufdringlichen Einbeziehung christlicher Themen sowie in der humanistischen Grundhaltung der Fabel. – Ab 10. ✦ Australien 1998 **P** Universal **KI** UIP **VA** Universal **DVD** Universal Home (16:9, 1.85:1, DD5.1 engl., DS dt.) **Pd** George Miller, Doug Mitchell, Bill Miller **R** George Miller **B** George Miller, Judy Morris, Mark Lamprell, nach Motiven eines Romans von Dick King-Smith **K** Andrew Lesnie **M** Nigel Westlake **S** Jay Friedkin, Margaret Sixel **D** Magda Szubanski (Mrs. Hoggett), James Cromwell (Farmer Hoggett), Mary Stein (Pensionswirtin), Mickey Rooney (Onkel Fugly) **L** 96 **FSK** ab 6; f **FBW** w **E** 28.1.1999/9.9.1999 Video/15.9.1999 DVD **fd** 33 503

EIN SCHWEINCHEN NAMENS BABE (BABE, THE GALANT PIG). In liebevoller Detailtreue entführt diese Kinderbuchverfilmung in eine ländliche Idylle. Ein kleines Schwein lernt, angeregt durch die anderen Tiere, sein Leben unbeschadet einer Verwertung im Kochtopf sinnvoll zu gestalten und erwirbt sich als neuer »Schäferhund« die Gunst seines Besitzers. In geschickter Kombination von Real- und Puppentrickszenen (Trickfiguren: Jim Henson's Creature Shop) gelingt eine stilvolle Überzeichnung zwischen Verklärung und Abgründigkeit; dabei entsteht ein wirkliches Vergnügen für jung und alt. (Fortsetzung: »Schweinchen Babe in der Großstadt«, 1989) – Sehenswert ab 8. ✦ USA 1995 **P** Universal **KI** UIP **VA** CIC **DVD** Universal Home (16:9, 1.85:1, DD5.1 engl., DS dt.) **Pd** George Miller, Doug Mitchell, Bill Miller **R** Chris Noonan **B** George Miller, Chris Noonan, nach einem Roman von Dick King-Smith **K** Andrew Lesnie **M** Nigel Westlake **S** Marcus D'Arcy, Jay Friedkin **D** James Cromwell (Farmer Hoggett), Magda Szubanski (Emse Hoggett), David Webb (Tierarzt) **L** 92 **FSK** o. A.; f **FBW** bw **E** 7.12.1995/24.10.1996 Video/25.12.1998 RTL/2.8.1999 DVD **fd** 31 670

SCHWEINE, GEISHAS UND MATROSEN (BUTA TO GUNKAN). Sittenbild aus dem amerikanisch besetzten Japan: Ein junger Bursche aus den Slums einer Hafenstadt und sein Mädchen im Mittelpunkt einer Gangster-, Zuhälter- und Dirnengeschichte. Ein düsterer Film, der eine amoralische Welt ohne Hoffnung auf funktionierende zwischenmenschliche Beziehungen vorstellt. (Weiterer Titel: »Geishas und Matrosen«) ✦ Scope, schwarz-weiß. Japan 1960 **P** Nikkatsu **KI** Rolei **Pd** Yukihara Moriyama **R** Shôhei Imamura **B** Kazu Otsuka, Hisashi Yamanouchi, Shôhei Imamura, nach einem Roman von Kazu Otsuka **K** Shinsaku Imeda **M** Toshiro Mayuzumi **S** Matsuo Tanji **D** Yuji Nagato (Kinta), Jitsuko Yoshimura (Haruko), Masao Mishima (Himori), Tetsuro Tanba (Tetsuji), Takeshi Kato (Daihachi) **L** 100 **FSK** ab 18; f **E** 19.7.1963 **fd** 12 101

SCHWEINEBANDE! (GROWING PAINS / BAD MANNERS). Vier Freunde brechen aus einem Waisenhaus aus, um einen adoptierten Jungen aus den Händen seiner überspannten Eltern zu befreien. Überdrehte und mit zotigen Sprüchen garnierte Klamauk-Komödie mit einem vergeblichen Versuch der Kritik an Erziehungsinstitutionen und Eltern, für die ihre Kinder Konsumgüter sind. ✦ USA 1983 **P** New World Pictures/Growing Pains Prod. **VA** VCL/Virgin **Pd** Kim Jorgensen **R** Bobby Houston **B** Bobby Houston, Joseph Kwong **K** Jan de Bont **M** Sparks, Michael J. Lewis **S** Barry Zetlin **D** Martin Mull (Warren Fitzpatrick), Karen Black (Gladys Fitzpatrick), Anne DeSalvo (Serena), Pamela Segall (Joey), Edy Williams (Mrs. Slatt) **L** 86 **E** 31.5.1986 Video **fd** 25 743

SCHWEINEGELD – EIN MÄRCHEN DER GEBRÜDER NIMM. Drei kleine Ganoven kommen einem Konzern ins Gehege, der mit Hilfe korrupter Politiker ein illegales Waffengeschäft einfädeln will. Mit Hilfe eines wackeren Steuerfahnders siegen die Kleinen, doch der Gerechtigkeit ist damit nicht zum Sieg verholfen. Eine matte Komödie, die ihre Themen – Geldwäscherei und Korruption – zugunsten einer weitgehend unverbindlichen Posse verschenkt und nicht aufklärt, sondern nur an die Schadenfreude des Publikums appelliert. – Ab 14 möglich. ✦ BR Deutschland 1988/89 **P** FFAT/Maran-Film/Pro-ject/Kairos-Film **KI** Filmverlag der Autoren **VA** Ufa **Pd** Madeleine Rémy **R** Norbert Kückelmann **B** Norbert Kückelmann, Michael Juncker, Dagmar Kekulé **K** Frank Brühne **M** Hanno Rinne, Gabriele di Rosa **S** Nani Schumann **D** Armin Mueller-Stahl (Maxwell), Claudia Messner (Wally), Rolf Zacher (Harry), Stefan Suske (Ferdinand Liebkind), Hans-Michael Rehberg (Konzertanwalt) **L** 91 **FSK** ab 12; f **E** 29.6.1989/November 1989 Video **fd** 27 450

SCHWEINEHUNDE BETEN NICHT (I VAGLIACCAI NON PREGANO). Zwei ehemalige Soldaten aus Texas werden auf der Suche nach einer neuen Existenz zu erbitterten Feinden, als der eine sich als skrupelloser Totschläger entpuppt. Durchschnittlicher europäischer Western mit vielen brutalen Szenen. ✦ Italien/Spanien 1969 **P** Metheus/Copercines **KI** Filmagentur Süd **R** Marlon Sirko (= Mario Siciliano) **B** Eduardo Manzanos Brochero **K** Gino Santini **M** Manuel Parada **S** Romeo Gatti **D** Sean Todd (= Ivan Rassimov), John Garko (= Gianni Garko), Elisa Montes, Jerry Wilson, Maria Mizar **L** 101 **FSK** ab 18; nf **E** 27.11.1969 **fd** 16 530

SCHWEINESAND – EINE INSEL VOLLER GEHEIMNISSE. Eine Freundesclique von 11- bis 13jährigen Kindern ermittelt in Hamburg-Blankenese im Fall der Entführung eines gleichaltrigen Mädchens aus reichem Hause und holt zum Gegenschlag gegen alle Erwachsenen aus, die nur ans liebe Geld, nicht aber an die Kinder denken. Ein von den Kindern mitkonzipierter Kinderkrimi, der nicht zuletzt auf Grund des schmalen Budgets seine formalen Mängel nicht verbergen kann, diese aber durch die Spielfreude der Kinder und ihre ansteckende Freude am filmischen Erzählen ausgleicht. – Ab 10 möglich. ✦ Deutschland 1996/97 **P** Peter Stockhaus Filmprod. **KI** Silver Cine **VA** Polyband **Pd** Peter Stockhaus **R** Stephanie Grau **B** Stephanie Grau, Eckehard Schweppe, Kinder der Theaterschule »Zeppelin« **K** Jürgen Hoffmann **M** Axel Pätz **S** Margot Neubert-Maric (= Margot Neubert), Hagen Winterhoff **D** Mia Grau (Alexa), Lucas von Gwinner (Luc), Joa Ritter (Joa), Gunda Züllich (Gunda), Jörg Pleva (Figaro Albers), Martin Lüttge (Kommissar) **L** 74 **FSK** o. A.; f **E** 9.10.1997 **fd** 32 753

DER SCHWEINESTALL (PORCILE). In zwei ineinander verflochtenen Episoden erzählt Pasolini die Geschichte zweier junger Männer, die aus ihren gesellschaftlichen Verhältnissen ausbrechen, am Ende jedoch auf makabre Weise scheitern: Der eine verfällt in einer wüstenhaften Landschaft dem Kannibalismus und wird zur Strafe selbst den Tieren zum Fraß vorgeworfen; der andere hegt eine Zuneigung zu Schweinen und endet als deren Opfer. Ein allegorisches Pamphlet über die Situation der italienischen Nachkriegsjugend, das in seiner ironisch-distanziert eingesetzten Schockästhetik an Buñuel erinnert. ✦ Italien/Frankreich 1969 **P** I.N.D.I.E.F./Idi/dell'Orso/C.A.P.A.C. **Pd** Gian Vittorio Baldi, Gianni Barcelloni **R+B** Pier Paolo Pasolini **K** Tonino Delli Colli, Armando Nannuzzi, Giuseppe Ruzzolini **M** Benedetto Ghiglia **S** Nino Baragli, Andreina Casini **D** Pierre Clementi (Mann in der Wüste), Jean-Pierre Léaud (Julian Klotz), Alberto Lionello (Klotz, sein Vater), Ugo Tognazzi (Herdhitze), Anne Wiazemsky (Ida) **L** 100 **E** 27.4.1971 ZDF **fd** 17 277

SCHWEISS AUF DER HAUT (FORBIDDEN TIMES). Trivialer Erotikfilm. Ein junger Aufsteiger übernimmt im Chicago der 30er Jahre Stellung und Geliebte eines Gangsterbosses. ✦ USA 1996 **R** Joe d'Amato (= Aristide Massaccesi) **B** Robert Lyon **K** Dan Slonisko **D** Juli Ashton, Steven St. Croix, J. R. Carrington, Dallas **L** 93 **E** 14.3 .1997 premiere

DIE SCHWEIZER AFFÄRE (L'AFFAIRE SUISSE). Ein Genfer Polizeiinspektor gerät bei einer Routineuntersuchung – tödlicher Verkehrsunfall eines Journalisten – in eine Fluchtgeld-Affäre großen Stils, muß aber schließlich aufgeben, weil die Allianz scheinbar ehrenwerter Geschäftspartner stärker ist als Recht und Gesetz. Formal nicht immer überzeugend, rückt der weitgehend spannende und ambitionierte Politthriller den Finanzplatz Schweiz in ein grelles Licht. – Ab 16. ✦ Schweiz/Italien 1978 **P** Saba Cinematografica/Cromix/Ammann **Pd** Peter Ammann, Bruno Paolinelli **R** Peter Ammann **B** Peter Ammann, Fabio De Agostini, Bernhard Bengloan, John L. Huxley **K** Aldo Di Marcantonio **M** Giancarlo Chiaramello **S** V. Verdecchi **D** Jean Sorel (Kommisar Suter), Brigitte Fossey (Mireille Wabre), Franco Fabrizi (Signor Posetti), Paul Müller, Colette Descombes **L** 95 **E** 20.5. 1980 ZDF

SCHWEIZER IM SPANISCHEN BÜRGERKRIEG (SCHWEIZER IM SPANISCHEN BÜRGERKRIEG). Dokumentarfilm, in dem sich Anfang der 70er Jahre ein Dutzend Schweizer an ihre Erlebnisse während des Spanischen Bürgerkriegs erinnern, an dem sie sich auf Seiten der Republik beteiligt hatten. Darüber hinaus messen sie die Ideale, die sie vergeblich verteidigt hatten, mit der Wirklichkeit der Schweiz 30 bis 40 Jahre später. ✦ Teils schwarz-weiß. Schweiz 1973 **P** Dindo **Pd+R+B** Richard Dindo **K** Rob Gnant **S** Richard Dindo **L** 87 **E** 23.10.1994 3sat

EIN SCHWEIZER NAMENS NÖTZLI (EIN SCHWEIZER NAMENS NÖTZLI). Durch eine Verwechslung rückt der Buchhalter einer Chemiefirma in die Chef-Etage auf, von wo aus er das Geschick der Firma zur Zufriedenheit aller lenkt. Als der rechtmäßige Chef als der eigentliche politische Günstling auftaucht, wird Nötzli zurückversetzt. Komödie mit märchenhaften Zügen um den Aufstieg und vorübergehenden Fall eines intelligenten, aber biederen und gehemmten Menschen, der noch an Gerechtigkeit und leistungsbezogenen Lohn glaubt. In der Hauptrolle mit menschlich warmen Untertönen eindrucksvoll gespielt, verschenkt der behäbig-uninspiriert inszenierte Film jede Chance zu einer tiefergreifenden Ausformung der Geschichte. (Vgl. auch »Der doppelte Nötzli«) – Ab 12. ✦ BR Deutschland/Schweiz 1988 **P** Ascot-Film/Dietrich-Burger-Roderer **KI** Ascot/Saarfilm **VA** Ascot **Pd** Erwin C. Dietrich, Freddy Burger, Walter Roderer **R** Gustav Ehmck **B** Ralph Engler, Walter Roderer, nach Motiven eines Bühnenstücks von Hans Schubert **K** Peter Baumgartner **M** Walter Baumgartner **S** Marie-Luise Buschke **D** Walter Roderer (Josef Nötzli), Jochen Schroeder (Alfred Neubauer), Ursela Monn (Hilde Hartmann), Julia Biedermann (Eva Brock), Friedrich Georg Beckhaus (Aribert Müller) **L** 103 **FSK** ab 6; f **E** 16.2.1989/Oktober 1989 Video **fd** 27 449

DIE SCHWEIZERMACHER (DIE SCHWEIZERMACHER). Zwei Schweizer Polizisten müssen sich mit Ermittlungen über ausländische Bewerber um Aufnahme ins Bürgerrecht auseinandersetzen. Im Vorgehen der Beamten werden Selbstgerechtigkeit und Überheblichkeit in grotesker Form gespiegelt und als nationale Schwächen kritisiert. Weitgehend gelungene satirische Komödie. – Sehenswert ab 14. ✦ Schweiz 1978 **P** T&C/TV DRS/Rolf Lyssy, Marcel Hoehn/Willora/Walter Schoch/Ecco **KI** Neue Constantin **SF** Progress **VA** Warner Home **DVD** Warner Home (16:9, 1.78:1, DS dt.) **Pd** Marcel Hoehn **R** Rolf Lyssy **B** Rolf Lyssy, Christa Maerker **K** Fritz E. Maeder **M** Jonas C. Haefeli **S** Georg Janett **D** Walo Lüönd (Max Bodmer), Emil Steinberger (Moritz Fischer), Beatrice Kessler (Milena Vacolic), Wolfgang Stendar (Dr. Starke), Hilde Ziegler (Gertrud Starke) **L** 109 **FSK** ab 6; f **E** 12.10.1979/10.10.1980 Kino DDR/31.12.1981 DFF 2/16.11.2000 Video/29.11.2000 DVD **fd** 22 203

SCHWEIZERMÄDEL → Dick und Doof als Salontiroler

DIE SCHWEIZERTERRORISTEN (LE TERRORISTE SUISSE). Der Autor hat den als Jura-Terroristen 1966 zu acht Jahren Zuchthaus verurteilten, ein Jahr später aber entflohenen Marcel Boillat in Spanien, wo er politisches Asyl gefunden hat, besucht und, nach Ablauf der Verjährungsfrist, auf seiner ersten Rückkehr in die Schweiz begleitet. Entstanden ist das lebendige Porträt eines von seinen Taten unerschütterlich überzeugten politischen Hitzkopfs, dessen fanatische Seite noch immer irritiert. Nebenbei liefert der Film auch eine Lektion jüngster Schweizer Geschichte. ✦ Schweiz 1988 **P** Fama-Film **Pd** Rolf Schmid, Christian Iseli **R** Christian Iseli **B** Christian Iseli, Christian Moser **K** Norbert Wiedmer, Hansueli Schenkel **S** Norbert Wiedmer **L** 70 **E** Schweiz

SCHWEJKS FLEGELJAHRE. Soldat Schwejk in der Kaserne, als Leutnantsbursche, im Manöver und im Munitionsarsenal. An Jaroslav Haseks literarischen Vorlagen vorbeiinszenierter, stilistisch uneinheitlicher, jedoch überwiegend unterhaltsamer Militärschwank. – Ab 14. ✦ Schwarz-weiß. Österreich 1963 **P** Sascha **KI** Gloria **Pd** Karl Schwetter **R** Wolfgang Liebeneiner **B** Karel Kubala, Heinz Pauck, nach Jaroslav Hasek **K** Friedl Behn-Grund **M** Johannes Fehring **S** Arnfrid Heyne **D** Peter Alexander (Josef Schwejk), Rudolf Prack (Major Hruschkovic), Gunther Philipp (Profos Loschek), Lotte Ledl (Stubenmädchen Anna), Hannelore Auer (Helene Hruschkovic) **L** 92 **FSK** ab 6; nf **E** 16.1.1964/11.7.1974 ZDF **fd** 12 515

SCHWELBRAND. 1948 spielende dramatische Familiengeschichte. Während eines Familientreffens in Texas brechen die unterschwellig herrschenden Konflikte zwischen den zahlreichen Verwandten aus, als sie auf den Stammsitz den Patriarchen der Familie mitbringen, um ihn dort zu lassen. Dieser hatte einst Leben und Laufbahn seines Sohnes durch seinen Egoismus zerstört. Die heuchlerischen Geschwister haben all die Jahre davon gewußt. – Ab 16. ✦ USA 1983 **R+B** Lina Shanklin **D** Dorothy Holland, Jennifer Mayo, Frank Whiteman, Michael Holmes, Joan Crosby **L** (TV) 85 **E** 6.3.1986 S 3

SCHWELLENJAHRE (LES ANNEES SANDWICHES). Zwei Jahre nach Ende des Zweiten Weltkriegs kommt ein verschleppter 15jähriger jüdischer Junge nach Paris zurück, um seine Eltern zu suchen. Er lernt einen Jungen aus gutem Hause kennen, der sich mit ihm anfreundet, und einen großherzigen Trödler, ebenfalls jüdischer Abstammung, der sein Lehrmeister wird. Ein sensibel-humorvoller Film über die Schwellenjahre zwischen Kindheit und Erwachsenwerden, die hier in die Zeit des Neuaufbaus fallen. Die Inszenierung baut auf bemerkenswerte schauspielerische Leistungen und versteht es, Zeitgeschichte über Andeutungen einfließen zu lassen. (Alternativer Fernsehtitel: »Lehrjahre des Glücks«) – Ab 14. ✦ Frankreich 1988 **P** Philippe Dussart Sarl/Films A 2/La S.E.P.T./Sté Française Production Cinématographique/Hachette Première **R** Pierre Boutron **B** Pierre Boutron, Jean-Claude Grumberg, nach dem Roman von Serge Lentz **K** Dominique Brabant **M** Roland Romanelli **S** Robert Coursez, Martine Boullier **D** Wojciech Pszoniak (Max), Thomas Langmann (Victor), Nicolas Giraudi (Félix), Michel Aumont (Onkel Jean), Clovis Cornillac (Bouboule) **L** 100 **E** 10.5.1993 arte

SCHWEMMKOHLE →Seacoal

SCHWER ERZIEHBARE MÄDCHEN (DELIQUENT SCHOOLGIRLS). Drei Sträflingen gelingt die Flucht aus der psychiatrischen Abteilung eines Gefängnisses. Um ihrem sexuellen Notstand abzuhelfen, nehmen sie Schülerinnen eines Internats gefangen, bis einige von ihnen dank ihrer Karatekünste den Verbrechern das Handwerk legen. Primitiver Sexfilm mit Verzeichnung der Geschlechterrollen. Ein abstoßendes Machwerk. – Wir raten ab. ✦ USA 1974 **P** Alpha **VA** Vestron/EuroVideo **R** Gregorio Corarito **B** Gregorio Corarito, John Lamb, Maurice Smith **K** Louis Horvath **M** Randy Johnson, Fred Selden **D** Michael Pataki, Bob Minor, Stephen Stucker, Sharon Kelly, Brenda Miller **L** 85 **FSK** ab 18 **E** November 1985 Video **fd** 25 419

SCHWER VERDÄCHTIG (GETTING AWAY WITH MURDER). Ein Ethikprofessor muß feststellen, daß sein betagter Nachbar ein Nazi-Kriegsverbrecher ist, der vor 50 Jahren in Lettland zum Tode verurteilt wurde. Da es fraglich ist, ob der alte Herr seine Taten jemals sühnen wird, nimmt der Professor das Recht in die eigenen Hände und muß feststellen, daß sein Nachbar wahrscheinlich Opfer einer Verwechslung wurde. Die Thematik des Films läßt ein Drama erwarten, die Inszenierung ist jedoch als Komödie ausgerichtet, die allerdings scheitert, weil die meisten Gags nicht mehr als müde Albernheiten sind; auch die Darsteller bleiben glanzlos. – Ab 16. ✦ USA 1996 **P** Parkway/Price Entertainment **VA** VCL **Pd** Penny Marshall, Frank Price **R+B** Harvey Miller **K** Frank Tidy **M** John Debney **S** Richard Nord **D** Dan Aykroyd (Jack Lambert), Lily Tomlin (Inga Müller), Jack Lemmon (Müller/Luger), Bonnie Hunt (Gail Holland), Brian Kerwin (Marty Lambert) **L** 87 **FSK** ab 16 **E** 18.3.1997 Video/14.5.1998 premiere **fd** 32 454

SCHWERE COLTS IN ZARTER HAND (CALAMITY JANE). Wildwest-Musical um Calamity Jane, eine berühmt-berüchtigte historische Figur der amerikanischen Siedlungsgeschichte. Idealisierend und ohne Anspruch auf historische Treue. Die Komik der Geschichte entwickelt sich mehr und mehr zur Clownerie. – Ab 12. ✦ USA 1953 **P** Warner **KI** Warner **Pd** William Jacobs **R** David Butler **B** James O'Hanlon **K** Wilfred M. Cline **M** Ray Heindorf **S** Irene Morra **D** Doris Day (Calamity Jane), Howard Keel (Wild Bill Hickok), Phil Carey (Lt. Gilmartin), Allyn McLerie (= Allyn Ann) (Katie Brown), Dick Wesson (Francis Fryer), Paul Harvey (Henry Miller), Chubby Johnson (Rattlesnake), Gale Robbins (Adelaide Adams) **L** 83 **FSK** ab 6; nf **E** 16.8.1963 **fd** 12 179

SCHWERE ENTSCHEIDUNG (NASCH OBSCHTSCHIJ DRUG). Ein verheirateter Parteisekretär eines Kolchos verliebt sich in eine junge Viehzüchterin. Der Konflikt, in den beide durch ihre Liebe geraten, wird schließlich nicht durch die moralischen Vorhaltungen von Funktionären, sondern durch eigenes verantwortungsbewußtes Handeln gelöst. Künstlerisch unbedeutender Problemfilm, dessen Figuren und Moral konstruiert wirken. – Ab 14. ✦ Scope. UdSSR 1962 **P** Mosfilm **KI** Progress **R** Iwan Pyrjew **B** Wladen Loginow, Iwan Pyrjew **K** Valentin Pawlow **M** Juri Lewitin **D** Viktor Awdjuschko (Prochor Kornijez), Natalja Fatejewa (Lisa Gorlowaja), Arkadi Arkadijew (Andrej Fomitsch), Jekaterina Litwinenko (Osornowa), Boris Jurtschenko (Lukjanjuk) **L** 116 **E** 6.12.1963 Kino DDR/4.12.1964 DFF 1

SCHWERE JUNGS – LEICHTE MÄDCHEN (GUYS AND DOLLS). Eine schlüpfrige Wette zwischen Spielern schlägt in ein Bekehrungserlebnis für halbseidene Jungs um, als eine Angehörige der Heilsarmee den weichen Kern in ihrer rauhen Schale aufdeckt. Schwungvoll und pointiert inszeniertes Musical in attraktiver Besetzung mit gelungenem Witz, perfekter Choreografie und zündenden Liedern. – Ab 14. ✦ Scope. USA 1956 **P** MGM **KI** NEF 2 (O.m.d.U.) **Pd** Samuel Goldwyn **R** Joseph L. Mankiewicz **B** Jo Swerling, Abe Burrows, nach dem Stück von Jo Swerling und Abe Burrows **K** Harry Stradling **M** Frank Loesser **S** Daniel Mandell **D** Marlon Brando (King Masterson), Jean Simmons (Sarah Brown), Frank Sinatra (Nathan Detroit), Vivian Blaine (Miss Adelheid), Robert Keith (Leutnant Brannigan), Stubby Kaye (Johnson), B.S. Pully (Big Jule), Johnny Silver (Benny Southstreet), Sheldon Leonard (Harry), Dan Dayton (= Danny Dayton) (Charlie), George E. Stone (Max) **L** 139 **FSK** ab 12; nf **E** 17.10.1956/Dezember 1991 (O.m.d.U) **fd** 5 497

EIN SCHWERER JUNGE (THE ST. LOUIS KID / A PERFECT WEEKEND). Als 1934 ein Streik die Molkereibetriebe in St. Louis und Chicago lahmlegt, gerät ein streikbrechender starrköpfiger Lastwagenfahrer unter Mordverdacht und muß seine Unschuld beweisen. Vor den authentischen »Milch-Kriegen« zwischen Arbeitern und Lieferfirmen angesiedeltes Kriminaldrama, das seinen zeitlichen Hintergrund nur am Rande einfließen läßt, als energievolles, actionbetontes »Tough-Guy«-Porträt durch James Cagney aber überzeugen kann. – Ab 16. ✦ Schwarz-weiß. USA 1934 **P** Warner Bros. **R** Ray Enright **B** Warren Duff, Seton I. Miller, nach einer Story von Frederick Hazlitt Brennan **K** Sid Hickox **M** Leo F. Forbstein **D** James Cagney (Eddie Kenedy), Patricia Ellis (Ann Reid), Allen Jenkins (Buck), Robert Barrat, Hobart Cavanaugh **L** 67 **E** 25.7.1990 West 3

EIN SCHWERER JUNGE IN DÜNNER LUFT (RIDING ON AIR). Turbulente Komödie um einen naiven Zeitungsjournalisten, der in seiner Unbedarftheit immer wieder mit den Menschen in seiner Umgebung aneckt. Als er die Gewinnsumme aus einem Wettbewerb in ein dubioses Unternehmen zur Erfindung eines genialen Flugleitstrahls steckt, das sich als Schwindel erweist, scheint sein berufliches Ende nahe. Doch der Flugleitstrahl funktioniert tatsächlich und hilft ihm, einem mysteriösen Verbrechen auf die Spur zu kommen. Ganz auf den Komiker Joe E. Brown zugeschnittene amüsante Routine-Unterhaltung. – Ab 12. ✦ Schwarz-weiß. USA 1937 **P** RKO Radio Pictures Inc. **Pd** David L. Loew **R** Edward Sedgwick **B** Richard Flournoy, Richard Macaulay **K** Alfred Gilks **M** Arthur Morton **S** Jack Ogilvie **D** Joe E. Brown (Elmer Lane), Guy Kibbee (Doc Waddington), Florence Rice (Betty Harrison), Vinton Haworth (Harvey Schumann), Anthony Nace (Bill Hilton), Harlan Briggs (Mr. Harrison) **L** 65 **E** 21.2.1999 mdr

EIN SCHWERER TAG FÜR DIE KÖNIGIN (UNE RUDE JOURNEE POUR LA REINE). Eine Putz- und Zugehfrau aus der Pariser Banlieue kompensiert die Enge ihres Lebens und ihre psychisch wie sozial bedingten Ängste mit einem kunstvollen Gefüge von Tagträumen, in denen sie sich mal als Königin oder Frau des Staatspräsidenten, mal als verfolgte Verbrecherin sieht. Die einfache Grundhaltung des genau beobachtenden, intelligent-humorvollen Films ist mit den verschiedenen Traumebenen verschmolzen, wodurch ein nahtloser Querschnitt durch die stark von den Massenmedien beeinflußte Erlebniswelt einer Frau der unteren Gesellschaftsschicht entsteht. – Ab 16. ✦ Frankreich/Schweiz 1973 **P** Polsim/Citel **R+B** René Allio **K** Denys Clerval **M** Philippe Arthuys **D** Simone Signoret, Jacques Debary, Olivier Perrier, Denise Bonal **L** 105 **E** 15.4.1974 WDR III

SCHWERMETALL →Heavy Metal

DAS SCHWERT (MING JIAN / THE SWORD). Ein junger Schwertkämpfer will sich mit einem berühmten Meister der Fechtkunst messen. Auf der Suche nach ihm wird er in Machenschaften eines heimtückischen Aristokraten verwickelt, der zwei Schwerter von legendärem Ruf in seinen Besitz bringen will. Aktionsreicher Martial-Arts-Film; der Regisseur verbindet Konventionen des Genrefilms mit lyrischen Momenten und stilisierten Übersteigerungen ins Künstliche; ein Ausnahmefilm aus der Hongkong-Produktion, der in Inszenierung und geistiger Haltung nur noch mit den Filmen eines King Hu (»Ein Hauch von Zen«) zu vergleichen ist. ✦ Hongkong 1980 **P** Zhong Guoren Prod. **R** Tan Lai-Ming (= Patrick Tam) **B** Huang Ying, Lu Zi-Qiang, Liu Tianci, Tan Jiaming **K** Huang Zhong-Biao **M** Gu Jia-Hui **S** Zhang Yaozong **D** Cheng Shao-Chiu (Li Moran), Xiu Shao-Chiang, Wei Chiu-Hua (Xuan Ji), Cheng Siu-Tsau, Tsui Siu-Keung **L** 88 **E** 14.3.1987 ARD

DAS SCHWERT DER MUSKETIERE (IL FIGLIO DI LAGARDERE). Kunstlos inszenierte Mantel- und Degenabenteuer mit humoristischen Einlagen um eine Erbschaftsintrige unter französischen Edelleuten im 17. Jahrhundert. – Ab 14. ✦ Schwarz-weiß. Italien 1952 **P** Venturini **KI** Lehmacher/ABC **R** Fernando Cerchio **B** Leo Benvenuti, Giuseppe Mangione, Fernando Cerchio, nach einem Roman von Paul Féval jr. **K** Arturo Gallea **M** Vieri Bigazzi **D** Rossano Brazzi, Simone Renant, Milly Vitale, Vittorio Sanipoli, Raymond Cordy **L** 85 **FSK** ab 12; nf **E** 11.5.1956 **fd** 4 957

DAS SCHWERT DER NIBELUNGEN →Die Nibelungen – 1. Teil: Siegfried von Xanten/2. Teil: Kriemhilds Rache

DAS SCHWERT DER RACHE (1950) (THE AVENGERS). Zur Zeit der spanischen Herrschaft in Mexiko verteidigt ein Held schutzlose Siedler gegen Banditen. Romantisch-abenteuerliche Unterhaltung, weder originell noch spannend. – Ab 14. ✦ Schwarz-weiß. USA 1950 **P** Republic **Kl** Gloria **R** John H. Auer **B** Lawrence Kimble, Aeneas MacKenzie, nach der Novelle »Don Careless« von Rex Beach **K** Pablo Tabernero **M** Nathan Scott **S** Marvin Coil **D** John Carrol, Adele Mara, Mona Maris, Roberto Airaldi, Jorge Villoldo **L** 89 **FSK** ab 12; nf **E** 13.8.1954 **fd** 3 846

DAS SCHWERT DER RACHE (1962) (LA SPADA DELLA VENDETTA). Abenteuer in Italien um 1625: Der Held stellt sich einem Tyrannen in den Weg, befreit das Volk und gewinnt das Herz der Schönen, die der Despot für sich beanspruchte. Belangloses Historiendrama. – Ab 16 möglich. ✦ Italien 1962 **P** Enzo Fava Prod. **R** Luigi Demar **K** Carmelo Petraglia **M** Aldo Piga **D** Frank Latimore, Patricia Luz, Gian L. Marianini, Franco Trompeo, Enzo Fava **L** 75 **E** 3.8. 1973 DFF 2/6.10.1992 ORB

DAS SCHWERT DES ALI BABA (THE SWORD OF ALI BABA). Der Sohn des durch Verrat gefallenen Kalifen von Bagdad befreit mit Hilfe einer Räuberbande seine Heimat von den Mongolen. Anspruchsloser Abenteuerfilm nach Motiven aus dem Märchen »Ali Baba und die 40 Räuber«, in dem in gewohnter Weise geritten, gefochten und Staub aufgewirbelt wird. – Ab 14. ✦ USA 1964 **P** Universal **Kl** Universal **Pd** Howard Christie **R** Virgil W. Vogel, Arthur Lubin **B** Edmund L. Hartmann, Oscar Brodney **K** William Margulies **M** Frank Skinner **S** Gene Palmer **D** Peter Mann (Ali Baba), Jocelyn Lane (Amara), Peter Whitney (Abou), Gavin MacLeod (Hulagu Khan), Frank Puglia (Prinz Cassim) **L** 81 **FSK** ab 12; nf **E** 14.5. 1965/26.12.1986 DFF 1 **fd** 13 468

DAS SCHWERT DES BARBAREN (LE SPADE DEI BARBARI). Ein Königssohn zieht aus, sein Volk zu rächen, und besiegt einen Barbarenstamm, der einer Feuergöttin huldigt. Fortsetzung von »Ator, Herr des Feuers«. Ein technisch schludriges Serienprodukt der Fantasy-Welle, das eine Welt voll Mord und Totschlag feiert. ✦ Italien 1982 **P** Leader/Filman/Visione **Kl** Filmagentur Traut/Movie **R** Michael E. Lemick (= Michele Massimo Tarantini) **B** Michele Massimo Tarantini, Piero Regnoli, Franco Coppino **K** Giancarlo Ferrando **M** Franco Campanino **S** Alessandro Lucidi **D** Peter McCoy (Sangraal), Sabrina Siani, Margareta Range, Anthony Freeman (= Mario Novelli), Yvonne Fraschetti **L** 88 **FSK** ab 16; f **E** 14.1. 1983 **fd** 23 804

DAS SCHWERT DES CID (LAS HIJAS DEL CID / LA SPADA DEL CID). Intrigen, Duelle und Machtkämpfe im Kastilien des 11. Jahrhunderts. Das wirre Handlungsgefüge wird durch die vielen Kampfszenen auch nicht übersichtlicher. – Ab 14. ✦ Scope. Spanien/Italien 1962 **P** Cintora/Victor M. Tarruella/Alexandra **Kl** Columbia-Bavaria **R** Miguel Iglesias **B** Ferdinando Baldi, Navarro Linares, Alfredo Giannetti **K** Francisco Marin **M** Carlo Savina **D** Chantal Deberg, Roland Carey, Sandro Moretti, Andrea Fantasia, Andres Mejuto **L** 84 **FSK** ab 12; nf **E** 18.10.1963/10.6. 1995 VOX **fd** 12 347

DAS SCHWERT DES GELBEN TIGERS (THE ONE ARMED SWORDSMAN). Ein berühmter Fechtmeister und Herr einer berüchtigten Räuberburg wird samt seiner Horde von einem einarmigen Schwertkämpfer zur Strecke gebracht. Der seinerzeit in der Welle der Hongkong-Produktionen untergegangene Film zählt heute zu den Klassikern des Genres. Eine ausschließlich im Studio gedrehte Produktion von extrem stilisierter Künstlichkeit mit zuweilen fast surrealen Einfällen, die die brutale Handlung etwas mildern. ✦ Scope. Hongkong 1971 **P** Shaw Brothers **Kl** Scotia **R** Chang Cheh **B** Chang Cheh, I Kuan **K** Kung Mu-To **M** Wang Foo-Ling **D** Li Ching, David Chiang (= Chiang Tai Wei), Ti Lung **L** 102 **FSK** ab 16; nf **E** 25.1.1973 **fd** 18 177

DAS SCHWERT DES KÖNIGS (SIEGE OF THE SAXONS). Ein Bauernsohn und die Tochter des ermordeten Königs Artus kämpfen gegen Mörder und Verräter. Farbenfroher Kostümfilm mit einem listenreichen Helden. – Ab 14. ✦ Großbritannien 1963 **P** Ameran **Kl** Columbia-Bavaria **Pd** Jud Kinberg **R** Nathan Juran **B** John Kohn, Jud Kinberg **K** Wilkie Cooper, Jack Mills **M** Laurie Johnson **S** Maurice Rootes **D** Janette Scott (Katherine), Ronald Lewis (Robert Marshall), Ronald Howard (Edmund von Cornwall), Mark Dignam (König Artus), John Laurie (Merlin) **L** 85 **FSK** ab 12; nf **E** 5.6.1964 **fd** 12 794

DAS SCHWERT DES ROBIN HOOD (SWORD OF SHERWOOD FOREST). Ein mittelalterlicher Armbrustschütze und Fechter kämpft an der Spitze von »Gesetzlosen« für das Gute im Land. Mit erstaunlichem Ehrgeiz in der Bildführung gestalteter Abenteuerfilm, der sich ansonsten aber eher durch Naivität auszeichnet. (TV-Titel DDR: »Das Schwert von Sherwood Forest«) – Ab 14. ✦ Scope. Großbritannien 1960 **P** Hammer **Kl** Columbia **Pd** Sidney Cole, Richard Greene **R** Terence Fisher **B** Alan Hackney **K** Ken Hodges **M** Alun Hoddinott **S** James Needs **D** Richard Greene (Robin Hood), Peter Cushing (Lord Radcliff), Richard Pasco (Graf von Newark), Sarah Branch (Lady Marian), Niall MacGinnis (Bruder Tuck) **L** 80 **FSK** ab 12; nf **E** 28.7.1961/25.12.1974 DFF 1 **fd** 10 398

DAS SCHWERT DES ROTEN GIGANTEN (I GIGANTI DELLA TESSAGLIA / LE GEANT DE THESSALIE). Die griechische Sage von Jason und dem Goldenen Vlies als liebloses Serienprodukt. Statt abenteuerlicher Unterhaltung verbreitet der Film Rummelplatzatmosphäre. – Ab 14. ✦ Scope. Italien/Frankreich 1960 **P** Alexandra/Lyre **Kl** Mercator **R** Riccardo Freda **B** Giuseppe Masini, Ennio de Concini **K** Václav Vich, Raffaele Masciocchi **M** Carlo Rustichelli **D** Roland Carey, Ziva Rodann, Alberto Farnese, Massimo Girotti, Nadine Sanders **L** 86 **FSK** ab 12; nf **E** 6.3.1964 **fd** 12 604

SCHWERT DES RUHMES (SWORD OF HONOR). Beim Raub eines antiken Schwertes wird ein Polizist erschossen. Auf der Suche nach den Tätern gerät dessen Partner in die Unterwelt von Las Vegas. Plumper Actionfilm mit ausgiebigen Kampfsport- und Kugelhagelszenen. (Videottiel: »Sword of Honor«) ✦ USA 1994 **P** Tri-T Pic. **VA** Allround **R** Robert Tiffe **D** Steven Vincent Leigh (Johnny), Jeff Pruitt (Alan), Jerry Tiffe (Rudy Anthony), Angelo Tiffe (Richard), Sofia Crawford (Vicki) **L** 92 (gek. 78) **FSK** ab 18 (gek. 16) **E** 13.5. 1997 ProSieben

DAS SCHWERT DES SARAZENEN →Der Empörer

DAS SCHWERT DES SHOGUN (THE BUSHIDO BLADE). Japanische Samurai-Krieger und amerikanische Marinesoldaten auf der Jagd nach einem symbolträchtigen Bushido-Schwert, das die diplomatischen Beziehungen zwischen den USA und Nippon besiegeln soll. Aufwendig inszenierter Abenteuerfilm vor dem historischen Hintergrund der kulturellen und politischen Öffnung des japanischen Inselreiches im 19. Jahrhundert. Western-Alt-Star Richard Boone und Kurosawa-Schauspieler Toshiro Mifune fungieren als Repräsentanten west-östlicher Konfliktlagen. – Ab 16. ✦ Großbritannien/USA/Japan 1980 **P** Arthur Rankin jr./Trident Films Ltd. **Kl** Tom Kotani **Pd** Arthur Rankin jr. **R** Tom Kotani **B** William Overgard **K** Shoji Ueda **M** Maury Laws **S** Yoshitami Kuroiwa **D** Richard Boone (Matthew Perry), Frank Converse (Cpt. Hawk), Michael Starr (Robin Bur), Toshirô Mifune (Hayashi), Laura Gemser (Tomoe), James Earl Jones (Gefangener), Tetsuro Tamba (Fürst Yamato) **L** 89 **E** 15.7.1985 ZDF

EIN SCHWERT FÜR DEN KÖNIG. Spanien im Jahr 1360: Die Zwistigkeiten zwischen dem spanischen König Pedro und seinem Halbbruder Enrico von Trastamara, die sich bislang um amouröse Rivalitäten drehten, spitzen sich zu, als Enrico Pietros Braut gefangennimmt. Abenteuerfilm. – Ab 14. ✦ Spanien 1972 **VA** Ufa **R** Ferdinando Baldi **D** Mark Damon, Andres Mejuto, Maria Teresa Orsini, Carlos Estrada, Rada Rassimov **L** 93 **E** März 1984 Video/14.9.1986 RTL plus

SCHWERT IM SCHATTEN →Tödliche Rache (1961)

SCHWERT IN DER WÜSTE (SWORD IN THE DESERT). Illegale jüdische Einwanderer, die während des Zweiten Weltkriegs von einer Untergrundorganisation nach Palästina eingeschleust werden, müssen sich gegen das inhumane Verhalten der britischen Besatzung zur Wehr setzen. Actionfilm, der durch seine historische Problematik Interesse verdient. Seine kritische Haltung England gegenüber verursachte internationale Verwicklungen. – Ab 14. ✦ Schwarz-weiß. USA 1949 **P** Universal **Kl** Universal **Pd** Robert Buckner **R** George Sherman **B** Robert Buckner **K** Irving Glassberg **M** Frank Skinner **D** Dana Andrews, Marta Toren, Jeff Chandler, Stephen McNally, Philip Friend **L** 100 **FSK** ab 12; f **E** 25.3.1955 **fd** 3 994

DAS SCHWERT UND DIE WAAGE →Am Ende aller Wege

DAS SCHWERT VON MONTE CHRISTO (THE SWORD OF MONTE CHRISTO). Eine als Degenfechter verkleidete Komteß steht für ihren Kaiser ein, der von seinem Halbbruder gestürzt werden soll, und kann darüber hinaus den sagenhaften Schatz von Monte Christo dem bedürftigen Volk zuführen. Mantel- und Degen-Spektakel mit einigen überflüssigen Grausamkeiten, als vage Fortsetzung von Dumas' Roman inszeniert. Inszenatorisch und schauspielerisch belanglos. – Ab 14 möglich. ✦ USA 1952 **P** 20th Century Fox **Kl** Centfox **Pd** Edward L. Alperson **R** Maurice Geraghty **B** Maurice Geraghty, nach dem Roman von Alexandre Dumas **K** Jack Greenhalgh **M** Raoul Kraushaar **S** Francis D. Lyon **D** George Montgomery (Renault), Paula Corday (Lady Christiane), Berry Kroeger (Minister Charles La Roche), William Conrad (Maj. Nicolet), Steve Brodie (Sergeant) **L** 80 **FSK** ab 12; f **E** 6.3.1953 **fd** 2 468

DAS SCHWERT VON PERSIEN (ESTHER E IL RE/ ESTHER AND THE KING). Romantische Liebesgeschichte zwischen dem Perserkönig Xerxes und dem jüdischen Mädchen Esther, umrankt von üblicher Pracht- und Muskelschau sowie Statisten- und Kostümgewimmel. Monumentalfilm nach dem Buche Esther aus dem Alten Testament, der – bunt und oberflächlich inszeniert – weder an historischer Genauigkeit noch an religiösen Fragen interessiert ist. – Ab 14. ✦ Scope. Italien 1960 **P** Galatea **Kl** Deutsche Fox **Pd+R** Raoul Walsh **B** Raoul Walsh, Michael Elkins **K** Mario Bava, Ubaldo Terzano **M** Angelo Francesco Lavagnino, Roberto Nicolosi **D** Richard Egan (König Xerxes), Joan Collins (Esther), Denis O'Dea (Mardochai), Sergio Fantino (Haman), Daniela Rocca (Vashti) **L** 102 **FSK** ab 12; nf **E** 3.3.1961 **fd** 10 043

DAS SCHWERT VON SHERWOOD FOREST →Das Schwert des Robin Hood

SCHWESTER AGNES. Eine alleinstehende Frau Mitte Fünfzig ist seit mehr als 30 Jahren Gemeindeschwester in einem kleinen Ort. Die Urberlinerin versorgt ihre Mitbewohner nicht nur medizinisch, sondern mischt sich auch mit Herz und Verstand in die Geschehnisse des Dorfes ein. Heiterer, volksstückhafter Fernsehfilm, der vor allem auf die Skurrilität seiner Hauptdarstellerin Agnes Kraus setzt. ✦ DDR 1974/75 **P** DEFA **Pd** Adolf Fischer **R** Otto Holub **B** Otto Holub, Hermann Rodigast **K** Peter Brand **M** Rudi Werion **S** Lotti Mehnert **D** Agnes Kraus (Gemeindeschwester Agnes), Jochen Thomas (Bürgermeister Patschek), Micaela Kreißler (seine Frau Christa), Edgar Külow (Kottusch), Fred Delmare (Willi Karbunke) **L** 99 **E** 8.3.1975 DFF 1

DIE SCHWESTER DER BRAUT →Holiday (1938)

SCHWESTER DULCINAS 1-DOLLAR-COUP (SEPTEMBER GUN). Ein alternder Revolverheld steht einer beherzten Nonne bei, die indianische Waisenkinder von New Mexiko nach Colorado begleitet hat, dort aber feststellen muß, daß ihr Schulhaus von einem Desperado zu einem Saloon umfunktioniert wurde. Fürs Fernsehen produzierter Western nach hinlänglich bekanntem Muster; zäh und ohne große Überraschung inszeniert, unterhaltsam allenfalls durch die Routine der beiden Hauptdarsteller. – Ab 14 möglich. ✦ USA 1983 **P** CBS/QM/BrademanSelf **R** Don Taylor **B** William Norton **K** Gerald Perry Finnerman **M** Larry Gansler **D** Robert Preston (Ben Sunday), Patty Duke Astin (= Patty Duke) (Schwester Dulcina), Christopher Lloyd (Jack Brian), Sally Kellerman (Mama Queen), Geoffrey Lewis **L** 89 **E** 3.8.1991 SAT 1

DIE SCHWESTER IN DER TODESZELLE (FINAL APPEAL). Ein heruntergekommener Anwalt, dem wegen seiner Alkoholabhängigkeit die Zulassung bei Gericht entzogen wurde, versucht, seine Schwester zu retten. Ihr droht die Todesstrafe, nachdem sie in Notwehr ihren Ehemann getötet hat. (TV-Titel auch: »Rettung vor der Todeszelle«) ✦ USA/Kanada 1993 **R** Eric Till **B** Philip Rosenberg, George Lee Marshall **M** Charles Bernstein **D** Brian Dennehy (Perry Sundquist), JoBeth Williams (Christine Biondi), Tom Mason (Ed Biondi), Ashley Crow (Dolores Brody), Lindsay Crouse (Dana Cartier), Eddie Jones (Chip Ayers) **L** 92 **E** 15.9.1994 PRO 7

SCHWESTER KENNY (SISTER KENNY). Leben und Wirken der in den USA zu Ansehen gelangten australischen Krankenschwester Elizabeth Mary Kenny, die zur Zeit des Ersten Weltkriegs unkonventionelle Behandlungsmethoden der spinalen Kinderlähmung erprobte und unter persönlichen Opfern gegen die Schulmedizin durchsetzte. Solide gemachte, sympathisch gespielte und trotzdem nicht restlos überzeugende Filmbiografie nach den Tagebuchaufzeichnungen der Schwester Kenny. – Ab 12. ✦ Schwarzweiß. USA 1946 **P** RKO **KI** RKO **Pd+R** Dudley Nichols **B** Dudley Nichols, Alexander Knox, Mary McCarthy **K** George Barnes **M** Alexandre Tansman **D** Rosalind Russell, Alexander Knox, Dean Jagger, Philip Merivale, Beulah Bondi **L** 116 **E** 20.9.1948 **fd** 164

SCHWESTER MARIA BONAVENTURA (THUNDER ON THE HILL). Eine unerschrockene Nonne zweifelt an der Schuld einer angeblich überführten Mörderin und betätigt sich während einer Unwetterkatastrophe in Norfolk als Detektivin. Am Ende gelingt es ihr, den Fall zu lösen. Überdurchschnittlicher Kriminalfilm mit einem ungewöhnlichen Hintergrund. – Ab 12. ✦ Schwarz-weiß. USA 1951 **P** Universal **KI** Universal **Pd** Michel Kraike **R** Douglas Sirk **B** Oscar Saul, Andrew Solt, nach einem Roman von Charlotte Hastings **K** William H. Daniels **M** Hans J. Salter **S** Ted J. Kent **D** Claudette Colbert (Schwester Maria), Ann Blyth (Valerie Carns), Robert Douglas (Dr. Jeffreys), Anne Crawford (Isabel Jeffreys), Philip Friend (Sidney Kingham), Gladys Cooper (Oberin), Michael Pate (Willie) **L** 82 **FSK** ab 12; f **E** 30.12.1952/29.3. 1984 WDR **fd** 2 246

SCHWESTER MONIKA, DIE LIEBE EINER NONNE (LES DEFROQUES). Ein Vikar und eine Nonne heiraten, haben jedoch schwerwiegende sexuelle Probleme zu lösen, bevor sie miteinander glücklich werden können. Zölibats-Kolportage mit einer Anhäufung von Banalitäten und platten Dialogen. ✦ Kanada 1970 **P** Cinépix **KI** Avis **R** Denis Héroux **B** Roger Fournier **K** René Verzier **M** François Cousineau **S** Jean Lafleur **D** Louise Mallaux, Jacques Riberolles, Charlotte Boisjoli, Ovila Legare **L** 86 **FSK** ab 16; f **E** 28.5.1971 **fd** 17 406

SCHWESTERCHEN → Kleine Schwester

SCHWESTERHERZ: SCHLAG' WEITER! → Der Preis des Lebens

SCHWESTERN. Ein »Krankenschwesternreport«, der das traditionelle Berufsideal ironisch untersucht und mit der Situation und Auffassung heutiger Pflegerinnen konfrontiert. Zwar einfallsreich in der formalen Gestaltung, aber ohne größeren Erkenntniswert. – Ab 16. ✦ BR Deutschland 1983 **P** Westallgäuer Filmproduktion/ZDF **KI** Westallgäuer Filmproduktion **R** Klaus Gietinger **B** Klaus Gietinger, Susanne Lob **K** Marian Czura **M** Klaus Roggors **S** Monika Theuner **D** Christine Kayssler, Ursula Rosenberger, Karin Neuhäuser, Helene Ruthmann, Arndt Schäfer **L** 90 **E** 8.9.1983 ZDF **fd** 24 240

DIE SCHWESTERN (1954) (FRONA). Die Liebesgeschichte einer jungen Frau vom Land, die erst nach bitteren Erfahrungen zu sich selbst findet. – Ab 14. ✦ CSR 1954 **P** Statni-Film **KI** Progress **R** Jirí Krejcík **B** Vladimír Bor, Jirí Krejcík, Jaroslav Zrotal **K** Vladimír Novotny **M** Jirí Sust **S** Josef Dobrichovsky **D** Hana Celková (Frona), Július Pántik (Florian), Macela Stejskalová (Marischa), Otto Lackovic (Jura), Frantisek Smolík (Filipek) **L** 101 **E** 6.5.1955 Kino DDR

DIE SCHWESTERN (1958) (SESTRI). Film nach dem ersten Teil der Roman-Trilogie von Alexej Tolstoi. Behandelt wird das Schicksal zweier Schwestern der bürgerlichen Gesellschaft in der Zeit vor und während des Ersten Weltkriegs und in den ersten Tagen der revolutionären Bewegung. Darstellerisch gute Inszenierung mit stark epischem Charakter. (Der Film liegt in einer 110 minütigen Normalformat-Fassung und in einer 106minütigen CinemaScope-Fassung vor; Titel der weiteren Teile: »Das Jahr Achtzehn« und »Trüber Morgen«) – Ab 14. ✦ Scope. UdSSR 1958 **P** Mosfilm **KI** Progress **R** Grigori Roschal **B** B. Tschirskow, nach dem ersten Teil »Die Schwestern« der Romantrilogie »Der Leidensweg« von Alexej Tolstoi **K** Leonid Kosmatow **M** Dmitri Kabalewski **D** Rufina Nifontowa (Katja), N. Wesselowskaja (Dascha), Wadim Medwedew (Telegin), Nikolai Grizenko (Rostschin), W. Scharlachow (Smokownikow) **L** 110/ 106 **E** 1.3.1960 Kino DDR

SCHWESTERN AUF DEM EIS (BING SHANG JIEMEI). Sportlerinnen einer Eisschnellaufgruppe überwinden gemeinsam Egoismus, persönliches Versagen und Krankheit und erleben Erfolge und Liebe. Anspruchsloser und handwerklich schwacher Sportfilm. – Ab 8. ✦ VR China 1959 **KI** Progress **R** Wu Dshau-Di **B** Wu Dshau-Di, Fang Jü-Liang **K** Schu Sjau-jän **M** Dshunn Shu-fön **D** Lu Gwee-lan (Ding Schu-Bing), Ju Dshung-Djing (Ju Li-Bing), Jang Hwang (Wang Dung-Jän), Li Ja-Lin (Trainer Tschön), Bai Bö-Dshang (Wang Dung-Dshou) **L** 103 **E** 3.3.1961 Kino DDR/7.1.1962 DFF 1

DIE SCHWESTERN BRONTË (LES SOEURS BRONTE). In ausgewählten biografischen Sequenzen werden die familiären und individuellen Lebensumstände der drei berühmten Schriftstellerinnen Anne, Emily und Charlotte Brontë aus der erste Hälfte des 19. Jahrhunderts geschildert. Dabei geht es, trotz bemerkenswerter Authentizität selbst in Details, weniger um eine historisierende Würdigung frühviktorianischer Lebensbedingungen, als vielmehr um die Fremdheit und Faszination in der Persönlichkeit des künstlerischen Menschen. Die Empfindsamkeit des Sujets findet ihre Entsprechung in der bildkompositorischen Gestaltung. – Ab 16. ✦ Frankreich 1978 **P** Action/Gaumont/FR 3/CITEL **Pd** Yves Gasser, Yves Peyrot **R** André Téchiné **B** André Téchiné, Pascal Bonitzer, Jean Gruault **K** Bruno Nuytten **M** Philippe Sarde **S** Claudine Merlin **D** Isabelle Adjani (Emily), Marie-France Pisier (Charlotte), Isabelle Huppert (Anne), Pascal Greggory (Branwell), Hélène Surgère (Mrs. Robinson), Alice Sapritch, Jean Sorel **L** 115 **E** 16.6.1980 ARD **fd** 22 490

DIE SCHWESTERN DES BÖSEN (SISTERS / BLOOD SISTERS). Eine Journalistin, die einen Mord beobachtet, erntet bei der Polizei nur Ungläubigkeit. Als sie auf eigene Faust Ermittlungen anstellt, stößt sie auf eine durch die Presse groß herausgestellte Reportage über eine Operation an siamesischen Zwillingen. Spannender Psychothriller, der geschickt technische Perfektion mit einem spontanen Inszenierungsstil verbindet. Einige blutrünstige Effekte erfordern starke Nerven. ✦ USA 1972 **P** Pressman-Williams Enterprises/AIP **KI** Fantasia **VA** Polygram **Pd** Edward R. Pressman **R** Brian de Palma **B** Brian de Palma, Louisa Rose **K** Gregory Sandor **M** Bernard Herrmann **S** Paul Hirsch **D** Margot Kidder (Danielle Breton), Jennifer Salt (Grace Collier), Bill Finley (Emil Breton), Charles Durning (Joseph Larch), Lisle Wilson (Phlip Woode), Barnard Hughes (Mr. McLennen), Mary Davenport (Mrs. Collier), Dolph Sweet (Detective Kelley) **L** 92 **FSK** ab 18; nf **E** 19.8.1977/ 1983 Video **fd** 20 471

SCHWESTERN – EIN NEUER ANFANG (NIGHTINGALES). Szenen der Schwesternausbildung im Wilshire-Krankenhaus in Los Angeles. Unter der Obhut der resoluten aber herzensguten Oberschwester Ritt machen die jungen Frauen ihre ersten Schritte ins Leben. Pilotfilm einer Krankenhaus-Serie. (TV-Titel auch: »Ein neuer Anfang«) – Ab 14 möglich. ✦ USA 1988 **R** Mimi Leder **B** Howard Lakin **D** Fran Bennett, Barry Newman, Chelsea Field, Susan Walters, Kristy Swanson **L** 95 **E** 30.5.1990 PRO 7

SCHWESTERN ODER DIE BALANCE DES GLÜCKS. Eine beruflich erfolgreiche und ambitionierte Chefsekretärin bezahlt ihrer jüngeren Schwester das Studium, hält sie aber mit übertriebener Fürsorge in Abhängigkeit und treibt sie schließlich in den Freitod. Als sie mit einer Arbeitskollegin dasselbe Psychospiel beginnt, wird sie allein gelassen. Erstmals beginnt sie zu begreifen, daß Zuwendung nicht erkauft werden kann und sie ihr individuelles Glück nicht auf der Abhängigkeit eines anderen Menschen aufbauen darf. Thematisch beachtenswertes Emanzipationsdrama, das in der Umsetzung trotz überzeugender Darstellerinnen steif, schablonenhaft und krampfhaft-bemüht wirkt. Die Botschaft teilt sich vor allem über die Dialoge mit; die erlesen angerichtete Gefühls- und Personenkonstellation wirkt thesenhaft. – Ab 16 möglich. ✦ BR Deutschland 1979 **P** Bioskop/ WDR **KI** Filmverlag der Autoren **Pd** Eberhard Junkersdorf **R+B** Margarethe von Trotta **K** Franz Rath **M** Konstantin Wecker, Henry Purcell **S** Annette Dorn **D** Jutta Lampe (Maria Sundermann), Gudrun Gabriel (Anna Sundermann), Jessica Früh (Miriam Grau), Rainer Delventhal (Maurice), Konstantin Wecker (Robert Edelschneider) **L** 95 **FSK** ab 12; f **FBW** bw **E** 18.9. 1979/1.5.1981 Kino DDR **fd** 22 170

DIE SCHWESTERN (SKLAVINNEN DER EROTIK) (THE DEVIL SISTERS / THE PSYCHEDELICS). Das Thema Mädchenhandel als Material für eine primitive Reihung von Sadismen: Eine arme Waise gerät ahnungslos ins Bordell und wird später mit einigen Leidensgenossinnen einer Reihe sich steigernder Folterqualen unterworfen. – Wir raten ab. ✦ USA 1966 **P** Mustang **KI** R.C.S./Schröder **Pd** Josef Fink, Juan Hidalgo-Gato **R+B** William Grefe **K** Julio Shavez **M** Al Jacobs **D** Sharon Saxon, Fred Pinero, Anita Crystal, Beryl Taylor, Velia Martinez **L** 89 **FSK** ab 18; nf **E** 23.1.1968 **fd** 15 250

SCHWESTERN TEILEN ALLES (VENGA A PRENDERE IL CAFFE CON NOI). Ein angejahrter Beamter auf der Suche nach einem gesicherten Leben heiratet eine von drei alternden und sexuell verklemmten, aber reichen Schwestern. Erst wird er zum Allgemeingut gemacht und dann erleidet er als Opfer ihrer und seiner Gier einen Schlaganfall. Aus der derben Story formte der Regisseur ein ermüdendes sexistisches Lustspiel ohne jeden Anflug von Satire. ✦ Italien 1970 **P** Mars **KI** CIC/Progress **R** Alberto Lattuada **B** Alberto Lattuada, Adriano Baracco, Piero Chiara, Tullio Kezich, nach einem Roman von Piero Chiara **K** Lamberto Caimi **M** Fred Bongusto **S** Sergio Montanari **D** Ugo Tognazzi, Milena Vukotic, Angela Goodwin, Francesca Romana Coluzzi, Checco Rissone **L** 101 **FSK** ab 16; nf **E** 1.7.1971/1.12.1972 Kino DDR **fd** 17 312

SCHWESTERN UND WEITERE UNBEKANNTE (SISTERS AND OTHER STRANGERS). Als zwei Schwestern, die sich nicht sonderlich nahestehen, ein Stück Land in der Wüste erben, eskaliert ihr Streit. Als eine von ihnen wenig später tot aufgefunden wird und die andere in Mordverdacht gerät, nimmt sie die Ermittlungen auf eigene Faust auf und entdeckt die verborgenen Seiten in der Vergangenheit der Toten. Thriller um eine Spurensuche, die zwei Schwestern – wenn auch zu spät – einander näher bringt. ✦ USA 1997 **P** Stu Segall Prod. **R** Roger Young **B** Shelley Evans

K Donald M. Morgan **M** Patrick Williams **S** Benjamin A. Weissman **D** Joanna Kerns (Gail), Debrah Farentino (Renee), Steven Bauer (Anthony Quintana), George Grizzard (Ben), Audra Lindley (Mutter), Gary Graham (Dave) **L** 86 **E** 2.5.1999 premiere

DIE SCHWESTERN VOM GULLNERHOF →Der keusche Adam

DIE SCHWESTERN VON DER SAMENBANK →Young Nurses in Love

DIE SCHWIEGERMUTTER (TJOSCHTSCHA). Eine energische Frau führt ein strenges Regiment über ihre Neubauwohnung, ihren Untermieter und ihre Tochter Natascha. Als diese ihren Freund heiraten will, kostet es einige Mühe, die Einwilligung der Mutter zu bekommen. ✦ Scope. UdSSR 1973 **P** Belarusfilm **KI** Progress **R** Sergej Sploschnow **B** Wladimir Figanow **K** Anatoli Sabrizki **M** Jewgeni Krylatow **D** Tatjana Karpowa (Klawia Iwanowa), Pawel Korunin (Alexej Nikolajewitsch), Galina Fedotowa (Natascha), Alexander Wdowin (Sascha), Pawel Moltschanow (Witali) **L** 68 **E** 26.9.1974 DFF 2

SCHWIEGERMUTTER. Die bislang intakte Beziehung zwischen einer Literaturdozentin und ihrem 20-jährigen Sohn wird auf eine Bewährungsprobe gestellt, als sich der Sohn in eine unangepasste junge Frau verliebt, gegen den Willen der Mutter auszieht und heiratet. Nach einem folgenschweren Unfall fällt die junge Frau ins Koma, und der Sohn bittet seine Mutter um einen großen Liebesdienst: Sie soll die Pflege der ungewollten Schwiegertochter übernehmen. (Fernseh-)Melodram um Liebe, Eifersucht und Verantwortung. ✦ Deutschland 1999 **P** Multimedia **Pd** Dagmar Rosenbauer **R** Dagmar Hirtz **B** Laila Stieler **K** Judith Kaufmann **D** Christiane Hörbiger (Anna), Martin Glade (Juri), Camilla Renschke (Netti), Monika Bleibtreu (Renate), Marie Gruber (Viola) **L** 88 **E** 18.2.2000 arte

SCHWIEGERSOHN JUNIOR (THE SON-IN-LAW). Als ein behütetes Mädchen vom Land im fernen Kalifornien das College besucht, lernt es einen überdrehten jungen Mann kennen. In kürzester Zeit wird aus der braven Tochter eine ausgeflippte Göre. Aufdringliche Teenager-Komödie auf unterstem Niveau. – Ab 16. ✦ USA 1993 **P** Hollywood Pictures **KI** Buena Vista **VA** Hollywood/EuroVideo **Pd** Michael Rotenberg, Peter M. Lenkov **R** Steve Rash **B** Fax Bahr, Adam Small, Shawn Schepps **K** Peter Deming **M** Richard Gibbs **S** Dennis M. Hill **D** Pauly Shore (Crawl), Carla Gugino (Rebecca), Lane Smith (Walter), Cindy Pickett (Connie), Mason Adams (Walter sr.), Patrick Renna (Zack) **L** 95 **FSK** ab 6; f **FBW** w **E** 19.8.1993/ 17.3.1994 Video/1.4.1995 premiere **fd** 30 404

DIE SCHWIEGERTOCHTER (NEWESTKA/GELIN). Ein alter Hirte und seine Schwiegertochter, deren Mann im Krieg gefallen ist, leben einsam am Rande der turkmenischen Wüste. Auch als Verwandte die Frau zurückholen wollen, bleibt sie bei dem Schwiegervater und hofft weiter auf die Rückkehr ihres Mannes. Ein Film aus der Sowjetrepublik Turkmenistan: Episch breit, fast ohne Handlung, berichtet er vom Leben fernab jeder Zivilisation. Seine ruhige Erzählweise läßt dem Zuschauer Zeit, sich auf das fremdartige Milieu und das Lebensgefühl der Menschen einzulassen. – Sehenswert. ✦ Scope. UdSSR 1971 **P** Turkmenfilm **KI** Progress **R+B** Chodshadurdy Narlijew **K** Anatoli Iwanow **M** Redshep Redshepow **D** Majagosel Aimedowa (Ogulkejik), Hodsham Owesgelenow (Anna-Aga), Chodshakuli Narlijew (Murad), Chommat Mullyk (Nasar), Ajnabat Amanlijewa (Bibitatsch) **L** 75 **E** 7.9.1973 Kino DDR/16.12.1973 DFF 2/15.2.1976 ZDF

SCHWIERIG SICH ZU VERLOBEN. Die Liebe zweier junger Menschen in einer Kleinstadt der DDR wird auf eine Bewährungsprobe gestellt, als die Frau schwanger wird und es zu Unstimmigkeiten kommt. Als sie enttäuscht eine Abtreibung vornehmen lässt, scheint die Trennung unabänderlich. Jugendfilm, der in der Beschreibung des Kleinstadtmilieus überzeugt, seine Konfliktherde und die Motivation seiner Personen jedoch nur andeutet und schemenhaft umreißt. Daher bleibt er an der Oberfläche und regt durch die spröde Inszenierung kaum zur Reflexion an; lohnenswert durch das authentische Bild des »anderen« Deutschland. – Ab 16. ✦ Scope. DDR 1982 **P** DEFA, Gruppe »Roter Kreis« **KI** Progress **Pd** Wolfgang Rennebarth **R+B** Karl-Heinz Heymann **K** Günter Haubold **M** Reinhard Lakomy **S** Helga Krause **D** Werner Tritzschler (Wolfgang), Ulrike Krumbiegel (Brigitta), Monika Lennartz (Wolfgangs Mutter), Thomas Wolff (Martin) **L** 88 **E** 25.2.1983 Kino DDR/ 29.1.1985 DFF 2/1.5.1986 ARD

SCHWIERIGE LIEBE (TRUDNA LJUBOW). Ein Mann und eine Frau, die sich kennen- und liebenlernen, verlassen ihre Ehepartner, gehen auf eine Großbaustelle und leben dort zusammen. Ihre Bemühungen, einen Schlußstrich unter die Vergangenheit zu ziehen, scheitern an der Inkonsequenz des Mannes, der am Ende auch seine Geliebte wieder verläßt. Liebesgeschichte, die weder handwerklich noch in ihrer Diskussion moralischer Maßstäbe überzeugt. – Ab 16. ✦ Bulgarien 1974 **P** Spielfilmstudio Sofia **KI** Progress **R** Iwan Andonow **B** Assen Georgiew **K** Emil Wagenstein **M** Georgi Genkow **D** Zwetana Manewa (Katja), Iwan Andonow (Iwan), Georgi Tscherkelow (Bauleiter), Georgetta Tschakyrowa (Iwans Frau), Stefan Iliew (Katjas Mann) **L** 87 **E** 5.3.1976 Kino DDR/8.4.1977 DFF 2

DIE SCHWIERIGE SCHULE DES EINFACHEN LEBENS (DIE SCHWIERIGE SCHULE DES EINFACHEN LEBENS). Trotz etwas formloser und kaum nach straffem Konzept durchgeführter Gestaltung vermittelt der Film eine Fülle von Informationen, Anregungen und Fragen über die Schwierigkeiten, ein »einfaches« autarkes Leben in idealer Umgebung über mehr als eine Generation hinweg aufrechtzuerhalten, was eindrücklich in der souveränen Gestalt des nach Alaska ausgewanderten Solothurners und späteren demokratischen Senators Yule Kilcher und seiner Familie dokumentiert wird. Vaterautorität und Generationskonflikte, Rousseau-Thematik und technologisches Verhängnis, Idealsuche und Wirklichkeitsbewältigung bilden in diesem Film eine bunte Palette, die Zeitloses und Aktuelles weitgefächert verbindet. ✦ Schweiz 1984 **P** Topic **R+B** Alfi Sinniger **K** Kurt Aeschbacher **M** Mairiis, Atz Kilcher **S** Monika Brun **L** 95 **E** Schweiz

DER SCHWIERIGE WEG NACH PALÄSTINA. Dokumentarfilm, der die Möglichkeiten einer Koexistenz zwischen jüdischen Israelis und arabischen Palästinensern auszuloten versucht. ✦ BR Deutschland 1978 **P** Hochschulfilmreferat der Freien Universität Berlin/Mario Offenburg **SF** Mario Offenburg **Pd+R** Mario Offenburg **B** Mario Offenburg, nach einer Vorlage von Avraham Admoni **K** Werner Dewitz **M** Marcel Khalife **S** Haim Farhi **D** Giora Neumann (jüdischer Student), Muhammed Al-Hajj Yihie (Student aus Taibe/Galiläa), Felicia Langer (Rechtsanwältin), Israel Shahak (Vorsitzender der israe.Liga), Charly Biton (Abgeordneter) **L** 100 **E** 1978 Kino

DAS SCHWIMMBASSIN (BASEJNAT). Ein Mädchen, das gerade die Oberschule verlassen hat, findet zwei verschiedene Freunde. Der eine ist Architekt, Mitte fünfzig und dem Mädchen ein väterlicher Freund und Kamerad, der andere arbeitet als Unterhaltungskünstler, noch jung und unbeschwert in seinem Wesen. Stilistisch zu verspielte und kompliziert gebaute Dreiecksgeschichte. – Ab 14. ✦ Bulgarien 1977 **P** Filmstudio Boyana **KI** Progress **R** Binka Sheljaskowa **B** Christo Ganew **K** Iwajlo Trentschew **M** Simeon Pironkow **D** Kosta Zonew (Apostol), Janina Kaschewa (Bela), Kliment Dentschew (Bojan), Zwetana Manewa (Dora Baltschewa), Petyr Slabakow (Dr. Pawlow) **L** 140 **E** 10.8.1979 Kino DDR/20.4.1980 DFF 2

DER SCHWIMMER (1966) (THE SWIMMER). Ein alternder Junggeselle bricht aus seinem Alltag aus und besucht eine Reihe früherer Freunde, deren Swimmingpools er ausprobiert. Das spielerische Experiment mit der eigenen Vergangenheit führt jedoch zu Demütigungen, Desillusionierungen und erneuter Vereinsamung. Allegorische Filmfabel, die an der Figur eines heimatlosen Wanderers die Borniertheit des gutsituierten amerikanischen Bürgertums demonstriert. Die inhaltlichen und formalen Ambitionen münden jedoch teilweise in kitschiges Pathos und prätentiöse Symbolismen. ✦ USA 1966 **P** Horizon **KI** Columbia-Bavaria **Pd** Frank Perry, Roger Lewis **R** Frank Perry **B** Eleanor Perry, nach einem Roman von John Cheever **K** David Quaid **M** Marvin Hamlisch **S** Sidney Katz, Carl Lerner, Pat Somerset **D** Burt Lancaster, Janice Rule, Janet Landgard, Kim Hunter, Tony Bickley **L** 95 **FSK** ab 16;f/12; f **E** 17.1.1969 **fd** 15 935

DER SCHWIMMER (1982) (PLOWETZ/MOTSURAVE). Der eher dickliche und schwerfällige Enkel athletischer Vorfahren, der sich glücklos bereits an verschiedenen Tätigkeiten versucht hat, will in deren Fußstapfen treten und eine riesige Strecke schwimmend zurücklegen. Film über den Versuch, in der Auseinandersetzung mit überhöhten Vorbildern zur eigenen Identität zu finden. (O.m.d.U.) – Ab 14. ✦ UdSSR 1982 **P** Grusiafilm **R+B** Irakli Kwirikadse **K** Guram Tuguschi **M** Teimuras Bakuradse **D** Elgudia Burduli (Durmischchan), Ruslan Mikaberidse (Domenti), Baadur Zuladse (Anton), Nana Kwatschantiradse, Guram Pirzchalawa (Odysseus), Gija Leschawa (Antadse) **L** (TV) 86 **E** 13.3.1983 DFF 2/ 24.9.1989 West 3

DIE SCHWIMMERIN (DAWN!). Porträt der australischen Schwimmerin Dawn Frazer, die nach dem Ruhm ihres dreimaligen Goldmedaillen-Gewinns bei den Olympischen Spielen in Melbourne (1956) und Rom (1964) wieder in der Anonymität versinkt. Als Verbindung von Sportfilm, Frauenporträt und zeitgeschichtlicher Dokumentation glaubhaft und informativ; der Film respektiert die menschliche Integrität der Titelheldin, die nicht nur mit Sympathie gezeichnet wird, und stellt ihr die Engstirnigkeit mancher Sportfunktionäre gegenüber. – Sehenswert ab 16. ✦ Australien 1978 **P** Aquataurus/Hoyts/South Australian Film Corporation **R** Ken Hannam **B** Joy Cavill **K** Russell Boyd **M** Michael Carlos **S** Max Lemon **D** Bronwyn Mackay-Payne (Dawn Frazer), Tom Richards (Harry), John Diedrich (Gary), Bunney Brooke (Mum), Ron Haddrick (Pop) **L** (TV) 107 **E** 27.7.1986 ZDF

DER SCHWINDEL (THE HOAX). Zwei Freunde finden eine Wasserstoffbombe und erpressen damit die Einwohner von Los Angeles: Jeder von ihnen soll einen Dollar auf ein Schweizer Nummernkonto überweisen. Mißglückter Versuch, aus einem fragwürdigen Stoff eine Komödie zu basteln. Weder die Inszenierung noch die Darsteller vermögen zu überzeugen. (Alternativtitel: »H-Bombe«) – Ab 16. ✦ USA 1973/74 **P** Tempo **VA** ITT Contrast **R** Robert Anderson **B** Kevin Davis **K** John Toll **M** Ray Martin **D** Frank Bonner, Bill Ewing, Jacques Aubuchon, Don Dubbins, Sharon de Borg **L** 81 **E** 1983 Video **fd** 24 257

SCHWINDEL FÜR DIE NÄCHSTENLIEBE (FOUND MONEY). Weil er, kurz bevor er Anspruch auf Rente hat, entlassen werden soll, sinnt ein Bankangestellter in New York auf Rache: er hebt Geld von »toten« Konten ab und verteilt es an Menschen, die eine gute Tat vollbracht haben. Eine Fernsehjournalistin versucht, die Identität des Menschenfreundes zu lüften. Konventionelle (Fernseh-)Komödie, die vom Talent zweier Vollblut-Komödianten zehrt. – Ab 14. ✦ USA 1983 **R** Bill Persky **B** Michael Fairman, Richard Sanders **D** Dick van Dyke (Max Shepherd), Sid Caesar (Sam Green), Shelley Hack (Lee Phillips), William Prince, Christopher Murney **L** 90 **E** 9.12.1991 3sat

SCHWINDEL IM DREIVIERTELTAKT →Wenn eine Wienerin Walzer tanzt

SCHWINDELFREI →Lernen können ja alle Leute

SCHWINDELGEFÜHL (ZAVRAT). Die Schwärmerei und Zuneigung einer Abiturientin für einen attraktiven erfahrenen Mann wird endlich von diesem erwidert. Er erkennt, daß es sich nicht nur um ein neues Abenteuer handelt, und gibt seinen bisherigen lockeren Lebenswandel auf. Trotz einiger Längen und dramaturgischer Schwächen ein anspruchsvoller Liebesfilm. – Ab 14. ✦ Scope, schwarz-weiß. CSSR 1962 **P** Filmstudio Barrandov **Kl** Progress **R** Karel Kachyna **B** Jan Procházka, Karel Kachyna **K** Josef Vanis **M** Jan Novák **D** Eva Solcova, Petr Skala, Karel Hospodsky, Oldrich Velen, Jaroslav Radimecky **L** 87 **E** 7.2.1964 Kino DDR

SCHWINDELNDE HÖHE. Eine glücklich verheiratete und in sicheren Verhältnissen lebende Dombaumeisterin verliebt sich in einen jungen Mitarbeiter, der zwar keinen Gesellenbrief als Steinmetz hat, durch seine Hingabe und Leidenschaft jedoch zu überzeugen versteht. Bald ist sie gezwungen, sich zwischen zwei völlig unterschiedlichen Männern und Lebensstilen entscheiden zu müssen. Ein Frauenporträt vor ungewöhnlichem Hintergrund, das eine Liebes- und Lebensgeschichte zugleich erzählt. ✦ Deutschland 2000 **P** SWR **Pd** Ulrich Herrmann **R** Jobst Oetzmann **B** Dorothee Schön **K** Jürgen Carle **S** Roswitha Gnädig **D** Ulrike Kriener (Dr. Marie Steinhard), Roman Knizka (Ben Neubauer), Rudolf Kowalski (Rochus Steinhard), Nikolaus Paryla (Arnold), Dirk Mühlbach (Schuller) **L** 85 **E** 19.7.2001 arte

DAS SCHWINDEN DER SCHWELLE DURCH DAS SCHLIESSEN DER TÜR. Ein aus zehn Stunden Rohmaterial entstandener Film, der die Stationen eines Asyl-Antragstellers vom Moment der Ablehnung bis zu seiner Abschiebung dokumentiert. Dabei rücken die Menschen in den Mittelpunkt, die durch ihre alltägliche Arbeit eine gewisse Machtfunktion ausüben und die bürokratische Maschinerie in Gang halten. ✦ BR Deutschland 1987 **P** dffb **SF** dffb **R** Petra Heymann, Heidi Specogna, Thomas Schulz **L** 70

DIE SCHWINDLER →Il Bidone

EIN SCHWINDLER AUF DEM WEG NACH OBEN →The Imposter

DIE SCHWINDLERIN (THE WOMAN IN THE HALL). Aus Sorge um ihre Kinder ergaunert sich eine Mutter ihren Lebensunterhalt durch fortgesetzte Märchen über ihr bedauernswertes Los; sie muß erleben, daß die Tochter einen Scheck fälscht und beinahe ins Gefängnis kommt. Sehr schlicht und belanglos: Unterhaltung ohne Höhepunkte. – Ab 16. ✦ Schwarz-weiß. Großbritannien 1948 **P** Wessex **Kl** Rank **Pd** Ian Dalrymple **R** Jack Lee **B** G. B. Stern, Ian Dalrymple, Jack Lee, nach einem Roman von G. B. Stern **K** C. Pennington-Richards, H. E. Fowle **M** Temple Abady **S** John Krish **D** Ursula Jeans (Lorna Blake), Cecil Parker (Sir Halmar Barnard), Jean Simmons (Jay Blake), Jill Raymond (Molly Blake), Edward Underdown (Neil Inglefield) **L** 85 **FSK** ab 16; nf **E** 15.10.1948 **fd** 142

SCHWINGEN DER ANGST (NIGHTWING). Ein indianischer Deputy Sheriff und ein Vampir-Forscher kämpfen gegen einen Schwarm von Vampir-Fledermäusen, die über die Reservation herfallen. Tier-Horrorfilm mit farbenprächtigen Landschaftsaufnahmen. – Ab 16. ✦ USA 1978 **P** Columbia **Kl** Warner-Columbia **Pd** Martin Ransohoff **R** Arthur Hiller **B** Steve Shagan, Bud Shrake, Martin Smith, nach einem Roman von Martin Cruz Smith **K** Charles Rosher jr. **M** Henry Mancini **S** John C. Howard **D** Nick Mancuso (Youngman Duran), David Warner (Phillip Payne), Kathryn Harrold (Anne Dillon), Stephen Macht (Walker Chee), Strother Martin (Selwyn) **L** 105 **FSK** ab 12; f **E** 12.10.1979 **fd** 22 205

SCHWUL (THE LOST LANGUAGE OF CRANES). Das Bekenntnis des Sohnes zu seiner Homosexualität löst für ein Ehepaar Ereignisse aus, die schließlich zur Zerstörung der Partnerschaft führen. Auch der Vater muß sich seiner lange verdrängten homosexuellen Neigung stellen; für die Mutter bleibt die tragische Erkenntnis, dass ihre scheinbar intakte Ehe eine lebenslange Lüge gewesen ist, sie verschließt vor dieser Entwicklung die Ohren. Preisgekrönte Verfilmung eines Erfolgsromans über die Höhen und Tiefen einer homosexuellen Liebe und die gesellschaftliche Akzeptanz, die ihr widerfährt. ✦ Großbritannien 1991 **P** BBC **Pd** Ruth Caleb **R** Nigel Finch **B** Sean Mathias, nach der Novelle »The Lost Language of Cranes« von David Leavitt **K** Remi Adefarasin **M** Julian Walstall **S** Sue Wyatt **D** Brian Cox (Owen), Eileen Atkins (Rose), Angus MacFadyen (Philip), Corey Parker (Elliot), René Auberjonois (Geoffrey), John Schlesinger (Derek) **L** 85 **E** 13.12.1994 S 3

SCHWÜLE (SNOJ). Bemerkenswertes Spielfilmdebüt über die ernüchternden Erfahrungen eines Mannes, dessen abenteuerliche und romantische Träume von der Steppe ihren Glanz verlieren, als er zum ersten Mal selbst mit der kargen Realität dort konfrontiert wird. Literaturverfilmung, die einfühlsam und präzise das harte Aufeinandertreffen zweier Lebensauffasssungen schildert. ✦ Schwarz-weiß. UdSSR 1963 **P** Kirgisfilm **R** Larissa Schepitko **B** Igor Olschanski, nach der Novelle »Das Kamelauge« von Tschingis Aitmatow **K** Yuri Sokol, Wladimir Archangelski **M** Roman Ledenew **D** Bolotbek Schamschijew (Kamal), Nurmuchan Shanturin (Abakir), K. Jussupshanowa (Kalipa), K. Dusumbajew (Scheischen), D. Knjukowa (Aldej) **L** 84 **E** 16.5.1982 DFF 2

SCHWÜLE NÄCHTE IN TENNESSEE →Minnie

SCHWÜLE STUNDEN (HEURES CHAUDES). Gleich nach der Trauung läuft einer jungen Frau der Ehemann weg. Zusammen mit ihrer Schwester zieht sie zu ihrer Tante in einen anderen Ort und sucht weiter. Doch anstatt ihrer findet die jüngere einen Mann. Gesäuberte Fassung eines freizügigen Kleinstadtromans, der in der Verfilmung jeglichen Reiz verliert. Weder komödiantisch noch melodramatisch und ohne jeden Reiz. ✦ Schwarz-weiß. Frankreich 1959 **P** K.L.F. **Kl** Constantin **Pd** Lola Kohn **R** Louis Felix **B** Gilles Siry, Jean Manusardi **K** Arthur Raimondo, Marcel Combes **M** Daniel White **S** Linette Nicolas **D** Liliane Brousse, Françoise Deldick, Pierre Richard, Michèle Philippe, Pierre Mirat **L** 88 **FSK** ab 18; nf **E** 7.10.1960 **fd** 9 642

SCHWÜLE TAGE. Das Bild einer untergehenden Epoche mit riesigen Landgütern und überfeinertem Genuß. Um das Gesicht und den Stil zu wahren, überschulden sich Familienclans; Haltung bedeutet viel, Wahrhaftigkeit nichts. Im Zentrum der Konflikte steht das belastete Verhältnis zwischen einem Gutsbesitzer und seinem Sohn. Eine bittersüße Geschichte, überzeugend inszeniert und gespielt. – Ab 16. ✦ BR Deutschland 1978 **P** Bavaria **R** Hajo Gies **B** Martin Gies, nach einer Geschichte von Eduard von Keyserling **D** Daniel Gélin, Markus Klimmek, Katerina Jakob **E** 18.12.1978 ARD

SCHWULER MUT – 100 JAHRE SCHWULENBEWEGUNG. Ein filmisches Denkmal für all jene, die sich für eine Liberalisierung im Umgang mit der Homosexualität einsetzen, zugleich ein geschichtlicher Abriß. Von Praunheim erinnert an das Schicksal der Homosexuellen im Dritten Reich und daran, daß die in den 30er Jahren verabschiedeten Gesetze bis weit in die 60er Jahre der Bundesrepublik Deutschland gültig waren. Am Ende steht ein Ausblick auf eine »schwule« Zukunft, wobei die Stadt San Francisco als Beispiel gilt. Der Film ist nicht als »Bekehrung« gedacht, sondern als Plädoyer für Toleranz. ✦ Deutschland 1997 **P** HR **R** Rosa von Praunheim **L** 90

DER SCHWUR (KLJATWA). Der Höhepunkt des filmischen Personenkultes um Stalin, unfreiwillig komisch in seiner politischen Naivität und zugleich ein Abgesang auf das revolutionäre sowjetische Kino. Der Diktator, der die Nachfolge Lenins antritt, erscheint als liebenswürdige, gottgleiche Gestalt. (Der Film lief in der Sowjetischen Besatzungszone in zwei Versionen: zunächst O.m.d.U., dann mit deutschem Kommentartext von Kurt Maetzig und Erich Freund.) – Ab 16. ✦ Schwarz-weiß. UdSSR 1946 **P** Kinostudio Tbilissi **Kl** Sovexport **R** Michail Tschiaureli **B** Pyotr Pawlenko, Michail Tschiaureli **K** Leonid Kosmatow **M** Andrej Balantschiwadse **D** Michail Gelowani (Stalin), Sophia Giatsintowa, Nikolai Bogoljubow, Alexej Gribow **L** 111 (WDR 100) **E** 11.2.1947/12.3.1993 West 3

DER SCHWUR DER GEÄCHTETEN (IWALJO). Der Kampf des Volkshelden Iwaljo, der die ausgebeuteten Bauern zum Widerstand gegen ihre Unterdrücker aufruft und das Land von den Tataren und Byzantinern befreit. Langatmiger und oberflächlich-aufwendiger Abenteuerfilm mit einigen eindrucksvollen Massenszenen. – Ab 16. ✦ Bulgarien 1963 **P** Spielfilmstudio Sofia **Kl** Progress **R** Nikola Wyltschew **B** Jewgeni Konstantinow, Nikola Wyltschew **K** Konstantin Janakijew **M** Bojan Ikonomow **D** Bogomil Simeonow, Ginka Stantschewa, Zwajtko Nikolow, Iwan Bratanow, Luna Dawidowa **L** 84 **E** 29.3.1978 Kino DDR

SCHWUR DER RACHE (INDEPENDENCE). Ein Gesetzeshüter, dessen gesamte Familie von marodierenden Banditen getötet wurde, erhält Jahre später die Gelegenheit, seinen Racheschwur einzulösen. Als die Mörder in die Stadt zurückkehren und seine neue Familie ebenfalls bedrohen, nimmt er den Kampf auf. Mittelmäßiger Western. ✦ USA 1987 **P** Sunn Classic **Pd** Joseph B. Wallenstein **R** John D. Patterson **B** Gordon Dawson **M** J. A. C. Redford **D** John Bennett Perry, Isabella Hofman, Anthony Zerbe, Stephanie Dunnam, Sandy McPeak, Macon McCalman **L** 91 **E** 6.5.1994 RTL 2

DER SCHWUR DES DSHANTAI (KLJATWA DSHANTAJA). Nach historischen Fakten erzählt der Film die Geschichte von der Entstehung eines der ersten Lenin-Denkmäler in Mittelasien. Auf den Vorschlag des Usbeken Dshantai hin beschlossen die Bewohner eines Bergdorfes bereits 1923, ein Lenin-Denkmal zu errichten. Dshantai selbst wurde mit der Aufgabe betraut, nach Moskau zu fahren und einen Bildhauer ausfindig zu machen. ✦ UdSSR 1985 **P** Usbekfilm **R** Anatoli Kabulow **B** Rudolf Tjurin **K** Dawron Abdullajew **M** Rumil Wildanow **D** Karim Mirchadijew (Dshantai), Dshamal Chaschimow (Mergen), Leonid Kulagin (Jakow), Nabi Rachimow (Mutalib-Aka), Roman Tkatschuk (Jeremejtschik) **L** 87 **E** 19.1.1986 DFF 2

DER SCHWUR DES SOLDATEN POOLEY (THE STORY OF PRIVATE POOLEY). Ein englischer Soldat, der ein Massaker der SS im Frankreichfeldzug überlebt hat, sucht nach dem Krieg den Verantwortlichen für die völkerrechtswidrige Vernichtung der englischen Einheit und zeigt ihn an. Dokumentarischer Fernsehfilm aus der DDR, der den historischen Fall geradlinig und ohne falsche Sentimentalitäten schildert. – Ab 16. ✦ Schwarz-weiß. DDR/Großbritannien 1962 **P** DEFA/Contemporary **Kl** Progress/Atlas **R** Kurt Jung-Alsen **B** Franz Fühmann, Kurt Jung-Alsen, nach dem Roman »The Vengeance of Private Pooley« von Cyril Jolly **K** Rolf Sohre **M** André Asriel **S** Anneliese Hinze-Sokolow **D** Garfield Morgan (Alfred Pooley), John Rees (Bill Carter), Cécile Chevreux (Madame Creton), Ferdy Mayne (Geheimdienstoffizier), Alfred Müller (Hauptsturmführer) **L** 76 **FSK** ab 16; nf **FBW** bw **E** 17.12.1961 DFF 1/31.5.1963 Kino DDR/22.7.1965

DER SCHWUR VON RABENHORST. Drei Kinder eines Dorfes in der Altmark gründen 1949 einen Geheimbund, um Umsiedlerfamilien zu helfen. Mit derselben Absicht schließen sie sich nach anfänglicher Ablehnung dann der neugegründeten Pionierorganisation an. Ein plakativ agitierender Kinderfilm über die Anfänge der Pionierorganisation. ✦ DDR 1985/86 **P** DEFA, Gruppe »Roter Kreis« **Kl** Progress **Pd** Uwe Kraft **R+B** Hans Kratzert **K** Wolfgang Braumann **M** Gunther Erdmann **S** Helga Krause, Carola Schäfer **D** Sven Haverland (Thomas), Nadine Franke (Renate), Thomas Schimanke (Ernst), Axel Rölleke (Willi), Andreas Buhl (Bodo), Barbara Schnitzler (Thomas' Mutter), Marc Hetterle (Lehrer Mathies), Manfred Gorr (Ernsts Vater), Ruth Kommerell (Thomas' Großmutter), Jürgen Zartmann (Walter Mehrin) **L** 82 **E** 8.2.1987 Kino DDR/7.10.1989 DFF 1

SCHWURGERICHT (JUSTICE EST FAITE). Die Reaktionen, Vorurteile und persönlichen Einstellungen der Geschworenen rücken in den Mittelpunkt einer Gerichtsverhandlung, bei der eine Frau der Euthanasie angeklagt ist. André Cayatte hat – was für einen ehemaligen Juristen naheliegt – minutiös die Verhandlungen des Gerichts verfolgt. Die präzise Montagetechnik seines Films vermittelt ein überaus kritisches und nachdenkliches Bild von der Verhandlung, die in all ihrer Widersprüchlichkeit gezeigt wird. In allen Belangen ein künstlerisches Erlebnis. (Früherer Titel: »Das Urteil ist gefällt«) – Sehenswert ab 14. ✦ Schwarz-weiß. Frankreich 1950 **P** Silver **KI** Pallas **Pd** Leon Canel **R** André Cayatte **B** Charles Spaak, André Cayatte **K** Jean Bourgoin **M** Raymond Legrand **D** Valentine Tessier, Claude Nollier, Jacques Castelot, Michel Auclair, Marcel Pérès, Dita Parlo **L** 105 **FSK** ab 12; f **E** 14.9.1951/29.7.1958 ARD/28.11. 1976 DFF 2 **fd** 1 269

SCHWURGERICHT DER TOTEN (THE SPANIARD'S CURSE). Ein unschuldig zum Tode Verurteilter verflucht Richter und Geschworene, die alsbald nicht mehr unter den Lebenden weilen. Dürftige Mischung aus Kriminal- und Gruselfilm, ohne Spur von Ironie. – Ab 16. ✦ Schwarz-weiß. Großbritannien 1958 **P** Wentworth **R** Ralph Kemplen **D** Tony Wright, Lee Patterson, Susan Beaumont **L** 90 **E** 7.12.1963 ARD

SCI-FIGHTER – DER SERIENKILLER AUS DEM ALL (SCI-FIGHTERS). Ein wackerer Weltraum-Polizist fahndet nach einem entsprungenen Sträfling, dem Mörder seiner Frau. Dieser wurde nach dem Angriff eines Aliens für tot erklärt, treibt aber als Zombie weiterhin sein Unwesen. Dem Beamten zur Seite steht eine Ärztin, die durch einen Kollegen auch in die Vorfälle verwickelt ist. Konstruierter Versuch einer Symbiose des »Alien«-Mythos mit einer Serien-Killer-Geschichte, die Versatzstücke und Klischees beider Genres einsetzt. ✦ USA 1996 **VA** Warner Home **Pd** Danny Rossner, Murray Shostak **R** Peter Svatek **B** Mark Sevi **K** Barry Gravelle **M** Milan Kymlicka **S** Jean-Marie Drot **D** Billy Drago (Adrian Dunn), Roddy Piper (Cameron), Jayne Heitmeyer (Kirbie), Tyrone Benskin (Washington), Richard Raybourne (Casper) **L** 97 **E** 13.2.1998 Video

SCI-FIGHTER – VORHOF ZUR HÖLLE → Sci-Fighter – Der Serienkiller aus dem All

SCIROCCO (AMANTIDE – SCIROCCO). Ein Französin besucht ihren Geliebten, der in Nordafrika bei einer Ölbohrfirma beschäftigt ist. Ihre nymphomanen Neigungen lassen sie allerdings auch zum Lustobjekt für Einheimische werden. Primitive Aufbereitung sexueller Abenteuer mit einem äußerst fragwürdigen Frauenbild. – Wir raten ab. ✦ Italien 1986 **P** Futura Films/Jean Alexandre Prod. **Pd** Jean Alexandre **R** Aldo Lado **B** Aldo Lado, Fiorenzo Senese **K** Ramon Suarez **M** Pino Donaggio **S** Alfredo Moschetti **D** Fiona Gélin (Lea), Enzo Decaro (Alfred), Yves Collignon (Jeff), Joshua McDonald, Gianluigi Ghione **L** 88 **E** 7.4.1991 PRO 7

SCOOBY DOO UND DER WIDERSPENSTIGE WERWOLF (SCOOBY DOO AND THE RELUCTANT WEREWOLF). Abenteuer einer Gruppe von Zeichentrickfiguren, die von Graf Dracula nach Transsylvanien verschleppt wird. – Ab 12. ✦ USA 1988 **L** 92 **E** 25.8. 1991 RTL plus

SCOOBY DOO UND DIE GEISTERSCHULE (SCOOBY DOO AND THE GHOUL SCHOOL). Zeichentrickfilm über die schaurigen Erlebnisse eines Turnlehrers in einem Mädchenpensionat, das in einer gruseligen Burg untergebracht ist. ✦ USA 1988 **L** 88 **E** 18.8. 1991 RTL plus

SCOOP – SENSATIONSNACHRICHT (SCOOP). Satire auf die Sensationspresse und die Folgen aufgebauschter Meldungen. Der unbedarfte Reporter einer Londoner Boulevardzeitung wird von seinem Verleger zu einem vermeintlichen Bürgerkrieg in einen afrikanischen Zwergstaat geschickt. Am »Krisenherd« angekommen, wird der Journalist in ein undurchdringliches Netz von Gerüchten und Intrigen verwickelt, an dem Agenten, Politikern und andere Journalisten beteiligt sind. ✦ Großbritannien 1986 **R** Gavin Millar **B** William Boyd, nach dem Roman »Scoop« von Evelyn Waugh **D** Michael Maloney (William Boot), Denholm Elliott (Salter), Michael Hordern (Onkel Theodore), Nicola Pagett (Julia Stitch), Donald Pleasence (Lord Copper), Renée Soutendijk (Kätchen) **L** 120 **E** 31.12.1994 ZDF

SCOOTER IN PALM BEACH (SCOOTER IN PALM BEACH). Nachdem seine Eltern in Afrika verschollen sind, ist ein achtjähriger Junge ganz auf sich allein gestellt. Mit Hilfe seines Hundes schlägt er sich jedoch geschickt durchs Leben und bringt mit seinen abstrakten »Kunstwerken« die etablierte Kunstszene durcheinander. Jugendfilm mit komödiantischen Elementen. (TV-Titel: »Ferien in Palm Beach«) – Ab 12 möglich. ✦ USA 1987/88 **P** Victoria **VA** Osiris **R+B** Marlene Rogoff **K** Marty Mullin **D** Reggie Christopher, Jack Frost, Steve Cole, Diana Marateo, Mary Squire **L** 93 **FSK** ab 6 **E** 1989

SCORE – STIRB SCHNELLER (SCORE). Ein aus dem Gefängnis befreiter Gangster muß zur Belohnung seines Wohltäters Banken und Geschäfte überfallen. Als sein Auftraggeber ihn hintergehen will und ein erfolgloses kriminelles Pärchen in den Sog des Geschehens gerät, eskalieren die Ereignisse zu einem mörderischen Schlagabtausch, den letztlich die Polizei gewinnt. Ein Gangsterfilm ohne kulturelle Eigenständigkeit, der lediglich amerikanische Vorbilder zitiert und ausbeutet. Zwar belegen Montage und Tempo filmisches Fingerspitzengefühl, unterstreichen jedoch zugleich die gewalttätigen Aspekte der einfach strukturierten Geschichte. ✦ Japan 1995 **P** Shochiku Daiichikogyo Company/Team Okuyama **VA** VPS **Pd** Yoshihisa Nakagawa, Hitoshi Ozawa **R** Atsushi Muroga **B** Atsushi Muroga, Toshimichi Okawa **K** Takeshi Koga **M** Torsten Rasch **S** Kunhiko Ukai, Atsushi Muroga **D** Hitoshi Ozawa (Chance), Takashi Ukaji (Colonel), Shu Ehara (Tequila), Kazuyoshi Ozawa (T.J./Doc Holiday), Hiroshi Miyazaka (Cobra) **L** 87 **E** 24.9.1996 Video **fd** 32 308

SCORPIO, DER KILLER (SCORPIO). Am Beispiel eines Agenten und seiner Helfer wird der Nachrichten- und Spionagedienst als gefährliches Abenteuer voller Risiko und als schmutziges Politgeschäft ohne Skrupel geschildert. Der Film bemüht sich um Glaubwürdigkeit, ist solide inszeniert und hervorragend besetzt. – Ab 16. ✦ USA 1972 **P** The Mirisch Company **KI** United Artists **Pd** Walter Mirisch **R** Michael Winner **B** David W. Rintels, Gerald Wilson, nach einer Vorlage von David Rintels **K** Robert Paynter **M** Jerry Fielding **D** Burt Lancaster (Cross), Alain Delon (Jean Laurier), Paul Scofield (Zharkow), John Colicos (McLeod), Gayle Hunnicutt (Susan) **L** 114 **FSK** ab 16; nf **E** 25.10.1973 **fd** 18 550

SCORPIO FACTOR (THE SCORPIO FACTOR). Polizei und geheimnisvolle Organisationen jagen hinter einem gestohlenen Mikrochip her, den sich am Ende die Agentin Nora Foxx alias »Scorpio« sichert. Aufwendige Aufnahmen an Originalschauplätzen in Paris und Mittelamerika vermögen es nicht, die sprunghaft-spannungslose Erzählweise und überwiegend hölzerne Darsteller vergessen zu machen. ✦ USA 1989 **P** Azur Films **VA** Highlight **Pd** Claude Castravelli, Jean-Guy Després **R** Michel Wachniuc **B** Carol Sauvé, June Pinheiro **K** Bruno Philip **S** Roland Pollack **D** Wendy Dawn Wilson (Nora Foxx), Attila Bertalan (Andreas), Dorion Joe Clark (Carl Bergman), Jan Stychalsi (Vlad), David Nerman (Marcel Wagner) **L** 83 **FSK** ab 16 **E** 29.7.1991 Video **fd** 29 290

SCORPIO ONE – JENSEITS DER ZUKUNFT (SCORPIO ONE). Der Ausfall einer NASA-Raumstation, deren Besatzung durch einen Terroranschlag getötet wurde, hat eine Shuttle-Mission zur Folge, deren Mitglieder nach dem Rechten sehen müssen. Nach einiger Verwirrung kann ein Komplott aufgedeckt werden. Agenten-Abenteuer im Weltraum, das sich durch miserable Darsteller, gequälte Dialoge und minderwertige Effekte auszeichnet. ✦ USA 1996 **P** Amritraj/Stevens Prod. **VA** Madison **DVD** Madison Home Video (FF, DD2.0 dt.) **Pd** Ashok Amritraj, Andrew Stevens **R** Worth Keeter **B** Steve Latshaw **K** Doyle Smith **M** David Wurst, Eric Wurst **S** Jeffrey Schwarz **D** Robert Carradine (Carter), Jeff Speakman (Jared Stone), Robin Curtis (Shannon Brey), Steve Kanaly (Commander Wilson), George Murdock (CIA. Dir. Parlow) **L** 89 **FSK** ab 16 **E** 7.10.1999 Video/ 1.3.2000 DVD

SCORPION (SCORPION). Ein hartgesottener CIA-Agent soll einen festgenommenen Flugzeugentführer bewachen und muß feststellen, daß sein Gefangener nicht der gesuchte Kopf einer Terroristenorganisation ist. Gegen den Widerstand korrupter Politiker kann er den richtigen Mann dingfest machen. Harter Actionfilm. ✦ USA 1986 **P** Summons/Crown International **VA** EuroVideo **Pd+R+B** William Read **K** Bill Philbin **M** Sean Murray **S** Gigi Coello **D** Tonny Tulleners (Scorpion), Don Murray (Gifford Leese), Robert F. Logan (Gordon Thomas), Allen Williams (Phil Keller), Kathryn Daley (Jackie Wielmon) **L** 99 **FSK** ab 16 **E** November 1987 Video

SCOTLAND YARD GREIFT EIN (THE LODGER). Die Gestalt des vielfachen Londoner Frauenmörders »Jack the Ripper« als Angelpunkt eines atmosphärisch dichten Thrillers. Um 1880 wird ein scheinbar harmloser Untermieter von seinen Nachbarn als der gesuchte Verbrecher identifiziert. Die Kriminalstory von Mary A. Belloc Lowndes verhalf schon 1926 Alfred Hitchcock zu seinem ersten großen Stummfilmerfolg. – Ab 14. ✦ Schwarz-weiß. USA 1944 **P** 20th Century Fox **KI** Centfox **Pd** Robert Bassler **R** John Brahm **B** Barre Lyndon **K** Lucien Ballard **M** Hugo Friedhofer **D** Laird Cregar, Merle Oberon, George Sanders, Cedric Hardwicke, Sara Allgood **L** 86 **E** Oktober 1948 **fd** 140

SCOTLAND YARD HÖRT MIT (INFORMATION RECEIVED). In der Verkleidung eines amerikanischen Safeknackers überführt ein Mann von Scotland Yard eine Gangstergruppe. Herkömmlicher, nur mäßig spannender Krimi. ✦ Schwarz-weiß. Großbritannien 1961 **P** United Co **KI** Universal **R** Robert Lynn **B** Paul Ryder, nach einem Roman von Berkeley Mather **K** Nicolas Roeg **M** Martin Slavin **S** Ted Hooker **D** Sabina Sesselmann, William Sylvester, Edward Underdown, Hermione Baddeley, Robert Raglan **L** 77 **FSK** ab 18; nf **E** 14.12.1962 **fd** 11 664

SCOTLAND YARD JAGT DR. MABUSE. Eine weitere Variation des Mabuse-Stoffs, nach Motiven des Wallace-Sohns Bryan Edgar: Mit Hilfe einer elektronischen Hypnotisiermaschine versucht ein verbrecherischer Irrenarzt eine Gewaltherrschaft über England zu errichten. Konventionell und uninspiriert inszenierter, unentschlossen zwischen Krimi-Schema und Science-Fiction schwankender Thriller, der teils ins Alberne abgleitet. – Ab 14. ✦ Schwarz-weiß. BR Deutschland 1963 **P** CCC **KI** Gloria **Pd** Artur Brauner **R** Paul May (= Paul Ostermayr) **B** Ladislas Fodor, nach dem Roman »The Device« von Bryan Edgar Wallace **K** Nenad Jovicic **M** Rolf Wilhelm **S** Walter Wischniewsky **D** Peter van Eyck (Bill Tern), Sabine Bethmann (Nancy Masterson), Dieter Borsche (Cockstone), Werner Peters (Inspektor Vulpius), Agnes Windeck (Gwendolin Tern), Klaus Kinski (Joe Rank), Ruth Wilbert (Prinzessin Diana), Hans Nielsen (Chef des Yard), Wolfgang Lukschy (Hilyard), Albrecht Schoenhals (Sir Robert Allingham), Albert Bessler (Konservator), Walter Rilla (Pohland/Dr. Mabuse) **L** 90 **FSK** ab 12 (fr. ab 16;nf) **E** 20.9.1963/ 11.7.1970 ARD **fd** 12 247

SCOTT & HUUTSCH (TURNER & HOOTCH). Eine furchterregende, ruppige und verdreckte Dogge stürzt das Leben eines penibel auf Sauberkeit und Ordnung bedachten Polizeidetektivs in heilloses Durcheinander. Rauschgift, Mord und Liebe sind der Hintergrund für die allmählich wachsende Freundschaft zwischen dem Hund und seinem neuen Herrn. Naiv-freundliche Unterhaltung mit einem unerwartet tränenreichen Ende; die klischeehafte Handlung wird mit amüsanten Gags um den immer sympathischer werdenden Hund überspielt. – Ab 12. ✦ USA 1989

P Buena Vista/Touchstone Pictures/Silver Screen Partners IV **KI** Warner Bros. **VA** Warner Home **DVD** Buena Vista (FF P&S, DD2.0 engl./dt.) **Pd** Raymond Wagner **R** Roger Spottiswoode **B** Dennis Shryack, Michael Blodgett, Daniel Petrie jr., Jim Cash, Jack Epps jr. **K** Adam Greenberg **M** Charles Gross **S** Garth Craven **D** Tom Hanks (Scott Turner), Mare Winningham (Emily Carson), Craig T. Nelson (Chief Hyde), Reginald Veljohnson (D. Sutton), Scott Paulin (Zack Gregory) **L** 99 **FSK** ab 12; f **E** 1.2.1990/13.11.1990 Video/28.7.1999 DVD **fd** 28 102

SCOTTS LETZTE FAHRT (SCOTT OF THE ANTARCTIC). Kurz nachdem der Norweger Amundsen als erster Mensch den Südpol erreicht hatte, führt der englische Marine-Offizier Robert F. Scott ebenfalls eine Polarexpedition durch. Auf dem Rückweg sterben Scott und seine Leute kurz vor ihrem Stützpunkt an Entkräftung und Kälte. Der Film folgt exakt den Tagebuchaufzeichnungen Scotts. Ein sachlich aufschlußreiches und menschlich erschütterndes Drama mit dokumentarischem Charakter. – Sehenswert ab 10. ✦ Großbritannien 1948 **P** Ealing Studios **KI** Eagle-Lion **Pd** Michael Balcon **R** Charles Frend **B** Ivor Montagu, Walter Meade, Mary Hayley Bell **K** Geoffrey Unsworth, Jack Cardiff, Osmond Borradaile **M** Ralph Vaughan Williams **S** Peter Tanner **D** John Mills (Captain R. F. Scott), Diana Churchill (Kathleen Scott), Harold Warrender (D. E. A. Wilson), James Robertson Justice (Private Officer »Taff« Evans), Derek Bond (Captain L.E.G. Oates) **L** 113 **FSK** ab 12; f **E** 21.7.1950/26.12.1967 DFF 1/30.12.1977 ARD **fd** 359

DER SCOUT (1983). Ein Unterhäuptling der Nez Perces-Indianer verdingt sich als Scout bei einer Abteilung der US-Kavallerie, um die von den Weißen gestohlenen Pferde zu seinem Stamm zurückzuholen. Solide entwickelter aktionsreicher Indianerfilm, der neben großartigen Landschaftsaufnahmen und beeindruckenden Dressurleistungen auch mit sehr guten Schauspielerleistungen aufwartet. Der Film, der Partei für die Indianer ergreift, wurde in Zusammenarbeit mit der Mongolei hergestellt. – Ab 10. ✦ Scope. DDR/Mongolei 1983 **P** DEFA, Gruppe »Johannisthal«/Mongolkino **VA** Progress **Pd** Rolf Martius, B. Mendbajr **R** Konrad Petzold, Dshamjangijn Buntar **B** Gottfried Kolditz, Konrad Petzold **K** Otto Hanisch, Geserdshawijn Masch **M** Karl-Ernst Sasse **S** Brigitte Krex **D** Gojko Mitic (Weiße Feder), Klaus Manchen (Sergeant Anderson), Jürgen Heinrich (Hicks), Giso Weißbach (Lieutnant Brooks), Milan Beli (Major Brannigan), Hartmut Beer (Randall), Erdmute Schmidt-Christian (Cayuse Girl), Nazagdorshijn Bazezeg (Cayuse Girl), Helmut Schreiber (Soames Parker), Roland Seidler (McGoun), Manfred Zetsche (Colonel Howard), Heidrun Welskop (Cayuse Girl) **L** 102 **FSK** ab 6 **E** 27.5.1983 Kino DDR/8.7.1986 DFF 1/21.9.1991 ZDF

DER SCOUT (1994) (THE SCOUT). Der Talentsucher eines New Yorker Baseball-Teams findet in der mexikanischen Provinz in einem elternlosen Jungen einen erstaunlichen Spieler und führt ihn nach einer Folge von psychologisch bedingten Hemmnissen zum Triumph auf der Basis eines millionenschweren Vertrages. Herkömmliche amerikanische Aufsteiger-Saga mit dem obligatorischen Happy-End. Verglichen mit früheren Baseball-Balladen weist der Film immerhin genügend inszenatorische Kompetenz auf, um Sportfreunde solide zu unterhalten. – Ab 12. ✦ USA 1994 **P** 20th Century Fox **VA** Fox **Pd** Albert S. Ruddy, Andre E. Morgan, Herbert S. Nanas, Jack Cummins **R** Michael Ritchie **B** Andrew Bergman, Albert Brooks, Monica Johnson **K** Laszlo Kovacs **M** Bill Conti **S** Don Zimmerman, Pembroke J. Herring **D** Albert Brooks (Al Percalo), Brendan Fraser (Steve Nebraska), Dianne Wiest (Dr. Aaron), Anne Twomey (Jennifer), Michael Rapaport (Tommy Lacy) **L** 98 **FSK** ab 12 **E** 16.11.1995 Video **fd** 31 659

SCOUT ACADEMY (THE WRONG GUYS). Nach 20 Jahren ergreifen die ehemaligen Mitglieder einer Pfadfinder-Rotte die Gelegenheit, eine Schlappe wettzumachen. Sie können ebenfalls zwei Abtrünnige wieder in ihre Gruppe eingliedern und einen gefährlichen Verbrecher dingfest machen. Obwohl letzteres nicht ohne Mithilfe ihrer in die Jahre gekommenen Mütter geschieht, werden sie mit der höchsten Auszeichnung der Pfadfinder dekoriert. Mit wenigen satirischen Spitzen, aber viel polterndem Klamauk entwickelte Initiationsgeschichte voller infantiler Ideen; der betriebene äußere Aufwand steht in keinem Verhältnis zum geistigen Gehalt. – Ab 14 möglich. ✦ USA 1987 **P** New World Pic. **VA** New Vision **Pd** Charles Gordon, Ronald E. Frazier **R** Danny Bilson **B** Paul De Meo, Danny Bilson **K** Frank Byers **M** Joseph Conlan **S** Frank E. Jimenez **D** Louie Anderson (Louie), Richard Lewis (Richard), Richard Belzer (Belz), Franklyn Ajaye (Franklyn), Tim Thomerson (Tim) **L** 82 **FSK** ab 12 **E** Juli 1989 Video **fd** 27 816

DER SCOUT DER SCHWARZEN BERGE (GOLD, GLORY AND CUSTER). Die Vernichtung des 7. Kavallerieregiments durch die Sioux und Cheyenne und die Suche von Armee und Regierung nach einem Sündenbock. Im Mittelpunkt des unscheinbaren Western steht ein edelmütiger Scout ohne Rassenvorurteile. – Ab 14. ✦ Schwarz-weiß. USA 1963 **P** Warner **KI** Warner **Pd** William T. Orr, Arthur Silver **R** George Waggner **B** Gerald Drayson Adams **K** Edwin DuPar, Harold Stine **M** Paul Sawtell, Bert Shefter **D** Clint Walker (Cheyenne Bodie), Liam Sullivan (Major Reno), Andra Martin (Singing Waters), Edward Kemmer (Captain Fred Benteen), Larry Dobkin, Julie Adams (Irene Travers), Barry Atwater (Colonel Custer), Lorne Greene (Colonel Bell), Francis McDonald (Sitting Bull), Frank de Kova (Dull Knife), Carlos Romero (Moccasin Charlie) **L** 95 **FSK** ab 12; nf **E** 17.4.1964 **fd** 12 724

SCOUTS (MR. HORN). Zwei Episoden aus dem Leben des Fährtensuchers und Pinkerton-Detektivs Tom Horn, der 1903 für einen Mord gehängt wurde, den er nicht begangen hatte: Die Jagd auf den Apachen-Häuptling Geronimo und das jämmerliche Ende des 43jährigen am Galgen. Dabei ist nicht ersichtlich, was die eine Episode mit der anderen zu tun hat, weil die ursprüngliche Fassung aus zwei jeweils 96minütigen Fernsehfilmen bestand; immerhin ist erkennbar, daß die statische Beschreibung des Indianerfeldzuges den Indianern mehr Gerechtigkeit widerfahren lassen will. Insgesamt pendelt der Spät-Western zu unentschlossen zwischen kritischer Aufbereitung der Epoche und distanzloser Bewunderung des entwurzelten Abenteurers. (Späterer Titel: »Mister Horn – Sein Weg zum Galgen«) – Ab 16. ✦ USA 1979 **P** CBS/Lorimar Telepictures **VA** VCL/Virgin **Pd** Robert L. Jacks, Elliott Kastner **R** Jack Starrett **B** William Goldman **K** Jorge Stahl jr. **M** Jerry Fielding **S** Michael McCroskey **D** David Carradine (Tom Horn), Richard Widmark (Al Sieber), Karen Black (Ernestna Crawford), Richard Masur (Sheriff Smalley), Clay Tanner (Lt. Lawson), Pat McCormick (John Noble), Jack Starrett (General Crook), John Durren (Marshal LeFlors) **L** 117 (TV 180) **FSK** ab 16 **E** November 1989 Video/25.,26.7.1993 ZDF **fd** 27 952

SCREAM (1976) (QUIEN PUEDE MATAR A UN NINO?). Statt friedlicher Ferien erlebt ein englisches Ehepaar auf einer romantischen Insel vor der spanischen Küste einen grauenvollen Alptraum: Mordende Kinder, die jeden Erwachsenen mit unerbittlichem Haß verfolgen, beherrschen die Insel. Geschickt inszenierter Horrorfilm, der auf Schockeffekte weitestgehend verzichtet. (Alternativtitel: »Tödliche Befehle aus dem All«) ✦ Spanien 1976 **P** Penta **KI** Adria **VA** ITT Contrast **R** Narciso Ibánez Serrador **B** Luis Penafiel, nach einem Roman von Juan José Plans **K** José Luis Alcaine **M** Waldo des los Rios **D** Lewis Fiander (Tom), Prunella Ransome (Evelyn), Antonio Iranzo, Miguel Narros, Maria Luisa Arias, Marián Selgado, Cristina Torres **L** 106 **FSK** ab 16; nf **E** 14.1.1977 **fd** 20 120

SCREAM (1985) (SCREAM). Der Abenteuerurlaub einer unternehmungslustigen Gruppe entwickelt sich zum Horrortrip, als sie auf einem Floß wie aus dem Nichts angegriffen wird. Vier Reisende finden den Tod, und unter den Überlebenden breitet sich Panik aus. Grusel-Thriller. ✦ USA 1985 **P** Hal Buchanan **VA** Rebel **Pd+R** Hal Buchanan **B** Byron Quisenberry **D** John Ethan Wayne, Woody Strode, Pepper Martin, Hank Worden **L** 78 **FSK** ab 18 **E** 10.3.1988 Video

SCREAM 2 (SCREAM 2). Fortsetzung des Horror-Thrillers »Scream – Schrei!« (1996): Die wenigen Überlebenden des Vorläufers finden sich als Studenten einer Filmhochschule wieder und werden erneut von einem unberechenbaren Mörder heimgesucht. Weniger noch als im ersten Teil wird das Geschehen von Suspense-Momenten getragen; Spannung reduziert sich auf mit großem orchestralem Aufwand untermalte Schockeffekte, die sich beizeiten ebenso abnutzen wie filmische Zitate und Querverweise. Ein spekulatives, dabei um politische Korrektheit buhlendes Machwerk, das nur noch ärgerlich stimmt. (Titel auch: »Scream 2 – Schrei des Todes«) DVD: Die Extras der FSK 18-Version (Neuauflage) umfassen u. a. einen dt. untertitelten Audiokommentar des Regisseurs und Teilen der Crew sowie ein kommentiertes Feature mit nicht verwendeten Szenen. – Wir raten ab. ✦ Scope. USA 1997 **P** Miramax, Konrad Pictures **KI** Kinowelt **VA** VMP/Vipro **DVD** FSK-18 Fsg.: Kinowelt Home (16:9, 1.85:1, DD5.1 dt., DS engl.); FSK-16 Fsg. & FSK 18-Fsg. (2.Auflage): Kinowelt Home (16:9, 2.35:1, DD5.1 dt./engl.) **Pd** Cathy Konrad, Marianne Maddalena **R** Wes Craven **B** Kevin Williamson **K** Peter Deming **M** Marco Beltrami, Danny Elfman **S** Patrick Lussier **D** Neve Campbell (Sidney Prescott), David Arquette (Dewey Riley), Courteney Cox (Gale Weathers), Jamie Kennedy (Randy Meeks), Elise Neal (Hallie), Timothy Olyphant (Mickey), Jerry O'Connell (Derek) **L** 120 **FSK** ab 18; nf (gek. 16) (DVD 16 & 18) **E** 23.4.1998/ 3.11.1998 Video/25.8.1998 DVD (FSK-18 Fsg.)/ 13.2.2001 DVD (FSK-16 Fsg. & FSK 18 Fsg. 2. Auflage) **fd** 33 098

SCREAM 3 (SCREAM 3). Zweite Fortsetzung des Horrorfilms »Scream«, in dem die einzige Überlebende einer College-Clique erneut von einem maskierten Mörder verfolgt wird, diesmal während der Dreharbeiten zu einem Film, der ihre schrecklichen Erlebnisse auf die Leinwand bringen soll. Der in den Gewaltszenen gegenüber den Vorgängern etwas zurückgenommene Film kopiert lediglich die sattsam bekannten Versatzstücke und versteht es in seiner Einfallslosigkeit nicht, Spannung oder grimmigen Humor aufzubauen. Was bleibt, ist eine für das Genre geradezu »tödliche« Langeweile. DVD: Die umfangreiche Special Edition (2 DVD's) enthält u. a. einen Audiokommentar des Regisseurs, der Produzenten Cathy Konrad, Kevin Williamson und Marianne Maddalena, ein kommentiertes Feature mit fünf nicht verwendeten Szenen (13 Min.), ein ebenfalls kommentiertes alternatives Filmende (10 Min.) sowie den in der deutschen Kinoauswertung im Vorprogramm gezeigten Kurzfilm »Viergeteilt im Morgengrauen«. ✦ Scope. USA 2000 **P** Craven-Maddalena/Dimension Films/Konrad Pictures **KI** Kinowelt **VA** Kinowelt Home **DVD** Kinowelt Home (SE, 16:9, 2.35:1, DD5.1 engl./dt., DTS eng./dt.) **Pd** Cathy Konrad, Marianne Maddalena, Julie Plec, Kevin Williamson, Dixie J. Capp, Dan Arredondo **R** Wes Craven **B** Ehren Kruger **K** Peter Deming **M** Marco Beltrami **S** Patrick Lussier **D** Neve Campbell (Sidney Prescott), David Arquette (Dwight »Dewey« Riley), Courteney Cox Arquette (= Courteney Cox) (Gale Weathers), Patrick Dempsey (Detektiv Mark Kincaid), Scott Foley (Roman Bridger), Lance Henriksen (John Milton) **L** 117 **FSK** ab 16; f **E** 22.6.2000/26.12.2000 Video & DVD **fd** 34 320

SCREAM & DIE (DEVOTED) (DEARLY DEVOTED). Nachdem ihre Mutter und deren Geliebter in einem brennenden Haus umgekommen sind, muss eine 16-Jährige zu ihrer sittenstrengen Großmutter ziehen. An der neuen Schule verliebt sie sich in den sportlichen Literaturlehrer, der ihre Annäherungsversuche für die übliche Schwärmerei hält. Er weiß noch nicht, dass er es mit einer Geisteskranken zu tun hat, der jedes Mittel recht ist. Mischung aus Schauermär und Psychothriller, die nicht mehr zu bieten hat als eine abstruse Abfolge von Mord- und Totschlagszenen. Da die inszenatorischen Mittel eher bescheiden sind, hält sich auch die Spannung in Grenzen. ✦ USA 1997 **P** T.P. Prod./Le Monde **VA** Ufa/BMG **Pd** Richard Brandes, Kurt Anderson **R** Steve Cohen **B** Michael Michaud, Kelly Corbin McCall, Steve Cohen, nach einer Geschichte von Richard Brandes und Kurt Anderson **K** Joseph Montgomery **M** Michael Burns, Steve Gurevitch **S** Michael Thibault **D** Rose McGowan (Debbie Strand), Alex McArthur (Peter Rinaldi), Phil Morris (Detective Joe Rosales), Robert Silver (Detective Phil Archer), Peg Shirley (Fiona) **L** 88 **FSK** ab 16 **E** 15.3.1999 Video **fd** 33 767

SCREAM OF THE MUMMY (ANCIENT EVIL – SCREAM OF THE MUMMY). Unter den Schülern des Archäologiegrundkurses einer amerikanischen High-School, die sich mit einer 5000 Jahren alten Azteken-Mumie befassen, befindet sich ein jugendlicher Hohepriester des zur Mumie passenden Kultes. Der junge Mann kann sie zum Leben erwecken und seine verhassten Kommilitonen massakrieren lassen. Abstruser Billig-Horrorfilm im Fahrwasser erfolgreicher Vorgänger, der weder Schau- noch Unterhaltungswerte zu bieten hat und bestenfalls die markentilen Absichten seines Fließband-Regisseurs dokumentiert. ✦ USA 2000 **P** Rapid Heart Pictures **VA** Highlight **Pd** David DeCoteau, Sam Irvin, David Silberg **R** David DeCoteau **B** Matthew Jason Walsh **K** Howard Wexler **M** Jared DePasquale **S** Harry James Picardi **D** Trent Latta (Norman), Jeff Peterson (Don), Ariauna Albright (Stacey), Michelle Nordin (Janine), Russell Richardson (Arlando) **L** 82 **FSK** ab 16 **E** 16.8.2001 Video **fd** 35 056

SCREAM – SCHREI! (SCREAM). Ein Jahr nachdem ihre Mutter ermordet wurde, gerät eine College-Schülerin selbst in das Visier des Mörders. Klassisches B-Movie, das die Versatzstücke des Psychothrillers und Slasher-Movies eher ausschlachtet als reflektiert, geschweige denn parodiert. Durch das lustvolle Zelebrieren des perfiden Spiels, Menschen aus Spaß zu töten, hinterläßt der nur von äußerlicher Spannung getragene Film einen zwiespältigen Eindruck. (Titel auch: »Scream – Schrei des Todes«) DVD: Die 18-er Fassung ist mit 107 Minuten gut vier Minuten länger als die 16-er Fassung. Die 2. Auflage ist tituliert als »Special Edition« und enthält im Gegensatz zur Erstauflage die übliche Extras. ✦ Scope. USA 1996 **P** Woods Entertainment/Miramax **KI** Kinowelt **VA** VCL **DVD** FSK 16 & 18: VCL (16:9, 2.00:1, DD5.1 engl./dt.), FSK 16 & 18 (2. Auflage): VCL (16:9, 2.35:1, DD5.1 engl./dt.) **Pd** Cary Woods, Cathy Konrad **R** Wes Craven **B** Kevin Williamson **K** Mark Irwin **M** Marco Beltrami **S** Patrick Lussier **D** Neve Campbell (Sidney Prescott), David Arquette (Deputy Dewey Riley), Courteney Cox (Gale Weathers), Jamie Kennedy (Randy), Skeet Ulrich (Billy Loomis), Rose McGowan (Tatum Riley), Kevin Patrick Walls (Steven), Drew Barrymore (Casey), David Booth (Caseys Vater), Carla Hatley (Caseys Mutter), Matthew Lillard (Stuart), Linda Blair (ungenannt), Wes Craven (ungenannt), Priscilla Pointer (ungenannt), Henry Winkler (ungenannt) **L** 111 (gek. 110) **FSK** ab 18; nf (gek.16) (DVD 16 & 18) **E** 30.10.1997/24.3.1998 Video/25.8.1999 DVD (16-er Fsg.) **fd** 32 822

SCREAMERS – TÖDLICHE SCHREIE (SCREAMERS). Auf einem atomar zerstörten Planeten werden die Überlebenden beider Seiten von intelligenten Killermaschinen bedroht, die sich in einer rapiden Selbstevolution bis zur Menschengestalt entwickelt haben. Ein atmosphärisch relativ düsterer, langatmig und unentschlossen inszenierter Science-Fiction-Thriller, der politischen und kulturellen Vorstellungen aus den 50er Jahren verhaftet ist. – Ab 16. ✦ Kanada 1996 **P** Allegro/Triumph/Fuji Eight/Fries Film Company **KI** Columbia Tristar **VA** Col.TriStar **DVD** Columbia TriStar Home (16:9, 1.85:1, DD5.1 engl./dt.) **Pd** Tom Berry, Franco Battista **R** Christian Duguay **B** Dan O'Bannon, Miguel Tejada-Flores, nach einer Kurzgeschichte von Philip K. Dick **K** Rodney Gibbons **M** Normand Corbeil **S** Yves Langlois **D** Peter Weller (Hendrickson), Roy Dupuis (Becker), Jennifer Rubin (Jessica), Andy Lauer (= Andrew Lauer) (Ace), Charles Powell (Ross), Michael Caloz (David), Ron White (Elbarak), Liliana Komorowska (Landowska), Leni Parker (McDonald) **L** 108 **FSK** ab 16; f **E** 25.7.1996/4.2.1997 Video/27.2.1998 premiere/31.3.1999 DVD **fd** 32 026

SCREAMPLAY (SCREAMPLAY). Die wüsten Mordfantasien eines horrorfilmbegeisterten jungen Drehbuchautors in Hollywood werden plötzlich Wirklichkeit. Im Stil billiger B-Pictures gedrehte Hommage auf amerikanische Horrorfilme der 40er und 50er Jahre, genüßlich garniert mit Zitaten aus expressionistischen Stummfilm-Klassikern. Ein schräges, aber fantasievoll inszeniertes Erstlingswerk, vergnüglich für Liebhaber überdrehter Genre-Parodien. (O.m.d.U.) ✦ Schwarz-weiß. USA 1984 **P** Boston Movie Company **KI** Edition Manfred Salzgeber **Pd** Dennis M. Piana **R** Rufus Butler Seder **B** Ed Greenberg, Rufus Butler Seder **K** Dennis M. Piana **M** George Cordeira, Basil J. Bova **S** Rufus Butler Seder **D** Rufus Butler Seder (Edgar Ellen), George Kuchar (Martin), Katy Bolger (Holly), Bob White (Lot), M. Lynda Robinson (Nina Rey) **L** 90 **E** 10.11.1988 **fd** 27 115

SCREENTEST ... DIE AFFENGEILE MATTSCHEIBE (SCREENTEST). Auf die Erfüllung ihrer sexuellen Fantasien erpicht, geben sich vier junge Männer als Pornofilm-Produzenten aus, die neue Darstellerinnen suchen. Als die Tochter eines Mafiabosses auftaucht und wenig später der erzürnte Vater den nicht vorhandenen Film fordert, gibt es Ärger. Mit plakativen Sexszenen angereicherte billige Teenager-Komödie. ✦ USA 1984 **P** Farpoint Films **VA** VPS **R** Sam Auster **D** Michael Allen Bloom, Robert Bundy **L** 81 **FSK** ab 16 **E** 18.11.1986 Video

SCREW LOOSE (SVITATI/SCREW LOOSE). Ein liebenswert-verrückter gealteter Revuestar treibt seine Psychologin und den Sohn eines italienischen Lebensmittelproduzenten, der seinen Lebensretter aus Kriegszeiten noch einmal sehen will, an den Rand des Wahnsinns. Eine ganz auf Mel Broos zugeschnittene überdrehte Slapstick-Komödie, die den satirischen Anspruch früherer Filme zugunsten groben Klamauks vernachlässigt. Da der Regisseur die Handlung seines verstubt wirkenden Films auf die Aneinanderreihung beliebiger Gags beschränkt hält sich der Spaß in bescheidenen Grenzen. – Ab 12. ✦ Italien/USA 1999 **P** Wolf Pic. **VA** Columbia TriStar Home **Pd** Ezio Greggio, Whitney Robert Hunter **R** Ezio Greggio **B** Rudy DeLuca, Steve Haberman **K** Luca Robecchi **M** Umberto Smalia, Silvio Amato **S** Gib Jaffe **D** Mel Brooks (Jake Gordon), Ezio Greggio (Bernardo Puccini), Julie Condra (Dr. Barbara Collier), Gianfranco Barra (Guido Puccini), John Carlsen (Dr. Caputo), Randi Ingerman (Sofia) **L** 85 **E** 10.7.2001 Video **fd** 34 994

SCREWBALL ACADEMY (SREWBALL ACADEMY). Die Pläne für die Dreharbeiten zu einem Sexfilm in einem Urlaubsort bringen die Anhänger einer religiösen Sekte auf die Barrikaden. Primitiver Schwank mit groben Klischees. ✦ USA 1986 **P** American Cinema/Shapiro **VA** Highlight **Pd** Damian Lee, David Mitchell **R** Reuben Rose **B** David Mitchell, Charles Dennis, Michael Paseornek **K** Ludek Bogner **M** Charles P. Barnett **S** Gary Zubeck, Mairim Vilkinson **D** Colleen Camp (Liberty Jean), Charles Dennis (Lodz Kuckoff), Damian Lee (Bischof Wally), Christine Cattell (Lita), Kenneth Welsh (Elder Seth) **L** 87 **FSK** ab 16 **E** Juli 1987 Video

SCREWBALL HOTEL – ES FLIPPT UND WIPPT (SCREWBALL HOTEL). Drei junge Männer, die gerade von der Militärakademie geflogen sind, übernehmen einen Job in einem Luxushotel in Miami. Da gerade ein »Miss Jungfrau«-Wettbewerb ansteht, mit dem das Hotel finanziell saniert werden soll, ist dem Klamauk Tür und Tor geöffnet. Teenager-Filmchen nach üblichen Mustern. ✦ USA/Kanada 1987 **P** Maurice Smith Prod./Avatar **VA** Toppic/Polyband **Pd** Maurice Smith **R** Rafal Zielinski **B** B. K. Roderick, Charles Wiener **K** Thomas F. Denove **D** Michael Bendetti, Andrew Zeller, Jeff Greenman, Corinne Alphen, Laurah Guillén **L** 97 **FSK** ab 16 **E** 7.11.1991 Video

SCREWBALLS – DAS AFFENGEILE KLASSENZIMMER (SCREWBALLS). Fünf Schüler einer amerikanischen High School setzen alles daran, eine unnahbare, attraktive Mitschülerin einmal »oben ohne« zu sehen. Eine bestürzend dumme Folge von »Gags«, Klischees und sexuellen Diffamierungen. – Wir raten ab. ✦ Kanada 1983 **P** Crazy Times/Canadian Film Development/Famous Players/Millenium **KI** Neue Constantin **Pd** Maurice Smith **R** Rafal Zielinski **B** Jim Wynorski, Linda Shayne **K** Miklos Lente **M** Tim McCauley **S** Brian Ravok **D** Peter Keleghan, Linda Speciale, Alan Daveau, Kent Deuters, Linda Shayne **L** 79 **FSK** ab 16; nf **E** 20.4.1984/24.1.1995 SAT 1 **fd** 24 533

SCREWBALLS II (LOOSE SCREWS). Vier Absolventen einer Sonderschule für Schwerbelehrbare jagen hinter Mädchen und der Französischlehrerin her. Sie scheitern zwar, können aber den bigotten Schulleiter und eine mannstolle Lehrerin düpieren. Letztklassiger Schülerschwank mit ordinären Witzen. – Wir raten ab. ✦ USA 1985 **P** Maurice Smith Prod./Concor Picde **VA** Medusa **Pd** Maurice Smith **R** Rafal Zielinski **B** Michael Cory **K** Robin Miller **M** Fred Mollin **D** Bryan Genesse (Brad Lovett), Lance van der Kolk (Steve Hardman), Alan Deveau (Hugh R. Rection), Jason Warren (Marvin Eatmore), Cyd Belliveau (Mona Lott) **L** 77 **FSK** ab 18 **E** 15.3.1987 Video **fd** 26 244

SEA CHANGE (THE SEA CHANGE). Ein erfolgreicher Geschäftsmann, der dem Beruf sein Privatleben opfert, kann das Versprechen, zur Geburtstagsfeier seiner Freundin zu erscheinen, nicht einhalten, da Nebel seinen Flug von Barcelona nach London verhindert. Nun sieht er seine Hochzeit gefährdet, die an sein Erscheinen geknüpft war. Als er sich an einer Hotelbar betrinkt, gelingt es ihm, sein Leben abzuwägen, die Arroganz abzulegen und den Wert der Liebe zu entdecken. Anspruchslose Komödie voller verstaubter Klischees, die zwar einen gewissen Humor besitzt, der jedoch eher ungeschickt in Szene gesetzt wird. – Ab 12. ✦ Großbritannien/Spanien 1998 **P** Winchester Films/Sogedasa **VA** Highlight **Pd** Billy Hurman, Gary Smith **R** Michael Bray **B** Michael Bray, Billy Hurman **K** Joseph M. Civit (= José María Civit) **M** Mark Thomas **S** Bryan Oates **D** Maryam D'Abo (Alison), Sean Chapman (Rupert), Ray Winstone (Charles), Amparo Moreno (Mrs. Caldeiro), Germán Montaner (Mr. Caldeiro), Andrée Bernard (Sarah) **L** 87 **FSK** ab 6 **E** 2000 Video **fd** 34 291

SEA DEVILS →Seeteufel

SEA FIGHTER (SEA WOLVES). Ein Vietnamese versucht nach Hongkong zu fliehen. Auf offener See wird sein Boot von Rauschgifthändlern aufgebracht, die »boat people« werden ermordet, nur er kann mit Hilfe eines Freundes überleben. Doch auch in Hongkong kann der Mann seines Lebens nicht mehr sicher sein, schließlich will das Drogenkartell einen unliebsamen Zeugen ausschalten, und auch die Polizei hat etwas gegen seine illegale Einwanderung. Ein mit realistischem Hintergrund versehener Actionfilm, der ansonsten den Vorgaben des Genres verpflichtet bleibt. (TV-Titel: »Sea Wolves«) ✦ Hongkong 1990 **VA** Highlight **Pd** Stephen Shin **R** Cheng Siu-Keung **B** Leung Hung Wah **M** Jonathan Wong **D** Cynthia Khan, Simon Yam, Tsui Siu-Keung, Gary Chau **L** 84 **FSK** ab 18 **E** 7.6.1994 Video/5.12.1995 Pro Sieben

SEA OF LOVE – MELODIE DES TODES (SEA OF

LOVE). Nach 20 Dienstjahren und einer gescheiterten Ehe steckt ein New Yorker Polizist in einer tiefen Krise, die er mit Zynismus und Alkohol zu bewältigen versucht. Während der Ermittlungen in einer rätselhaften Ritualmord-Serie verliebt er sich in die attraktive Hauptverdächtige und gerät zunehmend in Konflikt mit seinen beruflichen Aufgaben. Ein »erotischer Thriller«, der lediglich in einigen Szenen überzeugt und trotz seiner hervorragenden Hauptdarsteller nur mittelmäßige Spannungsunterhaltung bietet. ✦ USA 1989 **P** Bregman & Stroller (für Universal Pictures) **KI** UIP **VA** CIC **DVD** Universal Home (FF P&S, DD2.0 engl./dt.) **Pd** Martin Bregman, Louis A. Stroller **R** Harold Becker **B** Richard Price **K** Ronnie Taylor **M** Trevor Jones **S** David Bretherton **D** Al Pacino (Frank Keller), Ellen Barkin (Helen), John Goodman (Sherman), Michael Rooker (Terry), William Hickey (Frank Keller sen.), Richard Jenkins (Gruber) **L** 113 **FSK** ab 16; f **FBW** w **E** 1.2.1990/20.9.1990 Video/7.5.1999 DVD **fd** 28 126

SEA PEOPLE – DIE MENSCHEN AUS DEM MEER (SEA PEOPLE). Eine junge Frau rettet einen alten Mann und seine Familie aus dem eisigen Meer und muss erstaunt feststellen, dass sie Salzwasser zu sich nehmen können und sich von Algen ernähren. Ein ökologisch angehauchter Fantasyfilm um Meer(jung-)frauen und -Männer, der seine Geschichte nur notdürftig entwickelt und trotz guter Besetzung enttäuscht. ✦ USA 1999 **P** Temple Street **Pd** Sheila Hockin **R** Victor Sarin **B** Wendy Biller, Christopher Hawthorne **K** Victor Sarin **M** Ian Thomas **S** Michael Pacek **D** Hume Cronyn (Mr. McRae), Joan Gregson (Mrs. McRae), Tegan Moss (Amanda), Shawn Roberts (Peter), Ron Lea (James) **L** 90 **E** 6.11.1999 Premiere World

SEA QUEST DSV – TO BE OR NOT TO BE (SEAQUEST DSV – TO BE OR NOT TO BE). Pilotfilm zu einer Science-Fiction-Serie. Im Jahre 2018 erteilt die »United Earth/Oceans Organization« dem Unterseeboot »seaQuest« den Auftrag zur Befriedung mehrerer Parteien, die sich im Zuge der Ausbeutung der maritimen Ressourcen verfeindet gegenüberstehen. ✦ USA 1993 **P** Universal **VA** CIC **Pd** Steven Spielberg **R** Irvin Kershner **B** Rockne S. O'Bannon, Tommy Thompson **M** Don Davis **D** Roy Scheider (Capt. Nathan Bridger), Stephanie Beacham (Dr. Kristin Westphalen), Stacy Haiduk (Lt. Cmd. Katherine Hitchcock), Jonathan Brandis (Lucas Wolenczak), Ted Raimi (Lt. Tim O'Neill), Shelley Hack (Capt. Marilyn Stark), Don Franklin (Comm. Jonathan Ford), Jonathan Brandis (Lucas Wolenczak), Eric DaRe (Maxwell) **L** 88 **FSK** ab 12 **E** 15.1.1994 RTL

SEA WOLVES → Sea Fighter

SEACOAL (SEACOAL). Der harte Arbeitsalltag der Seacoaler im Nordosten Englands zu Beginn der 80er Jahre, meist Zigeuner und fahrendes Volk, die sich ihren Lebensunterhalt mit dem »Fischen« von Schwemmkohle, einem Abfallprodukt des Bergbaus, verdienen. Beispielhaft wird die Situation eines Berufsstandes beschworen, der in einer Ellenbogengesellschaft dem Untergang geweiht ist. Ein engagierter, mit dokumentarischen Mitteln arbeitender Spielfilm, der Kapitalismuskritik übt und durch seine Kameraarbeit überzeugt. In ihr liegt allerdings auch sein Manko, da durch sie mitunter das Elend der rechtlosen Arbeiter zu sehr ästhetisiert wird. (Fernsehtitel: »Schwemmkohle«; O.m.d.U.) – Ab 16. ✦ Großbritannien 1985 **P** Amber Films **SF** peripher **Pd+R+B+K** Amber Films **M** Alasdair Robertson **S** Amber Films **D** Amber Styles, Ray Stubbs, Corrina Stubbs, Sammy Johnson, Trevor Critchlow, Laidler Family **L** 82 **E** 15.8.1990 N 3/1997 Kino **fd** 32 644

SEALS – DIE HÄRTESTE ELITETRUPPE DER US-MARINES → S.E.A.L.S.

SEARCH & DESTROY (SEARCH & DESTROY). Als Terroristen ein Geheimlabor überfallen, entweicht ein Gas, das das Verhalten der Menschen beeinflußt. Die Wolke treibt auf eine Kleinstadt zu und bewirkt fatale Veränderungen bei deren Bewohnern. Die Anti-Terroreinheit, die gerade noch Terroristen bekämpfte, muß jetzt gegen eigentlich friedliebende Bürger ausrücken. Katastrophen- und Actionfilm, der politische brisante Themen für seine banale Geschichte mißbraucht. – Wir raten ab. ✦ USA 1988 **P** Cinema Sciences Corporation/Shapiro Glickenhaus Entertainment **VA** Vestron **Pd** James Glickenhaus **R** J. Christian Ingvordsen **B** J. Christian Ingvordsen, Steven Kaman **K** Steven Kaman **M** Chris Burke **D** John Christian, Johnny Stumper, Oliver Daniels, John Rano, Angel Caban, Stuart Garrison Day **L** 106 **FSK** ab 18 **E** November 1988 Video **fd** 28 352

SEAWIND – SEGELTÖRN INS JENSEITS (AND THE SEA WILL TELL). Eine Frau ist des Mordes angeklagt: Vor einem kalifornischen Gericht wird darüber verhandelt, ob sie elf Jahre zuvor am gewaltsamen Tod eines Ehepaares während einer Segeltour durch die Südsee beteiligt war. Nach konventionellen Mustern durchaus spannend entwickelter Fernsehfilm, der zwar stark auf Sentimentalität und Gefühl aufbaut, aber über seinen Unterhaltungscharakter hinaus ernsthafte moralische Fragen stellt. (Alternativer TV-Titel: »Nur die See kennt die Wahrheit«) – Ab 14. ✦ USA 1991 **P** Green/Epstein Prod. **VA** RCA/Columbia **Pd** Jim Green, Allen S. Epstein **R** Tommy Lee Wallace **B** James Henerson **K** Richard Leiterman **M** Peter Manning Robinson **S** Robert F. Shugrue, David Blangsted **D** Richard Crenna, Rachel Ward, Hart Bochner, Deidre Hall, John Kapelos **L** 185 **FSK** ab 12 **E** 11.8.1992 Video/26.3.1995 Pro 7 **fd** 29 861

SEBASTIAN (SEBASTIAN). Der 16jährige Sebastian hat Probleme: Er ist unzufrieden und unsicher, mit der Freundin hat er Schluß gemacht; der einzige Halt ist sein Freund Ulf. Nach und nach muß sich der Heranwachsende eingestehen, daß er für Ulf mehr empfindet als freundschaftliche Gefühle – er ist homosexuell. Doch dies ist kein Problem, weil Freunde und Eltern seine Neigung gelassen akzeptieren. Ein Film voller guter Absichten, aber kein guter Film. Allzu plakativ werden die Probleme abgehandelt, so daß der Eindruck eines »Lehrfilms« entsteht, der als typisch empfundene Situationen aneinanderreiht, ohne Interesse und Mitgefühl für die Personen aufbauen zu können. Schade um das Thema und die guten Absichten. – Ab 12 möglich. ✦ Schweden/Norwegen 1995 **P** Mefistofilm/Miramar/Nordis **VA** Pro-Fun/Matthias **DVD** Pro Fun (1.66:1, DS swe./dt.) **Pd** Petter Venneröd, Hansi Mandokis, Lars Kolvig **R** Svend Wam **B** Svend Wam, Petter Venneröd, Hansi Mandokis, nach dem Roman »Svart Cayal« von Per Knutsen **K** Per Källberg **S** Einar Egeland **D** Hampus Björck (Sebastian), Nicolai Broch (Ulf), Ewa Fröling (Mutter), Helge Jordal (Vater), Rebecka Hemse (Lisbeth) **L** 84 **FSK** ab 6 **E** Herbst 1998 Video/25.5.2001 DVD **fd** 33 487

SEBASTIAN KNEIPP – EIN GROSSES LEBEN (PFARRER KNEIPP, DER WASSERDOKTOR). Denkwürdiges aus dem Leben des katholischen Pfarrers und Naturheilkundigen von Wörishofen (1821–1897). Der Film schildert die Erfolge seiner Wasserheilmethoden, seine Anfeindungen durch die Schulmedizin und seine Rehabilitierung durch Papst Leo XIII. Erbauliche Unterhaltung: naiv, betont volkstümlich und in der Hauptrolle gewinnend gespielt. (Weitere Titel: »Pfarrer Kneipp, der Wasserdoktor«, »Arzt ohne Examen«, »Der Wasserdoktor«, »Sebastian Kneipp – Der Wasserdoktor«) – Ab 10. ✦ Österreich 1958 **P** Öfa-Schönbrunn **KI** NF **Pd** Alfred Lehr, Ernest Müller **R** Wolfgang Liebeneiner **B** Erna Fentsch **K** Walter Partsch **M** Heinz Sandauer **S** Heinz Haber **D** Carl Wery (Sebastian Kneipp), Paul Hörbiger (Erzherzog Joseph), Gerlinde Locker (Aglaya, seine Tochter), Michael Cramer (Hans von Faber), Ellinor Jensen (Sebastina) **L** 117 **FSK** ab 6; f **FBW** w **E** 27.11.1958/10.12.1971 ZDF **fd** 7 558

SEBASTIAN SUPERBÄR – RETTER AUS DEM WELTALL (SEBASTIAN STAR BEAR – FIRST MISSION / BEERTJE SEBASTIAN: DE GEHEIME OPDRACHT). Ein Superbär aus dem Weltall rettet seine Artgenossen auf der Erde vor den Tierquälereien eines skrupellosen Theaterbesitzers, der mit gefangenen und dressierten Bären seinen Betrieb sanieren will. Formal wie inhaltlich ideenloser Zeichentrickfilm, der sich weitgehend damit begnügt, amerikanische Vorbilder zu kopieren. – Ab 6. ✦ Niederlande 1990 **P** Star Bear **KI** Atlas **VA** Atlas/Universum/Laser Paradise **Pd** Frank Fehmers **R** Frank Fehmers, Eric Charles **B** Richard Felgate **M** Henri Seroka **L** 78 **FSK** ab 6; f **E** 3.9.1992 **fd** 29 776

SEBASTIAN UND DER SPATZ (SEBASTIAN AND THE SPARROW). Die ungleiche Freundschaft zwischen Sebastian, dem Sohn wohlhabender Eltern, und Guy, einem Jungen von der Straße, der bei Pflegeeltern aufwächst, aber eher bei Pennern und Junkies zu Hause ist. Als Guy beschließt, seine Mutter zu suchen, machen die beiden 15jährigen eine abenteuerliche Reise ins australische Hinterland. Ein unverblümt-witziger, rundum überzeugender Jugendfilm vor wirklichkeitsnahen Lebenshintergründen. – Ab 12 möglich. ✦ Australien 1988 **P** The Kino Film **VA** KFW **Pd+R+B** Scott Hicks **K** David Foreman **M** Allan Zavod **S** Pip Karmel **D** Alexander Bainbridge (Sebastian), Jeremy Angerson (Sparrow), Robert Coleby (Peter Thornbury), Elizabeth Alexander (Jenny Thornbury), Vincent Gil (Mick) **L** 88 **E** 15.9.1990 RTL plus/1992 Video **fd** 29 554

SECHS BÄREN MIT ZWIEBEL → Sechs Bären und ein Clown

SECHS BÄREN UND EIN CLOWN (SEST MEDVEDUE S CIBULKOU). Ein aus dem Zirkus entlassener Clown nimmt als Frau verkleidet eine Stellung als Schulköchin an und wird von seinen, dem neuen Besitzer ausgerissenen, sechs dressierten Bären heimgesucht. Weitgehend origineller tschechischer Kinderfilm mit beachtlichen Dressur- und Artistikleistungen. (Fernsehtitel: »Sechs Bären mit Zwiebel«; »Sechs Bären mit Zwiebel: Eine Schule steht Kopf«) – Ab 6. ✦ Scope. CSSR 1972 **P** Filmstudio Barrandov **KI** Miekus **R** Oldrich Lipsky **B** Milos Macourek, Oldrich Lipsky **K** Vladimír Novotny **M** Vlastimil Hála **D** Lubomír Lipsky (Clown), Jirí Sovák (Schuldirektor), Jan Libícek (der dicke Zirkusdirektor), Milos Kopecky (der elegante Zirkusdirektor), Frantisek Filipovsky (der Schulinspektor) **L** 88 **FSK** ab 6; nf **FBW** bw **E** 25.1.1974 Kino DDR/1975 Kino BRD/4.3.1979 ARD/19.10.1984 DFF 1 **fd** 20 015

DIE SECHS FRAUEN DES CHING → Kin Ping Meh – Chinesischer Liebesreigen

SECHS JAZZER IM DREIVIERTELTAKT (THE GIG). Sechs Männer mittleren Alters, die als Ausgleich zu den Belastungen des Alltags ihrem Hobby, der Jazzmusik, frönen, werden von einem Hotel auf dem Land engagiert. Das zweiwöchige Engagement konfrontiert die Amateurmusiker mit einigen Problemen: Der Ersatzmann für den kurzfristig ausgefallenen Bassisten ist ein Profi, ihre »Dixieland«-Musik kommt zunächst nicht an, und sie bekommen Ärger mit einem ehemaligen Musical-Star, der sich in dem Hotel auf sein Comeback vorbereiten will. Komödie mit dramatischen Akzenten, die unspektakulär, aber einfühlsam kleine und größere Katastrophen, Enttäuschungen und Rückschläge im Leben verdichtet. – Ab 14 möglich. ✦ USA 1985 **P** The Gig Company **Pd** Norman I. Cohen **R+B** Frank D. Gilroy **K** Jeri Sopanen **M** Warren Vache **S** Rick Shaine **D** Wayne Rogers (Marty Flinn), Cleavon Little (Marshall Wilson), Andrew Duncan (Jack Larmon), Jerry Matz (Aaron Wohl), Daniel Nalbach (Arthur Winslow) **L** 88 **E** 1.5.1992 ZDF

SECHS KLEINE DETEKTIVE (THE DOUBLE MCGUFFIN). Sechs Schüler und Amateur-Detektive einer amerikanischen Kleinstadt kommen einem Mordkomplott auf die Spur. Die Premierministerin eines Staates im Mittleren Osten soll ermordet werden. Da die Polizei ihnen nicht glaubt, müssen sie das Attentat auf eigene Faust verhindern. Ereignisreicher Jugendkrimi, der seine an den Haaren herbeigezogene Geschichte mit Tempo erzählt und für jugendliche Zuschauer einigen Unterhaltungswert bietet. Eine reizvolle Pointe des Originals ging durch die Synchronisation verloren: niemand geringerer als Orson Welles fungiert als Erzähler, der sich zu Beginn auf amüsante Weise bemüht, Alfred Hitchcocks »McGuffin« zu erklären. – Ab 12. ✦ USA 1979 **P** Mulberry Square **Pd+R** Joe Camp **B** Joe Camp, Richard Baker **K** Don Reddy **M** Euel Box **S** Leon Seith **D** Ernest Borgnine (Firat), George Kennedy (Talasek), Elke Sommer (Premierministerin), Jeff Nicholson (Billy Ray), Greg Hodges (Homer) **L** 101 **E** 21.5.1989 ZDF

6 KUGELN FÜR GRINGO (UNA DONNA PER RINGO/ DOS PISTOLAS GEMELAS). Zwillingsschwestern erben eine Ranch und müssen sich gegen Viehdiebe und Mörder zur Wehr setzen. Europäischer Western mit uneinheitlicher Inszenierung; halb Musical, halb harter Italowestern. ✦ Italien/Spanien 1966 **P** Luxor/ Benito Perojo **Kl** Cine-Union **R** Rafael Romero Marchent **B** Giovanni Simonelli **K** Franco Vitrotti **M** Gregorio Garcia Segura **D** Sean Flynn, Milly Bay, Renato Baldini, Luis Induni, Philys Bay, Jorge Rigaud, Mario Morales **L** 84 **FSK** ab 18; nf **E** 23.6.1967 **fd** 14 785

DIE SECHS KUMMERBUBEN (DIE SECHS KUMMERBUBEN). Dem Kinderbuch von Elisabeth Müller nacherzählte Geschichte einer Taglöhnerfamilie mit sechs Buben, der ein bösartiger Gemeindepräsident das Häuschen wegnehmen will. Der in Koproduktion mit dem Fernsehen gedrehte Film enttäuscht durch kabarettistische Schwarzweißmalerei, psychologische Unstimmigkeiten und ein auf weite Strecken hölzernes und unnatürliches Spiel der Darsteller. Der Film löste bei der durch die Studentenbewegung sensibilisierten Jugend einen Sturm der Entrüstung aus und Zorn bei den Filmschaffenden. ✦ Schweiz 1968 **P** Neue Film AG **Pd+R** Franz Schnyder **B** Franz Schnyder, nach der gleichnamigen Erzählung von Elisabeth Müller **K** Andreas Demmer **M** Robert Blum, Hans Moeckel **S** Hermann Haller **D** Franz Matter (Vater Kummer), Linda Geiser (Mutter Kummer), Ruedi Walter (Benz), Margrit Rainer (Bäbi), Pierre Tagmann (Lüthi-Hannes) **L** 130 **E** Schweiz

SECHS LEBEN – SECHS WELTEN. Das Porträt von sechs Mittdreißigern, die in zwei Nachbarsfamilien in Boppard am Rhein aufwuchsen. Ein sehr persönlicher Film, der jedoch auch die Entwicklung der Bundesrepublik Deutschland spiegelt und Fragen nach der Vergangenheit, nach Kindheits- und Jugendwünschen und nach den politischen Hoffnungen der 70er-Jahre stellt. – Ab 16. ✦ Deutschland 1994 **P** ZDF **R** Gabi Henzler **B** Gabi Henzler, Peter Braun **K** Uli Fischer, Philipp Pfeiffer **L** 58 **E** 23.4.1995 ZDF

SECHS LEICHEN UND KEIN MORD (THE PRIVATE EYES). Leidlich amüsante Kriminalkomödie um zwei dilettantische Ermittler, die den Mord an einem adeligen Ehepaar aufklären sollen, dabei aber ständig haarsträubende Zwischenfälle provozieren. – Ab 14 möglich. ✦ USA 1980 **P** The Private Eyes Partners/TriStar Pictures **Pd** Wanda Dell, Lang Elliott **R** Lang Elliott **B** Tim Conway, John Myhers **K** Jacques Haitkin **M** Peter Matz **S** Patrick M. Crawford, Fabian D. Tordjmann **D** Don Knotts (Inspector Winship), Tim Conway (Dr. Tart), Trisha Noble (Phylis Morley), Bernard Fox (Justin), Grace Zabriskie (Nanny), Irwin Keyes (Jock), Susie Mandel (Hilda), Stan Ross (Tibit), John Fujioka (Mr. Uwatsum), Fred Stuthman (Lord Morley), Mary Nell Santacroce (Lady Morley) **L** 84 **E** 15.12.2000 Super RTL

SECHS MÄNNER AUS STAHL (STEEL). Actionfilm nach bewährten Hollywoodmustern. Eine Crew von Stahlgerüstarbeitern muß unter Zeitdruck und gegen alle Widrigkeiten wie Witterung und Sabotage ein Hochhaus vollenden. Ein solide gemachter Film, der in seinen idealisierten Helden den amerikanischen Pioniermythos wiederaufleben läßt. – Ab 14. ✦ USA 1978 **P** Panzer-Davis-Fawcett-Majors **Kl** Warner-Columbia **Pd** Peter S. Davis, William N. Panzer **R** Steve Carver **B** Leigh Chapman **K** Roger Shearman **M** Michel Colombier **S** David Blewitt **D** Lee Majors, Jennifer O'Neill, George Kennedy, Art Carney, Harris Yulin **L** 101 **FSK** ab 12; f **E** 2.8.1979 **fd** 22 130

6 MILLIONEN DOLLAR DOG (THE BIONIC DOG). Die Abenteuer eines computergesteuerten, teilweise mechanischen Hundes, der mit Hilfe einer wesensverwandten jungen Frau neuen Lebensmut findet und ein Trauma überwinden kann. Läppische Fernsehkost nach bekanntem Muster; langweilig und über Gebühr mit nichtssagenden Zeitlupenaufnahmen versehen. – Ab 14 möglich. ✦ USA 1977 **P** Universal **VA** CIC **Pd** James D. Parriott **R** Barry Crane **B** James D. Parriott **K** J. J. Jones **M** Robert Prince, Jerry Fielding **D** Lindsay Wagner (Jaine), Richard Anderson, Martin E. Brooks, Ford Rainey, Taylor Lacher **L** 89 **FSK** ab 12 **E** Juni 1987 Video **fd** 26 209

DAS 6 MILLIONEN DOLLAR GIRL (BIONIC WOMAN). Dem »6 Millionen Dollar Mann«, der nach einem Unfall mechanische Ersatzteile erhielt und dadurch über übernatürliche Kräfte verfügt, wird eine Gefährtin zur Seite gestellt, die sich bei einem Fallschirm-Unfall lebensgefährlich verletzt. Durch die aufwendige Operation wird auch sie zum »bionischen Wesen« und arbeitet fortan im Dienst der amerikanischen Regierung. Im entscheidenden Moment erweist sich, daß die Steuerung ihres Armes noch nicht ausgereift ist. Weiterer Aufguß der amerikanischen Fernseh-Serie; langatmige Unterhaltung, stereotyp und einfallslos. – Ab 16. ✦ USA 1975 **P** Universal **VA** CIC **Pd** Lionel E. Siegel, Joe L. Cramer **R** Dick Moder **B** Kenneth Johnson **K** Enzo A. Martinelli, Alric Edens **M** Oliver Nelson **D** Lee Majors (Steve Austin), Richard Anderson (Steves Chef), Lindsay Wagner (Jaimie), Malachi Throne, Martha Scott, Alan Oppenheimer **L** 92 **FSK** ab 16 **E** März 1987

DER 6 MILLIONEN DOLLAR MANN (THE SIX MILLION DOLLAR MAN). Ein schwer verunglückter Testpilot wird mit künstlichen Gliedmaßen ausgestattet, durch die er übermenschliche Kräfte entwickelt und zur militärischen Waffe wird. Formal veralteter utopischer Film, der in Ansätzen die ethischen und tragischen Dimensionen thematisiert, dann aber zugunsten üblicher Action verschenkt. – Ab 16. ✦ USA 1973 **P** Universal **VA** CIC **R** Richard Irving **B** Henri Simoun (= Howard Rodman), nach einem Roman von Martin Caidin **K** Emil Oster **M** Gil Melle **D** Lee Majors (Steve Austin), Martin Balsam, Darren McGavin, Barbara Anderson, Robert Cornthwaite **L** 71 **FSK** ab 16 **E** September 1986 Video **fd** 25 977

SECHS PISTOLEN JAGEN PROFESSOR Z. (SETTE KILLERS A CACCIA DEL PROF. »Z«). In Lissabon kämpfen ein amerikanischer Agent, sein französischer Kollege und eine Engländerin gemeinsam gegen Gangster um eine unzerstörbare Stahllegierung. Nach marktgängigen Klischees inszenierter Unterhaltungsfilm mit komödiantischen Einlagen. – Ab 16. ✦ BR Deutschland/Spanien/Portugal 1966 **P** International Germania/Hispamer/A.V.Films **Kl** Constantin **Pd** Franz Thierry **R** Julio Coll **B** Julio Coll, Helmut Harun **K** Mario Pacheco **M** Louis Navarro **S** Julio Coll **D** Peter van Eyck (Jack Haskins), Leticia Roman (Ellen Green), Klausjürgen Wussow (Johannsson), Josef Kardos (Professor Zandor), Corny Collins (Jenny Renoir), Richard Rubinstein (Kommissar Oliveira) **L** 78 **FSK** ab 16; nf **E** 29.7.1966/12.1.1974 ARD **fd** 14 177

SECHS SCHICKSALE → Tales of Manhattan

SECHS SCHWARZE PFERDE (SIX BLACK HORSES). Zwei Cowboys nehmen den Auftrag einer Witwe an, sie durch Indianergebiet zu ihrem Mann zu führen. Unterwegs stellt sich heraus, daß der ältere Cowboy der Mörder ihres Mannes ist; nun will sie an ihm Rache nehmen. Spannender Western mit schönen Landschaftsaufnahmen, der auch die Beziehungen zwischen den drei charakterlich sehr verschiedenen Menschen mit einiger Sorgfalt zeichnet. – Ab 16. ✦ USA 1961 **P** Universal **Kl** Universal **Pd** Gordon Kay **R** Harry Keller **B** Burt Kennedy **K** Maury Gertsman **M** Joseph Gershenson **S** Aaron Stell **D** Audie Murphy (Ben Lane), Dan Duryea (Frank Jesse), Joan O'Brien (Kelly), George Wallace (Boone), Roy Barcroft (Mustanger), Bob Steele (Puncher), Henry Wills (Indianerführer), Phil Chambers (Bestatter), Richard Pasco (Charlie), Dale Van Sickel **L** 80 **FSK** ab 16; nf **E** 24.8. 1962 **fd** 11 361

SECHS SCHWEDINNEN AUF DER ALM. Sechs Schwedinnen kommen in die Schweiz, um die Erbschaft eines Pensionatsdirektors anzutreten. Die Enthüllung des Erbschaftsgegenstandes verzögert sich, was Gelegenheit für das übliche sexuelle Gerangel bietet. Frauenfeindlicher Sexklamauk; zwanghaft bemüht, eine Geschichte zu präsentieren. – Wir raten ab. ✦ BR Deutschland 1983 **P** Ascot **Kl** Ascot/Avis **R** Michael Thomas (= Erwin C. Dietrich) **B** Manfred Gregor (= Erwin C. Dietrich) **K** Peter Baumgartner **M** Walter Baumgartner **S** Marie-Luise Buschke **D** Petra von Hell, Marianne Aubert, Mike Lederer, Michaela Klies, Ueli Falk **L** 90 **FSK** ab 18; nf **E** 22.7. 1983 **fd** 24 198

SECHS SCHWEDINNEN AUF IBIZA. Sechs junge Frauen, denen zu Beginn ihres Urlaubs auf Ibiza Geld, Papiere und Wertsachen abhanden kommen, suchen und finden auf Grund ihrer hemmungslosen sexuellen Bereitschaft Jobs und danken ihren Förderern mit einer Orgie. Langweiliger Sexfilm. – Wir raten ab. ✦ Schweiz 1981 **P** Elite **Kl** Ascot **Pd** Erwin C. Dietrich **R** Gérard Loubeau **B** Erwin C. Dietrich **K** Peter Baumgartner **M** Walter Baumgartner **D** Marianne Aubert, Ketty Hilaire, Olinka Hardiman, Dominique Patricia Sejourne, Laurence Eymard **L** 83 **FSK** SPIO: X **E** 30.10.1981 **fd** 23 252

SECHS SCHWEDINNEN HINTER GITTERN (SECHS SCHWEDINNEN HINTER GITTERN). Eine Gruppe junger Frauen, wegen Rauschgiftdelikten und Prostitution hinter Gittern, behebt ihren Sexualnotstand nicht nur untereinander, sondern auch mit Hilfe des Wachpersonals. Damit setzt sie Hafterleichterungen durch und verpaßt auch noch dem korrupten Gefängnisdirektor einen Denkzettel. Ein dilettantisches Halb-Porno-Produkt. – Wir raten ab. ✦ Schweiz 1982 **P** Elite **Kl** Avis/Ascot **Pd** Erwin C. Dietrich **R** Bob Fletcher **B** Erwin C. Dietrich **D** Candida Royalle **L** 76 **FSK** SPIO: X **E** 23.7.1982 **fd** 23 660

SECHS SCHWEDINNEN IM PENSIONAT (SECHS SCHWEDINNEN IM PENSIONAT). Sechs Schwedinnen treiben es in einem Schweizer Mädchenpensionat mit dem muskelstrotzenden Sportlehrer, einem Voyeur, einem Förster und seinen Gehilfen und anderen mehr. – Wir raten ab. ✦ Schweiz/Frankreich 1979 **P** Elite/Avia **Kl** Avis/Ascot **VA** Ufa **R** Michael Thomas (= Erwin C. Dietrich), Jack Regis (= Hubert Frank) **B** Manfred Gregor (= Erwin C. Dietrich) **K** Rudi Kuettel **M** Walter Baumgartner **D** Nadine Pascal, Brigitte Lahaie, Diane Kelly, Aude Mallois, Dany White **L** 82 **FSK** ab 18; nf **E** 28.9.1979 **fd** 22 280

SECHS SCHWEDINNEN VON DER TANKSTELLE (SECHS SCHWEDINNEN VON DER TANKSTELLE). Wenn der Bürgermeister zur Gemeinderatssitzung geht, genießt einer der Honoratioren in Eile dessen junge Frau, worauf dann gemeinschaftlich über die Ausweisung von sechs Schwedinnen beraten wird, die an ihrer Tankstelle den Kunden »Entspannung« bieten. – Wir raten ab. ✦ Schweiz 1980 **P** Elite **Kl** Avis/Ascot **R** Michael Thomas (= Erwin C. Dietrich) **B** Manfred Gregor (= Erwin C. Dietrich) **K** Peter Baumgartner **M** Walter Baumgartner **D** Brigitte Lahaie, Jane Baker **L** 91 **FSK** ab 18; nf **E** 19.9.1980 **fd** 22 721

SECHS SOMMER IN QUEBEC (LA PLOUFFE). Mit großem inszenatorischen Aufwand wird das Leben einer Durchschnittsfamilie in Quebec zwischen 1938 und 1945 nachgezeichnet, einer Zeit, die entscheidend war für die politische Entwicklung Kanadas. Während sein Sohn sich entscheidet, sein Leben der Kirche zu widmen, und in ein Kloster eintritt, wird ein 60jähriger Schriftsetzer arbeitslos, weil er sich für den franko-kanadischen Nationalismus engagiert. Auch der Ausbruch des Weltkrieges in Europa wirkt sich auf den Zusammenhalt der Familie aus. Anhand von Alltagsabenteuern verbindet der Film Politisches und Privates ebenso aufschlußreich wie kurzweilig. – Ab 16. ✦ Kanada/Frankreich 1981 **R** Gilles Carle **B** Roger Lémelin, Gilles Carle, Jacques Vigoureux, nach einem Roman von Roger Lemelin **K** François Protat **M** Stéphane Venne, Claude Denjean **D** Emile Genest (Théophile), Juliette Huot (Joséphine), Denise Filiatrault (Cécile), Gabriel Arcand (Ovide), Pierre Curzi (Napoléon) **L** 157 **E** 10.12.1991 ZDF

SECHS STUFEN DER ABGRENZUNG → Das Leben – ein Sechserpack

SECHS TAGE, SIEBEN NÄCHTE (SIX DAYS, SEVEN NIGHTS). Nach der Notlandung auf einer einsamen Insel sehen sich ein zivilisationsfeindlicher Luftpostpilot und eine New Yorker Reporterin manchen Abenteuern ausgesetzt. Allmählich nähern sich die scheinbar so ungleichen Menschen an und bilden ein perfektes Paar, das Naturgewalten und Piraten trotzt. Mischung aus Komödie und Abenteuerfilm, die mal amüsant, mal leidlich spannend die modifizierte Geschichte einer Robinsonade erzählt. Filmische Konfektionsware, weitgehend routiniert und abgeklärt in Szene gesetzt. – Ab 12. ✦ Scope. USA 1998 **P** Caravan Pictures/Nothern Lights Entertainment **KI** Buena Vista **VA** Buena Vista **DVD** Buena Vista (16:9, 2.35:1, DD5.1 engl./dt.) **Pd** Ivan Reitman, Wallis Nicita, Roger Birnbaum **R** Ivan Reitman **B** Michael Browning **K** Michael Chapman **M** Randy Edelman **S** Sheldon Kahn, Wendy Greene Bricmont **D** Harrison Ford (Quinn Harris), Anne Heche (Robin Monroe), David Schwimmer (Frank Martin), Jacqueline Obradors (Angelica), Temuera Morrison (Jager) **L** 102 **FSK** ab 6; f **FBW** w **E** 25.6.1998/17.12.1998 Video/24.2.1999 DVD **fd** 33 197

SECHS-UHR-NACHRICHTEN (SIX O'CLOCK NEWS). Der Dokumentarist McElwee setzt sich mit den Fernsehbildern der Nachrichten auseinander, die ein düsteres Szenario vom zeitgenössischen Amerika aufzeigen, und stellt einen Zusammenhang her zwischen der Absurdität des Lebens und seiner Banalisierung durch die Abbildung. ✦ USA/Großbritannien 1996 **P** Homemade Movies/Channel Four Films/Channel 4 TV **Pd+R+B** Ross McElwee **S** Ross McElwee **L** 103 **E** 11.3.1998 arte

DIE 6 UNBESIEGBAREN (LA VENDETTA DEI GLADIATORI). Sechs Muskelmänner befreien während des römischen Kampfes gegen die Vandalen im 5. Jahrh. n. Chr. einen Freund und dessen Geliebte aus deren Händen. Handelsübliches Historienspektakel aus der italienischen »Muskel- und Sandalen-Serie«. (Alternativtitel: »Die Rache der Gladiatoren«) – Ab 14. ✦ Italien 1964 **P** Splendor **KI** Adria **R** Luigi Capuano **B** Arpad De Riso, Roberto Gianviti **K** Raffaele Masciocchi **D** Mickey Hargitay, José Greci, Livio Lorenzon, Roldano Lupi, Renato Baldini, Andrea Checchi **L** 92 **FSK** ab 12; nf **E** 14.10.1966 **fd** 14 345

DIE SECHS VERDÄCHTIGEN (THE POWER). Ein Wissenschaftlerteam wird von einer Macht aus den eigenen Reihen bedroht. Mittels parapsychologischer Fähigkeiten wird die Mannschaft nach und nach in den Tod getrieben, bis der Hypnotiseur gestellt wird und sein Ende findet. Einfallsloser Science-Fiction-Film mit vielen Widersprüchen, nur stellenweise unterhaltsam. – Ab 16. ✦ Scope. USA 1967 **P** MGM **KI** MGM **Pd** Ralph Nelson **R** Byron Haskin **B** John Gay, nach einem Roman von Frank M. Robinson **K** Ellsworth Fredricks **M** Miklos Rozsa **S** Thomas McCarthy **D** George Hamilton (Jim Tanner), Suzanne Pleshette (Margery Lansing), Yvonne de Carlo (Sally Hallson), Arthur O'Connell (Henry Hallson), Richard Carlson (N.E. van Zandt), Aldo Ray (Bruce), Earl Holliman (Talbot Scott), Gary Merrill (Mark Corlane), Ken Murray (Grover), Barbara Nichols (Flora), Michael Rennie (Arthur Nordlund), Celia Lovsky (Mrs. Hallson), Nehemiah Persoff (Carl Melniker) **L** 101 **FSK** ab 16; f **E** 20.9.1968 **fd** 15 807

SECHS VON EINER SORTE (SIX OF A KIND). Ein älteres Ehepaar nimmt auf der Urlaubsreise in seinem Auto ein unbekanntes Paar mit und wird dadurch unwissentlich zum Fluchthelfer von Dieben, die sich und 50 000 Dollar dem Zugriff der Polizei und eines Rivalen zu entziehen versuchen. Turbulente Hollywoodkomödie, mit guter Kameraarbeit und zündenden Ideen und einem famosen W.C.Fields. Der Film verrät das Geschick seines Regisseurs, der seinen Darstellern Raum für Improvisation einräumt, ohne die erzählerische Linie zu verlieren. – Ab 12. ✦ Schwarz-weiß. USA 1934 **P** Paramount **R** Leo McCarey **B** Walter DeLeon, Harry Ruskin **K** Henry Sharp **M** Ralph Rainger **S** LeRoy Stone **D** Charles Ruggles (J. Pinkham Whinney), Mary Boland (Flora Whinney), W. C. Fields (Sheriff Hoxley), Alison Skipworth (Mrs. K. Rumford), George Burns (George Edwards) **L** 69 **E** 24.8.1974 WDR

SECHS WEIHNACHTEN. Ein konventionell gemachter Dokumentarfilm, der vom Schicksal 38 Jugendlicher berichtet, die im Oktober 1945 als angebliche Mitglieder der SS-Untergrundorganisation »Werwolf« denunziert und von der sowjetischen Besatzungsmacht inhaftiert wurden. Vier Überlebende berichten über ihre Vergangenheit, beschreiben Folter und Rechtsbeugungen, denen sie ausgesetzt waren. Ein düsteres Kapitel deutsch-deutscher Geschichte, das zu Zeiten der DDR totgeschwiegen wurde. – Ab 16. ✦ Deutschland 1994 **P** Ostfilm/Hoffmann & Loeser **SF** Salzgeber & Co. **VA** absolut MEDIEN **Pd** Tony Loeser, Andrea Hoffmann **R+B** Juliane Geick **K** Eberhard Geick **S** Sigrid Halvensleben-Gaul, Birgit Berndt, Barbara Gebler **L** 110 **E** 2.1.1995 ORB/23.3.1995/ 1997 Video **fd** 31 282

6:3 – TUTTIS TRAUM (6:3/6:3, AVAGY JATSZD UJRA TUTTI). Ein Budapester Müllmann wird aus dem Jahr 1998 ins Jahr 1953 katapultiert. Dort erlebt er genau jenen Abend, an dem Ungarn beim Aussscheidungsspiel zur Fußballweltmeisterschaft gegen England mit sechs zu drei Toren gewinnt. Regisseur Péter Tímár bebildert eine Reise in die Hoch-Zeit des Stalinismus und filtert aus der Grundkonstellation zahlreiche heitere Episoden, die sich gelegentlich zur politischen Satire verdichten. Dabei ist die Hauptfigur als freundlicher Tor angelegt und verkörpert das Musterbeispiel für die Widerstandskraft kleiner Leute gegen das politische System. (O.m.d.U.) – Sehenswert ab 14. ✦ Ungarn 1999 **P** Megafilm Kft./ RTL Klub támogató **KI** Movienet **Pd** Gábor Kálomista **R+B** Péter Timár **K** Péter Szatmári **M** Tamás Cseh **S** Péter Timár **D** Károly Eperjes (Tutti), Kriszta Szalay (Helen), Tamás Cseh (Halmi), András Kern, Attila Löte, Tamás Végvári, László Gálffy **L** 90 **E** 20.7.2000 **fd** 34 369

SECHSE KOMMEN DURCH DIE WELT. Fünf Männer und eine Frau mit besonderen Fähigkeiten schlagen dem herrschsüchtigen König und seiner bornierten Frau ein Schnippchen und verteilen die Schätze des Hofes unters Volk. Um neue Erzählweisen bemühte Verfilmung eines traditionellen Märchens mit ironischen und gesellschaftskritischen Ansätzen. Die intellektuelle Inszenierung verbindet sich mit der fantastischen Gestaltung, wobei jüngere Zuschauer bisweilen überfordert werden. (Westdeutscher Titel: »Sechse kommen durch die ganze Welt«) – Ab 8 möglich. ✦ Scope. DDR 1972 **P** DEFA, Gruppe »Babelsberg« **KI** Progress **SF** atlas **VA** Loyal **Pd** Herbert Ehler **R** Rainer Simon **B** Rainer Simon, nach einem Märchen der Gebrüder Grimm **K** Roland Gräf **M** Peter Rabenalt **S** Helga Krause **D** Jirí Menzel (Soldat), Günter Schubert (Starker), Friedo Solter (Läufer), Olga Strub (Schiefhütchen), Christian Grashof (Fiedler) **L** 68 **FSK** ab 6; f **E** 18.8.1972 Kino DDR/26.8. 1975 DFF 1/1987 Video **fd** 26 328

DER SECHSTE (SCHESTOI). Nach fünf gescheiterten Vorgängern kommt ein neuer Milizkommandant 1923 in eine kleine Stadt, um hier nun endlich mit einer gefährlichen Bande aufzuräumen, die die verängstigten Einwohner terrorisiert. Simpel erzählter, anspruchsloser Abenteuerfilm. – Ab 12. ✦ Scope. UdSSR 1981 **P** Gorki-Studio **KI** Progress **R** Sambel Gasparow **B** Ramis Fatalijew **K** Alexander Kowaltschuk **M** Alexej Subow **D** Sergej Nikonenko (Glodow), Wladimir Grammatikow (Pawlik), Michail Pugowkin (Mironytsch), Jewgeni Bakalow (Buschkow), Timofej Spiwak (Alexander) **L** 84 **E** 17.6.1983 Kino DDR/7.11.1982 DFF 2

DAS 6. BATAILLON (DAS 6. BATAILLON). Dokumentation über eine Arbeitseinheit der Slowakischen Armee, die von 1941 bis 1945, während der deutschen Herrschaft, bestand und in der 1200 jüdische Männer unter unmenschlichen Bedingungen ausgebeutet wurden. Der Film untersucht Einzelschicksale und läßt Zeitzeugen zu Wort kommen. ✦ Schweiz 1997 **R** Dusan Simko, Miroslav Pazdera **L** 60 **E** 3.9.1998 3sat

DER SECHSTE FINGER (LE SIXIEME DOIGT). Ein Afrikaner, der einige Jahre in der französischen Armee gedient hat, kehrt nach dem Weltkrieg hochdekoriert in sein Heimatdorf an der Elfenbeinküste zurück und versucht, sich wieder im Alltag zurechtzufinden. Schwache Komödie über die Zeit des Übergangs von der Kolonialherrschaft zur nationalen Unabhängigkeit; die nur lose verknüpften Pointen sind weitgehend geschmacklos, die Figuren lediglich Folien für Klischees und Vorurteile. ✦ Frankreich 1990 **P** PCC/PXP/Pathé Cinéma/SGGC **R+B** Henri Duparc **K** Bernard Dechet **S** Christine Aya **D** Bamba Bakary (Kwao), Naky Sy Savane (Ya), Jean Carmet (Kommandant), Patrick Chesnais (Simon), Christine Pascal (Viviane) **L** 91 **E** 12.7.1993 H 3

DAS SECHSTE GEBOT (THE LAUGHTER OF GOD). Hinter der Fassade eines glücklichen Familienlebens vergnügen sich ein Architekt und seine Frau mit Liebhaber respektive Liebhaberin. Als diese sich ebenfalls kennenlernen und zudem ein wichtiges Bauprojekt des Architekten in Gefahr gerät, dominieren mörderische Aggressionen das Vierecksverhältnis. ✦ Großbritannien 1991 **P** BBC **R+B** Tony Bicât **M** Nick Bicât **D** Peter Firth (Steve Clemant), Amanda Donohoe (Jane Clemant), Sylvia Syms (Diana), Neil Duncan (Jonathon Parker), Sharon Cheyne (Rose Delgardo) **L** 88 **E** 4.12.1995 RTL 2

DER 6. JULI (SCHESTOJE IJULJA). Eine Geschichte, die sich mit den historischen Ereignissen des 6. Juli 1918 auseinandersetzt, an dem die linken Sozialrevolutionäre versuchten, auf dem 5. Sowjetkongreß ihre Politik durchzusetzen und die Macht zu übernehmen. Ein dokumentarisches Drama und filmisches Protokoll, in dem die Person Lenins im Mittelpunkt steht. Zeitgeschichtlich und formal interessant, wenn auch nicht immer überzeugend dargeboten. – Ab 16. ✦ Scope, schwarz-weiß. UdSSR 1968 **P** Mosfilm **KI** Progress **R** Juli Karassik, Nikita Orlow **B** Michail Schatrow **K** Mikhail Suslow **M** Alfred Schnittke **D** Juri Kajurow (W.I. Lenin), Wladimir Tatossow (Swerdlow), Wassili Lanowoi (Dsershinski), B. Ryschuchin (Tschitscherin), Georgi Kulikow (Bontsch-Brujewitsch) **L** 105 **E** 1.11.1968 Kino DDR/29.12.1968 DFF 1

DER SECHSTE KONTINENT (1954) (IL SESTO CONTINENTE). Dokumentarfilm von einer italienischen Unterwasser-Expedition im Roten Meer. Lebendige Naturkunde, hervorragend fotografiert. – Ab 8. ✦ Italien 1954 **P** Delphinus **KI** Gloria **R** Folco Quilici **B** Bruno Vailati, Gian Gaspare Napolitano **K** Giancarlo Cecchini, Massimo Manunza, Folco Quilici **M** Roberto Nicolosi **L** 93 **FSK** ab 6; f **FBW** bw **E** 1956 **fd** 4 833

DER SECHSTE KONTINENT (1976) (AT THE EARTH'S CORE). Zwei Wissenschaftler befreien nach einer unfreiwilligen Bohrraketenreise ein Land im Innern der Erde von Terror und Unterdrückung. Nicht gerade spannender Science-Fiction-Film in einfallslosem Pappmaché-Dekor. (Fernsehtitel: »Angriff der Dinosaurier«) – Ab 12. ✦ Großbritannien 1976 **P** Amicus **KI** Warner-Columbia **Pd** Max J. Rosenberg, Milton Subotsky **R** Kevin Connor **B** Milton Subotsky, nach einem Roman von Edgar Rice Burroughs **K** Alan Hume **M** Mike Vickers **S** John Ireland, Barry Peters **D** Doug McClure, Peter Cushing, Caroline

Munro, Cy Grant, Godfrey James, Sean Lynch (Hooja), Mike Crane (Jubal), Bobby Parr (Führer der Sagoth), Keith Barron (Dowsett), Helen Gill (Maisie) **L** 90 **FSK** ab 12; nf **E** 3.2.1977 **fd** 20 158

DER SECHSTE KONTINENT (1992) (DER SECHSTE KONTINENT). Fünf Länder in fünf Kontinenten sind Ausgangspunkt zur Begegnung mit dort lebenden Auslandschweizern und mit Ausländern in der Schweiz, die aus jenen Ländern stammen. Der schematische Aufbau der Porträts erleichtert zwar die Orientierung, wirkt in der Wiederholung aber etwas fade. Die knappen Begegnungen akzentuieren das Überraschende, zum vertiefenden Gespräch reicht es kaum. Der Dokumentarfilm schafft es jedoch, die Angst vor dem Fremden zu hinterfragen und individuelle Unterschiede der Menschen vor solchen der Nationalität zu betonen. ✦ Schweiz 1992 **P** Christoph Schaub/Dschoint Ventschr AG/Videoladen Zürich **R** Benno Maggi **B** Benno Maggi, Ueli Meier, Martin Witz **K** Ueli Meier **S** Benno Maggi, Fee Liechti **L** 85 **E** Schweiz

DER SECHSTE MANN (TOUS PEUVENT ME TUER). Fünf Männer verschiedenster sozialer Herkunft begehen einen großen Einbruch, verschaffen sich ein dichtes Alibi und gehen für ein Jahr ins Gefängnis, um danach mit ihrer Beute ein besseres Leben anzufangen. Doch in der Haft kommen nacheinander drei von ihnen auf mysteriöse Weise ums Leben, der vierte wird lebensgefährlich verletzt. Der letzte weiß, daß es nur zwei Möglichkeiten gibt: Entweder, er bricht aus, oder der unbekannte sechste Mann bringt auch ihn um. Der spannende und atmosphärisch dichte Kriminalfilm fasziniert nicht zuletzt durch seine Charakterzeichnungen. ✦ Scope, schwarz-weiß. Frankreich 1957 **P** Sofradis **KI** Pallas **R** Henri Decoin **B** André Versini, Albert Simonin, Henri Decoin **K** Pierre Montazel **M** Jean Marion **S** Claude Durand **D** Anouk Aimée, Eleonora Rossi-Drago, François Périer, Peter van Eyck, André Versini, Franco Fabrizi, Dario Moreno **L** 104 **FSK** ab 18; nf **E** 7.3.1958 **fd** 6 787

DER SECHSTE SINN (1985) →Der sexte Sinn

DER SECHSTE SINN (1999) →The Sixth Sense – Der Sechste Sinn

DER SECHSTE TAG (LE SIXIEME JOUR). Im Kairo des Jahres 1947 ist die Cholera ausgebrochen. Eine schöne Wäscherin in den Vierzigern kümmert sich um ihren gelähmten Mann und ihren Enkel und zieht sich dabei bewußt in die Rolle der aufopferungsvollen Frau zurück. Das ändert sich, als ein Affendompteur in ihr Leben tritt, den es zum Film nach Art von Gene Kellys Musicals zieht. Ein eindrucksvolles Filmgedicht des ägyptischen Altmeisters Chahine, das die Träume seiner Protagonisten ebenso thematisiert wie Fragen zu einer Welt nach der Sintflut und dies zu einer ebenso didaktisch-aufklärerischen wie sinnlich einprägsamen Erzählung verdichtet. – Ab 16. ✦ Frankreich/Ägypten 1986 **P** Lyric International/Misr International **R** Youssef Chahine **B** Youssef Chahine, nach dem Roman von Andrée Chédid **K** Mohsen Nasr **M** Omar Khairat **S** Luc Barnier **D** Dalida (Saddika), Mohsen Mohiedine (Okka), Maher Ibrahim (Hassan, das Kind), Chewikar (Zeinat), Hamdy Ahmed (Said) **L** 105 **E** 27.4.1997 arte

EIN SECHSTEL DER ERDE (SCHESTAJA TSCHASTU MIRA). Eine filmische Hymne auf die Sowjetunion und ihre Menschen, gleichzeitig ein wichtiges Beispiel des »bolschewistischen Kinos«. In sechs Teilen widmet sich der Film zunächst der kapitalistischen Welt, dann den Arbeitern und den Bauern der verschiedenen sowjetischen Nationalitäten, dem Export, dem staatlichen Handel und schließlich der Überwindung der alten ökonomischen Strukturen. ✦ Schwarz-weiß. UdSSR 1926 **P** Goskino (Kultkino) **KI** Freunde der Deutschen Kinemathek **R** Dsiga Wertow **K** Michail Kaufman, Igor Beljakow, S. Benderski, P. Sotow, N. Konstantinow, A. Lemberg, N. Strukow, J. Toltschan **L** 63/94 **E** Wiederaufführung 1971

6.6. 6 UHR 30 – DURCHBRUCH IN DER NORMANDIE (BREAKTHROUGH). Kriegserlebnisse einer Infanteristengruppe bei der Invasion 1944 in der Normandie. Historisch von geringem Informationswert, konzentriert sich der klischeehafte Film auf die dramatische Darstellung des Stellungskrieges und der menschlichen Probleme eines Kompaniechefs. – Ab 14. ✦ Schwarz-weiß. USA 1950 **P** Warner **KI** Warner **Pd** Bryan Foy **R** Lewis Seiler **B** Bernard Girard, Ted Sherdeman, nach einem Roman von Joseph I. Breen jr. **K** Edwin DuPar **M** William Lava **D** David Brian, John Agar, Frank Lovejoy, Bill Campbell, Paul Picerni **L** 81 **FSK** ab 12; f **E** 5.10.1962 **fd** 11 502

DIE 36 KAMMERN DER SHAOLIN (SHAO-LIN SAN-SHIH-LIU FANG/THE 36TH CHAMBER OF SHAOLIN). China im 15. Jahrhundert: Ein junger Intellektueller wird Zeuge der despotischen Herrschaft der Mandchu-Dynastie und flieht in ein Shaolin-Kloster. Dort wird er von den Mönchen zum Meister des Kung-Fu ausgebildet. Perfekt inszenierter Martial-Arts-Film, der neben Einblicken in die Philosophie des Kung-Fu auch Anmerkungen zur chinesischen Innenpolitik der späten 70er Jahre zu bieten hat. Durch die Ansätze einer Problematisierung innerhalb des Genres bemerkenswert. – Ab 16 möglich. ✦ Scope. Hongkong 1978 **P** Shaw Brothers **KI** Apollo **R** Liu Chia-Liang **B** I Kuan **K** Huang Yue-Tai **D** Liu Chia-Hui (Liu Yu-te), Huang Yu (Chung Mi-lu), Lo Lieh (Tien Ta), Liu Chia-Yung (Ying Tien-chung), Xiu Shao-Chiang (Lu Ah-tsai) **L** 87 **FSK** ab 16; nf **E** 23.3.1979 **fd** 21 168

36 STUNDEN (36 HOURS). Phantasie- und spannungsvolles Spionagedrama zur Zeit des Zweiten Weltkriegs: Mit einem raffinierten Trick wollen die Deutschen einem Geheimdienstoffizier der Alliierten, den sie in Portugal entführt haben, Informationen über die bevorstehende Invasion entlocken. Als der Major wieder zu Bewußtsein kommt, findet er sich scheinbar in einem amerikanischen Lazarett wieder, wo man ihm glaubhaft zu machen versucht, daß er sein Gedächtnis verloren habe und der Krieg vorüber sei. – Ab 16. ✦ Scope, schwarz-weiß. USA 1964 **P** Perlberg-Seaton **KI** MGM **Pd** William Perlberg, George Seaton **R** George Seaton **B** George Seaton, nach einem Roman von Roald Dahl **K** Philip Lathrop **M** Dimitri Tiomkin **S** Adrienne Fazan **D** James Garner (Major Jefferson Pike), Rod Taylor (Major Walter Gerber), Eva Marie Saint (Anna Hedler), Werner Peters (Otto Schock), Alan Napier (Colonel Peter MacLean), John Banner (Ernst) **L** 111 **FSK** ab 12; f **E** 4.3. 1965/1.7.1972 ZDF **fd** 13 300

36 STUNDEN ANGST. Das Leben eines ohnehin geplagten Streifenpolizisten wird zum Alptraum, als sein neunjähriger Sohn entführt wird. Als sein Chef die Ermittlungen an sich reißt, ahnt noch niemand, wie sehr dieser in das Verbrechen involviert ist. Vor Jahren haben er und zwei Komplizen den Entführer übervorteilt und um 600 000 DM erleichert, dieser will nun Rache und sein Geld zurück. Als der Vater selbst in die Ermittlungen einsteigt, stößt er rasch auf einen Sumpf von Korruption und gerät ins Visier seines Vorgesetzten. Auf äußere Effekte schielender (Fernseh-)Krimi aus dem Polizeimilieu, der vergeblich zusätzliche Spannung durch das Verstreichen des Ultimatums erzeugen will. (Titel auch: »36 Stunden Angst – Ein Vater kämpft um sein Kind«) ✦ Deutschland 1998 **P** SAT 1 **Pd** Klaus André **R** Jörg Grünler **B** Holger Karsten Schmidt **K** Daniel Koppelkamm **M** Curt Cress, Wolf Wolff **S** Jörg Baumeister **D** Uwe Bohm (Rüdiger Martens), Johannes Brandrup (Michael Steiger), Oskar Ortega-Sanchez (Thomas Retzbach), Susanne Schäfer (Dina Steiger), Ulrich Mühe (Rudolph), Lars Rudolph (Dehnert), Jockel Tschiersch (Lorentz) **L** 95 **E** 27.10.1998 SAT 1

36 STUNDEN BIS ZUM TOD (36 HOURS TO DIE). Nachdem ein Unternehmer von einem Herninfarkt genesen ist, muss er feststellen, dass sein Bruder den Kreditrahmen des Unternehmens enorm erweitert hat und mit der Mafia gemeinsame Sache macht, der seine Firma als Geldwaschanlage dient. Da die Polizei nicht helfen kann, nimmt der Mann gemeinsam mit Frau und Onkel den Kampf auf eigene Faust auf. Thriller um einen Menschen, dessen bislang glücklich verlaufenes Leben über Nacht zerstört werden soll. ✦ Kanada 1999 **P** Carla Singer Prod./Allegro/TNT **Pd** Jacques Méthé, Stéphane Reichel **R** Yves Simoneau **B** Robert Rodat, Simon Barry **K** Eric Cayla **M** Richard Grégoire **S** Yves Langlois **D** Treat Williams (Noah Stone), Kim Cattrall (Kim Stone), Saul Rubinek (Morano), Carroll O'Connor (Jack 'Balls'O'Malley), Alain Goulem (Frank Stone) **L** 90 **E** 17.4.2000 ZDF

36 STUNDEN IN DER HÖLLE (36 ORE ALL'INFERNO). Die amerikanische Marineinfanterie bricht unter großen Verlusten den Widerstand der Japaner auf einer bombardierten Insel. Identifikationsfigur des italienischen Films ist ein Reporter, der die Truppe begleitet. Trotz einiger Härten neigt der Film dazu, den Krieg verharmlosend darzustellen. ✦ Italien 1969 **P** Eros **KI** FAB **R** Roberto Bianchi Montero **B** Arpad De Riso, Giorgi Baldaccini, Dino De Rugeriis, Roberto Bianchi Montero **K** Mario Mancini **M** Franco Salina **S** Elsa Armanni **D** Richard Harrison, Pamela Tudor, Alain Gerard, Carlo Gaddi, George Wang **L** 82 **FSK** ab 18; f **E** 7.9.1972 **fd** 18 057

36 TAGE TERROR →S.F.W. – So Fucking What

66 WAR EIN GUTES JAHR FÜR DEN FREMDENVERKEHR. Am Beispiel seiner eigenen Familie beschreibt Amit Goren das Dilemma der vielen Israelis, die entmutigt durch karge Lebensbedingungen, Kriegsgefahr und den ständigen Konflikt mit den Arabern ihr Land verlassen und als Auswanderer vorzugsweise nach Europa oder in die USA gehen. (Hebräisch/Englisch m.d.U.) – Ab 16. ✦ Israel 1991 **P** Amit Goren Productions **R+B** Amit Goren **K** Eitan Harris **M** Yo-Go **S** Tali Halter **L** 70 **E** 30.6.1992 ZDF

SECHSUNDZWANZIG TAGE IM LEBEN DOSTOJEWSKIS (DWADZAT SCHEST DNEJ IS SHISNI DOSTOJEWSKJOGO). Film über die Arbeit Dostojewskis an seinem Roman » Der Spieler« im Oktober 1866. Da ihm der Vertrag mit dem Verleger nur 26 Tage Zeit für die Fertigstellung läßt, stellt er eine Sekretärin ein, die später seine zweite Frau werden wird. Kammerspielartiger Film in konventioneller Inszenierung. – Ab 14. ✦ UdSSR 1980 **P** Mosfilm **KI** Progress **R** Alexander Sarchi **B** Wladimir Wladimirow, Pawel Finn **K** Wladimir Klimow **M** Irakli Gabeli **D** Anatoli Solonizyn (F. M. Dostojewski), Jewgenia Simonowa (Anna Grigorjewna Snitkina), Ewa Szykulska (Appolinarija Suslowa), Juri Katin-Jarzew (Büroangestellter), Nikolai Denissow (Mischa) **L** 80 **E** 6.11.1981 Kino DDR/8.7.1982 DFF 2/31.5.1992 arte

16 JAHR', BLONDES HAAR (TALK 16). Dokumentarfilm über fünf junge Mädchen, die sich spontan und ohne Zurückhaltung der Kamera offenbaren und über ihre Ängste, Zweifel und Leidenschaften erzählen. Ein Jahr lang haben die Filmemacherinnen die 16jährigen in deren Alltagsleben begleitet. Ein Film, der durch die Offenheit der Teenager lebendig und einnehmend wird. – Ab 16 möglich. ✦ Kanada 1991 **R+B** Janis Lundman, Adrienne Mitchell **L** (TV) 104 **E** 31.8.1993 arte

16 0 60 (SIXTEEN O SIXTY/SEDICI-ZERO-SESSANTA). Filmgroteske, die ein makabres Bild der sozialen Verhältnisse in Brasilien zeichnet. Ein reicher Geschäftsmann will einen Ganoven, den er beim Einbruch in seine Villa gestellt hat, beseitigen lassen. Als es einen falschen Mann trifft, nimmt er, um sein Gewissen zu beruhigen, dessen Witwe und die drei Kinder bei sich auf, die bisher in den Slums wohnten – ohne die Konsequenzen zu erahnen. ✦ Brasilien 1995 **Pd** Vinicius Mainardi, Julia Mainardi **R** Vinicius Mainardi **B** Diego Mainardi **S** Betty Mainardi **D** Antonio Calloni (Vittorio), Maite Proemca (Eleanor), Marcelia Cartaxo (Witwe), Carlos Mecemi (Jackson), Pierre Bittencourt (Jefferson), Fabiano Fabris (Washington) **L** 84 **E** 19.2.1998 Südwest 3

16 STUNDEN ANGST →Mord über den Wolken

16 UHR 50 AB PADDINGTON (MURDER SHE SAID). Die schrullige Miss Marple hat ihren kriminalistischen Instinkt bei der Lektüre von über 100 Kriminalromanen geschult. Als sie während einer Bahnfahrt den Mord an einer jungen Frau beobachtet und die Polizei ihr keinen Glauben schenkt, nimmt die alte Dame den Fall selbst in die Hand. Wer unter den vielen kauzigen Typen der Täter ist, bleibt, wie bei den Romanen von Agatha Christie üblich, bis in die letzten Minuten offen. Ein sympathischer Kriminalfilm mit vielen amüsanten und auch spannenden Details und kleinen satirischen Seitenhieben. »16 Uhr 50 ab Paddington« leitete einen kleinen Zyklus von sehr erfolgreichen »Miss Marple«-Filmen ein, sämtlich mit Margaret Rutherford in der Titelrolle. Weitere Produktionen: »Der Wachsblumenstrauß« (1963), »Vier Frauen und ein Mord« (1963), »Mörder Ahoi« (1964). – Ab 12. ✦ Schwarz-weiß. Großbritannien 1961 **P** MGM **KI** MGM **VA** Warner Home **Pd** George H.Brown **R** George Pollock **B** David Pursall, Jack Seddon, David Osborn, nach dem gleichnamigen Roman von Agatha Christie **K** Geoffrey Faithfull **M** Ron Goodwin **S** Ernest Walter **D** Margaret Rutherford (Miss Jane Marple), Arthur Kennedy (Dr. Quimper), James Robertson Justice (Ackenthorpe), Muriel Pavlow (Emma Ackenthorpe), Charles Tingwell (Inspektor Craddock) **L** 85 **FSK** ab 12; nf **E** 2.2.1962/ 17.1.1970 ZDF/4.1.1985 DFF 2/Dezember 2000 Video **fd** 10 864

SECOND ARRIVAL – DIE WIEDERKEHR →The Second Arrival

SECOND CHANCE – ALLES AUF ANFANG (SECOND CHANCE). Drei Wissenschaftler schrumpfen, nachdem sie ein neues Verjüngungsmittel an sich selbst erprobt haben, zu Vorschul-Zwergen. Da ihr genialer Mentor mit dem Gegenmittel von der Konkurrenz gekidnappt wurde, ist Gefahr im Verzuge. Science-Fiction-Komödie, die versucht, aus allen möglichen absurden Situationen Kapital zu schlagen. ✦ USA 1995 **R** Lyman D. Dayton **B** Lyman D. Dayton, Robert O. Paxton **K** Carlos Montaner **M** Merrill B. Johnson **D** Zachary Ellington (Brian), Richard Hatch (Mitch), Cylk Cozart (Brad), George Leporte (Stan), Arte Johnson (Dr. Stiggens) **L** 91 **E** 4.2.1996 premiere

SECOND CHANCE – ALLES WIRD GUT (THE CREW). Vier »harte Jungs« verbringen ihren Lebensabend in Miami, wo sie sich mit Gelegenheitsjobs durchschlagen, bis sie Ärger mit der ortsansässigen Mafia heraufbeschwören und die alten Fähigkeiten und Freunde reaktivieren müssen, um Korruption und Drogenhandel Paroli zu bieten. Lakonisch-unterhaltsame Gauner-Komödie, die vom entspannten Ensemblespiel der spielfreudigen Hauptdarsteller lebt. – Ab 16. ✦ Scope. USA 2000 **P** George Litto Pictures/Sonnenfeld Josephson Worldwide Ent./Touchstone **KI** Kinopolis **VA** VCL **Pd** Barry Sonnenfeld, Barry Josephson, Zane Weiner **R** Michael Dinner **B** Barry Fanaro **K** Juan Ruiz Anchia **M** Steve Bartek **S** Nicholas C. Smith **D** Richard Dreyfuss (Bobby Bartellemeo), Burt Reynolds (Joey »Bats« Pistella), Dan Hedaya (Mike »The Brick« Donatelli), Seymour Cassel (Tony »Mouth« Donato), Carrie-Ann Moss (Olivia Neal), Jennifer Tilly (Ferris) **L** 87 **FSK** ab 12; f **E** 15.11. 2001/22.1.2002 Video **fd** 35 163

SECOND HAND FAMILIE (IMMEDIATE FAMILY). Ein kinderloses wohlhabendes Ehepaar entschließt sich zur Adoption eines ungeborenen Kindes. Mit der jugendlichen »Leihmutter« pflegt man bald freundschaftlichen Kontakt, doch als das Baby zur Welt kommt, sucht sie mit ihrem Kind zunächst das Weite. Ihre Familiengründung scheitert jedoch an den sozialen Verhältnissen. Ein oberflächlicher, plakativer Film, der sich in keiner Sekunde bemüht, die Probleme der Geschichte zu vertiefen. Ärgerlich auch, weil die heile Welt des gehobenen amerikanischen Mittelstandes völlig undifferenziert als das Maß aller Dinge propagiert wird. – Ab 16. ✦ USA 1988 **P** Columbia Pictures **KI** Columbia TriStar **VA** RCA/ Columbia **Pd** Sarah Pillsbury, Midge Sanford, Lawrence Kasdan **R** Jonathan Kaplan **B** Barbara Benedek **K** John Lindley **M** Brad Fiedel **S** Jane Kurson **D** Glenn Close (Linda Spector), James Woods (Michael Spector), Mary Stuart Masterson (Lucy Moore), Kevin Dillon (Sam), Linda Darlow (Susan Drew) **L** 100 **FSK** ab 12; f **E** 7.6.1990/19.2.1991 Video **fd** 28 338

DIE SECOND-HAND-FAMILIE →Second Hand Familie

SECOND KILLING (MANHUNTER). Belangloser Politthriller um Intrigen bei einem Wahlkampf. ✦ USA 1982 **VA** Allround **R** Martin Beck **D** Earl Owensby, John Popwell, Doug Hale, Elisabeth Unpton **L** 88 **FSK** ab 16 **E** 1989 Video

SECOND SIGHT – DAS AUGE DES GESETZES 1. + 2. TEIL (SECOND SIGHT). Ein einzelgängerischer Polizeidetektiv wird im Mordfall eines 19-jährigen College-Studenten hinzugezogen und kann rasch Ungereimtheiten in dessen familiärem Hintergrund ausmachen. Während der Ermittlungen muss er erkennen, dass er an einer seltenen Viruskrankheit leidet und bald erblinden wird. Bei der Aufklärung des Falles hilft ihm eine ehrgeizige Polizistin, die nicht nur dazu beiträgt, Licht ins Dunkel des Falles zu bringen, sondern die auch sein Privatleben bereichert. Fintenreicher Psychothriller mit guten Darstellern, der seine Zuschauer durchaus zu fordern versteht. Ein Fernseh-Zweiteiler von einiger Überzeugungskraft. ✦ Großbritannien 1998 **P** Twenty Twenty Television **Pd** David Lascelles **R** Charles Beeson **B** Paula Milne **K** Rex Maidment **M** John Lunn **S** David Blackmore **D** Clive Owen (Detective Chief Inspector Ross Tanner), Claire Skinner (Detective Inspector Catherine Tully), Rebecca Egan (Marilyn Tanner), Phoebe Nicholls (Judith Bendrix), Tom Mullion (Matthew Bendrix/Adam Bendrix) **L** 82/82 (zwei Teile) **E** 2., 3.10.2001 hessen 3

SECOND SKIN – MÖRDERISCHES PUZZLE (SECOND SKIN). Ein Mann, der seine Beziehungen zum organisierten Verbrechen kappen möchte, indem er sich in die Provinz zurückzieht, lernt eine schöne Fremde kennen und kümmert sich um sie, als sie nach einem Verkehrsunfall unter Gedächtnisverlust leidet. Er kann nicht ahnen, dass es sich um eine Mörderin handelt, die auf ihn angesetzt wurde. Fadenscheiniger Thriller, dessen unoriginelles Buch allenfalls Rätsel darüber aufgibt, warum Natasha Hengstridge und Peter Fonda diese mediokren Rollen reizten. ✦ Kanada/ Südafrika/Großbritannien 2000 **P** Alliance Atlantis/ Fiction Film/Film Africa/Le Monde Entertainment **VA** Sunfilm **Pd** David Lancaster, Jeffrey Morton, David Wicht **R** Darrell James Roodt **B** John Lau **K** Michael Brierley **M** Wendy Melvoin **S** Avril Beukes **D** Natasha Henstridge (Crystal Ball), Angus MacFadyen (Sam Kane), Peter Fonda (Merv Gutman), Liam Waite (Tommy G), Norman Anstey (Hawthorne) **L** 87 **FSK** ab 16 **E** 16.10.2001 Video **fd** 35 250

SECOND VICTORY (THE SECOND VICTORY). Ende des Zweiten Weltkrieges besetzen englische Truppen einen österreichischen Ort. Als der Fahrer des Stadtkommandanten erschossen wird, setzt eine fieberhafte Suche nach dem Täter ein, der von seinen Verwandten versteckt wird. Der Fall überschattet die Liebe des Kommandanten zu der Nichte eines Rechtsanwalts, der sich das Leben nimmt, als herauskommt, daß er sich am Besitz von Juden bereichert hat. Noch komplizierter wird es, als ehemalige KZ-Insassen einen Lagerarzt aus Dachau erkennen und lynchen. Plötzlich hat der verschlafene Ort zwei Morde, und der englische Offizier muß salomonische Urteile fällen, bevor er abkommandiert wird. Zeitgeschichtlich unbekümmerter, bemüht dramatischer Film, der kein Klischee ausläßt. (Videotitel auch: »Der zweite Sieg«; TV: »Die Narbe«) – Ab 16. ✦ Australien 1986 **P** Melaleuka Prod. **VA** Taurus **Pd** Gerald Thomas, John Murray (= John B. Murray) **R** Gerald Thomas **B** Morris L. West, nach seinem Roman **K** Alan Hume **M** Stanley Myers **S** Leslie Healey **D** Anthony Andrews (Major Mark Hanlon), Max von Sydow (Dr.Huber), Helmut Griem (Karl Fischer), Mario Adorf (Dr. Joseph Künzli), Wolfgang Preiss (Max Holzinger) **L** 95 **FSK** ab 12 **E** Oktober 1988 Video

SECRET AGENT (SECRET AGENT/SECRET AGENT ZERO). James-Bond-Parodie mit schwarzen Darstellern um einen freischaffenden Agenten, der sich vom Geheimdienst unabhängig gemacht hat. Fernsehproduktion voller infantiler Späße in einer verworrenen Handlung, die unmotivierte Explosionen aneinanderreiht. – Ab 16. ✦ USA 1990 **P** Dabany/Le Flore **VA** Highlight **Pd** Miriam Holder Jacobs **R** Julius LeFlore **B** Julius LeFlore, Amanda LeFlore **K** Charles Mills **M** Clarence Taylor, Patience Dabany **S** Russel Wills **D** Billy Dee Williams (Secret Agent Zero), Amanda LeFlore (Alex Westmore), Jaime Cardriche (James Browen IV), Sam Shamshack (Jerry), Henry King (Chief Raincloud) **L** 83 **FSK** ab 12 **E** 1992 Video/ 11.11.1994 PRO 7 **fd** 29 766

SECRET AGENT CLUB (SECRET AGENT CLUB). Die Handlanger einer kriminellen Organisation entführen einen Agenten, der ihnen im Auftrag der US-Regierung eine neue Laserwaffe gestohlen hatte. Der zwölfjährige Sohn des Mannes, der nichts von der Geheimdiensttätigkeit seines Vaters wußte, organisiert daraufhin zusammen mit gleichaltrigen Freunden dessen Befreiung. Ein James-Bond-Abenteuer für Kindes war wohl die Ausgangsidee für diesen Film, doch unfähige Darsteller, ein miserables Drehbuch, minderwertige Tricks und große Mängel an handwerklicher Sorgfalt machen diese Überlegung zunichte. Sichtbar wird einzig der Zynismus der Filmemacher. ✦ USA 1996 **P** Hit Entertainment/Secret Agent Prod. **VA** Highlight **Pd** Brian Shuster, James Ian Lifton **R** John Murlowski **B** Rory Johnston **K** S. Douglas Smith **M** Jan Hammer **S** Leslie Rosenthal **D** Hulk Hogan (= Terry Gene Bollea) (Ray), Mathew McCurley (Jeremy), Edward Albert (Max), Lesley Anne Down (Eve), Maurice Woods (Sly) **L** 87 (gek. 84 Kino) **FSK** ab 16 (gek. 12; nf) **E** 18.11.1996 Video/ 18.12.1997 premiere **fd** 32 312

SECRET FORCE (CRAZY JOE/DEAD CENTER). Flüssig geschnittener und einigermaßen ansehnlich fotografierter, aber inhaltlich verworrener und leerer Actionfilm. Ein zum Tode verurteilter Verbrecher entgeht seiner Hinrichtung, indem er sich bereit erklärt, nach seinem »offiziellen« Tod für die Regierung als Berufskiller zu arbeiten. Als ihm ein korrupter Regierungsbeamter später den Mord an einem Politiker in die Schuhe schieben will, entschließt er sich, gemeinsam mit seiner Partnerin gegen die Auftraggeber zu kämpfen. ✦ USA 1992 **P** 21st Century **VA** EuroVideo **Pd** Menahem Golan, Ami Artzi **R** Steve Carver **B** Stephen Peters **K** Bernard Salzman **M** Sasha Matson **S** Irit Raz **D** Justin Lazard (Joe), Rachel York (Mary), Eb Lottimer (Sanders), Krista Shook (Carol), David Carradine (Chavez) **L** 87 **FSK** ab 18 **E** 1.12. 1993 Video/19.10.1994 premiere

SECRET GAMES (SECRET GAMES). Verheiratet mit einem langweiligen Architekten, der sich im Bett nur für seine Planskizzen interessiert, begibt sich dessen Frau an freien Nachmittagen in ein Luxus-Bordell, wo sie all das kennenlernt, was ihr die Ausbildung auf der von Nonnen geleiteten Schule versagte. Sie gerät an einen besitzergreifenden Freier, den sie in Notwehr erschießen muß, bevor sie sich mit dem mittlerweile geläuterten Ehemann versöhnen kann. Der billig produzierte und ärmlich besetzte Film verkauft seine extrem dumme Geschichte ohne jede Ironie als Schund in Softporno-Nähe. ✦ USA 1991 **P** Gernert/ Garroni **VA** Splendid/PolyGram **Pd** Andrew Garroni **R** Alexander Gregory Hippolyte **B** Georges Des Esseintes **K** Thomas F. Denove, Wally Pfister **M** Joseph Smith **S** Kent Smith **D** Billy Drago, Martin Hewitt (Eric), Michelle Brin (Julianne), Delia Sheppard (Celeste), Cat Sassoon (Sandra), Sabrina Mesko (Pam) **L** 93 (gek. 82) **FSK** ab 18 (gek. 16) **E** 5.7.1993 Video **fd** 30 389

SECRET GAMES II →Secret Games 3

SECRET GAMES II – HEISSE HOSTESSEN (SECRET GAMES 2: THE ESCORT). Sexfilm um einen von seiner Ehe sexuell gelangweilten renommierten Kunstkritiker, der Lust und Liebe bei anderen Frauen sucht.

(TV-Titel auch: »Secret Games – Verbotene Reize«) – Wir raten ab. ✦ USA 1993 **R** Alexander Gregory Hippolyte **B** Russell Lavalle **K** Glenn Kershaw **M** Ashley Irwin **D** Martin Hewitt (Kyle Lake), Maria Leroux (Heather), Amy Rochelle (Stacey), Sara Suzanna Brown (Irene), Mark T. Paladini (Bill) **L** 87 **E** 16.6.1995 premiere

SECRET GAMES II – SPIELE DER LUST →Secret Games 3

SECRET GAMES 3 (SECRET GAMES 3). Eine von ihrem Mann vernachlässigte Frau flüchtet sich zunächst in ihre Fantasien. Als sie ein als Club getarntes Bordell aufsucht, lernt sie einen Mann kennen, der ihr bester Kunde, aber auch immer besitzergreifender wird. Schließlich stellt sie fest, daß ihr Liebhaber ein Killer ist. Sexfilm von ermüdender Einfallslosigkeit, dem auch die Thriller-Elemente nicht über die Runden helfen. (TV-Titel: »Secret Games II) – Wir raten ab. ✦ USA 1994 **P** Axis/Davis Joint Venture **VA** Splendid **Pd** Andrew Garroni **R** Alexander Gregory Hippolyte **B** Dan Simmons, Tucker Johnston **K** Wally Pfister **M** Ashley Irwin **S** Kent Smith **D** Woody Brown (Terrell Baxter), Rochelle Swanson (Diane Larson), May Karasun (Gwen), Dean Scofield (Alex Larson), Bob Delegall (Louis) **L** 87 (gek. 79) **FSK** ab 18 (gek. 16) **E** 20.2.1995 Video/27.7.1996 RTL 2 **fd** 31 525

SECRET GAMES – VERBOTENE REIZE →Secret Games II – Heiße Hostessen

SECRET HONOR (SECRET HONOR). Verfilmung eines Ein-Mann-Stücks, das sich als fiktive Meditation mit der Person des nach einem Amtsenthebungsverfahren 1974 zurückgetretenen amerikanischen Präsidenten Richard Nixon beschäftigt; in einer dichten, auch darstellerisch beeindruckenden Charakterstudie wirft der Film Fragen nach Politik, Macht und Moral auf. Dank der ausgeklügelten Kameratechnik auch visuell ein Vergnügen. (O.m.d.U.; Fernsehtitel: »Die heimliche Ehre des Richard M. Nixon«) – Ab 16. ✦ USA 1984 **P** Sandcastle 5/Robert Altman/Universty of Michigan/Los Angeles Actors'Theatre **KI** Freunde der Deutschen Kinemathek **Pd+R** Robert Altman **B** Donald Freed, Arnold M. Stone, nach ihrem Theaterstück **K** Pierre Mignot, Robert Harders **M** George Burt **S** Juliet Weber **D** Philip Baker Hall (Richard Nixon) **L** 90 **E** 1986 Kino/10.2.1989 West 3 **fd** 26 430

SECRET PLACE – EROTISCHES INTERMEZZO (SECRET PLACES). Fast scheint es, als würde einer Werbeagentur ein großer Auftrag entzogen, da dem Kunden der Betrieb als zu chaotisch organisiert erscheint. Im letzten Augenblick aber rettet eine Angestellte die Firma, indem sie dem Kunden in den Aufzug folgt und während eines simulierten Stromausfalls die Gunst der Stunde nutzt. Auf »Playboy«-Hochglanz polierter Sexfilm, bevölkert mit einschlägig erfahrenen Darstellern. ✦ USA 1996 **P** Playboy Entertainment **R+B** Jay Richardson **K** Thomas McDonald **M** David Zasloff **S** Glenn Owen **D** Dan Anderson (Jake Marsh), Kim Dawson (Amanda Marsh), Susannah Devereux (Charlene), Nikki Fritz (Lilly), Dean Howell (Ed) **L** 92 **E** 13.12.2000 ProSieben

SECRET SOCIETY (SECRET SOCIETY). Eine dicke junge Frau wird in einen Club von Sumo-Ringerinnen aufgenommen und trainiert erfolgreich, während ihr arbeitsloser Mann glaubt, sie sei von Außerirdischen besessen. Unterhaltsame, in den Hauptrollen treffend besetzte Komödie, die freilich zu sehr an der Oberfläche verharrt. Nur bedingt werden facettenreiche Charaktere auf die Leinwand gebracht, Handlungen psychologisch begründet, Konflikte und Entscheidungen dramaturgisch vorbereitet. Die Delegierung des Komischen auf die Männerfiguren und die weitgehende Scheu, auch über die Frauen lachen zu lassen, macht den Film kleiner als es seine Idee ermöglicht hätte. – Ab 14. ✦ Deutschland/Großbritannien 2000 **P** Focus/IAC/Isle of Man Film/ena **KI** Movienet **Pd** Vesna Jovanoska, David Pupkewitz, Erwin C. Dietrich, Malcolm Kohll **R** Imogen Kimmel **B** Imogen Kimmel, Catriona McGowan **K** Glynn Speeckaert **M** Paul Heard **S** Katharina Schmidt **D** Charlotte Brittain (Daisy), Lee Ross (Ken), Annette Badland (Marlene), James Hooton (Billy), Lisa Jane Riley, Charles Dale (Paul) **L** 98 **E** 20.12.2001 **fd** 35 193

SECRETS (SECRETS). Sexfilm über eine Prostituierten-Agentur im noblen Beverly Hills. ✦ USA 1990 **R** Andrew Blake **D** Ashlyn Gere (= Kim McKamy), Samantha Strong, Rocco Siffredi, Randy West, Fallon Saber, Jeanna Fine, Sunny McKay, Peter North, Jon Dough, Zara Whites **L** 83 **E** 13.12.1991 premiere

SECURITY UNLIMITED (SECURITY UNLIMITED). Mit Humor und einer gehörigen Portion List meistern drei Mitarbeiter eines Sicherheitsunternehmens die Schwierigkeiten, in die sie auf Grund ihrer Arbeit ständig geraten. Da sie sich dabei auch auf ihre Fäuste verlassen können, geraten sie nie ernstlich in Gefahr. Kung-Fu-Film, der mehr auf Humor denn auf Schläge setzt. (Videotitel: »Mr. Boo – Vorletzte allgemeine Verunsicherung«; TV: »Mr. Boo – Privatdetektiv«) – Ab 16. ✦ Hongkong 1987 **P** Paragon Films für Golden Harvest **VA** Ufa **R** Michael Hui (= Xu Guan-Wen) **B** Michael Hui (= Xu Guan-Wen), Sam Hui (= Xu Guan-Jie) **K** Tom Lau **M** Sam Hui (= Xu Guan-Jie) **D** Ricky Hui (= Xu Guan-Ying), Michael Hui (= Xu Guan-Wen), Sam Hui (= Xu Guan-Jie), Huang Zo See, Fung Sui Feng **L** 87 **FSK** ab 12 **E** November 1989 Video/23.12.1994 arte

SEDDOK – DER WÜRGER MIT DEN TEUFELSKRALLEN (SEDDOK). Ein forschender Arzt verwandelt sich mit Spritzen in ein Ungeheuer und tötet Frauen, um Zellgewebe zur Heilung einer entstellten Stripteasetänzerin zu erhalten. Primitive Abwandlung der Jekyll-and-Hyde-Geschichte in einem italienischen Horrorfilm voller Widersprüchlichkeiten. ✦ Schwarzweiß. Italien 1960 **P** Lion's **KI** Ceres **Pd** Mario Fava **R** Anton Giulio Majano **B** Gino de Santis, Alberto Bevilacqua **K** Aldo Giordani **M** Armando Trovaioli **D** Alberto Lupo, Suzanne Loret, Franca Parisi, Sergio Fantoni, Andrea Scotti **L** 87 **FSK** ab 18; nf **E** 14.6.1963 **fd** 12 014

SEDUCED (SEDUCED). Die Ermittlungen zum Mord eines Wirtschaftsgewaltigen werden einem jungen Staatsanwalt anvertraut, der kurz vorher vom Ermordeten für die Geschäftsführung eines wichtigen Unternehmens ausersehen war. Die Frau des Toten, seine ehemalige Geliebte, weckt erneut sein Interesse. Mäßig unterhaltsamer, handwerklich solider Kriminalfilm. (TV-Titel: »Die Verführung«, »Die Verführung – Seduced«) – Ab 16. ✦ USA 1984 **P** Comworld International **VA** Taurus **R** Jerrold Freedman **B** Charles Robert Carner **K** Tak Fujimoto **M** Patrick Williams **S** Anthony Readman **D** Gregory Harrison (Michael Riordan), Cybill Shepherd (Vicky Orloff), José Ferrer (James Killian), Mel Ferrer (Arthur Orloff), Adrienne Barbeau (Barbara Orloff) **L** 91 **FSK** ab 16 **E** Mai 1987 Video **fd** 26 330

DER SEE (DER SEE). Ein medikamentensüchtiger Pharmavertreter reist in die Gegend seiner Kindheit am Neusiedler See. Als sein Vater in einem Sturm verschwindet, wird er des Mordes verdächtigt. Der Regisseur verfilmte den Roman seines Vaters mit vielen visuellen Effekten, die ohne erkennbaren Grund eingesetzt werden, während sich der Film inhaltlich auf betulich-bedeutsame Dialoge beschränkt. – Ab 16. ✦ Österreich 1997 **P** ORF/MR-Film **Pd** Kurt J. Mrwicka, Andreas Kamm **R** Thomas Roth **B** Gerhard Roth, nach seinem Roman **K** Helmut Pirnat **S** Evi Romen **D** Gabriel Barylli (Paul Eck), Heribert Sasse (Kommissar), Mercedes Echerer (Gartner), Roland Düringer (Laposa), Götz Kaufmann (Platzwart) **L** 120 **E** 29.5.1998 WDR

DIE SEE DER ABENTEUER →Die Enid Blyton Abenteuer

DER SEE DER KURIOSITÄTEN (JEZIORO OSOBLIWOSCI). Ein 17jähriges Mädchen gerät in eine schwere Krise, als ihre verwitwete Mutter den Vater ihres Freundes heiratet und so dessen frühere Ehe zerstört. Trotz einiger banaler Dialoge und melodramatischer Momente eine insgesamt überzeugende und sensible Schilderung eines Mutter-Tochter-Konflikts, ausgezeichnet gespielt und stimmungsvoll fotografiert. – Ab 16. ✦ Scope. Polen 1973 **P** Spielfilmstudio Wroclaw **KI** Progress **R** Jan Batory **B** Krystyna Siesicka, Jan Batory, nach einem Roman von Krystyna Siesicka **K** Mieczyslaw Jahoda **M** Wanda Warska **D** Maria Kowalik (Marta), Miroslaw Konarowski (Michal), Barbara Horawianka (Martas Mutter), Stanislaw Zaczyk (Michals Vater), Urszula Modrzynska (Michals Mutter) **L** 105 **E** 21.6.1974 Kino DDR

DER SEE DER VERSTÜMMELTEN LEICHEN (DIAGNOSIS: MURDER). Der Leiter einer psychiatrischen Klinik und ein Polizeiinspektor stehen sich in einem Kriminalfall um das rätselhafte Verschwinden der vermögenden Frau des Klinikchefs gegenüber. Am Ende kommt ein raffinierter Trick des auf Mord sinnenden Ehemannes zu Tage. Klischeehaft und handwerklich mittelmäßig inszeniert, aber weitgehend spannend erzählter Krimi. (TV-Titel DDR: »Diagnose: Mord«) ✦ Großbritannien 1974 **P** Silhouette **R** Sidney Hayers **B** Philip Levene **K** Roger Pearce **M** Laurie Johnson **D** Jon Finch, Christopher Lee, Judy Geeson, Tony Beckley, Dilys Hamlett **L** 93 **FSK** ab 18; nf **E** 11.6.1976/11.5.1989 DFF 2 **fd** 19 845

SEE INFERNO (IMPERIAL NAVY). Eine minuziöse Beschreibung des Untergangs der japanischen Kriegsmarine im Zweiten Weltkrieg. Die Fehler der Marineleitung werden angeprangert, der japanischen Tapferkeit aber ein fragwürdiges Denkmal errichtet. ✦ Japan 1981 **P** Toho **VA** Mondial **R** Shue Matsubayashi **B** Katsuya Suzaki **K** Katsuhuro Kato **M** Shinji Tanimura, Katsuhisa Hattori **D** Keiju Kobayashi, Toshiyuki Nagashima, Kenichi Kaneda, Kiichi Nakai, Yuko Kotegawa **L** 112 **E** 1984 Video **fd** 24 655

DER SEEBÄR VON ST. MALO (LE DRAPEAU NOIR FLOTTE SUR LA MARMITE). Ein verhinderter Seemann, der die Seefahrt nur als Smutje aus früher Jugend kennt, bei Verwandten und Bekannten durch seine Berichte aber den Ruf eines verwegenen Seefahrers hat, gerät in Bedrängnis, als man seinen Rat für den Bau eines Kutters benötigt. Turbulente, gut gespielte Komödie mit vielen komischen Verwicklungen. – Ab 12. ✦ Frankreich 1971 **P** Marianne/Profilm **R** Michel Audiard **B** Michel Audiard, Jean-Marie Poiré, René Fallet, nach einem Roman von René Fallet **K** Pierre Petit **M** Georges Brassens **D** Jean Gabin, Eric Damian, Jacques Marin, Ginette Leclerc, Claude Piéplu **L** 80 **E** 15.2.1973 ARD

SEEDPEOPLE →Sway

DER SEEFUCHS (THE SEA CHASE). Ein deutscher Handelsfrachter mit Flüchtlingen an Bord versucht 1939, von Sidney aus in den heimatlichen Nordseehafen zu gelangen. Weit hergeholte Handlungskonstruktion und ein wenig authentisches Milieu in einem Kriegsabenteuerfilm, der um den Mythos seemännischer Fairneß rankt. – Ab 14. ✦ Scope. USA 1955 **P** Warner **KI** Warner **Pd** John G. Avildsen **R** John Farrow **B** James Warner Bellah, John Twist, nach einem Roman von Andrew Geer **K** William H. Clothier **M** Roy Webb **D** John Wayne, Lana Turner, David Farrar, Lyle Bettger, Tab Hunter **L** 120 **FSK** ab 12; f **E** 1.9.1955 **fd** 4 330

DIE SEEKATZE (PISICA DE MARE). Die Sicherheitsorgane stellen einem Spionagering nach. Nach geschickten Täuschungsmanövern gelingt es, die gefährliche »Seekatze« zu entlarven. Annehmbarer Spionagekrimi, der die üblichen Feindbilder bemüht und einige Ungereimtheiten der Story in Kauf nimmt. – Ab 14. ✦ Schwarz-weiß. Rumänien 1964 **P** Filmstudio Bucuresti **KI** Progress **R** Gheorghe Turcu **B** Petre Luscalov, Vladimir Popescu-Doreanu **K** Jean Pierre Lazar **M** Tiberiu Olah **D** Leopoldina Balanuta, Victor Rebengiuc, Colea Rautu, Toma Dimitriu, Nicolae Sireteanu **L** 82 **E** 23.10.1964 Kino DDR

DIE SEEKÖNIGIN (JEZERNI KRALOVNA). Ein Prinz verliebt sich in ein verwunschenes Mädchen, das sein Diener kurz zuvor als Schwan vom Himmel geschossen hatte. Als er auf Geheiß seines Vaters die mächtige Seekönigin heiraten soll, im Traum aber erfährt, dass diese hinter dem Zauber steckt, macht er sich auf, die Geliebte zu retten. Freie Adaption nach Motiven des »Schwanensee«-Stoffes, die mit teils traumhaft schönen Bildern und opulenter Ausstattung ein romantisches Märchen erzählt. Trotz aufwendiger Gestaltung und einer hochkarätigen Besetzung bleibt der Kinderfilm dennoch den Konventionen des Genres verhaftet. – Ab 6. ✦ Deutschland/Tschechien 1997 **P** ART OKO/BR/CNTS-Nova/In Film **KI** Jugendfilm **Pd** Karel Dirka **R** Václav Vorlícek **B** Milos Macourek, Václav Vorlícek, nach Motiven aus »Der Schwanensee« von Peter Tschaikowski **K** Rudolf Blahacek **M** Ondrej Soukup **S** Dalibor Lipsky **D** Max Urlacher (Prinz Viktor), Jitka Schneider (Prinzessin Odette), Ivana Chylková (Seekönigin), Jan Niklas (König Richard), Sunnyi Melles (Königin) **L** 92 **FSK** o. A.; f **E** 9.12.1999 **fd** 34 010

SEELCHEN (DUSCHETSCHKA). Die Frau eines Theaterdirektors umsorgt nicht nur liebevoll ihren Mann, sondern kümmert sich auch um die privaten und beruflichen Belange der Theatermitarbeiter. Literaturverfilmung. ✦ Schwarz-weiß. UdSSR 1966 **P** Mosfilm **R** Sergej Kolossow **B** Sergej Kolossow, nach dem Roman von Anton P. Tschechow **K** Wladimir Jakowlew **M** Juri Lewitin **D** Ljudmila Kassatkina, Rolan Bykow, Petr Konstantinow, Roman Tkatschuk **L** 78 **E** 20.6.1967 DFF 1

DIE SEELE DER PARTEI – DIE PAMELA HARRIMAN STORY (LIFE OF THE PARTY: THE PAMELA HARRIMAN STORY/LIFE OF THE PARTY: PAMELA HARRIMAN). Das bewegte Leben von Pamela Harriman, die nach zahlreichen Affären zu Beginn der 70er-Jahre den Bankier und demokratischen Politiker William Averell Harriman heiratet und sich für dessen Partei engagiert. Als er in den 90er-Jahren stirbt, schickt Bill Clinton die Frau als Botschafterin nach Paris; doch die vielen Anfeindungen lassen sie bald auf den Posten verzichten. Biografisches (Fernseh-)Drama um eine der schillerndsten Frauenfiguren der amerikanischen Nachkriegsgeschichte. – Ab 16. ✦ USA 1998 **P** Victor Television Prod./ABC Pictures **Pd** Meredith Zamsky **R** Waris Hussein **B** Lisa Friedman Bloch, Kathy Kirtland Silverman **K** Robert Steadman **M** Don Davis **S** Charles Bornstein **D** Ann-Margret (Pamela Harriman), Mitchell Ryan (Averell), Susan Ruttan (Janet), David Dukes (Leland Hayward), Gail Strickland (Betsy Bloomingdale) **L** 88 **E** 1.3.1999 premiere

DIE SEELE DER PUPPE (DESSINE-MOI UN JOUET). Eine Geschichte vom Anfang des 20. Jahrhunderts: Ein Bauernjunge erlebt seine erste große Liebe, für die er das Drechseln erlernt, um die Angebetete mit Spielzeug zu erfreuen. Als das Mädchen ernsthaft krank wird und ins Krankenhaus muss, macht er die Bekanntschaft eines deutschen Spielzeugmachers, bei dem er seine Kunst verfeinern kann. Zum Abschied bekommt er eine Puppe geschenkt, die magische Kräfte haben und Kranke heilen soll. Das Wunder tritt in der Tat ein. Märchenhafter Kinderfilm über die Kraft der Liebe, die Macht des Glauben und eine grenzübergreifende Freundschaft. – Ab 10. ✦ Frankreich/Deutschland 1999 **R** Hervé Baslé **B** Louis Bériot **K** Svetlana Ganeva **M** Jean-Claude Vannier **D** Tanguy Bothorel (Louis), Roland Blanche (Alphonse, Louis' Vater), Catherine Frot (Antoinette, Louis' Mutter), Christoph Walz (Spielzeugmacher), Armonie Sanders (Marie) **L** 90 **E** 25.11.2000 Kinderkanal

DIE SEELE DES GELDES. Dokumentarfilm über Geld und Schulden, gegliedert in drei Teile: 1.»Geld-Schöpfung«, 2.»Schuld-Fragen«, 3.»Not-Geld«. Peter Krieg versucht, sich den Grundlagen der Ökonomie anzunähern, um in einem weitverästelten tiefenpsychologischen Exkurs den Auswirkungen des internationalen Geldmarktes und der Verschuldung von Dritte-Welt-Ländern auf die Spur zu kommen. In beispielhaften Fallstudien und ihrer Illustration durch manchmal rührend abgehobene Deutungsversuche psycho-historischer Wissenschaftler wird dabei auch der Mangel an Moral und Verantwortung sichtbar. Der in der Beschreibung komplexer Zusammenhänge gelegentlich etwas vereinfachende Film bietet insgesamt interessante und diskussionswerte Reibungspunkte für die Auseinandersetzung mit der Krise der Weltwirtschaft. ✦ BR Deutschland 1987 **P** Barfuss-Film/NDR/Landeszentrale für politische Bildung NRW **SF** Barfuss/Landeszentrale **R+B+K** Peter Krieg **S** Peter Krieg **L** 135 **E** 19.11.1987/1.4.1988 HR/NDR

DIE SEELE IST GRÖSSER ALS DIE WELT (SJÄLEN ÄR STÖRRE ÄN VÄRLDEN). Der schwedische Diskuswerfer Ricky Bruch, einer der erfolgreichsten Leichtathleten seines Landes, trainiert auch mit 43 Jahren eisern weiter, um sich für die Olympiade zu qualifizieren. Doch allgemein stempelt man ihn zum »alten Eisen«. Als es ihm nicht erlaubt wird, die Farben Schwedens noch einmal zu vertreten, überwindet er die schwere Enttäuschung. Ein inszenierter Dokumentarfilm gegen den Mythos der strahlenden Jugend, der vehement seine eigene Sicht der Wirklichkeit verteidigt und sich leidenschaftlich für die These, sich nie aufzugeben, engagiert. (O.m.d.U.) – Ab 16. ✦ Schweden 1985 **P** Stefan Jarl **KI** Freunde der Deutschen Kinemathek **Pd+R+B** Stefan Jarl **K** Per Källberg **M** Ulf Dageby **S** Anette Lykke-Lundberg **D** Ricky Bruch **L** 105 **E** 30.8.1985

DER SEELENBRÄU (DER SEELENBRÄU). In einem Dörfchen im Salzburgischen gerät der Dickschädel des katholischen Pfarrers mit dem nicht minder selbstherrlichen Trotzkopf eines Gastwirts aneinander. Carl Zuckmayers Novelle wurde hier in eine allzu volkstümlich schlichte Filmfassung gebracht, die alle ironischen Zwischentöne ausspart. (Alternativtitel: »Im Wirtshaus zum Goldenen Herzen«) – Ab 10. ✦ Schwarz-weiß. Österreich 1949 **P** Vindobona **KI** Deutsche London **Pd** Karl Ehrlich **R** Gustav Ucicky **B** Alexander Lix, Theodor Ottawa, nach der gleichnamigen Novelle von Carl Zuckmayer **K** Hans Schneeberger, Sepp Ketterer **M** Willy Schmidt-Gentner **D** Paul Hörbiger (Dechant), Heinrich Gretler (Matthias Hochleithner), Aglaja Schmid (Clementine), Carl Bosse (Michael von Ammetsberger), Robert Lindner (Franz Haindl) **L** 100 **E** 25.8.1950/9.11.1975 ZDF **fd** 829

SEELENLOS – EIN MANN SPIELT GOTT (FRANKENSTEIN). Fernsehbearbeitung des klassischen Schauerromans von Mary W. Shelley, die der sattsam bekannten Geschichte um die Erschaffung eines künstlichen Menschen keine neuen Aspekte abgewinnt und auch nicht zu einer beachtenswerten visuellen Gestaltung findet. – Ab 16. ✦ Großbritannien 1984 **P** Elm Prod./Group W Cable/Western World Television/Yorkshire Television **VA** Vestron **R** James Ormerod **B** Victor Gialanella, nach einem Roman von Mary W. Shelley **K** Stuart Hinchcliffe **M** Alan Parker **D** Robert Powell, David Warner, John Gielgud, Carrie Fisher, Michael Cochrane **L** 81 **FSK** ab 16 **E** 26.3.1986 Video **fd** 25 616

SEELENSCHMERZ →Yara

SEELENWANDERUNG. Die Fabel vom armen Schlucker, der seine Seele versetzt und bald reich wird, nach seinem Tod aber auf die Hilfe seines arm gebliebenen Freundes angewiesen ist, der ihm die Seele zurückbringt. In Anlage und Form an mittelalterliche Mysterienspiele erinnernder Versuch einer heiter-nachdenklichen Auseinandersetzung mit den Licht- und Schattenseiten des deutschen Wirtschaftswunders; weitgehend gelungen und voller Ironie. – Ab 14. ✦ Schwarz-weiß. BR Deutschland 1962 **P** Bavaria **KI** Matthias **SF** Matthias **R** Rainer Erler **B** Karl Wittlinger **K** Günther Senftleben **M** Otto Erich Schilling **D** Hanns Lothar, Wolfgang Reichmann, Karin Schlemmer, Robert Meyn **L** 75 **FSK** ab 12; f **FBW** bw **E** 10.1.1964/11.2.1966 Kino DDR **fd** 12 553

SEELISCHE GRAUSAMKEIT (SEELISCHE GRAUSAMKEIT). Ein junges Paar, das im Gericht auf die Scheidung wartet, erlebt noch einmal seine Ehe: Sie mußte scheitern, weil Ehe mehr ist als »Egoismus zu zweit«. Da eine Analyse der tieferen Ursachen unterbleibt, kann der Film sein Ziel, die Scheidung als Lösung für Eheschwierigkeiten in Frage zu stellen, nicht erreichen. Schon das Buch, aber auch Regie und Darstellung sind unzulänglich. ✦ Schwarz-weiß. Schweiz 1961 **P** Hannes Schmidhauser **KI** Norma **Pd+R+B** Hannes Schmidhauser **K** Otto Ritter **M** George Gruntz **D** Hannes Schmidhauser (Nick), Gitty Daruga (Marlene), Erwin Strahl (Jo), Ruth von Hagen (Edith), Hans Grimm (Weibel) **L** 86 (Orig. 93) **FSK** ab 18; nf **E** 5.11.1963

SEEMANN, AHOI! (EASY COME, EASY GO). Elvis Presley entdeckt als Marinetaucher das Wrack eines gesunkenen Schiffes und birgt im Kampf gegen einen Rivalen den Silberschatz. Kleines Abenteuer mit Gesangseinlagen und Werbung für Pop-Art-Künstler. – Ab 14. ✦ USA 1966 **P** Hal Wallis **KI** Paramount **Pd** Hal B. Wallis **R** John Rich **B** Allan Weiss, Anthony Lawrence **K** William Margulies **M** Joseph J. Lilley **S** Archie Marshek **D** Elvis Presley (Ted Jackson), Dodie Marshall (Jo Symington), Elsa Lanchester (Madame Neherina), Pat Priest (Dina Bishop), Pat Harrington (Judd Whitman) **L** 95 **FSK** ab 12; nf **E** 22.12.1967 **fd** 15 110

EIN SEEMANN IST KEIN SCHNEEMANN (SWISS TOUR). Ein amerikanischer Seemann macht Urlaub in der Schweiz, gewinnt einen Skiwettbewerb und verliert sein Herz an eine einheimische Uhrenverkäuferin. Vergnügliche Liebeskomödie mit sarkastischen Tönen und effektvoller Landschaftsszenerie. – Ab 14. ✦ Schwarz-weiß. Schweiz 1950 **P** Praesens **KI** Deutsche London **Pd** Oscar Düby (= Lazar Wechsler) **R** Leopold Lindtberg **B** Richard Schweizer, Leopold Lindtberg, Curt Siodmak, Peter Viertel, nach einem Roman von Richard Schweizer **K** Emil Berna **M** Robert Blum **S** Hermann Haller **D** Cornel Wilde, Josette Day, Simone Signoret, John Baragrey, Richard Erdman **L** 95 **FSK** ab 12; f **E** 15.2.1951 **fd** 1 130

SEEMANN PASS AUF (SAILOR BEWARE). Ausgelassene Streiche zweier Marinerekruten. Überdrehter Ulk, reich an kindischen Einfällen und nur manchmal mit originellen Slapstickeinlagen gesegnet. – Ab 14. ✦ Schwarz-weiß. USA 1951 **P** Paramount **KI** Paramount **Pd** Hal B. Wallis **R** Hal Walker **B** James Allardice, Martin Rackin, nach einem Bühnenstück von Kenyon Nicholson und Charles Robinson **K** Daniel L. Fapp **M** Joseph J. Lilley **D** Dean Martin, Jerry Lewis, Corinne Calvet, Marion Marshall, Robert Strauss **L** 97 **FSK** ab 12; nf **E** 15.8.1952 **fd** 1 980

DER SEEMANN UND DIE NONNE (HEAVEN KNOWS, MR. ALLISON). Im Kriegsjahr 1944 bestehen auf einer Südseeinsel zwei nach Charakter, Temperament und Weltanschauung sehr gegensätzliche Menschen – ein Marinesoldat und eine Ordensschwester – in zunächst unfreiwilliger Schicksalsgemeinschaft die psychologischen Konflikte absoluter Einsamkeit. Ansehnlich gespielter Abenteuerfilm, der zwar nicht sonderlich in die Tiefe geht, dennoch für nachdenklich stimmende Unterhaltung gut ist. – Ab 14. ✦ Scope. USA 1956 **P** 20th Century Fox **KI** Centfox **Pd** Buddy Adler, Eugene Franke **R** John Huston **B** John Lee Mahin, nach einem Roman von Charles Shaw **K** Oswald Morris **M** Georges Auric **S** Russell Lloyd **D** Robert Mitchum (Mister Allison), Deborah Kerr (Schwester Angela), Fusamoto Takasimi, Noboru Yoshida, Anna Sten **L** 108 **FSK** ab 12; f **E** 19.4.1957 **fd** 5 829

SEEMANNS HEIMKEHR (THE SAILOR'S RETURN). Ein englischer Seemann kehrt mit seiner farbigen Frau und ihrem gemeinsamen Kind in seine Heimat zurück. Ihr Versuch, sich dort eine Existenz aufzubauen, scheitert an der Intoleranz der Umwelt. Nuancenreich inszenierte und einprägsam gespielte Parabel von der mangelnden Bereitschaft des Menschen zur Nächstenliebe. (DDR-Fernsehtitel: »Seemanns Rückkehr«) – Ab 16. ✦ Großbritannien 1978 **P** Euston/Otto Plashkes **Pd** Otto Plaschkes **R** Jack Gold **B** James Saunders, nach einem Roman von David Garnett

K Brian Tufano **M** Carl Davis **D** Tom Bell (William Targett), Shope Shodeinde (Tulip), Mick Ford (Tom), Paola Dionisotti (Lucy), George Costigan (Harry) **L** 108 **E** 19.10.1979 DFF 1/9.12.1979 ARD **fd** 22 235

SEEMANNS RÜCKKEHR →Seemanns Heimkehr

SEEMANNSGLÜCK (SAILOR'S LUCK). Turbulente kleine Hollywoodkomödie von einem Seemann, der sich in ein arbeitsloses Mädchen verliebt und dauernd zwischen Pflicht und Neigung hin und her gerissen wird. Einer von rund 200 Filmen, die Raoul Walsh zwischen 1912 und 1964 gedreht hat und der in seiner Funktionsweise an die Filme der Marx Brothers erinnert, da auch er die scheinbare Ordnung der Welt aus den Angeln hebt. – Ab 14. ✦ Schwarz-weiß. USA 1933 **P** 20th Century Fox **R** Raoul Walsh **B** Marguerite Robert, Charlotte Miller, Bert Hanlon, Ben Ryan **K** Arthur Miller **D** James Dunn, Sally Eilers, Sammy Cohen, Frank Morgan, Victor Jory **L** 75 **E** 23.9.1976 WDR

SEEMANNSLOS (DOWN TO THE SEA IN SHIPS). Abenteuerfilm über die Rivalität eines alten Kapitäns und eines jungen Seemanns auf einem Walfänger. In die spannende, auch psychologisch gut motivierte Handlung sind halbdokumentarische Elemente (Bordleben, Walfang, etc.) integriert. Romantisierende Unterhaltung, die wirkungsvoll zwischen Spannung und Humor wechselt. – Ab 14. ✦ Schwarz-weiß. USA 1949 **P** 20th Century Fox **Kl** Centfox **Pd** Louis D. Lighton **R** Henry Hathaway **B** John Lee Mahin, Sy Bartlett **K** Joseph MacDonald **M** Alfred Newman **D** Lionel Barrymore, Dean Stockwell, Richard Widmark, Gene Lockhart, Cecil Kellaway **L** 106 **FSK** ab 12; f **E** 11.8.1950/13.8.1972 ZDF **fd** 1 014

DIE SEEMANNSTOCHTER (DOTSCH MORJAKA). Die Erlebnisse eines jungen Mädchens, das zur See gehen will, nach dem Willen des Vaters aber Ärztin werden soll. – Ab 14. ✦ Schwarz-weiß. UdSSR 1941 **P** Kinostudio Odessa **Kl** Sovexportfilm **R** Georgi Tassin **B** A. Nowogrudki **K** J. Kulik **M** A. Miljutin **D** P. Peltzer (Sacharow), W. Okunewa (seine Frau Maria), T. Beljajewa (seine Tochter Irina), Alexander Tschistjakow (Kapitän Schestow), W. Arkassow (Gromow) **L** 71 **E** 10.2.1950 Kino DDR

DER SEERÄUBER (THE BLACK SWAN). Ein ebenso naiver wie draufgängerischer Freibeuter erwirbt sich unter vielen Intrigen, Kämpfen und Seeschlachten Ruhm, Ehre und eine Frau. Farbenprächtiger und hervorragend gespielter Abenteuerfilm, der die Geburt des Genres der Piratenfilme einläutete. – Ab 14. ✦ USA 1943 **P** 20th Century Fox **Kl** Centfox **R** Henry King **B** Ben Hecht, Seton I. Miller, nach einem Roman von Rafael Sabatini **K** Leon Shamroy **M** Alfred Newman **D** Tyrone Power (James Waring), Maureen O'Hara (Margaret Denby), Anthony Quinn (Wogan), Thomas Mitchell (Tommy Blue), Laird Gregar (Capt. Henry Morgan) **L** 85 **FSK** ab 12; nf **E** 13.10.1950 **fd** 819

SEEREISE MIT HINDERNISSEN (ALL AT SEA). Jugendfilm. Auf einer Kreuzfahrt gerät eine Jugendgruppe in die Machenschaften eines Gemäldediebes. ✦ Großbritannien 1969 **P** Anvil/Children's Film Foundation **Pd** Hugh Stewart **R** Ken Fairbairn **B** Patricia Latham **K** Adrian de Santis **M** Edwin Astley **D** Gary Smith (Steve), Stephen Mallett (Ian), Sara Nicholls (Vicky), Norman Bird (Mr. Denvers), Stephen Childs (Douglas), Peter Copley (Mr. Gordon) **L** 57 **E** 10.5.1992 Kabelkanal

DIE SEESCHLACHT (CHIA WU FENG-YÜN/THE NAVAL BATTLE OF 1894). China 1894: Als vor der chinesischen Küste japanische Kriegsschiffe kreuzen, rät ein chinesischer Kapitän vergeblich zu einem militärischen Eingreifen. Unter dem Einfluß von europäischen und amerikanischen Diplomaten zögert die kaiserliche Regierung zu lange, so daß ihre Flotte nach der dann doch erfolgten Kriegserklärung den feindlichen Verbänden nicht mehr gewachsen ist. Kein Film, der historische Ereignisse darstellt, sondern ein ideologisches Lehrstück. ✦ VR China 1962 **P** Changehun-Filmstudio **R** Lin Nong **D** Li Moran, Pu Ke, Wang Chiu-Ying, Zhou Wenbin, Li Jie **L** 85 **E** 30.9.1979 ZDF

SEESCHLACHT VOR VIRGINIA (IRONCLADS). 1862 im amerikanischen Bürgerkrieg: Als sich der Bundesstaat Virginia dazu entscheidet, aus der Union auszutreten, verlieren die Nordstaaten ihren wichtigsten Marinestützpunkt. Ein Marinesoldat der Union erhält den Auftrag, die Werftanlagen zu sprengen, bekommt aber Skrupel und wird verhaftet. Um seine Hinrichtung zu verhindern, muß er sich als Spion bei den Konföderierten einschleichen. Dort trifft er auf eine Frau, die gegen den Sklavenhandel in den Südstaaten kämpft. Langatmiger historischer Kriegsfilm, an dem nur die Seeschlacht der beiden Panzerkreuzer »Merrimack« und »Monitor« fesselt. – Ab 16. ✦ USA 1991 **P** Rosemont **Pd** David A. Rosemont **R** Delbert Mann **B** Harold Gast **K** William Wages **M** Allyn Ferguson **D** Virginia Madsen (Betty Stuart), Reed Diamond (Leslie Harmon), Alex Hyde-White (Catesby), Beatrice Bush (Opal), Philip Casnoff (Guilford) **L** 90 **E** 18.3.1995 premiere

SEESTERNE (SEESTERNE). Ein junger schüchterner Grafiker und Nichtschwimmer verliebt sich in die Leiterin eines Schwimmvereins und kommt schließlich zu Erfolg und zum Happy-End. Einfallsloser und anspruchsloser Wasserrevuefilm. – Ab 8. ✦ Österreich 1952 **P** Nova **Kl** Progress **R** J. A. Hübler-Kahla **B** Brand **K** Hanns König **M** Nico Dostal **D** Eva Kerbler, Franz Messner (Peter), Edith Pager, Karl Skraup, Richard Eybner **L** 79 **E** 31.7.1953 Kino DDR

SEETEUFEL (LOS DIABLOS DEL MAR). Die Abenteuer von sechs Jungen, die auf der Seereise nach Australien von Piraten überfallen werden, auf ein Walfangschiff geraten und schließlich durch einen Wal Schiffbruch erleiden. Als einzige Überlebende können sie sich an Land retten. Abenteuerfilm nach Jules Verne, offenbar in einem Aufwasch mit den nicht minder einfältigen Verne-Spektakeln »Die Reise zur Insel des Grauens« und »Phantastische Reise zum Mittelpunkt der Erde« entstanden. Trotz vieler Aktionen und Hektik langweilig und ermüdend; häufig lächerlich. (TV-Titel auch: »Teufel der Meere«; Video: »Sea Devils«) – Ab 16. ✦ Spanien 1981 **P** Almena/Cinévision **R** Juan Piquer Simon **B** Joaquin Grau, nach Motiven eines Romans von Jules Verne **K** Juan Marin **M** Alfonso Aguillo **D** Ian Sera (Mark), Patty Shepard (Mrs. Weldom), Frank Braña (van Hassel), Ricardo Diaz, Aldo Sambrell (Negoro) **L** 80 **E** 16.2.1986 RTL plus

DIE SEETEUFEL VON CARTAGENA (THE SPANISH MAIN). Die abenteuerlichen Erlebnisse eines jungen holländischen Kapitäns im 17. Jahrhundert, der zum gefürchteten Piraten wird, um sich für die Willkür des Vizekönigs von Cartagena zu rächen. Unterhaltsame Mischung aus Abenteuerromantik und Liebesgeschichte mit vielen Massenszenen und Seeschlachten. – Ab 14. ✦ USA 1945 **P** RKO **Kl** RKO **R** Frank Borzage **B** George Worthing Yates, Herman J. Mankiewicz **K** George Barnes **M** Hanns Eisler **D** Paul Henreid, Maureen O'Hara, Walter Slezak, Binnie Barnes, John Emery **L** 96 **FSK** ab 16; nf **E** 3.11.1950/18.1.1964 DFF 1/17.7.1965 ARD **fd** 984

SEEVAGABUNDEN AUF GROSSER FAHRT (THE SEA GYPSIES). Ein Abenteurer startet mit seinen beiden Kindern, einer Reporterin und einem kleinen Negerjungen als blindem Passagier zu einer Weltumseglung in einem umgebauten Fischkutter. Nach einem Sturm kann sich die Mannschaft mit Mühe zur Küste Alaskas retten, wo sie in der Wildnis ums Überleben kämpft. Amerikanischer Kinder- und Familienfilm. – Ab 12. ✦ USA 1980 **P** Joseph C. Raffill Productions **R+B** Stewart Raffill **K** Thomas McHugh **M** Fred Steiner, Lyn Murray, Jeff Alexander **D** Robert F. Logan (Travis), Mikki Jamison-Olsen (Kelly), Heather Rattray (Courtney), Cjon Damitri Patterson (Jesse), Shannon Saylor (Samantha) **L** 95 **E** 8.9.1984 ZDF

DER SEEWOLF (1941) (THE SEA WOLF). Verfilmung des abenteuerlichen Romans von Jack London über die Untaten des berüchtigten Kapitäns Wolf Larsen, der Schiffbrüchige rettet, um sie dann auf seinem Frachtschiff gefangenzuhalten. Gut gespielt, packend und technisch virtuos inszeniert. – Ab 14. ✦ Schwarz-weiß. USA 1941 **P** Warner **Kl** Warner **Pd** Jack L. Warner, Hal B. Wallis **R** Michael Curtiz **B** Robert Rossen, nach einem Roman von Jack London **K** Sol Polito **M** Erich Wolfgang Korngold **S** George Amy **D** Edward G. Robinson (Wolf Larsen), Ida Lupino (Ruth Webster), Alexander Knox (Humphrey Van Weyden), John Garfield (George Leach), Gene Lockhart (Dr. Louie Prescott), Barry Fitzgerald (Cooky) **L** 97 **E** 31.5.1949 **fd** 362

DER SEEWOLF (1958) (WOLF LARSEN). Neuverfilmung des Romans von Jack London: Ein Kapitän tyrannisiert Schiffsmannschaft und Schiffbrüchige, bis er auf Grund einer alten Krankheit erblindet und von den meuternden Seeleuten niedergeschossen wird. Auf Schaueffekte angelegte Inszenierung, dramaturgisch holperig und ohne große Spannung. – Ab 16. ✦ Schwarz-weiß. USA 1958 **P** Allied Artists **Kl** Ceres **Pd** Lindsley Parsons **R** Harmon Jones **B** Jack DeWitt, Turnley Walker, nach einem Roman von Jack London **K** Floyd Crosby **M** Paul Dunlap **D** Barry Sullivan, Peter Graves, Gita Hall, Thayer David, John Alderson **L** 82 **FSK** ab 16; nf **E** 16.10.1959 **fd** 8 687

DER SEEWOLF (1971) (LUPUL MARILOR). Die Kinofassung der mehrteiligen Fernsehverfilmung von Jack Londons Roman: Eine kraft- und spannungslose Inszenierung, die den Zusammenprall zwischen dem brutalen, satanisch-bösen Übermenschen und dem idealistisch-weichen Schriftsteller geistig und dramatisch nicht auszuloten versteht. Mit mittelmäßigem Spiel und ohne sonderliche visuelle Einfälle bietet der Film nur mäßige Unterhaltung. – Ab 16. ✦ BR Deutschland/Rumänien 1971 **P** Tele-München/Filmstudio Bucuresti/Michael Arthur Film **Kl** Constantin **Pd** George Glass **R** Wolfgang Staudte **B** Walter Ulbrich, nach einem Roman von Jack London **K** André Zarra **M** Hans Posegga **S** Eva Maria Tittes, Hermann Haller **D** Raimund Harmstorf (Wolf Larsen), Edward Meeks (Humphrey van Weyden), Beatrice Cardon (Maud Brewster), Emmerich Schäffer (Mugridge, der Koch), Peter Kock (Leach) **L** 96 **FSK** ab 12; f **E** 22.12.1972/21.12.1973 Kino DDR/7.6.1981 DFF 1 **fd** 18 148

DER SEEWOLF (1993) (THE SEA WOLF). Jack Londons Abenteuergeschichte vom tyrannischen Robbenfänger-Kapitän in einer Fernseh-Adaption, die keinen Vergleich mit der Verfilmung durch Michael Curtiz (1941) aushält, obwohl einige (nachkolorierte) Seeaufnahmen des Kinoklassikers eingearbeitet wurden. – Ab 16. ✦ USA 1993 **R** Michael Anderson **B** Andrew J. Fenady, nach dem Roman von Jack London **M** Charles Bernstein **D** Charles Bronson (Wolf Larson), Christopher Reeve (Humphrey Van Weyden), Clive Revill (Cookie), Len Cariou (Doc Picard), Catherine Mary Stewart (Flaxen Brewster) **L** 92 **E** 20.10.1995 Pro Sieben

DER SEEWOLF VON BARRACUDA (THE SEA HORNET). Ein Tiefseetaucher geht einer Raubmordaffäre auf den Grund. Ein Kriminalfilm, bei dem die Unterwasserszenen überzeugen. – Ab 14. ✦ Schwarz-weiß. USA 1951 **P** Republic **Kl** Gloria **R** Joseph Kane **B** Gerald Drayson Adams **K** Bert Glennon **M** R. Dale Butts **S** Tony Martinelli **D** Rod Cameron, Adele Mara, Adrian Booth, Chill Wills, Jim Davis **L** 84 **FSK** ab 12; f **E** 13.8.1954 **fd** 3 570

DIE SEEWÖLFE KOMMEN (THE SEA WOLVES). Während des Zweiten Weltkriegs schaltet ein hauptsächlich aus Zivilisten bestehendes britisches Kommandounternehmen einen deutschen Sender im Hafen von Goa aus, von wo aus die deutsche U-Boot-Waffe mit geheimen Informationen über die Routen alliierter Schiffe informiert wird. Ein den Krieg aus der Abenteuerperspektive schildernder Starfilm, nach authentischen Ereignissen konventionell und relativ spannungsarm inszeniert. – Ab 16. ✦ Großbritannien/Schweiz 1979 **P** Richmond Light Horse **Kl** Ascot **Pd** Euan Lloyd, Erwin C. Dietrich **R** Andrew

V. McLaglen **B** Reginald Rose, nach einem Roman von James Leasor **K** Tony Imi **M** Roy Budd **S** John Glen **D** Gregory Peck (Colonel Lewis Pugh), Roger Moore (Captain Gavin Stewart), David Niven (Colonel Bill Grice), Trevor Howard (Jack Cartwright), Barbara Kellerman (Mrs. Cromwell), Curd Jürgens **L** 118 **FSK** ab 12; f **E** 21.8.1980 **fd** 22 569

SEGEL IM STURM (ADMIRAL USCHAKOW). Das Lebenswerk von Fedor Uschakow, der um 1790 eine schlagkräftige russische Kriegsflotte im Schwarzmeergebiet aufbaute und die Türken schlug. Unterhaltames historisches Abenteuer. (Fortsetzung: »Schiffe stürmen Bastionen«) – Ab 14. ✦ UdSSR 1953 **P** Mosfilm **KI** Progress **R** Michail Romm **B** Alexander Stein **K** Alexander Schelenkow, Tschen Ju-Lan **M** Aram Chatschaturjan **D** Iwan Perewersew (Admiral Uschakow), Boris Liwanow (Potemkin), N. Swobodin (Mordowzew), N. Tschistjakow (Woinowitsch), Olga Shisnewa (Katharina II.) **L** 105 **E** 27.11. 1953 Kino DDR/22.1.1954 DFF 1

DIE SEGEL MEINER KINDHEIT (PARUSA MOJEWO DETSTWA). Die abenteuerlichen, oftmals auch tragischen Erlebnisse eines einsamen und verwahrlosten Jungen in Weißrußland währenend des Bürgerkriegs im Jahr 1918. – Ab 12. ✦ Scope. UdSSR 1981 **P** Belarusfilm **KI** Progress **R** Leonid Martynjuk **B** Wassili Chomtschanko **K** Grigori Massalski **M** Oleg Jantschenko **D** Dima Prokoptschuk (Stepka Zarew), Denis Germanow (Timoschka), Stanislaw Guesdilow (Schupik), Viktor Tarassow (Losowik), Eduard Marzewitsch (Zarezkij) **L** 72 **E** 10.10.1982 DFF 2/28.10. 1983 Kino DDR

SEGELN NACH UIST. Optisch faszinierender Dokumentarfilm, der den Spuren des amerikanischen Fotografen Paul Strand folgt, der vor Jahrzehnten auf den Äußeren Hebriden, einer Inselgruppe im Norden Schottlands, die Motive für seinen Bildband »Land der Gräser« gefunden hatte. Der Film zeigt den Alltag der Bewohner und beleuchtet Hintergründe sozialer Konflikte, wobei die Natürlichkeit der Menschen, die das Recht auf ein eigenes, ehrliches Leben behaupten, als Metapher für den Lebenssinn überhaupt steht. Der Kommentar, der Parallelen zum Leben in der DDR herstellt, wirkt etwas gesucht und schwergewichtig. – Ab 16. ✦ Deutschland 1995 **P** Brandenburger Filmbetrieb **KI** Brandenburger Filmbetrieb **Pd** Jutta Garbas, Rainer Ackermann **R+B+K** Rainer M. Schulz **M** Henry Mex **S** Karin Schöning **L** 80 **FBW** w **E** Herbst 1995 **fd** 31 638

SEGELTOUR DES GRAUENS (SURVIVE THE SAVAGE SEA). Abenteuerfilm nach einer wahren Begebenheit. Eine Bostoner Familie, die von Australien aus einen Pazifik-Segeltörn macht, muß in einem kleinen Schlauchboot auf hoher See um ihr Überleben kämpfen, nachdem ein Wal ihr Schiff gerammt und versenkt hat. Als sie nach Tagen noch nichts von ihrer Familie gehört hat, löst die an Land gebliebene ältere Tochter eine Rettungsaktion aus. – Ab 14. ✦ USA 1992 **R** Kevin Dobson **B** Scott Swanton, Fred Haines **K** David Eggby **D** Robert Urich (Jack Carpenter), Ali MacGraw (Claire Carpenter), Mark Ballou (Gary Carpenter), Ryan Urich (Brian Carpenter), David Franklin (Wally Hudson), Danielle von Zerneck (Susan Carpenter) **L** 88 **E** 15.3.1995 ZDF

SEGNE IHRE KLEINEN HERZEN (BLESS THEIR LITTLE HEARTS). Beschreibung des schwierigen Alltags einer schwarzen amerikanischen Familie mit drei Kindern. Als der Mann durch Arbeitslosigkeit seinen Rest an Lebensmut zu verlieren droht, richtet ihn die Frau mit ihrer verzweifelten, doch beherzten Aufforderung zum Widerstand auf. Beide finden neuen Mut. In eindrucksvollen, einfühlsamen Bildern erzählt, getragen von Aufrichtigkeit und großem Engagement. – Ab 16. ✦ Schwarz-weiß. USA 1983 **P** Black Independent Features **KI** Freunde der Deutschen Kinemathek **Pd+R** Billy Woodberry **B** Charles Burnett **K** Charles Burnett, Patrick Melly **M** Archie Shepp, Ester Phillips **S** Billy Woodberry **D** Nate Hardman (Charlie Banks), Kaycee Moore (Andais Banks), Eugene Cherry (Gene), Lawrence Pierrot (John), Ernest Knight (Duck), Angela Burnett, Ronald Burnett, Kimberley Burnett **L** 80

SEGURISTA – DEAD SURE (SEGURISTA – DEAD SURE). Erotische Tragikomödie mit Einblicken in philippinische Realitäten. Eine junge Frau ist die Top-Verkäuferin ihrer Versicherungsagentur. Der Grund: Nach Feierabend jobbt sie als Animierdame in einem Nachtclub und verkauft Policen an Freier. ✦ Philippinen 1996 **R** Tikoy Aguiluz **D** Michelle Aldana, Gary Estrada, Albert Martinez, Pen Medina, Ruby Moreno **L** 106 **E** 11.6.1998 SF1/DRS

SEHNSUCHT (1936) (DESIRE). Eine elegante, verführerische Hochstaplerin und Juwelendiebin benutzt einen jungenhaft unbekümmerten Amerikaner, um eine sehr kostbare Perlenkette, die sie sich erschwindelt hat, aus Frankreich über die spanische Grenze zu ihrem Komplizen zu schmuggeln. Charmante Komödie mit guten Darstellern und witzigen Dialogen, deren Spiel um Schein und Sein von Auslassungen und Ellipsen lebt. Bis auf das etwas umständlich konstruierte Ende eine beschwingte Kinounterhaltung. (Fernsehtitel : »Perlen zum Glück«; DDR: »Perlen des Glücks«) – Sehenswert ab 14. ✦ Schwarz-weiß. USA 1936 **P** Paramount **KI** Romtesch & Wilk/FiFiGe **Pd** Ernst Lubitsch **R** Frank Borzage **B** Edwin Justus Mayer, Waldemar Young, Samuel Hoffenstein, nach einem Theaterstück von Hans Szekely und R. A. Stemmle und dem Film »Die schönen Tage von Aranjuez« (1933) **K** Charles B. Lang, Victor Milner **M** Frederick Hollander (= Friedrich Hollaender) **S** William Shea **D** Marlene Dietrich (Madeleine de Beaupre), Gary Cooper (Tom Bradley), John Halliday (Carlos Margoli), Zeffie Tilbury (Tante Olga), Ernest Cossart (Aristide Duval), William Frawley (Mr. Gibson), Akim Tamiroff (Polizeivertreter), Alan Mowbray (Dr. Edouard Pauquet) **L** 89 **E** 2.4.1936/13.6. 1973 BR/9.1.1980 DFF 2/8.12.1988 Kino BRD (WA) **fd** 27 296

SEHNSUCHT (1953/54) (SENSO). Eine venezianische Gräfin verliebt sich 1866 leidenschaftlich in einen jungen Offizier der österreichischen Besatzung und verrät um seinetwillen ihre politische Überzeugung. Als sie entdeckt, daß er sie betrügt, denunziert sie ihn als Deserteur und verliert den Verstand, als sie Zeugin seiner Exekution wird. Die große historische Kinotragödie des Neorealismus, die mit Bildkompositionen von außergewöhnlicher Schönheit zugleich das Porträt einer untergehenden Epoche zeichnet. Durch Schnittauflagen der italienischen und deutschen Freigabeinstanzen kam eine um 25 Minuten gekürzte Fassung des Films ins Kino der 50er Jahre. Die rekonstruierte Fassung der 80er Jahre: siehe »Senso«. ✦ Italien 1953/54 **P** Lux **KI** Europa **Pd** Domenico Forges Davanzati **R** Luchino Visconti **B** Luchino Visconti, Suso Cecchi d'Amico, Giorgio Prosperi, Carlo Alianello, Giorgio Bassani, nach der gleichnamigen Erzählung von Camillo Boito **K** G. R. Aldo (= Aldo Graziati), Robert Krasker **M** Anton Bruckner, Giuseppe Verdi **S** Mario Serandrei **D** Alida Valli (Gräfin Livia Serpieri), Farley Granger (Leutnant Franz Mahler), Heinz Moog (Graf Serpieri), Rina Morelli (Laura, Gouvernante), Marcella Mariani (Clara, Prostituierte) **L** 101 (Orig. 126) **FSK** ab 18; f **E** 17.2.1956/30.5.1971 WDR III **fd** 4 757

SEHNSUCHT (1955) (NEOKONTSCHENNAJA POWEST). Eine Ärztin in Leningrad muß sich zwischen zwei Männern entscheiden, und wählt den (noch) gelähmten Ingenieur, der durch ihre Hilfe gesundet. Eine simple Liebesgeschichte mit guter Fotografie; interessant durch das offizielle sowjetische Menschenbild, das privates Glück nur im Zusammenspiel mit gesellschaftlichem Engagement zuläßt. – Ab 12. ✦ Schwarz-weiß. UdSSR 1955 **P** Lenfilm **KI** Progress **R** Friedrich M. Ermler **B** Konstantin Issajew **K** Anatoli Nasarow **M** Gawril Popow **D** Elina Bystrizkaja (Jelisaweta Maximowna), Sergej Bondartschuk (Juri Jerschow), Jewgeni V. Samoilow (Aganin), Jewgeni Lebedew (Sekretär), S. Giazintowa (Anna Konstantinowna) **L** 96 **E** 11.5.1956 Kino DDR/ 22.6.1956 DFF 1

SEHNSUCHT (1977) (KÄRLEKSVIRVELN). Diebstähle, Mord und Erpressung dienen als dünnes Handlungsgerüst für einen einfältigen schwedischen Sexkrimi. ✦ Schweden 1977 **P** Scandinavian Art Film **KI** A.B. **R** Andrew White (= Andrea Bianchi) **D** Barbara Scott, Anna von Lindberger, Sonja Riviera, Jack Frank, Jan Olof Rydqvist **L** 72 **FSK** ab 18; nf **E** 17.11.1978

SEHNSUCHT (1989). Die scheinbar intakte bäuerliche Welt einer jungen sorbischen Frau in der Lausitz wird durch das Auftauchen eines Fremden bedroht, dessen Verlockungen sie erliegt, als ihr eifersüchtiger Verlobter spurlos verschwindet. Sie heiratet ihn und folgt ihm nach Paris. Einsam und innerlich leer, verliert sie sich in Tagträumen und Erinnerungen, die zu einer Katastrophe führen. Ganz auf den Gegensatz zwischen idyllischer Ursprünglichkeit und einer als bedrohlich empfundenen Veränderung konzentriertes Drama mit elegisch-resignativem Unterton; interessant angesichts der gesellschaftlichen Befindlichkeit, innerhalb der der Film entstand, aber voller formaler Klischees und gestelzter Dialoge. – Ab 16. ✦ DDR 1989 **P** DEFA, Gruppe »Johannisthal« **KI** Progress **Pd** Gerrit List **R** Jürgen Brauer **B** Jürgen Brauer, nach der Novelle »Der Kirschbaum« von Jurij Koch **K** Jürgen Brauer **M** Ralf Hoyer **S** Erika Lehmphul **D** Ulrike Krumbiegel (Ena), Ulrich Mühe (Sieghart), Thomas Büchel (Mathias), Martin Trettau (Großvater), Katharina Lind (Enas Mutter) **L** 97 **E** 1.6.1990 Kino DDR **fd** 28 656

SEHNSUCHT (1990). Zwei Brüder, die in der Bundesrepublik geboren bzw. aufgewachsen sind, finden sich nicht mit den neuen Gegebenheiten zurecht, als die Familie in die türkische Heimat zurückgeht. Nach einer abenteuerlichen Reise gelangen sie wieder in das Land ihrer Kindheits- und Jugendträume. Ihre illegale Rückkehr wirft unüberwindlich scheinende Probleme auf. Der dicht inszenierte, intensiv aufbereitete Jugendfilm greift einfühlsam die Probleme der Kinder von Arbeitsemigranten auf, denen das Land der Eltern fremd ist und die dort, wo sie aufwuchsen, nicht mehr willkommen sind. – Ab 14 möglich. ✦ BR Deutschland 1990 **P** WDR **R** Hanno Brühl **B** Kadir Sözen **K** Michael Giefer, Irma Schreiber **M** Orhan Temur **S** Margot Löhlein, Brigitte Wilz **D** Ibrahim Erol Sandalcioglu (Hüseyin), Deger Pekerman (Memo), Iris Winter (Regine), Oktay Sözbir (Vater), Gulten Gözalan (Mutter) **L** 96 **E** 5.10.1990 West 3

SEHNSUCHT BERGE ... FAST ALLE WEGE FÜHREN NACH OBEN. Dokumentation, die in 27 Kapiteln die Kulturgeschichte des Gebirges nachzuzeichnen sucht: von der ersten Besiedelung über die massentouristische Erschließung bis zur Besteigung der Achttausender. Dabei kommen Menschen zu Wort, die ihr Leben auf unterschiedliche Weise den Bergen gewidmet haben. ✦ Deutschland 1998 **R** Stefan König **L** 128 **E** 29.3.1998 arte

SEHNSUCHT DER FRAUEN (KVINNORS VÄNTAN). Vier Schwägerinnen, die in den Ferien den Besuch ihrer Männer erwarten, gestehen einander ihre Ehe-Erfahrungen. In Rückblenden zeigt Ingmar Bergman Varianten des Zusammenlebens, wobei das Problematische der Geschlechterbeziehung betont wird. Stets sind es verdrängte Ängste, schlecht verheilte Verletzungen und uneingestandene Schuldgefühle, die den Ehealltag prägen und die Partner zur Auseinandersetzung zwingen. Die mit verschiedenen Stilmitteln gestalteten Episoden präsentiert der Regisseur dem Zuschauer zur kritischen Reflexion, wobei die subjektiven Perspektiven der Heldinnen dem Versuch einer Objektivierung unterzogen werden. ✦ Schwarz-weiß. Schweden 1952 **P** Svensk Filmindustrie **KI** Atlas **R+B** Ingmar Bergman **K** Gunnar Fischer **M** Erik Nordgren **S** Oscar Rosander **D** Anita Björk (Rakel), Eva Dahlbeck (Karin), Maj-Britt Nilsson (Marta), Gunnar Björnstrand (Fredrik Lobelius), Birger Malmsten (Martin Lobelius), Jarl Kulle (Kaj),

Karl-Arne Holmsten (Eugen Lobelius), Gerd Andersson (Maj) **L** 98 **FSK** ab 18; f **FBW** w **E** 26.6.1962/18.3.1968 ZDF/30.7.1972 DFF 1 **fd** 11 230

SEHNSUCHT DER HERZEN (DUE MADRI PER ROCCO). Melodram um die Liebe zwischen einer in Berlin lebenden Italienerin und einem verheirateten Geschäftsmann. Als sie schwanger wird, zerbricht die Beziehung, weil er sich nicht zwischen Ehefrau und Geliebter entscheiden kann. Die Italienerin verliert das Kind und kehrt nach Rom zurück, wo die beiden wieder zusammenfinden, aber erneut auf eine harte Bewährungsprobe gestellt werden. – Ab 16. ✦ Italien/Deutschland/Frankreich 1993 **R** Andrea Frizzi, Antonio Frizzi **B** Lidia Ravera, Mimmo Rafele **K** Gianlorenzo Battaglia **M** Eugenio Bennato **D** Eleonora Brigliadori (Marta Valentini), August Zirner (Thomas Wagner), Pietra Montecorvino (Rosaria Sorrentino), Davide Gadaleta (Rocco), Franca D'Amato (Irene) **L** 92/93 **E** 22.,24.3.1995 ARD (zwei Teile)

DIE SEHNSUCHT DER VERONIKA VOSS. Eine ehemalige UFA-Filmdiva wird von einer verbrecherischen Ärztin zugrunde gerichtet. Der Rettungsversuch eines Reporters scheitert. Abschluß einer Trilogie (»Die Ehe der Maria Braun«, »Lola«), in der sich Fassbinder kritisch und stellenweise mit bitterem Sarkasmus mit dem kulturellen und politischen Klima in der Bundesrepublik der 50er Jahre auseinandersetzt. Die handwerkliche Raffinesse – die herausragende Schwarzweißfotografie spielt mit den melodramatischen Effekten alter UFA-Filme –, mit der Kolportage und Klischees in die Handlung eingebunden werden sollen, wirkt hier jedoch oft manieristisch und steril. – Ab 16. ✦ Schwarz-weiß. BR Deutschland 1982 **P** Laura/Tango/Rialto/Trio/Maran **Kl** Filmverlag der Autoren **Pd** Thomas Schühly, Rainer Werner Fassbinder **R** Rainer Werner Fassbinder **B** Peter Märthesheimer, Pea Fröhlich **K** Xaver Schwarzenberger **M** Peer Raben **S** Juliane Lorenz **D** Rosel Zech (Veronika Voss), Hilmar Thate (Robert Krohn), Annemarie Düringer (Dr. Katz), Doris Schade (Josefa), Cornelia Froboess (Henriette), Armin Mueller-Stahl (Max Rehbein), Erik Schumann (Dr. Edel), Johanna Hofer, Rudolf Platte, Peter Berling, Günther Kaufmann, Sonja Neudorfer, Lilo Pempeit, Volker Spengler, Elisabeth Volkmann, Peter Zadek, Dieter Schidor, Rainer Werner Fassbinder (Kinobesucher) **L** 104 **FSK** ab 16; f **FBW** bw **E** 18.2.1982/16.1.1985 ARD **fd** 23 333

SEHNSUCHT DES HERZENS. Ein Kammersänger und die Braut eines Arbeitslosen geraten durch ihre gegenseitige Zuneigung in reale und seelische Konflikte. Die lebensfremd konstruierte Kolportage gibt dem seinerzeit populären Sänger Hans Hotter reichlich Gelegenheit, seinen sonoren Heldenbariton ertönen zu lassen. Aber auch tontechnisch ist der Film unzulänglich. (Alternativtitel: »Frühlingsromanze«) – Ab 16. ✦ Schwarz-weiß. BR Deutschland 1951 **P** Klagemann **Kl** Danubia **Pd** Eberhard Klagemann **R** Paul Martin **B** Paul Martin, Johanna Sibelius, Eberhard Keindorff, nach dem Roman »D-Zug 517« von Maria von Peteani **K** Werner Krien **M** Lothar Brühne **D** Hans Hotter, Linda Caroll, Rainer Penkert, Eva-Maria Andres, Rolf von Nauckhoff **L** 78 **FSK** ab 12; f **E** 19.1.1951 **fd** 1 243

SEHNSUCHT HAT MICH VERFÜHRT. Die an Liebesverwirrungen reiche Geschichte eines ungleichen Schwesternpaars. Nach gedankenlos-kümmerlichem Drehbuch entstand ein unterdurchschnittlicher Unterhaltungsfilm, der die Unarten des deutschen Heimatfilms mit denen des pseudo-moralischen Sittenbildes verbindet. ✦ Scope. BR Deutschland 1958 **P** Rapid **Kl** Bavaria **Pd** Ludwig Spitaler **R** Wilm ten Haaf **B** Johannes Kai, Ellis Kaut **K** Paul Grupp **M** Karl Bette **S** Friedel Buckow-Schier **D** Erika Remberg (Hanne und Ursula Brandner), Dietmar Schönherr (Albert Hermann. Lehrer), Peer Schmidt (Paul Grigoleit, Vertreter), Otto Storr (Pfarrer Thurmair), Ilse Steppat (Brandner-Bäuerin) **L** 94 **FSK** ab 18; nf **E** 7.4.1959 **fd** 7 570

SEHNSUCHT NACH AFRIKA (1938). Sechs deutsche Jungen besuchen den Tierschriftsteller Bengt Berg in seiner schwedischen Heimat, dürfen Filmaufnahmen von Wassergetier, Zugvögeln und Elefanten im Nilgebiet besichtigen und die naturkundlichen Erlebnisberichte des Gastgebers anhören. »Kulturfilm« für Kinder. – Ab 10. ✦ Schwarz-weiß. Deutschland 1938 **P** Tobis **SF** Tobis **R+B** Georg Zoch **K** Günther L. Arko, Bengt Berg **M** Viktor Corzilius **D** Bengt Berg, Kurt Felden, Heinz Jungklaus, Hans Schulz, Claus Detlef Sierck **L** 68 **FSK** ab 6; f **E** 13.1.1939 **fd** 5 824

SEHNSUCHT NACH AFRIKA (1976) (LA VICTOIRE EN CHANTAN / BLACK AND WHITE IN COLOR). Eine Handvoll französischer Siedler, bisher in gutem Einvernehmen mit dem deutschen Kolonialnachbarn lebend, erfährt 1915 zufällig von der Kriegssituation und beeilt sich, der Kriegsverpflichtung auch im tiefen Afrika nachzukommen, bis dieser eher örtliche Krieg abrupt durch die Briten beendet wird. Satirische Studie über die »Beiläufigkeit« von Gegnerschaft, über die Dummheit und über Mechanismen des Kolonialismus. – Ab 16. ✦ Frankreich/Schweiz/Elfenbeinküste 1976 **P** Reggane/SFP/Artco/Société Ivoirenne **Kl** Scotia-Cannon **VA** VPS **Pd** Arthur Cohn **R** Jean-Jacques Annaud **B** Georges Conchon, Jean-Jacques Annaud **K** Claude Agostini **M** Pierre Bachelet **S** Françoise Bonnot **D** Jean Carmet (Sgt. Bosselet), Jacques Dufilho (Paul Rechampot), Catherine Rouvel (Marinetta), Jacques Spiesser (Hubert Fresnoy), Dora Doll (Maryvonne) **L** 92 **FSK** ab 6; f **FBW** w **E** 12.2.1987/17.9.1987 Video **fd** 26 043

SEHNSUCHT NACH ANDALUSIEN (ANDALOUSIE). Stierkämpfe und Massenszenen, aber weder Schwung noch Tempo in einem spanischen Operettenfilm, der zwei Liebesleute – er zukünftiger Torero, sie kommende Tänzerin – genreüblich eine Zeitlang trennt. – Ab 14. ✦ Spanien 1951 **P** C.C.F.C./U.D.I.F./C.E.A. **Kl** Columbia **R** Robert Vernay **B** Robert Vernay, Jean-Pierre Feydeau, nach einer Operette von Albert Willemetz **K** André Thomas **M** Francis López **D** Luis Mariano, Carmen Sevilla, G. Nieto, Arlette Poirier, Rosine Prince **L** 94 **FSK** ab 12; nf **E** 4.2.1952/31.12.1995 arte **fd** 1 586

SEHNSUCHT NACH AUSTRALIEN → Australia

SEHNSUCHT NACH BITTERFELD. Dokumentarfilm über das erste Jahr der deutschen Einheit in Bitterfeld. Die Stadt und die regionalen Probleme werden ohne Kommentar, allein durch die Kraft der Bilder und Erzählungen der Einwohner vorgestellt. Das auf diese Weise entstehende Bild ist vielschichtiger als die übliche Reduzierung der Region auf ihren Status als ökologisches Krisengebiet. ✦ Deutschland 1990–92 **P** ff-Film **R** Thomas Freundner, Ralf Höpfner **B** Ralf Höpfner **K** Thomas Freundner, Kathrin Freundner **M** Karl Hugo Leonhardt **S** Thomas Freundner, Ralf Höpfner **L** 98 **E** 16.12.1993

SEHNSUCHT NACH DEM ROSAROTEN CHAOS (SALUT, J'ARRIVE). Eine kleine Schauspielerin und ein Bankangestellter, die von Kindesbeinen an befreundet sind, beschließen, ohne intime Beziehungen zusammenzuleben und sich das Doppelbett je nach Bedarf mit anderen Partnern zu überlassen. Eine nur mäßig witzige, frivole Komödie. – Ab 16. ✦ BR Deutschland/Frankreich 1982 **P** Mars International/»Schimmelreiter« Albis **Kl** Senator **R** Gérard Poteau **B** Gérard Poteau, Jacques Nahum **K** Marcel Grignon **M** Christian Pegand **S** B. Godon, Pauline Leroy **D** Pierre Jolivet (Gégé), Christiane Krüger (Carole), Michèle Grignon (Minou), Michel Galabru (Minous Vater), Judith Magre (Minous Mutter) **L** 91 **FSK** ab 12; f **E** 6.8.1982 **fd** 23 565

SEHNSUCHT NACH DJAMILA (DSHAMILJA). Djamila, eine junge Frau aus einem kirgisischen Dorf, ist ohne Liebe mit einem Mann verbunden, der im Krieg ist. Aus der Begegnung mit einem verwundeten Soldaten erwächst Verstehen und eine Zuneigung, gegen die sich beide zunächst wehren, ehe sie dann doch gemeinsam das Dorf verlassen. Der Film fasziniert in seiner poetischen Darstellung der weiten Landschaft, in der differenzierten Darstellung der Sinnlichkeit der Figuren; bestechend auch die lyrische Intensität der Kamera. – Ab 14. ✦ Teils schwarz-weiß. UdSSR 1969 **P** Mosfilm **Kl** Progress **R** Irina Poplawskaja **B** Tschingis Aitmatow, nach seinem Roman **K** Kadyrshan Kadyralijew **M** Nikolai Sidelnikow **S** Jelena Surashkaja **D** Natalja Arinbassarowa (Djamila), Sjuimenkul Tschokmorow (Danijar), Nasredin Dubaschew (Sejt), A. Dshangorosowa (Mutter), A. Kenshekow (Sadyk) **L** 81 **FSK** ab 12; f **E** 17.4.1970 Kino DDR/4.2.1972 DFF 1/23.4.1972 ARD

SEHNSUCHT NACH FREIHEIT (ZOO). Die elfjährige Martina lebt mit ihrem Vater, einem Nachtwächter, in einem Zoo Roms. Sie glaubt daran, daß die Tiere in ihre Heimat entfliehen können, wenn sie es nur fest wollen. Eines Nachts trifft sie auf einen stromernden Jungen, der seinem Pflegevater davongelaufen ist. Zwischen den Kindern entwickelt sich eine Freundschaft, die gestört wird, als Martinas Vater die Polizei einschaltet. Gemeinsam mit einem alten, als böswillig geltenden Elefanten fliehen die Kinder in die Freiheit. Kinderfilm, der die kindliche Fantasie ernst nimmt und Gedankenspielen freien Lauf läßt. – Ab 8. ✦ Italien 1988 **P** Instituto Luce **R** Cristina Comencini **B** Francesca Melandri, Cristina Comencini **K** Alfio Contini, Giuseppe Lanci **M** Marco Werba **S** Nino Baragli **D** Asia Argento (Martina), Marco Maria Parente (Ratt), Daniel Olbrychski (Martinas Vater), Louis Ducreux (alter Wärter), Valentina Mascetti **L** 93 **E** 26.12.1990 ZDF

SEHNSUCHT NACH HAVANNA (TERRES ETRANGERES – COULEUR HAVANE). Eine französische Theatergruppe fährt nach Havanna, um ein Stück über die Liebe einer Guerilla-Kämpferin zu einem Schauspieler aufzuführen. Das Stück beruht auf realen Begebenheiten, die seinen Autor auf eine Reise in die Vergangenheit führen. Fernsehfilm, der wie eine Dokumentation beginnt und sich in dem Maße ins Fiktionale wendet, wie aus den Darstellern Figuren einer wahren »Comédie humaine« werden. (O.m.d.U.) ✦ Frankreich 1998 **R+B** Patrick Grandperret **K** Angle Alderete, Miguel Sanchez **S** Richard Marizy **D** Jean-Yves Gautier (Pierre), Ofelia Medina (Mayra), Saulius Luitkus (Pablo), Patrick Bouchitey (Nico), Yvonne Kerouedan (Nathalie), Maurice Najman (Maurice), Jean-Paul Bonnaire (Daniel), Jean Luisi (Jean), Rolando Nunez Navio (Juan), Filip Forgeau (Antoine) **L** 87 **E** 15.11.1999 arte

SEHNSUCHT NACH JACK (HIGHWAY SOCIETY). Ein halbkrimineller Lebenskünstler gerät in Schwierigkeiten, als ein Gangster seine Schulden einzutreiben versucht. In seiner Not nimmt er einen Kurierjob an, der ihn nach Finnland führt, wo er »medizinische Hilfsgüter« in Empfang nehmen soll. An seiner Seite ist die Tochter einer mondänen Neureichen, die sich ihrer Heirat entzog und sich in den Wagen geschmuggelt hat. Das bringt Interpol auf den Plan, während der Killer des Gangsters ihm ohnehin auf den Fersen ist. Mischung aus Road Movie und Krimi, durchsetzt mit einer Liebesgeschichte, die wie der Kriminalfall in der Weite Finnlands ihre Erfüllung findet. ✦ Finnland/Deutschland 2000 **P** Marianna Films/Mariette Rissenbeek Filmprod. **Pd** Mika Kaurismäki, Mariette Rissenbeek **R** Mika Kaurismäki **B** Mika Kaurismäki, Paul Charles Bailly **K** Timo Salminen **D** Kai Wiesinger (Jack Bogart), Marie Zielcke (Elisabeth), Jochen Nickel (Popo), Michaela Rosen (Verena Dirberg), Kari Väänänen (Mann auf Bauernhof) **L** 90 **E** 7.12.2000 ARD

SEHNSUCHT NACH ROCK (VOGLIA DI ROCK). In einem Club lernt eine junge Modezeichnerin einen Amateurmusiker kennen. Aus der Liebe auf den ersten Blick scheint eine Beziehung zu entstehen, bis plötzlich ein Konkurrent, der Chef einer »Heavy Metal«-Gruppe auftaucht. In gestyltem Milieu angesiedelter Musikfilm. – Ab 16. ✦ Italien 1989 **R** Massimo Costa **D** Antonella Ponziani (Diana), Karl Zinny (Carlo), Robert Egon (Sergio), Prisca Dindo **L** (TV) 80 **E** 5.11.1994 MDR

SEHNSUCHT NACH RÜCKKEHR (GUI XIN SHI JIAN). Während des Kampfes gegen die japanischen Invasoren 1940 wird ein chinesischer Widerstandsführer verwundet. Er flieht aus grausamer Gefangenschaft im Bergwerk und sucht seine Mitkämpfer. Unter manchen Versuchungen, die ihn von seiner vaterländischen Pflicht abhalten, ist die nachhaltigste seine Liebe zu einer jungen Witwe mit Kind, die ihn gesund pflegt. Der Film versucht, die menschlichen Aspekte inmitten der Kriegssituation zu betonen und das Recht des einzelnen auf privates Glück herauszustellen. Jenseits dieser – im chinesischen Film bemerkenswerten Akzentverschiebung – gelingen nur durchschnittliche Bilder mit leitmotivischer Sehnsuchtssymbolik. Der Film ist eine Produktion des der chinesischen Volksbefreiungsarmee gehörenden »Filmstudios 1.August« in Peking, das außer Lehr- und Übungsfilmen auch militärisch-moralische Spielfilme herstellt. – Ab 16. ✦ VR China 1979 **P** Filmstudio 1. August **R** Li Jun **B** Li Keyi **K** Zhang Guang-Yuan, Chen Zhenzhong **M** Li Waicai **S** Zou Xin, Xu Luchu **D** Zhao Erkang (Wei), Siqin Gaowa (Yuzhen), Ma Zhingang (Qi), Lu Yong (Dong) **L** (TV) 100 **E** 29.1.1986 ZDF

SEHNSUCHT NACH SODOM. Kurt Raab, der als Schauspieler durch die Filme von Rainer Werner Fassbinder bekannt wurde, starb 1988 an Aids. Im Jahr seines Todes initiierte er diesen Videofilm, den sein Schauspieler-Kollege und Freund Hans Hirschmüller zusammen mit Hanno Baethe drehte. In ihm läßt er sein Leben Revue passieren, spielt nach, was ihn an Ärzten und Pflegepersonal im Umgang mit ihm, den Aids-Kranken, stört, spricht über seine Krankheit in radikaler Offenheit. Der Film dokumentiert, mit welcher Würde der Schauspieler seine tödliche Krankheit trug. Er ist ein filmisches Testament, das die Erinnerung an den Schauspieler und Menschen Kurt Raab festhält. – Ab 16. ✦ BR Deutschland 1989 **P** Hanno Baethe/ZDF **Pd** Hanno Baethe **R** Kurt Raab, Hanno Baethe, Hans Hirschmüller **B** Kurt Raab, Hanno Baethe **K** Hanno Baethe **M** Gisbert Funke **L** 47 **E** 21.3.1989 ZDF

SEHNSUCHT OHNE ENDE (THE WEATHER IN THE STREET). Nach über 10 Jahren trifft Olivia ihre Jugendliebe wieder, den vermögenden Rollo. Zwischen den beiden kommt es erneut zu einer Beziehung, die aber Rollo, der inzwischen verheiratet ist, geheimhalten will. Als Olivia erfährt, daß sie schwanger ist, muß sie eine Entscheidung treffen. In der Zeit zwischen den Weltkriegen spielendes langatmiges Drama, das trotz einer brillanten Hauptdarstellerin nicht über Klischees hinauskommt. (Fernsehtitel: »So spielt das Leben«) ✦ Großbritannien 1983 **P** Rediffusion/Britannia/BBC **Pd** Alan Shallcross **R** Gavin Millar **B** Julian Mitchell, nach den Erzählungen »Invations to the Waltz« und »The Weather in the Streets« von Rosamond Lehmann **K** John Hooper **M** Carl Davis **S** Angus Newton **D** Michael York (Rollo), Lisa Eichhorn (Olivia), Joanna Lumley (Kate), Rosalind Ayres (Etty), Faith Brook (Lady Spencer), Isabel Dean (Mrs.Curtis), Sebastian Shaw (Mr.Curtis) **L** 100 **E** 18.5.1986 DFF 1

SEHNSUCHT OHNE GRENZEN (LONG ROAD HOME). Während der Wirtschaftskrise in den 30er Jahre muß eine Familie ihre texanische Heimat verlassen und sich in Kalifornien als Erntearbeiter verdingen. Ihre Lebensbedingungen werden durch den hartherzigen Farmer erschwert, dessen Willkür sie ausgesetzt ist. Familiendrama mit sozialkritischem Anstrich. – Ab 14. ✦ USA 1991 **P** Rosemont **VA** Screen Entertainment **Pd** David A. Rosemont **R** John Korty **B** Jane-Howard Hammerstein, nach einem Roman von Ronald B. Taylor **D** Mark Harmon, Lee Purcell, Morgan Weisser, Leon Russom **L** 91 **FSK** ab 12 **E** 1993 Video

SEHNSUCHT UND ERINNERUNG (MEMORY & DESIRE). Zum Leidwesen seiner standesstolzen verwitweten Mutter verliebt sich ein Angestellter in Tokio in eine Sekretärin. Beide entfliehen der heimatlichen Enge und heiraten in Neuseeland, brauchen jedoch Zeit, um sich über ihre Liebe klar zu werden. Als der junge Mann bei einem Surfunfall ertrinkt, kehrt die Frau zur Schwiegermutter zurück, stößt jedoch auf Ablehnung. Sie reist erneut nach Neuseeland und zieht sich zurück, um der Seele ihres Geliebten nahe zu sein. Ein Einheimischer versucht, sie ins Leben zurück zu holen. Erstlingsfilm in der Form eines psychologisch gut austarierten Melodrams, das sich griffiger Naturmetaphern bedient, um die Charaktere, ihre Emotionen und Motivationen glaubhaft zu machen. ✦ Neuseeland 1997 **P** Frame up Films **Pd** Owen Hughes **R+B** Niki Caro **K** Dion Beebe **M** Peter Scholes **S** Margot Francis **D** Yuri Kinugawa (Sayo), Eugene Nomura (Keiji), Yoko Narahashi (Mme Nakajima), Senri Sakurai (Mr. Kuroda), John Hancox (Doktor) **L** 89 **E** 11.2.2001 ARD

SEHNSÜCHTIGE LIEBE (ILLICIT INTIMACY). Handelsüblicher Sexfilm um einen Grafen, seine Tochter, seine Frau und ihren Liebhaber. ✦ Italien 1997 **R+B** Alex Perry **K** Scotty Fox **M** Jarrix **S** Alex Perry **D** Jasmine Barnes, Robert Waldream, Sonia Bergher, Natascia Norton, Michael Konso **L** 75 **E** 13.3.1998 premiere

EIN SEHR ALTER HERR MIT GROSSEN FLÜGELN →Ein sehr alter Mann mit großen Flügeln

EIN SEHR ALTER MANN MIT GROSSEN FLÜGELN (UN SENOR MUY VIEJO CON UNAS ALAS ENORMES). Nach einem Wirbelsturm fällt ein alter Mann mit großen weißen Flügeln auf eine Karibik-Insel. In einen Hühnerstall gesteckt, wird er als vermeintlicher Himmelsbote rasch zum Anziehungspunkt der näheren und weiteren Umgebung, da sich die Menschen von ihm Wunder und Heilungen erhoffen. Das zuvor einsame Barackendorf wandelt sich zum Rummelplatz, der durch eine verführerische Spinnenfrau eine weitere Attraktion erhält. Als farbenfroher Bilderbogen und buntbewegtes Karnevalstreiben angelegte Parabel über Aberglauben und Wundergläubigkeit, wobei sich Religiosität und Geschäftssinn verketten; unübersehbar sind einige antiklerikale Spitzen. (TV-Titel: »Ein sehr alter Herr mit großen Flügeln«) – Ab 16. ✦ Kuba/Italien/Spanien 1988 **P** El Institute Cubano/El Laboratorio **Kl** CON-Film **Pd** Camilo Vives, Settimio Presutto, Luis Reneses **R** Fernando Birri **B** Fernando Birri, Gabriel García Márquez, nach dem Roman von Gabriel Garcia Marquez **K** Raúl Pérez Ureta **M** José María Vitier, Gianni Nocenzi, Pablo Milanes **S** Jorge Abello **D** Fernando Birri (Der alte Mann), Daisy Granados (Elisenda), Asdrubal Melendez (Pelayo), Luis Alberto Ramirez (Gonzaga), Adolfo Llauradó (Lucky, der Karibe) **L** 90 **E** 13.7.1990 DFF 2/28.11.1990 West 3/12.6.1992 Kino

EINE SEHR ENGLISCHE EHE (A RATHER ENGLISH MARRIAGE). Zwei alte Männer, die verschiedenen gesellschaftlichen Schichten angehören, werden am selben Tag Witwer. Sie müssen ihre gegenseitige Ablehnung überwinden und sich zusammenraufen, da sie im selben Haus leben. Das labile Gleichgewicht wird bald durch eine attraktive Frau bedroht. Elegantes (Fernseh-)Drama, das sich auf zwei exzellente Hauptdarsteller verlassen kann. – Ab 16. ✦ Großbritannien 1998 **P** Wall to Wall Television **Pd** Joanna Willett **R** Paul Seed **B** Andrew Davies **K** Gavin Finney **M** Jim Parker **S** Dave King **D** Albert Finney (Reggie), Tom Courtenay (Roy Southgate), Joanna Lumley (Lizzie Franks), John Light (junger Reggie), Katie Carr **L** 100 **E** 19.101999 B 1

EINE SEHR MORALISCHE NACHT (EGY ERKÖLCSÖS EJSZAKA). In einer ungarischen Provinzstadt am Ende des 19. Jahrhunderts bezieht ein Student auf Bitten der ihn bewundernden jungen Damen sein Quartier in einem Bordell, in dem er ohnehin häufig zu Besuch ist. Als die Mutter, eine ehrwürdige Dame vom Lande, den Sohn besuchen kommt, versuchen alle Beteiligten, ihr die Wohlanständigkeit einer Damenpension vorzuspielen. Das Wiedersehen wird dennoch von zahlreichen Peinlichkeiten überschattet. Ein detailverliebtes und formal meisterliches Sittengemälde, das von guten Darstellern mit Sinn für komödiantische Nuancen getragen wird; die stilistische Perfektion kann jedoch nicht über den wenig reflektierten Inhalt der Geschichte hinwegtäuschen. – Ab 16. ✦ Ungarn 1977 **P** Mafilm, Stúdió Dialóg **Kl** Progress **VA** Ufa **R** Károly Makk **B** István Örkény, Péter Bacsó, nach einer Erzählung von Sándor Hunyady **K** János Tóth **M** Tamás P. Balassa **S** György Sivó **D** Irén Psota (Madame), Margit Makay (Mutter), György Cserhalmi (Kepeley), Györgyi Tarján (Darinka), Carla Romanelli (Bella) **L** 98 (BRD 89) **FSK** ab 16 **E** 17.11.1978 Kino DDR/9.11.1979 DFF 1/ April 1988 Video

SEHR VERDÄCHTIG →Leslie Nielsen ist sehr verdächtig

SEI GEGRÜSST MOSKAU! (SDRAWSTUI, MOSKWA). Auf der Bühne eines renommierten Moskauer Operntheaters geben die Schüler von Handwerksschulen aus der Provinz eine Galavorstellung mit Musik und Tanz. Anhand ihrer Berichte an einen wißbegierigen Filmautor wird geschildert, was die Jungen erlebten und unternahmen, um in Moskau auftreten zu können. Semidokumentarischer Spielfilm, rührend und komisch, letzteres auch dank der unverfälscht wienerischen Synchronstimmen. – Ab 6. ✦ Schwarz-weiß. UdSSR 1945 **P** Mosfilm **Kl** Sovexportfilm **R** Sergej Jutkewitsch, M. Itina **B** Nikolai Erdman, Michail Wolpin **K** Mark Magidson **M** Anatoli Lepin **D** L. Pirogow, Iwan Ljubesnow, A. Schirschow, Boris Tenin **L** 86 **E** 25.10.1946

SEI HELLE, BLEIB JUNGGESELLE (GLI ZITELLONI). Ein junger Italiener erlebt im Traum sein schweres Los als Ehemann. Herhalten müssen wieder einmal die egoistischen Schwiegermütter. In der krampfhaft-bemühten Komödie kann nur Vittoria de Sica überzeugen. – Ab 16. ✦ Schwarz-weiß. Italien/Spanien 1958 **P** Emo Bistolfi/Union **Kl** Warner **Pd** Emo Bistolfi **R** Giorgio Bianchi **B** Silvio Amadio, Antonio Amurri, Mario Guerra, Carlo Romano **K** Tino Santoni, Manuel Beranguer **M** Italo Greco **D** Vittorio de Sica, Walter Chiari, Maria Luz Galicia, Mario Riva, Mario Carotenuto **L** 97 **FSK** ab 16; nf **E** 12.2.1960 **fd** 8 914

SEI SCHÖN UND HALT DEN MUND (SOIS BELLE ET TAIS-TOI). Die Liebe des Polizeiinspektors rettet ein leichtsinniges Mädchen aus den Fängen von Schmugglern. Teils als amüsante Kriminalkomödie, teils als düsterer Reißer konzipiert, bietet der Film passable Unterhaltung. ✦ Schwarz-weiß. Frankreich 1957 **P** Films E.G.E. **Kl** Pallas **R** Marc Allégret **B** William Benjamin, Marc Allégret **K** Armand Thirard **M** Jean Wiener **S** Suzanne de Troeye **D** Mylène Demongeot (Virginie), Henri Vidal (Kommissar Morel), Darry Cowl (Jérôme), Béatrice Alta-Riba (Olga), Roger Hanin (Charlemagne) **L** 106 **FSK** ab 18; nf **E** 20.2. 1959/3.7.1976 DFF 1 **fd** 7 886

SEI STARK, CASSIE (NOBODY'S FOOL). Eine Kellnerin in einer amerikanischen Kleinstadt versucht, ihrem trostlosen Leben für einige Stunden zu entfliehen, indem sie den Workshop einer durchreisenden Theatertruppe besucht. Sie erregt das Interesse des Bühnentechnikers, der ihr bald eine Lebensalternative anbietet. Eine romantische Komödie, die sich ganz auf ihre Hauptdarstellerin konzentriert und versäumt, ein Spannungsfeld zu den anderen Personen aufzubauen. Während die Nebencharaktere gut geführt werden, droht die eigentliche Handlung zu versiegen. – Ab 16. ✦ Scope. USA 1986 **P** Katz-Denny/Island **Pd** James C. Katz, Jon S. Denny **R** Evelyn Purcell **B** Beth Henley **K** Mikhail Suslow **M** James Newton Howard **S** Dennis Virkler **D** Rosanna Arquette (Cassie), Eric Roberts (Riley), Mare Winningham (Pat), Jim Youngs (Billy), Louise Fletcher (Pearl), Gwen Welles (Shirley) **L** 107 **E** 5.9.1995 RTL 2

SEI STILL JEROME, MAMA ARBEITET! →Besuch Mama, Papa muß arbeiten

SEI ZÄRTLICH, PINGUIN. Ein junges Paar mit sexuellen Problemen findet nach einer lehrreichen Trennung wieder zueinander. Komödienversuch in parodistischer Nachfolge des Aufklärungs- und Soft-Sex-

Genres, der für Offenherzigkeit und Zärtlichkeit werben will. Formal launiger und gefälliger, inhaltlich aber genauso klischeehaft wie die meisten Filme des Genres. ✦ BR Deutschland/Österreich 1982 **P** Regina Ziegler/Günther Köpf/Dieter Geissler/Popular **Kl** UIP **Pd** Dieter Geissler, Günther Köpf **R** Peter Hajek **B** Peter Hajek, Peter Weibel, Barbara Ossenkopp, Fritz Müller-Scherz **K** Jacques Steyn, Walter Kindler **M** Christian Kolonovits **S** Ingrid Koller **D** Marie Colbin (Nina), Heinz Hoenig (Mick), Rainer Hunold (Tommy), Debbie Neon (Debbie), Helga Uhlig (Eva) **L** 94 **FSK** ab 16; f **E** 25.2.1982 **fd** 23 339

SEID NETT AUFEINANDER (LA RIVOLUZIONE SESSUALE). Ein Privatdozent der Psychologie will in seiner Experimentiergruppe die freie Liebe einführen. Das Los legt täglich neue Paarkonstellationen fest. Doch schon nach drei Tagen scheitert das Experiment an Eifersucht und Sympathiebekundungen. Der äußerst einfältige Film beruft sich auf »Die sexuelle Revolution« von Wilhelm Reich. – Wir raten ab. ✦ Italien 1969 **P** Westfilm **Kl** Düssel **R** Riccardo Ghione **B** Riccardo Ghione, Dario Argento, nach Wilhelm Reich **K** Alessandro D'Eva **M** Teo Usuelli **S** Attilio Vincioni **D** Lorenza Guerrieri, Riccardo Cucciolla, Laura Antonelli, Christian Alegny, Maria Luisa Bavastro **L** 92 **FSK** ab 18; nf **E** 16.1.1970 **fd** 16 556

SEID NETT ZU MR. SLOANE (ENTERTAINING MR. SLOANE). Ein Strichjunge pflegt ein Verhältnis mit einer älteren Frau und deren homosexuellem Bruder. Er ermordet mit dem Vater der beiden den Zeugen eines früheren Verbrechens und wird danach von dem Geschwisterpaar zu einer »Ehe zu dritt« erpreßt. Eine mit makabrem Witz gebotene Attacke auf die Amoralität und Maßlosigkeit der modernen Gesellschaft. Der nach Joe Ortons Bühnenstück gestaltete Film ebnet die kritischen Spitzen der Vorlage allerdings weitgehend ein. ✦ Scope. Großbritannien 1969 **P** Canterbury **Kl** Constantin **Pd** Christopher Sutton **R** Douglas Hickox **B** Clive Exton, nach einem Bühnenstück von Joe Orton **K** Wolfgang Suschitzky **M** Georgie Fame **S** John Trumper **D** Peter McEnery (Mr. Sloane), Beryl Reid (Kath), Harry Andrews (Ed), Alan Webb (Kemp) **L** 94 **FSK** ab 16; f **E** 11.9.1970/ 16.2.1974 ZDF **fd** 16 984

SEIDE UND SCHWERT (GOH-HIME). Fortsetzung des Historienfilms »Rikyu, der Teemeister«. Nach dem erzwungenen Selbstmord des Lehrmeisters wird einer von Rikyus Schülern zu dessen Nachfolger ernannt. Doch auch er gerät mit dem strengen Reglement am kaiserlichen Hof in Konflikt. Zusammen mit einer Prinzessin, die sein Freiheitsbedürfnis teilt, wagt er einen Akt der Rebellion. ✦ Japan 1992 **R** Hiroshi Teshigahara **B** Genpei Akasegawa, Hiroshi Teshigahara **K** Fujio Morita **M** Toru Takemitsu **D** Tatsuya Nakadai (Oribe Furuta), Rie Miayazawa (Prinzessin Goh), Toshiya Nagasawa (Usu), Katsuhiro Oida (Fürst Hideyoshi), Hisashi Igawa (Ieyasu Tokugawa) **L** 121 **E** 16.2.1994 ARD

DIE SEIDENE SCHLINGE (NOOSE). Eine Journalistin deckt die Machenschaften einer mörderischen Geldfälscher- und Schwarzmarktbande in Soho. Unglaubwürdiger Kriminalfilm. – Ab 16. ✦ Schwarz-weiß. Großbritannien 1948 **P** Associated British Pathé **Kl** Omnium **Pd** Edward Dryhurst **R** Edmond T. Gréville **B** Richard Llewellyn, nach seinem Bühnenstück **K** Hone Glendinning **M** Charles Williams **D** Carole Landis, Nigel Patrick, Derek Farr, Joseph Calleia, Stanley Holloway **L** 90 **FSK** ab 16; f **E** 23.6.1950 **fd** 809

DER SEIDENE SCHUH (LE SOULIER DE SATIN/O SAPATO DE CETIM). Verfilmung von Paul Claudels zwischen 1919 und 1924 entstandenem Stück: Im Mittelpunkt die durch bewußten Verzicht unerfüllbare Liebe zwischen der schönen jungen Gemahlin eines spanischen Granden zur Zeit König Philipp II. und einem tatendurstigen Edelmann, der enttäuscht als Vizekönig nach Amerika segelt. Um ihrem weitaus älteren Ehemann die Treue halten zu können, weiht sie einen ihrer seidenen Schuhe der Jungfrau Maria. Der Film folgt der Struktur der Vorlage, die sich über Epochen und Erdteile erstreckt und in vier Tage gegliedert ist. Als roter Faden zieht sich durch die Dichtung die tiefe Überzeugung von der Unlösbarkeit der Ehe. Die vorzügliche deutsche Neufassung und Synchronisation wird dem spirituellen Gehalt der Dichtung gerecht. So befremdlich die romantisch-schwülstige Inszenierung zunächst erscheinen mag: wer sich mit Geduld darauf einläßt, erlebt große Dichtung in einer eindrucksvoll konsequenten filmischen Gestaltung. – Sehenswert. ✦ Frankreich 1985 **P** Films du Passage/Métro E. Tal/I.N.A./SSR/WDR **R** Manoel de Oliveira **B** Manoel de Oliveira, nach einem Bühnenstück von Paul Claudel **K** Elso Roque **M** João Paes **S** Janine Martin **D** Luís Miguel Cintra (Don Rodrigo), Patricia Barzyk (Dona Proeza), Jean-Pierre Bernard (Don Camillo), Anne Gautier (Dona Musica), Henri Serre (1. König), Franck Oger (Don Pelayo), Anne Consigny (Dona Siebenschwert) **L** 410 **E** 13.,27.8.,3.,8.9.1985 HR/NDR/West 3 (vier Teile)

SEIDENSTRÜMPFE (SILK STOCKINGS). Eine linientreue Sowjetagentin, die ausgesandt wurde, um einen russischen Komponisten den Fängen Hollywoods zu entreißen, wird durch den Charme eines Filmproduzenten zu den Vorzügen westlicher Lebensart bekehrt. Aufwendig gestaltetes, mit amüsanten satirischen Details angereichertes Broadway-Musical, musikalisch und choreografisch ein Leckerbissen. Der direkte Vergleich mit dem von Ernst Lubitsch inszenierten Originalstoff (»Ninotschka«, 1939) wäre nicht gerecht, da die Musical-Version dessen Geist und Flair zwangsläufig nicht zu erreichen vermag, seine Qualitäten vielmehr innerhalb der Möglichkeiten seines Genres entfaltet. – Ab 14. ✦ Scope. USA 1956/57 **P** Loew's Incor./MGM, Culver City **Pd** Arthur Freed **R** Rouben Mamoulian **B** Leonard Gershe, Leonard Spigelgass, Harry Kurnitz (ungenannt), nach einem Musical-Libretto von George S. Kaufman, Leueen McGrath und Abe Burrows, basierend auf dem Film »Ninotschka« **K** Robert Bronner **M** Cole Porter, André Previn **S** Harold F. Kress **D** Fred Astaire (Edwin Canfield), Cyd Charisse (Ninotschka), Janis Paige (Peggy Dayton), Peter Lorre (Brankow), George Tobias (Wassili Markowitsch), Jules Munshin (Bibinski) **L** 118 **FSK** ab 12; nf **E** 30.1.1958/15.3. 1972 BR III **fd** 6 534

DIE SEIFENDIEBE (LADRI DI SAPONETTE). Ein Filmregisseur hat einen Spielfilm über die Armut und die Sorgen eines jungen Paares in unmittelbarer Nachkriegszeit inszeniert, eine melodramatische, gefühlvolle Hommage auf Vittorio de Sicas Filmklassiker »Fahrraddiebe« von 1948. Bei der Ausstrahlung des Films im italienischen Fernsehen kommt es durch Werbeeinschaltungen zu Unterbrechungen und Überraschungen: die verschiedenen Bilderwelten verbinden und verwirren sich, was das gelangweilte Fernsehpublikum aber kaum wahrnimmt. Eine mit mehreren Ebenen jonglierende turbulente und amüsante Satire auf die Vorherrschaft des kommerziellen Fernsehens, das Kinogeschichten zerstört und den Zuschauer fremdbestimmt. – Sehenswert ab 14. ✦ Teils schwarz-weiß. Italien 1988 **P** Warner Bros. Italia/Bambù Cinema e TV/Rete Italia **Kl** atlas **Pd** Ernesto di Sarro **R** Maurizio Nichetti **B** Maurizio Nichetti, Mauro Monti **K** Mario Battistoni **M** Manuel de Sica **S** Rita Olivati, Anna Missoni **D** Maurizio Nichetti (Regisseur/Antonio), Caterina Sylos Labini (Maria), Renato Scarpa (Don Italo), Heidi Komarek (Model), Federico Rizzo (Bruno), Matteo Auguardi (Paolo), Carlina Torta (Mutter), Massimo Sacilotto (Vater), Lella Costa, Claudio G. Fava **L** 85 **FSK** ab 6; f **E** 6.9.1990 **fd** 28 451

SEILBAHN IN DEN TOD (SKYWAY TO DEATH). Die letzte Gondel einer Seilbahn, die vor der Einstellung des Fahrbetriebes wegen Sturmwarnung von der 2956 m hohen Bergstation zu Tal fährt, bleibt infolge eines Sabotageaktes im Maschinenraum während der Fahrt hängen. Als ein Rettungsversuch vor dem Sturm mißlingt, scheinen die acht Insassen zum Tod verurteilt zu sein. Mischung aus Krimi, Psychodrama und Abenteuerfilm. Das spannende Thema wird nur oberflächlich behandelt, so daß der anfangs interessante Film zunehmend enttäuscht. – Ab 14. ✦ USA 1974 **P** Universal **R** Gordon Hessler **B** David Spector **M** Hal Mooney **D** Ross Martin, Stefanie Powers, Bobby Sherman, Joseph Campanella, Nancy Malone **L** 75 **E** 20.1.1978 ARD

SEILERGASSE 8. Ein Kriminalkommissar klärt den Mord an einem schwangeren Mädchen und muss als Täter seinen Sohn verdächtigen. Kriminalfilm der DEFA, in dem die viel beschworene »sozialistische Menschengemeinschaft« kritisch durchleuchtet und ad absurdum geführt wird. Als psychologisches Porträt einer Hausgemeinschaft mit ihren unterschiedlichen Individuen interessant und gut gespielt, wenn auch am Ende mit politisch-belehrenden Tendenzen befrachtet. – Ab 16. ✦ Schwarz-weiß. DDR 1959/60 **P** DEFA **Kl** ABC **Pd** Erich Albrecht **R** Joachim Kunert **B** Günter Kunert, Joachim Kunert **K** Eugen Klagemann **M** André Asriel **S** Hildegard Conrad **D** Martin Flörchinger (Albert Schirding), Manja Behrens (Frau Schirding), Dietrich Kerky (Werner Hallgast), Rudolf Ulrich (Herbert Zallner), Dieter Perlwitz (Peter Schirding) **L** 90 (BRD 82) **FSK** ab 16; f **E** 12.8.1960 Kino DDR/19.5.1961 DFF 1/13.10.1961 Kino BRD **fd** 10 653

SEILFAHRTEN ... RELATIV EXTREM (SEILFAHRTEN ... RELATIV EXTREM). In einer Duisburger Imbißbude denken sich ein Ruhrgebietler und ein Schweizer ein Reiseprogramm besonderer Art aus. Sie wollen Bergleute auf die Schweizer Berge und Senner ins Ruhrgebiet bringen. Mit fünf »Touristen« geht die Reise los. Ein dokumentarischer Filmessay, der extreme Gegenpole einander näherbringt und so zur Verständigung und Selbsterfahrung beitragen will. Dabei gehört es zum filmischen Konzept, daß touristische Klischees beider Regionen in die Betrachtung einfließen, um hinterfragt werden zu können. ✦ Deutschland/Schweiz 1994 **R** Friedhelm Schrooten, Robert Bosshard, Barbara Metselaar-Berthold **B** Friedhelm Schrooten, Robert Bosshard **K** Barbara Metselaar-Berthold **D** Robert Bosshard, Friedhelm Schrooten, Nikolaus Bender, Norbert Schatze, Halil Sentürk, Rainer Simke **L** 63 **E** 3.10.1994 ZDF

DIE SEILTÄNZER. Dokumentarfilm über eine Familie von Hochseilartisten, deren Mitglieder seit Generationen ihre Kunststücke aufführen und auf eine bis ins frühe 16. Jahrhundert reichende Tradition zurückblicken können. Durch die deutsche Teilung spaltete sich die Familie nach dem Zweiten Weltkrieg in eine Ost- und eine West-Fraktion. Während damals Politik und die Geschichte für die Trennung verantwortlich waren, führen heute Neid und Mißtrauen zu einem fragwürdigen Konkurrenzkampf, der zu tiefer Feindschaft und auch schon zu einem Todesfall geführt hat. ✦ Deutschland 1996 **R+B** Jochen Wisotzki **L** 90 **E** 22.12.1996 3sat

SEILTÄNZER (1965) (KANATOCHODZY). Usbekistan 1920: Basmatschen terrorisieren die Dörfer und versuchen, den Sieg der Revolution aufzuhalten. Zwei Seiltänzer setzen als Kundschafter ihr Leben ein und helfen bei der Vernichtung einer Bande mit. Inhaltlich und gestalterisch abgedroschenes Revolutionsabenteuer. – Ab 8. ✦ Schwarz-weiß. UdSSR 1965 **P** Usbekfilm **Kl** Progress **R** Rawil Batyrow **B** J. Iljasow, A. Taschkenbajewa **K** D. Fatchullin **M** Rumil Wildanow **D** Rasak Chamrajew, Rustam Sagdullajew, I. Dshanturin, K. Chodshajew, Sagit Talipow **L** 76 **E** 10.6.1966 Kino DDR/4.11.1967 DFF 1 **fd** 14 847

SEILTÄNZER (1980) (WOSDUSCHNYJE PESCHECHODY). Die Geschichte eines Hochseilartisten, der nach einem Streit mit seiner Braut vom Seil stürzt, sich die Wirbelsäule verletzt und nun seinem Leben einen neuen Sinn geben muß. Unterhaltsamer Zirkusfilm, der sowohl artistische Glanzleistungen als auch einen Einblick in das Geschehen hinter den Kulissen bietet. – Ab 8. ✦ Scope. UdSSR 1980

P Usbekfilm **KI** Progress **R** Juri Stentschuk **B** Ibrahim Rachim, Dmitri Cholendro **K** Nadshim Guljamow **M** Jewgeni Schirjajew **D** Dshaloi Jussupow (Machkam), A. Melikdshanjan (Akmal), Tamara Schakirowa (Samira), Nabi Rachimow (Chakim-ata), Wadis Kadyrow (Ikramdshon) **L** 80 **E** 8.1.1980 Kino DDR

SEIN ALLERLETZTER TAG (SAMY POSLEDNI DEN). Am letzten Arbeitstag vor seiner Pensionierung weist ein Leutnant der Miliz seinen Nachfolger in seinen Bezirk ein und besucht mit ihm seine Sorgenkinder. Auf dem Heimweg begegnet er Banditen und wird von diesen erschlagen. – Ab 14. ✦ Scope. UdSSR 1973 **P** Mosfilm **KI** Progress **R** Michail Uljanow **B** Boris Wassiljew, Michail Uljanow **K** Elisbar Karawajew **M** Isaak Schwarz **D** Michail Uljanow (Kowaljow), Wjatscheslaw Newinny (Stepeschko), B. Tschinkin (Belokon), Tatjana Kulisch (Alla), Irina Bunina (Vera Kukuschkina) **L** 93 **E** 4.3.1977 Kino DDR

SEIN AUFTRAG HIESS: MORD (KOPJASOK). Der Lebensweg eines politischen Abenteurers, der fast drei Jahrzehnte seines Lebens im Dienst der faschistischen Organisation »Lanzenträger« steht. Nur bedingt gelungener Versuch, Episoden aus der ungarischen Geschichte aktionsbetont und psychologisch akzentuiert an den Lebensstationen eines Mannes darzustellen. – Ab 16. ✦ Schwarz-weiß. Ungarn 1975 **P** Hunnia **KI** Progress **R** György Palásthy **B** György Palásthy, nach einem Buch von György Kardos **K** Ottó Forgács, N. Nemescsói **M** Kamilló Lendvay **D** Mariann Moór (Magdi), Ildikó Bánsági (Veronika), György Kálmán (Pater Titusz), Sándor Oszter (Kaposi), Gábor Koncz (Kázméry) **L** 105 **E** 30.4.1976 Kino DDR/1.6.1977 DFF 2

SEIN AUFTRAG: MORD → Center of the Web

SEIN BESTER FREUND (1936/37). Ein Berliner Kriminalassistent richtet einen ihm zugelaufenen Schäferhund für den Polizeidienst ab und setzt ihn erfolgreich bei verschiedenen Suchaktionen ein. Als das kluge und mutige Tier eines Tages nicht den gestellten Einbrecher, sondern einen Polizisten anfällt, kommt es zu einem dramatischen Konflikt, der das Tier das Leben kostet. Geradlinig, aber recht schlicht entwickelter Kriminalfilm in sorgfältiger Inszenierung; anspruchslose Unterhaltung mit sentimentalem Einschlag. Remake von Harry Piels eigenem Stummfilm aus dem Jahre 1929. – Ab 12. ✦ Schwarz-weiß. Deutschland 1936/37 **P** Ariel **KI** Pröbster & Zellmann **Pd+R** Harry Piel **B** Hanns Marschall, Georg Zoch **K** Friedl Behn-Grund, Günther Anders **M** Fritz Wenneis **D** Harry Piel, Edna Greyff, Henry Lorenzen, Ernst Legal, Trude Hesterberg **L** 108 **FSK** ab 6; f **E** 26.2.1937/11.5.1963 ZDF **fd** 4155

SEIN BESTER FREUND (1962). Film über eine Durchsteigung der Eiger-Nordwand, der an diesem Beispiel die Grenze zwischen Bergsteigen als Sport und als Tollkühnheit aufzeigen will. Die dramatische Geschichte ist stark mit einer Liebes- und Eifersuchtshandlung verquickt. – Ab 12. ✦ BR Deutschland 1962 **P** Kurt Ulrich **KI** Nora **Pd** Kurt Ulrich **R** Luis Trenker **B** Luis Trenker, Gustav Kampendonk **K** Rolf Kästel **M** Peter Sandloff **D** Toni Sailer (Peter Haller), Dietmar Schönherr (Marius Melichar), Hilti von Allmen (Anderl Burri), Hans Nielsen (Imhoff), Elke Roesler (Clarissa) **L** 97 **FSK** ab 12; f **E** 30.11.1962/10.10.1971 ZDF/9.3.1988 DFF 1 **fd** 11622

SEIN BESTES STÜCK VERKAUFT MAN NICHT (IL TRAPIANTO). Vulgäre Farce um einen sizilianischen Baron, der sich eine Zeitlang gefahrlos mit Frauen amüsieren kann, weil er sie glauben läßt, er habe seine Männlichkeit für eine Milliarde Lire einem amerikanischen Millionär zur Transplantation verkauft. (Alternativtitel: »Die liebestollen Abenteuer des Baron X«) ✦ Italien/Spanien 1969 **P** Rizzoli/D.I.A. **KI** Kora **R** Steno (= Stefano Vanzina) **B** Giulio Scarnicci, Stefano Strucchi, Raimondo Vianello, Steno (= Stefano Vanzina) **K** Carlo Carlini **M** Gregorio Garcia Segura **S** Marcello Malvestiti **D** Carlo Giuffrè, Renato Rascel, Graziella Granata, Roberto Camardiel, Rafael Alonso **L** 86 **FSK** ab 18; nf **E** 16.5.1975 **fd** 19320

SEIN BODYGUARD (HIS BODYGUARD). Nach dem Überfall auf ein Labor wird ein Chemiker unter Polizeischutz gestellt, weil er die Täter gesehen hat und in höchster Gefahr schwebt. Sein Beschützer ist eine Frau, die sich bald in ihren Schützling verliebt. Vielleicht war intendiert, daß dieser Film nicht nur für Spannung, sondern auch für Erotik sorgen sollte: aber weder das eine noch das andere wurde erreicht. Da springt kein zündender Funke über; das Geschehen ist zu fadenscheinig, die Geschichte zu dürftig. ✦ Kanada/USA 1997 **P** Paramount/Wilshire Court **VA** CIC **Pd** Julian Marks, Mark Winemaker **R** Artie Mandelberg **B** Emma Samms, Bennett Cohen **K** Paul Maibaum **M** Daniel May **S** Michael Economou **D** Mitzi Kapture, Anthony Natale, Michael Copeman, Robin Gammell, Robert Guillaume **L** 85 **FSK** ab 12 **E** 12.10. 1998 Video **fd** 33540

SEIN COLT WAR SCHNELLER (BUCHANAN RIDES ALONE). Ein zufällig des Weges kommender Texaner und ein zum Tode verurteilter Mörder wehren sich in einem kalifornischen Grenzort gegen die Willkür korrupter Gesetzesvertreter. Ein Western in mittelmäßiger Inszenierung. – Ab 16. ✦ USA 1958 **P** Columbia **KI** Columbia **Pd** Harry Joe Brown, Randolph Scott **R** Budd Boetticher **B** Charles Lang, nach einer Erzählung von Jonas Ward **K** Lucien Ballard **S** Al Clark **D** Randolph Scott (Buchanan), Craig Stevens (Abe Carbo), Barry Kelley (Lou Agry), Tol Avery (Simon Agry), Peter Whitney (Amos Agry), Manuel Rojas (Juan), L. Q. Jones (Pecos Bill), Robert Anderson (Waldo Peek), Joe De Santis (Esteban Gomez), Nacho Galindo (Nacho), Roy Jensen (Hemp) **L** 79 **FSK** ab 12; f (fr. 16) **E** 12.6.1959/27.5.1967 ARD **fd** 8240

SEIN ENGEL MIT DEN ZWEI PISTOLEN (THE PALEFACE). Die Erlebnisse eines reisenden Zahnarztes und rechten Hasenfußes und seiner revolverschwingenden Frau, die ihn zur Tarnung ihres Agenten-Auftrages geheiratet hat. Frische, unbekümmerte Westernparodie, die amüsante, manchmal überdrehte Unterhaltung liefert. – Ab 12. ✦ USA 1947 **P** Paramount **KI** Paramount **Pd** Robert L. Welch **R** Norman Z. McLeod **B** Edmund L. Hartmann, Frank Tashlin **K** Ray Rennahan **M** Victor Young **S** Ellsworth Hoagland **D** Jane Russell (Calamity Jane), Bob Hope (Peter Potter), Robert Armstrong (Terris), Iris Adrian (Pepper), Robert Watson (Toby Preston), Jack Searl (Jasper Martin), Joseph Vitale (Scout), Clem Bevans (Hank Billings), Stanley Andrews (Emerson), Wade Crosby (Web), Chief Yowlachie, Iron Eyes Cody (Häuptling Iron Eyes), John Maxwell, Henry Brandon (Wapato), Francis McDonald (Lance), George Chandler (Patient), Nestor Paiva (Patient), Earle Hodgins (Clem), Trevor Bardette, Houseley Stevenson, Lane Chandler, Kermit Maynard, Harry Harvey, Paul Burns **L** 92 **FSK** ab 12; nf **E** 5.10.1950/14.9.1963 ZDF **fd** 714

SEIN ERSTER KONFLIKT (HO RITROVATO MIO FIGLIO). Die etwas zu rührend erzählte Geschichte eines kleinen Jungen, der am Vorabend seiner Erstkommunion seinen älteren Bruder beim Diebstahl eines Projektors im Pfarrsaal beobachtet hat. Anspruchslose Unterhaltung. – Ab 12. ✦ Schwarz-weiß. Italien 1954 **P** Sampaolo **R** Elio Piccon **D** Harry Kinsky, Carlo Campanini, Pina Piovani **L** 71 **E** 7.3.1965 ARD

SEIN ERSTES KONZERT (PRISWANIJE). Die Entwicklung eines musikalisch hochbegabten Jungen, der das Glück hat, nicht zum »Wunderkind« stilisiert zu werden, sondern zu einer ehrlichen und bescheidenen Künstlerpersönlichkeit. Dramaturgisch insgesamt zu sprunghaft und konstruiert, musikalisch eindrucksvoll. – Ab 12. ✦ Schwarz-weiß. UdSSR 1956 **P** Gorki-Studio **KI** Progress **R** Maria Fjodorowa **B** Valentina Spirina **K** A. Polkanow **M** Leonid Afanasjew **D** A. Demjanow (Aljoscha), Leonid Gallis (Dobrynin), Marina Kusnezowa (Irina), Mischa Tjagunow (Borja), Grigori Below (Professor Nikolski) **L** 92 **E** 4.4.1958 Kino DDR/7.10.1958 DFF 1

SEIN FREUND BURNS (L'ANTRE DE MISERICORDE). Im 18. Jahrhundert an der französischen Atlantikküste: In Brest gerät ein junger Mann, dessen sehnlichster Wunsch es ist, Seemann zu werden, der aber das Waffengeschäft seines Vaters übernehmen soll, durch die Freundschaft mit einem früheren Schiffsarzt in eine Folge gefährlicher Abenteuer, die sein Leben verändern. – Ab 16. ✦ Frankreich 1976 **P** Television Français **R** Bernard d'Abrigeon **B** Bernard d'Abrigeon, nach einem Roman von Pierre Macrolan **K** Jacques Duhamel **M** Alan Stivell **D** Pascal Sellier, Roger Jacquet, Paul Le Person, Jacques Denis, Françoise Bertin **L** 90 **E** 31.12.1980 SW

SEIN FREUND, DER LEDERSTRUMPF (THE PATHFINDER). Indianerabenteuer aus dem indianisch-französischen Krieg (1754–1760). Die Mohikaner kämpfen auf englischer Seite, und Lederstrumpf bringt als geheimer Kundschafter Informationen aus dem französischen Lager. Billigfilm mit konfusem Patriotismus; sehr frei nach Cooper. – Ab 14. ✦ USA 1952 **P** Columbia **KI** Columbia **Pd** Sam Katzman **R** Sidney Salkow **B** Robert E. Kent, nach einem Roman von James Fenimore Cooper **K** Henry Freulich **M** Mischa Bakaleinikoff **S** Jerome Thoms **D** George Montgomery (Lederstrumpf), Helena Carter (Welcome Allison), Jay Silverheels (Chingachcook), Walter Kingsford (Col. Duncannon), Rodd Redwing (Häuptling), Bruce Lester (Capt. Bradford), Chief Yowlachie, Russ Conklin (Togamak), Adele St. Maur **L** 82 **FSK** ab 12; nf **E** 16.12.1955 **fd** 4612

SEIN FREUND, DER ROBOTER → Prototyp

SEIN FREUND JELLO (OLD YELLER). Auf einer einsamen Farm im Texas des vorigen Jahrhunderts wird ein herumstreifender Hund zum Freund und Beschützer einer Mutter und ihrer beiden Jungen. Liebenswerter Tierfilm, spannend und gefühlvoll inszeniert. – Sehenswert ab 12. ✦ USA 1957 **P** Walt Disney **KI** Ufa **Pd** William H. Anderson **R** Robert Stevenson **B** Fred Gipson, William Tunberg **K** Charles P. Boyle **M** Oliver Wallace, Gil George **S** Stanley Johnson **D** Dorothy McGuire (Katie Coates), Fess Parker (Jim Coates), Tommy Kirk (Stephan Coates), Kevin Corcoran (Axel Coates), Jeff York (Bud Searcy) **L** 82 **FSK** ab 6; f **FBW** w **E** 31.10.1958/24.2.1990 DFF 2 **fd** 7556

SEIN GEFÄHRLICHSTER AUFTRAG (ASSIGNMENT TO KILL). Ein Millionär begeht einen Versicherungsbetrug und wird von einem Detektiv zur Strecke gebracht. Routiniert inszenierter spannender Krimi mit lakonisch-präzisem Dialog. – Ab 16. ✦ Scope. USA 1966 **P** Warner-Seven Arts **KI** Warner **Pd** William Conrad **R+B** Sheldon Reynolds **K** Harold Lipstein, Enzo Barboni **M** William Lava **D** Patrick O'Neal (Richard Cutting), Joan Hackett (Dominque), John Gielgud (Valayan), Herbert Lom (Matt Wilson), Eric Portman (Notar) **L** 99 **FSK** ab 12 (fr. 16) **E** 16.8.1968 **fd** 15685

SEIN GROSSER AUFTRITT (ENTER LAUGHING). Komödie um einen New Yorker Handwerker, der Ende der 30er-Jahre alles daran setzt, Schauspieler zu werden. – Ab 14. ✦ USA 1967 **P** Acre Enterprises/ Columbia Pictures Corp./Sajo **Pd** Carl Reiner, Joseph Stein **R** Carl Reiner **B** Carl Reiner, Joseph Stein, nach einem Roman von Carl Reiner sowie einem Bühnenstück von Joseph Stein **K** Joseph Biroc, Albert Taffet **M** Mack David, Quincy Jones **S** Charles Nelson **D** Reni Santoni (David Kolowitz), José Ferrer (Mr. Marlowe), Elaine May (Angela), Janet Margolin (Wanda), Shelley Winters (Mrs. Kolowitz), Jack Gilford (Mr. Foreman), Michael J. Pollard (Marvin), Rob Reiner (Clark Baxter) **L** 105 **E** 13.9.2000 tm 3

SEIN GROSSER FREUND (ODWIEDZINY PREZYDENTA). Die Geschichte eines kleinen Jungen aus gutem Hause, dem nichts fehlt außer Liebe, Verständnis und Zeit von Seiten der Eltern, und der in seiner Phantasie Trost vom »Präsidenten« eines Märchenlandes erfährt. Psychologisch einfühlsame und handwerklich anspruchsvolle Produktion, die überzeugend den Wert von Geborgenheit und Zuwendung gegenüber materiellen Gütern hervorhebt. – Ab 14. ✦ Schwarz-weiß. Polen 1961 **P** Spielfilmstudio Lódz **Kl** Progress **R** Jan Batory **B** Jerzy Zawieyski **K** Antoni Wojtowicz **M** Adam Walacinski **D** Januszek Pomaski (Jacek), Leon Niemczyk (Vater/Präsident), Beata Tyszkiewicz (Iga), Irena Malkiewicz (Kicia), Jan Machulski (Arzt) **L** 90 **E** 7.12.1962 Kino DDR/5.9.1963 DFF 1

SEIN GROSSER KAMPF (FLESH AND FURY). Der Weg eines taubstummen Boxers zum Erfolg im Ring und in der Liebe. Unter den zahlreichen amerikanischen Boxerdramen zählt der Film, der ordentlich auf die Tränendrüsen drückt, zum guten Durchschnitt. – Ab 14. ✦ Schwarz-weiß. USA 1952 **P** Universal **Kl** Universal **R** Joseph Pevney **B** Bernard Gordon, William Alland **K** Irving Glassberg **M** Hans J. Salter **D** Tony Curtis, Jan Sterling, Mona Freeman, Wallace Ford, Connie Gilchrist **L** 78 **FSK** ab 12; nf **E** 24.4. 1953 **fd** 2 398

SEIN GROSSER SIEG. Ein junger Ost-Berliner Fahrrad-Mechaniker will unbedingt Radrennfahrer werden. Sein Hauptinteresse gilt den Steher-Rennen, worauf er sich als Profisportler anwerben lässt und nach West-Berlin geht. Nach Betrügereien und Enttäuschungen kehrt er dem Westen jedoch wieder den Rücken und übt seinen »sauberen« Sport nunmehr in der DDR aus. Sportlerfilm mit eindeutiger propagandistischer Absicht. – Ab 10. ✦ Schwarz-weiß. DDR 1952 **P** DEFA **Kl** Progress **Pd** Willi Teichmann **R** Franz Barrenstein **B** Hermann von Rohde, Alexander Lösche **K** Willi Kuhle **M** Gottfried Madjera **S** Lieselotte Johl **D** Claus Holm (Hans Nettermann), Eva Probst (Marianne Tressler), Lutz Götz (Tressler), Johannes Schmidt (Mehlberg), Harry Hindemith (Lahmann), J. P. Dornseif, Horst Oberländer, Peter Marx, Heinz Scholz, Sabine Thalbach, Fred Kronström, Rolf Ludwig **L** 87 **E** 8.8.1952 Kino DDR/16.4.1955 DFF 1

SEIN GRÖSSTER BLUFF (THE MILLION POUND NOTE). Eine Banknote mit einem Nennwert von einer Million Pfund öffnet einem in Wahrheit armen Mann alle Türen, ohne daß er das Kapital überhaupt anzutasten braucht. Sympathische und unterhaltsame Satire über die sich verselbständigende Macht des Geldes; frei nach der Geschichte von Mark Twain. – Ab 10. ✦ Großbritannien 1954 **P** Rank **Kl** Rank **Pd** John Bryan **R** Ronald Neame **B** Jill Craigie, nach einer Erzählung von Mark Twain **K** Geoffrey Unsworth **M** William Alwyn **S** Clive Donner **D** Gregory Peck (Henry Adams), Jane Griffiths (Portia Landsdowne), Ronald Squire (Oliver Montpellier), Wilfrid Hyde-White (Roderick Montpellier), Joyce Grenfell (Herzogin von Cromarty), Hartley Power (Mr. Westerland) **L** 91 **FSK** ab 12; nf **E** 27.8.1954/10.5.1957 Kino DDR/3.11.1964 ZDF/7.5.1988 DFF 1 **fd** 3 456

SEIN GRÖSSTER DREH (LE GROS COUP). Ein nach einem Unfall invalider Fußballprofi kommt einem großangelegten Versicherungsschwindel auf die Spur; sein Versuch, durch Erpressung am kriminellen Geschäft zu profitieren, scheitert am wankelmütigen Verhalten seiner Komplizin. Geschickt konstruierter, aber reichlich konventionell inszenierter Thriller mit melodramatischen Zügen, der jedoch im Verlauf der Geschichte merklich an Spannung verliert. (Fernsehtitel: »Die Abseitsfalle«) – Ab 16. ✦ Schwarz-weiß. Frankreich 1963 **P** Film d'Art/Electra/Long Intertéléfilm **Kl** Schorcht **Pd** Roger Debelmas **R** Jean Valère **B** Paul Gégauff, Jean Valère, Jean-Charles Tacchella, nach einem Roman von Charles Williams **K** Nicolas Hayer **M** Georges Delerue **S** Denise de Casabianca **D** Hardy Krüger (Frank Willes), Emmanuelle Riva (Clemence Granval), Francisco Rabal (Michel Arland), Jean-Louis Maury (Drouin), Roger Couderc (Claude Gray) **L** 99 **FSK** ab 16; f **E** 7.4.1964/26.3.1987 DFF 2 **fd** 12 657

SEIN GRÖSSTER PROZESS (THE GREEN SCARF). Die Leidensgeschichte eines taubstummen und blinden Schriftstellers, der unter Mordverdacht steht. Hinter der Gerichtssaalspannung des Films tritt allmählich ein – etwas brüchig konstruierter – Ehekonfikt hervor. Im ganzen eine ansprechende Unterhaltung. – Ab 16. ✦ Schwarz-weiß. Großbritannien 1954 **P** London Film **R** George More O'Ferrall **B** Gordon Wellesley, nach einem Roman von Guy Descars **K** Jack Hildyard **M** Brian Easdale **D** Leo Genn, Michael Redgrave, Ann Todd, Kieron Moore **L** 95 **E** 26.8.1960 ARD

SEIN GRÖSSTER SIEG (CHAMPIONS). Die authentische Geschichte eines englischen Jockeys, der sich einer Krebsbehandlung unterziehen muß, dessen Nebenwirkungen ihn fast umbringen. Wider Erwarten krebsfrei geworden, gewinnt er durch hartes Training seine frühere Fitneß zurück und gewinnt das Grand National, das härteste Hindernisrennen der Welt. Eindringlich gespielte Leidens- und Lebensgeschichte; leider verwässert die platte Inszenierung, die alle Schindereien durch den Sieg zu rechtfertigen versucht, die Botschaft zu einer reinen Durchhalteparole, die hinterfragt werden muß. – Ab 16. ✦ Großbritannien 1983 **P** United British Artists/Embassy **VA** Embassy **R** John Irvin **B** Evan Jones, nach einem Roman von Bob Champion und Jonathan Powell **K** Ronnie Taylor **M** Carl Davis **D** John Hurt (Bob Champion), Edward Woodward (Josh Gifford), Ben Johnson (Burly Cocks), Jan Francis (Jo), Peter Barkworth (Nick Embiricos) **L** 115 **E** September 1985 Video

SEIN GRÖSSTES SPIEL (TALENT FOR THE GAME). Ein idealistischer Ex-Baseball-Profi und Talentsucher entdeckt einen talentierten Dorfspieler und bringt ihn gegen die Interessen des geldgierigen Clubbesitzers, der das Talent im Schlagerspiel der Nationalliga »verheizen« will, zum Erfolg. Neuauflage des amerikanischen (Männer-)Traums vom Erfolg als Baseball-Profi; der pathetisch-süßliche Film bemüht sogar die »göttliche Vorsehung«, um nach bekannten Mustern Chance, Versagen und Bewährung als Hohelied des US-Nationalsports und der mit ihm assoziierten Tugenden Kraft, Selbstvertrauen und Disziplin anzustimmen. Fürs hiesige Publikum darüber hinaus allzu wortreich und in seiner Haltung ebenso unverständlich wie die Baseball-Regeln. – Ab 12. ✦ USA 1990 **P** Paramount **VA** CIC **Pd** Martin Elfand **R** Robert M. Young **B** David Himmelstein, Tom Donnelly, Larry Ferguson **K** Curtis Clark **M** David Newman **S** Arthur Coburn **D** Edward James Olmos (Virgil), Lorraine Bracco (Bobbie Henderson), Jeff Corbett (Sammy), Terry Kinney (Gil Lawrence), Jamey Sheridan (Tim Weaver) **L** 88 **FSK** ab 6 **E** 4.12. 1991 Video/12.11.1994 PRO 7 **fd** 29 418

SEIN HÄRTESTER GEGNER →The Opponent – Sein härtester Gegner

SEIN LEBEN IN MEINER GEWALT (THE OFFENSE/THE OFFENCE). Ein Polizeisergeant, der bei einem Verhör einen Sittlichkeitsverbrecher getötet hat, muß während seines Untersuchungsverfahrens erkennen, daß er die gleiche verbrecherische Neigung in sich birgt. Die Tragödie des Individuums wird zum Sinnbild einer Gesellschaft, die ihre eigenen Fehlhaltungen auf Minderheiten projiziert. Im Gegensatz zu seiner Vorlage kann der Film die gesellschaftlichen Strukturen hinter den Vorgängen jedoch kaum deutlich machen und weicht auf die Ebene des Psychothrillers mit vorzüglichen Darstellern aus. – Ab 16. ✦ Großbritannien 1972 **P** Tantallon **Kl** United Artists **R** Sidney Lumet **B** John Hopkins, nach seinem Bühnenstück **K** Gerry Fisher **M** Simon Kaye **D** Sean Connery (Johnson), Trevor Howard (Carrwright), Vivien Merchant (Maureen), Ian Bannen (Baxter), Derek Newark (Jessard) **L** 113 **FSK** ab 16; f **FBW** w **E** 26.1. 1973 **fd** 18 203

SEIN LETZTER AUFTRITT (SUBESSEDNIK PO SCHELANIE). Ein aus dem antifaschistischen Widerstand im Zweiten Weltkrieg hervorgegangener bulgarischer Schauspieler und Regisseur erfährt, daß er unrettbar an Leukämie erkrankt ist. Er versucht, sein Schicksal zu meistern und erhofft sich Impulse aus der Begegnung mit seiner einstigen Lebensgefährtin, die alkoholabhängig wurde, und aus dem Kontakt mit seinem Sohn, der sich vom übermächtigen Vatervorbild lösen will. Vom Tode gezeichnet, stellt er sich einer letzten künstlerischen Aufgabe in einem Revolutions-Erinnerungsstück. Inspiriert von einem authentischen Fall, stellt der Film auf anregende Weise Fragen nach dem Sinn menschlichen Lebens – philosophierend und aus atheistischer Sicht. Obwohl unsentimental inszeniert, verfällt er dabei teilweise einigen Klischees aus dem Repertoire des »real existierenden Sozialismus«. ✦ Bulgarien 1984 **P** Studio für Spielfilme Bogana **R** Christo Christow **B** Wladimir Ganew **K** Atanas Tassew **M** Viktor Tschutschkow **S** Takuchi Tateos **D** Wassil Michailow, Liljana Kowatschewa, Iwan Kondow, Konstantin Kozew, Shana Karaiwanowa, Juri Jakowlew, Plamen Sirakow **L** 97 **E** 28.5.1985 ZDF

SEIN LETZTER BEFEHL (THE LAST COMMAND). Stummfilm-Melodram um einen zaristischen General, der nach der Oktoberrevolution seiner Macht beraubt wird und als Charge in Hollywood endet, quasi als seine eigene Parodie. Eine Paraderolle für Emil Jannings in einem Film, der bereits deutlich den Sarkasmus und die stilistische Verfeinerung der späteren Melodramen von Sternbergs aufweist. (Von Sternberg bestreitet die Beteiligung der offiziell genannten Drehbuchautoren; nach seiner Erinnerung hat er das Drehbuch selbst nach einer Idee von Ernst Lubitsch geschrieben. – Weiterer Titel: »Sein letztes Kommando«, TV-Titel: »Der letzte Befehl«) – Ab 16. ✦ Schwarz-weiß. USA 1928 **P** Paramount **R** Josef von Sternberg **B** John F. Goodrich, Lajos Biro **K** Bert Glennon **M** Siegfried Franz (TV-Fassung nach Originalen) **D** Emil Jannings, Evelyn Brent, William Powell, Nicholas Soussanin, Michael Visaroff **L** (TV) 84 **E** 12.4.1969 West 3

SEIN LETZTER COUP (THE OPPORTUNISTS). Der Betreiber einer Autoreparaturwerkstatt, der auf eine erfolgreiche Karriere als Safeknacker zurück blicken kann, lässt sich von einem Verwandten aus Irland zu einem letzten, großen Coup überreden, um seinem Schuldenkarussell entkommen zu können. Ein Großstadtkrimi in Noir-Tönen, dem es weniger um vordergründige Action als um die Entwicklung nachvollziehbarer Charaktere geht. Ein anspruchsvoller, vielversprechender Debütfim in Form eines Independent-Thrillers, der vom schauspielerischen Potenzial seines Stars Christopher Walken lebt. ✦ USA/Großbritannien 2000 **P** Eureka Pictures **VA** VCL **DVD** CinePlus (FF, DS dt.) **Pd** John Lyons, Tim Perrell **R+B** Myles Connell **K** Teodoro Maniaci **S** Andy Keir **D** Christopher Walken, Cyndi Lauper, Vera Farmiga, José Zuniga, Peter McDonald **L** 87 **FSK** ab 6 **E** 24.4. 2001 Video/1.8.2001 DVD

SEIN LETZTER FREUND (HEUREUX QUI COMME ULYSSE). Ein Pferdeknecht soll seinen Lieblingsgaul in die Arena von Arles bringen, flieht aber mit dem altersschwachen Hengst in die Freiheit der Camargue. Menschlich ansprechende Tiergeschichte mit Fernandel in seiner letzten Rolle; sehr sentimental inszeniert. – Ab 8. ✦ Frankreich 1969 **P** Cité/Terra/Gafer **Kl** Constantin **Pd** Jean Lefait **R** Henri Colpi **B** Henri Colpi, André Var **K** Roger Fellous **M** Georges Delerue **S** Jasmine Chasney **D** Fernandel (Antonin), Max Amyl (Pascal), Gilberte Rivet (Madame Pascal), Rellys (Marcellin), Evelyne Selena (Ginette), Henri Tissot **L** 91 **FSK** ab 6; f **E** 9.6.1971 **fd** 17 400

SEIN LETZTER KAMPF (1982) →Last Fight – Endkampf ums Überleben

SEIN LETZTER KAMPF (1988) →Kid Glove's Last Fight

SEIN LETZTER MORD (THE DISAPPEARANCE). Ein Profikiller wird das Opfer längst verschüttet geglaubter Gefühlsregungen, als ihn seine Frau zur Ermordung ihres Liebhabers provoziert. Auf der Handlungsebene etwas verworrener Psychothriller, der sich zur pessimistischen Parabel über Gefühlsarmut und Isolation innerhalb der modernen Zivilisation verdichtet. – Ab 16. ✦ Kanada/Großbritannien 1976 **P** Trofar Ltd./Tiberius/National Film Finance Corporation/Canadian Film Development **VA** VCL **R** Stuart Cooper **B** Paul Mayersberg, nach einem Roman von Derek Marlowe **K** John Alcott **M** Robert Farnon, Maurice Ravel **D** Donald Sutherland, Francine Racette, David Hemmings, John Hurt, David Warner **L** 88 **E** 1983 Video/12.3.1990 Tele 5 **fd** 23 842

SEIN LETZTER RITT (THE HONKERS). Western um einen alternden, jähzornigen Rodeoreiter und dessen verzweifelten Versuch, sich bei seiner Frau und seinem Sohn erneuten Respekt zu verschaffen. Abgesehen von einigen interessanten realistischen Details ein eher enttäuschendes Werk des Schauspielers Steve Ihnat, besonders im Hinblick auf die schwachen Charaktere des Films. – Ab 16. ✦ USA 1972 **P** United Artists **Pd** Arthur Gardner **R** Steve Ihnat **B** Steve Ihnat, Stephen Lodge **K** James Crabe **M** Jimmie Haskell **S** Tom Rolf **D** James Coburn (Lew Lathrop), Lois Nettleton (Linda Lathrop), Slim Pickens (Clete), Anne Archer (Deborah Anderson), Richard Anderson (Royce) **L** 98 **E** 17.1.1998 RTL 2

SEIN LETZTER VERRAT (THE LAST OUTPOST). Zwei Brüder, die während des Bürgerkriegs militärische Gegner sind, verbünden sich vorübergehend, um gemeinsam den Überfall von Sioux-Indianern auf eine Ansiedlung von Weißen abzuwehren. Farbloser Routinewestern, in dem Ronald Reagan seine erste Starrolle spielte. – Ab 12 möglich. ✦ USA 1951 **P** Pine-Thomas **Kl** Constantin **R** Lewis R. Foster **B** Geoffrey Homes (= Daniel Mainwaring), George Worthing Yates, Winston Miller, nach einer Erzählung von David Lang **K** Loyal Griggs **M** Lucien Cailliet **S** Howard E. Smith **D** Ronald Reagan (Vance Britten), Rhonda Fleming (Julie McCloud), Bruce Bennett (Jeb Britten), Bill Williams (Sgt. Tucker), Noah Beery jr. (Sgt. Calhoun), Peter Hanson (Lt. Crosby), Hugh Beaumont (Lt. Fenton), John Ridgely (Sam McCloud), Richard Crane (Lt. McReady), John War Eagle (Geronimo), Charles Evans **L** 88 **FSK** ab 12; nf **E** 16.2.1956 **fd** 4 771

SEIN LETZTES KOMMANDO (1928) →Sein letzter Befehl

SEIN LETZTES KOMMANDO (1941) (THEY DIED WITH THEIR BOOTS ON). Das Leben des Kavalleriegenerals G. A. Custer von der Ausbildung in der Militärakademie Westpoint bis zu seinem Tod in der durch tragische Mißverständnisse begleiteten Schlacht am Little Big Horn im Jahr 1876. Historisch anfechtbare, heroisch romantisierende Westernbiografie mit monumentalen Schlachtszenen und patriotischer Gesinnung. – Ab 16. ✦ Schwarz-weiß. USA 1941 **P** Warner **Kl** Warner **Pd** Hal B. Wallis **R** Raoul Walsh **B** Wally Kline, Aeneas MacKenzie **K** Bert Glennon **M** Max Steiner **S** William Holmes **D** Errol Flynn (Georg Armstrong Custer), Olivia de Havilland (Elizabeth Bacon), Arthur Kennedy (Ned Sharp), Charley Grapewin (California Joe), Gene Lockhart (Samuel Bacon), Anthony Quinn (Crazy Horse), Stanley Ridges (Maj. Romolus Taipe), John Litel (Gen. Phil Sheridan), Sydney Greenstreet (Gen. Winfield Scott), Regis Toomey (Fitzhugh Lee), Hattie McDaniel (Callie), Frank Wilcox (Capt. Webb), Gig Young (Lt. Roberts), Aileen Pringle (Mrs. Sharp), Lane Chandler, Frank Ferguson (Sekretär), Russell Hicks (Colonel), Roy Barcroft (Offizier), Ray Teal **L** 80 (Orig. 140) **FSK** ab 16; nf **E** 14.11.1952 **fd** 2 472

SEIN LETZTES KOMMANDO (1973) →Das letzte Kommando (1961)

SEIN LETZTES SPIEL (ONE CUP OF COFFEE/PASTIME). Das Leben eines 41jährigen Baseballspielers, der sportlich auf dem Abstellgleis gelandet ist und selbst in der drittklassigen Mannschaft, für die er spielt, nicht akzeptiert wird, erhält noch einmal einen Sinn, als er zum Lehrmeister eines jungen unerfahrenen Schwarzen wird, der im Team ebenfalls ein Außenseiter ist. Mitte der 50er Jahre angesiedeltes Sportlerdrama, zurückhaltend und unaufwendig in Szene gesetzt, aber unentschlossen zwischen Realismus und Mythologisierung schwankend. ✦ USA 1991 **P** Bullpen/Open Road Prods. **Pd** Eric Tynan Young, Robin B. Armstrong **R** Robin B. Armstrong **B** David M. Eyre jr. **K** Tom Richmond **M** Lee Holdridge **S** Mark Westmore **D** William Russ (Roy Dean Bream), Glenn Plummer (Tyrone Debray), Noble Willingham (Clyde Bigby), Jeffrey Tambor (Peter LaPorte), Scott Plank (Randy Keever) **L** 94 **E** 15.2.1996 Kabel 1

SEIN LETZTES SPIEL MIT DEM TOD →Goodbye, Bruce Lee – Sein letztes Spiel mit dem Tod

SEIN MÄDCHEN FÜR BESONDERE FÄLLE →His Girl Friday

SEIN NAME AUS VENEDIG IM VERLASSENEN KALKUTTA (SON NOM DE VENISE DANS CALCUTTA DESERT). Experimenteller Film, für den Marguerite Duras die gleiche Tonspur verwendete wie in »India Song« (1975): Während Mädchenstimmen von einer tragischen Liebesgeschichte in der französischen Botschaft in Kalkutta erzählen, wandert die Kamera durch die Botschaftsräume und den Park. Der Film ist eine visuelle, sehr intellektuelle Reflexion über den Tod – und kommt bis auf die letzte Szene ganz ohne Darsteller aus. – Ab 16. ✦ Frankreich 1976 **P** Cinéma 9 **R+B** Marguerite Duras **K** Bruno Nuytten **M** Carlos d'Alessio **S** Geneviève Dufour **D** Delphine Seyrig, Nicole Hiss, Sylvie Nuytten, Marie-Pierre Thiebaut **L** 115 **E** 10.6.1978 SW

SEIN NAME IST MAD DOG (MAD DOG AND GLORY). Ein Chicagoer Polizist wird zufällig Lebensretter eines Mafiabosses und muß sich in der Folgezeit vor dessen Freundschaft und Freundlichkeit hüten. Als besonderes »Geschenk« erhält er eine Frau für sieben Tage. Als er sich nach anfänglichem Zögern in sie verliebt, muß er endlich Stellung beziehen. Als Polizei-Märchen angelegter, überaus unterhaltsamer Film, dessen Rückhalt erstklassige Darsteller sind und der geschickt die Versatzstücke verschiedener Genres modifiziert. – Ab 16. ✦ USA 1993 **P** Universal **Kl** UIP **VA** CIC **Pd** Barbara De Fina, Martin Scorsese **R** John McNaughton **B** Richard Price **K** Robby Müller **M** Elmer Bernstein **S** Craig McKay, Elena Maganini **D** Robert De Niro (»Mad Dog« Wayne Dobie), Bill Murray (Frank Milo), Uma Thurman (Glory), David Caruso (Mike), Mike Starr (Harold) **L** 97 **FSK** ab 16; f **FBW** bw **E** 20.7.1993/15.3.1994 Video/19.3.1995 premiere **fd** 30 358

SEIN NAME WAR GANNON (A MAN CALLED GANNON). Ein ruheloser Tramp, der sein Nomadenleben für kurze Zeit aufgibt und auf einer Farm als Cowboy arbeitet, erteilt bei einer Auseinandersetzung um Weideland einem jungen Heißsporn eine Lektion. Neuverfilmung eines bekannten Wildwestromans (vgl. »Mit stahlharter Faust«) in der Form einer Beat-Ballade. ✦ Scope. USA 1968 **P** Universal **Kl** Universal **Pd** Howard Christie **R** James Goldstone **B** Gene Kearney, Borden Chase, D. D. Beauchamp, nach einem Roman von Dee Linford **K** William Margulies **M** Dave Grusin **S** Gene Palmer, Richard M. Sprague **D** Tony Franciosa (= Anthony Franciosa) (Gannon), Michael Sarrazin (Jess Washburn), Judy West (Beth), Susan Oliver (Matty), John Anderson (Capper), David Sheiner (Sheriff Polaski), James Westerfield (Amos), Eddie Firestone (Maz), Harry Davis (Harry), Robert Sorrells (Goff), Terry Wilson (Cass) **L** 105 **FSK** ab 18; nf **E** 4.10.1968 **fd** 15 770

SEIN NAME WAR HASS (A BOY CALLED HATE). Roadmovie. Ein junger Mann, der gerade aus der Jugendhaft entlassen worden ist, weiß nichts mit seinem Leben anzufangen. Also steigt er auf sein Motorrad, bewaffnet mit einer Pistole, und fährt drauflos. Unterwegs rettet er ein Mädchen vor einer Vergewaltigung und erschießt den Täter. Fortan sind der gutmütige Junge und die knallharte junge Frau gemeinsam auf der Flucht. ✦ USA 1994 **P** Pacific Motion Pictures Corporation **Pd** Steve Nicolaides, Bobby Duchowny **R+B** Mitch Marcus **K** Paul Holahan **M** Pray For Rain **S** Michael Ruscio **D** Scott Caan (Hate), Missy Crider (Cindy), James Caan (Jim), Adam Beach (Billy Little Plume), Elliott Gould (Mark), Byron Lee Nashold (Suburban Cop), Wade Allain-Marcus (Cool Kid) **L** 97 **E** 14.8.1998 ZDF

SEIN NAME WAR MAD DOG →Sein Name ist Mad Dog

SEIN NAME WAR PARRISH (PARRISH). Ein junger Mann wird in die Geheimnisse des Tabakanbaus eingeführt und zugleich in leichtfertige Liebesabenteuer verstrickt. Konkurrenzkämpfe und Intrigen zwischen Farmern beleben die dürftige Handlung. Seichte Unterhaltung, die auch durch Altstar Claudette Colbert nicht besser wird und bestenfalls unfreiwillige Komik produziert. (Fernsehtitel: »Im Tal der heißen Erde«) – Ab 14. ✦ USA 1960 **P** Warner **Kl** Warner **Pd+R** Delmer Daves **B** Delmer Daves, nach einem Roman von Mildred Savage **K** Harry Stradling **M** Max Steiner **S** Owen Marks **D** Troy Donahue (Parrish MacLean), Claudette Colbert (Ellen MacLean), Karl Malden (Judd Raike), Dean Jagger (Sala Post), Connie Stevens (Lucy), Diane McBain (Alison Post), Dub Taylor, Sharon Hugueny **L** 119 **FSK** ab 12; f **E** 13.10. 1961 **fd** 10 616

SEIN NAME WAR POT – ABER SIE NANNTEN IHN HALLELUJA (IL SUO NOME ERA POT/IL SUO NOME ERA POT ... MA ... LO CHIAMAVANO ALLEGRIA!). Zwei Brüder rauben eine Bank aus und flüchten nach Mexiko. Dort wird der eine von Banditen umgebracht. Der Überlebende beschließt, seinen Bruder zu rächen. Fließband-Italowestern. – Ab 16. ✦ Italien 1975 **R** Dennis Ford (= Demofilo Fidani) **B** Luigi Glachin, Dino Spataro **K** Mario Masini **M** Nico Fidenco **D** Peter Martell, Lincoln Tate, Daniela Giordano, Kiron Papas, Carla Mancini **L** (TV) 87 **E** 10.10.1985 RTL plus

SEIN ODER NICHTSEIN (1942) (TO BE OR NOT TO BE). Satirische Komödie über polnische Schauspieler, die ihre für ein Antinazistück hergestellten Uniformen für die Arbeit in der Widerstandsbewegung benutzen. Der Komik mit Grauen stilvoll verquickende Film ist eine immer noch nützliche Abrechnung mit dem Führerkult und seinen Begleiterscheinungen. Einer der besten Filme von Ernst Lubitsch, der als ätzende Satire die Schergen des Nationalsozialismus als Schmierendarsteller beschreibt und die Schauspielertruppe als tragikomische Helden ehrt. – Sehenswert ab 16. ✦ Schwarz-weiß. USA 1942 **P** United Artists **Kl** DFH **VA** Taurus **DVD** Kinowelt Home (FF, Mono engl./dt.) **Pd** Vincent Korda **R** Ernst Lubitsch **B** Edwin Justus Mayer, nach Melchior Lengyel **K** Rudolph Maté **M** Werner R. Heymann **S** Dorothy Spencer **D** Carole Lombard (Maria Tura), Jack Benny (Joseph Tura), Robert Stack (Stanislav Sobinski), Stanley Ridges (Prof. Silotzsky, Spion), Felix Bressart (Greenberg), Tom Dugan (Hitler-Darsteller) **L** 98 **FSK** ab 12; nf **FBW** bw **E** 12.8.1960/15.10.1963 ARD/15.6.1990 DFF 2/7.3.2000 DVD **fd** 9 062

SEIN ODER NICHTSEIN (1983) (TO BE OR NOT TO BE). Mitglieder einer Warschauer Schauspieltruppe werden während der deutschen Besatzung in den Versuch eines polnischen Kollaborateurs verwickelt, die Untergrundbewegung zu verraten, und vereiteln dies durch Einsatz ihrer schauspielerischen Fähigkeiten. Wiederverfilmung des durch Ernst Lubitsch 1942 berühmt gewordenen anti-nazistischen Stoffes, die zwar stellenweise in Klamauk ausartet, insgesamt jedoch dem tragikomischen Stoff gerecht wird. – Ab 12 möglich. ✦ USA 1983 **P** Brooksfilms **Kl** 20th Century Fox **Pd** Mel Brooks **R** Alan Johnson **B** Thomas Meehan, Ronny Graham **K** Gerald Hirschfeld **M** John Morris **S** Alan Balsam **D** Mel Brooks (Bronski), Anne Bancroft (Anna), José Ferrer (Siletski), Tim Matheson (André), Charles Durning (Erhardt) **L** 108 **FSK** ab 12; f **FBW** w **E** 9.3.1984 **fd** 24 433

SEIN PARTNER IST DER TOD →G (Give)

SEIN RUHMESTAG (LA SUA GIORNATA DI GLORIA). Ein Mitglied einer Guerillagruppe fällt bei einer Razzia der Polizei in die Hände und verrät, arglistig getäuscht, den Anführer der Revolutionäre, der von der Polizei erschossen wird. Um das Vertrauen der Freunde wiederzugewinnen, entwickelt er einen Plan zum Überfall auf ein Munitionsdepot, versagt bei der Ausführung aber wiederum. Debütfilm eines italienischen Filmkritikers; formal als asketischer Diskussions- und Revolutionsfilm angelegt, ein Beispiel für das politisch-intellektuelle Kino der 60er Jahre. – Ab 16. ✦ Schwarz-weiß. Italien 1969 **P** F. C. Cinematografica **R+B** Edoardo Bruno **K** Romano Scavolini **M** Vittorio Gelmetti **D** Philippe Leroy, Carlo Cecchi, Maria Manuela Carrilho, Paul Martinez, Sergio Serafini **L** 80 **E** 15.6.1970 ARD

SEIN SCHLACHTFELD WAR DAS BETT (LE CALDE NOTTI DI DON GIOVANNI / DON JUAN). Ein schwatzhafter Playboy versucht sich bei den Frauen spanischer Granden als Don Juan, heiratet in der Verbannung eine Berberprinzessin und landet schließlich auf einer einsamen Insel. Langweiliger »Mantel-und-Degen«-Film mit einigen Bettszenen; handwerklich äußerst bescheiden. (TV-Titel: »Die tollen Tage und heißen Nächte des Don Juan«; Video: »Don Juan's 1001ste Nacht«) ✦ Scope. Italien/Spanien 1970 **P** Luis/Fenix **Kl** Cinerama **Pd** José Maria Monis **R** Al Bradley (= Alfonso Brescia) **B** Arpad De Riso, Aldo Crudo, Arturo Marcos, Miguel Oliveros **K** Rafael Pacheco, Julio Ortas **M** Carlo Savina **S** Rolando Salvatori **D** Robert Hoffmann (Don Juan), Edwige Fenech (Aiscia), Barbara Bouchet (Esmeralda), Lucretia Love (Königin), Ira von Fürstenberg (Isabella) **L** 91 **FSK** ab 18; nf **E** 8.7.1971 **fd** 17 456

SEIN SCHWIERIGSTER FALL (CECILE EST MORTE). Kommissar Maigret hält das ältliche Fräulein Cécile Pardon für etwas wirr; immer wieder kommt sie zu ihm, um von nächtlichen Besuchen in ihrer Wohnung zu berichten. Durch die Ermordung einer anderen Frau und eine Aussage des Bruders von Cécile kommt Maigret hinter das Geheimnis, doch zu spät, um Cécile zu retten. Ein verwickelt geschriebener Maigret-Film, dessen Lösung gleichsam aus der Wundertüte kommt; nach einem eher routinemäßigen Roman von Georges Simenon unspektakulär inszeniert. – Ab 14. ✦ Schwarz-weiß. Frankreich 1943 **P** U.G.C. **Kl** Prisma **R** Maurice Tourneur **B** Jean-Paul Le Chanois, nach einem Roman von Georges Simenon **K** Pierre Montazel **M** Roger Dumas **D** Albert Préjean, Gabriello, Germaine Kerjean, Santa Relli, Jean Brochard **L** 90 **FSK** ab 12; nf **E** 1949 Kino **fd** 373

SEIN SOHN. Ein leichtsinniger junger Mann bringt durch Wettschulden und Veruntreuungen seinen Vater zur Verzweiflung und sich selbst und die ganze Familie an den Rand des Ruins. Vom falschen Verdacht entlastet, auch noch einen Einbruch begangen zu haben, zeigen Liebe und Einsicht ihm einen neuen Weg. Familiendrama mit kriminalistischem Einschlag. – Ab 14. ✦ Schwarz-weiß. Deutschland 1941 **P** Terra/Universum **Kl** AKA **R** Peter Paul Brauer **B** Willy Clever, Peter Paul Brauer, nach einer Idee von Willi Clever **K** Jan Roth **M** Hans Ebert **D** Otto Wernicke, Rolf Weih, Hermann Brix, Hilde Schneider, Karin Hardt **L** 84 **FSK** ab 12; f **E** 19.12.1941 **fd** 1 434

SEIN STECKBRIEF IST KEIN HEILIGENBILD (EL HOMBRE QUE MATO A BILLY EL NINO/... E DIVENNE IL PIU SPIETATO BANDITO DEL SUD). Ein junger Mann tötet einen Nachbarn, der seine Mutter vergewaltigen wollte, wird daraufhin von der Sippe verfolgt und gerät gezwungenermaßen in die Rolle eines Revolverhelden. Eurowestern ohne Überraschungen. ✦ Scope. Spanien/Italien 1967 **P** Aitor/Kinesis **Kl** Cinerama **R** Júlio Buchs **B** Franco Rosetti **K** Miguel F. Mila **M** Gianni Ferrio **S** Cecilia Gomez **D** Peter Lee Lawrence (Billy the Kid), Fausto Tozzi (Pat Garrett), Gloria Milland (Mrs. Bonney), Dianik Zurakowska (Helen) **L** 85 **FSK** ab 16; nf **E** 14.8.1970 **fd** 16 949

SEIN TRAUM – IHR TRAUM →In Your Dreams

SEIN VERZICHT →Frau am Kreuzweg (Die verlorene Frau)

SEIN WECHSELGELD IST BLEI (I GIORNI DELLA VIOLENZA). Ein Farmer aus Missouri will sich an verbrecherischen Soldaten rächen, die in den Wirren des amerikanischen Bürgerkriegs seinen Bruder und dessen Frau ermordet hatten. Banditenfilm im Gewand eines Western; in Dialog und Gestaltung mitunter rüde. ✦ Scope. Italien 1967 **P** Concord/Dorica **Kl** Constantin **Pd** Pasquale Petricca **R** Al Bradley (= Alfonso Brescia) **B** Gian Luigi Buzzi, Paolo Lombardo, Mario Amendola, Antonio Boccacci **K** Fausto Rossi **M** Bruno Nicolai **S** Antonietta Zita **D** Peter Lee Lawrence, Beba Loncar, Rosalba Neri, Luigi Vannucchi, Andrea Bosic **L** 92 **FSK** ab 16; nf **E** 31.5.1968 **fd** 15 506

SEINE BESTE ROLLE. Der berühmte Kammersänger verliebt sich in eine Telefonistin vom Fernsprechauftragsdienst. Weil er um seiner selbst willen geliebt werden will, gibt er sich als sein Kammerdiener aus. Ausgeleierte Verwechslungsscherze in einer schwach inszenierten Komödie, die Vladimir Slavinsky im besetzten Prag unter dem Namen Otto Pittermann mit einem ihm beigestellten Dialogregisseur abzuliefern hatte. Der Bariton Hans Hotter bringt außer seiner Stimme wenig ein. – Ab 12. ✦ Schwarz-weiß. Deutschland 1943 **P** Prag **Kl** DFV **R** Otto Pittermann (= Vladimir Slavinsky) **B** Felix von Eckardt **K** Wenzel Hanusch **M** Kothar Brühne **D** Hans Hotter, Marina von Ditmar, Paul Dahlke, Camilla Horn, Hans Fidesser **L** 89 **E** 20.1.1944

SEINE EXZELLENZ BLEIBT ZUM ESSEN (SUA ECCELLENZA SI FERMO A MANGIARE). Ein gerissener Gauner erschleicht sich durch eine Erpressung die Gunst einer reichen Adelsfamilie. Als man ihn sogar für den Leibarzt des Königs hält, steigt sein Ansehen noch mehr. Doch seine geplanten Gaunereien werden durch zahlreiche Verwicklungen erschwert. Auf Turbulenz und Situationskomik zugeschnittenes, holprig inszeniertes Lustspiel um den berühmten italienischen Filmkomiker Totò. – Ab 16. ✦ Scope, schwarz-weiß. Italien 1961 **P** D.D.L. **R** Mario Mattoli **B** Vittorio Metz, Roberto Gianviti **K** Alvaro Mancori **M** Gianni Ferrio **D** Totò, Ugo Tognazzi, Virna Lisi, Lauretta Masiero, Lia Zoppelli **L** 101 **E** 12.3.1971 DFF 1/21.6.1985 S 3

SEINE FRAU HILFT GELD VERDIENEN (THE FULLER BRUSH GIRL). Eine amerikanische Hausfrau, die als Kosmetikvertreterin die Klinken putzt, wird mitsamt ihrem Ehemann in eine Diebstahls- und Mordgeschichte verwickelt. Filmgroteske mit komischen Knalleffekten. In sich abgeschlossene Fortsetzung von »Dieser verrückte Mr. Johns!«, USA 1947. – Ab 14. ✦ Schwarz-weiß. USA 1950 **P** Columbia **Kl** Columbia **R** Lloyd Bacon **B** Frank Tashlin **K** Charles Lawton jr. **M** Heinz Roemheld **S** William A. Lyon **D** Lucille Ball, Eddie Albert, Carl Benton Reid, Gale Robbins, Jeff Donnell **L** 85 **FSK** ab 12; nf **E** 19.4.1951 **fd** 1 182

SEINE FRAU IST MEINE FRAU (GUEST WIFE). Ein unverheirateter Journalist, der seinem Chef eine Ehe vorgeschwindelt hat, leiht sich die Frau seines Freundes aus, um diesen zu täuschen. Leichtgewichtige, aber charmante Komödie. – Ab 12. ✦ Schwarz-weiß. USA 1945 **P** United Artists **Kl** Emka **Pd** Jack H. Skirball **R** Sam Wood **B** Bruce Manning, John Klorer **K** Joseph Valentine **M** Daniele Amfitheatrof **D** Claudette Colbert, Don Ameche, Dick Foran, Charles Dingle, Grant Mitchell **L** 88 **FSK** ab 12; nf **E** 19.4.1950 **fd** 485

SEINE GEFANGENE (LA PRISONNIERE / LA PRIGIONIERA). Ein exzentrischer, von erotischen Komplexen geplagter Galeriebesitzer macht die sensible Gattin eines Nachwuchskünstlers von sich abhängig. Sie erwartet die wahre Liebe, wird jedoch zum Spielball grausamer Leidenschaften. Regiealtmeister Clouzot feierte mit diesem diabolischen Melodram nach längerer Pause ein Comeback. Aber was die französische Kritik damals als stilistische Konsequenz rühmte, war eher ein Selbstplagiat: Die schicksalhafte Verstrickung der Personen wirkt prätentiös, die Inszenierung kunstgewerblich und akademisch-steif. ✦ Frankreich/Italien 1968 **P** Corona/Vera/Fono Roma **Kl** Constantin **Pd** Robert Dorfmann **R+B** Henri-Georges Clouzot **K** Andréas Winding **M** Gilbert Amy **S** Noëlle Balenci **D** Laurent Terzieff, Elisabeth Wiener, Bernard Fresson, Dany Carrel, Michel Etcheverry **L** 105 **FSK** ab 18; f **E** 12.3.1969 **fd** 16 050

SEINE GENERATION (JEWO POKOLENIJE). Ein junger Arbeiter muß gegen Vorurteile, Mißverständnisse und Saboteure ankämpfen, um sein Ziel, ein berühmter Stahlgießer zu werden, erreichen zu können. Langweilig und schlampig inszeniert. – Ab 14. ✦ Schwarz-weiß. UdSSR 1959 **P** Dowshenko-Studio **Kl** Progress **R** I. Bsheski, K. Gackel **B** P. Sewerow **K** W. Filippow **M** W. Roshdestwenski **D** Wladimir Guljajew (Nasar Otscheret), L. Alfimowa (Marijka), G. Tschernowolenko (Saweli Mironowitsch), P. Weskljarow (Baschkin), N. Dupak (Larin) **L** 79 **E** 16.9.1960 Kino DDR

SEINE HOHEIT DARF NICHT KÜSSEN →Rosen der Liebe

SEINE HOHEIT DER DIENSTMANN →Die beiden Seehunde

SEINE HOHEIT – GENOSSE PRINZ. Ein DDR-Außenhandelskaufmann muss entdecken, dass er von einer Fürstenfamilie abstammt. In der Auseinandersetzung mit seiner in Westdeutschland lebenden adligen Verwandtschaft bewährt er sich aber als überzeugter Genosse und rettet das Familienschloss vor dem Verkauf an die NATO, die auf dem Gelände einen Flugplatz bauen will. Trotz einigen Klamauks eine insgesamt gelungene Komödie, die ihre Botschaft – nicht Abstammung, sondern die gesellschaftlichen Verhältnisse prägen den Menschen – überwiegend mit bissiger Ironie vorträgt. Dabei geizt der Film auch nicht mit Seitenhieben auf die DDR, wenngleich einige Spitzen aus dem Drehbuch entfernt werden mussten. – Ab 14. ✦ Scope. DDR 1969 **P** DEFA, Gruppe »Berlin« **Kl** Progress **VA** Icestorm **Pd** Manfred Renger **R** Werner W. Wallroth **B** Werner W. Wallroth, Rudi Strahl **K** Hans-Jürgen Kruse **M** Karl-Ernst Sasse **S** Helga Emmrich **D** Rolf Ludwig (Kaspar Mai), Regina Beyer (Angelika Engel), Jutta Wachowiak (Prinzessin Diana), Ilse Voigt (Spreewald-Emma), Mathilde Danegger (Fürstin), Klaus Piontek (Hennes) **L** 89 **FSK** o. A. **E** 16.9.1969 Kino DDR/7.5.1971 DFF 2/10.4.1996 ORB/29.6.1999 Video

SEINE HOHEIT WAR EIN MÄDCHEN →Wenn Mädchen ins Manöver zieh'n

SEINE KARRIERE (SNADNY ZIVOT). Ein oberflächlicher und egoistischer Student verstrickt sich im Netz seiner eigenen Intrigen und Lügen. Zügig inszeniert und glaubhaft gespielt, verliert der Film durch einige Unwahrscheinlichkeiten und mangelnde Vertiefung der Charakterzeichnungen. – Ab 14. ✦ Schwarz-weiß. CSR 1957 **P** Staatsfilm **Kl** Progress **R** Milos Makovec **B** Milena Toblová, Jirí Brdecka **K** Jaroslav Tuzar **M** Vlastimil Hála **D** Jirí Papez (Boris), Alena Martinovská (Jana), Ivan Palec (Petr), Sona Danielová (Dása), Milos Nedbal (Sandera) **L** 80 **E** 15.8.1958 Kino DDR/24.10.1958 DFF 1

SEINE KUGELN PFEIFEN DAS TODESLIED (IL PISTOLERO DELL'AVE MARIA). Ein aus dem Sezessionskrieg heimkehrender General wird von seiner Frau und ihrem Geliebten heimtückisch ermordet. Jahre später rächen die Kinder seinen Tod. Durchschnittlicher Italowestern. ✦ Italien 1969 **P** B.R.C./Izaro **Kl** Constantin **Pd** Manolo Bolognini **R** Ferdinando Baldi **B** Vincenzo Cerami, Piero Anchisi, Mario di Nardo, Federico de Urrutia, Ferdinando Baldi **K** Mario Montuori **M** Roberto Pregadio **S** Eugenio Alabiso **D** Leonard Mann, Luciana Paluzzi, Peter Martell, Alberto de Mendoza, Pilar Velasquez **L** 91 **FSK** ab 18; nf **E** 10.7.1970 **fd** 16 872

SEINE LETZTE CHANCE (1955) (SIX BRIDGES TO CROSS). Ein Polizist in Boston fühlt sich für einen jungen Kriminellen verantwortlich, der – aus trostlosen Verhältnissen stammend – von Stufe zu Stufe sinkt, bis er zum Gewaltverbrecher wird. Gangsterdrama nach einem authentischen Fall aus den 30er Jahren, zwischen Sentimentalitäten und harter Action pendelnd. – Ab 16. ✦ Schwarz-weiß. USA

1955 **P** Universal **KI** Universal **Pd** Aaron Rosenberg **R** Joseph Pevney **B** Sydney Boehm **K** William H. Daniels **M** Joseph Gershenson **D** Tony Curtis, Julie Adams, George Nader, Harry Bartel, Sal Mineo **L** 96 **FSK** ab 16, f **E** 22.4.1954 **fd** 4 027

SEINE LETZTE CHANCE (1986) (THE CHRISTMAS STAR). Ein Knastbruder schlüpft in das Kostüm des Weihnachtsmanns, um aus dem Gefängnis zu entfliehen und sich an einem ehemaligen Kumpel zu rächen, der die gemeinsame Beute eines Einbruchs durchbrachte. Da er länger als beabsichtigt in dem Kostüm verbringen muß und mit vielen weihnachtlichen Situationen konfrontiert wird, kann er sich nach und nach zum liebenswürdigen Kinderfreund wandeln. Weihnachts-Märchen aus den Disney-Studios. – Ab 10. ✦ USA 1986 **P** Walt Disney Prod. **VA** EuroVideo **R** Alan Shapiro **B** Alan Shapiro, Carol Dysinger **K** Paul Lohmann **S** Andrew London, Joe Ravetz **D** Edward Asner, René Auberjonois, Fred Gwynne, Jim Metzler, Susan Tyrrell **L** 91 **FSK** ab 6 **E** November 1987 Video

SEINE LORDSCHAFT AUS BROOKLYN (A YANK IN ERMINE). Englisches Lustspiel, das dem Gegensatz zwischen amerikanischer und britischer Mentalität nicht viel Witz abgewinnt: Ein US-Flieger erbt Schloß und Titel eines Lords, tritt sein Erbe widerwillig an und kann mit der Tochter des benachbarten Schloßherrn ein Happy-End einleiten. (TV-Titel auch: »Seine Lordschaft«) – Ab 12. ✦ Schwarz-weiß. Großbritannien 1955 **P** Monarch **R** Gordon Parry **B** Gordon Parry, nach einem Roman von John Paddy Carstairs **K** Arthur Grant **M** Stanley Black **D** Peter Thompson, Noelle Middleton, Harold Lloyd jr., Diana Decker, Jon Pertwee **L** 80 **E** 31.5.1961 ARD

SEINE MAJESTÄT DER BULLE (SA MAJESTE LE FLIC). Um mit einem ehemaligen Gangsterboß abrechnen zu können, den er für den Tod seiner Frau verantwortlich macht, setzt ein Polizeikommissar alle Hebel in Bewegung. Dabei nutzt er auch seine Freunde als unfreiwillige Helfer seiner Rache aus und schreckt auch vor Kontakten zur Halbwelt nicht zurück. Kriminalfilm um den schmalen Grat zwischen Gesetz und Gesetzlosigkeit; aus der Serie der Verfilmungen zeitgenössischer »Série noire«-Romane. (Videotitel: »Ein Bulle schlägt zurück«) – Ab 16. ✦ Frankreich 1984 **P** TF 1 Films/Hamster/SSR/RTL/RAI **VA** All **R** Michael Nowka **B** André Ruellan, Jean-Pierre Decourt **D** Bernard Fresson (Kommissar Jevard), Gérard Davier, Evelyne Buyle, Philippe Nicaud **L** 79 **FSK** ab 16 **E** 21.10.1985 RTL plus/13.5.1987 Video

SEINE MAJESTÄT, DER ELEFANT (THE AFRICAN ELEPHANT). Faszinierende Aufnahmen aus dem Leben und über den Lebensraum – Urwald und Steppen von Kenia – des afrikanischen Elefanten mit manchmal zu »vermenschlichter« Kommentierung. – Sehenswert ab 8. ✦ USA 1970/71 **P** Cinema Center **KI** Centfox **Pd** William N. Graf, Mondy C. Ruben **R** Simon Trevor **B** Alan Landsburg **K** Simon Trevor **M** Morton Stevens **S** Laurence Rosenthal **L** 92 **FSK** ab 6; f **FBW** bw **E** 3.11.1972 **fd** 18 072

SEINE MAJESTÄT, DER SEEHUND (MON PHOQUE ET ELLES). Der Student François hat in der Tombola einen Seehund gewonnen, den er sich nun mühsam zu Hause hält und der seinen ganzen Liebeshaushalt gründlich durcheinanderwirbelt. Er verliert seine Verlobte, aber dafür stellt sich eine neue Freundin ein: Es ist die Tochter des Mannes, der den Seehund für die Tombola gestiftet hat. Den möglichen Witz in der Geschichte hat der Regisseur zwar verschenkt, aber dennoch wurde ein harmloser und liebenswerter Film daraus. – Ab 10. ✦ Schwarz-weiß. Frankreich 1950 **P** Terra **KI** Germania **R** Pierre Billon **B** Marc-Gilbert Sauvajon, Pierre Billon, nach dem Roman »Mein Freund Oscar« von Charles de Riechter **M** Jean Marion **D** François Périer, Moira Lister, Marie Deams, Jeanne Fusier-Gir **L** 90 **FSK** ab 6; nf **E** 1953 Kino **fd** 2 599

SEINE MAJESTÄT – KOLLEGE KÖNIG (KRAL KRALU). Alois König, Monteur in einem Prager Werk, wird Thronerbe des Königs Mohammed VII. von Tasmanien. Diese große Ehre bringt ihn in manche Schwierigkeiten, unerwartete Situationen und sogar auf den elektrischen Stuhl; schließlich rettet er sich doch in sein normales Leben zurück. In Ausgangsidee originell, verfällt der Film bald in abgedroschene Klischees und Langeweile. – Ab 12. ✦ Schwarz-weiß. CSSR 1963 **P** Filmstudio Barrandov **KI** Progress **R** Martin Fric **B** Jirí Mucha **K** Václav Hunka **M** Julius Kalas **D** Jirí Sovák (Alois König), Milos Kopecky (Ismael), Jirina Bohdalová (Königs Verlobte), Josef Kemr, Valter Taub **L** 80 **E** 29.11.1963 Kino DDR/30.10.1964 DFF 1

SEINE OFFIZIELLE FRAU →Geheimagentin Hélène

SEINE RECHTE MÄHT WIE EINE SENSE →Kiba, der Leibwächter – Seine Rechte mäht wie eine Sense

SEINE SECHSTE FRAU →Liebe, Sex und Ananas

SEINE SEKRETÄRIN (WIFE VERSUS SECRETARY). Die Frau eines Verlegers hegt den unbegründeten Verdacht, daß ihr Mann eine Liebesbeziehung zu seiner attraktiven Sekretärin unterhält; die Sekretärin hat sich ihrerseits wegen ihres beruflichen Pflichteifers mit ihrem Verlobten überworfen. Gutmütige Gesellschaftskomödie mit Starbesetzung; Jean Harlow glänzt in einer Charakterrolle, mit der die an sich belanglos-nette Geschichte Profil gewinnt. – Ab 14. ✦ Schwarz-weiß. USA 1936 **P** MGM **Pd** Hunt Stromberg **R** Clarence Brown **B** Norman Krasna, Alice Duer Miller, John Lee Mahin, nach einer Geschichte von Faith Baldwin **K** Ray June **M** Herbert Stothart **S** Frank E. Hull **D** Jean Harlow (Whitey), Clark Gable (Dan Sanford), Myrna Loy (Linda), May Robson (Mimi), James Stewart (Dave), Hobart Cavanaugh (Joe), George Barbier (Underwood) **L** 88 **E** 22.7.1936/9.10.1988 ARD

SEINE TOCHTER IST DER PETER (1936). Nach der Scheidung der Eltern wird ein fünfjähriges Mädchen dem Vater, einem Straßenbauingenieur, zugesprochen und in Tirol wie ein Junge erzogen. Als die Mutter, eine Sängerin, plötzlich nach ihr schaut, setzt ein Tauziehen um das Kind ein, das der Vater mit einer neuen Lebensgefährtin für sich gewinnt. Heitergefühlvoller Unterhaltungsfilm, der sich allzu unbekümmert dem Spiel der begabten kleinen Akteurin zuwendet und dem Thema nicht gerecht wird. ✦ Schwarz-weiß. Österreich 1936 **P** Mondial **KI** Ring/Hamburg **Pd** Ottmar Ostermayr **R** Heinz Helbig **B** Erich Ebermayer, nach dem gleichnamigen Roman von Edith Zellwecker **K** Otto Martini **M** Willy Schmidt-Gentner **D** Karl Ludwig Diehl, Traudl Stark, Paul Hörbiger, Maria Andergast, Olga Tschechowa **L** 98 **FSK** ab 12; nf **E** 22.1.1937

SEINE TOCHTER IST DER PETER (1955). Ein bei seinem geschiedenen Vater wie ein Junge aufwachsendes Mädchen wird von der eifersüchtigen Mutter entführt. Lebensferne, sentimentale Unterhaltung. Remake des gleichnamigen Films von 1936. – Ab 12. ✦ Schwarz-weiß. Österreich 1955 **P** Öfa/Schönbrunn **KI** Union **R** Gustav Fröhlich **B** Gustav Fröhlich, Ilse von Gasteiger, Ernst A. Welisch, nach dem Roman »Und seine Tochter ist der Peter« von Edith Zellwecker **K** Sepp Riff **M** Erwin Halletz **S** Raimund Warta **D** Sabine Eggerth (Peter), Wolf Albach-Retty (Max Klaar), Gretl Schörg (Nora), Josef Meinrad (Dr. Felix Weininger), Ruth Johansson (Helga) **L** 95 **FSK** ab 12; nf **E** 28.10.1955/19.8.1981 DFF 2 **fd** 4 356

SEINE WAFFE WAR DYNAMIT →Sein Name war Pot – aber sie nannten ihn Halleluja

SEINE WINCHESTER PFEIFT DAS LIED VOM TOD (I LUNGHI GIORNI DELL'ODIO). Eine Bande, die sich auf widerrechtlichen Handel mit den Indianern spezialisiert hat, terrorisiert eine Farmersfamilie, deren ältester Sohn dem Bandenboß auf der Spur ist. Italowestern mit den üblichen Brutalitäten. ✦ Italien 1968 **P** Titanus **KI** Avis **R** Gianfranco Baldanello **B** Luigi Emmanuele **K** Claudio Cirillo **M** Amedeo Tommasi **S** Alberto Gallitti **D** Guy Madison (Martin Benson), Rik Battaglia (Vic Graham), Lucienne Bridou (Susy Benson), Rosalba Neri (Jenny Benson), Peter Martell (Tony Guy) **L** 90 **FSK** ab 18; nf **E** 20.7.1973 **fd** 18 507

SEINERZEIT ZU MEINER ZEIT. Ein junges Mädchen, bis über beide Ohren verliebt, träumt sich beim Wochenendausflug in einem Ferienhaus zurück in die Jugendzeiten ihrer Mutter, Großmutter und Urgroßmutter. Dabei stellt sie fest, daß sich die Aufregungen und Heimlichkeiten des Verliebtseins seit der Biedermeierzeit kaum geändert haben. Betuliche Komödie mit dankbaren Rollen für Hannelore Schroth und Käthe Haack. – Ab 14. ✦ Schwarz-weiß. Deutschland 1944 **P** Terra **KI** DFV **R** Boleslav Barlog **B** Margarete Hackebeil **K** Willy Winterstein **M** Werner Bochmann **D** Hannelore Schroth, Paul Klinger, Rolf Weih, Albert Hehn, Käthe Haack, Harald Holberg **L** 92 **E** 9.10.1944/1948 Wiederaufführung/5.8.1963 DFF 1

SEINETWEGEN →Ich sing' mich in dein Herz hinein

SEIT 5.45 UHR WIRD ZURÜCKGESCHOSSEN. Ein Versuch mehr, mit Archivmaterial die Feldzüge des Zweiten Weltkriegs darzustellen. Die Entstehung des Krieges wird kurz angetippt, sein Gang summarisch vereinfacht. Komplizierte Zusammenhänge flirren im Schnellverfahren vorbei. Der Hintergrund der Hitlerschen Kriegsführung ist völlig ausgespart. Unklarheiten und Mißverständlichkeiten sind die Folgen. Hinzu kommt, daß ganze Bildfolgen seinerzeit im Dienst der Propaganda hergestellt worden sind und sich einer Umsetzung ins Warnende und Demaskierende sperren. (Alternativtitel: »Europa in Flammen«) – Ab 16. ✦ Schwarz-weiß. BR Deutschland 1961 **P** Certus **KI** Gloria **Pd+R** Hans J. Gnamm **M** Rudolf Perak **S** Helga Bernetti **L** 99 **FSK** ab 12; f **FBW** w **E** 1962 Kino **fd** 10 680

SEITE AN SEITE (STEPMOM). Die Kinder eines geschiedenen New Yorker Anwalts opponieren mit ihrer Mutter gegen dessen wesentlich jüngere Geliebte. Als die einstige Ehefrau unheilbar an Krebs erkrankt, entwickelt sich zwischen den Konkurrentinnen eine vorsichtige Annäherung. Psychologisch feinfühlige Schilderung eines Familienkonflikts, der durch seine ökonomische Einbettung in einer finanziell sorgenfreien Umgebung aber beträchtlich an Glaubwürdigkeit verliert und außerdem einer widersprüchlichen konservativen Ideologie anhängt. – Ab 12. ✦ Scope. USA 1998 **P** 1492 Prod./Shoelace Prod./TriStar Pictures **KI** Columbia TriStar **VA** Columbia TriStar **DVD** Columbia TriStar Home (16:9, 2.35:1, DD5.0 engl./dt.) **Pd** Chris Columbus, Wendy Finerman, Mark Radcliffe, Michael Barnathan **R** Chris Columbus **B** Gigi Levangie, Jessie Nelson, Steven Rogers, Karen Leigh Hopkins, Ronald Bass, nach einem Roman von Gigi Levangie **K** Donald McAlpine **M** John Williams **S** Neil Travis **D** Julia Roberts (Isabel Kelly), Susan Sarandon (Jackie Harrison), Ed Harris (Luke Harrison), Jena Malone (Anna), Liam Aiken (Ben) **L** 125 **FSK** ab 6; f **E** 28.1.1999/14.9.1999 Video/1.10.1999 DVD **fd** 33 508

EINE SEITE DES WAHNSINNS (KURUTTA IPPEIJI). Die Geschichte einer Frau, die als Gefangene in einem »Irrenhaus« lebt und von ihrem Mann, der zeitweise dort arbeitet, bewacht wird. Eine filmisch überraschend »moderne« Anklage inhumaner Verwahrungspraktiken, deren beklemmde Intensität sich vor allem der beeindruckenden Montage verdankt. ✦ Schwarz-weiß. Japan 1926 **P** Shin Kankaku-Ha Eiga Renmei **SF** Freunde der Deutschen Kinemathek **Pd+R** Teinosuke Kinugasa **B** Yasunari Kawabata **K** Kôhei Sugiyama **M** Modern Bamboo Flute Ensemble (Neubearbeitung) **D** Masao Inoue (der Mann), Yoshie Nakagawa (die Frau), Ayako Iijima (die Tochter), Hiroshi Nemoto (ein junger Mann), Misao Seki (der Arzt), Eiko Minami (Tänzerin) **L** 80 (18 B./sec.) **E** 1973 Kino/16.2.1975 HR

SEITEN EINER CHRONIK. Der im Auftrag der Zentralverwaltung der Gesellschaft für Deutsch-Sowjetische Freundschaft in der DDR (DSF) gedrehte Dokumentarfilm blättert in der Chronik dieser Gesellschaft. Ausschließlich auf Erfolgspropaganda angelegt, berichtet er ohne jedes Konfliktbewusstsein über deren Geschichte, Entwicklung und Aktivitäten. ✦ DDR 1983 **P** DEFA **Pd** Jochen Wehner, Heinz Arnold **R** Róza Berger-Fiedler **B** Róza Berger-Fiedler, Harry Hornig **K** Karl-Heinz Müller, Peter Milinski **M** Peter Gotthardt **S** Róza Berger-Fiedler **L** 80 **E** 13.11.1983 DFF 1

DER SEITENSPRUNG (L'ESCAPADE). Ein verheirateter Mann läßt sich mit der Freundin eines Schriftstellers ein, während seine Frau einen Seitensprung mit einem selbstmordsüchtigen weiteren Freund dieser Frau macht. Am Schluß haben sich die Beziehungen sowohl des verheirateten wie auch des unverheirateten Paares gefestigt. Fern jeder »Psychologisierung«, aber mit kühler Intensität zeichnet der letztendlich die Ehe bejahende Film ein subtiles Geflecht menschlicher Beziehungen und Verhaltensweisen. ✦ Frankreich/Schweiz 1974 **P** Citel/Planfilm **Pd** Yves Peyrot **R+B** Michel Soutter **K** Simon Edelstein **M** Guy Bovet, Domenico Scarlatti **S** Joëlle van Effenterre **D** Marie Dubois (Anne), Philippe Clévenot (Paul), Antoinette Moya (Virginie), Georges Wod (Auguste), Jean-Louis Trintignant (Ferdinand) **L** 90 **E** 15.9.1976 DFF 2/22.10.1976 ARD **fd** 19 962

SEITENSPRUNG. Eine Ehe gerät in eine schwere Krise, als die Frau erfährt, dass sie seit mehr als zehn Jahren von ihrem Mann mit der Mutter seiner unehelichen Tochter betrogen wird. Beeindruckende, ernsthafte und sehr persönliche Schilderung einer alltäglichen Ehegeschichte. Mit viel Gespür und Empfindsamkeit für die angeschnittenen moralischen Fragestellungen inszenierter Erstlingsfilm. – Ab 14. ✦ DDR 1979 **P** DEFA, Gruppe »Babelsberg« **Kl** Progress **Pd** Oscar Ludmann **R** Evelyn Schmidt **B** Regina Weickert, Evelyn Schmidt **K** Jürgen Kruse **M** Peter Rabenalt **S** Helga Emmrich **D** Renate Geißler (Edith), Uwe Zerbe (Wolfgang), Tobias Zander (Danilo (Kind)), Anette Voss (Sandra (Kind)), Renate Reinecke (Helene), Karin Beewen (Frau Müller), Ursula Braun (Irene) **L** 89 **E** 14.2.1980 Kino DDR/ 17.11.1981 DFF 1 **fd** 13 065

SEITENSPRUNG AUF ITALIENISCH (ADULTERIO ALL'ITALIANA). Nachdem eine junge Römerin entdeckt, daß ihr Ehemann sie mit ihrer besten Freundin betrogen hat, will sie Gleiches mit Gleichem vergelten. Sie spielt ihm einen Seitensprung vor, um ihn zu kurieren. Uneinheitlich inszenierte Eifersuchtskomödie, reichlich mit Situationskomik und Klamauk garniert. Sehenswert: Nino Manfredi in der Rolle des ewig weinerlichen Gatten. – Ab 16. ✦ Italien 1966 **P** Fair **Kl** Constantin **Pd** Mario Cecchi Gori **R** Pasquale Festa Campanile **B** Luigi Malerba, Pasquale Festa Campanile, Ottavio Alessi **K** Roberto Gerardi **M** Armando Trovaioli **S** Ruggero Mastroianni **D** Nino Manfredi, Catherine Spaak, Gino Pernice, Maria Gracia Buccella, Akim Tamiroff **L** 92 **FSK** ab 16; nf **E** 13.1. 1967/14.2.1988 DFF 2 **fd** 14 510

SEITENSPRUNG FÜR ANFÄNGER (ADULTERE – MODE D'EMPLOI). 24 Stunden im Leben eines Architektenpaares. Auch das gespannte Warten auf das Ergebnis eines Wettbewerbs kann die beiden nicht über die Langeweile ihres Alltags hinwegtäuschen, sie suchen Abwechslung in erotischen Abenteuern, ehe sich die emotionalen Verwirrungen legen. Die Komödie montiert ihr Beziehungsgeflecht geschickt ineinander, wobei sich die Personen auf irritierende Weise immer wieder gegen die Zuschauererwartung verhalten. ✦ Frankreich/Schweiz 1995 **P** Ciné Manufacture/PXP/France 2 Cinéma/TSR/Téléclub **Pd** Robert Boner **R** Christine Pascal **B** Christine Pascal, Robert Boner **K** Renato Berta **M** Bruno Coulais **S** Jacques Comets **D** Richard Berry (Simon), Karin Viard (Fabienne), Vincent Cassel (Bruno), Emmanuelle Halimi (Sarah), Liliane Rovère (Mätresse) **L** 95 **E** 19.8.1996 ZDF

SEITENSPRUNG FÜR EINE NACHT →Nur eine Nacht (1987)

SEITENSPRUNG IN DEN TOD. Fernsehfilm um einen fatalen Seitensprung, bei dem ein verheirateter Mann offenbar absichtlich von einer schönen Fremden mit dem Aids-Virus infiziert wird. ✦ Deutschland 1997 **P** SAT 1/Neue Deutsche Filmgesellschaft **VA** Taurus **Pd** Klaus André **R** Gabriel Barylli **B** Holger Karsten Schmidt, Clemens Berger **K** Gernot Roll **S** Andreas Herzog **D** Gabriel Barylli (Martin Brenner), Constanze Engelbrecht (Julia Brenner), Heinrich Schafmeister (Bernd), René Steinke (Volker), Axel Milberg (Stefan) **L** 94 **FSK** ab 12 **E** 27.11.1997 3sat

SEITENSPRUNG IN MANHATTAN (THE DAYTRIPPERS). Eine New Yorker Grundschullehrerin, die glaubt, in einer glücklichen Ehe zu leben, findet beim Aufräumen einen Liebesbrief an ihren Mann. Der eilig zusammengerufene Familienrat beschließt, den Verlagsmanager zur Rede zu stellen, und fährt von der Vorstadt in die City. Als man ihn nicht antrifft und sich auf die Suche nach ihm macht, kommt es zu turbulenten Auseinandersetzungen zwischen den Familienmitgliedern; längst überwunden geglaubte Konflikte brechen auf. Intelligente Komödie, deren überzeugendes Buch in einer perfekt getimten Inszenierung umgesetzt wurde. Die Mischung aus klugem Humor und psychologischem Tiefgang wird einem brillanten Schauspielerensemble getragen. – Ab 16. ✦ USA/Kanada 1996 **P** Alliance/Cinépix/Trick **Pd** Steven Soderbergh, Nancy Tenenbaum **R+B** Greg Mottola **K** John Inwood **M** Richard Martinez **S** Anne McCabe **D** Hope Davis (Eliza D'Amico), Pat McNamara (Jim Malone), Anne Meara (Rita Malone), Parker Posey (Jo Malone), Liev Schreiber (Carl), Stanley Tucci (Louis D'Amico) **L** 83 **E** 19.12. 2001 ARD

SEITENSPRUNG INS GLÜCK. Eine erfolgreiche Fondsmanagerin erwischt ihren Verlobten in einer verfänglichen Situation und gibt ihm den Laufpass. Als sie für ein Geschäftsessen bei einer Gigolo-Agentur einen Begleiter mietet, schlüpft ihr Ex-Geliebter in diese Rolle, weil er hofft, sie auf diesem Wege zurückzugewinnen. Auf Turbulenz getrimmte, aber allzu umständlich und weitgehend langatmig entwickelte (Fernseh-)Verwechslungskomödie. – Ab 16. ✦ Deutschland/Österreich 2000 **R** Stefan Lukschy **B** Gabriele Diechler, Stefan Lukschy **K** Martin Kukula **M** Stephan Glade, Stephan Zacharias **D** Michael Roll (Dr. Gregor Marquardt), Claudine Wilde (Sandra Bergmann), Heinrich Schafmeister (Dr. Rüdiger Baer), Maximilian Krückl (Dr. Bernd von Neubert), Anna Böttcher (Tanja Klein), Mareike Fell (Marion), Gunter Berger (Dr. Werner), Erika Berger (Linda Morlowski), Peter Döhring (Frau Bernhard), Inge Wolffberg (Frau Krüger) **L** 89 **E** 1.12.2000 ARD

SEITENSPRUNG MIT FOLGEN (MALICIOUS). Ein Seitensprung bringt das Leben eines erfolgreichen jungen Mannes aus den Bahnen. Die Frau für eine Nacht macht das Leben des Mannes zu Hölle. Psychothriller um eine femme fatale, in dem sich der einstige Teenager-Star Molly Ringwald von früheren braven Rollen zu emanzipieren versucht. ✦ Kanada 1995 **Pd** Robert Vince, William Vince **R** Ian Corson **D** Molly Ringwald (Melissa), Patrick McGaw (Doug), Sarah Lassez (Laura), Rick Henrickson (Rich), Jennifer Copping (Judy) **L** 89 **E** 21.6.1997 RTL

SEITENSPRUNG-REPORT →Ehemänner-Report

SEITENSPRÜNGE (1940). Ein braver Büroangestellter und ein frecher Handelsvertreter erhalten vom Chef den Auftrag, für den Besuch eines Hamburger Exporteurs und dessen Frau ein erstklassiges Hotelzimmer mit Bad reservieren zu lassen. Infolge einer mißverständlichen Absage kommt es zum pausenlosen Durcheinander, weil der Angestellte mit seiner Frau ihren ersten Hochzeitstag im angemieteten Hotelzimmer verbringen. Flotte Verwechslungskomik in einem munter gespielten Schwank. – Ab 12. ✦ Schwarz-weiß. Deutschland 1940 **P** Bavaria **Kl** Alfred Stöger **R** Alfred Stöger **B** H. W. Becker, Hertha von Gebhardt, nach Motiven des gleichnamigen Romans von Hellmut Lange **K** Karl Loeb **M** Rudolf Zeller **D** Geraldine Katt (Frau Mügge), Hans Brausewetter (Herr Mügge), Alice Treff (Frau Schmidthenner), Hans Zesch-Ballot (Herr Schmidthenner), Charlott Daudert (Lucy) **L** 91 **E** 2.2.1940

SEITENSPRÜNGE (1964) (EXTRACONIUGALE). Italienische Komödie um eheliche Untreue in drei Episoden: 1. »Die Dusche«; 2. »Die Welt der Reichen«; 3. »Schwedische Moral«. Belanglose Unterhaltung, die nicht ganz ernst genommen werden will. Nur die erste Episode enthält etwas kritischen Witz. ✦ Schwarz-weiß. Italien 1964 **P** Sabatello **Kl** Rank **R** Massimo Franciosa (1), Mino Guerrini (2), Giuliano Montaldo (3) **B** Castellano (= Franco Castellano), Pipolo (= Giuseppe Moccia), Nino Guerrini **K** Tonino Delli Colli (1), Erico Menczer (2), Alfio Contini (3) **M** Luis Enriquez Bacalov (1), Angelo Francesco Lavagnino (2), Piero Umiliani (3) **D** Gastone Moschin (1), Liana Orfei (1), Enzo La Torre (2), Franca Rame (2), Renato Salvatori (3), Maria Perschy (3) **L** 99 **FSK** ab 18; nf **E** 30.7.1965 **fd** 13 539

SEITENSPRÜNGE (1988) (COUSINS). Cousin und Cousine, beide mehr oder weniger unglücklich verheiratet, lernen sich auf einem Familienfest kennen und bekennen sich nach einer Zeit der Freundschaft zu ihrer Liebe. Mehr auf seichte Unterhaltung angelegtes Hollywood-Remake eines poesievollen französischen Spielfilms aus dem Jahr 1975, das in leichtem Tonfall erzählt wird und in der amüsanten Charakterisierung kleinster Nebenrollen einige Akzente setzt, aber vor sexistischen Tönen nicht zurückschreckt. – Ab 16 möglich. ✦ USA 1988 **P** Paramount Pictures **Kl** UIP **VA** CIC **Pd** William Allyn **R** Joel Schumacher **B** Stephen Metcalfe, nach dem Film »Cousin, Cousine« von Jean-Charles Tacchella **K** Ralf D. Bode **M** Angelo Badalamenti **S** Robert Brown **D** Ted Danson (Larry), Isabella Rossellini (Maria), Sean Young (Tish), William Petersen (Tom), Lloyd Bridges (Vince) **L** 113 **FSK** ab 12; f **FBW** w **E** 3.8.1989/März 1990 Video **fd** 27 749

SEITENSPRÜNGE IM SCHNEE (SEITENSPRÜNGE IM SCHNEE). Ein junges Paar findet sich beim Wintersport nach vielen Mißverständnissen und den üblichen Partnertauschspielchen wieder. Musikalische Komödie: eine ansehnlich fotografierte Belanglosigkeit. – Ab 14. ✦ Schwarz-weiß. BR Deutschland/Österreich 1950 **P** Loewen **Kl** Donau **Pd** Friedrich Erban **R** Siegfried Breuer **B** Marielies Füringk, Siegfried Breuer **K** Oskar Schnirch **M** Franz Grothe **D** Doris Kirchner, Heinz Engelmann, Jane Tilden, Erik Frey, Eva Leiter **L** 90 **FSK** ab 16; nf **E** 12.1.1951 **fd** 982

SEITENSPRÜNGE LOHNEN SICH →Kommt pudelnackt, das Erbe lacht

SEITENSTECHEN. Ein junger Mann erlebt sich in einem Traum als werdende Mutter. Aus diesem grotesken Einfall entwickelt sich eine Komödie, die mit überraschendem Takt mögliche Peinlichkeiten beiseitespielt. Trotz der seichten Inszenierung spiegelt die Umkehrung der Rollen die tatsächlichen Belastungen einer »Problemschwangerschaft«. Überraschend auch das stimmige Spiel von Mike Krüger. – Ab 14. ✦ BR Deutschland 1984 **P** Lisa/Roxy **Kl** Tivoli **VA** VPS **Pd** Erich Tomek, Otto W. Retzer, Wilma Bastian **R** Dieter Pröttel **B** Joachim Hammann, Mike Krüger, nach einem Roman von Bernd Späth **K** Franz X. Lederle **M** Olaf Weitzl **S** Claudia Wutz **D** Mike Krüger (Norbert), Susanne Uhlen (Monika), Claudia Neidig (Ulla), Christian Wolff (Otto), Gert Haucke (Böhm), Thomas Gottschalk (Thomas), Veronika Faber, Bernd Stephan (Schneider), Werner Kreindl (Chefarzt) **L** 96 **FSK** ab 6; f **FBW** w **E** 8.3.1985/1.9. 1985 Video/13.3.1987 Kino DDR/30.12.88 ARD **fd** 25 009

SEITENSTRASSE (BACK STREET). Die tragische Geschichte einer nicht legitimierten Liebe zwischen einem jungen Bankkaufmann und der Tochter eines Textilwarenhändlers zu Beginn des 20. Jahrhunderts. Hollywood-Unterhaltung der sentimentalen Art. ✦ Schwarz-weiß. USA 1941 **P** Universal **Pd** Frank Shaw **R** Robert Stevenson **B** Bruce Manning, Felix Jackson (= Felix Joachimson), nach dem Roman »Back Street« von Fannie Hurst **K** William H. Daniels

M Frank Skinner **S** Ted J. Kent **D** Charles Boyer (Walter Saxel), Margaret Sullavan (Ray Smith), Richard Carlson (Curt Stanton), Frank McHugh (Ed Porter), Tim Holt (Richard Saxel) **L** 85 **E** 28.10.1981 DFF 2

SEITENSTRASSE DER PROSTITUTION. Nach einem historischen Exkurs über die häufigsten Geschlechtskrankheiten berichten Ärzte über verschiedene Ansteckungsfälle, die jeweils in der Art dilettantischer Reportfilme illustriert werden. Hinter der vermeintlichen Aufklärungsabsicht ist das voyeuristische Interesse nur schlecht versteckt. – Wir raten ab. ✦ BR Deutschland 1967 **P** Urania **Kl** Avis **Pd** Erwin C. Dietrich **R** Gerhard Amman **B** Erwin C. Dietrich, Gerhard Amman, W. Burckhardt **K** Peter Baumgartner **M** Frank Valdor **D** Uta Levka, Brigitte Frank, Eduard Huber, Verena Kunz, Heiner Hitz **L** 74 **FSK** ab 18; nf **E** 1.9.1967 **fd** 14 896

SEJNANE (SEJNANE). Die Entwicklung eines jungen Mannes, dessen Vater von einer politischen Organisation ermordet wurde, und der zum Kämpfer für die Freiheit und Unabhängigkeit Tunesiens wird. Die Handlung spielt 1952, als Tunesien noch französische Kolonie war. ✦ Tunesien 1974 **P** Latif **R+B** Abdellatif Ben Ammar **K** Lotfi Layouni **D** Nourredine Nahfoudh, Abdellatif Hamrouni, Bchira Cherif, Jamil Joudi, Mouheddine Mrad **L** 105 **E** 5.6.1978 WDR

DIE SEKRETÄRIN DES WEIHNACHTSMANNS. Der Brief eines kleinen Mädchens, das bei einem Unfall seine Mutter verloren hat und mit einem gebrochenen Bein im Krankenhaus liegt, landet bei einer Sachbearbeiterin, die für Kinderbriefe an den Weihnachtsmann zuständig ist. Das Kind wünscht sich, vom Vater aus dem Krankenhaus geholt zu werden. Da jedoch der Vater des Kindes unbekannt ist, bricht für die gutmütige Frau eine hektische Vorweihnachtszeit an. Gefühlvolles Weihnachtsmärchen, angesiedelt vor der malerischen Kulisse der elsässischen Stadt Colmar. – Ab 12. ✦ Deutschland/Frankreich 1999 **P** HR/Telfrance/Intertel/France 3 **R** Dagmar Damek **B** Françoise Dorner **K** Michael Epp **D** Marianne Sägebrecht (Marlène), Roland Giraud (Sébastian), Catherine Arditi (Oberschwester), Eric Prat (Carone), Thylda Barès (Céline) **L** 89 **E** 24.12.2000 hessen 3

SEKRETÄRINNEN-REPORT (OFFICE LOVE-IN). Die Sekretärin eines Heiratsvermittlungsbüros gerät nacheinander mit allen Mitgliedern der Familie des Chefs in sexuelle Beziehungen. Durch zwei handlungsfremde Episoden auf Programmlänge gebrachter Sexfilm aus den USA. – Wir raten ab. ✦ Schwarzweiß. USA 1970 **P** Cinemart **Kl** Anka **R** Charles Baulton (= Stephen C. Apostolof) **B** J. T. Casey **K** Robert Rubin **M** Igor O'Gigaguski **D** Katy Williams (Stephanie), Forman Shane, Monika Woods, Colleen Murphy, Nemo Nomus **L** 81 **FSK** ab 18; nf **E** 10.9.1971 **fd** 17 578

SEKRETÄRINNEN-REPORT 2. TEIL (AMOUR OUI, MAIS). Das als Fortsetzungsfilm verkaufte Serienprodukt aus Luxemburg offeriert als Handlungsmaterial die Erpressung eines Industriellen mit Hilfe von Pornofotos. Selbst bei einem einschlägigen Amateurfilmwettbewerb für Anfänger hätte dieses Stückchen Schund kaum Chancen. – Wir raten ab. ✦ Luxemburg 1972 **P** Philippe Schneider **Kl** Anka/Madsack **Pd** Philippe Schneider **R** Alfred Geima **D** Regina Peters, Barbara Holm, Carsten Peters, Brigitte Helms **L** 72 **FSK** SPIO: X **E** 20.4.1973 **fd** 18 357

SEKT ODER SELTERS (BREATHING ROOM / 'TIL CHRISTMAS). Nach der x-ten Trennung und Wiederversöhnung beschließt ein junges Paar, zwischen Thanksgiving und Weihnachten Urlaub von seiner Beziehung zu nehmen. Komödie über Sprach- und Austauschschwierigkeiten. – Ab 16. ✦ USA 1996 **P** Eureka Pictures **Pd** Tim Perell, Howard Bernstein **R** Jon Sherman **B** Tom Hughes, Jon Sherman **K** Jim Denault **M** Pat Irwin **S** Sabine Hoffmann **D** Dan Futterman (David), Susan Floyd (Kathy), David Thornton (Brian), Saverio Guerra (Tony), Nadja Dajani (Claire), Edie Falco (Marcy) **L** 95 **E** 14.02.1999 Vox

DIE SEKTE (BRIGADE MONDAINE: LA SECTE DE MARRAKECH). Eine junge Frau gerät in die Fänge einer Sekte, wird nach Marrakesch verschleppt und zur Prostitution gezwungen. Zwei ihr nachgereiste Kriminalbeamte heben den Unterschlupf aus und befreien sie. Platt inszeniert, linkisch gespielt und voller Klischees. – Wir raten ab. ✦ Frankreich 1979 **P** Francos **Kl** Kora **Pd** Francis Cosne **R** Eddy Matalon **B** Paul -Gégauff, Henryk Mrozowsky, Pierre Germont, Yves Josso **K** Jean-Jacques Tarbès **M** Cerrone **S** Hélène Plemiannikov **D** Carole Chauvet (Brigitte), Patrice Valota (Boris Corentin), Jacques Bouanich (Aimé Brichot), Christian Marquand (Père Peter), Sady Rebbot (Père Luc) **L** 93 **FSK** ab 18; nf **E** 2.5.1980/18.2.1995 Pro Sieben **fd** 22 550

SEKUNDEN DER ANGST (JEOPARDY). Eine junge Frau gerät beim Ferienaufenthalt in Mexiko an einen flüchtigen Mörder, als sie Hilfe für ihren verunglückten Mann sucht. Ein überlegt konstruierter Thriller mit kühl kalkulierter Spannung. – Ab 16. ✦ Schwarzweiß. USA 1952 **P** MGM **Kl** MGM **Pd** Sol Baer Fielding **R** John Sturges **B** Mel Dinelli, nach einer Erzählung von Maurice Zimm **K** Victor Milner **M** Dimitri Tiomkin **S** Newell P. Kimlin **D** Barbara Stanwyck, Barry Sullivan, Ralph Meeker, Lee Aaker **L** 67 **FSK** ab 12; f **E** 3.9.1954 **fd** 3 776

SEKUNDEN DER VERZWEIFLUNG (DESPERATE MOMENT). Im besetzten Deutschland nach dem Zweiten Weltkrieg bricht ein fälschlich angeschuldigter Mann aus der Haft aus, um zu beweisen, daß er an der Ermordung eines Besatzungssoldaten unschuldig ist und überführt seinen besten Freund der Tat. Schematischer Actionkrimi; spannungslos und wenig realistisch in Milieu und Zeitkolorit. – Ab 16. ✦ Schwarz-weiß. Großbritannien 1953 **P** Fanfare **Kl** Rank **Pd** J. Arthur Rank **R** Compton Bennett **B** Patrick Kirwan, George H. Brown, nach einem Roman von Martha Albrand **K** C. Pennington-Richards **M** Ronald Binge **D** Dirk Bogarde, Mai Zetterling, Philip Friend, Albert Lieven, Friedrich Joloff **L** 90 **FSK** ab 16; nf **E** 14.8.1953 **fd** 2 710

SELBSTBESCHREIBUNG. Der 80-jährige Georg Stefan Troller, bedeutender Fernsehdokumentarist, reflektiert sein Leben in der 30er-, 40er- und 50er-Jahren und fragt sich, ob ihm sein Weg vorbestimmt war oder ob es sich auch völlig anders hätte entwickeln können. Troller stellt die Fragen an sein filmisches Alter ego, dargestellt vom Wiener Schauspieler Alexander Pschill, der wiederum den Dokumentaristen ins Kreuzverhör nimmt. Eine sehr intensive Rückschau und ein Selbstgespräch mit verteilten Rollen, in dem auch die Themen Flucht, Emigration und Krieg behandelt werden; zugleich ein Dokumentarfilm, der teils ernst, teils komisch eine Selbstabrechnung anstrebt, wobei er kurze Zitate aus Trollers Filmen einbezieht. – Ab 16. ✦ Deutschland 2001 **R+B** Georg Stefan Troller **D** Alexander Pschill (Georg Stefan Troller) **L** 80 **E** 8.12.2001 Bayern 3

SELBSTJUSTIZ (CHOICE OF ARMS / TRIAL BY COMBAT / DIRTY KNIGHT'S WORK). Ein Club spleeniger Adeliger, der sich auf mittelalterliche Gesetze beruft und in Ritterrüstungen auftritt, hat es sich zur Aufgabe gemacht, die englische Unterwelt zu dezimieren. Erst als den Gründer des Vereins der Tod ereilt, tritt die Polizei in Erscheinung. Krimi mit komischem Einschlag, der mit britischem Humor einige unterhaltende Akzente setzt, ohne letztlich überzeugen zu können. – Ab 16. ✦ Großbritannien 1976 **P** Combat/Gamma III (für Warner Brothers) **Kl** Warner-Columbia **Pd** Fred Weintraub, Paul Heller **R** Kevin Connor **B** Julian Bond, Steven Rossen, Mitchell Smith **K** Alan Hume **M** Frank Cordell **S** Willy Kemplen **D** John Mills (Bertie Cook), Donald Pleasence (Sir Giles Marley), Barbara Hershey (Marion Evans), David Birney (Sir John Gifford), Peter Cushing (Sir Edward), Margaret Leighton (Ma Gore) **L** 88 **FSK** ab 12; nf **E** 26.11.1976/11.7.1987 SAT 1 **fd** 20 060

SELBSTJUSTIZ – EIN COP ZWISCHEN LIEBE UND GESETZ (ONE GOOD COP). Als ein Crack-Junkie seinen Partner ermordet, sorgt ein Zivilfahnder gemeinsam mit seiner Frau für dessen drei verwaiste kleine Töchter. Da es ihm dazu an Geld mangelt, überfällt der Polizist die Vertraute und Geldbotin des mächtigen Crack-Produzenten, ohne zu ahnen, daß sie eine verdeckt ermittelnde Kollegin des Rauschgiftdezernats ist. Gemeinsam bekämpfen die beiden Polizisten schließlich unter Lebensgefahr die Verbrecher. Was als überwiegend sentimental erzählter Film über persönliche Beziehungen beginnt, mündet unvermittelt in ein blutiges Action-Finale, das von einem anderen Regisseur inszeniert sein könnte. Ein uneinheitliches Produkt mit einem fragwürdigen Hang zur moralischen Legitimierung der Selbstjustiz. (TV-Titel: »Ein Cop zwischen Liebe und Gesetz«) ✦ USA 1991 **P** Hollywood Pictures/Silver Screen Partners IV **VA** Buena Vista **Pd** Laurence Mark **R+B** Heywood Gould **K** Ralf D. Bode **M** David Foster, William Ross **S** Richard Marks **D** Michael Keaton (Artie Lewis), Rene Russo (Rita Lewis), Anthony LaPaglia (Stevie), Kevin Conway (Lt. Quinn), Rachel Ticotin (Grace) **L** 100 **FSK** ab 16 **E** 11.2.1992 Video/8.10.1994 ARD **fd** 29 541

SELBSTMORD AUF BEFEHL →Dead Innocent – Selbstmord auf Befehl

SELBSTMORD MIT ZWEI PISTOLEN →Der Chinese

DIE SELBSTMORDMORDE (THE SUICIDE MURDERS). Als einer der einflußreichsten Männer der Stadt tot aufgefunden wird, geht die Polizei von einem Selbstmord aus. Der Privatdetektiv jedoch, der den Toten beschatten sollte – die Ehefrau vermutete ein Verhältnis mit einer anderen Frau –, ist anderer Meinung, zumal bald weitere mysteriöse Todesfälle hinzukommen. Kriminalfilm. ✦ Kanada 1985 **R** Graham Parker **D** Saul Rubinek (Benny Cooperman), Kate Trotter (Myrna Yates), Sharry Flett (Hilda Blake), Chuck Shamata (Pete Staziak), Ken Pogue (Sgt. Joe Harrow) **L** 90 **E** 5.2.1993 mdr

SELBSTVERSUCH. Eine junge Wissenschaftlerin entschließt sich aus Liebe zu ihrem Professor zu einem riskanten Selbstversuch. Sie wird zeitweilig zum Mann. Erst als sie nach und nach ihre Persönlichkeit verliert, begreift sie, dass sie die ethischen Grenzen der Wissenschaft überschritten hat. Fernsehfilm, der sich kammerspielartig mit moralischen Fragen der Wissenschaft auseinandersetzt. ✦ DDR 1989 **P** DEFA **Pd** Rolf Martius **R** Peter Vogel **B** Peter Vogel, Günter Haubold, nach dem gleichnamigen Roman von Christa Wolf **K** Günter Haubold **M** Bernd Wefelmeyer **S** Christine Schöne **D** Johanna Schall (Johanna/Johann), Hansjürgen Hürrig (Professor), Katrin Klein (Irene), Andrea Solter (Beate), Henry Hübchen (Bertram) **L** 105 **E** 21.1.1990 DFF 1/17.3.1994 ORB

SELBSTVERTEIDIGUNG (1979) (KUNG-FU). Die berufliche und private Entwicklung von vier Freunden in Polen, die am Polytechnikum studieren. Ihr Leben ist geprägt vom dauernden Kampf gegen betrügerische Machenschaften in der Universität und in Betrieben, die – einmal aufgedeckt – Sanktionen für diejenigen bedeuten, die sich um Gerechtigkeit und Aufklärung bemühen. Ein fesselnder Film, gut konstruiert und außerordentlich beweglich inszeniert; ein wichtiger Blick auf das polnische Gesellschaftssystem der späten 70er Jahre. Kritisch und bissig, verweist er auf Grenzen von Kompromißbereitschaft und Redlichkeit. Darüber hinaus ist er ein überzeugendes Plädoyer für die Freundschaft. – Ab 16. ✦ Polen 1979 **P** Film Polski, Zespoly Filmowe »X« **R+B** Janusz Kijowski **K** Krzysztof Wyszynski **M** Jacek Bednarek, Andrzej Korzynski **S** Irena Chorynska, Ewa Pakulska **D** Teresa Sawicka (Irena), Piotr Fronczewski (Witek), Daniel Olbrychski (Zygmunt), Andrzej Seweryn (Marek), Zbigniew Zapasiewicz (Kwasniak) **L** 112 **E** 10.1.1983 ZDF

SELBSTVERTEIDIGUNG (1981) (WOBRONIE WLASNEJ). Eine Ärztin liebt einen verheirateten Kollegen, der sich jedoch nicht von seiner Familie trennen will. Die Ärztin beschließt, ihre Gefühle einzudämmen, ohne freilich die Kraft aufzubringen, ihn zu verlassen. Pessimistischer Film um komplizierte zwischenmenschliche Beziehungen und den drohenden Verlust einer gemeinsamen Zukunft; er vermag die Widersprüchlichkeit des Themas kaum auszuloten und ist zu keiner reflektorischen Distanz fähig; auch inszenatorisch wenig überzeugend. (DDR-Titel: »Ehe zu dritt«) – Ab 16. ✦ Polen 1981 **P** Zespoly Filmowe, Gruppe »X« **KI** Progress **R+B** Zbigniew Kaminski **K** Witold Sobocinski **M** Zygmunt Konieczny **D** Beata Tyszkiewicz, Tadeusz Janczar, Krzysztof Jasinski, Teresa Budzisz-Krzyzanowska, Iwona Bielaska **L** 85 **E** 20.4.1984 Kino DDR/6.11.1984 DFF 1/7.10.1987 HR

DIE SELBSTZERSTÖRUNG DES WALTER MATTHIAS DIGGELMANN (DIE SELBSTZERSTÖRUNG DES WALTER MATTHIAS DIGGELMANN). Der Schriftsteller Walter Matthias Diggelmann (1927–79) redet im »Théâtre du Jorat« in Mézières über Gott, die Welt und sich selber. Der Monolog entwirft das Bild einer widersprüchlichen Persönlichkeit, die mit sich selber und den Problemen der Umwelt ringt. Ein sorgfältig und überlegt gefilmtes Dokument über einen selbstkritischen Menschen, das die Frage aufwirft, wieweit Diggelmann für eine im Kampf um eine bessere Gesellschaft müde gewordene Generation steht. – Sehenswert. ✦ Schweiz 1973 **P** Teleproduction **R** Walter Marti **B** Reni Mertens, Walter Marti **K** Hans-Peter Roth **M** Yehoshua Lakner **S** Hanka Kaminska **L** 69 **E** Schweiz

SELENA – EIN AMERIKANISCHER TRAUM (SELENA). Die Lebensgeschichte der Selena Quintanillas, die Anfang der 80er Jahre im Süden der USA als Königin des »Tejano«, eines mit Popelementen gemischten mexikanischen Musikstils, gefeiert wurde. Der Film erzählt von ihrem harten Weg an die Spitze, wo sie auf der Höhe des Ruhms sogar mit einem »Grammy« ausgezeichnet wurde, und von ihrem tragischen Ende, als sie 23jährig von der Leiterin ihres Fanclubs erschossen wird. Der Film basiert auf wahren Begebenheiten und pendelt geschickt zwischen Frauenfilm, Aufsteigerstory, Liebesgeschichte und mitreißenden Konzertmitschnitten, so daß die Hommage nicht nur für Musikfans reizvoll ist. Die Hauptdarstellerin bestimmt und trägt den Film, indem sie ihre Rolle voller Überzeugung und Vitalität spielt. – Ab 12. ✦ USA 1997 **P** Q Productions **VA** Warner Home **Pd** Moctezuma Esparza, Robert Katz **R** Gregory Nava **B** Dave Grusin **K** Edward Lachman **S** Nancy Richardson **D** Jennifer Lopez (Selena Quintanilla), Edward James Olmos (Abraham Quintanilla, Vater), Constance Marie (Marcela Quintanilla, Mutter), Jacob Vargas (Abie Quintanilla), Jackie Guerra (Suzette Quintanilla), Jon Seda (Chris Perez) **L** 123 **FSK** ab 6 **E** 20.2.1998 Video **fd** 33 312

DIE SELIGE EDWINA BLACK (THE LATE EDWINA BLACK). Eine englische Kleinstadt zur Jahrhundertwende: Eine bösartige Gattin versucht, ihrem Mann, den sie – nicht grundlos – des Ehebruchs mit ihrer Gesellschaftsdame verdächtigt, noch über ihren Tod hinaus durch einen rechtzeitig konstruierten Mordverdacht das Leben schwer zu machen. Steif verfilmtes Bühnenstück. – Ab 14. ✦ Schwarz-weiß. Großbritannien 1951 **P** Elvey-Gartside/IFD **Pd** Ernest Gartside **R** Maurice Elvey **B** Charles Frank, David Evans, nach dem Bühnenstück »The Late Edwina Black« von William Dinner und William Morum **K** Stephen Dade **M** Allan Gray **S** Douglas Myers **D** Geraldine Fitzgerald (Elizabeth), David Farrar (Gregory Black), Roland Culver (Inspektor), Jean Cadell (Ellen), Mary Merrall (Lady Southdale) **L** 80 **E** 16.10.1961 ARD/2.2.1969 DFF 1

SELLECK (THE WASHINGTON AFFAIR). Trivialer Agenten-Thriller um einen Geschäftsmann, der über Mittelsmänner an Regierungsaufträge heranzukommen hofft. (Späterer Titel: »Affäre Washington«) ✦ USA 1978 **VA** VCL/Virgin **R** Victor Stoloff **B** Eva Wolas **K** Mikhail Peters **D** Tom Selleck, Carol Lynley, Barry Sullivan, Arlene Banas **L** 81 **FSK** ab 16 **E** 1988 Video

SELLECK – AFFÄRE WASHINGTON →Selleck

SELMA, ALABAMA (SELMA, LORD, SELMA). Alabama in den 60er-Jahren: Martin Luther King bereist mit einem weißen Reverend den Staat. Im Städtchen Selma wird ihm ein herzlicher Empfang bereitet, doch die Zeichen stehen auf Sturm, da einige Familien Rassenunruhen befürchten. Besonders eine Familie hat Angst, da sie bereits ein Kind aus diesem Anlass verloren hat. Ein engagierter Film über die amerikanische Rassenpolitik in den 60er-Jahren, der seine Geschichte in Form eines populären Dramas erzählt. – Ab 14. ✦ USA 1998 **P** Walt Disney Television/Esparza-Katz Prod. **R** Charles Burnett **B** Cynthia Whitcomb, nach einem Roman von Rachel West Nelson **K** Johnny Simmons **M** Stephen James Taylor **S** Nancy Richardson **D** Astin MacKenzie (Jonathan Daniels), Jurnee Smollett (Sheyann Webb), Ella Joyce (Betty Webb), Brain Beagle (Schülerin), Yolanda King (Miss Bright) **L** 85 **E** 3.7.1999 premiere

SELMA & JOHANNA (ALDRIG MER 4 B). Zwei elfjährige Mädchen in einem Roadmovie zwischen Stockholm und Helsingborg: Beide sind von daheim ausgerissen und per Anhalter unterwegs nach »Europa«. In Straßburg will die Klassenbeste, Johanna, ihre ungnädige Klassenlehrerin vor dem Europäischen Gerichtshof verklagen. Von den beunruhigten Eltern und der hilfsbereiten Polizei werden beide rechtzeitig eingeholt und die abwechslungsreiche Reise endet in versöhnlichen Umarmungen. Ein kindgerecht gestalteter schwedischer Kinderfilm in ruhigem Erzählfluß, dessen Kameraarbeit, Darstellung und Mitmenschlichkeit ihn über das Gros ähnlicher Produktionen hinausheben und der stets bemüht ist, Abstand vom jugendlichen Action-Kino zu wahren. – Sehenswert ab 8. ✦ Schweden 1997 **P** Cinetofon/Sandrew/Sveriges Television **VA** Matthias-Film **Pd** Lennart Duner **R** Ingela Magner **B** Staffan Erstam **K** Dan Myrnian **M** Coste Apetrea, Anders Henriksson **S** Lasse Lundberg **D** Anna Sjögren (Johanna), Grete Havnesköld (Selma), Jakob Eklund (Goran), Kjell Bergarist (Kjellvan), Johan Widerberg (Conny) **L** 91 **E** 1998 Video **fd** 33 454

SELTEN SO GELACHT (OPERATION MADBALL). Ende 1945, als die amerikanischen Wachsoldaten eines Lazaretts darauf brennen, mit den Krankenschwestern anzubandeln, heckt einer den Plan, aus, der den Kameraden zum ersehnten »Ball der Verrückten« in einem Landgasthaus verhilft. Geschwätzige Klamotte mit einigen anzüglichen Szenen. – Ab 16. ✦ Schwarz-weiß. USA 1957 **P** Columbia **KI** Columbia **Pd** Jed Harris **R** Richard Quine **B** Arthur Carter, Jed Harris, Blake Edwards, nach einem Bühnenstück von Arthur Carter **K** Charles Lawton jr. **M** George Duning **S** Charles Nelson **D** Jack Lemmon (Al Hogan), Ernie Kovacs (Captain Lock), Kathryn Grant (Betty Bixby), Arthur O'Connell (Colonel Rousch), Mickey Rooney (Sergeant Skibo) **L** 106 **FSK** ab 12; nf **E** 20.12.1957 **fd** 6 550

EINE SELTENE GELIEBTE →Pikanterie

SELTSAM, DAS LEBEN ... (STRANA LA VITA). Das eintönige, ziellose Leben eines Psychologen beim Gesundheitsamt erhält eine dramatische Wendung, als ein Freund während der Wiedersehensfeier stirbt. Er entschließt sich, nicht nur der Witwe, seiner früheren Geliebten, einen Besuch abzustatten, sondern auch die alte Beziehung wieder aufleben zu lassen. Als er auch noch ein Rendezvous mit der Geliebten des Toten einhält und sich eine Patientin für ihn zu interessieren beginnt, halten ihn vier Frauen in Atem. Ein Film über das Sichtreibenlassen und die Verwirrung der Gefühle, der jedoch nicht konsequent genug entwickelt wurde, um die Handlungsweise eines »Mannes ohne besondere Eigenschaften« sinnfällig zu machen. ✦ Italien 1987 **P** A.M.A. Film/Dania/Medusa Distribuzione/Reteltalia **Pd** Gianni Minervini **R** Giuseppe Bertolucci **B** Giovanni Pascutto, Giuseppe Bertolucci, nach einem Roman von Giovanni Pascutto **K** Renato Tafuri **M** Nicola Piovani **S** Nino Baragli **D** Diego Abatantuono (Dario), Monica Guerritore (Anna), Domiziana Giordano (Silvia), Amanda Sandrelli (Ester), Lina Sastri (Nora) **L** 94 **E** 2.9.1990 BR

DER SELTSAME ALTE (CETTE VIEILLE CANAILLE). Durch die Liebe zu einem Zirkusmädchen wieder jung geworden, läßt sich ein berühmter Chirurg auf einen Konkurrenzkampf mit einem kühnen Trapezkünstler ein. Er beendet das amouröse Dreiecksspiel als nobler Verlierer. Frühwerk des aus Rußland stammenden Regisseurs Litvak im Stil des französischen Vorkriegs-Impressionismus. Gute Darsteller und melancholische Zwischentöne sorgen für bemerkenswerte Unterhaltung. – Ab 16. ✦ Schwarz-weiß. Frankreich 1933 **P** Cipar **KI** Neue Filmkunst **R** Anatole Litvak **B** Serge Veber, Anatole Litvak **K** Curt Courant **M** Georges van Parys **S** Henri Rust **D** Harry Baur, Pierre Blanchar, Alice Field, Paul Azais, Christiane Dor **L** 94 **FSK** ab 12; f **E** 10.12.1959 **fd** 8 759

DER SELTSAME FALL DES DR. JEKYLL UND MR. HYDE (STRANNAJA ISTORIJA DOKTORA DSHEKILA I MISTERA CHAJDA). Überaus werkgetreue, aber sehr konventionelle Literaturverfilmung des klassischen Grusel-Romans. Bemerkenswert lediglich die Fotografie und die überragende Leistung des Hauptdarstellers. – Ab 16. ✦ UdSSR 1986 **P** Mosfilm **KI** Progress **R** Alexander Orlow **B** Georgi Kapralow, Alexander Orlow, nach dem Roman von Robert Louis Stevenson **K** Valeri Schuwalow **M** Eduard Artemjew **D** Innokenti Smoktunowski (Dr. Jekyll), Alexander Feklistow (Mr. Hyde), Anatoli Adoskin (Petterson) **L** 90 **E** 4.9.1986 DFF 2/7.8.1987 Kino DDR

DIE SELTSAME GESCHICHTE DES BRANDNER KASPAR. Der 70jährige Brandner-Jäger überlistet den Tod, wird dann doch noch zur Probefahrt in einen original-bayrischen Himmel bewogen und will am Ende gar nicht mehr zurück. Eine besinnlich-launige Verbindung von Schwank, Legende und Volkserzählung, phantasievoll inszeniert und beeindruckend ausgestattet. (Alternativtitel: »Das Tor zum Paradies«) – Ab 14 möglich. ✦ Schwarz-weiß. BR Deutschland 1949 **P** Bavaria **KI** Bavaria **Pd** Franz Tapper **R** Josef von Baky **B** Erna Fentsch, nach einer Erzählung von Franz Kobell und nach dem Bühnenstück von Joseph Maria Lutz **K** Hans Schneeberger **M** Alois Melichar **D** Paul Hörbiger (der Tod), Viktor Staal (Gigi), Ursula Lingen (Mena), Carl Wery (Brandner Kaspar), Gustav Waldau (Petrus), Georg Thomalla **L** 100 **FSK** ab 12; nf **E** 21.12.1949/18.11.1963 ZDF **fd** 548

DIE SELTSAME GESCHICHTE DES DAVID GRAY →Vampyr – Der Traum des Allan Gray

DIE SELTSAME GESCHICHTE VON DR. JEKYLL UND MR. HYDE (THE STRANGE CASE OF DR. JEKYLL AND MR. HYDE). Prominent besetzte Neuverfilmung des klassischen Stoffes vom Londoner Arzt, der mit Eigenexperimenten das Böse in seiner Seele zum Leben erweckt und schließlich als Mädchenmörder ins Verderben gerät. – Ab 16. ✦ USA 1968 **Pd** Dan Curtis **R** Charles Jarrott **M** Robert Cobert **D** Jack Palance (Dr. Jekyll/Mr. Hyde), Leo Glenn (Dr. Lanyon), Denholm Elliott (Devlin), Oskar Homolka (Dr. Stryke), Billie Whitelaw (Gwyn) **L** 120 **E** 1.10.1991 Tele 5

DIE SELTSAME GRÄFIN. Einer Erbschaft wegen ist eine junge Frau in London einer Reihe von Mordanschlägen ausgesetzt. Edgar-Wallace-Film, dessen Darsteller lustlos agieren und der sich krampfhaft um eine gruselige Atmosphäre bemüht. – Ab 16. ✦ Schwarz-weiß. BR Deutschland 1961 **P** Rialto **KI** Constantin **VA** Taurus **Pd** Horst Wendlandt **R** Josef von Baky **B** Robert A. Stemmle, nach einem Roman von Edgar Wallace **K** Richard Angst **M** Martin Böttcher **S** Hermann Ludwig **D** Lil Dagover (Gräfin Moron), Joachim Fuchsberger (Mike Dorn), Brigitte Grothum (Margaret Reddle), Marianne Hoppe (Mary Pinder), Klaus Kinski (Stuart Bresset), Reinhard Kolldehoff (John Addams), Rudolf Fernau (Dr. Tappart), Richard Häussler (Chesney Praye), Edith Hancke (Lizzy), Eddi Arent (Lord Selwyn Moron), Fritz Rasp (Shaddle) **L** 95 **FSK** ab 12 (fr.ab 16; nf) **E** 8.11.1961/1.5.1971 ZDF/12.3.1977 DFF 1 **fd** 10 673

DIE SELTSAME HISTORIA VON DEN SCHILD-

BÜRGERN. Technisch perfekter, aber betulicher und dramaturgisch altbackener Puppentrickfilm, der einige wesentliche Episoden des alten Volksbuches aufgreift und deren gesellschaftskritische Momente herausstellt. – Ab 8. ✦ Scope. DDR 1961 **P** DEFA **KI** Progress **Pd** Gisela Hammer **R+B** Johannes Hempel **K** Wolfgang Schiebel, Werner Kohlert **M** Wolfgang Hohensee **S** Anita Beyer-Maucksch **L** 73 **E** 8.12. 1961 Kino DDR

DAS SELTSAME LEBEN DES HERRN BRUGGS. Das Doppelleben eines zum Industriemagnaten aufgestiegenen Lokomotivführers. Glatt inszenierte Familienschicksale ohne realistische Zeitbezüge. – Ab 14. ✦ Schwarz-weiß. BR Deutschland 1951 **P** Trianon **KI** Deutsche London **Pd** Oskar Marion **R** Erich Engel **B** Curt J. Braun, nach seinem Buch »Das verschlossene Haus« **K** Heinz Schnackertz **M** Lothar Brühne **S** Luise Dreyer-Sachsenberg **D** Gustav Knuth, Christl Mardayn, Adrian Hoven, Gertrud Kückelmann, Trude Haefelin **L** 89 **FSK** ab 12; f **E** 10.8.1951/18.10.1959 ARD **fd** 1 302

DAS SELTSAME LEBEN DES KARL TELLENBACH →Dällebach Kari

SELTSAME LEUTE (STRANNYE LJUDI). Episodenfilm, der in drei kurzen Erzählungen Geschichten von merkwürdigen Leuten aus dem dörflichen Leben zusammenfaßt. Stiller, durch seine schlichte Menschlichkeit beeindruckender Film, künstlerisch in seinen verschiedenen Episoden uneinheitlich. – Ab 14. ✦ Scope, schwarz-weiß. UdSSR 1969 **P** Gorki-Studio **KI** Progress **R** Wassili Schukschin **B** Wassili Schukschin, nach seinen Erzählungen »Tschudika«, »Mil pardon, Madame!« und »Dum« **K** Valeri Ginsburg **M** Karen Chatschaturjan **D** Sergej Nikonenko (Waska-Tschudik), Lydia Fedossejewa-Schukschina (Lidija), Jewgeni Jewstignejew (Waska-Tschudiks Bruder), Jewgeni Lebedew (Bronka Pupkow), Wsewolod Sanajew (Matwej Rjasanzew) **L** 102 **E** 18.6.1976 Kino DDR/28.6.1977 DFF 2

DIE SELTSAME LIEBE DER MARTHA IVERS (THE STRANGE LOVE OF MARTHA IVERS). Ein halbflügges Mädchen verschuldet durch einen im Affekt geführten Hieb den Tod seiner reichen und herzlosen Tante. Die Tat kann mit Hilfe eines Staatsanwaltes vertuscht werden. Jahre später regiert die Täterin das riesige Familienerbe und kontrolliert das Leben in einer Kleinstadt in Pennsylvania. Als ihr Jugendfreund zurückkehrt und das üble Treiben der ihn heftig begehrenden Frau durchschaut, steuern die Ereignisse auf einen schlimmen Ausgang zu. Ein düsterer, fatalistischer »film noir«, der gegenseitige Abhängigkeiten und psychische Ausweglosigkeit anspricht und inszenatorisch ein morbides Klima von beklemmender Intensität schafft. Schauspielerisch perfekt. – Ab 16. ✦ Schwarz-weiß. USA 1946 **P** Paramount **R** Lewis Milestone **B** Robert Rossen, nach einer Geschichte von John Patrick **K** Victor Milner **M** Miklos Rozsa **D** Barbara Stanwyck (Martha Ivers), Van Heflin (Sam Masterson), Lizabeth Scott (Toni Marschek), Kirk Douglas (Walter O'Neil), Judith Anderson (Mrs. Ivers), Roman Bohnen (Mr. O'Neil), Darryl Hickman (Masterson als Kind) **L** 117 **E** 16.8. 1989 West 3

EINE SELTSAME LIEBESAFFÄRE (A STRANGE LOVE AFFAIR). Ein Filmdozent verliebt sich in einen seiner Studenten, bis er in dessen Vater einen Mann wiedererkennt, mit dem er vor 15 Jahren befreundet war. Die Beziehung lebt wieder auf, wird nun aber durch die Frau des Freundes gefährdet. Die Geschichte einer Männerliebe ist mit vielen Referenzen an Film und Oper angereichert, die brillante Schwarz-Weiß-Fotografie wirkt indes allzu effektbetont. (O.m.d.U.) ✦ Schwarz-weiß. Niederlande/Belgien/Großbritannien 1985 **P** Allart's/Ginete **R+B** Eric de Kuyper, Paul Verstraten **K** Henri Alekan **M** Peter Iljitsch Tschaikowski, Giuseppe Verdi **S** Ton de Graaff **D** Howard Hensel (Michael), Karl Scheydt (Jim), Sep van Kampen (Chris), Pascale Petit (Ann), Lieke Lov (Linda) **L** 88 **E** 23.8.1991 West 3

DAS SELTSAME SCHICKSAL DES ARVIND DESAI (ARVIND DESAI KI AJEEB DASTAAN). Ein junger Inder aus reichem Haus, der Teppiche, Pelze und Kunstgegenstände verkauft, interessiert sich immer weniger für sein Geschäft. Seine ziellosen Wanderungen durch Bombay münden in einer überraschenden Gewalttat. Erstlingsfilm, der neben einem psychologischen Porträt und realistischen Beobachtungen des Alltagslebens vor allem eine Analyse der indischen Klassengesellschaft versucht. ✦ Indien 1978 **P** Yukt **R** Saaed Akhtar Mirza **B** Cyrus Mistry, Saaed Akhtar Mirza **K** Virendra Saini **M** Bhaskar Chandavarkar **S** Tashok Tyagi, Kamlendra Manadal **D** Dilip Dhawan, Anjali Paigankar, Om Puri, Staish Shah, Shriram Lagoo **L** 112 **E** 6.10.1985 ZDF

DER SELTSAME WUNSCH DES HERRN BARD →Eine wunderbare Liebe

DIE SELTSAMEN ABENTEUER DES HERRN FRIDOLIN B. Fridolin Biedermann, ein netter Provinzler, wird in der Großstadt von einem Ganoven um Geld, Paß und Identität gebracht und führt fortan einen grotesken Kampf mit dem deutschen Amtsschimmel. Staudtes zweiter Nachkriegsfilm ist trotz seiner originellen Bildeinfälle eher enttäuschend: Den bissigen Attacken gegen die Bürokratie mangelt es an kabarettistischer Leichtigkeit, und für die hintergründige politische Satire fehlt es dem Film an Logik und Substanz. Neufassung des 1944 gedrehten und unvollendet gebliebenen Films »Der Mann, dem man den Namen stahl«. – Ab 16. ✦ Schwarz-weiß. Deutschland 1947/48 **P** DEFA **KI** Westfalen-Film **Pd** Herbert Uhlich **R** Wolfgang Staudte **B** Wolfgang Staudte, nach einer Idee von Josef Maria Frank **K** Friedl Behn-Grund, Karl Plintzner **M** Herbert Trantow **S** Lilian Seng **D** Axel von Ambesser (Fridolin Biedermann), Ilse Petri (Marlen Weber, Malerin), Ursula Kriegk (die Geliebte), Hubert von Meyerinck (der falsche Biedermann), Ruth Lommel (Elvira Sauer) **L** 85 **FSK** ab 16; nf **E** 9.3.1948/29.5.1961 DFF 1/15.10. 1995 Südwest 3 **fd** 232

DIE SELTSAMEN ABENTEUER DES MR. WEST IM LANDE DER BOLSCHEWIKI (NEOBYTSCHAINYJE PRIKLJUTSCHENIJA MISTERA WESTA W STRANJE BOLSCHEWIKOW). Mit vielen Vorurteilen in die Sowjetunion gereist, muß der amerikanische Geschäftsmann Mr. West nach mancherlei Abenteuern am Ende seiner Reise seine Ansicht über die Sowjets korrigieren. Stummfilmgroteske, die die irrigen Meinungen des Westens über die UdSSR ironisch glossiert. Das Finale der gagreichen Inszenierung ist allerdings leitartikelhaft überzogen. Ein sehenswertes filmhistorisches Dokument. (TV-Titel auch: »Die Abenteuer des Mr. West im Bolschewikenland«) – Ab 14. ✦ Schwarz-weiß. UdSSR 1924 **P** Goskino **R** Lew Kuleschow **B** Nikolai Asejew, Wsewolod Pudowkin **K** Alexander Lewitzki **M** Hans Koncelmann, Delle Haensch (Neubearbeitung) **D** Profiri Podobed (Mr. West), Boris Barnet (Cowboy Jeddy), Wsewolod Pudowkin (Schban), Alexandra Chochlowa (die Gräfin), G. Chartampijew (Senkka Swistsch), Leonid Obolenski (der Geck), Sergej Kornarew (der Einäugige) **L** 60/75 **E** Kino DDR/29.12.1967 ZDF **fd** 15 178

DIE SELTSAMEN HEIMSUCHUNGEN DES ANTON BRUCKNER (THE STRANGE AFFLICTION OF ANTON BRUCKNER). Künstlerbiografie. Ausgehend von Anton Bruckners Obsession, alles, was in seine Reichweite kam, zu zählen und zu numerieren, schildert der durch unorthodoxe Musiker-Porträts bekanntgewordene britische Regisseur Ken Russell das Leben und die schwere seelische Krise des österreichischen Komponisten. ✦ Großbritannien 1990 **R+B** Ken Russell **D** Peter MacKriel (Anton Bruckner) **L** 45 **E** 24.8.1994 mdr

DIE SELTSAMEN WEGE DES PATER BROWN (FATHER BROWN). Der Londoner Pfarrer und Hobbydetektiv Pater Brown setzt sich auf die Fährte eines Gentleman-Diebes, der ein wertvolles Kruzifix entwendete. Die Wiederbeschaffung des Kreuzes söhnt den Pater nicht nur mit seinem Bischof aus, sondern es gelingt dem Priester auch, den Dieb wieder auf den Pfad der Tugend zu bringen. Komödiantische Kriminalunterhaltung, die den Geist und die hintergründig-heitere Stimmung in G. K. Chestertons Geschichten perfekt wiedergibt. Durch die schauspielerische Leistung von Alec Guinness ein ungetrübter Genuß. Remake: »Das schwarze Schaf«, BRD 1960. – Sehenswert ab 12. ✦ Schwarz-weiß. Großbritannien 1954 **P** Facet **KI** Columbia **Pd** Vivian A. Cox **R** Robert Hamer **B** Thelma Schnee, Robert Hamer, nach den Erzählungen von G. K. Chesterton **K** Harry Waxman **M** Georges Auric **S** Gordon Hales **D** Alec Guinness (Pater Brown), Joan Greenwood (Lady Warren), Cecil Parker (Bischof), Peter Finch (Flambeau), Bernard Lee (Inspektor Valentine) **L** 90 **FSK** ab 12; f **FBW** bw **E** 19.11.1954/6.1.1964 ZDF **fd** 3 672

EIN SELTSAMER AGENT (AGENTUL STRANIU). Ein junger Chemieingenieur läßt sich mit Wissen der rumänischen Sicherheitsorgane von einem ausländischen Agentenring anwerben, um so an der wirksamen Bekämpfung von Industriespionage im eigenen Land teilzunehmen. Künstlerisch bedeutungsloser, dennoch spannender Agentenfilm. – Ab 14. ✦ Rumänien 1974 **P** Filmstudio Bukarest **KI** Progress **R** Savel Stiopul **B** Horia Lovinescu, Savel Stiopul **K** George Voicu, Gheorghe Cricler **M** Edmond Deda, H. Maiorovici **D** Maria Clara Sebök (Alisa), Violeta Endrei (Anda), Ion Besoiu (Simon), Ion Marinescu, Zephi Alsec **L** 91 **E** 28.5.1976 Kino DDR/30.7.1977 DFF 2

EIN SELTSAMER GAST. Die mit einem Rechtsanwalt aus vornehmer Familie verlobte Tochter eines Kunsthändlers muß befürchten, ihr Vater habe aus Liebe zu ihr einen kostbaren Familienschmuck gestohlen und seine erpresserische, geschiedene Frau in einem schäbigen Pariser Hotel ermordet. Während der Verlobungsfeier klärt die Mordkommission den Fall auf. Deutscher Kriminalfilm mit französischem Milieuanstrich, der in der Charakterdarstellung und seiner Zwielichtigkeit den zeitgenössischen Durchschnitt des Genres übertraf. – Ab 14. ✦ Schwarz-weiß. Deutschland 1936 **P** Euphono **R** Gerhard Lamprecht **B** Kurt Heuser **K** Karl Hasselmann **M** Giuseppe Becce **D** Alfred Abel, Ilse Petri, Kurt Fischer-Fehling, Fritz Odemar, Aribert Wäscher **L** 84 **E** 8.4.1936/15.12. 1958 DFF 1

EIN SELTSAMER TYP (UNO STRANO TIPO). Ein verzweifelter Schlagerstar muß am Ort seiner Niederlagen ausharren, da er die Ankunft seiner Verlobten erwartet. Adriano Celentano in einer Doppelrolle. ✦ Schwarz-weiß. Italien 1963 **P** Giovanni Adessi Prod. **R** Lucio Fulci **B** Vittorio Metz, Lucio Fulci **K** Guglielmo Mancori **D** Adriano Celentano, Claudia Mori, Donatella Turri, Luigi Pavese, Carlo Campanini **L** 95 **E** 9.8.1989 DFF 2

EIN SELTSAMER ZWEIKAMPF (STRANEM DWUBOI). Ein Spion tritt als angeblicher politischer Emigrant in Wien in die Dienste des amerikanischen Geheimdienstes, um geplante Sabotageakte zu verhindern. Mäßig spannende und teilweise unglaubwürdige Unterhaltung. – Ab 16. ✦ Scope. Bulgarien 1970 **P** Spielfilmstudio Sofia **KI** Progress **R** Todor Stojanow **B** Dino Gotschew **K** Viktor Tschitschow **M** Atanas Bojadshijew **D** Petyr Slabakow, Newena Kokanowa, Leon Niemczyk, Nagjatai Georgi, Margarita Tschudinowa **L** 94 **FSK** ab 12; nf **E** 25.5.1973 Kino DDR/ 30.7.1974 DFF 2 **fd** 4 662

EIN SELTSAMES PAAR (THE ODD COUPLE). Zwei von ihren Ehefrauen getrennt lebende Freunde führen miteinander einen turbulenten »Ehekrieg«. An Situationskomik reiche Komödie nach einem erfolgreichen Boulevard-Stück; zwar recht theaterhaft inszeniert, von Jack Lemmon und Walter Matthau aber bravourös gespielt. (Eine Fortsetzung entstand 1998: »Immer noch ein seltsames Paar«.) – Ab 16. ✦ Scope. USA 1967 **P** Paramount **KI** Paramount **Pd** Howard W. Koch **R** Gene Saks **B** Neil Simon, nach seinem gleichnamigen Theaterstück **K** Robert B. Hauser **M** Neal Hefti **S** Frank Bracht **D** Jack Lemmon (Felix

Ungar), Walter Matthau (Oscar Madison), John Fiedler (Vinnie), Herbert Edelman (Murray), Carole Shelley (Gwendolyn) **L** 105 **FSK** ab 12; nf **FBW** w **E** 16.8.1968/12.5.1972 Kino DDR/3.12.1977 DFF 1 **fd** 15 677

EIN SELTSAMES SPIEL (LA GIACCA VERDE). Zur Wiedereröffnung der Oper in Rom nach dem Zweiten Weltkrieg soll »Othello« aufgeführt werden. Bei den Proben bricht der Dirigent ab, als er in dem Paukenspieler den Mann erkennt, der ihn an die jüngste Vergangenheit erinnert. Er legt sein Amt nieder. In einer langen Rückblende wird erzählt, was er 1943 mit diesem Mann erlebte. – Ab 16. ✦ Italien 1978 **R** Franco Giraldi **D** Jean-Pierre Cassel, Renzo Montagnani, Senta Berger, Vittorio Sanipoli **L** (TV) 100 **E** 16.3.1986 SAT 1

SEMI AUTOMATIC (THE OUTSIDER/SEMI AUTOMATIC). Die Besucher eines Vergnügungsparks der nahen Zukunft, in dem man seine wüstesten Fantasien an Robotern ausleben kann, geraten in Panik, als sich eines der elektronisch gesteuerten Geschöpfe nicht an die Spielregeln hält und aufgrund eines Programmierfehlers zum tödlichen Außenseiter wird. Lahmer Science-Fiction-Film über eine sich verselbständigende Technik. Die dünne Geschichte ist voller Holprigkeiten und logischer Löcher. ✦ USA 1997 **P** Avalanche Home Entertainment **Pd** Kathy Jordan, Avi Nesher **R** David Bishop **B** Patrick Highsmith, Evan Spiliotopoulos **K** Irek Hartowicz **M** Roger Neill **S** Randy Vandegrift **D** Xavier Declie (Adam/Outsider), Gabriel Dell jr. (Garland Widmark), David Leisure (Dr. Greenstreet), Bridget Flanery (Lita Hayworth), Stacey Williams (Astor) **L** 90 **E** 26.12.2000 ProSieben

SEMINAR DES TODES →Perry Mason: Seminar des Todes

SEMINOLA (SEMINOLA). Florida 1835: Dummheit und falscher Ehrgeiz eines Fortkommandanten führen in einem unsinnigen Feldzug gegen einen friedliebenden Indianerstamm zur Katastrophe. Der psychologisch etwas oberflächliche Western behandelt amerikanische Rassenkonflikte und kann mit einigen packenden Bildfolgen aufwarten. – Ab 14. ✦ USA 1953 **P** Universal **Kl** Universal **Pd** Howard Christie **R** Budd Boetticher **B** Charles K. Peck jr. **K** Russell Metty **M** Joseph Gershenson **S** Virgil Vogel (= Virgil W. Vogel) **D** Rock Hudson (Lt. Lance Caldwell), Barbara Hale (Revere Muldoon), Anthony Quinn (Osceola/John Powell), Richard Carlson (Maj. Harlan Degan), Lee Marvin (sgt. Magruder), Hugh O'Brian (Kajeck), Russell Johnson (Lt. Hamilton), Ralph Moody (Kulak), James Best (Cpl. Gerard), John Day (Scott), Frank Chase, Howard Erskine (Cpl. Smiley) **L** 85 **FSK** ab 12; nf **E** 4.12.1953/29.11.1969 ARD **fd** 2 986

SEMIRAMIS, DIE KURTISANE VON BABYLON (LA CORTIGIANA DI BABILONIA). Schauprächtiges, Blutiges und Gefühlvolles vom Hof der sagenhaften Königin von Babylon (8. Jahrhundert vor Christus). Ein im Rahmen seines Genres handwerklich sauber und unterhaltsam inszenierter Monumentalfilm. – Ab 16. ✦ Frankreich/Italien 1954 **P** Rialto/Pantheon **Kl** Allianz **R** Carlo Ludovico Bragaglia **B** Ennio de Concini, Giuseppe Mangione, Carlo Ludovico Bragaglia **K** Gabor Pogany **M** Renzo Rossellini **D** Rhonda Fleming, Ricardo Montalban, Roldano Lupi, Carlo Ninchi, Tamara Lees **L** 105 **FSK** ab 16; nf **E** 29.7.1955 **fd** 4 259

SEMMEL, WURST UND BIRKENWASSER. In einem schwäbischen Städtchen zeigt das Kino zum erstenmal einen Sexfilm. An drei Familien – Bäcker, Fleischer, Friseur – soll erprobt werden, welche Revolution das bei den im ehelichen Einerlei dahintrottenden Frauen und Männern auslöst. Dummes Sexlustspiel. (Alternative Titel: »Die liebestollen Handwerker«, »Triebe und Gelüste, 2. Teil«) – Wir raten ab. ✦ BR Deutschland 1972 **P** Barny Bornhauser **Kl** Alfia/Roland **VA** ABC **R+B** Hans D. Bornhauser **K** Friedrich von Rosseck **M** Hans D. Bornhauser **S** Elisabeth Porsche **D** Birgit Bergen, Michel Jacot, Dorothea Rau, Walter Kraus, Anne Graf **L** 82 **FSK** ab 18; nf **E** 1.12.1972 **fd** 18 121

DIE SEMMELKNÖDELBANDE (THE APPLE DUMPLING GANG). Als drei herumgestoßene Waisenkinder in der ererbten Mine tatsächlich Gold entdecken, werden sie zum begehrten Adoptionsobjekt. Bis alles zum guten Ende kommt, gibt es eine Menge Schwierigkeiten und Verwicklungen. Turbulenter, parodistischer »Western« mit einigen Gags, viel Klamauk und einer überdehnten Schießerei. – Ab 8. ✦ USA 1976 **P** Walt Disney **Kl** 20th Century Fox **Pd** Bill Anderson **R** Norman Tokar **B** Don Tait, nach einem Roman von Jack M. Bickham **K** Frank Phillips **M** Buddy Baker **S** Ray de Leuw **D** Bill Bixby (Russel Donavan), Susan Clark (Dusty Clydesdale), Don Knotts (Theodore Ogelvie), Tim Conway (Amos Tucker), David Wayne (Colonel Clydesdale), Slim Pickens (Frank Stilwell), Harry Morgan (Homer McCoy), Iris Adrian (Poker Polly), Clay O'Brien (Bobby Bradley), Don Knight (John Wintle) **L** 101 **FSK** ab 6; f **E** 4.3.1977 **fd** 20 247

SEMMELWEIS (DOCTEUR SEMMELWEIS). Neuerliche Dramatisierung des Lebens und Wirkens des aus Ungarn stammenden Wiener Arztes Philipp Ignaz Semmelweis, der sich in der Mitte des 19. Jahrhunderts mit seinen Forschungen und Beobachtungen gegen seinen intriganten Vorgesetzten durchsetzen muß. Entsetzt über die Zustände auf der Entbindungsstation und die hohe Sterblichkeit unter den Wöchnerinnen, erforscht Semmelweis die Ursachen des Kindbettfiebers. ✦ Frankreich/Polen 1993 **R** Roger Andrieux **B** Robert Valey **D** Philippe Volter (Dr. Semmelweis), Fanny Bastien (Katia), Marc de Jonge (Prof. Klein), Maria Päkulnis (Frau Klein), Piotr Gasowski (Markusovsky), Krzysztof Kumor (Prof. Bartch) **L** 95 **E** 6.7.1996 Vox

SEMMELWEIS, IGNAZ – ARZT DER FRAUEN. Biografischer Spielfilm. Mitte des 19. Jahrhunderts entdeckt der ungarische Arzt Ignaz Semmelweis in Wien die Ursache für das tödliche Kindbettfieber und führt die lebensrettende Desinfektion auf der Wochenstation ein. ✦ BR Deutschland 1988 **P** ORF/ZDF **Pd** Wolfgang Patzschke **R+B** Michael Verhoeven **D** Heiner Lauterbach (Semmelweis), Friedrich von Thun (Rokitansky), Franz Stoß (Klein), Robert Meyer (Hebra), Reinhard Hauser (Skoda) **L** 120 **E** 9.3.1994 3sat

SEMMELWEIS – RETTER DER MÜTTER. Der von Enttäuschungen und Intrigen gekennzeichnete Kampf des österreichischen Arztes Ignaz Philipp Semmelweis (1818–1865) gegen das Kindbettfieber, das er als Infektion erkannte und mit antiseptischer Vorbeugung bekämpfte. Ansehnlich und dezent gestaltete Filmbiografie, die in ihrer Darstellung der reaktionären Gesellschaft Wiens und der März-Revolution von 1848 eine unverkennbar humanitär-sozialistische Tendenz erkennen lässt. (Titel auch: »Dr. Semmelweis – Retter der Mütter«, »Stunde der Entscheidung«) – Ab 16. ✦ Schwarz-weiß. DDR 1950 **P** DEFA, Herstellungsgruppe Kurt Hahne **Kl** Jara/Westfalen **Pd** Kurt Hahne **R** Georg C. Klaren **B** Joachim Barckhausen, Alexander Stenbock-Fermor **K** Eugen Klagemann **M** Herbert Trantow **S** Lena Neumann **D** Karl Paryla (Ignaz Philipp Semmelweis), Käthe Braun (Marie Lanthaler), Angelika Hauff (Steffi Lanthaler), Camilla Spira (Josepha Hochleitner), Herbert Wilk (Dr. Lanthaler jr.) **L** 85 **FSK** ab 16; f **E** 2.6.1950 Kino (BRD+DDR)/18.2.1954 DFF 1 **fd** 770

SENA, DER JUNGE VON CEYLON (REKAVA). Die Geschichte eines liebenswerten Jungen, dem die Bewohner seines Dorfes Wunderkräfte zuschreiben. Als böse Erwachsene ihn für üble Geschäfte ausnutzen, wird Sena verachtet und verfolgt. Der gut fotografierte Film erzählt seine anrührende Geschichte zwar langatmig, doch bietet er ausgezeichnete Information über das alltägliche Leben in einem Dorf auf Ceylon, dem heutigen Sri Lanka. – Ab 12. ✦ Schwarz-weiß. Ceylon 1956 **P** Lester James Peries/Chitra Lanka **R+B** Lester James Peries **K** William Blake **M** Sumil Santha, Dayaratne **D** Sompala Dharmapriya, Myrtle Fernando, Sesha Pallihakara, D. R. Nanyakkara **L** 89 **E** 5.11.1966 ARD

DER SENATOR →Die Jahre vergehen

DER SENATOR WAR INDISKRET (THE SENATOR WAS INDISCREET). Ein amerikanischer Senator will mit leeren Versprechungen das Präsidentschaftsamt erringen. Seine innerhalb seiner eigenen Partei umstrittene Position festigt er durch Tagebuchaufzeichnungen, die im Falle einer Veröffentlichung viele »Kollegen« schwer belasten würden. Schließlich durchkreuzt eine Journalistin die Pläne des Senators, der sich ein geruhsames Leben im »Exil« auf Hawaii macht. Hervorragend gespielte, humorvolle Satire auf korrupte und verantwortungslose Politik, die sich eines konkreten Bezugs jedoch enthält und nur manchmal wirklich treffsicher und bissig ist. – Ab 14. ✦ Schwarz-weiß. USA 1947 **P** Universal **Pd** Nunnally Johnson **R** George S. Kaufman **B** Charles MacArthur, nach einer Geschichte von Edwin Lanham **K** William C. Mellor **M** Daniele Amfitheatrof **S** Sherman A. Rose **D** William Powell (Melvin G. Ashton), Peter Lind Hayes (Lew Gibson), Ella Raines (Poppy McNaughton), Arleen Whelan (Valerie Shepherd), Myrna Loy (Mrs. Ashton) **L** 81 **E** 17.3.1990 RTL plus

SENDBOTEN DER EWIGKEIT (POSLANNIKI WERSCHNOSTI). Beim Sturm auf das Winterpalais retten revolutionäre Matrosen die Kunstschätze der Eremitage. Durch dieses Ereignis erfährt der Kustos der Sammlung, der Fürst Olenski, einen entscheidenden Bewußtseinswandel. Konventioneller Revolutionsfilm. – Ab 14. ✦ Scope. UdSSR 1970 **P** Mosfilm **Kl** Progress **R** Teodor Wulfowitsch **B** Georgi Mdiwani **K** Fjodor Dobronrawow **M** Dmitri Schostakowitsch **D** Iwan Lapikow (Dmitri Olenski), Juri Kajurow (W. I. Lenin), Rodion Alexandrow (A. W. Lunatscharski), Galina Andrejewa (Olga Iwanowa), W. Korjezki (Kerenski) **L** 88 **E** 23.2.1973 Kino DDR/19.4.1973 DFF 2 **fd** 24 832

DIE SENDUNG DER LYSISTRATA. Eigenwillige Fernsehverfilmung der antiken Komödie von Aristophanes, bei der das Original-Bühnenstück mit einer Rahmenhandlung versehen ist: Während die Theateraufführung im Fernsehen läuft, erlebt eine Familie denselben Konflikt. Ähnlich wie ihre antiken Vorgängerinnen kann die Frau ihren Gatten davon abbringen, einen profitablen Posten in der Rüstungsindustrie zu übernehmen. Der formal wenig überzeugende Film ist vor allem wegen seiner pazifistischen Haltung interessant. Wenige Jahre nach der Wiederbewaffnung schaltete sich Bayern aus der Fernsehausstrahlung aus; dort lief der Film in den Kinos. ✦ Schwarz-weiß. BR Deutschland 1960 **P** Trebitsch **Kl** Europa **Pd** Hermann Höhn, Gyula Trebitsch **R** Fritz Kortner **B** Fritz Kortner, nach Motiven der antiken Komödie von Aristophanes **K** Wolfgang Zeh **M** Herbert Brün **D** Barbara Rütting (Lysistrata/Agnes), Romy Schneider (Myrrhine/Uschi), Peter Arens (Kinesias/Hans), Ruth-Maria Kubitschek (Lampito), Karin Kernke (Kalonike), Wolfgang Kieling, Karl Lieffen **L** 100 **FSK** ab 18; nf **E** 17.1.1961 ARD **fd** 9 883

SENECHAL IST DER GRÖSSTE →Der Großartige

DER SENIORCHEF. Ein Berliner Pferdehändler, einst Farmer in Südwestafrika, treibt mit seiner Despotie die Kinder aus dem Haus und vergrämt seine Frau. Nach einem, zunächst verheimlichten, schweren Herzleiden sieht er ein, wie sehr er auf die Liebe und Hilfe der Seinen angewiesen ist. Der verschollen geglaubte älteste Sohn kehrt aus Argentinien zurück und beweist seine Tüchtigkeit. Humorvoller Familienfilm mit viel Lokalkolorit. – Ab 12. ✦ Schwarz-weiß. Deutschland 1942 **P** Terra **Kl** DFV **R** Peter Paul Brauer **B** Eberhard Keindorff, Wolf Neumeister, nach der Komödie »Seine Majestät Gustav Krause« von Eberhard Foerster (= Eberhard Keindorff, Erich Kästner) **K** Robert Baberske **M** Hans Ebert **D** Otto Wernicke, Werner Fuetterer, Karin Himboldt, Hildegard Grethe, Rolf Weih **L** 108 **E** 27.11.1942

DER SENKRECHTSTARTER (RHINESTONE). Einer Wette wegen baut eine Country-Sängerin einen unmusikalischen Taxifahrer zum Gesangsstar auf. Lieblos inszenierte und gespielte Komödie, die ihren »Witz« aus zweideutigen Dialogen und flott gemeinten Sprüchen bezieht. – Ab 16. ✦ USA 1984 **P** 20th Century Fox **VA** CBS/Fox **R** Bob Clark **B** Phil Alden Robinson, Sylvester Stallone **K** Timothy Galfas **M** Dolly Parton **D** Sylvester Stallone, Dolly Parton, Ron Leibman, Richard Farnsworth, Tim Thomerson **L** 111 **FSK** ab 16 **E** Oktober 1985 Video **fd** 25 471

DIE SENKRECHTSTARTER. Im Jahr 1999 hilft ein treuherziger Mann – gemeinsam mit seinem Freund – einem Mädchen von seinem ungeliebten Job loszukommen. Es muß im Auftrag der »Zentralbank« Waren zurückholen, die von säumigen Kunden nicht bezahlt wurden. Nach erträglichem Beginn versandet der als Satire auf eine nahe Zukunft gedachte Film in den Niederungen extremer Langeweile und Dummheit. – Ab 12 möglich. ✦ BR Deutschland 1988 **P** UFA **KI** Jugendfilm **VA** Starlight **Pd** Werner Mietzner, Wolf Bauer **R** Christian Rateuke **B** Christian Rateuke, Christoph Treutwein **K** Atze Glanert **M** Jürgen Knieper **S** Brigitte Rausch **D** Mike Krüger (Mike), Christina Plate (Egon), Karl Dall (Löffler), András Fricsay (Codinsky), Kali Son **L** 88 **FSK** ab 6; f **E** 26.1. 1989/28.8.1989 Video **fd** 27 387

EIN SENKRECHTSTARTER KRATZT DIE KURVE (TAKE THIS JOB AND SHOVE IT). Ein junger Manager bringt ohne Rücksicht auf Freundschaften die Brauerei seines Heimatortes in Schwung. Erst als er sich von der Konzernleitung hintergangen sieht, weigert er sich, weiterhin zu funktionieren. Trotz oberflächlichen Klamauks und einiger Längen ein unterhaltsamer Film, der Kritik an der modernen Gesellschaft übt und auf Möglichkeiten solidarischen Handelns verweist. – Ab 14. ✦ USA 1981 **P** Avco-Embassy **KI** Filmverlag der Autoren **Pd** Gregory S. Blackwell **R** Gus Trikonis **B** Barry Schneider **K** James Devis **M** Marshall Leib, Billy Sherrill **S** Richard Belding **D** Robert Hays (Frank Macklin), Art Carney (Charley Pickett), Barbara Hershey (»J. M.« Halstead), David Keith (Harry Meade), Tim Thomerson (Ray Binkowski) **L** 96 **FSK** ab 6; f **E** 29.7.1983 **fd** 24 117

SENNEN-BALLADE (SENNEN-BALLADE). Ein Jahr im Leben einer Schweizer Bauernfamilie, die eine Sennerei betreibt. Ein sensibel und geschickt montierter Dokumentarfilm, dessen Rhythmus vom Wechsel der Jahreszeiten bestimmt wird und der ein Lebensgefühl vermittelt, das in Einklang mit der Natur steht. Durch die Konzentration auf den Arbeitsalltag wird eine in sich ruhende Welt beschrieben, die, unbeeinflusst von der Hektik des modernen Lebens, ihre Traditionen pflegt. (O.m.d.U.; erster Teil von Langjahrs »Bauern-Trilogie«; zweiter Teil: »Bauernkrieg«) – Sehenswert ab 14. ✦ Schweiz 1996 **P** Erich Langjahr Prod. **KI** Subiaco **Pd+R+B+K** Erich Langjahr **S** Erich Langjahr **L** 100 **E** 3.2.2000 **fd** 34 091

DIE SENNERIN UND DER WILDERER →Die Sennerin von St. Kathrein

DIE SENNERIN VON ST. KATHREIN. Das Liebesglück einer ortsfremden Sennerin ist bedroht, als ihr aus dem Gefängnis entlassener Bruder auftaucht, sich als Wilderer betätigt und für ihren Liebhaber gehalten wird. In jeder Hinsicht unzulänglicher Heimatfilm. (Alternativtitel: »Die Sennerin und der Wilderer«) – Ab 14. ✦ Österreich 1955 **P** Öfa/Schönbrunn **KI** Union **Pd** Alfred Lehr, Ernest Müller **R** Herbert B. Fredersdorf **B** Theodor Ottawa **K** Walter Tuch **M** Carl Loubé **S** Herbert B. Fredersdorf, Brigitte Fredersdorf **D** Anita Gutwell (Liesl), Rudolf Lenz (Martin), Lotte Ledl (Johanna), Hans Putz (Franz), Rudolf Carl (Hiasl) **L** 108 **FSK** ab 6; f **E** 25.11.1955 **fd** 4 538

SEÑOR TURISTA – BEGEGNUNGEN AM TITICACASEE. Eine undogmatische und behutsame Beschreibung, wie sich indianische Kultur und Errungenschaften des modernen Tourismus durchdringen. Der dokumentarische Film zeigt die wechselseitige Abhängigkeit der an sich unvereinbaren Lebensformen menschlicher Kultur, die finanzielle Abhängigkeit der Indianer von den Fremden und deren »Sehnsucht« nach originärer Exotik. Darüber hinaus zeigt er Selbsthilfemaßnahmen der Indianer, die der kulturellen Verarmung entrinnen wollen. So haben die Bewohner einer Insel alle folkloristischen Veranstaltungen auf die Zeit des großen Touristenandrangs gelegt, während sie die Feste, bei denen sie unter sich bleiben wollen, weiterhin an den gewohnten Terminen begehen. Ein sachlicher Beitrag zum Thema »Tourismus und Dritte Welt«. – Ab 16. ✦ BR Deutschland 1983/85 **P** Gerlinde Böhm Filmproduktion **SF** Verleihgenossenschaft **Pd** Gerlinde Böhm, Irmgard Böhm **R+B** Gerlinde Böhm **K** Clemens Frohmann **M** Grupo Mitimaes **S** Michael Joe Küspert, Gerlinde Böhm **L** 86 **FBW** w **E** 1985 Kino

SENSATION ALPEN. Dokumentarfilm über die Alpen, vor allem unter dem Aspekt des Wintersports. So eindrucksvoll und faszinierend die Bilder, so albern und banal der Kommentar. ✦ BR Deutschland 1966 **P** Schonger **KI** Schonger **R+B+K** Lothar Brandler **M** Peter Weiner **L** 74 **FSK** ab 6; f **E** 1967 Kino

SENSATION AM SONNABEND (VIOLENT SATURDAY). Drei Verbrecher bereiten den Einbruch in die Bank einer Provinzstadt vor, während die Bürger mit ihren alltäglichen Sorgen, Freuden und Konflikten beschäftigt sind. Die intelligente Verknüpfung von kontrastierenden, sich überschneidenden Parallelhandlungen steigert die solide Spannung des überdurchschnittlichen Kriminaldramas. – Ab 16. ✦ Scope. USA 1955 **P** 20th Century Fox **KI** Centfox **Pd** Buddy Adler **R** Richard Fleischer **B** Sydney Boehm, nach einem Roman von William L. Heath **K** Charles G. Clarke **M** Hugo Friedhofer **S** Louis Loeffler **D** Victor Mature, Richard Egan, Stephen McNally, Virginia Leith, Tommy Noonan **L** 89 **FSK** ab 16; nf **E** 16.9.1955 **fd** 4 374

SENSATION AUF SEITE 1 (THE STORY ON PAGE ONE). Der Mordprozeß gegen eine Frau und ihren Geliebten, die den betrogenen Ehemann bei einem Handgemenge ums Leben brachten. Nach herkömmlichen amerikanischen Gerichtsfilmen angelegter Indizienprozeß mit einigen packenden Gerichtsszenen und Rededuellen. ✦ Scope, schwarz-weiß. USA 1959 **P** The Company of Artists **KI** Centfox **Pd** Jerry Wald **R+B** Clifford Odets **K** James Wong Howe **M** Elmer Bernstein **S** Hugh S. Fowler **D** Anthony Franciosa, Gig Young, Sanford Meisner, Mildred Dunnock, Rita Hayworth **L** 111 **FSK** ab 18; f **E** 26.2.1960 **fd** 8 978

SENSATION IM SAVOY. Ein Schuß knallt, eine Frau rammt einen parkenden Wagen, verliebt sich in den Besitzer, flieht und fliegt mit einem zweiten Mann nach Paris, bis endlich der Schuß seine überraschende Erklärung findet. Mißlungener Versuch einer deutschen Kriminalkomödie: eine verworrene Geschichte, spannungslos inszeniert. – Ab 16. ✦ Schwarz-weiß. BR Deutschland 1950 **P** Allegro **KI** Danubia **Pd** Erwin Gitt **R** Eduard von Borsody **B** Karl Georg Külb, nach seinem Bühnenstück »Sensation in Budapest« **K** Walter Pindter **M** Kurt Graunke **S** Lilian Seng **D** Sybille Schmitz, Paul Klinger, Karl Schönböck, Harald Paulsen, Ulrich Beiger, Beppo Brem **L** 80 **FSK** ab 16; nf **E** 22.9.1950 **fd** 900

SENSATION IN MORGAN'S CREEK (THE MIRACLE OF MORGAN'S CREEK). Gegen den Willen ihres Vaters, eines Polizisten in einer amerikanischen Kleinstadt, nimmt eine junge Frau an einer Abschiedsparty für in den Zweiten Weltkrieg ziehende Soldaten teil. Da der Abend nicht ohne Folgen bleibt und sie schwanger wird, soll ihr linkischer Verehrer als Ehemann und Vater vorgestellt werden, damit die Öffentlichkeit beruhigt ist. Vor dem Traualtar fliegt der Schwindel auf, doch der Skandal wird bereinigt, als sie Sechslinge zur Welt bringt. Turbulente, gagreiche Komödie, die auf freche Weise amerikanische Kleinstadt-Moral, Kriegshysterie und Politik aufs Korn nimmt und am Ende sogar Hitler parodiert; temporeich inszeniert, getragen von dem komödiantischen Talent der Darsteller. – Ab 14. ✦ Schwarz-weiß. USA 1943 **P** Paramount **R+B** Preston Sturges **K** John Seitz **M** Leo Shuken, Charles Bradshaw **S** Stuart Gilmore **D** Eddie Bracken (Norval), Betty Hutton (Trudy), Diana Lynn (Emmy), William Demarest (Mr. Kockenlocker), Brian Donlevy (Gouverneur) **L** 99 **E** 16.4.1989 ZDF

SENSATION IN SAN REMO. Um zur finanziellen Entlastung der verschuldeten Familie beitragen zu können, arbeitet eine Professorentochter und Gymnastiklehrerin heimlich als Nachtclub-Tänzerin und erntet nach Versteckspiel, Verwirrungen und Verstimmungen Bühnenruhm und die Liebe eines Komponisten. Dank der akrobatischen Tanzauftritte von Marika Rökk weitgehend unterhaltsamer Revuefilm; opulent ausgestattet, aber zäh in der Handlung und mangelhaft in der Farbdramaturgie. – Ab 14. ✦ BR Deutschland 1951 **P** Junge Film-Union **KI** Ufa **Pd** Helmuth Volmer **R** Georg Jacoby **B** Kurt Werner, nach einer Filmnovelle von Curt Johannes Braun **K** Bruno Mondi **M** Theo Nordhaus **S** Martha Dübber **D** Marika Rökk, Peter Pasetti, Ewald Balser, Elisabeth Markus, Maria Litto **L** 100 **FSK** ab 12; nf **E** 6.9.1951 **fd** 1 315

DER SENSATIONELLE EINBRECHER (GAROU-GAROU, LE PASSE-MURAILLE). Ein unbescholtener Angestellter besitzt die außergewöhnliche Fähigkeit, durch Wände gehen zu können. Noch nie hat er seine Begabung zum eigenen Vorteil ausgenutzt, aber besondere Ereignisse zwingen ihn, sein Talent nun gezielt einzusetzen. So sind Polizei und Presse über eine Reihe von Einbrüchen erstaunt, denn in keinem Fall wurde je ein Türschloß beschädigt. Kriminalfilm. ✦ Schwarz-weiß. Frankreich 1950 **P** Cité Films **R** Jean Boyer **B** Jean Boyer, Michel Audiard, nach einem Roman von Marcel Aymé **K** Charles Suin **D** Bourvil, Joan Greenwood, Gérard Oury, Roger Tréville, Henri Crémieux **L** 90 **E** 3.3.1985 DFF 2

SENSATIONEN FÜR MILLIONEN (SENSATIONS OF 1945). Die ausgefallenen Ideen einer Broadwaytänzerin bringen einer Werbeagentur sensationelle Erfolge. Die kleine Lustspielhandlung dient als Klammer für eine Reihe von unterschiedlich attraktiven Revue- und Varieténummern. In dem Film spielte W. C. Fields seine letzte kleine Rolle. (Älterer Titel: »Sensationen von 1945«) – Ab 12. ✦ Schwarz-weiß. USA 1944 **P** United Artists **KI** Constantin **Pd+R** Andrew L. Stone **B** Dorothy Bennett, nach einem Roman von Fr. Jackson **K** J. Peverell Marley, John Mescall **M** Mahlon Merrick **D** Eleanor Powell, W.C. Fields, Sophie Tucker, Dennis O'Keefe, Eugene Pallette **L** 95 **FSK** ab 12; nf **E** 22.9.1950 **fd** 887

SENSATIONEN VON 1945 →Sensationen für Millionen

SENSATIONS (SENSATIONS). Ein Strichjunge und eine illegal eingewanderte Prostituierte lernen sich auf einer Party kennen und hassen sich auf den ersten Blick. Trotzdem sind sie von nun an aneinandergekettet, und die Situation wird noch komplizierter, als sie gemeinsam im Lotto gewinnen. Nur durch eine Heirat kann der Gewinn angetreten werden, aber das ruft die Einwanderungsbehörde auf den Plan. Im Rotlicht-Bezirk angesiedelte Beziehungskomödie des Ex-Porno-Filmers Chuck Vincent. ✦ USA 1988 **P** Platinum **VA** Ufa **Pd+R** Chuck Vincent **B** Craig Horrall **K** Larry Revene **M** Joey Mennona **D** Blake Bahner (Brian Ingles), Rebecca Lynn (Jenny Hunter), Jennifer Delora (Della Randall), Loretta Palmer (Beatrice Cox), Frank Stewart (Harold Nichols) **L** 87 **E** 16.8. 1990 Video

SENSATIONSPROZESS CASILLA. Justiz- und Kriminaldrama um einen Deutschen, der 1928 in Amerika vor Gericht steht, weil er ein Kind entführt und ermordet haben soll. Ein berühmter Anwalt, der den Angeklagten in einer Gefahrensituation auf dem Flug von Dakar nach Casablanca kennenlernte, beweist schließlich seine Unschuld. Realistisch in der Schilderung eines Schwurgerichtsverfahrens, eindrucksvoll und spannend inszeniert, mit geschliffenem Dialog und hervorragenden Darstellern. – Sehenswert ab 14. ✦ Schwarz-weiß. Deutschland 1939 **P** UFA

KI Donau/Türck **Pd** Erich Holder **R** Eduard von Borsody **B** Ernst von Salomon, Eduard von Borsody, Robert Büschgens, nach dem Roman von Hans Possendorf **K** Werner Bohne **M** Werner Bochmann **S** Hildegard Grebner **D** Heinrich George (Rechtsanwalt Vandegrift), Jutta Freybe (Jessie, seine Tochter), Albert Hehn (Peter Roland), Dagny Servaes (Sylvia Casilla), Siegfried Schürenberg (Diener James) **L** 108 **FSK** ab 12; nf **E** 8.8.1939/4.11.1963 DFF 1/16.6. 1974 ZDF **fd** 6461

DIE SENSATIONSREPORTERIN (ABSENCE OF MALICE). Im Zuge der Ermittlungen über das spurlose Verschwinden eines Gewerkschaftsbosses werden einer Reporterin vom FBI Unterlagen über einen scheinbar Verdächtigen zugespielt. Ihr Bericht treibt den völlig Unschuldigen fast in den wirtschaftlichen Ruin und führt sogar zu einem Selbstmord. Erst als sich der Beschuldigte genauso zweifelhafter Methoden bedient, wird er rehabilitiert. Ein spannender und intelligent konstruierter gesellschaftskritischer Film zum Thema Medien-Ethik, der die Verantwortung des einzelnen betont; perfekt inszeniert und gespielt. DVD: Die Extras umfassen u. a. ein Feature mit nicht verwendeten Szenen – Sehenswert ab 16. ✦ USA 1981 **P** Mirage/Columbia **KI** Warner-Columbia **DVD** Columbia TriStar Home (16:9, 1.85:1, Mono engl./dt.) **Pd+R** Sydney Pollack **B** Kurt Luedtke **K** Owen Roizman **M** Dave Grusin **S** Sheldon Kahn **D** Paul Newman (Gallagher), Sally Field (Megan), Bob Balaban (Rosen), Melinda Dillon (Teresa), Luther Adler (Malderone) **L** 116 **FSK** ab 12; f **FBW** w **E** 5.3. 1982/2.11.1984 DFF 1/5.7.2001 DVD **fd** 23328

SENSELESS (SENSELESS). Ein mittelloser Student will seinen finanziellen Engpaß überwinden, indem er sich der Wissenschaft als Versuchskaninchen zur Verfügung stellt. Die Überdosis des zu testenden Mittels, das die Sinne schärfen soll, hat jedoch nicht nur positive Auswirkungen. Unverbindlicher Klamauk ohne jeden Anspruch, der sowohl an dem untalentierten Hauptdarsteller als auch an der uninspirierten Geschichte scheitert. – Ab 14 möglich. ✦ USA 1998 **P** Mandeville Films/Gold-Miller/Dimension Films/ Miramax **KI** Kinowelt **VA** VMP **DVD** Kinowelt Home (16:9, 1.85:1, DD5.1 engl./dt.) **Pd** David Hoberman **R** Penelope Spheeris **B** Greg Erb, Craig Mazin **K** Daryn Okada **M** Yello **S** Ross Albert **D** Marlon Wayans (Darryl Witherspoon), David Spade (Scott Thorpe), Matthew Lillard (Tim LaFlour), Brad Dourif (Dr. Wheedon), Tamara Taylor (Janice), Rip Torn (Randall Tyson), Richard McGonagle (Robert Bellweather) **L** 93 **FSK** ab 12; f **E** 3.9.1998/26.3.1999 Video/25.8.1999 DVD **fd** 33297

SENSO (SENSO). Während des italienischen Befreiungskriegs verrät eine italienische Gräfin aus Liebe zu einem österreichischen Offizier ihre nationale Überzeugung und geht an diesem Konflikt zugrunde. Viscontis erster Farbfilm (hier in rekonstruierter Fassung) ist großes Historiengemälde, filmische Oper und intensives Melodram. In Farbdramaturgie, Musik und Kameraführung ebenso wie in seiner psychologischen Charakterisierungskunst und Beschreibung einer amour fou gelingt ihm eine bruchlose Verbindung von individuellem Schicksal und historisch-politischem Hintergrund. Ins Kino der 50er Jahre gelangte eine verstümmelte Fassung des Films (siehe »Sehnsucht«). – Sehenswert ab 16. ✦ Italien 1953/ 54 **P** Lux **KI** Die Lupe **Pd** Vittorio Forges Davanzati **R** Luchino Visconti **B** Luchino Visconti, Suso Cecchi d'Amico, Giorgio Prosperi, Carlo Alianello, Giorgio Bassani, nach einem Roman von Camillo Boito **K** G. R. Aldo (= Aldo Graziati), Robert Krasker, Giuseppe Rotunno **M** Anton Bruckner, Giuseppe Verdi **S** Mario Serandrei **D** Alida Valli (Gräfin Livia Serpieri), Farley Granger (Lt. Franz Mahler), Massimo Girotti (Marquis Roberto Ussoni), Heinz Moog (Graf Serpieri), Rina Morelli (Laura), Marcella Mariani (Prostituierte), Christian Marquand (Böhmischer Offizier) **L** 116 **E** 1993 (Wiederaufführung der rekonstruierten Fassung) **fd** 24402

SENSUALITA – DIE SINNLICHKEIT (SENSUALITA). Italienisches Melodram mit der schwülstigen Geschichte einer Frau, die ihren Mann mit dessen Bruder betrügt. Trotz der Mitwirkung Alberto Moravias am Drehbuch ist die reichlich spekulative Anhäufung von Sex und Gewalt, in pseudorealistischer Manier verfilmt, nicht überzeugend. (Weiterer Titel: »Sinnlichkeit«) ✦ Schwarz-weiß. Italien 1952 **P** Ponti de Laurentiis **KI** Paramount **Pd** Carlo Ponti **R** Clemente Fracassi **B** Ennio de Concini, Alberto Moravia **K** Aldo Tonti **M** Enzo Masetti **D** Eleonora Rossi-Drago, Amedeo Nazzari, Marcello Mastroianni, Francesca Liddi, Corrado Nardi **L** 93 **FSK** ab 18; f **E** 9.4.1954 **fd** 3033

SENTA AUF ABWEGEN. Dörfliche Verwicklungen durch die entlaufene Prachtkuh einer LPG. So kurioser wie missglückter Versuch einer »fortschrittlichen« dörflichen Komödie. Sehr schwach und anspruchslos. – Ab 14. ✦ Scope, schwarz-weiß. DDR 1958/59 **P** DEFA **KI** Progress **Pd** Paul Ramacher **R+B** Martin Hellberg **K** Karl Plintzner **M** Helmut Nier **S** Ursula Rudzki **D** Günther Simon (Max Matuschek), Karin Buchali (Franze Flohr), Ruth-Maria Kubitschek (Mathilde), Wolf Kaiser (Dattelmann), Albert Garbe (Exner), Walter Jupé (Erwin Kuhlicke) **L** 92 **E** 17.7. 1959 Kino DDR

SENTIMENTAL JOURNEY – AMERIKAS DISSIDENTEN (SENTIMENTAL JOURNEY). Ein Amerikaner in Paris, der hier die politischen und gesellschaftlichen Bewegungen der 60er Jahre beobachtet hat, kehrt in sein Heimatland zurück und spricht mit Mitgliedern der dortigen Linken, die nie eine Chance gegen den schrankenlosen US-Kapitalismus hatte. Eine Reise ohne Recherchen, ein politisches Roadmovie. ✦ Frankreich 1994 **P** JBA Prod. **Pd** Jacques Bidou **R+B** Noël Burch **K** Gérald Dumour **M** Annick Nozatti **S** Brigitte Son **L** 67 **E** 4.6.1997 arte

SENTIMENTALE AFFÄRE. Als eine junge Erbin in Barcelona in einen Mord verwickelt, von ihrem Mann bedroht und von einem geisteskranken Maler verfolgt wird, empfiehlt ihr die Polizei einen Ex-Boxer als Leibwächter. Bald entwickelt sich die geschäftliche Beziehung zu einem Liebesverhältnis, und die Frau schmiedet ein Mordkomplott gegen ihren Mann. ✦ **R** Francisco Rovira Beleta **B** Francisco Rovira Beleta, Enrique Josa, nach einer Novell evon F. González Ledesma **D** José Luis López Vázquez, Assumpta Serna, Lorenzo Santamaria, Fabia Matas, Hugo Blanco **L** 95 **E** 12.9.1989 H 3

EIN SENTIMENTALER ROMAN (SENTIMANTALNY ROMAN). Der 20jährige Schura arbeitet in einer Zeitungsredaktion und ist stets nahe am Geschehen während des Bürgerkriegs im Rußland der 20er Jahre. Leidenschaftlich vertritt Schura seine Ideale. Doch er muß hier wie auch im Privaten Enttäuschungen hinnehmen. Die große, aber schmerzliche Liebe seines Lebens wird die schöne, faszinierende Soja. Doch Schura geht nicht gebrochen, sondern gereift aus dieser Beziehung. Episodisch strukturierte, gut fotografierte Literaturverfilmung, die auf stimmige Weise gesellschaftliche Umbrüche an genau beobachteten Details festmacht. ✦ UdSSR 1976 **P** Lenfilm **R** Igor Maslennikow **B** Igor Maslennikow, nach der gleichnamigen Erzählung von Vera Panowa **K** Dmitri Meschijew **M** Wladimir Dashkewitsch **D** Jelena Proklowa (große Soja), Jelena Korenewa (kleine Soja), Nikolai Denissow (Schura), Stanislaw Lubschin (Kuschlja), Ljudmila Gurtschenko (Maria) **L** 89 **E** 10.11.1977 DFF 2

SENTIMENTALER SOMMER (VARA SENTIMENTALA). Als Agraringenieur kommt Bogdan in ein kleines Dorf und stiftet Verwirrung unter den noch nicht verheirateten Frauen. Auch seine Wirtsleute möchten gern ihre Tochter unter die Haube bringen. ✦ Rumänien 1985 **P** Filmstudio Bucuresti **R** Francisc Munteanu **B** Vasile Baran **K** Valentin Ducaru **M** Horia Moculescu **D** Emil Hossu, Rodica Muresan, Gheorghe Dinica, Gheorghe Cozorici, Stela Popescu **L** 75 **E** 23.8.1987 DFF 2

SEPA – NUESTRO SENOR DE LOS MILAGROS (SEPA – NUESTRO SENOR DE LOS MILAGROS). Dokumentarfilm über eine halboffene Strafkolonie im peruanischen Urwald am Rio Sepa, die ein Modell für einen humanen Strafvollzug sein könnte, aber unter Korruption, Bürokraten- und Beamtenwillkür leidet und vom Staat im Stich gelassen wird. Trotz der etwas konventionellen Machart informiert der Film eindringlich über einen bei uns weitgehend unbekannten Aspekt der Realität eines Dritte-Welt-Landes. ✦ Peru/Schweiz/BR Deutschland 1986 **P** Saxer/Wildlife/Alive Film & Video/Balance **Pd+R+B** Walter Saxer **K** Rainer Klausmann **M** Jindrich Konir **S** Ulrike Joanni **L** 77 **E** Schweiz

SEPARATE LIVES – TÖDLICHES DOPPELLEBEN (SEPARATE LIVES). Leidlich spannender Psychothriller um Persönlichkeitsspaltung und daraus erwachsende Verbrechen: Eine Psychologie-Dozentin sieht sich jäh in einen mysteriösen Kriminalfall verwickelt, als ihr eigenes unterbewußtes Ich sie dazu treibt, nächtens durch üble Kneipen zu tingeln. Ein ehemaliger Polizist entlarvt den Täter und findet den Grund für ihre Doppelexistenz. Nur mäßig gestalteter und gespielter Film mit arg konstruierter Handlung, der beim Zuschauer viel Gutgläubigkeit voraussetzt. – Ab 16. ✦ USA 1994 **P** Trimark **VA** Warner Home **Pd** Mark Amin, Diane Nabatoff, Guy Riedel **R** David Madden **B** Steven Pressfield **K** Kees Van Oostrum **M** William Olvis **S** Janice Hampton **D** James Belushi (Tom Beckwith), Linda Hamilton (Lauren Porter/ Lena), Vera Miles (Ruth Goldin), Elizabeth Moss (Ronni Beckwith), Drew Snyder (Robert Porter) **L** 102 **FSK** ab 16 **E** 15.9.1995 Video/13.10.1996 premiere **fd** 31563

SÉPARÉE IM ORIENTEXPRESS (ORIENTEXPRESS). Erotikfilm um ein Gaunerpärchen, das unter dem Vorwand der Verführung die Passagiere des Orientexpresses ausraubt. ✦ Italien 1996 **R** Luca Damiano **B** Bob Lynn **K** Alex Donner **M** Steve C. **S** Fabio Vallesi **D** Monica Kiss, Valentino, Nikita, Anita Blond, Nikita **L** 66 **E** 30.1.1998 premiere

7 FUGITIFS (7 FUGITIFS). François lädt Freundinnen und Freunde zu einem Abend ein, der, so teilt er mit, sein letzter sein soll; er hat seinen Selbstmord geplant. Nach Mitternacht gehen die sieben Gäste ihrer Wege, verdrängen den Gedanken an den Tod, jeder auf seine Art. In der dramaturgischen Ausführung bleibt der Film konfus; zu mehr als Schemen werden die handelnden Figuren nicht. ✦ Schweiz 1993 **P** ZOO/Artimage **Pd+R+B** Pierre Maillard **K** Alain Mugnier, Joe Arredy, Eric André **M** Kat Onoma **S** Rodolfo Wedeles, Patti Gonin **D** François Berthet (François), Patricia Bopp (Lola), Patrice Bornand (Patrice), Jean-Quentin Châtelain (Quentin), Marie-Luce Felber (Marie-Luce) **L** 88 **E** Schweiz

SEPTEMBER (1977) (SEPTEMBRIE). Ein junger Mann mit Hoffnungen auf eine große Karriere gerät in schlechte Gesellschaft und damit in das Blickfeld der Polizei. Sein ernstgemeinter Versuch, dieses Leben mit Hilfe eines Mädchens zu verändern, scheitert durch einen tragischen Verkehrsunfall. Unentschieden zwischen psychologischem Drama, Liebesgeschichte und Krimi pendelnder Jugendfilm, wenig publikumswirksam inszeniert und mit einem peinlich aufgesetzten Schluß. – Ab 14. ✦ Rumänien 1977 **P** Filmstudio Bucuresti **KI** Progress **R** Timotei Ursu **B** Adrian Dohotaru **K** Marian Stanciu **M** Adrian Enescu **D** Anda Onesa (Anisoara), Geo Costiniu (Vali), Sandu Popa, Stefan Mihailescu-Braila, Stefan Banica **L** 108 **E** 28.9.1979 Kino DDR

SEPTEMBER (1987) (SEPTEMBER). In einem Landhaus in Vermont treffen an einem Spätsommerabend sechs Personen zusammen, deren Beziehungskonflikte entwickelt werden. Nach klassischem dramatischem Formprinzip gestalteter Film, der sich an Dramen von Tschechow und Gorki und Filmen Ingmar Bergmans orientiert, jedoch eigenständig bleibt durch die Variation des für Woody Allen typischen Themas der Selbstfindung. Von einer Atmosphäre gedämpfter Melancholie geprägt, beeindruckt der Film durch ein hervorragendes Darstellerensemble. – Ab 16. ✦ USA 1987 **P** Orion Pictures **KI** 20th Century Fox **SF** 20th Century Fox **VA** RCA/Columbia **Pd** Robert Greenhut **R+B** Woody Allen **K** Carlo Di Palma **M** Frank Loesser, Cole Porter, Irving Berlin, u. a. **S** Susan E. Morse **D** Mia Farrow (Lane), Elaine Stritch (Diane), Dianne Wiest (Stephanie), Sam Waterston (Peter), Denholm Elliott (Howard) **L** 83 **FSK** ab 12; f **FBW** w **E** 31.3.1988/15.11.1988 Video **fd** 26 734

SEPTEMBER MORNING (IL FALCO E LA COLOMBA). Ein junger Politiker verliebt sich in eine Rauschgiftsüchtige, die ihm bei einem Attentat das Leben rettete. Melodramatische Geschichte im Stil eines Groschenromans, reich an Klischees und lächerlich. (Alternativtitel: »Straße der Angst«) – Ab 16. ✦ Italien 1981 **P** Visione **KI** Alhambra/Allround **R+B** Fabrizio Lori **K** Sergio d'Offizi **M** Stelvio Cipriani **S** Antonio Siciliano **D** Fabio Testi, Lara Wendel, Simonetta Stefanelli, Danilo Mattei, Ugo Bologna **L** 97 **FSK** ab 16; f **E** 24.3.1984

SEPTEMBER 1939 (WRZESIEN 1939 TAK BYLO ...). Dokumentarfilm über den Einfall deutscher Truppen in Polen am 1.9.1939. Der Film schildert den Überfall Hitlers aus polnischer Sicht in eindrucksvollen Bildern und setzt sich kritisch mit der damaligen polnischen Heerführung auseinander. ✦ Schwarz-weiß. Polen 1961 **P** WFD Warszawa **R** Jerzy Bossak, Waclaw Kazmierczak **L** 60 **E** 3.1.1966 BR III

SEPTEMBER SONGS (SEPTEMBER SONGS). Künstler der klassischen wie der Rock- und Jazzmusik interpretieren Songs des Komponisten Kurt Weill. Ein Musikfilm, der als eine Art durchgestyltes Rockkonzert in einem verfallenen Lagerhaus gestaltet ist, dabei aber kontrollierte Kinotechnik mit der übergreifenden Energie einer Live-Aufführung verbindet und filmische wie theatralische Mittel verwendet. ✦ Kanada/Deutschland 1994 **P** Rombus Media **Pd** Niv Fichman, Larry Weinstein **R** Larry Weinstein **B** Larry Weinstein, David Mortin **K** Horst Zeidler **M** Kurt Weill **S** David New **D** Leonard Cohen, Todd Rundgren, Mary Margaret O'Hara, Tom Waits, Marianne Faithfull, k.d. lang, John Zorn, Lou Reed **L** 89 **E** 7.12.1994 arte

SEPTEMBERLIEBE. Die Liebe eines jungen Chemikers zur Schwester seiner Braut findet ihre Erfüllung, wird aber auf eine harte Probe gestellt, als er den Forderungen der sozialistischen Gesellschaft nicht gewachsen ist und auf »Republikflucht« sinnt. Die Geliebte rettet ihn schließlich, indem sie die Stasi einschaltet. Formal überdurchschnittliche DEFA-Produktion, die das Verhältnis von sozialistischer Ordnung und privatem Glück konkret thematisiert. Äußerst bedenklich und fragwürdig wird der Film durch die Rechtfertigung des »Verrats« an die Staatssicherheit. – Ab 14. ✦ Schwarz-weiß. DDR 1961 **P** DEFA, Gruppe »Roter Kreis« **KI** Progress **Pd** Hans Mahlich **R** Kurt Maetzig **B** Herbert Otto **K** Joachim Hasler **M** Helmut Nier **S** Lena Neumann **D** Doris Abeßer (Franka), Ulrich Thein (Dr. Hans Schramm), Annekathrin Bürger (Hannelore), Hans Lucke (Oberleutnant Unger), Kurt Dunkelmann (Vater Hübenthal) **L** 78 **E** 1.2.1961 Kino DDR/6.9.1962 DFF 1

SEPTEMBERSTURM (EYLÜL FIRTINASI). Ein fünfjähriger Junge muss im Herbst 1980 nach dem Militärputsch in der Türkei erleben, wie seine Familie Terror und Willkür ausgeliefert ist. Seine Mutter flieht nach Deutschland, wo auch er 14 Jahre lang Asyl findet. Ein engagierter Film, der jedoch nicht politisches Pamphlet sein will, sondern die Zustände in der Seele des Kindes spiegelt, dem zugestanden wird, auch in finsterer Zeit Kind sein zu dürfen. (O.m.d.U.) – Sehenswert ab 14. ✦ Türkei 2000 **P** Delta Film/Ulus Müzik **KI** InterForum **Pd** Atif Yilmaz, Iskender Ulus **R** Atif Yilmaz **B** Gaxe Boralioglu, nach einem Roman von Habib Bektas **K** Erdal Kahraman **M** Tamer Ciray **S** Mevlüt Kocak **D** Tarik Akan (Hüseyin Efe), Zaza (Ayten), Kutay Özcan (Metin), Deniz Türkali, Hazim Körmükcü, Oktay Sözbir **L** 100 **E** 1.3.2001 **fd** 34 755

SEPTEMBERWEIZEN. Die Dokumentation beleuchtet in sieben thematischen Schwerpunkten kritisch die Vermarktung des Weizens in den USA vom Anbau bis zum Endprodukt Brot. Die fantasievolle Dramaturgie des vieldiskutierten und preisgekrönten Films vermittelt eine Fülle interessanter Fakten, offener Fragen und ungelöster Widersprüche; der provokantsubjektive Zugriff des Films kann eine Diskussion bereichern. (Der Film ist in die sieben Kapitel »Winterweizen«, »Hybridweizen«, »Kassaweizen«, »Papierweizen«, »Brotweizen«, »Blutweizen« und »Hungerweizen« gegliedert.) – Ab 16. ✦ BR Deutschland 1979/80 **P** Teldok/ZDF **SF** Verleihgenossenschaft **Pd+R+B+K** Peter Krieg **M** Rolf Riehm **S** Peter Krieg **L** 96 **FSK** ab 12; f **FBW** bw **E** 19.6.1980 ZDF/17.10.1980 Kino **fd** 22 795

SERA POSIBLE EL SUR – MERCEDES SOSA (SERA POSIBLE EL SUR). Dokumentarfilm über eine Konzertreise der argentinischen Sängerin Mercedes Sosa durch ihr von der Militärdiktatur befreites Land. Der Autor erliegt der Faszination der ungewöhnlichen Frau und versäumt es, die Hintergründe ihres Erfolges dokumentarisch zu belegen. So bleibt der Film zwischen Konzertmitschnitt und belangloser Reisebeschreibung stecken. – Ab 12 möglich. ✦ BR Deutschland 1984/85 **P** Arsenal **KI** Arsenal **Pd** Gerd Unger, Chris Sievernich **R+B** Stefan Paul **K** Hans Schalk, Hans Warth, Jorge Casal **M** Mercedes Sosa **S** Hildegard Schröder **D** Mercedes Sosa **L** 76 **FBW** bw **E** 20.3.1986 **fd** 25 613

SERAFIM – DER NAIVE MALER (SERAFIM POLUBES I DRUGIJE SHITELI SEMLI). Ein junger Kunstwissenschaftler und Kulturfunktionär, der eigentlich selbst Maler ist, wird in eine abgelegene russische Kleinstadt geschickt, um von einem »naiven« Maler Bilder für die Ausstellung in Paris auszuwählen. Der Kontakt mit dem weisen Volkskünstler und einer jungen Kunststudentin lassen ihn sein bisheriges Leben überdenken. Thematisch interessanter, aber nicht ganz überzeugender Film, der vor allem durch seine poetische Bildsprache fasziniert. (Alternativtitel: »Lebenskünstler«) – Ab 14. ✦ UdSSR 1984 **P** Mosfilm **KI** Progress **R** Viktor Prochorow **B** Alexander Alexandrow **K** Pawel Lebeschew **M** Alexej Rynbikow **D** Rodion Nachapetow (Nikita), Eduard Botscharow (Serafim Polubes), Darja Michailowa (Dascha), Wladimir Samoilow (Jakow), Nina Menschikowa (Marfa) **L** 90 **E** 11.10.1984 DFF 2/14.6.1985 DDR

SERAFINO →Serafino, der Schürzenjäger

SERAFINO, DER SCHÜRZENJÄGER (SERAFINO/SERAFINO OU L'AMOUR AUX CHAMPS). Ein Schafhirte und Dorfcasanova, der eine reiche Erbschaft gemacht hat und sein Geld mit vollen Händen ausgibt, soll durch die Heirat mit seiner Cousine an die Kette gelegt werden. Nach turbulenten Zwischenfällen heiratet er schließlich, aber nicht im Sinne der habgierigen Verwandtschaft. Mehr derb als ironisch inszenierte Komödie mit gesellschaftskritischen Seitenhieben, streckenweise bis zur Karikatur überspitzt. Dicht und treffend geriet der Film in seiner Schilderung des dörflichen Milieus. (Alternativtitel: »Adriano, der Schürzenjäger«; DDR: »Serafino«) – Ab 14. ✦ Italien/Frankreich 1968 **P** RPA/Rizzoli/Francoriz **KI** Columbia **R** Pietro Germi **B** Leo Benvenuti, Piero de Bernardi, Tullio Pinelli, Pietro Germi **K** Aiace Parolin **M** Carlo Rustichelli **S** Sergio Montanari **D** Adriano Celentano (Serafino), Ottavia Piccolo (Lidia), Saro Urzi (Onkel Agenore), Francesca Romana Coluzzi (Asmara), Benjamin Leu (Armido) **L** 97 **FSK** ab 16; nf **E** 26.9.1969/26.11.1971 Kino DDR/4.9.1976 DFF 1 **fd** 16 400

DAS SERBISCHE MÄDCHEN. Klassisches Roadmovie um eine 17jährige schwangere Jugoslawin, die sich ohne Paß und Geld von ihrem Heimatdorf ins ferne Hamburg aufmacht, um den Vater ihres Kindes, einen Deutschen, der ihr Liebe geschworen hat, aufzusuchen. Nach einer abenteuerlichen Reise durch ein für sie fremdes Land muß sie enttäuscht feststellen, daß der Geliebte nichts von ihr wissen will, und macht sich auf die schwierige Heimreise. Ein gelungenes Spielfilmdebüt, das episodenhaft Einblick in deutsche Eigenarten vermittelt, mit einigem Humor und ohne zu karikieren inszeniert. Ausgezeichnet: das Spiel der Hauptdarstellerin. – Ab 16. ✦ BR Deutschland 1990 **P** Arbor TV/TPI/BR **KI** Filmverlag der Autoren **Pd** Holger Schulz **R** Peter Sehr **B** Peter Sehr, nach Motiven einer Erzählung von Siegfried Lenz **K** Dietrich Lohmann **M** Goran Bregovic **S** Dagmar Hirtz **D** Mirjana Jakovic (Dobrila), Ben Becker (Achim), Pascal Breuer (Max), Vladimir Torbica (Vladi), Joachim Regelin (Rudi) **L** 92 **FSK** ab 12; f **FBW** bw **E** 31.1.1991 **fd** 28 754

SERBISCHE SCHUHPUTZER-BALLADE (KRVAVA BAJKA). Das Geschehen in einer jugoslawischen Kleinstadt während der ersten Monate der faschistischen Okkupation. – Ab 14. ✦ Scope, schwarzweiß. Jugoslawien 1969 **P** FRZ Beograd **KI** Progress **R+B** Tori Jakovic **K** Jerzy Wójcik **M** Vojislav Kostic **D** Mira Stupica (Majka, die Mutter), Ljuba Tadic (Professor), Ljubisa Jovanovic (Direktor), Zorica Milovanovic (Bila), Dragan Petrovic (Känguruh) **L** 81 **E** 30.10.1970 Kino DDR

EIN SERBISCHER MITTAG (PODNE). Schlußteil der »Serbischen Trilogie« von Djordjevic: Der Ausschluß der jugoslawischen Kommunisten aus der Kominform im Jahre 1948 macht aus Freunden erbitterte Feinde. In direktem Rückbezug auf »Ein serbischer Traum« und »Ein serbischer Morgen« demonstriert der Film die fatalen menschlichen Auswirkungen der politischen Maßnahme zugleich realistisch und mit poetischer Melancholie. ✦ Jugoslawien 1968 **P** Avala **R+B** Purisa Djordjevic **K** Mikajlo Popovic, Jovan Jovanovic **M** M. Ilic-Beli **D** Ljubisa Samardzic, Neda Arneric, Faruk Begoli, Dusica Zegarac, Mija Aleksic **L** 79 **E** 9.3.1970 ARD

EIN SERBISCHER MORGEN (JUTRO). 1945 in Serbien: Partisanen rechnen gnadenlos mit tatsächlichen und vermeintlichen Verrätern ab. Eine junge Frau, die bei der Folterung durch deutsche Truppen Namen von bereits toten Partisanen presgegeben hat, soll durch ihre früheren Kameraden erschossen werden. Kritische Auseinandersetzung mit den Widersprüchen der Nachkriegsgeschehnisse in Jugoslawien, thematisch eng verbunden mit Djordjevics »Ein serbischer Traum«, der die Vorgeschichte der Ereignisse erzählt. ✦ Schwarz-weiß. Jugoslawien 1967 **P** Avala **R+B** Purisa Djordjevic **K** Mikajlo Popovic **M** Mladen Gutesa **S** Mirjana Mitic **D** Milena Dravic (Alexandra), Ljubisa Samardzic (Mali), Mija Aleksic (Hauptmann Mija), Neda Arneric (Devojka), Ljuba Tadic **L** 77 **E** 3.3.1970 ARD

EIN SERBISCHER TRAUM (SAN). Eine serbische Partisanin träumt im Kriegsjahr 1941 mit einem jungen Gefährten von ihrer Liebe in einer glücklichen Welt. Beide kommen bei den Kämpfen gegen die deutschen Besatzer um. Im steten Wechsel von Realität und Vision, Ernst und Ironie durchleuchtet der Film die Widersprüche in der sozialistischen Entwicklung Jugoslawiens und fordert zur kritischen Sicht der Gegenwart auf. Erster Teil einer Filmtrilogie (es folgen: »Ein serbischer Morgen« und »Ein serbischer Mittag«), in der Regisseur Djordjevic mit lyrisch-poetischen Mitteln jeweils verschiedene Kapitel der jugoslawischen Geschichte rekonstruiert. ✦ Schwarz-weiß. Jugoslawien 1966 **P** Avala **R+B** Purisa Djordjevic **K** Mikajlo Popovic **M** Mladen Gutesa **D** Olivera Vuco, Ljubisa Samardzic, Mihajlo Janketic, Mija Aleksic **L** 82 **E** 2.5.1968 ARD **fd** 15 400

DIE SEREFS, DIE KONURALPS UND WIR. Einfühlsamer Dokumentarfilm über zwei türkische Familien in Deutschland, die des Eisenbiegers Kadir Seref in Frankfurt-Bornheim und die des Holzfacharbeiters Fatih Konuralp in einem Dorf bei Detmold. – Ab 14. ✦ BR Deutschland 1982 **P** Infoscope **SF** Media Medien im Alltag/Unidoc **R+B** Malte Rauch **K** Karsten H. Müller **S** Eva Voosen **L** 60 **E** 1982 WDR 3

SERENA (SERENA). Ein Kriminalinspektor klärt das Mordkomplott, dem die Frau eines Kunstmalers zum Opfer gefallen ist. Simpler Krimi in sehr durchsichtiger Inszenierung, ohne Atmosphäre und in der Darstellerführung dilettantisch. – Ab 14. ✦ Schwarz-weiß. Großbritannien 1962 **P** Butcher **Pd** John I. Phillips **R** Peter Maxwell **B** Reginald Hearne, Edward Abraham, nach einer Erzählung von Edward und Valerie Abraham **K** Stephen Dade **M** Johnny Gregory **D** Patrick Holt (Inspektor Gregory), Emrys Jones (Howard Rogers), Honor Blackman (Ann Rogers), Bruce Beeby (Sergeant Conway), John Horsley (Mr. Fisher) **L** 60 **E** 5.6.1964 Kino DDR/28.1.1967 DFF 1/17.2.1968 ARD **fd** 15 306

SERENADE (1937). Der Kampf eines jungen Mädchens um die Liebe ihres Mannes, eines weltberühmten Musikers, der nur in der Erinnerung an seine verstorbene erste Frau lebt und über die Vergangenheit das Leben in der Gegenwart vergißt. Schwach gespieltes und klischeehaft-pathetisches Drama. ✦ Schwarz-weiß. Deutschland 1937 **P** Deutsche Forst-Film-Produktion **R** Willi Forst **B** Curt J. Braun, Willi Forst, nach der Erzählung »Viola tricolor« von Theodor Storm **K** Werner Bohne **M** Peter Kreuder **S** Hans Wolff **D** Hilde Krahl (Irene), Albert Matterstock (Gustl Hollmann), Igo Sym (Ferdinand Lohner), Walter Janssen (Alfred Ritter), Fritz Odemar (P. M. Dörffner), Hans Junkermann, Lina Lossen, Claus Detlef Sierck **L** 110 **E** 26.11.1937/19.6.1972 DFF 1

SERENADE (1939) (SERENADE). Liebesgeschichte des Komponisten Franz Schubert mit einer englischen Tänzerin in Wien um 1825. Arg mißlungener Versuch, Schubert im Rahmen einer rein romanhaften Handlung zum romantischen Liebhaber zu stilisieren. Lilian Harvey, deren Rolle einen für ihr Image ungewöhnlich dramatischen Akzent hat, spielte hier unmittelbar nach ihrer Emigration aus NS-Deutschland in ihrem ersten französischen Film. – Ab 14. ✦ Schwarz-weiß. Frankreich 1939 **P** Astra **Kl** Warner **R** Jean Boyer **B** Ernest Neuville (= Ernst Neufeld) **K** Boris Kaufman, Claude Renoir **M** Paul Abraham **D** Lilian Harvey, Louis Jouvet, Bernard Lancret, Madeleine Suffel, Claire Gérard **L** 90 **FSK** ab 12; f **E** September 1949 **fd** 323

SERENADE (1956) (SERENADE). Ein Weinbauer und Straßensänger avanciert zum Heldentenor und gerät in einen Liebeskonflikt zwischen seiner eleganten Mäzenin und einem Naturkind. Der melodramatische Musikfilm spekulierte vergeblich auf einen ähnlich großen Erfolg wie »Der große Caruso«. Bemerkenswert lediglich die Opernausschnitte mit dem 1959 im Alter von 38 Jahren verstorbenen Mario Lanza. – Ab 14. ✦ USA 1956 **P** Warner **Kl** Warner **Pd** Henry Blanke **R** Anthony Mann **B** Ivan Goff, Ben Roberts, John Twist, nach dem Roman »Serenade in Mexiko« von James M. Cain **K** J. Peverell Marley **M** Nicholas Brodszky **S** William Ziegler **D** Mario Lanza (Damon Vincenti), Joan Fontaine (Kendall Hale), Sarita Montiel (Juana Montes), Vincent Price (Charles Winthrop), Joseph Calleia (Maestro Mercatello) **L** 112 **FSK** ab 12; f **E** 28.8.1956 **fd** 5 183

SERENADE EINER GROSSEN LIEBE (FOR THE FIRST TIME). Musikfilm Marke Traumfabrik. Ein gefeierter Tenor, dem der schnelle Aufstieg den Kopf verdrehte, begegnet auf Capri einem deutschen Mädchen, das im Kriege Eltern und Gehör verloren hat. Aus Liebe zu ihr konsultiert er die teuersten Fachärzte; das triumphale Finale der »Aida« wird den guten Ausgang verkünden. Optisch schwelgt der Film in den Landschaften Mitteleuropas. (DDR-Titel: »Der Sänger von Capri«) – Ab 14. ✦ Scope. BR Deutschland/USA/Italien 1958 **P** Corona **Kl** Constantin **Pd** Alexander Grüter **R** Rudolph Maté **B** Andrew Solt **K** Aldo Tonti **M** George Stoll **S** Gene Ruggiero **D** Mario Lanza (Tony Costa), Johanna von Koczian (Christa Bruckner), Zsa Zsa Gabor (Gloria de Vaduz), Walter Rilla (Dr. Bessart), Annie Rosar (Mathilde, Faktotum) **L** 96 **FSK** ab 12; nf **E** 26.2.1959/22.6.1964 Kino DDR/1.3.1969 ZDF **fd** 7 891

SERENADE FÜR ZWEI PISTOLEN (LES FEMMES S'EN BALANCENT). Einer der ersten »Lemmy Caution«-Filme: Der ruppige Detektiv soll eine Bande von Geldfälschern entlarven, deren Boß angeblich Selbstmord begangen, in Wahrheit aber seinen Kumpanen umgebracht hat. Am Ende zieht er mit der Gangsterbraut, die er nun wirklich zur Witwe gemacht hat, in neue Abenteuer. Als Übersteigerung amerikanischer Gangsterfilme mit parodistischen Spitzen angelegt, ist Peter Cheyneys Roman kurzweilig verfilmt worden. Die Dialoge sind deftig, und Eddie Constantine schwingt, beherzt und augenzwinkernd, die Fäuste. – Ab 16. ✦ Schwarz-weiß. Frankreich 1953 **P** C.I.C.C./Pathé Cinema **Kl** Constantin **R** Bernard Borderie **B** Bernard Borderie, nach dem gleichnamigen Roman von Peter Cheyney **K** Jacques Lemare **M** Paul Misraki **S** Jean Feyte **D** Eddie Constantine, Nadia Gray, Dominique Wilms, Jacques Castelot, Robert Berry **L** 115 **FSK** ab 16; nf **E** 30.6.1955 **fd** 3 582

SERENADE FÜR ZWEI SPIONE (SINFONIA PER DUE SPIE). Geheimagent 006 auf der Suche nach einem Lasergewehr. Mißglückte Parodie auf Agentenfilme mit vielen Kameratricks, wenig Witz und hausbacken-peinlicher Erotik. ✦ Scope. BR Deutschland/Italien 1965 **P** Modern Art/Metheus **Kl** Constantin **Pd** Hansjürgen Pohland **R** Michael Pfleghar **B** Michael Pfleghar, nach einem Roman von K. H. Günther **K** Ernst Wild **M** Francesco De Masi **S** Margot von Schlieffen **D** Hellmut Lange, Barbara Lass (= Barbara Kwiatkowska), Wolfgang Neuss, Heidelinde Weis, Dick Palmer (= Domenico Palmara) **L** 87 **FSK** ab 16; nf **E** 19.8.1965 **fd** 13 585

SERENADE IN RIO (LATIN LOVERS). Eine heiratslustige amerikanische Multimillionärin lebt während eines Urlaubs in Brasilien ständig in der Sorge, sie werde nur ihres Geldes wegen geliebt. Platte und langatmige Liebeskomödie mit Samba-Rhythmen, Gesang und Tanz. – Ab 12. ✦ USA 1953 **P** MGM **Kl** MGM **Pd** Joe Pasternak **R** Mervyn LeRoy **B** Isobel Lennart **K** Joseph Ruttenberg **M** Nicholas Brodszky **S** John McSweeney jr. **D** Lana Turner (Nora Taylor), Ricardo Montalban (Roberto Santos), John Lund (Paul Chevron), Louis Calhern (Großvater Santos), Jean Hagen (Anne Kellwood), Eduard Franz (Dr. Lionel Y. Newman), Beulah Bondi (Analytikerin) **L** 100 **FSK** ab 12; nf **E** 14.5.1954 **fd** 3 306

SERENADE ZU DRITT (DESIGN FOR LIVING). Eine Werbezeichnerin, ein Maler und ein angehender Dramatiker gehen eine unkonventionelle Bindung zu dritt ein. Aus den entstehenden Liebeskonflikten flüchtet sich die Frau in eine bürgerliche Ehe, aus der sie zu erneutem Glück zu dritt »befreit« wird. Elegant-ironische Komödie, die von der Kunst der Andeutung, Mehrdeutigkeiten und Anspielungen sowie eines permanenten Perspektivenwechsels in Bild und Ton lebt. Geschliffene Dialoge und blendende Schauspieler machen das moralische Spiel mit der Unmoral zu einem Genuß. – Sehenswert. ✦ Schwarz-weiß. USA 1933 **P** Paramount **Kl** FiFiGe/AG Kino **SF** BAG **Pd+R** Ernst Lubitsch **B** Ben Hecht, nach einem Bühnenstück von Noel Coward **K** Victor Milner **M** Nat W. Finston **S** Frances Marsh **D** Miriam Hopkins (Gilda), Gary Cooper (George Curtis), Fredric March (Tom Chambers), Edward Everett Horton (Max Plunkett), Franklin Pangborn (Mr. Douglas), Isabel Jewell, Harry Dunkminson, Helena Phillips **L** 88 **E** 8.1.1970 ARD/30.1.1986 Kino **fd** 25 606

SERENGETI DARF NICHT STERBEN. Dokumentarfilm aus der afrikanischen Serengeti-Steppe. Er setzt sich für sinnvollen Tierschutz ein und berichtet von den wissenschaftlichen Voraussetzungen. Von großem Informationswert und teilweise recht spannend. – Sehenswert ab 10. ✦ BR Deutschland 1959 **P** Okapi **Kl** Europa **VA** Concorde **R+B** Bernhard Grzimek **K** Michael Grzimek, Richard Graf **M** Wolfgang Zeller **L** 85 **FSK** ab 6; f **FBW** w **E** 25.6.1959/17.6.1966 Kino DDR/Januar 1992 Video **fd** 8 270

DER SERGEANT (THE SERGEANT). Ein amerikanischer Sergeant, der zu einer in Frankreich stationierten amerikanischen Einheit versetzt wird, bringt die verlotterte Kompanie wieder auf Vordermann, wirbt aber vergeblich um die Zuneigung eines jungen Soldaten und nimmt sich nach seiner Suspendierung das Leben. Eine manchmal oberflächliche Darstellung von Homosexualität, die die psychischen und sozialen Voraussetzungen nicht genügend durchleuchtet. Trotz des Themas ist der Film niemals peinlich-spekulativ. Hervorragend die schauspielerische Leistung Rod Steigers. – Ab 16. ✦ USA 1968 **P** Warner/Seven Arts **Kl** Warner **Pd** Robert Wise **R** John Flynn **B** Dennis Murphy, nach seinem Roman **K** Henri Persin **M** Michel Magne **S** Françoise Diot **D** Rod Steiger (Sergeant Callan), John Phillip Law (Swanson), Ludmila Mikael (Solange), Frank Latimore (Captain Loring), Elliot Sullivan (Pop Henneken) **L** 108 **FSK** ab 16; f **FBW** w **E** 27.5.1969 **fd** 16 104

SERGEANT BERRY. Ein Chicagoer Polizist erledigt mehr zufällig eine Gangsterbande, macht Rauschgiftschmuggler in Mexiko dingfest und wird zum Leutnant befördert. Vergnügliche Kriminal- und Abenteuerfilm-Parodie, die Hans Albers' Talente für sich zu nutzen weiß. Der Film sollte im »Dritten Reich« das Verbot amerikanischer Abenteuerfilme ausgleichen und ein deutsches Gegengewicht darstellen. – Ab 16. ✦ Schwarz-weiß. Deutschland 1938 **P** Euphono **Kl** Kristall **R** Herbert Selpin **B** Walter Wassermann, C. H. Diller, nach dem gleichnamigen Roman von Robert Arden **K** Franz Koch **M** Hans Sommer **S** Lena Neumann **D** Hans Albers, Herma Relin, Peter Voß, Toni von Bukovics, Herbert Hübner **L** 113 **FSK** ab 12; nf **E** 22.12.1938/4.9.1961 DFF 1/22.10.1972 ZDF **fd** 797

SERGEANT MADDEN (SERGEANT MADDEN). Ein New Yorker Polizist sorgt dafür, daß auch sein Sohn zur Polizei geht. Er muß jedoch erleben, wie der junge Mann zum Mörder und Bankräuber herabsinkt. Polizeimelodram mit atmosphärischem Reiz und sorgfältiger Inszenierung. – Sehenswert ab 14. ✦ Schwarz-weiß. USA 1939 **P** MGM **Pd** J. Walter Ruben **R** Josef von Sternberg **B** Wells Root, nach einer Story von William A. Ulman **K** John Seitz **M** William Axt **S** Conrad A. Nervig **D** Wallace Beery (Shaun Madden), Tom Brown (Al Boylan jr.), Alan Curtis (Dennis Madden), Laraine Day (Eileen Daly), Fay Holden (Mary Madden) **L** 77 **E** 24.6.1973 ARD

SERGEANT MADIGAN (THE MANHATTAN BEAT). Der erfahrene New Yorker Polizeidetektiv Madigan, der am liebsten allein arbeitet, muß einen jungen Mann in die Polizeipraxis einführen, der frisch von der Universität kommt. In der Auseinandersetzung mit zwei kriminellen Brüdern stoßen die Auffassungen der beiden heftig aufeinander. Amerikanischer Polizeifilm, der vor allem die Schattenseiten der Verbrechensbekämpfung durchleuchtet. Teil der »Madigan«-Serie, die 1967 mit Don Siegels »Nur noch 72 Stunden« begann. – Ab 16. ✦ USA 1972 **P** Universal **R** Alex March **B** Stanford Whitmore **K** Jack Priestley **D** Richard Widmark, Ronny Cox, Tony Lo Bianco, Murray Hamilton, Jennifer Harmon **L** 71 **E** 20.9.1975 ARD

SERGEANT MADIGAN: DER TOD WARTET IN HARLEM (THE MIDTOWN BEAT). Zwielichtiger New Yorker Geschäftsmann, der auf einer Party Kontakt zu einem Syndikatsboß sucht, wird von einem jungen farbigen Kellner beraubt, der Geld braucht, um seinem verhafteten Bruder zu helfen. Ein von dem Geschäftsmann angeheuerter professioneller Killer jagt den jungen Mann. Auch Polizeidetektiv Madigan versucht, ihn zu finden, nicht zuletzt, um ihn vor dem Killer zu schützen. – Ab 16. ✦ USA 1972 **P** Universal/NBC **R** Jack Smight **B** David Freeman **K** Jack Priestley **M** Quincy Jones **D** Richard Widmark (Madigan), Charles Durning (Sidney Balinger), Dennis Hines (Billy Fix), Michael McGuire (Mike Cravat), Nathan George (Killer Roscoe) **L** 70 **E** 25.8.1979 ARD

SERGEANT MADIGAN: EINSATZ IN LONDON (THE LONDON BEAT). Polizeidetektiv Madigan kommt von New York nach London, wo er durch seine reichlich eigensinnigen und rüden Fahndungsmethoden zwar das britische Beamtentum schockiert, seine Verbrecherjagd jedoch erfolgreich zu Ende führt. Fortsetzung der »Sergeant Madigan«-Serie mit Richard Widmark als desillusioniertem, wortkargem Cop, dessen Arbeitsweise sich kaum noch von der seiner Gegner unterscheidet. – Ab 16. ✦ USA 1972 **P** Universal **R** Jack Smight **B** William P. McGivern, Roland Kibbee **K** Jack Priestley **D** Richard Widmark, Michael Balfour, Bernard Archard **L** 75 **E** 17.1.1976 ARD

SERGEANT MADIGAN: GEFAHR IN DER PARK AVENUE (THE PARK AVENUE BEAT). Nachdem er wegen unverantwortlichen Gebrauchs der Schußwaffe aus dem Polizeidienst entlassen wurde, versucht ein Sergeant, als Privatdetektiv Fuß zu fassen. Als dies mißlingt, läßt er sich von dem Mittelsmann eines Unterweltbosses für einen Mord anheuern. Seine Frau, die die Zusammenhänge ahnt, bittet Sergeant Madigan um Hilfe. Madigan versucht, den Abstieg des ehemaligen Kollegen in die Unterwelt mit allen Mitteln zu verhindern. Routiniert inszenierter Krimi aus der »Madigan«-Serie. – Ab 16. ✦ USA 1972 **P** Universal **R** Alex March **B** Peter Allan Fields **K** Jack Priestley **D** Richard Widmark, John Larch, Rae Allen, Davie Spielbert, Charles Gioffi **L** 71 **E** 29.11.1975 ARD

SERGEANT WATERS – EINE SOLDATENGESCHICHTE (A SOLDIER'S STORY). Ein schwarzer Hauptmann wird 1944 aus Washington in ein Infanterie-Camp farbiger Soldaten in den Südstaaten abkommandiert, um den Tod eines wenig beliebten Unteroffiziers aufzuklären. Ein ausgezeichnet erzähltes und überzeugend gespieltes Psychodrama über die Verbindung von gesellschaftlicher Schuld und persönlicher Sühne, angelegt als Lehrstück für Solidarität, Emanzipation und Toleranz. DVD: Die Extras umfassen u. a. einen Audiokommentar des Regisseurs – Sehenswert ab 16. ✦ USA 1984 **P** Columbia **Kl** Warner-Columbia **VA** RCA/Columbia **DVD** Columbia TriStar Home (16:9, 1.85:1, DD4.0 engl., Mono dt.) **Pd** Norman Jewison, Ronald L. Schwary, Patrick Palmer **R** Norman Jewison **B** Charles Fuller, nach seinem Theaterstück **K** Russell Boyd **M** Herbie Hancock **S** Mark Warner, Caroline Biggerstaff **D** Howard E. Rollins jr. (Davenport), Adolph Caesar (Sgt. Waters), Dennis Lipscomb (Taylor), Art Evans (Wilkie), Denzel Washington (Peterson), Larry Riley (C. J. Memphis), Patti LaBelle (Big Mary) **L** 101 **FSK** ab 12; f **FBW** bw **E** 12.4.1985/6.9.2001 DVD **fd** 25 055

SERGEANT YORK (SERGEANT YORK). 1916 in Tennessee: Ein junger Farmer arbeitet hart, um ein Stück fruchtbaren Landes erwerben zu können, damit er dem Mädchen, das er heiraten will, eine sichere Zukunft bieten kann. Er erreicht sein Ziel nicht. Auch sein Versuch, als Kriegsdienstverweigerer anerkannt zu werden, schlägt fehl, doch bleibt ihm während seiner Soldatenzeit bewußt, daß Töten verwerflich ist. Die Lebensgeschichte des im Ersten Weltkrieg mehrfach ausgezeichneten amerikanischen Kriegshelden Alvin C. York, 1941 von Howard Hawks als Beitrag zur psychologischen Vorbereitung auf den Kriegseintritt der USA gedreht, doch ohne Kriegsverherrlichung und Propaganda. Im Stil merklich veraltet. – Ab 14. ✦ Schwarz-weiß. USA 1941 **P** Warner **Pd** Jesse L. Lasky, Hal B. Wallis **R** Howard Hawks **B** Abem Finkel, Harry Chandler **K** Sol Polito, Arthur Edeson **M** Max Steiner **S** William Holmes **D** Gary Cooper (Alvin C. York), Walter Brennan (Pastor Rosier Pile), Joan Leslie (Gracie Williams), George Tobias (»Pusher« Rose), David Bruce (Bert Thomas) **L** 134 **E** 14.3.1975 BR

SERGEJ EISENSTEIN. AUTOBIOGRAPHIE. Freie Verfilmung der Memoiren des Regisseurs. Der Versuch, einen bizarren Text ins Visuelle zu übertragen, arbeitet auch mit Ausschnitten aus Eisensteins Filmen sowie mit zeitgenössischen Dokumentaraufnahmen und Filmausschnitten anderer Regisseure der 20er Jahre. Es soll gezeigt werden, in welcher Form das Privatleben die Welt des Künstlers beeinflußte, welche künstlerischen Eindrücke im Werk des Regisseurs Niederschlag fanden und welchen Stellenwert Eisenstein in der Kultur des 20. Jahrhunderts hat. (O.m.d.U.) ✦ Russland 1995/96 **P** STW-Filmstudio/Gosfilmofond/Roskomkino **Kl** Freunde der Deutschen Kinemathek **Pd** Wladimir Chaunin **R+B** Oleg Kowalow **K** Wladirmir Smirnow **M** Sergej Prokofjew, A. Mosolow, Giuseppe Verdi **L** 90 **E** 1996

SERGEJ EISENSTEIN. MEXIKANISCHE PHANTASIE (SERGEJ EISENSTEIN. MEXIKANSKAJA FANTASIJA). Im Dezember 1930 kam der sowjetische Regisseur Sergej Eisenstein nach Mexiko, um die wechselhafte Geschichte des Landes in einem monumentalen Epos zu verfilmen. Doch die Dreharbeiten waren zum Scheitern verurteilt, Eisenstein kehrte nach Moskau zurück, das belichtete Material lagerte lange Zeit in den Vereinigten Staaten. Kolawlows Dokumentarfilm schildert das Scheitern dieses Projekts und seine weitere Entwicklung, die dem mehrere Stunden umfassenden Filmmaterial schließlich den Film »Que viva Mexico!« (1931/32) bescherten, aber auch mehrere Kurzfilmschnittfassungen, die der amerikanische Co-Produzent Sol Lesser nach dem Rechteverkauf an ihn, in den Folgejahren herstellte. (O.m.d.U.) ✦ Russland 1998 **P** STW-Filmstudio/Gosfilmofond/Goskino **Kl** Freunde der Deutschen Kinemathek **Pd** Sergej Seljanow **R+B** Oleg Kowalow **K** Jewgeni Schermergor, Edouard Tissé (»Que viva Mexico!«) **M** Wjatscheslaw Gajworonski **S** Marina Baulina **L** 100 **E** 1998

SERIAL KILLER (POSTMORTEM – SERIAL KILLER). Ein erfolgreicher, aber dienstmüder amerikanischer Polizist, der sich nach Schottland zurückgezogen hat, wird durch einen Serienmörder reaktiviert, der ihm Leichen »zuschustert«. Nachdem er in die Fahndungsarbeit eingewilligt hat, versucht er, sich als »profiler« in die Psyche des Mörders zu versetzen. Dem Film selbst geht freilich jegliches Interesse am Innenleben seiner Charaktere ab, sodass die Inszenierung auf Oberflächenreize ausgerichtet ist und auch einige effektvoll komponierte Bilder ihren selbstzweckhaften Charakter nicht verleugnen können. Zudem in der Hauptrolle allzu lustlos gespielt. – Ab 16. ✦ USA 1997 **P** Imperial Entertainment/Filmworks **VA** Ascot **DVD** Splendid/Ascot (1.85:1, MPEG2.0 dt.) **Pd** Gary Schmoeller, Tom Karnowski (= Thomas Karnowski) **R** Albert Pyun **B** Robert McDonnell, John Lowry Lamb **K** George Mooradian **M** Tony Riparetti **S** Natasha Gjurokovic **D** Charlie Sheen (James MacGregor), Michael Halsey (Balantine), Ivana Milicevic (Gwen Turner), Stephen McCole (George Statler), Gary Lewis (Wallace) **L** 91 **FSK** ab 16 **E** 7.6.1999 Video/6.12.1999 DVD **fd** 33 894

SERIAL LOVER – DER LETZTE RÄUMT DIE LEICHE WEG (SERIAL LOVER). Eine heiratswillige 35jährige Frau lädt zur Kandidatenwahl drei Verehrer zum Essen ein. Auf Grund makabrer Umstände hat sie bald mehrere Tote zu beklagen, die obendrein auch noch beseitigt werden müssen. Eine von einer überagilen Hauptdarstellerin bestimmte rabenschwarze Komödie, die wenig Feingefühl und dramaturgisches Geschick aufweist und ihr Kapital in grellen Effekten sucht. Einziger Aktivposten ist die brillante Kameraarbeit. ✦ Scope. Frankreich 1998 **P** REZO Films/Le Studio Canal+/France 2 Cinema/Captaim Movies **Kl** Highlight **VA** Highlight **DVD** Highlight Video (16:9, 2.35:1, DD5.1 dt.) **Pd** Philippe Rousselet **R** James Huth **B** James Huth, Romain Berthomieu, Hugo Jacomet **K** Jean-Claude Thibaut **M** Bruno Coulais **S** Scott Stevenson **D** Michèle Laroque (Claire Doste), Albert Dupontel (Inspektor Cellier), Elise Tielrooy (Alice Doste), Michel Vuillermoz (Charles Thiriot), Zinedine Soualem (Prinz Hakim) **L** 84 **FSK** ab 16; f **E** 18.3.1999/13.9.1999 Video/20.4. 2000 DVD **fd** 33 602

SERIAL MOM – WARUM LÄSST MAMA DAS MORDEN NICHT? (SERIAL MOM). Aus Verärgerung über nörgelnde Nachbarinnen und andere unliebsame Zeitgenossen wird eine unscheinbare, pflichtbewußte Hausfrau und Mutter zur Serienmörderin, die jedes Problem mit Gewalt aus dem Weg räumt. In der Gerichtsverhandlung kann sie die Sympathien der Öffentlichkeit für sich gewinnen. Doppelbödige »schwarze« Komödie von ausgesuchter, aber nie selbstzweckhafter Geschmacklosigkeit, die die Kehrseiten des bürgerlichen Familien- und Vorstadtidylls ebenso aufs Korn nimmt wie den modischen Medienwahn um pathologische Mörder. Kathleen Turner überspielt mit einer komödiantischen Glanzleistung die Längen der Geschichte. ✦ USA 1993 **P** Savoy/Polar **Kl** Scotia **VA** Ufa **Pd** John Fiedler, Mark Tarlov **R+B** John Waters **K** Robert Stevens **M** Basil Poledouris **S** Janice Hampton, Erica Huggins **D** Kathleen Turner (Beverly Sutphin), Sam Waterston (Eugene), Ricki Lake (Misty), Matthew Lillard (Chip), Scott Wesley Morgan (Detective Pike) **L** 93 **FSK** ab 16; f **E** 26.5.1994/19.12.1994 Video/14.1.1996 premiere **fd** 30 785

SERIAT (SERIAT). Dokumentarfilm, der eigentlich aus zwei Filmen besteht: der eine nähert sich den Männern einer türkischen Familie, die seit 16 Jahren in der Schweiz lebt; der andere begibt sich in die schweigsamere Welt der Frauen derselben Familie. Für die Türken, insbesondere den Vater als Repräsentanten der Familie nach außen, ist es wichtig, das »richtige« Bild ihres Lebens zu vermitteln. Der Dokumentarfilm glättet solche Diskrepanzen nicht, sondern respektiert sie und weist dadurch einen Weg, auf dem über Fremdheiten hinweg Kulturen zueinanderfinden können. – Ab 16. ✦ Schweiz 1990 **P** Filmkollektiv Zürich **Kl** Verleih der Filmemacher **R+B** Urs Graf, Marlies Graf Dätwyler **K** Hans Stürm, Rob Gnant **M** Oruc Güvenc **S** Urs Graf, Marlies Graf Dätwyler **L** 111 **E** 1992 Kino

SERIE NOIRE (SERIE NOIRE). Ein schäbiger Handelsvertreter verliebt sich in eine junge Frau, die von ihrer Tante als Prostituierte benutzt wird. Sie will ihn dazu bewegen, die Tante zu töten, um an deren Ersparnisse zu kommen. Ein düsterer, bitterböser Film, der das Milieu einer heruntergekommenen Pariser Vorstadt mit großer Sorgfalt einfängt. Die zwischen Hoffnungslosigkeit und Gewalt agierenden Figuren wirken bisweilen konstruiert, sind aber beeindruckend gespielt. ✦ Frankreich 1979 **P** Prospectacle/Gaumont **R** Alain Corneau **B** Georges Perec, Alain Corneau, nach dem Roman »A Hell of a Woman« von Jim Thompson **K** Pierre-William Glenn **M** Duke Ellington **S** Thierry Derocles **D** Patrick Dewaere (Poupart), Myriam Boyer (Jeanne), Marie Trintignant (Mona), Bernard Blier (Staplin), Jeanne Herviale (Tante) **L** 111 **E** 2.3.1998 arte

DER SERIENMÖRDER – HOTLINE INS BORDELL → Kiss and Die

DIE SERIENMÖRDERIN (PREY OF THE CHAMELEON). Ein Autofahrer nimmt eine Anhalterin mit, die sich als Serienmörderin entpuppt. Die aus einer geschlossenen Anstalt entwichene Frau weist dem Ahnungslosen eine wichtige Rolle bei ihrem zwanghaften Ritual zu, sich mit Fremden anzufreunden und nach ihrer Ermordung in deren Identität zu schlüpfen. Klischeebeladener Actionfilm. ✦ USA 1991 **R** Fleming Fuller **D** Daphne Zuniga (Patricia/Elizabeth), James Wilder (J. D. Oettinger), Alexandra Paul (Carrie), Don Harvey (Resnick), Red West (Pritchard), Michelle McBride (Leslie) **L** 82 **E** 10.8.1994 RTL

SERJOSHA → Ich hab dich lieb, Serjosha

DIE SERPENTINTÄNZERIN. Im Jahr 1905 verliebt sich ein Filmemacher der ersten Stunde in eine Serpentintänzerin und zieht mit ihr über die Jahrmärkte, wobei sein Kinematograf langsam die traditionellen Schaugeschäfte verdrängt und damit auch ins verschachtelte Beziehungsgeflecht der Schausteller-Truppe eingreift. Ein wunderschön fotografierter, bis ins Detail akribisch rekonstruierter nostalgischer Blick zurück auf die Geburtsstunde des damals neuen Mediums Kino. Leider vernachlässigt er Dramaturgie und Schauspieler und baut somit zum Nachteil der Geschichte Distanz auf, wo emotionale Beteiligung wichtig gewesen wäre. – Ab 14. ✦ Deutschland/Ungarn 1992 **P** Dragon Cine/Stúdió Hétföi Mühely **Kl** Edition Salzgeber **Pd** Thees Klahn, Pál Erdöss **R** Helmut Herbst **B** István Kardos, Helmut Herbst **K** Sándor Kardos, Lutz Garmsen **M** Claus Bantzer, László Berki **S** Renate Merck **D** Karina Fallenstein (Olga), Ben Becker (Viktor), Wolf-Dietrich Sprenger (Giovanni), Eva Mattes (Bianca), Otto Sander (Clemens Conrad), Lajos Dobák (Baron Bernstock) **L** 86 **FSK** ab 12; f **E** 28.10.1993/13.12.1995 ARD **fd** 30 542

SERPICO (SERPICO). Ein mit unkonventionellen Methoden arbeitender junger Streifenpolizist entdeckt bald nach Dienstantritt, daß die New Yorker Polizei bestechlich ist und hohe Schmiergelder von Gangstern kassiert. Sein Kampf gegen die Korruption wird von hohen Polizeichargen behindert und kostet ihn fast das Leben. Erst als die Presse den Skandal aufgreift, geschieht etwas. Am Ende quittiert Serpico den Dienst. Atmosphärisch dichter, schonungslos harter Polizeifilm mit pessimistischer Grundhaltung. ✦ USA 1973 **P** De Laurentiis Intermaco/Artists Entertainment Complex **Kl** CIC **Pd** Dino De Laurentiis **R** Sidney Lumet **B** Waldo Salt, Norman Wexler, nach einem Roman von Peter Maas **K** Arthur J. Ornitz **M** Mikis Theodorakis **D** Al Pacino (Frank Serpico), Tony Roberts (Bob Blair), John Randolph (Chief Sidney Green), Jack Kehoe (Tom Keough), Biff McGuire (Captain McClain), Cornelia Sharpe (Leslie), Barbara Eda-Young (Laurie) **L** 130 **FSK** ab 18; f **E** 28.3.1974/7.4.1978 Kino DDR **fd** 18 798

DER SERTAO DER ERINNERUNGEN (O SERTAO DAS MEMORIAS). Ein im Sertao, einer Steppenlandschaft im Nordosten Brasiliens, die als ärmste Gegend des Landes gilt, angesiedelter Film. Als groß angelegte Allegorie verschmilzt er das Alte und das Neue Testament und setzt der Region als geistiges Zentrum ein Denkmal. Erzählt wird die Geschichte eines weiblichen Jesus und der Inkarnation eines alttestamentarischen Propheten, die predigend und von Visionen heimgesucht durch die karge Landschaft ziehen und auf ihrem Weg mit allen möglichen Formen der Ausbeutung konfrontiert werden. Ein bildgewaltiger Film, der seine religiösen Bezüge aktualisierend einsetzt und zeigt, wie auch im Unglück und Elend Stärke erwachsen und Solidarität lebendig erhalten werden kann. (O.m.d.U.) ✦ Schwarz-weiß. Brasilien 1996 **P** Araújo-Valladares/Ganesh **Kl** Freunde der deutschen Kinemathek **R+B** José Araújo **K** Antonio Luiz Mendes Soares **M** Nana Vasconcelos **S** Ismael Saavedra **D** Antero Marques Araújo, Maria Emilce Pinto, Eduardo Braga, Padre Juvemar Mator **L** 98 **E** 1997

SERTSCHAWAN – BEI MEINEN AUGEN (SERTSCHAWAN). Mit den Bildern der Opfer im Gedächtnis, die 1988 bei einem irakischen Giftgasangriff auf die Stadt Halabja ums Leben kamen, besuchen die Filmemacher vertriebene Kurden im Iran. Ein eindringlicher, manchmal schockierender Dokumentarfilm, der Einblicke in das Leben eines verfolgten Volkes eröffnet und gerade dadurch, daß er im Ton so verhalten bleibt, tiefe Betroffenheit auszulösen vermag. ✦ Schweiz 1992 **P** Filmkollektiv Zürich **Pd** Hans Stürm **R+B** Hans Stürm, Beatrice Leuthold-Michel **K** Hans Stürm **S** Hans Stürm, Beatrice Leuthold-Michel **L** 90 **E** 3.1.1994 West 3

DAS SERUM DES GRAUENS (INVISIBLE MANIAC). Ein wahnsinniger Wissenschaftler entwickelt ein Serum, das unsichtbar macht, und terrorisiert mit Hilfe dieser Erfindung seine Umwelt. Mißlungene Parodie des Horrorklassikers »Der Unsichtbare« (1933), stümperhaft inszeniert, unfreiwillig komisch. – Ab 16. ✦ USA 1990 **R** Riff Coogan (= Adam Rifkin) **D** Noel Peters (Kevin Dornwinkle), Melissa Moore (Bunny), Shannon Wilson (Savannah), Robert Ross jr. (Chet), Rod Sweiter (Gordon) **L** 82 **E** 4.8.1995 RTL

SERUM 703 (WHITE CORRIDORS). Ärzte- und Patientenschicksale in einem englischen Provinzkrankenhaus. Eindrucksvoller als die dramatische Lebensrettungsaktion durch ein eilends erfundenes Serum sind die mit zurückhaltender Ironie in Szene gesetzten alltäglichen Milieu- und Charakterstudien. Kultivierte Unterhaltung. (DDR-Titel: »Weiße Korridore«) – Ab 16. ✦ Schwarz-weiß. Großbritannien 1951 **P** Vic **Kl** Rank **Pd** Joseph Janni, John Croydon **R** Pat Jackson **B** Jan Read, Pat Jackson, nach dem Roman »Yeoman's Hospital« von Helen Asthon **K** C. Pennington-Richards **S** Sidney Hayers **D** James Donald, Googie Withers, Petula Clark, Barry Jones, Moira Lister **L** 102 **FSK** ab 16; f **E** 8.8.1952/12.6.1953 Kino DDR/29.11.1959 DFF 1 **fd** 1 808

SERUM X (ELEKTRA). Der Sohn eines verstorbenen Serumforschers, der im Besitz von lebensverlängernden Pillen ist, muß sich gegen gefährliche Verfolger behaupten. Da der Verzehr der Pillen sexuelle Enthaltsamkeit bedingt, setzt der an den Rollstuhl gefesselte Bösewicht zwei freizügige Amazonen auf den jungen Mann an und scheut sich auch nicht, dessen Stiefmutter erotisch zu instrumentalisieren. Grausiger Schwachsinn mit langatmigen Verfolgungs- und Verführungsängsten, blutigen Gewaltakten, naiven Horroreffekten und dummen Dialogen. ✦ Kanada 1995/96 **P** Ashok Amitraj **VA** VMP **Pd** Julian Grant, Helder Goncalves, Damian Lee, Nadia Rajewski **R** Julian Grant **B** Lou Aguilar, Damian Lee **K** Gerald R. Goozee **M** Mitchell D. Krol **S** Paul G. Day **D** Shannon Tweed (Lorna Duncan/Elektra), Joe Tab (Billy Duncan), Sten Eirik (Marcus Roach), Katie Griffin (Mary Anna Parker), Lara Daans (Karen) **L** 86 **E** 27.5.1997 Video **fd** 32 511

SERVING IN SILENCE: THE MARGARETHE CAMMERMEYER STORY (SERVING IN SILENCE). Dokudrama. Eine hochgediente Offizierin und Mutter von vier erwachsenen Söhnen bekennt sich öffentlich zu ihrer Homosexualität und setzt aus Liebe zu einer Frau ihre Militärkarriere aufs Spiel. ✦ USA 1994 **R** Jeff Bleckner **D** Glenn Close, Judy Davis, Jan Rubes, Eric Reynolds, Trevor St. John **L** 87 **E** 23.3.1998 SF 1

SERVUS BAYERN. Ein Schriftsteller, der sich in der Heimat nicht mehr zu Hause fühlt und auch privat gescheitert ist, geht nach Grönland, weil es dort nicht so kalt ist wie in Bayern. Herbert Achternbusch spricht schonungslos von sich selbst: von seinen Ängsten, seinen Träumen, seiner Haßliebe zur Heimat und seinen Fluchtversuchen ins Reich der Bilder und der Poesie. Die Reise in den Norden wird zur Metapher für seinen tragikomischen Widerstand: Eine absurde, verzweifelte, mitunter vulgäre, aber auch sehr heitere Rebellion gegen Verständnis- und Lieblosigkeit nicht nur in Bayern. ✦ BR Deutschland 1977 **P** Herbert Achternbusch/SDR **Kl** Filmverlag der Autoren **Pd** Herbert Achternbusch, Walter Saxer **R+B** Herbert Achternbusch **K** Jörg Schmidt-Reitwein **S** Christine Leyrer **D** Herbert Achternbusch (Dichter und Wilddieb), Josef Bierbichler (Jäger Bellbell), Annamirl Bierbichler (Ehefrau), Heinz Braun (Reporter Knallhart), Barbara Gass (Seine Freundin) **L** 87 **FSK** ab 16; f **FBW** bw **E** 17.2.1978/18.8.1980 ARD **fd** 20 706

SERVUS PETER. Leichtes Liebesgeplänkel und Ungarn-Folklore in einem deutschen Lustspiel mit dem Handlungsschema und den Gags von vorgestern: Paul, der arbeitslose Schauspieler aus Budapest, sieht Peter, dem erfolgreichen Filmregisseur, zum Verwechseln ähnlich. Der will die Ähnlichkeit nutzen, um aufdringliche Verehrerinnen loszuwerden. (Alternativtitel: »Czardas der Herzen.«) – Ab 12. ✦ Schwarz-weiß. BR Deutschland 1951 **P** Oska/Rena **Kl** Danubia **Pd** Toni Schelkopf (= Anton Schelkopf) **R** Alexander von Slatinay **B** Helmuth M. Backhaus, Alexander von Slatinay, nach einem Lustspiel von Karl Noti **K** Ernst W. Kalinke **M** Alexander von Slatinay, Willi Mattes **S** Hildegard Grebner **D** Wolf Albach-Retty (Peter Tornay/Paul Endre), Hannelore Bollmann (Eva Tornay), Edith Prager (Marika Egressy), Oskar Sima (Ferenc), Ivan Petrovich (Tornay sen.) **L** 90 **FSK** ab 12; nf **E** 26.1.1951 **fd** 1 048

SERVUS, VERA (SZEVASZ, VERA). Eine 17jährige begegnet im Verlauf weniger Stunden Menschen, die durch ihr Verhalten einen bestimmten Einfluß auf ihr eigenes Denken ausüben. Als Folge dieser Erlebnisse bekennt sich die junge Frau offen zu dem Mann, den sie liebt. Eindringliche, dabei völlig unspektakuläre Studie über Faktoren, die Entscheidungen junger Menschen vorantreiben und beeinflussen. Bemerkenswert die äußerst bewegliche Kamera und das ungezwungen-natürliche Ensemble von Laiendarstellern. – Ab 16. ✦ Schwarz-weiß. Ungarn 1967 **P** Mafilm **Kl** Progress **R** János Herskó **B** Zsuzsa Bíró, János Herskó, nach einem Roman von Magda Soós **K** János Zsombolyai **M** Emil Petrovics **D** Mária Neményi (Vera), Teri Horváth (Terus), László Mensáros (Sárközi), Tamás Bálint (Gyurka) **L** 103 **E** 27.10.1967 Kino DDR/3.2.1979 DFF 2

SESSIONS – MODELL BEI TAG UND NACHT (SESSIONS). Eine attraktive Frau in New York führt ein Doppelleben als Luxus-Prostituierte und als gutbürgerliche Mutter, worunter sie zunehmend leidet und mit Hilfe einer psychiatrischen Behandlung die Kraft finden will, auszusteigen. Sich aufreibend zwischen den unterschiedlichen Rollen, die sie einnehmen muß, verliert sie immer mehr Bezugspersonen, bis sie in fast auswegloser Situation doch noch einen vertrauenerweckenden Partner zu finden scheint. Überraschend leise und ernsthaft bemühtes Psychogramm über Entfremdung und Vereinsamung unter einer urbanen Extremsituation; zwar dialoglastig, aber nicht uninteressant. ✦ USA 1983 **P** Peregrine/Roger Gimbel Prod. **VA** VCL/Virgin **R** Richard Pearce **B** Barbara Turner **K** Fred Murphy **M** Charles Gross **D** Veronica Hamel, Jeffrey DeMunn, Jill Eikenberry, David Marshall Grant, George Coe **L** 97 **E** November 1985 Video

SESSO MATTO – NIEMAND IST VOLLKOMMEN (SESSOMATTO). Sechs Episoden aus der italienischen Klamottenproduktion. Ein harmloser Sexklamauk am Rande des Geschmacklosen, sorglos, ohne Ambitionen und Witz inszeniert. (Späterer Titel: »Kein Platz für drei im Ehebett«) ✦ Italien 1974 **P** Dean/Cineterrina **Kl** Scotia **R** Dino Risi **B** Ruggero Maccari, Dino Risi **K** Alfio Contini **M** Armando Trovaioli **S** Alberto Gallitti **D** Giancarlo Giannini, Laura Antonelli, Alberto Lionello, Paola Borboni, Duilio Del Prete **L** 82 **FSK** ab 18; nf **E** 13.3.1975 **fd** 19 240

SET IT OFF (SET IT OFF). Vier schwarze Frauen werden aus sozialer Not zu Bankräuberinnen, was zusehends in die Tragödie führt. Ein typisches Beispiel für das zeitgenössische gewaltreiche Actionkino, jedoch mit einem Blick für ein dem Kino bislang unerschlossenes Milieu inszeniert. ✦ Scope. USA 1997 **P** Peak **Kl** Constantin **VA** Constantin (VCL) **DVD** VCL (2.35:1, DD5.1 dt.) **Pd** Dale Pollock, Oren Koules **R** F. Gary Gray **B** Kate Lanier, Takashi Bufford **K** Marc Reshovsky **M** Christopher Young **S** John Carter **D** Jada Pinkett (Stony), Queen Latifah (Cleo), Vivica A. Fox (Frankie), Kimberly Elise (Tisean), Blair Underwood (Keith) **L** 120 **FSK** ab 16; f **FBW** w **E** 8.5.1997/21.10.1997 Video/1.11.1998 Premiere/10.2.1999 DVD **fd** 32 524

SET ME FREE – KONZERT FÜR BERLIN. Anläßlich der Maueröffnung fand in Berlin am 12. November 1989 ein spontanes Rockkonzert statt. Dieses Ereignis bildet den Rahmen einer Kurzzeitbetrachtung bis zur Neujahrsnacht 1990. – Ab 12. ✦ BR Deutschland 1989 **P** Hit & Run **Kl** Filmverlag der Autoren **Pd** Holger Senft, Conny Konzack **R+B** Holger Senft **K** Hans-Jörg Reinel, Ulli Seifert **S** Hans-Jürgen Busch, Christian Radke **L** 80 **E** 15.3.1990

SETSUKO – NACKT UND BRUTAL (JINNIKU NO ISCHI). Japanische Sex and Crime-Klamotte: Zwei Agenten einschlägiger Etablissements benötigen zehn Huren und beauftragen mit ihrer Besorgung eine erfahrene Dame, die ein eifersüchtiger Zuhälter jedoch in der Badewanne ertränken wird. Primitiv in der Gestaltung und in der Gesinnung. – Wir raten ab. ✦ Scope. Japan 1968 **P** Hawk **KI** Kora **R** Yoshitaka Kimata **D** Eri Ashikawa, Miki Hayashi, Noriki Katsumi **L** 69 **FSK** ab 18; nf **E** 4.9.1970 **fd** 16 963

SETZLINGE (SASHENZY). Ein alter Bauer macht sich mit seinem Enkel auf die Suche nach Setzlingen einer seltenen Birnensorte. Auf seinem Weg, bei der Begegnung mit charakterlich unterschiedlichen Zeitgenossen, bewährt sich seine schlichte Menschlichkeit. Gleichnishafter Film von eindrucksvoller Einfachheit. – Ab 14. ✦ Schwarz-weiß. UdSSR 1973 **P** Grusiafilm **KI** Progress **R** Reso Tscheidse **B** Suliko Shgenti **K** Abessalom Maisuradse, G. Kureli, M. Gagua **M** Nodar Gabunija **D** Ramas Tschchikwadse (Großvater Luka), Mischiko Meßchi (sein Enkel Kacha), Meri Koreli (Großmutter Elisabet), Zezilia Takaischwili (Zizino), Sejnab Bozwadse (Kachas Mutter) **L** 90 **E** 18.1.1974 Kino DDR/8.5.1975 DFF 1

SEULS (SEULS). Die Schilderung der abwechselnden Bemühungen eines jungen Mannes, entweder vor sich selber zu flüchten oder sich selber zu finden. Francis Reussers jüngstes Werk, das autobiografische Erfahrungen seines Autors verarbeitet, ist ein Film, der in seiner ungeschminkten Offenheit und Ehrlichkeit provozierend wirkt. In punkto Männerbild (die Suche des Hauptprotagonisten nach der Hilfe der Frau wird als Schwächezeichen gesehen) vermittelt »Seuls« ein emanzipiertes Verständnis der Frau. Erwähnenswert ist Renato Bertas einfühlsame Kameraarbeit, die Bilder voller poetischer und lyrischer Stimmungen hervorbringt. ✦ Schweiz 1981 **P** Cactus/Sagittaire **Pd** Eric Franck **R** Francis Reusser **B** Francis Reusser, Christiane Grimm **K** Renato Berta **M** Michael Galasso, Louis Crelier **S** Francis Reusser **D** Christine Boisson (Carole), Niels Arestrup (Jean), Bulle Ogier (Lucienne), Michel Lonsdale (Ludovic), Olimpia Carlisi (Marlène, Transvestit) **L** 120 (gek. 90) **E** Schweiz

7 DAYS TO LIVE. Ein Ehepaar zieht in ein einsames Landhaus, um über den Tod des Sohnes hinweg zu kommen. Während sich der Mann, ein Schriftsteller, mehr und mehr zurück zieht und wie besessen arbeitet, wird die Frau von Visionen heimgesucht, die ihr versichern, dass sie nur noch sieben Tage zu leben habe. Horrorfilm nach klassischen Mustern des angelsächsischen Genrekinos, der mit den bekannten Motiven arbeitet und die psychologische Konstellation aufbereitet. Darüber hinaus fehlt ihm eine eigene Handschrift, die mehr als die zu erwartenden Wendungen bieten würde. DVD: Die Special Edition enthält u. a. einen dt. untertitelten Audiokommentar des Regisseurs, ein Feature mit einer nicht verwendeten Szenen sowie Storyboards. ✦ Scope. Deutschland 2000 **P** Indigo/Senator/Roof Top Entertainment **KI** Senator **VA** EuroVideo **DVD** EuroVideo (SE, 16:9, 1.85:1, DD5.1 dt./engl.) **Pd** Christian Becker, Thomas Häberle **R** Sebastian Niemann **B** Dirk Ahner **K** Gerhard Schirlo **M** Egon Riedel **S** Moune Barius **D** Amanda Plummer (Ellen Shaw), Sean Pertwee (Martin Shaw), Nick Brimble (Carl Farrell), Amanda Walker (Elisabeth Farrell), Sean Chapman (Paul) **L** 97 **FSK** ab 16; f **E** 30.11.2000/30.5.2001 Video/23.8.2001 DVD **fd** 34 580

SEVEN – DIE SUPER-PROFIS (SEVEN). Im Auftrag höchster Regierungskreise schart ein Profikiller sechs Berufskollegen um sich, um ein brutales Gangstersyndikat zu liquidieren, das sich anschickt, die Macht auf Hawaii zu übernehmen. Mit genreüblichen Brutalitäten ganz auf das Ende hin inszenierter Actionfilm mit viel Leerlauf und wenigen Einfällen. Durch gewollt schnoddrige Dialoge, unmotivierte Sexszenen und kaum verhohlenen Rassismus wird der Film zum Ärgernis. ✦ USA 1984 **P** Sidan **KI** Metropol **VA** VPS **Pd** Melvin Simon **R** Andy Sidaris **B** Robert Blaird (= William Edgar), William Driskill **K** Quito **D** William Smith (Drew), Barbara Leigh (Alexa), Art Metrano (Kinsella), Guich Koock (Cowboy), Martin Kove (Skip) **L** 89 **FSK** ab 18; nf **E** 14.6.1985/15.11.1985 Video **fd** 25 136

SEVEN SCENES OF PLENTY (SEVEN SCENES OF PLENTY). Erster Teil einer Trilogie über die Fiji-Insel Matuku. In sieben Sequenzen – nach den sieben Wochentagen strukturiert – beschreibt der Film den Alltag in dem kleinen Fischerdorf Qalikaru. Die Bewohner werden bei ihren täglichen Verrichtungen (Kokosgewinnung, Fischfang etc.) beobachtet, wobei die Fischerei als sozialer Akt und kollektives ökonomisches Handeln begreifbar wird. Ein ethnografischer Film, der sich den gewachsenen Strukturen widmet, aber auch den Blick auf das Eindringen der Moderne in diesen Lebensraum richtet. Durch den Einsatz einer Unterwasserkamera, die das Meer als kommunikativen Raum beschreibt, soll zugleich eine »Poetik des amphibischen Raums« entworfen werden. – Ab 14 möglich. ✦ Österreich 1990 **P** Michael Mascha Filmprod./Österreichisches Bundesinstitut für den wissenschaftlichen Film **SF** Verleih der Filmemacher **Pd+R+B** Michael Mascha **K** Elinor Pavlousek **S** Susanne Thomas **L** 72

DIE SEVEN-UPS (THE SEVEN-UPS). Eine Spezialeinheit der New Yorker Polizei bedient sich im Einsatz gegen gefährliche Verbrecher auch fragwürdiger Mittel, um ans Ziel zu kommen. Die Verpflichtung auf das Gesetz ist einer Erfolgsmoral gewichen. Technisch perfekt und effektvoll inszenierter, aber sehr zwiespältiger Polizeifilm. ✦ USA 1973 **P** 20th Century Fox **KI** Fox-MGM **Pd+R** Philip D'Antoni **B** Albert Ruben, Alexander Jacobs **K** Urs Furrer **M** Don Ellis **D** Roy Scheider (Buddy Manucci), Tony Lo Bianco (Vito), Larry Haines (Max Kalish), Victor Arnold (Barilli), Jerry Leon (Mingo) **L** 94 **FSK** ab 16; nf **E** 21.3.1974 **fd** 18 767

SEVENTH AVENUE (ON SEVENTH AVENUE). Um ein marodes Modehaus, das bereits in der Hand eines Kredithais ist, zu retten, verkauft die Tochter des Inhabers Firmenanteile. Viel schwieriger ist es, innerhalb weniger Tage eine neue Kollektion zu entwerfen und über den Laufsteg zu bringen. Drama aus der Modebranche, das deren schönen Schein für seine Zwecke ausnutzt. ✦ USA 1995 **Pd+R** Jeff Bleckner **B** William M. Finkelstein **K** Constantine Makris **M** Donald Markowitz **S** Tod Feuerman **D** Wendy Makkena (Nadine Jacobs), Stephen Collins (Tom Aiken), Damian Chapa (Anthony Occipente), Lara Harris (Mary Ann Jenks), Liz Coke (Claire Scattergood) **L** 85 **E** 15.10.2000 Vox

SEVENTH FLOOR (SEVENTH FLOOR). Nach dem Tod ihres Mannes wird die Witwe Teilhaberin der Werbeagentur, in der sie vorher lediglich Angestellte war. Die anderen Teilhaber versuchen daraufhin, sie mit allen Mitteln zu verdrängen, nur der japanische EDV-Leiter stellt sich auf ihre Seite. Doch die Freundschaft, die sich daraus entwickelt, wird arg getrübt, als sich der Technik-Freak als Massenmörder entpuppt, der seine Opfer in seiner Computerwelt wieder zum Leben erweckt. Außer einem klischeereichen Intrigenspiel und der daraus resultierenden Erwartungshaltung hat der auf Fernsehserien-Niveau produzierte Film nur wenige Thriller-Qualitäten. (TV-Titel: »Mit dem Lächeln eines Feindes«; österreichischer TV-Titel: »Der Feind in meinem Haus«) – Ab 16. ✦ Großbritannien/Australien/Japan 1994 **P** Australian Film/Portman/Rutherford Films/Sogovision **VA** VPS **Pd** Chris Brown, Hiroyuki Ikeda, John Sexton **R** Ian Barry **B** Tony Morphett **K** Martin McGrath **M** Roger Mason **S** Tim Wellburn **D** Brooke Shields (Kate), Masaya Kato (Mitsuru), Linda Cropper (Vivian), Craig Pearce (Ed), Russell Newman (Det. Riley) **L** 99 **FSK** ab 16 **E** 28.7.1994 Video/30.11.1995 RTL 2 **fd** 31 005

SEVERINO. Ein argentinischer Indianer kehrt Anfang des 20. Jahrhunderts nach langem Stadtaufenthalt zu seinem Stamm zurück. Er stößt auf Misstrauen bei den eigenen Leuten und auf Feindseligkeit bei den weißen Siedlern. Die Herren einer Viehzuchtkompanie vermehren skrupellos ihren Besitz; es herrschen neue Gesetze. Schließlich erfährt der Rückkehrer von einem geheimnisvollen Pass über die Berge, der den Viehtransport erleichtern soll. Da wird sein Vater Opfer eines Verbrechens. Mäßig spannender Abenteuerfilm; einer der letzten Indianerfilme der DEFA. (Videotitel: »Der Sohn des großen Häuptlings kehrt zurück – Severino«) – Ab 14. ✦ DDR 1977 **P** DEFA, Gruppe »Roter Kreis« **KI** Progress **Pd** Gerrit List **R** Claus Dobberke **B** Inge Borde, Claus Dobberke, nach einem Roman von Eduard Klein **K** Hans Heinrich **M** Günther Fischer **S** Renate Bade, Monika Schindler **D** Gojko Mitic (Severino), Violeta Andrei (Maruja), Mircea Anghelescu (Nicolas), Emanoil Petrut (Domingo), Helmut Schreiber (Juan Cortinez) **L** 87 (gek. 78) **FSK** ab 12 **E** 14.7.1978 Kino DDR/16.2.1980 DFF 2/7.7.1982 S3/1998 Video

SEVILLANA (LA SEVILLANE). Dramatische Komödie über das Bestreben junger Leute, ihrer Einsamkeit und Langeweile zu entfliehen. Der Erzähler des Films freundet sich mit seiner Fahrlehrerin an, begleitet sie zuerst zu einem Sevillana-Tanzkurs, dann auf ihrer Reise nach London. In seinen schönsten Momenten erinnert der Film an sein offensichtlich großes Vorbild Jacques Tati, doch diese Poesie wird immer wieder durch die unententschlossene Inszenierung sowie viele Allgemeinplätze verdrängt. – Ab 16. ✦ Frankreich/Belgien 1992 **P** Les Films des Tournelles/Les Films de l'Etang/RTBF/La Sept Cinéma **R** Jean-Philippe Toussaint **B** Jean-Philippe Toussaint, nach seinem Roman »L'appareil photo« **K** Jean-François Robin **S** Sylvie Pontoizeau **D** Mireille Perrier, Jean-Claude Adelin, Jean Yanne, Tom Novembre, Alexandre von Sivers **L** 90 **E** 22.8.1997 arte

SEX (1993) (SEX). Sexfilm über einen Klavierspieler, der mit seinen romantischen Liedern zwar gute Chancen bei Frauen hat, sie aber nur in seiner Fantasie wahrnimmt. Mit Hilfe eines Freundes hofft er, an seinen heimlichen Schwarm heranzukommen. ✦ USA 1993 **Pd+R+B** Paul Thomas **K** Jane Waters **D** Nikki Dial, Mike Horner, P. J. Sparxx, Tom Byron, Crystal Wilder, Rasha Romana **L** 61 **E** 27.5.1994 premiere

SEX (1994) (SEX). Sexfilm: Ein Tankwart verläßt seine große Liebe für eine Star-Agentin und läßt sich vom Glamour verführen. ✦ USA 1994 **R+B** Michael Ninn **K** Bill Smith **M** Dino Ninn **D** Sunset Thomas, Tiffany Million, Debi Diamond, Gerry Pike **L** 87 **E** 8.12.1995 premiere

SEX 2 (SEX 2). Sexfilm. In einem Büro kommt es zu erotischen Begegnungen zwischen den dort beschäftigten Kolleginnen und Kollegen. ✦ USA 1993 **Pd+R+B** Paul Thomas **K** Jane Waters **D** Nikki Dial, Christy Canyon, P. J. Sparxx, Crystal Wilder **L** 68 **E** 18.8.1994 premiere

DIE SEX-ABENTEUER DER DREI MUSKETIERE. Die sexuellen Eskapaden eines jungen Adeligen und seiner drei Freunde. Inhaltlich dem Roman von Alexandre Dumas entnommen, aber stark vergröbert und auf Porno getrimmt. Rundherum dümmlich. – Wir raten ab. ✦ BR Deutschland 1970 **P** Avco **KI** Avis **Pd** Georges Morf **R** Michael Thomas (= Erwin C. Dietrich), Erwin C. Dietrich **B** Manfred Gregor (= Erwin C. Dietrich) **K** Peter Baumgartner, Andreas Demmer **M** Walter Baumgartner **D** Achim Hammer, Ingrid Steeger, Peter Graf, Jürg Coray, Thomas Larisch **L** 76 **FSK** ab 18; nf **E** 16.2.1971 **fd** 17 205

DIE SEX-ABENTEUER DES ROBINSON CRUSOE →Erotic Adventures of Robinson Crusoe

DAS SEX-ABITUR – HEISSE LIEBE IN BLUE JEANS. Die Mutter eines Schulmädchens übernimmt vor dem Abitur zeitweise dessen Rolle in der Schule und läßt dabei ebenso wie ihre Tochter keine Gelegenheit zu sexuellen Kontakten aus. Dummer deutscher Sexfilm mit miesen Darstellern. – Wir raten ab. ✦ BR Deutschland 1978 **P** Sandrasynchron J. Reintjes **KI** Apollo und andere **R** Kenneth Howard (= Jürgen Enz) **B** Christoph Walz **K** James Jacobs (= Hans W. Jakob) **M** Kurt Matthäus **S** Jörg Michael (= Jürgen Enz) **D** Ginny Noack (Eva Blume/Anna Blume), Irene Falke (Petra), Mario Pollak (Lehrer Miller), Jane Yvanoff (Dienstmädchen Else) **L** 78 **FSK** Spio: X **E** 11.5.1978 **fd** 20 817

SEX-ABITUR 2. TEIL. In der Schule treibt's ein Lehrer jederzeit ungeniert mit zwei Mädchen: einer Schülerin und deren älterer Freundin, die bei Schularbeiten und sexueller Betätigung mehrmals unerkannt (!) für die Freundin einspringt. Auch dieses »Sex-Abitur« ist nicht besser als sein Vorgänger. – Wir raten ab. ✦ BR Deutschland 1981 **P** Mini **KI** Avis/C.H. **R+B** Kenneth Howard (= Jürgen Enz) **D** Mario Pollack, Carola Reyen, Peter Steiger, Andrea Blauen **L** 80 **FSK** SPIO: X **E** 10.12.1981 **fd** 23 688

SEX AND DRIVE (ROADSIDE SERVICE). »Sex and Crime«-Geschichte von einem Mädchen, das von einem Rocker aus der Gewalt von Zuhältern befreit wird. Sexfilm ohne Sinn und Verstand. – Wir raten ab. ✦ USA 1973 **KI** RCS **R** Howland Water **D** Peggy Skiape, Jane Louise, Jack Driscoll **L** 67 **FSK** SPIO: X **E** 14.12.1973 **fd** 18 978

SEX AND LIFE (MARUHI SEI TO SEIKATSU). Die Versuche eines japanischen Arztes, seine Umwelt – gebeten und ungebeten – von ihren sexuellen Nöten und Komplexen zu befreien, dienen für eine Aneinanderreihung pornografienaher Szenen. – Wir raten ab. ✦ Scope. Japan/BR Deutschland 1969 **P** Toei/Geiselgasteig **KI** Brummer **R** Karl Heinz Frank, Tatsuichi Takamori **B** Ichiro Ikeda, nach einem Buch von Sha Kokken **K** Dieter von Soden, Masahiko Jimura **M** Koichi Kawabe **D** Kenjiro Ishiyama, Teruo Yoshida, Marion Köhler, Yoko Mihara, Shingo Yamashiro **L** 81 **FSK** ab 18; f **E** 3.7.1970 **fd** 16 870

SEX AND LIFE 2. TEIL (MARUHI SEKKUSU KYOFUSHO). Ein verliebter Detektiv entdeckt als Ursache für das seltsame Verhalten seiner Freundin eine frühe Vergewaltigung. Die pseudowissenschaftlich aufgemachte Geschichte dient nur als Aufhänger für Sexualakrobatik. Der deutsche Co-Produzent ließ den japanischen Import durch deutsche Deutlichkeiten »verschärfen«. – Wir raten ab. ✦ Scope. Japan/BR Deutschland 1970 **P** Toei/AB **KI** AB **R** Tatsuichi Takamori, Karl Heinz Frank **B** Ichiro Ikeda **K** Masahiko Jimura, Manfred Ensinger **M** Toshiaki Tsushima **D** Karin Götz, Rosy-Rosy, Ingeborg Steinbach, Didi Wadidi, Katja Büchele **L** 92 **FSK** ab 18; nf **E** 9.7.1971 **fd** 17 425

SEX & MONEY (SEX & MONEY). Zwei Freundinnen betreiben einen erfolgreichen Sexclub, in dem auch ausgefallene Wünsche erfüllt werden. Die Zukunft des Etablissements steht auf der Kippe, als die eine sich selbständig macht und Kunden abwirbt. Sexfilm vor dem Hintergrund einer geschäftlichen Konkurrenzsituation. ✦ USA 1994 **R** Andrew Blake **B** Ernest Greene **K** Andrew Blake **M** Hit Maker **D** Dahlia Grey (Bettina), Martika (Taylor), Jenna Behr, Julia Ann **L** 63 **E** 6.12.1996 premiere

SEX & THE OTHER MAN (SEX & THE OTHER MAN). Eine junge Frau, die seit einem halben Jahr mit ihrem Partner keinen Sex mehr hatte, verführt den Schwiegersohn ihres Chefs. Ihr Geliebter wird Augenzeuge dieses Seitensprungs, überwältigt den Rivalen, fesselt ihn und zwingt, ihm beim Sex mit seiner Freundin zuzuschauen. Drei Tage wird der gefesselte Mann zum Voyeur wider Willen und weiß nicht ob er die Situation überleben wird. Auf Spannung getrimmtes erotisches Kammerspiel mit guten Hauptdarstellern. ✦ USA 1996 **P** Showcase Entertainment **VA** VPS **Pd** Thomas J. Mangan, John C. McGinley **R** Karl Slovin **B** Karl Slovin, nach einem Theaterstück von Paul Weitz **K** Frank Prinzi **M** Anton Sanko **S** David Greenwald **D** Stanley Tucci (Jessica), Kari Wuhrer (Arthur), Ron Eldard (Bill), Conrad Goods (John), Eric Slovin (Phil) **L** 85 **FSK** ab 16 **E** 15.8.1996 Video

SEX APPEAL (SEX APPEAL). Ein schüchterner junger Mann plant generalstabsmäßig, aber chancenlos seinen Erfolg beim anderen Geschlecht. Als sein Interesse zu erliegen droht, naht die gute Fee in Person der attraktiven Nachbarin. Sexkomödie mit einigen hintersinnigen Gedanken, die in Klamauk und Derbheiten untergehen; der Witz soll weitgehend durch eindimensionale Typenzeichnung erzielt werden. (Neuer Videotitel: »Mann oh Mann«) ✦ USA 1986 **P** Platinum/Vestron **VA** Vestron **Pd+R** Chuck Vincent **B** Chuck Vincent, Craig Horrall **K** Larry Revene **M** Ian Shaw, Kai Joffe **S** Marc Ubell (= Chuck Vincent) **D** Louie Bonanno (Tony Cannelloni), Tally Brittany (Corrine), Marcia Karr (Christina Cannelloni), Jerome Brenner (Joseph Cannellni), Marie Sawyer (Louise Cannelloni) **L** 83 **FSK** ab 18 **E** 15.6. 1988 Video **fd** 27 133

SEX ATTACK – OHNE SKRUPEL → Hidden Obsession

SEX-BUSINESS – MADE IN PASING. Der Münchner Sexfilm-Produzent und -Verleiher Alois Brummer in einer entlarvenden Reportage des Dokumentaristen Syberberg, der den ehemaligen Spediteur sechs Tage lang mit Kamera und Tonband bei Geschäften in seiner Villa und bei Dreharbeiten in einem Kuhstall beobachten und befragen konnte. ✦ Schwarz-weiß. BR Deutschland 1969 **P** TMS **SF** atlas **Pd+R+B** Hans Jürgen Syberberg **K** Christian Blackwood **L** 100 **E** 3.1. 1970 **fd** 16 575

DER SEX CHAMPION → Roxy

SEX DATE (GETTING PERSONAL). Ein Reporter verdient sich durch eine Kolumne für ein Sex-Magazin noch etwas dazu. Als die Chefredakteurin anregt, er solle auf Kontaktanzeigen eingehen und über seine Affären exclusiv berichten, willigt er ein. Diese Tätigkeit inspiriert ihn zu einem Traum, in dem eine Forscherin eine altägyptische Mumie durch eine Liebesnacht zu neuem Leben erweckt. Einfallsloser Sexfilm. ✦ USA 1995 **R** Stuart Canterbury **B** Beatrice Fonds **D** Bridgette Monroe, Heather Lee, Jill Kelly, Kimberly Kyle, Lisa Lennox **L** 80 **E** 22.6.2000 RTL II

SEX-EXPORT AUS AMSTERDAM. Ein Holländer exportiert mit Hormonen behandelte Tulpenzwiebeln als potenzsteigerndes Mittel nach Amerika. Primitive Mischung aus Sexszenen und verwackelten Reiseaufnahmen. – Wir raten ab. ✦ BR Deutschland 1970 **P** Frank Sürth **KI** Avis **Pd+R** Frank Sürth **B** Monika Hoffmann **K** Werner Fromm, Kevin Duffy, Frank Sürth **M** Erich Hartl **S** Frank Sürth, Renate Rebaldi **D** Bambi Allen, Robert Seeley, Ellen Erhard, Ingeborg Buck, Lynn van Dyck **L** 79 **FSK** ab 18; nf **E** 10.12.1971 **fd** 17 676

SEX-EXPORT AUS AMSTERDAM 2. TEIL. Völlig wirrer Sexfilm-Bildsalat aus Fragmenten des 1. Teils und mindestens einem anderen Produkt ohne jeden Zusammenhang und erkennbare Handlung: Szenen brechen willkürlich ab, Schauplätze wechseln abrupt, x-beliebige Personen tauchen in x-beliebigen Momenten auf und verschwinden genauso. (Alternativtitel: »Feuchte Lippen spritziger Mädchen«) – Wir raten ab. ✦ BR Deutschland 1975 **P** Sürth/Glaring **KI** Sürth **Pd+R+B** Frank Sürth **D** Bambi Allen, Lynn van Dyck, Joyde Fender, Robert Seeley **L** 72 **FSK** SPIO: X **E** 19.3.1976 **fd** 20 042

DIE SEX-FALLE → Schatz, du bist verhaftet!

SEX FRAUEN RÄUMEN AB (GUNS). Zwei Agentinnen werden in einem Drogen- und Waffenkrieg verwickelt, als sie gefährlichen Waffenhändlern auf die Spur kommen. Spekulativer Abenteuer- und Actionfilm mit sexistischen Einlagen; eine Art Fortsetzung von »Savage Beach«. ✦ USA 1990 **P** Malibu Bay Films **VA** RCA/Columbia **Pd** Arlene Sidaris **R+B** Andy Sidaris **K** Howard Waxler **M** Michael Haight **D** Dona Speir, Roberta Vasquez, Erik Estrada (Jack of Diamonds), Bruce Penhall, Cynthia Brimhall **L** 92 **FSK** ab 18 **E** 7.5.1991 Video/26.11.1994 Kabelkanal

SEX HINTER GESCHLOSSENEN TÜREN. Die geschiedene Frau, die enttäuscht masturbiert; der Wäschefetischist, der vor der Nackten davonläuft; das junge Paar, das sein erstes Erlebnis zum besten gibt: dumm kommentierte Klischeefiguren und -situationen in einem billigen Episodenfilm. – Wir raten ab. ✦ BR Deutschland 1972 **P** Sandra **KI** Müller **R** Jörg Michael (= Jürgen Enz) **B** Jürgen Enz **K** Paul Fix **M** Kurt Matthäus **S** Jörg Michael (= Jürgen Enz) **D** Monica Marell, Gabriele Schwab, Gerhard Schartel, Natascha Negri, Peter Krüss **L** 72 **FSK** SPIO: X **E** 23.10.1972 **fd** 18 122

SEX HOLIDAY – SPIELARTEN DER LUST → Feuer der Liebe

SEX HOLIDAYS – DOLCE VITA 2000 → Heißer Sex in Frankreich

SEX IM DUNKELN → Küß mich, als gäb's kein Morgen

SEX IM FRAUENGEFÄNGNIS (1968) → Der heiße Tod

SEX IM FRAUENGEFÄNGNIS (1973) → Mädchen im Knast

SEX IM NEONLICHT (MONDO CALDO DI NOTTE). Bummel durch vorwiegend europäische Nachtlokale in stümperhafter Anlehnung an die »Mondo«-Welle. ✦ Italien 1961 **P** IDC **KI** Film-Allianz **R+B** Renzo Russo **K** Aldo Greci **M** Armando Sciascia **L** 98 **FSK** ab 18; nf **E** 22.10.1963 **fd** 12 330

SEX IM RAMPENLICHT (STRIPTEASE GIRL). Unter dem Vorwand, über den »Beruf« einer Nackttänzerin zu informieren, werden Entkleidungsszenen angeboten. ✦ Schwarz-weiß. BR Deutschland 1967 **P** Bodo Gaus **KI** Mercator **Pd+R** Bodo Gaus **D** Diana Day

SEX IS ... (SEX IS ...). Dokumentarfilm, in dem eine Gruppe homosexueller Männer über ihre Einstellung zum Sex im Zeitalter von AIDS berichtet. Das Bedürfnis, eine erfüllte Sexualität zu leben, steht immer auch in Beziehung zur Allgegenwart des Todes. In den Gesprächen stellen sich die Aufklärungskampagnen der Medien, die sich häufig ausschließlich auf monogame Beziehungen beschränken, in ihrer Realitätsferne als wenig hilfreich dar. (O.m.d.U.) ✦ USA 1993 **P** Outsider **SF** Edition Salzgeber **Pd** Marc Huestis, Lawrence Helman **R** Marc Huestis **K** Fawn Yakker **M** Mark Cliser, Donna Viscuso, M. J. Lallo, Johny Morales **S** Hrabba Gunnarsdottir **L** 80 **E** Herbst 1993 Kino

DER SEX-KÖNIG (THE KING OF LOVE). Der uneheliche Sohn einer Chor-Sängerin tritt nach seiner Rückkehr aus dem Korea-Krieg als Fotograf in die Dienste eines Verlegers, den er für seinen Vater hält. Allmählich steigt er selbst als Verleger einer Zeitschrift auf, die die USA politisch wie sexuell revolutionieren soll, und wird zu einer der einflussreichsten Persönlichkeiten des Landes. Dramatischer (Fernseh-)Film über sozialen Aufstieg sowie die Anfeindungen durch Korruption und Skandale. ✦ USA 1987 **R** Anthony Wilkinson **B** Donald Freed **D** Nick Mancuso (William Hall), Rip Torn (J.S. Kraft), Sela Ward (Annie Larkspur), Michael Lerner (Nat Goldberg), Robin Gammell (Arnold Spare), Katy Boyer (Lorna) **L** 90 **E** 14.2. 2000 tm3

SEX KREUZ UND QUER (THE VERY FRIENDLY NEIGHBOURS/THE COMMUNAL MARRIAGE). Drei Ehepaare empfinden nach dem Scheitern ihrer Gruppensexversuche das Leben in Zweisamkeit als glückbringenden Trost. Vor der moralisierenden Schlußwendung liefert der Film fast ausschließlich Gegenteiliges in Wort und Bild. – Wir raten ab. ✦ USA 1969 **P** Century **KI** Cinerama **Pd** Donald E. Leon **R+B** Albert Zugsmith **K** Robert Maxwell **D** Angela Caron, Alain Germaine, Ami Paisley, Alexander Beckett, Sally Sanford **L** 78 **FSK** SPIO: X **E** 25.8.1972 **fd** 18 084

SEX-LEHRER-REPORT (PRETTY MAIDS ALL IN ROW). Der von vielen hübschen nackten Collegegirls verehrte Sportlehrer, Rugbytrainer, Korea-Veteran und Schulpsychologe, der seinen Anbeterinnen in intimen Teestunden die Geheimnisse der Erotik beibringt, zeigt nicht einmal Hemmungen, die Mädchen zu ermorden, wenn sein Ruf moralischer Integrität Schaden leiden könnte. Eine doppelbödige Kriminalkomödie, der kritische Untertöne nicht ganz abzusprechen sind. Der spekulative deutsche Verleihtitel weckt falsche Erwartungen. ✦ USA 1970 **P** MGM **KI** MGM **Pd** Gene Roddenberry **R** Roger Vadim **B** Gene Roddenberry, nach einem Roman von Francis Pollini **K** Charles Rosher jr. **M** Lalo Schifrin **S** Bill Brame **D** Rock Hudson, Angie Dickinson, Telly Savalas, John David Carson, Roddy McDowall **L** 91 **FSK** ab 18; nf **E** 30.9.1971 **fd** 17 539

SEX, LIEBE UND FREUNDSCHAFT (SHAKING THE TREE). Tragikomödie um vier alte Freunde, allesamt Ende Zwanzig, die sich zu einer Urlaubswoche in

Chicago treffen. Sie alle stecken angesichts mangelnder Perspektiven in einer Lebenskrise und suchen in verschiedenen Abenteuern und Leidenschaften nach neuer Orientierung. ✦ USA 1990 **Pd** Anthony J. Tomaska, Richard Wagstaff **R** Duane Clark **B** D. Clark, Steven Wilde **K** Ronn Schmidt **M** David Russo **S** Martin L. Bernstein **D** Arye Gross, Gale Hansen, Doug Savant, Steven Wilde, Courteney Cox **L** 103 **E** 24.11.1993 premiere

SEX/LIFE IN L. A. Dokumentarfilm, der neun Männer porträtiert, die sich in der Porno- und Sex-Industrie von Los Angeles verdingen. Bei aller Eitelkeit der Selbstdarstellung und der Überbetonung des Körperkults offenbaren sie dabei eine tiefe Einsamkeit der Akteure, da sie wissen, daß ihnen allein ihre Jugendlichkeit für eine gewisse Zeit Anerkennung, Sex und Geld beschert. Die Darstellung einer ins Extreme gesteigerten Leistungsgesellschaft ist mitunter unnötig drastisch; dennoch wird eine moderne Gesellschaft sinnfällig, in der Riten und der vermeintlich schöne Schein das eigentliche Leben zunehmend ersetzen. (O.m.d.U.) ✦ Deutschland 1997/98 **P** Galeria Alaska **SF** Galeria Alaska **VA** Galaria Alaska **Pd+R+B+K** Jochen Hick **M** James Hardway **S** Ingrid Molnar **L** 90 (gek. 89) **FSK** ab 18 (gek.16) **E** Mai 1998 **fd** 33 181

SEX, LOVE AND HAPPINESS. Deutscher Aufklärungsfilm, der einen ebenso reichen wie rücksichtslosen Jüngling vor den Schreibtisch eines Sexualberaters befördert, um die Lehrdarstellung der geschlechtlichen Vereinigung mit einem hochgestochenen Text zu begleiten. (Alternativtitel: »Virgin Dreams«) – Wir raten ab. ✦ BR Deutschland 1973 **P** Seven Seas **KI** Avis **R+B** Frank Sürth **D** Rick Lutz, Uschi Digard, René Lutz **L** 78 **FSK** Spio: X **E** 2.11.1973 **fd** 18 736

SEX, LÜGEN UND HOLLYWOOD (KISS TOMORROW GOODBYE). Ein stadtbekannter Playboy wacht nach einer durchzechten Nacht neben einer Leiche am Strand auf. Ein Stadtstreicher behauptet, ihn bei der Mordtat beobachtet zu haben, bietet sich allerdings auch an, die Leiche zu »entsorgen«. Als Gegenleistung möchte er beim vermeintlichen Täter Unterschlupf finden. Sorgfältig inszenierter Thriller mit überzeugenden Charakteren, der sich durch seine ausgeprägte Videoclip-Ästhetik eher an ein jugendliches Publikum wendet. Dies wird durch den Einsatz des Soap-Stars Nicholas Lea (»Beverly Hill 90210«) unterstützt. ✦ USA 2000 **P** Fox/MIT Home **Pd** Elliot Lewis Rosenblatt **R** Jason Priestley **B** Ozzie Cheek **K** Bruce Logan **M** Harald Kloser, David Sibley **S** Dorian Harris **D** Nicholas Lea (Dustin Yarma), Holt McCallany (Minnow), Jason Priestley (Jarred), Kari Wuhrer (Darcy), Bob Clendenin (John) **L** 85 **E** 10.10. 2001 Premiere World

SEX, LÜGEN UND INTRIGEN (PORTRAITS CINOIS). Als eine erfolgreiche Modedesignerin von ihrem Geliebten, einem Drehbuchautor, verlassen wird und wenig später auch noch berufliches Terrain an dessen neue »Flamme« abgeben muss, bricht für sie eine Welt zusammen. Sie schlägt sich als Requisiteurin beim Film durch. Als sie erfährt, dass der Ex-Geliebte die Geschichte ihrer gescheiterten Beziehung in ein erfolgreiches Drehbuch hat einfließen lassen, sind die Weichen für einen Neuanfang gestellt. Von vorzüglichen Darstellern getragene Liebeskomödie, deren leichthändige Inszenierung den hintergründigen Dialogwitz zur Geltung kommen lässt; bis zur letzten Sekunde stimmig erzählt. – Ab 16. ✦ Frankreich 1996 **P** Ima Films **Pd** Georges Benayoun **R** Martine Dugowson **B** Peter Chase, Martine Dugowson **K** Vincenzo Marano **M** Peter Chase **S** Noëlle Boisson **D** Helena Bonham Carter (Ada), Romane Bohringer (Lise), Marie Trintignant (Nina), Jean-Claude Brialy (Sandre), Jean-Philippe Ecoffey (Guido) **L** 110 **E** 20.2.2000 ARD

SEX, LÜGEN UND VIDEO (SEX, LIES AND VIDEOTAPE). Eine junge Ehe scheitert an der mangelnden Offenheit der erotischen Beziehung sowie an einem Verhältnis des Mannes zur Schwester seiner Frau. Eine ebenso freimütige wie subtile und witzige Auseinandersetzung mit Sexualität und Partnerschaft, deren Aufruf zur Ehrlichkeit unüberhörbar ist. Im fließenden Wechsel zwischen Unterkühltheit und gefühlsmäßiger Teilnahme gelingt dem Film ein spannungsreiches Zeitbild, das sich zu einer prägnanten Studie zwischenmenschlicher Entfremdung verdichtet. – Sehenswert. ✦ USA 1989 **P** Outlaw **KI** Concorde **VA** Virgin Vision M.C.E.G. **Pd** Robert Newmyer, John Hardy **R+B** Steven Soderbergh **K** Walt Lloyd **M** Cliff Martinez **S** Steven Soderbergh **D** James Spader (Graham Dalton), Andie MacDowell (Ann Millaney), Peter Gallagher (John Millaney), Laura San Giacomo (Cynthia Bishop), Ron Vawter (Therapeut) **L** 101 **FSK** ab 16; f **FBW** bw **E** 2.11.1989/31.7.1990 Video/ 2.12.1992 ARD **fd** 27 906

SEX – LUST UND LEBEN 1.–3.TEIL (SEX, IE LUST EN IE LEVEN 1.–3.). Ein dreiteiliger Aufklärungsfilm, der die Bemühungen eines jungen Paares um Lust und sexuelle Liebe seriös zu kommentieren versucht. Zwei Sexualtherapeuten erläutern die exemplarischen »Spielszenen« des Paares. Das fast sterile Setting der Produktion unterstreicht die Sachlichkeit, die beiden Fachberater geben aber mit ihren recht altbackenen Kommentaren eher Anlaß zu Heiterkeit. Informiert wird über: 1. »Männliche Sexualität«; 2. »Weibliche Sexualität«; 3. »Sexuelle Partnerschaft«. ✦ Niederlande/Deutschland 1992 **P** Movies Film/Atlas **VA** Atlas **R** Gil Hensen, Will Koopman **B** Gil Hensen, Will Koopman, Karin Desirat, Frank Herrath **K** Lex Westweijn **L** 80/68/81 **FSK** ab 16/16/ 18 **E** 1992 Video (Drei Kassetten)

SEX MACHINE (X FACTOR: THE NEXT GENERATION/ X-FACTOR 2). Eine besorgte Frau versucht, ihren liederlichen Bruder auf den Pfad der Tugend zu bringen. Der treu sorgende Vater soll dabei als Vorbild dienen. Als die Geschwister in Erfahrung bringen, dass der Vater eine Affäre unterhält, ändert sich die Sachlage schlagartig. Familiendrama, das vom Aufeinanderprallen zweier völlig unterschiedlicher Lebens- und Gefühlswelten lebt. ✦ USA 1991 **R** Charles Grey **D** Marc Wallice (Tom), Heather Hart (Terri), Eric Edwards (Ted), Gail Force (Gina), Jon Dough (Mark) **L** 73 **E** 10.6.1999 RTL 2

SEX MAGIC – EINE FRAU FÜR GEHEIMSTE WÜNSCHE →Heiße Wünsche

SEX MIT DEM EX (TO CROSS THE RUBICON). Beziehungskomödie um zwei Karrierefrauen in den Dreißigern. Die Suche nach einem Partner fürs Leben führt die eine der beiden zu einem verheirateten Mann und schließlich zu ihrem Ex-Freund, der wiederum gerade ihre Freundin verlassen hat. ✦ USA 1995 **R** Barry Caillier **B** Lorraine Devon, Patricia Royce **D** Patricia Royce (Kendall Byrne), Lorraine Devon (Claire Runyan), J.D. Southern (David Berry), Wade Madsen (John Halpern), Billy Burke (James Bird) **L** 107 **E** 19.7.1997 tm 3

SEX MIT DEN STARS (LOVE WITH THE STARS). Ein Journalist, dessen Steckenpferd die Astrologie ist, soll das sexuelle Verhalten von Frauen mit unterschiedlichem Sternzeichen ergründen. Banal-triviales Sexfilmchen. (Alternativtitel: »Liebesspiele«, »Love with the Stars«) ✦ Großbritannien 1975 **P** Jez Shaw **KI** Müller-Film **R** Anwar Kawadri **D** Janet Love, Susie Sylvie, Marzin Burrows, Thick Wilson **L** 86 **FSK** ab 18; nf **E** 12.8.1989 RTL plus

SEX MODELS (SEX MODELS). Sexfilm über ein Model, das hinter die Kamera wechselt und sich dabei in ein anderes Model verliebt. ✦ USA 1993 **R** Bud Lee **B** Bud Lee, Ariel Hart **D** Hyapatia Lee (Kris Rand), Porsche Lynn (Jutta), Randy Spears (Michael), Francesca Lei (= Francesca Lé) (Tara), Marc Wallice (Lauren), Steve Drake (Agent), Victor Lemoure (Ron) **E** 2.9.1999 RTL 2

SEX MONSTER (THE SEX MONSTER). Ein verheirateter Bauunternehmer regt eine »menage à trois« an, bei der seine Ehefrau und deren lesbische Freundin beteiligt sind, und leitet eine Entwicklung ein, die ihm rasch über den Kopf wächst, als seine Frau die Annehmlichkeiten sexueller Freiheit zu schätzen lernt. Eine dezent entwickelte Geschichte mit tragikomischem Einschlag, die über weite Strecken als gelungene Farce über angestaubte Ehen funktioniert und das scheinbar starke männliche Geschlecht aufs Abstellgleis der eigenen Fantasien schiebt und ihm letztlich die Rolle des moralinsauren Sittenwächters zubilligt. ✦ USA 1999 **P** Sunlight Prod./Sun-Lite Pictures/Trimark Pictures **VA** VCL **Pd** Jack Binder, Scott Stephens **R+B** Mike Binder **K** Keith Smith **M** Dondi Bastone **S** Lee Grubin **D** Mariel Hemingway (Laura Banres), Mike Binder (Marty Barnes), Renee Humphreys (Didi), Taylor Nichols (Billy), Missy Crider (Diva) **L** 93 **FSK** ab 16 **E** 26.9.2000 Video **fd** 34 687

SEX, MUSIK UND HEISSE NÄCHTE (UNIVERSO DI NOTTE). Dokumentarischer Serienfilm mit zahlreich eingestreuten Striptease-Szenen und sexuellen Darbietungen, in der deutschen Version von drei bekannten Conferenciers – Chris Howland, Edith Hancke, Walter Gross – verbal begleitet. Die wenigen folkloristischen Szenen (zum Beispiel das philippinische Nationalballett) werden von den einfallslos abgefilmten Nachtlokal-Shows in den Hintergrund gedrängt. ✦ Scope. Italien 1962 **P** Ajace **KI** Constantin **R** Alessandro Jacovoni, Mino Loy **K** Franco Vitrotti, Luigi Kuveiller, Luigi Filippo Carta **M** Franco Tamponi, Roberto Nicolosi **L** 78 **FSK** ab 18; nf **E** 24.1. 1964 **fd** 12 532

SEX O'CLOCK USA (SEX O'CLOCK USA). Der französische Dokumentarist Reichenbach (1922–1993) prangert Auswüchse des amerikanischen Sexuallebens an, für die er, nicht ohne schadenfrohen Unterton, die gescheiterte Utopie der »sexuellen Revolution« der 60er und 70er Jahre verantwortlich macht. Sein Plädoyer für die Liebe zur Überwindung eines ausufernden Sex erfährt jedoch im Hauptteil des Films keinen konsequenten Beleg: Fast in der Manier der »Mondo«-Produktionen werden ausgiebig Praktiken in Pornoschuppen und Folterkammern der Szene voyeuristisch dargeboten. ✦ Frankreich 1977 **P** France Opera Film/Yang Films **KI** Stern **R+B** François Reichenbach **K** Jean Collomb **M** Mort Shuman, Christian Gaubert **L** 83 **FSK** ab 18; nf **E** 15.3. 1979 **fd** 22 950

SEX ODER LIEBE? Eine attraktive junge Frau will mit Männern nichts mehr zu tun haben, weil diese nur Beziehungsstress verursachen. Prompt verliebt sie sich gleich in zwei Männer, und da diese miteinander befreundet sind und zusammen wohnen, gestaltet sich die Angelegenheit äußerst kompliziert. Der Versuch einer romantischen (Fernseh-)Liebeskomödie, die um eine »unmögliche« Affäre zu dritt kreist. Die erzählerische Konstruktion führt zu hanebüchenen, kaum einmal amüsanten Verwicklungen, bei der allenfalls die gut aufgelegten Darsteller für einige Glanzlichter sorgen. – Ab 16. ✦ Deutschland 2000 **P** Pro 7 **Pd** Sytze van der Laan **R** Christoph Schrewe **B** Don Bohlinger **K** Matthias Neumann **M** Ralf Wienrich **S** Nona Breuner **D** Jennifer Nitsch (Marie), Katharina Müller-Elmau (Conny), Hannes Jaenicke (Frank), Arnd Klawitter (Alyoscha), Dirk Martens (Oliver) **L** 93 **E** 19.10.2000 ProSieben

SEX ODER STIRB (CHERRY FALLS). Eine Kleinstadt wird von einer Mordserie heimgesucht, der Jugendliche zum Opfer fallen, die bislang sexuell enthaltsam lebten. Die Ermittlungen fördern schwarze Flecken auf den Westen einiger Honoratioren zu Tage, doch da der Täter nicht zu fassen ist, scheint die einzige Rettung in einer umfassenden »Entjungferungsorgie« zu liegen. Eine an den Haaren herbeigezogene, dilettantisch inszenierte Geschichte, versehen mit den Oberflächenreizen des Tennie-Horrorfilms. Bar jeder Logik, gerät der Film zur Parodie seiner selbst, um in der aufgesetzten Lösung zum Ärgernis zu verkommen. ✦ USA 2000 **P** Rugue Pictures **KI** Kinowelt **VA** Kinowelt Home **DVD** Kinowelt Home (16:9, 1.85:1, DD5.1 engl./dt.) **Pd** Marshall Persinger, Eli Selden **R** Geoffrey Wright **B** Ken Selden

K Anthony B. Richmond **M** Walter Werzowa **S** John F. Link **D** Michael Biehn (Sheriff Brent Marken), Brittany Murphy (Jody Marken), Jay Mohr (Leonard Marliston), Gabriel Mann (Kenny), Candy Clark (Marge Marken), Keram Malicki-Sanchez (Timmy), Douglas Spain (Mark) **L** 92 **FSK** ab 16; f **E** 26.10.2000/15.5. 2001 Video & DVD **fd** 34 516

SEX ON WHEELS → Vollgas

SEX PERVERS. Wissenschaftlich verbrämte Dokumentation über Fälle sexueller Perversion, dazu im Zitat Erkenntnisse von Freud. Eine ebenso peinliche wie abstoßende Zurschaustellung. – Wir raten ab. ✦ BR Deutschland 1970 **P** Toro/De Mont **KI** Constantin **Pd** Günter de Mont **R** Günter Lemmer, Günter de Mont **B** Günter Lemmer **K** Dieter von Hanstein **M** Kristian Schultze **S** Hank Paoli **D** G. Gunter, Evelyn Bienert, Günter Friedman, Rex Müller-Darson, Sylvia Mathews **L** 79 **FSK** ab 18; nf **E** 14.8.1970 **fd** 16 946

SEX PISTOLS – DEAD ON ARRIVAL → D.O.A. – Dead on Arrival

SEX PROIBITISSIMO (SEX »STRENG VERBOTEN«) (SEXY PROIBITISSIMO). Pseudohistorisch und -dokumentarisch reiht der Film läppische Kurzspielszenen aneinander: von der Steinzeit über Antike und Mittelalter bis zur Französischen Revolution – unterbrochen nur von Striptease-Nesteleien, die jeweils beim Bikini enden. Deutscher Sprecher des ironisch vorgetragenen Kommentars: Klaus Havenstein. ✦ Scope. Italien 1962 **P** Gino Mordini **KI** Austria **R+B** Marcello Martinelli **K** Adalberto Albertini **M** Lallo Gori (= Coriolano Gori) **L** 91 **FSK** ab 18; nf **E** 17.4.1964 **fd** 12 688

SEX RADIO → Power 98

SEX-ROULETTE (INITIATION). Eine Clique von Jugendlichen setzt unbescholtene Mädchen psychologisch so unter Druck, daß sie bereit sind, sich bei einem Happening nach besonderem Ritus entjungfern zu lassen. Ein Schundprodukt, das sich mit einer tragischen Rahmenhandlung ein Alibi verschaffen möchte. (Alternativtitel: »Wenn die nicht kann, nimm mich mal dran!«) – Wir raten ab. ✦ Schwarz-weiß. USA 1969 **P** Fortuna **KI** Sonderfilm **Pd** Tom Parker **R** William Wellburn **B** Ron Sands **K** Robert Caramico **D** Denise Lynn, Rick Strausser, Sean Ohlen, Sandy Baker **L** 70 **FSK** ab 18; nf **E** 27.5.1971 **fd** 17 385

SEX SAFARI (SAFARI PARK). Sexfilm vor afrikanischer Kulisse. ✦ Deutschland 1999 **R** Basil Sandford **D** Aletta West, George Towns, Backey Jakic, Laura Angel, Clarissa de Posa, Marion Valaitis, Carlos Valdes **E** 18.11.1999 RTL 2

SEX-SAISON IN LAS VEGAS (LAS VEGAS MANIACS). Ein Agentin sucht einen irren Frauenmörder und wird im Hause eines Sexgurus fündig. Die wirre Krimihandlung dient in erster Linie als Präsentierteller für eine Aneinanderreihung von Sexszenen. – Wir raten ab. ✦ **P** Mike Hunter Prod. **KI** Mondial **R+B** Mike Hunter **K** Joao Fernandes **D** Annette Haven, Richard Pacheco, John Leslie, Rhonda Jo Patty, Lisa de Leeuw **L** 90 **FSK** ab 18; nf **E** 1982

SEX SCHOOL (GO DEEP). Ein Teenager verlässt das Elternhaus und hat auf der Suche nach dem Sinn des Lebens zahlreiche erotische Abenteuer zu bestehen, an denen auch der Freund der Mutter beteiligt ist. Sexfilm im Stil eines Road Movie. ✦ USA 1990 **R+B** Alex de Renzy **D** Keisha, Lynn LeMay, Victoria Paris, Marc Wallice, Eric Price **L** 80 **E** 19.8.1999 RTL 2

DIE SEX-SENSATION (XXX CHANNEL). Sexfilm als Nummernfolge kurzer Geschichten. ✦ USA 1996 **R** Fred J. Lincoln **B** J. Richards **D** Tom Byron, John Decker, Sofia Ferrari, Dave Hardman, Julie Rage **L** 90 **E** 11.10.2000 RTL II

SEX-SHOP (SEX-SHOP). Ein Pariser Buchhändler läßt sich überreden, seinen von der Pleite bedrohten Laden in einen Sexshop umzuwandeln. Bald gerät der brave Spießer unter den Einfluß seiner Ware. Sein sexueller und geschäftlicher Größenwahn führt in mehrfacher Hinsicht zum Zusammenbruch. Eine deftige Pornopersiflage, die zwar doppelbödig gemeint ist, sich aber meist als plump und ideenarm erweist. ✦ Frankreich/Italien 1972 **P** Renn/Artistes Associés/P. E. A. **KI** Warner-Columbia **R+B** Claude Berri **K** Pierre Lhomme **M** Serge Gainsbourg **D** Jean-Pierre Marielle, Juliet Berto, Nathalie Delon, Claude Berri, Catherine Allégret **L** 99 **FSK** ab 18; nf **E** 24.8. 1973 **fd** 18 439

SEX-SIDE-STORY/PANORAMA BLUE (L'INSATISFAITE). Sexuelle Schaunummern, zu abendfüllender Länge gereiht, sollen belegen, daß Hollywood zu allen Zeiten für freizügige sexuelle Darstellung eingetreten sei. Ein typischer Kompilationsfilm der 70er Jahre, dessen Produzenten an der Sexwelle mitverdienen wollten. – Wir raten ab. ✦ Scope. Frankreich 1971 **P** Cocinor **KI** Müller **R** Jean-Marie Pallardy **D** Patrice Cuny, Pierre Oudry, Daniele Vignault **L** 90 **FSK** SPIO: X **E** 17.10.1975

DER SEX-TAPES SKANDAL (FULL EXPOSURE: THE SEX TAPES SCANDAL/THE SEX TAPES SCANDAL). Als ein Callgirl, das mit Videoaufnahmen ihrer Kunden Erpressungsgeschäfte machte, ermordet wird, ist außer dem ermittelnden Polizeidetektiv ein ganzer Schwarm anderer Interessenten hinter den Videobändern her. Mühsam auf Kinolänge gebrachter langweiliger Film, der vorgibt, die Doppelmoral der ehrenwerten Gesellschaft zu entlarven. (Alternativtitel: »Sex-Tapes und Lügen«, »Schmutziges Spiel«) ✦ USA 1989 **P** Frank and Julie Films **VA** VCL/Virgin **Pd** Stephen Zito, Gregory Prange **R** Noel Nosseck **B** Stephen Zito **K** Denis Lewiston **M** Dana Kaproff **S** Gregory Prange **D** Lisa Hartman (Sarah Dutton), Anthony John Denison (Lt. Thompson), Vanessa Williams (= Vanessa L. Williams) (Valentine), Peter Jurasik (Portis), Jennifer O'Neill (Debralee) **L** 91 **FSK** ab 18 **E** 1990 Video **fd** 28 288

SEX-TAPES UND LÜGEN → Der Sex-Tapes Skandal

DAS SEX-TAXI (CHIAMATE 6969: TAXI PER SIGNORA). Ein Taxifahrer betätigt sich freiberuflich als Callboy und wird im Bekanntenkreis seiner ersten Kundin herumgereicht. Dumme Sexklamotte. – Wir raten ab. ✦ Italien 1982 **KI** Mercator u. a. **R** Alan W. Cools (= Mario Bianchi) **B** Mario Bianchi **D** Rick Müller, Marina Frajese, Pauline Teutscher, Marianne Remont, Anna Garek **L** 73 **FSK** SPIO: X **E** 1983

SEX: THE ANNABEL CHONG STORY (SEX: THE ANNABEL CHONG STORY). Porträt der Kunststudentin und Pornodarstellerin Annabel Chong, die 1995 fragwürdige Berühmtheit erlangte, als sie vor laufenden Kameras innerhalb von zehn Stunden Sex mit 251 Männern hatte. Der Dokumentarfilm stellt eine lebenslustige Nymphomanin vor, die ihr Tun mit feministischen Thesen theoretisch zu unterfüttern versucht, und kommt dabei einer gebrochenen jungen Frau auf die Spur, die von Missbrauch in der Jugend und Drogenkonsum gezeichnet ist. Der ernsthafte Film beutet das spekulative Thema nicht aus, sondern entlarvt den ausbeuterischen Alltag des Pornogewerbes. ✦ USA 1999 **P** Coffee House/Greycat/Omni International **R+B** Gough Lewis **K** Jim Michaels, Kelly Morris, Gough Lewis, Tony Morone **M** Bruce Fowler, Peter Mundinger **L** 86 **E** 12.11.2001 SF 1/DRS

SEX TRAP – DIE SEXFALLE (TRUE BETRAYAL/LOVE AND LIES). Psychothriller. Zwei Jahre nach dem ungeklärten Mord an ihren Großeltern beauftragen die Enkel einen Privatdetektiv und dessen Assistentin mit den Ermittlungen. Als der mutmaßliche Täter gefunden ist – ein Ex-Freund der Tochter der Ermordeten –, verliebt sich die Assistentin in ihn. ✦ USA 1990 **R** Roger Young **B** Alan Sharp **K** Donald M. Morgan **M** Patrick Williams **D** Mare Winningham (Kim Paris), Peter Gallagher (David West), Tom O'Brian (Tom), M. Emmet Walsh (Clyde Wilson), Caroline Williams (Sammi) **L** 93 **E** 19.12.1998 RTL 2

SEX-TRÄUME-REPORT. Ein Diplom-Psychologe und seine Assistentin befragen Passanten über ihre sexuellen Träume. Fünf erteilen bereitwillig Auskunft, was dem ärmlichen Fließbandfilm in ebenso vielen Episoden die Möglichkeit gibt, Sex bis zum Überdruß zu zelebrieren. – Wir raten ab. ✦ BR Deutschland 1973 **P** TV 13 **KI** Constantin **R** Walter Boos **B** Fred Denger **K** Ernst W. Kalinke **D** Karin Böttcher, Elke Boltenhagen, Josef Moosholzer, Claus Tinney (= Klaus Krause), Rinaldo Talamonti **L** 87 **FSK** SPIO: X **E** 18.5. 1973 **fd** 18 355

SEX-TREM (THE WASHING MASCHINE). Drei Schwestern melden einen Mord und stellen einen russischen Polizeiinspektor nicht nur deshalb vor Probleme, weil die Leiche fehlt, sondern auch, weil er ihren körperlichen Reizen kaum widerstehen kann. Der Inhalt einer Waschmaschine lenkt den Fall in eine andere Richtung. Horrorfilm von Altmeister Deodato, der einmal mehr Sex und Gruselcrime mischt. ✦ Frankreich/Italien 1992 **Pd** Alessandro Canzio **R** Ruggero Deodato **B** Luigi Spagnol **K** Sergio d'Offizi **M** Claudio Simonetti **S** Gianfranco Amicucci **D** Philippe Caroit (Juri), Ilaria Borelli, Katarzyna Figura, Laurence Regnier, Barbara Ricci **L** 110 **E** 9.3. 2001 Onyx

DER SEX TRINKT CHAMPAGNER (JE SUIS UNE NYMPHOMANE). Ein junge Frau kommt mit ihrer Sexualität nicht klar. Eines Tages fällt sie in den Fahrstuhlschacht, mit dem Erfolg, daß sie von Stund an ein unbezähmbares Verlangen nach Sex verspürt. Kitschig-schön fotografierte Sex-Kolportage um eine vermeintliche Nymphomanin, deren Off-Kommentar Pseudoprobleme heraufbeschwört. – Wir raten ab. ✦ Frankreich 1970 **P** Films du Griffon **KI** Trust **R+B** Max Pécas **K** Robert Le Febvre **M** Derry Hall **S** Michel Pécas **D** Yves Vincent, Sandra Jullien, Janine Raynaud, Patrick Verde, Alain Hilier **L** 91 **FSK** ab 18; nf **E** 12.5.1972 **fd** 17 846

SEX UND LIEBE PER KONTAKTANZEIGE (THE LOVE BOX). Kontaktanzeigen dienen als Aufhänger für Bettgeschichten im Stile einer Nonstop-Striptease-Show: Über die »Love Box« einer Zeitschrift werden unerfahrene Jünglinge, schüchterne Sekretärinnen, untreue Ehemänner und Greise mit Gelenkrheuma an die jeweils richtige Adresse geschickt. – Wir raten ab. ✦ Großbritannien 1972 **P** Eagle **KI** NWDF-Unitas **R** Billy White, Teddy White **B** Billy Teddy, Teddy White **M** Mike Vickers **D** Richard Wattis, Maggie Wright, Peggy Ann Clifford, Barlett Mulins, Anthony Howard **L** 90 **FSK** SPIO: X **E** 1974 Kino **fd** 19 099

SEX UND PERESTROIKA (SEX ET PERESTROIKA). Eine französische Reportergruppe erforscht die Auswirkungen des Umbruchs im ehemals kommunistischen Rußland auf das Sexualverhalten der russischen Frauen. Diese Pseudohandlung dient als Aufhänger jener Sexszenen, die schon im deutschen Film der späten 60er Jahre im Namen falsch verstandener Freiheit Frauen diskriminierten. – Wir raten ab. ✦ Frankreich 1990 **P** A.S.P./Paris Movie/Canal+ **VA** VPS **Pd** Alain Siritzky **R+B** Francis Leroi, François Jouffa **K** François About **M** Ivan Jevtic **S** Michel Lewin **D** Elena Massourenkova (Alona), Genia Krukova (Genia), François Jouffa (Boris), Ekaterina Inovenkova (»Braut«), Dima Orekov (»Bräutigam«) **L** 86 (gek. 75) **FSK** ab 18 (gek. ab 16) **E** 18.7.1991 Video **fd** 29 262

SEX UND STRAPS UND ROCK'N'ROLL → Schwabinger Girls

SEX UND ZEN (SEX AND ZEN). Die Studienreise eines buddhistischen Studenten zur Erforschung der menschlichen Natur führt ihn durch die Betten möglichst vieler Frauen. Am tragischen Ende ereilt den notorischen Betrüger eine grausame psychische und physische Strafe. Vergleichsweise aufwendig produzierte fernöstliche Sex-Groteske, die sich in ihrer Aneinanderreihung akrobatischer Stellungsspielchen nicht allzu ernst nimmt und den teilweise ironisch-absurdem Humor ein bitter-moralisierendes Ende entgegensetzt. ✦ Hongkong 1991 **P** Johnny Mak Prod. **VA** Ufa **Pd** Stephen Siu **R** Michael Mak **B** Lee Ying Kit **K** Peter Ngor **M** Joe Chan **S** Poon Hung **D** Lawrence Ng, Amy Yip, Kent Cheng, Xu Jin Jiang, Carrie Ng, Isabella Chow **L** 81 **FSK** ab 18 **E** 27.6.1994 Video **fd** 30 948

SEX UNLIMITED (SEX). Der Boss einer Versicherungsagentur lädt seine Mitarbeiter zur Party ein. Man kommt sich näher und verliert rasch alle Hemmungen. Sexfilm ohne eigentliche Handlung und ständig wechselnden Personenkonstellationen. ✦ USA 1999 **R+B** Paul Thomas **D** Nikki Dial, Rocco Siffredi, Mike Horner, Crystal Waters, Tom Byron **L** 122 **E** 14.10. 2000 RTL II

SEX VOR SECHS MILLIONEN JAHREN (CREATURES THE WORLD FORGOT). »Wildwestabenteuer« in der Steinzeit. Zwei grundverschiedene Brüder kämpfen um die Häuptlingswürde in ihrem Stamm und um ein Mädchen. Eine weitaus größere Rolle als der Sex spielt in diesem Film allerdings die Dummheit. (TV-Titel: »Creatures«) ✦ Großbritannien 1970 **P** Hammer **Kl** Columbia **Pd** Michael Carreras **R** Don Chaffey **B** Michael Carreras **K** Vincent Cox **M** Mario Nascimbene **S** Chris Barnes **D** Julie Ege, Tony Bonner, Robert John, Marcia Fox, Rosalie Crutchley **L** 98 **FSK** ab 16; nf **E** 16.4.1971 **fd** 17 255

SEX WIE FEUER UND EIS (TAKE OFF). Da er in den 20er Jahren beim Geschlechtsverkehr gefilmt wurde, altert ein Schauspieler nur auf dem Filmstreifen, nicht aber im wahren Leben. Seine sexuellen Aktivitäten führen ihn durch die verschiedenen Hollywoodepochen. Variation der Oscar-Wilde-Erzählung vom »Bildnis des Dorian Gray«, die ihr Filmmetier recht originell nutzt, letztlich jedoch an den Sexszenen interessiert ist. – Wir raten ab. ✦ USA 1978 **P** Mature **Kl** AB **R** Armand Weston **B** Armand Weston, Daria Price **K** Joao Fernandes **M** Elephant's Memory **D** Wade Nichols, Georgia Spelvin, Leslie Bovee, Eric Edwards, Annette Haven, Holly Woodlawn **L** 103 **FSK** ab 18; nf **E** 1980 Kino

SEX X SEX (VINGT-QUATRE HEURES D'UN AMERICAIN A PARIS). Ein Amerikaner in Paris giert nach amouröser Betätigung. Mit einem blödelnden Kommentar verbundene Abfolge von Stripteasenummern verschiedener Nachtlokale. Eine kümmerliche Spekulation. – Wir raten ab. ✦ Frankreich 1964 **P** Films Univers **Kl** Brummer **R** José Bénazéraf **K** Alain Derobe **M** Louiguy **S** Georges Marschalk **D** Dick Randall **L** 71 **FSK** ab 18; nf **E** 15.1.1965 **fd** 13 269

SEX XXL (HEADS OR TAILS?). Eine sexuelle gehemmte Frau treibt ihren Ehemann in die Arme ihrer besten Freundin. Um Abhilfe zu schaffen, entschließt sie sich zu »Nachhilfekursen« in Sachen Erotik in einem verrufenen Sexclub. Handelsüblicher Sexfilm mit den gängigen spekulativen Szenen. ✦ USA 1993 **Pd** Cat Milano **R** Robert McCallum (= Gary Graver), Cat Milano **B+K** Robert McCallum (= Gary Graver) **M** Alan Phillips **S** Mike Corridor **D** Carolyn Heart (Tanya), Peter North (Johnny), Bionca (Carol), Melanie Moore, Randy West **L** 60 **E** 3.8.2000 RTL II

SEXAKTIVE VERFÜHRERINNEN →Duett im Bett

DER SEXATHLET (DIE FRAUEN STEHEN BEI IHM SCHLANGE) (WILBUR AND THE BABY FACTORY). Ein junger Mann entkommt mit Hilfe einer Ärztin aus einem Sexlaboratorium, wo er auf seine Aufgabe als Samenspender vorbereitet werden sollte. Mißlungener Sex-Komödienversuch mit makabrer Grundidee. – Wir raten ab. ✦ USA 1970 **P** Boxoffice International **Kl** CS **R+B** Tom Wolfe (= Thomas J. McGowan) **K** Lloyd W. Knechtel **M** Michael Terresco **S** Grant Hoag **D** Glenn Ford jr., Lisa Grant, Katherine Philippe, Stuart Lancaster, James Antony **L** 78 **FSK** ab 18; nf **E** 16.7.1971 **fd** 17 593

DER SEXBARON VON ST. PAULI →Laß knacken Schätzchen – Gauner der Liebe

SEXBESESSEN (ULTIMATE TABOO). Ein sexsüchtiger Grafiker, der sich mit Hochzeitsabsichten trägt, sucht eine Gruppentherapie auf, um von seinem Leiden geheilt zu werden. Er kommt vom Regen in die Traufe, als er einer Leidensgenossin verfällt, die den Ahnungslosen für ein teuflisches Mordkomplott mißbrauchen will. Thriller mit Sexeinlagen, in der Hauptrolle ein ehemaliger Pornostar. ✦ USA 1993 **R** Toby Philips **B** Penny Antine **D** Ginger Lynn Allen (Shannon), Al Sapienza (Brad), Kim Dawson (Lorelei), Adam Stone, Carla Evans **L** 120 **E** 28.6. 1997 RTL 2

SEXBOMBE (BOMBSHELL/BLONDE BOMBSHELL). Das hektische Leben eines Hollywood-Stars, deren Bemühungen, dem Rummel um ihre Person zu entgehen, zum Scheitern verurteilt sind. Der Agent der »Sexgöttin« sorgt für zusätzliche Komplikationen, weil er verhindern will, daß sie ein Baby adoptiert, das ihrem Image abträglich sein könnte. Turbulente Komödie, die reich an Anspielungen auf das wirkliche Leben des Hollywood-Stars Jean Harlow sein soll; mit großer Rasanz in beinahe atemlosem Rhythmus erzählt, überdreht und voller Gags. Bei allem Amüsement läßt die Hektik kaum eine tiefergehende Empfindung zu. – Ab 16. ✦ Schwarz-weiß. USA 1933 **P** MGM **Pd** Hunt Stromberg **R** Victor Fleming **B** Jules Furthman, John Lee Mahin, nach einem Bühnenstück von Caroline Francke und Mack Crane **K** Chester Lyon, Harold Rosson **S** Margaret Booth **D** Jean Harlow (Lola), Lee Tracy (Space), Frank Morgan (Pops), Franchot Tone (Gifford Middleton), Pat O'Brien (Brogan), Una Merkel (Mac) **L** 90 **E** 11.9. 1988 ARD

DER SEXBOMBER (PENSIONE AMORE SERVIZIO COMPLETO). In der Pension seiner Großmutter macht ein blonder Jüngling Furore durch sein überdimensioniertes Geschlechtsteil, so daß das Haus von Frauen überlaufen wird. Der sexuelle Dauereinsatz führt eines Tages zur Impotenz, von der ihn erst ein Mädchen, seine erste Bekanntschaft in diesem Hotel, heilen kann. Ein in jeder Hinsicht miserabler Sexfilm. – Wir raten ab. ✦ Italien 1980 **P** T.R.A.C. **Kl** Kora **R** Luigi Russo **B** Luigi Russo, Ezio Passadore **K** Luigi Russo **M** Stelvio Cipriani **S** Anita Cacciolati **D** Christian Borromeo, Loredana De Santo, Ajita Wilson, Marina D'Annia, Clara Colosimo **L** 86 **FSK** ab 18; nf **E** 16.6.1981 **fd** 23 015

SEXEXPRESS IN OBERBAYERN →Liebesgrüße aus der Lederhose III. Teil

DIE SEXFALLE. Thriller. Eine junge Frau arbeitet als Lockvogel, um die Treue von Ehemännern zu testen. Bei einem Auftrag verliebt sie sich in einen Mann, dessen Frau bald darauf ermordet aufgefunden wird. ✦ Deutschland 1997 **R** Michael Keusch **D** Jennifer Nitsch, Ina Weisse, Jochen Horst, Ralph Herforth, Sylvia Kristel **L** 90 **E** 18.2.1998 ORF 1

SEXFIEBER →Frauen hinter Zuchthausmauern

DIE SEXGIERIGEN TÖCHTER →Kohlpiesels Töchter

SEXGRÜSSE AUS DEM LEDERHÖSCHEN →Wo der Wildbach durch das Höschen rauscht

DIE SEXHUNGRIGEN TÖCHTER →Kohlpiesels Töchter

SEXKARUSSELL – VIA EROTICA (VIA EROTICA 6). Zwei rivalisierende Illustriertenschreiber erfinden am laufenden Band erotische Geschichten, die dem primitiv ersonnenen Filmchen als Vorwand für eine Reihe steriler Striptease-Szenen dienen. – Wir raten ab. ✦ Schwarz-weiß. Österreich 1967 **P** Süd-Ost **Kl** Ring **R** Frits Fronz **B** Marcel Troussant **K** Peter Kodera **M** Erwin Matula **D** Frank Roberts, Tanja Gruber, Renate Bernhardt, Olga Loncar, Elisabeth Terval **L** 73 **FSK** ab 18; nf **E** 19.4.1968 **fd** 15 409

SEXKILLER (LETHAL SEDUCTION/LETHAL BETRAYAL). Kurz vor seiner Pensionierung will ein Polizist einem berüchtigten Gangsterboss das Handwerk legen, mit dessen Tochter sein Neffe ein Verhältnis hat. Trotz aller Behinderungen ermittelt er und kommt hinter ein Mordkomplott, dessen nächstes Opfer sein Neffe sein soll. Unprominent besetzter Serienkrimi um einen wackeren Cop. ✦ USA 1997 **P** Cinema Tex Inc./Dreamcatcher Entertainment **Pd+R** Fred P. Watkins **B** S. M. Magruder **K** Robert Dracup **M** Kristopher Carter **S** S. M. Magruder, Fred P. Watkins **D** Christopher Mitchum (Trent Jacobson), Julie Strain (Holly), Joe Estevez (Gus Gruman), Joette Rhodes (Mona Gruman), David Michie (Donny Jacobson) **L** 90 **E** 11.2.1999 RTL 2

DIE SEXKLINIK (SERRE MOI DANS TES BRASSES). Ein junges Ehepaar findet in einer modernen Sexklinik Heilung von seinen (angeblichen) Leiden. Französischer Sexfilm, der mit Weichzeichner und ausgedehntem Dialog den Schein gepflegter Unterhaltung aufrecht erhalten möchte. – Wir raten ab. ✦ Frankreich 1973 **P** Paris/Cannes **Kl** Modern **R** Jean Levitte **B** Michel Lebrun, Jean Levitte **K** Robert Le Febvre **M** Didier Vasseur **D** Jean-Michel Dhermay, Monique Vita, Anne Libert, Olivier Mathot, Silvie Solar **L** 83 **FSK** SPIO: X **E** 10.10.1974 **fd** 19 044

SEXKLUB DER TRIEBHAFTEN (CASTING CALL). Der Boß einer Pornofilmgesellschaft widmet sich neben dem Alkohol hauptsächlich der Auswahl seiner weiblichen Modelle, die er jeweils »testet«. Sein Mitarbeiter hält die Ereignisse auf Tonband fest. Sexfilm mit eindeutig ausbeuterischer Tendenz. – Wir raten ab. ✦ USA 1971 **P** Don **Kl** Ring/Schmidt **R** Kendall Stewart **B** Clyde Rogers (= Rik van Nutter) **K** Stan Slate **M** Oliver Howard **D** John Long, Sarah Warren, Susan Bergdahl, Valerie Lauron, Heide Solar **L** 70 **FSK** SPIO: X **E** 14.4.1972 **fd** 17 909

DER SEXKÖNIG →Der Sex-König

SEXKÖNIGINNEN DER NACHT (PER UNA VALIGIA PIENA DI DONNE). Zwei Komiker werden bemüht, um mit ihren Blödeleien einen der in den 60er Jahren üblichen dürftigen Nachtklubfilme einzurahmen. ✦ Scope. Italien 1964 **P** Aries **Kl** Imperium/Panther **R** Renzo Russo **B** Carlo Manzoni, Renzo Russo **K** Adriano Bernacchi **M** Armando Sciascia **S** Alberto Moro **D** Elio Crovetto, Angela Guy **L** 80 **FSK** ab 18; nf **E** 1965 **fd** 16 452

DIE SEXMASCHINE (CONVIENE FAR BENE L'AMORE). Nachdem 1990 alle Energiequellen erschöpft sind, entdeckt ein Professor die erogenen Zonen des menschlichen Körpers als Energiespender. Ein auch technisch letztklassiger Film. – Wir raten ab. ✦ Italien 1975 **P** Clesi **Kl** Avis/Film-Allianz **R** Pasquale Festa Campanile **B** Pasquale Festa Campanile, Ottavio Gemma, nach einem Roman von Pasquale Festa Campanile **K** Franco di Giacomo **M** Fred Bongusto **D** Luigi Proietti (Nobili), Christian de Sica (Venturoli), Agostina Belli (Francesca), Eleonora Giorgi (Piera), Adriana Asti (Irène), Mario Scaccia (Mons. Alberoni), Franco Agostini (Dr. Spina), Gino Pernice (Assistent), Mario Pisu (Minister), Monica Strebel (Angela) **L** 84 **FSK** ab 18; nf **E** 9.1.1981 **fd** 23 029

DER SEXMASSEUR (MASSAGE). Komödie um einen Masseur, der mit seiner genialen Begabung allerlei Komplikationen heraufbeschwört. (Fernsehtitel: »Der Supermasseur«) ✦ Israel 1987 **VA** Allround **R** Freddy Steinhart **D** Albert Cohen, Esdi Kossowitzke, Orna Lavi, Irit Meir, Josef Schiluach **L** 87 **FSK** ab 16 **E** 13.11. 1993 RTL 2

SEXMISSION (SEKSMISJA). Zwei Männer geraten in einen totalitären, allein von Frauen bevölkerten Zukunftsstaat. Weitgehend vergnügliche Sex-Komödie, die sich betont volkstümlich mit Geschlechterkampf, fanatischen Auswüchsen einer mißverstandenen Emanzipation und der Triebfeindlichkeit totalitärer Systeme auseinandersetzt. Bisweilen etwas vordergründig und laut in den Ausdrucksmitteln, aber bemerkenswert als listige Satire auf die Prüderie des orthodoxen Sozialismus. ✦ Polen 1983 **P** Zespoly Filmowe/KADR Filmgruppe **Kl** endfilm **VA** Ufa **R** Juliusz Machulski **B** Juliusz Machulski, Jolanta Hartwig, Pavel Hajny **K** Jerzy Lukaszewicz **M** Henryk Kuzniak **S** Miroslawa Garlicka **D** Olgierd Lukaszewicz (Albert), Jerzy Stuhr (Max), Bozena Stryjekowna (Lamia), Boguslawa Pawelec (Emma), Hanna Stankowna (Tekla), Beata Tyszkiewicz (Berta), Ryszarda Hanin (Dr. Yanda), Barbara Ludwizanka (Großmutter), Miroslawa Marcheluk (Sekretärin der Liga), Wieslaw Michnikowski (Exzellenz), Dorota Stalinska (TV-Reporterin), Ewa Szykulska (Lehrerin) **L** 116 (Orig. 122) **FSK** ab 16; f **E** 12.7.1985 Kino DDR/ 8.5.1986 Kino BRD/September 1986 Video/12.6. 1987 DFF 1 **fd** 25 630

DIE SEXPARTY (THE BIG SWITCH / STRIP POKER). Britische Billigproduktion mit einer ungereimten Sex-und-Crime-Story: Ein Londoner Playboy wird von einer Bande Geschäfte erpreßt, kann aber schließlich alle Bösewichte erledigen. ✦ Großbritannien 1968 **P** Fortuna **KI** Neue Fortuna/Mercator **Pd+R+B** Pete Walker **K** Brian Tufano **M** Harry South **D** Sebastian Breaks, Virginia Wetherell, Jack Allen, Erika Raffael, Derek Aylward **L** 72 **FSK** ab 18; nf **E** 31.10.1969 **fd** 16 552

SEXPERIMENT (THE SEXPERIMENT). Ein Pärchen beschließt, die besten Freunde zu verkuppeln und lässt sie in Sachen des intensivsten erotischen Erlebnisses eine Befragung durchführen. Die Hoffnung: Die Antworten sollen die Beiden so stimulieren, dass sie übereinander herfallen. Hochglanzsex mit gedanklicher Unterbelichtung. ✦ USA 1997 **P** Mystique **Pd** William Burke **R** Edward Holzman **B** Marc Leader, Karol Silverstein **K** Ben Kufrin **M** Carl Schurtz, Chris Anderson **S** Tamara Friedman **D** Carlton Lynx (Joan), Justin Gorence (Harry), Scott Carson (Peter), Kim Dawson (Candace), Sam Anno (Rick) **L** 99 **E** 16.5. 2001 ProSieben

SEXPIONAGE (SECRET WEAPONS / SECRET OF THE RED BEDROOM). Zur Zeit des Kalten Krieges wird eine junge russische Agentin als »staatliche Liebesdienerin« auf amerikanische Touristen und Studenten angesetzt, um sie mit einem schnellen Fehltritt zur Spionage zu erpressen. Als sich die »Sex-Agentin« in eines ihrer Opfer verliebt, treten Probleme auf. Unglaubwürdiges (Fernseh-)Drama, das als Studie über die Unberechenbarkeit des menschlichen Faktors in einer Welt des Mißtrauens gedacht sein mag, aber nur langweilt. (Titel auch: »Sexspionage«; »Spion im Bett«) ✦ USA/Italien 1985 **P** Goodman-Rosen/RAI **VA** Focus **Pd** Barry Rosen, Gary M. Goodman **R** Don Taylor **B** Thomas Baum, Sandor Stern **K** Richard Ciupka **M** Charles Bernstein **S** Tom Stevens **D** Sally Kellerman (Elena Kosslow), James Franciscus (Viktor Khudenko), Christopher Atkins (Allen Collier), Linda Hamilton, Hunt Block **L** 92 **FSK** ab 12 **E** 20.5.1992 Video **fd** 29 740

SEXPLOSION →Grausames Verlangen

SEXPLOSIV (HOT TO SUCCESS WITH SEX). Ein Jüngling, dessen astrologiegläubige Freundin mit dem Sex bis zur Hochzeit warten will, »übt« derweil mit anderen Mädchen. Dumme Sexkomödie. ✦ USA 1970 **P** Argo Prod. **VA** Lightning **Pd+R+B** Bert I. Gordon **M** Sean Bonniwell **D** Zack Taylor, Mary Jane Carpenter, Bambi Allen **L** 80 **E** 28.5.1986 Video

SEXPRAXIS '74 (DROP OUT WIFE). Weil ihr zukünftiger Mann im Bett ein Versager ist, zieht ein Mädchen zu einer Freundin mit sturmfreier Bude. Eines Tages merkt die Ausreißerin, was sie gehabt hat und kehrt in das Bett des Freundes zurück. Sexklamotte mit einer Mischung von Kalenderspruchweisheiten und rüdem Jargon. – Wir raten ab. ✦ USA 1973 **P** A.C. Stephen **KI** Favorit **Pd+R+B** A.C. Stephen (= Stephen C. Apostolof) **D** Angela Camen, Terry Johnson **L** 57 **FSK** SPIO: X **E** 1974 Kino **fd** 18 904

SEXPRAXIS '75 →Sexpraxis '74

DIE SEXREICHEN SIEBEN (THE MAGNIFICENT 7 GIRLS). Um der Giftmüll-Mafia das Handwerk zu legen, wird eine Truppe von sieben Super-Agentinnen zusammengestellt, die nicht nur schlagkräftig sind, sondern auch über erotische Qualitäten verfügen. Erotischer Agentinnen-Thriller mit den einschlägigen spekulativen Zutaten. ✦ Italien 1997 **R** Nicholas Moore **D** Sarah Young, Kelly Trump, Nikita, Monique Laplume, Victoria Parson **L** 105 **E** 25.11.1999 RTL 2

SEXREPORT BLUTJUNGER MÄDCHEN. Veralteter Sexfilm um amouröse Verstrickungen. In einem Wiener Café treffen sich sechs ehemalige Internatsschülerinnen und berichten von ihren Erlebnissen während des letzten Jahres. Ein Kellner, der in ihr Privatleben eingeweiht zu sein scheint, trennt Schein und Sein und hellt die tatsächlichen Geschehnisse auf. – Wir raten ab. ✦ BR Deutschland/Österreich 1971 **P** Germania **R** Frits Fronz **B** Hans Baldauf, Marcel Trossant **K** Wolfgang Lührse **M** Theo Braun **S** Walter Wischniewsky **D** Frank Roberts (Pierre), Erika Gapp (Danielle), Marika Mindzenty (Simone), Eva Maria Bergen (Christine), Renée Felden (Denise) **L** 80 **E** 1.12.1972/15.2.1992 SAT 1

SEXSAISON IN LAS VEGAS (LAS VEGAS CONNECTION). Sexfilm. Eine Mordserie in Las Vegas führt eine Polizeiagentin zu einem Sex-Guru, der sich in den Bergen Nevadas eingenistet hat. ✦ USA 1982 **KI** WaBo Mondial **VA** Mike Hunter **R** Mike Hunter **D** Annette Haven, Ronda Jo Petty, Lisa de Leeuw, Connie Sharper **L** ca. 90 **E** 7.10.1983/11.9.1993 RTL

DIE SEXSKLAVINNEN VON SCHLOSS PORNO (LA MAIN NOIRE / LA MANO NERA). Ein Privatdetektiv macht eine Mädchenhändlerbande unschädlich. Stümperhafter Sex-Krimi, dessen Handlungsgerüst lediglich Bett- und Folterszenen rechtfertigen soll. ✦ Frankreich/Italien 1968 **P** Films du Griffon/Unicité/Tigielle 33 **KI** Schneider **R+B** Max Pécas **K** Raymond Lemoigne **M** Derry Hall **S** Nicole Colombier **D** James Harris (Thomas), Janine Reynaud (Mafalda), Anny Nelsen (Albane), Chantal Bonneau (Eléonore), Jean Topart (Zhan Raur) **L** 78 **FSK** ab 18; nf **E** 5.3.1971 **fd** 17 364

DIE SEXSPELUNKE VON BANGKOK (DIE SEXSPELUNKE VON BANGKOK). In einer zwielichtigen Kneipe in Bangkok lernen europäische Spießer die »frivole Seite« des Sex kennen. Filmische Wunschfantasien aus der Schweizer Dietrich-Werkstatt, in einer Produktion, die, angereichert mit dummen Dialogen, Sex als bloße Konsumware zu verkaufen versucht. – Wir raten ab. ✦ Schweiz 1974 **P** VIP **KI** Avis u.a. **Pd** Erwin C. Dietrich **R** Michael Thomas (= Erwin C. Dietrich) **B** Manfred Gregor (= Erwin C. Dietrich) **K** Peter Baumgartner **M** Walter Baumgartner **D** Patti Putpun, Ulli Deckert, Michel Jacot, A. Yu-Chen, S. Mai-Wong **L** 60 **FSK** SPIO: X **E** 1975 Kino

SEXSPIELE FÜR LIEBESTOLLE →Neue Spiele für Liebestolle

SEXSPIELE UND EKSTASEN (ONE NAKED NIGHT). Die Tochter eines Callgirls hat in New York als Fotomodell Erfolg, ist jedoch bald der Orgien überdrüssig. Moralisch verbrämtes Sexfilmchen. ✦ Schwarzweiß. USA 1968 **P** Ata Trading **KI** Mercator **R** John Williams **D** Barbara Morris, Joe Marshall, Ina Milles, Sally Lane, Allen Merson **L** 72 **FSK** ab 18; nf **E** 7.1. 1971

SEXSPIONAGE →Sexpionage

DIE SEXSPIONIN →The Minx

DER SEXTE SINN. Zwei in ihrem Wesen sehr verschiedene Brüder, der eine eher ein »Muttersöhnchen«, der andere ein Frauenheld, wandeln sich nach dem Tod der dominanten Mutter und durch das Zusammenleben mit einer Frau in ihrem Rollenverhalten. Eine Komödie, die auf sympathische Weise Fragen nach wirklicher Liebesfähigkeit stellt. Dabei wird der Stil der bewußt amateurhaften Inszenierung beibehalten. (TV-Titel: »Der sechste Sinn«) – Ab 16. ✦ BR Deutschland 1985 **P** Horizont/NDR **KI** Vollmann **Pd** Albert Heins **R+B** Lothar Lambert, Dagmar Beiersdorf **K** Hans-Günther Bücking **M** Albert Kittler **S** Verena Neumann **D** Albert Heins (Alfred), Ingolf Gorges (Hans), Ulrike Schirm (Angelika), Barbara Morawiecz (Mama), Jutta Klöppel, Susanne Stahl **L** 89 **FSK** ab 12; f **E** 17.7.1986/28.7.1988 EINS PLUS

SEXTRÄUME ENTZÜCKENDER MÄDCHEN →Die wilde Lady

SEXTRAVAGANZA (AS THE SPIRIT MOVES YOU). In der Nacht vor der Premiere kommen ein Produzent und seine attraktive Hauptdarstellerin ums Leben, der Film wird nie aufgeführt. 50 Jahre später erscheint der Geist der Toten dem Neffen des Produzenten und fordert ihn auf, nach dem Material zu suchen. Sexfilm mit mehr als fadenscheiniger Handlung. ✦ USA 1990 **R** Michael Craig **D** Tracey Adams, Jon Dough, Nina Hartley, Britt Morgan, Peter North **L** 85 **E** 24.4.2000 RTL II

SEXTREMITIES (THE OTHER WOMAN). Erotikfilm um eine Frau, deren Ehemann sich mit anderen vergnügt. ✦ USA 1996 **R+B** Roy Karch **D** Ana Molle, Jeanna Fine, Juli Asthon, Kimberly Kummings, Alec Metro, Hank Armstrong, Brett Stevens, Rick Shaen, Jeremy Steele, Brittany, Nikki Sinn **E** 1.5.2000 RTL II

SEXUAL-ACTS (SEXUAL COMMUNICATION). Nachhilfeunterricht für Eheleute. Es geht um die Therapie von Beziehungskrisen, die nach Meinung zweier Sexologen ausschließlich auf mangelndem geschlechtlichem Kontakt beruhen. Am Beispiel eines jungen und eines mittelalten Paares sowie mit Hilfe eines etappenweise vorgeführten Films wird der Zuschauer aufgeklärt. Geschmacklich wie ethisch einige Stufen über dem Niveau der Kolle-Produktionen. – Wir raten ab. ✦ USA 1971 **P** Shangrida **KI** AB **R+B** Albert Irving **L** 62 **FSK** SPIO: X **E** 11.5. 1973 **fd** 18 329

SEXUAL ENCOUNTERS (VIRTUAL ENCOUNTERS). Eine erfolgreiche Geschäftsfrau, seit geraumer Zeit sexuell unbefriedigt, stürzt sich in Cybersex-Abenteuer und erlangt auf virtuellem Weg ungeahnte Lusthöhepunkte. Sexfilm, der seiner altvertrauten Geschichte durch die Einbeziehung moderner Techniken neue Aspekte abzugewinnen versucht. – Wir raten ab. ✦ USA 1995 **P** Surrender Cinema **VA** VPS **Pd** Pat Siciliano **R** Sybil Richards **B** Lucas Riley **K** Lester Wisbrod **M** Ollie Wood **S** Dan Lowenthal **D** Elizabeth Kaitan (Amy), Taylor St. Claire (Maggie), Rob Lee (Michael), Mick Ray (Wächter), Lori Morrisey (Candle-Girl) **L** 81 **FSK** ab 18 **E** 13.6.1996 Video

SEXUAL INTENT (SEXUAL INTENT). Ein sexbesessener Heiratsschwindler bringt immer aufs neue Frauen um ihr Eigentum. Als sich mehrere seiner Opfer gemeinsam an ihm rächen wollen, entkommt er nur knapp dem Tod, um schließlich von seiner Freundin versehentlich überfahren zu werden. Spekulativ angelegte Story mit einem fatalen Frauenbild und menschenverachtender Grundstimmung. – Wir raten ab. ✦ USA 1992 **P** Ullyssee **VA** Highlight/Cannon **R** Kurt MacCarley **B** John McGafferty, Kurt MacCarley **K** Voya Mikulic **M** Peter Leinheiser **S** Ken Shretzman **D** Gary Hudson (John), Sarah Hill (June), May Baldwin (Kathi), Erica Howard (Julie), Stan Hermann (Duty Officer) **L** 87 **FSK** ab 18 **E** 12.4.1994 Video **fd** 30 762

SEXUAL MALICE (THE OTHER MAN). Erotikkrimi über eine vernachlässigte Ehefrau, die Abwechslung in Nachtclubs sucht, die Leidenschaft eines Strippers erweckt und nach dessen gewaltsamem Tod unter Mordverdacht gerät. Uninteressant. (Alternativtitel: »Night Eyes 3«) ✦ USA 1993 **P** Gernert-Garroni-Hypolyte Prod. **VA** Splendid **R** Jag Mundhra **D** Edward Albert (Richard), Chad McQueen, John Laughlin (Jack), Diana Barton (Christine), Douglas Jeffery (Quinn), Samantha Phillips (Nicole) **L** 95 **FSK** ab 18; f **E** 1994 Kino/26.6.1994 Video/5.5.1995 premiere

SEXUAL OUTLAWS (SEXUAL OUTLAWS). Sexfilm. Der Kunde einer Prostituierten macht pornografische Fotos von ihr und schickt sie zusammen mit selbstverfaßten Texten an einen Verlag. Als die Frau kurz darauf ermordet aufgefunden wird, gerät er unter Mordverdacht. ✦ USA 1993 **R** Edwin Brown **B** Summer Brown, Edwin Brown **K** John Dirlam **D** Mitch Gaylord (Francis), Kim Dawson (Jeannie), Nicole Grey (Rita), Mike McCollow (John), Erika West (Lisa) **L** 93 **E** 21.4.1995 premiere

SEXUAL PRAKTIK IN SCHWEDEN (SEXUAL PRACTIC IN SWEDEN). Während sich ein Pärchen ziemlich unbeholfen mit verschiedenen Stellungen beim Geschlechtsverkehr abmüht, schwafelt ein »Wissenschaftler« im Hintergrund von Harmonie, Erfüllung und moderner Ehe. – Wir raten ab. ✦ Schweden 1971 **P** Svenska Institut of Sexual Response **KI** Avis **R** Karl Hansen **B** Karl Hansen, nach dem Kielsgaard-Olsen-Report **K** Bertil Johansson **L** 74 **FSK** SPIO: X **E** 14.8.1973 **fd** 18 472

SEXUAL-TERROR DER ENTFESSELTEN VAMPIRE (LE FRISSON DES VAMPIRES). Vampire verführen auf einem einsamen Schloß die Braut eines jungen Franzosen, der machtlos zusehen muß. Ein Horrorfilm mit stark spekulativen Ausprägungen. – Wir raten ab. ✦ Frankreich 1970 **P** ABC **KI** Favorit

R+B Jean Rollin **K** Jean-Jacques Renon **M** Groupe A. Cantrus **D** Sandra Jullien, Dominique, Nicole Nancel, Jean-Marie Durand, Michèle Delahaye **L** 79 **FSK** SPIO: X **E** 19.5.1972 **fd** 18 013

SEXUALITÄT IN DER LIEBE (SEX, LOVE AND MARRIAGE). Aufklärungsfilm über »Liebestechniken«, die meist als Trickfilm präsentiert werden. – Wir raten ab. ✦ Großbritannien 1970 **KI** Müller **R** Terry Gould (= David Hamilton-Grant) **B** Stephen Black, Brian Boyle, David Hamilton-Grant **K** John Millcocks **D** Carolyn Jones, James Patterson, Jean Watson, Stephanie Stevenson, Barbara Christie **L** 75 **FSK** SPIO: X **E** 1972 Kino

DAS SEXUALLEBEN DES NEANDERTALERS UND SEINE GRAUSAMEN FOLGEN (THE NINE AGES OF NAKEDNESS). Der Patient eines Psychiaters, der schon seit der Steinzeit zu existieren glaubt, erzählt seine Lebens- und Liebesgeschichte. Die Realisierung der Story liegt unter dem Niveau eines schlechten Laientheaters. Dazu fallen auf: eingeschnittene Szenenfolgen, die gar nichts mit dem Film zu tun haben; eine Episode ganz in schwarzweiß; eine in der Bundesrepublik nachgedrehte Szene (Sexologieprofessor demonstriert die Wirkung eines neuen Potenzmittels); Anleihen bei Antonioni und Tati. Ein peinlich zusammengestoppeltes Sexfilmchen der 70er Jahre. (Alternativtitel: »Pornospiele der »sexten« Klasse«) – Wir raten ab. ✦ Teils schwarz-weiß. Großbritannien 1969 **P** Token **KI** R.C.S. **R+B** George Harrison Marks **K** Terry Maher, Len Harris **M** Peter Jeffries **D** Max Wall, George Harrison Marks, Jane Palmer, Max Bacon, Julian Orchard **L** 87 **FSK** ab 18; nf **E** 18.6.1971 **fd** 17 393

SEXUALLEBEN UND SEINE FOLGEN →Brautzeit und Ehe

SEXUALPROTZ WIDER WILLEN (THE LOVE GOD). Ein harmloser, dummer junger Mann wird wegen seiner Lizenz für einen Zeitschriftenversand vom Herausgeber eines obszönen Magazins als Strohmann benutzt und nach einem Pornografieprozeß zum Idol der sexuellen Freiheit. Ganz auf Grimassenkomik zugeschnittene Parodie, die den Sexrummel, nebenbei aber auch die »Moralhüter« aufs Korn nimmt. Ein Film mit grobem Humor, doch sorgfältig inszeniert. ✦ USA 1968 **P** Universal **KI** Universal **R+B** Nat Hiken **K** William Margulies **M** Vic Missy **S** Sam E. Waxman **D** Don Knotts, Anne Francis, Edmond O'Brien, James Gregory, Maureen Arthur **L** 102 **FSK** ab 16; nf **E** 29.5.1970 **fd** 16 564

SEXUALRAUSCH (THE TOY BOX). Ein menschenhassender Voyeur läßt sich in seinem Gruselschloß Liebesspiele von gemieteten Paaren vorführen, die anschließend ermordet werden. Eine sexualwissenschaftlich und gesellschaftskritisch gerahmte Mischung aus Sex und Horror; ebenso verworren wie scheinheilig. – Wir raten ab. ✦ USA 1971 **P** Boxoffice International **KI** Sonderfilm **Pd** Harry Novak **R+B** Ron Garcia **K** H. P. Edwards (= Paul Hunt) **S** Rahn Vickery **D** Evan Steel, Ann Myers, Debbie Osborne, Lisa Goodman, Neal Bishop **L** 72 **FSK** ab 18; nf **E** 1.10.1971 **fd** 17 561

SEXUALRAUSCH IN CHINA (GAMES OF LOVE). Trüblichtig aneinandergereihte Vergnügungsabenteuer eines jungen Mannes in Hongkong. Sexfilmimport aus fernöstlicher Produktion; geistig wie formal armselig. – Wir raten ab. ✦ Scope. Hongkong 1973 **KI** Müller **L** 91 **FSK** SPIO: X **E** 21.9.1973 **fd** 18 534

SEXUELL BELÄSTIGT (MOMENT OF TRUTH: STALKING BACK). Der Trainer einer Softball-Mannschaft steigert sich in die Verliebtheit zu einer Schülerin hinein, die seine Avancen nicht erwidert, bis er ihr körperliche Gewalt anzutun droht. Die Mutter schaltet die Polizei ein, doch der sind die Hände gebunden, weil der Mann noch nicht handgreiflich geworden ist. Die Mutter schickt sich an, ein Gesetz gegen sexuelle Belästigung zu erwirken. Auf einer wahren Begebenheit beruhendes (Fernseh-)Drama, das die Mechanismen der sexuellen Belästigung und ihre subtileren Vorstufen anschaulich darstellt. ✦ USA 1993 **P** New Line Cinema/O'Hara-Horowitz Prod. **Pd** S. Bryan Hickox **R** Corey Allen **B** Priscilla English **K** Ronald M. Lautore **M** Bruce Babcock **S** Duane Hartzell **D** Luanne Ponce (Laurisa Anello), Tom Kurlander (Curt Harper), Shanna Reed (Linda Anello), John Martin (Nelson Anello), Cassie Yates (Sandi Boyer) **L** 88 **E** 15.5.2000 tm3

SEXUELLE PARTNERSCHAFT – DAS WUNDER DER LIEBE. Oswalt Kolles Aufklärungsfilm »Das Wunder der Liebe« aus dem Jahr 1967 über sexuelle Schwierigkeiten in der Ehe wurde für eine Fernsehausstrahlung auf 60 Minuten gekürzt und überarbeitet: die ausgewählten Szenen werden von Kolle selbst neu kommentiert und mit Schlagern der 70er Jahre unterlegt, außerdem kommen Zuschauer und Studiogäste zu Wort. – Wir raten ab. ✦ BR Deutschland 1968/92 **R** Franz Josef Gottlieb **D** Petra Perry, Michael Maien, Solvi Stübing **L** 60 **E** 27.6.1992 RTL plus

SEXUELLE PERVERSIONEN – LIBIDO MANIA, 2. TEIL →Libido Mania 2. Teil

DIE SEXUELLE REVOLUTION I: JASMIN (LES TEEN-AGERS). Ein bunter halbdokumentarischer Bilderbogen über 20jährige aus einigen Ländern Europas und Asiens. Der talentlos zusammengestoppelte Filmstreifen erhebt in Titel und Werbung den Anspruch, die vielfältige Rebellion der Jugend gegen die Tradition in aller Welt bekanntzumachen. In Wirklichkeit sind Informations- und Unterhaltungswert äußerst gering. ✦ Frankreich 1967 **P** Ulysse **KI** Alpha **R+B** Pierre Roustang **K** Jacques Elissalde, Tony Fosberg **M** François de Roubaix **L** 81 **FSK** ab 18; nf **E** 1968 Kino **fd** 15 476

DIE SEXUELLEN WÜNSCHE DER DEUTSCHEN. Aufklärung über Varianten der Sexualität: Liebesakt, Masturbation, Perversionen, Gruppensex usw. Dazwischen statistisches Material und ein ausführlicher Bericht über das Beate-Uhse-Versandhaus in Flensburg. Der verlogen gegen die Kommerzialisierung des Sexus wetternde Film versteht sich zugleich als Denkmal für den verstorbenen Sexologen Professor Giese. – Wir raten ab. ✦ BR Deutschland 1971/72 **P** Puhl-Film **KI** Puhl-Film **R** Reginald Puhl, Hans Wolf **B** Horst Wolf **K** Joachim Laubisch **L** 79 **FSK** SPIO: X **E** 11.8.1972 **fd** 18 015

DIE SEXUELLEN WÜNSCHE DER MÄNNER (LOVE ME LIKE I DO). US-Filmchen mit irreführendem Verleihtitel: Aus einer Party mit Swimmingpool, Striptease und Whisky entwickelt sich, mühsam und albern, ein mit wirtschaftlichem Bankrott verknüpfter Ehekrach. – Wir raten ab. ✦ USA 1969 **P** Great Empire **KI** Müller **R+B** Jean van Hearn **K** Robert Maxwell **M** Elsa Singman **D** Peter Carpenter, Dyanne Thorne, Paul Fleming, Maria de Aragon, Lynne Gordon **L** 81 **FSK** ab 18; nf **E** 21.5.1971 **fd** 17 380

SEXY! (BOY'S NIGHT OUT). Überwiegend amüsante Komödie von vier Männern, die in einer Appartementwohnung einer Soziologiestudentin als Testpersonen für eine Doktorarbeit (»Das unreife sexuelle Verhalten des amerikanischen Mannes im Großstadtvorfeld«) auf den Leim gehen: drei von ihnen suchen Gelegenheit zu ehelichen Seitensprüngen. Geschickt verpackte Parodie auf die in den USA damals populäre Sexualstatistik. (Fernsehtitel: »Sexy! – Männer gehören an die Leine«) – Ab 16. ✦ Scope. USA 1961 **P** Kimco/Filmways **KI** MGM **Pd** Martin Ransohoff **R** Michael Gordon **B** Ira Wallach, nach einer Erzählung von Marvin Worth und Anne Sultan **K** Arthur E. Arling **M** Frank De Vol **D** Kim Novak (Cathy), James Garner (Fred Williams), Tony Randall (George Drayton), Howard Duff (Doug Jackson), Janet Blair (Marge Drayton) **L** 112 **FSK** ab 16;nf **E** 21.12.1962 **fd** 11 674

SEXY COWBOYS SCHIESSEN SCHÄRFER →Machen wir's wie Cowboys

SEXY DANCING (ELLE OU LUI). Die neue Teilnehmerin eines Jazztanz-Kurses treibt ihren arbeitslosen Freund zur Eifersucht, als sie sich in die Tanzlehrerin verliebt, und bringt sich selbst in Todesgefahr, da sie die Gefühle einer anderen Kursteilnehmerin missachtet. Erotisch aufgeladener Thriller. ✦ Frankreich 1999 **R** Benjamin Beaulieu **B** Céline Martin **D** Julie Gouppy (Marianne), Vanessa Martin (Gloria), Alice (Camille), Myriam Anne (Muriel), Benoît Clerc (Benoit) **L** 90 **E** 28.4.2001 Vox

SEXY GANG (SEXY GANG). Verbrecherliebchen wird unter dem Einfluß eines Gelegenheitsmalers geläutert. Das stümperhafte Filmchen verquickt die unglaubhafte Kriminalstory mit Sexszenen, die seiner dicken Schlußmoral zusätzlich entgegenwirken. ✦ Schwarz-weiß. Frankreich 1966 **P** Paris Inter **KI** Inter **R+B** Henry Jacques **K** Jean-Michel Boussaguet **M** Armand Seggian **S** Charles Nobel **D** Linda Veras, Sylvain Corthay, Agnès Datin, Karine Ker, Jean-Louis Tristan **L** 87 **FSK** ab 18; nf **E** 18.6.1968 **fd** 15 589

SEXY GIRLS (SEXY). Unter dem Vorwand einer Meinungsumfrage über den Begriff »Sexy« sind einschlägige Nachtlokalnummern in harmlose Zwischenstücke eingebaut. Ein zweideutiger Kommentar vervollständigt das Machwerk. – Wir raten ab. ✦ Italien 1962 **P** R.G.R. Cinematografica **KI** Pallas **R** Renzo Russo **B** Renzo Russo, Marcello Ciorciolini **K** Aldo Grieco **M** Armando Sciascia **L** 80 **FSK** ab 18; nf **E** 28.8.1964 **fd** 12 953

SEXY-LADIES →Candy (1968, USA/I)

SEXY LISSY. Fürs (private) Fernsehen produziertes Drama um sexuelle Belästigung im Familienkreis: Ein 16jähriges Mädchen beginnt eine Liebesbeziehung mit seinem Lehrer. Da es um die Problematik der Affäre weiß, vertraut es sich seinem Onkel an; der aber verlangt, daß das Mädchen ihm zu Willen ist, und droht, die Sache andernfalls auffliegen zu lassen. ✦ Deutschland 1996 **R** Peter Ily Huemer **B** Michael Bergmann, Anke Apelt **K** Andreas Köfer **D** Linda Forestieri (Lissy Bertram), Hardy Krüger jr. (Andreas Nabholz), Wolfram Berger (Richard Bertram), Anke Zevenich (Vera Bertram), Michael Stötzl (Marc Bertram), André Hennicke (Dr. Martin Auerbach), Elisabeth Niederer (Ilona Wittberg) **L** 90 **E** 5.2.1997 RTL

SEXY LISSY – PAPAS BESTER FREUND →Sexy Lissy

SEXY MAGICO (SEXY MAGICO). Weitere Fortsetzung der »Mondo«-Serie: Ein Dokumentarfilm, von der FSK etwas zurechtgestutzt, über Striptease und westliches Nachtleben in verschiedenen Regionen Afrikas. ✦ Scope. Italien 1963 **P** Eridiana/Italien International **KI** Tonfilm **R** Mino Loy, Luigi Scattini **B** Nico Ricuzzi **K** Benito Frattari, Floriano Trenker **M** Marcello Gigante **L** 74 **FSK** ab 18; nf **E** 2.10.1964 **fd** 13 199

SEXY! MÄNNER GEHÖREN AN DIE LEINE →Sexy!

SEXY PLATOON (THE SHOOTERS). Eine desolate Einheit hat sich für eine alljährliche Militärübung mit Wettkampfcharakter qualifiziert und muß sich mit dem Oberbefehlshaber und schneidigen Rivalen auseinandersetzen. Den Chaoten in Uniform steht aber ein Bataillon gutaussehender Frauen bei, die den Konkurrenten den Giftzahn ziehen. Ein lust- und witzloses Produkt, dazu geeignet, den Geist des Zuschauers nachhaltig zu zersetzen. ✦ USA 1989 **P** American International Pictures **VA** VPS **Pd** Peter Yuval, David Winters, Bruce Lewin **R** Peter Yuval **B** Jeff Mandel, Michael Bogert, Peter Yuval **K** Paul Maibaum **M** Todd Hayen **S** Christopher Reynolds **D** Benjamin Schick (Lt. Harley Cole), Robin Sims (Lt. Robin Perry), Aldo Ray (General Makepeace), Ray Essler (Major Zipp), Randy Hogen (Lt. Buck Nelson) **L** 82 **FSK** ab 16 **E** 23.8.1990 Video/13.1.1996 Kabel 1 **fd** 28 502

SEXY POOL-PARTY (THE KEY TO SEX). Erotikfilm. Ein Lektor soll die Luxusvilla seines Chefs hüten, an deren Pool bald die Hüllen fallen. ✦ USA 1998 **Pd** William Burke **R** John Quinn **B** Christopher Byrne **K** Harris Done **M** Carl Schurtz **S** Tamara Friedman **D** Scott Carson (Simon), Jeannie Millar (Carrie), Christian Malmin (Michael), Monique Parent (Tina), Eric Acsell (Matt), Jacqueline Lovell (Ring), Maria Ford (Christy), Francis O'Leary (Alan), Amber Herrel

(Liza), Amanda Sanchez (Star) **L** 96 **E** 23.05.2001 Pro Sieben

SEXY SADIE. Ein junger Gewaltverbrecher, der nur noch wenige Tage zu leben haben soll, nimmt seine Ärztin als Geisel und bricht aus dem Gefängnis aus. Während er mit rachsüchtigen Personen aus seinem früheren Leben konfrontiert wird, stellt sich allmählich heraus, daß die Ärztin im Hintergrund die Fäden zieht. Schwarze Komödie, die ihr episodisches, allzu flüchtig entwickeltes Handlungsraster makabren Pointen unterordnet. Hervorragend fotografiert und musikalisch untermalt, fesselt der Film allenfalls in seinen kompositorisch außergewöhnlichen Details, die sich als lakonischer Kommentar zur »Lebensmoral« der 90er Jahre deuten lassen. ✦ Scope, schwarz-weiß. Deutschland 1996 **P** Schwarzweiß Filmprod./NDR/dffb **KI** Nil **VA** Filmgalerie 451 **Pd** Jürgen Vogel, Matthias Glasner **R+B** Matthias Glasner **K** Sonja Rom **M** The Sexy Sadie Orchestra **S** Matthias Glasner **D** Corinna Harfouch (Lucy/Sadie), Jürgen Vogel (Edgar), Thomas Heinze (falscher Bruder), Richy Müller (blinder Mechaniker), Andreja Schneider (gescheiterte Sängerin), Stephanie Philipp (hassende Mutter), Gerd Wameling (stummer Mann) **L** 98 **FSK** ab 16; f **FBW** w **E** 5.9.1996/22.1. 1998 Video **fd** 32 092

SEXY SARA (TIMELESS OBSESSION). Erotikfilm um einen Schriftsteller, der sich so sehr in ein Frauenbildnis verliebt, dass er von ihm besessen wird. ✦ USA 1996 **R** Dale Trevillion **B** Johnny Moses **D** Todd Eckert (Alex), Samantha Mudd (Helen Gold), Venesa Talor (Sara), Greg Kohout (John), Sharon Farrell (Mrs. Sparrow), Jennifer Behr (Blonde), Ciara Hunter (Rose) **L** 93 **E** 6.9.2000 ProSieben

SEXY SHERYL →Zauber eines Sommers

SEXY SHERYL – EIN HEISSER SOMMER →Zauber eines Sommers

SEXY U.S.A. (CALIFORNIA HEAT). Ein notorischer Frauenheld, der an einem kalifornischen Strand für die Rettungswacht arbeitet, soll einen Monat lang derselben Frau treu bleiben. Diese Wette schließt er mit einer Studentin ab, die seine »Leiden« heimlich als Studienobjekt für ihre Doktorarbeit auswertet. Seichte Komödie über das vermeintliche Thema Nr. 1. ✦ USA 1995 **R+B** Richard Brandes **D** Gretchen Stockdale (Cindy), Ken Fording (Jack), Angie Bridges (Lisa), Tamara Landry (Stephanie), Dazza Castillo (Alicia) **L** 84 **E** 1.11.1996 RTL 2

SEXY VARIANT (SEXY NUDO). Flüchtig zusammengestoppelte Aufnahmen aus Nachtlokalen verschiedener Weltstädte, in denen vorwiegend Striptease-Szenen gezeigt werden. – Wir raten ab. ✦ Scope. Italien 1963 **P** Associate **KI** Erma **R** Roberto Bianchi Montero **L** 74 **FSK** ab 18; nf **E** 1964 Kino **fd** 14 137

SFX-MAN (SFX-RETALIATOR). Ein für die Spezialeffekte beim Film zuständiger Mann wird in einen echten Kriminalfall verwickelt und kann seine Fähigkeiten im Kampf gegen »reale« Verbrecher unter Beweis stellen. Das unoriginelle Plagiat eines originellen Kinofilms (»F/X – Tödliche Tricks«). ✦ USA 1987 **P** Film Group International **VA** Mike Hunter **R** John Gale **B** Timothy Jorge **K** Mars B. Rasca **M** Marita Manuel **S** René Tucker **D** Christopher Mitchum (Steve Baker), Linda Blair (Doris), Gordon Mitchell (Morgan), Christine Landson (Kate), David Light (Jerome Massini) **L** 86 **FSK** ab 18 **E** 26.2.1988 Video

SGT. KABUKIMAN – NEW YORK POLICE DEPARTMENT (SGT. KABUKIMAN – NEW YORK POLICE DEPARTMENT). Ein New Yorker Polizist, in den der Geist eines sterbenden Kabuki-Darstellers gefahren ist, wächst in der Rolle des »Kabukimans« über sich hinaus und legt mit fernöstlichen und wenig zimperlichen Methoden den kriminellen Sumpf der Stadt trocken. Schwachsinniger Film, der bestenfalls den einfältigen Gemütszustand seiner Macher dokumentiert, aber weder spannend noch witzig unterhält. ✦ USA 1990 **P** Troma/Namco/Gaga **KI** Ascot **VA** Ufa/Troma (Langversion) **Pd+R** Lloyd Kaufman, Michael Herz **B** Lloyd Kaufman, Andrew Osborne, Jeffrey W. Sass **K** Bob Williams **M** Bob Mithoff, Dan Skye, Paul Short **S** Ian Slater, Peter Novak **D** Rick Gianasi (Harry Griswold/Kabukiman), Susan Byun (Lotus), Bill Weeden (Reginald Stuart), Thomas Crnkovich (Rembrandt), Larry Robinson (Reverend Snipes) **L** 101 Video (fr.100) **FSK** ab 18 (fr.16; nf) **E** 1.8. 1991/17.2.1992 Video **fd** 29 023

SGT. PEPPER'S LONELY HEARTS CLUB BAND (SERGEANT PEPPER'S LONELY HEARTS CLUB BAND). Musikfilm nach den Songs der Beatles. Die Instrumente des legendären Sgt. Pepper, die Glück und Zufriedenheit garantieren, werden von bösen Kräften gestohlen und von vier jungen Musikern wiederbeschafft. Auf äußere Effekte hin inszeniert, mit einigen kritischen Seitenhieben auf die Plattenindustrie. Wenig überzeugend in der musikalischen Interpretation und nur für Popmusikfans zu empfehlen. – Ab 14. ✦ Scope. USA 1978 **P** Robert Stigwood **KI** CIC **R** Michael Schultz **B** Henry Edwards **K** Owen Roizman **M** The Beatles **D** Peter Frampton, Donald Pleasence, The Bee Gees, Paul Nicholas **L** 111 **FSK** ab 12; f **E** 14.12.1978 **fd** 21 041

SHADES OF LOVE – THE BALLERINA AND THE BLUES →Rhythmus der Herzen

SHADOK (BUCKSKIN). In einem korrumpierten Dorf sorgt Scout Shadok, der neue Marshal, dessen getötete Frau eine Indianerin war, für Ordnung und Sicherheit. Traditioneller Western ohne besondere Qualitäten. – Ab 14. ✦ Schwarz-weiß. USA 1968 **P** Paramount **KI** Paramount **Pd** A. C. Lyles **R** Michael Moore **B** Michael Fisher **K** W. Wallace Kelley **M** Jimmie Haskell **S** Jack Wheeler **D** Barry Sullivan (Shadok), Joan Caulfield (Nora), Wendell Corey (Rep Marlowe), John Russell (Patch), Barbara Hale (Sarah Cody), Lon Chaney jr. (Sheriff Tangely), Barton MacLane (Do Raymond), Richard Arlen, Leo Gordon (Travis), George Chandler (Ladenbesitzer) **L** 97 **FSK** ab 12; f **E** 6.12.1968 **fd** 15 957

SHADOW BUILDER →Bram Stoker: Dark World

SHADOW COP (SHADES OF L. A.). Ein betrunkener Fernsehprediger tötet im Rausch eine Prostituierte. Da er um seinen Ruf und seine Spenden fürchtet, ist er bemüht, die Beweise seiner Schuld zu vernichten. Doch ein Polizeidetektiv kommt ihm mit Hilfe seines verstorbenen Partners auf die Schliche. Konventionell entwickelter (Fernseh-)Kriminalfilm mit parapsychologischen Akzenten. Brav-biedere Unterhaltung ohne Höhepunkte. – Ab 16. ✦ USA 1991 **P** Papazian Hirsch Entertainment (für Universal) **VA** CIC **Pd** Richard L. O'Connor **R** Jim Johnston **B** Tom Blomquist, Bags Greyhosky, Bruce Cervi, Brenda Lilly, Renee Palyo **K** Brianne Murphy **M** Dana Kaproff **S** John W. Carr **D** John Di Aquino, Warren Berlinger, Sam Jones, Tawny Kitaen, James Nixon **L** 80 **FSK** ab 16 **E** 18.12.1991 Video **fd** 29 494

SHADOW HUNTER (SHADOW HUNTER). Zur Wiederherstellung seines Selbstbewußtseins wird ein unausgefüllter Detective in ein Navajo-Reservat geschickt. Er soll einen gefürchteten, über magische Kräfte verfügenden Killer nach Los Angeles überführen. Eine Aufgabe, die in ausgedehnten Verfolgungsjagden und Überlebenskämpfen endet. Nach einem relativ interessanten Anfang zunehmend klischeehaft und langweilig. ✦ USA 1992 **P** Sandstorm/Republic **VA** Marketing **Pd** Scott Einbinder, Carol Kottenbrook **R+B** Joe S. Cardone **K** Michael Cardone **M** Robert Folk **S** Thomas Meshelski **D** Scott Glenn (John Cain), Angela Alvarado (Ray Writersinger), Robert Beltran (Frank Tatsoni), George Aguiliar (Daniel Nez), Benjamin Bratt (Twobear) **L** 94 **FSK** ab 16 **E** 28.5.1993 Video/18.11.1994 RTL **fd** 30 414

SHADOW IN THE SUN →Im Schatten der Götter (1986)

SHADOW KILLER (SERIAL KILLER). Eine Psychologin beim FBI und ihr Kollege machen einen Serienkiller dingfest. Doch dem krebskranken, paranoid-schizophrenen Mörder gelingt die Flucht. Bestialisch mordend, setzt er sich auf die Spur der Psychologin und umgarnt sie mit einem teuflischen Plan. Billig gemachter Grusel-Thriller um ein intelligentes Monster in Menschengestalt. Fragwürdig ebenso durch die dünne Psychologie wie die effekthascherische, plakative Dramaturgie, vor allem aber durch die Dämonisierung des Mörders, die für die Abschaffung eines humanen Strafvollzugs plädiert. ✦ USA 1994 **P** Image/Republic Pictures **VA** Starlight **Pd+R** Pierre David **B** Mark Sevi **K** Thomas Jewett **M** Louis Febre **S** Julian Semilian **D** Kim Delaney (Selby Younger), Gary Hudson (Cole Grayson), Tobin Bell (Morrano), Pam Grier (= Pamela Grier) (Maggie Davis), Marco Rodriguez (Manny Ramirez) **L** 91 **FSK** ab 16 **E** 1.11.1995 Video/2.6.1996 premiere **fd** 31 809

SHADOW MEN – DIE ALIEN INVASION →The Shadow Men

SHADOW OF DOUBT (SHADOW OF DOUBT). Eine Staranwältin vertritt einen erfolgreichen Rap-Musiker, der beschuldigt wird, eine »höhere Tochter« nach sadistischen Sexspielen ermordet zu haben. Die Drogendealer-Karriere des Mandanten wirkt sich ebenso nachteilig aus, wie die Anwesenheit des Ex-Mannes, der als Vertreter der Staatsanwaltschaft die Anklage vertritt. Als auch noch ein früherer Mandant der Juristin seine ungebetene Aufwartung macht, ist die Frau zunächst am Ende ihres Lateins. Ein Justiz-Krimi mit einer Fülle von Themen, der jedoch zu keiner Einheit findet, und statt dessen immer mehr überraschende Wendungen aneinanderreiht. Auch aus seiner Starbesetzung kann der Film kein Kapital schlagen. Letztlich überzeugen nur die Gerichtsszenen, die jedoch durch zahlreiche peinliche Nebenschauplätze unterzugehen drohen. ✦ USA 1997 **P** Largo Entertainment **VA** Starlight **Pd** Adam Kline **R** Randal Kleiser **B** Myra Byanka, Raymond de Felitta **K** Craig Haagensen **M** Joel Goldsmith **S** Jeff Gourson **D** Melanie Griffith (Kitt Devereux), Tom Berenger (Jack Campioni), Huey Lewis (Al Gordon), Wade Dominguez (Bobby Medina), Nina Foch (Sylvia Saxon), Craig Sheffer (Laird Atkins), James Morrison (Paul Saxon), Lisa Pelikan (Leslie Saxon) **L** 98 **FSK** ab 16 **E** 30.9.1998 Video **fd** 33 617

SHADOW OF MURDER (ALL-AMERICAN MURDER). Ein wegen wiederholten Zündelns an ein anderes College versetzter Schüler gerät in Mordverdacht, als seine neugewonnene Freundin in einem Feuer umkommt. Niemand glaubt dem offenbar unschuldigen Jungen außer einem Polizisten, der sich gegen tumbe, ehrgeizige Kollegen durchsetzen muß. Bei der Suche nach dem wahren Mörder sterben dann alle Verdächtigen, kurz nachdem der Schüler mit ihnen gesprochen hat. Was wie eine harmlose Teenager-Romanze beginnt, steigert sich zu einem spannenden Thriller voll schwarzem Humor. Gleichzeitig bietet er eine – wenn auch oberflächliche – Studie über den sozialen Druck, den elitäres Anspruchsdenken ausüben kann. ✦ USA 1991 **P** Enchantment/Greenwich **VA** Ufa **Pd** Bill Novodor **R** Anson Williams **B** Barry Sandler **K** Geoff Schaaf **M** Rod Shane **S** Jonas Thaler **D** Christopher Walken (R.J. Decker), Charlie Schlatter (Artie Logan), Josie Bissett (Tally Fuller), Richard Kind (Lou Alonzo), Mitchell Anderson (Doug Sawyer) **L** 90 **FSK** ab 18 **E** 8.11.1993 Video/24.1. 1995 premiere **fd** 30 819

SHADOW OF THE VAMPIRE (SHADOW OF THE VAMPIRE). Während der Dreharbeiten zu Murnaus Vampir-Stummfilm »Nosferatu« wird deutlich, dass der Hauptdarsteller tatsächlich ein Vampir ist, der einen Darsteller spielt. Dabei hat er einen Pakt mit dem Regisseur geschlossen, der als Gage seines Stars das Blut der anderen Mitarbeiter ausgesetzt hat. Eine atmosphärisch geschickt stilisierte Hommage an Friedrich Wilhelm Murnau und seinen legendären Film aus dem Jahr 1921/22, zugleich eine Reflexion über das Filmemachen sowie den Willen zur Kunst, wobei sich der Film auf bemerkenswerte Weise darum bemüht, die ethische Dimension der Kunst in den Mittelpunkt zu stellen. – Sehenswert ab 16. ✦ Scope, teils schwarz-weiß. USA/Großbritannien/Luxemburg 2000 **P** Long Shot Films/BBC

Films/Delux/Luxembourg Film Fund **KI** Twentieth Century Fox **VA** Warner Home **DVD** Warner Home **Pd** Nicolas Cage, Jeff Levine **R** E. Elias Merhige **B** Steven Katz **K** Lou Bogue **M** Dan Jones **S** Chris Wyatt **D** John Malkovich (Murnau), Willem Dafoe (Schreck), Udo Kier (Grau), Catherine McCormack (Greta), Cary Elwes (Wagner) **L** 95 **FSK** ab 12; f **FBW** w **E** 21.6. 2001/22.2.2002 Video & DVD **fd** 34 911

SHADOW UND DER FLUCH DES KHAN (THE SHADOW). Ein nur an seinem Schatten auszumachender Kämpfer für Recht und Ordnung liefert sich in New York ein Gefecht mit dem letzten Nachfahren des Dschinghis Khan, der die Welt unterjochen möchte. Weitere Verfilmung eines amerikanischen Trivialmythos, der es trotz technischen Aufwandes an Tempo und Regiewitz mangelt. Die renommierten Darsteller verkaufen sich in diesem Spektakel weit unter Preis. – Ab 16 möglich. ✦ USA 1993 **P** Bregman/Baer Prod. (für Universal) **KI** UIP **VA** CIC **Pd** Martin Bregman, Willi Bär, Michael S. Bregman **R** Russell Mulcahy **B** David Joepp, nach Motiven einer Roman-Serie von Maxwell Grant (=Walter B. Gibson) **K** Stephen H. Burum **M** Jerry Goldsmith **S** Peter Honess **D** Alec Baldwin (Lamont Cranston/Shadow), John Lone (Shiwan Khan), Penelope Ann Miller (Margo Lane), Peter Boyle (Moe Shrevnitz), Ian McKellen (Reinhardt Lane) **L** 108 **FSK** ab 12; f **E** 27.10.1994/ 22.5.1995 Video/21.6.1996 premiere **fd** 31 038

SHADOW WARRIORS II →Shadow Warriors – Rache um jeden Preis

SHADOW WARRIORS – RACHE UM JEDEN PREIS (SHADOW WARRIORS II). Vier ehemalige US-Soldaten, die nun ihren Lebensunterhalt als Söldner für brisante Aufträge bestreiten, jagen einen weltweit agierenden Waffenhändler, den sie sowohl in Saudi-Arabien als auch in Kanada aufzuspüren versuchen. Ambitionsloses Agenten-Abenteuer à la James Bond, dessen vermeintlich internationale Settings nur als austauschbarer Hintergrund für die brutalen Aktionen dienen. Ein dilettantisch inszenierter Film, dessen Regie sich in erster Linie auf gedankenlose Gewaltdarstellungen konzentriert. ✦ USA 1998 **P** Alliance Atlantis/TNT/Crescent Entertainment **VA** Ufa/BMG **Pd** Arvi Liimatainen **R** Jon Cassar **B** Cal Clements **K** David Geddes **M** Ken Harrison **S** Charles E. Robichaud **D** Terry »Hulk« Hogan (Mike), Shannon Tweed (Hunter), Carl Weathers (Walter), Mike White (Derek Hart), Martin Kove (Andy Powers) **L** 90 **FSK** ab 18 (gek. ab 16) **E** 7.6.1999 Video **fd** 33 822

SHADOWCHASER (PROJECT SHADOWCHASER). Ein vorbestrafter ehemaliger Football-Profi übernimmt widerwillig, aber gegen alle Wahrscheinlichkeit erfolgreich, die Aufgabe, die Tochter des Präsidenten aus der Gewalt eines mörderischen Androiden und seiner nicht minder skrupellosen menschlichen Handlanger zu befreien. Plakativer und gewalttätiger Actionfilm in der Tradition einschlägiger Kino-Vorbilder, der ebenso stereotyp wie geistlos die Regeln eines Computerspiels befolgt. ✦ Großbritannien 1991 **P** NAR/EGM **KI** Metropol **VA** VPS **Pd** Geoff Griffiths, John E. Eyres (= John Eyres) **R** John E. Eyres (= John Eyres) **B** Stephen Lister **K** Alan M. Trow **M** Gary Pinder **S** Delhak Wreen **D** Martin Kove (Michael DaSilva), Meg Foster (Sarah), Frank Zagarino (Romulus), Paul Koslo (Trevanian), Joss Ackland (Kinderman), Ricco Ross (Jackson), Raymond Evans (Whiteside), Robert Freeman (Blackwood), Kymberley Huffman (Naomi), Andrew Lamond (Franco) **L** 93 **FSK** ab 16; f **E** 23.7.1992/15.10.1992 Video **fd** 29 706

SHADOWCHASER II (PROJECT SHADOWCHASER II). Terroristen unter der Anführung eines Androiden wollen die letzten Rüstungsgeheimnisse Amerikas unter Einsatz aller Mittel in ihren Besitz bringen. Eine Wissenschaftlerin mit halbwüchsigem Sohn entgeht am Weihnachtsabend mit knapper Not ihren Attacken. Actionfilm mit Science-Fiction-Elementen, der seine gewalttätige Geschichte wie einen blutigen Comic strip erzählt. – Wir raten ab. ✦ USA 1994 **P** EGM Film **VA** VPS **Pd** Gregory Vanger, John E. Eyres (= John Eyres), Geoff Griffiths **R** John E. Eyres (= John Eyres) **B** Nick Davis **K** Alan M. Trow **M** Steve Edwards **S** Amanda Kirpaul **D** Frank Zagarino (Android), Bryan Genesse (Frank Meade), Beth Toussaint (Dr. Laura Webber), Danny Hill (Ricky Webber), Danny Keogh (John O'Hara), Todd Jensen (Joe Hutton), Jeff Fannell (Carl Reitman), Hal Orlandini (General McOwell), Gavin Hood (Tieg), James Whyle (Granger), Robin Smith (Prine) **L** 88 (gek. 75) **FSK** ab 18 (gek. ab 16) **E** 10.11.1994 Video **fd** 31 176

SHADOWCHASER III (PROJECT SHADOWCHASER 3). Die Besatzung eines zum Routinedienst auf einer Umlaufbahn um den Mars verdammten Raumschiffes kollidiert mit einem zweiten Raumschiff, das seit 25 Jahren als verschollen gilt. Dessen Besatzung besteht aus einem Androiden, der Menschen tötet, indem er in ihre äußere Hülle schlüpft. Ein nach einschlägigen Vorbildern des Horror-Science-Fiction-Genres zusammengeflickter Schundfilm; brutal, aufgemotzt mit billigsten pyrotechnischen und dramaturgischen Tricks. ✦ USA 1994 **P** FGM Film International **VA** VPS **Pd** John E. Eyres (= John Eyres), Gregory Vanger, Shari Lane Bowles, Paul Eyres **R** John E. Eyres (= John Eyres) **B** Nick Davis **K** Mark Morris **M** Steve Edwards **S** Amanda Kirpaul **D** Samuel Bottoms (Kody), Musetta Vander (Rea), Christopher Atkins (Snake), Frank Zagarino (Android), Christopher Neame (Renko), Ricco Ross (Lennox), Aubrey Morris (Professor), Robina Alston (Dee), Bill Kirchenbauer (Wheels), Mark Phelan (Mac), Andrew Lamond (Daniel Peterson) **L** 86 **FSK** ab 16 **E** 31.8. 1995 Video **fd** 31 590

SHADOWCHASER 4 (SHADOWCHASER 4). Ein Archäologen-Ehepaar, das im afrikanischen Busch die »Wiege der Menschheit« sucht, gelangt in den Besitz eines Metallstücks. Urplötzlich sehen sie sich im Mittelpunkt einer mörderischen Jagd, da ein habgieriger Professor und ein außerirdischer Besucher hinter ihrem Fund her sind. Das Metall hat vor Urzeiten einen Bund zwischen den Ureinwohnern Afrikas und außerirdischen Gönnern beschlossen. Eine hirnrissige Geschichte, die sich ohne sonderliche Spannung eindimensional und blutleer entwickelt. Die Mischung aus wissenschaftlicher Erkenntnis und kindlicher Entstehungsgeschichte setzt eine gehörige Portion Naivität voraus. ✦ USA 1996 **P** Mondofin **VA** VMP/Vipro **Pd** Yossi Wein, Danny Lerner **R** Mark Roper **B** B. Nelson **K** Bob Stewart **M** Robert O. Ragland **S** Alain Jakubowicz **D** Frank Zagarino (Sirius), Todd Jensen (Michael), Jennifer MacDonald (Corinne), Greg Melvill Smith (Silver), Brian O'Shaughnessy (Prof. Morton) **L** 96 (gek. 95) **FSK** ab 18 (gek. ab 16) **E** 18.3.1997 Video **fd** 32 483

SHADOWLANDS (SHADOWLANDS). Der englische Literaturprofessor und Romanautor C. S. Lewis erlebt mit der Amerikanerin Joy Gresham eine späte Liebe und wird vor die Prüfung seines Glaubens gestellt, als sie unheilbar an Knochenkrebs erkrankt. Ein gefühlvolles Drama, das die Liebesgeschichte durch die Behandlung der existentiellen Grundfrage nach dem Sinn des Leidens thematisch vertieft. Die brillante Leistung des Hauptdarstellers läßt die Schwachstellen einer allzu durchschaubar lehrhaften Dramaturgie vergessen. (Titel auch: »Shadowlands – Ein Geschenk des Augenblicks«) – Sehenswert ab 14. ✦ Großbritannien 1993 **P** Shadowlands Prod./ Spelling/Price/Savoy **KI** Warner Bros. **VA** Warner **Pd** Richard Attenborough, Brian Eastman **R** Richard Attenborough **B** William Nicholson, nach seinem Theaterstück **K** Roger Pratt **M** George Fenton **S** Lesley Walker **D** Anthony Hopkins (C. S. Lewis), Debra Winger (Joy Gresham), John Wood (Christopher Riley), Edward Hardwicke (Captain Warnie Lewis), Joseph Mazzello (Douglas Gresham), Peter Firth (Dr. Craig) **L** 131 **FSK** ab 12; f **FBW** bw **E** 7.4.1994/28.10.1994 Video/4.10.1995 premiere **fd** 30 718

SHADOWMAN →Zwei Schlitzohren in der Knochenmühle

SHADOWS IN THE STORM (SHADOWS IN THE STORM). Wegen Alkoholmißbrauchs entlassen, zieht sich ein Universitätsprofessor aufs Land zurück. Dort lernt er eine junge Frau kennen, die von ihrem Mann mißhandelt wird. Er ist Zeuge, als sie ihren Mann erschießt. Gemeinsam flüchten sie, doch bald meldet sich ein Erpresser. Erst spät dämmert dem Wissenschaftler, daß er Opfer eines Komplotts sein könnte. Nach klassischen Vorbildern entwickelter Thriller ohne Überzeugungskraft. – Ab 16. ✦ USA 1991 **P** Trimark/Mediacom Filmworks **VA** New Vision **Pd** Strathford Hamilton, J. Daniel Dusek **R+B** Terrell Tannen **K** John L. Connor **M** Sasha Matson **S** Marcy Hamilton, Cari Coughlin **D** Ned Beatty (Theolonious Pitt), Mia Sara (Melanie), Michael Madsen (Earl), Donna Mitchell (Elizabeth), James Widdoes (Victor) **L** 90 **FSK** ab 12 **E** 11.11.1992 Video/19.3.1996 Kabel 1 **fd** 30 111

SHADOWS OF THE HEART 1. + 2. TEIL (SHADOWS OF THE HEART, PART 1 + 2). Eine junge Ärztin tritt ihre erste Stelle auf einer entlegenen Insel an, die überwiegend von armen Fischern bewohnt ist und von einer mächtigen Familie beherrscht wird. Sie kommt in ein völlig rückständiges Milieu, das von einer vorgestrigen Moral beherrscht wird. Trotzdem bahnt sich eine Beziehung zum jüngsten Sohn des Familienclans an, doch bald bemerkt die Ärztin, daß sie sich zu seinem Bruder, einem katholischen Priester, hingezogen fühlt. Melodram um eine moderne Frau, die mit Vorstellungen des vorigen Jahrhunderts konfrontiert wird. ✦ Australien 1990 **R** Rod Hardy **B** Deborah Cox, nach einem Roman von Joy Steager **D** Josephine Byrnes (Dr. Kate Munro), Marcus Graham (Vic Hanlon), Jerome Ehlers (Michael Hanlon), Barry Otto (Charles Munro), Robyn Nevin (Mrs. Hanlon) **L** 187 (94 & 93) **E** 16. + 18.11.1997 SAT 1

SHADOWS ON THE WALL (SHADOWS ON THE WALL). In einem Nest in Texas recherchiert ein Reporter aus Chicago die Geschichte eines berühmten Film-Cowboys, der auf dem Höhepunkt seiner Karriere, Ende der 30er Jahre, seine Freundin erwürgte und Selbstmord beging. Trotz aller Anschläge auf sein Leben entdeckt er das Geheimnis, das sich hinter der Tragödie verbirgt. Nur zu Beginn interessanter Thriller, dessen geisterhafte Atmosphäre mehr und mehr von reißerischen Action-Einlagen gestört wird. Die Auflösung bleibt konfus und mündet in ein endlos gestrecktes Finale. (DDR-Titel: »Schatten an der Wand«) – Ab 16. ✦ USA 1986 **P** Lazy E/Manson International **KI** Progress **VA** New Vision **Pd+R+B** Patrick C. Poole **K** Steve McWilliams **M** Ken Sutherland **D** Wilford Brimley, Gary Swanson, Lou Michaels, John L. Martin, Elmer Jeffcoat **L** 96 **FSK** ab 16 **E** 3.8. 1989 Video/21.9.1990 Kino DDR **fd** 27 879

SHADOWZONE (SHADOWZONE). In einer geheimen Versuchsstation in der Wüste von Nevada ereignet sich ein tödlicher Unfall. Der ermittelnde NASA-Offizier stößt auf Experimente mit dem menschlichen Hirn, durch die ein Wesen aus einer Schattenwelt in die Station eingedrungen ist. Es kann jede Gestalt annehmen und ist darauf aus, die Mitglieder des Forschungsteams zu dezimieren. Erst als es kaum noch Überlebende gibt, gelingt es dem Offizier, das Wesen in seine Welt zurückzuschicken. Uninspirierter Horrorfilm mit Anleihen beim »Alien«-Stoff. ✦ USA 1989 **P** Full Moon Prod. **VA** CIC **Pd** Carol Kottenbrook, Charles Band **R+B** Joe S. Cardone **K** Karen Grossman **M** Richard Band **S** Thomas Meshelski **D** David Beecroft, Louise Fletcher (Dr. Erhard), James Hong, Shawn Weatherly, Miguel Nunez **L** 85 **FSK** ab 18 **E** Mai 1990 Video

SHADOWZONE 2: VOODOO IM KLASSENZIMMER (SHADOWZONE 2: MY TEACHER ATE MY HOMEWORK). Fantasy- und Horrorfilm. Ein Schüler, der ständig von einer Lehrerin traktiert wird, kann ihr dies mittels einer Puppe heimzahlen, die nach Voodoo-Art alle erlittenen Qualen auf die Person überträgt. Doch bald entwickelt die Puppe ein Eigenleben. ✦ USA 1997 **Pd** Paul Brown **R** Stephen Williams

B Garfield Reeves-Stevens, Judith Reeves-Stevens **K** Curtis Petersen **M** John McCarthy **S** Susan Shipton **D** Shelley Duvall (Mrs. Fink), Gregory Smith (Jesse), Sheila McCarthy (Jesses Mutter), Edwin Hodge (Cody), Margot Kidder (Sol) **L** 92 **E** 2.8.1998 premiere

SHADOWZONE – DIE VAMPIRE VON MANHATTAN (SHADOWZONE – THE UNDEAD EXPRESS). Horrorfilm mit komödiantischen Zügen. Ein New Yorker Schuljunge lernt in der U-Bahn einen leibhaftigen Vampir kennen. Dieser ist seines Daseins als Untoter müde und will den Jungen dazu bringen, ihn zu erlösen. Der Junge ist dabei auf sich allein gestellt, da ihm die Geschichte kein Mensch glaubt. ✦ USA 1996 **R** Stephen Williams **B** Roy Sallows **M** Reg Powell **D** Ron Silver (Valentine), Chauncey Leopardi (Zach), Natanya Ross (Gabe), Tony T. Johnson (J.T.), Sherry Miller (Mom) **L** 98 **E** 14.3.1998 ProSieben

SHADRACH – DIE HEIMKEHR DES FREMDEN (SHADRACH). Virginia während der Wirtschaftsdepression in den 30er-Jahren: Nur mit Mühe und mit Hilfe seiner resoluten Frau bringt ein Schwarzbrenner seine Familie durch. Eines Tages taucht ein uralter Schwarzer auf der Farm auf, der sich als einstiger Sklave der vormals wohlhabenden Familie zu erkennen gibt und den Wunsch äußert, am Ort seiner Kindheit begraben zu werden. Für die Familie beginnt ein zäher Kampf gegen die Behörden, denn die Gesetze sehen auch nach dem Tod Rassentrennung vor. Melancholische Familien- und Südstaatengeschichte mit guten Darstellern, die sich mit den moralischen Erblasten der Sklaverei auseinandersetzt. – Ab 16. ✦ USA 1998 **P** Millennium/Nu Image/Tidewater **Pd** Boaz Davidson, Bridget Terry, John Thompson **R** Susanna Styron **B** Susanna Styron, Bridget Terry, nach einer Erzählung von William Styron **K** Hiro Narita **M** Van Dyke Parks **S** Colleen Sharp **D** Andie MacDowell (Trixie Dabney), Harvey Keitel (Vernon Dabney), John Franklin Sawyer (Shadrach), Scott Terra (Paul), Ginnie Randall (Virginia) **L** 82 **E** 14.11. 2001 ARD

SHAFT (SHAFT). Privatdetektiv Shaft, eine James-Bond-Ausgabe in Schwarz, schafft alles. Hier befreit er die entführte Tochter eines farbigen Gangsterbosses aus den Händen der Mafia. Erster von drei Thrillern der MGM (vor »Liebesgrüße aus Pistolen«, 1972 und »Shaft in Afrika«, 1972), die technisch effektvolle und spannende Unterhaltung um einen Helden aus Harlem offerierten: Zeugnisse eines neuen Selbstbewußtseins der schwarzen Amerikaner. – Ab 16. ✦ USA 1970 **P** MGM **KI** MGM **DVD** Warner Home (1.85:1, Mono engl./dt.) **Pd** Joel Freeman **R** Gordon Parks **B** Ernest Tidyman, John D. F. Black, nach einem Roman von Ernest Tidyman **K** Urs Furrer **M** Isaac Hayes **S** Hugh A. Robertson **D** Richard Roundtree (John Shaft), Moses Gunn (Bumpy Jonas), Charles Cioffi (Vic Androzzi), Christopher St. John (Ben Buford), Joseph Leon (Byron Leibowitz) **L** 100 **FSK** ab 16; f **E** 9.8.1972/22.2.2001 DVD **fd** 17 973

SHAFT IN AFRIKA (SHAFT IN AFRICA). Drittes Abenteuer des schwarzen Privatdetektivs Shaft. Diesmal wird der geschmeidige Harlem-Bond nach Äthiopien engagiert, um eine internationale Gangsterorganisation zu zerschlagen, die Gastarbeiter aus Afrika nach Paris deportiert. Eine routinierte Mischung aus Krimi-, Action- und Agententhriller, effektvoll mit Brutalität, Sex und Scheinkritik angefüllt. ✦ Scope. USA 1972 **P** MGM **KI** Fox-MGM **DVD** Warner Home (2.35:1, Mono engl./dt.) **R** John Guillermin **B** Stirling Silliphant, nach Ernest Tidyman **K** Marcel Grignon **M** Johnny Pate **D** Richard Roundtree (John Shaft), Vonetta McGee (Aleme), Moses Gunn, Frank Finlay (Vincent Amafi), Willie Jonah **L** 112 **FSK** ab 18; nf **E** 18.1.1974/22.2.2001 DVD **fd** 18 678

SHAFT – LIEBESGRÜSSE AUS PISTOLEN → Liebesgrüße aus Pistolen

SHAFT – NOCH FRAGEN? (SHAFT). Ein schwarzer New Yorker Polizist jagt den weißen Mörder eines Schwarzen und muss zugleich die einzige Zeugin schützen, die ein dubioser Drogendealer in seine Gewalt bringt. Neuauflage einer Filmfigur aus den 70er-Jahren, die den Privatdetektiv aus dem Original (»Shaft«, 1970, Regie: Gordon Parks) in einen modisch ausstaffierten Cop verwandelt, der schlag- und wortgewaltig für die Rechte der schwarzen Bevölkerung streitet. Aufgesetzter, um »political correctness« bemühter Versuch, ein verblasstes Genre modisch zu reanimieren, der lediglich durch sein Gespür fürs New Yorker City-Milieu überzeugt. ✦ Scope. USA 2000 **P** Paramount **KI** UIP **VA** Paramount Home **DVD** Paramount (16:9, 2.35:1, DD5.1 engl./ dt.) **Pd** Scott Rudin, John Singleton **R** John Singleton **B** Richard Price **K** Donald E. Thorin **M** David Arnold, Isaac Hayes **S** John Bloom **D** Samuel L. Jackson (John Shaft), Vanessa Williams (= Vanessa L. Williams) (Carmen), Jeffrey Wright (Hernandez Peoples), Christian Bale (Walter Wade), Busta Rhymes (Rasaan), Dan Hedaya (Jack Roselli), Toni Collette (Diane Palmieri) **L** 99 **FSK** ab 16; f **E** 26.10.2000/ 12.4.2001 Video & DVD **fd** 34 512

SHAG, DIE HUNDEPFEIFE (SHAG). Eine Kindesentführung wird zum Ausgangspunkt einer fast aussichtslosen und verzweifelten Suche des Vaters nach seiner Tochter. In jeder Hinsicht völlig anspruchsloser, oberflächlicher Krimi. – Ab 14. ✦ Japan 1973 **P** Toho **KI** Progress **R** Sadao Hakajima **B** Ryzuzo Kukushima, Takeo Kaneko **K** Takao Saito **M** Asei Kobayashi **D** Bunta Sugawara, Kinya Kitaoji, Yoshio Harada, Keiko Takeshita, Wakako Sakai **L** 98 **E** 12.2. 1982 Kino DDR

SHAG – MORE DANCING (SHAG). Vier Mädchen aus einem Südstaaten-Nest entfliehen am Wochenende ihren puritanischen Elternhäusern; statt der angeblichen Kurzbildungsreise wollen sie eine Sause in einem Provinzbadeort machen. Schwung- und belanglose Teeniegeschichte mit wenig Humor und flacher Charakterzeichnung. Die Mini-Tanzeinlagen sind langweilig dargeboten und einfallslos abgefilmt. Einzig die Parade der Kinder und Schwestern bekannter Hollywood-Stars verhilft dem Film zu einem gewissen Oberflächenreiz. (Fernsehtitel: »Fetzig, frei und frisch verliebt«) – Ab 14 möglich. ✦ USA 1987 **P** Hemdale **KI** Apollo **VA** RCA/Columbia **Pd** Stephen Woolley, Julia Chasman **R** Zelda Barron **B** Terry Sweeney, Lanier Laney, Robin Swicord **K** Peter MacDonald **S** Laurence Mery-Clark **D** Phoebe Cates (Carson McBride), Annabeth Gish (Pudge Carmichael), Page Hannah (Luanne Clatterbuck), Bridget Fonda (Melinda Buller), Tyrone Power jr. **L** 95 **FSK** ab 12; f **E** 29.6.1989/16.1.1990 Video **fd** 27 745

SHAGGY (SHAGGY). Nicht nur die Stiefmutter, die das rauhe Leben auf einer Farm im amerikanischen Westen nicht gewohnt ist, verursacht Probleme, sondern auch Shaggy, der geliebte Hund des zehnjährigen Robby. Als eines Tages in der Nachbarschaft Schafe gerissen werden und man glaubt, in Shaggy den Schuldigen gefunden zu haben, reißt Robby mit seinem vierbeinigen Freund von zu Hause aus. Gemeinsam stellen sie den wahren Schuldigen: einen riesigen Wolf. Kindgerechter Tier- und Abenteuerfilm, nach gängigen Mustern ereignisreich inszeniert. – Ab 10. ✦ USA 1948 **P** Paramount **R** Robert Tansey **B** Maxwell Shane **K** Ellis W. Carter **M** Ralph Stanley **D** Brenda Joyce, George Nokes, Robert Shayne, Jody Gilbert, Ralph Sanford **L** 71 **E** 14.10. 1989 RTL plus

SHAKER RUN (SHAKER RUN). Zwei Rennfahrer und eine junge Forscherin, die todbringende Viruskulturen in Sicherheit bringen wollen, auf der Flucht vor dem neuseeländischen Geheimdienst. Ziemlich unlogischer und weitgehend spannungsloser Thriller, in dem Stuntfahrer und PS-starke Autos dominieren. – Ab 16 möglich. ✦ Neuseeland 1984 **P** Mirage Films **VA** Taurus **Pd** Igo Kantor **R** Bruce Morrison **B** M. James Kouf jr., Henry Fownes, Bruce Morrison **K** Kevin Hayward, Alan Locke **M** Stephen McCurdy **S** Ken Zemke, Bob Richardson **D** Cliff Robertson (Judd Pierson), Leif Garrett (Casey Lee), Lisa Harrow (Dr. Christine Rubin), Shane Briant (Paul Thoreau), Peter Hayden (Michael Connelly) **L** 86 **FSK** ab 16 **E** Oktober 1986 Video **fd** 25 874

SHAKESPEARE IN LOVE (SHAKESPEARE IN LOVE). Der junge William Shakespeare leidet unter einer Schreibblockade, die schlagartig verschwunden ist, als er sich in eine junge Adelige verliebt. Ebenso tempo- wie geistreiche romantische Komödie, die sich die mangelnden biografischen Kenntnisse über Shakespeares Anfänge zunutze macht, um eine witzige, anspielungsreiche Spekulation über die Entstehung von »Romeo und Julia« zu entfalten. Herausragende Darsteller, ein kongeniales Drehbuch und die entschlossene Inszenierung verbinden sich zu einem fulminanten filmischen Feuerwerk, das als augenzwinkernde Satire auf den Filmbetrieb, aber auch als intelligente Reflexion über den Wirklichkeitsgehalt von Fiktionen gelesen werden kann. Dabei werden ebenso Fragen nach den fließenden Grenzen der Geschlechteridentität aufgeworfen. DVD: Die umfangreiche Special Edition beinhaltet u. a. einen Audiokommentar des Regisseurs, eine Kurzdokumentation über die Kostümdesignerin sowie ein Feature mit nicht verwendeten Szenen. – Sehenswert ab 14. ✦ Scope. USA/Großbritannien 1998 **P** Renaissance Film/Universal **KI** UIP **VA** Universal **DVD** Universal Home (SE, 16:9, 2.35:1, DD5.1 engl./ DS dt.) **Pd** David Parfitt, Donna Gigliotti, Harvey Weinstein, Edward Zwick **R** John Madden **B** Marc Norman, Tom Stoppard **K** Richard Greatrex **M** Stephen Warbeck **S** David Gamble **D** Joseph Fiennes (Will Shakespeare), Gwyneth Paltrow (Viola De Lesseps), Geoffrey Rush (Philip Henslowe), Tom Wilkinson (Hugh Fennyman), Colin Firth (Lord Wessex), Imelda Staunton (Amme), Judi Dench (Königin Elizabeth), Ben Affleck (Ned Alleyn), Simon Callow (Tilney) **L** 124 **FSK** ab 6; f **FBW** bw **E** 4.3.1999/16.9. 1999 Video & DVD **fd** 33 570

SHAKESPEARE IN PALERMO. Aufnahmen zu den Probearbeiten zu Shakespeares »Sommernachtstraum«, die der italienische Theatererneurer Carlo Cecchi 1999 in Palermo einstudierte. Aufführungsort ist ein verfallenes Theater im Herzen der sizilianischen Hauptstadt, das als Symbol für ihren Zustand steht. Obwohl das Shakespeare-Stück im Mittelpunkt steht, ist ein Porträt Palermos entstanden, das seiner Poesie huldigt, ohne die Wirklichkeit zu vernachlässigen. – Ab 14. ✦ Italien 1999 **R** Francesca Comenani **L** 87 **E** 19.10.1999 arte

SHAKKA – BESTIE AUS DER TIEFE (DEEP BLOOD). Ein Mörderhai versetzt Bevölkerung und Gäste eines idyllischen Badeorts in Angst und Schrecken. Als der Sheriff einen Hai zur Strecke bringt, scheint die Gefahr gebannt, doch drei Jugendliche trauen dem Frieden nicht und machen sich mit einem angeheuerten Fischer auf die Suche. Eng an die Geschichte des »Weißen Hais« angelehnter Gruselfilm, der seine Story eher zahm entwickelt. (Fernsehtitel: »Gefahr aus der Tiefe«) – Ab 16. ✦ Italien 1989 **P** Filmirage/Variety Film **VA** VPS **R** Raf Donato (= Aristide Massaccesi) **B** Sergio Tealdo, George Nelson Ott **K** Federico Slonisco (= Aristide Massaccesi) **M** Carlo Maria Cordio **S** Luciano Vittori, Kathleen Stratton **D** Frank Baroni, Allen Cort, Keith Kelsch, John K. Burns, Tony Bernard **L** 90 **FSK** ab 12 **E** 20.2. 1992 Video

SHAKMA (SHAKMA). Ein Pavian, dem bei einem Tierversuch eine aggressionssteigernde Substanz verabreicht wurde, reißt aus dem Labor aus und fällt über einen Professor und dessen Studenten her, die sich nachts in der Universität aufhalten. Inszenatorisch wie darstellerisch erbärmlicher Tierschocker, abstrus und ohne innere Logik; Dutzendware, die mit dem Thema »Tierversuche« zwar hausieren geht, ihm jedoch keine Tiefe verleiht. – Wir raten ab. ✦ USA 1990 **P** Quest **VA** New Vision **Pd+R** Hugh Parks **B** Roger Engle **K** Andrew Bieber **M** David C. Williams **S** Mike Palma **D** Christopher Atkins (Sam), Amanda

Wyss (Tracy), Roddy McDowall (Sorenson), Ari Meyers (Kim), Rob Morris (Gary) **L** 101 **FSK** ab 16 **E** 26.2.1991 Video/9.12.1994 PRO 7 **fd** 28 807

SHALAKO (SHALAKO). New Mexico, 1880. Eine Jagdgesellschaft aus aristokratischen Europäern verletzt ein Reservat der kriegerischen Apachen, und aus den Jägern werden Gejagte. Daß wenigstens einige am Leben bleiben, verdanken sie einem berühmten und erfahrenen Trapper. Aufwendig produzierter Star-Western, der vor allem auf Action und Spannung setzt und sich dabei in äußerlich-grausamer Abenteuerlichkeit erschöpft. In einigen Figuren durchaus interessant konturiert und gespielt, wird die Gelegenheit zum psychologischen Drama insgesamt verschenkt. (Der Film wurde im November 1968 in der BR Deutschland auf 106 Minuten gekürzt.) – Ab 16. ✦ Scope. Großbritannien/USA/BR Deutschland 1968 **P** Dimitri de Grunwald Prod. (Für Kingston Films/Palomar Pictures/CCC Filmkunst u. a.) **KI** Columbia-Bavaria **Pd** Euan Lloyd, Hal Mason, Artur Brauner, u. a. **R** Edward Dmytryk **B** J. J. Griffith, Hal Hopper, Clarke Reynolds, Scot Finch, nach einem Roman von Louis L'Amour **K** Ted Moore **M** Robert Farnon **S** Bill Blunden **D** Sean Connery (Shalako), Brigitte Bardot (Irina Lazaar), Stephen Boyd (Bosky Fulton), Peter van Eyck (Baron von Hallstatt), Jack Hawkins (Sir Charles Daggett), Woody Strode (Chato), Alexander Knox (Henry Clarke), Honor Blackman (Lady Julia Daggett), Valerie French (Elena Clarke), Julián Mateos (Rojas), Hans De Vries (Adjutant), Charles Stalnaker, Bob Cunningham (Luther) **L** 113 **FSK** ab 16; f **E** 26.9.1968 **fd** 15 733

SHALIMAR – JUWEL DES TODES (RAIDERS OF SHALIMAR). Ein unheilbar erkrankter berühmter Juwelendieb lädt die fünf talentiertesten Diebe der Welt zur Jagd auf einen sagenhaften Rubin ein. Völlig mißlungener Abenteuerfilm mit dem Altstar Rex Harrison. ✦ USA/Indien 1978 **R+B** Krishna Shah **D** Rex Harrison (Sir John), Sylvia Miles (Countess Rasmousson), John Saxon (Colonel Columbus), Dharmendra (Captain Kumar), Zeenat Aman (Sheila) **L** 85 (TV) **E** 17.8.1996 Pro Sieben

SHALL WE DANCE? (SHALL WE DANCE?). Ein japanischer Beamter und Familienvater bricht aus seinem Alltagstrott aus und tritt heimlich in eine Tanzschule ein. Nach zahlreichen Verwicklungen mündet das Versteckspiel in ein großes harmonisches Finale. Parabel über die Möglichkeit des einzelnen Menschen, durch das Öffnen seiner Seele und seines Herzens den Kordon der Einsamkeit zu durchbrechen. Der Film gestattet weitgehend souverän ironische Einblicke in japanische Vorstellungen von Moral und Sitte. Aus gesellschaftlichen und persönlichen Verklemmungen des Helden werden heitere Situationen gefiltert, die sich trotz Längen und kabarettistischer Überzeichnungen zu einer unterhaltsamen, zugleich durchaus nachdenklichen Musikkomödie verdichten. – Sehenswert ab 14. ✦ Japan 1997 **P** Daiei Co./NipponTelevision/Altamira Pictures **KI** Buena Vista **VA** Buena Vista **Pd** Yasuyoshi Tokuma, Shôji Masui, Yuji Ogata **R+B** Masayuki Suo **K** Naoki Kayano **M** Yoshikazu Suo **S** Kiyoshi Yoneyama, Junichi Kikuchi **D** Kôji Yakusho (Shohei Sugiyama), Tamiyo Kusakari (Mai Kishikawa), Naoto Takenaka (Tomio Aoki), Eriko Watanabe (Toyoko Takahashi), Yu Tokui (Tokichi Hattori), Akira Emoto (Toru Miwa) **L** 119 **FSK** o. A.; f **FBW** bw **E** 13.5.1999/ 25.11.1999 Video **fd** 33 671

SHALLOW GRAVE – REISE IN DIE HÖLLE (SHALLOW GRAVE). Während einer Ferienreise wird einer von vier Teenagern aus einem von Ordensschwestern geleiteten College Zeuge eines Mordes. Der Reihe nach werden die Mädchen von dem Täter, der sich als der geisteskranke Sheriff des Ortes herausstellt, umgebracht. Eine schaurige Geschichte mit bedrückender Atmosphäre, die die brüchige Dramaturgie und die unbeholfene Regie in den Hintergrund drängt. ✦ USA 1987 **P** E.L.F. **VA** Taurus **Pd** Barry Waldman **R** Richard Styles **B** George Fernandez, Carolyn Horton **K** Orson Ochoa **M** Mason Daring **S** Carolyn Horton **D** Tony March (Sheriff Dean), Lisa Stahl (Sue Ellen), Tom Law (Deputy Scott), Carol Cadby (Patty), Donna Baltron (Rose) **L** 86 **E** 25.5.1988 Video **fd** 26 913

SHALOM (SHALOM). Ein junger Israeli, ein verwöhnter Industriellensohn, pendelt unentschlossen zwischen zwei Frauen und macht sich Gedanken über die politische Zukunft seines Landes, Krieg und Frieden und die besetzten Gebiete. Ein experimenteller Film, der einen Generationskonflikt thematisiert, der sowohl eine Lebenshaltung als auch eine politische Einstellung umfaßt. In der israelischen Kritik wurde der »Hippie-Film« interessiert, aber zwiespältig aufgenommen. ✦ Israel 1974 **R** Yaky Yosha **K** Ilan Rosenberg, Dan Hecht **D** Yaky Yosha **L** (TV) 75 **E** 20.9.1975 WDR

SHALOM PHARAO. Origineller Zeichentrickfilm, der die biblische Geschichte von Josef und seinen Brüdern anregend-witzig erzählt, indem er den Rahmenfiguren Pontius Pilatus sowie dessen Frau und Sekretär Gelegenheit gibt, immer wieder kommentierend und in die Gegenwart verweisend in den Erzählvorgang einzugreifen. – Sehenswert ab 12. ✦ BR Deutschland 1979/82 **P** Linda-Film/ZDF **KI** Atlas **Pd+R** Curt Linda **B** Curt Linda, Günter Tolar **K** Heinz Schulz, Marilena Voicu, Barbara Zittwitz **M** Bert Grund **S** Barbara Zittwitz **L** 80 **FSK** ab 6; f **FBW** bw **E** 14.10.1983 **fd** 24 026

SHAMANGO (GENTLEMAN JOE ... UCCIDI / SHAMANGO). In der Uniform seines ermordeten Bruders, des Kommandanten eines amerikanischen Grenzstädtchens, schaltet ein Revolverheld aus Rache eine mexikanische Bande aus. Brutaler Eurowestern voller Klischees und unterschwelligem Rassismus. (TV-Titel: »Gentleman Joe – der Rächer bin ich«) ✦ Scope. Italien/Spanien 1967 **P** Mancori/Balcazar **KI** Alpha **Pd** Alvaro Mancori, P. C. Balcazar **R** George Finley (= Giorgio Stegani) **B** Jaime Jesus Balcazar **K** Francisco Marin **M** Bruno Nicolai **S** Teresa Alcocer **D** Anthony Steffen (= Antonio de Teffe), Eduardo Fajardo, Silvie Solar, Anna Orso, Benito Steffanelli **L** 97 **FSK** ab 18; nf **E** 29.3.1968/18.9.1996 VOX **fd** 15 390

SHAMBHALA. Ein Filmteam begleitet einen jungen buddhistischen Mönch auf seiner Suche nach dem verborgenen Königreich Shambhala, die letztlich zu einer Reise ins Ich wird. Meditatives »Roadmovie«, das seine beeindruckenden Landschaftsaufnahmen zu einem Werbefilm für den Export-Buddhismus tibetanischer Prägung benutzt und jede kritische Auseinandersetzung vermissen läßt. ✦ Deutschland 1993 **P** Susanne Aernecke Film/SWF **SF** endfilm **Pd** Susanne Aernecke **R** Susanne Aernecke, Michael Görden **B** Michael Görden **K** Arno Gmeinwieser **S** Jutta Neumann **L** 84 **FSK** o. A.; f **E** 16.12.1993/2., 9.4.1994 Bayern 3 (zwei Teile) **fd** 30 681

SHAMBU → Zwei Hektar Land

SHAME (SHAME). Sex-&-Crime-Film. Eine Indianerin, deren Stammesmitglieder ermordet wurden, und ein Weißer, dessen Frau von brutalen Kidnappern entführt wurde, lernen sich bei der Suche nach den Tätern kennen und kommen sich schnell in jeder Beziehung näher. ✦ USA 1995 **R** Philip Christian **B** Raven Touchstone **K** Philip Christian **M** Saint **D** Leena, Kaitlyn Ashley, Isis Nile, Mike Horner **L** 88 **E** 1.12.1995 premiere

SHAMPOO (SHAMPOO). Die Erlebnisse eines von seinen Kundinnen überbeanspruchten Modefriseurs in Los Angeles zur Zeit (November 1968), als Nixon Präsident der USA wurde. Eine zynisch-glatte Komödie, die sich psychologisch und politisch an der Oberfläche bewegt. Amerika als heruntergekommener Kosmetiksalon, wobei nach außen hin der schöne Schein gewahrt wird, während drinnen Promiskuität, Geldgier und Beziehungsarmut herrschen. ✦ USA 1974 **P** Rubeeker **KI** Warner-Columbia **Pd** Warren Beatty **R** Hal Ashby **B** Robert Towne, Warren Beatty **K** Laszlo Kovacs **M** Paul Simon **S** Robert C. Jones **D** Warren Beatty (George), Julie Christie (Jackie Shane), Goldie Hawn (Jill Haynes), Lee Grant (Felicia Karpf), Jack Warden (Lester Karpf), Tony Bill (Johnny Pope), Carrie Fisher (Lorna Carr), Jay Robinson (Norman), George Furth (Mr. Pettis), Ann Weldon (Mary), William Castle (Sid Roth) **L** 110 **FSK** ab 18; nf **E** 12.9.1975 **fd** 19 477

SHANDAR – DAS GEHEIMNIS DER VERBORGENEN STADT (THE SHRUNKEN CITY). Zwei Teenager finden auf einer Baustelle eine Glaskugel, die eine bewohnte Miniatur-Stadt beherbergt. Sie erhalten Einlass und erfahren das Geheimnis dieses Mikrokosmos, der sich vor mächtigen Feinden schützen musste. Nun ist die Ministadt von ihrem Energiespeicher abgetrennt, und es herrscht höchste Gefahr, da die Feinde einen neuen Angriff planen. Triviales Fantasy-Märchen für Kinder und Jugendliche, das abwechslungsreich und weitgehend effektvoll unterhält. – Ab 12. ✦ USA 1997 **P** Kushner-Locke Prod. **Pd** Vlad Paunescu, Dana Scanlan **R** Ted Nicolaou **B** Benjamin Carr **K** Vivi Dragan Vasile **M** Carl Dante **S** Gregory Sanders **D** Michael Malota (George), Agnes Bruckner (Lori), Jules Mandel (Prime), Dorina Lazar (Ramona), Steve Valentine **L** 90 **E** 3.10.2000 SAT 1

SHANG-HIGH NOON → Shanghai Noon

SHANG LI – DER TOD HAT TAUSEND NAMEN (MEN OF THE HOUR). Das Schicksal eines Kämpfers, der in Verdacht gerät, seinen Erzieher, einen mächtigen Mandarin, ermordet zu haben. Auf der Flucht vor den Rächern zieht er sich in eine selbstquälerische Haltung zurück, um eine Schuld zu sühnen, die er nur indirekt auf sich lud. Naive Hongkong-Meditation über Ehre und Pflichterfüllung, die mit wenigen, wenn auch harten Kampfszenen auskommt; mit zahlreichen Nebenhandlungen in aufwendigem Dekor inszeniert. ✦ Scope. Hongkong 1980 **P** Wei Ling **KI** C.H./Beka/Graf **R+B** Joseph Kong (= Chiang Hung) **K** Wang Lu **M** Pei Tsung **D** Chin Shang-Ling, Fang Doo, Chin Sang Lin Mei, Lo Lei **L** 104 **FSK** ab 16; nf **E** 8.8.1981 **fd** 24 317

SHANGHAI BLUES (SHANGHAI ZHI YE / SHANGHAI BLUES). Während des Bombenangriffs der Japaner auf Shanghai im Jahr 1937 begegnen sich unter der Suzhou-Brücke ein junger Mann und eine junge Frau und verabreden ein Wiedersehen am selben Ort, sobald der Krieg vorüber ist. Zehn Jahre später finden der angehende Schlagerkomponist und die desillusionierte Sängerin erst nach vielen Verwirrungen zueinander. Virtuos inszenierte Mischung aus burlesker Komödie und anrührendem Melodram. Kurzweilige Unterhaltung, die zugleich vielfältige Bezüge sowohl zur Lage Chinas vor der Kulturrevolution als auch zur aktuellen Situation Hongkongs herstellt. – Ab 14. ✦ Hongkong 1984 **P** Film Workshop Company **VA** VMP **Pd** Nansun Shi, Tsui Hark **R** Tsui Hark **B** Chan Guan-Chong, To Kwok-Hui, Szeto Cheuk-Hon **K** Ngor Chi-Kwan **M** James Wong **S** Chow Sui Sam **D** Sylvia Chang (= Zhang Ai-Jia) (Shu), Kenny Bee (Kwok), Sally Yeh, Loretta Li **L** 99 **FSK** ab 6 **E** 16.8.1993 Video **fd** 30 437

SHANGHAI-EXPRESS (SHANGHAI EXPRESS). In einem Zug von Peking nach Shanghai gerät eine Gruppe von zufällig zusammengewürfelten Passagieren in die Gewalt von Bürgerkriegsrebellen. Als liebender Vamp rettet Marlene Dietrich selbstlos das Leben eines englischen Offiziers. Romantisches Abenteuer-(Melo-)Drama mit lebendigen Charakteren und atmosphärischer Dichte, die durch den kunstvollen Einsatz von Kamera und Montage noch verstärkt wird. – Ab 14. ✦ Schwarz-weiß. USA 1932 **P** Paramount **KI** Paramount **R** Josef von Sternberg **B** Jules Furthman, nach einer Erzählung von Harry Hervey **K** Lee Garmes **M** W. Franke Harling **D** Marlene Dietrich, Clive Brook, Anna May Wong, Warner Oland, Eugene Pallette **L** 77 **FSK** ab 12; f **E** 11.4. 1932/14.12.1951 (WA)/26.10.1964 ZDF **fd** 1 685

SHANGHAI HERO – THE LEGEND (MA WING JING/ HERO). Zwei Brüder aus der Provinz schlagen sich in Shanghai als Kulis durch, bis einer ins Gangsterfach wechselt und es ihm gelingt, eigenes Terrain zwischen zwei rivalisierenden Gruppen zu gewinnen. Sein Ehrgeiz zerstört allerdings Freundschaften und seine Liebe. Erst als seine Geliebt ihn verrät und er schwer verwundet wird, kommt er zur Einsicht. Harter, jedoch furioser Actionfilm, der auf gute Darsteller aufbauen kann und alle Elemente und Spielarten, die das Hongkong-Kino groß gemacht haben, in sich vereint. ✦ Hongkong 1997 **P** Shaw Bros. **VA** VPS **R** Corey Yuen (= Yuen Kwei) **B** Ann Gee, Jeffrey Lau **D** Takeshi Kaneshiro, Yuen Biao, Jessica Hester (Kim Ling-Tze), Wah Yuen (Ma Tai Cheung), Tak Yuen (Yeung Seung) **L** 93 **E** 28.4.1998 Video

SHANGHAI-JACK (FIRST TO FIGHT). Amerikanischer Wehrertüchtigungsfilm aus der Anfangszeit des Vietnam-Kriegs: Beim neuerlichen Einsatz gegen die Japaner auf einer Insel im Stillen Ozean zeigt sich der hochdekorierte GI zuerst als Versager, dann aber überwindet er seine Angst und wendet dadurch die Schlacht zum Sieg. ✦ Scope. USA 1966 **P** Warner **KI** Warner **Pd** William Conrad **R** Christian Nyby **B** Gene L. Coon **K** Harold E. Wellman **M** Fred Steiner **S** George R. Rohrs **D** Chad Everett (Shanghai-Jack), Marilyn Devin (Peggy Sanford), Dean Jagger (Lt. Col. Baseman), Gene Hackman (Sergeant Tweed), Claude Akins (Captain Mason) **L** 97 **FSK** ab 16; f **E** 21.7.1967 **fd** 14 874

SHANGHAI JOE, DER MANN MIT DER KUGELPEITSCHE → Der Mann mit der Kugelpeitsche

SHANGHAI 1920 (ONCE UPON A TIME IN SHANGHAI). Die Geschichte einer Freundschaft zwischen einem Chinesen und einem Amerikaner, die sich als Jugendliche im Shanghai des Jahres 1910 kennenlernen, als Erwachsene Geschäftspartner werden und mit Kriminellen (Triaden) paktieren. Unentschlossen zwischen Geschichtsepos und Gangstergeschichte amerikanischer Prägung schwankend, überzeugt der Film immer dann, wenn er seine »unmögliche« Männerfreundschaft in den Mittelpunkt stellt. ✦ Hongkong 1991 **P** Fu Ngai Film **KI** Ascot **VA** VCL/Carolco **Pd** Jim Choi **R** Leong Po-Chih **B** Timothy R. Long, Michael Laughlin (= Michael S. Laughlin) **K** Walter Gregg, Joe Chan **M** Kitaro **S** William Parker **D** John Lone (Fong), Wong Chung Yiu (Fong als Junge), Adrian Pasdar (Dawson), Billy Cohen (Dawson als Junge), Keone Young (Ming) **L** 130 **FSK** ab 16; f **E** 17.9.1992/25.1.1993 Video **fd** 29 797

SHANGHAI NOON (SHANGHAI NOON). Ein Diener des chinesischen Kaisers, den die Errettung einer Prinzessin in den Wilden Westen der USA verschlagen hat, hat eine Reihe von Abenteuern zu bestehen, rauft sich mit einem Banditenboss zusammen und wird Held eines Indianerstammes. Gelungene Mischung aus Martial-Arts-Film und Western im Gewand einer Komödie, die es nicht bei der Addition gängiger Stereotypen belässt, sondern sie durch ständige Durchdringung überhöht. Gute Hauptdarsteller tragen zum Vergnügen ebenso bei wie ein brillantes Drehbuch, das die Motive der diversen Genres geschickt verwendet und verdreht. DVD: Die Extras der Doppel-DVD umfassen u.a. einen dt. untertitelten Audiokommentar des Regisseurs sowie ein Feature mit nicht verwendeten Szenen. – Ab 14. ✦ Scope. USA 2000 **P** Touchstone Pictures/Spyglass Entertainment)Kirch Media/Jackie Chan Limited **KI** Constantin **VA** Constantin (VCL) **DVD** VCL (16:9, 2.35:1, DD6.1 engl./dt., DTS6.1 dt.) **Pd** Roger Birnbaum, Gary Barber, Jonathan Glickman **R** Tom Dey **B** Alfred Gough, Miles Millar **K** Dan Mindel **M** Randy Edelman **S** Richard Chew **D** Jackie Chan (= Cheng Long) (Chon Wang), Owen Wilson (Roy O'Bannon), Lucy Liu (Prinzessin Pei Pei), Xander Berkeley (Van Cleef), Brandon Merrill (Indianerin) **L** 110 **FSK** ab 12; nf **E** 19.10.2000/27.3.2001 Video/29.3.2001 DVD **fd** 34 443

SHANGHAI POLICE – DIE WÜSTESTE TRUPPE DER WELT (THE MILLIONAIRES-EXPRESS). Die Eröffnung eines Bordells stürzt ein chinesisches Provinznest der 30er Jahre binnen kurzer Zeit ins Chaos. Stellenweise rasant inszenierte Klamotte mit dümmlicher Synchronisation. – Ab 16. ✦ Hongkong 1985 **P** Leonard-Ho-Films **KI** Tivoli **VA** Starlight **Pd** Leonard Ho, Chow Raymond **R** Samo Hung (= Hung Kim-Po) **B** Wong Bing-Yiu, Cheung Kin-Ting, Wong Wang Kay **M** The Melody Bank, Andreas Nelson, Alistair Monteith-Hodge **D** Samo Hung (= Hung Kim-Po), Yuen Biao, Eric Tsang (= Tseng Chih-Wei), Olivia Cheng, Rosemarie Kwan **L** 86 **FSK** ab 12; nf **E** 24.7.1986/18.12.1986 Video/19.5.1988 Tele 5 **fd** 25 736

SHANGHAI SERENADE (YAO A YAO YAO DAO WAIPO QIAO / SHANGAI TRIAD). Die aus dem »unschuldigen« Blickwinkel ihres 14jährigen Dieners geschilderten letzten sieben Tage einer unnahbaren Sängerin und Tänzerin, die sich 1930 für eine Intrige gegen ihren Liebhaber, einen mächtigen Triaden-Boß, einspannen läßt. Hinter der spannenden, prunkvoll und routiniert inszenierten Fabel um Verrat und Sühne offenbaren sich allegorische Bezüge zum China der 90er Jahre. Zeichen der Hoffnung auf eine bessere Zukunft reiben sich dabei am Bild des ewigen Kreislaufs von Macht, Verführung und Unterdrückung und umschreiben die Austauschbarkeit des einzelnen in der chinesischen Gesellschaft. – Sehenswert ab 16. ✦ VR China/Frankreich 1995 **P** Shanghai Films Studio/Alpha/UGC Images/La Sept Cinéma **KI** Kinowelt **VA** Arthaus **Pd** Wu Yigong **R** Zhang Yimou **B** Bi Fei Yu **K** Lu Yue **M** Zhang Guangtian **S** Du Yuan **D** Gong Li (Xiao Jinbao), Li Bao-Tian (der Pate), Wang Xiao Xiao (Shuisheng), Sun Chun (Song Er Ye), Li Xui Jian (Liu Shu) **L** 109 **FSK** ab 12 **E** 23.11.1995/10.5.1996 Video **fd** 31 646

SHANGHAI SURPRISE (SHANGHAI SURPRISE). Ein als Missionsleiter getarnter westlicher Rauschgifthändler veranlaßt während des japanisch-chinesischen Krieges 1937 einen Krawattenverkäufer und eine Missionarin unter humanitärem Vorwand zur Suche nach dem ihm gestohlenen Opium. Naiv-verworrener Abenteuerfilm, der abgedroschene Genretypik und Klischees mit rassistischen Verzeichnungen verbindet. – Ab 16. ✦ Großbritannien 1986 **P** Handmade **KI** Warner-Columbia **VA** Warner Home **Pd** John Kohn **R** Jim Goddard **B** John Kohn, Robert Bentley, nach einem Roman von Tony Kenrick **K** Ernest Vincze **M** Michael Kamen, George Harrison **S** Ralph Sheldon **D** Sean Penn (Glendon Wasey), Madonna (Gloria Tetlock), Paul Freeman (Walter Faraday), Richard Griffiths (Willie Tuttle), Philip Sayer (Justin Kronk) **L** 97 **FSK** ab 12; f **E** 14.5.1987/12.11.1987 Video **fd** 26 132

SHANNON – SEIN SCHWERSTER FALL (SHANNON'S DEAL). Ein durch übergroßen Ehrgeiz und seine Spielleidenschaft gescheiterter Anwalt aus Philadelphia versucht einen Neuanfang und wird sogleich in eine hochbrisante Drogengeschichte verwickelt, in der die Gefahr nicht nur von Drogenbaronen ausgeht – auch die CIA setzt ihn massiv unter Druck. Pilotfilm einer hochgelobten Anwalts-Serie, die nicht mit den üblichen Gerichtsszenen aufwartet, sondern eher an düstere Detektivfilme aus den 30er- und 40er-Jahren erinnert. Der Pilot dient dazu, das Personenarsenal einzuführen und zu etablieren. ✦ USA 1989 **Pd** Stan Rogow **R** Lewis Teague **B** John Sayles **K** Andrew Dintenfass **M** Wynton Marsalis **S** Neil Travis **D** Jamey Sheridan (Jack Shannon), Elizabeth Peña (Lucy), Jenny Lewis (Neala), Miguel Ferrer (Todd Snyder), Stefan Gierasch (Klaus) **L** 95 **E** 2.3.2001 ARD

SHAOLIN – BRUDERSCHAFT DER SCHWARZEN SPINNE (SHAOLIN IRON FINGER). Während der japanischen Besetzung des Landes kämpft ein chinesischer Geheimbund unter der Führung des Leiters einer Shaolin-Schule erfolgreich gegen die Eindringlinge. Eine dürftige Geschichte als Rahmen für zahlreiche Schlägereien. ✦ Scope. Hongkong 1979 **P** Shaw Brothers, Kowloon **KI** CH/Graf und andere **R** Ting Chung **D** Huang Chia-Daa, King Kong, Tung Wai, Chea Kwun-Chun **L** 93 **FSK** ab 18; nf **E** 26.9.1980

SHAOLIN – DER TODESSCHREI DES PANTHERS (THE DUMP OX). Der zu Unrecht als Straßenräuber verdächtigte Schmied eines Dorfes macht die Bande im Alleingang unschädlich und verläßt den Ort. Streckenweise reichlich naives, technisch miserables Hongkongprodukt. ✦ Scope. Hongkong 1977 **P** First Film **KI** Ring/Splendid **R** Wu Ma **B** I Kuan **D** Kam Kang, Lei Chen, Yuen Nan-Shee **L** 88 **FSK** ab 18; nf **E** 1978 Kino **fd** 20 650

SHAOLIN – DIE RACHE DER GELBEN TEUFEL (THE MASTER STRIKES). In Mittelpunkt der Handlung steht ein wertvoller gestohlener Jade-Löwe, hinter dem diverse Parteien her sind. Perfekt choreografierte Kämpfe können über die inhaltliche Leere des bemüht parodistischen Films nicht hinwegtäuschen. ✦ Scope. Hongkong 1980 **P** Venge Park/Jimmy Shaw **KI** CH/Beka/Peiper/Alemannia **R** Kao Pao-Shu **K** Long Fei **M** Jen Xiung **D** Mung Yuan-Wen, Meg Lam, Ka Sa-Fu, Cheng Xiao-Tung, Jen Shih-Kuan **L** 91 **FSK** ab 16; nf **E** 25.9.1981 **fd** 23 230

SHAOLIN – DIE RACHE MIT DER TODESHAND (FANG SHIH-YÜ YÜ HU HU-CHIEN / SHAOLIN AVENGERS). Um die Bösen zu besiegen, die sich in den Dienst der Mand-Chu-Kaiser gestellt haben, nimmt Fang Shih-Yu geradezu unmenschliche Qualen auf sich. Im Showdown steht er dem »Eremiten mit den weißen Brauen« gegenüber. Perfekt inszenierter Hongkong-Film mit einer Häufung an Kampfhandlungen. ✦ Hongkong 1976 **P** Shaw Brothers **KI** Constantin **VA** VPS **R** Chang Cheh **B** I Kuan, Chang Cheh **K** Kung Mu-To **M** Chen Yung-Yu **D** Alexander Fu-Sheng, Chi Kuan-Chun, Tang Yen-Tsan, Ma Chih-Chin, Tsai Hung **L** 97 **FSK** ab 18; nf **E** 26.5.1977 **fd** 20 280

SHAOLIN – DIE TÖDLICHE VERGELTUNG (1977) → Die Schule des Shaolin

SHAOLIN – DIE TÖDLICHE VERGELTUNG (1980) → Die gelbe Hölle des Shaolin

SHAOLIN – DIE TÖDLICHEN SCHWINGEN DES ADLERS (THE EAGLES KILLER). Erst nach dem Tod seiner besten Freunde kann ein junger Mann einem gefürchteten Killer und einem skrupellosen Spielhallenbesitzer und Sklavenhändler das Handwerk legen. Eastern vom Fließband. ✦ Hongkong 1980 **P** Yangtze **KI** Graf/C.H.-Film **R** Wong Ching-Li **D** Cheung Ng-Lung, John Chang, Wong Ching-Li, Ching Fei-Ling **L** 74 **FSK** ab 18; nf **E** 30.10.1981

SHAOLIN – EINE FAUST DIE TÖTET (THE GOLDEN MASK). Um seinen ermordeten Bruder zu rächen, stellt ein Kung Fu-Kämpfer einen golden-maskierten Verbrecher, der Opfer eines Despoten wurde und sich nun ebenfalls rächen will. Um Differenzierung seiner Gewaltmotive bemühter Hongkongfilm. – Wir raten ab. ✦ Scope. Hongkong 1979 **P** Alpha **KI** CH/Beka/Exquisit **R** Ting Chung **B** Wai Shing **D** Tung Wai, Chea Kwin-Chun, Lung Chun-Ern, Wan Shong **L** 93 **FSK** ab 18; nf **E** 1.8.1980 **fd** 22 759

SHAOLIN FROM SHANTUNG (BANDITS FROM SHANTUNG). Ein »Fremder ohne Namen« taucht aus dem Nichts auf, um sich allein einer Räuberbande entgegenzustellen. Nach ihrer Zerschlagung verschwindet er wieder. Routiniert inszenierte Mischung aus Italowestern und Kung-Fu-Film; trotz Längen und Unstimmigkeiten verrät der (offensichtlich stark gekürzte) Film Gespür für Atmosphäre und Montage-Wirkungen. – Ab 16. ✦ Hongkong 1987 **P** Golden Harvest **VA** Highlight **Pd** Raymond Chow **R** Huang Feng **B** Huang Feng, nach einer Erzählung von Han Chiang **K** Li Yu-Tang **D** Chang Yi, Pai Ying, Hu Ching **L** 80 **E** 4.10.1988 Video **fd** 27 285

DER SHAOLIN-GIGANT (THE MASTER). Der Schüler einer Kung-Fu-Schule rächt die Ermordung seines Meisters und befreit seine ehemalige Schule vom Terror einer Verbrecherbande. Oberflächliches Kung-Fu-Abenteuer, das die üblichen Kampfszenen mit etwas Humor mischt. ✦ Scope. Hongkong 1982 **P** Shaw Brothers **KI** Avis/Apollo **R** Lu Chin-Ku **D** Chen Kuan-Tai (Kao) **L** 88 **FSK** ab 16; nf **E** 6.8.1982

SHAOLIN HANDLOCK (BRUCE AND THE IRON FIN-

GER). Ein maskierter Kung-Fu-Kämpfer ermordet mehrere Männer mit seiner Eisenfinger-Kampftechnik. Ein Polizeibeamter stellt den Mörder. Er gerät dabei nicht nur an die zwielichtigen Schüler einiger Kung-Fu-Schulen, sondern schließlich an den schizophrenen und eifersuchtskranken Kung- Fu-Lehrer, der einen Mädchenhandel betreibt. Der Film versucht, mit ungewöhnlichen Kamerablickwinkeln und hektischen Schnitten der Monotonie der Handlung zu entgehen, was allerdings seine Brutalität nicht schmälert. ✦ Scope. Hongkong 1978 **P** Filmline Enterprises **Kl** Avis **R** Dao Lo Pao **K** Ny Fat Sun **M** Wang Yee-Tang **D** Ho Chung-Do, Cheng Long **L** 84 **FSK** ab 18; nf **E** 23.11.1979 **fd** 22 377

SHAOLIN KICKBOXER (OPERATION SCORPIO). Ein junger Tagträumer besucht eine Kampfsportschule, um den Mädchen imponieren zu können. Eines Tages aber ist er gefordert, als sich finstere Gestalten anschicken, sein Viertel zu terrorisieren. Gemeinsam mit seinem Onkel, einem erfahrenen Kung-Fu-Meister, stellt er sich der Herausforderung. Aufwendig inszenierter Martial-Arts-Film. ✦ Hongkong 1991 **P** Golden Harvest **VA** Splendid **Pd** Chan Pui Wah **R** David Lai **B** Chan Che Wei, Barry Wong **K** Way Bo Man **D** Chin Kar-Lok, Lau Kar Leung, May Lo **L** 96 (gek. 78) **FSK** ab 16 (gek. 12) **E** 10.9.1992 Video/ 17.12.1994 PRO 7

SHAOLIN-KILLER →Das Todescamp der Shaolin

SHAOLIN – KINDER DER RACHE →Die Brüder vom Shaolin-Tempel

SHAOLIN – KLOSTER DER RÄCHER (SHAOLIN SI / THE SHAOLIN TEMPLE). China in der zweiten Hälfte des 7. Jahrhunderts: Der spätere Gründer und erste Kaiser der Tang-Dynastie muß sich gegen seine Widersacher behaupten. Dabei wird er von den Bewohnern des legendären Shaolin-Klosters unterstützt, die nach dem Sieg als Dank für ihre Hilfe eine Kung-Fu-Schule unterhalten dürfen. Aufwendig inszeniertes und an Originalschauplätzen gedrehtes Actionabenteuer, das auch die geschichtlichen Abläufe und religiösen Hintergründe herausarbeitet. (DDR-Titel: »Der Shaolin-Tempel«) ✦ Hongkong 1982 **P** Chung Yuen Motion Pictures **R** Zhang Xin-Yan **B** Xue Hou, Lu Zhaozhang **K** Liu Fenglin **D** Li Lianjie (= Jet Lee) (Jueyuan), Ding Lan (Bai Wuxia), Yu Hai (Tan Chuang), Hu Jian-Quiang (Wukong), Zhang Jianwen (Abt), Yan Dihua (Sengzhi) **L** 96 **E** 15.4. 1988 DFF 2/7.7.1994 ZDF

SHAOLIN KUNG FU – VOLLSTRECKER DER GERECHTIGKEIT (SHAOLIN KUNG FU MASTER). Die Wächter eines Goldschatzes, den der letzte Kaisersohn der Mandschus verstecken ließ, werden durch zwei ungleiche Wegelagerer ermordet. Ihren Auftraggeber entlarvt ein Kung-Fu-Meister als seinen eigenen Schwager. Ein in Spannung und Gags an westlichen Vorbildern orientierter Eastern. ✦ Scope. Hongkong 1979 **P** Shaw **Kl** Avis/Beka/Graf/Exquisit **R** Hwang Long **D** Wong Dao, Chi Kwan-Chin, Chung Le, Chang Yi, Chi Kwan-Shaoin **L** 91 **FSK** ab 18; nf **E** 17.10.1980 **fd** 22 730

DER SHAOLIN-TEMPEL →Shaolin – Kloster der Rächer

SHAOLIN – WARTELISTE DES TODES (THE MARS VILLA). Ein reicher Chinese, der von einer feindlichen Familie um Gattin und Vermögen gebracht wird, ruht nicht, bis er die Widersacher zur Strecke gebracht hat. Brutaler Eastern mit einer einfältigen Rachestory. – Wir raten ab. ✦ Scope. Hongkong 1979 **P** Hong Kong Alpha Motion Picture **Kl** Avis und andere **VA** VTD **R** Joseph Kong (= Chiang Hung), Godfrey Ho **D** Lin Chung, Tung Wai, Chia Kai, Kao Tei, Ming Shang **L** 93 **FSK** ab 18; nf **E** 27.6.1980 **fd** 22 632

SHARK ATTACK (SHARK ATTACK). Nachdem ein US-Meeresbiologe ein Küstenstädtchen in Afrika erreicht, ist sein Kollege ebenso verstümmelt wie das E-mail, das ihn vor Ort rief. Er deckt eine dubiose Affäre um Menschen-Versuche mit einem Hai-Serum auf und kommt einem Fall von Grundstücksspekulationen auf die Spur. Kein überwältigender, aber gediegener Actionfilm, der seine nicht sonderlich originelle Story unspektakulär und mit einigen schönen Bildern erzählt; beeindruckend auch die Hai-Szenen. ✦ USA 1999 **P** Sharky Prod. **VA** Highlight **Pd** Mandy Branch **R** Bob Misiorowski **B** Scott Devine, William Hooke **K** Larry Sher **M** Serge Colbert **S** Gerard Jakuhowicz **D** Casper van Dien (Steven McKray), Ernie Hudson (Lawrence Rhodes), Bentley Mitchum (Dr. Miles Craven), Jennifer McShane (Lorive Desan), Anton Dekker (Jan) **L** 92 **FSK** ab 16 **E** 19.7.1999 Video **fd** 33 998

SHARK ATTACK 2 (SHARK ATTACK 2). Ein Meeresbiologe und die Schwester eines Haiopfers entdecken auf der Suche nach einem mörderischen Riesenhai vor der Küste Kapstadts eine Höhle, in der sich mutierte Junghaie tummeln. Man schenkt dem Paar keinen Glauben, zumal ein professioneller Haijäger dem Bürgermeister und Manager eines Vergnügungsparks versichert, den ausgebrochenen Killerhai bereits zur Strecke gebracht zu haben. Eine faustdicke Lüge, die während eines Surfwettbewerbs zahlreiche Opfer fordert. Mischung aus Liebes- und blutiger Monstergeschichte, die die Spannung mit genreüblichen Mitteln recht geschickt aufbaut, deren Tricks jedoch zu billig ausgefallen sind, um schockieren zu können. So büßt der Film am Ende jede Spannung ein und rückt sogar in die Nähe des Lächerlichen. ✦ USA 2000 **P** Nu Image/Martien Holding **VA** Highlight **Pd** Danny Lerner, Marlow De Mardt, Bridig Olen **R** David Worth **B** Scott Devine, William Hooke **K** Yossi Wein **M** Mark Morgan **S** Irit Raz **D** Thorsten Kaye (Dr. Nick Harris), Nikita Ager (Samantha Peterson), Daniel Alexander (Roy Bishop), Danny Keogh (Miguel Francisco), Caroline Bruins (Amy Peterson) **L** 89 **FSK** ab 16 **E** 12.4.2001 Video **fd** 34 919

SHARK – STUNDE DER ENTSCHEIDUNG (NIGHT OF THE SHARK). Ein junger Haifisch-Jäger, irgendwo an der mexikanischen Palmenküste, im Abwehrkampf mit tierischen und menschlichen Verbrechern. Es geht um versteckte Diamanten und politisch brisantes Tonmaterial, das im Magen des angriffslustigsten aller Haie deponiert wurde. In jeder Hinsicht unorigineller Abenteuerfilm mit technisch unterdurchschnittlichen Unterwasseraufnahmen. (Fernsehtitel auch: »Die Nacht der Haifische«) – Ab 16 möglich. ✦ Italien 1988 **P** Italian International/RAI Uno **VA** All **Pd** Fulvio Lucisano **R** Anthony Richmond (= Tonino Ricci) **B** Tito Carpi **K** Giovanni Bergamini **M** Stelvio Cipriani **D** Treat Williams, Janet Agren, Antonio Fargas, John Steiner, Christopher Connelly **L** 90 **FSK** ab 16 **E** August 1988 Video/18.8.1990 RTL plus **fd** 27 268

SHARKS COMMANDO (SHARK'S PARADISE). Sydney wird von einem Verbrecher erpreßt, der droht, menschenfressende Haie an den beliebtesten Badestrand der Stadt zu locken. Um den Urlaubsbetrieb und einen bevorstehenden Surf-Wettbewerb nicht zu gefährden, macht sich ein bunt zusammengewürfeltes Team, ein Ex-Polizist, ein farbiger Pilot und eine attraktive Betrügerin, auf die Suche nach dem Erpresser. Bald steht fest, daß ein Sexualhormon die Haie anlockt und zur Raserei treibt, und bald entwickelt sich ein Kampf auf Leben und Tod zwischen dem im Untergrund arbeitenden Team und dem Erpresser. (Fernsehtitel: »Sharks Paradise – Von Haien umzingelt«; »Haie in der Todesbucht«) ✦ Australien 1986 **P** McElroy & McElroy **VA** Taurus **R** Michael Jenkins **B** David Philips **K** Martin McGrath **M** Nigel Plunker **D** David Reyne (Rod Palmer), Sally Taylor (Billy Riley), Ron Becks (Monty Stone), Dennis Miller, Vincent Gil **L** 94 **FSK** ab 16 **E** April 1987 Video/12.10.1988 SAT 1/14.4.1995 Kabel 1

SHARKS PARADISE – VON HAIEN UMZINGELT →Sharks Commando

SHARKY UND SEINE PROFIS (SHARKY'S MACHINE). Ein zum Sittendezernat abgeschobener Polizist entdeckt hinter den Beziehungen zwischen einer Prostituierten, ihrem Zuhälter und einem Gouverneurskandidaten ein Netz von Bestechung und Korruption in Kreisen von Politikern und Polizei. Zwischen hartem Kriminalreißer und sentimentaler Liebesgeschichte angesiedelter Film; routiniert inszeniert, aber ohne innere Spannung und gehaltliche Tiefe. ✦ USA 1981 **P** Deliverance **Kl** Warner-Columbia **VA** Warner Home **Pd** Hank Moonjean **R** Burt Reynolds **B** Gerald Di Pego, nach einem Roman von William Diehl **K** William A. Fraker, Nick McLean **M** Snuff Garrett (Überwachung) **S** William Gordean, Dennis Virkler **D** Burt Reynolds (Sharky), Vittorio Gassman (Victor), Brian Keith (Papa), Charles Durning (Friscoe), Rachel Ward (Dominoe) **L** 122 **FSK** ab 16; f **E** 30.7.1982 **fd** 23 558

SHARONS GEHEIMNIS (SHARON'S SECRET). Eine 16jährige gerät in den Verdacht, ihre Eltern grausam ermordet zu haben. Nur eine Psychiaterin glaubt an die Unschuld des traumatisierten und autistisch reagierenden Mädchens und schützt es vor dem Zugriff von Polizei und Presse, auch dann noch, als sich die belastenden Indizien Tag für Tag mehren. Als dem Mädchen die Flucht aus der Psychiatrie gelingt, wird dies als Schuldbekenntnis gedeutet. Zu Beginn recht spannender Fernsehkrimi, der jedoch mit einer enttäuschenden Lösung aufwartet, die den bisherigen Verlauf der Geschichte als unlogisch ausweist. Das anfängliche Engagement des Films, der rasch das Interesse an seinen Hauptfiguren verliert, geht spätestens im Finale in billigen Genreeffekten unter. – Ab 16. ✦ USA 1995 **P** MTE (für Universal) **VA** CIC **Pd** Barry Greenfield **R** Michael Scott **B** Mark Homer **K** Stephen M. Katz **M** Philip Giffin **S** Scott Smith **D** Mel Harris (Dr. Laurel O'Connor), Alex McArthur (Anwalt Frank Bodin), Candace Cameron Bure (Sharon Hartly), Paul Regina (Gordon Davies), James Pickens jr. (Julius Ashmore), Elaine Kagan (Dr. Patricia Raines) **L** 86 **FSK** ab 16 **E** 23.5.1996 Video **fd** 32 045

SHATFON – DAS ERBE DER FRAUEN. Facettenreicher Dokumentarfilm über das Leben afrikanischer Frauen in Kamerun im Spannungsfeld von Tradition und dem Einfluß europäischer Strömungen. Überzeugend durch einfühlsame Bilder und Gespräche, aber auch durch die Erkenntnis der Grenzen des Verstehens zwischen den Kulturen. (Fernsehtitel: »Das Erbe der Frauen«) – Ab 16. ✦ BR Deutschland 1987 **P** Filmkraft **SF** Verleihgenossenschaft **R+B** Peter Heller **K** Otmar Schmid **L** 73 **E** 6.1.1988 West 3 **fd** 26 928

SHATTERED DREAMS (SHATTERED DREAMS). Die Geschichte einer Frau, die nach einem langen Leidensweg den Mut findet, sich von ihrem prügelnden Ehemann, einem prominenten Politiker, zu lösen und zu ihrem eigenen Leben zu finden. (Titel auch: »Wenn die Ehe zur Hölle wird«) ✦ USA 1990 **P** Roger Gimbel Productions **Pd** Stephanie Austin **R** Robert Iscove **B** David J. Hill **K** John Boymer **M** Michael Convertino **D** Lindsay Wagner (Charlotte Fedders), Michael Nouri (John Fedders), Georgann Johnson (Helen O'Donnell), James Karen (Charles), Irene Miracle (Elaine), Ken Jenkins **L** 90 **E** 13.7.1993 premiere/2.7.1994 RTL

SHE DANCES ALONE (SHE DANCES ALONE). Ein Versuch, dem Phänomen des russischen Tänzers Nijinskij nachzuspüren, der nach einem meteorhaften Aufstieg dem Wahnsinn verfiel. Getragen von der Mitwirkung seiner extravaganten, in Kalifornien lebenden Tochter Kyra, die sich dabei selbst als ungewöhnlicher Star profiliert. – Ab 12. ✦ USA/Österreich 1980 **P** D.H.D./ORF/Georgetown **Kl** Concorde **Pd** Federico De Laurentiis, Earle Mack **R** Robert Dornhelm **B** Paul Davids **K** Karl Kofler **M** Gustavo Santaolalla **S** Tina Frese **D** Kyra Nijinskij, Bud Cort, Patrick Dupont, Walter Kent, Laura Hoover, Walter Kohner **L** 87 **E** 11.9.1981 **fd** 23 145

SHE ... EINE VERRÜCKTE REISE IN DIE ZUKUNFT (SHE). Zwei Superhelden befreien mit Hilfe der Anführerin eines Stammes ihre Schwester aus der Gewalt einer sadistischen Bande. Ein nach der »großen Katastrophe« angesiedelter Fantasy-Abenteuer-Film, der zahlreiche Versatzstücke und Symbole oberflächlich aneinanderreiht und ein menschenverachtendes Weltbild vermittelt. ✦ USA/Italien 1983 **P** Continental Motion Pictures **KI** Filmhansa **R+B** Avi Nesher **K** Sandro Mancori (= Alessandro Mancori) **M** Rick Wakeman **S** Nicholas Wentworth **D** Sandahl Bergman (She), Harrison Muller (Tom), Gordon Mitchell, Quin Kessler, David Goss, David Brandon **L** 93 **FSK** ab 16; nf **E** 31.8.1984 **fd** 24 740

SHE – HERRSCHERIN EINER VERSUNKENEN WELT (SHE). Eine Gruppe von Forschern gerät im polaren Eis auf der Suche nach dem sagenhaften Königreich Kor, das von einer unsterblichen Königin beherrscht wird, in gefährliche Abenteuer. Ansehnlicher utopischer Abenteuerfilm mit zahlreichen, heute recht verstaubt anmutenden Trickaufnahmen, nach dem phantastischen Roman von H. Rider Haggard mit großem Aufwand produziert. Das für Freunde des phantastischen Films vor allem aus historischer Sicht nicht uninteressante Werk galt längere Zeit als verschollen. – Ab 14. ✦ Schwarz-weiß. USA 1935 **P** RKO **Pd** Merian C. Cooper **R** Irving Pichel, Lansing C. Holden **B** Ruth Rose, Dudley Nichols, nach einem Roman von H. Rider Haggard **K** J. Roy Hunt **M** Max Steiner **D** Helen Gahagan (She), Randolph Scott (Leo), Helen Mack (Tanya), Nigel Bruce (Archibald), Gustav von Seyffertitz (Premierminister), Samuel S. Hinds (John Vincey), Noble Johnson (Amahagger-Häuptling), Lumsden Hare (Dugmore), Jim Thorpe (Oberaufseher), Anatol Winogardoff **L** 95 **E** 8.12. 1989 ARD

SHE IS HAVING A BABY (SHE'S HAVING A BABY). Die Fantasien und Wunschvorstellungen eines noch sehr jungen Mannes, der auch nach der Hochzeit mit einer ebenso jungen Frau nicht seinen Platz im Leben findet. Erst als sie in einer dramatischen Geburt ihren Sohn zur Welt bringt, scheint er sich von äußerlichen Wünschen lösen zu können und seinen Lebenssinn zu finden. Ein leises, unspektakuläres satirisches Märchen mit Hintersinn, das in der Vermischung mehrerer Wirklichkeitsebenen vorschnell zurechtgezimmerte Lebensentwürfe und Glücksvorstellungen persifliert. (Fernsehtitel auch: »Kinderleicht ins große Glück«) – Ab 16. ✦ USA 1988 **P** Paramount Pictures **VA** CIC **Pd+R+B** John Hughes **K** Don Peterman **M** Stewart Copeland **S** Alan Heim **D** Kevin Bacon (Jake Briggs), Elizabeth McGovern (Kristy), Alec Baldwin (Davis), William Windom (Russ Bainbridge), James Ray (Jim Briggs) **L** 102 **FSK** ab 12 **E** Januar 1989 Video **fd** 27 488

SHE KNOWS TOO MUCH →Mörderischer Trieb – She knows too much

SHE-RA – PRINCESS OF POWER I + II (SHE-RA – PRINCESS OF POWER I + II). Zeichentrick-Fantasy-Abenteuer im Stile der »Master of the Universe«-Serie: im Mittelpunkt eine Amazone, die sich mit ihrem fliegenden Pferd der Macht des Guten verschrieben hat. Tricktechnisch und inhaltlich belangloses Spektakel, das der Fantasie Fesseln anlegt, anstatt sie zu beflügeln. – Ab 14 möglich. ✦ USA 1986 **P** Filmation Associates **VA** Select **L** 124 **FSK** ab 12 (1)/ ab 6 (2) **E** 1987 Video (2 Kassetten)

SHE'S GOTTA HAVE IT (SHE'S GOTTA HAVE IT). Die Geschichte einer jungen Frau in Brooklyn, die zwischen drei Liebhabern schwankt und sich zuletzt für keinen von ihnen entscheidet. Ein New Yorker Low-Budget-Film mit ausschließlich schwarzen Darstellern, der sein Thema dank vielschichtiger Erzähltechnik, nachsichtigem Humor und origineller Bildsprache taktvoll und poetisch behandelt. (Kino O.m.d.U.; TV-Titel auch: »Nola Darling«) ✦ Teils schwarz-weiß. USA 1986 **P** Forty Acres and a Mule **KI** Concorde **VA** VPS **Pd** Shelton J. Lee **R+B** Spike Lee **K** Ernest Dickerson **M** Bill Lee **S** Spike Lee **D** Tracy Camila Johns (Nola Darling), Tommy Redmond Hicks (Jamie Overstreet), John Canada Terrell (Greer Childs), Spike Lee (Mars Blackmon), Ray Dowell (Opal Gilstrap) **L** 84 **FSK** ab 16; f **FBW** w **E** 26.2.1987/ Oktober 1987 Video/20.11.1989 ARD **fd** 26 083

SHE'S HAVING A BABY →She is having a Baby

SHE'S THE ONE (SHE'S THE ONE). Zwei Brüder, der eine Börsenmakler, der andere Taxifahrer, verbringen einen Großteil ihrer Zeit mit der aufreibenden Suche nach der wahren Liebe. Sie spielen verschiedene Möglichkeiten durch, vorwiegend gedanklich, bis der eine seine Ehe ruiniert, der andere seine saniert hat. Eine kleine romantische Komödie, die durch einige komische Dialoge unterhalten kann, die aber über die dargestellte Generation der knapp Dreißigjährigen kaum Aufschluß gibt. ✦ USA 1996 **P** Good Machine/Marlboro Road Gang **KI** 20th Century Fox **VA** Fox Home **Pd** Ted Hope, James Schamus, Edward Burns **R+B** Edward Burns **K** Frank Prinzi **M** Tom Petty **S** Susan Graef **D** John Mahoney (Mr. Fitzpatrick), Edward Burns (Mickey Fitzpatrick), Mike McGlone (Francis Fitzpatrick), Maxine Bahns (Hope), Jennifer Aniston (Renee) **L** 96 **FSK** ab 12; f **FBW** bw **E** 28.11. 1996/9.6.1997 Video/9.6.1998 Premiere **fd** 32 246

SHEBA BABY (SHEBA BABY). Nachdem ihr Vater von einem vierköpfigen Killerkommando ermordet wurde, versucht eine Chicagoer Privatdetektivin, an die Hintermänner der Aktion heranzukommen und die Mörder zu liquidieren. Ein einfältiger Actionfilm, geprägt durch ein schwaches Drehbuch und amateurhafte Darsteller. ✦ USA 1975 **P** AIP **R+B** William Girdler **K** William Asman **M** Monk Higgins, Alex Brown **D** Pamela Grier (Sheba Shayne), Austin Stoker (Brick Williams), D'Urville Martin (Pilot), Rudy Challenger (Andy Shayne), Richard Merrifield (Shark), Christopher Joy (Walker) **L** 90 **E** 7.5.1995 Kabel 1

SHEENA – KÖNIGIN DES DSCHUNGELS (SHEENA – QUEEN OF THE JUNGLE). Nach dem tödlichen Unfall seiner Eltern in Afrika wird ein kleines blondes Mädchen von Eingeborenen im Dschungel aufgezogen und wie eine Göttin verehrt. Ein politischer Konflikt gefährdet jedoch die Urwald-Idylle. Ein recht aufwendig inszenierter Abenteuerfilm, in dessen lächerlich-dummer Geschichte jedoch nur die Tierszenen fesseln. (Fernsehtitel auch: »Königin des Dschungels«) – Ab 16. ✦ Scope. Großbritannien 1984 **P** Colgems/Columbia-Delphi III **KI** Warner-Columbia **Pd** Paul Aratow **R** John Guillermin **B** David Newman, Lorenzo Semple jr. **K** Pasqualino de Santis (= Pasquale de Santis) **M** Richard Hartley **S** Ray Lovejoy **D** Tanya Roberts (Sheena), Ted Wass (Vic Casey), Donovan Scott (Fletcher), Elizabeth von Toro (Shaman), Trevor Thomas (Prinz Otwani), Clifton Jones (König Jabalani), Sylvester Williams (Juka) **L** 116 **FSK** ab 12; f **E** 26.4.1985 **fd** 25 077

SHEER PASSION (SHEER PASSION). Eine Polizistin ermittelt im Mordfall eines Models für Dessous. Die Ermordete war eine frühere Mitschülerin von ihr, und nun muss sie, um in den engeren Kreis der Verdächtigen vordringen zu können, selbst die Hüllen fallen lassen. Dummer Sexfilm, der sich einer Geschichte konsequent verweigert und sein Heil ausschließlich in der Darstellung nackter Körper sucht. ✦ USA 1998 **P** Mystique **Pd** William Burke **R** John Quinn **B** David Keith Miller **K** Ben Kufrin **M** Carl Schurtz **S** Curtis Edge **D** Jodie Fischer (Dana), Clayton Norcross (Stefan), Lisa Boyle (Terri), Jonathan Fraser (Ned), Ginger Justin (Moira) **L** 95 **E** 21.11.2001 ProSieben

SHEHERAZADE (SHEHERAZADE/LA SCHIAVA DI BAGDAD). Wie die Liebe der Prinzessin Sheherazade zu einem fränkischen Ritter nach schwersten Prüfungen über den Kalifen Harun al Raschid triumphiert. Eine pathetisch erzählte Märchengeschichte mit malerischem Aufwand und einer kühl-tragisch agierenden Hauptdarstellerin. (Der Film lag in einer 70mm- und 35mm Fassung vor.) – Ab 14. ✦ Scope. Frankreich/ Spanien/Italien 1962 **P** Spéva/Ciné Alliance/ Tecisa/Dear **KI** Columbia-Bavaria **Pd** Henri Baum **R** Pierre Gaspard-Huit **B** Marc-Gilbert Sauvajon, Pierre Gaspard-Huit **K** Christian Matras **M** André Hossein **S** Louisette Hautecoeur **D** Anna Karina (Sheherazade), Gérard Barray (Renaud de Villecrois), Antonio Vilar (Haroun-al-Raschid), Marilù Tolo (Shirin), Giuliano Gemma (Didier) **L** 118 **FSK** ab 12; nf **E** 9.8.1963 **fd** 12 158

SHEHERAZADE – DER GOLDENE LÖWE VON BAGDAD →Sheherazade

SHEHERAZADE – MIT 1001 PS INS ABENTEUER (SHEHERAZADE – LES 1001 NUITS). Das orientalische Märchen der Geschichtenerzählerin Scheherazade, variiert durch den »modernen« Einfall, daß der »Geist aus der Öllampe« ein spleeniger Engländer ist, der vor Zeiten Araber war und nach London verpflanzt wurde, weil er die Existenz Allahs angezweifelt hatte. Überdrehte Komödie mit wenigen hübschen Einfällen, die überwiegend im Klamaukhaften steckenbleibt. – Ab 12. ✦ Frankreich/Italien 1990 **P** Cinemax/Telemax/Antenna 2/TV France Film/ RAI 2/Telepool/Club Investissement Media **VA** RCA/ Columbia **Pd** André Djaoui **R** Philippe de Broca **B** Philippe de Broca, Jérôme Tonnerre **K** Jean Tournier **M** Gabriel Yared **S** Henri Lanoë **D** Thierry Lhermitte (Kalif), Gérard Jugnot (Geist aus der Öllampe), Stéphane Freiss (Aladin), Vittorio Gassman (Sindbad), Catherine Zeta-Jones (Shéhérazade) **L** 94 **FSK** ab 6 **E** 21.1.1992 Video/26.12.1992 ARD **fd** 29 663

SHEILA (THE LAST OF SHEILA). Ein exzentrischer Filmproduzent lädt Freunde und Bekannte auf seine Luxusjacht ein, um mittels eines Gesellschaftsspiels, bei dem die Schwächen der Teilnehmer aufgedeckt werden, den Schuldigen am Tod seiner Frau zu entlarven. Konstruierte Mischung aus psychologischer Spielerei und Krimi mit zynisch-sadistischem Einschlag. ✦ USA 1973 **P** Hera **KI** Warner-Columbia **Pd+R** Herbert Ross **B** Stephen Sondheim, Anthony Perkins **K** Gerry Turpin **M** Billy Goldenberg **S** Edward A. Warschilka **D** Richard Benjamin, Dyan Cannon, James Coburn, Raquel Welch, Joan Hackett **L** 119 **FSK** ab 16; f **E** 7.9.1973 **fd** 18 521

SHELLGAME →High Risk (1985)

SHELTER – PAKT MIT DEM FEIND (SHELTER). Nachdem er bei einer Schießerei seinen Partner verloren hat, wechselt ein Cop zum Schein die Seiten und heuert bei einem Waffenschieber an. Dem rettet er zwar bald das Leben, doch als er sich in dessen Frau verliebt, bringt er seine Mission und sich selbst in Gefahr. Aus stereotypen Versatzstücken zusammen geklaubter Actionfilm. ✦ USA 1997 **Pd** John Allen Nelson, Petter Barve **R** Scott Paulin **B** Max Strom **K** Eric J. Goldstein **M** David Williams **S** Mark Melnick **D** John Allen Nelson (Martin Roberts), Brenda Bakke (Helena), Peter Onorati (Demetrie), Costas Mandylor (Nikos), Charles Durning (Captain Landis) **L** 96 **E** 3.11.1999 Premiere World

SHEN CHANG UND DIE KARATE-BANDE (THE DELINQUENT). Nach der Trennung seiner Eltern ist ein junger Mann gezwungen, einen Job als Tellerwäscher in einem stets überfüllten Lokal zu übernehmen. Dort gerät er in Kontakt mit Gangstern, die ihn überreden, sie bei einem Coup zu unterstützen. Als dabei sein Vater getötet wird, beginnt er einen blutigen Rachefeldzug. Brutale Kung-Fu-Unterhaltung nach Schema. ✦ Scope. Hongkong 1973 **P** Shaw Brothers **KI** Apollo **R** Chang Chen, Kuei Chi-Hung **B** I Kuang **K** Yu Chi **M** Chen Yung-Yu **S** Kuo Ting-Hung **D** Wang Chung, Li Li, Pei Ti, Tung Lin, Fan Mei-Sheng, Wang Kuangyu, Shin Tien **L** 88 **FSK** ab 18; nf **E** 1973 Kino

SHEPHERD – DER WEG ZURÜCK (SHEPHERD/CYBERCITY). Nach einem letzten großen Krieg werden die unterirdisch vegetierenden Überlebenden von einem religiösen Fanatiker regiert, der seine Macht auf einen gnadenlosen Vollstrecker begründet. Doch sogar der wird weich, als er eine Mutter mit Kind ermorden soll, und wechselt die Seiten. Genreüblich entbrennt ein gnadenloser Kampf. Ein inhaltlich wie inszenatorisch belangloser Gewaltfilm, der seine Geschichte vor stümperhaft-stereotypen Kulissen entwickelt. ✦ USA 1998 **VA** VCL (gek. Fassung: Hermes) **DVD** VCL (FF P&S, DD5.1 dt.) **Pd** Daniel

D'Or, Philip Jackson **R** Peter Hayman **B** Nelu Ghiran **K** Graeme Mears **M** Donald Quan **S** Raul Davalos, David Ransley **D** C. Thomas Howell (Boris Dakota), Roddy Piper (Miles), Marina Carradine (Sophia), Heidi von Palleske (Lilith), Mackenzie Gray (Lyndon) **L** 91 (gek. 88) **FSK** ab 18 (gek. 16) (DVD 18) **E** 21.3. 2000 Video/9.6.2000 DVD

SHERDIL (SHERDIL). Eine 15-jährige Pferdenärrin entdeckt in einem schwedischen Militärdepot eine Lieferung von Araberhengsten, die als Geschenk eines befreundeten Staates gedacht waren, aber nun den strengen Quarantänebestimmungen unterliegen. Als das temperamentvollste Tier zum Abdecker geschafft werden soll, startet das Mädchen eine Befreiungsaktion und gerät in eine abenteuerliche Verfolgungsjagd. Abenteuerlicher Jugendfilm, der Nervenkitzel und jugendliche Tierliebe zusammenbringen will. – Ab 14 möglich. ✦ Schweden 1999 **Pd** David Flamholc, Leon Flamholc **R** David Flamholc, Gita Mallik **B** Gita Mallik **K** Pavel Ythjall **M** Joachim Cohen **D** Rebecka Liljeberg (Sanna), Hanna Alström (Veronica), Sebastian Hulthen, Anna von Rosen (Mutter), Ola Wahlström (Vater) **L** 90 **E** 24.11.2001 Kinderkanal

SHERIDAN SCHLÄGT ZU →Wettlauf mit dem Henker

DER SHERIFF (I WALK THE LINE). Ein alternder Sheriff in einer Kleinstadt im Süden der USA scheint in der Beziehung zu einer jungen Frau wieder ein Lebensziel zu finden. Zu spät erkennt er, daß er einer Täuschung erlegen ist und sich sein Leben in einer Welt der Vorurteile und Zukunftslosigkeit nicht ändern wird. Balladenhafter Film, der bürgerliche Werte und Normen in einem zwielichtigen Glanz erscheinen läßt; er erreicht zwar nicht die Qualität früherer Werke Frankenheimers, fasziniert aber durch die fotografische Ästhetik sowie die Musik, die ebenso anklagend wie harmonisierend ist. – Ab 16 möglich. ✦ Scope. USA 1969 **P** Frankenheimer-Lewis **KI** Columbia **Pd** Edward Lewis, John Frankenheimer **R** John Frankenheimer **B** Alvin Sargent, nach dem Roman »An Exile« von Madison Jones **K** David M. Walsh **M** Johnny Cash **S** Henry Berman **D** Gregory Peck, Tuesday Weld, Estelle Parsons, Ralph Meeker, Charles Durning **L** 97 **FSK** ab 16; f **E** 4.2.1971 **fd** 17 199

DER SHERIFF AUS ALTONA. Zwei Männer betätigen sich im Auftrag von Reedereien als Kopfgeldjäger, indem sie Seeleute, die in fremden Häfen ihre Schiffe verlassen haben, ausfindig machen und zurückbringen. Während einer dieser Einfangaktionen in Frankreich wird den beiden nicht nur die Dimension ihrer Arbeit klar, sondern ebenfalls ihre Träume vom besseren Leben. Da der reale Hintergrund dieser fiktiven Geschichte weitgehend unbekannt ist, weckt der formal beeindruckende Film Interesse. Er ist ein Plädoyer für Ausländer, die im Kampf um Arbeitsplätze in die Illegalität geraten. – Ab 16. ✦ BR Deutschland/USA 1983 **P** ZDF/Eagle Rock **Pd+R+B+K** Bastian Clevé **D** Horst Reckers, Manfred Möller, Yüksel Ugurlu, Jasmin Wendnagel **L** 76 **E** 17.11.1983 ZDF

SHERIFF BROWN RÄUMT AUF (THE BADGE OF MARSHAL BRENNAN). Auf der Flucht vor dem Gesetz übernimmt ein Totschläger von einem sterbenden Sheriff Stern und Amt, und wächst in seine Aufgabe hinein, als es gilt, die Stadt von Gewalt und Korruption zu befreien. Anspruchsloser Western vom Fließband. – Ab 14. ✦ Schwarz-weiß. USA 1957 **P** Allied Artists **KI** Austria **Pd+R** Albert C. Gannaway **B** Thomas G. Hubbard **K** Charles Straumer **M** Ramez Indriss, Albert C. Gannaway **S** Asa Clark **D** Jim Davis (Fremder), Arleen Whelan (Murdock), Louis Jean Heydt (Col. Donaphin), Lee Van Cleef (Shad Donaphin), Carl Smith (Sheriff), Marty Robbins (Felipe), Harry Lauter (Dr. Steve Hale), Douglas Fowley (Marshal), Lawrence Dobkin (Chickamon) **L** 76 **FSK** ab 12; nf **E** 25.10.1957 **fd** 6 372

SHERIFF GESUCHT (DESERT RATS). Weil ein Mann bei einem Banküberfall schnell zu reagieren versteht, ernennen ihn die Honoratioren der Stadt zum neuen Sheriff. Bald durchschaut er aber das schmutzige Spiel seiner korrupten Förderer. Die gelegentliche Kritik an nicht nur in Amerika bedenklichen Zuständen geht in dem eher an ein jugendliches Publikum gerichteten Szenarium unter. Witzig soll die Geschichte sein und spannend; doch auf beiden Ebenen enttäuscht der Film gewaltig. – Ab 16. ✦ USA 1988 **P** Universal **VA** CIC **Pd** Boris Malden, Robert T. Shodis **R** Tony Wharmby **B** David Chisholm **K** Robert E. Collins **M** J. Peter Robinson **D** Scott Plank (Joshua Bodeen), Scott Paulin (Bones), Diedrich Bader (Mort), Mark Thomas Miller (Owen), Geoffrey Lewis (Del Rains) **L** 68 **FSK** ab 16 **E** Oktober 1989 Video **fd** 28 000

SHERIFF JOHNNY RENO (JOHNNY RENO). Sheriff John Reno kämpft gegen eine ganze Stadt, um einen angeblichen Mörder vor der Lynchjustiz zu beschützen. Mit bewährten Mitteln gestalteter Durchschnittswestern. – Ab 16. ✦ Scope. USA 1966 **P** A. C. Lyles **KI** Paramount **Pd** A. C. Lyles **R** R. G. Springsteen **B** Steve Fisher **K** Harold Stine **M** Jimmie Haskell **S** Bernard Matis **D** Dana Andrews (Johnny Reno), Jane Russell (Nona Williams), Lon Chaney jr. (Sheriff Hodges), John Agar (Ed Tomkins), Lyle Bettger (Jess Yates), Tom Drake (Joe Connors), Richard Arlen (Ned Duggan), Tracy Olsen (Maria Yates), Charles Horvath (Wooster), Dale Van Sickel (Ab Connors), Edmund Cobb **L** 82 **FSK** ab 12; nf **E** 13.9. 1966 **fd** 14 291

DER SHERIFF OHNE COLT (THE BOY FROM OKLAHOMA). Ein junger Sheriff befreit mit gewaltlosen Mitteln ein Städtchen von Gangsterwillkür. Plakativer, aber effektvoller und überwiegend spannender Western. – Ab 12. ✦ USA 1953 **P** Warner **KI** Warner **Pd** David Weisbart **R** Michael Curtiz **B** Frank Davis, Winston Miller, nach einer Story von Michael Fessier **K** Robert Burks **M** Max Steiner **S** James Moore **D** Will Rogers jr. (Tom Brewster), Nancy Olson (Katie Brannigan), Lon Chaney jr. (Crazy Charlie), Anthony Caruso (Barney Turlock), Wallace Ford (Wally Higgins), Clem Bevans (Pop Pruty), Merv Griffin (Steve), Louis Jean Heydt (Paul Evans), Slim Pickens (Shorty), Tyler MacDuff (Billy the Kid), James Griffith (Joe Downey), Charles Watts (Harry) **L** 88 **FSK** ab 12; nf **E** 22.5.1964 **fd** 12 843

DER SHERIFF SCHIESST ZURÜCK (GUNFIGHT IN ABILENE). Ein ehemaliger Südstaatenoffizier übernimmt in seiner Heimatstadt Abilene das Sheriffsamt und räumt unter den Verbrechern auf. Routiniert inszenierter und psychologisch vertiefter Western mit geschickter Verteilung der Handlungshöhepunkte. (Remake von »Schüsse peitschen durch die Nacht«, 1956) – Ab 16. ✦ Scope. USA 1966 **P** Universal **KI** Universal **Pd** Howard Christie **R** Billy Hale **B** Berne Giler, John D. F. Black, nach einem Roman von Clarence Upson Young **K** Maury Gertsman **M** Bobby Darin **S** Gene Palmer **D** Bobby Darin (Cal Wayne), Emily Banks (Amy Martin), Leslie Nielsen (Grant Evers), Donnelly Rhodes (Joe Slades), Michael Sarrazin (Cord Decker), Don Galloway (Ward Kent), Barbara Werle (Leann), John Seven (Loop), William Phipps (Frank Norton), William Mims (Ed Scovie) **L** 82 **FSK** ab 16; f **E** 3.2.1967 **fd** 14 535

SHERIFF TEDDY. Der 13jährige Kalle, bisher sich selbst überlassen und in West-Berlin dem Einfluss von Gangster-Stories und ähnlichen »Erziehungshilfen« ausgesetzt, wird dank der Hilfe von Lehrern und Schulkameraden im »demokratischen Sektor« wieder auf den rechten Weg gebracht. Atmosphärisch genauer, in der Arbeit mit jungen Darstellern feinfühliger DEFA-Kinderfilm, dessen polit-pädagogische Elemente weitgehend zurückgedrängt sind. – Ab 10 möglich. ✦ Schwarz-weiß. DDR 1956/57 **P** DEFA **KI** Progress **Pd** Paul Ramacher **R** Heiner Carow **B** Benno Pludra, Heiner Carow, nach dem gleichnamigen Kinderbuch von Benno Pludra **K** Götz Neumann **M** Günter Klück **S** Friedel Welsandt **D** Günther Simon (Lehrer Freitag), Erich Franz (Herr Becker), Else Wolz (Frau Becker), Helga Göring (Frau Müller), Hartmut Reck (Robbi), Gerhard Kuhn (Kalle), Axel Dietz (Andreas) **L** 68 **E** 29.11.1957 Kino DDR

SHERIFF UND STRÄFLING (THE POCATELLO KID). Ein kleiner Western um den Serienheld Cowboy Ken Maynard und sein Wunderpferd Tarzan, die einer hübschen Postkutscherin gegen Banditen zu Hilfe eilen. – Ab 12. ✦ Schwarz-weiß. USA 1931 **P** Tiffany **KI** Viktoria **Pd** Phil Goldstone **R** Phil Rosen **B** W. Scott Darling **K** Arthur Reed **S** S. Roy Luby **D** Ken Maynard, Marceline Day, Dick Cramer (= Richard Cramer), Charles King, Lew Meehan, Jack Rockwell, Bert Lindley, Jack Ward **L** 60 **FSK** ab 12; nf **E** 24.11. 1950 **fd** 1 052

DER SHERIFF VON KANSAS (THE YOUNG IN HEART/ THE KANSAN). Ein Abenteurer, der von unlauteren Geschäftemachern pro forma zum Sheriff gemacht wurde, nimmt seinen Job wider Erwarten ernst. Westernproduktion vom Fließband mit der Klischeefigur des edlen, unüberwindlichen Helden. – Ab 14. ✦ Schwarz-weiß. USA 1943 **P** United Artists **KI** Prisma **Pd** Harry Sherman **R** George Archainbaud **B** Harold Shumate **K** Russell Harlan **M** Gerard Carbonara **S** Carroll Lewis **D** Richard Dix (John Bonniwell), Jane Wyatt (Eleanore Sager), Albert Dekker (Steve Barat), Victor Jory (Jeff Barat), Eugene Pallette (Tom Waggoner), Robert Armstrong (Malachy), Beryl Wallace (Soubret), Clem Bevans (Bridge Tender), Hobart Cavanaugh (Josh Hudkins), Francis McDonald (Gil Hatton), Douglas Fowley (Ben Nash), Rod Cameron (Kelso), Edward Waller (Ed Gilbert), Glenn Strange, Byron Foulger **L** 77 **FSK** ab 12; nf **E** 7.5.1952 **fd** 1 724

DER SHERIFF VON LINCOLN CITY (LAST OF THE DESPERADOS). Nachdem Sheriff Pat Garrett seinen ehemaligen Freund Billy The Kid verfolgt und erschossen hat, versucht er, sich ins Privatleben zurückzuziehen, aber Billys Bande sinnt auf Rache und zwingt ihn zu einer endgültigen Abrechnung. Durchschnittlicher Western mit wenig Aufwand, viel Handlung und einer ansprechenden Besetzung. – Ab 14. ✦ Schwarz-weiß. USA 1955 **P** Associated Film **KI** Panorama **Pd** Sigmund Neufeld **R** Sam Newfield **B** Orville H. Hampton **K** Edward Linden **M** Paul Dunlap **S** Holbrook N. Todd **D** James Craig (Pat Garrett), Jim Davis (John W. Poe), Barton MacLane (Mosby), Margia Dean (Sarita), Donna Martell (Paulita), Myrna Dell (Clara), Bob Steele (Bowdre), Stanley Clements (Bert) **L** 72 **FSK** ab 12; nf **E** 5.4.1957 **fd** 5 832

DER SHERIFF VON RIO ROJO →Oklahoma John – Der Sheriff von Rio Rojo

SHERIFF WIDER WILLEN (THE SHERIFF OF FRACTURED JAW). Ein britischer Handelsvertreter für Sportwaffen bändigt 1850 mit ausgeprägtem Sinn für gute Manieren streitsüchtige Cowboys und Rothäute. Eine – teils in England, teils in Spanien gedrehte – Westernkomödie, die unter anderem den Unterschied zwischen englischer und amerikanischer Mentalität vergnüglich glossiert. – Ab 14. ✦ Scope. Großbritannien 1958 **P** Apollo **KI** Deutsche Fox **Pd** Daniel M. Angel **R** Raoul Walsh **B** Arthur Dales, nach einer Kurzgeschichte von Jacob Hay **K** Otto Heller **M** Robert Farnon **S** John Shirley **D** Kenneth More (Jonathan Tibbs), Jayne Mansfield (Kate), Henry Hull (Masters), William Campbell (Keeno), Bruce Cabot (Jack), Robert Morley (Onkel Lucius), Ronald Squire (Toynbee), David Horne (James), Eynon Evans (Mason), Charles Irwin (Luke), Donald Stewart, Charles Farrell **L** 103 **FSK** ab 12; nf **E** 13.3. 1959/1.9.1973 ARD **fd** 7 910

SHERLOCK HOLMES. Eine Kriminalkomödie. Eine Verbrecherbande, die es auf eine Erfindung abgesehen hat, setzt eine junge Frau an, den Erfinder zu umgarnen. (Fernsehtitel auch: »Sherlock Holmes und die graue Dame«; DDR: »Die graue Dame (Sherlock Holmes)«) – Ab 12. ✦ Schwarz-weiß. Deutschland 1937 **P** Neue Film KG **KI** Terra-Filmkunst **R** Erich Engels **B** Erich Engels, Hans Heuer, nach einem Bühnenstück von Müller-Puzika **K** Edgar Ziesemer **M** Werner Bochmann **D** Hermann Speelmans, Trude Marlen, Theo Shall, Elisabeth Wendt, Edwin Jürgensen **L** 95 **E** 26.2.1937/22.10.1962 DFF 1

SHERLOCK HOLMES' CLEVERER BRUDER (THE

ADVENTURE OF SHERLOCK HOLMES' SMARTER BROTHER). Sherlock Holmes läßt seinen jüngeren Bruder nach einem der Regierung abhanden gekommenen Dokument suchen, was diesen in unmögliche Situationen und Abenteuer bringt. Groteske Persiflage auf den berühmten Conan-Doyle-Detektiv und Kriminalfilme überhaupt. Insgesamt nicht sehr einfallsreich und nur streckenweise vergnüglich. – Ab 16. ✦ Großbritannien 1975 **P** 20th Century Fox **KI** 20th Century Fox **Pd** Richard Roth **R+B** Gene Wilder **K** Gerry Fisher **M** John Morris **D** Gene Wilder, Madeline Kahn, Marty Feldman, Dom DeLuise, Leo McKern **L** 91 **FSK** ab 12; nf **E** 30.4.1976 **fd** 19 789

SHERLOCK HOLMES: DAS HAUS DES SCHRECKENS →Das Haus des Grauens (1945)

SHERLOCK HOLMES: DAS SPINNENNEST →Das Spinnennest

SHERLOCK HOLMES: DAS ZEICHEN DER VIER (THE SIGN OF FOUR). Weitere freie Fernsehadaption einer Arthur-Conan-Doyle-Geschichte um den scharfsinnigen Meisterdetektiv und seinen gewitzten Adlatus Dr. Watson. Die beiden Kriminalisten klären zusammen mit einer jungen Frau eine geheimnisvolle Mordserie auf, die mit einem wertvollen Perlenschatz indischer Herkunft in Verbindung steht. ✦ Großbritannien 1989 **R** Peter Hammond **B** John Hawkesworth, nach einer Erzählung von Arthur Conan Doyle **D** Jeremy Brett (Sherlock Holmes), Edward Hardwicke (Dr. John Watson), Jenny Seagrove (Mary Morstan), Ronald Lacey (Thaddeus/Batholomew), Emrys James (Insp. Athelney Jones) **L** 105 **E** 22.4.1994 MDR

SHERLOCK HOLMES: DER HUND VON BASKERVILLE (THE HOUND OF BASKERVILLE). Erneute Verfilmung des bekannten Kriminalromans von Arthur Conan Doyle: Sherlock Holmes klärt einen geheimnisvollen Mord auf Schloß Baskerville auf. Im Mittelpunkt der abenteuerlichen Handlung steht ein riesenhafter Hund, der vom Mörder für seine dämonischen Pläne benutzt wird. – Ab 14. ✦ Großbritannien 1988 **R** Brian Mills **B** , nach dem Roman von Arthur Conan Doyle **D** Jeremy Brett, Edward Hardwicke, Raymond Adamson, Neil Duncan **L** 100 **E** 15.4.1994 MDR

SHERLOCK HOLMES – DER LETZTE VAMPIR (SHERLOCK HOLMES – THE VAMPIRE OF LAMBERLEY). Als ein Fremder in einem englischen Provinznest auftaucht und mysteriöse Todesfälle seinen Weg markieren, gehen Angst und Schrecken um, denn die Dorfbewohner halten den Mann für den Nachfahren einer Vampir-Sippe, die sie einst ausrotteten. Vom Pfarrer des Ortes wird Meisterdetektiv Sherlock Holmes mit der Klärung der Umstände beauftragt. Frei erfundenes Holmes-Abenteuer, in dem nur die Figur des Detektivs und seines Freundes Dr. Watson von Arthur Conan Doyle übernommen wurden. – Ab 16. ✦ Großbritannien 1992 **R** Tim Sullivan **D** Jeremy Brett (Sherlock Holmes), Edward Hardwicke (Dr. Watson), Ray Marsden (John Stockton), Keith Barron (Bob Ferguson), Yolanda Vazquez (Carlotta Ferguson), Juliet Aubrey (Dolores), Maurice Denham (Reverend Merridew) **L** 95 **E** 29.1.1994 VOX

SHERLOCK HOLMES: DIE FRAU IN GRÜN →Die Frau in Grün

SHERLOCK HOLMES: DIE GEHEIMWAFFE →Sherlock Holmes in geheimer Mission

SHERLOCK HOLMES: DIE GEHEIMWAFFE (SHERLOCK HOLMES AND THE SECRET WEAPON). Sherlock Holmes auf der Suche nach einem Wissenschaftler, der streng geheim an Teilen eines Bombenzielgeräts arbeitet. Drei seiner Kollegen, die an den anderen Teilen des Präzisionsgeräts arbeiteten, sind bereits von Nazis, die sich die Erfindung sichern wollen, ermordet worden. Es besteht also höchste Alarmstufe. Kurzweiliger Kriminalfilm nach einer Geschichte von Arthur Conan Doyle, entstanden als Teil einer beliebten US-Film-Serials der 40er Jahre. Eingespannt in die Anti-Nazi-Propaganda Hollywoods büßt der Film von seinem arglosen Charme ein, ist aber kulturpolitisch um so interessanter. (Zweiter Teil des 1959 verliehenen Kino-Doppelprogramms »Sherlock Holmes in geheimer Mission«) – Ab 12. ✦ Schwarz-weiß. USA 1942 **P** Universal **Pd** Howard Benedict **R** Roy William Neill **B** Edward T. Lowe, W. Scott Darling, Edmund L. Hartmann, nach Stories von Arthur Conan Doyle **K** Lester White **M** Frank Skinner **S** Otto Ludwig **D** Basil Rathbone (Sherlock Holmes), Nigel Bruce (Dr. Watson), Kaaren Verne (Charlotte), Lionel Atwill (Prof. Moriarty), William Post jr. (Dr. Tobel) **L** 69 **E** 6.12.1992 3SAT

SHERLOCK HOLMES: DIE KRALLE →Die Kralle

SHERLOCK HOLMES: DIE PERLE DER BORGIA →Die Perle der Borgia

SHERLOCK HOLMES: DIE STIMME DES TERRORS (SHERLOCK HOLMES AND THE VOICE OF TERROR). Das erste von insgesamt elf Sherlock-Holmes-Abenteuern, die das Universal-Studio in den 40er Jahren als reizvolles Kino-Serial inszenieren ließ. Der geniale britische Detektiv und sein Freund und Gefährte Dr. Watson stellen sich der Aufgabe, eine Invasion der Deutschen während des Zweiten Weltkrieges zu vereiteln. Erschwert wird das Vorhaben durch eine verstärkte Agententätigkeit von deutscher Seite. Ausgerechnet dieser Auftaktfilm ist der inszenatorisch schwächste der ganzen Reihe – vielleicht weil die Vorlage (»His last Bow«) zu sehr in den Dienst damals gängiger Anti-Nazi-Propaganda aus Hollywood gestellt wurde. – Ab 14. ✦ Schwarz-weiß. USA 1942 **P** Universal **Pd** Howard Benedict **R** John Rawlins **B** Lynn Riggs, Robert D. Andrews, John Bright, nach der Erzählung »His Last Bow« von Arthur Conan Doyle **K** Elwood Bredell **M** Frank Skinner **S** Russell Schoengarth **D** Basil Rathbone (Sherlock Holmes), Nigel Bruce (Dr. John H. Watson), Evelyn Ankers (Kitty), Reginald Denny (Sir Evan Barham), Henry Daniell (Anthony Lloyd) **L** 65 **E** 17.8.1992 3SAT

SHERLOCK HOLMES GEFÄHRLICHSTER AUFTRAG (THE WOMAN IN GREEN / TERROR BY NIGHT). Doppelprogramm aus der Sherlock-Holmes-Reihe der Universal-Studios: Im ersten Fall geht es um eine Mordserie, die offensichtlich im Zusammenhang mit Hypnose steht. Dann muß Holmes enormes Improvisationstalent bei einem komplizierten Juwelentransport beweisen. (Titel der kompletten Fernsehausstrahlungen: »Die Frau in Grün« und »Juwelenraub«) – Ab 14. ✦ Schwarz-weiß. USA 1945/46 **P** Universal **KI** Royal/Ceres **Pd+R** Roy William Neill **B** Bertram Millhauser, Frank Gruber, nach Charakteren von Arthur Conan Doyle **K** Virgil Miller, Maury Gertsman **M** Mark Levant **S** Edward Curtiss, Saul A. Goodkind **D** Basil Rathbone (Sherlock Holmes), Nigel Bruce (Dr. Watson), Hillary Brooke (Lydia Marlow), Henry Daniell (Prof. Moriarty), Paul Cavanagh (Sir George Fenwick), Alan Mowbray (Maj. Duncan Bleek), Dennis Hoey (Insp. Lestrade) **L** 97 **FSK** ab 12; nf **E** 20.3.1959 **fd** 8 119

SHERLOCK HOLMES: GESPENSTER IM SCHLOSS →Gespenster im Schloß

SHERLOCK HOLMES' GRÖSSTER FALL (A STUDY IN TERROR). Meisterdetektiv Sherlock Holmes kombiniert mit enormen Gedankensprüngen, daß der Schlüssel zu bestimmten Morden in einem zweifelhaften Etablissement liegt. Es gehört der Frau des verschollenen Osborne-Sohnes, einer Dirne. Da sie ihm die Geschichte ihrer Ehe erzählt, die mit einer Erpressung endet, weiß Holmes auch, daß sie das nächste Opfer des Phantoms sein wird. Detektivfilm mit einigen dick aufgetragenen Gruseleffekten; bemerkenswert einzig die Farbdramaturgie. (TV-Titel auch: »Sherlock Holmes – Sein größter Fall«) – Ab 16 möglich. ✦ Großbritannien 1965 **P** Compton-Tekli/Sir Nigel **KI** Inter **Pd** Henry Lester **R** James Hill **B** Donald Ford, Derek Ford **K** Desmond Dickinson **M** John Scott (= Hanns Schott-Schöbinger) **S** Henry Richardson **D** John Neville (Sherlock Holmes), Donald Houston (Dr. Watson), John Fraser (Lord Carfax), Anthony Quayle (Dr. Murray), Robert Morley (Mycroft Holmes) **L** 92 **FSK** ab 16; nf **E** 14.1.1966/29.12.1971 DFF 1 **fd** 13 867

SHERLOCK HOLMES: IM ZEICHEN DER VIER →Im Zeichen der Vier

SHERLOCK HOLMES IN GEHEIMER MISSION (SHERLOCK HOLMES IN WASHINGTON / SHERLOCK HOLMES AND THE SECRET WEAPON). In der ersten Geschichte (die zweite füllt als Kurzstory nur noch die gewohnte Kinozeit aus) wandert ein politisch wichtiges Geheimdokument, das auf einen Mikrofilm projiziert wurde, im Versteck einer Streichholzverpackung durch die Hände nichtsahnender Zufallspersonen, bis es auf diesem Wege unbemerkt den feindlichen Agenten zufällt. Ehe das Versteckspiel zu Ende ist, muß Sherlock Holmes nicht nur seinen Scharfsinn strapazieren, sondern auch den gefährlichen Kampf im Schlupfwinkel der Verbrecher Auge um Auge bestehen. Im zweiten Fall muß Holmes einen Erfinder und sein Werk vor feindlichen Agenten schützen. (Titel der kompletten TV-Fassungen: »Sherlock Holmes: Verhängnisvolle Reise« und »Sherlock Holmes: Die Geheimwaffe«) – Ab 14. ✦ Schwarz-weiß. USA 1942/43 **P** Universal **KI** Royal/Ceres **Pd** Howard Benedict **R** Roy William Neill **B** Lynn Riggs, Bertram Millhauser, Edward T. Lowe, W. Scott Darling, Edmund L. Hartmann, nach Geschichten von Sir Arthur Conan Doyle **K** Maury Gertsman, Lester White **M** Frank Skinner **S** Otto Ludwig **D** Basil Rathbone (Sherlock Holmes), Nigel Bruce (Dr. Watson), Marjorie Lord (Nancy Partridge), Dennis Hoey (Insp. Lestrade), William Post jr. (Dr. Tobel) **L** 98 **FSK** ab 12; nf **E** 6.3.1959 **fd** 7 943

SHERLOCK HOLMES IN NEW YORK (SHERLOCK HOLMES IN NEW YORK). Sherlock Holmes und Dr. Watson reisen nach New York, wo ihr Gegenspieler Professor Moriarty den Sohn einer Schauspielerin in seine Gewalt gebracht hat. Der Verbrecher will den Detektiv daran hindern, einen raffiniert inszenierten, aber nur vorgetäuschten Goldraub aufzudecken. Prominent, aber unglücklich besetzte, überwiegend langweilig umgesetzte Detektivgeschichte, die allenfalls anspruchslose Unterhaltung bietet. – Ab 16. ✦ USA 1976 **P** 20th Century Fox/NBC **R** Boris Sagal **B** Alvin Sapinsley, nach Charakteren aus Romanen von Arthur Conan Doyle **M** Richard Rodney Bennett **D** Roger Moore (Sherlock Holmes), Patrick MacNee (Dr. Watson), John Huston (Moriarty), Charlotte Rampling (Irene Adler), David Huddleston (Lafferty) **L** 96 **E** 30.4.1991 SAT1

SHERLOCK HOLMES JAGT DEN TEUFEL VON SOHO (SHERLOCK HOLMES FACES DEATH / PEARL OF DEATH). Ein Mitglied der englischen Gesellschaft ist aus erbschleicherischen Gründen zum dreifachen Mörder geworden. In der Gruft eines alten Schlosses geht er Sherlock Holmes in die Falle. Gleich anschließend nimmt sich der Held des Transportes einer weltberühmten Perle ins Nationalmuseum an. Auch hierbei erhält er Gelegenheit, seinen berühmten Scharfsinn zu bestätigen. Wiederum eine anderthalbstündige Zusammenstellung zweier gekürzter, stilistisch altmodischer Gruselkrimis. (Titel der kompletten TV-Fassungen beider Fälle«: »Gespenster im Schloß« und »Die Perle der Borgia«) – Ab 14. ✦ Schwarz-weiß. USA 1943/44 **P** Universal **KI** Argus **Pd+R** Roy William Neill **B** Bertram Millhauser, nach Stories von Arthur Conan Doyle **K** Charles Van Enger, Virgil Miller **M** Paul Sawtell, Hans J. Salter **S** Fred R. Feitshans jr., Ray Snyder **D** Basil Rathbone (Sherlock Holmes), Nigel Bruce (Dr. Watson), Dennis Hoey (Insp. Lestrade), Evelyn Ankers (Naomi Drake), Miles Mander (Giles Conover) **L** 95 **FSK** ab 12; nf **E** 25.2.1958 **fd** 6 788

SHERLOCK HOLMES: JUWELENRAUB →Juwelenraub

SHERLOCK HOLMES KEHRT ZURÜCK →Eine Pfeife in Amerika

SHERLOCK HOLMES MUSS STERBEN (HANDS OF A MURDERER). Der zum Tode verurteilte Professor Moriarty kann seinen Henkern entkommen, so daß Sherlock Holmes und Dr. Watson sich erneut auf die Suche nach dem Verbrecher und gestohlenen Geheimdokumenten machen müssen. Sehr frei mit den Personen und Motiven der Romane Arthur Conan Doyles umspringender Fernsehfilm um den populären britischen Meisterdetektiv; spannungslos inszeniert. ✦ Großbritannien 1990 **P** Storke/Fuisz **Pd** Norman Foster **R** Stuart Orme **B** Charles Edward Pogue **K** Ken Westbury **M** Colin Towns **D** Edward Woodward (Sherlock Holmes), John Hillerman (Dr. Watson), Anthony Andrews (Prof. Moriarty), Kim Thompson, Peter Jeffrey (Mycroft), Warren Clarke **L** 90 **E** 2.4.1994 ARD

SHERLOCK HOLMES – SEIN GRÖSSTER FALL →Sherlock Holmes' größter Fall

SHERLOCK HOLMES SIEHT DEM TOD INS GESICHT (THE SCARLET CLAW / SHERLOCK HOLMES AND THE SPIDER WOMAN). Zunächst entlarvt Sherlock Holmes ein irrlichterndes Moorgespenst, einen entsprungenen Sträfling und bestialischen Mörder, der mit einer klauenähnlichen Gartenharke tötet. Im zweiten Fall kombiniert der Detektiv mit durchdringendem Blick aus schrägen Augenwinkeln, daß eine Selbstmordserie auf eine Verbrecherbande zurückgeht, die ihren Opfern eine giftige Riesenspinne ins Bett zu schmuggeln pflegt. Fast wäre auch Sherlock Holmes von der Bande überrundet worden: Er wird an eine Schießbudenattrappe gefesselt, die Adolf Hitler darstellt (die Filme entstanden während des Krieges) und entgeht nur knapp dem Tod auf dem Rummelplatz. (Titel der vollständigen TV-Fassungen der beiden Fälle: »Die Kralle« und »Das Spinnennest«) – Ab 14. ✦ Schwarz-weiß. USA 1943 **P** Universal **Kl** Argus **Pd+R** Roy William Neill **B** Roy William Neill, Edmund L. Hartmann, Bertram Millhauser, nach Stories von Sir Arthur Canon Doyle **K** George Robinson, Charles Van Enger **M** Paul Sawtell **S** Paul Landres, James Gibbon **D** Basil Rathbone (Sherlock Holmes), Nigel Bruce (Dr. Watson), Gerald Hamer (Potts/Tanner/Ransom), Paul Cavanagh (Lord William Penrose), Gale Sondergaard (Andrea Spedding), Dennis Hoey (Insp. Lestrade) **L** 85 **FSK** ab 12; nf **E** 14.2.1958 **fd** 6 712

SHERLOCK HOLMES: STIMME DES TERRORS →Sherlock Holmes: Die Stimme des Terrors

SHERLOCK HOLMES UND DAS HALSBAND DES TODES (SHERLOCK HOLMES ET LE COLLIER DE LA MORT / SHERLOCK HOLMES LA VALLE DEL TERRORE). Sherlock Holmes und Freund Watson auf der Spur eines zwielichtigen Archäologieprofessors, der es auf ein wertvolles Halsband der Kleopatra abgesehen hat. Amüsantes Detektivspiel im Gewand der Jahrhundertwende, das dem eigentümlichen Reiz der Holmes-Abenteuer von Arthur Conan Doyle recht nahe kommt. – Ab 14. ✦ Schwarz-weiß. BR Deutschland/Frankreich/Italien 1962 **P** CCC/Criterion/Incei **Kl** Constantin **Pd** Artur Brauner **R** Terence Fisher **B** Curt Siodmak, nach Sir Arthur Conan Doyle **K** Richard Angst **M** Martin Slavin **S** Ira Oberberg **D** Christopher Lee (Sherlock Holmes), Senta Berger (Elle Blackburn), Hans Söhnker (Prof. Moriarty), Hans Nielsen (Inspektor Cooper), Ivan Desny (Paul King) **L** 87 **FSK** ab 12; nf **E** 30.11.1962/8.12.1967 Kino DDR/18.4.1968 ARD **fd** 11 619

SHERLOCK HOLMES UND DIE GRAUE DAME →Sherlock Holmes

SHERLOCK HOLMES UND DIE SIEBEN ZWERGE. Ein pensionierter Kriminalbeamter bekommt Besuch von den sieben Zwergen, denen man Schneewittchen entführt hat. So macht sich der Pensionär mit seinen beiden Enkelkindern auf ins Märchenreich, um die durch einen bösen Magier aus den Fugen geratene Ordnung wiederherzustellen. Kinofassung einer achtteiligen Fernsehserie. Sie läßt die Tradition der DEFA-Märchenfilme mit ihren zauberhaften Tricks wiederaufleben und bürstet altbekannte Geschichten ein wenig gegen den Strich. Trotz einiger inszenatorischer Schwächen unterhält der Film sein junges Publikum spannend, humorvoll und auch ein wenig gruselig, vor allem aber beflügelt er die Fantasie. – Sehenswert ab 6. ✦ Deutschland 1994 **P** ORB/MDR/SFB/NDR **Kl** Progress **Pd** Ralph Retzlaff **R** Günter Meyer **B** Andreas Pöschel, Günter Meyer **K** Wolfgang Braumann **M** Thomas Natschinski **S** Helga Wardeck **D** Alfred Müller (Hans Holms), Ellen Schwiers (Helene), Ulrike Haase (Anne), Stefan Limprecht (Martin), Reiner Heise (Schwarzer Magier), Heike Jonca (Hexe) **L** 91 **FSK** o. A.; f **E** 2.3. 1995/26.12.1995 ARD **fd** 31 302

SHERLOCK HOLMES: VERHÄNGNISVOLLE REISE (SHERLOCK HOLMES IN WASHINGTON). Meisterdetektiv Sherlock Holmes reist mit Dr. Watson nach Washington, um das Verschwinden eines mikroverfilmten Geheimdokuments aufzuklären. Dabei gerät er zwischen die Fronten von Agenten eines Arzneimittelkonzerns und konkurrierender Gangster. Ein Abenteuer aus der unterhaltsamen Universal-Serie, die auf die verblüffende Kombinationsgabe des intelligenten Detektivs setzt, wobei der Film inszenatorisch im letzten Drittel reichlich abflaut. (Im Original bekämpfte Sherlock Holmes Nazi-Spione; erst die Synchronisation machte aus den Bösewichtern Gangster und erzählte von dem Arzneimittel-Gerangel.- Vgl. auch »Sherlock Holmes in geheimer Mission«) – Ab 14. ✦ Schwarz-weiß. USA 1943 **P** Universal **Pd** Howard Benedict **R** Roy William Neill **B** Bertram Millhauser, Lynn Riggs, nach Arthur Conan Doyle **K** Lester White **M** Frank Skinner **S** Otto Ludwig **D** Basil Rathbone (Sherlock Holmes), Nigel Bruce (Dr. Watson), Marjorie Lord (Nancy Partridge), Henry Daniell (William Easter), George Zucco (Stanley) **L** 71 **E** 2.10.1983 S 3

SHERLOCK JUNIOR →Buster Keaton – Sherlock Junior

SHERMANS FELDZUG (SHERMAN'S MARCH). Der Film hat den weitschweifigen Untertitel: »Eine Meditation über die Möglichkeit der schwärmerischen Liebe im Süden in einer Ära der atomaren Aufrüstung, auch eine Komödie«. Die Reise eines Mannes in einer Lebenskrise in den Süden der USA wird zur Metapher für einen geologischen und psychologischen Streifzug durch die Südstaaten. Der subjektive und sehr persönliche Film porträtiert diese Staaten im Schatten der Bürgerkriegsvergangenheit sowie eine Reihe dort lebender Frauen, fragt nach ihrem Selbstverständnis und ihrem Verhältnis zu den Männern; und er stellt Fragen nach der Möglichkeit von Liebesbeziehungen in einer Zeit, die für viele Menschen von Angst und Unsicherheit geprägt ist. Eine komödiantische, unerschrockene und gelegentliche böse Nabelschau. (O.m.d.U.) – Ab 16. ✦ Teils schwarz-weiß. USA 1981–85 **P** Ross McElwee **SF** Freunde der Deutschen Kinemathek **Pd+R+B+K** Ross McElwee **S** Ross McElwee **L** 155 **E** 6.5.1986

SHIGATSE – EINE SPRITZE KOMMT SELTEN ALLEIN (SHIGATSE – EINE SPRITZE KOMMT SELTEN ALLEIN). Am Beispiel der tibetanischen Region Shigatse beschreibt der Film die Folgen der chinesischen Besatzung. Das traditionelle medizinische Wissen Tibets wird durch Schnellkurse in westlicher Schulmedizin ersetzt. Dies führt zu einer medizinischen Unterversorgung der Bevölkerung und dem fortschreitenden Verlust der kulturellen Identität. Ein formal schlichter Film, der sein Anliegen ohne großes Engagement vorträgt und unverbindlich bleibt. – Ab 14 möglich. ✦ Schweiz 1989 **P** Limbo/Container TV **R** Jürg Neuenschwander **B** Jürg Neuenschwander, Alex Sutter **K** Manfred Neuwirth **M** Volksgruppe Shigatse, Tsering Tenzing, David Gattiker **S** Jürg Neuenschwander **L** 90 **E** 15.10.1995 3sat

SHILOH (SHILOH). Die Geschichte der Freundschaft zwischen einem Jungen und einem am Auge verletzten Jagdhund, der seinem Besitzer, einem gefühllosen Züchter, davongelaufen ist. Zunächst besteht der Vater auf einer Zurückgabe des Tieres, doch am Ende siegt die Tierliebe des Kindes, das den Hund in einem Versteck im Wald gesund pflegt; sogar das Herz des Hundebesitzers kann erweicht werden. Sympathisch bescheiden in Szene gesetzter Familienfilm, der trotz einiger befremdlicher Amerikanismen ein bemerkenswert kindertaugliches Programm bietet, das durch die rücksichtsvolle Erzählweise auch für kleinere Kinder verständlich ist. (Titel auch: »Shiloh – Vier Pfoten auf der Flucht«) – Sehenswert ab 6. ✦ USA 1997 **P** Utopia/Borack/Zeta Entertainment **VA** Warner Home **Pd** Zane W. Levitt, Dale Rosenbloom, Carl Borack, Mark Yellen **R** Dale Rosenbloom **B** Dale Rosenbloom, nach einem Roman von Phyllis Reynolds Naylor **K** Frank Byers **M** Joel Goldsmith **S** Mark Westmore **D** Blake Heron (Marty Preston), Scott Wilson (Judd Travers), Michael Moriarty (Ray Preston), Rod Steiger (Doc Wallace), Ann Dowd (Louise Preston) **L** 87 **FSK** ab 6 **E** 1998 Video **fd** 33 000

SHINE (SHINE). Der Lebensweg des Starpianisten David Helfgott aus Melbourne, der seine Karriere in den 60er Jahren als Wunderkind begann, plötzlich in einer psychiatrischen Klinik verschwand und 1984 ein triumphales Comeback feierte. In fragmentarischem Erzählstil als große Rückblende aufgefächert, entfalten sich die »zwei Leben« Helfgotts bei aller Emotionalität diskret und unsentimental. Klassische Versatzstücke des Musikerfilms verbinden sich zu einer faszinierenden Suche nach dem Ursprung von Kreativität und Musikalität. (Titel auch: »Shine – Der Weg ins Licht«) – Sehenswert ab 16. ✦ Australien 1996 **P** South Australian Film Corporation **Kl** Buena Vista **VA** Miramax (Buena Vista) **DVD** Buena Vista (FF P&S, DD5.1 engl./dt.) **Pd** Jane Scott **R** Scott Hicks **B** Jan Sardi **K** Geoffrey Simpson **M** David Hirschfelder, Sergej Rachmaninow (3. Klavierkonzert) **S** Pip Karmel **D** Geoffrey Rush (David Helfgott), Noah Taylor (David Helfgott als junger Mann), Alex Rafalowicz (David als Kind), Armin Mueller-Stahl (Peter Helfgott), Lynn Redgrave (Gilian), John Gielgud (Professor Cecil Parkes), Googie Withers (Katharine Susannah Prichard), Nicholas Bell (Ben Rosen) **L** 105 **FSK** ab 12; f **FBW** bw **E** 6.3.1997/4.9. 1997 Video/26.1.1999 DVD **fd** 32 430

SHINING (THE SHINING). In einem eingeschneiten Berghotel in Colorado verfällt ein Schriftsteller, der dort mit seiner Familie als Hausmeister den Winter verbringt, langsam dem Wahnsinn. Das labyrinthische Haus provoziert Halluzinationen und Angstträume, stürzt den Mann in eine Identitätskrise und treibt ihn zur zwanghaften Wiederholung einer Bluttat, die vor Jahren im Hotel geschah: Er attackiert seine Frau und seinen Sohn, die mit knapper Not dem Mordanschlag entgehen. Nur an der Oberfläche ein effektvoller Horrorthriller, ist der Film eine virtuos inszenierte Studie über die Wechselwirkung von Wirklichkeit und Schein, Realität und Illusion, über die traumatischen Abgründe, die sich jenseits des gesunden Menschenverstandes auftun. Die konventionelle Fabel ist der Anlaß für eine suggestive Symphonie des Schreckens, die den Zuschauer in seinen Genreerwartungen bestätigt und seinen Blick jedoch zugleich in die Irre führt. DVD: Der filmhistorisch interessante USA-Import beinhaltet die 143-minütige Fassung des Films. – Ab 16 möglich. ✦ USA 1980 **P** Hawk/The Producers Circle/Warner **Kl** Warner-Columbia **VA** Warner Home **DVD** Warner Home (FF, DD5.1 engl./dt.), US-Import (FF, DD.5.1 engl.) **Pd+R** Stanley Kubrick **B** Stanley Kubrick, Diane Johnson, nach einem Roman von Stephen King **K** John Alcott **M** Béla Bartók, Krzysztof Penderecki, György Ligeti, Wendy Carlos **S** Ray Lovejoy **D** Jack Nicholson (Jack Torrance), Shelley Duvall (Wendy), Danny Lloyd (Danny), Barry Nelson, Scatman Crothers **L** 119 (USA: 143) **FSK** ab 16; f **FBW** w **E** 16.10. 1980/23.8.2001 Video & DVD **fd** 22 670

SHINOBI WARRIORS (SHINOBI NINJA). Ein machthungriger Politiker droht der japanischen Regierung mit dem Verkauf geheimer Dokumente ins Ausland, um seine militärischen Ziele durchzusetzen. Eine Elitetruppe von Einzelkämpfern nimmt den Kampf gegen den Verräter und seine Killer auf. Ein rüder, sich mühsam von einer Actionszene zur nächsten hangelnder Film um einen seit Jahrhunderten schwelenden Konflikt zwischen zwei verfeindeten Ninja-Gruppen; stereotyp und langweilig. ✦ USA 1986 **P** Noble **VA** All **R** Tomas T. Hirahara **B** Syuji Gothe, Luk Chuen **D** Karen Sheperd, Jon Bara, King Johnson, Roger Vriens, Eric Lee **L** 100 **FSK** ab 16 **E** August 1988 Video **fd** 27 214

SHIRALEE – MEIN ALLES (THE SHIRALEE). Eine sechsjährige wird zum Spielball der Auseinandersetzungen ihrer Eltern. Nach der Trennung von seiner untreuen Frau nimmt der Vater das Mädchen zu sich, doch die Mutter folgt ihnen. Als das Mädchen schwer verunglückt, entschließt sich der Vater zum Kampf um das Sorgerecht. Melodramatischer Jugendfilm. ✦ Australien 1987 **R** George Ogilvie **B** Tony Morphett **K** Geoffrey Simpson **M** Chris Neal **D** Bryan Brown, Noni Hazlehurst, Rebecca Smart, Lewis Fitz-Gerald, Lorna Lesley, Simon Chilvers **L** 104 **E** 17.11.1991 premiere

SHIRINS HOCHZEIT. Als sie in ihrer Heimat an einen reichen Brautwerber verkauft werden soll, flieht eine junge Türkin nach Deutschland und sucht hier den Mann, den sie wirklich liebt. Sie findet Arbeit in einer Fabrik, wird aber bald entlassen und sinkt, als sie keine Arbeit mehr findet, zur ausgebeuteten Prostituierten ab. Im ersten Teil eine atmosphärisch stimmige, später etwas zu dick aufgetragene Schilderung des harten Lebens von Gastarbeiterinnen in einer ihnen feindlich gesinnten Gesellschaft. Ein Film, der zur Auseinandersetzung anregt. – Ab 16. ✦ Schwarz-weiß. BR Deutschland 1975 **P** WDR **KI** AG Kino **R+B** Helma Sanders-Brahms **K** Thomas Mauch **D** Ayten Erten (Shirin), Jürgen Prochnow (Aida), Aras Oren (Mahmud), Aliki Giorgouli (Maria), Peter Franke (Meister) **L** 125 **E** 20.1.1976 ARD

SHIRLEY CHISHOLM FOR PRESIDENT. Dokumentarfilm über den dreiwöchigen Wahlkampf des ersten weiblichen Mitglieds des amerikanischen Kongresses im Jahr 1972. Die schwarze Demokratin symbolisierte mit ihrem damaligen Siegeszug die Hoffnungen auf die Überwindung von Diskriminierungen, die es den Schwarzen in den USA lange Zeit unmöglich machten, politische Ämter zu übernehmen. – Ab 14. ✦ BR Deutschland 1972 **P** ZDF **R+B** Peter Lilienthal **L** 61 **E** 14.11.1972 ZDF

SHIRLEY TEMPLE STORY (SHIRLEY TEMPLE STORY). Shirley Temple zieht aus, um im Traumland »Esmeralda« den Zauberer von Oz zu finden, der ihr allein noch die Rolle der Judy Garland in »The Wizard of Oz« zuschanzen kann. Begleitet wird sie von drei Militärstöchtern, die dafür sorgen, daß das »All-American Girl« seine lustigen und vom Alltag ablenkenden Geschichten an die Menschen bringen kann. In die Handlung drängen sich stets drei junge Revolutionäre, die vergeblich versuchen, von der aktuellen Realität in Spanien zu berichten. Ein weitgespannter, allegorischer Bilderbogen voller cineastischer Verspieltheit und Komik, der die Mechanismen des Unterhaltungskinos nutzt, um gleichzeitig auf dessen verschleiernde Funktionen im Dienste politischer Repression aufmerksam zu machen. Trotz technischer Mängel und gelegentlicher Weitschweifigkeit ein Film von faszinierender Anziehungskraft. (Originalfassung) ✦ Schwarz-weiß. Spanien 1976 **P** Antoni Padros **SF** Freunde der Deutschen Kinemathek **Pd+R** Antoni Padros **B** Antoni Padros, Fernando Huici **K** Josep Gusi **D** Rosa Morata, Dolors Doucastella, Monse Fontova, Carmen Rambla **L** 246 **E** 1978 Kino

SHIRLEY VALENTINE – AUF WIEDERSEHEN, MEIN LIEBER MANN (SHIRLEY VALENTINE). Eine »Durchschnitts«-Hausfrau in den besten Jahren bricht aus ihrem frustrierenden Alltag aus, besinnt sich auf ihre eigentlichen Bedürfnisse und sucht in Griechenland eine neue Erfüllung. Verfilmung eines Theaterstückes, die in der ersten Hälfte durch Temporeichtum, Selbstironie und Witz sowie durch die gewiefte Hauptfigur mit dem großen Herzen überzeugt. Ihr Abnabelungsprozeß wird jedoch nur bedingt glaubwürdig gemacht und verliert sich zum Ende in geschönten Bildern einer Ferien-Postkartenidylle. – Ab 16 möglich. ✦ Großbritannien/USA 1988 **P** Paramount **KI** UIP **VA** CIC **Pd+R** Lewis Gilbert **B** Willy Russell, nach seinem Theaterstück **K** Alan Hume **M** George Hadjinassios, Willy Russell **S** Lesley Walker **D** Pauline Collins (Shirley Valentine), Tom Conti (Costas Caldes), Julia McKenzie (Gillian), Alison Steadman (Jane), Bernard Hill (Joe) **L** 109 **FSK** ab 12; f **FBW** w **E** 22.2.1990/22.11.1990 Video **fd** 28 157

SHIRO UND MARILYN (SHIRO AND MARILYN). Ein ausgesetztes Hündchen wird von einem jungen Mann gerettet und auf eine der Okinawa-Inseln mitgenommen. Dort begegnet das Tier einer Hunde-Dame, von der es ebenso angetan ist wie sein Herrchen von deren Besitzerin. Während sich die Annäherung der Menschen relativ problemlos gestaltet, wartet auf die Tiere ein gefährliches Abenteuer. Tierfilm, der eine wahre Begebenheit, bei der ein Hund drei Kilometer durchs Meer schwamm, mit viel sentimentaler Romantik und hausbackener Dramatik aufbereitet. – Ab 12. ✦ Japan 1988 **R** Junichi Suzuki **D** Narumi Yasuda (Minami), Masaya Kato (Daisuke), Yuko Ishino (Kyoko), Haruko Sagara (Rie), Keiko Kuga (Sawako) **L** (TV) 110 **E** 15.11.1992 MDR

SHIT HAPPENS (KICKED IN THE HEAD). Ein junger obdachloser Mann bricht zu einer Odyssee durch die kriminelle Halbwelt seiner Heimatstadt auf, scheitert aber kläglich als Drogenkurier seines halbseidenen Onkels, beginnt ein Verhältnis mit einer Zufallsbekanntschaft und muß sich den Avancen seiner Ex-Freundin erwehren, die ihn von einer gemeinsamen Zukunft überzeugen will. Ein episodisch angelegter Film, formal interessant und mit bis an die Grenze zur Hysterie überzeichneten Personen bevölkert. Das ist allerdings auch die Krux der Produktion, die den Zuschauer wenig teilnehmen und ratlos läßt. Da sich die Handlung zudem im Kreise dreht, erlahmt das Interesse an dem dialoglastigen Film rasch, zumal die Autoren keine pointierten Dialoge liefern. Ein ehrgeiziger Film, der trotz einiger guter Einfälle und der Produktionsbeteiligung von Martin Scorsese als gescheitert angesehen werden muß. ✦ USA 1997 **P** October Films/Ciby Sales **VA** VCL **Pd** Barbara De Fina, Martin Scorsese **R** Matthew Harrison **B** Matthew Harrison, Kevin Corrigan **K** John Thomas, Howard Krupa **M** Stephen Endelman **S** Michael Berenbaum **D** Kevin Corrigan (Redmond), Linda Fiorentino (Megan), Michael Rapaport (Stretch), Lili Taylor (Happy), James Woods (Sam) **L** 85 **FSK** ab 16 **E** 26.5.1998 Video **fd** 33 316

SHIVA UND DIE GALGENBLUME. Ein Kommissar entlarvt einen »besessenen« russischen Maler als Geldfälscher und bringt ihn an den Galgen. Einer der letzten deutschen Spielfilme während des Zweiten Weltkriegs. 48 Jahre, nachdem die Dreharbeiten in Prag wegen des tschechischen Aufstandes abgebrochen werden mußten, fand man im Bundesarchiv-Filmarchiv das Material. Die Autoren montierten es erstmals und synchronisierten die Szenen, zu denen kein Ton erhalten war, neu. Im Dokumentarteil werden damalige Mitarbeiter zu den Produktionsbedingungen befragt, so daß ein insgesamt aufschlußreiches Zeitbild in reizvoller Aufbereitung entstanden ist. – Ab 14. ✦ Deutschland 1945/93 **P** Lichtblick/arte/ZDF **KI** Salzgeber **Pd** Joachim Ortmanns, Carl-Ludwig Rettinger **R** Hans Steinhoff (1945), Hans Georg Andres (1993), Michaela Krützen (1993) **B** Hans Rudolf Berndorff (1945), Hans Steinhoff (1945), Hans Georg Andres (1993), Michaela Krützen (1993), nach dem gleichnamigen Roman von Hans Rudolf Berndorff **K** Carl Hoffmann (1945), Axel Block (1993) **M** Rainer Brüninghaus **S** Dagmar Lichius, Margit Bauer **D** Hans Albers (Kriminalrat Dongen, 1993), Manfred Zapatka (Kriminalrat Dongen, 1993), Hans-Michael Rehberg (Graf Gortschakoff, 1993), Gottlieb Sambor (Graf Gortschakoff, 1945), Grethe Weiser (Hausmädchen Gisela), Aribert Wäscher (Ernst von der Haardt), Theodor Loos (Kriminalkommissar Pattberg) **L** 76 **FSK** ab 12; f **E** 27.11.1993 arte/27.10.1994 Kino **fd** 31 056

SHOAH (SHOAH). Umfassende Dokumentation über die systematische Vernichtung der europäischen Juden durch die Nationalsozialisten. Der Film zeigt kein historisches Material und setzt nicht auf optische Schocks. In langen Interviews mit Opfern und Tätern, in meditativen Bildern von den Orten des Geschehens 40 Jahre danach, zeigt der Film die Ereignisse der Vergangenheit im Spiegel der Gegenwart. Eine Dokumentation, die nicht Daten sammelt oder Zahlen tabelliert, sondern den Zuschauer am Prozeß der Erinnerung beteiligt, ihn auf direkte und schmerzhafte Weise mit den Augenzeugen konfrontiert, deren Schweigen durch die insistierende Anwesenheit der Kamera und die teilnahmsvolle Hartnäckigkeit des Regisseurs gebrochen wird. »Shoah« ist einer der bedrückendsten und zugleich beeindruckendsten Filme über die Todesfabriken des Dritten Reichs, weil er die üblichen Methoden der »Vergangenheitsbewältigung« und ihre filmische Darstellung radikal in Frage stellt. (O.m.d.U.) – Sehenswert ab 14. ✦ Teils schwarz-weiß. Frankreich 1974–85 **P** Les Films Aleph/Historia Films **KI** endfilm/Freunde der Deutschen Kinemathek **VA** Landeszentrale für pol.Bildung **R+B** Claude Lanzmann **K** Dominique Chapuis, Jimmy Glasberg, William Lubtchansky **S** Ziva Posteo, Anna Ruiz **L** 566 **E** 3.,6.,10.,13.3.1986 NDR/WDR (vier Teile)/Juni 1986 Kino/16.1.1995 Video **fd** 25 510

SHOCK TREATMENT (SHOCK TREATMENT). Ein junges Ehepaar gerät in die Mühlen eines totalitären Systems, in dem Fernsehdemagogen und Mediziner die Macht an sich gerissen haben. Musical der »Rocky Horror«- Mannschaft mit satirischen Angriffen auf den »american way of life« und die Macht der Medien. Nicht so spritzig und temporeich wie sein Vorgänger, bietet der Film dennoch für Rockfans annehmbare Unterhaltung. – Ab 16. ✦ Großbritannien 1981 **P** Michael White/Gladiole Films **KI** 20th Century Fox **Pd** Michael White **R** Jim Sharman **B** Richard O'Brien, Jim Sharman, Brian Thomson **K** Mike Molloy **M** Richard Hartley, Richard O'Brien **D** Jessica Harper, Cliff De Young, Patricia Quinn, Richard O'Brien, Charles Gray **L** 95 **FSK** ab 12; f **E** 30.10.1981 **fd** 23 203

SHOCK TROOP (SHOCK TROOP). Ein US-Einsatzkommando versucht, den Prototyp eines Feuerleitsystems zurückzuholen, der den Sowjets in die Hände gefallen ist. Ein Mitglied der Spezialtruppe wird in Moskau als Spion verhaftet und deportiert. Gemeinsam mit einem Mitgefangenen, der ihn eigentlich liquidieren soll, kann er entkommen und sich nach Afghanistan durchkämpfen, wo er den dortigen Rebellen Schützenhilfe gibt, bevor er desillusioniert zurückkehrt. Realitätsfernes Fluchtdrama, das die Russen als dämonische Bestien hinstellt und einen aufrechten Amerikaner zum Supermann aufbaut. – Wir raten ab. ✦ USA 1987 **P** Cinema Sciences Corporation **VA** VPS **Pd** Steven W. Kaman, J. Christian Ingvordsen **R** J. Christian Ingvordsen **B** J. Christian Ingvordsen, John Weiner, Dan Kuchuck **K** Steven Kaman **M** Chris Burke **D** Lyle Alzado, John Christian, John Rano, Danny Aiello, Shareen Mitchell **L** 97 **FSK** ab 18 **E** 19.10.1989 Video **fd** 27 982

SHOCK WAVES – DIE AUS DER TIEFE KAMEN (SHOCK WAVES). Passagiere und Besatzung eines Kutters in der Karibik werden von Amphibienmenschen in SS-Uniformen dezimiert. Ein Horrorfilm, der lediglich durch die geschmacklosen Verweise auf das NS-Regime auffällt. (Videotitel: »Die Schreckensmacht der Zombies«) ✦ USA 1976 **P** Reuben Trane **KI** Postels/Avis **VA** ITT Contrast **R** Ken Wiederhorn **B** John Harrison, Ken Wiederhorn **K** Reuben Trane **M** Richard Eichhorn **D** Peter Cushing, John Carradine, Brooke Adams, Luke Halpin, Fred Buch **L** 85 **FSK** ab 18; nf **E** 11.8.1978/1980 Video **fd** 20 929

SHOCKER (SHOCKER). Ein College-Schüler entlarvt dank seiner Träume einen Massenmörder. Dessen Hinrichtung bewirkt nur, daß der Killer »unsterblich«

wird, so daß sich das Duell der beiden auf eine höhere Ebene verlagert, auf der es sowohl um Seelenwanderung als auch um die Auflösung alles Körperlichen in Fernsehbilder geht. Blutrünstige, thematisch überfrachtete Horrormär, die die trivialen Muster des Genres wild durcheinanderwirbelt; gegen Ende gerät sie in die Nähe der Selbstparodie, ohne dadurch attraktiver zu werden. ✦ USA 1989 **P** Universal/Alive **KI** Scotia **VA** Ufa **Pd** Marianne Maddalena, Barin Kumar **R+B** Wes Craven **K** Jacques Haitkin **M** William Goldstein **S** Andy Blumenthal **D** Peter Berg (Jonathan Parker), Michael Murphy (Lt. Don Parker), Mitch Pileggi (Horace Pinker), Cami Cooper (Alison), Timothy Leary **L** 105 (gek. 101) **FSK** ab 18; nf (gek. 16) **E** 10.5.1990/18.2.1991 Video **fd** 28 326

SHOCKING ASIA – SÜNDE, SEX UND SUKIYAKI (SHOCKING ASIA). Unter dem Vorwand, die Faszination rätselhafter asiatischer Rituale und deren Extreme zu demonstrieren, entwickelt sich dieser Dokumentarfilm auf den Spuren des »Mondo«-Zyklus zu einer ekelerregenden Aneinanderreihung von Sadismen und Perversitäten, denen man die Manipulation zunehmend ansieht. – Wir raten ab. ✦ BR Deutschland/Hongkong 1980 **P** Geiselgasteig/First Film **KI** United Artists **VA** Ufa **R+B** Emerson Fox (= Rolf Olsen) **K** Franz X. Lederle, Reiner Teumer, Christopher Fryman, G. L. Bhardwaj **M** Erwin Halletz **S** Puppa Walter **L** 89 **FSK** ab 18; nf **FBW** w **E** 24.9. 1981 **fd** 23 147

SHOCKING ASIA II – DIE LETZTEN TABUS. Aufnahmen tabuisierter Riten aus verschiedenen Ländern Asiens, die um die Themen Tod und Sexualität kreisen. Vergleichsweise sorgfältig realisiert und fotografiert, kann der Film seine spekulative Machart nicht leugnen. (Videotitel: »Die letzten Tabus – Shocking Asia II«) – Wir raten ab. ✦ BR Deutschland 1984 **P** Geiselgasteig/First Film **KI** Filmhansa **VA** Geiselgasteig **R** Emerson Fox (= Rolf Olsen) **K** Franz X. Lederle **M** Erwin Halletz **L** 92 **FSK** ab 18; nf **E** Januar 1986 Video

SHOCKING ASIA III (SHOCKING ASIA III- AFTER DARK). Spekulative Aneinanderreihung dokumentarischer Szenen aus Asien, die perverse Rituale und sexuelle Praktiken aus purer Sensationslust vorstellt. Ein später Ableger des »Mondo«-Zyklus. – Wir raten ab. ✦ Hongkong 1994/95 **P** First Distributors **VA** VPS **Pd** Hoi Wong, Shimpei Okuda **R** Takafumi Nagamine, C.C. Kwong **B** Vaghan Savidge **K** Teturo Enjyouji **M** Red Cats **S** Chris Sandersen, Chan Kun Sing **L** 95 **FSK** ab 18 **E** 1996 Video

SHOCKING CRASHES (CRASH & CRUNCH / NITETIME FUEL AND FIRE). Pausenlose Aneinanderreihung von Rennen mit Hochgeschwindigkeitsautos, Karambolagen und sich überschlagenden und brennenden Fahrzeugen. Ein zynischer Film, der sich an eine sensationslüsterne Fan-Gemeinde wendet. ✦ USA 1988/99 **P** Main Event **VA** Focus **Pd+R** Dean Papadeas **B** Randy McCarthy **K** Dean Papadeas, Harry Schnepf, Danny Guido **M** Donny Celenza **L** 70 **FSK** ab 16 **E** 20.5.1992 Video **fd** 29 917

SHOCKING FEAR (LURKING FEAR / H. P. LOVECRAFT'S LURKING FEAR). In der heruntergekommenen Kirche eines Ortes, der seit 20 Jahren von kannibalischen Zombies heimgesucht wird, treffen sieben Menschen aufeinander. Die einen wollen den Friedhof in die Luft sprengen, um sich von den Untoten zu befreien, die anderen, einige Kriminelle, suchen ebenda nach einem Schatz. Es kommt zu wechselnden Koalitionen und Konfrontationen, bevor alles in Flammen aufgeht. Ein plump inszenierter Horror-Krimi, dilettantisch gespielt und mit lächerlichen Effekten gespickt. ✦ USA 1994 **P** Full Moon/Charles Band **VA** Empire **Pd** Vlad Paunescu, Oana Paunescu **R** C. Courtney Joyner **B** C. Courtney Joyner, nach einer Kurzgeschichte von H. P. Lovecraft **K** Adolfo Bartoli **M** Jim Manzie **S** Charles Simmons **D** Jon Finch (Bennett), Blake Bailey (John Martense), Ashley Lauren (Cathryn), Jeffrey Combs (Dr. Haggis), Allison Mackie (Miss Marlowe) **L** 79 **FSK** ab 18 **E** 28.7.1994 Video **fd** 30 990

SHOCKING HEAVY METAL (BLOOD TRACKS). Eine Hardrock-Band zieht sich in die Berge zurück, um mit einigen Groupies einen neuen Video-Clip zu drehen. Sie stößt auf eine Familie, die keinen Lebenden in ihrer Nähe erträgt, so daß bald ein grausames Gemetzel beginnt. Dilettantischer, sehr blutiger Horrorfilm. – Wir raten ab. ✦ Schweden 1987 **P** Tom Sjoberg Prod./Smart Egg **VA** Highlight **Pd** Tom Sjoberg **R** Mike Jackson (= Mats Olsson) **B** Mike Jackson (= Mats Olsson), Anna Wolf **K** Hans von Dittmer **M** Dag Unenge **S** David Gilbert **D** Jeff Harding (John), Michael Fitzpatrick (Bob), Naomi Kaneda (Suzie), Brad Powell (Tonmann), Peter Merrill (Nick) **L** 86 **E** August 1988 Video

SHOEMAKER (SHOEMAKER). Zwei Eigenbrötler, ein im Lauf der Jahre bitter gewordener Realist und ein Träumer mit kindlichem Gemüt, betreiben in einem Vorort von Toronto eine kleine Schusterei. Ihre schrullige Männerwirtschaft gerät durcheinander, als der Jüngere sich in eine Frau verliebt. Spielfilmdebüt, das komplizierte Beziehungen in eine einfache Geschichte kleidet, durch eine mutige visuelle Gestaltung und drei überzeugende Darsteller aber eine starke Wirkung erzielt. Mit ihrer konzentrierten Meditation über Sehnsucht und die Kraft menschlicher Gefühle vermag die Regisseurin Gedankenschablonen aufzubrechen und für eine alltagsrelevante Humanität zu werben. (Lobende Erwähnung der Ökumenischen Jury in Mannheim-Heidelberg 1997; O.m.d.U.; TV-Titel: »Schuhmacher«) – Ab 14. ✦ Kanada 1996 **P** Subjective Eye Films/Viacom Canada/ Telefilm Canada **KI** Kairos **Pd** Elizabeth Yake **R** Colleen Murphy **B** Jaan Kolk **K** Christoph Bonnière **M** Bill Thompson **S** Wiebke von Carolsfeld **D** Randy Hughson (Carey), Alberta Watson (Anna), Hardee T. Lineham (Paul), Carl Marotte (Tony), Ellen Ray Hennessy (Leslie), George Buza (Jerry) **L** 81 **FSK** ab 12; f **E** 22.10.1998 **fd** 33 382

SHOGUN (SHOGUN). Mit japanischen Kostümen exotisch aufgeputzte Abenteuergeschichte aus der Epoche der ausgehenden Ritterzeit: Ein englischer Seemann strandet an der japanischen Küste und gerät in die Machtkämpfe der Fürsten und intrigierender Jesuiten. Nach etlichen Heldentaten wird er zum ersten nicht-japanischen Samurai ernannt. Mit großem Aufwand inszenierte, aber nur mäßige Unterhaltung, der Schwung und Spannung fehlen. Die Kinofassung der gleichnamigen Fernseh-Serie. – Ab 16. ✦ USA 1980 **P** Paramount **KI** UIP **Pd** Eric Bercovici **R** Jerry London **B** Eric Bercovici, nach einem Roman von James Clavell **K** Andrew Laszlo **M** Maurice Jarre **S** Jack Tucker, Bill Luciano, Donald R. Rode **D** Richard Chamberlain (Blackthorne), Yoko Shimada (Mariko), Michael Hordern (Fra Domingo), Toshirô Mifune (Toranaga), Frankie Sakei (Yabu) **L** 151 **FSK** ab 12; f **E** 16.4.1981 **fd** 22 904

DER SHOGUN – EIN MANN FÜR TAUSEND FRAUEN (TOKUGAWA ONNA KEIZU). Dramen und Intrigen im Harem eines lüsternen japanischen Fürsten, der seine Hauptfrau zuletzt aus Liebe ersticht, um ihn vor drohender Demütigung zu bewahren. Trotz kostbarer Ausstattung kein kulturgeschichtlich, sondern an erotischer Deutlichkeit interessierter Unterhaltungsfilm mit sorgfältiger Kameraarbeit. ✦ Scope. Japan 1968 **P** Toei **KI** Adria **R+B** Teruo Ishii **K** Teiji Yoshida **M** Masao Yagi **D** Fumiko Miura, Kyoko Mikage, Teruo Yoshida **L** 88 **FSK** ab 18; f **E** 24.10.1969 **fd** 16 256

SHOGUN MAYEDA (SHOGUN MAYEDA). Nach dem Ende des japanischen Bürgerkriegs Anfang des 17. Jahrhunderts öffnet sich das Land westlichen Einflüssen. Um in den Besitz europäischer Militärtechnik und überlegener Waffen zu gelangen, wird eine Gesandtschaft an den spanischen Königshof geschickt. In zahlreichen Abenteuern muß sie sich der Intrigen japanischer Oppositioneller erwehren. Der versuchte Brückenschlag zwischen den Kulturen mißlingt dem Film auf allen Ebenen. Kostümparaden, die einer historischen Betrachtung kaum standhalten dürften, Eifersuchtsdramen und eine Seeschlacht mit Piraten komplettieren die Klamotte, die nur in den ruhigen Bildern der japanischen Hofszene eine gewisse Stärke erreicht. (TV-Titel: »Kabuto«) – Ab 14. ✦ USA 1991 **P** Mayeda Prod. **VA** Ufa **Pd** Sho Kosugi **R** Gordon Hessler **B** Sho Kosugi, Nelson Gidding **K** John L. Connor **M** John Scott (= Hanns Schott-Schöbinger) **S** Bill Butler **D** Sho Kosugi (Mayeda), Kane Kosugi (Yorimune), Polly Walker (Cecilia), Norman Loyd (Pater Vasco), Christopher Lee (King Phillip), Toshirô Mifune **L** 102 **FSK** ab 12 **E** 5.4. 1994 Video/12.4.1995 premiere **fd** 30 770

DER SHOGUN UND SEIN SAMURAI (NIHON NO DON/ A BOSS OF JAPAN). Ein japanischer Fürst kämpft gegen den grausamen Herrscher des Hauses Tokugawa, den er schließlich zwar tötet, dessen Gewaltherrschaft über Japan er damit aber nicht beenden kann. Ein Schlachtenpanorama über Ereignisse im Japan des frühen 17. Jahrhunderts, in dem sich – in der vorliegenden stark gekürzten Fassung – vorgetäuschter Dokumentarismus und billige Actiondramaturgie verbinden. ✦ Scope. Japan 1977 **P** Toei **VA** VMP **R** Sadao Nakajima **B** Koji Takada **K** Toshio Masuda **D** Koji Tsuruta, Hiroki Matsukata, Nobuo Kaneko, Tatsuo Umemiya, Etsuko Ichihara **L** 80 (Orig. 131) **E** 1983 Video **fd** 24 300

SHOLAY (FLAMES OF THE SUN). Ein ehemaliger Polizist rächt sich mit der Unterstützung zweier Verbrecher an einem teuflischen Räuber. Aufwendiger und seinerzeit sehr erfolgreicher »Curry-Western«, angereichert und »orientalisiert« neben den Kostümen durch Gesang und Tanz. Ohne große Hingabe inszeniert und streckenweise langweilig, insgesamt aber von gewissem Unterhaltungswert. – Ab 16. ✦ Indien 1975 **P** G. P. Sippy **R** Ramesh Sippy **B** Salim-Javed **K** Dwerka Divesha **M** R.D. Burman **D** Amitabh Bachchan (Jai), Dharmendra (Veeru), Sanjeev Kumar (Tahkur), Hema Malini (Basanti), Amjad Khan (Gabbar Singh) **L** 140 **E** 14.8.1997 arte

SHOOT OUT – ABRECHNUNG IN GUN HILL (SHOOT OUT). Ein von seinem Freund bei einem Banküberfall hinterrücks niedergeschossener Westerner will sich nach seiner Entlassung an dem ehemaligen Komplizen rächen. Ganz im Stil der Western-Tradition Hollywoods spannend inszenierter Spätwestern, psychologisch differenziert, mit einem ungewöhnlichen dramaturgischen Kniff. (Alternativer Fernsehtitel: »Abrechnung in Gun Hill«) – Sehenswert ab 16. ✦ USA 1970 **P** Universal **KI** CIC **Pd** Hal B. Wallis **R** Henry Hathaway **B** Marguerite Roberts, nach dem Roman »The Lone Cowboy« von Will James **K** Earl Rath **M** Dave Grusin **S** Archie Marshek **D** Gregory Peck (Clay Lomax), Pat Quinn (Juliana Farrell), Robert F. Lyons (Bobby Jay), Susan Tyrrell (Alma), Jeff Corey (Trooper), James Gregory (Sam Foley), Rita Gam (Emma), Dawn Lyn (Decky), John Chandler (Skeeter), Paul Fix, Arthur Hunnicutt (Homer Page) **L** 97 **FSK** ab 16; f **E** 2.9.1971 **fd** 17 482

SHOOT THE MOON →Du oder beide

SHOOTDOWN (SHOOTDOWN). Im Mittelpunkt der unspektakulär inszenierten Geschichte stehen die Recherchen einer Mutter, deren Sohn bei einem Flugzeugabsturz ums Leben kam. Sie will sich mit den offiziellen Verlautbarungen nicht zufrieden geben und fördert schließlich die Wahrheit zutage. Rekonstruktion des tragischen Abschusses eines koreanischen Jumbo-Jets im Jahre 1983, den sowjetische Militärs zu verantworten haben. (TV-Titel: »Flug ohne Rückkehr«) – Ab 16. ✦ USA 1988 **P** Leonard Hill **VA** VCL/Virgin **Pd** Judy Merl, Paul Eric Myers **R** Michael Pressman **B** Judy Merl, Paul Eric Myers **K** William Wages **M** Craig Safan **S** Daniel Cahn **D** Angela Lansbury (Nan Moore), George Coe (David), Molly Hagan (Elizabeth), John Cullum (Robert Allardyce), Richard McKenzie (Oberstar) **L** 93 **FSK** ab 6; f (fr. ab 16) **E** Mai 1989 Video/1.10.1996 Kabel 1

SHOOTER (SHOOTER). Ein Kriegsberichterstatter in

Vietnam, der seinen Job als Zwischenstation für eine Karriere beim »Life«-Magazin ansieht, bleibt, als er sein Ziel erreicht hat, an der Front und dokumentiert den Irrsinn des Krieges. Keine Kritik am Vietnam-Krieg und keine Ursachenforschung, sondern ein solides Denkmal für Reporter, die in diesem Krieg starben. Interessant, doch wegen seiner Nähe zu Barry Levinsons Film »Good Morning, Vietnam« nicht mehr als die Neuverfilmung eines bekannten Themas. – Ab 16. ✦ USA 1988 **P** Paramount **VA** CIC **Pd** Barry Berg **R** Gary Nelson **B** Stephen Kline, David Hume Kennerly, nach einem Buch von David Hume Kennerly **K** Gayne Rescher **M** Paul Chihara **D** Jeffrey Nordling (Matt Dobson), Alan Ruck (Stork O'Connor), Helen Hunt (Tracy Dryer), Carol Huston, Rosalind Chao **L** 90 **FSK** ab 16 **E** September 1988 Video **fd** 27 265

SHOOTFIGHTER (SHOOTFIGHTER). Zwei Karate-Sportler werden von einem Mafia-Boß, der ihren Meister in eine Falle locken will, als sogenannte »Shootfighter« für harte Wettkämpfe mit Todesfolge angeworben. Weder Freund noch Geliebte können die Wandlung des einen Sportlers zum Mörder aufhalten. Erst der Meister befreit seine Schüler aus dem Teufelskreis, indem er dem Boß das Genick bricht. Bis zu diesem »Sieg der Humanität« bewegt sich der Film ohne überzeugenden Plot oder eine irgendwie motivierte Psychologie von einer blutigen Schlägerei zur nächsten. – Wir raten ab. ✦ Frankreich 1991 **P** A.N.A. **VA** Starlight **Pd** Alan Amiel **R** Pat Alan **B** Judd B. Lynn, Larry Felitz, Peter Shaner **K** Glenn Kershaw **S** Isaac Sehayek **D** Bolo Yeung (Shingo), Maryam D'Abo (Cheryl), William Zabka (Ruben), Michael Bernando (Nick), Sigal Diamant (Jill) **L** 80 **FSK** ab 18 **E** 19.5.1993 Video **fd** 30 337

SHOOTFIGHTER 2 (SHOOTFIGHTER 2). Ein FBI-Agent schart einige Männer um sich, um den Veranstaltern pervertierter Kampfsportveranstaltungen das Handwerk zu legen. Spannungslose, brutale Prügelunterhaltung, die sich rasch als belangloser Stumpfsinn zu erkennen gibt. ✦ USA 1995 **P** Winner **VA** Starlight **Pd** Alan Amiel **R** Paul Ziller **B** Greg Mellott, Peter Shaner **K** Hanania Baer **M** K. Alexander Wilkinson **S** Omer Tal **D** Bolo Yeung (Shingo), William Zabka (Ruben), Michael Bernardo (Nick), Chase Randolph (Lew Rawlins), Jorge Gil (Eddie) **L** 84 **FSK** ab 18 **E** 14.8.1996 Video **fd** 32 214

SHOOTING FISH (SHOOTING FISH). Um ihren Kindheitstraum von einem eigenen Zuhause zu verwirklichen, haben sich zwei Waisen in London zu einem Trickdieb-Duo zusammengeschlossen, das geldgierige Reiche zur Ader läßt. Kurz bevor sie die erstrebte Summe ergaunert haben, kommt ihnen eine junge Frau auf die Schliche, die ihrerseits in Geldnöten steckt, um ein Heim für behinderte Kinder vor der Schließung zu bewahren. Eine romantische Komödie mit märchenhaftem Einschlag, die durch ihre Leichtigkeit besticht. Als filmisches Pendant zur »Easy Listening«-Musikwelle frisch und unverbraucht, aber ohne jeden Bezug zur realen Welt. (Videotitel: »Kleine Fische, großes Geld«) – Ab 14 möglich. ✦ Scope. Großbritannien 1997 **P** Gruber Bros. **KI** PolyGram/UIP **VA** PolyGram (Fox) **Pd** Richard Holmes, Glynis Murray, Neil Peplow **R** Stefan Schwartz **B** Stefan Schwartz, Richard Holmes **K** Henry Braham **S** Alan Strachan **D** Stuart Townsend (Jez), Dan Futterman (Dylan), Kate Beckinsale (Georgie), Nickolas Grace (Mr. Stratton-Luce), Dominic Mafham (Roger), Phyllis Logan (Mrs. Ross), Claire Cox (Floss), Darren Renouf (Robin) **L** 122 **FSK** ab 6; f **E** 16.10.1997/14.5.1998 Video **fd** 32 787

SHOOTING STARS (SHOOTING STARS). Zwei Schauspieler, die wegen einer Intrige als Fernseh-Detektive einer Serie entlassen werden, versuchen sich im wirklichen Leben in diesem Beruf und kommen bald einer verbrecherischen Grundstücksspekulation auf die Schliche. Durch kitschige Nebenhandlungen aufgeblähter Pilotfilm einer Fernsehserie, dessen vordergründige Kriminalhandlung sich in Verfolgungsjagden erschöpft. ✦ USA 1983 **P** ABC/Metromedia/Aaron Spelling **VA** Ufa **Pd** Aaron Spelling, Douglas S. Cramer **R** Richard Lang **B** Michael Fisher **K** Frank Colgate, Dick Rawlings jr. (= Richard Rawlings jr.) **M** Dominic Frontiere **D** Billy Dee Williams, Parker Stevenson, Victoria Spelling, Herbert Edelman, Edie Adams **L** 95 **FSK** ab 16 **E** Juni 1986 Video **fd** 25 867

DER SHOOTIST (DER SCHARFSCHÜTZE) (THE SHOOTIST). Die letzten acht Tage im Leben eines gealterten, unheilbar an Krebs erkrankten Revolvermanns. Books würde gern in Ruhe sterben, muß sich allerdings einem letzten Gefecht im Saloon stellen. Kritischer Spätwestern mit John Wayne (1907–1979) in seiner letzten Rolle (und James Stewart in seinem letzten Western), der stilsicher das Genre reflektiert und zum Endpunkt bringt. Die im Vorspann gezeigten Stationen aus dem Leben des Revolvermanns sind Ausschnitte aus den berühmtesten John-Wayne-Western. – Sehenswert. ✦ USA 1976 **P** Dino De Laurentiis **KI** Tobis **Pd** Mike J. Frankovich, William Self **R** Don Siegel **B** Miles Hood Swarthout, Scott Hale, nach einem Roman von Glendon Swarthout **K** Bruce Surtees **M** Elmer Bernstein **S** Douglas Stewart **D** John Wayne (J. B. Books), Lauren Bacall (Bond Rogers), Ron Howard (Gillom Rogers), James Stewart (Dr. Hostetler), Richard Boone (Sweeney), Hugh O'Brian (Pulford), John Carradine (Beckum), Bill McKinney (Cobb), Harry Morgan (Marshall Thibido), Sheree North (Serepta), Richard Lenz (Dobkins), Scatman Crothers (Moses), Kathleen O'Malley (Lehrerin) **L** 99 **FSK** ab 16; f **FBW** w **E** 23.9.1977 **fd** 20 511

SHOPPING (1986) (KILLBOTS / CHOPPING MALL). In einem Kaufhaus feiern die Angestellten eine wilde Party, die durch außer Kontrolle geratene Roboter, die Jagd auf die Menschen machen, gestört wird. Unoriginelle, einfallslos inszenierte Schauermär, die sich über weite Strecken bemüht, die blutige Menschenhatz durch Slapstick-Elemente aufzuheitern. Insgesamt eine öde Kampforgie Mensch gegen Maschine. ✦ USA 1986 **P** Trinity/Concorde **VA** Vestron **Pd** Julie Corman **R** Jim Wynorski **B** Jim Wynorski, Steve Mitchell **K** Tom Richmond **M** Chuck Cirino **S** Leslie Rosenthal **D** Kelli Maroney (Allison), Tony O'Dell (Ferdy), John Terlesky (Michael), Russell Todd (Freund), Karrie Emerson (Linda) **L** 73 **FSK** ab 18 **E** 19.12.1988 Video **fd** 27 216

SHOPPING (1993) (SHOPPING). Der 19jährige Anführer einer Londoner Jugendbande und seine nordirische Freundin, die ihre aufgestauten Aggressionen gegen eine materialistisch-kalte, in Konsumgläubigkeit erstarrte Gesellschaft beim Zerstören und Plündern von Kaufhäusern abreagieren, geraten in blutige Auseinandersetzungen mit einer konkurrierenden Gang und der Polizei. Bei ihrem letzten großen Coup tappen sie in eine Falle und sterben auf der Flucht. Temporeich und effektvoll inszenierter Actionthriller, dessen eigentlich interessante Ansätze eines zeitgenössischen Generationen-Porträts an der allzu oberflächlichen Charakterzeichnung und mangelhaften Handlungsführung scheitern. ✦ Großbritannien 1993 **P** Impact/Channel Four/PolyGram/Kuzui/WMG **KI** NEF 2 **VA** Splendid **Pd** Jeremy Bolt **R+B** Paul Anderson **K** Tony Imi **M** Barrington Pheloung **S** David Stiven **D** Jude Law (Billy), Sadie Frost (Jo), Sean Pertwee (Tommy), Jonathan Pryce (Conway), Marianne Faithfull (Bev), Sean Bean (Vanning) **L** 107 **FSK** ab 16; f **E** 14.7.1994/20.6.1995 Video/21.1.1996 ARD **fd** 30 914

SHORT CUTS (SHORT CUTS). Eine Vielzahl von episodischen Einblicken in das Leben kalifornischer Paare formt sich in äußerst kunstvoller Verflechtung zum satirischen, beunruhigenden Porträt einer Gesellschaft ohne Verantwortlichkeit, Scham und Intimität. Robert Altman knüpft an stilistische Elemente und die distanzierte Betrachtung seines Films »Nashville« an und liefert, unterstützt von einem ebenso prominenten wie überzeugenden Schauspielerensemble, eine pessimistische Bestandsaufnahme der frühen 90er Jahre. – Sehenswert. ✦ Scope. USA 1993 **P** Avenue/Spelling/Fine Line **KI** Senator **VA** Ufa **Pd** Cary Brokaw **R** Robert Altman **B** Robert Altman, Frank Barhydt, nach Kurzgeschichten von Raymond Carver **K** Walt Lloyd **M** Mark Isham **S** Geraldine Peroni, Suzy Elmiger **D** Andie MacDowell (Ann Finnigan), Bruce Davison (Howard Finnigan), Jack Lemmon (Paul Finnigan), Julianne Moore (Marian Wyman), Matthew Modine (Dr. Ralph Wyman), Anne Archer (Claire Kane), Fred Ward (Stuart Kane), Madeleine Stowe (Sherri Shepard), Tom Waits (Earl Piggott), Lily Tomlin (Doreen Piggott), Jennifer Jason Leigh (Lois Kaiser), Christopher Penn (Jerry Kaiser), Lili Taylor (Honey Bush), Robert Downey jr. (Bill Bush), Tim Robbins (Gene Shepard), Frances McDormand (Betty Weathers), Peter Gallagher (Stormy Weathers), Annie Ross (Tess Trainer), Lori Singer (Zoe Trainer), Lyle Lovett (Andy Bitkower), Huey Lewis **L** 188 **FSK** ab 16; f **FBW** bw **E** 6.1.1994/26.9.1994 Video **fd** 30 588

SHORT RUN (CAT CHASER). Durch das Wiedersehen mit seiner ehemaligen Geliebten, die jetzt mit dem Polizeichef einer Inselrepublik verheiratet ist, wird ein Hotelbesitzer mit der eigenen Vergangenheit konfrontiert und zugleich in eine schmutzige Geschichte hereingezogen, die er nur knapp überlebt und die ihn zum leidenschaftlosen Killer werden läßt. Ein perfekt getimter Thriller, der sich an den großen Vorbildern der »Schwarzen Serie« orientiert und eine Lektion über die Schlechtigkeit der Welt erteilt. Für Freunde des Genre von Interesse und durch die hörenswerte Filmmusik ein besonderer Leckerbissen. (TV-Titel: »Hexenkessel Miami«) ✦ USA 1988 **P** Vestron **VA** VCL/Carolco **Pd** Peter S. Davis, William N. Panzer **R** Abel Ferrara **B** James Borelli, Elmore Leonard, nach einem Roman von Elmore Leonard **K** Anthony B. Richmond **M** Chick Corea **S** Anthony Redman **D** Peter Weller (George Moran), Kelly McGillis (Mary de Boya), Charles Durning (Jiggs Scully), Frederic Forrest (Nolan Tyner), Tomas Milian (Andres de Boya) **L** 87 **FSK** ab 18 **E** 24.10.1990 Video **fd** 28 701

SHORT RUN – HEXENKESSEL MIAMI →Short Run

SHORT TIME – NICHTS ALS ÄRGER MIT DEM KAMIKAZE-COP (SHORT TIME). Die Ärzte konfrontieren einen vor der Pensionierung stehenden Polizisten irrtümlich damit, daß er tödlich erkrankt sei. Weil seine Lebensversicherung nur ausgezahlt wird, wenn er in Ausübung seines Berufes stirbt, versucht der bislang besonnene Beamte durch Tollkühnheit den Versicherungsfall zu provozieren. Gut gespielte Komödie, die eine sichere Balance zwischen Witz, Action und Sentimentalität hält. (Alternativtitel: »Hilfe – warum bringt mich keiner um?«, »Nichts als Ärger mit dem Kamikaze-Cop«; österreichischer Fernsehtitel: »Ein Cop startet durch«) – Ab 16. ✦ USA 1990 **P** Gladden **KI** Highlight **VA** Highlight **Pd** Todd Black, Joe Wizan, Mickey Borofsky **R** Gregg Champion **B** John Blumenthal, Michael Berry **K** John L. Connor **M** Ira Newborn **S** Frank Morriss **D** Dabney Coleman (Burt Simpson), Matt Frewer (Ernie Dills), Teri Garr (Carolyn Simpson), Barry Corbin (Captain), Joe Pantoliano (Scalese) **L** 93 **FSK** ab 12; f **E** 22.11.1990/27.2.1991 Video/23.11.1994 ZDF **fd** 28 805

SHOT DOWN (THE HEIST). Der Überfall eines Gangstertrios auf einen Geldtransport läuft aus dem Ruder, als notgedrungen eine Geisel genommen werden muss. Beim Umladen der Beute gerät ihr simpler Plan außer Kontrolle und die meisten der Beteiligten verlieren ihr Leben, da Geldgier und Gewinnsucht von Außenstehenden den Konflikt anheizen. Nur die attraktive Augenzeugin und ein zufälligen anwesender Jazzmusiker, die sich zaghaft ineinander verlieben, überleben den Coup. Ein Thriller ohne individuellen Gestaltungswillen, der mit einer soliden Plot-Konstruktion gängige Genre-Konventionen bedient, doch das Potenzial der fähigen Darsteller nicht ausschöpft und nur routiniertes Mittelmaß bietet. (Titel auch: »Shot Down – Geldgier kennt keine Gnade«) ✦ USA 1999 **P** Arama Entertainment/Whythe House Prod./BX Prod. **VA** Ascot **DVD** Splendid/Ascot (FF, DD2.0 engl./dt.) **Pd** Shimon Arama, Alfred Sapse **R+B** Kurt Voss **K** Kristian Bernier **M** Alan Harding **S** Chris Figler **D** Richmond Arquette (Moe), Ice-T (C-Note), DeAundre Bonds (Trent), David Faustino (Chuck) **L** 83 (gek. 81) **FSK** ab 18 (gek. 16) (DVD 16 & 18) **E** 17.4.2000 Video/26.6.2000 DVD **fd** 34 267

SHOTGUN (SHOTGUN). Ein weißer Polizeidetektiv führt mit seinem farbigen Partner einen ausweglosen alltäglichen Kampf gegen Rauschgifthändler, Mörder und Zuhälter. Als seine Schwester, eine Prostituierte, ermordet wird, rastet er aus, wird suspendiert und arbeitet fortan als staatlich sanktionierter »Regulator« mit selbst ausgestellter Lizenz zum Töten. Schludrig inszenierter, hilflos zusammenmontierter Actionthriller mit den genreüblichen Brutalitäten. Im Mittelpunkt ein farbloser, hölzern agierender Rächer, der durch seine Grimassen die abstoßende Verherrlichung der Selbstjustiz fast schon unfreiwillig parodiert. – Wir raten ab. ✦ USA 1989 **P** P/M Entertainment **VA** Scala **Pd** Joseph Merhi, Richard Pepin **R+B** Addison Randall **K** F. Smith Martin **M** Jastereo Coviare, John Gonzalez **S** Paul Volk **D** Stuart Chapin, Rif Hutton, David Marriott, Jerry Neal, Metanel Ryan **L** 85 **FSK** ab 18 **E** Juni 1989 Video **fd** 28 063

SHOTGUN WEDDING (SHOTGUN WEDDING). Ein junger Autodieb in Sydney wird aus der Haft entlassen, als er gegen einen korrupten Polizisten aussagt. Als der mit ihm abrechnen will, nimmt er seine schwangere Lebensgefährtin als Geisel und verschanzt sich in einem Farmhaus. Während der Belagerung werden er und die junge Frau, die das Kind zur Welt bringt, getraut, der Fall wird zum Medienereignis. Ein auf einer wahren Begebenheit des Jahres 1968 basierender Film. Er verbindet Thriller und Melodram zu einem unausgegorenen Konglomerat aus Gesellschaftskritik, Rührstück und spannungsreichem Krimi, das psychologisch wie soziologisch unzureichend bleibt. (Fernsehtitel: »Shotgun Wedding – Hochzeit auf australisch«) – Ab 16. ✦ Australien 1992 **P** Beyond Films **VA** Delta **Pd** David Hannah, Charles Hannah **R** Paul Harmon **B** David O'Brien **K** Kim Battenham **M** Allan Zavod **S** Wayne LeClos **D** Aden Young (Jimmy Becker), Zoe Carides (Helen Llewellyn), Bill Hunter (Godfrey Andrews), John Walton (Det. Frank Taylor), Marshall Napier (Det. Dave Green), John Clayton (Church) **L** 84 **FSK** ab 12 **E** 4.12.1994 RTL 2/7.2.1995 Video

SHOUT (SHOUT). Ein rebellischer Jugendlicher versetzt 1955 ein texanisches Internat in helle Aufregung. Doch erst als ein neuer Musiklehrer auftaucht, der seine Schüler auch in Sachen Rock'n'Roll zu unterrichten gedenkt, greift die Schulleitung energisch ein. In seiner Problemstellung oberflächlicher Teenager-Film, ganz auf Musiknummern abgestellt, die keine Zugkraft haben. – Ab 14 möglich. ✦ USA 1991 **P** Universal **VA** CIC **Pd** Robert Simonds **R** Jeffrey Hornaday **B** Joe Gayton **K** Robert Brinkmann **M** Randy Edelman, Karyn Rachtman **S** Seth Flaum **D** John Travolta (Jack Cabe), James Walters (Jesse Tucker), Heather Graham (Sara Benedict), Richard Jordan (Eugene Benedict), Linda Fiorentino (Molly) **L** 84 **FSK** ab 12 **E** 19.8.1992 Video

SHOUT – EIN LEBEN FÜR DEN ROCK'N ROLL. Zweiteilige Biografie des bedeutendsten australischen Rock'n'Roll-Sängers Johnny O'Keefe (1939–78), eine Art Elvis Presley des fünften Kontinents. Der Film stellt nicht nur das wechselvolle Leben des Stars dar, sondern vermittelt gleichzeitig viel Zeit- und Lokalkolorit. ✦ Australien 1985 **R** Ted Robinson **D** Terry Serio (Johnny O'Keefe), Hani Witt (Valerie) **L** 99/99 **E** 31.5.,7.6.1995 ORB (zwei Teile)

DIE SHOW AM RANDE DES WAHNSINNS (DICE RULES). Stand-up-Comedy und Sketche aus der Show des US-Komikers Andrew »Dice« Clay im New Yorker Madison Square Garden. ✦ USA 1991 **P** 20th Century Fox/Fleebin Dabble **Pd** Loucas George **R** Jay Dubin **B** Andrew Dice Clay, Lenny Shulman **K** Michael Negrin **D** Andrew Dice Clay (Dice), Eddie Griffin (Tankwart), Sylvia Harman (Obdachlose), Lee Lawrence (Lee), Noodles Levenstein (Kassierer), Maria Parkinson (Berneece), Michael Parise (Dr. Slaughter), Fred Silverstein (Verliebter) **L** 81 **E** 8.2. 2000 tm 3

SHOW-BOAT →Mississippi-Melodie

SHOW PEOPLE (SHOW PEOPLE). Eine erfolgreiche Hollywood-Komödiantin strebt nach Höherem, muss sich jedoch auf dem Höhepunkt ihres Ruhms auf ihre Wurzeln und Herkunft besinnen und findet erst jetzt zu ihrem eigentlichen Glück. Brillante (Stummfilm-) Satire auf die Traumfabrik, die sich mit einer gehörigen Portion Selbstironie zu einer frühen Form von Medienkritik verdichtet und durch eine Reihe pikanter Anspielungen zum Spiegel der Hollywood-Geschäfte am Ende der 20er-Jahre wird. (Ursprünglicher Kinotitel: »Es tut sich was in Hollywood«) – Sehenswert ab 16. ✦ Schwarz-weiß. USA 1928 **P** MGM/Cosmopolitan Pictures **Pd** Irving Thalberg **R** King Vidor **B** Wanda Tuchock, Agnes Christine Johnson, Laurence Stallings **K** John Arnold **M** Carl Davis (1988) **S** Hugh Wynn **D** Marion Davies (Peggy Pepper), William Haines (Billy Boone), Dell Henderson (Colonel Pepper), Paul Ralli (André), Tenen Holtz (Casting-Direktor), Mae Murray (Mae Murray), Charles Chaplin (Charles Chaplin), Douglas Fairbanks (Douglas Fairbanks) **L** 80 **E** 1929 Kino/9.4. 1973 BR III/14.6.2001 arte **fd** 34 895

SHOWDOWN (TOP OF THE WORLD). Ein Polizist, der wegen einer Korruptionsaffäre vier Jahre im Knast saß, wird fristgerecht von seiner Noch-Frau aus dem Gefängnis abgeholt, die sich im Spielerparadies Las Vegas vom ihm scheiden lassen will. Dort werden die beiden in einen brutalen Raubüberfall verwickelt, der sie zwangsläufig aneinanderschweißt. Trotz der parallelen Erzählstruktur dreier Handlungsebenen ein ermüdender und langweiliger Film, dessen Verstöße gegen die innere Logik der Geschichte ebenso peinlich sind wie die mißlungenen Actionszenen. Zumindest ordnen sich die Dialoge in diese Niveauvorgaben ein. ✦ USA 1997 **P** NU Image/Millenium Films **VA** Warner Home **Pd** Elie Samaha, Avi Lerner **R** Sidney J. Furie **B** Bart Madison **K** Alan Caso **M** Robert O. Ragland **S** Alain Jakubowicz **D** Peter Weller (Ray Mercer), Tia Carrere (Rebecca Mercer), Dennis Hopper (Atlas), David Alan Grier (Detective Augustus), Cary-Hiroyuki Tagawa (Captain Hefter) **L** 95 (gek. 93) **FSK** ab 18 (gek. ab 16) **E** 22.5.1998 Video **fd** 33 207

SHOWDOWN AUF DEM WEG ZUR HÖLLE (PURGATORY). Ein junger Abenteurer, der sich einer Bande brutaler Outlaws angeschlossen hat, kommt in ein friedliebendes Western-Städchen, in dem die Bewohner keine Waffen tragen. Zu seinem Befremden gleichen viele der Bewohner den Helden seiner Groschenhefte, die er über alles verehrt. Als sich der Kopf der Bande zum Überfall auf das Städtchen entschließt und der junge Mann die Bewohner warnt, erfährt er deren Geheimnis: Sie sind in der Tat die verstorbenen Westernhelden, die sich in einer Art Vorhölle waffenlos bewähren müssen. Aufwändig produzierter (Fernseh-)Western mit übernatürlichen Elementen, der letztlich nur die Standards des Genres variiert. Dank der solide spielenden Darsteller dennoch ansprechend unterhaltsam. – Ab 16. ✦ USA 1999 **P** Rosemont **Pd** Daniel Schneider **R** Uli Edel **B** Gordon Dawson **K** William Wages **M** Brad Fiedel **S** Mark Conte **D** Sam Shepard (Sheriff Forest/Wild Bill Hickok), Eric Roberts (Balckjack Britton), Randy Quaid (Doc Woods), Peter Stormare (Cavon), Brad Rowe (Sonny) **L** 90 **E** 27.12.2000 Vox

SHOWDOWN IN ATLANTIC CITY →Glitz – Die Macht des Geldes

SHOWDOWN IN DER HÖLLE (FACADE). Ein Immobilienspekulant beauftragt zwei Profikiller, seinen Partner und dessen Ehefrau zu töten. Durch einen Irrtum ermorden sie jedoch den Partner und dessen Geliebte, so dass die Ehefrau in den Genuss des Erbes zu kommen droht. Während die Mörder weitere Versuche starten, ihren Faux pas zu korrigieren, macht sich die Frau gemeinsam mit einer Frauen-Wohngemeinschaft daran, den Auftraggeber zu überführen. Überdrehter Kriminalfilm nach Standard. – Ab 16. ✦ USA 1997 **P** Cinequanon Pictures **R** Carl Colpaert **D** Eric Roberts (Colin), Camilla Overbye Roos (Caroline Keller), Angus MacFadyen (Fred Colbert) **L** 89 **FSK** ab 12 **E** 10.9.1999 SAT 1

SHOWDOWN IN L. A. (MADE IN L. A.). Beziehungsprobleme unter Polizisten und Gangstern: Der Chef der Mordkommission ist einer Bande eiskalter Profis auf den Fersen, wodurch sich seine Geliebte vernachlässigt fühlt. Die Gangster wiederum geraten in Konflikt mit ihrem nervösen Fahrer, der mit einem Versicherungsagenten zusammenarbeitet, der den neuen Coup der Polizei verrät. Routinierte Actionunterhaltung ohne übertriebenen Spannungsgehalt, die zeitweise allzu verwirrend mit dem umfangreichen Personenarsenal jongliert. – Ab 16. ✦ USA 1989 **P** Ajar/World International Network **VA** Cannon/VMP **Pd** Patrick Markey **R+B** Michael Mann **K** Ron Garcia **M** Tim Truman **S** Tod Feuerman, Dov Hoenig **D** Scott Plank (Vincent), Michael Rooker (Patrick), Ely Pouget (Lilian), Xander Berkeley (Waingro), Vincent Guastaferro (Michael) **L** 93 **FSK** ab 16 **E** 20.1. 1992 Video/1.1.1993 ARD **fd** 29 597

SHOWDOWN IN LITTLE TOKYO (SHOWDOWN IN LITTLE TOKYO). Ein in Japan aufgewachsener Polizist und sein eurasischer Partner schalten eine Yakuza-Organisation in Los Angeles aus, die nicht nur das Drogenmonopol an sich reißen will, sondern auch die Rituale einer perversen mittelalterlichen Kriegerkaste pflegt. Ein sehr grausamer, aufwendig inszenierter Actionfilm, in dem Gewalt und Selbstjustiz zum sportlichen Abenteuer werden. ✦ USA 1991 **P** Warner/Lester/Caan **VA** Warner Home **DVD** Warner Home (16:9, 1.85:1, DS engl./dt.) **Pd** Martin E. Caan, Mark L. Lester **R** Mark L. Lester **B** Stephen Glantz, Caliope Brattlestreet **K** Mark Irwin **M** David Michael Frank **S** Steven Kemper, Robert A. Ferretti **D** Dolph Lundgren (Chris Kenner), Brandon Lee (Johnny Murata), Cary-Hiroyuki Tagawa (Yoshida), Tia Carrere (Minako Okeya), Toshiro Obata (Sato) **L** 71 (DVD 75) **FSK** ab 18 (DVV SPIO-JK) **E** 30.4. 1992 Video/30.10.1994 PRO 7/21.6.2001 DVD **fd** 30 041

SHOWDOWN IN MANAGUA (MANAGUA). Ein Undercover-Agent erhält den Auftrag, seinen in Nicaragua tödlich verunglückten Freund und Kollegen nach Haus zu überführen. Vor Ort muss er feststellen, dass der vermeintlich Tote recht munter ist und mit der dortigen Drogenmafia Geschäfte macht. Nun gilt es, den ehemaligen Freund zu stoppen. Herkömmlicher Action-Thriller, der nur die üblichen Topoi um Verrat und Freundschaft modifiziert. ✦ USA 1995 **P** Logo Entertainment/Screen Partners/Managua Prod./Think Films **Pd** Lorenzo O'Brien, Ray Quaranto, Louis Gossett jr., Andrzej Krakowski, Robert H. Straight **R** Michele Taverna **B** Andrzej Krakowski, Michele Taverna **K** Tony Cucchiari **S** Ray Quaranto **D** Louis Gossett jr. (Paul), Assumpta Serna (Martha), Robert Beltran (Ramon), John Savage (Dennis), Michael Moriarty **L** 95 **E** 25.7.2000 ProSieben

SHOWDOWN IN SCORPION SPRING (SCORPION SPRING). Ein Autofahrer und sein ständig betrunkener Mitreisender gabeln in der Wüste ein gestrandetes Pärchen auf und bringen sich in Teufels Küche, da der Mann ein berüchtigter Drogendealer ist, der bei der Durchsetzung seiner Ziele über Leichen geht. Road Movie, das nach viel versprechendem Anfang im Sande verläuft und nur als blutiger Ableger einschlägiger Vorläufer gewertet werden kann. ✦ USA 1997 **P** New Line Home Video **Pd** George Moffly **R+B** Brian Cox **S** Steve Nevius **D** Alfred Molina (Denis Brabant), Patrick McGaw (Zac Cross), Rubén Blades (Sam Zaragon), Esai Morales (Astor), Kevin Tighe (Sheriff Rawlwy Gill) **L** 80 **E** 4.12.1999 VOX

SHOWDOWN IN SILVER CITY →Longarm

SHOWGIRL KILLERS →Where Evil Lies

SHOWGIRLS (SHOWGIRLS). Eine junge Tänzerin mit dunkler Vergangenheit will sich in Las Vegas ein neues Leben aufbauen und schafft mit Talent, Glück, Liebschaften und Intrigen den Aufstieg von der Striptease-Tänzerin zum Star in einer Las-Vegas-Show. Eine Art Musical, das in den erotischen Tanzszenen mehr an der voyeuristischen Auslotung der Grenzen zwischen Erotik und Pornografie als an choreografischer Qualität interessiert ist. Kein kritischer Blick hinter die Kulissen des Showgeschäfts, sondern ein Film, der krampfhaft bemüht ist, sexuelle Darstellungen zu enttabuisieren. ✦ Scope. USA 1995 **P** Carolco **KI** Tobis **VA** VCL **DVD** VCL (2.35:1, DD5.1 dt.) **Pd** Alan Marshall, Charles Evans, Ben Myron **R** Paul Verhoeven **B** Joe Eszterhas **K** Jost Vacano **M** David A. Stewart **S** Mark Goldblatt, Mark Helfrich **D** Elizabeth Berkley (Nomi Malone), Kyle MacLachlan (Zack Carey), Gina Gershon (Cristal Connors), Glenn Plummer (James Smith), Gina Ravera (Molly Abrams), Robert Davi (Al Torres) **L** 131 **FSK** ab 16; f **E** 25.1.1996/18.6.1996 Video/3.12. 1998 DVD **fd** 31 744

SHOWTIME – HILFE, MEINE MAMA IST EIN STAR (THIS IS MY LIFE). Nachdem sie ein kleines Vermögen geerbt hat, gibt die Mutter von zwei halbwüchsigen Töchtern ihre Arbeit auf und versucht mit ihrem Talent als Komikerin Karriere zu machen. Sie kommt zwar zu Geld und Ruhm, doch die Töchter fühlen sich vernachlässigt und rücken aus, um ihren Vater zu suchen. Die ernüchternden Erfahrungen, die alle machen, führen die Familie wieder zusammen. Intelligente, durch Wortwitz und detailfreudige Charakterdarstellungen gekennzeichnete Komödie, die durch die gegenseitige Kommentierung von Mutter und Tochter im Off ein dichtes Geflecht menschlicher Empfindungen erzeugt. – Ab 16. ✦ USA 1992 **P** 20th Century Fox **VA** Fox **Pd** Lynda Obst **R** Nora Ephron **B** Nora Ephron, Dela Ephron, nach einer Novelle von Meg Wolitzer **K** Bobby Bryne **M** Carly Simon **S** Robert Reitano **D** Julie Kavner (Dottie Ingels), Samantha Mathis (Erica), Gaby Hoffmann (Opal), Carrie Fisher (Claudia), Bob Nelson (Ed) **L** 90 **FSK** ab 12 **E** 22.4. 1993 Video/15.5.1994 premiere **fd** 30 331

SHREK – DER TOLLKÜHNE HELD (SHREK). Ein Oger, ein grüner einzelgängerischer Waldbewohner, wird in seinem Heim von einer Horde klassischer Märchenfiguren heimgesucht, die vor einem Schlossherrn fliehen, der sie einfangen will. Der Fürst verspricht, die Ruhe des Ogers wiederherzustellen, wenn dieser für ihn eine Prinzessin aus der Gewalt eines Drachen befreit. Computeranimierte Verfilmung eines amerikanischen Kinderbuches, die viele bekannte Märchen versammelt und dabei vor allem jene Art von Niedlichkeit aufs Korn nimmt, die in Disneyfilmen dominiert. Dabei entsteht viel ironischer Humor, der mit einer spannenden Erzählung einher geht. Technisch hervorragend, in ansprechende Bilder gefasst. DVD: Die Extras umfassen u. a. einige Kurzfeatures zu Teilaspekten des Films. – Sehenswert ab 10. ✦ USA 2001 **P** DreamWorks/Pacific Data Images **KI** UIP **VA** Universal **DVD** Universal Home (16:9, 1.85:1, DD5.1 engl./dt.) **Pd** Aaron Warner, John H. Williams, Jeffrey Katzenberg, Terry Rossio, Ted Elliott **R** Andrew Adamson, Victoria Jenson **B** Ted Elliott, Terry Rossio, Joe Stillman, Roger S. H. Schulman, nach einem Kinderbuch von William Steig **M** John Powell, Harry Gregson-Williams **S** Sim Evan-Jones **L** 90 **FSK** o. A.; f **FBW** bw **E** 5.7.2001/3.12. 2001 Video & DVD **fd** 34 929

SHRIEK – SCHREI, WENN DU WEISST, WAS ICH LETZTEN FREITAG, DEN 13. GETAN HABE (SHRIEK IF YOU KNOW WHAT I DID LAST FRIDAY THE 13TH). Der schwierige Versuch, die ihrerseits schon parodistisch angelegten Teenie-Horrorfilm zu parodieren: Auf der »Bulimia Falls High School« treibt ein Massenmörder sein Unwesen. Eine Gruppe von Teenagern, von denen jeder etwas auf dem Kerbholz hat, heftet sich dem Maskenmann an die Fersen. Blutige Effekte, ein Personenarsenal aus dem Witzblatt, karikierend gemeinte Querverweise auf den Gruselfilm und tiefe Griffe in die Klischee-Kiste kennzeichnen diesen mit diversen Teenie-Stars besetzten Film, der zwar grell, aber nicht sonderlich originell ist. – Ab 16. ✦ USA 2000 **P** Lions Gate/Rhino **VA** Sunfilm **DVD** Sun Film (16:9, 1.85:1, DD2.0 engl., DD5.1 dt., DTS dt.) **Pd** Stephen Nemeth, Andrew Ooi **R** John Blanchard **B** Sue Bailey, Joe Nelms **K** David Miller **M** Tyler Bates **S** Richard LaBrie **D** Harley Cross (Dawson), Majandra Delfino (Marita), Tiffani-Amber Thiessen (Nagitha), Julie Benz (Barbara), Simon Rex (Slab), Coolio (Principle), Tom Arnold (Teigi) **L** 83 **FSK** ab 12 **E** 16.10.2001 Video & DVD **fd** 35 165

SHRIEKER – DIE FRATZE DES TODES (SHRIEKER). Computerkids aktivieren ein zweiköpfiges blutrünstiges Monster, das die Geheimnisse der fünf Herren der Finsternis hütet, und versetzen es in die Lage, seinen Blutdurst in einem kalifornischen Hospital zu stillen. Erst als sich die Reihen gelichtet haben, kann versucht werden, das Unwesen zu stoppen. Horrorfilm, in dem einmal mehr vorwiegend jugendliche Darsteller spekulativ getötet werden. ✦ USA 1997 **P** Full Moon **VA** VPS **Pd** Kirk Edward Hansen **R** Victoria Sloan (= David DeCoteau) **B** Benjamin Carr **K** Brad Rushing **D** Tanya Dempsey (Clark), Jamie Cannon (Zak), Rick Bouna (Shrieker), Chris Boyd (Mike), Roger Crowe (Robert) **L** 79 **E** 24.3.1998 Video

SHRUNKEN HEADS (SHRUNKEN HEADS). Ein schwarzer Haitianer entwendet die Köpfe dreier ermordeter Freunde aus der örtlichen Leichenhalle und wiederbelebt die Toten, damit sie an ihren Mördern Rache nehmen können. Ziemlich blutige, auf einem Drehbuch ohne Sinn und Verstand beruhende Geschichte, die sich unmotiviert vom realistischen Großstadtkrimi zum Voodoo-Märchen entwickelt. ✦ USA 1994 **P** Full Moon **VA** VPS **Pd** Charles Band, Debra Dion, Keith Payson **R** Richard Elfman **B** Matthew Bright **K** Stephen McNutt **M** Richard Band **S** Charles Simmons **D** Julius Harris (Mr. Sumatra), Meg Foster (Big Moe), Aeryk Egan (Tommy), Becky Herbst (Sally), A. J. Damato (Vinnie) **L** 82 **FSK** ab 18 **E** 27.10.1994 Video **fd** 31 166

SHTETL (SHTETL: A JOURNEY HOME). Dokumentarfilm, in dem sich der Regisseur, selbst Überlebender des Holocaust, auf die Spuren seiner Familie aus einem kleinen polnischen Shtetl macht. – Ab 16. ✦ USA 1996 **R+B** Marian Marzynski **K** Slawomir Grunberg **L** 173 (TV 89) **E** 3.9.1999 arte

SHUAR – VOLK DER HEILIGEN WASSERFÄLLE (SHUAR – VOLK DER HEILIGEN WASSERFÄLLE). Die Shuar-Indianer leben am westlichen Rand des tropischen Regenwaldes, zwischen Amazonas-Tiefland und Anden-Hochland, auf den Territorien von Ecuador und Peru. Der Film beeindruckt durch die einfühlsam-aufschlußreichen Bilder, die ein starkes Gefühl für diese selbstbewußt-fröhlichen Menschen entstehen lassen, die trotz offenkundiger zivilisatorischer Einflüsse versuchen, ihre kulturelle Identität zu wahren. Die Regisseurin verzichtet auf Kommentar oder Interviews und läßt die Bilder vom Leben und Zusammenleben, von der harten Arbeit und ekstatischen rituellen Feiern für sich sprechen. ✦ Schweiz 1987 **P** Filmkollektiv/Schmid/Limbo **Pd** Ruth Schmid **R+B** Lisa Faessler **K** Konrad Kotowski **S** Marlies Graf **L** 89 **E** Schweiz

SHY PEOPLE – BEDROHLICHES SCHWEIGEN (SHY PEOPLE). Eine Reporterin aus New York trifft in den Sümpfen Louisianas auf eine entfernte Verwandte, die ihre Familie im Sinne des verstorbenen Ehemannes mit eiserner Hand zusammenhält. Der Zusammenprall der unterschiedlichen Lebenseinstellungen führt zu tiefer Verunsicherung und zu einschneidenden Veränderungen auf beiden Seiten. Ein Film, der mit großartiger Landschaft und guten Darstellerleistungen beeindruckt, sein Thema aber verschenkt, weil er psychologische Glaubwürdigkeit durch mythologische Überhöhung ersetzt. (Fernsehtitel auch: »Bedrohliches Schweigen«) – Ab 16. ✦ Scope. USA 1987 **P** Cannon Group **VA** VMP Cannon **Pd** Menahem Golan, Yoram Globus **R** Andrej Konchalowski (= Andrej Michalkow-Konchalowski) **B** Gérard Brach, Andrej Michalkow-Konchalowski, Marjorie David **K** Chris Menges **M** Tangerine Dream **S** Alain Jakubowicz **D** Barbara Hershey (Ruth), Jill Clayburgh (Diana), Martha Plimpton (Grace), Merritt Butrick (Mike), Don Swayze (Mark) **L** 114 **FSK** ab 16 **E** 2.11. 1988 Video **fd** 27 025

SIAM SUNSET (SIAM SUNSET). Ein englischer Farben-Ingenieur findet durch turbulente Abenteuer im australischen Outland aus seiner Lebenskrise, lernt die Frau seines Lebens kennen und trifft endlich jenen Farbton, der ihm lange Zeit vorschwebte. Eine mitunter recht derbe Komödie, die die »Unkultiviertheit« der Bewohner von Down Under feiert und dabei rabenschwarze Töne anschlägt. Handfeste Unterhaltung, die wohl weniger Freunde vergeistigter Sujets anspricht. – Ab 16. ✦ Scope. Australien 1999 **P** Australian Film Finance/Showtime Australia an Artist Services Prod. **KI** afm **VA** Laser Paradise **Pd** Andrew Knight, Al Clark **R** John Polson **B** Max Dann, Andrew Knight **K** Brian Breheny **M** Paul Grabowsky **S** Nicholas Beauman **D** Linus Roache (Perry), Danielle Cormack (Grace), Ian Bliss (Martin), Roy Billing (Bill), Alan Brough (Stuart), Rebecca Hobbs (Jane) **L** 92 **FSK** ab 12; f **E** 23.3.2000/20.8.2001 Video **fd** 34 165

SIAMO ITALIANI – DIE ITALIENER →Wir sind Italiener

SIBERIADE →Eine Sibiriade: 1. Piroggen und bitterer Wein / 2. Gib den Weg frei

EINE SIBIRIADE: 1. PIROGGEN UND BITTERER WEIN / 2. GIB DEN WEG FREI (SIBIRIADA). Die Geschichte Sibiriens von der Jahrhundertwende bis in die 60er Jahre am Beispiel des Schicksals zweier Familien aus einem kleinen sibirischen Dorf. Der erste Teil berichtet von der Jahrhundertwende bis in die 40er Jahre, der zweite erzählt vom Zweiten Weltkrieg und führt in die 60er. Eines der bedeutendsten monumentalen sowjetischen Filmwerke der 70er Jahre. Ein episch breit angelegter Film, der über die politische und historische Parabel hinaus ausdrucksstarke, poetische Bilder entwickelt, die ohne theatralisches Pathos die Veränderungen der Lebenshaltungen überzeugend belegen. Meisterhaft inszeniert und von hoher technischer Perfektion. Der zweite Teil ist inhaltlich nicht mehr so überzeugend und politisch beschönigend. Gestalterisch jedoch wiederum vorzüglich und auch schauspielerisch sehenswert. (Westdeutscher Titel: »Siberiade«) – Sehenswert ab 14. ✦ Scope. UdSSR 1979 **P** Mosfilm **KI** Progress **R** Andrej Michalkow-Konchalowski **B** Andrej Konchalowski (= Andrej Michalkow-Konchalowski), Valentin Jeshow **K** Lewan Paataschwili **M** Eduard Artemjew **S** Valentina Kouloguine **D** Vitali Solomin (Nikolai Ustjushanin), Natalja Andrejtschenko (Nastja), Sergej Schakurow (Spriridon), Pawel Kadotschnikow (Greis), Jelena Korenewa (Taja) **L** 202 (TV) 240 **E** 31.10.1980 DDR/4.,11.12.1980 DFF 2/21.10.1982

DIE SIBIRIERIN (SIBIRJATSCHKA). Maria Odinzowa, als Sekretärin eines Parteikomitees verantwortlich für die Großbaustelle eines Wasserkraftwerkes in Sibirien, muß sich in ihrer Arbeit nicht nur mit dem selbstherrlichen und fast allmächtigen Bauleiter auseinandersetzen, sondern auch ihr persönliches Schicksal hinter den Problemen der ihr anvertrauten Menschen zurückstellen. Künstlerisch unzulänglicher und deshalb wenig überzeugender Film. (Kinotitel DDR: »Eine Frau aus Sibirien«) – Ab 14. ✦ Scope. UdSSR 1972 **P** Mosfilm **KI** Progress **R** Alexej Saltykow **B** Afanassi Salynski, nach seinem Roman »Maria« **K** Gennadi Zekawy, Viktor Jakuschew **M** Andrej Eschpai **D** Valeria Saklunnaja (Maria Odinzowa), Jewgeni Matwejew (Dobrotin), Roman Gromadski (Bokarew), Rimma Markowa (Bewerchaja), Pjotr Tschernow (Matjuschew) **L** 105 **E** 11.10.1973 DFF 2/12.9.1975 Kino DDR

DER SIBIRISCHE GROSSVATER (SIBIRSKI DED). Autobiographischer Film über den legendären Kommandeur der Roten Armee Nestor Kalandarischwili. 1907 verließ er seine georgische Heimat, um in Sibirien Bauernaufstände zu unterstützen. Im Jahre 1922 will Kalandarischwili seine Heimat wiedersehen, als ihn ein neuer Kampfauftrag erreicht – er soll in Jakutien eine Rebellion niederschlagen. (Alternativtitel: »Der Kommandeur aus dem Süden«) – Ab 16. ✦ Scope. UdSSR 1973 **P** Grusiafilm **KI** Progress **R** Georgi Kalatosischwili **B** Suliko Shgenti **K** Dawid Schartladse **M** Georgi Kantscheli **D** Dawid Abaschidse (Nestor Kalandarischwili), Guram Pirzchalewa (Assatiani), Shanna Prochorenko (Nastja), Schota Gabelaia (Estate), Juri Nasarow (Tichomirow) **L** 86 **E** 5.12.1974 DFF 2/21.1.1975 Kino DDR

SICARIO 77 – TOT ODER LEBENDIG (SICARIO 77 VIVO O MORTO). Ein scharfsinniger Staragent macht einen sadistischen Wissenschaftler und ehemalige Nazis unschädlich, die mit Hilfe von Laserstrahlen die Weltherrschaft anstreben. Agentenabenteuer mit den üblichen Zutaten: Verfolgung, Schlägerei, Brutalität und Kaltschnäuzigkeit, doch technisch perfekt und effektvoll gestaltet. (TV-Titel: »Das Geheimnis der tödlichen Strahlen«) – Ab 16. ✦ Scope. Italien/Spanien 1966 **P** Adelphia/Balcazar **KI** Eckelkamp **R** Mino Guerrini **B** Mino Guerrini, Adriano Bolzoni, Alfonso Balcázar, Sabatino Ciuffini **K** Aldo Scavarda **M** Giorgio Zinzi **S** Roberto Perpignani **D** Robert Mark (Ralph Lester), Alicia Brandet, John Stacy, José Bodalo, Maria Badmajew **L** 100 **FSK** ab 18; nf **E** 2.6.1967 **fd** 14 765

DIE SICHEL DES MONDES (YUEYA / CRESCENT MOON). Die Geschichte einer jungen chinesischen Prostituierten, die in den 20er Jahren durch familiäres Unglück in ihre ausweglose Situation gestürzt wurde. Ein Film voller bitterer Poesie, der Einblicke in eine unbekannte Welt gewährt. ✦ Scope. VR China 1987 **P** Filmstudio Beijing **KI** Progress **R** Huo Zhuang, Xu Xiaoxing, Xing Dan **B** Huo Zhuang, Zhang Fan, Wang Zhi An, nach dem Roman »Mondsichel« von Lao She **K** Sun Cheng, Meng Fanjun **D** Song Dandan (Han Yuerong), Siqin Gaowa (Han Yuerongs Mutter) **L** 91 **E** 20.10.1989 Kino DDR

SICHERHEIT SPIELT KEINE ROLLE → Ausgerechnet Wolkenkratzer

SICILIA! (SICILIA!). Nach langem Aufenthalt im Norden Italiens kehrt ein junger Mann nach Sizilien zurück, um seine Mutter zu besuchen. In vier schlichten, kargen Episoden erzählt der Film von Zufallsbekanntschaften während der Reise und der zentralen Begegnung mit der Mutter. Die Erinnerungen des Heimgekehrten treffen dabei auf die Sehnsüchte derjenigen, die die Heimat nicht verlassen haben. Der Film trifft keine Wertung über die Entscheidungen der Vergangenheit und stellt sich in aller Schlichtheit als großes Kino dar. ✦ Frankreich/Italien 1999 **P** Pierre Grise Prod./Straub-Huillet/CNC/Alia Film/Instituto Luce **R** Jean-Marie Straub, Danièle Huillet **B** Jean-Marie Straub, Danièle Huillet, nach einem Roman von Elio Vittorini **K** William Lubtchansky **S** Jean-Marie Straub, Danièle Huillet **D** Gianni Buscarino (Silvestro), Angela Nugara (Mutter), Vittorio Vigneri, Carmelo Trombello, Giovanni Maddio **L** 66 **E** 27.1.2000 Südwest 3

SID UND NANCY (SID AND NANCY / LOVE KILLS). Die von der Sensationspresse 1978 zur Legende hochstilisierte Liebesgeschichte zwischen dem »Sex Pistols«-Bassisten Sid Vicious und seinem Groupie Nancy Spungen. Ehe er selbst am »goldenen Schuß« stirbt, ersticht er die junge Frau im Drogenrausch. Die sozialen Hintergründe werden einer meist oberflächlichen Milieuschilderung geopfert, die letztlich der Legendenbildung Vorschub leistet. Die Zwiespältigkeit der für den Massengeschmack geglätteten Inszenierung zeigt sich auch in der teilweise unkonzentrierten Schauspielerführung. ✦ Großbritannien 1986 **P** Zenith/Initial **KI** Jugendfilm **VA** Nelson **Pd** Eric Fellner **R** Alex Cox **B** Alex Cox, Abbe Wool **K** Roger Deakins **M** The Pogues, Joe Strummer, Pray For Rain **S** David Martin **D** Gary Oldman (Sid Vicious), Chloe Webb (Nancy Spungen), Andrew Schofield (Johnny Rotten), David Hayman (Malcolm McLaren), Debby Bishop (Phoebe), Tony London (Steve), Xander Berkeley (Bowery Snax) **L** 101 **FSK** ab 16; f **E** 3.9.1987/24.2.1988 Video **fd** 26 450

SIDDHARTHA (SIDDHARTHA). Ein junger indischer Adeliger verläßt auf der Suche nach dem Sinn des Lebens sein Elternhaus. Sein Weg führt ihn über eine Asketenschule und die Begegnung mit Buddha in die Arme einer Kurtisane. Doch weder Wohlstand noch sinnliche Leidenschaft stillen seine Sehnsucht, in die sich tiefer Schmerz mischt, als sich sein Sohn von ihm abwendet. Erst als Fährmann findet er Ruhe und inneren Frieden. Werkgetreue Adaption von Hermann Hesses Roman »Siddhartha«, der die spirituelle Ich-Suche in kunstvoll komponierte Bilder übersetzt und seelische Zustände primär atmosphärisch widerspiegelt. Obwohl erst 1972 fertiggestellt, reflektiert der Film Stimmungen und Gedanken der amerikanischen Protestbewegung. ✦ Scope. USA 1972 **P** Lotus-Rooks **KI** Movienet **VA** BMG **Pd+R** Conrad Rooks **B** Conrad Rooks, nach dem gleichnamigen Roman von Hermann Hesse **K** Sven Nykvist **M** Hemant Kumar **S** Willy Kemplen **D** Shashi Kapoor (Siddhartha), Simi Garewal (Kamala), Romesh Sharma (Govinda), Pincho Kapoor (Kamaswami), Zul Vellani (Vasudeva), Amrik Singh (Siddharthas Vater), Shanti Hiranand (Siddharthas Mutter), Kunal Kapoor (Siddharthas Sohn) **L** 88 **FSK** ab 6; f **E** 16.10.1997/3.12.2001 Video **fd** 32 820

SIDEKICKS (SIDEKICKS). Ein durch Asthma-Anfälle behinderter Junge, der von Mitschülern und Lehrern schlecht behandelt wird, flüchtet sich in Tagträume mit seinem Helden Chuck Norris, bis er durch ein Karatetraining seine Probleme meistern lernt. Trotz bekannter Versatzstücke und absehbarer Handlung ein durch ironische Brechungen unterhaltsamer Film, besonders für Karate-Freunde. – Ab 14. ✦ USA 1992 **P** Gallery Films **KI** Highlight **VA** Highlight **Pd** Don Carmody **R** Aaron Norris **B** Lori Illar, Donald G. Thompson **K** Joao Fernandes **M** Alan Silvestri **S** David Rawlins **D** Beau Bridges (Jerry Gabrewski), Jonathan Brandis (Berry Gabrewski), Julia Nickson-Soul (Noreen Chen), Chuck Norris (Chuck Norris), Mako (Mr. Lee) **L** 105 **FSK** ab 12; f **E** 17.12.1992/16.3.1993 Video **fd** 30 001

SIDEWALK STORIES (SIDEWALK STORIES). Die Geschichte eines Straßenmalers, der ein Findelkind durchbringen muß und dabei ganz neue Fähigkeiten an sich entdeckt. Das alles wird erzählt als »Film ohne Worte«, nur von einem Musiksoundtrack begleitet. Ein humorvoller und warmer Film in der Tradition fast vergessener Stummfilmgrotesken und Melodramen, der von der »Weisheit des Herzens« erzählt, rührt und zugleich nachdenklich macht. (Kinotip der Katholischen Filmkritik) – Sehenswert ab 10. ✦ Schwarz-weiß. USA 1989 **P** Rhinoceros **KI** Impuls **VA** absolut MEDIEN **Pd+R+B** Charles Lane **K** William Dill **M** Marc Marder **S** Anne Stein, Charles Lane **D** Charles Lane (Künstler), Nicole Alysia (Kind), Sandy Wilson (Junge Frau), Trula Hoosier (Mutter), Darnell Williams (Vater) **L** 97 **FSK** ab 6; f **FBW** bw **E** 15.3.1990/1998 Video **fd** 28 151

SIDONIES BILDER. Eine schwangere Frau, die für ein Friedensplakat fotografiert wird, erinnert sich daran, dass sie schon einmal auf einem Plakat abgebildet war: auf dem Suchbild einer Hilfsorganisation für namenlose Kinder nach dem Zweiten Weltkrieg. Fernsehfilm, der mit leisen, poetischen Tönen für ein friedliches Zusammenleben wirbt. ✦ DDR 1987 **P** DEFA **Pd** Harald Fischer **R** Klaus Gendries **B** Gerhard Rentzsch, nach de Hörspiel »Bienchens Verwandte« von Gerhard Rentzsch **K** Peter Krause **M** Jürgen Ecke **S** Christa Helwig **D** Anne-Else Paetzold (Sidonie), Hans-Peter Reinecke (Christian), Bert Franzke (Tätowierter), Hans Teuscher (Prof. Maerz), Maxi Biewer (Elke Barth) **L** 74 **E** 8.11.1987 DFF 1

SIE. Ein junger ungarischer Pressezeichner und eine noch jüngere französische Verlegerstochter leben vier Jahre lang in Paris in zwar verliebter, doch durch Krisen gefährdeter Zweisamkeit ohne Trauschein. Nach bitteren Erfahrungen erst stellt sich die wahre Liebe ein und führt das Paar doch noch zum Standesamt. Glatte Lustspieleffekte, ein Übermaß an Sentimentalität und eine Prise Erotik werden der Atmosphäre des zugrundeliegenden kleinen Liebesromans von Gabor von Vaszary nicht gerecht. ✦ Schwarz-weiß. BR Deutschland 1954 **P** Filmaufbau **KI** Ufa **Pd** Hans Abich **R** Rolf Thiele **B** Rolf Thiele, nach dem gleichnamigen Roman von Gabor von Vaszary **K** Karl Schröder **M** Hans-Martin Majewski **S** Caspar van den Berg **D** Marina Vlady, Walter Giller, Nadja Tiller, Wera Frydtberg, Hilde Hildebrand **L** 92 **FSK** ab 18; nf **E** 9.9.1954 **fd** 3 556

SIE BRAUCHEN NICHTS ALS HILFE (IN DEFENSE OF KIDS). Eine Juristin gibt ihren gut dotierten Job in der Wirtschaft auf und kümmert sich zusammen mit einer Sozialarbeiterin um Kinder und Jugendliche, die von ihren Eltern seelisch und körperlich mißhandelt wurden. Bald stellen sich die ersten Erfolge ein, und auch privat auftretende Probleme können mit vereinten Kräften gelöst werden. Sozialdrama, das engagiert für die Sache der Kinder eintritt. – Ab 16. ✦ USA 1983 **P** CBS/MTM **R** Gene Reynolds **B** Michele Gallery **K** William K. Jurgensen **M** Fred Karlin **D** Blythe Danner (Ellen Wilcox), Sam Waterston (Paul Wilcox), Joyce Van Patten (Caroline Ruben), George Stanford Brown (Ben Humphries), James R. Winkler **L** 96 **E** 18.12.1990 Tele 5

SIE FAND DIE LIEBE (NA POROGE SHISN!). Eine junge Frau, von ihrer ehrgeizigen Mutter zum Studium in die Stadt geschickt, findet nach der enttäuschenden Begegnung mit einem Ingenieur zu ihrer Liebe, zu einem Arbeiter, zurück. Eine sehr dürftige Unterhaltung, inszenatorisch unter dem Durchschnitt. – Ab 16. ✦ UdSSR 1960 **P** Grusia-Film **KI** Progress **R** Konstantin Pipinaschwili **B** J. Krotkow, nach dem Roman »Liebe« von Grigol Tschikowani **K** Georgi Tschelidse **M** Alexej Matschawariani **D** Leila Abaschidse (Msija), Gotscha Abaschidse (Elgudsha), Otar Chatiaschwili (Lado), Meri Lomidse (Mimi), Dawid Dsigua (Msijas Vater) **L** 83 **E** 1.12.1961 Kino DDR

SIE FANDEN EINE HEIMAT (DAS PESTALOZZIDORF / THE VILLAGE). Kinderschicksale in der Zeit nach dem Zweiten Weltkrieg in einem Schweizer Pestalozzidorf zeigen die Sinnlosigkeit des Völkerhasses. Ein wichtiges Thema, bewegend und mit humanitärem Engagement inszeniert, formal jedoch anspruchslos. (Alternativtitel: »Kinder in Gottes Hand«; TV auch: »Unser Dorf«) – Ab 12. ✦ Schwarz-weiß. Schweiz/Großbritannien 1953 **P** Praesens/Rosslyn **KI** NF **Pd** Uors von Planta, Vincent Permane **R** Leopold Lindtberg **B** David Wechsler, Kurt Früh, Peter Viertel, Elisabeth Montagu, Leopold Lindtberg **K** Emil Berna **M** Robert Blum **S** Gordon Hales **D** John Justin (Alan Manning), Eva Dahlbeck (Wanda Piwonska), Sigfrit Steiner (Heinrich Meili), Krystyna Bragiel (Anja), Voytek Dolinski (Andrzej) **L** 100 **FSK** ab 12; f **FBW** w **E** 3.7.1953/13.11.1960 ARD **fd** 2 612

SIE FRAGTE NICHT NACH MORGEN (LA CROIX DES VIVANTS). Ein flämisches Dorf stellt sich gegen einen Unschuldigen, der zwei Menschenleben auf dem Gewissen haben soll. Der Pfarrer opfert sich für seine Rettung. Ein schlecht inszeniertes Drama voller Unstimmigkeiten. ✦ Schwarz-weiß. Frankreich 1960 **P** Christina/Belmont **KI** Schneider **R** Yvan Govar **B** Yvan Govar, Maurice Clavel **K** André Bac **M** Serge Nigg **D** Pascale Petit, Karlheinz Böhm, Madeleine Robinson, Gabriele Ferzetti **L** 89 **FSK** ab 18; f **E** 27.7.1962 **fd** 11 294

SIE FUHREN BEI NACHT → Nachts unterwegs

SIE FÜRCHTEN WEDER TOD NOCH TEUFEL (LOST

COMMAND). Eine französische Fallschirmjäger-Einheit in erbittertem Kampf gegen Aufständische in Algier, die für ein unabhängiges Algerien kämpfen. Der technisch überdurchschnittliche, in der Inszenierung der Massenszenen meisterliche Film spart eine Zeichnung der politischen Zusammenhänge aus und erschöpft sich im Vorzeigen grauenhafter Gemetzel. Ein fragwürdiger Durchhaltefilm mit profranzösischer Note. ✦ Scope. USA 1965 **P** Red Lion **Kl** Columbia-Bavaria **Pd+R** Mark Robson **B** Nelson Gidding, nach dem Roman »Die Zenturionen« von Jean Larteguy **K** Robert Surtees **M** Franz Waxman **S** Dorothy Spencer **D** Anthony Quinn (Oberstleutnant Raspeguy), Alain Delon (Hauptmann Esclavier), George Segal (Lt. Mahidi), Maurice Ronet (Hauptmann Boisfeuras), Michèle Morgan (Gräfin de Clairefons) **L** 129 **FSK** ab 16; f **E** 19.10.1966 **fd** 14 371

SIE GREIFEN NACH DEM LEBENDEN (ONE DARK NIGHT). Aus dem Grab heraus verfolgt ein verstorbener Meister für Telepathie und Vampirismus die Menschheit, damit seine Kräfte, erworben durch die aufgesaugten Lebensenergien seiner Opfer, ins Unermeßliche steigen. Zwei Mädchen, die eine Nacht in seiner Gruft verbringen wollen, drohen seine nächsten Opfer zu werden. Routinierter Gruselfilm nach stereotypen Mustern des Genres. (Videotitel: »Dark Night«) ✦ USA 1983 **P** ComWorld **VA** Polveram **R** Tom McLoughlin **B** Tom McLoughlin, Michael Hawes **K** Hal Trussell **M** Bob Summers **S** Charles Tetoni, Michael Spence **D** Meg Tilly (Julie), Melissa Newman (Olivia), Robin Evans (Carol), Leslie Speights (Kitty), Donald Hotton (Dockstader) **L** 89 **E** 4.4.1986 RTL plus/November 1986 Video

SIE HABEN ALLE GELACHT (THEY ALL LAUGHED). Angestellte eines Detektivbüros in Manhattan verlieben sich ausnahmslos in die Person, die sie überwachen sollen. Ein Unterhaltungsfilm, der seine Qualität der sicheren Hand von Peter Bogdanovich verdankt, der mit Situationen und Gestik ein souveränes Verwirrspiel treibt. Optisch und schnitttechnisch stellt die Komödie ein kleines Meisterwerk dar. – Ab 14. ✦ USA 1981 **P** Time-Life **Kl** Scotia **Pd** George Morfogen, B. Novak, Peter Bogdanovich **R+B** Peter Bogdanovich **K** Robby Müller **M** George Gershwin **S** Scott Vickrey, William Carruth **D** Audrey Hepburn (Angela Notes), Ben Gazzara (John Russo), John Ritter (Charles Riutledge), Colleen Camp (Christy Miller), Patti Hansen (Sam), Dorothy Stratten (Dolores) **L** 115 **FSK** ab 6; f **E** 5.3.1982 **fd** 23 485

SIE HABEN DAS WORT (USTEDES TIENEN LA PALABRA). Ein Militärgericht befindet 1967, acht Jahre nach der kubanischen Revolution, über vier der Brandstiftung einer Staatsplantage beschuldigte Arbeiter. In Rückblenden sieht man das Verhalten aller Beteiligten. Dabei kommen Probleme ans Licht, die gerade erst in der schwersten Krise des Landes eine Rolle gespielt haben: mangelnde Arbeitsmoral, heimlicher Verkauf von Betriebsmaterial und Korruption. Der Film löste in Kuba heftige Diskussionen aus. – Ab 16. ✦ Schwarz-weiß. Kuba 1973 **P** ICAIC **Kl** Progress **R** Manuel Octavio Gómez **B** Manuel Octavio Gómez, Julio García Espinosa, Jesús Diaz, Alfredo del Cueto, Nelson Rodríguez **K** Pablo Martinez **M** Leo Brouwer **D** Luis Alberto Ramirez, Omar Valdés, Salvador Wood, Idalia Andreus **L** 100 **E** 12.12.1975 Kino DDR/29.9.1976 WDR

SIE HABEN EINE HEIMAT (U NICH JEST RODINA). Der Kampf einer sowjetischen Repatriierungskommission um die Rückführung verschleppter Kinder in ihre Heimat. – Ab 14. ✦ Schwarz-weiß. UdSSR 1950 **P** Gorki-Studio **Kl** Sovexportfilm **R** Alexander Fainzimmer, Wladimir Legoschin **B** Sergej Michalkow **K** A. Ginzburg **D** Pawel Kadotschnikow (Dobrynin), Vera Marezkaja (Marija Butusowa), Natascha Saschtschipina (Irina Ssokolowa), Lenja Kotow (Sascha Butusow), Lidija Smirnowa (Smaida Landmans) **L** 90 **E** 26.5.1950 Kino DDR/23.2.1953 DFF 1

SIE HABEN MEINEN SOHN GETÖTET! (GANHAR A VIDA / GAGNER LA VIE). Nachdem ihr Sohn bei Auseinandersetzungen zwischen Jugendlichen und der Polizei in einem Pariser Vorort erschossen wurde, verlangt eine portugiesische Putzfrau die lückenlose Aufklärung der Tatumstände. Ihr heftiger Protest, der zunächst von einigen Angehörigen der Gemeinde unterstützt wird, führt sie immer mehr in die Isolation und zieht familiäre Auseinandersetzungen nach sich. Drama, das sich den Lebensumständen portugiesischer Einwanderer in Frankreich widmet, die teilweise bereits in der dritten Generation dort leben, ohne je eine Integration angestrebt zu haben. Durch die starke Frauenrolle gewinnt der Film, der eine kaum wahrgenommene Welt zeigt, die Dimensionen einer antiken Tragödie. – Sehenswert ab 16. ✦ Portugal/Frankreich 2001 **P** Madragoa Filmes/ICAM/Gémini Films/RTP/La Sept-arte **Pd** Paulo Branco **R** João Canijo **B** João Canijo, Pierre Hodgson, Céline Pouillon, nach einer Geschichte von Pierre Hodgson **K** Mário Castanheira **M** Alexandre Soares **S** Joao Braz **D** Rita Blanco (Cidália), Adriano Luz (Adelino), Teresa Madruga (Celestina), Alda Gomes (Alda), Olivier Leite (Orlando) **L** 110 (TV) **E** 18.08.2001 arte **fd** 35 012

SIE HASSEN UND SIE LIEBEN (LES LOUPS DANS LA BERGERIE). Eine Autopanne zwingt drei Bankräuber, ihre Flucht in einem einsam gelegenen Erziehungsheim, das von einem jungen Ehepaar geleitet wird, zu unterbrechen. Der Film schildert ihren Terror, ihre Verführungsversuche und den moralischen Sieg der Heimbewohner im Ton eines harten Kriminalfilms. Dabei werden zwar die großen Vorbilder des Genres zitiert, die fahrige Inszenierung und das mangelnde technische Geschick führen den Film aber nie aus dem Mittelmaß heraus. ✦ Scope, schwarz-weiß. Frankreich 1959 **P** Madeleine/Florilège **Kl** Ceres **Pd** Jacques Garcia **R** Hervé Bromberger **B** Frédéric Grendel, nach einem Roman von John Amila **K** Jacques Mercanton **M** Serge Gainsbourg **D** Jean-Marc Bory, Françoise Dorléac, Jean Babilée, Pierre Mondy, Pascale Roberts **L** 83 **FSK** ab 16; f **E** 29.4.1960 **fd** 9 144

SIE HATTE KEINE CHANCE (BETTER OFF DEAD). Wegen des Mordes an einem Polizisten wird eine junge Kriminelle zum Tode verurteilt. Nach sieben Jahren in der Todeszelle bringt eine engagierte Anwältin Licht in die erschütternde Kindheit der Todeskandidatin; ein Justizbeamter, von dem sie schwanger ist, will ihre Begnadigung erreichen. Überdurchschnittliches Fernsehdrama. – Ab 16. ✦ USA 1993 **R** Neema Burnette **B** Marlane X. Meyers **M** John Barnes **D** Mare Winningham (Kit Kellner), Tyra Ferrell (Cutter Dubuque), Robert Nadir (Daniel Davis), Jan D'Arcy (Nola), Kevin Tighe (John Byron) **L** 86 **E** 18.9.1995 Pro Sieben

SIE HAUEN ALLE IN DIE PFANNE (AMAZZONI DONNE D'AMORE E DI GUERRA). Amazonen terrorisieren ein Tal, dessen Bewohner sich ihrem Schutz verweigern. Mit Hilfe eines schwarzen Gladiators und eines zierlichen Chinesen gelingt es einem kleinen Betrüger, die wilden Frauen zu vernichten. Mißglückte Parodie auf Abenteuergeschichten, die mit faulem Zauber, Mythen und Kampfgetümmel unterhalten will. Trotz der spektakulären Inszenierung ermüdend und langweilig. – Ab 14 möglich. ✦ Scope. Italien 1973 **P** A-Erre **Kl** Scotia **R** Alfonso Brescia **B** Mario Amendola, Bruno Corbucci, Fernando Izcaino **K** Fausto Rossi **M** Franco Micalizzi **D** Lincoln Tate, Lucretia Love, Paola Tedesco, Aldo Danti, Marc Hannibal **L** 92 **FSK** ab 12; nf **E** 25.7.1975 **fd** 19 602

SIE HÄUTEN SIE LEBEND →Häutet sie lebend (Unternehmen Wildgänse)

SIE HEIRATET DEN CHEF (SHE MARRIED HER BOSS). Die Schwierigkeiten zwischen einem Warenhausbesitzer und seiner ehemaligen Sekretärin und jetzigen Ehefrau. Er glaubt, sein Leben wie bisher weiterführen zu können, was jedoch gar nicht im Sinne seiner Frau ist. Sie bringt die Dinge auf ihre Weise ins Lot und erlebt dabei manche Überraschung. Eine etwas dünnblütige Hollywoodkomödie mit sympathischen Darstellern. – Ab 14. ✦ Schwarz-weiß. USA 1935 **P** Columbia **R** Gregory La Cava **B** Sidney Buchman, nach einer Erzählung von Thyra Samter Winslow **K** Leon Shamroy **D** Claudette Colbert, Melvyn Douglas, Michael Bartlett, Raymond Walton, Edith Fellows **L** 85 **E** 26.7.1973 ARD

SIE KAMEN NACH CORDURA (THEY CAME TO CORDURA). Ein degradierter US-Major erhält 1916 Auftrag, fünf Offiziere durch Feindesland nach Cordura zu geleiten. Der strapaziöse Ritt wird für den Helden zur Bewährungsprobe, die er tapfer meistert. Etwas langatmiger Western mit Gary Cooper in einer Paraderolle. – Ab 16. ✦ Scope. USA 1959 **P** Columbia **Kl** Columbia **Pd** William Goetz **R** Robert Rossen **B** Ivan Moffat, Robert Rossen, nach einem Roman von Glendon Swarthout **K** Burnett Guffey **M** Elie Siegmeister **S** William A. Lyon **D** Gary Cooper (Major Thomas Horn), Van Heflin (Sgt. John Chawk), Tab Hunter (Lt. William Fowler), Richard Conte (Cpl. Milo Trubee), Michael Callan (Pvt. Aubrey Hertherington), Dick York (Pvt. Renziehausen), Robert Keith (Colonel Rogers), Carlos Romero (Arrsaga), James Bannon (Capt. Raltz), Edward Platt (Colonel DeRose), Maurice Jara, Rita Hayworth (Adelaide Geary) **L** 109 **FSK** ab 16; f **FBW** w **E** 4.9.1959/11.9.1971 ARD **fd** 8 422

SIE KAMEN VON JENSEITS DES WELTRAUMS (THEY CAME FROM BEYOND SPACE). Im Südwesten Englands gehen unbekannte Flugobjekte nieder, die man zunächst für Meteoriten hält. Durch hypnotische Strahlungen und gezielte Seuchenverbreitung sorgen sie unter der Bevölkerung für Furcht und Panik. Mit Horroreffekten angereicherter Science-Fiction-Film unter der Regie von Freddie Francis, der als Kameramann berühmt geworden ist. – Ab 16. ✦ Großbritannien 1967 **P** Amicus **Pd** Max J. Rosenberg, Milton Subotsky **R** Freddie Francis **B** Milton Subotsky, nach einem Roman von Joseph Millard **K** Norman Warwick **M** James Stevens **S** Peter Musgrave **D** Robert Hutton (Dr. Curtis Temple), Jennifer Jayne (Lee Mason), Zia Mohyeddin (Farge), Bernard Kay (Richard Arden), Michael Gough (Moni), Geoffrey Wallace (Allan Mullane), Maurice Good (Stilwell), Diana King (Mrs. Trethowan), Paul Bacon (Rogers), Frank Forsyth (Blake), Jack Lambert (Doktor) **L** 81 **E** 8.6.1973 ZDF

SIE KAMEN ZU VIERT UM ZU TÖTEN (E VENNERO IN QUATTRO PER UCCIDERE SARTANA). Eine Kleinstadt wird von der Bande eines angesehenen Bürgers terrorisiert. Der Banditenchef stellt seine Übeltaten kurzfristig ein, als ein Revolverheld Ordnung schaffen soll, hetzt dann aber vier bezahlte Killer auf ihn. Schlecht und armselig-billig inszenierter Nachzügler der Italowestern-Welle um die Sartana-Figur, garniert mit lächerlich arrangierten Schlägereien und Schießereien. ✦ Scope. Italien 1969 **P** Tarquinia **R** Miles Deem (= Demofilo Fidani) **B** Mila Vitelli, Demofilo Fidani **K** Luciano Tovoli **M** Italo Fischetti **D** Jeff Cameron, Anthony G. Stenton, Simone Blondell, Dennis Colt, Celso Faria **L** 95 (TV 85) **E** 12.6.1986 RTL plus

SIE KÄMPFEN FÜR GERECHTIGKEIT →The Final Option

SIE KÄMPFEN UM IHR LEBEN →Fortress – Sie kämpfen um ihr Leben

SIE KÄMPFTEN FÜR DIE HEIMAT (ONI SRAHALIS SA RODINU). Die Geschichte eines legendären Schützenregiments, das sich 1942 an den Ufern des Don – bis auf 27 Männer zusammengeschmolzen – heldenhaft verteidigt und damit den Rückzug sowjetischer Truppen über den Don sichert. Aus Anlaß des 30. Jahrestages der Beendigung des Zweiten Weltkriegs hat Regisseur und Hauptdarsteller Bondartschuk (1920–1994), jahrelang die Prestige-Figur des sowjetischen Kinos, nochmals auf eine literarische Vorlage seines favorisierten Autors Scholochow zurückgegriffen und ein breit angelegtes, bombastisches Heldenepos inszeniert, das Sowjetsoldaten in aussichtsloser Lage Tapferkeit und Opferbereitschaft beweisen ließ. Ein wuchtiger, aber pathetischer und inszenatorisch uneinheitlicher Film. – Ab 16. ✦ Scope. UdSSR 1975 **P** Mosfilm **KI** Progress **R** Sergej Bondartschuk **B** Sergej Bondartschuk, nach einem Roman von Michail Scholochow **K** Wadim Jussow **M** Wjatscheslaw Obtschinnikow **D** Wassili Schukschin (Pjotr Lopachin), Sergej Bondartschuk (Iwan Swjaginzew), Iwan Lapikow (Sergeant Popristschenko), Wjatscheslaw Tichonow (Nikolai Strelzow), Nikolai Gubenko (Leutnant Golostschokow) **L** 157 **E** 7.11.1975 Kino DDR/20.2.1977 DFF 1

SIE KANNTE IHREN KILLER (SOMEONE SHE KNOWS). Nach dem Mord an einem sechsjährigen Mädchen hat die Polizei zunächst keine konkrete Spur; die verzweifelte Mutter vermutet jedoch in dem Streifenpolizisten ihres Viertels den Täter und verfolgt ihn hartnäckig. – Ab 16. ✦ USA 1994 **R** Eric Laneuville **B** Carol Monpere **M** Wendy Blackstone **D** Markie Post (Laurie), Gerald McRaney (Frank), Jeffrey Nordling (Greg), Spencer Garrett (Lieutenant Harry Kramer), Sharon Lawrence (Sharon) **L** 89 **E** 31.10.1995 Pro Sieben

SIE KANNTEN KEINE GNADE (THIS REBEL BREED/ THREE SHADES OF LOVE/LOLA'S MISTAKE). Rassenhaß an einer amerikanischen Schule: Schülergangs verschiedener Hautfarbe bekämpfen sich bei ihren Rauschgiftgeschäften bis aufs Messer. Durch den getarnten Einsatz zweier Polizeianwärter wird das gewalttätige Treiben beendet. Ein hart und realistisch inszenierter Unterhaltungsfilm mit ernstem Hintergrund; gestalterisch leider nur Durchschnitt. ✦ Schwarz-weiß. USA 1960 **P** Warner **KI** Warner **Pd** William Rowland **R** Richard L. Bare **B** Morris Lee Green, nach einer Erzählung von William Rowland und Irma Berk **K** Monroe P. Askins **M** David Rose **D** Rita Moreno (Lola), Mark Damon (Frank), Gerald Mohr (Brooks), Jay Novello (Papa), Eugene Martin (Ruby) **L** 92 **FSK** ab 18; nf **E** 5.8.1960 **fd** 9 361

SIE KANNTEN SICH ALLE. Aufklärung einer Sabotage-Aktion, die die Entwicklung eines neuen Wagentyps im ostdeutschen Autowerk Isenau verzögern soll. Spannender, nur geringfügige Mängel aufweisender Kriminalfilm, dessen einseitige politische Tendenz unübersehbar ist und der nach dem Motto »Achtung, Feind hört mit!« gegen allzu große Vertrauensseligkeit polemisiert. – Ab 14. ✦ Schwarz-weiß. DDR 1958 **P** DEFA **KI** Progress **Pd** Werner Dau **R** Richard Groschopp **B** Lothar Creutz, Carl Andrießen, Richard Groschopp **K** Eugen Klagemann **M** Wilhelm Neef **S** Friedel Welsandt **D** Sonja Sutter (Herta Klausner), Paul R. Henker (Klausner), Harry Hindemith (Böhnke), Erich Franz (Kilian), Wolfgang Stumpf (Schott) **L** 84 **E** 30.4.1958 Kino DDR/ 25.7.1958 DFF 1

SIE KEHREN HEIM →Coming Home – Sie kehren heim

SIE KENNEN KEINE GNADE (DEAD BEAT). Ein gelangweilter junger Mann schließt sich in seiner neuen Heimat, einem öden Wüstenort, einem Kleinstadt-Rowdy an und hat zunächst eine Menge Spaß. Doch sein neuer Freund übertreibt es in allen Belangen. Als plötzlich zwei Tote zu beklagen sind, muss der Junge einsehen, dass der Bogen längst überspannt war. Actiondrama, das vor der Kulisse eines tristen Kaffs ein aus Langeweile gespeistes Gewaltszenario entwirft. ✦ USA 1994 **P** Distant Horizon/Phony Pic. **Pd** Christopher Lambert, George Moffly **R** Adam Dubov **B** Adam Dubov, Janice Shapiro **K** Nancy Schreiber **M** Anton Sanko **S** Lorraine Salk **D** Bruce Ramsay (Kit), Balthazar Getty (Rudy Dobbs), Natasha Gregson Wagner (Kristen), Meredith Salenger (Donna), Deborah Harry (Mrs. Kurtz) **L** 115 **E** 25.1.2001 RTL 2

SIE KÖNNEN'S NICHT LASSEN (SIDEKICKS). Zwei kleine Ganoven werden versehentlich von der Tochter des Sheriffs verhaftet. Als handfeste Gangster sie aus der Haft befreien, weil sie mit ihnen eine Bank überfallen wollen, geht so ziemlich alles daneben, doch die Gauner haben noch andere Eisen im Feuer. Eine ziemlich langweilige Western-Komödie. – Ab 14 möglich. ✦ USA 1974 **P** Warner/Cherokee **R** Burt Kennedy **B** William Bowers **D** Louis Gossett jr. (Jason), Larry Hagman (Quince), Harry Morgan (Sheriff Jenkins), Blythe Danner (Prudy Jenkins), Jack Elam (Boss), Hal Williams (Max) **L** 75 **E** 13.9. 1995 Vox

SIE KÜSSTEN UND SIE SCHLUGEN IHN (LES QUATRE CENTS COUPS). Der erste Spielfilm des damals 27jährigen François Truffaut begründete durch seine stilistische Intelligenz und Aufrichtigkeit den Ruhm der »Neuen Welle«. Die einfache und kommentarlose Geschichte des mißverstandenen Jungen, der in Fürsorgeerziehung gegeben wird, will die Aufmerksamkeit der Erwachsenen auf ihre erzieherische und gesellschaftliche Verantwortung lenken. Obwohl der (teilweise autobiografische) Bericht bitter bleibt, nimmt er keine pessimistische Position ein. Ein stilistisch und inszenatorisch wundervoller Film, der die zutiefst humane Geisteshaltung seines Schöpfers spiegelt. In Cannes wurde der Film 1959 mit dem Regie- und dem OCIC-Preis ausgezeichnet. – Bei den Vorbereitungen zu dem Episodenfilm »Liebe mit Zwanzig« kam Truffaut die Idee, die Biografie des Antoine Doinel mit Jean-Pierre Léaud als Darsteller fortzusetzen. So entstand ein Zyklus von fünf Filmen, der über einen Zeitraum von fast 20 Jahren Stationen aus dem Leben einer zwar fiktiven Figur erzählt, in die jedoch Details aus der Jugendgeschichte Truffauts und Léauds einfließen und die sich in vielerlei Hinsicht als repräsentativ für das Lebensgefühl der französischen Jugend in den 50er und 60er Jahren erweist. Weitere Doinel-Filme: Die Episode »Antoine und Colette« in »Liebe mit Zwanzig«, »Geraubte Küsse«, »Tisch und Bett«, »Liebe auf der Flucht«. (DDR-Titel: »Streiche und Schläge«) – Sehenswert ab 14. ✦ Scope, schwarz-weiß. Frankreich 1958/59 **P** Carosse/Sedif **KI** Europa **Pd** Georges Charlot **R** François Truffaut **B** François Truffaut, Marcel Moussy **K** Henri Decaë **M** Jean Constantin **S** Marie-Josèphe Yoyotte **D** Jean-Pierre Léaud (Antoine Doinel), Claire Maurier (Julien Doinel), Guy Decomble (Klassenlehrer), Patrick Auffay (René Bigey), Robert Beauvais (Schuldirektor), Jeanne Moreau **L** 101 **FSK** ab 16; f **FBW** bw **E** 20.10.1959/16.6. 1966 ARD/28.11.1969 Kino DDR **fd** 8 514

SIE LEBEN! (THEY LIVE). Los Angeles ist von Außerirdischen unterwandert, die, als reiche Geschäftsleute getarnt, die Bevölkerung per Fernhypnose in Konsum-Idioten verwandeln, bis sich einige unverdrossene Idealisten zur Wehr setzen. Grob gestrickter, aber straff inszenierter Science-Fiction-Thriller mit satirischen Seitenhieben auf den amerikanischen Lebensstil; stilistisch an die Genrefilme der 50er Jahre angelehnt. – Ab 16. ✦ Scope. USA 1988 **P** Alive **KI** Senator **VA** Starlight **Pd** Larry Franco **R** John Carpenter **B** Frank Armitage (= John Carpenter), nach einer Kurzgeschichte von Ray Nelson **K** Gary B. Kibbe **M** John Carpenter, Alan Howarth **S** Gib Jaffe, Frank E. Jimenez **D** Roddy Piper (Nada), Keith David (Frank), Meg Foster (Holly), George »Buck« Flower (Drifter), Peter Jason (Gilbert), Raymond St. Jacques (Straßenprediger), John Lawrence (Bärtiger), Jason Robards III (Mann mit Familie), Susan Barnes (Braunhaarige Frau), Sy Richardson (Revolutionär), Lucille Meredith (Interviewerin) **L** 90 **FSK** ab 16; f **E** 4.5.1989/November 1989 Video **fd** 27 599

SIE LEBEN BEI NACHT (THEY LIVE BY NIGHT). Ein junger Häftling bricht mit zwei älteren Gefangenen aus, nimmt an einem Bankraub teil und entkommt aufs Land. Dort verliebt er sich in ein Mädchen, das Verständnis für ihn hat. Sie heiraten, doch ihr Glück ist nur von kurzer Dauer. Von der Polizei gejagt, scheitert der Versuch des Paares, nach Mexiko zu entkommen. Nicholas Rays erster Spielfilm ist als romantische Liebesgeschichte inszeniert, deren glückliches Ende durch Ignoranz, Bösartigkeit und Unvermögen der Umwelt verhindert wird. Interessant auch durch die »neue« moralische Beurteilung der vordergründig »bösen« Charaktere. (Titel der synchronisierten TV-Fassung: »Im Schatten der Nacht«; Neuverfilmung: »Diebe wie wir«, 1973, Regie: Robert Altman) – Ab 16. ✦ Schwarz-weiß. USA 1949 **P** RKO **VA** Kinowelt Home **Pd** John Houseman **R** Nicholas Ray **B** Nicholas Ray, Charles Schnee, nach einem Roman von Edward Anderson **K** George E. Diskant **M** Leigh Harline, Constantin Bakaleinikoff, Woody Guthrie (ungenannt) **S** Sherman Todd **D** Farley Granger (Bowie), Cathy O'Donnell (Keechie), Howard da Silva (Chickamaw), Jay C. Flippen (T-Dub), Helen Craig (Mattie) **L** 92 **FSK** ab 12 **E** 3.5.1975 BR (O.m.d.U.)

SIE LEBTE ZWEI LEBEN (SHE LED TWO LIVES). Melodram nach einer wahren Begebenheit: Eine mit einem vielbeschäftigten Arzt verheiratete Frau übernimmt eine Universitätsdozentur und verliebt sich in einen Sportlehrer, der am selben College tätig ist. Sie verheimlicht ihm, daß sie verheiratet ist, und geht schließlich eine weitere Ehe mit ihm ein. Ihr Doppelleben führt zu einer Katastrophe. ✦ USA 1994 **Pd** Bernard M. Kahn, Russell Vreeland **R** Bill Corcoran **B** Kathleen K. Rowell **K** Frank Tidy **M** Misha Segal **D** Connie Sellecca (Rebecca Cross), Perry King (Dr. Jeffrey Madison), A. Martinez (Mike Lewis), Patricia Clarkson (Desiree Parnell), David Wohl (Harvey Parnell) **L** 88 **E** 15.6.1996 RTL

SIE LEBTEN WIE IM PARADIES (NUDES OF THE WORLD). Eine Schönheitskönigin und ihre Rivalinnen gründen einen Nudistenklub und bekehren mit einer Geldspende für ein krankes Kind die protestierende Bevölkerung eines Dorfes zur Toleranz. Durchsichtige Reklame für Freikörperkultur mit einer kaum wahrnehmbaren Handlung. ✦ Großbritannien 1961 **P** Searchlight **KI** Accord **Pd** Harry Green **R+B** Arnold Louis Miller **K** Stanley A. Long **M** Keith Papworth **D** Vivienne Raimon, Geoffrey Denton, Douglas Cameron, Margherita Lopez, Monique Ammon **L** 68 **FSK** ab 18; nf **E** 22.1.1965 **fd** 13 261

SIE LIEBEN UND BEZAHLEN (UN VASO DE WHISKY). Das leichtfertige Leben und gewaltsame Ende eines Zuhälters und Playboys an der Costa Brava. Melodramatisches Filmchen in dilettantischer Gestaltung. ✦ Schwarz-weiß. Spanien 1958 **P** P.E.F.S.A./Este **KI** Bavaria **Pd** Jesus Castro-Blanco **R** Julio Coll **B** Julio Coll, Jose German Huici **K** Salvador Torres Garriga **M** José Montsalvatge, José Sola **D** Rossana Podestà, Arturo Fernandez, Georges Rigaud, Yelena Samarina, Carlos Larranaga **L** 80 **FSK** ab 18; nf **E** 19.9.1961 **fd** 10 608

SIE LIEBT IHN – SIE LIEBT IHN NICHT (SLIDING DOORS). Eine junge Managerin wird entlassen und kehrt schon am Vormittag nach Hause zurück. Weil sie die U-Bahn verpaßt, entdeckt sie nicht die Geliebte im Bett des Freundes. In einer zweiten Variante erreicht sie den Zug, und eine völlig andere Geschichte setzt sich in Gang. Der vorzüglich inszenierte Film verschachtelt beide Varianten ineinander und gewinnt diesem souverän gehandhabten Spiel mit dem Prinzip Zufall eine Fülle an komischen und grotesken Details ab. Dabei ist er in jedem Detail glaubhaft, sozial und psychologisch motiviert und erinnert an die schönsten Arbeiten der amerikanischen Screwball-Comedies. – Sehenswert ab 14. ✦ Großbritannien/USA 1997 **P** Mirage Enterprises/ Intermedia Films **KI** Jugendfilm **VA** New Vision (Highlight) **DVD** Highlight Video (FF, DD5.1 dt.) **Pd** Sydney Pollack, Philippa Braithwaite, William Horberg **R+B** Peter Howitt **K** Remi Adefarasin **M** David Hirschfelder **S** John Smith **D** Gwyneth Paltrow (Helen Quilley), John Hannah (James), John Lynch (Gerry), Jeanne Tripplehorn (Lydia), Zara Turner (Anna), Douglas McFerran (Russell), Paul Brightwell (Clive) **L** 98 **FSK** ab 6; f **E** 19.11.1998/17.5.1999 Video/21.5.1999 DVD **fd** 33 414

SIE LIEBT MICH, SIE LIEBT MICH NICHT (LJUBIT NJE LJUBIT). Die Liebesabenteuer junger Menschen, die aus Moskau zu einem Arbeitsaufenthalt aufs Land gefahren sind. ✦ Schwarz-weiß. UdSSR 1964

P Tadshikfilm **R** S. Mullodshanow **B** Muchamedshan Rabijew, Michail Melkumow **K** Boris Seredin **M** Alexander Sazepin **D** Stalina Asamatowa (Suchra), Borodur Dshurabajew (Taschir), Marat Aripow (Kudrat), Saida Borodina (Gulnora), Abdulchai Kasymow (Suchras Vater) **L** 65 **E** 32.3.1967 DFF 1

SIE LIEBTEN DAS LEBEN →Der Kanal (1956/57)

SIE LIEBTEN SICH EINEN SOMMER. Love-Story zwischen einem Maler in München und einer Medizinstudentin, die im Strahlungsraum der Klinik lebensgefährlich erkrankt. In Rom verleben beide ihre schönsten Tage. Eine verlogene, dilettantisch inszenierte Schnulze. – Ab 14. ✦ BR Deutschland/Italien 1971 **P** Divina/HiFi-Stereo-70/Stefano **KI** Gloria **R** Harald Reinl **B** Heinz Bothe-Pelzer **K** Gerhard Krüger **M** Ladislav Staidl **S** Monica Wilde **D** Gundy Grand, Amadeus August, Christine Schuberth, Karl Tischlinger, Erni Singerl **L** 85 **FSK** ab 6; f **E** 18.2.1972 **fd** 17 822

SIE MÖCHTEN GIGANTEN SEIN (SOMETIMES A GREAT NOTION). Arbeit und Verdienst gelten einer patriarchalisch-autoritär organisierten Holzfällerfamilie als die höchsten Werte. Als sie mit der Gewerkschaft in Konflikte kommt, stürzt sie durch unsolidarisches Handeln ins Unglück. Darstellerisch beachtliches, stellenweise packendes Familiendrama, das Unbeugsamkeit und Individualität idealisiert. – Ab 16. ✦ Scope. USA 1970 **P** Newman-Foreman **KI** CIC **Pd** John Foreman, Paul Newman **R** Paul Newman **B** John Gay, nach einem Roman von Ken Kesey **K** Richard Moore **M** Henry Mancini **S** Bob Wyman **D** Paul Newman (Hank Stamper), Henry Fonda (Henry Stamper), Lee Remick (Viv), Michael Sarrazin (Lee), Richard Jaeckel (Joe Ben) **L** 104 **FSK** ab 16; f **E** 1.6.1972 **fd** 17 863

SIE NANNTEN IHN AMIGO. Berliner Jungen entdecken einen aus dem KZ geflohenen Mann, versorgen ihn und ermöglichen seine weitere Flucht. Einer der Jungen, Sohn eines Kommunisten, wird eines Diebstahls verdächtigt, verhaftet und ins KZ eingeliefert. Ein handwerklich solider, atmosphärisch genauer Film, der durch seine Darstellerführung überzeugt. Das ernste Thema wird am Ende jedoch zu Propagandazwecken missbraucht, als der junge Held des Films als Panzerfahrer der Nationalen Volksarmee gezeigt wird. Regisseur Carow schnitt dieses Finale später eigenhändig aus den Kopien. – Ab 16. ✦ DDR 1958 **P** DEFA **KI** Progress **Pd** Paul Ramacher **R** Heiner Carow **B** Wera Küchenmeister, Claus Küchenmeister, Heiner Carow **K** Helmut Bergmann **M** Kurt Schwaen **S** Ilse Peters **D** Ernst-Georg Schwill (Amigo), Angelika Hurwicz (Marta Meister), Wilhelm Koch-Hooge (Walter Meister), Erich Franz (Vater Sinewski), Fred Düren (Pepp) **L** 64 **E** 23.1.1959 Kino DDR/27.3.1959 DFF 1/18.1.1974 ZDF

SIE NANNTEN IHN CHRISTUS – DAS GROSSE ABENTEUER DER SUCHE NACH GOTT. Dokumentarfilm, der in Bildern und Szenen des Alltags der 70er Jahre – chinesische Atombombenversuche, Schönheitsoperationen, Röntgenuntersuchungen, Miß-Wahlen, Drogensucht oder Jugendsekten – nach Wert und Sinn von Religion in der heutigen Situation sucht und angesichts der vorgeführten Vorgänge nach der Realität des Christentums fragt. ✦ BR Deutschland 1977–85 **P** Neue Tele Contact/TIT-Film **SF** AV-Film **R** Manfred Barthel **B** Manfred Barthel, Rudolf Kalmowicz **M** Eugen Thomass **L** 80 **E** 1986 Kino/1.4.1988 RTL plus

SIE NANNTEN IHN EL LUTE (BOBBIE JOE AND THE OUTLAW). Angeblich um die Welt zu verbessern, ziehen zwei von einem skrupellosen Verbrecher angeführte Pärchen mordend und raubend durch die USA, bis sie von den Ordnungskräften erschossen erden. Ein übler Film, dessen einziger Sinn darin besteht, die Morderei möglichst variantenreich und grausam darzustellen. (Späterer Verleihtitel: »Todesduell auf dem Highway«) ✦ USA 1979 **P** AIP **KI** Filmhansa/Avis **Pd+R+B** Mark L. Lester **K** Stanley Wright **M** Barry DeVorzon **S** Michael Luciano **D** Marjoe Gortner (Lyle Wheeler), Lynda Carter (Bobbie Jo James), Jesse Vint (Slick Callahan), Merrie Lynn Ross (Pearl James), Gene Drew (Sheriff Hicks) **L** 78 **FSK** ab 12; nf **E** 1980 Kino **fd** 25 167

SIE NANNTEN IHN GRINGO (LA LEY DEL DORESTERO). Der schurkische Verwalter eines gelähmten reichen Ranchers bezahlt dessen verschollenen Sohn als Anführer einer Banditengruppe, bis ein unbeirrbarer Sheriff den Betrug entlarvt und der Sohn sein Leben für den Vater opfert. Spannender deutscher Western von unerwartet guter Machart. – Ab 16. ✦ Scope. BR Deutschland/Spanien 1965 **P** International Germania/Procusa **KI** Constantin **Pd** Alfons Carcasona **R** Roy Rowland **B** Clarke Reynolds, Helmut Harun **K** Manuel Merino **M** Piero Piccioni **S** Alfred Srp **D** Götz George (Mace), Helmut Schmid (Ken), Alexandra Stewart (Lucy), Daniel Martin (Gringo), Sieghardt Rupp (Reno), Silvie Solar (Kate), Peter Tordy (Martin), Valentino Macchi, Hugo Pimantel, Julio César Sempere **L** 87 **FSK** ab 12; nf **FBW** w **E** 19.3.1965 **fd** 13 342

SIE NANNTEN IHN KING (1964) (KING RAT). Schilderung der Menschen und Zustände in einem japanischen Kriegsgefangenenlager 1945. Im Mittelpunkt steht ein amerikanischer Korporal, der mit skrupelloser Geschäftemacherei aus dem Elend der Kameraden Kapital schlägt. Der Film, der nach dem Roman »Rattenkönig« von James Clavell ethische Normen als nur relative Werte ausweist, zeichnet sich durch intensive Charakterstudien, psychologisches Feingefühl und eine atmosphärisch dichte Regie aus. Ein spannendes Hollywood-Drama, das in viele Episoden aufgefächert wurde. ✦ Schwarzweiß. USA 1964 **P** Coleytown **KI** Columbia-Bavaria **Pd** James Woolf **R** Bryan Forbes **B** Bryan Forbes, nach dem Roman »King Rat« von James Clavell **K** Burnett Guffey **M** John Barry **S** Walter Thompson **D** George Segal (King), Tom Courtenay (Leutnant Grey), James Fox (Fliegerleutnant Marlowe), Patrick O'Neal (Max), James Donald (Dr. Kennedy) **L** 134 **FSK** ab 16; f **FBW** bw **E** 28.1.1966 **fd** 13 849

SIE NANNTEN IHN KING (1967) (KING OF AFRICA / CACCIA AI VIOLENTI). Ein Offizier der englischen Kolonialpolizei kämpft in Afrika gegen eine mordende und brandschatzende Gangsterbande. Die Bande hat die Frau eines Goldminenbesitzers in ihre Gewalt gebracht, um von ihr die Lage der Mine zu erpressen. Formal drittklassiger, reichlich brutaler Abenteuerfilm voller Fehler und Unglaubwürdigkeiten. (TV-Titel: »Diamantenjagd im Land der Krokodile«) ✦ Italien/Spanien 1967 **P** Copercines/Meteus **KI** Nobis **Pd+R** Sandy Howard **B** Jack DeWitt, Sandy Howard **K** Julio Ortas, Sven Persson **M** Gianni Marchetti **S** Romeo Ciatti **D** Ty Hardin, Helga Liné, Georges Rigaud, Dale Cummings, Julio Peña, Anna Maria Pierangeli, George Sanders, Antonio Mayans, Rossano Brazzi, Pamela Tudor, Aldo Bufi Landi **L** 103 **FSK** ab 16; nf **E** 6.8.1976 **fd** 19 903

SIE NANNTEN IHN KNOCHENBRECHER (TSUI CH'ÜAN / DRUNK MASTER IN THE TIGER'S EYE). Ein Karate-Kämpfer wird von seinem Großonkel in eine neue Technik des Kung-Fu eingeweiht, in der er es bald zu solcher Meisterschaft bringt, daß er seinen Vater vor einem gefürchteten Karatekiller retten kann. Kung-Fu-Film, der sich selbst nicht ganz ernst nimmt, aber zu wenig entschlossen in seiner Kritik ist, um als Parodie auf die Gattung gelten zu können. ✦ Scope. Hongkong 1978 **P** Seasonal **KI** Avis/Ascot **VA** PolyGram **R+B** Yuen Wo-Ping **K** Chang Hai **M** Chow Fu-Liang **D** Jackie Chan (= Cheng Long) (Freddy Wong), Hsiao-Tien (Sam Seed), Huang Cheng-Li (Thunderfoot), Wang Chian, Lin Ying **L** 89 **FSK** ab 16; nf **E** 16.8.1979/Mai 1998 Video **fd** 22 143

SIE NANNTEN IHN KOMANTSCHE (TONKA / A HORSE NAMED COMANCHE). Die Odyssee eines prächtigen wilden Hengstes, der zunächst von einem jungen, noch unerfahrenen Sioux-Indianer eingefangen wird, dann an dessen brutalen älteren Cousin gerät, um schließlich in den Besitz eines Captains der Armee zu gelangen, der mit General Custers Kavallerie bei der Schlacht am Little Big Horn ums Leben kommt. Gefühlvolle, bisweilen sentimentale Unterhaltung aus der Disney-Werkstatt, die die historischen Ereignisse lediglich als Staffage für eine Tiergeschichte verwendet. – Ab 10. ✦ USA 1958 **P** Disney/Buena Vista **Pd** James Pratt **R** Lewis R. Foster **B** Lewis R. Foster, Lillie Hayward, nach einem Roman von David Appel **K** Loyal Griggs **M** Oliver Wallace **S** Ellsworth Hoagland **D** Sal Mineo (White Bull), Phil Carey (Cpt. Keogh), Jerome Courtland (Henry Nowlan), Rafael Campos (Strong Bear), H. M. Wynant (Yelow Bull), Joy Page, Britt Lomond (Gen. George Armstrong), John War Eagle (Sitting Bull), Gregg Martell (Cpl. Korn), Slim Pickens (Ace), Buzz Henry (Lt. Crittenden) **L** 97 **E** 4.5.1989 ARD

SIE NANNTEN IHN KRAMBAMBULI (SIE NANNTEN IHN KRAMBAMBULI). Sehr frei nach der Novelle von Ebner-Eschenbach die sentimentale, im Stil modischer Heimatfilme inszenierte Geschichte vom unschuldig verurteilten Burschen. Auf Bewährung entlassen, stößt er überall auf Ablehnung und findet nur die Treue eines Hundes, bis er zuletzt doch die Liebe eines Mädchens gewinnt. Oberflächliche Unterhaltung voller Rühreffekte. (Alternativtitel: »Was geschah auf Schloß Wildberg?«) – Ab 14. ✦ Österreich/BR Deutschland 1971 **P** Neue Delta/Divina **KI** Gloria **Pd** Kurt Kodal **R** Franz Antel **B** Rolf Olsen, August Rieger, nach der Novelle von Marie von Ebner-Eschenbach **K** Hanns Matula **M** Johannes Fehring **S** Arnfrid Heyne **D** Michael Schanze (Christian Freytag), Christian Wolff (Till Beckmann), Fritz Wepper (Momme Lindau), Susi Nicoletti (Therese), Paul Hörbiger (Xaver), Rudolf Prack **L** 98 **FSK** ab 12; f **E** 17.2.1972/1.1.1988 DFF 2 **fd** 17 743

SIE NANNTEN IHN MÜCKE (LO CHIAMAVANO BULLDOZER / UPPERCUT). Ein arbeitsloser neapolitanischer Fischer baut aus einheimischen Jünglingen eine Footballmannschaft auf, die gegen eine rauflustige Mannschaft amerikanischer Soldaten antritt. Routinelustspiel aus der beliebten Bud-Spencer-Prügelserie. – Ab 16. ✦ Scope. Italien/BR Deutschland 1978 **P** Leone/Rialto **KI** Tobis **Pd** Elio Scardamaglia, Horst Wendlandt **R** Michele Lupo **B** Marcello Fondato, Francesco Scardamaglia, Rainer Brandt **K** Franco di Giacomo **M** Guido de Angelis, Maurizio de Angelis **S** Antonietta Zita **D** Bud Spencer (Mücke), Raimund Harmstorf (Sergeant Kempfer), Joe Bugner (Orso), Reinhard Kolldehoff (Oberst), Nando Paone (Ghigo) **L** 102 **FSK** ab 12; f **E** 5.10.1978 **fd** 20 948

SIE NANNTEN IHN PANTHER (THE PISTOL: THE BIRTH OF A LEGEND). Eine Sportler-Biografie, im Zentrum der Basketball-Spieler Pete Maravich, der in den 60er Jahren zu einer der Legenden seiner Sportart aufstieg. ✦ USA 1990 **R** Frank C. Schröder **D** Millie Perkins (Helen Maravich), Nick Benedict (Press Maravich), Adam Guier (Pete Maravich), Tom Lester (Pete Maravich als Erwachsener), Boots Garland (Trainer Vern Pendleton) **L** 96 **E** 23.10.1993 SAT 1

SIE NANNTEN IHN PLATTFUSS →Bud Spencer: Sie nannten ihn Plattfuß

SIE NANNTEN IHN ROCCA (UN NOMME LA ROCCA / QUELLO CHE SPARA PER PRIMO). Das Lebensbild eines skrupellosen jungen Mannes, dessen Freundschaft zu einem unschuldigen Strafgefangenen zerstört wird. In rauhem Milieu angesiedelter Kriminalfilm um junge Menschen, die ihren Sinn im Leben suchen, jedoch an den eigenen gewalttätigen Methoden scheitern. Ein unfertig wirkender Film voller Fatalismus, enttäuschend vor allen Dingen in der Regiearbeit. ✦ Schwarz-weiß. Frankreich/Italien 1961 **P** Caclope/Da.Ma. **KI** Rolei **Pd** René G. Vuattoux **R** Jean Becker **B** José Giovanni, Jean Becker, nach einem Roman von José Giovanni **K** Ghislain Cloquet **M** Claude Normand **S** Denise de Casabianca **D** Jean-Paul Belmondo, Christine Kaufmann, Pierre Vaneck, Béatrice Alta-Riba, Henri Virlogeux **L** 106 **FSK** ab 18; nf **E** 19.10.1962 **fd** 11 501

SIE NANNTEN IHN STICK (STICK). Ein aus der Haft

entlassener Abenteurer wird in die kriminellen Machenschaften skrupelloser Drogenschieber in Florida verwickelt, setzt sich durch und findet seinen Platz im Leben. Mit Sentimentalitäten und der naiven Botschaft vom möglichen sozialen Aufstieg verschnittener Kriminalfilm; spannend nur in wenigen Szenen, amüsant durch seine Seitenhiebe auf Formen amerikanischer Exzentrik. ✦ USA 1985 **P** Universal **KI** UIP **VA** CIC **Pd** Jennings Lang **R** Burt Reynolds **B** Elmore Leonard, Joseph C. Stinson, nach einem Roman von Elmore Leonard **K** Nick McLean, Fred J. Koenekamp **M** Barry DeVorzon, Joseph Conlan **S** William Gordean **D** Burt Reynolds (Stick), Candice Bergen (Kyle), José Perez (Rainy), Charles Durning (Chucky), George Segal (Barry), Alex Rocco (Firestone), Gastullo Guerra (Nestor) **L** 109 **FSK** ab 16; f **E** 12.7.1985/Oktober 1985 Video/2.1.1988 ARD **fd** 25 165

SIE NANNTEN IHN THUNDERBOLT (THUNDERBOLT). Eine New Yorkerin trennt sich von einem Gangsterkönig und wendet sich einem Bankangestellten zu. Weil er sich »sein« Mädchen nicht wegnehmen lassen will, inszeniert der inzwischen zum Tode verurteilte Gangster einen Bankraub mit Totschlag, der zur Verurteilung des unschuldigen Nebenbuhlers führt. Beide begegnen sich in den Todeszellen, und nach herzzerreißenden Szenen verzichtet der Gangster auf seine Rache. Virtuos durchkomponiert, fesselt Josef von Sternbergs erster Tonfilm nicht nur durch die künstlichen Licht- und Schattenspiele, sondern auch durch den Einsatz von Musik und Geräuschen und die Schauspielerführung. – Sehenswert. ✦ Schwarz-weiß. USA 1929 **P** Paramount **Pd** B. P. Fineman **R** Josef von Sternberg **B** Jules Furthman, Herman J. Mankiewicz **K** Henry Gerrard **S** Helen Lewis **D** George Bancroft (»Thunderbolt« Jim Lang), Fay Wray (Mary/»Ritzy«), Richard Arlen (Bob Morgan), Eugenie Besserer (Mrs. Morgan), Tully Marshall (Warden), James Spottswood (»Snapper« O'Shea), Fred Kohler sr. (»Bad Al« Friedberg) **L** 94 **E** 28.11.1970 BR

SIE NANNTEN IHN ZAMBO (ZAMBO IL DOMINATORE DELLE FORESTA). Ein ausgebrochener Sträfling flüchtet in den Dschungel und lebt dort wie Tarzan. Dilettantisch inszenierter Tarzan-Verschnitt, der alle gängigen Dschungelklischees strapaziert und auch darstellerisch nicht viel zu bieten hat. – Ab 16. ✦ Scope. Italien 1972 **P** Claudia **KI** Film-Allianz/Avis **R** Adalberto Albertini **M** Marcello Giombini **D** Brad Harris, Gisela Hahn, Daniele Vargas, Raffaele Baldassarre, Attilio Dottesio **L** 94 **FSK** ab 12; f **E** 2.7.1983

SIE NANNTEN SIE CALAMITY JANE (CALAMITY JANE). An Hand der liebevollen Briefe, die sie an ihre uneheliche Tochter schrieb, aber nie abschickte, wird das Leben der Western-Legende Calamity Jane rekonstruiert. Der Film schildert das wildbewegte unglückliche Leben einer Frau, deren bürgerliche Sehnsüchte sich nicht erfüllten und die als Vagabundin ihr Leben fristete. Als sich die Tochter, die in Übersee erzogen wurde, mit ihren Adoptiveltern entschließt, in den USA anzusiedeln, steht Jane vor einer schweren Entscheidung: Soll sie sich offenbaren oder so wie bisher weiterleben? Handlungsarmer Western mit nicht sehr erfolgreichen Bemühungen um poetische Weitungen. – Ab 16 möglich. ✦ USA 1984 **P** CBS **Pd** Herbert Hirschman, Jane Alexander **R** James Goldstone **B** Suzanne Clauser **K** Terry K. Meade **M** Fred Karlin **D** Jane Alexander (Calamity Jane), David Hemmings (Captain O'Neill), Frederic Forrest (Wild Bill Hickock), Walter Olkewicz (Will Lull), Ken Kercheval (Buffalo Bill Cody), Talia Balsam (Jean), Walter Scott (Charlie Burke), Jack Murdock (Rev. Warren), Isabell Monk (Nell), Larry Cedar (Rev. Spies) **L** 96 **E** 29.10.1990 Tele 5

SIE NANNTEN SIE KLEINE MUTTER (LITTLE MOTHER / BLOOD QUEEN). Eine Prostituierte verhilft einem Politiker zur Karriere und steigt an seiner Seite zur ersten Frau des Landes auf. Auf dem Höhepunkt ihrer Macht erkrankt sie an Krebs und setzt alles daran, daß ihr Tod die Nation erschüttert. Sich an der Geschichte der Evita Peron orientierende Kolportage, die den Werdegang ihrer Hauptperson in Rückblenden erzählt. Statt politische Korruption anzuprangern, setzt der spekulative Film auf Sex und Gewalt. ✦ USA/BR Deutschland/Jugoslawien 1973 **P** Peter Carstein Films/Audubon/Jadran **R** Erich Farina (= Radley Metzger) **B** Brian Phelan **K** Hans Jura **M** George Craig **S** Amedeo Salfa **D** Christiane Krüger (Marina Pinares), Siegfried Rauch (Colonel Pinares), Ivan Desny (Colonel Umberia), Mark Damon (Riano), Anton Diffring (Kardinal), Elga Sorbas (Annette), Vida Jerman, Branko Spoljar **L** 90 (TV 80) **E** 25.2. 1990 Tele 5

SIE NENNEN ES LIEBE (DOUCE VIOLENCE). Ein langweiliger Film um gelangweilte Söhne und Töchter vermögender Eltern, die sich an der Côte d'Azur die Zeit vertreiben, indem sie reihum miteinander schlafen. Am angeklebten moralisierenden Ende laufen allerdings alle in den Hafen der Ehe ein. Ein in allen Belangen mißratener Film, der selbstgefällig bürgerliche Wertvorstellungen nihiliert. ✦ Scope, schwarz-weiß. Frankreich 1961 **P** Paris Inter/Contact **KI** Schorcht **R** Max Pécas **B** Jacques Aucante **K** Marc Fossard **M** Georges Garvarentz, Charles Aznavour **S** Paul Cayatte **D** Elke Sommer, Pierre Brice, Christian Pezey, Vittoria Prada, Claire Maurier **L** 84 **FSK** ab 18; nf **E** 29.3.1963 **fd** 11 877

SIE PFIFF UND DIE KERLE KUSCHTEN (THE CHALLENGE). Eine Frau als Kopf britischer Bankräuber, die ein Kind entführen, um den Vater zur Preisgabe eines Geldverstecks zu erpressen. Kleiner Gangsterfilm, der weder durch seinen Inhalt noch seine Machart überzeugt. ✦ Schwarz-weiß. Großbritannien 1959 **P** Alexandra **KI** Rank **Pd** John Temple-Smith **R+B** John Gilling **K** Gordon Dines **M** William McGuffie **S** Alan Osbiston **D** Jayne Mansfield, Anthony Quayle, Carl Möhner, Peter Reynolds, Barbara Mullen **L** 92 **FSK** ab 18; nf **E** 12.1.1961 **fd** 9 888

SIE POKERN MIT PISTOLEN (ARMAS CONTRA LA LEY / ARMI CONTRO LA LEGGE). Schilderung eines Juwelenraubs im Rififi-Stil. Außer dem Auftraggeber bleiben alle Beteiligten auf der Strecke. Am Reißbrett konstruierter Krimi ohne sonderliche Qualitäten. – Ab 16. ✦ Schwarz-weiß. Spanien/Italien 1961 **P** Hispamer/Artec/Italia **KI** Austria **R** Riccardo Blasco **B** Alberto Vecchietti, Daniel Rivera **K** Rafael Pacheco, Roberto Reale **M** Antonio Ramirez Angel, José Pagán **S** Mario Pacheco, Cesarina Casini **D** Renato Baldini, Moira Orfei, Fernando Montes, Maria Luisa Merlo, Ricardo Valle, Mara Berni **L** 91 **FSK** ab 16; nf **E** 25.10. 1963 **fd** 12 346

SIE RANNTEN, BIS DIE SOCKEN QUALMTEN → Alle Wege führen nach Paris

SIE REITEN FÜR DEUTSCHLAND. Dokumentarfilm von den Olympischen Reiterspielen in Stockholm 1956 – aus deutscher Perspektive selbstverständlich, wie der peinliche Titel verrät. – Ab 12. ✦ Schwarz-weiß. BR Deutschland 1956 **P** Tiedemann **KI** Tiedemann **Pd+R+B** Wilhelm Tiedemann **L** 73 **FSK** ab 6; f **fd** 6 703

SIE REITEN WIEDER (STEPTOE AND SON RIDE AGAIN). Vater Steptoe und sein erwachsener Sohn geraten in turbulente Verwicklungen, als sie mit ihrer bescheidenen Habe ein neues Pferd erwerben wollen, dabei jedoch im wahrsten Wortsinn auf den Hund kommen, den sie ab sofort im Rennen starten lassen. Komödiantisch aufbereitete Sozialsatire in Fortsetzung des Films »Harold und die Stripperin«, die erneut als »Kinoableger« der in England populären Fernsehserie »Steptoe and Son« entstand. (Alternativttiel: »Auf den Hund gekommen«) – Ab 16 möglich. ✦ Großbritannien 1973 **P** Associated London/EMI **R** Peter Sykes **D** Wilfred Brambell (Albert), Harry H. Corbett (Harold), Diana Dors (Frau in der Wohnung), Milo O'Shea (Doktor Poppelwell), Neil McCarthy (Lennie) **L** (TV) 94 **E** 30.7.1989 RTL plus

SIE RITTEN IN DIE NACHT (THE STAR OF TEXAS). Ein Texas Ranger hebt eine Bande aus, indem er sich als tätiges Mitglied in sie einschleicht. Durchschnittlicher Western ohne besondere Höhepunkte, schlecht gespielt und fotografiert. – Ab 14 möglich. ✦ Schwarz-weiß. USA 1953 **P** Allied Artists **KI** NF **Pd** Vincent M. Fennelly **R** Thomas Carr **B** Daniel B. Ullman **K** Ernest Miller **M** Raoul Kraushaar **S** Sam Fields **D** Wayne Morris (Ed Ryan), Paul Fix (Luke Andrews), Frank Ferguson (Marshal Bullock), Rick Vallin (William Vance), Jack Larson (John Jenkins), William Fawcett (Soapy), Robert Bice (Al Slade), George Wallace (Clampett), John Crawford (Stockton), Lyle Talbot **L** 69 **FSK** ab 12; nf **E** 18.10.1954 **fd** 3 639

SIE RITTEN MIT JESSE JAMES (THE YOUNGER BROTHERS). Die vier Younger-Brüder, die noch zwei Wochen bis zu ihrer endgültigen Begnadigung überstehen müssen, werden von einem Verbrecher in eine Bank gelockt, die gerade überfallen wird. Doch sie drehen den Spieß um und beenden den Überfall. Mythenbildung um eine berüchtigte Gangsterbande in einem Standard-Western mit soliden Schauspielerleistungen, der die Geschichte vom Kampf des unterdrückten Individuums gegen eine Übermacht korrupter Geschäftemacher erzählt. – Ab 14. ✦ USA 1949 **P** Warner Bros. **Pd** Saul Elkins **R** Edwin L. Marin **B** Edna Anhalt **K** William Synder **M** William Lava **S** Frederick Richards **D** Wayne Morris (Cole Younger), Janis Paige (Kate), Bruce Bennett (Jim Younger), Geraldine Brooks (Mary Hathaway), Robert Hutton (Johnny Younger), James Brown (Bob Younger) **L** 77 **E** 9.1.1997 N 3

SIE RITTEN NACH WESTEN (THEY RODE WEST). Ein Western über die Zeit der Indianerkriege. Als humaner Held des kleinen Films tritt ein junger Truppenarzt auf, der das Vertrauen der gereizten Rothäute gewinnt und sich für ihre Rechte einsetzt. – Ab 14. ✦ USA 1954 **P** Columbia **KI** Columbia **Pd** Lewis J. Rachmil **R** Phil Karlson **B** Scott De Vallon, Frank Nugent, nach einer Erzählung von Leo Katcher **K** Charles Lawton jr. **M** Paul Sawtell **S** Henry Batista **D** Robert Francis (Dr. Allen Seward), Donna Reed (Laurie McKaye), May Wynn (Manyi-ten), Phil Carey (Capt. Peter Blake), Onslow Stevens (Col. Ethan Waters), Peggy Converse (Mrs. Walters), Roy Roberts (Sgt. Creever), Jack Kelly (Lt. Raymond), Stuart Randall (Satanta), Eugene Iglesias (Red Leaf), Frank de Kova (Isatai), John War Eagle (Häuptling Quanah), Julia Montoya (Maria), George Keymas (Torquay), Maurice Jara (Spotted Wolf) **L** 84 **FSK** ab 12; nf **E** 15.7.1960 **fd** 9 497

SIE SAH DEN MÖRDER (MIND OVER MURDER). Eine junge Tänzerin hat die Vision eines Flugzeugabsturzes und erkennt auch den Attentäter. Als die Polizei mit ihrer Hilfe versucht, den Täter zu ermitteln und der plötzlich ganz real in ihr Leben tritt, beginnt ein Kampf auf Leben und Tod. Routinierter Thriller. ✦ USA 1979 **P** CBS/Paramount **VA** CIC **R** Ivan Nagy **B** Robert Carrington **K** Dennis Dalzell **M** Paul Chihara **D** Deborah Raffin, David Ackroyd, Bruce Davison, Andrew Prine, Christopher Cary **L** 94 **FSK** ab 16 **E** August 1987 Video

SIE SIND FREI, DR. KORCZAK. Das Schicksal des polnisch-jüdischen Arztes und Pädagogen Dr. Janusz Korczak, der 1942 mit den ihm anvertrauten Kindern des jüdischen Waisenhauses von Warschau in den Tod ging. Ein mit Bildern aus dem Warschauer Ghetto verbundenes unpathetisches Plädoyer für den Wert des Menschen und wider den Wahnwitz rassistischen Denkens. (Weiterer Verleihtitel: »Der Märtyrer«; vgl. auch dieselbe Thematik in »Korczak« von Andrzej Wajda.) – Ab 14. ✦ BR Deutschland/Israel 1973 **P** CCC Filmkunst/ZDF/Bar Kochba **KI** Scotia **Pd** Artur Brauner **R** Aleksander Ford **B** Joseph Gross, nach Drehbüchern von Alexander Ramati, Ben Barzman u. a. **K** Jerzy Lipman **M** Moshe Wilensky **S** Carl-Otto Bartning **D** Leo Genn (Dr. Korczak), Orna Porat (Stefa), Efrat Lavi (Ruth), Chad Kaplan (Yakov), Benjamin Völz (Michael), Charles Werner (Adam) **L** 99 **FSK** ab 12; f **FBW** bw **E** 10.4.1975 **fd** 19 288

SIE SIND NICHT MEHR. Als Nachruf auf große verstorbene Schauspieler werden Szenen aus ihren

Vorkriegs- und Kriegsfilmen aneinandergereiht. Die durchweg eindrucksvollen Zeugnisse deutscher Filmschauspielkunst werden allerdings kaum den zum Teil doch ambivalenten künstlerischen und menschlichen Qualitäten der so geehrten Protagonisten gerecht. – Ab 12. ✦ Schwarz-weiß. BR Deutschland 1949 **P** Malbran **Kl** Veit **Pd+R** Werner Malbran **B** Werner Malbran, H. Müller **M** Conny Schumann **D** Heinrich George, Paul Wegener, Emil Jannings, Georg Alexander, Axel von Ambesser, Paul Hartmann (Sprecher) **L** 95 **FSK** ab 12; f **E** 16.1.1951 **fd** 1 169

SIE SIND VERDAMMT (THE DAMNED). Ein reicher amerikanischer Tourist in England versucht, strahlenverseuchte Kinder zu befreien, die von einer Geheimorganisation verborgen und als einzige immune Menschen für den Tag »X« aufgehoben und erzogen werden. Das spannende Protokoll eines durchaus nicht mehr nur utopischen Psychoterrors, mit dem Losey die Gefährlichkeit einer von ihm immer wieder attackierten »inneren Gewalt« demonstriert und zugleich Kritik am Militär und an einer Wissenschaft der logistischen Planspiele übt. Die Kinder werden dabei nicht als unschuldige, unwissende Opfer erwachsener Willkür beschrieben, versuchen vielmehr, wenn auch letztlich vergeblich, sich der Programmierung und Repression durch die Erwachsenen zu entziehen. – Ab 16. ✦ Scope, schwarz-weiß. Großbritannien 1962 **P** Hammer/Swallow **Pd** Anthony Hinds, Anthony Nelson-Keys **R** Joseph Losey **B** Evan Jones, nach dem Roman »The Children of Light« von Henry Lionel Lawrence **K** Arthur Grant **M** James Bernard **S** Reginald Mills **D** Macdonald Carey (Simon Wells), Shirley Ann Field (Joan), Viveca Lindfors (Freya Neilson), Alexander Knox (Bernard), Oliver Reed (King), Walter Gotell (Major Holland), James Villiers (Capt. Gregory), Thomas Kempinski (Ted), Kenneth Cope (Sid), Rachel Clay (Victoria) **L** 87 **E** 23.9.1973 ARD **fd** 18 440

SIE STAND SO LANGE IM SCHEINWERFERLICHT (ELLE A PASSE TANT D'HEURES SOUS LES SUNLIGHTS). Ein formal ambitionierter Essay-Film, der in verwirrender Montage und Dramaturgie Persönliches und Politisches, Filmgeschichte und »Film im Film« mischt. Im Mittelpunkt steht ein Mann, dessen Leben sich zwischen zwei Frauen bewegt; die eine hat ihn verlassen, die andere schenkt ihm ein Kind. (O.m.d.U.) ✦ Schwarz-weiß. Frankreich 1984 **P** G.I.E. Philippe Garrel **Kl** Freunde der Deutschen Kinemathek **Pd+R+B** Philippe Garrel **K** Pascal Laperrousaz **M** Nico **S** Philippe Garrel **D** Mireille Perrier (Marie), Jacques Bonnaffé (Mann), Anne Wiazemsky (Christa), Lou Castel (Dealer), Chantal Akerman, Jacques Doillon **L** 130 **E** 24.4.1986

SIE STARBEN ZU ZWEIT (KETTEN HALTAK MEG). Die Geschichte einer jungen Frau auf der Suche nach Wahrheit, die erfährt, welche schrecklichen Auswirkungen Überheblichkeit und Rassenvorurteile haben. – Ab 16. ✦ Ungarn 1965 **P** Mafilm **Kl** Progress **R** György Palásthy **B** Iván Mándy **K** Ottó Forgács **M** Ferenc Lovas **D** Teri Tordai (Ciklon), Géza Tordy (Szotyori), Antal Páger (Lemhényi), Zsuzsa Bánki (Frau Lemhényi), János Görbe (Kövecses) **L** 74 **E** 28.10.1966 Kino DDR

SIE TANZTE NUR EINEN SOMMER (HON DANSADE EN SOMMAR). Ein Student macht Urlaub auf dem Land und wird der Liebhaber eines Dorfmädchens. Als sie bei einem Autounfall stirbt, wird das Unglück von dem lebensfeindlichen Pfarrer und den puritanischen Dorfbewohnern als Strafe Gottes für die nicht legalisierte Liebesbeziehung empfunden. Das mit poetischen Bildern und maßvoller Freizügigkeit für die freie Liebe eintretende Filmdrama erregte durch eine für seine Zeit unübliche Nacktszene moralische Entrüstung und wurde dadurch zum Publikumserfolg. – Ab 16. ✦ Schwarz-weiß. Schweden 1951 **P** Nordisk **Kl** Progress **Pd** Lennart Landheim **R** Arne Mattson **B** Wolodja Semitjow, nach dem Roman »Sommerdansen« von Peter Olof Ekström **K** Göran Strindberg **M** Sven Sköld **D** Folke Sundquist (Göran), Ulla Jacobsson (Kerstin), Edvin Adolphson (Anders Persson), Irma Christensson (Sigrid), Göste Gustavsson (Bernd Larsson) **L** 95 **FSK** ab 16; nf **E** 22.8.1952/17.10.1952 Kino DDR/17.8.1963 DFF 1 **fd** 1 951

SIE TAT IHM UNRECHT (SHE DONE HIM WRONG). Eine Varietésängerin in einem Vorstadtnachtklub von New York, die ebenso viele Liebhaber wie Juwelen hat, gerät durch die Falschgeldgeschäfte des Nachtklubbesitzers in turbulente Schwierigkeiten. Ein getarnter Detektiv erringt schließlich ihre Gunst – allerdings erst, nachdem er sich als Polizist entpuppt hat. Komödie mit dem damaligen Sexstar Mae West, die nicht nur hervorragend spielt, sondern auch die Theatervorlage geschrieben und am Drehbuch mitgearbeitet hat. – Ab 12. ✦ Schwarz-weiß. USA 1933 **P** Paramount **Pd** William LeBaron **R** Lowell Sherman **B** Harvey Thew, John Bright, Mae West, nach dem Theaterstück »Diamond Lil« von Mae West **K** Charles B. Lang **M** Ralph Rainger (Songs) **S** Alexander Hall **D** Mae West (Lady Lou), Cary Grant (Capt. Cummings), Owen Moore (Chick Clark), Gilbert Roland (Serge Stanieff), Noah Beery sr. (Gus Jordan) **L** 68 **E** 17.3.1969 WDR

SIE TÖTEN AUS LUST (EL PLACER DE MATAR). Zwei Killer – der eine ein Drogendealer, der andere Mathematikdozent – beschließen, als sie zufällig auf denselben Job angesetzt werden, künftig gemeinsam zu morden. Harte Thriller, der sich im Rahmen des Genres mit der Gewalt in der modernen Gesellschaft ohne eigentliche Werte auseinandersetzt. ✦ Spanien 1988 **P** Errota/Lauren Film **R** Felix Rotaeta Otegui **B** Felix Rotaeta Otegui, nach dem Roman »La Pistolas« von Felix Rotaeta Otegui **K** Acácio de Almeida **M** Carlos Miranda **S** José Salcedo **D** Antonio Banderas (Luis), Mathieu Carrière (Andrés), Victoria Abril (La Merche), Berta Raiza (Andrés' Mutter), Walter Vidarte (Barrantes) **L** 91 (Orig. 98) **E** 14.9.1996 RTL 2

SIE TÖTETE IN EKSTASE. Ein junger Mediziner wird wegen seiner Experimente an Embryos von einem Ärztekollegium zum Scharlatan gestempelt und verübt Selbstmord. Seine attraktive Frau nimmt grausame Rache an den Verantwortlichen. Geschmacklose Mischung aus Sex- und Gruselfilmelementen. ✦ BR Deutschland/Spanien 1970 **P** Telecine/Fenix **Kl** Cinerama **VA** Toppic **Pd** Artur Brauner **R+B** Frank Hollmann (= Jésus Franco Manera) **K** Manuel Merino **M** Manfred Hübler **D** Susann Korda (= Soledad Miranda), Fred Williams (= Erwin C. Dietrich), Paul Müller, Howard Vernon, Horst Tappert **L** 77 **FSK** ab 18; nf **E** 10.12.1971

SIE TRAFEN SICH IN MOSKAU (SWINARKA I PASTUCH). Auf einer Landwirtschaftsausstellung in Moskau verlieben sich eine Kolchosenarbeiterin aus dem Norden und ein Hirte aus den kaukasischen Bergen. In einem Jahr wollen sie sich wiedertreffen. Ihre Sprachverschiedenheit löst aber Mißverständnisse und Intrigen eines Rivalen aus, bis die Liebenden endgültig zueinanderfinden. Eine sympathisch und schwungvoll erzählte Liebesgeschichte. – Ab 14. ✦ Schwarz-weiß. UdSSR 1941 **P** Mosfilm **Kl** Sojusintorgkino **R** Iwan Pyrjew **B** Iwan Pyrjew, Viktor Gussew **K** Valentin Pawlow **M** Tichon Chrennikow **D** Marina Ladynina (Glascha Nowikowa), Wladimir Seljdin (Mussaib Gatujew), Nikolai Krjutschkow (Kusma Petrow), N. Kitajew (Iwan Iwanowitsch), G. Alexejew (Abdusalam) **L** 92 **E** 1.2.1946

SIE TREFFEN SICH, SIE LIEBEN SICH, UND IHR HERZ IST VOLL SÜSSER MUSIK (MENNESKER MODES OG SOD MUSIK OPSTAR I HJERTET). In zufälliger Bekanntschaft läßt sich ein junger Student mit einer Tänzerin ein, die ihn wiederum mit anderen hintergeht. Die gleichen, teilweise im Halbbewußten stattfindenden Beziehungen wiederholen sich wechselseitig im Kreise aller Betroffenen. Ein inhaltlich und formal unzureichend parodiertes Spiel zwischen gestörtem Traumerleben und erotischem Abenteuermythos. Ein Ausrutscher des sonst so interessanten Dänen Henning Carlsen. ✦ Dänemark/Schweden 1967 **P** Nordisk/Sandrew **Kl** Alpha **Pd** Bertil Ohlsson **R** Henning Carlsen **B** Poul Borum, Henning Carlsen, nach einem Roman von Jens August Schade **K** Henning Kristiansen **M** Krzysztof Komeda (= Krzysztof Trzcinski-Komeda) **D** Harriet Andersson (Sofia Petersen), Preben Neergaard (Sjalof), Erik Wedersoe (Hans Madsen), Lone Rode (Evangeline), Eva Dahlbeck (Devah) **L** 90 **FSK** ab 18; nf **E** 19.4.1968 **fd** 15 427

SIE TRUGEN NUR DIE BRAUNE HAUT (TAKE OFF YOUR CLOTHES AND LIVE). Englischer Nudistenfilm, verpackt in einen primitiven Reisebericht von der französischen Riviera mit mannigfaltiger Werbung. ✦ Scope. Großbritannien 1962 **P** Searchlight **Kl** Accord **R** Arnold Louis Miller **K** Stanley A. Long **M** Tony Kind **D** Jan Michael, Gino Neenan, Jenny Lane, Maureen Haydon, Susan Irwick-Clark **L** 58 **FSK** ab 18; nf **E** 1965 Komödie **fd** 13 613

SIE UND DIE DREI. Ein deutsch-amerikanischer Industrieller mit beherzter Tochter gerät in Hamburg an Industriespione, die ein Rumänien-Projekt an die Konkurrenz lancieren wollen. Drei Freunde, ein Oberkellner, ein Taxifahrer und ein Friseur, mischen unfreiwillig munter mit. Kriminalistisch gewürzte Verwechslungskomödie, steif inszeniert und gespielt, einfallslos und glatt konfektioniert. Beredtes Zugeständnis an die NS-Zeit: der Oberkellner verzichtet am Ende auf die reiche Dame und bleibt »volksnah« dem Zimmermädchen gewogen. – Ab 12 möglich. ✦ Schwarz-weiß. Deutschland 1935 **P** Schulz & Wuellner-Filmfabrikation **R** Viktor Janson **B** Walter Wassermann **K** Willy Winterstein **M** Ernst Leenen **D** Gustav Waldau, Charlotte Susa, Hans Söhnker, Hubert von Meyerinck, Harald Paulsen **L** 74 **E** 18.1.1935/18.11.1987 ARD

SIE UND ER (1952) (ELLE ET MOI). Ein Schürzenjäger und eingeschworener Junggeselle läßt sich schließlich doch einfangen. Doch die alltäglichen Streitereien des jungen Paares führen zu einem Selbstmordversuch der jungen Frau. Beide reifen und stellen sich nun wie Erwachsene den Anforderungen des Lebens. Teilweise sehr heiter und charmant, aber durchweg zu dünn inszenierte Komödie. (Originalfassung) – Ab 14. ✦ Schwarz-weiß. Frankreich 1952 **P** Roitfeld/Sirius **Kl** Neue Filmkunst **R** Guy Lefranc **B** Michel Audiard, Jean Duché, Guy Lefranc, nach dem gleichnamigen Roman von Jean Duché **K** Louis Page **M** Paul Misraki **D** François Périer, Dany Robin, Jacqueline Gauthier, Jean Carmet, Noël Roquevert **L** 100 **FSK** ab 12; nf **E** 14.3.1958 **fd** 6 815

SIE UND ER (1963) (KANAJO TO KARE). Eine junge verheiratete Frau wird auf die Bewohner einer Barackensiedlung aufmerksam, die zu Füßen komfortabler Hochhäuser liegt. Sie nimmt sich der dort lebenden Menschen an, während ihr Mann isoliert bleibt, und die Bewohner der Hochhäuser einen Zaun ziehen, um mit den Lumpensammlern nicht in Berührung zu kommen. Der Film vermittelt in bemerkenswerter Korrespondenz von Inhalt und Form eine Beschreibung der Bewußtseinslage und Denkweise der Menschen in der modernen Wohlstandsgesellschaft. – Sehenswert ab 16. ✦ Schwarz-weiß. Japan 1963 **P** Iwanami/Eizo-Sha **R** Susumu Hani **B** Susumu Hani, Kunio Shimizu **K** Juichi Nagano **M** Toru Takemitsu **D** Sachiko Hidari (Naoko Ishikawa), Eiji Okada (Eiichi Ishikawa), Kikuji Yamashita (Ikona), Mariko Igarashi (Hanako), Takanobu Hobuzi (Arzt) **L** 110 **E** 3.1.1967 ARD **fd** 14 492

SIE UND ER (1992). Zweiteiliger Fernsehfilm über die Ehekrise eines Paares, das nach 20 gemeinsamen Jahren und dem Auszug der Kinder plötzlich sich selbst überlassen ist. Als er eine Affäre mit einer wesentlich jüngeren Frau beginnt, bricht für sie die Welt zusammen. ✦ Deutschland 1992 **R** Frank Beyer **B** Frank Beyer, Klaus Poche **D** Senta Berger (Charlotte), Reimar Johannes Baur (Georg), Maja Maranow (Hanna), Katrin Saß (Eva), Patricia Schäfer (Sarah), Carsten Andörfer (Leo), Gregor Mathar (Rudi), Martin Flörchinger (Robert), Michael Gwisdek (Peter), Marga Legal (Hilde), Ulrich Matschoss **L** 90/90 **E** 29.1.1992 WDR

SIE UND ER IM RAUSCH DER WOLLUST. Im Rahmen einer Schlafzimmerstory aus Kurzfilmen zusammengesetztes Programm, das unter anderem für Partnertausch als Therapie gegen »Kontaktschwierigkeiten in der Industriegesellschaft« plädiert. Als Kronzeugen der »neuen Gesellschaft« treten Kommunarden der 70er Jahre und der Vorsitzende der damals existierenden Sex-Partei, der ehemalige Theologiestudent Joachim Driessen, auf. – Wir raten ab. ✦ BR Deutschland 1973 **P** Sonderfilm **KI** Sonderfilm **R+B** Jürgen Schindler **K** Gernot Roll, Hubs Hagen (= Hubertus Hagen) **D** Elke Boltenhagen, Konstantin Wecker, Ulrike Butz **L** 78 **FSK** SPIO: X **E** 29.6.1973 **fd** 18 679

SIE VERKAUFEN DEN TOD (UNA RAGIONE PER VIVERE E UNA PER MORIRE / UNE RAISON DE VIVRE, UNE RAISON DE MOURIR). Ein aus der Gefangenschaft geflohener Colonel der Nordstaaten-Armee, der ein Fort kampflos den gegnerischen Truppen übergab, erobert in einem tollkühnen Handstreich mit einer Gruppe Ganoven die Festung zurück und nimmt grausame Rache für den Tod seines Sohnes. Mäßig spannender Italowestern, dessen thematische Ambitionen aufgesetzt erscheinen. Ironische Ansätze gehen in vordergründigen Effekten und Schießorgien unter. (Späterer Titel: »Der Dicke und das Warzenschwein«) ✦ Scope. BR Deutschland/Italien/Frankreich/Spanien 1972 **P** Atlantida/Sancrosiap/Corona/Terza/Europrodis **KI** Adria **R** Tonino Valerii **B** Ernesto Gastaldi, Tonino Valerii, Rafael Azcona **K** Alejandro Ulloa **M** Riz Ortolani **S** Franco Fraticelli, Heidemarie Haschke **D** James Coburn (Colonel Pembroke), Bud Spencer (Eli Sampson), Telly Savalas (Major Ward), Reinhard Kolldehoff (Sergeant Brent), José Suarez (Major Ballard), William Spofford (Ted Wendel), Guy Ranson (Will Fernandez), Joe Pollini (Halbblut), Robert Burton (Donals MacIvers) **L** 96 **FSK** ab 16; nf **E** 27.12.1972 **fd** 18 282

SIE WAR ERST SIEBZEHN → Im Rausch der Sinne (1957)

SIE WAR IHM HÖRIG → Unterwelt von Paris

SIE WAREN 13 (THE NIGHT MY NUMBER CAME UP). Ein Offizier der englischen Luftwaffe hat einen prophetischen Traum vom Absturz seiner Maschine auf einem militärischen Routineflug, und die geträumte Katastrophe scheint Wirklichkeit zu werden. Intelligent erdacht und sympathisch gespielt, wobei sich die Spannung weniger aus der Aktion ergibt, als aus Gedankenspiel und Dialog. – Ab 16. ✦ Schwarz-weiß. Großbritannien 1955 **P** Ealing **KI** Rank **Pd** Michael Balcon **R** Leslie Norman **B** R. C. Sherriff, nach einer Geschichte von Victor Goddard **K** Lionel Banes **M** Malcolm Arnold **S** Peter Bezencenet **D** Alexander Knox (Owen Robertson), Michael Redgrave (Air Marshal John Hardie), Ralph Truman (Wainwright), Sheila Sim (Mary Campbell), Denholm Elliott (Flight Lieutenant Mackenzie) **L** 94 **FSK** ab 12; f **E** 5.8.1955 **fd** 4 272

SIE WAREN NACKT UND MUSSTEN STERBEN (BLACK AUTUMN / VIOLENT MIDNIGHT). Ein geistesgestörtes Mädchen entpuppt sich als mehrfache Mörderin. Kriminalfilm, der seine unsinnige Geschichte mit unsäglich primitiven Mitteln ausspielt. – Wir raten ab. ✦ Schwarz-weiß. USA 1963 **P** Del Tenney **KI** Constantin **Pd** Del Tenney **R** Richard Hillard **B** Robin Miller **K** Louis McMahon **M** Wilford L. Holcombe **S** Robert Q. Lorett **D** Lee Philips, Lorraine Rogers, Jean Hale, Shepperd Strudwick, Margot Hartman **L** 91 **FSK** ab 18; nf **E** 24.1.1963 **fd** 12 540

SIE WAREN SECHS! (LE DERNIER DE SIX). Sechs stellenlose Freunde teilen sich einen hohen Glücksspielgewinn als Startkapital mit dem Verspechen, nach fünf Jahren ihre damit erzielten Gewinne ebenfalls zu teilen. Daraus ergibt sich nach Ablauf der Frist ein abenteuerliches Kriminalpuzzle, das einen Kommissar auf die Spur eines mehrfachen Mörders bringt, der in den Katakomben von Paris entlarvt wird. ✦ Schwarz-weiß. Frankreich 1941 **P** Continental **R** Georges Lacombe **B** Henri-Georges Clouzot **K** Robert Le Febvre **M** Jean Alfaro **D** Pierre Fresnay, Jean Tissier, André Luguet, Suzy Delasir, Jean Chevrier, Wolfgang Staudte **L** 95 **E** September 1946

SIE WEIDETE PFERDE AUF BETON (PASLA KONE NA BETONE). Als die nichteheliche Tochter einer Genossenschaftsbäuerin in einem slowakischen Dorf schwanger wird, sucht die Bäuerin verbissen nach einer Lösung, um der Tochter zu ersparen, was sie selbst als ledige Mutter erleiden mußte. Ein humorig gesellschaftskritischer Film, der das Landleben in der vielfach traditionsgebundenen Slowakei teils poesievoll, teils sarkastisch zeichnet; sowohl stilistisch als auch thematisch überzeugend. – Sehenswert ab 16. ✦ CSSR 1982 **P** Filmstudio Koliba, Bratislava **KI** Progress **R** Stefan Uher **B** Milka Zimková, Stefan Uher, nach dem gleichnamigen Roman von Milka Zimková **K** Stanislav Szomolányi **M** Svetozár Stúr **S** Maximilian Remen **D** Milka Zimková (Johanna Ovsena), Veronika Jeníková (Pavlinka), Peter Vons (Brunnenbauer), Peter Staník (Berty), Marie Logojdová (Jozefka) **L** 81 **E** 21.9.1984 Kino DDR/24.6.1986 DFF 2/3.8.1988 ZDF

SIE WEIGERTEN SICH, IN DIESEN KRIEG ZU ZIEHEN. (Fernseh-)Dokumentation über Franzosen, die während des Algerienkriegs (1954–1962) den Wehrdienst verweigerten oder aus der Armee desertierten. ✦ Frankreich 2000 **R** Alain Taieb, Virginie Adoutte **L** 62 **E** 9.11.2000 arte

SIE WERDEN LÄSTIG, MEIN HERR (LE MAJORDOME). Eine charmante Polizeiagentin entlarvt das Doppelleben zweier Gentlemanverbrecher. Die etwas kompliziert erzählte Gaunerkomödie gewinnt ihren Unterhaltungswert vor allem durch die unnachahmlich elegante Spielweise von Paul Meurisse. – Ab 16. ✦ Schwarz-weiß. Frankreich/Italien 1964 **P** Marceau/Cocino/Cérès/Flair **KI** Pallas **R** Jean Delannoy **B** Jacques Robert, Jean Delannoy, Henri Jeanson **K** Christian Matras **M** Paul Misraki **S** Henri Taverna **D** Paul Meurisse, Paul Hubschmid, Geneviève Page, Noël Roquevert, Lutz Gabor **L** 91 **FSK** ab 16; nf **E** 27.5.1966/17.11.1973 DFF 1 **fd** 14 094

SIE WILL'S WISSEN (JAG ÄR NYFIKEN, BLA). Zweiter Teil (1. Teil: »Ich bin neugierig«, 1967) von Sjömans satirischer Collage über Leben und Lieben im schwedischen Wohlfahrtsstaat, gesehen aus der Perspektive der aufmüpfigen Lena. Inhaltlich und stilisisch wie der Vorgänger: eine Mischung aus teilweise zutreffender Gesellschafts- und Moralkritik und spekulativen Entgleisungen, präsentiert mit einer etwas selbstgefälligen Bürgerschreckattitüde. Die Methode, vom Standpunkt der jungen, unangepaßten Generation ein polemisches Kaleidoskop linker wie rechter Spießbürgerlichkeit zu entwerfen, ist zuweilen nicht ohne Reiz, in so geballter Form jedoch ermüdend. ✦ Teils schwarz-weiß. Schweden 1968 **P** Sandrews **KI** Rank **Pd** Göran Lindgren, Lena Malmsjö **R+B** Vilgot Sjöman **K** Peter Wester **M** Bengt Ernryd **S** Vilgot Sjöman **D** Lena Nyman, Börje Ahlstedt, Sonja Lindgren, Hans Hellberg, Gunnel Broström **L** 80 **FSK** ab 18; f **E** 9.8.1968 **fd** 15 643

SIE WOLLEN NICHT, DASS WIR UNS LIEBEN (A JESLI ETO LJUBOW). Die Liebe zweier junger Menschen scheitert an den Vorurteilen und dem Unverstand der Umgebung. Belangloser, langatmiger Film aus der Sowjetunion. (DDR-Titel: »Und wenn das Liebe ist?«) – Ab 16 möglich. ✦ Scope, schwarz-weiß. UdSSR 1961 **P** Mosfilm **KI** Pegasus **R** Juli Raisman **B** Jossif Olschanski, Nina Rudnewa, Juli Raisman **K** A. Scharitonow **M** Rodion Schtschedrin **D** Shanna Prochorenko (Xenia), J. Puschkarjow (Boris), Alexandra Masarowa (Nadja), Nina Schorina (Rita), Alexej Mironow (Pjotr) **L** 98 **FSK** ab 6; f **E** 1963 Kino/12.7.1963 Kino DDR

SIE WOLLEN TANZEN. Alltagsbeobachtungen an der »Staatlichen Ballettschule Berlin und Schule für Artistik«, die im Jahr 2001 ihr 50. Jubiläum feierte. Im Mittelpunkt des Films stehen fünf Schüler dieser einzigartigen Einrichtung, die über Wünsche, Sorgen und Träume Auskunft geben und erzählen, warum sie die strapaziöse Ausbildung auf sich nehmen. Das Filmteam hat sie ein halbes Jahr lang begleitet, stellt Karrierehoffnungen und Rückschläge vor und macht mit der Welt des Tanzes vertraut. – Ab 14. ✦ Deutschland 2001 **R** Cuini Amelio-Ortiz, Sebastian Eschenbach **L** 63 **E** 10.12.2001 ORB

SIE ZERBRACHEN NICHT (LES CHIFFONNIERS D'EMMAUS). Spielfilmreportage über den französischen Abbé Pierre, der aus Gesundheitsgründen aus dem Kapuzinerorden austrat, in den 50er Jahren anfing, für die Bedürftigen das Emmaus-Hilfswerk ins Leben zu rufen und aktive Hilfe leistete. Er wurde Mitglied der Nationalversammlung; sein Lebenswerk hat heute noch Bestand. Ein überzeugend-sympathischer Aufruf für tätige Nächstenhilfe und ein vortreffliches Zeitdokument. (TV-Titel: »Abbé Pierre – Sie zerbrachen nicht«) – Ab 12. ✦ Schwarz-weiß. Frankreich 1954 **P** Cocinor/Abeille/Nordia **KI** Imperial **Pd** M. Juvène **R** Robert Darène **B** Marie d'Hyvert, François Patrice, René Borjavel, nach einem Buch von Emmaus von Boris Simon **K** Jean Bourgoin **M** Joseph Kosma **D** André Reybaz (Abbé Pierre), Dany Carrel (Suzy Vatier), Gaby Morlay (»Mademoiselle«), Madeleine Robinson (Frau Vatier), Pierre Mondy (Thomas), Julien Verdier (Bastian) **L** 100 **FSK** ab 12; f **E** 15.2.1956/3.6.1963 ZDF **fd** 4 598

SIEBEN (SEVEN). Ein Psychopath begeht eine Serie krankhafter Morde nach der Reihenfolge der sieben Todsünden. Zwei Ermittler sollen diesen Wahnsinn aufklären. Ein ebenso artifiziell wie effektvoll inszenierter Detektivfilm, der mit außergewöhnlich dunklen und düsteren Bildern eine beklemmende Atmosphäre der Ausweglosigkeit und des abgrundtiefen Pessimismus schafft. Dabei interessiert er sich letztlich aber mehr für die pathologischen Ergebnisse der Mordkette als für eine Handlung, die Hand und Fuß hätte, so daß auch die effektvolle Machart letztlich die arg geschmacklose Story nicht genießbarer machen kann. DVD: Die mustergültige Special Edition (Platinum Edition, 2DVDs) enthält u. a. diverse Audiokommentare des Regisseurs, der Hauptdarsteller, des Drehbuchautors und des Kameramanns, ein kommentiertes, dt. untertiteltes Feature mit sieben nicht verwendeten Szenen, ein alternatives Filmende, einen Storyboard/Film-Vergleich sowie eine Fülle von Kurzfeatures über Teilaspekte des Films. ✦ Scope. USA 1995 **P** New Line Cinema **KI** Neue Constantin **VA** Constantin (VCL) **DVD** VCL (2.35:1, DD5.1 dt.), DTS Fsg.: VCL (2.35:1, DD5.1 engl./dt., DTS dt.), Platinum Edition: VCL (SE, 16:9, 2.35:1, DD6.1 engl./dt., DTS6.1 engl./dt.) **Pd** Arnold Kopelson, Phyllis Carlyle, Stephen Brown **R** David Fincher **B** Andrew Kevin Walker **K** Darius Khondji **M** Howard Shore **S** Richard Francis-Bruce **D** Morgan Freeman (William Somerset), Brad Pitt (David Mills), Kevin Spacey (John Doe), Gwyneth Paltrow (Tracy Mills), John C. McGinley (California), Richard Roundtree (Talbot) **L** 126 **FSK** ab 16; nf **E** 23.11.1995/21.5.1996 Video/2.3.1999 DVD/28.6.2000 DVD (DTS Fsg.)/7.6.2001 DVD (Platinum Edition) **fd** 31 642

DIE SIEBEN AFFÄREN DER DOÑA JUANITA. Episoden aus dem Liebesleben einer jungen Architektin, die auf ihrer Großbaustelle wegen wechselnder Männerbekanntschaften moralisch »angeklagt« wird. Eher harmlose Beichte einer Frau Anfang Dreißig, angelegt als Beitrag zur aktuellen Diskussion um Gleichberechtigung und sexuelle Emanzipation. Die einzelnen Teile schwanken stilistisch zwischen Kammerspiel und Cinémá verité, Musical und didaktischem Debattierstück. In einzelnen Passagen greift Frank Beyer auch Szenen seines verbotenen Films »Spur der Steine« auf. Insgesamt eine eher marginale Arbeit des Regisseurs. ✦ Schwarz-weiß. DDR 1972/73 **P** DEFA **Pd** Erich Kühne **R** Frank Beyer **B** Eberhard Panitz, Frank Beyer, nach dem gleichnamigen Roman von Eberhard Panitz **K** Günter Marczinkowsky **M** Günther Fischer **S** Ruth Ebel **D** Renate

Blume (Anita), Alfred Müller (Sicherheitsinspektor), Werner Tietze (Dr. Arndt), Winfried Glatzeder (Georg), Dieter Wien (Wagner) L 380 (vier Teile) E 20.,22.,27., 29.4.1973 DFF 1

SIEBEN ALLEIN (SEVEN ALONE). Nacherzählung einer wahren Geschichte aus dem Jahre 1843: Ein Siedler in Amerika glaubt, im Westen der USA sein Glück finden zu können und macht sich mit seiner Frau und sechs Kindern, zu denen unterwegs noch ein siebtes kommt, mit einem Treck auf den Weg. Während des monatelangen Zugs wird der Mann durch Indianer getötet, die Mutter erkrankt und stirbt. Nach ungeheuren Strapazen erreichen die Kinder schließlich Oregon, das gelobte Land. Sympathischer Durchschnittswestern, im Stil eines Fernsehfilms inszeniert. – Ab 14. ✦ USA 1975 P Doty-Dayton Pd Lyman D. Dayton R Earl Bellamy B Eleanor Lamb, Douglas Stewart, nach einem Roman von Honore Morrow K Robert Stumm M Robert O. Ragland S Dan Greer D Dewey Martin (Henry), Anne Collings (Naome), Stewart Peterson (John), Debbie van Orden, Scott Petersen, Aldo Ray (Dr. Dutch), Dean Smith (Kit), James Griffith (Billy), Dehl Berti L 90 E 8.2.1977 ZDF

SIEBEN ALTE UND EIN MÄDCHEN (SEM STAIKOW I ODNA DEWUSCHKA). Eine junge Sportlehrerin tritt ihre erste Stelle in einem Sanatorium an. Ihrem Wunsch entsprechend erhält sie die Riege der ältesten Patienten zur Betreuung. Nach anfänglichen Schwierigkeiten setzt sie alles daran, um wieder wegzukommen. ✦ Schwarz-weiß. UdSSR 1969 P Mosfilm R+B Jewgeni Karelow K Sergej Saizew M Jewgeni Ptitschkin D Swetlana Sawelowa (Mädchen), Anatoli Adoskin (1. Alter), Alexander Benjaminow (2. Alter), Boris Nowikow (3. Alter), Nikolai Porfenow (4. Alter) L 66 E 21.8.1970 DFF 1

SIEBEN AMMEN UND KEIN BABY (SEM NJANEK). Eine Brigade von sieben jugendlichen Uhrmachern übernimmt die Patenschaft für den schwererziehbaren Afanassi und versucht, ihn mit wenigen pädagogischen Erfahrungen, aber viel Zuneigung zu einem brauchbaren Glied der Gemeinschaft zu formen. Eine thematisch interessante Unterhaltung, inszenatorisch etwas uneinheitlich. – Ab 14. ✦ UdSSR 1962 P Mosfilm Kl Progress R Rolan Bykow B Juli Dunski, Valeri Frid K Piotr Satunowski M Karen Chatschaturjan D Senja Morosow (Afanassi), W. Burow (Pascha), M. Drosdowskaja (Maja), Wladimir Iwaschow (Witja), Tatjana Nadeshdina (Lena) L 91 E 21.6.1963 Kino DDR/26.6.1964 DFF 1

7 ASSE → Der Coup der 7 Asse

SIEBEN AUF EINEN STREICH (SEDEM JEDNOU RANOU). Die Geschichte vom tapferen Schneiderlein, das eigentlich nur sieben Fliegen »auf einen Streich« erschlug, sich aber überall für einen Helden halten läßt. In der Not wächst der junge Mann über sich selbst hinaus, befreit das Königreich von drei Plagen und erhält als Lohn die Königstochter. Biedere Verfilmung des Grimmschen Märchens in althergebrachter Ausstattung; ohne Witz und Pfiff, aber für kleinere Kinder gut verständlich und hinlänglich vergnüglich. (TV-Titel: »Das tapfere Schneiderlein«) – Ab 6. ✦ CSSR/BR Deutschland/Italien/Frankreich/Spanien 1988 P Slovenska filmova Bratislawa/Omnia/RAI Uno/Sacis/Films du Sabre/IVE Kl Progress VA Taurus R Dusan Trancík B Dusan Trancík, Tibor Vichta, nach einem Märchen der Brüder Grimm K Viktor Svoboda M Peter Smékal S Eduard Klenovsky D Miroslav Noga (Das tapfere Schneiderlein), Günter Mack (König), Amanda Sandrelli (Prinzessin), Monica Molina (Schuster), Elma Karlowa L 92 FSK o. A.; f E 26.12.1989 ZDF/21.9.1991 Kino

DIE 7 AUS TEXAS (I SETTE DEL TEXAS / ALTES LLEGA LA MUERTE / CAMINO DEL SUR). Die Abenteuer einer Reisegruppe zwischen Indianern und Desperados auf dem Treck durch die Sierra Nevada. Routinewestern mit einigen überflüssigen Härten. – Ab 16. ✦ Scope. Italien 1964 P Pea Kl Schneider Pd Manuel Castedo, Adriano Merkel R+B José Romero Marchent (= Joaquin Romero Marchent) K Fausto Zuccoli M Riz Ortolani S Daniele Alabiso D Robert Hundar, Gloria Milland, Paul Piaget, Ralph Baldwyn (= Raffaele Baldassarre), John Bartha L 94 FSK ab 16; nf E 29.1. 1965 fd 13 289

DIE SIEBEN BESTEN JAHRE (THE CEMETERY CLUB). Drei Witwen treffen sich regelmäßig auf dem Friedhof, um mit ihren verstorbenen Männern Zwiegespräche zu führen und sich über Trauer und Einsamkeit hinwegzuhelfen. Als eine von ihnen sich verliebt, wird die Freundschaft auf eine Zerreißprobe gestellt. Von ausgezeichneten Schauspielern getragener Versuch, das Leben älterer Menschen in Form einer Tragikomödie ernst zu nehmen. Zwar krankt der Film an der Rücksichtnahme auf filmische Klischees und Tabus, dennoch bleibt zwischen den musikalisch stimmungsvoll untermalten, detailverliebten Bildern noch genug Raum zum Nachdenken. – Ab 14 möglich. ✦ USA 1992 P Touchstone Kl Buena Vista VA EuroVideo/Touchstone Pd David Brown, Sophie Hurst, Bonnie Palef R Bill Duke B Ivan Menchell, nach seinem Theaterstück K Steven Poster M Elmer Bernstein S John Carter D Ellen Burstyn (Esther), Olympia Dukakis (Doris), Diane Ladd (Lucille), Danny Aiello (Ben Katz), Lainie Kazan (Selma) L 107 FSK ab 6; f FBW w E 8.7.1993/27.1.1994 Video/9.1. 1995 premiere fd 30 317

DIE SIEBEN BRÄUTE DES GEFREITEN SBRUJEW (SEM NEWEST JEFREJTORA SBRUJEWA). Mit sieben Frauen hat ein russischer Soldat während seiner Dienstzeit einen Briefwechsel geführt. Nun will er als Reservist seine »Bräute« persönlich in Augenschein nehmen, womit eine abenteuerliche Reise beginnt. ✦ UdSSR 1970 P Lenfilm R Vitali Melnikow B Wladimir Waluzki K Dmitri Dolinin M Georgi Portnow D Semjon Morosow, Irina Kuberskaja, Natalja Warlej, Marianna Wertinskaja, Jelena Solowej L 94 E 20.4. 1972 DFF 2

SIEBEN BRIEFE. Ein dichterisch angehauchter Fotograf verfaßt für die Dame seines Herzens sieben Briefe in Form eines tagebuchartigen Kriminalromans. Unterhaltsames Kriminallustspiel, produziert in finstersten Kriegszeiten. – Ab 12. ✦ Schwarz-weiß. Deutschland 1944 P Prag Kl OFFA R Otto Pittermann (= Vladimir Slavinsky) B Eberhard Keindorff, W. Ulrici K Josef Strecha M Peter Brandt S Maria Kull D O. W. Fischer, Elfriede Datzig, Paul Kemp, Fritz Odemar, Harald Paulsen L 81 FSK ab 12; nf E 29.3.1944/12.9.1957 ARD+DFF 1 fd 3 940

DIE SIEBEN BRÜDER CERVI (SETTE FRATELLI CERVI). Tragische Familienchronik des Ehepaares Cervi aus den 30er und 40er Jahren in Oberitalien. Sieben Söhne der Familie schlossen sich im Kampf gegen den Faschismus der Partisanenbewegung an. Bis auf den Vater wurden alle im Dezember 1943 im Gefängnis von Parma erschossen. ✦ Italien 1967 R Gianni Puccini B Bruno Baratti, Gianni Puccini, Cesare Zavattini, nach dem Roman »Meine sieben Söhne« von Alcide Cervi K Alberto Marrama M Carlo Rustichelli D Elsa Albani, Oleg Shakow, Gian Maria Volonté, Lisa Gastoni, Carla Gravina L 95 E 3.4.1976 DFF 2

SIEBEN CHANCEN → Buster Keaton – Sieben Chancen

SIEBEN DIEBE (SEVEN THIEVES). Eine Gruppe professioneller Gauner beraubt unter der Leitung ihres intelligenten Anführers die Spielbank von Monaco. Betuliche, aber charmante Genreunterhaltung, die sich in erster Linie auf ihre routinierten Darsteller verläßt. – Ab 16. ✦ Scope. USA 1959 P 20th Century Fox Kl Centfox Pd Sydney Boehm R Henry Hathaway B Sydney Boehm, nach einem Roman von Max Catto K Sam Leavitt M Dominic Frontiere S Dorothy Spencer D Edward G. Robinson (Theo Wilkins, der »Professor«), Rod Steiger (Paul Mason), Joan Collins (Melanie), Eli Wallach (Pancho), Alexander Scourby (Raymond Le May) L 102 FSK ab 16; nf E 11.3. 1960/4.12.1972 ZDF fd 8 996

SIEBEN DRECKIGE TEUFEL (SETTE BASCHI ROSSI). Eine siebenköpfige Söldnertruppe wird bis auf einen Mann aufgerieben, als sie versuchen, kongolesischen Regierungstruppen Geheimdokumente abzujagen. Holprig inszenierter Abenteuerfilm, der nur andeutungsweise auf den politisch-militärischen Hintergrund seiner Story eingeht. (Späterer Titel: »Sturm der Feuervögel«) ✦ Italien/BR Deutschland 1968 P Metheus/Lisa Kl Gloria R Mario Siciliano B August Rieger, Piero Regnoli, nach dem Roman »Rebellion« von Dean Craig K Gino Santini M Gianni Marchetti S Romeo Ciatti D Ivan Rassimov, Sieghardt Rupp, Kirk Morris, Angelica Ott, Priscilla Drake (Marie Schatowa) L 85 FSK ab 16; nf E 20.3.1970 fd 16 770

SIEBEN ELEMENTARKRÄFTE (SEM STICHI). Ein utopischer Film mit realem Hintergrund, in dem es um die Nutzung der Sonnenergie geht. Nachdem der Heimatplanet einer Außerirdischen erkaltet ist und kein Leben auf ihm mehr möglich scheint, wird ein irdischer Journalist, der sich bereits mit der Frage der Ausnutzung von Sonnenenergie beschäftigt hat, als Kontaktperon ausgesucht. Er soll zusammen mit dem Kosmischen Rat nach einem Ausweg aus der lebensbedrohlichen Situation suchen. ✦ Scope. UdSSR 1985 P Gorki-Studio R Gennadi Iwanow B Wladimir Schtscherbakow, Gennadi Iwanow, nach dem Roman »Sem Sticki« vom Wladimir Schtscherbakow K Aurelius Jazinewitschjus M Eduard Artemjew D Igor Starygin (Gleb), Irina Alfjorowa (Valentina), Anna Dunowskaja (Aira), Uldis Norenbergs (Olmin), Alexander Filippenko (Jankow) L 72 E 15.5.1986 DFF 2

SIEBEN ERZÄHLUNGEN AUS DER VORGESCHICHTE DER MENSCHHEIT. Ein »politischer Lehrfilm«, der nach einer Vorgeschichte in sieben Erzählungen Beispiele ökonomischer Situationen darstellen will, wie sie Karl Marx für die Systematik des »Kapitals« benutzte. Untertitel: »Von der Entstehung des Reichtums, vom Nutzen der Arbeit und vom Fortschritt«. 1. Ein bayerischer Brauerei-Unternehmer reagiert auf eine Absatzkrise seines Produkts. 2. Ein von Kirche und Obrigkeit geächteter Kaufherr erbarmt sich im Jahr 1567 in einer protestantischen Stadt der Ärmsten der Armen. 3. Ein Märchen vom Wettstreit zweier Brüder, bei dem sich der eine im Charakter des Goldes irrt. 4. Eine Moritat von der Inflation. 5. Das Tagebuch einer »Missis« in den Südstaaten des Jahres 1865 und die Illusion von Freiheit, die einen schwarzen Sklaven tötet. 6. Konversationsstück mit Musik, indem sich Laura Wohlbrück für die Vermenschlichung der Arbeit einsetzt. 7. Ein Zwischenfall während der Hochzeitsfeier eines Heimatvertriebenen, der an die Entstehung eines Industriebetriebes erinnert. ✦ Schwarz-weiß. BR Deutschland 1975 P Hochschule für Fernsehen und Film (HFFM) SF Freunde der Deutschen Kinemathek Pd+R+B Manfred Blank, Gerhard Metz, Wolfgang Strauß K Klaus Lautenbacher, Hans Klaus Petsch M div. klassische Komponisten D Hans Beerhenke, Eva Beermann, Josef Bierbichler, Isabella Enzelmüller, Helmut Färber, Gisela Schneeberger, Edith Volkmann L 155 E 1977 Kino

SIEBEN FEUER DES TODES. Aktionsreicher Fernsehfilm, routiniert, mit soliden Darstellern: Mitglieder einer Feuerwehrmannschaft bekommen es mit einem religiös motivierten Pyromanen zu tun. ✦ Deutschland 1997 R Carlo Rola B Douglas Scott Hessler, Mary Elen Michael K Sven Kirsten M Georg Kleinbreil D Hannes Jaenicke (Stefan Beckmann), Iris Berben (Marta Weber), Blixa Bargeld (Roman Kovacz), Ben Becker (Johannes Stanek), Michael Mendl (Robert Scherer) L 92 E 24.5.1997 premiere

SIEBEN FRAUEN (1965) (SEVEN WOMEN). Um 1935: Mongolische Horden überfallen im chinesischen Grenzland mordend und sengend auch eine amerikanische Laienmission. Der nach China verlegte Western ist John Fords letzter, leider wenig rühmlicher Spielfilm: Ein Torso aus schiefer Moralkritik, Routine und Kompromißbereitschaft. Beeindruckend ist Anne Bancroft als sportlich-furchtlose, zynische Ärztin –

positiv abgesetzt gegen frustrierte Puritanerinnen und asiatische »Untermenschen«. ✦ Scope. USA 1965 **P** Ford/Smith **KI** MGM **Pd** Bernard Smith, John Ford **R** John Ford **B** Janet Green, John McCormick, nach der Erzählung »Chinese Finale« von Norah Lofts **K** Joseph LaShelle **M** Elmer Bernstein **S** Otho Lovering **D** Anne Bancroft (Dr. D. R. Cartwright), Margaret Leighton (Agatha Andrews), Sue Lyon (Emma Clark), Flora Robson (Miss Binns), Mildred Dunnock (Jane Argent) **L** 87 **FSK** ab 18; f **E** 24.3.1966 **fd** 13 953

SIEBEN FRAUEN (1989). Hans, der verlorene Sohn, tritt das Erbe seines Vaters an und sieht sich mit einem Rätsel, einem Millionenvermögen, dubiosen Geschäftemachern und fünf heiratswilligen Töchtern konfrontiert. Auf Rat des toten Vaters heiratet er die Weiseste. Ein kleines modernes Märchen voller loser Enden, leichthändig bis zur Auflösung inszeniert; es bietet keine Erklärungen, sondern verkündet eine einfache Botschaft. Abschließender Teil der Trilogie »Formen der Liebe« (vgl. »Das Mikroskop« und »Der Philosoph«). – Ab 16. ✦ BR Deutschland 1989 **P** Moana-Film **KI** NEF 2 **Pd+R+B** Rudolf Thome **K** Martin Gressmann **M** Wolfgang Böhmer **S** Dörte Völz, Inge Schneider **D** Johannes Herrschmann (Hans Hummel), Adriana Altaras (Ati), Elisabeth Zündel (Johanna), Alexandra Schnaubelt (Sylvie), Margarete Raspé (Catherina Hellmann) **L** 89 **FSK** ab 6; f **FBW** w **E** 16.11.1989 **fd** 27 902

SIEBEN FRAUEN – SIEBEN TODSÜNDEN. In Anlehnung an zwei in den Jahren 1952 (in Frankreich) und 1961 (in Italien) realisierten Episodenfilmen über die sieben Todsünden entstandener »Omnibusfilm«, der ausschließlich die Sicht von Filmemacherinnen präsentiert, die sehr unterschiedliche Antworten auf die Frage geben, ob Sünden heutzutage eine andere Bedeutung haben. Mehr als gesamtes Konzept als in der jeweiligen Durchführung interessant. Titel der jeweils rund viertelstündigen Episoden: 1. Stolz: »Superbia«; 2. Völlerei: »Füttern«; 3. Trägheit: »Portrait d'un paresseuse«; 4. Geiz: »Petty to Play«; 5. Zorn: »Anger«; 6. Neid: »Il Maestro«; 7. Wollust: »Ein perfektes Paar«. ✦ BR Deutschland 1986 **P** MBM Maya Constantine/ZDF **Pd** Ulrike Ottinger (1), Helke Sander (2), Chantal Akerman (3), Maxi Cohen (5), Valie Export (= Waltraut Höllinger, 7) **R** Ulrike Ottinger (1), Helke Sander (2), Chantal Akerman (3), Betty Gordon (4), Maxi Cohen (5), Laurence Gavron (6), Valie Export (= Waltraut Höllinger, 7) **B** Ulrike Ottinger (1), Helke Sander (2), Chantal Akerman (3), Bette Gordon (4), Maxi Cohen (5), Laurence Gavron (6), Valie Export (= Waltraut Höllinger, 7) **D** Delphine Seyrig (1), Irm Hermann (1), Else Nabu (1), Gabriela Herz (2), Michael Dick (2), Sonia Wieder-Atherton (3), Chantal Akerman (3), Rosemary Hochschild (4), Roberta Wallach (4), Kate Valk (4), Evelyne Didi (6), Ged Marlon (6), Susanne Widl (7), Alfred Neugebauer (7), Edgar Osterberger (7) **L** 109 **E** 27.1.1987 ZDF

SIEBEN FREUNDINNEN. Das Porträt sieben junger Frauen verschiedener Nationalitäten, die in Berlin geboren wurden und nun in Kreuzberg leben. Der Film berichtet über ihre Träume, Wünsche und Hoffnungen, zeigt ihre Energie und versucht, ihren Glauben an die Zukunft zu vermitteln. Ein intimer Dokumentarfilm, der auch das Vertrauen spüren läßt, das die sieben Frauen der Regisseurin entgegenbrachten. ✦ Deutschland 1994 **R+B** Antonia Lerch **L** (TV) 90 **E** 20.12.1994 ZDF

SIEBEN GEGEN ALLE (SETTE CONTRO TUTTI). Sechs Gladiatoren und ein Zenturio befreien den Stadtstaat Aristea von einem verräterischen römischen Statthalter. Abenteuer im Gewande pseudohistorischer Kolossalfilme, aber weithin als Lustspiel angelegt; vergnügliche Unterhaltung. – Ab 14. ✦ Scope. Italien 1965 **P** Leone **KI** Adria **Pd** Elio Scardamaglia **R** Michele Lupo **B** Lionello de Felice, Francesco Scardamaglia **K** Alessandro Mancori **M** Francesco De Masi **S** Alberto Gallitti **D** Roger Browne, Liz Havilland, Al Northon (= Alfio Caltabiano), Erno Crisa, Harold Bradley **L** 88 **FSK** ab 12; nf **E** 27.5.1966 **fd** 14 106

SIEBEN GEGEN CHICAGO (ROBIN AND THE SEVEN HOODS). Zwei Bandenchefs in Chicago bekämpfen sich und werden von der Tochter eines Ganoven übers Ohr gehauen. Anfangs noch treffsichere Parodie auf amerikanische Gangsterfilme, die in der zweiten Hälfte allerdings Längen aufweist. – Ab 14. ✦ Scope. USA 1963 **P** Warner **KI** Warner **Pd** Frank Sinatra **R** Gordon Douglas **B** David R. Schwartz **K** William H. Daniels **M** Nelson Riddle **S** Sam O'Steen **D** Frank Sinatra (Robbo), Dean Martin (John), Sammy Davis jr. (Will), Peter Falk (Gisborne), Barbara Rush (Marion), Bing Crosby (Allen A. Dale), Edward G. Robinson (Big Jim) **L** 107 **FSK** ab 12; nf **E** 11.12.1964/8.6.1974 ARD/10.10.1987 DFF 1 **fd** 13 182

SIEBEN GEGEN DIE HÖLLE (THE LONG AND THE SHORT AND THE TALL). Während des Burmakriegs gerät eine britische Patrouille hinter die feindliche Front, wo ihr ein einzelner Japaner in die Hände fällt. Eine drastische Verfilmung eines Bühnenstücks zwischen Pappfelsen und in Kulissendschungel. Einziger Vorzug: die darstellerisch beklemmende Angststudie des japanischen Gefangenen (Kenji Takaki). ✦ Schwarz-weiß. Großbritannien 1960 **P** Warner/Pathé **KI** Columbia-Bavaria **Pd** Michael Balcon **R** Leslie Norman **B** Wolf Mankowitz, nach einem Bühnenstück von Willis Hall **K** Erwin Hillier **M** Stanley Black **S** Gordon Stone **D** Richard Todd (Sergeant Mitchem), Laurence Harvey (Private Bamforth), Richard Harris (Corporal Johnstone), Kenji Takaki (Tojo, der Gefangene), David McCallum (Private Whittaker) **L** 84 **FSK** ab 16; f **E** 30.3.1962 **fd** 11 008

SIEBEN GLADIATOREN (I SETTE GLADIATORI). Sieben Muskelprotze müssen ihre Kräfte einsetzen, um einen spartanischen Despoten zu stürzen und ein edles Fräulein aus seiner Gewalt zu befreien. Naives italienisches Historienkino, das in der Realisierung so altertümlich wirkt wie sein Stoff. ✦ Scope. Italien/Spanien 1962 **P** Columbus/Atenea **KI** MGM **R** Pedro Lazaga **B** Pedro Lazaga, Alessandro Continenza, Bruno Corbucci, Alberto de Martino, Giovanni Grimaldi **K** Adalberto Albertini, Eloy Mella **M** Marcello Giombini **D** Richard Harrison (Dario), Gérard Tichy (Hierba), Livio Lorenzon (Panurgo), Loredana Nusciak (Alcaia), Edoardo Toniolo (Milon), Joseph Marco (Xeno), Tony Zamperla (Vargas) **L** 92 **FSK** ab 16; nf **E** 20.12.1963/29.5.1988 DFF 2 **fd** 12 473

DIE SIEBEN GLORREICHEN GLADIATOREN (THE SEVEN MAGNIFICENT GLADIATORS). In der Römerzeit: Sieben Gladiatoren beschützen ein Dorf, in dem nur Frauen, Kinder und Greise leben, vor einem Tyrannen. Nichts Neues gegenüber den Vorbildern, keine Spur von Originalität, abstruse Kostüme, einfallslose Regie und schlechte Schauspieler. – Ab 14. ✦ Italien 1983 **P** Cannon **KI** Warner-Columbia **Pd** Menahem Golan, Yoram Globus **R** Bruno Mattei **B** Claudio Fragasso **K** Silvano Ippoliti **M** Dov Seltzer **D** Lou Ferrigno (Han), Brad Harris (Scipio), Sybil Danning (Julia), Dan Vadis (Nicerote), Carla Ferrigno (Pandora) **L** 87 **FSK** ab 12; f **E** 11.5.1984 **fd** 24 573

SIEBEN GOLDENE MÄNNER (SETTE UOMINI D'ORO). Parodistisch eingefärbte Schilderung eines perfekten Tresoreinbruchs bei der Schweizer Nationalbank in Genf und die Geschichte des Abtransports der Goldbarren durch Italien. Zuletzt gehen die Gangster aber leer aus. Turbulentes Gaunerstück, das die intelligenten Verbrecher mehr bewundert als ironisiert. Fortsetzung: »Das Superding der sieben goldenen Männer«. (DDR-Titel: »Die sieben goldenen Männer«) – Ab 16. ✦ Italien 1965 **P** Atlantica **KI** Constantin **Pd** Ugo Tucci **R+B** Marco Vicario (= Renato Marvi) **K** Ennio Guarnieri **M** Armando Trovaioli **S** Roberto Cinquini **D** Rossana Podestà, Philippe Leroy, Gastone Moschin, Giampiero Albertini, Gabriele Tinti, Maurice Poli, Manuel Zarzo, Dario de Grassi **L** 91 **FSK** ab 12; nf **FBW** w **E** 9.4.1966/5.1.1968 Kino DDR **fd** 13 956

DIE SIEBEN GOLDENEN STÄDTE (SEVEN CITIES OF GOLD). 1769 wird Kalifornien von Mexiko aus durch eine spanische Expedition annektiert. Im Mittelpunkt stehen die geistigen und weltanschaulichen Auseinandersetzungen zwischen einem kaltblütigen Eroberer und dem gütigen Indianermissionar Iunipero Sera Ofm (1731–84), der vor einigen Jahren »zur Ehre der Altäre« erhoben wurde. Historischer Abenteuerfilm, der sich mit schlichtem Gerechtigkeitssinn um geschichtliche Wahrhaftigkeit bemüht, dabei aber lediglich nicht minder schlichte Unterhaltung bietet. – Ab 12. ✦ Scope. USA 1955 **P** 20th Century Fox **KI** Centfox **Pd** Robert D. Webb, Barbara McLean **R** Robert D. Webb **B** Richard L. Breen, John C. Higgins, nach einem Roman von Isabella Gibson Ziegler **K** Lucien Ballard **M** Hugo Friedhofer **S** Hugh S. Fowler **D** Richard Egan (Jose), Anthony Quinn (Capt. Portola), Michael Rennie (Junipero Serra), Jeffrey Hunter (Matuwir), Rita Moreno (Ula), Eduardo Noriega (Sergeant), John Doucette (Juan Coronel), Victor Juncos (Lt. Faces), Carlos Muzquiz (Dr. Pratt) **L** 102 **FSK** ab 12; f **E** 6.3.1956 **fd** 4 805

DIE 7 GOLDENEN VAMPIRE (THE LEGEND OF THE 7 GOLDEN VAMPIRES). Die Legende von sieben Vampiren, die ein entlegenes Dorf in ihrer Gewalt haben, erweist sich als grausam-blutige Wirklichkeit. Horror à la Hammer trifft auf Kung-Fu à la Shaw-Brothers – europäisches und asiatisches Populärkino in einer exzentrischen Mischung. ✦ Scope. Großbritannien/Hongkong 1974 **P** Hammer/Shaw Brothers **KI** Warner-Columbia **Pd** Don Houghton, Vee King Shaw **R** Roy Ward Baker **B** Don Houghton **K** John Wilcox, Roy Ford **M** James Bernard **S** Chiang Hising-Lung, Chris Barnes **D** Peter Cushing (Professor Van Helsing), Julie Ege (Vanessa Buren), David Chiang (= Chiang Tai Wei) (Hsi Ching), Robin Stewart (Leyland Van Helsing), Shih Szu (Mai Kwei) **L** 88 **FSK** ab 16; nf **E** 16.5.1975 **fd** 19 315

SIEBEN HALUNKEN – HART WIE GRANIT → Der Ritt zur Hölle

SIEBEN HART WIE GRANIT → Der Ritt zur Hölle

DIE SIEBEN HAUPTSÜNDEN → Die sieben Todsünden (1961)

SIEBEN HUNGRIGE (SEDM HLADOVYCH). Ein Sanatorium für Fettleibige: Unter der Aufsicht des medizinischen Personal schieben die Patienten Kohldampf. Der Schwarzmarkt blüht, und Not macht bekanntlich erfinderisch. Eine Satire um den Diät-Wahn sowie die weltbewegende Frage, ob Abnehmen den Charakter verändert und ob die Dicken nicht doch die besseren Menschen sind. – Ab 14. ✦ CSSR 1988 **P** Filmstudio Barrandov **KI** Progress **R** Karel Smyczek **B** Frantisek R. Cech, Petr Novotny, Karel Smyczek **K** Jaroslav Brabec **M** Michal Pavlicek **D** Frantisek Husák (Chefarzt), Tomás Josífko (Cudla), Maria Durnová (Kulturreferentin), Emíl Kosír (Direktor), Pavel Brümer (Sládek) **L** 87 **E** 9.3.1990 Kino DDR

SIEBEN JAHRE GLÜCK. Fortsetzung des Grotesklustspiels »Sieben Jahre Pech« (1940). Ein Romanschriftsteller nimmt seinen Kammerdiener wieder auf und trifft seinen alten Freund, einen Tierarzt, wieder. Eine Angelpartie, an Bankräuber verlorenes Geld, eine irrige Inhaftierung, die Jagd nach der verlorenen Geldsumme sowie eine alberne Stierkampfeinlage sind die Handlungssegmente eines wenig originellen Films, der bestenfalls harmloses Vergnügen bereitet. – Ab 12 möglich. ✦ Schwarz-weiß. Deutschland 1942 **P** Bavaria **KI** Commerz **R+B** Ernst Marischka **K** Wenzel Vich **M** Oskar Wagner **D** Hannelore Schroth, Wolf Albach-Retty, Theo Lingen, Hans Moser, Elli Parvo **L** 92 **E** 9.10.1942/16.12.1968 DFF 1 **fd** 2 112

SIEBEN JAHRE IN TIBET (1955) (SEVEN YEARS IN THE TIBET). Die Fluchtgeschichte des bei Kriegsausbruch (1939) in Indien internierten Österreichers Heinrich Harrer, der nach Tibet entkommen und dort eine Anzahl Filmaufnahmen drehen konnte. Der schlichte Kommentar sowie die Vermischung der

Originalaufnahmen Harrers mit Atelierszenen und wesentlich später gedrehtem Material des Engländers Sir Basil Gould vermindern den Informationsgehalt des Films erheblich. – Ab 12 möglich. ✦ Großbritannien 1955 **P** Seven League **KI** UFH **Pd** Charles A. Leeds, Pamela Paulet **R** Walter Ulbrich **K** Heinrich Harrer, Basil Gould **M** Thomas Ragua **S** Michael Orrow **L** 70 **FSK** ab 6; f **FBW** w **E** 17.4.1959 **fd** 8 037

SIEBEN JAHRE IN TIBET (1997) (SEVEN YEARS IN TIBET). Der österreichische Himalaya-Bergsteiger Heinrich Harrer flieht aus einem englischen Kriegsgefangenenlager nach Tibet, wo er dem jugendlichen Dalai Lama begegnet und dessen Vertrauter wird. Ein ausuferndes exotisches Star-Epos, das die Wandlung Harrers vom arroganten Egoisten zum Menschenfreund beschreiben will, darüber aber die Chance zu historischer und spiritueller Vertiefung verpasst. Eindrucksvolle Landschaftspanoramen sind das Beste, was der Film zu geben vermag. – Ab 12. ✦ Scope. USA 1997 **P** Mandalay/Reperage/Vanguard Films/Applecross **KI** Constantin **VA** Starlight **DVD** VCL (2.35:1, DD5.1 engl./dt.) **Pd** Jean-Jacques Annaud, John H. Williams **R** Jean-Jacques Annaud **B** Becky Johnston, nach dem Buch von Heinrich Harrer **K** Robert Fraisse **M** John Williams **S** Noëlle Boisson **D** Brad Pitt (Heinrich Harrer), David Thewlis (Peter Aufschnaiter), B. D. Wong (Ngawang Jigme), Mako (Kungo Tsarong), Danny Denzongpa (Der Regent) **L** 135 **FSK** ab 12; f **FBW** bw **E** 13.11.1997/13.5.1998 Video/17.2.2000 DVD **fd** 32 838

SIEBEN JAHRE PECH (1940). Verwechslungskomödie um einen Schriftsteller, der um die Tochter eines kauzigen Tierarztes wirbt, dabei zunächst von seinem Diener behindert, schließlich aber »gerettet« wird. Ganz auf Hans Moser und Theo Lingen zugeschnittenes Lustspiel, das während des Zweiten Weltkriegs zum Lachschlager in deutschen Kinos wurde. Remake: »Scherben bringen Glück«, Österreich 1957. – Ab 12. ✦ Schwarz-weiß. Deutschland 1940 **P** Styria **KI** Commerz **R+B** Ernst Marischka **K** Carl Kurzmayer **M** Oskar Wagner, Karl Föderl **D** Hans Moser (Dr. Teisinger), Wolf Albach-Retty (Heinz Kersten), Olly Holzmann (Gertie), Oskar Sima (Poppelbaum), Clara Tabody, Theo Lingen (Diener Paul) **L** 95 **FSK** ab 12; nf **E** 19.12.1940/27.7.1956 Kino DDR/25.12.1956 DFF 1 **fd** 2 111

SIEBEN JAHRE PECH (1957) →Scherben bringen Glück

SIEBEN JUNGE HERZEN (SEVEN SWEETHEARTS). Von den sieben Töchtern eines holländischen Einwanderers, der in der US-Kleinstadt Little Delft einen Hotelbetrieb führt, darf nach altem Brauch keine vor der ältesten heiraten, die jedoch nur ans Theater nach New York will. Ein Reporter glaubt, sich in diese älteste Tochter verliebt zu haben; während sie ihn aber nur dazu benutzt, um der provinziellen Enge zu entrinnen, erkennt er, daß er eine andere Tochter liebt, womit er für heillose Verwirrung in dem Sieben-Mädel-Haus sorgt. Eine leichtgewichtige, gelegentlich arg sentimentale musikalische Komödie, die Hollywood-Perfektion mit Operetten-Flair verbindet. – Ab 12. ✦ Schwarz-weiß. USA 1942 **P** MGM **Pd** Joe Pasternak **R** Frank Borzage **B** Walter Reisch, Leo Townsend **K** George J. Folsey jr. **M** Franz Waxman **S** Blanche Sewell **D** Kathryn Grayson (Billie van Maaster), Van Heflin (Henry Taggart), Marsha Hunt (Regina), Cecilia Parker (Victor), Peggy Moran (Albert), Diana Lewis (Mrs. Nugent), S. Z. Sakall (= Szöke Szakall) (Mr. Van Maaster), Isobel Elsom (Miss Robbins), Carl Esmond (= Willy Eichberger) (Jan Randall), Louise Beavers (Petunia), Donald Meek (Minister) **L** 98 **E** Juli 1946

SIEBEN JUNGFRAUEN FÜR DEN TEUFEL (NUDE ... SI MUORE). Morde im Mädchenpensionat. Um Glaubwürdigkeit wenig besorgter Film mit Gruseleffekten und ein wenig Sex. ✦ Scope. Italien 1967 **P** Super International **KI** Inter **R** Anthony M. Dawson (= Antonio Margheriti) **B** Antonio Margheriti, Franco Bottari **K** Fausto Zuccoli **M** Carlo Savina **D** Mark Damon, Eleonora Brown, Sally Smith, Patrizia Valturri, Michael Rennie **L** 98 **FSK** ab 16; nf **E** 4.10.1968 **fd** 15 824

SIEBEN KAMEN DURCH →Ausbruch der 28

SIEBEN KAMPFMASCHINEN DES TODES (KUNG FU OF SEVEN STEPS). Ein junger Kung-Fu-Kämpfer widersetzt sich zusammen mit seinem Lehrer dem brutalen Treiben einer Gruppe von Killern. Die übliche Mischung: Ein Minimum an Handlungssubstanz, ein Maximum an harten Kampfszenen, versetzt mit komisch gemeinten Prügelpossen. Hinzu kommt eine herzhafte vaterländische Ideologie. ✦ Scope. Hongkong 1982 **P** Great China Film **KI** A.B. **DVD** BestBuy-Movie (1.66:1, Mono dt.) **R** Ting Chung **D** Chang Shan, Wang Tao **L** 90 **FSK** ab 16; nf **E** 27.5.1983/15.10.1999 DVD **fd** 24 304

SIEBEN KAPITEL AUS DEM TAGEBUCH EINER FAMILIE. Fürs Ministerium für Auswärtige Angelegenheiten gedrehter dokumentarischer Episodenfilm über das Leben einer fünfköpfigen Werftarbeiterfamilie in der Hafenstadt Rostock. Für die »sozialistische Menschengemeinschaft« agitierend, zeigt der Film ausschließlich Sonnenseiten des DDR-Alltags. ✦ DDR 1971 **P** DEFA **Pd** Klaus Eggert, Günter H. Goettsch **R** Kurt Plickat **B** Kurt Plickat, Erika Wiens **K** Horst Orgel, Kurt Plickat **S** Inge Dochow **L** 64 **E** 14.7.1971 DFF 1

7 KILO IN 7 TAGEN →Ach, du dickes Ei

SIEBEN KINDER FAHREN AUFS LAND (ANDRE FOLKS BORN). Um seine Frau zu trösten, die vor einem Jahr ihr Töchterchen verloren hat, lädt ein Bauer ein Ferienkind ein. Unversehens aber spukt auf seinem Hof ein halbes Dutzend Kinder mitsamt Kindergärtnerin herum, die für einige Aufregung sorgen. Ein weitgehend langweiliger, geschwätziger Kinderfilm über das Leben auf dem Land, dessen ohnehin dürftige Handlung durch überflüssige Gesangseinlagen gestreckt wird. – Ab 6 möglich. ✦ Schwarz-weiß. Dänemark 1958 **P** Nordisk Film Junior **R** N. Lichtenberg **B** Rohnstein **K** Henning Carlsen **M** Ole Mortensen **D** Helge Kjaerulff-Schmidt (Christian), Ellen Malberg (Katrine Madsen), Hass Christensen (Bauer Madsen), Annie Birgit Garde (Alice), Inge Aasted (Inge) **L** 75 **E** 19.5.1968 ZDF

DIE SIEBEN KLEIDER DER KATRIN. Vom 18. Geburtstag bis zur Hochzeit werden sieben Stationen im Leben eines jungen Mädchens in der Nachkriegszeit an ihren Kleidern aufgehängt, die in der jeweiligen Situation eine Rolle spielten. Das banale Lustspiel verschenkt den Reiz einer hübschen Idee. – Ab 14. ✦ Schwarz-weiß. BR Deutschland 1954 **P** HD-Film **KI** Constantin **Pd+R** Hans Deppe **B** Johanna Sibelius, Eberhard Keindorff, nach einem Buch von Gisi Gruber **K** Herbert Körner **M** Heinrich Riethmüller, Georg Haentzschel **S** Johanna Meisel **D** Sonja Ziemann (Katrin), Grethe Weiser (Frau Dubeck), Georg Thomalla (Graf Hohenstein), Wolf Albach-Retty (Pall), Paul Klinger (Dr. Schörg), Gunnar Möller (Hans), Irmgard Sacher **L** 105 **FSK** ab 12; nf **E** 13.8.1954/16.4.1962 ARD **fd** 33 720

SIEBEN KLEINE GESCHICHTEN ÜBER DIE LIEBE. In sieben Episoden wird über die erste Liebe Heranwachsender in einer georgischen Kleinstadt erzählt. Die genaue Beobachtungsgabe und die Ausdruckskraft der Darsteller geben dem ironisch getönten Film seinen besonderen Reiz. – Ab 16. ✦ UdSSR 1981 **P** Grusinia Film **R** Georgi Mataradse **B** Amiran Tschitschinadse, Georgi Mataradse **K** L. Matachaideje **M** A. Erkomaischwili, Nodar Mamisaschwili **D** Berdija Kapianidse, Dato Kublaschwili, Gio Ioseliani, Alik Gukarew, Gija Balardschischwili **L** 65 **E** 10.3.1984 ZDF

DIE SIEBEN KÜHNEN (SEMERO SMELYCH). Das Schicksal von sieben Arktis-Forschern inmitten der Gefahren des ewigen Eises. – Ab 14. ✦ Schwarz-weiß. UdSSR 1936 **P** Lenfilm **KI** Sovexportfilm **R** Sergej Gerassimow **B** Juri German, Sergej Gerassimow **K** W. Welitschko **M** W. Puschkow **D** Nikolai Bogoljubow (Ilja, Leiter der Expedition), Tamara Makarowa (Shenia, Ärztin), Iwan Nowoseltzew (Bogun, Flieger), Oleg Shakow (Kurt, Funker), A. Abssolon (Osja, Meterologe) **L** 98 **E** 13.9.1946 Kino DDR/29.11.1953 DFF 1

SIEBEN LIEDER AUS DER TUNDRA (SEITSEMÄN LAULUA TUNDRALTA). Die Erfahrungen und Geschichten, die ein Dokumentarfilmteam anlässlich einer Trilogie über den Volksstamm der Nenets im Norden Finnlands sammelte, mündeten letztlich in einem Spielfilm, der die gehörten Geschichten von einem sowjetischen Umerziehungslager für Frauen und der Angst der Nenets vor der Russifizierung verbindet. Ein Spielfilm mit Laiendarstellern, in dem alle Schauspieler in jenen Positionen auftreten, die sie auch im wirklichen Leben einnehmen. Der Film ist der erste, der vollständig in der Sprache der Nenet aufgenommen wurde und in dem die weite Winterlandschaft als ein weiterer Darsteller einbezogen wird. ✦ Finnland 2000 **P** Jörn Donner Priductions **KI** Freunde der Deutschen Kinemathek **Pd** Tuula Söderberg **R** Anastasia Lapsui, Markku Lehmuskallio **B** Anastasia Lapsui **K** Johannes Lehmuskallio **S** Markku Lehmuskallio **D** Vitalina Hudi, Hatjako Yzangi, Gregory Anaguritsi, Nadezhda Volodeeva, Nadeshda Horotetto **L** 85 **E** 2000 Kino

SIEBEN MÄDCHEN (EL SABA BANAT). Ein Mann zieht nach dem Tod seiner Frau die sieben Töchter alleine groß. Die gesellschaftlichen Veränderungen nach der ägyptischen Unabhängigkeit beeinflussen sein Familienleben, da sich seine Töchter nicht mit der traditionellen Frauenrolle abfinden wollen. ✦ Schwarz-weiß. VAR (Ägypten) 1960 **P** Misr-Studios **R** Atif Salim **B** Fairus Abdul Malik **K** Mahmoud Nasr **D** Nadia Lutfi, Ahmed Ramsi, Abdul Salam Al-Nabulsi, Omar Al-Hariri, Salih Salim **L** 94 **E** 17.11.1968 DFF 1

SIEBEN MANN IM MORGENGRAUEN →Das Attentat (1964)

7 MANN UND EIN LUDER (SEPT HOMMES ET UNE GARCE / LA PRIMULA ROSA). Kriegerische und galante Abenteuer vor dem Hintergrund der napoleonischen Kriege in Italien: Sieben französische Soldaten erringen mit Hilfe einer italienischen Grafentochter den großen Sieg. Unterhaltsamer Kostümfilm in geschickter Inszenierung. (Alternativtitel: »Sieben Männer und eine Frau«) – Ab 16. ✦ Scope. Frankreich/Italien/Rumänien 1966 **P** Franco London/Pathé Cinéma/Dear/Romania/Studioul **KI** Nora **R** Bernard Borderie **B** Mireille de Tissot, Gerald Devries, Bernard Borderie **K** Henri Persin **M** Paul Misraki **S** Borys Lewin **D** Jean Marais (Offizier), Sydney Chaplin, Marilù Tolo (Gräfin Carlotta), Guy Bedos, Philippe Lemaire **L** 90 **FSK** ab 12; nf **E** 21.7.1967 **fd** 14 833

DIE SIEBEN MÄNNER DER SUMURU. Ein amerikanischer Detektiv befreit eine Bankierstochter aus einer Amazonenstadt, von der aus die Weltherrschaft der Frauen errichtet werden soll. Umständlich konstruierter und dilettantisch inszenierter Actionfilm, der mit Sex-Einlagen mühsam in Gang gehalten wird. ✦ BR Deutschland/Spanien/USA 1968 **P** Terra/Ada/Udastex **KI** Constantin **Pd** Juan Estelrich **R** Jess Franco (= Jésus Franco Manera), Jésus Franco Manera **B** Peter Welbeck (= Harry Alan Towers), Karl Leder **K** Manuel Merino **M** Daniel White **S** Allan Morrison, Karin Vietinghoff **D** Shirley Eaton (Sumuru), Richard Wyler (Jeff Sutton), George Sanders (Masius), Maria Rohm (Lesley), Walter Rilla (Bankdirektor) **L** 84 **FSK** ab 16; nf **E** 14.3.1969 **fd** 16 051

SIEBEN MÄNNER UND EINE FRAU →7 Mann und ein Luder

SIEBEN MEINER SÖHNE (SEMERO SYNOWEJ MOICH). Ein pathetischer Revolutionsfilm aus Aserbaidschan: Sieben junge Männer kämpfen Anfang der 20er Jahre gegen die mächtigen Herren von ehedem, die Begs. Sechs von ihnen lassen ihr Leben, aber an ihre Stelle treten andere, durch das Beispiel angespornt. Das bekannte Thema in bekannter Form: Es dominiert das abenteuerliche Kampfgeschehen vor dem Hintergrund einer reizvollen Landschaft. – Ab 14. ✦

Scope, schwarz-weiß. UdSSR 1971 **P** Aserbaidshanfilm **KI** Progress **R** Tofik Tagi-Sadeh **B** Jussif Samed Ogly **K** Rassim Ismailow **M** Chajam Mirsa-Sade **D** Hassan Mamedow (Bachtijar), Enwar Hassanow (Dshalal), Abdul Memedow (Mirpascha), Hassan Turabow (Gerai-Beg), Ismail Osmaly (Kalantar) **L** 85 **E** 21.4.1972 Kino DDR/18.9.1973 DFF 2

SIEBEN MIEZEN KLAUEN 'NE MILLION (SETTE RAGAZZE PERICOLOSO). Mit den »Waffen einer Frau« operiert ein Sextett wohlproportionierter Damen in Spanien und Italien: die siebte sitzt gerade hinter Gittern. Ihre Opfer sind betuchte Männer, denen sie auf vielerlei Art ihr offensichtlich nicht ganz ehrlich erworbenes Geld abknöpfen. Eine Gaunerinnenkomödie voller formaler Mängel, mit hanebüchenen Dialogen und einer nicht gerade logischen Handlung. – Ab 16. ✦ Italien/Spanien 1980 **P** Societa Federico G. Aicardi/Zaro **KI** Exquisit/C.H./Beka **VA** Allround **R** Pedro Lazaga **B** Tulio Demicheli, Federico G. Aicardi **K** Pedro Busaldo, Cristiano Pogany **M** Fabio Frizzi **D** Janet Agren, Alberto di Mendoza, Paolo Giusti, Adriana Russo, Nadiuska Massoi **L** 87 (gek. 66) **FSK** ab 16; nf (gek. 12) **E** 16.10.1981 **fd** 23 445

SIEBEN MINUTEN IM HIMMEL → Ticket zum Himmel

SIEBEN MONATE UNTER KANNIBALEN → Nur Himmel und Dreck

SIEBEN MONDE → Sieben Monde – Das Böse schläft nie

SIEBEN MONDE – DAS BÖSE SCHLÄFT NIE. Ein junger Übersetzer mit schriftstellerischen Ambitionen findet immer mehr Hinweise dafür, daß er sich bei Vollmond in einen Werwolf verwandeln und der Täter in einer Serie bestialischer Morde sein könnte. Der Versuch eines deutschen Mystery Thrillers mit Gruseleffekten, der durchaus effektvoll die Regeln des Genres anwendet, ohne ins optisch Spekulative abzugleiten. Im Spiel mit dem »klassischen« Werwolf-Mythos, vor allem aber auch mit den Motiven deutscher Märchen bleibt eine überzeugende Vertiefung des zentralen Charakters zwischen innerer Zerrissenheit und hysterischer Lebensunsicherheit freilich aus. (Titel ProSieben-Schnittfassung: »Nachts«) – Ab 16. ✦ Deutschland 1996 **P** Avista/Roxy/Pro Sieben **KI** Buena Vista **VA** Buena Vista **Pd** Herbert Rimbach, Alena Rimbach **R** Peter Fratzscher **B** Nils-Morten Osburg **K** Thomas Merker **M** Ali N. Askin **S** Barbara Gies **D** Jan Josef Liefers (Thomas Krömer), Ulrich Mühe (Hans Eschbach), Marie Bäumer (Alexandra), Christoph Walz (Hauptkommissar Becker), Burkhard Driest (Lasinger), Tilly Lauenstein (Großmutter), Michael Gwisdek (Bernbeck) **L** 96 (gek. 91) **FSK** ab 16; f (gek. 12) **E** 21.5.1998/17.12. 1998 Video **fd** 33 074

SIEBEN OHRFEIGEN. Ein junger Engländer macht seine Drohung wahr, den Bankier, der ihn zur Zeit des Börsenkrachs um sein kleines Vermögen von sieben Pfund gebracht hat, mit sieben Ohrfeigen zu bestrafen. Resultate: ein Gesellschaftsskandal und die Heirat mit der Bankierstochter. Der anspruchslose, aber flotte Unterhaltungsfilm war der letzte gemeinsame Erfolg des Traumpaars Harvey/Fritsch. – Ab 12. ✦ Schwarz-weiß. Deutschland 1937 **P** UFA **KI** Super **R** Paul Martin **B** Bobby E. Lüthge, Paul Martin, Curt Goetz **K** Konstantin Irmen-Tschet **M** Friedrich Schröder **S** Carl-Otto Bartning **D** Lilian Harvey (Daisy Terbanks), Willy Fritsch (William Tenson MacPhab), Alfred Abel (Astor Trebanks), Oskar Sima (Reporter Wennington Laskett), Erich Fiedler (Earl of Wigglebottom) **L** 98 **FSK** ab 12; nf **E** 3.8.1937/13.7.1957 ARD/11.9.1972 DFF 1

DIE 7 PISTOLEN DES MCGREGOR (SETTE PISTOLE PER I MAC GREGOR). Die sieben Söhne eines alten Farmers brechen den Terror einer Bande von Viehdieben. Spannender Eurowestern mit zahlreichen Actionelementen. – Ab 16. ✦ Scope. Italien/Spanien 1965 **P** Dario Sabatello/Jolly/Estela **KI** Team **R** Frank Garfield (= Franco Giraldi) **B** Duccio Tessari, Fernand Lion (= Franco Giraldi), Vincent Eagle (= Enzo Dell'Aquila), David Moreno **K** Alejandro Ulloa **M** Ennio Morricone **S** Mac Murray, Johnny Barclay **D** Robert Wood (Mac Gregor), Fernando Sancho (Alfonso Santillana), Agata Flory (Rosita), Leo Anchoriz, Manuel Zarzo **L** 93 **FSK** ab 16; nf **E** 5.8.1966 **fd** 14 213

DIE SIEBEN PRANKEN DES SATANS (RETURN OF COUNT YORGA). In einem unheimlichen Schloß in der Nähe eines Waisenhauses geschehen mysteriöse Morde. Amerikanische Version des Dracula-Stoffes; eine schwer verdauliche Mischung aus Schockszenen und unfreiwilliger Komik. ✦ USA 1970 **P** American International **KI** Nobis **R** Bob Kelljan **B** Robert Kelljan, Yvonne Wilder **K** Bill Butler **M** Bill Marx **D** Robert Quarry (Graf Yorga), Mariette Hartley (Cynthia), Roger Perry (David), Yvonne Wilder (Jennifer), Tom Toner (Reverend Thomas) **L** 94 **FSK** ab 18; nf **E** 9.3.1973/14.5.1994 Pro 7

DIE SIEBEN RABEN (1937). Das bekannte Märchen der Gebrüder Grimm in einer wenig kindgerechten Puppentrick-Version. Die Atmosphäre ist zu düster und philosophische Randbemerkungen sind für kleinere Kinder kaum zu verstehen. Eher eine Fingerübung in Sachen Puppentrick. – Ab 12. ✦ Schwarz-weiß. Deutschland 1937 **P** Diehl **KI** Jugendfilm **R** Ferdinand Diehl **B** Paul Diehl, nach einem Märchen der Gebrüder Grimm **K** Alfons Lustek **M** Walter Pepper **L** 55 **E** 2.12.1937

DIE SIEBEN RABEN (1993). Märchenfilm nach den Gebrüdern Grimm: Um ihre sieben Brüder zu retten, die von der Mutter in Raben verwandelt wurden, muß Bohdanka neue Hemden nähen, ohne ein Wort zu sprechen. Das ist nicht einfach, zumal sich ein Prinz in das Mädchen verliebt. – Ab 8. ✦ Tschechien 1993 **P** Czech Television **VA** IMV – Vertrieb Internationaler Medien GmbH **R** Ludvík Ráza **B** nach einem Märchen der Gebrüder Grimm **D** Mária Podhrdská (Bohdanka), Michal Dlouhy (Vratislav), Ivana Chylková (Milada), Boris Rösner (Tasso) **L** 80 **FSK** o. A. (Video) **E** 1.5. 1995 ARD

DIE SIEBEN RACHEN DES ADLERS (SINDBAD CONTRO I SETTE SARACENI). Spannungs- und anspruchsloser Kostümfilm. Sindbad der Seefahrer fällt in die Hände eines orientalischen Tyrannen, den er schließlich in einem Turnier besiegt. Unbeholfen inszenierter und gespielter Film mit endlosen Schlägereien. (Alternativer Fernsehtitel: »Ali Baba und die sieben Rachen des Adlers«) – Ab 16. ✦ Italien 1965 **P** Avis **R** Emimmo Salvi **B** Benito Ilforte, Sergio Tocci, Emimmo Salvi **K** Mario Parapetti **M** Italo Fischetti **S** Enzo Alfonsi **D** Gordon Mitchell, Dan Harrison, Bella Cortez, Mike Moore, Nat Koster **E** 17.3.1990 PRO 7

SIEBEN REITEN IN DIE HÖLLE (THE REWARD). Die nur der Prämie wegen aufgenommene Verfolgung eines vermeintlichen Kindermörders durch die mexikanische Gebirgswüste endet für eine Handvoll am Leben gescheiterter Männer mit Tod oder völliger Erschöpfung. Malerische Abenteuerballade mit einer elegischen Grundstimmung. – Ab 16. ✦ Scope. USA 1964 **P** Arcola **KI** Centfox **Pd** Aaron Rosenberg **R** Serge Bourguignon **B** Serge Bourguignon, Oscar Millard, nach einem Roman von Michael Barrett **K** Joseph MacDonald **M** Elmer Bernstein **S** Robert Simpson **D** Max von Sydow (Scott Swanson), Yvette Mimieux (Sylvia), Efrem Zimbalist jr. (Frank Bryant), Henry Silva (Joaquin), Nino Castelnuovo (Luis), Emilio Fernández (Sargento Lopez), Gilbert Roland (Capt. Carbajal), Rodolfo Acosta (Patron), Julian Rivero (El Viejo), Carmen Rivero **L** 91 **FSK** ab 12; nf **E** 24.9.1965 **fd** 13 642

SIEBEN REITER DER RACHE (SEVEN ANGRY MEN). Der amerikanische Farmer und Freischarführer John Brown (geboren 1800, verurteilt und gehängt 1859) versucht, mit seinen Söhnen und religiös motivierten, fanatischen Anhängern (den Abolitionisten) die Sklaverei in Kansas mit Waffengewalt zu beenden. Kein gewöhnlicher Western, sondern die Charakterstudie einer zwiespältigen historischen Persönlichkeit mit fehlgeleiteten Freiheitsidealen – gut gespielt von Raymond Massey –, die zum Märtyrer und zur Galionsfigur der Sklavenbefreiung wurde. – Ab 16. ✦ Schwarz-weiß. USA 1955 **P** Allied Artists **KI** NF **Pd** Vincent M. Fennelly **R** Charles Marquis Warren **B** Daniel B. Ullman **K** Ellsworth Fredricks **M** Carl Brandt **S** Lester A. Sansom **D** Raymond Massey (John Brown), Debra Paget (Elizabeth), Jeffrey Hunter (Owen), Larry Pennell (Oliver), Leo Gordon (White), John Smith (Frederick), James Best (Jason), Dennis Weaver (John jr.), Guy Williams (Salmon), Tom Irish (Watson), James Anderson (Thompson), John Pickard (Wilson), Dabbs Greer (Doktor), Robert Osterloh (Col. Robert E. Lee) **L** 90 **FSK** ab 16; f **E** 5.4.1957 **fd** 5 769

DIE SIEBEN SAKRAMENTE VON CANUDOS. Ende des 19. Jahrhunderts siedelten Anhänger des »Propheten« Antonio Conselheiro im Nordosten Brasiliens, im Dorf Canudos, und gründeten eine Stadt, die rasch auf 30 000 Einwohner anwuchs. Ihnen folgten landvertriebene »Sertanejos« in der Hoffnung auf würdigere Lebensbedingungen und ein Stück selbstverwaltetes Land. Die brasilianische Regierung ging mit Härte gegen die friedlichen Siedler vor. Eine Militärexpedition zerstörte die Stadt und tötete ihre Einwohner. Ein unbewältigtes Kapitel brasilianischer Vergangenheit, als Episodenfilm erzählt von sieben Filmemachern, die die Geschichte aus der Sicht der Verlierer nachzeichnen. Dabei kommen die unterschiedlichsten Darstellungsmethoden und Filmgenres zur Geltung; das Dokudrama steht neben dem Kurzspielfilm, der Animationsfilm neben der dokumentarischen Analyse. – Ab 16. ✦ Brasilien 1996 **R+B** Otto Guerra, Pola Ribeiro, Ralf Tambke, Luiz Alberto Pereira, Sandra Werneck, Joel de Almeida, Jorge Furtado **L** 86 **E** 9.12.1996 ZDF

DIE SIEBEN SAMURAI (SHICHININ NO SAMURAI). Sieben stellungslose Samurai-Ritter verdingen sich als Schutztruppe eines Bauerndorfes, das alljährlich von einer Räuberbande heimgesucht wird. Ihre Motivation ist unterschiedlich und ändert sich im Verlauf der Kampfhandlungen: zunächst aus Langeweile, Ruhmsucht und militärischem Ethos, später aus aufrichtiger Solidarität mit den Bauern stellen die Krieger ihre Fähigkeiten in den Dienst der Unterdrückten und opfern sich für eine ihnen fremde Sache. Den Überlebenden bleibt die bittere Erkenntnis, daß sich die Ideale der Militärkaste überlebt haben und die seßhaften Bauern die wirklichen Sieger sind. Kurosawas faszinierendes Samurai-Epos ist packendes Abenteuerdrama, episches Gedicht und philosophische Meditation zugleich. Der Film stellt aufschlußreiche psychologische Bezüge zwischen den Personen her und greift darüber hinaus in der Gegenüberstellung von Bauern und Samurai gesellschaftliche Probleme auf, die auch ethische Fragen umfassen. (Remake: »Die glorreichen Sieben«, 1960.) – Sehenswert ab 16. ✦ Schwarz-weiß. Japan 1953 **P** Toho **KI** Atlas **Pd** Sojiro Motoki **R** Akira Kurosawa **B** Akira Kurosawa, Shinobu Hashimoto, Hideo Oguni **K** Asakazu Nakai **M** Fumio Hayasaka **S** Akira Kurosawa **D** Takashi Shimura (Kambei Shimada), Yoshio Inaba (Gorobei), Seiji Miyaguchi (Kyuzo), Minoru Chiaki (Heihachi), Daisuke Kato (Shichiroji), Toshirô Mifune (Kikuchyo) **L** 159 (Orig. 203) **FSK** ab 16; f **FBW** bw **E** 13.7.1962/27.12.1975 DFF 2/14.2.1981 ARD **fd** 10 845

DIE SIEBEN SÄRGE DES DR. HORROR → Das Haus auf dem Geisterhügel

DIE SIEBEN SCHLÜSSEL (SEVEN KEYS). Ein Buchhalter stirbt im Gefängnis und hinterläßt einem Mitgefangenen sieben Schlüssel, von denen nicht bekannt ist, wozu sie passen. Der neue Besitzer versucht, ihr Geheimnis zu ergründen. Ein kleiner Kriminalfilm nach bekannten Mustern. – Ab 14. ✦ Schwarz-weiß. Großbritannien 1961 **P** Independent Artists **Pd** Julian Wintle, Leslie Parkyn **R** Pat Jackson **B** Jack Davies, Henry Blyth **M** Alan Clare **D** Jeannie Carson (Shirley Steele), Alan Dobie (Russell), Delphi Lawrence (Natalie Worth), John Carson (Norman), John Lee (Jefferson) **L** 80 **E** 20.3.1964 ARD/2.3.1968 DFF 1

SIEBEN SCHÖNHEITEN (PASQUALINO SETTEBELLEZZE). Weil er die Ehre seiner Schwester durch einen Mord verteidigte, muß ein selbstverliebter Neapolitaner ins Irrenhaus. Nach Ausbruch des Zweiten Weltkriegs landet er beim Militär und später im KZ. Sein Männlichkeitswahn und seine Unterwürfigkeit lassen ihn das Inferno überleben. Effektvoll inszeniertes Grotesk-Melodram, dessen makabrer Humor nicht selten die Grenzen zur Geschmacklosigkeit streift; in seiner politischen Aussage ambivalent. Ein barock anmutender Film mit einem großartigen Hauptdarsteller. ✦ Italien 1975 **P** Medusa **Kl** prokino **Pd** Lina Wertmüller, Giancarlo Giannini, Arrigo Colombo **R+B** Lina Wertmüller **K** Tonino Delli Colli **M** Enzo Jannacci **S** Franco Fraticelli **D** Giancarlo Giannini (Pasqualino Frafuso), Fernando Rey (Pedro), Shirley Stoler (Hilde), Elena Fiore (Concettina), Piero di Iorio (Francesco), Enzo Vitale (Don Raffaele), Ermelinda De Felice (Pasqualinos Mutter) **L** 116 **FSK** ab 18; nf **E** 26.9.1985 **fd** 25 307

SIEBEN SCHWARZE BÜSTENHALTER (SJU SVARTA BE-HA). Im Gefängnis erfährt ein Heiratsschwindler von seinem Zellengenossen, daß es bei einer Korsettschneiderin sieben schwarze Büstenhalter und in einem von ihnen einen eingenähten Edelstein geben soll. Da die besagten Büstenhalter inzwischen an sieben Kundinnen verkauft worden sind, kann das anfangs heitere, später alberne Schwedenlustspiel seinen nicht immer geschmackvollen Gang nehmen. ✦ Schwarz-weiß. Schweden 1954 **P** Metronome **Kl** Iltis **R+B** Gösta Bernhard **K** Jan Lindeström **M** Harry Arnold **D** Dirch Passer, Annalisa Ericson, Åke Grönberg, Stig Järrel, Katie Rolfsen **L** 77 **FSK** ab 18; nf **E** 25.12.1958/26.10.1963 DFF 1 **fd** 7 699

DIE SIEBEN SCHWERTER DER RACHE (LE SETTE SPADE DEL VENDICATORE / SEPT EPEES POUR LE ROI). Ein junger Graf entdeckt eine Verschwörung gegen den König, kämpft gegen die Verräter und gewinnt die Liebe einer Frau. Herkömmlicher Mantel- und Degen-Film voller althergebrachter Klischees. – Ab 16. ✦ Scope. Italien/Frankreich 1962 **P** Adelphia/Comptoir/Francisco **Kl** Ceres **R** Riccardo Freda **B** Filippo Sanjust **K** Raffaele Masciocchi **M** Franco Mannino **D** Brett Halsey, Béatrice Altariba, Giulio Bosetti, Mario Scaccia, Gabriele Antonini **L** 96 **FSK** ab 12; nf **E** 17.1.1964 **fd** 12 645

SIEBEN SEKUNDEN ZU SPÄT (TIMESLIP). Im Alleingang mit seiner Braut klärt ein Reporter die Hintergründe eines Mordanschlags auf einen Atomwissenschaftler. Unglaubwürdiger Kriminalfilm mit durchaus spannenden Momenten. – Ab 14. ✦ Schwarz-weiß. Großbritannien 1955 **P** Merton Park **Kl** Comet/Titania/Saxonia/Berliner Filmverleih **Pd** Alec C. Snowden **R** Ken Hughes **B** Charles Eric Maine, nach seinem Bühnenstück **K** A.T. Dinsdale **M** Richard Taylor **D** Gene Nelson, Faith Domergue, Joseph Tomelty, Donald Gray, Vic Perry **L** 93 **FSK** ab 16; nf **E** 11.4.1958 **fd** 6 876

SIEBEN SOMMERSPROSSEN. Zwei frühere Nachbarskinder, ein Mädchen und ein Junge, beide 14 Jahre alt, treffen sich in einem Ferienlager wieder und lernen durch ihre Mitwirkung an einer Aufführung von »Romeo und Julia«, ihre Gefühle zu begreifen und auszusprechen. Dramaturgisch etwas holpriger, doch atmosphärisch stimmiger, von ungezwungenen Darstellern getragener Film, der die Probleme Jugendlicher einfühlsam und glaubhaft darstellt. – Ab 14. ✦ DDR 1978 **P** DEFA, Gruppe »Johannisthal« **Kl** Unidoc **VA** Icestorm **Pd** Fritz Brix **R** Herrmann Zschoche **B** Christa Kozik **K** Günter Jaeuthe **M** Gunther Erdmann **S** Rita Hiller **D** Kareen Schröter (Karoline), Harald Rathmann (Robby), Janine Beilfuss (Marlene), Christa Löser (Frau Kränkel), Jan Bereska (Benedikt) **L** 79 **FSK** ab 12 **E** 6.10.1978 Kino DDR/23.6.1979/6.10.1979 DFF 1/1999 Video **fd** 23 520

SIEBEN STUNDEN ANGST (SEVEN HOURS TO JUDGEMENT). Nachdem seine Frau an den Folgen eines brutalen Überfalls durch eine Straßengang gestorben ist, entführt ein Elektronikhändler die Frau des Richters, der Gangmitglieder aus Mangel an Beweisen freilassen mußte, und gibt ihm sieben Stunden Zeit, belastendes Material zu beschaffen. Seine Suche führt den Richter in den Untergrund New Yorks, aber auch in ein hochmodernes Kaufhaus, in dem seine Frau gefangengehalten wird. Thriller um Straßenkriminalität und die ohnmächtige Wut der Opfer, der weit über das Ziel hinausschießt. In der Entwicklung der Geschichte voller Merkwürdigkeiten und Ungereimtheiten. – Ab 16. ✦ USA 1987 **P** Trans World **VA** VPS **Pd** Mort Abrahams **R** Beau Bridges **B** Walter Halsey Davis, Elliot Stephens **K** Hanania Baer **M** John Debney **S** Bill Butler **D** Beau Bridges (John Eden), Ron Leibman (David Reardon), Julianne Phillips (Lisa Eden), Tiny Ron Taylor (Ira), Al Freeman (Danny Larwin) **L** 86 **FSK** ab 16 **E** 16.11.1989 Video/17.1.1991 RTL plus

SIEBEN STUNDEN BIS ZUM TOD (SEM TSCHASSOW DO GIBELI). Auf einem Schiff kommt es zu einer großen Havarie. Alle Beteiligten stehen vor einer scheinbar hoffnungslosen Rettungsaktion. ✦ Scope. UdSSR 1983 **P** Lenfilm **R** Anatoli Wechotko **B** Wladimir Akimow **K** Semjon Iwanow **M** Igor Zwetkow **D** Jewgeni Sharikow (Schulgin), Natalja Gwosdikowa (Schulgina), Leonid Markow (Netschajew), Juri Demitsch (Garkuschka), Alexander Sbrujew (Kusakow) **L** 72 **E** 1.12.1983 DFF 2

SIEBEN STUNDEN DER GEWALT (SETTE ORE DI VIOLENZA PER UNA SOLUZIONE IMPREVISTA). Ein ehemaliger Killer und Karate-Champion wird von einem Griechen gezwungen, einen letzten Auftrag zu übernehmen, der ihn in erhebliche Schwierigkeiten bringt, da er selbst zwischen die Fronten gerät. Kriminalfilm mit vielfältigen Karate-Elementen und brutalen, teilweise sadistischen Sequenzen; formal wie inhaltlich mehr als mäßig. ✦ Italien 1974 **P** Galassia/Dania **VA** International Home **R** Michele Massimo Tarantini **B** Giorgio Capitani, Lucio Chiavarelli, Paolo Levi **K** Federico Zanni **M** Alessandro Alessandroni **D** George Hilton, Rosemarie Dexter, Steffen Zacharias, Iwao Yoshioka, Ernesto Colli **L** 89 **E** Oktober 1985 Video

SIEBEN STUNTMÄNNER RÄUMEN AUF (STUNT SEVEN). Kriminalfilm um ein Sexsymbol aus Hollywood, das bei Dreharbeiten in Miami von einem riesigen Hubschrauber entführt wird. Das Kidnapping löst einen Wettlauf mit der Zeit aus. ✦ USA 1979 **R** John Peyser **D** Elke Sommer (Rebecca Wayne), Patrick MacNee (Maximilian Boudeau), Christopher Connelly, Christopher Lloyd, Bill Macy **L** 80 (TV) **E** 28.1.1996 RTL 2

DIE SIEBEN SÜNDEN (LES SEPT PECHES CAPITAUX). Ein Kinoprogramm aus der Zeit der »Omnibusfilme«: Sechs Sketche und eine Rahmenhandlung) und ebenso viele Regisseure, Autoren und einige Stars liefern Beiträge zu den Sünden »Habgier und Jähzorn« (1), »Faulheit« (2), »Wollust« (3), »Neid« (4), »Gefrässigkeit« (5) und »Hochmut« (6). Ein künstlerisch wie moralisch recht unausgewogener Episodenfilm, dessen einzelne Beiträge jedoch die charakteristischen Inszenierungsmerkmale ihrer Regisseure zeigen. Als Moderator zwischen den einzelnen Episoden fungiert Gérard Philipe. (Etwas besser gelungen ist die Neuverfilmung von 1961: »Die sieben Todsünden«) – Ab 16. ✦ Schwarz-weiß. Frankreich/Italien 1952 **P** Franco London/Costellazione **Kl** Prisma **R** Georges Lacombe (Rahmenhandlung), Eduardo de Filippo (1), Jean Dréville (2), Yves Allégret (3), Roberto Rossellini (4), Carlo Rim (5), Claude Autant-Lara (6) **B** Barbey d'Aurevilly, Hervé Bazin, Eduardo de Filippo, Carlo Rim, Pierre Bost, Jean Aurenche, Claude Autant-Lara, Léo Joannon **K** S. Enzo, Roger Hubert, André Thomas, Robert Le Febvre **M** Yves Baudrier **D** Gérard Philipe (Rahmenhandlung), Isa Miranda (1), Eduardo de Filippo (1), Noël-Noël (2), Jacqueline Plessis (2), Viviane Romance (3), Frank Villard (3), Andrée Debar (4), Orféo Tamburi (4), Henri Vidal (5), Claudine Dupuis (5), Michèle Morgan (6), Françoise Rosay (6) **L** 112 **FSK** ab 16; nf **E** 4.4.1954/22.8.1961 ARD **fd** 3 278

SIEBEN SÜNDER →Die kleine Stadt will schlafen gehn

SIEBEN SÜSSE SÜNDEN (J'AVAIS SEPT FILLES / I SETTE PECCATI DI PAPA). Eine Truppe junger Tänzerinnen hat überhaupt keinen Erfolg mehr an der Côte d'Azur und steht vor dem Nichts. Die Kostümiere erinnert sich an eine lang zurückliegene Liaison mit einem Grafen. Die Tänzerinnen geben sich nach und nach als dessen Töchter aus, und er sorgt für sie. Der operettenhafte Film brilliert in Technicolor, ist flott und lustig erzählt, hält eine kleine Dosis Frivolitäten bereit und bringt seine dünne Geschichte ehrenwert bis zum Ende. ✦ Frankreich/Italien 1954 **P** Francinalp-Faro Films **Kl** Columbia **R** Jean Boyer **B** Serge Veber, Jean des Vallieres, nach einem Buch von Aldo de Benedetti **K** Charles Suin **M** Fred Freed **D** Maurice Chevalier, Paolo Stoppa, Fred Pasquali, Louis Velle, Delia Scala **L** 100 **FSK** ab 18; nf **E** 26.8.1955 **fd** 4 601

SIEBEN TAGE (7 ZILE). Ein Mitarbeiter der rumänischen Spionageabwehr deckt einen Agentenring auf. ✦ Rumänien 1973 **P** Filmstudio Bucuresti **R** Mircea Veroiu **B** Nicolae Stefanescu **K** Calin Ghibu **M** Adrian Enescu **D** Mircea Albulescu, Irina Petrescu, Victor Rebengiuc, George Motoi, Ferenc Bencze **L** 87 **E** 21.5.1976 DFF 2

SIEBEN TAGE BIS ZUM GLÜCK. TV-Komödie. Eine junge Werbegrafikerin steht kurz vor der Hochzeit mit ihrem Chef, als sie sich in einen unorthodoxen Maler verliebt und mit ihm eine Affäre beginnt. Bald drohen ihr die Turbulenzen über den Kopf zu wachsen. ✦ Deutschland 1998 **P** RTL **R** Peter Ily Huemer **B** Michel Wallerstein, Lisa Fidler Wendell **K** Sven Kirsten **M** Ulrich Reuter **D** Sophie Schütt (Angela Siebert), Mirco Nontschew (Stefan Fischer), Gregor Törzs (Peter Matthias), Anna Loos (Karen Siebert), Anja Kruse (Alex von Volker), Nikol Voigtländer (Oskar Siebert), Mola Adesbisi (Wolf), Barbara-Maria Ahren (Nina Siebert), Nils Bokelberg (Vigo) **L** 90 **E** 26.5.2001 RTL

SIEBEN TAGE – DA UNTEN AM INDIAN RIVER. Während an Bord einer US-Raumfähre amerikanische und russische Astronauten gemeinsam wissenschaftliche Experimente durchführen, hält sich ein Filmteam sieben Tage lang in einem verschlafenen Städtchen zwölf Meilen von den Startrampen von Cape Canaveral entfernt auf. Der Dokumentarfilm schließt nahtlos an die Beobachtungen von »Am siebten Tag über den Syr Darja« an. ✦ Deutschland 1995 **R** Joachim Tschirner **L** 90 **E** 29.11.1995 mdr

SIEBEN TAGE FRIST. Durch das Verschwinden eines Schülers wird ein Internat in Norddeutschland zum Mittelpunkt eines Kriminalfalls mit wenig origineller Schlußpointe. Umständlich konstruierter Krimi in routinierter, auf möglichst modische Attribute und aufgesetzter Zeitkritik bedachter Regie. – Ab 16. ✦ BR Deutschland 1969 **P** Roxy **Kl** Inter **R** Alfred Vohrer **B** Ernst Flügel, nach einem Roman von Paul Henricks **K** Ernst W. Kalinke **M** Hans-Martin Majewski **S** Susanne Paschen **D** Joachim Fuchsberger (Dr. Hendriks), Karin Hübner (Frau Muhl), Konrad Georg (Studienrat Fromm), Horst Tappert (Inspektor Klevenow), Petra Schürmann (Elisabeth Gabert) **L** 100 **FSK** ab 16; f **E** 3.4.1969 **fd** 16 073

SIEBEN TAGE IM JANUAR (SIETE DIAS DE ENERO). Eine faschistische Gruppierung der spanischen Großbourgeoisie unternimmt im Januar 1977 Anschläge gegen eine linke Gewerkschaftsorganisation, um die Legalisierung der Kommunistischen Partei zu verhindern. Bardem, seinerzeit der bedeutendste kommunistische Filmemacher Spaniens, inszeniert die authentischen Ereignisse in Form eines politischen Kriminalfilms, der die die Ursachen des blutigen Massakers aufdeckt. Zwar gerät ihm die Bluttat, das sehr viele Opfer unter den Arbeitern forderte, etwas langatmig, insgesamt aber gelingt es ihm, eindringlich die Atmosphäre zu beschreiben, die solche Terrorbanden verbreiten. – Ab 16. ✦ Spanien/Frankreich 1978 **P** Goya Films/Group Films International/Films des deux mondes **R** Juan Antonio Bardem **B** Juan Antonio Bardem, Grégorio Moran **K** Leopoldo Villasenor **M** Nicolas Peyrac **D** Manuel Angel Egea, Fernando S. Polack, Madeleine Robinson, Jacques François, Virginia Mataix **L** 124 **E** 17.8. 1980 DFF 1

SIEBEN TAGE IM MAI (SEVEN DAYS IN MAY). Weil er die Abrüstungspolitik seiner Regierung für gefährlich hält, unternimmt ein kriegslüsterner Generalstabsoffizier einen Putschversuch gegen den US-Präsidenten. Der drohende nukleare Schlagabtausch mit der Sowjetunion wird durch die Loyalität eines aufrechten Majors verhindert. Im Jahr 1974 angesiedelte Science-Fiction-Fantasie mit politischen Akzenten, aufbauend auf die zu Beginn der 60er Jahre kursierende Furcht vor einem Atomkrieg. Dialogbetont und reich an militärstrategischer Spekulation, versucht der Film in Hollywoodmanier die irrationalen Ängste zu bannen und löst die Probleme mit einem konventionellen Happy-End. Anders als Kubricks im selben Jahr entstandene Farce »Dr. Strangelove« eine eher beschwichtigende Endzeitvision. – Ab 16. ✦ Schwarz-weiß. USA 1963 **P** Joel/Seven Arts **Kl** Paramount **Pd** Edward Lewis **R** John Frankenheimer **B** Rod Serling, nach einem Roman von Fletcher Knebel und Charles W. Bailey **K** Ellsworth Fredricks **M** Jerry Goldsmith **S** Ferris Webster **D** Burt Lancaster (Gen. James M. Scott), Kirk Douglas (Col. Martin Casey), Fredric March (Präsident Jordan Lyman), Ava Gardner (Eleanor Holbrook), Edmond O'Brien (Senator Raymond Clark), Martin Balsam (Paul Girard), Whit Bissell (Senator Prentice), George Macready (Christopher Todd), Hugh Marlowe (Harold McPherson), John Larkin (Col. Broderick), Malcolm Atterbury (Arzt), John Houseman (Admiral Barnswell), Andrew Duggan (Col. Henderson) **L** 118 **FSK** ab 12; f **FBW** w **E** 20.3.1964 **fd** 12 641

SIEBEN TAGE IM PARADIES. Ein Bauunternehmer fährt mit seiner Geliebten für eine Woche nach Mallorca, um ein Grundstück für einen neuen Hotelkomplex zu kaufen und sich auch ein wenig zu vergnügen. Als seine Ehefrau ihm aber die Kinder nachschickt und der kritische Grundstückseigner auch noch ein Auge auf seine Freundin wirft, geraten seine Pläne durcheinander. Deutsche Fernsehkomödie. ✦ Deutschland 2001 **R** Dietmar Klein **B** Beate Langmaack **K** Johannes Kirchlechner **M** Robert Schulte Hemming, Jens Langbein **D** Michael Roll (Uli Fischer), Ursula Buschhorn (Jana Rosen), Rebecca Hessing (Caroline), Pablo Ben-Yakov (Patrick), Fabio Beyer (Tom), Karin Giegerich (Karin Fischer), Horst-Günther Marx (Mark Ahlers), Sky Dumont (Alejandro Perez), Gabriela Dossi (Rita Schulze), Hans-Joachim Heist (Herbert Schulze), Manuel Cortez (Miguel) **L** 88 **E** 1.6.2001 ARD

SIEBEN TAGE IN MEMPHIS → Entführt: Sieben Tage Angst

SIEBEN TAGE OHNE GNADE (THE THIN RED LINE). Im Dschungelkrieg gegen Japan entwickelt sich ein junger egozentrischer Rekrut zum brutalen Killer. Der nachdenklich stimmende amerikanische Antikriegsfilm ist zwar konventionell inszeniert, kann aber durch einen vorzüglichen Hauptdarsteller beeindrucken. ✦ Schwarz-weiß. USA 1963 **P** A.C.E. **Kl** Warner **Pd** Sidney Harmon **R** Andrew Marton **B** Bernard Gordon, nach einem Roman von James Jones **K** Manuel Beranguer **M** Malcolm Arnold **S** Derek Parsons **D** Keir Dullea, Jack Warden, Kieron Moore, James Philbrook, Ray Daley **L** 99 **FSK** ab 16; f **E** 17.9.1965 **fd** 13 636

DIE SIEBEN TODSÜNDEN (1961) (LES SEPT PECHES CAPITAUX / I SETTE PECCATI CAPITALI). Nachdem 1952 die Regisseure der alten Generation »Die sieben Sünden« illustrierten, setzten sich 1961 junge Filmautoren aus dem Umfeld der »Nouvelle Vague« mit dem Thema auseinander. »Zorn« (»La Colère«): Die Männer einer Stadt sitzen beim Essen und finden jeweils eine Fliege in der Suppe; ein Tumult entsteht, der zur internationalen Krise, schließlich zum Atomkrieg führt (Dhomme). »Neid« (»L'Envie«): Ein Hotelzimmermädchen beneidet die Geliebte des reichen Gasts; als sie selbst seine Geliebte geworden ist, blickt sie mit Wehmut auf ihr unbeschwertes Dasein als Dienstbote zurück (Molinaro). »Gefräßigkeit« (»La Gourmandise«): Ein dörfliches Sittenbild hemmungsloser Freßsucht anläßlich einer Beerdigung (de Broca). »Luxus« (»La Luxure«): Zwei junge Künstler erinnern sich in einem Café an ihre Kindheitsfantasien, die Illustrationen von Hieronymus Bosch in ihnen auslösten – mit kuriosem Ergebnis auf die Gegenwart (Demy). »Faulheit« (»La Paresse«): »Lemmy Caution«-Darsteller Eddie Constantine ist zu faul, sich für eine schöne Verehrerin auszuziehen (Godard). »Hochmut« (»L'Orgueil«: Eine Frau, die ihren Mann betrügt, will den Gatten wieder an sich fesseln, als sie merkt, daß er seinerseits eine Geliebte hat (Vadim). »Geiz« (»L'Avarice«): 25 Studenten legen ihr Geld zusammen, um einem Kommilitonen einen Bordellbesuch zu finanzieren (Chabrol). Aus filmhistorischer Sicht hat die Kompilation durchaus ihren Reiz, da seltene frühe Arbeiten später überwiegend berühmter Regisseure versammelt sind; außer den Episoden von Dhomme (nach Ionesco) und Godard (immerhin ein witziger Kommentar zum Filmgeschäft) sind freilich die Beiträge im einzelnen sehr oberflächlichen und entweder allzu konventionell oder gar angestrengt originell. ✦ Scope. Frankreich/Italien 1961 **P** Société des Films Gibé/Franco-London/Titanus **Kl** Columbia-Bavaria **R** Sylvain Dhomme, Max Douy, Edouard Molinaro, Philippe de Broca, Jacques Demy, Jean-Luc Godard, Roger Vadim, Claude Chabrol **B** Eugène Ionesco, Claude Mauriac, Daniel Boulanger, Roger Peyrefitte, Félicien Marceau, Jean-Luc Godard, Roger Vadim, Jacques Demy **K** Jean Rabier, Henri Decaë **M** Michel Legrand, Sacha Distel, Pierre Jansen **S** Jacques Gaillard **D** Marie-José Nat, Jean-Marc Tennberg, Dany Saval, Claude Brasseur, Geneviève Casile, Jean-Louis Trintignant, Laurent Terzieff, Eddie Constantine, Nicole Mirel, Marina Vlady **L** 111 **FSK** ab 18; nf **E** 30.8.1963 **fd** 11 275

DIE SIEBEN TODSÜNDEN (1980/81) (DIE SIEBEN TODSÜNDEN). Die von der »Nemo Film AG Zürich«, einem Zusammenschluß schweizerischer Filmemacher, im Auftrag des DRS produzierten Spielfilmgeschichten sollten zeigen, »wie gerade die Unfähigkeit des Schweizers, faul zu sein, wirklich zornig zu werden, sich der Völlerei hinzugeben« usw. ihm vielleicht sein eigenes Glück verstellt, und sollten »auf liebevoll-ironische Weise etwas über schweizerische Wirklichkeit aussagen«. Die sieben Filme stießen – bei hoher Erwartungshaltung aber geringer Sehbeteiligung – auf kontroverse Kritik (Streitpunkte der nunmehr »8 Todsünden«: finanzieller Aufwand, Fernsehdramaturgie, »Publikumsfilm«, »trostlose Moral«). Urteil im Rückblick: Die vorliegende Produktionsarbeit hat die Infrastruktur des schweizerischen Filmschaffens belebt. Die Zuwendung zur »schweizerischen Gegenwart und Wirklichkeit« bekam Konturen. Titel der einzelnen Filme: »Faulheit oder der hinkende Alois«, »Neid oder ein anderer sein«, »Stolz oder die Rückkehr«, »Völlerei oder Inselfest«, »Wollust oder Gutknechts Traum«, »Zorn oder Männersache«, »Habsucht oder Hamburg–Madrid« ✦ Schweiz 1980/81 **P** Nemo (für DRS) **Pd** Lutz Kleinselbeck, Max Peter Ammann **E** Schweiz

SIEBEN TONNEN DOLLAR (HET TONNA DOLLAR). Der Clown eines Wanderzirkus wird als Hellseher erkannt und gemanagt. Der Beischlaf mit einer Schönen versetzt ihn in die Lage, Spielbanken zu sprengen und Wetten zu gewinnen. Seine Flucht zurück in ein normales, einfaches Leben erweist sich als Erwachen aus einem Traum. Ein Unterhaltungsfilm, der sein fehlendes inhaltliches wie formales Niveau durch spekulative Sex-Szenen zu ersetzen versucht. – Ab 16 möglich. ✦ Ungarn 1973 **P** Filmstúdió Budapest **Kl** Progress **R** György Hintsch **B** István Csurka, György Hintsch **K** György Illés **M** György Aldobólyi Nagy **D** László Kabos, György Bárdi, Iván Darvas, Eszter Vörös, Mária Parragi **L** 88 **E** 16.5.1973 Kino DDR/ 3.12.1976 DFF 2

SIEBEN TOTE HAT DIE WOCHE (SYMPHONIE POUR UN MASSACRE / SINFONIA PER UN MASSACRO). Des Geldes wegen tötet ein Gauner bei einem Opiumhandel kaltblütig seine vier Komplizen und wird schließlich von der Frau eines Opfers erschossen. Überdurchschnittlicher Kriminalfilm; bemerkenswert in der Spannungsdramaturgie, den darstellerischen Leistungen und der Kameraarbeit. ✦ Schwarz-weiß. Frankreich/Italien 1963 **P** P.E.C.F./Borderie/Dear/ Ultra **Kl** Constantin **Pd** Julien Derode **R** Jacques Deray **B** José Giovanni, Claude Sautet, Jacques Deray, nach dem Roman »Les Mystifiés« von Alain Reynaud Fourton **K** Claude Renoir **M** Michel Magne **S** Paul Cayatte **D** Michel Auclair (Clavet), Claude Dauphin (Valoti), Charles Vanel (Paoli), Jean Rochefort (Jabeke), José Giovanni (Moreau) **L** 107 **FSK** ab 16; nf **FBW** w **E** 23.4.1964 **fd** 12 791

SIEBEN TOTE IN DEN AUGEN DER KATZE. Sieben Bewohner eines schottischen Schlosses werden Opfer eines Rasiermessermörders, dessen stumme Zeugin eine Siamkatze ist. Übliches Mörder-Ratespiel mit Gruseleffekten und guter Kameraführung. – Ab 16. ✦ Scope. BR Deutschland/Italien/Frankreich 1972 **P** Roxy/Falcon/Capitole **Kl** Gloria **R** Anthony M. Dawson (= Antonio Margheriti) **B** Antonio Margheriti, Giovanni Simonelli **K** Salvatore Caruso **M** Riz Ortolani **D** Doris Kunstmann (Susanne), Konrad Georg (Butler), Jane Birkin (Corringa), Hiram Keller (Graf James), Serge Gainsbourg (Kriminalinspektor) **L** 92 **FSK** ab 16; nf **E** 7.12.1973 **fd** 18 799

DIE SIEBEN VOM GROSSEN BÄREN (I SETTE DELL'ORSA MAGGIORE). Menschliche und militärische Dramatik bei der Ausbildung und beim Einsatz italienischer Kampfschwimmer gegen britische Kriegsschiffe im Zweiten Weltkrieg. Ernsthaft und packend, wenn auch nicht ganz frei von pathetischer Überhöhung der Militär- und Spionageaktivitäten. – Ab 16 möglich. ✦ Schwarz-weiß. Italien 1953 **P** Ponti de Laurentiis **Kl** Pallas **R** Duilio Coletti **B** Antonio Bragadin, Ennio de Concini, Duilio Coletti **K** Aldo Tonti **M** Nino Rota **D** Eleonora Rossi-Drago, Pierre Cressoy, Paul Müller **L** 95 **FSK** ab 12; f **E** 13.11.1953 **fd** 3 063

DIE SIEBEN VOM HOLZFÄLLERCAMP → Timber Tramps

DIE SIEBEN VOM RHEIN. Sieben westdeutsche Arbeiter aus dem Ruhrgebiet, aus Mühlheim und Bochum, sind zu Besuch im Stahl- und Walzwerk Riesa und sammeln Erfahrungen über das Land und den Alltag der Arbeiter in der DDR der 50er Jahre. Den Mittelpunkt des dokumentarischen Films bildet der Gedanke an eine friedliche und demokratische Einheit von Ost und West. Authentisch wirkender, dabei geschickt propagandistischer Film über das Leben in der DDR. Die westdeutschen »Protagonisten« wurden von höchster Stelle ausgewählt und während der Dreharbeiten rund um die Uhr umsorgt. ✦ Schwarz-weiß. DDR 1954 **P** DEFA **Kl** Progress **Pd** Hans-Joachim Funk **R+B** Annelie Thorndike, Andrew Thorndike **K** Kurt Stanke, Waldemar Ruge **S** Ella Ulrich **L** 76 **E** 10.9.1954 Kino DDR

7 VOR MARSA MATRUK (I SETTE DI MARSA MATRUK). Vier britische Soldaten und drei Truppenbetreuerinnen versuchen, quer durch die deutschen Linien zu ihrer Einheit zu gelangen. Klischeehafter Kriegsfilm, der den Afrikafeldzug auf unglaubwürdige Bravourstücke einzelner reduziert. ✦ Scope. Italien 1969 **P** Metheus **Kl** Avis **R** Mario Siciliano **B** Craig Siciliano **K** Gino Santini **M** Stelvio Cipriani **D** Ivan Rassimov (Lt. Crossland), Kirk Morris (Liam McGregor), Monica Strebel (Ann Coran), Al Landy, Marcella Michelangeli (Martha Vaughan) **L** 95 **FSK** ab 16; nf **E** 21.8.1973 **fd** 18 684

SIEBEN WEGE INS VERDERBEN (SEVEN WAYS FROM SUNDOWN). Ein junger Texas-Ranger lernt auf dem langen Rückweg zum Hauptquartier, beim Abwehrkampf gegen Indianer auf dem Kriegspfad und Banditen, den Mörder bewundern, den er an der Kette mit sich führt. Gleichwohl muß er ihn am Schluß erschießen. Routiniert, aber glanzlos inszenierter Serien-Western. – Ab 16. ✦ USA 1960 **P** Universal **Kl** Universal **Pd** Gordon Kay **R** Harry Keller **B** Clair Huffaker, nach seinem Roman **K** Ellis W. Carter **M** William Lava, Irving Gertz **S** Tony Martinelli **D** Audie Murphy (Seven Jones), Barry Sullivan (Jim Flood), Venetia Stevenson (Joy Karrington), John McIntire (Sgt. Hennessey), Kenneth Tobey (Lt. Herly), Mary Field (Ma Kerrington), Ken Lynch (Graves), Don Collier (Duncan), Jack Kruschen (Becker), Don Haggerty (Dorton), Robert Burton (Eavens), Fred Graham **L** 86 **FSK** ab 16; nf **E** 20.12.1960 **fd** 9 841

DIE SIEBEN WELTWUNDER (SEVEN WONDERS OF THE WORLD). Die Schilderung einer Weltreise im Flugzeug. Eine reichlich oberflächliche Hetze, die die Reize der Cinerama-Technik für ihre Zwecke zu nutzen versucht. – Ab 10. ✦ Scope. USA 1956 **P** Stanley Warner **Kl** Deutsche Cinerama **Pd** Emil Newman **R** Tay Garnett, Paul Mantz, Andrew Marton, Ted Tetzlaff, Walter Thompson **K** Harry Squire **M** Emil Newman, David Raksin **L** 117 **FSK** ab 6; f **FBW** w **E** 23.9.1960 **fd** 9 572

SIEBEN ZINNSOLDATEN (SEMERO SOLDATIKOW). Geschichte eines siebenjährigen einsamen Jungen, der sich Zinnsoldaten als Spielgefährten wünscht. (TV-Titel DDR: »Zinnsoldaten für Olga«) – Ab 8. ✦ Scope. UdSSR 1983 **P** Gorki-Studio **Kl** Progress **R** Eduard Botscharow **B** Juri Jakowlew **K** Wjatscheslaw Schumski **M** Boris Karamyschew **D** Aljoscha Kusmischtschew, Vera Pannassenkowa, Wolodja Potschepajew, Gennadi Tschichatschow, Sofja Pawlowa **L** 70 **E** 15.4.1984 DFF 2/26.10.1984 Kino DDR

SIEBENBÜRGEN – SÜSSE HEIMAT. Dokumentation der Not der Siebenbürger-Sachsen, deren Dörfer von der rumänischen Regierung systematisch zerstört werden. Der Film schildert das Schicksal zweier Familien. Eine entschließt sich zum Bleiben, die andere stellt einen Ausreiseantrag und ist von diesem Zeitpunkt an den Schikanen der Bürokratie ausgeliefert: ein Leidensweg, der fast ein Jahr dauert. – Ab 16. ✦ BR Deutschland 1989 **P** Satellit/WDR **R+B** Imre Gyöngyössy, Barna Kabay, Katalin Petényi **L** 90 **E** 23.10.1989 West 3

SIEBENBÜRGISCHER HEUWEG. Dokumentarfilm über Siebenbürgen, das die einstmals zahlreichen Deutschstämmigen inzwischen verlassen haben. Der Film stellt eine der wenigen verbliebenen deutsch-rumänischen Mischfamilien und ihre Geschichte vor. ✦ Deutschland 1996 **R** Ralf Marschalleck **L** 89 **E** 5.3.1997 ORB

SIEBENFACHE RACHE (LE SETTE SFIDE). Wüste Stammesfehden zwischen Tscherkessen und Kirgisen im 12. Jahrhundert. Ein mit beträchtlichem Aufwand gefertigter, reichlich grausamer Abenteuerfilm. ✦ Scope. Italien 1960 **P** Adelphia **Kl** MGM **Pd** Emimmo Salvi **R** Primo Zeglio **B** Emimmo Salvi **K** Adalberto Albertini **M** Carlo Innocenzi **D** Ed Fury, Elaine Stewart, Bella Cortez, Roldano Lupi, Paola Barbara **L** 93 **FSK** ab 18; nf **E** 31.8.1962 **fd** 11 393

700 MEILEN WESTWÄRTS (BITE THE BULLET). Im amerikanischen Westen wird 1906 ein Langstrecken-Wettreiten ausgetragen, für das ein Zeitungsbesitzer einen Geldpreis ausgeschrieben hat. Die Strecke geht über 700 Meilen, quer durch reißende Flüsse, verschneite Gebirge und weglose Wüsten. Nur zwei Teilnehmer erreichen das Ziel. In abenteuerlichen und dramatischen Episoden, die den Verlauf des Rennens bestimmen, werden Typen herausgearbeitet und die Beziehungen der Konkurrenten untereinander entwickelt. Sorgfältig und in großartigen Bildern gestaltete Unterhaltung, die auch die Grenzen des Wettbewerbsdenkens thematisieren möchte. – Ab 16. ✦ USA 1975 **P** Vista **Kl** Warner-Columbia **Pd+R+B** Richard Brooks **K** Harry Stradling jr. **M** Alex North **S** George Grenville **D** Gene Hackman (Sam Clayton), Candice Bergen (Miss Jones), James Coburn (Luke Matthews), Ben Johnson (Mister), Ian Bannen (Norfolk), Jan-Michael Vincent (Carbo), Mario Arteaga (Mexikaner), Robert Donner (Reporter), Robert Hoy (Lee Christie), Paul Stewart (J. B. Baker), Dabney Coleman (Jack Parker), Sally Kirkland (Honey) **L** 130 **FSK** ab 12; f **FBW** bw **E** 31.10.1975/13.5.1977 Kino DDR/26.4.1983 DFF 1 **fd** 19 551

713 ERBITTET LANDEERLAUBNIS (713 PROSSIT POSSADKI). Die Besatzung eines Flugzeuges sinkt während einer Ozeanüberquerung betäubt zu Boden. Ein in den Vereinigten Staaten politisch verfolgter Arzt – ein ehemaliger deutscher antifaschistischer Widerstandskämpfer – trägt durch seinen selbstlosen Einsatz zur sicheren Landung des Flugzeuges und damit zur Rettung der Passagiere bei. Seine heroische Tat wird nicht belohnt, nach der Landung wird er festgenommen. Ein in allen Belangen mangelhafter Film, der ausschließlich von propagandistischen Absichten getragen wird. – Ab 12. ✦ Schwarz-weiß. UdSSR 1962 **P** Lenfilm **Kl** Progress **R** Grigori Nikulin **B** Alexej Leontjew, Andrej Donatow **K** W. Lewitin **M** Georgi Portnow **D** W. Tschestnokow, Otar Koberidse, L. Abramowa, N. Korn **L** 78 **E** 12.4.1963 Kino DDR/1.5.1964 DFF 1

714 ANTWORTET NICHT (ZERO HOUR!). Die Crew und die meisten Insassen eines Verkehrsflugzeugs sind akut an Lebensmittelvergiftung erkrankt. Ein psychisch belasteter ehemaliger US-Jagdflieger gewinnt sein Selbstvertrauen zurück, als er unvorbereitet eine riskante Landung wagt und so die Katastrophe verhindert. Einfach, aber sehr wirkungsvoll konstruierter Nervenkitzel, der durch interessante technische und psychologische Details Farbe bekommt. – Ab 14. ✦ Schwarz-weiß. USA 1957 **P** Paramount **Kl** Paramount **Pd** John Champion, Hall Bartlett **R** Hall Bartlett **B** Hall Bartlett, Arthur Hailey, John Champion, nach einem Roman von Arthur Hailey **K** John F. Warren **M** Ted Dale **D** Dana Andrews, Linda Darnell, Sterling Hayden, Elroy Hirsch, Peggy King **L** 73 **FSK** ab 12; f **E** 1958 Kino **fd** 7 238

DAS SIEBENKÖPFIGE UNGEHEUER → Inferno 2000

SIEBENMAL IN DER WOCHE. Die Scheinehe eines Tenors endet mit einer Liebesheirat. Dummes und langweiliges Musik-Lustspiel mit vergleichsweise hektisch geratenen Schnittfolgen. – Ab 14. ✦ BR Deutschland 1957 **P** CCC/Zeyn **Kl** Gloria **Pd** Artur Brauner, Willy Zeyn **R** Harald Philipp **B** Werner P. Zibaso, Harald Philipp **K** Oskar Schnirch **M** Erwin Halletz **S** Ira Oberberg **D** Vico Torriani (Roberto Ricci), Germaine Damar (Gertie), Josef Egger (Praxl), Hubert von Meyerinck (Füllkrug), Ethel Reschke (Loretta) **L** 91 **FSK** ab 12; nf **E** 9.8.1957/30.12.1971 DFF 1 **fd** 6 086

SIEBENMAL LOCKT DAS WEIB (WOMAN TIMES SEVEN). Teils amouröse, teils elegische Episoden aus dem Leben von sieben Pariser Frauen, alle dargestellt von Shirley MacLaine. Für ihre Fans ein ungetrübtes Vergnügen, allerdings beeinträchtigt flache Situationskomik bisweilen den unbeschwerten Genuß. ✦ Scope. USA 1966 **P** Embassy **Kl** Centfox **Pd** Joseph E. Levine **R** Vittorio de Sica **B** Cesare Zavattini **K** Christian Matras **M** Riz Ortolani **S** Teddy Darvas, Victoria Spiri Mercanton **D** Shirley MacLaine (Marie/Linda/Eve/Paulette/Edith/Jeanne/Marie Teresa), Alan Arkin (Fred), Michael Caine (ein junger Mann), Rossano Brazzi (Giorgio), Peter Sellers (Jean), Vittorio Gassman (Cenci) **L** 99 **FSK** ab 18; nf **E** 29.9.1967/26.12.1984 DFF 2 **fd** 14 944

DIE 7 MASKEN DES JUDOKA (CASSE-TETE CHINOIS POUR LE JUDOKA). Vor der Kulisse Hongkongs wird eine Verschwörung vereitelt, die eine verbrecherische Clique zur Weltherrschaft bringen sollte. Agentenfilm nach bekanntem Muster, der die Angst vor der Atombombe für seine Zwecke zu nutzen versuchte. – Ab 16. ✦ Frankreich/Italien 1967 **P** G.R.K./Discobolo/Parnass **Kl** Constantin **R** Maurice Labro **B** Jean Meckert, Maurice Labro, nach einem Roman von Ernie Clerc **K** Didier Tarot **M** Antoine Duhamel **D** Heinz Drache, Marilù Tolo, François Maistre, Paolo Tiller, Adaly Bell **L** 91 **FSK** ab 16; nf **E** 22.12.1967 **fd** 15 185

DER SIEBENTE HIMMEL (LE SEPTIEME CIEL / LA VEDOVA ELETTRICA). Brigitte de Lédouville unterhält in der Provinzstadt Houblonnes mehrere wohltätige Stiftungen. Als ihr Vermögen zu Ende geht, gewinnt sie mit Hilfe von Guillaume Lestrange neue Hoffnung und Spender. Eine amüsante Humoreske, unterhaltsam inszeniert in der Tradition gehobener französischer Boulevard-Komödien, vorzüglich gespielt. – Ab 16. ✦ Schwarz-weiß. Frankreich/Italien 1957 **P** Franco-London/Les Films Vesta/Titanus/S.A.R.L. Joly **Pd** Henry Deutschmeister **R** Raymond Bernard **B** André Lang, Jean Bernard-Luc, Raymond Bernard **K** Robert Le Febvre **M** Jean Wiener, Marcel Stern **S** Charlotte Guilbert **D** Danielle Darrieux (Brigitte de Ledouville), Noël-Noël (Guillaume Lestrange), Paul Meurisse (Manuel Vila), Alberto Sordi (Xavier Laurentis), Gérard Oury (Portal) **L** 106 **E** 30.8.1968 DFF 1

DER SIEBENTE IST DRAN (SEVEN MEN FROM NOW). Ein Ex-Sheriff sucht und richtet sieben Banditen, die beim Überfall auf eine Wells Fargo-Station seine Frau umgebracht haben. Kompromißlos harter, aber dramaturgisch und optisch ideenreicher Film, der nach ursprünglich reservierter Kritik später zum Inbegriff des puren, ideologiefreien Western gekürt wurde. Der Film führte den Regisseur Budd Boetticher aus den Niederungen der B-Produktionen hinaus. – Ab 16. ✦ USA 1956 **P** Warner **Kl** Warner **Pd** Andrew V. McLaglen, Robert E. Morrison **R** Budd Boetticher **B** Burt Kennedy **K** William H. Clothier **M** Henry Vars **S** Everett Sutherland **D** Randolph Scott (Ben Stride), Gail Russell (Annie Greer), Lee Marvin (Big Masters), Walter Reed (John Greer), John Larch (Pate Bodeen), Donald Barry (Clete), Fred Graham, Chuck Roberson (Mason), Steve Mitchell (Fowler), Stuart Whitman (Leutnant) **L** 77 **FSK** ab 12; nf **E** 19.10.1956 **fd** 5 521

DAS SIEBENTE JAHR. Die Schwierigkeiten in der Ehe einer Herzchirurgin und eines Schauspielers mit sechsjähriger Tochter lösen sich nach erfolgreicher Bewältigung der Berufsprobleme. Kein »Optimismus«-Film aus der DDR, sondern eine skeptische Revue beruflicher und familiärer Probleme, wobei die Überbeanspruchung in bestimmten Berufen und die Doppelbelastung einer berufstätigen Frau und Mutter unbeschönigt reflektiert werden. Als gesellschaftspolitischer Beitrag beachtlich, schauspielerisch (Wolfgang Kieling) brillant. – Ab 14. ✦ Schwarz-weiß. DDR 1968 **P** DEFA, Gruppe »Berlin« **Pd** Erich Kühne **R+B** Frank Vogel **K** Roland Gräf **M** Peter Rabenalt **S** Helga Krause **D** Jessy Rameik (Dr. Barbara Heim), Wolfgang Kieling (Günter Heim), Bettina Mächler (Gabi Heim), Ulrich Thein (Dr. Manfred Sommer), Monika Gabriel (Margot Sommer), Alfred Müller (Werner Wilfurth) **L** 82 **E** 28.2.1969 DDR/20.3.1970 DFF 1/25.1.1971 ZDF

DER SIEBENTE JUNGE. Der Landesfürst eines süddeutschen Kleinstaates will die Patenschaft für den siebten Jungen eines Kommerzienrats übernehmen. Das erwartete Kind wird »nur« ein Mädchen. Als die Prinzessin als Patin einspringt, haben sich auch die sonstigen Komplikationen gelöst. Wie so oft im deutschen Lustspiel der 30er Jahre stecken die amourösen Wirren in Biedermeierkostümen, hier jedoch plump und grobschlächtig: ein Schwank nach den Klischees bajuwarischer Dorfpossen. (Weiterer Titel: »Liebesurlaub«) – Ab 12. ✦ Schwarz-weiß. Deutschland 1941 **P** Bavaria **Pd** Gerhard Heydenreich **R+B** Alois Johannes Lippl **K** Oskar Schnirch **M** Ludwig Kusche **S** Johanna Schmidt **D** Heli Finkenzeller, Hans Holt, Maria Nicklisch, Karl Schönböck, Dagny Servaes, Gustav Waldau **L** 80 **E** 11.2.1941/16.4.1978 BR

DER SIEBENTE KONTINENT (1960) (SEDMY KONTINENT). Ein politischer Aufbau- und Erbauungsfilm: Jugendbrigaden bewähren sich bei der Erschließung von landwirtschaftlichem Neuland aus Sumpfgebieten Südböhmens. Sie müssen mit den Unbilden der Witterung und der Natur kämpfen. Gleichzeitig werden durch ihre Leistung die Vorurteile älterer Kollegen abgebaut. ✦ Schwarz-weiß. CSSR 1960 **P** Filmstudio Barrandov **R** Václav Gajer **B** Ota Hofman, Václav Gajer **K** Frantisek Valert, Jirí Sámal **M** Evzen Illín (= Eugen Illin) **D** Jaroslav Marvan (Rubes), Milan Sládek (Vasek), Petr Hanicinec (Korafa), Stanislav Fiser (Pepík), Jaroslava Tvrzníková (Vera) **L** 77 **E** 26.1.1962 DFF 1

DER SIEBENTE KONTINENT (1989) (DER SIEBENTE KONTINENT). Ein Ehepaar, das sich mit seiner zehnjährigen Tochter in der Routine beiderseitigen Erwerbslebens sowie einer ereignislosen, austauschbaren heimischen Existenz eingerichtet hat, beschließt den gemeinsamen Selbstmord, der mit unerbittlicher Konsequenz ins Werk gesetzt wird. Ein verstörender, radikaler Film um emotionale Kälte und Kommunikationsverlust, der tiefe Ratlosigkeit hinterläßt, zugleich aber auch Widerstandskräfte mobilisiert. Das bestürzende, ebenso entsetzliche wie eindrucksvolle Protokoll der Auslöschung rückt auch religiöse Fragen ein. – Sehenswert. ✦ Österreich 1989 **P** Wega-Film **KI** Sputnik **VA** absolut MEDIEN **Pd** Veit Heiduschka **R+B** Michael Haneke **K** Anton Peschke **M** Alban Berg **S** Marie Homolkova **D** Birgit Doll (Anna), Dieter Berner (Georg), Leni Tanzer (Eva), Udo Samel (Alexander), Silvia Fenz (Kundin), Robert Dietl (Oertl), Elisabeth Rath (Lehrerin), Georges Kern (Bankbeamter), Georg Friedrich (Postbeamter) **L** 107 **FSK** ab 16; f **E** 16.11.1994 3sat/Sept. 1997 Video **fd** 31 936

DIE SIEBENTE KUGEL (SEDMAJA PULJA). Der Kampf der usbekischen Kommunisten gegen die Herren der Zarenzeit in den frühen 20er Jahren als abenteuerlicher Actionfilm im Westernstil: Ein Sowjetkommandeur besiegt listig und überlegen einen konterrevolutionären Offizier, der den Stützpunkt der Roten Armee überfallen und seine Leute erschossen, verschleppt oder abgeworben hat. Der Schluß des überdreht inszenierten und gespielten Films mündet in geradezu parodistische Mantel- und Degen-Szenen, zu denen westliche Filme Pate gestanden haben. – Ab 14. ✦ Scope. UdSSR 1972 **P** Usbekfilm **KI** Progress **R** Ali Chamrajew **B** Friedrich Gornstein, Andrej Michalkow-Konchalowski **K** Alexander Pann **M** Rumil Wildanow **D** Sjuimenkul Tschokmorow (Kommandeur Maksumow), Dilaram Kambarowa (Aigul), Chamza Umarow (Chairulla), Nurmuchan Shanturin (Ältester), Talgat Nigmatulin (Hirt) **L** 80 **E** 12.7.1974 Kino DDR/2.1.1976 DFF 1/10.3.1976 ZDF **fd** 19 686

DIE SIEBENTE MÜNZE (THE SEVENTH COIN). Ein ehemaliger Leutnant der britischen Armee sucht verbissen nach der letzten von sieben Herodes-Münzen. In seinem Wahn schreckt er auch vor Morden nicht zurück. In Jerusalem kreuzt er den Weg einer Gruppe amerikanischer Girl Scouts, die durch unglückliche Umstände in den Besitz der Münze gelangten. Eine dramatische Hetzjagd beginnt, bei der auch ein jugendlicher Taschendieb eine Rolle spielt. – Ab 16. ✦ USA/Israel 1993 **R** Dror Soref **B** Dror Soref, Michael Lewis **K** Avi Karpick (= Avraham Karpick) **M** Misha Segal **D** Peter O'Toole (Emil Saber), Navin Chowdhry (Salim), Alexandra Powers (Ronnie Segal), John Rhys-Davies (Galil), Ally Walker (Lisa) **L** 89 **E** 20.8.1995 premiere

DIE SIEBENTE NACHT (THE COMMAND). Nach dem Tode des Kommandeurs einer Kavallerie-Einheit führt der Truppenarzt einen Siedlertreck durch Indianergebiet. Nach verlustreichen Kämpfen gelingt es ihm schließlich mit Hilfe einiger Listen, die Schutzbefohlenen in ein sicheres Fort zu bringen. Wenig aufregender Western mit pathetischen Momenten. – Ab 12 möglich. ✦ Scope. USA 1954 **P** Warner **KI** Warner **Pd** David Weisbart **R** David Butler **B** Russell Hughes, nach einer Story von James W. Bellah **K** Wilfred M. Cline **M** Dimitri Tiomkin, Ray Heindorf (Ltg.) **S** Irene Morra **D** Guy Madison (Capt. MacClaw), Joan Weldon (Martha), James Whitmore (Sgt. Elliott), Carl Benton Reid (Col. Janeway), Harvey Lembeck (Gottschalk), Ray Teal (Dr. Trent), Bob Nichols (O'Hirons), Don Shelton (Maj. Gibbs), Boyd »Red« Morgan (Fleming), Tom Monroe (Nikirk) **L** 95 **FSK** ab 12; nf **E** 18.5.1954 **fd** 3 450

DAS SIEBENTE OPFER →Das 7. Opfer

DIE SIEBENTE PAPYRUSROLLE (SEVENTH SCROLL). Beim Öffnen eines altägyptischen Grabmals fallen den Forschern sieben Papyrusrollen in die Hände, die die Aufzeichnungen des Grabmalbaumeisters enthalten. Als die siebte Rolle zerfällt, muss dessen Vermächtnis mühsam rekonstruiert werden. Der Fund ruft einen skrupellosen Millionär auf den Plan, der ihn in seinen Besitz bringen will und dafür über Leichen geht. Als schließlich der kleine Sohn des inzwischen ermordeten Forschers entführt wird, spitzt sich die Lage zu. An Originalschauplätzen aufwändig produzierter (Fernseh-)Abenteuerfilm. ✦ Italien/Deutschland 1999 **R** Kevin Connor **B** Sergio Donati, Ciro Ippolito, Kevin Connor, Alan Shearman **K** Ennio Guarnieri **M** Matthew McCauley **S** Barry Peters, Paul Newson **D** Karina Lombard (Royan Al Simma), Jeff Fahey (Nick Harper), Roy Scheider (Grant Schiller), Art Malik (Taita), Tony Musante (Duraid Al Simma) **L** 245 (81/84/80) **E** 24./25./26.12.2000 ProSieben (drei Teile)

DIE SIEBENTE SAITE (TOUS LES MATINS DU MONDE). Ein nach dem Tod seiner Frau mit seinen Töchtern zurückgezogen lebender Viola-Spieler nimmt nur widerwillig einen lebenslustigen und karrieresüchtigen Schüler auf, der es später zu Ruhm und Geld am Hofe Ludwigs XIV. bringt. Ein die französische Barock-Musik des 17. Jahrhunderts geradezu sinnlich auferstehen lassendes Porträt zweier gegensätzlicher Charaktere. Musik, Kamera, Licht, Sprache und Schauspielkunst verdichten sich zu einem Film von bezaubernder Schönheit, der atemberaubende Kraft ausstrahlt. – Sehenswert ab 14. ✦ Frankreich 1991 **P** Film par Film/Divali/D.D. Prod./Sedif/FR 3/Paravision/CNC/Canal+ **KI** Tobis **Pd** Jean-Louis Levi **R** Alain Corneau **B** Pascal Quignard, Alain Corneau, nach einem Roman von Pascal Quignard **K** Yves Angelo **M** Sainte Colombe, Marin Marais, Jordi Savall, François Couperin **S** Marie-Josèphe Yoyotte **D** Jean-Pierre Marielle (Sainte Colombe), Gérard Depardieu (Marin Marais alt), Guillaume Depardieu (Marin Marais jung), Anne Brochet (Madeleine), Carole Richert (Toinette), Caroline Sihol (Madame de Sainte Colombe) **L** 115 **FSK** ab 12; f **E** 12.11.1992 **fd** 29 907

DAS SIEBENTE SIEGEL (DET SJUNDE INSEGLET). Ein heimkehrender Kreuzritter findet seine Heimat von der Pest verwüstet vor und fordert den Tod zu einem Schachspiel heraus, das zu der nie endenden Frage um die Existenz Gottes wird. In den Ereignissen und Begegnungen weniger Tage offenbart sich die existentielle Not einer Gesellschaft am Abgrund. Im Rückgriff auf die Tradition mittelalterlicher Mysterienspiele meditiert der mit großer künstlerischer Kraft gestaltete Film über den Verlust von Sinnbezügen und die Suche nach Haltepunkten in einer neuzeitlichen Welt. Eine symbolträchtige Allegorie, geprägt von bitterer Skepsis. – Sehenswert. ✦ Schwarz-weiß. Schweden 1956 **P** Svensk Filmindustri **KI** Constantin **Pd** Allan Ekelund **R** Ingmar Bergman **B** Ingmar Bergman, nach seinem Theaterstück »Trälmalning« **K** Gunnar Fischer **M** Erik Nordgren **S** Lennart Wallén **D** Gunnar Björnstrand (Jöns), Max von Sydow (Antonius Blok), Bibi Andersson (Mia), Bengt Ekerot (der Tod), Nils Poppe (Jof), Gunnel Lindblom (Stumme) **L** 96 **FSK** ab 16; f **E** 14.2.1962/12.4.1968 ZDF **fd** 10 900

DER SIEBENTE SPUTNIK →Der siebente Trabant

DER SIEBENTE TRABANT (SEDMOI SPUTNIK). Der Weg eines ehemals zaristischen Offiziers von seiner Verhaftung durch die Bolschewiki bis zu seinem Einsatz und Tod in ihren Reihen. Ein Revolutionsfilm außerhalb des Klischees, der mehr die psychologische Situation der Beteiligten betont. (TV-Titel: »Der siebente Sputnik«) – Ab 16. ✦ Scope, schwarz-weiß. UdSSR 1967 **P** Lenfilm **KI** Progress **R** Grigori Aronow, Alexej German **B** Juri Klepikow, Edgar Dubrowski, nach dem gleichnamigen Roman von Boris Lawrenjow **K** Eduard Rosowski, M. Awrutin, Wladimir Wassiljew **M** Isaak Schwarz **D** Andrej Popow (Adamow), Alexej Batalow (Kommissar), A. Anissimow (Kuchtin), Georgi Schtil (Kimka), Pjotr Tschernow (Sykow) **L** 87 **FBW** w **E** 29.11.1968 Kino DDR/1969 Kino BRD/19.11.1973 DFF 2

67 TAGE – DIE REPUBLIK VON UZICE (UZICKA REPUBLIKA). Spielfilm, der – gestützt auf historische Fakten – ein Kapitel des jugoslawischen Befreiungskampfes beschreibt. In Uzice, einer kleinen Stadt in Westserbien, wird 1941 inmitten des von deutschen Truppen besetzten Landes eine Partisanenrepublik gegründet, die erst nach zwei Monaten dem Ansturm des Feindes und der mit ihm verbündeten Tschetniks der königlich-jugoslawischen Armee erliegt. Ein breit angelegter, künstlerisch durchschnittlicher Film, der mit vereinfachenden Klischees und ungebrochenem Pathos zu argumentieren versucht. – Ab 16. ✦ Scope. Jugoslawien 1974 **P** Inex-Film **KI** Progress **R** Zika Mitrovic **B** Ana Marja Car, Arsen Diklic, Zika Mitrovic **K** Predrag Popovic, Milivoje Milivojevic **M** Zoran Hristic **D** Boris Buzancic, Bozidarka Frajt, Branko Milicevic, Neda Arneric, Rade Serbedzija **L** 168 **E** 26.3.1976/15.7.1977 DFF 2

DIE 47 SAMURAI (GENROKU CHUSHINGURA). Nach einer wahren Begebenheit aus dem Jahr 1702, die in Japan zu einer der bekanntesten (und vielfach adaptierten) Legenden wurde, erzählt der episch breit angelegte Film die Geschichte der 47 Samurais, die aus Ergebenheit und Treue zu ihrem Herrn, einem Lehnsherrn am Hofe des Tokugawa, eine diesem zugefügte Schmach rächen wollen. Sie dringen in den Palast des Shogun-Ratgebers ein, um ihn zu töten. Als ihr Plan bekannt wird, steht die Öffentlichkeit auf der Seite der loyalen Krieger, doch die Regierung gerät in einen Konflikt: Soll sie die Samurai loben oder wegen ihrer Gesetzesübertretung bestrafen? Schließlich empfiehlt man ihnen, Harakiri zu begehen, wodurch sie zu Nationalhelden werden. Mizoguchis Film ist eine Auftragsarbeit für die faschistische Regierung Japans zur nationalen Erbauung. Doch der Regisseur inszenierte das Drama mit subtilen menschlichen Zwischentönen, wobei er durch virtuos konzipierte lange Kamerafahrten durch die Räume komplexe Beziehungen zwischen den Personen knüpft. – Sehenswert. ✦ Schwarz-weiß. Japan 1941/42 **P** Shochiku **Pd** Eiga Koa **R** Kenji Mizoguchi **B** Yoshikata Yoda, Ken'ichirô Hara, nach einem Bühnenstück von Seika Mayama **K** Kôhei Sugiyama **M** Shirô Fukai **D** Yoshisaburô Arashi (Takuminokami Asano, der Beleidigte), Mantoyo Mimasu (Kôzunosuke Kira, der Beleidiger), Kan'emon Nakamura (Sukeemon Tomimori, Rônin), Seizaburô Kawazu (Etchûnokami Hosokawa), Isamu Kosugi, Mitsuko Miura (Asanos Ehefrau), Chôjûrô Kawarasaki (Kuranosuke Oishi, Anführer der Rônin), Utaemon Ichikawa (Tsunatoyo Tokugawa), Kunitarô Kawarasaki (Jûrôzaemon Isogai, Rônin), Mieko Takamine (Verlobte von Jûrôzaemon Isogai) **L** (TV) 190 **E** 18., 25.2.1973 BR

27 STUNDEN (VEINTISIETE HORAS). 27 Stunden aus dem Leben eines 18jährigen baskischen Jugendlichen und seiner Freunde in San Sebastián. Ihr tristes Leben besteht aus Jobsuche, Fischfang und Kneipenbesuchen, kleinen illegalen Geschäften und Heroinkonsum. Als eine Freundin an einer Überdosis stirbt, reagieren sie mit Entsetzen und Verzweiflung, ohne daß sich dadurch am alltäglichen Kreislauf etwas ändert. Ein eindrucksvolles, bestürzendes Beispiel für die junge Filmkultur im Baskenland; der Film bezieht das soziale und politische Umfeld präzise mit ein und zielt unaufdringlich auf Abschreckung, ohne seine Protagonisten zu denunzieren. Er übernimmt vielmehr ihre Perspektive und macht sich ihre Ratlosigkeit zu eigen. ✦ Spanien 1986 **P** Elias Querejeta **Pd** Elias Querejeta **R** Montxo Armendáriz **B** Elias Querejeta, Montxo Armendáriz **K** Javier Aguirresarobe **M** Angel Illarramendi, Imanol Larzabal, Carlo Jimenez, Luis Mendo **S** Juan Ignacio San Mateo **D** Martxelo Rubio (Jon), Maribel Verdú (Maite), Jon San Sebastián (Patxi), Antonio Banderas (Rafa), Michel Duperrer (Maites Bruder) **L** 90 **E** 6.4.1988 ZDF

DIE 27. ETAGE (MIRAGE). Ein Atomwissenschaftler verliert durch ein Schockerlebnis sein Gedächtnis und sieht sich in New York einer rätselhaften Verfolgung durch Gangster ausgesetzt. Raffiniert die Handlung verzahnender Thriller, der erst ganz zum Schluß die Zusammenhänge seines Mosaiks zu erkennen gibt. In dem spannenden Film beeindruckt vor allem das Spiel von Gregory Peck, der dem angesprochenen Identitätsproblem Ernsthaftigkeit verleiht. – Ab 16 möglich. ✦ Schwarz-weiß. USA 1964 **P** Universal **KI** Universal **Pd** Harry Keller **R** Edward Dmytryk **B** Peter Stone, nach einem Roman von Walter Ericson **K** Joseph MacDonald **M** Quincy Jones **D** Gregory Peck (David Stilwell), Diane Baker (Shela), Walter Matthau (Ted Caselle), Kevin McCarthy (Josephson), Jack Weston (Lester) **L** 109 **FSK** ab 16; f **FBW** w **E** 29.10.1965/7.12.1972 ARD **fd** 13 705

DER 27. TAG (THE 27TH DAY). Eine außerirdische Macht bringt fünf Menschen verschiedener Nationalität durch den Besitz geheimnisvoll zerstörerischer Kapseln in die Versuchung, die Erde zu vernichten. Jeder von ihnen reagiert getreu der zeitgemäßen Klischeevorstellung, aber die Katastrophe wird dank amerikanischer Redlichkeit und deutscher Tüchtigkeit vermieden. Primitive, auch politisch bedenkliche Filmutopie. ✦ Schwarz-weiß. USA 1957 **P** Columbia **KI** Columbia **Pd** Lewis J. Rachmil **R** William Asher **B** John Mantley, nach seinem gleichnamigen Roman **K** Henry Freulich **M** Mischa Bakaleinikoff **S** Jerome Thoms **D** Gene Barry (Jonathan Clark), Valerie French (Eva Wingate), George Voskovec (Prof. Klaus Bechner), Arnold Moss (Außerirdischer), Stefan Schnabel (Diktator), Ralph Clanton (Ingram), Frederick Ledebur (Dr. Neuhaus), Paul Birch (Admiral), Ed Hinton (Commander), Mark Warren (Pete) **L** 74 **FSK** ab 16; f **E** August 1958 **fd** 7 331

DER SIEBTE GESCHWORENE (LE SEPTIEME JURE). Der unerkannte Mörder eines Mädchens, Apotheker in einer französischen Kleinstadt, wird als Geschworener im Prozeß gegen den Mordverdächtigen eingesetzt. Mit Mühe erreicht er einen Freispruch, es gelingt ihm jedoch nur unvollkommen, die eigene Schuld zu sühnen. Zwar reichlich konstruierter, aber spannender Kriminalfilm, der ein kritisches Bild provinzieller Enge entwirft und die Doppelmoral seines Helden als Produkt einer maroden Gesellschaft auszugeben versucht. ✦ Schwarz-weiß. Frankreich 1961 **P** Orex/de Gestion **KI** Schorcht **Pd** Paul Joly **R** Georges Lautner **B** Jacques Robert, Pierre Laroche, nach einem Roman von Francis Didelot **K** Maurice Fellous **M** Jean Yatove **S** Michèle David **D** Bernard Blier, Danièle Delorme, Francis Blanche, René Renal, Maurice Biraud **L** 92 **FSK** ab 18; f **FBW** w **E** 13.9.1962/15.4.1967 ARD/1.5.1985 DFF 2 **fd** 11 407

DER SIEBTE HIMMEL (LE SEPTIEME CIEL). Eine junge Frau und Mutter in Paris kompensiert ihre seelische Notlage durch Ladendiebstähle, bis sie unter dem Einfluß eines Hypnose-Arztes ein neues Verhältnis zu ihrem Leben und ihrer Sexualität findet. Damit stößt sie jedoch ihren Ehemann vor den Kopf, der mit Eifersucht und Ratlosigkeit reagiert. Eine karge, gelegentlich spröde erzählte Liebesgeschichte von außergewöhnlicher inszenatorischer Schönheit und Zurückhaltung, die an der Schnittstelle von Traum und Wachzustand auch von der Magie des Kinos handelt. Gerade in der Einlassung auf die unsichtbare Weite »innerer Bilder« findet der Film einen behutsamen, geradezu zärtlichen Zugang zu den Geheimnissen des Lebens und der Liebe. (O.m.d.U.) – Sehenswert. ✦ Scope. Frankreich 1997 **P** Dacia Films/Cinéa/La Sept Cinéma/Canal+/Centre National de la Cinématographie **KI** Peripher **Pd** Georges Benayoun, Philippe Carcassonne **R** Benoît Jacquot **B** Benoît Jacquot, Jérôme Beaujour **K** Romain Winding **S** Pascale Chavance **D** Sandrine Kiberlain (Mathilde), Vincent Lindon (Nico), François Berléand (Doktor), Francine Bergé (Mathildes Mutter), Pierre Cassignard (Etienne), Florence Loiret (Chloé) **L** 91 (Originalf. 89) **FSK** ab 12; f (Original) **E** 10.12.1998 **fd** 33 442

DIE SIEBTE KAVALLERIE (SEVENTH CAVALRY). Nach der verlorenen Schlacht am Little Big Horn am 25. Juni 1876 wird ein der Feigheit geziehener Captain beauftragt, die Leichen der Kameraden vom Schlachtfeld zu holen. Er gerät in die Gefangenschaft der Indianer, wird durch ein herrenloses Pferd, das die Rothäute als Pferd des gefallenen Generals Custer ansehen und für ein Gespenst halten, gerettet und kann sich rehabilitieren. Patriotischer Western mit ausgedehnten Kampfszenen, in dem viel von Soldatenehre die Rede ist. – Ab 16. ✦ USA 1956 **P** Columbia **KI** Columbia **Pd** Harry Joe Brown **R** Joseph H. Lewis **B** Peter Packer, nach einer Erzählung von Gledon F. Swarthout **K** Ray Rennahan **M** Mischa Bakaleinikoff **S** Gene Havlick **D** Randolph Scott (Captain Tom Benson), Barbara Hale (Matha Kellog), Jay C. Flippen (Sergeant Bates), Jeanette Nolan (Mrs. Reynolds), Frank Faylen (Kruger), Leo Gordon (Vogel), Denver Pyle (Dixon), Harry Carey jr. (Cpl. Morrison), Michael Pate (Capt. Benteen), Frank Wilcox (Maj. Reno), Pat Hogan (Young Hawk), Russell Hicks (Col. Kellogg), Al Wyatt **L** 75 **FSK** ab 12; nf **E** 7.12. 1956 **fd** 5 663

DAS SIEBTE KREUZ (THE SEVENTH CROSS). Verfilmung des Romans »Das siebte Kreuz« von Anna Seghers: Sieben Häftlinge fliehen 1936 aus einem Konzentrationslager; der Kommandant schwört, sie in Kürze eingefangen und an sieben eilig hergerichtete Kreuze gebunden zu haben. Doch ein Häftling entkommt durch Hilfsbereitschaft und Menschlichkeit; das siebte Kreuz bleibt leer. Ein außergewöhnliches Dokument über die Nazizeit, das im Unterschied zu anderen antifaschistischen Propagandafilmen weitgehend unsentimental bleibt und sich in Milieuschilderung und Figurenzeichnung um Differenziertheit bemüht. – Sehenswert ab 14. ✦ Schwarz-weiß. USA 1944 **P** Pandro S. Berman **VA** Warner Home **Pd** Pandro S. Berman **R** Fred Zinnemann **B** Helen Deutsch, nach dem gleichnamigen Roman von Anna Seghers **K** Karl Freund **M** Roy Webb **S** Thomas Richards **D** Spencer Tracy (Georg Heisler), Signe Hasso (Toni), Hume Cronyn (Paul Röder), Jessica Tandy (Liesel Röder), Agnes Moorehead (Mme Marelli), Herbert Rudley (Franz Marnet), Felix Bressart (Poldi Schlamm), Ray Collins (Wallau), Alexander Granach (Zillach) **L** 110 **FSK** ab 12 (Video) **E** 10.1. 1972 ZDF/14.9.1986 DFF 1

DIE 7. MACHT (THE LEGEND OF THE GOLDEN PEARL). Die Jagd nach einer geheimnisvollen Kugel, die von Außerirdischen auf die Erde gebracht wurde und in einem Himalaya-Kloster als Gottheit verehrt wird, als Aufhänger für eine Abfolge rasanter Kung-Fu-Kämpfe und spektakulärer Action-Szenen. Eine nicht allzu ernst gemeinte Mischung aus Science-Fiction, Abenteuer- und Kung-Fu-Film. – Ab 16. ✦ Hongkong/USA 1987 **P** Cinema City/Gordon's Film **KI** Ring **VA** Starlight **Pd** Samuel Hui **R+B** Teddy Robin Kwan **K** Peter Pau **M** Lo Ta-Yu **D** Bruce Baron, Teddy Robin Kwan, Samuel Hui, Ti Lung, Wong Joe Yin **L** 86 **FSK** ab 16; nf **E** 25.2.1988/30.5.1988 Video **fd** 26 740

DAS 7. OPFER. Vor einem englischen Pferderennen werden sechs Mitglieder einer adligen Familie ermordet. Deutscher Kriminalfilm nach einem Roman von Bryan Edgar Wallace. Relativ geschickt gestaltet und humorvoll aufgelockert. – Ab 16. ✦ BR Deutschland 1964 **P** CCC **KI** Nora **Pd** Artur Brauner **R** Franz Josef Gottlieb **B** Franz Josef Gottlieb, nach einem Roman von Bryan Edgar Wallace **K** Richard Angst **M** Raimund Rosenberger **S** Walter Wischniewsky **D** Hansjörg Felmy (Peter Brooks), Ann Smyrner (Avril Mant), Hans Nielsen (Reverend Turner), Ann Savo (Yo Ma), Trude Herr (Molly) **L** 93 **FSK** ab 16; nf **E** 27.11.1964/7.1.1978 DFF 1 **fd** 13 152

DER SIEBTE SCHLEIER →Der letzte Schleier

DAS SIEBTE ZEICHEN (THE SEVENTH SIGN). Eine schwangere junge Frau sieht in ihrem mysteriösen Untermieter den Engel der Apokalypse, der die Erde im Auftrag Gottes mit sieben Plagen überschüttet. Sie setzt alles daran, um den drohenden Untergang der Welt aufzuhalten. Spannende Mischung aus Thriller, okkultem Film und Melodram, die ohne spektakuläre Gewaltszenen auskommt, geschickt bei gegenwärtigen Katastrophenstimmungen und Ängsten ansetzt, die Bibel aber als Steinbruch für Endzeitgefasel ausbeutet und in religiösen Aussagen eine fundamentalistische Theologie fragwürdigen Zuschnitts propagiert. – Ab 16. ✦ Scope. USA 1987 **P** TriStar/ML/Delphi Premier **KI** Columbia **VA** RCA/Columbia **DVD** Columbia TriStar Home (16:9, 1.85:1, DS engl./dt.) **Pd** Ted Field, Robert W. Cort **R** Carl Schultz **B** W. W. Wicket, George Kaplan **K** Juan Ruiz Anchia **M** Jack Nitzsche **S** Caroline Biggerstaff **D** Demi Moore (Abbi Quinn), Jürgen Prochnow (der Untermieter), Michael Biehn (Russell Quinn), Peter Friedman (Lucci), Manny Jacobs (Avi) **L** 97 **FSK** ab 16; f **E** 1.9.1988/14.3.1989 Video/2.6.2000 DVD **fd** 27 021

DIE SIEBTELBAUERN (DIE SIEBTELBAUERN). Nach dem gewaltsamen Tod eines Großbauern in Oberösterreich zu Beginn des Jahrhunderts werden gemäß dessen Testament sieben Knechte zu Bauern, wenn auch nur zu »Siebtelbauern«. Ihr Entschluß, den Hof kollektivistisch zu führen, stößt auf erbitterten Widerstand. Allen voran versucht ein machthungriger Großbauer, das Anwesen in seinen Besitz zu bringen, und obwohl sich die einstigen Knechte zunächst erfolgreich wehren, obsiegen schließlich doch die Traditionalisten. Ein packender »Heimatfilm«, der das negativ besetzte Genre dadurch rehabilitiert, daß er ihm die großen Kategorien des Kinos zurückgibt. Eine griffige Handlung nebst Utopien und Intrigen, hervorragende Darsteller und großartige Tableaus vereinen sich zu einem eindrucksvollen Kinoerlebnis. – Sehenswert ab 16. ✦ Österreich/Deutschland 1998 **P** DOR FILM/ORF/Bayerischer Rundfunk **KI** Ventura **VA** absolut MEDIEN **Pd** Danny Krausz, Kurt Stocker **R+B** Stefan Ruzowitzky **K** Peter von Haller **M** Erik Satie **S** Britta Nahler **D** Simon Schwarz (Lukas), Sophie Rois (Emmy), Lars Rudolph (Severin), Julia Gschnitzer (Alte Nane), Ulrich Wildgruber (Danninger) **L** 94 **FSK** ab 12; f **E** 4.3.1999/5.7.1999 Video **fd** 33 575

SIEBZEHN JAHR, BLONDES HAAR. Ein Liverpooler Gammler schlägt sich singend über Paris und Genua nach Rom durch, wo er seinen Vater und die Liebe findet. Verlogen-sentimentale Unterhaltung auf dem Niveau eines Amateurfilms. – Ab 16. ✦ BR Deutschland/Italien 1966 **P** Roxy/Ultra **KI** Gloria **Pd** Luggi Waldleitner **R** Francesco Montemurro **B** Michael A. Scheiber, Ennio de Concini, Adriano Bolzoni **D** Ricky Shayne (Ricky), Joachim Fuchsberger (Robert), Elga Andersen (Sonia), Udo Jürgens, Eleonora Braun (Martine) **L** 89 **FSK** ab 12; f (früher 16) **E** 15.9.1966 **fd** 14 309

SIEBZEHN JAHRE →Hui Jia Guo Nian

SIEBZEHN – VIER MÄDCHEN MACHEN EINEN MANN (SYTTEN). Ein 17jähriger Oberschüler mit Sexualkomplexen kommt in den Ferien bei Verwandten zu ersten sexuellen Erlebnissen und wandelt sich dadurch zum männlichen Draufgänger. Betulich-langweilige Komödie aus Dänemark, die Witz und Ironie vermissen läßt. (Alternativtitel: »Als unser Opa siebzehn war«) ✦ Dänemark 1965 **P** A/S Palladium **KI** Constantin **R** Annelise Meineche **B** Bob Ramsing, nach einem Roman von Caryl Erik Soya **K** Ole Lytken **M** Ole Hoyer **S** Edith Schlüssel **D** Ole Soltoft, Ghita Nörby, Lily Broberg, Susanne Heinrich, Lise Rosendahl **L** 81 **FSK** ab 18; nf **E** 10.6.1966 **fd** 14 110

1789 (1789). Verfilmung eines Bühnenstücks des Pariser Theatre du Soleil, das die Ereignisse der Französischen Revolution in szenischen Episoden schildert. Kein Kostümfilm, keine realistische Rekonstruktion, sondern revueartig präsentierte, von Verfremdungseffekten gebrochenes dialektisches Theater, das dennoch die sinnlichen Aspekte des Geschehens hervorhebt und dem Zuschauer ein ästhetisches Ganzheitserlebnis vermitteln will. Dank formaler Disziplin und Konzentration bleibt dieses Konzept auch in der Filmfassung wirksam. – Sehenswert. ✦ Frankreich 1973 **P** Ariane **KI** NEF-Diffusion **Pd** Ariane Mnouchkine, Georges Dancigers **R+B** Ariane Mnouchkine **K** Bernard Zitzermann, Michel Lebon, Jean-Paul Meurisse **M** Michel Derouin **D** René Patrignani, Jean-Claude Penchenat, Maxime Lombard, George Bonnaud, Fabrice Herero **L** 151 **FSK** ab 12; f **E** 2.5.1975 **fd** 19 363

1776 – REBELLION UND LIEBE (1776). 1776 beschlossen die Abgeordneten der dreizehn britischen Kolonien in Nordamerika die Unabhängigkeit vom Mutterland. Das war die Geburtsstunde der USA. Die uninspirierte Verfilmung des Broadway-Musicals beschreibt, welche Schwierigkeiten zu überwinden waren, ehe die Freiheit errungen wurde. – Ab 14. ✦ Scope. USA 1972 **P** Columbia **Pd** Jack L. Warner **R** Peter Hunt **B** Peter Stone, nach einem Musical von Peter Stone und Sherman Edwards **K** Harry Stradling jr. **M** Sherman Edwards **S** William Ziegler, Florence Williamson **D** William Daniels, Virginia Vestoff, Howard da Silva, David Ford, Donald Madden **L** 100 **E** 14.1.1976 NDR III

DIE SIEBZEHNJÄHRIGEN (LES NOUVEAUX ARISTOCRATES). Entwicklungsbedingte Konflikte eines Schülers aus einer wohlhabenden Familie, deren Eltern vor der Scheidung stehen. Der Klassenprimus will den neuen Philosophielehrer, der Theologe ist, nicht akzeptieren; er veröffentlicht in der Schülerzeitung ein blasphemisches Pamphlet, was ihm den Rausschmiß einbringt. Der zum Teil in einem Jesuitenkolleg spielende Film überzeugt trotz guter Ansätze und einer bemerkenswerten Gestaltung nicht ganz. ✦ Frankreich 1961 **P** Chronos **KI** Pallas **Pd** Marcel Roux **R** Francis Rigaud **B** Jacques Vilfrid, nach einem Roman von Michel de St. Pierre **K** Jacques Robin **D** Paul Meurisse (Philippe de Maubrun), Maria Mauban (Frau de Maubrun), Charles Belmont (Denis), Yves Vincent (Herr Prullé-Rousseau), Janine Vila (Sylvie) **L** 95 **FSK** ab 16; f **FBW** w **E** 16.2.1962 **fd** 10 902

DER 17. BREITENGRAD (LE 17E PARALLELE). Dokumentarfilm über die Arbeit, den Kampf und das tägliche (Über-)leben der Vietnamesen in einem kleinen Dorf südlich des 17. Breitengrades nahe der Grenze zwischen Nord- und Südvietnam. Einfühlsam beobachtet und klug montiert, zeichnet Joris Ivens das zwar parteiliche, aber nie polemische Bild einer bäuerlichen Bevölkerung, die angesichts der menschenverachtenden Kriegspraxis der USA zum Überleben entschlossen und des Sieges sicher ist. ✦ Frankreich 1967 **P** Capi/Argos **R** Joris Ivens **L** 110 **E** 4.5. 1968 NDR

DER 17. BREITENGRAD – TAG UND NACHT (VI TUYEN 17 – NGAY VA DEM). Nordvietnamesischer - Propagandafilm, der die Wiedervereinigung des bürgerlichen Südens mit dem kommunistischen Norden beschwört. 1972, drei Jahre vor dem Ende des Krieges in Vietnam gedreht. Seine Geschichte beginnt 1954/56 nach dem Abzug der französischen Truppen und endet nach dem Sturz Diems 1963. Im Mittelpunkt des Geschehens steht eine Frau, die im Süden im Untergrund kämpfen will, während ihr Mann sich den kommunistischen Truppen des Nordens anschließt. ✦ Nordvietnam 1972 **R** Hai Ninh **B** Hoang Tich Chi, Hai Ninh **K** Nguyen Xuan Chan **M** Hoang Van **D** Tra Giang (Ziu), Lam Toi (Tran SUng), Ho Thai (Thach), Duong Ba Loc, Dao Mong Long (Ba Kingh) **L** 175 **E** 1./2.6.1977 WDR (zwei Teile)

DIE SIEDLUNG DER RABEN →Geschichten aus der Steinzeit: Die Siedlung der Raben

DER SIEG (POBEDA). Zwei Ereignisse – die Potsdamer Konferenz der Siegermächte 1945 und die KSZE-Konferenz 1975 in Helsinki – sind Ausgangspunkt und Anlaß, in einem weitgespannten historischen Bogen die Friedenspolitik der Sowjetunion zu erläutern. Wenig überzeugender Agitationsfilm, der trotz der Verwendung von interessantem authentischen Material sehr an der Oberfläche bleibt. (Teil 1 lief unter dem Titel »Die Zeit der Hoffnungen« und Teil 2 unter dem Titel »Die Zeit der Unruhe« in den Kinos der DDR.) – Ab 16. ✦ DDR/UdSSR 1983/84 **P** DEFA, Gruppe »Roter Kreis«/Mosfilm/Vierte künstlerische Vereinigung **KI** Progress **R** Jewgeni Matwejew **B** Wadim Trunin, Jewgeni Matwejew, nach dem gleichnamigen Roman von Alexander Tschakowski **K** Leonid Kalaschnikow, Boris Nowosselow **M** Jewgeni Ptitschkin **S** M. Karewa **D** Alexander Michailow (Woronow), Andrej Mironow (Bright), Klaus-Peter Thiele (Werner Klaus), Ramas Tschchikwadse (Stalin), Georgi Menglet (Churchill), Algimantas Masjulis (Truman), Michail Uljanow (Shukow), Günter Grabbert (Wilhelm Pieck) **L** 154 (zwei Teile) **E** 3.5.1985 Kino DDR/8.5.1985 DFF 1

SIEG AUF DEM K 2 (ITALIA K 2). Dokumentarfilm über die Bezwingung des zweithöchsten Bergs der Erde (»K 2« – das ist der Mount Godwin Austin, 8611 m, im Karakorum, nordöstlich des Nanga Parbat) durch eine italienische Expedition im Jahr 1954. Sehenswert vor allem durch faszinierende Naturaufnahmen. – Ab 10 möglich. ✦ Italien 1955 **P** Club Alpino-Italiano **KI** Austria **R** Marcello Baldi **B** Marcello Baldi, Dino Bertolotti, Lionello de Felice **K** Mario Fantini, Theo Hörmann, Mario Damicelli **M** Teo Usuelli **L** 89 **FSK** ab 6; f **FBW** bw **E** 1957 Kino BRD/31.12.1965 Kino DDR **fd** 5 766

DER SIEG DER FRAUEN (JOSEI NO SHORI). Japan 1945: Eine Anwältin, die eine des Kindesmordes angeklagte Frau verteidigt, tritt für die Demokratisierung der Rechtspflege und die Gleichberechtigung der Frau ein. Ihr Schwager, ein Militarist und Verfechter des Patriarchats, vertritt die Anklage. Ein emotionsgeladenes Melodram, das für die Frauen Partei ergreift und gegen Kriegsgewinnler zu Felde zieht. Durch die Annäherung an westliche filmdramaturgische Gesetzmäßigkeiten ein untypisches Werk Mizoguchis. – Sehenswert. ✦ Schwarz-weiß. Japan 1946 **P** Shochiku **Pd** Sennosuke Tsukimori **R** Kenji Mizoguchi **B** Kôgo Noda, Kaneto Shindô **K** Toshio Ubukata **M** Kyoka Asai **S** Yoshiku Sugihara **D** Kinuyo Tanaka (Hiroko), Michiko Kuwano (Michiko), Shin Tokudaiji (Keita), Mitsuko Miura (Moto), Kappei Matsumoto (Kono), Toyoko Takahashi (Setsu) **L** 84 **E** 19.7.1982 ARD **fd** 23 534

SIEG DER LIEBE →Herzen im Sturm (1995)

DER SIEG DER STERNENKINDER (RETURN FROM WITCH MOUNTAIN). Zwei junge Außerirdische, die mit ihrem Onkel auf der Erde landen, sollen mit ihren übersinnlichen Fähigkeiten einem machtgierigen Wissenschaftler und dessen Komplizin zur Weltherrschaft verhelfen. Disney-Unterhaltung im Science-Fiction-Gewand; Fortsetzung der »Flucht zum Hexenberg« (1975). – Ab 12. ✦ USA 1978 **P** Disney **Pd** Ron Miller, Jerome Courtland **R** John Hough **B** Malcolm Marmorstein **K** Frank Phillips **M** Lalo Schifrin **S** Bob Bring **D** Bette Davis (Letha Wedge), Kim Richards (Tia), Ike Eisenmann (Tony), Christopher Lee (Dr. Gannon), Anthony James (Sickle), Jack Soo (Mr. Yokomoto), Richard Bakalyan (Eddie), Ward Costello (Mr. Clearcole), Brad Savage (Muscles), Jeffrey Jacquet (Rocky) **L** 93 **E** 18.6.1995 premiere

DER SIEG DER ZEITUNGSJUNGS →The Paper Brigade

SIEG IM WESTEN. Ein linientreuer Propagandafilm über den Frankreich-Feldzug 1940, der den reibungslosen Ablauf des »Blitzkrieges« veranschaulichen sollte, »die Größe des strategischen Planens und die Kühnheit der Operation«. Die französische Armee wird als tapfer dargestellt, die blutige Kriegswirklichkeit bleibt ausgespart. Auch dies ist propagandistisch zu werten, schließlich stand kurz nach der Uraufführung des Films das erste Treffen zwischen Hitler und Marschall Pétain auf dem Plan. Die Filmmusik steuerte Herbert Windt bei, der schon Leni Riefenstahls filmische Parteinahme »Triumph des Willens« unterstützte und auch bei ihren »Olympia«-Filmen zum Zuge kam. ✦ Schwarz-weiß. Deutschland 1941 **P** Oberkommando des Heeres **R+B** Svend Noldan, Fritz Brunsch **M** Herbert Windt **L** (TV) 110 **E** 4.5.1974 NDR/RB/SFB

SIEG IN FRANKREICH (LA BATAILLE DE FRANCE). Kühl-sachlicher Dokumentarfilm zweier Franzosen (von Jean Aurel stammt »Vierzehn bis achtzehn, Nacht über Europa«) über die Kriegsvorbereitungen Hitlers und den Beginn des Zweiten Weltkriegs bis zur Schlacht bei Dünkirchen. Der Film liefert beachtliche Informationen über historische Zusammenhänge und setzt im Kommentar deutlich kritische Akzente. – Ab 16. ✦ Schwarz-weiß. Frankreich 1964 **P** Zodiac **KI** Hermes **R** Jean Aurel, Cécil Saint-Laurent **B** Cécil Saint-Laurent **M** Michel Fano **L** 86 **FSK** ab 12; f **FBW** bw **E** 30.10.1964 **fd** 13 128

SIEG OHNE BEIFALL (JESTILITY NIDJOSCH). Ein junger talentierter Sportler wird durch ein verlockendes Angebot aus seiner Sportgemeinschaft abgeworben und erfährt bei seinem neuen ehrgeizigen Trainer die Härte des Hochleistungssports und die Abwertung der Sportlerpersönlichkeit zu einem bloßen Objekt. Überzeugt von den besseren moralischen Prinzipien seines früheren Übungsleiters, kehrt er bald zum alten Verein zurück. ✦ UdSSR 1978 **P** Dowshenko-Studio **KI** Progress **R** Nikolai Litus, Vitali Schunku **B** Geli Aronow, Juri Rybtschinski **K** Alexander Janowski **M** Boris Bujewski **D** Igor Schkurin (Goscha), Tamara Tratsch (Sweta), Igor Gorbatschow (Juri Iwanowitsch), Boris Chimitschew (Kitenko), L. Gorbatschowa (Marija Michajlowna) **L** 80 **E** 28.12.1979 Kino DDR/19.8.1981 DFF 1

DER SIEG SEINES LEBENS (THE LONELIEST RUNNER). Die vom Produzenten, Autor und Regisseur autobiografisch gefärbte Geschichte eines erfolgreichen Langstreckenläufers. In Rückblenden wird erzählt, wie der junge Mann sein Talent erst voll entfalten kann, nachdem er sich seinem lange verheimlichten Problem, Bettnässer zu sein, gestellt hat. Eine vor allem auf Rührung setzende Fernsehunterhaltung, die die ungewöhnliche Thematik ausschließlich emotional vermittelt. – Ab 14 möglich. ✦ USA 1976 **P** NBC **Pd+R+B** Michael Landon **D** Brian Keith (Vater), Lance Kerwin (John Curtis als Jugendlicher), Melissa Sue Anderson, Michael Landon (John Curtis als Erwachsener), DeAnn Mears **L** 74 **E** 3.12.1993 Kabelkanal

SIEG ÜBER DAS DUNKEL (BRIGHT VICTORY). Ein amerikanischer Kriegsblinder des Zweiten Weltkriegs findet nach ernsten Krisen durch die Liebe einer Frau den Mut, sein Leben neu zu beginnen. Die gefühlselige Story ist nicht sehr glaubhaft, aber menschliche Integrität und ein eindrucksvoller Hauptdarsteller machen den Film sehenswert. – Ab 14. ✦ Schwarz-weiß. USA 1951 **P** Universal **KI** Universal **Pd** Robert Buckner **R** Mark Robson **B** Robert Buckner, nach dem Roman »Lights Out« von Baynard Hendrick **K** William H. Daniels **M** Frank Skinner **D** Arthur Kennedy (Larry Nevins), Peggy Dow (Judy Greene), James Edward (Joe), Richard Egan (John), John Hudson (Corporal Flagg) **L** 97 **FSK** ab 12; f **E** 16.11.1951 **fd** 1 588

SIEG UND PLATZ (THE CALENDAR). Ein Pferdebesitzer gerät in den Verdacht, seinen Gaul gestohlen zu haben, aber eine junge Pferdepflegerin und Trainerin hilft ihm, seine Unschuld zu beweisen. Anspruchsloser, auf gefühlvolle Heiterkeit gestimmter Unterhaltungsfilm aus dem Rennsportmilieu nach einem Roman von Edgar Wallace. (TV-Titel: »Entscheidung in Ascot«) – Ab 16. ✦ Schwarz-weiß. Großbritannien 1948 **P** Gainsborough **KI** Eagle-Lion **Pd** Antony Darnborough **R** Arthur Crabtree **B** Geoffrey Kerr, nach einem Roman von Edgar Wallace **K** Reginald Wyer **M** Arthur Wilkinson **D** Greta Gynt (Wenda), John McCallum (Carry), Sonia Holm (Molly), Raymond Lovell (Willie), Sydney King (Tony) **L** 83 **FSK** ab 16; nf **E** Frühjahr 1949/9.9.1967 ARD **fd** 252

DAS SIEGEL (DAS SIEGEL). Eine Serie von Frauenmorden bringt einen jungen Arbeiter in Verdacht, da an den Tatorten jeweils ein Gegenstand gefunden wird, der ihm gehört. Verzweifelt versucht er, seine Unschuld zu beweisen. Versuch eines Großstadtkrimis, dessen Drehbuch kein noch so klischeehaftes Muster amerikanischer Vorbilder auslässt und sich in einer unlogischen Konstruktion verliert. ✦ Österreich 1997 **P** Fernsehfilmproduktion Dr. Heinz Scheiderbauer **Pd** Heinz Scheiderbauer **R** Xaver Schwarzenberger **B** Harald Schwarzmann **K** Xaver Schwarzenberger **M** Anna Lauvergnac **S** Helga Borsche **D** Simon Schwarz, Vasiliki Roussi, Erwin Steinhauer, Reinhard Nowak **L** 90 **E** 11.7.1999 ORF 2

DAS SIEGEL GOTTES. Roseggers Roman vom Zisterzienserpater Clemens, der die junge Gräfin trauen soll und durch das Beichtgeheimnis gehindert ist, von seiner Kenntnis eines Verbrechens Gebrauch zu machen. Freundlich-volkstümliche Verfilmung ohne Ansprüche. (Weiterer Titel: »Schuld und Sühne«) – Ab 14. ✦ Schwarz-weiß. Österreich 1949 **P** Wiener Mundus **Kl** Continental **Pd** Walter Tjaden **R** Alfred Stöger **B** Alexander Lix, nach einem Motiv von Peter Rosegger **K** Sepp Ketterer **M** Franz Salmhofer **D** Hilde Mikulicz, Robert Lindner, Carl Günther, Alexander Trojan, Josef Meinrad **L** 90 **FSK** ab 12; f **E** 24.6.1949 **fd** 326

SIEGEN ODER STERBEN. Oberflächlicher Montagefilm aus Bild- und Tonmaterial von angeblich 62 Kriegsberichterstattern verschiedener Nationen im Zweiten Weltkrieg. (Weiterer Titel: »Hitler – Der Weg zum Feldherrn«) – Ab 16. ✦ Schwarz-weiß. BR Deutschland 1975 **P** Puhl-Film/TV **Kl** Favorit **Pd+R** Reginald Puhl **L** 88 **FSK** ab 12; f **E** 14.5.1976 **fd** 19 847

DER SIEGER (1952) (THE QUIET MAN). Nachdem sein letzter Gegner im Ring gestorben ist, hängt ein umjubelter Preisboxer seine Handschuhe an den Nagel und kehrt aus Amerika in die irische Heimat zurück. Auch dort jedoch findet er nicht den erhofften Frieden. Um das Mädchen seiner Wahl zu gewinnen, muß er noch einmal zum Kampf antreten – gegen ihren Bruder. Hervorragend inszenierte derb-heitere Komödie aus dem irischen Dorfmilieu, deren Handlungsvorbild Shakespeares »Der Widerspenstigen Zähmung« lieferte. (Alternativtitel: »Die Katze mit dem roten Haar«) DVD: Der Film ist hier in einer um gut 14 Minuten verlängerten Fassung zu sehen. Die entsprechenden Szenen sind im Original belassen und dt. untertitelt. Als Bonus enthält die Edition den John Wayne-Kurzfilm »Rookie of the Year«. – Sehenswert ab 12. ✦ USA 1952 **P** Republic **Kl** Gloria **DVD** Kinowelt Home (FF, Mono dt.) **Pd** John Ford, Merian C. Cooper, Michael Killanin (ungenannt) **R** John Ford **B** Frank Nugent, nach einer Novelle von Maurice Walsh **K** Winton C. Hoch, Archie Stout **M** Victor Young **S** Jack Murray **D** John Wayne (Sean Thornton), Maureen O'Hara (Mary Kate Danaher), Barry Fitzgerald (Michaeleen Og Flynn), Victor McLaglen (Red Will Danaher), Ward Bond (Fr. Peter Lonergan) **L** 125 (DVD 129) **FSK** ab 12; f **E** 1.5. 1953/31.7.1972 ZDF/31.10.2000 DVD **fd** 2 350

DIE SIEGER (1962) (THE VICTORS). Die Erlebnisse einzelner US-Infanteristen auf und hinter den europäischen Kriegsschauplätzen (1942–1946) sollen in Verbindung mit Ausschnitten aus Wochenschauberichten demonstrieren, daß der Krieg Sieger wie Besiegte demoralisiert. Einige bemerkenswerte Details gehen in spektakulären Verzeichnungen des teils reißerisch, teils melodramatisch getönten überlangen Films unter. – Ab 16. ✦ Scope, schwarz-weiß. Großbritannien/USA 1962 **P** Open Road/Highroad **Kl** Warner-Columbia **Pd+R** Carl Foreman **B** Carl Foreman, nach dem Roman »The Human Kind: a Sequence« von Alexander Baron **K** Christopher Challis **M** Sol Kaplan **S** Alan Osbiston **D** George Peppard (Corporal Chase), Eli Wallach (Sergeant Craig), Jeanne Moreau (die Französin), George Hamilton (Corporal Trower), Romy Schneider (Regine) **L** 156 **FSK** ab 16; f **E** 19.2.1964 **fd** 12 592

DER SIEGER (1975) (POBEDITEL). Ein Kommissar der Roten Armee gerät 1919 schwer verwundet in weißgardistische Gefangenschaft und wird von einem Offizier verhört. Dem Inhaftierten gelingt die Flucht. Die beiden politischen Gegner treffen später mehrfach in gefahrvollen Situationen aufeinander. ✦ Scope. UdSSR 1975 **P** Mosfilm **R** Andrej Ladynin, Edgar Chodshikjan **B** Anatoli Stepanow **K** Wladimir Tschuchnow **M** Georgi Furtitsch **D** Alexander Sbrujew (Spiridonow), Georgi Taratorkin (Mokaschew), Valentina Karewa (Anna), Michail Lobanow (Jegor), Jewgeni Schutow (Mitja) **L** 97 **E** 20.3.1977 DFF 2

DER SIEGER (1981) (INVIGATORUL). Der Auf- und Abstieg eines Boxchampions im Rumänien der 50er Jahre. – Ab 16. ✦ Rumänien 1981 **P** Filmstudio Bucuresti **Kl** Progress **R** Tudor Marascu **B** Dimitru Furtui **K** Valentin Ducaru **M** Dinu Petrescu **D** Marian Culiniac (Boxer Christea), Tora Vasilescu, Nicolae Praida, Ion Anestin, Constantin Branzea **L** 98 **E** 13.12.1985 Kino DDR

DIE SIEGER (1993). Die Mitglieder eines Sondereinsatzkommandos der Polizei kommen einem Komplott auf die Spur, in das führende Politiker, Drahtzieher des organisierten Verbrechens und ein totgeglaubter Ex-Kollege verwickelt sind. Als sie mundtot gemacht werden sollen, ermitteln sie auf eigene Faust. Ein weitgehend spannender, überzeugend inszenierter Thriller. In der Beschreibung seiner »Männerwelt« durchaus glaubhaft, kommt ein Teil der Dialoge freilich nicht über die Papierform hinaus und sorgt für Stolpersteine in der ansonsten atmosphärisch dichten Handlung. – Ab 16 möglich. ✦ Deutschland 1993 **P** Bavaria/Sentana/ZDF **Kl** Senator **VA** NGP **DVD** EuroVideo (1.66:1, MPEG2.0 dt.) **Pd** Günter Rohrbach **R** Dominik Graf **B** Günter Schütter **K** Diethard Prengel **M** Dominik Graf, Helmut Spanner, Loy Wesselburg **S** Christel Suckow **D** Herbert Knaup (Karl Simon), Hansa Czypionka (Hannes Grigul), Heinz Hoenig (Bernd Helmer), Thomas Schücke (Holger Dessaul), Katja Flint (Melba Dessaul), Hannes Jaenicke (Heinz Schaefer), Michael Breitsprecher (Mannheimer), Meret Becker (Sunny Schaefer), Valerie Veil (Claudia), Natalia Wörner (Saide), Bernd Stegemann (Georg Erlsberg), Heinrich Schafmeister, Werner Karle jr. **L** 137 **FSK** ab 16; f **FBW** bw **E** 22.9.1994/29.3.1995 Video/ 15.12.1997 DVD **fd** 30 983

DIE SIEGER – AMERICAN FLYERS (AMERICAN FLYERS). Ein radsportbegeisterter junger Mann findet mit der Unterstützung seines älteren Bruders, der an einem unheilbaren Gehirntumor leidet, zu sich selbst und lernt, um den Erfolg zu kämpfen. Ansehnlicher Unterhaltungsfilm mit interessanten, glaubwürdigen Figuren, unverkrampften Dialogen und einer im Kern ernsthaften Thematik. – Ab 12. ✦ USA 1985 **P** WW Production **VA** Warner Home **Pd** Gareth Wigan, Paula Weinstein **R** John Badham **B** Steve Tesich **K** Don Peterman **M** Lee Ritenour, Greg Mathieson **S** Frank Morriss **D** Kevin Costner (Marcus), David Marshall Grant (David), Janice Rule (Frau Sommers), Rae Dawn Chong (Sarah), Alexandra Paul (Becky) **L** 108 **FSK** ab 12 **E** Oktober 1986 Video **fd** 25 933

DER SIEGER GIBT AUF (PRAVIDLA KRUHU). Die Konflikte eines jungen Mannes zwischen Schichtarbeit, Leistungssport und Liebe zu einem Mädchen. – Ab 14. ✦ CSSR 1987 **P** Filmstudio Barrandov **Kl** Progress **R** Miroslav Balajka **B** Dusan Kukal, Miroslav Balajka **K** Vladimír Smutny **M** Ondrej Soukup **D** Igor Krempasky, Magda Hamoová, Roman Luknár, Stanislav Zindulka, Viktor Nejedly **L** 85 **E** 24.3.1989 Kino DDR

SIEGER OHNE POKAL (MARELE PREMIU). Ein 13jähriger Schüler und talentierter Seifenkisten-Fahrer wird bei einem Verkehrsunfall an den Beinen verletzt und behält eine psychisch bedingte Lähmung bei. Das Bemühen der Eltern und Freunde, ihm bei der Überwindung zu helfen, führt schließlich durch einen provozierten Schock zum Erfolg. Ein gefühlsbetonter Kinder- und Jugendfilm, handwerklich schwach und ohne rechte Spannung. – Ab 12 möglich. ✦ Rumänien 1985 **P** Filmstudio Bucuresti **Kl** Progress **R** Maria Callas-Dinescu **B** Chiril Tricolici **K** Catalin Vago **M** Laurentiu Profeta **D** Cosmin Sofran (Traian), Bogdan Bazga (Radu), Florin Dodescu (Liviu), Costin Albu (Mircea), Crenguta Doncea (Alina) **L** 65 **E** 12.6. 1987 Kino DDR/24.2.1989 DFF 1

DIE SIEGER UND DER GEWINNER – ÖSTERREICH 1945. Bilder aus dem unmittelbaren Nachkriegs-Österreich. Die alliierten Truppen teilen das Land auf, der eigentliche Gewinner ist das »befreite« Österreich. Ein aus Archivmaterial zusammengesetzter Dokumentarfilm, dessen Bilder eine beredte Sprache sprechen, der im Kommentar jedoch einige Mängel aufweist. – Ab 16. ✦ Schwarz-weiß. BR Deutschland 1975 **P** Chronos **Kl** Chronos **R** Jochen Bauer **B** Gerhart Langthaler **M** Wolfgang de Gelmini **S** Helga Kruska **L** 76 **FBW** bw **E** 1975

DER SIEGER VON SAMARKAND (IL LADRO DI DAMASCO). Unter der Herrschaft des Konsuls Tiberius ergaunert ein antiker Herzensbrecher und Dieb zusammen mit einem Kumpan den Frieden für Römer und Syrer sowie ein privates Happy-End. Italienischer Abenteuerfilm, unterhaltsamer und lustiger als das Gros der Gattung. – Ab 14. ✦ Italien 1963 **P** Rodes **Kl** Adria **Pd** Tullio Bruschi **R+B** Mario Amendola **K** Luciano Trasatti **M** Giorgio Fabor **S** Nella Nannuzzi **D** Tony Russell, Luciana Gilli, Renato Baldini, Gianni Solaro, Ferruccio Amendola **L** 87 **FSK** ab 12; nf **E** 13.8.1965 **fd** 13 566

SIEGFRIED (ZYGRYD). Die Geschichte eines jungen Akrobaten, der durch eine unerwartete Begegnung mit einem wohlhabenden Mann aus seinem bisherigen Leben gerissen wird. – Ab 16. ✦ Scope. Polen 1986 **P** PRF »Zespoly Filmowe«/Filmgruppe »TOR« **Kl** Progress **Pd** Henryk Romanowski **R** Andrzej Domalik **B** Andrzej Domalik, nach Motiven des Romans »Zygfryd« von Jaroslaw Iwaszkiewicz **K** Grzegorz Kedzierski **M** Jerzy Satanowski **S** Malgorzata Domalik **D** Gustaw Holoubek (Stefan Drawicz), Tomasz Hudziec (Siegfried), Maria Pakulnis (Maria), Jan Nowicki (Waldo), Adam Ferency (Emil) **L** 95 **E** 17.2.1989 Kino DDR

SIEGFRIED – DIE SAGE DER NIBELUNGEN (SIGFRIDO, LA LEGGENDA DI NIBELUNGHI). Die sehr frei nacherzählte Nibelungensage in einer italienischen Verfilmung, der es vor allem auf bunte und banale Schauwerte ankommt. – Ab 14. ✦ Scope. Italien 1957 **P** Antonio Ferrigno **Kl** Kristall **Pd** Antonio Ferrigno **R** Giacomo Gentilomo **B** Antonio Ferrigno, Giorgio Constantini, Giacomo Gentilomo **K** Carlo Nebiolo **M** Franco Laugella **D** Sebastian Fischer, Katharina Mayberg, Ilaria Occhini, Rolf Tasna, Giorgio Constantini **L** 93 **FSK** ab 12; f **E** 13.3.1962 **fd** 10 888

SIEGFRIED, MEIN SCHIZOPHRENER BRUDER. Dokumentarfilm, mit dem die Filmautorin ihren 40jährigen Bruder porträtiert, der seit seiner Kindheit an Schizophrenie leidet. Der Film zeichnet die Vorgeschichte der Krankheit bis zu ihrem Ausbruch nach, beschreibt das aktuelle Leben und die Zukunftsaussichten des Bruders. ✦ Deutschland 1998 **R** Stella Tinbergen **B** Gisela Tuchtenhagen **L** 90 **E** 5.4.1998 3sat

SIEGFRIED UND DAS SAGENHAFTE LIEBESLEBEN DER NIBELUNGEN. Motive aus der Nibelungensage dienen als Aufhänger für eine Aneinanderreihung mieser Sexszenen. Raimund Harmstorf gab in dieser Geschmacksentgleisung als Siegfried sein Kinodebut. (Videotitel: »The Lustfull Barbarian«) – Wir raten ab. ✦ BR Deutschland 1970 **P** Hermes-Synchron/Atlas **Kl** Constantin **Pd** Ingo Hermes **R** Adrian Hoven **B** Fred Denger **K** Hannes Staudinger **M** Daniele

Patucchi **S** Ingeborg Hoffmann **D** Raimund Harmstorf, Sybil Danning, Heidy Bohlen, Carlheinz Heitmann, Fred Coplan **L** 95 **FSK** ab 18; nf **E** 8.4.1971 **fd** 17 295

SIEGHAFTES ROT ÜBER BITTERFELD. Dokumentation über die Geschichte der 1909 errichteten Filmfabrik Wolfen bei Bitterfeld (»Orwo«), die Mitte der 30er Jahre mit Agfacolor die deutsche Antwort auf das amerikanische Technicolor-Farbfilmverfahren lieferte, von 1945 bis 1955 in sowjetischem Besitz war und 1990 an die Treuhand-Anstalt ging. ✦ Deutschland 1993 **P** NDR **R** Lucie Herrmann **K** Gunnar von Garssen **S** Yvonne Hilke **L** 60 **E** 16.8.1993 H 3

DAS SIEGREICHE CHINA. Farbiger Dokumentarfilm über den Weg Chinas zur Volksrepublik aus sowjetischer Sicht. ✦ UdSSR/VR China 1950 **R+B** Leonid Warlamow **M** W. Smirnow **L** 98 **E** 19.1.1951 Kino DDR

DAS SIEGREICHE VOLK (BITEZNY LID). Das Jahr 1948 im Spiegel seiner politischen Ereignisse in der Tschechoslowakei. ✦ CSSR 1977 **P** Filmstudio Barrandov **R+B** Vojtech Trapl **K** Andrej Barla **M** Vladimír Soukup **D** Július Pántik (Klement Gottwald), Jirí Pleskot, Josef Mixa, Jirina Petrovická, Karel Dobr **L** 121 **E** 25.2.1983 DFF 2

DIE SIEGREICHEN ADLER VON OKINAWA (ATTACK SQUADRON). Um nach starken Verlusten neue Flugzeugbesatzungen in den Luftkrieg der Japaner gegen die USA werfen zu können, werden todesmutige Männer von entlegenen Schauplätzen des Zweiten Weltkriegs auf abenteuerliche Weise herbeizitiert. Kriegsverherrlichungsfilm voller Klischees und von ermüdender Breite. ✦ Scope. Japan 1973 **P** Toho **KI** CS **R** Shue Matsubayashi **B+K** Katsuya Suzaki **M** Ikuma Dan **D** Toshirô Mifune, Yuzo Kayama, Makoto Sato, Yosuke Natsuki, Ryo Ikebe **L** 96 **FSK** ab 18; f **E** 26.4.1974 **fd** 18 877

DIE SIEGREICHEN DREI (SERGEANTS THREE). 1870 angesiedelter Western mit Starbesetzung, der seinen groß angelegten Schlachtszenen auch parodistische Züge beimischt und erheiternde Wirkungen erzielt. Im fröhlichen Mittelpunkt stehen drei trinkfeste Sergeanten, die ihre Einheit vor einer Niederlage durch die Indianer bewahren. – Ab 16. ✦ Scope. USA 1961 **P** E-C **KI** United Artists **Pd** Frank Sinatra **R** John Sturges **B** W. R. Burnett **K** Winton C. Hoch **M** Billy May **S** Ferris Webster **D** Frank Sinatra (Mike Merry), Dean Martin (Chip Deal), Sammy Davis jr. (Jonah Williams), Peter Lawford (Larry Barrett), Joey Bishop (Major Roger Boswell), Henry Silva, Buddy Lester (Willie), Ruta Lee (Amelia Parent), Richard Simmons (Collingwood), Richard Hale (White Eagle), Dorothy Abbott (Mrs. Collingwood), Walter Merrill **L** 114 **FSK** ab 12; nf **E** 20.7.1962 **fd** 11 293

DIE SIEGREICHEN SCHWERTER DES GOLDENEN DRACHEN (REDRESS). Zwei einen Geldtransport begleitende Mädchen und ein Diener wehren sich mit Hilfe ihrer Schwerter und eines Offiziers gegen Banden von Gaunern und Betrügern. Naiver Martial Arts-Film mit Strömen von Blut. – Wir raten ab. ✦ Scope. Hongkong 1972 **P** Eng-Kin-Film **KI** Nobis **R** Chiao Chuang **K** Tun Chu-Lung **M** Wong Kue-Yen **D** Chang Sze-Sze, Chiao Chuang, Su Tan, Wang Xiao-Ying **L** 85 **FSK** ab 18; nf **E** 6.4.1973 **fd** 18 280

DIE SIEGREICHEN ZEHN (IL TRIONFO DEI DIECI GLADIATORI). Zehn Gladiatoren sollen gegen eine römerfeindliche Königin kämpfen und finden eine Verbündete. Abenteuerfilm aus der italienischen Muskel- und Sandalen-Serie, der nur bescheidensten Unterhaltungsansprüchen genügt. – Ab 14 möglich. ✦ Scope. Italien/Spanien 1964 **P** Associate/Balcazar **KI** Austria **R** Nick Nostro **B** Simon Sterling (= Sergio Sollima), Nick Nostro **K** Tino Santoni **M** Carlo Savina **S** Enzo Alfonsi **D** Dan Vadis, Helga Liné, Stanley Kent (= Stelio Candelli), Halina Zalewska, William Bird **L** 99 **FSK** ab 12; nf **E** 13.10. 1966 **fd** 14 385

DIE SIEGREICHEN 10 DER SHAOLIN (TEN BROTHERS OF SHAOLIN). Der letzte Sproß der Ming-Dynastie, der in einem Shaolin-Kloster Zuflucht gefunden hatte, will den Kampf gegen die Mandschus aufnehmen. Auf dem langen Weg in die Stadt wird er von 10 Shaolin-Kämpfern beschützt, was Möglichkeiten für zahlreiche Kämpfe und die Einbeziehung abwechslungsreicher Nebenfiguren bietet. Ein vergleichsweise aufwendiger Hongkongfilm, dessen naive Grundhaltung mit einer übertriebenen Gewaltdarstellung kontrastiert. – Wir raten ab. ✦ Scope. Hongkong 1978 **P** Great China **KI** A.B. **R** Ting Chung **K** Chung San **D** Hia Ling, Wang Tao, Chang Yi **L** 90 **FSK** ab 16; nf **E** 11.4.1980 **fd** 22 517

SIEH' DEN MENSCHEN. Ein filmpolitisches »Lehrstück«, inszeniert für den ostdeutschen Fernsehfunk: Die Familie von Karl Liebknecht bittet im Januar 1919 die Künstlerin Käthe Kollwitz, den Ermordeten auf der Totenbahre zu zeichnen. Käthe Kollwitz kann sich nicht sofort dazu entschließen; zu vieles ist ihr noch unklar in den politischen Erscheinungen der Nachkriegszeit. Auch ihr Mann, der Arzt Dr. Karl Kollwitz, kann und will ihr die Entscheidung nicht abnehmen. Nach der Begegnung mit einem bei den Januar-Kämpfen verwundeten Matrosen und einem blutjungen Leutnant, der sie an ihren 1914 gefallenen Sohn Peter erinnert, hört sie auf ihr Gewissen und macht sich auf den Weg zur Bahre Liebknechts. ✦ Schwarz-weiß. DDR 1964 **P** DEFA **Pd** Fried Eichel **R** Hans-Erich Korbschmitt **B** Hans-Erich Korbschmitt, nach dem Roman »Die Aufgabe« von Bodo Uhse **K** Erwin Anders **M** Wilhelm Neef **S** Lotti Mehnert **D** Helga Göring (Käthe Kollwitz), Albert Hetterle (Dr. Karl Kollwitz), Irene Korb (Stan, eine Engländerin), Agnes Kraus (Frau Eichholz), Frank Schenk (Peter Kollwitz) **L** 73 **E** 30.4.1964 DFF 1

SIENA. Siena ist die einzige gotische Stadt in Italien, die ihr im 14. Jahrhundert gewonnenes Gesicht bis heute bewahrt hat. Wie bewältigt eine Stadt, die das einzige Beispiel bewußter Städteplanung im 14. Jahrhundert ist, gesellschaftliche Probleme des 20. Jahrhunderts? Mit dieser Frage beschäftigt sich der Dokumentarfilm des aus der »Münchner Gruppe« erwachsenen Dokumentaristen-Duos Strobel-Tichawsky, das in den 60er Jahren mehrfach in Italien gedreht hat (»Notabene Mezzogiorno«, 1962, »Die Wunder von Mailand«, 1966) und für den »neuen deutschen Film« richtungweisende Pionier-Arbeit leistete. ✦ Schwarz-weiß. BR Deutschland 1967 **P** Filmproduktion Strobel-Tichawsky **Pd+R+B** Hans Rolf Strobel, Heinrich Tichawsky **K** Heinrich Tichawsky **L** 80 **E** 3.3.1968 BR III

SIERRA (SIERRA). Einst retteten Jeff und sein Sohn einer jungen Rechtsanwältin das Leben. Jetzt, wo sich die beiden wegen eines Justizirrtums in der Sierra verstecken müssen, kann sie sich revanchieren. In dramatischen Auseinandersetzungen beweist sie die Unschuld des Mannes. Durchschnittlicher Western mit einigen guten Landschaftsaufnahmen. – Ab 14 möglich. ✦ USA 1950 **P** Universal **KI** Universal **Pd** Michel Kraike **R** Alfred E. Green **B** Edna Anhalt, nach einer Erzählung von St. Hardy **K** Russell Metty **M** Walter Scharf **S** Ted J. Kent **D** Audie Murphy (Ring Hassard), Dean Jagger (Jeff Hassard), Wanda Hendrix (Riley Martin), Burl Ives (Lonesome), Richard Rober (Big Matt), Tony Curtis (Brent Coulter), Houseley Stevenson (Sam Coulter), Elliott Reid (Duke Lafferty), Griff Barnett (Dr. Robbins), Roy Roberts (Sheriff Knudson), Gregg Martell (Hogan), John Doucette (Jed Coulter), Jack Ingram (Al) **L** 80 **FSK** ab 12; nf **E** 17.1.1955 **fd** 3 866

DER SIERRA-BARON (SIERRA-BARON). Um 1848 wird ein Revolverheld von Bodenspekulanten zur Ermordung eines Großhazienderos spanischer Abkunft angeheuert. Er verliebt sich in dessen Schwester und kommt um, als er sich heldenmütig auf die Seite des Rechts stellt. Schmalziges Westernmelodram in guten Farben und mit schönen Landschaftsaufnahmen. – Ab 14. ✦ Scope. USA 1958 **P** 20th Century Fox **KI** Centfox **Pd** Plato A. Skouras **R** James B. Clark **B** Houston Branch, nach einem Roman von Thomas Wakefield Blackburn **K** Alex Phillips **M** Paul Sawtell, Bert Shefter **S** Frank Baldridge **D** Brian Keith (Jack McCracken), Rick Jason (Miguel Delmonte), Rita Gam (Felicia Delmonte), Mala Powers (Sue Russell), Steve Brodie (Rufus Bynum), Carlos Muzquiz (Andrews), Lee Morgan (Frank Goheen), Allan Lewis (Hank Moe), Pedro Galvan (Judson Jeffers), Fernando Wagner (Grandall) **L** 79 **FSK** ab 12; nf **E** 22.8. 1958 **fd** 7 272

SIERRA CHARRIBA (MAJOR DUNDEE). Das Schicksal einer US-Kavallerie-Einheit, die während des amerikanischen Bürgerkriegs unter dem Befehl eines strafversetzten Majors einen Feldzug gegen brandschatzende Indianer führt. Peckinpahs ungewöhnlicher Western, der die gängige Heldenglorifizierung unterläuft, charakterlich komplexe Verlierertypen in den Vordergrund stellt und deren fragwürdigen Gewaltfetischismus ungeschönt darstellt, wurde durch nachträgliche Eingriffe des Produzenten verstümmelt, entschärft und zu konventioneller Genreunterhaltung umgebogen. – Ab 16. ✦ Scope. USA 1964 **P** Columbia **KI** Columbia-Bavaria **Pd** Jerry Bresler **R** Sam Peckinpah **B** Harry Julian Fink, Oscar Saul, Sam Peckinpah **K** Sam Leavitt **M** Daniele Amfitheatrof **S** William A. Lyon, Don Starling, Howard Kunin **D** Charlton Heston (Maj. Amos Charles Dundee), Richard Harris (Capt. Benjamin Tyreen), Jim Hutton (Lt. Graham), James Coburn (Samuel Potts), Senta Berger (Teresa Santiago), Michael Anderson jr. (Tim Ryan), Mario Adorf (Sgt. Gomez), Brock Peters (Aesop), Warren Oates (O. W. Hadley), Ben Johnson (Sgt. Chillum) **L** 137 (gek. 120) **FSK** ab 12; nf **E** 17.4.1965/31.5.1975 ARD **fd** 13 401

SIERRA LEONE. Nach drei Jahren Arbeit als Lastwagenfahrer im westafrikanischen Busch kehrt ein Mann in die Bundesrepublik Deutschland zurück. Angesichts der Veränderungen seiner Bezugspersonen und der tristen Realität seines Milieus bricht er zu einer ziellosen Reise auf, um seinen Traum vom freien, selbstbestimmten Leben zu verwirklichen. In teils suggestiven, teils angestrengt-bizarren Bildern beschreibt der Film die Bundesrepublik Deutschland als nur schäbig und schmutzig; die dokumentarischen Bilder einer vermeintlichen sozialen Wirklichkeit entpuppen sich dabei überwiegend als arge Klischees. ✦ BR Deutschland 1986 **P** Uwe Schrader Filmprod./BR **KI** Filmverlag der Autoren **Pd** Hans-Jörg Weyhmüller **R** Uwe Schrader **B** Klaus Müller-Laue, Uwe Schrader **K** Klaus Müller-Laue **M** Bülent Ersoy, Garnet Gimms & The Enchanters **S** Klaus Müller-Laue **D** Christian Redl (Fred), Ann Gisel Glass (Alma), Rita Russek (Vera), Constanze Engelbrecht (Rita), András Fricsay (Theo) **L** 92 **FSK** ab 16; f **FBW** bw **E** 21.1.1988 **fd** 26 648

SIERRA MAESTRA (SIERRA MAESTRA). Ein junger Italiener, der in Lateinamerika wegen angeblicher Kontakte zu Guerillas eingekerkert ist, teilt seine Zelle mit einem Fotografen und einem kämpferischen Guerillero, mit dem er heftige Diskussionen über die soziale Revolution und die Mittel zu ihrer Verwirklichung führt. Aufhänger und Grundlage der Geschichte ist das Schicksal von Regis Debray in Bolivien. Der Film mischt authentische Sequenzen von Guerillaaktionen mit der fiktiven Handlung im Gefängnis und in der Heimat des Italieners. Engagiert-politisches Kino der 60er Jahre, vielleicht etwas zu geschwätzig. ✦ Italien 1968 **P** REIAC **Pd** Bruno Trasca **R** Ansano Giannarelli **B** Fernando Birri, Vittorio Bortoli, Ansano Giannarelli **K** Marcello Gatti **M** Vittorio Gelmetti **D** Antonio Salines, Fernando Birri, Fabian Cevallos, Carla Gravina, Giacomo Piperno **L** 110 **E** 16.3.1971 ZDF

SIESTA (SIESTA). Nach dem Verlust ihrer Erinnerung und mit Ahnungen von einer Katastrophe versucht eine junge Amerikanerin, die letzte Woche ihres Lebens zu rekonstruieren, und findet heraus, daß sie in ein blutiges Eifersuchtsdrama verwickelt ist. Sich aus verschiedenen Realitäts- und Erzählebenen erst im Verlauf der Handlung zusammensetzendes Spiel zwischen Wirklichkeit und Traum, das durch eine an

Dekor-Kino und Werbeästhetik angelehnte Bildsprache unter seinen Ambitionen bleibt. Die komplex angelegte Struktur läuft lediglich auf einen erzählerischen Gag hinaus. ✦ USA 1986 **P** Lorimar/Siren **KI** Concorde **VA** VCL/Virgin **Pd** Gary Kurfirst **R** Mary Lambert **B** Patricia Louisianna Knop, nach einem Roman von Patrice Chaplin **K** Bryan Loftus **M** Miles Davis, Marcus Miller **S** Glenn A. Morgan **D** Ellen Barkin (Claire), Gabriel Byrne (Augustine), Julian Sands (Kit), Jodie Foster (Nancy), Martin Sheen (Del), Isabella Rossellini (Marie), Grace Jones (Conchita) **L** 97 **FSK** ab 18; f **FBW** bw **E** 1.9.1988/27.2.1989 Video **fd** 27 059

SIGI, DER STRASSENFEGER. Das bescheidene Leben eines Straßenfegers nimmt ein jähes Ende, als er eine Kiste mit 300 000 DM findet und dazu ein Foto, das seinen Vorgesetzten in kompromittierender Situation zeigt. Der arme Mann gerät in eine nicht enden wollende Kette von Verfolgungen, Mißverständnissen und Erpressungsversuchen. Die satirischen Absichten des Films gehen in plattem Klamauk unter, was bleibt, ist ein angestaubt wirkender Film von dürftigem Unterhaltungswert. – Ab 12. ✦ BR Deutschland 1983/84 **P** Regina Ziegler Produktion/Bioscop/ZDF **KI** UIP **Pd** Michael Böhme **R** Wolf Gremm **B** Kalle Schmidt, Bert Schrickel, Volker Kühn, Wolf Gremm **K** Franz Rath **M** Charles Kalman **S** Corina Dietz **D** Harald Juhnke (Sigi Stenz), Iris Berben (Jane Wolf), Guido Gagliardi (Luigi), Günther Ungeheuer (Baltuschek), Peter Matic (Kämmer) **L** 95 **FSK** ab 6; nf **E** 19.10.1984 **fd** 24 819

SIGN O' THE TIMES →Prince – Sign O' The Times

SIGNAL AUF GRÜN (REKVIJEM). Patriotischer Kriegsfilm: Eine Gruppe Partisanen sprengt unter großen Opfern eine Brücke, um zu verhindern, daß ein Munitionszug der Deutschen in die Berge gelangt, wo eine Brigade von Widerstandskämpfern von den Faschisten eingeschlossen ist. Zwar aktionsbetont, versucht der Film auch seelische Konflikte darzustellen. – Ab 16. ✦ Scope, schwarz-weiß. Jugoslawien 1970 **P** Danas-Film/Kosova-Film **KI** Progress **R+B** Caslav Damjanovic **K** Aleksandar Petkovic **M** Jovan Jovicic **D** Ty Hardin (Major), Giorgia Moll (Marta), Abdurahman Salja (Janko), Danilo Stojkovic (Weichensteller), Stathis Giallelis (Mateja) **L** 92 **E** 13.8.1971 Kino DDR

SIGNAL AUF HALT →Das rote Signal

DAS SIGNAL STEHT AUF ROT (PICCADILLY THIRD STOP). Theorie und Praxis eines komplizierten Einbruchs in ein Botschaftsgebäude in London. Herkömmlicher Krimi ohne besondere Überraschungsmomente. ✦ Schwarz-weiß. Großbritannien 1960 **P** Ethiro **KI** Rank **Pd** Norman Williams **R** Wolf Rilla **B** Leigh Vance **K** Ernest Steward **M** Philip Green **S** Bernard Gribble **D** Terence Morgan, John Crawford, Yoko Tani, Mai Zetterling, William Hartnell **L** 89 **FSK** ab 18; nf **E** 9.6.1961 **fd** 10 332

SIGNALE (LASSATOK FELEIM). Ein junger Dichter möchte mit seinen Versen die Welt verändern, doch ihm fehlt noch der Kontakt zu den Menschen. – ab 14. ✦ Scope, schwarz-weiß. Ungarn 1967 **P** Mafilm **KI** Progress **R** Lajos Fazekas **B** Lajos Fazekas, János Herskó, János Szíjj **K** Ferenc Szécsényi **M** Zsolt Durkó, János Fogarassy **D** Péter Huszti, Virág Döri, Eva Almási, György Kézdi, István Dégi **L** 84 **E** 20.6. 1969 Kino DDR/10.12.1974 DFF 1

SIGNALE AUS DEM DICKICHT. Ein dokumentarischer Zyklus über vier bedeutende Mega-Citys unserer Zeit, deren Entwicklung mit den vier Lebensphasen Kindheit, Jugend, Erwachsensein und Alter in Bezug gebracht wird. Die rasant gewachsene Stadt Mexiko-City steht für Kindheit; es folgen die aufstrebenden Städte in der chinesischen Sonderwirtschaftszone am Perlflussdelta, London als »erwachsene« Stadt und Detroit, der man Anfang des Jahrhunderts die urbane Zukunft voraussagte und die jetzt weitgehend dem Siechtum überlassen ist. Dabei versucht der Film, den jeweils passenden Blickwinkel für das entsprechende Lebensalter einzunehmen. ✦ Deutschland 2000 **R** Manfred Hulverscheidt **L** 100 **E** 16.5. 2000 arte

SIGNALE – EIN WELTRAUMABENTEUER (SYGNALY MMLX). In der Mitte des 21. Jahrhunderts startet ein Raumschiff in das Weltall, um ein anderes Raumschiff zu suchen, das durch einen Meteoriteneinschlag funktionsuntüchtig wurde und seitdem verschollen ist. Ein osteuropäischer Science-Fiction-Film, der viel Sorgfalt auf Trickaufnahmen und Kameraarbeiten verwendet, aber an erheblichen dramaturgischen Schwächen krankt. – Ab 12. ✦ Scope. DDR/Polen 1969/70 **P** DEFA, Gruppe »Roter Kreis«/ Przedsiebiorstwo Realizacji Filmów »Zespoly Filmowe« **KI** Progress **R** Gottfried Kolditz **B** Claus-Ulrich Wiesner, Gottfried Kolditz, nach dem Roman »Asteroidenjäger« von Carlos Rasch **K** Otto Hanisch **M** Karl-Ernst Sasse **S** Helga Gentz **D** Piotr Pawlowski (Veikko), Jewgeni Sharikow (Pawel), Gojko Mitic (Terry), Alfred Müller (Konrad), Helmut Schreiber (Gaston), Karin Ugowski (Krystina), Friedrich Richter (Leiter der Zentrale), Irena Karel (Juana), Jurie Darie (Kommandant), Aubrey Pankey (Wissenschaftler), Fritz Mohr **L** 121 **E** 18.12.1970 Kino DDR/5.2.1972 DFF 2

SIGNALS THROUGH THE FLAMES (SIGNALS THROUGH THE FLAMES). Dokumentarfilm über das 1947 gegründete »Living Theatre«, das zu den abenteuerlichsten und kreativsten Theatergruppen der USA zählt. Verbunden mit ihren revolutionären Produktionen, propagieren die Mitglieder einen radikalen Lebensstil, durch den die Grenzen von Kunstproduktion, Leben und Politik aufgehoben werden sollen. Im Mittelpunkt der familienähnlichen Gemeinschaft stehen die Gründer Julian Beck und Judith Malina, deren Engagement für ihre anarchistisch-revolutionären Ideen in Interviews und Bilddokumenten sowie Höhepunkten aus Theaterproduktionen illustriert wird. Ein detailreiches, ungemein lebendiges Dokument, das sich ganz mit den Ansprüchen des »Living Theatres« identifiziert. Interessant in der aufklärerischen Konfrontation mit den oft von Unverständnis und Repressionen gekennzeichneten bürgerlichen Reaktionen. (O.m.d.U.) ✦ USA 1981–83 **P** Mystic Fire **KI** Ufer-Palast Berlin **R+B** Sheldon Rochlin, Maxine Harris **K** Sheldon Rochlin **M** Carlo Altomare **L** 97

SIGNALSTÖRUNG. Semidokumentarischer Bericht über den Leidensweg eines AIDS-infizierten Mannes. Der Film trägt nichts Neues zum Thema bei und verstört durch seine subjektivistische Sichtweise. Er leugnet jede Eigenverantwortung weitgehend und unterläuft die Absichten der meisten anderen, seriöseren Filme zu diesem Thema. ✦ Deutschland 1997 **P** Thomas G.A. Mank/ZDF (Das kleine Fernsehspiel) **KI** GM Films **Pd+R+B** Thomas G.A. Mank **K** Peter Dörfler **M** Bernd Schultheis **S** Karl Riedl **D** Caspar Dietrich, Bernd Eichhorn, Robert Simon **L** 78 **E** 8.4. 1999 **fd** 33 629

SIGNÉ RENART (SIGNE RENART). Ein Mann verläßt seine Stelle als Unterhaltungskünstler in einem Nachtlokal in Genf, um im Jura mit seiner schwangeren Freundin ein neues Leben aufzubauen. Weil er kein eigenes Kapital besitzt, bedient er sich jener Mittel und Strategien, die in einer materialistischen Gesellschaft Erfolg versprechen. Er versucht alle auszunutzen, doch weil er allein und zu schwach ist, geht er dabei zugrunde. Ein subtiler gesellschaftskritischer Film, mit einer beeindruckenden Leistung des Hauptdarstellers. ✦ Schweiz/Frankreich 1985 **P** MS Prod./MK2/CAB **Pd** Michel Soutter, Marin Karmitz, Jean-Louis Porchet **R** Michel Soutter **B** Michel Soutter, Bernard Meister **K** Jean-Bernard Menoud **M** Giuseppe Cannavo, Francesco Cona, Giuseppe d'Agata **S** Hélène Viard **D** Tom Novembre (Renart), Fabienne Barraud (Hermeline), Marilu Marini (Marie-Jo), Armand Deladoey (Lucien), Jean-Pierre Gos (Brun) **L** 90 **E** Schweiz

SIGNERS KOFFER. Dokumentarfilm über den Westschweizer Konzeptkünstler Roman Signer, dessen Kunst in der spielerisch-humorvollen Auseinandersetzung mit Naturlandschaften besteht. In Form eines Roadmovies verfolgt der hochinteressante Film mit präziser Bilddramaturgie und komplex-subtiler Montage seine Spur quer durch Europa, wobei er darauf aufmerksam macht, daß dokumentarische Form auch im Dialog mit dem dargestellten Gegenstand stehen kann: Peter Liechti gibt seine Kunst der Signers bei und vollendet sie damit auf ähnliche Weise wie Signer von der seinen sagt, sie werde erst durch die Natur vollendet. Besteht die Kunst Signers in der Spannung zwischen den Elementen Feuer, Luft und Wasser, so besteht die Kunst Liechtis darin, dies mit filmischen Elementen weiterzutreiben. – Sehenswert. ✦ Schweiz 1995 **P** Peter Liechti Prod./Recycled TV/Alfred Richterich Prod. **Pd** Peter Liechti, Alfred Richterich **R+B+K** Peter Liechti **M** Knut Remond **S** Dieter Gränicher **L** 81 **E** 7.3.1997 WDR

SIGNS & WONDERS (SIGNS & WONDERS). Nach 17-jähriger Ehe verliebt sich ein in Athen lebender Amerikaner in eine jüngere Amerikanerin. Er bricht mit ihr, als seine Ehefrau dies verlangt, verlässt jedoch später seine Frau, als er die Geliebte wieder sieht. Schließlich verlässt er die Geliebte erneut, als er erfährt, dass sie ihn manipuliert hat; er will zu seiner Ehefrau zurück, aber sie liebt nun einen anderen. Ein wie in Trance mit digitalem Video gedrehtes Melodram, in dem es weniger um Liebe als um einen egoistischen manischen Mann geht, der hinter belanglosen Zeichen in seiner Umgebung eine Lebensanweisung sieht. Die guten Darsteller können den bemüht philosophischen Film nicht retten. ✦ Frankreich/USA 1999 **P** MK2/Ideefixe/Industry Entertainment/Sunshine Amalgamedia/Goatworks Films **KI** Arthaus **Pd** Marin Karmitz **R** Jonathan Nossiter **B** James Lasdun, Jonathan Nossiter **K** Giorgos Arvanitis **M** Adrian Utley **S** Madeleine Gavin **D** Stellan Skarsgard (Alec), Charlotte Rampling (Marjorie), Deborah Kara Unger (Katherine), Dimitris Katalifos (Andreas), Ashley Remy (Siri) **L** 108 **FSK** ab 16; f **E** 15.2.2001 **fd** 34 646

SIGNS OF LIFE (SIGNS OF LIFE / ONE FOR SORROW, TWO FOR JOY). Weil sie nicht mehr konkurrenzfähig ist, muß eine alteingesessene kleine Bootswerft in einer Küstenstadt in Maine ihre Tore schließen. Beim Abschiedsfest werden die Probleme und Sorgen sichtbar, die Jung und Alt beschäftigen. Ein Drama, das seine löblichen Absichten nur unvollkommen realisieren kann. Weder die durchweg ansprechenden Leistungen des Darsteller-Ensembles – Arthur Kennedy ist in seiner letzten Rolle vor seinem Tod zu sehen – noch die atmosphärisch dichte Zeichnung einer Kleinstadt in der wirtschaftlichen Depression können nicht über Stereotypen, Klischees und manche Sentimentalität hinwegtäuschen. – Ab 16. ✦ USA 1989 **P** American Playhouse Theatrical **VA** Ascot **Pd** Marcus Viscidi, Andrew Reichman **R** John David Coles **B** Mark Malone **K** Elliot Davis **M** Howard Stone **S** William M. Anderson, Angelo Corrao **D** Arthur Kennedy (Owen), Vincent D'Onofrio (Daryl), Kevin J. O'Connor (Eddie), Beau Bridges (John), Michael Lewis (Joey), Kate Reid (Mrs. Wrangway), Will Patton (Mr. Coughlin sr.), Mary-Louise Parker (Charlotte) **L** 91 **E** 2.10.1996 Kabel 1/1996 Video

DAS SIGNUM DES RITUALMÖRDERS (KEYS). Eine Gerichtsmedizinerin wird zur Aufklärung eines mysteriösen Mordfalls herangezogen, bei dem eine Frau getötet und deren Sohn entführt wurde. Als sie die Leiche der Ermordeten genauer untersucht, kommt sie einem Geheimnis und dem Täter auf die Spur. Serienkiller-Geschichte nach gängigem Schema. ✦ USA 1994 **Pd+R+B** John Sacret Young **D** Marg Helgenberger (Maureen »Kick« Kickasola), Gary Dourdan (Loot), Brett Cullen (Sam Water), Ralph Waite (Prof. Halligan) **L** 91 **E** 9.10.2000 Kabel 1

SIGNUM LAUDIS (SIGNUM LAUDIS). Geschichte des k.u.k.-Korporals Hoferik, der durch eine spektakuläre Ordensverleihung zu zweifelhaftem Ruhm gelangt, nun falsches Heldentum hervorkehrt und schließlich – als die Fronten sich ändern – dafür mit seinem Leben bezahlen muß. Bemerkenswerte und überzeugend gestaltete Tragikomödie mit überwältigenden Bildern, die falsche Ideale in Frage stellt und wirkungsvoll bemüht ist, den Mißbrauch von Menschen anzuprangern. – Ab 16. ✦ CSSR 1980 **P** Filmstudio Barrandov/Slowakisches Filmschaffen, Bratislava **KI** Progress **R** Martin Holly **B** Vladimír Kalina, Jirí Krizan **K** Frantisek Uldrich **M** Zdenek Liska **D** Vlado Müller (Korporal Hoferik), Josef Bláha (Hauptmann König), Ilja Prachar (General Berger), Radovan Lukavsky (General Gross), Jirí Kodet (Kostolány) **L** 88 **E** 8.5.1981 Kino DDR/4.1.1985 DFF 2

SILBER, BANKEN UND GANOVEN (SILVER BEARS). Versuch einer Satire auf betrügerische Bankgeschäfte im großen Stil. Mehrere Gauner und Geschäftsleute versuchen, sich gegenseitig mit dem Erwerb einer Silbermine zu bringen. Eine profillose Komödie, die außer Starnamen wenig bietet. – Ab 14. ✦ Scope. USA 1977 **P** Alex Winitsky/Arlene Sellers/EMI **VA** Thorn EMI **Pd** Alex Winitsky, Arlene Sellers **R** Ivan Passer **B** Peter Stone, nach einem Roman von Paul Erdman **K** Anthony B. Richmond **M** Claude Bolling **D** Michael Caine (Doc Fletcher), Louis Jourdan (Prince di Siracusa), Cybill Shepherd (Debbie Luckman), David Warner (Agha Firdausi), Stéphane Audran (Shireen Firdausi), Tom Smothers, Martin Balsam **L** 112 **E** 1982 Video **fd** 23 756

SILBERDISTELN. Als eine rüstige alte Frau unerwartet in einem Altersheim stirbt, glauben drei Senioren, dass der sadistische Pfleger sie auf dem Gewissen hat. Da die Polizei nur routinemäßig ermittelt und keine Beweise findet, nehmen die Drei die Sache selbst in die Hand und sind auch bereit, notfalls für Beweise zu sorgen. Melancholische (Fernseh-)Komödie, die eine Lanze für die Alten bricht und sich für ihre Würde ausspricht. ✦ Deutschland 1998 **P** SWR/BR/arte **R+B** Udo Wachtveitl **K** Hans-Jörg Allgeier **M** Gerd Baumann **S** Bernd Lorbiecki **D** Rosemarie Fendel (Margarthe Fens), Harald Juhnke (Rudolf Nafziger), Heinz Schubert (Alfons Schambeck), Dieter Hildebrandt (Herr Fuchs), Heinz Josef Braun (Kurt Linprun) **L** 90 **E** 24.5.2000 ARD

SILBERDOLLAR (SILVER DOLLAR). Ein Goldsucher und Kaufmann, der vor dem Ruin steht, kommt durch Silberfunde seiner Schuldner zu großem Reichtum. Als er daraufhin in die Politik einsteigen will, fällt er über eine Liebesaffäre. Die Einführung des Goldstandards sowie sein Lebensstil treiben ihn bald danach erneut in den Bankrott. Solide inszenierte Filmbiografie über einen amerikanischen Silber-Tycoon mit einem überragenden Edward G. Robinson in der Hauptrolle. – Ab 14. ✦ Schwarz-weiß. USA 1932 **P** First National **R** Alfred E. Green **B** Carl Erickson, Harvey Thew **K** James Van Trees **M** Leo F. Forbstein **S** George Marks **D** Edward G. Robinson (Yates Martin), Bebe Daniels (Lily Owen), Aline MacMahon (Sarah Martin), Harry Holman (Adams), Lee Kohlmar (Hook) **L** 80 **E** 14.2.1998 ARD

DIE SILBERFAUST DER SHAOLIN (DRAGON FROM SHAOLIN). Eine Amazone und ein Kämpfer, die in einer Shaolin-Schule ausgebildet wurden, zerschlagen einen Geheimbund, der die Ermordung ihrer Väter auf dem Gewissen hat. Verworren-unglaubwürdige Rachestory mit harten Kämpfen. ✦ Scope. Hongkong 1980 **P** Asia Pictures/Young's International **KI** Filmhansa **VA** ITT/VMP **R** Tommy Kim **K** Jimmy Yu **M** Michael Fung **D** Richard Kong, Li Ying-Ying, Bruce Chueng, Nam Chi-I, Steve Chan **L** 82 **FSK** ab 16; nf **E** 12.9.1980/1981 Video **fd** 22 684

SILBERKÖNIG (NORTHWEST STAMPEDE). Die Liebesgeschichte eines ehemaligen Rodeoreiters und der eigenwilligen Verwalterin auf der Farm seines verstorbenen Vaters. Der profillose Film wird durch schöne Pferde- und Naturaufnahmen aufgewertet. – Ab 12. ✦ USA 1948 **P** Eagle/Lion **KI** Union **Pd+R** Albert S. Rogell **B** Art Arthur, Lillie Hayward **K** John W. Boyle **M** Irving Friedman **S** Philip Cahn **D** Joan Leslie (Chris Johnson), James Craig (Dan Bennett), Jack Oakie (Mike Kirby), Chill Wills (Mileaway), Victor Kilian (Mel Saunders), Stanley Andrews (Bowles), Ray Bennett (Barkis), Lane Chandler (Scrivner), Harry Shannon, Kermit Maynard **L** 74 **FSK** ab 12; nf **E** 12.9.1950/21.11.1971 ZDF **fd** 821

DIE SILBERMASKE (MASCA DE ARGINT). Margelatu, die »Gelbe Rose«, kämpft auch in diesem Film einer Serie um die Freiheit des rumänischen Volkes im vorigen Jahrhundert. Ein Abenteuerfilm, der die Historie nutzt, um vor ihrem Hintergrund eine turbulente, verworrene und unglaubwürdige Geschichte zu erzählen. Nicht mehr als oberflächliche Unterhaltung. (Vgl. auch »Die Gelbe lebt gefährlich«, »Die Gelbe Rose und das Geheimnis von Bukarest«, »Die Türkiskette«, »Der weite Weg der Gelben Rose«) – Ab 14. ✦ Rumänien 1985 **P** Filmstudio Bucuresti **KI** Progress **R** Gheorghe Vitanidis **B** Eugen Barbu, Nicolae Paul Mihail **K** Ion Anton **M** George Grigoriu **D** Florin Piersic, Marga Barbu, Alexandru Repan, Szabolcs Cseh, Ion Besoiu **L** 113 **E** 27.2.1987 Kino DDR/2.11.1988 DFF 1

EINE SILBERMÜNZE (JEDEN STRIBRNY). 1944, kurz vor dem slowakischen Nationalaufstand, flüchtet ein Prager Philosophiestudent vor der Gestapo in die slowakischen Berge. Er ahnt nicht, dass die Gestapo versucht, durch ihn auf die Spur illegaler Widerstandsgruppen zu kommen. Als er sich einer Holzfällerbrigade anschließt, wird bald darauf ein Waldarbeiter verhaftet. Sofort gerät er in Verdacht. ✦ CSSR 1976 **P** Filmstudio Barrandov **R** Jaroslav Balík **B** Jaroslav Balík, Zdenek Pluhar, nach einem Roman von Zdenek Pluhar **K** Josef Vanis **M** Karel Mares **D** Anatoli Kusnezow, Leopold Haverl, Emil Horváth, Viktor Preiss, Július Vasek **L** 88 **E** 29.8.1979 DFF 2

DER SILBERNE HENGST – KÖNIG DER WILDPFERDE (THE SILVER BRUMBY). Im australischen Hochland erzählt eine Schriftstellerin in den 50er Jahren ihrer Tochter die Geschichte von einem sagenhaften Wildpferd. Auf Bitten des Mädchens setzt sie die Legende in eine Erzählung um, die für den Zuschauer als Film im Film sichtbar wird. Atmosphärisch stimmiger Tierfilm. In solider Inszenierung und mit beachtlichen Schauspiel- und Dressurleistungen vertritt der Film einen ökologischen Ansatz, redet aber in seiner Gleichsetzung von Tierreich und Menschenwelt unterschwellig überholten Hierarchie- und Rollenbildern das Wort. – Ab 8. ✦ Australien 1993 **P** Media World **KI** CI **VA** NGP **Pd** John Tatoulis, Colin South **R** John Tatoulis **B** John Tatoulis, Jon Stephens, Elyne Mitchell, nach einem Roman von Elyne Mitchell **K** Mark Gilfedder **M** Tassos Ionanides **S** Peter Burgess **D** Caroline Goodall (Elyne Mitchell), Ami Daemion (Indi), Russell Crowe (der Mann), Johnny Raaen (Jock), Buddy Tyson (Darcy) **L** 95 **FSK** o. A.; f **E** 16.3.1995/23.8.1995 Video **fd** 31 226

DER SILBERNE KELCH (THE SILVER CHALICE). Leben und Liebe eines freigelassenen griechischen Sklaven, der zur Zeit Christi den Kelch für das Heilige Abendmahl anfertigt. Frei erfundener religiöser Kitsch in einer langatmigen Inszenierung. Paul Newmans nicht sehr gelungenes Filmdebüt. (Späterer Titel: »Basilius – Held von Rom«) – Ab 12. ✦ Scope. USA 1954 **P** Warner **KI** Warner **Pd+R** Victor Saville **B** Lesser Samuels, nach einem Roman von Thomas B. Costain **K** William V. Skall **M** Franz Waxman **D** Virginia Mayo (Helena), Pier Angeli (=Anna Maria Pierangeli) (Deborra), Jack Palance (Simon), Paul Newman (Basilius), Walter Hampden (Joseph von Arimathea) **L** 115 **FSK** ab 12; f **E** 21.10.1955 **fd** 4 477

DIE SILBERNE PEITSCHE (THE SILVER WHIP). Ein jugendlicher Postkutscher im Wilden Westen beteiligt sich mutig und waghalsig an der Jagd auf Verbrecher, die bei einem Überfall seine Ladung geraubt und seine Passagiere getötet haben. Harter, actionreicher Western; Regie und Drehbuch bieten mehr und Besseres als der Durchschnitt des Genres. – Ab 14. ✦ Schwarz-weiß. USA 1953 **P** 20th Century Fox **KI** Centfox **Pd** Robert Bassler **R** Michael Abel, Harmon Jones **B** Jesse L. Lasky jr., nach einer Novelle von Jack Schaefer **K** Lloyd Ahern **M** Lionel Newman **S** George Gittens **D** Rory Calhoun (Sheriff Tom Davisson), Dale Robertson (Race Crim), Robert Wagner (Jess Harker), Lola Albright (Waco), Kathleen Crowley (Kathy), James Millican (Bowen), J. M. Kerrigan (Riley), John Kellogg (Slater), Ian MacDonald (Hank), Harry Carter (Tex Rafferty), Robert Adler, Burt Mustin (Onkel Ben), Dan White (Dodd Burdette), Paul Wexler (Homer), Charles Watts (Doc Summers), Jack Rice (Morrison) **L** 73 **FSK** ab 12; nf **E** 28.8.1953 **fd** 2 617

DER SILBERNE PLANET (NA SREBNYM GLOBIE/ZWYCIEZCA). In ferner Zukunft haben Pioniere von der Erde einen fernen Planeten kolonialisiert und eine intakte, friedfertige Gesellschaft aufgebaut, die die Fehler der irdischen Zivilisation vermeidet. Doch sie werden von furchterregenden Wesen aus dem All terrorisiert und rufen die Erde um Hilfe an. Aufwendiges, ursprünglich auf zwei Teile konzipiertes Science-Fiction-Epos, das an Filme wie »2001« und »Am Anfang war das Feuer« erinnert. 1977 wurde es vor Fertigstellung wegen »subversiver Tendenzen« vom polnischen Kulturministerium verboten. Erst zehn Jahre später konnte Zulawski den Film fertigstellen und die fehlenden Passagen mit Dokumentarmaterial und Off-Kommentaren ergänzen. Das Ergebnis ist ein Film mit fragmentarischem Charakter. (O.m.d.U.) – Ab 16. ✦ Polen 1977/87 **P** Gruppe »Pryzmat« **R** Andrzej Zulawski **B** Andrzej Zulawski, nach einem Roman von Jerzy Zulawski **K** Andrzej Jaroszewicz **D** Andrzej Seweryn, Grazyna Dylag, Jerzy Trela, Krystyna Janda, Waldemar Kowacki **L** (TV) 158 **E** 9.3.1990 3sat

SILBERNE REVUE (SEREBRJANOJE REWJU). Eine junge Ballettänzerin hat nicht nur beruflichen Erfolg, sondern lernt auch den Mann ihres Lebens kennen. – Ab 14. ✦ Scope. UdSSR 1982 **P** Gorki-Studio **R** Wladimir Gorikker **B** Wladlen Kuksow, Wladimir Gorikker **K** Lew Ragosin **M** Jewgeni Krylatow **D** Marina Jakowlewa (Jelena Saikowa), Jewgeni Gerassimow (Samochwalow), Olga Bitjukowa (Alabina), Igor Christenko (Schatrow), Nonna Terentjewa (Ballettmeisterin) **L** 70 **E** 25.9.1983 DFF 2

DIE SILBERNE STADT → Silver City

SILBERNE STIEFEL → Der Schuh namens Melichar

DER SILBERNE TRAINER (SEREBRJANYJ TRENER). Das Schicksal eines erfolgreichen sowjetischen Turntrainers, der in Italien eine Auswahlriege betreut, nun aber die Chance hat, zu einem Wettkampf in seine Heimat zu reisen. In einer Turnerin entdeckt er seine Tochter, die er während des Krieges verloren zu haben glaubte. Ein inszenatorisch schwacher, gelegentlich durch falsche Sentimentalitäten geprägter Gegenwartsfilm. – Ab 14. ✦ Schwarz-weiß. UdSSR 1963 **P** Dowshenko-Studio **KI** Progress **R** Viktor Iwtschenko **B** Georgi Kuschnirenko **K** Alexej Prokopenko **M** Vitali Filippenko **D** Michail Kuznezow (Anton Lutenko), Nelli Myschkowa (Giulia), Alla Jewdokimowa (Tanja), Wjatscheslaw Schalewitsch (Ljonja), S. Ljachnizki (Krawtschuk) **L** 98 **E** 8.5.1964 Kino DDR

DER SILBERREIF (CHIEC VONG BAC). Einer alten Tradition des vietnamesischen Bergvolkes gemäß hatte Ben von ihrem Mann Katang einst einen Silberreif als Zeichen seiner Liebe bekommen. Dieser Armreif wird zum Gegenstand einer Intrige, in der die bewahrenswerte Tradition mit modernen Erfordernissen konfrontiert wird. ✦ Vietnam 1982 **P** Filmstudio Ho-Chi-Minh-Stadt **R** Lam Son **B** Le Ba Sinh, Lam Son **K** Duong Tuan Ba **M** Y Van **D** Huong Xuan, Ngoc Duc, Trang Quang, Xuan La, Ngoc Thach **L** 90 **E** 16.6.1985 DFF 2

SILBERSATTEL (SELLA D'ARGENTO). Ein kleiner Junge, der die Ermordung seines Vaters mitansehen muß, wird als Erwachsener zum rächenden Revolvermann. Phantasieloser, jedoch actionreicher Italowestern, der ein bewährtes Schema ohne Originalität reproduziert. ✦ Scope. Italien 1978 **P** Rizzoli **KI** Adria

R Lucio Fulci **B** Adriano Bolzoni **K** Sergio Salvati **M** Carlo Alberto Bixio, Fabio Frizzi, Vincenzo Tempera **D** Giuliano Gemma (Roy Blood), Sven Valsecchi (Thomas-Thommy), Ettore Manni, Gianni di Luigi, Cinzia Monreale (Margret) **L** 97 **FSK** ab 16; f **E** 27.4. 1979 **fd** 22 021

DER SILBERSPEER DER SHAO-LIN (THE DEADLY SILVER SPEAR). Ein Einzelkämpfer tötet auf der Suche nach dem Mörder seiner Eltern drei berüchtigte Verbrecher, ohne zu ahnen, daß er damit in einen Machtkampf zweier Parteien hineingezogen wird. Er muß schließlich sogar gegen den todbringenden »Ring des Blutes« kämpfen, um den Mörder der Eltern zu finden. In der Künstlichkeit seines Themas, die die Realität gänzlich ausschließt, erweist sich dieser Eastern als eines der einfallsreicheren Beispiele des Genres. ✦ Scope. Hongkong 1976 **P** Fortona **KI** AB **R** Sung Ting-Mei **D** Wang Yu, Xu Weng, Chang Yi, Fu Hin **L** 88 **FSK** ab 18; nf **E** 4.5.1979 **fd** 22 091

SILENCER – LAUTLOSE KILLER →The Silencer – Lautlose Killer (1999)

SILENCER – SIE TÖTET LAUTLOS →The Silencer

SILENT CRIES →Gäste des Kaisers

SILENT HEROES (SILENT HEROES). Die Erlebnisse im Falkland-Krieg lassen einen britischen Offizier keine Ruhe mehr finden. ✦ Großbritannien 1988 **VA** Atlanta AV **B** Richard Driscoll **K** Alan M. Trow **D** Robert Wilford, Martin Arlott, Jo Phillips, Kym Ryan **L** 91 **FSK** ab 16 **E** 1990 Video

SILENT JUSTICE – SELBSTJUSTIZ (COTTONMOUTH). Ein Ex-Agent des Büros für Internal Affairs wird reaktiviert und auf die Fährte eines Kollegen gesetzt, der sich in seiner ländlichen Region durch mit großkalibrigen Waffen durchgeführte Selbstjustiz auszeichnet. Stereotyper Thriller voller inhaltlicher und inszenatorischer Schwächen. ✦ USA 1999 **VA** Madison **R** James Dalthorp **K** Antonio Calvache **M** Christopher Neal Nelson **D** Richard Tyson, Joe Nieves, Wllie Gaul, Sean M. Nepita, Steven Owsley **L** 93 **E** 29.3.2001 Video

SILENT KILLING (WHISPER KILL). Ein Reporter heuert bei einer kleinen kalifornischen Zeitung an, um mit seinen Recherchen über eine Mordserie den Täter dingfest zu machen. Zurückhaltend, über weite Strecken hausbacken inszenierter Thriller, der zum Ende hin gerade genug Spannung entwickelt, um von den Ungereimtheiten des Drehbuchs abzulenken. (Fernsehtitel: »Das Flüstern des Todes«) ✦ USA 1988 **P** Shadow Play/Steve Tisch Prod./Phoenix **VA** VCL/ Virgin **Pd** Steve Tisch, Hans Proppe **R** Christian I. Nyby II. **B** John Robert Bensink **K** Arch Bryant **M** Charles Bernstein **S** David Solomon **D** Loni Anderson (Liz Bartlett), Joe Penny (Dan Walker), June Lockhart (Winnie), James Sutorius (Vince), Jeremy Slate (Dr. Oxford) **L** 90 **FSK** ab 18 **E** 22.1.1990 Video **fd** 28 142

SILENT LAW (SILENT LAW). Ein Buchhalter der Mafia, der sich mit einer die Organisation belastenden Diskette in seine spanische Heimat abgesetzt hat, wird ermordet. Das belastende Material bleibt allerdings verschwunden, und so terrorisieren die Gangster die Bewohner des kleinen Dorfes. Ihre Rechnung haben sie allerdings ohne einen Spezialagenten gemacht, der die Wut der Dorfbewohner organisiert und kanalisiert. – Ab 16. ✦ USA 1988 **P** TriCom **VA** Ascot **R+B** Geane Reuter **K** Wolfgang Pilgrim **M** Fisherman & Co., Geane Reuter **D** James C. Cid, Maureen Herrero, Robert Case, Gordon Dent, Rafael Canomanuel **L** 92 **FSK** ab 12 **E** Dezember 1989 Video

SILENT MADNESS (SILENT MADNESS). Eine junge Psychologin begibt sich auf die Spur eines gewalttätigen Psychopathen, der fälschlicherweise von den korrupten Ärzten der Klinik, in der sie arbeitet, entlassen wurde und nun in einem Mädchen-College wütet, in dem vor Jahren bereits ein schlimmes Verbrechen stattfand. Auf sich gestellt, findet sie einen Zusammenhang zwischen dem Psychopathen und der College-Leiterin heraus. Zähflüssig inszenierter Psycho-Thriller mit unmotiviert eingebauten Ekelmorden. (Fürs Kino in 3-D gedreht.) – Wir raten ab. ✦ USA 1984 **P** MAG/Gregory Earls Prod. **VA** Gloria **Pd** Simon Nuchtern, William P. Milling **R** Simon Nuchtern **B** Robert Zimmermann, William P. Milling **K** Gerald Feil **M** Barry Salmon **S** Philip Stockton **D** Belinda J. Montgomery (Dr. Joan Gilmore), Viveca Lindfors (Mrs. Collins), Sydney Lassick (Liggett), David Greenan (Mark McGowan), Solly Marx (Howard Johns) **L** 92 **E** Dezember 1987 Video **fd** 26 748

SILENT MOTIVE (SILENT MOTIVE). Kriminalfilm. Eine junge Autorin hat vor Jahren ein erfolgreiches Drehbuch verfaßt, das auf einer wahren Begebenheit basierte: Ein Teenager hatte offenbar grundlos seinen Lehrer getötet und im Gefängnis Selbstmord begangen. Nun wird die Autorin in eine mörderische Intrige verwickelt und muß feststellen, daß bislang verborgene Hintergründe zum Tod des Lehrers beitrugen. ✦ USA 1991 **R** Lee Philips **B** William Bekkala **D** Patricia Wettig (Laura Bardell), Mike Farrell (Paul Trella), Edward Asner (Sam van Drake), Rick Springfield (Brad Flynn), Sam Malkin (Chester Driggs) **L** 90 **E** 11.6.1996 Kabel 1

SILENT MOVIE →Mel Brooks' letzte Verrücktheit: Silent Movie

SILENT RAGE →Das stumme Ungeheuer

SILENT TRIGGER (SILENT TRIGGER). Den Auftragskiller eines Syndikats beschleichen Zweifel am Sinn seiner Tätigkeit. Das macht ihn für die Organisation gefährlich, die plötzlich an ihrem besten Mann zweifelt. Eine plump erzählte Geschichte in Form eines Comics, die Gewalt genüßlich zelebriert und die bekannten Stereotypen reproduziert.(Titel auch: »Silent Trigger – Im Fadenkreuz des Killers«) – Wir raten ab. ✦ USA 1995 **P** Conquistador Entertainment **VA** Starlight **DVD** CinePlus (FF, DD5.1 dt.) **Pd** Silvio Mauraglia, Nicolas Clermont **R** Russell Mulcahy **B** Sergio Altieri **K** David Franco **M** Stefano Mainetti **S** Yves Langlois **D** Dolph Lundgren (Shooter), Gina Bellmann (Spotter), Conrad Dunn (Supervisor), Christopher Heyerdahl (O'Hara) **L** 88 (gek. 87) **FSK** ab 18 (gek. ab 16) (DVD ab 16) **E** 3.7.1996 Video/30.5. 2001 DVD **fd** 32 140

SILHOUETTE →Im Schatten

SILHOUETTE – IM SCHATTEN DES TODES (SILHOUETTE). Um das Wettrüsten zwischen den Supermächten neu in Gang zu bringen, planen Waffenhändler mit Hilfe des KGB ein Attentat auf den US-Präsidenten. Eine attraktive Sozialanwältin dringt, verkleidet als Prostituierte, in die Kreise ein und enttarnt und erdolcht zum Schluß den Chef des Ganzen, einen stellvertretenden Generalstaatsanwalt. Ein billiges Sex-and-Crime-Angebot: infantil die Story, voyeuristisch das Milieu, schwach die Darstellung. ✦ USA 1991 **P** North American Pictures/Excalibur/ NAR/EGM **VA** Ufa **Pd+R** John A. Curtis **B** Ted Hubert **K** Danny Nowak **M** Braun Farnon, Robert Smart **S** Derek Whelan **D** Tracy Scoggins (Samantha), Brion Jones (Wolf), Marc Singer (Jonathan), Marc Bauer (David), Marc Bennett (Pierce), Suzy Joachim (Vicky) **L** 90 (gek. 83) **FSK** ab 18 (gek. 16) **E** 25.2.1994 Video **fd** 30 673

SILICON TOWERS (SILICON TOWERS). Die codierte Zusatzinformation eines Mikrochips verschafft seinem Vertreiber illegalen Zugriff auf die Rechner seiner Großkunden und die Möglichkeit, finanzielle Transaktionen zu seinen Gunsten zu manipulieren. Als ein junger Programmierer hinter das Geheimnis kommt, ist nicht nur sein Leben in Gefahr, sondern auch seine geldgierige Frau setzt ihm heftig zu. Billig-Krimi eines ehemaligen Choreografen und Tänzers, der zwar viel Fleiß an den Tag legt, doch wenig ansehnliche Produkte zustande bringt. Der Plot gibt sich im neuen Computer-Gewand, erweist sich jedoch rasch als Mogelpackung und alter Hut, da alle Kritikversuche wirkungslos verpuffen. Dadurch tendieren Informations- und Unterhaltungswert gegen Null. – Ab 16 möglich. ✦ USA 1999 **P** Flashpoint/Rojak **VA** Madison **DVD** Madison Home Video (FF, DD2.0 dt.) **Pd** Serge Rodnunsky, Gerald I. Wolff **R+B** Serge Rodnunsky **K** Pierre Chemaly **M** Lisa Anne Miller, Mark Northam **S** Serge Rodnunsky, John P. Garry, Michael Ozias **D** Jonathan Quint (Charlie Reed), Melinda Songer (Linda), Al Sapienza (Derek Stark), Daniel Baldwin (Tom Neufield), Brian Dennehy (Tom Warner), Brad Dourif (Alton) **L** 87 **FSK** ab 12 **E** 30.11.2000 Video & DVD **fd** 34 706

DIE SILICON-VALLEY-STORY (PIRATES OF SILICON VALLEY). Die Porträts der Computer-Pioniere Bill Gates (»Microsoft«) und Steve Jobs (»Apple«), die als wenig überzeugende Charakterstudien ausfallen, da den Figuren keine Tiefe zugebilligt wird, sondern sie die Klischees sozial verarmter Computer-Freaks erfüllen müssen. Das Ergebnis sind grelle Porträts jenseits der Wirklichkeit, die auch filmisch nicht zu überzeugen verstehen, sondern mangels dramaturgischer und iszenatorischer Finesse den Zuschauer schnell der Langeweile preisgeben. – Ab 12. ✦ USA 1999 **P** TNT/Haft Entertainment/St. Nick's Prod. **VA** Warner Home **Pd** Leanne Moore **R+B** Martyn Burke **K** Ousama Rawi **M** Frank Fitzpatrick **S** Richard Halsey **D** Noah Wyle (Steve Jobs), Anthony Michael Hall (Bill Gates), Joey Slotnick (Steve Wozniak), John Di Maggio (Steve Ballmer), Josh Hopkins (Paul Allen) **L** 93 **FSK** ab 6 **E** 10.3.2000 Video **fd** 34 212

SILK (SILK). Eine ebenso hübsche wie hart zuschlagende Polizistin, die es in Honolulu vornehmlich mit Drogenhändlern zu tun hat, muß erfahren, daß ihr Freund und Kollege nach gemeinsamem Vietnam-Kriegsdienst mit brutalen Gangstern im Bunde ist. Durchsichtig und manchmal recht dümmlich entwickelter melodramatischer Krimi, der mit Brutalitäten nicht spart; abstoßend auch die Klischees um einen in »Rambo«-Manier agierenden Vietnam-Veteranen. – Wir raten ab. ✦ USA 1986 **P** Premiere/Concorde/ Horizon **KI** Kora **VA** Starlight **Pd+R** Cirio H. Santiago **B** Frederick Bailey **K** Ricardo Remias **M** Willie Cruz **S** Pacifico Sanchez **D** Cec Verrell (Jenny »Silk« Sleighton), Bill McLaughlin (Tom Stevens), Frederick Bailey (Brown), Nick Nicholson (Tyler), David Light (Carnahan), Rex Cutter (Walker) **L** 83 **FSK** ab 18; nf **E** 21.5.1987/30.4.1987 Video **fd** 26 157

SILK 2 – HART WIE SEIDE, SANFT WIE STAHL (SILK 2). Eine Polizistin in Honolulu auf der Jagd nach vier antiken Schriftrollen, die der schurkische Chef eines Drogenhändlerrings in seinen Besitz bringen will. Gemeinsam mit einem jungen Experten rückt sie den Verbrechern mit Handkantenschlägen und großkalibrigem Sturmgewehr zuleibe. In Geschichte und Darstellung jämmerlicher Actionfilm, der vor allem auf massives Töten und Sex setzt. Konzipiert als Fortsetzung des Films »Silk«, aber mit einer anderen Hauptdarstellerin besetzt. ✦ USA 1989 **P** New Horizons Pictures **VA** RCA/Columbia **Pd** Christopher R. Santiago **R** Cirio H. Santiago **B** Robert King **K** Richard Remias (= Ricardo Remias) **M** Jimmy Fabregas **S** Edgardo Vinarao **D** Monique Gabrielle (Jenny), Peter Nelson (Tony), Jan Merlin, Maria Claire, Ken Metcalfe **L** 76 **FSK** ab 16 **E** 6.11. 1990 Video **fd** 28 475

SILK ROAD – DAS BLUT DER SEIDENSTRASSE →Das Blut der Seidenstraße

SILKWOOD (SILKWOOD). Die Geschichte der Gewerkschafterin Karen Silkwood, die 1974 auf dem Weg zu einem geheimen Treffen mit einem Zeitungsreporter, dem sie belastendes Material gegen eine Plutoniumfabrik zuspielen wollte, unter rätselhaften Umständen ums Leben kam. Der Film ist bemüht, aus dem authentischen Fall das einfühlsame Porträt einer Frau zu machen, die um ihre Identität ringt, er bleibt jedoch weitgehend in den Konventionen des sozialkritischen Problemfilms stecken. Hervorragend: die Leistung der Hauptdarstellerin. – Ab 16. ✦ USA 1983 **P** ABC **KI** Scotia **Pd** Mike Nichols, Michael Hausman **R** Mike Nichols **B** Nora Ephron, Alice Arlen **K** Miroslav Ondrícek **M** Georges Delerue **S** Sam O'Steen **D** Meryl Streep (Karen Silkwood),

Cher (Dolly Pelliker), Craig T. Nelson (Winston), Diana Scarwid (Angela), Kurt Russell (Drew Stephens) **L** 131 **FSK** ab 16; f **FBW** bw **E** 6.4.1984/ 4.4.1986 Kino DDR/11.2.1990 DFF 1 **fd** 24 509

SILVANA (VORTICE). Die Geschichte einer Geldheirat und einer Erpressung, die erst kurz vor einem Selbstmord zu einem guten Ende führt. Verlogenes Melodram mit stereotypen Charakteren und aufgetragener Moral; auch darstellerisch unbefriedigend. (Anderer Titel: »Geliebte oder Dirne«) ✦ Schwarz-weiß. Italien 1953 **P** Lux/Par **Kl** Schonger **R** Raffaello Matarazzo **B** Aldo de Benedetti, Alessandro Continenza, Raffaello Matarazzo, Ennio de Concini **K** Rodolfo Lombardi **M** Annibale Bizelli **D** Silvana Pampanini, Massimo Girotti, Gianni Santuccio, Irene Papas, Franco Fabrizi **L** 87 **FSK** ab 16; f **E** 19.7.1955 **fd** 4 209

SILVER BLADE (THE LADY AND THE HIGHWAYMAN). England 1650: In der Maske des Straßenräubers »Silver Blade« verfolgt ein junger Lord die Anhänger Cromwells mit gnadenloser Härte. Privat zieht es ihn zu seiner Cousine hin, doch bevor er ihr in die Arme sinken darf, müssen erst ein Nebenbuhler überwunden, König Charles II. zu seinem Recht verholfen und die Intrigen seiner Mätresse beendet werden. Gediegen inszenierter Mantel- und Degenfilm in guter Besetzung, der Liebhaber dieses aus der Mode gekommenen Genres gut unterhält. (TV-Titel: »Gefährdete Liebe«) – Ab 14. ✦ Großbritannien 1988 **P** Garde/ Gainsborough/Mercury/Iduna **VA** Taurus **Pd** Albert Fennell, John Hough **R** John Hough **B** Terence Feely, nach einem Roman von Barbara Cortland **K** Terence Cole **M** Laurie Johnson **S** Peter Weatherley **D** Emma Samms (Countess Castlemain), Oliver Reed (Sir Philip Gage), Claire Bloom (Lady Darlington), Lysette Anthony (Lady Panthea Vine), Michael York (König Charles II) **L** 90 **FSK** ab 12 **E** Oktober 1989 Video

SILVER CITY (SILVER CITY). Ein Farmer und seine Tochter, die eine Silbermine gepachtet haben, sollen von einem habgierigen Grundbesitzer um die unerwartete Schürfausbeute gebracht werden, aber ein verliebter Mineninspektor mit dunkler Vergangenheit verhilft ihnen zu ihrem Recht. Abenteuerlicher Western mit handwerklich sauber inszenierter Handlung. (Alternativtitel: »Die silberne Stadt«) – Ab 12. ✦ USA 1951 **P** Paramount **Kl** Paramount **Pd** Nat Holt **R** Byron Haskin **B** Frank Gruber, nach einer Erzählung von Luke Short **K** Ray Rennahan **M** Paul Sawtell **S** Elmo Billings **D** Edmond O'Brien (Larkin Moffatt), Yvonne de Carlo (Candace Surrency), Edgar Buchanan (Dutch Surrency), Barry Fitzgerald (R. R. Jarboe), Richard Arlen (Charles Storrs), Gladys George (Mrs. Barber), John Dierkes (Arnie), Boyd »Red« Morgan, Frank Fenton (Creede), Myron Healey (Bleek), Paul Burns (Paxton), Cliff Clark (Barkeeper) **L** 90 **FSK** ab 12; nf **E** 29.5.1964 **fd** 12 790

SILVER DREAM RACER (SILVER DREAM RACER). Nach der Überwindung vieler Probleme gelingt einem jungen Mann mit einem technisch revolutionären Motorrad der Sieg im berühmten Silverstone-Rennen. Weder inhaltlich noch formal originell, aber mit sympathisch gezeichneten Charakteren und hervorragenden Rennaufnahmen. – Ab 14. ✦ Großbritannien 1980 **P** Rank **Kl** Zenit/Astra **Pd** René Dupont **R** David Wickes **B** David Wickes, Michael Billington **K** Paul Beeson **M** David Essex **S** Peter Hollywood **D** David Essex (Nick Freeman), Beau Bridges (Bruce McBride), Christina Raines (Julie Prince), Clarke Peters (Cider Jones), Harry H. Corbett **L** 107 **FSK** ab 12; f **E** 1982 Video/21.8.1987 SAT 1

SILVER ELEGANCE (SILVER ELEGANCE). Erotikfilm um zwei Freundinnen, die ihre Verführungskünste einsetzen, um in Hollywood ins Filmgeschäft einsteigen zu können. Teil einer Sex-Reihe um die Hauptdarstellerin (vgl. auch »Silver Sensations«). ✦ USA 1992 **R** Fred J. Lincoln **B** Patti Rhodes-Lincoln (= Patti Rhodes) **K** Ken Gibb **D** Silver Forest, Madison Sterling, Alicyn Sterling, Randy West **L** 65 **E** 6.10. 1993 premiere

SILVER FOX (SAVIOUR OF THE SOUL). Ein Kämpfer für Gesetz und Ordnung verliebt sich in eine geheimnisvolle Frau, die zur Gefolgschaft eines dämonischen Gegners gehört, der seine Widersacher ohne Gnade tötet. Nach dem unausweichlichen Endkampf kommt es zum Happy-End. Abwechslungsreicher »Martial Arts«-Film, der mittelalterlichen Mythos mit dem Computerzeitalter verbindet. ✦ Hongkong 1992 **VA** Splendid **Pd** Jacky Pang **R** Corey Yuen (= Yuen Kwei), Jeffrey Lau, David Lai **B** Wong Kar Wai **K** Peter Pau **D** Andy Lau, Anita Mui, Gloria Yip **L** 89 **FSK** ab 16 **E** 25.11.1992 Video

SILVER SENSATIONS (SILVER SENSATIONS). Teil einer Erotikfilm-Serie um die Hauptdarstellerin (vgl. auch »Silver Elegance«). Eine erfolgreiche Schauspielerin befreit sich aus der Bevormundung durch ihre Agentin. Statt endloser Fototermine macht sie nun eigene Erfahrungen mit den Männern, an denen ihre Agentin selbst Interesse hatte. ✦ USA 1992 **R** Fred J. Lincoln **B** Patti Rhodes-Lincoln (= Patti Rhodes) **K** Ken Gibb **D** Silver Forest, Cassidy, Ashley Nicole, Monique Hall, Steve Drake, Marc Wallice **L** 65 **E** 3.6.1993 premiere

SILVER WOLF (SILVER WOLF). Ein Junge, der nach dem Tod seines Vaters aus Protest gegen die Mutter lieber beim Onkel, dem Wildhüter eines Nationalparks, leben will, freundet sich mit einem verwundeten Wolf an, den er gesund pflegt. Dies führt zum Konflikt mit einem Ranger, der seine Herde bedroht glaubt und das Tier am liebsten erschießen würde. Konfektionierter Familienfilm nach dem üblichen Schema, der natürlich in ein lückenloses Happy End mündet und dessen einziger Aktivposten die schönen Tier- und Landschaftsaufnahmen sind, die die jugendliche Zielgruppe bei der Stange halten. – Ab 12. ✦ USA/Kanada 1998 **P** A Boy and his Wolf/ Silver Wolf Films **VA** VCL **Pd** Deboragh Gabler, Gary Howsam **R** Peter Svatek **B** Michael Amo **K** Curtis Petersen **M** Robert Carli **S** Denis Papillon, David Legault **D** Michael Biehn (Roy LcLean), Shane Meier (Jesse), Kimberley Warnat (Lucy), Roy Scheider (John Rockwell), Jude Pawluk (Clay) **L** 90 **FSK** ab 6 **E** 28.11.2000 Video **fd** 34 640

SILVERADO (SILVERADO). Allzu akademischer Versuch einer Wiederbelebung des Westerns. Die Story eines Bruderpaares und seiner Freunde im Kampf gegen einen korrupten Sheriff wird kompliziert und langatmig vorgetragen. Darunter leiden die fesselnden Einzelschicksale (wie das eines Schwarzen und seiner zur Prostituierten gewordenen Schwester) und die beeindruckenden Landschaftspanoramen. – Ab 16. ✦ Scope. USA 1985 **P** Columbia-Delphi **Kl** Warner-Columbia **VA** RCA/Columbia **DVD** Columbia TriStar Home (16:9, 2.35:1, DD5.1 engl., DS dt.) **Pd+R** Lawrence Kasdan **B** Lawrence Kasdan, Mark Kasdan **K** John Bailey **M** Bruce Broughton **S** Carol Littleton **D** Kevin Kline (Paden), Scott Glenn (Emmett), Kevin Costner (Jake), Danny Glover (Mal), Brian Dennehy (Cobb), Rosanna Arquette (Hannah), Linda Hunt (Stella), Jeff Goldblum (Slick), John Cleese (Sheriff Langston), Marvin J. McIntyre (Clerk), Brad Williams, Sheb Wooley (Sergeant), John Kasden (kleiner Junge) **L** 132 **FSK** ab 12; f **E** 9.1.1986/19.8.1986 Video/22.1.1988 Kino DDR/ 1.9.1999 DVD **fd** 25 417

SILVERLAKE – A VIEW FROM HERE (SILVERLAKE – A VIEW FROM HERE). Ein Dokumentarfilm als Sterbetagebuch. Zwei Freunde beschließen, die Stadien ihrer AIDS-Erkrankung mit der Videokamera festzuhalten. Der Film will direkt und indirekt betroffenen Menschen helfen und bei jenen, die die tödliche Krankheit noch immer ignorieren, für Verständnis werben. (Alternativtitel: »Silverlake Life«) – Ab 16. ✦ USA 1993 **P** Silverlake/Channel Four/J. P. Weiner Prod. **SF** Edition Salzgeber **Pd** Matthew Fassberg **R+B** Tom Joslin, Peter Friedman **K** Tom Joslin, Mark Massi, Elaine Mayes, Peter Friedman **M** Lucia Hwong, Fred Gilde **S** Peter Friedman **L** 97 **E** 27.11.1993 arte/ 1993 Kino

SILVERLAKE LIFE →Silverlake – A View From Here

SILVESTER COUNTDOWN. Ein junges Liebespaar in Berlin lebt seine Beziehung fast ausschließlich über seine Sexualität und verliert sich dabei zunehmend in unerfüllten Ansprüchen, Eifersucht und Aggressionen, die sich in zutiefst verletzenden Streitereien ihren Weg bahnen. Ein betont »schmutziger« Independent-Film, angelegt als vehementes Liebes- und Beziehungskampfgetümmel, das allmählich zwei verlorene Seelen preisgibt und sie gnadenlos auf sich selbst zurückwirft. In seiner sprachlichen wie visuellen Rücksichtslosigkeit durchaus angreifbar, vermittelt er hinter der drastischen Fassade das diskussionswerte (Zeit-)Bild einer durch Angst, Unsicherheit und seelische Unfertigkeit gestörten Liebesbeziehung. ✦ Deutschland 1996 **P** Erdbeermundfilmproduktion/FGV Schmidle **Kl** Kinowelt **Pd** Rolf Peter Kahl, Oskar Roehler **R+B** Oskar Roehler **K** Lorenz Haarmann **S** Christine Boock **D** Rolf Peter Kahl (Romeo), Marie Zielcke (Julia), Robert Victor Minich (Frank), Juliane Werner (Jessy), Harry Hass (Kassierer), Wolfgang Wimmer (Manager) **L** 86 **FSK** ab 16; f **E** 12.3.1998 **fd** 32 052

SILVESTER IN FREMDEN BETTEN →Four Rooms

SILVESTERNACHT AM ALEXANDERPLATZ. Ein selbstmordgefährdeter junger Mann wird durch dramatische Erlebnisse an der Seite seines Freundes, eines auch in der Silvesternacht auf einer Rettungsstelle diensthabenden Arztes, dazu bewegt, seine Lebenseinstellung zu ändern. Eine schlaglichtartige Aneinanderreihung von verschiedenen Episoden, die sich zur »psychologischen Zeitstudie« ergänzen sollen. Aus heutiger Sicht interessant vor allem durch den Blick auf den damaligen Berliner Alltag. – Ab 14. ✦ Schwarz-weiß. Deutschland 1939 **P** Majestic-Film **R+B** Richard Schneider-Edenkoben **K** Friedl Behn-Grund **M** Erich Ernst Buder **S** Kurt Hampp **D** Hannes Stelzer (Dr. Storp), Carl Raddatz (Reinhardt), Jutta Freybe (Ilse Herwegh), Karl Martell (Fred Nelken), Jakob Tiedtke (Schebke), Gertrud Wolle, Hilde Hildebrand, Otto Wernicke **L** 86 (TV 80) **E** 3.3.1939/ 11.12.1989 DFF 1

SILVESTERPUNSCH. Die Familie Lehmann in der Auseinandersetzung zwischen Sport und Kultur mit ernstgemeintem Hintergrund, viel Klamauk, etwas Spaß, Schwung und Eisrevue-Finale. Eine Fortsetzung des Films »Maibowle«; biedere, zeittypische Unterhaltung ohne Profil. – Ab 14. ✦ DDR 1960 **P** DEFA, Gruppe »Roter Kreis« **Kl** Progress **VA** Icestorm **Pd** Hans Mahlich **R** Günter Reisch **B** Marianne Reinke, Gerhard Weise, Günter Reisch **K** Karl Plintzner **M** Helmut Nier **S** Hildegard Conrad **D** Erich Franz (Wilhelm Lehmann), Friedel Nowack (Auguste Lehmann), Erika Dunkelmann (Marion Lehmann), Christel Bodenstein (Suse Lehmann), Heinz Draehn (Franz Lehmann), Achim Schmidtchen (Michel Lehmann), Ernst-Georg Schwill (Knispel), Karin Schröder (Ruth) **L** 91 **FSK** o. A. **E** 29.12.1960 Kino DDR/31.12. 1961 DFF 1/2000 Video

SILVIA – IM REICH DER WOLLUST →Freude am Fliegen

SILVIA PRIETO (SILVIA PRIETO). Buenos Aires in den 90er-Jahren: Eine junge Frau erfährt, dass es in der Stadt eine Frau mit demselben Namen gibt, und heftet sich an deren Spuren, um damit ihre eigene Identität zu ergründen. Ein unspektakulärer, lakonisch entwickelter Film, der kaleidoskopartig ein Bild der argentinischen Gesellschaft nach der Diktatur entwirft und zugleich das Fazit globalisierter Langeweile und Illusionslosigkeit zieht. Dabei wird die emotionslose Haltung der Protagonisten zum prägenden Stilmittel. (O.m.d.U.) – Ab 16. ✦ Argentinien 1998 **P** Martin Rejtman/INCAA/Centre National du Cinéma **Kl** Freunde der Deutschen Kinemathek **Pd+R+B** Martin Rejtman **K** Paula Grandio **M** Gabriel Fernández Capello **S** Gustavo Codella **D** Rosario Blefari (Silvia Prieto), Gabriel Fernández Capello (Gabriel), Mirtha Busnelli (Silvia Prieto 2), Valeria

Bertucelli (Brite), Marcelo Zanelli (Marcelo), Susana Pampin (Marta) **L** 92 **E** 30.9.1999 **fd** 33 877

SILVIAS BAUCH. Ein homosexuelles Paar will sein Lebensglück durch ein »gemeinsames« Kind besiegeln, doch beide Partner suchen sich die gleiche Leihmutter aus und stehen damit vor ungeahnten Problemen. Regie-Debüt des »Tutti-Frutti«-Erfinders und Produzenten Balder, das die aktuelle Diskussion um homosexuelle Elternschaft aufgreift, ihr Milieu jedoch bestenfalls für eine konventionelle Komödie ohne Tiefgang nutzt. (Titel auch: »Silvias Bauch – Zwei Männer und (k)ein Baby«) ✦ Deutschland 1998 **P** RTL **R** Hugo Egon Balder **B** Robert Thayenthal **D** Joachim Kemmer (Hendrik), Alana Bock (Silvia), Björn Kegel-Casapietra (Oliver), Dolly Dollar (Rita), Petra Csecsei (Angela) **L** 91 **E** 19.9.2001 Super RTL

SIMBA (SIMBA). Ein Engländer kommt nach Kenia, findet seinen Bruder, einen Farmer, von aufständischen Mau-Mau-Kriegern ermordet und versucht, Haß und Rachegelüste in sich zu besiegen. Eindrucksvoll inszenierter Film mit abenteuerlichen Elementen, der auf versöhnliche, wenn auch vereinfachende Weise versucht, die Tragik der afrikanischen Rassenprobleme verständlich zu machen. – Sehenswert ab 16. ✦ Großbritannien 1955 **P** Group **Kl** Rank **Pd** Peter de Sarigny **R** Brian Desmond Hurst **B** John Baines, nach einer Geschichte von Anthony Perry **K** Geoffrey Unsworth **M** Francis Chagrin **D** Dirk Bogarde (Alan Howard), Donald Sinden (Insp. Drummond), Virginia McKenna (Mary Crawford), Basil Sydney (Mr. Crawford), Marie Ney (Mrs. Crawford) **L** 100 **FSK** ab 16; nf **E** 1.7.1955 **fd** 4 106

SIMON BIRCH (SIMON BIRCH). Die Freundschaft zweier jugendlicher Außenseiter im US-Bundesstaat New Hampshire im Jahre 1964: Eine Waise erzählt von ihren Erlebnissen mit einem zwergenhaften Jungen, der verschrobene Ansichten über Gott und die Welt hat und trotz seiner Kleinwüchsigkeit überzeugt ist, für Großes bestimmt zu sein. In der Tat rettet er seine Mitschüler vor dem sicheren Tod, bezahlt dies allerdings mit seinem Leben. Verfilmung eines Romans von John Irving (»Owen Meany«), der dem Projekt allerdings die Erlaubnis entzog den Namen des Romanhelden zu verwenden. Ein Film von rührseliger Künstlichkeit, der den subtilen schwarzen Humor der Vorlage vergröbert und einmal mehr Zeugnis davon ablegt, wie schwer sich Hollywood tut, mit dem Thema Tod umzugehen. (Pay-TV-Titel: »Über Gürteltiere, Simon und mich«) – Ab 14. ✦ USA 1998 **P** Caravan Pictures/Hollywood Pictures **VA** Buena Vista (Hollywood Pictures) **Pd** Roger Birnbaum, Laurence Mark **R** Mark Steven Johnson **B** Mark Steven Johnson, nach Motiven des Romans »Owen Meany« von John Irving **K** Aaron Schneider **M** Marc Shaiman **S** David Finfer **D** Ian Michael Smith (Simon Birch), Joseph Mazzello (junger Joe Wenteworth), Ashley Judd (Rebecca Wenteworth), Oliver Platt (Ben Goodrich), David Strathairn (Reverend Russell), Dana Ivey (Großmutter Wenteworth), Jan Hooks (Miss Leavey) **L** 110 **FSK** ab 6 **E** 11.5.2000 Video **fd** 34 290

SIMON BOLIVAR (SIMON BOLIVAR). Oberflächliche, mittelmäßig gespielte Biografie des Befreiungskämpfers Simon Bolivar (1783–1830), der als Befreier von der spanischen Kolonialherrschaft in die Geschichte einging. Nach einer Gegenoffensive der Spanier wurde Bolivar 1819 Präsident in Venezuela; kurz darauf ging er über die Anden nach Peru und Ecuador, wo er dem damaligen Oberperu seinen Namen gab: Bolivien. ✦ Scope. Italien/Frankreich/Venezuela 1968 **P** Juppiter Generale/Finarco/Exhibidores **R** Alessandro Blasetti **B** John Melson, José Luis Dibildos, Enrique Llovet, Rafael Mateo **K** Manuel Beranguer **M** Carlo Savina **S** Antonio Ramirez, Tatiana Casini **D** Maximilian Schell, Rosanna Schiaffino, Francisco Rabal, Conrado San Martín, Manuel Gil **L** 89 **E** 25.6.1977 DFF 1/31.7.1993 RTL 2

SIMON, DER AUSSERIRDISCHE (SIMON). Fünf Wissenschaftler in einer amerikanischen »Denkfabrik für hochentwickelte Konzepte« unterziehen aus Jux einen alleinstehenden Provinzgelehrten einer Gehirnwäsche, um ihn der Öffentlichkeit als Wesen von einem anderen Stern unterschieben zu können. Bald gerät ihr Geschöpf außer Kontrolle und legt ein alarmierendes Sendungsbewußtsein an den Tag, um die dekadente Welt zu retten. Eine ebenso intelligente wie vergnügliche Komödie, deren Witz zwischen absurdem Humor und Gesellschaftssatire pendelt; die satirischen Elemente werden allerdings nicht sonderlich tief ausgelotet. – Ab 16. ✦ USA 1979 **P** Orion Pictures (für Warner Bros.) **Pd** Martin Bregman **R** Marshall Brickman **B** Marshall Brickman, Thomas Baum **K** Adam Holender **M** Stanley Silverman **S** Nina Feinberg **D** Alan Arkin (Simon Mendelsohn), Judy Graubart (Lisa), William Finley (Fichandler), Wallace Shawn (Van Dongen), Madeline Kahn (Cynthia) **L** 97 **E** 22.5.1987 ZDF

SIMON, DER TRÄUMER (SIMON LES NUAGES). Kinderfilm: Ein Junge, der bei seinem Vetter zu Besuch ist, träumt von einem fernen Land, in dem längst ausgestorbene Tiere leben. Schließlich machen sich acht Kinder auf zu einer Expedition in das geheimnisvolle Land und erleben die unglaublichsten Abenteuer. (Fernsehtitel: »Simon und die Saurier«) – Ab 10. ✦ Kanada 1990 **R+B** Roger Cantin **K** Michel Caron **M** Milan Kymlicka **D** Hugolin Chevrette-Landesque (Simon), Patrick St. Pierre (Pierre-Alexandre), Benoît Robitaille (Picard), Naad Joseph (Laperle), Jessica Barker (Carole) **L** 82 **E** 23.2.1992 premiere

SIMON IN DER WÜSTE (SIMON DEL DESIERTO). Am Beispiel des frühchristlichen Säulenheiligen (Styliten) Simeon, der als Büßer auf einer Säule in der Wüste größere Gottesnähe schon im Diesseits sucht, ironisiert Buñuel in episodischer Form christliche Werte. Die karitative Komponente des Christentums beispielsweise ist für ihn nicht mehr aktuell, was er sinnträchtig am Ende des Films dadurch pointiert und zusammenfaßt, daß er den hilflosen Heiligen in einer Diskothek in New York als lebendigen Anachronismus hinzustellen versucht. Eine Provokation gegen die Institutionalisierung des Glaubens. ✦ Schwarz-weiß. Mexiko 1965 **P** Gustavo Alatriste **Kl** Die Lupe **Pd** Gustavo Alatriste **R** Luis Buñuel **B** Luis Buñuel, Julio Alejandro **K** Gabriel Figueroa **M** Raúl Lavista **S** Carlos Savage **D** Claudio Brook (Simón), Silvia Pinal (Teufel), Hortensia Santoveña (Mutter), Jesús Fernández Martínez (Rabadan der Zwerg), Enrique del Castillo (der Krüppel) **L** 45 (Orig. 54) **E** 19.10.1970 ARD **fd** 16 996

SIMON SEZ (SIMON SEZ). An der Côte d'Azur tritt ein Interpol-Agent diversen Schurken entgegen, unterbindet Spionage und Waffenhandel und ist mit dem Entführungsfall einer Industriellentochter beschäftigt. Hilfe wird ihm durch zwei Kampfmönche zuteil. Ein Film ohne eigentliche Handlung, der seinen Hauptdarsteller, den schauspielerisch untalentierten Basketball-Rüpel Dennis Rodman, in dem Mittelpunkt stellt. Ein bis auf einige passable Actionszenen jämmerlicher Film, dessen kalauernder Humor auch nicht jedermanns Sache sein dürfte. ✦ USA 1999 **P** Signature Films **VA** Columbia Tristar Home **DVD** Columbia TriStar Home (16:9, 1.78:1, DD5.1 engl./dt.) **Pd** Moshe Diamant **R** Kevin Elders **B** Moshe Diamant, Rudy Cohen, Andrew Miller, Andrew Lowery **K** Avraham Karpick **M** Brian Tyler **S** Alain Jakubowicz **D** Dennis Rodman (Simon), Dane Cook (Nick), John Pinette (Macro), Ricky Harris (Micro), Filip Nikolic (Michael) **L** 82 **FSK** ab 16 **E** 18.4.2000 Video/2.5.2000 DVD **fd** 34 289

SIMON TANNER (SIMON TANNER). Ein junger Mann verweigert sich jedem Karrierestreben, lebt planlos vor sich hin und genießt sein Leben auch mit beschränkten finanziellen Mitteln. Mit seiner naiven und offenen Art weckt er bei seinen Menschen, denen er begegnet, Zuneigung, aber immer wieder auch das Bedürfnis, ihn anzutreiben. Fernsehverfilmung eines Romans von Robert Walser, die auf einer vom selben Regisseur inszenierten Bühnenversion des Stoffs beruht. ✦ Frankreich 1993 **P** INA **R** Joël Jouanneau **B** Joël Jouanneau, Jean Launay, nach dem Roman »Geschwister Tanner« von Robert Walser **K** Jacques Bouquin **M** Virginie Michaud **S** Martine Bouquin **D** Philippe Demarle (Simon), Marief Guittier (Hedwig), Yvette Théraulaz (Klara), Hélène Vincent (Madame), Virginie Michaud (Rosa), Christian Ruché (Kaspar) **L** 92 **E** 23.7.1994 arte

SIMON TEMPLAR: DIE SIZILIANISCHE MAFIA (VENDETTA FOR THE SAINT). Fernsehkrimi aus der populären Serie, die auf der Grundlage von Romane und Kurzgeschichten von Leslie Charteris (1907–1993) entstand. Diesmal gerät der smarte Gentleman und Abenteurer Simon Templar auf Sizilien in ein Mordkomplott, in das auch die Mafia verwickelt ist. Routiniert-stereotype Unterhaltung, eher englisch unterkühlt als sonderlich spannend. – Ab 14. ✦ Großbritannien 1968 **P** ITC **Pd** Robert S. Baker **R** Jim O'Connolly **B** Harry W. Junkin, John Kruse **M** Leslie Charteris, Edwin Astley **D** Roger Moore (Simon Templar), Ian Hendry (Alessandro Destamio), Rosemarie Dexter (Gina), Aimi MacDonald (Lily), George Pastell (Marco Ponti), Marie Burke (Donna Maria), Finlay Currie (Don Pasquale) **L** 94 **E** 5.9.1998 Super RTL

SIMON UND DIE SAURIER → Simon, der Träumer

SIMON UND DIE WUNDERLAMPE (THE INCREDIBLE GENIE). Ein 13-jähriger Junge, der wegen seiner ewigen Besserwisserei keine Freunde hat, gelangt durch Zufall in den Besitz einer Wunderlampe, der ein hilfsbereiter Flaschengeist entsteigt. Der gutmütige Dämon bringt durch seine Schusseligkeit einiges durcheinander, doch ziehen seine Zauberkräfte einen skrupellosen Waffenhändler in den Bann, der sich von ihm eine neue Wunderwaffe verspricht. Bei der Wiederbeschaffung der Wunderlampe merkt der Junge, dass er gar nicht so allein ist, wie er geglaubt hat. Märchenhafter Fantasyfilm, der sich unverhohlen auf die Kult-Fernsehserie »Bezaubernde Jeannie« mit Barbara Eden bezieht. – Ab 14. ✦ USA/Rumänien 1996 **P** Kushner-Locke Productions **Pd** Michael Davis, Jamie McLaughlin **R** Alexander Cassini **B** Vlad Paunescu, Peter Yuval **K** Alexandru Sterian **M** Daniel Silverman **S** Cari Coughlin **D** Matt Koruba (Simon), Stacie Randall (Sandra), George Miserlis (Dopler), Biff Manard (Farrow), Dean Scofield (Josh), Tom Fahn (Flaschengeist) **L** 90 **E** 13.6.1999 SAT 1

SIMON UND LAURA (SIMON AND LAURA). Das Schauspielerpaar Simon und Laura gilt beim Fernsehpublikum als ideales Ehepaar. Aber sie haben häufig heftige Auseinandersetzungen und wollen sich scheiden lassen. Das verhindert ein neues lukratives Fernsehangebot. Es kommt wieder, diesmal aus Eifersucht, zu einem Riesenkrach, der den Zuschauern nicht verborgen bleibt. Ironisch getönte Ehekomödie mit treffender Hintergrundschilderung. Leichtgewichtig, aber vergnüglich unterhaltend wird der Mythos der »Fernsehwirklichkeit« demontiert. – Ab 16. ✦ Schwarz-weiß. Großbritannien 1956 **P** J. A. Rank **Pd** Teddy Baird **R** Muriel Box **B** Peter Blackmore, nach einem Stück von Alan Melville **K** Ernest Steward **M** Benjamin Frankel **S** Jean Baker **D** Peter Finch (Simon Foster), Kay Kendall (Laura Foster), Muriel Pavlow (Janet Honeyman), Ian Carmichael (David Prentice), Maurice Denham, Alan Wheatley **L** 90 **E** 20.11.1969 ARD

SIMON & SIMON: MORD IM PARADIES (PIRATES KEY). Bei der Verfolgung einer Diebesbande fahren zwei Detektive ein Auto schrottreif, das einem einflußreichen Senator gehört. Weil sie ihm vor Jahren in die Quere gekommen waren, bringt er sie jetzt vor Gericht und macht damit diese alte Affäre wieder aktuell. Pilotfilm der Krimiserie »Simon & Simon«. – Ab 14. ✦ USA 1983 **R** Corey Allen **D** Jameson Parker, Gerald M. Raney, Jeannie Wilson, Eddie Barth, Eddie Albert **L** 95 **E** 4.1.1986 ARD

SIMONE BARBÈS ODER DIE TUGEND (SIMONE

BARBES OU LA VERTU). Sensibles Porträt einer französischen Platzanweiserin in einem Pornokino, das der Einsamkeit in den Großstädten und der Aggressivität zwischen den Geschlechtern auf der Spur ist. Durch die meist frontale, fast dokumentarische Kameraführung gelingt es dem Film, eine hohe Spannung zwischen den äußeren Ereignissen und inneren Regungen der Figuren aufzubauen, die der Zuschauer größtenteils selbst erschließen muss. (O.m.d.U.) ✦ Frankreich 1980 **Pd** Cécile Clairval **R+B** Marie-Claude Treilhou **K** Jean-Yves Escoffier **M** Roland Vincent, Madame Matho **S** Paul Vecchiali **D** Ingrid Bourgoin (Simone Barbès), Martine Simonet (Platzanweiserin), Michel Delahaye (»Maquis«) **L** 73 **E** 30.8.1999 arte

SIMONS SEHNSUCHT (ON MY OWN). Komplexes, bewegendes Jugenddrama um einen 16jährigen, der in einem Internat in der Nähe New Yorks lebt und in den Weihnachtsferien seine geschiedenen Eltern treffen will. Zu dem geplanten Wiedersehen kommt es jedoch nicht. Die Mutter, die seit Jahren an Schizophrenie leidet, wurde nach einem Zusammenbruch ins Krankenhaus eingewiesen. Einfühlsam und verhalten inszeniert und gespielt. ✦ Italien/Kanada/Australien 1991 **R** Antonio Tibaldi **B** Antonio Tibaldi, Gill Dennis, John Frizzell **D** Judy Davis, Matthew Ferguson, David McIlwraith **L** 90 (Orig. 99) **E** 22.1.1996 Südwest 3

SIMPATICO (SIMPATICO). Ein armer Trinker droht einem reichen Rennstallbesitzer an, die gemeinsame Schuld abtragen zu wollen: Vor 20 Jahren hatten sie einen Wettbetrug begangen und den zuständigen Rennprüfer nicht nur erpresst, sondern auch dessen Leben zerstört. Jetzt sucht der Trinker Vergebung, indem er dem Betroffenen die Indizien ihrer Schuld vorlegt. Der Arme und der Reiche geben ihre bisherigen Existenzen auf und schlüpfen in die Rolle des jeweils Anderen, um für ihre Taten büßen zu können. Psychologisches Drama, das auf die dialogischen Qualitäten der Theatervorlage setzt, ohne sie dominieren zu lassen, und die Handlung zu einem dichten Geflecht aus Schuld und Sühne zusammenfügt. Hochkarätig besetzt und gut gespielt. ✦ Scope. USA/Frankreich 1999 **P** Emotion Pictures/Kingsgate Films/Zeal Pictures/Le Studio Canal+ **KI** Advanced **Pd** Dan Lupowitz, Jean-François Fonlupt, Timm Oberwelland, Chuck Binder, Matthew Warchus **R** Matthew Warchus **B** Matthew Warchus, David Nicholis, nach einem Theaterstück von Sam Shepard **K** John Toll **M** Stewart Copeland **S** Pasquale Buba **D** Nick Nolte (Vinnie Webb), Jeff Bridges (Lyle Carter), Sharon Stone (Rosie Carter), Catherine Keener (Cecilia), Albert Finney (Simms) **L** 106 **FSK** ab 12; **f E** 13.7.2000 **fd** 34 352

SIMPLE JUSTICE – EINE FAMILIE RÄCHT SICH (SIMPLE JUSTICE). Bei einem Banküberfall wird eine schwangere Kundin so schwer verletzt, daß sie ins Koma fällt. Als die aus Mangel an Beweisen freigesprochenen mutmaßlichen Täter einer nach dem anderen getötet werden, glaubt die Polizei, daß der Ehemann der Schwangeren Selbstjustiz übt. Actionfilm. ✦ USA 1989 **R** Deborah Del Prete **B** T. Jay O'Brian, Michael Sergio **M** John Pati, Eric Turkel **D** Cesar Romero (Vincenzo DiLorenzo), Doris Roberts (Anna), Cady McClain (Janet), Matthew Galle (Franki), John Spencer (Phil Sullivan) **L** 92 **E** 19.9.1994 PRO 7

SIMPLE MEN (SIMPLE MEN). Ein erfolgloser Räuber und sein Bruder versuchen, ihren Vater aufzuspüren, der seit Jahren im Untergrund lebt und der Polizei wieder einmal entkommen ist. In einem Café begegnen sie zwei geheimnisvollen Frauen, die mehr zu wissen scheinen, als sie zugeben wollen. Ein kunst- und kraftvoll inszenierter Film, der die Schicksale scheinbarer Außenseiter humorvoll mit den Absurditäten des gewöhnlichen Kleinstadtlebens konfrontiert. Hinter dem virtuosen Erzählstil verbergen sich ein romantischer Liebesfilm und die Sehnsucht nach Glück jenseits gesellschaftlicher Konventionen. – Sehenswert. ✦ USA 1992 **P** Fine Line/American Playhouse Theatrical Films **KI** Impuls **VA** VMP **Pd** Ted Hope, Hal Hartley **R+B** Hal Hartley **K** Michael Spiller **M** Ned Rifle **S** Steven Hamilton **D** Robert Burke (Bill), William Sage (Dennis), Karen Sillas (Kate), Elina Löwensohn (Elina), Martin Donovan (Martin) **L** 105 **FSK** ab 12; **f E** 19.1.1993/16.8.1993 Video **fd** 29 997

SIMPLON-TUNNEL. Das Leben der deutschen und italienischen Arbeiter, die um die Jahrhundertwende den Simplon-Tunnel zwischen der Schweiz und Italien erbauten, als Thema eines inszenatorisch mäßigen, langatmigen Unterhaltungsfilms. Ursprünglich als ostdeutsch-italienische Koproduktion geplant, wurde der Film aus finanziellen Gründen später ausschließlich von DEFA-Künstlern realisiert. – Ab 14. ✦ Scope, schwarz-weiß. DDR 1958/59 **P** DEFA **KI** Progress **Pd** Alexander Lösche **R** Gottfried Kolditz **B** Gottfried Kolditz, nach der Erzählung von Carlo Lizzani, Giulani de Negri, Vasco Pratolini, Mario Socrate und Franco Solinas **K** Günter Eisinger **M** Eberhard Schmidt **S** Hildegard Tegener **D** Otto Mellies (Erich), Brigitte Krause (Rosa), Horst Weinheimer (Antonio), Gerry Wolff (Salvatore), Johannes Arpe (Ingenieur Karl), Kurt Oligmüller (Tassoni) **L** 90 **E** 13.6.1959 Kino DDR/9.10.1959 DFF 1

SIMSON IST NICHT ZU SCHLAGEN (A FINE MADNESS). Ein Schriftsteller und Frauenheld, dessen dichterische Kraft versiegt ist und der mit seiner Umwelt in Konflikt lebt, soll durch eine Psychoanalyse »normalisiert« werden. Der Film ist offenbar als Parodie gemeint, zerschlägt in seiner vordergründig lauten Inszenierung aber jeden Ansatz dazu. Sean Connery spielt den Dichter als klischeehafte Karikatur eines Poeten. ✦ USA 1965 **P** Pan Arts **KI** Warner **Pd** Jerome Hellman **R** Irvin Kershner **B** Elliott Baker, nach seinem Roman **K** Ted McCord **M** John Addison **S** William Zeigler **D** Sean Connery (Simson), Jean Seberg (Lydia), Joanne Woodward (Rhoda), Patrick O'Neal (Dr. Oliver West), Colleen Dewhurst (Dr. Vera Kropotkin) **L** 103 **FSK** ab 18; **nf E** 7.10.1966 **fd** 14 358

SIN QUERER – ZEIT DER FLAMINGOS (SIN QUERER). Ein junger Ingenieur aus Buenos Aires kommt mit einem Vermessungsauftrag in ein patagonisches Dorf und bringt mit der Liaison zu einer verheirateten Frau, seinem Interesse für einen verschwundenen Indianer und für die Situation eines sexuell mißhandelten Mädchens die festgefügten Strukturen des Ortes zum Wanken. Durch die in der Personenzeichnung allzu klischeehafte Regie und das problemüberfrachtete Drehbuch ein eher oberflächlicher als sezierender Blick auf einen moralisch verfallenden gesellschaftlichen Mikrokosmos. In erster Linie als Beispiel des zeitgenössischen südamerikanischen Filmschaffens interessant. – Ab 16. ✦ Scope. Argentinien/Deutschland/Schweiz 1996 **P** Trans Film/Videal/Boje-Buck/Ciné Manufacture/C.P.A./Aleph **KI** Delphi **VA** PolyGram **Pd** Albert Kitzler **R** Ciro Cappellari **B** Graciela Maglie, Osvaldo Bayer, Ciro Cappellari **K** Jürgen Jürges **M** Gustavo Beytelmann **S** Tania Stöcklin **D** Daniel Kuzniecka (Mario), Angela Molina (Gloria), Luisa Calcumil (Rosa), Patricio Contreras (Amado), Norman Brisky (= Norman Briski) (Maldonado), China Zorrilla (Honorina) **L** 96 **FSK** ab 16; **f** (12 Video) **FBW w E** 24.7.1997/29.1.1998 Video/1.9.1998 premiere **fd** 32 643

SINCE YOU'VE BEEN GONE (SINCE YOU'VE BEEN GONE). Das Ehemaligentreffen einer High-School-Abschlussklasse gestaltet sich nach zehn Jahren als eine heftige Demontage von Lebenslügen, die ein zynischer Arzt im Laufe des Abends entlarvt. Das Treffen endet dennoch versöhnlich, auch wenn die Schulabsolventen nicht ins Glück, sondern in ihre Alltagsprobleme entlassen werden. Ein Regiedebüt, das trotz des Themas nicht boshafte Satire sein will, sondern im Rahmen eines versöhnlich-heiteren Reigens verharrt. Das bietet solide, aber keine aufregende Unterhaltung. (TV-Titel auch: »Dümmer geht's immer!«) – Ab 14. ✦ USA 1997 **P** Miramax **VA** Highlight **Pd** Richard N. Gladstein **R** David Schwimmer **B** Jeff Steinberg **K** Denis Lenoir **M** Pray For Rain **S** Kevin Tent **D** Philip Rayburn Smith (Kevin), Joey Slotnick (Zane), Teri Hatcher (Maria), Lara Flynn Boyle (Grace), David Catlin (Duncan), Thom Cox (Clay) **L** 92 **FSK** ab 12 **E** 13.9.1999 Video **fd** 33 973

SINCERELY VIOLET → Geheimnisvolle Violet

SIND DENN ALLE NETTEN MÄNNER SCHWUL? Eine junge Frau, die von ihrem Geliebten hintergangen wurde, beschließt ein Leben ohne »wirklichen« Mann. Das hindert sie allerdings nicht daran, einer Wohngemeinschaft mit einem vermeintlich homosexuellen Mann zuzustimmen. Als beide sich ineinander verlieben und der Jura-Student seine Notlüge eingesteht, sind die restlichen Probleme vorprogrammiert. Komödie, die sich einmal mehr ambivalentes Sexverhalten zu nutze zu machen versucht: »Der bewegte Mann« lässt grüßen. ✦ Deutschland 2000 **P** Indigo/SAT 1 **Pd** Christian Becker, Thomas Häberle **R** Sibylle Tafel **B** Maggie Peren **K** Peter Aichholzer **M** Klaus Doldinger **D** Floriane Daniel (Mala), Marc Hosemann (Carlo), Marco Rima (Erik), Hilmi Sözer (Selim), Nadeshda Brennicke (Jeanette) **L** 120 **E** 20.3.2001 SAT 1

SINDBAD (SZINDBAD). Poesievoller Erstlingsfilm. Die Schilderung der Erinnerungen und Träume eines Chevaliers um die Jahrhundertwende, der im Alter zurückblickt auf die Erlebnisse seiner jungen Jahre. Nach autobiografischen Novellen von Gyula Krudy (1879–1933) in erlesenen Dekors inszeniert. Ein ästhetischer Genuß. – Ab 14. ✦ Scope. Ungarn 1972 **P** Mafilm **KI** Progress **R** Zoltán Huszárik **B** Zoltán Huszárik, nach Novellen von Gyula Krúdy **K** Sándor Sára **M** Zoltán Jeney **D** Zoltán Latinovits, Margit Dayka, Eva Ruttkai, Erika Szegedi, Bella Tanay **L** 95 **E** 17.11.1972 Kino DDR/17.5.1973 DFF 1/21.5.1973 ARD

SINDBAD DER SEEFAHRER (1947) (SINDBAD THE SAILOR). Sindbad auf der gefährlichen Suche nach den verborgenen Schätzen Alexanders des Großen und im Wettstreit um die Gunst einer schönen Prinzessin. Orientalischer Märchenzauber in leuchtenden Farben, unbeschwerte Unterhaltung für Jung und Alt. – Ab 8 möglich. ✦ USA 1947 **P** RKO **Pd** Stephen Ames **R** Richard Wallace **B** John Twist **K** George Barnes **M** Roy Webb **D** Douglas Fairbanks jr. (Sindbad), Anthony Quinn (Emir), Maureen O'Hara (Shireen), Walter Slezak (Melik), George Tobias (Abbu) **L** 74 **FSK** ab 12; **nf E** 10.8.1950/1.1.1989 DFF 1 **fd** 916

SINDBAD DER SEEFAHRER (1973) (SINDBAD, JR.). Der Knabe Sindbad erhält von einem Hexenmeister einen Kraft verleihenden Zaubergürtel, der ihm hilft, allerlei Ungeheuer und Bösewichte zu besiegen. Technisch schlechter Zeichentrickfilm mit banalen Dialogen. – Ab 10 möglich. ✦ USA 1973 **P** American International **KI** Marketing-Film **R** Reuben Timmins **M** Johnny Hallyday **L** 68 **FSK** ab 6; **f E** 23.6.1978

SINDBAD, DER SEEFAHRER (1988) (ANIMATED CLASSICS FOR CHILDREN: ADVENTURES OF SINDBAD). Zeichentrickfilm nach einer der »Geschichten aus tausendundeiner Nacht«: Sindbad muß einige fantastische Abenteuer erleben, bevor er die schöne Prinzessin der Stadt heiraten kann. Routinierte Unterhaltung ohne sonderliche formale Ambitionen. – Ab 10. ✦ USA 1988 **P** RKO **R** Richard Wallace **B** John Twist **M** Roy Webb **L** 60 **E** 28.3.1997 RTL 2

SINDBAD – DIE SCHLACHT DER SCHWARZEN RITTER (SINDBAD: THE BATTLE OF THE DARK KNIGHTS). Abenteurer Sindbad, der es am Hofe des Kaisers von China zu Ehren gebracht hat, kehrt in seine Heimat zurück, als sie von den »Schwarzen Rittern« bedroht wird. Zugleich rettet er die Tochter des Sultans. Trivialer Fantasy-Verschnitt, der nichts mehr mit der märchenhaften Vorlage zu tun hat. – Ab 16. ✦ USA 1997 **P** FM Entertainment **Pd+R** Alan Mehrez **B** Alan Mehrez, Elvis Restaino **K** Doug Milsome, Mark Woods **M** Gregor Narholz **D** Richard Grieco (Sindbad), Mickey Rooney (Sage), Lisa Ann Russell (Shalazar), Dean Stockwell (Bophisto), Dante Basco (Prinz Hogn) **L** 81 **E** 17.10.1999 Pro Sieben

SINDBAD, HERR DER SIEBEN MEERE (SINDBAD OF THE SEVEN SEAS). Orientmärchen um den Helden Sindbad aus »Tausendundeiner Nacht«, der sich aufmacht, um an den gefährlichsten Orten der Welt vier Edelsteine zu suchen, die ein machtgieriger Zauberer versteckt hat und die Frieden, Glück, Wohlstand und Gerechtigkeit symbolisieren. Fantasy-Abenteuerfilm, der sich vom schön kostümierten, bestens ausgestatteten Kindermärchen zu einer tricktechnisch bemerkenswerten, im Gewaltpotential aber unsensiblen Kampfshow entwickelt. – Ab 14 möglich. ✦ USA 1989 **P** Cannon **VA** Cannon/VMP **Pd** Menahem Golan, Yoram Globus, Enzo Castellari (= Enzo Girolami) **R** Enzo G. Castellari (= Enzo Girolami) **B** Tito Carpi, Lewis Coates (= Luigi Cozzi), frei nach einer Kurzgeschichte von Edgar Allan Poe **K** Blasco Giurato **M** Dov Seltzer **S** Gianfranco Amicucci **D** Lou Ferrigno (Sindbad), John Steiner (Jaffer), Roland Wybenga (Ali), Ennio Girolami (Wikinger), Haruhiko Yamanouchi (Samurai) **L** 90 **FSK** ab 12 **E** Mai 1990 Video **fd** 28 381

SINDBAD UND ALIBABA. Zeichentrickfilm nach den bekannten Märchen aus »1001 Nacht«. – Ab 10. ✦ **L** 85 **E** 31.10.1992 PRO 7

SINDBAD UND DAS AUGE DES TIGERS (SINDBAD AND THE EYE OF THE TIGER). Verfolgt von einer machthungrigen Zauberin, suchen Sindbad und seine Gefährten eine geheimnisvolle Kraft, die dem in einen Affen verwandelten rechtmäßigen Kalifen wieder menschliche Gestalt verleihen soll. Märchenhafter, reichlich einfältiger Abenteuerfilm, der allenfalls durch seine Trickaufnahmen verblüffen kann. – Ab 10. ✦ Großbritannien 1976 **P** Andor **KI** Warner-Columbia **Pd** Charles H. Schneer, Ray Harryhausen **R** Sam Wanamaker **B** Beverly Cross, Ray Harryhausen **K** Ted Moore **M** Roy Budd **S** Roy Watts **D** Patrick Wayne (Sindbad), Taryn Power (Dione), Jane Seymour (Prinzessin Farah), Patrick Troughton, Margaret Whiting **L** 112 **FSK** ab 6; f **E** 15.7.1977/23.6.1978 Kino DDR/20.2.1981 DFF 1 **fd** 20 413

SINDBAD UND DER KALIF VON BAGDAD →Der Schatz des Piraten

SINDBADS GEFÄHRLICHE ABENTEUER (THE GOLDEN VOYAGE OF SINBAD). Ins Monumentale gesteigerte Verfilmung des bekannten Sindbad-Stoffes, der jeder Märchencharakter fehlt. In den Trickszenen technisch perfekt, in Kulissen und Farbgebung miserabel. Die Sorgfalt der Inszenierung läßt zu wünschen übrig. – Ab 14. ✦ USA 1973 **P** Morningside **KI** Warner-Columbia **Pd** Charles H. Schneer **R** Gordon Hessler **B** Brian Clemens, Ray Harryhausen, nach einem Roman von Brian Clemens und Ray Harryhausen **K** Ted Moore **M** Miklos Rozsa **S** Roy Watts **D** John Phillip Law (Sindbad), Caroline Munro (Margiana), Tom Baker (Koura), Douglas Wilmer (Vizier), Martin Shaw (Rachid), Grégoire Aslan (Hakim) **L** 105 **FSK** ab 12; nf **E** 12.4.1974/30.5.1980 Kino DDR/24.10.1981 DFF 1 **fd** 18 788

SINDBADS SIEBENTE REISE (THE SEVENTH VOYAGE OF SINDBAD). Sindbad der Seefahrer begibt sich auf die gefahrvolle Suche nach einer Wunderlampe, um die von einem bösen Zauberer in einen Däumling verwandelte Dame seines Herzens erlösen zu können. Auf einer Insel müssen er und seine Matrosen sich mit bösartigen Zyklopen, einem doppelköpfigen Riesenvogel, Drachen und anderen Monstern messen. Effektvoller Abenteuerfilm in orientalisch-buntem Märchengewand, der seinen Reiz aus den hervorragenden Spezialeffekten von Ray Harryhausen bezieht. DVD: Die Extras umfassen u. a. eine Dokumentation über Special Effects-Leiter Ray Harryhausen. – Ab 12. ✦ USA 1958 **P** Columbia **KI** Warner-Columbia **DVD** Columbia TriStar Home (SE 16:9, 1.85:1, Mono engl/dt.) **Pd** Charles H. Schneer **R** Nathan Juran **B** Ken Kolb **K** Wilkie Cooper **M** Bernard Herrmann **S** Edwin Bryant **D** Kerwin Mathews (Capt. Sindbad), Kathryn Grant (Prinzessin Parisa), Torin Thatcher (Sokurah, der Zauberer), Richard Eyer (Baronni), Alec Mango (Kalif), Danny Green (Karim) **L** 87 **FSK** ab 12; nf **E** 5.12.1958/11.5.1979 Kino DDR/27.3.1981 DFF/15.4.2000 DVD **fd** 7 615

SINDBADS 7. REISE →Sindbads siebente Reise

SINDBADS SOHN (SON OF SINDBAD). Sindbad, Freund der Gefahren und der Frauen, wird von einem schurkischen Kalifen gefangengehalten, kann sich durch Zaubertricks befreien und Bagdad vor seinem Unterdrücker retten. Burleske Verballhornung des Märchens aus 1001 Nacht, in der aus den 40 Räubern pralle Haremsdamen geworden sind. Die Busen waren seinerzeit im 3-D-Verfahren zu bewundern. – Ab 16. ✦ USA 1955 **P** RKO **KI** RKO **Pd** Robert Sparks **R** Ted Tetzlaff **B** Aubrey Wisberg, Jack Pollexfen **K** William E. Snyder **M** Victor Young **D** Dale Robertson, Vincent Price, Leon Askin, Jay Novello, Sally Forrest **L** 85 **FSK** ab 12; nf **E** 25.11.1955 **fd** 4 597

SINFONIE IN SWING (DO YOU LOVE ME? / KITTEN ON THE KEYS). Die noch junge Direktorin einer seit Generationen von ihrer Familie geführten Schule für klassische Musik lernt einen New Yorker Swing-Trompeter kennen und gibt ihm zu verstehen, daß solcherart Musik für sie nicht zählt. Er wirft ihr Unkenntnis und Gefühlskälte vor, was sie dazu provoziert, sich äußerlich so zu verändern, daß sie die Aufmerksamkeit aller Männer auf sich zieht. Filmmusical um die Konkurrenz von klassischer Musik und Swing, dessen banale Handlung um Liebe und Liebesintrigen lediglich Vorwand für mehrere unterhaltsame Tanz- und Gesangsnummern ist. – Ab 12. ✦ USA 1946 **P** 20th Century Fox **R** Gregory Ratoff **B** Robert Ellis, Helen Logan, Dorothy Bennett **K** Edward Cronjager **M** Emil Newman, Charles Henderson **D** Maureen O'Hara, Dick Haymes, Harry James, Reginald Gardiner, Richard Gaines **L** 91 **E** 9.9.1990 SAT 1

SING, ABER SPIEL NICHT MIT MIR (SING, ABER SPIEL NICHT MIT MIR). Geist- und humorloser Unterhaltungsfilm, der etliche Schlagerdarbietungen mit Aktualitäten aus pressekundigen Lou-van-Burg-Skandalen zu einer läppischen Handlung aufbereitet. Ein Ausbund an Dilettantismus und Ideenlosigkeit. – Ab 12 möglich. ✦ Österreich 1962 **P** Stadthalle Wien **KI** Columbia-Bavaria **Pd** Wolfgang Birk **R+B** Kurt Nachmann **K** Hanns Matula **M** Johannes Fehring **S** Hermine Diethelm **D** Adrian Hoven (Raul Thorsten), Karin Heske (Susi Berger), Oskar Sima (Direktor Sendelmohn), Wera Frydtberg (Nina), Paul Hörbiger (Raimund Valenthin) **L** 91 **FSK** ab 6; nf **E** 22.2.1963 **fd** 11 829

SING, COWBOY, SING. Zwei Cowboys, die ihr Geld als Gesangsduo und mit Gelegenheitsjobs verdienen, ziehen durch den Wilden Westen, werden in gefährliche Abenteuer verwickelt und helfen einem 12jährigen Mädchen, das seine Mutter wieder verheiraten möchte. Missglückter Versuch einer Western-Parodie für Kinder, der lediglich Klamaukunterhaltung auf unterster Stufe mit groben Dialogen bietet. – Ab 10. ✦ DDR 1981 **P** DEFA, Gruppe »Johannisthal« **Pd** Gerrit List, Georgeta Vilcu Savescu **R+B** Dean Reed **K** Hans Heinrich **M** Dean Reed, Karel Svoboda **S** Ruth Ebel **D** Dean Reed (Joe), Václav Neckár (Beny), Kerstin Beyer (Susan als Kind), Violeta Andrei (Maria), Jurie Darie (Dave Arnold), Helena Ruzicková (weiblicher Sheriff) **L** 86 **E** 12.6.1981 Kino DDR/2.8.1989 West 3

SING – DIE BROOKLYN-STORY (SING). Kurz vor Schließung einer traditionsreichen High School in Brooklyn findet ein Tanzwettbewerb der Schüler statt. Ein mit blutleeren Dialogen, schlechter Musik und matten Tänzchen langweilender Film. – Ab 16 möglich. ✦ USA 1988 **P** Sing/Storyline/Craig Zafan Prod. **KI** Columbia Tri-Star **VA** RCA/Columbia **Pd** Craig Zadan **R** Richard Baskin **B** Dean Pitchford **K** Peter Sova **M** Jay Gruska **S** Bud Smith, Jere Huggins, Scott Smith **D** Lorraine Bracco (Miss Lombardo), Peter Dobson (Dominic), Jessica Steen (Hannah), Louise Lasser (Rosie), George DiCenzo (Mr. Marowitz) **L** 98 **FSK** ab 12; f **E** 31.8.1989/13.3.1990 Video **fd** 27 806

SING, IRIS, SING (FRAUEN LERNEN MÄNNERBERUFE). Gisela Tuchtenhagen beobachtet in ihrem ersten eigenen Langdokumentarfilm (zusammen mit Monika Held) Frauen eines Essener Modell-Lehrgangs, die in sogenannten Männerberufen ausgebildet werden. Die Frauen sind in der Mehrzahl arbeitslos; die Umschulung soll ihnen neue Arbeitsmöglichkeiten eröffnen. Fünf Wochen sind Kamera und Tonband bei den Schulungskursen zu Gast. In dieser Zeit besuchen die Filmemacherinnen einige Frauen zu Hause. Ohne jeden Kommentar entwickelt sich aus den Beobachtungen und den Gesprächen ein genaues Bild der Wirklichkeit von berufstätigen Frauen Mitte der 70er Jahre in Deutschland. – Ab 16. ✦ Schwarz-weiß. BR Deutschland 1978 **P** NDR **SF** Freunde der Deutschen Kinemathek **R+B** Gisela Tuchtenhagen, Monika Held **K** Gisela Tuchtenhagen **S** Helga Brandt **L** 90 **E** 3.3.1978

SING MIR DAS LIED DER RACHE (FAST GUN IS STILL MY NAME / MI CHIAMAVANO REQUIESCAT ... MA AVEVANO SBAGLIATO). Ein Nordstaatencaptain verfolgt nach Beendigung des Bürgerkriegs mordende und raubende Südstaatensoldaten. Ein Bandenchef spielt ihm übel mit, ehe er die Bande in eine Falle locken und erledigen kann. Langweiliger Serienwestern, der sich nur durch sadistische Einlagen bemerkbar macht. ✦ Italien 1973 **P** John Wyler Prod. **KI** Jugendfilm **Pd** John Wyler **R** Frank Bronston (= Mario Bianchi) **M** Gianni Ferrio **D** Alan Steel, William Berger, Frank Braña, Gilbert Roland **L** 87 **FSK** SPIO: X **E** 23.8.1974 **fd** 19 144

SING SING (SING SING). Zwei Episoden mit den Komikern Montesano und Celentano. Während ersterer glaubt, er sei der uneheliche Sohn der englischen Königin, versucht Celentano sich an einer Bogart-Parodie. Langweiliger und alberner Film, der sich als Satire auf die Kinobranche begreift. – Ab 14 möglich. ✦ Italien 1983 **P** Intercapital **KI** Jugendfilm **R+B** Sergio Corbucci **K** Alessandro D'Eva **D** Adriano Celentano (Boghi), Enrico Montesano (Eduardo), Vanessa Redgrave (Queen), Marina Suma (Linda), Désirée Nosbusch (Touristin) **L** 75 **FSK** ab 6; f **E** 16.12.1983 **fd** 24 345

SING, VOGEL, SING! Eine Bayerin betreibt in Berlin einen kleinen Blumenladen. Sie lebt zurückgezogen, nur ein schüchterner Kunde sucht öfter das Gespräch mit ihr. Als die Umstände erfordern, daß sie zum heimischen Bauernhof zurückkehren muß, fällt ihr die Umstellung dennoch schwer. Streit liegt in der Luft, und als ihr Berliner Kunde sie im bayerischen Dorf besucht, steigen die Spannungen deutlich. – Ab 16. ✦ BR Deutschland 1987 **P** Christine Beck/ZDF **R+B** Christine Beck **K** Hans Rombach **M** Franz David Baumann **D** Ingrid Fischer (Lisa), Alfred Baarovy (Herr Tietze), Josef Bierbichler (Alois), Anton Rattinger (Wast), Herbert Fux (Alfons) **L** (TV) ca. 80 **E** 12.1.1988 ZDF

SINGAPORE CONNECTION →News – Reise in eine strahlende Zukunft

SINGAPUR (SINGAPORE). Die Geliebte eines Abenteurers leidet an Amnesie und ist in Singapur die Frau eines anderen geworden. Liebesdrama und Schmugglerabenteuer vor dem Hintergrund des Zweiten Weltkriegs. Konfektion mit Neigung zum Kitsch, streckenweise jedoch spannend. – Ab 16. ✦ Schwarz-weiß. USA 1947 **P** Universal **KI** Universal **R** John Brahm **B** Seton I. Miller, Robert Thoeren, nach einer Novelle von Seton-I. Miller **K** Maury Gertsman **M** Hans J. Salter **D** Fred MacMurray, Ava Gardner, Roland Culver, Richard Haydn, Spring Byington **L** 82 **FSK** ab 12; nf **E** 22.9.1950

DIE SINGDROSSEL →Es war einmal eine Singdrossel

DER SINGENDE DETEKTIV (THE SINGING DETECTIVE). Ein Autor von trivialen Kriminalromanen liegt mit einer ebenso rätsel- wie schmerzhaften Haut- und Gelenkkrankheit in einem Krankenhaus, hilflos den Schikanen des Pflegepersonals und den Mitpatienten ausgeliefert, vor allem aber seinem Fieberdelirium, in das er regelmäßig verfällt. In den Visionen geht es stets um seine Romangestalt Philip E. Marlow, einen Freizeit-Detektiv und Schnulzen-Sänger, der in mysteriöse Fälle verwickelt wird. Marlow ermittelt für eine zwielichtige Gestalt, die in Verdacht geraten ist, eine Frau, mit der sie die Nacht verbrachte, ermordet zu haben. Die verschiedenen Handlungsebenen verwirren sich zu einem undurchdringlichen Gestrüpp aus Gedanken, Ereignissen und Fantasien. Eine hochgelobte und erfolgreiche sechsteilige Fernsehserie, deren überbordende Einfälle sich zu Reflexionen über Leben, Tod, Kunst, Sex und Schuld verdichten; die eigenwilligen Filme sind stark in der angelsächsischen Kultur verwurzelt und beziehen zahlreiche englische und amerikanische Nachkriegs-Songs in die Erzählebenen ein. Titel der einzelnen Folgen: 1. »Haut« (70 Min.), 2. »Hitze« (70 Min.), 3. »Schöne Tage« (65 Min.), 4. »Spuren« (70 Min.), 5. »Trippel Trappel« (60 Min.), 6. »Wer war's?« (80 Min.). (O.m.d.U.) ✦ Großbritannien 1986 **P** BBC **R** Jon Amiel **B** Dennis Potter **K** Ken Westbury **M** Max Harris (Bearbeitungen) **D** Michael Gambon, Patrick Malahide, Joanne Whalley, Janet Suzman, Bill Paterson **L** 415 **E** 18.,25.3./1.,8.,15., 22.4.1991 N 3 (Sechs Teile)

SINGENDE ENGEL (SINGENDE ENGEL). In einer Rahmenhandlung erzählt der greise Komponist Franz Joseph Haydn (1732–1809) dem Hofkapellmeister Salieri die Geschichte des Kinderchors der Wiener Sängerknaben, ihres ersten Lehrers Johann Michael Holzer und des kleinen Franz Schubert, der eines der ersten Chormitglieder war. Musikalisch ansprechend, von den Kindern frisch gespielt, sonst betulich und konventionell. – Ab 12. ✦ Schwarz-weiß. Österreich 1947 **P** Vindobona **KI** Bavaria **Pd** Karl Ehrlich **R** Gustav Ucicky **B** Rolf Olsen, Gustav Ucicky **K** Walter Riml **M** Willy Schmidt-Gentner **D** Hans Holt (Johann Michael Holzer), Gustav Waldau (Haydn), Inge Konradi, Käthe Dorsch, Wilhelm Heim **L** 101 **E** 23.9.1949 **fd** 171

DIE SINGENDE FRAU (SCHENSCHTSCHINA, KOTORAJA POJOT). Musikfilm über die Lebensgeschichte Alla Pugatschowas, einer erfolgreichen russischen Schlagersängerin. ✦ Scope. UdSSR 1978 **P** Mosfilm **R** Alexander Orlow **B** Anatoli Stepanow **K** Igor Gelejn **M** Alexander Sazepin, Alla Pugatschowa, Leonid Garin **D** Alla Pugatschowa (Anna Strelzowa), Alla Budnizkaja (Mascha), Nikolai Wolkow (Andrej), Alexander Chotschinski (Valentin), Wadim Alexandrow (Klimkin) **L** 78 **E** 22.7.1979 DFF 2

DAS SINGENDE HAUS (DAS SINGENDE HAUS). Musikalisches Lustspiel, in dem eine Wiener Jazzkapelle zunächst vergeblich ein Engagement sucht, sich zum Ende aber alle Sorgen und Probleme im Happy-End auflösen. Anspruchslose Unterhaltung. ✦ Schwarz-weiß. Österreich 1948 **P** Kollektiv-Film **KI** Sovexportfilm **VA** IMV **R** Franz Antel **B** Aldo von Pinelli, Franz Antel **K** Helmuth Ashley **M** Peter Kreuder **D** Richard Romanovsky (Professor Cattori), Hannelore Schroth (Melanie, seine Tochter), Hans Moser (Franz Huber, Greißler), Herta Mayen (Gretl, seine Tochter), Walter Müller (Freddy), Max Brod, Paul Kemp **L** 100 (91 Video) **FSK** ab 12 (o. A.) **E** 18.2.1949 Kino DDR/17.7. 1995 mdr

DAS SINGENDE HOTEL. Der Erbe eines Wintersporthotels verliebt sich in den jungen Skilehrer, von dem er (noch lange) nicht weiß, daß er ein Mädchen ist. Das übliche deutsche Verkleidungs-, Verwechslungs- und Musiklustspiel aus den sorglosen und verdrängungsbereiten 50er Jahren. – Ab 14. ✦ Schwarz-weiß. BR Deutschland 1953 **P** Standard **KI** DFH **Pd** Franz Tapper, Otto Meissner **R+B** Geza von Cziffra **K** Willy Winterstein **M** Michael Jary **S** Alice Ludwig-Rasch **D** Hans Söhnker, Ursula Justin, Fita Benkhoff, Paul Westermeier, Bully Buhlan, Rudolf Platte, Helmut Zacharias **L** 90 **FSK** ab 12; nf **E** 30.7. 1953 **fd** 2584

DER SINGENDE HUND →Molly

DAS SINGENDE KLINGENDE BÄUMCHEN. Stilistisch reizvolles, ausschließlich in Studiokulissen inszeniertes Märchen nach Motiven der Gebrüder Grimm: Ein in einen Bären verwandelter Prinz kann das Herz einer hochmütigen Prinzessin erringen, die sich im Zauberreich zu einem hilfsbereiten und tierlieben Menschen wandelt. Kinderfilm, der die Fantasie der kleinen Zuschauer anregen kann. (Alternativtitel: »Im Zauberreich des Berggeistes«, »Vom singenden, klingenden Bäumchen«) – Ab 6. ✦ DDR 1957 **P** DEFA, Jugend- und Kinderfilmproduktion **KI** Jugendfilm **VA** EuroVideo **Pd** Alexander Lösche **R** Francesco Stefani **B** Anne Geelhaar, Francesco Stefani, nach Märchen-Motiven der Gebrüder Grimm **K** Karl Plintzner **M** Heinz-Friedel Heddenhausen **S** Christa Wernicke **D** Christel Bodenstein (Prinzessin), Dorothea Thiesing (Amme), Eckart Dux (Prinz/Bär)), Charles Hans Vogt (König), Richard Krüger (Zwerg) **L** 74 **FSK** ab 6; f **FBW** w **E** 13.12.1957 Kino DDR/14.9. 1958 Kino BRD/2.7.1977 DFF 1/3.1.1988 West 3/ 1998 Video **fd** 7037

SINGENDE KUMPEL HABEN'S SCHWER (BERT RIGBY, YOUR'RE A FOOL). Ein arbeitsloser Kumpel aus dem nordenglischen Kohlenrevier, der als Hobby geschickt bekannte Leinwandgrößen imitiert, läßt sich von seinem Agenten überreden, eine Karriere in Hollywood zu versuchen. Zunächst ist ihm das Glück hold, und er schafft den Sprung in die Filmmetropole, doch dort geht plötzlich alles schief. Eine bewußt altmodisch inszenierte musikalische Komödie, ganz auf den quirligen Entertainer Robert Lindsay zugeschnitten. In der Geschichte arg konstruiert und zuweilen albern. – Ab 14 möglich. ✦ USA 1989 **P** Clear **Pd** George Shapiro **R+B** Carl Reiner **K** Jan de Bont **M** Ralph Burns **S** Bud Molin **D** Robert Lindsay (Bert Rigby), Anne Bancroft (Meredith Perlestein), Robbie Coltrane (Sid Trample), Bruno Kirby (Kyle de Forrest), Jackie Gayle (I. I. Perlestein), Jim Shirley (Corbin Bernsen) **L** 94 **E** 21.2. 1993 premiere

DAS SINGENDE LAND (LAND WITHOUT MUSIC). Die Regentin eines Phantasieherzogtums verbietet die Musik, weil sie ihre sangesfreudigen Untertanen von der Arbeit abhält, aber ein Tenor gewinnt ihr Herz und ihre Hand und fortan darf wieder gesungen werden. Leicht angestaubter Operettenfilm mit der Musik von Oscar Straus. – Ab 12. ✦ Schwarz-weiß. Großbritannien 1936 **P** Capitol **KI** Columbia **Pd** Max Schach **R** Walter Forde **B** Marion Dix, L. Du Garde Peach **K** John W. Boyle **M** Oscar Straus **D** Richard Tauber, Jimmy Durante, Diana Napier, June Clyde, Derrick de Marney **L** 80 **FSK** ab 12; nf **E** 9.1.1953/21.1.1962 ARD **fd** 2493

DER SINGENDE NARR →Sonny Boy

DER SINGENDE TOR. Kriminalfilm um Wechselfälschung, Erpressung und Mord, in die ein Sänger und seine Frau verwickelt werden. Auch Giglis historische Gesangseinlagen können das matte Drehbuch nicht schmackhaft machen. (Weiterer Titel: »Mord um Mitternacht«) – Ab 14. ✦ Schwarz-weiß. Deutschland/Italien 1939 **P** Itala **KI** AKA **R** Johannes Meyer **B** L. A. C. Müller, nach einer Idee von M. W. Kimmich **K** Werner Brandes **M** Franco Casavola, Ernesto de Curtis, Franz Grothe, Riccardo Zandonai **D** Kirsten Heiberg (Sylvia Franchetti), Benjamino Gigli (Carlo Franchetti), Hilde Körber (Peggy Kennedy), Hans Olden (James Kennedy), Rudolf Platte (Sekretär) **L** 78 **FSK** ab 12; nf **E** 22.12.1939 **fd** 739

DIE SINGENDEN ENGEL VON TIROL (HEIDSCHI BUMBEIDSCHI). Ein herzkrankes Kind bringt die Ehe seiner Eltern wieder ins Lot und wird im Kreise einer musizierenden Tiroler Bauernfamilie wieder gesund. Kitschtriefende, anspruchslose Unterhaltung. (Alternativtitel: »Kleines Herz in großer Not«) – Ab 8. ✦ Österreich 1958 **P** Zenith/Benesch **KI** Kopp **Pd** Alfred Benesch **R** Alfred Lehner **B** Herma Costa-Pruscha, nach einer Idee von Norbert Kunze und Alfred Benesch **K** Alfons Benesch **M** Frank Filip **S** Margarethe Egle **D** Hans Söhnker (Erik), Hertha Feiler (Nora), Christine Kaufmann (Evi), Lucie Englisch (Mutter Engel), Charles Regnier (Roberts), Paul Richter (Vater Engel) **L** 84 **FSK** ab 6; f **E** 13.2.1959 **fd** 7997

SINGIN' IN THE RAIN →Du sollst mein Glücksstern sein

SINGIN' IN THE RAIN – DIE SCHÖNSTEN HOLLYWOOD-MUSICALS (MUSICALS GREAT MUSICALS – THE ARTHUR FREED UNIT AT MGM). Kompilation aus Szenen der berühmtesten Hollywood-Musicals, die darüber hinaus Aufschluß über ihre Entstehung und die Macher im Hintergrund gibt. Ein unterhaltsamer »Dokumentarfilm«, angereichert mit vertrauten Songs und Melodien und unvergessenen Choreografien. Im Mittelpunkt stehen die Musicalproduktionen des Texters und Songwriters Arthur Freed. – Ab 12. ✦ USA 1996 **Pd** Margaret Smilow **R** David Thompson **L** 85 **E** 8.12.1996 premiere

SINGLE BELLS (SINGLE BELLS). Zu Weihnachten hängt der Haussegen eines Paares schief, als der spontan unter dem Einfluß einer Augenblicksstimmung geäußerte Kinderwunsch der Frau nicht auf die gewünschte Resonanz des Partners stößt. Die Frau, eine selbstständige, geschäftlich sehr erfolgreiche Werbefachfrau, will nun mit der Familie ihrer Schwester in der österreichischen Provinz die Festtage verbringen, wird dabei aber zur Beobachterin heftigster familiärer Streitigkeiten, die vor allem durch die Anwesenheit der beiden Großmütter eskalieren. Eine bitter-turbulente Weihnachtskomödie mit sarkastischen Zügen, die in der Rahmenhandlung konventionell und eher platt bleibt, in seinen satirischen Attacken auf den Kult ums programmierte Weihnachtsglück aber manche gallig-amüsante Spitze setzt. (Fortsetzung: »O Palmenbaum«, 2000) – Ab 16. ✦ Österreich/Deutschland 1997 **P** Teamfilm (für ORF/BR) **R** Xaver Schwarzenberger **B** Ulrike Schwarzenberger **K** Xaver Schwarzenberger **D** Inge Konradi (Omama), Johanna von Koczian (Lilibet), Martina Gedeck (Kathi), Mona Seefried (Luiserl), Gregor Bloeb (Jonas Meixner) **L** 88 **E** 22.12.1998 ARD

EIN SINGLE KOMMT SELTEN ALLEIN (THE LONELY GUY). Die Sorgen und Nöte eines allein lebenden Mannes, der sich mit seinem Schicksal nicht abfinden will und schließlich nach vielen Schwierigkeiten die Frau seines Lebens findet. Bis auf wenige Gags und eine schöne Nebenrolle (Charles Grodin) eine platt und bieder inszenierte, nur mäßig unterhaltsame Komödie. – Ab 16 möglich. ✦ USA 1983 **P** Universal **KI** Tobis **VA** CIC **Pd+R** Arthur Hiller **B** Ed Weinberger, Stan Daniels, Neil Simon, nach einem Roman von Bruce Jay Friedman **K** Victor J. Kemper **M** Jerry Goldsmith **S** William Reynolds, Raja Gosnell **D** Steve Martin (Larry), Charles Grodin (Warren), Judith Ivey (Iris), Steve Lawrence (Jack), Robyn Douglass (Danielle) **L** 89 **FSK** ab 12; f **E** 12.12.1985/Juli 1986 Video **fd** 25414

SINGLE SUCHT NACHWUCHS. Fürs Fernsehen entstandene Komödie mit dramatischen Akzenten. Ein arroganter Unternehmensberater und Frauenheld, der von einer Bettgefährtin zur nächsten springt, gegenüber seiner Mutter aber die traditionelle Fassade aufrechterhält, gerät auf den schmalen Grat zwischen Leben und Tod. Daraufhin will er sein Leben ändern: Er möchte ein Kind, es aber allein erziehen, womit er auf unvorhergesehene Widerstände stößt. Die betont »schicke«, eher oberflächlich behandelte Geschichte gewinnt durch den hervorragend spielenden Hauptdarsteller, der eine im Kern unsympathische Figur über Turbulenzen und Peinlichkeiten nachvollziehbar zu der Erkenntnis führt, daß Beziehungsglück, Liebe und Kinder das wirklich Ersehnte sind. – Ab 16. ✦ Deutschland 1997 **P** Videoscope/ NDR **R** Uwe Janson **B** Ulrich Limmer **K** Kay Gauditz **M** Ulrich Reuter **S** Birgit Levin **D** Heino Ferch (Robert), Ina Weisse (Judith), Nele Mueller-Stöfen (Susanne), Jan-Gregor Kremp (Jockel), Monika Bleibtreu (Mutter) **L** 90 **E** 18.3.1998 ARD

SINGLE SUCHT SINGLE (SINGLE BARS, SINGLE WOMEN). Als Nummernrevue angelegte Komödie um eine Bar, die als Treffpunkt für Singles auf der Suche nach einem neuen Partner dient. – Ab 14. ✦ USA 1984 **P** Carsey-Werner **Pd** Stuart Cohen **R** Harry Winer **B** Michael Bortman **K** Juan Ruiz Anchia **M** Basil Poledouris **D** Tony Danza (Dennis), Paul Michael Glaser (Gabe), Keith Gordon (Lionel), Shelley Hack (Frankie), Christine Lahti (Else) **L** 91 **E** 15.6.1995 Kabel 1

EIN SINGLE ZUM KNUTSCHEN (DE GULLE MINNAAR). Ein ansonsten in jeder Hinsicht mittelmäßiger Graphiker kann sich der sexuellen Avancen frustrierter Frauen kaum erwehren. In Gestalt einer Radio-Moderatorin begegnet ihm eines Tages das große Glück, das allerdings durch die Rache einer Ex-Geliebten beinahe wieder zerbricht. Das scheinheilige, mit allerlei Softsex-Einlagen untermauerte Plädoyer für Monogamie und »wahre Liebe« eignet sich bestenfalls für Mitternachtsprogramme einschlägiger Privatsender. ✦ Niederlande 1989 **P** De Verenigde Nederlandse Filmcompagnie **Kl** Esplanade **Pd** Rob Houwer **R** Mady Saks **B** Rob Houwer **K** Frans Bromet **D** Peter Faber (Peter), Mariska van Kolck (Mascha), Sylvia Millecam, Ella van Drumpt, Lieneke Le Roux **L** 87 **FSK** ab 16; f **E** 22.8.1991/18.2. 1996 RTL **fd** 29 098

DIE SINGLEFALLE – LIEBESSPIELE BIS ZUM TOD. Todesfälle im Kundenkreis einer mondänen Partnerschaftsvermittlung führen zu polizeilichen Ermittlungen, in deren Verlauf sich eine junge Polizistin »undercover« in die Agentur einschleust. Sie deckt ein Komplott auf, in dessen Zentrum eine Reihe von Erpressungen steht, mit denen die zahlungskräftige Kundschaft zur Kasse gebeten wird. »Erotisierter« (Fernseh-)Thriller, der die Versatzstücke des Genre bedient, ohne sonderliche Akzente zu setzen. ✦ Deutschland 1999 **P** RTL **R** Michael Keusch **B** Andrew Findlay **K** Johannes Geyer **M** Stephen Keusch **D** Sandra Speichert (Julia Hollander), Doreen Jacobi (Katherin Schmidt), Ralph Herforth (Markus Springer), Charlotte Schwab (Emma Hollander), Pasquale Aleardi (Max) **L** 90 **E** 9.10.1999 RTL

SINGLES. Ein von seiner Geliebten verlassener Werbetexter tut sich schwer mit seinem »Single«-Dasein, verfällt in Selbstmitleid, läßt sich privat und beruflich gehen und versucht vergeblich, die Geliebte zurückzugewinnen. Von treffenden Beobachtungen menschlicher Schwächen und einem charmanten Hauptdarsteller getragener Episodenfilm mit melancholischem Unterton; durch seine langweiligen Fernsehbilder wirkt er im Kino eher deplaziert. – Ab 16. ✦ BR Deutschland 1988 **P** Frankfurter Filmwerkstatt **Kl** Apollo **Pd** Michael Smeaton **R+B** Ekkehard Ziedrich **K** Egon Werdin **M** Lothar Krell, Thomas Lohr **S** Brigitte Lippmann, Thomas Balkenhol **D** Helmut Zierl (Mickey), Leonard Lansink (Archer), Claudia Demarmels (Gilla), Nina Hoger (Sabrina), Jan Fedder (Stefan) **L** 80 **FSK** ab 16; f **FBW** w **E** 16.2. 1989/10.9.1989 ZDF **fd** 27 374

SINGLES – GEMEINSAM EINSAM (SINGLES). Das humorvolle Porträt sechs junger Menschen in Seattle und ihre von früheren Enttäuschungen belastete Suche nach erfüllten Liebesbeziehungen. In den Details sehr aufmerksam, verfällt der episodenhaft inszenierte Film gegen Ende in harmonieträchtige Hollywood-Klischees. – Ab 16. ✦ USA 1992 **P** Atkinson/Knickerbocker (für Warner Bros.) **Kl** Warner Bros. **VA** Warner Home **Pd** Cameron Crowe, Richard Hashimoto **R+B** Cameron Crowe **K** Ueli Steiger **M** Paul Westerberg **S** Richard Chew **D** Bridget Fonda (Janet Livermore), Campbell Scott (Steve Dunne), Kyra Sedgwick (Linda Powell), Matt Dillon (Cliff Poncier), Sheila Kelley (Debbie Hunt) **L** 99 **FSK** ab 12; f **E** 22.4.1993/5.11.1993 Video/5.11.1994 premiere **fd** 30 165

SINGLES HABEN'S AUCH NICHT LEICHT →Plötzlich allein

SINGLES UNTERWEGS (LES RANDONNEURS). Drei Männer und zwei Frauen zwischen Mitte 20 und Mitte 30 begeben sich auf eine Wandertour durch die korsische Bergwelt, wobei sich zwar einige neue Weichen für ihr Leben stellen, sie aber ansonsten ihr normales Leben weder verdrängen noch bewältigen können. Eine mit leichter Hand und ironischen Tupfern entwickelte, inszenatorisch unspektakuläre Alltagsgeschichte, die außer bei den grandiosen Landschaftsbildern auf »Sensationen« verzichtet und sich auf sympathische Weise auf die Konflikte und Sorgen der (Lebens-)Wanderer konzentriert. (O.m.d.U.) – Ab 16 möglich. ✦ Scope. Frankreich 1997 **P** Lazennec/Le Studio Canal+/TF 1/Canal+/ Studio Images 3 **Kl** Kinowelt **VA** Arthaus **Pd** Adeline Lecallier **R** Philippe Harel **B** Eric Assous, Nelly Ryher, Philippe Harel **K** Gilles Henry **M** Philippe Eidel **S** Bénédicte Teiger **D** Karin Viard (Cora), Géraldine Pailhas (Nadine), Benoît Poelvoorde (Eric), Vincent Elbaz (Mathieu), Philippe Harel (Louis), Louise Germaine (Jennifer) **L** 101 **FSK** ab 6; f **E** 11.12.1997/ 16.6.1998 Video **fd** 32 880

SINGOALLA – DIE ZIGEUNERIN (SINGOALLA). Die alte nordische Sage von der Liebe zwischen einer Zigeunerin und einem Ritter. Inszeniert in einem balladesken Stil, der die Personen holzschnittartig gegenüberstellt, auf Psychologisierung verzichtet und die landschaftliche Stimmung in die Handlung einbezieht. – Ab 16. ✦ Schwarz-weiß. Frankreich/ Schweden 1950 **P** Terra **Kl** Prisma **R** Christian-Jaque **B** Christian-Jaque, Pierre Véry, nach einem Roman von Viktor Rydberg **K** Christian Matras **M** Hugo Alfven **D** Viveca Lindfors, Fernand Rauzena, Christopher Kent (= Alf Kjellin), Edvin Adolphson, Henri Nassiet **L** 93 **FSK** ab 12; f **E** 17.11.1950 **fd** 865

SINHA MOÇA – AUFSTAND DER SKLAVEN (SINHA MOCA). Historischer Abenteuerfilm über die Sklavenbefreiung in Südamerika um 1888. Thematisch bedingte Grausamkeiten sind erschreckend realistisch gefilmt. Abgesehen von der eindrucksvollen Kameraführung, ist der Film formal nicht eigenständig, sondern eine Kopie des Hollywoodstils seiner Zeit. (Alternativtitel: »Schwarze Haut«; DDR: »Rebellion«) – Ab 16. ✦ Schwarz-weiß. Brasilien 1953 **P** Vera Cruz **Kl** Columbia **R** Tom Payne **B** Fabio Carpi, Guilherme de Almeida, Carlos Vergueiro, Maria Dezonne, Pacheco Fernandez **K** Ray Surgess **M** Francisco Mignoni **D** Anselmo Duarte, Eliana Lage, Ruth de Souza, Henrique F. da Costa, Ricardo Campos **L** 95 **FSK** ab 12; f **E** 20.5.1955/24.8.1956 Kino DDR/ 14.12.1956 DFF 1 **fd** 3 459

DER SINN DES LEBENS →Monty Python's – Der Sinn des Lebens

SINN UND SINNLICHKEIT (SENSE AND SENSIBILITY). Die Verfilmung des im Milieu des englischen Landadels im ausgehenden 18. Jahrhundert spielenden Romans von Jane Austen über die Geschichte zweier charakterlich gegensätzlicher Schwestern und deren Liebeskonflikte. Ein mit grandiosen Landschaftsaufnahmen und glanzvollen schauspielerischen Leistungen aufwartender Film, der durch ein überzeugendes Buch und die meisterhafte Regie den Geist der Vorlage trifft und aktuelle Bezüge herausarbeitet wie den Konflikt zwischen Verstand und Gefühl, den Druck gesellschaftlicher Zwänge und die Bedeutung menschlicher Werte wie Aufrichtigkeit, Selbstlosigkeit und Treue. (Kinotipp der katholischen Filmkritik) DVD: Die Special Edition beinhaltet im Gegensatz zur deutschen DVD u. a. einen Audiokommentar des Regisseurs, der Hauptdarstellerin und der Produzentin Lindsay Doran sowie ein Feature mit nicht verwendeten Szenen. – Sehenswert ab 12. ✦ USA 1995 **P** Mirage **Kl** Columbia TriStar **VA** Col.TriStar **DVD** Columbia TriStar Home (16:9, 1.85:1, DS engl., DD2.0 dt.), USA Import: Columbia Tristar (SE 1.85:1, DS engl.) **Pd** Lindsay Doran **R** Ang Lee **B** Emma Thompson, nach einem Roman von Jane Austen **K** Michael Coulter **M** Patrick Doyle **S** Tim Squyres **D** Emma Thompson (Elinor), Kate Winslet (Marianne), Hugh Grant (Edward Ferrars), Alan Rickman (Colonel Brandon), Greg Wise (John Willoughby), Gemma Jones (Mrs. Dashwood), Harriet Walter (Fanny Dashwood), James Fleet (John Dashwood), Elizabeth Spriggs (Mrs. Jennings), Imogen Stubbs (Lucy Steele) **L** 136 **FSK** ab 6; f **FBW** w **E** 7.3.1996/2.9.1996 Video/1.9. 1997 DF 1/29.6.1998 DVD **fd** 31 819

SINNERS (SINNERS). Ein katholischer Priester hat im Italiener-Viertel seiner Stadt alle Hände voll zu tun, um die Schicksale seiner Schäflein zu ordnen. Kriminalität, Liebesaffären und Glücksspiel machen ihm das Leben schwer. ✦ USA 1989 **P** P/M Entertainment **VA** Scala **Pd** Richard Pepin, Joseph Merhi **R+B** Charles T. Kanganis **D** Joey Travolta, Joe Palese, Lou Calvelli, Sabrina Ferrand, Robert Gallo **L** 87 (gekürzt 75) **FSK** ab 18 (gekürzt 16) **E** 29.1.1990 Video

SINNERS BLOOD – DER TÖDLICHE TRIP →Der tödliche Trip

DIE SINNLICHE →Im Rausch der Wollust

SINNLICHE HAUT (EXTRANIA TERNURA). Argentinisches Melodram über eine Prostituierte in einem billigen Hafenetablissement: Die durch alle Tiefen des Lebens gegangene Sängerin fühlt sich von der Unberührtheit eines jungen Mannes angezogen. Sein Stiefvater, ein homosexueller Schriftsteller, reagiert darauf mit Eifersuchtsszenen. Der Junge rast schließlich grenzenlos enttäuscht in den Tod. Weder inhaltlich noch handwerklich von Bedeutung. ✦ Schwarz-weiß. Argentinien 1964 **P** Argentina Sono **Kl** Sonderfilm **Pd+R** Daniel Tinayre **B** Guy de Cars **K** Antonio Merayo **M** Lucio Milena **D** Egle Martin, José Cibrian, Norberto Suarez, Ernesto Bianco, Luis Tasca **L** 89 **FSK** ab 18; nf **E** 1965 Kino **fd** 13 764

SINNLICHE LIPPEN (THE AMAZING TRANSPLANT). Nach erfolgreicher Penis-Transplantation trägt ein Mann das Geschlechtsteil seines Freundes, eines legendären, früh verstorbenen Frauenhelden. Das Organ entwickelt ein beängstigendes Eigenleben, dem bald die Geliebte zum Opfer fällt. Nun ist dem Träger die Polizei auf den Fersen. Lächerlicher Schund in erbärmlicher Machart. – Wir raten ab. ✦ USA 1972 **Kl** National **Pd** Doris Wishman **R** Louis Silverman (= Doris Wishman) **B** Dawn Whitman (= Doris Wishman) **D** Juan Fernandez, Linda Southern, Larry Hunter, Olive Deneccio, Sandy Eden **L** 80 **FSK** SPIO: X **E** 1972

SINNLICHE LUST (SAVAGE ASPHALT-LOLLIPOP). Ein triebhaftes Mädchen wird durch den Verlobten einer lesbischen Freundin schwanger, der ihr illegitimer Bruder ist. Der Verlobte wird sich, als er die Wahrheit erfährt, mit dem Rasiermesser richten, während der gemeinsame Vater sich eine Kugel in den Kopf jagt. Der zwischen Werft, Herrenhaus und Bordellspelunke spielende Film gefällt sich in der Rolle der spekulativen Schnulze. – Wir raten ab. ✦ Schwarzweiß. Brasilien 1965 **P** Richers/Tanko **Kl** Austria **R+B** J. B. Tanko **K** Toni Rabatono **M** Joao Negrao **D** Vera Vianna, Odilon Azevedo, Jorge Doria, Jece Valedao, Maria Helena Dias **L** 86 **FSK** ab 18; nf **E** 21.4.1967 **fd** 14 684

SINNLICHE NÄCHTE IN FLORENZ (BETTY BLUE). Erotikfilm. Eine ideenlose Schriftstellerin streitet um das Erbe einer Freundin, die ihr aufs Haar gleicht. ✦ Italien 1995 **R** Alex Perry **D** Anita Rinaldi (Elisabeth Hutton), Herve Pierre Gustave (Chauffeur), Tania Lariviere (Geliebte des Marquis), Eros Belotti (Advokat), Lea Martin (Schwester des Marquis) **L** 90 **E** 26.4.1997 Vox

SINNLICHE TÄUSCHUNG (DECEPTIONS). Was sich zunächst als Notwehr darstellt, belastet durch eine Reihe von Indizien und weitere Verbrechen eine reiche Frau immer mehr, bis sie schließlich als Gattenmörderin überführt werden kann. Solide inszenierter und zunächst geschickt entwickelter (Fernseh-) Krimi, der jedoch zusehends die Charakterzeichnung vernachlässigt und zum Ende hin immer unbefriedigender wird. (TV-Titel: »Mörderische Verführung«, »sinnliche Verführung«) – Ab 16. ✦ USA 1989 **P** Alpha Entertainment/Zuban **VA** RCA/Columbia **Pd** William Hill **R** Ruben Preuss **B** Richard Taylor, Melville Shavelson **K** Zoran Hochstatter **M** Gary Scott **S** Rozanne Zingale **D** Harry Hamlin (Nick Gentry),

Robert Davi (Jack »Harley« Kessler), Nicollette Sheridan (Adrienne Erickson), Kevin King (Marta/ Paul Basque), Marshall Colt (Douglas Erickson) **L** 100 **FSK** ab 16 **E** 16.8.1991 Video/10.3.1995 RTL **fd** 29 113

SINNLICHE VERFÜHRUNG →Sinnliche Täuschung

SINNLICHKEIT (1952) →Sensualita – Die Sinnlichkeit

SINNLICHKEIT (1958) (CHALEUR D'ETE). Die Eifersucht zwischen zwei Mädchen, die sich in einen jungen südfranzösischen Weingutsbesitzer verlieben, äußert sich in Bosheit und Rachgier. Eine bemerkenswert dumme Dorfgeschichte voller primitiver Klischees. ✦ Schwarz-weiß. Frankreich 1958 **P** K.L.F./Carlton **Kl** Deutsche Cosmopol **Pd** Lola Kohn **R** Louis Felix **B** Gilles Siry, Paula Delsol **K** Marcel Combes **M** Fernand Clare **S** Linette Nicolas **D** Michel Bardinet (Robert), Patricia Karim (Lina), Yanne Barry (Magali), Claude Sainlouis (Paul), Janine Massa (die Tante) **L** 87 **FSK** ab 18; nf **E** 17.7.1959 **fd** 8 252

EIN SINNVOLLES LEBEN (MITASARETA SEIKATSU). Eine junge Frau, die ihr Leben als nutzlos und leer empfindet, läßt sich scheiden und geht zu der Schauspielertruppe zurück, der sie vor ihrer Ehe angehörte. Sie wird in politische Meinungskämpfe verwickelt, versucht, mit ihrem Leben allein zurechtzukommen, heiratet am Ende aber den Regisseur der Truppe. Zweiter Spielfilm von Susumu Hani, der die Emanzipationsbestrebungen der japanischen Frau bewußt machen will. Gedanklich zu wenig ausgearbeitet, auch formal nicht ohne Mängel, doch atmosphärisch dicht und streckenweise eindrucksvoll fotografiert. ✦ Schwarz-weiß. Japan 1961 **P** Shochiku **R** Susumu Hani **B** Susumu Hani, Kunio Shimizu, nach einem Roman von Tatsuzo Ishikawa **K** Shigeichi Nagano **M** Toru Takemitsu **D** Ineko Arima, Koshiro Harada, Takahiro Tamura, Yukari Ohba **L** 95 **E** 2.8.1969 WDR

SINOLA (JOE KIDD). Ein wortkarger Revolvermann befreit eine Ortschaft im amerikanisch-mexikanischen Grenzgebiet vom Terrorregime einer korrupten Obrigkeit. Spätwestern von Hollywoodroutinier Sturges, der seinem Hauptdarsteller Clint Eastwood ausgiebig Gelegenheit zur Imagepflege gibt: Die Figur des einsamen Rächers ist eine veredelte Django-Variante. In seiner teilweise recht zynischen Glorifizierung von Faustrecht und Selbstjustiz gibt sich der gut gestaltete Film sichtlich Mühe, mit den Vorgaben des Italowesterns Schritt zu halten. – Ab 16. ✦ Scope. USA 1972 **P** Malpaso **Kl** CIC **Pd** Sidney Beckerman **R** John Sturges **B** Elmore Leonard **K** Bruce Surtees **M** Lalo Schifrin **S** Ferris Webster **D** Clint Eastwood (Joe Kidd), Robert Duvall (Frank Harlan), Don Stroud (Lamarr), John Saxon (Luis Chama), James Wainwright (Mingo), Stella Garcia (Helen Sanchez), Paul Koslo (Roy), Gregory Walcott (Sheriff Mitchell), Dick Van Patten (Hotelmanager), Chuck Hayward (Elija) **L** 88 **FSK** ab 16; nf **E** 8.9.1972 **fd** 18 005

SINS – MÖRDERISCHE VERGEBUNG (DEADLY SINS). Auf eine entlegene Insel versetzt, wird ein Polizist mit der Leiche einer Klosterschülerin konfrontiert, die erhängt im Glockenturm gefunden wurde. Zusammen mit einer Privatdetektivin, die als Nonne getarnt Ermittlungen angestellt, kommt er einer ganzen Mordserie auf die Spur, die schon elf Schülerinnen das Leben kostete. Mystery-Thriller mit Anleihen bei Hitchcock, der eine wohlige Gruselatmosphäre zu erzeugen versucht. ✦ USA 1994 **P** The James Shavick Film Company **VA** VMP **Pd** James Shavick **R** Michael Robinson **B** John Langley, Malcolm Barbour **K** Barry Gravelle **D** Alyssa Milano (Christina), David Keith (Jack Gates), Corrie Clark (Beth), Terry David Mulligan (Doc), Heidi Lenhart (Marie) **L** 94 **FSK** ab 16 **E** 6.9.1996 Video

SINS OF THE NIGHT – GEFÄHRTIN DER NACHT (SINS OF THE NIGHT). Eine ehemalige Prostituierte, gegen die ein Detektiv wegen Versicherungsbetrugs ermittelt, versucht diesen anzustiften, ihren Ehemann und verschiedene Widersacher zu beseitigen. Bei seinen Nachforschungen trifft der kaltschnäutzige Macho-Schnüffler auf diverse weitere Frauen, die alle nur eins im Sinn haben: möglichst schnell mit ihm ins Bett zu gehen. Ein kläglicher, geschmäcklerisch inszenierter Softporno mit entfernten »film noir«-Anklängen. – Wir raten ab. ✦ USA 1992 **P** Alexis/Gernert-Garroni-Hippolyte **VA** Columbia TriStar **Pd** Andrew Garroni **R** Alexander Gregory Hippolyte **B** Russell Lavalle **K** Glenn Kershaw **M** Ashley Irwin **S** Kent Smith **D** Deborah Shelton (Roxanne Flowers), Nick Cassavetes (Jack Nietzsche), Miles O'Keefe (Tony Falcone), Matt Roe (Ted Quincy), Richard Roundtree (Les) **L** 86 **FSK** ab 18 **E** 7.12.1993 Video/ 3.3.1995 premiere **fd** 30 594

SINTFLUT (POTOP). Während des schwedisch-polnischen Kriegs (1655–1660) wandelt sich ein rauhbeiniger, räuberischer Krieger durch seine Liebe zu einer Frau und seine Eindrücke im Schlachtgeschehen, durch Intrigen und Verrat und durch körperliche wie auch seelische Verletzungen zum verantwortungsvollen, allein für die polnische Sache kämpfenden Offizier. Breit angelegtes, aufwendiges Historiengemälde nach einem Roman von Sienkiewicz, getragen von einem nahezu erdrückenden Pathos. Durch außergewöhnlich sorgfältige Charakterzeichnungen und seine stimmungsvolle Detailtreue gewinnt der Film andererseits intensive, menschlich berührende Momente. ✦ Scope. Polen 1974 **P** Film Polski **Kl** Progress **R** Jerzy Hoffman **B** Jerzy Hoffman, Adam Kersten, Wojciech Zukrowski, nach einem Roman von Henryk Sienkiewicz **K** Jerzy Wójcik **M** Kazimierz Serocki **D** Daniel Olbrychski (Kmicic), Malgorzata Braunek (Billewicz), Tadeusz Lomnicki (Wolodyjowski), Wladyslaw Hancza (Janusz Radziwill), Leszek Teleszynski (Boguslaw Radziwill) **L** 284 **E** 19.12.1975 Kino DDR/26.,27.12.1981 ZDF (zwei Teile)

SINUHE, DER ÄGYPTER (THE EGYPTIAN). Vielgötterei und Friedlosigkeit erschüttern im 13. Jahrhundert v. Chr. das Reich des Pharaos Echnathon, der sich zum Monotheismus bekannt hat. In dieser aufgewühlten Zeit sucht der junge ägyptische Arzt Sinuhe nach dem Sinn des Lebens und findet ihn in einer vorchristlichen Erlösungssehnsucht, der er zwar nicht mehr teilhaftig werden kann, die sich aber am Ende ankündigt. Naiv religiöser Monumentalfilm mit einigen Längen in kostspieligen historischen Kulissen. – Ab 16. ✦ Scope. USA 1954 **P** 20th Century Fox **Kl** Centfox **Pd** Darryl F. Zanuck **R** Michael Curtiz **B** Philip Dunne, nach dem Roman von Mika Waltari **K** Leon Shamroy **M** Bernard Herrmann, Alfred Newman **S** Barbara McLean **D** Edmund Purdom (Sinuhe), Victor Mature (Haremhab), Gene Tierney (Baket-Amon), Jean Simmons (Merit), Peter Ustinov (Kapta), Bella Darvi (Nefer) **L** 140 **FSK** ab 12; f **E** 17.12.1954 **fd** 3 804

SIOUX CITY (SIOUX CITY). Ein von weißen Pflegeeltern aufgezogener Indianer will seine leibliche Mutter im Reservat besuchen und erfährt, daß sie bei einem Brand ums Leben gekommen ist. Da er nicht an einen Unfall glaubt, macht er sich auf die Suche nach dem Mörder. Kriminalfilm mit ethnischem Hintergrund, in dessen Verlauf der indianische Protagonist mit den Wurzeln seiner Kultur vertraut wird. (Titel auch: »Sioux City – Amulett der Rache«) ✦ USA 1994 **P** Cabin Fever/Rix-Ubell **VA** Deutscher Video Ring **R** Lou Diamond Phillips **B** L. Virginia Browne **D** Lou Diamond Phillips (Jesse Rainfeather Goldman), Salli Richardson (Jolene Buckley), Melinda Dillon (Leah), Adam Roarke (Blake), Ralph Waite (Drew McDermott), Bill Allen (Dan Larkin) **L** 98 **FSK** ab 16 **E** 1995 Video/2.6.1996 Pro Sieben

EINE SIPPSCHAFT ZUM ERMORDEN →Bullet Point

SIR ARTHUR CONAN DOYLE'S LOST WORLD (SIR ARTHUR CONAN DOYLE'S LOST WORLD). Eine englische Expedition unter der Führung von Professor Challenger entdeckt auf einem Berg in der Mongolei ein Refugium für Saurier und Neandertaler. Da sich beide als äußerst angriffslusitg erweisen, wird die Gruppe rasch dezimiert. Die Geretteten verschweigen in der Heimat ihre sensationelle Entdeckung, um sie vor Abenteurern zu schützen. Erneute Verfilmung des Romans von Arthur Conan Doyle, deren anfänglich naiver Charme sich rasch verflüchtigt und einer Hauruck-Dramaturgie mit zahlreichen Spezialeffekten weichen muss. Abenteuerliche Unterhaltung für schlichte Ansprüche, die allerdings für kleinere Kinder zu schreckhaft sein dürfte. – Ab 14. ✦ Kanada 1998 **P** Fries Film/Canadian Film & Video **VA** VCL **Pd** Danny Rossner, Murray Shostak **R** Bob Keen **B** Leo St. Pierre, Jean Lafleur, nach dem Roman »The Lost World« von Arthur Conan Doyle **K** Barry Gravelle **M** Milan Kymlicka **S** Isabell Lévesque **D** Patrick Bergin (Prof. Challenger), Jayne Heitmeyer (Amanda White), Julian Casey (Malonne), David Nerman (Roxton), Michael Sinelnikoff (Prof. Summerlee) **L** 94 **FSK** ab 12 **fd** 33 643

SIR GAWAIN UND DER GRÜNE RITTER (SIR GAWAIN & THE GREEN KNIGHT). Abenteuerfilm um den Knappen Gawain, der zum Ritter geschlagen wird, um sich der Herausforderung des geheimnisvollen Grünen Ritters stellen zu können. Gawain hat ein Jahr lang Zeit, den Ritter zu finden und zum Kampf zu fordern, andernfalls wird ihm der Kopf abgeschlagen. Auf seinem Weg muß er zahlreiche Abenteuer bestehen. Etwas angestaubte Unterhaltung, reizvoll besetzt in der Hauptrolle mit dem unkonventionellen Pop-Sänger Murray Head. – Ab 14. ✦ USA 1973 **R** Stephen Weeks **B** Philip M. Breen, Stephen Weeks **D** Murray Head (Gawain), Nigel Green (Grüner Ritter), Ciaran Madden (Linet), Robert Hardy (Sir Bertilan), Davil Leland (Humphrey) **L** 89 **E** 21.6.1998 Kabel 1

SIR JOHN GREIFT EIN →Mord – Sir John greift ein

DIE SIRENE (SIRENA). Die Geschichte einer Bergarbeiterfrau um die Jahrhundertwende in der Tschechoslowakei. ✦ Schwarz-weiß. CSR 1947 **P** Státni-Film **Kl** Progress **R** Karel Stekly **B** Marie Majerova, Karel Stekly, nach dem Roman von Marie Majerova **M** E. F. Burian **D** Marie Vásová (Hudcová), I. Bohác (Hudec), N. Mauerová (Ruzena), Josef Bek (Karel Hampl), Vera Kalendová (Cerná) **L** 77 **E** 27.6.1951 Kino DDR/14.10.1974 DFF 2

SIRENE I (THE RIFT / LA GRIETA). In einer unterseeischen Höhle, die zu einem Brutplatz von Mutanten und Tentakeln wurde, entdeckt ein Rettungs- und Forschungsteam ein vermißtes U-Boot. Lediglich zwei Besatzungsmitglieder können sich im Kampf gegen die Unterseemonster retten. Ein B-Picture mit reichlich Anleihen beim Science-Fiction-Film sowohl der 50er als auch der 80er Jahre. Ekel-Schocks trüben gelegentlich den ansonsten naiven Filmspaß. (Alternativer TV-Titel: »U 1 – Tauchfahrt des Todes«) ✦ Spanien/USA 1989 **P** Dister Video & Film Group **Kl** 20th Century Fox **VA** RCA/Columbia **Pd** José Escriva, Francesca De Laurentiis, Juan Piquer Simon **R** Juan Piquer Simon **B** David Coleman, nach einer Story von J. P. Simon und Mark Klein **K** Juan Marine **M** Joel Goldsmith **S** Isaac Sehayek **D** Jack Scalia (Vick Hayes), R. Lee Ermey (Phillips), Deborah Adair (Nina Crowley), Ray Wise (Robbins), Ely Pouget, John Toles-Bey **L** 82 **FSK** ab 16 **E** 26.7.1990/9.4. 1991 Video/3.7.1993 RTL **fd** 28 457

SIRENE IN BLOND (WILL SUCCESS SPOIL ROCK HUNTER?). Persiflage auf Werbung, Erfolgssucht und allerlei Praktiken der Showbranche. Ein Werbetexter wird unversehens zum Star der Klatschspalten, als er zum »Geliebten« einer Filmdiva aufsteigt. Lebendige, spritzige Komödie, die die Erscheinungen ihrer Zeit zielsicher aufspießt und zudem ein opulentes visuelles Plädoyer für die große bunte Leinwand darstellt. Schwächen in der dramaturgischen Geschlossenheit werden durch besonders gelungene Nummern wettgemacht. – Ab 16. ✦ Scope. USA 1957 **P** 20th Century Fox **Kl** FiFiGe **Pd+R** Frank Tashlin **B** Frank Tashlin, nach einem Theaterstück von George Axelrod **K** Joseph MacDonald **M** Cyril J. Mockridge

S Hugh S. Fowler **D** Jayne Mansfield (Rita Marlowe), Tony Randall (Rock Hunter), Betsy Drake (Jenny), Joan Blondell (Violet), Groucho Marx (Überraschungsgast), Henry Jones (Rufus), John Williams (Le Salle jr.) **L** 93 **FSK** ab 12; nf **E** 4.10.1957 **fd** 23 785

SIRENEN-EILAND (SIREN ISLAND). Eine eigenwillige Montage aus Bildern einer morbiden Großstadtwelt, in der Natürlichkeit und Liebe nur noch als Sehnsucht aus (Klage-)Liedern herauszulesen sind. Durch seine offene Struktur läßt sich der Film häufig nur assoziativ erschließen. Ein interessanter Film, der jedoch unter dem selbstverliebten Kunstwillen der Regisseurin leidet. ✦ Schweiz 1981 **P** Hesse-Rabinovitch **KI** Hesse-Rabinovitch **Pd+R+B** Isa Hesse-Rabinovitch **K** Deidi von Schaewen, Babette Mangolte **M** Patricia Jünger **D** Rositta Rayas (Snake-Dancer), Manon Küng (Wheelchair-Lady), Antoinette Novak (Juggler), Irene Speichlinger (Knife-Artist), Su Meili (Plastic-Act) **L** 100 **E** 1983 Kino **fd** 24 289

SIRENENGESANG (UNE FEMME FATALE). Der Chefpilot einer Fluggesellschaft soll ein automatisches Landegerät erproben. Dabei stößt er nicht nur auf den Widerstand jüngerer Kollegen, die sich gegen die Automatisierung ihres Berufs wehren, er muß auch um seine Ehe fürchten, als seine Frau mit einem der Hauptwidersacher anbandelt. Sie wird schwanger, der Kontrahent erleidet einen tödlichen Unfall. Nun ist Klärungsbedarf gefordert. Die psychologisch einfühlsame Beschreibung einer Ehekrise im kriminalistischen Gewand, in einer der Emotionalität verpflichteten Inszenierung. Der Regisseur ist einer der Gründer der französischen Filmzeitschrift »Cahiers du Cinéma« und war ihr langjähriger Chefredakteur. – Ab 16. ✦ Frankreich/BR Deutschland 1974 **R** Jacques Doniol-Valcroze **B** Jacques Doniol-Valcroze, nach dem Roman »The Siren Song« von David Beaty **K** Charly Steinberger **D** Heinz Bennent (Moritz Korber), Anicée Alvina (Anne Korber), Jacques Weber (Philippe Mathelin), Gabriela Dossi (Elisabeth Korber), Tilli Breidenbach (Frau Hofstein) **L** (TV) 100 **E** 16.11.1974 ARD

SIRENS (SIRENS). Nachdem der farbige Ex-Mann einer erfolgreichen Geschäftsfrau bei einem Handgemenge mit zwei Polizisten erschossen wurde und beide die Tat vertuschen, nimmt die Frau incognito Kontakt mit dem Partner des Todesschützen auf und versucht, diesem eine Falle zu stellen. Solide gespielte Fernsehproduktion, die sich anfangs ernsthaft den Themen Polizeigewalt und Rassismus nähert, im zunehmenden Verlauf jedoch die üblichen Krimi- und Seifenoper-Muster bedient. So bleibt die Psychologie des Films nicht immer stimmig und auch der Umstand, dass der Täter zur dämonischen Figur mit ungeheuerem sexuellen Appetit stilisiert wird, trägt wenig zum Gelingen des Films bei. ✦ USA 1999 **P** Sacret/Paramount Pictures **VA** Paramount Home **Pd** Janet Faust Krusi **R+B** John Sacret Young **K** Eagle Egilsson **M** Brian Tyler **S** Christopher Nelson **D** Dana Delaney (Sally Rawlings), Keith Carradine (Officer Wexler), Justin Theroux (Officer Bontempo), Vondie Curtis-Hall (Edward Morgan), Brian Dennehy (Ltd. Denby) **L** 98 **FSK** ab 16 **E** 14.9.2000 Video **fd** 34 509

SIRGA – DIE LÖWIN (L'ENFANT LION). Vor langer Zeit in Afrika: Eine Löwin und eine Häuptlingsfrau gebären am selben Tag nicht die ihnen prophezeiten Zwillinge, sondern jeweils nur ein »Baby«. Die beiden wachsen gemeinsam auf, das Menschenkind lernt die Sprache der Natur, wird von Sklavenjägern entführt, findet aber letztlich seine »Zwillingsschwester« wieder. Ein in schönen Bildern und einem ruhigen Rhythmus erzählter Film, der die Harmonie zwischen Mensch und Tier beschwört. Zugunsten dieser unspektakulären »Natürlichkeit« ist die Geschichte eher poetisch überhöht als dramatisch zugespitzt. – Ab 8. ✦ Scope. Frankreich/Deutschland 1996 **P** R.G.P./Odessa Films/Skyline/Le Studio Canal+ **KI** Prokino **VA** VPS/Matthias **DVD** Alligator DVD (1.85:1, DD5.1 dt.) **Pd** Patrick Grandperret, Yannick Bernard, Eberhard Junkersdorf **R** Patrick Grandperret **B** Catherine Galodé, nach einem Roman von René Guillot **K** Jean-Michel Humeau **M** Salif Keita, Steve Hillage, Marcel Barsotti **S** Sean Barton, Yann Dedet, Terry Stokes **D** Mathurin Sinze (Oulé), Sophie-Véronique Toué Tagbé (Lena), Souleyman Koly (Moko Kaouro, Oulés Vater), Wéré-Wéré Liking (Tamani, Oulés Mutter), Jean-René de Fleurieu (der Prinz) **L** 83 **FSK** ab 6; f **FBW** w **E** 11.12.1997/23.6.1998 Video/30.3.1999 DVD **fd** 32 877

SIROCCO – ZWISCHEN KAIRO UND DAMASKUS (SIROCCO). Die Geschichte eines zwielichtigen amerikanischen Waffenhändlers, der sich um 1925 an der syrischen Rebellion gegen die französische Mandatsmacht bereichert und ums Leben kommt. Eine zwischen Realismus und Romantik angesiedelte Abenteuergeschichte, weitschweifig und ohne große Atmosphäre inszeniert. – Ab 14. ✦ Schwarz-weiß. USA 1951 **P** Santana/Columbia **KI** Columbia **Pd** Robert Lord, Henry S. Kesler **R** Curtis Bernhardt (= Kurt Bernhardt) **B** A. I. Bezzerides, Hans Jacoby, nach dem Roman »Coup de Grâce« von Joseph Kessel **K** Burnett Guffey **M** George Antheil **S** Viola Lawrence **D** Humphrey Bogart (Harry Smith), Marta Toren (Violette), Lee J. Cobb (Colonel Feroud), Everett Sloane (General LaSalle), Gerald Mohr (Major Leon) **L** 98 **FSK** ab 12; nf **E** 16.1.1953 **fd** 2 314

SISI UND DER KAISERKUSS. Satirische Nachzeichnung der Heiratspläne am Wiener Hof für Kaiser Franz Joseph, der sich nicht der von der Kaiserin-Mutter ausgesuchten Braut, sondern deren jüngerer Schwester Elisabeth von Bayern, zuwendet. Eine zum Teil in theatralischer Verfremdung vorgenommene Ironisierung von Historiengestalten, verbunden mit frivol-sarkastischen Erläuterungen von weiblicher Dominanz und männlicher Traumatisierung nach Sigmund Freuds psychoanalytischen Aufklärungsmodellen. – Ab 16 möglich. ✦ Deutschland 1991 **P** Calypso/Marian/New Deal **KI** Comet **Pd** Uwe Franke **R+B** Christoph Böll **K** Reinhard Köcher **M** Gustav Mahler, Ludwig van Beethoven, Wolfgang Amadeus Mozart **S** Helga Borsche **D** Vanessa Wagner (Sisi), Nils Tavernier (Kaiser Franz-Joseph), Sonja Kirchberger (Prinzessin Helene), Jean Poiret (Herzog Max), Bernadette Lafont (von Wrangel) **L** 91 **FSK** ab 12; f **E** 19.9.1991 **fd** 29 100

SISSI. Die Liebesgeschichte des jungen Kaisers Franz Joseph und der bayrischen Prinzessin Elisabeth. Romantisch-gefühlvolle Unterhaltung im Stil anspruchsloser Heimatfilme. DVD: Die Extras umfassen u. a. einen 20-minütigen Dokumentation über Romy Schneider. – Ab 10. ✦ Österreich 1955 **P** Erma **KI** Ufa **VA** Taurus **DVD** Kinowelt Home (FF, Mono dt.) **Pd** Karl Ehrlich **R** Ernst Marischka **B** Ernst Marischka, nach dem gleichnamigen Roman von Marie Blank-Eismann **K** Bruno Mondi **M** Anton Profes **S** Alfred Srp **D** Romy Schneider (Prinzessin Sissi), Karlheinz Böhm (Kaiser Franz Joseph), Magda Schneider (Herzogin Ludovika von Bayern), Gustav Knuth (Herzog Maximilian von Bayern), Uta Franz (Helene von Bayern), Peter Weck (Erzherzog Carl-Ludwig), Josef Meinrad (Oberst Böckl), Vilma Degischer (Erzherzogin Sophie) **L** 102 **FSK** ab 6; f **E** 22.12.1955/25.12.1967 ZDF/25.12.1998 SAT 1 (restaurierte Fassung)/2.9.1999 DVD **fd** 4 611

SISSI, DIE JUNGE KAISERIN. Fortsetzung des Erfolgsfilms »Sissi«, der die ersten Ehejahre der Kaiserin Elisabeth von Österreich schildert. Das erste Kind erblickt das Licht der Welt; in Budapest findet die Krönung statt. Eine auf Traumfabrik angelegte Unterhaltung, für die der historische Stoff im wesentlichen nur »Aufhänger« ist. – Ab 14. ✦ Österreich 1956 **P** Erma **KI** Herzog **VA** Taurus **DVD** Kinowelt Home (FF, Mono dt.) **Pd** Karl Ehrlich **R+B** Ernst Marischka **K** Bruno Mondi **M** Anton Profes **S** Alfred Srp **D** Romy Schneider (Kaiserin Sissi), Karlheinz Böhm (Kaiser Franz Joseph), Magda Schneider (Herzogin Ludovika von Bayern), Gustav Knuth (Herzog Max von Bayern), Vilma Degischer (Erzherzogin Sophie), Josef Meinrad (Oberst Böckl), Walter Reyer (Fürst Andrassy), Uta Franz (Prinzessin Nené) **L** 107 **FSK** ab 6; f **E** 19.12.1956/26.12.1967 ZDF/27.12.1998 SAT 1 (restaurierte Fassung)/2.9.1999 DVD **fd** 5 546

SISSI – SCHICKSALSJAHRE EINER KAISERIN. Romy Schneider zum dritten Mal als märchenhafte Kaiserin der Donaumonarchie. Diesmal bekommt das Glück wohldosierte Sprünge. Die Kaiserin erkrankt an Schwindsucht, die Krankheit zwingt zur Trennung, ein Staatsbesuch in Italien droht zum Debakel zu werden. Edelkitsch für schlichte Gemüter. – Ab 10. ✦ Österreich 1957 **P** Erma **KI** Ufa **VA** Taurus **DVD** Kinowelt Home (FF, Mono dt.) **Pd** Karl Ehrlich **R+B** Ernst Marischka **K** Bruno Mondi **M** Anton Profes **S** Alfred Srp **D** Karlheinz Böhm (Kaiser Franz Joseph), Romy Schneider (Kaiserin Sissi), Gustav Knuth (Herzog Max von Bayern), Magda Schneider (Herzogin Ludovika von Bayern), Vilma Degischer (Erzherzogin Sophie), Uta Franz (Prinzessin Nené), Josef Meinrad (Oberst Böckl), Walter Reyer (Fürst Andrassy) **L** 108 **FSK** ab 6; f **E** 19.12.1957/26.12.1998 SAT 1 (restaurierte Fassung)/2.9.1999 DVD **fd** 6 541

SISTER ACT – EINE HIMMLISCHE KARRIERE (SISTER ACT). Eine farbige Nachtclubsängerin wird zum Schutz vor einem Gangster von der Polizei in einem Nonnenkloster versteckt, wo sie den bis dahin unerheblichen Chor in Schwung bringt, dadurch die Kirche wieder füllt und sogar dem Papst imponiert. Nicht sonderlich spannend, aber gefällig und mit leichter, augenzwinkernder Komik erzählte Komödie mit Gangsterfilm-Einschlag, die über weite Strecken vom Soundtrack lebt und das Ordensmilieu nicht ohne Wohlwollen als Handlungsrahmen nutzt. Eine Geschichte, die sich naiv und gefühlsorientiert fürs breite Familienpublikum anbietet. – Ab 12. ✦ USA 1992 **P** Touchstone **KI** Buena Vista **VA** Touchstone **Pd** Teri Schwartz **R** Emile Ardolino **B** Joseph Howard **K** Adam Greenberg **M** Marc Shaiman **S** Richard Halsey **D** Whoopi Goldberg (Deloris), Maggie Smith (Mutter Oberin), Kathy Najimy (Schwester Mary Patrick), Harvey Keitel (Vince LaRocca), Bill Nunn (Kommissar Eddie Souther) **L** 100 **FSK** ab 6; f **E** 26.11.1992/27.5.1993 Video/3.6.1994 premiere **fd** 29 931

SISTER ACT 2 – IN GÖTTLICHER MISSION (SISTER ACT 2 – BACK IN THE HABIT). Eine schwarze Nachtclubsängerin schlüpft in Nonnentracht, um als Musiklehrerin eine aufmüpfige Schulklasse zu bändigen und sie zum Sieg in einem Schulchor-Wettbewerb zu führen, der die in Geldnot geratene Schule vor der Schließung bewahrt. Ein fader Aufguß des Erfolgsfilms »Sister Act – Eine himmlische Karriere«, der ein Nichts an Handlung mühsam in die Länge zieht und penetrant pädagogische »Lebensweisheiten« verbreitet. Selbst Charme und Spiellust des schwarzen Stars Whoopi Goldberg werden nicht gewinnbringend für den Zuschauer eingesetzt. – Ab 10 möglich. ✦ USA 1993 **P** Touchstone **KI** Buena Vista **VA** Touchstone (Buena Vista) **DVD** Buena Vista (16:9, 1.85:1, DD5.1 engl., DD2.0 dt.) **Pd** Dawn Steel, Scott Rudin **R** Bill Duke **B** James Orr, Jim Cruickshank, Judi Ann Mason **K** Oliver Wood **M** Michael Peters, div. **S** John Carter, Pembroke J. Herring, Stuart H. Pappe **D** Whoopi Goldberg (Deloris), Wendy Makkena (Schwester Mary Robert), James Coburn (Mr. Crisp), Lauryn Hill (Rita Watson), Barnard Hughes (Pater Maurice) **L** 107 **FSK** o. A.; f **FBW** w **E** 3.3.1994/7.2.1995 Video/10.2.1996 premiere/29.9.1999 DVD **fd** 30 700

SISTER GEORGE MUSS STERBEN →Das Doppelleben der Sister George

SISTER MY SISTER (SISTER MY SISTER). Zwei seit ihrer Kindheit getrennte Schwestern finden als junge Frauen gemeinsam eine Stelle als Hausmädchen. Im Lauf der Zeit nähern sie sich in homoerotischer Zuneigung einander an. Ein spannend inszenierter Film, der das Klaustrophobische der unmöglichen Beziehung betont. (O.m.d.U.) ✦ Großbritannien

1994 **P** NFH Productions/Film Four/British Screen **R** Nancy Meckler **B** Wendy Kesselman, nach ihrem Bühnenstück »My Sister in This House« **K** Ashley Rowe **M** Stephen Warbeck **S** David Stiven **D** Julie Walters (Madame Danzard), Joely Richardson (Christine), Jodhi May (Lea), Sophie Thursfield (Isabelle Danzard), Kate Gartside (Schwester Veronica) **L** 95 **E** 23.5.1997 3sat

SISTER, SISTER (SISTER, SISTER). Zwei Schwestern, die eine Ferienunterkunft betreiben, werden eines Tages von ihrer Vergangenheit eingeholt. In ihrer Jugend verletzten sie einen zudringlichen jungen Mann mit einem Messer; nun will dessen jüngerer Bruder Rache üben. Ein ebenso trüber wie träger romantischer Thriller, der die tragische Verstrickung zweier Geschwisterpaare mit diversen Schauer-Elementen und kleinen Sexeinlagen anreichert. (Fernsehtitel: »Das Hotel im Todesmoor«) ✦ USA 1987 **P** New World Pictures/Odyssey **VA** New Vision **Pd** Walter Coblenz **R** Bill Condon **B** Bill Condon, Joel Cohen, Ginny Cerrella **K** Stephen M. Katz **M** Richard Einhorn **S** Marion Rothman **D** Eric Stoltz (Matt Rutledge), Jennifer Jason Leigh (Luci Bonnard), Judith Ivey (Charlotte Bonnard), Dennis Lipscomb (Cleve Doucet), Anne Pitoniak (Mrs. Bettleheim) **L** 86 **FSK** ab 18 **E** 11.9.1988/15.11.1988 Video **fd** 27 351

SITCOM (SITCOM). Ein Familienvater erschießt seine Familie. Die Vorgeschichte dieser Tat zeigt eine bürgerliche Welt, deren innere Balance verloren geht, als der Vater eine Ratte als Haustier anschleppt. Fortan lassen alle Familienmitglieder ihre Hemmungen fallen und leben verdrängte Gelüste aus. Nur der Vater bleibt scheinbar ungerührt und gleichmütig. Eine nach Art der Fernseh-Sitcoms inszenierte schwarze Komödie, die mit surrealen und psychoanalytischen Symbolen spielt und dabei das Vorbild Luis Buñuel nicht leugnen kann. Die Biederkeit der gezeigten Lebenswelt wird jedoch nur selten durchbrochen, vor allem weil es den Dialogen an Tempo und Esprit mangelt. ✦ Frankreich 1998 **P** Danube Entertainment/Fidélité Prod. **KI** MFA **VA** pro-fun **DVD** Pro Fun (1.85:1, DS frz./dt.) **Pd** Olivier Delbosc, Marc Missonnier **R+B** François Ozon **K** Yorik Le Saux **M** Eric Neveux **S** Dominique Petrot **D** Evelyne Dandry (Hélène, Mutter), François Marthouret (Jean, Vater), Marina de Van (Sophie, Tochter), Adrien de Van (Nicolas, Sohn), Stéphane Rideau (David) **L** 80 **FSK** ab 16; f **E** 25.3.1999/1999 Video/28.6.2001 DVD **fd** 33 594

DIE SITTE. Pilotfilm einer Krimiserie, im Mittelpunkt zwei Kommissare und eine toughe Staatsanwältin. Das Sonderdezernat »Die Sitte« sollen den Tod eines 14-jährigen Mädchens aufklären, das aus gutbürgerlichen Verhältnissen stammt. Hinter der Fassade einer heilen Welt stoßen sie jedoch bald auf ein Dickicht aus Hass, Neid und Eifersucht. ✦ Deutschland 2001 **R** Jorgo Papavassiliou **B** Ralf Löhnhardt **D** Iris-Luise Böhm (Hannah Koch), Dirk Heinrichs (Leonard Winkler), Cathlen Gawlich (Marion Brandt), Karin Boyd (Dr. Susanne Pohl), Rike Schmidt (Kathrin Selig), Johanna Klante (Hedi Dvorak), Benjamin Quaiser (Philip Lenz), Julia Palmer-Stoll (Patricia Kästner), Dana Geissler (Wilma Kästner), Stefanie Mühle (Petra Dvorak), Christian von Richthofen (Rainer Dvorak), Jan Nissen (Mark Förster), Laszlo Kish (Dr. Frank Scharnagel), Petra Nadolny (Lisa Kreuzer), Marlon Kittel (Benny), Zsolt Bacs (Rüdiger Melzer) **L** 93 **E** 25.10.2001 RTL

SITTENFALL 1413 →Halbwelt, Rauschgift und Halunken

SITTENPOLIZEI (VICE SQUAD). Ein Polizeibeamter erledigt mit anfechtbaren Methoden zwei Bankräuber, die einen seiner Kollegen getötet haben. Der Kriminalfilm mit völlig irreführendem Titel beschreibt umständlich die Routinearbeit eines Polizeireviers und wird durch die Rechtfertigung polizeistaatlichen Denkens politisch fragwürdig. (Alternativtitel: »Polizeichef B.«) – Ab 16. ✦ Schwarz-weiß. USA 1953 **P** United Artists **KI** United Artists **Pd** Jules Levy **R** Arnold Laven **B** Lawrence Roman, nach der Novelle »Harness Bull« von Leslie T. White **K** Joseph Biroc **M** Herschel Burke Gilbert **D** Edward G. Robinson (Capt. Barnaby), Paulette Goddard (Mona), Porter Hall (Jack Hartrampf), Adam Williams, Edward Binns **L** 85 **FSK** ab 12; nf **E** 24.11.1954 **fd** 3 731

SITTENPOLIZEI GREIFT EIN (UNGE PIGER FORSVINDER I KOBENHAVN). Minderjährige Mädchen vom Land straucheln moralisch auf dem Großstadtpflaster Kopenhagens, aber ein väterlicher Polizist kann sie vor dem Schlimmsten bewahren. Das heikle sozialkritische Thema ist in pädagogischer Absicht, aber zu plump und zu simpel in Szene gesetzt. ✦ Schwarz-weiß. Dänemark 1950 **P** Saga-Studio **KI** Siegel Monopol **R** Aage Wiltrup **B** Paul Sarauw, John Olsen **K** Ole Lytken, Kjeld Arnholtz **M** Kai Möller **D** Anne Marie Juhl, Kate Mundt, Preben Lerdorff Rye, Henny Lindorff Buckhöj, Paul Juhl **L** 85 **FSK** ab 16; nf **E** 29.2.1952 **fd** 1 669

SITTING IN LIMBO (SITTING IN LIMBO). Zwei schwarze Jugendliche im Montreal der 80er Jahre: Als eine 18jährige schwanger wird, muß sie sich mit ihrem Geliebten zwischen Teenager-Träumen und den Anforderungen des Erwachsenen-Daseins zurechtfinden. Eine spritzige und pointierte Zeichnung des Alltags und der Beziehungsprobleme kanadischer Jugendlicher. Mit Witz und Humor reflektiert der Film kritisch das soziale Umfeld und bleibt in seiner Liebe zum Detail stets glaubwürdig. Ein schwungvoll amüsantes, realitätstreues Stück Zeitgeschichte. (O.m.d.U.) – Ab 16. ✦ Kanada 1986 **P** Office National du Film du Canada **R** John N. Smith **B** John N. Smith, David Wilson **K** John N. Smith **M** Jimmy Cliff **D** Pat Dillon (Pat), Fabian Gibbs (Fabian), Sylvie Clarke (Sylvie), Debbie Grant (Debbie) **L** 92 **E** 16.7. 1994 arte

DER SITTLICHKEITSVERBRECHER (DER SITTLICHKEITSVERBRECHER). Nach Akten der Züricher Sittenpolizei in vier Episoden gestalteter Aufklärungsfilm über Gefahren und Formen von Sittlichkeitsdelikten und ihre Bekämpfung, insbesondere über den Schutz von Kindern vor Sexualverbrechern. Ein unspekulativ gestalteter, gegen Schluß etwas klischeehafter Appell an Eltern und Erzieher. – Ab 16. ✦ Teils schwarz-weiß. Schweiz 1962 **P** Praesens **KI** Columbia-Bavaria **Pd** Lazar Wechsler **R** Franz Schnyder **B** Richard Schweizer, Wolfgang Menge, Franz Schnyder **K** Emil Berna **M** Walter Baumgartner **S** René Martinet, Anne-Marie Demmer, Erika Kunsemueller, Peter Muenger **D** Fredy Karstens, Mathias Wieman, Eva Kotthaus, Maximilian Wolters, Ellen Widmann **L** 84 **FSK** ab 16; f **FBW** w **E** 18.10.1963 **fd** 12 261

SITUATIONEN →Deadline (1972)

DIE SITZE IM ALCAZAR (LES SIEGES DE L'ALCAZAR). Ein satirisch-liebenswürdiger Rückblick auf Luc Moullets eigene Anfänge als Filmkritiker, zugleich eine Hommage auf das Pariser Vorstadt-Kino »Alcazar«, in dem der Besitzer, »ohne es zu wissen, das beste Programm von Paris machte, ebenso wie Feuillade, ohne es zu wissen, Meisterwerke drehte«. Moullet erinnert sich an die Rivalität mit anderen Kritiker-Kollegen, von denen sich der »Cahiers du Cinéma«-Autor absetzen wollte, aber auch an eine Eisverkäuferin sowie die erotischen Aspekte eines abgedunkelten Kinosaals. (O.m.d.U.) – Ab 16. ✦ Frankreich 1989 **P** Les Films d'Ici/La Sept/CNC **SF** Freunde der Deutschen Kinemathek **R+B** Luc Moullet **K** Richard Copans **S** Guy Lecorne **D** Olivier Maltini (Guy), Elisabeth Moreau (Jeanne), Sabine Haudepin (Anne) **L** 52 **E** März 1990

SIX PACK (SIX PACK). Ein Rennfahrer stellt sechs jugendliche Diebe, die sich an seinem Wagen zu schaffen machen. Kurz entschlossen nimmt er sich der elternlosen Kinder an, zieht mit ihnen durch die Lande und gewinnt nach längerer Pause auch wieder ein Rennen. Schöngefärbter, nicht unsympathischer Unterhaltungsfilm, der sich ohne sonderlichen Tiefgang an ein jugendliches Publikum richtet. – Ab 12 möglich. ✦ USA 1982 **P** Lion Share/20th Century Fox **VA** CBS/Fox **R** Daniel Petrie **B** Mike Marvin, Alex Matter **K** Mario Tosi **M** Charles Fox **D** Kenny Rogers, Diane Lane, Erin Gray, Barry Corbin, Terry Kiser **L** 104 **E** Januar 1985 Video

SIX PACK – JÄGER DES SCHLÄCHTERS (SIX-PACK). Zwei Pariser Kriminalbeamte versuchen einem Serienkiller, der bereits fünf Frauen ermordet hat, auf die Spur zu kommen, indem sie eine weibliche Kollegin als Lockvogel ansetzen. Da der mutmaßliche Täter als Angehöriger der amerikanischen Botschaft diplomatische Imunität geniest, kann er erst nach dem Tod der Frau unschädlich gemacht werden. Stimmungsvoller, ausgesprochen dichter Thriller mit Anleihen beim film noir, der neben hervorragenden Darstellern mit einer glaubhaft und spannend entwickelten Geschichte aufwarten kann. Die zurückhaltende Inszenierung und eine brillante Kameraarbeit tragen das Ihre zum Gelingen des Films bei. ✦ Scope. Frankreich 1999 **P** Les Films Alain Sarde/TF 1 Films/Chrysalde Films **VA** Columbia TriStar Home **Pd** Alain Sarde **R** Alain Berberian **B** Alain Berberian, nach dem gleichnamigen Roman von Jean-Hugues Oppel **K** Jean-François Robin **M** Elia Cmiral **S** Catherine Renault **D** Richard Anconina (Kommissar Nathan), Frédéric Diefenthal (Saule), Chiara Mastroianni (Marine), Bernard Fresson (Benetti), Jonathan Firth (Blade) **L** 105 **FSK** ab 18 **E** 20.2.2001 Video **fd** 34 786

SIXTEN GIBT NICHT AUF (SIXTEN). Der zehnjährige Sohn eines Stockholmer Busfahrers macht sich Sorgen um den Vater, dem nach seiner Ansicht eine Frau fehlt. Gemeinsam mit seinem Freund versucht er, Kontakt zum weiblichen Geschlecht herzustellen, doch alle mühsam arrangierten Rendezvous schlagen fehl. Nach einem poetischen Brief, den die beiden auf eine Kontaktanzeige hin schreiben, kommt es zum Treffen, doch als der Vater glaubt, die unbekannte Frau wäre die Klempnerin, ergeben sich Mißständnisse. Fantasievoller Kinderfilm über das »Annehmen der Alltäglichkeit«, der die Erlebniswelt kleiner Zuschauer ernst nimmt und ihnen Gelegenheit gibt, sich mit den Figuren und Situationen zu identifizieren. – Ab 10. ✦ Schweden 1994 **P** AB Svensk Filmindustri/Svenska Film Institutet **Pd** Waldemar Bergendahl **R** Catti Edfeldt **B** Ulf Stark **K** Rolf Lindström **M** Björn Isfält **S** Christer Furubrand **D** Peter Viitanen (Sixten), Hans Henriksson (Vater), Jonas Magnusson (Jonte), Marie Thulin (Emma), Ing-Marie Carlsson (Dancing Feet) **L** 78 **E** 14.11.1998 Kinderkanal

SIYABEND UND XECE. Einer Gruppe kurdischer Kinder, die in einer Höhle vor dem Krieg zwischen türkischen Soldaten und kurdischen Aufständischen Schutz gesucht haben, wird die aus Märchen-Motiven verschiedener Kulturen gewobene Geschichte von Siyabend und Xece erzählt: Der mutige, intelligente Junge Siyabend wird wegen seiner Streiche von den Dorfbewohnern weggejagt. Bewaffnet mit einem Schwert und einem Schild, denen Zauberkräfte innewohnen, zieht er in die Welt hinaus, wo er das Mädchen Xece und den Jungen Qeda findet, die seine Freunde werden. (O.m.d.U.) ✦ Türkei/ Deutschland 1993 **R** Sahin Gök **B** Hüseyin Erdem **K** Kamal Saydo, Georg Berg **M** Ken B. Wood **S** Margot Löhlein **D** Tarik Akan (Siyabend), Mine Cayiroglou (Xece), Yaman Okay (Qeda), Menderes Samancilar (Siyabends Onkel), Kazim Kartal (Axa), Bülent Oran (Merike Kal, Erzähler) **L** 105 **E** 3.8.1994 WDR

DER SIZILIANER (1958) (LE SICILIEN). Ein kleiner Schneidermeister aus Lyon fährt mit seinen Modellen in Paris zu den großen Modeschauen, wobei er mit einem sizilianischen Couturieur verwechselt wird. Der Schwindel und die Verwechslung fliegen auf, als der richtige Mann eintrifft. Eine amüsante Burlsek-Komödie mit parodistischen Seitenhieben auf den verführerischen Schein, dem die Menschen gerne nachgeben. Ganz zugeschnitten auf den spielfreudigen Hauptdarsteller. – Ab 14. ✦ Schwarz-weiß.

Frankreich 1958 **P** Ajax-Films/J. Tourane/Rivers **R** Pierre Chevalier **B** Jean Girault, Pierre Chevalier **K** Walter Wottitz **M** Raymond Bernard **D** Fernand Raynaud (Monsieur Fernand), Pascale Roberts, Jean-Marie Amato, Marcel Bozzuffi, Jean-Roger Caussimon, Judith Magre **L** 76 (Orig. 95) **E** 18.3. 1967 DFF 1

DER SIZILIANER (1972) (TORINO NERA/LA VENGEANCE DU SICILIEN). Die beiden Söhne eines wegen Mordes verurteilten Sizilianers sammeln Beweise für seine Unschuld und können ein Komplott der Mafia aufdecken, die sich beeilt, die Zeugen aus dem Weg zu räumen. Nach einem tatsächlichen Vorfall inszenierter Kriminalfilm mit melodramatischen Momenten, der sich um Milieutreue bemüht und von den Darstellern überzeugend vorgetragen wird. (Fernsehtitel: »Die Rache des Sizilianers«) – Ab 16. ✦ Italien/Frankreich 1972 **P** De Laurentiis/Trianon **Kl** Fox-MGM **R** Carlo Lizzani **B** Nicola Badalucci, Luciano Vincenzoni **K** Pasqualino de Santis (= Pasquale de Santis) **M** Gianfranco Reverberi, Giampiero Reverberi, Nicola di Bari **S** Franco Fraticelli **D** Andrea Balestri, Domenico Santoro, Françoise Fabian, Bud Spencer, Marcel Bozzuffi **L** 89 **FSK** ab 16; f **E** 25.5. 1973 **fd** 18 325

DER SIZILIANER (1986/87) (THE SICILIAN). Die Geschichte des sizilianischen Banditenkönigs Salvatore Giuliano, präsentiert als schillernde filmische Ikone vom »guten Banditen«, der zwischen Mafia und politischen Ansprüchen aufgerieben wird und schließlich an den eigenen Allmachtsfantasien scheitert. Ein filmisches Epos voller faszinierender Tableaus, aber mit Schwächen in der Inszenierung und der Charakterzeichnung. Trotzdem bietet der Film aufregendes, intelligentes Kino. (Vgl. »Giuliano – der Rebell von Sizilien«, Italien 1950, Regie: Aldo Vergano; »Wer erschoß Salvatore G.?«, Italien 1961, Regie: Francesco Rosi) – Sehenswert. ✦ Scope. USA 1986/87 **P** De Laurentiis/Gladden **Kl** Senator **VA** Starlight **DVD** Kinowelt Home (16:9, 2.35:1, DS engl./dt.) **Pd** Michael Cimino, Joann Carelli **R** Michael Cimino **B** Steve Shagan, nach dem gleichnamigen Roman von Mario Puzo **K** Alex Thomson **M** David Mansfield **S** Françoise Bonnot **D** Christopher Lambert (Salvatore Giuliano), Terence Stamp (Prinz Borsa), Joss Ackland (Don Masino Croce), John Turturro (Aspanu Pisciotta), Barbara Sukowa (Herzogin Camilla) **L** 145 **FSK** ab 16; f **FBW** bw **E** 14.1.1988/21.9.1988 Video/ 25.8.1989 Kino DDR/4.12.2001 DVD **fd** 26 619

SIZILIANISCHE LEIDENSCHAFT (CAVALLERIA RUSTICANA). Verfilmung von Pietro Mascagnis Oper »Cavalleria rusticana«: ländliche Leidenschafts-, Eifersuchts- und Verratstragödie, die mit einer tödlichen Schlägerei endet. Unbefriedigend, da die mitreißenden Opernmelodien nur beiläufig zur Untermalung des mit internationalen Schauspielern besetzten, wortreichen Dramas dienen. – Ab 16. ✦ Italien 1953 **P** Excelsa/Ponti de Laurentiis **Kl** Pallas **R** Carmine Gallone **B** Mario Monicelli, Basilio Franchina, Francesco de Feo, Art Cohn, Carmine Gallone, nach der Oper »Cavalleria rusticana« von Giovanni Verga und Pietro Mascagni **K** Karl Struss, Riccardo Pallottini **M** Pietro Mascagni **D** Anthony Quinn, Kerima, May Britt, Ettore Manni, Umberto Spadaro **L** 84 **FSK** ab 16; f **E** 7.4.1955/26.1.1985 DFF 1 **fd** 3 984

SIZILIANISCHE VERTEIDIGUNG (SISZILIANSKAJA SASCHTSCHITA). Ermittlungsbeamte sind einem Museumsdieb auf der Spur, der Kristallanhänger stehlen will. ✦ Scope. UdSSR 1980 **P** Lenfilm **R** Igor Ussow **B** Pawel Grachow, Josef Prinzew **K** Wladimir Iwanow **M** Olga Petrowa **D** Nikolai Wolkow (Strelzow), Alexander Samoilow (Panow), Alexander Abdulow (Wolkow), Nadeshda Pawlowa (Sina), Wladlen Dwydow (Pankratow) **L** 89 **E** 24.9.1981 DFF 2

EIN SIZILIANISCHES SCHICKSAL (CHILDREN OF FATE: LIFE AND DEATH IN A SICILIAN FAMILY). 1961 fuhren die amerikanischen Dokumentarfilmer Michael Roemer und Robert Young nach Sizilien, um einen Film in Cortile Cascino zu drehen, einem Armenviertel Palermos. 30 Jahre nach »Cortile Cascino« kehrt Young zu den Hauptfiguren seines damaligen Films zurück, der Familie Capra, die immer noch im Elend lebt, auch wenn sich die materiellen Verhältnisse etwas verbessert haben. (TV-Titel auch: »Kinder des Schicksals«) ✦ Teils schwarz-weiß. USA 1991 **Pd** Adam Friedson, Andrew Young **R** Robert M. Young, Susan Todd, Andrew Young, Michael Roemer **K** Andrew Young, Robert M. Young **S** Michael Roemer, Susan Todd, Andrew Young, Robert M. Young **L** 82 **E** 20.3.1993 arte

SKABENGA, MÖRDER DES DSCHUNGELS (SKABENGA). Expeditionsbericht eines Großwildjägers in Mittelafrika, in dem wahllos – heute – geschützte Tierarten zum Abschuß freigegeben sind. Die gut fotografierten und geschnittenen Jagdszenen haben den fragwürdigen Beigeschmack des Sensationellen. – Ab 14. ✦ USA 1955 **P** Allied Artists **Kl** Allianz **R** George Michael **B** Edward Bends, nach der Novelle »African Fury« von George Michael **K** John B. Kennard, George Michael **M** Marlin Skiles **S** Neil Brunnenkant **D** Paul Klinger (Sprecher) **L** 60 **FSK** ab 12; nf **E** 17.2.1956 **fd** 4 751

SKALPELL (SCALPEL). Ein plastischer Chirurg, von krankhafter Liebe zu seiner Tochter getrieben, tötet deren Verehrer und treibt sie aus dem Haus. Als eine von ihrem Zuhälter grausam entstellte Prostituierte in seine Klinik eingeliefert wird, schafft er eine Doppelgängerin seiner Tochter, die seine Geliebte wird und eine enorme Erbschaft antreten soll. Der Plan scheint zu gelingen, zumal die »Generalprobe« der Doppelgängerin während einer Familienfeier zur Zufriedenheit verläuft; doch durch das Auftauchen der wahren Tochter eskalieren die Ereignisse. Abstruser Psychothriller um das tabuisierte Thema des Inzests. (Fernsehtitel: »Skalpell – Blutiges Spiegelbild«) ✦ Großbritannien 1976 **P** P. J. Prod. **VA** RCA/Columbia **Pd** Joseph Weintraub, John Grissmer **R+B** John Grissmer **K** Edward Lachman **M** Robert Cobert **S** Joseph Weintraub **D** Robert Lansing (Dr. Phillip Reynolds), Judith Chapman (Heater/ Jane), Arlen Dean Snyder (Onkel Bradly), David Scarroll (Dr. Robert Dean), Sandy Martin (Sandy) **L** 89 **FSK** ab 16 **E** 19.1. 1987 Video/4.2.1996 SAT 1

SKALPELL, BITTE (SKALPEL, PROSIM). Gedankliche Reflexionen eines Neurochirurgen am Ende seiner Arztkarriere. Interessante, teilweise bewegende Momentaufnahmen aus dem Alltag eines Arztes und seiner Klink. Ein empfehlenswerter, thematisch anspruchsvoller Gegenwartsfilm. – Ab 16. ✦ CSSR 1985 **P** Filmstudio Barrandov **Kl** Progress **R** Jirí Svoboda **B** Jirí Svoboda, Václav Nyvlt, nach einem Roman von Valja Styblová **K** Vladimír Smutny **M** Jozef Revalo **D** Miroslav Machácek (Professor), Jana Brejchová (Jitka), Radoslav Brzobohaty (Krtek), Barbara Brylska (Ärztin), Václav Mares (Ruzicka) **L** 120 **E** 10.7.1987 Kino DDR/8.6.1989 DFF 1

SKALPELL DES SCHRECKENS → Genetic Killers

DER SKALPELL-MÖRDER → Double Suspicion

DER SKANDAL (LA PENSIONNAIRE / LA SPIAGGIA). Versnobte Damen und Herren in dem italienischen Luxusseebad: eine junge Witwe genießt wegen ihrer exquisiten Schönheit und ihres Schicksals die besondere Zuneigung der Herren, bis durch Zufall herauskommt, daß sie eine – wenngleich noble – Hure ist. Die Heuchelei schlägt in Verachtung um, bis der Besitzer des Hotels durch die Macht der Millionen seine Gäste zwingt, der Dame wieder den ihr zustehenden Respekt zu zollen. Eine bitter-satirische Attacke gegen die Heuchelei der feinen Gesellschaft, stellenweise polemisch, manchmal aber auch sentimental-kolportagenhaft; hervorragend gespielt und ironisch inszeniert. ✦ Frankreich/Italien 1953 **P** Gamma/Titanus **Kl** Union **Pd** Bianca Lattuada **R** Alberto Lattuada **B** Alberto Lattuada, Charles Spaak, Luigi Malerba, Rodolfo Sonego **K** Mario Craveri **M** Piero Morgan (= Piero Piccioni) **D** Martine Carol, Anna Pisani, Raf Vallone, Mario Carotenuto, Clelia Matania **L** 95 **FSK** ab 16; f **E** 1954 Kino/22.8. 1966 ZDF **fd** 3 335

SKANDAL (1963) (EL ESCANDALO). Spanien, Mitte des 19. Jahrhunderts. Fabian Conde hat Ruf und Vermögen seiner alten Adelsfamilie verspielt. Unter falschem Namen amüsiert er die Damen der Gesellschaft. Als er versucht, wieder ein bürgerliches Leben zu führen, wird dies von seinen heuchlerischen Freunden verhindert. ✦ Schwarz-weiß. Spanien 1963 **P** M.D.S.A. **R** Javier Seto **B** Paulino Rodrigo, Javier Seto, nach dem Roman von P. A. de Alarcon **K** Michel Kelber **M** José Brenagu **D** Espartaco Santoni, Laura Granados, Mara Cruz, Lorena Velasquez, Luis Davila **L** 73 **E** 20.5.1968 DFF 1

SKANDAL (1976) (SCANDALO). Einem Mann, der als Aushilfe in einer Apotheke arbeitet, gelingt es, sich seine Arbeitgeberin sexuell untertan zu machen. Er erniedrigt sie mit allen erdenklichen Mitteln und verlangt schließlich ihre Tochter als Liebesbeweis. Ein betont »edel« inszenierter Sexfilm, dessen Machart nicht darüber hinwegtäuschen kann, daß er die Frauen auf übelste Weise verdinglicht. – Wir raten ab. ✦ Italien 1976 **P** Clesi **R** Salvatore Samperi **B** Salvatore Samperi, Ottavio Jemma **K** Vittorio Storaro **M** Riz Ortolani **D** Lisa Gastoni (Eliane), Franco Nero (Armand), Raymond Pellegrin (Henri), Andréa Ferréol (Juliette), Claudia Marsani (Justine) **L** 95

SKANDAL (1997) (PASSION AND ROMANCE – PART II). Die Wiederwahl eines verdienten Gouverneurs steht in Frage, als seine Ausschweifungen in Rotlicht-Milieu bekannt werden. Auch das Verhalten seiner Tochter, die einem Hochstapler auf dem Leim geht, der Geld von der Familie erschwindelt, ist nicht dazu angetan, die Wogen zu glätten. Steriler Soft-Sex-Film mit einem Hauch von Handlung. ✦ Frankreich 1997 **R** Jill Hayworth **B** Hamilton Lewiston **M** Ace Edwards **D** Tracie May (Kathleen Connely), Robert Donovan (Jon), Gabriella Hall (Chris), Kira Lee (Annette), Wesley O'Brian (Andrew) **L** 86 **E** 12.12.2001 ProSieben

SKANDAL AUF DEN CHAMPS ELYSÉES (SCANDALE AUX CHAMPS-ELYSEES). Bei einem berühmten Modeschöpfer werden drei Starmannequins umgebracht. Der junge Inspektor, vorwiegend mit einem anderen Mannequin flirtend, klärt den Fall auf und macht den Mörder ausfindig. Ein armseliger Nachkriegskrimi, der mit dem Modemilieu und läppischen Handlungsmotiven auf Zuschauerfang ging. – Ab 16. ✦ Schwarz-weiß. Frankreich 1949 **P** Cinéma **Kl** Consortial **R** Roger Blanc **B** Robert Siegfried **K** Marcel Weiss **M** Paul Durand **D** Jacques Fath, Françoise Christophe, Guy Decomble, Jean Parédès, Pierre Renoir **L** 89 **FSK** ab 16; nf **E** 11.5.1951 **fd** 1 175

SKANDAL BEI HOFE (A ROYAL SCANDAL). Das kurze Liebesabenteuer der Zarin Katharina der Großen mit einem kecken Leutnant, der über Nacht die ganze militärische Karriereleiter bis zum General hinaufbefördert wird. Als er aus Enttäuschung über die Kaiserin einen Putsch versucht, kostet ihn das beinahe den Kopf. Eine geistreiche Komödie voll Spott und Humor, mehr Theaterstück als Film, ein unterhaltsames Vergnügen. – Ab 14. ✦ Schwarz-weiß. USA 1945 **P** 20th Century Fox **Pd** Ernst Lubitsch **R** Otto Preminger **B** Edwin Justus Mayer, nach einem Bühnenstück von Lajos Biro und dem Film »Forbidden Paradise« von Ernst Lubitsch **K** Arthur Miller **M** Alfred Newman **S** Dorothy Spencer **D** Tallulah Bankhead (Katharina die Große), Charles Coburn (Kanzler Nikolai Illytch), Anne Baxter (Gräfin Anna Jaschikoff), William Eythe (Leutnant Alexei Chernoff), Vincent Price (Marquis de Fleury) **L** 94 **E** 9.11.1980 ZDF

SKANDAL BEI SCOTLAND YARD (THE STRANGE AFFAIR). Ein junger Polizist von Scotland Yard bekommt seinen ersten Fall, gerät durch eine Liebesgeschichte in einen Skandal und wird schließlich durch die Machenschaften eines Kollegen selbst schuldig. Uneinheitlicher, mäßig spannender Krimi, der sich kritisch mit der Arbeit der Polizeibeamten und ihren menschlichen Schwächen zu befassen versucht, jedoch unter Übertreibungen und Klischees leidet. ✦ Scope. Großbritannien 1968 **P** Paramount British Pic. **Kl** Paramount **Pd** Howard Harrison, Stanley Mann **R** David Greene **B** Stanley Mann, nach einem Roman von Bernard Toms **K** Alex Thomson **M** Basil Kirchin **S** Brian Smedley-Aston **D** Susan George (»Fred« March), Jack Watson (Quince), Michael York (Peter Strange), Jeremy Kemp (Sergeant Pearce), George Selway (Sergeant Clancy) **L** 106 **FSK** ab 18; f **E** 18.4.1969 **fd** 16 167

SKANDAL IM MÄDCHENPENSIONAT. Drei Gardisten eines Fantasiezwergstaates geraten nach einem feuchtfröhlichen Abend aus Versehen in ein Mädchenpensionat und tarnen sich mit Frauenkleidern, um einer Entdeckung zu entgehen. Mit den üblichen Liebesgeschichten angereicherter Verwechslungsschwank; witzlose Unterhaltung nach bekannten Mustern. (Späterer Titel: »Die drei falschen Tanten«) – Ab 14 möglich. ✦ Schwarz-weiß. BR Deutschland 1952/53 **P** Oska **Kl** Union **Pd** Toni Schelkopf (= Anton Schelkopf) **R** Erich Kobler **B** Hans Fritz Beckmann **K** Josef Illig **M** Franz Grothe **S** Anneliese Schönnenbeck **D** Walter Giller, Günther Lüders, Fritz Odemar, Joachim Brennecke, Marianne Koch **L** 95 **FSK** ab 12; nf **E** 5.2.1953/31.1.1962 DFF 1 **fd** 2 360

SKANDAL IM SPORTPALAST (JOE PALOOKA CHAMP). Serienfilm über den Aufstieg eines einfältigen Provinzjungen, der von seinem pfiffigen Manager in den Boxring und zu Weltmeisterruhm getrieben wird. Ein verwackelter Film nach einem in Amerika seinerzeit populären Comicstrip, der Joe Louis und andere Boxweltmeister in Kurzauftritten zeigt. – Ab 12. ✦ Schwarz-weiß. USA 1946 **P** Monogram **Kl** Donau **R** Reginald LeBorg **B** Cyril Raker Endfield, Albert de Pina **K** Benjamin H. Kline **D** Leon Errol, Elyse Knox, Joe Kirkwood, Joe Louis, Henry Armstrong **L** 68 **FSK** ab 12; nf **E** 14.12.1953 **fd** 3 182

EIN SKANDAL IN BESTEN KREISEN (UNO SCANDALO PERBENE). Psychodrama. Im Turin der 20er Jahre taucht ein Mann auf, der sein Gedächtnis verloren hat. Es könnte sich sowohl um einen im Ersten Weltkrieg verschollenen Professor als auch um einen betrügerischen Schriftsteller handeln. Nach einem Prozeß, der keine Klarheit bringt, und einer Haft folgt ihm die Frau des Professors ins Ausland. ✦ Italien 1984 **R** Pasquale Festa Campanile **D** Ben Gazzara (Der Unbekannte X), Giuliana de Sio (Giulia), Vittorio Caprioli (Renzo), Valeria d'Obici (Camilla), Carlos de Carvalho (Conte de Besi) **L** 100 **E** 16.2.1997 ZDF

SKANDAL IN COLD SASSY (COLD SASSY TREE). Ein Warenhausbesitzer fortgeschrittenen Alters sorgt in seinem kleinen Heimatort für einen handfesten Skandal, als er nur drei Wochen nach dem Tod seiner Frau erneut heiratet. Die späte Romanze scheitert nach wenigen Monaten an der Doppelmoral der heuchlerischen Kleinstädter, aber auch an einem lange zurückliegenden Ereignis im Vorleben der aus dem Norden stammenden Frau. Ein überdurchschnittlich inszeniertes Liebesdrama nach einem in den amerikanischen Südstaaten der Jahrhundertwende angesiedelten Roman; bemerkenswert auch die Glanzleistungen der Alt-Stars Widmark und Dunaway. – Ab 16. ✦ USA 1989 **P** TNT/Ohlmeyer Communications/Dunaway **Pd** Karen Danaher Dorr **R** Joan Tewkesbury **B** Joan Tewkesbury, nach einem Roman von Olive Ann Burn **K** Michael Watkins **M** Brad Fiedel **D** Richard Widmark (Rucker Blakeslee), Faye Dunaway (Love Simpson), Neil Patrick Harris (Will Tweedy), Frances Fisher (Loma), Lee Garlington (Mary Willis), John M. Jackson (Hoyt) **L** 94 **E** 28.5.1994 Kabelkanal

SKANDAL IN DER BOTSCHAFT. Um heikle wissenschaftliche Formeln nicht in die Hand einer totalitären Macht fallen zu lassen, macht ein imaginärer Staat mit Erfolg von der Kunstfertigkeit eines professionellen Geldschrankknackers Gebrauch. Leichte Kost – recht amüsant angerichtet und serviert. – Ab 16. ✦ Schwarz-weiß. BR Deutschland 1950 **P** Eichberg **Kl** NF **Pd** Richard Eichberg, Walter H. Giese **R** Erik Ode **B** Georg Fraser, Karl Peter Gillmann, Kurt Schwabach, nach der Komödie »Ein anständiger Mensch« von Georg Fraser **K** Friedl Behn-Grund **M** Harald Böhmelt **S** Alexandra Anatra **D** Viktor de Kowa, Jeanette Schultze, Michiko Tanaka, Fritz Odemar, Ernst Waldow **L** 95 **FSK** ab 16; f **E** 8.12. 1950 **fd** 1 007

SKANDAL IN DER NOTAUFNAHME (STATE OF EMERGENCY). Den skandalösen Zuständen am städtischen »East End«-Krankenhaus, das für die Grundversorgung der einkommensschwächeren Bevölkerungsschichten zuständig ist, fällt ein Geschäftsmann zum Opfer, der innere Verletzungen erlitt. Um den Vorfall zu vertuschen, legt die Leitung des Krankenhauses, das kurz vor der Privatisierung steht, dem behandelnden Arzt den Rücktritt nahe. Doch der setzt sich zur Wehr. – Ab 16. ✦ USA 1994 **R** Lesli Linka Glatter **B** Susan Black, Lance Gentile **M** Robert Folk **D** Joe Mantegna (John), Lynn Whitfield (Dehlia), Melinda Dillon (Betty), Paul Dooley (Jim), Dean Cameron (Roger), Deborah Unger (Sue) **L** 91 **E** 18.7.1995 Pro Sieben

SKANDAL IN DER OPER (A NIGHT AT THE OPERA). Die Marx-Brothers im Kampf gegen einen arroganten Heldentenor, an dessen Stelle zum glücklichen Ende ein sympathischer junger Mann die glanzvolle Hauptrolle an der Metropolitan Opera in New York singen darf. Der erste Marx-Brothers-Film mit einer durchgehenden Handlung, die allerdings konventionell und satirisch-übertrieben bedeutungslos bleibt. Glanzlichter setzen die Wortspiele und Aktionen der oft genialen Komödianten. (Titel der Wiederaufführung: »Die Marx Brothers in der Oper«) – Ab 14. ✦ Schwarz-weiß. USA 1935 **P** MGM **Kl** NF **VA** Warner Home **Pd** Irving Thalberg **R** Sam Wood **B** George S. Kaufman, Morrie Ryskind, Al Boasberg, Bert Kalmar, Harry Ruby, nach einer Erzählung von James Kevin McGuinness **K** Merritt B. Gerstad **M** Herbert Stothart **S** William LeVanway **D** Groucho Marx (Otis B. Driftwood), Chico Marx (Fiorello), Harpo Marx (Tomasso), Kitty Carlisle (Rosa Castaldi), Allan Jones (Riccardo Baroni) **L** 90 **FSK** ab 12; nf **FBW** w **E** 23.3. 1950 (WA 1973)/10.8.1968 ARD/1.7.1989 DFF 1/ 7.2.2002 Video **fd** 18 539

SKANDAL IN DER WIGMORE HALL (RAISING THE WIND). Fünf Londoner Musikstudenten suchen eine billige Unterkunft. Gemeinsam stehen sie die Anforderungen der Ausbildung durch und suchen ihren zukünftigen Platz im Leben. Eine anspruchslos-amüsante Komödie, seriell gefertigt, aber durch ihre fröhliche Unbekümmertheit durchaus sympathisch. – Ab 12. ✦ Großbritannien 1961 **P** Anglo-Amalgated **Pd** Peter Rogers **R** Gerald Thomas **B** Bruce Montgomery **K** Alan Hume **M** Bruce Montgomery **D** James Robertson Justice, Leslie Phillips, Sidney James, Liz Fraser, Jim Thompson **L** 92 **E** 27.4.1972 DFF 1

SKANDAL IN EINER KLEINEN STADT → Scandal in Town

SKANDAL IN HOLLYWOOD → Heidi Fleiss – Skandal in Hollywood

SKANDAL IN ISCHL (SKANDAL IN ISCHL). Liebes- und Eifersuchtsdramolett um einen eitlen Wiener Modearzt, der sich über die Vorurteile der Gesellschaft der k.u.k.-Zeit hinwegsetzt, bis er durch seine kluge Frau »bekehrt« wird. Ein mit Charme und ironischem Unterton entwickeltes, liebevoll stilisiertes Gesellschaftsbild. – Ab 16. ✦ Österreich 1957 **P** Vienna **Kl** Schorcht **Pd** Otto Dürer **R** Rolf Thiele **B** Johanna Sibelius, Eberhard Keindorff, nach dem Bühnenstück »Der Meister« von Hermann Bahr **K** Klaus von Rautenfeld **M** Bruno Uher **S** Erwin Marno, Elfriede Pröll **D** O.W. Fischer (Dr. Franz Duhr), Elisabeth Müller (Viola Duhr), Ivan Desny (Graf Vanin), Nina Sandt (Marquise de Laforge), Doris Kirchner (Ida, Sprechstundenhilfe) **L** 94 **FSK** ab 16; f **E** 13.12. 1957/24.10.1965 ARD **fd** 6 500

SKANDAL IN PALM BEACH: DIE PULITZER STORY (ROXANNE: THE PRIZE PULITZER). Der aufsehenerregende Scheidungsprozeß zwischen dem Verlagserben Herbert Pulitzer und seiner viel jüngeren Frau Roxanne. Die durchschnittliche Verfilmung basiert auf dem Buch der geschiedenen Ehefrau, die ihren Aufstieg vom naiven Mädchen zur Millionenerbin als ein Leben in der Hölle beschreibt. – Ab 16. ✦ USA 1989 **P** Ouintex **Pd** Jim Chory **R** Richard A. Colla **B** Elizabeth Gill **D** Perry King, Chynna Phillips, Courteney Cox, Caitlin Brown, Betsy Russell **L** 92 **E** 19.12. 1992 SAT 1

SKANDAL IN PARIS (LA MOME PIGALLE). Eine Nachtklubtänzerin wird aus dem Gefängnis entlassen und beginnt wieder zu tingeln, aber sie will nicht verraten, wo der Schmuck aus einem Einbruch hingekommen ist. Bevor ein Inspektor ihr das Geheimnis entlocken kann, wird sie umgebracht. Der hochmoralisch endende Krimi macht Reklame für schlechten Striptease, laute Musik und ein dummes Drehbuch. ✦ Schwarz-weiß. Frankreich 1955 **P** Société Française **Kl** Europa **Pd+R** Alfred Rode **B** Jacques Companéez **K** Marc Fossard **M** Roger Roger **D** Claudine Dupuis, Jean Gaven, Philippe Nicaud, Robert Berri, Dany Carrel **L** 88 **FSK** ab 18; nf **E** 22.2.1957 **fd** 5 704

SKANDAL IN WEST POINT → Der steinige Weg zur Gerechtigkeit

SKANDAL UM DODO (SKANDAL UM DODO). Auf Verlangen des Sittlichkeitsvereins soll eine schwarze Tänzerin und Sängerin des Landes verwiesen werden. Sie rettet sich in das Haus des Konsuls, platzt dort in die Verlobungsfeier ihres früheren Liebhabers und löst jede Menge Verwicklungen aus. Am Ende stellt sich heraus, daß ihr Vater ein Rassenfanatiker ist. Seinerzeit wegen seiner »Frivolitäten« kritisiert, fallen heute in diesem vermeintlichen Lustspiel eher die Rassismen auf. – Ab 14. ✦ Österreich 1958 **P** Donau **Kl** Taurus Film und Video GmbH **VA** Taurus **Pd** Eduard Hoesch **R** Eduard von Borsody **B** Hugo Wiener, Eduard von Borsody, nach dem gleichnamigen Bühnenschwank von Franz Arnold **K** Willi Sohm **M** Heinz Neubrand **S** Hermine Diethelm **D** Olive Moorefield (Dodo), Harald Juhnke (Toni), Karin Dor (Helga), Kai Fischer (Frieda), Oskar Sima (Gustav Pietsch) **L** 92 (gek. 88) **FSK** ab 16; f (gek. 12) **E** 15.1.1959 **fd** 7 792

SKANDAL UM DR. VLIMMEN → Tierarzt Dr. Vlimmen (1956)

SKANDAL UM EVA. Anläßlich der Verlobung eines Paares erfährt die Frau auch von dem vierjährigen Sohn des Mannes. Sie gibt vor, zu einer Kur zu fahren, reist aber in Wirklichkeit zu den Pflegeeltern des Kindes, um es kennenzulernen. Eine unterhaltsame Komödie; das Debüt von Henny Porten in einem Tonfilm, das sie mühelos und eindrucksvoll meistert. – Ab 14. ✦ Schwarz-weiß. Deutschland 1930 **P** Nero-Film/Henny Porten-Filmprod. **Pd** Henny Porten, Wilhelm von Kaufmann, Seymour Nebenzahl **R** Georg Wilhelm Pabst **B** Friedrich Raff, Julius Urgiß, nach dem Lustspiel »Skandal um Olly« von Heinrich Ilgenstein **K** Fritz Arno Wagner **M** Giuseppe Becce **S** Wolfgang Loe-Bagier **D** Henny Porten, Oskar Sima, Ludwig Stössel, Paul Henckels, Adele Sandrock, Käthe Haack, Fritz Odemar **L** 85 (Orig. 96) **E** 13.6. 1930/3.2.1987 DFF 2

SKANDAL UM PATSY (SCANDAL AT SCOURIE). Nach dem Brand des Waisenhaus findet ein katholisches Mädchen eine neue Bleibe bei einem evangelischen Paar in Ontario, das sich verpflichtet, das Kind katholisch zu erziehen. Der Mann, der als Stadtratsvorsitzender für das Parlament kandidiert, sieht sich daraufhin mit Vorwürfen seiner politischen Gegner konfrontiert, daß er die Adoption des Mädchens zum Stimmenfang mißbrauchen wolle. Ein zurückhaltender, rührseliger Versuch, Konflikte zwischen Protestantismus und Katholizismus zu behandeln. – Ab 14. ✦ USA 1953 **P** MGM **Pd** Edwin H. Knopf **R** Jean Negulesco **B** Norman Corwin, Leonard Spigelgass, Karl Tunberg **K** Robert Planck **M** Daniele Amfitheatrof **S** Ferris Webster **D** Greer Garson (Vicky), Walter Pidgeon (Patrick McChesney), Agnes Moorehead

(Schwester Josephine), Donna Corcoran (Patsy), Arthur Shields (Vater Reilly) **L** 86 **E** 2.5.1995 ARD

SKANDAL UM VILMA (FORRO MEZÖK). Der Mord an einem Gutsbesitzer bringt die Polizei auf verschiedene Spuren. Mord aus Rache oder Leidenschaft? Ein gestalterisch unzulänglicher, thematisch oberflächlicher Kriminalfilm. ✦ Schwarz-weiß. Ungarn 1948 **P** Magyar-Film **KI** Progress **R** Imre Apáthi **B** Zoltán Várkonyi, nach dem Roman »Heiße Felder« von Zsigmond Móricz **K** Barnabás Hegyi **M** Ferenc Farkas **D** Katalin Karády, Vera Szemere, Eva Kelemen, Sándor Szabó, Miklós Szakáts, Iván Darvas **L** 85 **E** 13.6. 1958 Kino DDR

SKANDALBLATT (SCANDAL SHEET). Bei den Recherchen über einen Mordfall stoßen Reporter eines Sensationsblattes auf die Spur ihres eigenen Chefs und Freundes, der seine Ehefrau auf dem Gewissen hat. Spannender Kriminalfilm mit einem ernsten Anliegen, der hart mit gewissenlosen journalistischen Praktiken ins Gericht geht. – Ab 16. ✦ Schwarzweiß. USA 1952 **P** Columbia **KI** Columbia **Pd** Edward Small **R** Phil Karlson **B** Ted Sherdeman, Eugene Ling, James Poe, nach dem Roman »The Dark Page« von Samuel Fuller **K** Burnett Guffey **M** George Duning **D** Broderick Crawford, Donna Reed, John Derek, Rosemary DeCamp, Henry O'Neill **L** 76 **FSK** ab 16; nf **E** 10.10.1952 **fd** 2155

DAS SKANDALGIRL VON SOHO (SECRET OF A WINDMILL GIRL). Die Geschichte eines einst gefeierten Revuegirls, das zur Stripteasetänzerin in drittklassigen Etablissements absinkt und schließlich bei einem Autounfall ums Leben kommt. Die kolportagehafte Handlung ermöglicht ein Potpourri von Revuenummern aus dem Londoner »Windmill« und einen Streifzug durch die Stripteaselokale von Soho. Hinter diesen »Schauwerten« verbirgt sich eine einfallslos inszenierte Rührgeschichte ohne psychologisches Fingerspitzengefühl. ✦ Großbritannien 1965 **P** Compton-Cameo/Compton Markten/Searchlight **KI** NWDR-Unitas **Pd+R+B** Arnold Louis Miller **K** Stanley A. Long **M** Malcolm Lockyer **D** Renee Houston, Derek Bond, Harry Fowler, Pauline Collins, April Wilding **L** 79 **FSK** ab 18; nf **E** 30.6.1967 **fd** 14843

SKANDALÖS →Der Richter (1960)

SKANDALÖSE EMANUELLE – DIE LUST AM ZUSCHAUEN (VOGLIA DI GUARDARE). In einer italienischen Kleinstadt hat die junge Frau eines angesehenen Arztes nicht nur einen Liebhaber, sie treibt es im Bordell auch mit anderen Männern, beobachtet von ihrem Mann. Öde Aneinanderreihung von Geschlechtsakten in schicker Aufmachung und mit blasierten Dialogen. – Wir raten ab. ✦ Italien 1986 **P** Filmirage/DMV & T.V.O.R. **KI** Alemannia/Royal/Movie **VA** GM **R** Joe d'Amato (= Aristide Massaccesi) **D** Jenny Tamburi, Marino Masé, Laura Gemser, Sebastiano Somma, Lilli Carati **L** 84 **FSK** ab 18; nf **E** 3.7.1986/15.11.1986 Video **fd** 25751

DAS SKANDALÖSE MÄDCHEN (THE PRETTY GIRL/GIRL OF THE YEAR). Moralische Entrüstung erhebt sich, als ein Zeichner die von ihm stürmisch verehrte, prüde Junglehrerin als Modell für ein Kalender-Pinup benutzt. Harmlos unterhaltende musikalische Komödie in charmanter Inszenierung. – Ab 14. ✦ USA 1950 **P** Columbia **KI** Columbia **Pd** Nat Perrin **R** Henry Levin **B** Nat Perrin, nach einer Erzählung von Mary McCarty **K** William E. Snyder **M** Harold Arlen, Eugene Loring, Morris W. Stoloff, George Duning **S** Al Clark **D** Robert Cummings (George Petty), Joan Caulfield (Victoria Braymore), Elsa Lanchester (Dr. Crutcher), Melville Cooper (Beardsley), Audrey Long (Connie), Mary Wickes (Prof. Whitman), Frank Orth (Moody), Tippi Hedren **L** 84 **FSK** ab 12; nf **E** 18.12.1951/4.3.1994 Kabelkanal **fd** 1556

DIE SKANDALÖSEN FRAUEN (DIE SKANDALÖSEN FRAUEN). Während sich die spröde Nora bemüht, das ererbte Antiquitätengeschäft über die Runden zu bringen, verkauft ihre jüngere Schwester Lotte ihre Waren unbekümmert auf dem Wiener Naschmarkt. Sie verliebt sich in einen Fotografen, den sie jedoch verläßt, als sie eine Fehlgeburt erleidet. Auch die spät eingegangene Ehe der Schwester scheitert. Ein Melodram, das in ein ironisch überdrehtes Happy-End einmündet. ✦ Österreich/Deutschland 1993 **P** ORF/ZDF **R** Xaver Schwarzenberger **B** Ulrike Schwarzenberger, nach dem Roman »Die Schwestern Kleh« von Gina Kaus **K** Xaver Schwarzenberger **D** Krista Posch (Nora Heid), Julia Stemberger (Lotte Heid), Bibiana Zeller (Böhmchen), Wolfgang Hübsch (Max Lessing), Robert Tessen (Karl Lessing), Wolfgang Gasser (Marand), Lotte Ledl (Katharina) **L** 92 **E** 9.10.1994 ZDF

DIE SKANDALREPORTERIN (THE GOSSIP COLUMNIST). Eine ehrgeizige junge Journalistin hat nach ihrer Versetzung nach Hollywood statt politischer Leitartikel die Klatschspalte über Filmstars und dubiose Affären zu schreiben. Sie gerät in Schwierigkeiten, als sie einen korrupten Manager im Showgeschäft bloßstellen will, der Ambitionen auf das Amt des Staatsgouverneurs anmeldet. Fürs Fernsehen entstandenes, glatt-konventionell inszeniertes Konversationsstück über Sensationsjournalismus mit oberflächlichen Einblicken in skrupellose Geschäftspraktiken. – Ab 16. ✦ USA 1979 **P** Operation Prime Time/Universal **R** James Sheldon **B** Michael Gleason **K** Enzo A. Martinelli **M** Allyn Ferguson **D** Kim Cattrall (Dina Moran), Bobby Vinton (Marty Kaplan), Robert Vaughn (Mark Case), Conrad Janis (Ivan Bock), Sylvia Sidney (Alma Lewellyn) **L** 96 **E** 1.6.1988 ARD

SKANDERBEG – RITTER DER BERGE (SKANDERBE/WELIKIJ WOIN ALBANI SKANDERBEG). Das Leben des albanischen Nationalhelden, der im 15. Jahrhundert sein Volk einte und sein Land von der Fremdherrschaft der Türken befreite. Ein schauprächtiges historisches Gemälde, künstlerisch durch Übersteigerungen beeinträchtigt. – Ab 14. ✦ UdSSR 1953 **P** Mosfilm/Neues Albanien **KI** Progress **R** Sergej Jutkewitsch **B** M. Papawa **K** Jewgeni Andrikanis **M** J. Swiridow (= Georgi Swiridow), Tschesk Sadeja **D** Akaki Chorowa (Gjorg Kastioti/Skanderbeg), Semjon Sokolowski (Chamsa), Naim Frascheri (Palj), Adiwie Alibali (Mamiza), Bessa Imami (Donika) **L** 98 **E** 26.11.1954 Kino DDR/28.12.1954 DFF 1

SKANDINAVISCHE LUST (BEL AMI). Die angeblich auf einer Novelle Maupassants beruhende Geschichte vom Poeten, der für ein Sexmagazin arbeitet und dabei die Lust an Bettabenteuern kultiviert. Eine Aneinanderreihung von Intimszenen in modischschickem Rahmen. – Wir raten ab. ✦ Schweden 1976 **P** Film Invest **KI** AB **R** Bert Torn (= Mac Ahlberg) **B** Edward Mannering, nach Guy de Maupassant **M** Olivier Toussaint **D** Maria Lynn, Christa Linder, Harry Reems, Bent Warburg, Jacqueline Laurent **L** 76 **FSK** ab 18; nf **E** 1977 Kino **fd** 20432

SKARABÄUS (SKARABÄUS). Der Film dokumentiert spontane künstlerische Aktionen einer Gruppe von Menschen im Alter zwischen 4 und 40 Jahren. Ziel der Gruppenarbeit sind die Erweiterung des eigenen Erfahrungsbereichs, das Einüben sozialen Verhaltens und die Erforschung der Möglichkeiten einer prozeßorientierten Kunst. Während die künstlerischen Aktionen breitesten Raum einnehmen, kommen die Entscheidungsfindungen, die zu ihnen führen, zu kurz, womit der konzeptionelle Anspruch des Films im Vordergründigen stecken bleibt. ✦ Schweiz 1975–76 **P** Voyame/Müller/Joray Prod. **Pd** Pierre Voyame, V. Voyame, N. Joray, J. Müller **R+B** Pierre Voyame **K** Nicolas Joray **S** Pierre Voyame, Nicolas Joray, E. Leonhardt **L** 85 **E** Schweiz

SKATEBOARD (SKATEBOARD). Ein Skateboard-Team tingelt mit seinem verschuldeten Trainer erfolgreich auf Show- und Wettkampftourneen. Dabei tauchen gruppeninterne Problemchen auf, die nach der Devise »Sprich dein Problem aus, und schon ist es verschwunden« auf dem schnellsten Weg gelöst werden. Ein verstaubter Teenie-Film mit einigen Skateboard-Kunststücken, die wenigstens zu Beginn für Auflockerung sorgen. – Ab 12 möglich. ✦ USA 1977 **P** Blum Group Prod. **VA** Ufa **Pd** Harry N. Blum, Richard A. Wolf **R** George Gage **B** George Gage, Richard A. Wolf **K** Ross Kelsay **M** Mark Snow **S** Trudy Booth **D** Allen Garfield (Manny Bloom), Kathleen Lloyd (Millicent), Leif Garrett (Brad), Richard Van der Wyk (Jason), Pam Kennealy (Randi) **L** 94 **FSK** ab 12 **E** 1988 Video **fd** 29267

SKATEBOARD-FIEBER (SKATEBOARD MADNESS). Ein Fotoreporter soll im Auftrag eines Skateboard-Magazins eine ungewöhnliche Fotoserie über diese Sportart machen. Mißmutig begibt er sich auf den Weg, gerät aber in eine turbulente Reise durch die Zentren des Skateboard-Sports. Bunt und schnell inszeniert und im Stil eines Werbespots montiert. (Als Einleitung wird der kurze Trickfilm »Karma II« von Arnie Wong gezeigt, der Figuren aus Knetmasse die Kunst des Skateboardfahrens vorführen läßt.) – Ab 14. ✦ USA 1980 **P** Hal Jepsen Prod. **R+B** Julian Pena jr. **K** Hal Jepsen **M** Delaney Bramlett, Jim Gordon, Dennis Dragon **D** Kurt »Mello Cat« Ledterman, Stacey Peralta, Kent Senatore, Gregg Ayres, Dan »Mini Shred« Smith **L** (TV) 89 **E** 30.11.1985 ZDF

SKATEBOARD KID 2 (THE SKATEBOARD KID 2). Ein 13jähriger Junge träumt vom Fliegen und glaubt, einen Weg gefunden zu haben, die Schwerkraft zu überwinden: er bestellt aus einem mysteriösen Katalog ein Skateboard, dessen wundersame Fähigkeiten es ihm ermöglichen, gegen die Konkurrenz anzutreten. Die stromlinienförmig entwickelte Geschichte mündet in die typisch amerikanische Schlußmoral, daß allein der Glaube an sich selbst zum Sieg verhilft. Einfalls- und hilflos entwickelt, lächerlich in den übersinnlichen Elementen. – Ab 10 möglich. ✦ USA 1994 **P** Sunset/Concorde/New Horizon **VA** Columbia TriStar **Pd+R** Andrew Stevens **B** Karen Kelly **K** Adam Kane **M** Claude Gaudette **S** Tony Mark **D** Dee Wallace Stone (Lois Curtis), Bruce Davison (Burt Squires), Andrew Stevens (Ken Fields), Trenton Knight (Sammy Curtis), Andrea Barber (Tilly Curtis) **L** 88 **FSK** ab 6 **E** 10.10.1995 Video **fd** 31589

SKEETER – INVASION DES GRAUENS (SKEETER). Nachdem zahlreiche Todesopfer völlig blutleer aufgefunden wurden, kommen ein Sheriff und sein Assistent hinter das schreckliche Geheimnis. Durch radioaktiven Müll in einer alten Mine sind Moskitos zu gigantischen Monstern mutiert. Ein lächerlicher Horrorfilm mit einer Reihe von Spezialeffekten. ✦ USA 1991 **P** August Entertainment **VA** Splendid **R** Clark Brandon (= Maryann Brandon) **B** Clark Brandon (= Maryann Brandon), Lanny Horn **D** William MacNamara, Tracy Griffith, Kevin Tighe, Michael J. Pollard, Rip Torn, Sarah Douglas, Charles Napier **L** 91 **FSK** ab 16 **E** 25.10.1994 Video/12.5.1995 Pro Sieben

SKELETONS (SKELETONS). Ein Journalist, der sich in einem Städtchen in Neuengland von einer Herzattacke erholen will, stößt in ein Wespennest, als er sich in einem Kriminalfall gegen die öffentliche Meinung engagiert. Seine Recherchen ergeben, daß seit 200 Jahren die Minderheiten der Gegend von den schottischen Einwanderern und deren Nachkommen ermordet werden. Plötzlich muß er sich vor einem Killerkommando schützen, dem die Honoratioren der Stadt angehören. Eine zwischen realistischer Schilderung und alptraumhaften Erinnerungsepisoden schwankende Geschichte, die dramaturgische Defizite durch handfeste Übertreibungen auszugleichen sucht. (Fernsehtitel: »Skeletons – Die verborgene Gruft«) ✦ USA 1996 **P** Skeleton Prod. **VA** Highlight **Pd** Brian Shuster **R** David DeCoteau **B** Joshua Michael Stern **K** Tom Callaway **M** John Massari **S** Lawrence Maddox **D** Ron Silver (Peter Crane), James Coburn (Frank Jove), Dee Wallace Stone (Heather Crane), Kathleen Noone (Sadie), Christopher Plummer (Reverend Carlyle) **L** 87 **FSK** ab 16 **E** 3.3.1997 Video/4.4.1998 premiere **fd** 32536

SKELETONS – DAS GRAUEN IN EINER KLEINEN STADT →Skeletons

SKELETONS – DIE VERBORGENE GRUFT →Skeletons

SKELETONS IN THE CLOSET (SKELETONS IN THE CLOSET). Nachdem sich nach dem mysteriösen Feuertod seiner Frau vor gut zehn Jahren die Todes- und Vermisstenfälle in der Nachbarschaft häufen, hinterfragt ein alleinerziehender Vater nachhaltig das rebellische Verhalten seines Sohnes. Als eine neue Frau in sein Leben tritt, drohen die Ereignisse zu eskalieren. Ein auf einem schwachen Plot basierender Psychothriller. Gute Darsteller und die interessante Zeichnung des Personenarsenals können die Schwächen des Drehbuchs nicht wett machen. ✦ USA 2000 **VA** Highlight **Pd** Donna Powers **R** Wayne Powers **B** Wayne Powers, Donna Powers **K** Michael Barrett **M** Christopher L. Stone **S** Anita Brandt-Burgoyne **D** Treat Williams (Will Reed), Linda Hamilton (Tina Conway), Jonathan Jackson (Seth Reed), Schuyler Fisk (Robin), Gordon Clapp (Dan) **L** 87 **FSK** ab 16 **E** 15.11.2001 Video

DAS SKELETT DER SEÑORA MORALES (ESQUELETO DE LA SENORA MORALES). Schwarzhumorige, an Luis Buñuel erinnernde Komödie über einen Tierpräparator, der ganz in seiner Arbeit aufgeht und sehr unter dem bigotten Lebenswandel seiner Ehefrau leidet. (O.m.d.U.) ✦ Schwarz-weiß. Mexiko 1959 **R** Rogelio A. Gonzáles **D** Arturo de Cordova (Tierpräparator), Amparo Rivelles (seine Frau) **L** 80 **E** 15.5.1992 West 3

SKETCHES → California Dream

SKI ACADEMY (SKI PATROL). Die »Ski Academy«, eine Art privater Bergwacht, ist für die Sicherheit der Ski-Touristen verantwortlich. Da ihnen ein Grundstücksmakler ständig Steine in den Weg legt, bekommt die launig zusammengesetzte Truppe Ärger mit der Forstverwaltung. Immer wenn der Zuschauer zu merken beginnt, daß die Darsteller kein Talent besitzen, schlüpfen flugs ihre Doubles für ein paar akrobatische Kunststücke in die Ski-Anzüge. Sie sind dann auch das Unterhaltsamste an diesem einfach gestrickten Lustspielchen, das jedoch mit erstaunlich wenig Zweideutigkeiten und dummen Sprüchen auskommt. – Ab 10 möglich. ✦ USA 1989 **P** EPIC/Sarlui/Diamant **Kl** Tivoli **VA** Starlight **Pd** Paul Maslansky, Phillip B. Goldfine, Donald L. West **R** Richard Correll **B** Steven Long Mitchell, Craig W. van Sickle **K** John Stephens **M** Bruce Miller **S** Scott Wallace **D** Roger Rose (Jerry), Corbin Timbrook (Lance), Martin Mull (Maris), Leslie Jordan (Murray), Ray Walston (Pops) **L** 92 **FSK** ab 6; f **E** 25.1.1990/28.11.1990 Video **fd** 28 135

SKI EXTREM. Skisportliche Höchstleistungen abseits der großen Rennpisten in Form einer Fernsehdokumentation. Nur gelegentlich überzeugt die Produktion durch filmische Qualität. – Ab 10. ✦ BR Deutschland 1968 **P** Schongerfilm **Kl** Filmagentur Süd **R** Jürgen Gorter **K** Jürgen Gorter **D** Franz Berghold, Michel Darbellay, Wolfgang Gorter, Gerard Hofstetter, Hans Schönberger **L** 79 **FSK** ab 6; f **E** 1969 Kino **fd** 15 909

SKI PARTY (SKI PARTY). Zwei Studenten, die bei Frauen nicht »landen« können, beschließen, hinter das Geheimnis eines ausgemachten Frauenhelden zu kommen. Als Studentinnen verkleidet, schließen sie sich ihm an, als er gleich mit einer ganzen Gruppe von Mitstudentinnen in Skiurlaub fährt. Der Plan scheint aufzugehen, doch als sich der Casanova für die »Neuen« zu interessieren beginnt, wird die Sache brenzlig. Routiniert inszenierte, halbwegs unterhaltsame Komödie mit eher schlichtem Humor. – Ab 16. ✦ USA 1965 **P** AIP **Pd** Gene Corman **R** Alan Rafkin **B** Robert Kaufman **K** Arthur E. Arling **M** Gary Usher **S** Morton Tubor **D** Frankie Avalon (Todd Armstrong/Jane), Dwayne Hickman (Craig Gamble/Nora), Deborah Walley (Linda/Hughes), Yvonne Craig (Barbara Norris), Robert Q. Lewis (Donald Pevney) **L** 90 **E** 1.1.2000 RTL

SKI SCHOOL (SKI SCHOOL). Den Wettstreit zweier rivalisierender Gruppen bei einem Ski-Lehrgang gewinnen am Ende die sympathischen Chaoten gegen die etablierten Widerlinge. Eine »Teenager«-Komödie ohne sichtbaren roten Faden, die nie über das Niveau eines pubertären Spektakels hinauskommt und sich mit müden Witzchen und voyeuristischem Gehabe anzubiedern versucht. ✦ USA 1990 **P** Rose & Ruby Entertainment **VA** VPS **Pd+R** Damian Lee **B** David Mitchell **K** Curtis Peterson **M** Dan Howell, Jill Star, Steve Hunter **S** Reid Dannison, Robert Gordon **D** Dean Cameron (Dave), Tom Breznahan (Johnny), Patrick Labyorteaux (= Patrick Laborteaux) (Ed), Mark Thomas Miller (Reid), Darlene Vogel (Lorri) **L** 84 **FSK** ab 16 **E** 23.1.1992 Video/30.11. 1995 Kabel 1 **fd** 29 448

SKIDMARKS – BLUTSPUREN (SKIDMARKS). Ein scheinbar abgebrühter Polizeifotograf, der für ein Erpresser-Trio Fotos von nachgestellten Seitensprüngen schießt, gerät in Panik, als seine Komplizen nach und nach ermordet werden. Er setzt sich auf die Spur des Mörders, sieht allerdings durch die Last der eigenen Schuld den wahren Täter nicht. Ein Thriller, der sich anfangs um eine dichte Atmosphäre bemüht und die Einsamkeit des modernen Menschen zu beschreiben versucht. Später überwiegen allerdings Schockeffekte und schwarzer Humor mit surrealem Touch, die zwar die Spannung steigern, die Geschichte jedoch vernachlässigen. ✦ USA 1997 **P** Cinepix Film Properties **VA** Starlight (VCL) **Pd** Karen Severin, Karen Severin, Michael Paseornek **R** John Raffo **B** William Preston Robertson, John Raffo **K** Bernd Heinl **M** Brian Langsbard, Ann Karlin **S** Sean Albertson **D** Peter Gallagher (Johnny Scardino), Frances McDormand (Alice), John Lithgow (Sgt. Larry Skovik), John Kapelos (Walter Lippinscott), Jack Black (Jerry), Geoffrey Lower (Woody Washawski) **L** 95 **FSK** ab 16 **E** 2.3.2000 Video **fd** 34 241

SKIDOO – EIN HAPPENING IN LOVE (SKIDOO!). Ein mittlerweile braver Bürger kommt durch seinen früheren Gangsterfreund, dessen Unterboß er einmal war, ins Gefängnis und wird von der Tochter und ihren Hippie-Freunden befreit. Als überdrehtes »Happening« angelegter Film mit einer Vielzahl nichtssagender Gags. Der unbedeutende Versuch einer Genreparodie aus der Spätzeit von Otto Preminger. ✦ Scope. USA 1968 **P** Sigma **Kl** Paramount **Pd+R** Otto Preminger **B** Doran William Cannon, nach einer Erzählung von Erik Kirkland **K** Leon Shamroy **M** Harry Nilsson **S** George R. Rohrs **D** Jackie Gleason (Tony Banks), Carol Channing (Flo Banks), Frankie Avalon (Angie), Groucho Marx (»Gott«), Fred Clark (Turmwächter) **L** 97 **FSK** ab 12; nf **E** 11.7.1969

SKIHASERL-REPORT. Studenten sammeln Material für eine Semesterarbeit über die Erholung durch den Wintersport. Die dünne Story ist Vorwand für die Darstellung sexueller Techniken. – Wir raten ab. ✦ BR Deutschland 1972 **P** Franz Vass **Kl** Neue Apollo **Pd+R** Franz Vass **D** Monica Marc, Sharon Shira, Marguerite Boulevard, Erica Graf **L** 78 **FSK** ab 18; nf **E** 9.2.1973 **fd** 18 328

SKIKANONEN (SKI-CHAMPS AND NORWAY NATIONS ON SKIS). Aus zwei Dokumentarfilmen zusammengesetztes Programm vom Skilauf. Hübsch, lehrreich und betont fröhlich. – Ab 10. ✦ Schwarz-weiß. USA 1951 **P** Dick Durrance **Kl** Ringfilm **R** Dick Durrance **L** 75 **FSK** ab 6; f **E** 2.1.1953 **fd** 2 336

SKIMEISTER VON MORGEN. Einem jungen Sportler steigen die Erfolge zu Kopf, und er verhält sich unkameradschaftlich zu einem seiner Kameraden. In der Mannschaft wird er jedoch »erzogen«. Didaktischer Kinderfilm, der thesenhaft und wenig spannend Fragen von Egoismus und Gemeinschaftsgeist zu beantworten sucht. – Ab 12. ✦ Schwarz-weiß. DDR 1956/57 **P** DEFA, Jugend- und Kinderfilmproduktion **Kl** Progress **Pd** Erich Albrecht **R** Ralf Kirsten **B** Kurt Bortfeldt, nach der Erzählung »Die goldenen Schneeschuhe« von Adolf Görtz. **K** Horst E. Brandt **M** Eberhard Schmidt **S** Hildegard Conrad **D** Gerry Wolff (Trainer Frieder), Carl Haumann (Skiwart), Rosemarie Menzel (Heimleiterin), Eberhard Gast (Herbert), Tilo Rüger (Günther) **L** 64 **E** 13.12.1957 Kino DDR

SKIN DEEP – MÄNNER HABEN'S AUCH NICHT LEICHT (SKIN DEEP). Seine Vorliebe fürs schöne Geschlecht bringt einen bärbeißigen Erfolgsschriftsteller und notorischen Schürzenjäger mit Hang zum Alkohol in Teufels Küche. Erst als er sein ganzes Leben seiner Leidenschaft geopfert hat, besinnt er sich und schickt sich an, an der Seite seiner Ex-Frau sein Leben zu ändern. Temporeich inszenierte und rasant montierte, frivole Geschlechterkomödie mit einem guten Hauptdarsteller, perfektem Timing und einigen überraschenden Gags. ✦ Scope. USA 1988 **P** Blake Edwards Entertainment (für Morgan Creek./Beco Prod.) **Kl** Senator **VA** Marketing **Pd** Tony Adams **R+B** Blake Edwards **K** Isidore Mankofsky **M** Don Gray, Ivam Neville, Tom Bocci **S** Robert Pergament **D** John Ritter (Zach), Vincent Gardenia (Barney), Alyson Reed (Aley), Joel Brooks (Jake), Julianne Phillips (Molly), Chelsea Field (Amy), Peter Donat (Sparky) **L** 101 **FSK** ab 16; f **E** 31.8.1989/März 1990 Video **fd** 27 803

SKIN – DIE HAUT DES ANDEREN (SKIN). Ein einsamer Motorradfahrer stellt sich gegen das Militär und eine faschistische Polizeitruppe. Der an der Ästhetik des Italowesterns orientierte Film erweist sich als unausgegorene Verarbeitung von Versatzstücken, die sich weder zu einem Spiel mit Stereotypen entwickelt noch auf eine klare Aussage zusteuert. ✦ Scope. Belgien 1987 **P** Lamp **Kl** Allround **VA** Focus **Pd** Eric Lambeets, Luc Pien **R** Guido Henderickxs **B** Guido Henderickxs, Bob Goosens **K** Theo Bierkens **M** Arno Hintjens, Serge Feys **S** Guido Henderickxs **D** Arno Hintjens (Chico), Josse de Pauw (Max), Hilde van Mieghem (Greta), Gene Bervoets (Stan), Maggie Wingh Yu (Eva) **L** 83 **FSK** ab 18; f **E** 4.8.1988/April 1989 Video **fd** 27 067

SKIN FLICK (SKIN FLICK). Szenen aus dem Leben einer Gruppe homosexueller Skinheads, aneinander gereiht in einem Film, der keine erzählerische Struktur erkennen lässt, sondern neben latenter Gewaltbereitschaft lediglich die Gier nach sexueller Befriedigung thematisiert. In Verbindung mit rechtsradikalem Gedankengut und pornografischen Szenen ergibt sich ein oberflächlich bebildernder Film fern jeder Form von Moral und Ethik. – Wir raten ab. ✦ Teils schwarz-weiß. Großbritannien/Deutschland 1999 **P** Cazzo Film/Millivres & Suzuki Akihiro **Kl** GM films **VA** pro-fun **Pd+R+B** Bruce LaBruce **K** James Carman **S** Manfred Mancini, Jörg Andreas **D** Steve Master (Dieter), Eden Miller (Dirk), Tom International (Reinhold), Ralph Steel (Wolfgang), Tim Vinzent (Manfred), Nikki Richardson (Cameltoe) **L** 70 **E** 29.4. 1999/4.9.1999 Video **fd** 33 661

SKIN OR DIE (SKIN OR DIE). Dokumentation über »Hammerskins«, in Gruppen organisierte jugendliche Neonazis in Europa. Der Filmautor beobachtete ein Jahr lang junge Skinheads in der Schweiz, Polen und Dänemark und bewegte einige von ihnen dazu, sich offen vor der Kamera zu ihrer Gesinnung zu äußern. ✦ Schweiz 1998 **R** Daniel Schweizer **L** 60 **E** 5.5.1998 arte

DER SKIN UND DER TÜRKE. Langzeitdokumentation über einen deutschen Skinhead und einen gewalttätigen türkischen Drogendealer, die sich beide nach richterlichem Beschluss einem Anti-Gewalt-Training unterziehen müssen. Der Film beobachtet die beiden Jugendlichen und ihre Entwicklung und lässt den Leiter des Projekts, einen Ex-Polizisten, zu Wort kommen. ✦ Deutschland 1999 **R** Peter Schran **L** 94 **E** 26.9.1999 3sat

SKINHEADS IN USA (SKINHEADS). Ein Mann und eine Frau fliehen vor randalierenden Skinheads in die Berge Kaliforniens. Sie werden von den Neo-Nazis verfolgt und finden in einer Hütte Unterschlupf, in der ein Kriegsveteran wohnt. Der wird bei einem Angriff der Skinheads verletzt, und ihr letztes Stündlein hätte geschlagen, wenn die Randalierer nicht plötzlich aufeinander losgingen. Ein gewalttätiger Film, dessen Problematik nach einem vielversprechenden Beginn nur noch Alibifunktion für eine Abfolge von

Gewalttaten hat und sich schließlich in B-Western-Klischees verliert. ✦ USA 1988 **P** Greydon Clark Prod. **VA** Scala **Pd** Greydon Clark, David Reskin **R** Greydon Clark **B** David Reskin, Greydon Clark **K** Nicholas von Sternberg **M** Dan Slider **S** Travis Clark **D** Chuck Connors (Huston), Jason Culp (Jeff), Brian Brophy (Damon), Elizabeth Sagal (Amy), Lynna Hopwood (Liz) **L** 88 **FSK** ab 16 **E** 17.12.1990 Video **fd** 29 219

SKINLESS NIGHT (SKINLESS NIGHT). Ein Pornofilm-Regisseur merkt, daß er sich in ein Netz von Scheinwirklichkeiten verstrickt hat. Er entdeckt seine Frau und sein Kind neu, will sein Leben ändern und eine Film-Version von Yasunari Kawabatas »Tänzerin von Izu« inszenieren. Am Ende arbeitet er aber doch wieder an einem Porno. Inszenatorisch eher konventionell und bieder entwickelter Film, der durch sein interessantes gesellschaftspsychologisches Thema überzeugt; bezeichnend dabei, daß als Ausweg aus der Zerrissenheit zwischen Japan und den USA immer wieder die japanische Tradition neu entdeckt oder anders begriffen wird. (O.m.d.U.) ✦ Japan 1991 **P** E-Staff Union Inc. **KI** Freunde der Deutschen Kinemathek **Pd** Rokuro Mochizuki, Toranosuke Yamazaki **R** Rokuro Mochizuki **B** Shinko Saito, Rokuro Mochizuki **K** Masashi Endo **M** Akira Kobayashi **S** Junichi Kikuchi **D** Kin Ishikawa (Mutsuro Kayama), Yasuko Yagami (Chie Kayama), Aya Katsuragi (Yoriko Jinbo), Masahiro Sato (Tajima Shinji), Sabu Kawahara (Mikio Oya) **L** 105 **E** 1992 Kino

SKINNER (POPCORN). Eine junge Filmstudentin, die ein Horrorfilm-Festival veranstalten will, sieht sich in ihren Träumen von einem geheimnisvollen Messermörder bedroht. Als ihr und ihren Mitveranstaltern bei der Vorbereitung des Festivals eine Filmrolle aus den 60er Jahren in die Hände fällt, erkennt sie im längst verstorbenen Regisseur ihren Traum-Mörder. Während des Festivals erwacht dieser zu neuem Leben, und bald sind die ersten Opfer zu beklagen. Mäßig inszenierter Horrorfilm, der allenfalls durch das ungewöhnliche Thema einigen Reiz gewinnt. ✦ USA/Jamaika 1989 **P** Movie Partners/Century Films **VA** VPS **Pd** Torben Johnke, Gary Goch, Ashok Amritraj **R** Mark Herrier **B** Alan Ormsby **K** Ronnie Taylor **M** Paul Zaza **S** Stan Cole **D** Jill Schoelen (Maggie), Tom Villard (Toby), Derek Rydall (Mark), Malcolm Danare (Bud) **L** 87 (gekürzt 85) **FSK** ab 18 (gekürzt 16) **E** 3.10.1991 Video

SKINNY TIGER (NUTTY KICKBOX COPS / SKINNY TIGER AND FATTY DRAGON). Zwei Polizisten in Hongkong, der glatzköpfige Skinny und der dickliche, aber wendige »Fatty« Sam, jagen gegen alle Widerstände einen gefährlichen Kokain-Händler. Brutale, zynische Karate- und Kickbox-Actionkomödie; auch die ansprechend inszenierten Kampfszenen können nicht den menschenverachtenden Charakter verbergen. (Titel auch: »Skinny Tiger – Der Dicke mit der schnellen Faust«; Titel der geänderten Fassung: »Skinny Tiger & Fatty Dragon«) – Wir raten ab. ✦ Hongkong 1990 **P** Cinema City **VA** Starlight **Pd** Andrew Yau, Wellington W. Fung **R** Lau Kar Wing **B** Tsang Kwog Chi **K** Ho Po-Yui **M** Richard Lo **S** Wong Ming-lam **D** Karl Maka (= Mai Jia) (Skinny), Samo Hung (= Hung Kim-Po) (Sam), Wanda Jessica Lung, Woo Fung, NG Ka Lai **L** 100 (gek. 92) **FSK** ab 18 (gek. ab 16) **E** 16.9.1992 Video **fd** 29 900

SKINNY TIGER & FATTY DRAGON →Skinny Tiger

SKIP UND DIE FARM DER SPRECHENDEN TIERE (DOG'S BEST FRIEND). Nach einem Unfall kann ein kleiner Junge mit den Tieren auf der Farm seines Großvaters sprechen. Diese Fähigkeit ermöglicht ihm, das Anwesen vor dem finanziellen Ruin zu retten. »Schweinchen Babe« im Fernseh-Format; nette Unterhaltung für die ganze Familie. – Ab 8. ✦ USA 1997 **Pd** James Shavick **R** Allan A. Goldstein **B** Nancey Silvers **K** Rod Parkhurst **M** David Lawrence **S** Joanne D'Antonio, Stephen Myers **D** Adam Zolotin (Wylie Thompson), Shirley Jones (Ethel Kellman), Bobcat Goldthwait (Mr. Teller), Richard Mulligan (Fred Kellman), Kyle Labine (Sam Handel) **L** 88 **E** 29.12.1999 ProSieben

DER SKIPPER. An Bord einer Yacht kommt es zwischen dem Skipper und zwei Mädchen zu unerträglichen Spannungen, die tödlich enden. Trivialer Thriller, psychologisch unglaubwürdig und mit schwachen schauspielerischen Leistungen. – Ab 16 möglich. ✦ BR Deutschland 1989 **P** Rialto Film/WDR **KI** Tobis **VA** Highlight **Pd** Matthias Wendlandt **R+B** Peter Keglevic **K** Edward Klosinski **M** Brynmor Llewelyn Jones **S** Susanne Schett **D** Jürgen Prochnow (Skipper), Patsy Kensit (Su), Elizabeth Hurley (Lou), Franz Buchrieser (Besitzer der »California«), Grazyna Szapolowska (Mona, Frau des Skippers) **L** 98 **FSK** ab 16; f **FBW** w **E** 5.4.1990/3.10.1990 Video/17.4.1994 Pro 7 **fd** 28 217

SKIPPY UND DIE SCHATZSUCHER (SKIPPY AND THE INTRUDERS). Abenteuerfilm für Kinder. Der Ranger eines australischen Nationalparks erteilt zwei Männern eine Taucherlaubnis, die angeblich nach Schalentieren tauchen wollen. In Wirklichkeit sind sie jedoch im Auftrag eines skrupellosen Gauners hinter einem Schatz her. Als der Sohn des Rangers und seine Freundin hinter das Geheimnis kommen, werden sie zusammen mit einem Buschkänguruh festgesetzt und haben einige Abenteuer zu bestehen. – Ab 12. ✦ Australien 1964 **R+B** Lee Robinson **M** Eric Jupp **D** Ed Devereaux (Matt Hammond), Garry Pankhurst (Sonny Hammond), Ron Graham (Peter Yordan), Liza Goddard (Clancy Merrick), Jack Hume (Cirtus) **L** 96 **E** 29.12.1995 Pro Sieben

SKITEUFEL IM ALPENPARADIES →Der weiße Rausch

SKIZZEN FÜR EINE AFRIKANISCHE ORESTIE (APPUNTI PER UN'ORESTIADE AFRICANA). Im Stil eines filmischen Notizbuchs unternimmt Pasolini den Versuch, den Stoff der griechischen Tragödie »Orestie« ins moderne Afrika zu verlegen, weil er zwischen ihm und dem Schicksal Afrikas im Blick auf die Entwicklung zu Demokratie und vernunftbestimmtem Handeln Parallelen sieht. Dieses theoretische Konzept wird in einer spröden, nicht leicht zugänglichen Form entwickelt, innerhalb derer Pasolini verschiedene Stilelemente zu verbinden versucht: Landschaftsbilder stehen neben Porträtstudien; gleichzeitig reflektiert der Regisseur über sein filmisches Vorhaben. (TV-Titel auch: »Notizen für eine afrikanische Orestie«) ✦ Schwarz-weiß. Italien 1969 **P** Idi Cinematografica **KI** Freunde der Deutschen Kinemathek **R+B** Pier Paolo Pasolini **K** Giorgio Pelloni, Pier Paolo Pasolini **M** Gato Barbieri **S** Pier Paolo Pasolini **L** 65 **E** Februar 1982

DER SKLAVE DER AMAZONEN (SLAVE GIRLS). Die Abenteuer eines Jägers in einem afrikanischen Amazonen-Staat, die ihren Höhepunkt in der Befreiung von Sklavinnen haben. Sehr anspruchslose, mit Brutalitäten und ein bißchen Sex angereicherte Unterhaltung. ✦ Scope. Großbritannien 1966 **P** Seven Arts/Hammer **KI** Centfox **Pd+R** Michael Carreras **B** Henry Younger **K** Michael Reed **M** Carlo Martelli **S** James Needs **D** Martine Beswick (Kari), Edina Ronay (Saria), Michael Latimer (David Marchant), Stephanie Randall, Sydney Bromley **L** 91 **FSK** ab 16; nf **E** 10.2.1967 **fd** 14 556

SKLAVE DES VERLANGENS (SAVE ME). Ein Börsenmakler, dessen Frau sich von ihm getrennt hat, wird vor neue Probleme gestellt, als eine fremde Frau ihn bittet, ihr gegen einen zwielichtigen Psychiater beizustehen. Erst als er ihr völlig verfallen ist, entdeckt er, daß sie eine kranke Mörderin ist. Psychothriller. ✦ USA 1993 **R** Alan Roberts **D** Harry Hamlin (Jim Stevens), Steve Railsback (Michael Robbins), Michael Ironside (Oliver), Olivia Hussey (Gail), Lysette Anthony (Ellie), Bill Nunn (Detective Vincent), Joseph Campanella (Bartan) **L** 89 **E** 6.5.1996 RTL 2

SKLAVEN (SLAVES). Ein schwarzer Sklave, der sich durch gute Leistungen hochgearbeitet hat und eine bevorzugte Stellung einnimmt, wird von seinem Herrn unter Wortbruch an einen Gläubiger, einen Sklavenhändler, verkauft. Dieser ist ein unbeherrschter, herrischer Mann, unter dem die Sklaven grausam ausgebeutet werden. Sie schmieden einige Pläne zur Flucht, die durch die Opferbereitschaft des neuen Sklaven und mit Hilfe seiner Frau auch gelingt. Der Film setzt die Bedingungen der Sklaven in Kentucky in den Jahren um 1850 in Beziehung zur Black-Power-Bewegung. Der Schluß ist, obwohl offen, nicht ohne Hoffnung. – Ab 14. ✦ USA 1969 **P** Slaves Company/Theatre Guild/Walter Reade **KI** NEF Diffusion **R** Herbert J. Biberman **B** Herbert J. Biberman, John O. Killens, Alida Sherman **K** Joseph Brun **M** Bobby Scott **S** Sidney Meyers **D** Stephen Boyd (MacKay), Dionne Warwick (Cassy), Ossie Davis (Luke), Robert Kya-Hill (Jericho), Barbara Ann Teer (Esther), Marilyn Clark (Mrs. Bennett), Gale Sondergaard, Nancy Coleman (Mrs. Stillwell), David Huddleston (Holland) **L** 110 **E** 14.1.1977/28.1.1983 DFF 1

SKLAVEN DER LIEBE →Penny – die schmutzige Jungfrau

SKLAVEN DER SEMIRAMIS (IO, SEMIRAMIDE). Intrigen-Spiel um einen Herrscher-Thron zur Zeit der Assyrer, in dessen Verlauf muskelstarke Schwertkämpfer der listenreichen Semiramis unterliegen. In babylonischer Vorzeit angesiedeltes Historienspektakel nach den üblichen Mustern des Genres. – Ab 16. ✦ Scope. Italien 1962 **P** Apo/Globe **KI** Austria **Pd** Piero Lazzari **R** Primo Zeglio **B** Alberto Liberati, Fede Arnaud **K** Alvaro Mancori **M** Carlo Savina **S** Alberto Gallitti **D** Yvonne Furneaux, John Ericson, Renzo Ricci, Gianni Rizzo, Germano Longo **L** 95 **FSK** ab 12; nf **E** 20.2.1964 **fd** 12 581

SKLAVEN DES EROS (PUSSY CAT). Auf nächtlicher Straße wird eine junge Frau überfahren. Sie ist, wie ihr Tagebuch belegt, von ihrem Liebhaber körperlich und seelisch mißhandelt worden. Ihre Schwester rächt die Tote, indem sie den Mann, einen Sexualprotz, in ihre Gewalt bringt und zum Zeugen ihrer Liebesspiele macht. Stümperhaft inszenierter Filmschund. ✦ Schwarz-weiß. Griechenland 1968 **P** James Paris **KI** Müller **Pd** James Paris **R** Dimis Dadiras **B** Y. Crotti **K** Dimitri Papakostatis **M** Nikolai Igratoff **S** Peter Kirk **D** Giula Dulli, Dean Byron, Kathy Impro **L** 75 **FSK** ab 18; nf **E** 21.8.1970 **fd** 1 692

SKLAVEN DES LASTERS (UNA LETTERA ALL' ALBA). Ein Rauschgiftschieber erfährt, daß er Vater eines mittlerweile erwachsenen Sohnes ist, von dessen Existenz er nichts wußte. Er findet den jungen Mann im eigenen Milieu und ebnet ihm – trotz mancher Probleme – den Weg in eine solide Zukunft. Ein sozialkritischer Kriminalfilm, in dessen Mittelpunkt die humanen Botschaften von Verantwortungsbewußtsein und seelischer Wandlung stehen. Spannung und die filmische Form bleiben hinter diesen Aussagen zurück. (TV-Titel: »Ein Brief bei Tagesanbruch«) – Ab 16. ✦ Schwarz-weiß. Italien 1948 **P** Amato/Scalera **KI** Döring **Pd** N.T. Mariani **R** Giorgio Bianchi **B** Aldo de Benedetti **K** Václav Vich, Augusto Tiezzi **M** Renzo Rossellini **D** Fosco Giachetti (Carlo Marini), Jacques Sernas (Mario), Olga Villi, Tatiana Pavlova, Lea Padovani **L** 94 **FSK** ab 16; nf **E** 25.5.1951/16.7.1986 S 3 **fd** 1 156

SKLAVEN HEUTE – GESCHÄFT OHNE GNADE (LE SCHIAVE ESISTONO ANCORA). Reportagefilm mit (zum Teil gestelltem) Belegmaterial über das Fortleben der Sklaverei in der arabischen Welt (Afrika, Arabien, Indien). Neben bemerkenswert informativen Originalaufnahmen zeigt der Film viel unverkennbar Spekulatives, darunter einen Schmalfilm einer ehemaligen Haremsdame. ✦ Italien/Frankreich 1963 **P** Ge.S.I./Agiman **KI** Hermes **Pd** Maleno Malenotti **R** Roberto Malenotti, Folco Quilici **B** Sean O'Callagan, nach dem Buch »Le Schiave« von Sean O'Callagan **K** Aldo Nascimbene, Aldo Tonti, Adalberto Albertini, Giuseppe Pinori, Nanni Scarpellini **M** Teo Usuelli **S** Eraldo da Roma **L** 84 **FSK** ab 18; nf **E** 1964 Kino **fd** 13 191

DIE SKLAVEN ROMS (LA RIVOLTA DEGLI SCHIAVI).

Sehr frei nach dem Roman »Fabiola« des Kardinals Wiseman erzählt der Film im wildbewegten Serienstil des italienischen Historienkinos eine Geschichte aus der Zeit der römischen Christenverfolgung, in der auch der heilige Sebastian und die heilige Agnes den Märtyrertod sterben. – Ab 16. ✦ Scope. BR Deutschland/Italien/Spanien 1960 **P** Ultra/Ambrosiana/C.B. **KI** United Artists **Pd** Paolo Moffa **R** Nunzio Malasomma **B** Duccio Tessari, Stefano Strucchi, nach dem Roman »Fabiola« von Kardinal Wiseman **K** Cecilio Paniagua **M** Angelo Francesco Lavagnino **D** Rhonda Fleming (Claudia), Lang Jeffries (Vibius), Dario Moreno (Kaiser Maximianus), Ettore Manni (Sebastian), Wandisa Guida (Agnes) **L** 100 **FSK** ab 16; nf **E** 17.3.1961 **fd** 10 094

SKLAVENCAMP DER WILDEN MÄDCHEN →Sklavenmarkt der weißen Mädchen

DIE SKLAVENFABRIK (DOREI KOJO). Der Streik der Arbeiter eines Metallwerks in Tokio und ihr Kampf um die Gründung einer unabhängigen Gewerkschaft. – Ab 14. ✦ Schwarz-weiß. Japan 1967 **KI** Progress **R** Satsuo Yamamoto **B** Atsushi Takeda, Joshi Kojima **K** Michio Yoshie, Ryuichi Vemura **M** Tadasuke Seki, Kazuto Oiizumi **D** Akira Kimura (Ohmura, Dreher), Kozo Watanabe (Suzuki, Walzwerker), Toru Yokoi (Taguchi, Dreher), Gin Maeda (Taniyama), Kojiro Kusanagi (Saga, Dreher) **L** 108 **E** 22.5.1970 Kino DDR

DIE SKLAVENHÖLLE DER MANDINGOS (DRUM). Konnte der erste Teil (»Mandingo«, 1974) dieser blutrünstigen Sklavengeschichte mit Richard Fleischer noch einen routinierten Regisseur aufweisen, so erlebt man diesmal eine Inszenierung von kaum mehr zu unterbietender Einfallslosigkeit. Der Mischling Drum wird, Anfang des 19. Jahrhunderts, zusammen mit dem Kampfsklaven Blaise auf die Menschenzuchtfarm von Hammond Maxwell verkauft. Hier fungieren sie als Hausburschen und »Deckhengste« oder dienen der Tochter Maxwells als sexuelles Spielzeug. Ein Spekulationsprodukt mit bösen rassistischen Verzeichnungen. – Wir raten ab. ✦ USA 1976 **P** Dino de Laurentiis **KI** Tobis **VA** VPS **Pd** Ralph Serpe **R** Steve Carver **B** Norman Wexler, nach einem Roman von Kyle Onstott **K** Lucien Ballard **M** Charlie Smalls **S** Carl Kress **D** Warren Oates (Hammond Maxwell), Ken Norton (Drum), Isela Vega (Marianna), Yaphet Kotto (Blaise), John Colicos (DeMarigny), Pam Grier (= Pamela Grier) (Regine) **L** 100 **FSK** ab 18; f **E** 26.8.1976/1981 Video **fd** 19 928

SKLAVENJÄGER (DRUMS OF AFRICA). Ein Ingenieur, der um die Jahrhundertwende in Ostafrika eine Eisenbahn bauen soll, gerät mit einem alten Safarileiter und einer Missionshelferin in das schändliche Treiben von Sklavenjägern. Abenteuerfilm von eher schlichtem Zuschnitt und mit einer sehr einfachen Charakterzeichnung. – Ab 16. ✦ Scope. USA 1962 **P** Zimbalist-Krasne **KI** MGM **Pd** Alfred Zimbalist, Philip N. Krasne **R** James B. Clark **B** Robin Estridge **K** Paul C. Vogel **M** Johnny Mandel **D** Frankie Avalon, Mariette Hartley, Torin Thatcher, Lloyd Bochner, Hari Rhodes **L** 91 **FSK** ab 12; nf **E** 13.12.1963 **fd** 12 468

DIE SKLAVENJÄGER →Slavers – Die Sklavenjäger

DIE SKLAVENKARAWANE. Frei nach Karl May bekämpfen Kara Ben Nemsi und Hadschi Halef Omar einen bösen Sklavenhändler im oberen Niltal. Mehr Starlustspiel als Abenteuerfilm, so daß die Erinnerung an eine spannende Jugendlektüre sich in diesem mittelmäßig inszenierten Film kaum bestätigt. – Ab 12. ✦ BR Deutschland/Spanien 1958 **P** DCF/Saiz **KI** Bavaria **Pd** Theo Zöhner **R** Georg Marischka **B** Georg Marischka, nach dem gleichnamigen Roman von Karl May **K** Alfredo Fraile **M** Ulrich Sommerlatte **S** Claus von Boro **D** Georg Thomalla, Viktor Staal, Theo Lingen, Mara Cruz, Fernando Sancho **L** 99 **FSK** ab 6; nf **FBW** w **E** 11.12.1958 **fd** 7 621

SKLAVENMARKT DER WEISSEN MÄDCHEN (VIA DELLA PROSTITUTIONE). Eine schwarze Journalistin in Kenia kommt auf der Spur eines Mädchenhändlers zu einer Mädchenversteigerung nach New York und in einen Hostessenklub nach San Diego. Dilettantischer Sexfilm nach bekanntem Muster vor ständig wechselndem Hintergrund. (Alternativtitel: »Hemmungslose Emmanuela«, »Sklavencamp der wilden Mädchen«, »Black Emmanuelle in Afrika«) – Wir raten ab. ✦ Italien 1979 **P** Cinemaster **KI** Apollo/Graf/Exquisit/Avis **VA** VTD **R** Joe d'Amato (= Aristide Massaccesi) **B** H.G. Schier **K** Aristide Massaccesi **M** Nico Fidenco **D** Laura Gemser (Emmanuelle), Gabriele Tinti (Francys Marley), Gota Gobert (Madame Claude), Venantino Venantini (Rivetti), Pierre Marfurt (Prinz Ansani), Ely Galleani (Susan Towers) **L** 87 **FSK** ab 18; nf **E** 8.8.1980/27.7.1996 VOX

SKLAVENTANGO – TRUGBILDER VOM WARSCHAUER GHETTO (TANGO OF SLAVES). Am 19. April 1943 erhoben sich die Juden des Warschauer Ghettos gegen ihre deutschen Peiniger. 50 Jahre später will ein Überlebender seinen Töchtern die Geschichte des Ghettos erzählen und muss feststellen, dass das vorhandene Bildmaterial fast ausschließlich von deutschen Soldaten und Propagandakompanien stammt. Eine persönliche Erinnerungsarbeit, die reflektiert, wie Bilder Geschichte prägen und beeinflussen, und die Frage stellt, wie der »Blick« der Todfeinde die Perspektive verändert. ✦ USA 1993 **R** Ilan Ziv **L** 110 **E** 7.11.1999 N 3

SKLAVIN DER LIEBE (1954) →Der Weg zur Hölle (1954)

SKLAVIN DER LIEBE (1976) (RABA LJUBWI). Die Krim 1917: Ein Filmteam muß während der Dreharbeiten zu einem Stummfilm-Melodram erkennen, daß in Zeiten gesellschaftlicher Umbrüche politische Enthaltsamkeit unmöglich ist. Eine Variation des Themas »Film im Film«, die durch die liebevoll-nostalgische Zeichnung einer vergangenen Epoche hohen Unterhaltungswert besitzt und unterschwellig zum Überdenken politischer Parteinahme anregt; gut fotografiert, überzeugend entwickelt. (Auch O.m.d.U.) – Sehenswert ab 16. ✦ Teils schwarz-weiß. UdSSR 1976 **P** Mosfilm **KI** FiFiGe **SF** Zentral **R** Nikita Michalkow **B** Friedrich Gorenstein, Andrej Michalkow-Konchalowski **K** Pawel Lebeschew, Jewgeni Wassiljew **M** Eduard Artemjew **D** Jelena Solowej (Olga Wosnessenskaja), Alexander Kaljagin (Regisseur Kaljagin), Rodion Nachapetow (Victor Potozki), Konstantin Grigorjew (Hauptmann Fedowtow), Oleg Basilaschwili (Jushakow) **L** 96 **E** 21.1.1977 Kino DDR/21.7.1977 DFF 2/2.7.1987 Kino BRD/28.2.1996 arte **fd** 26 153

SKLAVIN DER PIRATENINSEL (MARIE DES ISLES). Eine Bürgerstochter schwärmt für den Gouverneur einer Pirateninsel, heiratet aber nicht ihn, sondern einen Abgesandten Richelieus, der dem Gouverneur ans Leben will und dafür auf einigen Fässen Pulver in die Luft fliegen wird. Abenteuerlicher Kostümfilm unter dem Durchschnitt der Gattung. ✦ Scope. Frankreich/Italien 1959 **P** Radius/Geproci/Tibre **KI** Prisma **Pd** Yvette Combret **R** Georges Combret **B** Georges Combret, Pierre Maudru, nach einem Roman von Robert Gaillard **K** Pierre Petit **M** Georges van Parys **D** Belinda Lee, Alain Saury, Jacques Castelot, Folco Lulli, Dario Moreno **L** 91 **FSK** ab 18; nf **E** 10.6.1960 **fd** 9 228

SKLAVIN DER SINNLICHKEIT (CRI DU DESIR). Das Sinnenleben einer jungen Ehefrau wird durch Sexspiele im weiträumigen Haus ihres vermögenden Mannes gefördert. Sexfilm nach Schema. – Wir raten ab. ✦ Frankreich 1977 **P** André Film **KI** Apollo und andere **R** Alain Nauroy **B** Monique André, Alain Nauroy **K** Claude Becognée **M** Daniel Carlet, Gilles Marchal **D** Monique Règne, Michéle Perello, Henri Czarnik, Richard Darbois, Chris Martin **L** 79 **FSK** ab 18; nf **E** 17.3.1978

SKLAVIN DER SÜDSEE (LA FILLE DE FEU). Nach einer Schiffskatastrophe im Karibischen Meer strandet ein französischer Gelehrter samt Tochter und Assistent auf einer einsamen Insel. Mehr aus- als angezogen, führen die drei hinfort ein paradiesisches Leben, bis lüsterne Gangster ihre Idylle stören. Langatmig und dumm und handwerklich eine Zumutung. ✦ Frankreich 1957 **P** Société Française **KI** Austria **R** Alfred Rode **B** Jean-Pierre Marchand, nach einem Roman von John D. Fellow **K** Jean Isnard **M** Paul Bonneau **D** Claudine Dupuis (Madeleine), Erno Crisa (Larry), Armand Mestral (Ortiz), Raymond Souplex (Prof. Heldt), Bill Marshall (= William Marshall) (Stork) **L** 82 **FSK** ab 18; nf **E** 20.5.1959 **fd** 8 128

SKLAVIN DER WOLLUST (LA DEBAUCHE – UN AMOUR AU CREDIT). Ein Vierecksverhältnis zur ausgiebigen Darstellung von Leistungssex. Sexfilm mit aufgesetzter Moral und schlecht entwickelten Charakteren. – Wir raten ab. ✦ Frankreich 1970 **P** Jean-François Davy Prod. **KI** Transfilm **Pd+R+B** Jean-François Davy **K** Philippe Theaudière **M** Pierre Raph **S** Cécile Decugis **D** Michel Lemoine, Denyse Roland, Karine Jeantet, Philippe Gasté, Roger Lumont **L** 78 **FSK** SPIO: X **E** 17.9.1971 **fd** 17 507

SKLAVIN DES HERZENS (UNDER CAPRICORN). Australien im 19. Jahrhundert: Die Tochter eines irischen Aristokraten ist mit einem ehemaligen Strafgefangenen verheiratet, der, obwohl zu Geld gekommen, von den Einheimischen nicht akzeptiert wird. Sie trinkt und wird von ihrer Haushälterin terrorisiert. Ihrem Cousin, der sich in sie verliebt hat und ihr helfen will, gesteht sie nach einem Eifersuchtsskandal, die Straftat begangen zu haben, für die ihr Mann einsaß. Der Cousin kehrt daraufhin nach England zurück, kann aber vorher noch verhindern, daß die junge Frau von ihrer Haushälterin umgebracht wird. Historisches Melodram über Opfer und Schuld, mit starker Atmosphäre und wenig Spannung. Hitchcock, der sich nach eigener Aussage in Kostümstücken nie wohl fühlen konnte, experimentierte in diesem Film, den er nach langen Hollywood-Jahren wieder in England realisierte, erfolglos mit farbdramaturgischen Effekten und ungewöhnlich langen Einstellungen. (Im Dezember 1995 strahlte das ZDF erstmals eine vervollständigte Fassung aus; die bislang fehlende vierminütige Sequenz wurde mit Untertiteln versehen.) – Ab 16. ✦ Großbritannien 1948 **P** Transatlantic Pictures **Pd** Sidney Bernstein, Alfred Hitchcock **R** Alfred Hitchcock **B** James Bridie, Hume Cronyn, nach einem Roman von Helen Simpson und einem Bühnenstück von John Colton und Margaret Linden **K** Jack Cardiff, Paul Beeson, Ian Craig, David McNeilly, Jack Haste **M** Richard Addinsell **S** A. S. Bates **D** Ingrid Bergman (Lady Henrietta Flusky), Joseph Cotten (Sam Flusky), Michael Wilding (Charles Adare), Margaret Leighton (Milly), Cecil Parker (Governor) **L** 117 (gek. 111) **FSK** ab 16; f **E** 17.11.1950/31.1.1972 ZDF/24.10.1987 DFF 1/14.12.1995 ZDF (vollst. Fssg.) **fd** 727

SKLAVIN DES SATANS (SATAN'S SLAVE). Im einsamen Landhaus will ein Arzt, der einem Satanskult anhängt, seine 20jährige Nichte dem Herrn der Finsternis opfern, um in ihrem Körper eine längst verstorbene Ahnin wieder zum Leben zu erwecken. Konfuser und brutaler Horrorfilm voller christlicher Symbolik. – Wir raten ab. ✦ USA 1976 **P** Les Young/Richard Crafter **KI** Avis/Allianz **R** Norman J. Warren **B** David McGillivray **M** John Scott (= Hanns Schott-Schöbinger) **D** Michael Gough (Alexandre), Martin Potter (Stephen), Candice Glenedenin (Catherine), Barbara Kellerman (France), Michael Carze **L** 89 **FSK** SPIO: X **E** 26.10.1984 **fd** 24 839

SKLAVIN FÜR EINEN SOMMER (L'ALCOVA). Ein Italiener bringt von einer Reise nach Abessinien die dunkelhäutige Tochter eines Prinzen mit, die ihm als Geschenk überreicht wurde und ihm völlig ergeben ist. Nach diversen Eifersüchteleien – immerhin ist der Orientreisende verheiratet – wird die »Sklavin« zum Mittelpunkt aller erotischen Konstellationen. Mit etwas Exotik und dem unangenehmen Beigeschmack sadistischer Leidenschaften angereicherter Soft-Porno aus den Niederungen dieses Genres. – Wir raten ab. ✦ Italien 1984 **P** Filmirage **KI** Alemannia/Elysee **VA** GMP **Pd+R** Joe d'Amato (= Aristide Massaccesi) **B** Ugo Moretti, nach einem Roman von Judith Wexley **K** Federico Slonisco

(= Aristide Massaccesi) **M** Manuel de Sica **S** Frank Martin (= Franco Martinelli) **D** Lilli Carati (Clivers Frau), Annie Belle (Sekretärin), Al Cliver (De Silverstrim), Laura Gemser (Zerbal), Robert Caruso (Furio) **L** 93 **FSK** ab 18; nf **E** 6.8.1987/23.2.1988 Video

SKLAVIN IHRER TRIEBE (TOP SENSATION). Eine schwerreiche Frau hofft, ihren geistig zurückgebliebenen Sohn dadurch heilen zu können, daß sie ihm auf einer Kreuzfahrt Frauen verschafft. Die einzige, auf die er anzusprechen scheint, wird von ihm erwürgt; schließlich sprengt er das ganze Boot in die Luft. Ein hoffnungslos dummer Schundfilm. – Wir raten ab. ✦ Italien 1968 **P** A.I.C.A. **KI** Ton-Film **R** Ottavio Alessi **B** Ottavio Alessi, Lorenzo Ricciardi **K** Alessandro D'Eva **M** Sante Maria Romitelli **S** Luciano Anconetani **D** Maud De Belleroche, Maurizio Bonuglia, Edwige Fenech, Ruggero Miti, Rosalba Neri **L** 99 **FSK** ab 18; nf **E** 29.1.1971 **fd** 17 198

SKLAVIN IN LEDER (WEEKEND AVEC CAROLINE). Eine junge Frau gibt sich für Sexspiele verschiedener Art her, um einen alten, reichen Sadisten und Voyeur der Polizei ausliefern zu können. – Wir raten ab. ✦ Frankreich 1982 **P** Cinema 2002 **KI** Apollo/Aktuell/ Barberina **R** Alain Nauroy **D** Annibelle Carlton, Richard Fontaine, Monique Barnard **L** 70 **FSK** SPIO: X **E** 19.8.1982 **fd** 23 968

DIE SKLAVIN VON VENEDIG (I PIOMBI DI VENEZIA). Der Kapitän der venezianischen Flotte benutzt die Abwesenheit des Dogen zu tyrannischer Herrschaft und skrupelloser Bereicherung. Pseudohistorischer Abenteuerfilm voller Abgeschmacktheiten. ✦ Schwarz-weiß. Italien 1953 **P** Venturini **KI** Interna **Pd** Vittorio Callegari **R+B** Gian Paolo Callegari **K** Massimo Vallamalo **M** Ezio Carabella **D** Massimo Serato, Franca Marzi, Armando Francioli, Maria Grazia Francia, Giorgio Albertazzi **L** 85 **FSK** ab 18; nf **E** 24.8.1954 **fd** 3 515

DIE SKLAVINNEN. Die Besitzerin eines Luxusbordells mit Minister-Kundschaft macht ihre »Pferdchen« mit Drogen und Gewalt gefügig. Sexfilm, der mit Rückblenden arbeitet, die von schwülstigen Nachtclub- und Schlüsselloch-Szenen unterbrochen werden; weder pornografisch noch erotisch, sondern einzig geschmacklos. Als Rahmenhandlung dient die Entführung einer Millionärstochter. (Videotitel: »Die Verschleppten«) – Wir raten ab. ✦ Schweiz 1976 **P** Elite **KI** Avis **VA** Movie **Pd** Erwin C. Dietrich **R** Jess Franco (= Jésus Franco Manera) **B** Manfred Gregor (= Erwin C. Dietrich) **K** Peter Baumgartner **M** Walter Baumgartner **D** Lina Romay, Victor Mendes, Aida Vargas, Martine Stedil, Peggy Markoff **L** 75 **FSK** ab 18; nf **E** 15.4.1977 **fd** 20 493

SKLAVINNEN DER LUST →Justine und Juliette

SKLAVINNEN DER PEITSCHE →Blutige Wasser

SKLAVINNEN DES LASTERS →Immer wenn es Nacht wird

DIE SKLAVINNEN VON DAMASKUS (L' EROE DI BABILONIA / HERCULE, HEROS DE BABYLONE). Der rechtmäßige Thronerbe vernichtet den Tyrannen Balsazar und beendet die Flammenopfer junger Mädchen. Italienischer Antik-Film in orientalischen Kulissen. (TV-Titel: »Held von Babylon«) – Ab 16. ✦ Scope. Italien/Frankreich 1963 **P** C.I.R.A.C./ F.I.A./Gladiator **KI** Adria **R** Siro Marcellini **B** Gian Paolo Callegari, Leopoldo Valentini, Siro Marcellini **K** Fausto Rossi **M** Carlo Franzi **D** Gordon Scott, Moira Orfei, Piero Lulli, Andrea Scotti, Mario Petri **L** 90 **FSK** ab 16; nf **E** 3.7.1964/19.12.1987 DFF 2 **fd** 12 829

DIE SKLAVINNEN VON KARTHAGO (LE SCHIAVE DI CARTAGINE). Monumentaldrama aus der Zeit der Christenverfolgungen in Rom, in dem Guido Brignone – ein Pionier des italienischen Kinos, der bereits Stummfilme drehte – unbekümmert Action, Erotik, Grausamkeiten und Religion zu einem Spektakel vermengte. – Ab 16. ✦ Scope. Italien/Spanien 1956 **P** Cines/Yago **KI** Defir **Pd** Italo Zingarelli **R** Guido Brignone **B** Francesco de Feo, Nicola Manzari, Francesco Thellung, Mario Guerra **K** Adalberto Albertini, Carlo Fiore **M** Enzo Masetti **S** Jolanda Benvenuti **D** Gianna Maria Canale, Marisa Allasio, Jorge Mistral, Ana Luisa Peluffo, Ruben Rojo **L** 95 **FSK** ab 16; f **E** 19.4.1957 **fd** 5 861

DER SKORPION (1978) (SKORPION). Estland im 18. Jahrhundert: Ein auf eine öde Insel strafversetzter Pastor kann mit seinem Dogmatismus und verborgenen Machtstreben weder die an heidnischen Bräuchen hängende Bevölkerung erreichen und verändern noch seine Frau glücklich machen. Als diese mit seinem Gehilfen flieht, lädt er in seiner Unbeugsamkeit und Härte neue Schuld auf sich. ✦ Scope, schwarz-weiß. UdSSR 1978 **P** Tallinnfilm **KI** Progress **R** Juri Müür **B** Valentin Kujk, nach dem Roman von Aino Kalla **K** Michail Dorowatowski **M** Eino Tamberg **D** Mikk Mikiver (Paul Lempelius), Elle Kuul (Katharina Viken), Tynu Mikiver (Janos Kempe), Evald Aawik (Glöckner) **L** 76 **E** 7.12.1979 Kino DDR/22.3. 1981 DFF 2

DER SKORPION (1984) (DE SCHORPIOEN). Holland 1956: Für eine Schiffspassage nach Amerika, ein Visum und einen neuen Paß braucht Lastwagenfahrer Leo Wolff nicht mehr zu tun, als seinen alten Paß zur Verfügung zu stellen. Wenig später liest er von seinem eigenen Tod in der Zeitung. Seine Neugier auf der Suche nach der Wahrheit bringt ihn in tödliche Gefahr, als er auf Korruption und illegale Waffenschiebereien nach Indonesien stößt. Nach der authentischen »Aernout«-Affäre, die einen wunden Punkt in der Geschichte der Niederlande markiert und deren Hintergründe bis heute nicht restlos aufgeklärt sind, gestalteter Thriller. ✦ Niederlande 1984 **P** Movies/City **Pd** Chris Brouwer, Haig Balian **R** Ben Verbong **B** Ben Verbong, Pieter de Vos, Jos van der Linden **K** Theo van de Sande **M** Nicola Piovani **S** Ton de Graaff **D** Peter Tuinman (Loe Wolff), Monique van de Ven (Anna), Adrian Brine (Karl Wissing), Henrik van Ulsen (William Kemp), Senne Rouffaer (Colonel Snijder) **L** (TV) 96 **E** 27.3.1990 ZDF

DER SKORPION (1997). Die Frau des Einsatzleiters im Münchner Drogendezernat wird Opfer eines Anschlags der Drogenmafia. Während sie schwer verletzt auf der Intensivstation liegt, stürzt sich der introvertierte, nur äußerlich harte Polizist um so verbissener in die Arbeit. Doch sein 18jähriger Sohn, ohnehin seelisch äußerst labil und der Gefahr ausgeliefert, ins Drogenmilieu abzurutschen, mischt sich in die Ermittlungen ein und gerät in jene Kreise, in denen der Vater nach den Tätern sucht. Perfekt inszenierter dramatischer Kriminalfilm, der auf reizvolle Weise genretypische Erzählmotive mit einem familiären Konflikt verbindet. Formal beachtlich, in den Hauptrollen subtil gespielt, verliert der Film etwas durch die aufgesetzte, allzu betont auf Happy-End gezirkelte Auflösung. DVD: Der Film ist nur als Double-Feature zusammen mit »Spiel um dein Leben« erhältlich. – Ab 16. ✦ Deutschland 1997 **P** MTM Cineteve/ZDF **VA** MEC **DVD** Mc-One (FF, DD2.0 dt.) **Pd** Gloria Burkert **R** Dominik Graf **B** Günter Schütter **K** Benedict Neuenfels **M** Helmut Spanner, Dominik Graf **S** Christel Suckow **D** Heiner Lauterbach (Josef Bertholt), Marek Harloff (Robin), Renate Krößner, Birge Schade **L** 99 **FSK** ab 16 **E** 3.10. 1997 ZDF/2001 DVD

SKORPION GEGEN REGENBOGEN (SKORPION SRETSCHU DGA). Bulgarien 1948: In den Rhodopen treibt eine monarcho-faschistische Bande unter dem Decknamen »Skorpion« ihr Unwesen. ✦ Schwarz-weiß. Bulgarien 1969 **P** Spielfilmstudio Sofia **R** Wladislaw Ikonomow **B** Pawel Weshinow **K** Krum Krumow, Zantscho Zantschew **M** Kiril Zibulka **D** Wassil Popiliew, Naum Schopow, Rumena Trifonowa, Katja Paskalewa, Dobromir Manew **L** 91 **E** 9.9.1971 DFF 2

SKORPION, JUNGFRAU UND SCHÜTZE (SCORPION, PANNA I LUCZNIK). Drei junge polnische Aussteiger schlagen sich in einem ausgedienten Reisebus mit dem Verkauf selbstgefertigter Heiligenbilder durch den Süden des Staates. Eines Tages stößt ein Unbekannter zu ihnen und leitet durch den Diebstahl ihrer einzigen wertvollen Habe, einem Fotoapparat, den Untergang der Gruppe ein. Eine Parabel über den Ungeist des Materialismus und den Verlust der Unschuld. (O.m.d.U.) ✦ Polen 1972 **P** PRF »Zespoly Filmowe«/Zespól »Kraj«/WFF Lodz **KI** Freunde der Deutschen Kinemathek **Pd** Konstanty Lewkowicz **R** Andrzej Kondratiuk **B** Andrzej Kondratiuk, Andrzej Bonarski **K** Mieczylaw Jahoda **M** Zygmunt Koniedzny **S** Janina Niedzwiecka **D** Iga Cembrzynska, Jan Nowicki, Jerzy Zelnik, Henri Berth, Jan Mimilsbach, Ewa Szykulska **L** 86 **E** 1996 Kino

DIE SKORPIONFRAU. Eine geschiedene Richterin Mitte Vierzig beginnt eine Liebesbeziehung mit einem weitaus jüngeren Rechtspraktikanten, in deren Verlauf sie gegen Enttäuschungen und Erniedrigungen ankämpfen und um ihre Würde ringen muß. Ein ambitionierter Unterhaltungsfilm, der Komik, Momente ausgelassener Lebensfreude sowie dramatische Verstrickungen geschickt zu verbinden versteht und dank einer herausragenden Hauptdarstellerin davor bewahrt bleibt, banal oder oberflächlich zu werden. ✦ Österreich 1989 **P** Infratel/Satel/ ORF **KI** FiFiGe **Pd** Michael Wolkenstein **R+B** Susanne Zanke **K** Tamás Ujlaki **S** Michou Hutter **D** Angelica Domröse (Lisa), Fritz Hammel (Rudi), Péter Andorai (Felix), Heinz Weixelbraun (Georg), Johanna Tomek (Frau Neubauer) **L** 101 **E** 17.5.1990 **fd** 28 325

SKRUPELLOS (1948) →Ohne Erbarmen

SKRUPELLOS (1956) (GREAT DAY IN THE MORNING). Denver vor und zu Beginn des Bürgerkriegs, als sich die Einwohnerschaft zwischen Anhängern der Südstaatler und der Yankees spaltet: Ein Geschäftemacher aus dem Süden adoptiert den kleinen Sohn eines Goldgräbers, den er selbst in Notwehr erschossen hat. Ein ernsthafter Western, der die starren Genre-Grenzen durchbricht. – Ab 14. ✦ Scope. USA 1956 **P** RKO **KI** RKO **Pd** Edmund Grainger **R** Jacques Tourneur **B** Lesser Samuels, nach einer Novelle von Robert Hardy Andrews **K** William E. Snyder **M** Leith Stevens **S** Harry Marker **D** Virginia Mayo (Ann Merry Alaine), Robert Stack (Owen Pentecost), Ruth Roman (Boston Grant), Alex Nicol (Stephen Kirby), Raymond Burr (Jumbo Means), Leo Gordon (Zeff Masterson), Regis Toomey (Pater Murphy), Carleton Young (Col. Gibson), Peter Whitney (Phil), Dan White (Rogers) **L** 88 **FSK** ab 12; nf **E** 11.12.1956 **fd** 5 647

SKRUPELLOS (1986) (SENZA SCRUPOLI). Die Frau eines Juweliers gerät in sexuelle Abhängigkeit von einem Einbrecher, der sie vergewaltigt, und wird seine Komplizin. Erst als er einen Mord begeht, »emanzipiert« sie sich und verläßt auch ihren Mann. Schmuddeliger Sex-and-Crime-Film, der unverhohlen sexuellen Lustgewinn durch Vergewaltigung und Erniedrigung propagiert. – Wir raten ab. ✦ Italien 1986 **P** Granangolo Coop **KI** Ring-Film **VA** GMP **Pd** Enzo Gallo, Lello Scarano **R** Tonino Valerii **B** Riccardo Ghione, Tonino Valerii **K** Giulio Albonico **M** James Senese, Joe Amoruso **S** Antonio Siciliano **D** Sandra Wey (Silvia), Marzio Honorato (Diego), Antonio Marsina (Massimo), Cinzia de Ponti **L** 84 **FSK** ab 18; f **E** 26.2.1987/15.4.1987 Video **fd** 26 379

SKRUPELLOS II (SENZA SCRUPOLI II). Durch die Bekanntschaft mit einer Fotografin scheint eine Frau über das traumatische Erlebnis einer Vergewaltigung hinwegzukommen. Die Fotografin ist einem Call-Girl-Ring, der den Menschen mittels Hypnose sexuelle Enthemmung verspricht, auf der Spur. Lediglich an der Verklammerung von Sex und Gewalt interessierte Soft-Sex-Produktion in Fortsetzung des gleichnamigen Films von 1986. – Wir raten ab. ✦ Italien 1988 **P** G.E.A. International/United **VA** VPS **Pd** Emiliano di Meo, Marcello Garcia **R** Carlo Ausino **B** Riccardo Ghione, Emiliano di Meo **K** Carlo Ausino **M** Serfran **S** Luigi Gorini **D** Virna Anderson (Sandra), Marcello Garcia Facal (Marco), Luana Perdon (Luana), David Bluewren, Daniela Regellato **L** 83 **FSK** ab 18 **E** 18.10.1990 Video

SKRUPELLOS UND TÖDLICH (TALL, DARK AND DEADLY). Nach der Trennung von ihrem Geliebten lernt eine junge Frau ihren Traummann kennen. Doch der entpuppt sich rasch als Psychopath, der sie ganz für sich besitzen will und auch vor Morden an ihren Freundinnen nicht zurückschreckt. Die Frau sitzt in der Falle, da ihr neuer Partner Polizist ist und ihre Anzeigen unterschlägt. Spannungsloser Psychothriller mit einem vorhersehbaren Ende, der mit einer äußerst biederen moralischen Botschaft aufwartet. ✦ USA 1995 **P** Fast Track Films/Wilshire Court Prod. **VA** CIC **Pd** Bob Roe **R** Kenneth Fink **B** Mary Anne Kasica, Michael Scheff **K** Alex Nepomniaschy **M** Joseph Vitarelli **S** Louise Innes **D** Jack Scalia (Ray), Kim Delaney (Maggie), Todd Allen (Sam) **L** 85 **FSK** ab 16 **E** 20.12.1995 Video **fd** 31736

SKRUPELLOS VERFÜHRT – DIE UNSCHULD DES MÖRDERS (UNDUE INFLUENCE). Ein nach dem Tod seiner Frau alleinerziehender Vater muss für seine Schwägerin eintreten, als diese unter Mordverdacht gerät. Er ist zwar von ihrer Unschuld überzeugt, doch es existieren Beweise, die einen Streit der Frau mit der Ermordeten dokumentieren. Fernsehdrama. ✦ USA 1996 **Pd** Christine Sacani **R** Bruce Pittman **B** Philip Rosenberg, nach einem Roman von Steve Martini **K** Michael Storey **M** Jeff Beal **S** Michael Todd **D** Brian Dennehy (Paul Madriani), Patricia Richardson (Laurel Vega), Richard Masur (Jack Vega), Jean Smart (Dana Colby), Eric Michael Cole (Danny) **L** 83 **E** 23.5.2000 ProSieben

DER SKRUPELLOSE KAMPF UM MACHT UND MILLIONEN (PRIVATE ROADS). Ein junger Motorradfahrer erwacht nach einer Karambolage mit einem Sportwagen auf der Ranch seiner millionenschweren Unfallgegnerin, die ihn gesundpflegen läßt, um einen Skandal zu vermeiden. Im Lauf seines Aufenthalts gerät er in ein undurchsichtiges Intrigenspiel zwischen der verwöhnten Frau und ihrem Vater, einem skrupellosen Rüstungsmagnaten. ✦ USA 1988 **R+B** Raphael Nussbaum **D** George Kennedy (Sam Milshaw), Greg Evigan (Brad Carlton), Mitzi Kapture (Helen Milshaw), Brian Patrick Clarke (Ken Burgess), E. J. Peaker (Virginia Milshaw), Brynja McGrady (Betty) **L** 94 **E** 15.9.1994 RTL 2

SKRUPELLOSE VERLIERER (GO FOR GOLD). Drama um einen jungen Sportler, der zunehmend von Geld und Korruption verdorben wird. ✦ USA 1984 **P** Stuart Fleming/Anant Singh **VA** Vestron **Pd** Anant Singh, Stuart Fleming **R** Stuart Fleming **D** James Ryan, Mzwandile, Cameron Mitchell, Sandra Horne, Tamara Franke **L** 89 **FSK** ab 16 **E** 28.5.1986 Video

DIE SKRUPELLOSEN (1961) (OS CAFAJESTES). Zwei junge Nichtstuer zwingen Mädchen zu Nacktaufnahmen, mit denen sie deren Angehörige erpressen wollen. Sozialkritisch gemeinter Film aus Brasilien, der aber nicht mehr als eine Groschengeschichte hergibt. ✦ Schwarz-weiß. Brasilien 1961 **P** Magnus **Kl** Aero **R** Ruy Guerra **B** Miguel Torres, Ruy Guerra **K** Tony Rabattoni **M** Luis Bonfa **D** Jece Valadao, Daniel Filho, Norma Bengell, Lucy Carvalho, Hugo Carvana **L** 83 **FSK** ab 18; nf **E** 22.1.1963 **fd** 11767

DIE SKRUPELLOSEN (1999) (LES VILAINS). Eine ehemalige Extremistin plant einen Überfall auf einen Geldtransport und stellt dafür ein Team zusammen, das aus alten und jungen Gangstern besteht. Während man in einem abgelegenen Landhaus auf den Coup wartet, kommt es innerhalb der Gruppe zu Spannungen. Ambitionierter französischer Fernsehkrimi. ✦ Frankreich 1999 **P** La Sept ARTE **Pd** Pierre Javaux **R** Xavier Durringer **B** Xavier Durringer, Jean Miez **K** Mathieu Vadepied **M** Béatrice Thiriet **S** Raphaele Urtin **D** Florence Thomassin (Anna), Jean Miez (Charlie), Roger Ibanez (Baske), Gerald Laroche (Serge), Jean-Pierre Leonardini (Roger), Clovis Cornillac (Marco), Samir Guesmi (Rachid), Jean de Coninck (Sicherheitschef) **L** 92 **E** 8.9.2000 arte

SKY HIGH (SKY HIGH). Drei amerikanische Austauschstudenten geraten in Griechenland in eine wirre Agentengeschichte und können mit Mühe ihr Leben retten. Eine bemüht witzige Pubertätskomödie voller Plattheiten. ✦ USA/Griechenland 1984 **P** Omega **VA** Constantin **Pd+R** Nico Mastorakis **B** Robert Gilliam, Fred C. Perry **K** Andrew Bellis (= Andreas Bellis) **M** Denis Haines **S** George Rosenberg **D** Daniel Hirsch, Clayton Norcross, Frank Schultz, Lauren-Marie Taylor, John Lawrence **L** 86 **E** 1985 Video **fd** 25272

SKY INVASION (SKY INVASION). Hoffnungslos konfuser Science-Fiction-Film über ein außerirdisches Paar, das ein ganzes Heer Erdbewohner um sich schart, um mit ihnen auf eine ominöse Reise zu gehen. Durch den Einsatz von zwei Erzählern, zahlreichen Episoden und Nebenhandlungen entsteht eine undurchsichtig-geschwätzige Mystikshow, bei der die wenigen kritischen Anmerkungen in Spezialeffekten untergehen. (Alternativtitel: »Die unheimlichen Zwei«) ✦ USA 1979 **P** Alan Landsberg Prod. **VA** Srceentime **R+B** Gary A. Sherman **K** Steven Poster **M** Joe Renzetti **D** John Forsythe (Er), James Stephens (Tim Armstrong), Priscilla Pointer (Sie), Robert Pine (Arnold Brown), Karen Werner, Vic Tayback (Ted Randall), Noah Beery jr. (Virgil Malloy), Lee Bryant, Robert Englund, Jerry Hardin **L** 96 **FSK** ab 18 **E** November 1986 Video

SKY RIDER (RIDING FAST). Die Romanze zwischen einem 19jährigen Moto-Cross-Fahrer und einer wesentlich älteren Fotografin und Malerin wird überschattet von den Erinnerungen an ihren tödlich verunglückten Liebhaber. Ständig im Konflikt mit dem übergroßen Vorbild, stirbt der junge Mann ebenfalls bei einem unsinnigen Drachenflug-Rekordversuch. Fürs Fernsehen entstandenes Melodram, schlecht gespielt und inszeniert und unglaublich langweilig. – Ab 14 möglich. ✦ USA/Kanada 1986 **P** Transcontinental Pictures Industries/Canamerica Film Corporation/Canadian Film Developement **VA** VPS **Pd** Christopher Harbonville, Nicolas Clermont **R+B** Djordje Milicevic **K** Paul Ryan **M** Jill Fraser **S** Betsy Blankett Milicevic **D** Meg Foster (Sara), Douglas Greenall (Jack Riley), Robin Mossley (Skoot), Warwick Sims (Guffy Desmond), Kelly Piper (Carl), Anna Hagen **L** 92 **FSK** ab 12 **E** 28.2.1990 Video **fd** 28294

SKY'S NO LIMIT – FRAUEN DES WELTRAUMS (THE SKY'S NO LIMIT). Eine Ärztin, eine Berufspilotin und eine Botanikerin wetteifern um die Ehre, als Astronautin am ersten Flug der Raumfähre Challenger teilzunehmen. Der routiniert inszenierte, aber blauäugig und naiv erzählte Film schildert die Testverfahren, denen sich die Frauen unterziehen müssen, Ehrgeiz und Ängste sowie private Probleme. Er verzichtet auf plausible Motivationen zugunsten der Huldigung eines amerikanischen Wettbewerbs-Ideals. (Fernsehtitel: »Mit Challenger One ins All – Drei Astronautinnen warten auf ihre Chance«) – Ab 16. ✦ USA 1983 **P** Palance Levy Prod. **VA** Taurus **R** David Lowell Rich **B** Renee Longstreet, Harry Longstreet **K** Mike Fash **M** Maurice Jarre **D** Sharon Gless (Joanna Douglas), Dee Wallace (= Dee Wallace Stone) (Maureen Harris), Anne Archer (Susann Browning), David Ackroyd (Charlie King), Barnard Hughes **L** 91 **FSK** ab 12 **E** 31.8.1987 Video/18.1.1989 SAT 1 **fd** 26472

SKY WARS – TÖDLICHE SCHWINGEN (HAN-CHIANG YING-LIEH CHUAN/SKY WARS). Während des Korea-Kriegs: Ein Bombengeschwader aus dem Süden hat die Luftüberlegenheit über den Norden gewonnen. Einem abgestürzten Jagdflieger gelingt es, im feindlichen Gebiet eine Luftabwehrstation ausfindig zu machen, wo er sich in die Tochter des Generals verliebt. Ein Kriegsverherrlichungsfilm für Südkoreaner, der in krassen Stereotypen und plumper Heldenverehrung schwelgt. Der Hauptdarsteller wurde später einer der wichtigsten Regisseure des jungen koreanischen Kinos der 80er (»Die gleißende Sonne«). ✦ Scope. Hongkong/Südkorea 1981 **P** Yangtze Prod./ Ministerium für Verteidigung (Seoul) **Kl** Avis/Allianz **R** Ko Yung-Nam **B** Oh Jae-Ho **K** Lee Sung-Choon **M** Kim Ki-Wong **S** Hyun Dong-Choon **D** Ah Myung-Jung, Lee Dae-Yu, Kang Min-Ho, Bae Mi-Jan, Moon Oh-Jang **L** 90 **FSK** ab 16; f **E** 30.7.1982 **fd** 24111

SKYHOOK (NEBESKA UDICA). Belgrad im Mai 1999: Während die Flugzeuge der NATO Bombenangriffe gegen die Stadt fliegen, versuchen sich deren Bewohner im ständig wachsenden Chaos einzurichten. Innerhalb des Elends kommt ein Basketballspieler auf die Idee, das Spielfeld wieder herzurichten und den Sommer über mit Freunden zu trainieren. Für kurze Zeit kommt bei allen Beteiligten ein Gefühl von Normalität auf. Regiedebüt eines der bedeutendsten Darsteller des jugoslawischen Films, das an Einzelschicksalen den Bürgerkrieg und das Leid der Bevölkerung thematisiert, zugleich jedoch ein Zeichen der Hoffnung setzt und den Lebenswillen der Opfer feiert. ✦ Jugoslawien/Italien 1999 **P** Cine Enterprise/Sinema Design/Radio Televizija Srbije **Pd** Ljubisa Samardzic, Giacomo Billi **R** Ljubisa Samardzic **B** Srdjan Koljevic, Djordje Milosavljevic **K** Radoslav Vladic **M** Vlatko Stefanovski **S** Marko Glusac **D** Nebojsa Glogovac (Kaja), Ana Sofrenovic (Tijana), Ivan Jevtovic (Turca), Katarina Zutic (Zozi), Nikola Kojo (Zuba) **L** 89 **E** 13.8.2001 arte

SKYJACKER – JAGD IN DEN WOLKEN (THE PERFECT GETAWAY). Thriller. Ein Helikopter-Stuntpilot wird von einer jungen Frau für einen Rundflug gemietet, dann aber von ihr gezwungen, bei der Befreiung ihres Geliebten aus einem Gefängnis zu helfen. ✦ USA 1997 **R** Armand Mastroianni **B** Tim Minear **M** Richard Marvin **D** Adrian Pasdar (Colt Erikson), Antonio Sabàto jr. (Randy Savino), Kelly Rutherford (Julia Robinson), Alicia Coppola (Alex Vaughn), Loryn Locklin (Sarah) **L** 85 **E** 30.12.1998 ProSieben

SKYJACKING – 16 STUNDEN ANGST →Mord über den Wolken

SKYLINE (SKYLINE). Mit naiven Vorstellungen kommt ein spanischer Fotograf nach New York und will dort mit seinen Arbeiten für große Magazine zu Ruhm kommen. Aber er hat unerwartete Schwierigkeiten mit dem »american way of life«, mit dem Berufsleben und den Frauen. Er gibt auf und reist überstürzt ab. Kleine Komödie, die desillusionierend und doch ironisch-witzig beschreibt, was europäischem Denken und Empfinden in den USA zugemutet werden kann und was einen Einwanderer erwartet. Wichtig zum Verständnis des Films sind entsprechende Sprachkenntnisse. (O.m.d.U.) ✦ Spanien 1984 **P** Fernando Colomo Prod. **Pd+R+B** Fernando Colomo **K** Miguel Angel Santamaría **M** Manzanita **D** Antonio Resines, Beatriz Perez-Porro, Patricia Cisarano, Jaime Nos **L** (TV) 81 **E** 4.11.1987 West 3

SKYSCRAPER (SKYSCRAPER). Eine Hubschrauberpilotin in Los Angeles gerät in die Gewalt von Terroristen. Natürlich sieht ihr Mann, ein Polizist, ihre Befreiung als Privatangelegenheit an. Einfallsloser, brutaler Actionfilm, der seine dünne Geschichte nur mühsam auf Spielfilmlänge bringt und in dem jede Szene die Unbeholfenheit seiner Macher belegt. – Wir raten ab. ✦ USA 1995 **P** PM Entertainment **VA** Highlight **Pd** Richard Pepin, Joseph Merhi **R** Raymond Martino **B** John Larrabee, William Applegate **K** Frank Harris **M** Jim Halfpenny **S** Kevin Mock **D** Anna Nicole Smith (Carrie Wink), Richard Steinmetz (Gordon Wink), Branko Cikatic (Zarkov), Calvin Levels (Hakim), Charles Huber (Fairfax) **L** 92 **FSK** ab 18 **E** 29.7.1996 Video/7.3.1998 premiere **fd** 32112

SLACKER →Rumtreiber

SLALOM IN DEN KOSMOS (POLET S KOSMONAWTOM). Die Erlebnisse eines Jungen, der sich in den Kopf gesetzt hat, Kosmonaut zu werden. ✦ Scope. UdSSR 1980 **P** Gorki-Studio **Kl** Progress **R** Gennadi Wassiljew **B** Valentin Tschernych **K** Alexander Garibjan **M** Alexej Rybnikow **D** W. Schalnych (Brusnitschkin), Natalja Jegorowa (Marina), Tatjana Jegorowa (Ljuba), N. Popkow (Igor), M. Brykin (Kolchosvorsitzender) **L** 81 **E** 12.2.1982 Kino DDR/14.5. 1983 DFF 1

SLAM (SLAM). Einen jungen Schwarzen erwartet in Washington wegen geringfügigen Drogenbesitzes eine unverhältnismäßig hohe Haftstrafe. Im Untersuchungsgefängnis setzt er zwischen den Fronten der Gangs mit seinen rasanten Rap-Gedichten ein Zeichen der Gewaltlosigkeit. Bei einem »Slam«, einem Dichter-Wettbewerb, feiert das Publikum den begnadeten Künstler, doch noch immer droht ihm der lebensgefährliche Knast. Ein engagiert, authentisch und erfrischend lebendig inszenierter Film. ✦ USA 1998 **P** Offline Entertainment **Pd** Henri Kessler, Marc Levin, Richard Stratton **R** Marc Levin **B** Marc Levin, Richard Stratton, Saul Williams **K** Mark Benjamin **M** DJ Spooky **S** Emir Lewis **D** Saul Williams (Ray Joshua), Sonja Sohn (Lauren Bell), Bonz Malone (Hopha), Beau Sia (Jimmy Huang), Lawrence Wilson **L** 100

SLAM DANCE (SLAM DANCE). Ein junger Maler und Cartoonist gerät unvermittelt in eine mysteriöse Mord- und Korruptionsgeschichte, die sich um ein Edel-Bordell, hohe Persönlichkeiten und korrupte Politiker dreht, und soll als Sündenbock geopfert werden. Raffiniert zwischen Komik und Spannung pendelnder, perfekt inszenierter Kriminalfilm. Die üblichen Handlungselemente und Genremotive werden zu einer spielerischen Auseinandersetzung mit Rollentausch, Identitätswechsel und Verantwortlichkeiten genutzt. (Fernsehtitel: »Blondinen sterben früher«) – Sehenswert. ✦ USA 1987 **P** Zenith/Island Pictures/Sho Films **KI** Delta **VA** VCL/Virgin **Pd** Rupert Harvey, Barry Opper **R** Wayne Wang **B** Don Opper **K** Amir Mokri **M** Mitchell Froom **S** Lee Percy, Sandy Nervig **D** Tom Hulce (C. C. Drood), Mary Elizabeth Mastrantonio (Helen), Adam Ant (Jim), Judith Barsi (Bean), John Doe (Gilbert) **L** 99 **FSK** ab 16; f **E** 7.4.1988/27.9.1988 Video/16.3.1990 Kino DDR **fd** 26 798

SLAMMER GIRLS →Knastakademie I

SLAPPY UND DIE RASSELBANDE (SLAPPY AND THE STINKERS). Fünf Kinder, vier Jungen und ein Mädchen, die aus ärmlichen Verhältnissen kommen und wegen eines Stipendiums auf eine hochangesehene Schule gehen dürfen, retten bei einem Schulausflug einen Seelöwen aus einem Aquarium, um ihm die Freiheit zu schenken. Eine eher ärmliche Komödie, die überlaute Gags aneinander reiht, um zumindest ein kindliches Publikum unterhalten zu können, die mit ihrer fadenscheinigen Geschichte jedoch kaum jemanden hinter den Ofen hervorlocken kann. Überaus plump ist das Schielen auf die Erfolge von »Free Willy« und die Robbe »André«, die ebenfalls ihre Freiheit geschenkt bekommen. – Ab 6. ✦ USA 1998 **P** Tristar Pictures/The Bubble Factory **VA** Columbia Tristar Home **Pd** Bill Sheinberg, Jonathan Sheinberg, Sid Sheinberg **R** Barnett Kellman **B** Robert Wolterstorff, Mike Scott **K** Paul Maibaum **M** Craig Safan **S** Jeff Wishengrad **D** B. D. Wong (Morgan Brinway), Bronson Pinchot (Roy), Jennifer Coolidge (Harriet), Joseph Ashton (Sonny), Gary LeRoi Gray (Domino) **L** 77 **FSK** ab 6 **E** 27.7.1999 Video **fd** 34 077

SLAPSTICK (SLAPSTICK). Die Chinesen haben sich aus bevölkerungspolitischen Gründen auf fünf Zentimeter Körperlänge »gesundgeschrumpft« und kontrollieren die Welt. Nur ein geniales amerikanisches Zwillingspaar wäre in der Lage, die Probleme der Welt zu lösen, weigert sich aber. Auf vordergründige Komik ausgerichtete Verfilmung eines satirischen Science-Fiction-Romans, teils bieder-langweilig, teils peinlich. – Ab 14 möglich. ✦ USA 1982 **P** The S. Paul Company **KI** Scotia **R** Steven Paul **B** Kurt Vonnegut, nach seinem Roman **K** Anthony B. Richmond **M** Michel Legrand **S** Doug Jackson **D** Jerry Lewis (Wilbur/Caleb Swain), Madeline Kahn (Eliza/Laetitia Swain), Marty Feldman (Sylvester), Jim Backus (US-Präsident), Samuel Fuller (Col. Sharp), John Abbott (Dr. Frankenstein), Pat Morita (Ah Fong), Merv Griffen **L** 92 **FSK** ab 12 ; f **E** 9.12.1982 **fd** 23 777

SLASH →Ranger – Einer gegen alle

SLASK/SCHLESIEN. Dokumentarfilm über Schlesien als ein Land, das auf der Suche nach einer neuen regionalen Identität ist. In dem Dorf Milkow äußern sich Menschen, die es entweder nach dem Zweiten Weltkrieg hierhin verschlagen hat oder die damals nicht von hier fortgegangen waren. Der Film versteht sich weniger als politischer Beitrag denn als eine »Variation zum Thema, über ein vernachlässigtes Gebiet im Wartezustand zwischen den Ordnungen«. (O.m.d.U.) ✦ Deutschland 1994 **P** Viola Stephan Filmprod./SWF **KI** Freunde der Deutschen Kinemathek **Pd+R+B** Viola Stephan **K** Bogdan Dziworski **M** Peter Gordon **S** Yvonne Loquens **L** 80 **E** 1995 Kino

SLAUGHTER (SLAUGHTER). Ein schwarzer Supermann räumt auf der Suche nach dem Mörder seines Vaters gründlich mit einer Gangsterbande auf. Am Fließband produzierter Reißer mit aufdringlichen Effekten; eine Mischung aus Sex und Brutalität, kennzeichnend für das Genrekino der 70er Jahre. ✦ Scope. USA 1972 **P** American International **KI** Constantin **VA** Thorn EMI **Pd** Monroe Sachson **R** Jack Starrett **B** Mark Hanna, Don Williams **K** Rosalio Solano **M** Luchi de Jesus **S** Clarence C. Reynolds **D** Jim Brown (Slaughter), Don Gordon (Harry Bastoli), Stella Stevens (Ann Cooper), Rip Torn (Dominick Hoffo), Cameron Mitchell (Price) **L** 90 **FSK** ab 18; nf **E** 8.6.1973/1982 Video **fd** 18 427

SLAUGHTER THE CAT →Der Sohn des Mandingo

SLAUGHTERHOUSE (SLAUGHTERHOUSE ROCK). Ein von grauenhaften Alpträumen geplagter Teenager sucht Rat bei einer Traumdeuterin. Sie offenbart ihm, daß der Grund für diese Träume auf der Gefängnisinsel Alcatraz zu suchen ist. Gemeinsam mit ihr, seinem Bruder und seinen Freunden stattet er der Insel einen nächtlichen Besuch ab und leitet damit ein Massaker ein, dem die Freunde zum Opfer fallen. Mit Hilfe einer verstorbenen Rocksängerin kann er den Fluch bannen. Konfuser Horrorfilm, der nach dichtem Auftakt immer unzusammenhängender und lächerlicher wird; er sucht sein Heil in blutgetränktem Humor und scheitert kläglich. (Späterer Videotitel: »Tanz der Monster 2«) ✦ USA 1987 **P** First American/Arista **VA** Gloria/MVW **Pd** Louis George **R** Dimitri Logothetis **B** Ted Landon **K** Nicholas von Sternberg **M** Mark Mothersbaugh, Gerald V. Castle **S** Daniel Gross **D** Nicholas Celozzi (Alex Gardner), Tom Reilly (Richard Gardner), Donna Denton (Carolyn Harding), Toni Basil (Sammy Mitchell), Hope Marie Carlton (Krista Halpern) **L** 81 **FSK** ab 18 **E** April 1989 Video

SLAVE OF THE CANNIBAL GOD →Die weiße Göttin der Kannibalen

SLAVERS – DIE SKLAVENJÄGER (SLAVERS). Der erbarmungslose Kampf skrupelloser Geschäftemacher, Abenteurer und Sklavenjäger gegeneinander. Eine Häufung von Brutalitäten; menschenverachtend und zynisch. (TV-Titel: »Die Sklavenjäger«) – Wir raten ab. ✦ BR Deutschland 1976 **P** Lord **KI** Alemannia **Pd+R** Jürgen Goslar **B** Jürgen Goslar, Henry Morrison, Nathaniel Kohn, Marcia MacDonald **K** Igor Luther **M** Eberhard Schoener **S** Alfred Srp **D** Trevor Howard (Alec Mackenzie), Ron Ely (Steven Hamilton), Britt Ekland (Anna von Erken), Ray Milland (Hassan), Cameron Mitchell, Jürgen Goslar (Max von Erken) **L** 98 **FSK** ab 18; nf **E** 24.2.1978 **fd** 20 760

SLAVES TO THE UNDERGROUND (SLAVES TO THE UNDERGROUND). Die Liebe zwischen der Gitarristin einer feministischen Frauen-Rockgruppe und einem jungen Mann. Ein altmodisch wirkender Film, dessen Feminismus sich als bloßes Lippenbekenntnis zu erkennen gibt. Letztlich funktioniert er weder als Musik- noch als Liebesfilm. – Ab 16. ✦ USA 1995/96 **P** Neo Motion Pictures/First Look Pictures **KI** Arsenal **Pd** Kristine Peterson, Bill Cody, Raquel Caballes Maxwell **R** Kristine Peterson **B** Bill Cody **K** Zoran Hochstatter **M** Mike Bartt **S** Eric Vizents **D** Molly Gross (Shelley), Marisa Ryan (Suzy), Jason Bortz (Jimmy), Bob Neuwirth (Big Phil), Natacha La Ferriere (Zoe) **L** 94 **E** 16.7.1998/4.11.1998 premiere **fd** 33 219

SLAYER (SCOUT'S HONOR). Skrupellose Waffenschmuggler und ein Profikiller jagen in den menschenleeren Wäldern des Staates Washington halbwüchsige Pfadfinder, die ihr geheimes Waffendepot entdeckt haben. Mit Hilfe einer ortskundigen Holzfäller-Tochter, die den Mord an ihrer Familie rächen will, nehmen die Jugendlichen den Kampf auf. Unentschieden zwischen brutalem Action- und seichtem Teenie-Abenteuer schwankend, propagiert der fragwürdige, vor dramaturgischen Ungereimtheiten und Anschlußfehlern strotzende Film die »historische Wahrheit«, daß Angriff die beste Verteidigung sei. ✦ USA 1990 **P** Wind River/Merit Badge/The Guerilla Film Unit **VA** Highlight **Pd** Jay B. Davis, David O'Malley, Peter Garrity **R** Michael Spence **B** Mark W. Rosenbaum, Michael Spence, David O'Malley **K** Billy Dickson **M** William T. Stromberg **S** Ellen Keneshea **D** Corey Feldman (Butler), Scott Reeves (Luke), Meredith Salenger (Alex), Don Swayze (Richie), Christopher Neame (Blade) **L** 88 **FSK** ab 16 **E** 23.10.1991 Video **fd** 29 401

SLEDGE HAMMER →Double Cop

SLEEP (SLEEP). Eine mit dem Begriff »Dokumentation« kaum genau zu benennende filmische Arbeit von Andy Warhol: Der Künstler beobachtete mit der Kamera viereinhalb Stunden lang einen schlafenden Freund. ✦ USA 1963 **R** Andy Warhol **L** 270 **E** 31.1. 1999 arte

SLEEP WITH ME (SLEEP WITH ME). Nachdem sie ihren Lebensgefährten in einer »Hochzeitsperformance« geehelicht hat, wird eine Frau mit einer Liebeserklärung ihres besten Freundes konfrontiert. Die Gefühlsverwirrungen drohen bald ihren ganzen Freundeskreis zu sprengen. Zunehmend werden die Spannungen und Selbsttäuschungen offenbar, die hinter der »aufgeklärten« Fassade lauern. Charmantwitziges, ganz auf Dialoge abgestelltes Regiedebüt, das sich seiner Thematik mit Einfühlungsvermögen annimmt, ohne allzu tief zu schürfen. (Titel auch: »Sleep with me – Liebe zu dritt«) – Ab 16. ✦ USA 1994 **P** Castleberg Prod. **KI** Atlantic **Pd** Michael Steinberg, Eric Stoltz, Roger Hedden **R** Rory Kelly **B** Duane Dell'Amico, Roger Hedden, Neal Jimenez, Joe Keenan, Rory Kelly, Michael Steinberg **K** Andrzej Sekula **M** David Lawrence **S** David Moritz **D** Craig Sheffer (Frank), Eric Stoltz (Joseph), Meg Tilly (Sarah), Todd Field (Duane), Susan Traylor (Deborah), Tegan West (Rory), Dean Cameron (Leo), Thomas Gibson (Nigel) **L** 86 **E** 17.10.1995 premiere/1997 Kino

SLEEPERS (SLEEPERS). Die angeblich auf wahren Begebenheiten beruhende Geschichte von vier Jungen, die während der 60er Jahre in einem New Yorker Einwandererviertel aufwachsen und unbeabsichtigt einen Menschen fast umbringen. In der Besserungsanstalt selbst Opfer sexueller Gewalt, rächen sie sich später an ihrem Peiniger und an der Gesellschaft, die solches zuläßt. Der unausgewogene Film verrennt sich nach einer anfänglich stimmigen Milieubeschreibung in eine schwerhändige Elegie auf die verlorene Unschuld und verspielt bei der absurd konstruierten Racheaktion im Gerichtssaal jede Glaubwürdigkeit. Auch stilistisch denkbar uneinheitlich. ✦ Scope. USA 1996 **P** Propaganda Films/Baltimore Pictures (für PolyGram Pictures) **KI** PolyGram/UIP **VA** PolyGram Video (Schnittf. ab 12) **DVD** Universal Home (16:9, 1.85:1, DD5.1 engl./dt.) **Pd** Barry Levinson, Steve Golin **R** Barry Levinson **B** Barry Levinson, nach einem Roman von Lorenzo Carcaterra **K** Michael Ballhaus **M** John Williams **S** Stu Linder **D** Kevin Bacon (Nokes), Robert De Niro (Pater Bobby), Dustin Hoffman (Danny Snyder), Jason Patric (Shakes), Brad Pitt (Michael), Billy Crudup (Tommy), Vittorio Gassman (King Benny) **L** 146 **FSK** ab 16; f (DVD 16) **FBW** bw **E** 30.1.1997/21.8.1997 Video/1.8.1998 premiere/14.8.1998 DVD **fd** 32 359

SLEEPING BEAUTY (TEEN SORCERY / THE SLEEPING SPELL). Eine neue Mitschülerin, die von einer Cheerleaderin drangsaliert wird, findet heraus, dass diese dank der Hälfte eines Amuletts magische Kräfte besitzt. Als ihr die zweite Hälfte zugespielt wird, entbrennt ein Machtkampf, doch ihre Gegnerin lässt sie in einen ewigen Schlaf fallen, den nur der Kuss eines Prinzen beenden kann. Eine unverholene Anleihe beim »Dornröschen«-Stoff, durch allerlei magischen Schnickschnack auf die vermeintlichen Bedürfnisse eines jugendlichen Publikums zugeschnitten. ✦ Kanada/Rumänien 1999 **P** Full Moon **R** Victoria Muspratt **D** A. J. Cook (Dawn), Craig Olejnik (Michael Charming), Lexa Doig (Mercedes), Aimee Castle (Franny), Nadia Litz (Flo) **L** 90 **E** 1.1.2001 SAT1

SLEEPING CAR (THE SLEEPING CAR). Für einen Studenten entpuppt sich sein neues Quartier in einem alten Eisenbahnwaggon als todbringendes Gefängnis, weil hier ein »untoter« Eisenbahner lebt, der nicht verwinden kann, daß sein Zug vor etlichen Jahren entgleiste. Abstruser Horrorfilm der gelegentlich unappetitlichen Art, der nur gelegentlich mit ironischen Brechungen arbeitet. ✦ USA 1989 **P** Vidmark **VA** Empire **Pd** Douglas Curtis, Mark Amin, Greg O'Neill **R** Douglas Curtis **B** Greg O'Neill **K** David Lewis **M** Raymond Colcord **S** Allan Holzman, Bette Cohen **D** David Naughton (Jason), Judie Aronson (Kim), Kevin McCarthy (Vincent Tuttle), Jeff Conaway (Bud Sorenson), Danni Minnick (Joanne) **L** 84 **FSK** ab 18 **E** 21.6.1990 Video **fd** 28 442

SLEEPING DOGS (SLEEPING DOGS). Einem Schwerverbrecher gelingt mit seinen Kumpanen die Flucht aus einem intergalaktischen Straflager. Sie entern ein Raumschiff und rotten die Mannschaft aus, doch nun macht ihnen ein Kleinkrimineller, der schon einmal seinen Weg kreuzte, nebst Geliebter einen Strich durch die Rechnung. Eine einfältige Geschichte, die unbeholfen Gewalt zelebriert und keinen eigentlichen Sinn erkennen lässt. Endlose Wiederholungen bringen sie nicht voran, sondern sorgen zusätzlich für Leerlauf. ✦ Kanada/Tschechien/USA 1997 **P** North American Pictures **VA** Universum **Pd** Lloyd A. Simandl **R** Michael Bafaro **B** Christopher Hyde **K** David Pelletier **M** Peter Allen **S** Derek Whelan, Richard Benwick **D** C. Thomas Howell (Sanchez Boon), Scott McNeil (Harry Maxwell), Heather Hanson (Pandora Grimes), Ciara Hunter (Zee 4R), Richard Toth (Wallace) **L** 93 **FSK** ab 18 **E** 23.6.1998 Video **fd** 33 391

SLEEPING DOGS – TAGEBUCH EINES MÖRDERS (WHERE SLEEPING DOGS LIE). In einer Villa, deren Bewohner vor Jahren unter ungeklärten Umständen ermordet wurden, versucht ein Schriftsteller, den Hergang des Verbrechens für seinen Roman zu rekonstruieren. Dabei kommt ihm ein »sachkundiger« Untermieter zu Hilfe, der sich als der psychopathische Mörder entpuppt. Die holprige Erzählweise, die ebenso billige wie nachlässige Machart und die glanzlose Darstellung sind nicht dazu angetan, dem unoriginellen Psychokrimi Spannung abzugewinnen. (Frühere Titel: »Where Sleeping Dogs Lie«; »Warum schlafende Hunde wecken«) – Ab 16. ✦ USA 1991 **P** Sotela/Sleeping Dogs **VA** Warner Home **Pd** Mario Sotela, Charles Finch, Michael Rothschild, Kimba Hills, Nadia Alsharif **R** Charles Finch **B** Yolande Turner, Charles Finch **K** Miles Cooke **M** Hans Zimmer, Mark Mancina **S** B. J. Sears, Gene M. Gamache **D** Dylan McDermott (Bruce), Tom Sizemore (Untermieter), Sharon Stone (Serena), Charles Finch (Evan Best), Richard Zavaglia (Detektiv Clifton) **L** 87 **FSK** ab 16 **E** 11.3.1994 Video **fd** 30 743

SLEEPLESS (NON HO SONNO). 17 Jahre nach einer spektakulären Serie von Frauenmorden, bei der der Täter nie gefasst wurde, macht sich ein Turiner Kommissar erneut auf, den Mörder, der zu seinen Untaten zurückgekehrt ist, zu fassen. Mit von der Partie ist der mittlerweile erwachsene Sohn des ersten Opfers, der den unter Gedächtnisverlust leidenden Kommissar nach besten Kräften unterstützt. Ein recht sorgfältig ausgearbeiteter Psychothriller, mit dem Dario Argento an die Anfänge seiner Arbeiten anknüpfen kann, ohne freilich neue Signale zu setzen. Solide Unterhaltung, die oftmals eine ruppige Gangart einschlägt. ✦ Italien 2001 **P** Cecchi Gori Group Tiger/Medusa/Opera Film **VA** Sunfilm **Pd+R** Dario Argento **B** Dario Argento, Franco Ferrini, Carlo Lucarelli **K** Ronnie Taylor **M** Goblin **S** Anna Rosa Napoli **D** Max von Sydow (Kommissar Ulisse Moretti), Stefano Dionisi (Giacomo), Chiara Caselli (Gloria), Gabriele Lavia (Betti), Rossella Falk (Laura De Fabritiis) **L** 117 **E** 27.12.2001 Video

SLEEPSTALKER (SLEEPSTALKER – THE SANDMAN'S LAST RITES). Ein Serienmörder, der seinen Opfern Sand in die Augen zu streuen pflegte und von einem Polizisten niedegeschossen wurde, erwacht nach 17 Jahren zu neuem Leben, um jenes Kind zu ermorden, das ihm einst entkommen konnte. Das auserkorene Opfer ist längst erwachsen und arbeitet als Journalist, der sich seiner Haut zu wehren weiß. Ein ausgesprochner dummer Thriller, billig produziert und weit entfernt von solider Glaubwürdigkeit. – Ab 16. ✦ USA 1994 **P** Prism/Intrazone/P. G. Entertainment **VA** Highlight/Arkade **Pd** Luigi G. Cingolani, Barry Collier, Harmon Kaslow, Al Septien **R** Turi Meyer **B** Al Septien, Turi Meyer **K** Michael G. Wojchiechowski **M** Jim Manzie **S** Fred Wardell **D** Michael Harris (Sandman), Jay Underwood (Griffin), Kathryn Morris (Megan), William Lucking (Detektiv Worth), Kathleen McMartin (Dana) **L** 98 **FSK** ab 16 **E** 13.11.1995 Video **fd** 31 709

SLEEPWALK (SLEEPWALK). Eine junge Frau gerät durch einen harmlos erscheinenden Auftrag in den Sog geheimnisvoller und unheimlicher Ereignisse im nächtlichen New York. In Handlungsentwicklung und Dialog oft etwas spröde, im atmosphärischen Detail, vor allem in Fotografie und Musikdramaturgie, bemerkenswerte Alptraum-Studie, die sich als tragikomische Parabel auf verdrängte Ängste des Menschen in einer entfremdeten Umwelt versteht. (O.m.d.U.) ✦ USA/BR Deutschland 1986 **P** Ottoskop/Driver **KI** Pandora **Pd+R** Sara Driver **B** Sara Driver, Lorenzo Mans **K** Jim Jarmusch, Frank Prinzi **M** Phil Kline **S** Li Shin Yu **D** Suzanne Fletcher (Nicole), Ann Magnuson (Isabelle), Dexter Lee (Jimmy), Steven Chen (Dr. Gou), Tony Todd (Barrington) **L** 80 **E** 16.4.1987 **fd** 26 170

SLEEPY HOLLOW – KÖPFE WERDEN ROLLEN (SLEEPY HOLLOW). Stimmungsvolle Adaption der klassischen Grusel-Kurzgeschichte von Washington Irving, in der ein ortsfremder Aufklärer mit den schaurigen Taten eines kopflosen Reiters konfrontiert wird, der die Einwohner einer Kleinstadt köpft. Tim Burton verdichtet die makabre Fabel zu einem intensiven Stimmungsbild in finsteren Tönen. Ohne Stilbrüche entstand ein Märchen- und Ausstattungsfilm von außergewöhnlicher ästhetischer Homogenität, der freilich in seinem Ausdrucksspektrum entsprechend reduziert bleibt und somit das bislang am wenigsten eigenständige und bewegende Werk Burtons ist. DVD: Die umfangreiche, originell konzipierte Special Edition (2 DVDs) beinhaltet u. a. einen Audiokommentar des Regisseurs sowie eine Fülle von Kurzfeatures zu Teilaspekten des Films. – Ab 16. ✦ USA 1999 **P** Mandalay Pictures/American Zoetrope/Paramount Pictures/Scott Rudin Prod. **KI** Constantin **VA** Constantin (VCL) **DVD** VCL (SE, 16:9, 1.85:1, DD5.1 engl./dt., DTS6.1 dt.) **Pd** Scott Rudin, Adam Schroeder, Kevin Yagher **R** Tim Burton **B** Andrew Kevin Walker, nach der Novelle »The Legend of Sleepy Hollow« von Washington Irving **K** Emmanuel Lubezki **M** Danny Elfman **S** Chris Lebenzon **D** Johnny Depp (Ichabod Crane), Christina Ricci (Katrina Van Tassel), Miranda Richardson (Lady Van Tassel), Michael Gambon (Baltus Van Tassel), Casper van Dien (Brom Van Brunt), Christopher Lee (Burgomaster), Christopher Walken (Der Reiter) **L** 105 **FSK** ab 16; f (fr. 12; f) **E** 24.2.2000/26.9.2000 Video & DVD **fd** 34 116

SLIDERS (SLIDERS). Ein Schüler entwickelt eine Maschine, die ihn in parallele Universen reisen läßt. Nach einer ersten erfolgreichen Testreise startet er zusammen mit seiner Freundin, seinem Physikprofessor sowie einem zufällig »mitgesaugten« Soulmusiker zu einer Odyssee, die ihm durch Überlastung der Zeitmaschine die Rückkehr nahezu unmöglich macht. Mit geringem Aufwand an Ausstattung und Kulissen gestalteter Pilotfilm zu einer Fernsehserie; allzu breit und klischeehaft angelegt, so daß sich die Erwartungen an einen originellen Science-Fiction-Film nicht erfüllen. – Ab 16. ✦ USA 1995 **P** MCA TV/Fox Broadcasting/Cinevue/Clare Entertainment **VA** CIC **Pd** Steve Ecclesine **R** Andy Tennant **B** Tracy Torme **K** Glen MacPherson **M** Mark Mothersbaugh **S** Ron Spang **D** Jerry O'Connell (Quinn Mallory), Sabrina Lloyd (Wade Wells), John Rhys-Davies (Maximilian Arturo), Cleavant Derricks (Rembrandt »Crying Man« Brown) **L** 84 **FSK** ab 12 **E** 16.5.1996 Video **fd** 31 971

SLIDERS – DAS TOR IN EINE FREMDE DIMENSION → Sliders

SLIM (SLIM). Während der 30er Jahre werden in den USA im Zuge der landesweiten Elektrifizierung Hochspannungsleitungen verlegt. Ein von der Technik faszinierter Bauernsohn stößt zu den Pionieren des neuen Zeitalters und gewinnt einen guten Freund und eine Frau. Ihre Liebe wird durch seine Entscheidung, seiner Arbeit Vorrang einzuräumen, auf harte Proben gestellt. Ein Beispiel für den sozialen Realismus im Hollywood der 30er Jahre, noch geprägt von der unkritischen Faszination an den Möglichkeiten technischen Fortschritts. (Titel auch: »Slim – Ein Mann will hoch hinaus«) – Ab 14. ✦ Schwarz-weiß. USA 1937 **P** Warner **R** Ray Enright **B** William Wister Haines **K** Sid Hickox **M** Leo F. Forbstein **D** Henry Fonda, Pat O'Brien, Margaret Lindsay, J. Farrell MacDonald, Stuart Erwin **L** 85 **E** 8.5.1982 NDR

SLING BLADE – AUF MESSERS SCHNEIDE (SLING BLADE). Nach 25 Jahren wird ein Mann aus einer Heilanstalt entlassen, der nach entbehrungsreicher Kindheit als Zwölfjähriger aus Eifersucht seine Mutter getötet hat. In demselben Dorf in den Südstaaten der USA, in dem er aufgewachsen ist, versucht er einen neuen Start, bis er schließlich seinen Vorsatz, gewaltlos zu leben, überdenken muß. Eine thematisch und stilistisch äußerst geschlossene Studie über die Standfestigkeit von Glaube und Moral in einer von Entbehrung und Brutalität gezeichneten Welt. Distanziert durch lange Plansequenzen, eingefaßt in eine nahezu farblose Szenerie, beobachtet die Kamera das langsam eskalierende Geschehen, nimmt aber dennoch für die geschundene Kreatur ein. ✦ USA 1996 **P** Shooting Gallery **KI** Kinowelt **Pd** Brandon Rosser, David L. Bushell **R+B** Billy Bob Thornton **K** Barry Markowitz **M** Daniel Lanois **S** Hughes Winborne **D** Billy Bob Thornton (Karl Childers), Dwight Yoakam (Doyle Hargraves), J. T. Walsh (Charles Bushman), John Ritter (Vaughan Cunningham), Lucas Black (Frank Wheatley) **L** 136 **FSK** ab 12; f **E** 18.9.1997 **fd** 32 741

SLIP AUF TRIP (LES FOLIES D'ELODIE). Das blaue Höschen von Madame, das sprechen und kichern kann; Sexerlebnisse im Pferdestall und im Sadosalon; lesbische Spiele von Mutter und Tochter; die leichte Suche nach dem »Einwegmann« – das alles bietet diese degoutante sexistische Komödie aus einer Produktionsepoche, in der AIDS noch keine Rolle spielte. – Wir raten ab. ✦ Frankreich 1981 **P** Cine 7/A.G.G./M.M.P. **VA** Ufa **Pd+R** André Génovès **B** Paul Gégauff, Gérard Croce, André Génovès, nach einem Roman von Ayme Dubois-Jollet **K** Jean G. Charruyer, Claude Coutry **M** Claude Pimpère **S** Catherine Vexiau **D** Marcha Grant (Elodie), André Génovès (Edouard), Caroline Aguilar (Rose), Denyse Roland (Solange), Yves Massard (Georges) **L** 89 **FSK** ab 18 **E** März 1989 Video **fd** 27 632

SLIPPING INTO DARKNESS → Killing Girls

SLIPSTREAM (SLIPSTREAM). In einer durch ökologische Katastrophen verkarsteten Welt am Ende des Jahrtausends bilden ein wegen Mordes gesuchter Androide und ein jugendlicher Freak, der das Maschinengeschöpf zunächst jagt, eine Notgemeinschaft, die zur Freundschaft wird. Endzeit-Western, der zwar weniger Gewicht auf Action und Gewalt als auf die innere Verwüstung der Überlebenden legt, dabei aber unentschlossen bleibt und nie formale

Einheit und Dichte gewinnt. ✦ Großbritannien 1989 **P** Entertainment Film **VA** VCL/Virgin **Pd** Gary Kurtz, Steve Lanning **R** Steven Lisberger **B** Tony Kayden **K** Frank Tidy **M** Elmer Bernstein **S** Terry Rawlings **D** Mark Hamill (Tasker), Bill Paxton (Matt), Bob Peck (Byron), Kitty Aldridge (Belitski), Ben Kingsley (Avatar), Eleanor David (Ariel), F. Murray Abraham (Cornelius), Robbie Coltrane (Montclaire), Rosham Suth, Rita Wolf **L** 98 **FSK** ab 16 **E** 26.3.1990 Video **fd** 28 314

SLITHIS (SLITHIS). Lächerlicher Monsterfilm über ein radioaktives Ungetüm, das in den Abwässerkanälen lebt und sich von Zeit zu Zeit über obdachlose Saufbrüder hermacht. Das angeblich so schockierende Monster läßt sich leicht von jedem Fünfjährigen als Mann-im-Plastikkostüm identifizieren; Dramaturgie und schauspielerische Aktionen leisten das Ihre, um aus dem Film eine ungewollte Komödie zu machen. ✦ USA 1977 **P** Fabtrax Films **VA** Arcade **R+B** Stephen Traxler **K** Robert Caramico **M** Steve Zuckerman **D** Alan Blanchard, J. C. Claire, Dennis Lee Falt, Mello Alexandria, Win Condict **L** 86 **FSK** ab 18 **E** 1982 Video

SLIVER (SLIVER). Eine Buchverlegerin sieht sich als neue Mieterin in einem New Yorker Hochhaus, in dem der Eigentümer das Intimleben seiner Mieter mit einer bis ins letzte Zimmer reichenden elektronischen Überwachungsanlage belauscht, zunehmend verunsichert und verängstigt. Ausschließlich an der sensationellen Perspektive des Voyeurismus interessierter Film, der in erotischen und kriminalistischen Platitüden und Klischees erstickt. ✦ USA 1993 **P** Paramount **KI** UIP **VA** CIC **Pd** Robert Evans **R** Phillip Noyce **B** Joe Eszterhas, nach einem Roman von Ira Levin **K** Vilmos Zsigmond **M** Howard Shore **S** Richard Francis-Bruce **D** Sharon Stone (Carly Norris), William Baldwin (Zeke Hawkins), Tom Berenger (Jack Landsford), Martin Landau (Alex Parsons), Polly Walker (Vida Jordan) **L** 107 **FSK** ab 16; f **FBW** w **E** 19.8.1993/16.2.1994 Video/12.3.1995 premiere **fd** 30 376

SLOANE – DIE GEWALT IM NACKEN (SLOANE). Ein kampferprobter, furchtloser Amerikaner macht sich in Manila auf die Suche nach einer ehemaligen Freundin, die von einer Verbrecherorganisation gefangengehalten wird. Ein plumper Actionfilm mit dünner Handlung, schwachen Darstellern und einer zweifelhaften Botschaft; handwerklich miserabel. ✦ USA 1984 **P** Skouras Production **KI** Alemannia **VA** VPS **R** Daniel Rosenthal **K** John Hatt **M** Phil Marshall **D** Robert Resnik, Debra Blee, Paul Aragon, Ann Milhench, Carissa Carlos **L** 89 **FSK** ab 18; nf **E** 31.1.1985/Juli 1985 Video **fd** 25 048

SLOGAN (SLOGAN). Ein erfolgreicher 40jähriger französischer Werbefilmer verläßt seine Familie einer jungen Engländerin wegen, die ihn ihrerseits wegen eines sportlichen Italieners sitzenläßt. Modisch gestaltete Dreiecksgeschichte, die satirisch das Scheitern eines auf Egoismus und Genuß basierenden Verhaltens aufzuzeigen versucht, sich aber in Sentimentalitäten und Äußerlichkeiten verliert. – Ab 16. ✦ Scope. Frankreich 1968 **P** Orphée/Hamster **R+B** Pierre Grimblat **K** Claude Beausoleil **M** Serge Gainsbourg **S** Jacques Witta **D** Serge Gainsbourg (Serge), Jane Birkin (Evelyne), Andréa Parisy (Françoise), Daniel Gélin (Evelynes Vater), Juliet Berto **L** 85 **E** 10.8.1978 SW/14.10.1978 DFF 1

SLOW BURN (SLOW BURN). Ein ehemaliger Journalist gerät auf der Suche nach dem Sohn eines Künstlers im Reichenviertel Palm Springs in eine undurchsichtige Mordaffäre, ohne der wahren Übeltäterin das Handwerk legen zu können. Mit den Traditionen des klassischen Detektivfilms arbeitender Kriminalfilm, der Anspruch und Tiefe lediglich vorgibt. Routiniert inszeniert, aber glatt und farblos. (TV-Titel: »Kalte Hölle«) – Ab 16. ✦ USA 1986 **P** Castles Burning/MCA Pay TV **VA** CIC **Pd** Mark Levinson **R** Matthew Chapman **B** Matthew Chapman, nach dem Roman »Castle Burning« von Arthur Lyons **K** Timothy Suhrstedt **M** Loek Dikker, Michael Lang **S** Battle Davis **D** Eric Roberts (Jacob Asch), Beverly D'Angelo (Laine Fleischer), Dennis Lipscomb (Ron McDonald), Raymond J. Barry (Gerald McMurtry), Anne Schedeen (Mona), Henry Gibson (Robert), Johnny Depp (Donnie), Dan Hedaya (Simon Fleischer) **L** 92 **FSK** ab 16 **E** 2.4.1987 Video/1.9.1990 ARD **fd** 26 175

SLOWAKEI, SLOWA ... WAS? Dokumentation über den Prozeß der Selbstfindung in der seit 1993, nach der Auflösung der Tschechoslowakei, wieder bestehenden Slowakei – einem Land, so die Prämisse, mit dessen Namen 90 Prozent der Franzosen nichts anfangen können. ✦ Frankreich 1998 **P** La Sept-arte/Boyard Productions **R** Pascal Bonafoux **L** 68 **E** 3.9.1998 arte

SLUGS (SLUGS). Durch das Abwasser einer Giftmülldeponie aus den 50er Jahren entstehen in einer Kleinstadt fleischfressende schwarze Schnecken und blutegelartige Parasiten, die die Menschen bedrohen. Erst als schon viele den Angreifern zum Opfer gefallen sind, unternimmt ein Beamter des Gesundheitsamtes einen Vernichtungsfeldzug, dem die schleimigen Tiere, aber auch die halbe Stadt zum Opfer fallen. Primitiv inszenierter, läppisch gespielter Horrorfilm, der weniger an der inneren Logik als an der Zurschaustellung gräßlich verstümmelter Schneckenopfer interessiert ist. Er stellt den Magen des Zuschauers auf eine harte Probe. – Wir raten ab. ✦ USA 1987 **P** Dister **VA** New Vision **Pd** José Escriva **R** Juan Piquer Simon **B** Ron Gantman, nach einem Roman von Shaun Hutson **K** Julio Bragado **S** Richard E. Rabjohn **D** Michael Garfield (Mike Brady), Philip Machale (Don Palmer), Kim Terry (Kim Brady), Alicia Moro (Maureen Watson), John Bataglia **L** 86 **FSK** ab 18 **E** 16.1.1989 Video

SLUM »ZUM PARADIES« →Deim Dar El Naeim – Slum »Zum Paradies« (Der großen Hoffnung kleine Schritte)

SLUMBER PARTY MASSACRE (SLUMBER PARTY MASSACRE II). Die Alpträume einer jungen Rock-Musikerin um einen Gitarristen, dessen Instrument über einen Drillbohrer verfügt, mit dem er ihre Freunde umbringt, werden blutige Wirklichkeit. Nur sie kann dem wahnsinnigen Killer entkommen und seinem Unwesen ein Ende bereiten. Blutiger Horrorfilm, der in Inszenierung und Dichte die Dutzendware des Genres überragt. ✦ USA 1987 **P** Concorde/New Horizons **VA** All **R+B** Deborah Brock **K** Thomas L. Callaway **M** John Coinman, Kristi Callan **D** Crystal Bernard, Jennifer Rhodes, Kimberly McArthur, Patrick Lowe, Juliette Cummins **L** 84 **FSK** ab 18 **E** Video

SLUMFIGHTER (DEATH PROMISE). Um den Tod seines von Spekulanten ermordeten Vaters zu rächen, lernt dessen Sohn Karate. Actionfilm einschlägigen Zuschnitts, dem das Rachemotiv als Handlungsmotor dient. ✦ USA 1977 **VA** CBS/Fox **R** R. W. Flash **D** Charles Bonet **L** 91 **E** 28.1.1985 Video

SMALL FACES (SMALL FACES). Glasgow 1968: In der durch verfeindete jugendliche Straßengangs aufgeheizten Atmosphäre wachsen drei Brüder heran, die durch ein Mißgeschick des Jüngsten zwischen die Fronten geraten. Während einer von ihnen mit Gewaltbereitschaft reagiert, suchen die beiden anderen, zeichnerisch talentierten Brüder einen Ausweg in der Kunst. Eine wundervolle Milieu-Studie, die nicht um den erzählerisch langen Atem ringt, sondern ihr Heil in stimmigen Vignetten sucht. Entstanden ist ein Erstlingsfilm, der eine bedrückend eingeengte Jugendzeit in einer Arbeitervorstadt beschreibt, und heilsame Gegenwelten zur Gewalt vorstellt. Ein kleines Juwel auf dem Videomarkt, das auch durch das faszinierende Spiel seiner jugendlichen Darsteller und Liebe zum Detail überzeugt. – Sehenswert ab 16. ✦ Großbritannien 1995 **P** BBC Films/The Glasgow Film Fund/Billy Mackinnon/Skyline **VA** Filmverlag der Autoren **Pd** Billy MacKinnon, Steve Carlk-Hall **R** Gillies MacKinnon **B** Gillies MacKinnon, Billy MacKinnon **K** John de Borman **M** John Keane **S** Scott Thomas **D** Ian Robertson (Lex MacLean), Clare Higgins (Lorna MacLean), Joseph McFadden (Alan MacLean), J. S. Duffy (Bobby MacLean), Joanne MacGowan, Laura Fraser, Ian McElhinney, Kevin McKidd **L** 104 **FSK** ab 16 **E** 12.10.1998 Video/Oktober 1998 ARD **fd** 33 488

SMALL SOLDIERS (SMALL SOLDIERS). In einem Geschäft werden computergesteuerte Spielzeugsoldaten lebendig und erklären friedlich-chaotischen Actionfiguren den Krieg. Eine liebevoll animierte Satire auf militaristisches Gebaren, rasant inszeniert und voller komischer Einfälle. DVD: Die Extras umfassen u. a. ein Feature mit nicht verwendeten Filmszenen. Als US-Import ist zusätzlich eine DTS-Version erhältlich. – Sehenswert ab 14. ✦ USA 1998 **P** Universal Pictures/DreamWorks **KI** UIP **VA** CIC **DVD** Columbia TriStar Home (16:9, 2.35:1, DD5.1 engl./dt.) **Pd** Paul Deason, Michael Finnell **R** Joe Dante **B** Gavin Scott, Adam Rifkin, Ted Elliott, Terry Rossio, Zak Penn **K** Jamie Anderson **M** Jerry Goldsmith **S** Marshall Harvey **D** Kirsten Dunst (Christy Fimple), David Cross (Irwin Wayfair), Gregory Smith (Alan Abernathy), Jay Mohr (Larry Benson), Phil Hartman (Phil Fimple), Kevin Dunn (Stuart Abernathy), Denis Leary (Gil Mars) **L** 110 **FSK** ab 12; f **FBW** w **E** 22.10.1998/15.4.1999 Video/1.3.2001 DVD **fd** 33 378

SMALLTIME (SMALL TIME). Das Gruppenporträt junger arbeitsloser Gelegenheitsdiebe und ihrer Frauen. Der Film des britischen Filmemachers Shane Meadows wird zusammen mit dessen Kurzfilm »Where's the Money, Ronnie?« (1995) aufgeführt, in dem vier junge Männer nach einem Überfall verhört werden und jeweils eine andere Wahrheit über den Hergang des Tatgeschehens von sich geben. Beide Filme nähern sich der Realität unverkrampft, frisch und dynamisch. Mit genauer Beobachtungsgabe und viel Lust an schwarzem Humor beleuchtet der Langfilm den Ausbruch eines schüchternen Jungen aus der Clique und seinen Einzug ins »bürgerliche« Leben. (O.m.d.U.) – Sehenswert ab 16. ✦ Großbritannien 1996 **P** Big Arm Prod./British Film Institute **KI** Kairos **Pd+R+B** Shane Meadows **K** John Arnold **M** Gavin Clarke **S** David Wilson **D** Dena Smiles (Kate), Mat Hands (Malcolm), Gena Kawecka (Ruby), Shane Meadows (Jumbo), Jimmy Hynd (Big Willy) **L** 60 **E** 4.2.1999 **fd** 33 528

SMARAGD. Ein sagenumwobener gestohlener Inka-Smaragd gelangt durch einen Mann, der nach Fahrerflucht in den Dschungel Südamerikas auswanderte, in den Besitz von dessen Tochter. Das wertvolle Schmuckstück bringt Verwirrung in das Leben einer deutschen Kleinstadt, die forciert wird durch einen ebenfalls am Verkehrsunfall beteiligten Freund, der sich als Juwelendieb betätigt. Als komödiantisches Verwirrspiel aufgezogener deutscher Unterhaltungsfilm. – Ab 14. ✦ BR Deutschland 1982 **R** Veith von Fürstenberg **D** Rolf Zacher (Rudi Popp), Adelheid Arndt (Angela Hauser), Wolfgang Fierek (Link), Peter Pasetti (Siggi Ronca), Eberhard Feik (Manni Berger) **L** 93 **E** 17.8.1987 RTL plus

DER SMARAGDGRÜNE DSCHUNGEL (MYA GA NAING). Ein an Originalschauplätzen gedrehter abenteuerlicher Stummfilm aus Burma: Der Held Chit Shwe gelangt aus der Hauptstadt Rangoon geradewegs in den Urwald, wo neben exotischen Raubtieren eine Räuberbande auf den stattlichen Naturburschen wartet. Wie ein burmesischer Tarzan bahnt er sich mit riskanten Loopings und Stunts seinen Weg durch die Wildnis, bringt in einem gigantischen Showdown seine Widersacher zur Strecke und hält als verdienten Lohn die reizende Geliebte in den Armen. Das chaplineske Dschungel-Abenteuer erweist sich durchaus als mehr als eine bislang übersehene Marginalie fernöstlicher Filmgeschichtsschreibung. Das »Internationale Forum des jungen Films« finanzierte eine Vorführkopie des völlig verschlissenen Negativs und bewahrte den Film damit vor dem Vergessen. (Burmesische und deutsche Zwischentitel) – Ab 14. ✦ Schwarz-weiß. Burma 1934 **P** Aye Wan Film-Produktion **KI** Freunde der Deutschen Kinemathek **R** Maung Tin Maung **K** U Myat Kyaw, U Ba Thaung **D** Daw Myint Myint, U Chit Shwe, U Thwa, U Ba Saw Gyi **L** 97 **E** 1996

SMARAGDJÄGER (O CACADOR DE ESMERALDAS). Ein historischer Abenteuerfilm: Als Ende des 17. Jahrhunderts vom portugiesischen König ein greiser Edelmann zum neuen Gouverneur der Provinz Esmeraldas ernannt wird, rüstet er eine gewaltige Expedition aus. Sie soll den legendären Smaragd-See entdecken und die Ruhm und Reichtum verheißenden grünen Edelsteine finden. ✦ Brasilien 1978 **P** Oswaldo Massaini **R** Osvaldo de Oliveira **B** Hernani Donato **K** Antonio Meliande **M** Chico Moraes **D** Jofre Soares (Don Fernao Dias), Gloria Menezes, Roberto Bomfim, Tarcisio Meira, Arduino Colasanti **L** 90 **E** 11.10.1988 DFF 2/14.3.1994 ORB

DER SMARAGDWALD (THE EMERALD FOREST). Ein siebenjähriger Junge verschwindet auf mysteriöse Weise im brasilianischen Dschungel. Zehn Jahre später findet ihn sein Vater, ein Ingenieur, der am Rande des Amazonas-Regenwaldes einen Staudamm baute, als angenommenen Sohn eines Stammeshäuptlings wieder. Gemeinsam bewähren sie sich im Kampf gegen eine weiße Mädchenhändlerbande. Perfekt inszenierter Abenteuerfilm über den Konflikt zwischen mythischer Naturverbundenheit und abendländisch-rationaler Ausbeutermentalität. Allerdings wird die gutgemeinte Polemik gegen den Raubbau an aussterbenden Kulturen und gegen die Zerstörung des ökologischen Gleichgewichts durch einige platte Hollywoodklischees unterlaufen. ✦ Scope. Großbritannien 1985 **P** Christel Film **KI** Neue Constantin **VA** Embassy **DVD** Mc-One (16:9, ?, DD2.0 dt.) **Pd** John Boorman, Michael Dryhurst **R** John Boorman **B** Rospo Pallenberg **K** Philippe Rousselot **M** Junior Homrich, Brian Gascoigne **S** Ian Crafford **D** Powers Boothe (Bill Markham), Meg Foster (Jean Markham), Charley Boorman (Tommy), Dira Paes (Kachiri), Eduardo Conde (Uwe Werner), Estee Chandler (Heather), Yara Vaneau (Heather als Kind) **L** 114 **FSK** ab 12; f **FBW** w **E** 14.11.1985/Oktober 1986 Video/22.5.2001 DVD **fd** 25 324

SMARTE JUNGS →Die smarten Jungen

DIE SMARTEN JUNGEN (LES SMATTES). Zwei junge Männer widersetzen sich der Anordnung, ihr Dorf zu verlassen, das einem staatlichen Umsiedlungsplan zum Opfer fallen soll. Was als übermütiges Räuber-und-Gendarm-Spiel beginnt, wird blutiger Ernst. Ein erfrischend unkonventioneller »Widerstands-Film«, der sich gegen staatliche Willkür und unnötige Polizeigewalt wendet. Er besticht vor allem durch seine hervorragende formale Gestaltung. (DDR-Fernsehtitel: »Smarte Jungs«) ✦ Kanada 1971 **P** Carle-Lamy/Jean-Claude Labrecque/Mutelles/Faroun **KI** Freunde der Deutschen Kinemathek **R** Jean-Claude Labrecque **B** Clément Perron **K** Guy Dufaux **M** Jacques Perron **S** Pierre Leroux **D** Daniel Pilon (Réjean), Louise Laparé (Ginette), Marcel Sabourin (Priester), Marcel Martel, Donald Pilon **L** 92 **E** 1.8.1972/3.5.1974 DFF 1 **fd** 17 985

SMASH PALACE – KEINE CHANCE FÜR AL (SMASH PALACE). Ein ehemaliger Rennfahrer vernachlässigt über seinen Autobasteleien die Frau. Als sie bei einem Freund Trost sucht, entführt er die gemeinsame Tochter und rächt sich schließlich auf makaber-humorige Weise für den Verrat der Freundschaft. Der spannend und subtil gestaltete, hervorragend gespielte Film nimmt sich Zeit, die Charaktere zu entwickeln und dem Zuschauer nahezubringen. ✦ Neuseeland 1981 **P** Aardvark/New Zeeland Film Commission **Pd+R** Roger Donaldson **B** Peter Hansard, Bruno Lawrence, Roger Donaldson **K** Graeme Cowley **M** Sharon O'Neill **S** Michael Horton **D** Bruno Lawrence (Al Shaw), Anna Jemison (Jacqui Shaw), Greer Robson (Georgie Shaw), Desmond Kelly (Tiny), Keith Aberdein (Ray Foley) **L** 105 **E** 27.10.1982 ZDF **fd** 23 683

SMASHING TIME (SMASHING TIME). Zwei junge Mädchen aus dem Norden Englands versuchen, in London die große Welt zu erleben. Am Ende kehren sie ernüchtert in ihren Heimatort zurück. Nur streckenweise gelungene Popkomödie; zwar mit vielen Gags, die die Auswüchse der Zivilisation zur Zielscheibe ihres Spotts machen, aber ohne satirische Tiefe bleiben. – Ab 16. ✦ Großbritannien 1967 **P** Partisan **KI** Paramount **Pd** Roy Millchip, Carlo Ponti **R** Desmond Davis **B** George Melly **K** Manny Wynn **M** John Addison **S** Barrie Vince **D** Rita Tushingham, Lynn Redgrave, Michael York, Ian Carmichael, Anna Quayle **L** 96 **FSK** ab 16; nf **E** 3.10.1968 **fd** 16 075

SMIC, SMAC, SMOC – DIE DREI VOM TROCKENDOCK (SMIC, SMAC, SMOC). Die Erlebnisse dreier befreundeter Dockarbeiter, die sich durch Arbeitsteilung auch ihr gemeinsames Privatleben erleichtern. Als einer von ihnen heiratet, wollen sie dieses Fest trotz ihrer geringen Finanzen groß feiern. Sie klauen ein Auto und erschwindeln nach einem ausgelassenen Picknick in St. Tropez eine beträchtliche Summe. Der Richter hat mit den heiteren Gaunern ein Einsehen. Ein spontanes, heiteres Spiel, mit leichter Hand inszeniert. Lelouch verzichtet darauf, der Geschichte den sonst bei ihm üblichen Anschein von Bedeutung zu geben. Vergnügliche Unterhaltung ohne Realitätsanspruch. – Ab 14. ✦ Frankreich 1971 **P** Film Treize **R+B** Claude Lelouch **K** Claude Lelouch, Jean Collomb **M** Francis Lai **S** Janine Boublil **D** Catherine Allégret, Jean Collomb, Charles Gérard, Francis Lai, Amidou **L** 85 **E** 27.9.1974 ZDF/20.8. 1977 DFF 1

SMITH – EIN MANN GEGEN ALLE (SMITH!). Wohlmeinende, aber überaus naive und von abgegriffenen Klischees belastete Schilderung der ungerechten Behandlung der amerikanischen Indianer durch die Siedler. Ein weißer Farmer schlägt sich auf die Seite eines indianischen Tatverdächtigen, der seine Unschuld an dem ihm zur Last gelegten Mord beteuert und dennoch inhaftiert wird. ✦ USA 1969 **P** Walt Disney/Buena Vista **Pd** Bill Anderson **R** Michael O'Herlihy **B** Louis Pelletier, nach dem Roman »Breaking Smith's Quarter Horse« von Paul St.Pierre **K** Robert C. Moreno **M** Robert F. Brunner, Bob Russell (Songs) **S** Robert Stafford **D** Glenn Ford (Smith), Nancy Olson (Norah Smith), Dean Jagger (Richter), Keenan Wynn (Vince Heber), Warren Oates (Walter Charlie), Chief Dan George (Ol'Antoine), Frank Ramirez (Gabriel Jimmyboy), John Randolph (Mr. Edwards) **L** 102 **E** 20.4.1995 ARD

SMITH, JAMES O. – ORGANIST USA. Ein zweiteiliger Dokumentarfilm über den berühmten Jazz-Organisten Jimmy Smith, der während dessen Tournee durch Europa und die USA entstand. ✦ Schwarzweiß. BR Deutschland 1965 **P** NDR **SF** Freunde der Deutschen Kinemathek **R** Klaus Wildenhahn **B** Klaus Wildenhahn, Rudolf Körösi, Herbert Selk (auch Ton) **K** Herbert Selk **L** 98 (43 + 55)

SMOG (1973). In Form einer fiktiven Reportage wird der Ernstfall einer Smog-Katastrophe im Ruhrgebiet durchgespielt. Der Fernsehfilm machte bereits vor seiner Ausstrahlung im April 1973 Schlagzeilen, als nordrhein-westfälische Kommunal- und Landespolitiker sowie Wirtschaftvertreter aus »Sorge um das Image des Reviers« gegen die Sendung protestierten. ✦ BR Deutschland 1973 **P** WDR **R** Wolfgang Petersen **B** Wolfgang Menge **K** Jörg-Michael Baldenius **M** Nils Sustrate **D** Wolfgang Grönebaum (Franz Rykalla), Marie-Luise Marjan (Elvira Rykalla), Heinz Schacht (Opa Rykalla), Hans Schulze (Herr Grobeck), Doris Gallert (Frau Grobeck), Rudolf Jürgen Bartsch (Reg. Dir. Engelbrecht), Wilfried Szubries (Dr. Timpe) **L** 85 **E** 15.4.1973 ARD

SMOG (1974) (SMOG). Der erste Spielfilm des Theater- und Fernsehautors Christian Mottier erzählt die Geschichte zweier Frauen, die in ihren gutsituierten Ehemännern die Symbole ihrer gesellschaftlichen Unzufriedenheit sehen. Ihr Versuch zur Verwirklichung eines ureigenen Lebensentwurfs wird aber von ihrer Umgebung mit Nachdruck gebremst und kommt wegen ihrer Ansprüche auf bürgerliche Annehmlichkeiten zum Erliegen. Ein vom Thema her interessanter Film, der aber in der Ausarbeitung streckenweise dilettantisch ist und, mit formalen und inhaltlichen Fehlern behaftet, der Thematik kein Gewicht zu verleihen vermag. ✦ Schwarz-weiß. Schweiz 1974 **P** Mottier Prod. **Pd+R+B** Christian Mottier **K** Jacques Cavussin **S** Claude Jenkins **D** Florence Michel (Isabelle), Yvonne Escher (Olga), André Schmidt, Patrick Lapp, Fernand Berset **L** 106 **E** Schweiz

SMOKE (SMOKE). Der Verkäufer eines Tabakwarenladens in Brooklyn ist Dreh- und Angelpunkt einer Vielzahl von Geschichten über Freundschaften, Güte und solidarisches Handeln. Keine große Filmerzählung, sondern wundervoll gereihte Miniaturen, die sich in einem entspannten Rhythmus zur Einheit fügen. Das fabelhafte Buch, die kongeniale Inszenierung und die exzellenten Darsteller lassen den zauberhaften Film zu einem selten gewordenen Erlebnis werden, das lange nachhallt. (Kinotip der katholischen Filmkritik; vgl. auch »Blue in the Face«) – Sehenswert ab 14. ✦ Teils schwarz-weiß. USA 1994 **P** Miramax **KI** Kinowelt **VA** Arthaus **DVD** Kinowelt Home (16:9, 1.66:1, DS engl./dt.) **Pd** Greg Johnson, Peter Newman, Hisami Kuroiwa, Kenzo Horikoshi **R** Wayne Wang, Paul Auster **B** Paul Auster, basierend auf einer Kurzgeschichte von Paul Auster **K** Adam Holender **M** Rachel Portman **S** Maysie Hoy **D** Harvey Keitel (Auggie Wren), William Hurt (Paul Benjamin), Harold Perrineau (Rashid Cole), Forest Whitaker (Cyrus Cole), Stockard Channing (Ruby McNutt) **L** 112 **FSK** ab 12; f **E** 19.10.1995/27.3.1996 Video/11.6.1999 DVD **fd** 31 577

SMOKE 'N' LIGHTNIN' (SMOKE 'N' LIGHTNIN'). Zwei Automechaniker in Miami, die sich auch schon einmal die Luxuskarossen ihrer Kundschaft »ausleihen«, geraten in Teufels Küche, als sie eine Spritztour mit einer Regierungs-Limousine unternehmen. An Bord des Autos befindet sich ein Koffer mit Geheimpapieren, der unter keinen Umständen in fremde Hände fallen darf. Zu allem Überfluß kettet sich einer der Freunde mit Handschellen an den Koffer an, ohne zu wissen, daß ein hochexplosiver Sprengstoff den Inhalt sichert. Konventionelle Buddy-Actionkomödie, angesiedelt im Agentenmilieu und angereichert mit den üblichen Schurken. ✦ USA 1995 **VA** Deutscher Videoring **R+B** Mike Kirton **D** Christopher Atkins (Lightnin'), Ryan Winters (Smoke), Sabryn Genet (Melody), Catherine Alexandra Nagan (Heather), Rand McClain (Dagger) **L** 78 **FSK** ab 12 **E** 18.4.1998 RTL 2

SMOKE – RAUCHER UNTER SICH →Smoke

SMOKE – SEIN BESTER FREUND (SMOKE). Nachdem sein Vater bei einem Autounfall ums Leben gekommen ist, tut sich ein 15jähriger Junge schwer mit dem durchaus verständnisvollen Stiefvater. Statt dessen hängt er an einem Schäferhund, den er verletzt aufgefunden und gesundgepflegt hat. Als der frühere Besitzer den Hund zurückhaben will, läuft der Junge mit ihm von zu Hause fort. Sentimentale Familienunterhaltung aus den Disney-Studios. – Ab 10. ✦ USA 1970 **P** Walt Disney **R** Vincent McEveety **B** John Furia jr., nach einem Buch von William Corbin **K** William E. Snyder **D** Ron Howard (Chris), Earl Holliman (Cal Fitch), Jacqueline Scott (Fran), Andy Devine (Mr. Stone), Pamelyn Ferdin (Susie) **L** 89 **E** 3.7.1993 ARD

SMOKE SIGNALS (SMOKE SIGNALS). Zwei sehr unterschiedliche Jugendliche aus einem Indianer-Reservat in Idaho machen sich auf eine Reise nach Arizona, um die sterblichen Überreste des Vaters von einem der beiden in die Heimat zu holen. Klassisches Roadmovie, das von einer authentischen Atmosphäre getragen wird und unaufdringlich die Frage thematisiert, ob Schuld vergeben werden kann. Wie entspannt die Filmemacher dabei mit ihrer Herkunft umgehen, spricht von großer Souveränität und macht Hoffnung auf mögliche Potenzen eines indianischen Kinos. Auch die Spielfreude der Darsteller trägt zum positiven Gesamteindruck des Films bei. – Sehenswert ab 16. ✦ USA 1998 **P** Miramax/ShadowCatcher Entertainment **KI** Arthaus **VA** Arthaus (Kinowelt Home) **Pd** Scott Rosenfelt, Larry Estes **R** Chris Eyre **B** Sherman Alexie, nach seiner Kurzgeschichtensammlung »The Lone Ranger and Tonto Fistfight in Heaven« **K** Brian Capener **M** BC Smith **S** Brian Berdan **D** Adam Beach (Victor Joseph), Evan Adams (Thomas Builds-the-Fire), Irene Bedard (Suzy Song), Gary Farmer (Victors Vater), Tantoo Cardinal (Victors Mutter), Monica Mojica (Thomas' Großmutter) **L** 89 **FSK** ab 6; f **E** 3.12.1998/15.7.1999 Video **fd** 33 423

SMOKEY – TRUCKS UND IRRE GIRLS (BJ AND THE BEAR). Zwei (von immerhin 47) Folgen einer von Glen A. Larson kreierten US-Fernsehserie, deren Held ein netter junger Trucker ist, dem bei seinen Abenteuern längs der Landstraße ein Affe assistiert. In der ersten Episode wird er von Gangstern entführt, die eine studentische Wohltätigkeitstournee stören, in der zweiten kidnappen ihn drei bewaffnete Mädchen, die unverhofft in ihm einen Helfer gegen einen Gauner gewinnen. Beide Folgen enthüllen auf gutmütige Art, daß sie einer Nachmittagsserie entstammen, die inhaltlich und formal tief unter Durchschnitt rangiert. – Ab 14. ✦ USA 1979 **P** NBC/MCA **VA** MCP **Pd** Glen A. Larson **D** Greg Evigan, Claude Akins **L** 91 **FSK** ab 6 **E** 1989 Video **fd** 27 899

SMOKEY UND DIE BANDE (SMOKEY AND THE HOTWIRE-GANG). Der Coup einer Diebesbande wird von einer bunt zusammengewürfelten Horde von Autonarren, allesamt CB-Funker, und zwei heruntergekommenen Tramps gestört. Einem vertrottelten Sheriff gelingt es schließlich, die Gauner zu verhaften. Weitgehend mißlungene Gaunerkomödie; kauzige Typen sollen der unsinnigen Geschichte zu Witz verhelfen, was durch schlechte Darsteller von Anfang an zum Scheitern verurteilt ist. – Ab 14. ✦ USA 1979 **P** Ace Pix **VA** ITT Contrast **R** Anthony Cardoza **B** T. Gary Cardoza **K** Gregory Sandor **M** Valerie Jeanne, Danny Bravin **D** James Keach, Stanley Livingston, Tony Lorea, Alvy Moore, Skip Young **L** 81 **E** 1983 Video **fd** 24 299

SMOKING / NO SMOKING (SMOKING / NO SMOKING). Die zweiteilige Verfilmung von insgesamt sechs zusammenhängenden Theaterstücken über eine Reihe von Bewohnern einer englischen Kleinstadt, ihre Sorgen und Lebensträume. Aus einer der beiden Filmen vorangestellten Ausgangssituation entwickeln sich nach dem Prinzip »entweder/oder« je nach den Entscheidungen der Figuren insgesamt zwölf verschiedene Schlüsse. In der Gesamtschau zeugen die Filme vom oft vergeblichen Streben nach Glück, vom Gefangensein in Rollen und Zwängen, aber auch von den Chancen zum Ausbruch. Der Zufall und die spontane Entscheidung werden zu Grundprinzipien eines filmischen Spiels, das seine Künstlichkeit nicht verleugnet und immer neue Perspektiven auf die Figuren anbietet. Hervorragend gespielt von den beiden Darstellern in insgesamt neun Rollen. – Sehenswert ab 16. ✦ Frankreich 1993 **P** Arena/Caméra One/France 2 Cinéma **KI** MFA **Pd** Michel Seydoux **R** Alain Resnais **B** Jean-Pierre Bacri, Agnès Jaoui, nach den Theaterstücken »Intimate Exchanges« von Alan Ayckbourn **K** Renato Berta **M** John Pattison **S** Albert Jurgenson **D** Sabine Azéma (Celia/Rowena/Sylvie/Irene), Pierre Arditi (Toby/Miles/Lionel/Joe) **L** 145/147 **FSK** ab 12; f **E** 27.10.1994 (zwei Filme)/26.,27.5.1996 West 3 **fd** 31 016

SMOKY, FREUND AUS DER WILDNIS (SMOKY). Die Freundschaft zwischen einem Cowboy und einem wilden Pferd, das der junge Mann sich zum treuen Begleiter erzieht, bis er den Mustang durch die Schuld eines nichtsnutzigen Bruders verliert. Erst Jahre später, nachdem er die Farm verlassen hat,findet er Smoky plötzlich wieder. Dritte Verfilmung des Abenteuerromans von Will James (nach »Smoky, König der Prärie«, 1946, Regie: Louis King und »Smoky«, 1933, Regie: Eugene Forde): ein hervorragender Familienfilm. – Ab 10. ✦ USA 1966 **P** 20th Century Fox **Pd** Aaron Rosenberg **R** George Sherman **B** Harold Medford, nach einem Roman von Will James **K** Jack Swain **M** Hoyt Axton, Ernie Sheldon, Leith Stevens **S** Joseph Silver **D** Fess Parker (Clint), Diana Hyland (Julie), Robert J. Wilke (Jeff), Katy Jurado (Maria), Ted White (Abbott), Armando Silvestre (Gordon), Hoyt Axton (Fred), Jorge Martinez de Hoyos (Pepe), Chuck Roberson (Cowboy), Bob Terhune (Cowboy), Jack Williams (Cowboy) **L** 103 **E** 22.11. 1978 ARD

SMOKY, KÖNIG DER PRÄRIE (SMOKY). Im gesamten amerikanischen Westen sucht ein Cowboy den von ihm gezähmten wilden Hengst, den ihm sein böser Bruder gestohlen hat, bis er ihn nach Jahren als verbrauchtes Lasttier wiederfindet. Rührender, etwas langatmiger Tier- und Familienfilm nach einem Roman von Will James. (Remake: »Smoky, Freund aus der Wildnis«, 1966) – Ab 8. ✦ USA 1946 **P** 20th Century Fox **KI** Centfox **Pd** Robert Bassler **R** Louis King **B** Lillie Hayward, Dwight Cummins, Dorothy Yost, nach einem Roman von Will James **K** Charles Clarke **M** David Raksin **S** Nick De Maggio **D** Fred MacMurray (Clint Barkley), Anne Baxter (Julie), Bruce Cabot (Frank), Burl Ives (Bill), Esther Dale (= Elaine May) (Gram), Roy Roberts (Jeff), J. Farrell MacDonald (Jim, der Koch), Max Wagner (Bart), Victor Kilian, Douglas Spencer (Spieler), Stanley Andrews (Rancher) **L** 87 **FSK** ab 6; f **E** 10.6.1955/2 3.12.1973 ARD **fd** 4 107

SMYK – DEM ABGRUND ENTGEGEN (SMYK). Die Geschichte eines Agenten, der trotz aller inneren und äußeren Veränderungen nicht die Bindung an seine Heimat verloren hat, aber dennoch nicht den Weg zur Umkehr findet. Ein psychologischer Film, spannungsreich und außergewöhnlich in seiner Gestaltung. – Ab 14 möglich. ✦ Scope, schwarz-weiß. CSSR 1960 **P** Statni **KI** Progress **R** Zbynek Brynych **B** Jirí Vala, Zbynek Brynych, Pavel Kohout **K** Jan Kalis **M** Jirí Sternwald **D** Jirí Vala (König, Kral), Jirina Svorcová (Marie), Jirina Jirásková (Luisa), Valter Taub (Kopacek), Ivan Palec (Vasek) **L** 104 **E** 26.5. 1961 Kino DDR/13.5.1962 DFF 1

SNACKBAR BUDAPEST (SNACK BAR BUDAPEST). Ein verkrachter Jurist soll einem jugendlichen Gangsterboß beim Aufbau eines mafiaähnlichen Imperiums helfen. Doch der Plan scheitert, da sich der Anwalt auf die Seite der Gepeinigten, den Besitzern der »Snackbar Budapest«, schlägt. Sein Engagement bringt seiner Freundin den Tod und führt zu einer mörderischen Auseinandersetzung mit den Gangstern. In einer Mischung aus »Sex and Crime« angelegter Kriminalfilm. ✦ Italien 1988 **P** San Francisco/Metro/Reteitalia **VA** VPS **Pd** Giovanni Bertolucci, Galliano Juso **R** Tinto Brass **B** Tinto Brass, Roberto Lerici, nach einem Roman von Marco Lodoli und Silvia Bre **K** Alessio Gelsini **M** David Sancious, Zucchero Fornaciari **S** Tinto Brass **D** Giancarlo Giannini (Anwalt), Raffaella Baracchi (Milena), Philippe Léotard (Partner), François Négret (Molecola), Carlo Monni, Sylvie Orcier (Carla) **L** 102 **FSK** ab 18 **E** 21.6. 1990 Video

SNAKE EATER (SNAKE EATER). Ein ehemaliges Mitglied einer Elite-Einheit rächt die Ermordung seiner Eltern, die während einer Urlaubsreise brutalen Killern in die Hände fielen. Er befreit die entführte Schwester aus der Gewalt ihrer Peiniger. Mit den Mitteln des Söldner-Films erzählte spekulative Action-Geschichte. – Wir raten ab. ✦ Kanada 1988 **P** Image Organization **VA** Starlight **Pd** John Dunning **R** George Erschbamer **B** Michael Paseornek **K** Glen MacPherson **M** John Massari **D** Lorenzo Lamas, Josie Bell, Robert Scott, Cheryl Gains, Ronnie Hawkins **L** 91 **FSK** ab 18 **E** 27.6.1990 Video

SNAKE EATER II – SNAKE EATER'S REVENGE (SNAKE EATER'S REVENGE). Der vom Dienst suspendierte Polizist »Soldier« geht auf eigene Faust auf Gangsterjagd, worauf ihn die Kollegen in eine psychiatrische Klinik einweisen. Mit Hilfe seiner »verrückten« Leidensgenossen flieht er jede Nacht, um seinen privaten Rachefeldzug fortzusetzen. Nach und nach liquidieren sie die gesamte Rauschgift-Mafia der Stadt. Billiges Spekulationsprodukt, das Selbstjustiz propagiert und seine menschenverachtende Haltung durch flapsige Sprüche überspielen will, dabei aber noch mehr in den Zynismus abrutscht. – Wir raten ab. ✦ Kanada 1989 **P** Cinepix **VA** Starlight **Pd** John Dunning, Andre Link **R** George Erschbamer **B** Don Carmody, Michael Paseornek, John Dunning **K** Glen MacPherson **M** John Massari **D** Lorenzo Lamas (Jack Kelly), Michelle Scarabelli (Dr. Purce), Larry B. Scott (Speedboat), Jack Blum (Billy Ray), Al Vandecruys (Salvatore Franco) **L** 81 **FSK** ab 16 **E** November 1990/17.11.1994 PRO 7 **fd** 28 497

SNAKE EATER III (SNAKEEATER III). Ein wegen seiner Brutalität vom Dienst suspendierter Polizist läßt sich von einem Ehepaar als Detektiv anheuern, dessen Tochter von einer Rockerbande entführt, als Gefangene gehalten und mißbraucht wurde. Ein in Aussage und Gehalt unerträglicher Actionfilm, der auf abstoßende Weise Sex und Gewalt zelebriert. – Wir raten ab. ✦ Kanada 1991 **P** Cimpix **VA** Starlight **Pd** John Dunning, Irene Litinsky **R** George Erschbamer **B** John Dunning **K** Jacques Fortier **M** John Massari **S** Jacques Jean **D** Lorenzo Lamas (Soldier), Minor Mustain (Cowboy), Tracy Cook (Hildy Gardener), Holly Chester (Fram), Chip Chuipka (Turk) **L** 85 **FSK** ab 18 **E** 19.8.1992 Video/20.11.1994 PRO 7 **fd** 29 853

SNAKE EATER'S REVENGE → Snake Eater II – Snake Eater's Revenge

SNAKE EYES (SNAKE EYES). In seiner Arbeit an einem Film über den Psychokrieg zweier Ehepartner zieht ein Regisseur die Bilanz seines eigenen Lebens und der Schuld, die er durch seine Untreue gegenüber seiner Frau auf sich geladen hat. Der Versuch, durch ein Geständnis die Situation zu bereinigen, scheitert. Ein vielschichtiger, auf einer komplexen Struktur thematischer Spiegelungen aufgebauter Film, der das Verhältnis von Kunst und Wirklichkeit und religiöse Grundfragen nach der Wahrheit, nach Schuld und Erlösung in anspruchsvoller Weise vermittelt. ✦ USA 1993 **P** Maverick/Eye/PentAmerica **KI** Atlantic (Erstverleih:Amazonas) **VA** NGP **Pd** Mary Kane, Abel Ferrara **R** Abel Ferrara **B** Abel Ferrara, Nicholas St. John **K** Ken Kelsch **M** Joe Delia **S** Anthony Redman **D** Harvey Keitel (Eddie Israel), Madonna (Sarah Jennings/Claire), James Russo (Frank Burns/Russell), Nancy Ferrara (Madlyn Israel), Reilly Murphy (Tommy Israel) **L** 107 **FSK** ab 18 (Video) **E** 11.8.1994/20.2. 1995 Video/16.4.1996 premiere **fd** 30 915

SNAKE HOUSE (BLOODY PSYCHO). Ein junger Parapsychologe erliegt dem mörderischen Plan einer totgeglaubten, zum Monster im Rollstuhl mutierten Schloßherrin und ihrer teuflischen Gehilfinnen. Er verliebt sich in ihre Enkelin und bringt sie mit ins Schloß, wo die Großmutter sie tötet und in ihre Haut schlüpft. Blind vor Liebe, wird auch der junge Mann von ihr umgebracht. Die billige und blutige Horrorproduktion bemüht sich erfolglos, im steten Wechsel von Erotik- und Horrorszenen Spannung aufzubauen. Unfreiwillig komisch wirkt die Kombination italienischer Landschaftsaufnahmen mit amerikanischer Country-Musik. ✦ Italien 1989 **P** Cine Duck **VA** New Vision **R** Leandro Lucchetti **B** Giovanni Simonelli, Leandro Lucchetti **K** Silvano Tessicini **M** Ianfranco Perini **S** Luigi Gorini **D** Peter Hintz (Dr. Vogeler), Loes Kamma, Brigitte Christensen, Sacha Darwin, Nubia Martini **L** 87 **FSK** ab 18 **E** 20.5.1991 Video **fd** 29 093

SNAKE INFERNO (SERPENT WARRIORS). Trivialer Horrorfilm um eine Sekte, die sich durch die Beschwörung von Schlangen die Tiere zunutze macht. ✦ Hongkong/USA 1985/86 **P** Eastern Media/Summit **VA** Embassy **R+B** Niels Rasmussen **D** Clint Walker, Eartha Kitt, Christopher Mitchum, Anne Lockhart **L** 88 **FSK** ab 18 **E** März 1987 Video

SNAKE ZONE – STRASSE INS JENSEITS (VENO-

MOUS). Nach einem Terroranschlag entweichen zahlreiche gentechnisch hochgezüchtete Klapperschlangen aus einem geheimen Forschungsprojekt der US-Armee in die Mojave-Wüste. Das Militär will den Vorfall vertuschen, doch nach etlichen Toten können zwei Kleinstadtärzte und eine Virologin des Verteidigungsministeriums das Schlimmste verhindern. Ein in allen Belangen unterbelichteter Tier-Horrorfilm, der blindes Vertrauen in die Versatzstücke des Genres setzt und sich in keiner Weise an dessen gedanklicher Weiterentwicklung beteiligt. ✦ USA 2001 **VA** Madison **Pd** Alison Semenza **R** Fred Olen Ray **B** Dan Golden, Sean McGinly **K** Andrea V. Rossotto **M** Neal Acree **S** Randy Carter **D** Treat Williams (David Henning), Mary Page Keller (Christine Henning), Anthony Azizi (Doktor), Christal Chacon (Schwester), Brian Poth (Billy) **L** 93 **FSK** ab 16 **E** 29.11.2001 Video

SNAKES AND LADDERS (SNAKES AND LADDERS). Eine Straßenkomödiantin aus Dublin läßt ihre Hochzeit mit einem Musiker platzen, worauf er sich von ihrer Freundin und Partnerin trösten läßt. Als diese schwanger wird, verschweigt sie den Vater und ermöglicht so die Aussöhnung und Heirat des Paares. Teilweise gute schauspielerische Leistungen und atmosphärisch stimmige Bilder können die Oberflächlichkeit des Films nicht überspielen. Durch sein Schielen auf den internationalen Markt beraubt er sich zudem des spezifischen Charmes kleiner europäischer Filme. (Fernsehtitel: »Zwei seriöse Damen in Dublin«) – Ab 16. ✦ Irland/Deutschland/Großbritannien 1995 **P** Chris Sievernich Prod./Pandora Film/Irish Film Board **KI** Pandora **Pd** Lilyan Sievernich **R+B** Trish McAdam **K** Dietrich Lohmann **M** Pierce Turner **S** Peter Przygodda **D** Pom Boyd (Jean), Gina Moxley (Kate), Sean Hughes (Martin), Paudge Behan (Dan), Catherine White (Orla) **L** 90 **FSK** ab 6; f **E** 5.12.1996 **fd** 32 012

SNAPDRAGON – BLUTIGE BEGIERDE →Snapdragon – Mörderische Tätowierung

SNAPDRAGON – MÖRDERISCHE TÄTOWIERUNG (SNAPDRAGON). In Chinatown werden Männer auf rituelle Weise ermordet; offenbar von einer Frau. Der Geliebte der auf den Fall angesetzten Polizistin, ein Psychiater, stößt auf eine Blondine, die unter Gedächtnisverlust leidet und deren Alpträume offenbar mit den Morden zusammenhängen, denn sie handeln immer wieder von ihrer Vergangenheit als Sklavin. Weniger auf Spannung als auf die Bebilderung des Konkubinendaseins bedachter Film mit mäßigen schauspielerischen Leistungen und einem bedenklichen Asienbild. (TV-Titel: »Snapdragon – Blutige Begierde«) ✦ USA 1993 **P** Prism **VA** Columbia TriStar **Pd** Ashok Amritraj **R** Worth Keeter **B** Gene Church **K** James Mathers **M** Michael Linn **S** Gina Mittleman **D** Steven Bauer (David), Chelsea Field (Peckham), Pamela Anderson (Felicity), Matt McCoy (Bernie), Kenneth Tigar (Captain) **L** 95 **FSK** ab 16 **E** 5.7.1994 Video/8.7.1995 Pro Sieben **fd** 30 906

SNATCH – SCHWEINE UND DIAMANTEN (SNATCH). Ein angehender Box-Promoter verliert seinen Boxer an einen schlagkräftigen Zigeuner, der ihm einen Wohnwagen verkaufen sollte und ihm nur Schrott lieferte. Das bringt ihm Ärger mit seinem mörderischen Geschäftspartner ein. Retten könnte ihn nur, wenn er in den Händen einer anderen Gang ist. Fulminante Gangsterfilm-Parodie, die ihr Tempo vor allem aus den rasanten Wechseln innerhalb der einzelnen Episoden bezieht. Der erzählerische Einfallsreichtum geht manchmal auf Kosten der Plausibilität, ferner stehen dem makabren Humor einige sehr brutale Szenen gegenüber. DVD: Die Special Edition beinhaltet u. a. einen Audiokommentar des Regisseurs, ein vom Regisseur kommentiertes Feature mit nicht verwendeten Szenen sowie ein Storyboard/Film-Vergleich. ✦ USA 2000 **P** Columbia Pictures **KI** Columbia TriStar **VA** Columbia TriStar Home **DVD** Columbia TriStar Home (SE, 16:9, 1.85:1, DD5.1 engl./dt.) **Pd** Matthew Vaughn **R+B** Guy Ritchie **K** Tim Maurice-Jones **M** John Murphy **S** Jon Harris **D** Benicio Del Toro (Franky Four Fingers), Dennis Farina (Avi), Vinnie Jones (Bullet Tooth Tony), Brad Pitt (Mickey O'Neil), Jason Statham (Turkish), Alan Ford (Brick Top), Sorcha Cusack (Mum O'Neil) **L** 103 **FSK** ab 16; f **E** 22.3.2001/25.9.2001 Video & DVD **fd** 34 750

SNEAKERS – DIE LAUTLOSEN (SNEAKERS). Am Rande der Legalität operierende Computer-Experten auf der Jagd nach einem »Code Breaker«, mit dem sich alle lebenswichtigen Datenspeicher dechiffrieren und manipulieren lassen. Humorvolle Einbrecherstory, deren High-Tech-Gewand alten Klischees den Anschein des Neuen verpaßt. Auch die hochkarätigen Darsteller können letztlich über diese Tatsache nicht hinwegtäuschen. – Ab 16. ✦ USA 1991 **P** Universal **KI** UIP **VA** CIC/Columbia TriStar Home **DVD** Universal Home (16:9, 1.85:1, DS engl./dt.) **Pd** Walter F. Parkes, Lawrence Lasker **R** Phil Alden Robinson **B** Phil Alden Robinson, Walter F. Parkes, Lawrence Lasker **K** John Lindley **M** James Horner **S** Tom Rolf **D** Robert Redford (Martin Bishop), Dan Aykroyd (»Mutter«), Ben Kingsley (Cosmo), Mary McDonnell (Liz), River Phoenix (Carl) **L** 126 **FSK** ab 12; f **FBW** w **E** 28.1.1993/22.9.1993 Video/2.6.2000 DVD **fd** 29 996

SNIPER – DER SCHARFSCHÜTZE (SNIPER). Zwei amerikanische Heckenschützen – ein erfahrener Soldat und ein junger Zivilist, der mehr durch Worte als durch Taten glänzt – haben im Dschungel von Panama einen Killer-Auftrag zu erledigen. Während der Aktion gegen Köpfe der Guerilla und Drogen-Mafia entlädt sich der Konflikt zwischen den ungleichen Partnern in einem Kampf auf Leben und Tod. Konventioneller Spannungsfilm, in dem die moralischen Fragestellungen neben dem Faszinosum der Waffenlogistik verblassen. ✦ Scope. USA 1992 **P** Odyssey **KI** UIP **VA** VMP **Pd** Robert L. Rosen **R** Luis Llosa **B** Michael Frost Beckner, Crash Leyland **K** Bill Butler **M** Gary Chang **S** Scott Smith **D** Tom Berenger (Tom Beckett), Billy Zane (Richard Miller), J. T. Walsh (Major Chester van Damme), Aden Young (Doug Papich), Ken Radley (El Cirujao) **L** 98 (gek. 84) **FSK** ab 18; f (gek. 16) **E** 18.3.1993/13.9.1993 Video/9.12.1994 RTL 2 **fd** 30 118

SNITCH (SNITCH). Als seine stumme Ex-Freundin einen kleinen Hehler bittet, ihrem Freund beim Verkauf geraubter Juwelen zu helfen, begeht der Mann einen fatalen Fehler. Er informiert die Polizei, weil er glaubt, daß alle Beteiligten nur auf diese Weise mit heiler Haut aus diesem zu großen Coup kommen. Leider gerät er an korrupte Polizisten, die selbst in den Fall verwickelt und hinter der Beute her sind. Bald ist der erste Tote zu beklagen und der Ganove, der die Frau noch immer liebt, und die Stumme müssen sich ihrer Haut erwehren. Kriminalfilm mit humorvollen Untertönen, der seine Genregeschichte mit einer Romanze verknüpft. ✦ USA 1996 **P** FM Entertainment **VA** VPS **Pd** Martin Markinson, Richard Polak **R** Keith Markinson **B** George K. Cybulski, W. Colin McKay **K** Darko Suvak **M** Joseph Williams **S** Keith Markinson **D** Marlee Matlin (Cindy), William McNamara (John Shakley), Jay Acovone (Detective Macelroy), Tisha Campbell (Steimer), Mariette Hartley (Deputy D.A.A. Kinnison) **L** 89 **FSK** ab 18 **E** 16.10.1997 Video

SNO-LINE (TEXAS SNO-LINE). Im Süden der USA versuchen rivalisierende Gangsterbanden und eine Gruppe Jugendlicher im Rauschgiftgeschäft auf brutale Weise zu Geld zu kommen. Dilettantisch gemachter, miserabel gespielter Gangsterfilm, der vergeblich versucht, durch Gewalt und Knalleffekte Aufmerksamkeit zu erzeugen. – Wir raten ab. ✦ USA 1984 **P** Vandom International **VA** Vestron **Pd** Bob Burge **R** Douglas F. O'Neons **B** Robert Hilliard **K** Gary Thieltges **M** Richard Bellis **S** Beth Conwell **D** Vince Edwards (Steve King), Paul Smith (Duval), June Wilkinson (Audrey), Phil Forster (Ralph Salerno), Louis Guss (Gus) **L** 88 **FSK** ab 18 **E** 29.9.1986 Video **fd** 26 353

SNOOKY – MEIN ALLERBESTER FREUND →Mein allerbester Freund

SNOOPY (SNOOPY, COME HOME). Charlie-Brown-Zeichentrickfilm mit den Erlebnissen der amerikanischen Comic-Figuren »Peanuts«: Charlie wird vorübergehend von seinem Hund Snoopy verlassen und durchläuft mit seinen Freunden verschiedene Lernprozesse und Erkenntnisstadien. Vergnüglich-nette Unterhaltung für Kinder mit mitunter hintergründigen Gags. – Ab 8. ✦ USA 1971 **P** National General **KI** Centfox **Pd** Bill Melendez, Lee Mendelson **R** Bill Melendez **B** Charles M. Schulz **K** Nick Vasu, Dickson **M** Richard M. Sherman, Robert B. Sherman **S** Robert T. Gillis **L** 81 **FSK** ab 6; f **E** 15.12.1972 **fd** 18 138

SNOOPY KOMMT NACH HAUSE →Snoopy

SNOOZE. »Snooze« heißt die Schlummertaste am Radiowecker, die einem ebenfalls Snooze heißenden Schläfer fünfmal die Chance gibt, doch noch aufzustehen. Viel zu spät beginnt er durch den Alltag zu stolpern; immer neue Komplikationen machen alle guten Vorsätze zunichte. Der Abschlußfilm eines Studenten, dessen Komik sich geschickt aus dem Spannungsfeld zwischen den Nöten des einzelnen und der nach Perfektion strebenden Umwelt speist. Doch anders als bei seinen offensichtlichen Vorbildern läßt der Film das Abgründige vermissen und bewegt sich allzu oft am Rande zum bloßen Jux. Eine talentierte, aber rasch verblassende Fingerübung. – Ab 16. ✦ Deutschland 1994 **P** dffb **SF** Basis **R+B** Armin Izzat Agha **K** Andreas Erben, Zwonko Grill **M** Armin Izzat Agha **S** Eva Schlensag **D** Armin Izzat Agha (Snooze), Uta Prelle, Achmed Osman, Dirdäna Izzat Agha, Frederik Agthe **L** 77 **E** 6.10.1994 **fd** 31 135

SNOW BUNNIES – DIE LÜSTERNEN BETTHÄSCHEN (SNOW BUNNIES). Ein Skiurlaub dient vier jungen Frauen, sich auch im Bett austoben zu können. Ein in allen Belangen erbärmlicher Softporno. – Wir raten ab. ✦ USA 1972 **KI** Allianz/Roland/Clemens Buse **R** A.C. Stephen (= Stephen C. Apostolof) **B** Stephen C. Apostolof **D** Marsha Jordan, Starlyn Combe, Sandy Carey, Terry Johnson **L** 75 **FSK** SPIO: X **E** 1972 Kino

SNOW KILL (SNOW KILL). Eine zerstrittene Yuppie-Truppe läuft bei einem Gewaltmarsch durch die tiefverschneite Bergwelt Utahs einem Verbrechertrio in die Arme und muß sich im Kampf Mann gegen Mann bewähren. Hilfe wird den Stadtmenschen durch einen Wildhüter zuteil, der die Ermordung seiner Frau an den Verbrechern rächen will. Äußerst blutige Fernsehproduktion, die bald auszurechnen ist und keine Spannung aufzubauen versteht. ✦ USA 1990 **P** Wilshire Court (für Paramount) **VA** CIC **Pd** Raymond Hartung **R** Thomas J. Wright **B** Raymond Hartung, Harv Zimmel **K** Frank Beascoechea **M** Sylvester Levay **S** Tom Pryor **D** Terence Knox, Patti D'Arbanville, Jon Cypher, Clayton Rohner, David Dukes **L** 88 **FSK** ab 18 **E** 20.3.1991 Video **fd** 28 992

SNOWBALLING (SNOW BALLING). Die Abschlußklasse einer High School verbringt die Ferien im Schnee, wobei einige Schüler mehr am anderen Geschlecht als am Skifahren und dem alljährlichen High-School-Ski-Festival interessiert sind. Einfallslose, schlampig inszenierte Komödie, in der auch einige ernsthaftere Themen der Oberflächlichkeit geopfert werden. – Ab 16. ✦ USA 1985 **P** Comworld **VA** All/Taurus **R** Charles E. Sellier jr. **B** Thomas C. Chapman, David O'Malley **K** Henning Schellerup **M** Larry Whitley **S** Jerry Wittington, Michael Spence **D** Alan Sues, P. R. Paul, Mary McDonough (= Mary Beth McDonough), Jill Carroll, Michael Sharrett **L** 94 **FSK** ab 12 **E** Mai 1987 Video **fd** 26 391

SNOWBOARD ACADEMY (SNOWBOARD ACADEMY). Ein Bruderpaar liefert sich einen verbissenen winterlichen Wettstreit, da der eine den alpinen Skilauf bevorzugt, während der andere mit seinen Freunden auf die Freuden des Snowboard-Fahrens schwört. Zwischen diesen Fronten steht der Vater, der einen Skibetrieb leitet, dessen Risiken keine Versicherung mehr tragen will, und der sich darüber hinaus mit seinen chaotischen Mitarbeitern und der intriganten

Nochehefrau herumplagen muß. Kläglicher Komödienversuch, dem nahezu alles fehlt, was einen halbwegs gelungenen Film ausmachen könnte. – Ab 14. ✦ USA 1996 **P** Snowboard Academy **VA** TriStar Home **Pd** Rudy Rubak **R** John Shepphird **B** Rudy Rubak, James Salisko **K** Bruno Philip **M** Ross Vanelli **S** Richard Corneau **D** Jim Varney (Ruddy James), Corey Haim (Chris Barry), Brigitte Nielsen (Mimi), Joe Flaherty (Mr. Barry), Andreas Aspergis (Red Eagle) **L** 85 **FSK** ab 6 **E** 2.12.1997 Video/2.12.1998 Premiere **fd** 32 968

SNOWY RIVER (THE MAN FROM SNOWY RIVER). Australien im 19. Jahrhundert: Ein junger Mann fängt im Alleingang eine Herde Wildpferde ein und erringt die Liebe einer Rancherstochter. Epischer Abenteuerfilm nach einem in Australien berühmten Gedicht. Von humanem Gehalt, flüssig und spannend inszeniert, verbindet der Film eine Liebes- und Initiationsgeschichte mit hervorragenden Pferde- und Landschaftsaufnahmen und bietet als Höhepunkt eine grandiose Verfolgungsjagd durch zerklüftetes Terrain. – Sehenswert ab 12. ✦ Scope. Australien 1982 **P** Michael Edgley International/Cambridge Films **KI** 20th Century Fox **Pd** Geoff Burrowes, George Miller **R** George Miller **B** John Dixon, Fred Cullen, nach dem Gedicht »The Man from Snowy River« von A. B. (Banjo) Paterson **K** Keith Wagstaff **M** Bruce Rowland **S** Adrian Carr **D** Kirk Douglas (Spur), Jack Thompson (Clancy), Tom Burlinson (Jim Craig), Sigrid Thornton (Jessica), Lorraine Bayly (Rosemary), Jack Thompson (Clancy), Tommy Dysart (der Mann aus den Bergen), David Bradshaw (Peterson), Tony Bonner (Kane), June Jago (Mrs. Bailey) **L** 94 **FSK** ab 6; f **FBW** bw **E** 4.5.1984 **fd** 24 484

SNUFF. Report über die Entstehung eines Sexfilms, in deren Verlauf sich eine Darstellerin das Leben nimmt. Ein Versuch der Kritik am Pornogeschäft, der teilweise den Gestaltungsmitteln des Kritisierten verfällt. Da Zweifel am reinen Dokumentationscharakter angebracht sind, hinterläßt der Film einen zwiespältigen Eindruck. Die Analyse von Gesellschaft und Individuum erscheint wenig stichhaltig. ✦ BR Deutschland 1973/75 **P** Monopol **KI** Monopol **Pd** Richard R. Rimmel **R** Richard R. Rimmel, Andrzej Kostenko **B+K** Richard R. Rimmel **M** Gerhard Heinz **D** Robert Furch, Claudia Fielers, Carl Amery **L** 80 **FSK** ab 18; nf **FBW** w **E** 30.11.1978 **fd** 21 031

SO ANGELT MAN KEINEN MANN. Heiter gemeinte Familiengeschichte von der Witwe Müller und ihren drei Mädchen. Die älteste Tochter wird per Heirat in sagenhaften Reichtum entführt; die zweite begnügt sich, weil sie ein Kind erwartet, mit dem Herrenchauffeur; die dritte, in der Schule sitzengeblieben, wird vor der Vergewaltigung durch einen Klassenkameraden gerettet. Der Film vermeidet beinahe alles, was ihn unterhaltsam hätte machen können. ✦ Schwarz-weiß. BR Deutschland 1959 **P** Kurt Ulrich-Film **KI** DFH **Pd** Kurt Ulrich **R** Hans Deppe **B** Janne Furch, Fritz A. Koeninger **K** Georg Bruckbauer **M** Heino Gaze **S** Klaus M. Eckstein **D** Grethe Weiser (Elsbeth Müller), Karin Dor (Tessy), Karin Baal (Monika), Sabine Eggerth (Angela), Erik Schumann (Stefan Reimer), Peter Vogel (Fritz Becker), Bruno Fritz (Wilhelm Böckelmann) **L** 96 **FSK** ab 12; nf **E** 23.4.1959 **fd** 8 062

SO BÄNDIGT MAN EVA (I'D RATHER BE RICH). Ein Multimillionär simuliert einen Schlaganfall in der Absicht, seine Enkelin auf die Probe zu stellen und unter die richtige Haube zu bringen. Teils spritzige, teils alberne amerikanische Komödie. ✦ USA 1964 **P** Universal **KI** Universal **Pd** Ross Hunter **R** Jack Smight **B** Oscar Brodney, Norman Krasna, Leo Townsend **K** Russell Metty **M** Percy Faith **S** Milton Carruth **D** Sandra Dee (Cynthia Dulaine), Robert Goulet (Paul Benton), Andy Williams (Warren Palmer), Maurice Chevalier (Philip Dulaine), Hermione Gingold (Miss Grimshaw) **L** 96 **FSK** ab 12; nf **E** 27.11. 1964 **fd** 13 150

SO BEGANN ES ... (ETO NATSCHINALOS TAK). Aus dem Leben und der Arbeit einer Steppenbrigade bei der Neulandgewinnung im Jahr 1956. Ein lebendig und interessant erzählter und gestalteter Film. – Ab 14. ✦ UdSSR 1956 **P** Gorki-Studio **KI** Progress **R** Lew Kulidshanow, Jakow Segel **B** S. Garbusow, Lew Kulidshanow, Jakow Segel **K** Wjatscheslaw Schumski **M** Alexander Lokschin **D** Wladimir Jemeljanow (Grischanin), Valentin Subkow (Skworzow), N. Dowshenko (Ljoscha), B. Batashew (Agronom), Nadeshda Pawlowa (Shenja) **L** 97 **E** 8.5.1958 Kino DDR

SO BEGINNT DIE LIEBE (TAK LASKA ZACINA). Junge Menschen – Lehrlinge in einer Prager Maschinenfabrik und in einer benachbarten Schneiderwerkstatt – erleben zum ersten Mal die Liebe. Ein heiterer Gegenwartsfilm, der in alltäglichen Geschichten sympathisch und unaufdringlich über Beruf, Freizeitverhalten und erste Liebeserlebnisse von jungen Arbeitern erzählt. – Ab 14. ✦ CSSR 1975 **P** Filmstudio Barrandov **KI** Progress **R** Hynek Bocan **B** Zdenek Mahler, Gustav Oplustil **K** Jaromír Sofr **M** Zdenek Laska **D** Lenka Korinková (Marketa), Martin Nezval (Cenda), Dagmar Veskrnová (Helena), Martin Stropnicky (Dusan), Vlastimil Brodsky (Meister Krticka) **L** 98 **E** 22.10.1976 Kino DDR/23.10.1977 DFF 2

SO BEGINNT EIN LEBEN (VI VIL HA' ET BARN). Im Rahmen einer freundlich-humorvollen Spielhandlung macht der Film mit organischen Vorgängen während der Schwangerschaft und Entbindung vertraut. Unspekulativ, dezent, aber naiv und lehrhaft. ✦ Schwarz-weiß. Dänemark 1949 **P** ASA **KI** Sonderfilm Zwicker **R** Alice O'Fredericks, Lau Lauritzen **B** Leck Fischer **K** Rudolf Frederiksen **M** Sven Gyldmark **D** Jörgen Reenberg, Ruth Brejnkolm, Grethe Thordahl, Maria Garland, Olander Dam Willumsen **L** 99 **FSK** ab 16; f **E** 27.4.1950 **fd** 729

SO BIN ICH AUCH (SADAN ER JEG OSSE). Der dritte Teil einer Filmtrilogie, die die Entwicklung eines Mädchens zur jungen Frau schildert. Die inzwischen 18jährige hat sich von ihrem Elternhaus gelöst und versucht, mehr über sich und das Leben zu erfahren. Sie wohnt in einer Wohngemeinschaft und arbeitet in einer Bierbrauerei. Obwohl ihre neuen Erfahrungen nicht immer positiv sind, will sie sich die Vision einer glücklichen Zukunft nicht nehmen lassen. Vergleichbar mit Truffauts »Doinel-Filmen«, tritt auch in Lise Roos' Film immer wieder dieselbe Hauptdarstellerin auf, die eigene Lebenserfahrungen in die fiktive Handlung einbezieht. (O.m.d.U.) – Ab 16. ✦ Dänemark 1980 **P** Focus **SF** Kinder- und Jugendfilmzentrum **R+B** Lise Roos **K** Jan Weincke **M** Morten Kaersa **D** Stine Sylvestersen, Avi Sagild, Maria Taglioni, Thomas Roos **L** 102 **FSK** ab 16; f **E** 1985 Kino

SO CHIC WIE MAMA (SENZI MAMA). Die nachdenkliche Geschichte über ein scheinbar intaktes Verhältnis zwischen einer erfolgreichen Redakteurin und ihrem Sohn. Als Schüler einer 9. Klasse ist Igor ein Junge wie viele seines Alters. Er verehrt seine Mutter. Diese hat alles von ihm ferngehalten, was ihr eigenes Leben so problematisch macht. Er hat sich nie gefragt, wer seine Mutter wirklich ist, bis es eines Tages zu spät dafür ist. – Ab 12. ✦ Schwarz-weiß. CSSR 1964 **P** Filmstudio Bratislava **R** Vladislav Pavlovic **B** Erna Suchánová **K** Vincent Rosinec **M** Pavol Simai **D** Jela Lukesová, Gustáv Valach, Eda Vásáryová, Gaspar Arbet **L** 87 **E** 3.9.1965 DFF 1

SO EIN AFFENTHEATER. In einer kleinen Familienpension richtet ein Schimpanse Liebesverwicklungen und Mißverständnisse an und entwirrt sie auch wieder. Sehr anspruchsloser Filmschwank. – Ab 14 möglich. ✦ Schwarz-weiß. BR Deutschland 1953 **P** Ito **KI** Deutsche Cosmopol **Pd** Alfred Bittins **R** Erik Ode **B** Wolf Neumeister, Hans Fritz Beckmann, Jobst Arndt, nach einer Idee von Helmut Withrich und Wolf Neumeister **K** Kurt Hasse, Otto Baecker **M** Peter Kreuder, Heinrich Riethmüller **S** Elfi Tillack **D** Joachim Brennecke (Stefan Popp), Josefin Kipper (Sabine Keller), Heli Finkenzeller (Dorette Schilling), Erika von Thellmann (Frau Droysen), Maria Sebaldt (Elinor) **L** 78 **FSK** ab 6; nf **E** 7.8.1953 **fd** 2 728

SO EIN FLEGEL. Mit treffender Milieukomik ausgestatteter Vorgänger der »Feuerzangenbowle«, in der ein Bühnenschriftsteller entgangene Pennälererlebnisse nachholt: Die Ähnlichkeit mit seinem Bruder stempelt den Autor vorübergehend zum Oberprimaner, während dieser in die Rolle des Schriftstellers schlüpft. Heinz Rühmann in einer gut gespielten Doppelrolle. (Kinotitel DDR: »Abenteuer eines Doppelgängers«) – Ab 12. ✦ Schwarz-weiß. Deutschland 1934 **P** Cicero **KI** Donau **R** Robert A. Stemmle **B** Hans Reimann, Philip Wylie, nach dem Roman »Die Feuerzangenbowle« von Heinrich Spoerl **K** Carl Drews **M** Harald Böhmelt **D** Heinz Rühmann (Erich Pfeiffer, Primaner), Rudolf Platte (Rettig, Tanzlehrer), Inge Konradi (Ilse Bundschuh, Sekretärin), Oskar Sima (Professor Crey), Annemarie Sörensen (Eva Knauer, Rektorstochter) **L** 85 **FSK** ab 12; nf **E** 13.2. 1934/3.4.1953 Kino DDR/2.9.1958 DFF 1 **fd** 11 862

SO EIN FRÜCHTCHEN. Nach erfolgloser Bemühung um ein Engagement als Revuetänzerin schlüpft eine Anfängerin zufällig in ein Kinderkleidchen und avanciert nunmehr zum Kinderstar der Revue, dieweil man ihre Schwester, eine Hutverkäuferin, für die Mutter hält. Mit Schlagern gestreckter Verwechslungsulk in pomadig-unlustiger Machart, wie sie die deutsche Ablenkungs- und Beschäftigungsproduktion im vierten Kriegsjahr mit sich brachte. Bemerkenswert allein der Kameramann: Phil Jutzi (1896–1946) inszenierte vor 1933 den Zille-Klassiker »Mutter Krausens Fahrt ins Glück« (1929) und andere im »Dritten Reich« verfemte Filme; nach dieser letzten Arbeit, mit der er zu überleben hoffte, zog er sich ganz vom Film zurück. ✦ Schwarz-weiß. Deutschland 1942 **P** Algefa/Lubitz **KI** Carmi **R** Alfred Stöger **B** Georg Zoch, Aldo von Pinelli, nach einem Lustspiel von Franz Gribitz **K** Piel Jutzi (= Phil Jutzi) **M** Frank Fux **D** Lucie Englisch, Maria Andergast, Paul Hörbiger, Fita Benkhoff, Will Dohm **L** 84 **FSK** ab 12; nf **E** 26.6.1942/31.7.1961 DFF 1 **fd** 1 441

SO EIN GAUNER HAT'S NICHT LEICHT (CROOKS ANONYMOUS). Ein passionierter Dieb läßt sich von seiner Geliebten zu einer Behandlung überreden. Nach anfänglichen Erfolgen droht er rückfällig zu werden, als ihm als Weihnachtsmann eines Kaufhauses der Zutritt zum Tresor ermöglicht wird. Nun versagt auch die Hilfe seiner Therapeuten, die als ehemalige Diebe allesamt rückfällig werden. Amüsante Gaunerkomödie ohne große filmische Qualitäten und mit wenig Sinn für feinere Akzente. – Ab 14 möglich. ✦ Schwarz-weiß. Großbritannien 1962 **P** Independent Artists/Janus Films **Pd** Julian Wintle, Leslie Parkyn **R** Ken Annakin **B** Jack Davies, Henry Blyth **K** Ernest Steward **M** Muir Mathieson **S** John Trumper **D** Leslie Phillips (Dandy Forsdyke), Stanley Baxter (Widdowes), Wilfrid Hyde-White (Montague), Julie Christie (Babette), James Robertson Justice (Sir Harvey Rasselrod) **L** 88 **E** 3.5.1987 SAT 1

SO EIN GENDARM HAT'S SCHWER → Der Gendarm vom Broadway

SO EIN GROSSER JUNGE (TAKOJ BOLSCHOJ MALTSCHIK). Ein achtjähriger Junge, dessen Vater an der Front kämpft, wurde mit seiner Mutter und seinen kleinen Geschwistern in ein Dorf evakuiert. Dort übernimmt er die Mitverantwortung für die Familie und ist seiner Mutter ein verständnisvoller Kamerad. Ein inszenatorisch schlichter Film von ausgeprägter humaner Gesinnung. – Ab 8 möglich. ✦ Schwarzweiß. UdSSR 1966 **P** Gorki-Studio **KI** Progress **R** Maria Fjodorowa **B** B. Rachmanin **K** A. Polkanow **M** Jewgeni Krylatow **D** Aljoscha Sharkow, Sinaida Kirijenko, Elena Maksimowa, Nina Sorskaja, Tamara Murina **L** 79 **E** 7.3.1969 Kino DDR

SO EIN MÄDEL → Ist sie eine Wette wert?

SO EIN MÄDEL VERGISST MAN NICHT (SO EIN MÄDEL VERGISST MAN NICHT). Musikalische Komödie im Künstlermilieu; der große Theaterregisseur und Darsteller Fritz Kortner, der im Film nur selten und mit geringem Erfolg Regie führte, inszenierte diesen nichtssagenden Film 1933 kurz vor seiner Emigration. (Alternativtitel: »Zweimal Liebe«) – Ab 12. ✦ Schwarz-weiß. Deutschland/Österreich 1932 **P** Projektograph **Kl** Deutsche Commerz **Pd** Oskar Glück, Mizzi Hugel **R** Fritz Kortner **B** Hans Wilhelm, Fritz Kortner **K** Robert Baberske **M** Ralph Erwin **S** Carl Behr **D** Dolly Haas (Lisa Brandes), Willi Forst (Paul Hartwig), Oskar Sima (Max Bach), Max Gülstorff (Hugo Körner), Ida Wüst (Frau Körner), Paul Hörbiger (Direktor Schrader), Theo Lingen (Hahnen jr.) **L** 89 **FSK** ab 12; nf **E** 20.1.1933

SO EIN MILLIONÄR HAT'S SCHWER (SO EIN MILLIONÄR HAT'S SCHWER). Lustspiel rund um einen Riviera-Plutokraten, der nicht des Geldes wegen geliebt sein möchte. Ein Peter-Alexander-Film, dessen geringer Witz hauptsächlich von Heinz Erhardt erzeugt wird. – Ab 12. ✦ Österreich 1958 **P** Öfa **Kl** DFH **VA** Taurus/Kinowelt Home **Pd** Herbert Sennewald **R** Geza von Cziffra **B** Peter Trenck (= Geza von Cziffra) **K** Walter Tuch **M** Heinz Gietz **S** Eleonore Kunze **D** Peter Alexander (Edward Collins), Germaine Damar (Ninette), Heinz Erhardt (Alfons Rappert), Wolfgang Wahl (Marcel Magnol), Elga Andersen (Alice Sorel), Loni Heuser, Erich Fiedler, Erich Nikowitz, Louis Soldan, Ernst Waldbrunn, Hans Podehl, Brigitte Mira, Fritz Eckhardt **L** 94 (Video 88) **FSK** ab 12; nf (Video 6) **E** 18.12.1958/Juni 1999 Video **fd** 7 700

SO EIN MUSTERGATTE (DER MUSTERGATTE). Ein biederer Ehemann versucht, seine Frau durch Seitensprünge wieder an sich zu fesseln. Die Schweizer Neuverfilmung serviert den bekannten Komödienstoff mit farblosen Darstellern unter einer langweiligen Regie. (TV-Titel auch: »Der Mustergatte«) ✦ Schweiz 1959 **P** Urania **Kl** Donau **R** Karl Suter **B** Karl Suter, nach dem Lustspiel »Der Mustergatte« von Avery Hopwood **K** Rudolf Sandtner **M** Hans Moeckel **D** Walter Roderer (Willy Guggenbühl), Sylvia Frank (Yvonne), Hannes Schmidthauser (Edi), Olga Gebhardt (Margrit Guggenbühl), Max Haufler (Möbelträger) **L** 97 **FSK** ab 16; nf **E** 21.7.1961 **fd** 9 315

SO EIN PAPA (CASANOVA BROWN). Ein amerikanischer Collegeprofessor, dessen Frau kurz vor der Scheidung schwanger wurde, entdeckt die Liebe zu seinem Kind. Antiquiertes Lustspiel mit verworrener Handlung und dürftiger Komik. (Alternativtitel: »Casanova in Nöten«, »Der Mann, der nicht zur Hochzeit kam«) ✦ Schwarz-weiß. USA 1944 **P** International/RKO **Kl** Lifa **Pd** Nunnally Johnson **R** Sam Wood **B** Nunnally Johnson, nach einem Bühnenstück von Floyd Dell und Thomas Mitchell **K** John Seitz **M** Arthur Lange **S** Thomas Neff **D** Gary Cooper (Casanova Brown), Teresa Wright (Isabel Drury), Frank Morgan (Mr. Ferris), Anita Louise (Madge Ferris), Patricia Collinge (Mrs. Drury) **L** 93 **FSK** ab 16; nf **E** 10.12.1954 **fd** 3 789

SO EIN PECHVOGEL (1945) (PENGAR). Der schwedische Groteskkomiker Nils Poppe auf den Spuren Charlie Chaplins in einer tragikomischen Rolle als erfolgloser Millionenerbe – vom »Goldrausch« zum Geldrausch. ✦ Schwarz-weiß. Schweden 1945 **P** AB Svensk **Kl** Siegel Monopol **R** Nils Poppe **B** Nils Poppe, Rolf Botvid **K** Martin Bodin **M** Sune Waldimir **D** Nils Poppe (Harry), Inga Landgré, Elof Ahrle, Sigge Fürst **L** 88 **FSK** ab 12; nf **E** 22.2.1952 **fd** 1 670

SO EIN PECHVOGEL (1950) (WHEN WILLIE COMES MARCHING HOME). Ein Provinzler kommt während des Zweiten Weltkriegs als Sergeant nach Frankreich, verliebt sich in eine französische Widerstandskämpferin und wird zum Helden wider Willen. Nach der Rückkehr in die USA glaubt niemand seine Ruhmestaten. Erfrischende Persiflage auf Militär und Heldenverehrung, von John Ford mit leichter Hand und einer bekömmlichen Dosis Sentimentalität inszeniert. ✦ Schwarz-weiß. USA 1950 **P** 20th Century Fox **Kl** Centfox **Pd** Fred Kohlmar **R** John Ford **B** Mary Loos, Richard Sale, nach der Erzählung »When Leo Comes Marching Home« von Sy Comberg. **K** Leo Tover **M** Alfred Newman **S** James B. Clark **D** Dan Dailey (Bill Kluggs), Colleen Townshend (Marge Fettles), Corinne Calvet (Yvonne), William Demarest (Herman Kluggs), Evelyn Varden (Gertrude Kluggs), James Lydon (Charles Fettles), Lloyd Corrigan (Bürgermeister Adams), Jack Pennick (Ausbilder), Hank Worden (Chorleiter) **L** 80 **E** 1952 **fd** 1 630

SO EIN SATANSBRATEN (PROBLEM CHILD). Ein Junge bereitet seinen Adoptiveltern als wahrer »Satansbraten« die Hölle auf Erden, wobei sich seine drastischen Streiche als unbewußte Reaktion auf die mangelnde Liebe der Erwachsenen zu erkennen geben, die in ihm ein Statussymbol sehen. Bewußt respekt- und geschmacklose Attacke wider die Bigotterie scheinbarer bürgerlicher Wohlanständigkeit, die als rabenschwarze Komödie den neurotischen Erwachsenen die Schuld am kindlichen Fehlverhalten zuweist; trotz der überdrehten Form nachdenklich stimmend. – Ab 16. ✦ USA 1989 **P** Universal **Kl** UIP **VA** CIC **Pd** Robert Simonds **R** Dennis Dugan **B** Scott Alexander, Larry Karaszewski **K** Peter Lyons Collister **M** Miles Goodman **S** Daniel Hanley, Michael Hill **D** John Ritter (Ben), Amy Yasbeck (Flo), Michael Oliver (Junior), Jack Warden (Big Ben), Gilbert Gottfried (Mr. Peabody), Michael Richards (Martin Beck), Peter Jurasik (Roy) **L** 81 **FSK** ab 12; f **E** 8.11.1990/5.6.1991 Video **fd** 28 643

SO EIN SCHÜRZENJÄGER →Liebe, Brot und Eifersucht

SO EIN STÖRENFRIED (BALAMUT). Ehrenvoll von seinem Dorf verabschiedet, zieht der 18jährige Pjotr Gorochow zum Studium der Ökonomie in die ferne Universitätsstadt. Doch die verflixten Englisch-Studien bereiten ihm solche Mühe, daß er schon aufgeben will. Kurz vor der Prüfung sucht ihn aber das Wunder der Liebe in Gestalt einer exotischen Kommilitonin heim, und sein Fremdsprachenkomplex löst sich schnell auf. Eine nicht gerade anspruchsvolle, aber doch sympathisch-humorvolle Unterhaltung. – Ab 16. ✦ UdSSR 1978 **P** Gorki-Studio **Kl** Progress **R** Wladimir Rogowoi **B** Sergej Bodrow **K** Wjatscheslaw Jegorow **M** David Archkenasi **D** Wadim Andrejew (Pjotr Gorochow), Natalja Kasnatschejewa (Anja), Nikolai Denissow (Sanja), Wladimir Schichow (Ogorodnikow), Valentina Kljagina (Katja) **L** 91 **E** 25.7.1980 Kino DDR/5.8.1981 DFF 1

SO EIN TEAM GIBT'S NICHT NOCH EINMAL (THE COMEBACK KID). Ein Baseballspieler, dem nach dem Ende seiner Karriere eine Lebensperspektive fehlt, schmiedet auf Initiative einer Jugendbetreuerin aus einer Bande von Straßenkids eine Mannschaft. Fürs Fernsehen entstandene romantische Komödie, die durchaus unterhält, aber von menschlicher Wärme geradezu übersättigt erscheint. – Ab 14. ✦ USA 1980 **P** ABC **Pd** Louis Rudolph **R** Peter Levin **B** Joe Landon **K** Dennis Peters **M** Mark Knox **D** John Ritter, Susan Dey, James Gregory, Doug McKeon, Patrick Swayze **L** 84 **E** 6.10.1991 Tele 5

SO EIN THEATER (GANGSTERPREMIERE). Eine bühnenbesessene Theateranfängerin entläuft ihrer resoluten Lehrerin, die einst die gefeierte Operetten-Diva des inzwischen demolierten städtischen Theaters war. Mittlerweile wird es von Schwarzhändlern als Umschlagplatz mißbraucht, was die ahnungslose junge Frau aber nicht weiß. Aus Angst vor Entlarvung engagieren die Schwarzhändler sie, und dank der schließlich hilfreich eingreifenden Lehrerin kommt es tatsächlich zu einer Theaterpremiere. Eine humorige, insgesamt eher glanzlose Komödie; einer der vier Filme, mit denen sich der Schauspieler Curd Jürgens mäßig erfolgreich als Regisseur versuchte. – Ab 16. ✦ Schwarz-weiß. Österreich 1951 **P** Alpen **Kl** Constantin **Pd** Gisela Schneeberger **R** Curd Jürgens **B** Curd Jürgens, Franz Gribitz **K** Hans Schneeberger **M** Willi Mattes **D** Bruni Löbel (Hanni), Grethe Weiser (Mizzi Lorenz), Michael Janisch (Ferry), Rudolf Carl (Hugo), Peter Preses (Porfiropoulos), Curd Jürgens **L** 93 **FSK** ab 16; nf **E** 25.12.1951 **fd** 1 640

SO EIN THEATER UM DIE LIEBE →Jason, die Flasche

SO EIN UNGLÜCKSRABE →Woll'n Sie nicht mein Mörder sein?

SO EIN WINDHUND (SLALOM). Ein in den Winterferien mit einer attraktiven Blondine flirtender, verheirateter Italiener findet sich plötzlich als Agent der amerikanischen Geheimpolizei in Ägypten wieder. Klamaukhafte Spionagekomödie. (Videotitel: »Das Geheimnis am Nil«) ✦ Scope. Italien/Frankreich/VAR (Ägypten) 1965 **P** Fair/Cocinor/Copro **Kl** Schneider **VA** VPS **Pd** Pio Angeletti **R** Luciano Salce **B** Castellano (= Franco Castellano), Pipolo (= Giuseppe Moccia), Giuseppe Moccia **K** Alfio Contini **M** Ennio Morricone **S** Marcello Malvestiti **D** Vittorio Gassman (Lucio Vidolfi), Adolfo Celi (George), Beba Loncar (Farah), Daniela Bianchi (Doll), Emma Danieli (Hilde) **L** 94 **FSK** ab 12; nf **E** 19.2.1970/28.5.1986 SAT 1

SO EINE AFFÄRE (THE FACTS OF LIFE). Drei amerikanische Ehepaare verbringen ihren Urlaub seit Jahren gemeinsam. Doch diesmal müssen Kittys Mann und Larrys Frau im letzten Moment zu Hause bleiben. Da das dritte Paar am Urlaubsort auch noch krank wird, verbringen die beiden die Ferien gemeinsam und verlieben sich ineinander. Wieder zu Hause, können sie ihr Verhältnis zunächst nicht lösen, doch in den Belanglosigkeiten des Alltags merken sie, daß sie nach wie vor ihre Gatten lieben. Sie verzichten auf die Scheidung und bleiben bei ihren Partnern. Humorvolles Kammerspiel, das das Thema Ehebruch mit großem Taktgefühl behandelt und mit guten Darstellern aufwarten kann. ✦ Schwarz-weiß. USA 1960 **P** H.L.P. /United Artists **Kl** United Artists **Pd** Norman Panama, Melvin Frank **R** Melvin Frank **B** Norman Panama, Melvin Frank **K** Charles B. Lang **M** Leigh Harline, Johnny Mercer (Song) **S** Frank Bracht **D** Bob Hope (Larry Gilbert), Lucille Ball (Kitty Weaver), Ruth Hussey (Mary Gilbert), Don DeFore (Jack Weaver), Philip Ober (Dr. Mason), Louis Nye (Charlie Busbee) **L** 103 **FSK** ab 16; nf **FBW** w **E** 17.3.1961 **fd** 10 064

SO EINFACH IST DIE LIEBE NICHT (THE BACHELOR AND THE BOBBY-SOXER). Ein junges Mädchen verliebt sich in einen Maler, der ihr die romantische Schwärmerei abgewöhnt, um die ältere Schwester, eine Juristin, für sich zu gewinnen. Komödie mit Witz, Ironie und Tempo. ✦ Schwarz-weiß. USA 1946 **P** RKO **Kl** MPEA **Pd** Dore Schary **R** Irving Reis **B** Sidney Sheldon **K** Robert de Grasse, Nicholas Musuraca **M** Leigh Harline **S** Frederic Knudtson **D** Cary Grant (Dick Nugent), Myrna Loy (Margaret Turner), Shirley Temple (Susan Turner), Ray Collins (Dr. Beemish), Rudy Vallee (Chamberlain) **L** 97 **FSK** ab 16; nf **E** 30.9.1949/28.8.1961 ARD **fd** 477

SO ENDEN SIE ALLE (BABY FACE NELSON). Filmbiografie eines historischen amerikanischen Verbrechers der Prohibitionsära, der seine Gewaltherrschaft über die Unterwelt ausübte und durch die Maschen der Polizei schlüpfte. – In seiner moralischen Haltung dubioser, aber actionreicher und von Mickey Rooney sehr gut gespielter Gangsterfilm. ✦ Schwarz-weiß. USA 1957 **P** Fryman Enterprises/Z.S. Enterprises **Kl** United Artists **Pd** Alfred Zimbalist **R** Don Siegel **B** Irving Schulman, Daniel Mainwaring **K** Hal Mohr **M** Van Alexander **S** Leon Barsha **D** Mickey Rooney (Nelson), Carolyn Jones (Sue), Cedric Hardwicke (Doc Saunders), Christopher Dark (Jerry), Ted de Corsia (Rocca) **L** 85 **FSK** ab 18; nf **E** 3.6.1958 **fd** 7 043

SO ENDETE EINE DIRNE (MAYA). Die Prostituierte Bella residiert im »Sperrbezirk« eines Hafens und spiegelt den liebeshungrigen Seeleuten Glücksillusionen vor. So sät sie Mord und Totschlag um sich aus... Der verquaste Stoff, der den Zuschauer mit voyeuristischer Kamera im Finsteren spazierenführt, ist beleidigend schlecht inszeniert. ✦ Schwarz-weiß. Frankreich 1949 **P** Izarra **Kl** Schonger **R** Raymond Bernard **B** Simon Gantillon **K** André Thomas **M** Georges Auric **D** Viviane Romance, Marcel Dalio, Jean-Pierre Grenier, Louis Seigner, Jacques Castellot **L** 79 **FSK** ab 18; nf **E** 10.9.1954 **fd** 3 909

SO ENDETE EINE LIEBE. Die tragische Geschichte der österreichischen Erzherzogin Marie Louise, die auf Betreiben Metternichs ihrer Liebe zu Herzog Franz von Modena entsagen muß, um aus Gründen der Staatsräson Napoleon zu heiraten. Mit gediegenen Darstellern, sorgfältig ausgeführtem Zeitkolorit und romantischer Stimmung gehört der Historienfilm zu den erfreulicheren Produktionen der frühen 30er Jahre in Deutschland. – Ab 14. ✦ Schwarz-weiß. Deutschland 1934 **P** Cine-Allianz **Kl** NF **R+B** Karl Hartl **K** Franz Planer **M** Franz Grothe **D** Paula Wessely (Erzherzogin Marie-Luise), Willi Forst (Franz von Modena), Gustaf Gründgens (Metternich), Franz Herterich (Kaiser Franz I.), Rose Stradner (Kaiserin Maria Ludovica), Erna Morena (Josephine), Maria Koppenhöfer (Madama Mère) **L** 76 **FSK** ab 12; f **E** 18.10.1934/17.6.1967 ZDF **fd** 820

SO ETWAS LIEBEN DIE FRAUEN (1955) (THE CONSTANT HUSBAND). Ein Mann hatte sein Gedächtnis verloren und muß zur eigenen Überraschung feststellen, daß er von fünf verschiedenen Frauen als Heiratsschwindler gesucht wird. Ein guter Plot und das pointierte Spiel der Schauspieler können nicht verhindern, daß der Film nach einem vielversprechend witzigen Anfang in die Niederungen der Klamotte absinkt. – Ab 16. ✦ Großbritannien 1955 **P** Frank Launder-Sidney/Gilliat-Production/Korda/London **Kl** Deutsche London **Pd** Frank Launder, Sidney Gilliat **R** Sidney Gilliat **B** Sidney Gilliat, Val Valentine **K** Ted Scaife **M** Malcolm Arnold **S** Gerald Turney-Smith **D** Rex Harrison (Charles Hathaway), Cecil Parker (Llewellyn), Kay Kendall (Monica), Nicole Maurey (Lola), Robert Coole (Jack Carter) **L** 88 **FSK** ab 12; nf **E** 23.12.1955/23.2.1963 ZDF/6.2.1971 DFF 1 **fd** 4 200

SO ETWAS LIEBEN DIE FRAUEN (1959) →Ein Schotte auf Brautschau

SO ETWAS VON FRAU (THAT KIND OF WOMAN). Die Geliebte eines Millionärs mausert sich zur aufrichtigen Soldatenbraut, nachdem sie im Expreßzug nach New York 1944 einen Fallschirmjäger kennengelernt hat. Eine mit falschem Anspruch überfrachtete Magazingeschichte. Regisseur Lumet überfordert die Darsteller mit langen und lähmenden Großaufnahmen, denen sie kaum gewachsen sind. ✦ Schwarz-weiß. USA 1959 **P** Paramount **Kl** Paramount **Pd** Carlo Ponti, Marcello Girosi **R** Sidney Lumet **B** Walter Bernstein, nach einem Roman von Robert Lowry **K** Boris Kaufman **M** Daniele Amfitheatrof **S** Howard E. Smith **D** Sophia Loren (Kay), Tab Hunter (Red), George Sanders (»Der Mann«), Jack Warden (Kelly), Barbara Nichols (Jane) **L** 92 **FSK** ab 18; f **E** 12.1.1960 **fd** 8 623

SO FREI WIE DER LÖWE. In Spiel- und Dokumentarszenen führt der Film in das Leben der Rastafari ein, jener farbigen Nachkommen der Sklaven, die vor 400 Jahren aus Afrika nach Amerika verschleppt wurden und heute glauben, in babylonischer Gefangenschaft zu leben. Vor dem Hintergrund der politischen Realität auf Jamaica wird der Zuschauer mit dem Alltag und dem Glauben einer Rastafari-Familie vertraut gemacht und damit mit einer Kultur, die hierzulande hauptsächlich durch die Reggae-Musik bekannt wurde. – Ab 14 möglich. ✦ BR Deutschland 1983/84 **P** Fritz Baumann Filmproduktion/Radio Bremen **R+B** Fritz Baumann **K** Volker Tittel, Doris Wedemeier **L** 90 **E** 19.8.1984 ARD

SO FREI WIE DER WIND (BROTHERS OF THE WIND). Ein alter kanadischer Waldläufer zieht vier verwaiste Wolfsjunge groß und entläßt sie dann in die Freiheit. Die einfache, ansprechende Geschichte bietet den Rahmen für schöne Landschafts- und Tieraufnahmen. Gute Familienunterhaltung. ✦ USA 1972 **P** Adanac/Sun International **Kl** Constantin **Pd** Dick Robinson, John Mahon **R** Dick Robinson **B** John Mahon **K** Rod Allin **M** Gene Kauer, Douglas Lackey **S** John Joyce **D** Dick Robinson (Sam Monroe) **L** 87 **FSK** ab 6; f **E** 17.5.1974 **fd** 18 843

SO GEFÄLLST DU MIR. Ein junger Gutsbesitzer aus Tirol gewinnt das Herz der angebeteten Kabarettänzerin, indem er als angeblicher brasilianischer Millionär um sie wirbt. Belanglose Liebeskomödie. ✦ Schwarz-weiß. Deutschland 1941 **P** Wien/Styria **Kl** Bavaria **R** Hans Thimig, Rudolf Schaad **B** Rudo Ritter, Josef Friedrich Perkonig **K** Georg Bruckbauer **M** Anton Profes **D** Gusti Huber (Christl Wallner), Wolf Albach-Retty (Peter Seidl), Oskar Sima (Bürgermeister Hammerschlag), Josef Eichheim (Wastl), Jane Tilden (Didi) **L** 81 **E** 27.2.1941/13.12.1982 DFF 1

SO GEHT'S IM LEBEN (QUESTA E LA VITA). Episodenfilm von teils hintergründigem Humor nach drei Erzählungen von Pirandello, bei denen jeweils das Mißgeschick eines Mannes in absonderlicher Situation (eingesperrt in einem Ölkrug, eingezwängt in einen zu engen Frack) zur Charakterstudie führt. Unterschiedlich stilsicher inszeniert, im ganzen jedoch anregende Unterhaltung. ✦ Schwarz-weiß. Italien 1954 **P** Fortunia **R** Aldo Fabrizi, Giorgio Pastina, Mario Soldati, Luigi Zampa **B** Vitaliano Brancati, Luigi Zampa, Giorgio Pastina, Aldo Fabrizi, nach Novellen von Luigi Pirandello **K** Giuseppe La Torre **M** Carlo Innocenzi, Armando Trovaioli **D** Turi Pandolfini, Myriam Bru, Aldo Fabrizi, Nino Taranto **L** 80 **E** 12.3.1966 ARD

SO GRÜN WAR MEIN TAL →Schlagende Wetter

SO GUT WIE LIEBE. Ein experimenteller Video-Spielfilm, der die Liebesgeschichte zwischen zwei Mitarbeitern eines »Labors für Virtuelle Realität« dazu nutzt, die Möglichkeiten dieser Technologie darzustellen. In die fiktive Handlung eingebettet sind Äußerungen von Fachleuten dieses Gebiets, die ihre eigene Vision der Zukunft formulieren. (O.m.d.U.) ✦ USA/Deutschland 1993 **P** Hotwire **R+B** Lynn Hershman **K** Kathleen Beeler, Skip Sweeney **M** Jim McKee **S** Lynn Hershman **D** Jeanne Mullis (Valery Vogel), Rinde Eckert (Chip Rosenthal/Barry Rosenthal), Ingrid Hardy (Marie Lang), Michael Edo Keane (Dennis), Jane Caputi (Experte) **L** 71 **E** 9.11.1993 ZDF

SO GUT WIE TOT (SEMBRA MORTO ... MA E SOLO SVENUTO). Ein Geschwisterpaar führt ein tristes Leben in einer grauen Vorstadt. Sie hält den Bruder mit Schreibarbeiten aus, er hat sich auf die Entführung von Rassehunden spezialisiert, die er gegen »Finderlohn« zurückbringt. Ein neuer Nachbar bringt Schwung in ihr Leben. Sie verliebt sich und ist überglücklich, als er ihre Liebe zu erwidern scheint. In Wirklichkeit will er nur ihre Wohnung als ideales Versteck für Kokain nützen. Erstlingsfilm, angesiedelt zwischen Realitätsbeschreibung und Karikatur; nicht immer präzise genug in der Umsetzung der Geschichte, aber mit einigen gute Beobachtungen und Milieubeschreibungen. ✦ Italien 1986 **P** Tecno Image **R** Felice Farina **B** Gianni di Gregorio, Sergio Castellitto, Felice Farina **K** Renato Tafuri **M** Lamberto Macchi **D** Sergio Castellitto, Marina Confalone, Anita Zagaria, Mario Prosperi, Marco Giardina **L** 91 (TV 84) **E** 22.10.1989 BR

SO GUTE FREUNDE (SUCH GOOD FRIENDS). Als ein Mann an einer harmlosen Operation stirbt, zeigen sich die Grenzen der Medizin, entdeckt seine Frau seine Seitensprünge und demonstrieren seine Freunde ihre egozentrische Beziehungslosigkeit. Mischung aus Satire und Tragikomödie; handwerklich perfekt, psychologisch jedoch nicht überzeugend, mit Sexszenen modisch aufgeputzt. ✦ Scope. USA 1971 **P** Sigma **Kl** CIC **Pd+R** Otto Preminger **B** Esther Dale (= Elaine May), David Shaber, Joan Didion (ungenannt), nach dem gleichnamigen Roman von Lois Gould **K** Gayne Rescher **M** Thomas Z. Shepard **S** Harry Howard **D** Dyan Cannon (Julie Messinger), James Coco (Dr. Timmy Spector), Jennifer O'Neill (Miranda Graham), Ken Howard (Cal Whiting), Nina Foch (Mrs. Wallman), Burgess Meredith (Bernard Kalman) **L** 102 **FSK** ab 18; f **E** 23.3.1973 **fd** 18 150

SO HABEN WIR GELACHT (COSI RIDEVANO). Die Lebenswege zweier Brüder im Italien der späten 50er und frühen 60er Jahre: Der Ältere, ein Analphabet aus einer sizilianischen Bauernfamilie, kommt nach Turin, um für den Jüngeren Schule und Studium zu finanzieren. Die bedingungslose, ehrgeizige Hilfsbereitschaft führt ihn dazu, daß er die Augen vor der Realität verschließt und seine Unschuld verliert. Anders als Luchino Visconti in seinem vergleichbaren Klassiker »Rocco und seine Brüder« entwirft Amelio ein nur in Ansätzen soziales Panorama, schildert vielmehr eine auf den ersten Blick private Obsession. Die Bemühungen, ein Gleichnis auf gesellschaftliche Fehlentwicklungen entstehen zu lassen, scheitern letztlich an zahlreichen psychologischen Unglaubwürdigkeiten sowie an der allzu prätentiösen Inszenierung. – Ab 16. ✦ Italien 1998 **P** Mario und Vittorio Cecchi Gori **Kl** Prokino **Pd** Rita Cecchi Gori, Vittorio Cecchi Gori **R+B** Gianni Amelio **K** Luca Bigazzi **M** Franco Piersanti **S** Simona Paggi **D** Enrico Lo Verso (Giovanni), Fabrizio Gifuni (Pelaia), Rosaria Danzè (Lucia), Claudio Contartese (Rosario), Domenico Ragusa (Simone), Simonetta Benozzo (Ada), Pietro Paglietti (Battista) **L** 127 **FSK** ab 12; f **E** 22.7.1999 **fd** 33 778

SO HEISS, WIE DIE SONNE BRENNT →Assassinos (So heiß wie die Sonne brennt)

EIN SO HÜBSCHER KLEINER STRAND →Ein hübscher kleiner Strand

SO IST DAS LEBEN (1929) (TAKOVY JE ZIVOT). Das Schicksal einer Prager Waschfrau, die vergeblich versucht, den durch die Trunksucht des Mannes drohenden Zusammenbruch der Familie zu verhindern. Der in der Tschechoslowakei von Carl Junghans, dem ehemaligen Berliner Filmkritiker, nach seinem Drehbuch »Die Waschfrau« inszenierte Film ist ein berühmtes Werk der ausgehenden Stummfilmzeit, das Zusammenhänge zwischen individuellem Verhalten und sozialer Situation einsehbar macht; präzise im Detail, meisterhaft in der Montage. 1967 erarbeitete der Regisseur eine Tonfassung des Films mit Geräuschen und Musik. ✦ Schwarz-weiß. Deutschland/CSR 1929 **P** Prometheus **Kl** Freunde der Deutschen Kinemathek **Pd+R+B** Carl Junghans **K** Lászlo Schäffer **D** Vera Baranowskaja (Die Frau), Theodor Pistek (Der Mann), Mana Zeniskova (Die Tochter), Wolfgang Zilzer (Der Freund der Tochter), Valeska Gert (Die Kellnerin), Jindrich Plachta (Der Schneider) **L** 63/80 (Tonfssg) **FSK** ab 12; f **E** Kino DDR/22.2.1972 ZDF (Tonfassung)/1.11.1995 3sat (stumme Fssg.) **fd** 17 695

SO IST DAS LEBEN (1950) (TRIO). Episodenfilm nach drei Erzählungen des englischen Schriftstellers Somerset Maugham. 1. »Das Geld liegt auf der Straße«: ein Kirchendiener, des Lesens und Schreibens unkundig, wird nach jahrelanger Pflichterfüllung entlassen und macht unerwartet sein Glück; 2. »So ist das Leben«: Am Beispiel eines an Tuberkulose erkrankten Schriftstellers wird das innerlich gespannte Leben in einem Lungensanatorium dargestellt; 3. »Herr Kelada weiß alles«: Ein aufdringlicher Alleswisser muß einen vermeintlichen Irrtum eingestehen, um gewissermaßen moralisch Recht zu bekommen. Ein in Charakterzeichnung und Darstellung bemerkenswerter Film, einfühlsam inszeniert, mit lebensnah und sympathisch gezeichneten Porträts. Die beiden letzten Episoden finden sich im Original in umgekehrter Reihenfolge. (Alternativtitel: »Trio – So ist das Leben«) – Ab 16. ✦ Schwarz-weiß. Großbritannien 1950 **P** Rank/Gainsborough **Kl** Rank **Pd** Antony Darnborough **R** Ken Annakin (1,3), Harold French (2) **B** W. Somerset Maugham, R. C. Sherriff, Noel Langley, nach drei Novellen von W. Somerset Maugham **K** Reginald Wyer, Geoffrey Unsworth **M** John Greenwood **S** Alfred Roome **D** James Hayter (Albert Foreman, 1), Kathleen Harrison (Emma Foreman, 1), Jean Simmons (Evie, 2), Michael Rennie (Templeton, 2), Anne Crawford (Frau Ramsay, 3), Nigel Patrick (Kelada, 3) **L** 96 **FSK** ab 12; nf **E** 1952 Kino **fd** 1 809

SO IST DAS LEBEN (2000) (ASI ES LA VIDA ...). Eine Frau, die von ihrem Mann wegen einer Jüngeren, der Tochter des lokalen Paten, verlassen wird, fällt der Verzweiflung anheim. Sie kämpft um ihre

Liebe, verliert aber nach und nach alles, was sie besitzt. Schließlich resigniert sie und beschließt, das Viertel zu verlassen. Doch am Tag der neuerlichen Vermählung ihres Mannes ist ihr Leidensdruck so groß, dass sie sich zu einer Verzweiflungstat hinreißen lässt, der ihre Kinder zum Opfer fallen. In den Elendsvierteln Mexico Citys angesiedelte Tragödie, die sich auf den antiken »Medea«-Stoff bezieht und diesen mit griffigen Genrebildern verknüpft. Ein Film über Einsamkeit und Verzweiflung, wie so häufig bei Ripstein düster und depressiv in Szene gesetzt. Der Film wurde mit digitaler Technik aufgenommen. ✦ Mexiko 2000 **P** Filmania S.A. **Pd** Alvaro Garnica, Laura Imperiale **R** Arturo Ripstein **B** Paz Alicia Garcia Diego, Arturo Ripstein **K** Guillermo Granillo **M** David Mansfield **S** Carlos Puente **D** Arcelia Ramírez, Patricia Reyes Spindola, Ernesto Yañez, Luis Felipe Tovar, Francesca Guillen **L** 98 **E** 11.12.2000 arte

SO JUNG KOMMEN WIR NICHT MEHR ZUSAMMEN. Spannender Dokumentafilm, in dem die Filmemacherin vier ehemalige Freunde aus der Hamburger Punkszene nach zehn Jahren wieder aufsucht und dem Wandel der Persönlichkeiten nachforscht. ✦ Deutschland 2001 **R** Vera Vogt **L** 60 **E** 10.9.2001 Südwest

SO JUNG UND SO VERDORBEN (SO YOUNG, SO BAD). Aus einer schlecht geführten amerikanischen Erziehungsanstalt brechen drei junge Mädchen aus. Ein neu angestellter Psychiater kämpft um menschlichere Lebensbedingungen für die Zöglinge. Mit Ernsthaftigkeit und Anteilnahme werden die Bemühungen um sozialpädagogische Reformen dargestellt. Der aus Deutschland stammende Regisseur Vorhaus mußte seine Hollywoodkarriere 1951 beenden, als er in der McCarthy-Ära wegen »unamerikanischer Aktivitäten« verleumdet wurde. ✦ Schwarzweiß. USA 1950 **P** United Artists **Kl** United Artists **Pd** Edward J. Danziger, Harry Lee Danziger **R** Bernard Vorhaus **B** Jean Rouverol, Bernard Vorhaus **K** Don Malkames **M** Robert W. Stringer **S** Carl Lerner **D** Paul Henreid (Dr. Jason), Catherine McLeod (Ruth Levering), Grace Coppin (Mrs. Beuhler), Cecil Clovelly (Mr. Riggs), Anne Jackson (Jackie), Enid Pulver (Jane), Anne Francis (Loretta), Rosita Moreno (= Rita Moreno) (Dolores) **L** 91 **FSK** ab 16; f **E** 26.10.1951 **fd** 1 407

SO JUNG WIE SEINE STADT (STAROSHIL). Die Geschichte einer Jungenfreundschaft, die sich positiv auf das Lernverhalten in der Schule auswirkt. – Ab 8. ✦ Schwarz-weiß. UdSSR 1962 **P** Lenfilm **Kl** Progress **R** Iskander Chamrajew **B** Nikodim Gippius **K** Konstantin Ryshow **M** Nikolai Tscherwinski **D** Witja Perewalow (= Viktor Perewalow) (Andrei), Tolja Archipow (Boris), M. Jekimow (Mischka), Nechnajewa (Sina), Nelli Sinowjewa (Lehrerin) **L** 74 **E** 8.11.1963 Kino DDR

SO KAM ICH (IGY JÖTTEM). Ein nach Deutschland verschleppter ungarischer Student schlägt sich im Frühjahr 1945 in die Heimat durch, wo er in russische Gefangenschaft gerät. Allmählich erwachsen zwischen dem jungen Ungarn und seinem Bewacher Vertrauen und Zuneigung. Als der Russe an einer Kriegsverletzung stirbt, versucht der Gefangene, in russischer Uniform nach Hause zu gelangen. Ein filmisches Kammerspiel, das sich am Beispiel von Einzelschicksalen mit dem Krieg und seinen Auswirkungen beschäftigt und auf eindringliche Weise für den Frieden plädiert. – Ab 14. ✦ Schwarz-weiß. Ungarn 1964 **P** Mafilm **Kl** Progress **R** Miklós Jancsó **B** Gyula Hernádi, nach einem Roman von Imre Vadász **K** Tamás Somló **M** Zoltán Jeney **D** András Kozák, Sergej Nikonenko, Juri Bodowski, Georgi Skanski, Viktor Tschekmarjew **L** 100 **E** 22.8.1970 West 3/8.1.1971 Kino DDR/29.5.1973 DFF 1

SO KANN MAN NICHT LEBEN (TAK SCHIT NELSJA). Schockierende Beschreibung krimineller Zustände in der Endphase der UdSSR. Der Film konfrontiert den Zuschauer mit grauenhaften Bildern und beklagt den Verlust von Kultur und moralischer Orientierung. Dabei nimmt er keinen neutralen argumentativen Standpunkt ein, sondern argumentiert aus spürbarer Verbitterung heraus und erhält auf diese Weise einen unerträglich manipulativen Charakter. ✦ UdSSR/BR Deutschland 1989/90 **P** Mosfilm, Studio »Der Kreis«/Pro-ject **Kl** Filmverlag der Autoren **Pd** Valentina Saizewa **R+B** Stanislaw Goworuchin **K** Gennadi Engstrem **M** Nikolai Korndorf **S** Nina Wassiljewa **L** 96 **FSK** ab 16; f **E** 23.1.1991 3sat/24.1.1991 Kino **fd** 28 724

SO LANGE ICH FLIEHEN NOCH KANN, DA SCHÜTZE ICH MICH. Inszenierter Dokumentarfilm über einen jungen Schauspieler aus der DDR, der nach seiner Übersiedlung in Westdeutschland lebt. Es geht um seine enge Mutterbeziehung, seine Ängste und sein Sexualleben. Narzistisch offen, radikal im Umgang mit sich selbst und anderen, enthusiastisch in seinem Beruf, rebellierend gegen alles, was er als billige Konvention empfindet. Die filmische Form schmiegt sich der Art der Selbstdarstellung an, die der Protagonist zelebriert. Aufregend in der doppelten Bedeutung des Wortes. ✦ Teils schwarz-weiß. BR Deutschland 1990 **P** Corazon Film **VA** Corazon Film **R** Peter Kern **B** Peter Kern, mit Texten von E. M. Cioran, Rilke u.v.a. **K** Michael Karen **S** Peter Kern **D** Jens Berthold, Lilo Berthold, Werner Berthold, Eva Schuckard, Werner Schroeter **L** 50 **E** 20.12.1990 West 3

SO LIEBT MAN IN PARIS (GENTLEMEN MARRY BRUNETTES). Zwei amerikanische Mädchen suchen im Pariser Nachtleben nach heiratswilligen Millionären. Das abgesehen von einigen ironischen »Tupfern« fade Musical versucht vergeblich, das Vergnügungsmilieu von Paris zu glossieren. In sich abgeschlossene, deutlich schwächere Fortsetzung zu »Blondinen bevorzugt«. – Ab 16. ✦ Scope. USA 1955 **P** United Artists **Kl** United Artists **Pd** Richard Sale, Robert Waterfield **R** Richard Sale **B** Mary Loos, Richard Sale, nach einer Erzählung von Anita Loos **K** Desmond Dickinson **M** Robert Farnon **S** Gerald Turney-Smith **D** Jane Russell (Bonnie/Mimi Jones), Jeanne Crain (Connie/Mitzi Jones), Alan Young (Charlie Biddle/Mrs. Biddle), Scott Brady (David Action), Rudy Vallee (Rudy Vallee), Guy Middleton (Earl of Wickenware), Eric Pohlmann (Ballard) **L** 96 **FSK** ab 16; nf **E** 30.3.1956 **fd** 4 968

SO LIEBT UND KÜSST MAN IN TIROL. Gasthofrivalitäten und Liebeleien in einem Schlagerfilm von besonders bescheidener Machart. – Ab 16. ✦ BR Deutschland 1961 **P** Piran **Kl** Constantin **Pd** Alfred Bittins **R** Franz Marischka **B** Janne Furch, Ilse Lotz-Dupont **K** Gerhard Krüger **M** Jeff Palme **S** Margot Jahn **D** Vivi Bach (Petra), Adrian Hoven (Paul), Harald Juhnke (Meyer), Monika Dahlberg (Thesi), Elma Karlowa (Ira), Oskar Sima (Kramerwirt), Walter Groß (Schulze), Beppo Brem (Alois), Rudolf Platte (Scheich von Ku-Eng) **L** 92 **FSK** ab 6; nf **E** 20.12.1961 **fd** 10 773

SO LONG COWBOY. In Form eines Filmessays werden Anekdoten vom Kriegsende bis in die 80er Jahre präsentiert. Die filmische Collage versucht, die im Untertitel benannten »Stationen einer Amerikanisierung« als Stationen einer deutsch-amerikanischen Freundschaft subjektiv in Assoziationsmontagen vorzustellen, die Gefühle und politische Ereignisse bewußt werden lassen. ✦ BR Deutschland 1985/86 **P** Thomas Carlé-Filmprod./ZDF **SF** Thomas Carlé, Frankfurt **R+B** Thomas Carlé **K** Winfried Kucharski **D** Martin Stock, Christian Stock, Stephan Meyer-Kohlhoff, Thomas Carlé, Tamara Albrecht **L** 55 **E** 1.4.1986 ZDF

SO MACHT MAN KANZLER. Im Stil des Enthüllungsjournalismus wird das Zusammenwirken verschiedener Interessengruppen aus Kreisen des Monopol- und Finanzkapitals im Deutschland der ausgehenden 20er-Jahre, das Hitler den Weg an die Macht ebnete, gleichgesetzt mit der Situation, in der 1949 Konrad Adenauer erster Kanzler der Bundesrepublik Deutschland wurde. Propagandafilm, mit dem die westdeutsche Demokratie ad absurdum geführt werden soll. Als Zeitdokument des Kalten Krieges ebenso interessant wie aufgrund zahlreicher historischer Filmmaterialien, die wirkungsvoll kompiliert wurden. ✦ Schwarz-weiß. DDR 1961 **P** DEFA **Kl** Progress **Pd** Friedhelm Böhmer **R** Joachim Hellwig **B** Joachim Hellwig, Wolfgang Weiß **M** Kuno Petsch, Wolfgang Hohensee **S** Traute Wischnewski **L** 74 **E** 28.8.1961 Kino DDR

SO NAH IST DAS GLÜCK (E ATIT DE APROAPE FERICIREA). Für eine junge Frau bekommt ihre tägliche Arbeit in einer Werkhalle einen neuen Stellenwert, als sie einen jungen Studenten kennenlernt. Eine Liebesgeschichte vor realistischem Hintergrund. ✦ Rumänien 1977 **P** Filmstudio Bucuresti/Casa de filme 4 **R** Andrei Catalin Baleanu **B** Constantin Stoiciu **K** Florin Paraschiv, Valentin Popescu **M** Radu Goldis **D** Diana Lupescu (Cristina), Albert Kitzl (Paul Iacomi), Margareta Pogonat (Mimi Raiu), Constantin Diplan (Petrescu), Petre Gheorghiu (Gela Raiu) **L** 97 **E** 22.12.1981 DFF 2

SO NAH WIE FERN. Bei der Renovierung ihrer Altbauwohnung lernt eine Bauchtanzlehrerin einen polnischen Schwarzarbeiter kennen. Die illusionslose Mittdreißigerin verliebt sich in den Mann, aber die Beziehung zerbricht an den unterschiedlichen Ansprüchen. ✦ Deutschland 1991 **P** Daniel Zuta Filmprod. (für ZDF) **Pd** Daniel Zuta **R+B** Susanne Reumschüssel **K** Ryszard Lenczewski **M** Hans-Christian Reumschüssel **D** Tatjana Blacher (Irma), Boguslaw Linda (Andrzej), Anna Witkowska (Beate), Susanne Fitzner (Simone), Lieselotte Rau (Mutter) **L** (TV) 86 **E** 2.7.1991 ZDF

SO NIMM DENN MEINE HÄNDE →Die Nacht ist mein Reich

SO ODER SO IST DAS LEBEN. Ein Unternehmer, der seinen Wohlstand, sein gesellschaftliches Ansehen und seinen Doktortitel der Ehefrau verdankt, hält es mit einer jugoslawischen Haushälterin, während seine Frau einen um 20 Jahre jüngeren Geliebten hat, den sie schließlich an ihre nymphomane Tochter verliert. Kolportage ohne jegliche soziale Relevanz und künstlerische Qualität. ✦ BR Deutschland 1975 **P** Schell-Relin **Kl** Titanic **R** Veit Relin **B** Veit Relin, H.C. Artmann **K** Konrad Kotowski **M** Theo Mackeben, Joachim Ludwig **D** Maria Schell, Reinhard Kolldehoff, Christine Schuberth, Margot Werner, Veit Relin **L** 84 **E** 1978 Kino **fd** 20 637

SO REISEN UND SO LIEBEN WIR (IT'S TUESDAY, THIS MUST BE BELGIUM). Eine buntgemischte Touristengruppe aus den USA reist in 18 Tagen durch Europa und erlebt heitere bis turbulente Abenteuer. Einige gelungene Gags und spritzige Dialogpassagen, die sich über typisch amerikanische Verhaltensweisen lustig machen, sind recht amüsant; ansonsten zuckelt diese Komödie ebenso gemächlich wie der Touring-Bus von einer Station zur nächsten, ohne wirklich in Schwung zu kommen. ✦ USA 1968 **P** Wolper **Kl** United Artists **Pd** Stan Margulies **R** Mel Stuart **B** David Shaw **K** Vilis Lapenieks, Fritz Roland **M** Walter Scharf **S** David Saxon **D** Suzanne Pleshette (Samantha), Ian McShane (Charlie), Mildred Natwick (Jenny Grant), Murray Hamilton (Fred Fergurson), Sandy Baron (John Marino), Michael Constantine (Jack Harmon), Norman Fell (Harve Blakely) **L** 98 **FSK** ab 12; nf **FBW** w **E** 12.9.1969 **fd** 16 312

SO SCHÖN – SO NACKT – SO TOT →Schön, nackt und liebestoll

SO SIND DIE FRAUEN. Die Einquartierung einer norddeutschen Pianistin in ein bayrisches Bürgermeisterhaus führt zu Eifersuchtsszenen und grotesken Verwechslungen. Bauernschwank mit viel Klamauk. (Kinotitel in Süddeutschland: »Der Dorfmonarch«) – Ab 16. ✦ Schwarz-weiß. BR Deutschland 1950 **P** Carlton **Kl** Panorama **Pd** Franz Wagner **R** Joe Stöckel **B** Max Wagner, Joe Stöckel **K** Franz Koch **M** Robert Gilbert **S** Klaus Stapenhorst **D** Joe Stöckel (Dorfmonarch), Elise Aulinger (Hausherrin), Karin Hardt (Junge Pianistin), Lucie Englisch (Bauernmagd),

Adrian Hoven (Bauernsohn) **L** 96 **FSK** ab 12; nf **E** 31.3.1950 **fd** 648

SO SIND DIE MENSCHEN →Abschied (1930)

SO SIND DIE TAGE UND DER MOND (IL Y A DES JOURS ... ET DES LUNES). Scheinbar zufällig angeordnete Erlebnisse von 13 Menschen während einer Vollmondnacht. Claude Lelouch unternimmt einen waghalsigen, aber traumhaft schwerelos inszenierten Balanceakt zwischen Schmerz und Heiterkeit und schafft ein faszinierendes, bisweilen etwas verwirrendes Spiel um Leben und Tod sowie die Gesetze von »Anziehen« und »Abstoßen« in menschlichen Beziehungen. – Sehenswert ab 16. ✦ Scope. Frankreich 1990 **P** Les Films 13/TF 1/Sofica Valor **KI** Columbia TriStar **Pd** Tania Zazulinsky, Claude Lelouch **R** Claude Lelouch **B** Claude Lelouch, Valérie Bonnier, Marc Rosenbaum **K** Jean-Yves Le Mener **M** Francis Lai, Eric Berchot **S** Sophie Bhaud, Hélène de Luze **D** Gérard Lanvin (Fernfahrer), Patrick Chesnais (Arzt), Marie-Sophie L. (Flughosteß), Vincent Lindon (Restaurantbesitzer), Paul Préboist (Rentner), Annie Girardot (Alleinstehende Frau), Francis Huster (Priester), Philippe Léotard (Sänger) **L** 117 **FSK** ab 12; f **E** 25.4.1991/15.4.1992 ARD **fd** 28 892

SO SPIELT DAS LEBEN →Sehnsucht ohne Ende

SO STIRBT MAN NICHT (ON NE MEURT PAS COMME CA). Mord im Filmatelier: ein Schauspieler, der in einer Szene tödlich getroffen zu Boden stürzen soll, wird wirklich erschossen. Die Ermittlungen eines Kriminalkommissars führen nach vielen Verdachtsmomenten zu einem überraschenden, wenig glaubhaften Ergebnis. Kleinkariert psychologisierendes Kriminal-Melodram, das auch aus seinen versierten Darstellern kaum Kapital schlagen kann. ✦ Schwarzweiß. Frankreich 1946 **P** Tarcali/Ernst Neubach **R** Jean Boyer **B** Ernst Neubach **K** Walter Wottitz **M** Joe Hajos **D** Erich von Stroheim, Denise Vernac, Anne-Marie Blanc, Louise Sylvie, Jean Temerson, Jean-Jacques Delbo **L** 105 **E** Frühjahr 1948

SO TOLL WIE ANNO DAZUMAL. Anspruchslose, mit Schlagern und Klamauk garnierte Komödie um einen ehemaligen Rauschgifthändler, der seine alte Bar wieder aufbaut, um frühere Komplizen zu finden. Unterhaltung ohne Geist und Witz. – Ab 16. ✦ BR Deutschland 1962 **P** Oppenheimer/Arca **KI** Constantin **R** Franz Marischka **B** Franz Marischka, Thomas Keck **K** Werner M. Lenz **M** Horst Kudritzki **D** Hans Nielsen (Brenders), Harald Juhnke (Dieter), Karin Baal (Susanne Schmidt), Renate Ewert (Evelyne), Peer Schmidt (Ralf Wilden), Peter Kraus (Thomas Jahn), Loni Heuser (Lola), Vico Torriani (Peppino) **L** 86 **FSK** ab 12; nf **E** 10.8.1962/31.12.1970 DFF 2 **fd** 11 329

SO TRIEBEN ES DIE WILDEN COWBOYS (SODBUSTERS). Ein Einzelgänger stellt sich einer Gangsterbande entgegen, die ein kleines Westernstädtchen terrorisiert. Humorvoller Western, der die Topoi des Genres satirisch ummünzt. – Ab 16. ✦ USA 1994 **P** Atlantis Films **Pd** Brian Leslie Parker **R** Eugene Levy **B** John Hemphill, Eugene Levy **K** Raymond Brounstein **M** Louis Natale **S** Bill Goddard **D** Kris Kristofferson (Destiny), John Vernon (Slade Cantrell), Fred Willard (Clarence), Wendel Meldrum (Lilac Gentry), Max Gail (Tom Partridge) **L** 93 **E** 2.8.2000 tm3

SO VIEL GLÜCK ... ZUM NULLTARIF. Um den Lebensabend seiner Großmutter, einer Toilettenfrau in einem Berliner Kaufhaus, zu sichern, beschließt ihr 12jähriger übergewichtiger Enkel, einen Toilettenpapier-Hersteller zu erpressen, da dessen Rollen weniger Blätter enthalten, als angegeben wird. Als sich der Weihnachtsmann des Kaufhauses einmischt, wird die Sache überaus kompliziert. Zur Weihnachtszeit spielende Komödie über kleine Leute und große Träume. ✦ BR Deutschland 1989 **R** Susanne Abel **B** Susanne Abel, Rudolf Oshege **M** Kiko Masbaum **D** Vera Kluth (Edith Hermann), Heinz-Peter Scholz (Herr Schmidt), Imke Barnstedt (Klara Schrieber), Beate Häckel (Frau Fischer), Matthias Wiebalck (Herr Schmichel), Irene Husung (Kassiererin), Sascha Zietz (Martin) **L** 64 **FBW** w **E** 17.12.1990 S 3

SO VIELE TRÄUME. Eine 50jährige, mit ihrer Arbeit, ihrem jüngeren Freund und ihrem taubstummen Sohn in scheinbarer Harmonie lebende Hebamme lernt zufällig auf einer Bahnreise eine junge Frau kennen, die sich kurz darauf als ihre in der Kindheit verlassene Tochter zu erkennen gibt. Ein aus Erinnerungsstücken, Träumen und dramatischen Erlebnissen einer Nacht zusammengesetzter Gegenwartsfilm, in der Wahl seiner künstlerischen Mittel bisweilen uneinheitlich. – Ab 16. ✦ DDR 1986 **P** DEFA, Gruppe »Babelsberg« **KI** Progress **Pd** Ralph Retzlaff **R** Heiner Carow **B** Heiner Carow, nach dem Tatsachenbericht »Die Hebamme« von Imma Lüning **K** Peter Ziesche **M** Stefan Carow **S** Evelyn Carow **D** Jutta Wachowiak (Christine), Dagmar Manzel (Claudia), Peter René Lüdicke (Ludwig), Heiko Hehlmann (Gunnar), Gudrun Okras (Christines Mutter) **L** 85 **E** 19.9.1986 Kino DDR/15.11.1988 DFF 2

SO WAR DER DEUTSCHE LANDSER. Ein »dokumentarischer Filmbericht«, der im Zusammenschnitt von Wochenschau-Material aus dem Zweiten Weltkrieg nicht »von Schlachten, nicht von Siegen, am wenigsten von Helden, sondern von den Menschen, über die die große Sturmflut gekommen war«, berichten will. Dieses Vorhaben erweist sich als ein bedenklicher Versuch der Ehrenrettung des deutschen Soldaten, bei dem durch einen peinlich schnoddrigen Kommentartext der NS-Propaganda-Gehalt vieler Bilder in eine Warnung vor dem Krieg umfrisiert werden soll. (Bei einem Neustart in Österreich hatte der Film den Untertitel »Die verhetzte Generation«.) ✦ Schwarz-weiß. BR Deutschland 1955 **P** Arca **KI** NF **R** Albert Baumeister **B** Fritz A. König **M** Richard Stauch **L** 93 **FSK** ab 12; f **E** 25.3.1955 **fd** 3 965

SO WAS TUN DIE HERREN IMMER WIEDER GERNE →Professor Nachtfalter

SO WEIT DIE FÜSSE TRAGEN. Neuverfilmung des ersten deutschen Fernseh-Mehrteilers aus dem Jahr 1959, der nach einem ebenso erfolgreichen Tatsachen-Roman die drei Jahre dauernde Flucht eines deutschen Kriegsgefangenen vom äußersten Ende Sibiriens bis in die Heimat schildert. Weniger am politischen Hintergrund als am Abenteuer-Potenzial der Geschichte interessiert, überzeugt der Film trotz einiger erzählerischer Redundanzen vor allem durch die großartigen Bilder und einen ausgesprochen präsent agierenden Hauptdarsteller. – Ab 14. ✦ Scope. Deutschland 2001 **P** Cascadeur/KC Medien/B+C Film **KI** Angel Falls **Pd** Jimmy C. Gerum, Hardy Martins, Roland Pellegrino, Bastian Clevé **R** Hardy Martins **B** Bernd Schwamm, Bastian Clevé, Hardy Martins, nach dem gleichnamigen Roman von Josef Martin Bauer und dem Fernsehfilm von Fritz Umgelter **K** Pavel Lebeshev **M** Edward Artemyev **S** Andreas Marschall **D** Bernhard Bettermann (Clemens Forell), Michael Mendl (Dr. Stauffer), Anatoli Kotenjow (Kamenev), Irina Pantaeva (Irina), Alexander Jefremov (Igor) **L** 158 **FSK** ab 12; f **E** 27.12.2001 **fd** 35 195

SO WEIT DIE FÜSSE TRAGEN 1. – 6. TEIL. Ein deutscher Soldat bricht aus einem Kriegsgefangenenlager in Sibirien aus und macht sich unter Lebensgefahr und trotz vieler Rückschläge auf den beschwerlichen Fußmarsch in die Heimat. Seine Flucht läßt ihn zum menschenscheuen Einzelgänger werden, Zwischenfälle mit Sowjetmenschen bestätigen seine Angst vor Verrat und Hinterlist, doch vereinzelt stößt er auch auf Hilfsbereitschaft und Geborgenheit. Am Ende erreicht er die Heimat, doch er ist ein anderer Mensch geworden. Drei Jahre, nachdem die letzten Kriegsgefangenen heimgekehrt waren, startete der WDR dieses selbstproduzierte Heimkehrerdrama. »So weit die Füße tragen« war die erste wirkliche deutsche Fernseh-Eigenproduktion und bot nicht nur spannende Unterhaltung, sondern »Balsam« für die Seele des Volkes, da ein unbescholtener Deutscher in der Rolle des (Kriegs-)Opfers gezeigt wurde. So paßte die Produktion auch ideologisch in das Klima dieser revanchistischen Ära, ohne zuviel politischen Zündstoff zu bieten. Die Serie schrieb ein Stück Fernsehgeschichte und rangierte mehrere Jahrzehnte am oberen Ende der Beliebtheitsskala einer deutschen Fernseh-Programmzeitschrift. – Ab 14. ✦ Schwarz-weiß. BR Deutschland 1958/59 **P** WDR **VA** EuroVideo **Pd** Walter Pindter **R** Fritz Umgelter **B** Fritz Umgelter, nach dem gleichnamigen Roman von Josef Martin Bauer **K** Walter H. Schmitt **D** Heinz Weiss, Harro Rivière, Edgar Mandel, Ferdinand Anton, Hans Epskamp, Harry Engel **L** 347 **FSK** ab 12 **E** ab 12.2.1959 ARD/1994 Video

SO WEIT DIE LIEBE REICHT. Der erste Spielfilm des Dokumentaristen Frédéric Rossif (»Sterben für Madrid« ist seine bekannteste Arbeit) erzählt von der Liebe einer jungen Friseuse und einem verheirateten Lehrer; gemeinsam verbringen sie ihre Ferien, das Ende des Sommers ist auch das Ende ihrer Liebe. ✦ Frankreich 1969 **R** Frédéric Rossif **D** Francine Racette, Michel Duchaussoy, Suzanne Flon **L** 80 **E** 4.10. 1975 BR III

SO, WIE ES IST/ EURYDICE IN DEN AVENUEN →The Way It Is Or Eurydice In The Avenues

SO WIE WIR WAREN →Cherie Bitter

SOBIBOR (ESCAPE FROM SOBIBOR). Schilderung der Ereignisse, die am 14. Oktober 1943 zu einer Massenflucht aus dem Vernichtungslager Sobibor führten. Ein engagierter Beitrag zur Geschichte. In zurückhaltenden Bildern erzählt, mit einfühlsamen Schauspielern, setzt der Film auf die Assoziationskraft des Zuschauers. (Videotitel auch: »Jail – Gefangene des Krieges«) – Ab 16. ✦ USA/Jugoslawien 1987 **P** Zenith/Avala Films CFS **VA** Highlight **Pd** Dennis E. Doty **R** Jack Gold **B** Reginald Rose, nach einem Roman von Richard Rashke **K** Ernest Vincze **M** Georges Delerue **S** Keith Palmer **D** Alan Arkin (Leon), Joanna Pacula (Luka), Rutger Hauer (Sascha), Hartmut Becker (Wagner), Jack Shepherd (Itzhak) **L** 143 **FSK** ab 16 **E** 12.4.1988 Video **fd** 26 945

SOCCER DOG – EIN HUND BLEIBT AM BALL (SOCCER DOG: THE MOVIE). Ein kleiner Junge, der endlich neue Adoptiveltern gefunden hat, will durch seine Mitgliedschaft im örtlichen Fußballverein auch neue Freunde finden. Da er den Sport aber so gut wie nicht beherrscht, wird er von allen geschnitten. Das ändert sich, als er mit einem streunenden Hund Freundschaft schließt, der außerordentliche fußballerische Talente besitzt. Er führt die Mannschaft von Sieg zu Sieg. Familienfreundliche Unterhaltung mit passablen Darstellern, die allerdings die märchenhafte Geschichte mitunter überstrapaziert. – Ab 10. ✦ USA 1999 **Pd** John H. Brister **R** Tony Giglio **B** Daniel Forman **K** Christopher Duddy **M** Victoria Dolceamore **S** Alan Z. McCurdy **D** James Marshall (Alden), Olivia D'Abo (Elena), Jeremy Foley (Clay Newlin), Sam McMurray (Trainer Shaw), Kyle Gibson (Vince) **L** 95 **E** 12.6.2000 ProSieben

SOCIETY (THE TWO MRS. GRENVILLES). Eine Revuetänzerin heiratet in den New Yorker Geldadel ein und versucht, die gesellschaftlichen Vorstellungen ihrer Schwiegermutter zu erfüllen. Darüber kommt es zur Entfremdung mit dem aus dem Zweiten Weltkrieg heimkehrenden Mann, der die geliebte Frau von einst nicht wiedererkennt. Die Ehe zerbricht, und im Alkoholrausch erschießt die unglückliche Frau ihren Mann. Der Skandal kann zwar vertuscht werden, aber der Zerfall der mondänen Familie ist eingeleitet. Fernsehverfilmung eines Bestseller-Romans, der eine Vielzahl klischeehafter Motive aneinanderreiht. – Ab 14 möglich. ✦ USA 1987 **P** Preston Fisher Prod./Lorimar **VA** Taurus **Pd** Preston Fischer **R** John Erman **B** Derek Marlowe, nach einem Roman von Dominick Dunne **K** Denis Lewiston **M** Marvin Hamlisch **S** Jerrold L. Ludwig **D** Ann-Margret (Ann Arden Grenville), Claudette Colbert (Alicia Grenville), Stephen Collins (Billy Grenville), John Rubinstein (Bratsie Bleeker), Alan Oppenheimer (Sam Rosenthal) **L** 188 **FSK** ab 12 **E** 25.1.1988 Video

SODBRENNEN (HEARTBURN). Ein Mann und eine

Frau, beide an Selbstbestimmung und Single-Dasein gewöhnte Journalisten, heiraten Hals über Kopf, mieten ein Haus und scheinen dem vollkommenen Glück entgegenzusteuern, als sie schwanger wird. Da entdeckt sie, daß er sie betrügt. Gefühlige und humorvolle, bisweilen auch bissig-ironische Schilderung einer partnerschaftlichen Beziehung, in der lustvoll kolportiertes und übermütig-souveränes Kino-Theater mit zwei brillanten Schauspielern geboten wird; ein sympathisches Vergnügen, das sich allerdings elegant an einer Vertiefung der Problematik vorbeischwindelt. ✦ USA 1985 **P** Paramount **KI** UIP **Pd** Mike Nichols, Robert Greenhut **R** Mike Nichols **B** Nora Ephron, nach ihrem Roman **K** Nestor Almendros **M** Carly Simon **S** Sam O'Steen **D** Meryl Streep (Rachel Samstat), Jack Nicholson (Mark Foreman), Jeff Daniels (Richard), Maureen Stapleton (Vera), Stockard Channing (Julie), Richard Masur (Arthur), Milos Forman (Dmitri) **L** 110 **FSK** ab 12; f **FBW** w **E** 29.1.1987 **fd** 26 017

SODOM UND GOMORRHA (SODOMA E GOMORRA / SODOME ET GOMORRHE). Zwei renommierte Filmemacher verarbeiten horrend »abgewandelte« biblische Motive und Namen zu einem oft blutrünstigen Abenteuerfilm im Sinne des Verleiher-Mottos »Süßes Leben vor 4000 Jahren«. ✦ Italien/Frankreich 1961 **P** Titanus/S.G.C./Pathé **KI** Rank **Pd** Goffredo Lombardo **R** Robert Aldrich, Sergio Leone (second unit) **B** Hugo Butler, Giorgio Prosperi **K** Silvano Ippoliti, Mario Montuori, Cyril Knowles **M** Miklos Rozsa **S** Peter Tanner **D** Stewart Granger (Lot), Stanley Baker (Astaroth), Anna Maria Pierangeli (Ildith), Anouk Aimée (Königin Bera), Claudia Mori (Maleb), Rik Battaglia (Melchir) **L** 165 **FSK** ab 18; nf **E** 11.1.1963 **fd** 11 735

SODOM UND GOMORRHA – DIE LEGENDE VON SÜNDE UND STRAFE (SODOM UND GOMORRHA – DIE LEGENDE VON SÜNDE UND STRAFE). Mit gigantischem Aufwand gestalteter Monumentalfilm, der seine Themen von Dekadenz und Zerstörung auf verschiedenen Ebenen, teils als Realhandlung, teils als Traumvision, durchspielt. Die Episoden kreisen um ein attraktive Femme fatale. In ihren Angstträumen sieht sich die schuldgeplagte junge Frau wechselweise als treulose Lea, orgiastische Priesterin und despotische Herrscherin. Am Ende der Geschichte geht die Stadt Sodom im Schwefel- und Feuerregen unter. Die rekonstruierte Fassung des ursprünglich zweiteiligen Films wirkt oft wie ein naiv-kitschiges Spektakel, erreicht in einigen Szenen jedoch die Bildkraft des klassischen Stummfilms. Regisseur Kértèsz wurde später als Michael Curtiz in Hollywood berühmt. ✦ Schwarz-weiß. Österreich 1922 **Pd** Alexander Kolowrat **R** Michael Kertész (= Michael Curtiz) **B** Michael Kertész (= Michael Curtiz), Ladislaus Vajda **K** Gustav Ucicky **M** Bernd Schultheis (Neubearbeitung), Stefan Traub (Neubearbeitung) **D** Georg Reimers (Mr. Jackson Harber), Walter Slezak (Mr. Haber/Student/Goldschmied), Lucy Doriane (Mary Conway/Lots Weib/Königin), Erika Wagner (Mrs. Agathe, ihre Mutter) **L** 97 (urspr. 2100m/1800m) **E** 15.8.1923/7.12.1994 arte

SODOM 2000 (ACTION!). Die Odyssee eines jungen Filmschauspielers durch eine chaotische, von ausschweifender Sexualität und Aggressivität geprägte Gesellschaft. Der Film versucht, durch absurde Überspitzung reale Endzeitstimmungen zu reflektieren, ist aber letztlich nur ein blasses Kuriositätenkabinett ohne Schärfe. ✦ Italien 1980 **P** A.R.S. **KI** Avis/ Apollo **R** Tinto Brass **B** Tinto Brass, Giancarlo Fusco, Roberto Lerici **K** Silvano Ippoliti **M** Riccardo Giovannini **S** Tinto Brass **D** Luc Marenda (Bruno), Adriana Asti (Florance), Susanna Javicoli, Paolo Senatore, Alberto Sorrentino **L** 91 **FSK** ab 18; nf **E** 20.11. 1981 **fd** 23 220

SOFIA (SOFIA). Argentinien 1978: Ein 17jähriger aus reichem Hause, der nichts vom Terror der Militärjunta weiß, nimmt sich einer 38jährigen Frau an, die aus Angst vor Verschleppung auf der Flucht ist. Er versteckt und versorgt sie, und langsam entwickelt sich eine Liebesbeziehung, die abrupt endet, als ihr gemeinsamer Fluchtversuch scheitert. Eine Verbindung zwischen sehr persönlich angelegter Beziehungsgeschichte und der grausamen argentinischen Realität zur Zeit der Junta, in deren Mittelpunkt der Junge zu sehen, begreifen und zuzuordnen lernt und die Lügen seiner Lehrer durchschaut. Dieses Erfassen der Wirklichkeit ändert jedoch nichts am tragischen Scheitern der persönlichen Freiheit in einem totalitären System. Thematisch und gestalterisch gleichermaßen eindrucksvoll, vermittelt der Film seine Einsichten auf ebenso spannende wie unterhaltsame Weise. ✦ Scope. Argentinien 1987 **P** Rosa Frey Prod. **KI** Progress **Pd** Diana Frey **R** Alejandro Doria (= Ricardo Rosales) **B** Jacobo Langsner, Alejandro Doria (= Ricardo Rosales) **K** Miguel Rodriguez **M** Luis Maria Serra, Edvard Grieg **D** Dora Baret (Sofia), Héctor Alterio (Javier), Graciella Dufau (Mónica), Alejandro Mildrud (Pedro), Lito Cruz (José), Mónica Villa (Etelvina) **L** 99 **E** 19.1.1990 Kino DDR/ 23.5.1990 S 3

SOFIA GRUSCHKO (SOFIJA GRUSCHKO). Die Geschichte einer russischen Frau, die im Zweiten Weltkrieg als Aufklärerin der Armee ihren Dienst leistete. ✦ Schwarz-weiß. UdSSR 1971 **P** Dowshenko-Studio **R** Viktor Iwtschenko **B** Wadim Sobko **K** Alexej Prokopenko **M** Boris Bujewski **D** Nelli Myschkowa (Sofia Gruschko), Stepan Olexjenko (Semjon), Olga Burda (Vera), E. Aminowa (Nadeshda), L. Choroletz (Ljubow) **L** 99 **E** 6.7.1972 DFF 2

SOFIA VELASQUEZ, LA PAZ – BOLIVIA (SOFIA VELASQUEZ, LA PAZ – BOLIVIA). Sofia Velasquez, der Bevölkerungsgruppe der Aymara angehörend, ist unverheiratet, Mutter einer 11jährigen Tochter, im Schweinehandel von La Paz tätig und Leiterin eines Marktsyndikats. Der Porträtfilm zeigt den gewöhnlichen Tagesablauf einer ungewöhnlichen Frau und gibt damit Einblick ins wenig bekannte Leben vieler Indio-Frauen in Bolivien. Die über Sofias Worte gelegte deutsche Stimme mit den erklärenden Zwischenkommentaren und das nachträgliche Umkopieren von Video auf 16mm geraten dem Film hinsichtlich Bildqualität und Unmittelbarkeit zum Nachteil. ✦ Schweiz 1989 **P** Schlumpf **R+B+K** Hans-Ulrich Schlumpf **S** Rainer Maria Trinkler **L** 55 **E** Schweiz

SOFIE (SOFIE). Eine 29jährige jüdische Kaufmannstochter aus Kopenhagen wird Ende des 19. Jahrhunderts von ihren Eltern in die Ehe mit ihrem langweiligen Cousin »gezwungen«, obwohl sie sich zu einem christlichen Maler hingezogen fühlt. Nach einer leidenschaftslosen Ehe und dem Tod des Mannes zieht sie zurück zu den Eltern und widmet sich ganz der Erziehung ihres Sohnes. Ein detailverliebt inszeniertes und atmosphärisch dicht fotografiertes Gesellschaftspanorama, das aber durch Fehlbesetzungen und ständige Wiederholungen letztlich nur gepflegte Langeweile verbreitet. – Ab 16. ✦ Schweden/Dänemark/Norwegen 1992 **P** Svensk Filmindustri/Nordisk Film & TV/Norsk Film **KI** Impuls **Pd** Lars Kolvig **R** Liv Ullmann **B** Peter Poulsen, Liv Ullmann, nach dem gleichnamigen Roman von Henri Nathansen **K** Jörgen Persson **M** div. klassische Komponisten **S** Grete Möldrup **D** Karen-Lise Mynster (Sofie), Ghita Nörby (Frederikke), Erland Josephson (Semmy), Torben Zeller (Jonas), Jesper Christensen (Höjby) **L** 150 **FSK** ab 6; f **FBW** w **E** 19.8.1993 **fd** 30 350

SOFIES WELT (SOFIES VERDEN). Eine von ihrer Mutter vernachlässigte 14-jährige Schülerin wird durch einen mysteriösen Mentor und dessen Hund an philosophische Weltfragen herangeführt. Aufwendige Verfilmung des gleichnamigen Erfolgsromans, die ihr Thema und die damit einhergehenden Seinsfragen zugunsten oberflächlicher Effekte und effekthascherischer Zeitreisen verschenkt. Auch die überforderte Hauptdarstellerin, das unschlüssige Regiekonzept und die bombastische Musik tragen zum Scheitern des Films bei. – Ab 14. ✦ Norwegen 1999 **P** Oddvar Bull Tuhus/John M. Jacobsen/NRK Drama/ Filmkameratene/SF Norge/SVT/RUV **KI** Constantin **VA** VCL **DVD** VCL (1.78:1, DD5.1 dt.) **Pd** Oddvar Bull Tuhus, John M. Jacobsen **R** Erik Gustavson **B** Petter Skavlan, Erik Gustavson, nach dem gleichnamigen Roman von Jostein Gaarder **K** Kjell Vassdal **M** Randall Meyers **S** Anne Andressen **D** Silje Storstein (Sofie Amundsen), Tomas von Brömssen (Alberto Knox), Andrine Sæther (Sofies Mutter), Björn Floberg (Major Albert Kann), Edda Trandum Grjotheim (Jorunn), Arne Haakenaasen Dahl (Georg) **L** 112 **FSK** ab 6; f **E** 2.12.1999/27.6.2000 Video/8.8.2000 DVD **fd** 33 991

SOFJA PETROWNA (SOFJA PETROWNA). Eine junge Sowjetbürgerin ist davon überzeugt, dass sie in der besten aller Welten lebt, bis in ihrem Umfeld Dinge geschehen, die nicht mit ihrem Idealbild in Einklang zu bringen sind. Ihre Welt bricht vollends zusammen, als ihr Sohn denunziert und als »Klassenfeind« verhaftet wird. Eine bittere Auseinandersetzung mit der stalinistischen Ära und ihren Säuberungsaktionen, entstanden nach einer 1940 geschriebenen autobiografischen Erzählung, die erst 1988 veröffentlicht werden konnte. ✦ UdSSR 1990 **R+B** Arkadi Sirenko **M** Irakli Gabeli **D** Anna Kalinkowa (Sofja Petrowna), Vera Glagolewa (Natascha), Alexej Semski (Nikolaj), Sergej Gabrieljan (Alik) **L** 90 **E** 18.4.2000 ORB

SOFT KILL (SOFT KILL). Nach klassischen Mustern aufgebauter Kriminalfilm. Ein Privatdetektiv wird in einen Mordfall verwickelt, nachdem er die Nacht mit der Frau eines Staatsanwaltes verbracht hat und diese erwürgt aufgefunden wurde. Sein ehemaliger Partner bei der Polizei leitet die Ermittlungen, während der Detektiv von der Schwester der Toten engagiert wird. Schon bald tauchen die ersten Indizien auf, die den Ex-Polizisten belasten. – Ab 16. ✦ USA 1994 **R** Eli Cohen **D** Michael Harris (Jack Ramsey), Corbin Bernsen (Martin Lewis), Kim Morgan Greene (Kim Lewis), Brion James (Ben McCarthy), Matt McCoy (Vinnie), Carrie-Ann Moss (Jane Tanner), Annie James (Allison) **L** 90 **E** 2.6.1995 Vox

SOFT TOUCH (SOFT TOUCH). Die junge Erbin einer Jacht kann mit Hilfe ihrer Freundinnen die ebenfalls ererbten Schulden begleichen und die Yacht behalten. Wirklichkeitsferne Unterhaltung. ✦ USA 1987 **P** Phoenix **VA** Ufa **Pd** Lawrence Wayne **R** Kent Ames **B** Mark Rosen, Robert Browning **K** Maggie Davis **M** Paul Zaza **D** Jeanine Louise, Sue Morrow, Jennifer Inch, Michael Buschel, Don Richter **L** 80 **FSK** ab 16 **E** 1988 Video

SOGGY BOTTOM U.S.A. (SOGGY BOTTOM U.S.A.). Turbulente Ereignisse um einen Show-Star und seinen Manager, eine Gruppe Steuerfahnder des FBI, die nach illegalen Schnapsbrennereien sucht, sowie eine Gaunerbande, die einen Bankraub plant. Sie alle begegnen sich 1931 anläßlich des zehnten Hunde-Waschbären-Rennens im Dorf Soggy Bottom, Louisiana. Als Lustspiel angelegt, hat die Geschichte kaum komische Züge, dafür jedoch unendliche Längen. – Ab 14. ✦ USA 1984 **P** Comworld International **VA** IHV **R** Theodore J. Flicker **B** Eric Edson, Steven Burnham, Joy N. Houck jr. **K** George Bouillet **M** Larry Cansler **D** Ben Johnson, Dub Taylor, Ann Wedgeworth, Lois Nettleton, Jack Elam **L** 91 **FSK** ab 12 **E** 21.6.1988 Video **fd** 27 087

DER SOHN (SYN). Ein Siebzehnjähriger verläßt Schule und Elternhaus, weil er sich unverstanden fühlt. Durch geregelte Arbeit auf einer Großbaustelle findet er wieder zu sich selbst und zum Elternhaus zurück. Ein Problemfilm mit »erzieherischer« Absicht. – Ab 14. ✦ Schwarz-weiß. UdSSR 1955 **P** Mosfilm **KI** Progress **R** Juri Oserow **B** Tatjana Sytina **K** Igor Slabnewitsch **M** Juri Lewitin **S** J. Karpow **D** Leonid Charitonow (Andrej Gorjajew), Petr Konstantinow (Gorjajews Vater), W. Kargaschowa (Gorjajews Mutter), W. Geraskin (Wassja Koslow), Nadeshda Rumjanzewa (Tamara) **L** 88 **E** 5.10.1956 Kino DDR

EIN SOHN AUS GUTEM HAUSE (EIN SOHN AUS GUTEM HAUSE). Ein hoher Beamter der k.u.k.-Monarchie schickt seinen 13jährigen Sohn nach Prag, wo er bei seinem Onkel, einem General, Zucht und Ordnung lernen soll. Dort gerät der Junge in die Hände älterer homophiler Militärs und wird schließlich in den Skandal um den verräterischen Obersten Redl verwickelt. Einfühlsame Milieustudie über das von der übermächtigen Etikette bestimmte Erwachsenwerden in der zum Untergang verurteilten Welt der Habsburger Donaumonarchie um die Jahrhundertwende. ✦ Österreich/BR Deutschland 1988 **P** ORF/BR **R** Karin Brandauer **B** Karin Brandauer, Heide Kouba, nach dem Roman von Karl Tschuppik **K** Helmut Prinat **M** Christian Brandauer **D** Thomas Kaan (Max als Kind), Alexander Lutz (Max als junger Mann), Felix von Manteuffel (Baron D'Adorno), Alexandra Jank (Lucy als Kind), Angelicka Ladurner (Lucy als junge Frau), Ewa Blaszczyk (Baronin D'Adorno) **L** 101 **E** 13.12.1989 ARD

DER SOHN DER BERGE (FIUL MONTILOR). Der bergerfahrene Sohn eines Meteorologen befreit mit Hilfe eines Bären Frau und Tochter eines Wissenschaftlers aus den Händen einer Erpresserbande. Abenteuerfilm für Kinder und Jugendliche, der dank eines sympathischen Helden seine Botschaft von Hilfsbereitschaft, Erfindungsgeist, Gerechtigkeitssinn und Mut überzeugend vermittelt. Der Film lebt von schönen Aufnahmen der rumänischen Gebirgswelt. – Ab 8. ✦ Rumänien 1977 **P** Filmstudio Bucuresti **KI** Progress **VA** Video-Service **R** Gheorghe Naghi **B** Petre Luscalov, Gheorghe Naghi **K** Vivi Dragan Vasile **M** Cornelia Tautu **S** Gabriela Nasta **D** Stefan Mihailescu-Braila, Aurel Giurumia, Carmen Maria Strujac, Isabela Zaharia, Julian Baltatescu **L** 71 **FSK** ab 6 **E** 13.7.1982 Kino DDR/1.10.1983 DFF 1/1986 Video **fd** 25 406

DER SOHN DER CLEOPATRA →Der Sohn von Cäsar und Cleopatra

DER SOHN DER HÖLLE (THE BOY FROM HELL/BLOODSPELL). Ein mit übernatürlichen Kräften ausgestatteter Junge hält in einem Schülerheim blutige Ernte. Vater Satan persönlich ist in seinen Sohn gefahren und betreibt allerlei Hokuspokus. Einfallslose Horrorgeschichte, in der jeder Ansatz zur Spannung im Kreischen hysterischer Teenager verlorengeht. ✦ USA 1988 **P** Marketing Media Corp. **VA** RCA/Columbia **Pd** Jessica Rains **R** Deryn Warren **B** Gerry Daly **K** Ronn Schmidt **M** Randy Miller **S** Tony Miller **D** Anthony Jenkins (Daniel), Aarin Teich (Charlie), Alexandra Kennedy (Debbie), John Reno (Luther), Kimble Jemison **L** 88 **FSK** ab 18 **E** 13.9.1988 Video **fd** 27 245

DER SOHN DER KLEOPATRA →Der Sohn von Cäsar und Cleopatra

DER SOHN DER UNTERGEHENDEN SONNE: DER BRUDERKRIEG (VANISHING SON: DRAGON HEAD). Weitere Episode einer Action-Serie um zwei ungleiche Brüder. Im Auftrag der Regierung soll sich ein Agent in die von seinem Bruder geführte Bande einschleichen. (Videotitel: »Vanishing Son, Sohn der untergehenden Sonne – Bruderkrieg«) ✦ USA 1993 **P** Universal **VA** CIC **R** John Nicolella **B** Robert Eisele **D** Russell Wong (Jian-Wa Chang), Chi-Muoi Lo (Wago Chang), Rebecca Gayheart (Clair), Vivian Wu (Lili), Haing S. Ngor (General) **L** 87 **FSK** ab 16 **E** 25.11.1994 RTL/1995 Video

DER SOHN DER UNTERGEHENDEN SONNE: IM TEUFELSKREIS DES KU-KLUX-KLAN (VANISHING SON: THE KLANSMAN). Die zweite Episode einer Actionfilm-Serie um zwei Brüder, die nach der Flucht aus China in den USA getrennte Wege einschlagen. Während der eine, kriminell geworden, in Los Angeles in einen Bandenkrieg verwickelt wird, sucht der andere Arbeit in einem Fischerdorf am Golf von Mexiko. Dort wird er mit dem eskalierenden Rassenhaß der Einheimischen auf vietnamesische Krabbenfischer konfrontiert. (Videotitel: »Vanishing Son, Sohn der untergehenden Sonne: Im Teufelskreis des Ku-Klux-Klan«) ✦ USA 1993 **P** Universal **VA** CIC **Pd** Rob Cohen **R** John Nicolella **B** Robert Eisele **D** Chi-Muoi Lo (Wago Chang), Russell Wong (Jian-Wa Chang), Marcus Chong (Fu Qua Johnson), Dustin Nguyen (Hung), Haing S. Ngor (General) **L** 86 **FSK** ab 12 **E** 28.10.1994 RTL/1995 Video

DER SOHN DER UNTERGEHENDEN SONNE: ÜBERLEBEN IN L. A. (VANISHING SON). Der Auftakt einer Actionfilm-Serie: Zwei in asiatischen Kampfsportarten ausgebildete chinesische Brüder fliehen nach einer politischen Demonstration nach Amerika. Dort trennen sich ihre Wege: der eine verfolgt eine musikalische Karriere, der andere schlägt eine kriminelle Laufbahn ein. (Videotitel: »Vanishing Son, Sohn der untergehenden Sonne – Überleben in L.A.«) ✦ USA 1993/94 **P** Universal **VA** CIC **Pd** Rob Cohen **R** John Nicolella **D** Russell Wong (Jian-Wa Chang), Haing S. Ngor (General), Chi-Muoi Lo (Wago Chang), Vivian Wu (Lili), Paul Butler (Estabrook), Marcus Chong (Fu Qua Johnson) **L** 88 **FSK** ab 16 **E** 23.9.1994 RTL/1995 Video

DER SOHN DER WEISSEN BERGE. Ein Tiroler Bergführer entdeckt in dem rätselhaften Verschwinden eines angeblich in eine Gletscherspalte gestürzten Touristen einen Versicherungsbetrug und gerät fälschlich unter Mordverdacht. Die romantischen Bergaufnahmen der Alpen entschädigen für die etwas naive Handlung. Der in Karlsbad geborene Kameramann Franz Planer wurde nach seiner Emigration in die USA einer der besten Kameramänner Hollywoods. (Weitere Titel: »Das Geheimnis von Zermatt«, »Die drei Pioniere vom Matterhorn«, »Der Herr der Berge«, »Die Musketiere des Matterhorn«) – Ab 14. ✦ Schwarz-weiß. Deutschland 1928/30 **P** Itala **KI** Deutsche Commerz **Pd** Alberto Giacolone **R** Mario Bonnard **B** Mario Bonnard, Nunzio Malasomma, Michael von Newlinski, nach einem Buch von Luis Trenker und Walter Schmidkunz **K** Franz Planer, Kurt Neubert, Albert Benitz **M** Giuseppe Becce **D** Luis Trenker (Turri Alton), Renate Müller (Mary Dulac), Berthe Ostyn (Frau Mihacs), Leo Peukert (Herr Dulac), Felix Bressart (Gefängniswärter) **L** 70 **FSK** ab 12; **f E** 12.8.1930 **fd** 2 044

DER SOHN DES BABYMACHERS. Ein auf künstliche Befruchtung spezialisierter Arzt wird eines Tages mit einem jungen Mann konfrontiert, der von sich behauptet, sein Sohn zu sein. Der Arzt hatte sich als Student mit Samenspenden ein Zubrot verdient. Der junge Mann verlangt nun, in die glückliche Arztfamilie aufgenommen zu werden. ✦ Deutschland 1995 **R** Susanne Zanke **B** Thomas Kirdorf **K** Werner Hoffmann **D** Peter Bongartz (Dr. Ingo Lockmann), Cornelia Froboess (Verena Lockmann), Alex Pschill (Paul), Kerstin Höckel (Stefanie), Susanne Lothar (Carmen Steiner), Ingrid Hoffmann (Inge) **L** 80 **E** 15.5.1996 ARD

DER SOHN DES BÄREN. Dokumentarfilm über einen 83jährigen Bauern in den französischen Pyrenäen, der Rückschau auf sein Leben als Bauherr und Bürgermeister einer von Landflucht bedrohten Kleinstadt hält; zugleich gewährt er Einblick in die Legenden um den ausgestorbenen, heilsbringenden Pyrenäenbären. ✦ Frankreich 1996 **R** Jean-François Delassus **L** 90 **E** 30.1.1997 arte

DER SOHN DES DJANGO (IL FIGLIO DI DJANGO). Ein angeblicher Sohn Djangos zieht aus, den Mörder seines Vaters zu suchen. Italienischer Serienwestern, weniger brutal als das Gros der Gattung. ✦ Scope. Italien 1967 **P** Denwer **KI** Austria **R** Osvaldo Civirani **B** Alessandro Ferrau, Carpo Tinto **K** Osvaldo Civirani **M** Piero Umiliani **D** Guy Madison, Gabriele Tinti, Ingrid Schoeller, Daniele Vargas, Pedro Sanchez **L** 79 **FSK** ab 18; nf **E** 28.3.1968 **fd** 15 361

DER SOHN DES DONAUSCHIFFERS →Zwischen beiden

DER SOHN DES FLIEGERS (IM BYLO DEWJATNADZAT). Der Sohn eines Testpiloten wird zunächst für diesen Beruf untauglich geschrieben. Er muß erkennen, daß zum eisernen Training auch die Einordnung in die Gemeinschaft kommen muß, ehe er sein Lebensziel erreichen kann. Ein »erzieherischer« Erbauungsfilm ohne formale Qualitäten. – Ab 10. ✦ Schwarz-weiß. UdSSR 1960 **P** Filmstudio Odessa **KI** Progress **R** Wladimir Kotschetow **B** Igor Starkow **K** W. Simbirzew, M. Kosubenko **M** Jewgeni Subzow **D** Sergej Stoljarow (Beskow), L. Merschtschi (Olga), N. Sassejew (Schmarinow), Nikolai Krjukow (Oberstleutnant Lepko), Wjatscheslaw Nowikow (Leutnant Serow) **L** 76 **E** 23.2.1962 Kino DDR/10.2.1963 DFF 1

DER SOHN DES GÄRTNERS (THE GARDENER'S SON). Mit authentischen Motiven und fiktiven Ereignissen versucht der Film, die Zeit der »Reconstruction-Ära«, die Jahre nach Beendigung des amerikanischen Bürgerkriegs in den Südstaaten und den Beginn der industriellen Epoche Amerikas, zu porträtieren. Im Mittelpunkt steht ein junger Mann, der bei einem Eisenbahnunglück ein Bein verloren hat und dessen Vater als Gärtner für eine reiche Baumwollspinnereifamilie arbeitet. Aus ungeklärten Motiven tötet er den Sohn dieser Familie, wird zum Tode verurteilt und hingerichtet. Erstlingsfilm des Kameramanns Richard Pearce. ✦ Scope. USA 1976 **P** RIP Filmhouse **R** Richard Pearce **B** Cormac McCarthy, Richard Pearce **K** Fred Murphy **M** Charles Gross **D** Brad Dourif (Robert McEvoy), Kevin Conway (James Gregg), Nan Martin (Mrs. Gregg), Jerry Hardin (Patrick McEvoy), Anne O'Sullivan (Martha McEvoy) **L** 110 **E** 7.4.1982 WDR

DER SOHN DES GROSSEN HÄUPTLING KEHRT ZURÜCK – SEVERINO →Severino

DER SOHN DES KAPITÄN BLOOD →Der Sohn von Captain Blood

DER SOHN DES LOKOMOTIVFÜHRERS (KI GUAN SA EU A DUL). Fünf Jungen und ein Mädchen kämpfen an der Seite der Erwachsenen im Befreiungskrieg gegen die Amerikaner. Patriotischer Kriegsfilm, der bereits Kindern die »Wirklichkeit« nahebringen soll. ✦ Schwarz-weiß. VR Korea 1971 **P** Koreanisches Spielfilmstudio **KI** Progress **R** Tschen Don Min, Tschu Don Wor **B** Kim Sen Muk **K** Hwo Ü Sun **M** Nam Don Min **D** Kim Tschor, Kan Tschun Ir, Li Tschor Ho, Li Jun Tschor **L** 78 **E** 1.6.1973 Kino DDR/10.8.1974 DFF 1

DER SOHN DES MANDINGO (SLAUGHTER'S BIG RIP-OFF). Ein Privatdetektiv kommt nach einem Anschlag auf sein Leben einem Verbrecherboß auf die Spur und bringt ihn samt seinen Schergen schließlich zur Strecke. Ein vom Rachemotiv beherrschter und nur mäßig spannender Gangsterfilm. (Videotitel: »Slaughter the Cat«) ✦ USA 1973 **P** AIP **KI** Gloria **Pd** Monroe Sachson **R** Gordon Douglas **B** Charles Johnson **K** Charles F. Wheeler **M** James Brown, Fred Wesley **S** Christopher Holmes **D** Jim Brown (Slaughter), Gloria Hendry (Marcia), Ed McMahon (Duncan), Don Stroud (Kirk), Brock Peters (Reynolds), Richard Williams (Joe Creole), Art Metrano (Burtoli), Judy Brown (Norja) **L** 92 **FSK** ab 18; nf **E** 18.3.1977 **fd** 20 425

SOHN DES MEERES (HAVETS SON). Eine verunglückte Mischung aus Spiel- und Kulturfilm, der aus dem Leben der Lofoten-Fischer berichtet. Nachdem das Meer Mann und Sohn verschlungen hat, will die Mutter wenigstens den Jüngsten behalten. Doch auch er heuert an und bewährt sich auf dem Meer und im Leben. – Ab 14. ✦ Schwarz-weiß. Schweden 1949 **P** Svensk Filmindustri **KI** Progress **R+B** Rolf Husberg **K** Hilding Bladh, Curt Jonsson **M** Erland von Koch **D** Per Oscarsson (Rolf Bakken), Dagny Lind (Sigrid Bakken), Barbro Nordin (Solveig), Ingrid Thulin (Gudrun), John Elfström (Jockum) **L** 93 **E** 29.4.1955 Kino DDR/5.6.1967 DFF 1

DER SOHN DES PATEN →Die unbarmherzige Meute

DER SOHN DES REGIMENTS (SYN POLKA). Die Sowjetunion während des Zweiten Weltkriegs. Der halbwüchsige Wanja hat zwei Jahre im Wald gelebt. Kundschafter der Roten Armee finden ihn und bilden ihn zum Aufklärer aus. ✦ UdSSR 1981 **P** Studio Swerdlowsk **R** Georgi Kusnezow **B** A. Demurow, W. Smokti, nach dem Roman von V. Katajew **K** Anatoli Lesnikow **M** Wladimir Lebedew **D** Igor Nossow (Wanja Solnzew), Wadim Jakowlew (Hauptmann), W. Schubin (Sergeant), Viktor Miroschnitschenko

(Gefreiter), Iwan Krasko (Kowaljow) **L** 133 **E** 30.10.1982 DFF 1

SOHN DES REVOLVERHELDEN (SON OF A GUNFIGHTER). In den mexikanischen Bergen angesiedelter US-Western. Die verbissene Verfolgung eines Revolverhelden durch einen jungen Mann entwickelt sich plötzlich zum Vater-Sohn-Konflikt. – Ab 16. ✦ Scope. USA 1964 **P** Zurbano **KI** MGM **Pd** Lester Welch **R** Paul Landres **B** Clarke Reynolds **K** Manuel Beranguer **M** Robert Mellin **S** Sherman A. Rose **D** Russ Tamblyn (Johnny), Kieron Moore (Fenton), James Philbrook (Ketchum), Fernando Rey (Don Fortuna), Maria Granada (Pilar), Aldo Sambrell (Morales) **L** 90 **FSK** ab 12; nf **E** 10.9.1965 **fd** 13 702

DER SOHN DES ROBIN HOOD → Der Bandit und die Königin

DER SOHN DES ROSAROTEN PANTHERS (SON OF THE PINK PANTHER). Der uneheliche, ganz nach dem trotteligen Vater geratene Sohn des verstorbenen französischen Polizei-Inspektors Clouseau befreit nach einigen Anschlägen auf sein Leben eine orientalische Prinzessin aus den Händen von Kidnappern und rettet ihrem Vater den Thron. Eine weitere Fortsetzung der erfolgreichen »Pink Panther«-Komödienserie, in der man vielen Bekannten wiederbegegnet, die aber nur in einigen Slapstick-Einlagen die Qualität der früheren Filme erreicht und vor allem in der Hauptrolle falsch besetzt ist. – Ab 12. ✦ Scope. USA 1992 **P** United Artists/MGM **KI** UIP **VA** MGM/UA/Warner Home **Pd** Tony Adams **R** Blake Edwards **B** Blake Edwards, Madeleine Sunshine, Steve Sunshine **K** Dick Bush **M** Henry Mancini **S** Robert Pergament **D** Roberto Benigni (Jacques), Herbert Lom (Dreyfus), Claudia Cardinale (Maria Gambrelli), Debrah Farentino (Yasmin), Robert David (Hans) **L** 93 **FSK** ab 12; f **E** 17.2.1994/19.8.1994 Video/25.8.1995 premiere **fd** 30 661

DER SOHN DES ROTEN KORSAREN (LA SCIMITARRA DEL SARACENO/LA VENGEANCE DU SARRASIN). Ein Edelmann befreit die Tochter eines Gouverneurs aus Piratenhänden. Abenteuerliche Bilderbuchgeschichte, temporeich inszeniert, mit vielen Kampfszenen. – Ab 14 möglich. ✦ Scope. Italien/Frankreich 1959 **P** Romana/S.N.C. **KI** Constantin **Pd** Fortunato Misiano **R** Piero Pierotti **B** Luciano Martino, Bruno Rasia, Piero Pierotti **K** Augusto Tiezzi **M** Michele Cozzoli **D** Lex Barker (Der Drache), Chelo Alonso (Miriam), Massimo Serato (Roberto), Graziella Granata (Bianca), Daniele Vargas (Gamal), Luigi Tosi (Franceso), Bruno Corelli (Selim) **L** 92 **FSK** ab 12; nf **E** 18.3.1960/28.10.1987 DFF 2 **fd** 9 022

DER SOHN DES SCHEICHS (1926) (THE SON OF THE SHEIK). Der Sohn eines Wüstenfürsten im Kampf gegen seinen Konkurrenten um die Gunst einer schönen Tänzerin. Abenteuerliches Stummfilmdrama um Intrigen, Mißverständnisse und Liebessehnsucht, furiose Kämpfe und Verfolgungsjagden durch die Wüste. Ein in fantasievollem Dekor konventionell erzählter Film, theatralisch gespielt und mit plakativer Zeichnung von Guten und Bösen. Vor allem filmhistorisch höchst interessant als aufwendige, kommerziell erfolgreiche Produktion der Stummfilm-Ära und als letzte Rolle des Stars Rudolph Valentino, der im selben Jahr, 31jährig, starb. Stimmungsvoll und dramaturgisch raffiniert: die viragierte Fassung voller Kolorierungseffekte. – Ab 12. ✦ Teils schwarz-weiß. USA 1926 **P** Feature Production (für United Artists) **Pd** John W. Considine jr. **R** George Fitzmaurice **B** George Marion jr., Frances Marion, Fred De Gresac, nach einem Roman von Edith Maude Hull **K** George Barnes **M** Erich Ferstl, Hans Conzelmann, Heribert Thusek, Delle Haensch, Gerd Luft (Kompilation), Brigitte Scherer (Kompilation) **D** Rudolph Valentino (Ahmed/Der Scheich), Vilma Banky (Yasmin), George Fawcett (André), Montagu Love (Gahbah), Karl Dane (Ramadan), Bull Montana (Ali), William Donovan (S'rir), Agnes Ayres (Frau des Scheichs) **L** 70 **E** 21.2.1988 ZDF

DER SOHN DES SCHEICHS (1962) (IL FIGLIO DELLO SCEICCO / LE RETOUR DU FILS DU CHEIK). Als ein tyrannischer Statthalter die Tochter eines Scheichs entführt und tötet, wird ihr Bruder zum Rächer, der das Land befreit. Malerisches Beduinenstück im Serienformat. (TV-Titel DDR: »Der Scheich mit der schwarzen Maske«) – Ab 14. ✦ Scope. Italien/Frankreich 1962 **P** Mercury/Comptoir **KI** Adria **R** Mario Costa **B** Nino Stresa **K** Angelo Lotti **M** Michel Michelet **D** Gordon Scott, Cristina Gaioni, Moira Orfei, Alberto Farnese, Jany Clair **L** 85 **FSK** ab 12; nf **E** 29.3.1963/11.4.1987 DFF 2 **fd** 11 880

DER SOHN DES SCHEIK (LOS AMANTES DEL DESIERTO / GLI AMANTI DEL DESERTO). Der Sohn eines ermordeten Scheiks rächt seinen Vater, erobert eine schöne Frau und stellt die Ordnung in seinem Land wieder her. Grellbuntes, blutrünstiges Orientspektakel. ✦ Scope. Spanien/Italien 1957 **P** Benito Peroji/Roma/Parc Film **KI** Constantin **R** Goffredo Alessandrini, Fernando Cerchio **B** Alfonso Pase, Mariano Ozores Francés **K** Antonio L. Ballesteros, Mario Damicelli **M** Michel Michelet **S** Antonio Ramirez **D** Carmen Sevilla (Amina), Ricardo Montalban (Said), Gino Cervi (Ibrahim), José Guardiola (Selim), Franca Bettoja (Suleika), Maria Angela Giordano (Aicha), Manuel Guitian (Nur-el-Din) **L** 84 **FSK** ab 12; nf **E** 6.12.1957 **fd** 6 482

DER SOHN DES »SCHWARZEN ADLERS« (IL FIGLIO DI AQUILA NERA). Von der Armee des Zaren unterdrückte und mißhandelte Kosaken erheben sich unter Führung eines jungen Adeligen, der mit Tapferkeit und Mut sein Ideal von Freiheit und Gerechtigkeit zu verwirklichen versucht. Mäßig inszenierter, klischeebeladener Abenteuerfilm mit wilden Reiterkämpfen. – Ab 12. ✦ Scope. Italien 1968 **P** Romana/Fortuna Misiano **VA** Ufa **R** James Reed (= Guido Malatesta) **B** Piero Pierotti, Guido Malatesta, Gianfranco Clerici **K** Augusto Tiezzi **M** Angelo Francesco Lavagnino **S** Jolanda Benvenuti **D** Dick Palmer (= Domenico Palmara), Edwige Fenech, Frank Ressel (= Franco Ressel), Ingrid Schoeller, Andrew Ray (= Andrea Aureli) **L** 91 **FSK** ab 12 **E** 1985 Video/31.8.1986 RTL plus

DER SOHN DES SPARTAKUS (IL FIGLIO DI SPARTACUS). Der Sohn des berühmten Sklavenanführers, Caesars bester Soldat, erfährt von seiner Herkunft und hilft den Unterdrückten im vorchristlichen Ägypten, bis er den Schlußkampf mit Crassus, dem Schuldigen am Tod seines Vaters, aufnehmen kann. Der übliche Kolossal-Historienfilm, formal wie inhaltlich gleich uninteressant, trotz Beteiligung der Brüder Corbucci. – Ab 14 möglich. ✦ Scope. Italien 1962 **P** Titanus **KI** MGM **R** Sergio Corbucci **B** Adriano Bolzoni, Bruno Corbucci, Giovanni Grimaldi, Sergio Corbucci **K** Enzo Barboni **M** Piero Piccioni **S** Ruggero Mastroianni **D** Steve Reeves (Rando), Jacques Sernas (Vezio), Gianna Maria Canale (Clodia), Claudio Gora (Crassus), Ivo Garrani (Julius Caesar), Enzo Fiermonte (Gular) **L** 102 **FSK** ab 12; nf **E** 5.4.1963 **fd** 11 907

DER SOHN DES VERRÜCKTEN DICHTERS. Durch Umbauarbeiten am Haus, in dem ein 13-Jähriger wie ein Gefangener gehalten wird, um von der Hässlichkeit der Welt verschont zu bleiben, wird der Junge mit der Wirklichkeit konfrontiert und macht seine ersten Schritte ins Leben. Fernsehspiel, das das Spannungsfeld zwischen der reinen Kunst und Fantasie einerseits, der realen Welt andererseits auszuloten versucht. ✦ Deutschland 1997 **R+B** Ayse Buchara **K** Carsten Thiele **M** Andreas Hoge **D** Christoph Dechant (Egmont), Walter Kreye (Hakan), Kerstin Höckel (Kerstin), Hardi Sturm (Hardi), Wilhelm Manske (einsamer Mann) **L** 88 **E** 6.9.1999 ZDF

DER SOHN DES VORSITZENDEN (SYN PREDSEDATELJA). Der Gründer und Vorsitzende eines in den Nachkriegsjahren aufgebauten Kolchos hält aus Gewohnheit an überholten Technologien und Leitungsmethoden fest. Sein Sohn strebt nach Modernisierung und setzt sich mit seinem Vater um effektivere Produktion und neue Arbeitsweisen auseinander. Eine Reflexion über »das alte« und »das neue Denken« in der fortschrittlich-sozialistischen Gesellschaft. ✦ Scope. UdSSR 1976 **P** Belarusfilm **R** Wjatscheslaw Nikiforow **B** Nikolai Matukowski **K** Vitali Nikolajew **M** Sergej Kortes **D** Wladimir Samoilow (Jakow Rusak), Alexander Amoilow (Alexej Rusak), Bronius Babkauskas (Maxim Wassiljewitsch), Lilita Osolinja (Marina), Tatjana Alexejewa (Alewtina) **L** 85 **E** 6.3.1977 DFF 2

DER SOHN DES WEISSEN TEUFELS (IVAN IL FIGLIO DEL DIAVOLO BIANCO). Ein verwegener Offizier im zaristischen Rußland, halb Don Juan und halb Abenteurer, vernichtet um 1800 einen türkischen Tyrannen und Christenverfolger. Naiver historischer Abenteuerfilm. – Ab 16. ✦ Italien 1953 **P** Manenti **KI** Viktoria **R** Guido Brignone **B** Glauco Pellegrini, Beuve, Guido Brignone, Age (= Agenore Incorocci), Furio Scarpelli, Gaspare Cataldo **K** Mario Montuori **M** Mo Fragna **D** Paul Campbell, Nadia Gray, Arnoldo Foà, Nando Bruno, Erica Phalen **L** 104 **FSK** ab 12; nf **E** 7.5.1954 **fd** 3 282

SOHN OHNE HEIMAT. Auf der Wanderschaft erfährt ein unehelich geborener Musikant das Geheimnis seiner Herkunft: Ein Dorfwirt gibt sich als sein Vater zu erkennen. Anspruchsloser Heimatfilm. ✦ BR Deutschland 1955 **P** HD **KI** Constantin **Pd** Wilhelm Gernhardt, Johannes J. Frank **R** Hans Deppe **B** Tibor Yost, Hilde Keller, Eva Blomberg, nach dem Roman »Der Sohn der Hagar« von Paul Keller **K** Werner M. Lenz **M** Alois Melichar **S** Johanna Meisel **D** Werner Krauss (Wilhelm Hartmann), Elisabeth Flickenschildt (Anna Hartmann), Paul Bösiger (Robert Hellmich), Josefin Kipper (Christel Hartmann), Eva Probst (Lore Hartmann), Paul Esser (Ludwig Steiner), Wolfgang Gruner (Ferdinand Pohl) **L** 99 (gek. 88) **FSK** ab 16; f (gek. 6) **E** 27.10.1955 **fd** 4 472

DER SOHN VOM BOSS (THE BOSS'S SON). Der Sohn eines erfolgreichen Geschäftsmannes soll dessen Gewerbe von Grund auf lernen, um später einmal die Firma zu übernehmen. Er fängt als Fahrer eines Lieferwagens an und lernt so die miserable Situation der schwarzen, unterbezahlten Arbeiter kennen. Als er durch die Aufdeckung einer Reihe von Diebstählen zu einer Entscheidung gegen seine moralische Einstellung gezwungen wird, kehrt er der Familie und dem Unternehmen des Vaters den Rücken. Sozialkritische Komödie mit autobiografischen Zügen. ✦ USA 1978 **P** The Boss' Son Production **Pd** Jeffrey White **R+B** Bobby Roth **K** Affonso Beato **M** Richard Markowitz **S** John Carnochan **D** Asher Brauner (Bobby Rose), Rudy Solari (Joseph Rose), Rita Moreno (Esther Rose), Henry Sanders (Charles), James Darren (Buddy) **L** 101 **E** 15.1.1984 HR

DER SOHN VON ALI BABA (SON OF ALI BABA). Ein junger Seemann überlistet den bösen Kalifen, der seinen Vater aus Geldgier gefangenhält, und führt die schöne Kalifentochter als Gemahlin heim. Abenteuerliches, aber vergleichsweise phantasieloses Hollywoodmärchen im Stil von »1001 Nacht«. ✦ USA 1952 **P** Universal **KI** Universal **Pd** Leonard Goldstein **R** Kurt Neumann **B** Gerald Drayson Adams **K** Maury Gertsman **M** Joseph Gershenson **S** Virgil Vogel (= Virgil W. Vogel) **D** Tony Curtis (Kashma Baba), Piper Laurie (Prinzessin Azura), Susan Cabot (Tala), William Reynolds (Mustafa), Hugh O'Brian (Hussein), Victor Jory (Kalif), Leon Belasco (Babu) **L** 71 **FSK** ab 12; nf **E** 3.4.1953/6.6.1996 RTL **fd** 2 446

DER SOHN VON CAPTAIN BLOOD (EL HIJO DEL CAPITAN BLOOD / IL FIGLIO DEL CAPITANO BLOOD). Der Sohn des berühmten Piratenkapitäns im Kampf gegen einen Gouverneur, der die Sklaverei wieder eingeführt hat. Groß ausgestatteter Abenteuerfilm, der die Geschichte von »Unter Piratenflagge« (1935) fortsetzt und Sean Flynn in der Paraderolle seines Vaters Errol zeigt. (Fernsehtitel auch: »Der Sohn des Kapitän Blood«) ✦ Scope. Spanien/Italien/USA 1961 **P** Mondiale/C.C.M./Unidex **KI** Deutsche Fox **Pd** Benito Perojo, Harry Joe Brown **R** Tulio Demicheli **B** Casey Robinson **K** Alejandro Ulloa **M** Angelo Francesco Lavagnino, Gregorio Garcia Segura **S** Renato Cinquini, Antonio Ramirez **D** Sean Flynn, Ann Todd, Alessandra Panaro, John Kitzmiller, José Nieto **L** 100 **FSK** ab 16; nf **E** 27.7.1962/17.12.1988 DFF 2 **fd** 11 327

DER SOHN VON CÄSAR UND CLEOPATRA (IL FIGLIO DI CLEOPATRA). El Kebir, der Sohn Cäsars und Kleopatras, kämpft als Führer der Araber und Wüstenstämme erfolgreich gegen die römische Gewaltherrschaft. Mit mäßigem Pomp glatt inszeniertes Wüsten-Schauspiel ohne geistigen Tiefgang. (TV-Titel auch: »Der Sohn der Cleopatra«; TV-Titel DDR: »Der Sohn der Kleopatra«) – Ab 14 möglich. ✦ Scope. Italien/VAR (Ägypten) 1964 **P** Seven/Tiki/The Egyptian Company for International Film Prod. **KI** MGM **Pd** Cleto Fontini, Francesco Thellung **R** Ferdinando Baldi **B** Ferdinando Baldi, Franco Airaldi, Anacleto Fontini **K** Adalberto Albertini **M** Carlo Rustichelli **S** Otello Colangeli **D** Mark Damon (El Kebir), Scilla Gabel (Livia), Arnoldo Foà (Petronius), Livio Lorenzon, Samira Ahmed, Shukri Shahan **L** 103 **FSK** ab 12; nf **E** 6.7.1967/9.8.1986 DFF 1 **fd** 14 826

DER SOHN VON JESSE JAMES (SOLO CONTRO TUTTI / EL HIJO DE JESSE JAMES). Nach zwanzig Jahren rächt der Sohn des legendären Banditen Jesse James den Tod seines Vaters, der von seinem Schwager hinterrücks ermordet worden war. Durchschnittlicher Italowestern. ✦ Scope. Italien/Spanien 1964 **P** Pea/Apolo **KI** Materna **R** Antonio Del Amo **B** Marcello Fondato, Pino Passalacqua **K** Fausto Zuccoli **M** Angelo Francesco Lavagnino **S** Enzo Alabiso **D** Robert Hundar (Bill James), Roberto Camardiel, Adrian Hoven (Allan), Mercedes Alonso (Dorothy), Ralph Baldwyn (= Raffaele Baldassarre) (Bruce), John Bartha, Luis Induni, José Jaspe, Roberto Mauri, Joe Kamel **L** 90 **FSK** ab 12; nf **E** 6.6.1966 **fd** 14 136

DER SOHN VON MONTE CHRISTO →Die Stunde der Vergeltung (1940)

DER SOHN VON ROBIN HOOD (THE SON OF ROBIN HOOD). Aus Spanien in den Sherwood Forest gerufen, rettet Robin Hoods »Sohn« – der sich zur Überraschung von Freund und Feind als Tochter entpuppt – den englischen Thron mit tatkräftiger Hilfe eines säbeltüchtigen Recken. Recht steif inszeniertes Abenteuer, das den vertrauten Typen und Situationen nichts Neues – vor allem keinen Funken Selbstironie – abgewinnt. ✦ Scope. Großbritannien 1958 **P** Argo **KI** Deutsche Fox **Pd+R** George Sherman **B** George W. George, George F. Slavin **K** Arthur Grant **M** Leighton Lucas **S** Alan Osbiston **D** Al Hedison (Jamie), June Laverick (Deering Hood), David Farrar (Des Roches), Marius Goring (Chester), Philip Friend (Dorchester), Delphi Lawrence (Sylvia), George Coulouris (Alan A. Dale) **L** 79 **FSK** ab 12; nf **E** 13.3.1959 **fd** 7 940

DER SOHN WIRD ERWACHSEN →Der erwachsene Sohn

SÖHNE (1946) (SYNOWJA). Lettische Partisanen, darunter ein um das Leben seiner Familie bangender junger Bauer, kämpfen gegen die deutsche Okkupation, insbesondere gegen die Waffen-SS und ihre Helfershelfer. Kriegsdrama mit aus der Entstehungszeit verständlicher grober Schwarz-weiß-Zeichnung. – Ab 16. ✦ Schwarz-weiß. UdSSR 1946 **P** Lenfilm **R** Alexander Iwanow **B** Fjodor Knorre **K** I. Goldberg **M** W. Puschkow **D** Oleg Shakow, I. Saweljew, M. Domaschewa, Lidija Smirnowa, M. Gippius **L** 95 **E** 27.1.1948

DIE SÖHNE. Drei Junggesellen um die Dreißig, die zum Establishment einer süddeutschen Kleinstadt zählen, führen im Schatten der übermächtigen Väter ein von Überdruss und Langeweile geprägtes Leben. Die an einem Wochenende spielende Filmhandlung zeichnet das ziellose Treiben des Trios nach: Flirts, Spielcasino, gefährliche Autorennen – bis sich schließlich der aufgestaute Frust ein Ventil sucht. Mit einer sich auf Godard berufenden dokumentarischer Genauigkeit folgt der Film seinen Figuren, gerät dabei aber selbst stellenweise zu Geduldsprobe. ✦ BR Deutschland 1968 **P** WDR **R** Volker Vogeler **B** Günter Herburger, nach einer Erzählung von Günter Herburger **K** Gérard Vandenberg **D** Wolfgang Forester (Dachsler), Rolf Becker (Kürbitz), Hans Joachim Schmiedel (Pfrang), Manfred Seipold (Klausheinz), Wichard von Roell (Uhrmacher), Günter Lamprecht (Reutle), Heidi Stroh (Elisabeth Reutle) **L** 79 **E** 26.11.1968 ARD

SÖHNE (1989) (SONS). Um ihm eine letzte Freude zu machen, bringen drei Söhne ihren todkranken Vater aus New Jersey in die Normandie, wo er sich als Soldat der Alliierten in eine junge Französin verliebte. Im Verlauf der Suche nach der Frau entwickeln die vier Männer ein neues Verhältnis zu sich selbst und zueinander. Frei von Hollywood-Konventionen erzählt der Film vor trostlosen Kulissen von einer Reise voller grotesker Begebenheiten und menschlich bewegender Momente. – Ab 16. ✦ USA 1989 **P** Pacific Pictures **KI** NEF 2 **VA** Warner Home **Pd** Marc Toberoff **R** Alexandre Rockwell **B** Alexandre Rockwell, Brandon Cole **K** Stefan Czapsky **M** Mader **S** Jay Freund **D** William Forsythe (Mikey), D. B. Sweeney (Ritchie), Robert Miranda (Fred), Samuel Fuller (Vater), Stéphane Audran (Florence), Judith Godrèche (Florences Tochter), William Hickey (Roger), Jennifer Beals (Transvestit), Shirley Stoler **L** 88 **FSK** ab 12; f **FBW** w **E** 8.2.1990/13.3.1992 Video/7.1.1995 VOX **fd** 28 129

SÖHNE (1995) (ERZI/SONS). Dokumentarischer Spielfilm über eine erwerbslose Künstlerfamilie in Peking, die orientierungs- und hilflos auf gesellschaftliche und persönliche Abgründe zusteuert. Der illegal inszenierte Film zeichnet in illusionslos-kalten Farben das Bild einer Gesellschaft, die ihre Werte verloren hat und deren Führung den Menschen auch die kleinste Hilfestellung verweigert. Ein verstörender Film, der an privaten Schicksalen den kulturellen und gesellschaftlichen Zustand Chinas schonungslos offenbart. (O.m.d.U.) ✦ VR China 1995 **P** Beijing Expression Culture Communication Center **Pd** Wang Shi-ze, Zhang Yuan **R** Zhang Yuan **B** Ning Dai **K** Zhsng Jian, Sun Hongqing **S** Fen Sihai **D** Li Maojie (Vater), Fu Derong (Mutter), Li Ji (Sohn) **L** 90 **E** 25.6.1999 3sat **fd** 33 740

SÖHNE (1997) (ANY MOTHER'S SON). Dramatischer Spielfilm. Erst nachdem ihr Sohn kurz nach seiner Ankunft in der Navy erschlagen wurde, erfährt die Mutter von dessen Homosexualität. Den Schock über diese Erkenntnis muß sie überwinden, bevor sie sich für eine gerechte Bestrafung der Schuldigen einsetzen kann. ✦ USA 1997 **R** David Burton Morris **B** Bruce Harmon **K** John L. Demps jr. **M** Pray For Rain **S** Michael S. Murphy **D** Bonnie Bedelia (Dorothy Hajdys), Hedy Burress (Kathy), Sada Thompson (Gertie), Paul Popowich (Allen), Fiona Reid (Doris) **L** 91 **E** 2.10.1998 premiere

DIE SÖHNE DER DREI MUSKETIERE (AT SWORD'S POINT). Nach dem Tod Richelieus und des Königs Ludwig XIII. geraten der französische Thron und die Königin in arge Bedrängnis. Die drei Söhne und eine Tochter der berühmten Musketiere eilen zu Hilfe, schlagen sich nach Väterart durch zahlreiche Abenteuer und retten dem rechtmäßigen Anwärter den Thron. Europäische Geschichte aus amerikanischer Sicht: Wildwest in historischen Kostümen. Mit weniger Witz und Elan als das zwei Jahre vorher entstandene filmische Vorbild »Die drei Musketiere« inszeniert. (DDR-Titel: »Die Söhne der Musketiere«) – Ab 14 möglich. ✦ USA 1950 **P** RKO **KI** RKO **Pd** Sid Rogell **R** Lewis Allen **B** Walter Ferris, Joseph Hoffman **K** Ray Rennahan **M** Roy Webb **S** Samuel E. Beetley, Robert Golden **D** Cornel Wilde (D'Artagnan), Maureen O'Hara (Claire), Robert Douglas (Lavalle), Gladys Cooper (Königin), Alan Hale jr. (Porthos) **L** 81 **FSK** ab 12; nf **E** 22.8.1952/7.1.1963 ZDF/28.11.1964 DFF 1 **fd** 1 982

DIE SÖHNE DER DREIEINIGKEIT (I DUE FIGLI DEI TRINITA). Zwei italienische Komiker schlagen sich mit mehr Glück als Verstand durch einen Western mit vollautomatischen Pferdewaschanlagen, Pferdegaragen usw. Versuch einer Genreparodie, schludrig inszeniert. (Alternativtitel: »Zwei Trottel im wilden Westen«) – Ab 16. ✦ Scope. Italien 1972 **P** International **KI** Kora **R+B** Richard Kean (= Osvaldo Civirani) **K** Walter Civirani **M** Sante Maria Romitelli **S** Mauro Contini **D** Franco Franchi, Ciccio Ingrassia, Lucretia Love, Anni Degli Uberti, Andrew Scott **L** 86 **FSK** ab 12; nf **E** 3.8.1973 **fd** 18 524

DIE SÖHNE DER GROSSEN BÄRIN. Der erste Indianerfilm der DDR, von einem tschechischen Regisseur in Jugoslawien etwas langatmig und unbeholfen, aber mit großem szenischen Aufwand und einem guten Hauptdarsteller inszeniert. Nach einem sechsbändigen Roman erzählt der Film vom Kampf der Dakotas (1876/77) gegen land- und geldgierige weiße Eindringlinge. DVD: Die Extras umfassen u. a. ein Feature mit DEFA-Wochenschauberichten zum Film. – Ab 8. ✦ Scope. DDR 1965 **P** DEFA, Gruppe »Roter Kreis« **KI** Universal **VA** Icestorm **DVD** Icestorm (FF, DD2.0 dt.) **Pd** Hans Mahlich **R** Josef Mach **B** Liselotte Welskopf-Henrich, nach ihrem Roman **K** Jaroslav Tuzar **M** Wilhelm Neef **S** Ilse Peters **D** Gojko Mitic (Tokei-ihto), Jirí Vrstála (Red Fox), Rolf Römer (Tobias), Hans Hardt-Hardtloff (Major Smith), Gerhard Rachold (Leutnant Roach), Hannjo Hasse (Pitt), Brigitte Krause (Jenny), Dietmar Richter-Reinick **L** 98 **FSK** ab 12; nf **E** 18.2.1966 Kino DDR/10.2.1967 Kino BRD/25.7.1970 DFF 1/1998 Video/27.9.2001 DVD **fd** 14 559

DIE SÖHNE DER GRÜNEN HÖLLE (UNTAMED FURY). Um 1880 kehrt Jeff Owen als Vermessungspionier in seine Heimat, die unwirtliche Wildnis der grünen Hölle von Florida, zurück und hat mancherlei Mühe, seine Landsleute für ein umfassendes zivilisatorisches Programm (Trockenlegung der Sümpfe, Rodung der Wälder, Straßenbau) zu gewinnen. Eine ziemlich unergiebige Mischung aus Abenteuer- und Kulturfilm. ✦ Schwarz-weiß. USA 1947 **P** Danches Bros./P. R.C. **KI** Ass-Film **Pd+R** Ewing Scott **B** Taylor Caven, Paul Gerard Smith **K** Ernest Miller **M** Alexander Laszlo **S** Robert O. Crandall **D** Gaylord Pendleton (Jeff Owen), Michael Conrad (Gator-Bait Kirk), Leigh Whipper (Onkel Gabe), Mary Conwell (Judie Kirk), Althea Murphy (Patricia Wayburn) **L** 62 **FSK** ab 12; nf **E** 2.2.1951 **fd** 1 135

SÖHNE DER HEIMAT (TSCHEST TOWARISCHTSCHA). Ein junger Offiziersanwärter, Sohn eines verdienten Generals, mißachtet die Disziplin und wird zur Verantwortung gezogen. ✦ Schwarz-weiß. UdSSR 1953 **P** Lenfilm **KI** Progress **R** Nikolai Lebedew **B** B. Isjumski, L. Sheshelenko **K** W. Lewitin **M** Wladimir Maklakow **D** K. Skorobogatow (General-Major Polnektow), G. Mitschurin (Oberstl. Russanow), Wladimir Drushnikow (Major Bakanow), Juri Tolubejew (General Paschkow), W. Birzew (Wladimir Kowaljow) **L** 82 **E** 6.4.1956 Kino DDR/20.4.1956 DFF 1

SÖHNE DER KÜSTE (DJETI MORJA). Liebesgeschichten aus zwei Generationen in einem kleinen Fischerdorf am Schwarzen Meer. ✦ Scope, schwarz-weiß. UdSSR 1965 **P** Grusia-Film **R** Konstantin Pipinaschwili **B** Georgi Chuchaschwili, Konstantin Pipinaschwili **K** Georgi Tschelidse **M** Gija Kantscheli **S** E. Beschanowa **D** Kote Dauschwili (Bozo Kalandadze), Irakli Utschanejschwili (Bachtang Nischaradse), Otar Koberidse (Guram), Lija Eliawa (Leila), Dodo Abaschidse (= Dawid Abaschidse) (Goscha) **L** 65 **E** 24.6.1966 DFF 1

DIE SÖHNE DER MUSKETIERE →Die Söhne der drei Musketiere

DIE SÖHNE DES FEUERS (SZARVASSA VALT FIUK). Politische Gefangene einer ungarischen Haftanstalt unternehmen 1944 einen Ausbruchsversuch, der blutig scheitert. Dieses authentische Ereignis ist dem Regisseur Anlaß, in poetisch überhöhten Bildern über Begriffe wie Märtyrertum, Liebe, Kampf, Tod und Befreiung nachzudenken. Ein sehr eigenwilliger, mit den verschiedenartigsten filmischen Mitteln gestalteter Film. Anspruchsvolles Filmkunstwerk. (O.m.d.U.) – Ab 16. ✦ Ungarn 1974 **P** Filmstúdió Budapest **KI** Progress **R** Imre Gyöngyössy **B** Imre Gyöngyössy, Barna Kabay **K** János Kende **M** Zoltán Jeney **D** Mari Törőcsik (Etel), Katalin Gyöngyössy (Mária Balogh), Erzsébet Kútvölgyi (Viktori), Ilona Bencze (Jelka), Sándor Lukács (János) **L** 82 **E** 1.4.1975 Kino DDR/31.8.1977 DFF 2

DIE SÖHNE DES HERRN GASPARY. Ein Sammelsurium von Nachkriegsproblemen (Militarismus, Völkerverständigung, Flüchtlinge, Folgen der Emigration etc.) im Rahmen einer konventionellen Familiengeschichte, die oberflächlich-optimistische Scheinlösungen anbietet. ✦ Schwarz-weiß. Deutschland 1948 **P** Junge Film-Union **KI** Karp **Pd** Helmuth Volmer **R** Rolf Meyer **B** Kurt E. Walter **K** Albert Benitz **M** Werner Eisbrenner **S** Martha Dübber **D** Lil Dagover, Hans Stüwe, Anneliese von Eschstruth, Harald Holberg, Fritz Michael Tellering **L** 94 **E** 26.10.1948 **fd** 168

DIE SÖHNE KEHREN NACH HAUSE ZURÜCK (SONS FOR THE RETURN HOME). Ein junger Mann aus Samoa kommt zur Ausbildung in die Hauptstadt Neuseelands. Als er auf seine abgelegene Heimatinsel zurückkehrt, kann er sich nur schwer in die einfache, urwüchsige Lebensweise einfügen. Eine in kraftvollen und intensiven Bildern erzählte Geschichte vom Aufeinanderprallen entgegengesetzter Kulturen, verbunden mit einer subtilen Liebesgeschichte. Eine eindrucksvoll gespielte, in ihrem Ursprungsland sehr erfolgreiche Adaption eines Bestseller-Romans. – Ab 16. ✦ Neuseeland 1979 **P** National Film Unit/ Wellington **R** Paul Maunder **B** Paul Maunder, nach einem Roman von Albert Wendt **K** Alun Bollinger **M** Malcom Smith **D** Uelse Petaia, Fiona Lindsay, Moira Walker, Lani Tupu, Amalamo Tanielu **L** 117 **E** 22.8.1981 DFF 2

SÖHNE UND LIEBHABER (SONS AND LOVERS). Atmosphärisch dichte, gut besetzte Romanverfilmung aus dem englischen Bergarbeitermilieu. Ein junger Mann fühlt sich durch die Liebe seiner Mutter unfrei und sucht Selbstverwirklichung in der Begegnung mit einer verheirateten Frauenrechtlerin. ✦ Scope, schwarz-weiß. Großbritannien 1960 **P** 20th Century Fox **KI** Deutsche Fox **Pd** Jerry Wald **R** Jack Cardiff **B** Gavin Lambert, T.E.B. Clarke, nach dem gleichnamigen Roman von D.H. Lawrence **K** Freddie Francis **M** Mario Nascimbene **S** Gordon Pilkington **D** Dean Stockwell (Paul Morel), Wendy Hiller (Mrs. Morel), Trevor Howard (Morel), Mary Ure (Clara Dawes), Heather Sears (Miriam Lievers), Donald Pleasence (Pappleworth) **L** 104 **FSK** ab 16; f **FBW** w **E** 22.7.1960 **fd** 9 334

SÖHNE UND TÖCHTER (SONS AND DAUGHTERS). Mit Protestmärschen der Studenten der Universität Kalifornien erreichte im Oktober 1965 die Demonstrationswelle gegen den Vietnamkrieg in den USA einen ersten Höhepunkt. Der Dokumentarfilm berichtet über die Versuche der Studenten, die militärischen Vorbereitungen zu sabotieren. Eines der frühesten Beispiele des filmischen Protests gegen den Vietnam-Krieg, das erstmals innen- und außenpolitische Konflikte der USA miteinander verzahnt: Bilder der Studentenproteste in San Francisco werden provokativ mit Szenen der Rekruten-Ausbildung sowie Kriegsbildern selbst gekoppelt. ✦ USA 1967 **R+B** Jerry Stoll **K** Stephen Lighthill **D** Janet Pugh **L** 75 (Orig. 150) **E** 1.9.1968 WDR III

SOHO CONNECTION (BEYOND SOHO). Versehen mit den intimen Tagebüchern eines reaktionären Politikers, der zur »moralischen Aufrüstung« aufruft, legt sich ein ehemaliger Reporter mit dessen Partei und einer Gangster-Organisation an, die auch vor Rauschgifthandel und Mord nicht zurückschreckt. Als man ihm zwei Morde in die Schuhe schiebt, erschießt der gebrochene Journalist den Politiker und leitet damit den Aufstieg des Parteisekretärs ein, dessen willenlose Marionette der Parteiführer war. Zynischer Thriller um Gewalt, Machtmißbrauch und Sex, der in vielen Mord- und Folterszenen über sein Ziel hinausschießt und nur noch spekulativ und exzessiv wirkt. ✦ Großbritannien 1988 **P** Pointlane Films **VA** Ufa **Pd** Glen Murphy, Jamie Foreman **R** James Marcus **B** James Marcus, Mick Southworth **K** Jason Lehel **M** Rick Fenn, Nick Mason **S** Brian Peachey **D** Ray Winstone (Tank Malling), Jason Connery (Dunboyne), Amanda Donohoe (Helen Searle), Peter Wyngarde (Robert Knights), Marsha Hunt (Salena), Glen Murphy (Cashman), Jamie Foreman (Danny) **L** 92 **FSK** ab 18 **E** 17.10.1990 Video

DER SOJA-KOMPLEX. Der Film zeichnet den »Soja-Kreislauf« am Beispiel Brasiliens nach und beschreibt die katastrophalen Auswirkungen dieser Monokultur. Verödung, Landflucht und grenzenlose Umweltzerstörung in der Dritten Welt, damit die westliche Welt weiterhin Fleischberge produzieren kann. Ein engagierter Beitrag mit einer Fülle von Fakten, der zur Diskussion anregen will, ohne Ergebnisse vorwegzunehmen. – Ab 16. ✦ BR Deutschland 1988 **P** medusa-film **KI** Verleingenossenschaft **R** Otmar Schmid, Boris Terpinc **K** Otmar Schmid **S** Christine Kraft **L** 60 **E** März 1989

SOKOLOVO (SOKOLOVO). Die Geschichte der Entstehung der ersten, in der Sowjetunion formierten tschechoslowakischen Armee-Einheit und ihrer militärischen Bewährungsprobe in der Schlacht bei Sokolov unter dem Kommando von Oberstleutnant Ludvik Svoboda. Eine historische Chronik authentischer Ereignisse des Zweiten Weltkrieges in konventioneller Inszenierung. (Der Film ist der zweite Teil einer Geschichtstrilogie; vgl. Teil 1: »Hitler – Die Tage des Verrats«, Teil 3: »Die Befreiung Prags«) – Ab 16. ✦ Scope. CSSR/UdSSR 1974 **P** Filmstudio Barrandov/ Mosfilm **KI** Progress **R** Otakar Vávra **B** Miloslav Fábera, Otakar Vávra, Nikolai Figurowski **K** Andrej Barla **M** Zdenek Liska **D** Ladislav Chudík (Oberst Ludvik Svoboda), Bohus Pastorek (Klement Gottwald), Jirí Pleskot (Präsident Eduard Benes), Vladimír Ráz (General Sergej Ingr), Hannjo Hasse (Heydrich) **L** 131 **E** 23.1.1976 Kino DDR

SOKRATES (1968) (LE SOCRATE). Ein Philosophieprofessor steigt aus dem »normalen« Leben aus und bekehrt einen Detektiv, der ihn als Spion verfolgen sollte und ihm nun als Freund und Gehilfe folgt. Originelles Erstlingswerk, das frei über die Situation des heutigen Menschen philosophiert. ✦ Frankreich 1968 **P** C.E.C.R.T. **Pd** Pierre Domec **R** Robert Lapoujade **B** Robert Lapoujade, Colette Audry, Jean-Patrick Manchette **K** Jean-Jacques Renon **M** Bernard Parmegiani **D** Pierre Luzan, R.J. Chauffard, Martine Brochard, Stéphane Fay, Emmanuelle Atzei **L** 90 **E** 4.1. 1969 BR

SOKRATES (1970) (SOCRATE). Auftaktfilm von Roberto Rossellinis Trilogie über bedeutende Philosophen. Im Mittelpunkt dieses Teils steht der Grieche Sokrates im Jahr 399 v. Chr., der in Athen zum Tode verurteilt wird und in Würde stirbt. In hölzernen Kostüm-Spielszenen wandeln weißgekleidete, fast schon komisch wirkende Gruppen umher, womit es dem allzu geschwätzigen, historische Sachverhalte voraussetzenden Film nur in wenigen Momenten gelingt, die erstrebte Spiritualität künstlerisch spürbar zu machen. Enttäuschend auch die sterile, selten einmal lippensynchrone deutschsprachige Fassung. (Vgl. »Blaise Pascal« und »Descartes«) ✦ Italien/ Frankreich/Spanien 1970 **P** Orizonte 2000/RAI/ ORTF/TVE **Pd+R** Roberto Rossellini **B** Roberto Rossellini, Marcella Mariani **K** Jorge Herrero Martin **M** Mario Nascimbene **S** Alfredo Muschietti **D** Jean Sylvère (Sokrates), Anne Caprile (Xanthippe), Ricardo Palacios (Kriton), Giuseppe Mannaiuolo (Appolodorus), Manuel Angel Egea (Cebetes), Julio Morales (Antisthenes), Jesús Fernández (Christobolus), Eduardo Puceiro (Simmias) **L** 120 **E** 25.8.1985 HR/NDR/West 3

SOL Y SOMBRA (SOL Y SOMBRA). Reisebericht mit dem uneingelösten Anspruch, das zu zeigen, was der Durchschnittstourist nicht kennt. Da der Film über romantisierende Vorstellungen kaum hinauskommt und das zeitgenössische Spanien mit seinen politischen und sozialen Spannungen ausspart, erfährt man letztlich nichts Neues. ✦ Schweiz 1958 **P** Peter Saas **SF** Goldeck **R** Peter Saas **K** Peter Saas **M** Fritz Muggler **L** 83 **FSK** ab 6; f **E** 1959 Kino **fd** 7 875

SOLAJA (SOLAJA). Die patriotische Geschichte eines Partisanen, der im Jahr 1941 als Unbekannter zu einem der Führer des Aufstandes wird. ✦ Schwarz-weiß. Jugoslawien 1955 **P** Filmstudio Sarajevo **R** Vojislav Nanovic **B** Mihajlo Renovcevic **K** Eduard Bagdanic **M** Kresimir Baranovic **D** Milivoje Zivanovic, Rade Markovic, Renata Ulmanski, Janez Vrhovec, Olivera Markovic **L** 84 **E** 15.3.1972 DFF 2

SOLANG' DIE STERNE GLÜHN (SOLANG' DIE STERNE GLÜHN). Der Einsatz eines Journalisten und die Tierliebe junger Menschen helfen drei brotlos gewordenen Zirkusartisten und den ihnen verbliebenen Tieren. Eine belanglos-freundliche Geschichte, die bei glaubhafterer Darstellung und strafferer Regie weniger schablonenhaft ausgefallen wäre. (Alternativtitel: »Zirkuskinder«) – Ab 12. ✦ Österreich 1958 **P** Hope **KI** Gloria **Pd** Franz Hoffmann **R** Franz Antel **B** Kurt Nachmann **K** Hans H. Theyer **M** Johannes Fehring **S** Arnfrid Heyne **D** Gerhard Riedmann (Conny Meister), Heidi Brühl (Cora), Hans Moser (Pipo), Ossi Wanka (Silvio), Elga Andersen (Doris Hoff), Josef Meinrad (Karl Eibisch), Fritz Eckhardt (Großmolkereibesitzer) **L** 86 **FSK** ab 6; f **E** 21.7.1958/10.3. 1969 DFF 1 **fd** 7 188

SOLANG' ES HÜBSCHE MÄDCHEN GIBT. Revuelustspiel, das im Nachkriegsnotjahr 1947 spielt. Mit wenig Humor oder gar Witz werden Schwarzmarkt, Fraternisierung und andere Zeiterscheinungen in die kümmerliche Handlung einbezogen. ✦ BR Deutschland 1955 **P** Carlton **KI** Gloria **VA** Taurus **Pd** Klaus Stapenhorst **R** Arthur Maria Rabenalt **B** Per Schwenzen, Joachim Wedekind, Annemarie Artinger, nach dem Bühnenstück »Okay Mama« von Annemarie Artinger **K** Ernst W. Kalinke **M** Allan Gray **S** Margot von Schlieffen **D** Grethe Weiser (Frau Lerch), Georg Thomalla (Ernst), Alice Kessler (Alice), Ellen Kessler (Ellen), Rudolf Vogel (Herr Lerch), Irene Mann (Monika), Robert Cunningham (Bob), Oskar Sima (Colonel) **L** 106 **FSK** ab 16; nf **E** 8.7.1955 **fd** 4 192

SOLANG' NOCH UNTERN LINDEN ... Die Lebensgeschichte des populären Berliner Operettenkomponisten Walter Kollo (1883–1940: »Wie einst im Mai«, »Drei alte Schachteln« u. a.). Abgesehen von den musikalischen Qualitäten wurde der Film als Familienproduktion von Kollos Sohn und Enkeln mehr schlecht als recht zusammengebastelt. – Ab 16. ✦ Schwarz-weiß. BR Deutschland 1957/58 **P** Willi Kollo Prod. **KI** Pallas **Pd+R+B** Willi Kollo **K** Wolf Göthe **M** Walter Kollo, Paul Lincke, Willi Kollo **S** Hermann Ludwig, Ilse Voigt **D** René Kollo (Walter Kollo), Marguerite Kollo (Frau Kollo), Wolfgang Gruner (Hermann Frey), Inge Wolffberg (Frau Frey), Joachim Röcker (Zille/Hardt/Reutter), Bruno Fritz (Robert Steidel), Edith Schollwer (Rieke) **L** 97 **FSK** ab 12; nf **E** 25.7.1958 **fd** 7 210

SOLANGE DAS HERZ SCHLÄGT. Ein geachteter und pädagogisch erfolgreicher Oberstudienrat erfährt, daß er hoffnungslos erkrankt ist. Dem formal bemühten Film gelingt keine überzeugende Auseinandersetzung mit der Situation eines Menschen angesichts des nahen Todes. Statt dessen beschränkt sich das Drehbuch auf eine glatt-erbauliche, ziemlich glatte Geschichte, die über die Problematik gefühlvoll hinwegplätschert. Gehobene deutsche Kinounterhaltung. – Ab 16. ✦ Schwarz-weiß. BR Deutschland 1958 **P** Universum **KI** Ufa **Pd** Walter Ulbrich **R** Alfred Weidenmann **B** Herbert Reinecker **K** Igor Oberberg **M** Hans-Martin Majewski **S** Lilian Seng **D** O. E. Hasse (Dr. Hans Römer), Heidemarie Hatheyer (Frau Römer), Hans Christian Blech (Dr. Laue), Eva-Katharina Schultz (Frau Laue), Charles Regnier (Chemielehrer Kenneweg), Grit Boettcher (Renate), Götz George (Eberhard) **L** 105 **FSK** ab 12; f **FBW** w **E** 25.12.1958 **fd** 7 682

SOLANGE DER MENSCH LEBT (POKA SHIW TSCHELOWEK). Eheprobleme und innerbetriebliche Schwierigkeiten und Kämpfe werden offenbar, als man sich um die Identifizierung eines bewußtlosen Schwerverletzten bemüht. Der Versuch eines gegenwartsnahen Problemfilms, der letztlich weder in den Aussagen noch inszenatorisch überzeugt. – Ab 16. ✦ Scope, schwarz-weiß. UdSSR 1963 **P** Lenfilm **Kl** Progress **R** Grigori Aronow **B** Jossif Olschanski, Nina Rudnewa **K** Eduard Rosowski **M** Isaak Schwarz **D** Wladimir Samanski (Schirokow), Nina Urgant (Sinaida Iwanowna), O. Sabara (Nadja), Leonid Gallis (Krawzow), J. Koroljowa (Nelja) **L** 85 **E** 30.10.1964 Kino DDR

SOLANGE DIE LIEBE LEBT (1938) →Opfer einer großen Liebe

SOLANGE DIE LIEBE LEBT (1976) (DARK VICTORY). Eine Fernsehproduzentin flüchtet sich, nachdem sie erfahren hat, daß sie an einem Gehirntumor leidet und nur noch wenige Monate zu leben hat, in eine leidenschaftliche Liebesaffäre mit dem sie behandelnden Arzt und versucht, die ihr verbleibende Zeit zu nutzen. Gut durchschnittliches Fernseh-Remake eines Hollywood-Melodrams, das bereits 1939 mit Bette Davis (»Opfer einer großen Liebe«) und 1962 mit Susan Hayward (»Das Glück in seinen Armen«) in der Hauptrolle verfilmt wurde. Die geflissentlich auf Sentimentalität getrimmte Vorlage wurde durch äußere Modernisierung nicht ergiebiger. – Ab 16. ✦ USA 1976 **P** Universal **R** Robert Butler **B** Charles Cohen, nach einem Bühnenstück von George Emmerson Brewer jr. und Bertram Bloch **K** Michael D. Margulies **M** Billy Goldenberg **D** Elizabeth Montgomery (Katherine Merrill), Anthony Hopkins (Michael Grant), Michele Lee (Dolores), Janet MacLachlan (Eileen), Michael Lerner (Manny) **L** 132 **E** 13.4.1991 ARD

SOLANGE DU DA BIST. Nach dem Zweiten Weltkrieg verkauft eine junge Flüchtlingsfrau ihre Lebensgeschichte als Filmstoff und läuft Gefahr, in der sensationslüsternen Medienszene sich selbst und ihren Mann zu verlieren. Regisseur Braun, der in seinen Nachkriegsfilmen (u.a. »Nachtwache«, »Der fallende Stern«) zeitbezogene Lebensfragen anschnitt, warnte hier vor der Vermarktung des eigenen Schicksals, doch sein Film geriet zum psychologisch unglaubhaften Melodram ohne künstlerische Geschlossenheit. – Ab 14. ✦ Schwarz-weiß. BR Deutschland 1953 **P** NDF **Kl** Bavaria **Pd** Georg Richter **R** Harald Braun **B** Jochen Huth **K** Helmuth Ashley **M** Werner Eisbrenner **S** Claus von Boro **D** Maria Schell (Eva Berger), O.W. Fischer (Frank Tornau), Hardy Krüger (Stefan Berger), Brigitte Horney (Mona Arendt), Mathias Wieman (Paul) **L** 103 **FSK** ab 12; f **FBW** w **E** 27.8.1953/25.6.1954 Kino DDR/7.9.1963 ZDF **fd** 2725

SOLANGE DU LEBST. Dramatische Schicksale aus dem spanischen Bürgerkrieg: Eine Franco-Anhängerin rettet einen abgestürzten Flieger aus der Legion Condor. Künstlerisch unbedeutender Film mit offen pro-faschistischer Tendenz. ✦ Schwarz-weiß. BR Deutschland 1955 **P** Eva **Kl** RKO **Pd** Hans Paul Fritsch, Oskar Marion **R** Harald Reinl **B** Joachim Bartsch, Harald Reinl **K** Walter Riml **M** José Munios Molleda **S** J. Joachim Bartsch, Gertrud Petermann **D** Adrian Hoven (Michael), Marianne Koch (Teresa), Karin Dor (Pepita), Willy Rösner (Bürgermeister Torquito), Kurt Heintel (Kommissar Malek) **L** 103 **FSK** ab 12; f **FBW** w **E** 14.10.1955 **fd** 4536

SOLANGE EIN HERZ SCHLÄGT (1945) (MILDRED PIERCE). Die Tragödie einer blinden Mutterliebe: Eine Frau wird durch ihre egozentrische Tochter in einen Mordfall verwickelt. Routiniert und dicht inszeniertes Melodram, das vor allem durch Joan Crawfords beachtliche Interpretation der Hauptrolle auffällt. – Ab 16. ✦ Schwarz-weiß. USA 1945 **P** Warner Brothers **Kl** Warner **Pd** Jerry Wald **R** Michael Curtiz **B** Ranald MacDougall, Catherine Turney, nach einem Roman von James M. Cain **K** Ernest Haller **M** Max Steiner **S** David Weisbart **D** Joan Crawford (Mildred Piece), Jack Carson (Wally Fay), Zachary Scott (Monte Beragon), Eve Arden (Ida), Ann Blyth (Veda Pierce), Bruce Bennett (Bert Pierce) **L** 111 **FSK** ab 16; f **E** 24.4.1950/24.10.1975 ARD **fd** 774

SOLANGE EIN HERZ SCHLÄGT (1975) →Erzählung über das menschliche Herz

SOLANGE ES FRAUEN GIBT (TANT QU'IL Y AURA DES FEMMES). Das scheinbar glückliche Leben eines Regisseurs gerät aus den Fugen, als er eine hübsche Ärztin kennenlernt und sich plötzlich zwischen drei Frauen, seiner Ex-Frau, der derzeitigen und der zukünftigen Geliebten, entscheiden muß. Eine »Viereckskomödie« mit Sympathie für den vom Leben und der Liebe gebeutelten Frauenhelden, die ihren anfänglichen Charme aber rasch zugunsten abgenutzter Klischees verliert. – Ab 16 möglich. ✦ Frankreich 1987 **P** Hugo Films/Labbéfilms/AAA **VA** Warner Home **Pd** Evelyne Gélin, Xavier Gélin **R+B** Didier Kaminka **K** Eduardo Serra **M** Jean-Claude Petit **S** Monique Prim **D** Roland Giraud (Sam), Fanny Cottençon (Vanessa), Marianne Basler (Joanna), Fiona Gélin (Elodie), Martin Lamotte (Sacha) **L** 81 **FSK** ab 16 **E** 12.5.1989 Video/26.2.1995 mdr **fd** 27790

SOLANGE ES MENSCHEN GIBT (IMITATION OF LIFE). Eine weiße und eine schwarze Mutter haben ihren Anteil am Unglück ihrer Töchter, die sich ihnen entfremden: die eine, weil ihre Mutter wegen ihrer Schauspielerkarriere keine Zeit für sie hat, die andere, weil sie sich ihrer farbigen Mutter schämt und als Weiße gelten möchte. Ein handlungsreich verschlungenes Mutter-Kind-Drama um glamouröse Lebenslügen des amerikanischen Alltags; Douglas Sirk inszenierte seinen letzten Film in Hollywood in dem ihm eigenen melodramatischen Stil hart an der Grenze zum penetranten Rührstück. – Ab 14. ✦ USA 1958 **P** Universal **Kl** Universal **Pd** Ross Hunter **R** Douglas Sirk **B** Eleanore Griffin, Allan Scott, nach dem Roman von Fanny Hurst **K** Russell Metty **M** Frank Skinner **S** Milton Carruth **D** Lana Turner (Lora Meredith), John Gavin (Steve Archer), Susan Kohner (Sarah Jane mit 18), Sandra Dee (Susie Meredith mit 16), Juanita Moore (Annie Johnson), Terry Burnham (Susie mit 6), Dan O'Herlihy (David Edwards), Mahalia Jackson (Sängerin), Jack Weston **L** 124 **FSK** ab 12; f **E** 26.8.1959 **fd** 8391

SOLANGE ES NOCH HOFFNUNG GIBT (FIRST DO NO HARM). Drama nach einer wahren Geschichte über den Kampf einer Mutter um ihren epilepsiekranken Sohn, dem die Schulmediziner nicht helfen können, zugleich aber die alternative Methode einer Radikaldiät verhindern wollen. (Titel auch: »Solange es noch Hoffnung gibt – Der verzweifelte Kampf einer Mutter«) ✦ USA 1997 **Pd** Michael Jaffe, Howard Braunstein, Jim Abrahams, Meryl Streep **R** Jim Abrahams **B** Ann Beckett **K** Pierre Letarte **M** Hummie Mann **S** Terry Stokes **D** Meryl Streep (Lori Reimuller), Fred Ward (Dave Reimuller), Seth Adkins (Robbie), Michael Yarmush (Mark), Marion Bennett (Lynne) **L** 90 **E** 3.12.1997 RTL

SOLANGE ICH LEBE (TANT QUE JE VIVRAI). Ein lungenkranker junger Maler porträtiert im Sanatorium eine elegante Hochstaplerin, die zugleich eine internationale Verbrecherclique dirigiert und von einem chilenischen Kriminalisten verfolgt wird. Klischeebeladenes Nobel-Melodram. ✦ Schwarz-weiß. Frankreich 1945 **P** Ariane O.C.A. **Kl** Sirius **R** Jacques de Baroncelli **B** Jacques Companéez, Alex Joffé **K** Christian Matras **M** Wal Berg **D** Edwige Feuillère, Jacques Berthier, Georges Lannes, Jean Debucourt, Germaine Kerjean, Margo Lion **L** 90 **E** Dezember 1946

SOLANGE LEBEN IN MIR IST. Biografischer Film über den Kampf des Sozialistenführers Karl Liebknecht gegen den Ersten Weltkrieg in den Jahren 1914–1916. Der groß angelegte, das Pathos anderer historisch-biografischer DEFA-Filme erfolgreich zurückdrängender Versuch eines Zeitbildes mit optisch wirkungsvollen Massenszenen und beachtlicher Leistung des Hauptdarstellers. (Fortsetzung: »Trotz alledem!«) – Ab 14. ✦ Scope, schwarz-weiß. DDR 1965 **P** DEFA, Gruppe »Roter Kreis« **Kl** Progress **VA** Icestorm **Pd** Gert Golde **R** Günter Reisch **B** Michael Tschesno-Hell, Günter Reisch, Hermann Herlinghaus **K** Horst E. Brandt **M** Ernst Hermann Meyer **S** Bärbel Weigel **D** Horst Schulze (Karl Liebknecht), Ludmila Kasjanowa (Sophie Liebknecht), Michail Uljanow (Frolow), Rita Krips (Vera Liebknecht), Albert Hetterle (Paul Schreiner), Erika Dunkelmann (Milda Schreiner), Jutta Hoffmann (Käthe Schreiner), Harry Hindemith (General von Hohenberg) **L** 114 **E** 10.9.1965 Kino DDR/13.1.1994 ORB/29.5.2001 Video

SOLANGE NOCH DIE ROSEN BLÜHN. Der Urlaub in den Bergen läßt eine vielbeschäftigte und überarbeitete Kinderärztin glauben, sie liebe einen malenden Holzfäller. Eine kitschige Romanze im Mittelpunkt eines Heimatfilms, dessen magere Handlung durch peinlich-humorige Nebenmotive in Gang gehalten wird. – Ab 14. ✦ Schwarz-weiß. BR Deutschland 1956 **P** H.D.T **Kl** Constantin **Pd** Wilhelm Gernhardt **R** Hans Deppe **B** Joachim Bartsch, Karl Heinz Busse **K** Werner M. Lenz **M** Willi Mattes **S** Johanna Meisel **D** Hertha Feiler (Helga Wagner), Willy Fritsch (Richard Kühn), Eva Probst (Anna Huber), Gerhard Riedmann (Michael), Annie Rosar (Emerentia Huber), Sabine Eggerth (Toni), Ingrid Simon (Moni) **L** 106 **FSK** ab 12; nf **E** 21.12.1956 **fd** 5471

SOLARFIGHTERS (SOLARBABIES). Eine Gruppe Jugendlicher rebelliert gegen die Obrigkeit eines totalitären Zukunftsstaates, der die irdischen Wasservorräte speichert und den Menschen vorenthält. Die Befreiung gelingt mit Hilfe außerirdischer Mächte. Unausgegorene, dramaturgisch mangelhafte Mischung aus Science-Fiction-, Fantasy- und Abenteuer-Kino; klischeehaft und steril. – Ab 16. ✦ USA 1985 **P** Brooksfilms **Kl** UIP **VA** MGM/UA Home **Pd** Irene Walzer, Jack Frost Sanders **R** Alan Johnson **B** Walon Green, Douglas Anthony Metrov **K** Peter MacDonald **M** Maurice Jarre **S** Conrad Buff **D** Richard Jordan (Grock), Jami Gertz (Terra), Jason Patric (Jason), Lukas Haas (Daniel), Charles Durning (Wächter), James Le Gros (Matron), Claude Brooks (Rabbit), Peter DeLuise (Tug), Adrian Pasdar (Darstat) **L** 94 (gek. 83) **FSK** ab 16; f (gek. 6; f) **E** 28.5.1987/18.12.1987 Video **fd** 26199

SOLARIS (SOLARIS). Ein Psychologe wird zum Planeten Solaris geschickt, um unerklärlichen Vorkommnissen auf der dortigen Forschungsstation nachzuspüren. Die Konfrontation mit einer absolut fremden Lebensform (der gesamte Planet spiegelt als kollektives Bewußtsein die Erinnerungen, Ängste und Wünsche der Raumfahrer zurück) wird für die Besatzung des Raumschiffs zur metaphysischen Reise in die Innenwelt ihrer eigenen Kultur. Nach dem Science-Fiction-Roman von Stanislaw Lem erzählt Andrej Tarkowskij eine philosophische Fabel, die um die abendländischen Ideen von Tod, Liebe und Auferstehung kreist. Ein brillant inszenierter, äußerst reicher und vielschichtiger Film, der, im Gewand einer technischen Utopie, die Hybris traditionellen Fortschrittsglaubens in Frage stellt. – Ab 14. ✦ Scope. UdSSR 1972 **P** Mosfilm **Kl** Freunde der Deutschen Kinemathek **R** Andrej Tarkowskij **B** Friedrich Gorenstein, Andrej Tarkowskij, nach dem gleichnamigen Roman von Stanislaw Lem **K** Wadim Jussow **M** Eduard Artemjew, Johann Sebastian Bach **S** Ljudmila Fejginowa **D** Natalja Bondartschuk (Harey), Donatas Banionis (Kris Kelvin), Nikolai Grinko (Vater), Juri Järvet (Snaut), Anatoli Solonizyn (Sartorius), Sos Sarkisjan (Gibarjan), Wladislaw Dworshezki (Berton) **L** 167 **E** 20.9.1974 Kino DDR/16.8.1975 DFF 2/1977 Kino BRD/19.8.1978 ARD **fd** 20140

SOLAS (SOLAS). Durch die Erkrankung ihres despotischen Vaters wird einer 35-jährigen Andalusierin, die sich mit ihrer Familie überworfen hat, ein Wiedersehen mit ihrer Mutter beschert. Trotz aller Gegensätze lässt sich Nähe aufbauen, und die Tochter wird durch die Wiederbegegnung in die Lage versetzt, ihr Schicksal jenseits des vorgesehenen Weges zu meistern. Ein dicht inszeniertes Melodram, das an Einzelschicksalen die kollektiven Spannungen zwischen Tradition und Moderne verdeutlicht. Hervorragend sind vor allem die eindrucksvoll gezeichneten und gespielten starken Frauenfiguren. (Kinotipp der katholischen Filmkritik; O.m.d.U.) – Sehenswert ab 16. ✦ Spanien 1999 **P** Maestranza Films **KI** Pegasos **Pd** Antonio P. Perez **R+B** Benito Zambrano **K** Tote Trenas **M** Antonio Meliveo **S** Fernando Pardo **D** Ana Fernández (Maria), Maria Galiana (Mutter), Paco de Osca (Vater), Antonio Dechent (Doktor), Carlos Alvarez-Novoa (Nachbar) **L** 101 **FSK** ab 12; f **E** 29.3.2001 **fd** 34 765

DER SOLDAT AUS DEM REGEN (DESZCZOWY ZOLNIERZ). Eine Staatsanwältin verlässt ihren Partner und fährt ziellos durch die Nacht. Fast überfährt sie einen Mann, der scheinbar ohne Orientierung neben der Straße wandert. Sie nimmt ihn mit und bringt ihn, der scheinbar keine Erinnerung besitzt, in eine trostlose, von den Russen verlassene Stadt, um ihn zu verstecken. Mit den Mitteln eines Thrillers inszenierter Film über Probleme der postkommunistischen Umbruchphase, der durch sein brillantes Buch und die guten Darsteller besticht. ✦ Polen/Deutschland 1996 **P** Saco Films/Projekt 4 Film **KI** Freunde der Deutschen Kinemathek **R+B** Wieslaw Saniewski **K** Przemyslaw Skwirczynski **S** Urszula Jablonska **D** Antonina Choroszy (Anna), Mariusz Bonaszewski (Witek, der Soldat aus dem Regen), Jan Nowicki (Szymanski), Lukasz Nowicki (der junge Szymanski), Artur Zmijewski (Jerzy) **L** 100 **E** 2000 Kino

EIN SOLDAT DER HEIMAT (RODINY SOLDAT). Der Generalleutnant der sowjetischen Panzertruppen Dimitri Michailow überlebt 1320 Tage in einem deutschen Konzentrationslager. ✦ Scope, schwarz-weiß. UdSSR 1975 **P** Lenfilm **R** Juri Tschuljukin **B** Juri Tschuljukin, Alexander Gorochow, Georgi Kuschnirenko **K** Michail Koropzow **M** Kirill Moltschanow **D** Wladimir Sedow (Karbyschew), G. Gussakow (Tschidrow), Viktor Schulgin (Pochorow), Emil Karewicz (SS-Oberst), W. Ossenjew (General von Rauben) **L** 91 **E** 22.6.1978 DFF 2

DER SOLDAT JAMES RYAN (SAVING PRIVATE RYAN). Nach der Landung der alliierten Truppen in der Normandie erhalten acht Mann den Befehl, einen amerikanischen Soldaten ausfindig zu machen und unverletzt nach Hause zu bringen, weil dessen Mutter schon drei ihrer vier Söhne im Krieg verloren hat. Steven Spielbergs Film entwirft ein gnadenloses Bild des Kampfgeschehens und beeindruckt durch seine strikte Weigerung, Krieg als Stätte menschlicher Bewährung darzustellen. Abgesehen von einer unnötigen pathetischen Rahmenhandlung hat Spielberg das große Können aller Beteiligten dazu eingesetzt, ein realistisches Umfeld zu schaffen, das fast dokumentarischen Charakter annimmt. Das Drehbuch vermag zwar nicht die geistige Dimension beizusteuern, die der Film verdient hätte, aber die konsequente und erschütternde Rekonstruktion des Krieges als Schreckensbild des kollektiven Todes verleiht dem Film einen hohen humanitären Rang. DVD: Die Extras der Edition (2 DVDs) umfassen u. a. ein interessantes, 24-minütiges Making Of. – Ab 16. ✦ USA 1998 **P** DreamWorks/Paramount/Amblin Entertainment/Mutual Film **KI** UIP **VA** CIC **DVD** Paramount (16:9, 1.85:1, DD5.1 engl./dt.) **Pd** Steven Spielberg, Ian Bryce, Mark Gordon, Gary Levinsohn **R** Steven Spielberg **B** Robert Rodat **K** Janusz Kaminski **M** John Williams **S** Michael Kahn **D** Tom Hanks (Captain Miller), Edward Burns (Private Reiben), Tom Sizemore (Sergeant Horvath), Matt Damon (Private Ryan), Barry Pepper (Private Jackson) **L** 169 **FSK** ab 16; f **FBW** bw **E** 8.10.1998/17.6.1999 Video/10.11.2000 DVD **fd** 33 341

EIN SOLDAT KEHRT VON DER FRONT ZURÜCK (PRISCHOL SOLDAT S FRONTA). Am Beispiel von zwei Heimkehrern, die in einem niedergebrannten Dorf mit dem Wiederaufbau beginnen, wird von Zerstörung, Leid und Not durch den Zweiten Weltkrieg berichtet. Eine bewegende Anklage, deren Aussage durch die künstlerische Gestaltung adäquat vertieft wird. – Ab 14. ✦ Scope, schwarz-weiß. UdSSR 1971 **P** Mosfilm **KI** Progress **R** Nikolai Bubenko **B** Wassili Schukschin, nach einem Roman von Sergej Antonow **K** Elisbar Karawajew **M** Wjatscheslaw Owtschinnikow **D** Nikolai Gubenko (Kolja), Michail Glusski (Iwan), Irina Miroschnitschenko (Vera), Lidija Smirnowa, M. Redjakow **L** 84 **E** 3.11.1972 Kino DDR/1.9.1973 DFF 1

DER SOLDAT MIT DEN LACKSCHUHEN →Ballade von den schwarzen Lackschuhen

DER SOLDAT UND DER ELEFANT (SOLDAT I SLOW). Kurz vor Ende des Zweiten Weltkriegs taucht plötzlich zwischen den kämpfenden Parteien ein Elefant auf. Ein sowjetischer Soldat wird beauftragt, das ausgewachsene Tier in einen Zoo nach Jerewan zu bringen. Seine Erlebnisse mit dem Tier und den ihm begegnenden Menschen sind Gegenstand dieses sehenswerten, ungewöhnlichen und darstellerisch beeindruckenden Films. ✦ Scope, schwarz-weiß. UdSSR 1978 **P** Armenfilm **KI** Progress **R** Dmitri Kessarjan **B** Eduard Akopow, Dmitri Kessarjan **K** Lewan Atojanz **M** Juri Arutjunjan **D** Mger Mkrtschjan (der Armenier), Laima Schtrischaite (die Deutsche), Wladimir Rundyn (der General), Wladimir Pizek (der Eisenbahner), Owik Wanjan (der Soldat) **L** 81 **E** 10.12. 1978 DFF 2/14.9.1979 Kino DDR

SOLDATEN DER FREIHEIT (SOLDARY SWOBODY). Als monumentales Filmepos angelegte Chronik, die entscheidende Phasen und Prozesse des Befreiungskampfes der Völker Ost- und Südeuropas in Zweiten Weltkrieg nachzeichnet. Die beiden Teile umfassen die Jahre 1943/44, die Kriegswende und die Entscheidungsschlachten an der sowjetisch-deutschen Front. – Ab 16. ✦ Scope. UdSSR/Bulgarien/Ungarn/DDR/Polen/CSSR 1977 **P** Mosfilm/Spielfilmstudio Sofia/Mafilm/DEFA/PRF »Zespoly Filmowa«/Filmstudio Bucuresti/Filmstudio Barrandov **KI** Progress **R** Juri Oserow **B** Juri Oserow, Oskar Kurganow **K** Igor Slabnewitsch **M** Juri Lewitin **D** Stefan Gezow (Georgi Dimitroff), B. Pasterek (Klement Gottwald), Horst Preusker (Wilhelm Pieck), Ljubomir Kabaktschijew (Palmiro Togliatti), Boris Below (Maurice Thorez), Jakow Tripolski (Stalin) **L** 408 (zwei Teile) **E** 4.11.1977/17.2.1978 Kino DDR/9.,16.2. 1978 DFF 2

SOLDATEN OHNE UNIFORM (SOLDATI FARA UNIFORMA). Ein Lokomotivführer und ein Geschichtslehrer werden von versprengten deutschen Soldaten gegen Ende des Kriegs verschleppt. Bei der Flucht mit einem russischen Gefangenen opfert der Lehrer sein Leben für die anderen. Ein patriotischer Kriegsfilm, bei dem die formale Gestaltung hinter den thematischen Ambitionen zurückbleibt. – Ab 16. ✦ Scope, schwarz-weiß. Rumänien 1960 **P** Filmstudio Bucuresti **KI** Progress **R+B** Francisc Munteanu **K** Grigore Ionescu **M** Theodor Grigoriu **D** Liviu Ciulei, Colea Rautu, Lica Gheorghiu, Mircea Constantinescu **L** 82 **E** 2.3.1962 Kino DDR/11.8.1964 DFF 1

SOLDATENHERZEN (SOLDATSKOJE SERDZE). Durch das Verständnis und die Geduld seiner Vorgesetzten und Kameraden wird ein zur Armee einberufener, verschlossener und undisziplinierter junger Arbeiter zu einem gemeinschaftlich denkenden Menschen erzogen. Konventionell inszenierter »erzieherischer« Film über die Einbindung des Individuums in soziale Strukturen, auffallend durch seine Menschlichkeit. – Ab 12. ✦ Schwarz-weiß. UdSSR 1958 **P** Mosfilm **KI** Progress **R** Sergej Kolossow **B** Kiril Rapoport **K** A. Egina **M** Wladimir Jurowski **D** Wladimir Semljanikin (Fedja), Rosa Makagonowa (Tonja), N. Pogodin (Andrei), A. Osmolski (Erik), Jewgeni Kusnezow (Oberst) **L** 92 **E** 21.8.1959 Kino DDR/28.1.1962 DFF 1

SOLDATENSENDER CALAIS. Der deutsche Agent eines englischen Propagandasenders rettet 1944 Bruder und Freund vor der Gestapo. Nach Illustriertenart gefilmte Zeitgeschichte: klischeehaft, unverbindlich, strotzend von verdrehten Pflicht- und Widerstandsbegriffen. ✦ Schwarz-weiß. BR Deutschland 1960 **P** Bavaria Omnia/Leitienne **KI** Bavaria **Pd** Wilhelm Sperber **R** Paul May (= Paul Ostermayr) **B** Ernst von Salomon, nach dem gleichnamigen Roman von Michael Mohr **K** Kurt Hasse **M** Norbert Schultze **S** Werner Preuss **D** Hans Reiser (Werner Malden), Gert Fröbe (Der Chef), Klausjürgen Wussow (Jochen Malden), Helmut Schmid (Rudi Castrop), Peter Carsten (Otto Pantzke), Ingeborg Schöner (Anne Lindhoff), Siegfried Lowitz (Albrecht) **L** 103 **FSK** ab 12; f **E** 30.8.1960 **fd** 9 444

SOLDIER →Star Force Soldier

SOLDIER BOYZ (SOLDIER BOYZ). Als die Tochter eines amerikanischen Milliardärs in Vietnam von Rebellen entführt wird, reaktiviert das Militär einen Ex-Soldaten. Der rekrutiert junge Schwerverbrecher aus dem Gefängnis, um mit ihnen ein Himmelfahrtskommando zu wagen. Hanebüchener Actionfilm, der das Töten von Menschen nicht nur als Charakter erforderndes Abenteuer darstellt, sondern auch als effektives Rehabilitationsprogramm für straffällige Jugendliche. Dramaturgisch, inszenatorisch und schauspielerisch ist der Film eine Katastrophe. – Wir raten ab. ✦ USA 1994 **P** Motion Picture Corporation of America **VA** VPS **Pd** Brad Krevoy, Steve Stabler, Bradley Thomas **R** Louis Morneau **B** Darryl Quales **K** Mauro Fiore **M** Terry Plumeri **S** Glenn Garland **D** Michael Dudikoff (Tolliver), Cary-Hiroyuki Tagawa (Vinh Moc), Tyrin Turner (Butts), David Barry Gray (Lamb), Cedrick Terrell (Monster) **L** 85 (gek. 77) **FSK** ab 18 (gek. ab 16) **E** 26.10.1995 Video/21.8. 1998 ZDF **fd** 32 133

SOLDIER GIRLS (SOLDIER GIRLS). Beobachtung der Grundausbildung von Frauen in der amerikanischen Armee. Dokumentarfilm ohne Kommentar, der dennoch den militärischen Drill als systematischen Abbau der Menschenwürde entlarvt. Trotz des Verzichts auf analytische Aufarbeitung des Themas ein außerordentlich fesselnder und kritischer amerikanischer Film. ✦ USA 1981 **P** Contemporary Films/Corporation for Public Broadcasting **SF** Verleihgenoss. der Filmemacher **Pd+R+B** Joan Churchill, Nicholas Broomfield (= Nick Broomfield) **K** Joan Churchill **S** Nicholas Broomfield (= Nick Broomfield) **D** Joann Johnson, Clara Alves, Jackie Hall, Sergeant Abing, Sergeant Bertling **L** 97 **E** 15.5.1982 **fd** 23 775

SOLDIER'S FORTUNE (SOLDIER'S FORTUNE). Kurz nachdem ein ehemaliger Vietnam-Kämpfer von der Existenz seiner Tochter erfahren hat, wird das 16jährige Mädchen entführt. Gelegenheit für den jetzigen Söldner, alte Kameraden um sich zu scharen und in die Schlacht zu ziehen. Brutaler Standard-Actionfilm, der längst überholten Männlichkeitsidealen huldigt und in seiner Aussage mehr als zweifelhaft ist. – Wir raten ab. ✦ USA 1990 **P** The Soldier's Fortune Company/Biber-Prod./Arthur N. Mele Film **VA** Focus **Pd** Michael Biber, Jeffrey C. Hogue **R** Arthur N. Mele **B** Jeffrey C. Hogue, Charles Douglas Lemay **K** William Hayes **M** Chuck Cirino **S** Christopher Roth **D** Gil Gerard (Robert E. Lee Jones), Dan Haggerty (Hollis Bodine), Barbara Bingham (Susan Alexander), Charles Napier, P. J. Soles (Debra Petterson) **L** 94 (gek. 88) **FSK** ab 18 (gek. 16) **E** 27.11.1991 Video **fd** 29 447

SOLDIERS (SOLDAAT VAN ORANJE). An Hand einer Gruppe niederländischer Studenten wird die Spaltung der Nation nach der Besatzung durch die deutschen Truppen während des Zweiten Weltkrieges veranschaulicht. Während einige Opfer der Faschisten werden und andere sich mit ihnen verbrüdern, schließt sich ein kleiner Teil dem von England aus operierenden Widerstand an. Ein ebenso unterhaltsamer wie ernsthafter Film mit einigen drastischen Szenen, der Fragen nach Mitschuld und Verantwortung stellt, jedoch wegen erheblicher Kürzungen der ursprünglich 155minütigen Fassung etwas holprig wirkt. – Ab 16. ✦ Niederlande 1977 **P** Rob Houwer Film Holland B.V. **VA** Ascot **Pd** Rob Houwer **R** Paul Verhoeven **B** Gerard Soeteman, Cornelius Holierhoek, Paul Verhoeven **K** Jost Vacano **M** Rogier van Otterloo **S** Jane Speer **D** Rutger Hauer, Jeroen Krabbé, Susan Penhaligon, Edward Fox, Lex Deldon **L** 110 (Orig. 155) **FSK** ab 16 **E** 20.4.1988 Video **fd** 27 189

DIE SÖLDNER (THE DIAMOND MERCENARIES). In der Verbrecherhierarchie nur untergeordnete Gangster verüben einen räuberischen Anschlag auf den Tresorraum einer Diamantengesellschaft. Abenteuerfilm mit krass-naturalistischen Gewalt- und Vernichtungsschilderungen; seine Absicht, Abhängigkeitsverhältnisse im Gangstertum aufzuzeigen, kommt nur am Rande zum Tragen. (Alternativtitel: »The Diamond Devils – Die schmutzigen Helden«) ✦ USA 1975 **P** AIP **KI** Cinerama **R** Val Guest **B** Michael Winder, Val Guest, Gerald Sanford **K** David Millin **M** Georges Garvarentz **D** Christopher Lee (Major Chiltern), Peter Fonda (Bradley), Telly Savalas (Harry Webb), Hugh O'Brian (Lewis), Maud Adams (Claire) **L** 101 **FSK** ab 18; nf **E** 15.1.1976 **fd** 19 639

DER SÖLDNER (THE SOLDIER). Eine Spezialeinheit des CIA rettet den Weltfrieden, der durch eine atomare Erpressung des sowjetischen Geheimdienstes gefährdet wird. Mit den Erzählmustern des Polit-Thrillers und Actionfilms präsentiert der Film die faschistoide Ideologie, daß allein »Übermenschen« imstande seien, die Welt zu führen. – Wir raten ab. ✦ USA 1981 **P** Embassy **KI** Ascot/Avis **VA** Thorn EMI **Pd+R+B** James Glickenhaus **K** Robert M. Baldwin jr. **M** Tangerine Dream **S** Paul Fried **D** Ken Wahl (Söldner), Alberta Watson (Susan Goodman), Klaus Kinski (Dracha), Jeremiah Sullivan, William Prince (Präsident) **L** 84 **FSK** ab 16; f **E** 15.7.1982 Kino/April 1983 Video **fd** 23 544

SÖLDNER DER APOCALYPSE (APOCALYPSE MERCENARIES). Ein jugoslawischer Partisanentrupp legt unter der Führung eines amerikanischen Spezialkommandos während des Zweiten Weltkriegs eine deutsche Kommandozentrale in einer unwegsamen Bergregion lahm. Stereotyper Kriegsfilm nach üblichen Mustern und Klischees. ✦ Scope. Italien 1987 **P** Filman **VA** VPS **R** John R. Dawson **B** Leandro Lucchetti **K** Luigi Ciccarese **M** Stelvio Cipriani **D** Karl Landgren, Vassili Karis, Peter Hiatz, Maurice Poli, Marlee Foster **L** 85 **FSK** ab 18 **E** 17.11.1988 Video

SÖLDNER DER GEWALT → Die große Treibjagd

SÖLDNER DES TODES (INVADERS OF THE LOST GOLD). Während des Rückzugs der japanischen Truppen auf den Philippinen verschwindet im unwegsamen Dschungel eine Ladung Gold. über dreißig Jahre später macht sich eine Gruppe Abenteurer auf, den Schatz zu finden. Die Expedition wird zu einem Marsch in den Tod. Zusammengeschusterter Abenteuerfilm, der bereits in den ersten Szenen seine platte Story offenbart und sich in blutrünstigen Details ergeht. ✦ Italien 1982 **P** Spectacular Trading **KI** Allround/Alhambra **VA** Allround **R** Alan Birkinshaw **B** Dick Randall **D** Stuart Whitman (Mark Forrester), Laura Gemser (Maria), Harold Sakata (Fernando), Edmund Purdom (Rex Laarsen), Woody Strode (Cal) **L** 86 (gekürzt 79) **FSK** ab 18; nf (gek. 16) **E** 6.1.1984 **fd** 24 351

SÖLDNER KENNEN KEINE GNADE (TI-YI-LEI-HSING WEI HSIEN / DON'T PLAY WITH FIRE). Drei junge Männer geraten in die Abhängigkeit eines Mädchens, das verschiedene Mutproben und kriminelle Delikte anregt. Dabei werden die Vier in die Machenschaften skrupelloser Vietnamveteranen hineingezogen. Am Ende fallen alle einem Massaker zum Opfer. Frühes Meisterwerk von Tsui Hark, das in Hongkong zunächst wegen seiner Gewalttätigkeit verboten wurde – es spricht jedoch einiges dafür, daß die Zensur politisch motiviert war. Ein gewalttätiger Film über eine grausam-brutale Stadt-Welt der Dunkelheit, in der ein friedfertiger Mensch keine Überlebenschance hat. ✦ Scope. Großbritannien/Hongkong 1981 **P** Fotocine **KI** Avis/Apollo **VA** All **R** Tsui Hark **B** Szeto Cheuk-Hon **K** Chung Chi-Man **M** The Alan Parsons Project, Jean-Michel Jarre **D** Lo Lieh, Lim Ching-Chi, Richard da Silva, Nigel Falgate, Bruce Baron **L** 86 **E** 27.8.1982 **fd** 23 692

SÖLDNER OHNE GNADE → Die Cuba-Connection

DIE SÖLDNER – TÖTEN WAR IHR JOB → Töten war ihr Job

DAS SÖLDNERKOMMANDO (KILL SQUAD). Eine Gruppe ehemaliger Vietnamsoldaten formiert sich neu, als es gilt, einen Überfall auf einen Jungunternehmer zu rächen, dessen Frau vergewaltigt und getötet wurde. Ein durchaus ernst gemeintes infamsadistisches Gewaltspektakel, das die Prügeleien und Tötungen mit zynischen Kommentaren begleitet. ✦ USA 1982 **P** Summa Vista/KS Services **KI** Apollo/Avis **VA** Starlight **Pd** Michael D. Lee, Patrick G. Donahue **R+B** Patrick G. Donahue **K** Christopher W. Strattan **M** Joseph Conlan **S** Rick Yacco, Richard Mann **D** Jean Claudé, Jeff Risk, Bill Cambra, Cameron Mitchell (Dutch), Jerry Johnson, Francisco Ramirez **L** 84 **FSK** ab 18; nf **E** 23.12.1982 Kino/1983 Video **fd** 23 793

SÖLDNERKOMMANDO 2 (DRAGON FORCE). Ein amerikanischer Agent sucht in Hongkong eine entführte Prinzessin, die er schließlich, nach den obligatorischen Kampfhandlungen, aus der Hand des Bösewichts befreien kann. Bluttriefende Nahaufnahmen sind für das Niveau des einfallsarmen Films bezeichnend. ✦ USA 1982 **P** Yiu Wing Movie Enterprises **KI** Apollo/Avis **VA** VMP **Pd** George Mason **R** Michael King **B** Terry Chalmers, Dennis Thompsett **K** Bob Huke, Robert Hope **M** Chris Babida **D** Bruce Baron (Larry), Mandy Moore (Prinzessin Caroline), James Barnett, Jovy Couldry, Frances Fong, Bruce Li (= Ho Chung-Tao) **L** 86 **FSK** ab 18; nf **E** 17.2.1984/19.8. 1995 RTL **fd** 24 453

SOLEIL O (SOLEIL O). Bericht über die Situation der schwarzen Afrikaner in Frankreich, der harte Kritik an der weißen Gesellschaft übt und sich gleichzeitig selbstkritisch mit den Aktionen und Reaktionen der Schwarzen auseinandersetzt. Aufgrund seiner symbolischen und unterkühlten Form nicht leicht zugänglich. (O.m.d.U.) ✦ Schwarz-weiß. Frankreich/Mauretanien 1969 **P** Grey Films **R+B** Med Hondo **K** François Catonne **M** Georges Anderson **D** Robert Liensol, Théo Legitimus, Gabriel Glissand, Mabousso Lo, Bernard Fresson, Pierre Santini **L** 100 **E** 20.10.1977 WDR

SOLINGER RUDI. Angestachelt durch sein scheinbares Glück in allen Lebenslagen, will sich ein schon etwas in die Jahre gekommener Mann nach Erfolgen als Straßenverkäufer selbständig machen. Nach einem kurzen wirtschaftlichen und auch erotischen Höhenflug überspannt er den Bogen und scheitert; er muß begreifen, daß er seine Lektionen in Sachen freier Marktwirtschaft noch lange nicht gelernt hat. Sympathische kleine Komödie, die ihr Milieu authentisch wiedergibt und ihrem Opfer Züge eines Don Quichotte verleiht. – Ab 16. ✦ BR Deutschland 1990 **P** dffb/WDR **SF** Okapi **Pd** Hans W. Müller **R+B** Dietmar Klein **K** Michael Hammon **M** Marcel d'Accord, Cues Recording **S** Dietmar Klein **D** Achim Grubel (Rudi Kowatsch), Ralf Holzhausen (Kemper), Christel Harthaus (Lilo), Peter Schlesinger, Evelyn Meyka **L** 63 **FBW** w **E** 23.5.1991/7.4.1992 H 3 **fd** 28 918

SOLISTIN ANNA ALT. Die Ehe einer Musikerin und eines Komponisten droht an Eifersucht und den täglichen Sorgen zu scheitern, aber die junge Frau opfert die eigene Karriere, um das große Talent ihres Mannes zu unterstützen. Die klischeehafte Handlung gewinnt durch die musikalische Qualität und eine anschauliche Darstellung des Alltagsmilieus kleiner Leute. (Alternativtitel: »Symphonie dreier Herzen«, »Wenn die Musik nicht wär ...«) ✦ Schwarzweiß. Deutschland 1944 **P** Tobis **KI** Siegel/Monopol **R** Werner Klingler **B** Harald G. Petersson **K** Georg Bruckbauer **M** Herbert Windt **D** Anneliese Uhlig, Will Quadflieg, Emil Lohkamp, Eugen Klöpfer, Georg Thomalla **L** 95 **FSK** ab 12; f **E** 22.1.1945/7.9.1959 DFF 1 **fd** 934

SOLISTIN GESUCHT (NUSHNA SOLISTKA). Die Geschichte einer kleinen Musikband, die auf einem Unterhaltungsfestival auftreten möchte. Unterhaltungsfilm über Formen der Selbstverwirklichung innerhalb vorgegebener sozialer und politischer Strukturen. – Ab 10. ✦ UdSSR 1984 **P** Filmstudio Riga **KI** Progress **R** Gennadi Semel **B** Gunar Lijedags **K** Harri Kukels **M** Sigmar Liepinsch **D** Juri Moros, Kaspar Dimiters, Lelde Wikmane, Mirdza Siwere, Mirdza Martinsone **L** 77 **E** 7.2.1986 Kino DDR/30.5. 1985 DFF 2

SOLL DER TAG ZUM TEUFEL GEHEN (QUE LE JOUR AILLE AU DIABLE). Ein junger Herumtreiber und ein ehemaliger Lehrer führen ein Leben in den Tag hinein – ohne Arbeit und festen Wohnsitz. Ihre Freundschaft wird auf eine harte Probe gestellt, als der jüngere sich in eine reifere Frau verliebt und ihr zuliebe ein bürgerliches Leben aufzunehmen versucht. Debütfilm eines früheren Chabrol-Assistenten, der die Tristesse des Obdachlosenlebens präzise, aber auch mit einem Gespür für komische Momente zu beschreiben weiß. ✦ Frankreich 1992 **R** Alain Wermus **B** Alain Wermus, Alain Le Henry, nach einem Roman von Jean-Louis Bourdon **K** Bernard Zitzermann **D** Benoît Régent (Gilhou), Roch Leibovici (Gérard), Béatrice Agenin (Michèle), Christiane Cohendy (Yvette), Marc Betton (Baymond) **L** 87 **E** 22.7.1994 arte

SOLL SEIN – JIDDISCHE KULTUR IM JÜDISCHEN STAAT. Dokumentarfilm über die jiddische Kultur in Israel, wo sie intensiv in allen Bereichen des Lebens gepflegt wird. Vor allem die jiddische Sprache erscheint als Dreh- und Angelpunkt einer Lebensart, die utopische Hoffnungen, Witz und Lust am Streit ebenso widerspiegelt wie eine bestimmte Art, Fragen zu stellen und Antworten zu geben. Lehrreich und informativ. – Ab 16. ✦ BR Deutschland/Israel/Niederlande 1984–90 **P** van der meulen-film/WDR **SF** Freunde der Deutschen Kinemathek **Pd** Frans van der Meulen **R+B** Henryk M. Broder, Frans van der Meulen **K** Dani Barnea, Frans van der Meulen, Esra Shmueli, Eberhard Tscheppe **M** Broder-Kapelye, Max Perlman, Benzion Witler **S** Ijf Ijland, Hanna R. Bekka **L** 114 **E** April 1992

SOLO (1977) (SOLO). Eine junge, freiheitsdurstige Frau aus Australien begegnet in Neuseeland einem Piloten, der im Feuerwarndienst eingesetzt ist und ebenfalls ein ungebundenes Leben liebt, jedoch für seinen Sohn sorgen muß. Sie verlieben sich, aber ihre Furcht vor einer Bindung ist stärker als die Zuneigung. Unterhaltungsfilm, der mehr durch beeindruckende Luftaufnahmen als durch Drehbuch oder Darstellung auffällt. ✦ Australien/Neuseeland 1977 **P** David Hannay/Tony Williams **Pd** David Hannay, Tony Williams **R** Tony Williams **B** Tony Williams, Martyn Sanderson **K** John Blick **M** Bruce Cockburn **D** Lisa Peers (Judy), Vincent Gil (Paul), Perry Armstrong (Billy), Martyn Sanderson (Catweazle), Frances Edmund (Lehrerin), Jock Spence, Davina Whitehouse **L** 90 **E** 8.6.1979 ARD

SOLO (1996) (SOLO). Der Prototyp eines humanoiden Kampfroboters, der illegale Regierungsaufträge ausführen soll, erweist sich als Auslaufmodell, weil er keine Gewalt gegen nichtfeindliche Personen anwendet. Als er sich mit lateinamerikanischen Campesinos verbündet und gegen weitere Roboter-Gebote verstößt, soll er ausgelöscht werden. Ein herkömmlicher Actionfilm, der sich allenfalls durch seine relativ gewaltfreie Botschaft vom Gros des Genres absetzt und seine Geschichte als Paraphrase zwischen »Terminator« und »Die sieben Samurai« erzählt. ✦ USA 1996 **P** Triumph/Orpheus/John Flock/Van Peebles Films **VA** Columbia TriStar **DVD** Universal Home (16:9, 1.85:1, DD5.1 engl., DS dt.) **Pd** Joseph Newton Cohen, John Flock **R** Norberto Barba **B** David L. Corley, nach einem Roman von Robert Mason **K** Christopher Walling **M** Christopher Franke **S** Scott Conrad **D** Mario Van Peebles (Solo), Jaime Gomez

(Lorenzo), Seidy Lopez (Agele), William Sadler (Colonel Walston), Adrien Brody **L** 90 (gek. 88) **FSK** ab 18 (gek. 16) (DVD 18) **E** 22.4.1997 Video/22.5. 1998 premiere/19.8.1999 DVD **fd** 32 909

SOLO FÜR EINE SUPERFRAU (BUONA COME IL PANE). Die »Superfrau« ist das Idol eines Junggesellen, der ihr nachsteigt, ohne zu ahnen, wie sie sich ihren Unterhalt verdient. Nach einer Reihe mißglückter Liebeserklärungen kann er sie zur Hochzeit führen. Dümmliche Komödie, die fast ausschließlich in einem Bordell spielt. ✦ Italien 1981 **P** Leader **VA** All Video **L** 90 **FSK** ab 16 **E** Dezember 1985 Video **fd** 25 364

SOLO FÜR EINEN MÖRDER →Renn nicht ins offene Messer

SOLO FÜR KLARINETTE. Ein Kriminalkommissar verliebt sich in eine Mordverdächtige, um seiner klaustrophobischen Einsamkeit zu entfliehen, beugt Recht und Gesetz, um der Geliebten nahe zu sein und führt zwangsläufig das tragische Ende herbei. Kein Genrefilm im eigentlichen Sinn, der zwar Vorgaben des Kriminalfilms nutzt, um seine Geschichte transportieren zu können, dessen eigentliches Thema jedoch das existentielle Drama zweier Menschen ist, die ihrer inneren Isolation zu entkommen suchen. Schauspielerisch etwas zu forciert, bietet der klug durchdachte Film Unterhaltung auf beachtlichem Niveau. – Ab 16. ✦ Scope. Deutschland 1998 **P** Regina Ziegler Filmproduktion/ProSieben **KI** Senator **VA** Ufa/BMG **Pd** Regina Ziegler **R** Nico Hofmann **B** Susanne Schneider, nach einem Roman von Elsa Lewin **K** Hans-Günther Bücking **M** Nikolaus Glowna **S** Inge Behrens **D** Götz George (Bernhard Kominka), Corinna Harfouch (Anna Weller), Tim Bergmann (Freddie Bahlo), Barbara Auer (Lydia Kominka), Tobias Schenke (Theo), Christian Redl (Thomas Hecht) **L** 95 **FSK** ab 16; f **E** 15.10.1998/6.4.1999 Video **fd** 33 379

SOLO FÜR MARTINA. Fernsehfilm. Die Geschichte einer konfliktreichen Liebe zwischen einer Studentin der Ökonomie aus Leipzig und einem Geigenbaumeister aus einer alteingesessenen Handwerkerfamilie aus dem Vogtland. ✦ DDR 1979/80 **P** DEFA **Pd** Volkmar Leweck **R+B** Achim Hübner **K** Günter Eisinger **M** Peter Gotthardt **S** Ursula Zweig **D** Ellen Hellwig (Martina Becker), Karl Thiele (Jürgen Mosler), Wolfgang Greese (Kurt Mosler), Ostara Körner (Liesbeth Meinl), Gabriele Heinz (Elli Spieker) **L** 91 **E** 30.11.1980 DFF 1

SOLO FÜR 2 (ALL OF ME). Eine attraktive, exzentrische Millionärin, die zum Sterben verurteilt ist, will durch Seelenwanderung weiterleben. Unfreiwillig schlüpft sie in die rechte Körperhälfte eines Rechtsanwalts, der fortan mit zwei verschiedenen Seelen zu kämpfen hat, bis es nach turbulenten Ereignissen zum Happy-End kommt. Schwungvolle Grotesk-Komödie, die ein ausgelassen-amüsantes Spiel mit übersinnlichen Phänomenen entfaltet; dank vieler Einfälle und guter Darsteller ansprechende Unterhaltung. – Ab 16 möglich. ✦ USA 1984 **P** Old Time/Kings Road **KI** Tobis **VA** Thorn EMI **Pd** Stephen Friedman **R** Carl Reiner **B** Phil Alden Robinson, nach dem Roman »Me Too« von Ed Davis **K** Richard H. Kline **M** Patrick Williams **S** Bud Molin **D** Steve Martin (Roger Cobb), Lily Tomlin (Edwina Cutwater), Victoria Tennant (Terry Hoskins), Madolyn Smith (Peggy Schuyler), Richard Libertini (Prahka Lasa), Jason Bernard (Tyrone Wartell), Peggy Feury (Dr. Betty Ahrens) **L** 91 **FSK** ab 16; f **E** 5.4.1985/Oktober 1985 Video **fd** 25 040

SOLO FÜR ZWEI MASCHINENGEWEHRE →Feuertanz

SOLO FÜR ZWEI SUPERKILLER (CUBAN CROSSING/ KILL CASTRO/ASSIGNMENT: KILL CASTRO). Der Versuch eines CIA-Agenten, den kubanischen Staatschef Fidel Castro zu beseitigen. Agentenfilm mit abgegriffenen Actionfilmklischees, der seine dünne Story auch durch Verweise auf historische Hintergründe nicht glaubwürdiger machen kann. ✦ BR Deutschland/USA 1979 **P** Key West **KI** Residenz **DVD** e-m-s (FF P&S, Mono engl./dt.) **Pd** Jack White (= Horst Nussbaum) **R** Chuck Workman **B** Robin Swicord, Chuck Workman **K** Robert Carras **M** Jack White (= Horst Nussbaum) **S** James Symons **D** Robert Vaughn (Edward G. Hudson), Stuart Whitman (Captain Tony Terracino), Marie Louise Gassen (Maria), Michael V. Gazzo (Mafia-Boss Rosselini), Woody Strode (Bootsmann Titi) **L** 91 **FSK** ab 12; f **E** 23.2.1980/26.7.2001 DVD **fd** 22 435

SOLO IM SULKY →Zu Hause in Indiana

DIE SOLO-KAMPFMASCHINE (WHEELS OF FIRE/ DESERT WARRIOR). Ein Einzelgänger rächt friedliche Siedler, die von einer Gruppe sadistischer Highway-Piraten terrorisiert werden. Primitiver Action-Film, der vor einer Endzeit-Kulisse lediglich Gewalt- und Sexszenen aneinanderreiht. – Wir raten ab. ✦ USA 1985 **P** Rodeo **VA** VPS **Pd+R** Cirio H. Santiago **B** Frederick Bailey **M** Chris Young (= Christopher Young) **S** George Saint **D** Gary Watkins (Trace), Lynda Wiesmeier (Harley), Laura Banks (Stinger), Linda Grovenor (Spike), Josef Anderson (Scourge), Josepha Zuchero (Whiz) **L** 77 **FSK** ab 18 **E** 18.7.1986 Video **fd** 25 823

SOLO-KONZERT FÜR EINE PISTOLE (CONCERTO PER PISTOLA SOLISTA). Gemeinsam jagen ein Scotland Yard-Inspektor und ein Dorfpolizist auf einem Landsitz einen unheimlichen Mörder, der unter den Erben eines Schloßherrn wütet. Durchschnittlicher Kriminalfilm. (TV-Titel DDR: »Konzert für eine Solopistole«) ✦ Scope. Italien 1971 **P** Juppiter Generale **KI** MGM **R** Michele Lupo **B** Fabio Pittorru, Massimo Felisatti, Sergio Donati **K** Guglielmo Mancori **M** Francesco De Masi **S** Vincenzo Tomassi **D** Anna Moffo, Gastone Moschin, Evelyn Stewart (= Ida Galli), Lance Percival, Marisa Fabbri, Peter Baldwin, Giacomo Rossi Stuart **L** 108 **FSK** ab 16; f **E** 26.10. 1972/20.3.1982 DFF 1 **fd** 18 068

SOLO MIT TROMPETE (UNCLE JOE SHANNON). Nach dem Unfalltod von Frau und Kind sinkt ein Starttrompeter zum Herumtreiber und Trinker ab. Der vaterlose Junge eines Straßenmädchens hilft ihm, sich wieder zu fangen. Als der Junge infolge einer lebensgefährlichen Erkrankung eine Unterschenkelamputation erdulden muß, wird das Vertrauen zwischen den beiden auf eine harte Probe gestellt. Mittelmäßiges amerikanisches Melodram. ✦ USA 1977 **P** United Artists **Pd** Robert Chartoff, Irwin Winkler **R** Joseph C. Hanwright **B** Burt Young **K** Bill Butler **M** Bill Conti **S** Don Zimmerman **D** Burt Young (Joe), Doug McKeon (Robbie), Jason Bernard (Goose), Madge Sinclair (Margaret), Allan Rich (Dr. Clark), Bert Remsen (Braddock) **L** 95 **E** 18.12.1983 ZDF

SOLO SHUTTLE (SOLO SHUTTLE). Als ihr Geliebter ihr mitteilt, er habe endlich seine Frau verlassen, und ihr nun eine Liebeserklärung macht, ist sich eine junge Pariserin, die für die Einwanderungsbehörde arbeitet, ihrer Gefühle für ihn gar nicht mehr so sicher und kann sich ein Zusammenleben nicht mehr so recht vorstellen. Film über abgekühlte Gefühle und die Angst, sie zu leben, wenn heimlich ausgelebte Leidenschaften plötzlich Wirklichkeit werden. ✦ Frankreich 1998 **P** La Sept-arte/Final Touch **R** David Cohen **L** 90 **E** 28.6.1998 arte

SOLO SUNNY. Die alltagsnahe Geschichte einer Schlagersängerin in einer durch die DDR tingelnden Band. Die Frau scheitert privat und beruflich, findet aber wieder einen neuen Anfang. Ein sehenswerter Film über die Identitätsprobleme der Jugend nicht nur in der DDR; differenziert in der Charakterzeichnung, mit treffsicheren Dialogen, heiter und leicht inszeniert. Zugleich ein mutiges Plädoyer gegen gesellschaftliche Bevormundung, für Individualität und den eigenen Weg durchs Leben. – Ab 16. ✦ DDR 1979 **P** DEFA, Gruppe »Babelsberg« **KI** Progress **VA** Icestorm **Pd** Herbert Ehler **R** Konrad Wolf **B** Wolfgang Kohlhaase **K** Eberhard Geick **M** Günther Fischer **S** Evelyn Carow **D** Renate Krößner (Solo Sunny), Alexander Lang (Ralph), Dieter Montag (Harry), Klaus Brasch (Norbert), Heide Kipp (Christine) **L** 104 **FSK** ab 16; f **FBW** bw **E** 18.1.1980 Kino DDR/10.4. 1980 Kino BRD/6.9.1982 DFF 1/26.3.1983 ZDF/ 1999 Video **fd** 22 397

SOMBRERO (1953) (SOMBRERO). Die Fehde zweier mexikanischer Städtchen um das Grab eines Dichters und drei ineinander verschlungene Liebesgeschichten als zentrale Motive in einem bisweilen reichlich verworrenen Melodram mit Musical- und Tanzsequenzen. ✦ USA 1953 **P** MGM **KI** MGM **Pd** Jack Cummings **R** Norman Foster **B** Josefina Niggli, Norman Foster, nach dem Roman »A Mexican Village« von Josefina Niggli **K** Ray June **M** Léo Arnaud **S** Cotton Warburton **D** Ricardo Montalban (Pepe Gonzales), Pier Angeli (=Anna Maria Pierangeli) (Eufemia Calderon), Vittorio Gassman (Alejandro Castillo), Yvonne de Carlo (Maria), Cyd Charisse (Lola de Torrano), Nina Foch (Elena Cantu) **L** 103 **FSK** ab 12; f **E** 30.4.1954 **fd** 3 362

SOMBRERO (1959) (SOMBRERO). Ein Junge beweist seinen Kameraden seine schauspielerische Begabung und erhält dadurch die Hauptrolle in einem von ihnen aufzuführenden Stück. – Ab 8. ✦ UdSSR 1959 **P** Gorki-Studio **KI** Progress **R** Tamara Lissizian **B** Sergej Michalkow **K** W. Dulzew **M** L. Schwarz **D** Tolja Kulakow (Schura), Witja Perewalow (= Viktor Perewalow) (Murkel), Natascha Panina (Alla), Mischa Tjagunow (Wadim), Witja Glaskow (Slawa) **L** 66 **E** 18.12.1959 Kino DDR

SOME GIRL (SOME GIRL). Beziehungsprobleme innerhalb einer weiblichen Freundesclique in Los Angeles, die durch die Bindungsangst der jungen Frauen geschürt werden. Eine wortlastige Komödie, die als Aktivposten zwar eine genaue Milieubeobachtung für sich verbuchen kann, durch ihre Unverbindlichkeit jedoch nur beliebige Unterhaltung zu bieten hat. ✦ USA 1998 **Pd** Boaz Davidson, Abra Edelman, Gay Ribisi, John King, Josh Woodward **R** Rory Kelly **B** Marissa Ribisi, Brie Shaffer **K** Amy Vincent **S** Melissa Kent **D** Marissa Ribisi (Claire), Juliette Lewis (April), Michael Rapaport (Neal), Giovanni Ribisi (Jason), Pamela Segall (Jenn) **L** 82 **E** 20.7.2000 Premiere World

SOME GIRLS (SOME GIRLS/SISTERS). Robert Redford fungiert als ausführender Produzent, was das bemerkenswerteste an dieser konzeptlosen Liebeskomödie ist. Ein Student verbringt auf Einladung seiner College-Liebe ein Weihnachtsfest bei deren Familie in Quebec. Kurz nach seiner Ankunft erklärt sie die Beziehung für beendet. Um so mehr sieht er sich den Verführungskünsten ihrer beiden Schwestern ausgesetzt. Aber auch der Rest der Familie besteht aus unberechenbaren Sonderlingen. Der fehlende rote Faden in den Bildern soll gegen Ende erfolglos mit »erklärenden« Monologen voller Lebensphilosophien nachgeliefert werden. – Ab 14. ✦ USA 1988 **P** MGM-UA/Wildwood Ent./Oxford **VA** EuroVideo **Pd** Rick Stevenson **R** Michael Hoffman **B** Rupert Walters **K** Ueli Steiger **M** James Newton Howard **S** David Spiers **D** Patrick Dempsey (Michael), Florinda Bolkan (Mutter), Jennifer Connelly (Gabby), Lance Edwards (Nick), Ashley Greenfield (Simone), Sheila Kelley (Irenka), André Gregory (Vater), Lila Kedrova (Großmutter) **L** 90 **FSK** ab 12 **E** 10.4.1990 Video **fd** 28 271

SOMEONE ELSE – VERFÜHRERISCHER SOMMER →Verführerischer Sommer

SOMEONE ELSE'S AMERICA →Paradies, Brooklyn

SOMETHING'S GOT TO GIVE →Marilyn – Ihr letzter Film

DIE SOMME. Vorwiegend dokumentarischer Film über die Schlacht an der Somme 1916, mit angedeuteter Spielhandlung. Ein stummes Mahnmal der ersten Materialschlacht der Kriegsgeschichte. ✦ Schwarzweiß. Deutschland 1929/30 **P** Cando **R+B** Heinz Paul **K** Viktor Gluck, Georg Bruckbauer, Sydney Blythe, Freddie Young **D** Hermine Sterler, Oskar Marion, Hans Tost, Walther Edthofer **L** 82 **E** April 1930

SOMMER (1986). Ein Vater zieht sich mit seinem autistischen Sohn in ein abgelegenes Berghotel zurück, um dem in sich gekehrten Jungen näherzukommen. Je mehr er sich um diese Nähe bemüht, um so mehr verliert er den Kontakt zu seiner Umwelt und gerät selbst in die Isolation. Philip Grönings Abschlußfilm an der Münchner Hochschule für Film und Fernsehen, der mit dem Förderpreis der Stadt München ausgezeichnet wurde. ✦ Schwarz-weiß. BR Deutschland 1986 **P** HFFM **Pd+R** Philip Gröning **B** Philip Gröning, Nicolas Humbert, Ralf Zöller **K** Ernst Kubitza **M** Béla Bartók, Olivier Messiaen **S** Philip Gröning **D** Michael Schech (Vater), Phillip Rankl (Sebastian), Barbara von Baur (Frau), Lene Beyer (Zimmermädchen), Ralf Ackermann (Vater der Frau) **L** (TV) 100 **E** Dezember 1986/10.1.1991 HR

SOMMER (1996) (CONTE D'ETE). Im dritten Teil des »Jahreszeiten«-Zyklus von Eric Rohmer (nach »Frühlingserzählung«, 1989, und »Wintermärchen«, 1991) begegnen sich vier junge Erwachsene während der Sommerferien am Meer. Um die drei Frauen und den Mann entstehen besonders durch seine Unsicherheit flüchtige Bindungen zwischen Freundschaft und Liebe. Mit ausgezeichneten Darstellern entwickelt Rohmer die Widersprüche zwischen Gefühl, Wort und Tat. In fast dokumentarischem Stil und mit ökonomischsten Mitteln gelingen sensible Beobachtungen von sommerlicher Leichtigkeit. (Kinotip der katholischen Filmkritik.) – Sehenswert ab 14. ✦ Frankreich 1996 **P** Margaret Menegoz – Les Films du Losange/La Sept Cinema **KI** FPV (Filmwelt-Prokino) **VA** Arthaus **Pd** Françoise Etchegaray **R+B** Eric Rohmer **K** Diane Baratier **S** Mary Stephen **D** Amanda Langlet (Margot), Melvil Poupaud (Gaspar), Gwenaelle Simon (Léna), Aurélia Nolin (Solène) **L** 113 **FSK** o. A.; f **E** 20.6.1996/10.2.1997 Video **fd** 31 959

EIN SOMMER AM SEE (A MONTH BY THE LAKE). 1937 verliebt sich eine etwa 60jährige Engländerin während ihres Sommeraufenthalts in einem kleinen Hotel am Comer See in einen ebenfalls in die Jahre gekommenen Junggesellen, einen englischen Major. Der Zweisamkeit stehen aber eine Reihe von eingeschliffenen Verhaltensmustern und Attitüden im Wege, die erst überwunden werden müssen. Ein humorvolles, durchaus mit Charme inszeniertes und gespieltes Stück Unterhaltungskino aus der Traumfabrik. Die interessante Grundidee nach einer Kurzgeschichte von H.E. Bates gebraucht ihre historische Situierung aber nur als Staffage und büßt dadurch an Glaubwürdigkeit ein. – Ab 12. ✦ USA 1995 **P** Miramax **KI** Kinowelt **VA** Arthaus **Pd** Robert Fox **R** John Irvin **B** Trevor Bentham, nach einer Kurzgeschichte von H. E. Bates **K** Pasqualino de Santis (= Pasquale de Santis) **M** Nicola Piovani **S** Peter Tanner **D** Vanessa Redgrave (Miss Bentley), Edward Fox (Major Wilshaw), Uma Thurman (Miss Beaumont), Alida Valli (Signora Fascioli), Alessandro Gassman (Vittorio) **L** 91 **FSK** o. A.; f **E** 21.11.1996/2.6.1997 Video **fd** 32 247

EIN SOMMER AN DER SEE (LA BAULE – LES PINS). Für zwei kleine Mädchen ändert sich das Leben schlagartig, als ihre Eltern sich scheiden lassen wollen. Zum ersten Mal fahren sie ohne die Eltern in Urlaub, doch auch als diese nachkommen, ist das Leben alles andere als in Ordnung. Eine autobiografisch gefärbte Filmerzählung, die die Vergangenheit ein wenig nostalgisch-verklärt zeichnet. Kein sonderlich überzeugender Film, in dem auch die Schauspieler nie zur gewohnten Form finden. – Ab 14. ✦ Frankreich 1989 **P** Alexandre Films **R** Diane Kurys **B** Diane Kurys, Alain Le Henry **K** Giuseppe Lanci **M** Philippe Sarde **S** Raymonde Guyot **D** Nathalie Baye (Léna), Richard Berry (Michel), Jean-Pierre Bacri (Léon), Zabou (Bella), Vincent Landon (Jean-Claude) **L** 85 (Orig. 100) **E** 28.4.1996 Vox

EIN SOMMER AUF DEM DORF (PASTORALI / PASTORALE). Eine Gruppe junger Musiker aus Tiflis verbringt einige Monate in einem kleinen abgeschiedenen Dorf in Georgien. Für sie ebenso wie für die Dorfbewohner bedeutet dieser Sommer ein Zusammentreffen mit einer fremden Kultur: die Musiker entdecken die Schönheit des Landes und die Geheimnisse der Menschen, während sie selbst den Dörflern, besonders einer wissensdurstigen jungen Frau, Einblicke in ihre moderne Welt vermitteln. Ein durch seinen poesievollen Realismus beeindruckender Film des georgischen Dowshenko-Schülers Iosseliani (geb. 1934), der durchaus kritisch einen Blick auf die vermeintlichen Segnungen der Zivilisation wirft. ✦ Schwarz-weiß. UdSSR 1975/76 **P** Grusia-Film **KI** Freunde der Deutschen Kinemathek **R** Otar Iosseliani **B** Rezo Inaschwili, Otar Mechrischwili, Otar Iosseliani **K** Abessalom Maisuradse **S** I. Beschnaschwili, Guliko Omadse, C. Zichiseli **D** Rezo Tsarlahalachwili, Lia Tockadse-Djoegueli, Marina Karziwadse, Tamara Gueabarachwili (Lia), Nukri Dawitaschwili (Niko) **L** 95 **E** 5.9.1986 ZDF

EIN SOMMER AUF DEM LANDE (1980) (SEGRETE EXPERIENZE DE LUCA E FANNY / LUCA E FANNY). Während der Ferien im Landhaus seiner Tante wird ein Junge durch Cousine, Dienstmädchen und Tante in die Liebe eingeführt. Drastischer Sexfilm. ✦ Italien 1980 **P** ELM **KI** Ascot **R** Gérard Loubeau **K** Roberto Girometti **M** Bob Deramont **D** Enzo Gannei, Daniela Giordano, Julia Perrin, Anni Carol Edel, Aldo Materazzi **L** 82 **FSK** SPIO: X **E** 6.3.1981 **fd** 22 926

EIN SOMMER AUF DEM LANDE (1999) (LES ENFANTS DU MARAIS). Die Geschichte zweier gegensätzlicher Männer, die mit Frau und Kindern in einer idyllischen Flusslandschaft im Frankreich der 30er-Jahre leben, von der Liebe träumen, das Leben genießen und ungewöhnliche Freundschaften zu einem alten Fabrikbesitzer und einem dandyhaften Städter pflegen. Eine von verhaltener Spannung und leisem Humor getragene Hymne auf die Freundschaft und die kleinen Freuden des Lebens, die in malerischen Bildern eine vergangene Epoche stimmungsvoll wiederauferstehen lässt und durch die präzise und liebevolle Figurenzeichnung einen faszinierenden »Sommer auf dem Lande« miterleben lässt. – Sehenswert ab 12. ✦ Scope. Frankreich 1999 **P** Films Christian Fechner/UGC International/Canal + **KI** MFA **Pd** Christian Fechner **R** Jean Becker **B** Sébastien Japrisot, nach dem gleichnamigen Roman von Georges Montforez **K** Jean-Marie Dreujou **M** Pierre Bachelet **S** Jacques Witta **D** Jacques Gamblin (Garris), André Dussollier (Amedée), Michel Serrault (Pépé), Isabelle Carré (Marie), Jacques Villeret (Riton) **L** 115 **FSK** ab 6; f **E** 13.7.2000 **fd** 34 337

SOMMER AUF DER LIEBESINSEL (ALIKI). Ein junger Amerikaner erbt von seinem verschuldeten Großvater eine kleine griechische Insel und wird dort von einem temperamentvollen Mädchen zu bescheidenerem Dasein bekehrt. Griechischer Heimatfilm mit naiver Idealisierung des zivilisationsfernen Lebens. – Ab 12. ✦ Schwarz-weiß. Griechenland/USA 1962 **P** Aquarius **KI** Schneider **R** Rudolph Maté **B** George St. George **K** Aristidis Karidis **M** Manos Hadjidakis **D** Aliki Vouyouklaki, Jess Conrad, Katherine Kath, Wilfrid Hyde-White **L** 85 **FSK** ab 6; nf **E** 29.11.1963 **fd** 12 650

SOMMER AUF GRAND ISLE (GRAND ISLE). Die um die Jahrhundertwende spielende Geschichte einer Frau: Eine Liebesaffäre im Urlaub veranlaßt sie, aus der Ehe auszubrechen. Nach einer weiteren Liaison sucht sie ihre Freiheit in einem letzten verzweifelten Schritt. ✦ USA 1991 **P** Awakening Inc. **Pd** Kelly McGillis, Carolyn Pfeiffer **R** Mary Lambert **B** Hesper Anderson, nach dem Roman »The Awakening« von Kate Chopin **K** Toyomichi Kurita **M** Elliot Goldenthal **S** Tom Finan **D** Kelly McGillis (Edna), Adrian Pasdar (Robert), Glenne Headly (Adele), Jon de Vries (= Jon DeVries) (Leonce), Ellen Burstyn (Mademoiselle Reisz), Julian Sands (Alcee) **L** 93 **E** 30.3.1994 Kabel 1

SOMMER AUF NARITA (NIHON KAIHO SENSEN – SANRIZUKA NO NATSU). Bereits in den 50er Jahren machte der militante japanische Studentenverband »Zengakuren« von sich reden. Als 1968 japanische Bauern enteignet werden sollten, da ihr Land für einen Flughafen im Rahmen des japanisch-amerikanischen Sicherheitsvertrages benötigt wurde, kam es zum Bündnis zwischen Studenten und Bauern. Es begann ein lange anhaltender politischer Kampf. Der Dokumentarfilm zeichnet die Eskalation der Ereignisse auf, zeigt politischen Protest und die Aktionen der politisierten Bevölkerung. Ein außergewöhnliches, engagiertes Dokument des Widerstandes, realisiert von einem der wenigen unabhängigen Filmemacher Japans. Ogawa lebte von 1967 bis 1975 selbst in Narita, wo er eng mit den Bauern sowie einer festen Film-»Familie« zusammenarbeitete; bis 1977 entstanden noch sechs weitere Filme der »Narita (Sanrizuka)«-Serie. – Ab 16. ✦ Japan 1968 **P** Ogawa Prod. **Pd+R+B+K** Shinsuke Ogawa **L** (TV) 105 **E** 21.3.1971 BR

DER SOMMER BEI DEN MUSCHELN (POLETJE U SKOLJKI). Die Geschichte eines 14jährigen Jungen, der mit seiner Mutter in der Adria-Stadt Piran lebt, während sein Vater in Ljubljana arbeitet. Während der Ferien am Meer hat er manches Abenteuer zu bestehen, wobei er gemeinsam mit seinen Freunden Muscheldieben nachspürt. Trotz der schauspielerischen Begabung des jungen Hauptdarstellers ein letztlich enttäuschender Kinderfilm, der nur wenig Gespür für den ernsten Hintergrund des Themas entwickelt. (Fortsetzung: »Tanzfieber«) – Ab 8. ✦ Scope. Jugoslawien 1986 **P** Filmstudio Ljubljana/Viba-film **KI** Progress **R** Tugo Stiglic **B** Tugo Stiglic, Vitan Mal **K** Rado Likon **M** Jani Golob **S** Jaka Judnic **D** David Sluga (Tomaz), Kaja Stiglic (Milena), Boris Kralj (Luka), Marjana Karner (Mutter), Dare Valic (Vater) **L** 88 **E** 18.9.1987 Kino DDR/4.8.1989 DFF 1/21.10.1995 Super RTL

EIN SOMMER, DEN MAN NIE VERGISST. »Liebe auf Umwegen« zwischen einer Kindergärtnerin und einem Studenten aus reichem Elternhaus, begleitet bis an die Wiege eines unehelichen Kindes. Eine Schnulze, die alle seichten Register zieht und ein nur schwer zu ertragendes Potpourri einschlägiger Zutaten anrührt. (Alternativtitel: »Tränen in deinen Augen«) – Ab 12. ✦ BR Deutschland 1959 **P** Astra **KI** Constantin **Pd** Rudolf Kalmowicz **R** Werner Jacobs **B** Franz Marischka, Georg Marischka **K** Franz Weihmayr **M** Willi Mattes **S** Adolph Schlyßleder **D** Claus Biederstaedt (Ernst Leuchtenthal), Antje Geerk (Marianne), Karin Dor (Christine von Auffenberg), Fita Benkhoff (Therese Leuchtenthal), Alexander Golling (Konsul Leuchtenthal) **L** 92 **FSK** ab 12; nf **E** 18.12.1959 **fd** 8 864

DER SOMMER, DER ALLES VERÄNDERTE → Down in the Delta

SOMMER DER ANGST (1978) → Eine tödliche Bedrohung

SOMMER DER ANGST (1996) (SUMMER OF FEAR). Thriller. Eine Familie wird auf dem Weg in den Urlaub überfallen, kann aber von einem Fremden gerettet werden. Als sie den Retter daraufhin zum Essen einlädt, entwickelt dieser unerwartete Aggressionen – er hat mit dem Vater noch eine Rechnung zu begleichen. ✦ USA 1996 **Pd** S. Bryan Hickox **R** Mike Robe **B** John Gay **K** Alan Caso **M** Mark Snow **S** Sabrina Plisco-Morris **D** Gregory Harrison (Lucas Marshall), Glynnis O'Connor (Cat Marshall), Lee Garlington (Winnie Rawson), David Gallagher (Zach Marshall), Natalie Shaw (Haley Marshall) **L** 88 **FSK** ab 12 **E** 21.12.1997 premiere

SOMMER DER ENTSCHEIDUNGEN. Der letzte gemeinsame Sommer einer Highschool-Clique, bevor die sechs Freunde nach ihrem Abschluß in alle Winde verstreut werden. Jugendfilm um Verliebtsein, Gefühle der Freiheit und Erwartungen an die Zukunft. – Ab 14. ✦ Kanada 1992 **R** Kit Hood **B** Yan Moore **D** Pat Mastroianni (Joey), Stacie Mistysyn (Caitlin), Kirsti Bourne (Tessa), Stefan Brogren (Snake), Neil Hope (Wheels) **L** 91 **E** 14.9.1996 ZDF

SOMMER DER ERWARTUNG (SPENCER'S MOUNTAIN). Eine Familie in ärmlichen Verhältnissen in Wyoming ermöglicht dem ältesten Sohn unter harten

Opfern ein Studium. Melodramatische Familiengeschichte vor dem Hintergrund der imposanten Naturlandschaft Wyomings; in der Milieuzeichnung treffend und gut gespielt. – Ab 14. ✦ Scope. USA 1962 **P** Warner **Kl** Warner **Pd+R** Delmer Daves **B** Delmer Daves, nach einem Roman von Earl Hammer jr. **K** Charles Lawton **M** Max Steiner **S** David Wages **D** Henry Fonda (Clay Spencer), Maureen O'Hara (Olivia Spencer), James MacArthur (Clayboy Spencer), Donald Crisp (Großvater Spencer), Mimsy Farmer (Claris Coleman), Wally Cox (Prediger Goodman), Virginia Gregg (Miss Parker) **L** 99 **FSK** ab 12; f **E** 1.11.1963 **fd** 12 341

SOMMER DER FREUNDSCHAFT (A STORM IN SUMMER). Ein verbitterter Ladenbesitzer wird durch einen achtjährigen Feriengast aus Harlem, den ihm sein in New York lebender Neffe vermittelt, aus seiner Lethargie heraus gerissen. Eine gefühlvolle Geschichte auf gehobenem Fernseh-Standard, die ohne besondere Überraschungen den Wandel eines Einzelgängers beschreibt, der trotz aller Leiden begreift, dass auch er im Alter seinen Platz in der Gesellschaft hat. ✦ USA 1999 **P** Hallmark/Showtime **Pd** Robert Halmi **R** Robert Wise **B** Rod Serling **K** Albert J. Dunk **M** Cynthia Millar **S** Jack Hofstra **D** Peter Falk (Abel Shaddick), Aaron Meeks (Herman Washington), Nastassja Kinski (Gloria Ross), Andrew McCarthy (Stanley Banner), Ruby Dee (Großmutter) **L** 99 **E** 9.4.2000 Premiere World

SOMMER DER LEIDENSCHAFT (MARIA-NAP). Einige Jahre nach der gescheiterten Revolution von 1848 bringt der Namenstag der jüngeren Tochter Maria eine großbürgerliche ungarische Familie zusammen. Unterdrückte Spannungen und Gefühle treten hervor. An Tschechow erinnerndes Familiendrama, dialoglastig, aber in Darstellung und Regie überzeugend. ✦ Ungarn 1984 **P** Mafilm, Objektív Stúdió/MTV **R** Judit Elek **B** György Pethő **K** Emil Novák **D** Edit Handel (Júlia Szendrey), Eva Igó (Marika Szendrey), Tamás Fodor (Arpád Horváth), Imre Csiszár (Pali Gyulai), Sándor Szabó (Ignác Szendrey) **L** 114 **E** 4.7. 1991 3sat

SOMMER DER LIEBE. Im Jahr 1972 wandelt ein Mann einige Klöster in »Rock-Klöster« um, schart Anhänger um sich und propagiert ein »neues Lebensgefühl«. Nach seinem Drogentod ersteht er von den Toten und lebt zufrieden in einem Altenheim. Eine bizarre Komödie, unverhohlen dilettantisch vorgetragen, die hilflos Religions- und Kirchenkritik zu üben versucht. Einige nette Ideen werden bereits im Keim erstickt, was bleibt, ist gähnende Langeweile. ✦ Deutschland 1990–92 **P** Wenzel Storch **Kl** Eiszeit/ Amazonas **Pd+R+B+K** Wenzel Storch **M** Diet Schütte, Iko Schütte, The Butterfields, The Details **S** Iko Schütte **D** Jürgen Höhne (Oleander), Alexandra Schwartz (Jasmin), Fritzi Korr (Tramperin Fritzi), Holger Müller (Killer/Wurstverkäufer), Iko Schütte (Dealer) **L** 89 **E** 23.9.1993 **fd** 30 586

DER SOMMER DER SIEBZEHNTEN PUPPE (SUMMER OF THE 17TH DOLL). Alltags- und Altersprobleme australischer Zuckerrohrschneider, die den arbeitsfreien Winter bei ihren Freundinnen in der Stadt verbringen. Der selbst aus diesem Milieu hervorgegangene Autor besitzt einen scharfen Blick für die innere und äußere Realität. Bemerkenswert auch die Leistungen der Darsteller. ✦ Schwarz-weiß. Australien/Großbritannien 1959 **P** Hecht-Hill-Lancaster **Kl** United Artists **Pd+R** Leslie Norman **B** John Dighton, nach einem Bühnenstück von Ray Lawler **K** Paul Beeson **M** Benjamin Frankel **S** Gordon Hales **D** Ernest Borgnine (Roo), Anne Baxter (Olive), John Mills (Barney), Angela Lansbury (Pearl), Vincent Ball (Dowd) **L** 93 **FSK** ab 16; f **E** 14.6.1960 **fd** 9 249

SOMMER DER VERFLUCHTEN (THE SINGER, NOT THE SONG). Ein Priester bezahlt den Bekehrungsversuch an einem mexikanischen Banditen, der eine Stadt terrorisiert, mit seinem Leben. Das ungewöhnliche Thema wird im Rahmen eines darstellerisch gut besetzten Westerns zunächst ernsthaft behandelt, sinkt dann jedoch in die Niederungen des Kitsches ab. – Ab 16. ✦ Scope. Großbritannien 1960 **P** Rank **Kl** Rank **Pd+R** Roy Ward Baker **B** Nigel Balchin, nach einem Roman von Audrey Erskine Lindop **K** Otto Heller **M** Philip Green **S** Roger Cherrill **D** John Mills (Pater Keogh), Dirk Bogarde (Anacleto), Mylène Demongeot (Locha), Laurence Naismith (»Old Uncle«), John Bentley (Polizeichef), Serafina Di Leo (Josefa), Leslie French (Pater Gomez) **L** 116 (Orig. 132) **FSK** ab 16; f **FBW** w **E** 12.9.1961 **fd** 10 528

EIN SOMMER DER WILDEN LIEBE (LOVING AND LAUGHING). Freundschaft und Rollentausch eines 17jährigen Bürgersohns und eines Hippies: ihre Erfahrungen in Kommune und Luxusvilla. Scheinkritischer Sexfilm. (Videotitel: »Crazy Teens – Blutjunge Nymphomaninnen«) ✦ Kanada 1971 **P** Cinépix **Kl** Avis **Pd** John Dunning, Andre Link **R** John Johnsone **B** Martin Brolsten **K** Roger Moride **M** Dean Morgan **S** Jacques Jean, John Fretz **D** André Lawrence (Lucien Lapalme), Mignon Elkins (Mrs. Harrison), Gordon Fisher (Reggie Parker), Céline Lomez (Joan Harrison), Michèle Mercure (Lovely) **L** 85 **FSK** ab 18; nf **E** 19.5.1972 **fd** 17 847

SOMMER DES ERWACHENS (HAMMERS OVER THE ANVIL). Australien 1910: Für den lebensbejahenden 14jährigen Alan bricht eine Welt zusammen, als er erfährt, daß er an Kinderlähmung erkrankt ist. Sein Traum, ein großartiger Reiter zu werden, zerplatzt. Gegen Ende des Sommers hat sich Alan weitgehend gefangen und seine eigentliche Begabung entdeckt, die Schriftstellerei. Verfilmung autobiografisch gefärbter Geschichten des australischen Autors Alan Marshall, die sich nicht nur für Lebensmut ausspricht, sondern gleichzeitig die gesellschaftlichen Tabus der damaligen Zeit anprangert. – Ab 16. ✦ Australien 1992 **P** Harvest/South Australian Film Corporation **Pd** Peter Gawler, Gus Howard **R** Ann Turner **B** Ann Turner, Peter Hepworth, nach Kurzgeschichten von Alan Marshall **K** James Bartle **M** Alan John, Not Drowning, Waving **S** Ken Sallows **D** Charlotte Rampling (Grace McAlister), Russell Crowe (East Driscoll), Alexander Outhred (Alan Marshall), Frankie J. Holden (Vater Marshall), Jake Frost (Joe Carmichael), Peter Osborn (Pater Finnegan), Alethea McGrath (Mrs. Bilson) **L** 106 **E** 4.7. 1995 Vox

DER SOMMER DES FALKEN. Ein verschlossener, ängstlicher Großstadtjunge begegnet in der mächtigen Bergwelt Südtirols einem Bauernmädchen, mit dem er gemeinsam einen skrupellosen Unhold stellt, der Eier aus einem Falkennest stiehlt, um sie an Araber zu verkaufen. Abenteuerlicher Unterhaltungsfilm vor großartig eingefangener Naturkulisse, der aktionsreiche Szenen mit skurrilen Einfällen verbindet und auf sympathische Weise vom Mut, der Berge versetzt, erzählt. – Ab 10. ✦ BR Deutschland 1987 **P** Topas/Atlas Saskia/WDR **Kl** atlas **SF** atlas **VA** atlas **Pd** Michael Alexander, Hanns Eckelkamp **R** Arend Agthe **B** Arend Agthe, Monika Seck-Agthe **K** Jürgen Jürges **M** Matthias Raue, Martin Cyrus **S** Yvonne Kölsch **D** Andrea Lösch (Marie), Janos Crecelius (Rick), Rolf Zacher (Marek Czerny), Hermann Lause (Herbert Sasse), Volker Brandt (Ricks Vater) **L** 106 **FSK** ab 6; f **FBW** w **E** 16.6.1988/Dezember 1988 Video **fd** 26 899

DER SOMMER DES PIANISTEN (POINT D'ORGUE). Ein erfolgreicher, von seinem Beruf arg strapazierter und im Privatleben gescheiterter Konzertpianist ist am Ende seiner Kräfte und begibt sich in ein kleines zentralfranzösisches Dorf zur Kur. Die Begegnung mit seiner Gastgeberin, einer greisen Bäuerin, öffnet ihm die Augen und das Herz für die verloren geglaubten Schönheiten des einfachen Lebens. Er entdeckt das Dorf und seine Bewohner, die ihm ans Herz wachsen, und gibt am Ende seines Aufenthalts ein Konzert für sie. ✦ Frankreich 1987 **P** KAB/F3/ La Sept/arte **R** Paul Vecchiali **B** Danielle Chinsky **D** Rüdiger Vogler (Sebastian), Micheline Presle (Madame Espart), Maurice Tuecchi (Cortaz), Julia David (Suzie), Jean-Yves Gautier (Vignault), Catherine Becker (Francine) **L** 87 **E** 7.5.1994 arte

DER SOMMER DES SAMURAI. Eine Hamburger Journalistin verfolgt die Spur eines mysteriösen Samurai-Phantoms, das die Honoratioren der Hansestadt verunsichert, und deckt eine groteske Verschwörung unter Gangstern und Geschäftsleuten auf. Der zweite Spielfilm des früheren Filmkritikers Blumenberg ist ein amüsantes Verwirrspiel, gemixt aus Filmkunst und Kolportage, amerikanischem Genrekino und japanischem Mythenbeiwerk. Das kühne Vorhaben, der bundesrepublikanischen Wirklichkeit mit den Mitteln der Trivialkultur beizukommen, gelingt zwar nicht immer, besitzt jedoch skurrilen Charme und beachtlichen Unterhaltungswert. ✦ BR Deutschland 1985 **P** Radiant **Kl** Filmwelt **Pd** Michael Bittins **R** Hans-Christoph Blumenberg **B** Hans-Christoph Blumenberg, Carola H. Stern, Frederik Spindale **K** Wolfgang Dickmann **M** Hubert Bartholomae **S** Moune Barius **D** Cornelia Froboess (Christiana Land), Hans Peter Hallwachs (Wilcke/ Samurei), Wojciech Pszoniak (Krall), Nadja Tiller (Dr. Feuillade), Peter Kraus (Schirmer) **L** 107 **FSK** ab 12; f **E** 19.6.1986 **fd** 25 649

DER SOMMER DES SCHAKALS. Fürs Fernsehen produzierter Abenteuer-Thriller nach einer Vorlage des Bestseller-Autors Forsyth: Ein berüchtigter Terrorist soll im Auftrag des sowjetischen Geheimdienstes den französischen Präsidenten Mitterand ermorden, nachdem mehrere sowjetische Diplomaten aus Frankreich ausgewiesen worden sind. Ein britischer Agent versucht, die Attentate zu verhindern und zugleich an den Terroristen heranzukommen. – Ab 16. ✦ Frankreich/Italien/BR Deutschland/Österreich 1990 **P** TF 1/RAI UNO/ZDF/ORF **Pd** Frederick Muller **R** Lawrence Gordon Clark **B** Murray Smith, nach einer Geschichte von Frederick Forsyth **K** Cristiano Pogany **M** Paul Chihara **S** Alan Pattillo **D** Tony Lo Bianco (Carlos), Pamela Villoresi (Antonella), Elizabeth Hurley (Julia Latham), Gottfried John (Rodimstew), Alan Howard (Sam McCready), Udo Vioff (Andrejew), Sabina Trooger (Irina) **L** 95 **E** 22.7.1991 ZDF

EIN SOMMER IM ELSASS (UN ETE ALSACIEN). Die Erlebnisse eines neunjährigen Jungen, der 1944 in einer kleinen Stadt im Elsaß aufwächst. Hin- und hergerissen zwischen den charakterlich sehr unterschiedlichen Eltern, findet er Geborgenheit nur bei der Großmutter, die versucht, ihm die Welt zu erklären. Als die wehrtauglichen Männer des Ortes eingezogen werden, bricht für den Jungen eine neue Zeit an. ✦ Frankreich 1991 **R** Maurice Frydland **D** Madeleine Robinson (Mathilde), Nathalie Nell (Elise), Jean-Michel Dupuis (Joseph), Patrick Fierry (Oskar), Mathieu Sissler (Zeppi), Olivier Arnold (Dieter), Magali Barca (Suzie), Roger Bixel (Restaurantbesitzer) **L** 88 **E** 16.8.1993 VOX

EIN SOMMER IM GRAND HOTEL. Eine Sommersaison in einem traditionsreichen Sterne-Hotel im französischen Luxusort Deauville. Der Film zeigt eine Zweiklassengesellschaft, die sich aus Herren und Dienern zusammensetzt, zeigt Erstere im Vertrauen auf die Macht ihres Geldes, Letztere manchmal in der devoten Haltung des Knechts. Dennoch kein polemischer oder parteiischer Dokumentarfilm, sondern eine gelassene Beobachtung der Gepflogenheiten einer Dienstleistungsgesellschaft. ✦ Frankreich 1999 **R** Jean-Christophe Rosé **L** 76 **E** 19.2.2001 WDR

EIN SOMMER IN AUSTRALIEN →Jenseits von Australien (1986)

EIN SOMMER IN DER NORMANDIE. Beobachtungen und Eindrücke auf einem Campingplatz in der Normandie. Personen kommen zu Wort, sprechen über ihr Leben, über alltägliche und grundsätzliche Fragen. Der Dokumentarfilm spiegelt so beiläufig und im getragenen Rhythmus einen Mikrokosmos, der sich in der Hitze des Sommers fernab vom Alltagsgetriebe etabliert hat. ✦ Frankreich 1998 **R** Didier Nion **L** 67 **E** 13.7.1999 arte

SOMMER IN DER SEEMUSCHEL →Der Sommer bei den Muscheln

SOMMER IN DER SEEMUSCHEL, TEIL 2 →Tanzfieber

SOMMER IN DER VORSTADT (SUMMER IN THE SUBURBS). Der Mord an einem 14-jährigen Mädchen ändert das Leben der Familie eines Polizisten grundlegend. Schnell ist einer der Söhne in Verdacht, und die Ermittlungsarbeit des Vaters erhärtet diesen. Zunächst ist der Schrecken groß, dann will man gemeinsam das Weite suchen, doch eine seltsame Lethargie befällt die ganze Familie. Ein nach klassischen Standards aufgebautes Drama, das die Unausweichlichkeit des Schicksals ebenso thematisiert wie die Erstarrung und Ausweglosigkeit am Ende jeder Hoffnung. ✦ Großbritannien 1999 **P** BBC **Pd** Hilary Salmon **R** David Attwood **B** Tony Basgallop **K** David Higgs **S** Kristina Hetherington **D** Tessa Peake-Jones (Sandra Lyle), Aneirin Hughes (Ted Lyle), Sid Mitchell (James Lyle), Fred Pearson (Harold Lyle), Ryan Davenport (John Lyle), Jamina Rooper (Julie Lyle) **L** 90 **E** 3.2.2001 WDR

SOMMER IN EINER MEERESMUSCHEL →Der Sommer bei den Muscheln

EIN SOMMER IN FLORIDA (FOLLOW THAT DREAM). Der Sohn eines querköpfigen Siedlers am Rande einer neu erbauten Autobahn räumt erfolgreich die Klippen beiseite, die dem von Behörden und Spielhöllengaunern bedrohten Glück am Straßenrand entgegenstehen. Dürftig inszenierter »Gegenwarts-Western« mit einigen amüsanten Einfällen, ganz zugeschnitten auf Elvis Presley, der gleich fünf Songs vortragen darf. – Ab 14 möglich. ✦ Scope. USA 1961 **P** The Mirisch Company **Kl** United Artists **R** Gordon Douglas **B** Charles Lederer, nach einem Roman von Richard Powell **K** Leo Tover **M** Hans J. Salter **D** Elvis Presley (Toby Kwimper), Arthur O'Connell (Pop Kwimper), Joanna Moore (Alicia Claypool), Anne Helm (Holly Jones), Jack Kruschen **L** 110 **FSK** ab 6; nf **E** 10.8.1962 **fd** 11 306

EIN SOMMER IN FRANKREICH (LA PROMESSE / L'ECHELLE BLANCHE / SECRET WORLD). Eine attraktive junge Engländerin besucht in der Provence die Familie eines Mannes, mit dem sie ein Verhältnis hatte. Ihre Anwesenheit bringt Verwirrung in die Familie; vor allem der elfjährige Neffe, der bei einem Unfall seine Eltern verloren hat, fühlt sich zu der jungen Frau hingezogen. Für einen Augenblick begibt er sich aus seiner selbstgewählten Isolation, bis die Frau wieder nach London aufbricht, ohne ihn mitzunehmen. Ein melodramatischer Film, hervorragend fotografiert und subtil in der Charakterzeichnung, der behutsam und mit Liebe zum Detail den geheimen Regungen der menschlichen Seele nachspürt. Der ambitionierte Versuch, die komplexen Beziehungsgeflechte der Personen zu analysieren, stößt dort an Grenzen, wo die Verhaltensweisen der Erwachsenen allzu klischeehaft geraten. (Fernsehtitel DDR: »Das Versprechen«) – Ab 16. ✦ Frankreich/Großbritannien 1969 **P** Les Films du Siècle/Fox Europa **R** Robert Freeman, Paul Feyder **B** Gérard Brach, Jackie Glass **K** Peter Biziou **M** Antoine Duhamel **D** Jacqueline Bisset (Wendy), Gisèle Pascal (Florence), Pierre Zimmer (Philippe), Marc Porel (Olivier), Jean-François Maurin **L** 94 **E** 19.1.1990 DFF 2/18.4.1990 PRO 7

EIN SOMMER IN INDIEN (INDIAN SUMMER). Eine Dreiecksgeschichte vor der exotischen Kulisse Südindiens: Die Frau eines amerikanischen Filmproduzenten, die mit ihrem Mann zu Dreharbeiten nach Indien gekommen ist, vermutet, daß er ein Verhältnis mit seiner Hauptdarstellerin hat, einer attraktiven französischen Schauspielerin. (Fernsehtitel auch: »Mein Mann und Marie«) ✦ Großbritannien 1986 **P** Bevanfield **R+B** Timothy Forder **K** Walter Lassally **M** Barrie Guard **D** Peter Chelsom (Oliver), Shelagh McLeod (Caroline), Ashalata (Hausmeister), Trevor Baxter (Patrick), Michelle Evans (Marie), Derek Waring (Spencer) **L** 90 **E** 13.2.1988 DFF 2/13.8.1994 RTL 2

EIN SOMMER IN LA GOULETTE (UN ETE A LA GOULETTE). Drei Mädchen mit unterschiedlicher Religionszugehörigkeit – eine Christin, eine Jüdin, eine Muslime – sind miteinander befreundet, ebenso ihre Väter. Die Harmonie aber hat ein Ende, als sich die Mädchen mit jungen Männern anfreunden, die jeweils einem anderen Glauben angehören. Ein komödiantisch akzentuierter Film um Toleranz und Verständigung über vermeintlich unüberwindbare religiöse Schranken hinweg. ✦ Tunesien/Frankreich/Belgien 1995 **P** Cinares Prod./Lamy/Marsa/Le Studio Canal+/La Sept Cinéma/Radio-télévision belge (RTBF) **Pd** Marie-Françoise Mascaro **R+B** Ferid Boughedir **K** Robert Alazraki **M** Jean-Marie Sénia **S** Andrée Davanture, Catherine Poitevin **D** Mustapha Adouani (Youssef), Guy Nataf (Jojo), Ivo Salerno (Giuseppe), Gamil Ratib (Hadj Beji), Tarak Harbi (Harmouda) **L** 100 (TV 87) **E** 13.2.1998 WDR

SOMMER IN LEITMERITZ. Der dokumentarische Film begleitet eine Frau, die im Sommer 1945 22jährig ihren Geburtsort Leitmeritz in Böhmen verlassen mußte, bei ihrer ersten Rückkehr nach 45 Jahren. Sie besucht ihr Elternhaus und ihre ehemalige Schule, unterhält sich mit Menschen, die sich an die damalige Zeit vor der zwangsverordneten Ausbürgerung erinnern. Der Film, entstanden als Abschlußarbeit an der Hochschule für Fernsehen und Film, konzentriert sich in ruhigen Bildern auf die Persönlichkeit seiner Protagonistin; Szenen der Vergangenheit arbeitet er mit fiktiven Mitteln ein. – Ab 16. ✦ Deutschland 1991 **P** HFFM **SF** HFFM **R+B** Alexander Opp **L** (TV) 54 **E** 19.11.1992 BR

EIN SOMMER IN MANHATTAN (TRIBUTE). Die Verständigungsschwierigkeiten zwischen den Generationen, belustigend dargestellt an einem Vater-Sohn-Konflikt: Angesichts einer unheilbaren Erkrankung versucht der Vater, ein extrovertierter PR-Agent, sein Verhältnis zu seinem introvertierten und in Selbstmitleid befangenen Sohn ins reine zu bringen – was in einem tränenreichen Happy-End gelingt. Klamaukhaft überdrehter und gefühlsüberladener Unterhaltungsfilm nach einem erfolgreichen Broadwaystück. ✦ Scope. Kanada/USA 1980 **P** Kudos/Paramount **Kl** 20th Century Fox **Pd** Joel B. Michaels, Garth H. Drabinsky **R** Bob Clark **B** Bernard Slade, nach seinem Bühnenstück **K** Reginald H. Morris **M** Ken Wannberg **S** Richard Halsey, Ian McBride, Stan Cole **D** Jack Lemmon (Scottie Templeton), Robby Benson (Jud Templeton), Lee Remick (Maggie Stratton), John Marley (Lou Daniels), Kim Cattrall (Sally Haines), Colleen Dewhurst (Gladys Petrelli), Gale Garnett (Hilary) **L** 124 **FSK** ab 12; f **FBW** w **E** 13.3.1981 **fd** 22 844

SOMMER IN MEZRA. Weil er vom alternativen Leben und seiner Familie in Berlin die Nase voll hat, besucht ein junger Türke sein Heimatdorf in Anatolien. Dort läßt er sich trotz der Warnungen eines alten Schäfers mit seinem Onkel auf eine rätselhafte Schatzsuche ein. Selbstironisch getönter Debütfilm voller amateurhafter inszenatorischer Schwächen und einer wenig konsequenten Dramaturgie. ✦ Deutschland 1991 **P** TransFilm **R+B** Hussi Kutlucan **K** Lars Barthel **D** Hussi Kutlucan (Süleyman), Abdurrahman Selvitop (Arzuman), Hüseyin Selvitop (Hamza), Zöhre Kutlucan (Babaanne, Großmutter), Selde Sevilmis (Deniz) **L** 85 **E** 5.11.1991 ZDF

SOMMER IN MISSISSIPPI (MISSISSIPPI SUMMER). Ort und Zeit der Handlung: der amerikanische Bundesstaat Mississippi 1964, den ein Ensemble aus fünf schwarzen und vier weißen Schauspielern bereist, um für die Rassenintegration zu werben. Doch bald beginnen die Schwierigkeiten von außen, und auch die innere Situation der Gruppe wird zwiespältig, weil die Schwarzen sehen, daß sich durch ihre Aktion nichts an der Misere der farbigen Bevölkerung ändern wird, und die Weißen an den ihnen unverständlichen Reaktionen resignieren. ✦ USA 1970 **P** New Line **Pd** William Bayer, Eric Peniston **R+B** William Bayer **K** Bruce Torbet **D** J. A. Preston (Michael), Lisle Wilson (Tim), Carol Vogel (Sally), Jared Martin (Jack), Art Evans (Philip), Jacqueline Sneed (Wilma) **L** 80 **E** 25.3.1972 NDR III

DER SOMMER MIT BOILER. Im Sommer 1976 lernt eine Zwölfjährige, die mit ihren Eltern aufs Land gezogen ist, einen gleichaltrigen Jungen kennen und freundet sich mit ihm an, ohne sich allerdings in ihrer Clique zu dieser Freundschaft zu bekennen. Als sie ihn zu einer Mutprobe provoziert, zerbricht diese erste junge Liebe. 20 Jahre später treffen sich die Beiden wieder, zu einer Zeit, als die Hochzeit der Frau kurz bevor steht. (Fernseh-)Tragikomödie um erste Liebe und verpasste Chancen, geprägt von einem liebevoll-nostalgischen Blick auf die 70er-Jahre. ✦ Deutschland 1999 **P** SWR **R** Anna Justice **B** Sabine Brodersen **D** Stephanie Charlotta Kötz (Sonja, 13 Jahre), Pablo Ben-Yakov (Boiler, 13 Jahre (Hans-Jürgen)), Karina Krawczyk (Sonja, 33 Jahre), Simon Schwarz (Hans-Jürgen, 33 Jahre), Robert Stadlober (Ralle, 15 Jahre) **L** 100 **E** 16.11.2000 SWR

EIN SOMMER MIT DEM COWBOY →Sommer mit einem Cowboy

EIN SOMMER MIT DEM WILDPFERD (DIVOKY KONIK RYN). Im Nachkriegssommer des Jahres 1947 wird einem armen böhmischen Bauern sein letzter Besitz streitig gemacht: ein Wildpferd, das nach dem Zweiten Weltkrieg sowjetische Soldaten zurückließen. Er verläßt das Dorf und versteckt sich mit dem Hengst. Doch die raffgierigen Reichen im Dorf können ihren Einfluß nicht halten: Demokratie beginnt sich durchzusetzen, und der Bauer kann zurückkehren. Ein als Kinderfilm konzipierter, sinnlicher Geschichtsunterricht, der die Brücke zwischen Historie und Gegenwart (der Entstehungszeit des Films) schlagen will. Das Wildpferd wird zur Verkörperung eines ungebundenen Lebens, das im Einklang mit der Natur und deren Gesetzen steht. In Übereinstimmung mit der jungen Generation gelingt so der Aufbruch in eine neue Ordnung. Solche Bezüge sind freilich relativ diffus und wenig pointiert, so daß der Film eher undeutlich bleibt. Bemerkenswert ist die hervorragende Fotografie. – Ab 8. ✦ CSSR 1981 **P** Filmstudio Barrandov **Kl** Progress **SF** AV Film **R** Václav Gajer **B** Bohumil Ríha, Václav Gajer, nach dem Roman von Bohumil Rihá **K** Jan Nemecek **M** Lubos Sluka **D** Zdenek Rehor, Jan Faltynek, Jaroslava Tichá, Bedrich Prokos, Miloslav Stibich **L** 84 **FSK** ab 6; f **E** 27.5.1983 Kino DDR/25.8.1984 DFF 1

SOMMER MIT EINEM COWBOY (LETO S KOVBOJEM). Eine junge Psychologin, die mit einem egozentrischen Medizinstudenten zusammenlebt, entdeckt durch die Begegnung mit einem »Cowboy auf Zeit« – einem unkonventionellen, natürlichen jungen Mann –, wie überraschend und abenteuerlich das Leben doch sein kann. Erfrischend-optimistische Unterhaltung. (DDR-Titel: »Ein Sommer mit dem Cowboy«) – Ab 8. ✦ CSSR 1976 **P** Filmstudio Barrandov **Kl** Imbild **R** Ivo Novák **B** Jaromíra Kolárová **K** Jaroslav Krska **M** Petr Hapka **D** Daniela Kolárová, Jaromír Hanzlík, Oldrich Vízner, Marie Rosulková, Dana Medrická **L** 92 **E** 1.7.1977 Kino DDR/2.,9.7. 1978 BR (zwei Teile)/6.10.1978 DFF

DER SOMMER MIT FRAU FORBES (EL VERANO DE LA SEÑORA FORBES). Die deutsche Erzieherin, die die Kinder eines mexikanischen Ehepaares hüten soll, entpuppt sich als strenge und herrschsüchtige Frau. Bald lernen die Kinder, sie zu hassen, letztlich beschließen sie, die Deutsche zu ermorden. Als sie der Frau auflauern, entdecken sie, daß diese ein exzentrisches Doppelleben führt und in ihrer Fantasie einen Tauchlehrer verführt. Als sich die Frau in der Wirklichkeit dem begehrten Mann nähert und dieser sie abweist, schwört die Deutsche Rache. Erotischer Film nach einer psychologsichen Erzählung von Gabriel García Marquez. ✦ Spanien 1988 **R** Jaime Humberto Hermosillo **B** Jaime Humberto Hermosillo, nach einer Erzählung von Gabriel García Márquez **D** Hanna Schygulla (Erzieherin), Francisco Gattorno (Aquiles), Alexis Castanares (Sandro), Victor Cesar Villalobos (Mauricio), Guadelupe (Mutter) **L** 82 **E** 8.11.1997 3sat

DER SOMMER NACH DER PRÜFUNG →L'estate di Davide

EIN SOMMER OHNE JUNGS (A SUMMER WITHOUT BOYS). Ein unterhaltsamer, gut gespielter Film über einen Sommer der Liebeserfahrungen, vor dem Hintergrund des Zweiten Weltkriegs. Ein 16jähriges Mädchen verbringt den Sommer mit der Mutter auf dem Land. Die Mutter läßt sich, um ihre Ehekrise zu vergessen, auf eine Affäre mit dem wesentlich jüngeren Sohn einer Hotelbesitzerin ein, was die Tochter mit Eifersucht registriert. ✦ USA 1973 **P** Playboy **R** Jeannot Szwarc **B** Rita Lakin **D** Barbara Bain (Ellen Hailey), Michael Moriarty (Abe Battle), Kay Lenz (Ruth Hailey), Debralee Scott (Lenore Atkins), Ric Carrott (Joe) **L** 71 **E** 27.6.1993 ZDF

SOMMER '36 (L'ETE '36). Zweiteiliger Spielfilm nach einer Romanvorlage. Im Sommer 1936 lernt eine 18jährige Waise in der Bretagne einen russischen Prinzen kennen, der in Wirklichkeit Jude ist und von den Nazis verfolgt wird. Der Krieg trennt die beiden. – Ab 14. ✦ Frankreich 1985 **R** Yves Robert **B** Bertrand Poirot-Delpech, nach seinem Roman **D** Christian Clavier (Alexis), Anaïs Jeanneret (Victoire), Jean-Pierre Bouvier (Gabin), Marie-Christine Barrault (Lise), Michel Aumont (Henri) **L** 94/94 **E** 20.,27.6.1993 VOX (zwei Teile)

EIN SOMMER UND EINE NACHT →Tanz in die Freiheit

SOMMER UND RAUCH (SUMMER AND SMOKE). Eine behütete Pfarrerstochter im Süden der USA zerbricht am triebhaften Egoismus des geliebten Mannes. Die Filminszenierung vergröbert den mehr nach innen gewandten Ton des Bühnenstücks von Tennessee Williams, bietet aber ansehnliche Unterhaltung. Bemerkenswert: das feinnervige Spiel der Hauptdarstellerin Geraldine Page. ✦ Scope. USA 1961 **P** Paramount **Kl** Paramount **Pd** Hal B. Wallis **R** Peter Glenville **B** James Poe, Meade Roberts, nach einem Bühnenstück von Tennessee Williams **K** Charles Lang jr. **M** Elmer Bernstein **S** Warren Low **D** Laurence Harvey (John Buchanan), Geraldine Page (Alma Winemiller), Rita Moreno (Rosa Zacharias), Earl Holliman (Handlungsreisender), Una Merkel (Mrs. Winemiller) **L** 118 **FSK** ab 16; f **E** 13.4.1962 **fd** 10 738

SOMMER UND SÜNDER (SOMMAR OCH SYNDARE). Eine Erpresserin verführt zwei Industriekapitäne, die daraufhin bei ihren Ehefrauen in einem dänischen Badeort ebenfalls Seitensprünge vermuten. Klamauk aus Schweden, dessen wirren Stil ein angesehener Regisseur verantwortet. (Alternativtitel: »Tonband unter seidenen Betten«) ✦ Schwarz-weiß. Schweden 1960 **P** Lorens Marmstedt **Kl** NWDF-Unitas **R** Arne Mattson **B** Erik Pouplier, nach einem Roman von Erik Pouplier und Willy Breinholst **K** Åke Dahlquist **M** Torbjörn Lundquist **D** Elsa Prawitz, Karl Arne Holsten, Yvonne Lombard, Olof Thunberg, Gio Petré, Dirch Passer **L** 84 **FSK** ab 18; nf **E** 6.7.1962 **fd** 11 259

SOMMER UNSERER TRÄUME (SWEET LORRAINE). Die letzten Tage eines alten Familienhotels an der amerikanischen Ostküste haben geschlagen. Daran ändert auch nichts, daß die alte Besitzerin und ihre Enkelin, die nach einem Streit mit den Eltern Zuflucht bei der Großmutter sucht, das Ende mit vereinten Kräften abzuwenden versuchen. Am Ende steht zwar das Aus für das traditionelle Hotel, doch die beiden Frauen haben einen unvergeßlichen Sommer verbracht und die Stärke ihrer Solidarität erlebt. Romantisierende Jugendkomödie mit zum Ende allzu erhobenem Zeigefinger; reizvoll durch das stimmig nachempfundene Milieu und das Vertrauen auch in leisere Töne. – Ab 12. ✦ USA 1987 **P** Autumn Pic./Angelika **Pd+R** Steve Gomer **B** Michael Zettler, Shelly Altman **K** Rene Ohashi **M** Richard Robbins **S** Laurence Solomon **D** Maureen Stapleton (Lillian Garber), Trini Alvarado (Mollys Enkelin), Lee Richardson (Sam), John Bedford-Lloyd (Jack), Freddie Roman (Phil Allen) **L** 91 **E** 6.7.1996 ZDF

EIN SOMMER UNTER FREUNDEN →Indian Summer – Eine wilde Woche unter Freunden

EIN SOMMER VOLLER GEHEIMNISSE (TI KNIVER I HJERTET). Mit immer neuen Streichen versucht ein Junge, die Aufmerksamkeit auf sich zu ziehen. Als er in den Ferien eine scheinbar verwandte Seele kennenlernt, die ihn in ihren Bann zieht, muss er lernen, von der Kindheit Abschied zu nehmen. Psychogramm einer Pubertätskrise, das dem Regisseur auf Anhieb eine »Oscar«-Nominierung einbrachte. ✦ Norwegen 1994 **P** Nordic Screen **VA** KJF **Pd** Petter Borgli **R** Marius Holst **B** Lars Saabye Christensen, Marius Holst **K** Philip Ogaard **M** Kjetil Bjerkestrand, Magne Furuholmen **S** Hakon Overas **D** Martin Dahl Garfalk (Otto), Trond Helbo (Johnny), Ingar Helge Gimle (Gregers), Kjersti Holmen (Mutter), Jan »Devo« Kortstad (Frank) **L** 90 **E** 3.5.1997 ARD

EIN SOMMER VOLLER LEIDENSCHAFT (L'ETE LES PETITES CULOTTES S'ENVOLENT). Dilettantisch inszenierter und gespielter Softsexfilm. Ein Geschäftsmann Ende Vierzig macht mit seiner Frau, seiner Tochter und seiner Geliebten Ferien in einem Bergdorf, wo alle einschlägige Abenteuer erleben. – Wir raten ab. ✦ Frankreich/Schweiz 1984 **P** Yvo/RML **Kl** Ascot **R** Michel Leblanc (= Michel Lemoine) **D** Olinka Hardiman, André Vinouze, Sophie Zillers **L** 75; TV 70 **FSK** SPIO: X **E** 17.8.1984 **fd** 24 727

EIN SOMMER VOLLER ZÄRTLICHKEIT (1971) (IL SOLE NELLA PELLE). Die Romanze zwischen einer 16jährigen aus gutem Hause und einem Hippie, die auf einer Insel glückliche Tage verbringen, bis Polizei, Presse und Armee nach ihnen zu suchen beginnen. Ein maßlos gekünsteltes Melodram mit tragischem Ausgang. ✦ Scope. Italien 1971 **P** Stefano **Kl** Cinerama **Pd** Nicolo Pomilia, Gianni Minervini **R+B** Giorgio Stegani Casorati (= Giorgio Stegani) **K** Sergio d'Offizi **M** Gianni Marchetti **S** Giuseppe Baghdighian **D** Alessio Orano (Robert), Ornella Muti (Lisa), Chris Avram (= Cristea Avram) (Marco), Luigi Pistilli (Hauptmann), Fortunato Arena, Roby Ruberti, Stella Carnacina **L** 92 **FSK** ab 16; f **E** 3.3.1972 **fd** 17 752

EIN SOMMER VOLLER ZÄRTLICHKEIT (1981) (LA PROF ENSEIGNE SANS PRESERVATIF). Die »entschärfte« Version eines Hard-Core-Pornos, in dem ein eifersüchtiger Kommissar dem Liebhaber seiner Frau ein Verbrechen unterschiebt, um sich an ihm rächen zu können. Die läppische »Verfolgungsjagd« dient als Vorwand für einen abgestandenen und ermüdenden Sex-Reigen. – Wir raten ab. ✦ Frankreich 1981 **P** Albatros/Mistral **Kl** Apollo **R** Bob W. Sanders (= Jean Claude Marchetti), Jean Claude Marchetti **B** Bob W. Sanders (= Jean Claude Marchetti) **K** Louis Soulanes, Gregory Uraswski **S** Louis Loys **D** Helen Shirley, Eric Saville, Victor Vallet, Melody Bird, André Kay, Tony Valles, Hubert Ceylan **L** 63 **FSK** ab 18; nf **E** 19.9.1985 Kino **fd** 25 801

SOMMER WIE WINTER (PRESQUE RIEN). Ein 18-Jähriger findet in den Sommerferien in einem etwas älteren Mann seine erste große Liebe. Nach einem Jahr aber steht er vor den Trümmern dieser Beziehung, die er verarbeiten muss. Porträt eines Heranwachsenden, das sich optisch durchaus geschickt, wenn auch mit teilweise drastischen Szenen auf die sinnliche Seite der Sexualität konzentriert. Dabei verwirrt die unkonventionelle Erzählung mit vielen Zeitsprüngen und verliert an Glaubwürdigkeit, weil sich der Film nur andeutungsweise mit der Persönlichkeitsentwicklung des Protagonisten beschäftigt. (O.m.d.U.) ✦ Frankreich/Belgien 2000 **P** Lancelot Films/Man's Films/Arte France Cinéma/RTBF/CNC/Canal+/Procirep/Centre du cinéma **Kl** Salzgeber **Pd** Christian Tison, Marion Hänsel **R** Sébastien Lifshitz **B** Stéphane Bouquet, Sébastien Lifshitz **K** Pascal Poucet **M** Perry Blake **S** Yann Dedet **D** Jérémie Elkaïm (Mathieu), Stéphane Rideau (Cédric), Dominique Reymond (die Mutter), Marie Matheron (Annick), Laetitia Legrix (Sarah), Nils Ohlund (Pierre), Réjane Kerdaffrec (Psychiater) **L** 97 **FSK** ab 16; f **E** 21.6.2001 **fd** 34 903

EIN SOMMER ZU DRITT (L'ESTATE). Ein Industrieller, der getrennt von seiner Familie lebt, beginnt mit der Tochter seiner Geliebten ein weiteres Verhältnis. Als Gesellschaftskritik deklarierte Illustriertengeschichte, relativ zurückhaltend gestaltet, doch ohne kritische Distanz und psychologisch oberflächlich. ✦ Italien 1966 **P** 5 Ottobre **Kl** Nora **Pd** Ambrogio Spinola **R** Paolo Spinola **B** Paolo Spinola, Rafael Azcona **K** Marcello Gatti **M** Gianni Boncompagni **S** Nino Baragli **D** Enrico Maria Salerno (Sergio), Nadja Tiller (Adriana), Mita Medici (Elisa), Carlo Hintermann (Ribulsi), Mita Cattaneo, Gordon Mitchell **L** 88 **FSK** ab 18; nf **E** 29.9.1967 **fd** 15 008

EIN SOMMER ZUM VERLIEBEN (GULING JIE SHAONIAN SHA REN SHIJIAN/A BRIGHTER SUMMER DAY). Ein ausuferndes Epos über Jugendbanden im Taipei der Jahre 1960/61: Ein 14jähriger Schüler, Mitglied einer vom Auseinanderbrechen bedrohten Gang, verliebt sich in ein Mädchen und gerät dadurch zwischen die Fronten. Es kommt zu mörderischen Kämpfen mit tragischem Ausgang. Eine meisterhafte Studie über Unsicherheit, Gewalt und Zerstörung in einer Ära der Kommunisten-Hatz und verzweifelten Aufrechterhaltung des Traums der Kuomintang von der Rückkehr zur Heimat, dem (kommunistischen) Festland. Virtuos inszeniert in einer vielschichtigen Mischung diverser Stilrichtungen, wobei sensibel gestaltete Schönheit bruchlos neben krassem Naturalismus steht. – Sehenswert. ✦ Taiwan 1991 **P** Yang & His Gang/Filmmakers MICO **Pd** Yu Weiyan, Zhan Hongzhi **R** Edward Yang **B** Edward Yang, Yan Hongya, Yang Shunqing, Lai Mingtang **K** Zhang Huigong, Li Longyu **M** Zhan Hongda **S** Chen Bowen **D** Zhang Zhen (Xiao Si'r), Lisa Yang (Ming), Zhang Guo zhu (Zhang Ju), Elaine Jin (Mrs. Zhang), Wang Juan (Juan), Zhang Han (Lao Er), Jiang Xiuqiong (Qiong) **L** 185 **E** 25.5.1994 ARD

SOMMER '42 (SUMMER OF '42). Am Strand einer Ferieninsel vor Neuengland erinnert sich ein junger Mann an das nachhaltige Liebeserlebnis, das er im Jahre 1942 als 15jähriger mit einer Kriegerwitwe hatte. Mulligans subtiler Regie gelang es, die Nöte der Pubertät psychologisch glaubhaft zu beobachten und eine Liebesgeschichte stimmungsvoll, fast ohne Sentimentalität zu erzählen. (Alternativtitel: »Geh einfach hin und sag ›Hallo‹...«, »Frühling einen Sommer lang«) ✦ USA 1971 **P** Warner Bros. **Kl** Warner Bros. **Pd** Richard Roth **R** Robert Mulligan **B** Herman Raucher, nach seinem Roman **K** Robert Surtees **M** Michel Legrand **S** Folmar Blangsted **D** Jennifer O'Neill (Dorothy), Gary Grimes (Hermie), Jerry Houser (Oscy), Oliver Conant (Benjie), Lou Frizzell (Drogist), Katherine Allentuck (Aggie), Christopher Norris (Miriam) **L** 104 **FSK** ab 16; f **FBW** w **E** 23.9.1971 **fd** 17 548

DAS SOMMERALBUM. Im Sommer 1905 macht ein elfjähriges Mädchen mit seiner begüterten Familie Urlaub an der Ostseeküste Litauens. Während seine beiden Brüder ihren Traum vom Fliegen verwirklichen wollen, entdeckt es mit einem alten Fotoapparat seine Umwelt neu. In ruhigem Rhythmus und betörend schönen Landschaftsbildern erzählt der Film unaufdringlich und einfühlsam davon, wie sich Kinder auf dem Weg des Heranreifens ihre eigene Welt schaffen und sich »emanzipieren« und behaupten. – Sehenswert ab 8. ✦ Deutschland 1991 **P** Ottokar Runze Filmprod./DNR/DOM Film **Kl** Basis **Pd** Ottokar Runze **R** Kai Wessel **B** Beate Langmaack **K** Achim Poulheim **M** Robert Schumann **S** Sabine Jagiella **D** Hanna Mattes (Josefine), Eva Mattes (Mutter), Wanja Mues (Zacharias), Jan Hinrichsen (Bartholomäus), Micha Lampert (Vater) **L** 91 **FSK** o. A.; f **E** 17.12.1992 **fd** 29 971

DER SOMMERBAUM (LETNY STROM RADOSTI / ADAMKO). Die Geschichte eines siebenjährigen Jungen, der mit seinen Eltern von der ländlichen Slowakei in eine Stadt übersiedelt. Von den Kindern seiner neuen Umgebung, die ihn wegen seiner Tiere hänseln, wird er erst akzeptiert, als sich ein Mädchen seiner annimmt. Am Ende gewinnt er gar die Freundschaft des Bandenanführers Miro. Ein poetisch angehauchter Film über die Freundschaft unter Kindern. (Westdeutscher TV-Titel: »Sommerbaum der Freude«) – Ab 10. ✦ CSSR 1983 **P** Filmstudio Koliba **Kl** Progress **Pd** Ján Tomackovic **R** Ivan Hústava **B** Ivan Hústava, Milan Frolo **K** Vladimír Ondrus **M** Svetozár Stúr **D** Marek Bezousek (Ondtko), Daniel Bezák (Palko), Jana Zvariková-Alnerová (Kristína), Vladimír Böhmer, Michaela Michaledesová (Evka), Lubomír Paulovic (Jozef) **L** 74 **E** 5.9.1986 Kino DDR/19.7.1987 ZDF/9.1.1988 DFF 1

SOMMERBAUM DER FREUDE →Der Sommerbaum

SOMMERBLÜTEN (HIGANBANA). Die Schwierigkeiten eines Vaters mit einer seiner beiden unverheirateten Töchter: Die dickköpfige junge Frau will unbedingt ihren Freund heiraten, den der Vater weder gesehen noch ausgesucht hat. Nur durch äußerst geschickte Vorgehensweisen kann das nicht minder dickköpfige Familienoberhaupt zum Einlenken bewegt werden. Eine detaillierte, ausgefeilte psychologische Studie über Generationskonflikte. (O.m.d.U.) – Ab 14. ✦ Japan 1958 **P** Shokiku **R** Yasujirô Ozu **B** Kôgo Noda, Yasujirô Ozu, nach einem Roman von Satomi Ton **K** Akira Aomatsu **S** Yoshiyasu Hamamura **D** Shin Saburi, Kinuyo Tanaka, Ineko Arima, Keiji Sada, Teiju Takahashi, Miyuki Kuwano, Chishû Ryû **L** 100 **E** 10.2.1995 arte

SOMMERDIEBE (SARIKAT SAYFEYA / VOLS D'ETE). Aus der Sicht eines kleinen Jungen werden familiäre und politische Entwicklungen im Ägypten des Jahres 1961 reflektiert: Unmittelbar bevor Staatspräsident Nasser seine sozialistischen »Juli-Gesetze« verkündigt, um eine weitgehende Bodenreform sowie die Industrialisierung des Landes einzuleiten, beobachtet der Junge die Sorgen seiner Eltern und Verwandten während eines Ferienaufenthaltes auf einem riesigen Gutshof. Eine von Erinnerungen des Filmemachers gespeiste Zeitchronik. ✦ Ägypten 1988 **P** Misr International **Pd** Marianne Khoury, Youssef Chahine **R+B** Yousry Nasrallah **K** Ramses Marzouk **M** Omar Khayrat **S** Rahma Montasser **D** Ahmed Mohamed Ahmad, Chohdi Srour, Hani Hussein, Ihab Abdelhakim, Menha Batraoui **L** (TV) 100 **E** 20.6.1989 BR

SOMMERFERIEN IN DER STEINZEIT →Ferien in der Steinzeit

SOMMERFERIEN TOTAL VERRÜCKT (MEATBALLS III: SUMMER JOB). Ein schüchterner Schüler, der unter seiner »Jungfräulichkeit« leidet, bekommt Rat und Hilfe von einer gealterten Sexfilm-Diva, die nach ihrem Tod als gute Fee zur Bewährung auf die Erde geschickt wird. Teenager-Komödie, allerdings etwas einfallsreicher und – trotz derber Späße – weniger drastisch und rüde als andere Filme des Genres. ✦ Kanada 1985 **P** Dalco **Kl** Tivoli **VA** Ufa **Pd** Don Carmody, John Dunning **R** George Mendeluk **B** Michael Paseornek, Bradley Kesden **K** Peter Benison **M** Paul Zaza, Loverboy, Ronnie Hawkins **S** Debra Karen **D** Sally Kellerman (Roxy Du Jour), Shannon Tweed (Liebesgöttin), Patrick Dempsey (Rudy), Isabelle Mejias (Wendy), Al Waxman (Saint Peter) **L** 90 **FSK** ab 16; nf **E** 21.5.1987/März 1988 Video **fd** 26 180

DIE SOMMERFRISCHE (LE VILLEGGIATURA). 1931 im faschistischen Italien: Ein junger Historiker wird auf eine Insel verbannt. Die erste Zeit muß er mit kriminellen und politischen Häftlingen verbringen, dennoch ist seine Bewegungsfreiheit groß: Er kann sich eine am Meer gelegene Wohnung mieten. Oberflächlich gesehen gleicht sein Aufenthalt einer Sommerfrische, zumal Frau und Kind zu ihm auf die Insel übersiedeln dürfen. Doch schlagartig kommt ihm die wahre Situation zu Bewußtsein, als ein Kommunist und ein Anarchist ermordet werden. Der differenziert gestaltete Film, der der Wandlung eines Intellektuellen zum Revolutionskämpfer gegen das politische Regime eindringlich nachgeht, ist genau in der Milieuzeichnung und vorzüglich gespielt. ✦ Schwarzweiß. Italien 1973 **P** Natascia **R** Marco Leto **B** Lino Del Fra, Marco Leto, Cecilia Mangini **K** Volfango Alfi **M** Egisto Macchi **S** Giuseppe Giacobino **D** Adalberto Maria Merli (Prof. Rossini), Adolfo Celi (Kommissar Rizzuto), Milena Vukotic (Frau Rossini), John Steiner (Scagnetti), Biagio Pelligra (Mastrodonato) **L** 115 **E** 15.7.1974 ARD

SOMMERFRISCHE GESUCHT (SOMMARNÖJE SÖKES). Ein Mann muß verdutzt feststellen, daß seine Frau die Sommerfrische auf den Inseln vor Schwedens Küste trotz der Anwesenheit der gemeinsamen Tochter für Seitensprünge nutzt. ✦ Schwarz-weiß. Schweden 1957 **P** Svensk Filmindustri **R** Hasse Ekman **B** Per Gerhard, Hasse Ekman **K** Martin Bodin **M** Bengt Hallberg **D** Eva Dahlbeck (Ingeborg Dahlström), Gunnar Björnstrand (Gustav Dahlström), Bibi Andersson (Mona), Brigitte Reimer (Lizzy), Alf Kjellin (Forsman) **L** 88 **E** 30.4.1968 DFF 1

SOMMERFRÜCHTE →Nicht alle können Engel sein!

SOMMERGÄSTE. Eine Urlaubsgesellschaft im zaristischen Rußland erkennt in quälenden Auseinandersetzungen und Selbstenthüllungen die Signale eines kommenden Umbruchs und ihre eigene Wertlosigkeit für die neue Zeit. Eine kunstvolle Verfilmung des Gorki-Stückes nach Steins berühmter Berliner »Schaubühnen«-Inszenierung. Eine sehenswerte Schilderung von Vorstadien gesellschaftlicher Veränderungen mit unterschwelligem Bezug auf gegenwärtige Stimmungslagen. ✦ BR Deutschland 1975 **P** Regina Ziegler **Kl** Constantin **R** Peter Stein **B** Botho Strauß, nach einem Roman von Maxim Gorkij **K** Michael Ballhaus **M** Peter Fischer **S** Siegrun Jäger **D** Sabine Andreas (Olga), Edith Clever (Warwara), Bruno Ganz (Jakow Schalimow), Ilse Ritter (Kalerija), Michael König (Wlas Tschernow), Eberhard Feik **L** 115 **FSK** ab 12; f **FBW** bw **E** 29.1.1976/11.3.1977 Kino DDR **fd** 19 670

SOMMERGEFÜHLE (THE SUN, THE MOON AND THE STARS). Drama mit fantastischen Elementen. Ein Mädchen fährt mit seiner Mutter, die es für eine Rabenmutter hält, in den Urlaub. Dort erleben beide romantische Verstrickungen, bis eine Hexe ins Spiel kommt. ✦ Irland 1996 **R+B** Geraldine Creed **D** Elaine Cassidy (Shelley), Gina Moxley (Monica), Aishing Corcoran (Dee), Angie Dickinson (Abbie), Jason Donovan (Pat) **L** 90 **E** 27.9.1997 N 3

EINE SOMMERGESCHICHTE (1976) (TANASE SCATIU). Nach dem Tod seiner Mutter versucht ein junger rumänischer Arzt, den Familienbesitz traditionsgemäß weiterzuführen. Dem letzten Willen seiner Mutter entsprechend, heiratet er die schöne Gutsverwalterin und kümmert sich um die Sorgen seines alten Onkels, der nach schlechter Ernte in die Abhängigkeit eines neureichen Pächters geraten ist, der nun die Tochter des Onkels zur Frau verlangt. Romanverfilmung aus Rumänien. ✦ Rumänien 1976 **P** Romania Film Bukarest **Kl** Progress **R** Dan Pita **B** Mihnea Gheorghiu, nach einem Roman von Duiliu Zamfirescu **D** Victor Rebengiuc, Eliza Petrachescu, Vasile Nitulescu, Christina Nutu, Andrei Pintilie **L** 115 **E** 24.2.1978 Kino DDR/20.6.1981 DFF/29.5.1984 HR

EINE SOMMERGESCHICHTE (1988) (COMEDIE D'ETE). Ein unehrenhaft aus der Offiziersschule Entlassener kehrt auf den herrschaftlichen Besitz seiner Eltern heim. Er gibt vor, ein Offizierspatent zu besitzen. Im Laufe der Zeit entwickelt sich eine Liebesbeziehung zu einer attraktiven Besucherin des Hauses, die jedoch durch den Freitod des Hauslehrers überschattet wird. Ein am Vorabend des Ersten Weltkrieges spielender Film; im Mittelpunkt: die Frage nach brüchig gewordenen Idealen der französischen Gesellschaft. – Ab 16. ✦ Frankreich 1988 **R** Daniel Vigne **B** Colo Tavernier O'Hagan **K** André Neau **M** Jean-Claude Vannier **D** Maruschka Detmers (Vicky), Rémi Martin (Adrien), Jean-Claude Brialy (Gaston), Nelly Borgeaud (Louise) **L** 99 **E** 9.11.1995 premiere

SOMMERGEWITTER (LE GARCON D'ORAGE). Ein junger Herumtreiber, der als Erntehelfer in einem Weingut in Südfrankreich unterkommt, sorgt durch seine spontane Art für eine Verwirrung der Gefühle, als sich der Besitzer des Gutes in ihn verliebt. Die Beziehung scheitert jedoch am Dorfklatsch. Als sich der junge Mann enttäuscht einer Frau zuwendet, mit der er bald auch ein Kind bekommt, nimmt das Schicksal einen unheilvollen Lauf, da er keinen Platz mehr in der dörflichen Gemeinschaft findet. Drama um das Scheitern von Lebensentwürfen, dessen emotionaler Gehalt im titelgebenden Sommergewitter eine naturalistische Entsprechung findet. ✦ Frankreich 1995 **P** Septembre Prod./La Sept/arte **R** Jérôme Foulon **B** Jérôme Foulon, Sophie Deschamps, nach einem Roman von Roger Vrigny **K** Michele Cagnard **D** Daniel Russo (Marcellin), Véronique Silver (Germaine), Vincent Lecoeur (Willi), François Berléand (das Hinkebein), Elodie Navarre (Jeanne) **L** 84 **E** 25.3.2000 arte

SOMMERHÜGEL (SOMMERHÜGEL). Im Rahmen einer bewußt subjektiven Sicht setzt der Autor die Plätze rund um den Säntis in eine (gebrochene) Verklärung. Der surrealistischen Filmtradition folgend, wird die Logik einer Erzählung durch die Abfolge von Bildern ersetzt, die allein der Logik des Traums folgt. Peter Liechtis experimentelles Spiel wird so zu einem geglückten optischen und akustischen Happening, zu einer Inszenierung der appenzellischen Landschaft. ✦ Teils schwarz-weiß. Schweiz 1984 **P** Liechti **Pd** Clemens Steiger **R** Peter Liechti **B** Clemens Liechti **K** Clemens Keller **M** Alderbuebe, Anthony Braxton, Roscoe Michell **S** Peter Liechti **D** Johanna Liechti, Felix Kälin, Walter Grawit, A. Siering **L** 65 **E** Schweiz

DIE SOMMERINSEL (1959) (A SUMMER PLACE). Breit angelegtes Ehe- und Generationsdrama, angesiedelt in den Traumkulissen einer Insel im Mittelmeer: Die ehebrecherische Begegnung von Bart und Sylvia im Bootsschuppen wird von den Kindern beider Paare aufgedeckt und zum Skandal, doch in den nächsten Ferien sind die Eltern über Kreuz miteinander verheiratet, und auch die Kinder werden ein Paar. Der Film mutet wie ein lebendig gewordener Kinsey-Report an, der weniger durch seine freizügige Handlung als durch seinen (für damalige Ohren) rücksichtslosen Dialog verblüfft. ✦ USA 1959 **P** Warner **Kl** Warner **Pd+R** Delmer Daves **B** Delmer Daves, nach einer Erzählung von Sloan Wilson **K** Harry Stradling **M** Max Steiner **S** Owen Marks **D** Richard Egan (Ken Jorgenson), Dorothy McGuire (Sylvia Hunter), Arthur Kennedy (Bart Hunter), Sandra Dee (Molly Jorgenson), Troy Donahue (Johnny Hunter), Constance Ford (Helen Jorgenson), Beulah Bondi (Mrs. Hamble), Jack Richardson (Claude Andrews) **L** 121 (gek. 115) **FSK** ab 18; f (gek. 12) **E** 16.9.1960 **fd** 9 478

DIE SOMMERINSEL (1980) (SOMMARBOKEN). Ein Mädchen verbringt die Ferien bei der Großmutter auf einer Schäreninsel und muß mit der Situation fertig werden, daß die Mutter vor wenigen Monaten ums Leben gekommen ist. Die Großmutter ist eine eigenwillige, aber auch lebenskluge Frau, Spannungen sind also unausweichlich, aber schließlich überwindet das Kind seinen Schock. Eine poetisch vermittelte Geschichte, die warmherzig über Leben und Tod erzählt und für Verständnis und Liebe zwischen den Generationen appelliert. – Ab 12. ✦ Schweden 1980 **R** Britt Olofsson **B** Britt Olofsson, Gunilla Jensen, nach einem Roman von Tove Janssons **D** Aino Taube (Großmutter), Ann-Sophie Wallenborg (Enkelin), Thomas Hellberg (Vater) **L** (TV) 95 **E** 6.1.1981 ZDF

SOMMERKOMÖDIE →Eine Sommergeschichte (1988)

SOMMERLICHES ÖSTERREICH. Bunte Postkartenfotos über das Reiseland Österreich, von der Wachau bis Kärnten, unterlegt mit geschwollenem Kommentar. – Ab 8 möglich. ✦ BR Deutschland 1965 **P** Kultur- und Reisefarbfilm **Kl** Touropa **R** Hermann W. Dippe, Heinz Pollmann **B** Heinz Dippe **K** Heinz Pollmann **M** Walter Huber **L** 63 **FSK** ab 6; f **E** Ende 1965

SOMMERLICHT →Wetterleuchten

SOMMERLIEBE (1942). 1909. Ein adliger Gutserbe verliebt sich während eines Urlaubs an der Adria in eine attraktive junge Frau. Nach ihrer plötzlichen Abreise versucht er vergeblich, die Unbekannte zu finden, bis er sie in einem Kurort nahe des Gutes unverhofft wiedersieht. Sie ist Schauspielerin und zieht den Erfolg im Beruf einer Ehe vor. Altmodisches Liebesdrama. – Ab 14 möglich. ✦ Schwarz-weiß. Deutschland 1942 **P** Wien-Film **R** Erich Engel **B** Hans Adler, nach einer Novelle von O. E. Hartleben **K** Robert Baberske **M** Anton Profes **D** Winnie Markus (Renate Burger), O.W. Fischer (Franz von Haflinger), Siegfried Breuer (Baron von Worowsky), Lotte Lang (Mila Marek), Hans Olden (Alois), Auguste Pünkösdy (Tante Sophie) **L** 90 **E** 26.11.1942/9.3.1975 ZDF/20.6.1983 DFF 1

SOMMERLIEBE (1955). Leben und Lieben in einem Ferienheim des Freien Deutschen Gewerkschaftsbundes (FDGB) an der Ostsee und die Wandlung eines faulenzenden Frauenhelden zum arbeits- und ehesüchtigen Menschen. Ein wirklichkeitsfernes, inszenatorisch unbefriedigendes Lustspiel mit platt belehrendem Hintergedanken. ✦ Schwarz-weiß. DDR 1955 **P** DEFA **KI** Progress **Pd** Willi Teichmann **R** Franz Barrenstein **B** Max Jensen, nach der Erzählung »Eine kleine Sommerferienliebe« von Gerhard Hardel. **K** Karl Puth **M** Hans Hendrik Wehding **S** Ruth Moegelin **D** Maria Buschhoff (Milli), Lothar Blumhagen (Robby), Gisela May (Lotte), Christina Huth (Martha), Charlotte Wahl (Ilse), Werner Peters (Grothe) **L** 87 **E** 29.4.1955 Kino DDR/29.4.1955 DFF 1

SOMMERLIEBE (1993). Das Leben einer 48-jährigen Malerin auf Rügen gerät durcheinander, als sie sich bei einem Besuch ihres Sohnes in dessen Studienfreund verliebt. Mit ihren Bemühungen, die aufkeimende Beziehung vor ihrem Sohn geheim zu halten, stößt sie den jungen Mann vor den Kopf, der sich daraufhin enttäuscht abwendet. ✦ Deutschland 1993 **P** Fritz Wagner Film/NDR **Pd** Rita Wagner **R+B** Iris Gusner **K** Claus Neumann **M** Chris Walden **S** Karin Kusche **D** Iris Berben (Franziska), Gedeon Burkhard (Matthias), Amina Gusner (Rieke), Alexander Höchst (Philipp), Alexander May (Guenter), Dietmar Richter-Reinick (Hartmut), Fritz Lichtenhahn (Paul Hinrich), Lotti Krekel **L** 85 **E** 14.1.1994 arte

SOMMERLIEBE AM BODENSEE. Deutsches Lachkino im Serienstil der 50er Jahre: Der Hotelier, der seinem Sohn eine Lehre fürs Leben erteilen will, macht ihn mit einer eleganten Dame bekannt, die in Wirklichkeit ein Zimmermädchen ist ... – Ab 16. ✦ Schwarz-weiß. BR Deutschland 1956 **P** Neue Imperial **KI** Accord **Pd** H. P. Wilkniss **R** Jasper von Oertzen **B** Helmut Brasch, Rudolf Eger **K** Wolf Schneider, Werner Brandes **M** Alexander Barta **S** Illo Endrulat **D** Freddy Scheim (Heinrich Baumann), Carl Schell (Hans Baumann), Christiane Jansen (Angelika), Hubert von Meyerinck (Oberkellner), Sonja Sorell (Ingrid), Jola Mörl (Ulla), Rita Lerch (Fräulein Hübli) **L** 88 **FSK** ab 12; nf **E** 15.3.1957 **fd** 7 260

SOMMERLIEBE – O DA BENI SEVIYOR (O DA BENI SEVIYOR). Türkei 1973: Ein aufmüpfiges 12-jähriges Mädchen wird von seinen Eltern in den Ferien aufs Land geschickt, damit ihm die resolute Tante die Flausen austreibt. Die Begegnung mit einer anderen, um Selbstbestimmung ringenden Verwandten und die erste, unerwiderte Liebe zu einem jungen Mann setzen einen Reifungsprozess in Gang. Unentschieden zwischen ethnografischer Schilderung, Initiations- und Emanzipationsdrama schwankend, bekommt der Film die vielfältigen Personen-Konstellationen dramaturgisch nie in den Griff und enttäuscht trotz einiger schöner (Kamera-)Momente und überzeugender Hauptdarstellerinnen. (O.m.d.U.) – Ab 14. ✦ Türkei/Ungarn 2001 **P** Filma-Cass/Kedi Film/Objektiv Film **KI** Concorde **Pd** Mine Vargi, Janos Rozsa, Barbaros Altu **R** Baris Pirhasan **B** Gül Dirican, Baris Pirhasan **K** Jürgen Jürges **M** Mare Nostrum, Ulas Özdemir **D** Ece Eksi (Esma), Lale Mansur (Saliha), Luk Piyes (Hüseyin), Ayse Nil Samlioglu (Rabia), Ali Ökcelik (Sahin) **FSK** ab 6; f **E** 20.12.2001 **fd** 35 239

SOMMERLIEBELEI (UN AMOUR DE PLUIE). Die erotischen Ferienerlebnisse einer verheirateten Frau und ihrer 14jährigen Tochter. Während die Mutter das Interesse eines Italieners erregt, macht die Tochter erste Erfahrungen mit dem sensiblen Küchenjungen. Ein in Pseudo-Poesie und erlesener Melancholie ertrinkender Versuch, die Unbeständigkeit der Gefühle und den Urlaub als befreienden Ausnahmezustand zu beschreiben. ✦ BR Deutschland/Frankreich/Italien 1973 **P** Terra/Lira/T.R.A.C. **KI** Constantin **Pd** Raymond Danon **R** Jean-Claude Brialy **B** Jean-Claude Brialy, Yves Simon **K** Andréas Winding **M** Francis Lai **S** Eva Zora, Gertrud Petermann **D** Romy Schneider (Elisabeth), Nino Castelnuovo (Giovanni), Bénédictine Buchner (Cécile), Suzanne Flon (Edith), Mehdi (Georges) **L** 97 **FSK** ab 16; f **FBW** w **E** 29.3.1974/4.1.1989 DFF 2 **fd** 18 787

EINE SOMMERNACHT IN DER STADT (NUIT D'ETE EN VILLE). Während einer einzigen Nacht, die sie mit Liebesspielen und Gesprächen verbringen, kommen eine Frau und ein Mann einander näher. Als der Morgen graut, weicht das sexuelle Begehren der Vertrautheit. Ein freizügig fotografierter Diskurs über menschliche Nähe und Distanz, in dem Formen zwischenmenschlicher Kommunikation thematisiert werden. Der Film bricht bewußt mit Tabus und lotet ebenso intensiv wie spannend das Spannungsfeld zwischen Sex und Intellekt aus. ✦ Frankreich 1990 **P** Elefilm/Soprofilm/T.S.F./C.N.C./Sofiarp **KI** Pandora **Pd** Rosalinde Deville **R** Michel Deville **B** Rosalinde Deville **K** Max Pantéra, Bernard Lutic **M** Camille Saint-Saëns **S** Raymonde Guyot **D** Marie Trintignant (Emilie), Jean-Hugues Anglade (Louis) **L** 85 **E** 30.1.1991 **fd** 28 720

EINE SOMMERNACHT IN L.A. →Don't do it

SOMMERNÄCHTE. Während eines Urlaubs an den masurischen Seen verliebt sich ein Berliner Arzt in eine junge Frau, die die Beständigkeit seiner Gefühle auf die Probe stellt, indem sie vorgibt, bereits verheiratet zu sein. Leichtgewichtige Ferien- und Liebeskomödie des NS-Regisseurs Ritter, der durch die stimmungsvolle ostpreußische Landschaft ein wenig Charme gewinnt. ✦ Schwarz-weiß. Deutschland 1943/44 **P** Ufa **KI** DFV **R** Karl Ritter **B** Gustav Kampendonk, Vera Bern **K** Ekkehard Kyrath **M** Winfried Zillig **S** Margarete Noell **D** René Deltgen (Dr. Thomas), Suse Graf (Gabriele), Ernst von Klipstein (Kuno), Jutta von Alpen (Uschi), Franz Weber (Dunhus) **L** 95 **E** 26.6.1944

SOMMERNÄCHTE AUF DEM PLANETEN ERDE (NAGRA SOMMARKVÄLLAR PA JORDEN). Ein Schriftsteller erinnert sich an jenen Sommer zurück, den er zum erstenmal mit der Familie seiner späteren Frau, einer Schauspielerin, verbrachte. Das Idyll auf der Schäreninsel ist trügerisch, hinter der Fassade offenbaren sich Einsamkeit und Langeweile, gescheiterte Ehen und Lebensentwürfe. Auch der Schriftsteller trennt sich zunächst von seiner Geliebten, weil er ihren Wunsch nach einem Kind nicht erfüllen will. Erst nach einem Liebesabenteuer mit der 17jährigen Nichte der Schauspielerin findet er zu einer dauerhaften Bindung mit seiner Geliebten. Ein Jahr später treffen sich alle wieder: einige haben Konsequenzen gezogen, andere sich arrangiert. Dialoglastiger Film über Familienkonflikte, dessen intellektuelles Spiel trotz guter Darsteller und Einfühlung in Mittelstandsmentalitäten an einer essentiellen Selbstsucht leidet, die alle Probleme nur ichbezogen anschneidet. ✦ Schweden 1986/87 **P** Spice/Svenska Filminstitutet/TV 2 **Pd** Peter Hald **R** Gunnel Lindblom **B** Gunnel Lindblom, nach einem Theaterstück von Agneta Pleijel **K** Lars Björne, Torbjörn Andersson, Dan Myhrman **M** Göran Klintberg, Thirteen Moons **S** Hélène Berlin **D** Sif Ruud (Karna), Margaretha Byström (Ulrika), Per Mattson (Tomas), Harriet Andersson (Magda), Leif Ahrle (Bror) **L** 104 **E** 26.9.1990 ZDF

SOMMERNÄCHTE IN SCHWEDEN (UTE BLASER SOMMARVIND). Einem schwedischen Trivialroman folgend, erzählt der Film von einem jungen Ingenieur und seiner Geliebten, die zwar zu einem Abenteuer, nicht aber zu echter Bindung bereit ist – später kommt es dann umgekehrt. Eine schmalzige Liebesromanze. (Alternativtitel: »Freie Liebe«) ✦ Schwarz-weiß. Schweden/Norwegen 1956 **P** AB Europa/Norsk **KI** Luna **R** Åke Ohberg **B** K. Bugge, nach einem Roman von Per Bang **M** S. Berg **D** Margit Carlqvist (Liss), Lars Nordrum (Klaus), Edvin Adolphson (Tore), Sigge Fürst, Elof Arhle, Kerstin Palo **L** 72 **FSK** ab 18; nf **E** 29.3.1966 **fd** 14 025

SOMMERNÄCHTE MIT MANINA (MANINA, LA FILLE SANS VOILE). Der Archäologiestudent Gerard und der junge Abenteurer Eric segeln nach Korsika, um einen phönizischen Schatz zu heben. Die Leuchtturmwärterstochter Manina verwirrt sie beide. Als der Schatz gehoben ist, will Eric sich mit ihm davonmachen und geht im Sturm unter. Manina rettet Gerard. Munter inszeniertes Abenteuer mit ansehnlichen Unterwasseraufnahmen, einer unbedeutenden Handlung und Brigitte Bardot in ihrer zweiten Kinorolle. (Alternativtitel: »Liebesnächte mit Manina«) ✦ Schwarz-weiß. Frankreich 1952 **P** Sport-Film **KI** Jugendfilm/Schonger **R** Willy Rozier **B** Xavier Vallier **K** Michel Rocca **M** Jean Yatove, M. Bianchi **D** Brigitte Bardot (Manina), Jean-François Calvé (Gerard), Howard Vernon (Eric), Espanita Cortez (Franchucha), Raymond Cordy (Barkeeper), Robert Arnoux (Purzel) **L** 85 **FSK** ab 18; nf **E** 17.7.1953 **fd** 2 701

SOMMERNÄCHTE ... UND ALLE GRILLEN LACHEN (PECCATI IN FAMIGLIA). Ein sexbesessener Fabrikbesitzer kommt im Bett zu Tode, worauf sein Neffe die Fabrik nebst Tante und Cousine erbt. Italienischer Schmuddelfilm. ✦ Italien 1974 **P** Flaminia **KI** Nobis **VA** Arcade **R** Bruno Gaburro **M** Guido de Angelis, Maurizio de Angelis **D** Michele Placido, Simonetta Stefanelli, Jenny Tamburi, Renzo Montagnani, Edy Williams **L** 87 **FSK** ab 18; nf **E** 12.3.1976 **fd** 19 934

EINE SOMMERNACHTS-SEXKOMÖDIE (A MIDSUMMER NIGHT'S SEX COMEDY). Drei Paare verbringen ein Wochenende auf dem Lande und verlieben sich kreuz und quer. Offenbar gedacht als romantisches »Schäferspiel« mit Anklängen an klassische Vorbilder, rekapituliert der Film im wesentlichen gängige Typen und Standardsituationen aus Woody-Allen-Filmen ohne deren ironische Brechungen. So bietet er statt hintergründiger Zeitsatire oft nur derbe Volkstheater-Erotik. Allens komödiantischer Genius schimmert allenfalls in vereinzelten Szenen durch. ✦ USA 1982 **P** Orion **KI** Warner-Columbia **VA** Warner Home **Pd** Robert Greenhut **R+B** Woody Allen **K** Gordon Willis **M** Felix Mendelssohn Bartholdy **S** Susan E. Morse **D** Woody Allen (Andrew), Mia Farrow (Ariel), José Ferrer (Leopold), Julie Hagerty (Dulcy), Tony Roberts (Maxwell), Mary Steenburgen (Adrian), Adam Redfield (Foxx), Moishe Rosenfeld (Hr. Hayes) **L** 88 **FSK** ab 12; f **E** 15.10.1982 **fd** 23 703

EINE SOMMERNACHTSLIEBE (FEAST OF JULY). Drama. Ende des vergangenen Jahrhunderts wird eine junge Frau, die in einer Scheune eine Totgeburt erleidet, von einer Familie warmherzig aufgenommen. Bald beginnen aber die drei Söhne sich für sie zu interessieren. Als sie deren Rivalität beendet, indem sie sich für einen von ihnen entscheidet, taucht der verschollen geglaubte Vater des Kindes auf. ✦ Großbritannien/USA 1995 **Pd** Henry Herbert, Christopher Neame **R** Christopher Menaul **B** Christopher Neame **K** Peter Sova **M** Zbigniew Preisner **S** Chris Wimble **D** Embeth Davidtz (Bella Ford), Ben Chaplin (Con Wainwright), Tom Bell (Ben Wainwright), Gemma Jones (Mrs. Wainwright), James Purefoy (Jedd Wainwright) **L** 111 **E** 31.3.1998 premiere

EIN SOMMERNACHTSTRAUM (1935) (A MIDSUMMER NIGHT'S DREAM). Von Max Reinhardt und William Dieterle kurz nach ihrer Emigration 1935 verfilmte Inszenierung von Shakespeares »Sommernachtstraum«. Eng an das Bühnenstück angelehnt, glanzvoll ausgestattet, mit filmischer Trick-Zauberei phantasievoll ausgeschmückt und gut gespielt. – Ab 10. ✦ Schwarz-weiß. USA 1934/35 **P** Warner **Pd** Max Reinhardt **R** Max Reinhardt, William Dieterle **B** Charles Konyon, Mary McCall jr., Max Reinhardt, nach dem Bühnenstück von William Shakespeare **K** Hal Mohr, Ernest Haller **M** Felix Mendelssohn Bartholdy, Leo F. Forbstein (Ltg.), Erich Wolfgang Korngold (Ltg.) **S** Ralph Dawson **D** James Cagney (Bottom the Weaver), Dick Powell (Lysander), Jean Muir (Helena), Ross Alexander (Demetrius), Olivia de Havilland (Hermia), Mickey Rooney (Puck), Joe E. Brown **L** 132 **E** Kino DDR/1.10.1962 ARD

EIN SOMMERNACHTSTRAUM (1957–59) (SEN NOCI SVATOJANSKE). Zwei Liebespaare gelangen in das Zauberreich des Elfenkönigs Oberon, der mit seiner Gattin Streit hat. Die Liebesirrungen und -wirrungen werden durch Puck, Oberons Boten, und dessen Zauberkunst noch zusätzlich verstrickt. Meisterlicher Puppentrickfilm nach Shakespeares Komödie, der fast gänzlich auf Dialoge verzichtet und auf die Poesie seiner Figuren setzt. In Gestaltung und Gehalt gleichermaßen beachtlich, doch wird sich der poetische Gehalt der Fabel kleineren Kindern nicht erschließen. – Sehenswert ab 12. ✦ CSR 1957–59 **P** Tschechoslowakischer Staatsfilm **KI** Deutscher Filmdienst **R** Jirí Trnka **B** Jirí Trnka, nach der gleichnamigen Komödie von W. Shakespeare **K** Jirí Vojta **M** Václav Trojan **L** 76 **FSK** ab 6; f **E** 7.10.1960 Kino DDR/23.7.1981 DFF 1 **fd** 9 169

EIN SOMMERNACHTSTRAUM (1983) (SOGNO DI UNA NOTTE D'ESTATE). Shakespeares Sommernachtstraum in einer in die heutige Zeit übertragenen Rock-Musical-Version. Das Traumspiel um mehrere Liebespaare, die erst nach zahlreichen Verwirrungen zueinander finden, gerät in der symbolisch überfrachteten und trotz technischen Aufwands eher phantasielosen, theaterhaften Inszenierung zum filmischen »Alptraum«. ✦ Italien 1983 **P** Politecne/ RAI 2 **KI** Arsenal **R** Gabriele Salvatores **B** Gabriella Salvatores, frei nach William Shakespeare **K** Dante Spinotti **M** Mauro Pagani **D** Gianna Nannini, Flavio Bucci, Alberto Lionello, Erika Blanc, Sabina Vannuchi **L** 90 **E** 1984 Kino **fd** 24 894

EIN SOMMERNACHTSTRAUM (1998) (WILLIAM SHAKESPEARE'S A MIDSUMMER NIGHT'S DREAM). Shakespeares Komödie um Irrungen und Wirrungen der Liebe im Zauberreich des Elfenkönigs wird in Michael Hoffmans Neuverfilmung in die Toskana des 19. Jahrhunderts verlegt, ohne dass der zeitgeschichtliche Hintergrund thematisch genutzt würde. So bleibt ein opulentes, opernhaftes Ausstattungsstück, das in die Nähe des Kitsches gerät und auch durch die breit ausgespielten komödiantischen Handwerkerszenen nicht zu retten ist. Nur der Hauptdarsteller setzt dem Spiel ein Glanzlicht auf. – Ab 12 möglich. ✦ Scope. USA/Italien/Großbritannien 1998 **P** Fox Searchlight Pictures/Regency Enterprises **KI** Twentieth Century Fox **VA** Fox Home **Pd** Leslie Urdang, Michael Hoffman, Ann Wingate **R** Michael Hoffman **B** Michael Hoffman, nach dem gleichnamigen Theaterstück von William Shakespeare **K** Oliver Stapleton **M** Simon Boswell **S** Garth Craven **D** Kevin Kline (Bick Bottom/Zettel), Michelle Pfeiffer (Titania), Rupert Everett (Oberon), Stanley Tucci (Puck), Calista Flockhart (Helena), Anna Friel (Hermia), David Strathairn (Theseus), Sophie Marceau (Hippolyta), Sam Rockwell (Francis Flute) **L** 120 **FSK** ab 6; f **FBW** bw **E** 21.10.1999/20.4.2000 Video **fd** 33 903

SOMMERPARADIES (PARADISE). Ein Zehnjähriger, der die Sommerferien bei Freunden seiner Mutter verbringen soll, muß nicht nur die seit dem Tod seines einzigen Kindes angespannte Atmosphäre zwischen dem Ehepaar verkraften, sondern auch einen persönlichen Schock überwinden. In der Inszenierung zu unentschlossen, um sein Vorbild »Am großen Weg« (1986) zu erreichen, erhält der Film durch die um Stimmigkeit bemühte Figurenzeichnung und die überzeugende Darstellung dennoch überdurchschnittlichen Unterhaltungswert. – Ab 14. ✦ USA 1991 **P** Touchstone Pictures/Grand Highway Films/Interscope Communications **KI** Warner Bros. **VA** Touchstone Home/Buena Vista **Pd** Scott Kroopf, Patrick Palmer **R** Mary Agnes Donoghue **B** Mary Agnes Donoghue, nach einem Drehbuch von Jean-Loup Hubert **K** Jerzy Zielinski **M** David Newman **S** Eva Gardos, Debra McDermott **D** Melanie Griffith (Lily), Don Johnson (Ben), Elijah Wood (Willard), Thora Birch (Billie), Sheila McCarthy (Sally), Eve Gordon (Rosemary) **L** 111 **FSK** ab 6; f **FBW** w **E** 7.5.1992/ 3.12.1992 Video/9.4.1994 premiere **fd** 29 543

SOMMERPARADIES MIT KLEINEN FEHLERN → Das schwarze Paradies

SOMMERSBY (SOMMERSBY). Ein Grundbesitzer kehrt aus dem amerikanischen Bürgerkrieg in seinen Heimatort in Tennessee zurück. Allmählich aufkommende Zweifel an seiner Identität und sein Konflikt mit der rassistischen Umwelt führen schließlich zu einem Prozeß. Basierend auf Grundlinien des französischen Films »Die Rückkehr des Martin Guerre« transponiert der Film die Geschichte in ein anderes Milieu und rückt Wandlung und Wachsen der ehelichen Beziehung des Helden in den Mittelpunkt. Starke Leistungen der Hauptdarsteller und die an der melancholischen Opulenz alter Technicolor-Panoramen des amerikanischen Südens orientierte Fotografie machen diese Neufassung des bekannten Stoffes zu einem anrührenden Drama menschlicher Selbstzweifel und ihrer Überwindung. – Ab 16. ✦ Scope. USA 1992 **P** Arnon Milchan Prod./Alcor Films/Le Studio Canal+/Regency Enterprises **KI** Warner Bros. **VA** Warner Home **DVD** Warner Home (16:9, 2.35:1, DD2.0 engl./dt.) **Pd** Arnon Milchan, Steven Reuther, Mary McLaglen **R** Jon Amiel **B** Nicholas Meyer, Sarah Kernochan, Antony Schaffer, nach dem Drehbuch zum Film »Die Wiederkehr des Martin Guerre« **K** Philippe Rousselot, Duart Color **M** Danny Elfman **S** Peter Boyle **D** Richard Gere (Jack), Jodie Foster (Laurel), Lanny Flaherty (Buck), Wendell Wellman (Travis), Bill Pullman (Orin), Brett Kelley (Little Rob), Frankie Faison (Joseph), William Windom (Pfarrer Powell), Clarice Taylor (Esther), James Earl Jones (Richter Isaacs) **L** 113 **FSK** ab 12; f **FBW** bw **E** 18.3.1993/25.11.1993 Video/ 20.11.1994 premiere/26.1.2000 DVD **fd** 30 114

SOMMERSCHNEE (SUMMER SNOW / XIATIAN DE XUE). Eine dynamische Karrierefrau muß sich plötzlich um ihren an Alzheimer erkrankten Schwiegervater kümmern. Die Belastung gerät freilich zum Gewinn. Ein in einem zurückhaltenden Filmstil inszeniertes imponierend seriöses Psychogramm, das emotionale Höhepunkte bewußt herunterspielt. – Sehenswert ab 12. ✦ Hongkong 1995 **P** Harvest Crown/Class **R** Ann Hui (= Xu Anhua) **B** Chan Man-Keung **K** Lee Ping-bin **M** Otomo Yoshihide **S** Wong Yee Shun **D** Josephine Siao Fong-Fong (May Wu (Frau Sun)), Roy Chiao (Herr Sun, sen. (Schwiegervater)), Law Kar-Ying (Bing Sun), Lo Koon-Lan (Lan Sun), Allen Ting (Allen Sun), Gin Tsang (Janice) **L** 95 (TV 106) **E** 16.4.1997 ARD **fd** 32 471

SOMMERSOLDATEN (SUMMER SOLDIERS). Der Titel meint die US-Soldaten des Vietnamkriegs, die als Deserteure in Japan Unterschlupf und teilweise Hilfe bei antimilitaristischen Organisationen suchten. Der japanische Filmemacher Teshigahara (»Die Frau in den Dünen«) beobachtet die bittere Fluchterfahrung eines dieser GIs und kommentiert ihn mit dem inneren Monolog eines anderen. Die Mitwirkenden des semidokumentarischen Films sind fast ausschließlich humanitär engagierte Laien. ✦ Japan 1972 **P** Hiroshi Teshigahara **Pd** Yukio Tomizawa **R** Hiroshi Teshigahara **B** John Nathan **K** Hiroshi Teshigahara, Masuo Oshima **M** Toru Takemitsu **S** Fusako Shuzui **D** Keith Sykes (Jim), Lee Reisen (Lee Reisen), Kazuo Kitamura (Tachikawa), Tetsuko Koruyanagi (Mrs. Tachikawa), Hideo Kanze (Shimizu) **L** 105 **E** 16.7.1973 ARD **fd** 18 374

SOMMERSONNE UND VERWANDTE (MIRNO LETO). Ein junges Paar findet endlich ein eigenes Zuhause, als dem Kunsthistoriker die Arbeit im Museum einer Kleinstadt angeboten wird. Die ersehnte Zweisamkeit wird aber durch die Verwandten gestört, die sich zu einem Dauerbesuch einstellen. ✦ Jugoslawien 1961 **R** Dimitrije Osmanli **D** Slobodan Perovic, L. Dezundeva, J. Milciu, M. Bosliova **L** 90 **E** 1.8.1964 DFF 1

SOMMERSPROSSEN (I GANGSTER DALLA FACCIA PULITA). Verfilmung eines Kriminalfalls aus dem Jahre 1934: Zwei Stuttgarter Bankräuber setzen sich in die Nordschweiz ab, wo sie wochenlang Terror verbreiten und sich schließlich, von der Polizei umzingelt, gegenseitig erschießen. Handwerklich geschickt gestaltetes Regiedebüt des Basler Schauspielers Förnbacher und seines 23jährigen Autors Becher. ✦ Teils schwarz-weiß. BR Deutschland/Italien/Schweiz 1968 **P** Rinco/United Pictures **KI** Alpha **Pd** Willy Schuler **R** Helmut Förnbacher **B** Martin Roda-Becher, Helmut Förnbacher, Pietro Liberatori **K** Igor Luther, Hans Zweifel **M** Charly Niessen **S** Helmut Förnbacher **D** William Berger, Helmut Förnbacher, Helga Anders, Giorgia Moll, Willy Birgel, Schaggi Streuli, Ruedi Walter, Benno Hoffmann, Grit Böttcher, Margrit Rainer, Harald Dietl **L** 90 **FSK** ab 12 (früher 18) **E** 9.10.1968 **fd** 15 774

SOMMERSTÜRME (SUMMER STORM). Gefühlsträchtiges Melodram um die Liebe eines armen, aber schönen Bauernmädchens zu zwei höhergestellten Herren im zaristischen Rußland. Einer von ihnen bringt das Mädchen aus Eifersucht um, verbüßt seine durch Zufall entdeckte Tat aber erst nach der Revolution. Douglas Sirk (= Detlef Sierk) hatte seinen zweiten Hollywoodfilm, der auf einem Roman von Tschechow beruht, schon in Deutschland geplant – mit Willy Birgel in der Rolle des Mörders. Aus heutiger Sicht wirkt die Pappmaché-Darstellung der Oktober-Revolution nicht mehr ernstzunehmend. ✦ Schwarz-weiß. USA 1944 **P** United Artists/Angelus **Pd** Seymour Nebenzahl **R** Douglas Sirk **B** Rowland Leigh, Douglas Sirk, Robert Thoeren, nach dem Roman von Anton Tschechow **K** Archie Stout, Eugen Schüfftan **M** Karl Hajos **S** Gregg G. Tallas **D** George Sanders (Fjodor Petrow), Linda Darnell (Olga), Anna Lee (Natascha), Edward Everett Horton (Graf Alexander Wolskij), Hugo Haas (Urbenin) **L** 106 **E** 30.5. 1980 ARD **fd** 22 440

EIN SOMMERTAG MACHT KEINE LIEBE. Ein aufmüpfiger Gymnasiast, der gerade von der Schule geflogen ist, verliebt sich in eine Kranführerin und wird von ihr zu einem vernünftigen Menschen umerzogen. Klischeebehaftete, auch inszenatorisch schwache Liebesgeschichte der 60er Jahre vor dem Hintergrund der Stralsunder Werften. Regisseur Herbert Ballmann floh während der Dreharbeiten in den Westen, daraufhin übernahm Gerhard Klein die weiteren Arbeiten am Film. ✦ Schwarz-weiß. DDR 1959/60 **P** DEFA **KI** Progress **Pd** Werner Dau **R** Herbert Ballmann, Gerhard Klein **B** Benno Pludra, Herbert Ballmann **K** Götz Neumann **M** Günter Klück **S** Evelyn Carow **D** Willi Schrade (Jan), Christel Bodenstein (Christine), Erik Veldre (Hannes), Helga Göring (Mutter Lammers), Albert Hetterle (Vater Lammers), Hans Finohr (Kaluweit) **L** 78 **E** 16.3.1961 Kino DDR/23.4.1962 DFF 1

SOMMERWÜNSCHE – WINTERTRÄUME (SUMMER WISHES, WINTER DREAMS). Motive und Verlauf einer Ehekrise – entfaltet und verdeutlicht an der Beziehung zwischen einem Augenarzt und seiner Frau sowie zwischen ihr und ihren erwachsenen Kindern, ihrer Mutter und ihrer Schwester. Nuanciert inszeniert und differenziert gespielt: ein bemerkenswerter Beitrag zum Thema Ehe, der Zeichen der Hoffnung setzt. ✦ USA 1973 **P** Persk-Bright/Columbia **Pd** Jack Brodsky **R** Gilbert Cates **B** Stewart Stern **K** Gerald Hirschfeld **M** Johnny Mandel **S** Sidney Katz **D** Joanne Woodward (Rita Walden), Martin Balsam (Harry Walden), Sylvia Sidney (Mrs. Pritchett), Dori Brenner (Anna), Win Forman (Fred Goody), Tresa Hughes

(Betty Goody), Peter Marklin (Joel) **L** 84 **E** 5.12.1975 ARD **fd** 19 570

SOMNIFIA (SOMNIFIA). Im ersten Langspielfilm Frédéric Gonseths geht es um die seelische Verfassung des jungen Angestellten Philippe und seine Begegnungen mit Gleichaltrigen und einer alten Dame. Der Film beabsichtigt die subjektive Darstellung eines Charakters, dessen Ideen nicht immer mit der ihn umgebenden Wirklichkeit in Einklang zu bringen sind. ✦ Schwarz-weiß. Schweiz 1969 **P** Gonseth **Pd+R+B** Frédéric Gonseth **K** Jean-Jacques Schenk **M** Aladar Racz **D** Philippe Herren (Philippe), Anny Mauclair, Bernard Arczynski, Domingos Semedo, Richard Gautier **L** 105 **E** Schweiz

SON OF DARKNESS (TO DIE FOR II). In einem Krankenhaus, in das sich ein melancholischer Vampir als Arzt zurückgezogen hat, schreit ein vermeintlich krankes Baby, das in Wirklichkeit der Sohn des Vampirs ist, nach seinem ersten Blut. Weitere, noch aktive Blutsauger sorgen innerhalb des undurchsichtigen Plots für ein paar nachlässig zusammengeschusterte Episoden mit blutigen Gefechten. Haarsträubender Unsinn in Serie, der sich nicht scheut, für seine unbeholfen chargierenden Protagonisten berühmte Vorbilder zu bemühen. (Alternativtitel: »Draculas Sohn – Son Of Darkness«) ✦ USA 1991 **P** Trimark/Arrowhead/Lee Caplin/Son of Darkness **VA** Ufa **Pd** Richard C. Weinman **R** David F. Price **B** Leslie King **K** Gerry Lively **M** Mark McKenzie **S** Barry Zetlin **D** Rosalind Allen (Nina), Michael Praed (Dr. Max Schreck), Steve Bond (Tom), Scott Jacoby (Martin), Amanda Wyss (Cellia) **L** 92 (gek. 89) **FSK** ab 18 (gek. ab 16) **E** 28.6.1993 Video **fd** 30 301

SON OF KONG (SON OF KONG). Nachdem der Riesengorilla King Kong erhebliche Zerstörungen in New York angerichtet hat (s. »King Kong und die weiße Frau«), stellt die Stadt erhebliche Schadensersatzforderungen an die vormaligen Besitzer des Affen. Diese entziehen sich und tauchen im Chinesischen Meer unter, werden Opfer einer Meuterei und auf King Kongs Heimatinsel verschlagen. Dort treffen sie auf dessen weißen Sohn, der den Menschen überaus freundlich gesonnen ist, sich mit ihnen anfreundet, ihnen das Versteck eines Schatzes zeigt und sie selbstlos rettet, als die Insel untergeht. Als Fortsetzung des Sensationserfolges »King Kong« konzipiert, schlägt der Film eine gemütlichere, heitere Gangart ein. Wie schon beim Vorgänger überzeugen auch hier die verblüffenden Spezialeffekte. (Originalfassung) – Ab 12. ✦ Schwarz-weiß. USA 1933 **P** RKO **VA** Taurus **Pd** Archie S. Marshek **R** Ernest B. Schoedsack **B** Ruth Rose **K** Edward Linden, Vernon L. Walker, J. O. Taylor **M** Max Steiner **S** Ted Cheesman **D** Robert Armstrong (Carl Denham), Helen Mack (Hilda Peterson), Frank Reicher (Capt. Englehorn), John Marston (Helstrom), Victor Wong (chinesischer Koch) **L** 68 **FSK** ab 6 **E** 1993 Video

SON OF SATAN →The Redeemer

SONATE AM SEE (SONATA NAD OSEROM). Eine junge Lehrerin erwidert zunächst zögernd das zurückhaltende Werben eines Arztes, weist ihn dann aber ab, um ihrem Mann, der eine lange Gefängnisstrafe zu verbüßen hat, weiter in Treue zur Seite zu stehen. Streckenweise übertrieben rührselige und kitschige Romanze. – Ab 14. ✦ Scope. UdSSR 1976 **P** Filmstudio Riga **Kl** Progress **R** Gunar Zilinski, Boris Brasla **B** Regina Esera, Gunar Zilinski, nach dem Roman »Der Brunnen« von Regina Esera **K** Gwido Skulte **M** Imants Kalnins **D** Astrida Kairischa (Laura), Gunar Zilinski (Rudolf), Lilita Osolinja (Wija), Girt Jakowlew (Ritsch), Lidija Frejmane (Alwina) **L** 90 **E** 10.2.1978 Kino DDR/28.4.1979 DFF 2

SONATINE (1984) (SONATINE). Zwei Freundinnen in Montreal machen ihre ersten scheuen Erfahrungen in der Liebe, doch ihre Träume werden von der Wirklichkeit zerstört. Erstlingsfilm, der wie eine Pubertätsgeschichte beginnt, um dann leise und behutsam die Nöte zweier halbwüchsiger Mädchen zu schildern, die vergeblich gegen Kommunikationsunfähigkeit, Gleichgültigkeit und Kälte ihrer Umwelt anrennen. Als auch ihre offen kundgetane Verzweiflung keine menschliche Reaktion bewirkt, führen sie fatalistisch aus, was sie eigentlich gar nicht wollen: den Selbstmord. Ein Film, der er- und aufschreckt und zum Nachdenken anregt. (O.m.d.U.) – Ab 16 möglich. ✦ Kanada 1984 **P** Corporation Image/M & M Ltée. **R+B** Micheline Lanctôt **K** Guy Dufaux **M** François Lanctôt **D** Pascale Bussières (Chantal), Marcia Pilote (Louisette), Pierre Fauteux (Busfahrer), Kliment Dentschew (Bulgare), Pierre Giard (Louisettes Vater) **L** 90 **E** 12.1.1986 BR

SONATINE (1993) (SONATINE / SONACHINE). Ein diensterprobter Yakuza begibt sich als Anführer einer Gruppe junger Unterwelt-Rekruten nach Okinawa, wo es eine befreundete Gang zu unterstützen gilt. Bald stellt sich heraus, daß es sich dabei um eine Falle handelt, die die Strukturen des Syndikats lichten soll. Der Yakuza reißt das Heft des Handelns an sich, ohne freilich auch nur einen Augenblick lang der Illusion eines Auswegs verfallen zu sein. Ein Gangsterfilm, konzipiert als heimtückische Genre-Parodie, die virtuos mit den Erwartungshaltungen der Zuschauer spielt. Daß aus der Sicht eines Ganoven erzählt wird, spricht von der pessimistischen Weltsicht des Regisseurs selbst. (O.m.d.U.) ✦ Japan 1993 **P** Right Vision Entertainment/Bandai Visual/Shochiku Daiichi/Office Kitano **Kl** Rapid Eye Movies **Pd** Masayuki Mori, Hisao Nabeshima, Ritta Saito **R+B** Takeshi Kitano **K** Katsumi Yanagishima **M** Jo Hisaishi **S** Takeshi Kitano **D** Takeshi Kitano (Murakawa), Aya Kokumai (Miyuki), Tetsu Watanabe (Uechi), Masanobi Katsumuru (Ryoji), Susmu Terashima (Ken) **L** 94 **E** 21.5.1998/15.6.1998 arte **fd** 33 140

SONDERAUFTRAG (TSCHRESWYTSCHAJNOE PORUTSCHENIE). Spielszenen um das Wirken des Revolutionsführers Kamo im Kaukasus der Jahre 1917/18. Mit Hilfe einer Schauspielertruppe kann Kamo in einem Zug nach Domzek den Terroristen Boris Sawinkow überführen. ✦ Schwarz-weiß. UdSSR 1965 **P** Armenfilm **R** Stepan Keworkow, Ersam Karamjan **B** Konstantin Issajew **K** Artasches Dshalaljan **M** Edgar Oganessjan **S** W. Ajkassjan **D** Gurgon Tonunz (Kamo), Boris Tschirkow (Filer), Elsa Leshdej (Schauspielerin), Semjon Sokolowski (Sawinkow), Wladimir Drushnikow (Neledetzkij) **L** 79 **E** 7.11.1966 DFF 1

SONDERAUFTRAG FÜR LEUTNANT TURASCH (DOGIJ MILETSCHNIJ PUTJ). Die Geschichte einiger Hirten und eines unbedarften, linkischen Militärleutnants, die zusammen 1944 unter gefährlichen Bedingungen 500 Rinder von Kasachstan in die vom faschistischen Krieg stark betroffene Ukraine bringen. Ein thematisch nicht sonderlich aufregender, insgesamt aber recht unterhaltsamer Film vor historischem und politischem Hintergrund. – Ab 8 möglich. ✦ UdSSR 1984 **P** Kasachfilm **Kl** Progress **R** Amangeldy Tashbajew **B** Bulat Gabitow-Dshanssugurow, Sergej Bodrow **K** Ennar Daulbajew **M** Kenes Duissebekow **D** Dshambul Chudaibergenow, Amangeldy Tashbajew, Shanna Kerimtajewa, Mejrman Turekejew, Pjotr Soldatow **L** 76 **E** 19.7.1985 Kino DDR

SONDERBARE FLITTERWOCHE →Beates Flitterwoche

EINE SONDERBARE FRAU (STRANNAJA SHENSTSCHINA). Eine Frau löst die Beziehungen zu ihrem Ehemann, für den sie nur Nebensache ist, und begibt sich mit hohen Lebensansprüchen auf die Suche nach einem neuen Partner. Eine beeindruckende und präzise Analyse menschlicher und gesellschaftlicher Hintergründe. (Kinotitel DDR: »Eine merkwürdige Frau«) – Ab 16. ✦ UdSSR 1978 **P** Mosfilm **Kl** Progress **R** Juli Raisman **B** Jewgeni Gabrilowitsch, Juli Raisman **K** Naum Ardaschnikow **M** Roman Ledenew **D** Irina Kuptschenko (Shneja), Juri Podsolonko (Schewelew), Wassili Lanowoi (Adrianow), Oleg Wawilow (Jura), A. Bogdanowa (Mutter) **L** 143 **E** 15.11. 1979 DFF 2/13.2.1981 Kino DDR

EINE SONDERBARE LIEBE. Ein Mann und eine Frau, beide Ende Dreißig, versuchen, sich eine gemeinsame Zukunft aufzubauen. Während ihres Zusammenlebens erkennen sie, wie wichtig Toleranz ist, und sehen nach einigen Rückschlägen ein, dass sie gemeinsam ihre Einsamkeit besiegen können. Einfühlsames Porträt, das das Arbeitsleben und private Glücksvorstellungen in der DDR beleuchtet. Intensiv gespielt und unaufdringlich inszeniert, spiegelt der Film den Alltag in der DDR und verweist auf Gemeinsamkeiten in den beiden deutschen Staaten. – Ab 14 möglich. ✦ DDR 1984 **P** DEFA, Gruppe »Babelsberg« **Kl** Ring-Film **Pd** Manfred Renger **R** Lothar Warneke **B** Wolfram Witt **K** Thomas Plenert **M** Jürgen Ecke **S** Erika Lehmphul **D** Christine Schorn (Sybille Seewald), Jörg Gudzuhn (Harald Reich), Mike Gregor (Holger Reich), Christa Lehmann (Sybilles Mutter), Franz Viehmann (Hartloff) **L** 104 **FSK** ab 12; f **E** 21.9.1984 Kino DDR/6.3.1986 Kino BRD/25.2. 1987 DFF 1/8.6.1988 ZDF **fd** 25 893

DAS SONDERBARE LIEBESLEBEN DER ERDLINGE (THE MATING HABITS OF THE EARTHBOUND HUMANS). Das Balz- und Liebesverhalten zweier Erdenbewohner, die sich nach einigen Missverständnissen doch noch zusammen raufen, aus dem Blickwinkel einer außerirdischen Beobachterin. Obwohl sich der ungewöhnliche Beobachterstandpunkt im Laufe des Films abnutzt, ist eine charmante Beziehungskomödie gelungen, die für ihre Mängel durch sympathische Darsteller entschädigt und liebevolle Seitenhiebe auf amerikanische Eigenarten austeilt. ✦ USA 1997 **P** Trimark Pict./Welb Films Pursuits/Earthbound Human Prod./Search-Party Films **VA** Columbia Tri-Star Home **Pd** Larry Estes, Victor Ho, Sam Irvin **R+B** Jeff Abugov **K** Michael K. Bucher **M** Michael McCarty **S** Stephen Meyers **D** Mackenzie Astin (Mann), David Hyde Pierce (Erzähler), Markus Redmond (Freund), Lucy Liu (Freundin) **L** 88 **FSK** ab 12 **E** 25.1.2000 Video **fd** 34 242

EIN SONDERBARER FALL →Drole de Drame – Ein sonderbarer Fall

EIN SONDERBARER HEILIGER (THE RELUCTANT SAINT / CRONACHE DI UN CONVENTO). Ein ungenauer und mißverständlicher Versuch, den Lebensweg des 1767 heiliggesprochenen Mystikers Joseph von Copertino – vom Dorftrottel zum umstrittenen Franziskanerpater – in einigen Episoden nachzuskizzieren. Von Dmytryk (»ein urkomischer und herzgewinnender Stoff«) in eigener Produktion inszeniert, aber nur im ersten Teil überzeugend. ✦ Schwarz-weiß. USA/Italien 1961 **P** Dmytryk-Weiler **Kl** Columbia-Bavaria **Pd+R** Edward Dmytryk **B** John Fante, Joseph Petracca **K** C. Pennington-Richards, Luciano Torti **M** Nino Rota **S** Manuel del Campo **D** Maximilian Schell (Joseph Desa), Ricardo Montalban (Don Raspi), Lea Padovani (Filomena Desa), Akim Tamiroff (Bischof Sturzo), Harold Goldblatt (Monsignore Vittorio), Carlo Croccolo (Buckliger), Arnoldo Foà (Felix Desa) **L** 105 **FSK** ab 6; f **FBW** w **E** 2.11.1962 **fd** 11 570

SONDERBEHANDLUNG (POSEBAN TRETMAN). Sechs Patienten einer Alkoholentziehungsanstalt fahren mit ihrem behandelnden Arzt in eine Brauerei, um dort als letzte Phase ihrer Behandlung ihren wiedergewachsenen Willen zu bekunden und in einem Bühnenspiel, einer Art Psychodrama, öffentlich ihre Lebensgeschichte vorzuspielen. Ein schockierendes, aber ernsthaft um psychologische Differenzierung bemühtes Gruppenporträt. ✦ Scope. Jugoslawien 1980 **P** Centar Film/Belgrad & Dan Tana Productions **Kl** Progress **R** Goran Paskaljevic **B** Dusan Kovacevic **K** Aleksandar Petkovic **M** Vojislav Kostic, Richard Wagner, Anton Dvorák **S** Olga Skrigin **D** Ljuba Tadic, Danilo Stojkovic, Dusica Zegarac, Milena Dravic, Milan Srdoc **L** 95 **E** 26.3.1982 Kino DDR

SONDERDEZERNAT C III MONTMARTRE (BRIGADE ANTI-GANGS / PATTUGLIA ANTI-GANG). Ein Fußballstar und Bruder eines Kommissars wird von Jugendlichen entführt, um Polizei und Öffentlichkeit zu erpressen, einen Verbrecher freizulassen. Psychologisch undifferenzierter, in der Handlungsführung zerfahrener Kriminalfilm. – Ab 16. ✦ Scope. Frankreich/Italien 1966 **P** Francos/C.I.C.C./Fono Roma/prodis **Kl** Pallas **Pd** Francis Cosne **R** Bernard Borderie **B** Auguste le Breton, Bernard Borderie, Francis Cosne, nach einem Roman von Auguste Le Breton **K** Henri Persin **M** Michel Magne **S** Christian Gaudin **D** Robert Hossein (Chefkommissar Le Goff), Raymond Pellegrin (Roger Sartet), Gabriele Tinti (Jobic Le Goff), Ilaria Occhini (Angèle Le Goff), Pierre Clementi, Carlo Lebel, Philippe Lemaire, Amidou, Michel Galabru, Simone Valère **L** 84 **FSK** ab 16; nf **E** 21.4.1967 **fd** 14 775

SONDEREINSATZ IN DER SCHLANGENBUCHT →Double Force

SONDERERZIEHUNG →Man nennt sie schwer erziehbar

DAS SONDERKOMMANDO (OPERATION DAYBREAK/PRICE OF FREEDOM). Im Mai 1942 wird der Reichsprotektor in der Tschechoslowakei, Reinhard Heydrich, durch tschechische Widerstandskämpfer ermordet. Die Tat führt zu brutalen Vergeltungsaktionen der deutschen Besatzer. Der spannend und präzise inszenierte Film hält sich im wesentlichen an die historischen Fakten, erreicht aber nicht die Dramatik und Dichte von Fritz Langs Behandlung des gleichen Vorfalls (»Auch Henker sterben«, 1942). – Ab 14. ✦ USA/Großbritannien/CSSR 1974 **P** Vista/Schuster/American Allied/Barrandov **Pd** Carter DeHaven **R** Lewis Gilbert **B** Ronald Harwood, nach dem Roman »Seven Men at Daybreak« von Alan Burgess **K** Henri Decaë **M** David Hentschel **S** Thelma Connell **D** Timothy Bottoms (Jan Kubis), Martin Shaw (Karel Kurda), Joss Ackland (Janak), Nicola Pagett (Anna), Anthony Andrews (Jospeh Gabcik) **L** 118 **E** 27.3.1996 RTL 2

SONDERKOMMANDO INS JENSEITS (LA POLIZIA E SCONFITTA). Ein Sonderkommando der Polizei im Kampf gegen eine terroristische Gangsterbande. Actionbetonter Polizeifilm, der der Darstellung von Grausamkeiten mehr Aufmerksamkeit schenkt als der Story. ✦ Italien 1977 **P** P.A.C. **VA** Greenwood **R** Domenico Paolella **B** Dardano Sacchetti, Domenico Paolella **K** Marcello Masciocchi **S** Amedeo Giomini **D** Marcel Bozzuffi (Kommissar Grifi), Vittorio Mezzogiorno (Valli), Riccardo Salvino (Brogi), Giovanni Pazzafini (»Tunesier«), Claudia Giannotti (Anna) **L** 88 **E** Dezember 1983 Video

SONDERKOMMANDO SÜDKOREA →The Rescue (1988 USA)

SONDERKOMMANDO WILD CAT (INTRUSION CAMBODIA). Eine amerikanische Spezialeinheit soll während des Vietnamkriegs auf kambodschanisches Gebiet vorstoßen, wo aus einem Stützpunkt des Vietcong ein Aufmarschplan entwendet werden muß. Eine dünne militärische Haudegengeschichte, schlecht gespielt und dramaturgisch gestümpert. Der Krieg verkommt zur billigen Unterhaltungsware. ✦ Philippinen 1982 **P** Kinavesa International **Kl** Arco/Avis **VA** USA **R** Jun Gallardo **B** Rodolfo Dabao jr. **M** Restie Umali **D** Richard Harrison, Tetchie Agbayani, Don Gordon, James Gaines, Vic Vargas **L** 90 **FSK** ab 18; nf **E** 2.9.1983 **fd** 24 177

DER SONDERKURIER (STRANIZY BYLOWO). Ein junger Schmied findet im zaristischen Rußland des Jahres 1901 den Weg zur illegalen Arbeit für die Kommunisten. Ein mit vielen Unwahrscheinlichkeiten angereicherter Film, der die inszenatorische Sorgfalt deutlich hinter die politische Absicht zurückstellt. – Ab 12 möglich. ✦ Schwarz-weiß. UdSSR 1957 **P** Filmstudio Odessa **Kl** Progress **R** Wladimir Kotschetow, Jewgeni Taschkow **B** A. Abramow, M. Pismannik **K** Fjodor Siltschenko **M** Andrej Eschpai **D** P. Schtscherbakow (Alexej), K. Schmarinowa (Ljuba), Juri Bogoljubow (Mitja), Nikolai Bogoljubow (Sawwa), Wsewolod Sanajew (Skworzow) **L** 80 **E** 20.3.1959 Kino DDR/14.2.1962 DFF 1

DER SONDERLING. Erster abendfüllender Spielfilm mit Karl Valentin. Der große Komiker (1882–1948) spielt einen stellungslosen Schneider, der nach langer Suche endlich Arbeit findet, aber dann wegen Diebstahlverdachts ins Gefängnis kommt und sich aus Kummer über diese Schande das Leben nehmen will. ✦ Schwarz-weiß. Deutschland 1929 **P** Union **Kl** Atlas **SF** Unidoc **Pd** Franz Osten, Walter Jerven **R+B** Walter Jerven **K** Hans Karl Gottschalk **D** Karl Valentin (Schneidergeselle), Liesl Karlstadt (Frau Paula Kuhn), Ferdinand Martini (Friedrich Kuhn), Truus van Alten (Anni), Heinz Koennekke (Herr Lechner), Gustl Stark-Gstettenbaur (Toni) **L** 88 **E** Kino DDR/2.5.1971 BR (Wiederaufführung)

DER SONDERLING AUS DER 5 B →Fragt mich nicht nach Giraffen

SONDERTRIBUNAL – JEDER KÄMPFT FÜR SICH ALLEIN (SECTION SPECIALE). Nach dem Attentat auf einen deutschen Offizier in Paris (1941) wird vom Regime General Petains ein Sondergericht gebildet, das sechs willkürlich ausgewählte, wegen geringer Vergehen inhaftierte Gefangene zum Tode verurteilen soll, um deutschen Vergeltungsmaßnahmen zuvorzukommen. Politthriller des Exilgriechen Costa-Gavras (»Z«, »Das Geständnis«, »Der unsichtbare Aufstand«), dem es diesmal weniger überzeugend gelang, ein marodes System bissig zu demaskieren. – Ab 16. ✦ Frankreich 1975 **P** Reggane/Goriz/Janus **R** Constantin Costa-Gavras **B** Jorge Semprun, nach einem Buch von Hervé Villerè **K** Andréas Winding **M** Eric de Marsan **D** Michel Lonsdale (Innenminister), Louis Seigner (Justizminister), Claude Piéplu (Verteidiger Lafarge), Pierre Dux (Generalstaatsanwalt), Michel Galabru, Heinz Bennent (Major Beumelberg) **L** 115 **E** 30.5.1976 ARD **fd** 19 778

DER SONGSCHREIBER (SONGWRITER). Ein gealterter Country-Sänger hat seine kleine Platten-Firma und die Rechte an seinen Songs verkauft und muß feststellen, daß er übervorteilt wurde, da im Musikgeschäft mit verbrecherischen Methoden gearbeitet wird. Gemeinsam mit einem Freund bietet er den Geschäftemachern Paroli und wagt einen Neuanfang. Melancholische Komödie mit unverkennbar biografischen Zügen des Hauptdarstellers; ein leicht wehmütiger Abgesang auf die heile Welt der Country-Musik, der auch mit einigen überraschend frischen Musiknummern solide unterhält. – Ab 16. ✦ USA 1984 **P** Songwriter Prod./TriStar **VA** RCA/Columbia **Pd** Sydney Pollack **R** Alan Rudolph **B** Bud Shrake **K** Matthew F. Leonetti **M** Willie Nelson, Kris Kristofferson, Larry Cansler **S** Stuart H. Pappe **D** Willie Nelson (Doc Jenkins), Kris Kristofferson (Blackie Buck), Melinda Dillon (Honey Carder), Rip Torn (Dino McLeish), Lesley Ann Warren (Gilda) **L** 90 **FSK** ab 6 **E** 25.11.1985 Video/27.8.1994 SAT1

SONIAS EXZESSE (GRAFFIANTE DESIDERIO). Kurz vor der Hochzeit stehend, trifft ein junger Mann bei der Exhumierung der Leiche seiner Großmutter auf seine vermeintliche Cousine, die ihn wenig später um Hilfe bittet und sich bei ihm einnistet. Bald verlieben sich die beiden ineinander, entwickeln ein gerüttelt Maß an krimineller Energie, und als sich herausstellt, daß die junge Frau an Schizophrenie leidet, ist ihr der Mann bereits mit Haut und Haaren verfallen. Dumm-dreister Sex-Thriller mit einer überwüst aufgebauschten Story. ✦ Italien 1993 **R** Sergio Martino **D** Vittoria Belvedere, Ron Nummi, Simona Borioni, Ricardo Boriotti, Viviana Polic **L** (TV) 110 **E** 30.7.1998 RTL 2

SONIC BLAST – SHOWDOWN IN DEN WOLKEN (SONIC IMPACT). Nachdem ein rücksichtsloser Krimineller bei seiner Überführung ein Flugzeug gekapert und mit seinen Kumpanen die Bewacher dezimiert hat, entert sein Intimfeind, ein Polizist, per Hubschrauber die Maschine und macht dem kriminellen Gesindel den Garaus. Aufguss und Verschnitt schon dutzendfach gesehener Actionfilme, der nicht auf den Erfahrungen seiner Vorgänger aufbauen kann, sondern eher spannungslose Unterhaltung mit einigen gelungenen Tricks bietet. ✦ USA 2000 **P** Phoenician Entertainment **VA** VCL **Pd** Noble Henry (= Jim Wynorski), Alison Semenza **R** Rodney McDonald **B** Sean McGinly **K** Tom Callaway **M** David Wurst, Eric Wurst **S** Randy Carter **D** Mel Harris (Jeremy Barrett), James Russo (Nick Halton), Ice-T (Agent Taja), Justin Lauer (Benjamin Strauss) **L** 90 **FSK** ab 18 **E** 19.12.2000 Video **fd** 34 707

SONICMAN (SUPERSONICMAN). Ein Supermann rettet mit seinen übernatürlichen Kräften die Welt vor den Machenschaften eines Größenwahnsinnigen. Phantasiearmes und reichlich dilettantisches Superman-Plagiat, das auch vor plattesten Klischees und Feindbildern nicht zurückschreckt. ✦ Spanien 1978 **P** Almena **Kl** Scotia **R** Juan Piquer Simon **B** Sebastian Moi, Juan Piquer Simon **K** Juan Marine **M** Juan Luis Izaguirre, Carlos Attias, Gino Peguri **S** Pedro del Rey, George Akers **D** Michael Coby (= Antonio Cantafora) (Sonicman), Cameron Mitchell (Dr. Gulk), Diana Polakov (Patricia Borgen), Richard Yesteran (Professor Borgen), John Caffarel, Frank Braña **L** 88 **FSK** ab 12; f **E** 6.2.1980 **fd** 22 338

SONJA SCHAFFT DIE WIRKLICHKEIT AB ODER ... EIN UNHEIMLICH STARKER ABGANG. Eine junge Frau erlebt Unfreiheit und Demütigung. Schäbig ausgebeutet von ihrem Geliebten, erschießt sie diesen nach einer Abtreibung und kommt, erneut schwanger, vor ein Gerichtstribunal, dem sie aufsässig und störrisch trotzt, weil es im Namen der Gerechtigkeit an der Ungerechtigkeit ihres Lebens vorbeidenkt und -urteilt. In einem symbolischen Kraftakt ersteht eine Erlösungsvision: ins Gericht schwebt ihr Idol, der damalige »Eisprinz« Hans-Jürgen Bäumler, und entführt die Bloßgestellte in die Freiheit. Ein bemerkenswerter Film, der auf fehlende Entwicklungschancen im sozialen Ghetto und gesellschaftlichen Bezugsfeld sowie auf die Unfähigkeit institutionalisierter Hilfen durch Fürsorge, Justiz und Kirche verweist. Handwerklich gediegen, mit einer hervorragenden Hauptdarstellerin. Kein pathetischer und aufdringlicher Gefühlsappell, sondern auf Reflexion angelegt. (Fernsehtitel: »Ein unheimlich starker Abgang«) – Sehenswert ab 16. ✦ BR Deutschland 1973 **P** Sentana/Bavaria **Kl** Filmverlag der Autoren **Pd** Michael Verhoeven, Senta Berger **R** Michael Verhoeven **B** Michael Verhoeven, nach dem gleichnamigen Bühnenstück von Harald Sommer **K** Igor Luther **M** Franz Liszt, Richard Strauss, Procol Harum **D** Katja Rupé (Sonja), Elmar Wepper (Manfred), Ingold Platzer (Frau Gmeiner), Wolfgang Fischer (Gufi), Edwin Noel (Franz), Gundi Schwöbel (Ilse), Ilona Grübel (Evi), Friedrich von Thun (Verteidiger), Hans-Jürgen Bäumler (Hans-Jürgen Bäumler) **L** 86 **FSK** ab 16; f **FBW** bw **E** 25.9.1973 ARD/30.10.1973 Kino **fd** 18 576

SONJAS RAPPORT. Erlebnisbericht einer jungen Deutschen, die zwischen 1934 und 1939 in vier Ländern als Kundschafterin für die sowjetische Auslandsaufklärung gearbeitet hat. Enttäuschende Verfilmung eines vielgelesenen Romans, die sich zwar um Authentizität bemüht, aber weitgehend spannungs- und emotionslos bleibt. – Ab 16. ✦ Scope, teils schwarz-weiß. DDR 1981/82 **P** DEFA, Gruppe »Berlin« **Kl** Progress **Pd** Erich Albrecht **R** Bernhard Stephan **B** Bernhard Stephan, nach dem gleichnamigen Roman von Ruth Werner **K** Otto Hanisch **M** Gerhard Rosenfeld **S** Brigitte Krex **D** Györgi Kinga Tarjan (Sonja), Olgierd Lukaszewicz (Rolf), Hartmut Puls (Ernst), Karla Runkehl (Ollo), Erwin Berner (Len), Doris Thalmer, Rolf Hoppe (von Schlewitz) **L** 120 **E** 1.10.1982 Kino DDR/21.9.1984 DFF 1

SONNABEND NACHT UND SONNTAG MORGEN →Samstagnacht bis Sonntagmorgen

SONNABENDS IST IMMER SONNENSCHEIN (NO HAY SABADO SIN SOL). Eine junge Frau geht gegen den Willen ihres Mannes als Sozialarbeiterin in eine zu gründende landwirtschaftliche Produktionsgenossenschaft und verzichtet damit auf die Bequemlichkeit der Großstadt. – Ab 14. ✦ Scope. Kuba 1979 **P** ICAIC **Kl** Progress **R** Manuel Herrera **B** Onelio Jorge Cardoso, Manuel Herrera, nach dem Roman »San Oleto« von Julio Medina **K** Jorge Herrera **M** Leo Brouwer D Eslinda Nuñez, Mario Balmaseda, Alejandro Lugo, Salvador Wood, René de la Cruz L 91 E 10.12. 1982 Kino DDR/14.5.1984 DFF 2

DER SONNBLICK RUFT (DER SONNBLICK RUFT). Altmodischer Heimatfilm um die Erlebnisse eines Jungen, der Wetterwart im Gebirge werden möchte. Technische und dramaturgische Unbeholfenheit beeinträchtigen die moralisch bemühte Grundidee und die schlichte Handlung. – Ab 8. ✦ Schwarz-weiß. BR Deutschland/Österreich 1952 P Telos/Augusta Kl Ringfilm Pd H. B. Ginda, Josef Prack R Eberhard Frowein B Eberhard Frowein, Josef Prack, nach dem gleichnamigen Roman von Edmund Josef Bendl K Carl Kurzmayer, Fritz Blaschko M Heinz Sandauer S Raimund Warta D Eduard Köck (Peter Maylechner), Marianne Wischmann (Betty Werner), Sepp Rist (Prof. Dr. Peter Steiner), Fritz Friedl (Hermann Loitfellner), Marianne Lozal (Veronika Loitfellner), Gerda Rechberg (Berugei Loitfellner) L 75 FSK ab 6; f E 27.2. 1953 fd 3 238

SONNE AUF DER HAUT (SONNE AUF DER HAUT). Eine Zusammenstellung kurzer Reisefilme, denen nur eines gemeinsam ist: ihre provozierende Langeweile. Bieder gefilmt, miserabel koloriert, erscheinen Amateurbilder aus einem englischen Schloßpark, von Teneriffa, dem afrikanischen Busch und einer südlichen Insel. Vom selben Gelegenheitsproduzenten aus Zürich: »Lockender Süden« und »Töchter der Sonne« – auch diese sträflich primitiv. (Alternativtitel: »Sonne auf nackter Haut«) ✦ Schweiz 1957 P Werner Kunz Kl Hennen R Werner Kunz L 63 FSK ab 18; nf E 1965 Kino fd 12 781

SONNE AUF NACKTER HAUT →Sonne auf der Haut

SONNE DER HYÄNEN (LE SOLEIL DES HYENES / ACH CHAMS WADH DHIBA). Die ökonomischen und sozialen Verhältnisse in einem nordafrikanischen Fischerdorf werden zerstört, als dort ein deutscher Konzern, unterstützt von der einheimischen Regierung, ein modernes Touristenzentrum errichtet. Der Film des tunesischen Regisseurs Ridha Behi ist mit seiner klugen, unaufdringlichen Gestaltung und seiner augenöffnenden Kritik eine sehenswerte Stellungnahme zum Fremdenverkehr in Ländern der Dritten Welt. ✦ Niederlande/Tunesien 1977 P Ridha Behi/Fugitive Film/Zegert Huisman SF Atlas R+B Ridha Behi K Theo van de Sande M Nicola Piovani D Larbi Doghmi (Haj Ibrahim), Ahmed Snoussi (Tahar), Mahmud Morsi (Lamine), Habachi Catzaras (Ali), Hélène Catzaras (Mariem) L 100 E 1978 Kino/ 13.4.1980 DFF 2 fd 20 804

DIE SONNE, DIE UNS TÄUSCHT (OUTOMLIONNYE SOLNTESM / SOLEIL TROMPEUR). Sowjetunion 1936: Ein heiterer Sommertag findet ein jähes, dramatisches Ende, als sich der Besucher der Familie eines hochdekorierten Soldaten, ein Bekannter aus früheren Tagen, als Agent des KGB und Verräter zu erkennen gibt. Ein undramatisch inszeniertes Kammerspiel, das von Beginn der stalinistischen Säuberungsaktionen berichtet. Angelegt zwischen Drama, wehmütiger Komödie und politischer Auseinandersetzung, scheitert der Film letztlich auf allen Ebenen. (Preis der OCIC in Cannes 1994) – Ab 16. ✦ Russland/Frankreich 1994 P TriTe Studio/Camera One Kl MFA VA Arthaus Pd Armand Barbault R Nikita Michalkow B Nikita Michalkow, Rustam Ibragimbekow K Wilen Kaluta M Eduard Artemjew S Enzo Miniconi D Oleg Menschikow (Dimitri, genannt Mitia), Ingeborga Dapkounaite (Maroussia), Nikita Michalkow (Sergej Petrowitsch Kotow), Nadia Michalkow (Nadia), André Oumansky (Philippe) L 135 FSK ab 12; f E 28.12.1995/5.8.1996 Video fd 31 688

DIE SONNE GEHT WIEDER AUF (IL SOLE SORGE ANCORA). Oberitalien in den Jahren 1943 bis 1945: Ein junger Mann scheint sich mit den Faschisten zu arrangieren, während seine Geliebte auf der Seite der Partisanen kämpft. Neorealistischer, unmittelbar nach Kriegsende gedrehter Spielfilm, der aus kommunistischer Sicht eine Analyse italienischer Verhältnisse anstrebt und besonders die Allianz des Großbürgertums mit dem Faschismus betont. (O.m.d.U.) – Ab 16. ✦ Schwarz-weiß. Italien 1946 P G. G. Agliani Prod. R Aldo Vergano, Giuseppe de Santis B Guido Aristarco, Giuseppe de Santis, Carlo Lizzani, Aldo Vergano, nach einem Entwurf von Giuseppe Gorgerino K Aldo Tonti M Giuseppe Rosati S Gabriele Varriale D Elli Parvo (Mathilde), Lea Padovani (Laura), Carlo Lizzani (Priester), Gillo Pontecorvo (Partisan), Vittorio Duse (Cesare), Massimo Serato (Hauptmann Heinrich) L (TV) 94 E 26.4.1989 N 3

DIE SONNE IN DEN AUGEN (IL SOLE NEGLI OCCHI). Das Schicksal eines Landmädchens, das in Rom als Dienstmädchen wirtschaftliche Not und die Enttäuschung ihrer großen Liebe erlebt. Versuch einer sozialkritischen Darstellung, wegen allzu kolportagehafter Züge allerdings unbefriedigend. – Ab 14. ✦ Schwarz-weiß. Italien 1953 P Titanus-Film, Film Castellazione Kl Progress R+B Antonio Pietrangeli K Domenico Scala M Franco Mannino D Irene Galter (Celestina), Gabriele Ferzetti (Fernando), Paolo Stoppa, Pina Bottin, Maria-Pia Trepaoli L 100 E 1.5. 1958 Kino DDR/12.12.1970 DFF 1

SONNE, SAND UND HEISSE SCHENKEL (PECCATI DI GIOVENTU). Ein junges Mädchen beschließt, mit kompromittierenden Fotos die neue Geliebte des Vaters aus dem väterlichen Wohnsitz auf Sardinien zu vertreiben. Die Intrige findet ein tödliches Ende. Dilettantischer Sexfilm. ✦ Italien 1975 P Domazia/ UTC/ELM Kl Avis/Beka/Alemannia R+B Silvio Amadio D Gloria Guida, Dagmar Lassander, Fred Robsham, Rita Orlando L 93 FSK ab 16; f E 6.6.1980

DIE SONNE SATANS (SOUS LE SOLEIL DE SATAN). Ein von Zweifeln und Schwächen geplagter Priester in einem französischen Dorf wirft seine ganze Existenz in die Waagschale und erfährt den Kampf zwischen Gut und Böse intensiv an Leib und Seele, wobei er in den Augen der Dorfbewohner in den Ruf der Heiligkeit kommt. Die formstrenge, von innerer Dynamik getragene Romanverfilmung zeichnet das Urdrama des Menschen im Spannungsfeld von Anfechtung, Schuld und Gnade aus existentialistischer, agnostischer Perspektive. Gerade dadurch wird das unzeitgemäße Bemühen um spirituelle Dimensionen in einer gottverlassenen Welt glaubhaft, zeichnen sich spirituelle Defizite einer materialistischen Gegenwart ab und gewinnt das Thema beeindruckende Ernsthaftigkeit. Hervorragend gespielt. – Sehenswert ab 16. ✦ Frankreich 1987 P ERATO/Antenne 2/Action/CNC/Sofica/Flach/Oase/ZDF/ORF Pd Daniel Toscan du Plantier R Maurice Pialat B Sylvie Danton, Maurice Pialat, nach einem Roman von Georges Bernanos K Willy Kurant M Henri Dutilleux S Yann Dedet D Gérard Depardieu (Donnison), Sandrine Bonnaire (Mouchette), Maurice Pialat (Menou-Segrais), Alain Artur (Cadigan), Yann Dedet (Gallet) L 103 E 18.9.1988 ZDF fd 27 065

DIE SONNE SCHEINT FÜR ALLE (SOLNZE SWETIT WSEM). Das Schicksal eines Offiziers, der in den letzten Stunden des Krieges sein Augenlicht verliert. Die inszenatorisch schwache Gestaltung wird dem Thema nie gerecht. ✦ Schwarz-weiß. UdSSR 1959 P Mosfilm Kl Progress R Konstantin Woinow B Semjon Frejlich K Anatoli Kusnezow M Wenjamin Basner D Valentin Subkow (Nikolai Saweljew), Tatjana Konjuchowa (Tasja), J. Burenkow (Korenj), Liliana Aljoschnikowa (Swetlana), Nikolai Sergejew (Maxim Petrowitsch) L 88 E 15.7.1960 Kino DDR/12.1.1961 DFF 1

SONNE, SEX UND SCHNEEGESTÖBER (LES BRONZES FONT DU SKI). Die Erlebnisse einer Gruppe von Touristen in einem französischen Skiparadies. Nicht immer geschmack- und geistvolle, im ganzen aber amüsante Verulkung des Wintersporttourismus; eine Fortsetzung der Komödie »Die Strandflitzer«. ✦ Frankreich 1979 P Trinacra R Patrice Leconte B Splendid-Theaterensemble K Jean-François Robin M Pierre Bachelet S Noëlle Boisson D Josiane Balasko (Nathalie), Michel Blanc (Jean Claude), Christian Clavier (Jérôme), Thierry Lhermitte (Popeye) Gérard Jugnot (Bernard) L 83 E 3.5.1992 ZDF

SONNE, SEX UND STRANDGESTÖBER →Di Strandflitzer

SONNE, SEX UND 1000 TRÄUME →Miracle Beacl – Sonne, Sex und 1000 Träume

SONNE, SYLT UND KESSE KRABBEN. Das locker Treiben vorwiegend junger Leute auf der Insel Sylt Höhepunkt: wie der Herr Generaldirektor in den Popo seiner Tochter beißt. Typisches deutsches Sex-Lustspiel der 70er Jahre, verkniffen und dumm. (Alternativtitel: »Nackte Liebe im heißen Sand«) – Wi raten ab. ✦ BR Deutschland 1971 P Allianz/Terra Kl Constantin R Jerzy Macc B Peter M. Thouet, Michael Haller K Giorgio Tonti M Raimund Rosenberge S Elvira Gitt D Christine Schuberth, Achim Strietzel, Maria Körber, Wolfgang Gruner, Ingrid Steeger L 82 (gek. 80) FSK ab 18; nf E 10.12.1971 fd 17 707

SONNE ÜBER CHINA (OSWOBOSHDJONNY KITAI). Farbiger Dokumentarfilm über China vor und nach der Gründung der Volksrepublik aus der Sicht des sowjetischen Spielfilmproduzenten Sergej Gerassimow. (Titel auch: »Besuch bei Freunden«) ✦ UdSSR/VR China 1950 P Gorki-Studio Moskau/ Peking-Filmstudio Pd A. Kusnezow, J. Swetosarow R Sergej Gerassimow B Sergej Gerassimow, E. Wolk K Wassili Kisseljow, N. Blaschkow, A. Chawtschin, Boris Petrow, M. Gindin, Wladimir Rapoport L 94 E 27.4.1951 Kino DDR

SONNE ÜBER DEM DSCHUNGEL. TV-Abenteuerfilm. Eine junge Frau entflieht ihrer unglücklichen Ehe Richtung Südamerika. Am Amazonas lernt sie einen anderen Mann kennen. Beide geraten zwischen die Fronten eines Indio-Aufstands gegen einen ausbeuterischen Deutschen. ✦ Deutschland/Italien 1992 P Lisa VA RTL-Television R Enzo Doria B Ezio Passadore D Marisa Berenson (Anne de Bois), Marino Masé (Paul Legrand), Julia Kent (Mathilde), Derek de Lint (Peter), Werner Pochath (Max), Klausjürgen Wussow (Rudi Hoffmann), Francesco Carnelutti (Juan) L 90 FSK ab 16; f E 30.4.1994 RTL

SONNE ÜBER DER ADRIA. Vier Mitglieder einer umherziehenden Amateurkapelle machen an der jugoslawischen Sonnenküste ihr Glück. Lustspieldutzendware voller Unwahrscheinlichkeiten, kitschig-banaler Musik und Plakatlandschaften. – Ab 12. ✦ Schwarzweiß. BR Deutschland/Jugoslawien 1954 P B-Film/ Jadran Kl Accord Pd Karl Robert, Gerhard von Bonin R+B Karl Georg Külb K Carl Kurzmayer M Peter Igelhoff S Hans Zeiler D Joachim Brennecke, Anneliese Kaplan, Carola Höhn, Erika Remberg, Pero Alexander L 89 FSK ab 12; nf E 22.10.1954 fd 3 695

SONNE UND REGEN (TAI YAN YU). Das Porträt einer Bibliothekarin aus Shenzhen, einer nördlich von Hongkong gelegenen Großstadt und Wirtschaftsenklave, in der die Führung Chinas ein Wirtschaftsmodell nach kapitalistischem Vorbild zuläßt. Der Film schildert den Alltag der alleinstehenden, feinfühligen jungen Frau und spiegelt zugleich Mentalitäten ihrer altersmäßig unterschiedlichen Freundinnen. Im Gegensatz zu anderen chinesischen Filmen beschreibt er eine von traditionellen und familiären Bindungen freie Lebensgestaltung, bei der Konsum- und Erfolgsorientierung dominieren; fast »dokumentarisch« analysiert er skeptisch-psychologisierend Aspekte von Vereinsamung und individueller Selbstbehauptung. ✦ VR China 1988 P Filmstudio Zhujiang R Zhang Zeming B Liu Xihong, Zhang Zeming K Yao Li, Pang Lei M Zhou Xiaoyuan D Yan Xiaoping (Liu Yaxi), Sun Chun (Liu Yidong), Yi Xinxin (Kong Lingkai), Zhang Ling (He Nan) L 90 E 30.10.1989 ARD

SONNE UND SCHATTEN (SLNZE I SJANKATA). Unterhaltungsfilm über die Grenzen von Fernweh und anderen Empfindungen, geschildert am Beispiel einer Liebe am sonnigen Schwarzmeerstrand zwischen einem Bulgaren und der jungen Dolmetscherin einer westeuropäischen Reisegruppe. – Ab 14. ✦ Bulgarien 1962 P Studio für Spielfilme Kl Progress R Rangel Waltschanow **B** Valeri Petrow **K** Dimo Kolarow **M** Simeon Pironkow **D** Anna Prucnal (Mädchen), Georgi Naumow (Junge) **L** 69 **E** 29.3.1963 Kino DDR/4.9.1974 DFF 1

SONNE UND SPASS IM CLUB →Die Strandflitzer

SONNE UND SPASS IM SCHNEE →Sonne, Sex und Schneegestöber

DIE SONNE VON ST. MORITZ. Die Konflikte eines jungen Arztes zwischen zwei Frauen. Die erste verstrickt ihn in einen Ehebruch mit kriminellem Ausgang, die zweite, eine Millionärstochter, bewahrt ihn vor der überstürzten Flucht nach Südamerika. Ein verlogenes Melodram in realitätsfernem, luxuriösem Wintersportmilieu. – Ab 16. ✦ Schwarz-weiß. BR Deutschland 1954 **P** Berna **Kl** NF **Pd** Carl Hofer **R** Arthur Maria Rabenalt **B** Curt J. Braun, nach dem gleichnamigen Roman von Paul Oskar Höcker **K** Ernst W. Kalinke **M** Bert Grund **S** Friedel Schier-Buckow **D** Winnie Markus (Lore Engelhofer), Karlheinz Böhm (Dr. Robert Frank), Signe Hasso (Gertie Selle), Ingrid Pan (Yvonne Beerli), Claus Biederstaedt (Paul Genzmer), Erik Frey (Dr. Mayr), Heinrich Gretler (Herr Thuregg) **L** 90 **FSK** ab 16; f **E** 26.3.1954 **fd** 3 193

SONNENALLEE. Komödie zum zehnjährigen Jubiläum des Mauerfalls, angesiedelt in einem unmittelbar am Todesstreifen gelegenen Ostberliner Wohngebiet. Die authentische Ausgangssituation wurde zum gemeingültigen DDR-Mikrokosmos erweitert, in dem sich möglichst viele typische Verhaltensweisen und Situationen ansiedeln lassen. Doch der Film wird seinem Gegenstand weder ästhetisch noch inhaltlich gerecht: Abgegriffene Gags, die oft auf Schadenfreude basieren, sowie vorrangig auf oberflächliche Wiedererkennungseffekte hin angelegte Anekdoten machen ihn zum unzusammenhängenden Nummernprogramm. Hinzu kommt eine fahrlässige politische Unbekümmertheit. – Ab 16. ✦ Deutschland 1999 **P** Boje Buck Prod./Ö-Film/SAT1 **Kl** Delphi **VA** Highlight (PHE) **DVD** Highlight (16:9, 1.78:1, DS dt.) **Pd** Claus Boje, Detlev Buck **R** Leander Haußmann **B** Leander Haußmann, Detlev Buck, nach einem Roman von Thomas Brussig **K** Peter-Joachim Krause **M** Stephen Keusch, Paul Lemp, Einstürzende Neubauten **S** Sandy Saffeels **D** Alexander Scheer (Micha), Alexander Scheer (Mario), Katharina Thalbach (Mutter), Henry Hübchen (Vater), Detlev Buck (ABV), Ignaz Kirchner (Heinz), Margit Carstensen (Direktorin), Christine Harbort (Gemüsefrau Raschke) **L** 94 **FSK** ab 6; f **FBW** bw **E** 7.10.1999/21.9.2000 Video/2.10.2000 DVD **fd** 33 876

SONNENBLUMEN (I GIRASOLI). Giovanna sucht ihren Mann, der nach dem Krieg als in Rußland vermißt gemeldet wird. Sie fährt nach Moskau, forscht nach ihm auf Friedhöfen, im Fußballstadion, vor Fabriktoren und findet ihn in einem Dorf – verheiratet, mit einem Töchterchen, erinnerungslos. Beide müssen erkennen, daß ihre Lebenswege nun getrennt sind. Unter De Sicas zögerlicher Regie, nach einem veralteten Drehbuch konzipiert, mutet das naive Melodram wie ein vergilbtes Gemälde an: rührend anachronistisch, in jeder Hinsicht an der Zeit vorbeiproduziert. – Ab 16. ✦ Italien/UdSSR 1969 **P** Champion/Mosfilm **Kl** MGM **Pd** Carlo Ponti, Arthur Cohn **R** Vittorio de Sica **B** Cesare Zavattini, Tonino Guerra, Georgi Mdiwani **K** Giuseppe Rotunno **M** Henry Mancini **S** Adriana Novelli **D** Sophia Loren (Giovanna), Marcello Mastroianni (Antonio), Ljudmila Saweljewa (Mascia), Galina Andreva (sowj. Beamte), Anna Carena (Antonios Mutter) **L** 108 **FSK** ab 12; f **E** 24.9.1970/26.5.1972 Kino DDR/26.11.1977 DFF 1 **fd** 17 005

DIE SONNENBRUCKS. Die Wandlung eines Professors, der sich während der Naziherrschaft von der Politik fernhielt, zum aktiven Friedenskämpfer, der den Westen verlässt, um in der DDR zu leben. DEFA-Produktion mit guter Regie und Darstellung, allerdings im Finale arg deklamatorisch und propagandistisch. – Ab 14. ✦ Schwarz-weiß. DDR 1951 **P** DEFA **Kl** Progress **Pd** Adolf Fischer **R** Georg C. Klaren **B** Georg C. Klaren, nach dem gleichnamigen Schauspiel von Léon Kruczkowski **K** Fritz Lehmann **M** Ernst Roters **S** Friedel Welsandt **D** Eduard von Winterstein (Prof. Walter Sonnenbruck), Maly Delschaft (Bertha Sonnenbruck), Ursula Burg (Ruth Sonnenbruck), Raimund Schelcher (Dozent Joachim Peters), Irene Korb (Liesel Sonnenbruck) **L** 99 **E** 2.3. 1951 Kino DDR/23.5.1954 DFF 1

SONNENFINSTERNIS →Liebe 1962

DIE SONNENGÖTTIN. Ein »Wink des Schicksals« bringt ein junges Paar nach Griechenland, wo es den Urlaub zur Suche nach dem Leben, der Liebe und der Kunst nutzt. Ein an seinen großen Ambitionen gescheiterter Film, der zunehmend in Kitsch abgleitet und seine Sinnsuche wie einen Selbsterfahrungsworkshop darstellt. – Ab 16. ✦ Deutschland 1992 **P** Moana-Film **Kl** Prometheus **Pd+R+B** Rudolf Thome **K** Reinhold Vorschneider **M** Chico Hamilton **S** Dörte Völz **D** Radhe Schiff (Martha Ashberger), John Shinavier (Richard Todd), Susan Chesler (Mädchen ohne Wohnung), Marie Soranno (Dame mit dem Scheck), Chico Hamilton (Portier), Robert Rutman (Musiker) **L** 110 **FSK** ab 12; f **E** 30.12.1993/ 7.5.1995 ARD **fd** 30 581

SONNENKÜSTE DER LIEBE (OBSESSION). Erotikfilm eines Alt-»Meisters« der Branche. Ein Interpol-Agent trifft bei der Beschattung einer Diamantenschmugglerin mit diversen Damen zusammen. ✦ USA 1996 **R** Joe d'Amato (= Aristide Massaccesi) **B** Kevin Bernhardt **K** Federico Slonisko (= Aristide Massaccesi), Maurice Young **D** Maria de Sanchez Taylor, Monica Orsini, Caterina Rinaldi, Hakan Joel, Steven St. Croix **L** 86 **E** 25.7.1997 premiere

SONNENÖL UND SÜSSE FRÜCHTCHEN (ABBRONZATISSIMI). Anspruchslose Klamotte rund um das italienische Urlaubsparadies Rimini, im Zentrum ein verliebter Alleinunterhalter und eine Sonnenschirmverleiherin. Urlaubs-Prolos und ein Strichmädchen nebst Zuhälter komplettieren das triviale Figuren-Panoptikum. (Fortsetzung: »Noch mehr Sonnenöl und süße Früchtchen«) ✦ Italien/Spanien 1992 **P** Maura International/Penta Films **R** Bruno Gaburro **B** Stefano Sudriè, Carlotta Ercolini, Franco Castellano, Giuseppe Moccia **K** Sergio d'Offizi **D** Jerry Cala (Billy Damasco), Alba Parietti (Aurora), Teo Teocoli (Angelo), Eva Grimaldi (Elide), Mauro di Francesco (Silvano) **L** 108 **E** 26.1.1999 RTL 2

SONNENPARADIES (TRAVELLING LIGHT / LE MERVEILLEUX VOYAGE). Restbestände eines Werbefilms für Freikörperkultur, vermischt mit einem Dokumentarfilm über Korsika und beinahe auf Normallänge gebracht, ohne daß er somit irgendeinen Sinn machte. ✦ Großbritannien/Frankreich 1957/59 **P** Walker Sagittaire **Kl** Germania **R** Michael Keatering **B** Victor Hewitt **L** 66 **FSK** ab 18; nf **E** 10.9.1965 **fd** 13 616

SONNENSCHEIN UND WOLKENBRUCH (SONNENSCHEIN UND WOLKENBRUCH). Das neue Hotel »Seeblick« steht leer. Die Werbeagentur Rost & Fleck soll es mit Gästen bevölkern und versucht es mit gezielt lancierten Falschmeldungen: eine Revuetänzerin wird als Star aus Paris ausgegeben, und ein Diebstahl wird extra für die Presse inszeniert. Lediglich für allereinfachste Unterhaltungsbedürfnisse reicht die krampfhafte Situationskomik aus. – Ab 14. ✦ Österreich 1955 **P** Wien **Kl** Deutsche London **Pd** Friedrich Erban **R** Rudolf Nussgruber **B** Franz Gribitz, Kurt Nachmann, Jutta Bornemann, nach dem Roman »Abenteuer in Budapest« von Fritz Knechtl-Ostenburg **K** Sepp Ketterer, Elio Carniel **M** Hanns Elin **S** Henny Brünsch **D** Susi Nicoletti (Margit), Jester Naefe (Glory Hauser), Loni Heuser (Mrs. Hauser), Hans Holt (Rudi Thomas), Rudolf Vogel (Hotelier Stieglitz), Hans Olden (Graf Donnersbach), Heinz Conrads (Rost), Helmut Qualtinger (Fleck) **L** 88 **FSK** ab 12; nf **E** 6.7.1956 **fd** 4 872

SONNENSUCHER. Am Leben der Bergarbeiter der Wismut-AG im Erzgebirge wird die Situation der Nachkriegsjahre der DDR verdeutlicht. Die Zeit ist geprägt von materiellen Schwierigkeiten, der Auseinandersetzung mit der Nazi-Vergangenheit, der Kooperation mit sowjetischen Fachleuten, der Suche nach neuen Standorten, nach Liebe und Glück. Der Film wurde erst 1972 freigegeben, weil er auf dem Höhepunkt des »Kalten Krieges« nicht ins politische Klima passte. Ein interessantes Zeitdokument mit dichter Atmosphäre in der Beschreibung des Bergbau-Milieus. Teil einer geplanten DEFA-Trilogie zur deutschen Geschichte, zu der außerdem die Filme »Leute mit Flügeln« und »Das Lied der Matrosen« gehören. – Sehenswert ab 16. ✦ Schwarz-weiß. DDR 1957/58 **P** DEFA **Kl** Progress **Pd** Hans-Joachim Schoeppe **R** Konrad Wolf **B** Karl Georg Egel, Paul Wiens **K** Werner Bergmann **M** Joachim Werzlau **S** Christa Wernicke **D** Ulrike Germer (Lutz), Günther Simon (Franz Beier), Viktor Awdjuschko (Sergej Melnikow), Erwin Geschonneck (Jupp König), Wladimir Emeljanow (Oberst Fedossjew), Willi Schrade (Günther Holleck), Erich Franz (Weirauch), Brigitte Krause (Berta Matusche), Horst Kube (Wenzel), Manja Behrens (Emmi Jahnke) **L** 114 **E** 1.9.1972 Kino DDR/27.3.1972 DFF 1/26.2.1986 NDR

SONNENWENDFEIER (RAGTIME SUMMER). Anfang der 20er Jahre kommt ein Lehrer an ein privates College in einer kanadischen Kleinstadt. Wegen seiner unkonventionellen Methoden, aber auch seiner pazifistischen Einstellung und nicht zuletzt wegen seiner Beziehung zur Tochter des College-Direktors stößt er auf empörte Ablehnung bei seinen Kollegen. Sie möchten ihn möglichst bald wieder loswerden, als ihnen ein tragischer Vorfall gerade wie gerufen kommt. ✦ Kanada/Großbritannien 1976 **P** Judson/Willoughby Film **R** Alan Bridges **B** Ratch Wallace **K** Brian West **M** Lucio Agostini **D** David Warner (Henry Buchanan), Honor Blackman (Mrs. Boswell), Trudy Young (Clarissa), Cec Linder (Dr. Hogarth), Tim Henry (Ralph McKonnon) **L** 95 **E** 1.3.1990 DFF 1

DIE SONNHOFBÄUERIN (DIE SONNHOFBÄUERIN). Heimkehrerschicksal unter österreichischen Bergbauern. Die heimatfilmartige Handlung kreist um die Frage, ob Ehen tragfest bleiben können, wenn die unter Kriegsbedingungen alleingebliebene, auf männliche Hilfe angewiesene Bäuerin »schuldig« geworden ist. Der verschollene, jetzt heimgekehrte Sonnhofbauer, wird nach langen Kämpfen bereit sein zu verzeihen, nicht zuletzt aus Liebe zu dem kleinen Sohn. So brechen sich die Nachkriegstraumata des deutschen Mannes Bahn. ✦ Schwarz-weiß. Österreich 1948 **P** Ring **Kl** Hamburg/Karp/Ring **Pd** Karl F. Sommer **R** Wilfried Fraß, Carl Kurzmayer **B** Wilfried Fraß, Herma Costa-Pruscha **K** Carl Kurzmayer **M** Hans Hagen **S** Leopoldine Pokorny **D** Wolf von Hebenstreith (Stefan), Elisabeth Höbarth (Mena), Willy Danek (Martin), Peter Czejke (Peterl), Karl Pammer (Lois), Hely Lichten (Kordula), Rita Gallos (Zenzi) **L** 85 **FSK** ab 16; nf **E** 20.10.1949 **fd** 440

SONNIGES SPANIEN. Reisefilm, der ganz in der Tradition des »Kulturfilms« die architektonischen Schönheiten Spaniens in den Vordergrund rückt. – Ab 6. ✦ Schwarz-weiß. Österreich 1953 **P** Eduard Wieser **Kl** Jugendfilm **R+B+K** Eduard Wieser **M** Giuseppe Becce **L** 80 **FSK** ab 6; f **E** 18.10.1953 **fd** 3 184

SONNTAG AM WOCHENTAG (PIROSBETÜS HETKÖZNAPOK / NEDELE VE VSEDNI DEN). Eine junge Pianistin fährt aus dem Ehe- und Haushaltsalltag zu einer Konzertreise nach Budapest. Die Gastfreundlichkeit, künstlerische Erfolge und männliche Aufmerksamkeiten vermitteln ihr ein neues Lebensgefühl. Aber sie kehrt trotzdem vorzeitig zu ihrem Mann und Kind zurück. Bodenständige Unterhaltung mit systemstabilisierender Aussage. – Ab 14. ✦ Schwarz-weiß. CSSR/Ungarn 1962 **P** Filmstudio Barrandov/Hunnia **Kl** Progress **R** Félix Máriássy **B** Judit Máriássy **K** György Illés **M** Stepán Lucky **D** Jana Brejchová (Jana Landova), Ivan Mistrík (Jirí Landa), Eva Ruttkai (Klára), Miklós Gábor (Kelemen), Jaroslav Marvan (Valenta) **L** 93 **E** 10.1.1964 Kino DDR

SONNTAG AUF BRENNENDER ERDE (MASTODON-

TUL). Die dramatischen Auseinandersetzungen zwischen Vertretern der Volksmacht und reaktionären Elementen um Erdöl-Vorkommen in einem Dorf im Jahr 1945. Ein formal unausgeglichener Film, der zwischen dokumentarisch-realistischer Darstellung und Unwahrscheinlichkeiten schwankt. – Ab 16. ✦ Schwarz-weiß. Rumänien 1975 **P** Filmstudio Bucuresti **Kl** Progress **R** Virgil Calotescu **B** Ioan Grigorescu **K** Farin Faraschiv **M** Laurentiu Profeta **D** Toma Caragiu, Gheorghe Dinica, Liviu Ciulei, Olga Tudorache, Jean Constantin **L** 87 **E** 18.2.1977 Kino DDR

EIN SONNTAG AUF DEM LANDE (UN DIMANCHE A LA CAMPAGNE). Ein alternder Kunstmaler in der Provinz erhält an einem schönen Spätsommer-Sonntag des Jahres 1912 den Besuch der Familie seines Sohnes und seiner unverheirateten Tochter. Die Wehmut des allmählich vom Leben Abschied nehmenden Künstlers und seine Erkenntnis, nicht alles geleistet zu haben, was ihm möglich gewesen wäre, spiegelt der Film in mit meisterhafter Farbdramaturgie beschworenen Stimmungen. Er entfaltet eine Kunst des Details mit Lichteffekten, Farben und Tönen, deren Ästhetizismus nie zum Selbstzweck wird. – Sehenswert ab 16. ✦ Frankreich 1984 **P** Sara Films/Films A 2/Little Bear **Kl** Concorde **VA** VCL/Virgin **Pd** Alain Sarde **R** Bertrand Tavernier **B** Bertrand Tavernier, Colo Tavernier O'Hagan, nach dem Roman »Monsieur Ladmiral va bientot mourir« von Pierre Bost **K** Bruno de Keyzer **M** Gabriel Fauré **S** Armand Psenny **D** Louis Ducreux (Monsieur Ladmiral), Sabine Azéma (Irène), Michel Aumont (Gonzague), Geneviève Mnich (Marie-Thérèse), Monique Chaumette (Mercédès), Quentin Ogier (Lucien), Jacques Poitrenaud (Hector) **L** 94 **FSK** ab 6; f **FBW** bw **E** 19.1. 1985/Mai 1986 Video/26.10.86 ARD/23.12.87 DFF **fd** 24 900

EIN SONNTAG IM AUGUST (DOMENICA D'AGOSTO). Heitere Skizzen von den Erlebnissen römischer Kleinbürger an einem heißen Sommerwochenende am Badestrand von Ostia. Der erste Spielfilm Emmers verrät außer Begabung zur Schauspielerführung genaue Beobachtungsgabe und die Liebe zum Detail und der Poesie des Alltäglichen. Die einzelnen Episoden – teils realistisch, teils sanft satirisch angelegt – sind künstlerisch nicht gleichrangig und nicht immer logisch miteinander verflochten. (auch O.m.d.U.) – Ab 16. ✦ Schwarz-weiß. Italien 1949 **P** Colonna **Kl** Neue Filmkunst **R** Luciano Emmer **B** Franco Brusati, Luciano Emmer, Giulio Macchi, Cesare Zavattini, Sergio Amidei **K** Domenico Scala, Leonida Barboni, Ubaldo Marelli **M** Roman Vlad **D** Anna Baldini (Marcella), Franco Interlenghi (Henri), Elvy Lissiak (Lucienne), Massimo Serato (Robert), Marcello Mastroianni (Hercule), Anna di Leo, Mario Vitale **L** 84 **FSK** ab 16; nf **E** 21.10.1955 Kino DDR/13.4.1956 Kino BRD/1.12.1962 ARD/1.7.1982 DFF 2 **fd** 4 933

EIN SONNTAG IM OKTOBER (OKTOBERI VASARNAP). Im Oktober 1944 versucht der ungarische Reichsverweser Miklos Horthy, aus dem Bündnis mit Hitler und Mussolini auszusteigen und den Krieg für Ungarn zu beenden. Aufgrund seiner Unentschlossenheit mißlingt das Vorhaben. Eine Rekonstruktion der historischen Ereignisse in fiktiven, aber sachlich nachgestellten Szenen, die sowohl das deutsch-ungarische Verhältnis jener Jahre als auch die machtpolitischen Strömungen in der Führung beschreibt. Der Film des hervorragenden Regisseurs (»Kalte Tage«, 1966) und Dokumentaristen Kovácz (geboren 1925) ist weniger eine politische Analyse als vielmehr eine genaue Bestandsaufnahme. Für Zuschauer, die die historischen Hintergründe nicht kennen, erleichtern eingefügte Dokumentaraufnahmen den Zugang. ✦ Schwarz-weiß. Ungarn/BR Deutschland 1979 **P** Mafilm »Dialóg Stúdió«/André Libik/ZDF **Kl** Progress **Pd** André Libik **R** András Kovács **B** Georg Althammer, André Libik **K** István Lugossy **M** Johann Strauß, Karl de Fries, Szabolcs Fényes **S** Eva Szécsényi **D** Ferenc Bács (Géza Tost), Klaus Maria Brandauer (Dr. Hoffmann), Martin Lüttge (Skokrzeny), Mariann Moór (Edit), Lajos Öze (Nádassy) **L** 104 **E** 19.6.1979 ZDF/4.4.1980 Kino DDR/4.8.1981 DFF 2

EIN SONNTAG IM SEPTEMBER (EN SÖNDAG I SEPTEMBER). In drei voneinander abgesetzten Teilen wird die Geschichte einer Ehe erzählt, die mit einer stürmischen Liebe beginnt, aber bald an den Enttäuschungen des Alltags zerbricht. Distanziert und kühl inszeniertes Erstlingswerk des 30jährigen finnischen Regisseurs und Kritikers Jörn Donner, dessen genaue Beobachtung des alltäglichen Lebens beeindruckt. ✦ Schwarz-weiß. Schweden 1963 **P** AB Europa **R+B** Jörn Donner **K** Tony Forsberg **M** Bo Nilsson **D** Harriet Andersson, Thommy Berggren, Barbro Kollberg, Harry Ahlin, Axel Dieberg **L** 115 **E** 14.7. 1969 ZDF

EIN SONNTAG IM SOMMER IN WIEN (SALTO IN DIE SELIGKEIT). Ein arbeitsloser Artist muß sich zwischen einer Blumenverkäuferin und einer ungarischen Tänzerin entscheiden und gegen den Verdacht des Ladendiebstahls verteidigen. Musikalische Verwechslungskomödie, die schon zum Zeitpunkt ihrer (verspäteten) deutschen Erstaufführung recht altmodische Unterhaltung bot. ✦ Schwarz-weiß. Österreich 1934 **P** Erich Morawski-Filmprod. **Kl** Döring **Pd** Karl Ehrlich, Rudolf Löwenthal **R** Fritz Schulz **B** Rudolf Bernauer, Karl Farkas **K** Viktor Gluck **M** Hans May **D** Fritz Schulz, Olly Gebauer, Rose Barsony, Tibor von Halmay, Josef Rehberger, Hans Homma, Iris Arlan **L** 90 **FSK** ab 12; nf **E** 9.12.1950

SONNTAG IN NEW YORK (SUNDAY IN NEW YORK). Ein Mädchen aus der amerikanischen Provinz wird im Verlauf eines Sonntags von der »rückständigen« Auffassung bekehrt, es sei ehrsam, als Jungfrau in die Ehe zu gehen. Flott-ironische Filmfassung des erfolgreichen Bühnenstücks von Norman Krasna (»Indiskret«). – Ab 16. ✦ Scope. USA 1963 **P** Seven Arts **Kl** MGM **Pd** Everett Freeman **R** Peter Tewksbury **B** Norman Krasna, nach seinem Theaterstück **K** Leo Tover **M** Peter Nero **S** Fredric Steinkamp **D** Cliff Robertson (Adam Tyler), Jane Fonda (Eileen Tyler), Rod Taylor (Mike Mitchell), Robert Culp (Russ Wilson), Jo Morrow (Mona Harris), Peter Nero (Peter Nero) **L** 104 **FSK** ab 16; nf **FBW** w **E** 13.2.1964/19.3. 1965 Kino DDR **fd** 12 560

SONNTAG IN ROM (LA DOMENICA DELLA BUONA GENTE). Die italienische Hauptstadt befindet sich im sonntäglichen Fußballfieber. Mosaikhaft verknüpft der Film Milieuskizzen zum Thema, die zwischen Kolportage – eine liebesenttäuschte Witwe mit Revolver – und warmherziger Alltagsbeobachtung – verzanktes Liebespaar, Totogewinner, abgedankter Fußballtorwart – schwanken. – Ab 12. ✦ Schwarz-weiß. Italien 1953 **P** Trionfalcine **Pd** Giovanni Addessi **R** Anton Giulio Majano **B** Anton Giulio Majano, Vasco Pratolini, Massimo Mida, Gian Domenico Giagni **K** Adalberto Albertini **M** Nino Rota **D** Renato Salvatori, Sophia Loren, Maria Fiore, Fiorenzo Fiorentini, Carlo Romano **L** 95 **E** 26.11.1961 ARD/9.11.1986 DFF 1

SONNTAG SOLLST DU STERBEN (GUNSLINGER). Ein gedungener Mörder macht sein Opfer, den weiblichen Sheriff, zu seiner Geliebten; beide bleiben sich trotz gegenseitiger Zuneigung bewußt, daß einer den anderen töten wird; zur gesetzten Frist duellieren sie sich so lange, bis der Killer tot am Boden liegt. Einer der schnell und billig gefertigten Corman-Western, der die Spielregeln des Genres durch seine extreme Story unterläuft. ✦ USA 1956 **P** American Releasing Corporation **Kl** Goldeck **Pd+R** Roger Corman **B** Charles B. Griffith, Mark Hanna **K** Frederick E. West **M** Ronald Stein **S** Charles Gross jr. **D** John Ireland (Cane Miro), Beverly Garland (Rose Hood), Allison Hayes (Erica Page), Martin Kingsley (Gideon Polk), Jonathan Haze (Jack Hays), Chris Alcaide (Joshua Tate) **L** 78 **FSK** ab 18; nf **E** 28.7.1961 **fd** 9 778

SONNTAG UM HALB VIER →Melodie des Herzens (1929)

SONNTAG UM 6 (DUMINICA LA ORA 6). Im marxistischen Untergrundkampf gegen das rechtsgerichtete Regime lernen sich im Bukarest des Jahres 1940 zwei junge Leute kennen. Ihr Liebesglück ist von kurzer Dauer, das letzte Treffen wird den beiden zum Verhängnis. Zurückhaltend gestaltete Liebesgeschichte; ein Regiedebüt, das nur in dramatischen Momenten Sensibilität vermissen läßt und auf störende Effekte baut. – Ab 16. ✦ Schwarz-weiß. Rumänien 1966 **P** Filmstudio Bucuresti **R** Lucian Pintilie **K** Sergiu Huzum **D** Dan Nutu (Radu), Irina Petrescu (Anca), Graziela Albini (Maria) **L** 80 **E** 4.11.1968 ZDF

SONNTAGE MIT SYBILL (LES DIMANCHES DE VILLE D'AVRAY). Der ehemalige Pilot Pierre hat bei einem Absturz über Indochina sein Gedächtnis verloren und lebt als Halbinvalide in einem Pariser Vorort. Die Begegnung mit der 12jährigen Sybill befreit ihn aus seiner Isolation; eine zarte Freundschaft entwickelt sich, wird aber durch mißgünstige und verständnislose Nachbarn zerstört. Der frühere Dokumentarist Bourguignon (geboren 1928) hat die literarische Vorlage von allen Lolita-Motiven gereinigt und zu einer märchenhaften Freundschaftsgeschichte stilisiert. Sein romantisches Spielfilmdebüt fasziniert mit einem individuellen Stilwillen. – Sehenswert. ✦ Scope, schwarz-weiß. Frankreich 1962 **P** Terra/Orsay/Trocadéro/Fiduciaire **Kl** Columbia-Bavaria **Pd** Romain Pinès **R** Serge Bourguignon **B** Serge Bourguignon, Antoine Tudal, nach einem Roman von Bernard Eschasseriaux **K** Henri Decaë **M** Maurice Jarre **S** Léonide Azar **D** Hardy Krüger (Pierre), Nicole Courcel (Madeleine), Patricia Gozzi (Françoise Sybill), Daniel Ivernel (Carlos), André Oumansky (Bernard) **L** 110 **FSK** ab 16; f **FBW** bw **E** 1.3.1963/30.3.1970 ARD **fd** 11 819

SONNTAGS ... NIE! (POTE TIN KYRIAKI / NEVER ON SUNDAY). Der amerikanische Tourist Homer begegnet im Hafen von Piräus der Dirne Ilya. Vergeblich versucht er, während seines kurzen Urlaubs der umschwärmten, lebenslustigen Frau seine verschrobenen Vorstellungen von klassischer Kultur nahezubringen; am Ende siegt Ilyas vitale Sinnlichkeit über die Krankheiten der Zivilisation. Beschwingte, oft derb frivole Komödie von Jules Dassin: eine Hymne auf den folkloristisch verklärten Süden und den Mythos des Ewig-Weiblichen. Melina Mercouri (ab 1981 Griechenlands Ministerin für Kultur) erhielt für ihre Darstellung der Ilya den Schauspielerpreis von Cannes. ✦ Schwarz-weiß. Griechenland/USA 1959/60 **P** Melina/Lopert **Kl** UIP **Pd+R+B** Jules Dassin **K** Jacques Natteau **M** Manos Hadjidakis **S** Roger Dwyre **D** Melina Mercouri (Ilya), Jules Dassin (Homer Thrace), Georges Foundas (Tonio), Titos Vandis (Jorgo), Mitsos Liguisos (Kapitän) **L** 92 **FSK** ab 18; nf **FBW** w **E** 9.9.1960/2.5.1975 ARD **fd** 9 554

DER SONNTAGSANGLER (POISSON D'AVRIL). Ein bescheidener Automechaniker und Familienvater, kauft statt einer Waschmaschine eine Angel und fährt mit seinem Sohn zum Fluß und damit in ein Abenteuer, das manche Aufregung bringt. Eine amüsante Komödie, die mit liebenswürdigem Charme eine Alltagsgeschichte aufbereitet. – Ab 14. ✦ Schwarz-weiß. Frankreich 1954 **P** Victory/Intermondia **Kl** Progress **Pd** Jean-Paul Guibert **R** Gilles Grangier **B** Gérard Carlier, Michel Audiard, Gilles Grangier **K** Marc Fossard **M** Etienne Lorin **S** Jacqueline Thiédot **D** Bourvil (Emile Dupuy), Annie Cordy (Charlotte), Jacqueline Noelle (Annette), Pierre Dux (Gaston), Denise Grey (Madame Prévost), Louis de Funès **L** 106 **E** 11.11. 1955 Kino DDR

SONNTAGSELTERN (VASARNAPI SZÜLÖK). Die Geschichte eines 16jährigen Mädchens, das mit dem Leben im staatlichen Erziehungsheim nicht fertig wird und immer wieder Ausbruchsversuche unternimmt. Als eine Gruppe von Weberei-Arbeiterinnen für sie die Patenschaft übernimmt und sie in der Familie der Gruppenleiterin Wärme und Zuneigung erfährt, schöpft sie neue Hoffnung. Das ungeduldete Liebesverhältnis zum Sohn des Hauses läßt alles zusammenbrechen. In Inhalt und Form gleichermaßen überzeugender gesellschaftskritischer Film, der die Verständnislosigkeit Erwachsener gegenüber Heranwachsenden anprangert und das zutiefst verletzte Mädchen als fremdbestimmtes Opfer zeigt. Außerordentlich gespielt von jungen Laiendarstellern. – Sehenswert ab 16. ✦ Ungarn 1979 **P** Mafilm, Objektív Stúdió **Kl** Progress **R** János Rózsa **B** István Kardos **K** Elemér Ragályi **M** Levente Szörényi, Gruppe »Fonográf« **S** Zsuzsa Csákány **D** Julianna Nyakó (Julie), Melinda Szakács (Cabal), Julianna Balogh (Zigeunermädchen), Andrea Blizik (Andrea), Erzsi Pásztor (Frau Aranka), Sergej Jelisztratov **L** 105 **E** 25.9.1981 Kino DDR/4.2.1985 ARD

SONNTAGSENGEL (SONDAGSENGLER). Pubertät und Religion bestimmen das Leben einer 14-jährigen Pfarrerstochter in Norwegen. Während sie mit ersterem spielend fertig wird, bereitet der strenge, bigotte Vater arge Probleme, deren die Tochter sich nur durch demonstrative Abwendung entziehen kann. Ein Film von erstaunlicher Ernsthaftigkeit, der sich durch behutsames Erzählen und feinfühlige Charakterbilder auszeichnet. Dabei gelingt es ihm, auch die Negativ-Charaktere der Anteilnahme des Zuschauer zu überlassen. Obwohl die religiöse Aussage des Films der Interpretation bedarf, empfiehlt sich der Einsatz des Films in der Bildungsarbeit. – Sehenswert ab 14. ✦ Norwegen 1996 **P** NRK Drama/Norsk Filminstitut **VA** Matthias-Film, FWU **Pd** Grete Rypdal, Oddvar Bull Tuhus **R** Berit Nesheim **B** Berit Nesheim, Lasse Glomm, nach dem Roman »Søndag« von Reidun Nortwedt **K** Arne Borsheim **M** Geir Bøhren, Bent Åserud **S** Lillian Fjellvaer **D** Marie Theisen (Maria), Bjørn Sundquist (Marias Vater), Hildegunn Riise (Frau Tunheim), Sylvia Salvesen (Marias Mutter), Martin Dahl Garfalk (Olav) **L** 85 **FSK** ab 6 **fd** 33 969

SONNTAGSFAHRER. Am 12. August 1961 wollen einige Bürger der DDR nach West-Berlin fliehen, doch als einen Tag später die Mauer gebaut wird, kommt ihr Unternehmen zu einem unerwarteten Ende. Während der an Zwischenfällen reichen Fahrt nach Berlin offenbaren sich die Charaktere der Beteiligten. Der inszenatorisch unsichere, zwischen Satire und tieferer Bedeutung schwankende und letztlich unglaubwürdige Film bezieht eine gewisse Wirkung aus den guten darstellerischen Leistungen; interessant ist er aus heutiger Sicht vor allem wegen seiner historischen »Brisanz« sowie der erkennbaren tendenziösen Versuche, sich mit dem Mauerbau im Film der DDR auseinander zu setzen. – Ab 16. ✦ Schwarz-weiß. DDR 1963 **P** DEFA, Gruppe »Berlin« **Kl** Progress **Pd** Bernhard Gelbe **R** Gerhard Klein **B** Karl Georg Egel, Wolfgang Kohlhaase **K** Helmut Bergmann **M** Wilhelm Neef **S** Evelyn Carow **D** Harald Halgardt (Spiessack), Herwart Grosse (Dr. Denker), Irene Korb (Miriam), Erich Gerberding (Teichert), Ellinor Vogel (Friedchen), Gerd Ehlers (Rosentreter) **L** 87 **E** 17.9.1963 Kino DDR/12.8.1993 ORB

DIE SONNTAGSFRAU (LA DONNA DELLA DOMENICA). In Turin sucht die Polizei nach dem Mörder eines Architekten und Spekulanten, der mit einem steinernen Phallus erschlagen wurde. Der undurchsichtige Kriminalfall dient als Aufhänger, um ein dekadentes Großbürgertum boshaft-satirisch zu kritisieren. Der elegant inszenierte Film bleibt jedoch an der Oberfläche und verliert sich häufig in Nebensächlichkeiten. ✦ Italien 1975 **P** Primex Italiana **Kl** 20th Century Fox **Pd** Roberto Infascelli **R** Luigi Comencini **B** Age (= Agenore Incorocci), Furio Scarpelli, nach dem Roman » La Donna della Domenica« von Fruttero und Lucentini **K** Luciano Tovoli **M** Ennio Morricone **S** Antonio Siciliano **D** Jacqueline Bisset (Anna-Carla), Marcello Mastroianni (Santamaria), Jean-Louis Trintignant (Massimo), Aldo Reggiani (Lellio), Pino Caruso (De Palma), Lina Volonghi, Franco Nebbia, Maria Teresa Albani, Omero Antonutti, Claudio Gora **L** 110 **FSK** ab 16; f **E** 20.8.1976/5.1.1988 RTL **fd** 20 033

SONNTAGSFREUNDE (LES COPAINS DU DIMANCHE). Die Entwicklung des Arbeiter-Flugsports in Frankreich nach dem Zweiten Weltkrieg. Zu spannungslos, um nachhaltiger zu wirken, interessant primär für flugtechnisch Interessierte. Nach einigen Jahren der Theaterarbeit die erste Hauptrolle für (den damals 23jährigen) Belmondo in einem Kinofilm. – Ab 14. ✦ Schwarz-weiß. Frankreich 1957 **P** C.G.T. **Kl** Progress **R** Henri Aisner **B** Henri Aisner, G. Bounouré, R. Lavigne **K** André Dumaître **M** Philippe Gérard **D** Marc Cassot (Casti), Jean-Paul Belmondo (Trebois), Yves Deniaud (Malaquin), Julien Bertheau (Raf), Evelyne Ker (Monique) **L** 84 **E** 25.3.1958 Kino DDR/26.5.1958 DFF 1

DER SONNTAGSGAST (SUNDAY DINNER FOR A SOLDIER). Eine in bescheidenen Verhältnissen auf einem abgewrackten Hausboot in Florida lebende Familie lädt einen Fliegersergeanten zum Essen ein. Er verliebt sich in die Tochter, muß jedoch rasch wieder an die Front. Sympathisch gespielte Komödie mit netten Gags rund um das zu opfernde Familien-Huhn. Im Kriegsjahr 1944 als Beitrag zur moralischen Aufrüstung bestimmt. ✦ Schwarz-weiß. USA 1944 **P** 20th Century Fox **Kl** 20th Century Fox **Pd** Walter Morosco **R** Lloyd Bacon **B** Wanda Tuchock, Melvin Levy **K** Joseph MacDonald **M** Alfred Newman **S** J. Watson Webb **D** Anne Baxter (Tessa Osborne), John Hodiak (Eric Moore), Charles Winninger (Großvater Osborne), Anne Revere (Agatha), Connie Marshall (Mary Osborne), Chill Wills (Mr. York), Robert Bailey (Kenneth Normand) **L** 86 **E** August 1946

DAS SONNTAGSKIND. Der alte rheinische Theaterschwank »Schneider Wibbel« handelt von einem pfiffigen Handwerksmeister zur Zeit Napoleons, der seinen Gesellen im Gefängnis die eigene Strafe absitzen läßt. Der Film verlegt die Handlung in die Zeit nach dem Zweiten Weltkrieg, wobei die britische Besatzung im Rheinland gutmütig gezeichnet wird. Dank schwungvoll agierender Darsteller trotz mancher Plattheiten witzig-unterhaltsam. (Alternativtitel: »Schneider Wibbel«) – Ab 16. ✦ BR Deutschland 1956 **P** Berolina **Kl** Ufa **Pd** Kurt Ulrich **R** Kurt Meisel **B** Gustav Kampendonk, nach Motiven der Komödie »Schneider Wibbel« von Hans Müller-Schlösser **K** Kurt Schulz **M** Friedrich Schröder **S** Hermann Haller **D** Heinz Rühmann (Anton Wibbel), Hannelore Bollmann (Fin Wibbel), Werner Peters (Mölfes), Günther Lüders (Mattes), Walter Giller (Bosty McMillar), Carla Hagen (Mariechen), Ellen Waldeck (Großmutter) **L** 96 **FSK** ab 12; nf **FBW** w **E** 11.9.1956/30.7.1966 ZDF **fd** 5 273

EIN SONNTAGSKIND, DAS MANCHMAL SPINNT. Ein zehnjähriges Mädchen muss sich nach dem Umzug in die Stadt erst mit der neuen Lebenssituation zurechtfinden und das Vertrauen aller erlangen. Wenig aufregender Kinderfilm, der episodisch den teils exotischen Alltag in einer Stadt beschreibt. – Ab 8. ✦ Scope. DDR 1978 **P** DEFA, Gruppe »Johannisthal« **Kl** Progress **Pd** Siegfried Kabitzke **R** Hans Kratzert **B** Gudrun Deubener **K** Wolfgang Braumann **M** Günther Fischer **S** Ruth Ebel **D** Yvonne Dießner (Kathy Montag), Robert Schusser (Niki Peskowsky), Ev Leppin (Anke), Hermann Beyer (Peter Montag), Walfriede Schmitt (Carola Klaroschewsky), Ute Lubosch (Pionierleiterin Franziska), Klaus Mannchen (Rolf Peskowsky) **L** 89 **E** 7.7.1978 Kino DDR/15.9.1979 DFF 1/1.5.1995 ORB

DAS SONNTAGSKIND ODER DER UMSTÄNDE HALBER. Eine Schriftstellerin holt, zunächst für ein Wochenende, dann immer häufiger, ein zehnjähriges Mädchen aus dem Waisenhaus zu sich nach Hause – als »Rechercheobjekt« für ihr neues Buch. Bald entwickelt sich zwischen der Autorin, der »die Wörter nicht mehr genügen«, und dem Kind ein von wachsender Liebe und gegenseitiger Sehnsucht geprägtes Verhältnis. Die Frau will das Mädchen adoptieren, muß aber erfahren, daß es kompliziert ist, aus einem »Sonntagskind« eine eigene Tochter zu machen. Film nach dem Roman von Gudrun Mebs; er will nicht auf die Tränendrüse drücken, sondern eine Geschichte über die realen Verhältnisse erzählen, leidet dabei jedoch stark an formalen Schwächen, vor allem in der Schauspielerführung. – Ab 14 möglich. ✦ BR Deutschland 1988 **P** BR/SWF **R** Marianne S. W. Rosenbaum **B** Marianne S. W. Rosenbaum, nach dem Roman »Sonntagskinder« von Gudrun Mebs **D** Gudrun Sara Mebs (Anna Fiederer), Nurith-Hayat Samaan (Barbara), Myriam Niemayer, Wenzel Heubeck, Monika Heuser **L** 90 **E** 25.12.1988 ARD

SONNTAGSKINDER (1941). Zwei Freunde, Kellner und Hausdiener in einem Hotel, kommen durch Zufall in den Besitz von 100 000 Mark. Blühender Lustspielunsinn mit relativ dezent agierenden Schauspielern. Anspruchslose Ablenkung für die Kriegsjahre. ✦ Schwarz-weiß. Deutschland 1941 **P** Algefa **Kl** Siegel/Monopol **R** Jürgen von Alten **B** Kurt E. Walter **K** Günther L. Arko **M** Frank Fux **D** Johannes Riemann, Carola Höhn, Grethe Weiser, Rudolf Platte, Theo Lingen **L** 93 **FSK** ab 16; nf **E** 19.12.1941/27.2.1961 DFF 1 **fd** 600

SONNTAGSKINDER (1979). Michael Verhoeven (»Die weiße Rose«, 1982) schildert die charakterliche und intellektuelle Entwicklung eines bei Kriegsausbruch 14jährigen Mädchens aus deutscher Mittelstandsfamilie, die in ihrer Kleinstadt aufmerksam registriert, was Nationalsozialismus und Krieg an Veränderungen im Freundes- und Bekanntenkreis bewirken. Der interessante Versuch, aus Details persönlichen Erlebens ein allgemeines Zeitbild zu gewinnen, ist dem Fernsehfilm nicht überzeugend genug gelungen; er bleibt in Vordergründigem stecken. – Ab 16. ✦ Schwarz-weiß. BR Deutschland 1979 **P** Sentana/Hessischer Rundfunk **Kl** Pahl **Pd+R** Michael Verhoeven **B** Michael Verhoeven, Gerlind Reinshagen, nach dem gleichnamigen Theaterstück von Gerlind Reinshagen **K** Gero Erhardt **M** Ralf Ronda, Josef Berger **S** Dagmar Hirtz **D** Nora Barner (Elsie), Erika Pluhar (Mutter), Gerd Seid (Vater), Elisabeth Schwarz (Thilda), Pola Kinski (Lona) **L** 101 **FSK** ab 12; f **FBW** w **E** 23.2.1980

SONNTAGSKINDER (1992) (SÖNDAGSBARN). Schweden 1926: Ein achtjähriger Junge verbringt die Ferien mit seiner Familie auf dem Lande. In der Ehe der Eltern kriselt es, und der Vater, ein gottesfürchtiger Pastor, erschreckt den Jungen wiederholt durch seine Strenge. Doch zunächst sind die Ferien unbeschwert, der Junge verliebt sich auf seine schüchterne Art, muß kleine Mutproben über sich ergehen lassen und genießt das Landleben. Eines Tages muß er mit dem Vater ins Nachdorf und lernt ihn in einer Gefahrensituation von einer ganz anderen Seite kennen; seine Güte und sein Gottvertrauen geben dem Kind Zuversicht. Ein auf Erinnerungen des Regisseurs Ingmar Bergman beruhender Film, inszeniert von dessen Sohn, der die Geschichte zu einem poetischen Werk über kindliche Unschuld verdichtet. Zwischen den Zeilen kommt immer wieder auch das gespannte Verhältnis Bergmans zu seinem Vater zum Tragen. – Ab 14. ✦ Schweden 1992 **P** Svenska Film Institutet/Sandrews/Sweetland Films/Sveriges Television/Metronome/Finnish Film Foundation/Icelandic Film Fund/Nordic Film & TV Fund/Eurimages **Pd** Katinka Farago **R** Daniel Bergman **B** Ingmar Bergman **K** Tony Forsberg **S** Darek Hodor **D** Thommy Berggren (Vater), Lena Endre (Mutter), Henrik Linnros (Pu), Jakob Leygraf (Dag), Marie Richardson (Marianne) **L** 121 **E** 26.7.1998 ARD

EINE SONNTAGSLIEBE (BAKARUHABAN). Die einfache Liebe eines Mädchens vom Lande zu einem kleinbürgerlichen Journalisten im Ungarn der Weltkriegszeit. Gute Unterhaltung mit einigen gesellschaftskritisschen Tendenzen. – Ab 14. ✦ Schwarz-weiß. Ungarn 1956 **P** Hunnia **Kl** Progress **R** Imre Fehér **B** Miklós Hubay, nach einem Roman von Sándor Hunyadi **K** János Badal **M** Tibor Polgár **D** Iván Darvas (Sándor), Margit Bara (Vilma), Sándor Pécsi (Bodrogi), Mária Lázár (Frau Bodrogi), Vali Korompai (Piri) **L** 96 **E** 6.6.1958 Kino DDR/1.8.1958 DFF 1

SONNTAGSMALEREI. Ein Kurzspielfilm über ein Mädchen, das mit der Super-8-Kamera seine Freizeit filmt, und von den Erkenntnissen, die es dabei gewinnt. ✦ BR Deutschland 1971 **P** Ula Stöckl Filmprod. **Pd+R+B** Ula Stöckl **L** 45 **E** 3.8.1971 ZDF

DER SONNTAGSMÖRDER → Der Weekend-Killer

SONNTAGSSPIELEREIEN (NIEDZIELNE IGRASZKI). Polen 1953, der erste Sonntag nach Stalins Tod. Im Hinterhof eines Warschauer Mietshauses spielen Kinder die Welt der Erwachsenen nach. Ein 12jähriger Junge, der seine Kameraden mit seiner Autorität beeindrucken will, lenkt die Aggressionen der Gruppe auf ein Mädchen. Die Spiele der Kinder spiegeln Deformation und Entmenschlichung der Gesellschaft in den 50er Jahren. Ein glänzend inszenierter, durch seine beiläufige Grausamkeit schockierender Film, der in Polen lange mit Aufführungsverbot belegt war. ✦ Schwarz-weiß. Polen 1983 **P** Irzykowski Film Studio/Film Polski **R** Robert Glinski **B** Robert Glinski, Grzegorz Torzecki **K** Jerzy Rekas **M** Lech Branski **S** Lucja Osko **D** Miroslaw Mircheluk, Emilia Krakowska, Stefan Szmidt, Daria Trafankowska, Halina Romanowska **L** 55 (Orig. 65) **E** 5.3.1993 3sat

DER SONNTAGSVATER (TATA DE DUMINICA). Ein Ingenieur will sich von seiner Frau scheiden lassen. Der Sohn leidet sehr darunter und verläßt eines Tages die elterliche Wohnung. Es entsteht eine schwierige Situation für alle Beteiligten. ✦ Rumänien 1975 **P** Filmstudio Bucuresti **R** Mihai Constantinescu **B** Octav Pancu-Iasi **K** Costache Dumitru-Fony **M** Temistocle Popa **D** Amza Pellea, Radu Beligan, Gina Patrichi, Olga Delia-Matescu, Mircea Constantinescu-Govora **L** 91 **E** 15.11.1980 DFF 2

SONNY BOY (THE SINGING FOOL). Die seinerzeit international bejubelte sentimentale Geschichte vom Auf-, Ab- und Wiederaufstieg eines singenden Kellners, des reinen Narren, der am Tod seines Kindes beinahe zerbricht. Einer der ersten Tonfilme der Geschichte – in größtenteils synchronisierter Fassung; nur Al Jolsons Chansons verblieben im Original. (Fernsehtitel auch: »Der singende Narr«) – Ab 12. ✦ Schwarz-weiß. USA 1928 **P** Warner Bros./Vitaphone **Kl** Cinema Service **R** Lloyd Bacon **B** Joseph Jackson, C. Graham Baker, nach einem Stück von Leslie S. Barrows **K** Byron Haskin **S** Ralph Dawson, Harold McCord **D** Al Jolson (Al), Josephine Dunn (Molly), Davey Lee (Sonny Boy), Betty Bronson (Grace), Arthur Housman (Blackie Joe), Reed Howes (John Perry), Edward Martindel (Marcus) **L** 99 (Orig. 106) **FSK** ab 6; f **E** Juni 1929 (Wiederaufführung 1969) **fd** 16 228

SONNY BOYS (THE SUNSHINE BOYS). Zwei gealterte Vollblutkomödianten, Partner, die sich vor Jahren im Streit trennten, erhalten die Chance, in einem Film ihre alten Rollen wiederaufleben zu lassen. Ein Treffen und die Probeaufnahmen geraten zum Fiasko, da beide sich mit Leidenschaft angiften. Unbewußt und aus alter Feindschaft produzieren sie jedoch genau die Späße, die sie berühmt gemacht haben und die der Produzent von ihnen erwartet. Vergnügliches Fernseh-Remake eines Films von Herbert Ross, in dem Woody Allen als vermeintlich ungeliebter Komiker und Peter Falk als störrischer Eigenbrötler brillieren können. – Ab 14. ✦ USA 1995 **P** Metropolitan Productions **VA** Fox Home **Pd+R** John Erman **B** Neil Simon, nach seinem Theaterstück **K** Tony Imi **M** Paul McKibbins **S** John W. Wheeler **D** Peter Falk (Willie Clark), Michael McKean, Liev Schreiber, Woody Allen (Al), Sarah Jessica Parker **L** 85 **FSK** ab 6 **E** 8.8.1996 premiere/14.11.1996 Video **fd** 32 334

SONNY CHIBA-DER UNERBITTLICHE VOLLSTRECKER (SATUJINKEN-II.). Ein Super-Karate-Killer hilft der Polizei, das Gangstersyndikat zu zerschlagen, das ihn ermorden lassen will. Dürftig zusammengeschusterter Serien-Eastern mit vielen Gewaltszenen. ✦ Scope. Japan 1976 **P** Toei **Kl** Constantin **R** Shigehiro Ozawa **B** Shigehiro Ozawa, Hajime Takaiwa **K** Teiji Yoshida **M** Toshiaki Tsushima **D** Sonny Chiba, Maafumi Suzuki, Naoki Shima, Masashi Ishibashi, Hiroshi Tanaka **L** 81 **FSK** SPIO: X **E** 21.4.1977 **fd** 20 281

SONNY, DER ENTENDETEKTIV (SOLAN, LUDVIG OG GURIN MED REVEROMPA). Ein Detektiv in Entengestalt und sein Assistent spüren im Auftrag einer Witwe einen nichtsnutzigen Gnom auf, dem wegen seiner Unartigkeit über Nacht ein gewaltiger Fuchsschwanz gewachsen ist. Eine hübsche Zeichentrickgeschichte mit charmanten Figuren, die ältere Zuschauer durch zahlreiche Zitate aus der Filmgeschichte unterhält, während sie den Jüngsten eine überschaubare und liebevolle Geschichte bietet. – Ab 6. ✦ Norwegen 1998 **P** Filmkameratene AS/AB Svensk Filmindustri **Kl** MFA **Pd** John M. Jacobsen **R** Nille Tystad, John M. Jacobsen **B** Kjell Aukrust, Vibeke Idsöe, nach einem Roman von Kjell Aukrust **M** Kjetil Bjerkestrand **S** Einar Egeland **L** 74 **FSK** o. A.; f **E** 28.6.2001 **fd** 34 912

SONS OF STEEL (EMPIRE / SONS OF STEEL). Im Australien der Zukunft wird ein friedfertiger Rock-Musiker mit dem Tode bedroht, da die korrupte Regierung in der Friedfertigkeit der Menschen die Wurzel allen Übels sieht. Irgendwie in die Vergangenheit katapultiert, kann er die Stadt Sydney vor einer atomaren Katastrophe retten. Buntes, grelles Märchen als Vehikel für Heavy-Metal-Musik. Die naive Botschaft des lauten Spektakels lehnt sich an den Erfolg des Kultfilms »The Rocky Horror Picture Show« an. – Ab 16. ✦ Australien 1988 **P** Gary Keady Film/Jet Films/Big Island Pictures/Omega **VA** VPS **Pd** James Michael Vernon, Penny Wall **R+B** Gary L. Keady **K** Joseph Pickering **M** Gary L. Keady **S** Amanda Robson **D** Rob Hartley (Black Alice), Roz Wason (Hope), Jeff Duff (Secta), Dasha Blahova (= Dagmar Bláhová) (Honor), Ralph Cotterill (Karzoff), Elizabeth Richmond (Djard) **L** 92 **FSK** ab 16 **E** 1.3.1991 Video **fd** 28 938

SONS OF THUNDER (SONS OF THUNDER: THUNDER BY YOUR SIDE). Fortschreibung der Fernsehserie »Walker, Texas Ranger«, in der ein Schüler des karatekundigen Chuck Norris in dessen Fußstapfen tritt und die Weihen als Kämpfer für Recht und Ordnung erhält. In diesem abendfüllenden Pilotfilm muss eine Serie von Polizistenmorden gestoppt werden, die Dallas erschüttert. Seriell gefertigte Krimi-Actionware mit den sattsam bekannten Karatekunststücken, die wieder und wieder in Zeitlupe dargeboten werden. ✦ USA 1999 **Pd** Gary A. Brown **R** John R. Leonetti **B** Bob Gookin **D** Chuck Norris (Cordell Walker), Noble Willingham (C. D. Parker), Sheree J. Wilson (Alex Cahill), Clarence Gilyard (Jimmy Trivette), Jimmy Wlcek (Trent Malloy) **L** 110 **E** 3.1.2002 RTL II

... SONST STEHT JA DER BETRIEB HIER STILL. Dokumentarfilm über die 100 Arbeiter eines Beton- und Kunststeinwerks in Franken, die Anfang der 70er Jahre ihre Geschäftsleitung in Frage stellten und, um ihre Arbeitsplätze nicht zu verlieren, ihren Konkursbetrieb im Mai 1972 mit fremden Geldern ersteigerten. Nun ein Selbstverwaltungsbetrieb, werden die Arbeiter mit dem Widerspruch zwischen Kapital und Arbeit konfrontiert und durchlaufen einen Lernprozeß, bei dem Ausbeutung und Unterdrückung als Mechanismen dieses Widerspruchs erstmals nicht mehr als unveränderbar hingenommen zu werden brauchen. Die Dokumentation eines Modellversuchs, betont parteiisch montiert. ✦ Schwarz-weiß. BR Deutschland 1973 **P** dffb **SF** Freunde der Deutschen Kinemathek **R+B** Jörg Gförer, Wolfgang Jung, Walter Krieg **L** 68 **E** 1973 Kino

SOOO NICHT, MEINE HERREN! (SOOO NICHT, MEINE HERREN!). Ein Texaner kommt nach Wien und setzt seine leichtsinnige Lebensart fort, bis er seinem Halbbruder die Frau ausgespannt hat. Lockere Komödie mit einer Doppelrolle für Kulenkampff. ✦ Schwarz-weiß. Österreich 1960 **P** Mundus **Kl** NF **Pd** Rudolf Stering **R** Michael Burk **B** Wolf Neumeister, nach Jacques Companéez und Paul Andreota **K** Elio Carniel **M** Frank Fox **S** Renate Jelinek **D** Hans-Joachim Kulenkampff (John Morton/Franz Huber), Marianne Hold (Marieluise), Ellen Schwiers (Charlott Rubizek), Edith Elmay (Trixi), Johannes Roth (Sam Morton), Josef Egger (Friedensrichter), Ingrid Berg (Ines) **L** 90 **FSK** ab 12; nf **E** 18.10.1960 **fd** 9 686

SOPHIA LOREN – MEIN LEBEN (SOPHIA LOREN: HER OWN STORY). Fernsehfilm nach der Autobiografie der italienischen Schauspielerin Sophia Loren, der die Stationen ihres Lebens bis zum Weltstar und Schönheitssymbol in einem eher dünnen Handlungsaufbau nachstellt. Die Loren tritt auch als ihre Mutter auf, John Gavin versucht sich in der Rolle des sie umwerbenden Cary Grant. – Ab 14 möglich. ✦ USA 1980 **P** NBC/EMI/Roger Gimbel **Pd** Alex Ponti, Peter Katz **R** Mel Stuart **B** Joanna Crawford **K** Alberto Spagnoli **M** Fred Karlin **D** Sophia Loren (Sophia Loren/Sophias Mutter), John Gavin (Cary Grant), Armand Assante, Rip Torn, Ritz Braun **L** 138

SOPHIE KANN'S NICHT LASSEN (THE NOTORIOUS SOPHIE LANG / SOPHIE LANG). Kriminalkomödie um elegante Meisterdiebe: In New York führen die Ermittlungen der Polizei über das Verschwinden von Edelsteinen und einer eleganten Dame in Begleitung ihrer Tante auf die Spur der Juwelendiebin Sophie Lang und ihrer Komplizin. Der Inspektor entwickelt eine Theorie, wonach es sich um einen Wettkampf von international gesuchten Dieben handele. Er bedient sich als Köder eines ebenfalls notorischen Kriminellen aus England und setzt damit eine Kette von Verfolgungsjagden in Gang. Der erste Film einer kleinen Reihe um die geschickte Diebin Sophie Lang, die dem Gesetz immer wieder ein Schnippchen schlägt; sie wurde in den Kinos trotz inszenatorischem Tempo und einigen unterhaltsamen Gags kein großer Erfolg. (O.m.d.U.) – Ab 14 möglich. ✦ Schwarz-weiß. USA 1934 **P** Paramount **Pd** Bayard Veiller **R** Ralph Murphy **B** Bayard Veiller, nach einem Roman von Frederick Irving Anderson **K** Alfred Gilks **D** Gertrude Michael (Sophie Lang/Elisa Morgan), Paul Cavanagh (Max Bernard/Sir Nigel Crane), Arthur Byron (Insp. Parr), Alison Skipworth (Tante Nellie), Leon Errol (Peltz), Norman Ainsley (Robin), Arthur Hoyt (Juwelier) **L** 64 **E** 24.3.1986 NDR

SOPHIE UND DER GROSSE FREUNDLICHE RIESE. Zeichentrickfilm für Kinder nach einer Erzählung von Roald Dahl. Ein kleines Waisenmädchen, das heimlich einen Riesen beobachtet, wird von ihm entdeckt und in die Welt der Riesen mitgenommen, wo es ungewöhnliche Abenteuer erlebt. – Ab 8. ✦ Großbritannien 1989 **R** Brian Cosgrove **B** John Hambley, nach einer Erzählung von Roald Dahl **L** 85 **E** 1.1.1994 ARD

SOPHIENLUND. Die ungetrübte Harmonie in der Familie eines erfolgreichen Schriftstellers scheint trügerisch, als die drei erwachsenen Kinder erfahren, daß sie aus verschiedenen Ehen stammen. Doch aus der vorübergehenden Verwirrung wird ein gleich mehrfaches Happy-End. Temperamentvoll inszenierte Komödie mit sympathischen Darstellern. (Neuverfilmung: »Verlobung am Wolfgangsee«, 1956) – Ab 14. ✦ Schwarz-weiß. Deutschland 1943 **P** Terra **Kl** DFV **R** Heinz Rühmann **B** Fritz Peter Buch, Helmut Weiss, nach der gleichnamigen Komödie von Helmut Weiss und Fritz von Woedtke **K** Willy Winterstein **M** Werner Bochmann **D** Harry Liedtke (Erich Eckberg), Käthe Haack (Sigrid Eckberg), Hannelore Schroth (Gabriele), Robert Tessen (Michael), Fritz Wagner (Knut) **L** 92 **E** 26.2.1943 Kino/19.6.1978 DFF 1 **fd** 1 442

SOPHIES ENTSCHEIDUNG (SOPHIE'S CHOICE). Aus der Sicht eines jungen Schriftstellers in Brooklyn 1947 wird die Leidensgeschichte einer Exil-Polin erzählt, die das KZ Auschwitz überlebt hat, aber wegen quälender Schuldgefühle keine Versöhnung mit der Gegenwart findet. Ein leises, poetisches Melodram des bekannten Regisseurs Pakula (»Die Unbestechlichen«, 1976), das durch das herausragende Spiel der Hauptdarstellerin Tiefe gewinnt. – Ab 16. ✦ USA 1982 **P** ITC Entertainment **Kl** UIP **Pd** Alan J. Pakula, Keith Barish **R** Alan J. Pakula **B** Alan J. Pakula, nach einem Roman von William

Styron **K** Nestor Almendros **M** Marvin Hamlisch **S** Evan Lottman **D** Meryl Streep (Sophie Zawistowska), Kevin Kline (Nathan Landau), Peter MacNicol (Stingo), Günther Maria Halmer (Rudolf Hoess), Rita Karin (Yetta), Stephen D. Newman (Larry), Greta Turken (Leslie Lapidus) **L** 151 **FSK** ab 16;f **FBW** bw **E** 6.5.1983 **fd** 23 979

SOPHISTICATED LADY (SOPHISTICATED LADY). Porträt und Konzertmitschnitt der musikalischen Legenden Adelaide Hall und Benny Waters, die seit 1921 bzw. 1909 auf der Bühne stehen und deren Musik noch heute das Publikum begeistert. Der Film versucht die physische Präsenz und Kraft der Musiker einzufangen. Das Konzert wurde mit fünf Kameras aufgenommen, deren Bewegungen vorher exakt geplant waren, so daß wirklich alles ohne Unterbrechungen aufgezeichnet wurde. Dazwischen wurden Interviews und Archivmaterial geschnitten. (O.m.d.U.) – Ab 14 möglich. ✦ Großbritannien 1989 **P** Davids Film/Channel Four **SF** Freunde der Deutschen Kinemathek **R+B** David Mingay, David Robinson **K** Jack Richard Hazan, Richard Branczik, Mike Miller (= Stefano Mingardo), Dick Pope, Ken Morse **S** David Mingay **D** Adelaide Hall, Benny Waters, The Mike Pyne Trio **L** 80 **E** 1990 Kino

DIE SOPRANOS 1 – 3 (THE SOPRANOS). Die ersten sechs Episoden der legendären Mafia-Fernsehserie, die den Alltag eines Mafia-Clans auch jenseits aller kriminellen Verstrickungen darzustellen versucht. Eine durchaus interessante Familiensoap mit schlüssig entwickelten Charakteren und einer stimmigen Beschreibung des Milieus, die alle Genrekonventionen erfüllt, ohne wegweisende Schlaglichter setzen zu wollen. (Die einzelnen Episoden: 1. Tony in der Kiste. 2. Verwandte und andere Feinde. 3. Der Deal. 4. Tonys Schachzug. 5. Reise in die Vergangenheit. 6. Tonys Albtraum.) ✦ USA 1999 **P** HBO **VA** Warner Home (3 Kassetten) **DVD** Warner Home (FF, DD5.1 engl./dt.) **Pd** Ilene S. Landress **R** David Chase (1,2), Nick Gomez (3), John D. Patterson (4), Allan Coulter (5), Alan Taylor (6) **B** David Chase (1,2,5), Mark Saraceni (3), Jason Cahill (4), Jim Manos jr. (5), Frank Renzulli (6) **K** Alik Sakharov **S** Conrad M. Gonzalez **D** James Gandolfini (Tony Soprano), Lorraine Bracco (Dr. Jennifer Melfi), Edie Falco (Carmela Soprano), Michael Imperioli (Christopher Moltisanti), Nancy Marchand (Livia Soprano), Dominic Chianese (Corrado »Junior« Soprano) **L** 97/102/102 **FSK** ab 16 **E** 14./28.7./1.8.2000 Video/21.11.2000 DVD **fd** 34 422

DIE SOPRANOS 4 – 6 (THE SOPRANOS 4 – 6). Weitere Episoden der preisgekrönten Mafia-Serie, zusammengefasst auf drei Kassetten, die in gewohnt satirisch-distanzierter Weise die Geschicke der »Soprano«-Familie schildern: 4. »Vater und Sohn«: Die Schulschwierigkeiten des eigenen Sprosses lassen die Jugend des Paten Tony Revue passieren, zugleich träumt Neffe Chris von einer Karriere als Drehbuchautor in Sachen Mafia-Wirklichkeit. 5. »Moralisten«/»Ein Hit ist ein Hit«: Eine Polizeiaktion zwingt den Clan-Chef aus New Jersey, sein Waffenarsenal im Altersheim seiner Mutter unterzubringen, während sich Drehbuchtalent Chris um die Früchte seines Erfolgs geprellt sieht. 6. »Wer ist die Ratte?«: Der Druck auf den Clan nimmt zu und Tony sieht sich zu einem Entlastungsschlag gezwungen, leider soll er den Falschen treffen. Gleichzeitig wird sein Leben bedroht, auch, weil seine Mutter tatkräftig mitmischt. Vorläufiges Ende einer erfrischenden Soap Opera aus Mafiakreisen, die durch ihre witzige Art über dem Gros der Genres und Formate liegt. ✦ USA 1999 **P** HBO **VA** Warner Home (3 Kassetten) **DVD** Warner Home (FF, DD5.1 engl./dt.) **Pd** Ilene S. Landress **R** Lorraine Senna Ferrara, Timothy van Patten, Andy Wolk, Matthew Penn **K** Alik Sakharov **S** Conrad M. Gonzalez **D** James Gandolfini (Tony Soprano), Lorraine Bracco (Dr. Jennifer Melfi), Edie Falco (Carmela Soprano), Michael Imperioli (Christopher Moltisanti), Robert Iler (Anthony Soprano jr.) **L** 94/98/144 **FSK** ab 16 **E** 29.9./13.10/27.10.2000 Video/21.11.2000 DVD

SOPYONJE – DIE BLINDE SÄNGERIN (SOPYONJE). Korea in den 60er-Jahren: Ein Mann sucht nach den Spuren seiner Vergangenheit und taucht in die Erinnerung ein. Er erlebt noch einmal seine Kindheit und Jugend, die er nach dem Tod seiner Mutter bei einem Pansori-Sänger und dessen Tochter verbrachte. Als er das unstete Wanderleben leid ist und die beiden verlässt, bricht er dem Mädchen das Herz. Nun trifft er es als erwachsene Frau wieder, die verarmt durchs Land zieht und zwischenzeitlich von ihrem Vater geblendet wurde, um ihre Gesangeskunst vervollkommnen zu können. Einen Abend schwelgen die beiden in Erinnerungen. ✦ Südkorea 1993 **P** Tae Hung Prod. **R** Im Kwon-Taek **B** Kim Myung-Gon **K** Jung Il-Sung **M** Kim Soo-Chul **S** Park Soon-Duk **D** Kim Myung-Gon (Yu-Bong), Oh Jung-Hae (Song-Hwa), Kim Myung-Gon (Dong-Ho) **L** 112 **E** 22.3.1999 arte

SORAYA, SKLAVIN DES ORIENTS (IL MERCANTE DI SCHIAVE / ANTHAR L'INVINCIBILE / MARCHAND D'ESCLAVES). Das Hohelied vom starken Mann, vor orientalischen Kulissen zelebriert. Trotz ungezählter Leichen und viel Haremsherzeleid von entwaffnender Naivität und unfreiwilliger Komik. (Alternativtitel: »Anthar – Rächer der Sklaven«) – Ab 16. ✦ Scope. Italien/Frankreich/Spanien 1964 **P** Mondiale/Fiduciaire/Benito Perojo **KI** Cine-Union **R** Anthony M. Dawson (= Antonio Margheriti) **B** Guido Malatesta, Antonio Margheriti **K** Alejandro Ulloa **S** Otello Colangeli **D** Michèle Girardon (Soraya), Kirk Morris (Anthar), Nadine Verdier (Lunda), Malika Kamal, Manuel Gallardo (Daikor) **L** 95 **FSK** ab 12; nf **E** 16.10.1964 **fd** 13 082

SORGEN MIT DER LIEBE (PREKOBROJNA). Eine Geschichte um die Liebe zweier junger Menschen. ✦ Schwarz-weiß. Jugoslawien 1962 **P** Avala **R** Branko Blazina **M** Vladimir Kraus Rajteric **D** Milena Dravic, Ljubisa Samardzic, Boris Dvornik, Snezana Mihajlovic **L** 77 **E** 27.6.1973 DFF 1

SORGENFREI DURCH DR. FLAGG – CAREFREE (CAREFREE). Ein humorloser Rechtsanwalt verliert seine widerspenstige Freundin, die Hemmungen hat, den Weg zum Traualtar anzutreten, an einen Psychoanalytiker. Dessen Behandlungsmethoden führen zu zahlreichen Verwicklungen, ehe es zum Happy-End kommt. Leichtgewichtige, unterhaltsame musikalische Komödie aus der Endzeit der gemeinsamen Auftritte des populären Tanzduos Astaire/Rogers mit einigen attraktiven Musik- und Tanzszenen. Inszenatorisch allenfalls Mittelmaß. – Ab 14. ✦ Schwarz-weiß. USA 1938 **P** RKO **VA** Taurus **Pd** Pandro S. Berman **R** Mark Sandrich **B** Allan Scott, Ernest Pagano **K** Robert de Grasse **M** Irving Berlin (Songs), Victor Baravalle **S** William Hamilton **D** Fred Astaire (Tony Flagg), Ginger Rogers (Amanda Cooper), Ralph Bellamy (Stephen Arden), Luella Gear (Tante Cora), Clarence Kolb (Richter Travers) **L** 85/79 Video **FSK** ab 6 **E** 17.6.1985 ZDF

SORTED (SORTED). Ein junger Anwalt taucht in die Londoner Clubszene ein, um den Tod seines Bruders aufzuklären. Bald ist der Suchende selbst vom schillernden Nachtleben fasziniert, erlebt aber auch dessen Schattenseiten und droht, das Opfer einer Intrige zu werden. Anstatt die Eigenheiten einer Subkultur zu beleuchten, wird den angestrebten Einblicken in die Clubszene eine vorhersehbare Krimigeschichte aufgepfropft, die wenig Spannung erzeugen kann. Auch inszenatorisch nicht mehr als Mittelmaß. ✦ Scope. Großbritannien 2000 **P** Jovy Junior Enterprise **KI** Advanced **VA** Universal **DVD** Universal Home (16:9, 2.35:1, DD2.0 engl./dt.) **Pd** Fabrizio Chiesa, Mark Crowdy **R** Alexander Jovy **B** Nick Villiers, nach einer Skriptvorlage von Christian Spurrier und Malcolm Campbell **K** Mike Southon **M** Guy Farley **S** Justin Krish **D** Matthew Rhys (Carl Dawson), Sienna Guillory (Sunny), Fay Masterson (Tiffany), Jason Donovan (Martin), Tim Curry (Damian), Stephen Marcus (Rob), Kelly Brook (Sarah), Gina Murray (Jo) **L** 103 **FSK** ab 16; f **E** 14.12.2000/19.7.2001 Video/20.9.2001 DVD **fd** 34 601

SOS AUF DER FRAUENINSEL (PAGAN ISLAND). Ein schiffbrüchiger amerikanischer Seemann wird auf einer nur von Frauen bevölkerten Insel im Pazifik zum Hahn im Korb. Langweilige, absurd konstruierte Südseeschnulze. ✦ Schwarz-weiß. USA 1960 **P** Cinema Syndicate **KI** Wolf/Böhm **Pd+R** Barry Mahon **B** Clelle Mahon **K** Mark Dennis **D** Edward Dew (Stanton), Nani Maka (»Prinzessin« Nani Maka), Trine Hovelsrud **L** 75 **FSK** ab 16; nf **E** 27.6.1963 **fd** 12 057

SOS BERMUDA-DREIECK →SOS-SOS-SOS Bermuda-Dreieck

SOS EISBERG. Die abenteuerliche Rettung eines bei einer Grönlandexpedition verschollenen deutschen Forschers. Regie führte der als Bergfilmer bekannt gewordene Arnold Fanck (»Die weiße Hölle vom Piz Palü«, 1929, »Der weiße Rausch«, 1931), der gleichzeitig eine amerikanische Version des Films inszenierte. Leni Riefenstahl, die im Jahr zuvor »Das blaue Licht« drehte, spielt neben dem Flieger Ernst Udet eine der Hauptrollen. Filmhistorisch bedeutsam im Kontext der Entwicklung einer »faschistischen Ästhethik«. (Titel auch: »Eisberg«) – Ab 12 möglich. ✦ Schwarz-weiß. Deutschland/USA 1933 **P** Deutsche Universal/Universal **KI** Ring **VA** Ufa **Pd** Paul Kohner (ungenannt) **R** Arnold Fanck **B** Arnold Fanck, Fritz Loewe (ungenannt), Ernst Sorge (ungenannt), Hans Hinrich **K** Richard Angst, Hans Schneeberger **M** Paul Dessau **S** Hermann Haller **D** Leni Riefenstahl (Hella Lorenz), Gustav Diessl (Dr. Karl Lorenz), Ernst Udet (Ernst Udet), Gibson Cowland (John Dragan), Sepp Rist (Dr. Johannes Kraft), Max Holsboer (Dr. Jan Matuschek), Walter Riml (Fritz Kümmel) **L** 90 **FSK** ab 6; f **E** 30.8.1933/21.1.1973 ARD **fd** 14 116

SOS – 11 UHR NACHTS (LA DAME D'ONZE HEURES). Der Detektiv Stanislav-Octavio Seminario, kurz SOS genannt, wird von der Familie Pescara wegen anonymer Briefe zu Hilfe gerufen. Nachdem der Sohn eine weibliche Leiche gefunden hat, die seiner Schwester ähnelt, werden er und sein Vater umgebracht. SOS folgt den Spuren und findet die Lösung auf einem Flußkahn, nachdem eine an den Morden beteiligte Krankenschwester ihm den Weg gezeigt hat. Ziemlich unlogisch, aber spannend inszenierter Krimi, dem Paul Meurisse als fabelhaft ironisch-zynischer SOS Profil verschafft. (Späterer Titel: »Rendezvous am Fluß«) – Ab 12. ✦ Schwarz-weiß. Frankreich 1947 **P** Sirius **KI** Deutsche Commerz **R** Jean Devaivre **B** Jean-Paul Le Chanois, nach einem Roman von Pierre Apesteguy **K** René Gaveau **M** Joseph Kosma **D** Paul Meurisse (Stanislas-Oscar Sémanario), Micheline Francey (Muriel Pescara), Gilbert Gil (Karl), Pierre Renoir (Gérard Pescara), Jean Tissier (Guillaume), Jean Brochard (Richter), Pierre Louis (Paul Wantz) **L** 93 **FSK** ab 12; nf **E** 2.10.1951 **fd** 1 414

SOS FEUER AN BORD (FLUGPIONIERE IN NOT) (ONLY ANGELS HAVE WINGS). Ein Showgirl verwirrt die rauhe Männerwelt wagemutiger Piloten, die eine neue Fluglinie über die südamerikanischen Anden erproben. Gelöst werden die Spannungen schließlich dadurch, daß sich das Mädchen für ein Leben an der Seite des Flugplatzchefs entscheidet. Effektvoller Abenteuerfilm mit typischen Howard-Hawks-Ingredienzen, packend durch Action, Atmosphäre und eine Reihe attraktiver Stars. Der im Original 121minütige Film lief in Deutschland in verschiedenen gekürzten Fassungen. ✦ Schwarz-weiß. USA 1939 **P** Columbia **KI** Columbia **Pd+R** Howard Hawks **B** Jules Furthman, William Rankin (ungenannt), Eleanore Griffin (ungenannt) **K** Joseph Walker, Elmer Dyer (Luftaufnahmen) **M** Dimitri Tiomkin, Morris W. Stoloff, Manuel Maciste **S** Viola Lawrence **D** Cary Grant (Jeff Carter), Jean Arthur (Bonnie Lee), Thomas Mitchell (Kid Dabb), Richard Barthelmess (Bat McPherson), Rita Hayworth (Judith) **L** 107 (gek. 102) **FSK** ab 16; f (gek. 12) **E** 25.8.1950/13.12.1965 ZDF **fd** 879

SOS! FLIEGER NACH VORN! (BATTLE TAXI). Ein junger, frisch an die Koreafront versetzter amerikanischer Offizier lernt den Wert von Hubschraubereinheiten bei der Bergung Verwundeter kennen und bewährt sich heldenhaft. Kriegsfilm der B-Kategorie in angenehm schlichtem Dokumentarstil. ✦ Schwarz-weiß. USA 1955 **P** United Artists **KI** United Artists **Pd** Ivan Thors, Art Arthur **R** Herbert L. Strock **B** Malvin Wald, nach einer Erzählung von Malvin Wald und Art Arthur **K** Lothrop B. Worth **M** Harry Sukman **S** Jodie Copelan **D** Sterling Hayden (Russ Edwards), Arthur Franz (Pete Stacy), Marshall Thompson (Tim Vernon), Leo Needham (Slats Klein), Jay Barney (Stoneham) **L** 78 **FSK** ab 12; f **E** 7.8.1956 **fd** 5 100

SOS FÜR FLUG T 17 (THE CROWDED SKY). In fadem Pseudo-Dokumentarstil dahinplätscherndes Drama um das Schicksal einiger Menschen vor und nach dem Zusammenstoß eines Düsenjägers mit einer Passagiermaschine. In zahlreichen Rückblenden wird im Schnelldurchgang von Komplexen, Krisen, Berufsunsicherheiten und ehelicher Untreue berichtet, bis die Katastrophe für alle zur Besinnung führt. Nichtssagend und ambitionslos, ist der schematische Fi lm allenfalls für kurze Momente leidlich spannend. – Ab 16. ✦ USA 1959 **P** Warner Bros. **KI** Warner **Pd** Michael Garrison **R** Joseph Pevney **B** Charles Schnee, nach einem Roman von Hank Searles **K** Harry Stradling **M** Leonard Rosenman **S** Tom McAdoo **D** Dana Andrews (Dick Barnett), Rhonda Fleming (Cheryl Heath), John Kerr (Mike Rule), Efrem Zimbalist jr. (Dale Heath), Troy Donahue (McVey), Anne Francis (Kitty Foster), Keenan Wynn (Nick Hyland), Joe Mantell (Louis Capelli) **L** 91 **FSK** ab 18; nf **E** 30.6. 1961 **fd** 10 315

SOS GLETSCHERPILOT (SOS GLETSCHERPILOT). Dramaturgisch und inszenatorisch unbeholfener Schweizer Film, dessen Wert in der halbdokumentarischen Darstellung von Bergnot und Rettungsaktionen liegt. Der Gletscherpilot Hermann Geiger spielt sich selbst. ✦ Schwarz-weiß. Schweiz 1958 **P** Unitas **KI** United Artists **SF** Paikert **Pd** Oscar Düby (= Lazar Wechsler) **R** Victor Vicas **B** Werner Wollenberger **K** Emil Berna **M** Hans Moeckel **S** Hans Heinrich Egger **D** Annemarie Düringer (Monica), Robert Freytag (Ingenieur Gisler), Hannes Schmidhauser (Charly), Leopold Biberti (Dr. Gruber), Hermann Geiger (Hermann Geiger) **L** 100 (DDR 92) **FSK** ab 12; f **E** 17.3. 1959/25.11.1960 Kino DDR **fd** 7 980

SOS – HILLS END ANTWORTET NICHT (HILLS END). (Fernseh-)Verfilmung eines australischen Abenteuerromans. Während eine Gruppe Schüler mit ihrer Lehrerin einen Ausflug zu prähistorischen Höhlen unternimmt, sind die übrigen Dorfbewohner bei einem Picknick. Da bricht ein Sturm los, der die Flüsse über die Ufer treten läßt. Die Schüler werden von der Lehrerin getrennt und müssen sich allein bis zum menschenleeren Dorf durchschlagen. – Ab 14. ✦ Australien 1988 **Pd** Noel Price **R** Di Drew **B** nach einem Roman von Ivan Southall **D** Madge Ryan (Miss Goodwin), John Noble (Ben Fiddler), Peter Gwynne (Frank Tobias), Clayton Williamson (Adrian Fiddler), Jason Degiorgio (Paul Mace) **L** 90 **E** 15.3.1998 Super RTL

SOS IN DEN WOLKEN (MAYDAY AT 40 000 FEET). Besatzung und Passagiere eines Flugzeugs nach Chicago geraten durch einen Verbrecher, der sich für kurze Zeit befreien kann, in Lebensgefahr. Fürs US-Fernsehen routiniert inszenierter Spannungsfilm mit bekannten Klischees. – Ab 14. ✦ USA 1976 **P** A. J. Fenady Associate/Warner **KI** Warner-Columbia **Pd** Andrew J. Fenady **R** Robert Butler **B** Austin Ferguson, Dick Nelson, Andrew J. Fenady, nach einem Roman von Austin Ferguson **K** William K. Jurgensen **M** Richard Markowitz **D** David Janssen (Captain Pete Douglas), Christopher George (Stan Burkhart), Lynda Day George (Cathy), Ray Milland (Dr. Joseph Mannheim), Broderick Crawford (Marshall Riese) **L** 96 **FSK** ab 12; f **E** 29.4.1977 **fd** 20 285

SOS RAUMSCHIFF (THE INVISIBLE BOY). Ein Superelektronengehirn entzieht sich der Kontrolle seines amerikanischen Konstrukteurs und versucht zerstörerische Machtgelüste zu befriedigen, indem es den kleinen Sohn des Wissenschaftlers in seine Gewalt bringt. Science-Fiction älterer und technisch bescheidener Machart, teils hintergründig-gruselig, teils humorvoll-naiv. ✦ Scope, schwarz-weiß. USA 1957 **P** Pan **KI** MGM **Pd** Nicholas Nayfack **R** Herman Hoffman **B** Cyril Hume **K** Harold E. Wellman **M** Les Baxter **S** John Faure **D** Richard Eyer (Timmie Merrinoe), Philip Abbott (Dr. Merrinoe), Diane Brewster (Mary Merrinoe), Harold J. Stone (Gen. Swayne), Robert H. Harris (Prof. Allerton), Dennis McCarthy (Col. Macklin), Alexander Lockwood (Arthur Kelvaney), John O'Malley (Dr. Baine), Gage Clark (Dr. Bannerman), Alfred Linder (Martin) **L** 90 **FSK** ab 12; nf **E** 14.2. 1958 **fd** 6 813

SOS-SOS-SOS BERMUDA-DREIECK (IL TRIANGOLO DELLE BERMUDE). Auf einer Privatjacht im Bermudadreieck wird eine ganze Familie samt Besatzung durch unerklärliche Ereignisse ausgerottet; auch das Schiff verschwindet spurlos. Fantastischer, mit Gruseleffekten angereicherter Abenteuerfilm. (Alternativtitel: »S.O.S. Bermuda Dreieck«) – Ab 16. ✦ Scope. Italien/Mexiko 1977 **P** Nucleo Internationale/ Pelmex **KI** Adria **R** René Cardona jr. **B** René Cardona jr., Carlos Valdemar **K** Léon Sánchez **M** Stelvio Cipriani **D** John Huston, Marina Vlady, Claudine Auger, Andrés García, Hugo Stiglitz **L** 109 (gek. 101) **FSK** ab 16; f (gek. 12) **E** 11.8.1978 **fd** 20 894

SOS ÜBER DEM PAZIFIK (MERCY MISSION: THE RESCUE OF FLIGHT 771). Drama über die Situation eines Piloten, in dessen klappriger Propellermaschine bei einem Überführungsflug von Amerika nach Australien die Navigationsinstrumente ausfallen. Weit vom Kurs abgekommen, ist er auf die Hilfe eines Kollegen in einer Linienmaschine angewiesen, der durch den Rettungsversuch seine Passagiere in Gefahr bringt. – Ab 14. ✦ USA 1993 **R** Roger Young **B** Robert Benedetti, George Rubino **K** Donald M. Morgan **M** Patrick Williams **S** Benjamin A. Weissman **D** Scott Bakula (Jay), Alan Fletcher (Frank), Robert Loggia (Gordon), Rebecca Rigg (Ellen), David Clendinning (Oakley) **L** 89 **E** 3.1.1995 SAT 1

SOS – ZWEI SCHWIEGERMÜTTER (THE MATING SEASON). Die Heirat eines jungen Mannes aus einfachen Verhältnissen mit der Tochter eines mittellosen Diplomaten führt zu Verwicklungen im Familienkreis, weil seine Mutter von der distinguierten Hochzeitsgesellschaft für die Köchin gehalten wird. Am Ende jedoch klären sich alle Mißverständnisse, die Mutter kann die junge Ehe retten und findet schließlich auch noch einen begüterten Ehekandidaten. Schwungvolle Attacke gegen Standesvorurteile und eine Ehrenrettung für alle Schwiegermütter. Humorvoll inszeniert und von guten Schauspielern getragen. (Alternativtitel: »Köchin gesucht«) – Ab 14 möglich. ✦ Schwarz-weiß. USA 1951 **P** Paramount **KI** Paramount **Pd** Charles Brackett **R** Mitchell Leisen **B** Charles Brackett, Walter Reisch, Richard L. Breen **K** Charles Lang jr. **M** Joseph J. Lilley **S** Frank Bracht **D** Gene Tierney (Maggie Carleton), John Lund (Van McNulty), Miriam Hopkins (Fran Carleton), Thelma Ritter (Ellen McNulty), Jan Sterling (Betsy), Larry Keating (Mr. Kallinger), James Lorimer (George C. Kallinger jr.) **L** 101 **FSK** ab 12; f **E** 9.11.1951 **fd** 1 457

SOTTOVOCE (SOTTOVOCE). Ein poetischer Dokumentarfilm über das Nebeneinander einer hedonistischen und der christlichen Lebensauffassung im modernen Italien: In einer kleinen Abruzzen-Gemeinde erzählen die Frauen des Dorfes einem sprechenden Raben ihr Liebesleben. ✦ Italien 1992 **R+B** Claudio Pazienza **L** 100 **E** 25.12.1993 arte

DIE SOUFFLEUSE (SUFFLOSEN). Eine Souffleuse an der Oper, deren Leidenschaft die Musik ist, heiratet einen geschiedenen Mann und muss bald feststellen, dass sie sich nur mit Schwierigkeiten aus dem Schatten der Ex-Frau lösen kann. Als diese, nach einem Unfall an den Rollstuhl gefesselt, auftaucht, scheint die frisch verheiratete Frau zunächst chancenlos. Durch die Zufallsbekanntschaft mit einem schwedischen Tubaspieler lernt sie, dass sie ihr Leben mit genauso viel Hingabe führen muss wie ihre Leidenschaft zur Kunst. Anrührende, humorvolle Emanzipationsgeschichte, die in ihrem Herstellungsland einer der großen Kassenerfolge war und für den Auslands-»Oscar« nominiert wurde. ✦ Norwegen 1999 **Pd** Christian Wildhagen **R+B** Hilde Heier **K** Harald Paalgard **M** Giuseppe Verdi **S** Sophie Hesselberg **D** Hege Schoyen (Siv), Sven Nordin (Fred), Philip Zandén (Tubaspieler), Anne-Lise Berntsen (Amneris), Liv Gunhild Tandberg (Aida) **L** 94 **E** 6.12.2001 SF 1/DRS

SOUKA (MISSION BLANCA). Ein Missionar in Guinea fühlt sich neben den Aufgaben seines Amtes berufen, seinen Vater, einen von der spanischen Polizei gesuchten Verbrecher, zu Gott zurückzuführen. Schlicht-erbauliches Drama ohne Anspruch. ✦ Schwarz-weiß. Spanien 1947 **P** Asociados **KI** Süd **R** Juan de Orduña **B** Mas Guindal **K** Michel Kelber **M** Juan Quintero **D** Elva de Bethaneaut, Julio Peña, Manuel Luna, Jesus Tordesillas, Juan Espantaleon **L** 85 **FSK** ab 12; f **E** 25.5.1950 **fd** 725

SOUL FOOD (SOUL FOOD). Die schwere Erkrankung der Mutter zwingt ihre drei Töchter, die sich seit Jahren auseinandergelebt haben, dazu, ihre Streitigkeiten hintan zu stellen und sich zusammen zu raufen. Das mit Einfühlungsvermögen und Witz erzählte Drama einer afroamerikanischen Familie, gesehen durch die Augen eines heranwachsenden Jungen, das durch Glaubwürdigkeit und überzeugende Darsteller für sich einnimmt. ✦ USA 1997 **Pd** Tracey E. Edmonds, Robert Teitel, Michael McQuarn **R+B** George Tillman jr. **K** Paul Elliott **M** Lisa Coleman, Wendy Melvoin **S** John Carter, Dirk Westervelt **D** Vanessa L. Williams (Teri), Vivica A. Fox (Maxine), Nia Long (Bird), Michael Beach (Miles), Mekhi Phifer (Lem) **L** 111 **E** 3.4.2000 Premiere World

SOUL IN THE HOLE (SOUL IN THE HOLE). Dokumentarfilm über eine »Streetball«-Saison in Brooklyn, der nicht den Sport in den Mittelpunkt stellt, sondern die sozialen und gesellschaftlichen Hintergründe seiner Akteure. Zentrale Figur ist ein hochtalentierter jugendlicher Schwarzer, der mittels Basketball einer frühen kriminellen Karriere entrinnen konnte, seine große Chance, die Weiterbildung auf einem College, jedoch zunächst verpaßt. Ein faszinierender Film, dynamisch fotografiert und packend geschnitten, zugleich der Beleg einer tiefen menschlichen Anteilnahme. (O.m.d.U.) – Sehenswert ab 14. ✦ USA 1995/97 **P** Asphalt Films **KI** Real Fiction **Pd** Lilibet Foster **R+B** Danielle Gardner **K** Paul Gibson **M** div. Hip-Hop-Interpreten **S** Melissa Neidich **L** 98 **E** 9.4. 1998 **fd** 33 116

SOUL MAN (SOUL MAN). Ein bummeliger Student verwandelt sich wegen eines nur für Farbige ausgesetzten Stipendiums in einen Schwarzen und läutert sich unter dem Eindruck von rassistischen Erlebnissen zu einem leistungs- und verantwortungsbewußten Mann. Problematischer Versuch, mit komödiantischen Mitteln Rassismus anzuprangern und Toleranz und Humanität unter den Rassen zu propagieren. Klamauk und geschmacklose Entgleisungen behindern die aufklärerische Absicht. – Ab 14 möglich. ✦ USA 1986 **P** New World/Balcor Film Investors **KI** Tobis **VA** Highlight **DVD** One World Entertainment (FF P&S, Mono dt.) **Pd** Steve Tisch **R** Steve Miner **B** Carol Black **K** Jeff Jur **M** Tom Scott **S** David Finfer **D** C. Thomas Howell (Mark Watson), Arye Gross (Gordon Bloomfeld), Rae Dawn Chong (Sarah Walker), James Earl Jones (Prof. R. Banks), Melora Hardin (Whitney Dumbar), Leslie Nielsen (Mr. Dunbar), James B. Sikking (Bill Watson) **L** 101 **FSK** ab 6; f **E** 21.5.1987/Dezember 1987 Video/6.11.2000 DVD **fd** 26 118

SOULMAN →Soul Man

SOULS OF SIN (SOULS OF SIN). Ein erfolgloser Glücksspieler quartiert sich zusammen mit einem verkannten Schriftsteller und einem ehrgeizigen Gitarristen in einer Bruchbude in Harlem ein. Durch die vernachlässigte Geliebte des Spielers, eine Tänzerin, lernt der Musiker die Managerin ihres Nachtclubs kennen. Während sie sein Talent und seinen Durchsetzungswillen entdeckt und fördert, geht es mit seinen Wohngenossen immer weiter bergab. Ein frühes Beispiel des »Black Cinema«, ausschließlich von Schwarzen produziert und realisiert, die nur in ihren eigenen »race movies« die Plätze einnehmen konnten, die ihnen Hollywood systematisch vorenthielt. (O.m.d.U.) – Ab 14 möglich. ✦ Schwarz-weiß. USA 1949 **P** Alexander Productions **Pd** William Alexander **R+B** Powell Lindsay **K** Louis Andres **M** William Greaves **S** Walter Kruder **D** William Greaves (Alabama), Jimmy Wright (Dollar Bill), Emory Richardson (Roberts), Billie Allen (Etta), Savannah Churchill (Regina), Powell Lindsay (Bad Boy George) **L** 66 **E** 1.3.1994 BR

SOULSKATER – VIER FREUNDE AUF ROLLEN (BRINK!). Jugendfilm um vier Skater-Freunde, die sich aus Freude am Sport auf einen Wettbewerb vorbereiten. Kurz vor dem entscheidenden Tag wechselt ihr bester Mann zum gegnerischen Team, das hauptsächlich kommerzielle Interessen verfolgt: Er braucht die Siegesprämie für seine Familie. Als er erkennt, dass die neue Mannschaft ihre Ziele um jeden Preis verfolgt, gerät er in einen moralischen Konflikt. – Ab 14 möglich. ✦ USA 1998 **R** Greg Beeman **B** Jeff Schechter **K** Rodney Charters **D** Erik von Detten (Brink), Christina Vidal (Gabriella), Patrick Levis (Peter), Asher Gold (Jordon), Sam Horrigan (Val), Walter Jones (Boomer), David Graf (Ralph Brinker) **L** 87 **E** 26.11.2000 SF 1

SOULTAKER (SOULTAKER). In Alabama geht der »Soultaker« um, der auf Geheiß eines Oberengels die Seelen von Todeskandidaten einsammelt. Im Falle eines Liebespaares agiert er allerdings wenig glücklich und muß seiner Bestrafung entgegensehen. Übersinnlicher, unsinniger Thriller voller unfreiwilliger Komik. – Ab 16 möglich. ✦ USA 1989 **P** Pacific West Entertainment Group/Victory Pictures **VA** New Vision **Pd** Eric Parkinson, Connie Kingrey **R** Michael Rissi **B** Vivian Schilling **K** James Neil Rosenthal **M** Jon McCallum **S** Jason Coleman, Michael Rissi **D** Joe Estevez (Soultaker), Vivian Schilling (Natalie), Gregg Thomsen (Zach), David Sharf (Brad), Robert Z'Dar (Todesengel) **L** 91 **FSK** ab 16 **E** 28.1.1991 Video/20.5.1995 Kabel 1 **fd** 28 834

SOUND OF FEAR (BABY MONITOR – SOUND OF FEAR). Ein Kindermädchen, das im Hause eines netten Jung-Juweliers tätig und von diesem schwanger ist, ruft die Ehefrau auf den Plan, die die Rivalin aus dem Weg räumen lassen will. Doch die zwei gedungenen Killer, die zwecks Tatverschleierung auch den kleinen Sohn (schein-)entführen sollen, verwechseln die beiden Frauen und nehmen ihre Auftraggeberin gefangen, während das eigentliche Opfer in einem anderen Stockwerk via Babyfon Zeugin des Verbrechens wird. Ein durchaus spannender Thriller, der in den Showdown der beiden Kontrahentinnen mündet und mit einigen dramaturgischen Schlenkern zum Happy-End führt, das eine neue, glücklichere Familie vorstellen kann. – Ab 16 möglich. ✦ USA 1998 **P** Universal TV **VA** CIC **Pd** John L. Roman **R** Walter Klenhard **B** Walter Klenhard, nach dem Drehbuch des Film »Babyfon« von Edgar van Cossart **K** David Geddes **M** Shirley Walker **S** Jere Huggins **D** Josie Bissett (Ann), Jason Beghe (Matt), Barbara Tyson (Carol), Jeffrey Noah (Peter), Lalainia Lindbjerg (Lisa), Liam Ranger (Zach), Pamela Perry (Jackie), Vincent Gale, Gerard Plunkett **L** 86 **FSK** ab 16 **E** 21.9.1998 Video **fd** 33 521

SOUR GRAPES (SOUR GRAPES / HAPPY OUR). Zwei konkurrierende Brauereien jagen hinter einer Formel zur Geschmacksverbesserung her. Ihre Agenten bekämpfen sich dabei auch mit unsauberen Mitteln. Anspruchslose Komödie mit Witzen und schnellen, manchmal sogar amüsanten Dialogen. (TV-Titel auch: »Eine total verrückte Formel«) – Ab 16. ✦ USA 1986 **P** Four Square Prod. **VA** Ufa **Pd** John De Bello, J. Stephen Peace **R+B** John De Bello **K** Kevin Morrisey **M** Rick Patterson **S** John De Bello **D** Richard Gilliland (Blake Teegarden), Rich Little (Mr. X), Eddie Deezen (Hancock), Kathi Diamant (Kathy Teegarden), Debi Fares **L** 86 **FSK** ab 16 **E** 13.9.1988 Video **fd** 26 940

SOUTH BEACH ACADEMY (SOUTH BEACH ACADEMY). Drei Animateure am Strand von Florida geraten vorübergehend in eine Zwickmühle, als ein zwielichtiger Ganove Geld von ihnen fordert. Ein in allen Belangen billiger Film, der seine dünne Geschichte mit viel Musik und Voyeurismus über die Runden zu bringen versucht. Die fadenscheinige Handlung ist am Rande eines Softpornos angesiedelt. ✦ USA 1995 **P** Future Films **VA** Highlight/ Arcade **Pd** Bob Gallagher, Suzanne Miodall, Grant Saldiner **R** Joe Espoito **B** William P. Milling **K** Wes Llewellyn **M** Grant Saldiner **S** Matt Eberlein **D** Keith Coulouris (Harry Spencer), Elizabeth Kaitan (Shannon McSothey), Corey Feldman (Billy Spencer), Al Lewis (Uncle Gene), James Hong (Johnny Staccato) **L** 86 **FSK** ab 16 **E** 27.12.1995 Video **fd** 31 710

SOUTH BRONX HEROES (SOUTH BRONX HEROES). Zwei Waisenkinder landen auf der Flucht vor ihren Pflegeeltern, die sie für pornografische Filme mißbrauchen wollen, in der Süd-Bronx. Ein Großstadt-Desperado, gerade aus dem Gefängnis entlassen, wird mit der Suche nach ihnen beauftragt. Er wird bald fündig, doch als er Mitgefühl zeigt und sich gegen die eigenen Interessen entscheidet, gerät auch er in eine bedrohliche Lage. Actionfilm vor dem Hintergrund einer seelenlosen, die Menschen voneinander entfremdenden Großstadt. ✦ USA 1983 **P** Zebra **VA** EVC **Pd+R** William Szarka **B** William Szarka, Don Shiffrin **K** Eric Schmitz **M** Al Zima **S** Jim Rivera, Eli Haviv **D** Mario Van Peebles, Megan Van Peebles, Brendan Ward, Melissa Esposito, Martin Zurla **L** 86 **FSK** ab 16 **E** Dezember 1987 Video

SOUTH CENTRAL – IN DEN STRASSEN VON L. A. (SOUTH CENTRAL). Ein junger Schwarzer wird 1981 aus dem Gefängnis entlassen und kehrt in sein Zuhause in South Central, dem Armenviertel von Los Angeles, zurück. Er wird in die Machenschaften seines besten Freundes verwickelt, der als gerissener Bandenführer die örtlichen Drogengeschäfte leitet. Halb unbewußt von ihm gelenkt, halb aus Eifersucht begeht er einen Mord, kommt erneut für zehn Jahre ins Gefängnis und lernt in dieser Zeit durch einen Mithäftling, seine Situation zu verstehen. Ein dramatischer Film über den Versuch, aus dem Kreislauf von Gewalt, Drogen- und Bandenkriminalität auszubrechen; intelligent konstruiert und moralisch integer, eine Spur zu glatt inszeniert. – Ab 16 möglich. ✦ USA 1992 **P** Warner Bros. **Pd** Michael Spielberg, Brad Gilbert (= Brad M. Gilbert) **R** Steve Anderson **B** Steve Anderson, nach dem Roman »Crips« von Donald Bakeer **K** Charlie Lieberman **M** Tim Truman **S** Steve Nevius **D** Glenn Plummer (Bobby), Byron Keith Minns (Ray Ray), Carl Lumbly (Ali), Larita Shelby (Carole), Christian Coleman (Jimmy) **L** 99 **E** 20.6.1996 premiere

SOUTH PACIFIC (SOUTH PACIFIC). Auf einer exotischen Insel verliebt sich 1943 eine amerikanische Krankenschwester während des Pazifikkrieges in einen französischen Plantagenbesitzer. Verfilmung eines erfolgreichen Broadwaystücks. Ein überlanges Musical mit aufwendiger Ausstattung, farbenprächtiger Exotik, einer sentimentalen Lovestory, etwas Humor und wenigen wirklich zündenden Melodien. (Titel auch: »Süd Pazifik«) ✦ Scope. USA 1958 **P** 20th Century Fox **KI** Centfox **Pd** Buddy Adler **R** Joshua Logan **B** Paul Osborn, nach einem Bühnenstück von Oscar Hammerstein II, Richard Rodgers, Joshua Logan und Erzählungen von James A. Michener **K** Leon Shamroy **M** Richard Rodgers, Oscar Hammerstein II **S** Robert Simpson **D** Rossano Brazzi (Emile De Becque), Mitzi Gaynor (Nelli Forbush), John Kerr (Lt. Joseph Cable), Ray Walston (Luther Billis), France Nuyen (Liat), Candace Lee (Ngana), Doug McClure **L** 158 (Orig. 171) **FSK** ab 6; nf **E** 28.11. 1958 **fd** 7 576

SOUTH PARK: DER FILM – GRÖSSER, LÄNGER, UNGESCHNITTEN (SOUTH PARK: BIGGER, LONGER & UNCUT). Einige Grundschulkinder in einer US-Kleinstadt sehen sich einen kanadischen Langfilm für Erwachsene an und imitieren daraufhin die unflätige Ausdrucksweise der Hauptfiguren. Dies veranlasst die alarmierte Elternschaft, eine Bürgerinitiative gegen Kanada ins Leben zu rufen, die in einen Krieg mündet. Kinoversion der populären satirischen Fernseh-Zeichentrickreihe »South Park«, deren grobe Animation sich bewusst von der Perfektion der Mainstream-Cartoons absetzt. Ein von zahlreichen unterhaltsamen, bisweilen derben Späßen getragener Kommentar zur Dämonisierung der Unterhaltungsindustrie, durchsetzt von diversen Gesangsnummern; zum Ende selbst nicht frei von moralisierenden Ansätzen. – Ab 16. ✦ USA 1999 **P** Paramount Pictures **KI** Warner Bros. **VA** Warner Home **DVD** Warner Home (16:9, 1.85:1, DS engl./dt.) **Pd** Scott Rudin, Trey Parker, Matt Stone **R** Trey Parker **B** Trey Parker, Matt Stone, Pam Brady **M** Trey Parker, Marc Shaiman **S** John H. Venzon **L** 81 **FSK** ab 16; f **FBW** w **E** 20.1.2000/28.7.2000 Video & DVD **fd** 34 067

SOUTHERN CROSS (SOUTHERN CROSS). Ein US-Musiker erbt das marode chilenische Bergwerksunternehmen seines ihm unbekannten Vaters und will das Geld verjubeln, doch seine Freundin, eine Ex-Gewerkschaftlerin, appelliert an seine Solidarität mit dem ausgebeuteten Volk, ohne allerdings zu erkennen zu geben, ob sie wirklich auf seiner Seite steht. Ein schlampig inszenierter Actionfilm, der nur wenig Unterhaltung zu bieten hat, und sein niedriges Budget nicht durch inszenatorischen Ideenreichtum auszugleichen versteht. Malcolm McDowell ist hier in einer lustlosen Gastrolle zu sehen. ✦ USA 1999 **P** Bon Films/Bon Becket Films **VA** VCL **Pd** James Becket, Simon Edery **R+B** James Becket **K** Denis Maloney **M** John Graham **S** Dan Gutman **D** Esai Morales (Philip Solano), Michael Ironside (Garrison Carver), Valentina Vargas (Rosa), Malcolm McDowell (Felipe Solano), Christian Svensson (Lorenzo) **L** 101 **FSK** ab 16 **E** 7.11.2000 Video **fd** 34 725

SOUTHERN SEXTASY (SOUTHERN COMFORT / SEX IN THE DEEP SOUTH). Durch den Biss eines Hundes hat ein junger Ehemann seine Mannbarkeit eingebüßt. Der Schwiegervater weiß Abhilfe und schleppt ihn zu einer »Spezialistin«, bei der sich auch schon bald die »Heilung« einstellt. Herkömmliches Softsex-Getue. ✦ USA 1995 **P** Dripping Wet **R** Bud Lee **B** Carl Esser **D** Christi Lake, Anna Malle, Missy, Kaitlyn Ashley, Channone **L** 110 **E** 6.5.2000 RTL II

SOUTHIE – TERROR IN SOUTH BOSTON (SOUTHIE). Ein junger Mann, der vor drei Jahren seine Heimat Southie, einen armen Stadtteil Bostons, verließ, um dem Kreislauf von Alkohol und Gewalt zu entkommen, kehrt scheinbar gefestigt zurück. Bald muss er jedoch feststellen, dass das Milieu stärker ist als sein Wille. Eine in einer Kreisbewegung erzählte sattsam vertraute Geschichte über die Macht des kriminellen Milieus, die ihrem Plot jedoch keine neuen Aspekte abgewinnen kann, sondern nur solide Handarbeit zu bieten hat und sich dadurch nicht von der Masse des Mittelmaßes absetzen kann. – Ab 16. ✦ USA 1998 **P** Prophecy Pic. **VA** Columbia TriStar Home **Pd** Bill McCutchen III, Hugh Wilson, Merrill Holtzman **R** John Shea **B** James Cummings, Dave McLaughlin, John Shea **K** Allen Baker **M** Wayne Sharpe **S** Tracy Granger **D** Donnie Wahlberg (Danny Quinn), Rose McGowan (Kathy Quinn), Lawrence Tierney (Colin), John Shea (Peter), Will Arnett (Whitley) **L** 92 **FSK** ab 16 **E** 5.12.2000 Video **fd** 34 661

SOUVENIRS PERDUS →Es geschah in Paris (1950)

SOUVENIRS, SOUVENIRS (SOUVENIRS, SOUVENIRS). Paris 1962, nach dem Ende des Algerienkriegs. Zwei sehr unterschiedliche Brüder beginnen in der französischen Hauptstadt eine Karriere als Rockmusiker, die aber erst Erfolg verspricht, als sich zwei attraktive und ehrgeizige Frauen ihrer annehmen. Musical mit großangelegten Tanz- und Gesangsnummern, aber wenig überzeugend gespielt und ohne Finessen in der übertrieben karikierenden Figurenzeichnung; die Jugendkultur der frühen 60er Jahre wird schönfärberisch auf die »heile Welt« der Tanzmoden und Hitparaden eingeengt. ✦ Frankreich 1984 **P** Partner's/ Gaumont/Canal+/TF 1/AJO **R** Ariel Zeïtoun **B** Ariel Zeïtoun, Daniel Saint-Hamont **K** Bruno de Keyzer **M** Cyril Assous, Jean-Paul Dréau **S** Geneviève Winding **D** Gabrielle Lazure (Hélène), Christophe Malavoy (Rego), Jean-Loup Ragot (Antoine), Philippe Noiret (Rektor), Marlène Jobert (Nadia), Claude Brasseur (Fimani), Annie Girardot (Emma) **L** 120 **E** 22.2.1994 RTL 2

SOVIEL LIEDER, SOVIEL WORTE. Ost-Berlin zur Zeit der X. Weltfestspiele: Zwei junge, sich äußerlich sehr ähnlich sehende Mädchen aus Moskau und Warschau verlieben sich in zwei junge Männer aus der DDR und der Sowjetunion, was ein langweiliges und plumpes Spiel mit Verwechslungen einleitet. Formal und inhaltlich gleichermaßen niveaulos. ✦ DDR/ UdSSR 1976 **P** DEFA, Gruppe »Johannisthal«/Mosfilm **KI** Progress **R** Julius Kun, Michael Englberger **B** Wolfgang Ebeling, Valeri Karen, Julius Kun **K** Anatoli Petrizki, B. Sutozki **M** Uve Schikora, Gennadi Podelski **S** Thea Richter, Galina Spirina **D** Nina Maslowa (Mascha/Maria), Klaus-Peter Pleßow (Hans), Lew Prigunow (Alexej), Regina Beyer (Renate), Ludmila Garniza (Shura), Karin Martin (Gisela), Marianne Wünscher (Frau Krüger) **L** 80 **E** 30.7.1976 Kino DDR

... SOVIEL NACKTE ZÄRTLICHKEIT. Ein Millionär aus Kanada wird bei seiner Rückkehr in die oberbayerische Heimat von einem Gaunerpärchen ausgenommen. Einfallsarme Mixtur aus Heimatfilm, Liebesdrama und Kriminalgeschichte. ✦ Scope. BR Deutschland 1968 **P** Alpha Cinetel **KI** Tonfilm **Pd+R+B** Günter Hendel **K** Franz Vass **M** Günter Hendel, Walter Geiger **S** Jochen Hessel **D** Erika Remberg, Erich Fritze, Lutz Hochstraate, Doris Arden, Klaus Krüger **L** 82 **FSK** ab 18; nf **E** 5.7.1968 **fd** 15 594

SOWAS KANN NUR MIR PASSIEREN (CA N'ARRIVE QU'A MOI). Einem Journalisten, der zeit seines Lebens vom Pech verfolgt war, schlägt die große Stunde, als er die Tochter seines Verlegers vor Erpressern schützen soll. In allen Belangen mißlungene Komödie. ✦ Frankreich 1984 **P** Sara/Films A2 **R** Francis Perrin **B** Gilles Jacob, Didier Jacob **K** Didier Tarot **M** Philippe Sarde **S** Ghislaine Desjonquères **D** Francis Perrin (François), Véronique Genest (Prudence), Bernard Blier (M. Guilledou), François Perrot (Batala), Christiane Minazzoli (Mme. Guilledou) **L** 95 **E** 11.8.1996 Kabel 1

SOWEIT DAS AUGE REICHT. Ein schwerhöriger Einzelgänger gerät durch eine Erbschaft in das Intrigenspiel eines Börsenangestellten und zweier Frauen, von denen er eine in Las Vegas heiratet. Zweifel und Enttäuschungen lassen letztlich aber alle Beteiligten zu Betrogenen werden. Eine Synthese von Krimi und psychologischem Drama, die ihrem hohen Anspruch, eine Reflexion über die Vielschichtigkeit von Sprache und Zeichen zu sein, nur in wenigen, dann allerdings faszinierenden Momenten gerecht wird. ✦ BR Deutschland/Frankreich/Schweiz 1979 **P** prokino/ZDF/Films du Losange/Cactus **KI** prokino **Pd** Stephan Hutter, Erwin Keusch **R+B** Erwin Keusch **K** Dietrich Lohmann **M** Improved Sound Ltd., Bob Dylan (Songs), Bernd Tauber (Songs) **S** Bettina Lewertoff **D** Bernd Tauber (Robert Lueg), Aurore Clément (Anna Aurey), Jürgen Prochnow (Alexander Späth), Antonia Reininghaus (Iris), Hans-Michael Rehberg (Richard Kuhl), Werner Kreindl (Dr. Lauscher), Klaus Fuchs (Dr. Klar) **L** 137 **FSK** ab 12; f **FBW** w **E** 22.8.1980 **fd** 22 590

SOWEIT DIE KRÄFTE REICHEN (NI LIV). Der Leidensweg eines norwegischen Patrioten auf der Flucht vor der deutschen Besatzung. Ständig von der Verhaftung bedroht, versucht er, durch Eis und Schnee, Sturm und Lawinen die schwedische Grenze zu erreichen. Beeindruckend schlichte Verfilmung eines tatsächlichen Geschehens. (DDR-Titel: »Der Stärkere«) – Ab 16. ✦ Schwarz-weiß. Norwegen 1958 **P** Interessentskapet Ni Liv/W. Münter Rolfsen **KI** Atlas **R** Arne Skouen **B** Björn Breigutu, nach einem Roman von David Howarth **K** Ragnar Sörensen **M** Gunnar Sönstevold **D** Jack Fjeldstad (Jan Baalsrud), Henny Moan (Agnes), Alf Malland (Martin), Joachim Holst-Jensen, Lydia Opöien **L** 82 **FSK** ab 12; f **E** 24.10.1958 Kino DDR/30.1.1959 DFF 1/13.11.1959 Kino BRD/ 18.2.1968 ARD **fd** 8 642

SOWEIT DIE KRÄHE FLIEGT (BREAKOUT). Liebenswerter, aber etwas betulicher Kinderfilm. Ein 12jähriger und sein kleiner Bruder fallen zwei entflohenen Häftlingen in die Hände, die sie zunächst als Tarnung benutzen, um die Straßensperren der Polizei zu passieren, und sie schließlich auch bei ihrer weiteren Flucht mitnehmen. Allmählich freunden sich die Jungen mit einem der Ausbrecher an. – Ab 12. ✦ Großbritannien 1984 **P** Children's Film & Television Foundation **Pd** Denis Johnson jr. **R** Frank Godwin **B** Ranald Graham, nach dem Buch »A Place to hide« von Bill Graham **K** Ray Orton **M** Harry Robertson **S** Gordon Grimward **D** David Jackson (Donny), Simon Nash (David), John Hasler (Stephen), Ian Bartholomew (Keith), John Bowler (Phil) **L** 63 **E** 17.5.1992 Kabelkanal

SPACE (1985) (SPACE). Gegen Ende des Zweiten Weltkrieges versuchen die Amerikaner, ihr Defizit in der Raketenforschung wettzumachen und schleusen einen V-Mann ins deutsche Raketenforschungszentrum in Peenemünde ein. Fünfteilige Miniserie, die den Bogen von den Anfängen der amerikanischen Raumfahrt bis in die 70er Jahre spannt. Eine Produktion, deren hochkarätige Besetzung für Beachtung sorgt. – Ab 14. ✦ USA 1985 **P** Stonehenge/Paramount **Pd** Martin Manulis **R** Joseph Sargent, Lee Philips **B** Stirling Silliphant, Dick Berg, nach einem Roman von James A. Michener **K** Hector Figueroa, Gayne Rescher **M** Miles Goodman, Tony Berg **D** James Garner (Norman Grant), Susan Anspach (Elinor Grant), Bruce Dern (Stanley Mott), Blair Brown (Penny), Michael York (Dieter Kolff) **L** ca. 340 **E** 18./25.7./1.,8./15./22.8.1996 Kabel 1 (5 Teile)

SPACE (1995) → Space – Jenseits der Grenzen

SPACE CAMP (SPACE CAMP). In Astronauten-Kursen erlernen wißbegierige Teenager den rationalen Umgang mit der Weltraumtechnik. Der Film problematisiert weder die kritiklose Hingabe Jugendlicher an High-Tech und die Weltraum-Eroberung noch gelingt es ihm, die langatmige Schilderung des Lebens Jugendlicher im Space Camp mit dem Weltraumabenteuer dramaturgisch zu verbinden. (Fernsehtitel: »Ferien im Weltraum«) – Ab 14 möglich. ✦ USA 1985 **P** ABC **KI** Senator **VA** CBS/Fox **Pd** Patrick Bailey, Walter Coblenz **R** Harry Winer **B** W. W. Wicket, Casey T. Mitchell **K** William A. Fraker **M** John Williams **S** John W. Wheeler, Timothy Board **D** Kate Capshaw (Andie Bergstrom), Lea Thompson (Kathryn), Tate Donovan (Kevin), Kelly Preston (Tish), Larry B. Scott (Rudy Tyler), Leaf Phoenix (= Joaquin Phoenix) (Max), Tom Skerritt (Zach Bergstrom), Barry Primus (Brennan) **L** 107 **FSK** ab 6; f **E** 22.1.1987/August 1987 Video/2.3.1996 ZDF **fd** 25 998

SPACE CHASE (SPACE CHASE). Eine Weltraumjagd nach der Formel einer unerschöpflichen Energiequelle, in die ein Wissenschaftler, eine schöne Frau und ein Kopfgeldjäger verwickelt sind. In Idee und Ausführung ein gleichermaßen einfalls- und belangloses Science-Fiction-Abenteuer. ✦ USA 1989 **P** Elixier Entertainment **VA** Madison **Pd** Nicolas T. Kimaz **R+B** Nick Kimaz **K** Eric Woster **M** Philip Goodhart Slate **S** Matthew Harrison **D** Barry Hickey (Ryan), Tracy Hart (Aurora), Lee Korf (Dr. Croam), Patrick F. Kuhn (Art), Julie Nine (Romany) **L** 82 **FSK** ab 16 **E** 26.2.1992 Video **fd** 29 629

SPACE COWBOYS (SPACE COWBOYS). Als ein russischer Satellit, der auf einem amerikanischen Steuerungssystem basiert, abzustürzen droht, werden vier Pioniere der Raumfahrttechnik im hohen Alter reaktiviert, sodass ihr Traum vom Flug ins All doch noch in Erfüllung gehen kann. Weniger ein dramatisches Weltraum-Abenteuer als eine sehnsüchtig-sentimentale Charakterstudie, die das Abenteuer der betagten Crew als Triumph des Individuums in der modernen Welt feiert. DVD: Die Extras umfassen u. a. die Langfassung des im Film enthaltenen Auftritts der Akteure in der US-Talkshow Jay Lenno. – Ab 12 möglich. ✦ Scope. USA 2000 **P** Village Roadshow/ Malpaso/Clipsal Films/Mad Chance **KI** Warner Bros. **VA** Warner Home **DVD** Warner Home (16:9, 2.35:1, DD5.1 engl./dt.) **Pd** Clint Eastwood, Andrew Lazar **R** Clint Eastwood **B** Ken Kaufman, Howard Klausner **K** Jack N. Green **M** Lennie Niehaus **S** Joel Cox **D** Clint Eastwood (Frank Corvin), Tommy Lee Jones (Hawk Hawkins), Donald Sutherland (Jerry O'Neill), James Garner (Tank Sullivan), James Cromwell (Bob Gerson), Marcia Gay Harden (Sara Holland), William Devane (Eugene Davis) **L** 130 **FSK** ab 12; f **FBW** bw **E** 2.11.2000/10.5.2001 Video & DVD **fd** 34 519

SPACE DEFENDER – GOLDRAUSCH IM WELTRAUM (PRECIOUS FIND). Drei Glücksritter und Spieler, die nichts zu verlieren haben, machen sich nach einem fremden Planeten auf, um nach Precious, einem Edelmetall, zu suchen. Billig produzierter und dürftig ausgestatteter Science-Fiction-Film, der die Topoi des Western für seine verworrene Geschichte zu nutzen sucht. Durch die unfreiwillige Gratwanderung zwischen Parodie und ernstgemeinter Genreunterhaltung entsteht immerhin ein gewisser Unterhaltungswert. – Ab 16. ✦ USA 1995 **P** Republic Pictures **VA** Ascot **Pd** Brian Rix, Jane Ubell, John Remark **R** Philippe Mora **B** Lenny Britton **K** Walter Bal **M** Roy Hay **S** Ross Guidici **D** Rutger Hauer (Crile Hager), Harold Pruett (Ben Rutherford), Brion James (Sam Horton), Joan Chen (Camilla James), Don Stroud (Loo Seki), Morgan Hunter (Salomon), Philippe Mora (Kosznikov) **L** 90 **E** 10.9.1996 Video **fd** 32 510

SPACE DETECTIVE (ALIEN PRIVATE EYE). Im Los Angeles der Zukunft geht ein außerirdischer, frisch verliebter Privatdetektiv seinem Job nach. Da wird er in die Machenschaften eines Drogenhändlers verstrickt, der eine neue Superdroge herstellen will. Dazu braucht er die zweite Hälfte einer magischen Scheibe, und die befindet sich im Besitz der Freundin des Detektivs. Als sie entführt wird, setzt sich der Außerirdische mit Laserwaffen zur Wehr. Futuristischer Kriminalfilm, der eine alte Story in neuem, leicht variiertem Gewand erzählt. ✦ USA 1987 **P** Fortright **VA** VCL/Virgin **Pd** David Stauffacher **R+B** Vic Rubenfeld **K** Jurg Walther **D** Nikki Fastinetti (Lemro), Cliff Aduddell (Kilgore), Brenda Winston (Rene), Robert Axelrod (Scunge), Lee Anne Lee (Electra) **L** 92 **FSK** ab 18 **E** Dezember 1989 Video

SPACE FIREBIRD (SPACE FIREBIRD). Science-Fiction als trivialer Zeichentrickfilm. In einer völlig technisierten Zukunftswelt hat ein junger Raumschiffpilot den Auftrag, einen geheimnisvollen lebenswichtigen Riesenvogel für die Menschheit zu gewinnen. – Ab 14 möglich. ✦ Japan 1981 **R** Taku Sugiyama **L** (TV) 75 **E** 11.2.1989 RTL plus

SPACE INVADERS (KILLER KLOWNS FROM OUTER SPACE). Außerirdische Killerclowns suchen die Erde heim, um die Menschen in Zuckerwatte-Kokons einzuspinnen. Ihr Treiben kann bei einem nächtlichen Show-Down von einigen Jugendlichen und einem unerschrockenen Sheriff gestoppt werden. Makaber-komische Genre-Variation mit einigen überraschenden Horrorfiguren, deren abstruse Geschichte sich zu einem bizarren Spaß entwickelt. ✦ USA 1987 **P** Trans World/Chiodo/Sarlui/Diamant **VA** VPS **Pd** Charles Chiodo, Edward Chiodo, Stephen Chiodo **R** Stephen Chiodo **B** Charles Chiodo, Stephen Chiodo **K** Alfred Taylor **M** John Massari **S** Christopher Roth **D** Grant Cramer (Mike), Suzanne Snyder (Debbie), John

Allen Nelson (Dave Hanson), Royal Dano (Farmer Green), Peter Licassi (Paul), John Vernon (Mooney), Michael Siegel (Rich) **L** 83 **FSK** ab 18 **E** 30.11.1988 Video **fd** 27 461

SPACE JAM (SPACE JAM). Als Bugs Bunny und die übrigen beliebten Cartoon-Stars der Warner Bros. auf einem fremden Planeten ein Basketballspiel um ihre Freiheit führen sollen, ist ein berühmter irdischer Mitstreiter ihre Rettung – Michael Jordan, der hier sein Filmdebüt gibt. Der marktgängigen Sensationspaarung eines Star-Spielers mit den beliebten Trickfiguren vertraute man derart, daß man sich um die künstlerische Umsetzung wenig sorgte. Trotz technisch perfekter Animation ist der Charme der Figuren, die ebenfalls ihr Spielfilmdebüt geben, auf der Strecke geblieben. – Ab 8 möglich. ✦ USA 1996 **P** Warner Bros. **KI** Warner Bros. **VA** Warner Home **Pd** Ivan Reitman, Joe Medjuck, Daniel Goldberg **R** Joe Pytka, Bruce Smith (Co-Regie, Trickfilm), Tony Cervone (Co-Regie, Trickfilm) **B** Leo Benvenuti, Steve Rudnick, Timothy Harris, Hershel Weingrod **K** Michael Chapman **M** James Newton Howard **S** Sheldon Kahn **L** 87 **FSK** o. A.; f **FBW** bw **E** 6.2.1997/ 14.8.1997 Video/15.8.1998 Premiere **fd** 32 373

SPACE – JENSEITS DER GRENZEN (SPACE: ABOVE AND BEYOND/RAY BUTTS). Im Jahr 2063 vernichten Außerirdische die erste menschliche Kolonie im Weltraum. Derweil werden bei den US-Marines junge Kampfpiloten umbarmherzig gedrillt. Während sich zunächst zwei Piloten, von denen der eine künstlich gezeugt ist und als herz- und charakterlos gilt, zusammenraufen und bewähren müssen, müssen sich danach sechs mit einem zynischen neuen Vorgesetzten auseinandersetzen. Zwei Episoden einer Fernsehserie, gefertigt aus Science-Fiction- und Kriegsfilm-Elementen; schablonenhaft gezeichnet, fragwürdig im Bild von Teamgeist und Krieg. – Ab 16. ✦ USA 1995 **P** 20th Century Fox **VA** 20th Century Fox Home **Pd** Michael Lake, Howard Grigsby, Tim McHugh **R** David Nutter (1), Charles Martin Smith (2) **B** Glenn Morgan, James Wong **K** David Eggby (1), Anthony R. Palmieri (2) **M** Shirley Walker **S** Ron Spang (1), James Coblentz (2) **D** Morgan Weisser (Nathan West), Kristen Cloke (Shane Vansen), Rodney Rowland (Cooper Hawkes), Lanei Chapman (Vanessa Damphousse), Joel de la Fuente (Paul Wang), James Morrison (McQueen), Bill Hunter (Generalsekretär Chartwell), Amanda Dougs (Kylen), Peter Kent (Mike Pagodin), Theresa Wong (Michelle Low), Colin Friels (Fouts) **L** 118 **FSK** ab 16 **E** 4.4.1996 Video **fd** 31 927

SPACE KILLERS (NOT OF THIS WORLD). Ein interplanetarisches Monstrum, halb Tier, halb Maschine, bringt Unheil über eine amerikanische Kleinstadt. Ein kleiner Junge entdeckt, wie der Roboter unschädlich gemacht werden kann. Inszenatorisch durchschnittlicher Science-Fiction-Gruselfilm, der bis auf seine unbegründeten Hinweise auf Hiroshima ausreichend Nervenkitzel bietet. ✦ USA 1991 **P** Barry & Enright Prod. (für Paramount) **VA** CIC **Pd** Jonathan Brauer **R** Jon Hess **B** Robert Glass **K** Mark Irwin **M** Johnny Harris **S** John F. Burnett, Chris Ellis, Richard C. Leeman **D** Lisa Hartman, A. Martinez, Pat Hingle, Luke Edwards, Michael Greene **L** 90 **FSK** ab 18 **E** 28.11. 1991 Video **fd** 29 414

SPACE MARINES (SPACE MARINES). Konfektionierter Science-Fiction-Film nach alles andere als zukunftsweisen Standardmustern. Weltraumpiraten kapern einen geheimen Nukleartransport und kidnappen dabei ein Regierungsmitglied der United Planets. Die »Space Marines« sollen die Geisel befreien. ✦ USA 1995 **P** Green Communications/Republic Pictures Corporation **Pd** Talaat Captan **R** John Weidner **K** Garrett Griffin **M** Randy Miller **S** Brian Chambers, Daniel Lawrence **D** Billy Wirth (Zack Delano), Cady Huffman (Dar Mullins), John Pyper-Ferguson (Colonel Fraser), Edward Albert (Captain Gray), Blake Boyd (Tex), Meg Foster (Commodore Lasser), Michael Bailey Smith (Gunther), Ed Spila (Hot Rod), Kevin Page (Lucky), James Shigeta (Nakamura), Toby Metcalf (Buzz) **L** 90 **E** 12.7.1997 SAT1

SPACE MUTINY (SPACE MUTINY). Das Raumschiff »Southern Star« wird auf seiner Mission in einem anderen Sonnensystem nicht nur von Rebellen in den eigenen Reihen bedroht, sondern muß sich auch gegen Feinde von außerhalb zur Wehr setzen. Banales Science-Fiction-Abenteuer mit den bekannten Zutaten und zahlreichen Anleihen bei anderen Filmen. – Ab 16 möglich. ✦ USA 1989 **P** Action International **VA** Starlight **Pd** David Winters **R** David Winters, Neal Sundstrom **B** Maria Dant **K** Vincent Cox **M** Tim James, Steve McClintock, Mark Mancina **S** Bill Asher, Charlotte Konrad, Catherine Meyburgh **D** Reb Brown (Dave Ryder), James Ryan (Mac Phearson), John Phillip Law (Kalgan), Anthony Hickox, James Regan, Cameron Mitchell (Alex Jansen), Cisse Cameron (Lea Jansen), Graham Clark (Scott Dyers) **L** 87 **FSK** ab 16 **E** Februar 1990 Video/28.9. 1995 SAT 1

SPACE NAVIGATOR (NAVIGATORS OF THE SPACE). Der 12jährige Bob wird nach einem Schiffbruch mit seinem Vater von einer außerirdischen Macht ausgewählt, diese zurück auf den Heimatplaneten zu navigieren. Nach einigen Schwierigkeiten glückt die Mission, doch inzwischen sind auf der Erde sieben Jahre vergangen; mit Bobs Familie steht es nicht zum besten. Natürlich helfen die außerirdischen Freunde und bringen das irdische Familienglück ins Lot. Eine billige Abkupferung des Erfolgsfilms »Der Flug des Navigators«, der man jedoch die mangelnde Filmerfahrung aller Beteiligten ansieht und die sich mangels eigener Ideen in gefühlsseligen Szenen ergeht. – Ab 12. ✦ USA 1993 **P** Gian Paolo Brugnoli Film **VA** Highlight **Pd** Gian Paolo Brugnoli **R** Camillo Teti **B** Nicola Tella **K** Giovanni Bergamini **M** Henryk Topel **S** Franco Letti **D** Jesse Dann (Bob Champion), Jeana Belle (Sandy Champion), Greg Badgewell (Joe Champion), Raymond Richard (Tom Toland), Christine Keegan (Pat Champion), Derek Alban, Nicolas Coffman, Matthew Coffman **L** 83 **FSK** ab 6 **E** 5.10.1993 Video/19.2.1995 Pro Sieben

SPACE PIRATES (SPACE PIRATES). Freunden des Abenteuer-Klassikers »Die Schatzinsel« werden die Haare zu Berge stehen: der Schatz des Piraten Flint jetzt auf einem fernen Planeten, die Abenteuer des wilden Haufens um John Silver als Weltraum-Odyssee. Die Angleichung bekannter Stoffe an ein fremdes Ambiente mag ihre Reize haben, aber in diesem Fall wurden alle Chancen verspielt. Trotz populärer Besetzung kommt die Handlung zunächst nicht in Gang, dann werden die Höhepunkte im Eiltempo abgehakt; eine Umsetzung, die den Zuschauer völlig teilnahmslos läßt. 1996 wurde der Film erstmals in einer dreiteiligen, gut fünfeinhalbstündigen Fernsehfassung unter dem Titel »Der Schatz im All« ausgestrahlt. – Ab 14 möglich. ✦ BR Deutschland/Italien 1987 **P** Bavaria/RAI/Canale S/TF 1 **VA** EuroVideo **R** Antonio Margheriti **B** Renato Castellani, Lucio de Caro, nach einem Roman von Robert L. Stevenson **K** Sandro Messina **M** Gianfranco Plenizio **D** Anthony Quinn (Silver), Itaco Nardulli (Jimmy), Philippe Leroy (Graf Ravano), Klaus Löwitsch (Cpt. Smollet), Ernest Borgnine (Billy Bones), Ulrich von Dobschütz, David Warbeck, Ida di Benedetto, Renato de Carmine **L** 114 (TV 342) **FSK** ab 12 **E** 19.10.1988 Video/4.,5., 6.4.1996 mdr **fd** 27 435

SPACE PLATOON (SPACE PLATOON). Eine Gruppe von Weltraumsoldaten des 23. Jahrhunderts befreit eine raffgierige Prinzessin aus den Händen eines bösen Kobolds, muß allerdings in Kauf nehmen, das dessen Geist in einen der Ihren fährt und eine Dezimierung der Besatzung einleitet. Ein mit dummen Sprüchen und pubertären Witzchen aufbereiteter Science-Fiction-Film, der sich in einer einfallslosen Nummernrevue von Brutalitäten und Ekeleffekten erschöpft und einem »fröhlichen Sadismus« frönt. – Wir raten ab. ✦ USA 1996 **P** Trimark Pictures **VA** Highlight/Arcade **Pd** Mark Amin **R** Brian Trenchard-Smith **B** Dennis A. Pratt **K** David Lewis **M** Dennis Michael Tenney **S** Daniel Duncan **D** Warwick Davis (Leprechaun), Brent Jasmer (Brooks), Jessica Collins (Tina), Tim Colleri (Metal Head), Miguel A. Nunez jr. (Sticks) **L** 95 **FSK** ab 16 **E** 3.3.1997 Video **fd** 32 583

SPACE RAIDERS – WELTRAUMPIRATEN (SPACE RAIDERS). Bei einem Überfall auf seinen Heimatplaneten wird ein Junge unversehens zum blinden Passagier von Piraten und erlebt mit ihnen zahlreiche Abenteuer. Biederer Science-Fiction-Film, in dem Produzent Roger Corman die Special Effects des drei Jahre zuvor entstandenen »Sador – Herrscher im Weltraum« zweitverwertet. ✦ USA 1983 **P** New World **KI** Senator **Pd** Roger Corman **R+B** Howard R. Cohen **K** Alec Hirschfeld **M** James Horner **S** R. J. Kizer, Anthony Randall **D** Vince Edwards (Hawk), David Mendenhall (Peter Tracton), Drew Snyder (Alderbarian), Patsy Pease (Amanda), Luca Bercovici (Ace), Thom Christopher (Flightplan), Ray Stewart (Zariatin) **L** 83 **FSK** ab 12; f **E** 30.3.1984 **fd** 24 521

SPACE RANGERS (BLACK FOREST). Die Mannschaft eines Raumschiffes sieht sich mitten im Weltall mit technischen Problemen konfrontiert. Da nur einer mit dem Space Shuttle die rettende Erde erreichen kann, kommt es zum offenen Aufruhr unter der Besatzung. Biederer Science-Fiction-Film ohne Überraschungen, der es versäumt, aus der klaustrophobischen Situation Spannung zu ziehen. ✦ USA 1990 **P** Silver Star/Group Film/Consortium Entertainment Group **VA** Highlight **Pd** Jerald Chan **R** David Hue **B** Richard Dominguez **K** Roger Olkowski **M** Dino Alden **S** Dennis Phung **D** Richard Norton (Thomas Stanton), Don Stroud (Ryan Dreszak), Lynn-Holly Johnson (Arias Christensen), James van Patten (Raymond Scully), Ron O'Neal (Samuel »Tubbs« Tubsarian) **L** 87 **FSK** ab 16 **E** 21.12.1993 Video **fd** 30 615

SPACE SENTINELS – DIE UNSCHLAGBAREN WELTRAUMHELDEN (SPACE SENTINELS). Science-Fiction-Abenteuer um drei Weltraumhelden mit unendlichen Kräften und ewiger Jugend, die sich dem Schutz der Menschheit verschrieben haben. Eine fürs Fernsehen entstandene Zeichentrick-Produktion in Comic-Strip-Manier mit eindimensional animierten Helden. – Ab 12 möglich. ✦ USA 1977 **P** Filmation Associates **VA** IHV **L** 85 **FSK** ab 6 **E** Oktober 1987 Video

SPACE TRUCKERS (SPACE TRUCKERS). Ein alter Haudegen, der als Trucker Güter zwischen den Planeten transportiert und der für Geld jedes Frachtgut übernimmt, bekommt arge Schwierigkeiten, als Piraten sein Raumschiff kapern und eine Ladung biomechanischer Kampfmaschinen aktivieren, die darauf programmiert sind, alles Leben auf der Erde zu vernichten. Natürlich können er und seine winzige Crew das Schlimmste abwenden. Aktionsreiches Science-Fiction-Abenteuer, mit Witz und Fantasie erzählt, aber auch mit einer Menge Sex und Gewalt angereichert. – Ab 16 möglich. ✦ USA/Israel 1996 **P** Pachyderm **VA** Starlight **DVD** CinePlus (FF, MPEG2.0 dt.) **Pd** Mary Breen-Farrefly **R** Stuart Gordon **B** Ted Mann **K** Mac Ahlberg **M** Colin Towns **S** John Victor-Smith **D** Dennis Hopper (John Canyon), Stephen Dorff (Mike Pucci), Debi Mazar (Cindy), Charles Dance **L** 92 **FSK** ab 16 **E** 22.10.1997 Video/5.6.1998 premiere/10.11.1998 DVD

SPACE VIRUS (FUTURE FEAR). Futuristisches Kammerspiel für drei Personen: Ein Mann wird beauftragt, ein lebenswichtiges Serum von einem fernen Planeten zu holen. Ihm auf den Fersen seine Ex-Frau, die ihm die Substanz abjagen muß. Als finsterer Drahtzieher im Hintergrund ein General, der seinen eigenen Interessen nachgeht. Ein verquastes Katz-und-Maus-Spiel im Science-Fiction-Gewand, das durch die Vermischung verschiedener Zeitebenen nicht gerade logischer wird. Traumatische Kindheitserlebnisse werden ebenso thematisiert wie die Ehegeschichte der Kontrahenten, aber wichtig ist dies alles nicht, weil es ausschließlich um die erneute

Rettung der Menschheit geht. ✦ USA 1997 **P** Aliceco/Producers' Network **VA** VCL **Pd** Daniel D'Or, G. Philip Jackspan **R** Lewis Baumander **B** Jules Delorme, Glen Cullen, Lewis Baumander **K** Graeme Mears **M** Donald Quan **S** David Ransley **D** Jeff Wincott (John Denniel), Maria Ford (Anne Pontaine), Stacy Keach (General Wallace), Shawn Thompson (Robert), Kristie Ropiejko (Yvette) **L** 92 **FSK** ab 16 **E** 25.8.1998 Video **fd** 33 512

SPACE VISITORS (OFFICIAL DENIAL). Bierernster Science-Fiction-Film, an dessen Ende stehen eine Warnung an die Gen-Wissenschaft, die Erkenntnis über die Zukunft der Erde und ein Bild der Hoffnung stehen. (Fernsehtitel: Mission: Alien«) – Ab 16. ✦ USA 1993 **P** Paramount/Wilshire Court **VA** CIC **Pd** Darryl Sheen **R** Brian Trenchard-Smith **B** Bryce Zabel **K** John Stokes **M** Garry McDonald, Laurie Stone **S** Alan Lake, Patrick Stewart **D** Parker Stevenson (Paul Corliss), Dirk Benedict (Dan Lerner), Erin Gray, Chad Everett (General Spalding), Natalie McCurry (Janine), Christopher Pate (Sam Fools Crow), Robert Mammone (Michael Novado), Peter Curtin (Jonathan Applegate), Gina Maiglas (Dr. Mendez), Brian McDermott (Detective Kerns) **L** 85 **FSK** ab 12 **E** 12.10. 1994 Video **fd** 31 049

SPACE 2063 →Space – Jenseits der Grenzen

SPACEBALLS – MEL BROOKS' VERRÜCKTE RAUMFAHRT →Mel Brooks' Spaceballs

SPACECENTER BABYLON 5 (BABYLON 5). »Babylon 5« ist eine Raumstation, an die die Raumschiffe anderer, bizarrer Weltraumbewohner andocken können. Von gentechnischen Veränderungen bis zum Gestaltwechsel ist alles möglich geworden, und so gestaltet sich die Suche nach machtgierigen Saboteuren als äußerst schwierig. Eine aufwendig ausgestattete Science-Fiction-Geschichte in den Fußstapfen von »Raumschiff Enterprise«. – Ab 14 möglich. ✦ USA 1993 **P** PTN/Rattlesnake/Synthetic Worlds **VA** Warner Home **Pd** Douglas Netter **R** Richard Compton **B** J. Michael Straczynski **K** Billy Dickson **M** Stewart Copeland **S** Robert L. Sinise **D** Michael O'Hare (Jeff Sinclair), Tamlyn Tomita (Takoshima), Jerry Doyle (Garibaldi), Mira Furlan (Delenn), John Fleck (Del Warner), Claudia Christian (Lt. Comm. Susan Ivanova), Andrea Thompson (Talia Winters), Richard Biggs (Dr. Stephen Franklin), Stephen Furst (Vir), Mary Woronov (Ko'd'Ath) **L** 90 **FSK** ab 12 **E** 25.6.1993 Video/3.8.1995 Pro Sieben **fd** 30 420

SPACECENTER BABYLON 5 – ANGRIFF DER ALIENS (BABYLON 5 – VOICE IN THE WILDERNESS). Einer Weltraumstation, auf der Menschen und Außerirdische friedlich zusammenleben, droht Gefahr durch einen hochtechnisierten Planeten, der explodieren und die Raumstation zerstören wird, wenn nicht ein Nachfolger für den sterbenden Herrscher und einzigen Bewohner des Planeten gefunden wird. Ein im Stil gängiger Science-Fiction-Serials inszeniertes Weltraumabenteuer; darstellerisch wie tricktechnisch enttäuschend. – Ab 14. ✦ USA 1994 **P** PTN **VA** Warner Home **Pd** John Copeland **R** Janet Greek **B** J. Michael Straczynski **K** John C. Flynn III **M** Christopher Franke **S** Skip Robinson, Lisa M. Citron **D** Michael O'Hare (Commander Sinclair), Claudia Christon (Lt. Commander Ivanova), Jerry Doyle (Security Chief Garibadi), Mira Furlan (Delenn), Louis Turenne (Draal), Curt Lowens (Varn), Ron Canada (Capt. Ellis Pierce), Aki Aleong (Senator Hidoshi), Jim Ishida (Dr. Tasaki) **L** 84 **FSK** ab 12 **E** 9.12.1994 Video **fd** 31 168

SPACECENTER BABYLON 5 – DAS TOR ZUR 3. DIMENSION (BABYLON 5 – THIRDSPACE). Die Flotte der Raumstation »Babylon 5« stößt während eines Routineeinsatzes auf das riesige Relikt einer fremden Kultur und transportiert es in den Heimathafen, um seinen Verwendungszweck zu erforschen. Schon bald macht sich dessen unheilvoller Einfluss bemerkbar: Immer mehr Mitglieder der Crew wollen mit Gewalt das mysteriöse Tor zu einer fremden Dimension öffnen. Inszenatorisch wie gedanklich um bescheidenes Niveau bemühter Science-Fiction-Film, dessen extrem simple Story mit haarsträubenden pseudo-wissenschaftlichen Ausdrücken durchsetzt ist. Abendfüllende Episode einer Fernsehserie, die sich mühelos an altbackene Konzepte anpasst. – Ab 12. ✦ USA 1997 **P** TNT/Warner Bros./Babylonian Prod. **VA** Warner Home **Pd** John Copeland **R** Jesus Salvador Trevino **B** J. Michael Straczynski **K** John C. Flinn **M** Christopher Franke **S** David W. Foster **D** Bruce Boxleitner (John Sheridan), Claudia Christian (Susan Avanova), Mira Furlan (Delenn), Richard Biggs (Dr. Stephen Franklin), Jeff Conaway (Zack Allan) **L** 91 **FSK** ab 12 **E** 26.3.1999 Video **fd** 33 824

SPACECENTER BABYLON 5 – DER FLUSS DER SEELEN (BABYLON 5/B5 – THE RIVER OF SOULS). Die Raumstation »Babylon 5« im Jahr 2263: Ein dem Irrsinn naher Archäologe entwendet eine Kugel, in der die Seelen eines vermeintlich untergegangenen Volkes gefangen sind. Mit ihrer Hilfe will er die Geheimnisse des ewigen Lebens erforschen und ruft einen »Seelenjäger« auf den Plan, der ganz andere Absichten hegt. Inhaltlich überfrachteter Science-Fiction-Film, der sich durch armselige Ausstattung und überforderte Schauspieler auszeichnet – der Sinn des Ganzen verliert sich im kosmischen Wirrwarr ähnlicher Serienproduktionen. – Ab 16. ✦ USA 1998 **P** Warner Bros. Pay TV/Cable & Network Features/TNT **VA** Warner Home **Pd** John Copeland **R** Janet Greek **B** J. Michael Straczynski **K** Frederick V. Murphy II (= Frederick V. Murphy) **M** Christopher Franke **S** Suzanne Sternlight **D** Jerry Boyle (Michael Garibaldi), Tracy Scoggins (Captain Elizabeth Lochley), Jeff Conaway (Security Chief Zack Allan), Ian McShane (Dr. Robert Bryson), Martin Sheen (The Soul Hunter) **L** 90 **FSK** ab 12 **E** 23.4.1999 Video **fd** 33 844

SPACECENTER BABYLON 5 – WAFFENBRÜDER (BABYLON 5 – A CALL TO ARMS). Der Präsident einer intergalaktischen Allianz hat die Vision einer tödlichen Bedrohung der Erde und kann die Gefahr auf Grund seiner Eingebung abwenden. Der Inszenierung gelingt es mühelos, die gedankliche Leere der Story umzusetzen. Dazu tragen konturloses Serienpersonal, ein simpel konstruiertes Gut-gegen-Böse-Szenario und billige Computer-Effekte bei. Da ist es nur folgerichtig, dass die finale Weltraumschlacht zum gigantischen Anti-Klimax gerät. – Ab 12. ✦ USA 1997 **P** TNT/Warner Bros./Babylonian Prod. **VA** Warner Home **Pd** John Copeland **R** Mike Vejar **B** J. Michael Straczynski **K** Frederick V. Murphy **M** Evan H. Chen **S** Skip Robinson **D** Bruce Boxleitner (John Sheridan), Jerry Doyle (Michael Garibaldi), Carrie Dobro (Dureena), Peter Woodward (Galeen), Tony Todd (Leonard Anderson) **L** 90 **FSK** ab 12 **E** 14.5. 1999 Video **fd** 33 825

SPACECOP L.A. →Spacecop L.A. 1991

SPACECOP L. A. 1991 (ALIEN NATION). Rund 300 000 Außerirdische werden nach ihrer Flucht aus dem Weltraum als Bürger in den Vereinigten Staaten aufgenommen, auch wenn die Bevölkerung ihnen unverhohlen mit Mißtrauen begegnet. Ein Polizist in Los Angeles lernt durch einen außerirdischen Detektiv Toleranz gegenüber den neuen Bürgern, auch wenn unter ihnen Gangster und Drogenhändler sind. Rasanter Verschnitt aus Thriller und Science-Fiction, der erfreulicherweise einmal nicht auf Angst, sondern auf Vertrauen und Freundschaft setzt, Werte, die sich allmählich aus anfänglicher Wut, Verachtung und Mißtrauen herausschälen. – Ab 16. ✦ USA 1988 **P** 20th Century Fox **KI** 20th Century Fox **SF** 20th Century Fox **VA** CBS/Fox **Pd** Gale Anne Hurd, Richard Kobritz **R** Graham Baker **B** Rockne S. O'Bannon **K** Adam Greenberg **M** Curt Sobel **S** Kent Beyda **D** James Caan (Sykes), Mandy Patinkin (James Francisco), Terence Stamp (William Harcourt), Kevyn Major Howard (Kipling), Leslie Bevis (Cassandra), Jeff Kober (Josh Strader), George Jenesky (Quint), Reg Parton (Mr. Porter), Peter Jason (Fedorchuk), Tony Simotes (Wiltey) **L** 90 **FSK** ab 16; **f E** 12.1.1989 **fd** 27 372

SPACEGATE →Spacetrek

SPACEHUNTER – JÄGER IM ALL (SPACEHUNTER: ADVENTURES IN THE FORBIDDEN ZONE). Science-Fiction- und Fantasy-Gebräu um einen gewitzten Raumschiff-Cowboy und seine vorlaute Begleiterin, die auf einem verseuchten Schrott-Planeten drei hübsche Erdbewohnerinnen aus den Klauen eines Tyrannen befreien. Effektvolle Tricks (im 3D-Verfahren) und Ironie können dieses Weltraumabenteuer nicht über durchschnittlich-seichte Unterhaltung hinausheben. – Ab 16. ✦ USA 1983 **P** Zone **KI** Warner-Columbia **Pd** Don Carmody, Andre Link, John Dunning **R** Lamont Johnson **B** Edith Rey, David Preston, Dan Goldberg, Len Blum **K** Frank Tidy **M** Elmer Bernstein **S** Scott Conrad **D** Peter Strauss (Wolff), Molly Ringwald (Niki), Ernie Hudson (Washington), Andrea Marcovicci (Chalmers), Michael Ironside (McNabb, »Overdog«), Beeson Carroll (Oma Patterson), Grant Alianak (Chemiker), Deborah Pratt (Meagan), Paul Boretski (Jarrett), Patrick Rowe (Duster) **L** 90 **FSK** ab 12; **f E** 13.7.1984 **fd** 24 679

SPACEMAN (ROCKETMAN). Ein Computerexperte der NASA, der schon als Kind von einem Flug ins All träumte, darf nach einer Reihe von Hindernissen an der ersten bemannten Mars-Mission teilnehmen. Eine lächerliche Komödie ohne wirkliche Ideen, die sich ganz auf ihren Hauptdarsteller konzentriert und darüber Bildgestaltung und Dialoge vernachlässigt. Da Gags so gut wie nicht vorhanden sind, ist der einzige »Witz« des Films seine billige Tricktechnik. – Ab 12. ✦ USA 1997 **P** Walt Disney/Caravan **VA** Buena Vista Home **Pd** Roger Birnbaum **R** Stuart Gillard **B** Craig Mazin, Greg Ebb **K** Steven Poster **M** Michael Tavera **S** William Gordean **D** Harland Williams (Fred Z. Randall), Jessica Lundy (Julie Ford), William Sadler (»Wild Bill« Overbeck), Jeffrey DeMunn (Paul Wick), Beau Bridges (Bud Nesbitt) **L** 91 **FSK** ab 6 **E** 25.2.1999 Video **fd** 33 616

SPACESHIFT (WAXWORK II – LOST IN TIME). Ein Horrortrip in die Filmgeschichte: Ein junges Paar wird durch einen »Zeitschlüssel« in die Villa des Barons von Frankenstein versetzt, wo es mit ansehen muß, wie das künstliche Monster seinen Schöpfer erwürgt. Auf der Flucht begegnen die beiden Dr. Jekyll, Jack the Ripper und diversen Zombies, bevor ihre Zeitreise in der Folterburg eines Ritters endet, der den König von England stürzen will. Grob inszeniertes Sammelsurium von Horror-Motiven, das sich, zumindest in der langen Fassung, auf die Anhäufung möglichst ekliger Brutal- und Mutationseffekte verläßt. (Fortsetzung des Films »Reise zurück in die Zeit«, 1987) ✦ Teils schwarz-weiß. USA 1991 **P** Electric Pictures **VA** Empire **Pd** Nancy Paloian, Mario Sotela **R+B** Anthony Hickox **K** Gerry Lively **M** Roger Bellon **S** Christopher Cibelli **D** Zach Galligan (Mark), Monika Schnarre (Sarah), Martin Kemp (Baron v. Frankenstein), Bruce Campbell (John), David Carradine (Bettler), Michael des Barres (George), Juliet Mills, Patrick MacNee, John Ireland **L** 100 (gek. 87) **FSK** ab 18 (gekürzt 12) **E** 17.6.1992 Video/15.12. 1995 Pro Sieben **fd** 29 741

SPACETREK (WITHIN THE ROCK). Da die Kollision mit einem gewaltigen Kometen die Erde zu vernichten droht, wird ein Team aus Spezialisten auf den Himmelskörper geschickt, das Tunnel in die Oberfläche graben und ihn mittels Sprengungen aus seiner Umlaufbahn bringen soll. Bei ihren Grabungen stoßen die Männer auf eine Kammer, die eine fossile Kreatur enthält, die zu neuem Leben erwacht und sich als absolute Tötungsmaschine entpuppt. Science-Fiction-Film, der einmal mehr das »Alien«-Thema variiert, wobei ein funktionsuntüchtiger Plot, formale Mängel und die billige Ausstattung die Geduld arg strapazieren. – Ab 14 möglich. ✦ USA 1996 **P** 360 Entertainment **VA** Ascot **Pd** Stanley Isaacs, Scott McGinnis, Robert Patrick **R+B** Gary J. Tunnicliffe **K** Adam Kane **M** Rod Gammons, Tony Fennell **S** Roderick Davis **D** Xander Berkeley (Ryan), Caroline Barclay (Dr. Dana Shaw), Bradford Tatum (Cody Harrison), Brian Krause (Luke Harrison), Barbara Patrick (Samantha Rogers) **L** 84 **FSK** ab 12 **E** 10.1.1997 Video **fd** 32 455

SPAGHETTI CONNECTION. Die Geschichte des Hermann Gräbe, der während des Zweiten Weltkriegs Geschäftsführer einer Baufirma in der besetzten Ukraine war. Zwar versuchte er, seinen jüdischen Mitarbeitern zu helfen, die Massaker der SS konnte er jedoch nicht verhindern. Als er nach dem Krieg in Deutschland gegen die Mörder und ihre Hintermänner aussagte, wurde er als Lügner hingestellt und mit Verleumdungsklagen überzogen. In Israel wurde Gräbe mit dem höchsten Orden, den ein Nichtjude erhalten kann, geehrt, deutschen Boden hat er seit den 60er-Jahren nicht mehr betreten. Ein Beitrag zur Auseinandersetzung mit der deutschen Vergangenheit und ihrem Erbe. ✦ Deutschland 1999 **R+B** Christiane Mannini **K** Wilfried Kaute **L** 91 **E** 23.10.2000 ZDF

SPAGHETTI-HOUSE (SPAGHETTI HOUSE). Fünf italienische Kellner in London wollen sich selbständig machen und ein eigenes italienisches Restaurant eröffnen. Doch bevor es dazu kommt, werden sie von Angehörigen einer militanten »schwarzen Befreiungsfront« überfallen und als Geisel genommen. Daraufhin treten die Polizei und das für Terroristen zuständige Innenministerium auf den Plan. Überdrehte Kriminalkomödie mit leicht surrealen Zügen, die weitgehend plakativ und klamaukhaft auf Zeiterscheinungen reagiert. ✦ Italien 1984 **P** Vides **R** Giulio Paradisi **B** Giulio Paradisi, Age (= Agenore Incorocci), Furio Scarpelli, Nino Manfredi, nach einem Bühnenstück von Peter Barnes **K** Giuliano Giustini **M** Gianfranco Plenizio **D** Nino Manfredi (Domenico), Rudolph Walker (Martin), Rita Tushingham (Kate), Leo Gullotta (Salvatore), Nestor Garay (Biagio), Derek Martin (Hutchinson), Gino Pernice (Valentino) **L** (TV) 95 **E** 16.10.1987 BR

SPAGHETTI IM NOVEMBER. Die Anpassungsschwierigkeiten eines jungen Italieners, der als Gastarbeiter in die Bundesrepublik kommt, steigern sich zur Psychose. Eine Mischung aus Spielfilm, Bewußtseinsprotokoll und essayistischer Reportage, die allgemeine Erkenntnisse über die Situation ausländischer Arbeitnehmer zu vermitteln versucht. Avantgardistische Verfremdungen, die dem Thema äußerlich bleiben, erschweren den Zugang und dämpfen die Schaulust. ✦ BR Deutschland 1969 **P** Karl Schedereit GKS **Kl** Ceres **R+B** Karl Schedereit **K** Hans Schier **M** Hans Posegga **S** Dagmar Sowa, Karl Schedereit **D** Monika Lundi, Peter Raben, Andrej Hann, Hanns Dieter Hüsch, Ursula Reith **L** 79 **FSK** ab 12; f **FBW** w **E** 21.12.1971 **fd** 19 595

DIE SPALTE. Die Erlebnisse eines 15jährigen Mädchens, das aus dem Erziehungsheim wegläuft und von Zuhältern mißbraucht wird, dient als Stoff eines »Sozialreports«, dessen angestrebter »Warnungseffekt« in voyeuristischen Klischees versandet. ✦ BR Deutschland 1970 **P** Action 1 **Kl** Jugendfilm **Pd+R** Gustav Ehmck **B** Gustav Ehmck, Gerhild Berktold **K** Gabor von Hamory, Rudolf Blahacek **S** Silvia Morgengruen **D** Gerhild Berktold (Sophie), Axel Schiessler (Hotte), Werner Umberg (Petry), Dursun Firat (Sandro), W. Bruck **L** 86 **FSK** ab 16; f **E** 2.4.1971 **fd** 17 278

SPALTPROZESSE – WACKERSDORF 001. Dokumentarfilm über den Bürgerprotest gegen den Bau der geplanten Wiederaufbereitungsanlage im oberpfälzischen Wackersdorf. Eine bewußt unausgewogene Zusammenstellung von Filmmaterial, die den Protest der Bürger und die Veränderung ihres politischen Bewußtseins in den Mittelpunkt stellt. Durch die Beschreibung der Machtverhältnisse im Zusammenspiel aus Administration und Atomfirmen klärt der Film auch über manifeste Widersprüche zwischen Verfassungsnorm und Verfassungswirklichkeit auf und leistet somit einen wichtigen Beitrag zur politischen Bildung. – Ab 16. ✦ BR Deutschland 1985–87 **P** Pro-ject **SF** Verleihgenossenschaft **R+B** Bertram Verhaag, Claus Strigel **K** Claus Strigel, Waldemar Hauschild, Thomas Schwan, Christoph Boekel **M** Ulrich Bassenge, Wolfgang Neumann, Konstantin Wecker, Rio Reiser **S** Draha Cizek **L** 95 **FSK** ab 12; f **FBW** w **E** 23.4.1987/4.2.1989 S 3 **fd** 26 225

SPANIEN! Dokumentarfilmische Erinnerung an die Freiwilligen, die in den Internationalen Brigaden zur Verteidigung der Spanischen Republik gekämpft haben. Der Film bleibt aber nicht bei der Reminiszenz stehen, sondern verlängert seine Beobachtungen in seine Gegenwart und beschreibt den spezifischen Unterdrückungsapparat des francistischen Spanien. Daß Nestler die Widersprüche auf seiten der Linken ignoriert, hat mit seinem besonderen Interesse zu tun, dem Engagement der europäischen Arbeiter ein Denkmal zu setzen, die ihr Leben für die spanische Demokratie wagten. – Ab 16. ✦ BR Deutschland 1973 **P** WDR **SF** Filmkundliches Archiv, Köln **R** Peter Nestler, Zsóka Nestler **B** Peter Nestler, Zsóka Nestler, Taisto Jalamo (Mitarbeit) **K** Peter Nestler **S** Peter Nestler **L** 43 **E** 30.5.1973

SPANIENS HERZ / VATERLAND (HEART OF SPAIN / NATIVE LAND). Zwei zusammengekoppelte Kurzfilme: »Spaniens Herz« spielt im Spanischen Bürgerkrieg und berichtet von einem kanadischen Arzt, der während des Krieges die sogenannte Blutbank erfand. »Vaterland«, eine »patriotische Beschreibung der Entwicklung Amerikas zu einem Land der Freiheit«, basiert auf dem Bericht eines Senatsausschusses und appelliert an das Volk der USA, sich gegen Unterdrückung und Terror zu behaupten. In einem auf Spannung und emotionale Reaktion ausgerichteten Stil hervorragend inszeniert; eine suggestive Einheit aus Fiktion und Wirklichkeit mit teilweise dokumentarischem Bildmaterial. – Ab 16. ✦ Schwarz-weiß. USA 1937 **P** Frontier **Kl** Freunde der Deutschen Kinemathek **R+B** Leo T. Hurwitz, Paul Strand **K** Herbert Kline, Geza Karpathy **M** Alex North, Marc Blitzstein **D** Paul Robeson, Howard da Silva, Fred Johnson, Louis Grant, Art Smith **L** 85 **E** 11.10.1980 WDR

SPANISCHE ERDE (SPANISH EARTH). Eines der wenigen authentischen Filmdokumente von künstlerischem Rang aus dem Spanischen Bürgerkrieg. Die Geschichte eines Kampfes um die letzte freie Zufahrtsstraße der belagerten Hauptstadt Madrid und die Geschichte des Kampfes der Bauern eines kleinen Dorfes um die Urbarmachung ihres Landes, das die Regierung den Grundbesitzern weggenommen hat und unter den Bauern verteilte. Ein engagiertes und gleichzeitig lyrisches Werk sowie ein Klassiker des militanten Kinos. Den Kommentar des Films schrieb und sprach Ernest Hemingway. (O.m.d.U.) – Sehenswert. ✦ Schwarz-weiß. USA 1937 **P** Contemporary Historians Inc. **R** Joris Ivens **B** Joris Ivens, Ernest Hemingway (Kommentar) **K** John Ferno, Joris Ivens **M** Marc Blitzstein, Virgil Thompson **S** Helen van Dongen **L** 58 **E** 22.3.1969 TV

DIE SPANISCHE FLIEGE. Vier Kleinstadtbürger entdecken, daß sie 20 Jahre lang für ein und dasselbe Kind Alimente gezahlt haben. Der uralte Topos vom biederen Spießer, der wegen angeblicher oder wirklicher Seitensprünge in die Bredouille gerät, wird schon in der unverwüstlichen Bühnenposse von Arnold und Bach auf niedrigstem Niveau abgehandelt, in dieser abgeschmackt albernen Verfilmung erreicht er seinen Tiefpunkt. ✦ Schwarz-weiß. BR Deutschland 1954 **P** Deutsche Spielfilm/Victor von Struve **Kl** Panorama **Pd** Viktor von Struve, Heinrich Klemme **R** Carl Boese **B** Edgar Kahn, nach dem gleichnamigen Schwank von Arnold und Bach **K** Willy Winterstein **M** Werner Bochmann **S** Johanna Meisel **D** Joe Stöckel (Heinrich Klinke), Rudolf Platte (Hugo Sommer), Hans Leibelt (Breilmann), Gretl Schörg (Miss Hilton), Erika von Thellmann (Käthe Klinke), Holger Hildmann (Fritz Klinke), Elisabeth Flickenschildt (Helene), Jester Naefe (Hannelore Klinke) **L** 94 **FSK** ab 18; nf **E** 1.3.1955 **fd** 3 988

DER SPANISCHE GÄRTNER (THE SPANISH GARDENER). Ein egoistischer Diplomat sucht aus Standesdünkel und Eifersucht die Freundschaft zwischen seinem Sohn und dem Hausgärtner zu verhindern. Verfilmung eines Romans von A. J. Cronin, in der die unterschwellig homoerotische Komponente des Konflikts ausgeklammert bleibt. Stattdessen wird ein gepflegtes Rührstück geboten. – Ab 12. ✦ Scope. Großbritannien 1956 **P** Rank **Kl** Rank **Pd** John Bryan **R** Philip Leacock **B** Lesley Storm, John Bryan, nach einem Roman von A. J. Cronin **K** Christopher Challis **M** John Veale **S** Reginald Mills **D** Dirk Bogarde (José), Maureen Swanson (Maria), Jon Whiteley (Nicholas Brande), Michael Hordern (Harrington Brande), Cyril Cusack (Garcia) **L** 95 **FSK** ab 12; f **E** 22.6.1957/16.1.1972 ZDF/20.5.1974 DFF 1 **fd** 5 996

SPANISCHE PARADONTOSE (SPANELSKA PARADENTENZA). Ein Zahnarzt, eigentlich ein eingefleischter Junggeselle, verliebt sich in eine Patientin und erfindet eine Zahnkrankheit ihres Sohnes, die eine tägliche Behandlung notwendig macht. Sie durchschaut sein Spiel und geht zum Schein darauf ein. Sanfte Komödie um Irrungen und Wirrungen der Liebe. – Ab 16. ✦ CSSR 1986 **R** Filip Frantisek **M** Karel Svoboda **D** Petr Narozny (Dr. Sotolka), Milos Kopecky (Onkel Tobias), Dagmar Veskrnová (Karla Smrzova), Jirina Bohdalová (Schwester Jarmilka) **L** 89 **E** 22.11.1999 ORB

DIE SPANISCHE VARIANTE (ISPANSKI WARIANT). Eine Agentengruppe spioniert im Auftrag des sowjetischen Geheimdienste die Pläne der deutschen Faschisten in Spanien aus. »Historisierender« Agentenfilm vor dem Hintergrund der politischen Auseinandersetzungen im Vorfeld des Spanischen Bürgerkriegs. ✦ Scope. UdSSR 1980 **P** Filmstudio Riga **R** Erik Lazis **B** Julian Semjonow, nach seinem Roman **K** Dawis Simanis **M** Raimonds Pauls **D** Janis Plesums (Jan Palma), Uldis Dumpis (Schulz), Mirdza Martinsone (Mary), Uldis Lieldidsh (Leist), Paul Butkewitsch (Wolf) **L** 134 **E** 3.9.1981 DFF 2

SPANISH ROSE (SPANISH ROSE). Ein entlassener Zollfahnder im Kampf mit seinem korrupten ehemaligen Chef und einem sadistischen Drogen- und Waffenschmuggler, der ihm später den Mord an dem kriminellen Zollbeamten anhängen will. Billiger, blaß gespielter Kriminalfilm, ärgerlich in seinem Frauenbild und in einigen Szenen überflüssig brutal. (Fernsehtitel: »Das Geheimnis der Spanischen Rose«) ✦ USA 1993 **P** NU Images **VA** VMP **Pd** Danny Lerner **R** Bob Misiorowski **B** David Zito, Les Welden, George Fernandez **K** Joseph Wein **M** Vladimir Horunzhy **S** C. Timothy O'Meara **D** Michael Paré (Jack), Barbara Carrera (Eva), Michael Ironside (Largo), Lehua Reid (Sandra), Ian Yule (Cullen) **L** 93 (gek. 90) **FSK** ab 18 (gek. 16) **E** 20.12.1993 Video/14.5.1995 RTL 2 **fd** 30 592

SPARK (SPARK). Ein afroamerikanisches Paar strandet auf dem Weg von Chicago nach Kalifornien in einem abgelegenen Wüstennest. Er, von Verlustängsten geplagt, da seine Geliebte ein neues Leben – wahrscheinlich ohne ihn – beginnen wird; sie voller Zuversicht. In einem weißen Jungen glaubt er, seinen Verbündeten gefunden zu haben, doch der nutzt die Situation für seine Zwecke aus und dreht den Spieß um. Ein Film über latente Gewalt und latenten Rassismus in den USA, wobei sich der Schwarze auf Grund verinnerlichter Paranoia als der eingefleischtere Rassist zu erkennen gibt. (O.m.d.U.) ✦ USA 1998 **P** Rosefunk **Kl** Freunde der Deutschen Kinemathek/fsk **Pd** Bob Potter, Lyn Holst, Ruth Charny **R+B** Garret Williams **K** Sam Ameen **M** Marc Anthony Thompson **S** Fabienne Rawley **D** Terrence Howard (Byron), Nicole Ari Parker (Nina), Brendon Sexton (Mooney) **L** 92 **E** 1998/20.4.2000

SPARTACUS (1959/60) (SPARTACUS). Die Geschichte des Sklavenaufstandes gegen die unmenschliche Gesellschaft Roms um 74 v. Chr. unter dem thrakischen Sklaven Spartacus. Eine Freiheitskämpfer-Saga mit melodramatischen und sentimentalen Akzenten in freier Auslegung der historischen

Fakten und starker Vereinfachung der Ereignisse. Allein in der außergewöhnlichen Bildgestaltung der Massenszenen und kämpferischen Auseinandersetzungen vermittelt der Film einen Eindruck dieser ersten revolutionären Freiheitsbewegung. 1992 kam die rekonstruierte, ungekürzte Originalfassung des Films in die Kinos (O.m.d.U.); bei allen dramaturgischen Schwächen und sozialgeschichtlichen Vereinfachungen offenbaren sich hier bislang unentdeckte Reize, so zum Beispiel die homoerotischen Untertöne der Fabel. DVD: Auf der Edition befindet sich die rekonstruierte Fassung. Als US-Import ist eine mustergültig Edition (»Criterion Collection«) erhältlich, die einen Audiokommentar von Kirk Douglas, Autor Howard Fast, Darsteller Peter Ustinov, Produzent Edward Lewis, Film-Designer Saul Bass und Film-Restaurateur Bob Harris enthält und eine Fülle von Teilaspekten des Filmes in Wort und Bild betrachtet. Darunter ist eine Szenenanalyse des Drehbuchautors Dalton Trumbo, eine Analyse diverser nicht verwendeter Szenen, nicht verwendete Filmmusik von Alex North sowie eine Sammlung von Storyboards und Titelentwürfen von Saul Bass. – Ab 16. ✦ Scope. USA 1959/60 **P** Bryna/Universal **Kl** Amazonas (70mm; restaurierte Originalfassung)/UIP (alte Fass **VA** CIC (neue Fassung) **DVD** Universal Home (16:9, 2.35:1, DD5.1 engl./ DD 2.0 dt.) **Pd** Edward Lewis **R** Stanley Kubrick **B** Dalton Trumbo, nach einem Roman von Howard Fast **K** Russell Metty, Clifford Stine (70 mm) **M** Alex North **S** Robert Lawrence, Robert Schulte, Fred A. Chulack **D** Kirk Douglas (Spartacus), Laurence Olivier (Marcus L. Crassus), Jean Simmons (Varinia), Charles Laughton (Gracchus), Peter Ustinov (Lentulus Batiatus), Tony Curtis (Antonius), John Gavin (Julius Cäsar), Nina Foch (Helena Glabrus), Herbert Lom (Tigranes), John Ireland (Crixus), John Dall (Glabrus), Charles McGraw (Marcellus), Joanna Barnes (Claudia Marius), Woody Strode (Draba), John Hoyt (Caius) **L** 197 (gek. 193) **FSK** ab 16; f (Video 12) **FBW** w **E** 16.12.1960/18.3.1966 Kino DDR/29.12.1979 DFF 1/13.8.1992 O.m.d.U/19.12.2000 DVD/10.7. 01 WDR(restaurierte Fassung) **fd** 24 628

SPARTACUS (1975) (SPARTAK). Ein sinfonisches Ballett, inszeniert und choreografiert zur Musik des Armeniers Chatschaturian vom Meisterregisseur und künstlerischen Direktor des Bolschoiballetts Grigorowitsch. Der aufwendig ausgestattete Film zeigt in romantisch-heroischer Färbung die Machtkämpfe, in denen Spartacus dem römischen Feldherrn Crassus unterliegt, und feiert die Toten als Helden des Freiheitskampfes der Unterdrückten. Eine künstlerische Augenweide mit bewundernswerten Leistungen der russischen Tänzer. ✦ Scope. UdSSR 1975 **P** Mosfilm **Kl** Progress **R+B** Juri Grigorowitsch, Wadim Derbenjew **K** Wadim Derbenjew, Wladimir Pischtschalnikow **M** Aram Chatschaturjan **D** Wladimir Wassiljew (Spartacus), Natalja Bessmertnowa (Phrygia), Maris Liepa (Crassus), Tina Timofejawa (Ägina) **L** 115 (DDR 93) **E** 25.12.1976 Kino DDR/1982 Kino BRD **fd** 23 501

SPARTACUS, DER REBELL VON ROM (SPARTACO). Filmdrama über den Aufstand der Sklaven von Rom (73 v. Chr.) unter Führung des ehemaligen thrakischen Gladiators Spartacus bis zu dessen Tod im Jahr 71 v. Chr. Kein Nachhilfeunterricht in Geschichte, sondern schauprächtige Action- und Kampfszenen und erotische Abenteuer mit naiven, theatralischen Dialogen. ✦ Schwarz-weiß. Italien 1952/53 **P** Consorzio Spartacus/Cosmopolitan **Kl** Interna **Pd** Carlo Caiano **R** Riccardo Freda **B** Jean Ferry, M. Bori **K** Gabor Pogany **M** Renzo Rossellini **D** Massimo Girotti (Spartacus), Ludmilla Tchérina (Amytis), Gianna Maria Canale (Sabine), Yves Vincent, Carlo Ninchi **L** 99 **FSK** ab 12; f (früher 16) **E** 30.7.1953/17.9.1994 PRO 7 **fd** 2 644

SPARTACUS UND DIE ZEHN GLADIATOREN (SPARTACUS E I DIECI GLADIATORI / SPARTACUS ET LES DIX GLADIATEURS). Der Sklavenbefreier Spartacus und zehn Gladiatoren im Kampf gegen die Unmenschlichkeiten eines römischen Senators. Naive, unglaubwürdige Abenteuer im Gewande antiker Geschichte. Serienfilm aus Italiens »Muskel- und Sandalen«-Produktion. – Ab 14. ✦ Scope. Italien/Frankreich/Spanien 1964 **P** Associate/Copernic/Balcazar **Kl** Columbia-Bavaria **Pd** Armando Morandi **R** Nick Nostro **B** Simon Sterling (= Sergio Sollima), Nick Nostro **K** Tino Santoni **M** Carlo Savina **D** Dan Vadis, Helga Liné, John Heston (= Isarco Ravaioli), Ursula Davis, Gianni Rizzo **L** 97 **FSK** ab 12; nf **E** 14.1.1966 **fd** 13 842

SPARTAKUS, DER HELD MIT DER EISERNEN FAUST →Der Titan mit der eisernen Faust

SPASMO (SPASMO). Ein junger Industrieller wird von einem Mörder verfolgt. Das Ganze erweist sich als Intrige seines Bruders, der den pathologischen Frauenmörder beseitigen will. Psychothriller, der zwar die bewährten Klischees des Genres aufgreift, aus ihnen jedoch nur langweilige und schwerfällige Dutzendware fabriziert. ✦ Scope. Italien 1974 **P** UTI **VA** Greenwood **Pd** Ugo Tucci **R** Umberto Lenzi **B** Massimo Franciosa, Luisa Montagnana, Dino Boller, Umberto Lenzi **K** Guglielmo Mancori **M** Ennio Morricone **S** Eugenio Alabiso **D** Robert Hoffmann (Christian Baumann), Suzy Kendall (Barbara), Ivan Rassimov (Fritz Baumann), Adolfo Lastretti (Tatum), Monica Monet (Clorinda) **L** 95 **E** 1981 Video/12.2. 1991 Tele 5

DER SPASS BEGINNT →Noises Off! – Der nackte Wahnsinn

SPASS BEISEITE (SCHUTKI W STORONU). Ein bei der Aufnahmeprüfung für den Zirkus gescheiterter Jongleur vollführt seine Kunststücke notgedrungen in der Küche eines Sanatoriums an der Schwarzmeerküste, wo er eine Anstellung gefunden hat. Er erzielt damit aber nicht nur Begeisterung. ✦ Scope. UdSSR 1985 **P** Gorki-Studio **R** Vitali Makarow **B** Alexander Marjamow **K** Juri Malinowski, Sergej Shurbizki **M** Alexander Shurbin **D** Grigori Popowitsch (Dima Manochin), Olga Kabo (Jelena Jermakowa), Michail Swetin (Waleri Iwanowitsch), Alexander Frisch (Clown) **L** 80 **E** 11.5.1986 DFF 2

SPASSVÖGEL. Eine feuchtfröhliche Stammtischrunde von sieben alten Bürgern kuriert den neuen Bürgermeister eines Moselstädtchens von seinem allzu galanten Lebenswandel. Eine in ihren Mitteln nicht immer wählerische Filmposse, die jedoch ebenso augenzwinkernd vergnügt ist wie ihr gutgelauntes Ensemble zuverlässiger Chargendarsteller. ✦ Schwarz-weiß. Deutschland 1938 **P** A.B.C. **R** Fritz Peter Buch **B** Fritz Peter Buch, L. A. C. Müller **K** E. Wilhelm Fiedler **M** Werner Bochmann **D** Fritz Kampers, Fita Benkhoff, Heinz Schorlemmer, Dinah Grace, Theodor Danegger **L** 84 **FSK** ab 16; nf **E** 11.1.1939/ 9.7.1984 DFF 1

DER SPASSVOGEL (ERNIE KOVACS: BETWEEN THE LAUGHTER). Ein nach authentischen Ereignissen gedrehter dramatischer Spielfilm über die private Krise des gefeierten amerikanischen Fernsehkomikers Ernie Kovacs. Der Komödiant versucht seine beiden Töchter zurückzubekommen, die von seiner eifersüchtigen Ex-Ehefrau entführt worden sind, als es mit der Karriere ihres Mannes bergauf ging. Vor allem zu Beginn schwankt der Film unentschieden zwischen Unterhaltungs- und Informationsanspruch; die Komik von Kovacs' Witzen kollidiert immer wieder unangemessen mit dem Bemühen, die Familientragödie ernsthaft zu schildern. – Ab 16. ✦ USA 1984 **P** ABC Circle **Pd** David Levison **R** Lamont Johnson **B** April Smith **K** Rexford Metz **M** Ralph Burns **S** Scott Conrad **D** Jeff Goldblum (Ernie Kovacs), Cloris Leachman (Ernies Mutter), Melody Anderson (Edie Adams-Kovacs), Madolyn Smith, John Glover, Edie Adams (Mae West), Joseph Mascolo **L** 100 **E** 16.1.1994 RTL 2

SPÄTAUSGABE (FIVE STAR FINAL / ONE FATAL HOUR). Der Verleger eines Boulevardblattes will die sinkende Auflage dadurch stoppen, daß er den unter Skrupeln leidenden Chefredakteur zwingt, eine alte Skandalgeschichte wiederaufzugreifen. Obwohl dieser weiß, daß damit das Leben Unschuldiger ruiniert wird, stimmt er aus Feigheit zu. Der US-Film von 1931 ist eine heftige Attacke gegen die Sensationspresse mit einer hervorragenden Leistung von Edward G. Robinson in der Hauptrolle. ✦ Schwarz-weiß. USA 1931 **P** Warner Bros. **R** Mervyn LeRoy **B** Robert Lord, Byron Morgan, nach einem Bühnenstück von Louis Weitzenkorn **K** Sol Polito **M** Leo F. Forbstein **S** Frank Ware **D** Edward G. Robinson (Randall), H. B. Warner (Michael Townsend), Marian Marsh (Jenny Townsend), Anthony Bushell (Philip Weeks), Boris Karloff (»Reverend« Vernon Isopod), George E. Stone (Ziggie Feinstein) **L** 89 **E** 5.11.1979 BR

SPÄTE ANKUNFT. Zweiteilige Fernsehproduktion der DEFA: Ein Berliner Arzt kommt 1896 in eine kleine Stadt in der preußischen Westprignitz, um die dort verwaiste Arztpraxis zu übernehmen. Im Dorf fragt man sich, warum dieser verheiratete Mann in das Dorf gekommen ist. Bedeutende Schauspielerleistungen in einem intensiven Kammerspielfilm, der die Kraft des Individuums in einer in der Agonie liegenden Gesellschaft beschwört und damit auch ein Gleichnis auf die letzten Jahre der DDR liefert. ✦ DDR 1987/88 **P** DEFA **Pd** Giselher Venzke **R+B** Vera Loebner **K** Eberhard Borkmann **M** Uwe Hilprecht **S** Renate Schäfer **D** Kurt Böwe (Dr. Holtfreter), Gudrun Ritter (Helene Tochtenhagen), Reimar Johannes Baur (Aurelius Weinreich), Barbara Dittus (Mathilde Holtfreter), Arno Wyzniewski (Baron von Thadden) **L** 255 **E** 26.,28.2.1989 DFF 2 (zwei Teile)

SPÄTE BLÜTE (DECEMBER FLOWERS). Eine junge Witwe sieht zum ersten Mal in ihrem Leben ihre Tante, die völlig isoliert von der Außenwelt ein menschenunwürdiges Dasein führt. Nach einem Krach mit der schroffen Haushälterin übernimmt sie die Betreuung der 85jährigen Dame. Das allmählich entstehende Vertrauensverhältnis bleibt auch intakt, als sich herausstellt, daß die alte Frau gar nicht ihre Tante ist. Ein Plädoyer des Kino-Regisseurs Frears für ein menschenwürdiges Alter, ganz getragen von den beiden Hauptdarstellerinnen. ✦ Großbritannien 1984 **R** Stephen Frears **B** Judy Allen, nach ihrem Roman **D** Jean Simmons, Mona Washbourne, Pat Heywood, Bryan Forbes, June Ritchie **L** 65 **E** 18.11.1987 ZDF

SPÄTE LEIDENSCHAFT (AN INCONVENIENT WOMAN). (Fernseh-)Drama um einen Millionär, der mit 60 Jahren in die Politik einsteigen will. Die Affäre mit einer viel jüngeren Kellnerin und der Mord an einem Freund bringen diese ehrgeizigen Pläne ins Wanken. Vor allem schauspielerisch überzeugend. ✦ USA 1991 **P** ABC **Pd** Cleve Landsberg **R** Larry Elikann **B** John Pielmeier, nach einem Roman von Dominick Dunne **K** Kees Van Oostrum **M** Craig Safan **D** Jason Robards (Jules Mendelson), Jill Eikenberry (Pauline Mendelson), Rebecca De Mornay (Flo March), Chelsea Field (Camilla Ebury), Peter Gallagher (Philip Quennell), Joseph Bologna (Arnie Zwillman), Grant Cramer (Lonny), Chad Lowe (Kippie Petworth), Roddy McDowall (Cyril Rathbone), David Margulies (Manning) **L** 95/95 **E** 17.,18.12.1996 ZDF

SPÄTE LIEBE. Kleinstädtisches Ehedrama aus der Zeit der Jahrhundertwende. Gefühlskitsch für die Kriegstage, an dem einzig die Schauspieler noch beeindrucken können. – Ab 14. ✦ Schwarz-weiß. Deutschland 1943 **P** Wien **Kl** Awus **Pd** Hans L. Somborn, Heinz Joachim Ewert **R** Gustav Ucicky **B** Gerhard Menzel **K** Hans Schneeberger **M** Willy Schmidt-Gentner **S** Rudolf Schaad **D** Paula Wessely (Sophie von Angerspang), Inge List (Steffi von Angerspang), Attila Hörbiger (August Polzer), Erik Frey (von Lammersbach), Ferdinand Maierhofer (Herr Steininger) **L** 105 **FSK** ab 12; f **E** 16.2.1943/11.11.1967 ZDF/ 17.10.1988 DFF 1 **fd** 1 113

DAS SPÄTE MÄDCHEN (1951). Eine unverheiratete Frau versäumt über ihrer Vertrauensstellung in einem kleinen Hotel die Liebe. An der Seite eines schriftstellernden Stammgastes, der sie als Modell für einen Roman benutzt, findet sie dann doch noch ein spätes Glück. Zähe Komödie aus dem norddeutschen Sprachraum. – Ab 14 möglich. ✦ Schwarz-weiß. BR Deutschland 1951 **P** Rondo **KI** Danubia **Pd** Willi Wiesner, Helmut Ungerland **R** Hans Hinrich **B** Kurt E. Walter **K** Oskar Schnirch **M** Lotar Olias **S** Walter Fredersdorf **D** Carsta Löck (Ernestine Stengel), Hans Nielsen (Dr. Hans Nielsen), Rudolf Reiff (Otto Matthes), Maria Krahn (Mathilde Matthes), Harald Holberg (Bernhard Sommer), Marina Ried (Cornelia Corner), Bert Grund (Husadel) **L** 88 **FSK** ab 12; nf **E** 24.8.1951 **fd** 1 318

DAS SPÄTE MÄDCHEN (1971) (LA VIEILLE FILLE/LA TARDONA). Eine gehemmte 35jährige und ein angejahrter Junggeselle finden über Schwierigkeiten hinweg zum Gespräch. Etwas langatmige Komödie über die durch Gesellschaftsstrukturen verstärkten Kontaktschwierigkeiten moderner Menschen; nur stellenweise menschlich anrührend. Die satirischen Ansätze werden durch den direkten Inszenierungsstil abgeblockt. In der Darstellung der Hauptrollen hervorragend. – Ab 16. ✦ Frankreich/Italien 1971 **P** Lira/Praesides **KI** Centfox **Pd** Ralph Baum **R+B** Jean-Pierre Blanc **K** Pierre Lhomme **M** Michel Legrand **S** Hélène Plemiannikov **D** Annie Girardot (Muriel Bouchon), Philippe Noiret (Gabriel Marcassus), Marthe Keller, Michel Lonsdale, Edith Scob **L** 88 **FSK** ab 12; f **FBW** bw **E** 2.2.1973/17.8.1973 Kino DDR/1.11.1975 DFF 1 **fd** 18 192

SPÄTE RACHE (1945) (ROGER-LA-HONTE/LA REVENGE DE LA ROGER-LA-HONTE). Kriminaldrama. Ein Industrieller wird Opfer verbrecherischer Machenschaften. Unschuldig kommt er ins Zuchthaus, kann ausbrechen und seine Familie suchen. Da seine Frau aus Kummer gestorben ist, schwört er Rache. (Alternativtitel: »Nacht ohne Alibi«, »Roger La Honte«) ✦ Schwarz-weiß. Frankreich 1945 **P** Gray **KI** Siegel Monopol **R** André Cayatte **B** André Cayatte, nach einem Roman von Jules Mary **K** Armand Thirard **M** René Sylviano **D** Lucien Coedel (Roger Laroque), Paul Bernard (Luversan), Maria Casarès (Julia de Noirville), Jean Tissier (Baron de Cé), Louis Salou (Lacroix), Jean Debucourt (Rechtsanwalt de Noirville) **L** 100 **E** 21.3.1952

SPÄTE RACHE (1946) →Verfolgt (1946)

SPÄTE RACHE (2001). Der Chefarzt einer westdeutschen Privatklinik trifft einen Freund aus DDR-Tagen wieder, der nun als Wachmann in seinem Krankenhaus arbeitet. Die Wiedersehensfreude ist nur von kurzer Dauer, denn bald treten Altlasten aus gemeinsamen Zeiten im Osten Deutschlands ebenso zutage wie sich Risse in der westdeutschen Gegenwart auftun. Aus zwei vermeintlichen Freunden werden Gegner, die eine alte Rechnung zu begleichen haben. Dramatische Dreiecksgeschichte, die sich zum Thriller weitet, als einer der drei Beteiligten glaubt, eine Schuld aus der Vergangenheit einklagen zu müssen. ✦ Deutschland 2001 **P** ZDF **R** Matti Geschonneck **B** Hannah Hollinger **K** Rudolf Blahacek **D** Peer Jäger (Michael Klenz), Maja Maranow (Heide Klenz), Christian Redl (Klaus Klempow) **L** 89 **E** 23.11.2001 arte

SPÄTE REISE (VOYAGES). Französischer Spielfilm über drei alte Frauen, die den Holocaust überlebt haben. Im dokumentarischen Stil handelt der vielfach ausgezeichnete Film vom langsamen Verlust einer Generation, die die Erinnerung an das Grauen als persönliche Bürde mit sich trägt. ✦ Frankreich/Polen 1999 **P** Les Films du Poisson/ARTE France Cinéma **R+B** Emmanuel Finkiel **K** Hans Meier, Jean-Claude Larrieu **S** Emmanuelle Castro **D** Shulamit Adar (Riwka), Liliane Rovère (Régine), Esther Gorintin (Véra), Natan Cogan (Graneck), Mosko Alkalai (Shimon), Maurice Chevit (Mendelbaum), Michael Shillo (Mr. Katz), Abraham Leber (Mr. Zalcberg), Alain Zylbering (Max), Patrick Lizana (Henri), Magdelena Czartoryjska (Führerin), Reuven Sheffer (Lev) **L** 124 **E** 25.10.2001 arte

SPÄTE SÜHNE (DEAD RECKONING). Nach dem Zweiten Weltkrieg gerät ein Fallschirmjägeroffizier an eine Bande von Erpressern und Mördern, als er versucht, den guten Ruf seines ermordeten Kameraden und Freundes wiederherzustellen. Spannender Kriminalfilm des »film noir« der 40er Jahre, in dem Humphrey Bogart seinen Rollentyp aus dem »Malteser Falken« nur geringfügig abwandelt. ✦ Schwarz-weiß. USA 1946 **P** Columbia **KI** Columbia **Pd** Sidney Biddell **R** John Cromwell **B** Oliver H. P. Garrett, Steve Fisher, Allen Rivkin, nach einem Originalstoff von Gerald Adams und Sidney Biddell **K** Leo Tover **M** Marlin Skiles **S** Gene Havlick **D** Humphrey Bogart (Rip Murdock), Lizabeth Scott (Coral Chandler), Morris Carnovsky (Martinelli), Charles Cane (Lt. Kincaid), William Prince (Johnny Drake) **L** 100 (gek. 96) **FSK** ab 16; nf (gek. 12) **E** 30.1.1951/8.4.1967 ZDF **fd** 1 009

DIE SPÄTE WAHRHEIT (MEMOIRES EN FUITE). Ein renommierter französischer Biologe kehrt in seine Heimatstadt Lyon zurück, weil seinem toten Vater ein Denkmal als Résistancekämpfer gewidmet werden soll. Dort stößt er allerdings auf immer mehr Indizien, die ein gänzlich anderes Licht auf seinen Vater werfen. Psychologischer Krimi, der anhand der Hauptfigur nicht nur die individuelle Wahrheitssuche, sondern auch die kollektiven Schwierigkeiten thematisiert, sich dem verdrängten Thema der Kollaboration zu stellen. ✦ Frankreich 2000 **P** France2/Mars International Fictions – Expand Images/ARTE France/AT-Production/R.T.B.F. **R** François Marthouret **B** Pierre Billon **K** Dominique Bouilleret **M** Jean-Marie Senia **S** Sophie Cornu **D** Bernard Le Coq (Frederic), Geneviève Page (Jeanne), Madeleine Barbulée (Tante Maire), Maurice Garrel (De Rouault), Sophie Aubry (Carole Baszinger), Benoîit Skalkal (Mathieu), Delphine Serina (Sarah), Alexandre von Sivers (Marc-Andre), Fabiene May (Germaine), Albert Mathieu (Lagnau), Angelo Dello Spedale (Felix), Jane Savigny (Astrid Baszinger) **L** 93 **E** 7.9.2001 arte

SPÄTER FRÜHLING (BANSHUN). Ein verwitweter Professor, der seit dem frühen Tod seiner Frau von seiner Tochter versorgt wird, erreicht nur durch die Behauptung, daß er wieder zu heiraten gedenke, daß seine Tochter heiratet und ihn verläßt. Mit großer Sensibilität gestaltetes Werk, das sich mit Konfliktsituationen innerhalb der japanischen Familie befaßt. – Sehenswert ab 16. ✦ Japan 1949 **P** Shochiku **R** Yasujirô Ozu **B** Kôgo Noda, Yasujirô Ozu **K** Yûshun Atsuta **M** Senji Ito **S** Yoshiyasu Hamamura **D** Chishû Ryû (Der Vater, Shukichi Somiya), Setsuko Hara (Die Tochter, Noriko), Yumeji Tsukioka (Aya Kitagawa), Haruko Sukimura (Die Tante, Masa Taguchi) **L** 105 **E** 15.3.1972 ARD

SPÄTER NACHMITTAG (POZNE POPOLUDNIE). Eine 50jährige fühlt sich zu ihrem jüngeren Untermieter hingezogen, der ein unrealistischer Träumer ist. Beide finden durch Enttäuschung aus der Illusion in die Wirklichkeit. Geradlinig und mit psychologischem Einfühlungsvermögen inszenierter Film eines jungen polnischen Autors und Regisseurs. ✦ Schwarz-weiß. Polen 1964 **P** Rytm **R+B** Aleksander Scibor-Rylski **K** Kurt Weber **M** Wojciech Kilar **D** Wanda Luczycka, Franciszek Pieczka, Elzbieta Kepinska, Magdalena Zawadzka, Barbara Brylska **L** 90 **E** 12.8.1967 WDR **fd** 14 856

SPÄTER SOMMER. Eine notorische Diebin kehrt aus der Großstadt in ihre oberschwäbische Heimat zurück und setzt dort ihre kriminelle Tätigkeit fort, als sich der Verkauf des ererbten Hofes hinauszögert. Zu ihrem ersten Opfer, einem Arbeiter, der aus seiner eingefahrenen Ehe zu fliehen versucht, entwickelt sie eine Art Haßliebe, die beiden eine Chance bietet. Doch dann stiehlt sie eine Muttergottesfigur aus der Dorfkapelle; die Beziehung droht zu scheitern. Low-Budget-Erstlingsfilms auf der Welle der neuen deutschen Heimatfilme. – Ab 16. ✦ BR Deutschland 1988 **P** Christoph Schrewe Prod. **R** Christoph Schrewe **B** Markus Steffl **D** Angelika Staudt (Maria), Josef Nepple (Franz), Renate Winter (Frau von Franz), Klaus Leupolz (Alfons) **L** (TV) 71 **E** 20.11.1989 S 3

SPÄTER VOLLMOND (ZAKASNJALO PALNOLUNIE). Ein alter Mann und die Familie seines Sohnes, der sich als Geschäftsmann versucht, leben sich auseinander. Schließlich wird der Alte ins Heim abgeschoben. Er ergreift die Flucht und lebt von den Nahrungsmitteln, die er in Mülltonnen findet. Eines Tages findet er einen Koffer voller Geld, den er dem Sohn stolz präsentiert. Es kommt zu einer letzten dramatischen Begegnung zwischen den beiden. Filmische Parabel über den Verfall der Staaten Osteuropas und die gesellschaftlichen Veränderungen, mit denen der einzelne Mensch kaum mithalten kann. Ein bitterer Film, doch bei aller Tristesse und Hoffnungslosigkeit schimmern immer wieder Solidarität und menschliche Nähe durch. – Ab 16. ✦ Bulgarien/Ungarn 1996 **P** Eduard Sachariew Prod./Bulgarisches Fernsehen/Filmstudio Budapest **Pd+R+B** Eduard Sachariew **K** Emil Christow **M** Kiril Dontschew **S** Kamen Ferdinandew **D** Itzak Finzi (alter Mann), Nikolai Urumow (sein Sohn), Virginia Kelmelite (seine Schwiegertochter), Simeon Simeonow (Anführer), Iwana Karajordanowa (Oma Dschana) **L** 117 **E** 17.11.1997 mdr

SPÄTER WIRD'S MAL. Bewusst an persönlichen Schicksalen und Wahrnehmungen orientierte dokumentarische Aufarbeitung der letzten DDR-Jahre und der »Wende«: Der Schauspieler Jan Josef Liefers, der Schlosser Horst Baer und die Cartoonistin Lona Rietschel schildern ihre Erfahrungen und Erlebnisse. ✦ Deutschland 1999 **R+B** Peter Dommaschk **K** Dirk Vahldiek **L** 65 **E** 8.11.1999 ORB

SPÄTERE HEIRAT NICHT AUSGESCHLOSSEN (EX-LADY). Die Künstlerin Helen glaubt, daß die Ehe der Untergang der Liebe ist, und lehnt alle Anträge ihres Geliebten selbstbewußt ab. Als sie sich schließlich doch zur Heirat überreden läßt, beginnt eine Reihe von Komplikationen, bei denen Eifersucht die treibende Kraft ist. Komödie mit melodramatischen Akzenten aus dem Künstler-Milieu, die aus seinen zahlreichen Verwicklungen kaum unterhaltendes Kapital schlagen kann. Dennoch begann mit diesem Remake eines Barbara-Stanwyck-Films (»Illicit«, 1931) der Aufstieg des Stars Bette Davis. – Ab 14. ✦ Schwarz-weiß. USA 1933 **P** Warner Bros. **Pd** Lucien Hubbard **R** Robert Florey **B** David Boehm, nach einer Geschichte von Edith Fitzgerald und Robert Riskin **K** Tony Gaudio **S** Harold McLernon **D** Bette Davis (Helen Bauer), Gene Raymond (Don Peterson), Monroe Owsley (Nick Malvyn), Kay Strozzi (Peggy Smith), Frank McHugh (Hugo Van Hugh), Claire Dodd (Iris Van Hugh), Ferdinand Gottschalk (Mr. Smith) **L** 65 **E** 1.8.1990 EINS PLUS

SPÄTESTENS IN EINEM JAHR (NE PROIDJOT I GODA). Ein Bauingenieur ist unzufrieden mit seiner unerwarteten Versetzung nach Kiew, wo er als Hauptingenieur eingesetzt werden soll. Es zieht ihn zurück zu seiner Brigade und den vertrauten Kollegen. So hofft er, daß die Prophezeihung seiner Geliebten – in spätesten einem Jahr sei er wieder Oberbauleiter bei seiner Brigade – wahr wird. ✦ UdSSR 1973 **P** Ekran **R** Leonid Beskodarni **B** Boris Balter **K** Vitali Simonez **M** Ilja Katajew **D** Gennadi Frolow (Pjotr Mussijenko), Valentina Titowa (Margarita), N. Kommunin (Lehrer), M. Krynisyna (Lymarja), B. Sawolokin (Nikolai) **L** 136 **E** 10.12.1974 DFF 1

SPÄTHERBST (AKIBIYORI). Das Bestreben dreier älterer Männer, der Tochter eines verstorbenen Freundes, die bei ihrer Mutter lebt, zur Heirat zu verhelfen, führt zunächst zu Mißverständnissen und Kummer, am Ende aber zum eigenen Hausstand der Tochter mit dem Segen der Mutter. Eine äußerst nuancenreiche Beschreibung des Konflikts der Generationen, in ruhigem Stil inszeniert, ohne dramatische Zuspitzung und Effekte. Ein Film von großer menschlicher Wärme und starker Ausstrahlung, der eine intensive Beobachtung und kritische Reflexion ermöglicht. – Sehenswert ab 16. ✦ Japan 1960 **P** Shochiku **R** Yasujirô Ozu **B** Kôgo Noda, Yasujirô Ozu, nach einem Roman von Ton Satomi **K** Yûshun Atsuta **M** Takanobu Saitô (= Ichiro Saitô) **D** Setsuko Hara (Akiko), Yôko Tsukasa (Ayako), Chishû Ryû (der Onkel), Nobuo Nakamura (Taguchi), Mariko Okada (Yuriko), Keiji Sada (Goto), Shin Saburi (Mamiya), Ryuji Kita **L** 124 **E** 3.10.1967 ARD

SPÄTSAISON. Dreiteilige Fernsehproduktion der DEFA: Die Liebe einer Ärztin und eines Lehrers steht vor einer harten Bewährungsprobe, weil beide viel zu unterschiedlich sind: Sie ist beruflich und privat eine Kämpferin, er der Ausgleichende und Ruhige. Doch auch als beide längst verheiratet sind und eine harmonische Ehe führen, sind noch längst nicht alle Klippen umschifft. Eines Tages wird den beiden bewusst, dass sie beginnen, aneinander vorbeizuleben. Problemgeladener Thesenfilm über Ehe, Liebe und Partnerschaft, zugleich ein Diskussionsbeitrag zur Emanzipation der Frau. Im Gegensatz zu anderen, thematisch ähnlichen Arbeiten werden die beruflichen Sphären von Mann und Frau hier gleichberechtigt beschrieben; daraus gewinnt der Film sein Konfliktbewusstsein und seine Stärke. ✦ Schwarzweiß. DDR 1973/74 **P** DEFA, Gruppe »Roter Kreis« **Pd** Alexander Lösche **R+B** Edgar Kaufmann **K** Wolfgang Pietsch **M** Georg Katzer **S** Ruth Ebel **D** Valentina Thielová (Hanna Steinbach), Otto Mellies (Kurt Sembrock), Annekathrin Bürger (Franziska), Wolf Kaiser (Prof. Dr. Hauk), Herwart Grosse (Maler) **L** 288 **E** 26.4.,30.5.,2.6.1974 DFF 1 (drei Teile)

SPATZ AUF DEM EIS →Kampfhähne auf Kufen

EIN SPATZ IN DER HAND (JUST MY LUCK). Slapstick-Komödie um den Angestellten eines Juweliergeschäfts, der seiner Angebeteten ein kostbares Schmuckstück schenken will. Das dazu fehlende Geld will er beim Pferdewetten gewinnen. Blasse Unterhaltung als schematische Plattform für hierzulande längst vergessene Stars. – Ab 16. ✦ Schwarzweiß. Großbritannien 1957 **P** Rank **Pd** Hugh Stewart **R** John Paddy Carstairs **B** Alfred Shaughnessy, Peter Blackmore **K** Jack Cox **M** Philip Green **S** Roger Cherrill **D** Norman Wisdom (Norman), Jill Dixon (Anne), Leslie Phillips (Hon. Richard Lumb), Delphi Lawrence (Miss Daviot), Margaret Rutherford (Mrs. Dooley) **L** 86 **E** 4.8.1985 DFF 2/25.6.1992 ORB

SPATZ IN DER HAND (1970) (PERCY). Einem Verunglückten wird das Geschlechtsorgan eines gerade verstorbenen Playboys transplantiert, worauf er sich in dessen Witwe verliebt und von seiner untreuen Frau scheiden läßt. Die Operation macht ihn zur Weltsensation und zum Mittelpunkt eines Publicityrummels. Schwerfällige Komödie mit einigen satirischen Ansätzen. ✦ Großbritannien 1970 **P** Welbeck/Anglo/EMI **KI** MGM **Pd** Betty E. Box **R** Ralph Thomas **B** Hugh Leonard, Terence Feely, nach einem Roman von Raymond Hitchcock **K** Ernest Steward **M** Ray Davies **S** Roy Watts **D** Hywel Bennett (Edwin Anthony), Denholm Elliott (Emmanuel Whitbread), Elke Sommer (Helga), Janet Key (Hazel), Pauline Delany (Schwester Flanagan), Britt Ekland (Dorothy Chiltern-Barlow), Cyd Hayman (Moira Warrington) **L** 95 **FSK** ab 18; nf **E** 7.7.1972/4.8.1990 RTL plus **fd** 17 958

SPATZ IN DER HAND (1996). Eine erfolgreiche Redakteurin entdeckt, daß ihr Mann, ein Dirigent, ein Verhältnis mit einer anderen hat, und heckt einen Racheplan aus. Sie läßt sich zu einem Telefonflirt mit einem Fremden hinreißen, beschreibt sich aber mit den Attributen der Geliebten ihres Mannes. Als sie tags darauf ihren Telefonpartner trifft, entpuppt er sich als ein neuer Mitarbeiter. So hat sie Gelegenheit, ihren Plan in die Tat umzusetzen. Der Neue soll sich in die Rivalin verlieben, gleichzeitig will sie ihn eifersüchtig machen. Eine wirre Liebesgeschichte über Gefühle, die eine Eigendynamik entwickeln, und über Spiele, deren Regeln bald niemand mehr beherrscht. Nicht sonderlich originell, eher zerfahren inszeniert. ✦ Deutschland 1996 **P** RB/arte **R** Heidi Kranz **B** Thommie Bayer **K** Peter C. Koop **M** Tamás Kahane **S** Dietlind Frank **D** Konstanze Breitebner (Sabine, Redakteurin), Walter Sittler (Bodo, Dirigent), Stefan Hunstein (Carl Stowasser), Marion Mitterhammer (Simone, Autorin), Heike Jonca (2. Redakteurin) **L** 90 **E** 14.2.1997 arte

DER SPATZ IST AUCH EIN VOGEL (A VEREB IS MADAR). Ein 1953 nach Wien geflohener Ungar kommt 15 Jahre später als Amerikaner auf einer Geschäftsreise nach Budapest und besucht seinen bis dahin glücklosen Zwillingsbruder. Als auch dessen Braut sich dem Amerikaner zuwendet, kommt dem Pechvogel ein genialer Einfall, der zu turbulenten Ereignissen und delikaten Verwicklungen führt. Ungarische Komödie mit Seitenhieben auf den amerikanischen wie sozialistischen »way of life«. ✦ Ungarn 1968 **P** Mafilm, Stúdió 4 **R** György Hintsch **B** István Kállai **K** István Hildebrand **M** Attila Dobos **D** László Kabos, Ildikó Piros, Ilona Medveczky **L** 80 **E** 10.2.1970 ARD

DER SPATZ VON PARIS – EDITH PIAF (LA MOME PIAF / PIAF – THE EARLY YEARS). Biografischer Spielfilm über Kindheit und Jugend der Pariser Chansonsängerin Edith Piaf bis zu ihrem Aufstieg zum Music-Hall-Star. Die erzählten Stationen geben einen unzureichenden Eindruck von dem menschlich und künstlerisch ungewöhnlichen Lebensweg, doch dafür entschädigt die musikalische Wiedergabe der teilweise erstmals aufgenommenen und nachgesungenen Lieder. – Ab 16. ✦ Frankreich/USA 1973 **P** Films Feuer et Martin **KI** Constantin **Pd** Cy Feuer, Ernie Martin **R** Guy Casaril **B** Guy Casaril, Françoise Ferley, Marc Behm, nach dem Buch »Piaf« von Simone Bertaut **K** Edmond Séchan **M** Ralph Burns **S** Henri Taverna, Louisette Hautecoeur **D** Brigitte Ariel (Edith Piaf), Pascale Christophe (Simone Berteaut), Guy Tréjan (Lucien Leplée), Pierre Vernier (Raymond Asso), Jacques Duby (Julien) **L** 103 **FSK** ab 16; f **E** 25.10.1974/19.12.1975 Kino DDR/26.2.1977 DFF 1 **fd** 19 103

SPATZEN (SPARROWS). »Mama Mollie«, ein junges Mädchen, nimmt sich einer Schar Waisenkinder an, aber ein hartherziger Farmer, dem das Land gehört, auf dem sie sich eingerichtet hat, macht ihr das Leben sauer. Das in Bildern von unheimlich düsterer Atmosphäre gehaltene Melodram gehört zu einer Gruppe von Filmen, mit denen Mary Pickford vergeblich versuchte, aus der vom Publikum verlangten Rolle des »kleinen Mädchens« auszubrechen. ✦ Schwarz-weiß. USA 1926 **P** United Artists **Pd** Mary Pickford **R** William Beaudine **B** C. Gardner Sullivan **K** Charles Rosher, Karl Struss, Hal Mohr **D** Mary Pickford (Mama Mollie), Gustav von Seyffertitz (Grimes), Roy Stewart (Richard Wayne), Mary Louise Miller (Doris Wayne), Charlotte Mineau (Mrs. Grimes), Spec O'Donnell (Ambrose Grimes), Lloyd Whitlock (Bailey) **L** 75 **E** 8.10.1976 NDR III

SPATZEN IN GOTTES HAND. Um seiner Frau in finanzieller Notlage ein paar glückliche Stunden zu bereiten, schwindelt ihr Mann ihr eine amerikanische Erbschaft vor. Eine durch Indiskretion heraufbeschworene Katastrophe kann in letzter Minute verhindert werden. Schwache Komödie voll naivem Optimismus. (Titel auch: »Glück aus Ohio«, »Erbschaft aus Amerika«) ✦ Schwarz-weiß. BR Deutschland 1950 **P** Merkur **KI** Danubia **Pd** Wilhelm Sperber, Heinrich Schier **R** Heinz Paul **B** Edgar Kahn, Ludwig Bender, Heinz Paul, nach dem gleichnamigen Stück von Edgar Kahn und L. Bender **K** Erich Claunigk **M** Herbert Jarzcyk **S** Doris Zeltmann **D** Hermann Brix (Gustl Kreuder), Edith Prager (Kathrin Kreuder), Loni Heuser (Fanny Schulz), Josef Sieber (Ottokar Schulz), Paul Henckels (Direktor Hasenkamp), Adolf Gondrell (C.O. Klotz), Helmuth Rudolph (Herkules), Linda Caroll (Patricia) **L** 85 **FSK** ab 12; f **E** 22.12.1950 **fd** 998

SPATZI, FRATZI & CO. (C'ERA UN CASTELLO CON 40 CANI / AU BONHEUR DES CHIENS). Ein Mailänder Junge erlebt turbulente Abenteuer auf einem heruntergekommenen Landsitz in der Toskana, der in eine florierende Hundepension umgewandelt wird. Gemeinsam mit seinem Pflegevater, der hübschen Dorflehrerin, einem lebensklugen Tierarzt und vor allem den vielen Hunden setzt er sich auch gegen einen kriminellen Unternehmer durch. Betont fröhlicher, aber lieblos inszenierter Familienfilm. Die sprunghafte Handlung dient lediglich als oberflächliche Folie für die Hundeszenen, die zwischen Kitsch und aufgesetztem Appell für die Freiheit des Tieres schwanken. – Ab 8 möglich. ✦ Italien/Frankreich/Spanien 1990 **P** Vides/Gruppo Fininvest/Reteitalia/Les Films Ariane/Moviestudio **KI** Jugendfilm **VA** Ufa **Pd** Franco Cristaldi **R** Duccio Tessari **B** Duccio Tessari, Mahnahem Velasco, Ennio de Concini, nach einem Roman von Remo Forlani **K** Marco Onorato **M** Detto Mariano **S** Mario Morra **D** Peter Ustinov (Dr. Muggione), Salvatore Cascio (Tom), Roberto Alpi (Bob), Delphine Forest (Violetta), Mercedes Alonso (Giovanna) **L** 91 **FSK** o. A.; f **E** 7.3.1991/2.10.1991 Video **fd** 28 812

DER SPÄTZÜNDER (1960) (HIGH TIME). Ein 51jähriger Witwer, millionenschwerer Inhaber einer Restaurantkette, beschließt, sein Studium nachzuholen. Schnell freundet er sich mit den lockeren Sitten des Campus an und findet auch wieder eine Frau fürs Leben. Anspruchsloses, unbeschwert unterhaltendes Musical ohne sonderlichen Tiefgang, das eine Reihe komischer, melodramatischer und manchmal auch sentimentaler Höhepunkte aneinanderreiht, ohne zu einer überzeugenden, geschlossenen Form zu finden. – Ab 14. ✦ Scope. USA 1960 **P** Bing Crosby Prod./20th Century Fox **Pd** Charles Brackett **R** Blake Edwards **B** Tom Waldman, Frank Waldman, nach einer Erzählung von Garson Kanin **K** Ellsworth Fredricks **M** Henry Mancini **S** Robert Simpson **D** Bing Crosby (Harvey Howard), Fabian (Gil Sparrow), Tuesday Weld (Joy Elder), Nicole Maurey (Helene Gauthier), Richard Beymer (Bob Bannerman), Yvonne Craig (Randy Pruitt) **L** 102 **E** 9.5.1990 SAT 1/25.8.1990 DFF 2

DER SPÄTZÜNDER (1973) (ULTIMO TANGO A ZAGAROL). Von seiner Frau, der Besitzerin eines drittklassigen Stundenhotels, ständig gedemütigt, ergreift ein Italiener die Flucht, kommt aber vom Regen in die Traufe. Plumpe Pseudopersiflage auf die Skandalszenen des Films »Der letzte Tango in Paris«. ✦ Italien 1973 **P** Cinemar **KI** CS **R** Nando Cicero **B** Marino Onorati **K** Luciano Trasatti **M** Ubaldo Continiello **S** Sandro Peticca **D** Franco Franchi, Martine Beswick, Gina Rovere, Nicola Arigliano, Franca Valeri **L** 84 **FSK** ab 18; nf **E** 4.4.1975 **fd** 19 359

SPAWN (SPAWN). Ein amerikanischer Agent wird das Opfer seines machthungrigen Vorgesetzten, der mittels eines todbringenden Virus die Welt beherrschen will. Zurückgekehrt aus dem Reich der Toten, wo er mit dem Teufel höchstpersönlich einen Pakt geschlossen hat, muß er nun als böser Superheld zu einer zerstörerischen Mission antreten. Rasante Verfilmung einer fantasievollen, aber extrem brutalen Comic-Serie, die mit einigen vorzüglichen Computeranimationen aufwartet, die Handlung aber so sehr vernachlässigt, daß sie zum leeren Kunstprodukt verkommt. DVD: Es existieren zwei Auflagen der FSK 18-Fassung (Director's Cut, entspricht der US-Kinofassung), wobei nur die als Special Edition titulierte Fassung die üblichen Extras aufweist. Die USA-Special Edition beinhaltet im Gegensatz zur deutschen DVD u. a. einen Audiokommentar des Regisseurs, des Autors der Vorlage Tod McFarlane, des Produzenten Clint Goldman und des Visual Effects Supervisor Steve Williams sowie einen Film/Storyboard-Vergleich. ✦ USA 1997 **P** New Line Cinema/Todd McFarlane Entertainment/Dippé Goldman Williams Prod. **KI** Constantin **VA** VCL **DVD** FSK 16 & 18: VCL (1.85:1, DD5.1 engl./dt.); FSK 18:VCL (1.85:1, DD5.1 engl./dt., DTS dt.), USA Import: New Line Studios (16:9, 1.85:1, DD5.1 engl.) **Pd** Clint Goldman **R** Mark A. Z. Dippé **B** Alan B. McElroy, nach der gleichnamigen Comic-Serie von Todd McFarlane **K** Guillermo Navarro **M** Graeme Revell **S** Michael

N. Knue **D** Michael Jai White (»Spawn«/Al Simmons), John Leguizamo (Clown), Martin Sheen (Jason Wynn), Nicol Williamson (Cogliostro), Theresa Randle (Wanda), D. B. Sweeney (Terry) **L** 96 **FSK** ab 16; f (DVD 16 & 18) **E** 30.10.1997/26.5.1998 Video/2.12.1998 DVD (FSK 16)/26.5.1999 DVD (FSK 18) **fd** 32 805

SPAZIERGANG IN MOSKAU → Zwischenlandung in Moskau

SPAZIERGANG NACH SYRAKUS (SPAZIERGANG NACH SYRAKUS). Eine Reise durch Italien: zu Fuß von der schweizerisch-italienischen Grenze bis hinunter nach Sizilien in sieben Monaten. Im Rucksack Kamera und Tonband – und die Reisebeschreibungen des deutschen Romantikers Johann Gottfried Seume (1763–1810). Der filmische Essay über das Reisen, den Süden und den italienischen Alltag wird auch zur Reise nach innen, zu einer nicht linearen, sondern assoziativ geführten Begegnung mit dem Ich, die im schlicht gehaltenen Film nachklingt. ✦ Österreich/Schweiz/Deutschland 1993 **P** Navigator **Pd** Lutz Leonhardt, Constantin Wulff **R** Lutz Leonhardt **B** Lutz Leonhardt, Constantin Wulff **K** Lutz Leonhardt **M** Roberto Russo **S** Goran Rebic, Robert Polak **L** 66 **E** Schweiz

EIN SPAZIERGANG NUR FÜR MÄNNER → Straße ins Eis

DIE SPAZIERGÄNGERIN VON SANS-SOUCI (LA PASSANTE DU SANS-SOUCI). Für den Präsidenten einer Hilfsorganisation wird die Vergangenheit wieder lebendig, als er in einem ausländischen Diplomaten einen faschistischen Botschaftsrat erkennt: der Tod seiner jüdischen Eltern, seine Verkrüppelung durch die SA, seine Flucht und der Überlebenskampf seiner Pflegemutter, einer deutschen Emigrantin in Paris, deren Mann ins KZ gebracht worden war. Er nimmt späte Rache und erschießt den Mörder der Menschen, die er liebte. Als große Rückblende erzählter melodramatischer Liebesfilm mit politischen Bezügen, der arg konstruiert wirkt und die heraufbeschworene Nazi-Zeit eher als nostalgisch angehauchte Zeitkulisse einsetzt. Herausragend allein die schauspielerische Leistung Romy Schneiders in ihrer letzten Rolle. ✦ BR Deutschland/Frankreich 1982 **P** CCC Filmkunst/Eléphant/Antenne 2 **KI** Scotia//Progress **Pd** Raymond Danon, Artur Brauner **R** Jacques Rouffio **B** Jacques Rouffio, Jacques Kirsner, nach dem Roman »La passante du Sans-Souci« von Joseph Kessel **K** Jean Penzer **M** Georges Delerue **S** Anna Ruiz **D** Romy Schneider (Elsa Wiener/Lisa Baumstein), Michel Piccoli (Max Baumstein), Wendelin Werner (Baumstein als Kind), Helmut Griem (Michel Wiener), Gérard Klein (Maurice Bouillard), Mathieu Carrière (Ruppert von Leggaert), Maria Schell (Anna Hellwig) **L** 102 **FSK** ab 12; f **FBW** w **E** 22.10.1982/13.5.1983 Kino DDR/26.12.1983 DFF 1 **fd** 23 701

DER SPECHT (DZIECIOL). Die verhinderten Amouren eines Ehemannes, dessen Frau für einige Tage verreist. Ironische, aber streckenweise recht müde Komödie um männliche Schwächen. – Ab 14. ✦ Scope. Polen 1971 **P** Filmstudio Lódz, Gruppe »Tor« **KI** Progress **R** Jerzy Gruza **B** Jerzy Gruza, Krzysztof Teodor Toeplitz **K** Zygmunt Samosiuk **M** Henryk Kuzniak, Juliusz Loranc **D** Wieslaw Golas (Stefan Waldeck), Violetta Villas (Rechtsanwaltsgattin), Alina Jankowska (Miska Waldeck), Mitchell Kowal (Zdziebko), Ryszard Pietruski (Direktor) **L** 88 **E** 10.5. 1974 Kino DDR/12.9.1975 DFF 2

DER SPECHT KENNT KEINE KOPFSCHMERZEN (NE BOLIT GOLOWA U DJATLA). Russischer Kinderfilm: Der 13jährige Sewa, der völlig im Schatten seines älteren Bruders steht, will partout Schlagzeuger werden, sieht sich dabei aber manchen Problemen gegenüber. Ein Erstlingsfilm, der viel Sinn für die kindliche Welt verrät. (Westdeutscher TV-Titel: »Der Specht zerbricht sich nicht den Kopf«) – Ab 8. ✦ Scope. UdSSR 1974/75 **P** Lenfilm **KI** Progress// Freunde der Deutschen Kinemathek **R** Dinara Assanowa **B** Juri Klepikow **K** Dmitri Dolinin **M** Jewgeni Krylatow **D** Sascha Scheslajew, Jelena Zyplakowa, Sascha Bogdanow, Ira Obolskaja, Pawel Rostowski **L** 79 **E** 3.3.1978 Kino DDR/5.5.1979 DFF 1/19.3. 1983 ARD

DER SPECHT ZERBRICHT SICH NICHT DEN KOPF → Der Specht kennt keine Kopfschmerzen

SPECIAL AGENT HAMMER → Specialagent Hammerhead

SPECIAL AGENT: KATY MAHONEY → Lady Blue

SPECIAL FIGHTER (OPERATION: TAKE NO PRISONERS). Handelsüblicher Agenten-Thriller. Ein mit allen Wassern gewaschener Geheimagent soll einen Wissenschaftler und dessen geheime Akten in Sicherheit bringen. Kompliziert wird der Fall dadurch, daß er sich dabei gleich mit FBI, CIA und KGB herumschlagen muß. ✦ USA 1987 **P** INI/FVI Film Ventures International **VA** Concorde **Pd** Tom Shaw, Ronald Schmidt **R** Tom Shaw **B** Ronald Schmidt **K** Jon Henry Schmeer **M** John O'Kennedy, Ed Martel **S** Ronald Schmidt, Michelle Enslow, Steve Lustgraben **D** G. F. Russell (Kane Turk), Margie Edgol (Mrs. Hillman), Edgar Hillman (Prof. Hillman), Jacques Drew (Jackie Hillman), Rick Jones (Lester Lagrance) **L** 87 **FSK** ab 18 **E** 13.7.1992 Video **fd** 29 767

SPECIAL FORCE USA (CROSSBONE TERRITORY). Vietnam 1967: Eine amerikanische Spezialeinheit, unterstützt durch vietnamesische Kräfte, zerstört eine Radarstation des Vietcong. Unter großen Verlusten kann der Befehl durchgeführt werden, doch beim Vergeltungsangriff des Vietcong wird fast die ganze Einheit aufgerieben, bevor amerikanische Kampfhubschrauber eingreifen. Kriegsfilm nach Schema. ✦ USA 1985 **P** T. G. Monteverde **VA** Pacific **R** Danny Catreira **D** Michael James, Don Gordon, Paul Vance, Mike Cohen, Willy Williams **L** 82 **FSK** ab 18 **E** März 1987 Video

SPECIAL PEOPLE (SPECIAL PEOPLE). Drama um eine Lehrerin, die ihre geistig behinderten Schüler zur Gründung einer Theatergruppe bewegt. ✦ USA 1984 **R** Marc Daniels **B** Corey Blechman **D** Brooke Adams (Lehrerin), Susan Roman (Annie), Sandra Ciccone (Sandra Ciccone), Lesleh Donaldson (Robin), Benny D'Onofrio (Benny D'Onofrio) **L** 96 **E** 23.8.1997 tm 3

SPECIAL POLICE (SPECIAL POLICE). Nach der Ermordung ihres Bruders und ihrer Schwägerin, die die Polizei aus zunächst unerfindlichen Gründen als Doppelselbstmord deklariert, wendet sich eine junge Frau an einen Computerfachmann im Polizeidienst, der auf eigene Faust ermittelt. Er kommt einer geheimnisvollen kriminellen Organisation auf die Spur, deren Mitglieder in höchsten Polizei-, Politiker- und Wirtschaftskreisen zu finden sind. Routiniert inszenierter Kriminalfilm, der sich um ein ausgefallenes Ambiente und genaue Personenzeichnung bemüht, in Inszenierung und politischen Anspielungen jedoch schematisch bleibt. (Fernsehtitel: »Die Verschwörung«) ✦ Frankreich 1985 **P** Cathala/T.F.1 **VA** Marketing **Pd** Norbert Saada **R** Michel Vianey **B** Michel Vianey, Simon Michaël **K** Claude Agostini **M** Jean-Pierre Mas **S** Geneviève Winding **D** Richard Berry (Daniel Ackermann), Carole Bouquet (Isabelle Robin), Fanny Cottençon (Julie Ackermann), Jean-Pierre Malo (Leguen), Benoît Régent **L** 87 **FSK** ab 16 **E** Oktober 1986 Video/22.10.1987 NDR

SPECIAL SECTION → Eine Frauensache

SPECIAL TERMINATOR CIA (ASSASSIN). Ein dem Menschen nachgebauter Killer-Roboter des CIA, nahezu unzerstörbar und aufs Überleben programmiert, wendet sich gegen seine Erbauer und den gesamten Geheimdienst. Actionfilm ohne besondere Qualitäten. ✦ USA 1986 **P** Sankan **VA** Vestron **Pd** Neil T. Maffeo **R+B** Sandor Stern **K** Chuck Arnold (= Charles G. Arnold) **M** Anthony Guenn **S** James Galloway **D** Robert Conrad (Harry Stanton), Karen Austin (Mary Casallas), Richard Young (Robert Golem), Jonathan Banks (Earl Dickman), Robert Webber (Lantz) **L** 96 **FSK** ab 18 **E** April 1987 Video

SPECIALAGENT HAMMERHEAD (HAMMER HEAD). Thriller. Ein Polizist aus New Orleans will die Ermordung eines Freundes rächen. Seine Nachforschungen führen ihn nach Jamaika, wo er nicht nur seine frühere Freundin wiedertrifft, sondern auch auf eine gefährliche Bande von Rauschgifthändlern und Kidnappern stößt. Wirklich bedrohlich wird die Angelegenheit, als sich herausstellt, daß der totgeglaubte Freund höchst lebendig und der Drahtzieher in diesem Spiel ist. (Alternativtitel: »Hammer«, »Special Agent Hammer«) ✦ Italien 1987 **P** Filmustang **VA** Ufa **R+B** Enzo G. Castellari (= Enzo Girolami) **K** Sandro Mancori (= Alessandro Mancori) **M** Raskovich **D** Daniel Greene, Nick Cassada, Melonee Rodgers, Jorge Gill, Donna Rosae **L** 93 (gek. 87) **FSK** ab 18 (gek. 16) **E** 12.1.1990 Video

SPECIES (SPECIES). Drei Wissenschaftler, ein Hellseher und ein Spezialagent jagen eine weibliche Kreatur, die aus dem kombinierten Erbgut von Menschen und Außerirdischen entstand. Eine anfangs spannende, dann jedoch immer kalkulierbarer werdende und im Finale mißratene Kreuzung aus bekannten Horror-, Science-Fiction- und Kriegsfilmmotiven. Die mit guten Darstellern und sparsamen Effekten zunächst aufgebaute Atmosphäre einer universalen Bedrohung verliert im Finale durch technischen Firlefanz und aufgesetzte Moral erheblich an Wirkung. ✦ Scope. USA 1995 **P** Metro-Goldwyn-Mayer **KI** UIP **VA** Warner Home **DVD** Fox Home (16:9, 2.35:1, DD5.1 engl./dt.) **Pd** Frank Mancuso jr., Dennis Feldman **R** Roger Donaldson **B** Dennis Feldman **K** Andrzej Bartkowiak **M** Christopher Young **S** Conrad Buff **D** Natasha Henstridge (Sil), Michelle Williams (die junge Sil), Ben Kingsley (Xavier Fitch), Forest Whitaker (Dan Smithson), Michael Madsen (Press Lennox), Marg Helgenberger (Laura Baker), Alfred Molina (Stephen Arden), Scott McKenna, George Dzundza (Colonel Carter Burgess jr.), James Cromwell (Senator Ross) **L** 108 **FSK** ab 16; f **FBW** w **E** 9.11. 1995/10.5.1996 Video/31.10.1998 ProSieben/ 25.9.1998 DVD **fd** 31 623

SPECIES II (SPECIES II). Nach geglückter Mars-Mission kehrt der zum Alien mutierte Kommandeur eines Raumschiffes zur Erde zurück und bringt Tod und Verderben über die Menschheit. Ein aus winzigen Zellresten geklontes weibliches Alien und ein unerschrockener Mann stellen sich der Bedrohung. Verspätete Fortsetzung eines blutrünstigen Science-Fiction-Films, die den Vorgänger an Ekeleffekten mühelos übertrifft. Die Gewaltorgie wird ohne Sinn und Verstand abgespult und erzeugt durch fehlenden Suspense nicht mehr als ärgerliche Langeweile. DVD: Die Extras beinhalten u. a. einen Audiokommentar des Regisseurs sowie ein Feature mit nicht verwendeten Szenen. ✦ USA 1998 **P** MGM **KI** UIP **VA** Warner Home **DVD** Fox Home (16:9, 1.85:1, DD5.1 engl./dt.) **Pd** Frank Mancuso jr. **R** Peter Medak **B** Chris Brancato **K** Matthew F. Leonetti **M** Edward Shearmur **S** Richard Nord **D** Michael Madsen (Press Lennox), Natasha Henstridge (Eve), Marg Helgenberger (Dr. Laura Baker), Mykelti Williamson (Gamble), George Dzundza (Colonel Burgess), Justin Lazard (Patrick Ross) **L** 93 **FSK** ab 16; f **E** 30.7.1998/5.2. 1999 Video/30.4.1999 DVD **fd** 33 237

SPECIMEN: DER ALIEN-TERMINATOR (SPECIMEN). Ein junger Mann, der vor 24 Jahren durch ein Experiment von Außerirdischen als ein Mischwesen aus Mensch und Alien gezeugt wurde, wird zu einer Bedrohung für die Aliens, als er sich seiner übernatürlichen Fähigkeiten bewusst wird. Sie entsenden einen »Terminator«, der das Problem lösen soll. Wie aus heiterem Himmel taucht ein zweiter Einzelkämpfer auf, der den jungen Mann beschützt. Lächerliche Science-Fiction-Geschichte, die die haarsträubende Geschichte unterbudgetiert und mit einem völlig überforderten Hauptdarsteller zu erzählen versucht. ✦ Kanada 1995 **Pd** Damian Lee, Helder Goncalves **R** John Bradshaw **B** John Bradshaw, Sheldon Inkol, Damian Lee, Lauren McLaughlin **K** Gerald R. Goozee **M** Terence Gowan **S** Paul G. Day **D** Mark Paul Gosselaar (Mike Hillary), Doug O'Keefe (Nummer 11), Ingrid Kalevaars (Jessica), Andrew Jackson (Nummer 66), David Herman (Sheriff Masterson) **L** 79 **E** 30.12.2001 ProSieben

SPECTERS – MÄCHTE DES BÖSEN (SPECTERS). Archäologen stoßen auf ein weitverzweigtes Katakombensystem. Obwohl sie ahnen, daß sie ein geheimnisvolles böses Wesen zum Leben erweckt haben, schweigen sie, und so häufen sich bald mysteriöse Todesfälle, denen die Arbeiter einer neuen U-Bahn-Linie und einige Grabräuber zum Opfer fallen; denn die unheimliche Macht muß töten, um überleben zu können. Horrorfilm nach dem üblichen Schema. ✦ Italien 1986/87 **P** Reteitalia/Trio Cinema e Televisione **VA** VPS **Pd** Maurizio Tedesco **R** Marcello Avallone **B** P. L. Germini, A. Cicco, Marcello Avallone, Andrea Purgatori, Maurizio Tedesco, Dardano Sacchetti **K** Enrico Sasso, Silvano Ippoliti **M** Lele Marchitelli, Daniele Rea **S** Adriano Tagliavia **D** John Pepper (Markus), Katrine Michelsen (Alice), Donald Pleasence (Professor Lasky), Massimo De Rossi, Giovanni Bilancia **L** 89 **FSK** ab 18 **E** 17.3.1988 Video

SPEED (SPEED). Ein Bus darf nicht langsam fahren, sonst explodiert eine Bombe. Die dramatischen Ereignisse bis zur Überlistung des Terroristen bieten äußerst spannendes Kino fast ohne Gewaltdarstellungen. Ein meisterhafter Montagefilm, ein Höhepunkt des Actionkinos. Nicht nur ein spannender Genrefilm, sondern ein Essay über die Essenz des Kinos: die Bewegung. – Sehenswert ab 16. ✦ Scope. USA 1994 **P** 20th Century Fox **Kl** 20th Century Fox **VA** Fox **DVD** Fox Home (16:9, 2.35:1, DD5.1 engl./dt.) **Pd** Mark Gordon **R** Jan de Bont **B** Graham Yost **K** Andrzej Bartkowiak **M** Mark Mancina **S** John Wright **D** Keanu Reeves (Jack Traven), Dennis Hopper (Howard Payne), Sandra Bullock (Annie), Joe Morton (Capt. McMahon), Jeff Daniels (Harry), Alan Ruck (Stephens) **L** 116 **FSK** ab 16; f **E** 20.10. 1994/13.4.1995 Video/5.4.1996 premiere/13.1. 2000 DVD **fd** 31 017

SPEED 2 (SPEED 2: CRUISE CONTROL). Ein verbitterter und todkranker Schiffskonstrukteur bringt einen Luxusliner unter seine Kontrolle, um den Safe auszurauben. Derweil machen sich ein an Bord befindlicher Elite-Polizist und seine Geliebte an die Rettung des Schiffes und der darauf verbliebenen Menschen. Im Stil seines Vorgängers »Speed« (1994) setzt der Film den Schwerpunkt nicht auf die Handlung, sondern auf eine äußere Bewegung, die sich fortpflanzt: auf verschiedene Fortbewegungsmittel, die Menschen und selbst die Kamera. Nur andeutungsweise eine ironisch zu verstehende Zerstörungsorgie gegen Luxusgüter, tendiert der Film am Ende zur reinen Materialschlacht und verliert dadurch viel an Unterhaltungswert. – Ab 14 möglich. ✦ Scope. USA 1997 **P** Twentieth Century Fox **Kl** 20th Century Fox **VA** Fox **DVD** VCL (1.85:1, DD5.1 engl./dt., DTS engl./dt.) **Pd+R** Jan de Bont **B** Randall McCormick, Jeff Nathanson **K** Jack N. Green **M** Mark Mancina **S** Alan Cody **D** Sandra Bullock (Annie), Jason Patric (Alex), Willem Dafoe (Geiger), Temuera Morrison (Juliano), Brian McCardie (Merced) **L** 125 **FSK** ab 12; f **E** 10.7. 1997/5.1.1998 Video/13.1.2000 DVD **fd** 32 640

SPEED CROSS – ZWEI GEBEN VOLLGAS (C'ERA UNA VOLTA LA LEGGE – SPEED CROSS / SPEED CROSS). Zwei italienische Speed-Cross-Fahrer legen einer skrupellosen Rennwettenmafia das Handwerk und gewinnen ganz nebenbei auch noch das Rennen. Gänzlich anspruchslose, zähflüssige Kriminalgeschichte, die auch durch flotte Rennszenen nicht an Spannung gewinnt. – Ab 16. ✦ Italien 1980 **P** Cleminternazionale **Kl** Avis/Apollo **Pd** Giovanni di Clemente **R** Stelvio Massi **B** Steno (= Stefano Vanzina), Lucio de Caro, Sergio Patou **K** Pier Luigi Santi **M** Toto Tarquati **S** Mauro Bonanni **D** Fabio Testi (Paolo), Vittorio Mezzogiorno (Nicola), Lia Tanzi (Resi), José-Louis de Villalonga (Meyer), Daniela Poggi (Inge) **L** 84 **FSK** ab 16; f **E** 8.5.1981 **fd** 22 940

SPEED FEVER (SPEED FEVER). Ein als Reportage über die Welt der Formel-I-Fahrer aufgemachter Spielfilm, dessen Schwerpunkt auf Bildern von spektakulären Unfällen bei den verschiedensten Rennen liegt. Die sogenannten »Interviews« mit den Fahrern zeichnen sich höchstens durch die Abwesenheit jeglichen Informationsgehaltes aus. ✦ Italien 1977 **P** Racing Pictures **Kl** Residenz **R** Mario Morra, Oscar Orefici **B** Pietro Rizzo **K** Ottavio Fabbri **M** Guido de Angelis, Maurizio de Angelis **D** Sydne Rome, Niki Lauda, James Hunt, Mario Andretti, Gene Hackman, James Coburn, David Niven, Michael York **L** 97 **FSK** ab 12; f **E** 11.1.1979 **fd** 21 064

SPEED RAGE (RAGE). Ein bisher unbescholtener Grundschullehrer flüchtet quer durch Kalifornien. Bei einem geheimen Experiment der Rüstungsindustrie wurde ihm ein Mittel injiziert, das ihn zu einer Kampfmaschine ohne Hemmungen gemacht hat. Rettung naht in Gestalt eines Reporters, der die Öffentlichkeit informiert. Spekulativer Actionfilm mit einer Anhäufung von Schieß- und Gewaltszenen. ✦ USA 1995 **P** PM Entertainment **VA** Ascot **Pd** Joseph Merhi, Richard Pepin, Marta Merrifield, Scott McAboy **R** Joseph Merhi **B** Joseph John Barmettler, Jacobsen Hart **K** Ken Blakey **M** Louis Febre **S** Chris Worland **D** Gary Daniels (Alex), Kenneth Tigar (Harry), Fiona Hutchison (Mary), Jillian McWhirter (Bobby), Peter Jason (Grigg) **L** 91 **FSK** ab 18 **E** 7.11. 1995 Video/12.10.1996 RTL 2 **fd** 31 704

SPEED TRAIN – TODESFAHRT IN DIE HÖLLE (HIJACK). Ein Ex-Elitesoldat befreit einen liberalen Politiker aus den Händen Rechtsradikaler und verhindert, dass ein gekaperter Fernzug mit einer nuklearen Sprengladung an Bord in eine Großstadt rast. Kompakter Actionfilm, der nicht die übliche Lynch- und Selbstjustiz zelebriert, aber durch seine typische Argumentation der amerikanischen Waffen-Lobby nahe steht. ✦ USA 1998 **P** Royal Oaks Entertainment **VA** VCL **Pd** Ashok Amritraj, Andrew Stevens **R** Worth Keeter **B** Steve Latshaw **K** W. Doyle Smith **S** Brett Hedlund, Lewis Schoenbrun **D** Jeff Fahey (Eddie Lyman), Ernie Hudson jr. (Jennings), Beth Toussaint, Brent Huff (David Anderson), Robert Miano (John Gathers), Patrick Kilpatrick (Carl Howard), Ernie Hudson (Senator Douglas) **L** 90 (gek. 88) **FSK** ab 18 (gek. ab 16) **E** 21.9.1999 Video **fd** 33 972

SPEEDRIDER – DIE JAGD NACH DEM WUNDERAUTO (RPM). Ein griechischer Reeder setzt eine Million »Kopfgeld« auf ein neues Auto aus, das ohne Benzin fahren soll. Temporeicher Actionfilm um einen Ganoven, seine Schwester und eine schlagkräftige Schönheit, die sich die Prämie an der Côte d'Azur nicht durch die Lappen gehen lassen wollen. ✦ Großbritannien 1997 **Pd** Thomas Hedman **R** Ian Sharp **B** J. P. Gardner, Franklin Brauner (= Donald Cammell) **K** Harvey Harrison **M** Alan Lisk **S** Peter Davies **D** David Arquette (Luke), Emmanuelle Seigner (Michelle), Famke Janssen (Claudia), John Bluthal (Grinkstein), George Rossi (Zantos), Steve John Shepherd (Rudy) **L** 87 **E** 6.4.1999 premiere

SPEEDTRAP – EINSTEIGEN, STARTEN, ABHAUEN (SPEEDTRAP). Ein »Phantomfahrer« provoziert aus Rache halsbrecherische Verfolgungsjagden mit der Polizei, wobei zahlreiche Menschen verletzt und Dutzende von Autos zu Schrott gefahren werden. Nur auf Autocrashs ausgerichteter, in Inhalt und Form gleichermaßen kläglicher US-Film. ✦ USA 1977 **P** First Artists **Kl** Jugendfilm **Pd** Howard Pine, Fred Mintz **R** Earl Bellamy **B** Stuart A. Segal, Walter M. Spear **K** Dennis Dalzell **M** Phil Cory **S** Mike Vejar **D** Joe Don Baker (Pete), Tyne Daly (Nifty), Robert Loggia (Spillano), Morgan Woodward (Capt. Woodward), Richard Jaeckel (Billy) **L** 93 **FSK** ab 16; nf **E** 17.2.1978 **fd** 20 666

SPEEDWAY (SPEEDWAY). Elvis Presley spielt einen erfolgreichen Speedway-Fahrer, der mit seinem leichtsinnigen Manager von Rennen zu Rennen zieht und viel Geld verdient, bis das Finanzamt durch Steuernachforschungen dem sorglosen Leben ein Ende macht. 27. Elvis-Presley-Film; eine banale musikalische Komödie ohne formale Ambitionen. Dank der guten Darsteller trotzdem einigermaßen unterhaltsam. – Ab 16. ✦ Scope. USA 1968 **P** MGM **Pd** Douglas Laurence **R** Norman Taurog **B** Phillip Shuken **K** Joseph Ruttenberg **M** Jeff Alexander **S** Richard Farrell **D** Elvis Presley (Steve Grayson), Nancy Sinatra (Susan Jacks), Bill Bixby (Kenny Donford), Gale Gordon (R. W. Hepworth), William Schallert (Abel Esterlake) **L** 105 **E** 8.12.1976 BR

SPEEDWAY TRIO (GRANDVIEW, U.S.A.). Konflikte um ein Speedodrom in einer amerikanischen Kleinstadt, im Mittelpunkt ein rauf- und sauflustiger Jugendlicher. Mit Popmusik unterlegter belangloser »Problemfilm« mit reichlich demolierten Autos; eine Nichtigkeit, die offensichtlich wegen des gewachsenen Marktwertes von Patrick Swayze mit einigen Jahren Verspätung ausgegraben wurde. – Ab 16. ✦ USA 1984 **P** Lion's Gate **VA** CBS/Fox **Pd** William Warren Blaylock, Peter W. Rea **R** Randal Kleiser **B** Ken Hixon **K** Reynaldo Villalobos **M** div. Songs **S** Robert Gordon **D** Patrick Swayze (Ernie »Slam« Webster), C. Thomas Howell (Tim Pearson), Troy Donahue (Donny Vinton), Carole Cook (Betty Wells), Jamie Lee Curtis (Michelle »Mike« Cody), M. Emmet Walsh **L** 97 **FSK** ab 12 **E** 25.6.1988 Video **fd** 27 135

SPEEDY GONZALES UND SEINE FREUNDE (SPEEDY GONZALES IL SUPERSONICO). Die Supermaus Speedy Gonzales präsentiert zwölf Zeichentrickfilme, in denen sie größtenteils die Hauptrolle spielt. Dank zahlreicher heiterer Einfälle und trotz mancher Wiederholungen kurzweilige Unterhaltung. – Ab 10 möglich. ✦ USA 1952–67 **P** Warner Bros. **Kl** Warner-Columbia **R** Friz Freleng **M** William Lava, Milt Franklyn, Carl W. Stalling **L** 72 **FSK** ab 6; nf **E** 12.7.1973 **fd** 18 383

DER SPEER DER NATION (LA LANZA DE LA NACION). Dokumentarfilm über den »Speer der Nation« (»Umkontho we sizwe«), den militärischen Flügel des African National Congress (ANC) in Südafrika. Er beschreibt die Geschichte des politischen Kampfes gegen die Apartheid und analysiert dessen System, indem er die ökologischen und ideologischen Wurzeln untersucht. Dabei kompiliert er Dokumentarmaterial, Wochenschau-Aufnahmen, Fotos, Fragmente des NS-Films »Ohm Krüger« sowie der DEFA-Produktion »Der lachende Mann« von Heynowski/Scheumann. Ergänzt wird dies durch Aussagen während einer Konferenz der UNO im Mai 1976. (O.m.d.U.) ✦ Kuba 1977 **P** ICAIC **Kl** Freunde der Deutschen Kinemathek **R** Rigoberto López **B** Jorge Giannoni, Rigoberto López **K** Patricio Castilla **L** 55 **E** 1978 Kino

DER SPEER DER RACHE (CHIEF CRAZY HORSE). In der tragischen Gestalt des Sioux-Häuptlings Crazy Horse (1842–1877) personifiziert sich gleichsam zum letzten Mal der indianische Widerstand gegen die Übermacht der weißen Eroberer. Der Tugenden wie Klugheit, Mut, Treue und Ritterlichkeit in sich vereinende Häuptling fällt gemäß einer Weissagung durch die Hand eines Verräters aus eigenen Reihen. Obgleich die ungleich prosaischere Wirklichkeit zu einem verklärten Heldenepos umfrisiert wurde, ein spannender Edelwestern, eindrucksvoll in Cinemascope inszeniert. – Ab 12. ✦ Scope. USA 1955 **P** Universal **Kl** Universal **Pd** William Alland **R** George Sherman **B** Franklin Coen, Gerald Drayson Adams **K** Harold Lipstein **M** Frank Skinner, Joseph Gershenson (Ltg.) **S** Al Clark **D** Victor Mature (Schwarzer Hengst), Suzan Ball (Blütentau), John Lund (Major Twist), Ray Danton (Steppenwolf), David Janssen (Cartwright), James Millican (General Crook), Keith Larsen (Flying Hawk), Robert Warwick, Morris Ankrum, James Westerfield (Caleb Mantz), Stuart Randall (ängstlicher alter Mann), Pat Hogan, Dennis Weaver (Maj. Carlisle), Charles Horvath (Hardy) **L** 86 **FSK** ab 12; nf **E** 5.8.1955 **fd** 4 406

SPEISEKARTE DER LIEBE (LES GODELUREAUX). Ronald, ein dekadenter Snob aus reichem Hause, fühlt sich vom Studenten Arthur durch eine Nichtigkeit beleidigt und sinnt auf Rache. Er benutzt ein junges Mädchen als Lockvogel; als Arthur unsterblich verliebt ist, betrügt Ronald ihn nach allen Regeln teuflischer Kunst. Chabrol erweist sich in seinem fünften Spielfilm erneut als ein höchst sensibler Gestalter von Details und als bissiger Moralkritiker. Hier allerdings ist das amüsante, überraschende Kaleidoskop der Stilrichtungen und Einzelbeobachtungen selbst ohne jeglichen Stil: Jede Szene ist exzellent gemacht, aber als verbindendes Element fungiert allein ein lustvoll zelebrierter Zynismus. ✦ Schwarz-weiß. Frankreich/Italien 1960 **P** International/Cocinor/S.P.A. **Pd** André Hoss **R** Claude Chabrol **B** Eric Ollivier, Paul Gégauff, Claude Chabrol, nach einem Roman von Eric Ollivier **K** Jean Rabier **M** Pierre Jansen **S** James Cuenet **D** Jean-Claude Brialy (Ronald), Bernadette Lafont (Ambroisine), Charles Belmont (Arthur), Jean Tissier (Präsident), Jean Galland (Arthurs Onkel), Sacha Briquet (Bräutigam), Stéphane Audran (Nachfolgerin) **L** 107 **FSK** ab 18; nf **E** 2.3.1961 **fd** 10 023

SPELLBINDER – EIN TEUFLISCHER PLAN (SPELLBINDER). Erst spät kommt ein verliebter junger Anwalt in L. A. dahinter, daß seine neue Freundin eine Hexe ist. Mit Sex und Sekt lockt sie ihn in die Falle. Bei einer nächtlichen Satansmesse am Strand verliert er Herz und Leben. Okkult-Krimi, der seinen zahlreichen Vorgängern fast bis aufs Haar gleicht. Die erste Handlungshälfte ist nicht ohne Spannung; der Rest dann nur noch lächerliche Massenware. ✦ USA 1988 **P** MGM/Wizan Film Properties **VA** Euro-Video **Pd** Joe Wizan, Brian Russell **R** Janet Greek **B** Tracy Torme **K** Adam Greenberg **M** Basil Poledouris **S** Steve Mirkovich **D** Timothy Daly (Jeff Mills), Kelly Preston (Miranda Reed), Audra Lindley (Mrs. White), Rick Rossovich (Derek Clayton), Cary-Hiroyuki Tagawa (Lt. Lee) **L** 94 **FSK** ab 16 **E** 21.11.1989 Video **fd** 28 008

SPENCER TRACY: EIN PORTRÄT VON KATHARINE HEPBURN (THE SPENCER TRACY LEGACY: A TRIBUTE BY KATHARINE HEPBURN). Filmische Hommage an den am 10. Juni 1967 gestorbenen amerikanischen Schauspieler Spencer Tracy, zusammengestellt von seiner zeitweiligen Lebensgefährtin und mehrfachen Filmpartnerin Katharine Hepburn, die sich, nahezu 80jährig, selbst ins beste Licht setzt. Mit zahlreichen Filmausschnitten und Erinnerungen von Freunden und Kollegen umreißt der Film Tracys Persönlichkeit und Lebenswerk; informativ, einfühlsam und in der Darstellung des privaten Bereichs diskret. – Ab 14. ✦ Teils schwarz-weiß. USA 1986 **P** MGM **R** David Heely **B** John L. Miller **K** John Sharaf **M** John K. Adams **S** Scott P. Doniger, Dale Vennes, Joe Longo **D** Katharine Hepburn, Stanley Kramer, Sidney Poitier, Frank Sinatra, Elizabeth Taylor **L** 90 **E** 26.10.1987 ARD

SPENSER (SPENSER FOR HIRE). Ein Privatdetektiv aus Boston, halb Philosoph, halb Frauenheld, sucht in einem zwielichtigen Milieu nach den Mördern einer Prostituierten. Pilotfilm zu einer Fernseh-Krimiserie, holprig und banal, hart an der Grenze zur unfreiwilligen Parodie. ✦ USA 1985 **P** John Wilder Prod./Warner TV **Pd** Dick Gallegly **R** Lee H. Katzin **B** John Wilder, in Anlehnung an eine Romanfigur von Robert B. Parker **D** Robert Urich (Spenser), Avery Brooks (Hawk), Barbara Stock (Susan Silverman), Richard Jaeckel (Martin Quirk), Geoffrey Lewis (Harry Patterson), Donna Mitchell (Pamela Patterson), Chuck Connors (King Powers) **L** 96 **E** 20.8.1987 SAT 1

SPENSER: DAS ATTENTAT (SPENSER: A JUDAS GOAT). Pilotfilm einer neuen Detektivstaffel. Im Auftrag eines südafrikanischen Millionärs soll der Bostoner Privatdetektiv die Hintergründe eines Bombenattentats ermitteln, dem die Millionärsfamilie zum Opfer fiel. Er stößt auf ein Mordkomplott gegen einen schwarzen Präsidentschaftskandidaten und kann nachweisen, daß sein Auftraggeber die Finger im Spiel hat. – Ab 16. ✦ USA 1994 **R** Andrew White (= Andrea Bianchi) **B** Robert B. Parker, Joan Parker **D** Robert Urich (Spenser), Avery Brooks (Hawk), Barbara Williams (Dr. Susan Silverman), Leon Pownall (Hugh Dixon), Natalie Radford (Cloris) **L** 87 **E** 9.12.1996 RTL 2

SPENSER: IN LEBENSGEFAHR (SPENSER: A SAVAGE PLACE). Rasch nachdem er sich in die Dienste seiner Ex-Freundin, einer Reporterin, gestellt hat, wird Privatdetektiv Spenser klar, daß er nur Mittel zum Zweck und notfalls Bauernopfer sein soll. Eine weitere Serienfolge um den Bostoner Privatermittler. – Ab 14. ✦ USA 1994 **R** Joe Scanlon **B** Robert B. Parker, Joan Parker, Monte Stettin **D** Robert Urich (Spenser), Avery Brooks (Hawk), Wendy Crewson (Susan Silverman), Cynthia Dale (Candy Sloan), Ross Petty (Brewsten) **L** 87 **E** 16.12.1996 RTL 2

SPENSER: TOCHTER AUS GUTEM HAUSE →Combat Zone

SPENSER: TOD EINES SENSATIONSREPORTERS (SPENSER: PALE KINGS AND PRINCES). Serien-Detektiv Spenser und sein Team versuchen, der Ermordung eines Reporters auf den Grund zu kommen, stoßen bei ihren Recherchen jedoch zunächst auf eine Mauer des Schweigens. Doch bald kristallisiert sich heraus, dass die ganze Stadt von einem mächtigen Drogenschmuggler abhängig ist. Brauchbare, wenn auch keine übermäßig aufregende Kriminalunterhaltung. ✦ USA 1994 **Pd** Michael J. Maschio, Ray Sager **R** Victor Sarin **B** Robert B. Parker, Joan Parker **K** Victor Sarin **M** Paul Zaza **S** Ron Wisman **D** Robert Urich (Spenser), Avery Brooks (Hawk), Barbara Williams (Susan Silverman), Lawrence Bayne (Dave), Matt Birman (Red Mackinaw) **L** 86 **E** 29.3.2001 tm3

SPERELLI SETZT SICH DURCH (IO, SPERIAMO CHE ME LA CAVO / CIAO, PROFESSORE!). Ein Lehrer wird auf Grund eines Computerfehlers vom italienischen Norden in ein Bergnest im Süden versetzt, wo die Mafia das Geschehen bestimmt. Kaum ein Schüler kommt zum Unterricht, weil die meisten von ihnen arbeiten müssen. Der Lehrer setzt sich schließlich mit seinen Bemühungen um Anerkennung durch, macht sich zugleich aber einen der Schüler zum Feind. Lina Wertmüller thematisiert einmal mehr den Nord-Süd-Konflikt in Italien, diesmal im Spiegel kindlichen Bewußtseins. – Ab 16. ✦ Italien 1992 **R** Lina Wertmüller **B** Alessandro Bencivenni, Leonardo Benvenuti (= Leo Benvenuti), Piero de Bernardi, Domenico Saverni, Lina Wertmüller, nach einem Roman von Marcello D'Orta **K** Gianni Greco **M** Dangio Greco **S** Pierluigi Leonardi **D** Paolo Villaggio (Marco Tulio Sperelli), Isa Danieli (Schuldirektorin), Gigio Morra (Hausmeister), Sergio Solli (Papierhändler), Ester Carloni (Esterina), Paolo Bonacelli (Ludovico Mazzullo), Ciro Esposito (Raffaele) **L** 95 **E** 2.8.1998 Super RTL

SPERLING UND DER BRENNENDE ARM. Kommissar Sperling wird wiederholt Zeuge von gewalttätigen Auseinandersetzungen in einem Lokal und kann sich zunächst keinen Reim auf diese Häufung der Ereignisse machen. Erst als die Wirtsfrau nach der Verhaftung ihres Mannes und einiger randalierender Jugendlicher ihr Schweigen bricht, erfährt er, daß er zufällig mit einem Fall von Schutzgelderpressung konfrontiert ist. (Fernseh-)Krimi mit einem unkonventionellen Kommissar, der durch seine vielschichtige Inszenierung und gute Hauptdarsteller überzeugt. – Ab 14 möglich. ✦ Deutschland 1998 **P** Polyphon **Pd** Claudia Holldack **R** Dominik Graf **B** Rolf Basedow **K** Hanno Lentz **M** Dominik Graf **S** Hana Müller **D** Dieter Pfaff (Hans Sperling), Benno Fürmann (Karsten Rhode), Petra Kleinert (Vera Kowalski), Hans Joachim Grubel (Norbert Wachuta), André Hennicke (Wirt) **L** 89 **E** 23.10.1998 arte

SPERRBEZIRK. Die Geschichte eines Zuhälters, der sich in eins seiner Opfer verliebt, dadurch »geläutert« wird, aber auch umkommt. Unentschieden zwischen Rührseligkeit, Brutalität und Spekulation schwankende Kolportage. Die angedeutete Auseinandersetzung mit der Prostitution ist lediglich unzulängliche Tarnung. (Titel auch: »Sperrbezirk, das Geschäft mit der Unmoral«) – Wir raten ab. ✦ Schwarz-weiß. BR Deutschland 1966 **P** Universum **Kl** Gloria **Pd** Ernst Neubach **R** Will Tremper **B** Will Tremper, nach dem gleichnamigen Roman von Ernst Neubach **K** Hans Jura **M** Heinz Schreiter **S** Ursula Möhrle **D** Harald Leipnitz (Bernie Kallmann), Suzanne Roquette (Ann), Guido Baumann (Detlev Rhombus), Ingeborg Schöner (Jolly), Ruth-Maria Kubitschek (Die Blauäugige) **L** 94 **FSK** ab 18; nf **E** 3.6.1966 **fd** 14 084

SPERRFEUER AUF PLANQUADRAT X (DOKTOR MLADEN). Im Frühjahr 1941 starten deutsche Heeresverbände eine Großoffensive gegen die jugoslawischen Partisanen. Nach anfänglichen Erfolgen können die Partisanen ihren Rückzug ordnen und ihrerseits einen Angriff auf gut befestigte Stellungen der Deutschen beginnen. Patriotisch gefärbter Kriegsfilm. ✦ Jugoslawien 1975 **P** Studio-Film Sarajevo **VA** VPS **R** Midhat Mutapcic **B** Rade Basic **K** Miroljub Nikosavljevic **D** Ljuba Tadic, Pavle Vujisic, Ljubisa Samardzic, Zvonimir Crnko, Vlasta Knezovic **L** 90 (Video 81) **FSK** ab 16 **E** Ende 1985 Video/31.5.1986 RTL plus

SPERRFEUER AUF QUADRAT 7 (TARGET ZERO). Kriegsabenteuer einer hinter die feindlichen Linien versprengten Patrouille in Korea, zu denen auch das Liebesgeplänkel mit einer eingeborenen Krankenschwester gehört. Ein Film, der den Koreakrieg als schneidige Kintopp-Eskapade behandelt. ✦ Schwarz-weiß. USA 1955 **P** Warner **Kl** Warner **Pd** David Weisbart **R** Harmon Jones **B** Sam Rolfe, nach einer Erzählung von James Warner Bellah **K** Edwin DuPar **M** David Buttolph **S** Clarence Kolster **D** Richard Conte (Leutnant Flagler), Peggie Castle (Ann Galloway), Charles Bronson (Sgt. Gaspary), Richard Stapley (Sgt. Kensemmit), L. Q. Jones (Feliz Zimbalist), Chuck Connors (Moose), John Alderson (Corporal Enoch) **L** 90 **FSK** ab 16; nf **E** 12.12.1958 **fd** 7 646

SPERRMÜLL. Ein junger Punk-Musiker aus Ost-Berlin trommelt gemeinsam mit seinen drei Freunden seinen Unmut auf Gegenstände, die andere Menschen fortgeworfen haben. Während der Dreharbeiten im Frühsommer 1989 heiratet seine Mutter erneut und zieht in den Westen, während er sich dafür entscheidet, im Osten zu bleiben. Dank der Wende können sie sich wider Erwarten schon im Frühjahr 1990 wiedersehen. Ein einfühlsamer Dokumentarfilm, der liebevoll Menschen porträtiert; auf sympathische Weise bricht er eine Lanze für viele von der politischen Entwicklung der deutschen Wiedervereinigung überrollte Menschen. – Ab 14 möglich. ✦ DDR/BR Deutschland 1989/90 **P** DEFA, Studio für Dokumentarfilme, Gruppe »Kinobox« **Kl** CON-Film **Pd** Peter Mansee, Peter Planitzer **R** Helke Misselwitz **B** Helke Misselwitz, Gerd Kroske **K** Thomas Plenert **M** Sperrmüll, Bolschewistische Kurkapelle Rot-Schwarz, Angelika Richter, Heinz Richter **S** Gudrun Steinbrück **L** 78 **E** 19.2.1991

SPERRSTUNDE (1978) (TOQUE DE QUEDA). Ausgangspunkt des Films ist die Hinrichtung von fünf spanischen Antifaschisten im September 1975, kurz vor dem Tode Francos. In einer assoziativen Erzählstruktur und mit atmosphärisch dichten Bildern wird von Marta berichtet, einer Frau, die dank ihrer Schwangerschaft vor der Exekution bewahrt wird und bis zur Amnestie im Gefängnis bleibt. Ein individuelles Schicksal steht hier als Chiffre für ein unmenschliches System, das noch in den letzten Zügen seiner Agonie sinnlos Menschen vernichtet. Ein an Zwischentönen reicher, leiser Film, der betroffen macht. (O.m.d.U.) ✦ Spanien 1978 **P** Araba Films **Kl** Freunde der Deutschen Kinemathek **R+B** Inaki Nunez **K** Begona Zanguito **D** Xabier Elorriaga (Jon, der Vater), Maria Pardo (Marta), Jon Subinoas (Jon, der Sohn), Manuel Litian (Seratin), Isabel Ayucar (Genossin) **L** 60 **E** 8.2.1981 BR

SPERRSTUNDE (1981) (KOMENDANTSKI TSCHASS).

In einer von den faschistischen Truppen besetzten belorussischen Stadt gibt eine alte Dame verwaisten Kindern eine neue Heimat. Doch auch die Polizei weiß von ihren Kontakten zu der Partisanen-Abteilung. ✦ Scope. UdSSR 1981 **P** Lenfilm **R** Natalja Troschtschenko **B** Samson Poljakow **K** Alexander Tschetschulin **M** Wladislaw Uspenski **D** Galina Makarowa (Großmutter Vera), Irina Resnikowa (Nastja), Andrej Tolubejew (Erich Roman), Iwan Sodorow (Fjodor) **L** 81 **E** 9.6.1983 DFF 2

SPERRT MICH NICHT AUS! →Mut der Verzweiflung

SPERRZONE (SAPRETNAJA SONA). Ein Wirbelsturm zerstört ein russisches Dorf. Mit ihren Häusern verlieren die Bewohner auch ihre Habe, doch die Hilfsmaßnahmen werden durch Bürokratie, Schlamperei und Egoismus behindert. Ein »Perestroika«-Film, der sich in überspitzter Form mit Verantwortungslosigkeit und Inkompetenz auseinandersetzt. ✦ UdSSR 1988 **R** Nikolai Gubenko **D** Shanna Bolotowa, Kirill Lawrow, Nonna Mordjukowa, Alla Larionowa, Innokenti Smoktunowski **L** 89 (TV) **E** 23.9.1996 mdr

SPETTERS – KNALLHART UND ROMANTISCH (SPETTERS). Drei junge Männer versuchen mit ihren Motorrädern einem Idol nachzueifern. Ein Film, der die berufliche Situation und die psychologischen Probleme Heranwachsender oft sehr drastisch schildert, im ganzen jedoch sehens- und diskussionswert. ✦ Niederlande 1980 **P** VSE-Film **KI** Residenz **Pd** Joop van den Ende **R** Paul Verhoeven **B** Gerard Soeteman **K** Jost Vacano **M** Ton Scherpenzeel, Kayak **S** Ine Schenkkan **D** Hans van Tongeren (Rien), Renée Soutendijk (Fientje), Toon Agterberg (Eef), Maarten Spanjer (Hans), Marianne Boyer (Maja), Rutger Hauer (Witkamp), Jeroen Krabbé (Henkhof) **L** 122 **FSK** ab 18; f **E** 2.10.1980 **fd** 22 648

SPEZIALEINHEIT: FOXFIRE (CODENAME: FOXFIRE – SLAY IT AGAIN, SAM). Eine aus drei Frauen bestehende Spezialeinheit der CIA soll eine gestohlene Atomrakete zurück in den Besitz der USA holen, um internationale Konflikte zu verhindern. Interessante und insgesamt unterhaltsame Variante des Spezialagenten-Genres à la James Bond. (TV-Titel: »Codename: Foxfire«) ✦ USA 1985 **P** Universal **VA** CIC **R** Corey Allen **B** Richard Chapman, Bill Dial **K** Frank Pershing Flynn **M** Joe Sample **D** Joanna Cassidy, John McCook, Sheryl Lee Ralph, Henry Jones, Robin Johnson **L** 92 **FSK** ab 16 **E** August 1985 Video **fd** 25 275

SPEZIALEINHEIT IQ (A MIDNIGHT CLEAR). Dezember 1944 in den Ardennen: Ein unerfahrener amerikanischer Aufklärungstrupp aus hochintelligenten Soldaten stößt auf versprengte Deutsche. Sie vereinbaren ein Scheingefecht, das für alle Beteiligten Vorteile mit sich bringen soll, lösen jedoch ein Blutbad aus, dem fast alle zum Opfer fallen. Konventionell inszenierter und unbeholfen synchronisierter Film, dessen Auseinandersetzung mit Krieg und Gewalt zu häufig unfreiwillig komisch ausfällt. ✦ USA 1991 **P** A & M Films/Sovereign/Beacon **VA** Columbia TriStar **Pd** Dale Pollock, Bill Borden **R** Keith Gordon **B** Keith Gordon, nach einem Roman von William Wharton **K** Tom Richmond **M** Mark Isham **S** Don Brochu **D** Peter Berg (Miller), Kevin Dillon (Avakian), Arye Gross (Shutzer), Ethan Hawke (Will), Gary Sinise (»Mother«), Frank Whaley (»Father«) **L** 104 **FSK** ab 16 **E** 7.9.1993 Video/19.9.1994 premiere **fd** 30 439

SPEZIALEINHEIT M.C.U. (CRIME STORY: MAJOR CRIME UNIT). Weiterer Fernsehkrimi der Serie »Crime Story«. Diesmal ist die nicht sehr zimperliche Spezialeinheit der Polizei hinter einem Gangsterboß her, der jedoch kurz vor seiner Verhaftung ermordet wird. ✦ USA 1987 **P** New World **VA** Highlight **R** Michael Mann **B** Chuck Adamson, Gustav Reiniger **D** Dennis Farina, Anthony John Denison **L** 86 **FSK** ab 16 **E** 24.2. 1988 Video

EIN SPEZIALIST (UN SPECIALISTE, PORTRAIT D'UN CRIMINEL MODERNE / THE SPECIALIST). Dokumentation über den Prozess gegen Adolf Eichmann, der im Dritten Reich für die millionenfache Deportation von Menschen – meist Juden – verantwortlich war und seine Verteidigung uneinsichtig auf Befehlsnotstand und Fahneneid aufbaute. Ein beeindruckendes Zeitdokument, das vom konkreten Anlass auf die Allgemeingültigkeit einer Situation weist, in der vermeintliche Pflichterfüllung der Menschlichkeit übergeordnet wird. (O.m.d.U.) – Sehenswert ab 14. ✦ Frankreich/Deutschland/Belgien/Österreich/Israel 1999 **P** Momento/France 2 Cinéma/Bremer Institut Film Fernsehen/WDR/Image Création/RTBF/Lotus Film/Amythos Film & TV Prod./Noga Communications/Channel 8 **KI** Arsenal **VA** Arthaus (Kinowelt Home) **Pd+R** Eyal Sivan **B** Rony Brauman, Eyal Sivan **K** Leo T. Hurwitz **M** Yves Robert, Krishna Levy, Béatrice Thiriet, Jean-Michael Levy **S** Audrey Maurion **L** 128 **E** 11.11.1999/Juni 2000 Video **fd** 33 936

EIN SPEZIALIST – ADOLF EICHMANN – DER PROZESS →Ein Spezialist

EIN SPEZIALIST SEINER BRANCHE (DATE WITH DISASTER). Zwei Verbrecher beseitigen ihren Komplizen und hängen dem Geschäftspartner, einem Autohändler, den Mordverdacht an. Reißerischer Dreigroschenkrimi. ✦ Schwarz-weiß. Großbritannien 1957 **P** Fortress **Pd** Guido Coen **R** Charles Saunders **B** Brock Williams **K** Brendan J. Stafford **D** Tom Drake (Miles), William Hartnell (Tracy), Shirley Eaton (Sue), Maurice Kaufmann (Don), Michael Golden (Inspektor Matthews), Richard Shaw (Ken) **L** 67 **E** 6.11.1962 ARD

DIE SPEZIALISTEN (LES SPECIALISTES). Die spannungsreiche Geschichte zweier charakterlich verschiedener Männer, die nach ihrer Flucht aus dem Gefängnis ein Spielcasino ausrauben, das als Geldwaschanlage der Mafia dient. Mit Sinn für Atmosphäre inszeniert, wobei der Film weniger an der Kriminalhandlung als an einem klassischen Thema des französischen Kriminalfilms interessiert ist, der Männerfreundschaft, die er mit zahlreichen Verweisen auf verschiedene Vorbilder inszeniert. – Ab 16. ✦ Scope. Frankreich 1984 **P** Films Christian Fechner/Antenne 2 **KI** Jugendfilm **VA** Embassy **Pd** Bernard Artigues **R** Patrice Leconte **B** Bruno Tardon **K** Eduardo Serra **M** Eric de Marsan **S** Joëlle Hache **D** Gérard Lanvin (Stéphane Carella), Bernard Giraudeau (Paul Brandon), Christiane Jean (Laura), Maurice Barrier (Kovacs), Bertie Cortez (Mazetti), Daniel Jegou (Kasinodirektor) **L** 94 **FSK** ab 12; f **FBW** w **E** 17.10.1985/Februar 1986 Video/8.8. 1986 Kino DDR/20.2.1988 ARD/29.12.1988 DFF 2 **fd** 25 339

DIE SPEZIALISTEN-GANG (THE SPECIALIST). Polit-Krimi mit ungewöhnlicher Thematik: Über die Nutzungsrechte eines Trinkwasser-Reservoirs entsteht ein Rechtsstreit. Während eine Entwicklungsgesellschaft einen riesigen Erholungskomplex aufbauen möchte, ist eine Stadt in der Nähe von San Francisco an der Trinkwasserversorgung ihrer Bevölkerung interessiert. Ein mit der Klärung der Angelegenheit beauftragter Anwalt greift zu schmutzigen Tricks; sein Kontrahent tappt in die Falle und erlebt eine böse Überraschung. (TV-Titel: »Das Komplott«) – Ab 16 möglich. ✦ USA 1975 **P** Crown International **VA** Allround **Pd+R** Hikmet Avedis **B** Hikmet Avedis, Marlene Schmidt, Ralph B. Potts, nach dem Roman »Come Now the Lawyers« von Ralph B. Potts **K** Masoud Joseph **M** Shorty Rogers **D** Adam West, John Anderson, Ahna Capri, Alvy Moore, Marlene Schmidt **L** 89 **FSK** ab 16 **E** Video/15.7.1988 RTL plus

SPEZIALKOMMANDO FEUERVOGEL (CHALLENGE OF THE TIGER). Ein Gangstersyndikat, Vietcong-Agenten und der CIA auf der Jagd nach einer geheimen Sterilisationsformel. Eine läppische Mischung aus Sex, Crime und Action. ✦ USA 1984 **P** Dragon **KI** Apollo **R** Bruce Le (=Huang Kin Lung) **B** Poon An, Bruce Le (=Huang Kin Lung) **D** Richard Harrison, Brad Harris, Joe Laufer, Dick Randel, Sharon Schirra, Bruce Le (= Huang Kin Lung) **L** 88 **FSK** ab 18; nf **E** 1985 Kino **fd** 25 160

SPEZIALKOMMANDO WILDGÄNSE (APPUNTAMENTO COL DISONORE). Die auf Zypern stationierte britische Militäreinheit hat ständig mit Schwierigkeiten zu kämpfen, die ihr die griechische Untergrundbewegung bereitet. Der abtrünnige Priester Evagoras, der die Macht an sich zu reißen versucht, plant die Ermordung eines UN-Sekretärs. Eher Abenteuerfilm als Politthriller, bleibt diese nebulöse Koproduktion hinter jeder Erwartung zurück. Über die Situation auf Zypern erfährt man nichts, Spannung bleibt aus, und Klaus Kinski als Priester Evagoras wirkt schlicht lächerlich. – Ab 16. ✦ Italien/BR Deutschland/Jugoslawien 1971 **P** Roberto Cinematografica/Lisa/Avala Genex **VA** Highlight **R** Robert McCahon (= Adriano Bolzoni) **B** Finley Hunt (= Borislav Mihajlovic), Robert McCahon (= Adriano Bolzoni), Alan White (= Gunther Heller), nach einem Roman von William H. Gage jr. **K** Guglielmo Garroni **M** Gianni Ferrio **S** Franca Silvi **D** Michael Craig, Eva Renzi, Klaus Kinski, Adolfo Celi, George Sanders **L** 93 **FSK** ab 16 **E** 1986 Video **fd** 25 507

SPHERE – DIE MACHT AUS DEM ALL (SPHERE). Ein Team aus Wissenschaftlern stößt auf dem Grund des Pazifiks auf das Wrack eines Raumschiffs sowie auf eine geheimnisvolle Kugel, die offenbar außerirdischen Ursprungs ist. Ein fesselnd inszenierter Science-Fiction-Film nach einem (älteren) Roman von Michael Crichton, der die hochgespannten Erwartungen mit seinen konventionellen Katastrophenszenen jedoch letztlich nicht befriedigen kann. – Ab 16. ✦ Scope. USA 1998 **P** Baltimore Pictures/Constant C-Produktion **KI** Warner Bros. **VA** Warner Home **DVD** Warner Home (16:9, 2.35:1, DD5.1 engl./dt.) **Pd** Michael Crichton, Andrew Wald, Barry Levinson **R** Barry Levinson **B** Stephen Hauser, Paul Attanasio, nach einem Roman von Michael Crichton **K** Adam Greenberg **M** Elliot Goldenthal **S** Stu Linder **D** Dustin Hoffman (Norman), Sharon Stone (Beth), Samuel L. Jackson (Harry), Peter Coyote (Barnes), Liev Schreiber (Ted) **L** 134 **FSK** ab 16; f **FBW** w **E** 2.4. 1998/30.10.1998 Video/2.2.1999 DVD **fd** 33 070

SPICEWORLD – DER FILM (SPICEWORLD – THE MOVIE). Ein pünktlich zum gleichnamigen Musikalbum der englischen Gruppe »Spice Girls« entworfener Kinofilm, dessen bruchstückhafte Handlung nur als Gerüst für die Musiknummern dient. Dabei zeigen gerade Verweise auf den Beatles-Klassiker »A Hard Day's Night« (1964) den Wertewandel der letzten Jahrzehnte: Was damals unmittelbarer Ausdruck eines allumfassenden Paradigmenwechsels war, präsentiert sich heute als Projektionsfläche einer perfekt austarierten Zitatenmaschinerie. In dieser Hinsicht ist dieser Film ein authentischer Ausdruck des Zeitgeistes in den späten 90er Jahren. (Titel auch: »Spice World«) – Ab 14. ✦ Großbritannien 1997 **P** PolyGram Filmed Entertainment/Icon Entertainment International/Fragile Films **KI** PolyGram/UIP **VA** PolyGram (Fox) **Pd** Uri Fruchtmann, Barnaby Thompson **R** Bob Spiers **B** Kim Fuller **K** Clive Tickner **M** Paul Hardcastle **S** Andrea MacArthur **D** Emma Bunton (Emma), Geraldine Halliwell (Geri), Melanie Brown (Mel B), Victoria Adams (Victoria), Richard E. Grant (Clifford), Claire Rushbrook (Deborah), Meat Loaf (Dennis), Roger Moore (Boß), Melanie Chisholm (Mel C), Richard Briers (Bischof), Stephen Fry (Richter), Hugh Laurie (Poirot), Elvis Costello (Elvis Costello), Bob Geldof (Bob Geldof), Bob Hoskins (Bob Hoskins), Elton John (Elton John) **L** 92 **FSK** o. A.; f **E** 1.1.1998/7.5.1998 Video **fd** 32 916

SPIDER AND ROSE (SPIDER AND ROSE). Ein Film über das Erwachsenwerden und die Liebe zum Leben. An seinem letzten Arbeitstag bekommt der Fahrer einer Ambulanz den Auftrag, eine 70jährige Frau zu einer Geburtstagsfeier im abgelegenen Süden Australiens zu chauffieren. Für den Mann, der mit den Gedanken bereits bei seiner Abschiedsfeier ist, geht es nur darum, den Auftrag so schnell wie möglich zu erledigen. Aber nach diversen Zwischenfällen bahnt sich zwischen ihm und der alten Dame eine ungewöhnliche Freundschaft an. – Ab 12. ✦ Australien 1993 **R** Bill Bennett **D** Simon Bossell (Spider), Ruth Cracknell (Rose), Harry Tritton (Paddy), Heidi Lapaine (Schwester Maguire), Max Cullen (Jack) **L** 95 (TV) **E** 2.8.1995 Vox

SPIDER LABYRINTH (IL NIDO DEL RAGNO). Ein junger amerikanischer Professor gerät während »religionsgeschichtlicher Forschungen« in Budapest einer Sekte von Killern in die Hände, die am Unterarm den Abdruck einer Tarantel tragen. Auch er wird zum Spinnenträger gemacht und nach seiner Rückkehr in die USA zum grausamen Mörder. Hirnrissiger Horrorfilm mit gängigen Versatzstücken des Gruselkinos, in dem sich die auch mit Sex versetzten »splatter«- und »slasher«-Bilder zu einer ekelerregenden Orgie von Blut und Gewalt steigern. – Wir raten ab. ✦ Italien 1988 **P** Empire/Splendida **VA** VPS **Pd** Tonino Cervi **R** Gianfranco Giagni **B** Tonino Cervi, u. a. **K** Nino Celeste **M** Franco Piersanti **D** Roland Wybenga, Paola Rinaldi, Margareta von Krauss, William Berger, Stéphane Audran **L** 85 **FSK** ab 18 **E** 31.10. 1988 Video **fd** 27 274

SPIDER-MAN – DER SPINNENMENSCH (SPIDER MAN). Durch den Biß einer radioaktiv verseuchten Spinne erwirbt ein Student spinnenartige Fähigkeiten, die er in den Dienst der Verbrechensbekämpfung stellt. Verfilmung einer erfolgreichen amerikanischen Comicserie: zwar nicht besonders spannend, aber mit einigen hübschen Trickeinfällen. ✦ USA 1977 **P** Danchuck **KI** Warner-Columbia **Pd** Charles Fries, Dan Goodman **R** E. W. Swackhamer **B** Alvin Boretz **K** Fred Jackman **M** Johnnie Spence **S** Aaron Stell **D** Nicholas Hammond (Pete Parker), Lisa Eilbacher (Judy Tyler), Michael Pataki (Barbara), David White (Jameson), Thayer David (Byron), Ivor Francis (Tyler) **L** 93 **FSK** ab 6; f **E** 16.6.1978 **fd** 20 825

SPIDER-MAN GEGEN DEN GELBEN DRACHEN (SPIDER-MAN – THE DRAGON'S CHALLENGE). Spiderman rehabilitiert einen chinesischen Minister und einen amerikanischen Wissenschaftler und entlarvt die Intrigen internationaler Wirtschaftsgangster. Actionfilm in naivem Märchenstil, der die pittoreske Kulisse von Hongkong wirkungsvoll zur Geltung bringt. ✦ USA 1979 **P** Danchuk **KI** Warner-Columbia **R** Don McDougall **B** Lionel E. Siegel **K** Vincent A. Martinelli **M** Dana Kaproff **S** Erwin Dumbrille, Fred Roth **D** Nicholas Hammond (Pete Parker), Robert F. Simon (Jameson), Ellen Bry (Julie), Rosalind Chao (Emilie), Benson Fong (Min Lo Chan), Chip Fields (Rita) **L** 96 **FSK** ab 6; f **E** 25.6.1981 **fd** 23 027

SPIDER-MAN SCHLÄGT ZURÜCK (SPIDERMAN STRIKES BACK). Der Spinnenmensch siegt im Kampf gegen einen schurkischen Waffenhändler, der sich in den Besitz einer von Studenten gebastelten Atombombe gebracht hat und die USA zu erpressen versucht. Routinearbeit, naiv, klischeehaft, diesmal ohne nennenswerte Spannungs- oder Actionelemente. ✦ Scope. USA 1978 **P** Charles Fries Prod./Dan Goodman Prod. **KI** Warner-Columbia **Pd** Charles Fries, Dan Goodman **R** Ron Satlof **B** Robert Janes **K** Jack Whitman **M** Stu Phillips **S** D. H. Newhouse, Erwin Dumbrille **D** Nicholas Hammond (Peter Parker), Robert F. Simon (Jameson), Joanna Cameron (Gale), Robert Alda (White), Chip Fields (Rita), Michael Pataki (Capt. Barbera) **L** 93 **FSK** ab 6; nf **E** 9.6.1979 **fd** 22 085

SPIDER MURPHY GANG. Ein heiterer Rückblick auf den Aufstieg einer Münchener Rockgruppe, die im Gefolge der »Neuen Deutschen Welle« in den frühen 80er Jahren Erfolge feierte. Ohne große Ambitionen inszeniert, aber dank ironischer Zwischentöne recht unterhaltsam. ✦ BR Deutschland 1983 **P** Sentana **KI** Filmverlag der Autoren **Pd** Michael Verhoeven **R** Georg Kostya **B** Georg Kostya, Paul Born, Michael Verhoeven, Hans Brenner, Günther Sigl, Michael Busse, Franz Trojan, Barny Murphy **K** Atze Glanert, Klaus Moderegger **M** Spider Murphy Gang **S** Barbara Hennings **D** Günther Sigl (Günther Sigl), Michael Busse (Michael Busse), Franz Trojan (Franz Trojan), Barny Murphy (Barny Murphy), Hans Brenner (Kneipenwirt Joschko) **L** 96 **FSK** ab 6; f **E** 7.10.1983 **fd** 24 214

SPIDERMAN – GEHEIMNISVOLLE MÄCHTE (SPIDERMAN). Zeichentrick-Abenteuer um den Marvel-Comic-Helden »Spiderman«, der die Menschheit vor dem drohenden Untergang retten muß. Trivialbanale Unterhaltung von der Stange. – Ab 14 möglich. ✦ USA 1986 **P** New World TV **VA** Highlight **L** 90 **FSK** ab 12 **E** 1988 Video

SPIDERMAN – KAMPF GEGEN TÖDLICHE GEFAHREN (SPIDERMAN). Zeichentrick-Abenteuer um die Comic-Figur des »Spiderman«, der der bedrohten Menschheit in allen Ländern der Erde zur Hilfe kommt. – Ab 14 möglich. ✦ USA 1986 **P** New World TV **VA** Highlight **L** 90 **FSK** ab 12 **E** 1988 Video

SPIDERS (SPIDERS). Die Ufo-gläubige Redakteurin einer College-Zeitung und zwei ihrer Freunde entdecken, dass der Absturz eines Space Shuttles durch genmanipulierte Spinnen eines illegalen Experiments verursacht wurde. Zwar können die Teenager das geheime Labor zerstören, in dem korrupte Wissenschaftler ihr Unwesen trieben, doch ausgerechnet das übellaunigste und am schnellsten wachsende Monster entkommt und sorgt für Gefahr. Ein Plot wie aus den 50er-Jahren, dargeboten voller Ungereimtheiten und von talentfreien Darstellern, die nur noch von der denkbar schlechten Animation der Riesenspinnen überboten werden. Ein Reinfall: für die Beteiligten und die Zuschauer. ✦ USA 2000 **P** Cobwebster **VA** Highlight **DVD** Highlight Video (16:9, 1.78:1, DD5.1 dt.) **Pd** Boaz Davidson **R** Gary Jones **B** Jace Anderson, Adam Gierasch **K** Jack Cooperman **M** Bill Wandel **S** Christopher Holmes **D** Lana Parrilla (Marci), Oliver Macready (Slick), Nick Swarts (Jake), Leslie Harter (Emma), Andrew Stoddard (Dr. Ellis) **L** 90 **FSK** ab 16 **E** 9.11.2000 Video/1.3.2001 DVD **fd** 34 636

SPIDERS 2 (SPIDERS 2). Ein Frachter rettet ein Segler-Paar aus akuter Seenot, bringt die Beiden jedoch vom Regen in die Traufe. An Bord dieses von einem verrückten Wissenschaftler gecharterten Schiffes befindet sich nämlich die Brutstätte von Riesenspinnen, denen die beiden Geretteten als Futter dienen sollen. Der mehr als lächerliche Versuch eines Horrorfilms, der sich weder um eine glaubwürdige Geschichte noch um sauberes Handwerk schert und bestenfalls durch seine schlechten Effekte peinliche Glanzlichter setzt. ✦ USA 2001 **P** Nu Image **VA** Highlight **DVD** Highlight Video (16:9, 1.85:1, DD5.1 dt.) **Pd** Boaz Davidson **R** Sam Firstenberg **B** Stephen David Brooks **K** Peter Belcher, Plamen Somow **M** Serge Colbert **S** Irit Raz **D** Stephanie Niznik (Alex), Greg Cromer (Jason), Richard Moll (Dr. Grbac), Gerald Henderson **L** 93 **FSK** ab 16 **E** 11.10.2001 Video & DVD **fd** 35 119

SPIEGEL (MIRRORS). Liebesgeschichte zwischen einer blutjungen Ballett-Tänzerin und einem zehn Jahre älteren Journalisten, dessen Reportage sie ihr erstes Engagement verdankt. – Ab 14. ✦ USA 1985 **P** Leonard Hill Films **Pd** James Lipton **R** Harry Winer **B** James Lipton **D** Marguerite Hickey (Karin Bradley), Timothy Daly (Chris Phillips), Shanna Reed (Diana Davis), Nicolas Gunn (Terry), Anthony Hamilton (Geno Ray) **L** 100 **E** 6.2.1994 ORB

DER SPIEGEL (1975) (SERKALO). Ein Mann, Sohn geschiedener Eltern, auf der Suche nach der verlorenen Zeit und nach der eigenen Identität. Das private Schicksal ist verbunden mit den gesellschaftlichen Erschütterungen und Umbrüchen der Sowjetunion zwischen 1930 und den späten siebziger Jahren. Andrej Tarkowskij folgt in seinem stark autobiografisch bestimmten Film der verschlungenen Struktur eines Bewußtseins und setzt an die Stelle linearer Erzähllogik die poetische Brechung und Reflexion: So gleicht »Der Spiegel« einem komplexen System sich gegenseitig kommentierender Spiegelbilder, die mit hoher Kunstfertigkeit ineinandergefügt sind. Der Film brachte dem Regisseur in der UdSSR den Vorwurf des »Subjektivismus« ein. – Sehenswert. ✦ Teils schwarz-weiß. UdSSR 1975 **P** Mosfilm **KI** Progress **R** Andrej Tarkowskij **B** Alexander Mischarin, Andrej Tarkowskij **K** Georgi Rerberg **M** Eduard Artemjew, Johann Sebastian Bach, Henry Purcell, Giovanni Battista Pergolesi **D** Margarita Terechowa (Mutter und Natalja), Alla Demidowa (Kollegin), Ignat Danilzew (Sohn), L. Tarkowskaja, Anatoli Solonizyn, Oleg Jankowski (Vater) **L** 105 **E** 13.11.1978 ARD/17.11.1989 Kino DDR **fd** 20 977

DER SPIEGEL (1984) (AYNA). Die Geschichte einer Rache im dörflichen Milieu als Parabel auf die türkische Gesellschaft: Ein armer Bauer ersticht den Sohn des Grundbesitzers, weil er seiner Frau nachstellt. Mit kargen Dialogen, in ruhigem Rhythmus eindrucksvoll inszeniert. – Sehenswert. ✦ BR Deutschland 1984 **P** Von Vietinghoff/ZDF/Channel Four **KI** Kinofilm **Pd** Joachim von Vietinghoff **R** Erden Kiral **B** Erden Kiral, nach einer Erzählung von Osman Sahin **K** Kenan Ormanlar **M** Brynmor Llewelyn Jones **S** Agape Dorstewitz **D** Nur Sürer (Zelikan), Suavi Eren (Necmettin), Hikmet Celik (Kücük Aga), Vasilis Tsaglos (Wahrsager), Nikos Skiadas (Aga), Vera Deludi (Mutter) **L** 88 **E** 3.10.1984 ZDF **fd** 24 799

DER SPIEGEL DES GROSSEN MAGUS. Ein junger Hirte nimmt den Kampf gegen einen bösartigen Herrscher auf, um sein Mädchen und zugleich das Reich zu befreien. Ein ästhetisch reizvoller Märchenfilm, der ausnahmsweise nicht auf eine klassische Vorlage zurückgreift, in stilisierten Studiokulissen inszeniert wurde und dessen differenzierende Figurengestaltung überzeugt. – Ab 6. ✦ Scope. DDR 1980 **P** DEFA, Gruppe »Johannisthal« **KI** Progress **VA** Icestorm **Pd** Dorothea Hildebrandt **R+B** Dieter Scharfenberg **K** Günter Jaeuthe **M** Gheorghe Zamfir, Christian Steyer **S** Monika Schindler **D** Eberhard Esche (Magus), Juraj Durdiak (Elias), Klaus Piontek (Pravos), Hanna Bieluszko-Vajda (= Hanna Bieluszko) (Hanna), Günter Naumann (Harom), Cox Habbema (Airin) **L** 80 **E** 6.2.1981 Kino DDR/23.10.1982 DFF 1/ 27.3.2001 Video

SPIEGEL DES LEBENS (SPIEGEL DES LEBENS). Dramatischer Film aus der österreichischen Vorkriegszeit über den Gegensatz von Schulmedizin und »Kurpfuscherei«. Ein Medizinstudent verläßt seine Freundin, weil ihr Vater Heilpraktiker ist. Erst als sie ein Kind von ihm bekommt, versöhnt er sich mit ihr. In der Auseinandersetzung mit medizinischen Positionen ist der Film nicht nur verworren, sondern aus heutiger Sicht überholt. Die schauspielerischen Leistungen dagegen beeindrucken immer noch. ✦ Schwarz-weiß. Österreich 1938 **P** Vienna **KI** Columbia **R** Géza von Bolváry **B** Julius Sandmeier **K** Werner Brandes **M** Hans Lang, Frank Fox **D** Paula Wessely, Attila Hörbiger, Peter Petersen, Jane Tilden, Raoul Aslan **L** 85 **FSK** ab 16; f **E** 8.6.1938 **fd** 3 767

EIN SPIEGEL FÜR KRISTINE (ZRCADLO PRO KRISTYNU). Die Entwicklung eines egozentrischen Mädchens zum verständnisvollen jungen Menschen. Umschwärmt und verwöhnt, gerät Kristine, die Karriere als Volleyballspielerin machen will, in erste Schwierigkeiten, als sie von ihrem Club nicht mehr aufgestellt wird. Nach einem Sportunfall für Monate ans Bett gefesselt, beginnt sie, über ihr Leben nachzudenken. Sympathischer Jugendfilm. – Ab 10. ✦ CSSR 1975 **P** Filmstudio Barrandov **R+B** Jirí Svoboda **K** Milos Petrolin **M** Petr Hapka **D** Lenka Kodesová, Vera Galatíková, Ludek Munzar, Lenka Korinková, Oldrich Kaiser **L** 90 **E** 2.1.1977 DFF 1/15., 22.1.1978 BR (zwei Teile)

DAS SPIEGELBILD (BODY LANGUAGE). Auch das Leben in den Büros hat seine mörderischen Seiten: Sekretärinnen verschwinden spurlos, zwielichtige Gestalten treten auf und verwischen die blutigen Spuren. Ein nur anfänglich subtiler Psychothriller über Identitätskrisen und Individualitätsverlust bei beruflichem Aufstieg, der nicht über das Niveau eines blutig endenden umständlichen Fernsehspiels hinauskommt. (Alternativer Fernsehtitel: »Mörderisches Spiegelbild«) ✦ USA 1992 **P** Wilshire Court **VA** CIC **Pd** Robert M. Rolsky **R** Arthur Allan Seidelman **B** Dan Gurskis, Brian L. Ross **K** Hanania Baer **M** Misha Segal **S** Bert Glatstein **D** Heather Locklear (Betsy), Linda Purl (Norma), James Acheson (Victor), Edward Albert jr. **L** 90 **FSK** ab 16 **E** 1.3.1993 Video/23.3.1994 premiere **fd** 30 178

SPIEGELBILD DER SINNLICHKEIT →Animal Instinct 2

SPIEGELBILD DES TODES (IMAGE OF DEATH). Eine junge Arbeitslose ermordet eine inzwischen vermögende ehemalige Schulfreundin, um ihre finanzielle Misere zu beheben. Zunächst unerkannt, übernimmt sie Identität und Lebensstil der Toten. Ein mittelmäßiger Kriminalfilm, der weder Spannung aufzubauen versteht noch in der psychologischen Motivierung seiner Charaktere überzeugt. ✦ Australien 1977 **P** R. G. Grundy **Pd** Robert Bruning **R** Kevin Dobson **B** Bruce A. Wishart, nach seinem Roman **K** Gary Hansen **S** Trevor Ellis **D** Cathey Paine (Yvonne), Cheryl Waters (Barbara), Sheila Helpmann (Lidia), Doreen Harrop (Audrey), Tony Bonner (Carl) **L** 80 **E** 23.1. 1993 ZDF

SPIEGELBILD IM GOLDENEN AUGE (REFLECTIONS IN A GOLDEN EYE). In einem Fort im Süden der USA erschießt ein homosexueller Major aus Eifersucht einen Soldaten. Verfilmung eines Romans von Carson McCullers, psychologisch oberflächlich, aber eindrucksvoll und zurückhaltend inszeniert und gut gespielt. Dem Charakter der nicht alltäglichen Story entsprechend, die seltsam undurchsichtig und intim ist, benutzte John Huston ein neues, wie durch einen Gazeschleier fahl und gefiltert wirkendes Farbverfahren: Filtracolor. ✦ Scope. USA 1966 **P** Seven Arts **KI** Warner **Pd** Ray Stark **R** John Huston **B** Chapman Mortimer, Gladys Hill, John Huston, nach einem Roman von Carson McCullers **K** Oswald Morris, Aldo Tonti **M** Toshiro Mayuzumi **S** Russell Lloyd **D** Marlon Brando (Major Weldon Penderton), Elizabeth Taylor (Leonora Penderton), Brian Keith (Oberstleutnant Langdon), Julie Harris (Alison Langdon), Zorro David (Anacleto), Robert Forster (Williams), Fay Sparks (Susie), Irvin Dugan (Weincheck) **L** 109 **FSK** ab 18; f **FBW** w **E** 1.11.1967 **fd** 15 046

SPIEGELBILDER (1972) (IMAGES). Die psychologische Fallstudie einer Frau, die nach dem Unfalltod ihres Geliebten von Halluzinationen und Wachträumen heimgesucht wird, bis sie schließlich, von ihrer verständnislosen Umwelt vollends entfremdet, unter der Last des Verdrängten zusammenbricht. Raffiniert gestaltetes Seelen- und Bilderpuzzle von Robert Altman, das stellenweise jedoch in ästhetische Manierismen abgleitet. ✦ Scope. Irland 1972 **P** Lion's Gate-Hemdale **Pd** Tommy Thompson **R** Robert Altman **B** Robert Altman, nach der Geschichte »In Search of Unicorns« von Susannah York **K** Vilmos Zsigmond **M** John Williams **S** Graeme Clifford **D** Susannah York (Cathryn), René Auberjonois (Hugh), Marcel Bozzuffi (René), Hugh Millais (Marcel), Cathryn Harrison (Susannah), John Morley (Alter Mann) **L** 101 **E** 13.8.1976 ARD **fd** 19 894

SPIEGELBILDER (1976) (TÜRKÖRKEPEK). Eine junge Frau, die glaubt, sich im Leben nicht mehr zurechtzufinden, will ihre Identität verleugnen, verändert ihr Äußeres, vernichtet ihre Papiere, verläßt die gewohnte Umgebung, beginnt bewußt zu schweigen und wird schließlich in eine psychiatrische Klinik eingeliefert. Künstlerisch anspruchsvolles, sehr eigenwilliges und Diskussionen herausforderndes Drama, das großes Einfühlungsvermögen seines jungen Regisseurs beweist. – Ab 16. ✦ Ungarn 1976 **P** Hunnia **KI** Progress **R+B** Rezsö Szörény **K** Péter Jankura **M** Zdenkó Tamássy **D** Jana Plichtová (Erzsi), Erika Bodnár (Irén), Hédi Temessy, Lajos Öze, András Bálint **L** 82 **E** 15.7.1977 Kino DDR/25.4.1979 DFF 2

SPIEGELBILDER (1994) (PRIMAL SECRETS). Drama um eine talentierte, aber bislang erfolglose Malerin, die plötzlich an einen lukrativen Auftrag kommt. Die Künstlerin zieht sogar bei der Auftraggeberin, einer betuchten Kunstsammlerin ein, wird aber bald mit mysteriösen Geschehnissen konfrontiert und muß sich zudem der besitzergreifenden Zuneigung der Hausherrin erwehren. ✦ USA 1994 **Pd** David A. Rosemont **R** Ed Kaplan **B** John Gay, Jim Wheat, Ken Wheat **K** Shelly Johnson **M** Allyn Ferguson **S** Sabrina Plisco-Morris **D** Meg Tilly (Faith Crowell), Ellen Burstyn (Frances Griffin), Barnard Hughes (Harry Pitt), Paxton Whitehead (Deane), Romy Rosemont (Cathy) **L** 89 **E** 25.9.1996 premiere

SPIEGELEI UND COCA COLA (COLLEGE). Turbulente Teenagerkomödie. Um ungestört ihr Abitur nachholen zu können, wird die hübsche Erbin einer Filmfirma in ein Mädchenpensionat gesteckt. Doch auch hier ergeben sich bald Turbulenzen, da die Kadetten einer benachbarten Seeakademie unentwegt für Aufregung und Ablenkung sorgen. – Ab 14. ✦ Italien 1984 **P** Cleminternazionale **R** Castellano (= Franco Castellano), Pipolo (= Giuseppe Moccia), Giuseppe Moccia **B** Castellano (= Franco Castellano), Pipolo (= Giuseppe Moccia) **K** Nino Celeste **M** Claudio Simonetti **D** Federica Moro, Christian Vadim, Milla Sannoner, George Hilton, Nicola Farron **L** 92 **E** 13.9. 1996 Kabel 1

SPIEGELUNG (ZRCADLENI). Ein 50jähriger angesehener Mitarbeiter des Außenhandels soll Filialleiter in New York werden. Er hofft, damit seine Ehe zu retten. Durch eine Affäre mit einer Studentin, die seiner Jugendliebe ähnelt, erinnert er sich an die Ideale seiner Studentenzeit und gestaltet die Beziehung zu seiner Familie neu. ✦ CSSR 1977 **P** Filmstudio Barrandov **R** Jaroslav Balík **B** Jaroslav Balík, Vladimír Kalina **K** Jirí Macháne **M** Karel Mares **D** Stanislaw Zaczyk (Jiri Klima), Miroslav Moravec, Eva Sitteová, Jana Hlavácová, Ludek Munzar **L** 95 **E** 29.3.1980 DFF 2

SPIEGELUNGEN (OTRASHENIJA). Der Selbstfindungsprozeß einer jungen Studentin, deren Eltern ihr bisher alle Schwierigkeiten abgenommen haben und die mit den alltäglichen Herausforderungen nicht fertig wird. Erst durch die Freundschaft mit einer Arbeiterin, die allein mit ihrem Kind lebt, überdenkt sie ihr Leben. ✦ Bulgarien 1982 **P** Filmstudio Bojanow **R** Rumjana Petkowa **B** Newelina Popowa **K** Swetlana Ganewa **M** Rajtscho Ljubenow **D** Shana Karaiwanowa, Lydja Walkowa, Boris Lukanow, Filip Trifonow, Ljuben Tschatalow **L** 109 **E** 26.7.1984 DFF 2

SPIEL →Spiel mit der Liebe (1944)

SPIEL AN BORD. Als blinder Passagier gelangt Viktor Müller zunächst an Bord des Ozeandampfers »Bremen« und wird mit dem incognito reisenden Präsidenten eines amerikanischen Konzerns verwechselt. Ehe sich alles aufklärt, kommt es zu einer Vielzahl von kleineren und größeren Verwicklungen. Anspruchslose Unterhaltung. ✦ Schwarz-weiß. Deutschland 1936 **P** Neucophon-Tonfilm **R** Herbert Selpin **B** Walter Zerlett-Olfenius, Herbert Selpin, nach dem gleichnamigen Bühnenstück von Axel Ivers **K** Bruno Timm **M** Heinrich Strecker, Michael Jary **S** Alexandra Anatra **D** Viktor de Kowa (Viktor Müller), Susi Lanner (Susanne Rauh), Alfred Abel (Präsident Corner), Carsta Löck (Frl. Distelmann), Jakob Tiedtke (Henning) **L** 70 **E** 3.11.1936/8.11. 1971 DFF 1

SPIEL AUF DER TENNE. Bei der Vorbereitung eines Theaterstückes gibt es in einem kleinen Fremdenverkehrsort zunächst Schwierigkeiten und Streit, bis nach einem rauschenden Erfolg vier Paare ins Happy End finden. Anspruchslose Unterhaltung aus der Vorkriegszeit. ✦ Schwarz-weiß. Deutschland 1937 **P** Euphono (für Ufa) **R** Georg Jacoby **B** Alois Johannes Lippl, nach einem Roman von Hans Matscher **K** Willy Winterstein **M** Hans Carste **S** Ella Ensink **D** Heli Finkenzeller (Lena Feldhofer), Richard Häussler (Knecht Martin Jöchler), Joe Stöckel (Gastwirt Xaver Rößmair), Kurt Meisel (Andreas Rößmeier), Fritz Kampers (Fuhrwerksunternehmer Moser) **L** 84 **E** 14.9.1937/21.1.1979 BR

SPIEL AUF ZEIT (SNAKE EYES). Während eines Pay-TV-Boxkampfes, der aus der Arena eines Spielkasinos in Atlantic City übertragen wird, erschießt ein beauftragter Attentäter den amerikanischen Verteidigungsminister. Ein exaltierter Polizeidetektiv enträtselt schrittweise das dahinterstehende Komplott. Ohne sich von der Unoriginalität der Story beirren zu lassen, werden die Ereignisse nach klassischen Vorbildern filmisch brillant auseinandergenommen und wieder zusammengesetzt. Ein anstrengender, aber kunstfertiger Parforceritt, der mehr an der Form als am Inhalt interessiert ist. ✦ Scope. USA 1998 **P** Touchstone Pictures **KI** Buena Vista **VA** Buena Vista **DVD** Buena Vista (16:9, 2.35:1, DD5.1 engl./dt.) **Pd** Brian de Palma, Chris Soldo **R** Brian de Palma **B** Brian de Palma, David Koepp **K** Stephen H. Burum **M** Ryuichi Sakamoto **S** Bill Pankow **D** Nicolas Cage (Rick Santoro), Gary Sinise (Kevin Dunne), John Heard (Gilbert Powell), Carla Gugino (Julia Costello), Stan Shaw (Lincoln Tyler), Kevin Dunn (Lou Logan) **L** 98 **FSK** ab 12; f **E** 19.11.1998/27.5.1999 Video & DVD **fd** 33 421

SPIEL DAS LIED VON CALIFORNIEN →Der Mann aus Virginia (1977)

SPIEL DEIN SPIEL UND TÖTE, JOE (UN UOMO CHIAMATO APOCALISSE JOE). Der schauspielernde Erbe einer Goldmine entledigt sich einer Banditenbande, die sich unrechtmäßig in den Besitz seines Erbes gebracht hat. Harter Italowestern. ✦ Scope. Italien/Spanien 1970 **P** Italien International/Transeuropa/Copercines **KI** Columbia **R** Leopoldo Savona **B** Leopoldo Savona, Eduardo de Brochero **K** Julio Ortas **M** Bruno Nicolai **S** Amedeo Giomini **D** Anthony Steffen (= Antonio de Teffe), Eduardo Fajardo, Fernando Cerulli, Mary Paz Pondal, Stelio Candelli **L** 94 **FSK** ab 18; nf **E** 22.7.1971 **fd** 17 470

SPIEL DER BEGIERDE (SMOOTH OPERATOR). Erotikfilm um eine Karrierefrau ohne Privatleben, die sich von ihrem privaten Fitneßtrainer um den Finger wickeln läßt. ✦ USA 1995 **R** Kelley Cauthen **D** Megan Hughes (Grace Nichols), Doug Jeffrey (Brian Lerner), Candace Camille (Angie Li), Jay Richardson (Charles Waters), Tom Jourden (Russel Meyer) **L** 84 **E** 15.8.1998 SAT 1

SPIEL DER ERINNERUNG (UN CARNET DE BAL). Eine reiche Witwe sucht ihre acht ehemaligen Verehrer auf, deren Namen in ihrem Ballheft verewigt sind. Sie wird mit höchst unterschiedlichen Lebensgeschichten konfrontiert und bereitet schließlich den Sohn eines verstorbenen Verehrers auf seinen ersten Ball vor. Ein Klassiker des französischen Vorkriegsfilms, meisterhaft komponiert, aber nicht frei von Sentimentalitäten, der in einer Fülle unterschiedlicher Inszenierungsstile die verblaßten Jugendträume einer Frau erstehen läßt. Der Film machte das Genre des Epsiodenfilms populär. (O.m.d.U.) ✦ Schwarzweiß. Frankreich 1937 **P** S.I.G.M.A. **R** Julien Duvivier **B** Julien Duvivier, Jean Sarment, Pierre Wolff, Bernard Zimmer, Henri Jeanson, Yves Mirande **K** Michel Kelber, Philippe Agostini, Pierre Levent **M** Maurice Jaubert **S** A. Versein **D** Marie Bell (Christine), Maurice Bénard (Christines Freund), Françoise Rosay (Mme. Audié), Louis Jouvet (Pierre Verdier), Harry Baur (Alain Regnault) **L** (TV) 124 **E** 1947 Kino/13.12. 1988 S 3

SPIEL DER GEIER (A GAME FOR VULTURES). Eine illegale Hubschrauberlieferung für die rhodesische Regierung heizt die ohnehin blutigen Konflikte zwischen der Armee und schwarzen Aufständischen weiter an. Aufwendiger Abenteuerfilm, der das brisante politische Thema zugunsten einer mit rassistischen Akzenten gefärbten Intrigenstory verspielt. ✦ Großbritannien 1979 **P** Pyramid **KI** Warner-Columbia **DVD** CinePlus/MAWA (FF, Mono dt.) **Pd** Hazel Adair, Philip Baird **R** James Fargo **B** Philip Baird, nach einem Roman von Michael Hartmann **K** Alex Thomson **M** John Field, Tony Duhig **S** Peter Tanner **D** Richard Harris (David), Richard Roundtree (Gideon), Joan Collins, Ray Milland (Brettle), Sven-Bertil Taube **L** 107 **FSK** ab 16; f **E** 16.11.1979/2001 DVD **fd** 22 233

SPIEL DER GÖTTER – ALS BUDDHA DEN FUSSBALL ENTDECKTE (PHÖRPA). Im Sommer 1998 fiebert wie überall auf der Welt auch ein Teil der jungen Mönche eines buddhistischen Exil-Klosters in Nordindien der Fußball-Weltmeisterschaft in Frankreich entgegen. Als ihnen kurz vor dem Endspiel der Zugang zum Fernseher in einer Dorfkneipe verwehrt wird, versuchen sie, den Abt umzustimmen, um das Finale im Kloster verfolgen zu dürfen. Ein farbenprächtiger Film, der auf spielerische Weise eine durchaus diesseitige Facette des in sich gekehrten Buddhismus zeigt und wie nebenbei von den spirituellen Herausforderungen der jungen Mönche handelt. Störend wirkt nur der ständig wiederkehrende Hinweis auf die Besetzung Tibets durch die VR Chinas. (Kinotipp der katholischen Filmkritik) DVD: Die Extras umfassen u. a. den 46-minütigen Bonusfilm »The Spirit of Tibet«. – Sehenswert ab 14. ✦ Bhutan/Australien 1999 **P** Palm Pictures/Coffee Stain **KI** Advanced **VA** Best Buy Movie/KFW **DVD** EMS (1.85:1, DD5.1 tibetisch/dt.) **Pd** Malcolm Watson, Raymond Steiner **R+B** Khyentse Norbu **K** Paul Warren **M** Douglas Mills **S** John Scott (=Hanns Schott-Schöbinger) **D** Orgyen Tobgyal (Geko), Neten Chokling (Lodo), Jamyang Lodro (Orgyen), Lama Chonjor (Abt), Godu Lama (alter Lama), Kunsang Nyima (Palden), Pema Tshundup (Nyima) **L** 94 **FSK** o. A.; f **FBW** w **E** 28.10.1999/ 28.4.2000 DVD **fd** 33 937

DAS SPIEL DER LIEBE UND DER EINSAMKEIT (DEN ALLVARSAMMA LEKEN). Ein junger Journalist und eine Künstlertochter, die sich 1897 ineinander verliebt hatten, begegnen sich bis 1912 immer wieder. Ihre Beziehung bleibt von Leidenschaft, aber auch von Unsicherheit und Verwirrung geprägt. Beide heiraten andere Partner, versöhnen sich aber stets, womit sie sich selbst und andere immer wieder ins Unglück stürzen. Stimmungsvolle Verfilmung einer ungewöhnlichen Liebesgeschichte, entstanden nach einem populären schwedischen Roman. ✦ Schweden/Norwegen 1977 **P** Svenska Filminstitutet/Norsk Film/Sandrews/Bengt **R** Anja Breien **B** Anja Breien, Per Blom, Bengt Forslund, nach einem Roman von Hjalmar Söderberg **K** Erling Thurmann-Andersen **M** Ludwig van Beethoven, Anton Dvorák, Robert Schumann **S** Edith Toreg **D** Lil Terselius, Stefan Ekman, Palle Granditsky, Katarina Gustafsson, Erland Josephson **L** 106 **E** 21.8.1983 ZDF

DAS SPIEL DER LÜGE (LA MENTEUSE). Zwei Schwestern sind nicht nur beruflich erfolgreich, auch die Männer laufen ihnen nach. Sophie sagt immer die Wahrheit und treibt damit ihren Verlobten langsam in die Ehe, Juliette schwindelt den Männern etwas vor, bis sie in einem älteren Rechtsanwalt just dann die große Liebe findet, als sie ihm ihre Unaufrichtigkeit beichtet. Aus der zunächst verzweigten Handlung schält sich zunehmend ein Zweipersonenstück heraus, das Regisseur Deville mit viel Feingefühl in Szene setzt. Kamera und Schnitt erinnern stark an die Experimente der »Nouvelle Vague«. Stilistisch orientiert sich der Film an de Brocas »Liebesspiele« von 1959. ✦ Schwarz-weiß. Frankreich 1961 **P** Elefilm **KI** Pallas **R** Michel Deville **B** Nina Companéez, Michel Deville **K** Claude Lecomte **M** Jean Dalve **S** Nina Companéez **D** Marina Vlady (Juliette), Michel Vitold (Anton »Tartüffe«), Macha Méril (Sophie), Jean-Marc Bory (Martin), Claude Nicot (Sebastian), Jean-Pierre Moulin (Vincent) **L** 96 **FSK** ab 16; nf **E** 11.5.1962/13.9.1969 DFF 1/17.6.1972 ZDF **fd** 11 101

SPIEL DER PATRIOTEN (THE PRESIDENT'S CHILD). Präsidentschaftswahl in den USA. Eine Journalistin ist den Wahlkampfmanagern ein Dorn im Auge, weil ihr Sohn das strahlende Bild des jungen, dynamischen Senators trüben könnte. Ein gefälliger Fernsehfilm, der sich kritisch mit Machtmißbrauch und Verlogenheit auseinandersetzt. Trotz gelegentlich überzogener Gefühlsausbrüche erweist sich der Film als spannende und seriöse Unterhaltung. – Ab 16. ✦ USA 1992 **P** CBS **VA** Fox **Pd** Sandra Saxon Brice **R** Sam Pillsbury **B** Edmond Stevens, nach einem Roman von Fay Weldon **K** James Barth **M** J. Peter Robinson **S** S. Skip Schoolnik **D** Donna Mills, William Devane, James Read, Annie Corley, Trevor Eve **L** 93 **FSK** ab 12 **E** 13.5.1993 Video **fd** 30 312

DAS SPIEL DER VERFÜHRUNG (DEADLY CHARADES). Die erotischen Fantasien eines Pärchens werden von der Wirklichkeit eingeholt. Konventioneller Sexfilm. ✦ USA 1996 **R** Kelley Cauthen **B** Stephen Johnston **M** Nicolas Rivera **D** Lesli Kay Sterling (Julie Sharp), Julie Hughes (Vicki Anders), Shea Farrell (Guy Sharp), Frank Grillo (Vince Carlucci), David Andriole (Leon), Cliff Potts (Tate), Kimberley Rowe (Sandy) **L** 88 **E** 1.9.1999 ProSieben

SPIEL DER VERLIERER. Der 50jährige Fuhrunternehmer Kluth, dem die Frau weggelaufen ist, verliebt sich in die 15jährige Tochter eines befreundeten Wirtsehepaares; ihre Beziehung endet damit, daß Anita ein Kind erwartet und der verzweifelte Kluth Selbstmord begeht. Das im Kleinbürgertum angesiedelte und sozialkritisch konzipierte Rührstück ist der inszenatorisch völlig mißlungene Erstlingsfilm eines Fassbinder-Mitarbeiters. Fassbinder selbst fungierte als Produzent und wirkte (unter seinem Pseudonym Franz Walsch) auch am Schnitt mit. ✦ BR Deutschland 1978 **P** Tango/Filmproduktion Christian Hohoff/WDR **KI** Filmverlag der Autoren **Pd** Rainer Werner Fassbinder, Christian Hohoff **R+B** Christian Hohoff **K** Horst Knechtel **M** Peer Raben **S** Juliane Lorenz, Franz Walsch (= Rainer Werner Fassbinder) **D** Jörg von Liebenfels (Matthias Kluth), Maria Schell (Anna Friedrichs), Claus Holm (Georg Friedrichs), Margit Carstensen (Fräulein Rosner), Martina Winkelbach (Anita Friedrichs), Christiane Maybach (Frau Holle), Michael Ballhaus (Dr. Müller), Carola Fahr (Lillian) **L** 79 **FSK** ab 16; f **FBW** w **E** 13.10.1978 **fd** 21 073

SPIEL DES LEBENS → Spike Lee's Spiel des Lebens

DAS SPIEL DES ÜBERLÄUFERS → Agenten sterben zweimal

SPIEL FÜR MICH (TOCA PARA MI). Der Schlagzeuger einer Punk-Band in Buenos Aires reist nach den Tod seines Adoptivvaters zur Beerdigung in die tiefste argentinische Provinz und sucht (zunächst unbewusst) nach den Wurzeln seiner Vergangenheit. In seinem Reisegepäck ist das Akkordeon des Verstorbenen, durch das er die Rückbesinnung zur Folklore und zu seinen Wurzeln findet. Eine Prostituierte, der er auf seinem Weg begegnet, gibt seiner Spurensuche den entscheidenden Impuls. Ein betont musikalischer Film, in dem die Musik als Ariadnefaden dient, mit dem der Protagonist durch eine Vielzahl von Geschichten zu seinen Ursprüngen zurückfindet und Frieden schließen kann. (O.m.d.U.) ✦ Argentinien 2001 **P** Mateína **KI** Freunde der Deutschen Kinemathek **Pd+R** Rodrigo Fürth **B** Eduardo Ruderman, Rodrigo Fürth **K** Paula Grandío **M** Fernando Manuel Diéguez **S** Pablo Mari **D** Hermes Gaido (Carlos), Laura Frigerio (Fabiana), Alejandro Fiore (Dalmiro), Bernardo Perco (Don Ramón), Cristian Pinkiewikz (Juan) **L** 101 **E** 2001

SPIEL GEGEN DEN TOD (DEADLY GAME). Ein mysteriöser Millionär lockt fünf Männer und die Leiterin einer New Yorker Tanzschule auf eine einsame Insel und mißbraucht sie als Objekte einer »Schnitzeljagd« auf Leben und Tod. Eine unglaubwürdige, mit vielen Vorgeschichten gespickte Fabel um die gewaltsame Überwindung traumatischer Erlebnisse, die weder Interesse noch Spannung aufkommen läßt. ✦ USA 1991 **P** Paramount/Wilshire Court **VA** CIC **Pd** Johanna Persons, Thomas J. Wright **R** Thomas J. Wright **B** Wes Claridge (= Westbrooke Claridge) **K** Frank Beascoechea **M** Tim Truman **S** Scott Eyler, Gregory F. Plotts **D** Michael Beck (Pete Peterson), Abdul Salaam El Razzac, Fredric Lehne (Frank Muraddy), Steven Leigh (Chang), Roddy McDowall (Dr. Eric) **L** 90 **FSK** ab 18 **E** 19.2.1992 Video **fd** 29 472

SPIEL IM MORGENGRAUEN (SPIEL IM MORGENGRAUEN). Ein Offizier der k.u.k. Monarchie wird mit den Sünden seiner Vergangenheit konfrontiert, als er Spielschulden macht und in Betrügereien verwickelt wird. Die einzige Hilfe scheint der vermögende Onkel gewähren zu können, doch dieser ist ausgerechnet mit der einfachen Frau verheiratet, die der Leutnant vor Jahren nach einer Liebesnacht sitzen ließ. Nach einer Novelle von Arthur Schnitzler inszeniertes Drama, das am Einzelschicksal den Niedergang einer Gesellschaft und Epoche beschreibt, die sich überlebt hat. ✦ Österreich 2001 **R** Götz Spielmann **B** Götz Spielmann, nach der gleichnamigen Novelle von Arthur Schnitzler **D** Birgit Minichmayr (Steffi), Fritz Karl (Wilhelm Kasda), Aron Karl (Wilhelm Kasda als Kind), Karlheinz Hackl (Konsul Schnabel), Brigitte Karner (Mutter Kasda) **L** 90 **E** 27.10.2001 ORF 2

SPIEL IN DEN SCHÄREN (SKA' VI LEGE SKJUL?). Drei junge Männer schlagen in einem skandinavischen Strandhotel die Zeit tot, bis endlich junge Frauen aufkreuzen, mit denen sie anbandeln können. Binnen Jahresfrist sind die drei Väter geworden, wissen jedoch nicht, daß die Kinder nicht von ihnen stammen. Ein dünnblütiges Lustspiel mit vorhersehbarer Pointe. – Ab 16. ✦ Dänemark 1970 **P** Nordisk Films **KI** Topas **R** Tom Hedegaard **B** Tom Heedegaard, Palle Kjœruff-Schmidt, nach dem Roman »Jenny und der Pfau« von Joh. Borgen **K** Claus Loof **D** Sisse Reingaard, Lykke Nielsen, Paul Hüttel, Willy Rathov, Claus Nissen **L** 73 **FSK** ab 16 **E** 9.7.1971

SPIEL IN MONTE CARLO (PENSION MIMOSA). Die Frau eines Croupiers nimmt ein Waisenkind auf, das zum Gauner heranwächst; als er sich nach einer Straftat vor der Polizei verstecken muß, nimmt sie ihn in ihre »Pension Mimosa« auf und entwickelt allmählich mütterliche Liebe zu ihm. Sie gewinnt im Casino und will ihm aus seinen Schwierigkeiten helfen, er begeht jedoch Selbstmord. Feyders Film gehört zu den filmhistorisch nicht unbedeutenden Vorläufern des neuen »poetischen Realismus«, den dann Carné kultivierte, der hier Assistent war. Große Sorgfalt bei Dekor und Montage geben dem Film eine starke innere Spannung. ✦ Schwarz-weiß. Frankreich 1935 **P** Sonor **KI** IFA **R** Jacques Feyder **B** Charles Spaak, Jacques Feyder **K** Roger Hubert **M** Armand Bernard **S** J. Brillouin **D** Françoise Rosay, André Alerme, Paul Bernard, Lise Delamare, Paul Azais, Arletty **L** 105 **E** Herbst 1947 **fd** 190

DAS SPIEL IST AUS (LES JEUX SONT FAITS). Irgendwo in einer faschistischen Diktatur: Eve, eine Dame der obersten Gesellschaftsschicht, ist von ihrem ehebrecherischen Mann vergiftet worden; Pierre, ein Vorarbeiter und Anführer der Revolutionäre, ist aus dem Hinterhalt von einem Polizeispitzel erschossen worden. Beide treffen sich im Totenreich und erhalten von einer mysteriösen Registraturdame wegen eines Buchungsfehlers die Chance, unter die Lebenden zurückzukehren, wenn sie binnen 24 Stunden die ihnen vorherbestimmte Liebe zueinander ohne Wenn und Aber verwirklichen. Unüberwindliche Hindernisse im Milieu, Standesunterschiede und Pflichten stellen sich ihnen in den Weg. Sie können nicht eins werden und müssen zurück zu den Toten. Delannoy hat das von Sartre als Filmerzählung konzipierte Originalmanuskript meisterhaft und getreu dem existentialistischen Entwurf inszeniert; die Menschen bewegen sich in determinierten Bahnen, das Leben erscheint als ausweglose Situation. – Ab 16. ✦ Schwarz-weiß. Frankreich 1947 **P** Les Films Gibé **KI** Prisma/Die Lupe **R** Jean Delannoy **B** Jean-Paul Sartre, Jacques-Laurent Bost, Jean Delannoy **K** Christian Matras **M** Georges Auric **S** Henri Taverna **D** Micheline Presle (Eve Charlier), Marcello Pagliero (Pierre Dumaine), Charles Dullin (Der Seigneur), Marguerite Moreno (Die Dame), Fernand Fabre (André Charlier), Jacques Erwin (Der Diktator), Colette Ripert (Lucette) **L** 86 **FSK** ab 16; nf **E** 1949 Kino/ 25.8.1962 ARD **fd** 311

SPIEL MIR DAS LIED VOM TOD (C'ERA UNA VOLTA IL WEST). Ein namenloser Mundharmonikaspieler greift in die Auseinandersetzung zwischen dem skrupellosen Chef einer Eisenbahngesellschaft und einer irischen Einwandererfamilie ein und rächt sich für den lange zurückliegenden Mord an seinem Bruder. Sergio Leones barocke Pferdeoper ist Resümee, Höhepunkt und Apotheose des Italowesterns, wobei klassische Genrevorbilder einer eigenwilligen Neuinterpretation unterzogen werden. Der Stil des Films huldigt den Mythen der amerikanischen Geschichte und treibt sie zur pessimistischen, oft zynischen Auflösung. In Dramaturgie, Montage, Ausstattung und musikalischer Untermalung ein Musterbeispiel perfekter Kinounterhaltung. (Auf ProSieben erstmals als »Director's Cut« zu sehen, der rund 15 Minuten länger ist als die Kinoversion.) ✦ Scope. Italien/USA 1968 **P** Rafran/Euro International/Paramount **Kl** Paramount **Pd** Fulvio Morsella **R** Sergio Leone **B** Sergio Donati, Sergio Leone, nach einer Story von Dario Argento, Bernardo Bertolucci, Sergio Leone **K** Tonino Delli Colli **M** Ennio Morricone **S** Nino Baragli **D** Claudia Cardinale (Jill MacBain), Henry Fonda (Frank), Charles Bronson (»Harmonika«), Jason Robards (Cheyenne), Gabriele Ferzetti (Morton), Frank Wolff (Brett MacBain), Keenan Wynn (Sheriff), Paolo Stoppa (Sam), Lionel Stander (Barmann), Woody Strode (Stony), Jack Elam (Knuckles), Marco Zuanelli (Wobbles), John Frederick (Mitglied von Franks Gang), Enzo Santaniello (Timmy), Dino Mele (»Harmonica« als Junge), Al Mulock **L** 164 (Orig. 176) **FSK** ab 16; f **FBW** w **E** 14.8.1969/24.7.1981 Kino DDR/3.10.1991 SAT 1/12.4.1998 ProSieben (»Director's Cut«) **fd** 16 296

SPIEL MIR EIN LIED (PLAY ME SOMETHING). Eine buntgemischte Reisegruppe, die auf einer kleinen Hebriden-Insel auf ihren verspäteten Flug nach Glasgow wartet, wird von einem geheimnisvollen Alten mit einer italienischen Liebesgeschichte unterhalten. Die Erzählung regt die Zuhörer zu Einwürfen und Selbstreflexionen an. Der Film basiert auf der Kurzgeschichte eines englischen Schriftstellers; er ist ein kunstvolles Spiel um die fantasiebewegende Kraft des Geschichtenerzählers. (O.m.d.U.) ✦ Großbritannien 1989 **R** Timothy Neat **B** John Berger, Timothy Neat, nach einer Kurzgeschichte von John Berger **K** Chris Cox, Timothy Neat **M** Jim Sutherland **D** John Berger (Der Erzähler), Hamish Henderson (Der Elektriker), Lucia Lanzarini (Mariette), Charlie Barron (Bruno), Tilda Swinton (Friseuse) **L** 69 **E** 8.11.1991 West 3

SPIEL MIT DEM FEIND (ISCHOD). Im Jahre 1921 bereitet der weißgardistische General von Ungern-Sternberg von der Mongolei aus eine Intervention gegen Sowjetrußland vor. Sein Plan wird durch die Tätigkeit eines sowjetischen Kundschafters zunichte gemacht. Die konterrevolutionären Truppen werden geschlagen. Mäßig spannend, doch dank des »exotischen« Milieus und folkloristischer Elemente einigermaßen interessant. – Ab 12. ✦ Scope. UdSSR/Mongolei 1967 **P** Mosfilm/Mongolkino **Kl** Progress **R** Anatoli Bobrowski, Dshamjangijn Buntar **B** Julian Semjonow, Basaryn Schirendyb **K** Wladimir Boganow, Chaltoryn Damdin **M** Nikolai Sidelnikow, L. Mudorsh **D** Wladimir Samanski, Alexander Lemberg, Natalja Fatejewa, Wladimir Murawjow, N. Dugarsansha **L** 86 **E** 10.11.1969 Kino DDR/14.7.1971 DFF 1

SPIEL MIT DEM FEUER (GRAND EXIT). Der Versicherungsdetektiv, der eine Serie von verhinderten Brandstiftungen an Großgebäuden aufklären soll, verliebt sich in eine mysteriöse junge Frau, die jeden neuen Anschlag vorhersagt. Als sich herausstellt, daß sie die Tochter eines Mannes ist, der der Versicherungsgesellschaft Rache geschworen hat, gerät sie natürlich in Verdacht. Eine muntere Mischung aus Komödie und Krimi, die bis zum überraschenden Schluß gut unterhält. ✦ Schwarz-weiß. USA 1935 **P** Columbia **R** Erle C. Kenton **B** Bruce Manning, Lionel Houser **K** Henry Freulich **S** Gene Milford **D** Edmund Lowe (Tom Fletcher), Ann Sothern (Adrienne Martin), Onslow Stevens (John Grayson), Robert Middlemass (Feuerwehrchef Mulligan), Wyrley Birch (Warden), Selmer Jackson (Distriktanwalt Cope) **L** 65 **E** 26.4. 1979 WDR

DAS SPIEL MIT DEM FEUER (1957) (FIRE DOWN BELOW). Zwei Schnapsschmuggler in der Karibischen See verlieben sich in eine zwielichtige Frau und werden zu erbitterten Feinden. Mit guten Schauspielern in einer düsteren Atmosphäre leider etwas schwerfällig inszenierter Abenteuerfilm. ✦ Scope. Großbritannien/USA 1957 **P** Warwick/Columbia **Kl** Columbia **Pd** Irving Allen, Albert R. Broccoli **R** Robert Parrish **B** Irwin Shaw, nach einem Roman von Max Catto **K** Desmond Dickinson **M** Arthur Benjamin **S** Jack Slade **D** Robert Mitchum (Felix), Jack Lemmon (Tony), Herbert Lom (Hafenmeister), Bonar Colleano (Lt. Sellars), Bernard Lee (Dr. Sam), Edric Connor (Jimmy Jean), Peter Illing (Kapitän), Rita Hayworth (Irena) **L** 115 **FSK** ab 16; nf **E** 30.8.1957 **fd** 6 129

DAS SPIEL MIT DEM FEUER (1974) (LE JEU AVEC LE FEU / GIOCHI DI FUOCO). Aus Gangsterfilmparodie, surrealen Versatzstücken, witzigen Dialogen und Situationskomik arrangierte Lösegeldgeschichte um eine Tochter aus gutem Haus, die in ein Luxusbordell verschleppt wurde. Robbe-Grillet inszenierte die Geschichte mit guten Darstellern, aber etwas verwirrend in der Erzähltechnik des »nouveau roman«. ✦ Scope. Frankreich/Italien 1974 **P** Arcadia/Gold/Madeleine Films/Cinecomp. **Kl** Scotia **R+B** Alain Robbe-Grillet **K** Catherine Robbe-Grillet, Yves Lafaye **M** Michel Fano **D** Jean-Louis Trintignant (Frantz/Francis), Philippe Noiret (Georges de Saxe), Anicée Alvina (Carolina de Saxe), Philippe Ogouz (Pierre Garin), Agostina Belli (Maria), Sylvia Kristel, Christine Boisson **L** 113 **FSK** ab 18; nf **E** 23.1.1976 **fd** 19 704

SPIEL MIT DEM FEUER – NEVER TALK TO STRANGERS →Never Talk To Strangers – Spiel mit dem Feuer

SPIEL MIT DEM LEBEN →Drei vom Varieté

SPIEL MIT DEM SCHICKSAL (1945) (SARATOGA TRUNK). Eine kreolische Hochstaplerin rächt ihre uneheliche Mutter an bornierten Spießern und widersteht eine Zeitlang ihrer Liebe zu einem rauhbeinigen texanischen Cowboymillionär. Der Film reduziert den historisch und sozialkritisch fundierteren Roman auf eine immerhin gut gespielte Abenteuergeschichte. (TV-Titel: »Abrechnung in Saratoga«) – Ab 12. ✦ Schwarz-weiß. USA 1945 **P** Warner **Kl** Warner **Pd** Hal B. Wallis **R** Sam Wood **B** Casey Robinson, nach dem gleichnamigen Roman von Edna Ferber **K** Ernest Haller **M** Max Steiner **S** Ralph Dawson **D** Gary Cooper (Clint Maroon), Ingrid Bergman (Clio Dulaine), Flora Robson (Angelique Buiton), Florence Bates (Mrs. Coventry Bellop), John Warburton (Bartholomew Van Steed), Jerry Austin (Cupidon), Curt Bois (Augustin Haussi) **L** 115 **FSK** ab 12; nf **E** 24.2.1950/1.2. 1975 ZDF **fd** 707

SPIEL MIT DEM SCHICKSAL (1962) (TERM OF TRIAL). Die Geschichte eines unglücklich verheirateten Lehrers in Dublin, der fast für ein Sittlichkeitsdelikt an einer Schülerin bestraft wird, das er nicht begangen hat. Die falschen Anschuldigungen machen den kauzigen Einzelgänger, der bei allen als Versager gilt, plötzlich interessant und achtenswert. Als seine Unschuld ans Licht zu kommen droht, gesteht er seiner Frau wahrheitswidrig das Vergehen und erreicht so eine makabre Rehabilitierung. Das tragikomische Porträt eines gescheiterten Idealisten wird seinem Anspruch auf Entlarvung kleinbürgerlicher Doppelmoral kaum gerecht. Die unbeholfene Inszenierung verliert sich in Klischees. ✦ Schwarz-weiß. Großbritannien 1962 **P** Remus **Kl** Warner **Pd** James Woolf **R** Peter Glenville **B** Peter Glenville, nach einem Roman von James Barlow **K** Oswald Morris **M** Jean-Michel Demase **S** James B. Clark **D** Laurence Olivier (Graham Weir), Simone Signoret (Anna), Sarah Miles (Shirley), Terence Stamp (Mitchell), Hugh Griffith (O'Hara), Roland Culver (Trowman), Frank Pettingell (Ferguson), Thora Hird (Mrs. Taylor), Norman Bird (Mr. Taylor) **L** 113 **FSK** ab 18; f **FBW** w **E** 5.4.196320.5.1966 Kino DDR/18.3.1974 ZDF **fd** 11 892

DAS SPIEL MIT DEM TERROR (TERMINAL ENTRY). Eine Clique jugendlicher Computer-Hacker verschafft sich Zugang zu einer »interaktiven Computerfiktion«, ohne zu ahnen, daß sie damit ins Kommunikationsnetz von arabischen Terroristen einsteigt, die die USA überschwemmen. Die Jugendlichen übernehmen die Leitzentrale dieses aus ihrer Sicht reizvollen Spielabenteuers, bis das Militär dem Spuk ein Ende bereitet. Mühsam die verschiedenen Handlungsfäden verknüpfender Thriller, dessen Showdown – angemessen – in völliger Dunkelheit spielt; ein an den Haaren herbeigezogener Unfug. ✦ USA 1986 **P** Intercontinental Release **Kl** Highlight **VA** Highlight **Pd** Sharyon Reis Cobe **R** John Kincade **B** David Mickey Evans, Mark Sobel **K** James L. Carter **M** Gene Hobson **S** Dean Goodhill **D** Paul Smith (Stewart), Yaphet Kotto (Styles), Heidi Helmer (Chris), Patrick Labyorteaux (= Patrick Laborteaux) (Bob), Edward Albert (Jackson) **L** 97 **FSK** ab 16; f **E** 15.9.1988 **fd** 27 398

SPIEL MIT DEM TEUFEL (HRATKY S CERTEM). Der ausgediente Soldat Kabat besiegt nach seiner Heimkehr seine habgierigen und hinterlistigen Feinde und führt seine junge Braut heim. ✦ CSR 1956 **P** Státni Film **R** Josef Mach **B** Jan Drda, Josef Mach, nach dem gleichnamigen Roman von Jan Drda **K** Jan Stallich **M** Jirí Srnka **D** Josef Bek, Eva Klepácová, Alena Vránová, Frantisek Smolík, Jaroslav Vojta **L** 95 **E** 19.10.1985 DFF 2

SPIEL MIT DEM TOD. Ein wenig erfolgreicher Regisseur besucht einen Jugendfreund und gefeierten Berufskollegen in dessen Villa. Er glaubt dem Mann, der alles verkörpert, was er verachtet, endlich überlegen zu sein: ihm ist zu Ohren gedrungen, daß sein erfolgreicher Kollege bald sterben wird, und glaubt nun, triumphieren zu können. Zu spät durchschaut er, daß er als Figur in einem raffinierten Süpiel mißbraucht wurde. Bösartig-zynische Psycho-Komödie, dialoglastig und gelegentlich zu plump. – Ab 16 möglich. ✦ Italien/BR Deutschland/Österreich 1989 **P** RAI DUE/Iduna-Film/Istituto Luce Italnoleggio Cinematografico **R** Damiano Damiani **B** Damiano Damiani, Raffaele La Capria **K** Gianfranco Transunto **M** Riz Ortolani **D** Elliott Gould (Theo), Tomas Milian (Clem), Nathalie Baye (Bella), Eva Robins (Rosita), Jennifer Rubina Laser (Nuni), Galeazzo Benti (Plank) **L** (TV) 98 **E** 19.11.1990 ZDF

SPIEL MIT DEM TODE (THE BIG CLOCK). Der Herausgeber eines Kriminalmagazins hat seine Geliebte ermordet und gibt seinem eigenen Starreporter den Auftrag, Licht in den ungeklärten Mordfall zu bringen. Charles Laughtons vitale Schauspielkunst hebt den bescheidenen Plot auf das Niveau einer intelligenten Kriminalstudie. ✦ Schwarz-weiß. USA 1948 **P** Paramount **Kl** Paramount **Pd** Richard Maibaum **R** John Farrow **B** Jonathan Latimer, nach einem Roman von Kenneth Fearing **K** John Seitz **M** Victor Young **S** Gene Ruggiero **D** Charles Laughton (Earl Janoth), Ray Milland (George Stroud), Maureen O'Sullivan (Georgette Stroud), Rita Johnson (Pauline York), Elsa Lanchester (Louise Patterson) **L** 94 **FSK** ab 12; nf **E** 30.3.1950/25.7.1964 ZDF/21.9. 1989 DFF 2 **fd** 692

SPIEL MIT DER ANGST (REARVIEW MIRROR). Durchschnittlicher TV-Thriller. Eine junge Frau, die bei einem Ausflug aufs Land Zeugin eines Mordversuchs wird, gerät in die Gewalt eines Psychopathen, der mit ihr auf der Flucht vor der Polizei ein sadistisches Katz-und-Maus-Spiel treibt. ✦ USA 1984 **P** Warner/Simon-Asher/Sun Classic **Pd** Kip Gowans, Deborah Simon **R** Lou Antonio **B** Lorenzo Semple jr., nach dem Roman von Caroline B. Cooney **K** Frank Watts **M** William Goldstein **S** David Simmons **D** Lee Remick (Terry Seton), Michael Beck (Jerry Sam Hopps), Tony Musante (Detective Martino), Ned Bridges (Powell), Don Galloway (Roger Seton) **L** 91 **E** 10.5.1993 ZDF

SPIEL MIT DER LIEBE (1944). Drei Komödianten versuchen in einem Kurbad, einen reichen Herrn für ihre Zwecke einzuwickeln. Harmlos unterhaltsame Komödie, die in den letzten Kriegsmonaten unter dem Titel »Spiel« vorgeführt und 1956 in der Bundesrepublik mit leichten Kürzungen erneut gestartet wurde. – Ab 16. ✦ Schwarz-weiß. Deutschland 1944 **P** Prag **KI** Türck/Südwest **R** Alfred Stöger **B** Werner Eplinius, nach einer Idee von Hugo Zehder **K** Jan Roth **M** Franz Grothe **D** O. W. Fischer, Herta Mayen, Harald Paulsen, Oskar Sima, Erika von Thellmann **L** 83 (urspr. 85) **FSK** ab 12; nf **E** 5.12.1944/17.12. 1960 ARD **fd** 4 739

SPIEL MIT DER LIEBE (1978) (PLAYERS). Nach mehreren Trennungen und Krisen finden ein aufstrebender Sportler und eine schöne, wohlhabende Frau doch noch zueinander. Platte und psychologisch kaum plausible Love-Story im Tennis-Milieu, die weder Spannung noch bemerkenswerte formale Leistungen bietet. – Ab 14 möglich. ✦ USA 1978 **P** Paramount **KI** CIC **Pd** Robert Evans **R** Anthony Harvey **B** Arnold Schulman **K** James Crabe **M** Jerry Goldsmith **S** Randy Roberts **D** Ali MacGraw (Nicole), Dean Paul Martin (Chris), Maximilian Schell (Marco), Pancho Gonzales (Pancho), Steve Guttenberg (Rusty), John McEnroe (John McEnroe), Ilie Nastase (Ilie Nastase), Ion Tiriac (Ion Tiriac), Guillermo Vilas (Guillermo Vilas) **L** 121 **FSK** ab 6; f **E** 5.10.1979 **fd** 22 257

SPIEL MIT DER ZEIT (THE TIME GAME). Ein 14jähriger, der verdächtigt wird, in seiner Schule Feuer gelegt zu haben, wird von seinen Eltern zu den Großeltern aufs Land geschickt. Doch sein Großvater, ein verschrobener Erfinder, ist verschwunden: er ist offenbar auf eine Zeitreise gegangen. Mittels der Zeitmaschine des Großvaters reist der Junge ihm nach, wobei sich ihm auch die Möglichkeit bietet, den wahren Brandstifter in seiner Schule zu überführen. Ein abenteuerlicher Science-Fiction-Film für Kinder. – Ab 10 möglich. ✦ Australien/Großbritannien 1993 **Pd** Robert Bruning, Tom Donald, Adrienne Read **R** Alister Smart **B** Stephen Measday **K** Ray Henman **M** Brendan O'Brian, Tony Durant **S** Anne Carter **D** Gabriel Andrews (Tony Johnson), Pat Bishop (Großmutter), Simon Chilvers (Großvater), Sally Warwick (Emily), Daniel Taylor (Brad) **L** 94 **E** 23.10. 1994 premiere

SPIEL MIT HÖCHSTEM RISIKO (HIGH STAKES). (Fernseh-)Drama um eine von Spielleidenschaft besessene Mutter. Die Radiomoderatorin gibt ihren geliebten Beruf auf, als sie einen Fernseh-Manager heiratet und von ihm schwanger wird. Da sie aber ihr Dasein als Hausfrau nicht ausfüllt, beginnt sie, Poker zu spielen. Zusehends bringt sie damit sich und ihre Familie in finanzielle Schwierigkeiten. ✦ USA 1997 **R** Donald Wrye **B** Marshall Goldberg **K** Brian Pearson **M** Joseph Conlan **D** Cynthia Gibb (Annie Dreyer), Robin Thomas (Mike Fitzgerald), Howard Hesseman (Wayne Dreyer) **L** 86 **E** 10.8.1998 ZDF

SPIEL MIT MIR (BILLY ROSE'S JUMBO / JUMBO). Ein Zirkusdirektor verspielt abends die Kasse, seine Tochter verliebt sich kurz vor der Pleite in den Sohn des ärgsten Konkurrenten. Verfilmung einer Broadway-Musicalrevue aus den 30er Jahren: schöne Tanzszenen, eine naive Geschichte, viel Sentimentalität. Die letzte Arbeit des berühmten Hollywood-Choreographen Busby Berkeley. – Ab 14. ✦ Scope. USA 1962 **P** Euterpe/Arwin **KI** MGM **Pd** Joe Pasternak, Martin Melcher **R** Charles Walters **B** Sidney Sheldon, nach einem Bühnenstück von Billy Rose, Ben Hecht und Charles MacArthur **K** William H. Daniels **M** Richard Rodgers, Lorenz Hart **S** Richard Farrell **D** Doris Day (Kitty Wonder), Stephen Boyd (Sam Rawlins), Jimmy Durante (Pop Wonder), Martha Raye (Lulu), Dean Jagger (John Noble), Joseph Waring (Harry), Lynn Wood (Tina), Charles Watts (Ellis), James Chandler (Parsons) **L** 110 **FSK** ab 6; nf **E** 21.12.1962 **fd** 11 662

SPIEL OHNE UNENTSCHIEDEN (IGRA BES NITSCHEJ). An der grusinischen Grenze wird ein Ausländer verhaftet, der vorgibt, archäologische Forschungen zu betreiben. Die sowjetischen Sicherheitsorgane überführen ihn aber als Agenten und können nach gründlicher und geschickter Arbeit auch seine Helfershelfer dingfest machen. Künstlerisch anspruchslose und kaum spannende Unterhaltung. – Ab 8. ✦ Schwarz-weiß. UdSSR 1966 **P** Grusia-Film **KI** Progress **R** Juri Kawtaradse **B** Juri Kawtaradse, Konstantin Issajew, Lewan Aleksidse **K** Dudar Margijew **M** Konstantin Pewsner **D** G. Tkabladse (Oberst), Gija Tschochonelidse (Major), Imeda Kachiani (Hauptmann), T. Dauschwili (Leutnant) **L** 82 **E** 26.5.1967 Kino DDR/17.1.1969 DFF 1

DAS SPIEL SEINES LEBENS (MISTRZ). Die Zweifel eines Künstlers, der seine Rolle für Shakespeares »Macbeth« einstudiert. ✦ Schwarz-weiß. Polen 1966 **P** ZRF »Iluzjon« **R** Jerzy Antczak **B** Zdzislaw Skowronski **K** Jan Janczewski **M** Johann Sebastian Bach **D** Janusz Warnecki, Ignacy Gogolewski, Ryszarda Hanin, Henryk Borowski, Zbigniew Cybulski **L** 78 **E** 5.3. 1968 DFF 1

SPIEL UM DEIN LEBEN. Ein von Computerspielen besessener Taxifahrer wird Opfer eines Überfalls, der sein Leben vorübergehend ändert. Bald darauf lernt er eine attraktive Frau kennen, doch das kurze Glück ist vorbei, als er sie beim Liebesspiel scheinbar erwürgt. Die hilfsbereite Schwester der angeblich Toten und ein eifersüchtiger Geliebter komplettieren das Chaos, das der Mann nun zu durchdringen versucht. Spannender und aufwendig produzierter (Fernseh-)Thriller mit überzeugenden Darstellern und einer dichten, wenn auch nicht immer ganz logischen Inszenierung. DVD: Der Film ist nur als Double-Feature zusammen mit »Skorpion« erhältlich. – Ab 16. ✦ Deutschland 1996 **P** MTM Cineteve/Scanline **VA** MEC **DVD** Mc-One (FF, DD2.0 dt.) **R** Friedemann Fromm **B** Friedemann Fromm, Christian Jeltsch **K** Jo Heim **M** Markus Lonardoni **D** Ben Becker (Nick), Natalia Wörner (Eve/Jana), Heino Ferch (Plato), Heinz Josef Braun (Breeker), Martin Pölcher (Pollack) **L** 95 **FSK** ab 12 **E** 12.1.2000 Video/2001 DVD

SPIEL UM DEN APFEL → Ein bißchen schwanger

SPIEL UM DIE KÖNIGIN (HRA O KRALOVNAU). Geschichte von Liebe, Machtanspruch und Tod am böhmischen Königshof im 13. Jahrhundert. Harmlos unterhaltender, prächtig ausgestatteter Kostümfilm. ✦ Scope. CSSR 1980 **P** Filmstudio Barrandov **KI** Progress **R** Karel Stekly **B** Karel Stekly, Véra Liznerová **K** Rudolf Stahl **M** Ladislav Staidl **D** Hana Maciuchová (Kunhuta), Radoslav Brzobohaty (Závis), Martin Ruzek (Rudolf), Frantisek Nemec (Premysl Otokar II), Josef Vinklár (Milota von Dedice) **L** 89 **E** 18.12.1981 Kino DDR/18.6.1983 DFF 2

SPIEL UMS LEBEN (1956) (HRA O ZIVOT). Während der Besatzungszeit (1941) zerbricht eine Ehe durch die gegensätzliche Stellungnahme von Mann und Frau zu den politischen Gegebenheiten. Eine spannende Unterhaltung, etwas oberflächlich. – Ab 14. ✦ Schwarz-weiß. CSR 1956 **P** Spielfilmstudio **KI** Progress **R** Jirí Weiss **B** K. J. Benes, Jirí Weiss **K** Vladimír Novotny **M** Jirí Srnka **D** Vlasta Chramostová (Vlasta Racek), Karel Höger (Ota Racek), Sona Neumannová (Otas Mutter), Jana Dítetová (Zdenka), Stanislav Neumann (Dobes) **L** 90 **E** 4.7.1958 Kino DDR/11.5.1960 DFF 1

SPIEL UMS LEBEN (1983) (VAMPING). Ein heruntergekommener Jazz-Saxophonist läßt sich in Buffalo zu einem Einbruch in eine noble Villa überreden, verliebt sich aber in die attraktive Besitzerin des Hauses, wodurch er in einen Strudel dramatischer Ereignisse gerät. Hölzern inszeniertes, belangloses Melodram um die Erlebnisse eines wehmütig-verklärt gezeichneten Gelegenheitsverbrechers. – Ab 16 möglich. ✦ USA 1983 **P** Vamping/Atlantic **Pd** Howard Kling **R** Frederick King Keller **B** Michael Healy, Robert Seidman **K** Skip Roessel **M** Ken Kaufman **S** Darren Kloomok **D** Patrick Duffy (Harry Baranski), Catherine Hyland (Diane Anderson), Rod Arrants (Raymond O'Brian), Fred A. Keller (The Fat Man), David Booze (Benjamin) **L** 107 **E** 3.12.1988 ARD

SPIEL UND LEIDENSCHAFT (BAHIA DE PALMA). Ein gescheiterter Konzertpianist findet auf Mallorca durch eine neue Liebe wieder Lebensmut und beruflichen Ehrgeiz. Schwaches Melodram. ✦ Spanien 1962 **P** Este **KI** Stern-Film **R** Juan Bosch, Juan Bosch **D** Arturo Fernandez, Elke Sommer, Teresa del Rio **L** 88 **FSK** ab 18; nf **E** 11.9.1964 **fd** 13 435

DAS SPIEL WAR SEIN FLUCH (LE JOUEUR / IL GIOCATORE). Neuverfilmung von Dostojewskis »Der Spieler« im Baden-Badener Milieu von 1867: Ein verschuldeter russischer General verliebt sich in eine zwielichtige französische Dame. Deren erpresserischer Freund wiederum macht sich die Tochter des Generals hörig. Die im Roman beabsichtigte Gesellschaftskritik verpufft fast gänzlich, mit Ausnahme des ausgezeichneten Hauptdarstellers bleiben die Figuren unglaubwürdig. Ein nichtssagendes filmisches Bilderbuch. (DDR- und Alternativtitel: »Der Spieler«) ✦ Frankreich/Italien 1958 **P** Franco-London/Zebra **KI** Prisma **Pd** Ralph Baum **R** Claude Autant-Lara **B** Jean Aurenche, Pierre Bost, François Boyer, nach dem Roman »Der Spieler« von Fjodor M. Dostojewski **K** Jacques Natteau **M** René Cloërec **S** Madeleine Gug **D** Gérard Philipe (Alexej Iwanowitsch), Liselotte Pulver (Paulina Alexandrowna), Bernard Blier (General Zagorianski), Françoise Rosay (Antonida Waasilijewna), Jean Danet (Marquis des Grieux), Nadine Alari (Blanche), Suzanne Dantes (Madame de Cominges) **L** 97 **FSK** ab 12; f (früher 16) **E** 19.12.1958/27.5.1960 Kino DDR **fd** 7 770

SPIEL ZU DRITT (TAKE ME OUT TO THE BALL GAME). Zwei Vaudeville-Künstler und Baseballspieler verlieben sich um die Jahrhundertwende in ihre neue Chefin, was zu turbulenten Komplikationen führt. Routiniert inszenierte Musikkomödie, die weniger von den üblichen Liebesverwirrungen handelt als von den Tänzen, Liedern, sportlichen Aktivitäten, den Farben und Kostümen des Jahres 1910. Arrangiert und inszeniert von Hollywoods erfahrenem Revuespezialisten Busby Berkeley (1895–1976), der durch seine ornamentalen Ballette bekannt wurde. Bisweilen zwar albern und kitschig, doch dank der perfekt agierenden Hauptdarsteller eine schwungvolle Musical-Variante. – Ab 14. ✦ USA 1949 **P** MGM **Pd** Arthur Freed **R** Busby Berkeley **B** Harry Tugend, George Wells, Harry Crane (ungenannt), nach einer Geschichte von Stanley Donen und Gene Kelly **K** George J. Folsey jr. **M** Roger Edens **S** Blanche Sewell **D** Frank Sinatra (Dennis Ryan), Esther Williams (K. C. Higgins), Gene Kelly (Eddie O'Brien), Betty Garrett (Shirley Delwyn), Edward Arnold (Joe Lorgan), Tom Dugan (Slappy Burke), Jules Munshin (Nat Goldberg) **L** 93 **E** 29.8.1986 ARD

SPIEL ZU ZWEIT (TWO FOR THE SEESAW). Nach dem Scheitern seiner Ehe beginnt der Provinzanwalt Jerry ein neues Leben in New York. Die Liebe zu der jungen Tänzerin Gittel bleibt allerdings glücklos; Jerry kommt nicht von seinen Erinnerungen los, und die nervöse Gittel ist mit ihren eigenen Problemen überfordert. Jerry kehrt zu seiner Frau zurück. Dialoglastiges, vorwiegend von den (sehr guten) Schauspielern getragenes Hollywooddrama, das zwischen Komödie und bitterem Melodram schwankt. Ansätze zu einer anspruchsvolleren Figurenpsychologie werden durch die etwas larmoyante Inszenierung leider zunichte gemacht. ✦ Scope, schwarz-weiß. USA 1962 **P** Mirisch/Argyle/Talbot **KI** United Artists **Pd** Walter Mirisch **R** Robert Wise **B** Isobel Lennart, nach dem Bühnenstück »Spiel zu zweit« von William Gibson **K** Ted McCord **M** André Previn **S** Stuart Gilmore **D** Shirley MacLaine (Gittel Mosca), Robert Mitchum (Jerry Ryan), Edmon Ryan (Taubman), Elizabeth Fraser (Sophie), Eddie Firestone (Oscar) **L** 118 **FSK** ab 16; f **FBW** bw **E** 15.3.1963/5.5.1969 ZDF/ 15.2.1975 DFF 1 **fd** 11 851

SPIELBALL DER LUST → Die Macht des Stärkeren

SPIELBANKAFFÄRE. Eine Schauspielschülerin gerät unschuldig in eine Spielbankaffäre um gefälschte Jetons. Tendenziöser DEFA-Film, der kaum unterhält, sondern Klischees des kapitalistischen Westens aneinanderreiht. In der DDR-Kritik wurde der Film als Beispiel für Revisionismus und bürgerliche Infiltration angeprangert, in der Bundesrepublik wurde er als antiwestliche Propaganda empfunden. (Alternativtitel: »Parkplatz zur großen Sehnsucht«) ✦ Scope. DDR/Schweden 1957 **P** DEFA **KI** Progress **R+B** Artur Pohl **K** Joachim Hasler **M** Martin Böttcher **S** Hildegard Tegener **D** Gertrud Kückelmann (Sybille), Jan Hendriks (Gerhard), Rudolf Forster (Gallinger), Peter Pasetti (Dr. Busch), Willy A. Kleinau (Martinez) **L** 90 **E** 13.9.1957 Kino DDR/1958 Kino BRD **fd** 7 154

DIE SPIELDOSENSTRASSE – EINE FABRIK IM UMBRUCH. 1988 übernimmt ein junger Manager eine marode Spieldosen-Fabrik im Schweizer Kanton Jura. Er soll das Unternehmen gegen Anbieter aus Fernost konkurrenzfähig machen. Das Filmteam beobachtet diesen Prozeß sieben Jahre lang, nimmt an geheimen Planungskonferenzen teil, dokumentiert die anfängliche Skepsis der Belegschaft und zeichnet das vorläufige Happy-End auf. Eine bespielhafte Innenansicht eines Umstrukturierungsprozesses zwischen handwerklicher Tradition und computergesteuerter Zukunft, die sich zu einer sozialgeschichtlichen Parabel über die weltweite Arbeitsplatzkonkurrenz verdichtet. – Ab 14. ✦ Schweiz 1996 **R+B** Elisabeth Waelchli, Axel Brandt **L** 94 **E** 8.12.1996 Bayern 3

SPIELE DER NACHT (NOITE VAZIA). Zwei Männer die ihrer Frau bzw. Verlobten überdrüssig sind, suchen, von Langeweile gequält, in Vergnügungslokalen Zuflucht. Ihre mit zwei Callgirls geteilte Nacht endet im Katzenjammer des nächsten Morgens. Gesellschaftskritisch gemeinter, aber zu oberflächlicher Versuch einer Studie über die Kontaktlosigkeit und Gleichgültigkeit menschlicher Beziehungen im brasilianischen Großstadtleben. ✦ Schwarz-weiß. Brasilien 1965 **P** Kamera/Cia **KI** Inter **R+B** Walter Hugo Khoury **K** Rudolf Lesey **M** Rogerio Duprat **S** Mauro Alice **D** Mario Benvenuti, Norma Bengell, Gabriele Tinti, Odete Lara, Lisa Negri **L** 77 **FSK** ab 18; nf **E** 30.3.1967 **fd** 14 687

SPIELE DER WOLLUST →Tagebuch der Liebe

SPIELE FÜR MÄSSIG FORTGESCHRITTENE (HRY PRO MIRNE POKROCILE). Die 14jährige Tochter eines überlasteten Krankenhausarztes in der Kleinstadt Liberec bricht sich nach bestandener Aufnahmeprüfung fürs Prager Konservatorium den Arm, so daß ihre Ausbildung zur Pianistin ins Stocken gerät. Dadurch und durch die Bekanntschaft mit einem etwa gleichaltrigen Jungen, der ein berühmter Sprinter werden will, löst sie sich in einem schmerzlichen Reifungsprozeß aus ihrer Introvertiertheit. Trotz glaubwürdiger Hauptdarsteller eine nur halbherzig entwickelte Geschichte, die oft nur verschwommen andeutet und dadurch vieles ausspart, was für Jugendliche wichtig und wertvoll wäre. – Ab 12. ✦ Scope. CSSR 1986 **P** Filmstudio Barrandov **KI** Progress **R** Ota Koval **B** Daniela Fischerová, Ota Koval **K** Vladimír Smutny **M** Stepán Lucky, Frédéric Chopin **D** Lucie Domková (Klára), Evelyna Steimarová (Mutter), Petr Cepek (Vater), David Jan Novotny (Stépán), Magdalena Hamová (Kameradin), Jirína Steimarová (Großmutter), Ivan Vyskocil (Professor), Jan Faltynek (Stépáns Vater) **L** (TV) 85 **E** 4.3.1988 Kino DDR/21.11.1990 ARD/12.1.1990 DFF 1

SPIELE FÜR SCHULKINDER (IGRY DIJA DETEJ SCHKOLNOWA WOSRASTA). Ein 14jähriges Mädchen kann sich in einem Kinderheim nur schwer zurechtfinden und erlebt sowohl hier als auch durch seinen alkoholabhängigen Vater tiefe Gefühlsverletzungen. Ein kritisch realistischer, meisterhaft inszenierter Film über die Beziehungen von Heimkindern. – Sehenswert ab 14. ✦ UdSSR 1986 **P** Tallinnfilm **KI** Progress **R** Leida Laius, Arvo Iho **B** Marina Scheptunowa, nach dem Roman »Stiefmutter« von Silvia Rannamaa **K** Arvo Iho **M** Lepo Sumera **D** Monika Yarv (Marie), Hendrik Toompere (Robby), Tauri Tallermaa (Tauri), Katrin Tamleht (Katrin), Kaerttu Aavin (Kerttu) **L** 87 **E** 30.9.1988 Kino DDR

SPIELE MIT DEM FEUER →Mirror Images

SPIELE UM DIE MACHT →England made me

DIE SPIELEMACHER. Dokumentarfilm, der sich kritisch mit dem aktuellen Geist der Olympischen Spiele auseindersetzt. Die olypmpische Idee, nach der sich die Jugend der Welt in grundlegenden Werten wie Moral, Disziplin und Fairness zu sportlichen Spielen vereint, scheint spätestens seit den jüngsten Korruptionsskandalen um das Internationale Olympische Komitee (IOC) zur Phrase geworden zu sein. Der Film beleuchtet die Arbeitsweise des IOC und analysiert vereinsinterne Intrigen und Machtkämpfe. ✦ Frankreich 2000 **R** Albert Knechtel **L** 80 **E** 13.9. 2000 arte

SPIELEN WIR BEATIE BOW →Beatie Bow – Das Spiel mit der Zeit

SPIELEN WIR LIEBE (MALADOLESCENZA). Ein 14jähriger Junge und zwei 12jährige Mädchen verbringen ihre Ferien auf dem Land in Österreich. Zunächst stellt der Junge dem einen Mädchen nach und verführt sie. Dann verbündet er sich mit der anderen. Nur vorgeblich interessiert sich der Film für die Probleme der Pubertät, in Wahrheit ist er ein miserabel gemachter Sexfilm, der rücksichtslos seine kindlichen Darsteller vermarktet. Wegen der strengen Bestimmungen zum Schutze Minderjähriger wurde der italienische Film in Österreich gedreht. – Wir raten ab. ✦ Italien/BR Deutschland 1976 **P** Petra Cinema 23/Seven-Star **KI** Scotia **R+B** Pier Giuseppe Murgia **K** Lothar Elias Stickelbrucks **M** Jürgen Drews **D** Eva Ionesco (Silvia), Martin Loeb (Fabrizio), Lara Wendel (Laura) **L** 81 **FSK** ab 18; nf **E** 24.6.1977 **fd** 20 383

DIE SPIELER (TRICHEURS). Ein manisch besessener Spieler, der vom ultimativ »großen Gewinn« träumt, tingelt vom Glück verlassen durch die Casinos. Er schließt sich mit einer Bande von Falschspielern zusammen, um das Glück zu erzwingen, trifft auf eine attraktive Frau, mit der er ein neues Leben beginnen will, stürzt jedoch auch sie in neue Abhängigkeiten. Nüchtern-unterkühlte Studie über Spieler, ihre Obsessionen, Abhängigkeiten, Illusionen und Wunschträume, ihr Scheitern und Versagen. Auf dem Papier eine interessante Studie, die in der filmischen Umsetzung langatmig und zerfahren wirkt. – Ab 16 möglich. ✦ BR Deutschland 1983 **P** Bioskop/B.A.Prod./Les Films du Losange/FR 3/Métro Filme/NEF **KI** NEF Diffusion/Impuls **Pd** Margaret Ménégoz **R** Barbet Schroeder **B** Barbet Schroeder, Pascal Bonitzer, Steve Baes, nach einem Roman von Steve Baes **K** Robby Müller **M** Peer Raben **S** Denise de Casabianca **D** Jacques Dutronc (Elric), Bulle Ogier (Suzie), Kurt Raab (Jorg), Virgilio Teixeira (Toni), Steve Baes (Casino-Direktor), Claus-Dieter Reents (Aldo), Robby Mueller (Ingenieur) **L** 95 **FSK** ab 12; f **FBW** w **E** 19.3.1987

DER SPIELER (1938) →Roman eines Spielers

DER SPIELER (1948) (THE GREAT SINNER). Die Geschichte eines Schriftstellers, der in den Spielcasinos von Wiesbaden eine bildschöne, vom Spiel besessene Russin trifft, sie durch einen gewagten Einsatz von ihren hohen Spielschulden befreit, aber selbst der Spielleidenschaft verfällt. Geschickt inszenierter, aber nur am Äußeren der Vorlage interessierter Film nach dem Roman von Dostojewski. – Ab 16. ✦ Schwarz-weiß. USA 1948 **P** MGM **KI** MGM **Pd** Gottfried Reinhardt **R** Robert Siodmak **B** Ladislas Fodor, Christopher Isherwood, frei nach Fjodor Dostojewskis »Der Spieler« **K** George J. Folsey jr. **M** Bronislau Kaper **S** Harold F. Kress **D** Gregory Peck (Fjodor Dostojewskij), Ava Gardner (Pauline Ostrowski), Frank Morgan (Aristide Pitard), Melvyn Douglas (Armand Le Glasse), Walter Huston (General Ostrowski), Ethel Barrymore (Großmutter), Agnes Morrehead (Emma Getzel), Curt Bois (Juwelier) **L** 112 **FSK** ab 16; f **E** 2.3.1956/25.7.1970 ZDF **fd** 4 109

DER SPIELER (1958) →Das Spiel war sein Fluch

DER SPIELER (1972) (IGROK). Weitere Verfilmung des Romans von Dostojewski, die eine subtile, kritische Zeichnung der russischen Gesellschaft Ende des 19. Jahrhunderts beabsichtigt: Um die Liebe einer schönen Frau zu gewinnen, versucht ein Hauslehrer sein Glück am Spieltisch. Zu spät erkennt er seinen Irrtum. ✦ UdSSR/CSSR 1972 **P** Lenfilm/Filmstudio Barrandov **R** Alexej Batalow **B** Michail Olschewski, nach dem gleichnamigen Roman von Fjodor Dostojewski **K** Dmitri Michijew **M** Oleg Karawaitschuk **D** Nikolai Burljajew (Alexej Iwanowitsch), Tatjana Iwanowa (Polina Alexandrowa), Wsewolod Kusnezow (Gemal), Ljubow Dobrshanskaja (Großmutter), Wassili Liwanow (de Grijé) **L** 95 **E** 20.3. 1974 DFF 1/11.10.1994 MDR

SPIELER (1989). Ein nichtsnutziger junger »Lebenskünstler« und manischer Spieler verliebt sich in seine Cousine und versucht fortan, seine Wettleidenschaft und seine Leidenschaft für die attraktive Frau in Einklang zu bringen. Aus der zu leichtgenommenen Beziehung entwickeln sich Verantwortlichkeiten, die zu kriminellen Delikten und tragischen Verwicklungen mit tödlichem Ausgang führen. Eine liebevoll und witzig erzählte Kinogeschichte zwischen Komödie und Tragödie, die eine dünne Drehbuchvorlage zu einem artifiziellen Spiel mit den erzählerischen Prinzipien und »Gesetzen« des Kinos verdichtet. Gelegentlich allzu bemüht, für jene aber, die die Bezüge und Vorbilder erkennen, ebenso amüsant wie anregend. ✦ BR Deutschland 1989 **P** Bavaria/ZDF **KI** Senator **VA** Euro Video **Pd** Michael Hild, Günter Rohrbach **R** Dominik Graf **B** Christoph Fromm, Dominik Graf **K** Klaus Eichhammer **M** Andreas Köbner, Dominik Graf **S** Christel Suckow **D** Peter Lohmeyer (Jojo), Anica Dobra (Kathrin), Hansa Czypionka (Tom), Joachim Kemmer (Strobeck), Anthony Dawson (Roy), Claus-Dieter Reents (Hugo) **L** 111 **FSK** ab 16; f **FBW** w **E** 1.11.1990/11.6.1991 Video/4.10.1992 ZDF **fd** 28 581

DER SPIELER (1990) →Haute Tension: Der Spieler

SPIELER (1995). Eine Dokumentation über Spielleidenschaft und Spielsucht, in der vier Spieler mit unterschiedlichem Hintergrund Auskunft über das Wesen ihrer Leidenschaft zu geben versuchen. Im Mittelpunkt der Betrachtung steht das Geld, das immer wieder an die Spielbanken verloren wird und das immer wieder – aus welchen Quellen auch immer – beschafft werden kann. ✦ Frankreich 1995 **R** Jérôme de Missolz **L** 60 **E** 2.2.1997 arte

SPIELER OHNE SKRUPEL (THE GAMBLER). Ein junger Literaturdozent in New York verfällt der Spielleidenschaft, stürzt in ausweglose Schulden und gibt schließlich sein Leben preis, als er nach einer aktiven Bestechung auch seine Ehre verloren hat. Atmosphärisch dichte, realistisch-melodramatische Verfilmung eines autobiografisch gefärbten Drehbuch-Debüts. In Regie und Darstellung ausgezeichnet. ✦ USA 1974 **P** Paramount **KI** CIC **Pd** Robert Chartoff, Irwin Winkler **R** Karel Reisz **B** James Toback **K** Victor J. Kemper **M** Jerry Fielding, Gustav Mahler (Motive aus der 1. Sinfonie) **S** Roger Spottiswoode **D** James Caan (Axel), Paul Sorvino (Hips), Lauren Hutton (Billie), Jacqueline Brookes (Naomi), Burt Young (Carmine), Carmine Caridi (Jimmy), M. Emmet Walsh (Spieler in Las Vegas) **L** 110 **FSK** ab 18; nf **E** 13.6. 1975/16.9.1983 ZDF **fd** 19 333

DIE SPIELERIN (GAMBLING LADY). Verwicklungen und Intrigen um eine junge Frau, die zu Unrecht als Falschspielerin inhaftiert wurde und nach ihrer Entlassung unter dem Mißtrauen der Menschen zu leiden hat. Auch ihre Liebe droht zu scheitern. Erst nach vielen Mißverständnissen und Konflikten kommt es zum Happy-End. Regie führt der Hollywood-Veteran Mayo (1891–1968). ✦ Schwarzweiß. USA 1934 **P** Warner Bros. **R** Archie Mayo **B** Ralph Block, Doris Malloy, nach einer Erzählung von Doris Malloy **K** George Barnes **M** Leo F. Forbstein **S** Harold McLernon **D** Barbara Stanwyck (Lady Lee), Pat O'Brien (Charlie Lang), Joel McCrea (Garry

Madison), C. Aubrey Smith (Peter Madison), Claire Dodd (Sheila Aiken) **L** 65 **E** 21.6.1979 WDR

SPIELFIEBER (THE LADY GAMBLES). Eine glücklich verheiratete Frau wird von der Spielleidenschaft gepackt und zerstört damit fast ihre Ehe. Psychologisches Frauendrama, das realistisch und ohne Beschönigung die Gefahren des Glücksspiels zeigt, sich aber mit Verweisen auf die Psychoanalyse ein wenig übernimmt. ✦ Schwarz-weiß. USA 1948/49 **P** Universal **KI** Universal **Pd** Michel Kraike **R** Michael Gordon **B** Roy Huggins, Halsted Welles, nach einer Erzählung von Lewis Meltzer und Oscar Saul **K** Russell Metty **M** Frank Skinner **S** Milton Carruth **D** Barbara Stanwyck (Joan Boothe), Robert Preston (David Boothe), Stephen McNally (Corrigan), Edith Barrett (Ruth Phillips), John Hoyt (Dr. Rojac) **L** 98 **FSK** ab 16; nf **E** 15.6.1951 **fd** 1 476

DER SPIELGEFÄHRTE (THE TOY). Ein Millionärssohn sucht sich im Kaufhaus seines Vaters einen arbeitslosen Farbigen als Spielgefährten aus. Aus dem würdelosen Scherz entwickeln sich bald Zuneigung und gegenseitiges Vertrauen. Unverbindliche amerikanische Familienunterhaltung. ✦ USA 1982 **P** Columbia/Rastar **KI** Warner-Columbia **Pd** Phil Feldman **R** Richard Donner **B** Carol Sobieski, nach dem Film »Le Jouet« von Francis Veber **K** Laszlo Kovacs **M** Patrick Williams **S** Richard Harris, Michael A. Stevenson **D** Richard Pryor (Jack Brown), Jackie Gleason (U. S. Bates), Ned Beatty (Mr. Morehouse), Teresa Ganzel (Fancy Bates), Scott Schwartz (Eric Bates), Wilfrid Hyde-White (Barkley), Annazette Chase (Angela) **L** 90 **FSK** ab 6; f **E** 15.4.1983 **fd** 24 666

DIE SPIELHÖLLE VON LAS VEGAS (THE LAS VEGAS STORY). Ein Ehepaar auf der Reise wird im mondänen Spiel- und Scheidungs-Paradies Las Vegas durch dunkle Punkte und zweifelhafte Freunde aus der Vergangenheit der Frau in eine Kette von Leidenschaften, Verbrechen und Morden verwickelt. Überkonstruierter, artifizieller Kriminalfilm. ✦ Schwarz-weiß. USA 1951 **P** RKO **KI** RKO **Pd** Robert Sparks **R** Robert Stevenson **B** Earl Felton, Harry Essex, Paul Jarrico (ungenannt), nach einem Roman von J. Dralter **K** Harry J. Wild **M** Leigh Harline **S** George Schrader **D** Jane Russell (Linda Rollins), Victor Mature (Dave Andrews), Vincent Price (Lloyd Rollins), Hoagy Carmichael (Happy), Brad Dexter (Tom Hubler) **L** 83 **FSK** ab 12; nf **E** 28.11.1952/10.9.1962 ARD **fd** 2 259

DIE SPIELHÖLLE VON MACAO (MACAO, L'ENFER DU JEU). Ein in Waffenschmuggel, Drogenhandel und Casinogeschichten verwickelter Mann lebt im Streit mit seiner Tochter, die in Unkenntnis über sein Treiben aufgewachsen ist. Ein Journalist will das Mädchen »retten«, doch rivalisierende Banden und deren Kämpfe machen ihm das Leben schwer; am Ende jedoch gelingt sein Vorhaben. Der spannende und nicht gerade zartbesaitete Film macht durch seine dramaturgischen Überraschungen und das bizarre Dekor einiges an Ungereimtheiten wett. (Die Produktion von 1939 wurde in Frankreich erst 1942 als »L'enfer du jeu« uraufgeführt, nachdem alle ursprünglich mit Erich von Strohheim besetzten Szenen mit Pierre Renoir nachgedreht worden waren. In der ursprünglichen Fassung war er erst nach der Befreiung Frankreichs zu sehen.) ✦ Schwarz-weiß. Frankreich 1939 **P** Demo-Film **KI** Allianz **Pd** Jean Rossi **R** Jean Delannoy **B** Veber, Roger Vitrac, nach einem Roman von Maurice Décobra **K** Nicolas Hayer, Fred Langenfeld **M** Georges Auric **D** Erich von Stroheim (Hubert von Krall), Mireille Balin (Mireille), Sessue Hayakawa (Ying-Tchai), Louise Carletti (Jasmine), Roland Toutain (Peter Milley), Henri Guisol (Almeido), Georges Lannes (Kapitän der »Amuna«) **L** 79 **FSK** ab 16; nf **E** 2.5.1950 **fd** 721

DIE SPIELHÖLLE VON SAN FRANCISCO → San Francisco im Goldfieber

SPIELPLATZ (DETSKAJA PLOSCHADKA). Das Schicksal einer im Kinderheim aufgewachsenen jungen Frau, die zum ersten Mal Glück und Geborgenheit bei einem jungen Mann findet, der aber in die unlauteren Geschäfte einer kriminellen Bande verstrickt ist. Ein inszenatorisch eher schwächerer Gegenwartsfilm, der sich zwar ernsthaft um die Problematik bemüht, dabei aber weit unter seinen formalen Möglichkeiten bleibt. – Ab 16. ✦ UdSSR 1987 **P** Lenfilm **KI** Progress **R** Swetlana Proskurina **B** Pawel Finn **K** Tatjana Loginowa **M** Wadim Bibergan **D** Darja Schpalikkowa (Shanna), Wadim Ljubschin (Roman), Nikolai Lawrow (Marat Pawlowitsch), Viktor Proskurin (Karpow), Marina Ignatowa **L** 76 **E** 27.1.1989 Kino DDR

SPIELPLATZ DER MÖRDER (BELOW UTOPIA). Während der Thanksgiving-Feiertage, die ein junges Paar bei der Familie des Mannes verbringt, brechen unvermittelt die Spannungen und familiären Tragödien hervor, die durch das dominante Familienoberhaupt ausgelöst wurden. Diese Konflikte finden ein abruptes Ende, als brutale Einbrecher in das Haus eindringen, die alle Familienmitglieder, bis auf das Paar, das zufällig in Keller ist, ermorden und die Kunstsammlung des Vaters rauben. Für die Überlebenden gilt es zunächst, unentdeckt zu bleiben. Ein fahriger Thriller mit blassen Hauptdarstellern, der zudem noch an den Schwächen des Drehbuchs und unübersehbaren Mängeln in Inszenierung und Montage leidet. (Alternativtitel: »Below Utopia«) ✦ USA 1997 **P** Subutopia Films, Kurt Voss **VA** VMP **Pd** Paul Hertzberg, Lisa M. Hansen **R** Kurt Voss **B** David Diamond **K** Denis Maloney **M** Joseph Williams **S** John Rosenberg **D** Alyssa Milano (Susanne), Justin Theroux (Daniel), Ice-T (Tiny), Tommy »Tiny« Lister (= Tommy »Tiny« Lister jr.) (Frank), Jeanette O'Connor (Estelle), Nicholas Walker (Justin) **L** 85 (gek. 83) **FSK** ab 18 (gek. 16) **E** 26.3.1998 Video **fd** 33 108

SPIELPLATZ DES TEUFELS (THE DEVIL'S PLAYGROUND). Australien im Jahr 1953: In einem katholischen Schulbrüder-Orden, organisiert im Stil eines Konvikts, sucht ein 13jähriger Schüler, der die beginnende Pubertät und die damit verbundenen Schwierigkeiten in einer extrem körperfeindlichen Umgebung intensiv erlebt, nach Halt und Hilfe in einer tiefen existentiellen Krise. Das schwierige Thema der ersten aufkeimenden Sexualität wird in dem biografischen Film mit Zartgefühl und Behutsamkeit dargelegt. Realistisch in der Beschreibung des Internatslebens, präzise in der Rekonstruktion der auferlegten Pflichten, engagiert in seinem Einsatz für größere Gerechtigkeit und menschenwürdige Besonnenheit. ✦ Australien 1976 **P** Fred Schepisi/The Film House/Australian Film Commission **Pd+R+B** Fred Schepisi **K** Ian Baker **M** Bruce Smeaton **S** Brian Kavanagh **D** Arthur Dignam (Bruder Francine), Nick Tate (Bruder Victor), Simon Burke (Tom Allen), Charles McCallum (Bruder Sebastian), John Frawley (Bruder Celian) **L** 107 **E** 19.6.1987 ZDF

EIN SPIELPLATZ FÜR ELEFANTEN UND TIGER (HAME KHELANI DO). Kinderfilm: Ein Inder fühlt sich durch herumtollende und ballspielende Kinder gestört. So gibt er ihnen ein Stück verwildertes Brachland, das sie in Ordnung bringen und als Spielplatz nutzen können. Insgeheim aber plant er, es ihnen wieder wegzunehmen, wobei er die Rechnung ohne die Kinder macht. ✦ Indien 1973 **P** Childrens Film Society **R** Radschendra Kumar **B** Saaed Akhtar Mirza **K** Prakasch Malhotra **D** Tschaman Puri, Madshnu, Dschankidas, Kesari, Mustafa **L** 69 **E** 20.8. 1984 DFF 1

DIE SPIELREGEL (LA REGLE DU JEU). Auf einem französischen Schloß kommt es während einer Jagdfeier zu einem Ausbruch entfesselter Leidenschaften mit tödlichem Ausgang: Der Pilot Julien hat sich in die Hausherrin Christine verliebt. Die feine Gesellschaft weiß um die Affäre, verschweigt sie jedoch dezent. Ein zweites Eifersuchtsdrama spielt sich zwischen dem Jagdhüter Schumacher und dem Wilddieb Marceau ab, der Schumachers Frau den Hof macht. Als Julien und Christine sich nachts treffen, wird Julien von Schumacher erschossen, weil er ihn irrtümlich für Marceau hält. In Renoirs Meisterwerk verbergen sich unter einer komödiantischen Oberfläche Zeitkritik und bittere Skepsis; der Zusammenbruch der sanktionierten Lüge wird als sarkastisch-heiterer Reigen inszeniert, und die gesellschaftlichen »Spielregeln« jener Zeit entpuppen sich als selbstzerstörerische Konventionen. Daß Renoir die Stimmung im Vorkriegs-Frankreich präzise getroffen hatte, zeigte die Reaktion seiner Landsleute. Der Film wurde vom Publikum abgelehnt und im Oktober 1939 von der Zensur als »demoralisierend« verboten. – Sehenswert ab 16. ✦ Schwarz-weiß. Frankreich 1939 **P** N.E.F. **Pd+R** Jean Renoir **B** Jean Renoir, Carl Koch **K** Jean Bachelet, Jacques Lemare **M** Wolfgang Amadeus Mozart, Monsigny, Camille Saint-Saëns, Johann Strauß **S** Marguerite Renoir **D** Nora Gregor (Christine de la Chesnaye), Paulette Dubost (Lisette), Jean Renoir (Octave), Roland Toutain (André Jurieu), Marcel Dalio (Robert de la Chesnaye), Mila Parély (Genevieve de Marrast), Gaston Modot (Schumacher) **L** 113 **E** 5.3.1968 ARD/24.11. 1972 Kino/12.2.1977 DFF 2 **fd** 15 271

SPIELSCHULDEN (THE LADY PAYS OFF). Eine attraktive, bei den Kindern beliebte Lehrerin, die sich trotz mancher Heiratsanträge noch nicht zur Ehe entschließen konnte, findet über ihr Pech im Spiel das Glück in der Liebe. Nachdem sie im Spielkasino eine hohe Summe verloren hat, nimmt sie notgedrungen das Angebot des Casinobesitzers an, sich um seine mutterlose kleine Tochter zu kümmern. Schließlich findet sie auch Gefallen an dem Vater und er an ihr. Auch eine Rivalin kann das Happy End nicht mehr gefährden. Heiter-sentimentale Komödie unter der versierten Regie von Douglas Sirk. – Ab 14. ✦ Schwarz-weiß. USA 1952 **P** Universal International **Pd** Albert J. Cohen **R** Douglas Sirk **B** Frank Gill jr., Albert J. Cohen **K** William H. Daniels **M** Frank Skinner **S** Russell Schoengarth **D** Linda Darnell (Evelyn Warren), Stephen McNally (Matt Braddock), Gigi Perreau (Diana Braddock), Virginia Field (Kay Stoddard), Ann Codee (Marie Luba), Lynne Hunter (Minnie), Nestor Paiva (Manuel) **L** 80 **E** 26.4.1980 ARD

SPIELST DU MIT SCHRÄGEN VÖGELN. Das mit leeren Vergnügungen ausgefüllte Leben zweier junger Paare während einiger Ferientage in der Bretagne. Pseudo-kritischer, geistig und formal gleichermaßen anspruchsloser deutscher Film mit Margarethe von Trotta in einer frühen Rolle. ✦ BR Deutschland 1969 **P** Gustav Ehmck **KI** Cinema Service **Pd+R** Gustav Ehmck **B** Günter Seuren **K** Egon Mann **D** Jürgen Draeger (Georg), Horst Janson (Alfred), Brigitte Harrer (Ilse), Margarethe von Trotta (Helga), Eva-Ingeborg Scholz, Joachim Schneider **L** 91 **FSK** ab 18; nf **E** 17.4.1969 **fd** 16 183

DER SPIELTEUFEL (THIRD TIME LUCKY). Mittelmäßiger Kriminalfilm um einen englischen Berufsspieler und sein »Maskottchen«, ein junges Mädchen, das auch dann noch zu ihm hält, als er in eine Pechsträhne gerät, alles verliert und von Gangstern verfolgt wird. Um ihn zu retten, greift sie in Notwehr auch zur Waffe und erschießt einen Falschspieler. Vom Spiel geläutert, landen beide im Happy-End. ✦ Schwarz-weiß. Großbritannien 1949 **P** Alliance-Anglo-Film **KI** Eagle-Lion **Pd** Mario Zampi **R** Gordon Parry **B** Gerald Butler, nach seinem Roman »They Cracked Her Glass Slipper« **K** Cedric Williams, Peter Newbrook **M** Stanley Black **S** Giulio Zampi **D** Glynis Johns (Joan), Dermot Walsh (Lucky), Charles Goldener (Flash), Harcourt Williams (Doktor), Yvonne Owen (Peggy), Helen Haye (Alte Dame), John Stuart (Inspektor) **L** 95 **FSK** ab 16; nf **E** 1949 **fd** 476

SPIELTRIEB. Jugendliche Laienschauspieler bereiten eine Szenen-Collage vor. Bis zur öffentlichen Aufführung ergeben sich zahlreiche künstlerische und technische Probleme, die der Film ebenso beschreibt wie die Liebeleien der Jugendlichen sowie ihre (Vor-) Freude, vor einem Publikum auftreten zu können. ✦ Schwarz-weiß. BR Deutschland 1979 **P** Constantin Kilian Filmprod. **Pd** Constantin Kilian **R+B** Constantin Kilian, Jörg Maurer **K** Wolfgang Mazur **M** Harry Kulzer, Thomas Richter **S** Constantin Kilian **D** Jörg Maurer (Martin), Anja Stachowski (Claudine), Jockel Gärner (Bär), Friederike Meyer (Ilona), Gerd Huber (Heinzi) **L** 104 **E** 18.12.1979

DAS SPIELZEUG (LE JOUET). Ein verwöhnter elfjähriger Millionärssohn läßt sich einen Reporter »schenken« und lernt durch seinen Spielgefährten, daß Geld nicht das Recht gibt, über andere Menschen zu verfügen. Betulicher französischer Schwank, der die angeschnittenen sozialen Fragen durch vordergründige Gags überspielt. – Ab 12. ✦ Frankreich 1976 **P** Renn/Frideline/Efve **KI** Gloria (für Residenz) **R+B** Francis Veber **K** Etienne Becker **M** Vladimir Cosma **D** Pierre Richard (François Perrin), Michel Bouquet (Pierre Rambal-Cochet), Fabrice Greco (Eric Rambal-Cochet), Jacques François (Blénac), Susy Dyson **L** 94 **FSK** ab 12; f **E** 7.4.1977/29.3.1996 Super RTL **fd** 20 270

DAS SPIELZEUG EINER FRAU (LA FEMME ET LE PANTIN). Ein reicher Mann verliebt sich in eine ungestüme junge Frau und opfert ihr nach und nach Vermögen, Ehefrau und Ehre. Eine frühe, 1994 restaurierte Verfilmung des Romans »La femme et le pantin« von Pierre Louys (O.m.d.U.; spätere Verfilmungen: »The Devil is a Woman«, Josef von Sternberg, 1935; »Ein Weib wie der Satan«, Julien Duvivier, 1958; »Dieses obskure Objekt der Begierde«, Luis Buñuel, 1977). ✦ Schwarz-weiß. Frankreich 1928 **R** Jacques de Baroncelli **B** Pierre Louys, Pierre Louys, nach einem Roman von Louys und einem Stück von Frondale **K** Louis Chaix **M** Georges van Parys, Philippe Parès, Edmond Lavagne **D** Conchita Montenegro (Conchita Perez), Raymond Destac (Don Mateo Diaz), Andrée Canti (Conchitas Mutter), Henri Lévêque (André Stéveno), Jean Dalbo (Morenito) **L** 110 **E** 12.3.1998 arte

SPIES, LIES AND NAKED THIGHS → Der Observator

SPIKE LEE'S SPIEL DES LEBENS (HE GOT GAME). Ein schwarzer High-School-Absolvent und Nachwuchsstar im Basketball kann sich vor Angeboten nicht retten. Mit seiner Wahl für das liebste College-Team des Gouverneurs könnte er sogar seinen Vater aus dem Gefängnis holen – wäre da nicht zuerst ein klassischer Vater-Sohn-Konflikt zu bewältigen. Ein flacher, lehrstückhafter und hemmungslos naiver Film, der Regisseur Spike Lee sehr bewusst auf seine Kunstfertigkeit verzichten lässt. Auch als Sportfilm eine Enttäuschung. (Videotitel: »He Got Game – Spiel des Lebens«) – Ab 14. ✦ USA 1998 **P** A Spike Lee Joint **KI** Kinowelt **VA** VMP (Kinowelt Home) **Pd** Jon Kilik, Spike Lee **R+B** Spike Lee **K** Malik Hassan Sayeed **M** Aaron Copland **S** Barry Alexander Brown **D** Denzel Washington (Jake Shuttlesworth), Ray Allen (Jesus Shuttlesworth), Milla Jovovich (Dakota Burns), Rosario Dawson (Lala Bonilla), Hill Harper (Coleman »Booger« Sykes), Ned Beatty (Wärter Wyatt), John Turturro (Trainer Billy Sunday), Zelda Harris (Mary Shuttlesworth) **L** 136 **FSK** ab 12; f **E** 21.1.1999/12.7.1999 Video **fd** 33 498

SPILL – SCHLEICHENDE SEUCHE → Spill – Tödlicher Virus

SPILL – TÖDLICHER VIRUS (SPILL). Ein Tanklaster mit biologischem Kampfstoff verunglückt in einem amerikanischen Nationalpark, in dem ein Umweltgipfel stattfinden soll, und bringt für viele Menschen den Tod. Der Sicherheitschef, der die Katastrophe wegen seines Schnupfens überlebt, will den Präsidenten warnen und die Öffentlichkeit informieren, sein Vorgesetzter will den Skandal jedoch vertuschen. Nun ergreift der Fachmann für Sicherheit die Initiative. Ein gut fotografierter, aber vorhersehbarer Öko-Thriller mit genreüblicher Figurenzeichnung, dessen Anschlußfehler oft für unfreiwillige Heiterkeit sorgen. ✦ USA 1996 **P** Moonstone **VA** VMP/Vipro **Pd** Ashok Amritraj, Damian Lee **R** Allan A. Goldstein **B** Les Standiford **K** Nicholas von Sternberg **M** Larry Cohen **S** Evan Landis **D** Brian Bosworth (Ken Fairschild), Leah Pinsent (Larraine Keller), David Fox (George Skanz), Stephen Marule (John Lawrence Wheeler), Chuck Shamata (Leo Burns) **L** 87 **FSK** ab 16 **E** 18.2. 1997 Video **fd** 32 559

DIE SPINNE (BLACK WIDOW). Ein New Yorker Theaterproduzent wird des Mordes an einer skrupellos ehrgeizigen jungen Schriftstellerin bezichtigt, kann aber der Polizei helfen, im Freundes- und Kollegenkreis die richtige Spur zu finden. Professionell und spannend inszeniertes Kriminaldrama um tödliche Eifersüchteleien im Künstlermilieu. – Ab 16. ✦ Scope. USA 1954 **P** 20th Century Fox **KI** Centfox **Pd+R** Nunnally Johnson **B** Nunnally Johnson, nach dem Roman »Fatal Woman« von Patrick Quentin **K** Charles G. Clarke **M** Leigh Harline, Richard Strauss (Motive aus »Salome«) **S** Dorothy Spencer **D** Gene Tierney (Iris Denver), Van Heflin (Peter Denver), Ginger Rogers (Lottie Marin), George Raft (Kriminalinsp. Bruce), Reginald Gardiner (Brian Mullen), Peggy Ann Garner (Nanny Ordway) **L** 95 (gek. 83) **FSK** ab 16; f **E** 25.3.1955 **fd** 4 024

SPINNE IM NETZ (LADY IN A CORNER). Die Chefredakteurin eines berühmten Mode-Magazins kämpft um »ihr« Blatt, als der Verleger, ihr ehemaliger Liebhaber, die Zeitschrift an einen niveaulosen Karrieristen verkaufen will. Während sie auf den einflußlosen Posten einer Senior-Herausgeberin abgeschoben werden soll, übernimmt eine begabte, äußerst selbstbewußte junge Frau die Redaktion und sprengt mit ihren eigenwilligen Ideen den konventionellen Stil des Magazins. Es entbrennt ein Machtkampf, in dem auch schon einmal der Zweck die dubiosen Mittel heiligt. (TV-Tietl auch: »Schlimme Zeiten für die Lady«) ✦ USA 1989 **P** Sagaponack/Pantheon **Pd** Stuart Millar **R** Peter Levin **B** Allan Leicht **K** Reginald H. Morris **M** David Raksin **S** Les Green, David Beatty **D** Loretta Young (Grace Guthrie), Brian Keith (David Henderson), Lindsay Frost (Susan Dawson), Christopher Neame (Charles Patrick), Roscoe Lee Browne (Omar de Lacy), Bruce Davison (Bill), Lois Maxwell (Mary) **L** 93 **E** 2.8.1993 ZDF

DIE SPINNENFRAU → Das Spinnennest

SPINNENFUSSBALL (POKFOCI). Ein Schulleiter organisiert ein Sitzfußball-Turnier, weil er die Untersuchungsergebnisse einer Schulkommission fürchtet, die sich kurz vor Eröffnung einer neuen Berufsschule für Bauwesen angemeldet hat. Eine gesellschaftskritische Komödie, die das Thema Schule als Parabel für das sozialistische Staatssystem in Ungarn und dessen Schwachstellen benutzt. (DDR-Titel: »Spinnenlauf«) – Ab 16. ✦ Ungarn 1977 **P** Objektív Stúdió **KI** Progress **SF** BAG **R** János Rózsa **B** István Kardos **K** Elemér Ragályi **M** János Bródy **D** József Madaras (Direktor), Judit Halász (Frau Lengyel), Ádám Rajhona (Lengyel), Hédi Temessy (Stv. Direktor für Erziehung), Róbert Koltai (Turnlehrer) **L** 86 **E** 11.11. 1977 Kino DDR

SPINNENLAUF → Spinnenfußball

DAS SPINNENNEST (SHERLOCK HOLMES AND THE SPIDER WOMAN / SPIDER WOMAN). Der berühmte Detektiv Sherlock Holmes vermutet hinter einer Reihe mysteriöser Selbstmorde teuflisch geplante Verbrechen, die nach seiner Ansicht die Handschrift einer Frau tragen. Unter vielen Gefahren entdecken er und Doktor Watson eine gefährliche Spinne als Tatwaffe, die ihre Opfer in Todesangst versetzt und zum Selbstmord treibt. Fünfter Kriminalfilm aus der Serie der Sherlock-Holmes-Verfilmungen des Universal Studios, die vor allem in den mittleren Episoden spannende Unterhaltung boten. (Alternativtitel: »Die Spinnenfrau«. – 1958 in den Kinos als erster Teil des Doppelprogramms »Sherlock Holmes sieht dem Tod ins Gesicht«) – Ab 14. ✦ Schwarz-weiß. USA 1944 **P** Universal **Pd+R** Roy William Neill **B** Bertram Millhauser, nach Motiven einer Kurzgeschichte von Arthur Conan Doyle **K** Charles Van Enger **S** James Gibbon **D** Basil Rathbone (Sherlock Holmes), Nigel Bruce (Dr. John H. Watson), Gale Sondergaard (Andrea Spedding), Dennis Hoey (Inspektor Lestrade), Vernon Downing (Norman Locke), Arthur Hohl (Adam Gilflower), Alec Craig (Radlik) **L** 60 **E** 7.6.1981 DFF 1/16.10.1983 S 3

DAS SPINNENNETZ. Ein ehemaliger Leutnant der kaiserlichen Armee, dessen Welt nach der Niederlage von 1918 in Scherben liegt, macht mit Hilfe eines rechtsradikalen Geheimbundes unaufhaltsam Karriere, wobei er sich skrupellos aller Mittel bedient. Die Verfilmung von Joseph Roths erstem Roman spiegelt die Entwicklung eines desillusionierten Kleinbürgers zum Karrieristen, Opportunisten, Mörder und Wegbereiter des Nationalsozialismus. Ein aufrüttelnd intensiver, teils mit drastischen Mitteln inszenierter Film von brisanter Thematik, der seine inszenatorischen Schwächen mit hervorragenden Schauspielerleistungen und ausgefüllter psychologisch fundierter Beobachtungsweise ausgleichen kann. (Kinotip der Katholischen Filmkritik) – Sehenswert. ✦ BR Deutschland/Österreich/Italien 1986–89 **P** Provobis/ZDF/Beta-Film/ORF/RAI 2/TVE/Filmexport Bratislava **KI** Concorde **VA** Vestron/Kinowelt Home **Pd** Jürgen Haase **R** Bernhard Wicki **B** Wolfgang Kirchner, Bernhard Wicki, nach einem Roman von Joseph Roth **K** Gérard Vandenberg **M** Günther Fischer **S** Tanja Schmidbauer **D** Ulrich Mühe (Theodor Lohse), Klaus Maria Brandauer (Lenz), Armin Mueller-Stahl (Baron von Rastschuk), Andrea Jonasson (Rachel Efrussi), Elisabeth Endriss (Anna), Corinna Kirchhoff, Hark Bohm **L** 196 **FSK** ab 16; f **FBW** w **E** 21.9.1989/29.4.1990 Video **fd** 27 837

DER SPINNER (DON'T RAISE THE BRIDGE, LOWER THE RIVER). Ein geschäftstüchtiger Amerikaner, rastlos auf der Jagd nach Geld, gerät in Eheschwierigkeiten, weil seine Frau sich nach Beständigkeit und Sicherheit sehnt. Zwischen Komödie und Burleske schwankender Jerry-Lewis-Film. – Ab 16. ✦ Großbritannien 1967 **P** Columbia **KI** Columbia-Bavaria **Pd** Walter Shenson **R** Jerry Paris **B** Max Wilk, nach seinem Roman **K** Otto Heller **M** David Whitaker **S** Bill Lenny **D** Jerry Lewis (George Lester), Terry-Thomas (H. William Homer), Jacqueline Pearce (Pamela Lester), Bernard Cribbins (Fred Davis), Patricia Routledge (Lucille Beatty), Nicholas Parsons (Dudley Heath), Michael Bates (Dr. Spink) **L** 100 **FSK** ab 12; nf **E** 22.8.1968 **fd** 15 690

DAS SPINNGEWEBE (THE SPIDER'S WEB). Verfilmung eines Agatha-Christie-Romans um den Mord auf einem altenglischen Landsitz. Eine jener trockenhumorigen Komödien, in denen gutsituierte Gentlemen eine Leiche aus dem Zimmer schaffen und hinterher gemütlich ein Sandwich kauen. Noblesse oblige ... – Ab 14. ✦ Großbritannien 1960 **P** United Artists **KI** United Artists **Pd** Edward J. Danziger, Harry Lee Danziger **R** Godfrey Grayson **B** Albert G. Miller, Eldon Howard, nach einem Roman von Agatha Christie **K** Jimmy Wilson **M** Tony Crombie **D** Glynis Johns (Clarissa), John Justin (Henry), Ronald Howard (Jeremy), Jack Hulbert (Sir Rowland), Cicely Courtneidge (Miss Peake), David Nixon (Elgin), Wendy Turner (Pippa), Basil Dignam (Hugo) **L** 88 **FSK** ab 12; nf **E** 17.2.1961/17.3.1973 ZDF **fd** 9 990

DER SPION, DER AUS DER HIGHSCHOOL KAM → Teen Agent – Wenn Blicke töten könnten

DER SPION, DER AUS DER KÄLTE KAM (THE SPY WHO CAME IN FROM THE COLD). Routinierte Romanverfilmung. Ein englischer Agent in Ostberlin verfängt sich als weniger skrupelloser Mensch in den undurchsichtigen Systemen der internationalen Geheimdienste und wird auf der Flucht ermordet. Spannende Unterhaltung mit überdurchschnittlichen Schauspielerleistungen. – Ab 16. ✦ Schwarz-weiß. Großbritannien 1965 **P** Salem **KI** Paramount **Pd+R** Martin Ritt **B** Paul Dehn, Guy Trosper, nach dem gleichnamigen Roman von John le Carré **K** Oswald Morris **M** Sol Kaplan **S** Anthony Harvey **D** Richard Burton (Alec Leamas), Claire Bloom (Nan Perry), Oskar Werner (Fiedler), Peter van Eyck (Hans-Dieter Mundt), Rupert Davies (Smiley), Sam Wanamaker (Peters), Cyril Cusack, Bernard Lee, George Voskovec, Michael Hordern (Ashe), Robert Hardy

(Carlton), Beatrix Lehmann, Esmond Knight, Walter Gotell **L** 112 (gek. 107) **FSK** ab 16; f (gek. 12) **FBW** w **E** 8.3.1966/29.7.1974 ZDF **fd** 13 939

DER SPION, DER IN DIE HÖLLE GING (CORRIDA POUR UN ESPION). Geheimagent Jeff Larson entdeckt eine Relaisstation, die den Sowjets zur Übertragung von Fernsehaufnahmen aus einem NATO-Stützpunkt dient. Schwache James-Bond-Imitation aus der Zeit, als es im Kino von Spionen und Agententypen nur so wimmelte. – Ab 16. ✦ Scope. BR Deutschland/Frankreich/Spanien 1965 **P** Hans Oppenheimer Film/Trans-Atlantic/Midega **Kl** Constantin **Pd** Hans Oppenheimer **R** Maurice Labro **B** Jean Meckert, Maurice Labro, nach einem Roman von Claude Rank **K** Roger Fellous **M** Michel Legrand **S** Georges Arnstam **D** Ray Danton (Jeff Larson), Pascale Petit (Pilar), Charles Regnier (Rios), Roger Hanin (Stuart), Horst Frank (Pedro), Wolfgang Preiss (Parker), Carl Lange (Goloch) **L** 109 **FSK** ab 16; nf **E** 13.8.1965 **fd** 13 568

DER SPION, DER MICH LIEBTE (THE SPY WHO LOVED ME). Bond Nr. 10. – Superagent 007 tritt gemeinsam mit einer sowjetischen Agentin gegen die irrwitzigen, technologisch vorangetriebenen Weltmachtsansprüche eines Wirtschaftsmagnaten an. Handwerklich solider, einigermaßen spannender Actionfilm mit gewohntem technischen Aufwand, aber eher bescheidenem Einfallsreichtum. DVD: Die umfangreiche, originell konzipierte Special Edition enthält u. a. einen Audiokommentar des Regisseurs, eine ausführliche, erhellende Dokumentation zum Film sowie über die James Bond-Productiondesign (»Designing Bond«). ✦ Scope. Großbritannien 1977 **P** Eon/United Artists **Kl** United Artists **VA** Warner Home **DVD** Fox Home (SE, 16:9, 2.35:1, DD5.1 engl., Mono dt.) **Pd** Albert R. Broccoli **R** Lewis Gilbert **B** Christopher Wood, Richard Maibaum, nach Ian Fleming **K** Claude Renoir, Lamar Boren (Unterwasser) **M** Marvin Hamlisch **S** John Glen **D** Roger Moore (James Bond), Barbara Bach (Maj. Anya Amasova), Curd Jürgens (Karl Stromberg), Richard Kiel (Der Beißer), Caroline Munro (Naomi), Walter Gotell (Gen. Gogol), Geoffrey Keen (Verteidigungsminister), Bernard Lee (»M«), Desmond Llewelyn (»Q«), Lois Maxwell (Miss Moneypenny) **L** 125 **FSK** ab 12; nf **E** 25.8.1977/November 1999 Video/30.11.2000 DVD **fd** 20 477

SPION FÜR DEUTSCHLAND. Als Tatsachenbericht getarnter Spionagefilm über den deutschen Agenten Erich Gimpel, der in die USA geschickt wurde, um den möglichen Einsatz der Wasserstoffbombe zu erforschen, und dabei den Amerikanern in die Hände fiel. Trotz einiger Unglaubwürdigkeiten im ganzen spannend inszeniert. – Ab 14. ✦ Schwarz-weiß. BR Deutschland 1956 **P** Berolina **Kl** DFH **SF** Paikert **Pd** Kurt Ulrich **R** Werner Klingler **B** Herbert Reinecker, nach einem Tatsachenbericht in der »Münchner Illustrierten« von Will Berthold **K** Albert Benitz **M** Werner Eisbrenner **S** Wolfgang Wehrum **D** Martin Held (Erich Gimpel), Nadja Tiller (Joan Kenneth), Walter Giller (Billy Cole), Claude Farell (= Paulette von Suchan) (Inge Hagen), Viktor Staal (Oberst Sommerfeld), Gustav Knuth (Roger Bentley), Stanislav Ledinek (Mr. Brown), Martin Kosleck (Griffins) **L** 108 (gek. 101) **FSK** ab 12; f **E** 4.12.1956/4.6.1965 ZDF **fd** 5 552

SPION FÜR LORD KITCHENER →Sturm über dem Nil

SPION IM BETT →Sexpionage

SPION IM ORIENTEXPRESS (BACKGROUND TO DANGER). Ein amerikanischer Geheimagent trifft im Zug nach Istanbul eine Frau, die ihm einen Briefumschlag mit Geld anvertraut. Als er ihr den Umschlag zurückgeben will, findet er sie ermordet vor. Ein von guten Darstellern getragener und atmosphärisch dichter Spionage-Thriller vor dem Hintergrund des Zweiten Weltkriegs und der Aktivitäten der deutschen Nationalsozialisten, gegen die der Film effektvoll polemisiert. Filmhistorisch reizvoll durch die Beteiligung vieler deutscher Flüchlinge, die auf Grund ihrer jüdischen Herkunft ihre Heimat verlassen mußten. – Ab 12. ✦ Schwarz-weiß. USA 1943 **P** Warner Bros. **Pd** Jerry Wald **R** Raoul Walsh **B** W.R. Burnett, nach dem Roman »Uncommon Danger« von Eric Ambler **K** Tony Gaudio **M** Friedrich Hollaender **S** Jack Killifer **D** George Raft (Joe Barton), Brenda Marshall (Tamara), Sydney Greenstreet (Colonel Robinson), Peter Lorre (Zaleshoff), Osa Massen (Ana Remzi) **L** 80 **E** 13.10.1997 ORB

DER SPION IN SCHWARZ (THE SPY IN BLACK). Während des Ersten Weltkriegs geht ein deutscher U-Boot-Kommandant auf einer der Orkney-Inseln im Norden Schottlands heimlich an Land, um mit einer deutschen Spionin Kontakt aufzunehmen. Gemeinsam mit einer jungen Lehrerin und einem verräterischen Leutnant der britischen Marine erlebt er einige Abenteuer. Ein spannendes, von der Atmosphäre der Landschaft lebendes Spionage-Melodram mit einer überraschend positiv gezeichneten Hauptfigur: der deutsche Offizier ist pflichtbewußt und tapfer – eben ein gefährlicher Gegner, der in Kriegszeiten die höchste Wachsamkeit der britischen Bevölkerung verlangt. – Ab 16. ✦ Schwarz-weiß. Großbritannien 1939 **P** Harefield **Pd** Irving Asher **R** Michael Powell **B** Emeric Pressburger (= Emmerich Pressburger), Roland Pertwee, nach dem gleichnamigen Roman von J. Storer Clouston **K** Bernard Browne **M** Miklos Rozsa **S** William Hornbeck, Hugh Stewart **D** Conrad Veidt (Capt. Hardt), Valerie Hobson (Joan), Sebastian Shaw (Commander Davis Blacklock), Marius Goring (Leutnant Schuster), June Duprez (Anne Burnett), Athole Stewart (Reverend Matthews), Agnes Lauchlan (Mrs. Matthews) **L** 77 **E** 15.11.1985 BR

SPION IN SCHWARZ. Ein junger Jesuitenpater wird vom Vatikan für eine geheime Mission nach Moskau geschickt und gerät in Gewissenskonflikte, als ein Offizier des KGB ermordet wird und eine sowjetische Agentin ins Spiel kommt. Im Agentenmilieu angesiedelter zweiteiliger Fernsehfilm, der von Verbindungen zwischen US-Präsident Reagan und Papst Johannes Paul II zur Unterstützung der polnischen »Solidarnosc« inspiriert wurde. ✦ Deutschland/Italien/Frankreich 1993 **R** Alberto Negrin **D** Iain Glen (Pater Pietro Salviati), Catherine Wilkening (Vera), Helmut Griem (Monsignore Kastner), Mario Adorf (Dadyko), Jacques Perrin (Pater Wladimir) **L** 90/90 **E** 2.8.1995 ARD

SPION IN SPITZENHÖSCHEN (THE GLASS BOTTOM BOAT / THE SPY IN LACE PANTIES). Ein prominenter Weltraumforscher verliebt sich in eine hübsche Angestellte seiner Firma, die dem Geheimdienst jedoch verdächtig erscheint. Schwungvoller Doris-Day-Film mit bewährten komödiantischen Mitteln. – Ab 14. ✦ Scope. USA 1965 **P** Arwin-Reame **Kl** MGM **Pd** Martin Melcher, Everett Freeman **R** Frank Tashlin **B** Everett Freeman **K** Leon Shamroy **M** Frank De Vol **S** John McSweeney (= John McSweeney jr.) **D** Doris Day (Jennifer Nelson), Rod Taylor (Bruce Templeton), Arthur Godfrey (Axel Nordstrom), John McGiver (Ralph Goodwin), Paul Lynde (Homer Cripps), Edward Andrews (Gen. Wallace Bleeker), Eric Fleming (Edgar Hill), Dom DeLuise (Julius Pritter), Dick Martin (Zack Malloy) **L** 111 **FSK** ab 12; nf **E** 2.9.1966 **fd** 14 260

DER SPION MEINER TRÄUME (TAIS-TOI QUAND TU PARLES! / ZITTO QUANDO PARLI). Ein junger Arbeitsloser, der in seinen Träumen als James Bond die gefährlichsten Abenteuer erlebt, wird eines Tages mit einem echten Agenten verwechselt und gekidnappt. Als er in Afrika die Tochter eines Wissenschaftlers trifft, läuft er zu großer Form auf. Platte Komödie, banal und in allen Belangen mittelmäßig. ✦ Frankreich/Italien 1981 **P** Carthago/Italian International **R** Philippe Clair **B** Enrico Oldoini, Philippe Clair **K** Mario Vulpiani **M** Armando Trovaioli **S** Alberto Gallitti **D** Aldo Maccione (Giacomo), Edwige Fenech (Belle/Béatrice), Jacques François (Diafoirus), Philippe Nicaud (Jeff), Philippe Clair (Mohamed) **L** 89 **E** 6.8.1996 Kabel 1

DER SPION MIT DEN 2 GESICHTERN (THE TWO-HEADED SPY). Ein deutscher General englischer Abstammung nimmt während des Krieges abwechselnd Hitler und das Oberkommando der Wehrmacht auf den Arm. Britischer Spionagefilm, bei dem man sich des Eindrucks nicht erwehren kann, als hätten Autor und Regisseur ihr Wissen aus einem Geschichtsbuch für die Unterstufe bezogen. ✦ Schwarz-weiß. Großbritannien 1958 **P** Sabre **Kl** Columbia **Pd** Bill Kirby, Hal E. Chester **R** André De Toth **B** James O'Donnell, nach einer Erzählung von J. Alvin Kugelmass **K** Ted Scaife **M** Gerard Schurmann **S** Raymond Poulton **D** Jack Hawkins (General Alex Schottland), Gia Scala (Lili Geyr), Erik Schumann (Leutnant Reinisch), Alexander Knox (Gestapomann Müller), Felix Aylmer (Cornaz), Walter Hudd (Admiral Canaris), Edward Underdown (Kaltenbrunner) **L** 90 **FSK** ab 18; f **E** 18.6.1959 **fd** 8 195

DER SPION MIT DER GLUT IM BLUT →Scavenger – Der Spion mit der Glut im Blut

DER SPION MIT DER KALTEN NASE (THE SPY WITH A COLD NOSE). Der britische Geheimdienst schleust einen mit Mikrosender versehenen Hund in den Kreml ein und ermöglicht damit das Abhören geheimster Gespräche. Weitgehend vergnügliche, wenn auch gelegentlich etwas plumpe Persiflage auf den Tüchtigkeitsmythos des Secret Service. – Ab 16. ✦ Großbritannien 1966 **P** Associated London **Kl** Paramount **Pd** Leonard Lightstone **R** Daniel Petrie **B** Ray Galton, Alan Simpson **K** Ken Higgins **M** Riz Ortolani **S** Jack Slade **D** Laurence Harvey (Dr. Francis Trevellyan), Daliah Lavi (Prinzessin Natasha), Lionel Jeffries (Stanley Farquhar), Eric Sykes (Wrigley), Eric Portman (Britischer Botschafter), Gillian Lewis (Lady Warburton), Nai Bonet (Bauchtänzerin) **L** 93 **FSK** ab 12; nf **E** 1.9.1967 **fd** 14 939

DER SPION MIT DER LIZENZ ZUM PRÜGELN →Secret Agent Club

SPION MIT MEINEM GESICHT (THE SPY WITH MY FACE). Einer der Hollywoodfilme, die aufs unterhaltsamste ausspinnen, was passieren könnte, wenn Massenvernichtungsmittel in verbrecherische Hände gerieten. Agentengruppen wetteifern um eine Superwaffe, die in einer entlegenen Gebirgsschlucht der USA tief unter der Erde streng bewacht wird. Napoleon Solo kann im entscheidenden Augenblick über seinen Doppelgänger, den der Feind aufgeboten hat, triumphieren: Die Welt ist gerettet. Das Ganze wird ziemlich verworren, aber weithin mit Tempo und Spannung serviert. – Ab 16 möglich. ✦ USA 1965 **P** Arena **Kl** MGM **Pd** Sam Rolfe **R** John Newland **B** Clyde Ware, Joseph Calvelli **K** Fred J. Koenekamp **M** Morton Stevens **S** Joseph Dervin **D** Robert Vaughn (Napoleon Solo), Senta Berger (Serena), David McCallum (Ilya Kuryakin), Leo G. Carroll (Alexander Waverly), Michael Evans (Darius Two), Sharon Farrell (Sandy Wister), Fabrizio Mioni (Arsene Coria) **L** 86 **FSK** ab 16; nf **E** 8.7.1965 **fd** 13 497

EIN SPION WIRD GEJAGT (METSCHENIJ ATOM). Ein Agent versucht, Informationen über wichtige Objekte der Landesverteidigung zu erhalten. Er scheut dabei weder Erpressung noch Mord. Mäßig spannender Film nach genreüblichem Muster. Künstlerisch ohne Bedeutung. (Alternativtitel: »Das markierte Atom«) – Ab 8. ✦ Schwarz-weiß. UdSSR 1972 **P** Lenfilm **Kl** Progress **R** Igor Gostjew **B** Fjodor Schachmagonow **D** Georgi Shenow, Wladimir Samoilow, Georgi Taratorkin **L** 98 **E** 5.10.1973 DFF 2/7.5.1976 Kino DDR

EIN SPION ZUVIEL (ONE SPY TOO MANY). Geheimagent Napoleon Solo wird gegen einen Wahnsinnigen eingesetzt, der nach der Weltherrschaft strebt. Natürlich bleibt er Sieger und jagt ihm einen gestohlenen neuen Kampfstoff wieder ab. Agentenabenteuer mit parodistischen Ansätzen. ✦ USA 1965 **P** Arena **Kl** MGM **Pd** David Victor **R** Joseph Sargent **B** Dean Hargrove **K** Fred J. Koenekamp **M** Gerald Fried, Jerry Goldsmith **S** Henry Berman **D** Robert Vaughn (Napoleon Solo), David McCallum (Illya

Kuryakin), Rip Torn (Alexander), Dorothy Provine (Tracey Alexander), Yvonne Craig (Maude Waverley), Leo G. Carroll (Mr. Alexander Waverly), David Opatoshu (Kavon) **L** 100 **FSK** ab 16; nf **E** 5.8.1966 **fd** 14 214

SPION ZWISCHEN 2 FRONTEN (TRIPLE CROSS). Die abenteuerliche Lebensgeschichte des englischen Meisteragenten Eddie Chapman, inszeniert als bloße Spionage-Show. Die Regie drängt durch den großen Aufwand den zeitgeschichtlichen Hintergrund völlig zurück und macht aus Chapmans Leben unterhaltsames Kino mit James-Bond-Effekten. Großartige Darsteller. (Alternativtitel: »Im Dienste der deutschen Armee«) – Ab 16 möglich. ✦ Frankreich 1966 **P** Cineurop **Kl** Gloria **Pd** Jacques Bertrand **R** Terence Young **B** René Hardy, nach dem Buch »The Eddie Chapman Story« von Frank Owen **K** Henri Alekan **M** Georges Garvarentz **S** Roger Dwyre **D** Yul Brynner (Baron von Grünen), Christopher Plummer (Eddie Chapman), Gert Fröbe (Obert Steinhäger), Romy Schneider (Die Comtesse), Trevor Howard (Mr. X), Claudine Auger (Paulette), Harry Mayen (Sturmführer Keller), Howard Vernon (Gesandter in Portugal) **L** 136 **FSK** ab 16; nf **E** 24.2.1967/24.12.1987 DFF 1 **fd** 14 617

SPIONAGE (SPIONAGE). Die Affäre des Oberst Redl, Chef der österreichischen Abwehr, der auf Grund seiner homosexuellen Neigungen zur Spionage für Rußland erpreßt wurde und nach seiner Verhaftung 1913 Selbstmord beging. Ein Allerwelts-Agentenfilm, angesiedelt im Milieu der K.u.k.-Gesellschaft, der weder den historisch-politischen noch den psychologischen Hintergründen gerecht wird. Spätere Verfilmung des Stoffs: »Oberst Redl«, 1984. – Ab 14 möglich. ✦ Schwarz-weiß. Österreich 1955 **P** Neusser/Hope **Kl** Ufa **Pd** Erich von Neusser **R** Franz Antel **B** Alexander Lernet-Holenia, Kurt Nachmann **K** Hans H. Theyer, Hanns Matula **M** Willy Schmidt-Gentner **S** Arnfrid Heyne **D** Ewald Balser (Oberst Alfred Redl), Barbara Rütting (Nadeschda), Gerhard Riedmann (Hauptmann Angelis), Oskar Werner (Leutnant Zeno von Baumgarten), Marte Harell (Gräfin Lichtenfels), Rudolf Forster (Von Heymeneck), Erik Frey (Obert Robansky), Attila Hörbiger (Dr. Hartmuth) **L** 100 **FSK** ab 12; f **E** 18.4.1955/3.10.1970 ZDF **fd** 3 999

SPIONAGE IN FERNOST (BLOOD ON THE SUN). Ein amerikanischer Journalist stößt Ende der 20er Jahre auf ein politisches Geheimdokument über Japans militärische Eroberungspläne und wird mit Gewalt daran gehindert, es über die Grenze zu bringen. Naiv-abenteuerlicher Agentenfilm, zeitgemäß antijapanisch eingefärbt. – Ab 14. ✦ Schwarz-weiß. USA 1945 **P** United Artists **Kl** Constantin **Pd** William Cagney **R** Frank Lloyd **B** Lester Cole **K** Theodor Sparkuhl **M** Miklos Rozsa **S** Truman K. Wood, Walter A. Hannemann **D** James Cagney (Nick Condon), Sylvia Sidney (Iris Hilliard), Wallace Ford (Ollie Miller), Rosemary DeCamp (Edith Miller), Robert Armstrong (Col. Tojo), John Emery (Premier Tanaka), Leonard Strong (Hijikata) **L** 94 **FSK** ab 12; f (fr.12; nf) **E** 6.10.1950 **fd** 922

SPIONAGENETZ HAMBURG (BREAK IN THE CIRCLE). Ein zwielichtiger Draufgänger soll mit seinem Schiff einen aus Hamburg in den Osten verschleppten Wissenschaftler zurückholen und einem millionenschweren West-Gangster in die Hände spielen. Abenteuerfilm um Spionage, Verrat und Liebe, unrealistisch, in sich unlogisch und zu allem Überfluß auch kaum spannend. ✦ Großbritannien 1955/56 **P** RKO/Hammer **Kl** RKO **Pd** Mickey Delamar **R** Val Guest **B** Val Guest, nach einem Roman von Philip Lorraine **K** Walter J. Harvey **M** Doreen Carwithen **S** Bill Lenny **D** Forrest Tucker (Skip Morgan), Eva Bartok (Lisa), Marius Goring (Baron Keller), Eric Pohlmann (Emile), Guy Middleton (Hobart), Arnold Marle (Kudnic) **L** 92 **FSK** ab 12; nf **E** 4.10.1957 **fd** 6 273

SPIONAGENETZ TANGER (TANGIER INCIDENT). FBI-Agenten verhindern, daß eine Tagung internationaler H-Bomben-Experten zum Tummelplatz östlicher Spione wird. Uninteressanter Spionage- und Politreißer im Geist des Kalten Kriegs. – Ab 16. ✦ Schwarz-weiß. USA 1953 **P** Allied Artists **Kl** Viktoria **Pd** Lindsley Parsons **R** Lew Landers **B** George Bricker **K** William Sickner **M** Edward J. Kay **S** Leonard W. Herman **D** George Brent (Steve), Mari Aldon (Millicent), Dorothy Patrick (Nadine), Bert Freed (Kozad), Dan Seymour (Rabat) **L** 80 **FSK** ab 16; nf **E** 28.1.1955 **fd** 3 873

SPIONAGERING DL (DEUXIEME BUREAU CONTRE INCONNU). Mit Lust und Bravour wird dem Treiben einer geheimnisvollen Bande von Waffenschmugglern in Südfrankreich ein Ende gesetzt. Recht unterhaltsamer Gangsterfilm, in dem weder Spione noch das Kennzeichen »DL« eine besondere Rolle spielen. ✦ Schwarz-weiß. Frankreich 1957 **P** Vega/Général/Sirius **Kl** Pallas **Pd** Jean Kerchner **R** Jean Stelli **B** Jean Kerchner, Jean Stelli **K** Marc Fossard **M** Marcel Landowski **D** Frank Villard, Barbara Laage, Gérard Buhr, Fernand Fabre **L** 85 **FSK** ab 16; f **E** 29.1.1960 **fd** 8 885

SPIONAGERING M (THEY MET IN THE DARK). Ein als Besitzer einer Theateragentur getarnter Meisterspion jagt während des Zweiten Weltkriegs in England faschistische Agenten. Spannende Unterhaltung mit kolportagehaften Zügen. ✦ Schwarz-weiß. Großbritannien 1943 **P** English Films **Kl** Central-Europäischer **Pd** Marcel Hellman **R** Karel Lamac (= Carl Lamac) **B** Anatole de Grunwald, Miles Malleson, Basil Bartlett, Victor McClure, James Seymour, nach dem Roman »The Vanished Corpse« von Anthony Gilbert **K** Otto Heller **M** Benjamin Frankel **S** Terence Fisher **D** James Mason (Richard Heritage), Joyce Howard (Laura Verity), Tom Walls (Christopher Child), David Farrar (Lippinscott), Phyllis Stanley (Lily Bernard), Edward Rigby (Mansel), Ronald Ward (Carter), Karel Stepanek (Riccardo) **L** 93 **FSK** ab 12; nf **E** 24.7.1951/28.7.1996 West 3 **fd** 1 219

SPIONE (1927). Einer von Langs formal besten Stummfilmen: Donald Tremaine, Detektiv Nr. 326, wird vom Geheimdienst auf den Chef eines internationalen Spionagerings angesetzt, der seinerseits seine Top-Agentin Sonja gegen Tremaine mobilisiert. Beide verlieben sich sofort ineinander. Die von Enno Patalas (Münchner Filmmuseum) rekonstruierte, bisher vollständigste Fassung der »Spione« erlaubte der Kritik die Entdeckung eines Meisterwerks. ✦ Schwarz-weiß. Deutschland 1927 **P** Ufa **Pd+R** Fritz Lang **B** Fritz Lang, Thea von Harbou, nach einem Roman von Thea von Harbou **K** Fritz Arno Wagner **M** Werner R. Heymann **D** Rudolf Klein-Rogge (Haghi), Gerda Maurus (Sonja), Lien Deyers (Kitty), Willy Fritsch (Nr. 326), Paul Hörbiger (Franz, Chauffeur) **L** 130 (Orig. 158) **E** 22.3.1928 Kino/12.10.1974 NDR III

SPIONE (1956) (ACTION IMMEDIATE). Der unschlagbare Geheimagent Coplan soll die Diebe der streng-geheimen Pläne eines neuen Militärflugzeugs zurückholen, gerät dabei mehreren Banden ins Gehege, entkommt vielen Anschlägen auf sein Leben und den Nachstellungen keineswegs immer unschuldiger Damen, bis er die Pläne zurück- und die Dame Heidi neuerobert. Einer der ersten einer Reihe von »Coplan«-Filmen mit Henri Vidal, flott und mit Witz erzählt und dabei immer recht spannend. – Ab 16. ✦ Schwarz-weiß. Frankreich 1956 **P** Cinephonic/S.F.C./S.N.E.G. **Kl** Deutsche Cosmopol **Pd** Irénée Leriche **R** Maurice Labro **B** Frédéric Dard, nach dem gleichnamigen Roman von Paul Kenny **K** Jean Leherissey **M** Georges van Parys **S** Robert Isnardon **D** Henri Vidal (Francis Coplan), Barbara Laage (Heidi), Jacques Dacqmine (Walder), Nicole Maurey (Diana), Harald Wolff (Lindbaum), Lino Ventura (Bérès) **L** 106 **FSK** ab 16; nf **E** 23.8.1957 **fd** 6 165

SPIONE (1993) (SPIES). Spionagefilm. Während des Zweiten Weltkriegs im Jahr 1942 fühlt man sich in einem verschlafenen Fischerort an der amerikanischen Ostküste relativ sicher. Bis der kleine Sohn eines Witwers vermutet, daß sich deutsche Spione in dem Nest herumtreiben. Während er überall nur auf Unglauben stößt, kommt er einer Verschwörung gegen den Präsidenten auf die Spur. ✦ USA 1993 **R** Kevin Connor **B** Thomas Hood **D** David Dukes, Cloris Leachman, Gail Strickland, Shiloh Strong, Robert Duncan **L** 86 **E** 22.3.1998 RTL

SPIONE AM WERK (LES ESPIONS). In einer psychiatrischen Klinik beginnt ein Kampf zwischen Geheimdiensten um die Person eines Professors, der die Billigpreisatombombe erfunden hat. Mit dem Strohmann »Alex« gelingt es, die Flucht des Gelehrten zu organisieren. Clouzots Thriller, der nicht mehr die kalte Gradlinigkeit von »Lohn der Angst« oder »Die Teuflischen« besitzt, verwirrt durch seine sich immer wieder überschlagenden Handlungselemente, zumal offensichtlich die deutsche Fassung eine Vereinfachung der Dialoge versucht hat, die mißlungen ist. Eine unnötig komplizierte Inszenierung mit zu vielen falschen Fährten. – Ab 16. ✦ Schwarz-weiß. Frankreich 1956/57 **P** Filmsonor/Vera/Pretoria **Kl** Constantin **Pd+R** Henri-Georges Clouzot **B** Henri-Georges Clouzot, Jérôme Géronimi, nach dem Roman »Le vertige de minuit« von Egon Hostovsky **K** Christian Matras **M** Georges Auric **S** Madeleine Gug **D** Curd Jürgens (Alex), O. E. Hasse (Vogel), Véra Clouzot (Lucie), Martita Hunt (Connie Harper), Peter Ustinov (Michel Kaminski), Gérard Séty (Malic), Sam Jaffe (Sam Cooper), Gabrielle Dorziat (Madame Andrée), Louis Seigner (Valette) **L** 100 **FSK** ab 16; nf **E** 19.9.1957 **fd** 6 205

SPIONE KÜSST MAN NICHT (1935) (RENDEZVOUS). Der Redakteur der Rätselecke einer Washingtoner Zeitung wird während des Ersten Weltkriegs an die Front geschickt. Kurz vorher lernt er eine Frau kennen, deren Vater im Pentagon arbeitet und die ihn daher zurückholen kann. Daraufhin knackt er den Geheimcode der Deutschen, gerät aber in die Fänge einer russischen Spionin. Witzige, teils abgründige Romanverfilmung, die die tatsächlichen Umstände der Entzifferung des deutschen Geheimcodes im Ersten Weltkrieg wiedergibt. – Ab 14. ✦ Schwarz-weiß. USA 1935 **P** MGM **Pd** Lawrence Weingarten **R** William K. Howard **B** Bella Spewack, Sam Spewack, P. J. Wolfson, George Oppenheimer, nach dem Roman »American Black Chamber« von Herbert O. Yardley **K** William Daniels **M** William Axt **S** Hugh Wynn **D** William Powell (Lt. Bill Gordon/Anson Meridan), Rosalind Russell (Joel Carter), Binnie Barnes (Olivia Karloff), Lionel Atwill (Maj. Charles Brennan), Cesar Romero (Capt. Nikki Nikolajeff) **L** 90 **E** 1.11.1998 WDR

SPIONE KÜSST MAN NICHT (1988) (OPERATION RESCUE). Parodistischer Actionthriller mit Sexeinlagen. Die nymphomanische Tochter eines Ölbarons wird entführt und in den Harem eines Scheichs verschleppt. An einer Befreiung liegt ihr wenig. ✦ USA 1988 **R** John Myhers **B** John Myhers, John T. Imaz **D** Nevin Hedley (Clifton Simpson), Ghassan Stephen (Chief Moumou), Suzanne Smith (Shelley Fairbanks), Barbara Corlette (Curva), Adam Small (Fifi) **L** 85 **E** 1.6.1997 SAT 1

SPIONE, LIEBE UND DIE FEUERWEHR (MY FAVORITE SPY). Im Auftrag der amerikanischen Regierung schlüpft ein Komiker in die Rolle eines ermordeten feindlichen Spions und wird in internationale Intrigen verwickelt. Vergnügliche Selbstverspottung amerikanischer Spionagethriller mit grotesken Verfolgungsjagden und Bob Hope in einer komischen Doppelrolle. ✦ Schwarz-weiß. USA 1951 **P** Paramount **Kl** Paramount **Pd** Paul Jones **R** Norman Z. McLeod **B** Edmund L. Hartmann, Jack Sher, Edmund Beloin, Lou Breslow, Hal Kanter **K** Victor Milner **M** Victor Young **S** Frank Bracht **D** Bob Hope (Eric Augustin/Peanuts White), Hedy Lamarr (Lily Dalbrey), Francis L. Sullivan (Karl Brubraker), Arnold Moos (Tasso), John Archer (Henderson), Luis van Rooten (Hoenig), Stephen Chase (Donald Bailey),

Morris Ankrum (Der General) **L** 95 **FSK** ab 12; nf **E** 4.11.1952 **fd** 2 129

SPIONE STERBEN NICHT IM BETT →Wer sind Sie, Dr. Sorge?

SPIONE, ÜBERALL SPIONE →Der Observator

SPIONE UNTER SICH (GUERRE SECRETE / LA GUERRA SECRETA). Lose aneinandergereihte Episoden über Glück und Versagen west-östlicher Geheimdienste mit dem Bemühen um die Darstellung »kollegialer Fairness« jenseits aller Fronten. Die reale politische Situation wird dabei allerdings verharmlost, und die Zeitgeschichte wird zur Anekdote: Der Film mit Henry Fonda als flüchtendem Agenten und Peter van Eyck als seinem Mörder beginnt und endet an der Berliner Mauer. ✦ BR Deutschland/Frankreich/Italien 1965 **P** Eichberg/Franco-London/Fair **KI** Nora **Pd** Richard Hellman **R** Werner Klingler, Terence Young, Christian-Jaque, Carlo Lizzani **B** Ennio de Concini, Christian-Jaque, Jacques Rémy **K** Richard Angst, Pierre Petit, Erico Menczer, Alain Boisnard (Unterwasser) **M** Giampiero Reverberi, Robert Mellin **S** Borys Lewin, Alan Osbiston **D** Henry Fonda (Dimitri Kurlow), Peter van Eyck (Prinz Petatschkin), Mario Adorf (Fernandez), Annie Girardot (Suzette), Klaus Kinski (Russischer Agent), Robert Ryan (General Bruce), Robert Hossein (Dupont), Vittorio Gassman (Perego), Bourvil (Lalande) **L** 109 **FSK** ab 16; nf **E** 12.8.1965/21.10.1975 ZDF **fd** 13 548

SPIONE WIE WIR (SPIES LIKE US). Zwei tölpelhafte Geheimdienstangehörige sollen im russischen X Gebiet als »Kanonenfutter« mißbraucht werden, verhindern aber im letzten Moment, daß kriegsversessene amerikanische Militärs einen russischen Erstschlag fingieren können. Mit Zitaten aus einschlägigen Agenten- und Kriegsfilmen gespickte Agentenklamotte, die trotz aller Längen und Albernheiten als methodische Attacke gegen Hurra-Patriotismus und militärisches Machtgehabe zu verstehen ist. – Ab 16. ✦ USA 1985 **P** Warner Bros. **KI** Warner-Columbia **VA** Warner Home **Pd** Brian Grazer, George Folsey **R** John Landis **B** Dan Aykroyd, Lowell Ganz, Babaloo Mandel **K** Robert Paynter **M** Elmer Bernstein **S** Malcolm Campbell **D** Chevy Chase (Emmett Fitz-Hume), Dan Aykroyd (Austin Millbarge), Donna Dixon (Karen Boyer), Steve Forrest (General Sline), Bruce Davison (Mr. Ruby) **L** 102 **FSK** ab 12; f **E** 11.9.1986 Kino/Mai 1987 Video **fd** 25 727

SPIONENBANDE (FAMILY OF SPIES). Authentisches, aber zähes zweiteiliges Fernsehdrama um einen Offizier der US-Marine, der in den 60er Jahren für den russischen Geheimdienst zu spionieren begann. Er warb für seinen Agentenring auch Freunde und Familienmitglieder an, ehe seine geschiedene Frau nach 17 Jahren das FBI informierte. – Ab 16 möglich. ✦ USA 1990 **P** King Phoenix **Pd** Jonathan Bernstein **R** Stephen Gyllenhaal **B** Richard Delong Adams **K** Doug Milsome **M** Paul Chihara **D** Powers Boothe (John Walker), Lesley Ann Warren (Barbara Walker), Lili Taylor (Laura Walker), Andrew Lowery (Michael Walker), Jeroen Krabbé (Boris) **L** 88/130 **E** 30.12.1991,3.1.1992 Tele 5 (zwei Teile)

DIE SPIONIN VON GIBRALTAR (LA DONNA CHE VENNE DAL MARE / L' AVENTURIERE DE GIBRALTAR). Das beliebteste Thema italienischer Kriegsfilme, der wagemutige Einsatz einer Spezialeinheit von Kampfschwimmern (1940), ist hier wenig originell mit Spionage- und Liebesabenteuern garniert. Regisseur De Robertis, selbst ehemaliger Marineoffizier und Chef des italienischen Marinefilmdienstes, vermag immerhin einige militärische und technische Details kompetent ins Bild zu setzen. – Ab 16. ✦ Scope, schwarz-weiß. Italien/F rankreich 1956 **P** Costellazione/Tellus **KI** Pallas **R+B** Francesco De Robertis **K** Enzo Serafin **M** Piero Morgan (= Piero Piccioni) **S** Gaby Penalva **D** Vittorio de Sica (Konsul Bordigin), Sandra Milo (Danae), Peter Lynn (Crabb), Pedro Gimenez (Dario), Juan Calvo (Kommissar) **L** 89 **FSK** ab 12; f **E** 30.5.1958 **fd** 7 020

DIE SPIONIN VON TOKIO (TOKYO FILE 212). Ein Offizier des amerikanischen Abwehrdienstes hebt nach dem Zweiten Weltkrieg in Japan ein kommunistisches Spionagenest aus und verhindert Sabotage großen Stils. Wenig überzeugender antikommunistischer Reißer. ✦ Schwarz-weiß. USA 1951 **P** RKO **KI** RKO **Pd** George Breakston, Dorrell McGowan **R** Dorrell McGowan, Stuart McGowan **B** Dorrell McGowan, Stuart McGowan, nach einer Erzählung von George Breakston **K** Herman Schopp **M** Albert Glasser **S** Martin G. Cohn **D** Florence Marly (Steffi Novac), Robert Peyton (= Lee Frederick) (Jim Carter), Katsuhaiko Haida (Taro), Reiko Otani (Taros Freundin), Tatsuo Saito (Taros Vater), Satoshi Nakamura (Oyama) **L** 77 **FSK** ab 16; f **E** 9.5.1952 **fd** 1 785

SPIRALE (SPIRALA). Ein Ingenieur erfährt auf der Höhe seiner Karriere, daß er unheilbar krank ist, und flieht daraufhin in die Tatra. In einem Berggasthof fällt er durch sein seltsames Benehmen auf. Als er am nächsten Morgen verschwunden ist, wird eine Suchaktion eingeleitet. Man findet ihn schließlich halb-erfroren in einem Lawinengebiet. Erst da erfahren die Menschen die Identität des Fremden und die Ursache seines Verhaltens. Ein nicht durchgehend überzeugender, aber eindringlicher Film, in dem sich der polnische Autor und Regisseur Zanussi (»Struktur des Kristalls«, 1969; »Aus einem fernen Land«, 1981) ernsthaft mit den Fragen nach dem Sinn des Lebens und Sterbens auseinandersetzt. – Sehenswert. ✦ Polen 1978 **P** Film Polski **KI** Progress **R** Krzysztof Zanussi **B** Krzysztof Zanussi, Maja Komorowska, Zofia Kucówna, Jan Swiderski **K** Edward Klosinski **M** Wojciech Kilar **D** Jan Nowicki (Mann in den Vierzigern), Maja Komorowska (Teresa), Zofia Kucówna (Maria), Jan Swiderski (Henryk), Aleksander Bardini (Klinikchef) **L** 87 **E** 19.2.1979 ARD/8.2.1980 Kino DDR

SPIRIT DOG – DIE FÄHRTE DES GEISTERHUNDES (LEGEND OF THE SPIRIT DOG). Der Sohn einer kanadischen Tierärztin freundet sich mit einem Wolfshund an und muss durch die Einweisungen eines Eskimo-Medizinmanns erkennen, dass es sich bei seinem vierbeinigen Freund um einen »Geisterhund« handelt, der über magische Fähigkeiten verfügt. Im Kampf gegen einen schurkischen Magier, der die Gegend ökologisch vergiften will, leistet das Tier hervorragende Dienste. Eine schlichte Fantasy-Geschichte auf der Basis einer Tier-Jungen-Freundschaft, die kaum mehr zu bieten hat als die Variation eines sattsam vertrauten Plots und einige schöne Naturaufnahmen. ✦ USA 1996 **P** Centre/Discovery **Pd** Ron Meyer **R** Martin Goldman, Michael Spence **B** Rick Fields, Martin Goldman, Ron Meyer **K** Ron Arrowsmith **M** David Arkenstone **S** Bryce Button, Diane Evans, Jerry Hoffman **D** Morgan Brittany (Elizabeth), David Richards (Richrd), Jon Paul Nicoll (Jed), George Charles (Ray), Robert Frier (Cliff) **L** 81 **E** 31.3.2001 ARD

SPIRIT OF DEATH →Dolanies-Melodie – Melodie des Todes

SPIRITS (SPIRITS). Ein Parapsychologe, ein Historiker und ein Medium versuchen, dem Geheimnis eines verwunschenen Hauses auf den Grund zu gehen und verlieren darüber beinahe Verstand und Leben. Eine Ansammlung bekannter Motive, denen diese Inszenierung keine neuen Aspekte abgewinnen kann. ✦ USA 1990 **P** Cinema Group **VA** Atlanta **Pd** T. L. Lankford **R** Fred Olen Ray **B** Jeff Falls, R. U. King **K** Gary Graver **M** Tim Landers **D** Erik Estrada, Kathrin Lautner, Michelle Bauer, Oliver Darrow, Brinke Stevens **L** 84 **FSK** ab 18 **E** 30.9.1991 Video

SPITAL DER WANDLUNG →Das Hospital der Verklärung

SPITAL IN ANGST (SPITAL IN ANGST). Schwerbewaffnete afrikanische Rebellen nehmen Personal und Patienten eines Stockwerks einer Berner Klinik, in der ein gestürzter Ex-Diktator auf seine lebensrettende Operation wartet, als Geiseln und wollen die Schweizer Regierung zwingen, jene Gelder freizugeben, die der Ex-Herrscher in die Schweiz schaffte. Ein Wettlauf mit der Zeit beginnt, in dessen Sog auch eine junge Ärztin mit einem ausgeprägten Helfersyndrom einbezogen wird. (Fernseh-)Krimi, der das Genre zu Fragen nach ethischen Überzeugungen zu nutzen und die Möglichkeiten und Grenzen humanitärer Hilfe auszuloten versucht. ✦ Schweiz/Deutschland/Österreich 2001 **P** Kontraproduktion/SF DRS/ZDF/ORF **R** Michael Steiner **B** Jürg Brändli **K** Pascal Walder **M** Adrian Frutiger **D** Sabina Schneebeli (Katrin Staub), Jonathan Kinsler (Ben Nagib), Stefan Gubser (Thomas Forster), Noemi Steuer (Oberschwester Eva), Mathias Gnädinger (Kommandant Bertschinger) **L** 88 **E** 9.12.2001 SF1 DRS

SPITFIRE (SPITFIRE / SPITFIRE). Zwischen Training, Wettkämpfen und Sabotageakten der osteuropäischen Konkurrenz findet eine amerikanische Kunstturnerin noch Zeit, sich von ihrem ihr bislang unbekannten Vater in ein verworrenes Agentendrama verwickeln zu lassen. Die junge Frau erledigt alle Gegner kickboxend und gewinnt die Weltmeisterschaft. Ein überaus naives Abenteuerspektakel voller Klischees, das von Unglaubwürdigkeiten und Zufällen strotzt. (TV-Titel: »Agentin wider Willen«) – Ab 16. ✦ USA 1994 **P** Trimark **VA** VPS **Pd** Gary Schmoeller, Thomas Karnowski **R** Albert Pyun **B** Albert Pyun, David Korkin, Christopher Borkgren **K** George Mooradian **M** Tony Riparetti **S** Dennis O'Connor **D** Kristie Phillips (Charlie Case), Sarah Douglas (Carla Davis), Tim Thomerson (Rex Becham), Lance Henriksen (Richard Charles), Simon Poland, David Wu **L** 90 **FSK** ab 16 **E** 1.6.1995 Video **fd** 31 420

DIE SPITZE DES EISBERGS. Ein Dokumentarfilm über den Theaterpädagogen Dominic de Fazio während eines Seminars 1982 in Cinecittà, Rom. Der Film versteht sich weniger als Protokoll denn als persönliche Einlassung mit den Schauspielern, die de Fazios Schule durchlaufen. ✦ BR Deutschland 1982 **R+B** Brigitte Toni Lerch, Benno Trautmann **L** 60 **E** 18.5.1983 ZDF

DER SPITZEL (1972) (THE STOOLIE). Ein Polizist verfolgt einen mit Schmiergeldern durchgebrannten Spitzel bis nach Miami, wo der kleine Ganove auch einmal den Duft der großen Welt atmen will. Als er das inzwischen ausgegebene Geld nicht wieder herbeizuschaffen vermag, überläßt er seinem Verfolger die Gangsterrolle. Eine menschenfreundliche Satire auf den Lebenskampf in den USA; genau in der Milieuschilderung und einfühlsam in der Charakterzeichnung. Humorvoll-hintergründige Unterhaltung. ✦ USA 1972 **P** Jama **Pd** Chase Mellen III **R** John G. Avildsen, George Silano **B** Eugene Price, Larry Alexander, Marc B. Ray **K** Ralf D. Bode, John G. Avildsen, Charles Clifton **M** William Goldstein **S** Gerald Greenberg, Stanley Bochner **D** Jackie Mason (Roger Pitman), Dan Frazer (Alex Brogan), Richard Carballo (Marco Ruiz), Marcia Jean Kurtz (Sheila Morrison), Gigi Gaus (Polizeichef), Bill McCutcheon (Tankstellenbesitzer) **L** 90 **E** 17.2.1979 ARD

DER SPITZEL (1983) (L'INDIC). Eine mittellose Frau aus der französischen Provinz verliebt sich in Paris in einen Gangster, der ihretwegen aus dem kriminellen Milieu aussteigen will. Nach einem letzten Coup findet er den Tod. Geradlinig erzählter Kriminalfilm, weder spannend noch in der Milieuschilderung gelungen. Ein fader Aufguß bekannter Krimibilder. ✦ Frankreich 1983 **P** TF 1/CFC **VA** VMP **Pd** Jean Kerchner **R** Serge Leroy **B** Didier Decoin, Serge Leroy, Jean Kerchner, nach einem Roman von Roger Borniche **K** André Domage **M** Michel Magne **S** François Ceppi **D** Daniel Auteuil (Bertrand), Thierry Lhermitte (Dominique), Pascale Rocard (Sylvie), Bernard-Pierre Donnadieu (Maloggione), Michel Beaune (Kommissar Legoff) **L** 92 **FSK** ab 12 **E** 15.4.1986 Video **fd** 25 699

SPITZEN DER GESELLSCHAFT (SPITZEN DER GESELLSCHAFT). Eine Fernsehreporterin entdeckt, dass in einer Fabrik für Agrarchemie Giftgasgranaten für den arabischen Raum erzeugt werden. Eine bittere Satire, die Fragmente aus den Noricum- und Lucona-Skandalen verarbeitet. Die intensive Auseinandersetzung mit Korruption und Skrupellosigkeit überfrachtet jedoch den Inhalt; stellenweise wird die dichte, gespenstische Atmosphäre bis hin zu Geisterbahn-Effekten überzogen. – Ab 16. ✦ Österreich 1990 **P** Wega **R** Franz Novotny **B** Franz Novotny, Gustav Ernst, Peter Berecz **K** Karl Kases **M** Anton Bruckner, Pyramid Orchestra, Swap, Altausseer Schützenmusi **D** Natja Towa, Fritz Karl, Hilde Berger, Jaromír Borek, Hubert Kramar, Franz Buchrieser **L** 86 **E** 9.5. 1995 ORF 2

DIE SPITZENKLÖPPLERIN (LA DENTELLIERE). Die unglückliche Geschichte eines jungen Mädchens, das in seiner Persönlichkeitsentfaltung gehemmt und in seinem Selbstvertrauen erschüttert wird durch das Unverständnis eines Studenten, den es liebt. Eine hervorragend fotografierte, außergewöhnlich eindringliche und subtile Parteinahme für all jene, die ihre Gefühle sprachlich nicht auszudrücken vermögen. – Sehenswert. ✦ Schweiz/Frankreich/BR Deutschland 1977 **P** Citel/Action/FR 3/Filmprod. Janus **Kl** Filmverlag der Autoren **Pd** Bernard Lorain, Klaus Hellwig, Lise Fayolle **R** Claude Goretta **B** Claude Goretta, Pascal Lainé, nach einem Roman von Pascal Lainé **K** Jean Boffety **M** Pierre Jansen **S** Joëlle van Effenterre **D** Isabelle Huppert (Pomme), Yves Beneyton (François), Florence Giorgetti (Marylène), Annemarie Düringer (Pommes Mutter), Michel de Ré (Maler) **L** 107 **FSK** ab 12; f **FBW** bw **E** 28.4.1978/20.10.1978 Kino DDR/2.1.1983 DFF 1 **fd** 20 753

SPITZENSCHUH UND GRÜNER RASEN (WARMING UP). Eine junge Ballettlehrerin zieht mit Hund und Sohn in ein australisches Provinzdorf, um dort ihr Bedürfnis nach Ruhe und Idylle ausleben zu können und um über ihre gescheiterte Ehe hinwegzukommen. Film um den Kontrast von Stadt- und Landleben sowie um romantische Idealvorstellungen. (Westdeutscher TV-Titel: »Lauf dich warm«) – Ab 14 möglich. ✦ Australien 1983 **P** INP **Pd** James Davern **R** Bruce Best **B** James Davern **K** Joseph Pickering **M** Mike Perjanik **S** Szolt Kollanyi **D** Barbara Stephens (Juliet), Henri Szeps (Peter Sullivan), Queenie Ashton (Mrs. Marsh), Adam Fernance (Randolph), Lloyd Morris (Ox) **L** 100 (DDR 90) **E** 22.1.1988 DFF 2/ 11.11.1988 ARD

SPLASH – JUNGFRAU AM HAKEN (SPLASH). Eine schöne Meerjungfrau folgt dem Mann, in den sie sich verliebt hat, nach New York. Anpassungsprobleme an das amerikanische Alltagsleben, der Ehrgeiz der Wissenschaft und die aggressive Neugier der Medien führen zu Problemen. Am Ende flüchten beide ins Meer. Ein modernes Kinomärchen, das durch seine gut ausgewogene Mischung aus Romantik und Komik vergnüglich unterhält. – Ab 14. ✦ USA 1984 **P** Touchstone Films **Kl** 20th Century Fox **DVD** Buena Vista (1.85:1, DD2.0 engl./dt.) **Pd** Brian Grazer **R** Ron Howard **B** Lowell Ganz, Babaloo Mandel, Bruce Jay Friedman **K** Don Peterman **M** Lee Holdridge **S** Daniel Hanley, Michael Hill **D** Tom Hanks (Allen Bauer), Daryl Hannah (Madison), John Candy (Freddie Bauer), Eugene Levy (Walter Kornbluth), Richard B. Shull (Dr. Ross) **L** 110 **FSK** ab 6; f **E** 21.9.1984/23.2.1999 DVD **fd** 24 768

SPLASH, TOO (SPLASH, TOO). Leidlich unterhaltsame Fortsetzung des Erfolgsfilms »Splash – Jungfrau am Haken« (1984). Die Meerjungfrau und der ihr angetraute Mensch retten einen Delphin aus den Händen eines skrupellosen Wissenschaftlers, der ihn für Versuchszwecke mißbrauchen wollte. Sichtlich bemühter als der Vorgänger, gehen dem Film rasch die Ideen aus; nicht mehr als die übliche unverbindlichsentimentale Unterhaltung aus der Disney-Werkstatt. – Ab 12. ✦ USA 1988 **P** The Walt Disney Company **VA** EuroVideo **Pd** Mark H. Ovitz **R** Greg Antonacci **B** Bruce Franklin Singer **K** Fred J. Koenekamp **M** Joel McNeely **S** Dennis M. Hill, Bob Wyman **D** Amy Yasbeck (Madison), Todd Waring (Alan Bauer), Donovan Scott (Freddie Bauer), Rita Taggart (Fern Hooten), Dody Goodman (Mrs. Stimler) **L** 87 **FSK** ab 6 **E** 20.6. 1989 Video

SPLENDOR (SPLENDOR). Das Kino einer italienischen Provinzstadt soll nach Jahren des Niedergangs in ein Warenhaus umgewandelt werden. Erst als die Abrißarbeiter Hand anlegen, solidarisieren sich die abtrünnigen Zuschauer und verhindern den Abriß. Mit langen Rückblenden gestaltete Hommage an das Kino als kulturellen und sozialen Ort, deren märchenhafter Schluß auf die großen Momente des Kinos verweist. Einfühlsam inszeniert und hervorragend interpretiert, werden Tendenzen zum Selbstmitleid mit Charme und Ironie unterwandert. (Titel auch: »Splendor – Eine Liebeserklärung für den Film«) – Sehenswert ab 14. ✦ Teils schwarz-weiß. Italien/Frankreich 1989 **P** Cecchi Gori Group/Tiger Cine./Studio El/Gaumont/Générale d'Images/RAI **Kl** Warner Bros. **Pd** Mario Cecchi Gori, Vittorio Cecchi Gori **R+B** Ettore Scola **K** Luciano Tovoli **M** Armando Trovaioli **S** Francesco Malvestito **D** Marcello Mastroianni (Jordan), Marina Vlady (Chantal), Massimo Troisi (Luigi), Paolo Panelli (Signor Paolo), Pamela Villoresi (Eugenia) **L** 110 **FSK** ab 12; f **FBW** bw **E** 7.9.1989 **fd** 27 836

SPLIT (1988, GB/H) (EDGE OF SANITY). Schauermär um einen Mediziner, der zu einer unerforschten Droge greift, um die Schattenzonen seines Ichs zu erforschen, und daraufhin nächtens als Dirnenmörder durchs Londoner East End streift. Eine zeitgenössische Bearbeitung des bekannten Stoffes, die zahlreiche expressionistische Schattenspiele und schiefe Winkel bemüht, um ein viktorianisches Pandämonium von Amoral und Sittenlosigkeit vor Augen zu führen. Dabei werden die Mordtaten allzu drastisch ins Bild gesetzt, und auch Anthony Perkins tut ein bißchen zu viel des Guten. Das eigentliche Thema der gesellschaftlichen Schizophrenie verkommt zum Horrorszenario. ✦ Großbritannien/Ungarn 1988 **P** Allied Vision/Mafilm/Ungarofilm **VA** VPS **Pd** Edward Simons, Harry Alan Towers **R** Gérard Kikoïne **B** J. P. Felix, Ron Raley **K** Tony Spratling **M** Frederic Talgorn **S** Malcolm Cooke **D** Anthony Perkins (Dr. Jekyll/Mr. Hyde), Glynis Barber (Elizabeth Jekyll), Sarak Maur-Thorp (Susannah), David Lodge (Underwood), Ben Cole (Johnny) **L** 87 (gek. 77) **FSK** ab 18 (gek. 16) **E** 21.11.1991 Video/2.2.1996 Kabel 1 **fd** 29 720

SPLIT (1988, USA) (SPLIT). Ein Prophet, der die abgestumpften Massen in seinen Bann schlägt, verunsichert die Herrscher eines übertechnisierten Zukunftsstaates, die ihre Macht bedroht sehen. Sie versuchen mit allen Mitteln, seiner habhaft zu werden, doch der Heilsverkünder kann immer wieder untertauchen. Mit Humor und skurrilen Einfällen aufbereiteter Science-Fiction-Film mit ausgefeilten Computer-Effekten. ✦ USA 1988 **P** Barbara Horscraft **Kl** Arsenal **R+B+K** Chris Shaw **M** Chris Shaw, Robert Shaw, Ugi Tojo **S** Chris Shaw **D** Timothy Dwight (Starker), Joan Bechtel, John Flynn, Chris Shaw **L** (TV) 90 **E** 15.3.1990 Kino/30.6.1990 Tele 5

SPLIT SECOND (SPLIT SECOND). Im London der nahen Zukunft jagt ein Polizist mit Hilfe eines jungen Partners mit Oxford-Abschluß einen Serienkiller, der seinen Opfern die Herzen herausreißt. Der Täter, ein außerirdisches Monster, kann schließlich in der Kanalisation gestellt werden. Auf Atmosphäre bedachter Horrorfilm, der verschiedene Genrezutaten mixt und auch die Klimakatastrophe in die Handlung einbaut. ✦ USA 1991 **P** Challenge/Muse Prod. **VA** New Vision **Pd** Laura Gregory **R** Tony Maylam **B** Gary Thompson **K** Clive Tickner **M** Steve Parsons, Francis Haines **S** Dan Rae **D** Rutger Hauer (Harley Stone), Kim Cattrall (Michelle), Neil Duncan (Dick Durkin), Alun Armstrong (Trasher), Ian Dury (Jay Jay), Pete Postlethwaite (Paulsen), Roberta Eaton (Robin), Michael J. Pollard, Stuart Wilson, Paul Grayson **L** 87 **FSK** ab 16 **E** 16.9.1992 Video

DIE SPLITTER DER EISBOMBE. Ein Fernsehredakteur stößt auf die Spur eines deutschen Wissenschaftlers, der im Zweiten Weltkrieg an Geheimwaffenprogrammen der Nationalsozialisten beteiligt war und nun in einem amerikanischen Forschungsinstitut an der Vervollkommnung seines Werkes arbeitet. Durch seine Recherchen gerät der Redakteur in Gefahr. Polit-Thriller aus der Reihe »Das kleine Fernsehspiel«. ✦ BR Deutschland 1985 **R+B** Jochen Baier, Norbert Kerkhey **K** Jochen Baier, Birger Bustroff, Ulrike Niehaus **M** Gas Twist **D** Wolfgang Idler (Harald Langenscheid), Aurelia Kabacinska (Katarzyna), Bernd Ludwig (C. E. von Eggerslohe), Gordon Wassermann (Ph. D. Roberts), Daniel Cohn-Bendit (Robert Leblanc), Claus-Michael Pinn (August Blobel) **L** (TV) 90 **E** 22.5.1985 ZDF

SPLITTER DER ERINNERUNG (RASSISIM / BURNING MEMORY). Nach grauenhaften Kriegserlebnissen im Libanon wird ein 31jähriger Sergeant der israelischen Kampftruppe mit Schüttelkrämpfen völlig apathisch in die psychiatrische Abteilung eines Militärhospitals eingewiesen. Auf seiner Station lernt er andere Patienten mit unterschiedlichsten Verhaltensstörungen kennen, die an einem Kriegstrauma leiden. Nach Wochen kann er zwar als geheilt entlassen werden, doch das Erlebte hat seine Spuren hinterlassen. Ungelenkes, bisweilen recht phrasenhaftes Spielfilmdebüt, dessen Regisseur einer neuen Generation israelischer Filmemacher zuzurechnen ist, die bislang tabuisierte Themen wie die Rolle des Militärs und das Zusammenleben zwischen Juden und Arabern aufgreifen. ✦ Israel 1988 **P** Compact **Pd** Ami Amir **R** Yossi Somer **B** Yossi Somer, Ami Amir **K** Yoav Kosh **M** Jan Garbarek **S** Yaakov Dagan, Rivka Yogev **D** Danny Roth (Gary), Polly Reshef (Alex), Shmuel Edelman (Zivka), Alon Oliarchik (Rubie), Etti Ankri (Ruthie), Yahali Bergman, Yosef El Dror **L** 90 **E** 5.7.1990 ZDF

SPLITTER FÜR EVA (STREPY PRO EVU). Ein Absolvent der Filmhochschule will einen Dokumentarfilm über die Glasmacherei drehen. Aus sachlichen Begegnungen wachsen menschliche Kontakte, nicht zuletzt auch mit der jungen Künstlerin Eva. Doch es bleibt – auch was die Liebe betrifft – bei einem Miteinander auf Zeit. Interessante Charakter- und Milieuschilderung. – Ab 16. ✦ CSSR 1978 **P** Filmstudio Barrandov **Kl** Progress **R+B** Rudolf Adler **K** Jirí Macháne **M** Zdenék Pololánik **D** Svatopluk Skopal (Petr), Jana Pehrová (= Jana Krausová) (Eva), Petr Kostka (Loukotka), Josef Rozinek (Tomaska), Vera Tichánková (Tomasková) **L** 91 **E** 9.5.1980 Kino DDR/15.8. 1981 DFF 1

SPLITTER UNTERM NAGEL (TÜSKE A KÖRÖM ALATT). Ein Kunstmaler erregt mit einer großzügigen Spende, mit der er die Not in der Dritten Welt lindern möchte, den Neid anderer Mitglieder der Künstlergewerkschaft, die glauben, er wolle sich bei den Regierenden einschmeicheln. Enttäuscht und verbittert zieht er sich aufs Land zurück, wo er sich nach einer Phase der Einsamkeit in die Tochter eines Kolchosvorsitzenden verliebt. Er schöpft neuen Mut, doch der Vater will die Beziehung mit allen Mitteln verhindern. In sachlichen Bildern beschreibt der Film, der vor der Öffnung der ungarischen Grenze entstand, die verknöcherten Strukturen einer erstarrten Gesellschaft, der jede Form von Individualismus suspekt ist. – Ab 16. ✦ Ungarn 1988 **P** Filmstúdió Budapest **R** Sándor Sára **B** Sándor Csoóri, Sándor Sára **K** Sándor Kurucz **M** Péter Eötvös **S** Mariann Tuba **D** György Cserhalmi (András), Anna Ráckevei (Zsuzsa), Attila Tyll (Zsuzsas Vater), Gábor Koncz (Pilot), Erika Szegedi (Tierärztin) **L** 94 **E** 4.3.1990 BR/ 15.6.1990 Kino (auch DDR)

SPLITTERNACKT UND VOLLER LUST (WHO DID COOK ROBIN?). Nach der Einnahme eines »Wahrheitsserums« erinnert sich ein junger Mann, seinen Bruder ermordet zu haben. Sex- und Crime-Unterhaltung. ✦ USA 1971 **P** Mikla **Kl** Contact/Apollo/Ceha/Transfilm **R** Don Jones **D** Frank Cuva, Maria

Lease, Monica Gayle, Chris Robert **L** 83 **FSK** SPIO: X **E** 23.11.1972 **fd** 18 186

SPLITZ (SPLITZ). Eine aus jungen Frauen bestehende ambitionierte Musik-Band tritt in einem Studentenheim gegen Konkurrentinnen an. Banaler Teenager-Klamauk, der sich um die Parodie eines stets sich selbst parodierenden Genres bemüht. – Ab 16. ✦ USA 1983 **P** FVI Film Ventures International/New Empire Features/888 Produstion **VA** IHV **Pd** Stephen Low, Kelly Van Horn **R** Domonic Paris **B** Kelly Van Horn, Bianca Littlebaum, Harry Azorin, Domonic Paris **K** Ronnie Taylor **M** George Small **S** Rick Shaine, Bette Cohen **D** Robin Johnson (Gina), Patti Lee (Joan), Barbara Bingham, Chuck McQuary, Martin Rosenblatt **L** 83 **FSK** ab 16 **E** 15.1.1987 Video

SPOILER – VERDAMMT IM EIS (SPOILER). Ein fiktiver Zukunftsstaat: Für eine Tat, die er nicht begangen hat, wird ein Mann für zwölf Monate ins Gefängnis gesteckt. Als er ausrückt, um seine Tochter zu sehen, wird seine Strafe auf 26 Jahre erhöht; er soll für den Rest der Zeit »eingeforen« werden. Jetzt fängt natürlich seine Gegenwehr erst recht an. Eilig und billig heruntergekurbelter Actionfilm mit Martial-Arts-Star Gary Daniels in der Hauptrolle, dessen Endfertigung dem Regisseur aus den Händen genommen wurde. Unfertige Unterhaltung der billigeren Art, die immerhin eine durchweg deprimierende Grundhaltung durchhalten kann. ✦ USA 1997 **P** Ed Ancoats Inc. **VA** One World **Pd** Barnet Bain, Amy Gibbons **R** Luca Bercovici, Jeff Burr **B** Michael Kalesniko **K** Philip Lee **M** Marco Marinangeli **S** Amanda Kirpaul **D** Gary Daniels (Roger Mason), Meg Foster, Bryan Genesse, Jeffrey Combs (Captain), Nicholas Sadler **L** 99 **FSK** ab 18 **E** 30.11.2000 Video **fd** 34 834

SPONSAE CHRISTI – DIE BRÄUTE CHRISTI. Eindrucksvoller Dokumentarfilm über sinnerfülltes Leben im Kloster auch im ausklingenden 20. Jahrhundert, ernsthaft beobachtet in dem 1245 gegründeten Kloster Lichtenthal bei Baden-Baden am Beispiel von Zisterzienserinnen, die nach der strengen Regel des hl. Benedikt durch Stillsein und Schweigenkönnen, Tätigsein und Kontemplation zu innerer Fröhlichkeit reifen. Der Film fängt bemerkenswert taktvoll Selbstzeugnisse ein und ist eine verdienstvolle Widerlegung von Vorurteilen über angebliche Weltflucht und Verklemmtheit. – Sehenswert ab 10. ✦ Deutschland 1991 **P** Thomas Riedelsheimer Prod./ZDF **SF** Verleih der Filmemacher **Pd+R** Thomas Riedelsheimer **B** Thomas Riedelsheimer, Jay Richard Kennedy **K** Thomas Riedelsheimer **S** Thomas Riedelsheimer **L** 68 **E** 11.2.1992 ZDF/10.9.1992 Kino **fd** 30 584

SPOOKIES – DIE KILLERMONSTER (SPOOKIES). In einem abgelegenen Haus murmelt ein obskurer Zauberer etwas davon, daß er seine ehemalige Frau wiedererwecken will und dafür viele sterben müßten. Dies ist der Auftakt für ein krudes Durcheinander, bei dem eine Gruppe übermütiger Party-Gäste der Reihe nach abgeschlachtet wird. Primitivstes Horrorkino als stumpfsinniges Würgekarussell. – Wir raten ab. ✦ Großbritannien 1985/86 **P** Twisted Souls **VA** Highlight **Pd** Eugenie Joseph, Thomas Dorak, Brendan Faulkner, Frank M. Farrell **R** Eugenie Joseph, Thomas Doran, Brendan Faulkner **B** Frank M. Farrell, Thomas Doran, Brendan Faulkner, Joseph Burgund **K** Robert Chappell, Ken Kelsch **M** Kenneth Higgins, James Calabrese **D** Felix Ward, Dan Scott, Alex Nemser, Maria Pechukas **L** 82 **FSK** ab 18 **E** 1988 Video **fd** 26 578

SPOREN ZUM RUHM →Phar Lap – Legende einer Nation

SPORT, DU BIST FRIEDEN (O SPORT, TY-MIR!). Dokumentarischer Film über die Olympischen Sommerspiele in Moskau 1980, aufbereitet unter Verwendung vielfältiger Gestaltungsmittel. – Ab 10. ✦ UdSSR 1980 **P** Mosfilm **KI** Progress **R** Juri Oserow **B** Juri Oserow, Boris Rytschkow **K** Nikolai Olonowski, Lew Maximow **M** Alexandra Pachmutowa **L** 150 **E** 16.7.1982 Kino DDR

SPORT GOOFYS LUSTIGE OLYMPIADE →Goofys lustige Olympiade

SPORT IST IHR LEBEN (SHA OU). Trotz eines Wirbelsäulenleidens, das bei weiterer sportlicher Belastung eine Lähmung befürchten läßt, entschließt sich eine chinesische Volleyballspielerin zur Fortsetzung ihrer Karriere in der Nationalmannschaft. Einziger kritischer Ansatz in dieser Darstellung eines mit privaten Schicksalsschlägen durchwobenen Sportlerinnenlebens ist die Darstellung brutaler Trainingsmethoden. Ansonsten herrscht eine naive Durchhaltemoral vor. – Ab 14. ✦ VR China 1981 **P** Jugendfilm-Studio **R** Zhang Nuanxin **B** Li Tuo, Zhang Nuanxin **K** Bao Xiaoran **M** Wang Ming **D** Chang Shanshan (Sha Ou), Guo Bichuan (Chen Dawei), Jiang Yunwei (Mutter), Lu Jun (Doktor Han), Xie Xing (Xiao Yan) **L** 93 **E** 24.4.1982 ARD **fd** 23 382

SPORT IST MORD →Buster Keaton, der Musterschüler

SPORTEHRE (SPORTIWNAJA TSCHEST). Die Erziehung einer Fußballmannschaft zum Kollektiv und dessen Überlegenheit gegenüber kapitalistischen Fußballmannschaften, in denen Einzelspieler dominieren. Anspruchsloser und künstlerisch unzureichender Versuch, mit Fußball für die Ziele des Sozialismus zu werben. – Ab 6. ✦ UdSSR 1951 **P** Mosfilm **KI** Progress **R** Wladimir Petrow **B** Michail Wolpin, N. Erdmann **K** Wadim Jakowlew, Juli Kun, Mark Magidson **M** M. Blanter **D** Alexej Gribow (Vater Grinko), G. Sergejew (Vitalij), M. Lifanowa (Tonja), L. Fritschinski (Wetlugin), Nikolai Krjutschkow (Trainer der Turbine) **L** 86 **E** 27.2.1953 Kino DDR

SPORTING LIFE →Lockender Lorbeer

SPORTPARADE IN MOSKAU 1947 (WSESOJUSNY PARAD FISKULTURNIKOW 1947 GODA). Farbiger Dokumentarfilm über die Allsowjetische Sportparade 1947 in Moskau. ✦ UdSSR 1947 **P** Zentrales Dokumentarfilmstudio Moskau **R** Irina Wensher, Samuil Bubrik **E** 23.11.1947

DER SPORTSTUDENT (THE FRESHMAN). Harold Lloyds erfolgreichste und von ihm selbst am meisten geschätzte Stummfilmkomödie schildert seine angestrengten Versuche, der beliebteste Student seiner Universität zu werden, indem er einen lächerlichen Leinwandhelden kopiert. Erst, als er seinen Fehler erkennt und zu sich selbst steht, erreicht er sein Ziel. Leider verstärkt die von Lloyd autorisierte Musikfassung die sentimentalen Elemente dieser überzeugend aufgebauten und mit hervorragenden Gagsequenzen gespickten Geschichte. (Auch Teil der Zusammenstellung »Harold Lloyd – Spaß muß sein«) ✦ Schwarz-weiß. USA 1925 **P** The Harold Lloyd Corporation **KI** Vollmann **R** Sam Taylor, Fred Newmeyer **B** Sam Taylor, John Grey, Ted Wilde, Tim Wheelan, Clyde Bruckman, Lex Neal, Jean Havez, Brooks B. Harding **K** Walter Lundin, Henry Kohler **M** Don Hulette, Don Peak, Neal Hefti **S** Allen McNeil **D** Harold Lloyd (Neuling), Jobyna Ralston (Peggy), Brooks Benedict (Universitäts-Rüpel), Hazel Keener (Universitäts-Schönheit), James Anderson (Chester A. Trask), Joseph Harrington (Universitäts-Schneider), Pat Harmon (Football-Trainer) **L** 70 **E** 28.9.1980 ZDF

SPOT (SEE SPOT RUN). Ein FBI-Hund, der von einem Mafiaboss gejagt wird, weil er ihn gebissen hat, flüchtet in die Obhut eines hundehassenden Briefträgers und seines zeitweiligen Pflegekindes. Nach vielen gemeinsamen Abenteuern entscheidet er sich gegen seinen »Beruf« und für ein normales Familienleben. Uninspirierte Familienkomödie, die es allen Altersgruppen recht machen möchte, ihre Gags aber hauptsächlich auf der Fäkal-Ebene ansiedelt, sich wenig für die Charaktere ihrer Protagonisten interessiert und fast alle Möglichkeiten des Genres verschenkt. DVD: Die Extras umfassen u.a. einen Audiokommentar des Regisseurs. – Ab 12 möglich. ✦ USA 2001 **P** Warner Bros./Village Roadshow/NPV Entertainment **KI** Warner Bros. **VA** Warner Home **DVD** Warner Home (16:9, 1.85:1, DD5.1 engl./dt.) **Pd** Bruce Berman **R** John Whitesell **B** George Gallo, Danny Baron **K** John S. Bartley **M** John Debney **S** Cara Silverman **D** David Arquette (Gordon), Michael Clarke Duncan (Murdoch), Angus T. Jones (James), Leslie Bibb (Stephanie), Paul Sorvino (Sonny Talia) **L** 96 **FSK** ab 6; f **FBW** bw **E** 12.4.2001/8.11.2001 Video & DVD **fd** 34 795

SPOT-HITS '88 – DIE WERBEFILMROLLE. Eine Zusammenstellung preisgekrönter Werbefilme, die belegen soll, daß Film- und Fernsehwerbung kreativer und innovativer sein kann, als der alltägliche Umgang mit und die Dauerberieselung durch Kaufanreize Glauben machen wollen. Eine durchaus interessante und amüsante, auf Dauer aber ermüdende Aneinanderreihung einfallsreicher Spots. – Ab 12. ✦ BR Deutschland 1988 **P** Deutsche Commerciale Filmwerbung **KI** Deutsche Commerciale **L** 102 **FSK** ab 12; f **E** 2.3.1989 Kino

SPOT-HITS '89 – DIE WERBEFILMROLLE. Vgl. »Spot Hits '88 – Die Werbefilmrolle«. – Ab 14 möglich. ✦ BR Deutschland 1989 **P** Deutsche Commerciale Filmwerbung Media Service **VA** Deutsche Commerciale **L** 100 **FSK** ab 12; f **E** März 1990

SPOT-HITS '90 – DIE WERBEFILMROLLE. Vgl. »Spot Hits '88 – Die Werbefilmrolle«. – Ab 14 möglich. ✦ BR Deutschland 1990 **P** Deutsche Commerciale Filmwerbung Media Service **VA** Deutsche Commerciale **L** ca. 100 **FSK** ab 12; f **E** 4.7.1991 Kino

SPOT-HITS '91 – DIE WERBEFILMROLLE. Vgl. »Spott Hits '88 – Die Werbefilmrolle«. – Ab 14 möglich. ✦ Deutschland 1991 **P** Deutsche Commerciale Filmwerbung **KI** Deutsche Commerciale **L** 90 **E** 25.6. 1992

DER SPOT ODER FAST EINE KARRIERE. Streß und Hektik in einer Werbeagentur, die die Werbekampagne für ein Produkt erstellen soll, das noch niemand kennt. Eine fürs Fernsehen entstandene Satire. ✦ BR Deutschland 1981 **P** Pentagramma **VA** Starlight **Pd+R+B** Rainer Erler **K** Ingo Hamer **D** Claus Obalski, Elisabeth Endriss, Wolfgang Kieling, Andrea L'Arronge **L** 88 **FSK** ab 12 **E** 30.11.1981 ZDF/1987 Video

EIN SPOTTBILLIGER JUNGE (KLUK ZA DES PETKY). Ein 17jähriger Maurer-Lehrling, der nach dreijähriger Fachausbildung ein Praktikum absolviert, arbeitet in den Ferien für eine Familie, die sich ein Einfamilienhaus baut. Als er sich in die Tochter verliebt und sich bei seiner Praktikantenstelle frei nimmt, stellen sich Probleme ein. Gegenwartsfilm, der einen realistischen Einblick in den Arbeitsalltag in der damaligen CSSR gibt und auch zahlreiche Ausbildungs- und Heimerziehungsfragen anschneidet, der jedoch spannungslos und wenig unterhaltsam inszeniert ist. – Ab 14 möglich. ✦ CSSR 1983 **P** Filmstudio Barrandov **KI** Progress **R** Jaromír Borek **B** Ivo Pelant, Jaromír Borek **K** Jirí Sámal **M** Ivan Kaslík **D** Jirí Langmajer (Eda), Dana Vávrová (Eliska), Frantisek Laurin (Sedlák), Helena Malehová (Sedláková), Oldrich Vinklát (Smrcková) **L** 87 **E** 24.8.1984 Kino DDR/8.2. 1985 ARD

DIE SPRACHE DER GEWALT (PRESSURE POINT). Charakterbilder altgedienter Straßenpolizisten in einem großstädtischen Revier, im Mittelpunkt ein 56jähriger vorbildlicher Commander und Kollege, der das Privatleben aller, die »hier ihren beschissenen Job« tun, berücksichtigt und es haßt, zur Waffe greifen zu müssen. Redlich, alltagsnah und durchaus lehrreich erzählte Beschreibung des kleinen Polizistenlebens in Beruf und Familie, die ohne Sensationen und Gewalt auskommt. – Ab 14. ✦ USA 1977 **P** Columbia TV **VA** RCA/Columbia **R** Jerry London **B** Mark Rodgers, nach einer Idee von Joseph Wambaugh **K** Emmett Bergholz **D** David Janssen (Joe Wilson), Scott Hylands, Scott Brady, Dennis Cole, Don Johnson **L** 93 **FSK** ab 12 **E** 15.11.1988 Video **fd** 27 305

SPRACHE DER VÖGEL. Ein etwa siebenjähriger, auf dem Lande lebender Junge wird durch den plötzlichen Tod seines Großvaters in eine Folge für ihn unerklärlicher Beobachtungen gestürzt. Angesichts der Verlegenheit der Erwachsenen ist er darauf angewiesen, seine eigene kindgemäße Antwort auf die Frage nach dem Tod zu finden. Ein bis auf das poetische Schlußbild realistisch inszenierter, thematisch wie darstellerisch hervorragender (Fernseh-)Film, der selbst mehr Fragen stellt als Antworten gibt, wobei allerdings religiöse Einsprengsel nur Emotionsmaterial bleiben. Aber gerade in dieser Offenheit bestens geeignet für weiterführende Gespräche. – Sehenswert ab 8. ✦ Deutschland 1991 **P** DFF **VA** Matthias **R+B** Fred Noczynski **K** Ralf Neubert **M** Ludwig van Beethoven, u. a. **S** Juliane Gemmecke **D** René Kretschmann (Thomas), Kurt Böwe (Opa), Ursula Karusseit (Oma), Katharina Tomaschewski (Uroma) **L** 59 **FSK** ab 6 **E** 1995 Video/8.9.1996 ORB **fd** 31 609

SPRACHLOS (1991) (SANS UN CRI). Ein Mann auf einer Landstraße erzählt die Geschichte seiner Kindheit: Seine Eltern transportierten als Spediteure Marmor zwischen Frankreich und Italien. Als seine Mutter schwanger wurde, ließ sie sich in einem abgelegenen Haus nieder und entfremdete sich von seinem »auf Achse« gebliebenen Vater. Ein tragisches Familiendrama, bemerkenswert inszeniert und gespielt. In der Rückblendentechnik ein wenig konstruiert, eindrucksvoll aber in der bildwirksamen, teilweise sehr extremen Verdichtung der Schicksale. (O.m.d.U.) ✦ Frankreich/Belgien/Italien 1991 **P** French/Art-Light/Rev/Zenab-RTL TV1/Jean Vigo Int. **R+B** Jeanne Labrune **K** André Neau **M** Anne Marie Fijal **S** Guy Lecorne **D** Lio (Anne), Rémi Martin (Pierre), Nicolas Prive (Nicolas), Bruno Todeschini (Nicolas mit 35 Jahren), Vittoria Scognamiglio (Lola) **L** 82 **E** 9.3.1994 West 3

SPRACHLOS (1994) (SPEECHLESS). Kurz vor Beginn eines Wahlkampfes für den US-Senat in New Mexiko verlieben sich eine Journalistin und ein Sitcom-Autor ineinander, ohne zu ahnen, daß sie sich wenig später als konkurrierende Redenschreiber gegenüberstehen werden. Nach dramatischer Stimmenjagd, bei der sie sich gegenseitig sabotieren, siegt die Liebe über die politische Moral. Anspruchslose, nur mäßig unterhaltende Geschlechter-Komödie im Stil der klassischen Screwball-Comedies; allein auf ihre Beziehungsgeschichte konzentriert, leidet sie unter einer allzu unausgewogenen schauspielerischen Leistung. – Ab 16. ✦ USA 1994 **P** UIP/MGM **KI** UIP **VA** Warner Home **Pd** Renny Harlin, Geena Davis **R** Ron Underwood **B** Robert King **K** Don Peterman **M** Marc Shaiman **S** Richard Francis-Bruce **D** Michael Keaton (Kevin Vallick), Geena Davis (Julia Mann), Christopher Reeve (Bob Freed), Bonnie Bedelia (Annette), Ernie Hudson (Ventura), Charles Martin Smith (Kratz) **L** 99 **FSK** ab 6; f **FBW** w **E** 23.2.1995/25.8. 1995 Video/15.9.1996 premiere **fd** 31 202

SPRECHEN-FLÜSTERN-STÖHNEN – MICHI-NO-SEX (MICHI NO SEX). Unter dem Vorwand einer sozialpsychologischen Problematik (Schwund der Intimsphäre aufgrund beengter Wohnverhältnisse) schildert der japanische Film ausgiebig das Sexualverhalten der einzelnen Mietshausbewohner, wobei die Regie besonderen Wert auf die Geräuschkulisse legt. ✦ Scope. Japan 1966 **P** Shochiku **KI** R.C.S. **R** Osamu Yamashita **B** Tadao Okuwaki **K** Shizuya Takeda **D** Michiko Shiroyama, Jun Yoshida, Masayoshi Nogami, Sezu Shimizu **L** 67 **FSK** ab 18; nf **E** 4.10. 1968 **fd** 15 804

DAS SPRECHENDE GRAB →Die Knickerbocker-Bande

SPRECHSTUNDE FÜR LIEBE (APPOINTMENT FOR LOVE). Ein berühmter Bühnenautor und eine kühl-vernünftige Assistenzärztin heiraten und schliddern in immer stärker werdende Ehekonflikte, um sich schließlich doch zu versöhnen. Trotz versiert vorgetragener Situationskomik eine wenig originelle Boulevard-Komödie. ✦ Schwarz-weiß. USA 1941 **P** Universal **Pd** Bruce Manning **R** William A. Seiter **B** Bruce Manning, Felix Jackson (= Felix Joachimson) **K** Joseph Valentine **M** Frank Skinner **S** Ted J. Kent **D** Charles Boyer (Andre Casall), Margaret Sullavan (Jane Alexander), Rita Johnson (Nancy Benson), Eugene Pallette (George Hastings), Ruth Terry (Edith Meredith), Reginald Denny (Michael Dailey) **L** 89 **E** November 1945

SPREE (SPREE). Eine Gruppe junger Leute trifft während eines Wochenendausflugs im amerikanisch-mexikanischen Grenzgebiet auf skrupellose Waffenhändler, die sich ihrer Mitwisser entledigen wollen. Actionfilm ohne plausiblen Handlungsablauf, eine Aneinanderreihung von Schaueffekten. (Alternativtitel: »Todestrip Los Angeles«) ✦ USA/Mexiko 1977 **P** Spiegel-Bergman/Mexiko Film International **KI** Avis und andere **R+B** Larry Spiegel **K** Alex Phillips jr. **M** Gary William Friedman **D** Peter Graves, Ray Milland, Vincent van Patten, Pedro Armendáriz jr., Susan Pratt O'Hanlon **L** 90 **FSK** ab 16; f **E** 27.4.1979 **fd** 22 020

SPRENGKOMMANDO ATLANTIK (NORTH SEA HIJACK). Eine britische Spezialeinheit macht in letzter Minute eine Gangsterbande unschädlich, die zwei Bohrinseln in der Nordsee in ihre Gewalt gebracht hat, um ein gigantisches Lösegeld zu erpressen. Weitgehend langweiliger Abenteuerfilm, weder originell noch spannend. – Ab 14 möglich. ✦ Großbritannien 1979 **P** Cinema 7 **KI** CIC **Pd** Elliott Kastner **R** Andrew V. McLaglen **B** Jack Davies, nach seinem Roman »Esther, Ruth & Jennifer« **K** Tony Imi **M** Michael J. Lewis **S** Alan Strachan **D** Roger Moore (Ffolkes), James Mason (Sir Francis Brinsden), Anthony Perkins (Lou Kramer), Michael Parks (Shulman), Jeremy Clyde (Tipping), Jack Watson (Olafson) **L** 100 **FSK** ab 12; f **E** 22.5.1980 **fd** 22 477

SPRENGKOMMANDO LEDERNACKEN (OPERATION BIKINI). Eine Spezialeinheit der amerikanischen Streitkräfte vernichtet Ende 1944 im Südpazifik ein eigenes U-Bootwrack, das Radargeräte an Bord hat, die den Japanern nicht in die Hände fallen sollen. Kriegsfilm, der die militärische Überlegenheit der USA demonstrieren soll. ✦ Teils schwarz-weiß. USA 1962 **P** Alta Vista/AIP **KI** Rank **Pd** James H. Nicholson, Lou Rusoff **R** Anthony Carras **B** John Tomerlin **K** Gilbert Warrenton **M** Les Baxter **S** Homer Powell, Anthony Carras **D** Tab Hunter (Morgan Hayes), Frankie Avalon (Joseph Malzone), Scott Brady (Emmett Carey), Jim Backus (Ed Fennelly), Gary Crosby (Floyd Givens), Michael Dante (William Fourtney), Jody McCrea (William Sherman) **L** 75 **FSK** ab 16; nf **E** 16.7.1965 **fd** 14 731

SPRING FEVER USA (SPRING FEVER USA). Die verwöhnte Tochter eines Industriellen wird von Entführern bedroht, die die Firma ihres Vaters unter ihren Einfluß bringen wollen. Gestört werden die finsteren Pläne durch einen verliebten Mann, der seiner Angebeteten immer wieder aus der Not helfen kann. Bei der Jagd quer durch die USA gerät er aber in arge Bedrängnis. Leichtgewichtige Komödie, die neben abgestandenen Gags wenig zu bieten hat. ✦ USA 1988 **P** Alpha/Matrix **VA** Ufa **Pd** Bob Gallagher, Tom Gioulos **R+B** William Nilling **K** Ken Gibb **M** Nick Tell **S** Bruce Spiegel **D** Darrel Guilbeau (Larry Wilson), Michelle Kemp, Jeff Greenman, Lara Belmonte, Janine Lindemulder **L** 87 (gek. 86) **FSK** ab 18 (gek. 16) **E** 17.10.1990 Video

SPRING ÜBER DEINEN SCHATTEN (TAKE A GIANT STEP). Ein 17jähriger Farbiger wird durch Schulprobleme, Rassenvorurteile und seine erwachende Sexualität vorübergehend aus dem Gleichgewicht gebracht. Sozialkritischer US-Film, der zwar in Milieu- und Charakterzeichnung behutsam vorgeht, aber weniger die spezifischen Schwierigkeiten einer Minderheit ins Auge faßt, sondern sich auf (allzu) allgemeine pubertäre Konflikte beschränkt. Die Anhäufung echter und konstruierter Probleme wirkt oft geschwätzig. ✦ Schwarz-weiß. USA 1959 **P** Hecht-Hill-Lancaster/Sheila **KI** United Artists **Pd** Julius J. Epstein **R** Philip Leacock **B** Louis S. Peterson, Julius J. Epstein, nach einem Bühnenstück von Louis S. Peterson **K** Arthur E. Arling **M** Jack Marshall **S** Frank Gross **D** Johnny Nash (Spencer Scott), Estelle Hemsley (Großmutter), Frederick O'Neal (Lem Scott), Ruby Dee (Christine), Ellen Holly (Carol), Pauline Meyers (Violet), Beah Richards (May Scott) **L** 100 **FSK** ab 16; f **FBW** w **E** 19.8.1960/14.11.1966 ZDF **fd** 9 398

DER SPRINGENDE PANTHER →Bruce Lee – Der springende Panther

SPRINGFLUT (SPRINGFLOD). Kinderfilm mit guten Darstellerleistungen. Ein in der Stadt aufgewachsener Junge kommt aufs Land und erlebt dort mit einem außergewöhnlichen Mädchen seine erste Liebesgeschichte. ✦ Dänemark 1990 **Pd** Nina Crone **R+B** Eddie Thomas Petersen **K** Dirk Brüel **M** Fini Høstrup **S** Leif Axel Kjeldsen **D** Jesper Gredeli Jensen (Franco), Trine Dyrholm (Pauline), Kirsten Olesen (Marianne, Paulines Mutter), Peter Schrøder (John, Paulines Vater), Jannie Faurschou (Francos Mutter) **L** 90 **E** 12.2.1994 SF/DRS

DER SPRINTER. Erfolg im Sport und die Beziehung zu einer Kugelstoßerin machen einen jungen Homosexuellen für Familie und Umwelt gesellschaftsfähig. Originelle deutsche Komödie mit weitgehend treffendem Witz. Ironisch beleuchtet der Film Rollenmuster, Normalitätsauffassungen und die Verhältnisse im Leistungssport. ✦ BR Deutschland 1983 **P** Reinery Verlag und Filmproduktion/Querenburg Entertainment/NDR **KI** Cosmos **Pd** Peter Wohlgemuth-Reinery **R** Christoph Böll **B** Christoph Böll, Wieland Samolak, Nicole Schürmann **K** Peter Gauhe **M** Paul Vincent **S** Helga Borsche **D** Wieland Samolak (Wieland Dietrich), Gerhard Olschewski (Trainer), Renate Muhri (Brigitte), Miriam Spoerri (Wielands Mutter), Dieter Eppler (Wielands Vater), Wichard von Roell, Jürgen Mikol, Walter Goerke **L** 87 **FSK** ab 12; f **FBW** w **E** 20.4. 1984 **fd** 24 538

SPRIT FÜR SPATZEN. Erst als ein 12jähriger an den Folgen seiner Alkoholsucht stirbt, werden die Eltern und Erzieher aktiv. Seine Mutter, selbst alkoholabhängig, versucht, zusammen mit einer Sozialpflegerin zwei weiteren kranken Kindern zu helfen und setzt alle Hebel in Bewegung, als diese plötzlich verschwinden. Jugendfilm zum Thema »Alkohol«, dessen gut gemeinte Absicht jedoch an der mangelnden Umsetzung leidet; der Versuch, zugunsten von Authentizität mit jugendlichen Laiendarstellern zu arbeiten, steht der Geschichte eher im Wege. – Ab 12 möglich. ✦ BR Deutschland 1984 **P** Melophon-Film/Kuratorium junger deutscher Film **SF** atlas **VA** atlas **R+B** Günter Hoffmann **K** Horst Schönberger **M** H. Pagel, Gert Wilden **S** Jörg Baumeister **D** Erik Schumann (Karl Baumann), Kerstin de Ahna (Margret Baumann), Philipp Brammer (Pitt Meuser), Claudia Uttler (Ann Liebig), Michael Gahr (Rudi Meuser), Silvia Reize (Ärztin) **L** 90 **FSK** ab 12 **E** 15.5. 1985

SPRÖDE BEZIEHUNGEN (KREHKE VZTAHY). Ein ehemaliger Boxer, der wegen einer Schlägerei verurteilt und auf Bewährung entlassen wurde, versucht als Fahrer auf einem Schlachthof den Beginn eines neuen Lebens. Trotz vieler Schwierigkeiten wagt er schließlich die Ehe mit einer geschiedenen Frau, was zu Konflikten mit deren ehemaligem Mann und ihrer fünfjährigen Tochter führt. Nach einigen Bewährungsproben akzeptiert ihn das Kind jedoch. Leiser, unsentimentaler Gegenwartsfilm aus der Tschechoslowakei, der mit viel Sympathie auf seine Personen und ihre sozialen Verankerungen eingeht. Realitätsnah und detailliert in der Milieubeschreibung. (DDR-Titel: »Der neue Vater«) ✦ CSSR 1979 **P** Filmstudio Barrandov **R** Juraj Herz **B** Jirí Svejda, Juraj Herz, nach einem Roman von Vaclav Dusek **K** Jirí Macháne **M** Petr Hapka **D** Vladimír Kratina, Radim Hlozek, Zora Ulla Keslerová, Vladimír Mensík, Jirí Stepnická **L** 87 **E** 19.12.1980 Kino DDR/19.2.1983 WDR/6.7.1984 DFF 2

DER SPRUNG (1967) (O SALTO / LE SAUT). Das Schicksal eines jungen Portugiesen, der illegal nach Frankreich einreist, um Glück und Arbeit zu finden.

Auf der Suche nach seinem Freund, der ihm Hilfe bei der Beschaffung einer Arbeit versprochen hat, irrt er einsam durch Paris. Erst Tage später findet er den Freund, dessen Hilfe sein einziger Hoffnungsschimmer ist. Ein inszenatorisch beeindruckender Film, dessen zutiefst menschliche Grundhaltung einen Appell an den Zuschauer stellt, sich mit der Realität von Arbeits-Immigranten und ihrer Situation in einer fremden Kultur auseinanderzusetzen. (Preis der OCIC Venedig 1967) – Ab 14. ✦ Scope, schwarz-weiß. Frankreich 1967 **P** Fildebroc/Les Productions Artistes Associes **Kl** Progress **R** Christian de Chalonge **B** Roberto Bodegas, Christian de Chalonge **K** Alain Derobe **M** Luis Cilia **D** Marco Pico (Antonio), Ludmila Mikael (Dominique), Antonio Passalia (Carlos), Henrique de Sousa **L** 87 **E** 30.10.1970 Kino DDR

DER SPRUNG (1993) (IL TUFFO). Ein angehender Physiklehrer erteilt zwei Schülern aus Langeweile Nachhilfeunterricht. Schon bald verliebt er sich in seine 17jährige Nachhilfeschülerin und muß dieses Gefühl mit seinem anderen Schüler teilen. Noch komplizierter wird das Verhältnis, als der Verlobte der temperamentvollen jungen Frau auftaucht. In einer Nacht am Meer gestehen sich alle Beteiligten ihre Gefühle offen ein und verändern damit ihr weiteres Leben. Ein Film über das Erwachsenwerden, die erste Liebe und die Verwirrung der Gefühle, ein Film aber auch über die späte Einsicht, keine wirkliche Jugend gehabt zu haben. – Ab 16. ✦ Italien 1993 **P** Riverfilm **Pd** Dario Formisano **R** Massimo Martella **B** Roberto de Francesco, Massimo Martella **K** Paolo Ferrari **M** Peppe D'Argenzio, Mario Tronco **D** Vincenzo Salemme (Matteo), Carlotta Natoli (Elsa), Arturo Paglia (Giulio), Francesco Apolloni (Gianluca), Elisabetta Cavalotti (Monica) **L** (TV) 90 **E** 2.7.1994 arte

SPRUNG AUF, MARSCH, MARSCH! (TAKE THE HIGH GROUND). Im texanischen Fort Bliss werden junge Rekruten der Marineinfanterie von einem groben Sergeanten erbarmungslos für den Einsatz in Korea präpariert – effektvoll und spannend inszenierte Rahmenhandlung für unverhohlene, massive Militärpropaganda. ✦ USA 1953 **P** MGM **Kl** MGM **Pd** Dore Schary, Hermann Hoffman **R** Richard Brooks **B** Millard Kaufman **K** John Alton **M** Dimitri Tiomkin **S** John Dunning **D** Richard Widmark (Sgt. Thorne Ryan), Karl Malden (Sgt. Laverne Holt), Elaine Stewart (Julie Mollison), Russ Tamblyn (Paul Jamison), Carleton Carpenter (Merton Tolliver), Steve Forrest (Lobo Naglaski) **L** 100 **FSK** ab 12; f **E** 20.1.1956 **fd** 4704

SPRUNG AUS DEN WOLKEN (SPRUNG AUS DEN WOLKEN). Eine Dreiecksgeschichte zwischen einem Ostberliner Maler, einer Galeristin und ihrem Freund in Westberlin. Stefan Schwietert erzählt in seiner schwarz-weißen Abschlußarbeit von Aufbruch und vom Zusammenkommen der beiden Hälften der lange getrennten Stadt. In einfachen, gut ausgeleuchteten Szenen wird die Geschichte entwickelt, bietet jedoch kaum Überraschungen und Spannung und kommt über abgestandene Klischees kaum hinaus. ✦ Schwarz-weiß. Schweiz/Deutschland 1991 **P** DFFB/DRS **R** Stefan Schwietert, Nancy Rivas **B** Nancy Rivas **K** Arthur Ahrweiler **M** Jan T. Schade **S** Frank Belinke, Stefan Schwietert **D** May Buchgraber (Rosie), Rainer Winkelvoss (Harry), Christian Spitzl (Micky), Oliver Held (Kritiker), Fortune Claudete (Beauregard) **L** 75 **E** Schweiz

DER SPRUNG DES JAGUARS (JAGUAROV SKOK). Ein geschiedener Vater, dessen Kind entführt wurde, folgt den Spuren nach Amerika und kämpft dort um sein Recht. Kriminalfilm, dessen Versuch, menschliche Schicksale und gesellschaftliche Gegebenheiten aufzuzeigen, in Klischees steckenbleibt. Mäßig spannende Unterhaltung, die der glänzenden Fassade des »Landes der unbegrenzten Möglichkeiten« die heimischen Werte entgegensetzt. – Ab 18. ✦ Jugoslawien 1984 **P** Inex/Dunav/Terzijev **Kl** Progress **R** Aleksandar Djordjevic **B** Gordan Mihic **K** Dorde Nikolic **M** Vojislav Kostic **D** Ljubisa Samardzic, Vera Cukic, Mladja Nedeljkovic, Miki Krstovic **L** 99 **E** 17.1. 1986 Kino DDR

SPRUNG IN DEN ABGRUND. Tollkühne Abenteuer von und mit Harry Piel, der als Versicherungsdetektiv den Umständen eines mysteriösen Bergunglücks nachspürt und dabei einem großangelegten Schwindel auf die Spur kommt. (Alternativtitel: »Spuren im Schnee«) ✦ Schwarz-weiß. Deutschland 1933 **P** Ariel **Kl** Ariel **Pd+R** Harry Piel **B** Hans Rameau, Werner Scheff **K** Ewald Daub **M** Fritz Wenneis **S** Max Brenner **D** Harry Piel (Harry Peters), Elga Brink (Betty Bergen), Anton Pointner (Baron Moll), Hermann Blaß (Karl Schöning), Gerhard Bienert (Walter Volkmann) **L** 93 **E** 30.3.1933/6.11.1993 SAT 1

SPRUNG IN DEN TOD (WHITE HEAT). Ein brutaler und neurotischer Verbrecher mit einem krankhaften Mutterkomplex wird von einem Polizeibeamten eiskalt erledigt, der sich in sein Vertrauen und seine Bande eingeschlichen hat. Klassischer »film noir« aus der Nachkriegszeit; lakonisch, mit raffinierten Actionszenen und intensiver Atmosphäre. James Cagney spielt seine Rolle mit abstoßender Brillanz. (Fernsehtitel: »Maschinenpistolen«) ✦ Schwarz-weiß. USA 1949 **P** Warner **Kl** Warner **Pd** Louis F. Edelman **R** Raoul Walsh **B** Ivan Goff, Ben Roberts **K** Sid Hickox **M** Max Steiner **S** Owen Marks **D** James Cagney (Arthur Cody Jarrett), Virginia Mayo (Verna Jarrett), Edmond O'Brien (Hank Fallon alias Vic Pardo), Margaret Wycherly (Ma Jarrett), Steve Cochran (Big Ed Sommers), John Archer (Philip Evens), Wally Cassell (Cotton Valetti) **L** 90 **FSK** ab 16; nf **E** 5.6.1953 **fd** 2583

EIN SPRUNG IN DER SCHÜSSEL (HYSTERICAL). Ein Schriftsteller und seine Gefährtin setzen sich in einem Küstenort erfolgreich gegen einen auferstandenen Mörder und eine Horde Zombies zur Wehr. Horrorfilmparodie mit einigen gelungenen Einfällen. Zahlreiche Filmzitate sorgen für Abwechslung, aber auch für heilloses Durcheinander. ✦ USA 1982 **P** Cinema Group/H & W Filmwork **Kl** Scotia/Marketing **Pd** Gene Levy **R** Chris Bearde **B** Bill Hudson, Brett Hudson, Mark Hudson, Trace Johnston **K** Donald M. Morgan **M** Robert Alvicat **S** Marion Rothman **D** Bill Hudson (Frederick Lansing), Mark Hudson (Paul Batton), Brett Hudson (Fritz), Charlie Callas (Dracula), Robert Donner (Ralph) **L** 86 **FSK** ab 12; nf **E** 1983 Kino **fd** 24376

SPRUNG IN DIE WOLKEN (LE CIEL EST A VOUS). Zu Beginn der 20er Jahre: Pierre und Thérèse Gauthier besitzen eine gutgehende Autowerkstatt, die jedoch einem Flugplatz weichen muß. Sie ziehen in eine andere Stadt, wo es bald zu wirtschaftlichen Schwierigkeiten kommt. Pierre, ein Fliegeras des Ersten Weltkriegs, kann von seiner Flugleidenschaft nicht lassen und gibt nun Flugstunden. Thérèse ihrerseits lernt das Fliegen, gewinnt immer mehr Pokale und schließlich die Meisterschaft in einem gefährlichen Langstreckenflug. Ehe- und Familienfrieden kehren wieder ein. Jean Grémillon, ein besonders guter Schauspielerregisseur, hat diese wahre Geschichte liebevoll, amüsant und mit sehr schönen Details aus der französischen Provinz inszeniert. (Alternativtiel: »Der Himmel gehört Euch«) ✦ Schwarz-weiß. Frankreich 1943 **P** Raoul Ploquin **Kl** IFA **R** Jean Grémillon **B** Albert Valentin, Charles Spaak **K** Louis Page **M** Roland Manuel **D** Madeleine Renaud (Thérèse Gauthier), Charles Vanel (Piere Gauthier), Raymonde Vernay, Jean Debucourt, Léonce Corne, Albert Remy **L** 95 **E** 1948 Kino **fd** 150

SPRUNG INS DUNKEL (SKOK DO TMY). Drei eingeschleuste »Illegale« versuchen in der von Deutschen besetzten Tschechoslowakei die Verbindung zu Widerstandskämpfern herzustellen. Den Männern fällt es schwer, sich in der veränderten Heimat zurechtzufinden, und zwei von ihnen verlieren ihr Leben bei der Erfüllung ihres Auftrags. Vergleichsweise unpathetische und überzeugend inszenierte Auseinandersetzung mit der Zeit von Besatzung und Widerstand. – Ab 14. ✦ Schwarz-weiß. CSSR 1964 **P** Filmstudio Barrandov **Kl** Progress **R** Vladislav Delong **B** Otto Zelenka, Vladislav Delong **K** Jan Kalis **M** Svatopluk Havelka **D** Martin Ruzek, Jaroslav Mares, Radoslav Brzobohaty, Václav Vaska **L** 95 **E** 7.5.1965 Kino DDR/ 17.2.1967 DFF 1

SPRUNG INS GLÜCK (L'ECHAPPEE). Fernsehfilm. Ein Nachwuchsmanager verliert erst den Job und dann seine Geliebte. Als er beim Blutspenden eine füllige Bäckerin kennenlernt, wagt er den Sprung ins Glück. ✦ Frankreich 1997 **P** La Sep-arte/Ognon Pictures **R** Roger Guillot **B** Josiane Maisse, Roger Guillot **K** Bertrand Mouly **M** Roland Romanelli **S** Elisabeth Fernandez **D** Cathérine Hosmalin (Gigi), Aurélien Recoing (Charles), Dominique Froh (Rita), Clovis Cornillac (Loulou), Brigitte Buc (Cerise) **L** 98 **E** 7.8.1998 arte

DER SPRUNG INS LEERE (SALTO NEL VUOTO). Ein Untersuchungsrichter, der mit seiner zwischen Wahn und Depression schwankenden Schwester zusammenlebt, versucht, sie in den Selbstmord zu treiben, geht jedoch, als sein Plan scheitert, selbst in den Freitod. Das Beispiel eines Geschwisterpaares, das in gegenseitiger neurotischer Abhängigkeit zusammenlebt, dient als radikale Attacke gegen die Institution der Familie, die hier als Nährboden für späteres Unheil gesehen wird. Eine düstere Beschreibung desolater Strukturen, die auch Kirche und Psychiatrie in Italien kritisiert. Hervorragend gespielt. ✦ Italien/Frankreich 1979 **P** Clesi/Odyssia/RAI/ Polytel/MK 2/Films 66 **R** Marco Bellocchio **B** Marco Bellocchio, Piero Natoli, Vincenzo Cerami **K** Beppe Lanci (= Giuseppe Lanci) **M** Nicola Piovani **S** Roberto Perpignani **D** Michel Piccoli (Ponticelli), Anouk Aimée (Marta), Michele Placido (Sciabola), Gisella Burinato (Anna), Antonio Piovanelli (Quasimodo) **L** (TV) 114 **E** 4.9.1991 ZDF

SPRUNG INS UNGEWISSE (BREAKING THE SURFACE). Dramatische Filmbiografie über den amerikanischen Turmspringer und Olympiasieger Greg Louganis, der nach einer wechselvollen Kindheit von 1976 an eine einzigartige Sportlerkarriere macht, sich dann aber mit HIV infiziert. ✦ USA 1996 **R** Steven Hillard Stern **B** Alan Hines **D** Mario Lopez (Greg Louganis), Michael Murphy (Pete Louganis), Rosemary Dunsmore (Frances Louganis), Jeffrey Meek (Tom), Megan Leitch (Megan) **L** 90 **E** 16.12.1997 Vox

SPRUNG – JETZT ODER NIE (SPRUNG). Zwei erlebnishungrige junge Frauen treffen bei ihrer nächtlichen Kneipentour auf zwei Freunde. Während ein Paar sexuell schnell zur Sache kommt, nimmt das andere sich Zeit zum Kennenlernen und findet die wahre Liebe. Dies erregt den Neid der Freunde, die alles daransetzen, das verliebte Paar auseinander zu bringen. Afroamerikanische Komödie über Freundschaft, Liebe und Sex, die trotz der unbekannten Darsteller einigen Unterhaltungswert zu bieten hat. – A b 16. ✦ USA 1997 **P** Trimark **VA** Columbia TriStar **Pd** Darin Scott, Jonathan Komack Martin **R** Rusty Cundieff **B** Rusty Cundieff, Darin Scott **K** Joao Fernandes **M** Stanley Clarke **S** Lisa Bromwell **D** Tisha Campbell (Brandy), Rusty Cundieff (Montel), Paula Jai Parker (Adina), Joe Torry (Clyde), Moon Jones (Godzilla Nuts Suspect) **L** 104 **FSK** ab 12 **E** 27.4.1999 Video

DER SPRUNG NACH OBEN (THE AIR UP THERE). Der Talentsucher eines erfolgsverwöhnten Basketballvereins entdeckt einen überragenden Spieler in Kenia. Vergeblich versucht er, den Häuptlingssohn zu überreden, bis er sich auf seine Kultur einläßt und versteht, daß er geben muß, wenn er nehmen will. Trotz eines farblosen Hauptdarstellers und einiger Klischees eine gelungene Mischung aus Sportler- und Abenteuerfilm, in der Humor und Musik wichtige Bestandteile sind. Geschickt inszeniert und geschnitten, ist das spannende Endspiel eine virtuose Einheit aus Basketball, Musik, Tanz und dem übrigen Filmgeschehen. – Ab 12. ✦ USA 1993 **P** Hollywood Pictures/Inerscope/Nomura Babcock & Brown Unit One Film Partners **VA** Buena Vista **Pd** Ted Field, Rosalie Swedlin, Robert W. Cort **R** Paul Michael Glaser **B** Max Apple **K** Dick Pope **M** David Newman **S** Michael Polakow **D** Kevin Bacon (Jimmy Dolan), Charles Gitonga Maina (Saleh), Yolanda Vazquez (Schwester Susan), Winston Ntshona (Urudu), Mabutho »Kid« Sidhole (Nyaga) **L** 103 **FSK** ab 6 **E** 20.7. 1995 Video/21.8.1996 premiere **fd** 31 489

DER SPRUNG VON DER BRÜCKE (DER SPRUNG VON DER BRÜCKE). Am Beispiel von Jugendlichen in einer Kleinstadt, die auf den Sprung eines Altersgenossen von einer hohen Brücke warten, greift der Film Schwierigkeiten auf, unter denen heute viele 14- bis 20jährige leiden: Identitätssuche, Angst vor dem Erwachsenwerden, Zukunftsangst und anderes mehr. Da die Probleme allzu klischeehaft behandelt werden, bleibt der Film in Aussage und Gestaltung unbefriedigend. Dennoch bietet der Film Anlaß zu Diskussionen. ✦ Schweiz 1979 **P** Blackbox/DRS **Pd** John Winistoerfer, Lyn Jamey **R+B** Adrian Bänninger **K** Pio Corradi, Arnold Fischer **M** Markus Fischer **S** Franziska Wirz, Esther Notz **D** Franziskus Abgottspon, René Scheibli, Otto Dornbierer, Hans Suter **L** 90 **E** Schweiz

DIE SPRUNGDECKELUHR. Zwei Kinder, deren Eltern vor der Gestapo fliehen müssen, versuchen, die Sprungdeckeluhr des Vaters, in der sie geheime Informationen vermuten, vor dem Zugriff der Geheimpolizei zu schützen und dem Vater zuzuspielen. Bis es zu einem kurzen Wiedersehen kommt, haben die Kinder viele gefährliche Situationen zu bestehen. Sorgfältig und mit Sinn für Humor inszenierter Kinder-Krimi, der den Nazi-Terror zwar thematisiert, die kindliche Vorstellungskraft jedoch nicht überfordert und das Unterhaltungsbedürfnis der Kinder ernst nimmt. – Ab 10. ✦ BR Deutschland 1990 **P** DEFA, Gruppe »Berlin« **Kl** Progress/Unidoc **Pd** Hans-Uwe Wardeck **R** Gunter Friedrich **B** Manfred Freitag, Joachim Nestler **K** Wolfgang Braumann **M** Bernd Wefelmeyer **S** Vera Nowark **D** René Tony Spengler (Hansi), Antje Salz (Rosi), Günter Schubert (Pfundinger), Jörg Kleinau (Hundinger), Jürgen Mai (Vater) **L** 85 **FSK** ab 6; f **E** 25.4.1991 **fd** 28 862

DER SPUK. Prager Studenten, die im Sommer 1946 das Archiv einer Burg ordnen sollen, werden mit dem Schloßgespenst konfrontiert und haben zunächst ihren Spaß daran. Doch die Ereignisse nehmen bald beängstigende Formen an, und bald ist der erste Mord zu beklagen. – Ab 16. ✦ CSSR 1987 **R** Dusan Klein **D** Borivoj Navrátil, Milos Vávra, Ivana Vávrová **L** 62 **E** 9.12.1991 DFF

SPUK AM LAGERFEUER (GRIM PRAIRIE TALES). Gruselgeschichten, die sich ein Kopfgeldjäger und ein Intellektueller aus dem Osten am Lagerfeuer erzählen: Ein Cowboy wird von Indianern lebendig begraben; ein Handelsreisender verfällt den Verführungskünsten einer Fremden mit übernatürlichen Kräften; ein Siedler frönt dem »Hobby«, Schwarze zu lynchen; ein Revolverheld wird von einem seiner Opfer verfolgt. Billig hergestellter Fernseh-Horrorfilm, dessen Episoden in Inhalt wie Ausführung weit auseinanderklaffen. – Ab 16. ✦ USA 1990 **R+B** Wayne Coe **D** James Earl Jones (Morrison), Brad Dourif (Farley), Will Hare (Lee), Marc McClure (Tom), Michelle Joyner (Jenny) **L** 80 **E** 25.9.1995 RTL 2

SPUK AUS DER GRUFT. Ein Junker, der vor fast 300 Jahren des Mordes verdächtigt wurde, findet keine Ruhe, bevor der wahre Schuldige entlarvt ist. Während seine Mumie die Touristenattraktion eines beschaulichen brandenburgischen Dorfes ist, wird ein ebenso tapferes wie verliebtes Mädchen seine Verbündete und hilft ihm, das Gericht der Toten einzuberufen. Eine angenehm gruselige, durchaus auch humorvolle Fantasiegeschichte für Kinder. Genüßlich wird in den Bilderfundus des Genrekinos gegriffen, stets aber auch die alltägliche Erlebniswelt der Kinder berücksichtigt, denen fantasiereiche, zwischen Spannung und Romantik wechselnde Unterhaltung geboten wird. – Ab 8. ✦ Deutschland 1997 **P** ANTAEUS/ORB/NDR **Kl** Progress **Pd** Alexander Gehrke **R** Günter Meyer **B** Claus-Ulrich Wiesner, Günter Meyer **K** Wolfgang Braumann **M** Martin Todsharow **S** Matthias Behrens **D** Saskia Grasemann (Maja), Benjamin Sadler (Friedrich von Kuhlbanz), Nina Hoger (Renate, Majas Mutter), Friedrich Lindner (Marco, Majas Bruder), Kurt Böwe (Hermann), Gudrun Ritter (Hanne), Jaecki Schwarz (Coolberry), Walter Plathe (Bürgermeister) **L** 92 **FSK** ab 6; f **E** 3.9. 1998 **fd** 33 305

SPUK IM EHEBETT (O'HARA'S WIFE). Nach dem Tod seiner geliebten Frau verliert Bob jede Freude am Leben. Er lebt nur noch für seine Arbeit und führt Selbstgespräche mit der Toten. Eines Tages geschieht das Unfaßbare, seine Frau erscheint wieder, zwar nur als Geist, aber seine Lebensfreude erwacht erneut. Liebevoll-sentimentale Geisterkomödie, die sich mit Trennungsschmerz und Abschiednehmen auseinandersetzt. – Ab 16. ✦ USA 1982 **R** William Bartman **B** William Bartman, Joseph Kierland **D** Edward Asner (Bob O'Hara), Mariette Hartley (»Harry« o'Hara), Jodie Foster (Barbara), Perry Lang (Rob), Tom Bosley (Fred) **L** 87 **E** 24.12.1996 RTL 2

SPUK IM HERRENHAUS →Auf der Jagd nach dem verfluchten Gold

SPUK IM HOCHHAUS. Jette und August bewirtschaften im 18. Jahrhundert vor den Toren Berlins ein Gasthaus und benutzen ihre Arbeit, um zahlreiche Kaufleute zu betrügen. Als ein Polizeikommissar ihnen auf die Spur und dabei zu Tode kommt, belegt er sie mit einem Fluch, der besagt, dass sie 200 Jahre später sieben gute Taten vollbringen müssen, um Erlösung zu finden. So landen sie im Berlin des Jahres 1982 und stiften im alltäglichen Leben in einem Hochhaus viel Verwirrungen. Amüsant-betulicher Kinderfilm, entwickelt in langsamem Erzählrhythmus mit zahlreichen geisterhaften Einfällen, die zum Teil auch zu freundlich-ironischen Attacken auf den DDR-Alltag dienen. – Ab 8. ✦ DDR 1982 **P** DFF **Kl** Progress **Pd** Oscar Ludmann **R** Günter Meyer **B** Claus-Ulrich Wiesner **K** Peter Süring **M** Thomas Natschinski **D** Katja Paryla (Jette Deibelschmidt), Heinz Rennhack (August Deibelschmidt), Stefan Lisewski, Gerry Wolff, Marina Krogull, Wolfgang Greese, Käthe Reichel **L** 182 **E** 25.12.1982,1.2.,8.1.,15.1.,22.1.,29.1., 5.2.1983 DFF 1/1996 Neustart Kino

SPUK IM REICH DER SCHATTEN. In einem kleinen brandenburgischen Dorf schmiedet ein vor nahezu 300 Jahren gestorbener, zu einem Dasein als Mumie verdammter Mörder seine finsteren Pläne, wobei er sich der Liebe eines Mädchens und des Körpers eines Jungen bedient. Ebenso spannender wie turbulent-amüsanter und romantischer Gruselfilm für Kinder, konzipiert als Fortsetzung des Films »Spuk aus der Gruft« (1997). Weniger nuanciert in der Figurenzeichnung als der erste Teil, bricht der Film dennoch geschickt die Handlung sowohl ins Komische als auch ins Philosophische, wenn er spielerisch Fragen nach Identität und der Bedeutung von Tod und Liebe einbezieht. – Ab 8 möglich. ✦ Deutschland 1999 **P** ANTEUS/ORB/NDR/SWF/Der Kinderkanal **Kl** Progress **Pd** Alexander Gehrke **R** Günter Meyer **B** Günter Meyer, Hans-Georg Struck, nach Motiven des Films »Spuk aus der Gruft« **K** Dieter Chill **M** Martin Todsharow **S** Matthias Behrens **D** Saskia Grasemann (Maja), Matthias Schweighöfer (Torsten), Ilja Richter (Müller-Wadenstedt), Nina Hoger (Renate), Walter Plathe (Bürgermeister), Friedrich Lindner (Marco), Benjamin Sadler (Friedrich) **L** 93 **FSK** ab 6; f **E** 23.3.2000 **fd** 34 162

SPUK IM SCHLOSS. Eine junge Röntgenassistentin auf den Spuren ihrer Ahnen begegnet in einem alten Schloß den ruhelosen Geistern ihrer Vorfahren, aber auch einem jungen Architekten, in dessen Gesellschaft sie sich auf die Dauer wohler fühlen wird. Originell konzipierte und vorwiegend erheiternde Geisterkomödie. – Ab 12. ✦ Schwarz-weiß. Deutschland 1943/44 **P** Bavaria **R** Hans H. Zerlett **B** Hans H. Zerlett, nach seinem gleichnamigen Bühnenstück **K** Josef Strecha **M** Leo Leux **D** Margot Hielscher (Gabriele Euler), Fritz Odemar, Albert Matterstock (Robert Maurizius), Sonja Ziemann, Alice Treff **L** 81 **E** 20.2. 1947/13.10.1957 ARD

SPUK IN DER SCHULE (THE HAUNTED SCHOOL). Eine junge englische Lehrerin soll mitten im australischen Buschland eine Schule errichten. Doch die Bewohner des Dorfes lehnen sie ab, denn in dem Gebäude, wo die Schule eingerichtet wurde, soll es spuken. Kinderfilm, zusammengestellt aus einer achtteiligen Miniserie von jeweils 30 Minuten. – Ab 10. ✦ Australien 1987 **P** Australian Broadcasting Corporation/ Revcom Films **Pd** Ray Alchin **R** Frank Arnold **B** Helen Creswell, nach einem Roman von Carol Drinkwater **M** Garry McDonald, Laurie Stone **D** Carol Drinkwater, James Laurie, Vic Hawkins, Emil Minty, Grant Navin, Beth Buchanan (Vanessa) **L** 90 **E** 12.4.1998 Bayern 3

SPUK IN VILLA SONNENSCHEIN. In der Villa Sonnenschein, Ferienheim der Gewerkschaft, hat der Besitzer ein Gemälde von Corinth zurückgelassen. Mit Hilfe zweier Kopien täuscht der Heimleiter die Rückgabe vor. Er verhindert damit, dass das Bild vom alten Besitzer in die Bundesrepublik geschafft werden kann. Fernsehfilm. ✦ Schwarz-weiß. DDR 1959 **P** DEFA **Pd** Erich Albrecht **R** Gerhard Klingenberg **K** Horst E. Brandt **M** Walter Ulfig **S** Evelyn Carow **D** Werner Senftleben (VP-Major Koch), Kurt Conradi (Kommissar Köppke), Erich Fritze (Wachtmeister), Harald Moszdorf (Wachtmeister), Heinz Fröhlich (Heimleiter Müller) **L** 74 **E** 12.7.1959 DFF 1

SPUK MIT MAX UND MORITZ. Ein für Kinder bestimmter Puppenfilm der Gebrüder Diehl, der ein kleines Mädchen ein mitternächtliches Abenteuer mit seinen Lieblingspuppen erleben läßt. Formal nicht immer aus einem Guß, insgesamt aber den kindlichen Bedürfnissen entsprechend inszeniert. – Ab 6. ✦ Schwarz-weiß. BR Deutschland 1951 **P** Gebrüder Diehl **Kl** Titania/Karp/Hamburg **Pd+R** Ferdinand Diehl **B** Ferdinand Diehl, nach Wilhelm Busch **K** Hans Schmid **M** Ernst Brandner **S** Ferdinand Diehl **D** Anni Fahrnberger, Renate Deppisch, Maria Wimmer (Sprecherin) **L** 60 **FSK** ab 6; nf **E** 21.9.1951 **fd** 1 600

SPUK UNTERM RIESENRAD. Die aufregenden Abenteuer von drei Berliner Kindern, die die ausgerissenen Gespenster einer Geisterbahn verfolgen. Im Fernsehen wurde die längere Fassung in sieben Teilen gezeigt (1. »Die Ausreißer«; 2. »Gespenster auf Rädern«; 3. »Alarm im Warenhaus«; 4. »Flucht in die Berge«; 5. »Die schauerliche Nacht«; 6. »Eine Burg in Gefahr«; 7. »Rumpi schlägt zu«); im Kino war die zweiteilige Fassung zu sehen (1. »Die Ausreißer«; 2. »Eine Burg in Gefahr«). – Ab 6. ✦ DDR 1977–79 **P** DFF **Kl** Progress **Pd** Oscar Ludmann **R** Günter Meyer **B** Claus-Ulrich Wiesner **K** Peter Süring **M** Thomas Natschinski **S** Ruth Ebel, Helga Emmrich, Margrit Brusendorff, Barbara Leuschner **D** Katja Paryla (Hexe), Stefan Lisewski (Riese), Siegfried Seibt (Rumpelstilzchen), Katrin Raukopf (Keks), Dima Gratschow (Umbo) **L** 207 (Kino 174) **E** 1.1.–10.2.1979 DFF 1/ 4.,11.4.1980 Kino DDR/7.4.1996 ORB

DAS SPUKHAUS AM KENSINGTON PARK (NEVER, NEVER LAND). Amerikanischer Kinderfilm. Ein neunjähriges Mädchen leidet unter der Scheidung seiner Eltern; die Tante, bei der es lebt, vermag ihm nicht die Wärme zu geben, die es braucht. Als es eines Tages im Park eine alte Frau kennenlernt, beginnt zwischen den beiden eine außergewöhnliche Freundschaft, die beiden hilft. – Ab 8. ✦ USA 1980 **P** Sharp Features/Artemis Production **Pd** Diane Baker **R** Paul Annett **B** Marjorie L. Sigley **K** Brian West **M** Ron Grainer **D** Heather Miller (Jennie), Petula Clark (Tante Bee), Cathleen Nesbitt (Edith Forbes), John Castle, Anne Seymour **L** 80 **E** 9.6.1984 ZDF

DAS SPUKSCHLOSS IM SALZKAMMERGUT. Auf einer Fahrt durchs Salzkammergut erzählt ein schlagersingendes Paar von einem anderen Duo und dessen schwierigem Weg in die Ehe: er nämlich hielt es mit der leichten Muse, sie dagegen mit der ernsten Kunst. Dummer Klamauk. – Ab 14. ✦ BR Deutschland 1965 **P** Music House **KI** Ceres **R+B** Hans Billian **K** Karl Loeb **M** Gerhard Schröder **D** Udo Jürgens, Hannelore Auer, Manfred Schnelldorfer, Gertraud Jesserer, Walter Müller **L** 81 **FSK** ab 6; nf **E** 25.11.1966 **fd** 14 439

DAS SPUKSCHLOSS IM SPESSART. Nach »Das Wirtshaus im Spessart« (1957) eine weitere Kurt-Hoffmann-Komödie mit Lilo Pulver: Eine verarmte Schloßherrin muß sich im Kampf um ihren Familiensitz gegen einen fiesen Gläubiger zur Wehr setzen und wird dabei von fünf Schloßgespenstern unterstützt. Das einfallsreich inszenierte »Grusical« steht über dem Durchschnitt bundesdeutscher Lustspiele jener Jahre und schwingt sich manchmal sogar zur Satire auf: auch eine kabarettistische »Bonn-Parodie« ist dabei. – Sehenswert ab 14. ✦ BR Deutschland 1960 **P** Witt-Film **KI** Constantin/A.B.-Film **VA** VPS **Pd** Georg Witt **R** Kurt Hoffmann **B** Günther Neumann, Heinz Pauck **K** Günther Anders **M** Friedrich Hollaender, Olaf Bienert, Alfred Strasser **S** Hilwa von Boro **D** Liselotte Pulver (Gräfin Charlotte), Hubert von Meyerinck (von Teckel), Heinz Baumann (Martin Hartog), Hanne Wieder (Katrin), Georg Thomalla (Onkel Max), Curt Bois (Hugo), Paul Esser (Toni) **L** 103 **FSK** ab 6; nf **FBW** w **E** 15.12.1960/22.9.1961 Kino DDR/15.7.1972 ARD **fd** 9 804

DAS SPUKSCHLOSS IN DER VIA VENETO (FANTASMI A ROMA). Eines unnatürlichen Todes gestorbene Angehörige eines römischen Adelsgeschlechts dürfen, natürlich ungesehen, unter ihren Nachfahren weilen, um deren Leben und Treiben zu glossieren und zu korrigieren. Der amüsante Einfall verliert sich in Oberflächlichkeit. – Ab 14. ✦ Italien 1960 **P** Lux-Vides/Galatea **KI** Columbia-Bavaria **Pd** Franco Cristaldi **R** Antonio Pietrangeli **B** Ennio Flaiano, Sergio Amidei, Ettore Scola, Ruggero Maccari **K** Giuseppe Rotunno **M** Nino Rota **S** Eraldo da Roma **D** Marcello Mastroianni (Reginaldo/Federico), Sandra Milo (Flora), Belinda Lee (Eileen), Claudio Gora (Ingenieur), Tino Buazzelli (Frà Bartolomeo), Eduardo de Filippo (Prinz von Roviano), Vittorio Gassman (Maler Caparra) **L** 100 **FSK** ab 16; nf **E** 12.7.1963 **fd** 12 082

DAS SPUKSCHLOSS VON BASKERMORE. Weiteres (Fernseh-)Abenteuer um Kapitän Senkstake, den es mit Maat Bruno nach Schottland verschlägt, wo er der jungen Polly beistehen kann, der die Erbschaft eines angeblichen Geisterschlosses einige Probleme bereitet. Unterhaltung für bescheidene Ansprüche, die weder inhaltliche noch formale Ambitionen erkennen läßt. (Vgl. »Ay, Ay, Sheriff« und »Ehrenhäuptling der Watubas«; TV-Titel auch: »Käpt'n Senkstakes Abenteuer – Das Spukschloß von Baskermore«) – Ab 12 möglich. ✦ BR Deutschland 1974 **P** Sauerland Kunststoffe **VA** Sauerland Kunststoffe **R** Rolf Olsen **B** Geza von Cziffra, Rolf Olesen **K** Klaus Werner **D** Hans-Joachim Kulenkampff (Käpt'n Senkstake), Frithjof Vierock (Maat Bruno), Eddi Arent (Butler), Rolf Olsen (Maharadscha), Gracia Maria Klaus (Polly), Eva Kinski **L** 77 **FSK** ab 6 **E** 23.3.1974 ARD/1989 Video

DIE SPUR → Spuren – La Trace

SPUR DER ANGST (CHILD'S CRY). Eine berufsmüde Sozialarbeiterin läßt sich als Hilfskraft zur Kinderschutzabteilung versetzen und engagiert sich hingebungsvoll für einen sechsjährigen Jungen, der sexuell mißbraucht worden zu sein scheint. Der Verdacht richtet sich gegen den alleinerziehenden Vater, bis dieser mit der aufrichtigen Frau kooperiert. In einem schlimmen Kreuzverhör benennt das Kind den Täter. Sehr auf US-amerikanische Rechtsverhältnisse angelegter (Fernseh-)Film mit jugendpsychologisch einfühlsamen Passagen und Ansätzen zur Kritik an behördlichen Übergriffen; durchaus diskussionswert, aber in der Inszenierung zu klischeehaft und typisiert auf melodramatische Unterhaltung gezirkelt. – Ab 14 möglich. ✦ USA 1986 **P** Shoot the Moon/Phoenix **Pd+R** Gilbert Cates **B** Jonathan Rintels, Norman Strum **K** Isidore Mankofsky **M** Garry Sherman **S** Melvin Shapiro **D** Lindsay Wagner (Joanne Van Buren), Peter Coyote (Matt Townsend), Taliesin Jaffe (Eric Townsend), Gerald S. O'Loughlin (Sam Van Buren), E. J. Castillo (Ramirez) **L** 96 **E** 24.1.1990 ARD

DIE SPUR DER ANTILOPE (THE TRACK OF THE AFRICAN BONGO). Ein afrikanischer Waisenjunge, der seinen Lebensunterhalt durch Wildern bestreitet, entdeckt im Bambuswald ein Paar vom Aussterben bedrohter Waldantilopen. Als er von seiner Entdeckung erzählt, bemühen sich verschiedene Leute mit unterschiedlichen Interessen darum, diese seltenen Tiere aufzuspüren. In Kenia gedrehter halbdokumentarischer Disney-Film mit eingehender Schilderung von Schutzaktionen zum Umsetzen bedrohter Tiere in Nationalparks. Zwar mit einer etwas trocken-lehrhaften Kommentator-Stimme nicht sehr geschickt synchronisiert, aber beeindruckend durch die Tier- und Landschaftsaufnahmen. – Sehenswert ab 8. ✦ USA 1977 **P** Walt Disney **R** Frank Zuniga **B** Harold Swanton **K** Dick Thomsett **M** Robert F. Brunner **D** Johnny Ngaya (Kamau), Oliver Litondo (Njiri), Charles Hayes (Jock McEwen), Tony Parkinson (Tony Parkinson), Andrew Warwick (Carlin) **L** 90 **E** 17.6.1981 ARD/18.3.1990 DFF 2

DIE SPUR DER BESTIE (TORMENT). Eine Detektiv verliebt sich in die Tochter eines mutmaßlichen Massenmörders, die von dem Doppelleben ihres Vaters nichts ahnt. Eines Tages, als sie mit der gelähmten Mutter ihres Freundes allein ist, bedroht er die beiden Frauen. Es kommt zu einem gefährlichen Duell zwischen Vater und Tochter. Psychothriller. ✦ USA 1985 **P** New World **VA** VCL/Virgin **Pd+R+B** Samson Aslanian, John Hopkins **K** Stephen Carpenter **M** Christopher Young **S** John Penney, Earl Ghaffari, Bret Shelton **D** Taylor Gilbert (Jennifer), William Witt (Vater), Eve Brenner (Mrs. Courtland), Warren Lincoln (Michael), Najean Cherry (Helen), Stan Weston (Bogartis), Doug Leach (Officer Tilman) **L** 85 **E** Juni 1986 Video

SPUR DER GEWALT (BUSTING). Zwei Detektive des Sittendezernates der Polizei von Los Angeles verfolgen gegen Widerstand und Verbot der Vorgesetzten einen Boß der Unterwelt und können ihn am Ende stellen. Eine sarkastisch-schnoddrige Zustandsschilderung verrotteter Verhältnisse bei Polizei und Justiz. Durch billige Effekthascherei und die Diskriminierung Homosexueller streckenweise peinlich. ✦ USA 1973 **P** United Artists **KI** United Artists **Pd** Irwin Winkler, Robert Chartoff **R+B** Peter Hyams **K** Earl Rath **M** Billy Goldenberg **S** James Mitchell **D** Elliott Gould (Keneely), Robert Blake (Farrell), Allen Garfield (Rizzo), John Lawrence (Sgt. Kenflick), Cornelia Sharpe (Jackie), Erin O'Reilly (Doris) **L** 92 **FSK** ab 16; nf **E** 2.5.1974 **fd** 18 828

DIE SPUR DER HEISSEN MEUTE → Herr der Wüste

DIE SPUR DER JÄGER → Die Jäger (1996)

DIE SPUR DER ROTEN FÄSSER. Vier Kinder zwischen acht und 14 Jahren kommen während ihrer Sommerferien auf einem Bauernhof in der Mark Brandenburg einem Umweltverbrechen auf die Spur und verhindern, daß ein skrupelloser Geschäftsmann Fässer mit Giftmüll beseitigt. Ein Krimi für Kinder, der (nicht nur) seiner Zielgruppe spannende Unterhaltung bietet, indem er seine Helden selbstbestimmt Detektivarbeit leisten und Fantasie, Mut und Neugier in die Tat umsetzen läßt. – Ab 10. ✦ Deutschland 1995 **P** Ottokar Runze Filmprod./NDR/MDR/ORB **KI** Basis **Pd** Ottokar Runze **R** Kai Wessel **B** Kai Wessel, nach einer Geschichte von Ursula West **K** Hagen Bogdanski **M** Konstantin Wecker **S** Ursula Höf **D** Florian Bamberg (Roman), Meike Fellinger (Julia), Evren Sahin (Tekin Celal), Florian Schön (Jonas), Teresa Harder (Steffi), Peter Sodann (Kommissar Kaminski), Horst Krause (Otto Schlange) **L** 91 **FSK** o. A.; f **FBW** w **E** 25.4.1997 **fd** 31 894

DIE SPUR DER SCHWARZEN BESTIE (THEY ONLY KILL THEIR MASTERS). Der Tod einer schwangeren Frau soll durch ihren Hund, einen Dobermann, verschuldet worden sein. Ein Kriminalbeamter kommt bei seinen Untersuchungen der wirklichen Todesursache und dem Motiv für den Mord auf die Spur. Kriminalfilm, der hinter seinen angestrebten Vorbildern der »Schwarzen Serie« zurückbleibt und allenfalls mit etwas Komik und Atmosphäre angereicherte Routine-Unterhaltung in konventionellen Gleisen bietet. – Ab 16. ✦ USA 1972 **P** MGM **Pd** William Belasco **R** James Goldstone **B** Lane Slate **K** Michel Hugo **M** Perry Botkin jr. **S** Edward A. Biery **D** James Garner (Abel Marsh), Katharine Ross (Kate Bingham), Hal Holbrook (Dr. Watkins), Harry Guardino (Captain Streeter), June Allyson (Mrs. Watkins) **L** 98 **E** 23.5.1992 ARD

SPUR DER STEINE. Auf einer Großbaustelle in der DDR, auf der ein ruppiger Zimmermann und seine Brigade ein anarchisches Dasein führen, gerät der gewohnte Gang der Dinge aus dem Lot, als eine attraktive Ingenieurin und ein neuer Parteisekretär mit neuen Ideen für frischen Wind sorgen. 25 Jahre lang verbotene, respektlos-humorvolle Auseinandersetzung mit Planwirtschaft und Partei in der DDR Anfang der 60er Jahre, getragen von einem pointierten Buch, ausdrucksstarken Darstellern und einer überzeugenden menschlichen Haltung. – Sehenswert ab 14. ✦ Scope, schwarz-weiß. DDR 1966 **P** DEFA, Gruppe »Heinrich Greif« **KI** Kinowelt/Progress **VA** Icestorm **Pd** Dieter Dormeier **R** Frank Beyer **B** Karl Georg Egel, Frank Beyer, nach einem Roman von Erik Neutsch **K** Günter Marczinkowsky **M** Wolfram Heicking **S** Hildegard Conrad-Nöller **D** Manfred Krug (Hannes Balla), Krystyna Stypulkowska (Kati Klee), Eberhard Esche (Werner Horrath), Johannes Wieke (Hermann Jansen), Walter Richter-Reinick (Richard Trutmann), Hans-Peter Minetti (Heinz Bleibtreu) **L** 150 **FSK** ab 6; f **E** 1.7.1966 Kino DDR/10.5.1990 Kino BRD/9.9.1990 DFF 1/29.9.1998 Video **fd** 28 282

DIE SPUR DER ZEIT (LA TRACE). Savoyen im September 1859: König Victor-Emmanuel II. führt Krieg gegen Österreich. Ein Bauer, der im Winter seinen Lebensunterhalt als umherziehender Händler verdient, begegnet auf seinen beschwerlichen Wegen über Aosta, den Sankt Bernhard, die Lombardei und Mailand Menschen, die ihm helfen oder schaden. Im Mai 1860 ist Savoyen an Frankreich abgetreten: er muß jetzt den Zoll passieren. In poesievollen Bildern handlungsarm, aber mit Liebe zum milieutreuen Detail entwickelte Geschichte um den Beginn der Moderne vor Eintritt der Industrialisierung; als Rückbesinnung auf verschüttete Wertmaßstäbe und Formen des menschlichen Miteinanders angelegt, wirkt der thematisch hochinteressante Film konstruiert und findet keinen adäquaten Erzählrhythmus. – Ab 16. ✦ Frankreich/Schweiz 1982/83 **P** NEF Diffusion/Hachette Première/FR 3/Little Bear/Nickelodeon/Cinéthèque/Radio Télév. Suisse Romande **Pd** Claude Nedjar, Bertrand Tavernier **R** Bernard Favre **B** Bernard Favre, Bertrand Tavernier **K** Jean-Francis Gondre **M** Nicola Piovani, Marc Perrone **S** Emmanuelle Thiebault **D** Richard Berry (Joseph Extrassiaz), Bérangère Bonvoisin (Josephs Frau), Sophie Chemineau (Josephs Schwester), Marc Perrone (Akkordeon-Spieler), Robin Renucci (Immigrant) **L** 103 **E** 10.1.1991 ZDF

DIE SPUR DER ZWEITEN FRAU → Kopflos – Eine Frau aus dem Nichts

DIE SPUR DES BERNSTEINZIMMERS. Auf der Suche nach der Ursache für den Tod ihres Vaters wird eine junge Frau in Thüringen und Sachsen nicht nur in die Suche nach dem legendären »Bernsteinzimmer« verwickelt, sondern auch in mörderische Intrigen um einen pensionierten Kriminalkommissar, der nach einem Nazi-Verbrecher fahndet, einen jungen Mann, der die Spuren seines Vaters sucht, und einen mysteriösen Killer. Anfänglich dicht inszenierter, hervorragend gespielter Abenteuer- und Kriminalfilm, der das reale Ausgangsmotiv geschickt verrätselt; seine beispielhaften Unterhaltungsqualitäten büßt er durch aufgesetzte Komik und überfrachtete Handlungsfäden jedoch zunehmend ein. – Ab 14 möglich. ✦ Deutschland 1991 **P** DEFA/WDR **KI** Progress **Pd** Horst Hartwig **R** Roland Gräf **B** Roland Gräf, Thomas Knauf **K** Roland Dressel **M** Richard Wagner (»Rheingold«) **S** Monika Schindler **D** Corinna Harfouch (Lisa Morbrink), Kurt Böwe (Max Buttstädt), Uwe Kockisch (Ludwig Kollenbey), Ulrich Tukur (Siegfried Emmler), Michael Gwisdek (Costello) **L** 105 **FSK** ab 12; f **E** 1.10.1992/28.7.1995 ARD **fd** 29 821

DIE SPUR DES BÖSEN (DEADLY DECEPTION). Düsterer TV-Thriller. Als ein Baby verschwindet und dessen Mutter erhängt aufgefunden wird, glaubt die Polizei, die Frau habe das Kind in geistiger Verwirrung getötet und danach Selbstmord begangen. Der Vater des Kindes gibt sich damit aber nicht zufrieden und stellt mit Hilfe einer Reporterin Nachforschungen an. Er findet eine Spur, die ihn mit der eigenen Vergangenheit konfrontiert. ✦ USA 1987 **P** CBS **Pd** Andrew Gottlieb **R** John Llewellyn Moxey **B** Gordon Butler **D** Matt Salinger, Lisa Eilbacher, Bonnie Bartlett, Margaret Gibson, James Noble, Mildred Natwick **L** 95 **E** 10.6.1991 Tele 5

DIE SPUR DES FALKEN (THE MALTESE FALCON). Ein Privatdetektiv und eine Gangsterbande agieren auf der Suche nach einem seltenen, wertvollen Kunstgegenstand teils miteinander, teils gegeneinander, bis sich das Objekt als Imitation herausstellt. John Hustons Regiedebüt und einer der Filme, die Humphrey Bogarts Popularität begründeten. Legendärer stilbildender Film der amerikanischen »Schwarzen Serie«, die er mitdefinierte, perfekt gebaut, bestechend gespielt, zynisch, pessimistisch und voller schwärzestem Humor, präzise in den Dialogen, beeindruckend in der Dichte der »schwarzen« Atmosphäre, die nicht zuletzt durch eine Lichtsetzung in der Tradition des deutschen Expressionismus erreicht wird. Verfilmung des gleichnamigen Romans von Dashiell Hammett, der bereits vorher zweimal als Drehbuchvorlage diente. (Alternativtitel: »Der Malteserfalke«) DVD: Die Extras umfassen eine Dokumentation über den Hauptdarsteller (44 Min.). – Sehenswert ab 16. ✦ Schwarz-weiß. USA 1941 **P** Warner Brothers **KI** UIP **SF** Atlas/AV-Film/BAG **VA** Warner Home **DVD** Warner Home (FF, Mono engl./dt.) **Pd** Hal B. Wallis, Henry Blanke **R** John Huston **B** John Huston, nach einem Roman von Dashiell Hammett **K** Arthur Edeson **M** Adolph Deutsch **S** Thomas Richards **D** Humphrey Bogart (Sam Spade), Mary Astor (Brigid O'Shaughnessy), Gladys George (Iva Archer), Peter Lorre (Joel Cairo), Sydney Greenstreet (Kasper Gutman), Barton MacLane (Det. Lt. Dundy), Lee Patrick (Effie Perine), Ward Bond (Det. Tom Polhaus), Jerome Cowan (Miles Archer), Elisha Cook jr. (Wilmer Cook), James Burke (Luke), Murray Alper (Frank Richman), John Hamilton (Bryan), Walter Huston (Schiffsoffzier) **L** 96 (Orig. 100) **FSK** ab 16; nf (Video 12) **E** 1948 Kino/3.3.1969 ZDF/7.5.1983 DFF 1/28.6.2000 DVD **fd** 25 311

SPUR DES FALKEN. Ein menschenverachtender Bodenspekulant versucht, die Dakota zu vernichten und ihr goldreiches Gebirge zu gewinnen, unterliegt aber am Ende. In künstlerischer und gesellschaftskritischer Hinsicht einer der stärksten DEFA-Indianerfilme. Aktionsreich, gut gespielt, flott geschnitten. (Westdeutscher Titel: »Brennende Zelte in den Schwarzen Bergen«) – Ab 8. ✦ Scope. DDR 1968 **P** DEFA, Gruppe »Roter Kreis«/Grusia **KI** Onyx **VA** Progress **Pd** Dorothea Hildebrandt **R** Gottfried Kolditz **B** Günter Karl **K** Otto Hanisch **M** Karl-Ernst Sasse, Wolfgang Meyer **S** Helga Krause **D** Gojko Mitic (Falke), Hannjo Hasse (Bludgeon), Barbara Brylska (Catherine), Lali Meszchi (Blauhaar), Rolf Hoppe (Bashan), Hartmut Beer (Fletcher), Helmut Schreiber (Sam Blake), Dietmar Richter-Reinick **L** 100 **FSK** ab 6 (fr.12; nf) **E** 12.7.1968 Kino DDR/25.6.1969/13.12.1970 DFF 1/1998 Video **fd** 16 274

DIE SPUR DES FREMDEN (THE STRANGER). Ein nach Ende des Zweiten Weltkrieges in einer amerikanischen Kleinstadt untergetauchter ehemaliger KZ-Scherge wird von einem Kriegsverbrecherjäger aufgespürt und schließlich von seiner Frau entlarvt, bevor er zu Tode kommt. Hinter der recht oberflächlichen und klischeehaften Geschichte ist nur noch wenig von der ursprünglich differenzierteren Grundlage erkennbar. Eins der schwächeren Werke von Orson Welles. (Fernsehtitel auch: »Die Spur eines Fremden«) – Ab 16. ✦ Schwarz-weiß. USA 1945/46 **P** International Pictures/Haig Corporation **SF** Vollmann **Pd** S. P. Eagle (= Sam Spiegel) **R** Orson Welles **B** Anthony Veiller, Orson Welles, John Huston, nach einer Story von Victor Trivas und Decla Dunning **K** Russell Metty **M** Bronislau Kaper **S** Ernest Nims **D** Orson Welles (Kindler/Prof. Rankin), Loretta Young (Mary Longstreet), Edward G. Robinson (Inspektor Wilson), Philip Merivale (Richter Longstreet), Richard Long (Noah Longstreet) **L** 95 (Orig. 115) **E** 3.2.1977/7.7.1980 ARD **fd** 22 494

SPUR DES GRAUENS →Echsenjagd – Etwas überlebt immer

DIE SPUR DES KILLERS →Tracks of a Killer

DIE SPUR DES MÖRDERS (1986) (CONFIDENTIAL). Auf der Suche nach einem verschollenen Reporter, der einen alten Mordfall wieder in die Schlagzeilen bringen wollte, gerät ein Privatdetektiv in ein tödliches Gewirr aus Schuldkomplexen und Wahnvorstellungen. Unlogische, wirr konstruierte Detektivgeschichte, durch unmotivierte Nebenhandlungen und Spannungseffekte auf Spielfilmlänge aufgebläht. ✦ USA 1986 **P** Brightstar **VA** RCA/Columbia **Pd** Anthony Kramreither, John Ryan **R+B** Bruce Pittman **K** John Herzog **M** Bruce Ley **S** Bruce Pittman **D** August Schellenberg (Charles Ripley), Chapelle Jaffe (Amelia), Neil Munro (Jameson), Tom Butler (Edmund Bislin), Anthony Parr (Rufus) **L** 88 **FSK** ab 16 **E** 18.2.1988 Video **fd** 27 003

DIE SPUR DES MÖRDERS (1992) →Ein Mann läuft Amok

DIE SPUR DES SCHLITZERS (GETTING EVEN). Ein heruntergekommener Vietnam-Veteran macht sich auf die Suche nach einem ehemaligen Kameraden, der verdächtigt wird, in New York eine Reihe brutaler Frauenmorde verübt zu haben. Seine Mission gibt ihm Gelegenheit, auch noch eine private Rechnung zu begleichen. Harter Actionfilm. ✦ Italien 1988 **R+B** Leandro Lucchetti **D** Harrison Muller (Roy Evans), Richard Roundtree (Major Dundee), Michael J. Aronin (John Slisko) **L** 88 **E** 10.1.1996 SAT 1

DIE SPUR DES SCHRECKENS (KONBU FINZE). Der Versuch, Aspekte des kulturellen Wandels in einer Wohlstandsgesellschaft am Beispiel verschiedener junger Leute mittels Horror-Schock zu beschreiben: Ein Mediziner, dem die Stelle des Oberarztes entgeht und den seine Frau verläßt, stürzt sich amokartig in den Selbstmord. Seine Wege kreuzen sich mit denen eines Amateurfotografen, einer minderjährigen Kriminellen und einem Firmeninhaber. Der Film ist bisweilen wirr und konfus und überzeugt am ehesten als impressionistisches Bilder-Puzzle, das über Eingeschlossensein und Entfremdung meditiert. ✦ Taiwan 1986 **R** Edward Yang **B** Sheau Yeh, Edward Yang **K** Chang Jian **M** Weng Xiaoling **S** Liao Quingsong **D** Miaw Chian-Jen (Yüfen), Li Li-Chuen (Lizhong), Wang An (Shuan) **L** 112 (TV) **E** 22.1.1990 ARD

DIE SPUR DES SKORPIONS (NOWHERE TO HIDE). Ein Polizeibeamter erhält den Auftrag, einen Mafioso zu beschützen, der in einem Prozeß gegen seine »Familie« aussagen will. Fürs Fernsehen entstandener, leidlich spannender und aktionsreicher Kriminalfilm. ✦ USA 1977 **P** Viacom Enterprises **VA** VPS **R** Jack Starrett **B** Edward Anhalt **D** Lee Van Cleef, Tony Musante, Edward Anhalt, Russell Johnson, Charles Robinson **L** 72 **FSK** ab 16 **E** 26.9.1986 Video

DIE SPUR DES TODES (REVEALING EVIDENCE). Mäßig spannender (Fernseh-)Krimi vor exotischer Kulisse. Erst nach zwölf Frauenmorden kann der mutmaßliche Täter auf Honolulu gefaßt werden. Der an sich geständige Mann steht jedoch nur für elf Verbrechen ein, den letzten Mord leugnet er standhaft, so daß die Polizei nach einem weiteren Täter fanden muß. – Ab 16. ✦ USA 1990 **P** Universal TV **VA** CIC **Pd** Rick Weaver **R** Michael Switzer **B** Chris Abbott **D** Stanley Tucci, Mary Page Keller, Finn Carter, Lori Tan Chinn **L** 89 **FSK** ab 12 **E** 4.3.1991 Video/24.3.1995 RTL

SPUR DES TODES – KHAN ASPARUCH, 2. TEIL (CHAN ASPARUCH: PROSELVANETO). Khan Asparuch ist mit seinem Stamm auf der Suche nach einer neuen Heimat. Sein persönliches Glück ist getrübt, aber er festigt Ansehen und Macht und knüpft erste Kontakte mit den Slawen. Die jahrelange Wanderung, die mit großen Strapazen verbunden ist und viele Opfer kostet, findet ein vorläufiges Ende in einem Sumpfgebiet an der Donau. Fortsetzung des Monumentalfilms über die Gründung Bulgariens. (Titel des ersten Teils: »Die byzantinische Geisel – Khan Asparuch«; Titel des abschließenden Films: »Die Chronik des großen Krieges – Khan Asparuch«) – Ab 14. ✦ Scope. Bulgarien 1981 **P** Filmstudio Sofia/Filmstudio der bulgarischen Volksarmee **KI** Progress **R** Ljudmil Staikow **B** Vera Mutaftschiewa **K** Boris Janakiew **M** Simeon Pironkow **D** Stoiko Pejew (Asparuch), Antonii Genew (Welisarij), Wassil Michailow, Wanja Zwetkowa, Stefan Gezow **L** 338 (drei Teile) **E** 2.7.1982 Kino DDR/26.11.1984 DFF 2

DIE SPUR DES VATERS – NACHFORSCHUNGEN ÜBER EINEN UNBEENDETEN KRIEG. An Hand der Kriegstagebücher seines Vaters rekonstruiert der Filmemacher Christoph Boekel die Route, auf der sein Vater 1941 bis kurz vor Moskau gekommen war, und wird dabei mit dem Leiden der russischen Bauern konfrontiert, die den Übergriffen der deutschen Wehrmacht ausgeliefert waren. In ihren schmerzvollen Erinnerungen ist der Krieg ebenso unbeendet wie für den Filmemacher selbst, der sich den Gedanken und Argumenten des Vaters ausliefert, ohne abrechnen und verurteilen zu können. Indem er im steten Wechsel die Historie mit der privaten Geschichte des Vaters konfrontiert, schafft er auf intensive Weise die Voraussetzung für einen Dialog zwischen den Generationen. – Sehenswert ab 14. ✦ Teils schwarz-weiß. Deutschland/Russland 1989 **P** Eikon/ZDF/Zentrales Studio für Dokumentarfilm Moskau **SF** Verleih der Filmemacher **VA** absolut MEDIEN **R+B** Christoph Boekel **K** Vladimir Beljaev **S** Sylvia Regelin **L** 75 **FSK** ab 12 **E** 25.9.1989 ZDF/1998 Video **fd** 33 227

DIE SPUR DES VERMISSTEN. Ein chilenischer Taxifahrer macht sich auf die Suche nach seinem Sohn, der nach dem faschistischen Putsch 1973 verschwunden ist. An der Seite eines jungen Mannes macht er seine Erfahrungen mit der Diktatur und hilft schließlich einem Freund unter Einsatz seines Lebens zur Flucht. Fernsehfilm. ✦ DDR 1980 **P** DEFA **Pd** Dieter Dormeier **R** Joachim Kunert **B** Joachim Kunert, nach der Erzählung »Die Suche« von Antonio Skármeta **K** Otto Hanisch **M** Victor Jara **S** Helga Emmrich **D** Günter Naumann (Cosme), Wenzeslaw Kissjow (Ernesto), Georgi Kadurin (Carlos), Naitscho Petrow (Daniel), Jawor Spassow (Pedro) **L** 98 **E** 12.10.1980 DFF 1

DIE SPUR DES VERRÄTERS (MAKING THE CUT). Ein erfahrener irischer Polizist, dem eine junge Kollegin zugeteilt wird, ermittelt nach der Ermordung eines kleinen Dealers im Drogenmilieu. Als der vermeintliche Täter während einer Geiselnahme erschossen wird, scheint der Fall erledigt. Misstrauisch ermitteln die beiden Polizisten jedoch weiter und kommen den dunklen Machenschaften eines Pharma-Unternehmers auf die Spur, in die auch ein Kollege von ihnen verstrickt ist. Recht konventionell entwickelter Kriminalfilm, der immerhin Wert auf genaue Milieuzeichnung und präzise Personencharakterisierung legt. ✦ Großbritannien 1998 **P** RTE **R** Martyn Friend **B** John Brown **D** Sean McGinley (Sgt. Carl McCadden), Andrea Irvine (Moya O'Donnell), Gerard McSorley (Mick Casey), Don Wycherley (Peter Clarke),

Veronica Duffy (Mary Power) **L** 94 **E** 8.11.2001 Bayern 3

DIE SPUR DES VIELFRASSES →Auf der Spur des Vielfraßes

DIE SPUR DES WINDES (A FAR OFF PLACE). Zusammen mit einem jungen Eingeborenen fliehen ein aufgewecktes Mädchen und ein leicht überheblicher Junge vor einer Wildererbande in die Kalahari. Dabei lernen sie die Fähigkeiten und Eigenschaften des anderen zu respektieren. Ein Wüsten-Abenteuer für jugendliche Zuschauer. Dramaturgisch zwar unausgeglichen, bietet der Film für seine Zielgruppe aber ansprechende Unterhaltung mit teils beeindruckenden Bildern. – Ab 14. ✦ Scope. USA 1993 **P** Walt Disney/Amblin **KI** Buena Vista **VA** Disney/EuroVideo **Pd** Eva Monley, Elaine H. Sperber **R** Mikael Salomon **B** Robert Caswell, Jonathan Hensleigh, Sally Robinson, nach Romanen von Laurens van der Post **K** Juan Ruiz Anchia **M** James Horner **S** Ray Lovejoy **D** Reese Witherspoon (Nonnie Parker), Ethan Randall (Harry Winslow), Jack Thompson (John Ricketts), Sarel Bok (Xhabbo), Maximilian Schell (Col. Theron) **L** 107 **FSK** ab 6; f **FBW** bw **E** 26.8.1993/31.3.1994 Video/9.4.1995 premiere **fd** 30 401

DIE SPUR DES WOLFES (IL RICHIAMO DEL LUPO). Im nordamerikanischen Westen finden zwei Jugendliche nach dem Tod ihres Vaters in einem wilden Wolfshund einen treuen Beschützer. Als sie versuchen, in einer Goldgräberstadt den Betrieb der vom Vater ererbten Zeitung aufzunehmen, geraten sie in Auseinandersetzungen mit einem tyrannischen Großgrundbesitzer. Western-Abenteuer nach einer Vorlage von Jack London. (TV- und DDR-Titel: »Der Ruf des Wolfes«) – Ab 16. ✦ Italien/Spanien 1974 **P** Dunamis Cinematográfica **VA** Allround **R** Frank G. Carroll (= Gianfranco Baldanello) **B** Jesus Rodriguez, Juan Logar, nach einer Erzählung von Jack London **K** José S. Acquaio **D** Manuel de Blas, Elisabetta Virgil (Mary), Jack Palance (Jud Mackenzie), Joan Collins (Saloonsängerin), Fernando Romero (Jim) **L** 93 **FSK** ab 16 **E** 2.2.1985 DFF 2/Video/22.5.1988 RTL plus

DIE SPUR EINES FREMDEN →Die Spur des Fremden

SPUR EINES MÄDCHENS. In eine Spielhandlung aufgelöster klinischer Bericht über den Persönlichkeitsverfall einer Studentin, die an Hebephrenie (Jugendirresein) leidet. Erstlingsfilm, der den Krankheitsbericht mit einer Kritik am Zeit- und Lebensgefühl Ende der 60er Jahre verbindet und der den Einzelfall als Konflikt der gesamten Gesellschaft darzustellen versucht. Bundesfilmpreis 1968 für die beste Nachwuchsregie. ✦ BR Deutschland 1967 **P** Ehmck Film **KI** Cinema Service International **Pd+R** Gustav Ehmck **B** Gustav Ehmck, Susanne Jordan, Egon Mann **K** Egon Mann **M** Gunter Hampel **D** Thekla Carola Wied (Hanna), Gunther Lagarde (Peter), Rainer Basedow (Landwirt), Günter Seuren (Schriftsteller), Charles Wilp (Fotograf) **L** 79 **FSK** ab 16; f **FBW** w **E** 27.10.1967/24.2.1970 ZDF **fd** 15 041

SPUR EINES ZWEIFELS. Thriller. Als die von ihm getrennt lebende Frau eines Fernsehredakteurs tot aufgefunden wird, deutet alles auf Selbstmord hin. Doch der Ehemann vermutet Mord und stellt auf eigene Faust Ermittlungen an. – Ab 16. ✦ Deutschland 1995 **R** Hartmut Griesmayr **B** Eike Barmeyer **K** Charly Steinberger **M** Roland Baumgartner **D** Uwe Ochsenknecht (Gregor Kolberg), Marita Marschall (Eva Kolberg), Jennifer Nitsch (Irene Simon), Michael Mendl (Carlos Grimm), Hans-Georg Panczak (Landmann), Christian Berkel (Jens Kolberg) **L** 90 **E** 9.9.1995 ZDF

DIE SPUR FÜHRT INS BERGHOTEL (HOLKA NA SABITI). Ein Mädchen läuft aus dem Kinderheim in Pardubice fort und sucht seine Freundin in einem Berggasthof im Riesengebirge. Da es seine Rechnung dort nicht bezahlen kann, hilft das Kind in der Küche. Es erfährt vom rätselhaften Verschwinden seiner Freundin und stellt Nachforschungen an, die es selbst in Gefahr bringen. ✦ CSSR 1975 **P** Filmstudio Barrandov **R** Juraj Herz **B** Josef Silhavy **K** Andrej Barla **M** Bohuslav Ondrácek **D** Dagmar Veskrnová, Ilja Prachar, Vít Olmer, Josef Abrhám, Karel Augusta **L** 88 **E** 4.9.1977 DFF 2

DIE SPUR FÜHRT INS NICHTS (THE CRIMINAL / CONCRETE JUNGLE). Ein aus dem Zuchthaus entlassener Gangster kommt nach einem neuen Raubüberfall wieder hinter Gitter, wird aber von den Bandenmitgliedern befreit und schließlich der versteckten Beute wegen umgebracht. Harter Gangsterfilm, der den Berufsverbrecher heroisiert und die Verbrecherwelt als eine Gesellschaft mit eigenen Gesetzen schildert, wobei allerdings nur die Gefängnisszenen zu überzeugen vermögen. ✦ Schwarz-weiß. Großbritannien 1960 **P** Anglo-Guild **KI** Rank **Pd** Jack Greenwood **R** Joseph Losey **B** Alun Owen, nach einem Originalstoff von Jimmy Sangster **K** Robert Krasker **M** John Dankworth **S** Reginald Mills **D** Stanley Baker (Johnny Bannion), Sam Wanamaker (Mike Carter), Margit Saad (Suzanne), Patrick Magee (Oberaufseher Barrows), Grégoire Aslan (Frank Saffron), Jill Bennett (Maggie), Rupert Davies (Mr. Edwards), Laurence Naismith (Mr. Town), John van Eyssen (Formby) **L** 95 **FSK** ab 18; nf **E** 17.3.1961/10.10.1970 WDR II **fd** 10 096

DIE SPUR FÜHRT INS VERDERBEN. Ein weltfremder Literaturprofessor erlebt ein leidenschaftliches Wochenende mit einer jungen Schauspielerin, die ihm wie die Inkarnation einer Figur von Edgar Allan Poe erscheint. Doch wie ein Traum verschwindet sie spurlos. Entgegen alle Vernunft nimmt der Dozent eine geheimnisvolle Fährte auf und folgt ihr. Nachdem er ins Rotlichtviertel von Amsterdam und in die Westberliner Schickeria-Szene geleitet wurde, findet er sie schließlich in einem bizarren »House of Usher« im verfallenen Industriemilieu des Berliner Ostens. Zu spät erkennt er, daß er systematisch manipuliert wurde. Gut besetztes, aber bieder inszeniertes Fernseh-Kriminalspiel, das sich vergeblich um Poe'sche Atmosphäre bemüht. – Ab 16. ✦ Deutschland 1992 **P** Berliner Spiele **R** Wolf Gremm **B** Wolf Gremm, frei nach dem Roman »The Name of Annabel Lee« von Julian Symons **K** Axel de Roche **S** Renate Engelmann **D** Heinz Hoenig (Dudley Potter), Stephanie Philipp (Annabel Lee Richter), Leon Boden (Paul Rack), Ferdy Mayne (Granitzki), Brigitte Mira (Frau im »House of Usher«) **L** 89 **E** 25.1.1993 ZDF

DIE SPUR FÜHRT NACH AMBLEDOWN (STOLEN ASSIGNMENT). Ein rivalisierendes Reporterpärchen und Scotland Yard klären den Mord an der reichen Frau eines Malers auf. Kriminalistische Dutzendware: unmotiviert und kaum spannend. ✦ Großbritannien 1955 **P** ACT **Pd** Francis A. Searle **R** Terence Fisher **B** Kenneth R. Hayles, nach einer Erzählung von Sidney Nelson und Maurice Harrison **K** James Harvey **D** John Bentley (Mike Billings), Hy Hazell (Jenny Drew), Eddie Byrne (Inspektor Corcoran), Patrick Holt (Henry Crossley), Joyce Carey (Ida Garnett) **L** 62 **E** 14.9.1963 ARD/21.8.1971 DFF 1

DIE SPUR FÜHRT NACH AMSTERDAM →Auch Helden wollen leben

DIE SPUR FÜHRT NACH BERLIN. Ein amerikanischer Rechtsanwalt, der nach dem Zweiten Weltkrieg den verschollenen Erben eines großen Vermögens sucht, gerät in die Netze einer internationalen Geldfälscherbande und kann sich mit Hilfe der Tochter des Gesuchten retten. Schablonenhafter Politthriller, der nur durch die Außenaufnahmen in den Ruinen Berlins ein wenig Zeitkolorit und Interesse gewinnt. ✦ Schwarz-weiß. BR Deutschland 1952 **P** CCC **KI** Prisma **Pd** Artur Brauner **R** Franz Cap (= Frantisek Cap) **B** Paul H. Rameau, nach einer Story von Artur Brauner **K** Helmuth Ashley **M** Herbert Trantow **S** Johanna Meisel **D** Irina Garden (Vera Dornbrink), Gordon Howard (Ronald Roberts), Kurt Meisel (Gregor Pratt), Hans Nielsen (Kriminalrat Dr. Wengen), Paul Bildt (Karl Dornbrink), Barbara Rütting **L** 89 **FSK** ab 12; nf **E** 28.11.1952 **fd** 2 224

DIE SPUR FÜHRT NACH CARACAS (LE BAL DES ESPIONS). Eine Verbrecherbande will die Auffindung wertvoller Papiere erzwingen. Gangsterfilm im Milieu einer Hafenstadt; kaum spannend, recht verworren und für die Entstehungszeit bemerkenswert brutal. ✦ Schwarz-weiß. Frankreich 1960 **P** Société Générale **KI** NF **R** Michel Clément **B** Daniel Boulanger, Michel Clément **K** Pierre Montazel **M** Camille Sauvage **D** Françoise Arnoul (Olivia), Michel Piccoli (Brain Cannon), Charles Regnier (Schenker), Claude Cerval (Zarkho), François Patrice (François Lamy), Rosanna Schiaffino (Flora), Victor Gilles (Gallizi), Daniel Emilfork (Oleg), François Maistre (»4 und 3«), Guy Neyrand (Donatello) **L** 96 **FSK** ab 16; nf **E** 27.9.1960 **fd** 9 575

DIE SPUR FÜHRT NACH EL PASO →Durango Kid – der Rächer

DIE SPUR FÜHRT NACH SOHO (FILE OF THE GOLDEN GOOSE). Ein Falschgeldexperte des amerikanischen Geheimdienstes zerschlägt in Zusammenarbeit mit Scotland Yard ein Gangstersyndikat, das gefälschte Dollarnoten in Umlauf bringt. Spannender, streckenweise brutaler Agentenfilm in kühl-sachlicher Inszenierung, die auch auf die Durchzeichnung der Charaktere Wert legt. ✦ Großbritannien 1968 **P** Caralan-Dador **KI** United Artists **Pd** David E. Rose **R** Sam Wanamaker **B** John C. Higgins, James B. Gordon **K** Ken Hodges **M** Harry Robinson **S** Oswald Hafenrichter **D** Yul Brynner (Peter Novak), Charles Gray (Nick Harrison, »Die Eule«), Edward Woodward (Peter Thompson), John Barrie (Sloane), Adrienne Corri (Tina Dell), Bernard Archard (Collins), Karel Stepanek (Müller), Walter Gotell (Leeds) **L** 106 (gek. 101) **FSK** ab 16; f (gek. 12) **E** 9.1.1970 **fd** 16 487

DIE SPUR FÜHRT ZUM HAFEN (1951) (THE MOB). Ein Polizist macht ein Versäumnis im Dienst wieder gut, indem er sich unter Lebensgefahr in ein Gangstersyndikat des Hafenviertels einschleust, um die Drahtzieher einer Reihe von Verbrechen zu überführen. Überdurchschnittlicher, durchweg spannender Kriminalfilm. (Alternativtitel: »Harte Fäuste«) – Ab 14. ✦ Schwarz-weiß. USA 1951 **P** Columbia **KI** Columbia **Pd** Jerry Bresler **R** Robert Parrish **B** William Bowers, nach einer Erzählung von Ferguson Findley **K** Joseph Walker **M** George Duning **S** Charles Nelson **D** Broderick Crawford (Johnny Damico), Betty Buehler (Mary Kiernan), Richard Kiley (Thomas Clancy), Otto Hulett (Lt. Banks), Matt Crowley (Smoothie), Ernest Borgnine (Joe Castro) **L** 84 **FSK** ab 16; nf **E** 20.11.1952/21.9.1964 ZDF **fd** 2 302

DIE SPUR FÜHRT ZUM HAFEN (1954) (SEVERNI PRISTAV). Der Kampf der staatlichen Sicherheitsorgane gegen eine Agentengruppe. Teilweise spannender Kriminalfilm, der den Versuch unternimmt, die üblichen Klischees zu vermeiden. – Ab 14. ✦ Schwarz-weiß. CSR 1954 **P** Stani-Film **KI** Progress **R** Milos Makovec **B** Milos Velínsky, nach seinem Roman **K** Rudolf Milic **M** Jirí Sternwald **D** O. Kobelár (Dusek), Gustav Heverle (Bartos), Alena Vránová (Helena), Otomar Krejca (Subrt), Jirí Sovák (Beránek) **L** 77 **E** 8.10.1954 Kino DDR/24.10.1954 DFF 1

DIE SPUR FÜHRT ZUM SILBERSEE. Preisgekrönter Puppentrickfilm aus dem DEFA-Trickfilmstudio Dresden nach Motiven von Karl May. Winnetou und Old Shatterhand geraten in abenteuerliche Auseinandersetzungen um eine Schatzkarte, die in die Hände eines Banditen gefallen ist. Gut gestaltetes, meist kurzweiliges, in der Puppenführung allerdings etwas altbackenes Vergnügen. – Ab 8. ✦ DDR 1989 **P** DEFA **VA** Icestorm **Pd** Helga Kurth **R** Günter Rätz **B** Günter Rätz, nach dem Roman »Der Schatz im Silbersee« von Karl May **K** Rudolf Uebe **M** Addy Kurth **S** Heidrun Sünderhauf, Sibille Rätz **L** 80 **FSK** ab 6 **E** 19.1.1990 Kino DDR/28.7.1991 BR/25.1.2000 Video

DIE SPUR FÜHRT ZUM TEUFELSZAHN (O TSCHEM MOLTSCHALA TAIGA). Drei Jungen erforschen die Geheimnisse um eine alte Kupfermine. Russischer Abenteuerfilm für Kinder und Jugendliche. – Ab 8. ✦ Schwarz-weiß. UdSSR 1965 **P** Gorki-Studio **KI** Progress **R** Alexander Kurotschkin **B** Ignati Ponomarjew **K** Juri Malinowski, A. Maslenikow **M** Valeri Petrow **D** Serjosha Naplawkow (Jaschka), Jura Bobkow (Ossjka), Murat Achmadijew (Aljoscha), Ljuda Alpatowa (Krestja), M. Chatunzewa (Orlowa) **L** 81 **E** 23.12.1966 Kino DDR/21.7.1979 DFF 1

DIE SPUR FÜHRT ZURÜCK – THE TWO JAKES (THE TWO JAKES). Ein Detektiv greift zur Manipulation, als er 1948 bei der Aufklärung eines Mordes im Immobilien- und Ölspekulanten-Milieu von Los Angeles an seine viele Jahre zurückliegende Verwicklung in einen Skandalfall erinnert wird. Das kritisch gemeinte Zeitbild aus dem unmittelbar nach dem Zweiten Weltkrieg prosperierenden Amerika entpuppt sich als vordergründiger Krimi mit den üblichen Effekten, Klischees und Typen des Genres, der längst nicht an die Qualität seines Vorgängers, Roman Polanskis »Chinatown« (1974), heranreicht. – Ab 16. ✦ USA 1989 **P** Robert Evans/Harold Schneider Prod. (für Paramount) **KI** Delta **VA** CIC **Pd** Robert Evans, Harold Schneider, Jack Nicholson **R** Jack Nicholson **B** Robert Towne **K** Vilmos Zsigmond **M** Van Dyke Parks **S** Anne Goursaud **D** Jack Nicholson (Jake Gittes), Harvey Keitel (Jake Berman), Meg Tilly (Kitty Berman), Madeleine Stowe (Lillian Bodine), Eli Wallach (Cotton Weinberger), Rubén Blades (Mickey Nice), Frederic Forrest (Chuck Newty), David Keith (Loach jr.), Richard Farnsworth (Earl Rawley), Tom Waits **L** 137 **FSK** ab 12; f **FBW** w **E** 12.12.1991/7.10. 1992 Video **fd** 29 250

DIE SPUR IM DUNKEL (EYES IN THE NIGHT). Ein blinder Detektiv wird durch die familiären Schwierigkeiten einer Jugendfreundin zufällig in einen Spionagefall verwickelt. Nazi-Agenten haben sich im Haus eines amerikanischen Wissenschaftlers eingenistet, um an eine kriegsentscheidende Formel zu gelangen. Fred Zinnemanns zweiter Spielfilm erscheint wie ein Vorläufer jener Serien, die den »Supermann« durch einen körperbehinderten Helden ersetzen; eine schleppend inszenierte, leidlich spannende Mischung aus Krimi und Spionageabenteuer, in der der politische Hintergrund nie konkret wird. – Ab 16. ✦ Schwarz-weiß. USA 1942 **P** MGM **Pd** Jack Chertok **R** Fred Zinnemann **B** Guy Trosper, Howard Emmett Rogers, nach dem Roman »Odor of Violets« von Baynard Kendrick **K** Robert Planck, Charles Lawton **S** Ralph E. Winters **D** Edward Arnold (Duncan Maclain), Allen Jenkins (Marty), Ann Harding (Norma Lawry), Donna Reed (Barbara), John Emery (Paul Gerente) **L** 80 **E** 25.5.1974 ARD

SPUR IM OZEAN (SLED W OKEANA). Marinetaucher arbeiten an einem bedeutenden Forschungsauftrag zur Erprobung neuartiger Tauchgeräte. Geschickt getarnte Spione werden durch noch geschickter getarnte Abwehrkräfte zur Strecke gebracht. Ein sich modisch gebender Film, der jedoch an dramaturgischen Unglaubwürdigkeiten und seinem verworrenen Drehbuch, das keine Spannung aufkommen läßt, leidet. – Ab 14. ✦ Schwarz-weiß. UdSSR 1964 **P** Swerdlowsker Filmstudio **KI** Progress **R** Oleg Nikolajewski **B** Boris Wassiljew, Kiril Rapoport **K** I. Artjuchow **M** L. Stepanow **D** A. Scheremetjewa, Juri Dedowitsch, Jewgeni Wesnik, Daniil Netrebin **L** 80 **E** 25.12.1965 Kino DDR/26.4.1968 DFF 1

SPUR IN DEN BERGEN (TRACK OF THE CAT). Der älteste Sohn eines alkoholsüchtigen Farmers beansprucht die Führungsrolle in der Familie und versucht, seinem Bruder die Frau abspenstig zu machen. Die Jagd nach einem reißenden Puma läßt die Konflikte eskalieren. Wellman fotografierte in Farbe, beließ die winterliche Szenerie aber vorwiegend in schwarz und weiß, so daß die rote Jacke der Hauptfigur wie auch andere gezielte Farbtupfer sich kontrapunktisch abheben. Ein bizarres filmisches Experiment, zugleich ein düsterer psychologischer Western um Machtbesessenheit und Bigotterie, stellenweise etwas schwerfällig inszeniert, aber glaubhaft erzählt und hervorragend gespielt. ✦ Scope. USA 1954 **P** Warner Bros. **Pd** John Wayne, Robert Fellows **R** William A. Wellman **B** A. I. Bezzerides, nach dem Roman von Walter van Tilburg Clark **K** William H. Clothier **M** Roy Webb **S** Fred MacDowell **D** Robert Mitchum (Curt Bridges), Teresa Wright (Grace Bridges), Diana Lynn (Gwen Williams), Tab Hunter (Harold »Hal« Bridges), Beulah Bondi (Ma Bridges) **L** 99 **E** 13.12.1997 ZDF

SPUR IN DEN TOD (1983) (SCREAM FOR HELP). Eine 17jährige hegt gegenüber dem Stiefvater einen furchtbaren Verdacht. Als sie endlich Beweise in der Hand hat, daß er der Mutter und ihr selbst nach dem Leben trachtet, scheint es zu spät. Psychothriller, der seine Spannung ausschließlich aus Brutalitäten zu gewinnen versucht. Ein unerfreulicher Abklatsch bekannter Vorbilder. ✦ USA 1983 **P** Lorimar **KI** CCF Cine-Contor **VA** VCL/Virgin **Pd+R** Michael Winner **B** Tom Holland **K** Robert Paynter, Dick Kratina **M** John Paul Jones **S** Arnold Ross **D** Rachaell Kelly (Christie Cromwell), Marie Masters (Karen Cromwell Fox), David Allen Brooks (Paul Fox), Lolita Lorre (Brenda Bohle), Rocco Sisto (Lacey Bohle), Sandra Clark (Janey Ralston), Stacey Hughes (Seudi), Tony Sibbald (Bob Dealy) **L** 89 **FSK** ab 16; f **E** 12.4.1985/August 1985 Video **fd** 25 057

SPUR IN DEN TOD (1995) (BLACKWATER TRAIL). Actionthriller. Eine junge Frau versucht, mit Hilfe ihres Ex-Geliebten den Mord an ihrem Bruder aufzuklären. Dieser war als Polizist mit einem Fall um verschwundene Mädchen beschäftigt. ✦ USA 1995 **R** Ian Barry **D** Judd Nelson (Matt), Dee Smart (Cathy), Brett Climo (Michael), Rowena Wallace (Beth), Peter Phelps (Frank) **L** 95 **E** 19.2.1998 RTL 2

SPUR IN DEN TOD II → The Stepfather

SPUR IN DEN TOD III (ANGEL OF DEATH/INTIMATE TERROR – ANGEL OF DEATH). Ein verrückter Mörder erschleicht sich das Vertrauen einer geschiedenen Kunstlehrerin, die die Geschichte vom Rumpelstilzchen für ein Buch illustrierte, mit dessen Hilfe er im Gefängnis lesen lernte. Als sie sich in ihn zu verlieben beginnt, gibt er seine Identität zu erkennen und entführt ihren Sohn. Es beginnt ein Kampf zwischen der Mutter und dem »Rumpelstilzchen«, mit erheblich brutaleren Mitteln als in der Märchenvorlage. Inszenatorisch durchschnittlicher, leidlich spannender Fernsehkrimi, der die originelle Ausgangsidee wenig konsequent umsetzt. (Fernsehtitel auch: »Engel des Todes«) ✦ USA 1990 **P** Once Upon a Time Films **VA** VCL/Carolco **Pd** R. J. Louis, Paul Boorstin, Sharon Boorstin **R** Bill L. Norton **B** Paul Boorstin, Sharon Boorstin **K** Shelly Johnson **M** Harry Manfredini **S** John Duffy **D** Jane Seymour (Laura Hendricks), Gregory Harrison (Gary Nicholson/Nick Goodman), Brian Bonsall (Josh), Peggy Rea (Marci), Ray Walston, Grand L. Bush **L** 86 **FSK** ab 16 **E** 17.2.1992 Video **fd** 30 112

SPUR IN DER WÜSTE (TREASURE OF KALIFA). Vier notgelandete Männer stoßen in der Sahara auf einen alten deutschen Panzer und verteidigen sich damit gegen räuberische Beduinen. Kunstloser, aber spannender Abenteuerfilm. Regisseur Edwald André Dupont begann seine Berufslaufbahn als einer der ersten deutschen Filmkritiker und hatte den größten künstlerischen Erfolg seiner Karriere mit dem Stummfilm »Varieté« (1925, mit Emil Jannings, Lya de Putti), ehe er 1933 nach Hollywood emigrierte. (Alternativtitel: »Das Geheimnis der eisernen Jungfrau«) – Ab 12. ✦ Schwarz-weiß. USA 1953 **P** World Films (für United Artists) **KI** United Artists **Pd** Edward Small **R** E.A. Dupont **B** Richard Schayer **K** Floyd Crosby **M** Emil Newman, Arthur Lange **S** Grant Whytock **D** Rod Cameron (Mike Monohan), Tab Hunter (Billy Larsen), John Dehner (Syd Barlow), Richard Erdman (Jim Evans), John Abbott (Mustapha El Melek), Frank Puglia (Scheich Taras), Anthony Caruso (Zagora), Christopher Dark (Ibrahim) **L** 84 **FSK** ab 12; nf **E** 7.5.1954 **fd** 3 265

SPUR IN DIE NACHT. In einem Gasthaus an der deutsch-tschechischen Grenze verschwindet ein Mädchen. Sein Freund versucht auf eigene Faust, das Geheimnis zu lüften, und stellt dabei eine Agentengruppe. Unlogisch aufgebauter und spannungsloser Kriminalfilm, der die Zuschauer vor eigenmächtigen Aktionen warnt und zur Zusammenarbeit mit den »staatlichen Organen« auffordert. – Ab 14. ✦ Schwarz-weiß. DDR 1957 **P** DEFA **KI** Progress **Pd** Hans Mahlich **R** Günter Reisch **B** Gerhard Neumann, Günter Reisch **K** Walter Fehdmer **M** Helmut Nier **S** Wally Gurschke **D** Ulrich Thein (Ulli), Raimund Schelcher (Mann mit Lederjacke), Eva-Maria Hagen (Sabine), Annekathrin Bürger (Traudel), Uwe-Jens Pape (Hanno), Friedrich Gnaß (Alter Grabbert) **L** 91 **E** 25.10.1957 Kino DDR/14.2.1958 DFF 1

DIE SPUR MEINER TOCHTER (2000 D). Ein deutscher Top-Agent sucht seine verschollene Tochter im Nahen Osten, findet die junge Frau und kommt mit ihrer Hilfe einem Geheimlabor auf die Spur, in dem mit deutscher Unterstützung biologische Waffen hergestellt werden. Erst nachdem er unter vielen Gefahren nach Deutschland zurückgekehrt ist, wird ihm die ganze Tragweite seiner Ermittlungen bewusst. Routiniert inszeniertes und gespieltes (Fernseh-)Agenten-Abenteuer, im Kern eine Männerfreundschaft unter Agenten, die sich unter hohem Druck beweist. – Ab 16. ✦ Deutschland 2000 **P** SAT 1 **R** Hajo Gies **B** Manfred Purzer, Xao Seffcheque **D** Götz George (Paul Flemming), Jan Josef Liefers (David Bluhm), Karoline Eichhorn (Tina), Teresa Harder (Aisha), Vitus Zeplichal (Dr. Sontheim) **L** 181 (90 & 91) **E** 19., 20.11.2000 SAT 1 (zwei Teile)

DIE SPUR MEINER TOCHTER (2000 F) (L'INCONNUE DU VAL PERDU). Eine Frau, die aus einer psychiatrischen Klinik ausgerissen ist, begibt sich in ein abgelegenes Bergdorf in den Cevennen und macht sich inkognito auf die Suche nach ihrer Tochter, die von dort spurlos verschwunden ist. Obwohl man nicht um ihre Identität weiß, schlagen ihr Hass und Misstrauen entgegen, und auch der Mann, in den sie sich wider besseres Wissen verliebt, scheint ein düsteres Geheimnis zu hüten. Psychologischer Kriminalfilm, der eine Wahrheitssucherin inmitten einer verschworenen Dorfgemeinschaft zeigt. Ohne die Klischees des Genres zu bemühen, bietet der Film spannende Unterhaltung mit überraschenden Wendungen. ✦ Frankreich 2000 **P** arte/France 3/Flach Film **R** Serge Meynard **B** Chantal Pelletier, Serge Meynard, nach einem Roman von André Besson **K** Bruno Privat **M** Roland Romanelli **S** Aurique Delannoy **D** Zabou Breitman (= Zabou) (Martine), Didier Bienaimé (Marc), Barbara Schulz (Florence), Beppe Clerici (Pousse Cailloux), Elsa Royer (Jessica) **L** 87 **E** 27.7.2001 arte

SPUR NACH HONGKONG (ZHI JIE YU XIANGLONG). Ein Jadeweihrauchfäßchen von unschätzbarem Wert ist Gegenstand der Aktion von Schmugglern und Zollfahndern. Bei den Auseinandersetzungen spielt auch ein alter Professor eine Rolle, der nach den Enttäuschungen der Kulturrevolution erst wieder Vertrauen zur neuen Führung finden muß. Kriminalfilm von größter Harmlosigkeit, bei dem nur der exotische Hintergrund Interesse erwecken kann. – Ab 14. ✦ Scope. VR China 1981 **P** Filmstudio Xiaoxiang **KI** Progress **R** Zhang Jin Biao, Pan Xiang He **B** Lü Wen, Gu Ze Min, Lu Shou Jun **K** Zhao Ze Lin **M** Xu Xue Xin, Chen Da Wei **D** Lin Da-Xin (Ou-Yang Ming Yue), Zhao Lian (Zheng Guan Zhang), Lu Qun (Lin Mao Chun), Ge Cun-Zhuang (Si-Tu Yu), Wang Yi-Ping (Si-Tu Yan) **L** 91 **E** 8.8.1986 Kino DDR/9.6. 1988 DFF 2

EINE SPUR VON TRÄNEN (LEIHEN). Ein etwas unbeholfener Politthriller aus China: Ein Parteisekretär kommt in eine unterentwickelte Region und muß dort erst finstere Machenschaften einer Clique von Parteifunktionären unterbinden, bevor die Region sich weiterentwickeln kann. Der Film bemüht sich zwar, nicht nur belehrend, sondern auch unterhaltsam zu sein, aber dennoch dominiert die propagandistische Botschaft. ✦ VR China 1979 **P** Filmstudio Peking **R** Li Wenhua **B** Sun Quian, Ma Feng **K** Wu Shenghan, Cheng Youqun **D** Li Rentang (Zhu Keshi), Fang Hui (Xu), Xie Fang (Nina Kong), Xu Fuyin (Zou Xiao Shan), Yang Wei **L** 115 **E** 15.6.1981 ARD **fd** 22 969

DIE SPUR ZUM GOLD (THE WAY TO THE GOLD). Nur ein entlassener Sträfling weiß um eine vergrabene Goldbeute im amerikanischen Westen und wird deshalb von einer verrückten Familie verfolgt und erpreßt. Spannender Abenteuerfilm mit melancholisch-melodramatischen Akzenten. – Sehenswert ab 16. ✦ Scope. USA 1957 **P** 20th Century Fox **KI** Centfox **Pd** David Weisbart **R** Robert D. Webb **B** Wendell Mayes, nach einem Roman von Wilbur Daniel Steele **K** Leo Tover **M** Lionel Newman **S** Hugh S.Fowler **D** Jeffrey Hunter (Joe Mundy), Neville Brand (Williams), Sheree North (Hank Clifford), Philip Ahn (Mr. Ding), Barry Sullivan (Marshal Hannibal), Walter Brennan (Onkel George), Jacques Aubuchon (Clem Williams) **L** 94 **FSK** ab 12; f **E** 9.8.1957 **fd** 6 082

SPUREN (WECHMA). Durch den Druck seiner überharten Erziehung gerät ein Adoptivkind auf die schiefe Bahn. Als junger Erwachsener versucht der Mann, nunmehr Mitglied einer Bande krimineller Jugendlicher, gegen sein Schicksal anzukämpfen und sich einen Platz in der Welt der Arbeit zu erobern. Doch durch mangelnde Anpassung und ständiges Aufbegehren gerät er immer mehr in die Rolle des Opfers. Der Film hinterfragt den Stellenwert von Traditionen und Atavismus in einer moderner werdenden Gesellschaft und versucht, Autoritäten in all ihren Erscheinungsformen in Frage zu stellen. (O.m.d.U.) – Ab 16. ✦ Schwarz-weiß. Marokko 1970 **P** Sigma 3 **KI** Freunde der Deutschen Kinemathek **R+B** Hamid Benani **K** Mohamed Abderrahman Tazi **M** Kamal Dominique Helleboid **D** Tawfik Dadda (Messaoud als Kind), Mohamed el Kaghat (Messaoud als Erwachsener), Abdelkader Motaa (Mekki) **L** 110 **E** 1973 Kino

SPUREN AUF DEM MOND (LE ORME). Eine Dolmetscherin verschwindet drei Tage spurlos, ohne daß sie sich nachher erinnern kann, wo sie war. Einem Traum folgend, reist sie zu einer fernöstlichen Insel, wo sie anscheinend jeder kennt. Beim Versuch, ihrem Doppelleben nachzuspüren, nimmt sie mehr und mehr die Persönlichkeit ihres geheimnisvollen »Alter ego« an. Leiser, aber atmosphärisch dichter Psychothriller, der, dank einer hervorragenden Hauptdarstellerin, das langsame Abgleiten in die Schizophrenie überzeugend in Szene setzt. – Ab 16. ✦ Italien 1975 **P** Cinemarte **Pd** Luciano Perugia, Marina Cicogna **R** Luigi Bazzoni **B** Mario Fenelli, Luigi Bazzoni **K** Vittorio Storaro **M** Nicola Piovani **S** Roberto Perpignani **D** Florinda Bolkan (Alice), Peter McEnery (Harry), Klaus Kinski (Blackmann), Lila Kedrova (Signora Hims), Nicoletta Elmi **L** 95 **E** 4.7.1993 ZDF

SPUREN AUF DEM SITNO (STOPY NA SITNE). Das tragische Schicksal eines Mitgliedes der slowakischen Widerstandsbewegung 1941 bis 1943. ✦ Scope, schwarz-weiß. CSSR 1968 **P** Filmstudio Bratislava **KI** Progress **R+B** Vladimír Bahna **K** Frantisek Lukes **M** Ján Zimmer **D** Juraj Sarvas (Bubina), Zora Kolinská (Juchita), Sonja Ulická (Katka), Frantisek Velcky (Jozo Truska), Pavel Mattos (Misko Kaska) **L** 90 **E** 7.8.1970 Kino DDR/25.7.1972 DFF 2

SPUREN DER LIEBE (COMING THROUGH). Mißglückte, unpassenderweise in die Gegenwart übertragene Biografie des Schriftstellers D. H. Lawrence. Ein selbsternannter Lawrence-Experte und eine Studentin wandeln auf den Spuren des Dichters. ✦ Großbritannien 1985 **R** Peter Barber-Fleming **B** Alan Plater **D** Kenneth Branagh (D. H. Lawrence), Helen Mirren (Frieda Weekly), Alison Steadman (Kate), Philip Martin Brown (David), Felicity Montagu (Jessie Chambers) **L** 80 **E** 15.6.1997 tm3

SPUREN DER MACHT. Eine Langzeitdokumentation, die der Frage nachgeht, wie Machtzuwachs und öffentliches Interesse die Persönlichkeit eines Menschen verändern. Im Mittelpunkt des hochinteressanten Films, der aus einer Buchrecherche heraus entstand, stehen die Politiker Gerhard Schröder, Joschka Fischer und Renate Schmidt, die seit 1991 bereitwillig Auskunft über ihre Entwicklung geben. Dokumentiert werden nicht nur die Karrieren dieser drei Menschen, sondern auch ihre gewandelten Lebenshaltungen und Veränderungen, die sich sogar in der Physiognomie niederschlagen. – Sehenswert ab 16. ✦ Deutschland 1991–1999 **R** Herlinde Koelbl **L** 90 **E** 29.9.1999 ARD

SPUREN DER TRAUER (SPUREN DER TRAUER). Ein Mann, der als Kind seine Mutter verloren hat, und eine Frau, deren Vater stirbt, versuchen die Erfahrung des Todes zu bewältigen. Eine eigenwillige, vielschichtige und formal differenzierte Mischung aus Dokumentar- und Spielfilm, die ernsthafte Trauerarbeit leistet und eine nachdenklich stimmende Auseinandersetzung mit der »Lebenserscheinung« Tod vermittelt. – Ab 16. ✦ Schweiz 1986 **P** Dieter Gränicher Prod. **Pd+R** Dieter Gränicher **B** Dieter Gränicher, Bettina Schmid, Michael Berger **K** Samir Jamal Aldin **M** Christoph Marthaler, Jean Sibelius **S** Pius Morger **D** Bettina Schmid (Irina), Dieter Moor, Vedran Orescoviz, Andrea Vetsch **L** (TV) 58 **E** 15.1.1987/9.7.1989 EINS PLUS

SPUREN DER VERGANGENHEIT (1956) →Spuren in die Vergangenheit

SPUREN DER VERGANGENHEIT (1961). Ein im Auftrag des Landes Nordrhein-Westfalen hergestellter Dokumentarfilm, der die Kulturleistungen des Landes ins rechte Licht rücken und die Beziehungen zur Industrie augenfällig machen soll. Ein Jahrhunderte umfassender Bilderbogen, dessen Stoffauswahl ein wenig beliebig erscheint. – Ab 14. ✦ BR Deutschland 1961 **P** Profil **KI** Profil **R+B** Georg Alexander Tichatschek **K** Bert Meister **M** Peter Sandloff **L** 61 **FSK** ab 6; f **E** 1961 Kino

SPUREN DER VERGANGENHEIT (1990) (VICTIM OF INNOCENCE/THE GIRL WHO CAME BETWEEN THEM). Drama. Ein ehemaliger GI, inzwischen glücklicher Familienvater, beschwört eine Ehekrise herauf, als er glaubt, seine uneheliche Tochter wiedergefunden zu haben, und sie und ihre Mutter – eine Vietnamesin, die er verlassen hatte, als sie hochschwanger war – nach Amerika holt. ✦ USA 1990 **P** Saban-Sherick/Saban International **Pd** Lynn Raynor **R** Mel Damski **B** Audrey Davis Levin **M** Mark Snow **D** Cheryl Ladd, Anthony John Denison, Melissa Chan, Julia Nickson-Soul, Joe Spano **L** 94 **E** 23.10.1996 Pro Sieben

SPUREN DES VERBRECHENS →The Element of Crime

SPUREN EINES VERBRECHENS →The Element of Crime

SPUREN IM EIS – ADRENALIN JUNKIES →Spuren im Eis – Eine Frau sucht die Wahrheit

SPUREN IM EIS – EINE FRAU SUCHT DIE WAHRHEIT. (Fernseh-)Thriller um eine junge Fotografin, die in einer Gletscherspalte in der Schweiz einen Toten fotografiert, den sie zu kennen glaubt. Doch weder die Polizei noch die Medien scheinen sich dafür zu interessieren. Als ihre Aufnahmen gestohlen werden, beginnt sie auf eigene Faust zu ermitteln und stößt auf dubiose Verwicklungen, die dazu dienen, den Ort zum Dorado für Trendsportler zu machen. (Titel auch: »Spuren im Eis – Adrenalin Junkies«) ✦ Deutschland 1999 **P** C-Film/DRS/SAT 1 **R** Walter Weber **B** Domenico Blass, Walter Weber **D** Idil Üner (Saskia), Benjamin Sadler (Flo Capeder), Stefan Gubser (Bruno Zaugg), Susanne Wilhelmina (Eva Schmid), Oliver Elias (Matthias), Monika Schärer (Journalistin), Pascal Ulli (Dr. Richard Meyer) **L** 93 **E** 8.2.2000 SAT 1

SPUREN IM SAND (1948) (THREE GODFATHERS). Drei rauhe Banditen werden auf der Flucht durch die Wüste mit ihren sanfteren und friedlicheren Seiten konfrontiert: Sie versprechen einer sterbenden Frau, für das gerade geborene Kind zu sorgen. Gequält von Durst und Erschöpfung, versuchen sie die nächstgelegene Stadt zu erreichen. Nur der Anführer mit dem Kind schafft es und findet als »Geläuterter« milde Richter. Mit viel Selbstironie erzählter Western, dessen Landschaftsaufnahmen Atmosphäre schaffen, dessen augenzwinkernde Verbindung mit der biblischen Weihnachtsgeschichte aber nicht immer glückt. Die zugrundeliegende Erzählung von Peter B. Kyne wurde (mit weniger Erfolg) auch von mehreren anderen Regisseuren verfilmt. – Ab 16. ✦ USA 1948 **P** Argosy **KI** MGM **Pd** John Ford, Merian C. Cooper **R** John Ford **B** Laurence Stallings, Frank Nugent, nach einer Erzählung von Peter B. Kyne **K** Winton C. Hoch **M** Richard Hageman **S** Jack Murray **D** John Wayne (Robert Marmaduke), Pedro Armendáriz (Pedro Roca Fuerte), Harry Carey jr. (Kid), Ward Bond (Perley »Buck« Sweet), Mae Marsh (Mrs. Perley Sweet), Mildred Natwick (Mutter), Charles Halton (Mr. Latham), Hank Worden (Hilfssheriff), Jane Darwell (Miss Florie), Guy Kibbee (Richter), Francis Ford (Betrunkener an der Bar), Ben Johnson, Michael Dugan, Jack Pennick (Luke), Richard Hagemann **L** 107 **FSK** ab 12; f **E** 20.4.1956/1.1.1970 ZDF **fd** 4 952

SPUREN IM SAND (1974) (THE GODCHILD). Auf der Flucht vor ihren Verfolgern stoßen drei Gefangene, die während des amerikanischen Bürgerkrieges aus einem Lager der Südstaaten-Armee ausgebrochen sind, auf eine in den Wehen liegende Frau, die bei der Geburt stirbt. Die Männer opfern sich, um das ihnen anvertraute Kind zu retten. Fürs Fernsehen entstandene Verfilmung eines berühmten Western-Stoffes von Peter B. Kyne, der bereits siebenmal adaptiert wurde; auch diese durchaus routinierte Verfilmung, die betont auf Landschaftspanoramen und Genre-Elemente verzichtet, kommt nicht annähernd an die Qualitäten der wichtigsten Verfilmung von John Ford (1948) heran. – Ab 14 möglich. ✦ USA 1974 **P** MGM/Mor/Alan Neuman Prod. **Pd** Alan Neuman **R** John Badham **B** Ron Bishop, nach einer Erzählung von Peter B. Kyne **K** Stevan Larner **M** David Shire **D** Jack Palance (Rourke), Jack Warden (Dobbs), Keith Carradine (Louis), Ed Lauter (Cress), José Perez (Sanchez) **L** 78 (TV 71) **E** 24.12.1991 ARD

SPUREN IM SAND (1998) (POINT LAST SEEN). Eine Fährtenleserin sucht in der Wüste nach den Spuren eines verschollenen Mädchens und wird in der Einsamkeit von den Erinnerungen an die qualvolle Ehe und die eigenen entführten Kinder heimgesucht. In ausführlichen Rückblenden eher schleppend erzähltes Familiendrama, getragen von der vorzüglichen Hauptdarstellerin. ✦ USA 1998 **P** CBS/Alexander-Enright & Associates **Pd** Robert J. Wilson **R** Elodie Keene **B** Ronnie Kern, nach einem Roman von Hannah Nyala **K** James Bartle **M** Stewart Levin **S** Ron Spang **D** Linda Hamilton (Rachel Harrison), Kevin Kilner (Kevin Harrison), Sam Hennings (Frank), Kieren Van Den Blink (junge Rachel), Mary Kay Place (Coreen Davis) **L** 85 **E** 14.3.2000 Vox

SPUREN IM SCHNEE (1933) →Sprung in den Abgrund

SPUREN IM SCHNEE (1938) (GAITSCHI). Die tapfere Tat eines kleinen Jungen, der in der Taiga hinterlistige Banditen an Sabotageakten hindert. – Ab 6. ✦ Schwarz-weiß. UdSSR 1938 **P** Sojusdetfilm **KI** Sovexportfilm **R** W. Scheiderow **B** W. Moskalewitsch **K** N. Prosorowskij **M** S. Feldmann **S** M. Ussolzewa **D** E. Mandshijew (Gaitschi), G. Subotin (Ing. Ssapow), W. Tretjakow (Ing. Petrow), J. Zai (Lehrerin Nan), B. Tolgajew (Führer Oloni) **L** 60 **E** 31.3.1950 Kino DDR/24.2.1958 DFF 1

SPUREN IM SCHNEE (1980) (TREASURES OF THE SNOW). Jugenddrama. Ein 13jähriger Junge, der mitschuldig an dem Absturz eines kleinen Kindes ist, wird fortan von der Klasse und sogar der Familie weitgehend gemieden. Da entdeckt er in den Bergen einen alten Holzschnitzer, der sein Freund und Lehrmeister wird. Schließlich erweisen sich auch die Verletzungen des Kindes als heilbar. ✦ Großbritannien 1980 **R** Mike Pritchard **B** Michael Pritchard, Patricia M. St. John **D** Paul Dean (Lucian), Carey Born (Annette), Timothy Fleetwood (Dani), Ted Brown

(Zimmermann), Julian Battersby (Arzt), Christoph Berdoz (Bernard) **L** 105 **E** 21.12.1998 ZDF

SPUREN IM TAL. Aneinandergereihte, zum Teil tief erschütternde Berichte von Sozialdemokraten, Kommunisten, Arbeitersportlern und Gewerkschaftlern über unmenschliche Behandlung durch die »Herrenmenschen« Hitlers in der Zeit von 1930 bis etwa 1936. Das Bild eines totalitären Staates, in dem Gegner der NS-Ideologie schutz- und rechtlos jeder Folter und Mißhandlung ausgesetzt waren. – Ab 16. ✦ Teils schwarz-weiß. BR Deutschland 1990 **P** Neue Prometheus Film **SF** Eigenverleih **Pd+R** Manfred Vosz **B** Rolf Neddermann, Manfred Vosz **K** Peter Lataster, Rolf Neddermann **M** Perry Friedman **S** Behzad Behestipour, Renate Brandt, Sybille Tiedemann **L** 180 **E** 1990 Kino/2.1.1993 West 3 **fd** 28 693

SPUREN IN DIE VERGANGENHEIT (SAIT-ON JAMAIS?). Kintoppgeschichte im winterlichen Venedig: Mord, Betrug und fehlgeleitete Leidenschaften. Konfus erzählt und voller Klischees, aber attraktiv fotografiert. Um Drehbuch und Schauspielerführung hat sich Regisseur Vadim offenbar weniger gekümmert. (TV-Titel auch: »Spuren der Vergangenheit«) ✦ Scope. Frankreich/Italien 1956 **P** Iéna/Carol/UCIL **KI** Columbia **Pd** Raoul J. Lévy **R+B** Roger Vadim **K** Armand Thirard **M** John Lewis **S** Victoria Spiri Mercanton **D** O. E. Hasse (Baron von Bergen), Françoise Arnoul (Sophie), Robert Hossein (Sforzi), Christian Marquand (Michel), Franco Fabrizi (Inspektor Busetti), Lyla Rocco (Lisa), Mario Passante (Kriminalkommissar), Franco Andrei (Bernard), Carlo Delle Piane (Jeannot) **L** 99 **FSK** ab 18; nf **E** 20.9.1957 **fd** 6 202

SPUREN INS NICHTS →Die Machtprobe

SPUREN – LA TRACE (SAMA / LA TRACE). Eine 20jährige Tochter eines Arbeiters und seiner schreib- und leseunkundigen Frau, kommt in die tunesische Hauptstadt, wo sie nicht nur gegen gesellschaftliche Vorurteile zu kämpfen hat, sondern auch gegen eigene Ängste und einen Mangel an Selbstvertrauen. Der Film beruht auf eigenen Erfahrungen der Regisseurin und auf Gesprächen mit tunesischen Frauen. (Verleihtitel: »Die Spur«; O.m.d.U.) ✦ Tunesien/Belgien/BR Deutschland 1982 **P** Satpec/Marisa/ZDF **SF** Freunde der Deutschen Kinemathek **R+B** Néjia Ben Mabrouk **K** Marc-André Batigne **M** François Gaudard **S** Moufida Tlatli **D** Fatma Kemiri, Basma Tajine, Mouna Noureddine **L** 90 **E** 30.12.1982 ZDF

SPUREN VERSCHWINDEN. Literarische Texte von Rose Ausländer und Paul Celan bis Joseph Roth sowie Berichte von Überlebenden des Holocausts verbinden sich zu einer bewegenden Erinnerung an die Leiden der Opfer, aber auch an die zerstörte jüdische Kultur. Der sorgfältig gemachte Dokumentarfilm holt diesen fast vergessenen Teil europäischer Geschichte auf dem Hintergrund einer zeitlosen Landschaft ins Gedächtnis zurück. ✦ Schweiz 1998 **R** Walo Deuber **K** Guido Noth **S** Jürg Messmer **L** 80 **E** 5.5.1999 SF 1/DRS

SPUREN VON ROT (TRACES OF RED). Eine Mordserie hält zwei Beamte der Polizei von Palm Beach auf Trab, die im Laufe der Ermittlungen zunehmend selbst in Verdacht geraten. Am Ende scheint einer von ihnen der Täter zu sein und stirbt durch die Kugel des Partners. Ein konfus entwickelter Kriminalfilm voller wüster Schlenker und Wendungen, der nicht an einer dichten Geschichte, sondern an der Präsentation möglichst vieler Verdächtiger interessiert ist. Ebenso anspruchs- wie spannungslose Unterhaltung. – Ab 16. ✦ USA 1992 **P** The Samuel Goldwyn Company **KI** Columbia TriStar **VA** Columbia TriStar Home **Pd** David V. Picker, Mark Gordon **R** Andy Wolk **B** Jim Piddock **K** Timothy Suhrstedt **M** Graeme Revell **S** Trudy Ship **D** James Belushi (Jack Dobson), Lorraine Bracco (Ellen Schofield), Tony Goldwyn (Steve Frayn), William Russ (Michael Dobson), Faye Grant (Beth Frayn) **L** 105 **FSK** ab 16; f **E** 12.8.1993/18.1.1994 Video/22.2.1995 premiere **fd** 30 370

SPURENSUCHER. Einem aktiven Ski-Langläufer bleibt trotz ausgezeichneter sportlicher Voraussetzung der Erfolg versagt. Immer wieder beeinträchtigen Unfälle und Krankheiten seine Leistungen, so dass kaum noch jemand an seinen Aufstieg glaubt. Zäh und energisch versucht er, sein Tief zu überwinden. Konventioneller Fernsehfilm aus dem Milieu der Leistungssportler, der die Faszination des Sports nur ungenügend übertragen kann. ✦ DDR 1979 **P** DEFA **Pd** Horst Dau **R+B** Ralph J. Boettner **K** Hans Heinrich **M** Karl-Ernst Sasse **S** Ilse Peters **D** Giso Weißbach (Uwe Meinhart), Ellen Rappus (Vera Stenger), Eberhard Mellies (Paul Senne), Helmut Schreiber (Ulli Heidt), Frank Schenk (Jens Meinhart) **L** 89 **E** 21.12. 1979 DFF 1

DER SPÜRHUND (1972) (SHAMUS). Privatdetektiv McCoy soll im Auftrag eines reichen Mannes einen Einbruch aufklären, bei dem wertvolle Steine gestohlen und Menschen mit Flammenwerfern getötet wurden. Die Spurensuche schleppt sich dahin, ein paar Actionszenen produzieren Spannung in der matten Story: Durchschnittskrimi mit und für Burt Reynolds. ✦ USA 1972 **P** Columbia **KI** Warner-Columbia **Pd** Robert M. Weitman **R** Buzz Kulik **B** Barry Beckerman **K** Victor J. Kemper **M** Jerry Goldsmith **S** Walter Thompson **D** Burt Reynolds (Shamus McCoy), Dyan Cannon (Alexis Montaigne), John P. Ryan (Col. Hardcore), Joe Santos (Lt. Promuto), Giorgio Tozzi (Doktor), Ronald Weyand (E. J. Hume), Larry Block (Springy) **L** 98 **FSK** ab 16; f **E** 16.3.1973 **fd** 18 278

DER SPÜRHUND (1979) →I wie Ikarus

SPÜRHUNDE (LES GOSSES MENENT L'ENQUETE). In einem Knabeninternat geschehen eigentümliche Dinge: man findet einen der Aufseher und einen Eleven erhängt; verdächtig sind vom Direktor abwärts alle. Noch vor der Polizei können die Schüler das Geheimnis aufklären und einen dritten Mord verhindern. Sehr gute Einzelleistungen der jungen Darsteller und die präzise Schilderung des Internatsmilieus machen den Film humorvoll und spannend. (Anderer Titel: »Gewagtes Spiel«) ✦ Schwarz-weiß. Frankreich 1947 **P** France **KI** Prisma **R** Maurice Labro **B** Yvan Noe, Maurice Labro, nach dem Roman »Caiman« von Francis Didelot **K** Pierre Petit **M** Yves Baudrier **D** René Génin (Belleux), Lise Topart (Mariette v. Berny), Lucas Gridoux (Kommissar), René Blancard (Mainquin), François Patrice (Dominique le Kain), Constant Remy (Herr v. Berny), Léonce Corne (Landru), Max Dalban (Doktor) **L** 85 **FSK** ab 16; nf **E** 29.7.1949 **fd** 370

SPURLOS (THE VANISHING). Während des Ausflugs eines Liebespaars verschwindet das Mädchen an einer Tankstelle spurlos. Gleichzeitig vertraut mit Täter, Opfer und Verfolger, entwickelt sich für den Zuschauer eine Geschichte, in der (bis auf den unangemessen drastischen Schluß) die psychologische Spannung im Vordergrund steht. Geschickt inszeniert und gut gespielt, ist der Thriller insgesamt interessanter als der Durchschnitt des Genres. ✦ USA 1992 **P** Morra/Brezner/Steinberg & Tenenbaum **KI** 20th Century Fox **VA** Fox **Pd** Larry Brezner, Paul Schiff **R** George Sluizer **B** Todd Graff, nach einem Roman von Tim Krabbé sowie dem Film »Spoorloos« von George Sluizer **K** Peter Suschitzky **M** Jerry Goldsmith **S** Bruce Green **D** Jeff Bridges (Barney), Kiefer Sutherland (Jeff), Nancy Travis (Rita), Sandra Bullock (Diane), Park Overall (Lynn), Maggie Linderman (Denise) **L** 109 **FSK** ab 16; f **E** 1.7.1993/14.1.1994 Video/5.1.1995 premiere **fd** 30 275

SPURLOS VERSCHWUNDEN (SPOORLOOS). Im Sujet wie in der Inszenierung deutlich an Alfred Hitchcock angelehnter intelligenter Thriller. Drei Jahre sucht ein junger Mann aus Amsterdam vergeblich nach seiner Freundin, die während einer Urlaubsreise durch Frankreich spurlos verschwunden ist. Dann macht ihm ein scheinbar harmloser Familienvater ein merkwürdiges Angebot, um das Geheimnis zu lüften. Aus der Konfrontation zweier grundverschiedener Männer entwickelt der Film seine hohe Spannung, gleichzeitig reflektiert er über das scheinbar grundlos Böse in unserer Welt. Das rabenschwarze Ende des Films erinnert an eine Geschichte aus der Feder Edgar Allan Poes. (Mit »Spurlos« inszenierte George Sluizer ein amerikanisches Remake seines Films.) ✦ Niederlande/Frankreich 1988 **P** Golden Egg/Ingrid **Pd** Anne Lordon, George Sluizer **R** George Sluizer **B** Tim Krabbe, George Sluizer, nach einem Roman von Tim Krabbé **K** Toni Kuhn **M** Henny Vrienten **S** George Sluizer, Lin Friedman **D** Gene Bervoets (Rex Hofman), Johanna Ter Steege (Saskia), Bernard-Pierre Donnadieu (Raymond Lemorne), Gwen Eckhaus (Lieneke), Bernadette Le Saché (Simone Lemorne), Tania Latarjet (Denise), Lucille Glenn (Gabrielle) **L** 107 **E** 4.1. 1993 PRO 7

SPURLOS VERSCHWUNDEN – EINE MUTTER GIBT NICHT AUF (VANISHING WITHOUT A TRACE). Als die 13-jährige Tochter spurlos verschwindet, bricht die heile Welt einer Familie zusammen. Das Kind bleibt wochenlang verschwunden, doch während der Vater bald aufgibt, sucht die Mutter verbissen weiter. Tatsächlich wird die Leiche des Mädchens gefunden, und nun will die Mutter den Täter aufspüren. Als sie erfährt, dass ein entlassener Sexualstraftäter in der Nachbarschaft wohnt, begibt sie sich in tödliche Gefahr. Thriller um Mutterliebe vor dem Hintergrund eines tatsächlichen Kriminalfalls, der dazu führte, dass viele Gemeinden in den USA das Recht erlangten, die Adressen strafentlassener Sexualtäter besorgten Eltern preiszugeben. ✦ USA 1998 **P** NBC **Pd** Judy Cairo **R** Douglas Barr **B** Toni Perling, Samantha Shad **K** John Newby **M** Dana Kaproff **S** Mark Melnick **D** Shelley Long (Elizabeth Porterson), William R. Moses (Jack Porterson), Jennifer Jostyn (Karin Elliot), Joshua Peace (Scott Elliot), Nigel Bennett (Detective Davis) **L** 85 **E** 12.8.2000 ARD

SPURLOS VERSCHWUNDEN – WO IST MEINE SCHWESTER? (THE DISAPPEARANCE OF VONNIE). Als ihre Schwester spurlos verschwindet, stellt eine Frau Nachforschungen an und stößt dabei auf dunkle Flecken in der Vergangenheit ihres Schwagers. Sie entdeckt, daß er einige Jahre in einer psychiatrischen Klinik verbrachte, weil er zwei Menschen umbrachte. Ohne Beweise gelingt es der Frau, Anklage gegen ihn zu erheben. Ein Film nach einer wahren Begebenheit; der Prozeß ging als Präzedenzfall in die amerikanische Justizgeschichte ein. – Ab 16. ✦ USA 1994 **R** Graeme Campbell **B** Ellen Weston **D** Ann Jillian (Corinne Kaczmarek), Joe Penny (Ron Rickman), Kim Zimmer (Vonnie Rickman), Alexandra Purvis (Amy Rickman), Graham Beckel (Ken Brodhagen) **L** 101 **E** 19.8.1995 RTL

DIE SPÜRNASE (NESTOR BURMA, DETECTIVE DE CHOC). Ein Privatdetektiv und seine beherzte Assistentin werden in undurchsichtige Geschäfte um Mord, Drogen und Prostitution verwickelt, als der Detektiv den Tod einer jungen Frau untersucht. Wirrer Kriminalfilm, der sich in der Aneinanderreihung modischer Attitüden gefällt, ohne eine eigenständige Erzählform zu finden. ✦ Frankreich 1982 **P** Zenith/FR 3 **VA** Toppic **Pd** Yves Gasser, Daniel Messere **R** Jean-Luc Miesch **B** Pierre Fabre, Boris Bergman, Jean-Luc Miesch, nach dem Roman »M'as-tu vu en cadavre?« von Léo Malet **K** Jean-Claude Rivière **M** Alain Bashung **S** Jacques Comets **D** Michel Serrault (Nestor Burma), Jane Birkin (Hélène), Guy Marchand (Marc Covet), Alain Bashung (Bo Craddock), Pierre Arditi **L** 100 **E** Frühjahr 1984 Video **fd** 24 805

SPÜRNASE SHERLOCK (SHERLOCK: UNDERCOVER DOG). Auf einer idyllischen Ferieninsel vor Los Angeles erleben ein zehnjähriger Junge und seine etwa gleichaltrige neue Freundin aufregende Abenteuer mit einem sprechenden Polizeihund, der Drogenschmugglern auf die Schliche kommt. Eine handfeste Detektivgeschichte für Kinder, in der Abenteuerlichkeit und amüsante Slapstick-Komik unaufdringlich verbunden werden. Der Kinderwunsch nach selbstbestimmten Abenteuern und verständnisvollen Erwachsenen wird als Idylle entwickelt, in der das Unmögliche wirklich wird. – Ab 10. ✦ USA 1994

P Westwind/MDP VA Columbia TriStar Pd Monica Webb R+B Richard Harding Gardner K John Huneck M Lou Forestieri S Jack Tucker D Benjamin Eroen (Billy), Brynne Cameron (Emma), Anthony Simmons (William), Barry Philips (Mike), Margy Moore (Sally Johnson) L 75 FSK ab 6 E 8.8.1995 Video fd 31 826

SPUTNIK-FIEBER (SHADOWS ON THE EARTH). Im Schottland der 60er Jahre, als der sowjetische Kosmonaut Gagarin auf der ganzen Welt für Schlagzeilen sorgt, glauben drei weltraumbegeisterte Jungen, in einem kontaktscheuen Nachbarn einen Außerirdischen erkannt zu haben und versuchen ihn zu entlarven. Komödie um die abenteuerliche Welt der Kinder, in die Themen und Feindbilder zur Zeit des Kalten Krieges einfließen; der zweite (fürs Fernsehen entstandene) Film von Chris Bernard, der mit »Ein Brief für Breschnew« bekannt wurde. ✦ Großbritannien 1988 P BBC Pd+R Chris Bernard B David Kane K Remi Adefarasin M Ken Howard, The Livingston Flute Band D Sheila Grier, Billy Hartman, Andrew Dallmeyer, Sam Hickman, Craig Smith L (TV) 80 E 2.10.1988 West 3

SPY GAMES (SPY GAMES / ZHONG RI NAN BEI HE). Eine völlig überdrehte Action-Agenten-Komödie, deren rasante Abfolge bemüht-komischer Gags rasch zu Ermüdungserscheinungen führt. – Ab 16. ✦ Hongkong 1989 P Tsui Hark Prod. VA Connexion R Jack M. Sell B David Wu K Ardy Lam M Kono Otani L 90 FSK ab 12 E 1993 Video

SPY GAMES – AGENTEN DER NACHT (HISTORY IS MADE AT NIGHT). Obwohl sie seit einem Jahr in ihrem Einsatzland Finnland ein Paar sind, belauern sich ein amerikanischer Söldner, der im Auftrag des CIA agiert, und eine russische Agentin gegenseitig, bis sie lernen, das private Glück über ihre professionelle Integrität zu stellen. Ein klassischer Spionage-Thriller, der alles daran setzt, um nicht klassisch zu wirken. Dadurch rücken private Momente in den Mittelpunkt, ohne diese allerdings wirklich auszuloten. Das Ergebnis ist Unterhaltung von amüsanter Beliebigkeit, die allenfalls durch ihren bizarren, zwischen Jazz und Polka schwankendem Soundtrack irritiert. – Ab 16. ✦ Großbritannien/Deutschland 1999 P J&M Entertainment/Scala VA Columbia TriStar Home Pd Jonathan Karlsen, Kerry Rock R Ilkka Järvilaturi B Patrick Amos K Michel Amathieu M Courtney Pine S Alan Strachan D Bill Pullman (Harry), Irène Jacob (Natasha), Bruno Kirby (Max), Glenn Plummer (Dave), Udo Kier (Bliniak) L 91 FSK ab 16 E 19.12. 2000 Video fd 34 690

SPY – GRABENKÄMPFE → The Spy

SPY KIDS (SPY KIDS). Zwei Top-Agenten, ein Mann und eine Frau, die sich inmitten ihrer gefahrvollen Aufträge ineinander verliebt und geheiratet haben, haben sich zwecks Erziehung ihrer beiden Kinder vom aktiven Dienst zurückgezogen. Als sie reaktiviert werden und einem die Weltherrschaft anstrebenden Schurken in die Hände fallen, sind sie ganz auf den Einfallsreichtum ihrer zunächst ahnungslosen, bald aber tapfer und klug agierenden Kinder angewiesen. Turbulente, ebenso überdrehte wie intelligente Agentenparodie, die mit den Versatzstücken des Genres jongliert und zugleich die moderne Spaßgesellschaft ironisch hinterfragt. Reizvoll fließt zudem das Thema der Annäherung von Kinder- und Erwachsenenwelt ein. – Ab 10 möglich. ✦ USA 2001 P Dimension Films/Troublemaker KI Concorde Pd Elizabeth Avellan, Robert Rodriguez, Tamara Smith R+B Robert Rodriguez K Guillermo Navarro M Chris Boardman, John Debney, Danny Elfman, Gavin Greenaway, Harry Gregson-Williams, Heitor Pereira, Robert Rodrigez S Robert Rodriguez D Antonio Banderas (Gregorio Cortez), Carla Gugino (Ingrid Cortez), Alexa Vega (Carmen Cortez), Daryl Sabara (Juni Cortez), Alan Cumming (Fegan Floop), Tony Shalhoub (Alexander Minion) L 88 FSK ab 6; f E 4.10.2001 fd 35 069

SPYDER – EIN MANN NIMMT RACHE (SPYDER). Als ein »Superbulle« in Los Angeles hört, daß sein bester Freund in Hawaii getötet wurde, macht er sich auf, um die Täter zu suchen. Er findet sie in einer Gruppe angeblicher Vietnam-Veteranen, die einem Fabrikanten vorgaukeln, sie könnten seinen 1965 über dem Dschungel abgeschossenen Sohn aus vietnamesischer Gefangenschaft befreien. Der nach einem dummen Drehbuch unübersichtlich inszenierte Film interessiert sich ausschließlich für erbarmungslose Schieß- und Blutorgien; erwähnenswerte Leistungen werden nur vom Special-Effects-Team erbracht. – Wir raten ab. ✦ USA 1988 P Premiere VA RCA/Columbia Pd Cirio H. Santiago R José Maria Avellana B Steven Rogers K Ricardo Remias M Justin Lord S Rudy O. Motecajon D Blake Banner (Brad Spyder), Ronald Lawrence (Lee Stokes), Gary Rooney (Ed Skinner), Roxanne Baird (Karen Pendleton), Michael Vlastras (Sid Franklin) L 74 FSK ab 18 E 8.8. 1989 Video fd 27 973

SPYMAKER – DAS GEHEIME LEBEN DES IAN FLEMING → Das geheime Leben des Ian Fleming

SQUANTO – DER GROSSE KRIEGER (THE LAST GREAT WARRIOR). Anfang des 17. Jahrhunderts wird ein indianischer Häuptlingssohn nach England verschleppt. Er kann fliehen und findet in einem Kloster Unterschlupf, lernt die Sprache und die Menschen kennen, die Heimat jedoch kann er nicht vergessen. Ein steriler Kostümfilm, der seine Geschichte nicht zu einer Begegnung fremder Kulturen nutzt, sondern lediglich Klischees wiederholt. So bleibt der Film an der Oberfläche, reiht atemlos Schauplätze aneinander und tritt doch unbeholfen auf der Stelle. Die wenig dynamische Montage, schlecht kadrierte Bilder und eine monotone Ausleuchtung tragen das Ihre zum Scheitern bei. – Ab 10. ✦ USA 1994 P Walt Disney Pictures VA Buena Vista Pd Kathryn F. Galan R Xavier Koller B Darlene Craviotto K Robbie Greenberg M Joel McNeely S Lisa Day D Adam Beach (Squanto), Michael Gambon (Sir George), Nathaniel Parker (Thomas Derner), Mandy Patinkin (Bruder Daniel), Eric Schweig (Epenow) L 98 FSK ab 6 E 5.6. 1996 Video fd 32 060

SQUARE DANCE (SQUARE DANCE). Nach der Trennung ihrer Eltern wächst eine 13jährige bei ihrem mürrischen Großvater auf, der mit dem Kind wenig anzufangen weiß. Als der Versuch der vergnügungssüchtigen Mutter, die Tochter wieder zu sich zu nehmen, an gegenseitigem Unverständnis scheitert, flüchtet das Mädchen sich in eine Liebe zu einem geistig zurückgebliebenen jungen Mann. Dramatische Familiengeschichte, die mit vorzüglichen Darstellerleistungen aufwartet. – Ab 14 möglich. ✦ USA 1986 P Michael Nesmith/NBC Pd+R Daniel Petrie B Alan Hines, nach seinem Roman K Jacek Laskus M Bruce Broughton S Bruce Green D Jason Robards (Dillard), Winona Ryder (Gemma), Rob Lowe (Rory), Jane Alexander (Juanelle), Deborah Richter (Gwen), Guich Koock (Frank) L 108 E 16.11.1994 PRO 7

DIE SQUAW TSCHAPAJEWS. Zwei Klassen stehen miteinander im Wettbewerb, um eine Fahrt zur Ostsee zu gewinnen. Der Leistungsvorteil der einen geht verloren, als sich die Klasse in zwei »feindliche« Lager spaltet. Am Ende des Schuljahres ist jedoch alles wieder im Lot. Kinderfilm mit deutlichen pädagogischen Absichten, dessen Handlung einen überkonstruierten Eindruck hinterlässt. – Ab 8. ✦ Scope. DDR 1973 P DEFA, Gruppe »Berlin« KI Progress Pd Oscar Ludmann R Günter Meyer B Günter Meyer, Irmgard Speitel, Ulrich Speitel K Wolfgang Braumann M Wolfgang Schoor S Helga Emmrich D Anke Schwenn (Manni), Lars Klemm (Tschapajew), Uwe Schumann (Peter), Franc Pfennig (Stups), Ralf Hobusch (Theo), Erik S. Klein (Kilian), Hannelore Seezen (Mannis Mutter) L 79 E 6.7.1973 Kino DDR/ 28.7.1977 DFF 1

SQUEEZE (SQUEEZE). Ein 26jähriger Manager kann seine Bisexualität nicht ausleben, ohne seine Karriere zu gefährden. Es zieht ihn zwar immer wieder zu den Homosexuellen-Treffpunkten hin, doch prekär wird seine Lage erst, als er sich in einen jüngeren Mann verliebt und diesen bei sich einziehen läßt. Er kann den wahren Sachverhalt seiner Verlobten zwar einige Zeit verschleiern, doch sie spürt, daß etwas nicht stimmt. Schließlich kommt es zum Eklat. Dramatischer Film, der auf die Schwierigkeiten Bisexueller aufmerksam machen will, die durch die Rollen-Festschreibungen ihrer Umwelt in ein inneres Ghetto getrieben werden. ✦ Neuseeland 1980 P Trilogic SF Averdung/A Campo Film Pd+R+B Richard Turner K Ian Paul M Toy Love, The Features, Streetplayer & Hagan & Young S Jamie Selkirk D Robert Shannon, Paul Eady, Donna Akersten, Peter Heperi, David Herkt L 80 FSK ab 18; nf E 1985 Kino

SQUIRM – INVASION DER BESTIEN (SQUIRM). Durch eine defekte Starkstromleitung aggressiv gewordene Würmer fallen in ein amerikanisches Provinznest ein. Am Ende gibt es nur drei Überlebende. Simpel konstruierter Katastrophenfilm mit geschickt aufgebauten Horroreffekten. Nichts für schwache Nerven. ✦ USA 1975 P AIP KI Constantin Pd George Manasse R+B Jeff Lieberman K Joseph Mangine M Robert Prince S Brian Smedley-Aston D Don Scardino (Mick), Patricia Pearcy (Geri), R. A. Dow (Roger), Jean Sullivan (Naomi), Peter MacLean (Sheriff), Fran Higgins (Alma), William Newman (Quigley) L 93 FSK ab 18; nf E 30.9.1976 fd 19 982

SQUIZZY TAYLOR – KARRIERE EINES RÄUBERS (SQUIZZY TAYLOR). Mit viel Zeitkolorit ausgemalte, in der Hauptrolle überzeugend gespielte Geschichte eines berüchtigten Gangsters, der im Melbourne der 20er Jahre aus den Slums in die Unterwelt aufsteigt. (TV-Titel DDR: »Squizzy Taylor – Karriere eines Gangsters«) ✦ Australien 1982 P Simpson Le Mesurier/Victoria Pd Roger Le Mesurier R Kevin Dobson B Roger Simpson K Dan Burstall M Bruce Smeaton D David Atkins (Squizzy Taylor), Jacki Weaver (Dolly), Kim Lewis (Ida), Michael Long (Inspektor Piggot), Fred Cullen (Henry) L 89 E 15.12.1985 DFF 2/22.8.1993 RTL 2

SRI LANKA – LEUCHTENDES LAND. Ein Reisebericht über die Tropeninsel Sri Lanka (»die leuchtende Schöne«), der neben touristischen Attraktionen auch Unbekanntes und Wissenswertes vermitteln möchte. Regie führte der deutsche Regieveteran Harald Reinl. – Ab 12. ✦ BR Deutschland 1986/87 P Neue Regina Film KI Transocean Pd Erroll Kelly, Asoka Perera R Harald Reinl B John Ferguson K Vincent Cox M Luigi Ceccarelli S Leo Jahn L 81 FBW w E 1987 Kino

SS-X-7 – PANIK IM ALL (MUTINY IN OUTER SPACE / INVASION FROM THE MOON / SPACE STATION X-14/ SPACE STATION X). Erst nach der Meuterei gegen den unverantwortlichen Kommandanten eines Raumschiffs kann die Besatzung (und schließlich die Menschheit insgesamt) vor der Bedrohung durch eingeschleppte, rasant wachsende Pilzen geschützt werden. Utopischer Abenteuerfilm, der auch in den Spezialeffekten wenig Neues zu bieten hat. – Ab 16. ✦ Schwarz-weiß. USA 1964 P Woolner KI Goldeck Pd Hugo Grimaldi, Arthur C. Pierce R Hugo Grimaldi B Arthur C. Pierce K Arch R. Dalzell M Gordon Zahler S George White D William Leslie (Maj. Towers), Dolores Faith (Faith Montaine), Richard Garland (Col. Cromwell), Pamela Curran (Connie), James Dobson (Dr. Hoffman), Carl Crow (Capt. Webber), Glenn Langan (Commander), Harold Lloyd jr., Robert Palmer, Gabriel Curtis L 80 FSK ab 12; f E 11.11.1966 fd 14 389

SSSNAKE KOBRA (SSSNAKE / SSSSSSSS). Ein wahnsinniger Wissenschaftler wird durch seine Versuche, Menschen in Schlangen umzuzüchten, zum mehrfachen Mörder. Gruselfilm, der sich ungeachtet seiner Absicht, die Machbarkeit aller Dinge und Zustände kritisch anzuprangern, ins Unsinnige verliert und trotz akustischer Effekte nur mäßig spannend ist. (Videotitel: »SSSS Snake«) ✦ USA 1973 P Universal KI Kerscher Pd Dan Striepeke R Bernard L. Kowalski B Hal Dresner K Gerald Perry Finnerman M Patrick Williams S Robert Watts D Strother Martin (Dr. Carl Stoner), Dirk Benedict (David Blake), Heather

Menzies (Kristine Stoner), Richard B. Shull (Dr. Ken Daniels), Tim O'Connor (Kogen) **L** 99 **FSK** ab 16; nf **E** 30.9.1976/16.4.1990 RTL Plus **fd** 20 004

SSSS SNAKE →Sssnake Kobra

ST. ELMO'S FIRE – DIE LEIDENSCHAFT BRENNT TIEF (ST. ELMO'S FIRE). Sieben junge Collegeabgänger auf der Suche nach privater und beruflicher Identität, wobei sie lernen müssen, von ihren bisherigen Freiräumen Abschied zu nehmen. In Episoden erzähltes Gruppenporträt, das zwar ohne Pathos und großen Gestus inszeniert ist, in der Beschreibung des Erwachsenwerdens aber allzu gefällig ausfällt. Bemerkenswert ist das Bild heutiger Jugendlicher, die weniger durch Rebellion als durch die Anpassung an die vorgegebene Wirklichkeit auffallen. DVD: Die Extras umfassen u. a. einen Audiokommentar des Regisseurs. – Ab 14 möglich. ✦ Scope. USA 1984 **P** Columbia **Kl** Warner-Columbia **VA** RCA/ Columbia **DVD** Columbia TriStar Home (16:9, 2.35:1, DD4.0 engl., DS dt.) **Pd** Lauren Shuler **R** Joel Schumacher **B** Joel Schumacher, Kurt Kurlander **K** Stephen H. Burum **M** David Foster **S** Richard Marks **D** Emilio Estevez (Kirbo), Ally Sheedy (Leslie), Rob Lowe (Billy), Judd Nelson (Alex), Demi Moore (Jules), Andrew McCarthy (Kevin), Mare Winningham (Wendy), Martin Balsam (Mr. Beamish), Andie MacDowell (Dale Biberman) **L** 108 **FSK** ab 12; f **E** 17.4. 1986/Oktober 1986 Video/3.7.2000 DVD **fd** 25 578

ST. HELENS – DER TÖDLICHE BERG →Mount St. Helens – Der Killervulkan

ST. IVES – ALLES AUS LIEBE (ST. IVES / ALL FOR LOVE). Während der Napoleonischen Kriege gerät ein französischer Offizier in Gefangenschaft und wird in Schottland interniert. Dort freundet er sich mit dem Lagerkommandanten an und verliebt sich in eine junge Frau. Als er erfährt, dass sein seit der Revolution verschollener Großvater in der Nähe lebt, könnte sein Glück perfekt sein; zuvor aber muss er sich dem schurkischen Bruder stellen, der die Familie ins Unglück trieb. Leichtgewichtige Verfilmung eines Romanfragments von Robert Louis Stevenson, die sich durch spielfreudige Darsteller und originellen Dialogwitz auszeichnet. (Videotitel: »Alles aus Liebe«) – Ab 14 möglich. ✦ Irland/Deutschland 1997 **P** Icon Entertainment/La Compagnie des Phares et Ballses/Little Bird/Tatfilm **VA** Paramount Home **Pd** James Mitchell, Jonathan Cavandish **R** Harry Hook **B** Allan Cubitt, nach einem Romanfragment von Robert Louis Stevenson **K** Robert Alazraki **S** John MacDonnell **D** Jean-Marc Barr (Capt. Jacques St. Ives), Miranda Richardson (Miss Gilchrist), Anna Friel (Flora), Richard E. Grant (Major Chevening), Tim Dutton (François) **L** 83 **E** 22.4.2000 WDR/Juli 2001 Video

ST. LOUIS BLUES (ST. LOUIS BLUES). W. C. Hardy, Sohn eines farbigen Predigers in Memphis, steigt nach konfliktreicher Jugend zum erfolgreichen Blueskomponisten auf. Sentimentale Filmbiografie ohne künstlerischen Ehrgeiz, aber mit zahlreichen authentischen Musiknummern. – Ab 12. ✦ Scope, schwarz-weiß. USA 1958 **P** Paramount **Kl** Paramount **Pd** Robert Smith **R** Allen Reisner **B** Robert Smith, Ted Sherdeman **K** Haskell Boggs **M** Nelson Riddle **D** Nat »King« Cole (W. C. Handy), Eartha Kitt (Gogo Germaine), Pearl Bailey (Aunt Hagar), Cab Calloway (Blade), Ella Fitzgerald (Ella Fitzgerald) **L** 93 **FSK** ab 6; f **E** 5.12.1958/18.7.1977 DFF 1 **fd** 7 609

ST. MARTIN'S LANE (ST. MARTIN'S LANE). Ein Londoner Straßenmusiker wird von einer geschickten Diebin um seine Einnahmen gebracht. Er folgt der jungen Frau, beobachtet ihre Parodie seines Spiels in einer Kneipe und einen weiteren Diebstahl und nimmt sie mit zu sich. Als sie einen Mann aus besseren Kreisen kennenlernt, verläßt sie ihn wieder. Sie steigt zum Star auf und erkennt eines Tages in einem blinden Bettler vor dem Theater den Straßenmusiker von einst. Britischer Vorkriegsfilm mit exzellenten Schauspielern. ✦ Schwarz-weiß. Großbritannien 1938 **P** Mayflower **Pd** Erich Pommer **R** Tim Whelan **B** Clemence Dane **K** Jules Kruger **M** Arthur Johnston **S** Hugh Stewart, Robert Hamer **D** Charles Laughton (Charles Saggers), Vivien Leigh (Libby), Rex Harrison (Harley Prentiss), Tyrone Guthrie (Gentry), Larry Adler (Constantine), Gus McNaughton (Arthur Smith), Bart Cormack (Strang), Edward Lexy (Mr. Such), Marie O'Neill (Mrs. Such) **L** 85 **E** 27.1.1980 BR

ST. PAULI – DIE GROSSE FREIHEIT. (Fernseh-)Dokumentation über den Hamburger Vorort und die Amüsiermeile St. Pauli, die auch heute noch auf viele Menschen einen magischen Reiz ausübt. Der Film zeigt Vergangenheit und Gegenwart und schildert, wie dieser Stadtteil seine Menschen und ihre Mentalität prägt. Aussagen von Zeitzeugen und im Milieu vorgetragene Lieder runden das Bild ab. ✦ Deutschland 1999 **R** Jochen Wolf **L** 101 **E** 27.7.2000 arte

ST. PAULI HERBERTSTRASSE. Nach einer Vergewaltigung landet eine von ihren Eltern verstoßene Landwirtstochter bei Zuhältern und im Bordell, bis sie ein ehrenhafter Automechaniker befreit. Dumm und drittklassig. ✦ BR Deutschland 1965 **P** Reinhardt **Kl** Austria **R** Akos von Ratony **B** C. V. Rock **K** Gunter Otto **M** Herbert Jarczyk **D** Eva Astor, Pinkas Braun, Elma Karlowa, Michael Cramer, Karin Field **L** 89 **FSK** ab 18; nf **E** 7.12.1965 **fd** 13 792

»ST. PAULI-NACHRICHTEN« – THEMA NR. 1. Ein Fernsehreporter, der eine Dokumentation über das Hamburger Kontaktanzeigen-Blatt »St.Pauli-Nachrichten« dreht, wird als Film-im-Film-Figur zum Stichwortgeber für blöde Witze. Handelsüblich dumme Sexkomödie. – Wir raten ab. ✦ BR Deutschland 1970 **P** Borro **Kl** Gloria **R** Franz Marischka **B** Manfred Blom, Franz Marischka **K** Helmut Bahr **M** Hans Hammerschmid **D** Helmut Förnbacher, Brigitte Skay, Gerlach Fiedler, Irmgard Riessen, Thomas Astan **L** 86 **FSK** ab 18; nf **E** 25.2.1971 **fd** 17 229

ST. PAULI NACHT. Das Kaleidoskop einer Nacht im Hamburger Stadtteil St. Pauli, das mehrere Geschichten verknüpft. Dabei lässt sich der Film kaum auf impressionistische oder naturalistische Töne ein, sondern beharrt auf der erzählerischen Konstruktion, der melodramatischen Fügung, dem Klischee. Das möglicherweise angestrebte Gesellschaftsbild mündet in rein private Geschichten. Hinzu kommt der fast völlige Verzicht aufs Deftige und Ordinäre, auf die Abgründe des Jargons und des Milieus. Trotz schlimmstmöglicher Wendungen einzelner Episoden wirkt der Film seltsam weichgezeichnet und bieder und erscheint kleinbürgerlicher, als er es nötig gehabt hätte. – Ab 16. ✦ Scope. Deutschland 1998 **P** Hager Moss/Seven Pictures **Kl** Buena Vista **VA** Buena Vista **DVD** EuroVideo (1.85:1, DD5.1 dt.) **Pd** Kirsten Hager **R** Sönke Wortmann **B** Frank Göhre **K** Tom Fährmann **M** Peter Wolf **S** Hans Funck **D** Benno Fürmann (Johnny), Armin Rohde (Manfred), Oliver Stokowski (der Friese), Florian Lukas (Sven), Valerie Niehaus (Dorit), Ill-Young Kim (Rasta Robby), Maruschka Detmers (Ulrike), Axel Milberg (Peter), Peter Sattmann (Wolfgang), Heiner Lauterbach (Fahrgast) **L** 91 **FSK** ab 12; f **FBW** w **E** 2.9.1999/16.3.2000 Video/19.7.2001 DVD **fd** 33 834

ST. PAULI ZWISCHEN NACHT UND MORGEN. Deutsches »B-Picture« aus den 60er Jahren, dessen schmale Handlung aus der Liebesgeschichte einer Prostituierten und dem Überfall auf einen Geldtransport besteht. ✦ Schwarz-weiß. BR Deutschland 1966 **P** Urania **Kl** Avis **R** José Bénazéraf **B** Wolfgang Steinhardt **K** Georges Balogh **M** Frank Valdor **D** Eva Christian, Helmut Förnbacher, Dunja Rajter, Tom Riedel, Bob Iller **L** 89 **FSK** ab 18; nf **E** 13.4.1967 **fd** 14 686

DAS ST. PETERSBURG KOMPLOTT (RUSSIAN HOLIDAY). Eine amerikanische Lehrerin verbringt wundervolle Urlaubstage in St. Petersburg. Ihr Glück scheint komplett, als sie sich in einen Landsmann verliebt. Doch plötzlich schlägt die Situation um. In ihrem Umkreis geschehen mehrere Morde, scheinbar harmlose Touristen zeigen ihr wahres Gesicht, und auch der Geliebte scheint ein doppeltes Spiel zu treiben. – Ab 16. ✦ USA 1993 **R** Greydon Clark **B** David Reskin **D** Susan Blakely (Susan Dennison), Barry Bostwick (Grant Ames), E.G. Marshall, Jeff Altman **L** 93 **E** 18.10.1994 RTL 2

STAATSAFFÄREN (A GLOBAL AFFAIR). Die Aussetzung eines Babys im Foyer des New Yorker UN-Gebäudes verursacht albernsten Klamauk unter den Mitgliedstaaten und im Hause eines Junggesellen, dem schließlich das Adoptionsrecht zugesprochen wird. Die Rolle der UdSSR-Vertreterin in dieser wenig erheiternden Komödie spielt Liselotte Pulver. (Alternativtitel: »Tolle Staatsaffairen«) – Ab 14. ✦ Schwarz-weiß. USA 1963 **P** Seven Arts/MGM **Kl** MGM **Pd** Hall Bartlett **R** Jack Arnold **B** Charles Lederer, Arthur Marx, Bob Fisher **K** Joseph Ruttenberg **M** Dominic Frontiere **S** Bud Molin **D** Bob Hope (Frank Larrimore), Liselotte Pulver (Sonya), Elga Andersen (Ilse), Robert Sterling (Randy), Michèle Mercier (Lisette), Yvonne de Carlo (Dolores), Miiko Taka (Fumiko) **L** 84 **FSK** ab 6; nf **E** 10.4.1964 **fd** 12 679

STAATSANWALT HALLERS →Der Andere

DER STAATSANWALT HAT DAS WORT (GLOS MA PROKURATOR). Ein armer polnischer Bauer, der 1930 den Liebhaber seiner Schwester und 30 Jahre später aus Angst einen weiteren Mann umgebracht hat, steht unter Mordanklage vor Gericht. Der junge Staatsanwalt, der aus demselben Dorf stammt und die dortige Verelendung kennt, versetzt sich so intensiv in die Lage des Bauern, daß er an seiner Rolle als Ankläger zu zweifeln beginnt. Der Film vertieft sich konsequent und gewissenhaft in eine psychologische Spurensuche, ohne den politischen Rahmen der Ereignisse (kommunistische Bodenreform 1945) aus dem Blick zu verlieren; seine Gesellschaftskritik teilt sich unaufdringlich im Spiegel präziser Milieubeschreibungen mit. – Ab 16. ✦ Schwarz-weiß. Polen 1965 **P** Spielfilmstudio Lódz **Kl** Progress **Pd** Jerzy Buchwald **R** Wlodzimierz Haupe **B** Wlodzimierz Haupe, nach einem Roman von Julian Kawalec **K** Tadeusz Wiezan **M** Wlodzimierz Kotonski **D** Edmund Fetting (Staatsanwalt), Tadeusz Lomnicki (Angeklagter), Wanda Koczeska (Jadwiga), Ryszarda Hanin, Feliks Zukowski, Zdzislaw Mrozewski (Verteidiger), Eugeniusz Korczarowski (Kotula) **L** 78 **E** 5.11.1965 Kino DDR/10.6.1967 DFF 1/25.1.1969 WDR/5.4. 1971 ZDF

DER STAATSANWALT KLAGT AN. Ein Großfeuer auf einer Werft bringt die ermittelnde Staatsanwältin auf eine interessante Spur, die schließlich zur Aufdeckung jahrzehntelang zurückliegender Verbrechen führt. – Ab 16. ✦ Scope, schwarz-weiß. **P** Filmstudio »8. Februar« **Kl** Progress **R** Tschong Gi Mo **B** Han Bok Gju **K** Ri Hi Song, Kang Ri Dscho **M** Han Sie Dschun **D** Mun Dschong Bok, Ri Mi Hwa, Tschong Ui Gjom, Tschong Tschun Ran, Tscho Gjong Sun **L** 95 **E** 22.1. 1982 Kino DDR/12.11.1983 DFF 2

STAATSANWÄLTE KÜSST MAN NICHT (LEGAL EAGLES). Ein erfolgreicher und charmanter Staatsanwalt wird durch eine couragierte Strafverteidigerin in eine rätselhafte Affäre verwickelt, bei der es um Brandstiftung, Versicherungsbetrug und verschwundene Gemälde von großem Wert geht. Während die Kriminalhandlung nur schleppend entwickelt wird und unter aufwendigen Effekten leidet, überzeugt der Film durch das gelöst-ironische Spiel der Hauptdarsteller, deren verworrenes Beziehungsgeflecht unterhaltsame Akzente setzt. – Ab 16. ✦ USA 1985 **P** Universal **Kl** UIP **SF** UIP **VA** CIC **Pd+R** Ivan Reitman **B** Jim Cash, Jack Epps jr. **K** Laszlo Kovacs **M** Elmer Bernstein **S** Sheldon Kahn, Pembroke J. Herring, William Gordean **D** Robert Redford (Tom Logan), Debra Winger (Laura Kelly), Daryl Hannah (Chelsea Deardon), Brian Dennehy (Cavanaugh), Terence Stamp (Victor Taft) **L** 116 **FSK** ab 12; f **FBW** w **E** 2.10.1986/September 1987 Video/5.8.1988 Kino DDR **fd** 25 824

STAATSANWÄLTIN CORDA. Eine junge Staatsanwältin gerät in Konflikt zwischen Pflicht und Neigung, als sie Mordanklage gegen einen von ihr geliebten

Gastwirt erheben muß. Regisseur Karl Ritter, der in der NS-Ära fatale Propagandafilme abgeliefert hatte, kehrte nach kurzem argentinischen Exil mit diesem sentimentalen Gesellschaftsmelodram in die deutsche Filmproduktion zurück. ✦ Schwarz-weiß. BR Deutschland 1953 **P** Bühne und Film GmbH **KI** Panorama **Pd** Robert Leistenschneider, Karl Schulz **R** Karl Ritter **B** Christian Berthier **K** Willy Winterstein **M** Fred Raymond **S** Hilde Grabow **D** Ingeborg Egholm (Staatsanwältin Corda Frobenius), Paul Klinger (Hans Neidhard), Eva Probst (Steffi), Erika von Thellmann (Aenne), Gisela von Collande (Klara Neidhard) **L** 100 **FSK** ab 16; f **E** 4.3.1953 **fd** 3 136

STAATSAUFTRAG: MORD (LES PATRIOTES). Ein französischer Jude stellt sich in den Dienst des israelischen Geheimdienstes Mossad und wird nach Paris geschickt, um einen Atomwissenschaftler als Informanten zu gewinnen. Nach anfänglichem Erfolg schlägt die Mission fehl, der Agent kehrt nach Israel zurück und wird in eine Affäre mit dem amerikanischen Geheimdienst verstrickt, während der er erkennen muss, dass es in diesem Geschäft keine Loyalitäten gibt. Ein ebenso spannender wie kenntnisreicher Einblick in die Welt der Geheimdienste, der die Skrupellosigkeit dieses Geschäfts anprangert und einen Patrioten beschreibt, der an seiner freiwillig gewählten Aufgabe zerbricht. Von guten Darstellern getragen, mit Sinn für Atmosphäre inszeniert und durch viele semidokumentarische Momente um Authentizität bemüht. (Früherer Titel: »Ariel, der Patriot«) ✦ Frankreich 1994 **P** Les Productions Lazennec **R+B** Eric Rochant **K** Pierre Novion **M** Gérard Torikian **S** Pascale Fenouillet **D** Yvan Attal (Ariel), Yossi Banai (Yossi), Sandrine Kiberlain (Marie-Claude), Richard Masur (Jeremy Pelmand), Jean-François Stevenin **L** 142 (TV 106) **E** 2.8.1995 premiere/31.5.1999 ZDF

STAATSFEIND NR.1 (L'ENNEMI PUBLIC NO.1). Joe Calvet, US-Mittelstandsbürger, ist außergewöhnlich kurzsichtig, was ihn fast das Leben kostet: er zieht aus Versehen den Staubmantel des Staatsfeindes Nr.1, Slim, an, wird von der gesamten US-Polizei gesucht und kann nur, nach schrecklichen Abenteuern, mit Hilfe der cleveren Lola die wirklichen Gangster unschädlich machen und sich glücklich auf eine Ranch zurückziehen. Verneuil ist mit Fernandel in der Titelrolle eine vergnügliche Parodie auf die amerikanischen Gangsterfilme gelungen. – Ab 14. ✦ Schwarz-weiß. Frankreich/Italien 1953 **P** Cité/Fides/PEG **KI** Super **Pd** Walter Rupp **R** Henri Verneuil **B** Jean Manse, Michel Audiard, nach einem Stoff von Max Favalelli **K** Armand Thirard **M** Raymond Legrand, Nino Rota **S** Christian Gaudin **D** Zsa Zsa Gabor (Die blonde Lola), Fernandel (Joe Calvet), Alfred Adam (Sheriff), Jean Marchat (Staatsanwalt), Nicole Maurey (Peggy), Louis Seigner (Gefängnisdirektor), Saturnin Fabre (W. W. Stone) **L** 95 **FSK** ab 12; nf **E** 25.12.1953 **fd** 3 057

DER STAATSFEIND NR. 1 (ENEMY OF THE STATE). Ein unbescholtener junger Rechtsanwalt sieht sich über Nacht in ein unentrinnbares Netz staatlicher Sicherheitsagenten verstrickt, die den Mord an einem Parlamentsabgeordneten vertuschen wollen, der sich gegen die gesetzliche Legitimierung des totalen Überwachungsstaates gestellt hat. Das vertraute Orwell-Thema dient als Auslöser eines technokratischen Actionkrimis, der zwar anfangs von der virtuosen Handhabung der Technik profitiert, dessen vordergründiger Spekulation mit »supercoolem« Tempo und Exzeß aber bald die Luft ausgeht. ✦ Scope. USA 1998 **P** Scott Free Prod./Don Simpson-Jerry Bruckheimer Films/Touchstone Pictures **KI** Buena Vista **VA** Buena Vista **DVD** Buena Vista (16:9, 2.35:1, DD5.1 engl./dt.) **Pd** Jerry Bruckheimer **R** Tony Scott **B** David Marconi **K** Dan Mindel **M** Trevor Rabin, Harry Gregson-Williams **S** Chris Lebenzon **D** Will Smith (Robert Dean), Gene Hackman (Brill), Jon Voight (Thomas Brian Reynolds), Lisa Bonet (Rachel Banks), Regina King (Carla Dean), Loren Dean (Hicks), Jake Busey (Krug), Gabriel Byrne (Taxifahrer) **L** 132 **FSK** ab 12; f **FBW** w **E** 17.12.1998/24.6.1999 Video/24.6.1999 DVD **fd** 33 445

STAATSFEIND NR. 1 – JOHN DILLINGER (YOUNG DILLINGER). Vordergründig inszenierter »dokumentarischer« Actionfilm, der die Lebensgeschichte des amerikanischen Gangsters John Dillinger zum Anlaß für eine uninteressante Mischung aus kriminalistischem Nervenkitzel und einer schnulzigen Liebesgeschichte nimmt. ✦ Schwarz-weiß. USA 1964 **P** Zimbalist/Hondo **KI** Alfia **Pd** Alfred Zimbalist **R** Terry Morse **B** Donald Zimbalist, Arthur Hoerl **K** Stanley Cortez **M** Shorty Rogers **S** Terry Morse **D** Nick Adams (John Dillinger), Mary Ann Mobley (Elaine), Robert Conrad (Pretty Boy Floyd), John Ashley (Baby Face Nelson), Victor Buono (Prof. Hoffman), Dan Terranova (Homer Van Meter), John Hoyt (Dr. Wilson) **L** 98 **FSK** ab 18; nf **E** 27.5.1966 **fd** 14 072

STAATSFEIND NR. 2 →Der große Deal

STAATSGEFÄNGNIS NR. 1 (MARIAH STATE). Pilotfilm zu einer Fernsehserie: die psychischen und physischen Probleme von Betreuern und Wärtern des Staatsgefängnisses »Mariah State«. Im Mittelpunkt stehen neben den Angehörigen des Wachpersonals der Gefängnispriester und die Psychologin. (Fernsehtitel: »Hinter Gittern«) – Ab 16. ✦ USA 1987 **P** New World **VA** New Vision **Pd** Allan Leicht **R** Victor Lobel **B** Robert J. Avrech **D** John Getz (Ned Sheffield), Tovah Feldshuh (Dr. Deena Hertz), Philip Baker Hall (James Malone), Chris Wiggins (Kaplan Quinlan), Kathleen Layman (LaSalle) **L** 93 **FSK** ab 12 **E** April 1989 Video

STAATSGEHEIMNIS (STATE SECRET). Ein amerikanischer Chirurg ist der einzige Mitwisser vom Tod des Diktators eines Balkan-Phantasiestaats, der durch ein Double ersetzt worden ist. Jetzt ist er auf der grotesk abenteuerlichen Flucht vor Agenten, die ihn aus Gründen der Staatsräson ermorden sollen. Operettenhaft parodistisches Politabenteuer mit viel Tempo. Mit den angedeuteten Parallelen zur politischen Situation der späten 40er Jahre springt der Film allerdings sehr unbekümmert um. ✦ Schwarz-weiß. Großbritannien 1950 **P** British Lion/London **KI** Deutsche London **Pd** Sidney Gilliat, Frank Launder **R** Sidney Gilliat **B** Sidney Gilliat, nach der Novelle »Appointment with Fear« von Roy Huggins **K** Robert Krasker, John Wilcox **M** William Alwyn **S** Thelma Myers **D** Douglas Fairbanks jr. (John), Glynis Johns (Lisa), Herbert Lom (Theodor), Jack Hawkins (Galcon), Walter Rilla (General Niva), Karel Stepanek (Dr. Revo), Carl Jaffe (Prada) **L** 105 **FSK** ab 12; f **E** 11.8.1950/19.1.1959 ARD **fd** 849

DAS STAATSGEHEIMNIS. Ein junger Mann, der in Berlin eine Sushi-Bar betreibt, wird nach dem Tod seiner Mutter von Unbekannten gejagt, die offenbar brisante Informationen bei ihm vermuten. Bei seinen Recherchen entdeckt er, dass seine Mutter ein Doppelleben führte und offenbar Zugang zu geheimen Stasi-Akten hatte. Deutscher TV-Thriller von Matthias Glasner. ✦ Deutschland 2001 **P** Olga-Film **R** Matthias Glasner **B** Margot Rothkirch, Michael Fengler **K** Benjamin Dernbecher **D** Benno Fürmann (Lars Schelling), Nele Mueller-Stöfen (Nicole Masur), Jutta Wachowiak (Irene Schelling), Maxi Mari Duck (Emmylou), Ill-Young Kim (Kim Chong), Otto Mellies (Krassnitz), Michael Hanemann (Pape), Günther Junghans (Erhardt), Harald Schrott (Heyse) **L** 95 **E** 25.10.2001 ProSieben

DIE STAATSKANZLEI. In der von ihm (und seinem Kollegen Horst Königstein) entwickelten Mischform aus Dokumentar- und Spielszenen rekonstruiert Heinrich Breloer diesmal die Barschel-Affäre, einen der großen innenpolitischen Skandale der 80er Jahre. Während die Dokumentarszenen an das bekannte Fernsehbild des Skandals erinnern, legen die Spielszenen dem Zuschauer nahe, wie es möglicherweise weiterging, wenn Kamera und Mikrofone abgeschaltet waren. Fiktion und Dokumentation verschränken sich nicht zuletzt dank guter Schauspielerleistungen zu einer differenzierten Studie über die politischen Verhältnisse in Deutschland. ✦ BR Deutschland 1989 **P** WDR/NDR **R** Heinrich Breloer **B** Heinrich Breloer, nach einer Idee von Horst Königstein, Volker Skierka, Heinrich Breloer und Cordt Schnibben **K** Klaus Brix, Frank Arnold **M** Hans Peter Ströer **S** Monika Bednarz-Rauschenbach **D** Hermann Lause (Reiner Pfeiffer), Roland Schäfer (Uwe Barschel), Barbara Nüsse (Jutta Schröder), Dietrich Mattausch (Klingner), Grischa Huber (Irmlind Heiser) **L** 105 **E** 29.11.1989 ARD

STAATSRAISON (LA RAISON D'ETAT). Zwei Wissenschaftler, die Kenntnis von unlauteren Geschäftspraktiken im staatlichen Waffenhandel erhalten, werden vom Geheimdienst umgebracht, bevor sie die Öffentlichkeit unterrichten können. Ein Film zu einem äußerst wichtigen und brisanten Thema: er prangert die skrupellosen Waffengeschäfte der französischen Regierung mit der Dritten Welt an sowie ihre zweifelhaften Methoden, den Widerstand der Öffentlichkeit zu brechen. In der Art kommerzieller Politthriller spannend inszeniert, stehen die gewollte Publikumsnähe und die allzu plakative Moral der Geschichte dem Anliegen des Films leider manchmal im Weg. – Ab 16. ✦ Frankreich 1977 **P** Paris-Cannes Prod./Alpes Cinéma/Mida **R** André Cayatte **B** André Cayatte, Jean Curtelin **K** Armando Nannuzzi **M** Vladimir Cosma **S** Paul Cayatte **D** Jean Yanne (Leroi), Monica Vitti (Angela), François Périer (Marrot), Michel Bouquet (Jobin), Jean-Claude Bouillon (Moulin) **L** 95 **E** 25.4.1980 Kino DDR/28.2.1983 DFF 1/9.8.1986 ZDF

STAATSSTREICH (COLPO DI STATO). Bei den Wahlen 1972 in Italien sagen die Computer plötzlich einen riesigen Vorsprung der Kommunisten voraus. Eine bissige politische Satire, die ironisch ausmalt, was geschehen könnte, wenn in Italien die »Roten« die absolute Mehrheit erringen würden. ✦ Schwarz-weiß. Italien 1968 **P** Vides **R** Luciano Salce **B** Luciano Salce, Ennio de Concini **K** Luciano Trasatti **M** Gianni Marchetti **D** Steffen Zacharias (Bradis), Dimitri Tamarov (Matruch), Orchidea de Santis (Verlobte), Liz Barrett (Gastgeberin), Anna Casalino (Anna Ferretti) **L** 101 **E** 3.1.1975 ARD

DER STAATSVERBRECHER (GOSSUDARSTWENNYJ PRESTUPNIK). Nach zwanzig Jahren wird die Fahndung nach einem Kriegsverbrecher wiederaufgenommen. Die sorgsame Prüfung auch der geringsten Spur führt schließlich zur Entlarvung des Mörders. Gepflegter Kriminalfilm, sehr geschickt im Aufbau, spannend und gut gespielt. – Ab 14. ✦ Scope, schwarz-weiß. UdSSR 1964 **P** Lenfilm **KI** Progress **R** Nikolai Rosanzew **B** Alexander Galitsch **K** Alexander Tschirow **M** Nikolai Tscherwinski **D** Alexander Demjanenko, Alla Pokrowskaja, Sergej Lukjanow, Pawel Kadotschnikow **L** 96 **E** 26.3.1965 Kino DDR/4.2.1967 DFF 1

STABWECHSEL IN DER 7C. Der Film beschreibt die Alltagsprobleme einer 12jährigen, die allmählich ihre Zurückhaltung überwindet und begreift, dass sie Schwierigkeiten und Problemen nicht ständig ausweichen kann. Unbedeutender Kinderfilm des DDR-Fernsehens. ✦ DDR 1981–82 **P** DEFA **Pd** Kurt Lichterfeldt **R+B** Andreas Schreiber **K** Jürgen Lenz **M** Thomas Natschinski **S** Helga Gentz **D** Susan Schließer (Gesine Kunze), Constanze Jungnickel (Bea), Susanne Hennig (Ellen), Monika Lennartz (Gesines Mutter), Gisela Rimpler (Klassenlehrerin) **L** 73 **E** 12.9.1982 DFF 1

STACCO (STACCO). Ein alternder Profikiller überlebt als einziger die Auseinandersetzungen mit einem verbrecherischen Pärchen und einem sadistischen Kollegen. Schludrig zusammengeschusterter Gangsterfilm mit wirrer Handlung und aufgesetzten Brutalitäten. ✦ Scope. Italien/Spanien 1975 **P** Metheus/J.P.T. **VA** Starlight **R** Marlon Sirko (= Mario Siciliano) **B** Santiago Moncada **K** Alejandro Ulloa **M** Stelvio Cipriani **D** Lee Van Cleef, Tita Barker, John Ireland,

Robert Widmark (= Alberto Dell'Acqua), Karen Well L 92 E 1984 Video fd 24 747

STACEY – BLOND, SCHNELL UND TÖDLICH (STACEY! / STACEY AND HER GANGBUSTERS). Als eine erfolgreiche Privatdetektivin beauftragt wird, die Familienverhältnisse einer reichen alten Dame zu durchleuchten, die ihr Testament aufsetzen will, sticht sie in ein Netz von Intrigen, Erpressung, Korruption und Mord. Öder Kriminalfilm, dessen modischer Anstrich von einst (Flower-Power-Schickeria der frühen siebziger Jahre) ebenso aufgesetzt wirkt wie einige biedere Bettszenen. Besonders in der optischen Aufbereitung dilettantisch stereotyp. ✦ USA 1973 P Penn-Pacific VA ITT Contrast Pd Leon Mirell R Andy Sidaris B William Edgar K Mark Zavad M Don Randi S Craig Stewart D Anne Randall (Stacey Hansen), Alan Landers, James Westmoreland, Anita Ford, Marjorie Bennett, Christina Raines L 78 E 1984 Video fd 24 652

DER STACHEL →Der Dreh mit dem Millionencoup

DER STACHEL DES BÖSEN (BEYOND THE FOREST). Eine rastlose junge Frau, verheiratet mit dem beliebten Arzt einer Kleinstadt, sehnt sich nach dem aufregenden Leben in Chicago. Ihre Affäre mit einem Industriellen führt nicht zu dem erhofften Ausstieg, sondern zu einem Erpressungsversuch durch einen Mitwisser, dessen Ermordung und ihrer Flucht. Als der Ehemann der inzwischen schwanger gewordenen Mörderin sich weigert, sein Kind abzutreiben, provoziert sie eine Fehlgeburt, an deren Folgen sie stirbt. Düster-schwerfälliges, übertrieben konstruiertes und in der Hauptrolle überzogen gespieltes Melodram, das durch die eindimensionale Schwarzweißzeichnung der Charaktere ins Lächerliche kippt. – Ab 16. ✦ Schwarz-weiß. USA 1949 P Warner Pd Henry Blanke R King Vidor B Lenore Coffee, nach dem Roman von Stuart Engstrand K Robert Burks M Max Steiner S Rudi Fehr D Bette Davis (Rosa Moline), Joseph Cotten (Dr. Lewis Moline), David Brian (Neil Latimer), Ruth Roman (Carol), Minor Watson (Moose), Dona Drake (Jenny) L 89 E 18.12.1994 WDR

STACHEL DES TODES →The Sting of Death

STACHEL IM FLEISCH. Während eines Sardinienurlaubs offenbaren sich plötzlich Eheprobleme und Konflikte einer deutschen Durchschnittsfamilie. Ironische Komödie über Egoismus und Verlust des familiären Zusammengehörigkeitsgefühls, mit scharfem Blick für das spezifische Rollenspiel der Familienmitglieder inszeniert. Trotz Schwächen in der optischen Wirkung eine überdurchschnittliche deutsche Komödie. – Ab 16. ✦ BR Deutschland 1981 P Solaris/Maran Kl Filmwelt Pd Hans Weth R Heidi Genée B Heidi Genée, Helga Kraus K Jaroslav Kucera M Gaspare Giua S Helga Bayer D Helmut Griem (Hans), Barbara Lass (= Barbara Kwiatkowska) (Ines), Jane Tilden (Lotte), Daniel Genée (Beni), Johanna Musil (Yella), David Ashkenasi (Martin) L 88 FSK ab 6; f E 1.5.1981 fd 22 963

STACYS LETZTER JOB (POLICE STORY: THE BROKEN BADGE). Ein alternder Polizist muß wegen eines angeblichen Mordes ins Gefängnis, bis zwei Kollegen beweisen, daß er von einem korrupten Politiker hereingelegt wurde. Einfallsloser Kriminalfilm nach üblicher Schablone, der eine fragwürdige Rechtsvorstellung offenbart. ✦ USA 1977 P Columbia TV VA RCA/Columbia R Lee H. Katzin B Adrian Leeds K Emmett Bergholz M Richard Markowitz D Claude Akins, Dennis Dugan, Michael Bell, Cheryl Miller, George DiCenzo L 93 FSK ab 12 E 7.6.1988 Video fd 27 053

DIE STADT (KASABA). Die Geschichte einer Großfamilie in einer kleinen türkischen Stadt, gesehen durch die Augen von Kindern. Im Ablauf der Jahreszeiten und in unterschiedlichen filmischen Rhythmen werden die Schicksale dreier Generationen beschrieben, wobei sich im Laufe des Films die alltäglichen Eindrücke der Kinder zu einer Reflexion des Lebens der Erwachsenen und der Mühen des Alltags verdichten. Ein autobiografisch gefärbter Film, mit bescheidenen Mitteln im Heimatdorf des Filmautors gedreht. (O.m.d.U.) ✦ Türkei 1997 P NBC Film Kl Freunde der Deutschen Kinemathek Pd+R+B+K Nuri Bilge Ceylan M Ali Kayaci S Ayhan Ergürsel D Emin Toprak, Havva Saglam, Cihat Bütün, Fatma Ceylan, Emine Ceylan L 85 E 1998

STADT AN DER GRENZE (BORDERTOWN). Trotz Ausdauer und großer Entbehrungen gelingt es einem jungen Mann aus ärmlichen Verhältnissen nicht, sich als Anwalt zu etablieren. Enttäuscht versucht er sein Glück als Teilhaber eines Spielkasinos und wird von der neurotischen Ehefrau des Besitzers in eine düstere Affäre hineingezogen. Spannendes Melodram, das der Szenerie einer schäbigen Kleinstadt an der amerikanisch-mexikanischen Grenze eine dichte Atmosphäre abgewinnt. ✦ Schwarz-weiß. USA 1935 P Warner Bros. Pd Robert Lord R Archie Mayo B Laird Doyle, Wallace Smith, nach einem Roman von Carroll Graham K Tony Gaudio M Bernard Haun S Thomas Richards D Bette Davis (Marie Roark), Paul Muni (Johnny Ramierez), Margaret Lindsay (Dale Elwell), Gavin Gordon (Brook Mandillo), Arthur Stone (Manuel Diego), Eugene Pallette (Charlie Roark) L 85 E 12.8.1978 BR

STADT ANATOL. Brigitte Horney in der Rolle einer temperamentvollen Hoferbin, die den tüchtigen Abenteurer Jacques umschmeichelt, weil er unweit von Anatol ein Ölfeld entdeckt hat. Langsam wird die kleine Stadt im Ölfieber verrückt; ein Schuft wird den ganzen Ort in die Luft sprengen. Ein typischer deutscher Abenteuerfilm nach 1933: Ausweichen ins Exotische, eine Prise Zeitgeist (das Bodenständige), technischer Aufwand beim bravourös gefilmten Katastrophenschluß, Pseudohumor und gestelzte Dialoge. Immerhin eine der besten Regieleistungen des 1918 aus Rußland emigrierten Routiniers Tourjansky (1892–1972). – Ab 16. ✦ Schwarz-weiß. Deutschland 1936 P Ufa Kl Atlantic R Viktor Tourjansky B Peter Francke, Walter Supper, nach dem Roman von Bernhard Kellermann K Karl Puth M Walter Gronostay S Eduard von Borsody D Brigitte Horney (Franziska), Gustav Fröhlich (Jacques), Fritz Kampers (Jaskulski), Rose Stradner (Sonja Yvolandi), Karl Hellmer (Xaver) L 93 FSK ab 16; nf E 16.10.1936/24.10.1971 ZDF/2.5.1983 DFF 1 fd 698

EINE STADT BESIEGT DIE ANGST. Ein Architekt erkrankt nach seiner Rückkehr aus Südostasien an den roten Pocken. Die Ärzte und Behörden verhindern die Ausbreitung der gefährlichen Krankheit. ✦ Schwarz-weiß. UdSSR 1966 P Dowshenko-Studio R Mark Orlow B Alexander Miltschakow K S. Janowski M N. Polos D Daniil Iltschenko, Georgi Kulikow, Kira Golowko, Tamara Koroljuk, Eduard Pavuls L 67 E 13.6. 1968 DFF 1

STADT DER ENGEL (CITY OF ANGELS). Ein Schutzengel, der die Menschen und ihre Empfindungen besser verstehen möchte, verliebt sich in eine Herzchirurgin und opfert seine Unsterblichkeit, um fühlen, berühren und lieben zu können. Zwar ist sein irdisches Glück nur von kurzer Dauer, doch lernt er, daß auch Tod und Trauer Bestandteile des Lebens sind. Ein von einem überzeugenden Hauptdarsteller getragener Film, der zwar nicht gegen die Klischees der amerikanischen Liebesromanze gefeit ist, jedoch genügend Ernsthaftigkeit besitzt, um die spirituellen Dimensionen seines Themas auszuloten. Eine Auseinandersetzung mit Liebe, Leben und Tod, der es in ihren dichtesten Momenten durchaus gelingt, Trost zu spenden. (Remake von Wim Wenders' Film »Der Himmel über Berlin«; Kinotip der katholischen Filmkritik) DVD: Die Special Edition beinhaltet u. a. einen Audiokommentar des Regisseurs. – Sehenswert ab 14. ✦ Scope. USA 1998 P Atlas Entertainment Kl Warner Bros. VA Warner Home DVD Warner Home (SE, 16:9, 2.35:1, DD5.1 engl./dt.) Pd Dawn Steel, Charles Roven R Brad Silberling B Dana Stevens, nach einem Film von Wim Wenders K John Seale M Gabriel Yared S Lynzee Klingman D Nicolas Cage (Seth), Meg Ryan (Maggie), André Braugher (Cassiel), Dennis Franz (Messinger), Colm Feore (Jordan) L 114 FSK ab 12; f E 23.7.1998/11.3.1998 Video/10.3.1999 DVD fd 33 236

DIE STADT DER FRAUEN →Fellinis Stadt der Frauen

STADT DER FREUDE (19??). Eine authentische Geschichte aus dem Ungarn des Jahres 1945. Durch den Krieg eltern- und heimatlos gewordene Kinder, die bislang nur Hunger, Entbehrungen und Gewalt kannten, ziehen in einer verlassenen Villa ein. Unter Anleitung eines evangelischen Pastors finden sie zu einer neuen positiven Lebenseinstellung. – Ab 16. ✦ R Erika Szántó B Eva Schulze, Erika Szántó D Péter Huszti (Onkel Gábor), Katalin Takács (Katalin), Zoltán Nagy (Jancsi), Zsolt László jr. (Gabcsi), Péter Rudolf (András) L 95 E 2.8.1991 West 3

STADT DER FREUDE (1992) (CITY OF JOY). Ein frustrierter amerikanischer Arzt findet in der Millionenstadt Kalkutta wieder Anschluß ans Leben, indem er einem ausgebeuteten Rikschafahrer zu Selbstbewußtsein und den Ärmsten der Armen zur Kraft des Protestes gegen die lokale »Mafia« verhilft. Das glaubwürdige und bildstarke Porträt indischen Alltagslebens geht in einer mit melodramatischen Klischees überfrachteten Story unter. ✦ Großbritannien/Frankreich 1992 P Allied Filmmakers/Lightmotive/Pricel Kl Neue Constantin VA Constantin DVD CinePlus (1.85:1, DD2.0 dt.) Pd Jake Eberts, Roland Joffé R Roland Joffé B Mark Medoff, nach einem Roman von Dominique Lapierre K Peter Biziou M Ennio Morricone S Gerry Hambling D Patrick Swayze (Max Lowe), Pauline Collins (Joan Bethel), Om Puri (Hasari Pal), Shabana Azmi (Kamla Pal), Ayesha Dharker (Amrita Pal), Santo Chowdhury (Shambu Pal), Art Malik (Ashoka) L 134 FSK ab 16; f FBW w E 22.4.1993/22.11.1993 Video/14.12.1994 premiere/1.6.2001 DVD fd 30 163

STADT DER GEWALT (THE CITY). Ein junger Mann, der in Heimen aufgewachsen ist, fällt auf, als er unmotiviert wie im Wahn einen Sportwagen demoliert und dessen Fahrer tödlich verletzt. Polizisten verfolgen seine Spur, die zu einem Country-Sänger führt, den der junge Mann bedroht, da er ihn für seinen Vater hält und sich für die erfahrene Benachteiligung rächen will. Fernsehkrimi, der sich einen sozialkritischen Anstrich gibt, aber wohl nur deshalb »ausgegraben« wurde, weil Darsteller mitwirken, die inzwischen Starruhm erworben haben. Selbst für deren Fans jedoch eine Enttäuschung. ✦ USA 1976 P QM Productions VA Highlight Pd John Wilder R Harvey Hart B John Wilder K Jacques Marquette M John Elizalde S Ray Daniels, Jim Gross D Robert Forster (Lt. Matt Lewis), Don Johnson (Sgt. Brian Scott), Mark Hamill (Eugene Banks), Ward Costello (Cpt. Lloyd Bryant), Susan Sullivan (Carol Carter) L 73 FSK ab 12 E 8.3.1988 Video fd 26 883

STADT DER HOFFNUNG →City of Hope

STADT DER HUNDE. Nach 15jähriger Abwesenheit kehrt ein Fotoreporter in eine Kleinstadt zurück, um eine damals begonnene Entwicklung endlich abzuschließen. Er sieht sich mit Menschen konfrontiert, die sich ihre eigene Realität, die sie gar nicht in der Lage sind zu erfüllen, erträumen. Ein Kamerafilm, der gelebte Ideologien vorführt, wobei sich die Handlung wie ein Mosaik zusammensetzt und jedes Bausteinchen den Keim für die nächste Episode in sich trägt. So ist der Film auch ein Versuch über die Dialektik von Fragment und Totalität. ✦ R+B Alf Brustellin L 60 E 1.8.1972 ZDF

STADT DER ILLUSIONEN (THE BAD AND THE BEAUTIFUL). Charakterstudie eines dank Genialität und skrupelloser Selbstsucht erfolgreichen Hollywood-Produzenten, der sich seiner Mitarbeiter rücksichtslos bedient, um ein Comeback zu erzwingen. Die mit vielen Rückblenden erzählte Geschichte erlaubt einen kritischen Blick hinter die glamouröse Fassade der Filmwelt. Elegant inszenierte und psychologisch stimmige Unterhaltung. – Ab 16. ✦ Schwarz-weiß. USA 1952 P MGM Kl MGM Pd John Houseman R Vincente Minnelli B Charles Schnee K Robert Surtees **M** David Raksin **S** Conrad A. Nervig **D** Kirk Douglas (Jonathan Shields), Lana Turner (Georgia Lorrison), Walter Pidgeon (Harry Pebbel), Dick Powell (James Lee Bartlow), Barry Sullivan (Fred Amiel), Gloria Grahame (Rosemary Bartlow), Gilbert Roland (Victor »Gaucho« Ribera), Leo G. Carroll (Henry Whitfield), Vanessa Brown (Kay Amiel), Paul Stewart (Syd Murphy), Sammy White (Gus), Elaine Stewart (Lila), Ivan Triesault (Von Ellstein), Kathleen Freeman (Miss March) **L** 116 **FSK** ab 16; f **FBW** w **E** 1.9.1953/ 20.12.1971 ZDF **fd** 2 597

DIE STADT DER MEISTER (GOROD MASTEROW). Die Erlebnisse eines tapferen Besenbinders im Kampf gegen einen Herzog. – Ab 6. ✦ UdSSR 1965 **P** Belarusfilm **KI** Progress **R** Wladimir Bytschkow **B** Nikolai Erdman, nach dem Roman von Tamara Gabbe **K** Michail Ardabjewski, Alexander Knjashinski **M** Oleg Karawaitschuk **D** Georgi Lapeto, Marianna Wertinskaja, Lew Lemke, Saweli Kramarow, A. Baranowski **L** 82 **E** 10.3.1967 Kino DDR

DIE STADT DER RAUHEN MÄNNER (FIGHTING MAN OF THE PLAINS). Ein ehemaliger Südstaaten-Rebell taucht um 1870 in einer Viehstadt in Kansas auf, geht als vermeintlicher Detektiv gegen Desperados, Falschspieler und korrupte Politiker vor und wird, als ihn ein ehemaliger Verbündeter entlarvt, zum Tode verurteilt. In letzter Minute befreit ihn die Bande um Jesse James. Schießfreudiger Western, der nie den Durchschnitt der Gattung übertrifft. Der ursprünglich farbig gedrehte Film wurde in den deutschen Kinos in einer schwarz-weißen und gekürzten Fassung gezeigt. Im Fernsehen war er farbig und in Originallänge zu sehen. (Titel der abermals gekürzten Videofassung: »Die Rache des Jesse James«) – Ab 14. ✦ USA 1949 **P** Fox **KI** Interna **VA** Allround **Pd** Nat Holt **R** Edwin L. Marin **B** Frank Gruber **K** Fred Jackman jr. **M** Paul Sawtell **S** Philip Martin **D** Randolph Scott (Jim Dancer), Bill Williams (Johnny Tancred), Jane Nigh (Florence Peel), Douglas Kennedy (Ken Vedder), Victor Jory (Dave Oldham), Joan Taylor (Evelyn Slocum), Berry Kroeger (Cliff Bailey), Rhys Williams (Chandler Leach), Paul Fix (Yancey), James Millican (Cummings), Dale Robertson (Jesse James), Harry Cheshire (Lanyard), John Halloran (Harmer), Cliff Clark (Travers) **L** 80/70(Orig. 94) **FSK** ab 12; nf **E** 7.1. 1955/12.9.1985 TV **fd** 3 824

STADT DER SPIELER 1. + 2. TEIL (THE NEON EMPIRE). Ein ehrgeiziger New Yorker Jung-Gangster hat eine Vision; er will in der Wüste von Nevada eine Stadt aus dem Boden stampfen, die einzig dem Glücksspiel dient. Unsummen von Mafiageld fließen in den kleinen Ort Las Vegas, der als zukünftiges Spieler-Imperium ausgesucht wurde. Eine episch angelegte Inszenierung voller Intrigen, Ränkespiele und Machtkämpfe. – Ab 16. ✦ USA 1989 **P** Fries Entertainment **Pd** Richard Maynard **R** Larry Peerce **B** Pete Hamill **K** Gerald Hirschfeld **M** Lalo Schifrin **S** Bob Wyman **D** Ray Sharkey, Martin Landau, Gary Busey, Harry Guardino, Linda Fiorentino **L** 191 **E** 7., 21.4.1993 premiere (zwei Teile)

DIE STADT DER TAUSEND GEFAHREN (THE ATOMIC CITY). Im Atomforschungszentrum Los Alamos wird der kleine Sohn eines Wissenschaftlers entführt, um atomare Geheimnisse zu erpressen, aber das FBI scheut weder Mühe noch Gefahr, als es das Kind nach einer aufregenden Verfolgungsjagd befreit. Spannende, aber einfältige Propaganda für die Notwendigkeit der Spionageabwehr. – Ab 12. ✦ Schwarz-weiß. USA 1952 **P** Paramount **KI** Paramount **Pd** Joseph Sistrom **R** Harold H. Hopper **B** Sydney Boehm **K** Charles Lang jr. **M** Leith Stevens **S** Archie Marshek **D** Gene Barry (Dr. Addison), Lydia Clarke (Martha Addison), Nancy Gates (Ellen), Michael Moore (Russ Farley), Lee Aaker (Tommy Addison), Milburn Stone (Harold Mann), Bert Freed (Emil Jablons), Frank Cady (Weinberg) **L** 86 **FSK** ab 12; f **E** 13.11.1952 **fd** 2 188

STADT DER TOTEN (CITY OF THE DEAD). Hexen aus dem 17. Jahrhundert, durch einen Pakt mit dem Teufel bis zur Gegenwart am Leben gehalten, töten eine Studentin und suchen weitere Blutopfer, bis sie im Zeichen des Kreuzes vernichtet werden. Lachhafter B-Horrorfilm. ✦ Schwarz-weiß. Großbritannien 1960 **P** Vulcan **KI** Cinema **Pd** Milton Subotsky (ungenannt), Donald Taylor **R** John Llewellyn Moxey **B** George Baxt **K** Desmond Dickinson **M** Douglas Gamley, Kenneth V. Jones **S** John Pomeroy **D** Christopher Lee (Prof. Driscoll), Dennis Lotis (Richard Barlow), Betta St. John (Patricia Russell), Valentine Dyall (Jethrow Keane), Patricia Jessel (Elizabeth Selwyn), Venetia Stevenson (Nan Barlow), Norman MacOwan (Rev. Russell) **L** 75 **FSK** ab 16; nf **E** 13.12.1963 **fd** 12 499

DIE STADT DER TOTEN SEELEN (RAGE AT DAWN / SEVEN BAD MEN). 1866 schleichen sich zwei Detektive in Indiana in die Räuberbande der Reno-Brüder ein, locken sie in eine Falle und sehen tatenlos zu, als die Bevölkerung ihre Peiniger lyncht. Historisch kompetenter Western für bescheidene Ansprüche mit realistisch ausgespielten Brutalitäten. (Titel auch: »Die 4 Gesetzlosen«) – Ab 16. ✦ USA 1955 **P** RKO **KI** RKO **Pd** Nat Holt **R** Tim Whelan **B** Horace McCoy **K** Ray Rennahan **M** Paul Sawtell **S** Harry Marker **D** Randolph Scott (James Barlow), Forrest Tucker (Frank Reno), Mala Powers (Laura Reno), J. Carroll Naish (Sim Reno), Edgar Buchanan (Hawkins), Kenneth Tobey (Monk Claxton), Howard Petrie (Lattimore), Myron Healey (John Reno), Ray Teal (Constable Brant), William Forrest (Amos Peterson), Denver Pyle (Clint Reno), Trevor Bardette (Fisher), Chubby Johnson (Hyronymus), Ralph Moody **L** 87 **FSK** ab 12; nf **E** 4.11.1955 **fd** 4 518

EINE STADT DER TRAURIGKEIT (BEIQING CHENGSHI). Die Söhne einer taiwanesischen Großfamilie, eine junge Krankenschwester, die den taubstummen jüngsten Sohn liebt, sowie ihr Bruder werden zwischen 1945 und 1949 in die Unruhen und Wirrnisse im Land verwickelt, als Taiwan zum Spielball im Machtkampf zwischen Nationalchinesen und Kommunisten wird und unter Korruption und wirtschaftlicher Ausblutung leidet. Ein ebenso behutsam wie souverän entwickelter, facettenreicher »Heimatfilm«, der weniger daran interessiert ist, die historischen Zusammenhänge zu rekonstruieren, als auf einfühlsame Weise deren Auswirkungen auf die Menschen und ihre Empfindungen bis in die Gegenwart darzustellen. (Teils O.m.d.U.) – Sehenswert. ✦ Taiwan 1989 **P** 3-H Film/Era International **KI** Pandora **Pd+R** Hou Hsiao-Hsien **B** Wu Nien-Jen, Chu Tien-Wen **K** Chen Hwa-En **M** Naoki Tachikawa, Chang Hong-Yi **S** Liao Ching-Sung **D** Chen Sown-Yun (Wenheung), Tony Leung (= Tony Leung Chiu-wai) (Wenching), Hsju Shu-Fen (Hinomi), Wu Yi-Fang (Hinoei), Kao Jai (Wenleung) **L** 158 **E** 26.3.1992/17.10. 1995 3sat **fd** 29 708

STADT DER VAMPIRE → Salem II – Die Rückkehr

STADT DER VERDAMMTEN (SILVER LODE). Ein als Bezirksrichter getarnter Gangster versucht eine alte Rechnung mit einem ehemaligen Komplizen und inzwischen angesehenen Bürger zu begleichen. Unglaubwürdiger Klischee-Western, in dem Mord und Totschlag im Vordergrund stehen. – Ab 16. ✦ USA 1954 **P** RKO **KI** RKO **Pd** Benedict Bogeaus **R** Allan Dwan **B** Karen de Wolf **K** John Alton **M** Louis Forbes **S** James Leicester **D** John Payne (Dan Ballard), Lizabeth Scott (Rose Evans), Dan Duryea (McCarty), Dolores Moran (Dolly), Emile Meyer (Sheriff Woolley), Harry Carey jr. (Johnson), Robert Warwick (Richter Cranton), Alan Hale jr. (Kirk), Stuart Whitman (Wicker), Morris Ankrum (Zachary Evans), Frank Sully (Paul Herbert), Paul Birch (Reverend Field), Roy Gordon (Dr. Elmwood), William Haade (Verfolger), Lane Chandler (Mann beim Feuer), John Dierkes (Hufschmied), Byron Foulger (Prescott), Myron Healey **L** 80 **FSK** ab 16; nf **E** 4.3.1955 **fd** 3 952

DIE STADT DER VERLORENEN (LEGEND OF THE LOST). Zwei Abenteurer auf der Suche nach den Schätzen einer in der Sahara versunkenen Stadt geraten durch ihre Rivalität um die Liebe einer Frau in erbitterte Gegnerschaft. Trotz großer Besetzung ein eher langweiliger Abenteuerfilm in dekorativer Landschaft. – Ab 16. ✦ Scope. USA/Panama/Italien 1957 **P** Batjac/Haggiag/Dear **KI** United Artists **Pd+R** Henry Hathaway **B** Robert Presnell jr., Ben Hecht **K** Jack Cardiff **M** Angelo Francesco Lavagnino **S** Bert Bates **D** John Wayne (Joe January), Sophia Loren (Dita), Rossano Brazzi (Paul Bonnard), Kurt Kasznar (Präfekt Dukas), Sonia Moser (1. Mädchen), Angela Portaluri (2. Mädchen) **L** 109 **FSK** ab 12; nf **E** 5.4.1958 **fd** 6 927

DIE STADT DER VERLORENEN KINDER (LA CITE DES ENFANTS PERDUS). Den monströsen Bewohnern einer Plattform im Meer werden regelmäßig Kinder zugeführt, damit einer ihrer Anführer durch ihre Träume seinen rasanten Alterungsprozeß stoppen kann. Ein gutmütiger Riese unternimmt einen Befreiungsversuch, als sein dreijähriger Bruder entführt wird. Ein von überbordenden Einfällen, Fabulierlust und grotesken Gestalten geprägtes grausiges Märchen, das mit rabenschwarzem Humor ein furioses Feuerwerk abbrennt. Letztlich setzt der Film aber zu sehr auf Effekte, wodurch er zunehmend Leerlauf produziert. – Ab 16. ✦ Frankreich/Spanien/ Deutschland 1994 **P** Claudie Ossard Prod./Constellation/Lumière/Studio Canal+/France 3 Cinéma/ Elias Querejeta/Tele München **KI** Concorde/CR/T **VA** Concorde (VCL) **Pd** Claudie Ossard **R** Jean-Pierre Jeunet, Marc Caro **B** Jean-Pierre Jeunet, Marc Caro, Gilles Adrien **K** Darius Khondji **M** Angelo Badalamenti **S** Hervé Schneid **D** Ron Perlman (One), Daniel Emilfork (Krank), Judith Vittet (Miette), Dominique Pinon (Der Taucher/Die Klone), Jean-Claude Dreyfus (Marcello, der Floh-Dompteur) **L** 112 **FSK** ab 12; f **E** 17.8.1995/21.2.1996 Video/13.2.1997 premiere **fd** 31 468

STADT DER VERLORENEN SEELEN (BERLIN BLUES). Rosa von Praunheims musicalhafter Versuch, eine Gruppe von in Berlin lebenden amerikanischen Transsexuellen und Transvestiten vorzustellen, indem er ihnen Raum für ihre pompöse und primadonnenhafte, obszöne und enttabuisierte Selbstbespiegelung läßt. ✦ BR Deutschland 1982 **P** Von Praunheim/HR/SFB **SF** Basis **Pd** Johannes Surek **R+B** Rosa von Praunheim **K** Stephan Köster **M** Holger Münzer, Alexander Kraut, Jayne County, Angie Stardust, Joaquin La Habana **S** Rosa von Praunheim **D** Angie Stardust, Jayne County, Tron von Hollywood, Tara O'Hara, Judith Flex **L** 91 **FSK** ab 18; nf **E** 27.2. 1983 **fd** 23 887

DIE STADT, DEREN KÖNIG EIN KIND IST (LA VILLE, DONT LE PRINCE EST UN ENFANT). Theaterverfilmung. In einem strengen katholischen Kollegium in Paris widmet sich der Abbé mit besonderem Interesse einem 13jährigen Lausebengel. Als der sich mit dem Musterschüler anfreundet, beginnen die Probleme. ✦ Frankreich 1996 **R** Christophe Malavoy **B** Didier Decoin, nach einem Stück von Henry de Montherlant **K** Bernard Lutic **S** Noëlle Boisson **D** Christophe Malavoy (Abbé de Pradts), Michel Aumont (Schulleiter), Naël Marandin (Sevrais), Clément van den Bergh (Souplier), Pierre-Arnaud Juin (Habert) **L** 91 **E** 7.3.1997 arte

STADT DES GRAUENS (1971) (THE BROTHERHOOD OF SATAN). Zufällig stoßen Reisende auf einen kleinen von der Außenwelt abgeschnitten Ort, in dem innerhalb von drei Tagen 26 Menschen ums Leben gekommen und viele Kinder verschwunden sind. Ein Priester vermutet, daß Satansanbeter am Werk sind, die sich auf diese Weise mit »Nachwuchs« versorgen wollen. Primitiver, langweiliger Horrorfilm, der mit sattsam bekannten Mitteln Nervenkitzel zu erzeugen versucht. ✦ USA 1971 **P** Columbia **Pd** L. Q. Jones, Alvy Moore **R** Bernard McEveety **B** William Welch **K** John A. Morrill **M** Jaime Mendoza-Nava **S** Marvin Walowitz **D** Strother Martin (Don Duncan), L. Q. Jones (Sheriff), Charles Bateman (Ben), Anna Capri (Nicky), Charles Robinson (Priester), Alvy Moore (Tobey) **L** 92 **E** 24.3.1995 RTL

STADT DES GRAUENS (1987) (THE CARRIER). In einem verschlafenen Provinznest wird ein Mann von einem Tier angefallen und mit einer Seuche infiziert. Alles, was er nun berührt, ist kontaminiert; Menschen, die mit diesen Gegenständen in Kontakt kommen, lösen sich wie in Säure auf. Ein haarsträubender Horrorfilm in lächerlicher Machart, der den gesunden Menschenverstand Lügen straft. ✦ USA 1987 **R+B** Nathan J. White **D** Gregory Fortescue (Jack Spear), Stevie Lee (Treva), Steve Dixon (Dr. Anthony King), N. Paul Silverman (Reverend), Paul Urbanski (Joshua) **L** 95 **E** 4.11.1996 RTL 2

EINE STADT GEHT DURCH DIE HÖLLE (THE PHOENIX CITY STORY). Ein junger Rechtsanwalt kämpft im Interesse seiner Mitbürger gegen Korruption und organisiertes Gangstertum in seiner Heimatstadt Phoenix City. Harter, konzentrierter Gangsterfilm in halbdokumentarischem Stil nach tatsächlichen Begebenheiten aus dem Jahr 1948. ✦ Schwarz-weiß. USA 1955 **P** Allied Artists **Kl** United Artists **Pd** Samuel Bischoff, David Diamond **R** Phil Karlson **B** Crane Wilbur, Daniel Mainwaring **K** Harry Neumann **M** Harry Sukman **S** George White **D** John McIntire (Albert Patterson), Richard Kiley (John Patterson), Kathryn Grant (Ellie Rhodes), Edward Andrews (Rhett Tanner), Lenka Peterson (Mary Jo Patterson), Biff McGuire (Fred Gage), Truman Smith (Ed Gage), Jean Carson (Cassie) **L** 87 **FSK** ab 16; f **E** 1.6.1956 **fd** 5 062

EINE STADT HÄLT DEN ATEM AN (SEVEN DAYS TO NOON). Einen britischen Atomwissenschaftler bringen Gewissensbisse und die seelische Belastung seiner Arbeit aus der Fassung. Am Rande eines Nervenzusammenbruchs will er London in die Luft sprengen, wenn die Regierung seine Forderung nach einem Atomwaffenstop nicht erfüllt. Ein intensiver Thriller mit semidokumentarischen Details und angedeutetem seriösen Hintergrund. »Oscar« für das Drehbuch. – Ab 14. ✦ Schwarz-weiß. Großbritannien 1950 **P** London **Kl** Deutsche London **Pd** Roy Boulting **R** John Boulting **B** Roy Boulting, Frank Harvey **K** Gilbert Taylor, Ray Sturgess **M** John Addison **S** Roy Boulting **D** Barry Jones (Prof. Willingdon), Olive Sloane (Goldie), Andre Morell (Inspektor Folland), Joan Hickson (Mrs. Peckett), Sheila Manahan (Ann Willingdon), Hugh Cross (Stephen Lane), Ronald Adam (Premierminister) **L** 97 **FSK** ab 12; f **E** 19.1. 1951/16.7.1961 ARD **fd** 1 088

DIE STADT HIBISKUS (FU-RONG-ZHEN). Eine ehrgeizige und neidische Parteifunktionärin intrigiert gegen ein junges Ehepaar, das in einem chinesischen Bergdorf mit einem Speiselokal zu bescheidenem Wohlstand gekommen ist. Nach dem Tod des Mannes fristet die Frau unter entwürdigenden Umständen ein kärgliches Dasein. Als sie einem gleichfalls verfemten Komponisten begegnet, hetzt die Funktionärin gegen die »Klassenfeinde«, die heftigsten Erniedrigungen ausgesetzt werden. Effektvolle Mischung aus Milieurealismus, Melodramatik und volkstümlicher Ironie; der zuweilen zu berechnend komponierte Film prangert menschenverachtende Machtarroganz chinesischer Funktionäre während der »Kulturrevolution« in einem Zeitbogen von 1963 bis 1976 an; ein eindringlicher, berührender Appell, die Würde des Menschen zu repsektieren. – Sehenswert ab 16. ✦ VR China 1987 **P** Shanghai Film Studio/ China Film Corporation **R** Xie Jin **B** Ah Cheng, Xie Jin, nach einem Roman von Gu Hua **K** Lu Junfu **M** Ge Jan **S** Zjou Dingwen **D** Liu Xiao-Qing (Hu Yuyin), Zhen Zaishi (Gu Yashan), Yu Songzi (Li Guoxiang), Liu Linian (Hus Mann), Zhu Shibin **L** (TV) 160 **E** 13.1. 1989 Kino DDR/25.9.1989 ARD

STADT IM DUNKEL (DARK CITY). Ein aus dem Zweiten Weltkrieg zurückgekehrter junger Amerikaner – ein Spieler und Buchmacher – wird zur Zielscheibe der dunklen Rachegelüste eines unbekannten psychopathischen Killers. Zuweilen sentimentales, aber durchweg spannendes Kriminaldrama. Charlton Heston spielte hier seine erste Hauptrolle in Hollywood. (Alternativtitel: »Dark City«) – Ab 16. ✦ Schwarz-weiß. USA 1950 **P** Paramount **Kl** Paramount **Pd** Hal B. Wallis **R** William Dieterle **B** John Meredyth Lucas, Larry Marcus, Leonardo Bercovici, nach dem Roman »No Escape« von Larry Marcus **K** Victor Milner **M** Franz Waxman **S** Warren Low **D** Charlton Heston (Danny Haley), Lizabeth Scott (Fran), Viveca Lindfors (Victoria Vinant), Dean Jagger (Capt. Garvey), Don DeFore (Arthur Winant) **L** 98 **FSK** ab 16; nf **E** 6.11.1953/2.8.1971 ZDF **fd** 2 946

STADT IM MEER → Die Stadt unter dem Meer (1965)

STADT IM NEBEL → Fünf unter Verdacht

STADT IM WÜRGEGRIFF (THE CAPTIVE CITY). Der Chefreporter einer kleinen Tageszeitung gerät in ein lebensgefährliches Netz des Verbrechens und der Korruption, in das der Polizeichef ebenso wie der Herausgeber der Zeitung und »ehrenwerte Geschäftsleute« verwickelt sind. Gangster versuchen den ganzen Ort in ihre Hand zu bekommen, was der beherzte Journalist unter Einsatz seines Lebens verhindert, indem er vor dem Senat in Washington als Kronzeuge aussagt. Routiniert inszenierter, düsterer Kriminalfilm, der zwar etwas pathetisch Bürgerpflichten und -tugenden anmahnt, aber spannende Unterhaltung bietet. – Ab 16. ✦ Schwarz-weiß. USA 1952 **P** Aspen/United Artists **Pd** Theron Warth **R** Robert Wise **B** Karl Kamb, Alvin M. Josephy jr. **K** Lee Garmes **M** Jerome Moross **S** Ralph Swink **D** John Forsythe (Jim Austin), Joan Camden (Marge Austin), Harold J. Kennedy (Don Carey), Victor Sutherland (Murray Sirak), Marjorie Crossland (Mrs. Sirak) **L** 91 **E** 10.3. 1988 West 3

EINE STADT IN ALARM (W TWOICH RUKACH SHISN). Eine Gruppe von Soldaten räumt unter Lebensgefahr ein von den deutschen Truppen angelegtes Munitionslager, das 1957 ein ganzes Stadtviertel bedroht. Ein recht spannender Film, der jedoch unter inszenatorischen Mängeln leidet. – Ab 14. ✦ Schwarz-weiß. UdSSR 1959 **P** Lenfilm **Kl** Progress **R** Nikolai Rosanzew **B** Leonid Agranowitsch, A. Sachnin **K** Konstantin Ryshow **M** Oleg Karawaitschuk **D** Oleg Strishenow (Hauptmann Dudin), I. Kutjanski (Pawel Stepanowitsch), Viktor Tschekmarjew (Der Oberst), A. Juschko (Mosharow), Klara Lutschko (Nastja) **L** 88 **E** 1.1.1960 Kino DDR/18.3.1960 DFF 1

STADT IN ANGST (BAD DAY AT BLACK ROCK). Ein Film in der Szenerie des Westerns, der an Hemingway und auch ein wenig an Graham Greene erinnert. In einem kleinen Ort der USA nach dem Zweiten Weltkrieg gerät ein Fremder unter feindselige Siedler in einer öden Western-Landschaft, die den Rassenmord an einem japanischen Mitbewohner vertuschen wollen. Auf hohem Niveau spannend inszeniert, mit einer hervorragenden schauspielerischen Leistung von Spencer Tracy. – Sehenswert ab 14. ✦ Scope. USA 1954 **P** MGM **Kl** MGM **Pd** Dore Schary **R** John Sturges **B** Millard Kaufman, nach einer Erzählung von Howard Breslin **K** William C. Mellor **M** André Previn **S** Newell P. Kimlin **D** Spencer Tracy (John J. MacReedy), Robert Ryan (Reno Smith), Anne Francis (Liz Wirth), Dean Jagger (Tim Horn), Walter Brennan (Doc Velie), John Ericson (Pete Wirth), Ernest Borgnine (Coley Trimble), Lee Marvin (Hector David), Russell Collins (Mr. Hastings), Walter Sande (Sam) **L** 81 **FSK** ab 12; f **E** 18.10.1955/5.6.1971 ARD/5.7.1986 DFF 1/10.6.1995 VOX **fd** 4 457

STADT IN AUFRUHR (THE WELL). In einer Kleinstadt des amerikanischen Südens wird der latente Rassenhaß bei der Rettungsaktion für ein farbiges Kind überwunden, das in einem tiefen Brunnen verschüttet wurde. Packendes, routiniert inszeniertes psychologisches Drama mit optimistisch-humaner Botschaft. – Ab 12. ✦ Schwarz-weiß. USA 1951 **P** United Artists **Kl** Constantin **Pd** Harry M. Popkin, Clarence Greene **R** Leo Popkin, Russell Rouse **B** Russell Rouse, Clarence Greene **K** Ernest Laszlo **M** Dimitri Tiomkin **S** Chester Schaeffer **D** Gwendolyn Laster (Carolyn), Richard Rober (Ben Kellog), Maidie Norman (Mrs. Carwford), George Hamilton (Großvater), Ernest Anderson (Mr. Crawford), Dick Simmons (Mickey), Lane Chandler (Stan) **L** 85 **FSK** ab 12; f **FBW** w **E** 17.11.1952/30.8.1959 ARD **fd** 2 210

STADT IN FLAMMEN (CITY ON FIRE). Die Explosion einer Raffinerie verwandelt eine Stadt in ein Flammenmeer, in dem ein neuerbautes Krankenhaus zur rettenden Insel wird. Technisch sehr aufwendiges Spektakel, in dem aber die realen Bedrohungen unserer modernen Stadtlandschaften hinter einer zu konstruierten Handlung und grellen Schaueffekten zu kurz kommen. ✦ USA 1978 **P** Astral **Kl** Residenz **Pd** Claude Héroux **R** Alvin Rakoff **B** Jack Hill, David P. Lewis (= Dave Lewis), Céline la Frenière **K** René Verzier **M** William McCauley, Matthew McCauley **S** Jean Pol Passet, Jacques Clairoux **D** Barry Newman (Dr. Whitman), Susan Clark (Diana Brockhurst-Lautrec), Shelley Winters (Schwester), Leslie Nielsen (Bürgermeister), Ava Gardner (Reporterin), Henry Fonda (Polizeichef), Mavor Moore (John O'Brien) **L** 105 **FSK** ab 16; f **E** 24.5.1979 **fd** 22 043

STADT IN GEFAHR (CITY OF FEAR). Die Jagd nach einem ausgebrochenen Sträfling, der radioaktives Kobalt gestohlen hat, das er für Heroin hält. Ein durchweg spannender, gut fotografierter Thriller. ✦ Schwarz-weiß. USA 1959 **P** Columbia/Orbit **Pd** Leon Chooluck **R** Irving Lerner **B** Steven Ritch, Robert Dillon **K** Lucien Ballard **M** Jerry Goldsmith **S** Robert Lawrence **D** Vince Edwards (Vince Ryker), Patricia Blair (June), Steven Ritch (Dr. Wallace), John Archer (Mark Richards), Lyle Talbot (Jensen), Joseph Mell (Crown), Sherwood Price (Hallon) **L** 75 **E** 16.3.1974 ARD

STADT IN PANIK (1979) (PAURA IN CITTA). Mitglieder einer Gangsterbande können aus dem Gefängnis fliehen und sinnen auf Rache an jenen Männern, die sie verraten haben. Als ein auf den Fall angesetzter Kriminalinspektor erfährt, daß die Bande gleichzeitig einen großangelegten Raubüberfall auf einen Geldtransport plant, sieht er eine Chance, ihnen eine Falle zu stellen. Über die Maßen brutaler Polizei- und Gangsterfilm mit der fragwürdigen »Botschaft«, daß mit der Vertretung des Rechts auch stets die Berechtigung für eiskaltes Töten gegeben ist. – Wir raten ab. ✦ Italien 1979 **P** Triomphe Film **R** Giuseppe Rosati **B** Giuseppe Rosati, Giuseppe Pulieri **K** Giuseppe Bernardini **M** Gianpaolo Chiti, Sergio Montori **D** James Mason, Raymond Pellegrin, Maurizio Merli, Silvia Dionisio, Fausto Tozzi **L** 95 **E** 2.4.1985 RTL plus

STADT IN PANIK (1990) (AFTER THE SHOCK). Aufrüttelndes Dokumentardrama über das Erdbeben vom 17. Oktober 1989, das nur acht Sekunden dauerte, aber gewaltige Schäden im Gebiet von San Francisco verursachte. Nahtlos zusammengefügt zeigen authentische Dokumentaraufnahmen des Bebens und nachgestellte, fiktive Szenen, wie gewöhnliche Bürger sich in der Stunde der Not bewähren. ✦ USA 1990 **P** Wilshire Court/Paramount **VA** CIC **Pd+R+B** Gary A. Sherman **D** Rue McClanahan (Sherra Cox), Scott Valentine (Gerry Shannon), Yaphet Kotto (William McElroy), Jack Scalia (Jack Thompson), Richard Crenna (Patrick Wallace), Nick Zaninovich (Nick) **L** 92 **FSK** ab 12 **E** 21.1.1994 PRO 7

STADT IN WAFFEN (THE RIGHT OF THE PEOPLE). Nachdem seine Frau und seine kleine Tochter bei einem Überfall erschossen wurden, initiiert ein junger Staatsanwalt eine Bewegung, die das Tragen von Schußwaffen in seiner Stadt legalisieren soll. Er erreicht sein Ziel, was jedoch statt zu erhöhter Sicherheit zu einer Atmosphäre allgegenwärtiger Gewalt führt. Utopischer Kriminalfilm, der einen Modellfall weiterdenkt. ✦ USA 1985 **P** Fries Entertainment **VA** CBS/Fox **Pd** Charles Fries, Thomas Fries **R+B** Jeffrey Bloom **K** Gil Hubbs **M** Billy Goldenberg **S** Leslie Dennis **D** Michael Ontkean (Chris Booth), Jane Kaczmarek (Alecia), Billy Dee Williams (Mike Trainor), Jamie Smith Jackson, Scott Wilson **L** 91 **FSK** ab 16 **E** Februar 1987 Video

DIE STADT IST VOLLER GEHEIMNISSE. In Episoden werden die Wochenenderlebnisse der Angestellten einer kleinen norddeutschen Fabrik geschildert, die befürchten müssen, ihren Arbeitsplatz zu verlieren. In dem überfrachteten, unkonzentrierten Film verschenkt Kortner die Ansätze zur Gesellschaftskritik und zur Milieustudie, indem er mit oberflächlichen dramatischen und komischen Effekten auf die Publikumswirkung spekuliert. Allein die bis in kleine Rollen gute Besetzung rettet den Film vor der Bedeutungslosigkeit. – Ab 16. ✦ Schwarz-weiß. BR Deutschland 1954 **P** Real **KI** Europa **Pd** Gyula Trebitsch, Heinz-Günter Sass **R** Fritz Kortner **B** Fritz Kortner, Curt J. Braun, nach dem gleichnamigem Theaterstück von Curt J. Braun **K** Albert Benitz **M** Michael Jary **S** Klaus Dudenhöfer **D** Walther Süssenguth (Klaus Böhnke), Grethe Weiser (Frida Binder), Adrian Hoven (Gerhard Scholz), Eva-Ingeborg Scholz (Christl Lauer), Paul Hörbiger (Herbert Klein), Karl Ludwig Diehl (Prof. Siebrecht), Annemarie Düringer (Ernie Lauer), Werner Fuetterer (Dr. Günther), Bruni Löbel (Susi Ecker), Charles Regnier (Morton), Carl-Heinz Schroth (Franz Hauser), Georg Thomalla **L** 105 (gek. 87) **FSK** ab 16; f **E** 4.1.1955 **fd** 3 749

STADT, LAND, KUSS (TOWN & COUNTRY). Ein erfolgreicher Yorker Architekt gerät nach 25 scheinbar harmonischen Ehejahren in private Turbulenzen, als er mit der Frau seines besten Freundes schläft und seine Familie hinter seine diversen Liebschaften kommt. Da die Inszenierung die wenig originelle Geschichte nur selten gegen den Strich bürstet, aus ihrem Staraufgebot kaum komödiantisches Kapital schlägt und außerdem jegliches Timing vermissen lässt, gestaltet sich der Film als mittelprächtige Boulevard-Komödie voller gepflegter Langeweile. (Videotitel: »City, Sex & Country«) – Ab 14 möglich. ✦ USA 2001 **P** Longfellow Pictures/FR Productions **KI** Kinowelt **VA** Kinowelt Home **DVD** Kinowelt Home **Pd** Andrew Karsch, Fred Roos, Simon Fields, Cyrus Yavneh **R** Peter Chelsom **B** Michael Laughlin (= Michael S. Laughlin), Buck Henry **K** William A. Fraker **M** Rolfe Kent **S** David Moritz, Claire Simpson **D** Warren Beatty (Porter Stoddard), Diane Keaton (Ellie Stoddard), Goldie Hawn (Mona), Garry Shandling (Griffin), Andie MacDowell (Eugenie), Nastassja Kinski (Alex) **L** 104 **FSK** ab 12; f **E** 12.7.2001/19.2.2002 Video & DVD **fd** 34 927

DIE STADT MEINER TRÄUME (MINA DRÖMMARS STAD). In epischer Breite werden einige Episoden aus dem Leben eines schwedischen Arbeiters erzählt, der 1869 nach Stockholm zieht, um seine Träume von einer gutbezahlten Arbeit, einer Familie und einem besseren Leben zu verwirklichen. Ein historischer Bilderbogen, der das Elend der Arbeiter im späten 19. Jahrhundert zeigt, ohne den Ursachen nachzuforschen. ✦ Schweden 1976 **P** Svensk Filmindustri **Pd** Olle Hellbom, Olle Nordemar **R** Ingvar Skogsberg **B** Ingvar Skogsberg, nach einem Roman von Per Anders Fogelström **K** John Olsson **M** Björn Isfält **S** Jan Persson **D** Eddie Axberg (Henning), Britt Louise Tillbom (Lotten), Kjell-Hugo Grandin (Tummen), Gunilla Larsson (Matilda), Ake Wästersjö (Skräcken) **L** 111 **E** 3.4.1984 ZDF **fd** 24 535

EINE STADT NIMMT RACHE →Kein Requiem für San Bastardo

STADT OHNE JUDEN (STADT OHNE JUDEN). Restaurierte Fassung einer frühen Literaturverfilmung, die sich an Hand einer fiktiven Geschichte mit den antisemitischen Tendenzen in Österreich nach dem Ersten Weltkrieg auseinandersetzt. In der Stadt Utopia macht man die Juden für die wirtschaftliche Misere verantwortlich und weist sie kurzerhand aus. Doch ohne sie verschlechtert sich die Situation noch: Wirtschaft und Kultur brechen zuammen, die anfängliche Euphorie über den Hinauswurf der Sündenböcke verfliegt rasch. ✦ Schwarz-weiß. Österreich 1924 **R** Hans Karl Breslauer **B** Hans Karl Breslauer, Ida Jenbach, nach dem Roman von Hugo Bettauer **M** Joachim Bärenz (Klavierbegleitung) **D** Hans Moser (Rat Bernart), Johannes Riemann (Leo Strakosch), Karl Thema (Rat Linder), Eugen Neufeld (Bundeskanzler) **L** 75 **E** 7.3.1994 ORF 1

STADT OHNE MASKE (THE NAKED CITY). Zwei durchschnittliche New Yorker Polizisten suchen in den Straßen der Stadt und unter den Menschen unterschiedlicher Gesellschaftsschichten die Mörder eines Fotomodells, das mit einer Diebesbande in Verbindung stand. Die unspektakuläre Handlung bietet Regie und Kamera Gelegenheit, an Originalschauplätzen authentisch, detailliert und sehr eindringlich das facettenreiche Bild der Riesenstadt zu zeichnen. »Oscar« für die Kameraarbeit. (Der Film wurde 1962 unter dem Titel »Die nackte Stadt« erneut gestartet.) ✦ Schwarz-weiß. USA 1947 **P** Universal-International **KI** MPEA/Karpat **Pd** Mark Hellinger **R** Jules Dassin **B** Malvin Wald, Albert Maltz, nach einer Story von Malvin Wald **K** William H. Daniels **M** Frank Skinner, Miklos Rozsa **S** Paul Weatherwax **D** Barry Fitzgerald (Leutnant Muldoon), Don Taylor (Jimmy Halloran), Howard Duff (Frank Niles), Dorothy Hart (Ruth Morrison), Ted de Corsia (Garzah), Frank Conroy (Capt. Donahue), House Jameson (Dr. Stoneman), Anne Sargent (Mrs. Halloran), Adelaide Klein (Mrs. Batory) **L** 95 **FSK** ab 12; nf **FBW** w **E** 29.11.1949/12.4.1962 **fd** 528

STADT OHNE MITLEID (TOWN WITHOUT PITY). In einer bayerischen Kleinstadt wird eine 16jährige von vier betrunkenen US-Soldaten vergewaltigt. Die empörte Bevölkerung fordert die Todesstrafe, doch während des Gerichtsverfahrens bringt der Verteidiger die junge Frau in einem widerlichen Kreuzverhör zum seelischen Zusammenbruch. Das Opfer ist aussageunfähig, der Richter darf nach amerikanischem Recht kein Todesurteil sprechen. Das Mädchen, dessen Gefühle in den Schmutz gezogen wurden, begeht Selbstmord. Ein spannendes, um Differenzierung bemühtes Justiz-Drama, im Mittelpunkt der Konflikt zwischen starrer Paragraphen-Treue und humaner Rechtsprechung. Trotz einiger reißerischer Momente ernsthaft und diskussionswert. – Ab 16. ✦ Schwarz-weiß. USA/Schweiz 1960 **P** Mirisch/Osweg **KI** Gloria **Pd** Eberhard Meichsner **R** Gottfried Reinhardt **B** Georg Hurdalek, nach einem Roman von Manfred Gregor **K** Kurt Hasse **M** Dimitri Tiomkin **S** Hermann Haller, Walter Boos (US-Fassung), Werner Preuss (dt. Fassung) **D** Kirk Douglas (Steve C. Garrett), Christine Kaufmann (Karin Steinhof), Barbara Rütting (Inge Körner), Hans Nielsen (Karl Steinhof), Karin Hardt (Frau Steinhof), Ingrid van Bergen (Trude) **L** 103 **FSK** ab 16; f **E** 24.3.1961 **fd** 10 100

STADT OHNE MORAL →Das Lied vom Verrat

STADT OHNE SHERIFF (THE GUN HAWK). Verschiedene Konflikte in einem von Outlaws bewohnten Städtchen an der mexikanischen Grenze. »Psychologischer« Western, der sich um Differenzierung der Charaktere bemüht, thematisch allerdings recht überfrachtet wirkt. Souverän in Fotografie und Farbdramaturgie. – Ab 16. ✦ USA 1963 **P** Allied Artists **KI** United Artists **Pd** Richard Bernstein **R** Edward Ludwig **B** Jo Heims **K** Paul C. Vogel **M** Jimmie Haskell **S** Lex Lipton **D** Rory Calhoun (Blaine Madden), Rod Cameron (Corey), Ruta Lee (Marleen), Rod Lauren (Roan), Morgan Woodward (Mitchell), Robert J. Wilke (Johnny Flanders), John Litel (Trunkenbold), Rodolfo Hoyos (Miguel), Lane Bradford (Joe Sully), Glenn Stensel (Luke Sully), Joan Connors (Roans Frau), Lee Bradley (Pancho) **L** 92 (gek. 86) **FSK** ab 18; nf (gek. 12) **E** 3.7.1964 **fd** 12 830

STADT-SAFARI (URBAN SAFARI). Komödie um eine Frau, die ihren Mann auf der Karriereleiter nach oben puschen will und ihm zu einer Stellung in einem New Yorker Architektenbüro verhilft. Anstelle des standesgemäßen Urlaubs in Afrika muss das Paar den Sommer aber angesichts leerer Kassen heimlich zu Hause verbringen, was zu vielen Komplikationen führt. – Ab 14. ✦ Deutschland/Schweiz/Kanada 1995 **P** Yaletown Entertainment/Full Circle/G.L.A.S.S./SF DRS/ZDF **R** Reto Salimbeni **B** Reto Salimbeni, Alison Rosenfeld Desmarais, James J. Desmarais **K** Victor Sarin **M** Brahm Wenger **S** Jana Fritsch **D** Donnelly Rhodes (Harry), David Naughton (Joe), Linda Kash (Candy), Jay Brazeau (Carl), Andrea Nemeth (Heather), Teryl Rothery (Faye), David Palffy (Art), Rebecca Toolan (Louise), Adriana Tripa (Eva), Barry Pepper (Rico), Charles Siegel (George) **L** 95 **E** 18.11.1997 SF 1/5.3.2000 ZDF

EINE STADT STEHT KOPF. Ein Handlungsreisender in Sachen Papier wird in einer Kleinstadt irrtümlich für den offiziellen Revisor gehalten und löst erhebliche Verwicklungen aus. Mit Hilfe der Bürgermeisterstochter, die sich in ihn verliebt, kann der Friede wiederhergestellt und eine Unterschlagung des Vaters rückgängig gemacht werden. Eine deutsche Verfilmung von Gogols Bühnenstück »Der Revisor«. – Ab 12. ✦ Schwarz-weiß. Deutschland 1932 **P** Elite-Tonfilm **KI** Metropol **R** Gustaf Gründgens **B** Curt Alexander, nach der Komödie »Der Revisor« von Gogol **K** Franz Planer **M** Mischa Spoliansky **S** Willy Schmidt-Gentner **D** Jenny Jugo, Hermann Thimig, Szöke Szakall, Heinrich Schroth, Berthe Ostyn **L** 80 **E** 21.1.1933

EINE STADT STEHT VOR GERICHT (TOWN ON TRIAL). Scotland Yard geht zwei Frauenmorden in einer englischen Kleinstadt nach, wo niemand Interesse zeigt, den hartnäckigen Inspektor zu unterstützen. Ein intelligent gestalteter Detektivfim mit solider Spannung. ✦ Schwarz-weiß. Großbritannien 1956 **P** Marksman **KI** Columbia **Pd** Maxwell Setton **R** John Guillermin **B** Ken Hughes, Robert Westerby **K** Basil Emmott **M** Tristram Cary **S** Max Benedict **D** John Mills (Insp. Mike Halloran), Charles Coburn (Dr. Fenner), Barbara Bates (Elizabeth), Derek Farr (Mark Roper), Alec McCowen (Peter Crowley), Elizabeth Seal (Fiona Dixon), Fay Compton (Frau Crowley), Geoffrey Keen (Herr Dixon) **L** 96 **FSK** ab 16; nf **E** 16.8.1957/6.3.1965 DFF **fd** 6 108

EINE STADT SUCHT EINEN MÖRDER (JACK THE RIPPER). Als Mörder von Straßenmädchen, die man 1888 in London erwürgt und zerstochen auffindet, entpuppt sich der Chefarzt einer Frauenklinik. Unappetitlicher Krimigrusel, in der deutschen Fassung etwas gemildert. ✦ Schwarz-weiß. Großbritannien 1958 **P** Mid-Century **KI** Deutsche Cosmopol **Pd** Robert S. Baker, Monty Berman **R** Robert S. Baker **B** Jimmy Sangster, nach einer Originalstory von Colin Craig und Peter Hammond **K** Monty Berman **M** Stanley Black **S** Peter Bezencenet **D** Lee Patterson (Sam Lowry), Eddie Byrne (Insp. O'Neill), Betty McDowall (Anne Ford), Ewen Solon (Sir David Rogers), John Le Mesurier (Dr. Tranter) **L** 80 **FSK** ab 18; nf **E** 26.4.1960 **fd** 9 130

DIE STADT UND DIE HUNDE (LA CIUDAD Y LOS PERROS). Schockierende Einblicke in eine faschistoid organisierte peruanische Militärakademie, die von einem brutalen Ausbilder und seiner Clique tyrannisiert wird. Der Druck auf die einzelnen Rekruten ist so groß, daß jeder Anflug von Solidarität im Keim erstickt wird. Erst als einer von ihnen bei einer Übung erschossen und ein Untersuchungsausschuß eingerichtet wird, ändert sich die Situation. Ein gewalttätiger und äußerst krasser Film, der pervertierte militärische Rituale anprangert und einen entmenschlichten Mikrokosmos darstellt, der für den Schwachen keinen Lebensraum bereitstellt. (O.m.d.U.) ✦ Peru 1985 **P** Inca Films S.A. **R** Francisco José Lombardi **B** José Watanabe, nach einem Roman von Mario Vargas Llosa **K** Pili Flores Guerra **M** Enrique Iturriaga **S** Gianfranco Annichini, Augusto Tamayo **D** Pablo Serra (Poet), Gustavo Bueno (Leutnant Gamboa), Juan Manuel Ochoa (»Jaguar«), Luiz Alvarez (Colonel), Eduardo Adrianzen (»Sklave«) **L** 114 **E** 23.6.1988 DFF 1/17.2.1990 BR

STADT & LAND & SOWEITER. Ein Mann aus der Provinz sucht in der Großstadt München vergeblich nach seiner Frau, die ihn verlassen hat. Je intensiver er seine Suche gestaltet, um so mehr läuft er Gefahr, auch noch die eigene Identität zu verlieren. Am Ende ist ihm der sichere Boden seiner Existenz unter den

Füßen entzogen. Eine Detektivgeschichte ohne Kriminalhandlung, die sich rückwärts – zum Immerweniger-Wissen – entwickelt. – Ab 16. ✦ Schwarzweiß. BR Deutschland 1975 **P** HFF München **SF** HFF München **Pd** Traudel Kühn **R+B** Manfred Blank **K** Hans Peter Scheier **S** Manfred Blank **D** Christoph Arzt, Helga Dilcher, Beate Rose, Helmut Färber, Traudel Kühn **L** 91 **E** 1976 Kino

DIE STADT UNTER DEM MEER (1952) (CITY BENEATH THE SEA). Ein Team von Tiefseetauchern sucht vor der Küste Jamaicas nach einem Schatz, der in einer sagenumwobenen versunkenen Seeräuberstadt liegen soll. Nachdem alle Intrigen und Rückschläge überwunden sind, vereitelt ein Seebeben endgültig die Bergung des Goldschatzes. Routiniert inszenierter Abenteuerfilm, der seine Geschichte durch die obligatorische Liebesgeschichte auflockert. – Ab 14. ✦ USA 1952 **P** Universal **Kl** Universal **Pd** Albert J. Cohen **R** Budd Boetticher **B** Jack Harvey, Ramon Romero, nach einer Erzählung von Harry E. Riesberg **K** Charles P. Boyle **M** Joseph Gershenson **S** Edward Curtiss **D** Robert Ryan (Brad), Mala Powers (Terry McBride), Anthony Quinn (Tony Bartlett), Suzan Ball (Venita), Karel Stepanek (Dwight Trevor), George Mathews (Meade), Woody Strode (Dijon) **L** 85 **FSK** ab 12; nf **E** 11.9.1953 **fd** 2 795

DIE STADT UNTER DEM MEER (1965) (CITY UNDER THE SEA / WAR GODS OF THE DEEP). 1903: Ein junger Amerikaner stößt bei Untersuchungen an der Küste von Cornwall auf eine geheimnisvolle unterseeische Stadt, beherrscht von einem Kapitän, der in seinem Wahn sogar Menschen rauben läßt, um das vom Untergang bedrohte Reich zu retten. Science-Fiction-Film nach einem Gedicht von Edgar Allan Poe, überfrachtet, zerdehnt und reichlich melodramatisch. (Westdeutscher Titel: »Stadt im Meer«) – Ab 14. ✦ Scope. Großbritannien/USA 1965 **P** Bruton/American International **Pd** James H. Nicholson, Samuel Z. Arkoff **R** Jacques Tourneur **B** Charles Bennett, Louis M. Heyward, nach einem Gedicht von Edgar Allen Poe **K** Stephen Dade **M** Stanley Black **S** Gordon Hales **D** Vincent Price (Der Captain), David Tomlinson (Harold), Tab Hunter (Ben Harris), Susan Hart (Jill Tregellis), Henry Oscar (Mumford), John Le Mesurier (Reverend Jonathan Ives), Derek Newark (Dan), Roy Patrick (Simon), Anthony Selby (George) **L** 93 **E** 18.10.1969 DFF 1/4.6.1972 ARD

DIE STADT WEISS NICHTS (MESTO NIC NEVI). Eine Psychopathin entführt ein Kind, ein Kriminalist wird bei einem Überfall lebensgefährlich verletzt, ein 16jähriges Mädchen reißt von zu Hause aus – alltägliche kriminalistische Aufgaben für die Polizei einer tschechoslowakischen Großstadt. Wenig interessanter Kriminalfilm, der die Polizisten heroisiert und auch künstlerisch nicht überzeugt. – Ab 14. ✦ CSSR 1976 **P** Filmstudio Barrandov **Kl** Progress **R** Dusan Klein **B** Karel Storkán, Karel Cop **K** Jirí Stöhr **M** Svatopluk Havelka **D** Frantisek Rehák (Major Kilián), Rudolf Jelínek (Penkava), Vlastimil Hasek (Falta), Jan Kanyza (Adámek), Jaromír Spal (Tous) **L** 87 **E** 25.3. 1977 Kino DDR/19.8.1978 DFF 1

EINE STADT WIRD ZUM MÖRDER → Mary's Murder

DIE STADT ZERO (GOROD SERO). Ein Ingenieur bekommt in einer ihm fremden Stadt Probleme mit der Umrüstung der Klimaanlage eines Werks. Er wird in einen Mordfall verwickelt, und man versucht, ihm eine andere Identität unterzuschieben. Apathisch verläßt er seinen Posten und pilgert zu einem alten Baum. Beißend-groteske Parabel auf einen Zustand von Stagnation, Selbstzufriedenheit und Stillstand in der sowjetischen Gesellschaft, die noch nicht bereit ist, dem Alten abzuschwören und sich der Zukunft zu stellen. ✦ Scope. UdSSR 1989 **P** Mosfilm **Kl** Filmverlag der Autoren **R** Karen Schachnasarow **B** Alexander Borodjanski, Karen Schachnasarow **K** Nikolai Nemoljajew **M** Eduard Artemjew **S** L. Milioti **D** Leonid Filatow (Waragin), Oleg Basilaschwili, Armen Dshigarchanjan, Jewgeni Jewstignejew, Alexej Sharkow, Wladimir Menschow, Jelena Ashanik **L** 93 (Orig. 102) **E** 1990 Kino (Einsatz in Filmreihe)/22.2.1990 DFF 2

EINE STADT ZITTERT VOR SOLO (SOLO). Die Geschichte zweier Brüder, von denen der jüngere als Chef einer studentischen Anarchistengruppe Attentate auf verkommene Bürger organisiert. Ein französisch-belgischer, nach den Studentenunruhen (1968) entstandener Kriminalfilm, der das Problem des jugendlichen Radikalismus mit seinen politischen und moralischen Konsequenzen aufgreift, aber weitgehend in Unwahrscheinlichkeiten und Gemeinplätzen steckenbleibt. (Alternativtitel: »Die Brut der Gewalt«) ✦ Frankreich/Belgien 1969 **P** Balzac/Ciné Vog **Kl** Constantin **Pd** Gilbert Marion **R+B** Jean-Pierre Mocky **K** Marcel Weiss **M** Georges Moustaki **S** Marguerite Renoir **D** Jean-Pierre Mocky (Vincent Cabral), Henri Poirier (Chefinspektor Verdier), Anne Deleuze (Annabel), Denis Le Guillou (Virgil Cabral), Eric Burnelli (Marc), Alain Fourès (Eric), Sylvie Bréal (Micheline), R. J. Chauffard (Vincents Hehler) **L** 80 **FSK** ab 16; f **E** 7.7.1972 **fd** 17 965

DAS STÄDTCHEN ANARA (GORODOK ANARA). Ein übergroßes Trinkhorn sorgt für einige Aufregung in einem kleinen, der Tradition verhafteten Winzerstädtchen. Es soll gemäß altem Brauch nach dem Tod seines Besitzers Eigentum dessen werden, der es in einem Zuge austrinken kann. Doch zum Leidwesen des Erben, der das Trinkgelage finanzieren muß, scheint es keine trinkfesten Männer mehr zu geben. Komödie, die mit der georgischen Mentalität vertraut macht und polemisch-ironisch sich verselbständigende Bräuche aufs Korn nimmt. Streckenweise recht turbulente Unterhaltung. – Ab 14. ✦ UdSSR 1978 **P** Grusiafilm **Kl** Progress **R+B** Irakli Kwirikadse **K** Juri Kikabidse **M** Teimuras Bakuradse **D** Rewas Essadse (Warlam), Zezilia Takaischwili (Mirador), Ramas Tschchikwadse (Anton), Henrietta Leshawa (Dona), Maya Aymyedova, Ilja Chobsa (Tasso) **L** 80 (DDR 91) **E** 8.6.1983 S 3

STÄDTE UND JAHRE (GORODA O GODY). Das Schicksal eines Künstlers und Schriftstellers auf seinem widerspruchsvollen Weg zur Revolution. – Ab 14. ✦ UdSSR 1975 **P** Mosfilm **Kl** Progress **R** Alexander Sarchi **B** Wladimir Waluzki, Alexander Sarchi, nach dem Roman von K. Fedin **K** Alexander Knjashinski, S. Chishnjak **M** Alfred Schnittke **D** Igor Starygin (Andrej Starzow), Barbara Brylska (Marie Urbach), Winfried Glatzeder (Kurt Wann), Irina Petschernikowa (Rita), Nikolai Grinko (Lependin) **L** 133 **E** 18.2.1977 Kino DDR

STÄDTER (GOROSHANE). Geschichten aus dem Alltag eines Moskauer Taxifahrers, der – bereits mehr als 40 Jahre im Dienst – auf seinen Fahrten durch die Stadt zum Gesprächspartner für Menschen mit verschiedensten Charakteren wird. Schwach inszenierter Film, dem es an einer originellen literarischen Vorlage mangelt, die Anteilnahme am Schicksal der sympathischen Hauptfigur erwecken könnte. – Ab 14. ✦ UdSSR 1975 **P** Gorki-Studio **Kl** Progress **R** Wladimir Rogowoi **B** Wladimir Kunin **K** Inna Sarafjan **M** Rafail Chosak **D** Nikolai Krjutschkow (Taxifahrer), Marina Kukuschkina (Mascha), Alexej Mironow (Fofanow), Michail Waskow (Jura), Boris Tschirkow (Meister) **L** 84 **E** 24.9.1976 Kino DDR/4.11.1976 DFF 2

STADTGESPRÄCH (1935) (THE WHOLE TOWN'S TALKING). Ein aus dem Gefängnis ausgebrochener Gangster benutzt einen Doppelgänger für neue Verbrechen. In diesem Gangsterfilm, der beinahe schon zu den Parodien auf das Genre zu zählen ist, spielt Edward G. Robinson eine Doppelrolle. Er gibt den schüchternen Büroangestellten, der durch die Verwechslung mit dem Gangsterboß ins Rampenlicht der Öffentlichkeit gerät, und den Gangster, der durch die gestreßte und hysterische Umwelt durchaus die Sympathien des Publikums gewinnt. Bis auf das konventionelle Happy-End eine amüsante Gesellschaftssatire, die Bürgertum und Polizei auf die Schippe nimmt und deren subversiver Humor auch heute noch zu unterhalten weiß. – Ab 14. ✦ Schwarz-weiß. USA 1935 **P** Columbia **Pd** Lester Cowan **R** John Ford **B** Jo Swerling, Robert Riskin, nach einer Erzählung von William R. Burnett **K** Joseph August **S** Viola Lawrence **D** Edward G. Robinson (Arthur Ferguson Jones), Jean Arthur (Wilhelmina »Bill« Clark), Arthur Hohl (Detective Mike Boyle), Wallace Ford (Healy), Arthur Byron (Staatsanwalt Spencer) **L** 95 **E** 10.11.1972 BR III

STADTGESPRÄCH (1995). Eine selbstbewußte, aber unglückliche Radiomoderatorin lernt ihren Traummann kennen. Als dieser sich als Ehemann ihrer besten Freundin entpuppt, ergeben sich einige Verwicklungen. Eine nur in wenigen Momenten wirklich geistvolle Komödie, die zumeist klischeehaften Typisierungen aufsitzt. Prominent besetzt, inhaltlich und inszenatorisch aber wenig einfallsreich. DVD: Die Extras umfassen u. a. einen Audiokommentar des Regisseurs, der Hauptdarstellerin Katja Riemann und des Produzenten Henrik Meyer. – Ab 16. ✦ Deutschland 1995 **P** Studio Hamburg **Kl** Buena Vista International **VA** Buena Vista **DVD** EuroVideo (16:9, 1.78:1, DD5.1 dt.) **Pd** Henrik Meyer **R** Rainer Kaufmann **B** Ben Taylor **K** Klaus Eichhammer **M** Stefan Traub **S** Ursula Mai **D** Katja Riemann (Monika), August Zirner (Erik), Martina Gedeck (Sabine), Kai Wiesinger (René), Moritz J. Bleibtreu (= Moritz Bleibtreu) (Karl), Karin Rasenack (Frau Krauss) **L** 93 **FSK** ab 12; f **FBW** w **E** 26.10.1995/9.5.1996 Video/ 23.8.2001 DVD **fd** 31 578

STÄDTISCHE EINZELHEITEN (GORODSKIE PODROBUOSTI). Ende der 80er Jahre begegnet ein ehemaliger Vorsitzender des sowjetischen Ministerrates, der trotz der politischen Veränderungen im Land immer noch alle Privilegien genießt, in einem regierungseigenen Sanatorium einer weitaus jüngeren attraktiven Frau. Die beiden verlieben sich ineinander, heiraten und ziehen nach Moskau. Dort sucht die Frau nach Spuren ihrer Kindheit und muß feststellen, daß ihr Mann mitverantwortlich ist für die Hinrichtung ihres Vaters im Jahr 1952. Drama, das an einem Einzelfall die sowjetische Vergangenheit aufzuzeichnen versucht. ✦ Russland 1990 **R** Wladimir Kutschinski **B** Emil Braginski, Valentin Tschernych **K** Felix Keftschijan **M** Alemdar Karamanow **D** Ljudmilla Polischtschuk (Irina), Wjatscheslaw Tichonow (Koschemjakin), Oleg Tabakow (KGB-General), Lidija Fedoseewa-Schukschina (Marija Spiridonowna), Ljudmilla Iljaschewskaja (Katja), Wladimir Gurkalo (Igor) **L** 105 **E** 20.6.1996 WDR

DER STADTNEUROTIKER (ANNIE HALL). Der New Yorker Komiker Alvy Singer läßt, nach einer unglücklichen Romanze mit dem Mädchen Annie wieder einmal in eine Krise geraten, seine Vergangenheit Revue passieren. Er erinnert sich an die verkorkste Jugend im jüdischen Milieu, erzählt von den Absurditäten der amerikanischen Kulturszene und philosophiert bissig-ironisch über Grenzfragen der Metaphysik. Woody Allens stark autobiografisch getönte Komödie zeigt einen intellektuellen Clown, der mit todernsten Problemen hadert, aber letztlich immer nur komisch sein kann; beschrieben wird der Weg eines Träumers und geborenen Verlierers, der am Ende dennoch durch die Kraft der eigenen Kreativität sein Überleben sichert. Die sprunghafte Gagfolge früherer Allen-Filme ist einer ausgewogeneren Geschichte gewichen, in der pointierte Ironie den Slapstick weitgehend verdrängt. Dabei erweist sich Woody Allen als überaus versierter Regisseur, der spielerisch mit verschiedenen Stilen und Erzählformen jongliert. Ein Klassiker der modernen Filmkomik, ausgezeichnet mit vier »Oscars«. – Sehenswert. ✦ USA 1977 **P** United Artists **Kl** United Artists **VA** Warner Home **Pd** Charles H. Joffe **R** Woody Allen **B** Woody Allen, Marshall Brickman **K** Gordon Willis **M** Carmen Lombardo, Isham Jones **S** Ralph Rosenblum, Wendy Greene Bricmont **D** Woody Allen (Alvy Singer), Diane Keaton (Annie Hall), Tony Roberts (Rob), Carol Kane (Allison), Paul Simon (Tony Lacey), Colleen Dewhurst (Mutter Hall), Janet Margolin (Robin), Shelley Duvall (Pam), Christopher Walken (Duane Hall), Sigourney Weaver (Alvys Verabredung), Beverly D'Angelo **L** 93 **FSK** ab 6; f **E** 9.6.1977 **fd** 20 385

DIE STADTPIRATEN. Die Berliner Kinderbande »Stadtpiraten« gelangt in den Besitz eines Koffers der amerikanischen Streitkräfte und löst damit ein turbulentes Verwechslungs- und Verwirrspiel aus, an dem ein amerikanischer Spezialagent maßgeblich beteiligt ist. Kurzweiliger Kinderfilm, der ohne aufgesetzt wirkende Botschaft auf das Unterhaltungsbedürfnis seines jugendlichen Publikums ausgerichtet ist. Eine vergnügliche Mischung aus Gags, Slapstick-Elementen und kleinen satirischen Spitzen. – Ab 6 möglich. ✦ BR Deutschland 1985 **P** Frankfurter Filmwerkstatt/SFB **KI** Atlas **R+B** Rolf Silber **K** Wolfram Seibt **M** Peter W. Schmitt **S** Alexandra Tumler **D** Ron Williams (Lee Collins), Philip Spohn (Bazille), Julia Martinek (Püppi), Roy Scholz (Breschnew), Thomas Nowald (Monster), Andreas Vogel (Dr. Chips) **L** 61 **FSK** o. A. **E** November 1986 **fd** 26 088

STADTRANDFLUCHTEN (MIX-CITE). Eine junge Modejournalistin will aus ihrer umhegten Welt ausbrechen und recherchiert das »wahre Leben« in einer Vorstadt von Lyon. Sie stellt Kontakt zum Erzieher eines Jugendheims her, lernt Leute kennen, findet aber keinen rechten Anschluss. Mit von der Partie ist ein Arzt, der mit ihr an die Orte seiner Kindheit zurückkehrt und mit seiner kriminellen Vergangenheit konfrontiert wird. Ein dramatischer Film über die mannigfaltigen Kommunikationschwierigkeiten in den multikulturellen französischen Vorstädten, der auch die Schwierigkeiten der Integration beschreibt und einen Blick in die Entwicklung von Außenseiterkarrieren gewährt. ✦ Frankreich 1999 **P** BKS Films/ La Sept/arte **R** Christophe Leprêtre **B** Sylvain Agaesse, Christophe Leprêtre **D** Annelise Hesme (Elodie), Nour-Eddine Maamar (Momo), Samir Guesmi (Djamel), Thérèse Liotard (Aline), Smail Mekki (Samir) **L** 82 **E** 10.6.2000 arte

STADTROMANZEN. Ein malender Werbefotograf, ein nichtstuender Anhänger von Mafia-Literatur und eine kunsthistorisch interessierte junge Frau, alle zwischen 25 und 30, leben in der Großstadt München so vor sich hin, bis ein nicht viel älterer attraktiver Geschäftsmann ihren Routine-Leerlauf und ihre Lethargie aufzuheben scheint. Eine elegische Beschreibung von Beziehungen und Gefühlszuständen einer urbanen Subkultur, die sehr bemüht Sehnsüchte und Gefühle zu verdeutlichen versucht; weder optisch noch dramaturgisch sonderlich ausdrucksstark. ✦ BR Deutschland 1988 **P** Madeleine Remy Filmprod./ ZDF **R+B** Dagmar Brendecke **K** Nicolas Joray **M** Bernd Konrad **D** Suzanne von Borsody (Sophie), Hannes Jaenicke (Hans), Heinz Hoenig (Jonathan), Folke Paulsen (Vincent) **L** 82 **E** 20.12.1988 ZDF

DIE STADTWÖLFE →Der Kleine

DIE STAFETTE (STAFETA). Am Beispiel eines Studentenpaares wird die Auseinandersetzung zwischen Idealisten und bürgerlichen Opportunisten in einer sozialistischen Gesellschaft dargestellt. Der Film des ungarischen Regisseurs Kovács (»Ein Sonntag im Oktober«, 1979), der Einblick gibt in das Selbstverständnis ungarischer Intellektueller, lehnt sich stilistisch an eine auf Interviews und Diskussionen beruhende Reportageform an. ✦ Ungarn 1970 **P** Mafilm **SF** Atlas **R+B** András Kovács **K** Elemér Ragályi **S** Annamária Komlóssy, Mária Daróczy **D** Ilona Bencze (Zsuzsa), András Bálint (Zoltán), András Csiky (Barabás), Anita Semjén (Lia), Péter Blaskó (Elek Szabó) **L** 90 **E** 15.5.1972 ARD **fd** 20 748

STAFFELKAPITÄN FORRESTER →Flammen über Fernost

STAGE FRIGHT – EINE GURKE EROBERT HOLLYWOOD (THE PICKLE). Sein neuestes Projekt soll die Finanznöte und Depressionen eines Filmregisseurs beenden. Er dreht einen absurden Science-Fiction-Film: einige junge Farmer züchten eine Riesengurke, die sich in ein Raumschiff verwandelt, das auf einem Planeten von Fleischessern landet. Am Tag vor der Premiere wird der Regisseur von Selbstzweifeln gepackt und flüchtet überdies vor diversen Ex-Frauen, Familienmitgliedern und Kollegen in schöne Erinnerungen. Ein heiterer Film, der das Innenleben eines Kinomachers offenlegt, getragen von einem überzeugenden Hauptdarsteller. Das Handlungsgerüst sowie der Film im Film sind direkte Verweise auf Fellinis »Achteinhalb«. – Ab 14. ✦ USA 1993 **P** Columbia **VA** Columbia TriStar **Pd+R+B** Paul Mazursky **K** Fred Murphy **M** Michel Legrand **S** Stuart H. Pappe **D** Danny Aiello (Harry Stone), Dyan Cannon (Ellen Stone), Clotilde Courau (Françoise), Shelley Winters (Yetta), Barry Miller (Ronnie Liebowitz) **L** 98 **FSK** ab 12 **E** 12.4.1994 Video/20.4.1995 premiere **fd** 30 768

STAGECOACH (STAGECOACH). Fürs Fernsehen entstandene Neuverfilmung des Kinoklassikers von John Ford: In der Postkutsche nach Lordsburg reist ein bunt zusammengewürfelter Haufen durch feindliches Indianergebiet. Ihr unterschiedliches Verhalten auf Gefahren und ihr Zusammenwachsen zu einer Notgemeinschaft schildert der Film auf gutem Fernsehniveau; dem Vergleich mit Fords Western (dt. »Ringo«/»Höllenfahrt nach Santa Fé«), in dem John Wayne die Rolle das Ausbrechers Ringo spielte, hält die Produktion allerdings nicht annähernd stand. (TV-Titel: »Höllenfahrt nach Lordsburg«) – Ab 12. ✦ USA 1987 **P** Heritage Entertainment/Raymond Katz Productions **VA** Madison **Pd** Hal W. Polaire **R** Ted Post **B** James Lee Barrett **K** Gary Graver **M** Willie Nelson, David Allen Coe **S** Geoffrey Rowland **D** Willie Nelson (Doc Holliday), Kris Kristofferson (Ringo), Johnny Cash (Marshall Curly Wilcox), Waylon Jennings (Hatfield), John Schneider (Buck), Elizabeth Ashley (Dallas), Mary Crosby (Lucy Mallory), Tony Franciosa (= Anthony Franciosa) (Mr. Gatewood) **L** 95 **FSK** ab 12 **E** 12.6.1991 Video **fd** 28 966

STAHL-JUSTIZ (STEEL JUSTICE). Ein Vietnam-Veteran zieht gegen einen einstigen vietnamesischen Verbündeten zu Felde, einen General, der ihn im Krieg hintergangen hat und jetzt in den USA eine Mafia-Organisation leitet. Ein zynisches Action-Spektakel mit zahlreichen Grausamkeiten; das Vietnam-Trauma ist bloßer Vorwand. – Wir raten ab. ✦ USA 1986 **P** Atlantic Entertainment Group **KI** Ascot/Saarfilm **VA** Ascot **Pd** John Strong **R+B** Robert Boris **K** John M. Stephens **M** Misha Segal **S** John O'Connor **D** Martin Kove (John Steele), Sela Ward (Tracy), Ronny Cox (Bennett), Soon-Teck Oh (Bon Soong Kwang), Jan Gan Boyd (Cami) **L** 89 (Video 84) **FSK** ab 16; nf **E** 9.7.1987/Oktober 1987 Video **fd** 26 263

STAHLBAJONETT (THE STEEL BAYONET). Britische Infanteristen verteidigen 1943 ein tunesisches Gehöft gegen deutsche Angreifer. Ihr Kommandeur opfert sein Leben, um den eingedrungenen Feind zu vernichten. Ein Kriegsfilm wie viele andere auch. ✦ Scope, schwarz-weiß. Großbritannien 1957 **P** Hammer **KI** United Artists **Pd+R** Michael Carreras **B** Howard Clewes **K** Jack Asher **M** Leonard Salzedo **S** Bill Lenny **D** Leo Glenn (Major Gerrard), Kieron Moore (Captain Mead), Michael Medwin (Leutnant Vernon), Robert Brown (Sgt.-Maj. Gill), Michael Ripper (Middleditch), John Paul (Lt.-Col. Derry), Shay Gorman (Sgt. Gates), Tom Bowman (Sgt. Nichols) **L** 83 **FSK** ab 16; f **E** 7.3.1958 **fd** 6 773

STÄHLERNE ADERN. Dokumentarfilm über die Produktion nahtloser Stahlrohre. Der Einblick in die Schwerindustrie entstand als Auftragsproduktion des Stahlkonzerns Mannesmann, ist dementsprechend unkritisch und optimistisch, auf Grund seiner Bilder aber durchaus fesselnd. – Ab 14. ✦ BR Deutschland 1956 **P** Mannesmann **KI** Rebus/Goldeck **R+B** Hugo Niebeling **K** Alwin Rauch **M** Horst Dempwolff **L** 55 **FSK** ab 6; f **FBW** bw **E** 8.7.1956 **fd** 6 357

DER STÄHLERNE ADLER (IRON EAGLE). Nachdem ein amerikanischer Kampfpilot über dem Nahen Osten abgeschossen wird, stiehlt sein halbwüchsiger Sohn ein Kampfflugzeug, befreit den Vater und vernichtet den Feind. Das fatale Politmärchen huldigt ungeniert der »Rambo«-Ideologie des amerikanischen Kinos: es propagiert Selbstjustiz, Gewalt und ein eindimensionales Feindbild. – Wir raten ab. ✦ USA 1985 **P** TriStar **KI** Warner-Columbia **VA** RCA/Columbia **DVD** Columbia TriStar Home (16:9, 1.85:1, DD5.1 engl., DS dt.) **Pd** Ron Samuels, Joe Wizan **R** Sidney J. Furie **B** Kevin Elders, Sidney J. Furie **K** Adam Greenberg **M** Basil Poledouris **S** George Grenville **D** Louis Gossett jr. (»Chappy« Sinclair), Jason Gedrick (Doug Masterson), David Suchet (Verteidigungsminister), Larry B. Scott (Regiie), Caroline Lagerfelt (Elisabeth), Tim Thomerson (Ted Masterson) **L** 116 **FSK** ab 16; f **E** 3.7.1986/17.2.1987 Video/ 5.12.2000 DVD **fd** 25 698

DER STÄHLERNE ADLER II (IRON EAGLE II). Eine aus Amerikanern und Russen zusammengewürfelte Spezialeinheit soll die Atomraketensilos einer nahöstlichen Macht vernichten. Zuvor müssen die Soldaten sich jedoch erst zusammenraufen und Feindbilder abbauen. Ein lächerlicher und langweiliger Versuch, Abrüstungsbestrebungen und Entspannung als Aufhänger für einen Kriegsfilm zu benützen; lustlos gespielt und schlecht geschnitten. ✦ USA 1988 **P** Carolco/Alliance/Harcot **KI** Senator **VA** Starlight **Pd** Jacob Kotzky, Sharon Harel, John Kemeny **R** Sidney J. Furie **B** Kevin Elders, Sidney J. Furie **K** Alain Dostie **M** Amin Bhatia **S** Rit Wallis **D** Louis Gossett jr. (»Chappy« Sinclair), Mark Humphrey (Matt Cooper), Stuart Margolin (Stillmore), Alan Scarfe (Vardovsky), Sharon H. Brandon (Valeri Zuyeniko) **L** 100 **FSK** ab 16; f **E** 5.1.1989/24.7.1989 Video **fd** 27 327

DER STÄHLERNE ADLER IV (IRON EAGLE IV). Ein waghalsiger Pilot und ein Brigadegeneral, die beide ihren Militärdienst quittierten, werden vom Schicksal erneut zusammengeführt, als letzterer für seine Flugschule für straffällige Jugendliche einen Lehrer sucht. Gemeinsam ziehen sie gegen einen amerikanischen General zu Felde, der einen biologischen Krieg gegen Kuba führen will. Uninteressanter dritter Aufguß der Flieger-Serie, der militärische Aktionen zu einem Abenteuerspiel verharmlost. – Ab 16. ✦ USA 1994 **P** Trimark **VA** Highlight **Pd** Peter Simpson **R** Sidney J. Furie **B** Michael Stokes **K** Curtis Peterson **M** Paul Zaza **S** Jeff Warren **D** Louis Gossett jr. (Chappy Sinclair), Jason Cadieux (Doug Masters), Al Waxman (General Kettle), Joanne Vannicola (Wheeler), Marilyn Lightstone (Dr. Francis Gully) **L** 91 **FSK** ab 16 **E** 13.11.1995 Video **fd** 31 653

STÄHLERNE KÄMPFER (GANGTIE ZHANSHI). Schicksal von drei Soldaten der 8. chinesischen Volksbefreiungsarmee im Jahre 1946. – Ab 14. ✦ Schwarzweiß. VR China 1950 **P** Nord-Ost Filmstudio des Zentralfilmbüros **KI** Progress **R+B** Cheng Yin **K** Wang Chun-Chuan **M** Chang Kuo-Chang **D** Chiang Ping (chang Chih-chien), Tu Te-Fu (Wang), Sun Yu (Liu), Chang Hsi-Chi (Chi Te-kuei), Hsü Lien-Kai (Chao) **L** 95 **E** 18.4.1952 Kino DDR

STÄHLERNE SCHWINGEN (FLYING LEATHERNECKS). Die Kontroversen zweier Offiziere einer amerikanischen Marinefliegereinheit im Zweiten Weltkrieg werden durch ihren furchtlosen gemeinsamen Einsatz gegen die Japaner gegenstandslos. Klischeehaftes und brutales Kriegsdrama mit einigen effektvollen Luftaufnahmen. Die Handschrift des Hollywood-Außenseiters Nicholas Ray ist noch kaum bemerkbar. (Weitere Titel: »Jagdgeschwader Wildkatze«, »Guadalcanal – Entscheidung im Pazifik«) ✦ USA 1950 **P** RKO **KI** RKO **Pd** Edmund Grainger, Howard Hughes **R** Nicholas Ray **B** James Edward Grant, nach einer Erzählung von Kenneth Gamet **K** William E. Snyder **M** Roy Webb **S** Sherman Todd **D** John Wayne (Major Dan Kirby), Robert Ryan (Capt. Carl Griffin), Don Taylor (Lt. »Cowboy« Blythe), Janis Carter (Joan Kirby), Jay C. Flippen (Clancy), William Harrigan (Curan), James Bell (Colonel), Maurice Jara (Shorty vegay), James Dobson (Pudge McCabe), Carleton Young (Capt. McAllister) **L** 100 **FSK** ab 16; f **E** 12.9.1952 **fd** 2 150

DER STÄHLERNE VORHANG (WEEDS). Ein zu lebenslänglicher Haft Verurteilter gründet im Gefängnis eine Theatertruppe. Nachdem seine spätere Geliebte seine Begnadigung erreicht hat, bleiben die Erfolge des Ensembles in der Freiheit aber eher mäßig. Dynamisch inszeniert und gut gespielt, plädiert der Film für kreative Freiräume von Strafgefangenen, ist aber dramaturgisch nicht immer glaubwürdig. – Ab 16. ✦ USA 1987 **P** De Laurentiis Entertainment Group/Kingsgate **Kl** 20th Century Fox **VA** VCL/Virgin **Pd** Bill Badalato **R** John Hancock **B** Dorothy Tristan, John Hancock **K** Jan Weincke **M** Angelo Badalamenti **S** Dennis O'Connor **D** Nick Nolte (Lee Umstetter), Lane Smith (Claude), William Forsythe (Burt), John Toles-Bey (Navarro), Joe Mantegna (Carmine) **L** 119 **FSK** ab 16; f **FBW** w **E** 17.11.1988/28.3.1989 Video **fd** 27 171

STÄHLERNER ADLER 4 →Der stählerne Adler IV

DIE STAHLFALLE (THE STEEL TRAP). Ein Bankangestellter stiehlt am Freitag aus dem Tresor 300 000 Dollar und versucht, von Gewissensbissen und Reue gepeinigt, fieberhaft, das Geld vor der Eröffnung am Montag wieder an Ort und Stelle zurückzubringen. Ansehnlicher Kriminalfilm mit vertrackten Situationen, glaubhaften Charakteren und einem versöhnlichen Ende. – Ab 16. ✦ Schwarz-weiß. USA 1952 **P** 20th Century Fox **Kl** Centfox **Pd** Bert E. Friedlob **R+B** Andrew L. Stone **K** Ernest Laszlo **M** Dimitri Tiomkin **S** Otto Ludwig **D** Joseph Cotten (James Osborne), Teresa Wright (Laurie), Jonathan Hale (Bowers), Walter Sande (Zollinspektor), Eddie Marr, Carleton Young, Katherine Warren **L** 85 **FSK** ab 12; f **E** 30.9.1955 **fd** 4 421

DIE STAHLFAUST (THE INVINCIBLE ARMOUR). Palastintrigen und eine falsche Mordanschuldigung stürzen einen chinesischen General in gefährliche und blutige Abenteuer. Am Ende dringt er bis zu einem greisen Minister vor, der die Macht an sich reißen will. Da dieser über die Kampftechnik des »eisernen Panzers« verfügt, kann der General erst gegen ihn antreten, nachdem er sich die Technik des »stählernen Fingers« angeeignet hat. Schematischer Eastern. ✦ Scope. Hongkong 1981 **P** Lai Wah Film **Kl** Tivoli **VA** HVW Focus **R** Ng See-Yuen **D** Liu Chung-Liang, Huang Chang Li, Wang Chiang **L** 105 (gek. 95) **FSK** ab 18; nf (gek. 16) **E** 5.3.1982/30.12.1994 RTL

STAHLGEWITTER (BACK TO BATAAN). Ein amerikanischer Marine-Offizier organisiert 1942 auf der eingeschlossenen Philippinen-Insel Bataan eine Eingeborenen-Guerilla gegen die Japaner. Tendenziöser Kriegsfilm, der die verwegenen amerikanischen Freiheitskämpfer den japanischen Bestien gegenüberstellt. Als Propaganda-Film inszeniert, wirkt er aus heutiger Sicht wie ein Dokument des Hasses, das auch Völkerrechtsverletzungen auf alliierter Seite billigt. Zeitgeschichtlich und als Beispiel für Wirkung und Machart von Propaganda-Filmen von einigem Interesse, ansonsten ein unredliches Machwerk. (Alternativtitel: »Zwei schlagen zurück«) ✦ Schwarz-weiß. USA 1945 **P** RKO **Kl** RKO **Pd** Robert Fellows **R** Edward Dmytryk **B** Ben Barzman, Richard Landau, nach einer Erzählung von Aeneas MacKenzie und William Gordon **K** Nicholas Musuraca **M** Roy Webb, Constantin Bakaleinikoff (Ltg.) **S** Marston Fay **D** John Wayne (Col. Madden), Anthony Quinn (Capt. Andres Bonifacio), Beulah Bondi (Ms. Bertha Barnes), Fely Franquelli (Dalisay Delgado), Leonard Strong (Gen. Homma), Abner Biberman (Jap. Hauptmann/Jap. Diplomat) **L** 75 (Orig. 97) **FSK** ab 12; f **E** 24.9.1954 **fd** 3 588

STAHLHAGEL (THE YOUNG AND THE BRAVE). Aus einem nordkoreanischen Gefangenenlager geflohene Amerikaner schlagen sich mit einem einheimischen Kind, das sie unter Aufbietung des eigenen Lebens vor den »entmenschten Roten« in Sicherheit bringen wollen, durch die feindlichen Linien. Tendenziöser US-Kriegsfilm. ✦ Schwarz-weiß. USA 1962 **P** MGM **Kl** MGM **Pd** A. C. Lyles **R** Francis D. Lyon **B** Beirne Lay jr., nach einem Roman von Ronald Davidson und Harry M. Slott **K** Emmett Bergholz **M** Ronald Stein **S** Robert Leo **D** Rory Calhoun (Ed Brent), William Bendix (Peter L. Kane), John Agar (Haines), Manuel Padilla (Han), Richard Jaeckel (John Eastway), Richard Arlen (Ralph Holbein) **L** 84 **FSK** ab 12; f **E** 18.10.1963 **fd** 12 316

STAHLHARTE FÄUSTE →Die Freibeuterin

STAHLHARTE MÄNNER (STEEL JUNGLE). Ein junger Strafgefangener wird von rücksichtslosen Mitgefangenen terrorisiert. Gefängnisfilm mit menschlich interessanten Einzelmotiven, aber nur mittelmäßig gestaltet. ✦ Schwarz-weiß. USA 1956 **P** Warner **Kl** Warner **Pd** David Weisbart **R+B** Walter Doniger **K** J. Peverell Marley **M** David Buttolph **S** Folmar Blangsted **D** Perry Lopez (Ed Novak), Beverly Garland (Frances Novak), Walter Abel (Warden Keller), Ted de Corsia (Steve Marlin), Kenneth Tobey (Dr. Lewy), Allison Hayes (Mrs. Archer), Gregory Walcott (Weaver), Leo Gordon (Luke), Kay Kuter (Stringbean) **L** 86 **FSK** ab 16; nf **E** 6.9.1957 **fd** 6 307

STAHLHARTE RACHE (THE AVENGER). Ein harter Bursche kehrt aus dem Knast zurück, wo er schuldlos einsaß, und erledigt seine Widersacher, eine Bande junger Leute, die Luxuslimousinen stehlen und verschieben. Im modernen Miami angesiedelte stupide und gewalttätige Action-Geschichte, die von einigen rasanten Verfolgungsszenen lebt. (Früherer Fernsehtitel: »Nasty Hero«) ✦ USA 1987 **P** R. Ben Efraim Prod. **VA** Taurus **R** Nick Barwood **B** Ian Fletcher **K** Oliver Wood **M** Ross Levinson **S** Fred A. Chulack **D** Scott Feraco (Chase), Robert Segdwick (Brad), Carlos Palomino (Carlos), Mike Starr (Hackett), Raymond Serra (Vic) **L** 74 **FSK** ab 18 **E** November 1987 Video/25.10.1992 Tele 5 **fd** 26 502

DIE STAHLHARTEN VIER (DRAGON SQUAD / FOUR REAL FRIENDS). Vier Freunde vernichten gemeinsam einen Verbrecherboß und dessen Bande. Hongkongimport; schlampig in der Choreografie der Kampfszenen und schauspielerisch unbedeutend. ✦ Scope. Hongkong 1973 **P** Wong Chenk Hon **Kl** Splendid/Ring-Film **VA** VPS **R** John Binner **D** Wang Yu (Hsiao Pao), Chen Xing (Hu Tien-tao), Kam Kang (Cheng Tung-kang), Chang Yu (Hung), Shikamura Yasuyoshi (Chingmu) **L** 86 **FSK** ab 18; nf **E** 23.5.1975 **fd** 19 696

EIN STAHLHARTER MANN (THE STREETFIGHTER). Zur Zeit der amerikanischen Wirtschaftsdepression in den 30er Jahren verdingen sich junge Arbeitslose als Schaukämpfer auf den Straßen der Städte. Regisseur Hill liefert unter Zuhilfenahme von Konventionen des Actionkinos episodenhafte Momentaufnahmen aus dem Leben kleiner Gauner, Landstreicher und Randexistenzen, die – bei allen kommerziellen Zugeständnissen – zusammen ein kritisches Zeitbild ergeben. ✦ Scope. USA 1974 **P** Columbia **Kl** Warner-Columbia **DVD** Columbia TriStar Home (16:9, 2.35:1, Mono engl./dt.) **Pd** Lawrence Gordon **R** Walter Hill **B** Walter Hill, Bryan Gindorff, Bruce Henstell **K** Philip Lathrop **M** Barry DeVorzon **S** Roger Spottiswoode **D** Charles Bronson (Chaney), James Coburn (Speed), Jill Ireland (Lucy Simpson), Strother Martin (Poe), Margaret Blye (Gayleen), Michael McGuire (Gandil), Robert Tessier (Jim Henry) **L** 93 **FSK** ab 16; f **E** 12.9. 1975/3.7.2000 DVD **fd** 19 495

DAS STAHLTIER. Dokumentarfilm über die Entwicklung der Eisenbahn, hergestellt zum 100. Jahrestag der ersten deutschen Streckeneröffnung Nürnberg–Fürth 1835. Der seinerzeit renommierte Kameramann und Regisseur W. Zielke konzentriert sich auf die Frühzeit der Dampfmaschinentechnik bis zu Stephensons »Rocket« und »Adler«; das 20. Jahrhundert bleibt weitgehend ausgeklammert. Neben den historischen Teilen interessieren vor allem die experimentellen Kamera- und Montageideen, die über die übliche Kulturfilmästhetik weit hinausgehen. Vom Propagandaministerium nicht zur Vorführung zugelassen, erlebte der Film seine Premiere erst nach dem Krieg. ✦ Schwarz-weiß. Deutschland 1935 **P** Willy Zielke **Kl** Filmkunst **R+B+K** Willy Zielke **M** Peter Kreuder **D** Aribert Mog **L** 41 **FSK** ab 12; f **FBW** w **E** 7.2.1954 **fd** 3 183

STAIRS 1 GENEVA (STAIRS 1 GENEVA). Mit diesem Film dokumentierte der Regisseur Peter Greenaway seine Ausstellung »The Stairs«, die er im Frühjahr 1994 in Genf zeigte: 100 Tage lang waren 100 Aussichtsplattformen auf das Stadtgebiet verteilt, von denen aus die Betrachter sich jeweils unterschiedliche Bilder vom Leben in der Stadt machen konnten. Der Film verknüpft die Eindrücke in verschiedenen Bildebenen und versucht zugleich, historische Fakten darin einzuflechten. ✦ Schweiz 1994 **P** Apsara Productions/Actua Films **R+B** Peter Greenaway **K** Patrick Mounoud, Bernard Reymond, Yves Reymond **M** Patrick Mounoud **S** France De Würstemberger **D** Cisco Aznar, Alex Baladi, Romain Bovy, Mathieu Delmonte, Vincent Du Bois **L** 107 **E** 20.8.1998 SF 1

STAKEOUT – DIE NACHT HAT VIELE AUGEN →Die Nacht hat viele Augen

STAKEOUT II – DIE ABSERVIERER →Die Abservierer

STALAG 17 (STALAG 17). In einem Kriegsgefangenenlager für amerikanische Flieger in Deutschland unterhöhlt ein Verräter die Lagergemeinschaft. Das Ansinnen des Films, die »Barackenseele« psychologisch zu enthüllen, wird durch Unterhaltungseffekte allerdings teilweise unterlaufen. Dennoch perfekt inszeniert und hervorragend besetzt. – Ab 16. ✦ Schwarz-weiß. USA 1953 **P** Paramount **Kl** Paramount **Pd+R** Billy Wilder **B** Billy Wilder, Edwin Harvey Blum, nach dem Bühnenstück von Donald Bevan und Edmund Trzcinski **K** Ernest Laszlo **M** Franz Waxman **S** George Tomasini **D** William Holden (J. J. Sefton), Don Taylor (Lieutenant James Dunbar), Otto Preminger (Oberst v. Scherbach), Peter Graves (Price), Neville Brand (»Duke«), Robert Strauss (Stosh), Harvey Lembeck (Harry), Richard Erdman (Hoffy), Sig Rumann (Schulz) **L** 120 **FSK** ab 16; f **FBW** w **E** 2.2.1960/ 13.11.1972 ZDF **fd** 8 936

STALIN – EINE MOSFILMPRODUKTION. Die Dokumentation zeichnet – mit bislang nicht gesehenem Material – die Entstehung, Vollendung und Verdrängung des filmischen Personenkultes um Josef Stalin nach. Die Geschichte dieses Kultes, die voller Fragen und Widersprüche steckt – Wertows Film »Drei Lieder über Stalin« galt den Stalinisten als zu formalistisch –, findet ihren Höhepunkt in Tschiaurelis »Der Schwur«: Der Diktator nimmt von seinem in den Wolken thronenden Amtsvorgänger Lenin die Botschaft für seine Herrschaft entgegen. ✦ Teils schwarz-weiß. Deutschland 1991/92 **R** Enno Patalas, Frieda Grafe **L** 90 **E** 8.3.1993 West 3

STALIN GEGEN HITLER – DAS DUELL DER DIKTATOREN. Dokumentarfilm über den sowjetischen Diktator Stalin und seinen Zweikampf mit Hitler, der sich von einem jahrelangen Machtpoker und zwischenzeitigem Paktieren bis zum Krieg und schließlich zur Niederlage des Deutschen entwickelte. ✦ Deutschland 1998 **R** Christian Klemke, Jan N. Lorenzen **L** 75 **E** 11.3.1998 ARD

STALINGRAD. Der Versuch, die tragischen Ereignisse der Schlacht um Stalingrad in der Erlebnisgeschichte von fünf Soldaten zu personifizieren. Das mit großem Aufwand vor Augen geführte Kampfszenarium soll abschreckende Wirkung haben, aber die schwach konstruierte Handlung mit ihren stellenweise nicht sehr glaubhaften Zügen schadet dem Gesamteindruck. Als Antikriegsfilm gedacht, doch weitgehend vordergründig und trotz bemerkenswerter inszenatorischer Details nicht überzeugend. – Ab 16 möglich. ✦ Deutschland 1991/92 **P** Royal/Bavaria/ B.A./Perathon **Kl** Senator **VA** EuroVideo **Pd** Hanno Huth, Günter Rohrbach, Bob Arnold **R** Joseph Vilsmaier **B** Johannes Heide (=Christoph Fromm) **K** Rolf Greim, Klaus Moderegger, Peter von Haller, Joseph Vilsmaier **M** Norbert Jürgen Schneider **S** Hannes Nikel **D** Dominique Horwitz (Fritz Reiser), Thomas Kretschmann (Leutnant Hans von Witzland), Jochen Nickel (Manfred Rehleder), Sebastian Rudolph (Müller), Dana Vávrová (Irina), Martin Benrath (General Hentz) **L** 138 **FSK** ab 12; f **FBW** w **E** 21.1.1993/17.8. 1993 Video **fd** 30 027

DIE STALINGRADER SCHLACHT (TEIL 1 UND 2) (STALINGRADSKAJA BITWA). Historischer Spielfilm unter Verwendung von Dokumentarmaterial als Bericht über den Stalingrader Sieg 1942/43 als Loblied »der genialen Feldherrnkunst Stalins«. Personen der Zeitgeschichte von Stalin bis Churchill und Hitler werden allesamt von Schauspielern dargestellt. Trotz Personenkult ein eindrucksvolles Werk. ✦ Schwarz-weiß. UdSSR 1949 **P** Mosfilm **KI** Progress **R** Wladimir Petrow **B** Nikolai Wirta **K** Juri Jekeltschik **M** Aram Chatschaturjan **D** Alexej Diki (Stalin), Juri W. Schumsky, Wassili Merkurjew, Nikolai Simonow **L** 200 **E** 9.9.1949 (I.),3.3.1950 (II.)/21.6.1952 DFF 1

STALINS BEGRÄBNIS (POCHORONIJ STALINA). Historischer Film über das Ende der Ära Stalin nach Erinnerungen des Literaten und Regisseurs Jewtuschenko. Moskau, Anfang 1953: Während der Personenkult auf seinen letzten Höhepunkt zutreibt, macht die Geheimpolizei Jagd auf jüdische Intellektuelle. So werden auch ein 19jähriger Lyriker und sein Vater wegen eines angeblichen Giftmord-Komplotts verhaftet und gefoltert. Stalin stirbt am 5. März. In der dadurch ausgelösten Massenhysterie kommt die Freundin des Lyrikers zu Tode. ✦ Schwarz-weiß. UdSSR 1990 **P** Mosfilm **R+B** Jewgeni Jewtuschenko **K** Anatoli Iwanow **M** Peter Iljitsch Tschaikowski, Charles Chaplin, Gleb Mai **S** Eleonora Praksina **D** Denis Konstantinow (Schenja), Jewgeni Platochin (Kahlköpfiger), Vanessa Redgrave (englische Journalistin), Albert Todd (Amerikaner), Marina Kalinitschenko (Elja) **L** 102 **E** 7.3.1993 ZDF

STALKER (STALKER). Unter der Führung des »Stalkers«, eines Pfadfinders und Ortskundigen, der am Rande der Welt in einer vom Verfall gezeichneten Industrielandschaft lebt, begeben sich ein Wissenschaftler und ein Schriftsteller in die mysteriöse »Zone«, wo es angeblich einen Ort geben soll, an dem die geheimsten Wünsche in Erfüllung gehen. Die Expedition wird zur Reise in die Innenwelt der Protagonisten und zum Panorama einer gottverlassenen europäischen Zivilisation. Ähnlich wie in »Solaris« benutzt Tarkowskij eine Science-Fiction-Vorlage als Hintergrund für mystisch-philosophische Reflexionen und überwältigende Bildvisionen, mit denen er die Grenzen des herkömmlichen Erzählkinos poetisch überschreitet. Die eigenwillige Ästhetik seiner Filmsprache, die sich jedem oberflächlichen Realismus verweigerte, nötigte Tarkowskij 1982 zur Emigration aus der Sowjetunion. Er starb am 29.12.1986 in Paris. Sein letzter Film war »Das Opfer«. ✦ UdSSR 1978/79 **P** Mosfilm **KI** Freunde der Deutschen Kinemathek **R** Andrej Tarkowskij **B** Arkadi Strugazki, Boris Strugazki, nach Motiven ihrer Erzählung »Piknik na obotschine« **K** Alexander Knjashinski, N. Fudim, S. Naugolnych **M** Eduard Artemjew **S** Ljudmila Fejginowa **D** Alissa Frejndlich (Frau des Stalker), Alexander Kaidanowski (Stalker), Anatoli Solonizyn (Schriftsteller), Nikolai Grinko (Professor), Natasha Abramowa (Martha) **L** 163 **E** 16.2.1981/1.5.1981 Kino DDR/23.10.1981 ARD **fd** 22 921

DER STALL AM SALVATOR (STAJNIA NA SALVATORZE). Ein junger Widerstandskämpfer, der den Auftrag übernimmt, einen Verräter zu erschießen, um weitere Denunziationen zu verhindern, versagt vor dieser Aufgabe. Ein künstlerisch und psychologisch ausgezeichneter Film, der seine aufrüttelnde Wirkung aus den tragischen Konfliktsituationen seiner Hauptperson bezieht. – Sehenswert ab 14. ✦ Scope, schwarz-weiß. Polen 1967 **P** ZRF »Kadr« **KI** Progress **R** Pawel Komorowski **B** Jan Józef Szczepanski **K** Wieslaw Zdort **M** Wojciech Kilar **S** Zofia Dwornik **D** Janusz Gajos (Michal), Ryszarda Hanin (seine Mutter), Tadeusz Lomnicki (Zyga), Joanna Szczerbic (Tereska), Ludwik Benoit (Maciek) **L** 81 **E** 6.9.1968 Kino DDR

EIN STALL VOLL SÜSSER BUBIS (THE GAY DECEIVERS). Zwei junge Amerikaner erwecken bei der Musterung bewußt den Eindruck, homosexuell zu sein, um dem Wehrdienst zu entgehen, ohne ihn zu verweigern. Das Vorhaben gelingt und führt zu allerlei Komplikationen. Mißlungene Militär- und Studentensatire, die das menschliche und gesellschaftliche Problem der Homosexualität geschmacklos ausbeutet und sich inszenatorisch wie ein breit ausgewalzter Witz darstellt. (TV-Titel auch: »Die Volltrottel«) ✦ USA 1969 **P** Fanfare **KI** Residenz **Pd** Joe Solomon **R** Bruce Kessler **B** Jerome Wish **K** Richard C. Glouner **M** Stu Phillips **S** Renn Reynolds, Reg Browne **D** Kevin Coughlin (Danny), Larry Casey (Elliott), Brooke Bundy (Karen), Jo Ann Harris (Leslie), Michael Greer (Malcolm), Sebastian Brook (Craig), Jack Starrett (Dixon) **L** 91 **FSK** ab 16; nf **E** 25.4.1980 **fd** 22 443

DER STAMM DER SCHNELLFÜSSIGEN (DOBRI STARI PIANINO). Kinder, die sich während des Urlaubs zum Stamm der Schnellfüßigen zusammengeschlossen haben, klären kleine Diebstähle am Strand auf. – Ab 10. ✦ Jugoslawien 1959 **R** France Kosmac **D** J. Remskar, N. Remskar, J. Jakopin, Velimir Gjurin, B. Oblate **L** 65 **E** 1.11.1964 DFF 1

DER STAMMBAUM (VAMSHA VRIKSHA). Die Film beschreibt die Auflösung einer indischen Brahmanenfamilie, der höchsten Klasse im Kastengefüge, und versucht deutlich zu machen, daß die Aufrechterhaltung der Kastentradition sinnlose Opfer und die Abgrenzung nach unten erfordert. Nach einem umstrittenen Roman entstanden, rechnet der Erstlingsfilm mit dem Mythos der Kastenüberlegenheit schonungslos ab. (O.m.e.U.) – Ab 16. ✦ Schwarz-weiß. Indien 1971 **P** Anantalaxmi Films **KI** Freunde der Deutschen Kinemathek **R** Girish Karnad, B. V. Karanth **B** Girish Karnad, B. V. Karanth, nach einem Roman von S. L. Bhairappa **K** U.M.N. Sharif **D** Girish Karnad **L** 125 **E** 1974 Kino

DER STAMMGAST (LES CLIENTS D'AVRENOS). Verfilmung eines Romans von Georges Simenon: Zwei Frauen treffen sich in einer kleinen Kneipe in Istanbul, um sich nach seinem Tod über ihre Erlebnisse mit dem Mann auszutauschen, den sie beide einst liebten. ✦ Frankreich 1995 **P** Le Sabre/arte **R** Philippe Venault **B** Emmanuel Carrère, nach einem Roman von Georges Simenon **K** Anne Khripounoff **S** Sophie Bhaud **D** Jacques Gamblin (Bernhard de Jonsac), Carlotta Natoli (Nouchi), Claire Borotra (Leyla), Ismail Incekara (Tefik Bey), Nahir Gunsiray (Stolberg) **L** 100 **E** 20.9.1996 arte

STAMMHEIM. Rund zehn Jahre, nachdem in Stammheim die führenden Mitglieder der Baader-Meinhof-Gruppe und Gründer der terroristischen »Rote Armee Fraktion« vor Gericht gestellt und verurteilt wurden, unternimmt Regisseur Reinhard Hauff eine filmische Rekonstruktion des 192 Tage währenden Prozesses. Ausgehend von authentischen Protokollen und unter Verzicht auf dramaturgisches Beiwerk beschränkt sich die Inszenierung bewußt auf wörtliche Rezitation, ohne daß die politisch-gesellschaftlichen Hintergründe des Falles beleuchtet werden. Hauffs freiwillige Askese läßt viele Fragen offen, ermöglicht jedoch beklemmende Einsichten in das Innere eines Justizapparates, der von der politischen Brisanz der Materie überfordert ist und Schwächen zeigt. Obwohl keineswegs beschönigend in den Angeklagtenporträts, leistet der Film einen wichtigen Beitrag zum Verständnis politisch motivierter Gewalt und provoziert die erneute Auseinandersetzung mit einem tabuisierten, bislang unbewältigten Kapitel deutscher Geschichte. Hauptpreis der Berliner Filmfestspiele 1986. ✦ BR Deutschland 1985 **P** Bioskop/Thalia Theater **KI** Futura **VA** Filmgalerie 451 **Pd** Eberhard Junkersdorf, Jürgen Flimm **R** Reinhard Hauff **B** Stefan Aust **K** Frank Brühne, Günter Wulff **M** Marcel Wengler **S** Heidi Handorf **D** Ulrich Pleitgen (Vorsitzender), Ulrich Tukur (Andreas Baader), Therese Affolter (Ulrike Meinhof), Sabine Wegner (Gudrun Ensslin), Hans Kremer (Jan-Carl Raspe), Hans Christian Rudolph (Verteidiger), Peter Danzeisen (Verteidiger), Holger Mahlich (Verteidiger), Marina Wandruszka (Verteidiger) **L** 107 **FSK** ab 16; f **FBW** bw **E** 30.1.1986/18.6. 1996 Video **fd** 25 469

STAN BECKER – ECHTE FREUNDE. Ein Ex-Polizist und sein Freund suchen in der Kanalisation Berlins nach russischem Diebesgut aus dem Zweiten Weltkrieg. Sie finden eine Frauenleiche und werden unter Mordverdacht verhaftet. Als sein Freund in der Zelle ermordet und er aus Mangel an Beweisen freigelassen wird, nimmt er die Spur auf, findet sich bald in Riga wieder und muss sich gleich mit zwei Geheimdiensten herumschlagen. Dabei wird deutlich, dass der Schatz bedeutender ist als angenommen. Auf Aktion getrimmter (Fernseh-)Thriller, der Kalte-Krieg-Ideen, KGB und Mossad für seine handelsübliche Geschichte einspannt. – Ab 16. ✦ Deutschland 1999 **P** SAT 1 **R** Kaspar Heidelbach **B** Martin Kluger **D** Heinz Hoenig (Stan Becker), Rolf Zacher (Oskar), Martin Armknecht (Kommissar Hoffer), Liane Forestieri (Valentina), Gennadi Vengerov (Oleg) **L** 92 **E** 21.1. 2000 SAT 1

STAN BECKER – EIN MANN, EIN WORT. Der draufgängerische Ex-Polizist Stan Becker heuert als Dockarbeiter im Hamburger Hafen an und stolpert über illegale Geschäfte seines Chefs, in denen es um radioaktives Material geht. Handfester (Fernseh-) Thriller nach Routine-Mustern. – Ab 16. ✦ Deutschland 1999 **P** SAT 1 **R** Ralph Bohn **B** Martin Kluger **K** Yvonne Tratz **D** Heinz Hoenig (Stan Becker), Uwe Ochsenknecht (Gilles Donzelot), Chiara Schoras (Natascha Becker), Andreas Hof (Señor Blues), Yasmina Fiali (Svenja), Jurij Schrader (Grisha), Martin Glade (Uli) **L** 94 **E** 19.1.2000 SAT 1

STAN BECKER – OHNE WENN UND ABER. Ex-Polizist Becker reist nach Südafrika, um der Hochzeit eines Freundes beizuwohnen. Am Abend vor der Trauung wird die Braut, eine Polizistin, brutal ermordet, der Freund unter dringendem Tatverdacht verhaftet. Es steht außer Frage, dass Becker ihm beistehen wird. Konventioneller Fernsehkrimi, der seine Spannung ohne modische Zutaten aufzubauen versucht. – Ab 16. ✦ Deutschland 2000 **P** SAT 1 **R** Hartmut Griesmayr **B** Ecki Ziedrich **D** Heinz Hoenig (Stan Becker), Hansa Czypionka (Jimmy Helmer), Walter Kreye (Kreidler) **L** 93 **E** 17.1.2001 SAT 1

STAN UND GEORGE UND IHR NEUES LEBEN (STAN AND GEORGE'S NEW LIFE). Ein Amateur-Meteorologe beschließt, sein Hobby zum Beruf zu machen. Bei seinem neuen Job als »Wetterfrosch« eines Radiosenders lernt er eine Kollegin kennen, die er heiratet. Zur ersten schweren Krise kommt es, als die Frau eigene Ideen zur Wettervorhersage entwickelt. (O.m.d.U.) – Ab 14. ✦ Australien 1990 **P** Leo Prod. **Pd** Margot McDonald **R** Brian McKenzie **B** Brian McKenzie, Deborah Cox **K** Raymond Argall **D** Paul Chubb (Stanley Harris), John Bluthal (Stan Senior), Julie Forsyth (George) **L** 101 **E** 21.1.1994 3sat

STAND ALONE (STAND ALONE). Das Leben eines Mordzeugen wird von mexikanischen Rauschgifthändlern bedroht. Als letzter Ausweg bleibt dem Rentner nur der Kampf Mann gegen Mann, den er dank seiner Erfahrung aus dem Zweiten Weltkrieg siegreich beenden kann. Spannende, gut entwickelte Geschichte, die jedoch Vorurteile und zu ungebrochenen amerikanischen Hurra-Pariotismus transportiert. ✦ USA 1985 **P** Texas Star **VA** VCL/Virgin **Pd** Leon Williams **R** Alan Beattie **B** Roy Carlson **K** Tom Richmond, Timothy Suhrstedt **M** David Richard Campbell **S** Fabian D. Tordjmann **D** Charles Durning (Louis), Pam Grier (= Pamela Grier) (Catherine), James Keach (Isgro), Bert Remsen (Paddie), Barbara Sammeth (Meg), Mary Ann Smith (Schwester Warren), Douglas Durning (Louis als Junge) **L** 89 **FSK** ab 16 **E** August 1987 Video **fd** 26 555

STAND AND DELIVER (STAND AND DELIVER). Ein engagierter Lehrer bringt eine Problemklasse von sozial benachteiligten Jugendlichen mit ungewöhnlichen Lehrmethoden zu hervorragenden Leistungen, die ihnen die Möglichkeit zum gesellschaftlichen

Aufstieg eröffnen. Ein geradliniger, mitreißend temperamentvoller Außenseiterfilm, der Auswege aufzeigt und Hoffnungen vermittelt. Formal streckenweise etwas angepaßt und in der politischen Sicht vereinfachend. – Sehenswert ab 16. ✦ USA 1988 **P** Menendez/Musca & Olmos **KI** Europolis (Warner Bros.) **Pd** Tom Musca **R** Ramon Menendez **B** Ramon Menendez, Tom Musca **K** Tom Richmond **M** Craig Safan **S** Nancy Richardson **D** Edward James Olmos (Jaime Escalante), Lou Diamond Phillips (Angel), Rosana De Soto (Fabiola Escalante), Andy Garcia (Ramirez), Virginia Paris (Raquel Ortega) **L** 103 **FSK** ab 12; f **E** 7.7.1988 (O.m.d.U.)/April 1989 (synchr.) **fd** 27 016

STAND BY ME – DAS GEHEIMNIS EINES SOMMERS (STAND BY ME). Ende der fünfziger Jahre machen sich in einer Kleinstadt Oregons vier zwölfjährige Jungen auf, um eine im Wald liegende Leiche zu finden. Sensible und stimmungsvolle Beschreibung eines jugendlichen Abenteuers, wie alle Initiationsgeschichten mehr an Charakteren und Motiven interessiert als an vordergründiger Action. Eine der geglücktesten Stephen-King-Verfilmungen. (Titel auch: »Das Geheimnis eines Sommers«) DVD: Die Special Edition beinhaltet u. a. einen Audiokommentar des Regisseurs. – Sehenswert ab 14. ✦ USA 1986 **P** Act III **KI** Warner-Columbia **SF** atlas **VA** RCA/Columbia **DVD** Columbia TriStar Home (SE, 16:9, 1.85:1, Mono engl./dt.) **Pd** Bruce A. Evans, Raynold Gideon, Andrew Scheinman **R** Rob Reiner **B** Raynold Gideon, Bruce A. Evans, nach der Kurzgeschichte »The Body« von Stephen King **K** Thomas Del Ruth **M** Jack Nitzsche **S** Robert Leighton **D** Wil Wheaton (Gordie Lachance), River Phoenix (Chris Chambers), Corey Feldman (Teddy Dechamp), Jerry O'Connell (Vern Tessio), Richard Dreyfuss (der Schriftsteller), Kiefer Sutherland (Ace Merrill) **L** 87 **FSK** ab 6; f **FBW** bw **E** 26.2.1987/18.2.1988 Video/5.12.2000 DVD **fd** 26 001

DER STAND DER BAUERN (DER STAND DER BAUERN). Das Porträt von fünf Schweizer Bauernbetrieben geht den Zeichen der Krise und der Neuorientierung des Bauerntums nach: hier die traditionellen Werte der geistigen Landesverteidigung, dort die Orientierung am Weltmarkt, die zu neuen Wegen zwingt. Parallel zu den Bildern vom heutigen bäuerlichen Leben erarbeitet der handwerklich solide gefertigte Dokumentarfilm mit diagnostischer Schärfe die Geschichte der Bauernschaft in den letzten hundert Jahren. ✦ Schweiz 1994 **P** Fama/SF-DRS **Pd** Rolf Schmid **R** Christian Iseli **K** Hansueli Schenkel **M** Patent Ochsner **S** Bernhard Lehner **L** 105 **E** 18.9. 1996 DRS

DER STAND DER DINGE. Als ein Filmteam die Arbeiten an einem Science-Fiction-Film aus Geldmangel unterbrechen muß, führt die Zeit der Untätigkeit für die Beteiligten zu einer Auseinandersetzung mit sich selbst und für den Regisseur darüber hinaus zu einem existentiellen Kampf um seine Ansichten vom Kino. Ein vielschichtiger Film über die Bedeutung von Kinogeschichten als Realitätserfahrung – von Wim Wenders zu einer überzeugenden filmischen Darstellung menschlicher Verhaltensweisen geformt. – Sehenswert. ✦ Schwarz-weiß. BR Deutschland/Portugal/USA 1982 **P** Road Movies/Wim Wenders/Pro-jekt/ZDF/V.O. Films/Gray City Inc. **KI** Filmverlag der Autoren **Pd** Chris Sievernich **R** Wim Wenders **B** Wim Wenders, Robert Kramer **K** Martin Schäfer, Henri Alekan, Fred Murphy **M** Jürgen Knieper **S** Barbara von Weitershausen, Peter Przygodda, Jon Neuburger, Danny Fisher **D** Patrick Bauchau (Friedrich Munro), Paul Getty III (Dennis, Drehbuchautor), Viva Auder (Kate, Scriptgirl), Samuel Fuller (Joe, Kameramann), Isabelle Weingarten (Anna), Artur Semedo (Produktionsleiter), Robert Kramer (Kameraoperateur), Allen Goorwitz (= Allen Garfield) (Gordon), Roger Corman (Rechtsanwalt) **L** 124 **FSK** ab 12; f **FBW** bw **E** 29.10.1982 **fd** 23 696

DIE STANDARTE. 1918 gegen Ende des Krieges: Ein junger Fähnrich übernimmt nach der Meuterei eines ganzen Regiments und dem Tod eines Kameraden aus dessen Hand die Standarte und bringt sie unter vielen Opfern nach Wien. Dort muß er feststellen, daß sein Einsatz vergeblich war: Die Zeit des Kaiserreiches ist vorbei. Ein großangelegter Historienfilm, dessen flache Form weit hinter den literarischen Absichten der Romanvorlage zurückbleibt. ✦ BR Deutschland/Spanien/Österreich 1976 **P** Ottokar Runze/Norddeutsche Filmproduktion/NDR/Neue Thalia/Orféa **KI** Gunther Wessel **Pd+R** Ottokar Runze **B** Herbert Asmodi, nach einem Roman von Alexander Lernet-Holenia **K** Michael Epp **M** Hans-Martin Majewski **S** Tamara Karabetian **D** Simon Ward (Menes), Siegfried Rauch (Bottenlauben), Viktor Staal (Anton), Verónica Forqué (Resa), Gerd Böckmann (Anschütz), Robert Hoffmann (Koch), Wolfgang Preiss (Oberst), Peter Cushing (Baron Hackenberg) **L** 120 **FSK** ab 12; f **E** 25.11.1977

EINE STANDESGEMÄSSE EHE (PETROLEJOVE LAMPY). Die zur Jahrhundertwende spielende Tragödie einer wohlhabenden Erbin aus bürgerlichem Milieu, die durch gesellschaftlichen Druck in eine unglückliche Ehe getrieben wird. Eine in der Milieu- und Figurenzeichnung überzeugende Verfilmung des Romans von Jaroslav Havlicek. (Fernsehtitel BRD: »Petroleumlampen«) – Ab 14. ✦ CSSR 1971 **P** Filmstudio Barrandov **KI** Progress **R** Juraj Herz **B** Václav Sasek, Lubor Dohnal, Juraj Herz, nach einem Roman von Jaroslav Havlicek **K** Dodo Simoncic **M** Lubos Fiser **D** Iva Janzurová (Steffi), Marie Resulkova (ihre Mutter), Ota Sklencka (ihr Vater), Petr Cepek (Vetter Paul), Vladimir Jedenáctik (Onkel Malina) **L** 100 **E** 5.1.1973 Kino DDR/17.8.1974 DFF 1/16.11.1975 ZDF **fd** 19 546

STANDHAFTE CHATTEN. Dokumentation des Herbstmanövers der Bundeswehr, an dem 1977 über 40 000 Soldaten teilnahmen. Gezeigt werden Panzereinheiten im Einsatz und die Aufgaben der Soldaten vom Rekruten bis zum General. Der Film betreibt weder Propaganda für das Militär, noch gibt er sich als Antikriegsfilm. Er interessiert sich dafür, wie der Apparat Bundeswehr in der Manöversituation handelt. Dieser funktionsinteressierten Annäherung sind die Absurditäten des Filmes zu danken, wenn er dokumentiert, was nicht oder nur mit unendlichen Komplikationen funktioniert. An diesen Stellen ist der Film von einer subtilen Ironie bestimmt, die seine Bedeutung ausmacht. (Das Manöver »Standhafte Chatten« erhielt seinen Namen nach dem germanischen Volksstamm die Chatten, die als Vorfahren der Hessen gelten.) – Ab 16. ✦ BR Deutschland 1977 **P** Maximiliane Mainka/Institut für Filmgestaltung Ulm **SF** Verleihgenoss. d. Filmemacher **R+B** Maximiliane Mainka, Peter Schubert **K** Alfred Tichawsky, C. Arnemann **L** 90 **E** 13.3.1979

STÄNDIG IN ANGST (HAUSER'S MEMORY). Ein in die USA ausgewanderter deutscher Biochemiker soll erstmals eine menschliche Gehirnverpflanzung durchführen, damit die amerikanische Regierung in den Besitz einer wichtigen Raketenformel gelangt. Verworrener Science-fiction-Thriller mit naivem Konzept und politischen Klischeevorstellungen. ✦ USA 1971 **P** Universal **KI** CIC **Pd** Jack Laird **R** Boris Sagal **B** Adrian Spies, nach dem Roman »Hausers Gedächtnis« von Curt Siodmak **K** Petrus Schloemp **M** Bill Byers **S** Frank Morriss **D** David McCallum (Hillel Mondoro), Susan Strasberg (Karen Mondoro), Helmut Käutner (Ernst Kramer), Lilli Palmer (Anna), Robert Webber (Dorsey), Leslie Nielsen (Slaughter), Hans Elwenspoek (Van Kungen), Herbert Fleischmann (Renner), Barbara Lass (= Barbara Kwiatkowska) (Angelika), Peter Ehrlich (Kucera), Otto Stern (Gessler), Jochen Busse (Dieter), Manfred Reddemann (Sorsen) **L** 96 **FSK** ab 16; f **E** 17.3.1973

STANDOFF (STANDOFF). Vier Bundespolizisten haben sich vor den Kugeln militanter Sektenfanatiker in einem Haus verschanzt und warten auf militärische Unterstützung. Als sie im Keller des Hauses zwei junge Frauen entdecken, die der faschistoiden Sekte angehören, entsteht eine Atmosphäre der Angst und des Mißtrauens, in der die Männer ihre wahren Gesichter zeigen und sich nur einer als moralisch integer, leider aber auch als zu vertrauensselig erweist. Passable Darsteller und die kompakte Erzählweise machen die Mischung aus spekulativem Gewaltfilm und Drama zunächst halbwegs ansehnlich, doch im weiteren Verlauf erweisen sich die Charaktere als unstimmig, unglaubwürdig und eindimensional. Ärgerlich auch der nur schwach beleuchtete Hintergrund des Sektenwesens. ✦ USA 1996 **P** Trimark Pictures **VA** Ufa/BGM **Pd** Dan Stone, Lisa Zimble **R+B** Andrew Chapman **K** Nancy Schreiber **M** Pray For Rain **S** Samuel Craven **D** Robert Sean Leonard (Jamie Doolin), Dennis Haysbert (Ty »Bama« Jones), Natasha Henstridge (Mary), Keith Carradine (Zeke Clayton), Paul Scherrer (Ranger Barry), Paul Ben-Victor (Hank Magill) **L** 88 (gek. 16) **FSK** ab 18 (gek. ab 16) **E** 11.5. 1998 Video **fd** 33 205

STANDORT UNBEKANNT (KOORDINATY NEISWESTNY). Ein Tanker, der sich zu Beginn des faschistischen Überfalls auf die Sowjetunion im Mittelmeer befindet und unter vielen Gefahren nach Wladiwostock gelangt. Ein künstlerisch sehr schwacher Kriegsfilm. – Ab 6. ✦ Schwarz-weiß. UdSSR 1957 **P** Dowshenko-Studio **KI** Progress **R** Michail Winjarski **B** I. Rjadtschenko **K** W. Simbirzew **M** Boris Mokroussow **D** Leonid Gallis (Krutow), Oleg Shakow (Kapitän), Eduard Bredun (Bragin), N. Tscherednitschenko (Njura), J. Prokopowitsch (Dolinski) **L** 91 **E** 17.10.1958 Kino DDR/5.11.1961 DFF 1

STANLEY (STANLEY). Ein Vietnamheimkehrer, als Halbindianer von den Weißen angewidert, zieht sich in eine Hütte in den Süden Floridas zurück und züchtet Schlangen, um mit Hilfe ihres Giftes »Recht« zu sprechen. Horrorfilm ohne Gespür für seine thematischen Möglichkeiten. ✦ USA 1971 **P** Crown International **KI** Cinerama **VA** ITT/VMP **Pd+R** William Grefe **B** Gary Crutcher **K** Clifford Poland **M** Post Production Associates **S** Julio Chavez **D** Chris Robinson (Tim Ochopee), Alex Rocco (Richard Thomkins), Steve Alaimo (Crail Denning), Susan Carrol (Susie Thomkins), Rey Baumel (Sidney Calvin) **L** 91 **FSK** ab 18; nf **E** 30.11.1973/1981 Video **fd** 18 625

STANLEY – DER QUERKOPF (STANLEY – EVERY HOME SHOULD HAVE ONE). Um zu lernen, was normal ist, schlüpft ein realitätsuntüchtiger Unternehmersohn vorübergehend in die Rolle des Biedermannes, macht aber schnell die Erfahrung, daß alles Normale durchaus seine Kehrseiten hat. Dies wiederum fordert den Einsatz seiner eher »fantastischen« Qualitäten heraus. Unterhaltsame, sanft subversive Komödie, die trotz gelegentlichen Leerlaufs eigenständigen Charme und Witz entwickelt. – Ab 16. ✦ Australien 1983 **P** Seven Keys **VA** EVC **Pd** Andrew Gaty **R** Esben Storm **B** Esben Storm, Andrew Gaty **K** Russell Boyd **M** William Motzing **S** William M. Anderson **D** Graham Kennedy (Norm Norris), Nell Campbell (Amy Benton), Peter Bensley (Stanley Dunstan), Michael Craig (Sir Dunstan), Max Cullen (Berger) **L** 92 **FSK** ab 12 **E** 12.9.1988 Video **fd** 27 309

STANLEY KUBRICK – A LIFE IN PICTURES (STANLEY KUBRICK – A LIFE IN PICTURES). Porträt des Filmregisseurs Stanley Kubrick, dessen filmischer Kosmos auf der Grundlage seiner 13 Kinofilme eindrucksvoll vermittelt wird, wobei der ebenso vielschichtige wie informative Dokumentarfilm neue Einblicke und Sichtweisen ermöglicht. Auch der Mensch Kubrick wird durch eine Reihe bislang nicht veröffentlichter Archivmaterialien nahegebracht, ohne dass seine zeitlebens bestens gehütete Privatsphäre preisgegeben würde. – Sehenswert ab 14. ✦ Großbritannien 2000 **P** Warner House **VA** Warner Home **Pd+R+B** Jan Harlan **K** Manuel Harlan **S** Melanie Viner Cuneo **L** 144 **E** 2001 Video **fd** 35 037

STANLEY SWEETHEART (THE MAGIC GARDEN OF STANLEY SWEETHEART). Stanley Sweethearts Leben besteht aus heftigem Konsum von Mädchen und

Haschisch; der Junge hat viel Zeit, Geld und etwas Liebeskummer... Ein phrasenhafter amerikanischer Film über die »neue Jugend«: banal, undifferenziert und voller Verzeichnungen, aber auch ein Zeitdokument. ✦ Scope. USA 1969 **P** MGM **KI** MGM **Pd** Martin Poll **R** Leonard Horn **B** Robert T. Westbrook, nach seinem Roman **K** Victor J. Kemper **M** Jerry Steiner, Michel Legrand **S** Nick Archer, Ted Chapman **D** Don Johnson (Stanley Sweetheart), Linda Gillin (Shayne/Barbara), Michael Greer (Danny), Dianne Hull (Cathy), Holly Near (Fran), Victoria Racimo (Andrea), Brandon Maggart (Dr. Arthur Osgood) **L** 112 **FSK** ab 18; nf **E** 20.5.1971 **fd** 17 345

STANLEY & IRIS (STANLEY & IRIS). Ein in einer Großbäckerei arbeitender Analphabet traut sich nicht, seiner Arbeitskollegin die »Behinderung« zu offenbaren und ihr seine Liebe zu gestehen. Doch langsam wachsen die beiden zusammen, und er überwindet mit ihrer Hilfe sein Handicap. Bis auf den allzu klischeehaften optimistischen Schluß eine wunderschön erzählte Liebesgeschichte über die Hilfe zur Selbsthilfe, die kurz, aber präzise auch gesellschaftliche Realitäten beleuchtet. Hervorragend inszeniert und in den Hauptrollen brillant besetzt. – Sehenswert ab 14. ✦ Scope. USA 1989 **P** MGM/Lantana **KI** UIP **VA** Euro/Video **Pd** Arlene Sellers, Alex Winitsky **R** Martin Ritt **B** Harriet Frank jr., Irving Ravetch, nach einem Roman von Pat Barkes **K** Donald McAlpine **M** John Williams **S** Sidney Levin **D** Jane Fonda (Iris), Robert De Niro (Stanley), Swoosie Kurtz (Sharon), Martha Plimpton (Kelly), Harley Cross (Richard) **L** 104 **FSK** ab 12; f **FBW** bw **E** 24.5.1990/16.4.1991 Video **fd** 28 315

STANLEYS DRACHE (STANLEY'S DRAGON). Fantasyfilm für Kinder und Jugendliche. Ein 18jähriger Student mit dem Hobby Höhlenforschung findet bei einer Expedition ein fossiles Ei, aus dem ein kleiner Drache schlüpft. Zunächst versucht er, die Sensation geheimzuhalten, doch der Drache reißt aus und wird in den Zoo gebracht. Begafft und untersucht, verweigert er die Nahrungsaufnahme, was seinen Finder zu einer waghalsigen Befreiungsaktion veranlaßt. – Ab 10. ✦ Großbritannien 1993/94 **R** Gerry Poulson **D** Judd Trichter (Stanley), Mia Fothergill (Rosie), Milton Johns (Mr. Batley), Paul Venables (Henry Driver), Jeremy Nicolas (Mr. Fuller) **L** 85 **E** 30.12.1995 ZDF

STAR! (STAR!/THOSE WERE THE HAPPY TIMES). Porträt einer englischen Sängerin aus ärmlichen Verhältnissen, die sich zum Star der Music-Halls hocharbeitet. Der internationale Erfolg belastet jedoch ihr Privatleben. Aufwendiger, überlanger Unterhaltungsfilm mit vielen Varieté-Einlagen, der die Probleme, die er aufwirft, selbst nicht ernst nimmt. – Ab 16. ✦ Scope. USA 1967 **P** 20th Century Fox **KI** Centfox **Pd** Saul Chaplin **R** Robert Wise **B** William Fairchild **K** Ernest Laszlo **M** Lennie Hayton (Ltg.), div. Songs **S** William Reynolds **D** Julie Andrews (Gertrude Lawrence), Richard Crenna (Richard Aldrich), Michael Craig (Sir Anthony Spencer), Daniel Massey (Noel Coward), Robert Reed (Charles Fraser), John Collin (Jack Roper), Bruce Forsyth (Arthur Lawrence), Beryl Reid (Rose), Jenny Agutter (Pamela), Alan Oppenheimer (Andre Charlot) **L** 173 **FSK** ab 12; f **FBW** w **E** 11.10.1968 **fd** 15 762

EIN STAR (HVEZDA). Der Wunsch und Traum einer bescheidenen und liebenswürdigen Frau, einmal eine große Schauspielerin zu werden. – Ab 14. ✦ Scope, schwarz-weiß. CSSR 1969 **P** Filmstudio Barrandov **KI** Progress **R** Jirí Hanibal **B** Jirí Hanibal, Bohumíla Peychlová **K** Josef Vanis **M** Jirí Sternwald **D** Nelly Gaierová (Alena), Marie Vásová (Káta), Marie Glázrová (Olga), Zita Kabátová (Marie), Jirí Adamíra (Schwiegersohn) **L** 87 **E** 29.5.1970 Kino DDR/5.12. 1972 DFF 2

STAR 80 (STAR 80). Die authentische Geschichte des »Playmate des Jahres« 1980, das von seinem eifersüchtigen Mann ermordet wird. Die perfekt-routinierte Inszenierung Fosses kann sich nicht entscheiden, ob sie eher aufklärerisch-abschreckend oder unterhaltsam wirken will. ✦ USA 1983 **P** Ladd Company/Warner Bros. **KI** Warner-Columbia **Pd** Wolfgang Glattes, Kenneth Utt **R** Bob Fosse **B** Bob Fosse, teilweise basierend auf »Death of a Playmate« von T. Carpenter **K** Sven Nykvist **M** Ralph Burns **S** Alan Heim **D** Mariel Hemingway (Dorothy), Eric Roberts (Paul), Cliff Robertson (Hugh Hefner), Carroll Baker (Dorothys Mutter), Roger Rees (Aram), David Clennon (Geb), Josh Mostel (Privatdetektiv), Lisa Gordon (Eileen) **L** 104 **FSK** ab 16; f **E** 17.3.1984 **fd** 24 442

STAR CRACKS – DIE IRRE BRUCHLANDUNG DER AUSSERIRDISCHEN (MORONS FROM OUTER SPACE / STAR CRACKS). Vier humanoide Außerirdische werden auf die Erde verschlagen, setzen das Militär in Alarmbereitschaft und werden, als sich ihre Harmlosigkeit herausstellt, nach allen Regeln der Kunst einem Vermarktungskonzept unterworfen. Persiflage auf einschlägige Science-Ficton-Filme. – Ab 16. ✦ Großbritannien 1984 **P** Thorn EMI **VA** Cannon **Pd** Barry Hanson **R** Mike Hodges **B** Griff Rhys Jones, Mel Smith **K** Phil Meheux **M** Peter Brevis **S** Peter Boyle **D** Mel Smith (Bernard), Griff Rhys Jones (Graham Sweetley), Joanne Pearce (Sandra Brock), Paul Brown (Julian Tope), James B. Sikking (Colonel Laribee), Jimmy Nail (Desmond Brock), Trsitram Jellinek (Simpson), George Innes (Stanley) **L** 86 **FSK** ab 12 **E** 23.1.1987 Video/19.6.1989 RTL plus

STAR CRASH – STERNE IM DUELL (STAR CRASH / STARCRASH / STELLA STAR). Ein guter Kaiser kämpft im Weltraum gegen einen schurkischen Grafen und siegt schließlich, indem er den Zusammenprall zweier Sterne herbeiführt. Langatmiger Science-Fiction-Film ohne inszenatorische und tricktechnische Höhepunkte, auch schauspielerisch unbeholfen. – Ab 16. ✦ USA 1978 **P** Film Enterprises **KI** Warner-Columbia **Pd** Nat Wachsberger, Patrick Wachsberger **R** Lewis Coates (= Luigi Cozzi) **B** Lewis Coates (= Luigi Cozzi), Nat Wachsberger **K** Paul Beeson, Roberto d'Ettore Piazzoli **M** John Barry **S** Sergio Montanari **D** Marjoe Gortner (Akton), Caroline Munro (Stella Star), Christopher Plummer (Herrscher), David Hasselhoff (Simon), Robert Tessier (Thor), Joe Spinell (Graf Zarth Arn), Nadia Cassini (Amazonenkönigin), Judd Hamilton **L** 97 **FSK** ab 12; nf **E** 21.12. 1978 **fd** 21 044

STAR CRYSTAL (STAR CRYSTAL). Ein geheimnisvoller Stein erregt das Interesse einer Raumexpedition. Bevor er untersucht werden kann, quillt eine schleimige Masse aus ihm hervor, der die Besatzung des Raumgleiters zum Opfer fällt. Jahre später muß eine andere Gruppe von Astronauten in dem Raumschiff Unterschlupf suchen. Die Ereignisse wiederholen sich, bis nur noch ein Mann und eine Frau am Leben sind, die sich dem Wesen, das sich »Gar« nennt, stellen. Trivialer Science-Fiction-Horror, der dreist den Film »Alien« plagiiert. ✦ USA 1986 **P** Star Crystal/New World **VA** Gloria **Pd** Eric Woster **R+B** Lance Lindsay **K** Robert Caramico **M** Doug Katsaros **S** Eric Woster **D** C. Jutson Campbell, Faye Bolt, John Smith, Taylor Kingsley, Marcia Linn **L** 92 **E** Januar 1987 Video

STAR FORCE SOLDIER (SOLDIER). Ein von Geburt an zum stahlharten Kämpfer erzogener Elitesoldat wird auf einem Müllplaneten »entsorgt«, nachdem er gegen ein Exemplar der genetisch erzeugten Nachfolger-Generation unterliegt. Brutaler Science-Fiction-Film, der von der Menschwerdung eines emotionalen Waisenkindes handeln will, durch exzessive Kampfszenen und seine Ideologie eines wehrhaften Daseins aber zur ungebrochenen Hymne auf Militarismus und Krieg gerät. (Videotitel: »Soldier«) – Wir raten ab. ✦ Scope. USA 1998 **P** Jerry Weintraub Prod./Impact Pictures/Morgan Creek **KI** Highlight **VA** Highlight (Neufassung ab 18) **DVD** Highlight Video (16:9, 1.85:1, DD5.1 dt.) **Pd** Jerry Weintraub **R** Paul Anderson **B** David Webb Peoples (= David Peoples) **K** David Tattersall **M** Joel McNeely **S** Martin Hunter **D** Kurt Russell (Todd), Jason Scott Lee (Caine 607), Connie Nielsen (Sandra), Michael Chiklis (Jimmy Pig), Gary Busey (Church), Sean Pertwee (Mace), Jason Isaacs (Colonel Mekum), Mark Bringleson (Rubrick) **L** 91 **FSK** ab 16; f (DVD 18) **E** 10.6.1999/13.1.2000 Video & DVD **fd** 33 718

STAR KID (STAR KID / WARRIOR OF WVERLY STREET). Ein zwölfjähriger schüchterner Junge wird der biologische Leiter eines außerirdischen Kampfroboters und kann mit ihm nicht nur eine Invasion aus dem Weltraum stoppen, sondern auch seine privaten Probleme lösen. Lustlos zusammengeklaubtes Science-Fiction-Spektakel für Kinder, das geistlos die einschlägigen Vorbilder plündert und jede pädagogische Feinfühigkeit und Verantwortung vermissen läßt. – Ab 12 möglich. ✦ USA 1996 **P** Trimark Pic. **KI** Senator **VA** Ascot **DVD** Splendid/Ascot (FF, DD2.0 dt.) **Pd** Jennie Lew Tugend **R+B** Manny Coto **K** Ronn Schmidt **S** Bob Ducsay **D** Joseph Mazzello (Spencer), Alex Daniels (Cybersuit), Brian Simpson (Broodwarrior), Joey Simmrin (Turbo), Lauren Eckstrom (Michelle), Ashlee Levitch (Stacey) **L** 96 **FSK** ab 6; f **E** 23.7.1998/1.1.1999 Video/26.4.1999 DVD **fd** 33 233

STAR MAPS (STAR MAPS). Ein junger Mann, der von seinem Vater genötigt wird, im familieneigenen Callboy-Unternehmen mit zu arbeiten, erhält durch eine Kundin die Gelegenheit, ins ersehnte Filmgeschäft einzusteigen. Recht merkwürdige Mischung aus Familiendrama und Kolportage, die jeden Beweis ihrer Seriosität schuldig bleibt und bestenfalls konfektionierte Unterhaltung bietet. ✦ USA 1997 **P** Flan de Coco Films/King Films **Pd** Matthew Greenfield, Kathleen Brown Corbin, Ron Nyswaner, Eden J. Shapiro **R** Miguel Arteta **B** Miguel Arteta, Matthew Greenfield **K** Jesus »Chuy« Chávez **S** Jeff Betancourt, Tom McArdle, Tony Selzer **D** Douglas Spain (Carlos), Efrain Figueroa (Pepe), Kandeyce Jorden (Jennifer), Martha Velez (Teresa), Lysa Flores (Maria) **L** 86 **E** 2.6.2000 Premiere World

STAR MIT FREMDEN FEDERN. Verwechslungsspiel um einen eitlen Friseur, der auf Grund seiner Ähnlichkeit mit einem Filmschauspieler für den berühmten Leinwandstar gehalten wird. Anspruchslose Unterhaltung mit wenig neuen Einfällen, aber einem sehr komischen Werner Peters in der Titelrolle. – Ab 14. ✦ Schwarz-weiß. DDR 1955 **P** DEFA **KI** Progress **Pd** Alexander Lösche **R** Harald Mannl **B** Heino Brandes, Richard Nicolas **K** Karl Puth, Erwin Anders **M** Gerd Natschinski **S** Friedel Welsandt **D** Werner Peters (Franz Blume/Günther Kolmin), Sonja Sutter (Isolde Sturm), Christina Huth (Gisela Petri), Friedel Rostock (Dore Holberg), Horst Naumann (Kurt Seidel), Robert Trösch (Regisseur Kessel) **L** 94 **E** 9.9.1955 Kino DDR/25.9.1955 DFF 1

STAR ODYSSEE (STAR ODYSSEY). Auf einem fernen Planeten, der das Zentrum des galaktischen Imperiums darstellt, werden alljährlich Planeten zwecks industrieller Ausbeutung versteigert. Ein Großkapitalist erwirbt so die Erde, die jedoch seinen Roboterarmeen erbitterten Widerstand leistet. Ein irdischer Wissenschaftler erarbeitet einen Verteidigungsplan. Konventioneller Science-Fiction-Film. – Ab 16. ✦ Italien 1978 **VA** All **R** Al Bradley (= Alfonso Brescia) **D** Sharon Baker, Chris Avram (= Cristea Avram), Gianni Garko, Nino Castelnuovo, Yanti Somer **L** 97 **E** 17.6.1986 RTL plus

STAR-PILOT → Raumkreuzer Hydra – Duell im All

STAR ROCK (THE APPLE). Rockrevue über den Sündenfall der Menschheit und die Erlösung der Gerechten. Auf Schauwerte und flotte Musiknummern ausgerichtet. – Ab 16. ✦ USA/BR Deutschland 1980 **P** NF Geria III/The Cannon Group **VA** Star Video **Pd** Menahem Golan, Yoram Globus **R+B** Menahem Golan **K** David Gurfinkel **M** Coby Recht, Iris Recht **S** Alain Jakubowicz **D** Catherine Mary Stewart (Bibi), George Gilmour (Alphie), Grace Kennedy (Pandi), Joss Ackland (Topps), Alan Love (Dandi), Vladek Sheybal (Boogalow) **L** 86 **E** 1982 Video **fd** 23 595

STAR TREK – DER FILM (STAR TREK – THE MOTION PICTURE). Eine kosmische Wolke von ungeheurer Energie bedroht die Erde. Das Raumschiff Enterprise dringt bis in das Zentrum der Wolke vor und entdeckt, daß es sich um ein Maschinenwesen mit einer ehemaligen NASA-Sonde als Zentrum handelt. Aufwendiger Film nach der erfolgreichen Fernsehserie »Raumschiff Enterprise« (Star Trek). Langweilig inszeniert, stereotyp in der Figurenzeichnung und mit einem pseudo-philosophischen Überbau. – Ab 12 möglich. ✦ Scope. USA 1979 **P** Paramount **KI** CIC **VA** CIC **Pd** Gene Roddenberry **R** Robert Wise **B** Harold Livingston, Gene Roddenberry, nach Alan Dean Foster **K** Richard H. Kline **M** Jerry Goldsmith **S** Todd Ramsay **D** William Shatner (Captain Kirk), Leonard Nimoy (Spock), DeForest Kelley (Dr. McCoy), James Doohan (Scotty), George Takei (Sulu), Majel Barrett (Dr. Christine Chapel), Walter Koenig (Chekov), Nichelle Nichols (Uhura), Persis Khambatta (Lt. Ilia), Stephen Collins (Will Decker), Grace Lee Whitney (Janice Rand) **L** 132 **FSK** ab 12; f **E** 27.3.1980/25.4. 1986 Kino DDR/28.12.1998 Video **fd** 22 405

STAR TREK II – DER ZORN DES KHAN (STAR TREK II: THE WRATH OF KHAN). Im 23. Jahrhundert: Die Besatzung des Raumschiffes »Enterprise« muß sich erneut zahlreichen Gefahren stellen. Gegenüber den Folgen der erfolgreichen Fernsehserie bietet der zweite Aufguß der dürftigen Geschichte außer pseudowissenschaftlichem Gerede nichts wesentlich Neues. – Ab 14. ✦ Scope. USA 1982 **P** Paramount **KI** UIP **DVD** Paramount (16:9, 2.35:1, DD5.1 engl., DS dt.) **Pd** Robert Sallin **R** Nicholas Meyer **B** Jack B. Sowards **K** Gayne Rescher **M** James Horner **S** William Paul Dornisch **D** William Shatner (Kirk), Leonard Nimoy (Spock), DeForest Kelley (McCoy), James Doohan (Scotty), Walter Koenig (Chekov), Ricardo Montalban (Khan), Paul Winfield (Terrell), Kirstie Alley (Saavik), George Takei (Sulu), Bibi Besch (Carol Markus), Merritt Butrick (David), Nichelle Nichols (Lt. Uhura) **L** 113 **FSK** ab 12; f **E** 4.11. 1982/8.11.2001 DVD **fd** 23 712

STAR TREK III – AUF DER SUCHE NACH MR. SPOCK (STAR TREK III – THE SEARCH FOR SPOCK). Da das Raumschiff Enterprise beim Heimflug zur Weltraumstation Leben auf dem künstlichen Planeten Genesis feststellt, nimmt Admiral Kirk gegen den Befehl der obersten Admiralität die Suche nach Mister Spock auf, den er im Weltraum beisetzen mußte. Nach vielfältigen Abenteuern kehrt die Mannschaft mit Mister Spock heim. Aufwendiges Weltraumspektakel mit viel Ideologie und gegenüber den ersten Filmen der Serie verbesserter Tricktechnik. – Ab 14. ✦ Scope. USA 1983 **P** Paramount **KI** UIP **DVD** Paramount (16:9, 2.35:1, DD5.1 engl./dt.) **Pd** Harve Bennett **R** Leonard Nimoy **B** Harve Bennett **K** Charles Correll **M** James Horner **S** Robert F. Shugrue **D** William Shatner (Admiral James Kirk), Leonard Nimoy (Mr. Spock), DeForest Kelley (Dr. Mc Coy), James Doohan (Scotty), Walter Koenig (Mr. Chekov), Nichelle Nichols (Lt. Uhura), Mark Lenard (Sarek), Merritt Butrick (David), Robin Curtis (Saavik), Christopher Lloyd (Kruge), Judith Anderson (Hohepriesterin) **L** 106 **FSK** ab 12; f **E** 16.11.1984/11.10.2001 DVD **fd** 24 752

STAR TREK IV – ZURÜCK IN DIE GEGENWART → Zurück in die Gegenwart – Star Trek IV

STAR TREK V – AM RANDE DES UNIVERSUMS (STAR TREK V – THE FINAL FRONTIER). Der Halbbruder von Mr. Spock unternimmt einen Anschlag auf einen Planeten des Weltalls, von wo er an die Grenzen des Universums und zu Gott vordringen will, wird aber von der Besatzung des Raumschiffs »Enterprise« in die Schranken gewiesen. Interplanetarischer Humbug am Rande der Lächerlichkeit, formal durchschnittlich. – Ab 16. ✦ Scope. USA 1988/89 **P** Paramount **KI** UIP **VA** CIC **DVD** Paramount (2.35:1, DD5.1 engl., DS dt.) **Pd** Harve Bennett **R** William Shatner **B** David Loughery, William Shatner, Harve Bennett **K** Andrew Laszlo **M** Jerry Goldsmith **S** Peter E. Berger **D** William Shatner (Capt. Kirk), Leonard Nimoy (Spock), Laurence Luckinbill (Sybok), James Doohan (Scotty), Walter Koenig (Chekov), Nichelle Nichols (Uhura), George Takei (Sulu), David Warner (St. John Talbot), George Murdock (Gott) **L** 106 **FSK** ab 12; f **E** 16.11.1989/8.3.2001 DVD **fd** 27 988

STAR TREK VI – DAS UNENTDECKTE LAND (STAR TREK VI – THE UNDISCOVERED COUNTRY). Die Mannschaft der »U.S.S. Enterprise« legt bei ihrer letzten Mission Kriegstreibern im intergalaktischen Raum das Handwerk. Science-Fiction-Abenteuer mit Ansätzen zur Selbstironie und nostalgischem Touch; mit viel Tricktechnik zeitgemäß aufgebessert. – Ab 14. ✦ Scope. USA 1991 **P** Paramount Pictures **KI** UIP **VA** CIC **Pd** Leonard Nimoy, Ralph Winter, Steven-Charles Jaffe **R** Nicholas Meyer **B** Nicholas Meyer, Denny Martin Flinn **K** Hiro Narita **M** Cliff Eidelman **S** Ronald Roose, William Hoy **D** William Shatner (Captain Kirk), Leonard Nimoy (Spock), DeForest Kelley (McCoy), James Doohan (Scotty), Nichelle Nichols (Uhura), George Takei (Sulu), Brock Peters (Admiral Cartwright), Mark Lenard (Sarek), Christopher Plummer (Chang), Kim Cattrall (Valeris), David Warner (Kanzler Gorkon), Grace Lee Whitney (Nachrichtenoffizier), Christian Slater (Excelsior-Offizier) **L** 113 **FSK** ab 12; f **E** 5.3.1992/16.9. 1992 Video/26.11.1994 PRO 7 **fd** 29 431

STAR TREK – TREFFEN DER GENERATIONEN (STAR TREK – GENERATIONS). Im Jahr 2265 sind Captain Kirk und einige seiner Crew Ehrengäste des Jungfernflugs der »Enterprise B«. Bei dem Versuch, einem Raumschiff Hilfe zu leisten, kommt es zu einer Katastrophe. 78 Jahre später wird Kirk von einer neuen »Enterprise« auf dem paradiesischen Planeten Nexus entdeckt. Gemeinsam gelingt es ihnen, einen skrupellosen Wissenschaftler auszuschalten. Siebter Film der Star-Trek-Serie; ein psychologisch oberflächlicher Science-Fiction-Film, ganz auf technische Effekte ausgerichtet, hölzern gespielt. – Ab 14. ✦ Scope. USA 1994 **P** Paramount **KI** UIP **VA** CIC **DVD** Paramount (16:9, 2.35:1, DD5.1 engl./ dt.) **Pd** Rick Berman **R** David Carson **B** Ronald D. Moore, Brannon Braga **K** John A. Alonzo **M** Dennis McCarthy **S** Peter E. Berger **D** Patrick Stewart (Capt. Jean-Luc Picard), William Shatner (Capt. Kirk), Jonathan Frakes (Commander William Riker), Brent Spiner (Lieutenant Commander Data), Malcolm McDowell (Dr. Soran), Whoopi Goldberg (Guinan), LeVar Burton (Geordi LaForge), Michael Dorn (Lt. Worf), Gates McFadden (Dr. Beverly Crusher), Marina Sirtis (Deanna Troi), James Doohan (Montgomery Scott), Walter Koenig (Mr. Chekhov) **L** 118 **FSK** ab 12; f **FBW** w **E** 9.2.1995/23.10.1995 Video/ 5.10.1996 premiere/7.12.2000 DVD **fd** 31 177

STAR TREK – AUF DER SUCHE NACH NEUEN GALAXIEN (STAR TREK – THE NAKED NOW / STAR TREK – CODE OF HONOR). Zwei Folgen aus der Serie »Star Trek« der »neuen Generation«. Zunächst bedroht die Mannschaft eine Seuche, die sich auf das menschliche Gehirn wie Alkohol auswirkt und die Frauen sexsüchtig macht; in der zweiten Episode begegnet man dunkelhäutigen Bewohnern eines fernen Planeten, die sich wie Figuren aus orientalischen Märchen verhalten. In biederem Fernsehstil erzählt, mit geringem technischen und großem (pseudo-) wissenschaftlichen Vokabularverbrauch in den unfreiwillig komischen Dialogen. – Ab 14 möglich. ✦ USA 1987 **P** Columbia **VA** CIC **R** Paul Lynch (1), Russ Mayberry (2) **B** J. Michael Bingham, John D. F. Black, Katharyn Powers, Michael Saron **M** Jerry Goldsmith **D** Patrick Stewart (Captain Jean-Luc Picard), Jonathan Frakes (Commander Riker), LeVar Burton (Gordi LaForge), Denise Crosby (Lt. Natasha Yar), Michael Dorn (Lt. Worf), Gates McFadden (Dr. Beverly Crusher), Marina Sirtis (Councelor Deanna Troi), Brent Spiner (Data) **L** 89 **FSK** ab 12 **E** Mai 1988 Video **fd** 26 943

STAR TREK – DAS MAGISCHE KRAFTFELD (STAR TREK – THE NEXT GENERATION: JUSTICE / STAR TREK – THE NEXT GENERATION: HIDE AND Q). Die Mannschaft des Raumschiffes Enterprise kommt mit einer Zivilisation in Berührung, die zwar menschlich ist, aber jedes noch so kleine Vergehen mit dem Tode bestraft. In der zweiten Episode begegnet sie dem galaktischen Wesen »Q«, das ein Faible für Zeitreisen, Kostümierungen und Spiele hat. Da »Q« vom Forschungsdrang der Menschen fasziniert ist, hat er sich ein gefährliches Experiment erdacht. Serielle Fernsehunterhaltung nach bekanntem Muster. – Ab 14. ✦ USA 1987 **P** Paramount **VA** CIC **R** James L. Conway (1), Cliff Bole (2) **K** Edward R. Brown **M** Dennis McCarthy **D** Patrick Stewart (Captain Jean-Luc Picard), Jonathan Frakes (Commander Riker), LeVar Burton (Gordi LaForge), Denise Crosby (Lt. Natasha Yar), Michael Dorn (Lt. Worf), Gates McFadden (Dr. Beverly Crusher), Marina Sirtis (Deanna Troi), Brent Spiner (Data) **L** 89 **FSK** ab 12 **E** November 1988 Video

STAR TREK – DEEP SPACE NINE: DER ABGESANDTE (STAR TREK – DEEP SPACE NINE: EMISSARY). Pilotfilm einer weiteren Star-Trek-Staffel. Die Mannschaft erhält den Auftrag, eine Raumstation, die von Außerirdischen geplündert wurde, zu übernehmen und neu aufzubauen. Dabei macht Commander Sisko eine interessante Entdeckung, mit deren Hilfe die Lichtgeschwindigkeit überwunden werden kann. – Ab 14. ✦ USA 1993 **Pd** Rick Berman **R** David Carson **B** Michael Piller **K** Marvin V. Rush **M** Jay Chattaway, Dennis McCarthy **S** Robert Lederman **D** Avery Brooks (Commander Sisko), Cirroc Lofton (Jake Sisko), René Auberjonois (Odo), Nana Visitor (Major Kira), Terry Farrell (Lieutenant Dax), Siddig El Fadil (Doktor Bashir), Colm Meaney (Chief O'Brien), Armin Shimerman (Quark), Patrick Stewart (Picard), Felecia M. Bell (Jennifer Sisko), April Grace **L** 85 **E** 28.1.1994 SAT 1

STAR TREK – DER AUFSTAND (STAR TREK: INSURRECTION). Die Besatzung des Raumschiffs »Enterprise« kämpft für das Wohlergehen eines idyllischen kleinen Planeten, dessen Bewohner aus ihrer unbeschwert heilen Welt vertrieben werden sollen, damit die Vorkommen heilender Strahlen für die Allgemeinheit erschlossen werden können. Das nunmehr neunte »Star Trek«-Kinoabenteuer zehrt erneut von der recht noblen humanistischen Gesinnung der Serie, dümpelt dramaturgisch allerdings auf dem bescheidenen Niveau einer durchschnittlichen Fernsehfolge. – Ab 12. ✦ Scope. USA 1998 **P** Paramount Pictures **KI** UIP **VA** CIC **DVD** Paramount (16:9, 2.35:1, DD5.1 engl./dt.) **Pd** Rick Berman, Peter Lauritson **R** Jonathan Frakes **B** Michael Piller **K** Matthew F. Leonetti **M** Jerry Goldsmith **S** Peter E. Berger **D** Patrick Stewart (Capt. Jean-Luc Picard), Jonathan Frakes (Cmdr. William T. Riker), LeVar Burton (Lt. Cmdr. LaForge), Brent Spiner (Lt. Cmdr. Data), Gates McFadden (Cmdr. Beverly C. Crusher M.D:), Michael Dorn (Lt. Cmdr. Worf), Marina Sirtis (Lt. Cmdr. Deanne Troi), F. Murray Abraham (Ru'afo), Donna Murphy (Anij), Anthony Zerbe (Admiral Dougherty), Gregg Henry (Gallatin) **L** 103 **FSK** ab 12; f **E** 31.12.1998/ 8.7.1999 Video/8.6.2000 DVD **fd** 33 462

STAR TREK – DER ERSTE KONTAKT (STAR TREK – FIRST CONTACT). In ihrem achten Kinofilmabenteuer wird die Crew des Raumschiffes »Enterprise«, die aus der Fernsehserie »Star Trek – Die nächste Generation« bekannt ist, mit den Borg konfrontiert: halb menschenartige Aliens, halb Androiden, die bestrebt sind, das Universum zu unterjochen. Als sie in der Gegenwart des 24. Jahrhunderts bei der Eroberung der Erde scheitern, versetzen sie sich, gefolgt von der »Enterprise«, zurück ins 21. Jahrhundert. Noch ist die Erde von einem Atomkrieg verwüstet, und noch hatten die Menschen keinen Kontakt mit ihren außerirdischen Erlösern – ein Ereignis, das kurz bevor steht. Ein technisch gelungenes, fotografisch brillantes Weltraumabenteuer, das sich unbekümmert bei bekannten Kinovorbildern des Genres bedient, aber genügend Raum für glaubhafte Figuren und auch humorvolle Sequenzen läßt. – Ab 14.

✦ Scope. USA 1996 **P** Paramount **KI** UIP **VA** CIC **DVD** Paramount (16:9, 2.35:1, DD5.1 engl./dt.) **Pd** Rick Berman **R** Jonathan Frakes **B** Rick Berman, Brannon Braga, Ronald D. Moore **K** Matthew F. Leonetti **M** Jerry Goldsmith **S** John W. Wheeler **D** Patrick Stewart (Captain Jean-Luc Picard), Jonathan Frakes (Commander William Riker), LeVar Burton (Commander Geordi La Forge), Michael Dorn (Lieutenant Commander Worf), Gates McFadden (Dr. Beverly Crusher), Marina Sirtis (Deanna Troi), Brent Spiner (Data), Alfre Woodard (Lily Sloane), James Cromwell (Zephrem Cochrane) **L** 110 **FSK** ab 12; f **FBW** w **E** 19.12.1996/25.6.1997 Video/6.6.1998 premiere/ 20.7.2000 DVD **fd** 32 296

STAR TREK – DIE UNHEIMLICHE MACHT (STAR TREK – THE NEXT GENERATION: THE LAST OUTPOST / STAR TREK – THE NEXT ...: WHERE NO ONE HAS GONE). Die »Enterprise« verfolgt Energiediebe, die halb wie Gartenzwerg-Vampire, halb wie Motorradrocker aussehen, und jagt in einer zweiten Episode Lichtjahre zurück in eine Zone, wo Gedanken sogleich zur Realität werden. Mit der gewohnt infantilen Dramaturgie und dem gewohnten technischen Hokuspokus inszenierte TV-Abenteuer. – Ab 14. ✦ USA 1987 **P** Columbia **VA** CIC **R** Rob Bowman **K** Edward R. Brown **M** Dennis McCarthy, Jerry Goldsmith **D** Patrick Stewart, Jonathan Frakes, LeVar Burton, Denise Crosby, Michael Dorn **L** 89 **FSK** ab 12 **E** 1988 Video **fd** 27 033

STAR TREK – THE NEXT GENERATION: DER TODESKRISTALL (STAR TREK – THE NEXT GENERATION: DATALORE / STAR TREK – THE NEXT GENERATION: ANGEL ONE). Weitere Fernseh-Weltraumabenteuer des Raumschiffs Enterprise. Die Mannschaft muß sich zunächst mit der Herrscherin des Planeten Angel One auseinandersetzen, die die Vormachtstellung der Frauen in ihrem Reich durch männliche Revolutionäre gefährdet sieht. In der zweiten Episode wird der Android Data mit seinem »Zwilling« konfrontiert, der ihm zwar äußerlich aufs Haar gleicht, jedoch über einen äußerst bösartigen Charakter verfügt. Stereotype Unterhaltnug mit gestelzten Dialogen und schleppender Handlung. Episoden dieser Neuauflage wurden ab Sommer 1990 auch im Vorabendprogramm des ZDF gezeigt. – Ab 14. ✦ USA 1988 **P** Paramount **VA** CIC **R** Rob Bowman, Michael Ray Rhodes **B** Gene Roddenberry, Patrick Barry, Robert Lewin **D** Patrick Stewart (Captain Jean-Luc Picard), Jonathan Frakes (Commander Riker), Denise Crosby (Natasha Yar), LeVar Burton (Gordi LaForge), Brent Spiner (Data) **L** 89 **FSK** ab 12 **E** April 1989 Video

STAR TREK – THE NEXT GENERATION: DER ZEITSPRUNG (STAR TREK – THE NEXT GENERATION: THE BIG GOODBYE / STAR TREK – THE NEXT GENERATION: HAVEN). 24. Jahrhundert, das Raumschiff Enterprise auf dem Weg zu weiteren Abenteuern. In der ersten Episode befördert sich Captain Picard per Computertrick zurück ins Jahr 1941, wo er Polizisten und Gangstern als Faksimile eines Roman-Detektivs erscheint, dem ein Mord angehängt wird. Knapp entkommt er den gewalttätigen Erdbewohnern. Während diese Folge die wohl amüsanteste der bekannten Fernsehserie ist, kehrt die zweite Episode wieder die gewohnten Albernheiten heraus. Die Bordpsychologin will heiraten. Ihr Bräutigam läßt sich nach einer nervtötenden Auseinandersetzung zwischen zänkischen Damen an Bord eines anderen Raumschiffs »beamen«, wo die Frau seiner Träume wartet. – Ab 14. ✦ USA 1987 **P** Paramount **VA** CIC **R** Joseph L. Scanlan (1), Richard Compton (2) **B** Tracy Torme **K** Edward R. Brown **M** Dennis McCarthy **D** Patrick Stewart (Captain Jean-Luc Picard), Jonathan Frakes (Commander Riker), LeVar Burton (Gordi LaForge), Denise Crosby (Natasha Yar), Michael Dorn (Lt. Worf) **L** 89 **FSK** ab 12 **E** Februar 1989 Video **fd** 27 511

STAR TREK – THE NEXT GENERATION: MISSION FARPOINT (STAR TREK – THE NEXT GENERATION: ENCOUNTER AT FARPOINT). Pilotfilm zur Neuauflage der populären Science-Fiction-Serie. 80 Jahre nach Captain Kirk & Co. stößt das Raumschiff Enterprise erneut in unerforschte Weiten der Galaxis vor. Eine junge Generation hat die (Fernseh-)Helden von einst abgelöst. Zunächst erlebt die neue Besatzung die Auseinandersetzung mit einem Außerirdischen, der der Menschheit den Prozeß machen will, dann ein Abenteuer in einer Raumstation, die sich als verletztes Lebewesen entpuppt. Ein naives Märchen mit endlosen Dialogen und technischem Schnickschnack. Eine eher enttäuschende Neubelebung. (TV-Titel: »Raumschiff Enterprise – Das nächste Jahrhundert: Der Mächtige/Mission Farpoint«) – Ab 14. ✦ USA 1987 **P** Paramount **VA** CIC **R** Corey Allen **B** D. C. Fontana, Gene Roddenberry **K** Edward R. Brown **M** Dennis McCarthy **D** Patrick Stewart (Captain Jean-Luc Picard), Jonathan Frakes (Commander William Ryker), LeVar Burton (Lt. Geordi LaForge), Denise Crosby (Lt. Tasha Yar), Michael Dorn (Lt. Worf), Gates McFadden (Dr. Beverly Crusher), John de Lancie (Q), DeForest Kelley (Admiral McCoy) **L** 91 **FSK** ab 12 **E** Januar 1988 Video/26.10.1993 SAT 1 **fd** 26 859

STAR TREK – TÖDLICHE MANIPULATION (STAR TREK – THE NEXT GENERATION: LONELY AMONG US / STAR TREK – THE NEXT GENERATION: THE BATTLE). Die Besatzung der »Enterprise« wird von einer Energiewolke bedroht, die zu Gedächtnisverlust führt, und von einer feindlichen »Gedankenmaschine«, die dem Captain ein Kriegsverbrechen suggeriert. Zwei müde Folgen der Fernsehserie. – Ab 14. ✦ USA 1987 **P** Paramount **VA** CIC **R** Cliff Bole, Rob Bowman **B** D.C. Fontana, Herbert Wright **K** Edward R. Brown **M** Ron Jones **D** Patrick Stewart (Captain Jean-Luc Picard), Jonathan Frakes (Commander William Ryker), LeVar Burton (Lt. geordi laForge), Denise Crosby (Lt. Tasha Yar), Michael Dorn (Lt. Worf), Gates McFadden (Dr. Beverly Crusher) **L** 89 **FSK** ab 12 **E** 1988 Video **fd** 27 052

STAR TREK VOYAGER – DAS TÖTUNGSSPIEL (THE KILLING GAME). Abendfüllender (Fernseh-)Film aus der vierten »Star Trek«-Staffel. Das Raumschiff »Voyager« und seine Mannschaft geraten in die Hand der Hirogen. Deren Kommandant schickt seine Gefangenen auf ein Holodeck, wo sie simulierte, gleichwohl blutige Abenteuer aus der Zeit des Zweiten Weltkriegs durchstehen müssen. – Ab 16. ✦ USA 1998 **P** Paramount **R** Victor Lobl, David Livingston **D** Kate Mulgrew (Captain Kathryn Janeway), Jeri Lynn Ryan (»Seven of Nine«), Tim Russ (Lieutenant Tuvok), Ethan Phillips (Neelix), Robert Picardo (Doktor) **L** 91 **E** 4.12.1998 SAT 1

STAR TREK – VOYAGER: DER FÜRSORGER (STAR TREK – VOYAGER: CARETAKER). Die Besatzung des Raumschiffes Voyager macht sich auf die Suche nach einem verschollenen Raumkreuzer und stößt auf die Bewohner eines Planeten, die nach einer Klimakatastrophe unter der Oberfläche leben, da diese von Barbaren beherrscht wird. Ein Wissenschaftler, der die Katastrophe verursacht hat, sorgt für die Leute, doch da er nicht mehr lange zu leben hat, muß ein Nachfolger gefunden werden. Nach kurzem Eingreifen kehrt die Voyager zur Erde zurück. Naives Science-Fiction-Abenteuer, das den politischen Kurs der USA spiegelt; tricktechnisch ein nicht gerade berauschender Film. – Ab 14. ✦ USA 1994 **P** Paramount **VA** CIC **Pd** Merri Howard, Peter Cauritson **R** Winrich Kolbe **B** Rick Berman, Michael Piller, Jeri Taylor **K** Marvin V. Rush **M** Jay Chattaway, Jerry Goldsmith **S** J. P. Farrell, Daryl Baskin **D** Jennifer Lien (Kes), Robert Beltran (Chekotee), Roxann Biggs-Dawson (= Roxann Biggs) (B'Elanna Torres), Robert Duncan McNeill (Tom Paris), Ethan Phillips (Neelix), Kate Mulgrew (Captain Janeway), Tim Russ (Lt. Tuvok), Gavan O'Herlihy (Jabin) **L** 92 **FSK** ab 12 **E** 15.11.1995 Video **fd** 31 758

STAR TREK VOYAGER – EIN JAHR HÖLLE (STAR TREK VOYAGER – YEAR OF THE HELL). Neue Folge der US-Serie, bei der die »Enterprise« unter Captain Janeway auf ein Kriegsschiff der Krenims stößt, die die Zeit ändern wollen und damit das Fortbestehen vieler Völker im Delta-Quadranten gefährden. Science-Fiction-Unterhaltung nach Serienstandard. – AB 12. ✦ USA 1997 **R** Allan Kroeker **D** Kate Mulgrew (Captain Kathryn Janeway), Robert Duncan McNeill (Lt. Tom Paris), Robert Beltran (Commander Chakotay), Kurtwood Smith (Annorax), Peter Slutsker (Krenim-Kommandant) **L** 90 **E** 8.1.1999 SAT 1

STAR TREK – VOYAGER: TRANSPLANTATIONEN/ DER MYSTERIÖSE NEBEL (STAR TREK – VOYAGER: PHAGE/THE CLOUD). Zwei weitere (Kurz-)Abenteuer aus der Star-Trek-Reihe. In »Transplantation« hilft die Mannschaft den humanoiden Wesen eines fremden Planeten, die unter einer Immunschwächekrankheit (!) leiden, und »Der myteriöse Nebel«, dessen Erforschung zur Hebung der Moral der Raumschiffbesatzung dienen soll, entpuppt sich als Lebewesen, das unabsichtlich verletzt wurde. Erneut bilden aktuelle Themen den Hintergrund für die Weltraumabenteuer, doch während die erste Episode noch über eine stringente Handlung verfügt, bleibt die zweite in mehrfacher Hinsicht nebulös. Ein inhaltlich wie formal dürftiges Science-Fiction-Paket. – Ab 16. ✦ USA 1995 **P** Paramount **VA** CIC **Pd** Brannon Braga, Merri Howard, Peter Lauritson **R** Winrich Kolbe **B** Skye Dent, Timothy Dettaas, Thomas Szollosi, Michael Piller **K** Marvin V. Rush **M** Dennis McCarthy, Jay Chattaway **S** Robert Lederman, Tom Benko **D** Kate Mulgrew (Kathryn Janeway), Robert Beltran (Chakotay), Robert Duncan McNeill (Tom Paris), Jennifer Lien (Kes), Ethan Phillips (Neelix), Tim Russ (Lt. Tuvok) **L** 96 (je 48) **E** 22.2.1996 Video **fd** 31 888

DER STAR VON CHAMPIGNOL (LE CAID DE CHAMPIGNOL). Ein Landarbeiter findet ein Fohlen, ohne zu wissen, daß es gestohlen wurde und von den Dieben zurückgelassen werden mußte. Er zieht das Tier groß und gewinnt bei einem Rennen. Nun versuchen die Diebe, wieder in den Besitz des Tieres zu kommen. Mäßige Unterhaltung in einem anspruchslosen Film. – Ab 10. ✦ Scope, schwarz-weiß. Frankreich 1965 **P** Nelson/Sirius/CFDC **KI** Progress **Pd** J.-C. Nelson **R** Jean Bastia **B** Jean Bastia, Guy Lionel **K** Charly Willy-Gricha (= Charles Grégoire Faktarovitch), Charles Grégoire Faktarovitch **M** Jean Constantin **D** Jean Richard, Michel Serrault, Martine Sarcey, Alfred Adam, Michel Barbey **L** 93 **E** 11.11.1966 Kino DDR/28.9.1969 DFF 1

STAR VOYAGER (TERMINAL VOYAGE). Als der Kapitän eines Raumkreuzers nicht mehr aus seinem 100jährigen Kälteschlaf aufwacht, entbrennen unter den aufgetauten Besatzungsmitgliedern Positionskämpfe um die Führung an Bord. Auch die Nachricht, daß die Menschheit durch einen Atomkrieg vernichtet wurde, kann die Kampfhandlungen auf dem Raumschiff zunächst nicht eindämmen. Science-Fiction-Abenteuer, das in erster Linie auf gediegene Ausstattung und Spezialeffekte setzt. ✦ USA 1994 **P** Libra Pict. **VA** Highlight **Pd** Mike Elliott **R** Rick Jacobson **B** Mark Evan Schwartz **D** Steven Bauer (Reese), Brenda Bakke (Zinovitz), Alan Rachins (Lieutenant Jammad), Emma Samms (Becker) **L** 91 (gek. 88) **FSK** ab 16 (gek. ab 12) **E** 3.7.1995 Video

STAR VOYAGER – FLUG ZUM PLANETEN TRION → Star Voyager

STAR WARS – EPISODE 1: DIE DUNKLE BEDROHUNG (STAR WARS – EPISODE 1 – THE PHANTOM MENACE). In einer fernen Zukunft retten zwei Jedi-Ritter einen Planeten vor dem Zugriff übel meinender imperialistischer Kräfte, dies auch dank eines neunjährigen Jungen, den sie auf einem Wüstenplaneten entdecken und der über ungewöhnliche Kräfte verfügt. Derweil muss sich die Königin mit Verrätern in den eigenen Reihen auseinander setzen. Der erste Teil der »Star Wars«-Trilogie setzt sich erneut aus Elementen aus Märchen, Western und Ritter-Mythos zusammen und ist optisch an modernistische Utopien und antike Opulenz angelehnt. Dank außergewöhnlicher Effekte und einiger brillant choreografierter Kampfszenen bietet der Film die gewohnte Art naiver Unterhaltung, die durch Sentimentalitäten und endlos ausgedehntes Kampfgetümmel aber auch viel Leerlauf produziert. Allzu deutlich spekuliert der Film auf die Massenwirksamkeit des »Star Wars«-Kinomythos. DVD: Die umfangreiche Special Edition (2 DVDs) enthält u. a. einen untertitelten Audiokommentar von Drehbuchautor und Regisseur George Lucas, Produzent Rick McCallum, Sound-Designer und Co-Editor Ben Burtt, dem ILM-Regisseur für Animation Rob Coleman und den Spezialisten für visuelle Effekte bei der Firma ILM, John Knoll, Dennis Muren und Scott Squires. Des weiteren bieten, neben der 60-minütigen informativen Dokumentation (»The Beginning«), eine Fülle von Kurzdokumentationen einen Einblick in die Entstehung des Films. Schließlich enthält die Edition ein kommentiertes Feature mit nicht verwendeten Szenen und ausführliche Storyboardanalysen. – Ab 10. ✦ Scope. USA 1999 **P** Lucasfilm **KI** Twentieth Century Fox **VA** Fox Home **DVD** Fox Home (SE, 16:9, 2.35:1, DD6.1 engl./dt.) **Pd** Rick McCallum **R+B** George Lucas **K** David Tattersall **M** John Williams **S** Paul Martin Smith, Ben Burtt **D** Liam Neeson (Qui-Gon Jinn), Ewan McGregor (Obi-Wan Kenobi), Natalie Portman (Königin Amidala/Padmé Naberrie), Jake Lloyd (Anakin Skywalker), Ian McDiarmid (Senator Palpatine), Pernilla August (Shmi Skywalker), Samuel L. Jackson (Mace Windu) **L** 133 **FSK** ab 6; f **FBW** w **E** 19.8.1999/6.4.2000 Video/25.10.2001 DVD **fd** 33 819

STAR WOLF AND THE RAIDERS 1. TEIL (FUGITIVE ALIEN). Star Wolf, der beste Kämpfer eines intergalaktischen Tyrannen, widersetzt sich dessen Befehl, die Erde und ihre Bewohner zu vernichten, und schlägt sich auf die Seite der Bedrohten. Triviales Science-Fiction-Abenteuer. ✦ Japan 1986 **P** Noburn Tsubuaya/Jushichi Sano/Akiri Tsuburaya **VA** VCL/Virgin **Pd** Noburu Tsuburaya, Jushishi Sano, Akiri Tsuburaya **R** Sandy Frank **D** Tatsuya Azuma, Miyuki Tanigawa, Jo Shishido, Choei Takahshi, Tsutomu Yukawa **L** 103 **FSK** ab 16 **E** 12.1.1988 Video

STAR WOLF AND THE RAIDERS 2. TEIL (STAR FORCE). Um den Fortbestand der Erde zu sichern, muß Elitekämpfer Star Wolf eine Superwaffe vernichten und sich zu einem letzten Gefecht gegen seinen ehemaligen Gebieter stellen. Fortsetzung des trivialen Science-Fiction-Abenteuers. ✦ Japan 1986 **P** Noburu Tsuburaya/Jushichi Sano/Akiri Tsuburaya **VA** VCL/Virgin **Pd** Noburu Tsuburaya, Jushishi Sano, Akiri Tsuburaya **R** Kiyosumi Kukazawa, Minoru Kanaya **D** Tatsuya Azuma, Minoru Kanaya, Jo Shishido, Choei Takahashi, Tsutomu Yukawa **L** 103 **FSK** ab 16 **E** 10.2.1988 Video

STARAGENT X 15 JAGT GOLDENE 7 →Atom-Alarm Planquadrat goldene 7

STARALLÜREN (SCHLJAPA). Ein Jazz-Trompeter in den mittleren Jahren kann sich nicht damit abfinden, daß die Zeiten seines Ruhmes vorbei sind. Durch seine Starallüren verliert er schließlich alle, die ihm nahestehen. Vornehmlich auf Musik und Show-elemente ausgerichtetes Drama mit kritischen Akzenten. (TV-Titel DDR: »Der Hut«) – Ab 14. ✦ Scope. UdSSR 1982 **P** Mosfilm **KI** Progress **R** Leonid Kwinichidse **B** Viktoria Tokarewa, Leonid Kwinichidse **K** Igor Slabnewitsch **M** Gennadi Podelski, Oleg Kuzenko **D** Ljudmila Saweljewa (Mila), Igor Kwascha (Sawitzki), Natalja Trubnikowa (Natascha), Oleg Jankowski (Dmitri Denissow), Olga Wardaschewa (Rimma Kowaljowa), Semjon Farada **L** 90 **E** 1.8.1982 DFF 2/1.4.1983 Kino DDR

DER STARANWALT VON MANHATTAN (COUNSELLOR-AT-LAW). Ein erfolgreicher Strafverteidiger in New York, der sich emporgearbeitet hat, ohne dabei seine einfache Herkunft und die Probleme der kleinen Leute zu vergessen, wird auf dem Höhepunkt seiner Karriere von einem neidischen Kollegen einer Unregelmäßigkeit verdächtigt, was seinen Ruin bedeuten kann. Zwar kann er den Verdacht entkräften, aber seine Ehe zerbricht. Die ihn insgeheim liebende Sekretärin gibt ihm neuen Mut. Dramatischer Spielfilm aus der frühen Zeit William Wylers (»Die besten Jahre unseres Lebens«, 1946) nach einem damals erfolgreichen Bühnenstück. ✦ Schwarz-weiß. USA 1933 **P** Universal **Pd** Carl Laemmle jr. **R** William Wyler **B** Elmer Rice, nach seinem Bühnenstück **K** Norbert Brodine **S** Daniel Mandell **D** John Barrymore (George Simon), Bebe Daniels (Regina Gordon), Doris Kenyon (Cora Simon), Onslow Stevens (John P. Tedesco), Isabel Jewell (Bessie Green), Melvyn Douglas (Roy Darwin), Thelma Todd (Lillian La Rue), John Qualen (Breitstein) **L** 83 **E** 26.9.1984 WDR

STARCROSS (STARCROSSED). Ein Mann hilft einer schönen Frau bei der Flucht vor zwei unheimlichen Verfolgern und erfährt, daß sie eine mit telekinetischen Kräften ausgestattete Außerirdische ist, die ihrem Planeten den Frieden zurückbringen soll. Gemeinsam stellen sie sich den Gefahren, die bald auch von irdischen Institutionen ausgehen. Eine märchenhafte Geschichte in einer Mischung aus Action- und Science-Fiction-Film, angereichert durch die unumgängliche Liebesromanze; nicht sonderlich originell und etwas behäbg, aber leidlich unterhaltsame Fernsehkost. (Fernsehtitel auch: »Das Girl vom anderen Stern«) – Ab 16. ✦ USA 1985 **P** Fries Entertainment **VA** CBS/Fox **Pd** Robert Lovenheim **R+B** Jeffrey Bloom **K** Gil Hobbs **D** James Spader (Joey), Belinda Bauer (Mary), Pete Kowanko (Stewy), Clark Johnson (Ralph), Jacqueline Brookes (Professor Hobbs), Edward Gronenberg **L** 95 **FSK** ab 16 **E** Dezember 1986 Video/9.9.1988 RTL plus

STARDUST (STARDUST). Ein Versuch, die Geschichte der Popmusik der sechziger Jahre anhand der Geschichte einer Band und – im zweiten Teil – ihres Leaders zu erzählen. Der Film beginnt 1963, zur Zeit der ersten Erfolge der Beatles. Er zeigt auf überzeugende Art, wie der Aufstieg einer Band aus einer englischen Industriestadt zu den Idolen der Kinder von »Marx und Coca Cola« von rücksichtslosen Geschäftsleuten ausgenützt wird. – Ab 16. ✦ Großbritannien 1974 **P** EMI/Goodtimes **Pd** David Puttnam **R** Michael Apted **B** Ray Connolly **K** Anthony B. Richmond **M** Dave Edmunds, David Puttnam **S** Michael Bradsell **D** David Essex (Jim), Adam Faith (Mike), Dave Edmunds (Alex), Keith Moon (Johnny), Larry Hagman (Porter Lee Austin), Ines des Longchamps (Danielle) **L** 113 **E** 2.4.1976

STARDUST MEMORIES (STARDUST MEMORIES). Ein erfolgreicher New Yorker Regisseur komischer Filme muß seinen Fans und Kritikern Rede und Antwort stehen, wobei seine Ängste, Obsessionen und Alpträume offenkundig werden: Schwierigkeiten im Beruf, in seinen Beziehungen zu Frauen, Zweifel an sich selbst. Eine tragische Komödie; rätselhaft schwebend zwischen (Alp-)Traum, Zerrspiegel der Wirklichkeit, Selbstbespiegelung und Selbstkritik. Woody Allens bis zu diesem Zeitpunkt persönlichstes, komplexestes und pessimistischstes Werk. – Sehenswert. ✦ Schwarz-weiß. USA 1980 **P** Rollins & Joffe/United Artists **KI** United Artists **VA** Warner Home **Pd** Robert Greenhut **R+B** Woody Allen **K** Gordon Willis **M** Louis Armstrong **S** Susan E. Morse **D** Woody Allen (Sandy Bates), Charlotte Rampling (Dorrie), Jessica Harper (Daisy), Marie-Christine Barrault (Isobel), Tony Roberts (Tony), Daniel Stern (Schauspieler), Amy Wright (Shelley), Helen Hanft (Virginia Orkin) **L** 89 **FSK** ab 12; f **FBW** bw **E** 22.1.1981 **fd** 22 756

STARFIGHT (THE LAST STARFIGHTER). Führer eines fernen Planeten bedienen sich im Abwehrkampf gegen ihre Feinde der »Vernichtungsfähigkeiten«, die sich ein kleinstädtischer Junge an Kriegsspielcomputern angeeignet hat. Naiver, allenfalls tricktechnisch beachtlicher Science-Fiction-Film mit fragwürdigen Glorifizierungen von Computerspiel und Zerstörungswut. – Ab 14 möglich. ✦ USA 1984 **P** Lorimar/Universal **KI** Scotia **Pd** Gary Adelson, Edward O. DeNault **R** Nick Castle **B** Jonathan Betuel **K** King Baggot **M** Craig Safan **S** C. Timothy O'Meara **D** Lance Guest (Alex Rogan), Robert Preston (Centauri), Dan O'Herlihy (Grig), Catherine Mary Stewart (Maggie Gordon), Barbara Bosson (Jane Rogan), Geoffrey Blake (Gary), Cameron Dye (Andy), Norman Snow (Xur), Kay E. Cuter (Enduran), Dan Mason (Lord Krill), Al Berry (Spion) **L** 100 **FSK** ab 12; f **E** 19.4. 1985 **fd** 24 893

STARFIGHTER DES TODES →Afterburn

STARFIGHTER TIGER →Wolkenstürmer

STARFIRE (STARFIRE). Um eine Glut-Eruption der Sonne zu verhindern, soll im Sonnenkern eine Explosion gezündet werden. Großindustrielle wollen dies mit allen Mitteln verhindern. Thematisch ernsthafter, inszenatorisch aber mangelhafter Science-Fiction-Film, der die wirren Handlungsstränge nicht visuell, sondern mit vielen Dialogen mühsam verbindet. (»Alan Smithee« ist eine Art Pseudonym, das in Hollywood verwendet wird, wenn der Regisseur auf Grund künstlerischer Differenzen nicht mehr im Endprodukt genannt werden will; im vorliegenden Film wird Richard C. Sarafian als Regisseur gehandelt.) – Ab 16. ✦ Scope. Japan 1992 **P** Gakken-NHK **KI** Metropol **VA** VPS **Pd** Richard Edlund, James Nelson, Morris Morishima **R** Alan Smithee (hier: Richard C. Sarafian) (= Richard C. Sarafian) **B** Joe Gannon, Crispan Bolt, nach einem Roman von Takeshi Kawata **K** Russell Carpenter **M** Maurice Jarre, Michael Boddicker **S** Richard Trevor **D** Tim Matheson (Steve Kelso), Charlton Heston (Admiral Kelso), Peter Boyle (Arnold Teague), Annabel Schofield (Alex Noffe), Jack Palance (Travis), Corin Nemec (Mike Kelso), Tetsuya Bessyo (Ken) **L** 111 **FSK** ab 12; f **E** 6.8.1992/21.1.1993 Video/31.10.1994 premiere **fd** 29 724

STARFLIGHT ONE – IRRFLUG INS WELTALL (STARFLIGHT ONE). Das erste Überschall-Passagierflugzeug verläßt durch einen Unfall die Erdatmosphäre. Durch waghalsige Aktionen der NASA und einen mutigen Flugkapitän werden schließlich fast alle Passagiere gerettet. Nur mäßig spannender Katastrophenfilm voll unfreiwilliger Komik. – Ab 14. ✦ USA 1982 **P** Orion **KI** Orion im Filmverlag **Pd** Peter Nelson, Arnold Orgolini **R** Jerry Jameson **B** Robert Malcolm Young **K** Hector Figueroa **M** Lalo Schifrin **S** John F. Link **D** Lee Majors (Cody Briggs), Lauren Hutton (Erica Hansen), Hal Linden (Josh Gilliam), Ray Milland (Q. T. Thornwell), Robert Webber (Felix Duncan), George Di Cenzo (Bowdish), Tess Harper (Janet), Terry Kiser (Freddie Baron), Carolyn Coates (Claire), Robert Englund (Scott), Michael Sacks (Pete), Gary Bayer (Martin) **L** 108 **FSK** ab 12; f **E** 25.5.1984 **fd** 24 587

STARGATE (STARGATE). Ein wegen seiner ungewöhnlichen Theorien über die Ursprünge der ägyptischen Kultur belächelter junger Wissenschaftler löst das Rätsel eines »Sternentors« und läßt sich mit einer US-Spezialeinheit auf einen fernen Planeten transformieren. Dort besiegen sie einen despotischen Herrscher, und er findet die große Liebe. Ein mit großem technischem Aufwand und staunenswerten Spezialeffekten inszeniertes Science-Fiction-Abenteuer, dessen dünne Geschichte das Interesse aber bald erlahmen läßt. DVD: Die Special Edition (Kinowelt) beinhaltet u. a. einen Audiokommentar des Regisseurs. Die hier neu konzipierte Director's Cut-Fassung ist um etwa 10 Minuten länger als die Kinofassung. – Ab 14. ✦ Scope. USA 1994 **P** Hexagon/Centropolis/Carolco/Le Studio Canal+ **KI** Scotia **VA** BMG/Ufa **DVD** VCL (1.85:1, DD5.1 dt.), Kinowelt Home (SE, 16:9, 2.35:1, DD5.1 engl./dt., DTS engl.) **Pd** Joel B. Michaels, Oliver Eberle, Dean Devlin, Marc Frydman, Ute Emmerich **R** Roland Emmerich **B** Dean Devlin, Roland Emmerich **K** Karl Walter Lindenlaub **M** David Arnold **S** Michael J. Duthie, Derek Brechin **D** Kurt Russell (Colonel O'Neill), James Spader (Daniel Jackson), Jaye Davidson (Ra), Mili Avital (Sari), John Diehl (Kawalsky), Viveca Lindfors

(Catherine), Alexis Cruz (Skaara), Leon Rippy (General W. O. West), Carlos Lauchu (Anubis), Steve Giannelli (Porro), Erick Avari (Kasuf) **L** 121 **FSK** ab 6; f **E** 9.3.1995/13.11.1995 Video/14.9.1996 premiere/6.10.1998 DVD (VCL)/ 14.8.2001 DVD (Kinowelt) **fd** 31 223

STARGATE – DIE INVASION I →Stargate – Kommando SG-1

STARGATE – KOMMANDO SG-1 (STARGATE SG-1). Weitere Episoden der amerikanischen Science-Fiction-Serie, die, nachdem man sich in den Schwarzen Löchern des Universums verloren hatte – zwar zu ihrem Ursprung zurückkehrt –, deren Lieb- und Lustlosigkeit jedoch kaum Zuschauerinteresse entfachen kann. So wird auch der finale Kampf um die Zukunft einer von einem feindseligen Alien bedrohten Menschheit zur intergalaktischen Hängepartie. – Ab 16. ✦ USA 1997 **P** Double Secret Prod./Gekko Film Corp./Stargate SG-1 Prod. **VA** Warner Home **Pd** N. John Smith, Ron Fench **R** Martin Wood, David Warry-Smith **B** Jonathan Glassner, Robert C. Cooper, Brad Wright **K** Peter Woeste **M** Joel Goldsmith, Kevin Kiner, Richard Band, Dennis McCarthy **S** Allan Lee, Richard Benwick **D** Richard Dean Anderson (O'Neill), Michael Shanks, Christopher Judge, Don S. Davis **L** jeweils 85 **E** ab Frühjahr 1999 Video **fd** 34 079

STARGATE – KOMMANDO SG-1 (1. STAFFEL) (STARGATE – KOMMANDO SG-1). Feindselige Aliens benutzen das »Stargate«, mit dem eine direkte Verbindung zwischen verschiedenen Punkten im Universum hergestellt werden kann, um auf der Erde einzufallen und eine Frau zu entführen. Eine Spezialeinheit der US-Armee setzt den intergalaktischen Verbrechern nach und folgt ihnen in die entlegensten Winkel des Weltalls. Mini-Fernsehserie als Fortsetzung eines mißlungenen Films, die das Niveau des Vorgängers mühelos unterbietet. Eine sinnentleerte Geschichte, Figuren nach der Normschablone für Fernsehserien und eine sterile Inszenierung haben wenig an Unterhaltungswert zu bieten, zumal das fantastische Sujet nicht in sinnfällige Bilderwelten umgesetzt wird. – Ab 16. ✦ USA 1997 **P** MGM Worldwide Television/Double Secret/Gekko Film **VA** Warner Home (vier Kassetten) **R** Mario Azzopardi, William Gereghty, Dennis Berry, Jeff Woolnough, Kenneth J. Girotti, Charles Correll **B** Jonathan Glassner, Brad Wright, Katharyn Powers, Robert C. Cooper, Jeffrey F. King, Hart Hanson **K** Peter Woeste **M** Joel Goldsmith, David Arnold, Tim Truman, Kevin Kiner, Richard Band **S** Allan Lee, Peter Svab, Charles E. Robichaud, Brad Rines **D** Richard Dean Anderson (O'Neill), Michael Shanks, Amanda Tapping, Christopher Judge, Don S. Davis **L** 93/85/85/85 **FSK** ab 16 (1) ab 12 (2–4) **E** 27.2./30.3./9./24.4.1998 Video **fd** 33 150

STARGATE – KOMMANDO SG-1 (2. STAFFEL) (STARGATE – KOMMANDO SG-1). Das »Kommando SG-1« sucht in den Tiefen des Raums weiterhin nach dem intergalaktischen Schurken Apophys, kann seiner zwar nicht habhaft werden, wird aber weiterhin mit fremden Planeten, deren Bewohnern und gefährlichen Situationen konfrontiert. Zweite Staffel einer Science-Fiction-Serie, die sich nach einem derart starren Schema entwickelt, daß das Interesse schnell erlahmt. Lustlose Darsteller, eine minderwertige Tricktechnik und die kostengünstige Ausstattung, die Versatzstücke antiker Mythen auf abstruse Weise mit High-Tech-Unfug kombiniert, geben das Opus der Lächerlichkeit preis: Langeweile und ein abstumpfender Serien-Effekt sind die unausweichlichen Folgen. – Ab 16. ✦ USA 1997 **P** MGM/Double Secret Productions/Gekko Film Corp. **VA** Warner Home (5 Kassetten) **Pd** N. John Smith, Ron French **R** Allan Eastman, Mario Azzopardi, Brad Turner, Jonathan Glassner, William Gereghty, Jimmy Kaufman **B** Katharyn Powers, Robert C. Cooper, Jeffrey F. King, Tom J. Astle **K** Peter Woeste **M** Joel Goldsmith, Tim Truman, Kevin Kiner, Richard Band, Dennis McCarthy **S** Allan Lee, Charles E. Robichaud, Brad Rines **D** Richard Dean Anderson (O'Neill), Michael Shanks, Amanda Tapping, Christopher Judge, Don S. Davis **L** 85/85/85/85/85 **FSK** ab 12 **E** 11.12.1998 Video **fd** 33 308

STARGATE: NEMESIS (STARGATE SG-1: NEMESIS). Pilotfilm zur neuen »Stargate«-Staffel, in der das SG-1-Team gegen bedrohliche Metallkäfer antreten muss. ✦ USA 2000 **R** Martin Wood **B** Robert C. Cooper **D** Richard Dean Anderson (Jack O'Neill), Michael Shanks (Daniel Jackson), Amanda Tapping (Samantha Carter), Christopher Judge (Teal'C), Don S. Davis (General Hammond) **E** 1.6.2001 RTL II

DIE STÄRKE DER MACHT (A SHOW OF FORCE). Eine Fernseh-Journalistin deckt während des Wahlkampfes in Puerto Rico Machenschaften des FBI auf, durch die Unabhängigkeitskämpfer in Mißkredit gebracht und der korrupte Gouverneur unterstützt werden sollen. Sorgfältig inszenierter Fernsehfilm mit einer überzeugenden Hauptdarstellerin, aber allzu schwachen Nebenfiguren. Zu oberflächlich wird der Optimismus verbreitet, daß allein eine freie Presse und eine unabhängige Justiz die Grundrechte der Menschen vor der Aushöhlung durch machtbesessene Politiker schützen könnten. ✦ USA 1989 **P** Paramount/Golden Harvest **VA** CIC **Pd** John Strong **R** Bruno Barreto **B** Evan Jones, John Strong, nach einem Roman von Annie Nelson **K** James Glennon **M** Georges Delerue **S** Henry Richardson, Sonya Polanski (= Sonya Polonsky) **D** Amy Irving (Kate), Lou Diamond Phillips (Jesus Fuentes), Robert Duvall (Chefredakteur Howard), Kevin Spacey (FBI-Agent Frank Curtin), Erik Estrada (Machado) **L** 89 **FSK** ab 18 **E** 20.2.1991 Video **fd** 28 946

DER STARKE FERDINAND. Der Kripo-Beamte Ferdinand wird Werkschutzbeauftragter einer großen Fabrik, weil er glaubt, dort seine Vorstellungen von Recht, Ordnung und totaler Kontrolle ungebremst verwirklichen zu können. Seine sicherheitspolitischen Eskapaden erreichen groteske Ausmaße und gefährden am Ende die Sicherheit des Betriebes stärker, als es mögliche Feinde je vermochten. Filmsatire, in der Alexander Kluge erstmals seine Methode der essayistischen Collage mit konventionellen Formen des Erzählkinos verbindet. Scharfsinnig und witzig, voller Kapriolen und Slapstick-Amusement, streckenweise ein wenig langatmig. – Ab 16. ✦ BR Deutschland 1976 **P** Kairos/Reitz **Kl** Constantin **Pd** Alexander Kluge, Edgar Reitz **R+B** Alexander Kluge **K** Thomas Mauch **D** Heinz Schubert (Ferdinand), Verenice Rudolph, Rolf Zacher, Joachim Hackethal, Gert Günter Hoffmann **L** 97 **FSK** ab 12; f **FBW** bw **E** 29.4.1976 **fd** 19 796

STARKE FRAUEN SIND UNSCHLAGBAR (SHE GOOD FIGHTER). Eine junge Frau, die kurz zuvor aus der Haft entlassen wurde, wird das Opfer eines Eifersuchtskomplotts. Sie taucht unter und ist fortan ganz auf die Hilfe ihrer besten Freundin, einer Boxerin, angewiesen, die mit schlagkräftigen Argumenten ihre Unschuld zu beweisen sucht. ✦ Belgien 1996 **R+B** Mark Punt **M** Frank Deruytter, Bert Embrechts **D** Dagmar Liekens, Sophie Winters, Stacy Crets, Carl Ridders, Tom van Landruyt **L** 85 **E** 25.02.1999 Vox

DER STARKE HENGST (KREPYSCH). Die Geschichte des Hengstes »Krepysch«, eines um die Jahrhundertwende legendären Trabers aus der russischen Vollblutzucht. ✦ UdSSR 1981 **P** Zentrnautschfilm **R** Alexander Sguridi, Nana Kldiaschwili **K** Wadim Alissow **M** Alfred Schnittke **D** Georgi Shenow (Schaposchikow), Antonia Schuranowa (Jelena), Andrej Martynow (Jegor), Leonid Kulagin (Bardin), Pawel Machotin (Agafonow) **L** 91 **E** 6.3.1983 DFF 2

STARKE HERZEN (1937). Zur Zeit der russischen Revolution kann ein Rittmeister die von ihm bewunderte Opernsängerin in der Verkleidung eines kommunistischen Kommissars vor der Liquidierung durch Belgrader Revolutionäre retten. Antikommunistisches Propagandamelodram mit hohlem Pathos aus der Zeit des Dritten Reichs. (Der Film wurde von den Nazis und später von den Alliierten Militärregierungen verboten und gelangte als »Starke Herzen im Sturm« erst in der Bundesrepublik zur Aufführung.) ✦ Schwarz-weiß. Deutschland 1937 **P** UFA **Kl** Super **Pd** Ulrich Mohrbutter **R** Herbert Maisch **B** Walter Wassermann, C.H. Diller **K** Günther Rittau **M** Herbert Windt **S** Walter Fredersdorf **D** Gustav Diessl (Alexander von Harbin), Maria Cebotari (Opernsängerin Mariana Marta), Otto Wernicke (Baß-Buffo Ludwig Raddat), René Deltgen (Viktor Husser), Lucie Höflich (Garderobiere Resika Husser) **L** 80 **FSK** ab 16; nf **E** 13.1.1953 **fd** 2 404

STARKE HERZEN (1949) (MY BROTHER JONATHAN). Ein ehrgeiziger junger Arzt in einer englischen Kleinstadt heiratet die schwangere Braut seines im Ersten Weltkrieg gefallenen Bruders, um sie vor der Schande zu bewahren. Gefühlsduseliges, verstaubtes Gesellschaftsdrama. ✦ Schwarz-weiß. Großbritannien 1949 **P** Pathé/ABF **Kl** Stern/Südwest/Nietzsche **Pd** Warwick Ward **R** Harold French **B** Leslie L. Landau, Adrian Arlington, nach einem Roman von Frances Brett Young **K** Derick Williams **M** Hans May **S** Charles Hasse **D** Michael Denison (Jonathan Dakers), Dulcie Gray (Rachel Hammond), Ronald Howard (Harold Dakers), Stephen Murray (Dr. Craig), Mary Clare (Mrs. Dakers), Finlay Currie (Dr. Hammond), Beatrice Campbell (Edie Martyn) **L** 92 **E** 22.7.1949 **fd** 246

STARKE HERZEN IM STURM →Starke Herzen (1937)

DER STARKE MANN (THE STRONG MAN). Ein junger Mann rettet als unfreiwilliger Zirkusathlet eine kleine Stadt aus den Klauen einer Gangsterbande, wird zum Sheriff befördert und gewinnt die blinde Pfarrerstochter zur Frau. Einer der schönsten Stummfilme aus Capras Frühzeit, die den Ruhm des Komikers Harry Langdon (1884–1944) mitbegründeten. – Ab 12. ✦ Schwarz-weiß. USA 1926 **P** First National **Pd** Harry Langdon **R** Frank Capra **B** Arthur Ripley, Frank Capra **K** Elgin Lessley, Glenn Kershner **D** Harry Langdon (Paul Bergot), Arthur Thalasso (Zandow der Große), Priscilla Bonner (Mary Brown), Gertrude Astor (Goldzahn), Robert McKim (Roy McDevitt), William V. Mong (Pfarrer Brown) **L** 75 **E** 2.3.1969 ARD

EINE STARKE NUMMER (NO SMALL AFFAIR). Ein von der Fotografie besessener 16jähriger startet für eine junge Sängerin eine Werbekampagne mit ebenso beträchtlichem wie originellem Aufwand. Mit jugendlicher Frische und Poesie inszenierte, gut gespielte Unterhaltung. – Ab 14. ✦ USA 1984 **P** Columbia **Kl** Warner-Columbia **VA** RCA/Columbia **Pd** William Sackheim **R** Jerry Schatzberg **B** Charles Bolt, Terence Mulcahy **K** Vilmos Zsigmond **M** Rupert Holmes **S** Priscilla Nedd, Eve Newman, Melvin Shapiro **D** Jon Cryer (Charles Cummings), Demi Moore (Laura Victor), Ann Wedgeworth (Joan Cummings), George Wendt (Jake), Peter Frechette (Leonard), Judy Baldwin (Stephanie), Jennifer Tilly (Mona) **L** 102 **FSK** ab 12; f **E** 17.5.1985/25.11.1985 Video **fd** 25 028

EINE STARKE PERSÖNLICHKEIT AUS DER 2A (SILNAJA LITSCHNOST IS 2 »A«). Ein Schüler der zweiten Klasse stellt sich einen strengen Tagesplan auf, um sein Arbeitspensum bewältigen zu können, da er erfahren hat, wie wichtig ein klug ausgetüfteltes Zeitmanagment ist. Im Endeffekt zeigt er sich der Aufgabe aber noch nicht gewachsen und sorgt für viele komische Situationen. Sowjetische Schulkomödie mit Spitzen auf den real existierenden Sozialismus. ✦ UdSSR 1983 **R** Anatoli Nitotschkin **B** Gennadi Mamlin **K** Wladimir Brusin **M** Sergej Banewitsch **D** Ljubow Sokolowa (Großmutter), Valentina Telitschkina (Lehrerin), Andrej Martynow (Papa), Shenja Piwowarow (= Jewgeni Piwowarow) (Dima), Katja Lytschewa (Sina), Serjosha Twjordochleb (Tolja) **L** 65 **E** 8.4.2000 ORB

STARKE UND HALBSTARKE →Grausame Richter

DER STARKE WILLE (RESURRECTION). Die Folgen eines Autounfalls setzen in einer jungen Frau Kräfte frei, die sie befähigen, ihre Lähmung zu überwinden und Kranke zu heilen. Im tiefsten Texas spielende Wundergeschichte ohne Anspruch auf Glaubwürdigkeit und unter Verzicht auf plausible Erklärungen. Hervorragend die Bildgestaltung und vorzüglich die Darsteller. – Ab 16. ✦ USA 1980 **P** Universal **VA** CIC **Pd** Renée Missel, Howard Rosenman **R** Daniel Petrie **B** Lewis John Carlino **K** Mario Tosi **M** Maurice Jarre **S** Rita Roland **D** Ellen Burstyn (Edna McCauley), Sam Shepard (Cal Carpenter), Richard Farnsworth (Esco Brown), Roberts Blossom (John Harper), Clifford David (George) **L** 99 **FSK** ab 12 **E** Januar 1987 Video **fd** 26 658

STARKE ZEITEN. Sechs lose aneinandergereihte Lustspiel-Episoden mit einigen populären Film- und Fernsehschauspielern, von denen aber nur zwei Kurzstories Komödienqualität erreichen. Ansonsten sehr anspruchslose Unterhaltung. – Ab 14. ✦ BR Deutschland 1987/88 **P** K.S./Lisa/Roxy **KI** Tivoli **VA** Starlight **Pd** Karl Spiehs, Luggi Waldleitner **R** Siggi Götz, Klaudi Fröhlich, Rolf Olsen, Otto W. Retzer **K** Heinz Hölscher, Franz X. Lederle **S** Ute Albrecht-Lovell (= Ute Albrecht) **D** Helmut Fischer (Monaco Franze), Hans-Joachim Kulenkampff (Hansjoachim Jennings), Otto Schenk (Eugen Doleschal), David Hasselhoff (David), Karl Dall (Abu Dalha) **L** 92 **FSK** ab 6; f **E** 12.5.1988/Oktober 1988 Video **fd** 26 848

STÄRKER ALS ALLE ANDEREN GEBOTE (SILNYJE WSJOCH INYCH WELENI). Ein russischer Fürst verzichtet wegen seiner Musikleidenschaft auf eine Karriere am Zarenhof und setzt sich vielen Gefahren aus. ✦ UdSSR 1987 **P** Gorki-Studio **R** Boris Bunejew **B** Juri Nagibin **K** Alexander Garibjan **M** Alexej Sacharow **D** Dmitri Solotuchin (Fürst Golizyn), Anna Alechina, Swetlana Rjabowa, Kiril Kosakow, Georgi Wyssozki **L** 98 **E** 18.5.1989 DFF 2

STÄRKER ALS ALLE VERNUNFT →Die Tage des Weines und der Rosen

STÄRKER ALS DER HASS (ONE MAN'S WAY). In konventionellem Bilderbogen-Stil erzähltes Porträt des amerikanischen Methodistenpastors Norman Vincent Peale, der zur Entstehungszeit des Films noch als Prediger und Buchautor (»Positives Denken«) tätig war. Ein optimistisches Werk mit dem Erkenntnisgehalt eines »Readers-Digest«-Artikels. ✦ Schwarz-weiß. USA 1963 **P** United Artists **KI** United Artists **Pd** Frank Ross **R** Denis Sanders **B** Eleanore Griffin, John W. Bloch, nach dem Buch »Minister to Millions« von Arthur Gordon **K** Ernest Laszlo **M** Richard Markowitz **S** Philip W. Anderson **D** Don Murray (Norman Peale), Diana Hyland (Ruth Peale), William Windom (Rev. Cliffor Peale), Virginia Christine (Anna Peale), Carol Ohmart (Evelyn), Leora Dana (Dorothy), Veronica Cartwright (Mary), Liam Sullivan (Dr. Gordon) **L** 105 **FSK** ab 12; f **E** 3.7.1964 **fd** 13 056

STÄRKER ALS DIE LIEBE. Die beiden lebensfrohen Töchter eines Oberförsters in Ostpreußen geraten in Konflikte, denn der adlige Gutsinspektor entpuppt sich nicht nur als charakterloser Charmeur, sondern treibt sich als Wilddieb zwischen den Masurischen Seen herum, bis er zur Strafe im Moor versinkt. Ein Heimatdrama wie aus einem Groschenroman, das seinerzeit als spannend galt. ✦ Schwarz-weiß. Deutschland 1938 **P** Rolf Randolf-Film **KI** Bavaria **Pd** Rolf Randolf **R** Joe Stöckel **B** Otto Ernst Hesse, Joseph Dalman, Carl Echtermeier, T. Echtermeier, nach dem Roman »Die beiden Wildtauben« von Richard Skowronnek **K** Bruno Timm **M** Fritz Wenneis **D** Karin Hardt, Leny Marenbach, Paul Richter, Ivan Petrovich, Paul Wegener, Eduard Wesener, Friedl Haerlin **L** 94 **FSK** ab 16; nf **E** 23.9.1938

STÄRKER ALS DIE NACHT. Das Schicksal eines kommunistischen Ehepaares in den Jahren 1933 bis 1944 als Beispiel für den antifaschistischen Widerstand »kleiner Leute« gegen Hitler. Ein Zeitdokument, das über den exemplarischen Einzelfall hinaus Einblicke in Lebens- und Verhaltensweisen jener Jahre gibt. Neben seiner interessanten, wenn auch tendenziös aufbereiteten Thematik überzeugt der Film durch seine Qualität und die guten, emotional aufgeladenen schauspielerischen Leistungen. – Ab 14. ✦ Schwarz-weiß. DDR 1954 **P** DEFA **KI** Progress **Pd** Adolf Fischer **R** Slatan Dudow **B** Jeanne Stern, Kurt Stern **K** Karl Plintzner, Horst E. Brandt **M** Ernst Roters **S** Johanna Rosinski **D** Wilhelm Koch-Hooge (Hans Löning), Helga Göring (Gerda Löning), Kurt Oligmüller (Erich Bachmann), Rita Gödikmeier (Lotte Bachmann), Harald Halgardt (Eddi Koch) **L** 116 **E** 24.9.1954 Kino DDR/29.10.1954 DFF 1

STÄRKER ALS DIE SONNE (STRONGER THAN THE SUN). Eine englische Atomwissenschaftlerin stellt in ihrem Forschungsinstitut eine gefährliche Strahlenquelle fest. Ein Kollege unterstützt sie bei ihrem Bemühen, die Öffentlichkeit aufmerksam zu machen. Als die Presse jedoch wegen der Brisanz des Themas nicht reagiert, resigniert er. Die Wissenschaftlerin schmuggelt daraufhin eine Plutoniumkapsel aus dem Laboratorium, aber auch damit erreicht sie keine öffentliche Aufmerksamkeit, so daß ihr Konflikt sich dramatisch zuspitzt. Ein von der BBC in Zusammenarbeit mit der englischen Atombehörde und einer Atomversuchsanstalt produzierter Film, der auf die Gefahren der Atomkraft und menschliche Leichtfertigkeit im Umgang mit ihr hinweist und zur Aufmerksamkeit aufrufen will. – Ab 16. ✦ Großbritannien 1977 **P** BBC **R** Michael Apted **B** Stephen Poliakoff **K** Elmer Cossey **D** Francesca Annis (Kate), Tom Bell (Alan), Clive Merrison (Gregory), Gerald James (Higby), Hugh Thomas (Kendal), Robert Lefever (Sutton) **L** 95 **E** 27.2.1980 ZDF

STÄRKER ALS KETTEN (CARBINE WILLIAMS). Sträfling Williams behauptet sich gegen brutalen Strafvollzug und die Hoffnungslosigkeit seiner Situation. Er wird begnadigt, als er im Gefängnis einen Karabiner konstruiert, der in der amerikanischen Armee Verwendung findet. Überzeugender als die genreüblichen Gefängnisszenen sind die (biographisch verbürgten) menschlichen und familiären Konflikte eines labilen Mannes. Ernsthafte Unterhaltung mit ausgezeichneten Schauspielern. – Ab 16. ✦ Schwarz-weiß. USA 1952 **P** MGM **KI** MGM **Pd** Armand Deutsch **R** Richard Thorpe **B** Art Cohn **K** William C. Mellor **M** Conrad Salinger **S** Newell P. Kimlin **D** James Stewart (Marsh Williams), Jean Hagen (Maggie Williams), Wendell Corey (Capt. H. T. Peoples), Carl Benton Reid (Claude Williams), Paul Stewart (»Dutch«), Otto Hulett (Mobley), Rhys Williams (Redwick Carson), Herbert Heyes (Lionel Daniels) **L** 90 **FSK** ab 16; nf **E** 27.1.1953/13.1.1968 ZDF **fd** 2 392

STÄRKER ALS STÄHLERNE KETTEN (CHAIN GANG). Nach einer Gefangenenmeuterei, bei der ihm die Flucht aus einem Gefängnis gelingt, versucht ein Mann jenen Gegner zu stellen, der ihn denunzierte und unschuldig hinter Gitter brachte. Aktionsreiche Krimi- und Abenteuerunterhaltung. ✦ USA 1985 **P** Regency/Shapiro Entertainment **VA** Pacific **Pd** Earl Owensby **R+B** Worth Keeter **K** Irl Dixon **M** Dee Barton **S** Worth Keeter **D** Earl Owensby, Leon Rippy, Terry Loughlin, Paul Holman, Robert Bloodworth **L** 90 **FSK** ab 18 **E** Juni 1986 Video

STÄRKER ALS 1000 DRACHEN (THE MING PATRIOTS). Mandschurische Aufrührer kämpfen Mitte des 17. Jahrhunderts gegen den letzten Prinzen der Ming-Dynastie. Brutaler Historien-Eastern. ✦ Scope. Hongkong 1975 **P** First Film **KI** Splendid **R** Au Yeung-Chuen **D** Li Shiao-Lung, Bruce Chen, Chang Yu, Ka Ling **L** 85 **FSK** ab 18; nf **E** 25.3.1976 **fd** 19 742

EIN STARKER TYP →Bewegliche Ziele sind schwerer zu treffen

STARKER VERKEHR (HEAVY TRAFFIC). Zeichentrickfilm über die desorientierte Gedankenwelt eines New Yorker Jugendlichen, der seiner verwirrenden Umwelt voller unbewältigter sozialer Probleme vergeblich am Flipper-Automaten zu entrinnen versucht. Dabei werden die Gedankenfetzen zwar formal geschickt aus Zeichentrickfiguren und verfremdeten Negativ-Realfilmteilen zu einem Abbild der amerikanischen Slum-Gesellschaft der Dirnen und Gangster collagiert; die angestrebte Auseinandersetzung mit urbanen Lebensformen geht jedoch größtenteils in billigem Klamauk, Sex und brutaler Gewalt unter. ✦ USA 1972–73 **P** Oaktree/Black Ink/Film Creations-Krantz **KI** Fox-MGM **VA** Universum (BMG) **Pd** Steve Krantz **R+B** Ralph Bakshi **K** Ted C. Bemiller (Trickaufnahmen), Gregg Heschong (Trickaufnahmen) **M** Sergio Mendes, Ed Bogas, Ray Shanklin, Isley Brothers, Antonio Vivaldi, Peter Iljitsch Tschaikowski, Dave Brubeck **S** Ralph Bakshi, Donald W. Ernst **L** 77 **FSK** ab 18; nf **E** 7.3.1974/1.8.1992 ZDF/11.5.1998 Video **fd** 18 770

STARKER VERKEHR – HEAVY TRAFFIC →Starker Verkehr

STARKER WIND IN BEIJING (BEIJING DE FENG HEN DA). Angesichts des 50. Jahrestages der Gründung der Volksrepublik China macht sich in Peking ein Filmteam auf den Weg, um die individuelle Bedeutung des Wortes »Wind« zu hinterfragen. Angesichts der politischen und historischen Umbruchsituation fördert das Team sehr persönliche Meinungen zu Tage. Der erste Film einer neu gegründeten Produktionsfirma, der in der Tat versucht, einen »neuen Wind« in Peking sichtbar zu machen. Ein kleines Beispiel für die Tradition des Cinéma Vérité, das über das Sujet hinaus die Befindlichkeit des Filmteam auf sehr sympathische Art spiegelt. ✦ VR China 1999 **P** Trench Film Group **KI** Freunde der Deutschen Kinemathek **Pd** Wang De Xiang **R+B** Ju An Qi **K** Liu Yong Hong **L** 48 **E** 2000 Kino

DIE STÄRKERE. Die Dreiecksgeschichte zwischen einem erfolgreichen Architekten, seiner Ehefrau (einer nach einem Autounfall gelähmten Sängerin) und einer jungen Innenarchitektin findet einen moralischen Abschluß. Sentimentale Schnulze in unrealistischem, sterilem Luxusmilieu. ✦ Schwarz-weiß. BR Deutschland 1953 **P** Capitol **KI** Prisma **Pd** Dietrich von Theobald **R** Wolfgang Liebeneiner **B** Walther von Hollander, nach dem gleichnamigen Roman von Christa Linden **K** Igor Oberberg **M** Johannes Brahms, Franz Schubert, Wolfgang Amadeus Mozart **S** Carl-Otto Bartning **D** Gertrud Kückelmann (Sybille Erler), Hans Söhnker (Jochen Faber), Antje Weisgerber (Elisabeth Faber), Harald Juhnke (Alfred), Tilly Lauenstein (Dr. Hanna Claassen), Paul Henckels (Draaden), Heinz Klingenberg (Fürst), Tilla Durieux (Fürstin-Mutter) **L** 90 **FSK** ab 16; f **E** 11.8.1953/19.8. 1957 ARD **fd** 2 695

DER STÄRKERE (1958) →Soweit die Kräfte reichen

DER STÄRKERE (1983) (NEPOBEDIMYI). Ein junger Mann zieht 1928 durch abgelegene Bergdörfer verschiedener sowjetischer Unionsrepubliken, um Techniken und taktisches Verhalten in einer Sportart zusammenzutragen, die dem heutigen Ringen oder dem Judo vergleichbar ist, in der Sowjetunion aber den Namen Sambo trägt. Konterrevolutionäre versuchen seine Arbeit zu behindern. Abenteuerlicher Film mit aufgesetztem politischen Hintergrund, dessen formale Gestaltung nur teilweise gelungen ist. (TV-Titel DDR: »Unbesiegbar«) – Ab 12. ✦ Scope. UdSSR 1983 **P** Gorki-Studio **KI** Progress **R** Juri Borezki **B** Pawel Lungin **K** Michail Galberg **M** Jewgeni Ptitschkin **D** Andrej Rostozki (Andrej Chromow), Chamza Umarow (Faltachbek), Nurmuchan Shanturin (Dshuma), Jagdar Sagdijew (Dshafar), Gulnara Dusmatowa (Dailo) **L** 73 **E** 8.7.1984 DFF 2/18.1. 1985 Kino DDR

EIN STARKES TEAM. Zwei denkbar unterschiedliche Polizisten – eine emanzipierte junge Frau aus besseren Westberliner Kreisen und ein eher ruppiger Arbeitersohn aus dem Ostteil der Stadt – müssen sich als Eingreifteam einer Spezialtruppe erst mühsam zusammen raufen, ehe sie im Kampf gegen Rauschgifthändler erfolgreich ✦ Deutschland 1994 **P** UFA/Westdeutsche Universum-Film (für ZDF) **Pd** Klaus Michael Kühn, Norbert Sauer **R** Konrad Sabrautzky **B** Krystian Martinek, Neithardt Riedel **K** Michael Steinke **M** Johannes Schmölling **S** Karen Loennecker, Sybille Windt **D** Maja Maranow (Verena), Florian Martens (Otto), Traugott Buhre (Verenas Vater), Karin Baal (Daniela), Leonard Lansink (Georg), Tayfun Bademsoy (Yücsel), Sebastian Koch (Stefan), Andreas Schmidt-Schaller (Kippenberg), Jaecki Schwarz (Sputnik), Heino Ferch **L** 90 **E** 28.3.1994 ZDF

STARKEY (DIVORCING JACK). Ein nordirischer Journalist, bei dem Alkohol und satirische Kommentare ein enges Verhältnis unterhalten, landet betrunken im Bett einer Studentin, die wenig später ermordet wird. Auf der Suche nach dem Schuldigen verfängt er sich in einem Netz aus Intrigen und Lügen. Thriller-Komödie, die ihrer kruden Geschichte weder durch Action noch durch Pyrotechnik Glaubwürdigkeit verleihen kann. Auch darstellerisch nur teilweise überzeugend. ✦ Irland 1997 **P** Scala/IMA Films/Le Studio Canal+/BBC Films/Winchester Films/The Arts Council of England/The Arts Council of Nothern Ireland **KI** Advanced **VA** Ufa/BMG **Pd** Robert Cooper, Frank Mannion, Georges Benayoun **R** David Caffrey **B** Colin Bateman, nach seinem Roman **K** James Welland **M** Adrian Johnston **S** Nick Moore **D** David Thewlis (Dan Starkey), Rachel Griffiths (Lee), Robert Lindsay (Michael Brinn), Jason Isaacs (»Cow« Pat Keegan), Richard Gant (Parker) **L** 110 **FSK** ab 16; f **FBW** w **E** 10.6.1999/1.2.2000 Video **fd** 33 419

STARKNIGHT – DER HERR DER STERNE (EL CABALLERO DEL DRAGON / THE KNIGHT OF THE DRAGON). Gängiger Fantasy- und Science-Fiction-Film mit einigen komödiantischen Einlagen, entstanden für den internationalen Markt sowohl in einer spanischen als auch englischen Fassung. In einem urzeitlichen Phantasieland ist ein schrulliger Alchemist auf der Suche nach dem Geheimnis der Unsterblichkeit und einem Zugang zu einer anderen Welt, während seine Zeitgenossen hinter seltsamen Ereignissen das Werk des Teufels vermuten. Handelsübliche Genre-Unterhaltung ohne Konturen. (Fernsehtitel: »Herr der Sterne«) ✦ Spanien 1986 **P** Salamandra/Cinetel **VA** Ufa **Pd+R** Fernando Colomo **B** Andreu Martin, Miguel Angel Nieto, Fernando Colomo **K** José Luis Alcaine **M** José Nieto **S** Miguel Angel Santamaría **D** Klaus Kinski (Boetius), Harvey Keitel (Clever), Fernando Rey (Fray Lupo), Maria Lamor (Alba), Miguel Bosé (Ix) **L** 88 **FSK** ab 12 **E** 4.7.1989 RTL plus

DER STÄRKSTE MANN DER WELT (1964) (IL TRIONFO DI ERCOLE / LE TRIOMPHE D'HERCULE). Herkules und die braven Bürger von Mykene im Kampf gegen den tyrannischen Mörder des Königs. Harmlos-bunter Kolossalfilm nach Art der italienischen »Muskel und Sandalen«-Reihe. (Alternativtitel: »Der Triumph des Herkules«, »Herkules, der stärkste Mann der Welt«) – Ab 14. ✦ Scope. Italien/Frankreich 1964 **P** P.C./Jacques Leitinne/Unicité **KI** Adria **Pd** Alberto Chimenz, Vico Pavoni **R** Alberto de Martino **B** Roberto Gianviti, Alessandro Ferrau **K** Pier Ludovico Pavoni **M** Francesco De Masi **S** Otello Colangeli **D** Dan Vadis (Herkules), Pierre Cressoy (Prinz Milo), Marilù Tolo (Prinzessin Ati), Piero Lulli (Eurystheus), Moira Orfei (Parsiphae), Renato Rossini (Fürst Gordio) **L** 76 **FSK** ab 12; nf **E** 25.6.1965 **fd** 13 483

DER STÄRKSTE MANN DER WELT (1975) →Der Retorten-Goliath

DER STÄRKSTE MANN DER WELT (1984) →Mr. T – Man at the Top

DER STÄRKSTE UNTER DER SONNE (MACISTE, L'EROE PIU' GRANDE DEL MONDO). Muskelprotz Marcellus und eine Gruppe von Gladiatoren im Kampf gegen den tyrannischen Nachbarkönig. Pseudohistorischer Kolossalfilm. (TV-Titel: »Maciste, der Stärkste unter der Sonne«) – Ab 16. ✦ Scope. Italien 1963 **P** Leone **KI** Adria **R** Michele Lupo **B** Roberto Gianviti, Elio Scardamaglia **K** Guglielmo Mancori **M** Francesco De Masi **S** Alberto Gallitti **D** Mark Forest (Maciste), José Greci (Prinzessin), Livio Lorenzon (Evandro), Giuliano Gemma (Xandros), Erno Crisa (Morakeb) **L** 93 **FSK** ab 12; nf **E** 3.4.1964/16.9.1995 Pro Sieben **fd** 12 655

STARKSTROM (1981) (BELLS). Ein psychopathischer Mörder tötet Menschen durch Stromschläge per Telefon, um sich für vermeintlich erlittenes Unrecht zu rächen. Er kommt schließlich durch die eigene Heimtücke um. Solide inszenierter, aber nur mäßig spannender Psychothriller. (Fernsehtitel: »Tod aus dem Telefon«) ✦ Kanada 1981 **P** Co-Co **VA** IMV **Pd** Robert Cooper, Brian Walker **R** Michael Anderson **B** Michael Butler, Dennis Shryack, John Kent Harrison **K** Reginald H. Morris **M** John Barry **D** Richard Chamberlain (Nat), John Houseman (Stanley), Sara Botsford (Ridley), Robin Gammell (Noah), Gary Reinecke (Lt. Meara), Barry Morse (Waites) **L** 91 **E** 1984 Video **fd** 24 523

STARKSTROM (1992). Liebesgeschichte zwischen einem Afrikaner und einer deutschen Malerin in Hamburg, die sich über alle Probleme und Mentalitätsunterschiede hinweg behauptet. ✦ Deutschland 1992 **P** Peter Stockhaus Filmprod. **R+B** Susanne Klippel **K** Barbara Metzlaff **D** Bettina Kupfer (Simone), Gouré Bi Tra Blaise (Victor), Amadou Dieng (Esra), Peter Lohmeyer (Fred), Eva Ebner (Gastgeberin) **L** 65 **E** 15.9.1992 ZDF

STARLIGHT – EIN CAMP WIRD GERETTET. Jugendliche besuchen ein Sommercamp, um dort eine Show auf die Beine zu stellen. Der junge Besitzer jedoch überlegt, das Lager zu verkaufen. Musik- und Tanzfilm. – Ab 12. ✦ USA 1988 **R** Orin Wechsberg **D** Kario Salem, Jean Taylor, Pamela Payton-Wright **E** 15.6.1991 DFF

STARLINGS →Ein frecher Vogel

STARMAKERS →Leo und Loree

STARMAN (STARMAN). Ein Außerirdischer besucht die Erde, landet in den USA und wird vom Militär verfolgt. Die Witwe eines Mannes, in dessen leibliche Hülle der »Starman« geschlüpft ist, verhilft ihm zur Flucht und bekommt ein Baby von ihm. Science-Fiction-Romanze, allenfalls durch einige Special-Effects interessant. – Ab 14 möglich. ✦ Scope. USA 1984 **P** Columbia **KI** Warner-Columbia **SF** atlas **VA** RCA/Columbia **Pd** Larry Franco **R** John Carpenter **B** Bruce A. Evans, Raynold Gideon **K** Donald M. Morgan, Michael McAlister **M** Jack Nitzsche **S** Marion Rothman **D** Jeff Bridges (Starman), Karen Allen (Jenny Hayden), Charles Martin Smith (Mark Shermin), Richard Jaeckel (George Fox), Robert Phalen (Major Bell), Tony Edwards (Sgt. Lemon), John Walter Davis (Brad Heinmuller) **L** 115 **FSK** ab 12; f **E** 5.9.1985/14.4.1986 Video **fd** 25 267

STARR VOR ANGST (SCARED STIFF). Zwei Nachtclubkomiker verstricken sich in kriminalistische Gruselabenteuer, als sie der Erbin eines Spukschlosses in der Karibik gegen ihre Hausgeister beistehen wollen. Überdrehte Horrorgroteske für ausgemachte Jerry-Lewis-Fans. Remake von »The Ghost Breakers« (USA 1940, Regie: George Marshall, mit Bob Hope und Paulette Goddard). – Ab 16. ✦ Schwarzweiß. USA 1953 **P** Paramount **KI** Paramount **Pd** Hal B. Wallis **R** George Marshall **B** Herbert Baker, Walter DeLeon, Ed Simmons, Norman Lear, nach dem Bühnenstück »Ghost Breakers« von Paul Dickey und Charles W. Goddard **K** Ernest Laszlo **M** Leith Stevens, Mack David (Songs), Jerry Livingston (Songs) **S** Warren Low **D** Dean Martin (Larry Todd), Jerry Lewis (Myron Mertz), Lizabeth Scott (Mary Carroll), Carmen Miranda (Carmelita Castina), George Dolenz (Herr Cortega), Dorothy Malone, William Ching, Paul Marion **L** 106 **FSK** ab 12; nf (fr. 16) **E** 19.3.1954 **fd** 3 203

STARS AND BARS – DER GANZ NORMALE AMERIKANISCHE WAHNSINN (STARS AND BARS). Ein schüchterner, seines Lebens und seiner Persönlichkeit nicht sicherer Kunstexperte aus England, der in New York für eine Galerie arbeitet, soll im tiefen Süden der USA ein wertvolles Gemälde ankaufen und wird in turbulente Ereignisse um den Besitzer des Bildes und dessen exzentrische Familie, seine Liebesbeziehungen und Gangster verwickelt. Gagreiche, amüsante Komödie um die Odyssee und die Anpassungsversuche eines Außenseiters im Strudel des alltäglichen amerikanischen Wahnsinns. (TV-Titel auch: »Der ganz normale amerikanische Wahnsinn«) – Ab 16. ✦ USA 1988 **P** Columbia **KI** Columbia TriStar **VA** RCA/Columbia **Pd** Sandy Lieberson **R** Pat O'Connor **B** William Boyd, nach seinem Roman **K** Jerzy Zielinski **M** Stanley Myers **S** Michael Bradsell **D** Daniel Day-Lewis (Henderson Dores), Harry Dean Stanton (Loomis Gage), Martha Plimpton (Bryant), Maury Chaykin (Freeborn), Joan Cusack (Irene Stien) **L** 94 **FSK** ab 12; f **E** 15.9.1988/13.3.1989 Video **fd** 27 061

DER STARSCHINA (STARSCHINA). Ein Soldat wird kurz vor Kriegsende in seinem Panzer schwer verletzt. Nach seiner Genesung wird er Ausbilder in einer Fliegerschule. Trotz seiner Strenge gewinnt er bald das Vertrauen der jungen Leute. ✦ UdSSR 1980 **P** Lenfilm **R** Nikolai Koscheljow **B** Wladimir Kunin **K** Alexej Gambarjan **M** Igor Zwetkow **D** Wladimir Gostjuchin (Starschina Kazuba), Natalja Saiko (Natascha), Iwan Bortnik (Iwan Nikanorytsch), Iwan Komarow (General Leshnew) **L** 88 **E** 30.10.1980 DFF 2

STARSHIP OSIRIS (THE OSIRIS CHRONICLES / THE WARLORD: BATTLE FOR THE GALAXY). Das Jahr 2391: Nach einem intergalaktischen Bürgerkrieg herrschen Chaos und Warlords, und jeder ist auf sich allein gestellt. Ein Mann kümmert sich um seine neunjährige Tochter, die ein Computergenie ist. Die Intelligenz des Mädchen erregt das Interesse krimineller Ingenieure, die ein neues Geschlecht klonen wollen. Als es entführt wird, wird es mit Hilfe einiger eingeschworener Freunde befreit. Eine bis zur Spaßhaftigkeit billige, gewaltarme Science-Fiction-Produktion. Die banale Geschichte, die hölzernen Dialoge, flachen Charaktere sowie billige Ästhetik könnten einer kleinen Fan-Gemeinde fast schon wieder einen Reiz bescheren. – Ab 16. ✦ USA 1996 **P** Paramount **VA** CIC **Pd** Dan Dugan **R** Joe Dante **B** Caleb Carr **K** Jamie Anderson **M** Karl Lundeberg **S** Marshall Harvey **D** John Corbett (Justin Thorpe), Carolyn McCormick (Nova Thorpe), John Pyper-Ferguson (Sean), Elisabeth Harnois (Maggie) **L** 88 **FSK** ab 12 **E** 17.8.1998 Video **fd** 33 407

STARSHIP TROOPERS (STARSHIP TROOPERS). In einem auf Autorität und Gewalt basierenden Zukunftsstaat werden junge Rekruten nach demagogischer Gehirnwäsche in Schule und Kaserne zum Kriegseinsatz gegen fliegende, kriechende und feuerspeiende Monsterkäfer in eine andere Galaxie geschickt. Ein mit technischer Perfektion im effektvollen Hochglanzstil von Werbespots und Magazin-Covers inszenierter Science-Fiction-Film, der nicht nur äußerst gewalttätig ist, sondern auch der Glorifizierung des Militarismus und der Verbreitung faschistischen Gedankenguts Vorschub leistet. DVD: Die Special Edition enthält im Gegensatz zur extralosen Erstauflage u. a. ein Feature mit nicht verwendeten Szenen sowie einen Audiokommentar des Regisseurs und des Drehbuchautors. – Wir raten ab. ✦ USA 1997 **P** Touchstone/TriStar **KI** Buena Vista **VA** Buena Vista **DVD** FSK 18: Buena Vista (16:9, 1.85:1, DD5.1 engl./dt.), SPIO-JK (SE, 16:9, 1.85:1, DD5.1 engl./dt.) **Pd** Alan Marshall, Jon Davison **R** Paul Verhoeven **B** Edward Neumeier, nach einem Roman von Robert A. Heinlein. **K** Jost Vacano **M** Basil Poledouris **S** Mark Goldblatt, Caroline Ross **D** Casper van Dien (Johnny Rico), Dina Meyer (Dizzy Flores), Denise Richards (Carmen Ibanez), Jake Busey (Ace Levy), Neil Patrick Harris (Carl Jenkins), Clancy Brown (Sergeant Zim) **L** 129 **FSK** ab 18; f (DVD ab 18 & SPIO-JK) **E** 29.1.1998/13.8.1998 Video/27.4.1999 DVD (FSK 18)/November 2001 DVD (SPIO-JK) **fd** 32 966

STARSKY & HUTCH – AM RANDE DES WAHNSINNS (STARSKY & HUTCH – SET UP). Nachdem ein Mann den angeblichen Mörder seiner Frau erschossen hat, muß er erkennen, daß er nur ein Werkzeug in einem abgekarteten Spiel war, denn der

Tatverdächtige sollte als Kronzeuge gegen einen Mafioso aussagen. Starsky und Hutch stellen den Drahtzieher. Fernsehfilm mit den Seriendetektiven. (Titel auch: »Am Rande des Wahnsinns«) – Ab 16. ✦ USA 1977 **P** ABC **R** George McCowan **B** Joe Reb Moffly **M** Tom Scott **D** Paul Michael Glaser, David Soul, Jon Korkes, Katharine Dunfee-Clarke, Bernie Hamilton **L** 100 **E** 20.4.1991 PRO 7

STARSKY & HUTCH – DER TODESVIRUS (STARSKY & HUTCH – THE PLAGUE). Dramatische Ereignisse um das Detektiv-Gespann Starsky und Hutch: Durch den Kontakt mit einem Berufskiller infiziert sich Polizeidetektiv Hutch mit einem tödlichen Virus. Nun beginnt eine verzweifelte Jagd nach dem Verbrecher; nur die Antikörper aus dessen Blut können den Polizisten noch retten. Routinierte Fernsehkost ohne nennenswerte Qualitäten. – Ab 16. ✦ USA 1977 **P** ABC **R** Bob Kelljan **B** William Douglas Cansford **M** Shorty Rogers **D** Paul Michael Glaser, David Soul, Bernie Hamilton, Alex Rocco **L** 91 **E** 20.5.1991 PRO 7

STARSKY & HUTCH – DER WÜRGER VON VEGAS (STARSKY & HUTCH – LAS VEGAS STRANGLER). Die beiden Polizisten Starsky und Hutch ermitteln wegen einer Frauenmord-Serie in Las Vegas. Zu ihrer Überraschung zählt der Polizeidetektiv, der sie zur Unterstützung anforderte, bald zum engeren Verdächtigenkreis. Mit etwas Humor aufgepepptes Kriminal-Abenteuer. ✦ USA 1976 **P** ABC **R** George McCowan **B** Michael Fisher **D** Paul Michael Glaser (Dave Starsky), David Soul (Ken »Hutch« Hutchinson), Frank Converse (Jack Mitchell), Lynda Carter (Vicky) **L** 91 **E** 6.4.1991 PRO 7

STARSKY & HUTCH – GESELLSCHAFTSSPIEL MIT 5 BOMBEN (STARSKY & HUTCH – MURDER AT SEA). Die Detektive Starsky und Hutch wollen den Mord an einem dubiosen Geschäftemacher aufklären und mustern dazu als Animateure auf einem Passagierschiff an. Sie stolpern in eine Gipfelkonferenz der Unterweltsbosse – und geraten zwischen die Fronten. Langfilm mit den Fernseh-Seriendetektiven. ✦ USA 1975 **P** ABC **R** George McCowan **B** Ron Friedman **D** Paul Michael Glaser, David Soul, Lynne Marta, José Ferrer **L** 105 **E** 13.4.1991 PRO 7

STARSKY & HUTCH – KRONZEUGEN DER ANKLAGE (STARSKY & HUTCH – TARGETS WITHOUT A BADGE). Kriminalfilm mit den Polizeidetektiven Starsky & Hutch, die den Dienst quittiert haben, weil sie einem wichtigen Zeugen nicht das Leben retten konnten. Bei der Jobsuche kommen sie einer Korruptions-Affäre auf die Spur, in die auch ein Bundesrichter verwickelt ist. – Ab 16. ✦ USA 1979 **P** ABC **R** Earl Bellamy **B** Richard Kelbaugh **M** Mark Snow **D** Paul Michael Glaser (Starsky), David Soul (Hutch), Bernie Hamilton (Dobey), Antonio Fargas (Huggy), Linda Lawrence (Kathy) **L** 132 **E** 13.2.1993 PRO 7

STARSKY & HUTCH – ZAUBER DER PLAYBOY-INSEL (STARSKY & HUTCH – ON PLAYBOY ISLAND). Ein geheimnisvolles Syndikat versucht, das Finanzimperium eines kranken Milliardärs unter seine Kontrolle zu bekommen. Als einer seiner engsten Mitarbeiter ermordet wird, wird das Polizisten-Duo Starsky und Hutch auf die Playboy-Insel geschickt, um die Vorgänge zu klären. Abendfüllender Film aus der amerikanischen Fernsehserie »Starsky & Hutch«. – Ab 16. ✦ USA 1977 **P** ABC **R** Earl Bellamy **D** Paul Michael Glaser (Starsky), David Soul (Hutch), Bernie Hamilton (Dobey), Anita Ford (Silky), Dana House (Easy), Linda Thomson (Meghan), Paul Picerni (Johnny) **L** 95 **E** 4.5.1986 SAT 1

DER START (LE DEPART). Ein von Autos und Autorennen faszinierter Friseurlehrling versucht verzweifelt, an einen Porsche zu kommen, um ein Rennen mitfahren zu können, und begegnet dabei unversehens der Liebe. Einfühlsame und milieugenaue Zeitstudie, die mit Witz und Ironie Auswüchse der westlichen Zivilisation karikiert. Erster Auslandsfilm des polnischen Regisseurs und Autors Skolimowski. ✦ Belgien 1967 **P** Elisabeth Films **KI** Constantin **R** Jerzy Skolimowski **B** Jerzy Skolimowski, Andrzej Kostenko **K** Willy Kurant **M** Krzysztof Komeda (= Krzysztof Trzcinski-Komeda) **S** Bob Wade **D** Jean-Pierre Léaud (Marc), Catherine-Isabelle Duport (Michèle), Paul Roland (Der Chef), Jacqueline Bir (Kundin), Georges Aubrey (Altwarenhändler) **L** 91 **FSK** ab 16; f **FBW** w **E** 13.10.1967 **fd** 14 983

START FREI FÜR DIE LIEBE (A CHANCE OF SNOW). Ein Ehepaar, das in Trennung lebt und auch die Weihnachtstage getrennt verbringen wollte, sitzt durch ein heftiges Schneetreiben auf dem Flughafen fest und findet erneut zueinander. Beigetragen hat dazu die Zufallsbekanntschaft mit einem älteren Paar, das durch eine Vielzahl von Krisen gegangen ist, jedoch immer zueinander gehalten hat. Weihnachtsgeschichte mit viel Herz, aber auch voller Familien-Klischees. – Ab 14. ✦ USA 1998 **P** Orly Sdelson Prod./The Auerbach Comp./Hearst Entertainment **Pd** Orly Adelson, Jeffrey Auerbach, Andy Cohen, Gary Pearl **R** Tony Bill **B** Michele Cook **K** Bing Sokolsky **M** Ira Ingber, Van Dyke Parks **S** Axel Hubert **D** JoBeth Williams (Maddie), Michael Ontkean (Matt), Barbara Barrie (Ruth), Dey Young (Kathryn), Peter Syvertsen (Craig), Charles Durning (Earl) **L** 87 **E** 24.12.1999 ZDF

START IN DIE DÄMMERUNG (THE DAWN PATROL). Frankreich im Ersten Weltkrieg: Der Kommandant einer amerikanischen Fliegerstaffel muß täglich unterbemannte, schlecht ausgerüstete Flugzeuge in den Kampf schicken, obwohl er weiß, daß nur wenige zurückkehren werden. Erster Tonfilm von Howard Hawks (1896–1977), der in lakonischem Erzählstil ein Klima der dauernden Anspannung und latenten Hoffnungslosigkeit beschwört. Mit einfachen, aber effektvollen technischen und dramaturgischen Mitteln werden die Figuren, ihre Beziehungen und ihre ungewöhnlichen Arbeitsbedingungen skizziert; Hawks' handlungsbetonte und völlig unsentimentale Regie gibt dem Film eine ungewöhnliche Kraft und Stringenz. (Bemerkenswertes Remake, 1938, unter der Regie von Edmund Goulding, mit Errol Flynn, Basil Rathbone, David Niven) ✦ Schwarzweiß. USA 1930 **P** First National/Warner Bros. **Pd** Robert North **R** Howard Hawks **B** Howard Hawks, Seton I. Miller, Dan Totheroh, nach der Story »The Flight Commander« von Jon Monk Saunders **K** Ernest Haller **M** Leo F. Forbstein, Erno Rapee (Ltg.) **S** Ray Curtiss **D** Richard Barthelmess (Dick Courtney), Douglas Fairbanks jr. (Douglas Scott), Neil Hamilton (Major Brand), William Janney (Gordon Scott), James Finlayson (Field Sergeant) **L** 95 **E** 13.1.1980 HR

START INS UNGEWISSE (FAMILY FLIGHT). Durch ein Unwetter zur Notlandung in der Wüste gezwungen, gelingt es einer Familie, mit der Situation fertig zu werden. Der lange schwelende Konflikt zwischen Vater und Sohn löst sich durch die Bewährung des Jungen in aussichtsloser Lage. Fürs Fernsehen entstandene, nicht besonders spannende Mischung aus Abenteuerfilm und Melodram. ✦ USA 1972 **P** Universal **Pd** Harve Bennett **R** Marvin J. Chomsky **B** Guerdon Trueblood **K** Emil Oster **M** Hal Mooney **D** Rod Taylor, Dina Merrill, Kristoffer Tabori, Janet Margolin, Gene Nelson **L** 73 **E** 1.1.1974 ARD

START NR. 9. Dokumentarfilm über einen jungen Mann, der 1971 während der Berliner Funkausstellung als ehrgeiziger Newcomer in der Fernseh-Schlagersendung »Die ZDF-Hitparade« auftrat. In einer ungewöhnlichen Beziehung zu seiner Mutter, die als eine der wenigen Zigeuner einen Aufenthalt im KZ Auschwitz überlebte, betreibt er seine Karriere, wobei der Film den fragwürdigen Formen seiner sozialen Anpassung nachspürt. ✦ BR Deutschland 1971 **P** ZDF **Pd+R+B** Peter Lilienthal **L** 52 **E** 11.1.1972 ZDF

START UP IN DEN POPMUSIKHIMMEL. Dokumentarfilm über die unersättliche Mechanik des Popmusikgeschäfts, der nüchterne Einblicke in das Handwerk der Branchenvertreter sowie die gnadenlose Selektion unter den Anwärtern ermöglicht. ✦ Deutschland 2001 **R** Hannelore Conradsen **D** Dieter Köster **L** 90 **E** 5.12.2001 ARD

START VOM NULLPUNKT (TÜZGÖMBÖK). 1944 in Ungarn. Ein neunjähriger Junge wird von seiner Mutter wegen der Bombenangriffe zu seinen Großeltern aufs Land gebracht. Als die Front näher kommt, bringt der Vater den Jungen zu anderen Verwandten in Sicherheit. Dort erfährt er, daß seine Mutter und die Schwester ums Leben gekommen sind. Das Kind flüchtet vor der grausamen Wirklichkeit in seine Träume und übersteht so die letzten Kriegstage. Auch der Vater überlebt. Eine in der Milieubeschreibung, Charakterzeichnung und Atmosphäre glaubwürdige Schilderung jener Schreckenszeit, konsequent gesehen mit den Augen eines Kindes. ✦ Ungarn 1975 **P** Hunnia **R** Imre Fehér **B** Bulcsu Bertha **K** György Illés **M** Emil Petrovics **D** Gábor Szücs, Agi Mészáros, Hédi Váradi, Bertalan Solti, Ferenc Kállai **L** 85 **E** 11.9.1977 DFF 1/4.5.1980 ZDF

START ZUR KASSIOPEIA (MOSKWA – KASSIOPEJA). Sowjetische Schüler starten zu einer abenteuerlichen Expedition zum Stern Alpha im Bild der Kassiopeia. Science-Fiction für Kinder und Jugendliche, vor allem zu Beginn sehr umständlich erzählt. Dafür ist die Ausstattung vorzüglich, die Trickszenen respektabel. – Ab 8. ✦ Scope. UdSSR 1973 **P** Gorki-Studio **KI** Progress **R** Richard Wiktorow **B** Awenir Sak, Issaj Kusnezow **K** Andrej Kirillow **M** Wladimir Tschernyschew **D** Innokenti Smoktunowski (der S.I.B.), Wassili Merkurjew (Blagowidow), Lew Durow (Filatow), Juri Medwedew (Ogon-Duganowski), Pjotr Merkurjew (Kurotschkin), Michail Jerschow (Sereda), Alexander Grigorjew (Koselkow), Wladimir Sawin (Kopanygin), Wladimir Bassow (Lobanow), Olga Bitjukowa (Sorokina), Ira Popowa (Panfjorowa), Natalja Fatejewa **L** 78 **E** 11.7.1975 Kino DDR/8.2.1979 DFF 1

STARTBAHN INS GLÜCK (YOU GOTTA STAY HAPPY). Ehemaliger Luftwaffenpilot und Besitzer eines kleinen Luftfrachtunternehmens übernachtet nach einem anstrengenden Flug nach New York in der Hochzeitssuite eines Hotels. Unvermutet gesellt sich des Nachts eine soeben getraute junge Frau in sein Zimmer, die vor ihrem ungeliebten Ehemann geflüchtet ist. Romantisch-oberflächliche Liebeskomödie mit zahlreichen Verwicklungen; vor allem dank einiger ausgezeichnet interpretierter Nebenrollen unterhaltsam. – Ab 16. ✦ Schwarz-weiß. USA 1949 **P** Universal **Pd** Karl Tunberg **R** Henry C. Potter **B** Karl Tunberg, nach einem Fortsetzungsroman von Robert Carson **K** Russell Metty **M** Daniele Amfitheatrof **S** Paul Weatherwax **D** James Stewart (Marvin Payne), Joan Fontaine (Dee Dee Dillwood), Eddie Albert (Bullets Booker), Percy Kilbride (Mr. Hacknell), Roland Young (Ralph Tutwiler), Willard Parker (Henry Benson), Halliwell Hobbes (Martin) **L** 100 **E** 29.1.1985 BR

STARTFIEBER. Die Geschichte dreier DDR-Leistungssportler, die in der Nordischen Kombination miteinander und gelegentlich gegeneinander um den Erfolg kämpfen. Missglückter, spannungsloser und wenig unterhaltsamer Report über den Leistungssport in der DDR. Oberflächlich in der Problemdarstellung und ohne darstellerische Ausstrahlung. – Ab 6. ✦ Scope. DDR 1986 **P** DEFA, Gruppe »Johannisthal« **KI** Progress **Pd** Rolf Martius **R** Konrad Petzold **B** Peter Löpelt **K** Rolf Sohre **M** Zdenek John **S** Sabine Schmager **D** Klaus Manchen (Kurzer, Juniorentrainer), Peter Hölzel (Vater Bergler), Rudolf Ulrich (Opa Feurich), Gina Presgott (Oma Feurich), Monika Hildebrand (Ursula Feurich), Hans-Jürgen Wildgrube (Bernhard Feurich), Jens König (12jähriger Holger), René Gebhardt (17jähriger Holger), Remo Georgi (12jähriger Jens), Nils Ballerstedt (17jähriger Jens), Frank Wiegand (12jähriger Ralf), Jörg Brändl (17jähriger Ralf) **L** 95 **E** 6.2.1986 Kino DDR/20.1.1990 DFF 1

STARTUP (ANTITRUST/CONSPIRACY.COM). Ein ebenso genialer wie nonkonformer Programmierer und Computerhacker kommt den Machenschaften seines Arbeitgebers auf die Schliche, der seine marktbeherrschende Stellung nutzt, um eine Datenverschwörung großen Stils anzuzetteln. Verkrampfter High-Tech-Thriller, dem es ebenso an Tempo, vor allem aber an einem überzeugenden erzählerischen wie gedanklichen Konzept mangelt. Auch die Besetzung kann dieses Manko nicht kaschieren. – Ab 16. ✦ Scope. USA 2001 **P** MGM/Industry Entertainment/Hyde Park Entertainment **KI** Constantin **Pd** Nick Wechsler, Keith Addis, David Nicksay **R** Peter Howitt **B** Howard Franklin **K** John Bailey **M** Don Davis **S** Zach Staenberg **D** Ryan Phillippe (Milo Hoffmann), Rachael Leigh Cook (Lisa Calighan), Claire Forlani (Alice Poulson), Tim Robbins (Gary Winston), Douglas McFerran (Bob Shrot), Richard Roundtree (Lyle Barton), Tygh Runyan (Larry Banks) **L** 109 **FSK** ab 12; f **E** 28.6.2001 **fd** 34 909

STATE OF DOGS – EIN HUNDELEBEN (STATE OF DOGS / NOHOI ORON). Ein streunender Hund, der in der Mongolei erschossen wurde, erinnert sich an sein Leben, da er weiß, dass er als Mensch wiedergeboren wird. Im Zuge dieser Gedankenreise entsteht eine Aneinanderreihung von Entbehrungen, Härten und Unmenschlichkeiten, sodass er sich entschließt, besser nicht als Mensch auf die Welt zu kommen. Ein mit Preisen überhäufter poesievoller Dokumentarfilm, der in märchenhafter Form vom Leben in der heutigen mongolischen Gesellschaft erzählt und auch von der Kraft der Mythen berichtet. – Ab 16. ✦ **R+B** Peter Brosens, Dorjkhandyn Turmunkh **L** 87 **E** 17.3.1999 arte

STATE PRISON (DEATH HOUSE). Unschuldig ins Gefängnis geworfen, durchlebt Derek die Hölle auf Erden. An den Gefangenen werden Menschenversuche durchgeführt, die Aufschlüsse über biologische Kriegsführung bringen sollen. Ein Teil der Insassen wird mit einem Virus infiziert, der sie in den Wahnsinn treibt und ihre Mordlust weckt. Allein Derek behält einen kühlen Kopf, kann ein Zusammentreffen mit seinem Erzrivalen erzwingen und versucht seine Unschuld zu beweisen. Als das nicht gelingt, plant er mit einigen Gefährten die Flucht, während sich um ihn herum der blanke Wahnsinn breit macht. Spekulative Mischung aus hartem Gefängnis-Thriller und Horrorfilm. – Wir raten ab. ✦ USA 1987 **P** Double Helix **VA** VCL/Virgin **Pd** Nick Marino **R** John Saxon **B** William Selby, David Freeman, Kate Wittcomb **K** John V. Fante **M** Chuck Cirino **S** Fred Roth **D** Dennis Cole (Derek Kailor), John Saxon (Colonel Burgess), Michael Pataki, Ron O'Neal, Howard George **L** 87 **FSK** ab 18 **E** 26.9.1989 Video

STATION (EKI). Ein einzelgängerischer Polizeidetektiv aus Sapporo, Olympionike von 1964 und Trainer für Schießwettbewerbe, lebt von Frau und Kind getrennt. Im Jahr 1968 beginnt er mit der Jagd auf einen Polizistenmörder, 1976 tut er sich bei der Fahndung nach einem Mädchenmörder hervor, 1979 bei einer Geiselbefreiung. Kurz vor seinem freiwilligen Abschied 1980 kommt er endlich auch auf die Spur des verhaßten Polizistenmörders. Hinter der Folie des Kriminalfilms offenbart sich eine sehr breit angelegte Charakter- und Milieustudie, angesiedelt in Schnee und Eis im nördlichsten Hokkaido; mitunter sprunghaft und spröde, insgesamt aber bemerkenswert konzipiert, verdichten einige Grausamkeiten im Detail den Vereinsamungsprozeß eines Mannes, der Kontakte zur Familie und zu Freunden halten möchte, sich aber nicht aus seiner inneren Isolation befreien kann. (O.m.d.U.) ✦ Japan 1981 **P** Toho-Eiga **R** Yasuo Furuhata **B** So Kuramoto **K** Daisaku Kimura **M** Ryudo Uzaki **D** Ken Takakura (Eiji Mikami), Chieko Baishô (Kiriko), Ayumi Ishida (Naoko Mikami), Setsuko Karasuma (Suzuko Yoshimatsu), Yuko Kotegawa (Mikami Fuyuko) **L** 131 **E** 20.6.1990 West 3

STATION AFRIKA (JAG ÄR MED EDER). Ein junger schwedischer Pastor geht mit Frau und Kind als Missionar nach Afrika. Der Junge stirbt an einem Schlangenbiß, die Frau erliegt der Malaria. Der Pastor verliert den Glauben an sich, an sein Amt, an Gott. Erst der unerschütterliche Glaube einer Einheimischen weist ihm den rechten Weg. Ein sehr schlichter und formal schwacher religiöser Film. – Ab 12. ✦ Schwarz-weiß. Schweden 1947 **P** A.B. Svensk **KI** Matthias **R** Gösta Stevens **B** Rune Lindström, Gösta Stevens **K** Åke Dahlquist **M** John Hult **D** Rune Lindström (Helge Tellberg), Carin Cederström (Karin Tellberg), Nils Dahlgren (Pastor Henrik Jung), L. Lindström (Arne), Åke Fridell (Carlsson), Victor Sjöström (Pfarrer), Carl Ström (Bischof) **L** 82 **FSK** ab 12; f **E** 11.9.1951 **fd** 1 479

STATION FÜR UNBEKANNTE (SPIRKA SA NEPOSNATI). Die zufällige Begegnung zweier alleinstehender Menschen auf einem entlegenen Provinzbahnhof führt zu einer vorsichtigen Annäherung, die zunächst mit erheblichen Schwierigkeiten verbunden ist. – Ab 16. ✦ Bulgarien 1988 **P** Filmstudio Bojana **KI** Progress **R** Iwan Rossenow **B** Peter Iskrenow **K** Swetlana Ganewa **M** Boshidar Petkow **D** Katja Paskalewa, Anton Raditschew, Nikola Todew, Stefan Mawrodiew **L** 78 **E** 2.2.1990 Kino DDR/16.9.1993 B 3

STATION VOR DER HÖLLE →Michael schafft Ordnung

DIE STATIONEN UNSERER LIEBE (LE STAGIONI DEL NOSTRO AMORE). Ein 40jähriger kommunistischer Journalist, der sich mit Frau und Geliebter nicht mehr versteht, kehrt in seine Heimatstadt Parma und damit in seine Vergangenheit zurück. In der Begegnung mit Kameraden der Jugend- und Widerstandszeit, die wie er den ideologischen Schwung verloren haben, erkennt er sein eigenes Versagen. Aus der Gegenüberstellung von Vergangenheit und Gegenwart gestaltet Florestano Vancini ein poetisch dichtes Bild von der Lebenskrise einer Generation und ihrer Ideologie. (O.m.d.U.) ✦ Scope. Italien 1965 **P** Gava **R** Florestano Vancini **B** Elio Bartolini, Florestano Vancini **K** Dario Di Palma **M** Carlo Rustichelli **S** Nino Baragli **D** Enrico Maria Salerno (Vittorio), Anouk Aimée (Milena), Jacqueline Sassard (Elena), Gian Maria Volonté, Gastone Moschin, Valeria Valeri **L** 93 **E** 7.2.1981 S 3

STATIONS OF THE ELEVATED (STATIONS OF THE ELEVATED). Die poetische Dokumentation über die kunstvollen Graffiti auf den New Yorker Hochbahnen im Jahr 1979 zeigt die verschiedenen Formen dieser heute verschwundenen Form der illegalen Spontankunst mit tristen Alltagsbotschaften aus dem schwarzen Ghetto, aber auch Parallelen zu den legalen, oft aggressiveren Werbetafeln am Wegesrand. Ein meisterhaft fotografiertes stimmungsvolles Zeitzeugnis, das sich jeden Kommentars enthält, aber durch die anachronistische Jazzmusik und den malerisch-musikalischen Rhythmus die Spraykunst auch nostalgisch verklärt. (O.m.d.U.) – Sehenswert. ✦ USA 1979 **P** streetwise films **KI** MOP **R+B+K** Manfred Kirchheimer **M** Charles Mingus **L** 46 **E** Herbst 2000 Kino **fd** 34 464

DER STATIONSVORSTEHER (TISCHINA). Ein alter tüchtiger Lokführer verliert durch die Elektrifizierung der Strecke seinen bisherigen Arbeitsplatz. Er erkennt erst nach einiger Zeit, daß auch seine neue Tätigkeit als Stationsvorsteher einen ganzen Mann verlangt und ihn ausfüllen kann. Ein durchschnittlicher Film, dessen positive und lebensbejahende Aussage trotz einiger Mängel für sich einnimmt. – Ab 14. ✦ Schwarz-weiß. UdSSR 1960 **P** Kasach-Film **KI** Progress **R** Alexander Karpow **B** Boris Tjotkin **K** Michail Aranyschew **M** A. Bytschkow, E. Brussilowski **D** Kanabek Baisseitow (Osapanow), Raissa Kurkina (Olga), Anatoli Karpow (Safonow), M. Bachtygirejew (Nartai), I. Schalabajewa (Gulja) **L** 89 **E** 1.9.1961 Kino DDR/1.1.1964 DFF 1

STÄTTEN DER GNADE. Eine etwas atemlose Aneinanderreihung der wichtigsten Marien-Wallfahrtsorte dieser Erde (Altötting, Fatima, Lourdes u.v.a.), die an verschiedenen Orten die jeweilige Legende in einer Spielhandlung vorstellt. Ein gut gemeinter, aber weitgehend unkritischer Semi-Dokumentarfilm, dem es an theologischer Fundierung mangelt. – Ab 12. ✦ Schwarz-weiß. BR Deutschland 1959 **P** Patrona **KI** Patrona **R** Josef Stuart Lutz **K** Josef Rubner **M** Georg Hild **L** 77 **FSK** ab 6; f **E** 1959 Kino

STAU (L' INGORGO – UNA STORIA IMPOSSIBILE / LE GRAND EMBOUTEILLAGE). In einem nicht endenwollenden Stau auf einer italienischen Autobahn stoßen Menschen unterschiedlichster Herkunft aneinander; es entsteht eine krisenhafte Situation. Als gesellschaftskritische Parabel über die Brüchigkeit der bürgerlichen Gesellschaft gedachter Film, der seine Grundidee – den Stau als Symbol für den Endzustand – zu stark strapaziert und über eine pauschale Typisierung der allzu vielen Figuren nicht hinauskommt; Comencinis Kritik bleibt daher oberflächlich und ohne erhellende Kraft. ✦ Italien/Frankreich/Spanien/BR Deutschland 1978 **P** Clesi/Greenwich/Filmedis/Gaumont Intern./José Frade/Albatros **KI** Jugendfilm **R** Luigi Comencini **B** Luigi Comencini, Ruggero Maccari, Bernardino Zapponi **K** Ennio Guarnieri **M** Fiorenzo Carpi **S** Nino Baragli **D** Alberto Sordi (Dottore De Benedetti), Annie Girardot (Irene), Fernando Rey (Carlo), Patrick Dewaere (Verliebter), Angela Molina (Martina), Harry Baer, Marcello Mastroianni (Marco Montefoschi), Stefania Sandrelli (Teresa), Ugo Tognazzi (Professor), Miou-Miou (Angela), Gérard Depardieu (Franco) **L** 113 **FSK** ab 16; f **E** 29.8.1980/6.3.1981 Kino DDR **fd** 22 615

STAU – JETZT GEHT'S LOS. Dokumentarfilm über fünf rechtsradikale männliche Jugendliche in Halle Anfang der 90er Jahre im wiedervereinigten Deutschland. Der Film sucht in Gesprächen und biografischen Exkursen nach den Ursachen ihrer politischen Wahl zu forschen. Da er sich aber im Umgang wie in den Gesprächen mit seinen Protagonisten zurückhält – sie machen läßt, um sie zu filmen –, läuft er Gefahr, aus den (potentiellen) Tätern Opfer zu machen. Wegen seiner Schwächen eignet sich der Film allenfalls zur Diskussion kontroverser Standpunkte. – Ab 16. ✦ Deutschland 1992 **P** Ö-Film **SF** Unidoc **VA** Unidoc **Pd** Frank Löprich, Katrin Schlösser **R+B** Thomas Heise **K+M** Sebastian Richter **S** Karin Geiß **L** 85 **FSK** ab 12; f **E** 7.1.1993/8.2.1993 West 3 **fd** 30 241

STAUB DES IMPERIUMS (POUSSIERE D'EMPIRE). Experimenteller, an Formen des Theaters angelehnter Film über französischen Kolonialgeist und vietnamesischen Widerstand. In zwei getrennten Episoden meditiert der vietnamesische Regisseur Lam Lê symbolhaft über die kulturelle Identität eines Volkes unter Kolonialherrschaft. Abstrakte Formen wie Quadrat und Kreis spielen dabei ebenso eine Rolle wie das Motiv der Botschaft, die erst nach Jahren ihren wahren Empfänger erreicht. Nicht immer leicht verständlich, beeindruckt der Film durch außergewöhnliche Bildeinfälle. ✦ Frankreich 1983 **P** Uranium/FR 3 **KI** Freunde der Deutschen Kinemathek **R** Lam Lê **B** Henry Colomer, Lam Lê, Michel Andrieu **K** Gérard de Battista **M** Nguyen Thien Dao **D** Dominique Sanda, Jean-François Stévenin, Thang Long, Yann Roussel, Anne Canovas **L** 103 **E** 1984 Kino

STAUB UNTER DER SONNE (PYL POD SOLNZEM). Auseinandersetzungen zwischen einer Gruppe Bolschewiki und konterrevolutionären Teilen der Roten Armee im Verwaltungsbezirk Simbirsk zur Zeit des Bürgerkrieges. Ein wenig anregender, sehr vordergründiger Revolutionsfilm nach authentischen Vorgängen, der sich in den vertrauten Klischees ergeht. – Ab 14. ✦ Scope. UdSSR 1978 **P** Litauisches Filmstudio Vilnius/Mosfilm **KI** Progress **R** Marionas Gedris **B** Jewgeni Kotow **K** Jonas Tomasevicius **M** Vytautas Barkauskas **D** Timofej Spiwak (Warejkis), Pjotr Weljaminow (Murawjow), Alexander Owtschinnikow (Tuchatschewski), Swetlana Penkina (Anna), Gennadi Juchtin (Potapow) **L** 96 **E** 17.8.1979 Kino DDR/15.2.1979 DFF 2

STAUB VOR DER SONNE. Am Rande einer Stadt hausen zwei Brüder in einer verwahrlosten Wohnung. Als der ältere, der sich fürsorglich um den jüngeren kümmert, in eine Pechsträhne gerät, besorgt er sich eine Waffe und verbarrikadiert die Wohnung, bereit, es mit dem Rest der Welt aufzunehmen. Unterkühlt inszeniertes Außenseiterdrama, holzschnittartig entworfen und psychologisch nur bedingt nachvollziehbar. – Ab 16. ✦ Deutschland 1991 **P** Lichtblick/ZDF **Pd** Jan-Michael Brandt **R+B** Petra Katharina Wagner **K** Izzet Akay **M** Philipp von Sell **S** Bettina Böhler **D** Erik Stappenbeck (Eddie), Andreas Glück (Davie), Martha Nelle (Marlene), Marquard Bohm (Chef), Karl Scheydt (Walter) **L** 87 **FBW** w **E** 7.5.1991 ZDF

STAUBIGE DOLLARS (A LITTLE TREASURE). Eine Nachtclubtänzerin erbt von ihrem Vater, den sie kurz vor seinem Tode nach über 20 Jahren wiedersieht, die Beute aus einem Bankraub. Der Versuch, eine »verlorene« Vater-Tochter-Beziehung mit einer Spannungsgeschichte zu verbinden, scheitert an der unentschlossenen Regie und den schwachen Darstellern. – Ab 16. ✦ USA 1985 **P** TriStar Pictures **VA** RCA/Columbia **Pd** Herb Jaffe **R+B** Alan Sharp **K** Alex Phillips jr. **M** Leo Kottke **S** Garth Craven **D** Margot Kidder (Margo), Ted Danson (Eugene Wilson), Burt Lancaster (Delbert Teschemacher), Joseph Hacker (Norman Kane), Malena Doria (Evangelia) **L** 94 **FSK** ab 16 **E** 17.3.1986 Video **fd** 25 580

DER STAUDAMM (LA MEILLEURE PART/GLI ANNI CHE NON RITORNADO). Der Bau einer Staumauer, der trotz vieler Gefahren in fieberhafter Eile vorangetrieben werden muß, da die zu erwartenden Herbststürme und einsetzender Frost den Weiterbau verhindern würden. Eine filmische Metapher für den Leistungswillen und die Leistungsgrenzen des Menschen, deren exzellente Fotografie das Treiben mit fast dokumentarischer Genauigkeit wiedergibt. Trotz einiger nur auf den Effekt hin inszenierter Elemente ein eindrucksvoller und ernsthafter Film. – Ab 16. ✦ Scope. Frankreich/Italien 1955 **P** Le Trident Silver Films/Noria Film **Kl** Progress **R** Yves Allégret **B** Jacques Sigurd, nach dem Roman »Der beste Teil« von Philippe Saint-Gil **K** Henri Alekan **M** Paul Misraki **D** Gérard Philipe (Ing. Perrin), Michèle Cordoue (Micheline), Gérard Oury (Ing. Bailly), Jean-Jacques Lécot (Ing. Pasquier), Michel François (Der Arzt) **L** 97 **E** 6.12.1957 Kino DDR/31.10.1958 DFF 1

STAUFFENBERG – VERSCHWÖRUNG GEGEN HITLER (THE PLOT TO KILL HITLER). Dokudrama um die Offiziersverschwörung gegen Hitler unter der Führung von Graf Claus von Stauffenberg, die am 20. Juli 1944 durch das fehlgeschlagene Attentat scheiterte. Der Film versucht, die konspirativen Hintergründe zu erhellen, und gibt Auskunft über die Pläne der Verschwörer, die eine kommissarische Regierung einsetzen und mit den West-Alliierten Frieden schließen wollten. ✦ USA 1990 **P** CBS **Pd** Alfred R. Kelman **R** Lawrence Schiller **B** Stephen Elkins **M** Laurence Rosenthal **D** Brad Davis (Claus von Stauffenberg), Helmut Griem (Feldmarschall Rommel), Michael Byrne (General Olbricht), Mike Gwilym (Adolf Hitler), Jonathan Hyde (Josepg Goebbels) **L** 88 **E** 17.1.1999 Kabel 1

STAVISKY (STAVISKY / BIARRITZ BONNHEUR). Alain Resnais nimmt die Gestalt eines Hochstaplers, der in den 30er Jahren in Frankreich Berühmtheit erlangte und bei seinem Sturz politische Erschütterungen auslöste, zum Anlaß für ein eher intuitives Zeitbild. In ausgefeilter, kühler Ästhetik wird der Todestraum einer Epoche gestaltet, die ihr eigenes Ende festlich inszeniert. Trotz spektakulärer Thematik ein anspruchsvolles Werk von komplexer Struktur und beherrschter Stilisierung. ✦ Frankreich/Italien 1974 **P** Cerito/Ariane/Euro International **SF** atlas **R** Alain Resnais **B** Jorge Semprun **K** Sacha Vierny **M** Stephen Sondheim **S** Albert Jurgenson **D** Jean-Paul Belmondo (Alexandre Stavisky), Charles Boyer (Baron Raoul), Anny Duperey (Arlette Stavisky), Michel Lonsdale (Docteur Mézy), Claude Rich (Bonny) **L** 120 **E** 12.1.1975 ARD **fd** 19 131

STAY AWAY, JOE (STAY AWAY, JOE). Ein junger leichtfertiger Navajo-Indianer versucht sich als Viehzüchter und Charmeur, wobei er sich den Unwillen einer resoluten Mutter zuzieht. Der 26. Elvis-Presley-Film, der mit dem Star als singendem Indianer selbst hartgesottene Fans strapaziert. (Alternativtitel: »Harte Fäuste, heiße Lieder«) – Ab 14. ✦ Scope. USA 1968 **P** MGM **Pd** Douglas Laurence **R** Peter Tewksbury **B** Michael A. Hoey, Burt Kennedy, nach einem Roman von Dan Cushman **K** Fred J. Koenekamp **M** Jack Marshall **S** George W. Brooks **D** Elvis Presley (Joe Lightcloud), Burgess Meredith (Charlie Lightcloud), Katy Jurado (Annie Lightcloud), Joan Blondell (Glenda Callahan), Thomas Gomez (Großvater), Susan Trustman (Mary Lightcloud), Quentin Dean (Mamie Callahan), Henry Jones (Hy Slager), L. Q. Jones (Bronc Hoverty), Anne Seymour (Mrs. Hawkins), Douglas Henderson (Morrissey), Angus Duncan (Lorne Hawkins) **L** 102 **E** 28.9.1989 S 3

STAY TUNED (STAY TUNED). Das Fernsehen als Vorhof zur Hölle: Ein fernsehsüchtiger Vertreter und seine mit ihm zerstrittene Frau finden sich plötzlich auf der anderen Seite der Mattscheibe wieder und müssen in ständig wechselnden tückischen Programmen als Hauptdarsteller wider Willen um ihr Überleben kämpfen. Satire auf das Fernsehen und seine Konsumenten, die bei aller Liebe für Details nur stellenweise Tempo und Witz entwickelt. (Titel auch: »Stay Tuned – Höllische Spiele«) – Ab 14. ✦ USA 1992 **P** Morgan Creek **Kl** Concorde **VA** Concorde **Pd** James G. Robinson **R** Peter Hyams **B** Tom S. Parker, Jim Jennewein **K** Peter Hyams **M** Bruce Broughton **S** Peter E. Berger **D** John Ritter (Roy), Pam Dawber (Helen), Jeffrey Jones (Spike), Eugene Levy (Crowley), David Tom (Darryl), Heather McComb (Diane Knable), Bob Dishy (Murray Seidenbaum) **L** 88 **FSK** ab 12; f **FBW** w **E** 29.4.1993/13.9.1993 Video/15.11.1994 premiere **fd** 30 199

STAYING ALIVE (STAYING ALIVE). Fortsetzung des Kassenknüllerers »Nur Samstag Nacht«. Der Diskothekentänzer Tony wird nach Umwegen zum Star einer Broadwayrevue. Selbst die Tanzeinlagen dieses Pseudo-Seelendramas sind erbärmlich schlecht. – Ab 16. ✦ USA 1982 **P** Paramount **Kl** UIP **Pd** Ro-bert Stigwood, Sylvester Stallone **R** Sylvester Stallone **B** Norman Wexler, Sylvester Stallone, nach Charakteren von Nik Cohn **K** Nick McLean **M** The Bee Gees, Frank Stallone, Johnny Mandel **S** Don Zimmerman, Mark Warner **D** John Travolta (Tony Manero), Cynthia Rhodes (Jackie), Finola Hughes (Laura), Steve Inwood (Jesse), Julie Bovasso (Tonys Mutter) **L** 96 **FSK** ab 12; f **FBW** bw **E** 14.10.1983 **fd** 24 243

STEALING HOME – EIN UNVERGESSLICHER SOMMER →Katie's Sehnsucht

STEALTH FIGHTER – RAKETEN AUF WASHINGTON (STEALTH FIGHTER). Ein US-Pilot entwendet einen Stealth-Bomber und führt ihn einem mittelamerikanischen Drogenbaron zu. Sein Ex-Kumpel, ebenfalls ein Flieger-As, soll das Flugzeug zurück holen und den Täter unschädlich machen. Trotz mahnender Stimmen lässt er sich auf das tödliche Abenteuer ein. Nichts Neues von der Actionfront, die hier mit einem Film voller Klischees und logischer Fehler aufwartet und nur auf die Zugkraft des Ex-Rappers Ice-T setzt. ✦ USA 1999 **P** CineTel **VA** Screen Power **R** Jim Wynorski **B** Lenny Juliano **K** J. E. Bash **S** Vanick Moradian **D** Ice-T (Owen Turner), Costas Mandylor (Ryan Mitchell), Erika Eleniak (Erin Mitchell), Mark Adair-Rios (Manuel Vega), Sarah Dampf (J. P. Mitchell) **L** 84 **FSK** ab 18 **E** 2.10.2000 Video

STEALTHHUNTERS (STEALTHHUNTERS). Nachdem die US-Armee unter die Kontrolle der Rüstungsindustrie geraten ist, wird eine völlig neue Wehrtechnologie eingeführt. Soldaten werden durch einen chirurgischen Eingriff zu Kampfmaschinen programmiert: schmerzunempfindlich und skrupellos. Losgelassen auf eine Gruppe ahnungsloser GIs, schießen sie sich bald gegenseitig nieder. Eine gewalttätige, dilettantische Mischung aus Kriegs- und Zombie-Film. – Wir raten ab. ✦ USA 1991 **P** Red Sky **VA** Highlight **Pd** Talaat Captan, Mark Trotter **R** Matthew Trotter **B** Tom Anthony, Matthew Trotter **K** Paul Williams **M** Anthony C. Canella **S** Ronald Schmidt **D** Bruce Walker, Rocky Patterson, Mary-Catherine Quintana, Vince Phillip **L** 90 **FSK** ab 18 **E** 13.10.1993 Video **fd** 30 728

STEAMBOAT BILL JR. →Buster Keaton – Steamboat Bill, jr.

STECHAPFEL (TATUL). Das Schicksal einer jungen Witwe, die wegen möglicher Erbschwierigkeiten zunehmend den Haß ihrer Schwiegermutter auf sich zieht, vor dem Hintergrund der Situation in einem bulgarischen Dorf in den 30er Jahren. Künstlerisch beachtliches Drama um tragische Konflikte, die aus der kompromißlosen Übernahme uralter Denkmodelle und Pflichtbegriffe entstehen. ✦ Schwarz-weiß. Bulgarien 1972 **P** Spielfilmstudio Sofia **Kl** Progress **R** Atanas Traikow **B** Slaw Karaslawow **K** Krum Krumow **M** Wassil Kasandshiew **D** Elena Stefanowa (Mariola), Meglena Karalambowa (Toschka), Iwan Nalbantow (Iwan), Anton Gortschew (Dimo), Georgi Georgiew-Gez (Gantschowski) **L** 93 **E** 16.11.1973 Kino DDR/8.11.1974 DFF 2

STECHFLIEGE (OWOD). Italien nach 1800: Der Sohn eines Bischofs erkennt die volksfeindlichen Machenschaften der Kirche, sagt sich von ihr los und kämpft auf der Seite der Unterdrückten gegen die Österreicher. Abenteuerliche Unterhaltung als Mittel für kompakte Angriffe gegen Religion und Kirche. – Ab 14. ✦ UdSSR 1955 **P** Lenfilm **Kl** Progress **R** Alexander Fainzimmer **B** Jewgeni Gabrilowitsch, nach dem Roman von Ethel Voynich **K** Andrej Moskwin **M** Dmitri Schostakowitsch **D** Oleg Strishenow (Arthur), Marina Strishenowa (Gemma), Nikolai Simonow (Montanelli), Wladimir Etusch (Martini), Sergej Swaschenko (Marcone) **L** 100 **E** 6.1.1956 Kino DDR/20.1.1956 DFF 1

STECK LIEBER MAL WAS EIN. Eine überzeugende Langzeit-Dokumentation über die Hoffnungen und Enttäuschungen eines Lehrlings von den letzten Schulmonaten bis zum dritten Lehrjahr. Die Berufswahl ist durch Eignungstests und fehlende Ausbildungsplätze eingeengt, und anstatt Elektriker zu werden, wie es sein Wunsch war, beginnt der Junge eine Lehre als Dreher bei den Ford-Werken in Köln. Am Ende seiner Ausbildung erwartet ihn die Erkenntnis, daß seine soeben erworbenen Fähigkeiten schon bald von Automaten übernommen werden können. ✦ BR Deutschland 1980 **P** Provobis **SF** Basis **R+B** Dietrich Schubert, Katharina Schubert **K** Karsten H. Müller, Frieder Wagner **S** Elisabeth Förster **L** 88 **E** 3.6.1980 ZDF

STECKBRIEF EINES UNERWÜNSCHTEN. Günter Wallraffs Methoden der Recherche sind ebenso ungewöhnlich wie spektakulär. Die entstandenen Publikationen erregten jedes Mal großes Aufsehen. In Unternehmerkreisen wurde er zum »Unerwünschten«, und es kursierte sogar ein Steckbrief, der vor ihm warnen sollte. Auf seinen Recherchen basiert dieser dreiteilige Fernsehfilm, der fürs DDR-Publikum die »Klassengesellschaft« der Bundesrepublik demaskieren sollte (1. »Fürstmönch Emmeramund sein Knecht W.«; 2. »Melitta-Report«; 3. »Mahlzeit, Herr Direktor«). ✦ Schwarz-weiß. DDR 1975 **P** DEFA **Pd** Erich Kühne **R** Joachim Kunert **B** Joachim Kunert, nach den Recherchen von Günter Wallraff **K** Horst Hardt **M** Wolfgang Thiel **S** Christa Helwig **D** Jürgen Reuter (Günter Wallraff), Horst Schulze (Pater Emmeram), Helga Göring (Melitta Feistkorn), Otto Mellies (Wollner), Carl-Hermann Risse (Herbert) **L** 105 **E** 16.11.1975 DFF 1 (drei Teile)

STECKBRIEF 7–73 (HE RAN ALL THE WAY). Ein flüchtiger Verbrecher tyrannisiert eine rechtschaffene Arbeiterfamilie, in deren Wohnung er sich versteckt hält. Psychologisierender Kriminalfilm, der mit atmosphärischer Dichte und der hervorragenden Leistung John Garfields in seiner letzten Filmrolle zu packen weiß. – Ab 16. ✦ Schwarz-weiß. USA 1951 **P** United Artists **Kl** Constantin **Pd** Bob Roberts **R** John Berry **B** Guy Endore, Hugo Butler, nach einem Roman von Sam Ross **K** James Wong Howe **M** Franz Waxman **S** Francis D. Lyon **D** John Garfield (Nick Robey), Shelley Winters (Peg Dobbs), Wallace Ford (Mr. Dobbs), Selena Royle (Mrs. Dobbs), Norman Lloyd (Al Molin) **L** 75 **FSK** ab 16; nf **E** 26.2.1952 **fd** 1605

STEEL ARENA – DER STÄHLERNE TOD (STEEL ARENA). Die Texas-Tournee einer Stunt-Truppe als Rahmenhandlung für einige unverbindliche Liebes- und Rivalitätskonflikte. Banaler Actionfilm, dessen Hauptanliegen die Produktion von Schrott ist. ✦ USA 1972 **P** Mark Lester/Peter S. Traynor Prod. **VA** Lightning **Pd** Mark L. Lester, Peter S. Traynor **R+B** Mark L. Lester **K** John A. Morrill **M** Don Tweedy **S** David Peoples **D** Dusty Russell, Gene Drew, Buddy Love, Bruce Mackey (Crash Chambers), Laura Brooks (Jo-Ann) **L** 99 **FSK** ab 16 **E** 27.10.1986 Video

STEEL DAWN – DIE FÄHRTE DES SIEGERS (STEEL DAWN). Ein Fremder ohne Namen verdingt sich auf einer Farm, die von einer jungen Witwe mit einem kleinen Sohn und dem Vorarbeiter geführt wird, und steht ihr im Kampf gegen Banditen bei. Die typische Westerngeschichte wird visuell verfremdet durch Übertragung in eine Fantasy-Welt und Kostüme und Dekors zwischen antik-historischen und futuristischen Elementen. Der Unterhaltungswert bleibt dabei nur durchschnittlich. ✦ USA 1987 **P** Vestron **Kl** Vestron/Apollo **VA** Gloria **Pd** Lance Hool, Conrad Hool **R** Lance Hool **B** Bony Lefler **K** George Turl **M** Brian May **S** Mark Conte **D** Patrick Swayze (Nomad), Lisa Niemi (Kasha), Christopher Neame (Sho), Anthony Zerbe (Damnil), Brion James (Tark) **L** 97 **FSK** ab 16; f **E** 14.4.1988/September 1988 Video **fd** 26 832

STEEL FORCE (LEGION OF IRON). Ein unschuldiges Liebespaar wird in das unter dem Wüstensand liegende Reich der Oberhure Diana verschlagen und sieht sich einer Folge von Vergewaltigungen, Duellen und perversen Demütigungen ausgesetzt. Schließlich gelingen die Flucht vor dem Terror und die Vernichtung der Despotin. Ein menschenverachtendes Machwerk, das an spekulativer Schmierigkeit seinesgleichen sucht. Ohne einen Anflug von Ironie setzt die dilettantische Regie ein schwachsinniges Drehbuch um. – Wir raten ab. ✦ USA 1989 **P** Epic/Fortune Entertainment **VA** VCL/Carolco **Pd** Yakov Bentsvi, Edward Hunt, Rueben Gordon **R** Yakov Bentsvi **B** Rueben Gordon, Steven Schoenberg, Edward Hunt **K** Luis Santiago **M** Greg Turner **S** Rick Mitchell **D** Kevin T. Walsh (Bill Hamilton), Erica Nann (Diana), Camille Carrigan (Allison), Reggie DeMorton (Lyle Wagner), Nelson Anderson (Lopez) **L** 80 **FSK** ab 18 **E** 25.3.1991 Video **fd** 28 942

STEEL FRONTIER (STEEL FRONTIER). Einige Jahre nach dem großen atomaren Knall gründen die Überlebenden neue Städte, um dem Kampf aller gegen alle zu entgehen, andere aber bilden neue Armeen. Ein Einzelgänger gerät zwischen brave Bürger und professionelle Totschläger und sorgt in post-apokalyptischer Wüstenlandschaft für Gerechtigkeit. Der wiederholte Aufguß der »Mad Max«-Thematik, der ebenso gedankenlos wie langweilig in die bekannte Tötungsmaschinerie mündet. ✦ USA 1995 **P** PM Entertainment **VA** Ascot **Pd** Joseph Merhi, Richard Pepin **R** Paul G. Volk, Jacobsen Hart **B** Jacobsen Hart **K** Richard Pepin **M** John Gonzalez **S** Chris Warland **D** Joe Lara (Yuma), Bo Svenson (Roy Achett), Stacie Foster (Sarah), Brion James (General J. W. Quantrell), James Victor (Julius), Brian Huckeba (Chickenboy) **L** 99 **FSK** ab 18 **E** 20.6.1995 Video **fd** 31 460

STEEL MAN (STEEL MAN). Um zu verhindern, daß mit neuester Waffentechnologie weitere Banküberfälle durchgeführt werden, greift ein ehemaliger Spezialist der US-Armee, der nach einem Unfall seinen Dienst quittierte, zur Selbsthilfe. Mit Hilfe einer gelähmten Waffenkonstrukteurin schmiedet er sich einen schußsicheren Stahlpanzer und eine hammerförmige Multifunktionswaffe, um fortan für das Gute zu streiten. Routiniert inszenierte Actionkomödie nach einem US-Comic, deren naive Story sich anfangs etwas ideenlos und bemüht witzig entwickelt, die dann jedoch einen geschmackneutralen und moralisch korrekten Unterhaltungswert erreicht. Im Mittelpunkt des Films, der ein breites Publikum anvisiert, steht eine Riege schwarzer Darsteller. – Ab 16. ✦ USA 1997 **P** David Salzman Enterprises/Warner Bros. **VA** Warner Home **Pd** Quincy Jones, David Salzman, Joel Simon **R** Kenneth Johnson **B** Kenneth Johnson, nach Charakteren der DC-Comics und der »Steel«-Figur von Louise Simson und Jon Bogdanove **K** Mark Irwin **M** Mervyn Warren **S** John F. Link **D** Shaquille O'Neal (John Henry Irons), Annabeth Gish (Sparky), Richard Roundtree (Onkel Joe), Irma P. Hall (Großmutter Odessa), Judd Nelson (Nathaniel Burke), Ray J. (Martin) **L** 93 **FSK** ab 16 **E** 20.2.1998 Video **fd** 33 080

STEEL SHARKS →Steel Sharks – Überleben ist ihr Ziel

STEEL SHARKS – ÜBERLEBEN IST IHR ZIEL (STEEL SHARKS). Ein US-Sonderkommando, das im Iran einen amerikanischen Wissenschaftler befreien soll, gerät selbst in Gefangenschaft. Die Soldaten können sich jedoch befreien, die Besatzung des U-Boots, das als Gefängnis dient, dezimieren und das U-Boot in Schutt und Asche legen. Dürftiger Actionfilm mit holzschnittartigen Charakteren, markigen Dialogen und lachhaften Spezialeffekten. Für zusätzliche Erheiterung sorgt die Synchronisation, die den »Feinden« pseudo-russische und -arabische Akzente in den Mund legt. ✦ USA 1997 **P** Royal Oaks **VA** Warner Home **Pd** Ashok Amritraj, Andrew Stevens **R** Rodney McDonald **B** William C. Martell, Rodney McDonald **K** Bryan Greenberg **M** David Lawrence **S** W. Peter Miller **D** Gary Busey (McKay), Billy Dee Williams (Perry), Billy Warlock (Rogers), Shaun Toub (Reza Lashgar), Robert Miranda (Gregorov) **L** 90 **FSK** ab 16 **E** 10.10.1997 Video **fd** 32 861

STEEL TRAIN (STEEL TRAIN/EVASIVE ACTION). Eine Gruppe Schwerverbrecher, die in ein Hochsicherheitsgefängnis verlegt werden soll, kapert einen Zug. Ungewollt mit von der Partie ist ein Mann, der den Mörder seiner Frau tötete, und nach 15 Jahren nur noch neun Monate absitzen muss. Mit Hilfe der Speisewagen-Bedienung stellt er sich ihnen entgegen und wird zum Retter der anderen Insassen. Actionfilm, der es nicht versteht, Spannung zwischen den Personen aufzubauen und der nichts anderes leisten will, als rasante Unterhaltung zu bieten. – Ab 16. ✦ USA 1997 **P** Royal Oaks Entertainment/Cabin Fever Entertainment **VA** Highlight/Arcade **DVD** Arcade Video (FF, DD5.1 dt.) **Pd** Ashok Amritraj, Andrew Stevens **R** Jerry P. Jacobs **B** Sean McGinley, Tripp Reed, Brian Rudnick **K** Ken Blakey **M** Jay Bolton **S** Lewis Schoenbrun **D** Roy Scheider (Enzo), Ray Wise (Sheriff Blaidek), Dorian Harewood (Luke Sinclair), Delane Matthews (Zoe), Ed O'Ross (Gefängnisdirektor) **L** 91 **FSK** ab 16 **E** 27.10.1998 Video/12.4.1999 DVD **fd** 33 669

STEEL WILL (RISE & WALK: THE DENNIS BYRD STORY). Nach einem Sportunfall bleibt ein Footballstar vom Hals an abwärts gelähmt. Von den besten Chirurgen des Landes operiert, durchläuft er in den folgenden Monaten ein Rehabilitationsprogramm, das ihn nur mit größter Willensanstrengung wieder bewegungsfähig macht. Eine gelungene Mischung aus Sportfilm und Drama mit einer sympathischen Hauptfigur im Mittelpunkt. (Fernsehtitel: »Steel Will: Mit eisernem Willen«) – Sehenswert ab 10. ✦ USA 1994 **P** Fox West **VA** Fox **Pd** Paul Kurta **R** Michael Dinner **B** John Miglis **K** Timothy Suhrstedt **M** W. G. Snuffy Walden **S** James Austin Stewart **D** Peter Berg (Dennis Byrd), Kathryn Morris (Angela), Wolfgang Bodison (Jeff), Dan Lauria (Coach), Johann Carlo (Joanne) **L** 87 **FSK** ab 6 **E** 15.12.1994 Video/11.12.1995 premiere **fd** 31 140

STEEL WILL: MIT EISERNEM WILLEN →Steel Will

STEELYARD BLUES (STEELYARD BLUES / THE FINAL CRASH). Fünf ausgeflippte Gelegenheitsgauner machen mit gestohlenem Geld und Material ein Flugzeugwrack flott, um damit den Zwängen der Leistungsgesellschaft zu entfliehen. Phantasievolle Komödie für Freunde skurril-subversiven Humors. (Alternativtitel: »Ganoven auf Abwegen«; TV-Titel auch: »Schrottplatz-Blues«) ✦ USA 1972 **P** Warner Bros. **Kl** AG Kino **VA** Warner Home **Pd** Tony Bill, Michael Phillips, Julia Phillips **R** Alan Myerson **B** David S. Ward **K** Laszlo Kovacs, Stevan Larner **M** Nick Gravenites, Paul Butterfield, David Shire **S** Donn Cambern, Robert Grovenor **D** Jane Fonda (Iris Caine), Donald Sutherland (Jesse Veldini), Peter Boyle (Eagle Throneberry), Howard Hesseman (Frank Veldini), John Savage (The Kid) **L** 92 (Video 89) **FSK** ab 18; nf (Video 12) **E** 1977 Kino/21.7.1990 DFF 1 **fd** 20 356

STEEP AND DEEP – MOMENTE DES WAHNSINNS (STEEP AND DEEP). Aneinanderreihung waghalsiger Ski-Stunts, aufgenommen in den Wintersport-Paradiesen von vier Kontinenten. Mit aufdringlicher Musik und geschwätzigem Dialog unterlegt, der seinen Humor hauptsächlich aus Anzüglichkeiten bezieht, dienen Zeitraffer- und Zeitlupenaufnahmen als optische Kalauer in einem Spektakel, das an Video-Clips erinnert. – Ab 12. ✦ USA 1985/86 **P** Warren Miller Enterprises **Kl** Impuls **SF** SAZ Verlag **Pd+R+B** Warren Miller **K** Don Brolin **M** Richard Koz Kosinski, David Kitay, Eric T. and the Skis **L** 87 **FSK** o. A.; f **E** 18.12. 1986 **fd** 26 034

STEFANIE. Eine frühreife 16jährige verliebt sich stürmisch in einen erfahrenen »Mann von Welt« aus Südamerika. Obdwohl von ihrer überwältigenden Natürlichkeit angezogen, widersteht er – zumindest vorerst der Versuchung. Unterhaltsame, romantische Liebeskomödie nach dem Muster von Großmutters Backfischromanen, die Sabine Sinjen in einer dankbaren Rolle zu frühem Starruhm brachte. – Ab 16. ✦ Schwarz-weiß. BR Deutschland 1958 **P** Ufa **Kl** Ufa **Pd** Heinrich Jonen **R** Josef von Baky **B** Emil Burri, Johannes Mario Simmel, nach dem gleichnamigen Roman von Gitta von Cetto **K** Günther Anders **M** Georg Haentzschel **S** Carl-Otto Bartning **D** Carlos Thompson (Pablo Guala), Sabine Sinjen (Stefanie Gonthar), Rainer Penkert (Hannes Gonthar), Peter Vogel (Andreas Gonthar), Mady Rahl (Sonja), Elisabeth Flickenschildt (Frau Hantke), Lore Hartling (Blanca Guala) **L** 101 **FSK** ab 16; f **E** 23.10.1958 **fd** 7 447

STEFANIE IN RIO. Aufwendige Fortsetzung der erfolgreichen Liebeskomödie »Stefanie«: Die deutsche Braut und die brasilianische Geliebte kämpfen mit voraussehbarem Ergebnis um den leichtlebigen Bräutigam. ✦ BR Deutschland 1960 **P** Universum **Kl** UFH **Pd** Heinrich Jonen **R** Curtis Bernhardt (= Kurt Bernhardt) **B** Emil Burri, Gitta von Cetto **K** Klaus von Rautenfeld **M** Norbert Schultze **S** Carl-Otto Bartning, Gertrud Dreyer **D** Carlos Thompson (Pablo Guala), Sabine Sinjen (Stefanie Gonthar), Andréa Parisy (Isabella Sampaio), Françoise Rosay (Mutter Guala), Peter Vogel (Andreas Gonthar), Rainer Penkert (Hannes Gonthar), Geronimo Meynier (Diego), Carl Wery (Pfarrer) **L** 89 **FSK** ab 16; nf **E** 20.9.1960 **fd** 9 503

STEFFI (STEFFI). Liebesdrama zwischen einem Drehbuchautor und seiner Wohnungsnachbarin, einer in der Modebranche tätigen Argentinierin. Auf Grund ihrer Eifersucht gibt er all seine Affären auf, dennoch kann er ihr Vertrauen nur schwer gewinnen. – Ab 16. ✦ Frankreich 1988 **R+B** Joël Séria **K** Alain Derobe **D** Jeanne Goupil (Steffi), Patrick Bouchitey (Christophe) **L** 89 **E** 18.11.1995 ORB

STEHAUFMÄDCHEN. Die konventionellen und unkonventionellen Spiele und Spielchen verschiedener, auf Typen reduzierter Figuren. Ohne durchgängige Handlung präsentiert sich eine insgesamt recht alberne Aneinanderreihung teils lustiger, teils geschmackloser Gags, in denen immerhin die Kameraarbeit bemerkenswert ist. Ein typisches Produkt der späten 60er Jahre. ✦ BR Deutschland 1969 **P** Artemis **Kl** United Artists **R** Willy Bogner **B** Ilsebill Wagner **K** Willy Bogner **M** Krokodil **S** Willy Bogner **D** Iris

Berben, Jochen Richter, Janos Gönczöl, Mogens von Gadow **L** 91 **FSK** ab 18; nf **E** 6.5.1970 **fd** 16 774

STEHAUFMÄNNCHEN → Stehaufmädchen

STEHEN BLEIBEN, ODER ICH SCHIESSE! (HEKUS LETTEM). Episoden aus der schweren Arbeit der Kriminalpolizei in Budapest nach dem Ende des Zweiten Weltkriegs. Der Kampf gegen Diebesbanden und den Schwarzmarkt, gegen Schieber, Falschmünzer und Mörder. Spannende Unterhaltung vor dem sorgsam entworfenen Zeitbild der Nachkriegsjahre. – Sehenswert ab 16. ✦ Schwarz-weiß. Ungarn 1972 **P** Mafilm **KI** Progress **R** Tamás Fejér **B** Péter Zimre, nach Originaldokumenten und Novellen von Andor Fóti **K** István Mezey **M** János Gyulai-Gaál **D** Gábor Harsányi (Sipos), Gábor Koncz (Czöndör), Gyula Szersén (Bullen-Dönyi), Angéla Császár (Anna), Ferenc Kállai (Polizeikommandeur) **L** 97 **E** 6.4.1973 Kino DDR/30.4.1974 DFF 1

STEHLT MIR MEIN BABY NICHT → Hände weg von meinem Kind!

STEHPLATZ IM BETT (STANDING ROOM ONLY). Die Angestellte einer Spielzeugfabrik, die ihren Chef liebt, gibt sich als Sekretärin aus. Sie bekommt die Stelle in seinem Büro, ohne überhaupt stenografieren zu können. Bis sie sich gegen eine eifersüchtige Verlobte, einen Konkurrenten aus der Rüstungsindustrie und den Chef ihres Chefs durchsetzen kann, gibt es zahlreiche Verwicklungen. Romantische Komödie mit viel Situationswitz, der sich vor allem aus der damaligen Zimmer- und Dienstbotenknappheit während des Zweiten Weltkrieges in Washington ergibt und heute nicht mehr so ganz zündet. – Ab 16. ✦ Schwarz-weiß. USA 1944 **P** Paramount **Pd** Paul Jones **R** Sidney Lanfield **B** Darrell Ware, Karl Tunberg **K** Charles B. Lang **M** Robert Emmett Dolan **S** William Shea **D** Paulette Goddard (Jane Rogers), Fred MacMurray (Les Stevens), Edward Arnold (T. J. Todd), Roland Young (Ira Cromwell), Hillary Brooke (Alice Todd), Porter Hall (Hugo Farenhall), Clarence Kolb (Glen Ritchie) **L** 83 **E** 28.11.1985 West 3

STEIFER HUT UND KARTOFFELNASE (KEMENYKALAP ES KRUMPLIORR). Kinder werden Zeugen eines Tierdiebstahls und verfolgen den Dieb. – Ab 6. ✦ Ungarn 1978 **P** Hunnia **KI** Progress **R** István Bácskai Lauró **B** István Csukás **K** Mihály Ráday **M** György Aldobólyi Nagy **D** Krisztián Kovács (Kisrece), Gábor Berkes (Süle), Pál Hamar (Karcsi), István Gruber (Marci), Gábor Szücs (Jóska) **L** 98 **E** 11.7.1980 Kino DDR/2.1.1982 DFF 1

STEIG AUS BEI 43000 (BAILOUT AT 43000). Erfahrungen und psychologische Konflikte amerikanischer Testpiloten, die neue Schleudersitze in Düsenbombern erproben. Mittelmäßiger, aber verhältnismäßig sachlich inszenierter Actionfilm mit patriotischem Tenor. – Ab 14. ✦ Schwarz-weiß. USA 1957 **P** United Artists **KI** United Artists **Pd** William C. Thomas, Howard Pine **R** Francis D. Lyon **B** Paul Monash **K** Lionel Lindon **M** Albert Glasser **S** George Gittens **D** John Payne (Major Paul Peterson), Karen Steele (Carol Peterson), Paul Kelly (Colonel Hughes), Richard Eyer (Kit Peterson), Constance Ford (Frances Nolan), Eddie Firestone (Capt. Mike Cavallero), Adam Kennedy (Leutnant Simmons), Richard Crane (Captain Nolan) **L** 79 **FSK** ab 12; f **E** 30.10.1957 **fd** 6 408

STEIG AUS DEINEM LUFTBALLON (STEIG AUS DEINEM LUFTBALLON). Ein geschiedener Werbetexter mit Sohn gerät auf der Suche nach einer Ersatzmutter an eine erfolgreiche Bühnenbildnerin, findet sich aber bald in der ungeliebten Rolle eines »Hausmannes« wieder. Uneinheitlich inszenierte, nur mäßig unterhaltsame Komödie, die tiefergehende Realitätsbezüge und Problemstellungen vermissen läßt und sich mit Illustrierten-Klischees von neuen Männer- und Frauenrollen zufriedengibt. – Ab 14 möglich. ✦ Österreich 1985 **P** Cinemercury **R** J. A. Liebenberg **B** J. A. Liebenberg, Peter Orthofer, Renate Basten, Tommi Piper, Sepp Tatzel **K** Jirí Stibr **M** Gerhard Heinz, Wilfried Scheutz, Tommi Piper, Stephen Ferguson, Fritz Novotny **D** Tommi Piper, Kathina Kaiser, Joachim Kemmer, David Cameron, Faris Rahoma **L** 102 **E** 18.11.1988 BR

STEIG EIN, WENN DU WILLST (UDJE AKO HOCES). Ein junger Mechaniker ist auf Grund enttäuschender Erlebnisse zu einem trotzigen Außenseiter geworden. Durch das Vertrauen, das ein älterer Arbeiter ihm entgegenbringt, und durch die Liebe zu einem Mädchen findet er den Weg zurück in die Gemeinschaft. Ein psychologisch einfühlsam entwickelter Film, in dem Form und Inhalt eine überzeugende Einheit eingehen. – Ab 14. ✦ Schwarz-weiß. Jugoslawien 1968 **P** Studio-Film **KI** Progress **R** Radenko Ostojic **B** Mesa Selimovic **K** Miroljub Dikosavljevic **M** Djordje Novkovic **D** Stanko Martinovic, Goranka Miric, Meho Bajraktarevic, Milovan Alac, Goran Rakocevic **L** 96 **E** 6.6.1969 Kino DDR

STEIG WIE EIN VOGEL AUF ... (SHI LIU HUA). Eine junge Chinesin liebt einen blinden Mann. Aus ihren Erzählungen entsteht seine Vorstellung von den Dingen. Er wiederum kann seine Empfindungen am besten durch Musik ausdrücken. Eine bevorstehende Augenoperation wird das Leben der beiden verändern. Sie läßt neue Hoffnung, aber auch neue Zukunftsängste keimen. ✦ VR China 1980 **P** Filmstudio Shanghai **R** Tang Hua Da, Wang Xiu Wen **B** Gao Xing **K** Peng En Li **M** Liu Yanxi **D** Gong Xue, Dai Zhao An, Liu Tie Lei, Wu Zhong, Gao Cui **L** 90 **E** 1.10.1985 DFF 2

EIN STEILER ZAHN (HA LLEGADO UN ANGEL). Ein Kindergesangsstar bekehrt durch strahlenden Optimismus seine Umwelt, besonders die morsche Familie eines Madrider Onkels. Spanischer Gemütsfilm, harmlos und einfältig. – Ab 12. ✦ Spanien 1961 **P** Guion/Benito Perojo/Suevia **KI** MGM **Pd** Benito Perojo, Manuel J. Goyanes, Cesáreo González **R** Luis Lucia **B** José Luis Colina, Alphonso Paso **K** Antonio L. Ballesteros **M** Augusto Alguero **S** José Antonio Rojo **D** Isabel Garcés (Herminia), José Marco Davo (Dan Ramon), Ana Maria Custodio (Dona Leonor), Cesareo Quezadas (Peque), Marisol (Marisol), Carlos Larranaga (Javier), Angeles Macua (Churri), Francisco Vázquez (Jorge), Pilarin Sanclemente (Pili) **L** 95 **FSK** ab 6; nf **E** 25.10.1962 **fd** 11 631

STEIN. Ein ehemaliger Starschauspieler in der DDR, der 1968 aus Protest gegen den Einmarsch in die Tschechoslowakei der Bühne den Rücken kehrte, lebt in einem Zustand zunehmenden physischen und psychischen Verfalls. Seine Villa in Wilhelmsruh wird zu einem vorübergehenden Heim für alle Außenseiter und Ausgestoßenen des Regimes. Ein zähes Stück Vergangenheitsbewältigung, geprägt von Schmerz und Wut, mitunter larmoyant und aufdringlich. Allenfalls als Dokument einer aufgewühlten Gefühlslage interessant, künstlerisch jedoch nicht angemessen verarbeitet. – Ab 16 möglich. ✦ Deutschland 1991 **P** DEFA, Gruppe »Roter Kreis«/Tellux **KI** Progress **Pd** Herbert Ehler **R** Egon Günther **B** Helga Schütz, Egon Günther **K** Erich Gusko **M** Johannes Brahms, Henry Purcell, Karl-Ernst Sasse **S** Monika Schindler **D** Rolf Ludwig (Stein), Franziska Herold (Sara), Evelyne Dahm (Laura), Johanna Möhring (Josi), Änne Ferse (Mephisto) **L** 108 **FSK** ab 16; f **FBW** bw **E** 19.9.1991 **fd** 29 138

DER STEIN DES ANSTOSSES (NOVINAR). Ein jugoslawischer Journalist, der in einer Werkzeugfabrik seines Landes Korruption und Anarchie aufspürt und darüber kompromißlos berichtet, wird sowohl von seiner Redaktionsleitung, die diesen kritischen Artikel nicht verantworten will, als auch von dem betroffenen Betrieb gemaßregelt und verklagt. Ein interessanter, streitbarer, aber vor allem ehrlicher und nachdenkenswerter Film zu politisch-moralischen Fragen der Mitverantwortung eines Journalisten in der (sozialistischen) Gesellschaft. ✦ Scope. Jugoslawien 1979 **P** Jadran/Croatia-Film **KI** Progress **R+B** Fadil Hadzic **K** Tomislav Pinter **M** Alfi Kabiljo **D** Rade Serbedzija (Vlado Kovac), Tonko Lonza, Damir Saban, Fabijan Sovagovic, Stevo Zigon **L** 113 **E** 8.8.1980 Kino DDR

DER STEIN DES TODES. Die Machenschaften der Drogenhändler auf Sri Lanka werden durch den Rachefeldzug eines Mannes, dessen Geliebte Opfer der Dealer wurde, aufgedeckt und in Selbstjustiz mit dem Tode bestraft. Eine Ansammlung von Klischees; das Drogenproblem dient vor allem als Hintergrund für brutale Actionszenen. – Ab 16 möglich. ✦ BR Deutschland 1986 **P** Neue Reginafilm/CCC Filmkunst/BR/Taprobane **KI** Ring-Film/M.M.Film **VA** Starlight **Pd** Theo Maria Werner, Chandran Rutnam, Artur Brauner **R** Franz Josef Gottlieb **B** Heinz Werner John, Werner Hauff **K** Klaus Werner **M** Luigi Ceccarelli **S** Renate Engelmann **D** Heather Thomas (Meryll Davis), Albert Fortell (Kumar Cunningham), Siegfried Rauch (Hemingway), Elke Sommer (Kris Patterson), Birte Berg (Jane Lindström), Christian Anders **L** 97 **FSK** ab 16; f **E** 2.7.1987/Dezember 1987 Video **fd** 26 240

STEINER – DAS EISERNE KREUZ (CROSS OF IRON). Die Feindschaft zwischen dem illusionslosen Feldwebel Steiner und einem fanatischen, ordenssüchtigen Hauptmann in einem Abschnitt der zurückgehenden deutschen Ostfront von 1943 steht auch für die Auseinandersetzung zweier unterschiedlicher Grundauffassungen vom Sinn des Krieges. Aufwendiger, aber psychologisch mangelhaft durchgezeichneter Kriegsfilm, dessen streckenweise faszinierende Bild- und Spannungskraft den Krieg trotz kritischer Absichten eher als charakterforderndes Abenteuer erscheinen läßt. Einer der größten Kassenerfolge des deutschen Kinos der siebziger Jahre. ✦ BR Deutschland/Großbritannien 1976 **P** Rapid/Terra/Anglo Emi **KI** Constantin **DVD** Kinowelt Home (FF, Mono dt.) **Pd** Wolf C. Hartwig **R** Sam Peckinpah **B** Julius J. Epstein, Herbert Asmodi, nach dem Roman »Das geduldige Fleisch« von Willi Heinrich **K** John Coquillon **M** Ernest Gold **S** Michael Ellis, Tony Lawson, Herbert Taschner **D** James Coburn (Steiner), Maximilian Schell (Stransky), James Mason (Brandt), Senta Berger (Eva), Klaus Löwitsch (Krüger), David Warner (Kiesel), Vadim Glowna (Kern), Dieter Schidor (Anselm), Burkhard Driest (Maag) **L** 132 **FSK** ab 16; f **E** 28.1.1977/25.9.1999 DVD **fd** 20 147

STEINER – DAS EISERNE KREUZ II. Weitere Abenteuer des Feldwebels Steiner an Ost- und Westfront im Sommer 1944 und sein Einsatz für einen gegen Hitler gerichteten General. Starbesetzter Action-Kriegsfilm von unglaubwürdiger Abenteuerlichkeit. Ohne jeden Wert für eine Auseinandersetzung mit Zweitem Weltkrieg und Nationalsozialismus. ✦ Scope. BR Deutschland 1978 **P** Palladium/Rapid **KI** Neue Constantin **DVD** Kinowelt Home (FF P&S, Mono dt.) **Pd** Wolf C. Hartwig **R** Andrew V. McLaglen **B** Peter Berneis, Dagobert Lindlau, Tony Williamson **K** Tony Imi **M** Peter Thomas **S** Raymond Poulton, Herta Taschner, Helga Borsche **D** Richard Burton (Feldwebel Steiner), Rod Steiger (Colonel Webster), Helmut Griem (Hauptmann Stransky), Klaus Löwitsch (Unteroffizier Krüger), Curd Jürgens (General Hoffmann), Robert Mitchum (Major Rogers), Michael Parks (Sgt. Anderson), Horst Janson (Leutnant Berger) **L** 111 **FSK** ab 16; f **E** 1.3.1979/30.9.1999 DVD **fd** 21 139

DIE STEINERNE BLUME (KAMENNY ZWETOK). Die sagenumwobene Königin der Berge verrät einem ehrgeizigen Steinmetz das Geheimnis der »steinernen Blume«, die seiner Kunst Perfektion verleiht, wenn er für immer bei ihr in den Bergen bleibt. Die unbeirrbare Liebe zu seiner Braut bricht den Zauberbann, und er darf mit der Blume zu ihr zurückkehren. Ein Märchen aus dem Ural, dessen unterschwellig »sozialistische« Moral (der Mensch lebt für die Arbeit) durch die stimmungs- und phantasievolle Filmgestaltung aufgewogen wird. ✦ UdSSR 1946 **P** Mosfilm **KI** Sovexport **VA** IMV **R** Alexander Ptuschko **B** P. Bashow, J. Keller **K** Fjodor Proworow **M** Leonid Schwarz **D** Wladimir Drushnikow (Meister Danilo), Tamara Makarowa (Herrin des Kupferbergs), Michail Trojanowski (Prokopytsch), Elena Derewschtchikowa

(Katja), A. Kelberer (Großvater Slyschko) **L** 89 **FSK** ab 6 (Video) **E** 8.4.1947/18.11.1970 ARD/7.12.1973 DFF 1 **fd** 70

DER STEINERNE FLUSS. Zwei Schulkinder entdecken auf einem Streifzug durch ein abgelegenes dichtes Waldstück im Bauabschnitt einer Autostraße die romantische Behausung eines ehemaligen Zauberkünstlers und engagieren sich gegen seine Umsiedlung in einen Wohnsilo. Eine Geschichte zum Thema Umweltschutz, die sich mitfühlend menschlichen Konflikten zuwendet, ohne sich auf sachliche Fragen einzulassen. – Ab 10 möglich. ✦ BR Deutschland 1982 **P** Regina Ziegler/SFB **Kl** Nickelodeon **Pd** Regina Ziegler **R+B** Thorsten Näter **K** Jacques Steyn **M** Günther Fischer **S** Thorsten Näter **D** Cora Näter (Anna), Mark Näter (Mario), Peter Roggisch (Rudi), Gunter Berger (Annas Vater), Monika Ogorek (Annas Mutter), Sabine Lorenz (Marios Mutter), Peter Schlesinger (Bäcker) **L** 91 **FSK** ab 6; f **FBW** w **E** 1983 Kino **fd** 24 066

DER STEINERNE GARTEN (GARDENS OF STONE). Das Psychogramm mehrerer daheimgebliebener amerikanischer Soldaten, in deren zerrissener innerer Erlebniswelt sich die politischen und moralischen Widersprüche des Vietnam-Krieges spiegeln. Trotz überflüssiger melodramatischer Akzente eine formal beherrschte und inhaltlich vielschichtige Auseinandersetzung mit dem Problem des Militarismus, ohne dessen Vertreter menschlich zu denunzieren. – Ab 16. ✦ USA 1986 **P** TriStar **Kl** Columbia **VA** CBS/Fox **Pd** Michael I. Levy, Francis Ford Coppola **R** Francis Ford Coppola **B** Ronald Bass, nach einem Roman von Nicholas Proffitt **K** Jordan Cronenweth **M** Carmine Coppola **S** Barry Malkin **D** James Caan (Clell Hazard), Anjelica Huston (Samantha Davis), James Earl Jones (»Goody« Nelson), D. B. Sweeney (Jackie Willow), Dean Stockwell (Homer Thomas) **L** 112 **FSK** ab 12; f **FBW** w **E** 12.11.1987/Juli 1988 Video **fd** 26 516

DIE STEINERNE GÖTTIN →Das Geheimnis des Hohen Falken

STEINERNE HORIZONTE (HORIZONTES DE PIEDRA). Die schwermütige Liebesgeschichte eines armen Indios in den Bergen Argentiniens, die durch einen Mutter-Sohn-Konflikt behindert wird. Ein unbeholfen in Szene gesetzter Film mit viel Leerlauf. – Ab 14. ✦ Schwarz-weiß. Argentinien 1952 **P** Ceibo **Kl** Progress **R** Roman Viñoly Barreto **B** Eliseo Montaine, nach dem Roman »Cerro Bayo » von Atahualpa Yupanqui **M** Atahualpa Yupanqui **D** Julia Sandoval (Senda), Mario Lozano (Ismaco), Atahualpa Yupanqui (Mamani), Milagros de la Vega (Mutter), Enrique Fava (Zuniga) **L** 84 **E** 2.8.1957 Kino DDR/22.11.1957 DFF 1

STEINERNE JAHRE (PETRINA CHRONIA). Unter dem Obristen-Regime werden ein Mann und eine Frau wegen ihrer Tätigkeit für die Kommunisten verfolgt. Zwischen 1954 und 1974 können sie nur wenige Stunden miteinander verbringen, da sie meist getrennt im Untergrund oder im Gefängnis sind, wo auch ihr Kind aufwächst. Eine »Griechische Passion«, die ruhig und bewegend von den Leiden der Menschen berichtet und das Unzerstörbare in ihnen beschwört. Der lyrische und emotionalisierende Film beschreibt die faktische Kraft des Menschlichen und spiegelt in eindrucksvollen Großaufnahmen Hoffnung und Stärke in den Gesichtern der Menschen. Er weist über konkrete historische Ereignisse hinaus und ergreift Partei für alle, die wegen ihrer Überzeugung unterdrückt werden. – Sehenswert ab 16. ✦ Griechenland 1985 **P** Griechisches Filmzentrum/ERT 1/Pantelis Voulgaris Prod. **Pd** Nikos Doukas **R+B** Pantelis Voulgaris **K** Giorgos Arvanitis **M** Stamatis Spanoudakis **S** Andreas Andreadakis **D** Themis Bazaka (Eleni), Dimitris Katalifos (Babis), Irene Iglesi (Cleo), Nikos Birbilis (Gefängnisdirektor), Ilias Katevas (Michalis), Thanos Grammenos (Häftling) **L** 142 (TV 131) **E** 1.7.1987 DFF 1/3.12.1989 West 3

DER STEINERNE WALD →Il Tesoro

STEINHOCHZEIT (NUNTA DE PIATRA). Die Verfilmung zweier Erzählungen von Ion Agirbiceanu. Die Episode »Fefeleaga« beschreibt das Schicksal einer Frau, die ihre ganze Familie verliert; die Novelle »Auf einer Hochzeit« schildert die Hochzeit eines Mädchens mit einem ungeliebten, aber wohlhabenden Mann. ✦ Schwarz-weiß. Rumänien 1971 **P** Filmstudio Bucuresti **R** Mircea Veroiu, Dan Pita **B** Mircea Veroiu, Dan Pita, nach den Romanen »Fefeleaga« und »Auf einer Hochzeit« von Ion Agirbiceanu **K** Iosif Demian **M** Dorin Liviu Zaharia **D** Eliza Petrachescu, Leopoldina Balanuta, Nina Domiga, Adrian Georgescu, Mircea Diaconu **L** 85 **E** 25.1.1975 DFF 2

DER STEINIGE WEG ZUR GERECHTIGKEIT (ASSAULT AT WEST POINT: THE COURT MARTIAL OF JOHNSON WHITTAKER). Durchschnittliche Fernseh-Adaption eines Bestsellers. Die authentische Geschichte des ersten Schwarzen, der Ende des 19. Jahrhunderts in der Elite-Militärakademie West Point aufgenommen wurde, aber Schikanen durch Kameraden wie Offiziere ausgesetzt war. Kurz vor Abschluß der Ausbildung wurde er tätlich angegriffen. In der nachfolgenden Verhandlung wurden jedoch nicht die weißen Übeltäter schuldig gesprochen, sondern das schwarze Opfer, das den Anschlag vorgetäuscht haben sollte, um dem Ansehen der Akademie zu schaden. – Ab 16. ✦ USA 1994 **R** Harry Moses **B** Harry Moses, nach dem Roman: »The Court Martial of Johnson Whittaker« von John F. Marszalek jr. **D** Samuel L. Jackson (Richard Greener), Sam Waterston (Daniel Chamberlain), John Glover (Major Asa Bird Gardiner), Seth Gilliam (Johnson C. Whittaker, jung), Al Freeman jr. (Johnson C. Whittaker, alt) **L** 90 **E** 29.6.1995 RTL 2

STEINIGER WEG (KAMENISTY PUT). Nach dem gleichnamigen Roman des lettischen Schriftstellers Vilis Lacis entstand dieser Film über das bürgerliche Lettland während der 30er Jahre. Im Mittelpunkt steht ein Arbeitersohn aus Riga. ✦ UdSSR 1983 **P** Filmstudio Riga **R** Roland Kalnins **B** Egon Liw, nach einem Roman von Vilis Lacis **K** Mik Svirbulis **M** Imants Kalnins **D** Andrej Shagars (Robert), Visma Osolinja (Livia), Andris Bersinsch (Erik), Regina Rasuma (Alisja), Juris Rijnieke (Walfried) **L** 92 **E** 2.8.1984 DFF 2

STEINREICH. Der amerikanische Mittelwesten um 1911: Ein Farmer bemüht sich, trotz seines wertlosen Landes, seine Familie durchzubringen. Als auf seinem Grund eine Erzader entdeckt wird, scheint sich alles zum Guten zu wenden. Fernsehfilm aus der Reihe »Erlesenes«, in der knappe literarische Vorlagen meist im Studio szenisch umgesetzt wurden. ✦ DDR 1969/70 **P** DEFA **Pd** Willi Teichmann **R** Otto Holub **B** Kurt Bortfeldt, nach dem Roman »Phantom Gold« von Theodor Dreiser **K** Kurt Bobek **M** UweKödderitzsch **S** Lotti Mehnert **D** Raimund Schelcher (Jim), Agnes Kraus (Mary), Stefan Lisewski (Dode), Doris Abeßer (Rose), Fred Delmare (Ernest) **L** 74 **E** 20.6.1970 DFF 2

EIN STEINREICHER MANN. Ein junger Goldschmied gerät in Verdacht, einen kostbaren Diamanten gestohlen und durch eine Imitation ersetzt zu haben. Filmhistorisch interessante musikalische Groteske aus dem Gesellschafts- und Unterweltmilieu der frühen 30er Jahre. (Alternativtitel: »Das Hochzeitsgeschenk«, »Nur einmal im Leben«) – Ab 14 möglich. ✦ Schwarz-weiß. Deutschland 1932 **P** Deutsche Universal-Film/Tobis **Kl** (Deutsche Universal-Film) **R** Stefan Székely (= István Székely) **B** Eugen Szatmary, Ernst Wolff **K** Reimar Kuntze **M** Theo Mackeben **D** Curt Bois (Curt Nickel), Dolly Haas (Dolly), Adele Sandrock (Adele von Hahnenkamp), Liselott Schaak (Ulla), Egon Brosig (der Fürst) **L** 75 **E** 12.2.1932/8.4.1991 DFF

DIE STEINSCHLEUDER →Die Schleuder

DER STEINWURF (YA NO BASTA CON REZAR). In einem Villenviertel von Valparaiso ist ein junger Geistlicher tätig. Er entscheidet sich für die Armen, verläßt seine Pfarrei und zieht in das Elendsviertel der Stadt. Bei einer Demonstration erfährt er, der Gewaltlosigkeit predigt, Provokation durch Gewalt. Der ohne formale Experimente schlicht und geradlinig angelegte gesellschafts- und kirchenkritische Film aus Chile ist nicht frei von Klischees, überzeugt jedoch durch sein humanes Engagement. ✦ Chile 1972 **P** Luis Carlos Pirez **R** Aldo Francia **B** José Roman, Dario Marcotti, Jorge Duran, Aldo Francia **K** Silvio Caiozzi **M** Pierre de Manchicourt, Ensemble Tiempo Nuevo **D** Marcelo Romo (Vater Jaime), Tenyson Ferrada (Vater Juste), Leonardo Perucci (Vater Gabriel), Gonzalo Palta (Arzt), Ruben Sotoconil (Pedro) **L** 80 **E** 9.7.1973 ZDF

STEINZEIT JUNIOR (CALIFORNIA MAN / ENCINO MAN). Zwei an ihrer High School im kalifornischen Encino nicht sonderlich beliebte Jungen buddeln im elterlichen Garten einen Eisklumpen aus der Vorzeit aus. Der darin eingefrorene Steinzeitmensch sorgt, einmal aufgetaut, für einige Verwirrung in der modernen Zivilisation, verschafft den Freunden jedoch schließlich die gewünschte Anerkennung. Alberne Teenager-Komödie, die alle satirischen Ansätze verschenkt und statt dessen mit Musikschnipseln und endlosem Sprücheklopfen aufdringlich Jugendverbundenheit bekundet. – Ab 12 möglich. ✦ USA 1991/92 **P** Hollywood Pictures/Touchwood Pacific Parters I./California Man **Kl** Warner Bros. **VA** Hollywood/EuroVideo **DVD** Buena Vista (1.85:1, DD2.0 engl./dt.) **Pd** George Zaloom **R** Les Mayfield **B** Shawn Schepps **K** Robert Brinkmann **M** J. Peter Robinson **S** Eric Sears **D** Sean Astin (Dave Morgan), Brendan Fraser (Link), Pauly Shore (Stoney Brown), Megan Ward (Robyn Sweeney), Robin Tunney (Ella) **L** 88 **FSK** ab 6; f **E** 6.8.1992/8.4.1993 Video/21.5.1994 premiere/29.9.1999 DVD **fd** 29 744

STEINZEITBALLADE. Die Schicksale von sechs Berliner Trümmerfrauen in den ersten Monaten nach Ende des Zweiten Weltkrieges. Der Versuch einer dramatisierten Zeitdokumentation, mit Songs und Verfremdungen in Brechtschem Stil inszeniert. Darstellerisch herausragendes Filmexperiment für aufgeschlossene Zuschauer. – Ab 14. ✦ Schwarz-weiß. DDR 1960 **P** DEFA **Kl** Progress **Pd** Alexander Lösche **R** Ralf Kirsten **B** Heinz Kahlau, nach dem Roman »Anna Lubitzke« von Ludwig Turek **K** Günter Haubold **M** Wolfgang Lesser **S** Christel Röhl **D** Gisela Rimpler (Anna), Elsa Grube-Deister (Breuer), Friedel Nowack (Mutter Knorz), Gina Presgott (Stoltze), Agnes Kraus (Säuberlich), Ruth-Maria Kemper (Ziska) **L** 85 **E** 12.1.1961 Kino DDR

DAS STEINZEITSYNDROM (WOMEN OF THE PREHISTORIC PLANET). Vier Überlebende des Raumschiffes »Cosmos 3« werden nach einer Havarie ihres Schiffes auf den Planeten Solaris verschlagen, wo sie sich mit einer lebensfeindlichen Umwelt herumschlagen müssen. Antiquierter, zu Recht vergessener Science-Fiction-Film aus den 60er Jahren. (TV-Titel: »Women of Prehistoric Planet«, »Die Welt des Frauenplaneten«) ✦ USA 1966 **P** Standard Club of California/Real Art **VA** Inter-Pathé **Pd** George Edwards **R+B** Arthur C. Pierce **K** Arch R. Dalzell **S** George White **D** Wendell Corey (Admiral King), Keith Larsen (Commander Scott), John Agar (Dr. Farrell), Irene Tsu (Linda), Paul Gilbert (Lt. Bradley), Merry Anders (Karen), Stuart Margolin (Chief), Robert Ito (Tang), Gavin MacLeod (Funker), Stewart Lasswell (Charles) **L** 88 **FSK** ab 12 **E** 12.9.1986 RTL plus/1988 Video

STELLA (1955) (STELLA). Eine Tingeltangel-Künstlerin mit wechselnden Liebhabern, die von der Ehe nichts hält, wird am Ende von einem ihrer verlassenen Geliebten ermordet. Pathetisches Drama aus den Armenvierteln Athens. Der zweite Spielfilm des Griechen Cacoyannis bedeutete die erste Filmrolle für Melina Mercouri. ✦ Schwarz-weiß. Griechenland 1955 **P** Millas **Kl** Universal **Pd** Vassily Lambiris **R** Michael Cacoyannis **B** Michael Cacoyannis, nach dem gleichnamigen Bühnenstück von Jakovos Kampanellis **K** Costa Theodorides **M** Manos Hadjidakis,

B. Tsitsanis **S** George Tsaouli **D** Melina Mercouri (Stella), Georges Foundas (Milto), Aleko Alexandrakis (Aleko), Sophia Vembo (Maria), Voula Zoumboulaki (Annetta) **L** 95 **FSK** ab 18; f **E** 21.12.1956 **fd** 5 597

STELLA (1990) (STELLA). Stella, Kellnerin in einer Kleinstadtkneipe, zieht ihre Tochter Jenny allein auf. Der Vater läßt sich nur sporadisch blicken und heiratet später eine reiche Verlegerin. In deren Kreisen ist auch Jenny gerne gesehen, aber erst nach Konflikten kann die Mutter dem Teenager zum Glück in der gehobenen Gesellschaftsschicht verhelfen. Lahmes Melodram, das auch durch die Konfrontation zweier sozialer Schichten nichts gewinnt; durch die rührselige Inszenierung verliert auch die Darstellung der Schwierigkeiten einer alleinerziehenden Mutter an gesellschaftskritischer Relevanz. Remake eines bereits als »Stella Dallas« 1925 als Stummfilm und 1937 mit Barbara Stanwyck verfilmten Stoffes. – Ab 14 möglich. ✦ USA 1990 **P** MGM/Touchstone **KI** Delta **VA** RCA/Columbia **Pd** Samuel Goldwyn jr. **R** John Erman **B** Robert Getchell, nach einem Roman von Olive Higgins Prouty **K** Billy Williams **M** John Morris **S** Jerrold L. Ludwig **D** Bette Midler (Stella), Trini Alvarado (Jenny), Stephen Collins (Steven), John Goodman (Ed), Marsha Mason (Janice), Eileen Brennan (Mrs. Wilkerson), William McNamara (Pat Robbins) **L** 109 **FSK** ab 12; f **E** 6.9.1990/16.7.1991 Video **fd** 28 536

STELLA DA FALLA (STELLA DA FALLA). Die Stationen der Wanderung eines jungen Mannes durch die Welt und die Zeit zu sich selbst. »Falla« bedeutet im Rätoromanischen Gefängnis, im Italienischen Schiffbruch, außerdem erhält das Wort auch als Feminum von Phallus eine Bedeutung. Der Film ist ein psychedelisches Parzival-Märchen, besonders im ersten Teil, ein überzeugendes Experiment mit faszinierenden Momenten. Im zweiten Teil setzt sich der Film für die Verbreitung einer Art Initiation zu Füßen des Gurus Maharaj-ji ein. ✦ Schweiz 1970 **P** Stella da Falla Prod. **Pd** Reto Andrea Savoldelli, Jacques Sandoz, Hemberger-Kommune **R** Reto Andrea Savoldelli **B** Reto Andrea Savoldelli, Jacques Sandoz **K** Jacques Sandoz **M** Jode Purpora **S** Reto Andrea Savoldelli, Jacques Sandoz **D** Reto Andrea Savoldelli (Elima/Stella da Falla), Imanuel Halpern (Vater von Elima), Nina Dobrolubov, Bob Vissicchio, Angelo Iwan Bolli **L** 105 (gek. 90) **E** Schweiz

STELLA DALLAS (STELLA DALLAS). Eine Mutter opfert sich für den sozialen Aufstieg ihrer Tochter. Zwischen High Society und unterer Mittelschicht angesiedeltes Melodram aus den USA der 30er Jahre, in der Gestaltung dem damaligen Standard entsprechend. Hervorragend: Barbara Stanwyck in einer ihrer ersten Filmrollen. (Remake eines Stummfilms von 1925) ✦ Schwarz-weiß. USA 1937 **P** United Artists **Pd** Samuel Goldwyn **R** King Vidor **B** Sarah Y. Mason, Victor Heerman, nach einem Roman von Olive Higgins Prouty und einem Bühnenstück von Harry Wagstaff Gribble und Gertrude Purcell **K** Rudolph Maté **M** Alfred Newman **S** Sherman Todd **D** Barbara Stanwyck (Stella Martin Dallas), John Boles (Stephen Dallas), Anne Shirley (Laurel Dallas), Barbara O'Neil (Helen Morrison), Alan Hale (Ed Munn), Marjorie Main (Mrs. Martin), Edmund Elton (Mr. Martin), George Walcott (Charlie Martin) **L** 111 **E** 25.8.1978 ARD **fd** 20 860

STELLA DOES TRICKS (STELLA DOES TRICKS). In London verdingt sich eine 15jährige unter einem viel älteren, gutsituierten Zuhälter als Prostituierte. Als sie den Ekel und die Brutalität ihres Alltags nicht mehr erträgt, flieht sie zusammen mit einem befreundeten Junkie. Mit der dokumentarischen Genauigkeit der »britischen Schule« beobachtet der Debütfilm die harte, widersprüchliche Existenz des Mädchens, gewinnt über dessen Erinnerungen und Fantasien aber auch wieder eine Distanz jenseits von ideologischen Positionen. Die eindrucksvolle Leistung der Hauptdarstellerin trägt zusätzlich zur Glaubwürdigkeit des Films bei. ✦ Großbritannien 1996 **P** British Film Institute/Channel Four/Compulsive Films/Sidewalk Production **KI** Jugendfilm **VA** VPS **Pd** Adam Barker **R** Coky Giedroyc **B** Alison L. Kennedy **K** Barry Ackroyd **M** Nick Bicât **S** Budge Tremlett **D** Kelly MacDonald (Stella), James Bolam (Mr. Peters), Lindsay Henderson (Stella als Kind), Hans Matheson (Eddie), Ewan Stewart (McGuire), Andy Serkis (Fitz), Nick Stringer (Edward), Joyce Henderson (Tante Aileen) **L** 98 **FSK** ab 16; f **E** 6.11.1997/28.4.1998 Video **fd** 32 815

STELLA – EINEM STERN GEWIDMET (DEDICATO A UNA STELLA). Ein stellungsloser Musiker lernt die junge todkranke Stella kennen und schließlich lieben. Diese überwindet mit ihrer Lebensfreude seine Niedergeschlagenheit und Passivität und gibt ihm die Kraft für neues künstlerisches Tun. Als er sein erstes Konzert gibt, stirbt sie. Sentimentaler Liebesfilm. – Ab 14. ✦ Scope. Italien 1976 **P** Esse Cinematografica **KI** Progress **R** Luigi Cozzi **B** Sonja Molteni, Luigi Cozzi **K** Roberto d'Ettore Piazzoli **M** Stelvio Cipriani **D** Pamela Villoresi (Stella), Richard Johnson (Richard), Maria Antoinetta Beluzzi, Riccardo Cucciolla **L** 95 **E** 22.10.1982 Kino DDR/24.12.1983 DFF 2

STELLA'S GROOVE – MÄNNER SIND DIE HALBE MIETE (HOW STELLA GOT HER GROOVE BACK). Eine 40-jährige Börsenmaklerin und allein erziehende Mutter eines elfjährigen Jungen verliebt sich im Karibik-Urlaub in einen 20 Jahre jüngeren Mann. Sie nimmt ihn mit zu sich nach Hause, wo sich der Altersunterschied und andere Probleme allerdings bald bemerkbar machen. Unschlüssig inszenierte klischeehafte Liebesgeschichte mit teilweise guten darstellerischen Leistungen, deren einzige Besonderheit darin besteht, dass sie unter wohlhabenden Schwarzen in den USA spielt. – Ab 14. ✦ USA 1998 **P** Twentieth Century Fox **KI** Twentieth Century Fox **VA** 20th Century Fox Home **Pd** Deborah Schindler **R** Kevin Rodney Sullivan **B** Terry McMillan, Ronald Bass, nach dem gleichnamigen Roman von Terry McMillan **K** Jeff Jur **M** Michel Colombier **S** George Bowers **D** Angela Bassett (Stella Payne), Taye Diggs (Winston Shakespeare), Whoopi Goldberg (Delilah), Regina King (Vanessa), Suzzanne Douglas (Angela), Michael J. Pagan (Quincy Payne) **L** 124 **FSK** ab 6; f **E** 6.4.2000/12.10.2000 Video **fd** 34 177

STELLT DEM WALDGEIST KEINE FALLEN → ... und ringsum streifen Wölfe

STELLT EUCH VOR, ES GIBT KRIEG UND KEINER GEHT HIN (SUPPOSE THEY GAVE A WAR AND NOBODY CAME? / WAR GAMES). Bei einer Tanzveranstaltung, die den gutnachbarlichen Beziehungen dienen soll, geraten die Bürger eines Provinzstädtchens im tiefsten Süden mit den Soldaten der nahe gelegenen Garnison aneinander. Angeheizt von Alkohol und Eifersüchteleien, steigert sich der Streit bis hin zum Einsatz schwerer Waffen. Schwerfällige Militärklamotte, die sich mit wenig überzeugenden Darstellern unentschieden zwischen Ernst und Heiterkeit windet. – Ab 16. ✦ USA 1969/70 **P** ABC/Cinerama **Pd** Fred Engel **R** Hy Averback **B** Don McGuire, Hal Captain **K** Burnett Guffey **M** Jerry Fielding **S** John F. Burnett **D** Brian Keith (Michael Nace), Tony Curtis (Shannon Gambroni), Ernest Borgnine (Sheriff), Tom Ewell (Billy Joe), Ivan Dixon (Sgt. Jones), Suzanne Pleshette (Ramona), Don Ameche (Colonel Flanders) **L** 113 **E** 18.6.1994 SAT 1

STELLUNGEN. Dokumentation über die verschiedensten Koitusarten. Der aus 30 Minuten Straßeninterviews (schwarzweiß) und 30 Minuten Stellungsspielen (farbig) verschnittene Film gehört zu den spekulativen Produktionen, die im Kino der frühen 70er Jahre für die Befreiung des Sexus aus der »christlich-puritanischen« Tradition demonstrierten. ✦ Teils schwarz-weiß. BR Deutschland 1970 **P** Süd-Film **KI** R.C.S. **R** Wulf D. Schneider **B** Gert Ellinghaus **K** Leo Jamm **S** Stelse-Ghosh **D** Katja Büchele, Detlev Heyse **L** 65 **FSK** ab 18; nf **E** 15.1.1971 **fd** 17 177

DER STELLVERTRETER GOTTES (EL SOCIO DE DIOS). Peru 1895: Zwei »Kautschukkönige« streiten sich um die Vorherrschaft und Macht in dem gesellschaftlich rückständigen und wirtschaftlich ausgebeuteten Land. Ihr Streit wird in erster Linie auf dem Rücken der unterdrückten Indios ausgetragen, die mißhandelt, ausgenutzt und als billige Arbeitskräfte eingesetzt werden. Ein gesellschaftskritischer Film, dem es an formaler Geschlossenheit mangelt, wodurch sein wichtiges humanes Anliegen in Mitleidenschaft gezogen wird. – Ab 16. ✦ Scope. Kuba/Peru 1986 **P** ICAIC/Cinamatografica Kuntur **KI** Progress **R** Federico García, Roger Rumrill **B** nach dem Roman »Das Verbrechen von Putumayo« von Valcárel **K** Rodolfo López **M** Juan Marquez **D** Adolfo Llauradó, Ricardo Tosso, René de la Cruz, Belisa Salazar **L** 102 **E** 24.11.1989 Kino DDR

DAS STENDHAL-SYNDROM – BILDER DES WAHNSINNS → The Stendhal Syndrome

STEP ACROSS THE BORDER. Dokumentarischer Film über den britischen, zur Zeit der Dreharbeiten in New York und Tokyo lebenden Multi-Instrumentalisten Fred Frith, dessen grenzüberschreitende »Weltmusik« sich gängigen Einordnungsversuchen radikal widersetzt. In einem anspruchsvollen Bild-Ton-Geflecht, dessen Formprinzip sich an dem musikalischen Schaffen von Frith orientiert, werden Reisebilder, Gespräche, Konzertmitschnitte und andere optische »Fundstücke« zu einer der Musik adäquaten Collage verbunden, die auf ebenso spannende wie kreative Weise nicht nur »Eingeweihte« anspricht. (O.m.d.U.) – Ab 16. ✦ Schwarz-weiß. BR Deutschland/Schweiz 1989 **P** Cine Nomades/Der andere Blick/BR/Res Balzli & Cie. **KI** Arsenal/Der andere Blick **Pd** Res Balzli **R+B** Werner Penzel, Nicolas Humbert **K** Oscar Salcado **M** Fred Frith, Joey Baron, Ciro Battista, Iva Bitová, Tom Cora, u. a. **S** Gisela Castronari, Vera Burnus **L** 90 **FBW** bw **E** 27.9.1990 **fd** 28 227

STEPAN RASIN (STEPAN RASIN). Ein Film über den russischen Volkshelden Stepan Rasin. 1665 macht Stepan Rasin Karriere am russischen Bajarenhof. Seine Erfolge als Kasak, seine Heirat mit Alena und seine Schwierigkeiten mit der Kirche bilden die zentralen Punkte des Films. – Ab 14. ✦ Schwarz-weiß. UdSSR 1939 **P** Mosfilm **KI** Progress **R** Iwan Prawow, Olga Preobrashenskaja **B** A. Tschaplygin, Iwan Prawow, Olga Preobrashenskaja **K** Valentin Pawlow **M** I. Warlamow **D** Andrej Abrikossow (Stepan Rasin), Michail Sharow (Lasunka), W. Gardin (Kiwrin), Nina Sorskaja, E. Kondratjewa **L** 122 **E** 11.1.1951 Kino DDR/10.9.1953 DFF 1

STEPANS KINDER (POSLEDNIJ SCHAG). Die Lebensgeschichte eines sowjetischen Soldaten, der schließlich, nachdem er selbst seine Familie verloren hat, in den letzten Stunden des Krieges ein deutsches Mädchen rettet und dabei getötet wird. Der Film stilisiert das authentische Geschehen nicht zum Heldenepos, sondern versucht dem gebrochenen Charakter eines einfachen Mannes gerecht zu werden. Ein interessanter Film mit überzeugenden schauspielerischen Leistungen. – Ab 14. ✦ Scope. UdSSR 1985 **P** Belarusfilm **KI** Progress **R** Damir Wjatitsch-Bereshnych **B** Michail Beresko **K** Felix Kutschar **M** Jewgeni Ptitschkin **D** Vitali Kotowizki (Stepan), Jelena Antonowa (Katja), Sergej Prisjolkow (Timofej), Jelena Pletnewa (Larissa), Alexander Bespaly (Karpow) **L** 90 **E** 20.2.1987 Kino DDR

STEPANS VERMÄCHTNIS (STEPANOWA PAMJATKA). Die Geschichte eines Jungen, den die Bergkönigin eines Kupferbergwerkes in ihren Bann gezogen hat. – Ab 8. ✦ UdSSR 1976 **P** Lenfilm **KI** Progress **R** Konstantin Jerschow **B** Konstantin Jerschow, Gleb Panfilow, nach dem Roman von P. Bashow **K** Jewgeni Schapiro **M** Wadim Bibergan **D** Larissa Tschikurowa (Herrin des Kupferberges), Gennadi Jegorow (Stepan), Irina Gubanowa (Nastja), Natalja Andrejtschenko (Tanjuscha) **L** 83 **E** 16.12.1977 Kino DDR/14.8.1979 DFF 1

STEPFATHER →The Stepfather

STEPFATHER II (STEPFATHER II: MAKE ROOM FOR DADDY). Nachfolger des Films »The Stepfather«. Ein psychopathischer Mörder kann aus der Anstalt fliehen und sich in einer Kleinstadt als Psychiater niederlassen. Sofort hält er Ausschau nach einer Ehefrau und wird in einer Therapiegruppe fündig. Widerstände, die sich ihm in den Weg stellen, beseitigt er mit mörderischer Energie. Am Tag der Hochzeit zeigt er seiner Frau und deren halbwüchsiger Tochter sein wahres Gesicht. Ebenso harter wie primitiver Psycho-Thriller. ✦ USA 1988 **P** Part II/ITC **VA** Virgin Vision **Pd** Darin Scott, William Burr **R** Jeff Burr **B** John Auerbach **K** Jacek Laskus **M** Jim Manzie, Pat Regan **S** Pasquale Buba **D** Terry O'Quinn (Dr. Gene Clifford), Meg Foster (Carol Grayland), Caroline Williams (Matty Crimmins), Jonathan Brandis (Todd Grayland), Mitchell Laurance (Phil Grayland), Henry Brown (Dr. Joseph Brandis) **L** 83 **FSK** ab 18 **E** 21.8. 1990 Video

STEPFATHER III – VATERTAG →Vatertag (1992)

STEPHAN, DER KÖNIG (ISTVAN, A KIRALY). Die Geschichte des Fürstensohnes Istvan um die Jahrtausendwende. Sein Kampf um die Macht und die Krönung zum König. Thematisch konventionelle, um suggestive Wirkung bemühte Rockoper. – Ab 14. ✦ Ungarn 1983 **P** Mafilm **Kl** Progress **R** Gábor Koltay **B** János Bródy, nach dem Roman von Miklós Boldizsár **K** Tamás Andor **M** Levente Szörényi **D** László Pelsöczy, Miklós Varga (König Stephan), Kati Berek (Sarolt, seine Mutter), Gyula Vikidál (Koppány), Bernadette Sára (Gisela, Stephans Gattin) **L** 98 **E** 20.9. 1985 Kino DDR/18.12.1986 DFF 2

STEPHEN KING: DAS MONSTRUM – TOMMYKNOCKERS (STEPHEN KING'S TOMMYKNOCKERS). Ein aus der Bahn geworfener Schriftsteller wird in der amerikanischen Provinz mit seltsamen Ereignissen konfrontiert: Aus einem dichten Wald dringt ein seltsames grünes Leuchten und ergreift Besitz von Mensch und Tier. Was als reizvolle Gruselmär beginnt, die die Gefahren umschreibt, die von Massenwahn und Intoleranz ausgehen können, entwickelt sich in dem überlangen Fernsehfilm zum handelsüblichen Filmspuk, der endgültig in gängige Bahnen gleitet, als Monster im Erdreich bemüht werden, um den Schrecken zu erklären. Immerhin überwiegend ohne Grausamkeiten inszeniert. (Fernsehtitel: »Stephen Kings Tommyknockers«) – Ab 16. ✦ USA 1993 **P** Koenigsberg-Sanitsky **VA** Warner Home **Pd** Jayne Bieber, Jane Scott **R** John Power **B** Lawrence D. Cohen, nach einer Vorlage von Stephen King **K** Danny Burstall, David Eggby **M** Christopher Franke **S** Tod Feuerman **D** Jimmy Smits (Jim Gardner), Marg Helgenberger (Bobbi), Traci Lords (Nancy), Leon Woods (Hilly), Paul McIver (Davy) **L** 171 **FSK** ab 16 **E** 23.7.1993 Video/23.,25.12.1994 SAT 1 (zwei Teile) **fd** 30 462

STEPHEN KING – DIE VERURTEILTEN →Die Verurteilten

STEPHEN KING – KINDER DES ZORNS 2 →Tödliche Ernte (1991)

STEPHEN KING – MANCHMAL KOMMEN SIE WIEDER →Manchmal kommen sie wieder

STEPHEN KING: MISERY →Misery

STEPHEN KING – MONSTER STORIES →Monster Stories

STEPHEN KING – THE NIGHT OF THE CROW (STEPHEN KING – THE NIGHT OF THE CROW). Lieblos zusammengestoppelte Gruselgeschichten, von denen nur die zweite etwas mit dem Bestseller-Autor King zu tun hat. 1. »The Last Hand«: Eine ebenso unappetitliche wie einfallslose Geschichte um die Nöte eines Angestellten, der vom Geist eines Kollegen heimgesucht wird, den er glaubt ermordet zu haben. 2. »Disciples of the Crow«: Lächerliche Verfilmung der King-Geschichte »Kinder des Zorns«, in der fanatisierte Jugendliche im Gewand einer Sekte Mütter und Väter niedermetzeln. 3. »Night Waiter«: Die Erlebnisse eines Kellners mit einem verfluchten Hotelzimmer, eine Geschichte, die mit einer makabren, immerhin überraschenden Schlußpointe aufwartet. 4. »Killing Time«: Eine Leichendieb-Geschichte, die in einem Wirrwarr von Stilmitteln ertrinkt. (Titel auch: »The Night of the Crow«) ✦ USA 1983–88 **P** Department of Telecommunications & Film/San Diego State University/Graymatter u. a. **VA** Madison **Pd** Johnny Stevens (2), John Woodward (2), Jack Garrett (3), Patrick Aumont (4) **R** Glenn Takajian (1), John Woodward (2), Jack Garrett (3), Damian Harris (4) **B** Glenn Takajian (1), John Woodward (2), Jack Garrett (3), Damian Harris (4), Patrick Aumont (4) **K** Johnny Stevens (2), Jack Garrett (3), Miles Cook (4) **M** Bill Averback (2), Marvin Hoag (3), David Gibney (4) **S** John Woodward (2), Jack Garrett (3), David Bartlett (4) **D** Roman Sutherland (1), Alan Schwartz (1), Harry Yelmon (1), Lee Ryan (1), John Gowans (1), Gabriel Folse (Burt, 2), Stephen Young (junger Billy, 2), Brian Caldwell (Kellner, 3), Ray Adamski (Terry, 3), Stephen Nichols (Macklin, 4), Del Zamora (Whitey, 4), Eric Stoltz (Manager, 4), Lesley Morris (Kessler, 4) **L** 88 (gek. 85) **FSK** ab 18 (gek. 12) **E** 30.9.1991 Video **fd** 29 369

STEPHEN KINGS DEAD ZONE →Dead Zone

STEPHEN KING'S »DER FEUERTEUFEL« →Der Feuerteufel (1983)

STEPHEN KING'S DER STURM DES JAHRHUNDERTS →Der Sturm des Jahrhunderts

STEPHEN KING'S DOLORES →Dolores

STEPHEN KINGS ES (IT). 30 Jahre nachdem sie das absolute Böse vertrieben haben, müssen sieben Freunde in ihre Heimatstadt zurückkehren, da Pennywise, der kindermordende Clown, neue Opfer fordert. Die Erfüllung ihres Eides ist mit der Überwindung ureigener Ängste und einer Belebung der alten Freundschaft verbunden. Beachtliche (Fernseh-)Verfilmung eines Horror-Romans von Stephen King, die geschickt eine bedrohliche Atmosphäre aufbaut und auf unnötige blutige Effekte verzichtet. Für Freunde des Genres spannende Unterhaltung. – Ab 16. ✦ USA 1990 **P** Lorimar TV/Konigsberg-Sanitsky Company **VA** Warner Home **Pd** Matthew O'Connor **R** Tommy Lee Wallace **B** Lawrence D. Cohen, Tommy Lee Wallace, nach einem Roman von Stephen King **K** Richard Leiterman **M** Richard Bellis **S** Robert F. Shagrue, David Blangsted **D** John Ritter (Ben Hanscom), Richard Thomas (Bill Denbrough), Tim Curry (Pennywise, der Clown), Harry Anderson, Dennis Christopher **L** 183 **FSK** ab 16 **E** 15.3.1991 Video **fd** 28 876

STEPHEN KING'S GOLDEN TALES (STEPHEN KING'S GOLDEN TALES). Fünf Episoden einer schwachen, lieblos und umständlich inszenierten Fernsehserie, die sich obendrein als Mogelpackung erweist, weil nur die erste Epsiode auf eine Kurzgeschichte Stephen Kings zurückgeht. 1. Ein magischer Textcomputer läßt das Geschriebene wahr werden und verändert das Leben eines erfolglosen Autors. 2. Die geldgierige Frau eines Erfinders öffnet eine verbotene Schachtel und findet den Tod. 3. Ein Vampir diktiert einem angeberischen Schriftsteller die Geschichte seines Geschlechts. 4. Eine Vampirfrau verführt einen jungen Arzt. 5. Am Jahrestag einer ungeklärten Bluttat stirbt ein Vertreter in einem Motel. ✦ USA 1985 **P** Laurel/JayGee **VA** Madison **Pd** William Teitler **R** Michael Gornick (1), Jodie Foster (2), Frank de Palma (3), Theodore Gershuny (4), Richard Friedman (5) **B** Michael McDowell (1), Franco Amurri (2), Bob Balaban (2), Peter O'Keefe (3), Edithe Swensen (4), Art Monterastelli (5) **K** Karen Grossman **M** Donald Rubinstein, Erica Lindsay **S** Deborah Shaffer **D** Jeff Conaway, Jillie Mack, Kathy McLain, Dorothy Parke, Marsh Nayyar, Marcia Cross, Patrick Kilpatrick **L** 102 **FSK** ab 16 **E** 20.9.1993 Video **fd** 30 476

STEPHEN KING'S KINDER DES ZORNS →Kinder des Zorns

STEPHEN KING'S LANGOLIERS →Die Langoliers

STEPHEN KINGS MISERY →Misery

STEPHEN KING'S NACHTSCHICHT →Nachtschicht (1990)

STEPHEN KING'S NIGHTMARE COLLECTION (STEPHEN KING'S NIGHTMARE COLLECTION). Zusammenstellung von Kurzfilmen nach Geschichten, die in den beiden ersten Fällen nach Vorlagen von Stephen King, im letzten Fall jedoch allenfalls in der vagen Tradition Kings entstanden. 1. »Vergiftet« (1983): Ein junger Mann, der sich entschlossen hat, seiner schwerkranken Mutter Gift für die Selbsttötung zu überlassen, muß dafür einen nicht gerade originellen Alptraum überstehen. 2. »Wer hat Angst vor dem schwarzen Mann« (1973): Variation der Geschichte vom »Ding im Schrank«, das den verdrängten »bösen« Teil des Unterbewußtseins repräsentiert. 3. »Im Würgegriff« (1981): Eine Frau, die entsetzliche Morde voraussieht, muß den Täter töten, bevor er sie erwischt. Insgesamt ergibt die Sammlung ein stil- und konzeptionsloses Konglomerat verschiedener Horrormotive in dilettantischer Machart. ✦ USA 1986 **P** Artwork Virgin (1. Darkwoods/2. Cavalier/ 3. Carnivore-Jim Greco Prod.) **VA** VCL/Virgin **R** Frank Darabont (1), Jeff Schiro (2), Jim Greco (3) **B** Frank Darabont (1), Jeffrey C. Schiro (2), Jim Greco (3) **K** Juan Ruiz Anchia (1), Douglas Meltzer (2), Ernest Dickerson (3) **S** Frank Darabont (1), Kevin Rock (1), Jeffrey C. Schiro (2) **D** Dee Croxton (Mutter, 1), Brian Libby (Gefangener, 1), Michael Reid (Lester Billings, 2), Bert Linder (Dr. Harper, 2), Chip Olclott (3), Tony Savage (3) **L** 88 (30/28/30) **E** September 1986 Video

STEPHEN KING'S QUICKSILVER HIGHWAY (QUICKSILVER HIGHWAY). Die (Fernseh-)Verfilmung zweier Geschichten von Stephen King und Clive Barker: In der ersten sorgt ein aufziehbares Gebiß dafür, daß ein Mann vor dem Tod gerettet wird, in der zweiten lehnen sich die Hände eines Schönheitschirurgen gegen ihren Besitzer auf. ✦ USA 1997 **P** National Studios **Pd** Mick Garris, Ron Mitchell **R** Mick Garris **B** Mick Garris, nach Erzählungen von Stephen King (»Quicksilver Highway«) und Clive Barker (»The Body Politic«) **K** Shelly Johnson **M** Mark Mothersbaugh **S** Norman Hollyn **D** Christopher Lloyd (Aaron Quicksilver), Silas Weir Mitchell (Tramper), Raphael Sbarge (Kerry/Hogan), Matt Frewer (Dr. George/ Charlie), Veronica Cartwright (Myra) **L** 90 **E** 1.1.1997 SAT 1

STEPHEN KINGS RHEA M – ES BEGANN OHNE VORWARNUNG →Rhea M ... Es begann ohne Warnung

STEPHEN KINGS SCHLAFWANDLER (SLEEPWALKER). Ein sympathischer High-School-Schüler verwandelt sich zum Schrecken seiner Mitschüler in eine katzenähnliche Bestie. Er und seine Mutter, mit der er in inzestuöser Beziehung lebt, sind die letzten Angehörigen der vampirähnlichen Spezies der »Schlafwandler«. Rettung naht in Gestalt des unnatürlichen Feindes des Schlafwandlers: einer Hauskatze. Mehr eklig als gruselig inszenierter Horrorfilm, der plump seine Vorläufer plagiiert. (Videotitel: »Schlafwandler«) ✦ USA 1992 **P** Columbia **Kl** TriStar **VA** Columbia TriStar Home **Pd** Mark Victor, Michael Grais, Nabeel Zahid **R** Mick Garris **B** Stephen King **K** Rodney Charters **M** Nicholas Pike **S** O. Nicholas Brown **D** Brian Krause (Charles Brady), Madchen Amick (Tanya Robertson), Alice Krige (Mary Brady), Ron Perlman (Captain Soames), Jim Haynie (Sheriff Ira) **L** 89 (gek. 77) **FSK** ab 18; nf (gek. 16) **E** 11.6. 1992 Kino/19.1.1993 Video **fd** 29 652

STEPHEN KING'S SCHÖNE NEUE ZEIT (STEPHEN KING'S GOLDEN YEARS). Bei geheimen Versuchen, die sich mit der Umkehrung von Alterungsprozessen befassen, ereignet sich eine Explosion. Zwei Mitarbeiter werden verletzt. Als der Sicherheitsexperte des Versuchsgeländes eine Untersuchung einleitet, stößt er auf eine Mauer des Schweigens, später ist sein Leben nachhaltig bedroht. Verfilmung eines Stephen-King-Stoffes, die sich mit den fragwürdigen Errungenschaften der Technik auseinanderzusetzen versucht. – Ab 16. ✦ USA 1991 **R** Stephen King **B** Stephen King, nach seinem Roman **D** Keith Szarabajka (Harlan Williams), Frances Sternhagen (Gina Williams), Felicity Huffman (Terry Spann), R. D. Call (Jude Andrews), Ed Lauter (General Louis Crewes) **L** 105 (TV) **E** 23.12.1995 RTL

STEPHEN KINGS STARK (THE DARK HALF). Ein kleinbürgerlicher Lehrer und Ghostwriter blutrünstiger Horror-Romane wird nach Lüftung des Geheimnisses seines Zweitberufes von der »dunklen Seite« seiner Persönlichkeit drangsaliert, als sie sich dem Abschied von der Darstellung des Bösen widersetzt und zu einem monströsen Serienmörder personifiziert. Perfekte Mischung aus Psycho- und Horror-Thriller. Um die Ausbreitung ekelerregender Scheußlichkeiten jedoch mehr bemüht als um eine plausible Veranschaulichung der These, daß das Böse des Menschen ein Akt seiner Willensfreiheit ist. ✦ USA 1991 **P** Orion **KI** Columbia TriStar **VA** Columbia TriStar Home **Pd** Declan Baldwin, Christine Romero **R** George A. Romero **B** George A. Romero, nach einem Roman von Stephen King **K** Tony Pierce-Roberts **M** Christopher Young **S** Pasquale Buba **D** Timothy Hutton (Thad Beaumont/Stark), Amy Madigan (Liz Beaumont), Julie Harris (Alan Pangborn), Michael Rooker (Thad als Junge), Larry John Meyers (Dr. Pritchard) **L** 124 (gek. 110) **FSK** ab 18; f (gek. 16) **E** 10.6.1993/8.2.1994 Video/11.2.1995 premiere **fd** 30 254

STEPHEN KING'S THE NIGHT FLIER (STEPHEN KING'S THE NIGHT FLIER). Ein zynischer Sensationsreporter, der auf eine ebenso mysteriöse wie blutige Mordserie angesetzt und von journalistischer Neugier und dem Faszinosum des Grauens getrieben wird, steht am Ende seiner Ermittlungen der satanischen Ausgeburt seiner eigenen Fantasien gegenüber. Er wird mit den Bildern jener Verbrechensopfer konfrontiert, die er im Laufe seines Lebens fotografiert hat. Ein in schleppendem Tempo entwickelter hausbackener Horrorthriller, der nicht mehr als enttäuschenden Geisterbahn-Grusel zu bieten hat. Auch der Versuch, über Reporter-Ethos, Angstneurosen sowie die Wechselwirkung von Realität und Fantasie zu räsonnieren, wirkt ob seiner Aufdringlichkeit eher geschwätzig denn tiefgründig. Einzig erwähnenswert ist die Leistung des Hauptdarstellers. ✦ USA 1997 **P** New Amsterdam Entertainment **VA** Highlight/Arcade **Pd** Richard P. Rubinstein, Mitchell Galin **R** Mark Pavia **B** Mark Pavia, Jack O'Donnell, nach einer Geschichte von Stephen King **K** David Connell **M** Brian Keane **S** Elizabeth Schwartz **D** Miguel Ferrer (Richard Dees), Julie Entwisle (Katherine Blair), Dan Monahan (Morrison), Michael H. Moss (Dwight Renfield), John Bennes (Hannon), Beverly Skinner (Selida) **L** 92 **FSK** ab 16 **E** 15.12.1997 Video **fd** 32 954

STEPHEN KING'S THE SHINING →The Shining

STEPHEN KING'S THE STAND – DAS LETZTE GEFECHT (THE STAND). Bei einem Störfall in einem Labor werden Krankheitskeime freigesetzt, die das ganze Land in einen Friedhof verwandeln. Nur wenige Menschen überleben und werden von Träumen heimgesucht, in denen ihnen neue Hoffnung durch eine schwarze Prophetin verheißen wird. Doch auch das Böse ist nicht fern, schließlich greift aber die helfende Hand Gottes ein. Abenteuerliche, handlungsreiche Verfilmung eines Stephen-King-Romans, die letztlich zu oberflächlich das tricktechnische Arsenal des Horrorfilms bemüht, um das apokalyptische Grauen des Endzeit-Dramas vermitteln zu können. (Alternativtitel: »The Stand – Das letzte Gefecht«) – Ab 16. ✦ USA 1994 **P** Greengrass **VA** Warner Home **Pd** Mitchell Galin **R** Mick Garris **B** Stephen King, nach seinem gleichnamigen Roman **K** Edward J. Pei **M** W. G. Snuffy Walden **S** Patrick McMahon **D** Gary Sinise (Stu Redman), Molly Ringwald (Frannie Goldsmith), Rob Lowe (Nick Andros), Jamey Sheridan (Randall Flag), Laura San Giacomo (Nadine Cross), Ruby Dee (Mutter Abigail), Ossie Davis, Adam Storke (Larry Underwood), Stephen King, Kathy Bates, Sam Raimi, John Landis, Tom Holland **L** 173/174 **FSK** ab 16/ab 12 **E** 24.6.1994 Video (zwei Teile) **fd** 30 955

STEPHEN KING'S THINNER – DER FLUCH (STEPHEN KING'S THINNER). Ein erfolgreicher Anwalt führt auch privat ein zufriedenes Dasein, so daß er sich mit seiner extremen Dickleibigkeit längst arrangiert hat. Als er und seine Frau einen Autounfall verursachen, bei dem eine alte Zigeunerin ums Leben kommt, will er die Angelegenheit vertuschen. Doch ein Fluch verdammt ihn zum erbarmungslosen Dünnerwerden. Zerdehnte Gruselgeschichte nach Stephen King, die sich ganz auf Masken- und Trickeffekte verläßt, aber auch durch einige Unappetitlichkeiten nicht ihre Substanzlosigkeit verbergen kann. ✦ USA 1997 **P** Spelling Films **KI** Warner Bros. **VA** Warner Home **Pd** Richard P. Rubinstein, Mitchell Galin **R** Tom Holland **B** Tom Holland, Michael McDowell, nach einem Roman von Stephen King **K** Kees Van Oostrum **M** Daniel Licht **S** Marc Laub **D** Robert John Burke (Billy Halleck), Joe Mantegna (Richie Ginelli), Lucinda Jenney (Heidi Halleck), Michael Constantine (Tadzu Lempke), Kari Wuhrer (Gina Lempke) **L** 95 **FSK** ab 16; f **E** 4.9.1997/6.3.1998 Video **fd** 32 729

STEPHEN KINGS TOMMYKNOCKERS →Stephen King: Das Monstrum – Tommyknockers

STEPHEN KING'S WERWOLF VON TARKER MILLS →Werwolf von Tarker Mills

STEPHEN KING'S WORLD OF HORROR – TEILE I & II (THIS IS HORROR – THE BEST OF STEPHEN KING'S WORLD OF HORROR). Das Gruselkabinett prominenter Horror-Regisseure lädt ein zum Blick hinter die blutigen Kulissen des Genres, wobei Stephen King nur die Einführung der jeweils etwa 20minütigen Fernsehfilme spricht, die mit liebloser deutscher Kommentierung aneinandergereiht sind. In besonders harten Szenen wird der Zuschauer aufgefordert, auf Kamerapositionen und Montage zu achten – ein vorgeschobener Versuch der cineastischen Aufwertung. Nichtsdestotrotz enthalten die beiden Kassetten interessante Materialien, u. a. eine schöne Sammlung seltener Werbevorspänne von Genre-Klassikern und Hitchcocks Präsentation der »Psycho«-Kulissen. ✦ USA 1990 **P** Simmons/Fortune **VA** Allround **Pd** John Simmons **R** John Simmons, Rick Machesamo **B** Mark Gibson, Sheryl Moms **M** Gary William Friedman, Skip Sorelle **D** Stephen King, John Carpenter, Clive Barker, Wes Craven, Steve Johnson **L** 89 & 87 **FSK** ab 16 **E** 7.7.1992 Video **fd** 29 891

STEPP MIT PEPP (NO MAPS ON MY TAPS). Die Blütezeit des Stepptanzes, eingefangen mit Dokumentarmaterial aus den 30er Jahren und abgerundet durch die Porträts von drei gealterten, aber immer noch aktiven Tänzern. Der Dokumentarfilm zeichnet die Entwicklung von der bloßen Unterhaltung zu einer Kunstform nach und bezieht dabei die Lebensbedingungen von schwarzen Künstlern in Harlem ein. (O.m.d.U.) ✦ Teils schwarz-weiß. USA 1978 **P** George T. Nierenberg Prod. **R+B** George T. Nierenberg **K** Robert Achs, Phil Parmet, Robert Elfstrom, Richard Pearce, Paul Goldsmith, John Lindley **M** Lionel Hampton **D** Sandman Sims, Chuck Green, Bunny Briggs, Lionel Hampton, Hohn Bubbles **L** 60 **E** 27.9.1987 BR

DIE STEPPE (1961) (LA STEPPA). Nach einem Roman von Tschechow: die Reise eines kleinen russischen Dorfjungen im Pferdewagen Anfang des 19. Jahrhunderts quer durch die Steppe und seine erste Begegnung mit dem Leben. Ebenso detailfreudig wie breit und umständlich inszeniert. Bemerkenswert allerdings die Leistung des zehnjährigen Hauptdarstellers. – Ab 12. ✦ Scope. Italien/Frankreich 1961 **P** Zebra/Aera **KI** Columbia-Bavaria **Pd** Moris Ergas **R** Alberto Lattuada **B** Alberto Lattuada, Tullio Pinelli, Enzo Curelli, nach einem Roman von Anton Pawlowitsch Tschechow **K** Enzo Serafin **M** Guido Turchi **S** Leo Catozzo **D** Daniele Spallone (Jegor), Marina Vlady (Die Gräfin), Charles Vanel (Der Pope Christofar), Cristina Gaioni (Ein junges Mädchen), Pavle Vujisic **L** 99 **FSK** ab 12; f **E** 14.5.1963 **fd** 12 009

DIE STEPPE (1978) (STEP). Der kleine neunjährige Jagoruschka unternimmt zum ersten Mal in seinem Leben eine weite Reise durch die unendliche südrussische Steppenlandschaft und ist beeindruckt von der Vielfalt der Natur und dem Leben der Erwachsenen. Werkgetreue, atmosphärisch dichte und feinfühlige Umsetzung einer komplexen Tschechowschen Novelle. – Ab 16. ✦ UdSSR 1978 **P** Mosfilm **KI** Progress **R** Sergej Bondartschuk **B** Sergej Bondartschuk, nach einer Novelle von Anton Tschechow **K** Leonid Kalaschnikow, Wladimir Schewzik **M** Wjatscheslaw Owtschinnikow **D** Oleg Kusnezow (Jegoruschka), Nikolai Trofimow (Vater Christopher), Wladimir Sedow (Kusmitschow), Viktor Mamajew (Deniska), Sergej Bondartschuk (Jemeljan) **L** 130 **E** 2.3.1979 Kino DDR/29.1.1985 DFF 2

STEPPE IN FLAMMEN (BURNING ARROWS). Captain Smith, der erste Gouverneur der englischen Kolonie Virginia, heiratet 1607 die indianische Häuptlingstochter Pocahontas, die sein Leben vor ihren rachsüchtigen Stammesbrüdern gerettet hat. Sie wird zur Garantin eines friedlichen Zusammenlebens zwischen Roten und Weißen. Balladeskes historisches Westerndrama, das eine intelligentere und sensiblere Verfilmung verdient hätte. – Ab 16. ✦ USA 1953 **P** United Artists **KI** United Artists **Pd** Aubrey Wisberg, Jack Pollexfen **R** Lew Landers **B** Aubrey Wisberg, Jack Pollexfen **K** Ellis W. Carter **M** Albert Glasser **S** Fred R. Feitshans jr. **D** Anthony Dexter (Capt. John Smith), Jody Lawrance (Pocahontas), Alan Hale jr. (Fleming), Robert Clarke (Rolfe), Stuart Randall (Opechanco), James Seay (Wingfield), Philip van Zandt (Davis), Shepard Menken (Nantaquas), Douglas Dumbrille (Powhatan) **L** 75 **FSK** ab 12; nf **E** 14.1.1955 **fd** 3 867

STEPPENRACHE (VENDETTA EN CAMARGUE). Die Zirkusreiterin Huguette erbt einen Bauernhof in der Camargue, auf dem eine Stierzucht betrieben wird. Alle lieben sie, besonders Frédé, nur nicht der böse Verwalter, der mit Zigeunern zusammen Stiere klaut, wozu ihn seine Zigeunerbraut anstiftet. Huguette wird auf einen Stier gebunden, das Anwesen in Brand gesteckt, aber Frédé greift im entscheidenden Moment ein. Alberner Klamauk auf dem Niveau eines Groschenromans. ✦ Schwarz-weiß. Frankreich 1949/50 **P** Neptune **KI** Prisma **R** Jean Devaivre **B** Jean Devaivre, René Méjan **K** Lucien Joulin **M** Joseph Kosma **D** Brigitte Auber, Jean Paqui, Jean Tissier, Jacques Dufilho, Rosy Varte **L** 77 **FSK** ab 12; nf **E** 29.11.1950 **fd** 1 289

DIE STEPPENREITER (THE HORSEMEN). Abenteuerfilm aus der Bergwelt Afghanistans: Der Sohn eines Stammesfürsten erweist sich beim Reiterturnier in der Hauptstadt Kabul und dem gefährlichen Rückweg durchs Hochgebirge als wahrer Sohn seines berühmten Vaters. Landschaft und Folklore bereichern Frankenheimers Romanverfilmung mehr als das wenig übersichtliche Handlungsgetümmel. – Ab 14. ✦ Scope. USA 1970 **P** Frankenheimer/Lewis **KI** Columbia **Pd** Edward Lewis **R** John Frankenheimer **B** Dalton Trumbo, nach einem Roman von Joseph Kessel **K** Claude Renoir, Wladimir Iwanow, André Domage **M** Georges Delerue **S** Harold F. Kress **D** Omar Sharif (Uraz), Leigh Taylor-Young (Zereh), Jack Palance (Tursen), Peter Jeffrey (Hayatal), Mohammed Shamsi (Osman Bey) **L** 109 **FSK** ab 16; f **E** 9.9.1971 **fd** 17 515

STEPPENWEILER (CHUTOROK W STEPI). Rußland 1910–1912: Das Schicksal eines jungen Lehrers, der sich nach bitteren Erfahrungen der Kommunistischen Partei anschließt. Eine wichtige Rolle spielt dabei die Freundschaft seines Sohnes Petja mit einem Jungen aus einer Arbeiterfamilie. ✦ Schwarz-weiß. UdSSR 1971 **P** Gorki-Studio **R** Boris Bunejew **B** Valentin Katajew, nach dem Roman »Vor den Toren der Stadt« von Valentin Katajew **K** Grigori Garibjan **M** Michail Rauchberger **D** Igor Korytnjuk (Petja Batschej), Andrej Judin (Gawrik), Swetlana Orlowa (Marina), Nina Menschikowa (Tante), Juri Ljubimow (Batschej) **L** 94 **E** 12.7.1978 DFF 1

DER STEPPENWOLF (THE STEPPENWOLF / LE LOUP DES STEPPES). Die Wesenssuche des deutschen Professors Harry Haller, der in einer Krise beschließt, sich an seinem 50. Geburtstag das Leben zu nehmen. Literaturverfilmung im Zuge der Hermann-Hesse-Renaissance in den 70er Jahren, die vor allem unter Worttreue leidet. Durch die getreue Bebilderung des Textes bleibt die gedankliche Annäherung an den existentiellen Inhalt der Buchvorlage auf der Strecke. Auch die mittels elektronischer Farbmanipulationen erreichten Traumbilder des »Magischen Theaters«, die Hallers visionäre Zustände erlebbar machen sollen, bleiben nicht mehr als theatralische Kulissen. Gegen das mangelnde dramaturgische Konzept kann auch der gute Hauptdarsteller nichts ausrichten. ✦ USA/Frankreich/Schweiz 1974 **P** Peter J. Sprague **Pd** Melvin Fishman, Richard Herland **R** Fred Haines **B** Fred Haines, nach einem Roman von Hermann Hesse **K** Tomislav Pinter **M** George Gruntz **S** Irving Lerner **D** Max von Sydow (Harry Haller), Dominique Sanda (Hermine), Pierre Clementi (Pablo), Carla Romanelli (Maria), Charles Regnier (Loering), Helmut Förnbacher (Franz), Silvia Reize (Dora), Eduard Linkers (Hefte) **L** 107 **E** 2.7.1987 ZDF

STEPPING OUT (STEPPING OUT). Eine Theatertruppe probt die schließlich zündende Step-Nummer für eine Benefiz-Gala. Im Mittelpunkt steht die Kursleiterin, die zwar die Hoffnung auf eine eigene Karriere noch nicht begraben hat, aber einer ungewissen Zukunft mit ihrem Geliebten, einem Rocksänger, von dem sie ein Kind erwartet, die Arbeit mit den Theater-Laien vorzieht. Kein Musical, sondern eher eine »Seifenoper« mit Tanzeinlagen, in der sich alle Probleme der Welt auf sieben Personen verlagern. Dadurch zwar schematisch, aber in der Zeichnung der Charaktere durchaus einfühlsam. Vor allem Liza Minelli vermittelt eine fesselnde Aura unaufdringlicher Professionalität. – Ab 10. ✦ USA 1991 **P** Paramount **VA** CIC **Pd+R** Lewis Gilbert **B** Richard Harris, nach seinem Bühnenstück **K** Alan Hume **M** Peter Matz **S** Humphrey Dixon **D** Liza Minnelli (Mavis), Shelley Winters (Mrs. Fraser), Robyn Stevan (Sylvia), Bill Urbin (Geoffrey), Sheila McCarthy (Andy), Carol Woods (Rose), Andrea Martin (Dorothy) **L** 104 **FSK** ab 6 **E** 5.8.1992 Video/24.12.1994 PRO 7 **fd** 29 761

STEPPING RAZOR – THE PETER TOSH STORY (STEPPING RAZOR – THE PETER TOSH STORY/ STEPPING RAZOR RED V). Dokumentation über das Leben des Reggae-Künstlers Peter Tosh, eines jamaikanischen Volkshelden und radikalen politischen Kämpfers. Seine internationale Karriere begann zusammen mit Bob Marley und Bunny Wailer in den 60er Jahren in den Ghettos von Kingston, Jamaika. Toshs Aufzeichnungen zu seiner geplanten Autobiographie bilden das Gerüst des Films. Interviews mit Freunden sowie ältere Gespräche mit Tosh selbst und bislang unveröffentlichtes Konzertmaterial, intelligent und spannend zusammengestellt, ermöglichen das Verständnis seiner steilen Karriere, die durch seinen gewaltsamen Tod endete. (Originalfassung) – Ab 16. ✦ Kanada 1992 **KI** Arsenal **Pd** Edgar Egger **R+B** Nicholas Campbell **K** Edgar Egger **M** Peter Tosh, The Wailers **S** Trevor Ambrose **L** 103 **E** 24.1.1994

STEPUTAT & CO. → Das Glück auf dem Lande

STERBEN, ABER RICHTIG (A BETTER WAY TO DIE). Ein unbescholtener Mann wird fälschlicherweise für einen Agenten gehalten, der über wertvolle Informationen verfügen soll, und gerät ins Fadenkreuz konkurrierender Geheimdienste. Eine an Alfred Hitchcocks Klassiker »Der unsichtbare Dritte« erinnernde Geschichte, die sich jedoch ohne Ironie, sondern in schonungsloser B-Picture-Härte entwickelt, ohne allerdings postmodernen Action-Zynismen zu huldigen. Ein kompromisslos und ohne falschen Anspruch erzählter Film, an dessen Ende ein einsamer Held steht, der lernen musste zu töten, dessen Verluste an Menschen und Moral jedoch keinen Triumph zulassen. DVD: Die Extras umfassen u. a. einen Audiokommentar des Regisseurs. ✦ USA 2000 **P** Newman/Tooley Films/Newmarket Capital Group **VA** Columbia TriStar Home **DVD** Columbia TriStar Home (16:9, 1.85:1, DD5.1 engl./dt.) **Pd** Graham Taylor, Russell Gray, Bradley Fuller **R+B** Scott Wiper **K** Lawrence Sher **M** John Keane **S** James E. Tooley **D** Scott Wiper (Boomer), André Braugher (Cleveland), Joe Pantoliano (Flash), Natasha Henstridge (Kelly), Lou Diamond Phillips (William Dexter), Matt Gallini (Laslov), Wayne Duvall (Rifkin) **L** 98 **FSK** SPIO JK **E** 9.10.2001 Video & DVD **fd** 35 169

STERBEN, BEVOR DAS LEBEN BEGINNT (KORPUS GENERALA SCHUBNIKOWA). Ein für schwierige Kampfaufgaben und unter strenger Geheimhaltung zusammengestelltes sowjetisches Panzerkorps erhält den Auftrag, einen Angriff als Ablenkungsmanöver zu führen, um damit gegnerische Kräfte an der Front zu binden. Daß diese gewagte, militärisch aber notwendige Operation die meisten Soldaten in den Tod führen wird, weiß nur der Kommandeur, der, auf sich allein gestellt, diese Entscheidung zu verantworten hat. Künstlerisch schwacher Film, der seinem anspruchsvollen Thema nicht gerecht wird. (TV-Titel DDR: »Das Korps des General Schubnikow«) – Ab 14. ✦ Scope, schwarz-weiß. UdSSR 1980 **P** Mosfilm **KI** Progress **R** Damir Wjatitsch-Bereshnych **B** Kiril Rapoport **K** Anatoli Nikolajew **M** Michail Siw **D** Anatoli Wassiljew (Schubnikow), Viktor Korschunow (Armeegeneral), Jewgeni Leonow-Gladyschew (Malzew), Marina Jakowlewa (Mascha), Sergej Prochanow (Kuzenko) **L** 89 **E** 7.5.1981 DFF 2/7.5.1982 Kino DDR

STERBEN FÜR MADRID (MOURIR A MADRID). Vorwiegend aus Archivaufnahmen montierte Darstellung des Spanischen Bürgerkriegs, die durch geschickte Anordnung des Materials zu einer aufrüttelnden Geschichtslektion wird. Ein spannender Dokumentarfilm, der es versteht, ein dramatisches Gefälle zu erzeugen und die Sympathien der Zuschauer zu lenken. – Sehenswert ab 16. ✦ Schwarz-weiß. Frankreich 1962 **P** Ancinex **KI** Nora/Freunde der Deutschen Kinemathek **R** Frédéric Rossif **B** Madeleine Chapsal, Frédéric Rossif **K** Georges Barsky **M** Maurice Jarre **L** 85 **FSK** ab 16; f **FBW** bw **E** 1963 **fd** 12 762

STERBEN IST GESÜNDER. Deutscher (Fernseh-) Thriller um einen Familienvater, dem eröffnet wird, daß er bald an Lungenkrebs sterben muß. Daraufhin läßt er sich, um seine Familie versorgt zu sehen und seine Schulden zu tilgen, auf ein höchst dubioses Geschäft ein. ✦ Deutschland 1997 **R+B** Gert Steinheimer **K** Johannes Geyer **M** Christoph Gracian Schubert **S** Brigitta Tauchner **D** Ulrich Mühe (Hugo Wallner), Rolf Hoppe (Georg Mosbacher), Monika Baumgartner (Brigitte Wallner), Walter Kreye (Prof. Kuhn), Rainer Bock (Christoph Wimmer) **L** 97 **E** 23.2.1998 premiere

STERBEN MIT 30 (MOURIR A TRENTE ANS). 1978 nahm sich Michel Recanati, einer der Führer der französischen Studentenrevolte im Mai 1968, das Leben. Sein Freund, der Filmemacher Romain Goupil, stellte aus gefilmten Erinnerungen und Interviews einen persönlichen Montagefilm zusammen, der über das Porträt hinaus Bedeutung und Mythos der damaligen Studentenbewegung rekapituliert und damit das Generationsgefühl von einst beschreibt. Intelligent und einfühlsam montiert, mit einem präzisen Kommentar; zwischen exakter Realitätsbeschreibung und poesievoller Kommentierung besteht ein außergewöhnliches, vielschichtiges Spannungsmoment. – Ab 16. ✦ Frankreich 1982 **P** Marin Karmitz Production **Pd** Marin Karmitz **R+B** Romain Goupil **K** Sophie Goupil, Jean Chiabaut, Renan Polles, Romain Goupil **S** Françoise Prenant **D** Michel Recanati, Romain Goupil **L** 95 **E** 4.8.1983 ZDF

STERBEN ... UND LEBEN LASSEN (BIG TROUBLE). Um seinen Drillingen ein Musikstudium zu ermöglichen, gerät ein unbescholtener Versicherungsvertreter in ein Mordkomplott. Wider Willen trägt er zur Rettung des Konzerns vor Terroristen bei und sichert den Beteiligten den gesellschaftlichen Aufstieg. Makabre schwarze Kriminalkomödie über die Sucht nach Geld, Wohlstand und Erfolg. Die Genremuster lustvoll abwandelnd, gelingt Cassavetes in Fortführung seines Werkes ein aberwitziges Psychogramm einer Gesellschaft am Rande des Wahnsinns. (Der Film erschien zunächst auf Video und lief später im Kino unter dem Titel »Big Trouble – Sterben ... und leben lassen«) – Sehenswert ab 14. ✦ Scope. USA 1985 **P** Delphi III/Columbia **KI** FiFiGe **VA** RCA/ Columbia **Pd** Mike Lobell (ungenannt) **R** John Cassavetes **B** Warren Bogle (= Andrew Bergman) **K** Bill Butler **M** Bill Conti **S** Donn Cambern, Ralph E. Winters **D** Alan Arkin (Leonard Hoffman), Peter Falk (Steve Rickey), Beverly D'Angelo (Blanche Rickey), Charles Durning (O'Mara), Robert Stack (Winslow), Paul Dooley (Noozel) **L** 93 **FSK** ab 12 **E** 15.7.1986 Video/ 4.6.1987 Kino **fd** 25 691

STERBEN UND STERBEN LASSEN → Living to Die

DER STERBENDE SCHWAN (UMIRAYUSHHCHLI LEBED). Eine stumme Tänzerin beeindruckt einen Maler mit ihrer Gestaltung des »Sterbenden Schwans« so nachdrücklich, daß er ihren sterbenden Körper als Bildnis des Todes schlechthin zu porträtieren beginnt. Als sich sein Modell in einen anderen Mann verliebt, verfällt er in Panik und Wahnsinn. Stummfilm-Drama mit der berühmten russischen Ballerina Vera Karalli in der Hauptrolle. ✦ Schwarz-weiß. Russland 1917 **R** Jewgeni Bauer **B** Zoya Barantsevitch **K** Boris Zawelew **D** Vera Karalli (Gizelle, taube Tänzerin), Alexander Cherumwimow (Ihr Vater), Vitold Polonskii (Viktor), Andreij Gromov (Valerii) **L** 49 **E** 3.12.1995 N 3

STERN ALPHA RUFT ERDE (OTROKI WO WSELENNOI). Fortsetzung des Kinder-Science-Fiction-Films »Start zur Kassiopeia« (1973) über die Abenteuer einer jugendlichen Raumschiffbesatzung. (Alternativtitel: »Roboter im Sternbild Kassiopeia«) – Ab 8. ✦ Scope. UdSSR 1974 **P** Gorki-Studio **KI** Progress **R** Richard Wiktorow **B** Awenir Sak, Issaj Kusnezow **K** Andrej Kirillow, A. Mussatow **M** Wladimir Tschernyschew **D** Mischa Jerschow (Sereda), Sascha Grigorjew (Koselkow), Wolodja Sawin (Kopanygin), Olga Bitjukowa (Kutejschtschikowa), Nadja Owtscharowa (Sorokina), Innokenti Smoktunowski (BSA), Wolodja Bassow (Lobanow), Ira Popowa (Panferowa) **L** 80 **E** 22.6.1975 DFF 2/13.2.1976 Kino DDR

STERN DER HOFFNUNG (SWESDA NADESHDY). Als einziges unabhängiges Land des zu Beginn des 18. Jahrhunderts geteilten Armeniens kämpft der kleine Bergstaat Sjumik um die Erhaltung der Unabhängigkeit vom Osmanischen Reich. Nach folgenschweren Auseinandersetzungen zwischen dem Herrscher des Landes und dem Führer des Heeres wird die Schlacht von Maragin gegen das Osmanische Imperium mit großen Verlusten gewonnen. Interessanter historischer Abenteuerfilm zur Geschichte Armeniens. Gelegentlich etwas weitschweifig und zu pathetisch angelegt. (Im Kino lief der Film unter dem Titel »Preis der Freiheit – Teil I: Die Schlacht von Maragin; Teil II: Stern der Hoffnung«.) – Ab 14. ✦ UdSSR 1978 **P** Mosfilm **KI** Progress **R** Edmond Keossajan **B** Konstantin Issajew, nach einem Roman von Sero Chansadjan **K** Michail Ardabjewski **M** Edgar Oganessjan **D** Armen Dshigarchanjan (Mchitar Sparapet), Edischer Magalaschwili (David Bek), Laura Geworkjan (Satenik), Sos Sarkisjan (Mowses), Choren Abramjan (Ter Awetis) **L** 156 **E** 25.11./2.12.1979 DFF 2/29.8.1980 Kino DDR (zwei Teile)

STERN DER LIEBE (SOUTHWEST). Ein erfolgreicher Diamentenhändler, der in Südafrika seinen Geschäften nachgeht, bittet seinen Freund, auf seine Frau aufzupassen, da diese offensichtlich unter Verfolgungswahn leidet. Diese Bitte bringt die Protagonisten einer großen Liebe erneut zusammen, wobei der

Mann erkennen muss, dass die Frau in der Tat unter Beobachtung steht und sich alles um ein magisches Amulett dreht, das die illegalen Geschäfte des Händlers schützen soll. Bestenfalls als Abenteuer-Melodram zu bezeichnende Konfektionsware, die mit den sattsam vertrauten Versatzstücken der Genres jongliert. ✦ Deutschland/Südafrika 2001 **R** Marijan D. Vajda (= Marijan Vajda) **B** Nikolai Müllerschön **K** Igor Luther **M** Michael Hofmann de Boer **D** Uwe Ochsenknecht (Thomas Kesselbach), Miroslav Nemec (Marcus Holt), Elena Sofia Ricci (Julia Holt), Reiner Schöne (Van Hooten), James Winkler (Ruben) **L** 90 **E** 28.9.2001 ARD

STERN DES GESETZES (THE TIN STAR). Der filmsprachlich vielleicht lehrreichste Western überhaupt. Während ein zum Kopfgeldjäger verkommener einstiger Sheriff einem überforderten Grünschnabel 1870 die Finessen des Sheriffhandwerks beibringt, lehrt Filmregisseur Anthony Mann den Zuschauer alles, was es über Raumgestaltung, Kameraführung und Schnitt des klassischen Genrewestern zu wissen gilt. Lange Zeit als billiger Abklatsch von »12 Uhr mittags« verkannt, gehört »Stern des Gesetzes« zu den Paradebeispielen der amerikanischen Kinomythenproduktion. – Sehenswert ab 14. ✦ Scope, schwarz-weiß. USA 1957 **P** Paramount **KI** Paramount **Pd** William Perlberg, George Seaton **R** Anthony Mann **B** Dudley Nichols **K** Loyal Griggs **M** Elmer Bernstein **S** Alma Macrorie **D** Henry Fonda (Morgan Hickman), Anthony Perkins (Ben Owens), Betsy Palmer (Nona Mayfield), Michael Ray (Kip Mayfield), Neville Brand (Bogardus), John McIntire (Dr. McCord), Mary Webster (Millie), Peter Baldwin (Zeke McGaffey), Lee Van Cleef (Ed McGaffey), Richard Shannon (Buck Henderson), James Bell (Richter Thatcher), Howard Petrie (Harvey King), Russell Simpson (Clem Hall), Frank McGrath (Jim Clark) **L** 93 **FSK** ab 12; f **FBW** w **E** 28.2.1958/5.6.1969 ZDF **fd** 6 797

STERN DES NORDENS (L'ETOILE DU NORD). Als ein Abenteurer, der wegen Mordes von der Polizei gejagt wird, in einer kleinen Pension in der belgischen Provinz Unterschlupf findet, bahnt sich zwischen ihm und seiner resoluten Vermieterin eine Freundschaft an, während die Ermittler ihr Netz zuziehen. Simenon-Verfilmung, der es weniger um kriminalistische Spannung als um die Beziehung der beiden grundverschiedenen Menschen geht. Trotz einiger Längen dank genauer Milieuschilderung, liebevoller Beobachtung alltäglicher Details sowie der hervorragenden Hauptdarsteller fesselnd. (Westdeutscher TV-Titel: »Das Geheimnis des Rubins«) – Ab 16. ✦ Frankreich 1982 **P** Sara Films/Antenne 2 **KI** Progress **Pd** Alain Sarde **R** Pierre Granier-Deferre **B** Michel Grisolia, Jean Aurenche, Pierre Granier-Deferre, nach einem Roman von Georges Simenon **K** Pierre-William Glenn **M** Philippe Sarde **S** Jean Ravel **D** Philippe Noiret (Edouard), Simone Signoret (Madame Baron), Fanny Cottençon (Sylvie), Julie Jézéquel (Antoinette), Jean Rougerie (Monsieur Baron) **L** 123 **E** 10.8. 1984 Kino DDR/7.6.1987 ZDF/9.4.1988 DFF 1

STERN DES SÜDENS (THE SOUTHERN STAR / L'ETOILE DU SUD). Ein verschwundener Riesendiamant bringt einen Geologen in Diebstahlsverdacht und veranlaßt ihn zur Flucht durch den senegalesischen Busch. Aufwendiger Abenteuerfilm mit großartigen Tieraufnahmen. Spannende Unterhaltung. – Ab 16. ✦ Scope. Großbritannien/Frankreich 1968 **P** EuroFrance/Capitole **KI** Columbia **Pd** Roger Duchet **R** Sidney Hayers **B** David Purcell, Jack Seddon, Jean Giono, nach einem Roman von Jules Verne **K** Raoul Coutard **M** Georges Garvarentz **S** Tristam Cones **D** George Segal (Dan Rockland), Ursula Andress (Erica Kramer), Orson Welles (Plankett), Ian Hendry (Karl Ludwig), Michael Constantine (José) **L** 105 **FSK** ab 12; nf **E** 5.4.1969 **fd** 16 180

EIN STERN FÄHRT NACH SÜDEN (ZVEZDA PUTUJE NA JUG / HVEZDA JEDE NA JIH). Film um das Jazz-Orchester Karel Vlach: Der Gesangstar Sonja verpaßt den Sonderzug, der sie alle zum Musik-Festival an die Adria bringen soll, und stößt nach mancherlei Umwegen doch noch im rechten Moment zur Truppe. Musikalischer Unterhaltungsfilm mit dünner Handlung. – Ab 12. ✦ CSR/Jugoslawien 1958 **P** Lovcen Film Budva/Filmstudio Barrandov **KI** Progress **R** Oldrich Lipsky **B** Oldrich Lipsky, Jirí Síla, Vladimir Skutina **K** Ferdinand Pecenka **M** Jirí Baur, Miloslav Duchac, Vlastimil Hála **D** Gordana Miletic, Rudolf Hrusínsky, Rudolf Deyl, Milos Kopecky, Eman Fiala **L** 100 **E** 20.6.1964 Kino DDR

EIN STERN FÄLLT VOM HIMMEL (1934). Ein schüchterner Musikstudent, der sich mit Hilfe einer resoluten Puppen-Verkäuferin endlich Gehör verschaffen kann, wird dazu engagiert, einem amerikanischen Tenor seine Stimme zu leihen, da dieser seine Gesangsstimme zu verlieren droht. Während der Filmaufnahmen bliebt der Student hinter den Kulissen, doch bei der Premiere klärt der Tenor den wahren Sachverhalt auf und verhilft dem begnadeten Sänger zu seiner Karriere. Die dritte Hauptrolle für Joseph Schmidt in einem unterhaltsamen Film, in dem er zum ersten Mal vom Klischee des unglücklichen Liebhabers abrücken kann. Regie und Buch nutzen das beliebte Sujet »Film im Film«, um mit parodistischen Zutaten die damals beliebten Hawaii-Schmachtfetzen zu persiflieren. – Ab 12. ✦ Schwarz-weiß. Österreich 1934 **P** Styria-Film **VA** absolut MEDIEN/Salzgeber **R** Max Neufeld **B** Fritz Zoreff, Arthur Rebner **K** Adolf Schlasy **M** Hans May **S** Lazi Vidor **D** Joseph Schmidt (Josef Reiner), Egon von Jordan (Douglas Lincoln), Evi Panzner (Annerl), Herbert Hübner (Tomson), Rudolf Carl (Kerndl) **L** 85 **FSK** ab 12 **E** Oktober 1997 **fd** 32 771

EIN STERN FÄLLT VOM HIMMEL (1961). Eine bereits abgetretene Eiskunstlaufmeisterin rettet eine Revueveranstaltung, in deren Manager sie sich verliebt hat. Zugleich wird der profitgierige Geldgeber aufs Glatteis geführt. Schaulaufen der Wiener Eisrevue, Toni Sailers Skikünste und wirkungsvolle Gebirgsaufnahmen in einem routinemäßig inszenierten Lustspiel. – Ab 10. ✦ Scope. BR Deutschland/Österreich 1961 **P** Kurt Ulrich/Wiener Mundus **KI** UFA **Pd** Rudolf Stering, Wolfgang Birk **R+B** Geza von Cziffra **K** Willy Winterstein **M** Heino Gaze **S** Eleonore Kunze **D** Ina Bauer (Helga Held), Toni Sailer (Heinz Normann), Gunther Philipp (Willy Barsch), Susi Nicoletti (Käthe Held, Helgas Mutter), Ruth Stephan (Helga Held II) **L** 97 **FSK** ab 6; nf **E** 1.9.1961/4.11.1972 ZDF **fd** 10 502

EIN STERN GEHT AUF (A STAR IS BORN). Ein Mädchen vom Lande macht Karriere in Hollywood. Es opfert dafür seine Persönlichkeit und die Ehe mit einem ehemals berühmten Schauspieler, der dem Alkohol verfällt und Selbstmord begeht. In den satirischen Seitenhieben auf den Moloch Hollywood überzeugender als in den melodramatischen Sequenzen; dennoch (und obwohl das Remake von 1954 unter der Regie von Cukor größere Popularität genießt) ein sehenswerter Unterhaltungsfilm des klassischen Hollywood-Kinos, mit Sorgfalt und Geschmack inszeniert. – Ab 16. ✦ Schwarz-weiß. USA 1937 **P** Selznick International/United Artists **Pd** David O. Selznick **R** William A. Wellman **B** Dorothy Parker, Alan Campbell, Robert Carson, David O. Selznick (ungenannt), William A. Wellman (ungenannt), Ring Lardner jr. (ungenannt), Budd Schulberg (ungenannt), John Lee Mahin (ungenannt) **K** W. Howard Greene **M** Max Steiner **S** James E. Newcom **D** Janet Gaynor (Esther/Vicki), Fredric March (Norman Maine), Adolphe Menjou (Oliver Niles), Andy Devine (Danny McGuire), May Robson (Lettie), Lionel Stander (Libby), Owen Moore (Casey Burke), Elizabeth Jenns (Anita Regis), J.C. Nugent (Theodore Smythe) **L** 111 **E** 31.10.1982 ARD **fd** 23 684

DER STERN IM WESTEN (THE SECOND TIME AROUND). Eine resolute Witwe bringt es 1911 im Wilden Westen zu Sheriffsehren und gewinnt ihren Kindern eine neue Heimat. Parodistische Westernkomödie mit einer quirligen Debbie Reynolds in der Hauptrolle. – Ab 14. ✦ Scope. USA 1961 **P** 20th Century Fox **KI** Centfox **Pd** Jack Cummings **R** Vincent Sherman **B** Oscar Saul, Cecil Dan Hansen, nach einem Roman von Richard Emery Roberts **K** Ellis W. Carter **M** Gerald Fried **S** Don Feld **D** Debbie Reynolds (Lucretia Rogers), Steve Forrest (Dan Jones), Andy Griffith (Pat Collins), Juliet Prowse (Rena), Thelma Ritter (Aggie), Ken Scott (Sheriff John Yoss), Isobel Elsom (Mrs. Rogers), Eleanor Audley (Mrs. Trask), Rodolfo Acosta (Rodriguez), Timothy Carey (Bonner), Tom Greenway (Shack), Tom Fadden (Ladenbesitzer) **L** 98 **FSK** ab 6; nf **E** 29.12.1961 **fd** 10 828

EIN STERN IN MEINER DUNKLEN NACHT (IF YOU COULD SEE WHAT I HEAR). Die Geschichte eines blinden College-Studenten, der sich nicht unterkriegen läßt und sich und seiner Umwelt ständig beweist, daß er Großes zu leisten in der Lage ist. Sein Erfolg bei Frauen erhält einen Dämpfer, als er die sympathische Patty kennenlernt, die nicht so leicht zu beeindrucken ist. Die authentische, wenn auch geschönte Lebensgeschichte des amerikanischen Sängers und Komponisten Tom Sullivan. – Ab 16. ✦ USA 1981 **P** Cypress Grove/Jensen Farley Prod. **Pd** Eric Till, Stuart Gillard **R** Eric Till **B** Stuart Gillard, nach einem Roman von Tom Sullivan und Derek Gill **K** Harry Makin **M** Eric Robertson (= Eric N. Robertson) **S** Eric Wrate **D** Marc Singer (Tom Sullivan), R.H. Thomson (Will Sly), Sarah Torgov (Patty Steffen), Shari Belafonte Harper (Heather Johnson), Douglas Campbell (Porky Sullivan), Helen Burns (Mrs. Ruxton), Harvey Atkin (Bert) **L** 102 **E** 23.10. 1989 ARD

STERN MEINES LEBENS (YOU LIGHT UP MY LIFE). Eine junge Frau, die von Kindheit auf mit ihrem Vater, einem zweitklassigen Komiker, in Fernsehshows für Kinder zusammenarbeitet, möchte als Sängerin Karriere machen. Sie trennt sich sowohl von ihrem Vater als auch von dem jungen Mann, den sie heiraten soll, und nimmt das Angebot eines Regisseurs zur Zusammenarbeit an. Am Ende steht zwar eine Enttäuschung in der Liebe, aber der Durchbruch als Sängerin. Die Handlung des ungemein hölzernen und durchweg langweiligen Films von J. Brooks (Produktion, Regie, Buch, musikalische Leitung) dient nur als Vehikel für die zahlreichen Songs. ✦ USA 1978 **P** Columbia **Pd+R+B** Joseph Brooks **K** Eric Saarinen **M** Joseph Brooks **S** Lynzee Klingman **D** Didi Conn (Lauri Robinson), Joe Silver (Si Robinson), Stephen Nathan (Ken), Michael Zaslow (Cris), Melanie Mayron (Annie) **L** 90 **E** 16.2.1979 ARD

STERN OHNE HIMMEL. Kurz vor Ende des Zweiten Weltkriegs entdecken vier Jugendliche in ihrem geheimen Lebensmittelversteck einen aus dem KZ geflohenen Judenjungen und verstecken ihn bei Gefahr des eigenen Lebens. Nach dem Roman von Leonie Ossowski gestaltetes Drama, das aus der Sicht seiner jugendlichen Helden dem Haß und der Unmenschlichkeit in chaotischer Zeit ein Beispiel praktizierter Menschlichkeit und Nächstenliebe entgegensetzt. Obwohl passagenweise allzu sehr der Fernsehdramaturgie verhaftet, ein wichtiger Beitrag zur Zeitgeschichte. – Sehenswert ab 12. ✦ BR Deutschland 1980 **P** Ottokar Runze Produktion **KI** Nobis/Koelzer **R** Ottokar Runze **B** Leonie Ossowski, nach ihrem Roman **K** Michael Epp **M** Hans-Martin Majewski **S** Inge P. Drestler **D** Manfred Gliewe (Willi), Andreas Hameder (Antek), Hieronymus Blösser (Zick), Martin Fuchs (Paule), Uwe Drissler (Abiram), Claudia Brunnert (Ruth), Randolf Kronberg (Herr Nagold), Gisela Dreyer (Frau Nagold) **L** 85 **FSK** ab 6; f **FBW** w **E** 24.4.1981/9.3.1984 Kino DDR **fd** 23 000

STERN OHNE NAMEN (1946) → Chanson der Liebe

STERN OHNE NAMEN (1966) (STEAUA FARA NUME / POUR UNE ETOILE SANS NOM). In einem kleinen rumänischen Städtchen der 30er Jahre führt das Schicksal eine junge verwöhnte Frau in das Haus eines weltfremden Mathematiklehrers. Die Zuneigung der beiden Menschen findet keine Erfüllung in einer dauerhaften Bindung, da sich die Frau nicht von ihrem luxuriösen Leben zu trennen vermag. Gefühlvolle Unterhaltung, einfühlsam inszeniert und gespielt. – Ab 14. ✦ Scope, schwarz-weiß. Rumänien/Frankreich 1966 **P** Argos-Films/Les Films Luciana/Cocinor/Les Films Marceau **KI** Progress **R** Henri Colpi **B** Henri Colpi, Alexandru Mirodan, nach einem Roman von Mihail Sebastian **K** Aurel Samson **M** Georges Delerue **D** Claude Rich (Miroiu), Marina Vlady (Mona), Grigore Vasiliu-Birlic (Udrea), Cristea Avram (Grig), Eugenia Popovici (Frl. Cucu) **L** 81 **E** 23.12.1966 Kino DDR/17.8.1968 DFF 1

EIN STERN STEIGT AUF (HVEZDA PADA VZHURU). Angelehnt an das Volksmärchen vom Dudelsackpfeifer mit seinem verzauberten Instrument wird der Aufstieg eines Schlagersängers beschrieben, der den Versuchungen des Ruhmes und der bösen westlichen Welt erliegt, schließlich aber Heimat und Liebste wiederfindet. Verunglücktes Musical, in dessen Mittelpunkt der bekannte Sänger Karel Gott steht. – Ab 8. ✦ Scope. CSSR 1974 **P** Filmstudio Barrandov **KI** Progress **R** Ladislav Rychman **B** Václav Nyvlt, Ladislav Rychman, Jirí Staidl **K** Jan Kalis **M** Ladislav Staidl **D** Karel Gott (Jirka Svanda), Jitka Molavcová (Dořotka), Josef Somr (Vocilka), Zuzana Kocúriková (Linda), Jirí Sovák (Kalenda) **L** 116 **E** 16.7. 1976 Kino DDR/8.3.1978 DFF 1

DER STERN UND SEIN SCHATTEN. Dokumentarfilm über die Zwangsarbeit während des Nationalsozialismus im Daimler-Benz-Konzern. Wie viele andere deutsche Industriegiganten setzte auch der Automobilkonzern Tausende von Kriegsgefangenen und KZ-Häftlingen als Zwangsarbeiter ein, unter anderem im Betrieb Genshagen-Ludwigsfelde, einem »Musterbetrieb« Hitlers. – Ab 16. ✦ **R** Eike Schmitz, Helmuth Bauer **L** 90 **E** 5.6.1993 arte

STERN UND TOD DES JOAQUIN MURIETA (SWESDA I SMERT CHOAKINA MURJETY). Der junge Chilene Joaquin Murieta reist Mitte des vorigen Jahrhunderts nach Kalifornien, um sich dort an der Goldsuche zu beteiligen. Von den Einheimischen abgelehnt und vertrieben, wird er zum gefürchteten Rächer seiner ums Leben gekommenen Angehörigen und Freunde. Rock-Oper nach Pablo Nerudas einzigem Theaterstück. Formal wie inhaltlich interessantes, eigenwilliges, musikalisch hörenswertes, wenn auch auf zuviel Brutalität abgestelltes Action-Musical. ✦ UdSSR 1982 **P** Gorki-Studio **KI** Progress **R** Wladimir Grammatikow **B** Wladimir Grammatikow, Alexej Rybnikow, Alexej Timm, nach dem gleichnamigen Bühnenstück von Pablo Neruda **K** Alexander Antipenko **M** Alexej Rybnikow **D** Andrej Charitonow, Aljona Beljak, Alexander Filippenko, Eduard Narzewitsch **L** 87 **E** 22.2.1985 Kino DDR

STERN VOM BROADWAY (LOOK FOR THE SILVER LINING). In Form eines Musicals dargebotene Biografie der in den USA der 20er Jahre berühmten Revuetänzerin Marilyn Miller. Eine bescheidene Produktion, deren holprige Handlung den Rahmen für einige originelle Vaudeville-Nummern abgibt. Gefällige Unterhaltung mit Humor und musikalischem Temperament. – Ab 14. ✦ USA 1949 **P** Warner **KI** Warner **Pd** William Jacobs **R** David Butler **B** Phoebe Ephron, Henry Ephron, Marian Spitzer, nach »Life of Marilyn Miller« von Bert Kalmar und Harry Ruby **K** J. Peverell Marley **M** Ray Heindorf **S** Irene Morra **D** June Haver (Marilyn Miller), Ray Bolger (Jack Donahue), Charles Ruggles (Pop Miller), Gordon MacRae (Frank Carter), Rosemary DeCamp (Mom Miller), Lee Wilde (Claire Miller), Lynn Wilde (Ruth Wilde), Dick Simmons (Henry Doran) **L** 95 **FSK** ab 12; nf **E** 23.6.1950 **fd** 704

DER STERN VON AFRIKA. Das Schicksal des deutschen Jagdfliegers Hans-Joachim Marseille, der während des Zweiten Weltkriegs in Afrika durch persönlichen Mut und eigenwillige Taktik erfolgreich war und bei einem Fallschirmabsprung ums Leben am. Clevere Mischung aus Heldenepos, Kampfreportage und halbherzigen Antikriegsphrasen. (Alternativtitel: »Hauptmann Marseille«) – Ab 16 möglich. ✦ Schwarz-weiß. BR Deutschland 1957 **P** Neue Emelka/Ariel **KI** Ufa **VA** Kinowelt Home **DVD** Kinowelt Home (FF, Mono dt.) **Pd** Rüdiger von Hirschberg **R** Alfred Weidenmann **B** Herbert Reinecker **K** Helmuth Ashley **M** Hans-Martin Majewski **S** Carl-Otto Bartning **D** Joachim Hansen (Hans-Joachim Marseille), Marianne Koch (Brigitte), Peer Schmidt (Answald Sommer), Hansjörg Felmy (Robert Franke), Horst Frank (Albin Droste), Karl Lange (Hauptmann Krusenberg), Werner Bruhns (Werner Heydenreich), Alexander Kerst (Major Niemeyer) **L** 107 **FSK** ab 12; f **E** 13.8.1957/30.10.2001 Video & DVD **fd** 6 084

DER STERN VON INDIEN →Die Burg der Verräter

STERN VON RIO (1940). Bis hin zu verbrecherischen Konsequenzen bekämpfen sich ein diamantenschürfender Abenteurer und ein undurchsichtiger südamerikanischer Millionär wegen eines Riesendiamanten und einer verführerischen Nachtclubtänzerin. Kriminal- und Abenteuerreißer aus der Nazi-Zeit, der aufgrund der Schlager und exotischen Tanzdarbietungen La Janas als »gewagt« empfunden wurde und zum Publikumserfolg avancierte. – Ab 16. ✦ Schwarz-weiß. Deutschland 1940 **P** Tobis **KI** NF **Pd** Heinrich Jonen **R** Karl Anton **B** Hans Fritz Köllner, Felix von Eckardt, nach einer Idee von H. F. Köllner **K** Bruno Mondi **M** Willy Engel-Berger **D** La Jana (Concha), Werner Scharf (Vincente), Gustav Diessl (Don Felipe Escobar), Fritz Kampers (Pieter Jonken), Paul Otto (Ter Neer), Hubert von Meyerinck (Louis Borinage), Max Gülstorff (Adrian), Harald Paulsen (Jacobo) **L** 95 **FSK** ab 12; nf **E** 20.3.1940/22.7.1975 ZDF/4.1.1982 DFF 1

STERN VON RIO (1955) (STELLA DI RIO). Neufassung des alten deutschen Erfolgsfilms. Die aus Liebe, Eifersucht, Habgier und Gaunerei gestrickte Handlung wird mit ausgiebigen Eindrücken vom brasilianischen Karneval und zahlreichen Tänzen ausgeschmückt. – Ab 16. ✦ Schwarz-weiß. BR Deutschland/Italien 1954/55 **P** CCC/Ermes **KI** Allianz **Pd** Artur Brauner, Frank Clifford, Peter Wehrand **R** Kurt Neumann **B** Frederick Kohner (= Friedrich Kohner), nach einer Idee von Hans F. Köllner **K** Willy Winterstein **M** Willi Mattes **S** Walter Wischniewsky **D** Maria Frau (Chiquita), Franco Andrei (Vincente), Johannes Heesters (Don Felipe), Willy Fritsch (Silvester), Jester Naefe (Dina) **L** 100 **FSK** ab 12; nf **E** 9.4.1955 **fd** 4 001

DER STERN VON SANTA CLARA. Verulkung sizilianischer Blutrachedramen mit dem Schweizer Schnulzentenor Vico Torriani in der Rolle eines singenden Meisterschützen. Weithin vergnügliche musikalische Posse. (Fernsehtitel: »Der Held von Santa Clara«) ✦ BR Deutschland 1958 **P** CCC **KI** DFH **Pd** Artur Brauner **R** Werner Jacobs **B** Ulrieke Berg, Helmuth M. Backhaus, Werner Jacobs **K** Karl Loeb **M** Erwin Halletz **S** Johanna Meisel **D** Vico Torriani (Carlo del Ponte), Ruth Stephan (Mitzi Underhuber), Gerlinde Locker (Antonella), Hubert von Meyerinck (Freddy), Brigitte Mira (Tante Theresa) **L** 85 **FSK** ab 6; nf **E** 2.10.1958/14.10.1995 RTL 2 **fd** 7 395

STERNA PARADISA →Geiselfahrt ins Paradies

STERNBERG – SHOOTING STAR (STERNBERG – SHOOTING STAR). Ein sanftmütiger »Geduldsengel« ohne negative Eigenschaften verändert die Menschen durch seine bloße Anwesenheit und sein Einfühlungsvermögen, während sein anfangs unfreiwilliger Partner das gleiche Ziel mit Sarkasmus und Anarchie verfolgt. Überdrehte Satire auf den Wahn einer in ihrer satten Bürgerlichkeit gefangenen Gesellschaft. Die beabsichtigte Reflexion über wahre Werte des Daseins verschwindet nicht selten hinter bizarren Regieeinfällen, einem schrägen Figuren-Arsenal und Geschmacklosigkeiten. ✦ Österreich 1987 **P** Wega **KI** Arsenal **R** Niki List **B** Peter Berecz, Niki List **K** Hans Selikovsky **M** Harald Kloser **S** Ingrid Koller **D** Jean-Pierre Kornu (Sternberg), Paulus Manker (Harry, der Blinde), Mirjam Ploteny (Evi), Andreas Vitasek (Alf), Peter Gruber (Achilles) **L** 98 **FSK** ab 16; f **E** 12.1. 1989/26.8.1995 SAT 1 **fd** 27 288

STERNE (ZWEZDY). In einem bulgarischen Dorf begegnet der deutsche Unteroffizier Walter 1943 der jüdischen Zwangsarbeiterin Ruth. Langsam erkennt er seine Mitschuld am Elend der Deportierten; eine hoffnungslose Liebe zwischen den beiden beginnt. Walters Versuche, das Mädchen vor dem Abtransport nach Auschwitz zu retten, bringen ihn in Kontakt mit bulgarischen Partisanen, scheitern jedoch auf tragische Weise. Ein Film voller Poesie, Gefühl und menschlicher Haltung mit einer hervorragenden schauspielerischen Leistung von Sascha Kruscharska. DEFA-Regisseur Konrad Wolf (1925–1982) schuf mit diesem auch visuell faszinierenden Drama einen der beeindruckendsten Filme des DDR-Kinos. – Sehenswert ab 16. ✦ Schwarz-weiß. DDR/ Bulgarien 1958 **P** Spielfilmstudio Sofia **KI** Europa **R** Konrad Wolf **B** Angel Wagenstein **K** Werner Bergmann **M** Simeon Pironkow **S** Christa Wernicke **D** Sascha Kruscharska (Ruth), Jürgen Frohriep (Walter), Erik S. Klein (Kurt), Stefan Pejtschew (Bai Petko), Georgi Naumow (Blashe), Iwan Kondow (Ruths Vater), Milka Tujkowa (Partisanin), Stiljan Kunew (Der »Doktor«), Naitscho Petrow (Polizeichef), Elena Chranowa (Alte jüdische Frau) **L** 92 (BRD 89) **FSK** ab 12; f **FBW** bw **E** 27.3.1959 Kino DDR/3.6.1960 Kino BRD/15.9.1960 DFF 1 **fd** 8 944

STERNE AM MITTAG →Sterne über dem Montblanc

STERNE AN DEN MÜTZEN (CSILLAGOSOK, KATONAK). Ungarische Freiwillige kämpfen im Sommer 1918 im Süden der Sowjetunion an der Seite der Roten Armee gegen konterrevolutionäre Banden. – Ab 14. ✦ Scope, schwarz-weiß. Ungarn/UdSSR 1967 **P** Mafilm IV/Mosfilm **KI** Progress **R** Miklós Jancsó **B** Georgi Mdiwani, Gyula Hernádi, Miklós Jancsó **K** Tamás Somló **D** Tatjana Konjuchowa (Jelisaweta), Krystyna Mikolajewska (Olga), Michael Kasakow (Nestor), Viktor Awdjuschko (Matrose), Bolot Bejschenalijew (Dschinhgit) **L** 88 **E** 10.4.1970 Kino DDR

DIE STERNE BLICKEN HERAB (THE STARS LOOK DOWN). Die auf alltägliche Weise dramatische Geschichte einer Bergarbeiterfamilie in Wales von 1900 bis in die 30er Jahre. Während der Vater »vor Ort« um bessere Arbeitsbedingungen in den Zechen kämpft, schafft der ehrgeizige Sohn den Aufstieg ins Parlament. Realistische Verfilmung eines sozialkritischen Romans von A. J. Cronin. ✦ Schwarz-weiß. Großbritannien 1939 **P** Grand National **Pd** Sadore Goldschmidt **R** Carol Reed **B** J. B. Williams, nach einem Roman von A. J. Cronin **K** Max Greene (= Mutz Greenbaum) **M** Hans May **S** Reginald Beck **D** Michael Redgrave (David Fenwick), Margaret Lockwood (Jenny Sunley), Edward Rigby (Robert Fenwick), Emlyn Williams (Joe Gowan), Nancy Price (Martha Fenwick), Allan Jeayes (Richard Barras), Cecil Parker (Stanley Millington) **L** 90 **E** 16.12.1956 ARD **fd** 5 478

STERNE DES TAGES (ETOILES DU JOUR). Porträt einer syrischen Familie vom Lande, die vom Zerfall bedroht ist, als sich die Töchter der traditionellen Art der Eheschließung verweigern. – Ab 16. ✦ Syrien 1988 **R+B** Oussama Mohammad **D** Abdellatif Abdelhamid (Khalil), Zuheir Ramadan (Taufik), Zuheri Abdelkarim (Kasser), Sabah As-Salem (Sanaá), Mha As-Saleh (Hassna) **L** 99 **E** 21.12.1997 ZDF

STERNE ERLÖSCHEN NIE →Das kommt nicht wieder

STERNE IM MAI (MAJOVE HVEZDY / MAISKIJE SWESDY). Ein filmisches Gedenken an die Befreiung der Tschechoslowakei im Mai 1945. Vier Novellen des Dichters Askenazy dienen als Vorlage für ein Handlungsgerüst, das auf poesievolle und künstlerisch ansprechende Weise einen unaufdringlichen Dank an die Sowjetarmee formuliert. Trotz der ideologischen Ausrichtung hält sich das Pathos in Grenzen. – Ab 14. ✦ Schwarz-weiß. UdSSR/CSR 1959 **P** Gorki-Studio **KI** Progress **R** Stanislaw Rostozki **B** Ludvík Askenazy, nach seinen Novellen **K** Wjatscheslaw Schumski, Václav Hunka **M** Kirill Moltschanow **D** Alexander Chanow (General), Misa Staninec (Dusan), Jana Dítetová (Mutter), Ladislav Pesek (Schulleiter), Jana Brejchová (Lehrerin) **L** 92 **E** 25.12.1959 Kino DDR

STERNE IN DEN HAAREN, TRÄNEN IN DEN AUGEN (SWESDI W KOSSITE; SALSI W OTSCHITE). Episoden aus der künstlerischen Arbeit eines kleinen bulgarischen Wandertheaters, das Anfang des 20. Jahrhunderts mit einem Pferdewagen durch das Land zieht und den einfachen Menschen ihr fortschrittliches Theater nahezubringen versucht. Anspruchsvoll und beeindruckend inszeniert. – Ab 16. ✦ Bulgarien 1977 **P** Filmstudio Sofia **Kl** Progress **R** Iwan Nitschew **B** Angel Wagenstein **K** Zwetan Tschobanski **M** Kiril Zibulka **D** Petyr Slabakow (Pierre Stomanjakow), Katja Paskalewa (Elisaweta Stresowa), Tatjana Lolowa (Sultana Sjarowa), Nikolai Binew (Dinko Sjarow), Leda Tassewa **L** 109 **E** 10.11.1978 Kino DDR/14.12.1979 DFF 1

STERNE IN DER NACHT (JINYE XINGGUANG CANLAN / STARRY IS THE NIGHT). Als sich eine Sozialarbeiterin in einen jungen Mann verliebt, entdeckt sie mit Bestürzung, daß er der Sohn eines Dozenten ist, mit dem sie schon vor 20 Jahren eine unglückliche Liebesaffäre hatte. Das melodramatische Frauenporträt veranschaulicht über die Verschränkung von Gegenwart und Vergangenheit auch das Scheitern persönlicher und gesellschaftlicher Utopien. ✦ Hongkong 1988 **P** Tanson/Shaw Brothers **Pd** Hsu Feng **R** Ann Hui (= Xu Anhua) **B** Katty Leung **K** Chan Chun-Ki **M** Chung Ting-Yu **S** Wang Yi-Shun **D** George Lam (Dr. Zhang), Brigitte Ching-Xia Lin (Du), David Wu (Zhang Tianan), Erh Tung-Sheng, Kuo Tze-Tung (Frau Zhang), John Woo **L** 94 **E** 8.4. 1991 ARD

DIE STERNE LÜGEN NICHT. Ein Provinzler gewinnt das große Los und wird in der Stadt von Ganoven geprellt. Dürftiger Versuch einer deutschen Gangsterfilmparodie. (Alternativtitel: »Herr Megelein ist nicht zu sprechen«) – Ab 16. ✦ Schwarz-weiß. BR Deutschland 1950 **P** Apollo **Kl** Union **Pd** Harry Grimm, Willie Hoffmann-Andersen **R** Jürgen von Alten **B** Franz Seitz sr., Alexander Knuth, Jürgen von Alten, nach einer Idee von Peter Hauser **K** Georg Krause **M** Fritz Wenneis **D** Magda Schneider (Brigitte Krambach), Trude Haefelin (Monika Findeisen), Carl-Heinz Schroth (Otto Megelein), Fritz Kampers (Karl Krambach), Hubert von Meyerinck (Baron v. Malachowsky), Mady Rahl (Lola), Hilde Seipp (Operettensängerin), Elise Aulinger (Monikas Tante), Liesl Karlstadt (Wirtschafterin bei Megelein) **L** 87 **FSK** ab 16; nf **E** 2.11.1950

DIE STERNE SIND DIE AUGEN DER KRIEGER (SWESDE SUOTSCHI RATNIKA). In einem kleinen serbischen Dorf wird ein Lehrer verhaftet, der im Zweiten Weltkrieg mutig gegen das deutsche Regime auftritt. Mit einer außergewöhnlichen Geste stellt sich das Dorf hinter ihn. ✦ Scope. Jugoslawien 1972 **P** Sumadija-Film **R+B** Tori Jankovic **K** Aleksandar Petkovic **M** Vojislav Kostic **D** Mira Stupica, Bata Zivojinovic (= Velimir Bata Zivojinovic), Rade Serbedzija, Dragomir Felba, Adem Cejvan **L** 86 **E** 28.9. 1973 DFF 2

STERNE ÜBER COLOMBO. Liebesdrama zwischen einem indischen Maharadscha und einer schwedischen Zirkusartistin. Kitschiger, verlogener Abenteuerfilm in üppiger exotischer Kulisse, mit dem Harlan das alte Erfolgsrezept vom »Indischen Grabmal« (1938, Regie: Richard Eichberg) kopiert, ohne es durch originelle Zutaten schmackhaft zu machen. Fortsetzung: »Die Gefangene des Maharadscha«. (Vgl. auch »Die blonde Frau des Maharadscha«) – Ab 14. ✦ BR Deutschland 1953 **P** Divina **Kl** Gloria **SF** Divina **Pd** Eberhard Meichsner **R** Veit Harlan **B** Peter Francke, Veit Harlan, nach einer Idee von Peter Francke und Maria von der Osten-Sacken **K** Georg Bruckbauer, Klaus von Rautenfeld **M** Franz Grothe **S** Walter Boos **D** Kristina Söderbaum (Yrida), Willy Birgel (Gowan), Adrian Hoven (Gowaran), Karl Martell (Dari), Hermann Schomberg (Götz sr.), Paul Busch jr. (Götz jr.), René Deltgen (Lakamba), Rolf von Nauckhoff (Pahana) **L** 90 **FSK** ab 12; f **E** 17.12. 1953 **fd** 29 740

STERNE ÜBER DEM MONTBLANC (LES ETOILES DE MIDI). Der im Montblanc-Gebiet gedrehte, spannende Dokumentar-Spielfilm schildert »nach wahren Begebenheiten« die verwegene Flucht eines deutschen Kriegsgefangenen im Hochgebirge sowie zwei weitere Episoden: eine Rettungsaktion und eine schwierige Wandbesteigung. (TV-Titel: »Sterne am Mittag«) – Ab 12. ✦ Frankreich 1959 **P** Filmartic **Kl** Ring **R** Marcel Ichac **B** Gérard Herzog, Marcel Ichac **K** Georges Strouvé, René Vernadet **M** Maurice Jarre **D** Lionel Terray, Pierre Rousseau, Roger Blin, Pierre Danny, Michel Vaucher, Gérard Herzog, Jacques Ertaud **L** 77 **FSK** ab 6; f **FBW** bw **E** 23.10. 1962 **fd** 11 555

STERNE VERLÖSCHEN NICHT (SWESDY NJE GASNUT). Bericht über die Errichtung der sowjetischen Herrschaft in Aserbaidshan. Im Mittelpunkt des ereignisreichen Geschehens steht die Person des überzeugten Kommunisten Narimanow. Überdurchschnittlicher Revolutionsfilm, durch häufigen Szenenwechsel und eine Vielzahl von Personen etwas unübersichtlich. – Ab 14. ✦ Scope. UdSSR 1971 **P** Mosfilm **Kl** Progress **R** Ashdar Ibragimow **B** Issa Gussejnow, Ashdar Ibragimow **K** Alexej Temerin **M** Arif Melikow **D** Wladimir Samoilow (Narimanow), Jewgeni V. Samoilow (Tschitscherin), Valeri Winogradow (Mironow), Tengis Artschwadse (Tschingis), Boris Mulajew (Sarajew) **L** 100 **E** 29.12.1972 Kino DDR/29.11.1973 DFF 2

STERNE VON EGER (EGRI CSILLAGOK). Historischer Monumentalfilm über die Zeit der Türkenherrschaft im Ungarn des 16. Jahrhunderts, im Mittelpunkt die erfolgreiche Verteidigung von Eger gegen eine vielfache Übermacht. In farben- und schaupräc htigen Massenszenen entwirft der überlange Film ein von Rüstungen und Gewändern, Kanonendonner und Pfeilgeschwirr gekennzeichnetes Mittelalterbild, das jedoch keine Einsichten in gesellschaftliche Zusammenhänge und Geisteshaltungen dieser Zeit vermittelt. Insgesamt eine auf Dauer langatmige, unübersichtliche Aneinanderreihung von Äußerlichkeiten. – Ab 14 möglich. ✦ Scope. Ungarn 1968 **P** Mafilm **Kl** Progress **R** Zoltán Várkonyi **B** István Nemeskürty **K** Ferenc Szécsényi, Nándor Szász **M** Ferenc Farkas **D** Imre Sinkovits (Istvan), István Kovács (Gergely Bornemissza), György Bárdi, Vera Venczel (Eva Cecey), Ferenc Bessenyei (Bálint Török), Tibor Bitskey (Kapitän Mecsky) **L** 151 **E** 14.11.1969 Kino DDR/ 18.9.1971 DFF 2/25./26.12.1986 RTL

STERNENAUGE (A CSILLAGSZEMÜ). Einem mutigen jungen Hirten gelingt es, mit einem grausamen despotischen Bischof fertig zu werden und die geliebte Müllerstochter zu erringen. Abenteuerlich-märchenhafter Film, eher auf Jugendliche zugeschnitten. – Ab 10. ✦ Ungarn 1977 **P** Hunnia **Kl** Progress **R** Miklós Markos **B** Miklós Markos, nach einem Roman von Emil Kolozsváry Grandpierre **K** Gyula Bornyi **M** Sándor Szokolay **D** Juraj Durdiak (Jankó), József Madaras (Bischof Ambrus), Agnes Szirtes (Anyica), Irén Bordán (Dorica), Sándor Oszter (Leutnant) **L** 94 **E** 22.12.1978 Kino DDR/29.12.1979 DFF 2

STERNENKRIEG IM WELTALL (MESSAGE FROM SPACE). Ein auf Expansion bedachtes »Herrenvolk« unterjocht einen Nachbarplaneten und rüstet zur Eroberung der Erde, doch der Anschlag kann gerade noch vereitelt werden. Science-Fiction-Film mit fernöstlichem Kolorit; die interessante Tricktechnik und die temporeiche Inszenierung entschädigen für die etwas wirre, allzu märchenhafte Handlung. – Ab 12 möglich. ✦ Japan 1978 **P** Toei **Kl** Jugendfilm **R** Kinji Fukasaku **B** Hiroo Matsuda **K** Toru Nakajima **M** Ken-ichiro Morioka **D** Vic Morrow (Garuda), Philip Casnoff (Aaron), Peggy Lee Brennan (Meia), Sue Shiomi (Esmeralida), Sonny Chiba (Hans), Masamuni Okabe (Jack), Mikio Norita (Rockseia XII) **L** 87 **FSK** ab 12; f **E** 22.9.1978 **fd** 20 965

STERNENKRIEGER (WARRIORS OF THE WIND). Nach Atomkriegen und Umweltkatastrophen gleicht die Erde einem Jammertal. Nur das Tal der Winde, in dem eine Prinzessin mit ihren Untertanen lebt, ist verschont geblieben, doch der Friede ist durch kriegerische Außerirdische und mutierte Tausendfüßler bedroht. Erst nach vielen Abenteuern kehrt Ruhe ein. Zeichentrick-Abenteuer vor einer Endzeit-Kulisse, bevölkert mit flach gezeichneten Charakteren im Stile japanischer Fernseh-Serien, die einer Vielzahl von Vernichtungsorgien ausgesetzt werden. – Ab 16. ✦ Japan 1984 **P** Tokuma Shoten Publishing/Hakuhodo **VA** Ufa **Pd** Isao Takahata **R** Hayao Miyataki **B** Kazunori Ito, Hayao Miyataki **K** Kazuo Komatsubara **M** Shigeharu Shiba **S** Tomoko Kida **L** 91 **FSK** ab 12 **E** Januar 1987 Video

STERNENREGEN → Wenn die Sternschnuppen fallen

STERNSCHNUPPE → Wenn die Sternschnuppen fallen

STERNSCHNUPPEN (PICK A STAR / MOVIE STRUCK). Um seiner Angebeteten, einer Provinzschönheit, den Weg in Hollywood zu ebnen, begibt sich ein Mechaniker in die Filmmetropole. Als die Frau nach Hollywood kommt, hat er jedoch nichts weiter vorzuweisen als einen Posten als Aushilfskellner. Sie hat inzwischen in ihrem Heimatort einen Filmschauspieler kennengelernt, der auch außerhalb des Ateliers den Frauenhelden spielen möchte, und so stellen sich einige Liebeswirrnisse ein. Bescheidene Komödie, in der trotz einiger amüsanter Streiflichter der Funken nicht so recht überspringen will. Kleine Höhepunkte sind die Auftritte der Komiker Stan Laurel und Oliver Hardy, die sich selbst spielen. (Videotitel: »Laurel & Hardy – Sternschnuppen«) – Ab 12 möglich. ✦ Schwarz-weiß. USA 1937 **P** MGM **VA** Warner Home **Pd** Hal Roach **R** Edward Sedgwick **B** Richard Flournoy, Arthur Vernon Jones, Thomas J. Dugan **K** Norbert Brodine, Art Lloyd **M** Arthur Morton, Marvin Hatley **S** William Terhune **D** Stan Laurel (Stan), Oliver Hardy (Oliver), Jack Haley (Joe), Rosina Lawrence (Cecilia), Mischa Auer (Rinaldo), Patsy Kelly, Lyda Roberti, Charles Halton, Tom Dugan, Russell Hicks, Felix Knight **L** 76 **FSK** ab 6 (Video) **E** 3.6.1989 ARD

DER STERNSTEINHOF. Die Geschichte einer jungen Frau aus ärmlichen Verhältnissen, die unter Preisgabe ihrer moralischen Integrität mit allen Mitteln um den Aufstieg ins Milieu bayrischer Großbauern kämpft. Handwerklich saubere Romanverfilmung, in der die sozialkritischen Aspekte der Vorlage im Mittelpunkt stehen. – Ab 16. ✦ BR Deutschland 1975 **P** Roxy/BR **Kl** Constantin **Pd** Georg Föcking **R** Hans W. Geissendörfer **B** Hans W. Geissendörfer, Hermann Weigel, nach dem gleichnamigen Roman von Ludwig Anzengruber **K** Frank Brühne **M** Eugen Thomass **S** Peter Przygodda **D** Katja Rupé (Leni), Tilo Prückner (Muckerl), Peter Kern (Toni), Gustl Bayrhammer (Sternsteinhofbauer), Irm Hermann (Kleebinderin), Agnes Fink (Lenis Mutter), Ulrike Luderer (Sepherl), Horst Richter (Käsbiermantel), Maria Stadler (Katel) **L** 125 **FSK** ab 12; f **FBW** bw **E** 16.3. 1976 **fd** 19 733

STERNSTUNDE (A HORA DE ESTRELA). Eine unerfahrene 19jährige aus dem Nordosten Brasiliens versucht, in Sao Paulo ihr Glück zu machen. Als ihr alles mißlingt, wendet sie sich an eine Wahrsagerin, die ihr eine Sternstunde verheißt; aber die junge Frau wird um Glück und Leben betrogen. Eindringliches Regiedebüt, das in bedrückend realistischen Bildern ein Problem behandelt, das universelle Gültigkeit hat: die Schwierigkeit, sich in einer kulturell fremden Umgebung zu behaupten. – Ab 16. ✦ Brasilien 1985 **P** Raiz/Spectrus-Skylight **R** Suzana Amaral **B** Suzana Amaral, Alfredo Oroz, nach dem Roman von Clarice Lispector **K** Edgar Moura **M** Marcus Vinicius **S** Ide N. Lacreta **D** Marcelia Cartaxo (Macabéa), José Dumont (Olimpico), Tamara Taxman (Gloria), Fernanda Montenegro, Umberto Magnani **L** 93 **E** 8.2. 1995 3sat

STETES VERGNÜGEN (ALWAYS FOR PLEASURE). Dokumentarfilm über das Leben in New Orleans, Amerikas Hauptstadt der Paraden und Umzüge. Im Mittelpunkt stehen die traditionellen Riten des Jazz-Funeral und des Mardi Gras genannten Karnevals. Der Film, der auch Originale der Stadt vorstellt, unter anderem eine Rhythm & Blues-Sängerin und einen Koch, ist ein Loblied auf die kulturelle Eigenständigkeit der schwarzen Bevölkerung und ihren Widerstand gegen eine Assimiliation an die Sitten der weißen Mittelklasse. (O.m.d.U.) ✦ USA 1978 **P** Les Blank **R+B** Les Blank **K** Les Blank, Maureen Gosling **S** Les Blank, Maureen Gosling **D** »Kid« Thomas Valentine, Allen Toussaint, »Blue Lu« Barker, Carl Kennedy, Irma Thomas **L** 55 **E** 20.7.1980 HR/NDR/WDR

STETS BEREIT (MORBOSAMENTE VOSTRA). Eine gehemmte junge Frau wird von ihrem Mann, der sie für frigide hält, zu einem Hypnose-Therapeuten geschickt. Klischeehafter Sexfilm. – Wir raten ab. ✦ Italien 1985 **R** Andrew White (= Andrea Bianchi) **D** Karin Schubert, Bruno Romagnoli, Giancarlo Busmani **L** 77 **E** 26.2.1994 SAT 1

STETSON – DREI HALUNKEN ERSTER KLASSE (IL BIANCO, IL GIALLO, IL NERO). Ein sich als Samurai wähnender japanischer Stallknecht, ein Sheriff und ein Gauner suchen ein als heilig geltendes geraubtes Pony, wobei sie sich, des Lösegeldes wegen, gegenseitig übertölpeln und auch noch von anderen hereingelegt werden. Konfuses Gaunerstück, das wohl als Parodie gemeint war, aber als nachlässig inszenierte Klamotte endete. (Alternativtitel: »Drei Halunken erster Klasse«) – Ab 16. ✦ Scope. Italien/Spanien/Frankreich 1973 **P** Tritone/Mundial/Filmel **KI** Constantin **R** Sergio Corbucci **B** Mario Amendola, Sergio Corbucci, Santiago Moncada, Renée Asseo **K** Luis Cuadrado **M** Guido de Angelis, Maurizio de Angelis **D** Giuliano Gemma (Stetson), Tomas Milian (Sakuro), Eli Wallach (Sheriff Gideon), Manuel de Blas (Donovan), Jacques Berthier (Butler), Romano Puppo (Kelly) **L** 111 **FSK** ab 12; nf **E** 27.2.1975 **fd** 19 208

DIE STEUERFAHNDERIN (MARUSA NO ONNA / A TAXING WOMAN). Eine Beamtin wird zur Steuerfahndungsbehörde in Tokio versetzt, wo sie erfolgreich gegen die unsauberen Geschäfte eines Liebeshotel-Besitzers ermittelt. Ein ebenso unterhaltsames wie engagiertes Porträt der japanischen Gegenwartsgesellschaft. Aus dem Blickwinkel einer selbstbewußten, couragierten Frau werden die Grenzen von Recht und Gerechtigkeit ausgelotet, wenn es um Politik und Kapitalinteressen geht. (Fortsetzung: »Die Steuerfahnderin schlägt wieder zu«) – Ab 16. ✦ Japan 1987 **P** Itami/New Century **Pd** Yasushi Tamaoki, Seigo Hosogoe **R+B** Jûzô Itami **K** Yonezo Maeda **M** Toshiyuki Honda **S** Akira Suzuki **D** Nobuko Miyamoto (Ryoko Itakura), Tsutomu Yamazaki (Hideki Gondo), Masahiko Tsugawa (Hanamura), Hideo Murota (Ishii), Shuji Otaki (Tsuyugushi) **L** 127 **E** 8.7.1991 ZDF **fd** 29 014

DIE STEUERFAHNDERIN SCHLÄGT WIEDER ZU (MARUSA NO ONNA 2 / A TAXING WOMAN'S RETURN). Eine junge Beamtin der Steuerfahndung in Tokyo scheitert bei dem Versuch, die Machenschaften einer mächtigen Sekte zu unterbinden. An den Film »Die Steuerfahnderin« anknüpfendes, erneut ebenso unterhaltsames wie engagiertes Porträt der japanischen Gegenwartsgesellschaft. Aus dem Blickwinkel einer selbstbewußten, couragierten Frau werden die Grenzen von Recht und Gerechtigkeit ausgelotet, wenn es um Politik und Kapitalinteressen geht. – Ab 16. ✦ Japan 1988 **P** Itami/New Century **Pd** Yasushi Tamaoki, Seigo Hosogoe **R+B** Jûzô Itami **K** Yonezo Madea **M** Toshiyuki Honda **S** Akira Suzuki **D** Nobuko Miyamoto (Ryoko Itakura), Rentarô Mikuni (Onisawa), Masahiko Tsugawa (Hanamura), Yasuo Daichi (Ishuin), Hiroshi Sakuragane (Kaneko) **L** (TV) 121 **E** 10.7.1991 ZDF

STEVE PREFONTAINE – DER LANGSTRECKENLÄUFER (PREFONTAINE). (Spielfilm-)Porträt des amerikanischen Langstreckenläufers Steve Prefontaine, der zu Beginn der 70er-Jahre seine Sportart dominierte, bei den Olympischen Spielen 1972 in München allerdings eine Niederlage einstecken musste, da er nach dem Attentat auf die israelischen Sportler auf einen Abbruch der Spiele drängte und sich nicht auf seine Läufe konzentrieren konnte. Nach authentischer Begebenheit wird das Leben eines Ausnahmesportlers geschildert, der sich auch für die Belange der Athleten einsetzte und im Alter von 24 Jahren bei einem Autounfall ums Leben kam. – Ab 14 möglich. ✦ USA 1997 **P** Hollywood Pictures **Pd** Jon Lutz, Mark Doonan, Peter Gilbert **R** Steve James **B** Irby Smith **K** Peter Gilbert **M** Mason Daring **S** Peter C. Frank **D** Jared Leto (Steve Prefontaine), R. Lee Ermey (Bill Bowerman), Ed O'Neill (Bill Dellinger), Amy Locane (Nancy Alleman), Lindsay Crouse (Elfriede Prefontaine), Breckin Meyer (Pat Tyson) **L** 102 **E** 1.7.1999 premiere

DIE STEWARDESSEN. Einige nackte Mädchen und viele Postkartenbilder von europäischen Großstädten sind die visuellen Zutaten eines Films über die Affären dreier Stewardessen. – Wir raten ab. ✦ Schweiz 1971 **P** Elite **KI** Avis **R** Michael Thomas (= Erwin C. Dietrich), Erwin C. Dietrich **B** Manfred Gregor (= Erwin C. Dietrich), Erwin C.Dietrich **K** Peter Baumgartner **M** Walter Baumgartner **S** Brigitte Miethke **D** Evelyne Traeger, Ingrid Steeger, Margrit Sigel, Kathrin Eberle, Raffael Britten **L** 79 **FSK** ab 18; nf **E** 19.11.1971 **fd** 17 607

DIE STEWARDESSEN ACADEMY (STEWARDESS SCHOOL). Ein unbekümmerter Schürzenjäger und sein kurzsichtiger Freund treffen in einer Stewardessen-Schule auf chaotische Mitschüler, wenig qualifiziertes Lehrpersonal und eine militante Ausbilderin mit sadistischen Neigungen. Die erlernten Fähigkeiten müssen sie auf einer heruntergekommenen Fluglinie beweisen. Eine Ansammlung von einschlägigen Witzblattfiguren im Mittelpunkt einer von zahllosen Geschmacklosigkeiten geprägten Klamotte. ✦ USA 1986 **P** Columbia **VA** RCA/Columbia **Pd** Phil Feldman **R+B** Ken Blancato **K** Fred J. Koenekamp **M** Robert Folk **S** Lou Lombardo, Kenneth C. Paonessa **D** Brett Cullen (Philo Henderson), Donald Most (George Bunkle), Mary Cadorette (Kelly Johnson), Sandahl Bergman (Wanda Polanski), Judy Landers (Sugar Dubois), Julia Montgomery (Pimmie Polk), Alan Rosenberg (Mad Bomber) **L** 92 **FSK** ab 16 **E** 17.11.1987 Video **fd** 26 663

STICH INS HERZ. Eine alleinerziehende Mutter macht sich Hoffnungen auf ein gemeinsames Familienleben, als sie mit ihrer Tochter zu einem Bekannten und dessen beiden Kindern zieht. Als sie damit konfrontiert wird, ihr Leben mit der neuen Freundin ihres Partners zu teilen, tötet sie die Rivalin mit dem Küchenmesser. Fernseh-Drama, das eine wahre Begebenheit im Stil der Regenbogenpresse ausschlachtet. ✦ Deutschland 1993 **P** Ufa **Pd** Jochen Kather, Laila Stieler **R** Hartmut Griesmayr **K** Jörg Seidl **M** Roland Baumgartner **D** Ursela Monn (Christina Hartig), Nadja Goldhorn (ihre Tochter), Thomas Goritzki (Dieter Gutzek), Anette Hellwig (Kati Kleine), Florian Philip Huth (Andi) **L** 93 **E** 28.10.1993 RTL

STICKS OF DEATH (STICKS OF DEATH). Ein junger Polizist erhält von seinem Großvater Nachhilfeunterricht in der fernöstlichen Verteidigungsübung mit den »Stöcken des Todes«, einer äußerst effektiven Kampfsportart. Banaler Actionfilm. ✦ USA/Philippinen 1980 **P** Intercontinental Releasing Corp. **VA** General Motion **Pd** Rolando Pintoy **R+B** Ava C. Caparas **D** Roland Dantes, Rosemarie Gil, Veronica Jones, Mario Montenegro **L** 89 **FSK** ab 18 **E** 27.10.1988 Video

STICKY FINGERS → 900 000 $ zuviel

STIEFEL, DIE DEN TOD BEDEUTEN (BLIND TERROR). Ein blindes Mädchen überlebt mit knapper Not einen Massenmord, den ein psychopathischer Gewalttäter im Haus ihrer Familie verübt. Effektvoll und routiniert inszenierter Thriller, der die Nerven der Zuschauer arg strapaziert. ✦ Großbritannien 1971 **P** Filmways/Genesis **KI** Columbia **Pd** Martin Ransohoff, Leslie Linder **R** Richard Fleischer **B** Brian Clemens **K** Gerry Fisher **M** André Previn **S** Thelma Connell **D** Mia Farrow (Sarah), Robin Bailey (George Rexton), Dorothy Alison (Betty Rexton), Diane Grayson (Sandy Rexton), Norman Eshley (Steve Reding) **L** 89 (Video 82) **FSK** ab 18; nf (Video 16) **E** 24.9.1971 **fd** 17 502

STIEFKINDER GOTTES (NI D'EVE NI D'ADAM). Nach vielen Auseinandersetzungen entfliehen zwei Jugendliche ihren milieugeschädigten Elternhäusern in der Vorstadt von Saint-Etienne und können vorübergehend in einem verlassenen Bauerhof ihre Liebe füreinander entdecken und Zukunftspläne schmieden. Eine tragische Initiations- und Liebesgeschichte in deren Mittelpunkt die Perspektivlosigkeit steht, die das Leben der Heranwachsenden vergiftet und die Beziehungen untereinander zerstört. Eine streng stilisierte Arbeit, die auf mannigfaltige Weise Religionskritik übt. ✦ Frankreich 1996 **P** Glem Film/La Sept Cinéma/Les Films Pelleas **Pd** Philippe Martin **R** Jean-Paul Civeyrac **B** Jean-Paul Civeyrac, Pierre Erwan Guillaume **K** Pascal Poucet **S** Andréa Sedlackova, Sylvie Fauthoux, Benoît Hillebrant **D** Guillaume Verdier (Gilles), Morgane Hainaux (Gabrielle), Frédérique Gagnol (Gabrielles' Mutter), Hélène Chambon (Gilles' Mutter), Luc Tissot (Gilles' Vater) **L** 90 **E** 5.6.2000 arte

DIE STIEFMUTTER (MATSCHECHA). In die heile Welt einer kleinen Familie bricht die Nachricht von der Existenz einer unehelichen Tochter des Mannes und vom Tod ihrer Mutter herein. Widerstrebend entschließt sich die Frau zur Aufnahme des Kindes. Ihr unermüdliches Bemühen, dem verschlossenen Mädchen eine neue Heimat zu geben, führt nach langer Zeit schließlich doch zum Erfolg. Ein Loblied der mütterlichen Liebe, menschlich sehr anrührend. – Ab 14. ✦ Scope. UdSSR 1973 **P** Mosfilm **KI** Progress **R** Oleg Bondarew **B** Edgar Smirnow **K** Igor Tschernych **M** G. Ponomarenko **S** A. Kamagorowa **D** Tatjana Doronina (Stiefmutter), Leonid Newedomski (Vater), Nadeshda Fedossowa, Wladimir Samoilow, Lena Kosterewa **L** 87 **E** 22.3.1974 Kino DDR/10.3.1974 DFF 2

STIEFMUTTER SAMANISCHWILI → Georgische Brautschau

STIEFMUTTER – STIEFMONSTER (STEPMONSTER). Die Frau eines Architekten verschwindet spurlos, als dieser das Landhaus einer verführerischen Frau umgestalten soll. Ihr Sohn glaubt, dass die Lady die Anführerin kleiner grüner Schuppenmonster ist. Als sie auch noch seine Stiefmutter werden soll, geht er in die Offensive. Fantasyfilm. ✦ USA 1993 **R** Jeremy Stanford **B** Craig J. Nevius **S** Richard Gentner **D** Alan Thicke (George), Molly Cheek (Abby), Billy Corben (Todd), Robin Riker (Denise Gore), Alice Hirson (Shirley), George Gaynes (Norman), Ami Dolenz (Wendy) **L** 90 **E** 20.05.2001 Pro Sieben

DIE STIEFSCHWESTER (THE STEPSISTERS). Als ihre Mutter an den Folgen eines Unfalls stirbt und ihr Vater wieder heiratet, bekommt eine 20jährige Frau nicht nur eine Stiefmutter, sondern auch eine Stiefschwester, die ein sonderbares Verhalten an den Tag legt. Sie spielt sich dominant in den Vordergrund und spannt der Tochter des Hauses den Geliebten aus. Als der Vater unter mysteriösen Umständen stirbt, keimt bei der jungen Frau ein fürchterlicher Verdacht auf. Mit Hilfe des jungen Partners ihres Vaters ermittelt sie gegen die neuen Familienmitglieder. Thriller nach vertrautem Schema, der kaum Überraschungen zu bieten hat. (Titel auch: »Die Stiefschwester: Sie drängt in ihr Leben und bringt den Tod«) ✦ USA 1997 **P** Paramount **VA** CIC **Pd** Mary Eilts **R** Charles Correll **B** Matt Dorff **K** Laszlo George **M** Peter Manning Robinson **S** Mary Jo Markey **D** Rena Sofer (Darcy Canfield), Linda Evans (Joan), Bridgette Wilson (Melinda), Richard Joseph Paul (Victor

Ray), Donnelly Rhodes **L** 88 **FSK** ab 12 **E** 10.11.1997 Video/7.9.1998 Premiere

DIE STIEFTOCHTER DES WILDDIEBS (PYTLAKOVA SCHOVANKA). Witzige Parodie auf die bekannten Mätzchen und Unsitten der Traumfabrik. Eine frischfröhliche Abrechnung mit allen möglichen Formen des Filmkitschs, der in grotesker Übersteigerung der Lächerlichkeit preisgegeben wird. (Kompletter DDR-Titel: »Die Stieftochter des Wilddiebes oder im Sumpfe der Großstadt«) – Ab 14. ✦ Schwarz-weiß. CSR 1951 **P** Tschechoslowakischer Staatsfilm **KI** Elos **R** Martin Fric **B** Rudolf Jaros, Milan Nohac, Josef Neuberg, Frantisek Vlcek **K** Karel Degl **M** Julius Kalas **D** Oldrich Novy (René Sklasky), Hana Vitová (Helene Hadrbolec), Ottomar Karbelár (Jan Dubsky), Zdenek Díte (Pavel Sedlon), Bohumil Machnik (Diener Bolton), Ela Nollová **L** 103 (BRD 88) **FSK** ab 12; nf **E** 9.2.1951 Kino DDR/18.4.1958 Kino BRD **fd** 6 961

STIELKE, HEINZ, FÜNFZEHN ... Ein 15jähriger strammer Hitlerjunge erfährt 1944, dass er Halbjude und »Mischling« und nun als Rottenführer nicht mehr gefragt und als Gymnasiast nicht mehr geduldet ist. Er flieht durch ganz Deutschland und macht seine ersten eigenen, schlimmen Erfahrungen mit dem »Dritten Reich«. Stilistisch noch uneinheitlich und zum Teil klischeehaft, aber eine im Ganzen souverän und publikumswirksam inszenierte Tragikomödie. – Ab 14. ✦ Scope. DDR 1985/86 **P** DEFA, Gruppe »Johannisthal« **KI** Progress **Pd** Martin Sonnabend **R** Michael Kann **B** Michael Kann, Manfred Schmidt, nach dem Roman »Abenteuer wider Willen« von Wolfgang Kellner **K** Günter Haubold **M** Wolfgang Schoor **S** Sabine Schmager **D** Marc Lubosch (Heinz), Jens Müller (Timme), Gert Gütschow (Oberstudienrat Franzke), Berthold Schulze (Direktor), Heide Kipp (Mutter Stielke), Rolf Ludwig (Schleiter), Thomas Neumann (Kommissar/Pfarrer), Jana Mattukat (Gabi), Werner Godemann (Großvater) **L** 99 **E** 12.2. 1987 Kino DDR

STIERKÄMPFER → Stierkämpfer wider Willen

STIERKÄMPFER WIDER WILLEN (THE BULLFIGHTERS). Stan, der mit Oliver in Detektivmission nach Mexiko gereist ist, übernimmt die Rolle eines Stierkämpfers, dem er zum Verwechseln ähnlich sieht. Vorletzter Film des Komiker-Duos Laurel & Hardy, zugleich einer der schwächsten. (Weitere Titel: »Dick und Doof als Stierkämpfer«, »Dick und Doof jagen den Stier«; TV: »Stierkämpfer«) – Ab 12. ✦ Schwarz-weiß. USA 1948 **P** 20th Century Fox **Pd** William Girard **R** Malcolm St. Clair **B** W. Scott Darling **K** Norbert Brodine **M** David Buttolph **S** Stanley E. Rabjohn **D** Stan Laurel, Oliver Hardy, Margo Woode, Richard Lane, Carol Andrews, Ralph Sanford, Diosa Costello, Edward Gargan, Rory Calhoun **L** 69 **FSK** ab 12; nf **E** 20.10.1950/28.1.1978 ZDF **fd** 942

STIGMA (OUT IN FIFTY / STIGMA). Nach sieben Jahren Gefängnis wegen Totschlags an einer Zufallsbekanntschaft aus der Haft entlassen, versucht ein junger Mann, sich eine neue Existenz aufzubauen. Doch er steckt bald wieder in Schwierigkeiten, da er sich auf eine Affäre mit einer verheirateten Frau einlässt. Dass der Mann der von ihm getöteten Frau, ein trunksüchtiger Polizist, hinter ihm her ist und Rache üben will, erleichtert die Lage des Haftentlassenen nicht. Mittelmäßiger Thriller, der sein Image durch eine kleine Paraderolle für Mickey Rourke aufwerten will. ✦ USA 1999 **R+B** Bojesse Christopher, Scott Leet **K** Sharon Meir **M** Stephen Edwards **D** Mickey Rourke (Jack), Bojesse Christopher (Steve), Peter Greene (Tony), Scott Leet (Ray), Balthazar Getty (Leffty), Christina Applegate (Lilah), Alexis Arquette (Steven) **L** 96 **E** 10.6.2001 ProSieben

STIGMATA (STIGMATA). Ein Abgesandter des Vatikans untersucht den Fall einer jungen Friseuse, die die Wundmale Christi aufweist. Er entdeckt ein Komplott des Vatikans, das das Ziel verfolgt, mit aller Gewalt die Veröffentlichung eines neuen Evangeliums zu verhindern, das angeblich die wahren Worte Christi enthält, weil es die Institution Kirche negiert. Ein formal brillant umgesetzter religiöser Thriller, der Horror-Elemente im Stil des Films »Der Exorzist« mit moderner Videoclip-Ästhetik vermischt, der zugleich aber an den Mängeln der auf einer kolportagehaften Verschwörungstheorie basierenden Geschichte leidet. DVD: Die Special Edition beinhaltet u. a. einen Audiokommentar des Regisseurs und ein kommentiertes Feature mit nicht verwendeten Szenen sowie einem alternativen Filmschluss. ✦ Scope. USA 1999 **P** FGM Entertainment **KI** UIP **VA** Fox Home **DVD** Fox Home (SE, 16:9, 2.35:1, DD5.1 engl./dt.) **Pd** Frank Mancuso jr. **R** Rupert Wainwright **B** Tom Lazarus, Rick Ramage **K** Jeffrey L. Kimball **M** Billy Corgan, Elia Cmiral **S** Michael R. Miller, Michael J. Duthie **D** Patricia Arquette (Frankie Paige), Gabriel Byrne (P. Andrew Kiernan), Jonathan Pryce (Kardinal Daniel Houseman), Nia Long (Donna), Thomas Kopache (P. Durning) **L** 102 **FSK** ab 16; f **E** 13.1.2000/13.7. 2000 Video & DVD **fd** 34 040

STILETTO (STILETTO). Die Mafia rettet einen Adligen davor, gelyncht zu werden, verlangt von ihm aber fortan immer wieder Morde an Mißliebigen. Als er aussteigen will, wird er von der Gesellschaft und der inzwischen auf ihn aufmerksam gewordenen Polizei gejagt. Vom Thema her nicht uninteressanter Krimi, der in aufgesetzt wirkendem Prunk und in Nebensächlichkeiten erstickt und brutale Szenen unnötig kraß ausspielt. ✦ USA 1968 **P** Avco-Embassy **KI** MGM **Pd** Norman Rosemont **R** Bernard L. Kowalski **B** A. J. Russell, nach einem Roman von Harold Robbins **K** Jack Priestley **M** Sid Ramin **S** Frank Mazzola, Stuart Chasmar **D** Alex Cord (Graf Cesare Cardinali), Britt Ekland (Illeana), Patrick O'Neal (Staatsanwalts-Assistent), Joseph Wiseman (Emilio Matteo), John Dehner (Bezirksstaatsanwalt Simpson), Barbara McNair (Ahn Dessje), Roy Scheider (Bennett) **L** 100 **FSK** ab 18; nf **E** 25.6.1970 **fd** 16 844

STILL CRAZY (STILL CRAZY). Eine mittelmäßige Rock-Formation der 70er-Jahre steigt 20 Jahre später wieder ins Geschäft ein und wird mit den Geistern der Vergangenheit konfrontiert. Eine ungeheuer witzige Rock-Komödie mit Tiefgang, die durch das durchdachte Drehbuch und den Spielwitz ihrer Darsteller für sich einnimmt und trotz aller Reminiszenzen nie im Nostalgischen verhaftet bleibt. – Sehenswert ab 14. ✦ Großbritannien/USA 1999 **P** Marmot Tandy Prod./The Greenlight Foundation/Columbia Pictures Corporation **KI** Columbia Tristar **VA** Columbia TriStar **DVD** Universal Home (16:9, 1.85:1, DD5.1 engl./dt.) **Pd** Amanda Marmot **R** Brian Gibson **B** Dick Clement, Ian La Frenais **K** Ashley Rowe **M** Clive Langer, Alan Winstanley **S** Peter Boyle **D** Stephen Rea (Tony Costello), Billy Connolly (Hughie, der Roadie), Jimmy Nail (Les Wickes), Timothy Spall (Beano Baggot), Bill Nighy (Ray Simms), Juliet Aubrey (Karen Knowles) **L** 95 **FSK** ab 12; f **E** 22.4.1999/23.11.1999 Video/23.11.1999 DVD **fd** 33 633

STILL MOVIN'. Ein Techno-Discjockey nimmt einen Job als Tourneebegleiter für einen abgehalfterten Country-Star an. Die Tour führt die beiden in die miesesten Nachtclubs der deutschen Provinz, sie geraten an Kleingangster, eine Rockerbande und die Polizei, und währenddessen offenbart sich über Rückblenden die tragische Geschichte des stets betrunkenen Musikers. Hauptfigur und Band-Geschichte sind nicht nur authentisch, der Musiker Willy Freeze spielt sich auch selbst. Aber weder der tragische Aspekt noch die Komik der Situationen vermitteln sich über den Film, dessen Schwächen in Inszenierung, Figurenzeichnung und Darstellung offenkundig sind. – Ab 16 möglich. ✦ Deutschland 1996 **P** F&B Entertainment/Pro Sieben **KI** Atlantic **VA** VCL **DVD** CinePlus (FF, DD2.0 dt.) **Pd** Thomas Burnhauser **R** Niki Stein **B** Jacki Engelken **K** Wolfgang Aichholzer **M** Jacki Engelken **S** Nina Ergang, Ulrik Spieß **D** Kai Wiesinger (Felix), Willy Freeze (Willy Freeze), Sandra Speichert (Michelle), Hansa Czypionka (Salewski), Leon Rippy (Mr. Jennings) **L** 85 **FSK** ab 12; f **FBW** w **E** 17.4.1997/25.11.1997 Video/ 14.5.1998 Neustart/1.2.2001 DVD **fd** 32 500

DIE STILLE (1964) (TISCHINA). Auseinandersetzung mit der Stalin-Ära: Ein aus dem Krieg zurückgekehrter sowjetischer Offizier muß sich in der Heimat Verhältnissen anpassen, die ihm zuwider sind. Nach der unbegründeten Verhaftung seines Vaters gerät auch er in Konflikt mit Polizei und Partei. Russischer Film aus der »Tauwetter«-Periode unter Chruschtschow. ✦ UdSSR 1964 **P** Mosfilm **R** Wladimir Bassow **B** Juri Bondarew, nach einem Roman von Juri Bondarjew **K** Timofej Lebeschew **M** Wenjamin Basner **S** L. Pecijewow **D** Witolj Kongajew, Georgi Martynjuk, Larissa Lushina, Natalja Welitschko, Jewgeni Lasarew **L** 196 **E** 31.8.1971/2.9.1971 ARD (zwei Teile)

DIE STILLE (1996) (SOKOUT / LE SILENCE). Ein blinder zehnjähriger Junge verdient in Tadschikistan den Lebensunterhalt für sich und seine allein erziehende Mutter, indem er für einen Lautenmacher die Instrumente stimmt. Als er einem Musiker folgt, der die ersten Takte von Beethovens 5. Sinfonie spielt, beginnen die Probleme. Zwar findet er den Musiker, der mit ihm geht und zur Besänftigung für die Lautenmacher und den Hausbesitzer spielt, aber die Hilfe kommt zu spät. Märchenhafter Kinderfilm über die Verantwortung für sich und andere. Auch als gesellschaftspolitische Metapher für das Leben in Iran zu verstehen, inszeniert mit Laiendarstellern sowie beeindruckenden akustischen und optischen Elementen. (O.m.d.U.) – Sehenswert ab 8. ✦ Iran/Tadschikistan/Frankreich 1996 **P** Makhmalbaf Prod./MK2 Prod. **KI** Kairos **Pd** Marin Karmitz **R+B** Mohsen Makhmalbaf **K** Ebrahim Ghafori **S** Mohsen Makhmalbaf **D** Tahmineh Normatova (Khorshid), Nadereh Abdelahyeva (Nadereh), Golbibi Ziadolahyeva (Mutter von Khorshid), Hakem Ghassem, Araz M. Mohamadli (Musiker) **L** 75 **E** 18.5.2000 **fd** 34 249

STILLE BETRÜGER. Durch ihre bedingungslose Treue und seine sexuellen Eskapaden gerät die Beziehung eines Paares in die Krise. Als sie den Trick durchschaut, mit dem er sie in die Arme eines anderen getrieben hat, dreht sie den Spieß um und nabelt sich von ihm ab. Abschlußarbeit an der DFFB, die ihre bescheidene Geschichte zu einer Komödie in postmodernem Ambiente stilisiert. Ohne Charme, Schwung und Biß inszeniert, verliert sich der Film in intellektuellen Kalauern und in Beliebigkeiten. ✦ BR Deutschland/Schweiz 1989 **P** DEFA/Zürich School/ Beat Lottaz Filmprod. **SF** prokino **VA** Cannon/VMP **Pd** Joachim Rothe, Jörg Helbling **R** Beat Lottaz **B** Beat Lottaz, Jörg Helbling, Monika Schmid **K** Ralph Streese, Reiner Meissle **M** Marius Odagu **S** Susanne Peuscher, Thomas Balkenhol, Beat Lottaz **D** Muzzu Muzzulini (Paul), Annemarie Knaak (Sandra), Andreas Schmidt (Georg), Elke Reichard (Marion), Jale Arikan (Miriam) **L** 86 **FSK** ab 16; f **FBW** w **E** 8.8.1991/ 13.2.1992 Video/19.10.1992 DRS **fd** 29 007

DER STILLE DON (TICHIJ DON). Dreiteiliges russisches Epos aus den Jahren 1957/58 über das Schicksal eines Kosaken, seine Liebe zu zwei Frauen und seine Selbstbehauptung in den Wirren der Oktoberrevolution. Der stilistisch zwischen Melodram (1. und 3. Teil) und papiernem Polit-Pathos (2. Teil) schwankende Film ist historisch vor allem deshalb bemerkenswert, weil er die Geschichte individueller und kollektiver Leidenschaften dazu nutzt, das Recht des einzelnen auf eine private Existenz durchscheinen zu lassen. Der mit gewaltigem Aufwand in Szene gesetzte Sechsstundenfilm überzeugt am meisten in den vorzüglich gestalteten dialoglosen Außenaufnahmen. Nur der erste Teil der – von der DEFA synchronisierten – Trilogie gelangte ins westdeutsche Kino; die ARD zeigte auch Teil 2 und 3. Eine erste Verfilmung des Romans inszenierten 1930 Olga Preobraschenskaja und Iwan Prawow. – Ab 16. ✦ UdSSR 1957/58 **P** Gorki-Studio **KI** DFH (1. Teil) **VA** Taurus (Drei Kassetten) **R** Sergej Gerassimow **B** Sergej Gerassimow, nach einem Roman von Michail Scholochow **K** Wladimir Rapoport **M** Juri Lewitin **D** Pjotr Glebow (Grigori Melechow), Sinaida Kirijenko (Natalja), Alexander Blagowessow (Stepan), Elina Bystrizkaja (Axinja), Daniil Iltschenko (Pantelei Melechow), Anastassia Filippowa (Iljinitschna), Nikolai Smirnow (Pjotr), Alexander Schatow (General Listnizki) **L** 327 **FSK** ab 16; f **FBW** w **E** 19.9., 10.,17.10.1958 Kino DDR/27.3.1959 Kino BRD/ 6.,8.,10.10.1968 ARD/August 1961 DFF/1986 Video **fd** 26 160

STILLE FREUDE (TICHA RADOST). Eine Kinderkrankenschwester bricht aus ihrer unbefriedigenden Ehe aus und begibt sich auf die Suche nach einer sinnvolleren Gestaltung ihres Lebens. Einfühlsames Frauenporträt, das eine von Selbstachtung getragene Emanzipation und die Suche nach aufrichtiger Partnerschaft skizziert. Ohne laute Töne konzentriert sich der Film auf scheinbar Alltägliches; er gibt nur vorläufige und personenbezogene Antworten, anstatt allgemeingültige Rezepte vorzutäuschen. – Ab 16. ✦ CSSR 1985 **P** Filmstudio Bratislava-Koliba **Kl** Progress **R** Dusan Hanák **B** Dusan Hanák, Ondrej Sulaj **K** Viktor Svoboda **M** Svatopluk Havelka **D** Magda Vásáryová (Sona), Jirí Bartoska (Dr. Macko), Jana Brejchová (D. Galová), Juraj Nvota (Vlado), Róbert Koltai **L** 91 **E** 25.9.1987 Kino DDR/4.4.1989 DFF 2/ 25.6.1990 ARD

DAS STILLE HAUS (DAS STILLE HAUS). Zwei Schwestern und ein Ehemann leiten ein abgelegenes Hotel am Vierwaldstätter See. In die scheinbare Idylle, der in Wahrheit alle drei am liebsten entfliehen würden, bricht eines Tages ein Fremder. Kammerspiel, dessen interessante, an die »Wahlverwandtschaften« erinnernde Ausgangssituation an papiernen Dialogen und fehlenden Regieeinfällen scheitert. ✦ Schweiz 1995 **P** Triluna **R+B** Christoph Vorster **K** Rainer Klausmann **M** Peter von Siebenthal, Christian Brantschen **S** Georg Janett **D** Gudrun Gabriel, Barbara Rudnik, Bernhard Bettermann, Hans Schenker, Harriet Hasse **L** 90 **E** 27.8.1997 SF/DRS

STILLE HELDEN (1945) → Das gefangene Herz

STILLE HELDEN (1998) (MIRACLE AT MIDNIGHT). Eine dänische Familie, die in ihrem Haus jüdische Mitbürger vor der drohenden Deportation versteckt, gerät 1943 ins Fadenkreuz der Nazis. ✦ USA 1998 **P** Davis Entertainment/Disney Educational Prod. **R** Ken Cameron **B** Chris Bryant, Monte Merrick **K** Kenneth MacMillan **M** William Goldstein **S** Susan Browdy **D** Sam Waterston (Dr. Koster), Mia Farrow (Doris Koster), Justin Whalin (Hendrik Koster), Patrick Malahide (Georg Ferdinand Duckwitz), Benedick Blythe (General Werner Best), Barry McGovern (Rabbi Ben Abrams) **L** 85 **E** 2.6.1999 premiere

DER STILLE HERR GENARDY. Die alleinerziehende Mutter eines kleinen Mädchens nimmt einen Untermieter bei sich auf, da sie Geld braucht, um ihr Haus abzahlen zu können. Zunächst scheint der ältere Herr recht kinderlieb zu sein, doch als in der Nachbarschaft ein Mädchen spurlos verschwindet, häufen sich die Verdachtsmomente gegen den Mann. Thriller zum Thema sexueller Mißbrauch und die Angst und Ohnmacht der Betroffenen. ✦ Deutschland 1996 **P** RTL/premiere **R** Carlo Rola **B** Petra Hammesfahr **K** Peter Ziesche **M** Georg Kleinbreil **D** Iris Berben (Sigrid Pelzer), Matthias Fuchs (Josef Genardy), Leonard Lansink (Günther Schrade), Luise Helm (Nicole Pelzer), Walter Kreye (Wolfgang Beer) **L** 92 **E** 29.9.1996 premiere

EINE STILLE LIEBE (EEN STILLE LIEFDE). Nach ihrer Scheidung führen ein Mann und eine Frau ihren erbitterten Machtkampf weiter, dessen Opfer besonders der 12jährige Sohn ist. Als der Vater ihn eines Tages regelrecht entführt, alarmiert die Mutter die Polizei. Es beginnt eine Flucht über die Grenze nach Belgien, auf der sich die beiden zum ersten Male nahekommen. Aber auch die Mutter bereut inzwischen ihre juristischen Schritte. Ein Film des früheren Kameramanns van Nie, der Wärme und Menschlichkeit nicht nur propagiert, sondern auch selber auszustrahlen vermag. ✦ Niederlande 1976 **P** René van Nie/Dessafilms **R+B** René van Nie **K** Frans Bromet **M** Jaap Dekker **S** Ton Ruys **D** Cor van Rijn, Sem de Jong, Marielle Fiolet, Teddy Schaank, Chris Lomme **L** 100 **E** 30.1.1983 ZDF

DIE STILLE NACH DEM SCHUSS. Eine RAF-Terroristin, die in der DDR untertauchte, um dort ein bürgerliches Leben im real existierenden Sozialismus zu führen, wird nach dem Fall der Mauer enttarnt und bei ihrem letzten Fluchtversuch in den Westen von Grenzsoldaten der DDR erschossen. Ein überzeugender Versuch deutsch-deutscher Geschichtsaufarbeitung. Durch die Zusammenarbeit des DDR-kundigen Autors mit dem auch filmisch der 68er-Generation verbundenen Regisseur entstand ein pontierter Film von einer im deutschen Nachkriegsfilm selten erlebten Authentizität. Vor allem besticht das berührende Spiel der beiden Hauptdarstellerinnen, das die Grenzen von Fiktion und Realität aufhebt. DVD: Die Extras umfassen u. a. einen Audiokommentar des Regisseurs und der Hauptdarstellerin Bibiana Beglau. – Sehenswert ab 16. ✦ Deutschland 2000 **P** Babelsberg Film Prod./Mitteldeutscher Filmkontor/MDR/ arte **Kl** Arthaus **VA** Arthaus (KHE) **DVD** Kinowelt Home (16:9, 1.85:1, DS dt.) **Pd** Arthur Hofer, Emmo Lempert **R** Volker Schlöndorff **B** Wolfgang Kohlhaase, Volker Schlöndorff **K** Andreas Höfer **S** Peter Przygodda **D** Bibiane Beglau (Rita), Martin Wuttke (Hull), Nadja Uhl (Tatjana), Harald Schrott (Andi), Alexander Beyer (Jochen), Jenny Schily (Friederike), Mario Irrek (Klatte) **L** 101 **FSK** ab 12; f **FBW** bw **E** 14.9. 2000/17.4.2001 Video & DVD **fd** 34 450

STILLE NACHT → Stille Nacht – Ein Fest der Liebe

STILLE NACHT – EIN FEST DER LIEBE. Eine schwangere Frau um die Dreißig zwischen zwei Männern möchte am 24. Dezember ihre Verhältnisse ordnen. Statt der Affäre mit ihrem Liebhaber ein Ende zu machen, verstrickt sie sich jedoch in ein auswegloses Telefonduell mit ihrem langjährigen Geliebten. Ein an Verweisen und Subthemen überquellendes Beziehungsdrama, das zwar durch die außergewöhnliche Bildgestaltung eine bemerkenswerte formale Geschlossenheit erreicht, die aber keine Entsprechung in einer Vertiefung der Handlung findet. ✦ Scope. Deutschland/Schweiz 1995 **P** X Filme Creative Pool/Fool Film/Fama Film **Kl** Buena Vista **DVD** EuroVideo (1.85:1, DD5.1 dt.) **Pd** Stefan Arndt, Dani Levy, Rolf Schmid **R** Dani Levy **B** Klaus Chatten, Dani Levy, Maria Schrader **K** Carl-Friedrich Koschnick **M** Niki Reiser **S** Dani Levy **D** Maria Schrader (Julia), Mark Schlichter (Christian), Jürgen Vogel (Frank), Ingrid Caven (Sängerin), Maurice Lamy (Page), Adisat Seminitsch (Katja) **L** 87 **FSK** ab 16; f **E** 4.4.1996/5.12.2001 DVD **fd** 31 848

STILLE NACHT, HEILIGE NACHT (1934) → Das unsterbliche Lied

STILLE NACHT – HEILIGE NACHT (1999). Ein Architekt nebst Frau und Sohn sowie zwei Freunde wollen Weihnachten in einer Skihütte verbringen. Der ohnehin brüchige Friede zwischen ihnen ist dahin, als drei Bankräuber in die Hütte eindringen und die fünf Menschen als Geiseln nehmen. Nachdem der psychopathische Kopf der Bande den Unfrieden geschürt hat, ergehen sich die Fünf in Erniedrigungen, die ihr wahres Inneres offenbaren. Fürs Fernsehen entstandene Mischung aus Thriller und Psychodrama, die Gewalt als Zerrspiegel der Seelen ihrer Protagonisten darzustellen versucht. ✦ Deutschland 1999 **P** SWR **Pd** Susan Schulte **R+B** Thomas Stiller **K** Marc Liesendahl **M** Wilhelm Stegmeier **S** Roswitha Gnädig **D** Barbara Auer (Marianne), Sven-Eric Bechtolf (Richard), Marek Harloff (Frank), Charlotte Schwab (Simone), Dominique Horwitz (Joachim) **L** 90 **E** 22.11.1999 arte

STILLE NACHT – HORROR NACHT (SILENT NIGHT, DEADLY NIGHT). An den Weihnachtstagen veranstaltet ein psychopathischer Killer im Kostüm eines Weihnachtsmanns ein blutrünstiges Massaker. Als Erklärungsversuch für dieses Verhalten muß ein traumatisches Kindheitserlebnis herhalten: als Kind erlebte er, wie Knecht Ruprecht seine Eltern ermordete. Blutiger und abgeschmackter Horrorfilm. – Wir raten ab. ✦ USA 1986 **P** TriStar **VA** New Vision **Pd** Ira Barmak **R** Charles E. Sellier jr. **B** Michael Hickey **K** Henning Schellerup **M** Perry Botkin jr. **S** Michael Spence **D** Lilyan Chauvin (Mutter Oberin), Gilmer McCormick (Schwester Margaret), Toni Nero (Pamela), Robert Brian Wilson (Billy), Britt Leach (Mr. Sims), Nancy Borgenicht (Mrs. Randall) **L** 79 **FSK** ab 18 **E** 2.12.1987 Video

STILLE NACHT, TÖDLICHE NACHT (PARENTI SERPENTI). Das Weihnachtsfest, das die Kinder einer italienischen Familie wie immer bei ihren Eltern verbringen, verläuft zunächst gewohnt harmonisch. Dann aber stellt die betagte Mutter fest, dass sie und ihr Mann zu alt wären, um allein zu leben, und fordert, dass eines der Kinder sie aufnehmen müsse. Ausreden werden schnell vorgetragen, doch die Lösung des Problems scheint erst das Geschenk für die Eltern zu bringen: ein Gasofen, der zwar das mühselige Kohleschleppen erspart, aber auch andere Möglichkeiten eröffnet. Schwarze Komödie, die das viel beschworene (italienische) Familiengefühl in Frage stellt und zugleich thematisiert, dass auch Eltern ein Anrecht auf liebevolle Hingabe haben. ✦ Italien 1991 **P** Clemi **Pd** Giovanni di Clemente **R** Mario Monicelli **B** Carmine Amoroso, Suso Cecchi d'Amico, Piero de Bernardi, Mario Monicelli **K** Franco di Giacomo **M** Rudy De Cesaris **S** Ruggero Mastroianni **D** Paolo Panelli (Opa Saverio), Pia Velsi (Oma Trieste), Cinzia Leone (Gina), Alessandro Haber (Alfredo), Marina Confalone (Lina) **L** 100 **E** 22.12.2001 B 1

DER STILLE OZEAN (DER STILLE OZEAN). Ein Arzt, von der Schuld an einem tödlichen Kunstfehler freigesprochen, kann mit seinem Gewissen nicht ins Reine kommen. Er verläßt die Stadt, um in einem Dorf unbekannt zu leben. Doch für den sensiblen, skrupulösen Intellektuellen wird die Begegnung mit der naiven Härte der steirischen Dorfbewohner zu einer Bewährungs- und Belastungsprobe, der er sich immer mehr entzieht. Während die Bauern ihn allmählich annehmen, verliert er sich durch bedrückende Vorkommnisse immer mehr in seine selbstquälerische Vereinsamung und nimmt trostlos Abschied von der ihm fremd gebliebenen Welt. Der kunstvoll stilisierte Erstlingsspielfilm des Kameramanns Schwarzenberger ist als meisterhaft atmosphärisch dichte, bildkräftige Literaturverfilmung eine Wiederentdeckung der Intensität der Schwarzweiß-Bildkunst. – Ab 16. ✦ Schwarz-weiß. Österreich/BR Deutschland 1982 **P** Teamfilm/ORF/ZDF **Pd** Werner Reitmeier **R** Xaver Schwarzenberger **B** Walter Kappacher, Gerhard Roth, nach einem Roman von Gerhard Roth **K** Xaver Schwarzenberger **M** Bert Breit **S** Ulrike Schwarzenberger **D** Hanno Pöschl (Ascher), Bert Breit (Zeiner), Maria Emo (Witwe Egger), Marie-France Pisier (Florence), Bruno Dallansky (Hofmeister), Marius Cella (Lüscher), Johannes Thanheiser (Rogy), Paola Loew (Ältere Frau) **L** 95 **E** 21.3.1983 ZDF

STILLE TAGE IN CLICHY (1969) (STILLE DAGE I CLICHY). Verfilmung des Romans von Henry Miller, der das ausschweifende Leben eines Bohémiens im Paris der 30er Jahre schildert. Thorsen verlagert das Geschehen in die endsechziger Jahre und reichert es mit kommerziellen Versatzstücken der Popästhetik an, so daß der Film kaum als Miller-Adaption, sondern allenfalls als Dokument der schicken Kunstmoden jener Tage interessiert. ✦ Schwarzweiß. Dänemark 1969 **P** Merry **Kl** Ceres **VA** Ufa **R** Jens Jørgen Thorsen **B** Jens Jørgen Thorsen, nach dem gleichnamigen Roman von Henry Miller **K** Jesper Hom **M** Country Joe McDonald, Ben Webster **D** Paul Valjean (Joey), Wayne Rodda (Carl), Elsbeth Reingard (Colette), Ulla Lemwigh-Müller (Nys), Avi Sagild (Mara) **L** 95 **FSK** ab 18; nf **E** 27.2.1971/11.4. 1994 ORF 2 **fd** 17 180

STILLE TAGE IN CLICHY (1989) (QUIET DAYS IN

CLICHY). Im Rückblick auf seine Jugend führt ein greiser Erotomane einem jungen Mädchen erotische Episoden aus dem sündigen Paris der 30er Jahre vor Augen: Er selbst als damals noch jugendlicher Schriftsteller und sein Freund fallen von einem sexuellen Abenteuer ins andere. Mit zahlreichen Klischees und Platitüden gestalteter Film nach dem gleichnamigen Roman von Henry Miller: teils wird mit Schauwerten spekuliert, teils die sozialkritische Beschreibung eines sinnentleerten Bürgertums angestrebt. Insgesamt einer der schwächsten und langweiligsten Filme Chabrols. ✦ BR Deutschland/Frankreich/Italien 1989 **P** Direkt/Italfrance/AZ **Kl** Senator **VA** Starlight **Pd** Juraj Chmel, Erwin Altmann, Antonio Passalia, Gabriel Rossini, Alfonso Sansone **R** Claude Chabrol **B** Ugo Leonzio, Claude Chabrol, nach dem gleichnamigen Roman von Henry Miller **K** Jean Rabier **M** Matthieu Chabrol, Luigi Ceccarelli, Jean-Michel Bernard **S** Monique Fardoulis **D** Andrew McCarthy (Henry/Joey), Nigel Havers (Alfred/Carl), Barbara de Rossi (Nys), Stéphanie Cotta (Colette), Isolde Barth (Ania), Stéphane Audran (Adrienne), Eva Grimaldi (Yvonne), Anna Galiena (Edith), Mario Adorf (Rengentag) **L** 121 **FSK** ab 16; f **E** 23.8.1990/25.3.1991 Video **fd** 28 513

STILLE UFER (NA TICHIGA BRGAG). Bei der Rückkehr in ihr Heimatdorf an der bulgarischen Küste wird eine bekannte Violinistin der Spionage verdächtigt. ✦ Schwarz-weiß. Bulgarien 1963/65 **P** Spielfilmstudio Sofia **R** Gentscho Gentschew **D** Borislawa Kusmanowa, Iwan Kassubow (Kassanow), Lubomír Pawlow, Georgi Tscherkelow **L** 64 **E** 24.4.1964 DFF 1

DIE STILLE UM CHRISTINE M. (DE STILTE ROND CHRISTINE M.). Drei sich völlig unbekannte Frauen aus unterschiedlichen sozialen Verhältnissen begehen gemeinsam einen Mord an einem Boutiquenbesitzer. Eine Psychologin erschließt langsam die Hintergründe der Tat: die Gegenwehr gegen alltägliche männliche Ignoranz und Repression. Eine pointiert-ironisch erzählte Geschichte, die einfühlsam und beherzt Gesten alltäglicher Unterdrückung mit Witz und Spannung nachspürt. ✦ Niederlande 1982 **P** Sigma Films **Kl** endfilm **Pd** Matthijs van Heijningen **R+B** Marleen Gorris **K** Frans Bromet **M** Lodewijk de Boer **S** Hans van Dongen **D** Cox Habbema (Psychiaterin), Nelly Frijda (Kellnerin), Henriette Tol (Sekretärin), Edda Barends (Hausfrau), Eddy Brugman (Ruud), Carl van der Plas (Direktor), Dolf de Vries (Boutiquenbesitzer) **L** 97 **E** 14.10.1983 **fd** 24 265

STILLE UND SCHREI (CSEND ES KIALTAS). Nach dem Sturz der Räteregierung in Ungarn (1919) versteckt sich ein Kommunist mit Wissen des ehemals befreundeten Polizeikommandanten auf einem Hof in der Pußta. Als er erkennt, daß der Bauer von einer Frau langsam vergiftet wird, tritt er öffentlich gegen sie auf, wird verhaftet und erschießt den Kommandanten. Konzentriert beschreibt Jancsó das Leben unter einem Terrorregime: die Dialoge sind knapp, die Kameraführung fast bewegungslos, und die Darsteller agieren bis zur Stilisierung zurückhaltend. – Ab 16. ✦ Ungarn 1968 **P** Hungarofilm **Kl** Progress **R** Miklós Jancsó **B** Gyula Hernádi, Miklós Jancsó **K** János Kende **S** Zoltán Farkas **D** Mari Töröcsik (Frau des Wirtes), András Kozák (István), Zoltán Latinovits (Kémeri), József Madaras (Wirt), Andrea Drahota (Schwägerin des Wirtes) **L** 75 **E** 15.8.1969 Kino DDR/4.8.1970 ARD/29.3.1985 DFF 2 **fd** 16 901

DER STILLE UNTERMIETER (TICHY PODNAJEMNIK). Um seine Studien beenden zu können, zieht ein Rechtsanwalt-Anwärter in ein ruhiges Prager Viertel. Doch er hat die Rechnung ohne seine attraktive Vermieterin gemacht, die andere Vorstellungen vom Zusammenleben hat als der zurückhaltende Bücherwurm. Da er überhaupt nicht auf ihre Reize reagiert, schreitet sie entschlossen zur Tat. ✦ CSSR 1981 **R+B** Jirí Krejcík **D** Jirí Menzel (Dr. Krumloswky), Rudolf Hrusínsky jr. (Provaznik), Josef Kemr (Hausherr), Josef Somr (Maler Augusta), Sona Valentová (Frau Kondukteur) **L** 89 **E** 30.3.2000 ORB

STILLE WASSER (1981) (EAUX PROFONDES). Ein wohlhabender Franzose, der mit Ehefrau und kleiner Tochter auf der Kanalinsel Jersey lebt, tötet den Liebhaber seiner Frau, ohne dafür überführt werden zu können. Da seine Frau die Tat erahnt, beginnt ein makabres Spiel, bei dem es zu einem weiteren Verbrechen kommt, das ebenfalls ungesühnt zu bleiben scheint. Weniger an der kriminalistischen Seite der Ereignisse interessiert, forscht der Film in der tragischen Liebesbeziehung nach subtileren Formen von Gewalt, Schuld und Sühne. Eine außergewöhnliche, bemerkenswert gespielte und inszenierte Charakterstudie, die in suggestiven Szenen ein düsteres Klima beschwört und allenfalls gegen Ende an einer gewissen Gefälligkeit und Glätte leidet. (Fernsehtitel auch: »Tiefe Wasser«) ✦ Frankreich 1981 **P** Hamster/Gaumont/FR 3/Elefilm **Pd** Denis Mermet **R** Michel Deville **B** Christopher Frank, Michel Deville, Florence Delay, nach einem Roman von Patricia Highsmith **K** Claude Lecomte **M** Manuel de Falla, Jean Schwarz, Quentin Damamme **S** Raymonde Guyot **D** Isabelle Huppert (Melanie), Jean-Louis Trintignant (Vic), Jean-Luc Moreau (Joel), Robin Renucci (Ralph), Christian Benedetti (Carlo), Bruce Myers (Cameron), Erik Frey (Denis) **L** 94 **E** 11.12.1987 ZDF/23.3.1989 DFF 2

STILLE WASSER (1991) (LES EAUX DORMANTES). Nach dreijährigem Einsatz aus Kambodscha zurückgekehrt, erfährt ein französischer Arzt, daß sein Vater vermißt wird. Er geht dem Verschwinden auf eigene Faust nach und stößt auf eine tragische familiäre Verstrickung. Etwas schwerfälliger Kriminalfilm ohne große Überraschungsmomente. – Ab 16. ✦ Frankreich 1992 **P** Film Jean Alexandre Molière **R** Jacques Trefouel **B** Yves Ellena, nach einem Roman von Boileau/Narcejac **K** Elso Roque **M** Alain Jomy **S** Jean-François Giré **D** Philippe Caroit (Denis de Lespinière), Ludmila Mikael (Eva), Danièle Delorme (die Mutter), Tsilla Chelton (die Tante), Michel Galabru (Fouchard) **L** 95 **E** 16.3.1995 mdr

STILLE WASSER (1993). Die Geschichte einer merkwürdigen Beziehung. In der Neubauwohnung einer desillusionierten 26jährigen Fischverkäuferin an der Ostsee steht eines Tages ein desertierter Soldat der Roten Armee. Die Frau gewährt dem Mann Zuflucht, auf engstem Raum und ohne sprachliche Verständigung entwickelt sich eine enge, aber widersprüchliche Beziehung, die der Frau neue Hoffnung gibt. ✦ Deutschland 1993 **P** Ö-Film **Pd** Frank Löprich, Katrin Schlösser **R+B** Karsten Laske **K** Thomas Plenert **S** Theo Klein **D** Corinna Breite (Gabi), Jevgenij Sitochin (Soldat), Eva Weißenborn (Moni) **L** 63 **E** 6.7.1993 ZDF

STILLE WASSER (1996) (STILLE WASSER). Ein alternder Schlagersänger hat nach 20 erfolglosen Jahren unerwartet einen Hit mit einem Remake von Franz Lehars »Dein ist mein ganzes Herz«, der ihn reich und populär machte. Gemeinsam mit seinem Bruder und Manager, mit dem ihn eine zerstörerische und zugleich zärtliche Haßliebe verbindet, landet er nach einer nächtlichen Autopanne in einem abgelegenen Haus. Immer mehr steigert sich die Begegnung mit der jungen Bewohnerin zu einem Psycho-»Spiel«, das in Vergewaltigung und Totschlag mündet. Eine morbide, von unterschwelliger Verzweiflung und Hysterie geprägte Geschichte um Größenwahn und männliche Machtfantasien, deren Brüche in der Logik durch das ebenso intensive wie erschreckende Spiel der Darsteller kompensiert werden. – Ab 16. ✦ Österreich 1996 **P** Allegro Film **R** Max Linder **B** Martin Ambrosch **K** Hans Selikovsky **M** Walter Werzowa **S** Andrea Wagner **D** Wolfram Berger (Tommy), Petra von Morzé (Stella), Alexander Strobele (Karl), Ina Halmágyi (Silvia), Helmut Berger (Harry) **L** 87

STILLE WASSER SIND TIEF (MEFIE-TOI DE L'EAU QUI DORT). Debütfilm, der in drei Episoden von der »Angstlust« eines Mannes erzählt, der als Junge, als Erwachsener und als alter Mann im fließenden Wasser seine ambivalenten Empfindungen Frauen gegenüber widergespiegelt sieht. (Preis für den besten Erstlingsfilm beim Filmfestival in Venedig 1996; O.m.d.U.) ✦ Frankreich 1996 **P** Les Productions Lazennec **Pd** Bertrand Faivre **R** Jacques Deschamps **B** Jacques Deschamps, Olivier Lorelle **K** Eric Guichard **M** Béatrice Thiriet **D** Gaylord Anjubault (das Kind), Elise Champion (das junge Mädchen), André Ackermann (der Vater), Robin Renucci (Jean), Maruschka Detmers (Françoise), Jean Benguigui (Monsieur Salmain), Frankue Pain (Madame Salmain), Philippe Dormoy (Rémi), Marina Tomé (Dominique), Gamil Ratib (Monsieur Lambert), Marina Golovine (Claire), Yves Verhoeven (Jean-Pierre), André Séjouré (der alte Holzfäller) **L** 105 **E** 5.7.1999 arte

STILLEBEN (1974) (TABIATE BIJAN). Poetisch-realistische Schilderung eines eintönigen Schrankenwärterdaseins in Persien. Der atmosphärisch sehr dichte, mit langen, ruhigen Einstellungen arbeitende Film des Iraners Saless vermittelt ein eindrucksvolles Porträt eines verkümmerten, kommunikationsarmen Lebens vor dem Hintergrund sozialer Ungerechtigkeit. – Sehenswert ab 16. ✦ Iran 1974 **P** Die Neue Filmgruppe/Telefilm **R+B** Sohrab Shahid Saless **K** Houshang Baharlou **D** Zadour Bonyadi, Zahra Yazdani, Habihollah Safarian **L** 90 **E** 1.11.1975 ARD **fd** 19 521

STILLEBEN (1978) (STILLEBEN). Eine 55jährige Witwe – hervorragend dargestellt von Margrit Winter – sucht eine Stelle, bei der sie sich zwischendurch auch mal entspannen darf, und einen neuen Lebenspartner, der auch auf sie eingehen kann. Mit eindringlichen Schwarz-Weiß-Bildern beschreibt dieser Film die lange Suche nach dem Glück. Er wird so zu einer Art Leidensgeschichte einer sensiblen Frau, die sich gegen die Vereinsamung wehrt. ✦ Schwarz-weiß. Schweiz 1978 **P** Cinémonde **Pd** August Erb **R** Elisabeth Gujer **B** Elisabeth Gujer, Uli Meier **K** Rob Gnant, Werner Zuber **M** Peter Iljitsch Tschaikowski **S** Uli Meier **D** Margrit Winter (Margrit Schmid, Witwe), Hans Heinz Moser (Max, Antiquitätenhändler), Elmar Schulte, Maja Stolle, Peter Oehme **L** 70 **E** Schweiz

STILLEBEN (1992). Vier junge Männer und zwei Frauen nehmen an dem Test eines Pharmakonzerns teil, bei dem die Testpersonen völlig isoliert von der Außenwelt in einen kahlen Raum gesperrt werden. Schnell kommt es unter den Probanden zu Streitigkeiten, schließlich stellt sich sogar der Verdacht ein, daß der Test abgebrochen wurde und aus der Isolation eine unfreiwillige Gefangenschaft geworden ist. ✦ Deutschland 1992 **P** ZDF **R+B** Thorsten Näter **K** Jürgen Bischof, Peter Grundmann, Eberhard Rödel, Werner Schwanniger **S** Barbara Block **D** Julia Grimpe (Nina), Dietmar König (Jan), Katrin Pollitt (Gerda), Frank Röder (J.J.), Erik Voss (Bernd) **L** 114 **E** 3.11.1992 ZDF

STILLEBEN (1997). Harun Farocki beobachtet mit seinem Dokumentarfilm Werbefotografen bei der Arbeit. Das aufwendige und präzise Ablichten von Alltagsgegenständen zu Werbezwecken ist aus seiner Sicht vergleichbar mit der Stilleben-Malerei des 17. Jahrhunderts. ✦ Deutschland/Frankreich 1997 **R+B** Harun Farocki **L** 58 **E** 17.8.1997 3sat

STILLEGUNG. Im Sommer 1987 beobachtet Klaus Wildenhahn die Folgen der drohenden Stillegung eines Stahlwerkes in Oberhausen. Mit dem Untergang eines jeden Industrie-Unternehmens beginnt auch der Niedergang des jeweiligen Stadtteils, der von dem Werk stellenweise seit mehr als sechs Jahrzehnten bestimmt wurde. Die seit Jahren scheinbar nicht aufzuhaltende Schließung von Stahlwerken aller Art im Ruhrgebiet hat sich auf das Bewußtsein aller niedergeschlagen. Zwar keimt immer wieder Kampfesbereitschaft auf, doch die Hoffnung auf dauerhafte Lösungen schwindet. Ein Stimmungsbild, das auf die ökonomische Analyse nicht verzichtet und gewerkschaftliche Gegenmodelle vorstellt, das aber auch einen ehemaligen Gewerkschaftsfunktionär zeigt, der als zukünftiger Finanzminister des Landes zugibt, daß keine große Hoffnung mehr besteht. ✦ BR Deutschland 1987 **P** NDR **SF** Stiftung Deutsche Kinemathek **R+B** Klaus Wildenhahn **K** Wolfgang Jost **S** Monika Heidtmann **L** 83 **E** 27.12.1987 NDR

EIN STILLER AMERIKANER IN PRAG (TICHY AMERICAN V PRAZE). Das Schicksal einer ehemaligen Partisanin, die später mit den Deutschen kollaborierte und nach 1945 für den amerikanischen Geheimdienst arbeitete, vor dem Hintergrund der politischen Ereignisse um das Jahr 1947. Spannender Spionagefilm. ✦ CSSR 1977 **P** Filmstudio Barrandov **KI** Progress **R** Josef Mach, Stepán Skalsky **B** Cestmir Mlíkovsky, Josef Mach, Stepán Skalsky, nach dem Roman »Der Dirigent hinter den Kulissen« von Miroslav Hladky **K** Josef Vanis **M** Karel Svoboda **D** Barbara Brylska, Josef Langmiler, Miroslav Zounar, Libuse Svormová, Miroslav Moravec **L** 89 **E** 29.12. 1978 Kino DDR/7.3.1980 DFF 1

STILLER STUM. Eine junge Frau Anfang 20 leidet an ihrer Einsamkeit. Sie scheint zwar ihr Leben im Griff zu haben, doch ihre Sehnsucht nach Liebe und Geborgenheit macht ihr zu schaffen. Während eines Sommers kreuzen vier unterschiedliche Männer ihren Weg, aber eine gemeinsame Zukunft zeichnet sich zunächst mit keinem von ihnen ab. Debütfilm über die emotionale Orientierungslosigkeit einer jungen Frau, der Einblicke in das Lebensgefühl einer Single-Gesellschaft vermitteln will und durch seine elegische Erzählweise die Kluft zwischen den erträumten Emotionen und den wirklichen Gefühlen auszuloten versucht. ✦ Deutschland 2000 **R+B** Tomasz Thomson **K** Oliver Soravia **M** Jörg Burger **D** Jana Thies (Anne), Brigitte Hobmeier (Nora), Marcus Born (Stefan), Christoph Bach (Adam), Doreen Dietel (Stefanie) **L** 93 **E** 18.9.2001 ZDF

EIN STILLES HEIM (CSENDES OTTHON). Verwicklung um einen Komponisten und eine Laborantin, die versehentlich in dieselbe Wohnung eingewiesen werden. Annehmbare Unterhaltung ohne sonderliche Ansprüche. – Ab 14. ✦ Schwarz-weiß. Ungarn 1957 **KI** Progress **R** Frigyes Bán **B** Armand Szántó, Mihály Szécsény **K** István Eiben **M** Szabolcs Fényes **D** Ferenc Zenthe (einer, der eine Wohnung bekomt), Erzsi Galambos (eine, die eine Wohnung bekomt), László Ungvári (einer, der sich darüber freut), Irén Psota (eine, die sich weniger freut), István Egri (einer, der sich nicht freut) **L** 92 **E** 18.7.1958 Kino DDR/19.9. 1958 DFF 1

STILLES LAND. Die »Warten auf Godot«-Inszenierung an einem Provinztheater der DDR wird im Herbst 1989 von den politischen Ereignissen immer wieder überholt. Zwischen provinziellem Informationsnotstand, kämpferischem Aufbäumen und Rückzug in die künstlerische Arbeit kommt es innerhalb des Ensembles zu Momenten ungeahnten Zusammenhalts und neuerlichen Ernüchterungen. Durch bissigen Humor und nuancierte Charakterzeichnung ansprechender Erstlingsspielfilm, dessen Qualitäten allerdings unter der höchst durchschnittlichen Inszenierung und der fehlbesetzten Hauptrolle leiden. – Ab 14. ✦ Deutschland 1992 **P** Max Film/HFF »Konrad Wolf«/SWF/MDR **KI** ex picturis **Pd** Wolfgang Pfeiffer **R** Andreas Dresen **B** Laila Stieler, Andreas Dresen **K** Andreas Köfer **M** Tobias Morgenstern, Rainer Rohloff **S** Rita Reinhardt **D** Thorsten Merten (Kai), Jeanette Arndt (Claudia), Kurt Böwe (Intendant), Petra Kelling (Uschi), Horst Westphal (Horst) **L** 98 **FSK** o. A.; f **FBW** w **E** 8.10.1992/7.12.1992 S 3 **fd** 29 841

DIE STIMME (1982) (GOLOS). Kurz vor der Fertigstellung ihres Films erfährt eine junge Schauspielerin, daß sie unheilbar krank ist. Heimlich verläßt sie die Klinik, um ihren letzten Film auch noch zu sychronisieren. Ein Drama, das vor allem der Frage nach der Ersetzbarkeit des einzelnen Menschen nachgeht, dabei aber oft ins Pathetische abgleitet. Ein interessanter Konflikt, der leider zu halbherzig umgesetzt wurde. – Ab 14. ✦ UdSSR 1982 **P** Lenfilm **KI** Progress **R** Ilja Awerbach **B** Natalja Rjasanzewa **K** Dmitri Dolinin **M** Nikolai Karetnikow **D** Natalja Saiko (Julia Martynowa), Leonid Filatow (Regisseur), Georgi Kalatosischwili (Drehbuchautor), Jelisaweta Nikischtschichina (Anna Viktorowna), Wsewolod Schilowski (Kameramann) **L** 90 **E** 28.10.1983 Kino DDR/15.1. 1990 DFF 1

DIE STIMME (1988). Ein halbes Dutzend zufällig zusammengewürfelter Personen sieht sich über Nacht in einer schwimmenden Diskothek eingeschlossen und geheimnisvollem Terror ausgeliefert. Ebenso eifrig wie tolpatschig inszenierter Erstlingsfilm, der das in der Ausgangskonstellation angelegte Spannungspotential gründlich zunichte macht. (Videotitel: »The Voice«) – Ab 16. ✦ BR Deutschland 1988 **P** Radiant/Salinas **KI** Vestron **VA** Vestron **Pd** Michael Bittins, Andreas Bareiss, Bernhard Stampfer **R+B** Gustavo Graef-Marino **K** Egon Werdin **M** Jens-Peter Ostendorf **S** Barbara von Weitershausen **D** Jon Finch (Miller), Suzanna Hamilton (Julia), Uwe Ochsenknecht (Patrick), Heinz Hoenig (Beckmann), Richy Müller (Willy), Ian Dury (Kowalsky), Claude Oliver Rudolph (Rudi) **L** 90 **FSK** ab 16; f **E** 27.4. 1989/18.12.1989 Video **fd** 27 568

STIMME AM TELEFON (THE SLENDER THREAD). Einem Medizinstudenten, der in einer Unfallklinik Aushilfsdienst versieht, gelingt es, eine Selbstmordkandidatin so lange ans Telefon zu fesseln, bis Polizei und Feuerwehr ihr Versteck aufspüren und sie im letzten Augenblick retten. Spannender und wirklichkeitsnaher Film, der überzeugend die Gründe für die Verzweiflungstat der Frau aufzeigt. – Sehenswert ab 16. ✦ Schwarz-weiß. USA 1965 **P** Athene **KI** Paramount **Pd** Stephen Alexander **R** Sydney Pollack **B** Stirling Silliphant, nach einer Erzählung von Shana Alexander **K** Loyal Griggs **M** Quincy Jones **S** Thomas Stanford **D** Anne Bancroft (Inga Dyston), Sidney Poitier (Alan Newell), Steven Hill (Ingas Mann), Greg Jarvis (Chris Dyson), Telly Savalas (Dr. Coburn), Edward Asner (Kriminalbeamter Judd Ridley), Indus Arthur (Marion) **L** 98 **FSK** ab 12; f (früher 16) **E** 7.4.1966 **fd** 13 982

STIMME AUS DEM JENSEITS (STRANGE ILLUSION / OUT OF THE NIGHT). Nach dem rätselhaften Tod seines Vaters, eines Richters, kehrt der Sohn ins Elternhaus zurück. Ein Traum, in dem ihn der Vater vor einem Fremden in der Stadt gewarnt hat, der seine Stelle einzunehmen versuche, macht den jungen Mann gegenüber dem Favoriten der Mutter mißtrauisch. Er findet seinen Argwohn bestätigt. Unter anderem entdeckt er, daß der Fremde unter falschem Namen lebt und in einen Fall verwickelt war, den der Vater kurz vor seinem Tod untersuchte. Das Melodram der B-Klasse belegt eindrucksvoll die Low-Budget-Künste des Regisseurs Ulmer (1904–1972). ✦ Schwarz-weiß. USA 1945 **P** PRC **Pd** Leon Fromkess **R** Edgar G. Ulmer **B** Adele Commandini **K** Philip Tannura **M** Leo Erdody **S** Carl Pierson **D** James Lydon (Paul Cartwright), Sally Eilers (Virginia Cartwright), Warren William (Brett Curtis), Regis Toomey (Dr. Vincent), Charles Arnt (Prof. Muhlbach), George Reed (Benjamin), Jayne Hazard (Dorothy Cartwright) **L** 85 **E** 17.5.1980 BR

STIMME DER DUNKELHEIT (WHEN A STRANGER CALLS BACK). Eine College-Schülerin wird aus heiterem Himmel von nachhaltigem Psychoterror heimgesucht. Die Ursache scheint eine Kindesentführung zu sein, die das Mädchen vor Jahren als Babysitter nicht verhindern konnte. Gemeinsam mit der Frauenbeauftragten der Schule und einem pensionierten Polizisten nimmt die Schülerin die Fährte auf. Plötzlich überschlagen sich die Ereignisse, und die Lehrerin steht im Mittelpunkt der verbrecherischen Machenschaften. Ein insgesamt enttäuschender Psychothriller, dem es nicht um eine dichte Geschichte, sondern um Verwirrung um jeden Preis geht: Fernsehunterhaltung ohne Logik und Ambitionen. – Ab 16 möglich. ✦ USA 1992 **P** Universal **VA** CIC **Pd** Tom Rowe **R+B** Fred Walton **K** David Geddes **M** Dana Kaproff **S** David Byron Lloyd **D** Carol Kane (Julia), Charles Durning (John), Jill Schoelen (Jill), Gene Lythgow (Mr. Landis) **L** 91 **FSK** ab 18 **E** 18.4.1994 Video **fd** 30 813

DIE STIMME DER INDIANER. Eine Dokumentation, die die gegenwärtige Bedeutung des indianischen Erbes zu ermessen versucht und nach Brasilien, Mexiko und Guatemala führt, wo unterschiedliche Persönlichkeiten wie ein Indianerführer und ein Erzbischof, der die Befreiungstheologie vertritt, tagtäglich für den Erhalt der indianischen Identität kämpfen. Letztlich wird deutlich, dass es keine indianische Frage gibt, sondern eine Vielzahl konkreter Situationen und Probleme, die jeweils geeignete Lösungen erfordern. ✦ Frankreich 1997 **R** Maria Corréa, Henri Raillard **B** Marie Corréa, Henri Raillard **L** 70 **E** 21.7.2001 arte

DIE STIMME DER SEHNSUCHT. Während eines Urlaubes in seiner Traumvilla am Golf von Neapel entstehen zwischen einem berühmten Sänger und seiner Frau Spannungen, die dank eines Waisenkindes behoben werden können. Harmloses Rührstück mit Gesang und vielen Landschaftsaufnahmen; vordergründige Traumfabrik-Unterhaltung. – Ab 12. ✦ BR Deutschland 1956 **P** Wega **KI** Ufa **Pd** Maria von der Osten-Sacken **R** Thomas Engel **B** Maria von der Osten-Sacken, Gerhard Metzner, nach einer Idee von Maria von der Osten-Sacken und Peter Franke **K** Erich Claunigk **M** Gerhard Winkler **S** Walter Wischniewsky **D** Rudolf Schock (Stefan Berger), Waltraut Haas (Carola Berger), Christine Kaufmann (Eva), Mady Rahl (Frl. Wenig), Werner Peters (Pannecke) **L** 89 **FSK** ab 6; f **E** 27.9.1956/7.10.1967 ZDF **fd** 5 306

DIE STIMME DES ANDEREN. Der rätselhafte Tod eines Komponisten führt zwei Liebende zusammen. Ein intelligent geschriebener und inszenierter Kriminalfilm, der sich über die pure Spannung hinaus um die differenzierte Darstellung zwischenmenschlicher Konflikte bemüht. (DDR-Titel: »Unter den tausend Laternen«) – Ab 16. ✦ Schwarz-weiß. BR Deutschland 1951/52 **P** Real **KI** Allianz **Pd** Walter Koppel, Gyula Trebitsch **R** Erich Engel **B** Robert A. Stemmle, Erich Engel, nach dem Roman »Das Lied ist aus« von Robert Gilbert **K** Ekkehard Kyrath **M** Michael Jary **S** Klaus Dudenhöfer **D** Michel Auclair (Michel Dumas), Hanna Rucker (Elisa), Gisela Trowe (Betty), Inge Meysel (Auguste), René Deltgen (Kommissar Dr. Hennings), Ernst Schröder (Braun), Carl-Heinz Schroth (Theaterdirektor Lüders), Willy Maertens (Mahnke) **L** 94 **FSK** ab 16; f **E** 10.4.1952/7.9.1956 Kino DDR/26.8.1965 ARD/17.6.1967 DFF 1 **fd** 1 693

STIMME DES BLUTES → Gottesmühlen

DIE STIMME DES BLUTES (L'ENFANT EN HERITAGE). Aus einer finanziellen Zwangslage heraus erklärt sich eine Studentin bereit, für eine reiche, bislang kinderlose Frau als »Leihmutter« zu fungieren. Als die leiblichen Eltern bei einem mysteriösen Flugzeugabsturz ums Leben kommen, gerät sie bald in höchste Gefahr, da die vermeintlichen Firmenerben erfahren, das unliebsame Konkurrenz um das Erbe heranwächst. Psychothriller um das Thema Leihmutterschaft. ✦ Frankreich 1992 **R** Josée Dayan **B** Jean-Claude Baillon, Joëlle Soron, Serge Korber u.a., nach einem Roman von Shelley Ashley **D** Carole Richert (Cécile/Christina), Bruno Todeschini (Paolo), Patrick Bouchitey (Bayard Schomberg), Madeleine Robinson (Rita Schomberg), Philippe Léotard (Sam Sweeney) **L** 88 **E** 28.7.1996 mdr

STIMME DES GEWISSENS (SMALL VOICE). Ein Schriftstellerehepaar wird in einem einsamen englischen Landhaus von drei entflohenen Häftlingen unter Druck gesetzt, während sein Kind an Hirnhautentzündung erkrankt. Nervenaufreibendes Kriminalkammerspiel, das sein oft variiertes Thema durch guten Aufbau und schlüssige Charakterzeichnungen glaubhaft macht. – Ab 16. ✦ Schwarz-weiß. Großbritannien 1948 **P** British Lion/Constellation **KI** Londonfilm **Pd** Anthony Havelock-Allan **R** Fergus McDonell **B** Derek Neame, Julian Orde, nach einem Roman von Robert Westerby **K** Stanley Pavey **M** Stanley Black

D Valerie Hobson (Eleanor), James Donald (Murray), David Greene (Jim), Howard Keel (Boke), Michael Balfour (Frankie) **L** 85 **FSK** ab 16; nf **E** 30.12.1949/7.6.1963 ARD **fd** 800

STIMME DES HERZENS. In einer norddeutschen Kleinstadt zur Jahrhundertwende: Die begüterte Bürgermeisterstochter Felizitas heiratet den viel älteren Inhaber eines Handelshauses, weil sich ihr Jugendfreund und Geliebter, ein verarmter Reederssohn mit abgebrochenem Malstudium, von ihr zurückzieht. Obwohl sie schon bald ihren Heiratsentschluß als verfehlt erkennt, will sie der Stimme des Herzens zunächst nicht folgen, bis sich über einen Skandal das endliche Glück der Liebenden anbahnt. Ein konventionelles Melodram, immerhin gut gespielt. ✦ Schwarz-weiß. Deutschland 1942 **P** Berlin-Film **KI** Johannes Meyer **R** Johannes Meyer **B** Gerhard T. Buchholz, Georg Hurdalek **K** Karl Hasselmann **M** Frank Fux **D** Marianne Hoppe (Felicitas), Ernst von Klipstein (Paul Ohlsen), Carl Kuhlmann, Eugen Klöpfer, Fritz Odemar **L** 88 **E** 27.10.1942

DIE STIMME DES HERZENS (1937). Eine musikbegeisterte Prinzessin übernimmt inkognito die Klavierbegleitung eines berühmten Tenors, bis sie der ihr zugedachte Prinz in Wien aufstöbert und heimführt. Hauptzweck dieses Sängerfilms sind die zahlreichen Auftritte Benjamino Giglis. (Titel auch: »Der Sänger ihrer Hoheit«) – Ab 14. ✦ Schwarz-weiß. Deutschland 1937 **P** Bavaria **R** Karl Heinz Martin **B** Gerhard T. Buchholz, Gerd Tolzien **K** Franz Koch **M** Giuseppe Becce, Ernesto de Curtis **D** Geraldine Katt, Ferdinand Marian, Benjamino Gigli, Gustav Waldau, Hubert von Meyerinck **L** 88 **E** 27.3.1937

DIE STIMME DES HERZENS (1984) (HE'S NOT YOUR SON). Schwerfällige (Fernseh-)Seifenoper über zwei Elternpaare, die nach sechs Monaten feststellen müssen, daß ihre Babies im Krankenhaus vertauscht worden sind. Die Situation spitzt sich zu, als eines der beiden Kinder dringend operiert werden muß. ✦ USA 1984 **P** CBS **Pd** Sam Strangis **R** Don Taylor **B** Robert Fried, Alida van Gores, Arnold Margolin, Alan Collis **D** Donna Mills (Kathy Sanders), Ken Howard (Michael Sanders), John James (Ted Barnes), Ann Dusenberry, Michael C. Gwynne, Dorothy Malone **L** 90 **E** 30.6.1992 Tele 5

STIMME DES HERZENS – DIE GESCHICHTE DES RICKY BELL (TRIUMPH OF THE HEART: THE RICKY BELL STORY). Zwischen einem Profi-Footballspieler und einem behinderten Jungen entwickelt sich eine Freundschaft, die dem Jüngeren Kraft und Lebensmut beschert und ihn zum besten Sportler einer Behinderten-Mannschaft werden läßt. Als sein großer Freund später selbst unheilbar erkrankt, kann er ihm Trost und Aufmunterung zurückgeben, ohne ihn freilich vor dem Tod retten zu können. Sentimentale Fernsehdramatisierung einer wahren Begebenheit; in Inszenierung und Darstellung allenfalls durchschnittlich. – Ab 14. ✦ USA 1991 **P** Procter & Gamble **Pd** David Permut, Daniel Levy **R** Richard Michaels **B** Jeff Andrus **D** Mario Van Peebles (Ricky Bell), Lane Davis (Ryan Blankenship), Susan Ruttan (Carol Blankenship), Polly Holliday (Ryans Großmutter), Lynn Whitfield (Natala Bell), Woody Watson **L** 89 **E** 13.9.1994 RTL 2

DIE STIMME DES IGELS. Zweiteilige Zusammenstellung der skurrilen Filmerzählungen des Künstlers Jochen Kuhn, die mit Witz und Lakonie Elemente der bildenden Kunst und Erzählformen des Kinos verschmelzen. Kuhn, geboren 1954, bezeichnet seine Filme als poetisches Erzählkino, bei dem seine Schauspieler aus Acrylfarben sind. Alles wird auf die Leinwand gemalt, um anschließend wieder übermalt zu werden. »So entsteht ein Bilderfluß, der den Fluß der Erzählung begleitet.« Die Zusammenstellung enthält die Titel »Brief an die Produzentin«, »Hotel Acapulco«, »Höllenfranz«, »Lob des Anrufbeantworters«, »Die Beichte« (alle Teil I), »Der lautlose Makubra«, »Robert Langner, Biographie«, »Jo-Jo« und »Silvester« (alle Teil II). ✦ Deutschland 1994 **P** Studio 1 **KI** Abaton/Silver Cine **SF** Abaton **VA** absolut MEDIEN **Pd** Werner Grassmann **R+B+K+M** Jochen Kuhn **S** Olaf Meltzer **L** 121 (61 + 60) **FSK** ab 12; f **E** 13.4.1995/Juni 1999 Video

DIE STIMME DES KILLERS (THE COURTYARD). Thriller. Ein New Yorker Architekt zieht in eine Villengegend von Los Angeles und lernt dort eine schöne Frau kennen. Als ihr Bruder ermordet wird, stellt der Architekt in dem Millieu der reichen Sonderlinge Ermittlungen an. ✦ USA 1996 **R** Fred Walton **B** Wendy Biller, Christopher Hawthorne **M** Mark Mothersbaugh **D** Andrew McCarthy (Jonathan Stoffman), Madchen Amick (Lauren), Cheech Marin (= Richard »Cheech« Marin) (Jack) **L** 101 **E** 7.5.1997 ProSieben

DIE STIMME DES MONDES (LA VOCE DELLA LUNA). Ein Schelm und reiner Tor zugleich lauscht geheimnisvollen Stimmen, die ihm Botschaften zuraunen. Zu ihm gesellt sich ein Häuflein der Wirklichkeit Entrückter, die in einer lärmenden hektischen Welt dem Wesen der Dinge und dem Ursprung des Lebens auf den Grund gehen wollen. Ohne bündige Geschichte erzählt Fellini von der Verschwörung der multikulturellen Moderne, der Traditionen und Wurzeln geopfert werden. Seine Vorliebe gehört den »Verrückten«, die ebenso verzweifelt wie verbissen nach Überresten tradierter Werte forschen und der »Kultur der Stille« zu ihrem Recht verhelfen wollen. In Bildgestaltung, Erzählduktus und Musikeinsatz beeindruckend, überzeugt der Film durch sein zutiefst humanes Menschenbild und den Respekt vor der Natur. (Kinotip der Katholischen Filmkritik) – Sehenswert ab 14. ✦ Italien/Frankreich 1990 **P** Cecchi Gori Group/Tiger Cinematografica/RAI Uno/Cinemax **KI** Die Lupe (Erstverleih: NEF 2) **VA** Universum **Pd** Mario Cecchi Gori, Vittorio Cecchi Gori **R** Federico Fellini **B** Federico Fellini, Tullio Pinelli, Ermanno Cavazzoni, nach einem Roman von Ermanno Cavazzoni **K** Tonino Delli Colli **M** Nicola Piovani **S** Nino Baragli **D** Roberto Benigni (Salvini), Paolo Villaggio (der Präfekt Gonella), Nadia Ottaviani (Aldina), Angelo Orlando, Marisa Tomasi (die »Dampflok«), Sim (der Oboist) **L** 120 **FSK** ab 12; f **FBW** bw **E** 31.5.1990/8.10.1998 Neustart **fd** 28 318

DIE STIMME DES MÖRDERS. Ein wegen eines Rauschgiftdelikts vorbestrafter Immobilienmakler gerät in Verdacht, einen Drogendealer ermordet zu haben. Während des Polizeiverhörs erkennt er den wahren Täter an seiner Stimme; der Mörder ist ein Kriminalbeamter, der in ein Komplott verstrickt ist, das bis in höchste Kreise reicht. Eigenproduzierter Thriller. – Ab 16. ✦ Deutschland 1996 **Pd** Christian Popp **R** Otto Alexander Jahrreiss **B** Leo P. Ard **K** Diethard Prengel **D** Jochen Horst (Claus Heintzen), Anouschka Renzi (Laura Wolf), Paul Faßnacht (Bennet), Hermann Beyer (Hauptkommissar Hauser), Rudolf Kowalski (Gerd Schilling) **L** 90 **E** 14.12.1996 RTL

STIMME DES TERRORS →Sherlock Holmes: Die Stimme des Terrors

STIMME DES TODES (LISA). Aus Mangel an anderen Gelegenheiten flirtet eine 14jährige anonym per Telefon. Dabei gerät sie an einen Frauenmörder und setzt ihn auf die Fährte ihrer Mutter, für die sie sich nach einiger Zeit selbst ausgibt. Als es dem Mörder gelingt, die Adresse seiner Gesprächspartnerin zu ermitteln, können Mutter und Tochter sich im letzten Augenblick retten. Einfacher, aber ungemein spannend erzählter Thriller, der bis auf das harte Ende auf Grausamkeiten verzichtet und sich um eine logische Entwicklung des Plots bemüht. ✦ USA 1989 **P** Surreal Pictures (für United Artists) **VA** Warner Home **Pd** Frank Yablans **R** Gary A. Sherman **B** Gary A. Sherman, Karen Clark **K** Alex Nepomniaschy, Stan Lazan **M** Joe Renzetti **S** Ross Albert **D** Cheryl Ladd (Katherine), D. W. Moffett (Richard), Staci Keanan (Lisa), Tanya Fenmore (Wendy), Jeffrey Tambor (Mr. Marks) **L** 91 **FSK** ab 16 **E** 15.4.1991 Video **fd** 28 963

DIE STIMME DES TODES (1976) (IL GATTO DAGLI OCCHI DI GIADA). Eine junge Kabarettistin wird Zeugin eines Mordes und findet gemeinsam mit ihrem Freund heraus, daß der Ermordete lediglich eines von mehreren Opfern ist, die alle in derselben Stadt geboren wurden. So entdecken sie zwar bald den Täter, doch der kann die junge Frau in seine Gewalt bringen. Es beginnt ein Wettlauf mit der Zeit. Konventioneller Kriminalfilm. ✦ Italien 1976 **P** Elis Cinematografica **VA** Greenwood **R** Antonio Bido **B** Vittorio Schiraldi, Antonio Bido, Roberto Natale **D** Corrado Pani, Paola Tedesco, Franco Citti, Fernando Cerulli, Giuseppe Addobbati **L** 89 **FSK** ab 16; nf **E** 1987 Video/11.7.1988 RTL plus

DIE STIMME DES TODES (1983) (HOT LINE). Wegen ihres umgänglichen Wesens und weil sie viel von den Menschen versteht, erhält eine Barfrau aus Malibu Gelegenheit, die Telefonbetreuung einer Beratungsstelle für emotional labile Menschen zu übernehmen. Bereits am zweiten Tag meldet sich ein psychisch gestörter Mörder bei ihr, der in Versen verschlüsselte Hinweise auf seine Identität gibt. Als die Frau sich auf diese Spur begibt und sich in die Persönlichkeit des Mannes vertieft, gerät sie in tödliche Gefahr. Oberflächlich unterhaltsamer Psychothriller. (Fernsehtitel auch: »Hotline – Die Stimme des Todes«) – Ab 16. ✦ USA 1983 **R** Jerry Jameson **B** David E. Peckinpah (= David Peckinpah) **K** Matthew F. Leonetti **M** Johnny Harris **D** Lynda Carter (Brianne O'Neal), Steve Forrest (Tom Hunter), Granville Van Dusen (Justin Price), Monte Markham (Kyle Durham), James Booth (Charlie Jackson) **L** (TV) 100 **E** 3.9.1990 Tele 5

DIE STIMME DES VOLKES (EL GRITO DEL PUEBLO). Am Beispiel peruanischer Landarbeiter dokumentiert der Schweizer Filmemacher von Gunten, daß trotz der Revolution das Elend des Volkes gleich geblieben ist. Indios, durch Kolonialismus und staatliche Landreform ins Hochland von Peru abgedrängt, schildern ihre Lage fast ausschließlich selbst. Ergänzt werden ihre Berichte durch die Darstellung der Bemühungen der einheimischen Misioneros, die den Indios ein Bewußtsein für ihre Würde und ihre Rechte zu vermitteln versuchen. Ein wirklichkeitsnahes Dokument über benachteiligte Menschen in Lateinamerika. (O.m.d.U.; Alternativtitel: »Der Schrei des Volkes«) – Sehenswert ab 16. ✦ Schweiz 1977 **P** Cinov **SF** Verleihgenossenschaft/Matthias **R+B** Peter von Gunten **K** Fritz E. Maeder **S** Therese Voegeli **L** 67 **E** 7.6.1979 WDR

DIE STIMME IM SPIEGEL (VOICE IN THE MIRROR). Nach dem Tod seiner kleinen Tochter verfällt ein erfolgreicher Werbegrafiker dem Alkohol. Erst als er einen Leidensgenossen trifft, wächst in ihm die Erkenntnis, daß »nur ein Trinker einem Trinker helfen« kann. Gemeinsam gründen sie die »Anonymen Alkoholiker«. Eine ansehnlich gespielte Biografie, gleichermaßen realistisch und drastisch. – Ab 16. ✦ Scope, schwarz-weiß. USA 1958 **P** Universal **Pd** Gordon Kay **R** Harry Keller **B** Larry Marcus **K** William H. Daniels **M** Henry Mancini **S** George Gittens **D** Richard Egan (Jim Burton), Julie London (Ellen Burton), Arthur O'Connell (William Tobin), Walter Matthau (Dr. Leon Karnes), Troy Donahue (Paul Cunningham) **L** 105 **E** 3.12.1996 WDR

STIMMEN AUS DEM GRAB (VICTIM OF THE HAUNT). Nach dem Kauf eines Hauses glaubt ein LKW-Fahrer, den Grundstein für eine glückliche Zukunft gelegt zu haben. Doch seine Frau wird von merkwürdigen Erscheinungen geplagt, deren auch ein Psychiater nicht Herr werden kann. Als sie in eine Klinik eingewiesen wird, entdeckt der Mann, dass sein Haus auf einem ehemaligen Friedhof steht. Horrorfilm, der einmal mehr das »Poltergeist«-Thema variiert. ✦ USA 1996 **R** Larry Shaw **B** Karen Clark **K** Bryan England **M** Wendy Blackstone **D** Sharon Lawrence (Patricia Johnson), Beau Bridges (Charles Johnson), Shirley Knight (Delia), Alex D. Linz (Jonathan), Lawrence Pressman (Dr. Winston) **L** 82 **E** 22.10.1999 ARD

STIMMEN AUS DER SCHATTENWELT (VOICES FROM A LOCKED ROOM). London 1930: Der Streit zwischen einem Musikkritiker und seinem bevorzugten Opfer, einem Komponisten, den er mit beißender Schärfe rezensiert, eskaliert in Gewaltdrohungen. Zu spät erkennt die Geliebte des Autors, das beide ein und die selbe Person sind. Nur in der Montage der Eingangssequenz kreativ, folgt der Film einer austauschbaren Fernsehästhetik und erarbeitet sich keinen wirklichen Zugang zu seiner Geschichte. Trotz glaubwürdiger Darstellung geht dadurch auch der emotionale Zugang zum Plot verloren. – Ab 14. ✦ USA 1998 **P** Avenue Pictures/SCFV Pictures **VA** Columbia Tristar Home **Pd** Dina de Luca, Cary Brokaw **R** Malcolm Clarke **B** Peter Barnes, Nicholas Meyer **K** Lauro Escorel **M** Elliot Goldenthal **S** Jonathan Shaw **D** Jeremy Northam (Philip Heseltine/Peter Warlock), Tushka Bergen (Lily Buxton), Allan Corduner (Oscar Butterworth), Hilton McRae (Gerald Duffy), Bronwen Mantel (Madge Ryan) **L** 89 **FSK** ab 12 **E** 31.8.1999 Video **fd** 33 971

STIMMEN DER LIEBE →Eine Welt ohne Ton

STIMMEN DER SEELE (VOZES DA ALMA). Der Dokumentarfilm beschreibt das Wirken der brasilianischen Priesterin und Heilerin Mae Gil, die durch Tänze und Beschwörungsriten der Bevölkerung Lebenshilfe bietet. Trotz der suggestiven und teilweise beeindruckenden Kameraarbeit kann der Film das Mysterium des spirituellen Erlebnisses nicht vermitteln; wer sich nicht dem vitalen magischen Sog der fremden Welt überlassen kann oder will, steht ihr befremdet und ratlos gegenüber. ✦ Schweiz 1986 **P** Cinov **SF** EZEF/Matthias/Verleihgenossenschaft **Pd+R** Peter von Gunten **B** Peter von Gunten, Marianne Zaugg, Marianne Farah (Übersetzungen) **K** Peter von Gunten **S** Peter von Gunten **D** Mae Gil (Gilvanete), Alexandra Dornelas Chaves, Barbara, Alexandre Dornelas Chaves, Pai Roberto (José Rob. Silvestre) **L** 180

DIE STIMMEN DER SEELE (DUCHOWNYE GOLOSA / SPIRITUAL VOICES). Experimenteller Videofilm, der Menschen zeigt, die in Kriegsumständen gefangen sind, da es in einem späten kolonialen Krieg die Grenzen des zerfallenden russischen Reiches zu sichern gilt. Der mit einer fast einstündigen Einstellung von einer russischen Schneelandschaft beginnende Film, der nach Tagebuchaufzeichnungen des Regisseurs entstand, zeigt Soldaten und Offiziere nicht als Kriegsprofis, sondern als bewaffnete Männer, die die Sinnlosigkeit ihrer Anwesenheit in einer islamischen Welt erst allmählich begreifen. Die fünfeinhalbstündige Filmerzählung ist in fünf Episoden gegliedert. (O.m.d.U.) ✦ Russland 1995 **P** Eskomfilm/Lenfilm/Roskomkino/North Foundation **VA** Freunde der Deutschen Kinemathek **Pd** Wladimir Fotijew **R+B** Alexander Sokurow **K** Alexander Burow, Alexej Fjodorow **M** Wolfgang Amadeus Mozart, Ludwig van Beethoven, Olivier Messiaen, Toru Takemitsu **S** Alexander Sokurow **L** 328 (38/34/87/79/90) **E** 1996

STIMMEN IM DUNKEL (WHISPERS IN THE DARK). Eine Psychiaterin verliebt sich in den vermeintlich sadistischen Liebhaber einer Patientin, die jedoch alsbald ermordet aufgefunden wird. Der zunächst verdächtigte Liebhaber gewinnt das Vertrauen der Psychiaterin zurück, bis eine weitere Leiche auftaucht. Ein übermäßig konstruierter Psychothriller mit Erotikausflügen, der lediglich durch die Leistung der Hauptdarstellerin an Glaubwürdigkeit und Spannung gewinnt. ✦ USA 1992 **P** Paramount **VA** CIC **Pd** Martin Bregman, Michael S. Bregman **R+B** Christopher Crowe **K** Michael Chapman **M** Thomas Newman **S** Bill Pankow **D** Annabella Sciorra (Anne Hacker), Jamey Sheridan (Doug McDowell), Anthony LaPaglia (Morgenstern), Jill Clayburgh (Sarah Green), John Leguizamo (Johnny C.) **L** 98 (gek. 96) **FSK** ab 18 (gek. 16) **E** 12.7.1993 Video **fd** 30 388

STIMMEN IM GARTEN (VOICES IN THE GARDEN). Der Besitzer einer Villa an der Côte d'Azur und seine jüngere Frau offenbaren einander nicht mehr ihre wirklichen Gefühle, um die in langen Ehejahren erworbenen Verletzungen zu überspielen. Das labile Beziehungsgefüge wird in Frage gestellt, als ein junger Rucksacktourist und seine provokant auftretende Freundin auf dem Anwesen auftauchen. Das Aufeinandertreffen der unterschiedlichen Paare setzt einen Bewußtwerdungs-Prozeß in Gang, von dem alle für ihr weiteres Leben profitieren. – Ab 16. ✦ Frankreich/Großbritannien 1992 **P** Gaumont TV/Antenne 2/La Sept/Picture Base/BBC **Pd** Christian Charret, Peter Jeffries **R** Pierre Boutron **B** Lee Langley, nach einem Roman von Dirk Bogarde **K** Dominique Brabant **M** Roland Romanelli **S** Robert Coursez **D** Anouk Aimée (Cuckoo), Hiss Ackland (Archie), Samuel West (Mark), Kashia Figura (= Katarzyna Figura) (Leni), Gayle Hunnicutt (Minna) **L** 86 **E** 16.10.1993 arte

STIMMEN VOM DACHBODEN (VOICES FROM THE ATTIC). Die Regisseurin unternimmt zusammen mit einer jüdischen New Yorker Familie eine Reise nach Polen und besucht den Dachboden eines Bauernhauses, wo sich ihre Eltern mit ihren Angehörigen auf 15 Quadratmetern zwei Jahre lang vor den Nazis verstecken konnten. Die Reise wird für die Nachgeborenen zu einer Suche nach der ihnen verschwiegenen Vergangenheit, für die Geretteten zu einer Begegnung mit ihrer Heimat und ihren Rettern. Lebendig und mit Momenten tiefster Emotionalität, verweist der Film, ohne die unterschiedlichen Motivationen der Retter zu verschweigen, auf die Notwendigkeit, Sprachlosigkeit und emotionale Grenzen zu druchbrechen, um in der Begegnung mit der eigenen Vergangenheit die Identität zu finden. (O.m.d.U.) – Sehenswert. ✦ USA 1988 **P** Siren **SF** Freunde der Deutschen Kinemathek **Pd+R** Debbie Goodstein **B** Debbie Goodstein, Jim Butler **K** Oren Rudavsky **S** Toby Shimin **L** 60 **E** August 1989

STIMMEN VON DER FRONT (VOICES FROM THE FRONT). Dokumentarischer Film eines seit 1987 zusammenarbeitenden Kollektivs aus New York, das in der Summe diverser Ansätze eine selbstbewußte, kämpferische und im gewissen Sinne auch »militante« Gegenöffentlichkeit zum Thema AIDS in den USA herstellt. (Originalfassung) ✦ USA 1991 **P** Testing the Limits (= Sandra Elgear, Robyn Hutt, David Meieran) **SF** Edition Salzgeber **Pd** Hillery Joy Kipnis, Durwood Wiggins **R+B+K** Sandra Elgear, Robyn Hutt, David Meieran **M** Michael Calien, Jimmy Somerville, Tony Malliaris **S** Sandra Elgear, Robyn Hutt, David Meieran **L** 90 **E** 1.10.1992

STIMMZETTEL UND GEWEHR →Mit Stimmzettel und Gewehr

STINE (I DIN FARS LOMME). Ein elfjähriges phantasiebegabtes Mädchen denkt sich gern Geschichten aus, für die weder Eltern noch Lehrer viel Verständnis zeigen. Auf der Schwelle zum Erwachsenwerden lehnt es sich immer wieder gegen Bevormundung auf und macht deutlich, was es selbst will. Dänischer Kinderfilm über den Weg eines Kindes zur Selbständigkeit. ✦ Dänemark 1973 **P** Henning Carlsen Filmproduction **SF** Institut für Film und Bild u.a. **R+B** Lise Roos Anker **K** Peter Roos **D** Stine Sylvestersen (Stine), Preben Kaas (Stines Vater), Avi Sagild (Stines Mutter), Maria Taglioni (Stines Schwester), Thomas Roos (Stines Bruder), Tina Taglioni (Sanne) **L** 78 **FSK** ab 6; f **E** 1980 Kino

STING – BRING ON THE NIGHT (BRING ON THE NIGHT). Vorbereitungen, Proben und das Pariser Auftaktkonzert der »Dream of the Blue Turtle«-Tournee des englischen Rockmusikers Sting, der mit seiner Band neue musikalische Wege beschreitet. Durch die Musikstücke mitreißend und faszinierend, doch in der filmischen Gestaltung eher konventionell; zugleich ein mitunter fragwürdiger Anlaß für die positive Selbstdarstellung des Musikers Sting. (Originalfassung) – Ab 14. ✦ USA 1985 **P** A & M **KI** Jugendfilm **VA** Marketing **Pd** David Manson **R+B** Michael Apted **K** Ralf D. Bode **M** Sting **S** Melvin Shapiro **D** Sting, Branford Marsalis, Omar Hakim, Kenny Kirkland, Darryl Jones, Dolette McDonald, Janice Pendarvis **L** 97 **FSK** o.A.; f **FBW** bw **E** 2.10.1986/Dezember 1986 Video **fd** 25 818

STINGRAY (1979) (STINGRAY). Gangster jagen zwei junge Männer in einem Chevrolet »Stingray«, in dem Rauschgift und Geld versteckt ist. Anspruchsloser Action-Film mit parodistischen Zügen, die nicht konsequent durchgehalten sind. – Ab 16 möglich. ✦ USA 1979 **P** Avco Embassy **KI** Ascot und andere **Pd** Donald Ham, Bill Bruce **R+B** Richard Taylor **K** Frank Miller **M** Murray McLeod **D** Christopher Mitchum, Sherry Jackson, William Watson, Les Lannom, Bert Hinchman **L** 91 **FSK** ab 16; nf **E** 11.7.1980 **fd** 22 549

STINGRAY (1985) (STINGRAY). Ein mysteriöser Fremder in einem schwarzen Auto Baujahr 1965 kreuzt jedesmal auf, wenn Menschen in Gefahr sind. Als Pilotfilm zu einer Fernsehserie konzipierte Action-Geschichte, die als Gegenstück zu »Knight Rider« angelegt war, um mit simpler Handlung eine Art Mischung aus Zorro und Scarlet Pimpernel im modernen Gewand zu etablieren. (Alternativer TV-Titel: »Stingray – Mendozas Rache«) ✦ USA 1985 **P** Columbia/Stephen J. Cannell Prod. **R** Richard A. Colla **B** Stephen J. Cannell **D** Nick Mancuso (Stingray), Robyn Douglass (Daphne Delgado), Gregory Sierra (Tony Mendosa), Michael Fairman (Eduardo Cantero), Susan Blakely (Evelyn Decter), Lee Richardson (Ernst Decter) **L** 96 **E** 1.10.1988 SAT 1

STINGRAY – MENDOZAS RACHE →Stingray (1985)

STINKENDE DOLLAR (I DUE FACCE DEL DOLLARO). Nach erfolgreichem Goldraub geraten die Bandenmitglieder auf der Flucht in einen Streit über die Verteilung der Beute, der zu tödlichen Auseinandersetzungen führt. Umständlicher Italowestern, der sich auf Kosten der Spannung in Einzelheiten verliert. (Alternativtitel: »Django – sein Colt singt sechs Strophen«) ✦ Scope. Italien/Frankreich 1967 **P** Tigielle 33/Films du Griffon **KI** Alpha **R** Roberto Bianchi Montero **B** Alberto Silvestri, Franco Verucci **K** Stelvio Massi **M** Giosafat, Mario Capuano **S** Graziella Fedeli **D** Monty Greenwood, Jacques Herlin, Gabriella Giorgelli, Gérard Herter, Ennio Balbo **L** 94 **FSK** ab 16; nf **E** 21.8.1970 **fd** 16 931

STIPS. Ehemalige Abiturientinnen eines kleinen Mädchengymnasiums treffen sich nach Jahren mit ihrem einst umschwärmten Kunstlehrer, ohne zu wissen, daß er inzwischen Witwer ist. Die nostalgische Geschichte aus der wilhelminischen Zeit ist der letzte Film des deutschen Kinopioniers Carl Froelich (1875–1953), der 1903 als Kameramann begann, 1913 erstmals Regie führte (»Tirol in Waffen«) und zuletzt als Produzent populäre Erfolgsfilme drehte (»Der Choral von Leuthen«, 1932/33, »Traumulus«, 1936, »Heimat«, 1938). 1937 wurde er zum Professor ernannt und war bis 1945 Präsident der Reichsfilmkammer des Dritten Reichs. (Alternativtitel: »Pauker Stips und die verliebte Mädchenklasse«) ✦ Schwarz-weiß. BR Deutschland 1951 **P** Cinephon/Froelich-Film **KI** Deutsche London **R** Carl Froelich **B** Hanns H. Fischer, nach einer Idee von Carl Froelich **K** Bruno Stephan **M** Herbert Windt **S** Walter von Bonhorst **D** Gustav Fröhlich (Stips), Heli Finkenzeller (Katja Romberg), Hans Richter (Albert Pollmann), Ruth Nimbach (Elli P.), Eva-Ingeborg Scholz (Regine Wülfing), Bruno Fritz (Felix Sommer), Ann Höling (Jutta S.), Aribert Wäscher (Wilhelm Tobias) **L** 99 **FSK** ab 12; nf **E** 4.9.1951 **fd** 1 317

STIRB AUF DEM PFERD (UMRI NA KONJE). Episoden aus dem Leben des Heerführers G.B. Gaj, dessen Divison während des Bürgerkrieges in den 20er Jahren an der Einnahme der Stadt Sibirsk durch die Rote Armee teilnahm. ✦ Scope. UdSSR 1979 **P** Armenfilm **R** Grigori Melik-Awakjan **B** Andrej Werdjan **K** Rudolf Watinjan **D** Gush Mankujan (Gaj), Sergej Kornjuschin (Kuibyschew), Valeri Jeremitschenko (Tuchatschewski), Sos Sarkisjan (Gajs Vater), Wladimir Balon (Wilunson) **L** 77 **E** 25.1.1981 DFF 2

STIRB AUFRECHT, GRINGO! (LA COLT E LA MIA LEGGE/LA LEY DEL COLT). Zwei FBI-Agenten entlarven den reichsten Bürger eines Prärieflecken als Chef einer gefährlichen Verbrecherbande. Relativ unblutiger europäischer Durchschnittswestern. (Titel auch: »Stirb aufrecht, Schurke!«) – Ab 16. ✦ Italien/Spanien 1965 **P** Uci/Cine-3/Procensa **KI** Tonfilm **R** Al Bradley (= Alfonso Brescia) **B** Al Bradley (= Alfonso Brescia), Peter White, Ramon Comas Turner **K** Eloy Mella **M** Carlo Savina **S** Nella Nannuzzi **D** Antony Clark (= Angel Del Pozo), Lucy Gilly (= Luciana Gilli), Michael Martin, Peter White, Jim Clay, Grant Laramy (= Germano Longo) **L** 87 **FSK** ab 12; nf **E** 21.10.1966 **fd** 15 392

STIRB AUFRECHT, SCHURKE! →Stirb aufrecht, Gringo!

STIRB FÜR MICH (1995). Ein deutscher Unternehmerssohn verliebt sich im Urlaub hoffnungslos in eine junge Spanierin. Das unbeschwerte Leben der beiden erfährt eine Veränderung, als die Geldzufuhr aus Deutschland abgeschnitten wird. Gemeinsam mit dem angeblichen Bruder der Frau plant man einen Versicherungsbetrug, doch der Geliebte weiß nicht, daß sein Leben auf dem Spiel steht. Eigenproduzierter Fernseh-Krimi. – Ab 16. ✦ Deutschland 1995 **R** Michael Gutmann **B** Nick Evans **M** Toby Gad, Jaqueline Nemorin **D** Kai Wiesinger (Christian Schäfer), Ana Alvarez (Paloma), Antonio Valero (Ramon), Felix Eitner (Stefan), August Schmölzer (Reiner Dömling) **L** 92 **E** 14.11.1995 Pro Sieben

STIRB FÜR MICH (1996) →Dead Innocent – Selbstmord auf Befehl

STIRB FÜR ZAPATA →Trini

STIRB LACHEND (DIE LAUGHING). Erbärmliche »schwarze« Komödie um einen jungen Taxifahrer, der zur falschen Zeit am falschen Ort ist und für den Mord an einem Nuklearwissenschaftler verantwortlich gemacht wird. ✦ USA 1980 **P** Orion/Warner **Pd** Mark Canton, Robby Benson **R** Jeff Werner **B** Robby Benson, Jerry Segal, Scott Parker, nach einer Geschichte von Scott Parker **K** David Myers **M** Robby Benson, Jerry Segal **S** Neil Travis **D** Robby Benson (Pinsky), Linda Grovenor (Amy), Charles Durning (Arnold), Elsa Lanchester (Katie), Bud Cort (Mueller) **L** 103 **E** 14.8.1993 ZDF

STIRB LANGSAM (DIE HARD). Eine Gangsterbande besetzt am Weihnachtsabend das 30. Stockwerk eines Bürohochhauses, nimmt die Gäste einer Party als Geiseln und versucht, 640 Millionen Dollar in Wertpapieren aus dem Safe eines japanischen Konzerns zu erbeuten. Ein zufällig anwesender Polizist durchkreuzt in einem aussichtslos erscheinenden Kampf gegen die Gangster und gegen die Tücken der Hochhaus-Elektronik den ausgefeilten Plan. Unter Einsatz aller erdenklichen technischen Raffinessen auf Hochspannung getrimmter harter Action-Film, der in der zweiten Hälfte zunehmend an Ironie gewinnt. Seine Rasanz und Dramatik erreicht er erst in der 70mm-Fassung und einem dementsprechend eingerichteten Kino. Erwähnenswert: die gegenüber dem amerikanischen Original durch Synchronisation und kleine Kürzungen veränderte Darstellung der deutschen Gangster mit terroristischem Hintergrund. DVD: Der US-Import (Five Star Collection, 2 DVDs) hat im Gegensatz zur deutsche DVD eine Fülle von Bonusmaterial, ist zusätzlich im DTS-Format und zeigt die ungekürzte Fassung. Die Extras umfassen u. a. mehrere Kurzfeatures zum Film, einen Audiokommentar des Regisseurs des Production Designers Jackson DeGovia und des Visual Effects Producer Richard Edlund, ein Feature mit nicht verwendeten Szenen sowie eine CD-Rom Partition, auf der man Script to Screen-Vergleiche interaktiv vornehmen kann. ✦ Scope. USA 1987 **P** 20th Century Fox **KI** 20th Century Fox (auch 70 mm) **VA** CBS/Fox **DVD** Fox Home (16:9, 2.35:1, DD5.1 engl./dt.) **Pd** Lawrence Gordon, Joel Silver **R** John McTiernan **B** Jeb Stuart, Steven E. de Souza, nach einem Roman von Roderick Thorpe **K** Jan de Bont **M** Michael Kamen **S** Frank J. Urioste, John F. Link **D** Bruce Willis (John McClane), Alan Rickman (Hans Gruber), Bonnie Bedelia (Holly Genaro McClane), Alexander Godunow (Karl), Reginald Veljohnson (Sgt. Al Powell), Paul Gleason (Dwayne T. Robinson), De'voreaux White (Argyle) **L** 132 (gek. 126) **FSK** ab 18; f (gek. 16) (DVD 16) **E** 10.11.1988/1989 Video/13.1.2000 DVD **fd** 27 183

STIRB LANGSAM 2 (DIE HARD 2/DIE HARDER). Um einen lateinamerikanischen Diktator und Drogenboß zu befreien, der an die US-Behörden ausgeliefert werden soll, legt eine bis an die Zähne bewaffnete und technisch raffiniert ausgestattete Terroristen-Einheit den Flughafen von Washington lahm und läßt ein Passagier-Flugzeug am Boden zerschellen. Ein Polizist aus Los Angeles bringt praktisch im Alleingang das Unternehmen zum Scheitern. Der spannende Kampf mit den Tücken moderner Technik, der den Reiz von »Stirb langsam« (1987) ausmachte, weicht oberflächlich konstruiertem, lautstarkem Aktionsreichtum mit nur geringen Anzeichen von Ironie, aber um so mehr genreüblichen Härten. DVD: Der US-Import (Special Edition) hat im Gegensatz zur deutsche DVD eine Fülle von Bonusmaterial, ist zusätzlich im DTS-Format und zeigt die ungekürzte Fassung (131 Min.). Die Extras umfassen u. a. mehrere Kurzfeatures zum Film, einen Audiokommentar des Regisseurs sowie ein Feature mit nicht verwendeten Szenen. ✦ Scope. USA 1989 **P** Gordon Films/Silver Pictures **KI** 20th Century Fox **VA** Fox Video **DVD** Fox Home (16:9, 2.35:1, DD5.1 engl./dt.) **Pd** Lawrence Gordon, Joel Silver, Charles Gordon **R** Renny Harlin **B** Steven E. de Souza, Douglas Richardson, nach dem Roman »58 Minutes« von Walter Wager und Chrakteren von Roderick Thorp **K** Oliver Wood, Frank Holgate **M** Michael Kamen **S** Stuart Baird, Robert A. Ferretti **D** Bruce Willis (John McClane), Bonnie Bedelia (Holly McClane), William Atherton (Thornberg), Reginald Veljohnson (Al Powell), Franco Nero (Esperanza), William Sadler (Col. Stuart), John Amos (Capt. Grant), Dennis Franz (Carmine Lorenzo), Sheila McCarthy (Samantha Copeland) **L** 123 **FSK** ab 16; f **E** 25.10.1990/17.4.1991 Video/13.1.2000 DVD **fd** 28 568

STIRB LANGSAM: JETZT ERST RECHT (DIE HARD WITH A VENGEANCE). Ein Polizeidetektiv legt einem deutschen Gangster und seiner privaten Armee in New York das Handwerk. Zweite Fortsetzung des Films »Stirb langsam«. Ein anfangs ironischer, rasch jedoch eindimensionaler Actionfilm, der Spannung mit der Anhäufung von Explosionen und Effekten verwechselt. Reizvoll allenfalls das lakonische Spiel der Darsteller, das in beabsichtigtem Kontrast zur Dramatik des Geschehens steht. DVD: Der US-Import (Special Edition) hat im Gegensatz zur deutschen DVD eine Fülle von Bonusmaterial. Die Extras umfassen u. a. mehrer Kurzfeatures zum Film, einen Audiokommentar des Regisseurs, ein vom Drehbuchautor kommentiertes Feature mit einem alternativen Filmende sowie Storyboards. ✦ Scope. USA 1994 **P** Cinergi Pictures/20th Century Fox **KI** Buena Vista **VA** Touchstone (Buena Vista) **DVD** Buena Vista (16:9, 2.35:1, DD5.1 engl., DD2.0 dt.) **Pd** Michael Tadross, Carmine Zozzora **R** John McTiernam **B** Jonathan Hensleigh **K** Peter Menzies **M** Michael Kamen **S** John Wright **D** Bruce Willis (John McClane), Samuel L. Jackson (Zeus), Jeremy Irons (Simon), Graham Greene (Joe Lambert), Colleen Camp (Connie Kowalski), Larry Bryggman (Cobb) **L** 128 **FSK** ab 16; f **E** 22.6.1995/21.12.1995 Video/30.11.1999 DVD **fd** 31 410

STIRB NICHT OHNE MIR ZU SAGEN, WOHIN DU GEHST (NO TE MUERAS SIN DECIRME A DONDE VAS). Ein Filmvorführer und Erfinder in Buenos Aires lässt durch eine Maschine, die Träume visualisiert, seine Ehefrau aus einem früheren Leben auferstehen und hält mit diesem ätherischen Wesen, das nur er zu sehen vermag, innige Zwiesprache. Ein poesievolles, reich verschachteltes filmisches Märchen über die Magie der Liebe, die den Tod überdauert, über den Tod selbst sowie die Wiedergeburt. Im Rahmen eines bizarren magischen Realismus entwickelt sich ein ebenso eigenwilliger wie faszinierender Kosmos, in dem Skurriles, Ironisches und Sentimentales bruchlos ineinander fließen. Immer nah an der Grenze zum Kitsch balancierend, bietet der Film großes Gefühlskino mit Pathos und Humor. (O.m.d.U.) – Sehenswert ab 16. ✦ Argentinien 1995 **P** Artear Argentina/Instituto Nacional de Cine y Artes Visuales **KI** Kairos **Pd** Jorge Rocca, Gabriel Boero **R+B** Eliseo Subiela **K** Hugo Colace **M** Pedro Aznar **S** Marcela Sáenz **D** Dario Grandinetti (Leopoldo), Oscar Martinez (Oscar), Leonardo Sbaraglia (Pablo), Mariana Arias (Rachel), Mónica Galán (Susana), Tincho Zabála (Don Mario), James Murray (William) **L** 130 **FSK** ab 6; f **E** 9.8.1998 ARD/15.7.1999 Kino **fd** 33 715

STIRB NIEMALS ALLEIN (NEVER SAY DIE). Ein Pärchen wird in ebenso gefährliche wie mysteriöse Ereignisse verstrickt, bei denen Südafrika und ein geplantes Bombenattentat eine entscheidene Rolle spielen. Belanglose Spannungsunterhaltung, die außer einigem Witz und zahlreichen Standardsituationen wenig zu bieten hat. Eher ein Dokument des Niedergangs eines der bedeutendsten Regisseure Neuseelands. – Ab 16 möglich. ✦ Neuseeland 1988 **P** Everard Films/Pastrami & Rye ltd./New Zealand film commission **VA** VPS **Pd** Barrie Everard, Geoff Murphy, Murray Newey **R+B** Geoff Murphy **K** Rory O'Shea **M** Sam Negri, Billy Kristian **S** Scott Conrad **D** Lisa Eilbacher (Melissa Jones), Temuera Morrison (Alf Winters), Tony Barry (Inspektor Evans), George Wendt (Mr. Witten), Geoff Murphy (Jack) **L** 98 **FSK** ab 16 **E** 28.2.1990 Video **fd** 28 210

STIRB ODER TÖTE (KILLER CALIBRO 32). Ein Killer erhält den Auftrag, sieben Banditen, die Land und Leute terrorisieren, das Handwerk zu legen. Harter und stereotyper Italowestern, dessen sprücheklopfenden »Helden« die Aura einer Comic-Figur umgibt. ✦ Scope. Italien 1967 **P** Explorer Film '58 **KI** Constantin **Pd** Bruno Turchetto **R** Al Bradley (= Alfonso Brescia) **B** Enzo Gicca (= Vincenzo Gicca Palli) **K** Bob Roberts **M** Robby Poitevin **S** Edmund Zimmerwal **D** Peter Lee Lawrence (Silver), Sherill Morgan (Dolly), Agnès Spaak (Betty), Cole Kitosch (= Alberto Dell'Acqua) (Spot), Lucy Scay (Janet), Andrea Bosic (Averel), Mirko Ellis (Bear) **L** 87 **FSK** ab 18; nf **E** 20.6.1968 **fd** 15 549

STIRB WIE EIN MANN (THE STRANGE ONE). Die Kadetten einer Militärakademie im amerikanischen Süden üben unter dem Einfluß eines sadistischen Kameraden Selbstjustiz an einem harten Ausbilder. Rüder, aber eindrucksvoller psychologischer Film nach dem Drama »End as a Man« von Calder Willingham. Debüt des Regisseurs Garfein (Regieassistent bei Kazan) und des Schauspielers Ben Gazzara. – Ab 16. ✦ Schwarz-weiß. USA 1956 **P** Columbia **KI** Columbia **Pd** Sam Spiegel **R** Jack Garfein **B** Calder Willingham, nach seiner Erzählung und seinem Stück »End as a Man« **K** Burnett Guffey **M** Kenyon Hopkins **S** Sidney Katz **D** Ben Gazzara (Jocko De Paris), Pat Hingle (Harold Knoble), Mark Richman (Corger), Arthur Storch (Simmons), Paul Richards (Perrin McKee) **L** 100 **FSK** ab 16; nf **E** 20.9.1957 **fd** 6 236

STIRN UND STERN (STIRN ET STERN). Die Ähnlichkeit der Namen sorgt dafür, daß die Gestapo im besetzten Paris des Jahres 1944 statt einer jüdischen Familie die katholischen Wohnungsnachbarn jagt. Die Verwechslung führt zu gefährlichen Situationen, die bei aller Tragik eine gewisse Komik haben; im Zusammenprall zweier Welten werden Mißtrauen und Vorurteile offenbar und ausgeräumt. – Ab 16. ✦ Frankreich 1990 **R** Peter Kassovitz **B** Peter Kassovitz, Michèle Dalbin, nach einer Erzählung von Daniel Colmar **D** Claude Rich (Ferdinand Stirn), Jacques Dufilho (Felix Stern), Danièle Lebrun (Jeanne), Dominique Blanchar (Elise), Nathalie Fillion (Suzanne) **L** 94 **E** 1.11.1993 S 3

STOCK CAR RACE – HÖLLENJAGD AUF HEISSEN PISTEN (GREASED LIGHTNING). Als Action-Komödie inszenierte Lebensgeschichte des ersten farbigen Champions im »Stock-Car-Racing«, der seine Fähigkeiten als tollkühner Fahrer zunächst als Taxichauffeur und später als Komplize von Schwarzbrennern entdeckt. Die Probleme der Rassenvorurteile im Süden der USA werden zwar angedeutet, aber von der Aufsteigerstory überdeckt. – Ab 16. ✦ USA 1977 **P** Third World Cinema **VA** Warner Home **Pd** Hannah Weinstein **R** Michael Schultz **B** Kenneth Vose, Melvin Van Peebles, Lawrence du Kore, Leon Capetanos **K** George Bouillet **M** Fred Karlin **S** Bob Wyman, Randy Roberts, Christopher Holmes **D** Richard Pryor (Scott Wendall), Beau Bridges (Hutch), Pam Grier (= Pamela Grier) (Mary), Cleavon Little (Peewee), Vincent Gardenia (Sheriff Cotton), Richie Havens (Woodrow), Julian Bond (Russell), Earl Hindman (Beau Wells) **L** 92 **FSK** ab 16 **E** April 1986 Video **fd** 25 693

STOCKHOLM ZWEI UHR NACHTS (DET HENDER I NATT / ALDRIG I LIVET). Alkohol- und Drogenmißbrauch, Prostitution, Raub und Mord unter jugendlichen Gangstern in Schweden. Ein dummdreistes Machwerk, das die schwedischen Zensurinstanzen seinerzeit erst nach mehreren Bearbeitungen passierte. (Alternativtitel: »Schwedische Nächte«) ✦ Schwarz-weiß. Schweden 1956 **P** Nyve **KI** Iltis **R** Arne Ragneborn **B** Ivar Segle **M** Ulf Carlen **D** Arne Ragneborn, Lars Ekborg, Sven-Erik Gamble, Ingrid Thulin, Hampe Faustman **L** 76 **FSK** ab 18; nf **E** 2.5.1958 **fd** 6 998

DER STOFF, AUS DEM DIE HELDEN SIND (THE RIGHT STUFF). Die Geschichte des amerikanischen Testpiloten Chuck Yeager, der 1947 als erster die Schallmauer durchbrach, verbunden mit der der sieben ersten Astronauten des amerikanischen Raumfahrtprogramms von 1959 bis 1963. Ein sowohl von spöttischer Ironie als auch von ehrlicher Bewunderung für diese »Helden der Nation« geprägter Film, der dank der mitreißenden Darstellung der extremen Flüge bis zum Schluß spannend bleibt. – Ab 16. ✦ USA 1983 **P** Chartoff Winkler Prod. **KI** Warner Columbia **DVD** Warner Home (16:9, 1.85:1, DD5.1 engl./dt.) **Pd** Irwin Winkler, Robert Chartoff **R** Philip Kaufman **B** Philip Kaufman, nach dem Roman »The Right Stuff« von Tom Wolfe **K** Caleb Deschanel **M** Bill Conti **S** Glenn Farr, Lisa Fruchtman, Stephen A. Rotter, Tom Rolf, Douglas Stewart **D** Sam Shepard (Chuck Yeager), Scott Glenn (Alan Shepard), Ed Harris (John Glenn), Dennis Quaid (Gordon Cooper), Fred Ward (Gus Grissom) **L** 193 **FSK** ab 12; f **FBW** w **E** 7.9.1984/31.3.2000 DVD **fd** 24 751

DER STOFF, AUS DEM DIE TRÄUME SIND. Zwei deutsche Journalisten geraten in eine internationale Spionageaffäre, die den einen das Leben kostet und den anderen zur Flucht zwingt. Aufwendige Bestseller-Verfilmung mit dem Bemühen, auf unterhaltsame Weise kritische Einblicke in Agententätigkeit und Pressepraktiken zu geben. ✦ BR Deutschland 1972 **P** Roxy **KI** Constantin **VA** Kinowelt Home **Pd** Luggi Waldleitner **R** Alfred Vohrer **B** Manfred Purzer, nach dem gleichnamigen Roman von Johannes Mario Simmel **K** Charly Steinberger **M** Peter Thomas **S** Susanne Paschen **D** Herbert Fleischmann (Bertie Engelhardt), Paul Neuhaus (Walter Roland), Edith Heerdegen (Luise Gottschalk), Hannelore Elsner (Irina), Arno Assmann (Herford), Konrad Georg (Gernot) **L** 142 (gek. 134) **FSK** ab 16; f (gek. 12) **E** 20.9. 1972/25.1.2000 Video **fd** 18 002

DAS STÖHNEN →Das Stöhnen im Walde

DAS STÖHNEN IM WALDE (WILD GYPSIES). Ein junger Mann kann das Mädchen, das er liebt, nicht heiraten, weil ihre Angehörigen ihn ablehnen. Er ersticht das Mädchen und mehrere Familienmitglieder, bevor er selbst von einem ihrer Brüder ermordet wird. Konfuse Mischung aus Rachedrama, Krimi und Schnulze, deren konfuse Handlung rassistische Vorurteile gegen das »Zigeunermilieu« bestätigt. (Alternativtitel: »Das Stöhnen«) ✦ USA 1969 **P** Manson **KI** Hans Lenhart **Pd** Paul Mart **R+B** Marc B. Ray **K** Steve Burum **M** Richard Lasalle **D** Todd Grange (Anton), Wayne Lundy (Juan), Gayle Clark (Maria), Laurel Welcome (Julia), Ray Rappa (Armendero), Winn Geary (Helena) **L** 85 **FSK** ab 18; nf **E** 15.5.1970 **fd** 16 873

STOLEN HEART – SPÄTE RACHE (STOLEN HEART). Drei kanadische Loser, eine attraktive Frau und zwei Männer, entführen die Tochter eines angesehenen Klinikchefs. Zu diesem Zeitpunkt wissen die beiden Komplizen noch nicht, dass die Frau die Mutter des 15-jährigen Entführungsopfers ist, das ihr kurz nach der Geburt entzogen wurde. Als der Vater den Entführern auf die Spur kommt, spitzt sich die Lage dramatisch zu. Erstlingsfilm, angelegt als Mischung zwischen Drama und Thriller, der von einigem Gespür und Geschick zeugt, dem man jedoch die geringen Entstehungskosten bisweilen störend ansieht. ✦ Kanada 1997 **P** Backroad Film **Pd** Christopher Ball, Bill Marks, Terry O'Brien **R+B** Terry O'Brien **K** Christopher Ball **M** George Brasovan **S** Robert Benson **D** Lisa Ryder (Joey), Randy Hughson (Robert Buchanan), Christopher Healey (Avery), Gary Farmer (Agent Whitaker), Meghan Toll (Crystal) **L** 81 **E** 8.12. 2000 ProSieben

STOLEN WOMEN (STOLEN WOMEN, CAPTURED HEARTS). Eine junge Frau, die mit einem Siedlertreck auf dem Weg zu ihrem zukünftigen Mann ist, wird nach einem Überfall der Sioux verschleppt. Sie verliebt sich in deren Häuptling und kehrt freiwillig in die Zivilisation der Weißen zurück, als das Lager der Indianer aufgespürt wird, um ein Blutbad zu verhindern. Nicht das klassische Thema der verschleppten weißen Frau steht in diesem Western im Mittelpunkt, sondern eine große Liebe, die Rassenschranken überwindet. Ein schlicht inszenierter Fernsehfilm, geschickt angelegt als großer Tränenzieher, getragen von überzeugenden Darstellern. ✦ USA 1997 **P** CBS **Pd** Vanessa Greene **R** Jerry London **B** Richard Fielder **K** Frank Prinzi **M** Dana Kaproff, Nancy Severinson **S** Bernard Gribble **D** Janine Turner (Anna Brewster-Morgan), Michael Greyeyes (Tokalah), Jean Louisa Kelly (Sarah White), Patrick Bergin (Daniel Morgan), William Shockley (General Custer) **L** 90 **E** 2.2.2001 ProSieben

DER STOLZ DER 3. KOMPANIE. Die erstaunliche Karriere eines schauspielerisch begabten Musketiers, der sich im rechten Moment das geliebte Mädchen sichert und den Militärdienst quittiert. Militärschwank, dessen brillante schauspielerische Leistungen die klamottenhafte Handlung in den Hintergrund treten lassen. Der Film wurde 1935 wegen der für »Nationalsozialisten nicht annehmbaren Zeichnung des Militärs« verboten. (Alternativtitel: »Musketier Diestelbeck«) – Ab 16. ✦ Schwarz-weiß. Deutschland 1931 **P** D.L.S. **KI** Donau **Pd** Leo Meyer **R** Fred Sauer **B** Friedrich Raff, nach einer Idee von Wilhelm Harstein **K** Friedl Behn-Grund **M** Hans May **S** Fred Sauer (ungenannt) **D** Heinz Rühmann (Musketier Diestelbeck), Adolf Wohlbrück (Prinz Willibald), Viktor de Kowa (Leutnant Gernsbach), Christl Mardayn (Emma Wacker), Fritz Kampers (Feldwebel Krause), Paul Henckels (Diestelbecks Vater), Eugen Burg (Minister) **L** 80 **FSK** ab 12; nf **E** 4.1.1932/3.9. 1972 ARD **fd** 2 151

DER STOLZ DER FAMILIE →Ihr 106. Geburtstag

STOLZ DER GARNISON →Der Schrecken der Garnison

DER STOLZ DER KOMPANIE (KRONAS KÄCKA GOSSAR). Schwedische Militärgroteske im Stil von »Schütze Bumm in Nöten«. Nisse und Kalle werden zu einer Wehrübung einberufen. Nisse mimt seinen Vorgesetzten, überführt Spione und gewinnt das hübsche Majorstöchterchen. ✦ Schwarz-weiß. Schweden 1939 **P** Svensk Talfilm **KI** Gloria **R** Sigurt Wallén **B** Torsten Lundquist, Sigurt Wallén **K** Karl-Erik Alberts, Sten Dahlgren **M** Dardanell, Kai Gullmar **D** Nils Poppe, Åke Grönberg, Sigurt Wallén, Stine Sorbon, Karl Reinholdz **L** 85 **FSK** ab 16; nf **E** 9.11. 1951 **fd** 1 648

STOLZ ODER DIE RÜCKKEHR (TODSÜNDE 3) (STOLZ ODER DIE RÜCKKEHR (TODSÜNDE 3)). Ein junger Fotograf, der lange und erfolglos im Ausland war, kehrt in sein ostschweizerisches Heimatstädtchen zurück. Obwohl ihm alles immer noch vertraut ist, sieht er seine Umgebung mit den Augen eines Fremden. Sein Vater, der auch Fotograf ist, versucht ihn dazu zu überreden, sein kleines Fotogeschäft zu übernehmen. Der Stolz (aber auch die Angst, an Sippe und Heimat gebunden zu werden) läßt den jungen Mann am Schluß des Films wieder den Zug besteigen. Innerhalb der einzelnen Figuren des Films kann Stolz das eine Mal als Fähigkeit gedeutet werden, seine Identität auch unter Konflikten zu bewahren, das andere Mal ist Stolz die Unfähigkeit, sich auf den anderen einzulassen. Ein dialektisches Kabinettstück, das seine gedankliche Arbeit in viel Poesie verpackt. ✦ Schweiz 1980 **P** Nemo (für DRS) **Pd** Alexander J. Seiler **R+B** Friedrich Kappeler **K** Thomas Mauch **M** Theodor Jost, Stephan Signer **S** Georg Janett **D** Yves Jansen (Jörg Bär), Walter Wefel (Vater Bär), Elsbeth Gmür (Mutter Bär), Gardi Hutter (Eva Bär), Astrid Keller (Yvonne) **L** 59 **E** Schweiz

STOLZ UND LEIDENSCHAFT (THE PRIDE AND THE PASSION). Im Jahr 1810 hilft ein englischer Marineoffizier zwei spanischen Revolutionären, eine alte Kanone zu bergen und mit ihrer Hilfe die napoleonischen Truppen zu bezwingen. Historisch unzulängliches, aber aufwendig inszeniertes Abenteuerspektakel. – Ab 14. ✦ Scope. USA 1956 **P** United Artists **KI** United Artists **Pd+R** Stanley Kramer **B** Edna Anhalt, Edward Anhalt, nach dem Roman »The Gun« von C. S. Forester **K** Franz Planer **M** George Antheil **S** Frederic Knudtson, Ellsworth Hoagland **D** Cary Grant (Capt. Anthony Trumbull), Frank Sinatra (Miguel), Sophia Loren (Juana), Theodore Bikel (Gen. Jouvet), John Wengraf (Sermaine) **L** 134 **FSK** ab 12; f **E** 20.12.1957 **fd** 6 571

STOLZ UND SCHWUL. Porträt dreier älterer homosexueller Männer, das ein Stück Homosexuellengeschichte deutlich macht: Der erste erzählt von den 20er-Jahren; der zweite kam unter den Nationalsozialisten ins KZ; am Beispiel des dritten wird die Homosexuellenfeindlichkeit der 50er-Jahre deutlich. ✦ BR Deutschland 1991 **R** Rosa von Praunheim **L** 45 **E** 28.5.1991 West 3

STOLZ UND VORURTEIL (PRIDE AND PREJUDICE). Die hervorragende Adaption eines 1813 erschienenen Romans von Jane Austen und dessen Dramatisierung durch Helen Jerome (1935). Milieugenau und mit feiner Ironie ersteht die Welt des britischen Landadels, seiner Sitten und Gebräuche in einem Mädchenschicksal aus dem 19.Jahrhundert: Elizabeth Bennet und ihren Schwestern bleibt als einzige Lebensmöglichkeit die Heirat mit begüterten Männern, da ihr Vater ein Müßiggänger und Genießer ist. Elizabeth erhält den Antrag eines vermögenden Gutsbesitzers. Die anfänglich beiderseitige Sympathie wandelt sich in Ablehnung und Stolz, als dieser sich abschätzig über ihre Familie äußert. Eine Familiensaga mit brillanten Schauspielern. – Sehenswert ab 16. ✦ Schwarz-weiß. USA 1940 **P** MGM **Pd** Hunt Stromberg **R** Robert Z. Leonard **B** Aldous Huxley, Jane Murfin, nach einem Bühnenstück von Helen Jerome und einem Roman von Jane Austen **K** Karl Freund **M** Herbert Stothart **S** Robert J. Kern **D** Laurence Olivier (Darcy), Greer Garson (Elizabeth Bennet), Edmund Gwenn (Mr. Bennet), Mary Boland (Mrs. Bennet), Edna May Oliver (Lady Catherine), Maureen O'Sullivan (Jane Bennet), Ann Rutherford (Lydia Bennet), Frieda Inescort (Miss Caroline Bingley) **L** 116 **E** 1946 Kino/17.9.1979 BR

DIE STOLZE PRINZESSIN (PYSNA PRINCESNA). Märchenfilm über eine hochmütige Königstochter, die sich zum liebenswerten Mädchen wandelt. Sympathischer Kinderfilm. – Ab 6. ✦ Schwarz-weiß. CSR 1952 **P** Filmstudio Barrandov **KI** Jugendfilm **R** Borivoj Zeman **B** Henryk Bloch, Borivoj Zeman, Oldrich Kautsky **K** Jan Roth **M** Dalibor C. Vackár **D** Alena Varnova (Prinzessin Tausendschön), Vladimir Baz (König Miroslav), Stanislav Neumann (König), Milos Kopecky, Karel Effa **L** 85 (DDR 92) **FSK** ab 6; f **E** 23.12.1952 Kino DDR/3.10.1954 Kino BRD/22.8. 1981 DFF 1 **fd** 8 877

DER STOLZE REBELL (THE PROUD REBEL). Ein amerikanischer Bürgerkriegsveteran zieht mit seinem kleinen Sohn, der bei der Ermordung der Mutter die Sprache verloren hat, und mit seinem treuen Hund durch Illinois. Bei einer Farmerin finden sie Hilfe und Liebe; der Junge gewinnt durch einen Schock die Sprache zurück. Rührender, aber nicht rührseliger Western. – Ab 12. ✦ USA 1958 **P** Formosa/Buena Vista **KI** MGM **Pd** Samuel Goldwyn jr. **R** Michael Curtiz **B** Joseph Petracca, Lillie Hayward, nach einer Story von James Edward Grant **K** Ted McCord **M** Jerome Moross **S** Aaron Stell **D** Alan Ladd (John Chandler), Olivia de Havilland (Linnett Moore), Dean Jagger (Harry Burleigh), David Ladd (David Chandler), Cecil Kellaway (Dr. Enos Davis), James Westerfield (Bates), Henry Hull (Richter Morley), Harry Dean Stanton (Jeb Burleigh), John Carradine (Handlungsreisender) **L** 105 **FSK** ab 6; f **E** 14.11.1958 **fd** 7 538

DAS STOLZE UND TRAURIGE LEBEN DES MATHIAS KNEISSL. Der letzte Lebensabschnitt des Räubers und Polizistenmörders Mathias Kneissl, der nach langer Flucht gefaßt und 1902 in München hingerichtet wird. Weniger ein biografischer Film (oder eine sozialkritische Milieustudie wie Reinhard Hauffs Bearbeitung desselben historischen Stoffs, »Mathias Kneissl«, 1970), sondern eher ein elegisches Werk, das Resignation und Einsamkeit als Symptome unserer Zeit deutet. Vom damals erst 19jährigen Regisseur in ruhigen Bildern und verhaltenem Rhythmus inszeniert. ✦ BR Deutschland 1980 **P** Kuratorium junger deutscher Film/HFF/Rob Houwer Film **SF** endfilm **Pd+R+B** Oliver Herbrich **K** Ludolph Weyer **S** Romy Schumann **D** Stephan Becker (Mathias), Marianne Ploog (Mathilde), Joseph Reitinger, Rudolf Eydmann, Elfriede Hildebrand **L** 72 **FSK** ab 16; f **FBW** bw **E** 6.2.1981 **fd** 22 953

STONE (STONE). Ein junger Polizist tritt in eine Rockerbande ein, um mehrere Morde aufzuklären. Die dürftige Handlung dient als Aufhänger für Szenen, die das Rockerleben als faszinierendes Außenseitermilieu romantisch verklären. Ebenso brutal wie überflüssig. ✦ Australien 1974 **P** Hedon **KI** Senator **VA** Comet **Pd+R** Sandy Harbutt **B** Sandy Harbutt, Michael Robinson **K** Graham Lind **M** Billy Green **S** Ian Barry **D** Ken Shorter (Stone), Helen Morse (Amanda), Hugh Keays-Byrne (Toad), Vincent Gil (Leiche), Roger Ward (Hooks), Sandy Harbutt (Totengräber), Keryck Barnes (Dr. Townes) **L** 100 **FSK** ab 18; f **E** 9.7. 1981 **fd** 23 038

STONE COLD DEAD (STONE COLD DEAD). Ein mysteriöser Killer, der seine Opfer im Augenblick ihres Todes fotografiert, sorgt für Aufregung im Prostituierten-Milieu einer kanadischen Großstadt. Der Täter sieht in seinen Taten gar ein »soziales Werk«, das seinem Leben einen Sinn gibt. Schleppend erzählter, düsterer Kriminalfilm. ✦ Kanada 1979 **P** Ko-Zak/Canadian Film Development **VA** Vestron **Pd** George Mendeluk, John Ryan **R** George Mendeluk **B** George Mendeluk, nach dem Roman von Hugh Garner **K** Dennis Miller **M** Alexis Radlin, Guidona Lee **S** Martin Pepler **D** Richard Crenna (Sgt. Boyd), Linda Sorenson (Monica Page), Belinda J. Montgomery (Sandy MacAuley), J. Dale, Paul Williams (Julius Kurtz) **L** 97 **FSK** ab 18 **E** 13.5.1987 Video **fd** 26 184

STONE COLD II – HEART OF STONE → Heart of Stone

STONE COLD – KALT WIE STEIN (STONE COLD). Ein vom Dienst suspendierter Polizist aus Alabama schleust sich im Auftrag des FBI in eine Rocker-Gang in Mississippi ein und zerschlägt die gewalttätige rechtsextreme Vereinigung. Brutaler Action-Film, dessen Held jedes Mittel recht ist, um seine Ziele zu erreichen. Ein zynisches, menschenverachtendes Spiel, das eine »law and order«-Mentalität verbreitet. (In der gekürzten Video-Version wurden besonders die neonazistischen Bezüge abgemildert.) – Wir raten ab. ✦ USA 1990 **P** Epic Pictures/Stone Group **KI** Ascot **VA** Cannon/VMP **DVD** VCL (FF, DD5.1 dt.) **Pd** Michael Douglas, Mace Neufeld, Yoram Ben-Ami **R** Craig R. Baxley **B** Walter Doniger **K** Alexander Gruszynski **M** Sylvester Levay **S** Mark Helfrich **D** Brian Bosworth (Joe Huff/John Stone), Lance Henriksen (Chains Cooper), William Forsythe (Ice Hensley), Sam McMurray (Lance), Arabella Holzbog (Nancy) **L** 92 (Video 74) **FSK** ab 18; nf (Video & DVD 16) **E** 12.9.1991/13.4.1992 Video/14.12.1994 PRO 7/ 1.6.1999 DVD **fd** 29 101

STONER (STONER). Ein australischer Geheimagent auf der Spur einer neuen Droge, die sowohl Heroin als auch ein starkes Aphrodisiakum enthält und der seine Geliebte verfallen ist. In Hongkong kann er mit Hilfe einer chinesischen Agentin den Drogenring zerschlagen. Spannungsloser, ohne erzählerischen Rhythmus konstruierter Agentenfilm mit Kung Fu-Einlagen. ✦ Hongkong 1974 **P** Raymond Chow Prod. **VA** Starlight **R** Huang Feng **B** I Kuan **K** Li Yu-Tang **D** George Lazenby, Angela Mao, Wong In-Sik, Betty Ting-Pei **L** 101 **FSK** ab 16 **E** 1987 Video

STONEWALL (STONEWALL). Aus der Perspektive einer »Drag Queen« wird der »Stonewall«-Aufstand aus dem Jahr 1969 als erster Widerstand der Homosexuellen gegen staatliche Repressionen aufgerollt. Dabei wird ein vielschichtiges Bild vom homosexuellen Leben entworfen; Differenzen innerhalb der Szene werden ebenso dargestellt wie die Mechanismen der allgegenwärtigen Diskriminierung. Da ein Moment der historischen Rekonstruktion fehlt, das einen Zusammenhang des einstigen Aufstandes und seiner heutigen Bewertung ermöglichen würde, erweckt der Film letztlich eher den Eindruck einer gutgemeinten Reminiszenz, der es an Aussagekraft mangelt. (O.m.d.U.) ✦ Großbritannien/USA 1995 **P** BBC/Arena **KI** GM Films **VA** profun **R** Nigel Finch **B** Rikki Beadle Blair **K** Chris Seager **M** Michael Kamen **S** John Richards **D** Guillermo Diaz (LaMiranda), Frederick Weller (Matty Dean), Brendan Corbalis (Ethan), Duane Boutte, Bruce MacVittie **L** 98 **FSK** ab 12 **E** 8.5.1997/23.6.1998 arte

STOP MAKING SENSE (STOP MAKING SENSE). Dokumentation einer Bühnenshow der »Talking Heads«. Der Live-Auftritt wird einfühlsam-sachlich und schnörkellos, aber technisch perfekt eingefangen. Die Band besticht durch außergewöhnliche musikalische Bandbreite, mitreißende Dynamik und ausgelassenen parodistischen Witz. Für Freunde der Rockmusik rundum empfehlenswert. ✦ USA 1984 **P** Talking Heads Films **KI** Arsenal **Pd** Gary Kurfirst **R** Jonathan Demme **K** Jordan Cronenweth **M** Talking Heads **S** Lisa Day **D** Talking Heads **L** 96 **E** 16.11.1984 **fd** 24 845

STOP! ODER MEINE MAMI SCHIESST! (STOP! OR MY MOM WILL SHOOT!). Ein Polizist in Los Angeles bekommt Besuch von seiner alten Mutter, die fortan sein Berufs- und Privatleben ordnen will und dabei bis zum Happy-End für viel Aufregung sorgt. Action-Komödie, die aus der bekannten Grundidee meist nur platte Gags entwickelt; ihre mögliche Wirkung wird zudem von einem für dieses Rollenfach völlig untalentierten Star verschenkt. – Ab 14. ✦ USA 1991 **P** Northern Lights (für Universal) **KI** UIP **VA** CIC **Pd** Ivan Reitman, Joe Medjuck, Michael C. Gross **R** Roger Spottiswoode **B** Blake Snyder, William Osborne, William Davies **K** Frank Tidy **M** Alan Silvestri **S** Mark Conte, Lois Freeman-Fox **D** Sylvester Stallone (Joe Bomowski), Estelle Getty (Tutti), JoBeth Williams (Gwen Harper), Roger Rees (Parnell), Martin Ferro (Paulie) **L** 87 **FSK** ab 12; f **FBW** w **E** 28.5.1992/16.12.1992 Video **fd** 29 612

STOPPT DIE TODESFAHRT DER U-BAHN 123 (THE TAKING OF PELHAM 1-2-3). Vier Gangster entführen in New York eine U-Bahn mit Zugpersonal und 17 Geiseln und erpressen eine Million Dollar Lösegeld. Handwerklich solider und gut besetzter Actionfilm mit gelegentlichen Anflügen von Selbstironie. ✦ Scope. USA 1974 **P** Palomar/Palladium **KI** United Artists **Pd** Gabriel Katzka, Edgar J. Scherick **R** Joseph Sargent **B** Peter Stone, nach dem Roman »Abfahrt Pelham 123« von John Godey **K** Owen Roizman **M** David Shire **S** Gerald Greenberg **D** Walter Matthau (Lieutenant Garber), Martin Balsam (Green), Robert Shaw (Blue), Hector Elizondo (Grey), Earl Hindman (Brown), Jerry Stiller (Lieutenant Patrone) **L** 104 **FSK** ab 16; f **E** 14.11.1974 **fd** 19 093

STORCHENPOST (EGYIPTOMI TÖRTENET). Ein alter Professor erzählt von zwei kleinen Jungen, die von zu Hause fortlaufen und in die aufregendsten Abenteuer geraten. Kinderfilm. – Ab 8. ✦ Schwarz-weiß. Ungarn/VAR (Ägypten) 1962 **P** Hunnia Filmstúdió/ Studio Misr **R** Gyula Mészáros, Seif el Din Chawkat **B** Gábor Thurzó, Fathi Zeki, nach dem Roman von László Ranódy **K** István Pásztor **D** Laci Tóth, Anti Kiss, Mariann Krencsey, Ferenc Dávid Kiss, Jahya Shahin **L** 60 **E** 26.12.1966 DFF 1/25.6.1993 ORB

DER STÖRENFRIED (FLEMMING OG KVIK). Ein wilder, aber sehr sensibler Junge hat Schwierigkeiten, mit seiner Umwelt Frieden zu schließen. Am Ende aber weiß er auch den bärbeißigen Vater und die Lehrer seiner Schule hinter sich. Nachdenklich stimmende, zugleich erheiternde Familienunterhaltung. – Ab 8. ✦ Dänemark 1960 **P** Isis **R** Gabriel Axel **D** Johannes Meyer (Rektor Halling), Jörgen Reenberg (Lehrer Winther), Bjarne Forchhammer (Magister Jespersen), Steen Flensmark (Flemming), Per Geckler (Kvik) **L** 95 **E** 3.3.1968 ZDF

DER STÖRENFRIED – ERMITTLUNGEN ZU OSKAR BRÜSEWITZ. Aus privaten Fotos, Briefen, Filmaufnahmen und Interviews mit Zeitzeugen formt der dokumentarische Film das Bild des evangelischen Pfarrers Oskar Brüsewitz, eines radikalen Christen in der DDR, der sich 1976 aus Protest gegen den die Glaubensfreiheit unterdrückenden Staat öffentlich verbrannte. Der Film vermeidet jede Heroisierung sowie jede vorschnelle Anklage der zögerlichen Weggefährten von damals. Durch seine Montage lockert er die Wortlastigkeit des Sujets auf und stellt aktuelle Bezüge zum Verhältnis Kirche und Staat her. – Sehenswert ab 16. ✦ Deutschland 1992 **P** HE-Film/WDR/BR **SF** Verleih der Filmemacher **Pd** Thomas Frickel, Werner Hamerski, Urs Aebersold **R+B+K** Thomas Frickel **M** Dietmar Staskowiak, Hans-Eckardt Wenzel (Titelsong) **S** Thomas Frickel **L** 94 **FBW** bw **E** September 1992/9.4.1993 B 3 **fd** 30 166

DIE STÖRENFRIEDE. Die jungen Pioniere einer Schulklasse erziehen zwei randalierende Außenseiter zum Kollektivdenken. Hilflose Darsteller in einer spannungslosen Handlung, die den Mitwirkenden unglaubwürdige Dialoge aufzwingt. Didaktischer Kinderfilm aus der Hoch-Zeit des »sozialistischen Realismus«. – Ab 6. ✦ DDR 1952/53 **P** DEFA **Pd** Robert Leistenschneider **R** Wolfgang Schleif **B** Hermann Werner Kubsch, Wolfgang Kohlhaase **K** E. Wilhelm Fiedler **M** Joachim Werzlau **S** Friedel Welsandt **D** Edgar Bennert (Lehrer Bohle), Sonja Haacker (Lehrerin Ellen Hellberg), Charlotte Küter (Frau Spengler), Erich Mirek (Herr Wilder), Aribert Grimmer (Herr Krüger), Susanne Pleger (Vera Wilder), Günther Kruse (Schorsch Spengler), Werner Sajonz (Franz Krüger) **L** 92 **E** 26.6.1953 Kino DDR

STORIA DI CONFINE (GRENZGESCHICHTE) (STORIA DI CONFINE). Ungewöhnliches Drama aus dem Tessin der letzten Jahre des Zweiten Weltkriegs, als Schmuggler den reichen Einwohnern des Gebiets Nahrungsmittel aus Italien über die Berge beschafften. Einer wird von einem jungen Grenzwächter erschossen, der zu spät seine unsinnige Haltung erkennt. Derb-geradliniger, fast bauerntheaterhaft erzählter Film, der jedoch in den den tragischen Szenen seine dramaturgische Konzeption verliert und am Ende zur Schmierenkomödie gerät. (O.m.d.U.) ✦ Schweiz 1972 **P** Decima Musa **R** Bruno Soldini **B** Bruno Soldini, Marco Nessi **K** Lionel Legros **M** Gino Mescoli, Evasio Roncarati, Martine Piffaretti **D** Fabio Garriba (Ronchi), Giampiero Albertini (Burian), Francesca Romana Coluzzi (Gloria), Ezio Sancrotti (Chef am Zollposten), Remo Varisco (Ballini) **L** 95 (TV 87) **E** 21.1.1977 DRS

STORM (1987) (STORM). Drei gealterte ehemalige Bankräuber und Mörder wollen nach 40jähriger Haft die Beute von einst sicherstellen, geraten jedoch mörderisch aneinander. Zwei Jugendliche werden Zeugen des Mordes, womit eine gefährliche Jagd auf Leben und Tod beginnt. Spannender Kriminalfilm. (TV-Titel: »The Storm«, »Junge Scharfschützen«) ✦ Kanada 1987 **P** Groundstar/Cannon **VA** VMP **Pd+R+B** David Winning **K** Tim Hollings **M** Amin Bhatia **S** Bill Campbell **D** David Palffy (Lowell), Stan Kane (Jim), Tom Schioler (Booker), Harry Freedman (Burt), Lawrence Elion (Stanley) **L** 95 **FSK** ab 16. **E** November 1987 Video/12.9.1988 RTL plus

STORM (1998) (STORM). Ein wegen wiederholter Eigenmächtigkeit entlassener »Killersturm«-Forscher findet Arbeit bei einem militärischen Forschungsprojekt, das sich der Manipulation gefährlicher Hurricane zugewandt hat, um Menschen vor Naturkatastrophen zu schützen. Tatsächlich jedoch soll die Naturgewalt für militärische Zwecke genutzt werden. Als Mexiko zur Wahrung amerikanischer Öl-Interessen als erstes Ziel anvisiert wird, der Sturm sich jedoch in Richtung Los Angeles aufmacht, muss sich der Retter in der Not bewähren. Spannungsloser Actionfilm, der die konkrete Not betroffener Menschen zum Anlass eines Spektakels nimmt. Klischees und (pseudo-)kritische Anmerkungen zum weltpolitischen Größenwahn sorgen dafür, dass der Film trotz ironischer Fußnoten nur Mittelmaß bleibt. ✦ USA 1998 **P** UFO United Film/Storm Prod. **VA** Ufa/BMG **Pd** Ken Olandt, Phillip Roth (= Phillip J. Roth), Jeffrey Beach **R** Harris Done **B** Patrick Phillips, Phillip Roth (= Phillip J. Roth), Harris Done, Diane Fine **K** Ben Kufrin **M** Nathan Wang **S** Michael Mayhew, Andrew Marges **D** Luke Perry (Ron Young), Martin Sheen (General Roberts), Robert Knott (Holt), David Moses (Platt), Alexandra Powers (Major Tanya Goodman), Marc McClure (Brian) **L** 86 **FSK** ab 12 **E** 28.6.1999 Video **fd** 33 926

STORM CATCHER (STORM CATCHER). Der Pilot eines Tarnkappenbombers wird verdächtigt, die Maschine in seinen Besitz gebracht zu haben, und folglich von Militär, CIA und Terroristen verfolgt. Um seine Unschuld zu beweisen, überprüft er das Alibi seines Co-Piloten. Doch als der überführt und tot ist, wird der Flieger gezwungen, einen Angriff auf das Weiße Haus zu fliegen, in dem hohen Militärs der Werteverfall der Nation vorprogrammiert scheint. Eine abstruse Geschichte, die ihren simplen Plot mit zahlreichen Härten erzählt, keine Klischees scheut und durch mitunter schwachsinnige verlaufende Kampfszenen auch keine Spannung erzeugen kann. ✦ USA 1999 **P** Phoenicam Entertainment **VA** Highlight **Pd** Tracee Stanley, Noble Henry (= Jim Wynorski) **R** Anthony Hickox **B** William Gucwa, Edward Masterson **K** David Bridges **M** David Wurst, Eric Wurst **S** Brett Hedlund **D** Dolph Lundgren (Major Jack Holloway), Mystro Clark (Captain »Sparks« Johnson), Jon Pennell (Captain Lucas), Robert Miano (General Jacobs), Yvonne Zima (Nicole Holloway) **L** 91 (gek. 89) **FSK** ab 18 (gek. ab 16) **E** 8.11.1999 Video **fd** 34 331

STORM CENTER (STORM CENTER). Die Bibliothekarin einer amerikanischen Kleinstadt weigert sich, ein kommunistisches Buch aus der städtischen Bibliothek zu entfernen und setzt sich damit den Vorurteilen und Beschuldigungen ihrer Mitbürger aus. Kritische Anspielungen auf die McCarthy-Zeit werden weitgehend von der starken Melodramatik überdeckt. Herausragend: das Spiel der Hauptdarstellerin. ✦ Schwarz-weiß. USA 1956 **P** Columbia/Phoenix **Pd** Julian Blaustein **R** Daniel Taradash **B** Daniel Taradash, Elick Moll **K** Burnett Guffey **M** George Duning **S** William A. Lyon **D** Bette Davis (Alicia Hull), Brian Keith (Paul Duncan), Paul Kelly (Richter Ellerbe), Kim Hunter (Martha Lockridge), Kevin Coughlin (Freddie Slater) **L** 85 **E** 22.6.1975 NDR

STORM CHASERS – IM AUGE DES STURMS (STORM CHASERS: REVENGE OF THE TWISTER). Die Witwe eines Meteorologen will die Sturmforschungstheorien ihres Mannes beweisen und kann einen Zusammenhang zwischen Tornados und einer Raketenabschussanlage der NASA herstellen. Als sie ihre Forschungen vertiefen will, begibt sie sich mit einem Kollegen in tödliche Gefahr. Katastrophenfilm, der nicht das Spektakel, sondern die Frage nach den Ursachen für gewaltige Stürme in den Vordergrund stellen will. ✦ Kanada/USA 1998 **R** Mark Sobel **B** Jeff Wynne **M** Ken Williams **D** Kelly McGillis (Jamie Marshall), Wolf Larson (Will Stanton), Liz Torres (Wallace Houston), Adrian Zmed (Smitty), James MacArthur (Frank Del Rio) **L** 94 **E** 12.5.1999 ProSieben

STORM TROOPER (STORM TROOPER). Ein aus seinem Forschungszentrum entflohener Roboter-Polizist sucht Zuflucht in einen einsamen Haus im Wald und trifft auf eine depressive Frau, die gerade ihren Mann erschossen hat. Beide tun sich zunächst gegen die Staatsmacht zusammen, die den Androiden unschädlich machen möchte, doch irgendwann wird das Selbstjustiz-Programm des Roboters aktiviert, und der Maschinenmensch wendet sich gegen seine Gefährtin. Eine verquaste Science-Fiction-Geschichte als Billig-Mix, die auf ein kaum vorhandenes Drehbuch aufzubauen versucht und die bestenfalls mit routinierten Actionszenen ohne psychologischen Unterbau aufwarten kann. ✦ USA 1997 **P** Sunset Films **VA** Starlight **Pd** Hans C. Ritter **R** Jim Wynorski **B** T. L. Lankford **K** J. E. Bash **M** Terry Plumeri **S** Richard Gentner **D** Carol Alt (Grace), John Laughlin (Stark), Zach Galligan (Kreigal), Rick Hill (Denton), Lorey Feldman (Roth) **L** 83 **FSK** ab 18 **E** 19.8.1998 Video **fd** 33 584

STORMBOY – KINDER DES STURMS (STORMBOY). Ein Zehnjähriger, der mit seinem Vater an der einsamen südaustralischen Küste lebt, erkennt durch die Freundschaft mit einem Eingeborenen und die Sorge für einen gezähmten Pelikan das rücksichtslose Verhalten »zivilisierter« Menschen. In Spiel und Fotografie fesselnder Film, dessen Gehalt formale Mängel in den Hintergrund treten läßt. – Ab 8. ✦ Australien 1976 **P** South Australian Film Corp. **KI** Progress **SF** Atlas **Pd** Matt Carroll **R** Henri Safran **B** Sonia Borg, nach einem Roman von Colin Thiele **K** Geoff Burton **M** Michael Carlos **S** Gerald Turney-Smith **D** Greg Rowe (Mike Kingley), Peter Cummins (Tom Kingley), David Gulpilil (Fingerbone Bill), Judy Dick (Miss Walker), Tony Allison **L** 88 **E** 3.8.1979 Kino DDR/25.12.1980 ARD **fd** 22 704

STORMQUEST (STORMQUEST). In zwei archaischen Königreichen führen hexenartige Hohepriesterinnen und alte Vetteln ein hartes Regiment; Männer fristen ein Schattendasein als Sklaven und »Samenspender«. Einige abtrünnige Rebellinnen und eine Schar männlicher Rebellen räumen mit der Frauentyrannei auf und führen die Gleichberechtigung ein. Ein überaus frauenfeindliches Machwerk, das eine von allen erdenklichen Ängsten gespeiste Vorstellung vom Matriarchat vermittelt; eine endlose Abfolge von Kampfgetümmel und Verfolgungsjagden. ✦ USA 1987 **P** Aries Films/Film Trust Motion Picture **VA** HVW Focus **Pd** Héctor Olivera **R** Alex Sessa **B** Charles Saunders **K** Leonard Solis **M** Oscar Cardozo Ocampo **S** Edward Lowe **D** Brent Huff (Zar), Kai Baker (Ara), Monica Gazonga (Tani), Rocky Giordani (Sulan), Lindy Lutz (Sturmkönigin) **L** 86 **FSK** ab 16 **E** 7.11.1988 Video **fd** 27 397

STORMRIDERS (FENG YUN). Ein chinesischer Herrscher, der sich unermüdlich neue Ländereien einverleibt, adoptiert zwei Brüder, deren Eltern er zuvor meuchlings ermorden ließ, um sie zu perfekten Kämpfern ausbilden zu lassen, damit sie seine militärische Macht festigen. Die Rechnung geht zunächst auf, doch dann wenden sich die Ziehkinder gegen ihn. Großes Martial-Arts-Spektakel in den Dimensionen englischer Königsdramen, das nicht nur durch perfekte Kampfszenen überzeugt, sondern seiner tausendfach abgekupferten Geschichte durchaus mit Ernst begegnet und ihr einen schauprächtigen Comic-Rahmen verleiht. DVD: Der enthaltene Film hat eine Länge von c.a. 105 Minuten, ist aber immer noch um etwas 30 Minuten kürzer als in der Originalfassung. – Ab 16 möglich. ✦ Hongkong 1998 **P** Bob & Partners/Centros Digital Pic./Golden Harvest **VA** Ascot **DVD** Splendid/Ascot (16:9, 1.78:1, DD5.1 dt.) **Pd** Raymond Chow, Manfred Wong **R** Andrew Lau **B** Manfred Wong, nach Comic-Geschichten von Ma Wing Shing **K** Andrew Lau **M** Kwong Wing Chan **S** Mak Chi-Sin, Danny (Fat) Pang **D** Aaron Kwok (Striding Cloud), Sonny Chiba (Lord Conquer), Ekin Cheng (Whispering Wind), Kristy Yang (Charity), Qi Shu (Hsu Chi) **L** 86 (DVD 105) **FSK** ab 16 **E** 4.12.2000 Video/29.12.2000 DVD **fd** 34 874

STORMY MONDAY (STORMY MONDAY). Ein skrupelloser texanischer Geschäftsmann und Gangster will sich an der Sanierung der Hafengegend im englischen Newcastle bereichern, scheitert jedoch am Widerstand eines Jazz-Club-Besitzers, aber auch an der Einmischung eines verträumten jungen Mannes, der sich in die Ex-Freundin des Gangsters verliebt. Das mit Ironie gezeichnete Bild vom Ausverkauf einer einst blühenden Wirtschaftsmetropole wird mit stimmungsvollen Genrebildern zu einer handfesten Gangstergeschichte verbunden, die nicht immer zu einer überzeugenden Einheit findet. ✦ USA/Großbritannien 1987/88 **P** Moving Picture Company/British Screen/Film Four International/Atlantic Entertainment Group **KI** Delta **VA** Warner Home **DVD** e-m-s (16:9, 1.85:1, DD2.0 engl./dt.) **Pd** Nigel Stafford-Clark **R+B** Mike Figgis **K** David Martin, Roger Deakins **M** Mike Figgis **S** David Martin **D** Sean Bean (Brendan), Melanie Griffith (Kate), Sting (Finney), Tommy Lee Jones (Cosmo), James Cosmo (Tony), Mark Long, Brian Lewis **L** 93 **FSK** ab 16; f **E** 1.9.1988/7.12.1990 ARD/25.10.2001 DVD **fd** 27 046

STORMY NIGHTS (STORMY NIGHTS). Ein Architekt, der kurz vor einem lukrativen Geschäftsabschluss steht, überfährt in einer stürmischen Nacht einen Mann. Auf der Polizeistation lernt er dessen Witwe kennen, die er bald zu sich und seiner Frau einlädt, bis die Versicherungssumme fällig ist. Damit hat er sich eine verführerische Teufelin ins Haus geholt, die ihren Mann ermordet und den Unfall fingiert hat. Es scheint, als hätte die Mörderin neue Opfer gefunden. Psychothriller um eine skrupellose Frau, der mit einigen erotischen Eindeutigkeiten aufwartet. ✦ USA 1995 **P** Night Storms Prod. **Pd** Gerardo L. Dominguez, Jonathan Yi **R** Alberto Vidaurii **B** Jonathan Yi, Michael Meyer **K** S. Douglas Smith **M** Jay Bolton **D** Shannon Tweed (Jennifer McCormick), Brett Baxter Clark (= Brett Clark) (John McCormick), Tracy Spaulding (Nicole Howell), Myke Michaels (Max), Robert Z'Dar (Alan) **L** 86 **E** 17.4.1999 SAT 1

STORMY WEATHERS – EINE DETEKTIVIN SCHLÄGT ZURÜCK (STORMY WEATHERS). Eine Privatdetektivin, ehemals Schülerin der Polizei-Akademie von Los Angeles, soll den seit 15 Jahren vermißten Bruder eines Italieners suchen. Bei ihren Nachforschungen in dem komplizierten Fall um Mord und Drogen, in dem auch ihr Vater bereits einmal ermittelte, stellt sich heraus, daß sowohl der Auftraggeber selbst als auch ein Kongreßabgeordneter in die Sache verwickelt sind. Kriminalfilm. ✦ USA 1992 **P** Haft-Nasatir/River Siren **Pd** Vahan Moosekian **R** Will Mackenzie **B** Stephan Blom-Cooper, V. Phipps Wilson, Gerald Ayres **K** Robert Draper **M** David Bell **D** Cybill Shepherd (Samantha Weathers), Robert Beltran (Lorenzo »Gio« Giovanni), Charlie Schlatter

(Squirrel), Kurt Fuller (Detective Horshak), Tony Lo Bianco (Lieutenant Orozco), Diane Salinger (Bogey) **L** 92 **E** 31.10.1993 premiere

STÖRUNG OST. Die Filmemacherinnen treffen ehemalige Freunde aus ihrer Ost-Berliner Punk-Clique wieder. Das Dokumentar-Video (auf 16mm umkopiert) läßt das Lebensgefühl von einst lebendig werden und macht mit Archivmaterialien deutlich, welchen staatlichen Repressalien die Jugendlichen ausgesetzt waren. – Ab 16. ✦ Teils schwarz-weiß. Deutschland 1996 **P** Anita AV/ZDF **Pd+R+B** Mechthild Katzorke, Cornelia Schneider **K** Gusztáv Hámos, Tomas J. Blazek, Stephan Horst, Alfred Meissner **M** Punkbands aus Ost-Berlin **S** Mechthild Katzorke, Cornelia Schneider **L** 77 **E** 2.6.1996 ZDF

DIE STORY. Ein Journalist will in einem Boulevardblatt die Hintergründe des Kokainhandels in München aufdecken. Die Drogenmafia ermordet seine Freundin und seine Eltern. Auch der Reporter bezahlt seinen Alleingang mit dem Leben. Effekthascherische Kolportagegeschichte in schickem Milieu, von Regisseur Eckhart Schmidt, der sich als deutscher Roger Corman zu etablieren versucht, im Stil eines wüsten B-Pictures inszeniert. ✦ BR Deutschland 1983 **P** Astral/KF Kinofilm **Kl** Scotia **Pd** Wolfgang Odenthal **R+B** Eckhart Schmidt **K** Bernd Neubauer **M** Sal Paradise **S** Raoul Sternberg (= Eckhart Schmidt) **D** Tomi Davis (Raoul Miller), Sasa Thoman (Raphael), Dietmar Schönherr (Showmaster), Ulrich Tukur (Alexander A.), Hub Martin (Kokain-Dealer), Sabine von Maydell (Simone), Sibylle Rauch (Champagner-Mädchen) **L** 98 **FSK** ab 16; f **E** 22.6.1984/19.4.1987 RTL plus **fd** 24 640

STORY OF RICKY (STORY OF RICKY). Ein Ausnahmekämpfer, der in einem Hochsicherheitsgefängnis landet, weil er die Ermordung seiner Freundin gerächt hat, legt sich mit der korrupten Knasthierarchie an und bekommt es mit einem Killerkommando zu tun, das auf Weisung des Direktors handelt. Äußerst gewalttätiger Actionfilm. ✦ Hongkong 1992 **VA** Pentagramm **DVD** VCL/Laser Paradise (FF P&S, DD2.0 dt.) **R** Nam Nai Choi **D** Fan Siu Wong, Fan Hoi Sang, Gloria Yip **L** 84 **FSK** ab 18 **E** 27.1.1997 Video

STORY STRIPPER – SCHMUTZIGE ZEILEN (THE LAST WORD). Ein Autor, dessen »Geschichten aus der Unterwelt« verfilmt werden sollen, steht vor der Wahl zwischen Ruhm und Liebe. Seine Auftraggeber verlangen, daß die Geschichte einer Stripperin, die mittlerweile seine Geliebte ist, in das Drehbuch eingebaut werden soll. Ein Film voller Klischees, der zwar mit einigen ungewöhnlichen Kameraperspektiven und Schnittfolgen aufwartet, ansonsten jedoch nur altbekannte Standards reproduziert. – Ab 14. ✦ USA 1994 **P** NU Image **VA** VMP **Pd** Randy Lippert, Tony Spiridakis **R+B** Tony Spiridakis **K** Zoltan David **M** Paul Buckmaster **S** Andy Blumenthal **D** Timothy Hutton (Martin), Joe Pantoliano (Doc), Michelle Burke (Sarah), Chazz Palminteri (Ricky), Richard Dreyfuss (Larry) **L** 90 **FSK** ab 12 **E** 8.8.1995 Video/ 9.9.1996 premiere **fd** 31 527

DIE STORY VON GUN KELLY (MELVIN PURVIS G-MAN). Zur Zeit der amerikanischen Wirtschaftskrise im Jahr 1933 kidnappen ein paar kleine Ganoven, die Kelly Gang, den Bruder eines Millionärs und flüchten mit dem erpreßten Lösegeld. Ein verständnisvoll-überlegener FBI-Beamter setzt sich auf ihre Fährte. Eine ansehnliche Fernsehproduktion, die sorgfältig das klassische amerikanische Gangsterkino kopiert; souverän inszeniert, brillant besetzt, reizvoll in der nostalgischen Ausstattung, nicht ohne Humor und ansatzweise gesellschaftskritisch. (Videotitel: »Machine Gun Kelly«) – Ab 16. ✦ USA 1974 **P** AIP **Kl** Constantin **VA** VCL/Virgin **Pd+R** Dan Curtis **B** John Milius, William F. Nolan, nach einer Erzählung von John Milius **K** Jacques Marquette **M** Robert Cobert **S** Richard A. Harris **D** Dale Robertson (Melvin Purvis), Harris Yulin (»Machine Gun« Kelly), Dick Sargent (Thatcher Covington), Margaret Blye (Katherine Ryan Kelly), Matt Clark (Charles Parinetter) **L** 87 (Video 72) **FSK** ab 16; f **E** 28.2.1975/Oktober 1987 Video **fd** 26 410

DIE STORY VON JOANNA (THE STORY OF JOANNA). Jason, ein sexbesessener Sadist, sucht seinen gewaltsamen Tod durch eine Frau, die ihm verfallen ist, die er aber ebenso genüßlich wie selbstquälerisch verachtet. Prätentiöser Porno von G. Damiano, der mit »Deep Throat« (1972) das Genre um einen fragwürdigen Klassiker bereichert hatte. Verweise auf die griechische Mythologie und verschwenderische Dekors können den infamen Voyeurismus nicht überdecken. ✦ USA 1975 **P** Blueberry Hill **Kl** Gloria **VA** VMP **Pd+R+B** Gerard Damiano **K** Harry Flecks **M** Edward Erle **D** Jamie Gillis (Jason), Terry Hall (Joanna), Zebedy Colt (Griffin) **L** 70 (Orig. 86) **FSK** SPIO: X **E** 1.10.1976 **fd** 19 988

DIE STORY VON MONTY SPINNERRATZ. Die New Yorker Ratten sind in Not: Ein Immobilienhai versucht, sie mit Gift auszurotten, läßt sich aber schließlich durch den tapferen Titelhelden und seine kleine Freundin von der Wichtigkeit der Nager für den Wasserkreislauf überzeugen. Eine kindgerecht entwickelte Abenteuergeschichte, die vorzüglich unterhält. Dabei steht das hinreißende Puppenspiel freilich im deutlichen Gegensatz zum lieblosen Spiel der Darsteller. – Ab 8. ✦ Scope. Deutschland 1997 **P** Monty Film/Warner Bros. **Kl** Warner Bros. **VA** Warner Home **Pd** Hans Peter Clasen **R** Michael F. Huse **B** Werner Morgenrath, Peter Scheerbaum **K** Piotr Lenar **M** Frederic Talgorn **S** Timothy McLeish **L** 95 **FSK** o. A.; f **E** 27.3.1997/30.10.1997 Video/3.11. 1998 Premiere **fd** 32 449

STORYVILLE (STORYVILLE). Durch eine Intrige wird ein angesehener Junganwalt aus neureicher Südstaatenfamilie in einen Mordprozeß verwickelt, in dem er seiner vietnamesischen Geliebten als Pflichtverteidiger zur Seite steht. Die geschickt und temporeich als Familienepos entwickelte Geschichte verliert sich zusehends in der Vielzahl ihrer Erzählstränge. Atmosphärische Dichte und Spannung werden nicht bis zum Ende durchgehalten, und auch die schauspielerischen Leistungen können Mängel des Drehbuchs nicht ausgleichen. (TV-Titel auch: »Tödliche Intrigen«) ✦ USA 1990 **P** Davis/Spelling **VA** Concorde **Pd** David Roe, Edward R. Pressman **R** Mark Frost **B** Mark Frost, Lee Reynolds **K** Ron Garcia **M** Carter Burwell **S** B. J. Sears **D** James Spader (Cray Fowler), Joanne Whalley-Kilmer (= Joanne Whalley) (Natalie Tate), Charlotte Lewis (Lee Chang), Jason Fowler (Clifford Fowler), Michael Lauren (Nathan Lafleur) **L** 113 **FSK** ab 16 **E** 9.8.1993 Video **fd** 30 387

STOSS IN DEN RÜCKEN (UDAR W SPINU). Eine kleine, verträumte aserbaidshanische Gebietshauptstadt wird durch zwei schreckliche Morde in Unruhe versetzt. Die einzige Spur führt weit zurück in die Vergangenheit. Eine mäßig spannende und wenig überzeugende Kriminalgeschichte. ✦ Scope. UdSSR 1978 **P** Aserbaidshanfilm **Kl** Progress **R** Arif Babajew **B** Eltschin Efendijew **M** Chajam Mirsa-Sade **D** Schachmar Alekperow (Gjundus), A. Iskenderow (Dadaschly), J. Welijew (Fattach), G. Chani-Sade (Imasch), Amalja Panachowa (Siba) **L** 81 **E** 14.12. 1979 Kino DDR

DIE STOSSBURG. Ritter, Burgdamen und Gesinde als mittelalterlich verkleidetes Personal einer Sexposse. (Alternativtitel: »Wenn nachts die Keuschheitsgürtel klappern«) – Wir raten ab. ✦ BR Deutschland/ Frankreich 1973 **P** Dynamic/Victoria/S.N.D. **Kl** Gloria **R** Franz Marischka **B** Franz Marischka, Friedrich G. Marcus **K** Gunter Otto **M** Peter Weiner **D** Peter Steiner, Johnny Kraaykamp, Helga König, Birgit Bergen, Anne Graf **L** 98 **FSK** SPIO: X **E** 1.2.1974 **fd** 18 769

EIN STOSSGEBET FÜR DREI KANONEN (PROFESSIONISTI PER UN MASSACRO). Eine Wagenladung Goldbarren wechselt während des amerikanischen Bürgerkriegs unentwegt den Besitzer. Primitiver Italowestern. – Wir raten ab. ✦ Scope. Italien/Spanien 1967 **P** Colt/Balcázar **Kl** Avis **R** Nando Cicero **B** Roberto Gianviti, Enzo Dell'Aquila, Jesus Balcazar, José Antonio De la Loma **K** Francisco Marin **M** Carlo Pes **S** Teresa Alcocer **D** George Hilton, George Martin (= Jorge Martin), Mónica Randall, Martin Landau, Scott Hylands **L** 92 **FSK** ab 18; nf **E** 4.12.1970 **fd** 17 233

STOSSGEBET FÜR EINEN HAMMER →Heute ich ... morgen du

STOSSTRUPP AVOLA – JA, WO SIND DENN DIE KANONEN (ROSOLINO PATERNO' SOLDATO). Mitte 1943 scheitert ein in Italien ausgebildeter Spezialtrupp amerikanischer Soldaten, der nahe der feindlichen Front mehrere Kanonen vernichten soll, an der Dummheit der Beteiligten. Ermüdender, unglaubwürdiger Kriegsfilm. ✦ Italien/Jugoslawien 1969 **P** Dino de Laurentiis/Jadran **Kl** Kora **R** Nanni Loy **B** Furio Scarpelli, Age (= Agenore Incorocci) **K** Tonino Delli Colli **M** Carlo Rustichelli **S** Ruggero Mastroianni **D** Peter Falk (Captain Powney), Jason Robards (Sergeant Armstrong), Nino Manfredi (Rosolino Paterno), Martin Landau, Scott Hylands, Frank Latimore **L** 93 **FSK** ab 12; nf **E** 18.7.1975 **fd** 19 572

STOSSTRUPP DURCH DIE GRÜNE HÖLLE (A RUMOR OF WAR). Ein US-Leutnant wandelt sich während seines Vietnameinsatzes vom ängstlich-zweifelnden Soldaten zu einem haßerfüllten Killer. Psychologisch und dramaturgisch wenig überzeugendes Kriegsspektakel, das vorgibt, kritisch zu sein, sich aber durch seine rassistische Grundhaltung entlarvt. – Wir raten ab. ✦ USA 1981 **P** Hemdale Leisure **Kl** Ascot **R** Richard T. Heffron **B** John Sacret Young **K** Jorge Stahl jr., Stevan Larner **D** Brad Davis, Keith Carradine, Michael O'Keefe, Stacy Keach, Christopher Mitchum **L** 107 **FSK** ab 18; f **E** 7.5.1982 **fd** 23 765

STOSSTRUPP DURCH DIE HÖLLE →Männer, wie die Teufel/Stoßtrupp durch die Hölle

STOSSTRUPP GOLD (KELLY'S HEROES). Zur Zeit der alliierten Invasion in der Normandie (1944) erobert ein amerikanischer Stoßtrupp privat aus einer Bank hinter den deutschen Linien 14 000 Goldbarren. Klamaukfilm mit großer Besetzung – so farbenfroh war der Krieg! ✦ Scope. Großbritannien 1969 **P** Katzka-Loeb **Kl** MGM (auch 70mm) **VA** Warner/MGM/UA Home **Pd** Gabriel Katza, Sidney Beckerman **R** Brian G. Hutton **B** Troy Kennedy Martin **K** Gabriel Figueroa **M** Lalo Schifrin **S** John Jympson **D** Clint Eastwood (Kelly), Telly Savalas (Big Joe), Donald Sutherland (Oddball), Don Rickles (Speckbacke), Carroll O'Connor (General Colt), Gavin MacLeod (Moriarty), Hal Buckley (Maitland), Stuart Margolin (Little Joe) **L** 146 **FSK** ab 16; nf **E** 27.11.1970 **fd** 17 134

STOSSTRUPP IN DIE WÜSTE (L' ORGIA DEI MORTI). Ein von verbrecherischen Geschäftsleuten gedungener Spezialtrupp vernichtet ein Öllager in Libyen. Inhaltlich und formal letztklassiger Actionfilm. ✦ Italien/Spanien 1980 **P** Prodimex/Petruka **Kl** Beka/ Alhambra **R+B** Ivan Kathansky (= Luigi Batzella) **K** Modesto Rizzolo **M** Pluto Kennedy **D** Richard Harrison, Gordon Mitchell, Florence Cayrol, John Brown, Jean-Marie Lemair **L** 90 **FSK** ab 16; nf **E** 5.8.1983 **fd** 23 752

STOSSTRUPP INS JENSEITS (EL »CHE« GUEVARA). Die letzten Lebenstage und der Tod des kubanischen Revolutionsführers Che Guevara, der sich seit 1966 als Guerillero in Bolivien aufhielt und dort nach seiner Gefangennahme am 9. Oktober 1967 erschossen wurde. Ein dramaturgisch schwaches Heldenbild mit oftmals naiven Dialogen; das soziale Elend der bolivianischen Bevölkerung wirkt wie angeschminkt. ✦ Italien 1973 **P** Inducine **Kl** Apollo/Peiper/CH **R** Paolo Heusch **B** Adriano Bolzoni **K** Luciano Trasatti **M** Nico Fidenco **S** Eugenio Alabiso **D** Francisco Rabal, John Ireland, Susanna Martinková, Howard Ross (= Renato Rossini), Jack Stuart (= Giacomo Rossi Stuart) **L** 87 **FSK** ab 16; f **E** 6.6.1974 **fd** 18 946

STOSSTRUPP SAIPAN →Aus der Hölle zur Ewigkeit

STOSSTRUPP »SCHWERES WASSER« →Kennwort »Schweres Wasser«

STOSSTRUPP-UNTERNEHMEN DONNERSCHLAG →Kommando-Unternehmen »Rote Laterne«

STOSSVERKEHR (BLUE MONEY). Um Frau, Kind, Villa und Segelschiff unterhalten zu können, produziert ein Fotograf am laufenden Band Pornofilme und gibt auch dann nicht auf, als er von der Polizei geschnappt wird. Sexfilm. ✦ USA 1972 **P** Leacock/Clover **KI** Müller **VA** VMP **R** Ted Leversuch **D** Sergio Regules, Barbara Caron, Art Jenoff **L** 88 **FSK** SPIO: X **E** 20.7.1973 **fd** 18 536

STOSSZEIT – RUSH HOUR. Lebenslauf, Erlebnisse, Wünsche und Erinnerungen eines »leichten Mädchens«. Sexfilm mit dünnem sozialkritischem Anstrich. ✦ BR Deutschland 1970 **P** BTS **KI** Interfilm **Pd** Georg Restel **R+B** Alexis Neve **K** Carsten Krüger **M** Manfred Hübler **S** Helga Olschewski, Ilona Wasgint **D** Anna Kristina, Lilly Barwig, Klaus Dahlen, Lydia Bauer, Dolly van Doll **L** 96 **FSK** ab 18; nf **E** 6.5.1970 **fd** 16 780

STRADIVARI. Ein Leutnant, Erbe einer berühmten Stradivari-Geige, verlobt sich 1914 in Budapest mit einer jungen Geigenlehrerin. Als die Brautleute durch den Ersten Weltkrieg getrennt werden, spielt das Instrument eine schicksalhafte Rolle in ihrem Leben. Altmodisch konventionelles Salonstück, behutsam gespielt. ✦ Schwarz-weiß. Deutschland 1935 **P** Boston **KI** Rota **R** Géza von Bolváry **B** Ernst Marischka **K** Werner Brandes **M** Alois Melichar **D** Gustav Fröhlich, Sybille Schmitz, Albrecht Schoenhals, Harald Paulsen, Hilde Krüger **L** 97 **E** 26.8.1935 **fd** 2 438

STRAFAKTE ANDRÉ →Ruf an das Gewissen

STRAFBATAILLON 999. Einsatz und Tod deutscher »Bewährungssoldaten« an der Ostfront des Zweiten Weltkriegs. Romanverfilmung, die den Krieg zwar in rücksichtsloser Direktheit nachzeichnet, über die grauenvolle Zustandsschilderung aber nicht hinausgelangt. – Ab 14. ✦ Schwarz-weiß. BR Deutschland 1959 **P** Willy Zeyn Prod. **KI** Constantin **Pd** Willy Zeyn **R** Harald Philipp **B** Harald Philipp, Wolfgang Menge, Heinz G. Konsalik, nach dem gleichnamigen Roman von Heinz G. Konsalik **K** Heinz Hölscher **S** Elisabeth Kleinert-Neumann **D** Werner Peters (Hauptfeldwebel Krüll), Heinz Weiss (Oberleutnant Obermeier), Sonja Ziemann (Julia Deutschmann), Ernst Schröder (Dr. Kukill), Georg Lehn (Wiedeck) **L** 109 (gek. 104) **FSK** ab 16; f (gek. 12) **E** 11.2.1960 **fd** 8 898

DIE STRAFE DES SCHWEIGENS (BANISHED BEHIND BARS). Zwei Schwestern, die vom alkoholkranken Vater als Kinder verkauft wurden, treffen sich nach 16 Jahren wieder. Während die eine wohlbehütet aufwuchs, hat die andere bereits als Mitglied einer kriminellen Rockerbande Karriere gemacht. Als sie aus Rache ihren Vater tötet, landet die Schwester an ihrer Stelle im Frauengefängnis. Die mit allen Wassern gewaschene Vatermörderin eilt ihr zur Hilfe. Anfänglich Thriller, dann Frauengefängnisfilm, der kaum ein Klischee seiner Gattung ausläßt. ✦ USA 1995 **P** PM Entertainment **VA** VMP **R** Henri Charr **D** Annie Wood, Gail Harris, Jenna Bodnar **L** 89 (gek. 83) **FSK** ab 18 (gek. ab 16) **E** 18.10.1996 Video

DAS STRAFGESETZBUCH (THE CRIMINAL CODE). Die Geschichte eines unbeholfenen jungen Mannes, der in vermeintlicher Notwehr einen Menschen tödlich verletzt hat und dafür zu zehn Jahren Zuchthaus verurteilt wird: Im Ordnungssystem des Strafvollzugs erlebt er das Gesetz der Häftlinge, das zu bedingungsloser Solidarität verpflichtet. Der von dem damals 34jährigen Howard Hawks inszenierte Gefängnisfilm gehört mit seinem humanitären Engagement und der Kunst seiner Darstellung zu den bedeutendsten des Genres. ✦ Schwarz-weiß. USA 1931 **P** Columbia **Pd** Harry Cohn **R** Howard Hawks **B** Seton I. Miller, Fred Niblo jr., nach einem Bühnenstück von Martin Flavin **K** James Wong Howe, L. William O'Connell **S** Edward Curtiss **D** Walter Huston (Zuchthaus-Dir. Brady), Constance Cummings (Mary Brady), Phillips Holmes (Robert Graham), Boris Karloff (Galloway), Mary Doran (Gertrude Williams) **L** 97 **E** 19.5.1973 ARD **fd** 18 296

STRAFKOMMANDO CHARLIE BRAVO (CHARLIE BRAVO). Indochinakrieg 1954: Eine Gruppe von Fallschirmjägern muß, um eine entführte Rotkreuzschwester zurückzuholen, ganze Dörfer einäschern und wird schließlich kurz vor dem Waffenstillstand selbst vernichtet. Ein Film voll genüßlich zelebrierter Grausamkeiten und mit verlogener Schein-Antikriegshaltung. ✦ Frankreich 1980 **P** Shangrila/Gaumont **KI** Ascot **VA** Ufa **R+B** Claude Bernard-Aubert **K** Pierre Fattori **M** Alain Goraguer **S** Gabriel Rongier, Robert Rongier **D** Bruno Pradal (Lieutenant Brissac), Jean-François Poron (François Girard), Karine Verlier (Catherine Fournier), Gérard Boucaron (Magnan), Bernard Cazassus (Verdier) **L** 88 **FSK** ab 18; f **E** 5.11. 1981/1982 Video **fd** 23 202

STRAFLAGER FERNOST →Camp der verlorenen Frauen

STRÄFLING 3312 (THEY MADE ME A FUGITIVE). Nach dem Zweiten Weltkrieg wird ein heruntergekommener englischer Pilot in Schwarzmarktverbrechen verwickelt. Wegen eines nicht begangenen Mordes verurteilt, entflieht er dem Zuchhaus Dartmoor, um mit dem Bandenchef, der ihn verriet, abzurechnen. Hartrealistischer Gangsterfilm des Brasilianers Cavalcanti, der als bedeutender Dokumentarist den französischen und englischen Filmrealismus zwischen 1930 und 1950 nachhaltig beeinflußte und zusammen mit Brecht dessen »Puntila« in der DDR verfilmte. (Titel auch: »Sträfling 3312 – Auf der Flucht«) – Ab 16. ✦ Schwarz-weiß. Großbritannien 1947 **P** Shipman/Gloria/Alliance **KI** Lloyd-Film **Pd** N.A. Bronsten, James A. Carter **R** Alberto Cavalcanti **B** Noel Langley, nach dem Roman »A Convict has escaped« von Jackson Budd **K** Otto Heller **M** Marius-François Gaillard **S** Margery Saunders **D** Trevor Howard (Clem Morgan), Sally Gray (Sally), Griffith Jones (Narcey), René Ray (Cora), Mary Merrall (Aggie), Ballard Berkeley (Inspektor Rockliffe) **L** 97 **FSK** ab 16; nf **E** 3.3.1950 **fd** 455

DER STRÄFLING UND DIE WITWE (LA VEUVE COUDERC / L' EVASO). Ein entflohener Häftling findet Arbeit bei einer im Dorf angefeindeten Witwe. Die mißtrauischen Dorfbewohner verraten ihn bei der Polizei, die ihn bei einer großen Aktion erschießt. Trotz der guten Darsteller eine langweilige Romanverfilmung mit aufgesetzt wirkenden politischen Bezügen. ✦ Frankreich/Italien 1971 **P** Lira/Pegaso **KI** Centfox **Pd** Raymond Danon **R** Pierre Granier-Deferre **B** Pierre Granier-Deferre, Pascal Jardin, nach einem Roman von Georges Simenon **K** Walter Wottitz **M** Philippe Sarde **S** Jean Ravel **D** Simone Signoret (Witwe Tati), Alain Delon (Jean), Ottavia Piccolo (Félicie), Jean Tissier (Henri), Monique Chaumette (Françoise), Bobby Lapointe (Désiré), André Royer (Polizist) **L** 89 **FSK** ab 16; f **FBW** w **E** 17.3.1972/23.9.1987 DFF 2 **fd** 17 769

STRAFPARK (PUNISHMENT PARK). Politische Dissidenten werden drei Tage lang durch die Wüste gehetzt, ohne eine reale Chance zu haben, durch Erreichen des Ziels ihre Freiheit zu erlangen. Peter Watkins (»War Game«, 1965) brillant inszenierte Schein-Reportage ist eine Attacke gegen faschistische Tendenzen in den USA – eine sachlich überzogene, aber als Psychogramm sehr überzeugende Fabel. ✦ USA 1971 **P** Chartwell/Françoise Films **KI** Notausgang **SF** Atlas **Pd** Susan Martin **R+B** Peter Watkins **K** Joan Churchill, Peter Smokler **M** Paul Motian **S** Peter Watkins, Terry Hodel **D** Carmen Argenziano (Jay Kaufman), Stan Armsted (Charles Robbins), Jim Bohan (Captain), Frederick Franklyn (Prof. Daly), Gladys Golden (Mrs. Jergens), Sanford Golden (Senator Harris), George Gregory (Mr. Keagan), Gary Johnson (Jim Reedman), Luke Johnson (Luke Valerio) **L** 89 **E** 1980 Kino **fd** 22 194

STRAFSACHE THELMA JORDON (THELMA JORDON/ THE FILE ON THELMA JORDON). Eine mordverdächtige Frau wird freigesprochen, weil der Vertreter der Anklage ihr hörig ist und den Prozeß absichtlich verliert. Spannendes Kriminaldrama mit bestechender Kameraführung und einer Hauptdarstellerin, die alle Register zieht. ✦ Schwarz-weiß. USA 1949 **P** Paramount **KI** Paramount **Pd** Hal B. Wallis **R** Robert Siodmak **B** Ketti Frings **K** George Barnes **M** Victor Young **S** Warren Low **D** Barbara Stanwyck (Thelma Jordan), Wendell Corey (Cleve Marshall), Paul Kelly (Miles Scott), Joan Tetzel (Pamela Marshall), Stanley Ridges (Kingsley Willis), Richard Rober (Tony Laredo), Minor Watson (Richter Blackwell) **L** 95 **FSK** ab 16; nf **E** 25.3.1952 **fd** 2 263

STRAFSACHE VAN GELDERN. Ein erfolgreicher Anwalt kann seine Spielschulden nicht mehr bezahlen. Als seine geschäftstüchtige Ehefrau tot aufgefunden wird, gerät er unter Mordverdacht. Spannendes Kriminaldrama. (Alternativtitel: »Der Ausbrecherkönig«; »Willi Vogel, der Ausbrecherkönig«) ✦ Schwarzweiß. Deutschland 1932 **P** Ellen Richter Tonfilm **Pd+R** Willi Wolff **B** W. Solski, Hans Hyan, nach dem gleichnamigen Roman von Hans Hyan **K** Emil Schünemann, Wilhelm Schwäbl **M** Alfred Strasser, Joe Hajos **S** Carl-Otto Bartning **D** Ellen Richter (Martha van Geldern), Elga Brink (Greta von Heerström), Paul Richter (van Geldern), Fritz Kampers (Willi Vogel), Lucie Höflich (Minna Müller) **L** 75 **E** 23.8.1932/ 16.9.1958 DFF 1

DER STRAFSTOSS (SCHTRAFNOJ URAD). Ein Film, der in Form eines Lustspiels Kritik an unqualifizierten Funktionären übt, die über ihre mangelnden Fachkenntnisse durch Phrasen hinwegzutäuschen und ihre Erfolge mit unehrlichen Mitteln zu erreichen versuchen. Künstlerisch durchschnittlicher, aber im allgemeinen unterhaltsamer Film mit einigen hübschen Einfällen. – Ab 6. ✦ UdSSR 1963 **P** Gorki-Studio **KI** Progress **R** Wenjamin Dorman **B** Wladlen Bachnow, Jakow Kostjukowski **K** Konstantin Arutjunow **M** Nikita Bogoslowski **D** Michail Pugowkin (Kuschkin), Liliana Aljoschnikowa (Ljuda), Wladimir Trestschalow (Igor Koroljew), Wladimir Janowskis, Wladimir Wassotzki **L** 98 **E** 17.7.1964 Kino DDR

STRAFVERSETZT – MORD IN MANHATTAN (EXILED). Nachdem er wegen seiner Hitzköpfigkeit bei seinen Vorgesetzten in Ungnade gefallen ist, erhält ein Polizist eine neue Chance, als der Mord an einer farbigen Prostituierten zu klären ist. Film, der den Hauptdarsteller der Fernsehserie »Law and Order« reaktiviert und passable Kriminalunterhaltung zu bieten hat. ✦ USA 1998 **P** Studios USA/Wolf Films **Pd** John L. Roman **R** Jean de Segonzac **B** Charles Kipps, Christopher Noth **K** Glenn Kershaw **M** Mike Post **S** Cindy Mollo **D** Christopher Noth (Det. Mike Logan), Dabney Coleman (Lt. Stober), Dana Eskelson (Det. Frankie Silvera), John Fiore (det. Tony Profaci), Dann Florek (Cap. Donald Cragen) **L** 85 **E** 23.7.2000 Premiere World

DER STRAFVERTEIDIGER (THE LAWYER). Pilotfilm zur »Petrocelli«-Fernsehserie. Aufgrund »berechtigter Zweifel« an den Indizien erreicht ein junger Anwalt im Berufungsverfahren den Freispruch seines des Gattenmordes angeklagten Klienten. Mit lockerer Hand und geschickt dosierter Heiterkeit inszenierter Gerichtsfilm mit ernsthaftem Bekenntnis zum amerikanischen Rechtssystem. – Ab 16. ✦ USA 1968 **P** Paramount **KI** Paramount **Pd** Brad Dexter **R** Sidney J. Furie **B** Sidney J. Furie, Harold Buchman **K** Ralph Woolsey **M** Malcolm Dodds **S** Argyle Nelson **D** Barry Newman (Tony Petrocelli), Harold Gould (Eric P. Scott), Diana Muldaur (Ruth Petrocelli), Robert Colbert (Jack Harrison), Kathleen Crowley (Alice Fiske) **L** 120 **FSK** ab 16; f **FBW** w **E** 26.3.1970 **fd** 16 796

STRAHLEN AUF DEM EIS (NAPFENY A JEGEN). Bekannte Eiskunstläufer schlittern durch eine dümmliche Rahmenhandlung. Niveauloser Revuefilm voller Blödeleien und mit einer hinterwäldlerischen Ausstattung. – Ab 14. ✦ Ungarn 1961 **P** Hunnia **KI** Progress **R** Frigyes Bán **B** Frigyes Bán, Antal Lukács **K** Ottó Forgács **M** Szabolcs Fényes **D** Ferenc Bessenyei, Manyi Kiss, Mária Mezey, Irén Psota, Marietta Kovács **L** 73 **E** 17.8.1962 Kino DDR/11.10. 1963 DFF 1

STRAHLEN DES WAHNS →Pax Montana – Strahlen des Wahns

STRAHLENDE ZUKUNFT. Versuch, das Problem der Atomkraft in seiner ganzen Komplexität darzustellen, von den medizinischen über soziale und politische Aspekte bis zu einer philosophischen Fragestellung nach dem Sinn und Zweck des Fortschritts. Der zum Teil unpräzisen Argumentation und mangelnden formalen Geschlossenheit des Films steht ein großes Maß an Menschlichkeit gegenüber, die als wichtigste Alternative zum Fortschrittsglauben ausgewiesen wird. ✦ BR Deutschland 1977–79 **P** DFFB **KI** Basis **R+B** Susanne Beyeler, Andreas Soschynski **K** Susanne Beyeler, Martin Streit **M** Manfred Rürup **S** Susanne Beyeler, Esther Dayan-Ulivelli **L** 115 **FBW** bw **E** 1981 Kino

STRAHLENDER HIMMEL – STRAHLENDES GLÜCK →Honeymoon (Strahlender Himmel – strahlendes Glück)

STRAIGHT SHOOTER. Ein militärisch ausgebildeter Scharfschütze und einstiger Fremdenlegionär erpresst das deutsche Innenministerium mit täglichen Morden, um die Abschaltung eines Atomreaktors zu erzwingen. Während der Polizeiapparat unfähig ist, die Aktionen des psychopathischen Killers zu unterbinden, denkt sich dessen ehemaliger Ausbilder, ein zynischer Amerikaner, in die Vorgehensweise des immer rücksichtsloser Mordenden hinein. Ein in suggestiven (Genre-)Bildern durchaus spannend entwickelter Thriller, der zugunsten einer atmosphärischen Stimmigkeit weitgehend auf eine Handlungslogik verzichtet. Der Versuch, dem permanenten Einsatz von Gewalt und Gegengewalt einen philosophisch-»moralischen« Überbau beizuordnen, scheitert indes kläglich. ✦ Scope. Deutschland 1998 **P** Perathon/Senator Film **KI** Senator **VA** Ufa/BMG **Pd** Joseph Vilsmaier, Hanno Huth **R+B** Thomas Bohn **K** Peter von Haller **M** Ulrich Reuter **S** Norbert Herzner **D** Dennis Hopper (Frank Hector), Heino Ferch (Volker Bretz alias Straight Shooter), Katja Flint (Regina Toelle), Jürgen Schornagel (Andreas Berndt), Hannelore Hoger (Innenministerin Hoelldobler), Ulrich Mühe (Staatssekretär Paufler), Bernhard Bettermann (Kriminalhauptkommissar Pasternak) **L** 88 **FSK** ab 12; f **E** 15.4.1999/11.10.1999 Video **fd** 33 623

STRAIGHT TO HELL – FAHR ZUR HÖLLE (STRAIGHT TO HELL). Nach einem Banküberfall geraten drei chaotische, in ihren Aktionen völlig desorientierte Gangster sowie eine mit ihnen verbundene Frau auf der Flucht in eine heruntergekommene Kleinstadt, die von mordgierigen Gesellen beherrscht wird. Es kommt zum rücksichtslos geführten Krieg, bis nur noch Arbeit für den Totengräber übrigbleibt. Schrill-chaotischer, überdrehter Actionfilm mit parodistischen Seitenhieben auf das Genre des Western, der mit viel Musik, bekannten Rockmusikern und Insider-Gags »antiautoritär, pro-individualistisch und antiklerikal« unterhalten will, in seiner sprunghaften Clip-Dramaturgie aber allzu bald ermüdet. ✦ Großbritannien 1986 **P** Island **KI** Senator **VA** Starlight **Pd** Eric Fellner **R** Alex Cox **B** Dick Rude, Alex Cox **K** Tom Richmond **M** The Pogues, Pray For Rain **S** David Martin **D** Sy Richardson (Norwood), Joe Strummer (Simms), Dick Rude (Willy), Courtney Love (Velma), Jim Jarmusch (Mr. Dade), Grace Jones, Juan Uribe (Polizist), Frank Murray (Biff McMahon), Elvis Costello (der Butler), Dennis Hopper (Farben), Gloria Miralles Ruiz (Zofe) **L** 86 **FSK** ab 16; nf **E** 11.2.1988/13.8.1988 Video/10.8. 1993 RTL 2 **fd** 26 679

STRAND DER ILLUSIONEN (LA PLAYA VACIA). Kriminalfilm um ein verhängnisvolles Dreiecksverhältnis. Die Besitzerin eines Hotels an der spanischen Riviera unterhält eine Beziehung zu einem jüngeren Mann. Dann aber mietet sich eine junge Botanikerin in dem Hotel ein, die früher ein Verhältnis mit dem Mann der Hotelbesitzerin hatte. Nun beginnt sich der Liebhaber für sie zu interessieren. ✦ Spanien/Mexiko 1977 **P** Lotos/Conacite Uno **R** Roberto Gabaldon **B** Enrique Barreios, Jaime Salom, nach dem Roman »Der leere Strand« von Jaime Salom **K** Carlos Suarez **M** Juan José Garcia Caffi **D** Amparo Rivelles, Jorge Rivero, Pilar Velasquez, Queta Claver **L** 90 **E** 13.9. 1986 DFF 1/9.9.1992 MDR

STRAND – UNTER DEM DUNKELTUCH →Paul Strand, Photograph

DER STRAND VON TROUVILLE. Die Liebe verschlägt einen Berliner Klavierlehrer nach Oberhausen, wo er zwar nicht das Objekt seiner Begierde findet, aber einen Job als Metzgereiverkäufer und eine andere Frau, die ihm durchaus zugetan ist. Eine romantische Beziehungskomödie, die mit einer »exotischen« Kulisse, guten und unverbrauchten Darstellern sowie einer überzeugenden Musik aufwartet. – Ab 14. ✦ Deutschland 1998 **P** Trans-Film/TiMe/SWF/WDR/ MDR/SF DRS **KI** TiMe **VA** absolut MEDIEN **Pd** Albert Kitzler **R+B** Michael Hofmann **K** Hans Fromm **M** Frank Will, Julius Block **S** Uta Schmidt **D** Boris Aljinovic (Lukas), Antje Westermann (Alice), Lars Rudolph (Bill), Katja Zinsmeister (Elenor), Christoph Zapatka (Alex), Karina Krawczyk (Nathalie) **L** 84 **FSK** ab 12; f **FBW** w **E** 7.5.1998 **fd** 33 111

DIE STRANDBIENE (GIFT). Ein junger Nichtstuer versucht, mit Filmen über seine erotischen Abenteuer neue Eroberungen zu machen. Dänische Sexpropaganda. ✦ Dänemark 1967 **P** A/S Nordisk **KI** Cinema Service **R** Knud Leif Thomsen **M** Niels Viggo Bentzon **D** Astrid Villaume, Sisse Reingaard, Judy Gringer, Søren Strømberg, Poul Reichhardt **L** 98 **FSK** ab 18; nf **E** 26.1.1968 **fd** 15 249

STRANDED – GESTRANDET (STRANDED). Auf der Flucht vor einer tödlichen Bedrohung stranden einige Außerirdische im Haus einer alten Frau, die abgeschieden mit ihrer Enkelin lebt. Während die Begegnung zu gegenseitigem Einvernehmen führt, glaubt die Außenwelt an eine Geiselnahme. Obwohl ein farbiger Sheriff vermittelnd eingreift, gelingt nur einem der Sternenbewohner die Flucht. Das B-Picture verbindet Versatzstücke mehrerer Genres und Filmepochen zu einem weitgehend gelungenen Film, der nach anfänglichem Leerlauf gut unterhält und durch seine humane Gesinnung überzeugt. (TV-Titel: »Gestrandet«) – Ab 16. ✦ USA 1987 **P** New Line **KI** Delta **VA** RCA/Columbia **Pd** Scott M. Rosenfelt, Mark Levinson **R** Tex Fuller **B** Alan Castle **K** Jeff Jur **M** Stacy Widelitz **S** Stephen E. Rivkin **D** Maureen O'Sullivan (Grace Clark), Ione Skye (Deirde), Joe Morton (Sheriff McMahon), Brendan Hughes (Prinz), Susan Barnes (Helen Anderson), Cameron Dye (Lt. Scott), Michael Greene (Vernon Burdett), Gary Swanson, Spice Williams **L** 81 **FSK** ab 16; f **E** 28.7.1988/ 13.2.1989 Video/29.11.1995 RTL 2 **fd** 27 127

STRANDFIEBER →Computer Beach Party

DIE STRANDFLITZER (LES BRONZES). Erlebnisse sonnen- und sexhungriger Touristen in einem Feriendorf an der Elfenbeinküste: einfallsarmer und nicht immer geschmackssicherer Versuch einer Parodie auf den Massentourismus. (TV-Titel: »Sonne, Sex und Strandgestöber«) ✦ Frankreich 1978 **P** Trinacra **KI** Jugendfilm **R** Patrice Leconte **B** Patrice Leconte, Splendid-Theaterensemble **K** Jean-François Robin **M** Serge Gainsbourg **S** Noëlle Boisson **D** Josiane Balasko (Nathalie), Michel Blanc (Jean-Claude), Marie-Anne Chazel (Gigi), Christian Clavier (Jérôme), Michel Creton (Bourseault), Thierry Lhermitte **L** 96 **FSK** ab 16; nf **E** 24.8.1979 **fd** 22 144

STRANDGEFLÜSTER (CASOTTO). Ein Sommersonntag am Strand von Ostia: Lose zusammengefügte Episoden führen ein Personenpanoptikum vor, das seinen persönlichen Vorlieben frönt, wobei Sex natürlich nicht zu kurz kommt. Antiquiert wirkende italienische Komödie ✦ Italien 1977 **R** Sergio Citti **B** Vincenzo Cerami, Sergio Citti **D** Michele Placido (Vincenzino), Paolo Stoppa (Großvater), Clara Algranti (Iole), Ugo Tognazzi (Alfredo), Luigi Proietti (Gigi) **L** 90 **E** 1.5.2000 Premiere World

STRANDGUT (FORBIDDEN). In der Unterwelt von Macao verliebt sich ein amerikanischer Detektiv in eine Frau, die er im Auftrag ihres Gangsterfreundes suchen soll. Sorglos geschriebene und inszenierte Krimiunterhaltung. ✦ Schwarz-weiß. USA 1953 **P** Universal **KI** Universal **Pd** Ted Richmond **R** Rudolph Maté **B** Gil Doud, William Sackheim **K** William H. Daniels **M** Frank Skinner **S** Edward Curtiss **D** Tony Curtis (Eddie Darrow), Joanne Dru (Christine Lawrence), Lyle Bettger (Justin Keit), Marvin Miller (Cliff Chalmer), Victor Sen Yung (Allan), Alan Dexter (Barney) **L** 80 **FSK** ab 18; nf **E** 15.1.1954 **fd** 3 566

STRANDGUT DER SÜNDE →Verlorene Jugend

STRANDHASEN →The Beach Girls – Strandhasen

STRANDHASEN II →Beach Fever

DAS STRANDHAUS (DEEP INSIDE – THE BEACH-HOUSE). Die Inhaberin eines Strandhauses kuppelt verschiedene Paare durcheinander und erfreut sich an der Beobachtung ihrer intimen Begegnungen. Die dürftige Handlung ermöglicht, wovon sie spricht: Voyeurismus. ✦ USA 1968 **P** Cannon **KI** Neue Fortuna u.a. **R+B** Joseph W. Sarno **K** Bruce Sparks **M** Pier Marini **D** Esme Kane (Millicent Redmont), Lara Danielli (Pamela Lewis), Nick Dundas (Bill Lewis), Ron Vial (Don Vincent), Sheila Britt (Jean), Monique Drevon (Joy Ponds) **L** 71 **FSK** ab 18; nf **E** 25.4.1969 **fd** 16 139

DAS STRANDHOTEL (L'HOTEL DE LA PLAGE). In einem Strandhotel an der bretonischen Küste quälen Urlauber verschiedener Generationen die üblichen Fragen des Wer mit Wem, Wann und Wo? Weder originell noch besonders erheiternd. – Ab 14 möglich. ✦ Frankreich 1977 **P** Productions 2000 **KI** Tobis **Pd** Marcel Dassault **R+B** Michel Lang **K** Daniel Gaudry **M** Mort Shuman **S** Hélène Plemiannikov **D** Daniel Ceccaldi, Guy Marchand, Myriam Boyer, Martine Sarcey, Michel Robin **L** 110 **FSK** ab 12; f **E** 10.8.1978 **fd** 20 879

STRANDPARTY (SHIMMERING LIGHT). Melodram um einen Surferkönig am Strand von Sidney, der nach vielem Hin und Her sein Leben ändert. Konfektionsware voller Klischees, aber sehr schöne Aufnahmen vom Wellenreiten. ✦ USA 1977 **P** Trans Atlantic **KI** Scotia **R** Don Chaffey **B** George Kirgo **K** Danny Batterham **M** Rod Stewart **D** Beau Bridges (Kevin Pearse), Victoria Shaw (Evelyn Stewart), Ingrid Mason (Moira), Lloyd Bridges (Sean Pearse) **L** 87 **FSK** ab 12; f **E** 17.5.1979 **fd** 22 022

STRANDPARTY BEI MONDSCHEIN (FOR THOSE WHO THINK YOUNG). Ein salopper Westentaschenplayboy und Collegestudent kommt durch die Begegnung mit einem netten Mädchen zur Besinnung und landet im Hafen der Ehe. Teenagerfilm, der den Eindruck eines krampfhaft verlängerten Cola-Werbespots hinterläßt. – Ab 14. ✦ Scope. USA 1963 **P** United Artists **KI** United Artists **Pd** Hugh Benson **R** Leslie H. Martinson **B** James O'Hanlon, George O'Hanlon, Daniel X. Beaumont **K** Harold Stine **M** Jerry Fielding **S** Frank P. Keller **D** James Darren (Gardner »Ding« Pruitt III), Pamela Tiffin (Sandy Palmer), Woody Woodbury (Woody Woodbury), Paul Lynde (Sid Hoyt), Tina Louise (Topaz McQueen), Nancy Sinatra (Karen Cross), Claudia Martin (Sue Lewis) **L** 97 **FSK** ab 12; nf **E** 21.8.1964 **fd** 12 991

STRANDRÄUBER IN FLORIDA (THE BAREFOOT MAILMAN). Im 19. Jahrhundert, während der Einrichtung der ersten Poststrecke durch Florida, beteiligt sich ein Hochstapler an Betrügereien mit gefälschten Eisenbahnaktien, besinnt sich jedoch eines Besseren und kämpft schließlich gegen seine ehemaligen Partner. Routiniertes Western-Abenteuer mit humoristischem Einschlag; inszenatorisch eher schlicht. – Ab 14 möglich. ✦ USA 1951 **P** Columbia **KI** Columbia **Pd** Robert Cohn **R** Earl McEvoy **B** James Gunn, Francis Swann, nach einem Roman von Theodore Pratt **K** Ellis W. Carter **M** George Duning **S** Aaron Stell **D** Robert Cummings (Sylvanus Hurley), Jerome Courtland (Steven Pierton), Terry Moore (Addie Titus), John Russell (Theron), Will Geer (Dan Paget), Arthur Shields (Ben Titus), Trevor Bardette (Oat McCarthy) **L** 83 **FSK** ab 12; nf **E** 13.2.1953 **fd** 2 377

STRANDWÄCHTER IM WINTER (CUVAR PLAZE U ZIMSKOM PERIODU). Ein junger Mann, zur Zeit Gelegenheitsarbeiter, ist auf der Suche nach einem interessanten Platz im Berufsleben. Das Zusammenleben mit einem Mädchen scheitert an sozialen Gegebenheiten, an Generationskonflikten und an dem komplizierten Selbstfindungsprozeß. Ein bemerkenswerter, ehrlicher, sympathischer und zeitloser Film, der mit ein wenig Bitterkeit und leiser Ironie soziale Probleme und menschliche Spannungen veranschaulicht. – Ab 14. ✦ Scope. Jugoslawien 1976 **P** Center FRZ **KI** Progress **R** Goran Paskaljevic **B** Gordan Mihic **K** Aleksandar Petkovic **M** Zoran Hristic **D** Irfan Mensur, Gordana Kosanovic, Danilo Stojkovic, Mira Banjac, Dara Calenic **L** 86 **E** 23.12.1977 Kino DDR

STRANGE DAYS (STRANGE DAYS). Los Angeles 24 Stunden vor dem Neujahrstag des nächsten Jahrtausends: Ein Dealer mit Virtual-Reality-Disks verkauft drastische Mord- und Sex-Szenen aus dritter Hand an erlebnishungrige Video-Süchtige. Eine technisch virtuos realisierte Utopie, die die fortschreitende Tendenz der visuellen Medien zu aggressiver Stimulation thematisiert. Sie wird aber mehr und mehr von einer alltäglichen Thriller-Story überwuchert und rutscht damit selbst ins Spekulative ab. DVD: Die Extras des USA-Imports umfassen im Gegensatz zur deutschen DVD u. a. ein Feature mit nicht verwendeten Szenen sowie ein Interview mit der Regisseurin zur Vorspannsequenz. ✦ Scope. USA 1994 **P** Lightstorm Ent. **KI** UIP **VA** VCL **DVD** VCL (2.35:1, DD5.1 dt.), USA Import: Fox (2.35:1, DD5.1 engl.) **Pd** James Cameron, Steven-Charles Jaffe, Ira Shuman **R** Kathryn Bigelow **B** James Cameron, Jay Cocks **K** Matthew F. Leonetti **M** Graeme Revell **S** Howard E. Smith **D** Ralph Fiennes (Lenny Nero), Angela Bassett (Lornette »Mace« Mason), Juliette Lewis (Faith Justin), Tom Sizemore (Max Peltier), Michael Wincott (Philo Gant), Vincent D'Onofrio (Burton Steckler), Glenn Plummer (Jeriko One), Brigitte Bako (Iris), Richard Edson (Tick), William Fichtner (Dwayne Engelman), Josef Summer (Palmer Strickland) **L** 139(145) **FSK** ab 16 **E** 8.2.1996/2.9. 1996 Video/23.10.1998 DVD **fd** 31 767

STRANGE FREQUENCY (STRANGE FREQUENCY). Zwei Rockmusik-Fans landen nach einem Autounfall in einer 70er-Jahre-Disco und werden mit dessen Besitzer konfrontiert, der die Welt von unnützen Jugendlichen und ihrer Musik befreien will. Kurzweiliger, durchaus vergnüglicher Episodenfilm, angelegt als satirische Rock-Anthologie, die sich an Fantasy-Fernseherfolgen wie »Twilight Zone« orientiert. 1. »Disco Inferno«: Eine Discothek, die ihren Betrieb scheinbar nie einstellt, entpuppt sich als die reinste Hölle. 2. »My Generation«: Ein Killerpärchen unterhält sich darüber, wer, warum und mit welchen Waffen getötet werden soll. 3: »Room Service«: Die Geschichte eines Rock-Stars, der mit Vorliebe Hotelzimmer demoliert. 4. »More Than a Feeling«: Ein Musik-Verlag ist darauf spezialisiert, neue Talente zu fördern, doch die erweisen sich als recht kurzlebig. ✦ USA 2001 **P** Broadway Video/Viavom **VA** Paramount Home **Pd** Deborah Ann Henderson **R** Mary Lambert, Bryan Spicer **B** Joseph Anaya, Dale Kutzera, Dan Merchant **M** Tyler Bates **D** Martin Cummins (Dante), Ben Bass (Tom West), Emily Holmes (Denis Cole), Kristie Marsden (Randy), Judd Nelson (Martin Potter) **L** 83 **FSK** ab 16 **E** 8.11.2001 Video

STRANGE INTERLUDE – GEHEIMNISVOLLE LIEBE →Verhängnisvolle Liebe (1987)

STRANGE JUSTICE (STRANGE JUSTICE). Als Präsident Bush 1991 den konservativen Richter Clarence Thomas für den Obersten Gerichtshof nominiert, bezichtigt ihn eine ehemalige Mitarbeiterin der sexuellen Nötigung und löst damit eine bis daher beispiellose Kampagne aus, die zwar keine gerichtlichen Folgen hat, von den Medien jedoch weidlich ausgeschlachtet wird. Der Film versucht keine Analyse dieses Skandals, sondern gefällt sich als politische Seifenoper, der mehr an außergewöhnlichen Kamerapositionen und formalen Extravaganzen als an Wahrheitsfindung gelegen ist. – Ab 12. ✦ USA 1999 **P** Paramount/Showtime **VA** Paramount Home **Pd** Jonathan Starch **R** Ernest Dickerson **B** Jacob Epstein **K** Jonathan Freeman **M** Bill MacMillan **S** Stephen Lovejoy **D** Delroy Lindo (Clarance Thomas), Mandy Patinkin (Kenneth Duberstein), Regina Taylor (Anita Hill), Paul Winfield (Thurgood Marshall), Louis Gossett jr. (Vernon Jordan) **L** 108 **FSK** ab 12 **E** 20.7.2000 Video **fd** 34 416

STRANGE LOVE (SECRETS). Stümperhaft zusammengeflicktes Material zum Thema Prostitution und Perversion. Die angeblich mit versteckter Kamera gefilmten Szenen sind erkennbar inszeniert. – Wir raten ab. ✦ USA 1972 **P** Clover/Monarex **KI** Ring u. a. **Pd** William J. Garvin **R** Siegfried Krämer **M** Fred Tornow **L** 73 **FSK** Spio: X **E** 15.3.1973 **fd** 18 609

STRANGELAND →Dee Snider's Strangeland

STRANGER (1991) (THE STRANGER). Erotikfilm in drei Episoden. 1. »Das Fenster«: Ein Voyeur muß seine Distanz aufgeben, als er bemerkt, daß die Frau von gegenüber nach dem Liebesspiel gefesselt zurückgelassen wurde. 2. »Das Spiel«: Ein Paar versucht, sein Liebesleben durch einen Dritten aufzufrischen, doch der spielt nach eigenen Regeln. 3. »Das Appartement«: Eine junge Frau wird nach einem Unfall von ihren Erinnerungen heimgesucht. Die verwaiste Wohnung eines Dichters spielt dabei eine zentrale Rolle. ✦ Frankreich/USA 1991 **Pd** Bertrand Devort, Georges Campana, Lewis Chesler **R** Joan Tewkesbury, Wayne Wang, Daniel Vigne **B** Ed Redlich, Nevin Schreiner, Joan Tewkesbury **K** Robert Fraisse **M** Khalil Chahine **D** Timothy Hutton, Alexandra Vandernoot, Linda Fiorentino, James Remar, François Montagut, Joan Chen, Lambert Wilson **L** 78 **E** 26.9.1993 premiere

STRANGER (1994) (THE STRANGER). Ein geheimnisvoller Fremder räumt in einer modernen Westernstadt mit einer Clique sadistischer Rüpel auf. Genremix aus Bikerfilm und modernem Western, nicht sonderlich spannend oder originell, aber immerhin von einigem Unterhaltungswert. ✦ USA 1994 **P** Kings Road **VA** Columbia TriStar Home **Pd** Donald P. Borchers **R** Fritz Kiersch **B** Gregory Poirier **K** Christopher Walling **M** Kevin Kiner **S** Tony Mizgalski **D** Kathy Long (Die Fremde), Andrew Divoff (Angel), Eric Pierpoint (Sheriff Dole), Robin Lynn Heath (Cordet), Jason Adams (Deputy Stone) **L** 93 **FSK** ab 18 **E** 6.8. 1996 Video **fd** 32 244

STRANGER BY NIGHT →Justice under Fire

STRANGER – RÜCKKEHR AUS DER VERGANGENHEIT (THE STRANGER WITHIN). Ein junger Mann taucht im Hause einer Frau auf und behauptet, daß er ihr Sohn sei, der 15 Jahre zuvor entführt wurde und seitdem verschwunden ist. Voller Hoffnung nimmt sie ihn auf, muß jedoch nach einem Mord feststellen, daß er auch den wirklichen Sohn längst umgebracht hat und nun ihr nach dem Leben trachtet. Grobgestrickter Thriller, der in den genreüblichen Spannungsszenen durchaus Talent zur inszenatorischen Verdichtung beweist. ✦ USA 1990 **P** New World International/Goodman-Rosen Prod. **VA** Highlight **Pd** Paulette Breen **R** Tom Holland **B** John Pielmeier **K** James Hayman **M** Vladimir Horunzhy **S** Scott Conrad **D** Rick Schroder (Mark/Luke), Kate Jackson (Mare Browning), Chris Sarandon (Dan), Clark Sandford (Cpt.Bender), Friedrich Ulmer **L** 90 (gekürzt 88) **FSK** ab 18 (gekürzt 16) **E** 29.7.1991 Video

STRANGER THAN FICTION (STRANGER THAN FICTION). Vier Freunde sehen sich gezwungen, die Leiche eines Mannes aus der Wohnung eines angehenden Staranwalts verschwinden zu lassen. Aber die Entsorgung erweist sich als unerwartet kompliziert, sodass weitere Menschen ums Leben kommen und interne Spannungen den Zusammenhalt der Gruppe in Frage stellen. Ein bewusst »cooler« Krimi, der nur bescheidenen Ansprüchen genügt, da die Charaktere nicht die Anteilnahme des Zuschauers wecken. Lediglich der Vorspann weckt Interesse, das nach Filmbeginn jedoch rasch erlahmt. ✦ USA 1999 **P** Moonstone Entertainment/Unapix **VA** Ufa/BMG **DVD** e-m-s (FF P&S, DD5.1 dt., DS engl.) **Pd** Dana Lustig, Ram Bergman **R** Eric Bross **B** Tim Garrick, Scott Russell **K** Horacio Marquinez **M** Larry Seymour **S** Caroline Ross **D** Mackenzie Astin (Jared), Todd Field (Donovan/Austin), Dina Meyer (Emma), Natasha Gregson Wagner (Violet), Joe Unger (Bubba) **L** 96 **FSK** ab 16 **E** 16.3.2000 Video/25.10.2000 DVD **fd** 34 215

STRANGER THAN PARADISE (STRANGER THAN PARADISE). Die Geschichte des Zusammentreffens der Ungarin Eva mit ihrem amerikanischen Vetter und dessen Freund. Eine Reflexion über Heimatlosigkeit und die Unfähigkeit, sich anderen zu öffnen. Ästhetisch reizvoll gestaltet, von ausgezeichneten Darstellern getragen, erzählt der Film seine triste Geschichte mit vielen ironischen Wendungen und heiter-melancholischen Momenten. – Sehenswert. ✦ Schwarz-weiß. USA/BR Deutschland 1984 **P** Cinestesia/ZDF **KI** Pandora **VA** VMP **Pd** Sara Driver **R+B** Jim Jarmusch **K** Tom DiCillo **M** John Lurie **S** Jim Jarmusch, Melody London **D** John Lurie (Willie), Eszter Balint (Eva), Richard Edson (Eddie), Danny Rosen (Billy), Cecillia Stark (Tante Lottie) **L** 85 **FSK** ab 12 (Video) **E** 25.7.1984 ZDF/9.11.1984 Kino **fd** 24 712

STRANGER – WÜSTE DER GESETZLOSEN →Stranger (1994)

STRANGERS (1990) (STRANGERS). Thriller. Ein geschiedener Börsenmakler verliebt sich in eine schöne Frau, die besessen ist von dem Wunsch, eine glückliche Familie zu gründen. ✦ Australien 1990 **R** Craig Lahiff **D** Anne Looby (Anna), James Healey (Gary), Melissa Docker (Rebecca), Paul Mason (Sergeant), Mary Reagan (Joanne) **L** 83 **E** 24.9.1997 SAT 1

STRANGERS (1992) (A STRANGER AMONG US). Eine New Yorker Polizeidetektivin soll den Raubmord an einem jüdischen Diamantenhändler aufklären. Sie wird in der chassidischen Gemeinde von Brooklyn in der Familie des Rabbis untergebracht. Ihre Distanz gegenüber der ihr fremden, exotischen Welt wandelt sich zunehmend in Verständnis und Sehnsucht nach den Werten der Tradition, Gemeinschaft, Solidarität und Gottesfurcht. Ein hervorragend inszenierter und besetzter Thriller, der seinen Reiz aus der Begegnung mit der fremden Welt der religiösen Gemeinde der Chassidim bezieht. Weniger an äußerer Spannung als an der Entfaltung der verschiedenen Aspekte der chassidischen Kultur interessiert. (TV-Titel auch: »Sanfte Augen lügen nicht«) – Ab 16. ✦ USA 1992 **P** Propaganda/Sandollar/Isis/PolyGram/Hollywood Pictures/Touchwood Pacific Partners **VA** VCL/Carolco **Pd** Steve Golin, Sigurjon Sighvatsson, Howard Rosenman **R** Sidney Lumet **B** Robert J. Avrech **K** Andrzej Bartkowiak **M** Jerry Bock **S** Andrew Mondshein **D** Melanie Griffith (Emily Eden), Eric Thal (Ariel), Mia Sara (Leah), Tracy Pollan (Mara), Lee Richardson (Rabbi), John Pankow (Lewin), Jamey Sheridan (Nick) **L** 116 (Video 105) **FSK** ab 12 **E** 13.9. 1995 premiere/18.9.1995 Video **fd** 31 540

STRANGLEHOLD (STRANGLEHOLD). Während eine US-Kongreßabgeordnete eine Chemie-Fabrik in Malaysia besichtigt, bringt eine Verbrecherbande die Anlage in ihre Gewalt. Die Gangster drohen mit der Erschießung der Geiseln und dem Einsatz von Giftgas, doch der kampfgewandte Leibwächter der Politikerin vereitelt ihre Pläne. Eine stumpfsinnige, ideenarme Kopie des Actionfilms »Stirb langsam«, abstoßend und zugleich ermüdend durch die Abfolge von Gewaltakten. ✦ USA 1994 **P** Concorde/New Horizon **VA** VPS **Pd+R** Cirio H. Santiago **B** Mark Evan Schwartz, Brendan Broderick, Robert Kerchner **K** Joe Batac **M** Dionisio Buencamino **S** Joseph Zucchero **D** Jerry Trimble (Ryan Cooper), Jillian McWhirter (Helen Filmore), Vernon Wells (Gerald Richter), James Paolelli (Lt. Jackson), Bob McFarland

(William Atkin) L 85 FSK ab 18 E 27.4.1995 Video fd 31 379

STRANGULATOR – DER KILLER VON MALIBU (KILL THE GOLDEN GOOSE). Belangloser Thriller um einen bezahlten Killer. ✦ USA 1979 P Dodson Film VA Focus R Elliott Hong B Brad van Beltz, Patrick Strong D Ed Parker, Brad van Beltz, Bong Sou Han L 91 FSK ab 18 E April 1987 Video

STRAPLESS – EIN FAST ANONYMES VERHÄLTNIS →Ein fast anonymes Verhältnis

STRAPS-AKADEMIE 1 – HEISSE MÄDELS, WILDE BULLEN →Politessen-Akademie

STRAPS-AKADEMIE 2 – AUF ZUR WILDEN HOCHZEITSNACHT (VICE ACADEMY 4). Frivoler Billig-Klamauk um zwei junge Politessen auf der Jagd nach einer männermordenden Verführerin. ✦ USA 1994 R+B Rick Sloane D Julia Parton (Medallion), Elizabeth Kaitan (Officer Candy), Jayne Hamil (Ms. Devonshire/Tellerschreck), Jay Richardson (Police Commissioner) L 90 E 23.8.1997 RTL 2

STRAPS-AKADEMIE 3 (VICE ACADEMY V). Triviale Billigkomödie in serieller Fertigung. Die beiden leichtbekleideten Politessen der Serie jagen diesmal eine virtuelle Prostituierte, die einem Computerspiel entsprungen ist und die Weltsicherheit bedroht. (Titel auch: »Straps-Akademie 3 – Achtung, der Ballermann kocht«) ✦ USA 1995 R+B Rick Sloane D Elizabeth Kaitan (Candy), Raelyn Saalman (Traci), Jayne Hamil (Frau Tellerschreck), Jay Richardson (Commisioner), J. J. North (Heidi Ho) L 88 E 30.8. 1997 RTL 2

STRAPS AND STRIPES – FERIEN IN AMERIKA →Ferien in Amerika

DER STRASS. Ein 30jähriger Fotoreporter in Ost-Berlin will eine Fotodokumentation über eine attraktive Kautschuk-Akrobatin herstellen, doch sowohl die ihn faszinierende Frau als auch die Arbeit entgleiten ihm zusehends. Erstlingsfilm um private wie berufliche Träume in der ehemaligen DDR, die der Wirklichkeit nicht standhalten. Zunächst effektvoll und vielversprechend in der Verknüpfung des historischen Zusammenhanges mit der filmischen Fabel, wird er zunehmend effekthascherisch und verliert sich in kunstgewerblicher Bebilderung; dennoch ein interessantes Zeugnis des Umbruchs. ✦ BR Deutschland 1990 P DEFA, Gruppe »Berlin« KI Progress Pd Andrea Hoffmann R Andreas Höntsch B Carmen Blazejewski, Andreas Höntsch K Michael Göthe M Lutz Glandien S Evelyn Carow D Thomas Pötzsch (Georg), Sylvia Franke (Miss Albena I), Claudia Meyer (Miss Albena II), Eberhard Mellies (Chef), Catharina Krautz (Frl. Schneider) L 89 FSK ab 16; f E 22.2.1991 fd 28 802

DIE STRASSE (1923). Ein ehrbarer Mann bricht eines Abends aus der Enge seiner Wohnung aus, um die Verlockungen der nächtlichen Großstadt zu erleben. Er wird in einem Strudel von Ereignissen fortgerissen, die binnen einer Nacht seinen sozialen Abstieg symbolisieren und beinahe mit seinem Selbstmord enden. Am Ende kehrt er reumütig zu seiner Frau zurück. Eine eindrucksvolle Studie über das Kleinbürgertum und dessen eingefleischte Angst, seine Sehnsüchte zu leben. Der Film ist deutlich dem Expressionismus verpflichtet, auch wenn am Ende die realistischen Motive zunehmen. – Ab 14. ✦ Schwarz-weiß. Deutschland 1923 P Stern-Film KI Transit R Karl Grune B Karl Grune, Julius Urgiß K Karl Hasselmann D Eugen Klöpfer, Lucie Höflich, Aud Egede Nissen, Leonhard Haskel, Anton Edthofer, Max Schreck L 74 FSK ab 6; f E 15.7.1979 DFF 2

DIE STRASSE (1958). Das unglaubwürdige Schicksal einer unschuldig auf die Bahn des Lasters geratenen Frau. Hintertreppendrama im Hafenmilieu mit kitschig-moralischem Ende. ✦ Schwarz-weiß. BR Deutschland 1958 P Rex KI Union Pd Ernest Müller, Robert Siepen R Hermann Kugelstadt B Hellmut Andics K Walter Partsch M Karl Götz S Elfriede Pröll D Martha Wallner (Andrea), Heinz Drache (Bob), Marina Petrowa (Marie), Edith Elmay (Karin), Rolf Kutschera (Korbanke) L 93 FSK ab 16; nf E 26.9.1958 fd 7 371

STRASSE DER ABENDRÖTE (XI ZHAO ZIE). Menschen unterschiedlicher sozialer Herkunft leben in einem alten Pekinger Stadtviertel. Eine Ärztin, ihr studierender Sohn, ein Bulldozerfahrer sowie ein früherer Handwerker sind Nachbarn in der »Straße der Abendröte«. Sie vertreten unterschiedliche Lebensansprüche, teilen aber im täglichen Miteinander auch Alltagssorgen. ✦ VR China 1983 P Filmstudio Peking R Wang Hao-Wei B Su Shu Yang K Li Chengsheng M Wang Li Ping D Chi Zhi Qiang, Zhang Guo Min, Song Xiao Ying, Yu Shao Kang, Li Ding L 105 E 12.4.1985 DFF 2

STRASSE DER ANGST (1981) →September Morning

STRASSE DER ANGST (1983) →Angel – Straße ohne Ende

DIE STRASSE DER ERFOLGREICHEN (FLAMINGO ROAD). Eine ehemalige Jahrmarktstänzerin will in einer Kleinstadt seßhaft werden und zieht sich den Haß eines alten, korrupten Sheriffs zu, dessen politische Machenschaften ihre Ehe bedrohen. Typische Hollywood-Starrolle für Joan Crawford, die sich in allen melodramatischen Situationen bewährt und den Bösewicht zu Fall bringt. Dagegen sinkt die Bloßstellung des Wahlbetrugs in bestimmten Südstaaten der USA zum Hintergrund für die dramatische Bedrängnis der Heldin ab. Effektvoll inszeniertes Rührstück. ✦ Schwarz-weiß. USA 1949 P Warner Pd Jerry Wald R Michael Curtiz B Robert Wilder, Edmund H. North, nach einem Bühnenstück von Robert und Sally Wilder K Ted McCord M Max Steiner S Folmar Blangsted D Joan Crawford (Lane Bellamy), Zachary Scott (Fielding Carlisle), Sydney Greenstreet (Titus Semple), David Brian (Dan Reynolds), Gladys George (Lute-Mae Sanders) L 91 E 12.6.1965 ARD

STRASSE DER FREIHEIT (ELLIS ISLAND). Epische Beschreibung der unterschiedlichen Schicksale von vier jungen Einwanderern, die über Ellis Island nach Amerika, ins »Land der unbegrenzten Möglichkeiten«, einreisen. In den Jahren zwischen 1907 und 1920 angesiedelter szenischer Bilderbogen, der die ersten Jahre zweier irischer Schwestern, eines Italieners und eines russischen Immigranten in den USA erzählt; nach vielen Mühen können die meisten ihrer Träume verwirklicht werden. Recht theatralisch inszenierte Mini-Serie, die den Traum von Amerika als integrativem Schmelztiegel der Völker beschwört. (Titel der vierteiligen TV-Fassung: »Ellis Island«) ✦ USA/Großbritannien 1984 P CBS/Pantheon/Telepictures VA Taurus (Drei Kassetten) Pd Nick Gillott R Jerry London B Fred Mustard Steward, Christopher Newman K Jack Hildyard M John Addison D Greg Martyn, Peter Riegert, Faye Dunaway, Ben Vereen, Kate Burton, Claire Bloom, Joan Greenwood L 297 FSK ab 12 E Mai 1987 Video/3.7.1991 BR

STRASSE DER FREUDEN →Uneasy Rider

DIE STRASSE DER GESCHMINKTEN LIPPEN (LA RUE DES BOUCHES PEINTES). Ein Gouverneur in Indien ertappt seine Gattin beim Seitensprung mit dem schönen Jack. Er läßt ihr die Wahl: Entweder sie geht ins Bordellviertel einer marokkanischen Hafenstadt, oder Jack in den Knast. Sie opfert sich, will sich aber nicht verkaufen. Ein beeindruckter französischer Journalist rettet sie und Jack; der Gouverneur verfällt dem Schwachsinn, der den ganzen Film durchzieht. (Alternativtitel: »Gefahren der Prostitution«) ✦ Frankreich 1955 P Dispa/Carmina KI Pallas R Robert Vernay B Solange Térac, Robert Vernay, nach dem gleichnamigen Roman von Maurice Dekobra K Jean Bachelet M Francis López D Françoise Christophe (Blanche-Lydia), Paul Bernard (Sir Rodney), Henri Génès (Philippe Jaquemod), Jean Danet (Jack Morgan), Jean Marchat (Molisson), Louis Seigner (Spears), André Versini (Ben Rhami) L 93 FSK ab 18; nf E 30.11.1956 fd 5 487

STRASSE DER GESTRAUCHELTEN (ON THE NICKEL). Ein geheilter Alkoholiker versucht, ein normales Leben zu führen. Er kehrt in jene Straße von Los Angeles zurück, die man »On the Nickel« nennt. Hier leben die Ausgestoßenen der Gesellschaft, die Armen und Unterprivilegierten. Seine Rückkehr wird zu einer Auseinandersetzung mit seiner Vergangenheit und mit alten Freunden. ✦ USA 1980 P Rose's Park Production Pd+R+B+K Ralph Waite M Fred Myrow, Tom Waits S Wendy Greene Bricmont D Ralph Waite (C.G.), Donald Moffat (Sam), Hal Williams (Paul), Penelope Allen (Rose), Jack Kehoe (Bad Mood) L 90 E 29.4.1982 WDR

STRASSE DER GEWALT (WHITE LINE FEVER). Ein junger Mann, der auf ehrliche Weise sein Geld verdienen will, sieht sich als unabhängiger Lastwagenfahrer der Korruption innerhalb der Branche gegenüber und versucht mit allen Mitteln, sich dagegen zu wehren. Trotz einiger Längen und Überspitzungen ein spannender gesellschaftskritischer Film, der aggressiv und eindringlich die Korruption in den USA angreift. ✦ USA 1975 P International Cinemedia Center KI Warner-Columbia Pd John Kemeny R Jonathan Kaplan B Ken Friedman, Jonathan Kaplan K Fred J. Koenekamp M David Nichtern S O. Nicholas Brown D Jan-Michael Vincent (Carrol Jo Hummer), Kay Lenz (Jerri Hummer), Slim Pickens (Duane Haller), L. Q. Jones (Buck Wessle), Leigh French (Lucy), Don Porter (Josh Cutler), Sam Laws (Pops) L 85 FSK ab 16; nf E 26.3.1976/25.8.1978 Kino DDR fd 19 737

STRASSE DER KINDHEIT (BARNDOMMENS GADE). Kopenhagen in den 30er Jahren: Eine 14jährige wächst als Tochter eines linientreuen Sozialisten heran. Die Lebensumstände sind bescheiden, und das Mädchen wünscht sich nichts sehnlicher, als diesen Verhältnissen zu entfliehen. Glück findet es allein in den Gedichten, die es in stillen Momenten schreibt, und so sehnt es den Tag seiner Konfirmation herbei, um endlich zur Welt der Erwachsenen zu gehören. Daß es dann neuen Zwängen und Verpflichtungen ausgesetzt ist, muß es erst noch lernen. Eine stimmungsvoll erzählte Geschichte, die an die große Tradition des skandinavischen Filmschaffens anknüpft und sich ernsthaft mit den Sorgen und Wünschen ihrer Hauptperson auseinandersetzt. – Ab 16. ✦ Dänemark 1986 P Metronome/Danish Film Institute/Danish Radio/TV R+B Astrid Henning-Jensen K Mikael Salomon M Ann Linnet S Ghita Beckendorf D Sofie Gråbøl (Ester), Louise Fribo (Lisa), Carl Quist Moller (Carl), Vigga Bro (Esters Mutter), Stefanie Jensen (Esters Vater) L (TV) 86 E 22.11.1992 B 3

STRASSE DER KOSMONAUTEN (ULIZA KOSMONAWTOW). Zwei kleine Jungen haben sich in dichten Gärten ein geheimes Raketengelände angelegt und spielen Kosmonauten. – Ab 6. ✦ UdSSR 1963 P Kirgisfilm KI Progress R Marianne Roschal B Semjon Listow K Ilja Minkowezki M Valentin Kontschakow S I. Gorelik D Arstanbek Irsalijew (Sardar), Wolodja Seljonin (Fedja), Tolesch Okejew (Nurdin), Anara Sodykowa (Dinara), Viktor Kolpakow (Sakurdajew) L 76 E 1.3.1968 Kino DDR/8.7.1974 DFF 1

STRASSE DER LEIDENSCHAFT (CESTA DUGA GODINU DANA). Verwirrungen beim eigenmächtigen Bau einer Straße, die einem abgelegenen Gebirgsdorf Arbeit und neue Lebenshorizonte einbringen soll. Sozialdrama ohne inhaltliche Logik und menschliche Überzeugungskraft. Zum Schluß des jugoslawischen Films des Italieners de Santis (»Bitterer Reis«) finden die Eheleute sich wieder, der einsame Bursche kriegt sein Mädchen, das Kollektiv hat sich bewährt, und die Reichen teilen ihr Vermögen mit den Armen. ✦ Scope. Jugoslawien 1957/58 P Jadran KI Münchener/Rheingau/Saarländischer R Giuseppe de Santis D Silvana Pampanini (Giuseppina), Eleonora Rossi-Drago (Susanna), Massimo Girotti (Ciaccera), Bert Sotlar (Guilliemo), Ivo Pajer (Lorenzo) L 95 FSK ab 16; f E 23.6.1961 fd 10 679

DIE STRASSE DER LIEBE (REMONTONS LES CHAMPS-ELYSEES). Der Geschichtslehrer eines Gymnasiums will dem Unterricht die Monotonie nehmen und liefert seinen Schülern einen brillanten Exkurs über die Geschichte der Pariser Prachtstraße von 1617 bis 1938. Er beginnt an der Place de la Concorde und endet am Arc de Triomphe. Sacha Guitry hat in seinem bewährten, ironisch-geistreichen Plauderton einen ebenso unterhaltsamen wie bildenden Geschichtsfilm gedreht, gespickt mit historischen Ereignissen und augenzwinkernden Anekdoten. (Original mit dt. Kommentar und Untertiteln) – Ab 16. ✦ Schwarz-weiß. Frankreich 1938 **P** Nord-Est **KI** Concordia **R** Sacha Guitry **D** Sacha Guitry, Lucien Baroux, Lisette Lanvin, Pauline Carton, Mila Parély **L** 100 **FSK** ab 12; nf **E** 1953 Kino **fd** 3 029

STRASSE DER LUST (AKASEN TAMANOI: NUKERA-REMASU). In einem Bordell im Japan der späten 50er Jahre kreuzen sich die Geschichten mehrerer Prostituierten, wobei an einem einzigen Tag, dem Neujahrstag, Vergangenheit und Zukunft zusammenfallen. Ein erzählerisch intelligent verschachtelter episodischer Film, der die Prostitution als soziale Tatsache darstellt, ohne sie moralisch zu bewerten. ✦ Scope, teils schwarz-weiß. Japan 1975 **P** Nikkatsu **KI** Kinowelt **VA** Screen **Pd** Miura Akira **R** Tatsumi Kumashiro **B** Tatsumi Kumashiro, nach einem Roman von Shimizu Ikko **K** Himeta Shinsaku **S** Akira Suzuki **D** Junko Miyashita (Shimako), Oka Naomi (Naoko), Seri Meika (Kimiko), Kakaijama Aoi (Shigeko), Yoshino Ai (Aiko) **L** 80 (Video 75) **FSK** ab 18 (Video) **E** 18.7.1991 **fd** 29 012

DIE STRASSE DER NEGERHÜTTEN (RUE CASES NEGRES). Martinique während der 30er Jahre in der französischen Kolonialzeit: Ein in der Barackenstraße der Schwarzen inmitten von Zuckerrohrfeldern aufwachsender Junge kann dank der Fürsorge seiner Großmutter die Schule besuchen und ein Stipendium gewinnen. Dank seiner Bildung kann er der Ausbeutung durch die Weißen entgehen. Ein mit unaufdringlicher Schönheit gestalteter Erstlingsfilm; frisch und lebendig schildert er einen Ausschnitt aus der Geschichte der Antillen-Insel, die aus der Abhängigkeit zu Emanzipation und kultureller Identifikation führt. – Sehenswert ab 14. ✦ Martinique/Frankreich 1982 **P** Sumafa/Orca/N.E.F. **KI** Concorde **Pd** Jean-Luc Ormières **R** Euzhan Palcy **B** Euzhan Palcy, nach dem Roman »La rue cases-negres« von Joseph Zobel **K** Dominique Chapuis **M** Malavoi, Roland Louis, Brunoy Tocnay, Max Cilla, Slap-Cat, V. Vanderson **S** Marie-Josèphe Yoyotte **D** Garry Cadenat (José), Darling Légitimus (M'man Tine), Douta Seck (Medouze), Joby Bernabe (Monsieur Saint-Louis), Mari-Jo Descas (Léopolds Mutter), Francisco Charles (Verwalter), Marie-Ange Farot (Madame Saint-Louis) **L** 107 **FSK** ab 6; f **FBW** bw **E** 6.7.1984 **fd** 24 665

STRASSE DER ÖLSARDINEN →Cannery Row

STRASSE DER RACHE (WHITE MAN'S BURDEN / WHITE MAN). Ein Arbeiter verliert aus nichtigem Anlaß seine Anstellung in einer Schokoladenfabrik und muß verzweifelt seinem wirtschaftlichen wie privaten Ruin zusehen. Um 2000 Dollar zu erhalten, von denen er glaubt, daß sie ihm zustehen, entführt er den schwarzen Besitzer der Fabrik. Für beide beginnt eine rastlose Irrfahrt im Auto, während der sie sich annähern, bevor es zu einer Katastrophe kommt. Drama um Klassen- und Rassengegensätze, das sein thematisch interessantes Anliegen durch eklatante Schwächen in Inszenierung und Darstellerführung verschenkt. – Ab 16. ✦ USA 1995 **P** Lawrence Bender Prod. **R+B** Desmond Nakano **K** Willy Kurant **M** Howard Shore **S** Nancy Richardson **D** John Travolta (Louis Pinnock), Harry Belafonte (Thaddeus Thomas), Kelly Lynch (Marsha), Margaret Avery (Megan), Carrie Snodgress (Marshas Mutter) **L** 90 **E** 17.6.1996 ZDF

DIE STRASSE DER SCHANDE (AKASEN CHITAI). Frauenschicksale aus dem Bordellviertel Tokios in den 50er Jahren. Letzter Film des bedeutenden Regisseurs Mizoguchi, der die Mehrzahl seiner Werke der historischen und sozialen Situation japanischer Frauen widmete. Das Thema ist mit gesellschaftskritischem Engagement, menschlicher Anteilnahme und unspekulativer Offenheit gestaltet. Der Film trug entscheidend dazu bei, daß gesetzliche Schritte gegen die Prostitution in Japan eingeleitet wurden. ✦ Schwarz-weiß. Japan 1956 **P** Daiei **KI** Pallas **Pd** Hiroshi Mizutani **R** Kenji Mizoguchi **B** Masashige Narusawa **K** Kazuo Miyagawa **M** Toshiro Mayuzumi **S** Kenji Sugawara **D** Ayako Wakao (Yasumi), Aiko Mimasu (Yumeko), Machiko Kyô (Mickey), Michiyo Kogure (Hanaye), Yasuko Kawakami (Yoriye), Eitaro Shindô (Taya), Kenji Sugawara (Eikoh) **L** 84 **FSK** ab 18; nf **E** 2.8.1957 **fd** 6 055

DIE STRASSE DER SPIEGEL (VIA DEGLI SPECCHI). Eine engagierte und erfolgreiche Richterin, die ein harmonisches Leben führt und Arbeit und Privates in Einklang zu bringen versucht, wird aus der Bahn geworfen, als sie feststellen muß, daß ihr Mann der Mörder einer Frau ist, mit der er ein Verhältnis hatte. Eine Mischung aus Kriminalfilm und Frauengeschichte, gleichzeitig eine Reflexion über das Scheinbare und Unglaubliche. Trotz guter Darsteller verliert sich der Film in seinem mehrschichtigen Anspruch und bietet selten mehr als ein glattes, gelacktes Kinostück. – Ab 16 möglich. ✦ Italien 1982 **P** Tangram/RAI/Rete 2 TV **Pd** Roberto Levi, Claudio Biondi **R** Giovanna Gagliardo **B** Giovanna Gagliardo, Jean Grault **K** Camillo Bazzoni **M** Pino Donaggio **S** Roberto Perpignani **D** Nicole Garcia (Francesca), Milva (Veronica), Heinz Bennent (Gianfranco), Massimo Serato (Bianchi), Claudio Bigagli (Giuseppe) **L** 90 **E** 28.6.1989 ZDF/24.12.1989 DFF 1

STRASSE DER SÜNDE (GATAN). Eine junge Waise aus unglücklichen bürgerlichen Familienverhältnissen wird durch Armut und unerfüllte Liebe zunächst in die Arme eines Zuhälters und schließlich – nach trüben Erfahrungen auf dem Strich – zum Selbstmord getrieben. Moralisch bemänteltes, dilettantisch konstruiertes Sittendrama. ✦ Schwarz-weiß. Schweden 1947 **P** Kungsfilm **KI** Constantin **R** Gösta Werner **B** Marten Edlung **K** Sten Dahlgren **M** Charles Wildman **D** Maj-Britt Nilsson (Britt), Peter Lindgren (Berra), Keve Hjelm (Rulle), Naemi Briese (Vera), Stig Järrel (Personalchef), Åke Fridell (Gustaf Persson) **L** 85 **FSK** ab 16; nf **E** 9.11.1951 **fd** 1 458

STRASSE DER SÜNDERINNEN (STREET OF SINNERS). Ein junger Polizist schreitet energisch gegen einen Barbesitzer ein, der als Gangsterboß und Zuhälter sein Straßenviertel terrorisiert. Realistischer Gangsterfilm der B-Klasse. – Ab 16. ✦ Schwarz-weiß. USA 1957 **P** Security **KI** United Artists **Pd+R** William Berke **B** John McPartland, nach einer Erzählung von Philip Yordan **K** J. Burgi Contner **M** Albert Glasser **S** Everett Sutherland **D** George Montgomery (John Dean), Geraldine Brooks (Terry), Nehemiah Persoff (Leon), Marilee Earle (Nancy), William Harrigan (Gus) **L** 74 **FSK** ab 16; nf **E** 11.7.1958 **fd** 7 123

STRASSE DER TRÄUME (STREETS OF DREAMS). Ein argloser Privatdetektiv gerät durch eine notorische Lügnerin in Filmkreise und wird bald mit mehreren Morden konfrontiert. Weitaus gefährlicher als seine Suche nach einem verschwundenen Drehbuch wird es, als der Detektiv einem Syndikat auf die Spur kommt, das Filmproduktionen als Geldwaschanlage nutzt. Ein kompliziertes, aber weitgehend überzeugendes Drehbuch sorgt mit dieser Mischung aus Detektivgeschichte und Psychothriller für überraschende Abwechslung und hebt den Unterhaltungswert der Story. (Fernsehtitel: »Die tödliche Straße der Träume«) – Ab 16. ✦ USA 1989 **P** Phoenix/Myrtos **VA** VCL/Virgin **Pd** Richard M. Ravin, Bill Stratton **R** William A. Graham **B** Bill Stratton, nach einem Roman von Timothy Harris **K** Denis Lewiston **M** Laurence Rosenthal **S** Ronald J. Fagan **D** Ben Masters (Thomas Kyd), Morgan Fairchild (Laura/Eva Louise Bomberg), John Hillerman (Raymond Keppler), Diane Salinger (Anne), Michael Cavanaugh **L** 90 (gek. 89) **FSK** ab 16 (gek. 12) **E** 26.5.1990 Video/16.11.1990 Tele 5 **fd** 28 389

STRASSE DER VERDAMMNIS (DAMNATION ALLEY). Durch einen atomaren Krieg ist Amerika weitgehend zerstört. Angehörige eines Raketenstützpunktes schlagen sich nach der Katastrophe zu einer anderen Gruppe von Überlebenden durch, von denen man einen Funkspruch erhalten hat. Ohne Höhepunkte inszenierte Mischung aus Science-Fiction-, Horror-, Katastrophen- und Abenteuerfilm, die ein stimmiges Handlungskonzept vermissen läßt. – Ab 16. ✦ Scope. USA 1977 **P** Fox **KI** 20th Century Fox **Pd** Jerome M. Zeitman, Paul Maslansky **R** Jack Smight **B** Alan Sharp, Lukas Heller, nach dem Roman von Roger Zelazny **K** Harry Stradling jr. **M** Jerry Goldsmith **S** Frank J. Urioste **D** Jan-Michael Vincent (Tanner), George Peppard (Denton), Dominique Sanda (Janice), Paul Winfield (Keegan), Jackie Earle Haley (Billy), Kip Niven (Perry), Trent Dolan (Techniker), Mark L. Taylor (Haskins), Marcia Holley (Gloria) **L** 95 **E** 24.08.1978 **fd** 20 908

STRASSE DER VERDAMMTEN (LE COUTEAU SOUS LA GORGE). Pacos, Bandenchef von Marseille, hilft einem Arzt, der ihm einmal das Leben gerettet hat, seinen entführten Sohn wiederzufinden, den ein ehemaliger Bandengenosse versteckt hält. Der Polizeikommissar läßt den reuigen Pacos mit seiner Frau ins Ausland ziehen, denn Besserung scheint garantiert. Spannende und unter Ausnutzung des Cinemascope-Formats gut inszenierte Kriminalgeschichte mit ironischen Untertönen. ✦ Scope. Frankreich 1955 **P** FAF **KI** Gloria **Pd** Emile Buhot **R+B** Jacques Sévérac **K** Jean Isnard **M** André Theurer **S** Monique Lacombe **D** Jean Servais (Hourtin), Micheline Gary (Frau Hourtin), Jean-Henri Chambois (Neuville), Janine Caire (Frau Neuville), Jean Chevrier (Pacos) **L** 92 **FSK** ab 16; nf **E** 19.7.1956 **fd** 5 394

STRASSE DER VERHEISSUNG. Ein Matrose und eine Striptease-Tänzerin in Neapel sind vom Schicksal füreinander bestimmt, auch wenn sie sich erst auf Umwegen begegnen. Die zweispurig verflochtene Handlung will nach Aussage des Regisseurs als »Interview mit dem Zufall« verstanden werden. ✦ Schwarz-weiß. BR Deutschland 1962 **P** Roxy **KI** Nora **Pd** Luggi Waldleitner **R** Imo Moszkowicz **B** Hans Jacoby **K** Klaus von Rautenfeld **M** Martin Böttcher **S** Elisabeth Kleinert-Neumann **D** Mario Adorf (Joe), Karin Baal (Nina), Johanna von Koczian (Valentina), Amedeo Nazzari (Herr im grauen Anzug), Wolfgang Wahl (Marcello), Paul Müller (Dr. Salvatori), Lotte Ledl (Marisa), Wolfgang Völz (Knut) **L** 93 **FSK** ab 18; f **FBW** w **E** 13.11.1962/29.6.1968 ARD **fd** 11 580

STRASSE DER VERLORENEN (KUNGSGATAN). Ein Mädchen vom Lande kommt in Stockholm auf die schiefe Bahn und findet durch Selbstmord ein tragisches Ende. Triviales Melodram. ✦ Schwarz-weiß. Schweden 1943 **P** Imago **KI** Rhenus **R** Gösta Cederlund **B** Ivar Lo-Johansson, Torsten Quensel, nach dem Roman »Kungsgatan« von Ivar Lo-Johannson **K** Albert Rudling **M** Jules Sylvain **D** Barbro Kollberg, Sture Lagerwall, Marianne Löwgren **L** 85 **FSK** ab 18; nf **E** 27.1.1950 **fd** 694

STRASSE DER VERLORENEN ENGEL (LES FILLES DU GRENOBLE). Straßenprostituierte in Grenoble werden von ihren Zuhältern ausgebeutet, gequält und mißhandelt. Ein weitgehend unspekulativer Film, der sein Augenmerk mehr der kriminellen Seite des Milieus widmet. Trotzdem kommt er über gängige Klischees kaum hinaus. ✦ Frankreich 1981 **P** Cédric/Les Films de la Tour **KI** Montana-Film **R** Joel LeMoigne **B** Paul Lefèvre **K** Roland Dantigny **M** Alain Jomy **S** Jean-Claude Bonfanti **D** Zoé Chauveau (Cora), André Dussollier (Pérec), Steeve Kalfa (Ricardo), Patrick Lafani (Paolo), Serge Martina (Franceso), David Jalil (Yussuf) **L** 84 **FSK** ab 16; f **E** 29.10.1982 **fd** 23 736

STRASSE DER VERSUCHUNG →Scarlet Street

STRASSE DES ABSCHIEDS (36 CHOWRINGHEE LANE). Eine alternde Lehrerin anglo-indischer Abstammung unterrichtet an einer Mädchen-Schule in Kalkutta, wobei ihre Vorliebe dem Werk Shakespeares gilt, das auch ihr eigenes Leben mehr beeinflußt als reale Ereignisse. In ihrer Einsamkeit und Weltfremdheit sucht sie Kontakt zu einer ehemaligen Schülerin und deren Freund, bis sie feststellen muß, daß sie auch von ihnen nur ausgenutzt wird. Erstlingsfilm über eine Gesellschaft zwischen eigenen Traditionen und der Kultur der einstigen Kolonialmacht England, der anhand einer privaten Geschichte die Zerrissenheit einer Generation darstellt. Das Regiedebüt der indischen Schauspielerin Arpana Sen erhielt 1982 beim Filmfestival von Manila den Hauptpreis. ✦ Indien 1981 **P** Filmvalas **R+B** Aparna Sen **K** Ashok Metha **M** Vanraj Bhatia **D** Jennifer Kendal, Debashree Roy, Dhritiman Chatterjee, Mary Verhese, Geoffrey Kendal, Soni Razdan, Fae Soares **L** 108 **E** 16.6.1985 ARD

DIE STRASSE DES BÖSEN (HOMEBODIES). Sechs alte Menschen wehren sich mit Sabotageakten und Morden gegen einen Sanierungsplan, der sie aus ihrer gewohnten Umgebung herausreißen würde. Zwiespältiger, zwischen sozialem Anliegen, schwarzer Komödie und Horror schwankender Film; handwerklich über dem Durchschnitt. (Videotitel: »Revolte der Ausgestoßenen«) ✦ USA 1974 **P** Avco Embassy **Kl** Gloria **VA** Embassy **Pd** Marshal Backlar **R** Larry Yust **B** Larry Yust, Howard Kaminsky, Bennett Sims **K** Isidore Mankofsky **M** Bernardo Segall **D** Peter Brocco (Mr. Blakely), Frances Fuller (Miss Emily), William Hansen (Mr. Sandy), Ruth McDevitt (Mrs. Loomis), Paula Trueman (Mattie) **L** 97 **FSK** ab 18; nf **E** 27.8. 1976 **fd** 19 974

STRASSE DES DONNERS →Thunder Alley

STRASSE DES EWIGEN FRIEDENS – PEKING. In der letzten Dekade des letzten Jahrhunderts hat sich in China ein dramatischer Wandel vollzogen: Während sich die Wirtschaft an kapitalistischen Strukturen orientiert, ist das politische System weiterhin streng sozialistisch geordnet. Dieser Spagat wird an Pekings Hauptboulevard »Chang An Jie« besonders deutlich, den moderne Geschäftshäuser und die Residenzen ausländischer Konzerne säumen, während an den Rändern noch das traditionelle China durchschimmert. Der Dokumentarfilm geht dieser Entwicklung nach, zeigt das Leben des modernen Chinas ebenso wie das Schicksal einer Frührentnerin, die am Rande des Boulevards ein bescheidenes Leben führt. – Ab 14 möglich. ✦ Deutschland 2001 **P** Odyssee-Film **Pd+R+B+K** Thomas Schadt **S** Thomas Wellmann **L** 90 **E** 29.3.2001 SWR

DIE STRASSE DES FRIEDENS (PEACE STREET). Auf Befehl unbekannter Machthaber besetzen in den 30er Jahren Soldaten die Häuser der »Straße des Friedens«. Das beschauliche nachbarschaftliche Leben im Ort ist nachhaltig gestört; die Bürger passen sich bereitwillig an und die Soldaten nisten sich auf Dauer in ihren Häusern ein. Eine kafkaeske, zuweilen groteske Parabel über Macht und Unterwerfung, Bürgerlichkeit und Anpassung. (O.m.d.U.) – Ab 16. ✦ Estland 1991 **P** Tallinnfilm **R** Roman Baskin **B** Toomas Kall **K** Ago Ruus **M** Erkki-Sven Tüür **S** Kai-Ene Rääk **D** Mikk Mikiver, Katrin Karisma, Juri Järvet, Kaljo Kiisk, Maria Avdyushko, Arvo Kukumägi, Sulev Luik, Tonu Kilgas **L** 110 **E** 17.11.1995 3sat

STRASSE DES GLÜCKS (THE HAPPY ROAD). Zwischen Genf und Paris suchen zwei aus ihrem Schweizer Internat ausgerissene Kinder ihre Eltern, die ihrerseits die beiden Kinder verfolgen. Gefällige Komödie, die verschiedene Vorurteile zwischen den Völkern aufs Korn nimmt. – Sehenswert ab 10. ✦ Schwarz-weiß. USA 1956 **P** Thor/MGM **Kl** MGM **Pd+R** Gene Kelly **B** Arthur Julian, Joseph Morhaim, Harry Kurnitz **K** Robert Juillard **M** Georges van Parys **S** Borys Lewin **D** Gene Kelly (Mike Andrews), Barbara Laage (Suzanne Duval), Michael Redgrave (General Medworth), Bobby Clark (Danny Andrews), Brigitte Fossey (Janine Duval), Roger Tréville (Dr. Solaise), Colette Dereal (Hélène), Jess Hahn (Morgan) **L** 100 **FSK** ab 6; nf **FBW** w **E** 20.12.1957/14.4.1968 ARD **fd** 6 564

STRASSE DES JÜNGSTEN SOHNES (ULIZA MLADSCHEWO SYNA). Die Geschichte eines Jungen, der im Krieg sein Leben für die Heimat läßt. – Ab 12. ✦ UdSSR 1962 **P** Belorusfilm **Kl** Progress **R** Lew Golub **B** Lew Kassil, M. Poljanowski **K** I. Pikman **M** W. Olownikow, J. Belsazki **D** Sascha Kornew (Wolodja Dubinin), Sinaida Dechtjarjowa (Mutter), B. Kordunow (Vater), Shenja Bondarenko (Wanja), B. Bitjukow (Sjabrew) **L** 101 **E** 26.4.1963 Kino DDR

DIE STRASSE DES STERBENS (A STREET TO DIE). Bei einem Mann Anfang Dreißig treten Krankheitssymptome auf, für die es zunächst keine Erklärung gibt. Später erhärtet sich der Verdacht, daß es sich um Spätfolgen seines Einsatzes im Vietnam-Krieg handelt, wo er auch mit chemischen Vernichtungsmitteln in Berührung gekommen ist. Seine Klage auf Schadensersatz und der Gewinn des Prozesses durch seine Frau nach seinem Tode werden zum Präzedenzfall. Ein bewegender Film in einer dokumentarisch anmutenden Inszenierung, die beim Zuschauer Betroffenheit und Engagement auslösen möchte. ✦ Scope. Australien 1985 **P** Mermaid Beach **Kl** Progress **R+B** Bill Bennett **K** Geoff Burton **D** Chris Haywood, Jennifer Cluff, Peter Kowitz, Peter Hehir, Par Evison **L** 93 **E** 5.2.1988 Kino DDR

STRASSE DES TERRORS (CRASHOUT). Sechs Häftlinge brechen aus und versuchen ihr Glück zu machen, aber fast alle bleiben auf der Strecke. Bescheiden, aber effektvoll produziertes, ungeschminkt realistisches Gangsterdrama mit Ansätzen zu einer psychologischen Behandlung von Schuld und Sühne. ✦ Schwarz-weiß. USA 1955 **P** Lippert **Kl** Panorama **Pd** Hal E. Chester **R** Lewis R. Foster **B** Hal E. Chester, Lewis R. Foster **K** Russell Metty **M** Leith Stevens **S** Robert Swink **D** William Bendix (Van Duff), Arthur Kennedy (Joe Quinn), Luther Adler (Pete Mendoza), William Talman (Swanee Remsen), Gene Evans (Monk Collins), Marshall Thompson (Billy Lang), Beverly Michaels (Alice Mosher) **L** 85 **FSK** ab 18; nf **E** 20.1.1956 **fd** 4 707

STRASSE DES TODES (CHECKPOINT). Werksabotage und Verbrecherjagd bei einem italienischen Autorennen. Spion und Auftraggeber finden am Ende durch einen zunächst ahnungslosen Rennfahrer den Tod. Passabler Actionfilm, dessen Rennszenen inzwischen technisch überholt wirken. (DDR-Titel: »In letzter Sekunde«) – Ab 16. ✦ Großbritannien 1956 **P** Rank **Kl** Rank **Pd** Betty E. Box **R** Ralph Thomas **B** Robin Estridge **K** Ernest Steward **M** Bruce Montgomery **S** Frederick Wilson **D** Anthony Steel (Bill), Odile Versois (Francesca), Stanley Baker (O'Donovan), James Robertson Justice (Warren Ingram), Maurice Denham (Ted Thornhill) **L** 84 **FSK** ab 16; nf **E** 2.5.1957/ 7.7.1984 DFF 2 **fd** 5 874

STRASSE DES VERBRECHENS (SLIGHTLY SCARLET). Zwei Schwestern werden in die dunklen Machenschaften stadtbekannter »Ehrenmänner« verwickelt. Die eine ist notorische Kleptomanin, die andere steht zwischen dem Bürgermeisterkandidaten und einem Gangster, den sie zu bekehren versucht. Konfuses Kriminalmelodram um Korruption und Verrat in einer Atmosphäre moralischer Grauzonen. ✦ Scope. USA 1955 **P** RKO **Kl** RKO **Pd** Benedict Bogeaus **R** Allan Dwan **B** Robert Blees, nach dem Roman »Love's Lovely Counterfeit« von James M. Cain **K** John Alton **M** Louis Forbes **S** James Leicester **D** John Payne (Ben Grace), Arlene Dahl (Dorothy Lyons), Rhonda Fleming (June Lyons), Kent Taylor (Jansen), Ted de Corsia (Sol Caspar), Lance Fuller (Gauss) **L** 99 (gek. 95) **FSK** ab 18; nf (gek. 12) **E** 30.11.1956 **fd** 5 468

STRASSE INS EIS (PROGULKA DOSTOINAJA MUSCHTSCHIN). Zwei junge Männer melden sich zum Einsatz auf einer Bohrinsel im sibirischen Erdölfördergebiet. Ihre Freundschaft wird in der bitteren Kälte und der unwegsamen Landschaft auf eine harte Probe gestellt. Ein mäßig inszenierter Abenteuerfilm mit blassen Darstellern, der seine kritischen Ansätze unbeholfen und oberflächlich vorträgt. (TV-Titel DDR: »Ein Spaziergang nur für Männer«) – Ab 14. ✦ Scope. UdSSR 1980 **P** Lenfilm **Kl** Progress **R** Anatoli Wechotko **B** Michail Demidenko, Michail Kurajew **K** Alexander Tschetschulin **M** Igor Zwetkow **D** Jelena Glebowa (Juliana), Semjon Morosow (Sergej), Viktor Iljitschew (Pawel), Alexander Fatjuschin (Gussew), Leonard Warfolomejew (Mjasnikowski) **L** 89 **E** 29.1. 1981 DFF 2/26.6.1981 Kino DDR

DIE STRASSE IST VOLLER ÜBERRASCHUNGEN (ULIZA POLNA NEOSHIDANNOSTEJ). Dienst und Liebe im Leben eines Milizsergeanten. Anspruchsloser, mit künstlerischen Schwächen und Längen behafteter Unterhaltungsfilm, der keine Überraschungen zu bieten hat. – Ab 6. ✦ UdSSR 1957 **P** Lenfilm **Kl** Sovexportfilm **R** Sergej Sideljow **B** L. Karassow **K** Sergej Iwanow **M** Nadeshda Simonjan **D** Leonid Charitonow (Wassja Schaneschkin), Wsewolod Larionow (Wladimir Swanzew), G. Tschernowolenko (Iwan Wodnew), J. Rodos (Smirnow-Alljanskij), D. Osmolowskaja (Katja) **L** 69 **E** 24.10.1958 Kino DDR/12.11.1961 DFF 1

DIE STRASSE NACH MEKKA (THE ROAD TO MEKKA). Drama um eine Frauenfreundschaft in Südafrika. Als ihr Mann stirbt, beginnt eine Frau, bizarre Skulpturen zu schaffen und im Garten aufzustellen. Der Pfarrer hetzt die Gemeinde gegen ihr vermeintlich heidnisches Treiben auf; nur eine couragierte Lehrerin hält zu ihr. ✦ USA 1991 **R** Peter Goldsmid, Athol Fugard **B** Peter Goldsmid **D** Yvonne Bryceland (Helen Martins), Kathy Bates (Elsa Barlow), Athol Fugard (Marius Byleveld), Louis van Niekerk (Sterling Retief) **L** 104 **E** 12.5.1997 tm3

STRASSE NACH NIRGENDWO (DESTINATION AMERICA). Durchschnittlicher Kriminalfilm um den Sohn eines Milliardärs, der von einem zweijährigen Weltenbummel widerstrebend zur Familie zurückkehrt und unter Verdacht gerät, seinen Vater ermordet zu haben. Pilotfilm zu einer nicht realisierten Fernsehserie. – Ab 16. ✦ USA 1987 **P** Stephen J. Cannell Prod. **Pd** Steve Beers **R** Corey Allen **B** Patrick Hasburgh **K** Robert E. Collins **M** Mike Post **D** Bruce Greenwood (Corbet St. James), Rip Torn (Corbet St. James IV.), Corinne Bohrer (Tricia), Alan Autry (Larry), Joe Pantoliano **L** 94 **E** 14.1.1995 ARD

DIE STRASSE NACH SALINA (LA ROUTE DE SALINA). Aus einem Geschwisterinzest entstehen in der Folge zwei Morde. Einem vorüberkommenden Fremden wird die Rolle des angeblich vermißten Sohnes zugespielt, in der er selber zum Mörder wird. In eindrucksvoller Landschaft gestaltet der Film sein Thema mit kriminalistischer Spannung, ohne den menschlichen Konflikt mit seinen tragischen Konsequenzen aus dem Auge zu verlieren. – Ab 16. ✦ Scope. Frankreich/Italien 1970 **P** Corona/Transinter/Selenia **Kl** Warner-Columbia **Pd** Louis Wipf **R** Georges Lautner **B** Georges Lautner, Pascal Jardin, Jack Miller, nach dem Roman »Sur la Route de Salina« von Maurice Cury **K** Maurice Fellous **M** Michel Magne **S** Michèle David **D** Mimsy Farmer (Billie), Robert Walker (= Robert Walker jr.) (Jonas), Ed Begley (Warren), Sophie Hardy (Linda), Bruce Pecheur (Charly), Marc Porel (Rocky), Rita Hayworth (Mara) **L** 96 **FSK** ab 16; f **E** 2.12.1971 **fd** 17 562

EINE STRASSE NAMENS AVENIDA BRASIL (UMA AVENIDA CHAMADA BRAZIL). Beobachtungen auf der »Avenida Brasil«, Brasiliens Hauptverkehrsader, die den Flughafen mit dem Zentrum von Rio de Janeiro verbindet. Ein Dokumentarfilm mit inszenierten Teilen, der soziale Ungerechtigkeit anklagt; ein Abbild gesellschaftlicher Widersprüche und ein Schreckensbild unglaublichen Elends und krasser Gewalt. (O.m.d.U.; TV-Titel: »Avenida Brasil«) – Ab 16. ✦ Brasilien 1989 **P** Octávio Bezerra Producoes **Kl** Sputnik **Pd** Umberto Molo, Octávio Bezerra **R+B** Octávio Bezerra **K** Miguel Rio Branco **M** Bruno Nunes, Edson Maciel, Geo Benjamin **S** Severino Dadá **L** 85 **E** 5.12. 1991/29.5.1992 West 3 **fd** 29 411

STRASSE OHNE AUSWEG (THE DARK END OF THE

STREET). Ein junger Farbiger aus einem Bostoner Arbeiterviertel stürzt betrunken von einem Flachdach zu Tode. Die Polizei vermutet ein Verbrechen und beauftragt einen farbigen Inspektor mit den Ermittlungen. Erst spät durchschaut er, daß die Geliebte eines vorbestraften Weißen, der ein sportlicher Rivale des Toten war, aus Angst vor Nachteilen nicht aussagen will. Von einer Bostoner Theatergruppe unabhängig produzierter Film; unprätentiös und mit aufrichtigem humanem Engagement beschreibt er die hoffnungsarme Situation junger Leute in einer von Vorurteilen und sozialen Mißständen deformierten Umwelt. ✦ USA 1981 **P** First Run Features/ Fund for Theatre and Film (FTF) **Pd** Dian K. Miller **R+B** Jan Egleson **K** D'Arcy Marsh **M** Marion Gillon, C. Tyrone Johnson **S** Jerry Bloedow **D** Laura Harrington (Donna), Henry Tomaszewski (Billy), Michele Greene (Marlene), Lance Henriksen (Jimmy), Pamela Payton-Wright (Mary-Ann) **L** 89 **E** 20.2.1987 ZDF

STRASSE OHNE ENDE (GADE UDEN ENDE). Der Versuch einer dokumentarischen Beschreibung des Alltags von Prostituierten. Ungestellte Selbstzeugnisse werden mit nachgedrehten und improvisierten Bildfolgen aus dem Kopenhagener Rotlichtbezirk verbunden. Im Einzelfall soziologisch interessant, doch mindert die Bemühung um Unterhaltungsqualitäten den Wert der Studie. ✦ Schwarz-weiß. Dänemark 1963 **P** Hermes **Kl** Schneider **R+B** Mogens Vemmer **K** Bent Paulsen **M** Louis Hjulmand **S** Bodil Andersen **D** Sunny Nielsen, Conny Ohlsen, Poul Jacobsen, Zellita Torki **L** 87 **FSK** ab 18; nf **E** 19.11.1965 **fd** 13729

STRASSE OHNE NAMEN (THE STREET WITH NO NAME). Ein FBI-Agent läßt sich zum Schein mit einer Gangsterbande ein, um Beweismaterial für ihre Entlarvung zu sammeln. Realitätsnaher, in semidokumentarischem Stil inszenierter Kriminalfilm. ✦ Schwarz-weiß. USA 1948 **P** 20th Century Fox **Kl** Centfox **Pd** Samuel G. Engel **R** William Keighley **B** Harry Kleiner **K** Joseph MacDonald **M** Lionel Newman **S** William Reynolds **D** Richard Widmark (Alec Stiles), Mark Stevens (Cordell), Lloyd Nolan (Inspector Briggs), Barbara Lawrence (Judy Stiles), Ed Begley (Chief Harmatz), Donald Buka (Shivvy), Joseph Pevney (Matty) **L** 91 **FSK** ab 16; nf **E** 14.4. 1950/4.5.1970 ZDF **fd** 662

STRASSE OHNE WIEDERKEHR (STREET OF NO RETURN / SANS ESPOIR DE RETOUR). Ein ehemaliger Popsänger bekommt nach Jahr und Tag die Chance, sich für seinen Absturz in ein Dasein als Penner an einem Gangsterboß zu rächen. Kriminalfilm nach einem Roman von David Goodis, in dem Altmeister Fuller zwar glänzende Kunststücke am Schneidetisch aufbietet, im übrigen aber dennoch allzusehr im Oberflächlichen und in der Klischeehaftigkeit ertrinkt. Er zeigt ungewöhnliche Bildperspektiven und -übergänge, stilisiert Szenen und entfremdet sie damit und vermittelt atmosphärische Dichte; dennoch gerinnen die Gewalttätigkeit und das Tempo des Films zu einem auf Dauer leeren Formenspiel. ✦ Frankreich/Portugal 1989 **P** Thunder Films/ FR 3/Animatografo **Kl** NEF 2 **VA** RCA/Columbia **Pd** Jacques Bral, François Bresson **R** Samuel Fuller **B** Jacques Bral, Samuel Fuller, nach einem Roman von David Goodis **K** Pierre-William Glenn **M** Karl-Heinz Schäfer **S** Jacques Bral, Jean Dubreuil, Nadine Fareri, François Tourtet **D** Keith Carradine (Michael), Valentina Vargas (Celia), Bill Duke (Borel), Andréa Ferréol (Rhoda), Bernard Fresson (Morin) **L** 92 **FSK** ab 16; f **E** 6.7.1989/16.1.1990 Video **fd** 27717

STRASSE OHNE ZUKUNFT (NO TREES IN THE STREET). Ein junges Mädchen, das mit Mutter und Bruder im Londoner Elendsviertel wohnt, versucht vergeblich, aus dem erbärmlichen Leben auszubrechen und auch für seinen Bruder bessere Möglichkeiten zu schaffen. Belangloser Klischeefilm. ✦ Schwarz-weiß. Großbritannien 1959 **P** Associated British Pathé/Allegro **Pd** Frank Godwin **R** J. Lee Thompson **B** Ted Willis, nach einem Bühnenstück von Ted Willis **K** Gilbert Taylor **M** Laurie Johnson **S** Richard Best **D** Sylvia Syms (Hetty), Herbert Lom (Wilkie), Ronald Howard (Frank), Joan Miller (Jess), Melvyn Hayes (Tommy), Stanley Holloway (Kipper), Liam Redmond (Bill) **L** 92 **E** 5.10.1968 ARD

DIE STRASSE VON KORINTH (LA ROUTE DE CORINTHE / CRIMINAL STORY). Die junge Frau eines amerikanischen Geheimagenten, der im Einsatz ermordet wird, hebt in Griechenland ein Spionagenest aus und rächt ihren Mann. Chabrol zeigt sich im letzten Teil seiner parodistischen Agentenfilmreihe weniger an der Plausibilität der haarsträubend trivialen Story interessiert als vielmehr an den Auftritten seiner Heldin – mit großer Ausstrahlungskraft gespielt von Jean Seberg. ✦ Frankreich/Italien 1967 **P** Films La Boétie/Orion/Generale Finanziara **Pd** André Génovès **R** Claude Chabrol **B** Claude Brulé, Daniel Boulanger, nach einem Roman von Claude Rank **K** Jean Rabier **M** Pierre Jansen **S** Jacques Gaillard, Monique Fardoulis **D** Jean Seberg (Shanny), Maurice Ronet (Dex), Christian Marquand (Robert Ford), Michel Bouquet (Sharps), Antonio Passalia (der Killer) **L** 101 (Orig. 102) **FSK** ab 16; nf **E** 5.4.1968 **fd** 15391

DIE STRASSE ZUM ERFOLG. Dokumentarfilm über das »Conservatoire d'art dramatique de Paris«, eine Schule, die zahlreiche Talente anzieht, denen sie in einer dreijährigen Ausbildung ermöglicht, ihre Träume mit der Realität zu konfrontieren. Die Schauspielschule als Ort der Freiheit, der Hirngespinste und Träume, als Sprungbrett zur Karriere. ✦ Frankreich 1998 **R+B** Jean-Luc Léon, Sylvie Faguer **L** 73 **E** 22.5.2001 arte

STRASSE ZUM GLÜCK (29TH STREET). New York am Weihnachtsabend 1976: Nachdem er mit einem Schneeball die Fensterscheibe einer Kirche eingeworfen hat, wird ein Mann festgenommen. Auf dem Revier erzählt er den Polizeibeamten seine Lebensgeschichte, die ihn als Glückspilz ausweist. Ein warmherziger Weihnachts- und Familienfilm, der dem Geist von Frank Capras Komödien verpflichtet ist, basierend auf den Lebenserinnerungen des Schauspielers Frank Pesce. Eine gediegene Inszenierung, warmherziger Humor und miteinander harmonierende Darsteller sorgen für gelungene Unterhaltung, die allerdings durch einen recht derben Dialog ein wenig getrübt wird. – Ab 14. ✦ USA 1991 **P** 20th Century Fox **Pd** David Permut **R+B** George Gallo **K** Steven Fierberg **M** William Olvis **S** Kaja Fehr **D** Danny Aiello (Frank Pesce sr.), Lainie Kazan (Mrs. Pesce), Anthony LaPaglia (Frank Pesce jr.), Robert Forster (Sergeant Tartaglia), Frank Pesce (Vito Pesce) **L** 101 **E** 25.12.1996 RTL 2

STRASSE ZUM JENSEITS (ACROSS 110TH STREET). Mafia und Polizei jagen drei Burschen, die eine Mafia-Bank überfallen und dabei sieben Menschen brutal ermordet haben. Die ungemein hart und drastisch inszenierte Gangsterstory in den Slums von Harlem, durch die temporeiche Montage formal überdurchschnittlich, aber wegen der opportunistischen Ausschlachtung des Rassenthemas fragwürdig. ✦ USA 1972 **P** Film Guarantors **Kl** United Artists **Pd** Ralph Serpe **R** Barry Shear **B** Luther Davis, nach dem Roman von Wally Ferris **K** Jack Priestley **M** J. J. Johnson **S** Byron »Buzz« Brandt **D** Anthony Quinn (Captain Frank Martinelli), Yaphet Kotto (Det. Lt. Pope), Anthony Franciosa (Nick D'Salvio), Paul Benjamin (Jim Harris), Antonio Fargas (Henry Jackson) **L** 101 **FSK** ab 18; nf **E** 19.4.1973 **fd** 18314

STRASSE ZUM PARADIES. Bei den Weltjugendspielen 1957 in Moskau verlieben sich ein russischer Saxofonist und eine französische Studentin ineinander. Ihre Liebe überdauert auch das Ränkespiel der Geheimdienste – bis beide scheinbar einem Attentat des KGB zum Opfer fallen. Jahrzehnte später, nach dem politischen Tauwetter, glaubt der damals verantwortliche KGB-Offizier die vermeintlich Toten als Inhaber eines Cafés auf der Karibik-Insel Barbados wiederzuerkennen. – Ab 16. ✦ Russland/Deutschland 1994 **P** First Film Company/Jonas Film **R+B** Vitali Moskalenko **K** Sergej Matschilski, Oleg Lagodinski **D** Natalja Petrowa (Michelle), Iwan Wolkow (Igor), Bogdan Stupka (Professor Lermer), Alexej Guskow (KGB-Mann), Alexej Kortnew (Oskar) **L** 90 **E** 20.11.1995 Nord 3

DIE STRASSE ZUR EWIGKEIT →Barfuß durch die Hölle – 2. Teil: Die Straße zur Ewigkeit

STRASSE ZUR FREIHEIT (TO DIE, TO SLEEP). Sozialdrama um einen drogen- und alkoholgefährdeten jungen Mann und einen arbeitslosen Musiker, die sich durch ihre Freundschaft gegenseitig zu helfen versuchen, ihrem Leben eine Wende zu geben. ✦ USA 1992 **R** Brianne Murphy **B** Richard Filon **D** Noah Hathaway (Phil), Paul Coufos (Dumar), Charles Napier (Vater), Trish Davis (Mutter), Ami Dolenz (Kathy) **L** 83 **E** 22.2.1996 RTL 2

STRASSE ZUR HEIMAT. Volkstümlicher Liebesfilm im Südtiroler Bauernmilieu, unbeholfen inszeniert und nicht eben glaubwürdig: Ein junger ostpreußischer Ingenieur tippelt schwarz über die italienische Grenze nach Südtirol und findet auf dem Berghof in der Tochter des alten starrköpfigen Bauern ein Mädchen, das seine Liebe erwidert. Das Paar hält sich die Treue auch dann noch, als der Alte die Tochter vom Hof vertreibt und der Ingenieur nach schlimmen Erfahrungen mit einem Rauschgifthändler und dessen falschzüngiger Geliebten als einfacher Arbeiter an einem Staudamm sein Brot verdienen muß. – Ab 16. ✦ Schwarz-weiß. BR Deutschland 1951 **P** Alba **Kl** Adler **SF** Deutsche Schmalfilm **Pd** Franz Grohmann, Hans Böcker **R** Romano Mengon **B** Romano Mengon, nach dem Roman »Der Fremde« von Romano Mengon **K** Kurt Hasse **M** Giuseppe Becce **S** Adolph Schlyßleder **D** Angelika Hauff (Fanny Moser), Rolf Moebius (Walter Neuhauser), Eduard Köck (Fannys Vater), Hella Lexington (Evi Faber), Anna Exl (Resel), Jeanne Dorville (Lia), Pero Alexander (Bill) **L** 86 **FSK** ab 16; f **E** 4.3.1952 **fd** 1624

STRASSE ZUR HÖLLE (ALLEYS TO NOWHERE). In Panik geraten, versteckt ein Gangster seine Beute, das wertvolle Collier der englischen Königin, im Gepäck einer jungen Frau. Er und sein Partner verfolgen die Ahnungslose in die australische Wildnis, wo sie eine Stelle als Lehrerin antreten will. Als sie die Frau und zwei Lastwagenfahrer als Geiseln nehmen, spitzen sich die Ereignisse zu. Abenteuerlicher Kriminalfilm. (TV-Titel: »Dem Teufel ausgeliefert«) ✦ Australien 1986 **P** Crawford Prod. **VA** CIC **Pd** Brendon Lunney **R** John Power **B** David Boutland, nach einer Geschichte von Evan Green **D** John Waters (Johnny), Steven Jacobs (Dave), Rosey Jones (Barbara), Esben Storm (Frog), Swawomir Wabik (Ivan) **L** 187 **FSK** ab 18 **E** Februar 1988 Video

STRASSEN DER DÄMMERUNG. Der Dokumentarfilmer Cozarinsky kehrt in seine argentinische Heimat zurück, um die Schauplätze seiner kinobegeisterten Kindheit aufzusuchen. Die Reise in die Vergangenheit wird zu einer Erkundung über zwei französische Schauspieler, die in den 30er Jahren nach Argentinien ausgewandert waren, um dort ihren Lebensabend zu verbringen. Damit reflektiert der Film zugleich den politischen Hintergrund jener Zeit: das Ende der konservativen Machthaber, die erste Regierungsperiode Perons. – Ab 16. ✦ Frankreich/Argentinien 1992 **R** Edgardo Cozarinsky **L** 65 **E** 13.11.1992 arte

STRASSEN DER GROSSSTADT (CITY STREETS). Ein schießgewandter junger Mann verliebt sich in die Stieftochter eines Ganoven, gerät durch sie in allerlei Schwierigkeiten und schließlich sogar in Mordverdacht. Die Gangsterorganisation will das Paar liquidieren, doch der junge Mann bleibt Sieger. Mamoulians unbedeutender Kriminalfilm nach einem Roman von Hammett ermöglichte immerhin eine der besten Leistungen von Sylvia Sidney und begründete ihre Starkarriere. (Alternativtitel: »Straßen der Weltstadt«) ✦ Schwarz-weiß. USA 1931 **P** Paramount **Pd** E. Lloyd Sheldon **R** Rouben Mamoulian **B** Max Marcin, Oliver H.P. Garrett, nach einer

Erzählung von Dashiell Hammett **K** Lee Garmes **M** Sidney Cutner **S** William Shea **D** Gary Cooper (The Kid), Sylvia Sidney (Nan), Paul Lukas (Big Boy Maskal), William »Stage« Boyd (McCoy), Guy Kibbee (Pop Cooley) **L** 84 **E** 25.4.1932/12.7.1969 ARD/7.1. 1984 DFF 2

STRASSEN DER HOFFNUNG (THE TRUCK DRIVER). Das Schicksal eines jungen LKW-Fahrers, der sich trotz seines beruflichen Engagements nicht aus der mitmenschlichen Verantwortung stiehlt. Ein ethisch gehaltvoller Film mit glaubhaften Charakteren und überwältigenden Landschaftsaufnahmen. – Ab 6. ✦ Schwarz-weiß. Syrien 1966 **P** Nationale Filmorganisation Damas-Syrie **KI** Progress **R** Bosko Vucinic **B** Bosko Vucinic, Najat Kassab-Hassan **K** Georges Khouri **M** Solhi Wadi **D** Sabri Ayyad, Hala Chawkat, Abdul-Latif Fathi, Khaled Taja, Ibtisam Jabri **L** 86 **E** 30.8.1968 Kino DDR

STRASSEN DER NACHT (HUSTLE). Bei der Untersuchung der Frage, ob ein junges Mädchen, dessen Leiche am Strand gefunden wurde, durch Selbstmord oder Mord umgekommen ist, stößt die Polizei auf Hinweise, die einen bekannten Rechtsanwalt belasten. Spannender, routiniert inszenierter Thriller. – Ab 16. ✦ USA 1975 **P** Paramount **KI** CIC **Pd+R** Robert Aldrich **B** Steve Shagan **K** Joseph Biroc **M** Frank De Vol **S** Michael Luciano **D** Burt Reynolds (Lt. Phil Gaines), Catherine Deneuve (Nicole Britton), Paul Winfield (Sgt. Louis Belgrave), Eddie Albert (Leo Sellers), Ernest Borgnine (Santoro), Ben Johnson (Marty Hollinger), Eileen Brennan (Paula Hollinger), Catherine Bach (Peggy Summers) **L** 120 **FSK** ab 18; f **E** 4.3.1976 **fd** 19 698

STRASSEN DER WELTSTADT →Straßen der Großstadt

STRASSEN IN FLAMMEN (STREETS OF FIRE). Ein Einzelgänger befreit eine entführte Rocksängerin aus den Händen einer Rockerbande. Actionballade in Form eines Großstadtwesterns, der die Mythen der Rock 'n' Roll-Lyrik bruchlos mit denen des Western verbindet. Unter Verzicht auf Psychologisierung wird auf die Träume, Sehnsüchte und Hoffnungen einer verlorenen Generation in einer kalten Welt angespielt. Filmhistorisch bedeutsam wegen der Einführung eines neuartigen Negativfilms, der als Innovation für Studiofilme einen direkten Einfluß auf deren Bildästhetik hat. ✦ USA 1983 **P** Universal Pictures **KI** UIP **Pd** Lawrence Gordon, Joel Silver **R** Walter Hill **B** Larry Gross, Walter Hill **K** Andrew Laszlo **M** Ry Cooder **S** Freeman Davies **D** Michael Paré (Tom Cody), Diane Lane (Ellen Aim), Rick Moranis (Billy Fish), Amy Madigan (McCoy), Willem Dafoe (Raven), Deborah van Valkenburgh (Reva), Richard Lawson (Ed Price) **L** 94 **FSK** ab 18; nf **E** 13.7.1984 **fd** 24 671

STRASSEN NACH SÜDEN (LES ROUTES DU SUD/ LAS RUTAS DEL SUR). Ein in Frankreich lebender spanischer Emigrant hält auch 40 Jahre nach dem Bürgerkrieg aus Solidarität und Überzeugung Kontakt mit den Widerstandskämpfern in der Heimat und übernimmt für sie Kurierdienste. Als seine Frau bei einem dieser Botengänge durch einen Verkehrsunfall umkommt, stürzt er in eine Krise, die durch politische und persönliche Auseinandersetzungen mit seinem Sohn noch verstärkt wird. Loseys auf einem zum Teil autobiografischen Drehbuch basierender Film fragt nach dem Stellenwert von Idealen und der Beziehungslosigkeit der jungen Generation. Die brillante Inszenierung wird von einer exzellenten Technik und hervorragenden Schauspielern unterstützt. ✦ Frankreich/Spanien 1978 **P** S.F.P. Trinacra/Profilmes **R** Joseph Losey **B** Jorge Semprun **K** Gerry Fisher **M** Michel Legrand **D** Yves Montand (Jean Larréa), Miou-Miou (Julia), Laurent Malet (Laurent), France Lambiotte (Eve), José Luis Gomez (Miguel) **L** 97 **E** 13.8.1979 ARD **fd** 22 120

STRASSEN-TRÄUMEREIEN (MOLTI SOGNI PER LE STRADE). Ein Arbeitsloser versucht, sich und seine Familie mit Gelegenheitsjobs durchzubringen. Mit einem Freund entwendet er eines Tages das Auto eines Kriegskameraden. Seine Frau, die hinter seinem Verschwinden eine Rivalin vermutet, stöbert ihn auf und bringt ihn in gefährliche Situationen. Sie überredet ihn, sich zu stellen, doch er flieht. Neorealistische Komödie um Ehrlichkeit und Gewissenskonflikte, die den Rand des Tragischen streift. Erst die heitere Lösung läßt dann Menschlichkeit und Güte triumphieren. – Sehenswert ab 16. ✦ Schwarz-weiß. Italien 1948 **P** Lux **R** Mario Camerini **B** Piero Tellini, Mario Camerini **M** Nino Rota **D** Anna Magnani, Massimo Girotti, Enrico Glori, Dante Maggio, Remuletto **L** 85 **E** 26.6.1986 S 3

DIE STRASSEN VON LOS ANGELES (THE STREETS OF L. A.). Eine Amerikanerin zwingt junge Mexikaner, die an ihrem Auto die Reifen zerstochen haben, den Schaden zu ersetzen, und bringt den Rädelsführer zur Einsicht. Ein sozialkritischer Film, der Partei für die mexikanische Minderheit in den USA ergreift. ✦ USA 1979 **P** Time Life **VA** Polygram **R** Jerrold Freedman **B** Marvin A. Gluck **K** Allen Daviau **M** Jimmie Haskell **D** Joanne Woodward, Fernando Allende, Michael C. Gwynne, Audrey Christie, Isela Vega, Pepe Serna, Cliff Emmich **L** 87 **E** 1983 Video **fd** 24 171

DIE STRASSEN VON SAN FRANCISCO (THE STREETS OF SAN FRANCISCO). Ein junger Polizist und sein älterer, ihm in einem väterlich-freundschaftlichen Verhältnis verbundener Kollege auf der Suche nach einem Frauenmörder. In letzter Sekunde retten sie einen Tatverdächtigen, der, um sich zu rehabilitieren, Detektiv spielt und in Lebensgefahr gerät. Im Spannungsaufbau geschickt konstruierter Kriminalfilm, der der »Pilotfilm« einer erfolgreichen Fernsehserie wurde: 120 Folgen entstanden innerhalb von fünf Jahren; keine von ihnen erreichte jedoch die inszenatorische Sorgfalt des Auftaktfilms. – Ab 16. ✦ USA 1972 **P** ABC/Warner Bros. **Pd** Quinn Martin **R** Walter Grauman **B** Edward Hume, nach dem Roman »Poor Poor Ophelia« von Carolyn Weston **D** Karl Malden (Detektiv Mike Stone), Michael Douglas (Inspektor Heller), Robert Wagner (David Farr), Kim Darby (Holly Jean Berry) **L** 98 **E** 19.7.1974 ZDF

STRASSEN ZUR HÖLLE (1973) (THE MACK). Ein schwarzer Zuhälter, der verbissen seinen kriminellen Aufstieg betreibt, muß sich nicht nur über Widerstände im eigenen Lager hinwegsetzen, sondern legt sich auch mit korrupten weißen Polizisten und weißen Drogenhändlern an. Actionfilm, mit Richard Pryor in der Rolle eines Leibwächters, der in der Blütezeit des »schwarzen amerikanischen Kinos« entstand und vom gewachsenen Selbstbewußtsein der schwarzen Amerikaner zeugt. ✦ USA 1973 **P** Cinerama **VA** Screentime **Pd** Harvey Bernhard **R** Michael Campus **B** Robert J. Poole **K** Ralph Woolsey **M** Willie Hutch **S** Frank C. Decot **D** Max Julien (Goldie), Don Gordon (Hank), Richard Pryor (Slim), Carol Speed (Lulu), Roger E. Mosley (Olinga), Dick Anthony Williams (Pretty Tony), William Watson (Jed) **L** 110 **E** Februar 1986 Video

STRASSEN ZUR HÖLLE (1993) →The Fence

STRASSENBEKANNTSCHAFT. In der unmittelbaren Nachkriegszeit spielende Geschichte eines jungen Mädchens, das den sexuellen Versuchungen des Großstadtmilieus erliegt. Der DEFA-Film, dessen zeitbezogene Handlung über die Gefahren der Geschlechtskrankheiten aufklären will, ist vergleichsweise ernsthaft, wenn auch künstlerisch anspruchslos in Szene gesetzt. ✦ Schwarz-weiß. Deutschland 1948 **P** DEFA **KI** Saxonia **Pd** Robert Leistenschneider **R** Peter Pewas **B** Artur Pohl **K** Georg Bruckbauer **M** Michael Jary **S** Johanna Meisel **D** Gisela Trowe (Erika), Alice Treff (Annemie), Ursula Voß (Marion), Siegmar Schneider (Walter Helbig), Harry Hindemith (Herbert Petzold) **L** 96 **FSK** ab 16; f **E** 13.4.1948 **fd** 122

EINE STRASSENBEKANNTSCHAFT (LA CONTRE-ALLEE). Ein zwölfjähriges Mädchen aus einem Pariser Nobelviertel, das weitgehend sich selbst überlassen ist, findet Anschluß bei einer Prostituierten, die dem Kind vorübergehend das Gefühl von Verlassenheit nehmen kann. Die Geschichte einer ungewöhnlichen Freundschaft. Zwar überzeugend gespielt, läßt die Geschichte aber innere Entwicklung vermissen und verhindert tiefere Anteilnahme durch die betont unsentimentale Gestaltung. – Ab 16. ✦ Frankreich 1990 **P** Baccara/Films Ariane/TF 1 Films **R+B** Isabel Sebastian **K** Willy Kurant **S** Raymonde Guyot **D** Caroline Cellier (Lilas), Jennifer Covillault (Marie), Jacqueline Maillan (Yvette), Jacques Perrin (Daniel), Massimo Ghini (Pierre) **L** 83 **E** 1.5.1995 mdr

STRASSENBEKANNTSCHAFTEN. Dokumentarfilm über das Trampen und das Mitnehmen von Trampern. Der Autor beförderte in zehn Tagen 53 Tramper 5000 Kilometer weit durch Deutschland; er hat dabei einen repräsentativen Querschnitt durch das multikulturelle Deutschland kennengelernt. ✦ Deutschland 1996 **R** Martin Graff **L** 70 **E** 11.2.1996 3sat

STRASSENBEKANNTSCHAFTEN AUF ST.PAULI. Um eine unbequem werdende Kriminalkommissarin auszuschalten, bringen skrupellose Reeperbahn-Geschäftsleute deren Tochter in verfängliche Situationen, an deren Ende ein Mord steht. Groschengeschichte mit pseudomoralischem Anstrich. ✦ BR Deutschland 1967/68 **P** Telecine **KI** Alpha **Pd** Artur Brauner **R** Werner Klingler **B** Jürgen Büchmann, Jürgen Knop **K** Günther Knuth **M** Maris-Musik **S** Ursula Kahlbaum **D** Günther Stoll (Kommissar Torberg), Suse Wohl (Susanne Petersen), Rainer Brandt (Ingo Werner), Sibylle Gilles (Renate Petersen), Dagmar Lassander (Gerti Weber) **L** 80 **FSK** ab 18; nf **E** 29.2. 1968 **fd** 15 324

STRASSENJAGD MIT SPEEDY (SPEEDY). Speedy, ein etwas unsteter junger Mann und Baseballfanatiker, arbeitet nie länger als höchstens eine Woche in einem Job, was seiner Freundin nicht gefällt. Sie, die Enkelin des Besitzers einer Pferderennbahn, muß mindestens einmal am Tag ihre Strecke fahren, damit der Großvater seine Lizenz behält. Das wiederum versuchen Gangster im Auftrag einer Eisenbahngesellschaft zu verhindern. Speedy sorgt dafür, daß die Rechnung der Eisenbahngesellschaft nicht, die des Großvaters aber desto besser aufgeht. Der letzte und vielschichtigste Stummfilm Harold Lloyds, der durch seine Originalaufnahmen der New Yorker Schauplätze dokumentarischen Wert gewinnt. (Vorkriegs-Kinotitel: »Los, Harold, los!«) ✦ Schwarz-weiß. USA 1928 **P** The Harold Lloyd Corporation **R** Ted Wilde **B** John Grey, Lex Neal, Howard Emmett Rogers, Jay Howe **K** Walter Lundin **M** Hans Jönsson (Neukomposition) **D** Harold Lloyd (Harold »Speedy« Swift), Ann Christy (Jane Dillon), Bert Woodruff (Pop Dillon), Steven Carter (Brooks Benedict), Babe Ruth (Babe Ruth), Dan Wolheim (Motorrad-Polizist), Byron Douglas (W.S. Wilton) **L** 125 **E** 1929 Kino/12.7. 1981 ZDF

DIE STRASSENJUNGEN (LOS GOLFOS). Das Aufbegehren und Scheitern spanischer Jugendlicher, die sich durch Raubüberfälle Geld beschaffen, um einem der ihren die Stierkämpferkarriere zu ermöglichen. Halbdokumentarische Studie über eine soziale Randgruppe im Franco-Staat der Nachkriegszeit, eindrucksvoll in ihren präzisen Beobachtungen und zurückhaltend im moralischen Urteil. Die politische und gesellschaftskritische Relevanz erwächst aus dem unbestechlichen Blick auf ein vernachlässigtes Milieu jenseits bürgerlicher Normen. Erster Spielfilm des Buñuel-Schülers Carlos Saura. ✦ Schwarz-weiß. Spanien 1959 **P** Film 59 **Pd** Pedro Portabella **R** Carlos Saura **B** Carlos Saura, Mario Camus, Daniel Sueiro **K** Juan Julio Baena **M** Antonio Ramirez Angel, José Pagán **S** Pedro del Rey **D** Manuel Zarzo (Julián), José Luis Marin (Ramón), Oscar Cruz (Juan), Juanjo Losada (El Chato), Rafael Vargas (Manolo) **L** 83 (Orig. 88) **E** 4.4.1967 ARD/12.12.1977 DFF 1 **fd** 14 624

DIE STRASSENKÄMPFER →Menace II Society

STRASSENKINDER (WHERE THE DAY TAKES YOU). Unter einer Autobahnbrücke in Hollywood lebende

Jugendliche und junge Erwachsene betteln und stehlen sich ihren Lebensunterhalt zusammen, prostituieren sich oder werden drogenabhängig. Ihr Anführer versucht, ihnen ein »Zuhause« zu geben, scheitert aber. Oberflächliche »Sozial-Plotte«, deren Naivität den pseudo-dokumentarischen Anstrich entlarvt. ✦ USA 1992 **P** CineTel Films **KI** Columbia **VA** Columbia TriStar Home **Pd** Paul Hertzberg **R** Marc Rocco **B** Kurt Voss, Michael Hitchcock, Marc Rocco **K** King Baggot **M** Mark Morgan **S** Russell Livingstone **D** Dermot Mulroney (King), Sean Austin (Greg), Lara Flynn Boyle (Heather), Balthazar Getty (Little J.), Peter Dobson (Tommy Ray) **L** 103 **FSK** ab 16; f **E** 10.2. 1994/5.7.1994 Video/13.7.1995 premiere **fd** 30 650

DIE STRASSENKINDER VON BELFAST (YOU, ME AND MARLEY). Eine Gruppe Jugendlicher in einer tristen katholischen Gemeinde in West-Belfast verbringt ihre Freizeit mit »joyriding« – dem Stehlen von Autos und Autojagden mit der Polizei. Die Nachbarschaft fühlt sich terrorisiert und verlangt Hilfe von der IRA. Eine schonungslose Auseinandersetzung mit den Zuständen in Nordirland, die zeigt, wie pervertiert und verkommen die Verhältnisse und die Moral durch den Bürgerkrieg geworden sind. – Ab 16. ✦ Großbritannien 1992 **P** BBC **R** Richard Spence **B** Graham Reid **K** Graham Veevers **M** Stephen Warbeck **S** Greg Miller **D** Marc O'Shea (Sean), Bronagh Gallagher (Francis), Michael Liebman (Marley), Michael Gregory (Hugh), Emma Moylan (Mary), Mary Jones (Sarah), Catherine Brennan (Rosaleen) **L** 83 **E** 24.9.1994 arte

STRASSENKONTROLLE (PROVERKA NA DOROGACH). Ein Soldat der Roten Armee desertiert während des Zweiten Weltkrieges, wechselt zu den Deutschen über, schließt sich später aber sowjetischen Partisanen an. Diese bleiben mißtrauisch und voller Vorurteile, und erst durch eine außergewöhnlich mutige Tat kann er die Genossen von seiner aufrechten Gesinnung überzeugen, verliert dabei aber sein Leben. Der Film wurde sofort nach der Fertigstellung verboten und wäre verloren, hätte nicht eine Schnittmeisterin das Negativ in Sicherheit gebracht. 1986 konnte er zur Aufführung gebracht werden. Er ist ein mutiges Plädoyer für Menschlichkeit, das Menschen auch Fehler zugesteht und ihnen die Chance zum Neubeginn einräumt. In seiner Aussage überzeugend, in der Bildwirkung überwältigend. – Sehenswert. ✦ Scope, schwarz-weiß. UdSSR 1971 **P** Lenfilm **KI** Freunde der Deutschen Kinemathek **R** Alexej German, Wadim Gausner **B** Eduard Wolodarski, frei nach den prosaischen Kriegswerken von Juri German **K** Lew Kolganow, Valeri Mironow, B. Alexandrowski **M** Isaak Schwarz **D** Rolan Bykow (Lokotkow), Wladimir Samanski (Lasarew), Anatoli Solonizyn (Petuschkow), Oleg Borissow (Solomin), Fjodor Odinokow (Jerofejitsch), Anda Saize **L** 98 **E** 11.11.1988 Kino DDR (synchr.)/Juni 1989 Kino BRD (O.m.d.U.)

STRASSENKREUZUNG (PEREKRESTOK). Um einen Schwerverletzten zu retten, benutzt ein Fahrer einen Krankenwagen, der polizeilich nicht zugelassen ist. Auf dem Rückweg nach erfolgter Hilfe kommt ein Betrunkener unter das Auto. Das Gericht muß ein Urteil über Schuld, Verantwortungsbewußtsein und Hilfsbereitschaft fällen. Ein thematisch nicht uninteressanter Film, dessen kraftlose Inszenierung jedoch nicht die Anteilnahme der Zuschauer wecken kann. ✦ Schwarz-weiß. UdSSR 1963 **P** Kasachfilm **KI** Progress **R** Schaken Aimanow **B** Olga Bondarenko, Nikolai Bondarenko **K** Michail Aranyschew **M** S. Muchamedshanow **D** F. Scharipowa (Galija), Assanali Aschimow (Iskander), L. Tschubarow (Medwedjew), K. Chabarowa (Tatjana), Wladimir Soschalski (Galijas Mann) **L** 88 **E** 24.1.1964 Kino DDR

STRASSENLIEDER (CANCONI PER LE STRADE). Ein gelähmter, einst berühmter Sänger wird von einem Bettler vor dem Selbstmord bewahrt. Er lernt ein blindes Mädchen lieben, ermöglicht dessen Operation und findet die Erfüllung seiner Liebe und neuen künstlerischen Ruhm. Rührselige Unterhaltung nach Art von Illustrierten-Kolportagen. – Ab 14. ✦ Schwarz-weiß. Italien 1949 **P** Olimpia **KI** Progress **R** Mario Landi **B** Alfredo Bracchi **K** Francesco Fekete **M** Feruccio Martinelli, Luciano Maraviglia **S** Marcella Gengarelli **D** Luciano Tajoli (Luciano), Carlo Ninchi (Carlone), Antonella Lualdi (Anna), Vera Bergmann (Susanna), Gianni Berti (Giorgio) **L** 75 **E** 29.7.1955 Kino DDR

STRASSENMÄDCHEN-REPORT (STORIE DI VITA E MALAVITA). Ein »Aufklärungsfilm«, in dem es vordergründig um das Schicksal von Prostituierten geht und um die Frage, wie Prostitution entsteht. Die wirren Episoden sind Vorwand für voyeuristische Einlagen. Der Film bezeugt den Abstieg eines fähigen Regisseurs vom engagierten Neorealisten (»Geschichten von armen Liebenden«, 1954) zum Kommerzialisten. ✦ Italien 1975 **P** Thousand **KI** Film-Allianz **R+B** Carlo Lizzani **K** Lamberto Caimi **M** Ennio Morricone **S** Franco Fraticelli **L** 97 **FSK** ab 18; nf **E** 28.6.1977 **fd** 20 463

STRASSENMUSIK. Verfilmung einer Bühnenkomödie mit einer kleinen Rolle für den Komiker Karl Valentin. Erzählt wird die Geschichte dreier Musiker, die sich zusammen mit ihrer Hausgenossin durchs Leben schlagen. – Ab 12. ✦ Schwarz-weiß. Deutschland 1936 **P** Bavaria **R** Hans Deppe **B** Walter Gronostay, nach dem gleichnamigen Bühnenstück von Paul Schurek **K** Franz Koch **M** Walter Gonostay **D** Jessie Vihrog (Grete Witt), Ernst Legal (Otto Bommel), Fritz Genschow (Hans Lünk), Hans Deppe (Paul Spittel), Fita Benkhoff (Hilde Neumann), Karl Valentin (Kürassier Otto), Liesl Karlstadt (Ottos Frau) **L** 90 **E** 10.7. 1936/18.8.1975 DFF 1/21.12.1978 WDR

STRASSENSERENADE. Ein Omnibuschauffeur macht Karriere als Gesangsstar. Leichtgewichtige Unterhaltung mit bunten Landschaftsbildern und gefällig-sentimentalen Schlagern im Geschmack der Entstehungszeit. – Ab 10. ✦ Schwarz-weiß. BR Deutschland 1953 **P** Neue Emelka/Zeyn **KI** NF **Pd** Willy Zeyn, Erwin Gitt **R** Werner Jacobs **B** Helmut Weiss, nach einem Originalstoff von Max Neufeld **K** Erich Claunigk **M** Willi Mattes, Hans Lang, Benny de Weille **S** Luise Dreyer-Sachsenberg **D** Vico Torriani (Mario), Sybil Werden (Wanda), Ellinor Jensen (Nina), Hans Reiser (Luigi), Charles Regnier (Sachetti), Otto Gebühr (Sandora), Paul Heidemann (Fabio), Maria Sebaldt (Carmela) **L** 87 **FSK** ab 6; f **E** 24.11.1953 **fd** 2 957

STRASSENSPERRE → Gas-Oil

STRASSENTHEATER IN FRANKREICH. Dokumentation über die Renaissance des Straßentheaters in Frankreich, bei der in den letzten zehn Jahren Gruppen wie Les Alama's Givrés, Délices Dada, Générik Vapeur, Ilka Shonbein oder Royal de Luxe eine wachsende Aufmerksamkeit erfahren. ✦ Frankreich 1996 **P** La Sept ARTE/TEMONDIS **R** Guillaume Debroise **L** 65 **E** 20.7.1999 arte

DIE STRATEGIE DER SCHNECKE (LA ESTRATEGIA DEL CARACOL). Die Bewohner eines von der Räumung bedrohten Mietshauses in der kolumbianischen Hauptstadt Bogotá wehren sich erfolgreich gegen die Willkür der Machthaber. Grundstücksmakler, Justiz und Polizei werden blamiert. Eine sympathische Vision vom Triumph des Gemeinsinns über den Pragmatismus der Macht. Wegen der einseitigen Differenzierung der Charaktere und seinem unentschlossenen Pendeln zwischen Drama und Komödie ist der Film jedoch nicht durchweg gelungen. – Ab 16. ✦ Kolumbien 1993 **P** Caracol Television **KI** Kairos **Pd+R** Sergio Cabrera **B** Humberto Dorado, Ranón Jimeno, Sergio Cabrera **K** Carlos Congote **M** German Arrieta **S** Manuel Navia, Nicholas Wentworth **D** Frank Ramirez (Rechtsanwalt Romero), Fausto Cabrera (Anarchist), Florina Lemaitre (Gabriel/Gabriela), Humberto Dorado (Gegenanwalt), Delfina Guido, Victor Mallarion **L** 116 **E** 17.10.1996 **fd** 32 230

DIE STRATEGIE DER SPINNE (STRATEGIA DEL RAGNO). Der Sohn eines gefeierten Antifaschisten erfährt bei der Suche nach den Mördern seines Vaters, daß dieser seinen Heldentod selbst inszenierte, nachdem er zuvor seine Freunde an den Duce verraten hatte. Bertolucci demontiert in seinem Film den vaterländischen Heldenmythos und zeigt zugleich, indem er die Gegenwart des jungen Helden und die Vergangenheit der 30er Jahre eng miteinander verschränkt, die schmerzvolle Zerrissenheit einer Generation zwischen Rebellion und Erblast. ✦ Italien 1969 **P** Red Film/RAI-TV **Pd** Giovanni Bertolucci **R** Bernardo Bertolucci **B** Marilù Parolini, Eduardo de Gregorio, Bernardo Bertolucci, nach der Erzählung »Tema del traidor y del héroe« von Jorge Luis Borges **K** Vittorio Storaro **M** Giuseppe Verdi, Arnold Schönberg **S** Roberto Perpignani **D** Giulio Brogi (Athos Magnani), Alida Valli (Draifa), Tino Scotti (Costa), Pippo Companini (Gaibazzi), Franco Giovanelli (Rasori) **L** 98 (Orig. 100) **FSK** ab 12; f **E** 1.6.1971 ARD/ September 1973 Kino **fd** 17 335

STRATEGIE EINES MÖRDERS (YAJU SHISUBESHI). Die Überzeugung, daß sich nur grausamste Brutalität im Lebenskampf durchsetzen könne, verleitet einen Studenten zu einer Serie kaltblütiger Verbrechen. Effektsichere japanische Sozialstudie, die der Faszination des eigenen Herrenmenschen-Porträts gefährlich erliegt. ✦ Scope. Japan 1959 **P** Toho **KI** Hermes **R** Eizo Sugawa **B** Haru Hiko Oyabu **K** Fukuzo Koizumi **M** Toshiro Mayuzumi **D** Tatsuya Nakadai, Hiroshi Koizumi, Eijiro Tono, Nobuo Nakamura, Ruko Dan **L** 91 **FSK** ab 18; nf **E** 24.9.1964 **fd** 13 062

STRAUBERG IST DA. Ein erfolgreicher Verleger wird von einer Gruppe von ihm Abhängiger (einem Romancier, einem Schauspieler, einem Filmregisseur und einer Kinderbuchautorin) in einem Ferienhaus auf einer griechischen Insel erwartet. Das lange Warten weckt Aggressionen, die sich schließlich gegen den Verleger wenden: Er wird nach seiner Ankunft erschossen. Gallés Film ist eine quälend langatmige Parabel auf Erscheinungen des Kulturbetriebs; trotz einiger bemerkenswerter formaler und inhaltlicher Details wenig überzeugend. ✦ Schwarz-weiß. BR Deutschland 1975 **P** Gallé/SWF/RCK-Film **KI** Cinema Service **R+B** Mischa Gallé **K** Dieter Matzka **M** Stefan Melbinger **S** Dieter Matzka, Beate Schlegel **D** Theodor Kotulla (Schriftsteller Theo Panek), Bernadette Lafont (Autorin Anne), Udo Heiland (Regisseur Volkert), Carlheinz Heitmann (Schauspieler Gromberg), Michel Piccoli (Verleger Strauberg) **L** 114 **FSK** ab 16; f **E** 25.2.1978 **fd** 21 018

DIE STRAUSSKISTE. Zwölf Kurzfilme zu Melodien des Walzerkönigs Johann Strauss, die Walzer-Herrlichkeit und Polka-Seligkeit auferstehen lassen wollen und anlässlich des 100. Todestags des Wiener Komponisten eine Renaissance seiner Musik einleiten sollen. Ein Sammelsurium an kleinen Geschichten, das zum Ende des Jahrtausends den nostalgischen Wert der Umarmung feiert. – Ab 14. ✦ Deutschland/Österreich 1999 **P** Pelemele/Leora/ZDF/ORF/ arte **R+B** Percy Adlon **S** Ila von Hasperg **L** 65 **E** 24.12. 1999 arte

STRAWBERRY BLONDE (THE STRAWBERRY BLONDE). Ein argloser junger Mann wird von seinem vermeintlichen Freund um die Frau seiner Träume und die besten Jahre seines Lebens gebracht. Als er Gelegenheit zur Rache hat, erkennt er, daß der Widersacher mit der Traumfrau bereits genügend gestraft und er selbst mit einer treuen und zärtlichen Frau gesegnet ist. Witzige, virtuos inszenierte Komödie, dialogbetont, jedoch mit melodramatischen, slapstickartigen und musikalischen Elementen angereichert und als unterhaltendes Kunstprodukt angelegt. Die Ironie erstreckt sich vor allem auf die Emanzipationsbestrebungen der Frau, aber auch auf tradiertes männliches Rollenverhalten. (TV-Titel: »Schönste der Stadt«) – Sehenswert ab 14. ✦ Schwarz-weiß. USA 1941 **P** Warner Bros. **KI** Die Lupe **Pd** Jack L. Warner, Hal B. Wallis **R** Raoul Walsh **B** Julius J. Epstein, Philip G. Epstein, nach dem Bühnenstück »One Sunday Afternoon« von James Hogan **K** James

Wong Howe **M** Heinz Roemheld **S** William Holmes **D** James Cagney (Biff Grimes), Olivia de Havilland (Amy Lind), Jack Carson (Hugo Barnstead), Alan Hale (Grimes), Rita Hayworth (Virginia Brush) **L** 95 **E** 3.8.1977 BR **fd** 23717

STRAY BULLET – DAS FALSCHE ZIEL (STRAY BULLET). Ein Geschäftsmann lässt sich auf eine Affäre mit einer schönen Unbekannten ein und wird mit lebensbedrohlichen Situationen konfrontiert, als er für deren Ehemann gehalten wird, der zwei Gangstern eine stattliche Summe Geldes schuldet. Zu allem Überfluss scheint die Geliebte am Komplott beteiligt zu sein. Serien-Thriller in provinzieller Atmosphäre, der, handwerklich solide, die Unterhaltungsansprüche eines B-Pictures bedient. ✦ USA 1998 **P** New Concorde **VA** Laser Paradise **Pd** Mary Ann Fisher, Frances Doel, Darin Spillman **R** Robert Spera **B** Christopher Wood **K** Jules Labarthe **M** Arthur Kempel **S** Ivan Ladizinsky **D** Robert Carradine (John Burnside), Fred Dryer (Forest Mason), Stuart Dunne (Chester), Rebecca Staab (Stella), Lorraine McCourt (Francesca) **L** 89 **FSK** ab 16 **E** 2.10.2000 Video

STRAY DAYS – HEISS AUF LIEBE (I GIORNI RANDAGI). Die Geschichte des Pechvogels Pino, der unglücklich in die Bürgermeisterstochter verliebt ist und dem im Leben nichts so recht gelingen will. Erst als er völlig ohne Bindung ist, seine Musikband auseinanderbricht und seine Kneipe dicht macht, findet er bei seinem Großvater auf dem Land den möglichen Anschluß an ein neues Leben. Komödie, die das ewige Thema von der Taube auf dem Dach und dem Spatz in der Hand zugunsten von viel Lärm und affiger Späße verschenkt. Nur selten dringen nachdenkliche Töne durch. – Ab 14. ✦ Italien/USA 1987/88 **P** Cannon Italia/Golan-Globus **VA** Cannon/VMP **Pd** John Thompson **R** Filippo Ottoni **B** Filippo Ottoni, Umberto Marino **K** Roberto Forges Davanzati **M** Carlo Penisi, Alessandro Centofanti **S** Cesare d'Amico **D** Sergio Rubini (Pino), Margherita Buy (Annalisa), Pino Insegno (Andrea), Giorgio Vignali (Mauro), Lidia Broccolino (Cinzia) **L** 100 **FSK** ab 12 **E** 8.10.1990 Video **fd** 28695

STRAYS – BLUTIGE KRALLEN (STRAYS). Inmitten verspielter Katzen stellt ein verwilderter Kater den neuen Bewohnern eines Landhauses nach und macht dabei reichlich Beute. Tier-Horror wie gehabt, ohne jede Überraschung. ✦ USA 1991 **P** Niki Marvin Prod./MTE (für Universal) **VA** CIC **Pd** Niki Marvin **R** John McPherson **B** Shaun Cassidy **K** Jacques Haitkin **M** Michel Colombier **S** Karen Stern **D** Kathleen Quinlan (Lindsay), Timothy Busfield (Paul), Claudia Christian (Claire), William Boyett (Dr. Sokol) **L** 78 **FSK** ab 16 **E** 4.11.1992 Video **fd** 29955

STRECKE ZWISCHEN TOD UND LEBEN (DROGA NAD ZACHOD). Polen im Zweiten Weltkrieg: Ein alter Lokführer und ein junger Mann bringen einen Zug mit Nachschub für die polnische Armee an die Front. ✦ Schwarz-weiß. Polen 1961 **P** Filmstudio Wroclaw, Gruppe »Kamera« **R** Bohdan Poreba **B** Stanislaw Dygat, nach dem Roman von Adam Perzyk **K** Stefan Matyjaszkiewicz **M** Lucjan M. Kaszycki **D** Kazimierz Opalinski, Wladyslaw Kowalski, Ryszard Pietruski, Elzbieta Kepinska **L** 82 **E** 22.7.1966 DFF

STREET ANGELS (STREET ANGELS). Realistischer, bisweilen harter Jugendfilm über eine Halbwüchsige, die sich mit allen Tricks auf der Straße durchschlägt und dem Leben mit Zynismus begegnet, zugleich aber nach einer verlässlichen Bezugsperson sucht. Die Begegnung mit einer Gleichaltrigen, die in einer Wohngemeinschaft Halt gefunden hat, bietet ihr eine unerwartete Chance. (O.m.d.U.) ✦ Australien 1991 **R** Kathy Mueller **B** Alison Nissell **D** Peta Brady (Chrissie) **L** 88 **E** 30.1.1993 DRS

STREET COP (THE BLUE KNIGHT). Ein Streifenpolizist, der jahrzehntelang seinen Dienst getan hat und vom baldigen Ruhestand träumt, will den Tod eines Kollegen und Freundes rächen, der von Einbrechern erschossen wurde. Polizistenfilm über den harten Alltag der kleinen Streifenbeamten; ein Loblied auf wahrhafte Kameradschaft, garniert mit einigen Sentimentalitäten, in der Titelrolle solide gespielt. – Ab 14. ✦ USA 1975 **P** Lorimar **VA** VCL/Virgin **R** J. Lee Thompson **B** Albert Ruben, nach einem Roman von Joseph Wambaugh **K** Richard L. Rawlings **M** Henry Mancini **S** Samuel E. Beetley **D** George Kennedy (Morgan), Alex Rocco, Glynn Turman, Verna Bloom, Michael Margotta **L** 76 **FSK** ab 12 **E** 12.10.1988 Video **fd** 27321

STREET CORNER JUSTICE (STREET CORNER JUSTICE). Ein Polizist, der bei der Festnahme eines psychopathischen Gewalttäters über jedes Ziel hinausschießt, wird vom Dienst suspendiert und zieht sich in seine Heimat Kalifornien zurück. Dort kann er den Kampf einer Bürgerwehr organisieren, die sich zum Widerstand gegen Gangster und Dealer formiert hat. Variation einer bis zum Überdruß bekannten Grundkonstellation, wobei die primitive und unbeholfen inszenierte Geschichte nur Vehikel für eine Reihe von Gewaltexzessen ist. (Alternativtitel: »Justice«, »Street Corner Justice – Sie schlagen zurück«) – Wir raten ab. ✦ USA 1996 **P** Sunset/Street City Films **VA** Starlight **Pd** Jack Brown, Chuck Bail **R** Chuck Bail **B** Stan Berkowitz, Gary Kent, Chuck Bail **K** David Golia **M** K. Alexander Wilkinson **S** W. Peter Miller **D** Marc Singer (Mike Justus), Steve Railsback (Ryan Freeborn), Kim Lankford (Jeanette Connors), Beverly Leech (Willie Gee), Tiny Lister jr. (= Tommy »Tiny« Lister jr.) (Angel Aikens) **L** 96 **FSK** ab 18 **E** 13.8.1997 Video **fd** 32848

STREET FIGHTER 2 – ANIMATED (STREET FIGHTER II – THE ANIMATED MOVIE). Mittels Gehirnwäsche versucht ein General, die besten »martial arts«-Kämpfer der Welt für seine terroristischen Pläne einzuspannen. Ein Trupp von US-Air-Force-Kämpfern stellt sich ihm in den Weg. Ein nach einem erfolgreichen Videospiel entstandener Zeichentrickfilm, der in seine kaum motivierten Prügeleien rohe Brutalitäten einfließen läßt. Neben vielen zeichnerischen Klischees hat er jedoch auch einige schöne Bildeinfälle vorzuweisen. ✦ Japan 1994 **P** Manga Entertainment/Sony Music Entertainment/Capcom **VA** Ascot **Pd** Kenichi Imai **R** Gisaburo Sugii **B** Kenichi Imai, Gisaburo Sugii **M** Cory Lerois, John D'Andrea **L** 98 (gek. 92) **FSK** ab 18 (gek. ab 16) **E** 3.12.1996 Video **fd** 32435

STREET HAWK (STREET HAWK). Ein Wissenschaftler erfindet ein Spezialmotorrad, mit dem ein tollkühner Polizist auf Verbrecherjagd geht. Dümmliches Actionspektakel mit unfreiwillig komischen Dialogen und Spezialeffekten. ✦ USA 1983 **P** Limekiln & Templar/Universal TV **VA** CIC **Pd** Steve Cragg, Burton Armus, Karen Harris **R** Virgil W. Vogel **B** Robert Wolterstorff, Paul W. Belous, Bruce Landsbury **K** Frank Pershing Flynn **D** Rex Smith, Jayne Modean, Joe Regalbuto, Richard Venture, Lawrence Pressman **L** 75 **FSK** ab 16 **E** Januar 1985 Video

STREET HERO (STREET HERO). Nachdem der Lebensgefährte seiner Mutter sie und sich selbst getötet hat, bleibt der Sohn eines verstorbenen Boxers mit seinen beiden kleinen Geschwistern zurück. Er droht im Halbweltmilieu seines Viertels unterzugehen, doch eine engagierte Lehrerin, die ihn für Musik begeistert, und die Liebe zu einer Mitschülerin geben ihm neue Hoffnung. Ambitionierter Film um die sozialen Probleme australischer Jugendlicher. ✦ Australien 1984 **P** Paul Dainty Films/Film Victoria/Australian Film Commission **VA** Embassy **R** Michael Pattinson **B** Jan Sardi **K** Vincent Monton **M** Bruce Shannon **S** David Pulbrook **D** Vince Colosimo (Vinnie), Sigrid Thornton (Gloria), Sandy Gore (Bonnie Rogers), Bill Hunter (Fitzpatrick), Ray Marshall (George) **L** 98 **FSK** ab 16 **E** März 1986 Video

STREET HUNTER (CHARLEY HANNAH). Ein Polizei-Kommissar in Florida, der versehentlich einen Jungen erschossen hat, sucht nach einer Möglichkeit der Wiedergutmachung und nimmt sich des Freundes des Toten an, eines verwahrlosten Jugendlichen, der von kleinen Diebereien lebt. Nach Auseinandersetzungen mit schwerkriminellen Dealern wird er den Jungen adoptieren. Polizei- und familienfreundliche Krimi-Fabel, schlicht in der Erzählform, anspruchslos und überraschungsarm. (TV-Titel: »Charley Hannah«) – Ab 12. ✦ USA 1985 **P** The Shane Company (für Blacksheep/Telepictures/CBS) **VA** Taurus **Pd** Roger Bacon **R** Peter Hunt **B** David J. Kinghorn **K** James Pergola **M** Jan Hammer **S** Robert L. Sinise, Kurt Bullinger **D** Robert Conrad (Charley Hannah), Red West (David Buck), Shane Conrad (Frankie Packard), Christian Conrad (Andy Simms), Kelly Jo Minter (Toni) **L** 70 **FSK** ab 12 **E** 30.3.1988 Video/22.7.1995 Pro Sieben **fd** 26804

STREET HUNTER – EINE GNADENLOSE JAGD (RESCUE ME). Ein 17jähriger, Sohn eines gefallenen Vietnam-Kämpfers, macht sich mit einem Veteranen auf, um ein leichtsinniges Bankierstöchterchen aus der Gewalt zweier Kidnapper zu befreien. Dabei lernt er einige Lektionen, die – laut Kinoklischee – zum Erwachsenwerden dazugehören. Ein Road-Movie mit hübschen Reisebildern, einigen anrührenden Momenten und wenig Spannung – weit entfernt von filmischer Überraschung und dem deutschen Verleihtitel. – Ab 16. ✦ USA 1991 **P** Cannon/Apollo **VA** Warner Home **Pd** Richard Alfieri **R** Arthur Allan Seidelman **B** Mike Snyder **K** Hanania Baer **M** Al Kasha, Joel Hirschhorn, Greg Johnson, David Waters **S** Bert Glatstein **D** Stephen Dorff (Frazier), Michael Dudikoff (Mac), Ami Dolenz (Jenny), William Lucking (Kurt), Dee Wallace Stone (Sarah Sweeney) **L** 95 **FSK** ab 12 **E** 11.9.1992 Video/20.5.1994 PRO 7 **fd** 29912

STREET IMPACT (STREET CRIMES). Ein junger aufrechter Großstadt-Polizist will gleichaltrige Freunde auf den rechten Weg bringen. Doch über die kleinen und großen Rauschgifthändler herrscht sein bester Freund von einst, gegen den er schließlich im entscheidenden Duell antreten muß. Eine Aneinanderreihung von Straßenkämpfen und Kickboxen in gewohnter Manier, weniger brutal als vergleichbare Filme, dafür aber mit aufgesetztem Kitsch. ✦ USA 1992 **P** PM Entertainment **VA** New Vision **Pd** Charla Driver, Richard Pepin, Joseph Merhi **R+B** Stephen Smoke **K** Richard Pepin **M** John Gonzalez **S** Ron Cabreros, Geraint Bell **D** Dennis Farina (Brian), Michael Worth (Tony), Patricia Zehentmayr (Susan), James T. Morris (Gerardo), Shawn Shimoda (Johnny) **L** 85 **FSK** ab 16 **E** 21.7.1992 Video **fd** 29985

STREET JUSTICE (STREET JUSTICE). Nach langer Haft im Osten kann ein CIA-Agent zurück in die USA fliehen. In seiner Heimatstadt in New Jersey wurde er inzwischen für tot erklärt, seine Frau hat wieder geheiratet und steht mitten im Kampf gegen einen korrupten Clan um den Bürgermeister. Der hartgesottene Geheimdienstler schlägt sich auf die Seite der Opposition und räumt in der Stadt auf, muß aber gleichzeitig auch gegen Killer aus den eigenen Reihen antreten. Unglaubwürdiger moderner »Western«, der Gewalt als Mittel zur Konfliktlösung propagiert. ✦ USA 1987 **P** Lorimar/Sandy Howard Prods. **VA** USA **Pd** Michael A. Masciarelli, David Witz **R** Richard C. Sarafian **B** James J. Docherty **K** Roland »Ozzie« Smith, Roger Olkowski **M** Jamii Szmadzinski, Paul Hertzog **S** Mark Goldberg **D** Michael Ontkean (Curt Flynn), Joanna Kerns (Katharine Watson), William Windom (Burke), Catherine Bach (Tamarra), J. D. Cannon (Arthur Dante), Jeanette Nolan (Edith Chandler), Richard Cox (Sam Chandler), Richard C. Sarafian (Taxifahrer) **L** 91 **E** 19.12.1988 Video **fd** 27690

STREET LIFE → Streetlife (1987)

STREET POWER (STREET OF DEATH). Einige Filmstudenten drehen Morde, die sie selbst begehen, um die Filmbänder verkaufen zu können. Als eine Polizistin auf ihre Fährte gesetzt wird, läuft die junge Frau Gefahr, selbst zum »Filmstar« zu avancieren. Fragwürdiger Thriller, der das Thema der »Snuff«-Filme ausschlachtet. ✦ USA 1987 **P** John Thomlinson Prod. **VA** G.L. **Pd** John Tomlinson **R+B** Jeff Hathcock **D** Tommy Kirk, Michael N.J. Wright, Suzanne Smith, Larry Thomas, Simon de Soto **L** 93 **E** 8.2. 1988 Video

STREET QUEEN & KILLER (UNDEFEATABLE). Eine kampferprobte Kellnerin verdient das Geld zum Studium ihrer Schwester durch brutale Straßenkämpfe. Als diese ermordet wird, macht sich die Frau auf die Suche nach dem Täter und stößt auf einen Straßenkämpfer, mit dem sie sich einen blutigen Showdown zu liefern hat. Prügelunterhaltung wie gehabt, in der einmal mehr nicht die Geschichte sondern die Kämpfe im Mittelpunkt stehen. ✦ USA 1993 **P** Filmswell International **VA** NGP **Pd+R** Godfrey Hall **D** Cynthia Rothrock, Don Niam, John Miller **L** 83 **FSK** ab 18 **E** 21.6.1995 Video

STREET SOLDIERS (STREET SOLDIERS). Eine Straßenbande terrorisiert einen Stadtteil von Los Angeles, bis eine Gruppe von Studenten den Kampf aufnimmt. Der Anführer der Banditen findet heraus, daß der Anführer der Studenten ein Verhältnis mit seiner einstigen Geliebten hat, was die Auseinandersetzungen noch verschärft. Erst als die Studenten bei einem Karatelehrer in die Schule gehen, können sie unter dessen Führung den Sieg davontragen. Trivialer Actionfilm mit übertriebenen Härten, der bedenkenlos einschlägige Vorbilder (»Straßen in Flammen«, »Warriors«, »Karate Kid«) kopiert und deren Versatzstücke ins Spekulative steigert. ✦ USA 1988 **P** Action Brothers Pictures **KI** Splendid **VA** Splendid **Pd** Jun Chong **R** Lee Harry **B** Spencer Grendahl, Lee Harry **K** Dennis Peters **M** David Bergeaud **D** Jun Chong, Jeff Rector, David Homb, Joon Kim, Jonathan Gorman **L** 94 **FSK** ab 18; nf **E** 24.1.1991/14.3.1991 Video

STREET TRASH (STREET TRASH). Auf einem Schrottplatz am Rande New Yorks, auf dem Obdachlose ihre Bleibe gefunden haben, taucht ein Billigschnaps unbekannter Herkunft auf, der die Bewohner in blutrünstige Monster verwandelt. Daneben wird die Geschichte eines frischverliebten Penners erzählt, und die Abrechnung zwischen zwei Vietnam-Veteranen kommt auch zu ihrem Recht. Ein Kultfilm in Horrorfan-Kreisen, dessen Geschichte ebenso gegen Null tendiert wie die schauspielerischen und filmtechnischen Leistungen. Einzig im Splatterbereich wurden beachtliche Leistungen erzielt. ✦ USA 1986 **P** Lightning Pic. **VA** Incredibly Strange Video **Pd** Roy Frumkes **R** James Muro **B** Roy Frumkes **K** David Sperling **D** Mike Lackey (Freddie), Bill Chepil (Bill James), Jane Arakawa (Wendy), Gary Auerbach (Hitman), Edie Bay **L** 101 **FSK** JK **E** 27.5.1998 Video

STREET WAR (KINGDOM OF THE BLIND / IN THE KINGDOM OF THE BLIND THE MAN WITH ONE EYE IS KING). Die Mafia zwingt einen Polizisten, seinen jüngeren Bruder und seine beiden Freunde zu verhören, die an dem Mord an einem Mafiaboß beteiligt gewesen sein sollen. Nur allmählich kann der Mann das Vertrauen der Jugendlichen gewinnen, die Mauer des Schweigens brechen und so zumindest seinem Bruder das Leben retten. Ein anfänglich herkömmlicher Actionfilm, der im Vorspann durch seinen fahrlässigen Umgang mit christlicher Symbolik verärgert, der den Rahmen des Genres jedoch bald zu Gunsten einer Tragödie sprengt, die die Problemkreise Vertrauen und Mißtrauen, Freundschaft und Egoismus thematisiert. Die abschließende Absage an die Kriminalität als Lebensentwurf kann durchaus ernst genommen werden. (Titel auch: »Street War – Straßen der Gewalt«) ✦ USA 1995 **P** Kingdom of the Blind **VA** VCL **Pd** James Quarter **R+B** Nick Vallelonga **K** James Chressanthis **M** Jan Hammer **S** Michael Bloecher **D** William Petersen (Tony C.), Leo Rossi (Moran), Michael Cavalier (Gus), Quinn Duffy (Mickey), James Quarter (Rudy), Nick Vallelonga (El) **L** 98 **FSK** ab 18 **E** 23.1.1996 Video **fd** 31 782

STREET WARRIOR (REVENGE OF THE STREET WARRIOR). Da ihm die grausame Großstadt den Traum vom einfachen Leben verwehrt und ihn stattdessen mit Gewalt konfrontiert, greift ein Mann zur Selbsthilfe und steigt binnen kürzester Zeit zum unbesiegbaren Herrscher der Straßen auf. Als sein Ruf in politische Kreise dringt, die die Sicherheit der Stadt bedroht sehen, soll er liquidiert werden. Spekulativer Action-Thriller aus Fernost. ✦ Philippinen 1985 **P** Triple »A« **VA** EVC **Pd** Conrad F. Puzon **R+B** Wilfred Milan **K** Apolinar Cuenco **M** Snafu Rigor **S** Joe Mendoza **D** Anthony Alonzo, Vic Diaz, Raul Aragon, Alice Alonzo, Johnny Montero, Jennifer Summer, Timothy Ray **L** 82 **FSK** ab 18 **E** Dezember 1987 Video

STREETFIGHTER – DIE ENTSCHEIDENDE SCHLACHT (STREETFIGHTER). Ein nach einem populären Action-Videospiel inszenierter Film über den Kampf einer Friedenstruppe der Vereinten Nationen gegen einen sadistischen Diktator in einem südostasiatischen Fantasiestaat. Ein eindimensionaler, ins Groteske überzeichneter Actionfilm mit vorhersehbarer Handlung, der Gewalt mit scheinheiliger Legitimation zu begründen versucht. Aus schablonenhaften Versatzstücken aus Horror-, Action- und Kriegsfilmen zusammengesetzt. DVD: Die Extras des USA-Imports umfassen im Gegensatz zur deutschen DVD u. a. einen Audiokommentar des Regisseurs sowie ein Feature mit nicht verwendeten Szenen. ✦ Scope. USA 1994 **P** Columbia Tristar/Capcom **KI** Columbia TriStar **VA** Columbia TriStar **DVD** Columbia Tristar Home (16:9, 2.35:1, DS engl./dt.), USA Import: Universal (2.35:1, DD5.1 engl.) **Pd** Edward R. Pressman, Kenzo Tsujimoto **R+B** Steven E. de Souza **K** William A. Fraker **M** Graeme Revell **S** Dov Hoenig, Anthony Redman, Robert F. Shugrue **D** Jean-Claude Van Damme (Colonel William Guile), Raul Julia (General Bison), Ming-Na Wen (Chun-Li Zang), Damian Chapa (Ken Masters), Kylie Minogue (Cammy) **L** 100 **FSK** ab 16; f **E** 27.4.1995/28.11.1995 Video/ 8.11.1998 DVD **fd** 31 327

STREETFIGHTER II: VICTORY →Street Fighter 2 – Animated

STREETFIGHTERS (VIGILANTE). Ein zufriedener Familienvater wird zum Mörder, als staatliche Organe Gewalttäter laufen lassen, die seine Frau zum Krüppel schlugen und seinen Sohn erschossen. Ein Film, der unverhohlen Lynchjustiz verherrlicht und zu Gewalttaten aufruft. ✦ Scope. USA 1981 **P** Vigilante **KI** Marketing **VA** Marketing **DVD** Laser Paradise (2.35:1, Mono dt.) **Pd** William Lustig, Andrew Garroni **R** William Lustig **B** Richard Vetere **K** James Lemmo **M** Jay Chattaway **S** Lorenzo Marinelli **D** Robert Forster (Eddie), Fred Williamson (Nick), Richard Bright (Burke), Carol Lynley (Fletcher), Woody Strode (Rake), Rutanya Alda (Vickie), Don Blakely (Prago) **L** 89 **FSK** ab 18; nf **E** 6.5.1983/? DVD **fd** 23 990

STREETGIRLS (MY LITTLE GIRL). Angeregt durch Steinbecks Roman »Früchte des Zorns«, absolviert eine 16jährige naive Anwaltstochter in einem Erziehungsheim für obdachlose Kinder einen Sommer lang ihr Praktikum als Sozialamateurin. Der von ihrem Tatendrang nicht sehr begeisterte Heimleiter betraut sie mit der Betreuung eines verwahrlosten Geschwisterpaars. Was die unerfahrene Praktikantin dabei an Milieu-Elend kennenlernt, zerbricht zwar ihre Illusionen, nicht aber ihr Engagement. Mit einfachsten Mitteln gestalteter empfehlenswerter Film, der von der Aufrichtigkeit und der außergewöhnlichen Ausdruckskraft seiner Darsteller lebt. – Ab 14. ✦ USA 1987 **P** Black Swan/Merchant-Ivory **VA** RCA/ Columbia **Pd+R** Connie Kaiserman **B** Connie Kaiserman, Nan Mason **K** Pierre Lhomme **M** Richard Robbins **S** Katherine Wenning **D** Mary Stuart Masterson (Franny), James Earl Jones (Ike Bailey), Geraldine Page (Großmutter), Anne Meara (Mrs. Chopper), Peter Gallagher (Kai) **L** 112 **FSK** ab 12 **E** 6.6.1989 Video **fd** 27 732

STREETGUN (STREET GUN). Actionthriller. Ein intelligenter kleiner Ganove, der in ehrbaren Berufen nicht Fuß fassen kann, geht nach Minneapolis und tritt dort in das Syndikat eines mächtigen Geschäftsmannes und Gangsterbosses ein. Dieser sieht in ihm schon einen Nachfolger und betraut ihn mit einem Einbruch bei einem Widersacher, der aber von dem Plan Wind bekommt. ✦ USA 1996 **R** Travis Milloy **B** Timothy Lee, Travis Milloy **K** Joel King **D** Justin Pagel (Joe Webster), Scott Cooke (Danny Burke), Michael Egan (Jake Bailey), Philip Ray (Sid Donelly), Timothy Lee (Raleigh Donelly) **L** 88 **E** 12.4.1998 RTL

STREETLIFE (1987) (HOUSE OF THE RISING SUN). Ihre Recherchen im Callgirl-Milieu bringen eine ehrgeizige junge Journalistin in lebensbedrohliche Schwierigkeiten. Kriminalfilm. (TV-Titel: »Der Erpresser von L. A.«) ✦ USA 1987 **P** Mediacom **VA** Acron **R** Greg Gold **B** John Alan Schwartz **K** Amir Mokri **D** Frank Amnese, Jamie Barrett, Deborah Wakeham, Bud Davis **L** 86 **FSK** ab 16 **E** 8.9.1988 Video

STREETLIFE (1995) (STREETLIFE). Mit Fantasie und Tatkraft meistert eine lebenslustige Arbeiterin in einer ehemaligen Industrieregion von Wales ihren Alltag. Als sie schwanger wird und der Vater des Kindes sie im Stich läßt, verzweifelt sie und tötet das Neugeborene. Frauendrama, das ein vielschichtiges Milieubild zeichnet, in dem nichts mehr funktioniert außer der Solidarität unter Frauen. ✦ Großbritannien 1995 **P** BBC **Pd** Ruth Caleb **R+B** Karl Francis **K** Nigel Walters **M** John E. R. Hardy **S** Roy Sharman **D** Helen McCrory (Jo), Rhys Ifans (Kevin), Christine Tuckett (Janice), Donna Edwards (Gail), Claire Erasmus (Annie), Lynwen Hobbs (Lynwen), Clare Isaac (Sharon), Jeremi Cockram (PC Jenkins) **L** 98 **E** 9.9.1998 ARD

STREETS (STREETS). Ein junger Herumtreiber rettet ein heroinsüchtiges Mädchen davor, vergewaltigt zu werden. Der Täter, ein psychopathischer Ex-Polizist, macht sich daraufhin auf die Jagd nach den beiden Zeugen. Der Film beschreibt die Lebensweise von Jugendlichen außerhalb der bürgerlichen Gesellschaft auf realistische, mitunter drastische Weise, ohne mit dem Finger auf sie zu zeigen; er weist auch auf die Möglichkeit humanen Verhaltens selbst unter den scheinbar Hoffnungslosen hin. Die Inszenierung ist schnell und unprätentiös und vermittelt so das Gefühl des Gejagtwerdens. Etwas problematisch erscheint die Verwendung üblicher Typisierungen des Thrillergenres. (Fernsehtitel: »Streets – Straßen des Schreckens«) ✦ USA 1990 **P** Andy Ruben **R** Katt Shea **B** Katt Shea, Andy Ruben **K** Phedon Papamichael **M** Aaron Davis **S** Stephen Mark **D** Christina Applegate (Dawn), David Mendenhall (Sy), Eb Lottimer (Lumley), Patrick Richwood (Bob), Kady Tran (Dawns Zimmernachbarin) **L** 82 **E** 29.4.1997 tm 3

STREETS OF GOLD (STREETS OF GOLD). Ein ehemaliger russischer Box-Champion, der als Jude in seiner Heimat keine Chance erhielt, trainiert zwei junge Amerikaner für den Länderkampf USA-Sowjetunion. Spannungsloser Boxerfilm nach gängigen Mustern mit überflüssigen chauvinistischen Elementen. ✦ USA 1986 **P** Ufland/Roth Prod./Roundhouse **KI** Tivoli **VA** Vestron **Pd** Joe Roth, Harry Ufland **R** Joe Roth **B** Heywood Gould, Richard Price, Tom Cole **K** Arthur Albert **M** Jack Nitzsche **S** Richard Chew **D** Klaus Maria Brandauer (Alek Neuman), Adrian Pasdar (Timmy Boyle), Wesley Snipes (Roland Jenkins), Angela Molina (Elena Gitman), Elya Baskin (Klebanov) **L** 95 **FSK** ab 12; f **E** 25.2.1988/15.2. 1989 Video **fd** 26 708

STREETS OF NEW YORK (THE SAINT OF FORT WASHINGTON). In einem Obdachlosenasyl in New York begegnen sich ein von geschäftlichem Pech verfolgter älterer Schwarzer und ein junger Weißer, der nach langem Aufenthalt in der Psychiatrie ohne Wohnung ist. Während sie von einem Neubeginn träumen, versuchen sie, im Großstadt-Dschungel zu überleben, doch schließlich fällt der jüngere dem gewalttätigen Milieu zum Opfer. Eine einfühlsam entwickelte, wirklichkeitsnahe Geschichte fern jeder spektakulären oder gar spekulativen Ereignisse. Um so aufmerksamer blickt er auf die Menschen und das deprimierende Milieu, wobei der Film auf bewegende Weise an die menschliche Würde appelliert. – Ab 14. ✦ USA 1992 **P** Fort Washington **VA** VPS **Pd** David

V. Picker, Nessa Hyams **R** Tim Hunter **B** Lyle Kessler **K** Frederick Elmes **M** James Newton Howard **S** Howard E. Smith **D** Danny Glover (Jerry), Matt Dillon (Matthew), Rick Aviles (Rosario), Nina Siemaszko (Tamsen), Ving Rhames (Little Leroy) **L** 99 **FSK** ab 12 **E** 26.1.1995 Video/18.10.1995 premiere **fd** 31 230

STREETS – STRASSEN DES SCHRECKENS →Streets

STREETWALKIN' – AUF DEN STRASSEN VON MANHATTAN (STREETWALKIN'). Ein junges Mädchen, aus der amerikanischen Provinz nach New York gekommen, wird Prostituierte, gerät zwischen die Fronten eines Kampfes weißer gegen schwarze Zuhälter und erschießt schließlich ihren Zuhälter, der auf der Suche nach ihr Amok gelaufen war. Überaus brutaler und menschenverachtender Film, der das Milieu der Prostitution und seiner physischen und psychischen Konsequenzen spekulativ ausbeutet. – Wir raten ab. ✦ USA 1984 **P** Rodeo **KI** Metropol **VA** VPS **Pd** Robert Alden **R** Joan Freeman **B** Joan Freeman, Robert Alden **K** Steven Fierberg **M** Matthew Ender, Doug Timm **S** John K. Adams, Patrick Rand **D** Melissa Leo (Cookie), Dale Midkiff (Duke), Leon Robinson (Jason), Julie Newmar (Queen Bee), Antonio Fargas (Finesse), Susanne Wasson (Judith Bradley), Leslie Watson (Cindy), Jenny Neumann (Joan) **L** 80 **FSK** ab 18; nf **E** 17.10.1985/21.3.1986 Video **fd** 25 360

STREETWISE (1984) (STREETWISE). Dokumentarischer Film über das Leben heimatloser Jugendlicher in den Straßen von Seattle, der ihre ausweglose Situation aufzeigt, ihre Überlebensversuche als Tagediebe, Bettler, Prostituierte und Strichjungen. Gezeigt werden aber auch die hilf- und schutzlosen Menschen, die sich hinter einer rüden Umgangssprache und bizarrem Äußeren verstecken, und ihr Verlangen nach Liebe. Der Film verzichtet auf Kommentierung und läßt Bilder und Betroffene für sich sprechen, wodurch er einen authentischen Einblick ermöglicht, der Problematik jedoch nur begrenzt gerecht werden kann. (O.m.d.U.) ✦ USA 1984 **P** Bear Creek Prod. **Pd** Cheryl McCall **R+B+K** Martin Bell **M** Tom Waits **S** Nancy Baker **L** 92 **E** 9.9.1987 NDR

STREETWISE (1992) (STREETWISE). Auf der Suche nach ihrer Schwester gerät eine junge Frau in das Prostituierten- und Gangstermilieu von Los Angeles. Mit Hilfe eines unkonventionellen Polizisten, der sich ihrer annimmt, kann in einem brutalen Showdown einem gefährlichen Gangsterboß der Garaus gemacht werden. Unzureichende Charakterisierung der Figuren und einfach aneinandergereihte Versatzstücke aus den Bereichen Sex, Crime und Action, dazu einige breit ausgespielte Sadismen lassen den handwerklich einigermaßen soliden Straßen-Krimi im Mittelmaß versinken. – Wir raten ab. ✦ USA 1992 **P** Planet **VA** Ascot **Pd** Donald P. Borchers **R** Rafal Zielinski **B** Robert Vincent O'Neil, Alan Castle **K** Zoltan David **M** Jonathan Elias, Alex Lasarenko, Fritz Doddy **S** Paul Martin Smith **D** C. Thomas Howell (Sergeant Teffler), Renée Humphrey (Kyle), Krista Errickson (Marci), David Labiosa (Delphino), Angel Aviles (Pizza-Mädchen) **L** 97 (gek. 90) **FSK** ab 18 (gek. ab 16) **E** 28.7.1993 Video/31.1.1995 Pro Sieben **fd** 30 463

DIE STREICHE DES SCAPIN (LES FOURBERIES DE SCAPIN). Zwei junge Männer haben die Abwesenheit ihrer Väter genutzt, um Liebesbeziehungen ihrer Wahl einzugehen: der eine hat ein Mädchen ohne Vermögen und unbekannter Herkunft geheiratet, der andere will sich mit einer Ägypterin vermählen. Um ihre Pläne durchzusetzen, verbünden sich die beiden nach der Rückkehr der geizigen Alten mit dem schlitzohrigen Scapin. Aufwendige, unterhaltsame Adaption eines Bühnenstoffes von Molière. – Ab 14. ✦ Frankreich 1981 **P** Gerland Productions **R** Roger Coggio **B** Roger Coggio, nach einem Bühnenstück von Molière **K** Claude Lecomte **M** Jean Bouchéty **S** Raymonde Guyot **D** Roger Coggio (Scapin), Michel Galabru (Géronte), Jean-Pierre Darras (Argante), Maurice Risch (Sylvestre), Vicente Cortes (Léandre) **L** 105 **E** 7.12.1982 DFF 1

STREICHE IN ALTER MANIER (PRODELKI W STARINNOM DUCHE). Ein Vater will seine Tochter mit einem jungen Husarenoffizier verheiraten. Bevor die Hochzeit stattfinden kann, sind noch einige Abenteuer zu bestehen. ✦ Scope. UdSSR 1986 **P** Mosfilm **R** Alexander Pankratow **B** Andrej Strekow, Alexander Pankratow, nach dem Roman von Alexej Tolstoi **K** Grigori Belenki **M** Mark Minkow **D** Darja Michailowa (Katenka), Wladimir Samoilow (Kobeljew), Nikolai Trofimow (Iwan Akimowitsch), Michail Kononow (Alexej), Alexej Nesterenko (Wladimir) **L** 75 **E** 16.4.1987 DFF 2

STREICHE UND SCHLÄGE →Sie küßten und sie schlugen ihn

STREICHLE DER KATZE DIE OHREN (POHLAD KOCCE USI). Wegen der Unaufmerksamkeit eines zerstreuten Professors gerät ein Mädchenchor bei seiner Fahrt zu einem Festival in Turbulenzen, die jungen Männern Gelegenheit geben, ihre Pfiffigkeit zu beweisen. Ansprechend gespielte, leichte Komödie ohne größeren Anspruch, die eine heile Welt mit kleinen Geheimnissen und Problemen in einem folkloristischen Rahmen vorführt. – Ab 8. ✦ CSSR 1985 **P** Filmstudio Gottwaldov **KI** Progress **R** Josef Pinkava **B** Hana Pinkavová **K** Jirí Kolín, Rudolf Stahl **M** Zdenek John, Johann Sebastian Bach, Charles Gounod, Jakob Gallus, Wolfgang Amadeus Mozart, Peter Iljitsch Tschaikowski, Claude Debussy, Bedrich Smetana **D** Zuzana Krupicová (Marta), Markéta Zmozková (Gábina), Jana Pálenícková (Mísa), Zdenek Rehor (Chorleiter), Jirí Kvasnicka (Klavierspieler) **L** 82 **E** 9.1.1987 Kino DDR/24.9.1988 DFF 2/27.3.1989 ARD

STREICHQUARTETT. Ein eilig zusammengestelltes Streichquartett soll die Gäste eines Geschäftsabends unterhalten. Das Eröffnungsprogramm der Münchner »Lach- und Schließgesellschaft« bietet ein Feuerwerk an furiosen Sketchen und einfallsreichen Gags, dessen satirische Spitzen auch heute noch Gültigkeit haben. – Ab 14. ✦ Schwarz-weiß. BR Deutschland 1962 **P** Michael Bittins Prod. **KI** FiFiGe **Pd** Michael Bittins **R** Georg Marischka **B** Dieter Hildebrandt, nach einem Bühnenstück von Szöke Szakall **K** Oskar Schnirch **D** Dieter Hildebrandt, Hans J. Diedrich, Klaus Havenstein, Jürgen Scheller, Ursula Noack **L** 58 **E** 15.11.1990

STREIFZUG – GESCHICHTEN AUS DEM TÄGLICHEN LEBEN. Ein mit dokumentarischem Anspruch verfaßter Episodenfilm um menschliche Schicksale und existentielle Beharrungsversuche in Problemgebieten einer Ruhrgebiets-Großstadt. Ein von Klischees und Einseitigkeiten beeinträchtigter Analyseversuch moderner Lebens- und Arbeitsverhältnisse. ✦ BR Deutschland 1984 **P** Horst Herz Filmproduktion/ZDF **R+B+K** Horst Herz **M** Rocktheater »Nachtschicht« **S** Horst Herz, Gerda Breuer **L** 90 **E** 28.3.1984 ZDF **fd** 24 862

STREIK (STATSCHKA). Erstlingsfilm des damals 25jährigen Sergej M. Eisenstein: Der jahrelang aufgestaute Zorn ausgebeuteter Arbeiter im vorrevolutionären Rußland entlädt sich in einem Streik, der von berittenem Militär brutal niedergeschlagen wird. Eisenstein verbindet die Montagepraxis von D. W. Griffith (»Intolerance«) mit Anregungen aus dem Umfeld des sowjetischen Proletkult-Theaters zu einem agitatorischen Experimentalfilm, der ein Jahr vor »Panzerkreuzer Potemkin« die Möglichkeiten der »Kollisionsmontage« erprobt: Bilder vom Massaker an den Streikenden werden mit dokumentarischen Aufnahmen aus einem Schlachthaus konfrontiert. ✦ Schwarz-weiß. UdSSR 1924 **P** Goskino **R** Sergej M. Eisenstein **B** Proletkult-Theater **K** Edouard Tissé **M** Bernd Kampka **D** Maxim Schtrauch (Geheimpolizist), Grigori Alexandrow (Meister), M. Gomorow (Arbeiter), Igor Iwanow (Chef der Geheimpolizei), Alexander Antonow (Mitglied im Streikkomitee), I. Kljuwkin (Aktivist) **L** 68 **E** Kino DDR/20.10.1967 ZDF

EIN STREIK IST KEINE SONNTAGSSCHULE (EIN STREIK IST KEINE SONNTAGSSCHULE). Musterbeispiel einer ebenso engagierten wie sachlichen Dokumentation über die authentisch aufgezeichneten Ereignisse um einen Streik von Schweizer Arbeitern. Das auch formal ausgewogene Werk liefert einen nachahmenswerten Beitrag zur demokratischen Meinungsbildung, der der Vielschichtigkeit zentraler sozialpolitischer Fragen in überzeugender Weise gerecht wird. – Sehenswert. ✦ Schweiz 1974 **P** Hans Stürm **Pd** Hans Stürm **R** Hans Stürm, Mathias Knauer, Nina Stürm **B** Hans Stürm, Mathias Knauer **K** Hansueli Schenkel, Hans Stürm **M** Richard Hager, Mathias Knauer **S** Hans Stürm, Nina Stürm, Mathias Knauer **L** 58 **E** 25.3.1976 ZDF

STREIT UM BASIA (AWANTURA O BASIE). Basia verliert ihre Mutter bei einem Unglücksfall. Sie findet jedoch bald ein neues Elternhaus. – Ab 10. ✦ Schwarz-weiß. Polen 1959 **P** Filmstudio Lodz **R** Maria Kaniewska **B** Maria Kaniewska, Kazimierz Korcelli, nach dem Roman von Kornel Makuszynski **K** Antoni Wojtowicz **M** Lucjan M. Kaszycki **D** Malgorzata Piekarska, Roman Niewiarowicz, Mieczyslaw Gajda, Eva Krasnodebska, Jerzy Duszynski **L** 100 **E** 6.2.1966 DFF 1

DER STREIT UM DAS PARADIES. Dokumentation, die zu klären versucht, ob das frühere Ziel des Vatikans, trotz der atheistischen Führung in der Sowjetunion das dortige Christentum zu unterstützen, zu einer Zusammenarbeit mit dem CIA geführt hat. ✦ Großbritannien/Österreich 1997 **P** BBC/ORF **R** Paul Sapin **L** 90 **E** 14.1.1998 ORF 1

STREIT UM DEN KNABEN JO. Eine steinreiche deutsche Bankiersfrau in Kairo glaubt in einem 13jährigen Jungen Ähnlichkeiten mit ihrem Mann entdeckt zu haben und jagt der fixen Idee nach, ihr am gleichen Tag geborener eigener Junge sei in der Klinik vertauscht worden. So löst sie schwere Bedrängnisse bei der anderen Mutter, einer Modeschneiderin, und den beiden Jungen aus, die sich davonmachen. Der exotische Schauplatz in Ägypten überlagert die vielen Unglaubwürdigkeiten dieses Melodrams, dem die beiden begabten Jungschauspieler noch das Beste abgewinnen. ✦ Schwarz-weiß. Deutschland 1937 **P** Fanal-Filmproduktion für Ufa **KI** Regina **R** Erich Waschneck **B** Wolf Neumeister, Ilse Maria Spath, nach dem gleichnamigen Roman von Hedda Westenberger **K** Robert Baberske **M** Georg Haentzschel **S** Walter Fredersdorf **D** Lil Dagover (Leontine Brackwieser), Willy Fritsch (Hans Eckardt), Maria von Tasnady (Helga Frank), Claus Detlef Sierck (Erwin Brackwieser), Ernst Waldow (Hauslehrer Dr. Kanitz) **L** 96 **E** 23.9.1937

DER STREIT UM DEN SERGEANTEN GRISCHA. Fürs Fernsehen produzierte zweiteilige Verfilmung eines menschlich bewegenden Romans. 1. Teil: Der russische Soldat Grischa flieht im Frühjahr 1917 aus einem deutschen Kriegsgefangenenlager. Er wird gefasst und soll als Spion erschossen werden. Diese Entscheidung ist umstritten. 2. Teil: Der Streit geht weiter. Grischa wird auf Weisung des Oberkommandos des Heeres hingerichtet. ✦ Schwarz-weiß. DDR 1967/68 **P** DEFA **Pd** Heinz Kuschke **R** Helmut Schiemann **B** Helmut Schiemann, Günter Eisinger, nach dem gleichnamigen Roman von Arnold Zweig **K** Günter Eisinger **M** Siegfried Matthus **S** Ursula Rudzki **D** Josef Karlik (Grischa), Jutta Wachowiak (Babka), Chewel Buzgan (Sacht), Adolf Peter Hoffmann (Von Lychow) **L** 97 **E** 2.,3.6.1968 DFF 1

DER STREIT UM DES ESELS SCHATTEN. Der Schüler Leander wettet mit seinem Lehrer darum, dass es im gelingt, die Einwohner der Narrenstadt Abdera zur Vernunft zu bringen. Ein in Studiokulissen inszenierter, streng stilisierter, durch und durch metaphorischer Film, der sich in erster Linie an Jugendliche wendet und die Probleme anzusprechen versucht, die auf die Bewohner der DDR nach der Wende zukamen. – Ab 14. ✦ DDR 1990 **P** DEFA, Gruppe »Johannisthal« **KI** Progress **Pd** Volkmar Leweck **R** Walter Beck **B** Walter Beck, Friedhold Bauer **K** Wolfgang

Braumann **M** Günther Fischer **S** Vera Nowark **D** Fritz Decho (Struthion), Jürgen Watzke (Anthrar), Jens-Uwe Bogadtke (Leander), Manfred Heine (Demokrit), Karin Gregorek (Krobyle) **L** 75 **E** 20.7.1990 Kino DDR/22.7.1990 Kino BRD

STRENG GEHEIM (1952) → Treffpunkt Moskau

STRENG GEHEIM (1963) → For Eyes Only

EINE STRENG GEHEIME AFFÄRE → Charmant und süß – aber ein Biest

STRENG GEHEIME PREMIEREN (PRISNE TAJNE PREMIERY). Der Chef einer Gangsterbande kauft einem Schriftsteller, dessen Kriminalstücke zur Aufführung nicht angenommen werden, seine Ideen ab und setzt sie in die Tat um. Unbefriedigender Versuch einer Kriminalkomödie. – Ab 14. ✦ Scope, schwarz-weiß. CSSR 1967 **P** Filmstudio Barrandov **KI** Progress **R** Martin Fric **B** Frantisek Daniel, Zdenek Dufek, Martin Fric, nach dem Roman »Die gesammelten Verbrechen des Vladimír Hudec« von Vilém Hejl **K** Jirí Tarantík **M** Jaromír Vomácka **D** Jirina Bohdalová, Jirí Sovák, Cestmír Randa, Vladimír Mensík, Milos Kopecky **L** 87 **E** 24.5.1968 Kino DDR/25.9.1972 DFF 2 **fd** 19 618

STRENG PERSÖNLICH (STRICTEMENT PERSONNEL). Ein beruflich wenig erfolgreicher Polizist möchte seine Familie wiedersehen, die er seit dem Tod der Mutter vor 15 Jahren aus den Augen verloren hat. In Paris begegnet er erstmals seiner attraktiven Stiefmutter sowie den Familien seiner Geschwister. Als er von rätselhaften Unstimmigkeiten in der Familie erfährt und auf einen Selbstmord stößt, erwacht sein kriminalistischer Instinkt. Psychologisch stimmiges, überzeugend gespieltes Drama, das sich kriminalistischer Versatzstücke bedient, um die Kehrseite eines vorgeblich intakten Familienlebens zu analysieren. ✦ Frankreich 1985 **P** Simona Bensakein/Pierre Jolivet **R+B** Pierre Jolivet **K** Christian Lamarque **M** Serge Perathoner **S** Nelly Quettier **D** Pierre Arditi (Jean Cottard), Jacques Penot (Benoît Cottard), Caroline Chaniolleau (Hélène Cottard), Jean Reno (Inspektor Villechaise), Robert Rimbaud (Herr Cottard), Christiane Krüger (Julia) **L** 90 **E** 14.12.1987 RTL plus

STRENG VERTRAULICH ODER DIE INNERE VERFASSUNG. Als filmische Trauerarbeit angelegte Dokumentation über den Repressionsapparat der »Stasi«. In seinen Bildern eher beliebig, wirkt der Film entlarvend, wenn er das festgefahrene Denken (d. h. die Sprache) ehemaliger Stasi-Angehöriger vorstellt, und peinlich, wenn er mit pseudo-philosophischen Gemeinplätzen argumentiert oder vorschnelle Deklarationen kolportiert. – Ab 16. ✦ Deutschland 1990 **P** DEFA, Studio für Dokumentarfilme **KI** Con-Film **SF** Con-Film **VA** Con-Film **Pd** Harald Apitz **R+B** Ralf Marschalleck **K** Frank Reinhold **M** Ekkehard Enkelmann **S** Petra Barthel **L** 90 **E** 31.10.1990/7.3.1991 EINS PLUS **fd** 28 753

STRESEMANN. Mit den Augen eines Journalisten (zunächst politischer Gegner, später zum Anhänger bekehrt) werden die kräfteverzehrenden Bemühungen des deutschen Außenministers der Weimarer Republik, Stresemann, beobachtet, der seine letzten Lebensjahre (1923–1929) dem diplomatischen Kampf um eine Einigung Europas widmete. Der Film ist ein wenig trocken, bietet aber eine akzeptable Biografie und propagiert nachdrücklich den europäischen Gedanken. – Ab 14. ✦ Schwarz-weiß. BR Deutschland 1956 **P** Berliner Meteor **KI** Prisma **VA** Ufa **Pd** Heinrich Jonen **R** Alfred Braun **B** Axel Eggebrecht, Ludwig Berger, Curt J. Braun **K** Friedl Behn-Grund **M** Boris Blacher **S** Kurt Zeunert **D** Ernst Schröder (Dr. Gustav Stresemann), Anouk Aimée (Annette Stein), Wolfgang Preiss (Heinz Becker), Leonard Steckel (Aristide Briand), Susanne von Almassy (Käte Stresemann) **L** 105 **FSK** ab 12; f **FBW** bw **E** 11.1.1957/2.10.1959 ARD **fd** 5 609

STRESS (STRESS). Eine attraktive junge Frau, die allein mit ihrer sechsjährigen Tochter lebt, wird von einem offenbar pervers veranlagten Unbekannten belästigt und einem unerträglichen Psychoterror ausgesetzt. Erst in nahezu auswegloser Situation stellt sich heraus, daß ein merkwürdiger Zusammenhang besteht zwischen ihrer Jugendliebe, einem Mann, der sechs Jahre zuvor Selbstmord beging, und einem vorgeblichen Detektiv. Inszenatorisch recht geschickt entwickelter, aber hoffnungslos überkonstruierter Thriller. ✦ Frankreich 1984 **P** Les Films de la Tour/FR 3 **R** Jean-Louis Bertuccelli **B** André Gall **K** Ricardo Aronovich **M** Paul Misraki **S** François Ceppi **D** Carole Laure (Nathalie), Guy Marchand (Alex), André Dussollier (Michel), Anne Méson (Céline), Isabelle Mergault (Isabelle), Germaine Montero (Madame D'Ambray), Jean-Gabriel Nordman (Gérard) **L** 90 **E** 23.11.1988 S 3

STRESS ZU DRITT (STRESS ES TRES TRES). Während eines Wochenendausflugs treten zwischen einem Bauunternehmer, seiner Ehefrau und einem Freund der Familie Spannungen zutage, die sich jedoch nicht in der Realität, sondern in den Wunschfantasien der Figuren entladen. Carlos Saura porträtiert in seiner Dreiecksgeschichte die spanische Generation der 60er Jahre. Die präzise filmische Gestaltung und die Konzentration auf eine modellhafte Konfliktsituation geben dem Film den Charakter eines überscharfen Traumbildes, in dem verdrängte politische und sexuelle Frustrationen in Form von Denk- und Verhaltensdeformationen sichtbar werden. ✦ Schwarz-weiß. Spanien 1967/68 **P** Elias Querejeta **Pd** Elias Querejeta **R** Carlos Saura **B** Angelino Fons, Carlos Saura, nach einer Idee von Carlos Saura **K** Luis Cuadrado **M** Jaime Pérez **S** Pablo G. del Amo **D** Geraldine Chaplin (Teresa), Juan Luis Galiardo (Antonio), Fernando Cebrián (Fernando), Porfiria Sanchiz (Tante), Fernando S. Polack (Wächter) **L** 94 (Orig. 98) **E** 23.6.1972 HR **fd** 17 905

EIN STREUNENDER HUND (NORAINU). Einem jungen Polizeiinspektor wird im Bus die Dienstwaffe gestohlen. Beschämt und aus Angst, seine Stelle zu verlieren, macht er sich auf eine tagelange Suche nach dem Dieb, der mit der Waffe zwei Raubüberfälle begeht und eine Frau tötet. Als der Polizist den Verbrecher endlich fassen kann, muss er feststellen, dass sie beide in einer ähnlichen Lage stecken: vereinzelt, am Rande der Gesellschaft. Vorzüglich inszenierter und gespielter existenzialistischer Kriminalfilm mit einer Fülle realistischer Beobachtungen des Großstadtlebens; zugleich eine präzise psychologische Studie über die Zweideutigkeit des menschlichen Handelns und die Ambivalenz von Identitäten. (O.m.d.U.) – Sehenswert ab 16. ✦ Schwarz-weiß. Japan 1949 **P** Toho/Shintoho **Pd** Sojiro Motoki **R** Akira Kurosawa **B** Ryuzo Kikushima, Akira Kurosawa **K** Asakazu Nakai **M** Fumio Hayasaka, Wolfgang Amadeus Mozart **S** Yoshi Sugihara, Akira Kurosawa **D** Toshirô Mifune (Inspektor Murakami), Takashi Shimura (Inspektor Sato), Isao Kimura (Yusa), Reisaburo Yamamoto (Honda), Keiko Awaji (Harumi) **L** 122 **E** 25.8.2000 arte

DIE STRICH-ACADEMY (LES KEUFS). Um die Prostitution in ihrem Revier in den Griff zu bekommen, greift eine Pariser Polizei-Inspektorin zu unorthodoxen Methoden und brüskiert damit ihre Vorgesetzten. Um ihren Elan zu dämpfen, wird ihr ein Kollege zur Seite gestellt, doch der hat dem Schwung seiner Partnerin wenig entgegen zu setzen und braucht im neuen Milieu bald selbst Hilfe. Trotz rüder Dialoge eine interessante, durchaus ernst zu nehmende Tragikomödie; stimmig in Ausstattung, Milieuzeichnung und Atmosphäre, gut gespielt. – Ab 16 möglich. ✦ Frankreich 1987 **P** G.P.F.I./Les Films Flam/Film A 2 **VA** Highlight **Pd** Jean-Claude Fleury **R** Josiane Balasko **B** Josiane Balasko, Christian Biegalski, Jean-Bernard Pouy **K** Dominique Chapuis **M** Manu Dibango **S** Catherine Kelber **D** Josiane Balasko (Mireille Molyneux), Isaach de Bankolé (Blaise Lacroix), Ticky Holgado (Inspektor Blondel), Patrick Olivier (Inspektor Averell), Jean-Pierre Léaud (Bouvreuil) **L** 93 **FSK** ab 16 **E** Oktober 1989 Video

STRICH DURCH DIE RECHNUNG (THE GUN RUNNERS / GUNRUNNERS). Die Abenteuer eines jungen, verschuldeten Barkassen-Besitzers, der zum Waffenschmuggel für kubanische Rebellen erpreßt wird. Inszenatorisch unentschlossener Abenteuerfilm, der überwiegend langweilt; daß die Vorlage von Hemingway stammt, kann man dem simpel gestrickten Film beim besten Willen nicht anmerken. – Ab 16. ✦ Schwarz-weiß. USA 1958 **P** Seven Arts/United Artists **KI** United Artists **Pd** Clarence Greene **R** Don Siegel **B** Daniel Mainwaring, Paul Monash, nach einem Roman von Ernest Hemingway **K** Hal Mohr **M** Leith Stevens **S** Charles Schaeffer **D** Audie Murphy (Sam Martin), Eddie Albert (Hanagan), Patricia Owens (Lucy Martin), Gita Hall (Eva), Everett Sloane (Harvey), Richard Jaeckel (Buzurki), Paul Birch (Sy Phillips), Jack Elam (Arnold), John Harding (Peterson) **L** 83 **FSK** ab 16; nf **E** 2.6.1959 Kino **fd** 8 180

DER STRICH GEHÖRT DER POLIZEI (THE RED-LIGHT STING). Ein Polizeibeamter übernimmt die Leitung eines Stundenhotels, um einen Gangsterboß zu überführen, und verliebt sich dabei in eine Prostituierte. Lustlos inszenierte Kriminalkomödie mit unglaubwürdigen Figuren und einer realitätsfernen Geschichte. (Fernsehtitel: »Der große Bluff im Sperrbezirk«) – Ab 16. ✦ USA 1984 **P** Universal **VA** CIC **R** Rod Holcomb **B** Howard Berk, nach einem Artikel von Henry Post **K** Woody Omens **M** James Di Pasquale **D** Farrah Fawcett (Kathy), Beau Bridges (Frank), Harold Gould (Oliver Sully), Paul Burke, Katherine Cannon **L** 97 **FSK** ab 16 **E** 1985 Video/25.6.1988 ARD **fd** 25 348

STRICHPOKER (COEUR DE HARENG). Junge Prostituierte auf der Flucht vor den verbrecherischen Auswüchsen ihres Gewerbes. »Milieu«-Geschichte um Zuhälter, Machtkämpfe und Prostituiertenschicksale, entstanden im Rahmen der Serie mit Verfilmungen zeitgenössischer »Série noire«-Romane. ✦ Frankreich 1984 **P** Hamster/TF 1/RTL/SSR **R** Paul Vecchiali **D** Hélène Surgère, Nicolas Silberg, Anouk Ferjac, Dora Doll, Pierre Blot **L** (TV) 75 **E** 23.9.1985 RTL plus

STRICK AM HALS (THE NOOSE HANGS HIGH). Abbott und Costello geraten in die Klemme, als sie 50 000 Dollar verlieren und sie binnen 36 Stunden wiederauftreiben müssen. Anspruchslose, aber routinierte Unterhaltung. – Ab 12. ✦ Schwarz-weiß. USA 1948 **P** Eagle **KI** Union **Pd+R** Charles T. Barton **B** John Grant, Howard Harris **K** Charles Van Enger **M** Walter Schumann **S** Harry Reynolds **D** Bud Abbott (Ted Higgins), Lou Costello (Homer Hinchcliffe), Cathy Downs (Carol Scott), Mike Mazurki (Chuck), Leon Errol (Julius Caesar McBride), Joseph Calleia (Mike Craig), Jack Overman (Joe) **L** 69 **FSK** ab 12; nf **E** 6.6.1952 **fd** 1 823

DIE STRICKMÜTZE (ALLA SQUADRA ANTISCIPPO). Ein römischer Polizeiinspektor mit dem Habitus eines Bürgerschrecks legt Straßenräubern und Hehlern das Handwerk und klärt nebenbei einen Entführungsfall. Weitgehend spannungsarmer Polizeifilm nach italienischem Muster. (Alternativtitel: »Der Bulle in Blue Jeans, genannt ›Die Strickmütze‹«, »Die Bullen auf den heißen Feuerstühlen«.) ✦ Italien 1975 **P** Cinemaster **KI** CFC Contact **R** Bruno Corbucci **B** Mario Amendola, Bruno Corbucci **K** Arno Celeste **M** Guido de Angelis, Maurizio de Angelis **D** Tomas Milian, Jack Palance, Benito Stefanelli **L** 91 (gek. 86) **FSK** ab 18; nf (gek. 12) **E** 9.7.1976 **fd** 19 872

STRICTLY BALLROOM – DIE GEGEN ALLE REGELN TANZEN (STRICTLY BALLROOM). Durch die Unterstützung einer spanischen Einwandererfamilie und den letztlich festen Glauben an die neue Partnerin gewinnt ein junger Australier gegen alle Widerstände und auch gegen alle Wahrscheinlichkeit den Titel im Pan-Pacific-Tanzturnier. Ein hervorragender Tanzfilm, der den Paso Doble feiert und durch seine Leidenschaft, die opulente Ausstattung, seine fulminante Kameraarbeit und einen vorzüglichen Darsteller besticht. Wunderschöne Unterhaltung ohne aufgesetzte Botschaft. – Sehenswert ab 12. ✦ Australien 1991 **P** M & A Film **Kl** Senator **VA** Ufa **Pd** Tristram Miall, Ted Albert **R** Baz Luhrmann **B** Baz Luhrmann, Andrew Bovell **K** Steve Mason **M** David Hirschfelder **S** Leandro Bilcock, Jill Bilcock **D** Paul Mercurio (Scott Hastings), Tara Morice (Fran), Bill Hunter (Barry Fife), Pat Thomson (Shirley Hastings), Barry Otto (Doug Hastings) **L** 94 **FSK** o. A.; f **E** 5.11. 1992/26.4.1993 Video **fd** 29 869

STRIKE COMMANDO (FINAL SCORE). Seit der Ermordung seiner Frau und seines kleinen Sohnes sinnt ein unbescholtener Mann auf Rache. Er liefert einem Unterweltboß und dessen Handlangern einen brutalen Kleinkrieg. Unterstützt durch die Sekretärin des Gangsters, kann er die Gegner aufreiben. Indiskutabler, brutaler Actionfilm nach den inszenatorisch üblichen Mustern. ✦ USA 1988 **P** Gope T. Samtani Prod. **VA** New Vision **R** Arizal **B** Deddy Armand **D** Christopher Mitchum, Mike Abbot, Ida Jasha **L** 71 **FSK** ab 18 **E** 12.3.1990 Video

STRIKE FORCE (STRIKE FORCE). Auf einer Müllhalde sterben zwei Männer, die auf eigene Rechnung Rauschgiftgeschäfte machen wollten, was die großen Bosse des organisierten Verbrechens nicht zuließen. Eine Spezialeinheit der Polizei rückt auf ihre Art den Gangstern zu Leibe. Durchschnittsware, weder besonders aufregend noch spannend. – Ab 16. ✦ USA 1978 **P** D'Antoni-Weitz Television **VA** Mike Hunter **Pd** Philip D'Antoni, Barry Weitz **R** Barry Shear **B** Roger O. Hirson **K** Jack Priestley **M** John Murtaugh **S** Murray Solomon **D** Cliff Gorman (Detektive Joey Gentry), Don Blakely (Jerome Ripley), Richard Gere (Walter Spenser), Joe Spinell (Terranova), Marilyn Chris (Fay Stone), Edward Grover (Captain Peterson) **L** 73 **FSK** ab 16 **E** Mai 1988 Video **fd** 26 955

STRIKE – MÄDCHEN AN DIE MACHT (STRIKE!). In einem konservativen amerikanischen Mädcheninternat der 60er Jahre träumt eine verschworene Freundinnen-Clique nicht nur von Jungen, sondern auch von (beruflicher) Selbstverwirklichung. Als aus finanziellen Gründen die Umwandlung ihrer Schule in eine koedukative Einrichtung bevorsteht, wehren sie sich gemeinsam mit der Direktorin gegen die Pläne des Verwaltungsrates. Die in ein nostalgisches Gewand gekleidete »Girlie-Power«-Attitüde des Films wirkt durch die uninspirierte Regie eher aufgesetzt als originell. Gleichzeitig mangelt es der Inszenierung an Humor, was die jugendlichen Nachwuchsdarsteller nur teilweise überspielen können. – Ab 14. ✦ USA/Kanada 1998 **P** Alliance Communications/ Redeemable Features **Kl** Kinowelt **VA** VMP (Kinowelt Home) **Pd** Ira Deutchman, Peter Newman, Clara George **R+B** Sarah Kernochan **K** Anthony Janelli **M** Susan Jacobs, Graeme Revell **S** Peter Frank **D** Gaby Hoffmann (Odie), Kirsten Dunst (Verena), Monica Keena (Tinka), Vincent Kartheiser (Snake), Lynn Redgrave (MissMcVane), Heather Matarazzo (Tweety), Merritt Weaver (Momo) **L** 97 **FSK** ab 6; f **E** 21.1.1999/26.7.1999 Video **fd** 33 505

STRIKE ZONE (STRIKE ZONE). Ein Kampftaucher, der bei einem Einsatz gepatzt hat, erhält eine zweite Chance, als es darum geht, ein irakisches Raketenprogramm zu vernichten, das dem Staat durch einen abtrünnigen US-Piloten zugespielt wurde. Zugleich soll er eine Agentin befreien, die einst seine Geliebte war. Kaum durchdachtes Action-Spektakel, das ein Loblied auf die Sondereinheiten der US-Armee anstimmt. ✦ USA 1999 **VA** e-m-s **Pd** Matthew M. Howe **R** J. Christian Ingvordsen **B** Matthew M. Howe, J. Christian Ingvordsen **K** Matthew M. Howe **M** Michael Bowers, Stephen Edwards **S** Kevin Locarro **D** Frank Zagarino (Rick Burns), Billy Drago (Alex Goddard), Joe Lara, J. Christian Ingvordsen, Rick Washburn **L** 89 **FSK** ab 16 **E** 26.6.2001 Video

STRIKER (STRIKER). Ein kampferprobter Einzelgänger befreit einen befreundeten Journalisten aus den Händen nicaraguanischer Sandinisten. Ein rechtslastiges Machwerk. (Alternativtitel: »Ein Mann geht durch die Hölle«) – Wir raten ab. ✦ Italien 1987 **P** Filmustang/Key West **VA** Ufa **Pd** Giorgio Salvioni **R** Enzo G. Castellari (= Enzo Girolami) **B** Tito Carpi, Umberto Lenzi **K** Sandro Mancori (= Alessandro Mancori) **M** Detto Mariano **S** Gianfranco Amicucci **D** Frank Zagarino (John Slade »Striker«), Melonee Rodgers (Marta), John Phillip Law (Frank Morris), John Steiner (Kayatzin), Werner Pochath (Dutchman) **L** 89 **FSK** ab 18 **E** 30.1.1989 Video

STRIKER II (STRIKER II). Im Auftrag des CIA befreit Slate den unliebsamen Journalisten Morris aus den Händen der Sandinisten in Nicaragua. Zu spät erkennt er, daß er dem Doppelspiel der CIA in die Hände arbeitet: Morris hatte herausgefunden, daß der Geheimdienst Waffen nicht nur an die Contras, sondern auch an die Regierungstruppen verkauft. Dieses Wissen muß er mit dem Leben bezahlen, woraufhin Slate auch im eigenen Lager aufräumt. Der Held metzelt mit einem klaren Feindbild vor Augen: Die Sandinisten sind durch die Bank sowjetisch gelenkte Sadisten. Ein platter Propagandafeldzug. (Alternativer Titel: »Ein Mann geht durch die Hölle – Striker II«) – Wir raten ab. ✦ Italien 1987 **P** Filmustang **VA** Ufa **Pd** Giorgio Salvioni **R** Stephen M. Andrews (= Enzo Girolami) **B** Umberto Lenzi, Tito Carpi **K** Sandro Mancori (= Alessandro Mancori) **M** Detto Mariano **S** Gianfranco Amicucci **D** Frank Zagarino (John Slade, »Stryker«), Melonee Rodgers (Marta), John Steiner (Kayatzin), Paul Werner (= Werner Pochath) (Dutchman), John Phillip Law (Frank Morris) **L** 86 **FSK** ab 18 **E** Februar 1989 Video **fd** 27 657

STRINGER (STRINGER). Ein Kameramann, der seinen Lebensunterhalt mit Aufzeichnungen von spektakulären Morden, Überfällen und Razzien verdient, quartiert sich in ein Großstadt-Ghetto ein, wo die Gewalt regiert. Zusammen mit seinem neuen Mitarbeiter, einem Ex-Polizisten, stößt er auf den Fall eines Serienmörders, der Obdachlose ersticht. Da er einen Polizisten verdächtigt, will ihm niemand glauben. Der formal anspruchslose Film läßt jede Reflexion zu den Themen Medien, Gewalt oder Armut vermissen. Die Botschaft von Nächstenliebe stellt sich als zynisches Ablenkungsmanöver heraus. ✦ USA 1992 **P** Lone Pony **VA** VMP **Pd** Gary Skeen Hall **R** Michael DeLuise **B** Gary Skeen Hall **K** Glenn Kershaw **M** Lawrence Shragge **S** David Strohmaier **D** Tim Thomerson (Jack), Anthony Finetti (Frank), Laura Reed (Sheila), Matt Corey (Officer Mike Dorsett), Sally Kirkland (Joan) **L** 90 **FSK** ab 16 **E** 6.12.1993 Video/24.11. 1995 VOX **fd** 30 680

STRINGER – DUELL MIT DEM TOD (STRINGER). Der mittellose Absolvent einer New Yorker Filmhochschule nimmt einen Job bei einer Bildvermarktungsagentur an, in deren Auftrag er sensationsträchtige, grausame Bilder abzuliefern hat. Als sich mit wachsendem Erfolg das Gewissen meldet, endet seine Tätigkeit in einer Katastrophe. Ein viel versprechender medienkritischer Ansatz wird der Effekte wegen verschenkt, wobei die blasse Besetzung der Hauptrolle und der oberflächliche Erzählstil die Gewissenstragödie des Protagonisten nie wirklich glaubhaft zu machen verstehen. – Ab 16. ✦ Frankreich 1998 **P** Paris New York Prod./MGM/Double A/Canal+ **VA** BMG/Universum **DVD** e-m-s (FF, DD5.1 dt.) **Pd** Claude Kunetz, Marc Piton, Andrew Fierberg **R** Klaus Biedermann **B** Jean Paul Jody, Klaus Biedermann, Alain Le Henry, Dominique Roulet **K** John Newby **M** Ludovic Sagnier **S** Juliette Welfing **D** Elie Semoun (Filo), Christina Perry (Marie), Burt Reynolds (Woko), Edie Falco (Woody), Jean-Michel Martial (Syd) **L** 81 **FSK** ab 16 **E** 17.5.1999 Video/ 13.12.1999 DVD **fd** 33 849

STRIP INTERNATIONAL. »Dokumentation«, die Striptease-Darbietungen auf der ganzen Welt vorstellt. (Titel der längeren Fassung: »Mondo Strip«) – Wir raten ab. ✦ Kanada 1979 **P** Manesco Films **VA** Orion Versand **L** 82 (gekürzt 67) **FSK** ab 18; nf (gek. 16) **E** August 1989 Video

STRIP POKER (THE ORGY AT LIL'S PLACE). Eine »Unschuld vom Lande« entrinnt als angehendes Fotomodell in New York der lasterhaften Umgebung. Langweiliger Sexfilm, der seine Nuditäten unter dem Vorwand moralischer Entrüstung feilbietet. ✦ Teils schwarz-weiß. USA 1965 **P** Extraordinary **Kl** Schneider **R+B** J. Nehemiah **K** Ben Zvi **D** Carrie Knudsen, Bob Curtis, June Ashlyn, John Lyon, Britt Lindberg **L** 83 **FSK** ab 18; nf **E** 17.5.1968 **fd** 15 492

STRIP SEARCH – NETZ DES VERBRECHENS (STRIP SEARCH). Eine mysteriöse Schönheit bietet einem Offizier des Sittendezernats eine beträchtliche Geldsumme an, wenn er ihr hilft, im Rotlichtmilieu nach ihrer Stieftochter zu suchen. Er willigt ein und ist bald den Reizen seiner Auftraggeberin erlegen, obwohl er weiß, daß sie es nicht ehrlich mit ihm meint. Ein raffiniert konstruierter, streckenweise recht harter Thriller, der zusätzlichen Reiz durch die ambivalente Zeichnung der Hauptfigur erhält. ✦ USA/Kanada 1996 **P** Shostak-Rossner-Prod. **VA** Ascot **Pd** Danny Rossner, Murray Shostak **R** Rod Hewitt **B** Tom Parkinson **K** Barry Gravelle **M** Eric Lemoyne **S** Paul Jutras **D** Michael Paré (Robby Durrell), Caroline Néron (Sela), Pam Grier (= Pamela Grier) (Janette), Lucie Laurier (Billy), Mackenzie Gray (Lawrence Durrell) **L** 88 **FSK** ab 18 **E** 17.4.1998 Video

STRIP TO KILL (STRIP SIEGE). Drei Gangster nehmen in einem Nachtclub Geiseln, unter denen sich auch eine Stripperin befindet, deren Verlobter nichts von ihrem Job erfahren soll. Deshalb setzt sie alles daran, sich aus der Gewalt der Entführer zu befreien. Erotikthriller ✦ USA 1996 **R** Ric Roman Waugh **B** Joe Augustyn, Brent V. Friedman, David Robinson **D** Shannon Whirry (Diane), David Bradley (Charles), Joe Bucci (Becque), Larry Manetti (Haney), Fred Ottaviano (Sheriff Wilson) **L** 78 **E** 23.05.2001 RTL

STRIPPED TO DIE (SENSI / EVIL SENSES). Stereotyper Thriller, garniert mit zahlreichen Striptease-Nummern. Der verbrecherische Auftraggeber eines Auftragkillers will diesen zum Schweigen bringen und umbringen. Eine Prostituierte soll ihn in eine Falle locken, aber der Killer dreht den Spieß um. ✦ Italien 1986 **P** Globe/Danias/National Cinematografica/ Filmes International **VA** VPS **Pd** Pietro Innocenzi **R** Gabriele Lavia **B** Gianfranco Clerici, Gabriele Lavia, Vincenzo Mannino, Dardano Sacchetti **K** Mario Vulpiani **M** Fabio Frizzi **S** Daniele Alabiso **D** Monica Guerritore (Victoria), Gabriele Lavia (Manuel), Lewis Eduard Ciannelli, Dario Mazzoli, Gioia Scola **L** 90 (gekürzt 88) **FSK** ab 18 (gekürzt 16) **E** 20.6.1991 Video

STRIPPED TO KILL (STRIPPED TO KILL). Eine junge Polizistin schleust sich als Tänzerin in einen Striptease-Club ein, um eine Serie von Frauenmorden aufzuklären. Mit modischen Versatzstücken inszenierter, gestylt fotografierter Psychothriller mit lächerlicher Handlung und haarsträubender Auflösung. Das Hauptinteresse gilt den Striptease-Darbietungen. – Wir raten ab. ✦ USA 1987 **P** Concorde **VA** IMV **Pd** Roger Corman, Andy Ruben, Mark Byers, Matt Leipzig **R** Katt Shea **B** Andy Ruben, Katt Shea **K** John Leblanc **M** John O'Kennedy **S** Zach Staenberg **D** Kay Lenz (Cody), Greg Evigan (Heineman), Norman Fell (Ray), Pia Kamakahi (Eric/Roxanne), Michelle Foreman (Angel) **L** 83 **FSK** ab 18 **E** 27.6.1988 Video **fd** 27 082

STRIPPED TO KILL 2 (STRIPPED TO KILL II). Unter den Stripperinnen eines schummrigen Nachtclubs geht ein Mörder um. Eines der Mädchen, seelisch sehr labil, hält sich für die Täterin, zumal es nach jedem Mord blutbesudelt aus tiefen Alpträumen aufwacht. Ein Polizeidetektiv kommt aber einer eifersüchtigen, weil lesbischen Kollegin auf die Spur. Ein mit Striptease-Szenen haarsträubend dilettantisch gestreckter Krimi voller Schnittfehler; miserabel gespielt, lächerlich in den Traumsequenzen. – Wir raten ab. ✦ USA 1988 **P** Concorde/New Horizons **VA** EuroVideo **Pd** Andy Ruben, Roger Corman **R+B** Katt Shea **K** Phedon Papamichael **M** Gary Stockdale **S** Stephen Mark **D** Maria Ford (Shady), Eb Lottimer (Decker), Karen Mayo Chandler (Cassandra), Tommy Ruben (Ike), Marjean Holden **L** 79 **FSK** ab 18 **E** 18.3.1990 Video **fd** 28 504

STRIPPER (STRIPPER). »Dokumentarfilm« über fünf junge Frauen, die als Striptease-Tänzerinnen arbeiten. Er beobachtet sie während ihrer Auftritte, vor allem aber hinter den Kulissen und befragt sie nach ihren Wünschen, Sehnsüchten und Hoffnungen, während sie auf ihr großes Ziel hinarbeiten: das alljährliche Festival der Striptease-Tänzerinnen in Las Vegas. Weniger eine Dokumentation als ein Dokument in Sachen Voyeurismus. – Wir raten ab. ✦ USA 1985 **P** Arnon Michan Prod./Visionaire Communications **VA** Sony **Pd** Jerome Gary, Geof Bartz, Melvin Estrin **R** Jerome Gary **B** Geof Bartz, Bob Eisenhardt, Lawrence Silk **K** Edward Lachman **M** Buffy Sainte-Marie, Jack Nitzsche, Joe Lynn Turner **S** Bob Eisenhardt, Geof Bartz, Lawrence Silk **D** Sara Costa (Sara), Janette Boyd (Janette), Kimberly Holcomb (Danyel), Loree Menton (Maus), Lisa Suarez (Gio) **L** 87 **E** Dezember 1987 Video

STRIPSHOW (MIDNIGHT TEASE II). Die Schwester einer ermordeten Stripperin verdingt sich selbst als Nackttänzerin, um dem Mörder, den sie im Milieu vermutet, auf die Spur zu kommen. Obwohl sie von einem an den Rollstuhl gefesselten Polizisten unterstützt wird, begibt sie sich in höchste Gefahr. Spekulative Mischung aus Sex und Crime. ✦ USA 1995 **P** Concorde-New Horizons/Sunset Films **Pd** Richard Gabai, Tony Gutilla **R+B** Richard Styles **K** Gary Graver **M** Terry Plumeri **S** John Shepphird **D** Kimberly Kelley (Jennifer Brennan), Jack Turturici (Paul Douglas), Julie K. Smith (Cherry), Ross Hagen (John Donnelly), Tane McClure (Lacy) **L** 88 **E** 5.9.1998 SAT 1

STRIPTEASE (STRIPTEASE). Eine junge, elegante Frau verdingt sich in einer Striptease-Bar, um das Geld für den Sorgerechtsprozeß gegen ihren kriminellen Ex-Mann zusammenzubekommen, und gerät dabei in eine Affäre um einen korrupten und sexsüchtigen Senator. Eine unerquickliche Mischung aus Melodram, Krimi und Polit-Posse, die keinem Genre gerecht wird. Die unlogisch entwickelte Geschichte verärgert durch sexistische Sprüche und voyeuristische Bildperspektiven. ✦ USA 1996 **P** Castle Rock Entertainment **KI** Concorde-CR/Turner **VA** Col.TriStar **Pd** Mike Lobell **R** Andrew Bergman **B** Andrew Bergman, nach einem Roman von Carl Hiaasen **K** Stephen Goldblatt **M** Howard Shore **S** Anne V. Coates **D** Demi Moore (Erin Grant), Burt Reynolds (David Dilbeck), Armand Assante (Al Garcia), Robert Patrick (Darrell Grant), Ving Rhames (Shad), Paul Guilfoyle (M. Moldovsky) **L** 117 **FSK** ab 12; f **FBW** w **E** 15.8.1996/4.3. 1997 Video/10.4.1998 premiere **fd** 32 069

DIE STRIPTEASE-FALLE → The Last Stripshow

STROH ZU GOLD. Dokumentarfilm aus Anlaß des 30. Geburtstages der »Deutschen Film- und Fernsehakademie Berlin«. Eine dffb-Absolventin verfolgt mit der Kamera ein von Elfi Mikesch geleitetes Seminar, in dem drei kurze Spielfilme zum Thema Blindheit entstehen sollen. ✦ Deutschland 1996 **P** DFFB **R** Barbara Teufel, Calle Overweg **S** Calle Overweg **L** 70 **E** 13.10.1996 3sat

STROHFEUER. Eine junge Frau bricht aus der Ehe aus. Ihr Wunsch nach Selbstverwirklichung stößt aber bald auf innere und äußere Hindernisse: nicht nur die Zwänge der Arbeitswelt und die Borniertheit der Männer, sondern auch eigene, verinnerlichte Rollenfixierungen stehen der Emanzipation im Wege. Autobiografisch getönter Problemfilm mit Margarethe von Trotta als Hauptdarstellerin und Koautorin – inszeniert von Volker Schlöndorff. Beide setzten 1974 ihre künstlerische Zusammenarbeit fort mit »Die verlorene Ehre der Katharina Blum«. ✦ BR Deutschland 1972 **P** Hallelujah **KI** Hallelujah **Pd** Eberhard Junkersdorf **R** Volker Schlöndorff **B** Volker Schlöndorff, Margarethe von Trotta **K** Sven Nykvist **M** Stanley Myers **S** Suzanne Baron **D** Margarethe von Trotta (Elisabeth), Friedhelm Ptok (Hans-Helmut), Martin Lüttge (Oskar), Walter Sedlmayr (Personalchef), Georg Marischka (Schmollinger), Ute Ellin (Irm), Nikolaus Vesely (Michael), Ruth Hellberg (Mutter Elisabeth) **L** 98 **FSK** ab 16; f **E** 1.11.1972/7.2.1976 DFF 2 **fd** 18 597

DER STROHHUT (SLAMENY KLOBOUK). Amüsante Komödie, die um die Jahrhundertwende in Frankreich spielt und in deren Mittelpunkt die Jagd nach einem Strohhut steht. – Ab 14. ✦ CSSR 1971 **P** Filmstudio Barrandov **KI** Progress **R** Oldrich Lipsky **B** Milos Macourek, nach dem Theaterstück von Eugène Labiche **K** Jaroslav Kucera **M** Lubos Fiser **D** Milos Kopecky (Maurice Fadinard), Iva Janzurová (Helene Nonancourt), Vladimír Mensík (Gemüsehändler), Stella Zázvorková (Tante Klothilde), Kveta Fialová (Anais Beauperthuis) **L** 88 **E** 27.7.1973 Kino DDR/31.12. 1974 DFF 2

DER STROHMANN (THE FRONT). Emotional geschickt aufgebaute Abrechnung mit der McCarthy-Ära (1950/54): Ein Kassierer leiht einem auf der schwarzen Liste stehenden Schriftsteller seinen Namen und steigt zum begehrten Fernsehautor auf. Schließlich durchschaut er die Praktiken der Fernsehanstalten und entlarvt die zweifelhaften Methoden der Kommunistenjäger. Etwas unentschlossen zwischen Tragikomödie, Satire und Unterhaltung schwankend, ist Ritts Film (an dem eine ganze Gruppe von McCarthy-Indizierten mitarbeitete) dennoch eine entlarvende Abrechnung mit Opportunismus und Gesinnungsschnüffelei. – Ab 16. ✦ Scope. USA 1976 **P** TBC **KI** Warner-Columbia **Pd+R** Martin Ritt **B** Walter Bernstein **K** Michael Chapman **M** Dave Grusin **S** Sidney Levin **D** Woody Allen (Howard Prince), Zero Mostel (Hecky Brown), Herschel Bernardi (Phil Sussman), Michael Murphy (Alfred Miller), Andrea Marcovicci (Florence Barrett) **L** 95 **FSK** ab 12; f **E** 21.1.1977/10.3.1978 Kino DDR/ 9.1.1982 DFF 2 **fd** 20 131

DIE STROHPUPPE (WOMAN OF STRAW). Die Krankenpflegerin eines gelähmten Industriellen heiratet den Patienten und gerät nach dessen plötzlichem Tod in Mordverdacht. Langsam anlaufende, später spannende Geschichte eines fast perfekten Verbrechens. ✦ Großbritannien 1964 **P** Novus **KI** United Artists **Pd** Michael Relph **R** Basil Dearden **B** Robert Muller, Stanley Mann, Michael Relph, nach einem Roman von Catherine Arley **K** Otto Heller **M** Ludwig van Beethoven, Hector Berlioz, Wolfgang Amadeus Mozart, Nikolai Rimski-Korsakow, Muir Mathieson (Ltg.) **S** John Guthridge **D** Gina Lollobrigida (Maria), Sean Connery (Anthony Richmond), Ralph Richardson (Charles Richmond), Johnny Sekka (Thomas), Laurence Hardy (Baines), Danny Daniels (Fenton), Joseph Wise (Peters) **L** 116 (gek. 111) **FSK** ab 16; f (gek. 12) **E** 27.8.1964/8.12.1975 ZDF **fd** 12 972

STROKER (ELIMINATOR). Ein Spezialagent des FBI entführt einen Millionär und dessen Tochter. Der reiche Geschäftsmann wollte aus dem Waffengeschäft aussteigen und den Prototyp seiner letzten Erfindung, eines selbststeuernden Waffensystems, vernichten. Banaler Thriller ohne Überraschungen, der sich in brutalen Schlägereien erschöpft. Einziger Lichtblick: David Carradine, der mit einem charmanten Ansatz von abgeklärtem Zynismus dem banalen Drehbuch trotzt. ✦ Italien/USA 1990 **P** Intrafilms/ Rainbow/Victory Pictures **VA** VPS **Pd** Morris Asgar, Kimberley Casey **R+B** H. Kaye Dyal **K** Gerry Lively **M** Jon McCallum, Greg Turner **S** Jennifer Hatton, Paul O'Bryan, Steve Nielson **D** David Carradine (Ron Morrell), Frank Zagarino (John »Stroker« Slade), Hillary English (Jackie Markson), Brett Clark (Elias), Drew Snyder (Willis) **L** 87 **FSK** ab 18 **E** 23.7.1992 Video **fd** 29 791

DIE STROLCHE VON MEXIKO (DIME WITH A HALO). Eine Gruppe verwahrloster mexikanischer Großstadt-Jugendlicher versucht, durch Pferdewetten aus dem Elend herauszukommen. Ein ähnlicher Stoff wie Buñuels »Los Olvidados«, von Boris Sagal (1923–1981) in seinem Debütfilm allerdings weitaus weniger eindringlich gestaltet. – Ab 16. ✦ Schwarz-weiß. USA 1962 **P** MGM **KI** MGM **Pd** Laslo Vadnay, Hans Wilhelm **R** Boris Sagal **B** Laslo Vadnay, Hans Wilhelm **K** Philip Lathrop **M** Ronald Stein **S** Ralph E. Winters **D** Barbara Luna (Juanita), Roger Mobley (José), Rafael Lopez (Chuy Perez), Paul Langton (Mr. Jones), Robert Carricart (Kassierer), Manuel Padilla (Rafael) **L** 94 **FSK** ab 16; f **E** 1.11. 1963 **fd** 12 349

DER STROM (1941) → Wenn du noch ein Heim hast

DER STROM (1950) (THE RIVER). Drei heranwachsende Mädchen in einer kleinen britischen Gemeinde am Ganges erleben, jede auf ihre Art, die erste Liebe zu einem kriegsverletzten Offizier, der am Ende abreist, ohne sich für eine von ihnen zu entscheiden. Ein poetisches Werk, dessen hervorragende Kameraarbeit den Strom als ein Symbol des Lebens in die dramatische Handlung einbezieht. Satyajit Ray, der bei den Dreharbeiten assistierte, wurde durch den Stil Renoirs in seiner eigenen Arbeit beeinflußt. – Sehenswert ab 16. ✦ USA 1950 **P** United Artists **KI** Constantin **Pd** Kenneth McEldownery **R** Jean Renoir, Forrest Judd **B** Rumer Godden, Jean Renoir, nach einem Roman von Rumer Godden **K** Claude Renoir **M** M. A. Partha Sarathy **S** George Gale **D** Nora Swinburne (Mutter), Esmond Knight (Vater), Arthur Shields (Mr. John), Thomas E. Breen (Captain John), Soprova Mukerjee (Nan), Patricia Walters (Harriet), Radha (Melanie), Adrienne Corri (Valerie) **L** 99 **FSK** ab 12; f **FBW** bw **E** 21.11.1952/ 9.12.1971 ARD **fd** 1 874

DER STROM (1997) (WILLIAM FAULKNER'S OLD MAN / OLD MAN). Drama nach der Erzählung »Old Man« von William Faulkner, in dem ein verheerendes Hochwasser des Mississippi im Jahr 1927 den Hintergrund für die Geschichte einer inneren Wandlung bildet. Unter den Sträflingen, die eingesetzt werden, um Dämme zu befestigen, befindet sich ein alter Eisenbahnräuber, der eine junge Frau retten soll, die auf einem Baum den Strom hinabtreibt. Er erreicht den Stamm und glaubt sich in Freiheit, bis er merkt, daß die Frau hochschwanger ist. Ihre Niederkunft wird für ihn zum Schlüsselerlebnis. ✦ USA 1997 **P** Hallmark Hall of Fame Production **Pd** Brent Shields **R** John Kent Harrison **B** Horton Foote, nach der gleichnamigen Erzählung von William Faulkner **K** Kees Van Oostrum **M** Lawrence Shragge **S** Jim Oliver **D** Jeanne Tripplehorn (Addie Rebecca Price), Arliss Howard (Joe Jack »J. J.« Taylor), Leo Burmester (Dicker Sträfling), Daro Latiolais, Jerry Leggio (Direktor Warden), Horace Trahan **L** 90 **FSK** ab 12 **E** 4.10.1998 premiere

STROM DER WÜNSCHE. Eine filmische Reise entlang der Elbe, von der Mündung bei Cuxhaven bis zur Quelle im böhmischen Riesengebirge. Ein Panorama aus Einzelbildern, das ohne Worte auskommt. In die während eines Jahres ablaufende Reise sind historische Aufnahmen und Amateurfilm-Szenen eingebettet. ✦ Teils schwarz-weiß. BR Deutschland 1987 **P** Michael-Kuball-Filmprod./ZDF **R+B** Michael Kuball **K** Hanno Hart, Michael Kuball **S** Michael Kuball **L** 60 **E** 29.12.1987 ZDF

STROMAUSFALL (ARAMÜTES). Geschichte eines jungen Mädchens auf der Suche nach einer freundlicheren Welt und mehr Würde im Leben der Menschen. – Ab 14. ✦ Ungarn 1978 **P** Stúdió Dialóg **KI** Progress **R+B** Péter Bacsó **K** Tamás Andor **M** György Vukán **D** Péter Andorai (Vince), Nóra Görbe (Virág), Irén Psota (Mutter), Hédi Temessy, Gabriella Koszta **L** 101 **E** 28.9.1979 Kino DDR

STROMBOLI (STROMBOLI, TERRA DI DIO). Ein Flüchtlingsmädchen aus Litauen sucht Geborgenheit in der Ehe mit einem Fischer auf der Vulkan-Insel Stromboli. Trotz aller Demütigungen durch den Mann und die Frauen des Dorfes entschließt sie sich nach inneren Kämpfen, auf Dauer zu bleiben. Die erste Zusammenarbeit zwischen dem Neorealisten Rosselini und dem Hollywoodstar Ingrid Bergman, ein zähes ländliches Melodram, war für Zuschauer und Kritiker gleich enttäuschend. Aufregend nur die Dokumentaraufnahmen eines Vulkanausbruchs. – Ab 16. ✦ Schwarz-weiß. Italien/USA 1949 **P** RKO **Kl** Die Lupe **Pd+R** Roberto Rossellini **B** Roberto Rossellini, Art Cohn, Renzo Cesana, Sergio Amidei, Gian Paolo Callegari **K** Otello Martelli **M** Renzo Rossellini **S** Roland Gross, Jolanda Benvenuti **D** Ingrid Bergman (Karin Björsen), Mario Vitale (Antonio), Renzo Cesana (Priester), Mario Sponza (Leuchtturmwärter), Roberto Onorati **L** 105 **FSK** ab 12; f **E** 9.2.1951/21.5.1980 DFF 2 **fd** 1 043

STROMER DER LANDSTRASSE →Little Fauss und Big Halsy

STROMMBERG – DIE LETZTE NACHT. Ein erfolgloser Privatdetektiv, der gern groß herauskommen möchte, gerät bei Nachforschungen für einen Fall in die Kreise von Spielern, Wettfälschern und Manipulatoren von Pferderennen. Ein unlogischer und weitgehend humorloser Krimi, dessen gute Darsteller immerhin einiges wieder wettmachen können. – Ab 16. ✦ BR Deutschland 1981 **P** Muschnik/WDR **Kl** Atlas **Pd** Frank Döhmann **R** Werner Possardt **B** Ernst-Richard Köper, Edgar Cox **K** Jakob Eger **M** Rich Schwab, Schroeder Roadshow **S** Diana Kischkel **D** Ernst-Richard Köper (Strommberg), Giesbert Rüschkamp (Gamble), Claudia Nolte, Shark Vegas (Stiebeck), Klaus Wennemann (Meisner), Tilo Weber (Dr. Stefan) **L** 95 **FSK** ab 12; nf **E** 1982 Kino **fd** 23 423

STROMOPOLY – DER STROM, DAS GAS, DIE LIEBE (UTILITIES). Ein junger engagierter Sozialarbeiter zieht mit seinem Freund, einem Computerfachmann, gegen die Allmacht der vermeintlich gemeinnützigen Gas-, Strom- und Telefongesellschaften zu Felde. Durch eine Art Wunder siegt die Gerechtigkeit. Komödie mit sozialkritischen Absichten; wegen der unsichere Inszenierung aber nur biedere Unterhaltung. (TV-Titel: »Die nächste Rechnung kommt bestimmt«) – Ab 14 möglich. ✦ Kanada 1982 **P** Robert Cooper/Dalton/Fenske **Kl** Pandora **Pd** Robert Cooper **R** Harvey Hart **B** David Greenwalt, M. James Kouf jr., Carl Manning **K** Richard Leiterman **M** Micky Erbe, Maribeth Solomon **S** John Kelly **D** Robert Hays (Bob Hunt), Brooke Adams (Marion Edwards), James Blendick (Kenneth Knight), Benjamin Gordon (Eddie), Madelaine Sherwood (Lady Martha), Helen Burns (Ruby Blue), John Marley (Roy Blue) **L** 94 **E** 2.11.1984/9.12.1988 ARD **fd** 24 853

STRONG MEDICINE – TÖDLICHE DOSIS (STRONG MEDICINE). Eine ehrgeizige junge Frau tritt 1957 in einen Bostoner Pharmakonzern ein, plant hartnäckig ihre Karriere und wird bald der erste weibliche Pharmavertreter. Als sie einige Personen mit ihrer Ehrlichkeit vor den Kopf stößt, schickt man sie in die englische Filiale, wo sie weiter reüssiert, bis der Firma wegen eines gefährlichen Medikaments der Prozeß gemacht wird. Zum Glück kann sie den Konzern reinwaschen. Grob gewirktes Märchen voller Klischees und Halbwahrheiten, dessen emanzipatorischer Impetus völlig aufgesetzt wirkt. – Ab 16 möglich. ✦ USA/Großbritannien 1986 **P** Telepictures/TVS **VA** Taurus **R** Guy Green **B** Rita Lakin, nach einem Roman von Arthur Hailey **K** Kelvin Pike **M** Stanley Myers **D** Pamela Sue Martin, Ben Cross, Patrick Duffy, Gayle Hunnicutt, Douglas Fairbanks jr., Sam Neill **L** 183 **FSK** ab 12 **E** 10.12.1987 Video **fd** 26 759

STRONG SHIT. Ein gerissener junger Mann, der soeben seine Arbeit verloren hat, improvisiert einen Banküberfall, wobei er eine ebenfalls arbeitslose junge Frau sowie einen flüchtigen Kriegsdienstverweigerer als Geiseln nimmt. Verfolgt von Polizei und Feldjägern, beginnt eine 15stündige Odyssee durch Berlin und Brandenburg, die das Leben der Beteiligten grundlegend verändert. Ein mit verspielt-spielerischer Rave-Ästhetik flott inszenierter Übungsfilm, entstanden mit einem Minimalbudget von 65 000 DM an der Münchner Hochschule für Fernsehen und Film. Zwar erstickt er zunehmend an der umständlichen Krimihandlung, zeigt aber vor allem im ersten Drittel ein außergewöhnlich suggestives Gespür für erzählerischen Rhythmus und emotionalisierende Dichte. – Ab 16. ✦ Deutschland 1996 **P** HFFM **R+B** Till Schauder **K** Chris Valentien **M** Christian Conrad, Christoph Mayer **S** Heidi Reuscher **D** Sebastian Bezzel (Sixtin), Birgit Konnry (Ruth/Cindy), Stefan Lehnen (Bobby), Mirjam Heller (Helem), Werner Schuster (Sixtins Vater), Silvia Schauder (Sixtins Mutter) **L** 90 **E** 17.11.1997 Südwest 3

STROSZEK. Der in Berlin lebende Straßensänger Bruno S. dient dem Film von Herzog als Symbolfigur für eine der Gesellschaft anzulastende geschundene Außenseiterrolle, der eine inhumane Umwelt menschenwürdige Existenz und Integration verweigert. Auch der Versuch, gemeinsam mit seinem Nachbarn und seiner Freundin in Amerika Anschluß und Glück zu finden, endet als Fiasko. Die Wunschträume der Reisenden erweisen sich als illusionär, und sie erfahren neue Zwänge und Abhängigkeiten. Der moralischen Thematik seiner früheren Filme folgend, erweist Werner Herzog auch hier seine große künstlerische Inspiration und Gestaltungskraft. – Sehenswert. ✦ BR Deutschland 1976 **P** Werner Herzog/ZDF **Kl** Filmverlag der Autoren **SF** Studio 16/Filmkundliches Archiv, Köln **VA** Filmverlag der Autoren **R+B** Werner Herzog **K** Thomas Mauch, Edward Lachman **M** Chet Atkins, Sonny Terry **S** Beate Mainka-Jellinghaus **D** Bruno S. (Stroszek), Eva Mattes (Eva), Clemens Scheitz (Scheitz), Wilhelm von Homburg (Zuhälter), Burkhard Driest (Zuhälter) **L** 108 **FSK** ab 12; f **E** 20.5.1977/18.6.1979 ZDF/März 1998 Video **fd** 20 331

STRUKTUR DES KRISTALLS (STRUKTURA KRYSZTALU). Zanussis erster großer Spielfilm (nach Kurzfilmen wie »Der Tod eines Provinzials«, 1966) behandelt Probleme der jungen Generation in Polen. Zwei ehemalige Studienkollegen und Freunde treffen sich nach Jahren wieder. Der eine, ein begabter Physiker, lebt auf dem Land. Der andere ist in der Stadt geblieben und steht vor einer glänzenden wissenschaftlichen Karriere. Er soll und will den Freund überreden, in die Stadt und an die Hochschule zurückzukommen. – Ab 14. ✦ Schwarz-weiß. Polen 1969 **P** TOR **Kl** Progress **R** Krzysztof Zanussi **B** Krzysztof Zanussi, nach einem Roman von Edward Zebrowski **K** Stefan Matyjaszkiewicz **M** Wojciech Kilar **D** Barbara Wrzesinska (Anna), Wladyslaw Jarema (Großvater), Andrzej Zarnecki (Marek), Adam Debski (Förster), Franciszek Starowieyski **L** 77 **E** 28.8.1970 Kino DDR/6.2.1973 DFF 2/16.11.1980 HR

DAS STRUMPFBAND DER KAISERIN →Ich und die Kaiserin

STRUPPI & WOLF. Die DDR nach dem Mauerfall: Eine junge resolute Frau bekommt von der Treuhand ein bankrottes Unternehmen zugesprochen, an dem auch eine alte Stasi-Seilschaft Interesse zeigt. Obwohl die junge Frau mit dem Erbe nichts im Sinn hat, nimmt sie gemeinsam mit einem Treuhand-Manager den Kampf und die Aufbauarbeit auf, wobei ihnen von einem einstigen Pförtner des Werkes Hilfe zuwächst. Realitätsferne deutsch-deutsche Komödie vor dem Hintergrund von Wiedervereinigung und Aufbau-Ost. – Ab 14. ✦ Deutschland 1991 **R** Andy Bausch **B** Andy Bausch, Frank Feitler **D** Lena Stolze (Struppi), Michael Degen (Wolf), Jochen Senf (Sawitzki), Elisabeth Volkmann (Frau Frey), Richy Müller (Stefan) **L** 94 **E** 25.1.1997 RTL 2

DER STRUWWELPETER. Lebendige Verfilmung des populären Kinderbuchs, das der Jugendpsychiater Heinrich Hoffmann 1847 schrieb. Die Einwände von Pädagogen und Psychologen gegen das Buch (Gehorsam aus Furcht vor sehr grausamen Strafen) gelten ebenso für den Film. – Ab 8 möglich. ✦ Teils schwarz-weiß. BR Deutschland 1954 **P** Fritz Genschow **Kl** Hamburg/Rheinischer/Titania **Pd+R** Fritz Genschow **B** Fritz Genschow, nach dem Kinderbuch von Heinrich Hoffmann **K** Gerhard Huttula **M** Hans-Joachim Wunderlich **S** Anneliese Krigar **D** Renée Stobrawa, Erika Görner, Fritz Genschow, Gustav Bertram, Herbert Weißbach **L** 78 **FSK** ab 6; f **E** 23.1.1955 **fd** 3 917

STRYKER (STRYKER). Ein einsamer Held kämpft siegreich gegen einen Tyrannen, der in einer vom Atomkrieg verwüsteten Landschaft das Wassermonopol an sich reißen will. Trivialer Endzeitwestern, der sich gelegentlich um neue inhaltliche Akzente und Botschaften bemüht, aber durch fragwürdige Heldenstilisierung und krasse Gewaltdarstellungen höchst zwiespältig bleibt. ✦ USA 1983 **P** Cirio H. Santiago Prod. **Kl** Scotia **VA** Thorn EMI **Pd+R** Cirio H. Santiago **B** Howard R. Cohen **K** Ricardo Remias **M** Ed Gatchalian, Susan Justin **S** Bass Santos, Rudy Cabrales **D** Steve Sandor (Stryker), Andria Savio (Delha), William Ostrander (Bandit), Julie Gray (Laurenz), Monique St. Pierre (Cerce), Michael Lane (Truan), Jon Harris (Oiric) **L** 85 **FSK** ab 16; nf **E** 13.1.1984/1984 Video **fd** 24 379

STSCHORS (SCHTSCHORS). 1918/19 gründet Nikolai Alexandrowitsch Stschors aus aufständischen Gruppen das 1. Ukrainische Sowjetregiment »Bogun« und kämpft gegen die Nationalisten und deutschen Okkupanten in der Ukraine. Ein redseliges und übertrieben pathetisches Dokument, das heute hoffnungslos veraltet wirkt. – Ab 16 möglich. ✦ Schwarz-weiß. UdSSR 1939 **P** Filmstudio Kiew **R+B** Alexander Dowshenko **K** Juri Jekeltschik **M** Dmitri Kabalewski **D** Jewgeni V. Samoilow (Schtschors), I. Skuratow (Boshenko), Jura Titow (Kommandeur), Nina Nikitina (Nastja), Hans Klering (deutscher Soldat) **L** 142 **E** 7.11.1980 DFF 1

STUART LITTLE (STUART LITTLE). Die Eltern eines Jungen, der sich einen kleinen Bruder wünscht, adoptieren für ihn eine putzige »Waisenmaus«, die zunächst einen schweren Stand im neuen Heim hat, da sowohl der Sohn als auch die eifersüchtige Hauskatze sie vergraulen wollen. Nach turbulenten Abenteuern und Gefahren siegt schließlich die Freundschaft. Ein auf den ersten Blick durchaus amüsanter Kinderfilm, der jedoch an seiner Spießigkeit und vielen Klischees krankt. Die Geschichte vermag sich zudem nie gegenüber den perfekten Computer-Effekten zu behaupten. DVD: Die umfangreiche, kindgerecht konzipierte Special Edition enthält u. a. ein Feature mit nicht verwendeten Szenen, deutsch untertitelbare Audiokommentare des Regisseurs, des Animationsleiters und des Visual Effects Supervisors sowie ein Feature, in dem die Entwicklung der Spezialeffekte anhand von sechs Szenen in vier verschiedenen Arbeitsphasen nachvollzogen werden kann. – Ab 8 möglich. ✦ USA 1999 **P** Columbia Pictures **Kl** Columbia TriStar **VA** Columbia TriStar **DVD** Columbia TriStar Home (SE, 16:9, 1.85:1, DD5.1 engl./dt.) **Pd** Douglas Wick, Jeff Franklin, Steve Waterman, Jason Clark **R** Rob Minkoff **B** M. Night Shyamalan **K** Guillermo Navarro **M** Alan Silvestri **S** Tom Finan **D** Geena Davis (Mrs. Little), Hugh Laurie (Mr. Little), Jonathan Lipnicki (George Little), Jeffrey Jones (Onkel Krenshaw), Connie Ray (Tante Tina) **L** 84 **FSK** o. A.; f **E** 20.4.2000/10.10.2000 Video/27.10.2000 DVD **fd** 34 208

STUART STUPID (STUART SAVES HIS FAMILY). Ein schwergewichtiger Mann hält seine bereits in der Kindheit stark angeschlagene Psyche durch Ratgeberkurse und Stufenprogramme gerade so über Wasser. Als der herzensgute Mann seinen Job als Moderator einer TV-Ratgeber-Show verliert und wegen seiner Wahrheitsliebe mit seiner Familie in Clinch gerät, droht sein Leben endgültig auseinanderzubrechen. Nicht unintelligente Komödie mit überraschend sarkastischen, aber immer menschlichen Zügen. Bemerkenswert auch der Hauptdarsteller, der bei aller stilistischen Überzeichnung inhaltlich stets realistisch bleibt. (Titel auch: »Eine Familie zum Kotzen«) – Ab 14. ✦ USA 1995 **P** Paramount/Constellation **VA** Starlight **Pd** Lorne Michaels, Trevor Albert **R** Harold Ramis **B** Al Franken **K** Lauro

Escorel **M** Marc Shaiman **S** Pembroke J. Herring, Craig Herring **D** Al Franken (Stuart Smalley), Laura San Giacomo (Julia), Vincent D'Onofrio (Donnie), Shirley Knight (Mutter), Harris Yulin (Vater), Lesley Boone (Jodie) **L** 93 **FSK** ab 12 **E** 20.11.1996 Video/ 21.2.1999 ProSieben **fd** 32 184

STUART STUPID – EINE FAMILIE ZUM KOTZEN →Stuart Stupid

DIE STUBENFEE (HIS BUTLER'S SISTER). Ein junges Mädchen schmuggelt sich als Stubenmädchen in das Haus eines berühmten Broadwaykomponisten ein, um Sängerin zu werden und am Ende sein Herz zu gewinnen. Romantische Traumfabrik-Komödie mit dürftiger Handlung und ansprechenden musikalischen Einlagen. (TV-Titel: »Lied zu verschenken«) – Ab 16. ✦ Schwarz-weiß. USA 1943 **P** Universal **KI** Universal **Pd** Felix Jackson (= Felix Joachimson) **R** Frank Borzage **B** Samuel Hoffenstein, Betty Reinhardt **K** Elwood Bredell **M** Hans J. Salter **S** Ted J. Kent **D** Deanna Durbin (Ann Carter), Franchot Tone (Charles Gerard), Pat O'Brien (Martin Murphy), Evelyn Ankers (Elisabeth Campbell), Walter Catlett (Kalb), Alan Mowbray (Jenkins), Elsa Janssen (Severina) **L** 94 **FSK** ab 16; nf **E** Dezember 1948/1.2. 1980 ARD **fd** 224

EIN STÜCK BLAUER HIMMEL (PARCE PLAVOG NEBA). Probleme beim Zusammenleben unterschiedlichster Charaktere unter einem Dach. Ein Hinterhof steht im Zentrum dieses Films, hier spielen sich unter den neugierigen Augen der Anwohner Schicksale ab, werden Meinungsverschiedenheiten ausgetragen. ✦ Schwarz-weiß. Jugoslawien 1962 **P** Bosna-Film **R** Tomo Janic **B** Vasa Popovic **K** Eduard Bogdanic **M** Bojan Adamic **D** Rahela Ferari, Pavle Vujisic, Petre Prlicko, Olivera Markovic, Boris Kralj **L** 65 **E** 19.8.1965 DFF 1

EIN STÜCK VOM HIMMEL. Liebesgeschichte zwischen einem Werkstudenten und der Tochter eines bayerischen Schloßherrn. Leichte Unterhaltung, wirklichkeitsfremd, aber sympathisch. – Ab 12. ✦ BR Deutschland 1957 **P** Bavaria **KI** Bavaria **Pd** Georg Richter **R** Rudolf Jugert **B** Paul Helwig, Juliane Kay **K** Günther Senftleben **M** Franz Grothe **S** Anneliese Schönnenbeck **D** Ingrid Andree (Christine), Toni Sailer (Peter), Georg Thomalla (Willi), Margit Saad (Erika), Gustav Knuth (Axel von Pröhl), Erik Schumann (Ronald Henning), Boy Gobert (Sir Jackie Taft-Holery) **L** 92 **FSK** ab 12; nf **E** 3.1.1958 **fd** 6 509

EIN STÜCK VOM MOND (THREE-CORNERED MOON). Eine gutsituierte Familie im New York der 20er Jahre verliert an der Börse ihren gesamten Besitz. Die einzelnen Mitglieder müssen sich nun um Arbeit bemühen, was zu zahlreichen Verwirrungen und Enttäuschungen führt. Eine ausgelassene Depressionskomödie, die mit Aberwitz und Exzentrik, Romantik und Galgenhumor auf das Schreckgespenst der Wirtschaftskrise in den Vereinigten Staaten reagiert. Seinerzeit richtungsweisend für das Genre. ✦ Schwarz-weiß. USA 1933 **P** Paramount **Pd** B. P. Schulberg **R** Elliott Nugent **B** S. K. Lauren, Ray Harris, nach einem Bühnenstück von Gertrude Tonkonogy **K** Leon Shamroy **D** Claudette Colbert (Elizabeth Rimplegar), Mary Boland (Nellie Rimplegar), Richard Arlen (Dr. Alan Stevens), Wallace Ford (Kenneth Rimplegar), Lyda Roberti (Jenny), Tom Brown (Eddie Rimplegar), Joan Marsh (Kitty) **L** 72 **E** 5.5.1984 BR

STÜCKGUT. Ein 49jähriger arbeitsloser LKW-Fahrer findet auf der Suche nach Arbeit im Hamburger Hafen zwar Gelegenheitsjobs, scheitert jedoch mit seinen Aufstiegsabsichten aufgrund seines Alters. Eindringliche, fast dokumentarisch angelegte Studie über die Verdinglichung des Menschen in der modernen Arbeitswelt und die sich daraus ergebenden zwischenmenschlichen Probleme. – Ab 16. ✦ BR Deutschland 1980 **P** HFF **R** Roland Schraut **B** Roland Schraut, Jürgen Gütt, Alfons Scharf **K** Roland Schraut, Joachim Messner **M** Cornelius Hirsch **S** Roland Schraut, Iwan Kurdoff **D** Alfons Scharf, Lothar Koch, Kurt Bock **L** 93 **FBW** bw **E** 1981 Kino **fd** 22 714

STUDENT AFFAIRS (HIGH SCHOOL). Der Versuch eines größenwahnsinnigen Analphabeten, »Die amerikanische Nacht« von François Truffaut nachzubuchstabieren, wobei diese Kopie bar jeglicher Feinfühligkeit und jeglichen Charmes die bei Truffaut gezeigten Konflikte auf Teenager-Niveau drückt und sich in breitgewalzten Klischees erschöpft. ✦ USA 1987 **P** Platinum/Thunder **VA** Vestron/Concorde **Pd+R** Chuck Vincent **B** Craig Horrall, Chuck Vincent **K** Larry Revene **M** Flash Cardillac, The Continental Kids **S** Marc Ubell (= Chuck Vincent), James Davalos, Chip Lambert **D** Louie Bonanno (Louie Balducci), Jim Abele (Andy Armstrong), Deborah Blaisdell (Kelly), Beth Broderick (Alexis), Alan Fisler (Devon Wheeler) **L** 90 **FSK** ab 16 **E** 31.10.1988 Video **fd** 28 339

EIN STUDENT GING VORBEI. Ein bejahrter Apotheker läßt sich scheiden, um ein junges Mädchen zu heiraten. Die hieraus entstehenden Verwicklungen lösen sich durch einen Unfall mit anschließendem Selbstmord. Verfilmung eines Illustriertenrührstücks. – Ab 16. ✦ Schwarz-weiß. BR Deutschland 1960 **P** Hübler-Kahla **KI** NF **Pd** J. A. Hübler-Kahla **R** Werner Klingler **B** J. A. Hübler-Kahla, nach dem gleichnamigen Illustriertenroman von Hans Ulrich Horster **K** Willi Sohm **M** Horst Dempwolff **S** Ingrid Wacker **D** Luise Ullrich (Bettina), Paul Dahlke (Apotheker Brandt), Eva Bartok (Gabriele v. Holthüs), Michael Verhoeven (Wolf), Elke Arendt (Dorle), Bert Fortell (Albert), Margarete Haagen (Minna), Sascha Hehn (Kleiner Thomas) **L** 93 **FSK** ab 16; f **E** 10.3.1960/ 21.12.1963 DFF 1 **fd** 9 000

EIN STUDENT IST VERSCHWUNDEN (JUST ANOTHER MISSING KID). Ein mit dem Dokumentar-»Oscar« ausgezeichneter Film über das Verschwinden von Kindern und Jugendlichen in den USA, wo das Problem mit jährlich über 1,8 Millionen Vermißten gewaltige Ausmaße angenommen hat. Der Film untersucht das Thema an Hand eines konkreten Falles, eines spurlos verschwundenen 19jährigen Studenten aus Ottowa. – Ab 16. ✦ USA 1982 **R+B** Ian Parker, John Zaritsky **L** (TV) 90 **E** 22.4.1989 BR

STUDENT PRINCE OF HEIDELBERG →Alt Heidelberg (1927)

DER STUDENT VON PRAG (1913). Um zu Reichtum und Ansehen zu kommen, verkauft Balduin, der beste Fechter von Prag, sein Spiegelbild an einen geheimnisvollen Fremden. Das angenehme Leben endet jedoch in der unheilvollen Flucht vor dem anderen Ich und schließlich im Tod. Klassischer Stummfilm; er verarbeitet romantische Motive aus den Werken von E. T. A. Hoffmann, Chamisso und E. A. Poe zu einer düsteren Doppelgängergeschichte, die von dem Dänen Stellan Rye (1880–1914) als virtuoses Licht- und Schattenspiel inszeniert wurde. Einer der ersten deutschen Filme, der konsequent die vielfältigen optischen Möglichkeiten des Mediums nutzte und in den Dienst eines atmosphärischen Gesamteindrucks stellte. Ein maßgeblicher Vorläufer des deutschen Stummfilm-Expressionismus, mit dem Schauspieler-Regisseur Paul Wegener (»Der Golem«) in der Titelrolle. – Ab 14. ✦ Schwarz-weiß. Deutschland 1913 **P** Deutsche Bioscop **KI** Deutsches Institut für Filmkunde **R** Stellan Rye **B** Hanns Heinz Ewers **K** Guido Seeber **M** Bernd Kampka **D** Paul Wegener (Balduin), John Gottowt (Scapinelli), Lyda Salmonova (Lyduschka), Grete Berger (Gräfin Margit), Lothar Körner (Graf Schwarzenberg) **L** 85/59 **E** 22.8.1913/6.7.1975 ZDF

DER STUDENT VON PRAG (1926). Die zweite Stummfilmversion der Geschichte vom Prager Studenten, der für das Glück in der Liebe und im Spiel sein Spiegelbild an den Teufel verkauft und von ihm in den Tod getrieben wird. Technisch aufwendiger als sein Vorgänger und in der Figurenzeichnung deutlicher psychologisch motiviert. Mit rasanten Fechtszenen und einer virtuos inszenierten Verfolgungsjagd. – Ab 14. ✦ Schwarz-weiß. Deutschland 1926 **P** Sokal **KI** Sokal **R** Henrik Galeen **B** Henrik Galeen, Hanns Heinz Ewers, nach dem Roman von Hanns Heinz Ewers **K** Günther Krampf, Erich Nitzschmann **M** Willy Schmidt-Gentner **D** Conrad Veidt (Balduin, ein Student), Werner Krauss (Scapinelli, ein Wucherer), Agnes Esterhazy (Margit, seine Tochter), Elizza La Porta (Lyduschka, ein Blumenmädchen), Ferdinand von Alten (Freiherr v. Waldis-Schwarzenbg) **L** 114 **E** 25.10.1926

DER STUDENT VON PRAG (1935). Die nach den Stummfilmen von 1913 und 1926 dritte Verfilmung des romantisch-phantastischen Märchens vom Studenten Balduin, der dem Teufel sein Spiegelbild verkauft. Sie erreicht nicht den künstlerischen Rang ihrer Vorgänger. Anklänge an den expressionistischen Stil der 20er Jahre sind besonders in der Ausstattung unverkennbar; Architekt Hermann Warm hatte bereits für den Film von 1926 die Bauten entworfen. ✦ Schwarz-weiß. Deutschland 1935 **P** Cine-Allianz **R** Arthur Robison **B** Hans Kyser, Arthur Robison, nach dem Roman von Hanns Heinz Ewers **K** Bruno Mondi **M** Theo Mackeben **D** Adolf Wohlbrück (Balduin), Theodor Loos (Dr. Carpis), Dorothea Wieck (Julia), Erich Fiedler (Baron Waldis), Edna Greyff (Lydia), Karl Hellmer (Krebs), Volker von Collande (Zavrel), Fritz Genschow (Dahl), Elsa Wagner (Jarmila) **L** 79 **E** 10.12.1935/26.11.1957 DFF 1/30.7. 1971 ZDF

STUDENTENFUTTER (REKTOR PA SENGEKANTEN). Ein vorübergehend zum Hotel umfunktioniertes Internat wird durch eine Sexdroge zum Eros-Center für Jungverliebte und Altverheiratete. Primitiver Lustspielversuch. ✦ Dänemark 1972 **P** A/S Palladium **KI** Pilot **VA** Splendid **R** John Hilbard **B** Bob Ramsing **K** Mikael Salomon **M** Ole Hoyer **D** Ole Soltoft, Birte Tove, Annie Birgit Garde, Axel Strøbye **L** 85 (Video 69) **FSK** ab 18; nf (Vid. 16) **E** 18.5.1979 **fd** 22 177

STUDENTENFUTTER U.S.A. →Das turbogeile Gummiboot

STUDENTENLIEBE (CUDNA DEVOJKA). Durch ein enttäuschendes Liebeserlebnis ist eine junge Studentin zynisch geworden. Erst durch die Begegnung mit einem innerlich gefestigten und zielbewußten Studenten und eine ungewollte Schwangerschaft wandeln sie zu einem verantwortungsbewußten Menschen. Ein in Regie, Schauspielkunst und Kameraführung ausgezeichneter Film, der sich um eine nüchterne Darstellung bemüht. ✦ Scope, schwarzweiß. Jugoslawien 1962 **P** Avalafilm **KI** Progress **R** Jovan Zivanovic **B** Jug Grizelj, nach dem Roman »Ausflug in den Himmel« von Grozdane Olujic **K** Stefan Miskovic **M** Darko Kraljic **D** Spela Rozin, Voja Miric, Zoran Radmilovic, Ljubisa Jocic, Dragos Kalajic **L** 107 **E** 12.7.1963 Kino DDR/14.7.1964 DFF 1

DIE STUDENTIN (L'ETUDIANTE). Kurz vor ihrer entscheidenden Abschlußprüfung verliebt sich eine überlastete Studentin in Paris in einen Pop-Musiker. Die Beziehung, geprägt durch viele Mißverständnisse, Abschiede und Wiedersehen, reift für beide zur Liebe. Dramaturgisch schwache, hölzerne Lieheskomödie mit stereotypen Figuren, die erst gegen Ende etwas mehr Tiefe in der Beschreibung menschlicher Beziehungen gewinnt; übertönt von einer lauten Klang-Sauce, beeindruckt der Film allenfalls durch das frische Spiel der jungen Hauptdarstellerin. – Ab 16. ✦ Frankreich/Italien 1988 **P** Gaumont/TF 1/Cecchi Gori Group Tiger Cinematografica **KI** Jugendfilm **VA** Starlight **Pd** Alain Poiré **R** Claude Pinoteau **B** Claude Pinoteau, Danièle Thompson **K** Yves Rodallec **M** Vladimir Cosma **S** Marie-Josèphe Yoyotte **D** Sophie Marceau (Valentine), Vincent Lindon (Ned), Elisabeth Vitali (Céline), Jean-Claude Leguay (Charly), Elena Pompei (Patricia) **L** 92 **FSK** ab 12; f **E** 1.6.1989/Dezember 1989 Video/6.7.1990 Kino DDR **fd** 27 631

STUDENTIN HELENE WILLFÜER. Die Geschichte einer jungen Frau, die nach gescheiterter Ehe eine Beziehung zu ihrem Professor hat und bewußt eine uneheliche Mutterschaft auf sich nimmt. In die 50er Jahre transponiert, verliert Vicky Baums Romanvorlage aus den 20er Jahren ihre zeit- und gesellschaftskritische Substanz. Oberflächliches Gesellschaftsdrama. ✦ Schwarz-weiß. BR Deutschland 1955/56 **P** CCC **KI** Constantin **Pd** Artur Brauner **R** Rudolf Jugert **B** Frederick Kohner (= Friedrich Kohner), frei nach dem Roman »Stud.chem. Helene Willfüer« von Vicky Baum **K** Werner Krien **M** Werner Eisbrenner **S** Walter von Bonhorst **D** Ruth Niehaus (Helene Willfüer), Hans Söhnker (Prof. Matthias), Elma Karlowa (Yvonne Matthias), Erik Schumann (Dr. Stefan Rainer), Ina Peters (Gulrapp) **L** 102 **FSK** ab 18; f **E** 12.1. 1956 **fd** 4 702

STUDENTINNEN-REPORT. Pseudo-Report über das Sexualleben von Studentinnen. – Wir raten ab. ✦ BR Deutschland 1979 **P** City **KI** Mercator **R** Pavlos Parvasakis **B** Peter Hunt **K** Benno Bellenbaum **D** Sigrun Theil, Gina Janssen, Maria Domingos, George Stratigakis, Helga Wild **L** 81 **FSK** ab 18; nf **E** 20.4.1979

EINE STUDIE ÜBER DIE FRAUEN (TANULMANY A NÖKRÖL). Am Verhalten dreier Ehefrauen, die sich scheiden lassen wollen, sollen die Verhaltensweisen von Frauen gegenüber Männern deutlich gemacht werden. Eine amüsante Komödie mit guten darstellerischen Leistungen. – Ab 14. ✦ Schwarz-weiß. Ungarn 1967 **P** Mafilm **KI** Progress **R** Márton Keleti **B** Miklós Gyárfás **K** István Hildebrand **M** Szabolcs Fényes **D** Iván Darvas (Schriftsteller), Vera Venczel (Dr. Vera Képes), Eva Ruttkai (Eva), Gyöngyi Polónyi (Zsuzsa), Manyi Kiss (Jolán) **L** 94 **E** 5.7.1968 Kino DDR/7.7.1975 DFF 1

STUDIO 54 (STUDIO 54). Ein junger Tankwart erliegt Ende der 70er Jahre dem Reiz der New Yorker Insider-Discothek »Studio 54«, die sich in wenigen Jahren zum Treffpunkt der Reichen und Schönen der Stadt entwickelt hat. Auf der Folie realer Gegebenheiten entwickelt sich eine ebenso rührselige wie belanglose Geschichte, die nicht den (Zeit-)Geist jener Jahre zu vermitteln versteht und lediglich rauschende Partys als einen permanenten Kostümball aneinanderreiht. Auch der überforderte Hauptdarsteller trägt zum Scheitern des Films bei. – Ab 16 möglich. ✦ USA 1998 **P** Redeemable Features/Dollface/ Filmcolony Prod. **KI** Kinowelt **VA** VMP (Kinowelt Home) **DVD** Kinowelt Home (16:9, 1.85:1, DD5.1 engl./dt.) **Pd** Richard Gladstein, Dolly Hall, Ira Deutchman **R+B** Mark Christopher **K** Alexander Gruszynski **M** Marco Beltrami **S** Lee Percy **D** Ryan Phillippe (Shane O'Shea), Salma Hayek (Anita), Neve Campbell (Julie Black), Mike Myers (Steve Rubell), Sela Ward (Billie Auster), Breckin Meyer (Greg Randazzo), Sherry Stringfield (Viv), Louis Negin (Truman Capote), Sean Sullivan (Andy Warhol) **L** 93 **FSK** ab 12; f **E** 10.12.1998/7.6.1999 Video/ 11.6.1999 DVD **fd** 33 448

STUDS LONIGAN (STUDS LONIGAN). Fernseh-Miniserie nach der bedeutenden Roman-Trilogie von James T. Farrell, die den Lebensweg von Studs Lonigan beschreibt, der im Chicago der 10er und 20er Jahre heranwächst. Nach ersten Enttäuschungen im Liebes- und Berufsleben versucht er, ins Aktiengeschäft einzusteigen. Unfähig, seinem Leben einen Sinn zu geben, trauert er zeitlebens seiner Jugendliebe nach, die er wegen einer Nichtigkeit verließ. Erst als er im Alter von 29 Jahren stirbt, findet er seinen Frieden. Eine formal grundsolide Literaturverfilmung, gut gespielt. (Erste Adaption: »Kein Stern geht verloren« von Irving Lerner, 1960) ✦ USA 1979 **P** NBC/Lorimar **Pd** Harry R. Sherman **R** James Goldstone **B** Reginald Rose, nach einem Roman von James T. Farrell **D** Harry Hamlin (Studs Lonigan), Colleen Dewhurst (Mrs. Lonigan), Charles Durning (Mr. Lonigan), Lisa Pelikan (Lucy Scanlon), Brad Dourif (Danny O'Neill) **L** 288 **E** 15.,16.,22.,23.,29., 30.8.1981 ZDF (6 Teile)

DIE STUFE (STUPEN). Ein junger Universitätsabsolvent braucht in der georgischen Hauptstadt Tiflis eine Wohnung und einen Arbeitsplatz. Eine Wohnung findet er rasch, doch das Warten auf eine Anstellung in einem Forschungsinstitut nimmt groteske und absurde Züge an. Schließlich gibt er die Hoffnung auf und kehrt in sein Heimatdorf zurück, um dort als Lehrer zu arbeiten. Eine hintergründige Satire über eine zum Selbstzweck gewordene Bürokratie, die nur Leerlauf produziert und den Menschen, für den sie da sein sollte, ignoriert. – Ab 14. ✦ UdSSR 1986 **P** Grusiafilm **KI** Progess **R** Alexander Rechwiaschwili **B** Alexander Rechwiaschwili, Dawid Tschubinischwili **K** Artschil Filipaschwili **D** Merad Ninidse (Alexi), Irina Tschitschinadse (Wirtin), Lewan Abaschidse (Mito), Ramas Giorgobiani (Gaga), Shanri Lolaschwili (Alexis Vater) **L** 85 **E** 24.3.1989 Kino DDR

STUFF – EIN TÖDLICHER LECKERBISSEN (THE STUFF). »Stuff«, eine neuartige Eiscreme-Sorte, droht alle anderen Eishersteller Amerikas zu ruinieren. Ein ehemaliger FBI-Agent soll das Geheimnis des Geschmacks klären und entdeckt mit Hilfe einiger Freunde, unter ihnen ein Junge, der als erster bemerkte, das »Stuff« eine lebende Masse ist, das grausige Geheimnis der kalten Köstlichkeit. Abwegiger Gruselfilm, gedacht für ein jugendliches Publikum. ✦ USA 1985 **P** Larco/New World **VA** CBS/Fox **Pd** Paul Kurta **R+B** Larry Cohen **K** Paul Glickman **M** Anthony Guefen **S** Armond Lebowitz **D** Michael Moriarty (David »Mo« Rutherford), Scott Bloom (Jason), Andrea Marcovicci (Nicole), Garrett Morris (Choccolate Charly), Paul Sorvino (Colonel Spears) **L** 83 **FSK** ab 18 **E** März 1987 Video

DER STUHL →Der elektrische Stuhl (1963)

STUKAS ÜBER LONDON (LA BATTAGLIA D'INGHILTERRA). Abenteuer eines deutschen Kommandounternehmens, das 1940 in England die Radaraufklärung unschädlich machen soll. Mit oberflächlichen Antikriegsakzenten versetztes und technisch mangelhaft ausgestattetes Kriegsabenteuer. ✦ Scope. Italien/Spanien/Frankreich 1969 **P** Fida/Atlantida/ J. Roitfeld **KI** Constantin **Pd** Edmondo Amati **R** Enzo G. Castellari (= Enzo Girolami) **B** Vincenzo Flamini, Tito Carpi, Gilles M. Dumoulin, José Luis Martínez Mollá, Enzo G. Castellari (= Enzo Girolami) **K** Alejandro Ulloa, Emilio Ruiz del Rio (Luftaufnahmen) **M** Francesco De Masi **S** Vincenzo Tomassi **D** Frederick Stafford (Capt. Paul Stevens), Van Johnson (General George Taylor), Francisco Rabal (Martin), Evelyn Stewart (= Ida Galli) (Meg), Luigi Pistilli (Oberst Krüger), Renzo Palmer (Sergeant Mulligan), Christian Hay (Gaston), Jacques Berthier (Col. Smith) **L** 116 **FSK** ab 16; nf **E** 10.12.1970 **fd** 17 129

DIE STUMME (HABLA MUDITA). In den spanischen Bergen befreit eine taubstumme junge Hirtin einen resignierten Schriftsteller aus seiner depressiven Isolation, ehe die erbosten Dorfbewohner die Idylle gewaltsam zerstören. Eine feinfühlig inszenierte Mischung aus lyrischer Naturbeschwörung und psychologischer Studie. ✦ Spanien 1973 **P** Elias Querejeta **KI** Filmverlag der Autoren **R+B** Manuel Gutiérrez Aragón **K** Luis Cuadrado **M** Luis de Pablo **D** José Luis López Vázquez, Kiti Manver, Francisco Algora **L** 98 **E** 7.8.1973 ARD

DER STUMME (DER STUMME). Ein stummer Hilfsarbeiter, der in seiner Jugend miterleben mußte, wie sein Vater im Affekt die Mutter erschlug, und bei diesem Schock die Sprache verlor, sucht als Erwachsener diesen Vater – und findet ihn bei einem Bautrupp auf einer einsamen Strassenbaustelle im Jura. Der Regisseur hat die komplexe Erzählstruktur des zugrundeliegenden Romans teils in eine Folge von Rückblenden, teils in psychologisierende, schwerblütige Stimmungsbilder aufgelöst. Er verschenkt dabei allerdings die Chance, die Arbeitswelt überzeugend einzubeziehen. ✦ Schweiz 1976 **P** Ciné-Group/Gaudenz Meili Prod. **Pd** Bernard Lang, Emanuel Schilling **R** Gaudenz Meili **B** Gaudenz Meili, nach dem gleichnamigen Roman von Otto F. Walter **K** Pio Corradi **M** Jonas C. Haefeli **S** Eveline Brombacher **D** Wolf Kaiser (Ferro, der Vater), Uli Krohm (Loth als Erwachsener), Philipp Egli (Loth als Kind), Günter Lamprecht (Kahlmann), Franz Mosthav (Breitenstein) **L** 110 **E** Schweiz

DER STUMME BERG (LA MONTAGNA MUETTE). Der aus Dokumentarmaterial und Spielhandlung zusammengesetzte Versuch einer Aufarbeitung der Schweizer Geschichte zur Zeit des Dritten Reiches. In einer Berghütte im Wallis kommen drei Personen zusammen, deren Eltern und Großeltern, wie sich herausstellt, während der Nazi-Zeit teils als Zwangsarbeiter, teils als Besitzer und Aufseher in der Maggi-Fabrik nahe der Schweizer Grenze beschäftigt waren. ✦ Schweiz 1997 **R** Frédéric Gonseth **B** Frédéric Gonseth, Catherine Azad **D** Vernon Dobtcheff (Ingenieur), Maritschka Schubarth (Oxana), Jean-Luc Bideau (Christophe) **L** 96 **E** 1.8.1997 3sat

DAS STUMME DOSSIER (A NEMA DOSSZIE). Chiffrierte Texte rufen die Polizei auf den Plan. Die Ermittlungen werden durch das hartnäckige Schweigen des Verdächtigen erschwert, doch schließlich gelingt es, einen Spionagering auszuheben. Spannende Unterhaltung. – Ab 14. ✦ Ungarn 1977 **P** Filmstúdió Budapest **KI** Progress **R** Gyula Mészáros **B** György Falus, Gyula Mészáros, nach dem Roman von György Falus **K** István Hildebrand **M** Vilmos Körmendi **D** Adám Szirtes (Polizeichef), István Bujtor (Kuti, Detektiv), Tamás Dunai (Szali, Detektiv), Nóra Káldy (Eva László), Tibor Bitskey (Pál Kovács) **L** 92 **E** 13.4.1979 Kino DDR/26.1.1980 DFF 1

DER STUMME GAST. Der geheimnisvolle Tod eines Gastes führt in einem Gasthof zu Verwirrungen und zerstört beinahe die Ehe der jungen Wirtsleute, bis nach allerlei Verwicklungen die Wahrheit an den Tag kommt. Kriminalfilm nach Theodor Fontane; durchschnittlich inszeniert, mit guten Darstellern. ✦ Schwarz-weiß. Deutschland 1944/45 **P** Ufa **KI** Viktoria **R** Harald Braun **B** Kurt Heynicke, Harald Braun, nach der Erzählung »Unter'm Birnbaum« von Theodor Fontane **K** Robert Baberske **M** Werner Eisbrenner **S** Milo Harbich **D** René Deltgen (Matthias Radscheck), Gisela Uhlen (Lisa Radscheck), Rudolf Fernau (Oskar Kampmann), Jasper von Oertzen (Gendarm Geelhaar), Carsta Löck (Marianne Ebeling) **L** 106 **FSK** ab 16; f **E** März 1945/12.2.1962 DFF **fd** 405

DAS STUMME GESTÄNDNIS (VERONIKA). Eine junge Frau, die im Winter des Jahres 1854 einen Brief in die vorbeifahrende Kutsche des Kaisers wirft, wird verhaftet und des Attentatsversuches beschuldigt. ✦ CSSR 1985 **P** Filmstudio Barrandov **R** Otakar Vávra **B** Miroslav Kratochvil, Otakar Vávra, nach einem Roman von M. V. Kratochvíl **K** Jirí Macák **M** Otmar Máchna **D** Tatjana Medvecká (Veronika), Jana Hlavácová (Bozena), Martin Ruzek (Paumann), Frantisek Nemec, Jirí Adamíra **L** 95 **E** 21.1.1988 DFF 1

DIE STUMME HERZOGIN (MARIANNA UCRIA / LA VIE SILENCIEUSE DE MARIANNA UCRIA). Sizilien 1743: Die taubstumme 13-jährige Marianna ist gezwungen, ihren Onkel zu heiraten. Sie fügt sich in ihr Schicksal und schenkt ihm vier Kinder, verweigert jedoch ihre Liebe. Als sie der Ehemann frei gibt, wendet sie sich den Künsten und Wissenschaften zu und entdeckt ihre Liebe für einen ihrer Diener. Das außergewöhnliche Portät einer starken, selbstbewussten Frau, das auch als Film über institutionalisierte Gewalt gegen Frauen gesehen werden kann. Die überzeugende Hauptdarstellerin ist selbst taubstumm und wirkte bereits in dem Film »Jenseits der Stille« mit. – Ab 16. ✦ Italien/Frankreich 1996 **P** Cecchi Gori Group Tiger Cinematografica/Jean Vigo International **Pd** Rita Cecchi Gori, Vittorio Cecchi Gori, Elda Ferri **R** Roberto Faenza **B** Sandro Petraglia, Roberto Faenza, nach einem Roman von Dacia Maraini **K** Tonino Delli Colli **M** Ennio Morricone, Franco Piersanti **S** Roberto Perpignani **D** Emmanuelle Laborit (Marianna Ucria), Roberto Herlitzka (Don Pietro), Laura Morante (Mutter), Laura Betti (Großmutter), Philippe Noiret (Großvater) **L** 99 **E** 16.1.2000 ARD

STUMME LIEBE (LA FEMME-ENFANT). In einer französischen Provinzstadt findet die 13jährige, sehr musikalische Tochter eines Friseurehepaares die zu Hause vermißte Geborgenheit und Zuneigung bei einem 45jährigen Außenseiter, der als Gärtner auf einem Gut lebt und stumm ist. Als das Mädchen in die Pubertät kommt, wird das Verhältnis gestört, was der Mann nicht versteht, da das Mädchen ihm nichts erzählt. So weiß er auch nicht, daß sie nach Lille gezogen ist. Als er die Wahrheit hört, schneidet er sich die Kehle durch. Zurückhaltende sensible Beschreibung verwirrter Gefühle und Beziehungen, wobei die Sicht der Eltern-Kind-Beziehungen etwas vereinfacht erscheint. ✦ Frankreich 1980 **P** Les Films de l'Alma/GpFi/Gaumont **R+B** Raphaële Billetdoux **K** Alain Derobe, Jean-Paul Meurisse **M** Vladimir Cosma **D** Klaus Kinski, Pénélope Palmer, Michel Robin, Hélène Surgère, Ary Auberge **L** 100 **E** 1.4.1981 ARD

DER STUMME SCHREI DER ANGST → Danger Sign – Achtung: Gefahr

STUMME SCHREIE IM SEE (CABIN BY THE LAKE). Ein Filmautor arbeitet an einem Stoff über einen Serienkiller, schießt aber über jedes Ziel hinaus, als er reihenweise junge Frauen umbringt und sich in der Tiefe eines Sees einen Friedhof anlegt, um sich besser in die Mörderrolle eindenken zu können. Bedrückender Thriller in düsteren Farben und mit surreal anmutenden Elementen, der durchaus um Originalität bemüht ist; beeindruckend: der Soundtrack. ✦ USA 2000 **P** Foxtail/Great Falls/Original Film **Pd** John V. Stuckmeyer **R** Po-Chih Leong **B** C. David Stephens **K** Philip Linzey **M** Frankie Blue, Daniel Licht **S** Darren Kloomok **D** Judd Nelson (Stanley Caldwell), Hedy Burress (Mallory McCall), Michael Weatherly (Boone Preston), Susan Gibney (Regan Kendrick), Andrew Moxham (Paul Parsons) **L** 88 **E** 2.5.2001 Premiere World

DAS STUMME UNGEHEUER (SILENT RAGE). Ein Todgeweihter wird durch eine Wunderdroge ins Leben zurückgerufen und wandelt sich infolge von Hirnschäden zur mordenden Bestie. Plagiatorischer Horrorfilm, der umständlich aus Versatzstücken von »Frankenstein« und »Halloween« zusammengesetzt ist. Inhaltlich oberflächlich und formal unstimmig, genügt er nicht annähernd den Spannungserwartungen des Zuschauers. (Fernsehtitel: »Silent Rage«) ✦ USA 1982 **P** Topkick **Kl** Warner-Columbia **Pd** Anthony B. Unger **R** Michael Miller **B** Joseph Fraley **K** Robert Jessup, Neil Roach **M** Peter Bernstein, Mark Goldenberg **S** Richard C. Meyer **D** Chuck Norris (Dan Stevens), Ron Silver (Dr. Tom Halman), Steven Keats (Dr. Philip Spires), Toni Kalem (Alison Halman), William Finley (Dr. Paul Vaughn), Brian Libby (John Kirby), Stephen Furst (Charlie), Stephanie Dunnam (Nancy Halman) **L** 100 **FSK** ab 18; f **E** 12.8.1982/27.6.1995 Pro Sieben **fd** 23 590

STUMME VERZWEIFLUNG → Breaking the Silence

DIE STUMME VON PORTICI (LA MUTA DI PORTICI). 1647 kommt es in Neapel zu einer Rebellion gegen König Philipp IV. Die Schwester des Anführers wird verhaftet. Ihrem Geliebtem, dem Sohn des Vizekönigs, der in wenigen Tagen heiraten soll, sind die Hände gebunden. Im Kerker verrät die Frau trotz Folter die Rädelsführer nicht. Am Tage der Hochzeit bricht der Aufstand erneut los. Ein sehr theatralisch verfilmter historischer Stoff, voller Klischees und in einer hölzernen Inszenierung. ✦ Italien 1952 **P** Fontana **R** Giorgio Ansoldi **B** Alessandro de Stefani, Cesare Ardolino, Giacinto Solito, Giorgio Ansoldi, nach der gleichnamigen Oper **K** Alvaro Mancori **M** Constantino Ferri **D** Floria Mariel, Doris Duranti, Paolo Carlini, Octavio Senoret, Umberto Sacripanti **L** 80 **E** 12.4.1988 DFF 2

DER STUMME ZEUGE (SEX THROUGH A WINDOW / EXTREME CLOSE-UP). Ein junger Mann befriedigt seine voyeuristischen Neigungen mit Hilfe einer Infrarotkamera. Bei seiner Jagd nach fotografischen »Opfern« muß er feststellen, daß er selbst zum Opfer der Begierden eines Unbekannten geworden ist. Zur Zeit seiner deutschen Erstveröffentlichung bereits veralteter Thriller. ✦ USA 1973 **P** Paul N. Lazarus **VA** Lightning **R** Jeannot Szwarc **D** James McMullan, Kate Woodville, James A. Watson jr., Bara Byrnes, Al Checco **L** 81 **FSK** ab 18 **E** 17.1.1986 Video

STUMME ZEUGEN (1914) (NEMYE SVIDETELI). Stummfilmdrama über Herren und Knechte im aristokratischen Milieu des zaristischen Rußlands. Ein Hausmädchen wird vom kranken Sohn der reichen Familie betrogen, der Vater des Mädchens ist der stoische Portier des Hauses – alle, Reiche wie Arme, sind Opfer ihrer gesellschaftlichen Rollen. Der Regisseur arbeitete als Schauspieler, Karikaturist, Journalist, Theatermanager und Fotograf. – Ab 14. ✦ Schwarz-weiß. Russland 1914 **R** Jewgeni Bauer **B** Alexander Woznesenskij **M** William Davis **D** Dora Chitorina (Nastya), Alexander Cherumwimow (Großvater), Alexander Tschargonin (Pavel Kostritsyn), Elsa Kryuger (Ellen), Andreij Gromov (Nastyas Bräutigam), Viktor Petipa (Baron von Rehren) **L** 65 **E** 7.2. 1995 WDR

STUMME ZEUGEN (1975). Die kleine Tochter einer von der Alkoholsucht des Vaters und der Untreue der Mutter geprägten Familie verschwindet eines Tages spurlos. Der einzige Zeuge – ein halbwüchsiger Nachbarsjunge – schweigt aus Angst, nicht ernst genommen zu werden. Fernsehfilm zum Thema Kindesmisshandlung, streckenweise zäh und überfrachtet. ✦ BR Deutschland 1975 **P** HR **R** Peter Beauvais **B** Daniel Christoff **K** Manfred Lowack **D** Ulrich Kuhlmann (Hartmut Kröger), Silvia Reize (Elisabeth Kröger), Renate Küster (Kommissarin), Witta Pohl (Kriminalbeamtin), Hannelore Zeppenfeld (Frau Martens), Michael Schulte (Michael Martens) **L** 77 **E** 13.9.1975 ARD

STUMME ZEUGEN (1977) (ZLATE RYBKY). Bei der Aufklärung eines Mordes gibt es zwar einige Verdächtige, aber kein zwingendes Tatmotiv. Leidlich unterhaltsamer Kriminalfilm, der zwischen psychologisierenden Elementen und genreüblichen Spannungsmomenten schwankt. – Ab 14. ✦ CSSR 1977 **P** Filmstudio Barrandov **Kl** Progress **R** Otakar Fuka **B** Václav Sasek, Miroslav Hubácek, nach einem Roman von Hana Prosková **K** Josef Hanus **M** Jirí Sust **D** Radovan Lukavsky (Kommissar Hora), Oldrich Vízner (Jaroslav Hanták), Adolf Filip (Nejtek), Jana Andresíková (Taxifahrer Mandel) **L** 91 **E** 9.2.1979 Kino DDR/9.2.1980 DFF 1

STUMME ZEUGIN (MUTE WITNESS). Die stumme Maskenbildnerin einer amerikanischen Low-Budget-Filmproduktion wird Zeugin eines »Snuff«-Films, bei dem die Pornodarstellerin vor laufender Kamera ermordet wird. Bei ihrem Fluchtversuch verrät sie sich und wird zur Gejagten. Ein spannungsreicher Thriller, der raffiniert mit Wahrnehmungen und Erwartungen spielt und dafür geschickt das CinemaScope-Format nutzt. Viel dramaturgisches Potential schlägt der Film aus dem Schwebezustand zwischen Wirklichkeit und Illusion; dabei bleibt die Auseinandersetzung mit dem Thema »Tod im Film« zwar an der dem Genre verhafteten Oberfläche, doch die beklemmende Atmosphäre ist durchaus bestechend. ✦ Scope. Deutschland/Großbritannien/Russland 1995 **P** Cobblestone Pictures/Patmos/Comet/Avrora Media **Kl** Columbia TriStar **VA** Col.TriStar **Pd** Alexander Buchmann, Norbert Soentgen, Anthony Waller, Richard Claus **R+B** Anthony Waller **K** Egon Werdin **M** Wilbert Hirsch **S** Peter R. Adam **D** Marina Sudina (Billy), Fay Ripley (Karen), Oleg Jankowski (Larsen), Evan Richards (Andy), Igor Wolkow (Arkadi), Sergej Karlenkow (Lyosha), Alec Guinness (»The Reaper«) **L** 96 **FSK** ab 16; f **E** 28.9.1995/5.3.1996 Video/28.12.1998 RTL **fd** 31 548

STUMMER SCHREI (SILENT FALL). Einziger Zeuge des Doppelmords an seinen Eltern ist ein autistisches Kind, dem ein zurückgezogen lebender ehemaliger Kinderpsychologe mit viel Geduld die Erinnerung an den Täter zu entlocken versucht. Das anfängliche Interesse des Films an den Rätseln der menschlichen Psyche wird im Verlauf der Handlung von den Effekten einer plakativen Trivialgeschichte erschlagen. ✦ USA 1994 **P** Morgan Creek **Kl** Warner Bros. **VA** Warner Home (Schnittf. ab 12) **Pd** Gary Barber, Penelope L. Foster, Jim Kouf, Lynn Bigelow **R** Bruce Beresford **B** Akiva Goldman **K** Peter James **M** Stewart Copeland **S** Ian Crafford **D** Richard Dreyfuss (Jake Rainer), Linda Hamilton (Karen Rainer), John Lithgow (Dr. Harlinger), J. T. Walsh (Sheriff Rivers), Ben Faulkner (Tim Warden), Liv Tyler (Sylvie Warden) **L** 101 **FSK** ab 16; f **E** 11.5.1995/10.11.1995 Video **fd** 31 326

DIE STUNDE DER AASGEIER (CAROGNE SI NASCE). Viehzüchter und Politiker terrorisieren eine Westernstadt, und auch das herbeigerufene Militär schlägt sich zunächst auf die Seite der Unterdrücker. Erst durch das Auftauchen eines Fremden wendet sich das Blatt. Handwerklich ordentlicher Italowestern, der sich allerdings an keiner Stelle um Originaliät bemüht. ✦ Italien 1968 **VA** Mondial **Pd** Alberto Silvestri **R** Al Bradley (= Alfonso Brescia) **B** Aldo Lado, Augusto Finocchi **K** Fausto Rossi **M** Lallo Gori (= Coriolano Gori) **D** Glenn Saxson, Gordon Mitchell, King MacQueen, Philippe Hersent, Nello Pazzafini (= Giovanni Pazzafini), John Bartha **L** 87 **E** Video

STUNDE DER ABRECHNUNG (1953) (AMBUSH AT TOMAHAWK GAP). Von vier entlassenen Häftlingen, die auf der Suche nach der versteckten Beute friedliche Bürger unter Druck setzen, kommt nur einer mit dem Leben davon. Für die Entstehungszeit ziemlich brutaler Durchschnitts-Western. ✦ USA 1953 **P** Columbia **Kl** Constantin **Pd** Wallace MacDonald **R** Fred F. Sears **B** David Lang **K** Henry Freulich **M** Ross Di Maggio **S** Aaron Stell **D** John Hodiak (McCord), John Derek (Kid), David Brian (Egan), Maria Elena Marques (Indianermädchen), Ray Teal (Doc), John Qualen (John P. Travis), Otto Hulett (Stranton), Percy Helton (Marlowe) **L** 72 **FSK** ab 18; nf **E** 21.1.1955 **fd** 3 851

STUNDE DER ABRECHNUNG (1979) (KRUVKA OSTAVA). Geschichte eines Mannes, der den Widerstandskampf gegen die faschistischen Besatzer in den Jahren 1942/44 als anarchistischer Einzelgänger führt und damit schließlich tragisch scheitert. Spannender, aber zu lang geratener Actionfilm. – Ab 16. ✦ Bulgarien 1979 **P** Spielfilmstudio Sofia **Kl** Progress **R** Borislaw Puntschew **B** Kostadin Kjuljumow **K** Georgi Matejew **M** Alexandyr Brysizow **D** Stefan Danailow, Russi Tschanew, Maria Statulowa, Radko Dischliew, Petyr Tschernew **L** 129 **E** 10.4. 1981 Kino DDR/11.8.1984 DFF 2

STUNDE DER BEWÄHRUNG (STRAIGHT TIME). Ein seit früher Jugend mit dem Gesetz in Konflikt lebender Häftling wird vorzeitig auf Bewährung entlassen, versucht wieder Fuß zu fassen und scheitert schließlich infolge der entwürdigenden Behandlung durch seinen Bewährungshelfer. Ein ganz auf den Star Dustin Hoffman hin inszenierter Film, der sich im ersten Teil engagiert sozialkritisch gibt, im zweiten jedoch nur noch Actionunterhaltung zu bieten hat. ✦ USA 1977 **P** First Artists **Kl** Warner-Columbia **Pd** Stanley Beck, Tim Zinnemann **R** Ulu Grosbard **B** Alvin Sargent, Jeffrey Boam, Edward Bunker, nach dem Roman »No Beast So Fierce« von Edward Bunker **K** Owen Roizman **M** David Shire **S** Sam O'Steen, Randy Roberts **D** Dustin Hoffman (Max), Theresa Russell (Jenny), Harry Dean Stanton (Jerry), Gary Busey (Willy), M. Emmet Walsh (Frank) **L** 113 **FSK** ab 16; f **E** 21.9.1978 **fd** 20 934

STUNDE DER ENTSCHEIDUNG → Semmelweis – Retter der Mütter

STUNDE DER FÜCHSE. Deutschland in den 90er Jahren. Kurz vor der Bundestagswahl scheint der amtierende Kanzler schlechte Chancen auf eine Wiederwahl zu haben. In seiner Partei kommt es daraufhin zu immer undurchschaubareren Flügelkämpfen und Intrigen. Die öffentliche Stimmung kippt, als der Kanzler und der Generalsekretär seiner Partei zur Zielscheibe eines Attentats werden. Romanverfilmung, die aus der Perspektive eines Parteifunktionärs in ein beklemmendes Gestrüpp aus Manipulation und Verrat vordringt. ✦ Deutschland 1993 **P** WDR **R** Detlef Rönfeldt **B** Rainer Berg, Frank Göhre, nach Motiven des Romans »Parteifreunde« von Wulf Schönbohm **K** Axel de Roche **M** Andreas Dicke **D** Hanns Zischler (Heinz Binder), Kirsten Block (Petra Soltorius), Jürgen Hentsch (Hermann Rais), Stefan Reck (Jerry Leister), Katrin Saß (Charlotte Klaasen), Siemen Rühaak (Wolfgang Klaasen) **L** 89 **E** 22.12. 1993 ARD

DIE STUNDE DER GRAUSAMEN LEICHEN (EL JOROBADO DE LA MORGUE). Horrorstück um einen Buckeligen, der für einen experimentierenden Wissenschaftler mordet. Geschmackloses »Trash-Movie«, in dem unter anderem lebende Ratten mit Benzin getränkt und angezündet werden. – Wir raten ab. ✦ Spanien 1973 **P** F. Lara Popol/Eva-Film **KI** Constantin **VA** EuroVideo **R** Javier Aguirre **B** Jacinto Molina, Javier Aguierre, Alberto S. Insua **K** Raúl Pérez Cubero **M** Carmelo A. Bernaola **D** Paul Naschy (= Jacinto Molina), Maria Perschy, Vic Winner, Rossana Yanni, Albert Dalbes **L** 83 **FSK** SPIO: X **E** 8.2.1974 **fd** 18 719

DIE STUNDE DER HARTEN MÄNNER (ERCOLE, SANSONE, MACISTE E URSUS GLI INVINCIBILI / LE GRAND DEFI). Herkules kämpft mit Samson, Ursus und Maciste um die schöne Königstochter von Lydien. Anspruchslos-turbulente, manchmal allzu lautstarke Parodie auf die zahlreichen »Muskel- und Sandalen-Filme« vorwiegend italienischer Herkunft. – Ab 14 möglich. ✦ Scope. Italien/Frankreich/ Spanien 1964 **P** Senior/Régent/Exibidores **KI** Adria **R** Giorgio Capitani **B** Alessandro Continenza, Roberto Gianviti **K** Carlo Bellero **M** Piero Umiliani **S** Roberto Cinquini **D** Alan Steel (Herkules), Nadir Baltimor (Samson), Red Ross (Maciste), Yann Larvor (Ursus), Elisa Montez (Ompahle), Lia Zoppelli (Nemea), Nino dal Fabbro (Demokrit) **L** 96 **FSK** ab 12; nf **E** 7.5.1965 **fd** 13 458

DIE STUNDE DER HOCHÖFEN I–III (LA HORA DE LOS HORNOS I–III). Dreiteilige dokumentarische Collage der argentinischen Untergrund-Filmgruppe »Cine Liberacion«: Ein agitatorisches Pamphlet gegen Neokolonialismus, Imperialismus und kapitalistische Ausbeutungsstrukturen. In 13 Kapiteln entwerfen die Autoren ein vielschichtiges Panorama sozialer und kultureller Verhältnisse in Argentinien von 1966 bis 1968 mit dem Ziel, den Zuschauer zum revolutionären Handeln zu aktivieren und für die Ideen des Peron-Sozialismus zu gewinnen. Der bis 1973 in Argentinien verbotene Film wirkte in Europa als beispielhaftes Werk eines neuen politischen Kinos und setzte in seiner konsequenten Verwendung der (an Eisenstein und Vertov geschulten) Bild-Ton-Montage neue wirkungsästhetische Maßstäbe. (O.m.d.U.) – Sehenswert. ✦ Schwarz-weiß. Argentinien 1968 **P** Fernando E. Solanas **KI** Freunde der Deutschen Kinemathek **R** Fernando E. Solanas **B** Fernando E. Solanas, Octavio Cetino **K** Juan Carlos De Sanzo **L** 90/120/45 **E** 1.,2.5.1970 WDR III (drei Teile)

DIE STUNDE DER KALTBLÜTIGEN (FORCE 8). Nach einem Raubüberfall verstecken sich drei Terroristen auf der Jacht eines Gewaltlosigkeit predigenden Professors, bis diesem nach ausgiebigen Sadismen des Anführers die Geduld reißt und er den Killer in die Luft sprengt. Schlecht gemachter, psychologisch unglaubwürdiger Film, der unterschwellig eine ideologische Rechtfertigung der Gegengewalt betreibt. ✦ Frankreich 1973 **P** Paris Inter **R** Pierre Sisser **B** Pierre Sisser, Didier Kaminka, Jacques Lambai **K** Jean-Claude Hugon **M** Michel Fugain **D** Christian Alers (M. Tavel), Agnes Desroches (Catherine), Didier Kaminka (Franck), Pierre Fuger (Eric), Philippe Normand (Jean-Claude) **L** 90 **E** 1976 Kino **fd** 20 069

DIE STUNDE DER KOMÖDIANTEN (THE COMEDIANS). Angesichts des Todes legen ein Botschafter-Ehepaar, ein Hotelbesitzer und ein Waffenschmuggler auf der unter politischem Terror stehenden Insel Haiti die Maske der Lebenslüge ab. Episch breite Verfilmung eines Romans von Graham Greene, die mit wenig Erfolg ein politisches und privates Drama zu verbinden versucht. Übrig bleibt ein gepflegt inszenierter Starfilm. – Ab 16. ✦ USA 1967 **P** Trianon **KI** MGM **Pd+R** Peter Glenville **B** Graham Greene, nach seinem Roman **K** Henri Decaë **M** Laurence Rosenthal **S** Françoise Javet **D** Richard Burton (Brown), Elizabeth Taylor (Martha Pineda), Alec Guinness (Jones), Peter Ustinov (Pinada), Paul Ford (Smith), Lillian Gish (Mrs. Smith), Raymond St. Jacques, Zaeks Mokae (Michel), Roscoe Lee Browne (Petit Pierre), James Earl Jones (Dr. Magiot) **L** 147 **FSK** ab 16; f **FBW** bw **E** 21.12.1967/19.5.1986 DFF 1 **fd** 15 160

DIE STUNDE DER MEUCHELMÖRDER (HOUR OF THE ASSASSIN). Als in einem lateinamerikanischen Staat nach der Herrschaft des Militärs eine Ära der Reformen anbrechen soll, planen die Generäle die Ermordung des zukünftigen Präsidenten. Doch der ins Land geschleuste Attentäter, der im Exil lebende Sohn eines vom alten Regime mißhandelten Politikers, durchschaut das falsche Spiel, das man mit ihm treibt. Auf Action setzender Polit-Thriller mit einigen fragwürdigen Tendenzen zur Geschichtsverfälschung; die politischen Bezüge sind nicht mehr als Staffage. – Ab 16 möglich. ✦ USA 1986/87 **P** Concorde **VA** IHV **Pd+R** Luis Llosa **B** Matt Leipzig **K** Cusi Barrio **M** Fred Myrow **S** William Flicker **D** Erik Estrada (Martin Fierro), Robert Vaughn (Sam Merrick), Alfredo Alvarez Calderon (Ortiz), Orlando Sacha (Folco), Ramón Garcia (Navarro) **L** 89 **FSK** ab 16 **E** 26.7.1988 Video **fd** 27 240

DIE STUNDE DER PATRIOTEN (PATRIOT GAMES). Ein ehemaliger Agent der CIA verhindert in London einen Mordanschlag auf ein Mitglied der königlichen Familie und wird fortan von entkommenen IRA-Attentätern verfolgt. Um seine Familie zu schützen, tritt er wieder in die CIA ein und tötet schließlich die Terroristen. Undistanzierter Agenten-Thriller, der ein Loblied auf die menschenverachtende Machtpolitik der CIA und den Patriotismus des amerikanischen Bürgers anstimmt. Aufwendig und im großen Finale durchaus dicht inszeniert, gewinnt der Film der nebenbei angesprochenen Thematik der modernen Kriegsführung via Satellit und Computer nur wenige beklemmende Momente ab. (Der Film war der erste einer geplanten Reihe von Tom-Clancy-Verfilmungen um den Ex-Agenten Jack Ryan. Als zweiter Film wurde »Das Kartell« gedreht.) – Ab 16 möglich. ✦ Scope. USA 1991 **P** Paramount **KI** UIP **VA** CIC **DVD** Paramount (16:9, 2.35:1, DD5.1 engl./dt.) **Pd** Mace Neufeld, Robert G. Rheme **R** Phillip Noyce **B** W. Peter Iliff, Donald Stewart, nach einem Roman von Tom Clancy **K** Donald McAlpine **M** James Horner **S** Neil Travis **D** Harrison Ford (Jack Ryan), Anne Archer (Cathy Ryan), Patrick Bergin (Kevin), Sean Beach (Sean), Richard Harris (Paddy) **L** 117 **FSK** ab 16; f **E** 22.10.1992/19.5.1993 Video/16.5. 1994 premiere/9.11.2000 DVD **fd** 29 846

DIE STUNDE DER RATTE (GNAW – AFTER FOOD OF THE GODS). Um einem kleinen Jungen helfen zu können, der durch ein falsches Medikament zu einem Riesen herangewachsen ist, beschleunigt ein Professor seine Versuche zur Gen-Manipulation bei Pflanzen. Durch einen unglücklichen Umstand wachsen auch Ratten zu bösartigen Riesentieren heran und richten Blutbäder unter den Studenten an. Weniger auf Glaubwürdigkeit als auf Schockwirkung abgestellte abstruse Geschichte, die stellenweise abstößt. (Fernsehtitel auch: »Angriff der Killer-Ratten«) ✦ USA 1988 **P** Rose & Ruby **KI** Senator **VA** Starlight **Pd** Damian Lee, David Mitchell **R** Damian Lee **B** Richard Bennett, E. Kim Brewster, nach einem Buch von Richard Bennett **K** Curtis Peterson **M** Steve Pearsons, Denis Haines **S** David Mitchell **D** Paul Coufos (Neil Hamilton), Lisa Schrage (Alex Reed), Real Andrews (Mark), Stuart Hughes (Al), Karen Hines (Angie) **L** 86 (gek. 79) **FSK** ab 18; nf (gek. 16) **E** 3.8.1989/Februar 1990 Video/26.12. 1991 RTL **fd** 27 784

DIE STUNDE DER TEUFELINNEN (WEDDING BELL BLUES). Drei junge Frauen beschließen, nach Las Vegas zu reisen und sich einen Mann zu suchen, um ihn zu heiraten. Zum Plan gehört jedoch auch, sich binnen 24 Stunden wieder scheiden zu lassen. Doch der Plan ist leichter ausgeheckt als durchgeführt, als den Frauen plötzlich der jeweilige Traummann über den Weg läuft. Geschlechterkomödie, deren Protagonistinnen den Spieß einmal umdrehen wollen und lieber rechtzeitig selber verlassen, als Gefahr zu laufen, verlassen zu werden. Die Geschichte wird mit Pfiff und Temperament erzählt, auch wenn die Lösungsstrategien nicht immer überzeugen und es nachdenklich stimmt, mit welch leichter Hand hier existentielle Krisen gelöst werden. ✦ USA 1996 **P** Wedding Bell Blues **VA** Splendid **Pd** Mike Curb, Ram Bergman, Dana Lustig, Carole Curb Nemoy **R** Dana Lustig **B** Annette Goliti Gutierrez, Dana Lustig **K** Kent Wakeford **M** Paul Christian Gordon, Tal Bergman **S** Caroline Ross **D** Illeana Douglas (Jasmine), Paulina Porizkova (Tanya), Julie Warner (Micki), John Corbett (Gary), Jonathan Penner (Matt), Charles Martin Smith (Oliver) **L** 97 **FSK** ab 12 **E** 26.3.1998 Video/ 1.7.1998 premiere **fd** 33 246

DIE STUNDE DER TÖCHTER. Ein 60jähriger Arbeiter, zuletzt als Kaderleiter tätig, stellt sich angesichts eines lebensbedrohenden Herzinfarktes die Frage, was sich von seinem Wesen, seinem Charakter, seiner überzeugten politischen Haltung und seinen ganz persönlichen Wünschen auf seine vier erwachsenen Töchter übertragen hat. Zu unverbindlich, oberflächlich und in den kritischen Absichten zu durchschaubar und übertrieben. – Ab 16. ✦ Scope. DDR 1979/ 80 **P** DEFA, Gruppe »Berlin« **KI** Progress **Pd** Erich Albrecht **R+B** Erwin Stranka **K** Peter Brand **M** Karl-Ernst Sasse **S** Evelyn Carow **D** Dietrich Mechow (Richard Roth), Ursula Karusseit (Ruth), Dorit Gäbler (Eva), Karin Düwel (Gerda), Petra Blossey (Nanny) **L** 98 **E** 27.2.1981 Kino DDR/2.7.1982 DFF 1

DIE STUNDE DER TÖDLICHEN FÄUSTE (TIGER FORCE). Ein geläuterter Krimineller hilft der Polizei, eine gefährliche Rauschgifthändlerbande auszuheben. Streckenweise bis zum unfreiwillig Komischen überzogener Hongkongfilm. ✦ Scope. Hongkong 1975 **P** First Film **KI** Ring/Splendid **R** Kong Hung **B** Chiang Hsung **M** Chow Fook-Leung **D** Chen Sing, Chan Wei-Man, Chang Lee, Lotis Key, Jeanne Young **L** 76 (gek. 72) **FSK** ab 18; nf **E** 28.5.1976 **fd** 20 048

DIE STUNDE DER VERGELTUNG (1939) →Auf in den Kampf

DIE STUNDE DER VERGELTUNG (1940) (THE SON OF MONTE CHRISTO). Der Sohn des Grafen von Monte Christo kämpft 1865 als maskierter Racheengel gegen den Diktator eines Phantasielandes. Flott gefilmtes Mantel- und Degen-Abenteuer mit angedeuteten Parallelen zum Kampf gegen die Diktatur des NS-Staats. (Alternativtitel: »Der Sohn von Monte Christo«) – Ab 12. ✦ Schwarz-weiß. USA 1940 **P** Edward Small **KI** Dietz-Film **Pd** Edward Small **R** Rowland V. Lee **B** George Bruce, nach dem Roman von Alexandre Dumas **K** George Robinson **M** Edward Ward **S** Arthur Roberts **D** Louis Hayward (Graf von Monte Christo), Joan Bennett (Großherzogin Zona), George Sanders (Gurko Lanen), Florence Bates (Mathilde), Lionel Royce (Col. Zimmerman) **L** 100 **FSK** ab 12; nf **E** 11.8.1950 **fd** 845

DIE STUNDE DER VERSUCHUNG. Als ein vielbeschäftigter Rechtsanwalt die Puderdose seiner Frau in der Wohnung eines soeben erschossenen Lebemanns findet, zweifelt er einen Augenblick an ihrer Treue. Doch die wahre Täterin wird bald entlarvt: Es handelt sich um eine Dame der vornehmen Gesellschaft. Das gepflegt inszenierte Kriminalstück ist eingebettet in eine Rigoletto-Aufführung, die das Ehepaar in der Oper besucht. Seinerzeit galt diese Erzählklammer trotz mancher Unwahrscheinlichkeit und der überdeutlichen Duplizität der Ereignisse als äußerst effektvoll. ✦ Schwarz-weiß. Deutschland 1936 **P** Euphono-Film für Ufa **KI** Transit/Murnau-Stiftung **R** Paul Wegener **B** Erich Ebermayer **K** Karl

Hasselmann **M** Giuseppe Becce **S** Fritz Christian Mauch **D** Lida Baarová (Irene Leuttern), Gustav Fröhlich (Rechtsanwalt Dr. Leuttern), Harald Paulsen (MacNorris), Theodor Loos (Geheimrat Rüdiger), Elisabeth Wendt (seine Frau Alice) **L** 75 **FSK** ab 6; f **E** 29.9.1936

STUNDE DER WAHRHEIT (HISTOIRE IMMORTELLE / THE IMMORTAL STORY). Ein kinderloser despotischer Kaufmann in Macao scheitert bei dem Versuch, kurz vor dem Tod einen Erben für seine sinnlos angehäuften Reichtümer zu finden, und stirbt vereinsamt. Pessimistische Variation der zentralen Motive von »Citizen Kane«: die Jagd nach Glück und Macht als Prozeß der Selbstzerstörung; das Fragwürdige und zugleich Faszinierende einer Existenz, die sich in egozentrischer Machtentfaltung verwirklicht. Ein introspektives Alterswerk von Orson Welles, das ganz von der Persönlichkeit des Regisseurs und Hauptdarstellers beherrscht wird. ✦ Frankreich 1966/67 **P** O.R.T.F./Albina **KI** Columbia-Bavaria **Pd** Micheline Rozan **R** Orson Welles **B** Orson Welles, nach der Erzählung »Die unsterbliche Geschichte« von Tania Blixen **K** Willy Kurant **M** Erik Satie **S** Yolande Maurette **D** Orson Welles (Clay), Jeanne Moreau (Virginie Ducrot), Norman Eshley (Paul, der Seemann), Roger Coggio (Levinsky, der Buchhalter) **L** 58 **FSK** ab 16; f **E** 9.8.1968/28.8.1969 BR III **fd** 15 689

DIE STUNDE DER WAHRHEIT (THE AMERICAN CLOCK). (Fernseh-)Film nach dem Bühnenstück von Arthur Miller, der im Rückblick drei Schicksale aus der Zeit der Wirtschaftsdepression erzählt: eines Bankers, eines angehenden Songschreibers und einer verarmten, einst wohlhabenden Familie. ✦ USA 1987 **R** Bob Clark **B** Frank Galati, nach einem Bühnenstück von Arthur Miller **D** David Strathairn (Arthur Huntington), Darren McGavin (Arthur Huntington), Kelly Preston (Diana Marley), Kurt Deutsch (Sidney), Joanna Miles (Fanny) **L** 88 **E** 15.12.1997 tm 3

STUNDE DER WIEDERKEHR (NEGY LANY EGY UDVARBAN). Durch einen überraschenden Besuch werden vier junge Lehrerinnen aus der Abgeschiedenheit und Eintönigkeit des dörflichen Lebens aufgeschreckt. Die Zuneigung und aufkommende Liebe der einen zu einem interessanten Jäger aus der Hauptstadt endet in Enttäuschung. Eine poetische Filmerzählung, künstlerisch gut entwickelt und von großem ethischen Wert. – Ab 14. ✦ Schwarz-weiß. Ungarn 1964 **P** Mafilm **KI** Progress **R** Pál Zolnay **B** József Solymár **K** Barnabás Hegyi **M** Géza Berki **D** Mari Töröcsik, Miklós Gábor, Szilvia Dallos, Anna Nagy, Mária Parragi **L** 91 **E** 16.4.1965 Kino DDR

STUNDE DER ZÄRTLICHKEIT →Fetzig, frei und endlich high

DIE STUNDE DES HEADHUNTERS (HEADHUNTER). Mysteriöse Morde stellen die Polizei von Miami vor Rätsel, doch alle Indizien deuten darauf hin, daß der Mörder ein Kopfjäger ist. Mit Hilfe Schwarzer Magie gelingt es zwei Polizisten, den Mörder zu überführen: Er ist von einem enthaupteten Dämon aus Nigeria besessen, der seinen Stamm sucht. In Südafrika gedrehter okkulter Thriller, der afrikanischen Geisterglauben mit amerikanischer Zivilisation kontrastiert; hanebüchen und banal. ✦ USA 1988 **P** Crawford/Lane Prod. **VA** New Vision **Pd** Jay Davidson, Wayne Crawford, Andrew Lane **R** Francis Schaeffer **B** Len Spinelli **D** Wayne Crawford, Kay Lenz, John Fatooh, Steve Kanaly, June Chadwick **L** 88 **FSK** ab 18 **E** Dezember 1989 Video

DIE STUNDE DES LICHTS (WAAR BLIJFT HET LICHT / WHEN THE LIGHT COMES). Eine junge Frau will der Zivilisation entsagen und vier Monate in der eisigen Kälte des hohen Nordens verbringen. Sie schließt sich einem Trapper an, der für ihre Reize durchaus empfänglich ist, obwohl die beiden zunächst keinen Zugang zueinander finden. Der Versuch eines Liebesfilms, der nicht nur an der unbeholfenen Erzählstruktur scheitert, die die Geschichte ihrer Glaubwürdigkeit beraubt, sondern auch an den Darstellern, die ihre Gefühle nicht vermitteln und sie lediglich zur Schau stellen. – Ab 16. ✦ Scope. Niederlande/Deutschland/Norwegen 1998 **P** TV 60/Added Films International/Favourite Films/Nordic Screen Production **KI** Buena Vista **VA** Buena Vista **DVD** EuroVideo (16:9, 1.85:1, DD5.1 dt.) **Pd** Sven Burgemeister, Paul Voorthuysen **R** Stijn Coninx **B** Jean van de Velde, nach einem Roman von Heleen van der Laan **K** Theo Bierkens **M** Dirk Brossé **S** Ludo Troch **D** Francesca Vanthielen (Ellen), Joachim Król (Lars), Rick Engelkes (Roobert), Reidar Sørensen (Ragnar), Morten Røhrt (Pilot 1), Per Skjølsvik (Pilot 2), Karin Lunden (Irina), Marit Bolling (Verkäuferin) **L** 111 **FSK** ab 12; f **FBW** w **E** 31.12.1998/15.7.1999 Video/7.11.2001 DVD **fd** 33 457

DIE STUNDE DES LÖWEN. Ein zynischer Talkshow-Moderator, der für seine aggressive Sendung berühmt-berüchtigt ist, nutzt diese Plattform, als seine Frau entführt wird, und ficht über das Fernsehen seinen Kampf mit den Entführern aus. Ein Trick, der gleichzeitig seine Quote in die Höhe treibt. (Fernseh-)Thriller, der allenfalls behutsam die Mechanismen des Mediums hinterfragt. ✦ Deutschland 1999 **R** Niki Stein **B** Hansjörg Thurn **M** Ulrik Spies, Jacki Engelken **D** Stefan Kurt (Harald Löwe), Doreen Jacobi (Bibi von Ohlen), Ralph Herforth (Kommissar Brander), Tamara Rohloff (Christina Löwe), Helmut Griem (Prof. Winterfeld), Peter Lohmeyer (Unbehaun) **L** 91 **E** 21.5.1999 ProSieben

DIE STUNDE DES SIEGERS (CHARIOTS OF FIRE). Die Geschichte zweier sehr unterschiedlicher Athleten zwischen 1919 und 1924, wo beide bei der Olympiade in Paris Goldmedaillen erringen. Der Film singt das Hohe Lied des Siegers und blendet sowohl zeithistorische Bezüge als auch die Fragwürdigkeit eines unreflektierten Leistungsdenkens aus. Fotografisch brillant und opulent ausgestattet, aber zu oberflächlich. – Ab 14. ✦ Großbritannien 1980 **P** Enigma **KI** 20th Century Fox **DVD** Fox Home (16:9, 1.78:1, DD2.0 engl./dt.) **Pd** David Puttnam **R** Hugh Hudson **B** Colin Welland **K** David Watkin **M** Vangelis Papathanassiou, Vangelis (= Vangelis Papathanassiou) **S** Terry Rawlings **D** Ben Cross (Harold Abrahams), Ian Charleson (Eric Liddell), Nigel Havers (Lord Andrew Lindsey), Cheryl Campbell (Jennie Liddell), Nigel Davenport (Lord Birkenhead), Nicholas Farrell (Aubrey Montague), Ian Holm (Sam Mussabini), John Gielgud, Lindsay Anderson, Brad Davis (Jackson Scholz), Patrick Magee (Lord Cadogan) **L** 123 **FSK** ab 12; f **FBW** bw **E** 7.5.1982/19.4.2001 DVD **fd** 23 463

DIE STUNDE DES TODES (THAT SECRET SUNDAY). Ein Reporterteam, das Nachforschungen über den Tod zweier Mädchen anstellt, gerät in Gefahr, als es der Wahrheit zu nahe kommt. Einige junge Polizisten scheinen in den Fall verwickelt zu sein und versuchen mit allen Mitteln, die Tat zu vertuschen. Doch auch die Sensationspresse schürt die Grabenkriege zwischen Journalisten und Polizei. Kriminalfilm, der Fragen nach der Glaubwürdigkeit und der Seriosität von Instanzen wie Presse und Polizei einfließen läßt. ✦ USA 1986 **P** CBS **VA** CBS/Fox **Pd** Philip Saltzman **R** Richard A. Colla **B** Al Martinez, Philip Saltzman **K** Laszlo George **M** Bob Alcivar **S** Ray Daniels **D** James Farentino (Gerald Remson), Parker Stevenson (Scott Dennis), Daphne Ashbrook (Collie Sherwood), William Lucking (Bernie Hodges), George Grizzard (Tom Guerney) **L** 90 **FSK** ab 12 **E** 30.5.1988 Video

DIE STUNDE DES VERFÜHRERS →Leading Man

DIE STUNDE DES WOLFES (MOON OF THE WOLF). Eine Stadt in den amerikanischen Südstaaten wird vom tödlichen Treiben eines Werwolfs heimgesucht. (Fernseh-)Horrorfilm mit kriminalistischen Zügen; seichte, unglaubwürdige Gruselunterhaltung mit einigen Schreckmomenten. ✦ USA 1972 **P** Filmways **R** Daniel Petrie **B** Alvin Sapinsley **D** David Janssen (Sheriff Aaron Whitaker), Barbara Rush (Louise Rodanthe), Bradford Dillman (Andrew Rodanthe), John Beradino (Dr. Druten), Geoffrey Lewis (Lawrence Burrifors) **L** 74 **E** 27.9.1989 SAT 1

DIE STUNDE DES WOLFS (VARGTIMMEN). Aus fragmentarischen, zum Teil widersprüchlichen Berichten und Einzelszenen entsteht die Geschichte eines Künstlerpaares, das von Todesfurcht, Aberglauben und Wahnsinn heimgesucht wird. Eine komplexe Alptraumcollage von Ingmar Bergman, der das Psychogramm seiner Helden mit Horrorfilmzitaten und filmkritischen Reflexionen ironisch bricht. Bergman bleibt den Leitmotiven seines Werks treu, löst sich aber von den Konventionen der Filmerzählung. ✦ Schwarz-weiß. Schweden 1966 **P** Svensk Filmindustri **KI** United Artists **R+B** Ingmar Bergman **K** Sven Nykvist **M** Lars Johan Werle **S** Ulla Ryghe **D** Liv Ullmann (Alma), Max von Sydow (Johan Borg), Gertrud Fridh (Corinne von Merkens), Erland Josephson (Baron von Merkens), Ingrid Thulin (Veronika Vogler) **L** 87 **FSK** ab 18; f **FBW** w **E** 1.3.1968/11.7.1972 ZDF **fd** 15 446

STUNDE DES WOLFS. Die Großbaustelle am Potsdamer Platz in Berlin als Hintergrund für ein blutiges Familiendrama: Zwei Bauarbeiter retten eine junge Georgierin vor ihrem brutalen Freund und werden in der Presse als Helden gefeiert. Doch dann verliebt sich der Ältere von ihnen in die Frau und setzt seine Ehe und Existenz aufs Spiel. Als sich auch der Jüngere in die Frau verguckt, ist die Katastrophe unausweichlich. ✦ Deutschland 1999 **P** Bavaria (für WDR) **Pd** Michael Hild **R** Hermine Huntgeburth **B** Klaus Pohl **K** Diethard Prengel **D** Richy Müller (Hans Grosche), Marek Harloff (Florian Grosche), Lea Mornar (Ketuta Pileva), Corinna Harfouch (Gisela Grosche), Emily Mierendorff (Pauline Grosche) **L** 90 **E** 2.2. 2000 ARD

DIE STUNDE, DIE DU GLÜCKLICH BIST. Liebesgeschichte zwischen einem verheirateten Millionär und einer Rechtsanwältin. Nach heiterem Geplänkel nimmt ihr Verhältnis eine rührselige Wendung: Bevor der Geliebte sich scheiden lassen kann, stirbt er an Leukämie, von seiner Freundin bis zuletzt treu umsorgt. Edelschnulze. ✦ Schwarz-weiß. BR Deutschland 1961 **P** Utz Utermann Filmprod./Bavaria **KI** Bavaria **Pd** Utz Utermann **R** Rudolf Jugert **B** Herbert Reinecker **K** Kurt Hasse **M** Franz Grothe **S** Margot von Schlieffen **D** Ruth Leuwerik (Vera), Peter van Eyck (Bönisch), Werner Hinz (Dr. Maurer), Anaid Iplicjian (Frau Bönisch), Alfred Balthoff (Becke), Kurt Ehrhardt (Prof. Sandrini), Edith Schulze-Westrum (Edith), Hans J. Diedrich (Egon) **L** 106 **FSK** ab 18; nf **E** 29.9.1961 **fd** 10 572

EINE STUNDE MIT DIR (ONE HOUR WITH YOU). Bereits 1924 hatte Lubitsch die Komödie von Lothar Schmidt »Nur ein Traum« für die Leinwand adaptiert (»The Marriage Circle«). In Co-Regie mit George Cukor entstand 1932 dieses Remake: Charmeur Chevalier als attraktiver Frauenarzt beschwört einen ehelichen Sturm im Wasserglas herauf, als er sich auf ein Techtelmechtel mit der Freundin seiner Frau einläßt. Die Kritik scheint sich uneinig, wessen Hand in der Inszenierung nun eigentlich deutlicher spürbar sei – zu schlüpfrig für Cukor, zu niedlich für Lubitsch? Der für seine Bescheidenheit bekannte Cukor hält den Film für »really a Lubitsch picture«. Aufgrund ihrer meisterhaft schwerelosen Inszenierung fasziniert die musikalische Komödie jedenfalls immer noch. – Ab 10. ✦ Schwarz-weiß. USA 1932 **P** Paramount **Pd** Ernst Lubitsch **R** Ernst Lubitsch, George Cukor **B** Samson Raphaelson, nach einem Bühnenstück von Lothar Schmidt **K** Victor Milner **M** Oscar Straus, Richard A. Whiting **S** William Shea **D** Maurice Chevalier (Dr. André Berthier), Jeanette MacDonald (Colette Berthier), Charles Ruggles (Adolph), Roland Young (Professor Olivier), Geneviève Tobin (Mitzi Olivier) **L** 80 **E** 18.3.1974 ARD/14.4.1982 DFF 2 **fd** 18 722

STUNDE NULL. 1945, zwischen dem Abzug der Amerikaner und dem Nachrücken der Russen nach Sachsen und Thüringen, macht der Hitlerjunge Joschi auf seinem Weg in den Westen in einem kleinen Dorf Station. Die Bewohner verharren in einem Zustand der Ungewißheit und des Zweifels. Joschi erlebt eine Liebesgeschichte und findet einen Schatz, bevor er beides wieder verliert und weiterflieht. Ein atmosphärisch dichter und stilistisch klarer Film von Edgar Reitz (»Heimat«, 1981/84), der die zwischen Hoffnung und Erinnerung schwankende Gefühlslage der 'Stunde Null' treffsicher wiedergibt. ✦ Schwarzweiß. BR Deutschland 1976 **P** Edgar-Reitz-Filmprod./Solaris **SF** Atlas **Pd+R** Edgar Reitz **B** Peter Steinbach, Edgar Reitz **K** Gernot Roll **M** Nikos Mamangakis **S** Ingrid Boszat **D** Kai Taschner (Joschi), Anette Jünger (Isa), Herbert Weißbach (Mattiske), Klaus Dierig (Paul), Erika Wackernagel (Frau Unterstab), Erich Kleiber (Motek), Günter Schiemann (Franke) **L** 112 **FSK** ab 6; f **E** 13.5.1977 **fd** 20 259

STUNDE UM STUNDE (GODZINA ZA GODZINA). Ein Fernfahrer mit schriftstellerischen Ambitionen bleibt, trotz erster literarischer Erfolge, seinem Beruf treu, da er den Stoff für seine Geschichten in den alltäglichen Begegnungen mit der polnischen Wirklichkeit findet. ✦ Polen 1974 **P** Zespoly Filmowe/ZF »Panorama« **R** Roman Zaluski **B** Andrzej Twerdochlib, Roman Zaluski, Bohdan Ziolkowski **K** Janusz Pawlowski **M** Maciej Malecki **D** Aleksander Iwaniec, Zygmunt Malawski, Barbara Brylska, Joanna Jedryka, Irena Karel **L** 87 **E** 18.2.1976 DFF 2

DIE STUNDE, WENN DRACULA KOMMT (LA MASCHERA DEL DEMONIO). Auf dem Weg nach Moskau, wo im Jahre 1830 ein medizinischer Kongreß stattfindet, übernachten ein Professor und sein Assistent in der Nähe eines alten Schlosses. Der Krypta entsteigt eine 200 Jahre zuvor als Hexe hingerichtete Prinzessin, die sich nun mit Hilfe ihres Geliebten Dracula an den Nachfahren ihrer Richter rächt. Aus der romantischen Vorlage von Gogol wird in den Händen eines italienischen Trivialfilmregisseurs ein naives, manchmal unfreiwillig komisches, aber recht unterhaltsames Horrorspektakel, dessen Fotografie sich an der Ästhetik des Stummfilms orientiert. Von manchen Cineasten als Kultfilm des Genres geschätzt. ✦ Schwarz-weiß. Italien 1960 **P** Galatea/Jolly **Kl** Panorama **Pd** Paolo Mercuri **R** Mario Bava **B** Ennio de Concini, Mario Serandrei, nach Nicolai Gogol **K** Mario Bava **M** Roberto Nicolosi **S** Mario Serandrei, André Rodriguez **D** Barbara Steele, Andrea Checchi, John Richardson, Ivo Garrani, Arturo Dominici **L** 85 **FSK** ab 18; nf **E** 29.9.1961 **fd** 10 468

DIE STUNDE X (HIGH TREASON). Aus Machtgier sympathisiert ein Aristokrat mit kommunistischen Fanatikern und Saboteuren, die im Jahr 1940 vergeblich versuchen, die englische Industrie ins Chaos zu stürzen und die Spionageabwehr mit Mord und Totschlag aufs Kreuz zu legen. Actionreicher Agenten- und Kriminalfilm mit zeitpolitischen Akzenten. – Ab 12. ✦ Schwarz-weiß. Großbritannien 1951 **P** Rank **Kl** Rank **Pd** Paul Soskin **R** Roy Boulting **B** Frank Harvey, Roy Boulting **K** Gilbert Taylor **M** John Addison **S** Max Benedict **D** Liam Redmond (Robert Brennan), Andre Morell (Inspektor Folland), Anthony Bushell (Major Elliot), Kenneth Griffith (Jimmy Ellis), Patric Doonan (George Ellis) **L** 75 **FSK** ab 12; f **E** 5.9.1952 **fd** 2 024

STUNDEN DER ANGST (1989) (THE PENTHOUSE). Ein geistesgestörter und gewalttätiger junger Mann flieht aus der psychiatrischen Anstalt und dringt in ein luxuriöses Penthouse ein, in dem ein farbiger Schallplatten-Produzent und seine Tochter wohnen. Er tötet den Wachmann und lauert der Frau auf, die er aus früheren Jahren kennt. Für diese beginnt ein wahrer Alptraum. Routinierter, aber recht umständlich entwickelter Psychothriller um eine beinahe schon klassische Duell-Situation vor dem Hintergrund eines begrenzten, scheinbar ausweglosen Raumes. Fernseh-Unterhaltung ohne sonderlichen Reiz. – Ab 16. ✦ Großbritannien 1989 **P** Spectator/Greene-White Prod. **Pd+R** David Greene **B** William Wood, Frank de Felitta, nach einem Roman von Elleston Trevor **K** René Verzier **M** Peter Manning Robinson **S** Parkie Singh **D** Robin Givens (Dinah St. Clair), David Hewlett (Joe Dobson), Donnelly Rhodes (Lt. Valeri), Robert Guillaume (Eugene St. Clair), Cedric Smith **L** 94 **E** 16.3.1991 ARD

STUNDEN DER ANGST (1991) (BUMP IN THE NIGHT). Ein achtjähriger Junge wird von einem abartig veranlagten ehemaligen High-School-Lehrer entführt. Die Mutter, eine alkoholabhängige Ex-Journalistin, macht sich gemeinsam mit ihrem geschiedenen Mann auf die Suche nach dem Sohn. Routinierter (Fernseh-)Thriller mit einigen überraschenden Akzenten, aber ohne allzu große inszenatorische Dichte. ✦ USA 1991 **P** RHI Entertainment/Craig Anderson Prod. **Pd** Craig Anderson **R** Karen Arthur **B** Christopher Lofton, nach einem Roman von Isabelle Holland **K** Tom Neuwirth **M** Gary William Friedman **S** Geoffrey Rowland **D** Christopher Reeve (Lawrence Muller), Meredith Baxter-Birney (= Meredith Baxter) (Martha Tierney), Wings Hauser (Patrick Tierney), Corey Carrier (Jonathan), Richard Bradford (Sgt. Mooney) **L** 90 **E** 14.9.1992 ZDF

STUNDEN DER GEWALT (EVERY 9 SECONDS). Eine Journalistin, die Recherchen zum Thema Gewalt gegen Frauen anstellt, hilft bei der Telefonseelsorge aus, um hautnah mit den Fällen konfrontiert zu werden. Als eine Frau ankündigt, sie werde ihren haftentlassenen Mann umbringen, da dies der einzige Schutz für sie und ihre Tochter sei, mischt sich die Reporterin ein und bringt sich selbst in höchste Gefahr. Film zu dem brisanten Thema Misshandlung, der eine Mischung aus Spannung und Sentiment auszubalancieren versucht. ✦ USA 1997 **P** Freyda Rothstein Prod./Jean Abounader Prod./Hearst Entertainment **Pd** Adam Greenman, Lillie Morris **R** Kenneth Fink **B** Adam Greenman **K** Ken Kelsch **M** Peter Melnick **S** Paul Dixon **D** Gail O'Grady (Janet), Amy Pietz (Carrie), Michael Riley (Ray), Christopher Meloni (Richard), Emily Hampshire (Missy) **L** 84 **E** 4.10.1999 ZDF

STUNDEN DER LIEBE (LE ORE DELL' AMORE). Episoden aus einer jungen Ehe, in der die beiden Eheleute allmählich die Lust am Zusammenleben verlieren. Ein sorgfältig inszenierter und ansehnlich gespielter Film, der allerdings nur in einzelnen Szenen überzeugt, im ganzen aber zu oberflächlich und klischeehaft ausgefallen ist. – Ab 16. ✦ Schwarz-weiß. Italien 1963 **P** Atoria/D.D.L. **Pd** Dino De Laurentiis **R** Luciano Salce **B** Castellano (= Franco Castellano), Pipolo (= Giuseppe Moccia), Luciano Salce **K** Erico Menczer **M** Luis Bonfa **S** Roberto Cinquini **D** Ugo Tognazzi, Emmanuelle Riva, Barbara Steele, Umberto D'Orsi, Mara Berni **L** 82 **E** 6.3.1971 DFF 1

STUNDEN DES RUHMS – WINSTONS CHURCHILLS LEBEN UND WERK (THE FINEST HOURS). Dokumentarfilm über das Leben Winston Churchills. Zu Zitaten aus seinen Memoiren werden alte Wochenschau-Ausschnitte und nachgedrehte Aufnahmen von den Schauplätzen seines Wirkens gezeigt. Dem Film gelingt es zwar, einige typische Charakterzüge des großen Staatsmannes herauszuarbeiten, aber er leidet sichtbar unter einem Mangel an Bildmaterial. – Ab 16. ✦ Großbritannien 1964 **P** Jack Le Vien **Kl** Columbia-Bavaria **R** Peter Baylis **B** Victor Wolfson, nach den Memoiren von Sir Winston Churchill **K** Hone Glendinning **M** Ron Grainer **L** 116 **FSK** ab 6; f **fd** 13 275

STUNDEN DES TERRORS (A DAY OF FURY). Die Ankunft eines Revolverhelden verwandelt den beschaulichen Sonntag eines kleinen Städtchens in einen Tag des Schreckens. Der Sheriff greift zunächst nicht ein, weil der aggressive Eindringling ihm einmal das Leben gerettet hat. Es dauert einige Zeit, bis er sich gegen den einstigen Retter zur Wehr setzt und die Ordnung wiederherstellt. Psychologisch unglaubwürdiger Western. – Ab 16. ✦ USA 1956 **P** Universal **Kl** Universal **Pd** Robert Arthur **R** Harmon Jones **B** James Edmiston, Oscar Brodney **K** Ellis W. Carter **M** Joseph Gershenson **S** Sherman Todd **D** Dale Robertson (Jagade), Mara Corday (Evelyn), Jock Mahoney (Burnett), John Dehner (Priester), Jan Merlin (Billy), Carl Benton Reid, James Bell (Doc Logan), Phil Chambers (Burson), Dee Carroll (Miss Timmons) **L** 78 **FSK** ab 12; nf **E** 30.11.1956 **fd** 5 595

STUNDEN VOLLER ZÄRTLICHKEIT (MODERATO CANTABILE). Eine unglückliche Frau gerät in den Bann eines Mordes aus Leidenschaft. Sie sucht den Tatort auf, eine Hafenkneipe. Dort trifft sie einen jungen Mann, zu dem sie bald eine Liebesbeziehung entwickelt. Schließlich identifiziert sie sich so mit der unbekannten Ermordeten, daß sie zusammenbricht, bevor ihr Ehemann sie zurück nach Hause holt. Ein Film fast ohne äußeres Geschehen, reich an sensibler Bildpoesie, in dem für die Autorin Duras und den »literarischen Film« bezeichnenden Kunststil. Jeanne Moreau erhielt für ihre schauspielerische Leistung den Darstellerinnenpreis in Cannes. (Titel auch: »Moderato Cantabile«) ✦ Scope, schwarz-weiß. Frankreich/Italien 1960 **P** Iéna/Jacques Companéez/Documento **Kl** Union **Pd** Raoul J. Lévy **R** Peter Brook **B** Marguerite Duras, Gérard Jarlot, Peter Brook, nach dem Roman »Moderato cantibile« von Marguerite Duras **K** Armand Thirard **M** Antonio Diabelli **D** Jeanne Moreau (Anne Desbaresdes), Jean-Paul Belmondo (Chauvin), Didier Haudepin (Annes Sohn), Valeric Dobuzinsky (Mörder), Pascale de Boysson (Wirtin) **L** 94 **FSK** ab 16; f **FBW** bw **E** 9.9.1960/23.6.1966 ARD/8.3.1984 DFF 2 **fd** 9 475

DIE STUNDEN VOR MORGENGRAUEN. (Fernseh-)Film um eine Mutter von drei Kindern, die ihre Untermieterin für eine Psychopathin hält, bei ihrem Mann aber auf taube Ohren stößt. ✦ Deutschland 1996 **R+B** Wolf Gremm **M** Pino Donaggio **D** Gudrun Landgrebe (Vera Brand), Susanne Lothar (Luise Barnfeld), Gunter Berger (Martin Barnfeld), Louise Martini (Ruth Barnfeld), April Hailer (Beate Hoffmann), Peter Fricke (Hubert Hoffmann) **L** 87 **E** 24.3.1997 ZDF

DAS STUNDENHOTEL VON ST. PAULI. Homosexualität und Mord aus Eifersucht in einem Hamburger Stundenhotel, versetzt mit ein wenig Generationskonflikt und aufgesetzter Sozialkritik. Weiteres Produkt der »Sex- und Crime-Welle« aus den 60er/70er Jahren. – Wir raten ab. ✦ BR Deutschland 1970 **P** Terra/Parnass **Kl** Constantin **VA** Taurus **Pd** Heinz Willeg **R+B** Rolf Olsen **K** Heinz Hölscher **M** Erwin Halletz **S** Renate Willeg **D** Curd Jürgens (Canisius), Konrad Georg (Dr. Marschall), Andrea Rau (Hannelore Zibulka), Corny Collins (Nora Benoni), Rudolf Schündler (Oskar Jennewein), Brigitte Mira (Rose Schuh), Walter Buschoff (Lucas Freund) **L** 95 (gek. 90) **FSK** ab 18; nf (gek. 16) **E** 9.4.1970 **fd** 16 751

STUNDENPLAN EINER VERFÜHRUNG (STRANGERS). Bei einem Schlagermusiker klappt das Musizieren nicht mehr, weil es mit seiner Frau im Bett nicht klappt. Kleine Rollenspiele sollen Abhilfe schaffen: so mimt er etwa einen Häftling, der nach fünf Jahren die erste Frau sieht, oder einen Einbrecher, der eine Schlafende vergewaltigt... Klägliches Sexlustspiel, offenbar gestreckt mit Material aus anderen Filmen. ✦ USA 1972 **P** Repa **Kl** Apollo **R** David Spelvin (= Larry Price) **B** David Larry Price **D** Michael Simon (Paul), Michelle Simon (Andrea), Quentin James (Tom), Adam Richards **L** 78 **FSK** SPIO: X **E** 20.9.1974 **fd** 19 014

DER STUNT SEINES LEBENS (DRIVE LIKE LIGHTNING). Ein früherer Stuntman bekommt den Auftrag, einen speziell für Stunts konzipierten Wagen mit dem LKW einem Rivalen von einst zu liefern. Als die Zugmaschine streikt, steigen er und eine junge Anhalterin kurzerhand in den Wagen um. Verfolgt von der Polizei, kann er noch einmal beweisen, daß er nichts von seinen Fähigkeiten und seiner Waghalsigkeit verloren hat. Actionfilm. ✦ USA 1991 **P** Papazian-Hirsch **Pd+R** Bradford May **B** James G. Hirsch **D** Steven Bauer (Charlie Webster), Cynthia Gibb (Ginger), William Russ (Boll Donner), James Handy **L** 85 **E** 25.5.1996 VOX

STUNTMAN (STUNT ROCK). Ein gefeierter Stuntman soll sein Können in einer neuen Fernsehshow beweisen. Hinter den Kulissen des Studios trifft er seinen Cousin, der die australische Hardrock-Band »Sorcery« leitet. Gemeinsam stellen sie eine spektakuläre Show auf die Beine. Laute Musik und eine Aneinanderreihung von Stuntnummern in einem ideenarmen Spielfilm, mit dem die Akteure ihren Bekanntheitsgrad zu mehren versuchen. – Ab 14 möglich. ✦ Australien 1978 **R** Brian Trenchard-Smith **B** Paul-Michel Mielche, Brian Trenchard-Smith **K** Bob Carras **D** Grant Page, Monique van de Ven, Margaret Gerard, Paul Haynes, Curtis Hyde **L** (TV) 90 **E** 1988 Tele 5

STUNTS AUF LEBEN UND TOD → Auf Leben und Tod (1987, Japan)

STUNTS – DAS GESCHÄFT MIT DEM EIGENEN LEBEN (STUNTS). Während der Produktion eines Sensationsfilms werden mehrere Stuntmen Opfer einer Mordserie, deren Urheber ein Psychopath ist. Billig produzierter Actionfilm. (Alternativtitel: »Für Geld zur Hölle«; DDR: »Männer ohne Nerven (Stunts)«) ✦ USA 1977 **P** New Line Cinema **Kl** Progress **Pd** Raymond Lofaro, William N. Panzer **R** Mark L. Lester **B** Barney Cohen, Dennis Johnson, nach einer Idee von Robert Shaye und Michael Harpster **K** Bruce Logan, Bob Bailin **M** Michael Kamen, New York Ensemble **S** Corky Ehlers **D** Robert Forster (Glen Wilson), Fiona Lewis (B. J. Parswell), Joanna Cassady (Patti Johnson), Ray Sharkey (Pauley), Bruce Glover (Chuck Johnson) **L** 91 (gek. 83) **FSK** ab 16; f (gek. 12) **E** 1.12.1977/14.9.1979 Kino DDR/8.8. 1973 DFF 2 **fd** 20 581

STUNTS – DEN TOD IM NACKEN → Auf Leben und Tod (1987, Japan)

STURM (NEVJERA). Eine Mutter erschlägt den Vater ihres unehelichen Kindes, als dieser das Lebensglück ihres Sohnes und seiner Braut zu zerstören droht. Billigste Hintertreppen-Roman-Handlung in einem dürftigen Film voller abgestandener Klischees. – Ab 14. ✦ Schwarz-weiß. Jugoslawien 1953 **Kl** Progress **R** Vladimir Pogacic **B** Momcilo Ilic, nach einem Bühnenstück von Ivo Vojnovic **K** Jovan Jovanovic, Nikola Majdak **M** Kresimir Baranovic **S** Milada Rajsic-Levi **D** Marija Crnobori (Yele), Milivoje Zivanovic (Niko), Milena Vrsajkov (Anica), Severin Bijelic (Ivo), Viktor Starcic (Frano) **L** 80 **E** 12.10.1956 Kino DDR

DER STURM (THE PERFECT STORM). Im Oktober 1991 gerät vor der Küste Massachussetts ein Fischkutter in einen gewaltigen Sturm. Zwar wusste der Skipper um die Gefahr, glaubte aber, dass die Naturgewalten beherrschbar wären, was sich als kapitaler Fehler erweist. Abenteuerfilm in klassischer Tradition, der sich viel Zeit für die Einführung seiner Personen nimmt und zugleich modernste Tricktechnik äußerst effektvoll einsetzt. Während über die gesamte Distanz die Publikumserwartungen erfüllt werden, bricht das Ende mit den Regeln des klassischen Hollywood-Films. DVD: Die Special Edition beinhaltet u. a. einen Audiokommentar des Regisseurs und der Special-Effects-Crew. – Ab 16. ✦ Scope. USA 2000 **P** Baltimore Spring Creek/Radiant Prod. **Kl** Warner Bros. **VA** Warner Home **DVD** Warner Home (SE, 16:9, 2.35:1, DD5.1 engl./dt.) **Pd** Gail Katz, Wolfgang Petersen, Paula Weinstein **R** Wolfgang Petersen **B** Bill Wittliff (= William D. Wittliff), nach einem Sachbuch von Sebastian Junger **K** John Seale **M** James Horner **S** Richard Francis-Bruce **D** George Clooney (Captain Billy Tyne), Mark Wahlberg (Bobby Shatford), John C. Reilly (Dale Murphy), Diane Lane (Christina Cotter), William Fichtner (David Sullivan), Mary Elizabeth Mastrantonio (Linda Greenlaw) **L** 130 **FSK** ab 12; f **FBW** bw **E** 20.7.2000/23.11.2000 Video & DVD **fd** 34 358

STURM AM WILDEN KAISER (BERGWIND / NUR DER HIMMEL ÜBER UNS). Eine Tanz- und Kinodiva, die zur Erholung in einem Alpengasthof weilt, wendet sich dem verschlossenen Tierarzt des Dorfes zu und überlebt mit ihm die Gefahren des Hochgebirges. Dilettantisch anmutender Berg- und Liebesfilm. – Ab 8. ✦ Schwarz-weiß. Österreich 1963 **P** Benesch **Kl** Ceres **Pd** Alfred Benesch **R** Eduard von Borsody **B** Eduard von Borsody, nach der Novelle »Bergwind und Träume« von Heinrich Klier **K** Walter Riml, Herbert Raditschnig **M** Heinz Neubrand **D** Alwy Becker (Patricia Theotokis), Hans von Borsody (Dr. Alexander Rell), Wolf Albach-Retty (Hotelbesitzer Meister), Reinhard Kolldehoff (Mr. Wright), Werner Haim (Ambros) **L** 88 **FSK** ab 6; nf **E** 24.7.1964 **fd** 12 880

STURM-ANGST (STORM FEAR). Ein verwundeter Bankräuber verbirgt sich auf der Flucht vor der Polizei in der abgelegenen Berghütte seines Bruders und terrorisiert mit seinen Komplizen dessen Familie. Mit finsterer Dramatik überladener Gangsterfilm, der der allzuoft benutzten Ausgangssituation zwar Nervenkitzel, aber keine neuen Aspekte abgewinnen kann. ✦ Schwarz-weiß. USA 1955 **P** United Artists/Theodora **Kl** United Artists **Pd+R** Cornel Wilde **B** Horton Foote, nach dem Roman »Storm Fear« von Clinton Seeley **K** Joseph LaShelle **M** Elmer Bernstein **S** Otto Ludwig **D** Cornel Wilde (Charlie), Jean Wallace (Elisabeth), Dan Duryea (Fred), Lee Grant (Edna), David Stollery (David), Dennis Weaver (Hank), Steven Hill (Benjie) **L** 87 **FSK** ab 18; nf **E** 8.3.1957 **fd** 5 720

STURM AUF DEN HIMALAYA (A L'ASSAUT DE L'HIMALAYA). Filmbericht über eine französische Bergexpedition. Kunstlose, aber ehrliche Rechenschaft über ein Unternehmen, bei dem zwei Menschen den Tod fanden. – Sehenswert. ✦ Frankreich 1953 **P** Amor **SF** Pallas **R** J.J. Languepin **L** 55 **FSK** ab 6; f **FBW** bw **E** 9.10.1953 **fd** 2 894

STURM AUF DIE EISERNE KÜSTE (ATTACK ON THE IRON COAST). Ein britisches Geheimkommando zerstört in waghalsigem Einsatz das Dock des wichtigsten deutschen Marinestützpunkts an der französischen Atlantikküste. Konventioneller Kriegsfilm mit unterschwelliger Heroisierung kriegerischer Taten und einem pathetischen Finale. ✦ Großbritannien/USA 1967 **P** Mirisch/United Artists **Kl** United Artists **Pd** John Champion **R** Paul Wendkos **B** Herman Hoffman **K** Paul Beeson **M** Gerard Schurmann **S** Ernest Hosler **D** Lloyd Bridges (Maj. James Wilson), Sue Lloyd (Sue Wilson), Andrew Keir (Capt. Owen Franklin), Mark Eden (Lt. Cdr. Kimberley), Maurice Denham (Sir Frederick Grafton), Glyn Owen (Lt. Forrester), Howard Pays (Lt. Graham) **L** 90 **FSK** ab 16; f **E** 13.6.1968 **fd** 15 809

DER STURM AUF DIE GELBE BURG → Das Todescamp der Shaolin

STURM AUF HÖHE 17 (VRHOVI ZELENGORE). Jugoslawische Partisanenverbände, die in einem Bergmassiv eingeschlossen sind, versuchen einen Ausbruch. Im Sommer 1943 spielender patriotischer Kriegsfilm. (TV-Titel auch: »Sturm auf Höhe 4«) ✦ Jugoslawien 1977 **P** Jadran/Filmski Studio/Centar FRZ/Zeta/Kosova Film **R** Zdravko Velimirovic **B** Zdravko Velimirovic, Mladen Oljaca **K** Nenad Jovicic **M** Zoran Hristic **D** Sergej Bondartschuk, Bata Zivojinovic (= Velimir Bata Zivojinovic), Joséphine Chaplin, Alan Nouri, Vejlko Madic **L** (TV) 90 **E** 21.6. 1986 RTL plus

STURM AUF HÖHE 4 → Sturm auf Höhe 17

STURM AUF HÖHE 404 (THE YOUNG WARRIORS). Die Wandlung eines Zauderers zum überlegenen Gruppenführer in der Endphase des Zweiten Weltkriegs 1944 in Europa. Amerikanischer Wehrertüchtigungsfilm von dürftiger Machart. ✦ Scope. USA 1966 **P** Universal **Kl** Universal **Pd** Gordon Kay **R** John Peyser **B** Richard Matheson, nach seinem Roman **K** Loyal Griggs **S** Russell Schoengarth **D** James Drury (Sgt. Cooley), Steve Carlson (Hacker), Jonathan Daly (Guthrie), Robert Pine (Foley), Michael Stanwood (Riley), Johnny Alladin (Harris), Hank Jones (Fairchild) **L** 93 **FSK** ab 16; f **E** 3.2.1967 **fd** 14 552

DER STURM BRICHT LOS (1958) (LE VENT SE LEVE / IL VENTO SI ALZA). Ein ausgedienter Schiffskapitän versucht sich aus Verbitterung und aus Liebe zu einer Frau an einem Versicherungsbetrug, indem er seinen alten Frachter mit einem Zeitzünder sprengen will. Unerwartete Zwischenfälle bringen den sturen Draufgänger jedoch von seinem Vorhaben ab. Handlungsarmer, effektvoll auf Nervenkitzel angelegter Krimi, der jedoch kaum Intensität und innere Spannung erreicht, weil er alle menschlichen Bezüge vernachlässigt und letztlich unglaubwürdig bleibt. – Ab 16. ✦ Schwarz-weiß. Frankreich/Italien 1958 **P** Groupe des Quatres/DA.MA./Corona **Kl** Constantin **Pd** Raymond Froment **R** Yves Ciampi **B** Jean-Charles Tacchella, Yves Ciampi, Henri-François Rey, Jacques-Laurent Bost **K** Armand Thirard **M** Henri Crolla, André Hodeir **S** Georges Alepée **D** Curd Jürgens (Erich Müller), Mylène Demongeot (Catherine Regnier), Daniel Sorrano (Mathias), Alain Saury (Michel Regnier), Raymond Loyer (Laurent) **L** 92 (DDR 83) **FSK** ab 16; nf **E** 9.1.1959/14.11.1964 DFF 1 **fd** 7 786

DER STURM BRICHT LOS (1966) (NOI GIO). Bericht über ein unterschiedliches Geschwisterpaar aus dem Süden des Landes: Schwester Van kämpft mit allen Kräften in der Befreiungsbewegung, Bruder Phong ist Offizier der Saigoner Machthaber. Erst nach bitteren Erfahrungen findet er zu den Partisanen. Propagandastück mit einigen formalen Mängeln. – Ab 14. ✦ Schwarz-weiß. Nordvietnam 1966 **P** Filmstudio Hanoi **Kl** Progress **R+B** Huy Thanh, Lè Hyen **K** Nguyen Dang Bay **M** Hoang Van **D** Thuy Vàn (Van), The Anh (Phong), Dotcho Kossev (am. Militärberater), Van Hòy (Polizeikapitän), Ma Hai Nhi **L** 93 **E** 2.12.1966 Kino DDR/12.7.1968 DFF 1 **fd** 15 674

STURM DER FEUERVÖGEL → Sieben dreckige Teufel

DER STURM DES JAHRHUNDERTS (STORM OF THE CENTURY). Eine winzige Kleinstadt an der Küste von Maine wird während eines Schneesturms von einem Dämon in Menschengestalt heimgesucht, der die Gemeinschaft mit unerbittlicher Konsequenz ins Chaos stürzt und ein Kind verlangt, um es in seinesgleichen zu verwandeln. Eine überlange TV-Miniserie, in deren Mittelpunkt ein integerer Sheriff steht und die natürlich im Sieg des Guten gipfelt, die ihre Standards jedoch zu steril aneinander reiht, um wirkliche Spannung erzeugen zu können. – Ab 16. ✦ USA 1999 **P** Greengrass Prod./Rainfall Prod. **VA** Warner Home **Pd** Thomas H. Brodek **R** Craig R. Baxley **B** Stephen King **K** David Connell **M** Gary Chang **S** Sonny Baskin **D** Tim Daly (Mike Anderson), Colm Feore (Andre Linoge), Debrah Farentino (Molly Anderson), Casey Siemaszko (Alton Hatcher), Jeffrey DeMunn (Robbie Beals) **L** 173 (zwei Teile) **FSK** ab 16 **E** 10./14.12.1999 Video **fd** 34 144

DER STURM (EINE ÜBERRASCHENDE KOMÖDIE) (TEMPEST). Sehr frei nach Shakespeares Komödie gestalteter Film über einen erfolgreichen Architekten, der den Zwängen seines Lebens entflieht, in der Ferne und nach diversen Prüfungen jedoch feststellt, daß sein Platz im Leben jener ist, den er verlassen hat. Eine lebensbejahende Komödie mit guten Darstellern und optischem Einfallsreichtum. – Sehenswert ab 16. ✦ USA 1982 **P** Columbia **Kl** Warner-Columbia **Pd** Steven Bernhardt, Pato Guzman **R** Paul Mazursky **B** Paul Mazursky, Leon Capetanos **K** Donald McAlpine **M** Stomu Yamashta **S** Donn Cambern **D** John Cassavetes (Philipp), Gena Rowlands (Antonia), Susan Sarandon (Aretha), Vittorio Gassman (Alonzo), Raul Julia (Kalibanos), Molly Ringwald (Miranda), Sam Robards (Freddy) **L** 142 **FSK** ab 12; f **FBW** bw **E** 21.1.1983 **fd** 23 810

STURM IM MÄDCHENPENSIONAT (CENTO PICCOLE MAMME). Ein ausgesetztes Kind, das ein Lehrer bei sich aufnimmt, hält eine Mädchenschule in Aufregung und bringt den »Adoptivvater« in Schwierigkeiten. Rührselig-märchenhafte Komödie, miserabel synchronisiert. – Ab 12. ✦ Schwarz-weiß. Italien 1951 **P** Italia/Inter **Kl** Columbia **R** Giulio Morelli **B** Léonide Moguy, Jean Guitton **K** Luciano Trasatti **D** William Tubbs (Prof. Martino Prosperi), Lia Amanda (Mutter), Augusto Pennello (Knirps), Checco Durante

(Polizeikommissar), Felicita Busi **L** 102 **FSK** ab 12; f **E** 5.5.1954 **fd** 3 813

STURM IM OSTEN (LA TEMPETE / LA TEMPESTA). Erlebnisse zur Zeit eines Kosakenaufstands unter Katharina II. von Rußland. »Die Hauptmannstochter« und die »Geschichte der Verschwörung Pugatschows« von Puschkin wurden geschickt miteinander verbunden und temperamentvoll in Szene gesetzt. Die sozialkritischen Verweise gehen allerdings in der optischen Opulenz unter. (Früherer Titel: »Der Aufstand der Pugatschow«) – Ab 14. ✦ Scope. Italien/Frankreich/Jugoslawien 1958 **P** Dino de Laurentiis/Gray/Bosna **Kl** Paramount **Pd** Dino De Laurentiis **R** Alberto Lattuada **B** Alberto Lattuada, Louis Peterson, Ivo Perilli, nach Novellen von Alexander Puschkin **K** Aldo Tonti **M** Piero Piccioni **D** Van Heflin (Pugatschow), Viveca Lindfors (Katharina die Große), Silvana Mangano (Mascha), Robert Keith (Hauptmann Mironow), Geoffrey Horne (Peter Grinjew), Agnes Moorehead (Vassilissa Mironowa), Helmut Dantine (Svabrin), Vittorio Gassman (Ankläger) **L** 120 **FSK** ab 12; f **FBW** w **E** 3.9.1959 **fd** 8 418

STURM IM WASSERGLAS (1936) (STORM IN A TEACUP). Ein englischer Journalist, der den Bürgermeister einer schottischen Kleinstadt interviewen soll, wird Zeuge eines Gesprächs zwischen dem Bürgermeister und einer mittellosen Witwe, deren Hund konfisziert wurde, weil sie die Steuer nicht bezahlen kann. Die rigorose Behandlung der Frau empört den Journalisten, seine Story wiederum empört die Tierliebhaber des Städtchens, so daß der Bürgermeister um seine Wiederwahl bangen muß. Da erreicht seine Tochter, in die der Journalist sich verliebt hat, nach bestimmten Zusagen einen Widerruf. Publikumswirksame britische Filmversion des erfolgreichen Bühnenstücks von Bruno Frank, einer satirischen Komödie über Bürokratie und Lokalpolitik in einer (ungenannten) süddeutschen Stadt. ✦ Schwarz-weiß. Großbritannien 1936 **P** London **Pd** Victor Saville, Alexander Korda **R** Ian Dalrymple, Victor Saville **B** Ian Dalrymple, Donald Bull, nach dem Bühnenstück »Sturm im Wasserglas« von Bruno Frank **K** Max Greene (= Mutz Greenbaum) **M** Frederic Lewis **S** Hugh Stewart **D** Vivien Leigh (Victoria Gow), Rex Harrison (Frank Burdon), Cecil Parker (Provost Gow), Sara Allgood (Mrs. Hegarty), Ursula Jeans (Lisbete Skirving), Gus McNaughton (Horace Skirving), Arthur Wontner **L** 87 **E** 29.9.1980 BR

STURM IM WASSERGLAS (1960). Eine Hundegeschichte, in der Tierliebe und Menschlichkeit das unsoziale Verhalten eines Politikers besiegen. Das Remake von 1960 hat das Volksstück Bruno Franks in die Gegenwart versetzt und kabarettistisch gewürzt. – Ab 10. ✦ Schwarz-weiß. BR Deutschland 1960 **P** Filmaufbau **Kl** Europa **Pd** Eberhard Krause **R** Josef von Baky **B** Gregor von Rezzori, nach dem gleichnamigen Bühnenstück von Bruno Frank **K** Friedl Behn-Grund **M** Werner Eisbrenner **S** Caspar van den Berg **D** Therese Giehse (Frau Vogel), Ingrid Andree (Viktoria Thoss), Hanns Lothar (Hans Burdach), Peter Lühr (Stadtrat Dr. Thoss), Michl Lang (Amtsdiener Pfaffenzeller), Erni Mangold (Lisa), Harry Meyen (George), Reginald Pasch (Möller) **L** 97 **FSK** ab 6; nf **E** 3.5.1960/4.12.1966 ARD **fd** 9 145

STURM IN DEN WEIDEN (THE WIND IN THE WILLOWS / MR. TOAD'S WILD RIDE). Adaption des beliebten Kinderbuchs in Form eines Realfilms. Besonderer Leckerbissen der Produktion: Fast die gesamte »Monty Python«-Truppe taucht als Darsteller auf, sodass der Humor gesichert ist, auch wenn die Späße familienfreundlicher ausfallen als man es von den Chaos-Komikern gewohnt ist. – Ab 10. ✦ Großbritannien 1997 **P** Allied Filmmakers **VA** Columbia TriStar **Pd** Jack Eberts, John Goldstone **R** Terry Jones **B** Terry Jones, nach einem Roman von Kenneth Graham **K** David Tattersall **M** Terry Jones, John Du Prez, Dave Howman, Andre Jacquemin **S** Julian Doyle **D** Steve Coogan (Maulwurf), Eric Idle (Ratte), Terry Jones (Herr von Kröte), John Cleese (Anwalt), Michael Palin (die Sonne) **L** 84 **FSK** ab 6 **E** 15.5.1999 Video

STURM IN DER OSTWAND →Föhn

STURM IN DER STEILWAND (WERTIKAL). Bei der Bezwingung eines Gipfels im Kaukasus gerät eine Alpinistengruppe in einen Zyklon. Nach verzweifeltem Kampf gegen die Natur und gegen sich selbst bleiben drei der Bergsteiger zurück. Dem letzten gelingt es, unter Aufbietung aller Kräfte Hilfe zu holen und so die Kameraden zu retten. Bergfilm in großartiger Landschaft, dem die Verzahnung zwischen äußerer und innerer Dramatik nicht recht gelungen ist. – Ab 12. ✦ Scope, schwarz-weiß. UdSSR 1967 **P** Filmstudio Odessa **Kl** Progress **R** Stanislaw Goworuchin **B** Sergej Tarassow **K** Albert Ossipow **M** Sofia Gubaidulina **D** M. Koscheljowa (Rita), Gennadi Woropajew (Gennadi), A. Fadejew (Sascha), G. Kulbusch (Witali Lomow), Buchuti Sakariadse (Wissarion) **L** 74 **E** 17.5.1968 Kino DDR/16.10.1973 DFF 2

STURM IN DER SÜDSEE (LAST OF THE PAGANS). Die friedliche Südsee-Idylle eines jungen Eingeborenen wird jäh durch die Ankunft weißer Sklavenjäger unterbrochen, die ihn als Arbeitssklave in die Phosphat-Mine verschleppen. An exotischen Originalschauplätzen gedrehte Hollywood-Romanze, die Partei für den »edlen Wilden« und gegen einen weißen Imperialismus ergreift, aber primär auf schöne Bilder, Abenteuerlichkeit und vereinfachend-naive Personenzeichnung setzt. – Ab 16. ✦ Schwarz-weiß. USA 1935 **P** MGM **Pd** Phil Goldstone **R** Richard Thorpe **B** John Farrow, nach Motiven aus dem Roman von »Typee« Herman Melville **K** Clyde de Vinna **M** Nat W. Finston **S** Martin G. Cohn **D** Mala (Taro), Lotus Long (Lilleo), Tela A. Tematua (Häuptling), Ae A Faaturia (Junger Jäger), Rangapo A Taipoo (Taros Mutter) **L** 72 **E** 16.11.1988 West 3

STURM IN DER WÜSTE (HANHAI CHAO). Ein Geologenteam wird in der Wüste Chinas von einem Sandsturm überrascht. Der warnende Funkspruch hatte die Forscher nicht erreicht. So beginnt ein Kampf auf Leben und Tod. ✦ VR China 1985 **P** Filmstudio Peking **R** Zhang Hua Xun **B** Wang Za-Qun **K** Yan Jun-Sheng **M** Li Fu **D** Bai Zhu-Di, Yuan Yuan, Wang Qing-Xiang, Wu Ying, Yang Li-Shan **L** 90 **E** 4.12.1987 DFF 2

STURM ÜBER ALASKA →Ein Lächeln im Sturm

STURM ÜBER ARIZONA (ARIZONA WHIRLWIND). Die »Trail Blazers« (Pioniere) mit Ken Maynard an ihrer Spitze tarnen sich als Telegrafisten, um einer Bande von Hehlern und Geldfälschern das Handwerk zu legen. Billiger Serienwestern, der seine einfältige Story allzu ernst nimmt. – Ab 14. ✦ Schwarz-weiß. USA 1944 **P** Monogram **Kl** Union **Pd+R** Robert Tansey **B** Frances Kavanaugh **K** Edward Kull **M** Frank Sanucci **S** John C. Fuller **D** Ken Maynard (Ken Maynard), Hoot Gibson (Hoot Gibson), Myrna Dell (Ruth Hampton), Charles King (Duke Rollins), Bob Steele (Bob Steele), Ian Keith (Polini), Karl Hackett (Steve Lynch), George Chesebro (Ace), Dan White (Jim Lockwood), Frank Ellis (Lefty), Donald Stewart (Donny Davis) **L** 60 **FSK** ab 12; nf **E** 24.8.1950 **fd** 875

STURM ÜBER ASIEN (1928) (POTOMOK TSCHINGISCHANA). Ein mongolischer Landmann schließt sich während des Bürgerkriegs in Rußland den Partisanen an, wird von britischen Interventionstruppen zunächst zum Tode verurteilt und später als angeblicher Nachkomme Dschingis Khans dazu benutzt, ein neues Kaiserreich auszurufen. Er besinnt sich auf die revolutionären Ideale und setzt sich an die Spitze seiner Landsleute, um den »Sturm über Asien« zu entfesseln. Das Schicksal dieses Mannes orientiert sich nicht an der historischen Wirklichkeit, sondern symbolisiert die Idee der Revolution. Der künstlerisch und filmhistorisch gleichermaßen wichtige Stummfilm, vital, mitreißend und mit unvergeßlichen Bildfolgen, wurde 1949, nicht völlig überzeugend, mit Dialogen nachsynchronisiert. Das ZDF sendete am 7.11.1977 eine 127minütige Rekonstruktion der Premierenfassung des später stark gekürzten Films. – Ab 14. ✦ Schwarz-weiß. UdSSR 1928 **P** Meshrabpom **Kl** Viktoria **R** Wsewolod Pudowkin **B** Ossip Brik **K** Anatoli Golownja **D** Waleri Inkischinoff, L. Dedinzeff, Anna Sudakewitsch, L. Billinskaja **L** 88 (ZDF 127) **FBW** w **E** 14.4.1950 Kino DDR/18.10.1953 DFF 1/17.12.1966 ZDF/7.11.1977 ZDF (rekonstr.) **fd** 910

STURM ÜBER ASIEN (1938) (TEMPETE SUR L'ASIE). Der Abenteurer Erich Keith zieht mit seiner Freundin, einem gescheiterten Arzt und 200 Glückssuchern in die Mongolei, um Ölquellen zu erschließen. Er behandelt die Einwohner wie Sklaven, und als eine Epidemie ausbricht, beginnen sie zu revoltieren. Keith wird erschossen, die Freundin und der Arzt scheinen weniger skrupellos vorgehen zu wollen. Die schlecht geschriebene Geschichte ist lieblos inszeniert und trotz guter Besetzung alles andere als gut gespielt. – Ab 16. ✦ Schwarz-weiß. Frankreich 1938 **P** Rio **Kl** Viktoria **Pd** F. Brunn **R** Richard Oswald **B** Richard Oswald, T. H. Robert, A. Lipp (= Arnold Lippschitz) **K** Ted Pahle **M** Ralph Erwin, Paul Saegel **D** Conrad Veidt (Erich Keith), Madeleine Robinson (Suzanne), Roger Duchesne (Dr. Leclerc), Sessue Hayakawa (Prinz Ling), Michiko Tanaka (Prinzessin Sho) **L** 91 **FSK** ab 12; f **E** 27.10.1950 **fd** 1 105

STURM ÜBER DEM NIL (STORM OVER THE NILE). Ein englischer Offizier, während des Mahdi-Aufstands im Sudan (Ende des 19. Jahrhunderts) als Feigling gebrandmarkt, rehabilitiert sich durch mutigen Einsatz und die Rettung seiner Freunde aus tödlicher Gefahr. Bombastische, unkonzentrierte Neuverfilmung eines alten Kolonialabenteuerromans von A. E. W. Mason. (Alternativtitel: »Spion für Lord Kitchener«) – Ab 16. ✦ Scope. Großbritannien 1955 **P** London **Kl** Rank **Pd** Zoltan Korda **R** Terence Young, Zoltan Korda **B** R. C. Sherriff, nach dem Roman »Die vier Federn« von A.E.W. Mason **K** Ted Scaife **M** Benjamin Frankel **S** Raymond Poulton **D** Anthony Steel (Harry Faversham), Laurence Harvey (John Durrance), James Robertson Justice (General Burroughs), Mary Ure (Mary Burroughs), Ronald Lewis (Peter Burroughs) **L** 109 **FSK** ab 12; f (früher 16) **E** 1.8.1958/5.4.1996 SAT 1 **fd** 6 896

STURM ÜBER DEM PAZIFIK (TASK FORCE). Ein amerikanischer Marineoffizier kehrt während des Zweiten Weltkriegs aus dem Ruhestand zurück, um sich der Entwicklung und Erprobung von Flugzeugträgern zu widmen. Sehr breit angelegter Kriegsfilm, an dem eher technische Details und dramatisches Wochenschaumaterial fesseln als die allzu patriotisch-heroische Spielhandlung. ✦ Teils schwarz-weiß. USA 1949 **P** Warner **Kl** Warner **Pd** Jerry Wald **R+B** Delmer Daves **K** Robert Burks, Wilfred M. Cline **M** Franz Waxman **S** Alan Crosland jr. **D** Gary Cooper (Jonathan L. Scott), Jane Wyatt (Mary Morgan), Wayne Morris (McKinney), Walter Brennan (Pete Richard), Julie London (Barbara McKinney), Bruce Bennett (McCluskey), Jack Holt (Reeves) **L** 100 **FSK** ab 12; f **E** 27.1.1956 **fd** 4 716

STURM ÜBER EDEN (RAW WIND IN EDEN). Ein notgelandetes Ehepaar trifft auf einer unbewohnten Mittelmeerinsel einen mysteriösen Amerikaner, der in der Zivilisation durch Skandale von sich reden machte. Nach ihrer Begegnung nimmt ein romantisch-abenteuerliches Eifersuchtsdrama seinen oft langweiligen Lauf. ✦ Scope. USA 1958 **P** Universal **Kl** Universal **Pd** William Alland **R** Richard Wilson **B** Elizabeth Wilson, Richard Wilson **K** Enzo Serafin **M** Hans J. Salter **S** Russell Schoengarth **D** Esther Williams (Laura), Jeff Chandler (Mark Moore), Carlos Thompson (Wally), Rossana Podestà (Constanza), Eduardo de Filippo (Urbano) **L** 94 **FSK** ab 16; nf **E** 30.12.1958/19.12.1993 West 3 **fd** 7 785

STURM ÜBER JAMAIKA (A HIGH WIND IN JAMAICA). Die von einer Kindergruppe ausgelösten Konflikte eines Piratenkapitäns, der mit seinen Männern für ein Verbrechen büßen muß, das sie nicht begangen haben. Spannender Abenteuerfilm in rauher Männerwelt; in der Anlage der Kinder-Rollen zu oberflächlich. – Ab 16. ✦ Scope. Großbritannien 1964 **P** 20th Century Fox **Kl** Centfox **Pd** John Croydon **R** Alexander Mackendrick **B** Ronald Harwood, Denis Cannan, Stanley Mann, nach dem Roman »Sturmwind über Jamaika« von Richard Hughes **K** Douglas Slocombe **M** Larry Adler **S** Derek York **D** Anthony Quinn (Chavez), James Coburn (Zac), Dennis Price (Mathias), Gert Fröbe (Kapitän), Lila Kedrova (Rosa), Nigel Davenport (Thornton) **L** 104 (gek. 98) **FSK** ab 16; f (gek. 12) **E** 4.6.1965 **fd** 13 485

STURM ÜBER MEXIKO (LA CUCARACHA). Die mexikanische Revolution als Kulisse für einen weitschweifigen Abenteuer- und Liebesfilm über einen Oberst, der militärischen Drill predigt und durchsetzt, und seine Affäre mit »La Cucaracha«, einer schieß- und trinkfesten Revolutionärin, die er einer sanfteren Frau wegen verläßt. Als er im Kampf stirbt, hinterläßt er einen ihm unbekannten Sohn und zwei trauernde Witwen. Pathetisches Spektakel voller Klischees. ✦ Mexiko 1959 **P** Peliculas Rodriguez **Kl** ABC **Pd+R** Ismael Rodriguez **B** Ismael Rodriguez, José Bolaños, José Luiz Celis, Ricardo Garibay **K** Gabriel Figueroa **M** Raúl Lavista **D** Maria Félix (La Cucaracha), Dolores del Rio (Chaebala), Pedro Armendáriz (Valentin Razo), Antonio Aguilar (Hauptmann Ventura), Emilio Fernández (Oberst Zeta), Miguel Manzano, Emma Roldán, Flor Silvestre **L** 87 **FSK** ab 16; nf **E** 20.5.1960 **fd** 9 214

STURM ÜBER PERSIEN (DIE ABENTEUER DES OMAR KHAYAM) (THE LOVES OF OMAR KHAYAM / OMAR KHAYAM). Ein persischer Abenteurer, Dichter und Gelehrter kämpft im 11. Jahrhundert gegen eine Mörderbande, die die Macht über sein Land an sich reißen will. Opulent gestalteter Monumentalfilm, der seinen Stoff zu ernst nimmt und zu pathetisch aufbereitet. – Ab 14. ✦ Scope. USA 1956 **P** Paramount **Kl** Paramount **Pd** Frank Freeman jr. **R** William Dieterle **B** Barre Lyndon **K** Ernest Laszlo **M** Victor Young **S** Everett Douglas **D** Cornel Wilde (Omar), Michael Rennie (Hasani), Debra Paget (Sharain), John Derek (Malik), Raymond Massey (Schah), Yma Sumac (Karina), Margaret Hayes (Zarada), John Taylor (Goffa) **L** 101 **FSK** ab 12; nf **E** 6.9.1957/4.4.1994 PRO 7 **fd** 6 601

STURM ÜBER TEXAS (TERROR IN A TEXAS TOWN). Ein überraschend in die texanische Heimat zurückgekehrter Walfischfänger rächt seinen ermordeten Vater. Durchschnittswestern mit leichten Abwandlungen der üblichen Figurenkonstellationen. ✦ Schwarz-weiß. USA 1957 **P** United Artists **Kl** United Artists **Pd** Frank N. Seltzer **R** Joseph H. Lewis **B** Ben L. Perry **K** Ray Rennahan **M** Gerald Fried **S** Frank Sullivan, Stefan Arnsten **D** Sterling Hayden (George Hansen), Sebastian Cabot (Ed McNeil), Carol Kelly (Molly), Eugene Martin (Pepe Mirada), Ned Young (Johnny Crale), Victor Millan (Jose Mirada), Marilee Earle (Monay), Gil Lamb (Barnaby), Ann Varela (Rosa Mirada), Fred Kohler (Weed), Frank Ferguson (Holmes), Hank Patterson (Brady) **L** 80 **FSK** ab 12; nf **E** 14.9.1962 **fd** 11 418

STURM ÜBER TIBET (STORM OVER TIBET). Ein Forscher stiehlt im Himalaya eine heilige Kultmaske und bringt damit Unglück über die Expedition. Mythisch vernebelte Abenteuerhandlung rund um interessante dokumentarische Naturaufnahmen, die der ungarische Regisseur Marton aus seinem eigenen alten Film »Der Dämon des Himalaya« (Schweiz 1934, Kamera: Richard Angst) übernahm. – Ab 14. ✦ Schwarz-weiß. USA 1952 **P** Summit **Kl** Columbia **Pd** Ivan Tors, Laszlo Benedek **R** Andrew Marton **B** Ivan Tors, Sam Meyer **K** George E. Diskant, Richard Angst **M** Arthur Honegger, Leith Stevens **S** John Hoffman **D** Rex Reason (= Rhodes Reason) (David), Diana Douglas (Elaine), Myron Healey (Bill March), Robert Karnes (Funker), Strother Martin (Co-Pilot), Harold Fong (Sergeant Lee), Jarmila Marton (Frau Faber) **L** 90 **FSK** ab 12; f **E** 11.9.1953 **fd** 2 943

STURM ÜBER WASHINGTON (ADVISE AND CONSENT). Der Präsident der Vereinigten Staaten schlägt einen Politiker für das Amt des Außenministers vor, der von einer kommunistischen Vergangenheit belastet ist, und löst damit eine Kettenreaktion von Intrigen, parteipolitischen Winkelzügen und verfassungsrechtlichen Debatten aus. Thesenbelastetes Kammerspiel unter der Regie von Otto Preminger, das zwar interessante Einblicke in das Funktionieren des US-Staatsapparates bietet, durch die Ausblendung realer Hintergründe (die McCarthy-Ära!) aber allzu unverbindlich bleibt. – Ab 16. ✦ Scope, schwarz-weiß. USA 1961 **P** Alpha-Alpina **Kl** Columbia-Bavaria **Pd+R** Otto Preminger **B** Wendell Mayes, nach dem Roman »Macht und Recht« von Allen Drury **K** Sam Leavitt **M** Jerry Fielding **S** Louis Loeffler **D** Henry Fonda (Robert Leffingwell), Charles Laughton (Senator Seab Cooley), Don Murray (Senator Brigham Anderson), Peter Lawford (Senator Lafe Smith), Walter Pidgeon (Senator Bob Munson), Gene Tierney (Dolly Harrison), Franchot Tone (Präsident), Lew Ayres (Vizepräsident), Burgess Meredith (Herbert Gelman), Eddie Hodges (Johnny Leffingwell) **L** 138 **FSK** ab 12; f **FBW** w **E** 12.10.1962 **fd** 11 596

STÜRME →Der Wind (1927)

STÜRME DER LEIDENSCHAFT (FURIA). Hintertreppengeschichte um Ehebruch, Alkoholismus, Mord und Rache. Ein blutrünstiges Kriminal- und Leidenschaftsdrama. (Titel auch: »Furia«) ✦ Schwarz-weiß. Italien 1947 **P** Franchini/Agic/Roma **Kl** Döring **R** Goffredo Alessandrini **B** Goffredo Alessandrini, nach dem Roman »Furia« von Vittorio Nino Novarese **K** Piero Portalupi **M** Franco Casavola **D** Isa Pola, Rossano Brazzi, Gino Cervi, Adriana Benetti, Umberto Spadaro **L** 104 **FSK** ab 16; f **E** 16.3.1951 **fd** 1 093

STÜRME DES HERZENS →Bluegrass

STÜRME ÜBER DEM MONTBLANC. Bei tobendem Sturm wird ein Meteorologe aus der zerstörten Wetterwarte des Montblanc von dem Mädchen gerettet, auf dessen Liebe er zugunsten seines Freundes verzichtet hatte. Die Eindringlichkeit der Naturpanoramen verklärt die belanglose Handlung des Bergdramas, das wegen seines heroischen Pathos den Intentionen der NS-Kulturpolitik besonders entgegenkam. (Alternativtitel: »Der Wetterwart des Montblanc«, »Über den Wolken«) – Ab 10. ✦ Schwarz-weiß. Deutschland 1930 **P** Aafa **Kl** Ci **VA** Mail Order Kaiser **Pd** Henry R. Sokal **R+B** Arnold Fanck **K** Hans Schneeberger, Richard Angst, Sepp Allgeier **M** Paul Dessau, Otto Firl (ungenannt), Edmund Meisel (ungenannt) **S** Arnold Fanck **D** Leni Riefenstahl (Hella Armstrong), Sepp Rist (Hannes, Wetterwart), Ernst Udet (Udet, Flieger), Mathias Wieman (Walter Petersen, Organist), Friedrich Kayßler (der Astronom) **L** 110 **FSK** ab 12; f **E** 25.12.1930/14.2.1959 ARD

DIE STURMFAHRT DER BLUE FIN (BLUE FIN). Der Sohn eines Thunfischfängers, der unbedingt Fischer werden möchte, obwohl der Vater ihn nicht für geeignet hält, kann in den Ferien seine Eignung für diesen Beruf unter Beweis stellen – und versagt, wesentlich bedingt durch das mangelnde Vertrauen des Vaters. Als einige Mitglieder der Mannschaft ausfallen, läßt der Vater den Sohn bei der nächsten Ausfahrt notgedrungen mitfahren. Da beweist der 14jährige Mut, Geschick und Übersicht und rettet Vater und Schiff vor dem sicheren Untergang. Erstlingsfilm eines nach Australien ausgewanderten Ungarn. – Ab 14. ✦ Australien 1979 **P** South Australian Film Corporation **Pd** Hal McElroy **R** Carl Schultz **B** Sonia Borg, nach einem Roman von Colin Theile **K** Geoff Burton **M** Michael Carlos **S** Rod Adamson **D** Hardy Krüger (Bill Pascoe), Greg Rowe (Steve »Snook« Pascoe), Elspeth Ballantyne (Mrs. Pascoe), John Jarratt (Sam Snell), Hugh Keays-Byrne (Stan) **L** 90 **E** 3.1.1982 ARD

DIE STURMFAHRT DER »BLUE FIN« →Die Sturmfahrt der Blue Fin

STURMFAHRT NACH ALASKA (THE WORLD IN HIS ARMS). Ein illegaler Robbenjäger erlebt um 1850 zwischen Alaska (vor dessen Ankauf durch die USA) und San Francisco Abenteuer zur See und im Boudoir einer russischen Adligen. Er trotzt den Russen schließlich im Robbenfang und in der Liebe. Seefahrer- und Abenteurerfilm mit vordergründiger antirussischer Tendenz; formal ein lange Zeit unterschätzter Film, der ebenso spannende wie ästhetisch reizvolle Unterhaltung bietet. (Alternativtitel: »Von einst bis jetzt«) – Ab 12 möglich. ✦ USA 1952 **P** Universal **Kl** Universal **Pd** Aaron Rosenberg **R** Raoul Walsh **B** Borden Chase, Horace McCoy, nach einem Roman von Rex Beach **K** Russell Metty **M** Frank Skinner **S** Frank Gross **D** Gregory Peck (Jonathan Clark), Ann Blyth (Gräfin Marina), Anthony Quinn (Portugee), John McIntire (Deacon Greathouse), Andrea King (Mamie), Carl Esmond (= Willy Eichberger) (Prinz Semyon), Eugenie Leontovich (Anna), Sig Rumann (General Selanova) **L** 100 **FSK** ab 12; nf **E** 28.11.1952/13.9.1973 ARD **fd** 2 203

STURMFLUG (SLATTERY'S HURRICANE). Indem er als Wetterpilot wagemutige Erkundungsflüge für die meteorologische Station in Florida durchführt, versucht ein Flieger seinem verfehlten Leben einen neuen Sinn zu geben. Mischung aus Abenteuer- und Liebesfilm. – Ab 14. ✦ Schwarz-weiß. USA 1949 **P** 20th Century Fox **Kl** Centfox **Pd** William Perlberg **R** André De Toth **B** Herman Wouk, Richard Murphy, nach einem Roman von Herman Wouk **K** Charles G. Clarke **M** Cyril J. Mockridge **S** Robert Simpson **D** Richard Widmark (Will Slattery), Linda Darnell (Aggie Hobson), Veronica Lake (Dolores Greaves), John Russell (Lt. Hobson), Gary Merrill (Commander Kramer), Walter Kingsford (Milne), Raymond Greenleaf (Admiral William F. Olenby) **L** 78 **FSK** ab 12; f **E** 23.7.1954 **fd** 3 447

STURMFLUT – INFERNO AN DER KÜSTE (TIDAL WAVE: NO ESCAPE). Thriller mit Katastrophenfilm-Elementen: Zwei riesige Flutwellen haben in den USA ganze Landstriche verwüstet. Der Wissenschaftler, der das Rätsel entschlüsseln soll, gerät selbst in den Verdacht, für die Flutwellen verantwortlich zu sein, weil er einst an künstlich erzeugten Flutwellen gearbeitet hat. Um den Verdacht auszuräumen, muß er den wahren Schuldigen finden. ✦ USA 1997 **R** George Miller **B** George Malko, Tedi Sarafian **M** Bruce Rowland **D** Corbin Bernsen (John Wahl), Julianne Phillips (Dr. Jessica Weaver), Gregg Henry (Edgar Purcell), Lawrence Hilton-Jacobs (Marlan Clark), Harve Presnell (Stanley Schiff) **L** 92 **E** 13.5.1998 ProSieben

STURMFLUT – SCHÖNHEIT UND VERGÄNGLICHKEIT DER KÜSTE UND IHRER INSELN. Der Dokumentarfilm zeigt die noch intakte Natur des Wattenmeeres und stellt die Geschichte der Halligen dar. Die eindrucksvollen Luftaufnahmen werden älteren Dokumentarbildern gegenübergestellt, so entsteht ein facettenreiches Bild der norddeutschen Küstenregion, die immer wieder durch Sturmfluten gefährdet ist. ✦ Deutschland 1993 **P** GEO (für Arctia Film Prod.) **Kl** Arctia **Pd** Freimuth Schultz, Bernd Westphal, John Lionel Bandmann **R** Bernd Westphal **B** Ulrich Schröder **K** Peter Baudendistel, Duri Mayer, Helmut Hofer, Otto Schneider **M** Peter Baudendistel, Duri Mayer, Helmut Hofer, Otto Schneider, Thomas Krause **S** Birgit Lensch **L** 89 **FSK** o. A.; f **FBW** w **E** 23.9.1993

STURMGELÄUT IM MORGENGRAUEN (NABAT NA RASSWETE). Historisch-biografischer Spielfilm über das Leben des russischen Wissenschaftlers Wladimir Wernadski (1863–1945). Der Kunst- und Naturwissenschaftler entdeckte Uran-Vorkommen in Mittelasien und rief eine Kommission zur Erforschung und Nutzung der Naturschätze Rußlands ins Leben. ✦ UdSSR 1986 **P** Mosfilm **R** Arkadi Kordon **B** Oleg Stukalow-Pogodin, Arkadi Filatow, Arkadi Kordon **K** Roman Wesjoler **M** Juri Buzko **D** Georgi Taratorkin (Kostromin), Irina Petschernikowa (Natalja Jegorowna), Nikolai Ratschinski (Pjotr Samoschin), Alexander Franskewitsch (Georgi), Leonid Kajurow (Petruchin) **L** 95 **E** 16.10.1986 DFF 2

STURMGESCHWADER KOMET (FLAT TOP). Auf einem Flugzeugträger vor den Philippinen stationierte junge amerikanische Marineflieger und ihr erster erfolgreicher Einsatz im Zweiten Weltkrieg. Das in den Film integrierte Dokumentarmaterial über Luftkämpfe und Schiffsbombardements verrät mehr über die grausige Realität als die Handlung, die den Krieg als sportliches Abenteuer präsentiert. ✦ USA 1952 **P** Allied Artists **Kl** Lehmacher **Pd** Walter Mirisch **R** Lesley Selander **B** Steve Fisher **K** Harry Neumann **M** Marlin Skiles **S** William Austin **D** Sterling Hayden (Dan Collier), Richard Carlson (Joe Rodgers), John Bromfield (Snakehips MacKay), Bill Phipps (Red Kelley), Keith Larsen (Barney Smith), William Schallert (Longfellow), Todd Karns (Richter), Phyllis Coates (Dorothy) **L** 85 **FSK** ab 16; f **E** 16.5.1958 **fd** 6 972

STURMHÖHE (1939) (WUTHERING HEIGHTS). Ein Zigeunerjunge wird nach dem Tod seines bürgerlichen Adoptivvaters von dessen Sohn gedemütigt und von der Tochter leidenschaftlich geliebt. In Südamerika zu Reichtum gekommen, findet er die Geliebte verheiratet, worauf seine Liebe in Haß umschlägt und er Rache fordert. Wildromantisches, exzellent gespieltes und brillant fotografiertes Melodram nach dem Roman von Emily Brontë, zugleich eine Studie über das »Abenteuer Liebe«, bei der die beiden Hauptfiguren als Vertreter unvereinbarer Prinzipien agieren. Ein außergewöhnlicher, düsterer Hollywood-Klassiker, der im eigentlichen Sinne »Augenlust« bereitet. (O.m.d.U.; früherer Verleihtitel: »Stürmische Höhen«) – Sehenswert ab 14. ✦ Schwarz-weiß. USA 1939 **P** Samuel Goldwyn **Kl** NEF 2 (Erstverleih: RKO) **Pd** Samuel Goldwyn **R** William Wyler **B** Ben Hecht, Charles MacArthur, nach einem Roman von Emily Brontë **K** Gregg Toland **M** Alfred Newman **S** Daniel Mandell **D** Merle Oberon (Cathy), Laurence Olivier (Heathcliff), David Niven (Edgar Linton), Flora Robson (Ellen Dean), Geraldine Fitzgerald (Isabelle) **L** 104 **FSK** ab 12; f **E** 28.7.1950/ 21.5.1992 Neustart (O.m.d.U.) **fd** 29 606

STURMHÖHE (1970) (WUTHERING HEIGHTS). Die Geschichte vom Zigeunerjungen Heathcliff, der sich in die Tochter seines Ziehvaters verliebt und nach dessen Tod von dem Sohn des Hauses gedemütigt wird. Nach Jahren kehrt er, wohlhabend geworden, in das Haus seiner Jugendjahre zurück und findet die Geliebte verheiratet vor. Nun schlägt seine Liebe in unbändigen Haß um und er inszeniert seine Rache. Uninspirierte Neuverfilmung eines Klassikers der Weltliteratur, die zwar gedienen fotografiert und gespielt ist, jedoch jedes Gespür für Romantik und Gefühle vermissen läßt. – Ab 14. ✦ Großbritannien 1970 **P** AIP **Pd** Samuel Z. Arkoff, James H. Nicholson **R** Robert Fuest **B** Patrick Tilley, nach einem Roman von Emily Brontë **K** John Coquillon **M** Michel Legrand **S** Ann Chegwidden **D** Anna Calder-Marshall (Catherine Earnshaw), Timothy Dalton (Heathcliff), Harry Andrews (Mr. Earnshaw), Pamela Brown (Mrs. Linton), Judy Cornwell (Nellie) **L** 105 **E** 18.12.1996 Vox

STURMHÖHE (1985) (HURLEVENT). In der rauhen Berggegend Südfrankreichs in der 30er Jahren: Eine junge Frau liebt ihren langjährigen Jugendfreund, der sich jedoch zurückzieht, als sich ein anderer um sie bemüht. Als der Enttäuschte drei Jahre später als reicher Mann mit Rachepläne zurückkehrt, entbrennt die Liebe zwischen beiden neu, obwohl sie inzwischen verheiratet ist. In strenger Form mit schönen Bildern inszenierte Filmadaption von Emily Brontës berühmtem Roman, die ohne filmische Höhepunkte bleibt und seltsam unverbindlich und belanglos wirkt. – Ab 16. ✦ Frankreich 1985 **P** La Cécilia/Renn/Ministère de la Culture **R** Jacques Rivette **B** Pascal Bonitzer, Suzanne Schiffman, Jacques Rivette, nach den ersten Kapiteln des Romans »Wuthering Heights« von Emily Brontë **K** Renato Berta, Jean-Paul Torraille **M** Pilentze Pee, Trati Na Angelika, Polegnala e Pschenitza **S** Nicole Lubtchansky **D** Fabienne Babe (Catherine), Lucas Belvaux (Roch), Sandra Montaigu (Hélène), Alice de Poncheville (Isabelle), Olivier Cruveiller (Guillaume), Olivier Torres (Olivier), Philippe Morier-Genoud (Joseph) **L** 130 **E** 30.7.1990 ARD

STURMHÖHE (1998) (WUTHERING HEIGHTS). (Fernseh-)Verfilmung der dramatischen Liebesgeschichte von Emily Brontë: Heathcliff und seine Ziehschwester Cathy lieben sich, doch Standesunterschiede stehen einer Verbindung im Weg. Nachdem er das Landgut verlassen hat, heiratet sie einen Landedelmann, doch nach seiner Rückkehr flammt die Liebe wieder auf und ihr Glück ist in Gefahr. Eine zeitlosklassische Liebesgeschichte. ✦ Großbritannien/ USA 1998 **P** London Weekend Television/WGBH Boston **R** David Skynner **B** Neil McKay, nach einem Roman von Emily Brontë **D** Orla Brady (Cathy), Robert Cavanah (Heathcliff), Crispin Bonham-Carter (Edgar Linton) **L** 113 **E** 26.1.1999 arte

STURMHÖHEN →Stürmische Leidenschaft

STURMHÖLLE →Im Auge des Hurricans

STÜRMISCHE BEGEGNUNGEN (RUN OF THE COUNTRY). Nur allmählich nähern sich ein verunsicherter 18jähriger und sein grober Vater, Polizist in einem kleinen irischen Dorf, einander an und entwickeln Zuneigung und Verständnis füreinander. Das sich in zahlreichen Facetten und Handlungsfäden einfühlsam und subtil entwickelnde Drama einer Selbstfindung, das souverän zwischen Tragik und Komik pendelt. Der lebendigen Zeichnung der Figuren wird ebensoviel Aufmerksamkeit geschenkt wie dem spezifischen Charakter des irischen Schauplatzes. – Ab 14. ✦ Großbritannien/Irland 1995 **P** One Two Nine/Country Prod. **VA** Columbia TriStar **Pd** Peter Yates, Ruth Boswell **R** Peter Yates **B** Shane Connaughton, nach seinem Roman **K** Mike Southon **M** Cynthia Millar **S** Paul Hodgson **D** Albert Finney (Vater), Matt Keeslar (Danny), Victoria Smurfit (Annagh), Anthony Brophy (Prunty), David Kelly (Father Gaynor) **L** 105 **FSK** ab 12 **E** 8.10.1996 Video **fd** 32 205

STÜRMISCHE HÖHEN →Sturmhöhe (1939)

STÜRMISCHE JUGEND (LE DIABLE AU CORPS). Der Gymnasiast François verliebt sich in die jungverheiratete, ältere Marthe, deren Mann (im Ersten Weltkrieg) an der Front ist. Ihre Leidenschaft setzt sich über alle bürgerlichen Schranken und Vorurteile hinweg. Als Marthe schwanger wird, schickt man sie aufs Land; François darf sie nicht besuchen. Sie stirbt bei der Geburt, während die Glocken am Tag des Waffenstillstands bei ihrer Beisetzung läuten. Raymond Radiguets 1923 erschienener Roman, ein Skandalon für die damalige Zeit, ist eine sehr sinnliche Anklage gegen den Krieg, die Claude Autant-Lara stilsicher und überzeugend verfilmt hat. Der Film dürfte der wohl beste und in sich geschlossenste des Regisseurs sein. (Titel auch: »Teufel im Leib«, »Le Diable au Corps«) ✦ Schwarz-weiß. Frankreich 1946/47 **P** Paul Graetz **Kl** Adler **R** Claude Autant-Lara **B** Jean Aurenche, Pierre Bost, nach dem Roman von »Le Diable au Corps« von Raymond Radiguet **K** Michel Kelber **M** René Cloërec **D** Micheline Presle (Marthe Grangier), Gérard Philipe (François Jaubert), Jean Debucourt (M. Jaubert), Denise Grey (Madame Grangier), Jacques Tati (Offizier) **L** 110 **FSK** ab 18; nf **E** 2.3.1951/12.10.1974 ZDF **fd** 1 576

DAS STÜRMISCHE LEBEN DES JOE ORTON →Prick up your ears

STÜRMISCHE LEIDENSCHAFT (EMILY BRONTE'S WUTHERING HEIGHTS). Neuverfilmung des berühmten Romans, der über zwei Generationen die tragische, in Haß und Rachegelüsten mündende Liebesgeschichte zwischen der Tochter eines Gutsbesitzers und dessen Adoptivsohn erzählt, der in der Fremde zu Geld kommt, mit dem er sein Lebensziel, die Demütigung und Zerstörung seiner Adoptivfamilie, verwirklichen kann. (Titel auch: »Sturmhöhen«) ✦ Großbritannien 1992 **VA** Arthaus **Pd** Anne Devlin **R** Peter Kosminsky **B** Anne Devlin, nach dem Roman »Die Sturmhöhe« von Emily Brontë **K** Mike Southon **M** Ryuichi Sakamoto **S** Tony Lawson **D** Juliette Binoche (Cathy/Catherine), Ralph Fiennes (Heathcliff), Janet McTeer (Ellen Dean), Simon Shepherd (Edgar Linton), Jeremy Northam (Hindley) **L** 102 **FSK** ab 12 **E** 18.5.1997 premiere/7.1.1999 Video

STÜRMISCHE ZEITEN →Buster Keaton – Steamboat Bill, jr.

STÜRMISCHER FRÜHLING (KOGDA NATSCHINAJETSJA JUNOST). Das Schicksal eines Jungen, der durch den Tod seiner Mutter aus seiner sorglosen Jugend gerissen wird und sich im Kampf um den Zusammenhalt der Familie bewährt. Ein künstlerisch nur durchschnittlicher Film, der mit unzureichenden Mitteln sozialistisches Gedankengut im Alltag verankern will. – Ab 14. ✦ Schwarz-weiß. UdSSR 1959 **P** Dowshenko-Studio **Kl** Progress **R** Anatoli Slessarenko **B** Wadim Sobko, Anatoli Slessarenko **K** N. Sluzki **M** D. Klebanow, Oskar Sandler **D** Sergej Dworezki (Iwan), Swetlana Damiltschenko (Sanja), Wladislaw Kowalkow (Kirill), Ada Rogowzewa (Marina), Pawel Moltschanow (Gromenko) **L** 94 **E** 17.2. 1961 Kino DDR

STÜRMISCHER LEBENSABEND (DEPUTAT BALTIKI). Die politische Entwicklung eines berühmten russischen Botanik-Professors während der Zeit der Oktoberrevolution in der Sowjetunion. (Weiterer TV-Titel DDR: »Der Deputierte des Baltikums«, Titel der westdeutschen untertitelten Fernsehausstrahlung: »Der Abgeordnete des Baltikums«) – Ab 14. ✦ Schwarz-weiß. UdSSR 1936 **P** Lenfilm **Kl** Sovexportfilm **R** Alexander Sarchi, Jossif Cheifiz **B** L. Rachmanow, D. Del, Alexander Sarchi, Jossif Cheifiz, nach dem gleichnamigen Roman von L. Rachmanow **K** Mark Kaplan **M** N. Timofejew **D** Nikolai Tscherkassow (Professor Poleshajew), M. Domaschewa (seine Frau), Boris Liwanow (Botscharow), Oleg Shakow (Worobjow), A. Melnikow (Kuprijanow) **L** 98 **E** 17.5. 1946 Kino DDR/21.5.1953 DFF 1/18.3.1976 WDR III (O.m.d.U.)

STURMLÄUTEN (NABAT). Ein filmisches Loblied auf den Führer einer ukrainischen Partisanendivision im Zweiten Weltkrieg. Sein Beispiel ermutigte viele Ukrainer, in die Berge zu gehen und sich ihm anzuschließen. Nach dem Krieg wurde der mutige Kommandant zum »Helden der Sowjetunion« ernannt. (Fortsetzung: »Partisanen im Sturm«) ✦ Scope. UdSSR 1973 **P** Dowshenko-Studio **R** Timofej Lewtschuk **B** Igor Bolgarin, Viktor Smirnow **K** Eduard Plutschik **M** Vitali Gubarenko **D** Konstantin Stepankow (Kowpak), Valentin Belochwostik (Rudnew), Michail Golubowitsch (Karpenko), Vitali Piwenko (Kolka), Machar Turijew (Gurijew) **L** 97 **E** 11.5. 1975 DFF 2

STURMNACHT (NOTTE DI TEMPESTA). Nachkriegsdrama über Liebe und Leidenschaft in einem süditalienischen Fischerdorf: Ein lange schwelender Konflikt zwischen einem Fischer und seinem Stiefsohn bricht in offenen Haß aus, als sich der Fischer an der Schwester seines Rivalen vergeht. ✦ Schwarzweiß. Italien 1946 **P** Pan **Kl** ofen **R** Gianni Franciolini **B** Edoardo Anton, nach einem Theaterstück von Raffaele Viviani **D** Fosco Giachetti (Domenico), Leonardo Cortese (Peppino), Marina Berti (Katharina), Pina Piovani, Giacomo Rondinella **L** ca. 90 **E** 22.3. 1989 S 3

DER STURMREITER (THE STORM RIDER). Ein Revolverheld mit schlechtem Ruf hilft bedrängten Farmern gegen die Übergriffe reicher Viehzüchter. Billiger Western nach üblichem Muster. ✦ Scope, schwarzweiß. USA 1957 **P** 20th Century Fox **Kl** Centfox **Pd** Bernard Glasser **R** Edward Bernds **B** Don Martin, Edward Bernds, nach einem Roman von I. I. Foreman **K** Brydon Baker **M** Les Baxter **S** John F. Link **D** Scott Brady (Bart Jones), Mala Powers (Tay Rorick), Bill Williams (Pete Coulton), John Goddard (Harry Rorick), William Fawcett (Captain Cruickshank), Roy Engel (Major Bonnard), George Keymas (Apache Kid), Olin Howlin (= Olin Howland) (Collins), Hank Patterson (Milstead), James Dobson (Cooper), Jimmy Hayward (Emery), Rick Vallin (Jack Feylan),

Tom London (Todd), Bud Osborne (Taby), Lane Chandler (Doktor) **L** 70 **FSK** ab 12; nf **E** 16.7.1957 **fd** 6 038

STURMTRUPPEN (STURMTRUPPEN / LE BATAILLON EN FOLIE). Von einem vergleichsweise geistreichen Comic strip inspirierte, schludrig gemachte, primitive und geschmacklose Militärklamotte, deren »Humor« nicht nur im übertragenen Sinne unter die Gürtellinie zielt. Derber Klamauk unter dem Vorwand, das – vor allem deutsche – Militär und den Krieg parodieren zu wollen. ✦ Italien/Frankreich 1976 **P** Irrigazione/Films Jacques Leitienne **KI** Avis/Ascot **R** Salvatore Samperi **B** Ennio de Concini, Renato Pozzetto, nach den Comics von Bonvi (= Franco Bonvicini) **K** Giuseppe Rotunno **M** Enzo Jannacci **D** Renato Pozzetto, Corinne Clery, Lino Toffolo, Paolo Villaggio, Cochi Ponzoni **L** 93 **FSK** ab 18; nf **E** 26.8. 1977 **fd** 20 464

STURMWARNUNG (LES SAGARDS). Ein junger Franzose arabischer Abstammung wird wegen mehrerer Diebstahldelikte zu einer Jugendstrafe verurteilt und muss eine Arbeit in einem abgelegenen Sägewerk verrichten. Nach anfänglichen Schwierigkeiten und trotz einiger Rückfälle entsteht zwischen dem Sägewerksbesitzer, seinem Mitarbeiter und dem Jungen ein Vertrauensverhältnis, das auf eine harte Probe gestellt wird, als der Junge aus einem »Hafturlaub«, der ihm für das Begräbnis seines Vaters gewährt wurde, nicht zurückkehrt. Ein sensibler Film über die Suche eines jungen Menschen nach seinem Platz im Leben, der nicht durch eine veräußerlichte Handlung getragen wird, sondern durch die einfühlsame Charakterbeschreibung der Protagonisten. – Ab 16. ✦ Frankreich 2000 **P** Sunday Morning Prod./arte **Pd** Nathalie Mesuret **R+B** Dominique Ladoge **K** Nathalie Durand **S** Emmanuelle Castro **D** Jean-Roger Milo (Abel Vagney), Florence Thomassin (Marie), Samir Djama (Mehdi), Jacques Bonnot (Tonton), Laurence Ladoge (Charlotte) **L** 84 **E** 28.12.2000 arte

DER STURZ (1978). Verfilmung des letzten Teils der »Kristlein-Trilogie« von Martin Walser: Nachdem der ewig scheiternde Intellektuelle Anselm Kristlein sich in »Halbzeit« als Vertreter und Werbetexter hatte durchschlagen müssen und in »Das Einhorn« (1977 von Peter Patzak verfilmt) Schriftsteller geworden war, versucht er sich jetzt als Inhaber eines Münchner Flippersalons, verliert das Vermögen seiner Frau und kehrt in chaotischer Geistesverfassung an den Bodensee zurück. Der Film bringt den Facettenreichtum des Romans auf die Leinwand, aber leider auch seine geschwätzigen Exkurse. Die sprachliche und erzählerische Akrobatik der Vorlage wird im Film zum wirren Bilder- und Gedankenkonglomerat, dem es an Spannkraft fehlt. ✦ BR Deutschland 1978 **P** Independent/ABS/Maran/von Vietinghoff/SDR **KI** Filmverlag der Autoren **Pd** Heinz Angermeyer **R** Alf Brustellin **B** Alf Brustellin, Bernhard Sinkel, nach dem Roman »Der Sturz« von Martin Walser **K** Dietrich Lohmann **M** Klaus Doldinger **S** Annette Dorn **D** Franz Buchrieser (Anselm Kristlein), Hannelore Elsner (Alissa Kristlein), Wolfgang Kieling (Edmund Gabriel), Eva Maria Meineke (Rosa Blomich), Klaus Pohl (Elmar Glatthaar) **L** 101 **FSK** ab 16; f **FBW** w **E** 18.1.1979 **fd** 21 062

DER STURZ (1980/81). Eine junge Wissenschaftlerin fordert für sich einen neuen Arbeits- und Wirkungskreis. Die berufliche Herausforderung führt zu privaten Problemen. Frauenfilm des DDR-Fernsehens, der die bewährte Emanzipationsthematik mit neuen Facetten behandelt. ✦ DDR 1980/81 **P** DEFA **Pd** Irene Ikker **R+B** Celino Bleiweiß **K** Peter Krause **M** Andrzej Korzynski **S** Lotti Mehnert **D** Monika Woytowicz (Johanna Krüger), Carl-Hermann Risse (Albert Krüger), Gerry Wolff (Willi Altmann), Wolfgang Greese (Prof. Steinschläger), Arno Wyzniewski (Dr. Töpfert) **L** 78 **E** 31.5.1981 DFF 1

DER STURZ DES KONDOR (PADENIJE KONDORA). Ein einfacher Bauernjunge verkauft sich und seine Gesinnung an einen faschistischen Diktator in einem Land Lateinamerikas. Als er mehr und mehr seine moralische Integrität verliert und in schwere Schuld verstrickt wird, begeht er eine kopflose Verzweiflungstat. Teilweise spannend erzählter, mitunter etwas zu sehr vereinfachender Polit-Thriller. – Ab 16. ✦ UdSSR 1982 **P** Mosfilm **KI** Progress **R** Sebastian Alarcon **B** Sebastian Alarcon, Wladimir Amlinski **K** Michail Agranowitsch **M** Gabriel Castro, Ramiro Soriano, Adriano Chamorro **D** Sergej Jurski, Jewgeni Leonow-Gladyschew, Swetlana Toma, G. Ljampe, Alexander Paschutin **L** 90 **E** 6.5.1983 Kino DDR/ 30.8.1985 DFF 2

STURZ IN DEN ABGRUND (BRANDED MEN). Ken Maynard überlistet mit dem Beistand eines Apachen eine Bande von Spitzbuben, die Goldgräber um ihre Ausbeute betrügen. Billig produzierte Westernklamotte aus der Frühzeit des Tonfilms, die mit fast 20 Jahren Verspätung den Weg in deutsche Kinos fand. – Ab 14. ✦ Schwarz-weiß. USA 1931 **P** Tiffany **KI** Viktoria **Pd** Phil Goldstone **R** Phil Rosen **B** Earle Snell, Phil Rosen **K** Arthur Reed **S** Earl Turner **D** Ken Maynard (Rod Whitaker), June Clyde (Dale Winters), Irving Bacon (Ramrod), Billy Bletcher, Charles King (Mace), Donald Keith (der Bruder) **L** 60 **FSK** ab 12; nf **E** 29.9.1950 **fd** 1 907

STURZ INS DUNKEL: DIE GESCHICHTE EINER MUTTER (CONVICTED: A MOTHER'S STORY). Drama um eine wegen Unterschlagung inhaftierte Mutter, die um den Zusammenhalt ihrer Familie kämpft, nachdem die beiden Kinder von ihrer Schwester aufgenommen worden sind. – Ab 14. ✦ USA 1987 **P** NBC **Pd** Ervin Zavada **R** Richard T. Heffron **B** Ellen Kesend, Elizabeth Gill, Katherine Specktor **D** Ann Jillian (Billie Nickerson), Christa Denton (Tiffany Nickerson), Kiel Martin (Van), Gloria Loring (Janice Huggins), Fred Savage (Matthew Nickerson) **L** 94 **E** 15.8.1995 RTL 2

STURZ INS VERDERBEN →Title Shot – Der Killer lauert am Ring

STÜRZENDE MAUERN (FRIENDSHIPS, SECRETS AND LIES). Beim Abriß eines College-Gebäudes in einer amerikanischen Kleinstadt wird das Skelett eines Säuglings entdeckt. Eine ehrgeizige Journalistin bringt sechs ehemalige Schülerinnen in Verdacht, es zwanzig Jahre zuvor getötet zu haben. Als ihre Fotos veröffentlicht werden, verändert sich das Leben der jungen Frauen, die alle noch in dem Ort leben, auf dramatische Weise. Ein weitgehend von Frauen hergestellter, ambitionierter (Fernseh-)Film, der das grundsätzliche Thema Abtreibung weitgehend ausklammert und die Problemlage auf die stereotype Beschreibung der Schicksale der Frauen lenkt. ✦ USA 1979 **P** NBC/Warner/Wittman-Riche Prod. **R** Anne Zane Shanks, Marlena Laird **B** Joanna Jane Crawford, nach einem Roman von Babs H. Deal **K** Michael D. Margulies **M** Angela Morley **D** Cathryn Damon (Martha), Shelley Fabares (Mary Alice), Tina Louise (Joan), Paula Prentiss (Sandy), Stella Stevens (Edyth) **L** 96 **E** 22.8.1986 ZDF

DER STÜRZENDE THRON (CHHATRABHANG). Das Leben in einem kleinen, den Traditionen verhafteten indischen Dorf. Während die Harijans, die Unberührbaren, ihrem mühseligen Tagwerk auf den Steinfeldern nachgehen, geht es der Kaste der Brahmanen, obwohl gleichfalls arm, noch recht gut. Als eines Tages der Brunnen der Unberührbaren austrocknet, spitzen sich die Gegensätze zu. In ihrer Not setzen sich die Armen über die überlieferten Gesetze hinweg und stürmen den Brunnen der Brahmanen. Sie erwartet nicht die Strafe der Götter, sondern die geballte Macht der Polizei. Ein parteinehmender Film, der mit ruhigen, mitunter starren Bildern soziales Unrecht anklagt und in der kargen Natur eine Metapher für die versteinerten Verhältnisse findet. (O.m.d.U.) – Ab 16. ✦ Indien 1976 **P** Asha Sheth/ Vashketu Foundation **KI** Freunde der Deutschen Kinemathek **Pd** Naaz Rovshen **R+B** Nina Shivdasani **K** Apurba Kishore Bir **M** Edgar Varese **S** Nina Shivdasani **L** 80 **E** 1976 Kino

DIE STURZFLIEGER. Ein etwas chaotischer Weltraum-Desperado, der sich im Jahr 2417 seinen Unterhalt mit kleinen Schmuggeleien in seinem abgewrackten Shuttle verdient, will mit zwei Replikanten die wertvolle Ladung einer gestrandeten Weltraumfähre »bergen«. Ein mißlungener Versuch, das Genre des Science-Fiction-Films mit dem des Roadmovies zu kombinieren. Ohne Überraschungen erzählt und uninspiriert inszeniert, leidet der Film vor allem an seiner dilettantischen technischen Gestaltung und dem überfordert wirkenden Hauptdarsteller. – Ab 14. ✦ Deutschland 1995 **P** Bavaria Film/WDR **KI** Senator/Central **VA** VMP **Pd** Günter Rohrbach **R** Peter F. Bringmann **B** Matthias Seelig **K** Frank Brühne **M** Paul Vincent Gunia **S** Annette Dorn **D** Ingo Naujoks (Rio Kowalski), Götz George (Max), Anja Kling (Angie), Michael Markfort (Spike), Paulus Manker (Garcia), Robert Fasser (Drago), Sigo Lorfeo (Luigi), Michael Habeck (Nelson Lee), Andreas Kunze **L** 117 **FSK** ab 12; f **E** 14.12.1995/9.8.1996 Video **fd** 31 669

STURZFLUG. Zwei Lübecker Hafenarbeiter verlieren ihre Illusionen von paradiesischer Südsee, als sie sich mit einem Spielgewinn eine Traumreise nach Thailand erfüllen. Eine ohne falsche künstlerische Ambitionen entwickelte Tragikomödie um die Kluft zwischen Sein und Schein. An nüchtern erfaßten nordischen und fernöstlichen Schauplätzen agieren authentische Figuren aus Alltag und Arbeitswelt. – Ab 16 möglich. ✦ BR Deutschland 1988/89 **P** Thorsten Näter Filmproduktion/ZDF **KI** Basis **Pd+R+B** Thorsten Näter **K** Thorsten Näter, Wolfgang Becker **M** Alexander Traut **S** Thorsten Näter, Wolfgang Becker **D** Wilfried Dziallas (Willi), Wolfgang Finck (Kurt), Brigitta Dresewski (Rita), Gesa Badenhorst (Elke), Horst Lütkens (Hinnerk) **L** 105 **FBW** bw **E** 20.9.1989/ 26.6.1990 ZDF **fd** 27 964

STURZFLUG DURCH DIE ZEIT →Der Biggels-Effekt

STURZFLUG IN DIE HÖLLE (ZERO PILOT). Die Abenteuer eines japanischen Piloten während des Zweiten Weltkriegs dienen als Hintergrund für eine langatmige, ermüdende Darstellung des Soldatenlebens, die geschickt allen problematischen Fragen ausweicht. ✦ Scope. Japan 1976 **P** Taikan **KI** Constantin **R** Seiji Maruyama **B** Katsuya Suzaki, nach einem Roman von Saburo Sakai **K** Rokuro Nishigaki **M** Toshiaki Tsushima **D** Hiroshi Fujioka, Taro Shigaki, Tetsuro Tamba, Naoko Otani, Takeo Jii **L** 87 **FSK** ab 16; f **E** 26.11.1976 **fd** 20 081

STURZFLUG IN DIE LIEBE. Nach dem letzten Willen ihrer Großmutter ist ein junges Mädchen als alleinige Erbin eines exotischen Palastes vorgesehen. Bevor sie das Anwesen in Besitz nehmen darf, muß sie aber eine Bedingung erfüllen: sie muß einen Einheimischen heiraten. Billigproduktion mit handelsüblichen Sexeinlagen. ✦ Österreich/Spanien 1986 **P** Transfilm/Balcazar **VA** Ufa **R+B** Hubert Frank **K** Rainer Gutjahr **D** Sonja Martin, Alfonso Isbert, Maria José Encinas, Martin Garrido **L** 80 **FSK** ab 16 **E** Video

STURZFLUG INS CHAOS – WENN SCHRÄGE VÖGEL FLIEGEN LERNEN (DUTCH TREAT). Zwei schräge Vögel, denen jeder Versuch, zu Geld zu kommen, mißlingt, gaukeln bei einem Besuch in den Niederlanden einer Frauen-Popgruppe vor, ihr in Los Angeles zu Plattenvertrag und Karriere verhelfen zu können. Mit einigen faulen Tricks gelingt es ihnen, ihr Versprechen in die Tat umzusetzen. Eine lausig in Szene gesetzte blöde Klamotte. Die »Dolly Dots« werden sich fragen müssen, ob ihnen mit dieser Werbeveranstaltung wirklich ein Gefallen getan wurde. (TV-Titel: »Pleitegeier«) – Ab 14 möglich. ✦ USA 1986 **P** Cannon/Cannon International **VA** VMP **Pd** Menahem Golan, Yoram Globus **R** Boaz Davidson **B** David Landsberg, Lorin Dreyfuss **K** John Huneck **M** Steve Bates **S** Bruria Davidson **D** David Landsberg (Jerry), Lorin Dreyfuss (Norm), The Dolly Dots, Ronnie Schell, Carol Potter **L** 90 **FSK** ab 12 **E** Juli 1989 Video **fd** 27 821

STURZFLUG INS GLÜCK (PRACTICALLY YOURS). Ein

vermeintlich abgestürzter Bomberpilot findet nach seiner Rückkehr in die Heimat plötzlich eine Verlobte vor, die er nur als frühere Arbeitskollegin in Erinnerung hatte. Des Rätsels Lösung: Bei seinem letzten Einsatz hatte er sich über Funk von seinem Hund verabschiedet, der zufällig denselben Namen hat. Mittelmäßige Komödie, die ein wenig den Rummel um sogenannte Kriegshelden und ihre Bräute aufs Korn nimmt, letztlich aber zum Durchhalteepos und Werbefilm zum Ankauf von Kriegsanleihen abrutscht. ✦ Schwarz-weiß. USA 1944 **P** Paramount **Pd+R** Mitchell Leisen **B** Norman Krasna **K** Charles Lang jr. **M** Victor Young **S** Doane Harrison **D** Claudette Colbert (Peggy Martin), Fred MacMurray (Lt. Daniel Bellamy), Gil Lamb (Albert Beagell), Cecil Kellaway (Marvin P. Meglin), Robert Benchley (Richter Oscar Simpson) **L** 89 **E** 24.5.1981 ARD

STURZFLUG INS PARADIES (FLIGHT OF FANCY). Ein amerikanischer Pilot, der auf einer Karibik-Insel notlanden musste, lehrt einen 12-Jährigen, seinen Schwiegervater in spe zu akzeptieren; im Gegenzug begreift er, dass er sich seinem Leben mit Frau und Kind stellen muss. Tätige Hilfe wird ihm dabei durch einen Inselgeist zuteil, hinter dessen Schatz die Kinder des Insel-Dorfes her sind. Gefühlsträchtige Familiengeschichte mit Fantasy-Elementen, deren einfallslose Inszenierung den Zauber und den Humor, der der Story innewohnt, nicht zur Entfaltung bringen kann. Dadurch wurde an dem eigentlichen Zuschauerpotential vorbei inszeniert. – Ab 10 möglich. ✦ USA 1999 **P** Flight of Fancy **VA** Columbia TriStar Home **Pd** Tom Musca, Morris Ruskin **R** Noel Quiñones **B** Tom Musca, Noel Quiñones, Mark Kemble **K** Henner Hofmann **M** Brahm Wenger **S** Christopher Holmes **D** Dean Cain (Clay), Talisa Soto (Mercedes), Miguel Sandoval (Frank), Kristian de la Osa (Gabriel), Carmen Moreno **L** 96 **FSK** ab 6 **E** 27.6.2000 Video **fd** 34 370

DIE STUTE (THE STUD). Der von der wesentlich älteren Frau des Inhabers ausgehaltene Geschäftsführer einer Discothek steigt aus, als er für Sexspiele an Bekannte weitergereicht werden soll. Zynische Mischung aus Sex- und Discofilm mit gängigen Hits und grenzenlos banalen Dialogen, die Sexualität und Erotik als Spielchen für gelangweilte Großbürger darstellt. (Videotitel: »Das Superbiest«) – Wir raten ab. ✦ Großbritannien 1977 **P** Brent Walker Film/Artoc **Kl** Avis/Ascot **Pd** Brent Walker **R** Quentin Masters **B** Jackie Collins, nach ihrem Roman **K** Peter Hannan **M** Sammy Cahn, Biddu **D** Joan Collins (Fontaine Khaled), Oliver Tobias (Tony Blake), Emma Jacobs, Sue Lloyd (Vanessa), Walter Gotell (Ben Khaled) **L** 98 **FSK** ab 16; nf **E** 10.8.1978 **fd** 20 881

STÜTZEN DER GESELLSCHAFT. Ein reicher und skrupelloser norwegischer Reeder wird durch die Ankunft seines Schwagers aus Amerika, der um dunkle Punkte in seiner Vergangenheit weiß, aus der Bahn geworfen. Ein Schiffsunglück gibt ihm Gelegenheit zur Buße und zum würdevollen Untergang. Schicksalsgetränktes Ufa-Drama nach einem Bühnenstück von Ibsen, entstanden unter der Regie von Detlef Sierck, der zwei Jahre später Hitler-Deutschland verließ und in den USA als Douglas Sirk eine zweite Karriere begann. ✦ Schwarz-weiß. Deutschland 1935 **P** Ufa **Pd** Robert Neppach **R** Detlef Sierck (= Douglas Sirk) **B** Georg C. Klaren, Karl Peter Gillmann, nach dem Bühnenstück von Henrik Ibsen **K** Carl Drews **M** Franz R. Friedl **S** Friedel Buckow **D** Heinrich George (Konsul Bernick), Maria Krahn (Betty Bernick), Horst Teetzmann (Olaf Bernick), Albrecht Schoenhals (Johannes Tönessen), Suse Graf (Dina Dorf) **L** 84 **FSK** ab 18 **E** 21.12.1935/10.2.1974 ZDF

SUB DOWN – DAS PORTLAND-INFERNO (SUB DOWN / CRUSH DEPTH). Dramatik um ein havariertes Atom-U-Boot, das manövierunfähig auf dem Boden des Polarmeeres liegt. Ein sicherer Plot für Viel-Seher, doch alle Potentiale des Films werden verschenkt, weder werden eine glaubhafte Geschichte noch überzeugende Charaktere entwickelt und auch der Spannungsaufbau läßt mehr als zu wünschen übrig. Der Film eines namenlosen Regisseurs, der sich mit der Verwendung des freien Hollywood-Pseudonyms »Alan Smithee« vom Desaster distanzieren möchte. (Titel auch: »Verschollen in der Tiefe«) – Ab 16. ✦ Luxemburg/USA 1997 **P** Emergent/Carousel Pic. **VA** Warner Home **Pd** Silvio Muraglia, Daniel Sladek **R** Alan Smithee (hier: Gregg Champion) **B** Howard Chesley **K** Hiro Narita, Rolf Buegler (Unterwasser) **M** Stefano Mainetti **S** Cary Shott, Gary Scott **D** Stephen Baldwin (Rick), Gabrielle Anwar (Laura), Tom Conti (Harry), Chris Mulkey (Kommandant), Tony Plans (Erster Offizier) **L** 88 **FSK** ab 12 **E** 10.7.1998 Video/4.8.1999 premiere **fd** 33 333

SUBDOWN – VERSCHOLLEN IN DER TIEFE →Sub Down – Das Portland-Inferno

DER SUBJEKTIVE FAKTOR. Die Entwicklung einer jungen Frau, die während der Studentenbewegung zwischen 1967 und 1970 an der Entstehung einer neuen Frauenbewegung beteiligt ist. Eine locker verbundene Szenenfolge, die Spielszenen mit Dokumentaraufnahmen verbindet und bewußt die Subjektivität der Darstellung betont. Die allmähliche Entwicklung des Bewußtseins der Hauptfigur und ihre Schwierigkeiten, sich gegen die auf politische Theorie pochenden Männer durchzusetzen, sind überzeugend gestaltet. – Ab 16. ✦ BR Deutschland 1981 **P** Helke Sander/ZDF **Kl** Basis **Pd** Marianne Gassner **R+B** Helke Sander **K** Martin Schäfer **M** Heiner Goebbels **S** Ursula Höf, Dörte Völz **D** Angelika Rommel (Anni), Tobias Delius (Andres, ihr Sohn), Kai Opitz (Andres, ihr Sohn), Nikolaus Dutsch (Luc), Lutz Weidlich (Jörn), Nils Delius (Andres, ihr Sohn), Dominik Bender (Matthias), Johanna Sophia (Annemarie), Tillmann Braun (Till), Klaus Trebes (Uwe) **L** 138 **FBW** bw **E** 12.6.1981/16.7.1981 ZDF **fd** 23 041

SUBMARINE – U-BOOTE GREIFEN AN →X-Boote greifen an

SUBS/SABS (SUBS/SABS). Eine sehr freie Adaption von Jack Kerouacs Beat-Generation-Erzählung »The Subterraneans«. Entstanden ist keine Geschichte im klassischen Sinne, sondern eine assoziative Aneinanderreihung von Stimmungen, Bildern und Situationen. Ohne reale Bezüge – ein abstraktes Land, handelnde Personen ohne Namen, austauschbare Wohnungen – verdichten sich die Szenen zu einer Studie menschlicher und gesellschaftlicher Orientierungslosigkeit. Der trotz symbolischer Bezüge dokumentarisch-nostalgische Stil des Films wird durch die Verwendung von altem Schwarz-Weiß-Rohfilm-Material unterstrichen. (O.m.d.U.) ✦ Schwarz-weiß. Russland 1995 **P** Teleschow Film/Studio Daltelefilm (Pazifistische staatliche Rundfunkgesellschaft) **Kl** Freunde der Deutschen Kinemathek **Pd+R** Gleb Teleschow **B** Gleb Teleschow, nach der gleichnamigen Erzählung von Jack Kerouac. **M** Richard Rodgers, Duke Ellington, Paco de Lucia, Valeri Tschekalin, Juri Logatschow **D** Djjewuschka Marion, Leonid Schewtschenko, Konstantin Salinkow, Juri Logatschow, Andrej Rakunow, Jewgeni Swidjonny, Anatoli Tichonow **L** 65 **E** 1996 Kino

SUBSPECIES IV – IM BLUTRAUSCH (SUBSPECIES 4 – BLOODSTORM). Der missglückte Mordanschlag auf einen Vampir-Fürsten weckt dessen Rachegelüste, die sich auf seine aktuelle Mätresse konzentrieren. Als diese auf der Flucht einen Verkehrsunfall erleidet und den merkwürdigen Ärzten einer Privatklinik ausgeliefert ist, entspinnt sich ein Kampf auf Leben und Tod, da die Mediziner überzeugt sind, Vampirismus stoppen zu können. Wiederum in Rumänien aufgenommener vierter Teil einer Vampir-Serie, der zwar die Stereotypen des Genres erfüllt, dessen Mängelliste jedoch so alt ist wie die Serie selbst. ✦ USA 1998 **P** Full Moon/THE Kushner-Locke **VA** Envision **Pd** Kirk Edward Hansen, Vlad Paunescu **R+B** Ted Nicolaou **K** Adolfo Bartoli **M** Richard Kosinski (= Richard Koz Kosinski), John Zeretzka **S** Gregory Sanders **D** Anders Hove (Radu Vladislas), Denice Duff (Michelle Morgan), Jonathan Morris (Ash), Ioana Abur (Ana Lazar), Mihai Dinvale (Doktor Niculescu) **L** 91 **FSK** ab 16 **E** 25.4.2000 Video

SUBURBIA – REBELLEN DER VORSTADT (SUBURBIA). Einige Jugendliche versuchen aus dem tristen Leben einer amerikanischen Vorstadt auszubrechen, finden als »Punks« zusammen und ziehen gemeinsam in ein verlassenes Haus. Als in ihrem Club-Lokal ein Mord geschieht, glauben die Bürger der Stadt, endlich einen Grund zu haben, um gegen die verhaßten Provokateure gewaltsam vorzugehen. Ein Film voller Klischees, doch man merkt ihm das Engagement aller Beteiligten an. Die Geschichte versucht, die unterschiedlichsten Formen der Gewalt aufzufächern und zeigt die Risse in der Fassade bürgerlicher Wohlanständigkeit. ✦ USA 1983 **P** Roger Corman – Bert Dragin Prod. **VA** Vestron **Pd** Bert L. Dragin **R+B** Penelope Spheeris **K** Timothy Suhrstedt **M** Alex Gibson **S** Ross Albert **D** Andrew Pece (Ethan Johnson), Don Allen (Officer Rennard), Chris Pedersen (Jack), Bill Coyne (Evan Johnson), Jennifer Clay (Sheila) **L** 96 **FSK** ab 18 **E** 28.10.1985 Video **fd** 25 480

SUBURBIA – SIXPACKS, SEX + SUPERMARKETS (SUBURBIA). Abend für Abend trifft sich in einer amerikanischen Stadt eine Clique junger Erwachsener an einer Tankstelle, um mit Bier und endlosem Gerede die Zeit totzuschlagen. In der Nacht, deren Verlauf der Film schildert, wird Besuch erwartet: Einer aus der High-School-Zeit, der die Karriereleiter nach oben gefallen und Rockstar geworden ist. »Slacker«-Film auf der Grundlage eines Bühnenstücks, der viel Energie auf die Exposition der Figuren verwendet und durch eine starke schauspielerische Ensemble-Leistung überzeugt. Dagegen wirken die Versuche, Auswege aus den biografischen Sackgassen anzudeuten, bemüht und laufen der analytischen Logik des Films bisweilen zuwider. – Ab 16. ✦ USA 1996 **P** Detour Prod. **Kl** Concorde-Castle, Rock/Turner **VA** Columbia TriStar **Pd** Anne Walker-McBay **R** Richard Linklater **B** Eric Bogosian, nach seinem gleichnamigen Bühnenstück. **K** Lee Daniel **M** Sonic Youth **S** Sandra Adair **D** Steve Zahn (Buff), Amie Carey (Sooze), Nicky Katt (Tim), Dina Spybey (Bee-Bee), Jayce Bartok (Pony), Samia Shoaib (Pakeesa), Ajay Naidu (Nazeer), Giovanni Ribisi **L** 121 **FSK** ab 12; f **E** 3.7.1997/14.7.1998 Video **fd** 32 615

DIE SUBVERSIVEN (I SOVVERSIVI). Am Beispiel von vier fiktionalen Einzelporträts (der Ehefrau eines Parteifunktionärs, eines venezolanischen Emigranten, eines Philosophieprofessors und eines Filmregisseurs) demonstrieren die Brüder Taviani unterschiedliche Reaktionsweisen der italienischen Linken auf den Tod ihres Führers Togliatti im Jahre 1964: ein facettenreiches Puzzle, in dem Ratlosigkeit und Hoffnung, Resignation und Neubeginn, Larmoyanz und kritische Selbstbesinnung unmittelbar miteinander konfrontiert werden. Unter Verzicht auf didaktische Besserwisserei offeriert der Film umfangreiches Anschauungsmaterial zur italienischen Politik und Gesellschaft der späten 60er Jahre. Ein auch in seiner Gestaltung sehr interessanter Film, der durch seine schnellen Schnitte ungeheuere Rasanz erhält. ✦ Schwarz-weiß. Italien 1967 **P** Ager **R+B** Paolo Taviani, Vittorio Taviani **K** Gianni Nazisi, Giuseppe Ruzzolini **M** Giovanni Fusco **S** Franco Taviani **D** Ferruccio De Ceresa (Ludovico), Lucio Dalla (Ermanno), Giorgio Arlorio (Sebastiano), Marija Tocinoski (Giulia), Fabienne Fabre (Giovanna), Giulio Brogi (Ettore), Pier Paolo Capponi (Muzio) **L** 90 **E** 12.5.1969 ARD **fd** 16 103

SUBWAY (SUBWAY). In der Kunstwelt der Pariser Metro stellt ein junger Mann, der zwischen die Fronten von Polizei und Gangstern geraten ist, eine Rock-Band zusammen und erlebt eine zärtliche Liebesromanze. Ästhetisch eindrucksvolle Version des »film noir« und Hommage an die Eingeweide von Paris, die Metro, von spürbarer Sympathie für seine

Personen getragen. Stimmungsvolles modernes Dekor-Kino. – Ab 16. ✦ Scope. Frankreich 1985 **P** Les Films du Loup/TFS/Gaumont/TFI **KI** Tobis **VA** CBS/Fox **DVD** BMG (16:9, 2.35:1, DD5.1 frz./dt., DTS dt.) **Pd** Luc Besson, François Ruggieri **R** Luc Besson **B** Luc Besson, Pierre Jolivet, Alain Le Henry, Marc Perrier, Sophie Schmit **K** Carlo Varini **M** Eric Serra, Rickie Lee Jones **S** Sophie Schmit **D** Christopher Lambert (Fred), Isabelle Adjani (Helena), Michel Galabru (Inspektor Gesberg), Richard Bohringer (Blumenverkäufer), Jean-Hugues Anglade (Roller-Skater) **L** 102 **FSK** ab 12; f **E** 13.2.1986/November 1986 Video/20.8.2001 DVD **fd** 25 452

SUBWAY RIDERS (SUBWAY RIDERS). Die Geschichte eines Musikers, der an der entseelten Großstadt zerbricht, zum mehrfachen Mörder wird und zuletzt den Tod findet. Der Film stilisiert New York in einer Art modernen Höllenvision als Ort der Verzweiflung, der Einsamkeit und Gewalt, aus dem es kein Entrinnen gibt. Eine beklemmende Vision, gelungen vor allem in der konsequenten Farb- und Musikdramaturgie; durch die spröde Erzählweise und den hohen Stilisierungsgrad jedoch nur einem begrenzten Publikum zugänglich. ✦ USA 1981 **P** HEP **KI** Freunde der Deutschen Kinemathek **VA** absolut MEDIEN **R+B** Amos Poe **K** Johanna Heer **M** Robert Fripp, Ivan Kral, The Lounge Lizards **S** Orlando Gallini, Johanna Heer, Amos Poe **D** Susan Tyrrell (Eleanor Langley), Robbie Coltrane (Fritz Langley, Detektiv), John Lurie (Ant Zindo), Amos Poe (Ant Zindo), Cookie Mueller (Penelope Trasher) **L** 120 **E** 28.5.1982/Dezember 1999 Video **fd** 23 877

SUBWAY STORIES (SUBWAY STORIES). Drei Episoden aus der New Yorker U-Bahn. 1. »The Red Shoes«: Ein Bettler provoziert einen Streit mit einer wohlhabenden Dame. Ein abgekartetes Spiel? 2. »Fern's Heart of Darkness«: Eine Touristin bemerkt nicht, daß ein U-Bahnhof für einen Tag geschlossen ist, muß dort die Nacht verbringen und wird anderntags für eine Obdachlose gehalten. 3. »5:24«: Ein älterer Herr gibt todsichere Börsentips, und ein junger Zauderer verpaßt das Geschäft seines Lebens. Grundlage für die Episoden lieferten wahre Begebenheiten. Aus über 1000 eingesandten Geschichten wurden zehn ausgewählt und produziert, heitere Episoden stehen neben grotesken und traurigen. ✦ USA/Deutschland 1997 **P** HBO/premiere **Pd** Jonathan Demme, Edward Saxon **R** Craig McKay (1), Patricia Benoît (2), Bob Balaban (3) **D** Denis Leary, Rosie Perez, Michael Rapaport, Mercedes Ruehl, Lili Taylor, Steve Zahn **L** 75 **E** 15.9.1997 premiere

SUCH DEIN GLÜCK, ZIGEUNER (KDO SE BOJI, UTIKA). Kurz nach Ende des Zweiten Weltkriegs muß ein junger Lehrer, der den Kindern der Landarbeiter Lesen und Schreiben beibringt, eine doppelte Bewährungsprobe bestehen. Zum einen bekämpft ihn der Vorarbeiter, der die Freiheit der Roma-Kinder durch die Schulpflichten eingegrenzt sieht, zum anderen intrigiert ein Buchhalter gegen ihn, der die Arbeiter ausnutzt. Ein »historischer« Kinderfilm, der spannende Ereignisse um menschliches Recht und Unrecht mit einem Einblick in die jüngere tschechische Vergangenheit verknüpft. Hierzulande dürfte der einiges an Wissen voraussetzende Film jüngere Kinder überfordern. (Westdeutscher Titel: »Wer Angst hat, läuft davon«) – Ab 12. ✦ CSSR 1986 **P** Filmstudio Barrandov **KI** Progress **VA** Landeszentrale für pol.Bildung **R** Dusan Klein **B** Dusan Klein, Ladislav Pechácek, nach einem Roman von Josef Pohl **K** Jaroslav Brabec **M** Zdenek Marat **D** Ludek Munzar (Trabach), Pavel Kríz (Miroslav Dudek), Petr Cepek (Mizikar), Josef Somr (Soucek), Zita Furková (Mizikarová) **L** 99 **E** 29.4.1988 Kino DDR/7.9.1989 DFF 1/29.9.1989 ARD

SUCH NICHT NACH MIR (FOR TORS SKYLD). Als sein Vater immer mehr dem Alkohol verfällt und die Mutter ihren Mann verläßt, läuft ein Junge weg und versteckt sich in den Wäldern, wo er einst glückliche Tage mit dem Vater verlebte. Seine Freunde helfen ihm, wieder zurückzufinden. Der Vater entschließt sich zu einer Entziehungskur. Jugendfilm, der neben der Familienproblematik das Thema der Freundschaft unter Jugendlichen behandelt und ihre Solidarität demonstriert. In der Problemdarstellung zwar vereinfachend und oberflächlich, bietet der redlich bemühte Film dennoch positive Diskussionsansätze. – Ab 14 möglich. ✦ Norwegen 1982 **P** Norsk Film **R** Knut Andersen **B** Mattis Mathiesen **K** Björn Jegerstedt **D** Jacob Ormen, Monica Sidselrud, Aalto Braveboy, Hege Kleven, Per Rollvang **L** (TV) 85 **E** 15.11. 1985 ARD

DIE SUCHE (1979) (DJOSTODJO). Dokumentarfilm über Massaker im Iran des Schah-Regimes, ausgehend von dem Blutbad am 8. September 1978, dem zahllose Menschen zum Opfer fielen, bis zum 11. Februar 1979, dem Tag des Revolutionssieges und der Rückkehr des Schiitenführers Ajatollah Ruhollah Khomeini aus dem Exil. Ein Film im Propaganda-Dienst der am 30. März 1979 durch Volksabstimmung etablierten Islamischen Republik. (O.m.d.U.) ✦ Iran 1979 **P** Voice and Vision of the Islamic Republic of Iran **KI** Freunde der Deutschen Kinemathek **R+B** Amir Naderi **K** Bahram Molai **L** 85

DIE SUCHE (1985) →Das tödliche Inserat

SUCHE-BATOR (JEWO SOWUT SUCHE-BATOR). Suche-Bator organisierte den Kampf der Araten und Jäger in der Mongolei und stellte unter schwierigen Bedingungen ein Volksheer auf, das in Allianz mit der Roten Armee gegen das chinesische Militär, den einheimischen Feudaladel und die buddhistischen Lamas kämpfte. 1920/21 führte er die mongolische Volksrevolution an. Die Zeitspanne des Films umfaßt die Gründung erster revolutionärer Zirkel bis zum Aufstand. ✦ Schwarz-weiß. UdSSR/Mongolei 1942 **P** Lenfilm/Mongolkino **R** Alexander Sarchi, Jossif Cheifiz **B** B. Lapin, S. Chazrewin, Jossif Cheifiz **K** A. Ginzburg **M** B. Arapow **D** Maxim Schtrauch (W. I. Lenin), S. Goldstab (J. W. Stalin), Lew Swerdlin (Suche-Bator), G. Dorshi (Tschoibalsan) **L** 105 **E** 11.7. 1979 DFF 2

SUCHE DEN WIND (TSTSCHI WETRA). Das Schicksal eines ehemaligen zaristischen Offiziers, der während der Zeit des Bürgerkrieges mit seiner Braut auf einem Gestüt in Mittelasien lebt. Dort muß er sich gegen die Angriffe der Weißgardisten wehren und versuchen, das Mißtrauen der Rotarmisten auszuräumen. – Ab 16. ✦ UdSSR 1979 **P** Filmstudio Swerdlowsk **KI** Progress **R+B** Wladimir Ljubomudrow **K** Wladimir Bondarew, Rudolf Sujew **M** Eduard Artemjew **D** Konstantin Grigorjew (Pawel), Pawel Kadotschnikow (Sergej Sergejewitsch), Jelena Proklowa (Natascha), Lew Prigunow (Viktor), Alexander Porochowschtschikow (Hauptmann) **L** 80 **E** 9.5.1980 Kino DDR/28.6.1983 DFF 2

DIE SUCHE NACH DEM WUNDERBUNTEN VÖGELCHEN. Den Kindern eines Kinderheims wird ein bunter Vogel gestohlen, der wunderbar zu zwitschern versteht. Gemeinsam mit einigen hilfsbereiten Volkspolizisten machen sich einige der Kinder auf die Suche. Auf einem Rummelplatz geraten sie in Gefahr, aber können am Ende auch den Täter überlisten. Märchenhafter Kinderkrimi, der spannend und witzig über kleine Detektive und ihre großen Freunde reflektiert und unaufdringlich für die Arbeit der Polizei wirbt. – Ab 6. ✦ DDR 1964 **P** DEFA, Gruppe »konkret« **KI** Progress **Pd** Anni von Zieten **R** Rolf Losansky **B** Günther Mehnert, Rolf Losansky, nach dem gleichnamigen Kinderbuch von Franz Fühmann **K** Lothar Gerber **M** Gerhard Rosenfeld **S** Lotti Mehnert **D** Willi Schrade (Hauptwachtmeister Wiesel), Ernst-Georg Schwill (Hauptwachtmeister Löffelholz), Eberhard Kube (Zauberer Sassafraß), Evamaria Bath (seine Frau), Bruno Carstens (Zuckerwattemann), Fred Delmare (Vogelstimmenmann), Ulrich Mende (Lutz), Monika Wagner (Bärbel), Marion Minnich (Sonja) **L** 64 **E** 6.3.1964 Kino DDR/13.3.1976 DFF 1/23.10. 1994 ORB

SUCHE NACH DEN PLATANEN (ACCROCHE-COEUR). Von seiner Frau, einer berühmten Schauspielerin, verlassen, unternimmt ein Architekt mit seiner 17jährigen Geliebten eine Spritztour nach Südfrankreich. Zunächst will der Mann das Mädchen auf dem schnellsten Weg loswerden; allmählich aber beginnt er, die Beziehung mit anderen Augen zu sehen. Erstlingsfilm, der mit aufrichtigem Ton, schönen Bildern und sicher geleiteten Schauspielern die Liebe zwischen zwei Menschen erforscht; indem sie zuviel Gewicht auf die Worte legt, vernachlässigt die Regisseurin jedoch filmsprachliche Ausdrucksmittel. ✦ Frankreich 1987 **P** Extension/Synchronie/Europimages **R** Chantal Picault **B** Chantal Picault, nach »Les Platanes« von Monique Lange **K** Gilberto Azevedo **M** Luc Le Masne **S** Frédéric De Châteaubriant **D** Patrick Bauchau (Léo), Sandrine Dumas (Sara), László Szabó, Elisabeth Kaza, Zazie Delem **L** 92 (DDR 85) **E** 1.9.1990 DFF 1/28.6.1994 MDR

DIE SUCHE NACH DER HUNGERSNOT (AKALER SANDHANEY). Ein Filmteam aus Kalkutta reist im Frühherbst 1980 ins bengalische Hinterland, um Szenen zu einem Film über die katastrophale Hungersnot zu rekonstruieren, der 1943 fünf Millionen Bengalen zum Opfer fielen. Zunächst wird das Team mit Respekt und Interesse aufgenommen, doch bald schlägt die Stimmung um, da die Männer des Dorfes argwöhnen, daß durch die Darstellung des Hungers und insbesondere durch die Filmfigur einer Ehebrecherin, die sich aus Hunger verkauft, die Ehre des Dorfes in Gefahr gerät. Das Team muß seine Recherchen abbrechen. Ein Film, der nicht nur die immer noch herrschenden unüberbrückbaren Bewußtseinsunterschiede zwischen Stadt und Land spiegelt, sondern auch das Selbstverständnis, die Verantwortlichkeit und die Grenzen des Künstlers reflektiert. Komplex in seiner Struktur, macht er mit Wertvorstellungen und Traditionen des indischen Bundeslandes Bengalen vertraut. – Sehenswert ab 16. ✦ Indien 1980 **P** DK Films Enterprise **Pd+R** Mrinal Sen **B** Mrinal Sen, nach einer Geschichte von Amalendu Chakraborty **K** K. K. Mahajan **M** Salil Chowdhury, Gangadhar Naskar **S** Gangadhar Naskar **D** Dhritiman Chatterjee (der Regisseur), Smita Patil (Smita), Sreela Majumdar (die Frau), Gita Sen, Dipankar Dey (Dipankar) **L** 125 **E** 25.3.1987 ZDF

DIE SUCHE NACH DER SILBERNEN GLOCKE (BAYOU-BOY). Ein Junge, der bei einem Unfall seine Eltern verloren hat, lebt mit der Familie seines Onkels in den Sümpfen Louisianas. Er setzt alles daran, die in einem Gewässer versunkene silberne Glocke seines Vaters wiederzufinden, um sie der neu erbauten Kirche der Gemeinde zu schenken. In dem See haust aber ein gefährlicher Alligator, den der Junge in eine Falle locken will. Abenteuerfilm für Kinder aus der Werkstatt von Walt Disney. – Ab 14 möglich. ✦ USA 1971 **P** Walt Disney **R** Gary Nelson **B** Louis Pelletier **K** William Cronjager **M** Buddy Baker **S** Richard Francis-Bruce, Lloyd L. Richardson **D** Mitch Vogel (Jeannot), John McIntire (Pater Boudreau), Frank Silvera (Onkel Maxim), Jeanette Nolan (Tante Louise), Percy Rodrigues (Charbot) **L** 90 **E** 2.6.1983 ARD

SUCHE NACH LEBEN →Hans Eppendorfer: Suche nach Leben

DIE SUCHE – THE SEARCH →Das tödliche Inserat

SUCHKIND 312. Ein tragisches Nachkriegsproblem – das Schicksal der durch Bombenkrieg und Flucht von ihren Eltern getrennten Kinder – macht der Film mit heuchlerischem moralischen Anspruch zum Gegenstand oberflächlich rührseliger Unterhaltung. Verfilmung eines seinerzeit erfolgreichen Illustriertenromans. – Ab 14. ✦ Schwarz-weiß. BR Deutschland 1955 **P** Unicorn **KI** NF **Pd** Alfred Bittins **R** Gustav Machaty **B** Gustav Machaty, Werner P. Zibaso, nach dem gleichnamigen Roman von Hans-Ulrich Horster **K** Otto Baecker **M** Bernhard Eichhorn **S** Herbert Taschner **D** Inge Egger, Paul Klinger, Ingrid Simon, Heli Finkenzeller, Alexander Kerst **L** 100 **FSK** ab 16; f **E** 10.11.1955

SUCHT MICH NICHT – MACHT WEITER. Deutscher

Dokumentarspielfilm über das Leben des kolumbianischen Priesters Hector Gallego, der in Panama bei den Campesinos, den Landarbeitern, wirkte. Weil er mit der Gründung von Genossenschaften gegen die Interessen der Großgrundbesitzer verstieß, wurde er von seinen Feinden verschleppt und wahrscheinlich ermordet. Der Film erreicht mit seinen eindringlichen Bildern und Interpreten ein hohes Maß an Glaubhaftigkeit und liefert einen aufrichtigen Beitrag zur Befreiungstheologie in Lateinamerika. – Ab 16. ✦ BR Deutschland 1976 **P** Tellux **SF** Katholisches Filmwerk **R+B** Bernd Grote **K** Wolfgang Treu **D** Humberto Quintiro, Misael Torres, Glorianito Alfredo Gonzales, Fabio Camero, Mario Garcio **L** 90 **E** 1980 Kino **fd** 22 389

DIE SUCHT NACH HUREN (SECRETS OF A MARRIED MAN). Nach zwölf Jahren scheinbar glücklicher Ehe knüpft ein biederer Ingenieur Kontakte zum Rotlichtmilieu und beginnt eine leidenschaftliche Affäre mit einer Prostituierten, die anders als die anderen zu sein scheint. Er hat jedoch nicht mit ihrem gierigen Zuhälter gerechnet, der ihn fortan erpresst. Nun muss der Mann reinen Tisch machen und damit seine Ehe in Gefahr bringen. Ehedrama, dessen Farbgebung den verschiedenen Milieus angepasst ist: Das Eheleben findet in grau-baunen Interieurs statt, die Welt der Huren ist grellbunt, die der Geliebten pastellfarben. ✦ Italien/USA 1984 **P** RAI **Pd** R. W. Goodwin **R** William A. Graham **B** Dennis Nemec **K** Robert Steadman **M** Mark Snow **S** Ronald J. Fagan **D** William Shatner (Chris Jordan), Michelle Phillips (Katie Jordan), Glynn Turman (Jesse), Cybill Shepherd (Elaine), Jackson Davies (Terry) **L** 91 **E** 23.2.2000 tm3

SUCHT NACH LIEBE (SOMEONE TO LOVE ME). Nach dem Unfalltod des Vaters und dem Umzug mit seiner Mutter nach Seattle findet ein Mädchen im besten Teenie-Alter kaum Anschluss. Statt sich anbahnende Freundschaften zu pflegen, lässt es sich kurz hintereinander mit drei Jungs ein und erlangt rasch einen zweifelhaften Ruf. Als einer von ihnen das Mädchen vergewaltigt, entschließt es sich mit Hilfe der Mutter zur Klage; doch die Chancen, dass man ihnen glaubt, stehen schlecht. Gesellschaftskritisches Drama, das sich gegen die Doppelmoral der amerikanischen Mittelklasse wendet, die einerseits von Mädchen Cheerleader-Qualitäten verlangt, andererseits erwartet, dass die jungen Frauen nicht »auffällig« werden. ✦ USA 1998 **R** Chuck Bowman **B** Elizabeth Gill, nach einer Story von Jill E. Blotevogel **K** Peter Benison **M** Stacy Widelitz **D** Lynda Carter (Diane Young), Jessica Bowman (Cayley Young), Scott Foley (Ian Hall), Julie Patzwald (Leigh Eversol), Andrea Nemeth (Kim McKay) **L** 85 **E** 9.12.2001 ARD

SÜCHTIG (1988) (CLEAN AND SOBER). Ein Angestellter mit Alkoholproblemen zieht sich in eine Entziehungsklinik zurück, um den Fragen der Polizei nach einer Drogentoten zu entgehen. Zunächst mimt er den Süchtigen nur, doch bald wächst bei ihm die Erkenntnis, daß er Hilfe und einen Therapieplatz braucht. Ruhig und umsichtig aufgebaute Geschichte, die durch die unspektakuläre Weise, in der sie erzählt wird, zumindest im ersten Teil überzeugt. Ein nachdenklich stimmender Unterhaltungsfilm, der mit seinem Hauptdarsteller zwar nicht ideal besetzt ist, doch dessen Nebenfiguren zu überzeugen vermögen. (Alternativtitel: »Clean and Sober«.) – Ab 16. ✦ USA 1988 **P** Warner Bros./Imagine **KI** Warner **VA** Warner Home **Pd** Tony Ganz, Deborah Blum, Jay Daniel **R** Glenn Gordon Caron **B** Tod Carroll **K** Jan Kiesser **M** Gabriel Yared **S** Richard Chew **D** Michael Keaton (Daryl Poynter), Kathy Baker (Charlie), Morgan Freeman (Craig), M. Emmet Walsh (Richard Dirks), Tate Donovan (Donald) **L** 119 **FSK** ab 12 **E** 5.7. 1990/15.4.1991 Video **fd** 28 964

SÜCHTIG (2001). Zehn Jahre lang protokollierten die Filmemacher das Leben einer drogenabhängigen jungen Frau, zeichneten die Versuche nach, die Abhängigkeit zu überwinden und dokumentierten den körperlichen und seelischen Verfall. Entstanden ist ein Dokument der Hilflosigkeit, in dem auch die Mutter und Freunde der Abhängigen zu Wort kommen. ✦ Deutschland 2001 **R** Sabine Braun, Jens Hamann **L** 90 **E** 8.8.2001 ARD

SÜCHTIG – DIE IN DER GOSSE ENDEN (LOS VICIOSOS). In dem argentinischen Groschenheftfilm kämpft die Kriminalpolizei gegen Mädchen- und Rauschgifthändler. Eine dumme Kolportage mit fragwürdigen Helden und falscher Tragik. (Titel auch: »Kokain – Die in der Gosse enden«) ✦ Schwarzweiß. Argentinien 1962 **P** Argentina Sono **KI** Sonderfilm **R** Enrique Carreras **B** Sixto Pondal Rios **K** Ricardo Agudo **M** Lucio Milena **D** Graciela Borges, Jorge Salcedo, Eduardo Cuitino, Miriam de Urquijo, Ines Moreno **L** 85 **FSK** ab 18; nf **E** 21.2.1964 **fd** 12 598

DIE SÜCHTIGEN (GOD BLESS THE CHILDREN). Ein Psychiater in einer kalifornischen Stadt versucht mit Hilfe eines jungen Lehrers, der selbst Drogenerfahrung hat, Kontakt zu süchtigen Jugendlichen zu bekommen. Gutgemeinter Antidrogenfilm mit geringem Informationsgehalt. – Ab 16. ✦ USA 1970 **P** Universal **R** Daryl Duke **B** Jerrold Freedman **K** Richard C. Glouner **D** Roy Thinnes, Pete Duel, Luther Adler, John Rubinstein, Joy Bang **L** 100 **E** 9.10.1971 ARD

SUCK MY DICK. Die erdachte Kunstfigur eines Bestseller-Autors entschlüpft den Gedanken ihres Schöpfers und macht sich selbständig, um ihn in eine Reihe peinlicher Situationen zu verwickeln. Was als Sexualfarce über männliche Kastrations- und Verlustängste beginnt, weitet sich zur bitterbösen Gesellschaftssatire, die mit grellen Mitteln und einer mitunter hysterischen Grundstimmung eine Generalabrechnung mit den Zuständen in unserer Republik sucht. Hervorragende, bis zur Selbstaufgabe bereite Darsteller tragen die pointiert-widerborstige, durchaus schmerzhafte Satire, die insgesamt aber zwiespältig bleibt: Der permanente Einsatz von Überzeichnungen und vulgären Elementen trägt eher zur Abstumpfung als zur tieferen Auseinandersetzung mit Zeitströmungen bei. ✦ Deutschland 2000/01 **P** Helkon Media Filmproduktion **KI** Filmwelt **Pd** Werner Koenig **R+B** Oskar Roehler **M** Martin Todsharow **S** Gergana Voigt **D** Edgar Selge (Dr. Jekyll), Ralf Richter (Hyde), Katja Flint (Jeanny), Wolfgang Joop (Dorian), Franziska Walser (Corinna), Hannelore Elsner (Zahnarzthelferin), Zora Holt (Julia), Sonja Kerskes (Babsy) **L** 82 **E** 8.11.2001 **fd** 35 131

SÜD PAZIFIK →South Pacific

SUDAN (SUDAN). Die schöne junge Königin eines alten Reiches entlarvt den Ratgeber am Hof als Sklavenhändler und Mörder ihres Vaters. Nach Western-Klischee inszenierter Orient-Kitsch. – Ab 14. ✦ USA 1945 **P** Universal **KI** Universal **Pd** Paul Malvern **R** John Rawlins **B** Edmund L. Hartmann **K** George Robinson **M** Milton Rosa **S** Milton Carruth **D** Maria Montez (Naila), Jon Hall (Merab), Turhan Bey (Herua), Andy Devine (Nebka), George Zucco (Horadel), Phil von Zandt (Setna) **L** 74 **FSK** ab 12; nf **E** 19.6.1951 **fd** 1 230

SUDDEN DEATH (SUDDEN DEATH). Ein tüchtiger Stadion-Hausmeister vereitelt eine Geiselnahme beim Eishockey. Ein mißlungener Versuch, an gängige Action-Muster à la »Stirb langsam« anzuknüpfen. Der Einfallsreichtum des Films erschöpft sich in Brutalitäten. ✦ Scope. USA 1995 **P** Universal **KI** UIP **VA** CIC **DVD** Universal Home (16:9, 2.35:1, DD5.1 engl./dt.) **Pd** Moshe Diamant, Howard Baldwin, Richard Cohen **R** Peter Hyams **B** Gene Quintano **K** Peter Hyams **M** John Debney **S** Steven Kemper **D** Jean-Claude Van Damme (Darren), Powers Boothe (Joshua Foss), Raymond J. Barry (Vize-Präsident), Whittni Wright (Emily), Dorian Harewood (Tyler) **L** 110 **FSK** ab 16; f **E** 4.4.1996/21.11.1996 Video/ 2.11.1999 DVD **fd** 31 771

SÜDEN (SUD / SOUTH). Eigentlich wollte die belgische Regisseurin Chantal Akerman die Ursachen ihrer Faszination für die amerikanischen Südstaaten filmisch ausloten. Doch ein Lynchmord an einem jungen Schwarzen im Vorfeld der Dreharbeiten veränderte die Absicht grundlegend. Nun steht eine Gewalttat im Vordergrund, die die Wahrnehmung der Realität grundlegend beeinflusst. ✦ Frankreich/Belgien/ Finnland 1999 **P** AMIP/Carré Noir/Radio-télévision belge/Finnish Broadcasting Company (YLE)/INA/La Sept-Arte/Paradise **Pd** Xavier Carniaux **R+B** Chantal Akerman **K** Raymond Fromont **S** Claire Atherton **L** 71 **E** 8.9.1999 arte

DER SÜDEN (1983) →El Sur (Der Süden)

DER SÜDEN (1991) (EL SUR). Verfilmung einer Erzählung von Borges. Ein deutschstämmiger Bibliothekar in den Vierzigern, der sich in die Welt der Bücher geflüchtet hat, reist, von der Vision seines eigenen Todes fasziniert, auf den Spuren des Vaters in den tiefen Süden Argentiniens, um sich seinem Schicksal zu stellen. ✦ Spanien 1991 **P** Televisión Española/Iberoamericana Films **R** Carlos Saura **B** Carlos Saura, nach der Erzählung von Jorge Luis Borges **K** José Luis Alcaine **S** Pablo G. del Amo **D** Oscar Martínez (Juan Dahlmann), Gerardo Romano (Carlos Manchón/Matón), Nini Gambier (Doña Rosario Flores), Villanueva Cosse (Don Alejandro) **L** 57 **E** 29.4.1995 arte

SÜDEN (SUR) (SUR / LE SUD). Argentinien 1983: Die Generäle haben abgedankt, nach fünfjähriger Haft wird der Arbeiter Floral entlassen. Er irrt durch die Nacht, da er nicht zu seiner Frau zurückkehren möchte, von der er sich betrogen fühlt. Ein Toter gesellt sich zu ihm, läßt die Vergangenheit noch einmal auferstehen und ruft ihm die Notwendigkeit des Verzeihens und Weiterlebens ins Gedächtnis. In ausdrucksstarken Bildern komponierter, mit wehmütig-begehrlicher Tango-Musik unterlegter, poetisch verdichteter Film. Er macht die Sehnsucht nach Freiheit und Glück bildhaft und spricht sich für die Überwindung gesellschaftlicher und privater Hindernisse aus. (Videotitel: »Sur«; Kinotip der katholischen Filmkritik) – Sehenswert ab 16. ✦ Argentinien/ Frankreich 1987 **P** Cinesur S.A./Productions Pacific/ Canal+ **KI** Filmwelt **Pd** Fernando E. Solanas, Sabina Sigler, Djamila Olivesi **R+B** Fernando E. Solanas **K** Felix Monti **M** Astor Piazzolla **S** Juan Carlos Macias, Pablo Mari **D** Miguel Angel Sola (Floreal), Susu Pecoraro (Rosi), Philippe Léotard (Roberto), Lito Cruz (El Negro), Ulises Dumont (Emilio) **L** 127 **FSK** ab 16; f **E** 1.12.1988 **fd** 27 224

SUDIE UND SIMPSON (SUDIE AND SIMPSON). Während des Zweiten Weltkrieges freundet sich in einer Kleinstadt in Georgia eine 13jährige Weiße mit einem Farbigen an, der sich wegen rassistischer Anfeindungen im Wald versteckt hält und unter Verdacht gerät, Kinder sexuell zu mißbrauchen. Überdurchschnittliches autobiografisches Drama, hervorragend fotografiert. – Ab 16. ✦ USA 1990 **P** Freed/Laufer Prods. **Pd** Richard Freed, Ira Laufer **R** Joan Tewkesbury **B** Sara Flanigan, Ken Koser, nach einem Roman von Sara Flanigan **K** Mario Di Leo **D** Louis Gossett jr. (Simpson), Sara Gilbert (Sudie), Frances Fisher (Marge), Paige Danahy (Mary), Larry Black (Ethridge) **L** 91 **E** 29.7.1995 Super RTL

SÜDLICH DER TEUFELSBERGE (SOUTH OF HELL MOUNTAIN). In Rückblenden erzählter Allerweltswestern. Die in einem Irrenhaus lebende Sally erinnert sich an die Vergangenheit, an jene Tage, als sie und ihre Stiefmutter von drei Banditen entführt wurden und sie sich in einen von ihnen verliebte. Als beide fliehen, setzen sich Vater und Bruder des Geliebten auf ihre Fährte und es kommt zu einem tödlichen Showdown. – Ab 16. ✦ USA 1971 **R+B** William Sachs, Lewis Lehman **D** Anna Stuart, Martin J. Kelly, David Willis, Elsa Raven, Sam Hall **L** 77 **E** 30.8.1996 Kabel 1

SÜDLICH VOM PANGANI-FLUSS (MISTER MOSES). Ein Wunderdoktor und Diamantenschmuggler mit dem Namen Moses, der mit dem Wohnwagen durch Afrika reist, übernimmt widerwillig die ihm aufgezwungene Führung bei der Umsiedlung eines

Eingeborenenstammes. Mittelmäßig inszenierter Abenteuerfilm mit Humor und einigen Schauwerten. – Ab 14. ✦ Scope. Großbritannien 1964 **P** Frank Ross/Belmont **Kl** United Artists **Pd** Frank Ross **R** Ronald Neame **B** Charles Beaumont, Monja Danischewsky, nach einem Roman von Max Catto **K** Oswald Morris **M** John Barry **S** Peter Wetherley **D** Robert Mitchum, Carroll Baker, Alexander Knox, Ian Bannen, Reginald Backwith **L** 115 **FSK** ab 12; f **E** 27.5. 1965 **fd** 13 452

SÜDLICH VON ST. LOUIS →Konterbande

SÜDLICHE ABENTEUER (THE SOUTHERN DOUBLE CROSS). Actionfilm. Eine verlassene Ehefrau und ein Muttersöhnchen gewinnen eine Mexikoreise – nicht ahnend, daß sie für einen Kunstschmuggel mißbraucht werden sollen. ✦ USA 1973 **R** Don Edmonds **K** Dean Cundey **D** Robert Denison (Henry), Judy Lewis (Carol), Anne Jeffreys (Pam), Avery Schreiber (Felipe), Robert Viharo (Julio) **L** 89 **E** 8.6.1997 Kabel 1

SÜDLICHE NÄCHTE. Zwei Freunde, die eine Sängerin suchen, sind die Helden einer Geschichte über die romantische Liebe. Mit viel Musik und Reiseprospektansichten von Italien inszeniert. Törichte Unterhaltung aus der Bundesrepublik der 50er Jahre. – Ab 14. ✦ Schwarz-weiß. BR Deutschland 1953 **P** Melodie **Kl** Herzog **Pd** Heinz Joachim Ewert **R** Robert A. Stemmle **B** Aldo von Pinelli, Robert A. Stemmle **K** Bruno Mondi **M** Gerhard Winkler **S** Wolfgang Wehrum **D** Walter Müller, Walter Giller, Waltraut Haas, Germaine Damar, Margit Saad **L** 100 **FSK** ab 12; nf **E** 8.9.1953/23.4.1972 ZDF **fd** 2 739

SÜDPOST (JUZNA POSTA). Ein Mann erinnert sich an seine lange zurückliegende Kindheit, in der sein Vater Zöllner an der tschechisch-ungarischen Grenze war und er in die Auseinandersetzungen des Vaters mit den Dorfbewohnern hineingezogen wurde. Ein sorgfältig inszenierter Film, der gesellschaftliche und menschliche Probleme miteinander zu verbinden versucht und einfühlsam die Gefühlswelt eines Kindes beschreibt. – Ab 14. ✦ CSSR 1987 **P** Filmstudio Bratislava-Koliba **Kl** Progress **R** Stanislav Párnicky **B** Jozef Heriban, Jozef Slovák, nach dem Roman von Ladislav Ballek **K** Laco Kraus **M** Ivan Kaslík **D** Peter Zeman, Jirí Bartoska, Magda Vásáryová, Izchak Finzi, Gábor Koncz **L** 98 **E** 22.9.1989 Kino DDR

SÜDSEE, EIGENE INSEL. Durch die Machenschaften seines betrügerischen Anlageberaters wird ein neureicher Finanzmakler um sein Vermögen gebracht. Um sich nicht vor Nachbarn und Kollegen zu blamieren, verbringt er mit Frau und Tochter den nur scheinbar angetretenen Südsee-Urlaub im Keller. Anspruchslos unterhaltsame Komödie mit einigen satirischen Seitenhieben auf eine karrierefixierte, spießbürgerliche Gesellschaft, bei der die inszenatorische Umsetzung nicht mit den teilweise originellen Drehbucheinfällen Schritt hält. Vor allem die Spielfreude der Darsteller überdeckt das fehlende Gespür für Timing und die Mängel einer an gängigen Fernsehspielen orientierten Bildästhetik. – Ab 12. ✦ Deutschland 1998 **P** Indigo/Senator/SAT 1/Traumwerk **Kl** Senator **VA** Ufa/BMG **Pd** Thomas Häberle, Christian Becker, Hanno Huth, Alfred Holighaus **R** Thomas Bahmann **B** Hans Turner, Thomas Bahmann **K** Hannes Hubach **S** Hansjörg Weissbrich **D** Herbert Knaup (Albert Bursche), Andrea Sawatzki (Sabine Bursche), Alexandra Maria Lara (Sandra Bursche), Nils Nelleßen (Fred), Ben Becker (Helmut Kunert), Katharina Abt (Melanie Kunert) **L** 96 **FSK** ab 6; f **E** 8.7.1999/11.1.2000 Video **fd** 33 762

SÜDSEE-MASSAKER (SOUTH SEA MASSACRE). Sadistische moderne Piraten fallen über eine Südseeinsel her und locken die Eingeborenen mit Geschenken, um sie dann zu töten oder zu vergewaltigen. Ein langweiliger, dilettantischer Abenteuerfilm, zusammengehalten durch Zitate aus »Zwei Banditen« und »Flucht in Ketten«, der in erster Linie voyeuristische Interessen bedient. – Wir raten ab. ✦ USA 1978 **P** Roda **Kl** Avis/Film-Allianz **VA** Polyband **Pd** P. Santiago **R** Meir Zarchi **B** T.-C. Davis, L. Martinez **K** José Batac **M** Tito Arevalo **S** S. Ramos **D** Troy Donahue, Junero Jennings, Eva Reyers, V. Vargas **L** 82 **FSK** ab 16; nf **E** 21.11.1980 **fd** 22 954

SÜDSEE-PARADIES (PARADISE HAWAIIAN STYLE). Ein Flugzeugpilot gründet eine Firma, die Touristen an lauschige Plätze auf Hawaii und Umgebung befördert, hat deswegen aber Schwierigkeiten mit seinen zahlreichen Freundinnen. Die nichtssagende Story dient dazu, Schlager von Elvis Presley zu präsentieren. – Ab 12. ✦ USA 1965 **P** Paramount **Kl** Paramount **Pd** Hal B. Wallis **R** Michael Moore **B** Allan Weiss, Anthony Lawrence **K** W. Wallace Kelley **M** Joseph J. Lilley **S** Warren Low **D** Elvis Presley (Rick Richards), Suzanna Leigh (Judy Hudson), Donna Butterworth (Jan Kohana), James Shigeta (Danny Kohana), Marianna Hill (Lani Koimana) **L** 91 **FSK** ab 6; nf **E** 23.12.1966/4.8.1984 ZDF **fd** 14 490

SÜDSEE-VAGABUNDEN (SOUTH SEA SINNERS). Ein Mann sucht auf einer Südseeinsel Zuflucht vor der Justiz und wird im zwielichtigen Nachtclubmilieu mit seiner Vergangenheit erpreßt. Der exotische Kriminalfilm fällt höchstens durch seine verworrene Handlung und die klischeehaften Figuren auf. – Ab 16. ✦ Schwarz-weiß. USA 1950 **P** Universal **Kl** Universal **R** H. Bruce Humberstone **B** Joel Malone, Oscar Brodney **K** Maury Gertsman **M** Walter Scharf **D** Macdonald Carey, Shelley Winters, Luther Adler, Helena Carter, Frank Lovejoy **L** 88 **FSK** ab 12; nf **E** 21.9.1951 **fd** 1 203

SÜDSEEREISE – DAS GLEICHZEITIG AM GLEICHEN ORT STATTFINDENDE GLÜCK (SÜDSEEREISE – DAS GLEICHZEITIG AM GLEICHEN ORT STATTFINDENDE GLÜCK). Der Film – Dokument und Fiktion zugleich – schildert die Situation eines Filmemachers, der sich durch Ehe- und Alltagszwänge eingeengt und bevormundet fühlt, der, schwankend zwischen Theorie und Praxis, zwischen Wunsch und Wirklichkeit, vom Aufbruch zu neuen Ufern träumt, von einer Robinsonreise ins große Männerglück. »Südseereise« ist ein Reflex auf die zur gleichen Zeit geplante Zusammenarbeit mit Rudolf Thome. ✦ Schwarz-weiß. Schweiz 1978 **P** Nemo **R+B** Sebastian C. Schroeder **K** Hans Liechti **S** Sebastian C. Schroeder **D** Sebastian C. Schroeder (Filmemacher), Ursula Klar (Ehefrau), Phillip Nicolas (Kind), Eva Bischofberger (Putzfrau) **L** 80 **E** Schweiz

SÜDSEEZAUBER (SOUTH SEAS ADVENTURE). Prunkvolles Reisefeuilleton im Cinerama-Format, das über die bekanntesten Inseln der Südsee bis nach Australien und Neuseeland führt. Der Kommentartext ist ebenso dürftig wie die musikalische Begleitung. – Ab 12. ✦ Scope. USA 1958 **P** Cinerama **Kl** Deutsche Cinerama **Pd** Carl Dudley **R** Francis D. Lyon, Walter Thompson, Basil Wrangell, Richard Goldstone, Carl Dudley **B** Charles Kaufman, Joseph Ansen, Harold Medford **K** John F. Warren, Paul Hill **M** Alex North **L** 105 **FSK** ab 6; f **FBW** w **E** 5.5.1961 **fd** 10 199

SÜDWEST NACH SONORA (THE APPALOOSA). Mexiko 1870. Der Besitzer eines Rassehengstes erobert im Kampf gegen einen mexikanischen Banditen das gestohlene Pferd zurück. Herkömmlicher Western, der aber durch seine ehrgeizige Gestaltung und die guten Darsteller auffällt. – Ab 16. ✦ Scope. USA 1965 **P** Universal **Kl** Universal **Pd** Alan Miller **R** Sidney J. Furie **B** James Bridges, Roland Kibbee, nach einem Roman von Robert MacLeod **K** Russell Metty **M** Frank Skinner **S** Ted J. Kent **D** Marlon Brando (Matt Fletcher), Anjanette Comer (Trini), John Saxon (Chuy Medina), Frank Silvera (Ramos), Rafael Campos (Paco), Emilio Fernández (Lazaro), Alex Montoya (Squint Eye), Miriam Colon (Ana), Larry D. Mann (Priester), Argentina Brunetti **L** 98 **FSK** ab 12; f **FBW** w **E** 21.10.1966 **fd** 14 363

SUE – EINE FRAU IN NEW YORK (SUE). Eine attraktive, in ihrem Innern bis zur psychischen Erkrankung verzweifelte und vereinsamte Frau in New York fällt durch alle Maschen des sozialen Netzes: Sie kann weder ihre Miete bezahlen noch die Menschen, die sie kennenlernt, als Freunde, (Liebes-)Partner und Helfende annehmen und steuert mit unabwendbarer Konsequenz auf ihr Ende zu. Eine beklemmende Zerfallsstudie, die vor allem durch die »Normalität« des von der Umwelt unbemerkten Untergangs verstört und zugleich herausfordert. Weniger ein bis ins Detail schlüssiges »Sozialdrama« als eine zutiefst beunruhigende urbane Tragödie, getragen von einer außergewöhnlichen Hauptdarstellerin. (Preis der Ökumenischen Jury in Berlin 1998; O.m.d.U.) – Sehenswert. ✦ USA 1997 **P** Amko Productions **Kl** Pandora **VA** Kinowelt Home **Pd** Zack Habakuk, Osnat Shalev, Kerry Barden, Linda Moran, Rene Bastian **R+B** Amos Kollek **K** Ed Talavera **M** Chico Freeman **S** Elisabeth Gazzara **D** Anna Thomson (Sue), Matthew Powers (Ben), Tahnee Welch (Lola), Tracee Ellis Ross (Linda), Robert Kya-Hill (Willie), Austin Pendleton (Bob) **L** 91 **FSK** ab 12; f **E** 10.9.1998/18.5. 1999 Video **fd** 33 299

SUEZ (SUEZ). Leben und Liebesaffären des französischen Ingenieurs Graf Ferdinand de Lesseps, der 1859–1869 den Suezkanal erbaute und als Konsul in Kairo lebte. Unzuverlässig in den Fakten und umständlich konstruiert, kann der Film lediglich als gut ausgestattetes Gesellschaftsstück Interesse erwecken. – Ab 14. ✦ Schwarz-weiß. USA 1938 **P** 20th Century Fox **Kl** Centfox **R** Allan Dwan **B** Philip Dunne, Julien Josephson **K** J. Peverell Marley **M** Louis Silvers **D** Tyrone Power (Ferdinand de Lesseps), Annabella (Toni Pellerin), Loretta Young (Gräfin Eugenie de Montijo), J. Edward Bromberg, Joseph Schildkraut **L** 82 **FSK** ab 12; f **E** 31.8.1951 **fd** 1 221

SUFFERLOH – VON HEILIGER LIEB UND TRUTZ. Der Versuch eines Nichtbayern, Eigenheiten und Widersprüche der bayerischen Seele surrealistisch-komisch an Hand einer fiktiven Reise zweier reiner Toren durch Bayern zu illustrieren. Der Film ist eine mit den Mitteln des Absurden und des Tabuverstoßes jonglierende Komödie, deren Poesie sich nicht immer leicht erschließt und die bisweilen auch Gefahr läuft, zu brüskieren. – Ab 16. ✦ BR Deutschland 1978/79 **P** Distelfilm/Stenzel & Co./Werbedistel **Kl** Team **R** Hans-Christof Stenzel **B** Hans-Christof Stenzel, Karl Günther Hufnagel **K** Paco Joan **S** Rosemarie Stenzel-Quast **D** Michael Langenbeck (Bullerer), Sando Hauth (Mütze), Martina Winkelbach (Mädchen), Susanne Baer (Nutte), Herbert Berent (Zwerg) **L** 81 **FSK** ab 16; f **FBW** bw **E** 25.1.1980 **fd** 22 361

SUGAR & SPICE (SUGAR & SPICE). Fünf Schülerinnen und Cheerleader einer High School sind eine verschworene Gruppe, die am liebsten in ihren Tanzuniformen herum läuft. Als eine von ihnen vom umschwärmten Footballspieler schwanger wird und die Beiden daraufhin von ihren Eltern vor die Tür gesetzt werden, beschließt die Gruppe, eine Bank auszurauben. High-School-Komödie, die zahlreiche Klischees und abgehangene Gags des Genres bemüht, dabei weder witzig ist noch je das System von Gewinnern und Verlierern in der Hackordnung von Schule und Gesellschaft in Frage stellt. DVD: Die Extras umfassen u.a ein Feature mit nicht verwendeten Szenen. – Ab 14. ✦ Scope. USA 2001 **P** New Line Cinema **Kl** Kinowelt **VA** Kinowelt Home **DVD** Kinowelt Home (16:9, 2.35:1, DD5.1 engl./dt.) **Pd** Wendy Finerman **R** Francine McDougall **B** Mandy Nelson **K** Robert Brinkmann **M** Mark Mothersbaugh **S** Sloane Klevin **D** Marley Shelton (Diane Weston), James Marsden (Jack Bartlett), Mena Suvari (Kansas), Marla Sokoloff (Lisa), Rachel Blanchard (Hannah) **L** 81 **FSK** ab 12; f **E** 15.3.2001/27.11.2001 Video & DVD **fd** 34 767

SUGAR COOKIES (SUGAR COOKIES). Die Schickeria Hollywoods kommt auf merkwürdige Gedanken. Eine längst verstorbene Filmdiva soll zum neuen Leben erwachen, und eine junge Schauspielerin soll entsprechend umgestaltet werden. Das Spiel schlägt bald in blutigen Ernst um. Horrorfilm. ✦ USA 1977 **P** Troma **VA** RCA/Columbia **R** Theodore Gershuny

B Lloyd Kaufman, Theodore Gershuny **K** Hasse Wellin **D** George Shannon, Mary Woronov, Lynn Lowry, Monique van Vooren **L** 87 **FSK** ab 18 **E** 2.2.1988 Video

SUGAR HILL (SUGAR HILL). Trotz des Drogenschicksals seiner Eltern wird ein junger Schwarzer selbst zum Dealer und beherrscht mit seinem Bruder ein ganzes Stadtviertel. Das Dilemma, gleichzeitig ein guter, sensibler Mensch und ein harter Gangster sein zu müssen, bereitet ihm Seelenqualen. Schließlich entscheidet er sich für ein bürgerliches Leben. Doch sein Bruder und ein Konkurrent zetteln einen mörderischen Bandenkrieg an. Die träge und pathetische Inszenierung unterscheidet sich von einer Soap-Opera nur durch ihre Gewaltszenen. Das Milieu ist in grellen Farben ausgeleuchtet, die Darsteller mühen sich redlich, die überdeutliche Anti-Drogen-Botschaft überzeugend ins Licht zu rücken. – Ab 16. ✦ USA 1993 **P** J + M Entertainment/South Street **VA** VCL/Carolco **Pd** Rudy Langlais, Gregory Brown **R** Leon Ichaso **B** Barry Michael Cooper **K** Bojan Bazelli **M** Terence Blanchard **S** Gary Karr **D** Wesley Snipes (Roemelle Skuggs), Michael Wright (Raynathan Skuggs), Theresa Randle (Melissa), Leslie Uggams (Doris Holly), Ernie Hudson (Lolly Jonas) **L** 118 **FSK** ab 16 **E** 26.9.1994 Video **fd** 31 052

SUGAR HILL – EINE MÖRDERISCHE KARRIERE →Sugar Hill

SUGARLAND EXPRESS (SUGARLAND EXPRESS). Eine junge Frau und ihr aus dem Gefängnis geflohener Ehemann wollen ihr von den Behörden zur Adoption freigegebenes Kind zurückholen und verwickeln sich in eine Entführungsaktion. Mit einem Polizisten als Geisel und einer Kolonne von Verfolgern auf den Fersen fahren sie quer durch Texas, verursachen einen Sensationszirkus und enden im Kugelhagel der Polizei. Handwerklich perfekt und rasant inszeniertes Roadmovie, das der bitteren Moral der Geschichte – die Freiheitsutopie wird vom amerikanischen Law-and-Order-Denken ad absurdum geführt – mitunter makabre Komödieneffekte abgewinnt. – Ab 16. ✦ Scope. USA 1974 **P** Universal **KI** CIC **Pd** Richard D. Zanuck, David Brown **R** Steven Spielberg **B** Hal Barwood, Matthew Robbins **K** Vilmos Zsigmond **M** John Williams **S** Edward M. Abroms, Verna Fields **D** Goldie Hawn (Lou Jean Poplin), Ben Johnson (Captain Tanner), Michael Sacks (Maxwell Slide), William Atherton (Clovis Poplin), Gregory Walcott (Mashburn) **L** 110 **FSK** ab 12; f **E** 24.1.1975 **fd** 19 137

SÜHNE (1926) →Nach dem Gesetz

SÜHNE (1987) (ISKUPLENIJE). Im Jahr 1931 vergewaltigt und ermordet der Führer einer Gruppe Basmatschen in einem kleinen tadshikischen Bergdorf die junge Frau eines Kommandeurs der Roten Armee. ✦ Scope. UdSSR 1987 **P** Usbekfilm **R** Viktor Mirsajanz **D** Musso Issojew, Gultschedra Ubaidullajewa, Marat Aripow, Choschim Rachimow **L** 92 **E** 9.2. 1989 DFF 2

SÜHNE OHNE SÜNDE (CATENE). Familiendrama aus Italien mit bemerkenswerten Kinderszenen in einer überaus melodramatischen Rührgeschichte: eine junge Frau, von ihrem Mann fälschlich der Untreue bezichtigt, wird des Hauses verwiesen und muß ihr Brot als Näherin verdienen. Erst ein kluger Rechtsanwalt kann die Familie wieder vereinen. – Ab 16. ✦ Schwarz-weiß. Italien 1949 **P** Titanus **KI** Super **R** Raffaello Matarazzo **B** Aldo de Benedetti **M** Gino Campese **D** Amedeo Nazzari, Yvonne Sanson, Aldo Nicodemi, Teresa Franchini, Aldo Silvani **L** 85 **FSK** ab 16; f **E** 1.6.1951 **fd** 1 184

SÜHNEOPFER – DIE LETZTEN TAGE IM LEBEN DER ROMANOWS. In der Nacht zum 17. Juli 1918 wurden in Jekaterinburg der russische Zar und seine Familie ermordet. Eine Bluttat, die die Wertvorstellungen Europas nachhaltig ins Wanken brachte. Der Film versucht an Hand von Dokumenten, Archivmaterial und Spielszenen, die Ereignisse zu rekonstruieren und Licht in dieses dunkle Kapitel europäischer Geschichte zu bringen. Die düstere Handlung ist mit orthodoxen Kirchengesängen und schwermütigen Volksliedern unterlegt. ✦ Teils schwarz-weiß. Russland 1991 **R+B+K** Anatoli Iwanow **D** Gennadi Glagolew (Zar Nikolaus II), Eleonora Kasakskaja (Zarin Alexandra), Natalja Boldirewa (Olga), Olga Gartokowskaja (Tajana), Julia Aug (Maria) **L** 105 **E** 1.5. 1996 N 3

SUICIDE KINGS (SUICIDE KINGS). Vier Jugendliche, die ein entführtes Mädchen freipressen wollen, kidnappen ihrerseits einen Gangsterboss, um an die Hintermänner des Verbrechens heran zu kommen. Während der Aktion fungieren Chauffeur und Anwalt des Gangsters als Mittler und Helfer, der wiederum versucht, einen Keil zwischen die jungen Männer zu treiben. Akzeptable Unterhaltung in einem in dezenten Tönen fotografierten Film, dessen junge Darsteller kaum Profil gewinnen. Durch wohl überlegte visuelle Effekte, raffinierte Parallelmontagen und Anflüge von Humor werden Freunde des Genres trotz einiger brutaler Ausrutscher zufrieden gestellt. ✦ USA 1997 **P** Artisan/Wayne Rice and Dinamo Entertainment/LIVE Film and Mediaworks **VA** VCL **DVD** VCL (1.66:1, DD5.1 dt.) **Pd** Wayne Rice, Morrie Eisenman **R** Peter O'Fallon **B** Josh McKinney, Gina Goldman, Wayne Rice, nach der Kurzgeschichte »The Hostage« von Don Stanford **K** Christopher Baffa **M** Graeme Revell **S** Chris Peppe **D** Christopher Walken (Carlo Bartolucci/Charlie Barret), Denis Leary (Lono Veccio), Henry Thomas (Avery Chasten), Sean Patrick Flanery (Max Hindt), Nathan Dana (Marcus), Jay Mohr (Brett Cambell), Johnny Galecki (Ira Reder) **L** 102 **FSK** ab 16 **E** 22.6.1999 Video/20.9. 1999 DVD **fd** 33 901

SUITE 16 (SUITE 16). Ein junger Mann, der sein Geld mit dem Verführen und Bestehlen älterer Frauen verdient, muß eines Tages in die Suite eines Mannes fliehen, der zwar reich, aber an den Rollstuhl gefesselt ist. Dieser erfüllt ihm jeden Wunsch, verlangt dafür aber die Befriedigung seiner voyeuristischen Bedürfnisse. Ohne es zu merken, macht sich der skrupellose Junge abhängig von dem scheinbar so gütigen Mann. Der Film, inszeniert als extrem verdichtetes Kammerspiel, lebt von einer subtil dargestellten psychologischen Verstrickung der Hauptfiguren, aber er zeigt ausgiebig die »Sünden« der beiden, um anschließend über sie zu urteilen. ✦ Belgien/Niederlande/Großbritannien 1994 **P** Corsan/Theorema **VA** New Vision **Pd** Paul Breuls, Dominique Deruddere **R** Dominique Deruddere **B** Charles Higson, Lise Mayer **K** Jean-François Robin **M** Walter Hus **S** Kant Pam **D** Pete Postlethwaite (Glover), Antonie Kamerling (Chris), Géraldine Pailhas (Helen), Tom Jansen (Paul), Bart Slegers (Rudy) **L** 98 **FSK** ab 16 **E** 29.4.1996 Video/17.2.1997 premiere **fd** 32 037

SUITE 18 (SUITE 18). Sexfilm. Eine junge Frau besucht ihre Freundin, die einen Erotik-Club betreibt, und erlebt eine Reihe von sexuellen Begegnungen mit Männern und Frauen. ✦ USA 1994 **R** Bud Lee **B** Neil Wexler **K** Ralph Parfait **D** Janine (= Janine Lindemulder) (Kimberley), Asia Carrera (Julie), Tony Tedeschi (Tom), Marc Wallice (Walter), P. J. Sparxx (Walters Frau) **L** 72 **E** 10.3.1995 premiere

SUJET FÜR EINE KURZGESCHICHTE (SJUSHET DLJA NEBOLSCHOWO RASSKASA). Ein Tag im Leben Anton Tschechows wird für den Dichter Anlaß zur Rückbesinnung auf sein bisheriges Leben und seine unerfüllt gebliebene Liebe zu einer jungen Lehrerin. Formal überzeugender und in der Farbdramaturgie meisterhaft gestalteter Film. – Ab 14. ✦ Scope. UdSSR 1969 **P** Mosfilm **KI** Progress **R** Sergej Jutkewitsch **B** Leonid Maljugin **K** Naum Ardaschnikow **M** Rodion Schtschedrin **D** Nikolai Grinko (Anton P. Tschechow), Ija Sawwina (Mascha, seine Schwester), Marina Vlady (Lika Mininowa), Juri Jakowlew (Ignati Potapenko), Jewgeni Kebedjew (Pawel J. Tschechow) **L** 95 **E** 28.8.1970 Kino DDR/ 9.3.1973 DFF 1

SUKKUBUS. Auf einer abgelegenen Alm bilden zwei Männer und ein Junge aus Wurzelwerk und Lumpen ein Weib, das zum Leben erwacht und die Männer vernichtet, weil es der Teufel selbst ist. Auf eine Schweizer Sage zurückgehender archaisch geprägter Heimatfilm, der durch die verquaste Darstellung und mannigfaltige sexuelle Bezüge die Fantasie aufzuheizen versucht. – Wir raten ab. ✦ BR Deutschland 1988 **P** Franz Seitz Filmprod./Roxy **KI** Tivoli **VA** VPS **Pd** Franz Seitz, Luggi Waldleitner **R** Georg Tressler **B** Franz Seitz **K** Rudolf Blahacek **M** Rudolf Wilhelm **S** Gisela Haller **D** Peter Simonischek (Senn), Giovanni Früh (Hirt), Andy Voß (Handbub), Pamela Prati (Dittitolg) **L** 80 **FSK** ab 18; f **FBW** w **E** 10.8.1989/ 31.1.1990 Video **fd** 27 838

SULEIMAN, DER EROBERER (SOLIMANO IL CONQUISTATORE). Schlachtengemälde von der Einnahme der ungarischen Festung Szigetvar (1566) durch Suleiman I. und vom Tode des kroatischen Hauptmanns Zriny, der die Festung gegen die türkische Übermacht verteidigte. Monumentale Heldenverehrung aus Cinecittà. – Ab 16. ✦ Scope. Italien 1961 **P** Astor **KI** Materna **Pd** Pietro Nofri **R** Mario Tota **B** Vatroslav Mimica, Mario Caiano, Michelangelo Frieri, Stipe Delic **K** Giuseppe de la Torre **M** Francesco De Masi **S** Enzo Alfonsi **D** Edmund Purdom, Giorgia Moll, Alberto Farnese, Luciano Marini, Loris Gizzi **L** 90 **FSK** ab 16; nf **E** 13.4.1963 **fd** 11 915

SULLIVANS REISEN (SULLIVAN'S TRAVELS). Ein Filmregisseur, der zur frühen Tonfilmzeit Hollywoods auf erfolgreiche Glamour-Lustspiele spezialisiert ist, entdeckt sein Faible für realistisch-sozialkritische Filme und zieht aus, das »wahre Leben kennenzulernen«. Dem Milieu angemessen scheint ihm das Kostüm eines Landstreichers, doch nach vielen Ereignissen landet er als sein eigener Mörder als Kettensträfling in einem Arbeitslager. Durch List gewinnt er die Freiheit zurück, um zukünftig nur noch Filme zu drehen, die die Menschen zum Lachen bringen. Bissig-sarkastische Satire auf Pseudo-Engagement und Profitinteresse in der Filmindustrie, speziell auf sozialkritische Ambitionen der Hollywood-Gewaltigen; zugleich eine Hommage an Spaßmacher, Clowns und Komiker aller Zeiten. – Sehenswert ab 16. ✦ Schwarz-weiß. USA 1941 **P** Paramount **Pd+R+B** Preston Sturges **K** John Seitz **M** Sigmund Krumgold **S** Stuart Mills, Walter Oberst **D** Joel McCrea, Robert Warwick, Veronica Lake, William Demarest, Franklin Pangborn **L** 85 **E** 21.11.1970 WDR

SULTAN SALADIN (EL NASER SALAH EL DINE). Groß angelegter Abenteuerfilm um die Gestalt des Sultans Saladin (1138–1193), der den christlichen Kreuzfahrern das Königreich Jerusalem entriß. Vor einem unübersichtlich gezeichneten historischen Hintergrund entwickeln sich Episoden um Liebesaffären, Intrigen und das Verhältnis Saladins zu Richard Löwenherz, den der Sultan großmütig von einer Verwundung durch einen Mordanschlag heilt und zum Friedensvertrag und freiwilligen Abzug bewegt. Der von Ägyptens bedeutendstem Regisseur inszenierte Großfilm ist eine nahe an Melodramatik und historischer Kolportage gelegene Mischung aus blutigem Kampfgetümmel und hochherzigen Bekenntnissen zur Toleranz zwischen Christen und Moslems. Trotz seines Eintretens für Gerechtigkeit und Versöhnung ist eine panarabisch propagierende Zielrichtung unverkennbar. – Ab 16. ✦ VAR (Ägypten) 1963 **P** Assia **R** Youssef Chahine **B** Youssef El Sebai, Abdel Rahman El Charkawi **K** Wadid Sirry **M** Angelo Francesco Lavagnino **S** Raschida Abdel Salam **D** Ahmed Mazhar, Hamdi Geith, Laila Fawzi, Salah Zulficar, Nadia Lutfi **L** 130 **E** 30.5.1983 ZDF

DIE SUMME DER GEFÜHLE (THE SUM OF US). Vater, ein einfacher Klempner, und Sohn führen nach dem Tod der Mutter einen Männerhaushalt, wobei sie sich gegenseitig akzeptieren und respektieren: der Sohn die Frauengeschichten seines Vater, dieser die Homosexualität des Sohnes. Zum Konflikt kommt es, als sich der Vater aktiv in die Beziehungsgestaltung seines Sohnes einschaltet. Warmherziger Film über eine Vater-Sohn-Beziehung, in deren Mittelpunkt die Toleranz steht. – Ab 16. ✦ Australien 1994 **P** Southern Star Film **VA** pro-fun **R** Kevin Dowling, Geoff Burton **B** David Stevens **D** Jack Thompson (Harry Mitchell), Russell Crowe (Jeff Mitchell), John Polson (Greg), Deborah Kennedy (Joyce), Joss Moroney (Jeff (8 Jahre)) **L** 100 (Video 95) **FSK** ab 12 (Video) **E** 15.7.1996 Vox/2.6.1998 Video

SUMMER CAMP (SUMMER CAMP). In einem Sommercamp besprühen die Mädchen die Schlafräume der Jungen mit Rasierschaum, während diese im Gegenzug den Mädchen die Unterwäsche wegnehmen. Auf diesem Niveau von Jugendherbergsstreichen bewegt sich das ganze Schmuddelfilmchen, in dem eine nymphomanische Studentin noch für einige vulgäre Sex-Einlagen und ein sportbegeisterter Camp-Leiter für einen einfallslosen »Olympischen Wettstreit« sorgen. – Wir raten ab. ✦ USA 1978 **P** Borson Prod. **VA** Rainbow **Pd** Mark Borde **R** Chuck Vincent **B** Avrumie Schnitzer **K** Ken Gibb **M** Sparky Sugarman **S** Marc Ubell (= Chuck Vincent) **D** Michael Abrams (Dr. Fox), Jake Barnes (Herman), Bud Bogart (Dick), Kashka Bartisick (Cindi), Dustin Pacino jr. **L** 85 **E** Januar 1987 Video **fd** 25 994

SUMMER CITY (SUMMER CITY). Zwischen zwei rivalisierenden Jugendlichen in einer Clique entbrennt ein wütender Kampf, als der eine mit einer Affäre mit der Freundin des anderen prahlt. Ansätze zu einem Jugendporträt und Roadmovie bleiben in der minimalen Story und in oberflächlicher Gestaltung stecken. Einziger Grund für den Verleih, den bereits angestaubten Film herauszubringen: Star Mel Gibson, damals noch in den Jugendjahren, ist in einer Nebenrolle zu sehen. Die Videofassung wurde obendrein noch um 22 Minuten gekürzt. – Ab 16. ✦ Australien 1979 **P** Avalon Films **KI** K.S. Film **VA** Starlight/Ascot **Pd** Phil Avalon **R** Christopher Fraser **B** Phillip Avalon **K** Jerry Marek **M** Phil Butkis **S** David Stiven **D** John Jarratt (Sandy), Phil Avalon (Robbie), Steve Bisley (Boo), Mel Gibson (Scollop), James Elliot (Vater) **L** 104 (Video 82) **FSK** ab 16; nf **E** 7.8.1990 Video **fd** 28 541

SUMMER GAMES (SUMMER GAMES). Dokumentation eines Sportwettkampfes in Florida, die ihren Schwerpunkt nicht auf sportliche Höhepunkte richtet, sondern mehr an der Zurschaustellung nackter Haut und durchtrainierter Körper interessiert ist. (Zur Originalfassung wird ein deutscher Kommentar eingesprochen.) ✦ USA 1988 **VA** Video & Sounds **R** Debra Davis **K** Lois Hovecar **L** 86 **FSK** ab 16

SUMMER GIRL – WENN LEIDENSCHAFT ZUM ALBTRAUM WIRD (SUMMER GIRL). Eine attraktive Babysitterin macht sich an den Ehemann ihrer Arbeitgeberin heran und kann auch das Wohlwollen der Kinder gewinnen. Als ihr gekündigt werden soll, scheint sie in der stärkeren Position zu sein und wird zur tödlichen Bedrohung. (Fernseh-)Psychodrama, das in jeder Minute vorhersehbar ist. ✦ USA 1983 **P** The Summer Girl Company/Finnegan Associates **Pd** Edgar Lansbury **R** Robert Michael Lewis **B** A. J. Carothers **K** Fred J. Koenekamp **M** Angela Morley **S** Les Green **D** Diane Franklin (Cinni), Barry Bostwick (Gavin Shelburne), Kim Darby (Mary Shelbunre), Martha Scott (Martina Shelbunre), Murray Hamilton (Jack Reardon) **L** 91 **E** 18.12.1999 ORF 2

SUMMER HEAT (SUMMER HEAT). Kansas 1937: Der Ehebruch einer attraktiven Farmersfrau, die ihrem eingefahrenen Leben entfliehen will, führt zu tragischen Verstrickungen. In ruhigen Bildern einfühlsam erzähltes Melodram, zugleich ein Zeit- und Gesellschaftsbild. (TV-Titel: »In der Glut des Sommers«, »Summer Heat – Kochende Leidenschaft«) – Ab 16. ✦ USA 1987 **P** Atlantic **KI** Ascot **VA** Ascot **Pd** William Tennant **R** Michie Gleason **B** Michie Gleason, nach einem Roman von Louise Shivers **K** Elliot Davis **M** Richard Stone **S** Mary Bauer **D** Lori Singer (Roxy), Anthony Edwards (Aaron), Bruce Abbott (Jack), Kathy Bates (Ruth), Clu Gulager (Will) **L** 76 **FSK** ab 12; f **E** 26.5.1988/Juni 1988 Video **fd** 27 290

SUMMER IN THE CITY. Im naßkalten Winter hastet ein aus dem Gefängnis entlassener Mann durch München und Berlin, auf der Flucht vor unsichtbaren Verfolgern und auf der Suche nach Kontakt zu früheren Freunden. Wim Wenders' erster Langfilm enthält bereits alle Motive und stilistischen Formeln seiner späteren Werke. Konventionelle Genremuster – als Bezugspunkt stets präsent – werden aufgelöst und eingebunden in intensive Alltagsbeobachtung; es dominieren die ständige Bewegung, der forschende Blick, die Neuentdeckung scheinbar normaler Erfahrungswirklichkeit. Stadtlandschaften werden als Ort der Isolation und Einsamkeit, aber auch als Ort der Utopie beschworen; der Weg des Helden ist zugleich Fluchtweg und Weg zur Selbstfindung im Medium der Reise. – Sehenswert. ✦ Schwarz-weiß. BR Deutschland 1969/70 **P** HFFM **SF** HFFM **VA** Atlas **Pd+R+B** Wim Wenders **K** Robby Müller **M** The Kinks, Lovin' Spoonful, Chuck Berry **S** Peter Przygodda **D** Hanns Zischler, Edda Köchl, Libgart Schwarz, Helmut Färber **L** 125 **FSK** ab 6 **E** 1970/13.10.1982 WDR

SUMMER JOB (SUMMER JOB). Oben-ohne-Klamauk am Pool unter Palmen. Eine Gruppe von Studenten und Studentinnen jobt in einem Hotel für Pärchen in Miami, ist scharf auf Trinkgeld, Sex und Sonne. Ohne durchgehende Handlung angelegter Film, angereichert mit mehr oder weniger anzüglichem Dialogschwachsinn. ✦ USA 1988 **P** Movie Job **VA** Taurus **Pd** Josi W. Konski **R** Paul Madden **B** Ralph Wilson **K** Orson Ochoa **M** Ike Stubblefield, Kenny More, Jack Green **S** Christopher Cibelli **D** Cherrie Rose (Kathy), James Summer, Amy Baxter (Susan), Renee Shugart (Karen), Fred Bourdin **L** 88 **FSK** ab 16 **E** Januar 1990 Video **fd** 28 180

SUMMER LOVERS (SUMMER LOVERS). Ein amerikanischer Tourist reist zusammen mit seiner langjährigen Geliebten zum Urlaub auf die griechische Insel Santorini. An einer hübschen Archäologin, die er dort kennen- und liebenlernt, reizt ihn vor allem der charakterliche Gegensatz zu seiner Geliebten. Als die Frauen sich ebenfalls kennenlernen und anfreunden, entwickelt sich eine Dreiecksgeschichte. Mit »Stranderotik« garnierte müde Urlaubsromanze, die die dargestellte ménage-à-trois weder intellektuell noch emotional nachvollziehbar macht. – Ab 16. ✦ USA 1982 **P** Filmways/Orion **Pd** Mike Modor **R+B** Randal Kleiser **K** Peter Collister, Timothy Galfas, Dimitri Papakostatis **M** Basil Poledouris **S** Robert Gordon **D** Peter Gallagher (Michael Papas), Daryl Hannah (Cathy Featherest), Valérie Quennessen (Lina), Carole Cook (Barbara Foster), Hans van Tongeren (Jan Tolin) **L** 98 **E** 6.5.1994 Kabelkanal

SUMMER MAGIC (SUMMER MAGIC). Disney-Familienunterhaltung. Ein gutmütiger Ladenbesitzer überläßt einer mittellosen Witwe und ihren drei Kindern ein altes Haus, ohne den wirklichen Vermieter davon in Kenntnis zu setzen. Dieser verliebt sich bei seiner Rückkehr aus China in seine neue »Mieterin«. – Ab 10. ✦ USA 1963 **P** Disney **Pd** Walt Disney, Ron Miller **R** James Neilson **B** Sally Benson, nach dem Roman »Mother Carey's Chickens« von Kate Douglas Wiggin **K** William E. Snyder **M** Buddy Baker **S** Robert Stafford **D** Hayley Mills (Nancy Carey), Burl Ives (Osh Popham), Dorothy McGuire (Margaret Carey), Deborah Walley (Julie), Eddie Hodges (Gilly Carey) **L** 109 **E** 8.10.1995 RTL

SUMMER NIGHT FEVER. Zwei Jungen und ein Mädchen im Alter zwischen 17 und 20 Jahren erleben auf ihrer Urlaubsreise nach Ibiza allerhand sexuelle Abenteuer. Eine Klamotte, die auf der Erfolgswelle von Filmen wie »Saturday Night Fever« mitzuschwimmen versucht und in der lächerlichen, mit erfolgreichen Discohits unterlegten Handlung Freizügigkeit als Emanzipation und modernes Lebensgefühl verkaufen will. ✦ BR Deutschland 1978 **P** Lisa/Rex/Barthonia **KI** Residenz **R+B** Siggi Götz **K** Heinz Hölscher **M** Gerhard Heinz **S** Gisela Haller **D** Stéphane Hillel (Peter), Olivia Pascal (Vicky), Claus Obalski (Fredy), Betty Vergès (Inez), Edwige Pierre (Karin) **L** 103 **FSK** ab 16; nf **E** 31.8.1978 **fd** 20 901

SUMMER OF SAM (SUMMER OF SAM). New York im Sommer 1977: Eine Metropole im Augenblick der Hybris. Die Stadt stöhnt unter nie gekannten Temperaturen. Stromausfälle nehmen zu, ein Serienmörder treibt sein Unwesen. Als Polizei und Mafia dabei versagen, die »Ordnung« wieder herzustellen, greift eine Gruppe nicht mehr ganz junger Männer zur Selbstjustiz. Ein sich zum Punk gewandelter ehemaliger Gefährte avanciert zum Feindbild, das es auszulöschen gilt. Nur durch Zufall überlebt der harmlose Musiker, doch nichts bleibt wie es war. Spike Lee bleibt sich in seinem ersten Film, der nicht explizit die Belange der schwarzen Community verhandelt, künstlerisch wie ethisch treu. Großartig besetzt, überzeugend in Dramaturgie und Charakterzeichnung, registriert er zwar fassungslos den latenten Faschismus menschlicher Gemeinwesen, setzt diesem Fazit jedoch unbeirrbar eine Utopie der Toleranz entgegen. – Sehenswert ab 16. ✦ USA 1999 **P** 40 Acres and a Mule Filmworks/Touchstone **KI** MFA **VA** VCL **DVD** VCL **Pd** Jeri Carroll-Colicchio, Michael Imperioli **R** Spike Lee **B** Victor Colicchio, Spike Lee **K** Ellen Kuras **M** Terence Blanchard **S** Barry Alexander Brown **D** John Leguizamo (Vinny), Adrien Brody (Ritchie), Mira Sorvino (Dionna), Jennifer Esposito (Ruby), Anthony LaPaglia (Det. Petrocelli), Ben Gazzara (Luigi) **L** 141 **FSK** ab 16; f **E** 9.11.2000/27.9.2001 Video & DVD **fd** 34 544

SUMMER RENTAL →Ein total verrückter Urlaub (1985)

SUMMER SCHOOL (SUMMER SCHOOL). Eine Gruppe lernunwilliger Schüler muß in den Sommerferien einen Englischkurs wiederholen und kann durch einen ebenso nachsichtigen wie engagierten Lehrer von der Notwendigkeit der Bildung überzeugt werden. Teenagerfilm mit erstaunlichem Tiefgang, der weitgehend vergnüglich unterhält; einer drastischen Horrorfilm-Parodie wegen jedoch nicht für jedermann bekömmlich. – Ab 16. ✦ USA 1987 **P** Paramount **VA** CIC **Pd** George Shapiro, Howard West **R** Carl Reiner **B** Jeff Franklin, Stuart Birnbaum, David Dashev **K** David M. Walsh **M** Danny Elfman **S** Bud Molin **D** Mark Harmon (Freddy Shoop), Kirstie Alley (Robin Bishop), Robin Thomas (Phil Gills), Patrick Labyorteaux (= Patrick Laborteaux) (Kevin), Courtney Thorne-Smith (Pam) **L** 97 (gek. 91) **FSK** ab 16 (gek. ab 12) **E** März 1988 Video **fd** 26 864

SUMMER SLAM 90/ROYAL RUMBLE 1991 (SUMMER SLAM 90 / WWF-CHAMPIONSHIP MATCH: THE ULTIMATE WARRIOR SST. SLWASHTER). Einfallslos aneinandergereihte Ringkämpfe aus der schrillen Welt der Catcher, die vornehmlich dem Aggressionsabbau dienen. Martialisch verkleidete Muskelpakete fallen übereinander her, um den Stärksten zu ermitteln. Die Halle johlt, wenn in vorgetäuschter Brutalität die Knochen krachen. Insgesamt sicherlich mehr zum Lachen, in ihrer Länge von über zwei Stunden aber vorrangig ermüdende Unterhaltung primitiven Zuschnitts. ✦ USA 1990/91 **P** Titan Sports/Evart Enterprises **VA** Madison **L** 160/160 **FSK** ab 16 **E** 11.12.1991, 26.2.1992 Video **fd** 29 572

SUMMER TEMPTATIONS (SUMMER TEMPTATIONS). Eine männermordende Schönheit ruft eine Privatdetektivin auf den Plan, die ihre Spur aufnehmen kann. Je näher sie der Mörderin kommt, um so gefährlicher wird die Lage für sie und ihren Geliebten, der der Verführerin längst auf den Leim gegangen ist. Öder Erotik-Thriller – Sex-and-Crime, wie gehabt. ✦ USA 1998 **R** John McCafferty **D** Shauna O'Brien (Alexis Baxter), Gabriella Hall (Kay Sanders), Jonathan Smith (Paul Morton), Gary Angelino (Roman) **L** 92 **E** 1.9.2000 Kabel 1

SUMMERFIELD (SUMMERFIELD). Als ein junger Lehrer in einem abgelegenen, scheinbar friedlichen australischen Fischerdorf die Nachfolge seines spurlos verschwundenen Vorgängers antritt, begegnen ihm die Bewohner mit Mißtrauen und feindseligem Schweigen. Ungewollt wird er Zeuge einer tragisch endenden Liebesbeziehung zwischen einem erwachsenen Geschwisterpaar. Spannendes, handwerklich perfekt inszeniertes und auf Effekte poliertes Psychodrama, das den eigentlichen Konfliktstoff nur recht vordergründig auslotet. – Ab 18. ✦ Australien 1977 **P** Clare Beach/Greater Union **Kl** Progress **Pd** Patricia Lovell **R** Ken Hannam **B** Cliff Green **K** Mike Molloy **M** Bruce Smeaton **S** Sara Bennett **D** Nick Tate (Simon Robinson), John Waters (David Abbott), Elizabeth Alexander (Jenny Abbott), Michelle Jarman (Sally Abbott), Charles Tingwell (Dr. Miller) **L** 95 **E** 23.1.1981 Kino DDR/5.1.1985 DFF 2/24.7.1988 BR

SUMMERTIME (SUMMERTIME). Ein junger Italiener reist mit hochgespannten Erwartungen für drei Tage nach New York, doch die hektische Welt der amerikanischen Metropole verwehrt ihm den Zugang. Zunehmend wird klar, daß er diese neue Umwelt genauso wenig versteht wie sie ihn. Erstlingsfilm des Modefotografen Mazzucco, der ohne eigentliche Handlung Impressionen einer enttäuschten Liebe durch grundverschiedene Milieueinflüsse und Berufsinteressen beschreibt. Mit leichter Hand skizzenhaft gezeichnet, sympathisch durch die frische, ungekünstelte Art. (O.m.d.U.) – Ab 16. ✦ Italien 1983 **P** Mazzucco **R+B** Massimo Mazzucco **D** Luca Barbareschi, Susi Gilder, Douglas Ferguson, Malcolm Botway **L** (TV) 67 **E** 27.4.1986 BR

SUMMERTIME-KILLER (UN VERANO PARA MATAR / MEURTRES AU SOLEIL). Ein junger Mann tötet die Verbrecher, die vor zwanzig Jahren seinen Vater ermordet haben, versagt jedoch beim letzten Opfer, in dessen Tochter er sich verliebt. Unglaubwürdige Rachestory voller Klischees und Längen. – Ab 16. ✦ Spanien/Frankreich/Italien 1972 **P** Isasi/16–35 Films/Tritone **Kl** Constantin **Pd** Jose S. Vicuna, Antonio Isasi **R** Antonio Isasi **B** Reid Buckley, Sam X. Abarbanel **K** Juan Gelpi **M** Luis Enriquez Bacalov **S** R. Quadreny **D** Karl Malden, Olivia Hussey, Christopher Mitchum, Raf Vallone, Claudine Auger **L** 103 **FSK** ab 16; nf **E** 20.4.1973 **fd** 18 553

SUMMERTIME SWITCH – CHAOS IM FERIENCAMP (SUMMERTIME SWITCH). Ihre Namensgleichheit führt dazu, daß zwei Jungen ungewohnte Ferien verbringen: während der verzogene Sohn aus reichem Elternhaus in einem Sommerlager landet, das eher einem Gefängnis ähnelt, findet sich der Straßenjunge unversehens in einem exclusiven Camp am See wieder. Teenagerkomödie um einen unfreiwilligen Rollentausch, der die beiden Jungen grundlegend verändert. ✦ USA 1994 **R** Alan Metter **B** Patrick J. Clifton **M** Bradley Smith **D** Rider Strong (Frederick Egan III), Jason Weaver (»Fast Freddie« Egan), Richard Moll (Jimmy), Teresa Ganzel (Mrs. Sykes), Soleil Moon Frye (Peggy) **L** 85 **E** 18.8.1996 Pro Sieben

SUMO BRUNO. Ein einsamer, arbeitsloser 200-Kilo-Mann beschließt, Sumo-Ringen zu lernen, um an der Weltmeisterschaft in seiner ostdeutschen Heimatstadt Riesa teilzunehmen. Dabei müssen er und seine Freunde, allesamt Verlierer und Träumer, nicht nur gegen ihre Trägheit ankämpfen, sondern auch gegen Gangster und die triste Realität. Schön fotografierte Tragikomödie mit märchenhaften Elementen, aber allzu klischeehaft angelegten Figuren in einer Handlung voller Ungereimtheiten. Die »Botschaft« der für deutsche Verhältnisse ungewöhnlichen Erfolgsgeschichte ist eher schlicht: Es kommt lediglich darauf an, zu kämpfen, wenn man im Leben etwas erreichen will. – Ab 14. ✦ Deutschland 2000 **P** Babelsberg Film/Studio Babelsberg Independents/ Senator Film **Kl** Senator **VA** EuroVideo **DVD** Euro-Video **Pd** Dirk Beinhold, Friedrich-Carl Wachs **R** Lenard Fritz Krawinkel **B** Marius del Mestre, Jan Berger, Lenard Fritz Krawinkel **K** Piotr Lenar **M** Biber Gullatz, Eckes Malz **S** Adam Boome **D** Hakan Orbeyi (Bruno), Oliver Korittke (Kalle), Julia Richter (Anna), Martin Seifert (Akashi), Thomas Drechsel (Timo), Esther Esche (Gina), Tim Wilde (Lucky) **L** 99 **FSK** o. A.; f **E** 18.1.2001/8.11.2001 Video & DVD (Leihversion) **fd** 34 645

SUMPF DES GRAUENS (TERROR IN THE SWAMP). Biber mutieren durch Tierversuche und Hormonbehandlung zu Killerbestien und dezimieren die Bewohner und Besucher eines Sumpfgebietes. Spekulativer Tier-Horror. ✦ USA 1983 **P** Martin Folse Prod. **VA** CBS/Fox **Pd** Martin Folse **R** Joseph J. Catalanotto **B** Bill Holliday **K** Wade Hanks **D** Billy Holliday, Chuck Long, Chuck Bush, Mike Thomas **L** 84 **FSK** ab 18 **E** 1990 Video

SUMPF DES UNHEILS (LURE OF THE SWAMP). Hemmungslose Geldgier stürzt Menschen, die in einem Sumpf nach versteckter Raubbeute suchen, ins Verderben. Ein Film mit seltsam unklarer Kriminalhandlung, vielen Längen und Ungereimtheiten. – Ab 16. ✦ Scope, schwarz-weiß. USA 1957 **P** Regal **Kl** Centfox **Pd** Sam Hersh **R** Hubert Cornfield **B** William George, nach einem Roman von Gil Brewer **K** Walter Strange **M** Paul Dunlap **S** Robert Fritch **D** Joan Vohs, Willard Parker, Marshall Thompson, Jack Elam, Joan Lora **L** 74 **FSK** ab 16; nf **E** 11.10.1957 **fd** 6 314

SUMPF DES VERBRECHENS (SCENE OF THE CRIME). Spröder Kriminalfilm um einen US-Polizeidetektiv, der den Mörder seines zu Unrecht der Korruption verdächtigten Kollegen fassen will. Bei einer Verfolgung verletzt, will er seiner Frau zuliebe aussteigen, stöbert dann aber doch eine auf Buchmacher spezialisierte Gang auf. Nach einer wilden Schießerei offenbart sich der sterbende Mörder. Auf Grund der differenziert gezeichneten Charaktere, des dichten Handlungsgeflechts und der in ihren inszenatorischen Mitteln ökonomischen Regie ein überdurchschnittlicher B-Film der »Schwarzen Serie« Hollywoods. – Ab 16. ✦ Schwarz-weiß. USA 1949 **P** MGM **R** Roy Rowland **B** Charles Schnee, nach einem Roman von John Bartlow Martin **K** Paul C. Vogel **M** André Previn **D** Van Johnson (Mike Conovan), Gloria de Haven (Lili), Tom Drake (C.C.), Arlene Dahl (Gloria Conovan), Leon Ames (Captain Forster) **L** 94 **E** 15.11. 1990 West 3

SUMPF UNTER DEN FÜSSEN (WIND ACROSS THE EVERGLADES). In der Sumpflandschaft Floridas bekämpft zur Zeit der Jahrhundertwende ein junger idealistischer Lehrer das Treiben brutaler Vogeljäger und setzt sich zwischen alle Stühle. Zwischen Sentimentalität und Grausamkeit schwankender Abenteuerfilm, der sein engagiertes Thema mit bemerkenswerten Naturaufnahmen vorträgt. – Ab 16. ✦ USA 1958 **P** Warner **Kl** Warner **Pd** Stuart Schulberg **R** Nicholas Ray **B** Budd Schulberg **K** Joseph Brun **S** Georges Klotz, Joseph Zigman **D** Burl Ives (Cottonmouth), Gypsy Rose Lee (Mrs.Bradford), Christopher Plummer (Walt Murdock), Chana Eden (Naomi), Tony Galento (Beef), George Voskovec (Aaron Nathanson), Bert I. Smith (George) **L** 91 **FSK** ab 12; nf **E** 3.4.1959 **fd** 7 959

SUMURU – DIE TOCHTER DES SATANS (THE SLAVES OF SUMURU). Eine Clique von Frauen strebt mit allen Mitteln nach der Weltherrschaft. Ihre Eroberungspläne enden in einem Gefecht mit der Polizei von Hongkong. Zum Teil unfreiwillig komischer, vorwiegend aber brutaler Agentenfilm voller Klischees. ✦ Scope. Großbritannien 1966 **P** Sumuru **Kl** Constantin **Pd** Harry Alan Towers **R** Lindsay Shonteff **B** Kevin Kavanagh **K** John von Kotze **M** John Scott (= Hanns Schott-Schöbinger) **S** Allan Morrison **D** George Nader, Shirley Eaton, Klaus Kinski, Frankie Avalon, Patti Chandler **L** 80 **FSK** ab 18; nf **E** 14.7.1967 **fd** 14 819

SUMURUN. Stummfilmversion einer orientalisch-exotischen Märchenpantomime, die Max Reinhardt schon 1910 herausgebracht hatte. Eine Gauklertruppe kommt in das Bagdad des 9. Jahrhunderts. Der Scheich und sein Sohn begehren die verführerische Tänzerin, die den Lockungen von Reichtum und Luxus erliegt. Der bucklige Gaukler, der sie aus innerstem Herzen liebt, schluckt ein vermeintlich tödliches Mittel und geistert fortan als »Leiche« durch den Film, was Anlaß zu sowohl komischen als auch spannenden Verwicklungen gibt. Ein »Historienschinken« mit großem Aufwand an Kulisse und Kostüm, aber auch eine filmische Reise in ein Universum intensiver Gefühle und Leidenschaften, mit einem sehenswerten Ernst Lubitsch als Gaukler. – Sehenswert ab 12. ✦ Schwarz-weiß. Deutschland 1920 **P** Projektions-AG Union **Kl** Freunde der Deutschen Kinemathek **Pd** Paul Davidson **R** Ernst Lubitsch **B** Hanns Kräly, Ernst Lubitsch, nach einer Pantomime von Friedrich Freska **K** Theodor Sparkuhl **M** Aljoscha Zimmermann **D** Paul Wegener (Der alte Scheich), Pola Negri (Die Tänzerin), Ernst Lubitsch (Der Bucklige), Jenny Hasselqvist (Sumurun), Harry Liedtke (Nur al Din), Aud Egede Nissen (Haidee) **L** 101 **E** 1.9. 1920/26.1.1992 B 3

SUNBURN (SUNBURN). Ein tolpatschiger Versicherungsdetektiv klärt mit Hilfe seines älteren Partners einen Erpressungsfall. Weitgehend spannender Kriminalfilm, der mehr Wert auf Charakterzeichnung als auf handfeste Action legt, sich jedoch nur zu mäßiger Unterhaltung aufschwingen kann. (TV-Titel: »Heiße Hölle Acapulco«) – Ab 16. ✦ USA/Großbritannien 1979 **P** Tuesday/Hemdale/Bind **VA** VMP **Pd** John Daly, Gerald Green **R** Richard C. Sarafian **B** Stephen Oliver, James Booth, John Daly, nach einem Roman von Stanley Ellin **K** Alex Phillips jr. **M** John Cameron **S** Geoffrey Foot **D** Farrah Fawcett-Majors (= Farrah Fawcett) (Ellie), Charles Grodin (Jake), Art Carney (Marcus), Joan Collins (Nera), William Daniels (Crawford) **L** 99 **E** 1982 Video/31.8. 1986 ARD **fd** 23 726

SUNBURN (SUNBURN). Drei junge irische Studenten kommen in ihren Ferien nach Long Island, um zu jobben und viel Spaß zu haben. Sie schlagen über die Stränge, verlieben sich und werden ein bisschen erwachsener. Stimmungsvolles Spielfilmdebüt nach wahren Erlebnissen aus der Sicht junger Leute, inszeniert mit zartem Humor, poetischen Bildern und dokumentarischen Qualitäten. Auf ebenso spielerische wie entspannte Weise wirbt der sympathische Film um Verständnis für das Jungsein. – Ab 14. ✦ USA 1999 **P** Sweetland **Kl** Jugendfilm **Pd** Jean Doumanian **R** Nelson Hume **B** Mark Edgington, Nelson Hume **K** Frank DeMarco **S** Suzanne Pillsbury **D** Paloma Baeza (Aideen Higgins), Cillian Murphy (Davin McDerby), Barry Ward (Robert Fiske), Ingeborga Dapkunaite (Carolyn Kramer), Michael Liebman (Billy Conlin) **L** 89 **E** 12.7.2001 **fd** 34 934

SUNCHASER – DIE SUCHE NACH DEM HEILIGEN BERG → The Sunchaser

SUNDAY, BLOODY SUNDAY (SUNDAY, BLOODY SUNDAY). Streiflichter auf Menschen und Schicksale, Lebens- und Gesellschaftsformen in London, die sich zu einem faszinierenden Milieubild bündeln. Im Mittelpunkt stehen die Konflikte eines homosexuellen Arztes und einer geschiedenen Frau, deren gemeinsamer Freund sie aus angeblich beruflichen Gründen verläßt. Ein Film, der Toleranz predigt und zur Auseinandersetzung mit den dargestellten Problemen und Konflikten zwingt – menschlich bewegend, dabei mit leichter Hand inszeniert und von guten Darstellern getragen. (TV-Titel: »Diese schrecklichen Sonntage«) – Sehenswert. ✦ Großbritannien 1970 **P** Vectia **Kl** United Artists **Pd** Joseph Janni **R** John Schlesinger **B** Penelope Gilliatt **K** Billy Williams **M** Ron Geesin, Wolfgang Amadeus Mozart **S** Richard Marden **D** Peter Finch (Dr. Daniel Hirsh), Glenda Jackson (Alex Greville), Murray Head (Bob Elkin), Peggy Ashcroft (Mrs. Greville), Tony Britton (Mr. Harding), Maurice Denham (Mr. Greville), Bessie Love, Richard Loncraine **L** 110 **FSK** ab 18; f **FBW** bw **E** 18.11.1971 **fd** 17 684

SUNDAY DRIVER (SUNDAY DRIVER). Ein Sonntagsausflug führt für alle Beteiligten zu überraschenden Verwechslungen. Walt Disney-Film für die ganze

Familie. – Ab 8 möglich. ✦ USA 1986 **P** Walt Disney Prod. **VA** EuroVideo **R** Mark Cullingham **B** Larry Brand **D** Tony Randall, Carrie Fisher, Audra Lindley, Ted Wess **L** 90 **FSK** ab 6 **E** 1986 Video

SUNDAY LOVERS (SUNDAY LOVERS / LES SEDUCTEURS). Vier Glücksritter suchen und finden zum Teil ihr Glück in erotischen Abenteuern abseits von Ehe und Alltagsroutine. Internationaler Episodenfilm, dessen routinierte Inszenierung und teilweise gute Besetzung nicht über den Mangel an Originalität, Tempo und Engagement hinwegtäuschen können. (TV-Titel: »Die Verführer«; Alternativtitel: »Sunday Lovers – Vier Asse hauen auf die Pauke«, »Vier Asse hauen auf die Pauke«) ✦ Frankreich/Italien/Großbritannien/USA 1980 **P** Viaduc/Medusa **KI** Cinefrance **R** Bryan Forbes (engl. Epis.), Edouard Molinaro (fr. Epis.), Dino Risi (ital. Epis.), Gene Wilder (amer. Epis.) **B** Leslie Bricusse (engl. Epis.), Francis Veber (fr. Epis.), Age (= Agenore Incorocci, ital. Epis.), Furio Scarpelli (ital. Epis.), Gene Wilder (amer. Epis.) **K** Claude Lecomte, Gerald Hirschfeld, Claude Agostini, Tonino Delli Colli **M** Manuel de Sica **S** Penelope Shaw, Robert Isnardon, Christopher Greenbury, Alberto Gallitti **D** Roger Moore (Harry), Lino Ventura (François), Gene Wilder (Skippy), Ugo Tognazzi (Armando), Lynn Redgrave (Lady Davina) **L** 127 **FSK** ab 16; f **E** 1.5.1981/31.12.1988 DFF 2 **fd** 22 944

SUNDAY LOVERS – VIER ASSE HAUEN AUF DIE PAUKE →Sunday Lovers

DIE SÜNDE (1965) (AL HARAM). Eine Frau und Mutter, die beschwerliche Tagelohnarbeit auf einem Gut in einer ländlichen Region Ägyptens verrichtet, wird vergewaltigt. Um diese Schande, durch die ihr der Ausschluß aus der Dorfgemeinschaft droht, zu verbergen, arbeitet sie auch dann noch weiter, als sie schwanger wird. Unter Mühen bringt sie das Kind zur Welt, doch aus Furcht vor Entdeckung erstickt sie ungewollt den schreienden Säugling. Als die aufgebrachte Gemeinde von Mord spricht, bringt sie sich um. Ein in den 50er Jahren angesiedeltes Melodram, das Mißstände anprangert, die aus der Überstrenge islamischer Werte, versteinertem Rollenverhalten und überlieferten Gebräuchen erwachsen. Die schlichte Erzählweise erweckt den Eindruck von Authentizität. – Ab 16. ✦ Schwarz-weiß. VAR (Ägypten) 1965 **P** Mounir Rafla **R** Henry Barakat **B** Sad el Din Wahba, nach einem Roman von Youssef Idris **K** Diak el Mahdi **M** Sakima Gamil **S** Rashida Abdel Salam **D** Faten Hamama, Abdallah Gheth, Zaki Rostom, Hassan Barudi, Abd el Alim Khattab **L** 100 (DDR 84) **E** 14.8.1973 DFF 2/24.5.1983 ZDF

DIE SÜNDE (1971 GB) →Heißkaltes Blut

DIE SÜNDE (1971 I) (BIANCO ROSSE E ...). Die permanente Auseinandersetzung zwischen einem jungen schwadronierenden Kommunisten und einer ebenso schönen wie souveränen Ordensfrau in einem süditalienischen Krankenhaus. Teils komödiantische, überwiegend jedoch sentimentale und schicksalsschwangere Unterhaltung, die ganz auf die Stars zugeschnitten wurde. – Ab 16. ✦ Italien 1971 **P** Champion **KI** Warner-Columbia **Pd** Carlo Ponti **R** Alberto Lattuada **B** Jaia Fiastri, Alberto Lattuada, Tonino Guerra, Ruggero Maccari **K** Alfio Contini **M** Fred Bongusto **S** Sergio Montanari **D** Sophia Loren, Adriano Celentano, Fernando Rey, Jan Luis Gugliardo, Giuseppe Maffioli **L** 97 **FSK** ab 16; f **E** 10.11.1972 **fd** 18 087

DIE SÜNDE DER ENGEL. (Fernseh-)Krimi um ein eineiiges Zwillingspaar, von denen einer wegen Sexualmords im Gefängnis sitzt. Wenige Monate vor der Entlassung tauschen die Brüder ihre Identität, ohne ihre Umwelt einzuweihen. Als der Mörder mit der Geliebten seines Bruders in Urlaub fährt, dräut Gefahr. ✦ Deutschland 1998 **R+B** Wolf Gremm **K** Carl-Friedrich Koschnick **M** Pino Donaggio **D** Gudrun Landgrebe (Julia Beerbaum), Jens Eulenberger (Daniel/Ralf Beerbaum), Gabi Gottschalk (Tina Weiss), Hans Peter Hallwachs (Philip Beerbaum), Ulrich Pleitgen (Andreas Dahlberg), Hans Diehl (Prof. Eichinger), Rolf Becker (Michael Weiss) **L** 88 **E** 5.6. 1999 ZDF

DIE SÜNDE DER KATARINA PADYCHOVA (HRIECH KATARINY PADYCHOVEJ). Das Schicksal einer jungen Frau, die – von ihrem im Ausland Arbeit suchenden Mann allein gelassen – vor Vereinsamung und wirtschaftlichen Nöten kapituliert. Gleichzeitig die Schilderung der dörflichen Situation in der Slowakei zwischen den beiden Weltkriegen. Ein sozialkritischer Film, der sein Thema etwas zu gefühlsbetont behandelt. – Ab 16. ✦ CSSR 1973 **P** Filmstudio Bratislava **KI** Progress **R** Martin Holly **B** Monika Gajdosová, nach dem Roman »Rückkehr« von Petr Jilemnicky **K** Karol Krska **M** Zdenek Liska **D** Hana Pastejríková (Kaca Padychová), Michal Docolomansky (Stefan Padych), Stefan Kvietik (Michal Valencik), Karol Machata (Sulgan), Olga Salagová (Dora) **L** 76 **E** 15.11.1974 Kino DDR/9.6.1976 DFF 2

DIE SÜNDE DER SCHWESTER (BABY SISTER). Eine junge Frau flieht vor ihrem strengen Vater, dem sie nichts recht machen kann, und zieht zu ihrer etwas älteren Schwester, einer ehrgeizigen Galeristin. Deren Geliebter, ein Arzt, fühlt sich von der Karrierefrau vernachlässigt und beginnt eine Affäre mit der jüngeren Frau, die unter einem traumatischen Kindheitserlebnis leidet, das auch ihr Verhältnis zum Vater beeinflußt. Als der Seitensprung auffliegt, kommt es zu einer dramatischen Aussprache aller Beteiligten. Verbindung aus Romanze, Eifersuchtsdrama und einem tiefgehenden Vater-Tochter-Konflikt vor dem mondänen Hintergrund Kaliforniens. ✦ USA 1983 **R** Steven Hillard Stern **B** Jo Lynne Michael, Paul Haggard jr., Susan Title **K** Isidore Mankofsky **M** Fred Karlin **D** Ted Wass (David Mitchell), Phoebe Cates (Annie Burroughs), Pamela Bellwood (Marsha Burrpughs), Efrem Zimbalist jr. (Tom Burroughs), Virginia Kiser (Mrs. Strauss) **L** 89 **E** 30.10.1998 ARD

DIE SÜNDE DES ABBÉ MOURET (LA FAUTE DE L'ABBE MOURET / L' AMANTE DEL PRETE). Frankreich im 19. Jahrhundert: Serge Mouret hat nach einer streng religiösen Erziehung das Pfarramt in einem kleinen Dorf in der Provence übernommen. Sein asketisches Leben, das er sich selbst auferlegt hat, untergräbt seine Gesundheit. Tochter eines Einsiedlers pflegt ihn wieder gesund. Zwischen beiden entwickelt sich eine Liebesbeziehung. Melodramatische Literaturverfilmung, die die religiösen Probleme nur oberflächlich behandelt. ✦ Frankreich/Italien 1970 **P** Valoria/Les Films du Carosse/Stephan/New Film **R** Georges Franju **B** Jean Ferry, Georges Franju, Alessandro Continenza, nach dem gleichnamigen Roman von Emile Zola **K** Marcel Fradetal **M** Jean Wiener **S** Gilbert Natot **D** Francis Huster, Gillian Hills, Tino Carraro, André Lacombe, Fausto Tozzi **L** 91 **E** 26.1.1975 DFF 1

DIE SÜNDE EINER SOMMERNACHT (TRI KORAKA U PRAZNO). Zwei Donauschiffer schlagen sich wegen einer Frau, die es abwechselnd mit dem einen und dem anderen hält, halb tot. Lächerliche Rivalitätsgeschichte; jämmerlich in Szene gesetzt. ✦ Schwarz-weiß. Jugoslawien 1958 **P** Lovcen **KI** Goldeck **R+B** Vojislav Nanovic **K** Slobodan Markovic, Milorad Markovic **M** Borivoje Simic **D** Zlata Perlic (Irma), Pavle Vujisic (Obrad), Dragan Lakovic (Marko) **L** 83 **FSK** ab 18; nf **E** 18.10.1962 **fd** 11 500

DIE SÜNDE EINES ANSTÄNDIGEN MÄDCHENS (LOS PECADOS DE UNA CHICA CASI DECENTE). Der Pfarrer eines Dorfes nahe Neapel sehnt schon lange den Besuch seines Bischofs herbei. Am Tage der Ankunft erfährt er, daß gerade jetzt seine Schwester gesündigt hat. Alle Spuren des Vergehens müssen schnellstens beseitigt werden. Hilfe verspricht sich der Verzweifelte vom Chef der Carabinieri. Von ihm erfährt er jedoch Dinge, die ihn an der Tugend seiner Familie vollends zweifeln lassen. ✦ Spanien 1975 **R** Mariano Ozores Francés **B** Mariano Ozores Francés, nach der »Ballade von den drei Unschuldigen« von Pedro Maria Herrero **D** Lina Morgan (Maria), Alfredo Landa (Gino), Queta Claver (Sofia), Antonio Ferrandis (Vittorio), Joaquin Roa (Bischof) **L** 73 **E** 14.8.1982 DFF 1

DIE SÜNDE LOCKT (TOO SOON TO LOVE). Die als Warnung gedachte Geschichte einer Liebe zwischen amerikanischen Schülern, die durch mangelnde Reife des Paares und elterlichen Widerstand zum Abtreibungs- und Selbstmordversuch führt. Noch dümmer als alle Klischees der Handlung, mit denen der immerhin gut gespielte Film aufwartet, ist der deutsche Verleihtitel. – Ab 16. ✦ Schwarz-weiß. USA 1959 **P** Dynasty **KI** Universal **Pd+R** Richard Rush **B** Laszlo Goroc, Richard Rush **K** William C. Thompson **M** Ronald Stein **D** Jennifer West, Richard Evans, Warren Parker, Ralph Manza, Jack Nicholson **L** 85 **FSK** ab 16; f **E** 26.10.1962 **fd** 11 380

SÜNDE MIT RABATT. Der frustrierte Ehemann einer Stripteasetänzerin rächt sich für erlittene Demütigungen, indem er als Massenmörder durchs Nachtclubmilieu geistert. Schmierige Zuhälter, verbitterte Polizisten und lüsterne Kleinbürger in einem unbeholfen inszenierten Sexkrimi, dessen Visionen vom Nachtleben eher provinziell geraten sind. ✦ BR Deutschland 1967 **P** Reinhardt **KI** Brummer **R+B** Rudolf Lubowski **K** Gunter Otto **M** Beni Gebauer **D** Claus Holm, Sylvia Frank, Nino Korda, Margarethe Reinhardt, Eva Astor **L** 84 **FSK** ab 18; nf **E** 22.3.1968 **fd** 15 366

DIE SÜNDE UND DIE TUGEND. Die Geschichte eines jungen buddhistischen Novizen, der schließlich, wegen der Liebe zu einem Mädchen, mit seinem Orden bricht. – Ab 14. ✦ Schwarz-weiß. Mongolei 1963 **P** Mongolkino **KI** Progress **R** D. Tschimedosor **B** D. Mamdak **M** D. Luwsanocharow **D** D. Hchinchorlo (To-chuar), B. Dulamsuren (Mjadagma), S. Burshgar (Naidan), L. Terbisch (Lowow) **L** 64 **E** 26.11.1965 Kino DDR

EINE SÜNDE ZUVIEL →Konsalik Collection – Sünde zuviel

SÜNDEN (SINS). Das Schicksal eines Verlagsimperiums und seiner Inhaberin, die den Bankrott ihres Lebenswerkes mit allen Mitteln abzuwenden versucht. Fürs Fernsehen routiniert inszenierte Mini-Serie, die in Rückblenden einen Zeitraum von 42 Jahren umfaßt und einen breitgefächerten Bilderbogen entwirft, der von der Zeit des Nationalsozialismus bis in die Gegenwart reicht. (Fernsehtitel: »Im Labyrinth der Rache«) – Ab 16. ✦ USA 1985 **P** New World/CBS/Worldvision **VA** Taurus **R** Douglas Hickox **B** Laurence Heath, nach einem Roman von Judith Gould **K** Claude Bourgoin **M** Francis Lai, Michel Legrand, Carly Simon **D** Joan Collins (Hélène), Catherine Mary Stewart (Hélène als junge Frau), Lauren Hutton (ZZ Bryant), Marisa Berenson (Luba Tcherina), Steven Berkoff (Major von Eiderfeld), Gene Kelly (Eric Hovland) **L** 319 (drei Teile) **FSK** ab 16 **E** 15.10.1986 Video/20.,21.5.1988 SAT 1

SÜNDEN DER BEGIERDE (SINS OF DESIRE). Stereotyper Sexfilm mit einer fadenscheinigen Krimihandlung, der bestenfalls eine Jugendsünde des Schauspielers/Regisseurs Nick Cassavates belegt. ✦ USA 1992 **P** March **Pd** Linda A. Borgeson **R** Jim Wynorski **B** Peter Liapis, Mark Thomas McGee, Jim Wynorski **K** Zoran Hochstätter **M** Chuck Cirino, Becky LeBeau **S** Nina Gilberti **D** Gail Harris (Monica Waldman), Jay Richardson (Dr. Scott Callister), Delia Sheppard (Jessica Callister), Tanya Roberts (Kay Egan), Nick Cassavetes (Barry Mitchum) **L** 87 **E** 1.9.2000 Premiere World

DIE SÜNDEN DER GANZ JUNGEN MÄDCHEN (SCANDALO IN FAMIGLIA). Eine Schülerin verliebt sich in ihren jungen Stiefonkel, doch erst nachdem beide mit anderen Partnern verheiratet sind, finden sie zueinander. Sexfilm nach üblichem Strickmuster. (Alternativtitel: »Wild and sexy – 3. Teil«; »Flotte Teens und die erste Liebe«) – Wir raten ab. ✦ Italien 1976 **P** Medusa **KI** CH/Diamant/Beka **R+B** Marcello Andrei **K** Luciano Trasatti **M** Enrico Simonetti

S Otello Colangeli **D** Gloria Guida (Elena), Gianluigi Ghirizzi (Antonella), Lucretia Love (Annunziata), Giuseppe Anatrelli (Saverio), Loredana Martinez **L** 88 **FSK** ab 18; nf **E** 2.7.1981

DIE SÜNDEN DER LUCREZIA BORGIA (LUCREZIA GIOVANE). Papst Alexander VI. läßt die Ehe seiner Tochter Lucrezia Borgia mit Giovanni Sforza annullieren, um durch eine neue Heirat seine Machtgelüste zu befriedigen. Inzest, Brudermord, weitere Bluttaten und Sexeinlagen in einem pseudohistorischen Sittenbild von dilettantischem Zuschnitt. (Titel auch: »Die heißen Nächte der Lucrezia Borgia«) – Wir raten ab. ✦ Scope. Italien 1974 **P** T.R.A.C. **KI** Kora **R+B** André Colbert **K** Aldo de Robertis **M** Franco Micalizzi **S** Angelo Curi **D** Simonetta Stefanelli, Massimo Foschi, Ettore Manni, Anna Orso, Paolo Malco **L** 87 **FSK** ab 18; nf **E** 1977 Kino **fd** 20 344

DIE SÜNDEN DER MADELEINE →Frau ohne Moral?

DIE SÜNDEN DES D'ANNUNZIO (D'ANNUNZIO). Ende des 19. Jahrhunderts erlebt der skandalumwitterte italienische Dichter Gabriele D'Annunzio in den aristokratischen Gesellschaftskreisen Roms diverse erotische Abenteuer, die er gezielt zur Festigung seiner literarischen Karriere nutzt. ✦ Italien 1987 **R** Sergio Nasca **D** Stefania Sandrelli (Elvira Fraternali), Robert Powell (Gabriele D'Annunzio), Sonia Petrovna (Maria Gravina), Florence Guerin, Terese Ann-Savoy (Maria di Gallese) **L** 95 **E** 25.12.1993 MDR

SÜNDEN EINER MUTTER →Im Schatten des Schreckens

DIE SÜNDEN EINES VATERS (SECRET SINS OF THE FATHER). Nach dem Tod seiner Mutter muß ein Polizeichef den eigenen Vater als Mordverdächtigen verhaften. Neue Verdachtsmomente deuten jedoch immer mehr auf seinen Bruder als Täter hin. Nicht übermäßig fesselnder Kriminalfilm, der auch in der der Besetzung eine reine Familienangelegenheit ist: neben Vater und Sohn Bridges wirken auch Beaus Mutter und Sohn in kleinen Rollen mit. ✦ USA 1994 **R** Beau Bridges **D** Beau Bridges (Tom Thielman), Lloyd Bridges (Louis Thielman), Ed Lauter (Arnold Carter), Bert Remsen (Richard Kleiser), Mark L. Taylor (Morris Fleming) **L** 100 **E** 26.3.1996 RTL 2

DER SÜNDENBOCK (1940). Ein Gastwirt hat in seinem Testament verfügt, daß derjenige sein Wirtshaus erben soll, der seinen 12jährigen Adoptivsohn zu einem rechtschaffenen Menschen erzieht. So wandert der Junge zunächst in der Verwandtschaft herum, reißt überall aus, bis er schließlich entdeckt, daß der Schornsteinfegermeister, bei dem er am Ende gelandet ist, gar nicht so unerträglich ist, wie es den Anschein hatte. Ein brav-vergnügliches Lustspiel ohne tieferen Anspruch. – Ab 10. ✦ Schwarz-weiß. Deutschland 1940 **P** Tobis **R** Hans Deppe **B** Hans Reimann **K** Georg Krause **M** Kurt Schröder **D** Norbert Rohringer (Christian Hartwig), Karl Hellmer (Berthold Neumann), Hilde Körber (Ernestine Pfeiffer), Ernst Waldow (Dr. Brixius), Fritz Odemar (Friedrich Wilhelm Pfeiffer) **L** 88 **E** 24.5.1940/16.8. 1981 BR

DER SÜNDENBOCK (1959) (THE SCAPEGOAT). Der Lehrer eines englischen Provinzgymnasiums muß auf Grund seiner Ähnlichkeit mit einem verschuldeten französischen Grafen dessen Rolle spielen, um das Alibi für einen Gattenmord zu liefern. Kühl inszenierte Kriminalgeschichte, die die Möglichkeiten zur Vertiefung nicht nutzt. Spannend, aber reichlich konstruiert; von Alec Guinness in der Doppelrolle hervorragend gespielt. – Ab 16. ✦ Schwarz-weiß. Großbritannien 1959 **P** Du Maurier/Guiness **KI** MGM **Pd** Michael Balcon **R** Robert Hamer **B** Robert Hamer, Gore Vidal, nach einer Erzählung von Daphne du Maurier **K** Paul Beeson **M** Bronislau Kaper **S** Jack Harris **D** Alec Guinness (John Barratt/Graf Jacques), Bette Davis (Gräfin de Gue), Nicole Maurey (Bela), Irene Worth (Françoise de Gue), Pamela Brown (Blanche) **L** 93 **FSK** ab 12; nf **E** 8.1.1960/5.7.1971 ZDF **fd** 8 825

DER SÜNDENBOCK (1982) (INSPEKTOR GAI). Ein übereifriger Verkehrspolizist gerät immer wieder an den selben Verkehrssünder, einen Auto-Service-Direktor. Dieser sieht sich als eine bevorzugte Kategorie Mensch an und schaut auf den unscheinbaren Milizionär herab. Ein wenig publikumswirksamer, umständlich erzählter Film, der mit einem heiteren Grundton moralische Verhaltensweisen aufs Korn nehmen will, aber sein Thema durch mangelnde Glaubwürdigkeit weitgehend verfehlt. – Ab 14. ✦ UdSSR 1982 **P** Gorki-Studio **KI** Progress **R** Eldar Urasbajew **B** Alexander Borodjanski **K** Michail Rogowoi **M** Eduard Chagagortjan **D** Sergej Nikonenko, Nikita Michalkow, Oleg Jefremow, Marina Lewtowa, Nikolai Parfjonow **L** 78 **E** 21.9.1984 Kino DDR

DER SÜNDENBOCK VON SPATZENHAUSEN. Der ehrgeizige Vorstand eines Provinzbahnhofes im Streit mit den Behörden; nachdem er sich alle Welt zum Feind gemacht hat, kann er schließlich doch den Sieg davontragen: Sein Bahnhof wird Eilzugstation. Bescheidenes Lustspiel, das trotz einiger Selbstironie mit den üblichen Klischees und allen »Spezialitäten« des Heimatfilms aufwartet. – Ab 12 möglich. ✦ BR Deutschland 1958 **P** Carlton **KI** Prisma **Pd** Rudolf Wischert **R** Herbert B. Fredersdorf **B** Franz Marischka, Franz M. Schilder **K** Dieter Wedekind **M** Gert Wilden **S** Brigitte Fredersdorf **D** Hans Moser, Isa Günther, Jutta Günther, Bert Fortell, Albert Rueprecht, Beppo Brem **L** 100 **FSK** ab 6; nf **E** 24.10.1958 **fd** 7 622

DER SÜNDENFALL (FALL FROM GRACE). Auf Tatsachen beruhendes, glatt inszeniertes Drama über Aufstieg und Fall eines amerikanischen »Pray TV«-Senders. Der Vorsitzende der Fernsehkirche vernachlässigt über dem ehrgeizigen Kampf mit Konkurrenten seine Ehe; die tablettenabhängige Frau erpreßt ihn schließlich mit einer lange zurückliegenden Liebesaffäre. – Ab 16. ✦ USA 1990 **P** NBC **Pd** Richard L. O'Connor **R** Karen Arthur **B** Ken Trevey **D** Kevin Spacey (Jim Bakker), Bernadette Peters (Tammy Bakker), Richard Herd (Richard Dortch), Beth Grant (Paulene), Travis Swords (Patrick Stone) **L** 92 **E** 24.3.1993 RTL plus

DER SÜNDER (GRESCHNIK). Ein Dreher, der sich mit Mittelmaß und Schlamperei in den Betrieben nicht abfinden kann, gilt schnell als Außenseiter und Querulant und hat Schwierigkeiten, eine Arbeit zu finden. Überall, wo er auftaucht, stößt er auf Widerspruch und Ablehnung. Lahme Satire auf Mangel an Leistungsbereitschaft, Karrieredenken, Bequemlichkeit und andere Hemmnisse sozialistischer Produktion. Die Probleme werden beim Namen genannt, aber nicht vertieft. – Ab 14. ✦ UdSSR 1988 **P** Dowshenko-Studio **KI** Progress **R** Wladimir Popkow **B** Wladimir Gonik **K** Valeri Anissimow **M** Oleg Kiwa **D** Juosas Budraitis, Lija Achedshakowa, Xenia Rjabinkina, Georgi Drosd, Sergej Akimow, Pjotr Benjuk **L** 82 **E** 3.11.1989 Kino DDR

SÜNDER ÜBERALL (MIN SOSTERS BORN PA BRYLLUPSREJSE). Die Hochzeitsreise eines jungen Paares wird durch die Anwesenheit kleiner Neffen und Nichten, die sich nicht abschütteln lassen, empfindlich gestört. Mäßig unterhaltsamer Familienfilm, gekünstelt naiv und von anspruchsloser Komik. – Ab 14. ✦ Dänemark 1967 **P** Saga **KI** Topas **Pd** Poul Bang, Erik Larsen **R+B** Annelise Reenberg **K** Ole Lytken **M** Sven Gyldmark **S** Maj Barkung **D** Axel Strøbye, Birgit Sadolin, Karl Stegger, Jeanne Darville, William Rosenberg **L** 104 **FSK** ab 12; nf **E** 23.8.1968 **fd** 15 811

DIE SÜNDERIN. In den frühen Nachkriegsjahren wird ein Mädchen aus menschlich unerquicklichen und politisch ehemals gefährdeten bürgerlichen Verhältnissen zur Prostituierten. Die große Liebe zu einem an Gehirntumor erkrankten Maler ändert das Leben der jungen Frau. Sie umsorgt ihn hingebungsvoll, behebt die finanziellen Probleme durch zeitweilige Rückkehr zu ihrem einstigen Gewerbe und erspart dem Erblindeten die letzten Qualen, indem sie ihn vergiftet. Nach einer Rückschau auf ihr Leben folgt sie dem Geliebten freiwillig in den Tod. Der erste Nachkriegsfilm Willi Forsts wurde zum größten Skandal des deutschen Films; aber nicht, wie vielfach vermutet wurde, weil der Busen der Knef einmal kurz nackt zu sehen ist, sondern weil die mit der Spruchpraxis der »Freiwilligen Selbstkontrolle der Filmwirtschaft« nicht einverstandenen Kirchen ihre Mitarbeit in der FSK (bis zu deren Reorganisation) demonstrativ einstellten. Die hierdurch ausgelösten Proteste kirchlicher und politischer Kreise machten »Die Sünderin« zum Kassenerfolg. Gründe für die Proteste waren der Freitod der jungen Frau und, mehr noch, die durch den Film scheinbar widerstandslos bejahte Euthanasie-Debatte; eines der vielen düsteren Kapitel des Dritten Reiches. Die Extras umfassen Ausschnitte (43 Min.) aus der Dokumentation »Für mich soll's rote Rosen regnen« über die Hauptdarstellerin. ✦ Schwarz-weiß. BR Deutschland 1950 **P** Junge Film-Union/Deutsche Styria **KI** Donau **VA** Arthaus (Kinowelt Home) **DVD** Kinowelt Home (FF, Mono dt.) **Pd** Helmuth Volmer **R** Willi Forst **B** Gerhard Menzel, Willi Forst, nach einer Idee von Willi Forst **K** Václav Vich **M** Theo Mackeben **S** Max Brenner **D** Hildegard Knef (Martina), Gustav Fröhlich (Alexander), Robert Meyn (Martinas Stiefvater), Jochen-Wolfgang Meyn (Martinas Stiefbruder), Theo Tecklenburg **L** 87 **FSK** ab 18; nf **E** 18.1.1951/April 2000 Video/2.5.2000 DVD **fd** 1 047

DIE SÜNDERIN UND IHR NARR →Die Hexe von Montmartre

DIE SÜNDERIN VOM FERNERHOF →Der Meineidbauer (1941)

DIE SÜNDERIN VON PARIS →Goldhelm

DIE SÜNDERINNEN →Drei Sünderinnen

DAS SÜNDHAFTE LEBEN DES FRANCISZEK B. (GRZESNY ZYWOT FRANCISZKA BULY). Die Lebensgeschichte des Komödianten Franciszek Bula, von seiner Kindheit angefangen über die verschiedenen Stationen seines Lebens bis zum polnischen Patrioten. Ein Stück Zeitgeschichte aus Oberschlesien zwischen den beiden Weltkriegen, aufbereitet als bildgewaltige Moritat, die zwischen den Bildern Aufschluß über Lebensgewohnheiten und Nationalcharakter gibt. – Ab 16. ✦ Polen 1980 **P** Zespoly Filmowe/Zespoly »Silesia« **KI** Progress **R+B** Janusz Kidawa **K** Zdzislaw Kaczmarek **M** Zygmunt Zgraja **D** Andrzej Grabarczyk, Jarek Antonik, Jerzy Cnota, Miroslaw Krawczyk, Adam Bauman **L** 102 **E** 29.4. 1983 Kino DDR/3.8.1984 DFF 2

DAS SÜNDIGE BETT. Ein altes Messingbett erzählt im kessen Berlinerisch sechs Episoden, die sich 1908, 1925, 1937, 1944, 1963 und 1973 in ihm zugetragen haben sollen. Kopulations-Histörchen der gewohnten Art, eine menschliche Episode – 1944 im Luftschutzkeller – mutet fast wie ein Regiefehler an. – Wir raten ab. ✦ BR Deutschland 1973 **P** City **KI** Modern **R** Ilja von Anutroff (= Ralf Gregan) **B** Michael Wildberger **K** Michael Alexander **M** Rolf Bauer **D** Heidrun Hankammer, Knut Reschke, Judith Fritsch, Günther Glaser, Dorothea Thiel **L** 85 **FSK** ab 18; nf **E** 26.10.1973 **fd** 18 537

DAS SÜNDIGE DOPPELLEBEN EINER HURE →Akte Sex: Das sündige Doppelleben einer Hure

DAS SÜNDIGE DORF (1940). Bayerischer Bauernschwank um die Heiratsabsichten zweier Bauernsöhne, die durch die Wahl ihrer zukünftigen Frauen die Eltern und das ganze Dorf in Aufregung versetzen, weil nicht sicher ist, ob die Auserwählten nicht ihre Halbschwestern sind. Mit derber Komik leidlich unterhaltsam inszeniert. – Ab 16. ✦ Schwarz-weiß. Deutschland 1940 **P** Bavaria **KI** Bavaria **R** Joe Stöckel **B** Joseph Dalman, Joe Stöckel, nach dem gleichnamigen Bühnenstück von Max Neal **K** Sepp Allgeier **M** Toni Thomas **D** Joe Stöckel (Thomas Stangassinger), Hansi Knoteck (Vevi), Elise Aulinger (Frau Stangassinger), Albert Janscheck (Toni), Erna Fentsch **L** 87 **FSK** ab 16; nf **E** 17.9.1940/21.7.1986 DFF 1 **fd** 1 340

DAS SÜNDIGE DORF (1954). Dorfposse aus Bayern, die mit Sünden weniger zu tun hat als mit Geschmacklosigkeit. Remake des gleichnamigen Films aus dem Jahre 1940 behält die Handlung um außereheliche Kinder, Doppel- und Scheinmoral weitgehend bei. – Ab 16. ✦ BR Deutschland 1954 **P** Dörfler **KI** DFH **Pd** Hans Tost **R** Ferdinand Dörfler **B** Joe Stöckel, Joseph Dalman, nach dem gleichnamigen Bühnenstück von Max Neal **K** Bruno Mondi, Heinz-Günter Görisch **M** Emil Ferstl **S** Jutta Hering, Hildegard Neumann **D** Joe Stöckel, Elise Aulinger, Thomas Reyer, Renate Mannhardt, Günther Lüders **L** 94 **FSK** ab 16; nf **E** 10.9.1954 **fd** 3 620

DAS SÜNDIGE DORF (1966). Dritte Verfilmung des Bauernschwanks um wirkliche und vermeintliche außereheliche Kinder. Auf Export und Kasse getrimmte Neuauflage eines überflüssigen Films in denkbar schlichter Machart. – Ab 14. ✦ BR Deutschland 1966 **P** Music House **KI** Nora **R** Werner Jacobs **B** Joe Stöckel, Joseph Dalman, nach einem Bühnenstück von Max Neal **K** Gerhard Krüger **M** Mladen Franco **D** Hans-Jürgen Bäumler, Hannelore Auer, Michl Lang, Margitta Scherr, Beppo Brem **L** 94 **FSK** ab 12; nf **E** 25.8.1966 **fd** 14 255

SÜNDIGE ENGEL →Das Hohelied der Liebe

SÜNDIGE GRENZE. Die »Rabbatzer«, eine schmuggelnde Kinderbande, treiben unter Anführung eines Kriminellen und mit Wissen ihrer Eltern im Dreiländereck Deutschland/Holland/Belgien kurz nach dem Zweiten Weltkrieg einen schwunghaften Kaffeehandel. Ein Student, der sich in ein Bandenmitglied verliebt, kann bei der dramatischen Zuspitzung der Situation schlichtend eingreifen. Trotz realistischer Milieuschilderung und guter Darsteller liefert der Film kein verläßliches Zeitbild. – Ab 16. ✦ Schwarz-weiß. BR Deutschland 1951 **P** CCC **KI** Prisma **Pd** Artur Brauner, Heinz Fiebig **R+B** Robert A. Stemmle **K** Igor Oberberg **M** Herbert Trantow **S** Walter Wischniewsky **D** Dieter Borsche (Hans Fischer), Inge Egger (Marianne Mertens), Peter Mosbacher (Zöllner Dietrich), Jan Hendriks (Jan Krapp), Gisela von Collande (Mutter Mertens) **L** 87 **FSK** ab 16; f **FBW** w **E** 8.11.1951 **fd** 1 425

DAS SÜNDIGE HAUS →Die Treppe

DIE SÜNDIGE KLEINSTADT. Das einer Lehrerin zugespielte »Intime Tagebuch« einer Schülerin versetzt die Honoratioren einer Kleinstadt in helle Aufregung, bis sich das Ganze als Pubertätsscherz herausstellt. Keine Satire auf doppelte Moral, sondern ein öder Sexfilm mit Stammtischwitzen. (Alternativtitel: »Wenn Mädchen aus der Schule plaudern«) – Wir raten ab. ✦ BR Deutschland 1974 **P** Reiner Brönnecke **KI** Nobis **Pd+R+B** Reiner Brönnecke **K** Heiko Hagemann **M** Ralph Bonda **D** Gaby Steiner, Eva Pflug, Bärbel Mössinger, Helga Feddersen, Gerda Gmelin **L** 83 **FSK** ab 18; nf **E** 18.4.1975 **fd** 19 709

SÜNDIGE LIEBE (1949) (BANKETTEN). Familientragödie in der oberen Gesellschaftsschicht Schwedens: Sexuelle und soziale Konflikte führen zu Mord und Selbstmord. Bedrückendes psychologisches Drama in der Tradition eines Strindberg-Stückes. Der Film versucht, Sympathien für seine haltlosen Charaktere zu wecken, geht aber in seiner naiv kitschigen Oberflächlichkeit unter. ✦ Schwarz-weiß. Schweden 1949 **P** Terra **KI** Karp/Luxor/Ring **Pd** Conrad Flockner **R** Hasse Ekman **B** Hasse Ekman, nach dem Roman »Banketten« von Marika Stiernstedt **K** Gösta Roosling **M** Karl Wildmann **S** Wolfgang Krüger (= Günter Reisch) **D** Eva Henning, Hasse Ekman, Ernst Eklund, Elsa Carlsson, Sven Lindberg **L** 90 **FSK** ab 18; nf **E** 1.9.1950 **fd** 853

SÜNDIGE LIEBE (1950) (L'ETRANGE MADAME X…). Die Frau eines reichen Verlegers verliebt sich in einen Schreiner und gibt sich aus Liebe zu ihm als Zofe aus. Sie leben glücklich zusammen und bekommen ein Kind. Doch als der Geliebte die Wahrheit erfährt und der wirkliche Ehemann die Scheidung verweigert, kehrt sie in ihren Luxus zurück. Melodram, dessen unwahrscheinliche Geschichte durch die süßliche Inszenierung noch unterstrichen wird. (TV-Titel auch: »Liebe auf Abwegen«) – Ab 16. ✦ Schwarz-weiß. Frankreich 1950 **P** Codo-Cinema **KI** Argus **R** Jean Grémillon **B** Marcelle Maurette **K** Louis Page **M** Vincent Scotto **D** Michèle Morgan, Henri Vidal, Maurice Escande, Arlette Thompson, Paul Barge **L** 91 **FSK** ab 16; nf **E** 1.7.1955/16.1.1963 DFF 1 **fd** 4 169

SÜNDIGE LIPPEN (SUPERCLIMAX). Die Frau eines vielbeschäftigten Architekten sucht als Callgirl sexuelle Befriedigung und engagiert Männer für ihre Bedürfnisse, bis sie in ihrem Mann einen verständigen Partner findet. Entschärfte Fassung eines offensichtlich härteren Pornofilms – diese Zurückhaltung ist im Dialog allerdings nicht gegeben. – Wir raten ab. ✦ Italien 1981 **P** Cinema 80 **KI** Avis/Apollo **R** Alexandre Borsky (= Aristide Massaccesi) **B** Joe d'Amato (= Aristide Massaccesi) **D** Laura Levi, Mark Shanon, Monica Nickel **L** 75 **FSK** SPIO: X **E** 6.8.1982 **fd** 23 716

SÜNDIGE LUST →Vicious Kiss – Wilde Küsse

DAS SÜNDIGE MÄDCHEN. München, Ende der 70er-Jahre: Eine attraktive junge Frau aus kleinbürgerlichen Verhältnissen träumt davon, ein Star zu werden. Sie erregt die Aufmerksamkeit eines Fotografen, der Aktfotos von ihr im »Playboy« unterbringt. Als ernsthafte Filmangebote ausbleiben, wirkt sie in Sexfilmen mit und genießt den vermeintlichen gesellschaftlichen Aufstieg. Doch ihr glamouröses Leben ist mit Schulden und Drogen verbunden; schließlich fällt sie einer skrupellosen US-Pornoproduzentin in die Finger. (Fernseh-)Drama über die Welt des Schmuddelkinos sowie über schmerzhaft zerplatzte Träume, das sich teilweise am Leben der Pornodarstellerin Sibylle Rauch orientiert. Gut gespielt, über weite Strecken intensiv inszeniert. ✦ Deutschland 2001 **P** RTL **R** Christoph Stark **B** Edeltraud Rabitzer **K** Gernot Roll **S** Marco Pav D'Auria **D** Anna Loos (Angela/Annemaria), Simon Licht (Jürgen Schneider), Jürgen Tarrach (Claus), Ivana Chylková (Karla Sojkova), Dirk Galuba (Wanitschek), Lisa Kreuzer (Mutter), Vitus Zeplichal (Vater) **L** 182 **E** 1.9.2001 RTL (Erster Teil; zwei Teile)

DIE SÜNDIGE STADT (THE INSPECTOR GENERAL). Der korrupte Magistrat einer kleinen Stadt hält einen Zigeuner für den mit Furcht erwarteten, inkognito reisenden staatlichen Revisor. Dieser nützt das schlechte Gewissen der Beamten weidlich aus. Aus dem satirischen Lustspiel »Der Revisor« von Gogol wurde ein turbulenter Schwank im Stil des amerikanischen Unterhaltungskinos; im Mittelpunkt stehen die clownesken Einfälle von Danny Kaye. (Früherer Titel: »Der falsche Revisor«) – Ab 8 möglich. ✦ USA 1949 **P** Warner **KI** Warner **Pd** Jerry Wald **R** Henry Koster **B** Philip Rapp, Harry Kurnitz, nach dem Lustspiel »Der Revisor« von Nicolai Gogol **K** Elwood Bredell **M** John Greennx, Sylvia Fine **D** Danny Kaye (Georgi), Walter Slezak (Yakov), Barbara Bates (Leza), Elsa Lanchester (Maria), Gene Lockhart (Major) **L** 85 **FSK** ab 12; nf **E** 5.5.1950 **fd** 750

SÜNDIGE VERGANGENHEIT →Quälende Erinnerung

SÜNDIGE VERGANGENHEIT – UND TROTZDEM LIEBE ICH DICH →Ich liebe eine Hure

SÜNDIGES GEHEIMNIS – ICH LIEBE DEN FREUND MEINER MUTTER (SWEET TEMPTATION). Drama. Eine 15jährige verliebt sich in den jungen Liebhaber ihrer geschiedenen Mutter. ✦ USA 1996 **R** Ron Lagomarsino **B** Joyce Eliason **D** Beverly D'Angelo (Jesse Larson), Rob Estes (= Robert Estes) (Billy Stone), Jenny Lewis (Jade Larson), Meadow Sisto (Horizon), Judy Ann Elder (Teak), Francia Dimase (Caroline) **L** 120 **E** 1.2.1998 RTL 2

SUNDOWN (SUNDOWN – THE VAMPIRE IN RETREAT). In einem amerikanischen Western-Städtchen lebt eine Vampir-Kolonie friedlich von selbstgebrautem künstlichem Blut. Die Idylle zerbricht, als eine Gruppe gegen den weisen Anführer putscht und frisches Menschenblut fordert. Zwischen den beiden Fraktionen kommt es in bester Western-Manier zum erbitterten Kampf, der für die Bösen im Schatten eines Kreuzes tödlich endet. Teilweise geschicktes Spiel mit Motiven des Genrefilms, das wirkungsvolle Pointen hervorbringt, dessen originellen Ideen insgesamt aber die angemessene Umsetzung fehlt. (Fernsehtitel auch: »Der Tod im Morgengrauen«) ✦ USA 1988 **P** Vestron **VA** Concorde **Pd** Jefferson Richard **R** Anthony Hickox **B** John Burgess, Anthony Hickox **K** Levie Isaacks **M** Richard Stone **S** Christopher Cibelli **D** David Carradine (Mardulak), Morgan Brittany (Sarah), Jim Metzler (Harrison), Maxwell Caulfield (Shane), John Ireland (Jefferson), Bruce Campbell, Deborah Foreman, M. Emmet Walsh **L** 94 **FSK** ab 16 **E** 16.10.1991 Video **fd** 29 315

DIE SUNNY BOYS (THE SUNSHINE BOYS). Zwei nach 40jähriger Zusammenarbeit verfeindete alte Show-Stars erhalten elf Jahre nach ihrer Trennung das Angebot einer Fernsehgesellschaft für eine gemeinsame Sendung. Ihr Auftritt wird zu einer peinlichen persönlichen Auseinandersetzung. Zynisch eingefärbte Komödie, die ihren Witz hauptsächlich aus Schadenfreude bezieht. Sehenswert ist allerdings Walter Matthau, der seinen Part als heruntergekommener Artist sehr facettenreich anlegt. – Ab 16. ✦ USA 1975 **P** MGM **KI** CIC **Pd** Ray Stark **R** Herbert Ross **B** Neil Simon, nach seinem Bühnenstück **K** David M. Walsh **S** John F. Burnett **D** Walter Matthau (Willy Clark), George Burns (Al Lewis), Richard Benjamin (Ben Clark), Carol Arthur (Doris), Lee Meredith (Arzthelferin) **L** 111 **FSK** ab 12; f **E** 23.4.1976 **fd** 19 770

SUNNY SIDE UP. Eine junge Frau aus Deutschland reist nach Kalifornien, um dort ihren Traum von einer Karriere als Schauspielerin in Hollywood zu verwirklichen. Ehrfurchtsvoll wandelt sie auf »film-heiligem« Boden, durch Besetzungsbüros und Schauspielschulen. Eine mit minimalem Budget inszenierte NoBudget-Komödie, die allenfalls durch den aufdringlich-naiven Charme der Regisseurin/Hauptdarstellerin auffällt. Eine gewollt lustige, aber ziel- und perspektivlose Hommage aufs Kino, der auch kurze Auftritte einiger Stars (Dolph Lundgren, Julie Delpy u. a.) nicht auf die Beine helfen. – Ab 16. ✦ Schwarz-weiß. Deutschland 1993 **P** Pfeiffer und Speer Film **R+B** Bettina Speer **K** Philip Pfeiffer **M** Torsten Breuer **D** Bettina Speer (Lili), Andreas Michera (Rob), Werner Wiese, Isa Haller (Bea) **L** 82 **E** 5.3.1996 West 3

SUNNYBOY UND SUGARBABY. Zwei Jungen und die von beiden geliebte Freundin fahren nach Hongkong und Manila, um das Erbe eines reichen Onkels anzutreten, das sich als wertlos entpuppen wird. Die banale Story gibt den Rahmen ab für die beliebige Aneinanderreihung kinogängiger Motive: Jugend und Sex, Freizeit- und Ferienwelt, modische Hits. – Ab 16. ✦ BR Deutschland 1979 **P** Lisa/Geiselgasteig/Divina **KI** Neue Constantin **Pd** Karl Spiehs, Wolfgang von Schiber **R** Franz Josef Gottlieb **B** Henry Kwan **K** Franz X. Lederle **M** Gerhard Heinz **S** Gisela Haller **D** Ekkehardt Belle (Stefan), Sabine Wollin (Eva), Claus Obalski (Claus), Gina Janssen (Britta), Walter Kraus (Polizist) **L** 89 **FSK** ab 16; nf **E** 20.4.1979 **fd** 22 017

SUNNYS OHREN. Kinderfilm über ein zwölfjähriges Mädchen, das seit einer Hirnhautentzündung taub ist und eines Tages gegen den Willen des Vaters einen streunenden Hund mit nach Hause nimmt, der eine Ausbildung als Hörhund durchlaufen soll. – Ab 12. ✦ Großbritannien 1997 **R** Jane Prowse **B** Graham Alborough **D** Pascale Blackburn (Sunny), Jocelyn Barker (Debs), Chris Walker (Fred), Tricia George (Eva) **L** 90 **E** 26.12.1998 Kinderkanal

SUNRISE (SUNRISE – A SONG OF TWO HUMANS). Von einem städtischen Vamp verführt, will ein Bauer seine Frau auf dem See ertränken. Der Plan mißlingt, die Frau flieht in die Stadt, wo sich beide in fremder Umgebung wieder versöhnen. Auf der Rückfahrt kentert im Sturm das Boot, der Mann glaubt seine Frau ertrunken, doch schließlich wird sie lebend geborgen. Der Vamp zieht unverrichteter Dinge zurück in die Stadt. Murnaus klassischer Stummfilm um die Themen Schuld, Gnade und neu geschenktes Glück ist ein Kinotraum von großer Intensität, in dem elementare Gefühle durchlebt und aufgelöst werden. Meisterhaft in Fotografie, Stimmung und Stil, ein Musterbeispiel dafür, wie virtuos Murnau mit den Gegensätzen Stadt-Land, Erde-Wasser, Licht-Schatten arbeitet. (O.m.d.U.) – Sehenswert ab 12. ✦ Schwarz-weiß. USA 1927 **P** Fox Film Corporation **KI** Concorde **Pd** William Fox **R** Friedrich Wilhelm Murnau **B** Carl Mayer, nach dem Roman »Die Reise nach Tilsit« von Hermann Sudermann **K** Charles Rosher, Karl Struss **M** Hugo Riesenfeld **D** George O'Brien (der Mann, Anses), Janet Gaynor (die Frau, Indre), Margaret Livingston (die Frau aus der Stadt), Bodil Ann Rosing (die Magd), J. Farrell MacDonald (der Fotograf), Ralph Sipperly (der Friseur), Jane Winton (die Maniküre) **L** 106 **FSK** ab 6; f **E** 17.11.1927/2.3.1974 WDR III/16.12.1983 Neustart **fd** 24 266

SUNSET BEAT (SUNSET BEAT). Per Zufall entdeckt ein als Rockmusiker getarnter Undercover-Agent der Polizei von Los Angeles einen verunglückten Lastwagen voller Dollarnoten. Finstere Kräfte setzen alles daran, ihr »schmutziges« Geld wiederzubeschaffen, bis ihnen eine clevere Spezialeinheit unter Führung eines väterlichen Captains das Handwerk legt. Ein Polizeifilm, der die Versatzstücke des Genres gut mixt, eine Prise Humor und ansonsten wenig Ambitionen zeigt. (Titel auch: »Sunset Beat – Die Undercover Cops«) – Ab 16. ✦ USA 1990 **P** Patrick Hasburgh Prod./Orion **VA** RCA/Columbia **Pd** Mark H. Ovitz, Judi Rothe **R** Sam Weisman **B** Patrick Hasburgh **K** Bernard Salzman **M** Peter Bernstein **S** S. Skip Schoolnik **D** George Clooney (Chic Chesbro), Michael De Luise (Tim Kelly), Markus Flanagan (Bradley Coolidge), Erik King (Tucson Smith), James Tolkan (Captain Parker) **L** 95 **FSK** ab 12; f (Video 16) **E** 5.3.1991 Video **fd** 29 042

SUNSET BOULEVARD – 27 MEILEN AMERIKA. Dokumentarfilm über den legendären Sunset Boulevard, an dem der Glamour Hollywoods und das Elend der Realität von Los Angeles besonders drastisch aufeinandertreffen. Der Film zeigt beide Seiten und dokumentiert die aktuellen Veränderungen an der 27 Meilen langen Straße. ✦ Deutschland 1996 **KI** Eigenverleih **R** Eckhart Schmidt **L** 90 **E** 14.4.1997 N3

SUNSET – DÄMMERUNG IN HOLLYWOOD (SUNSET). Nostalgische Geschichte aus der Zeit der letzten Cowboys und der letzten Stummfilm-B-Western. Filmstar Tom Mix und sein Berater, der legendäre Sheriff Wyatt Earp, klären einen Mordfall in Hollywood am Ende der 20er Jahre. Ein glamouröser Rückblick, aber auch ein spannender und aktionsreicher echter Krimi, zugleich ein virtuoses Spiel mit dem Medium Film und filmischer Realität. – Ab 14. ✦ Scope. USA 1987 **P** TriStar **KI** Columbia **VA** RCA/ Columbia **Pd** Tony Adams **R+B** Blake Edwards **K** Anthony B. Richmond **M** Henry Mancini **S** Robert Pergament **D** Bruce Willis (Tom Mix), James Garner (Wyatt Earp), Malcolm McDowell (Alfie Alperin), Mariel Hemingway (Cheryl King), Patricia Hodge (Christina Alperin), Kathleen Quinlan (Nancy Shoemaker), M. Emmet Walsh (Dibner), Joe Dallesandro (Dutch Kiefer), Dermot Mulroney (Michael Alperin), Miranda Garrison (Tänzerin) **L** 107 **FSK** ab 12; f **E** 18.8.1988/13.2.1989 Video **fd** 27 015

DER SUNSET-KILLER (RELENTLESS). Ein psychopathischer Killer, der stets provozierende Mitteilungen am Tatort zurückläßt, liefert sich mit der Polizei von Los Angeles ein nervenaufreibendes Katz-und-Maus-Spiel. Schließlich ermordet er einen der Beamten und bringt die Familie des zweiten in seine Gewalt. Spannend erzählter Polizeifilm, der selbst Klischees noch unterhaltsam aufbereitet. Nicht an psychologischen Erklärungen interessiert und manchmal allzu spekulativ, liefert er unterm Strich brauchbare Unterhaltung für ein abgehärtetes Publikum. ✦ USA 1988 **P** Cinetel **VA** Warner Home **Pd** Howard E. Smith **R** William Lustig **B** Jack T. D. Robinson **K** James Lemmo **M** Jay Chattaway **S** David Kern **D** Judd Nelson (Buck), Robert Loggia (Bill Malloy), Leo Rossi (Sam Dietz), Meg Foster (Carol Dietz), Patrick O'Bryan (Todd Arthur), Ken Lerner (Arthur) **L** 89 (gek. 87) **FSK** ab 18 (gek. ab 16) **E** 12.10.1990 Video **fd** 28 705

SUNSET-KILLER 2 – DEAD ON (RELENTLESS II – DEAD ON). Ein vom Dienst suspendierter Polizeidetective, der einem Serien-Killer auf der Spur ist, kann den Beweis für seine unglaubliche Vermutung erbringen: die Todesserie erweist sich als Tarn-Operation einiger »kalter Krieger« des FBI. Sorgfältig ausgearbeitete Produktion mit Gespür für Dialoge und melancholischem Witz; geschmäcklerische Rückblenden verwässern jedoch den Gesamteindruck. – Ab 16 möglich. ✦ USA 1991 **P** Cinetel **VA** Warner Home **Pd** Lisa M. Hansen **R** Michael Schroeder **B** Mark Seri **K** Jamie Thompson **M** Paul F. Antonelli **S** Alan Baumgarten **D** Ray Sharkey (Kyle Valsane), Leo Rossi (Sam Dietz), Miles O'Keefe (Gregor), Meg Foster (Carol Dietz), Marc Poppel (Paul Taglia) **L** 91 **FSK** ab 16 **E** 15.5.1992 Video/12.8.1998 RTL 2 **fd** 29 715

DER SUNSET-KILLER 3 (RELENTLESS 3). Dritter Aufguß einer immer gleichen Handlung: Polizist jagt Serienkiller, der bald hinter dem Jäger her ist, wobei beide ebenso kaltblütig wie brutal vorgehen, weil sie »seelenverwandt« sind. Spekulativer Thriller, der genüßlich in Grausamkeiten schwelgt und sich zu einem abstoßend blutigen Finale steigert. – Wir raten ab. ✦ USA 1992 **P** Cinetel **VA** Warner Home **Pd** Paul Hertzberg, Lisa M. Hansen **R+B** James Lemmo **K** Jacques Haitkin **M** Scott Grusin **S** Nina M. Gilberti **D** Leo Rossi (Sam Dietz), William Forsythe (Walter Hilderman), Robert Costanzo (Roy Kalewsky), Edward Wiley (Lt. Muldowney), Tom Bower (Captain Phelan) **L** 82 **FSK** ab 18 (gek. 16) **E** 8.10.1993 Video/19.8.1998 RTL 2 **fd** 30 493

DER SUNSET-KILLER 4 (RELENTLESS 4). Ein Kommissar und seine Assistentin ermitteln in einer Serie von Ritualmorden. Die Spur führt rasch zu einer auf Todesrituale spezialisierten Psychiaterin und dann ist auch bereits die Spannung aus dem Film, da man den Mörder schon erahnt. Ein billig zusammengestümperter Film, schlecht montiert und unmotiviert fotografiert. Nur die Zankereien der Hauptbeteiligten über Ermittlungs- und Erziehungsmethoden haben einigen amüsanten Reiz. ✦ USA 1994 **P** CineTel **VA** Warner Home **Pd** Russell D. Markowitz **R** Oley Sassone **B** Mark Sevi **K** Russ Brandt **M** Terry Plumeri **S** Glenn Garland **D** Leo Rossi (Sam Dietz), Famke Janssen (Sara Lee Jaffee), Colleen Coffey (Jessica Paretti), John Scott Glough (Martin Trainer), Christopher Pettiet (Cory Dietz) **L** 91 (gek. 90) **FSK** ab 18 (gek. ab 16) **E** 13.1.1995 Video **fd** 31 165

SUNSET KILLER – DER ERLÖSER →Der Sunset-Killer 4

SUNSET LIMOUSINE (SUNSET LIMOUSINE). Frische, pointenreiche Komödie um einen hoffnungsvollen »stand up comedian«, der sich seinen Lebensunterhalt als Taxifahrer verdient und dabei an ein paar Killer gerät. – Ab 14. ✦ USA 1983 **P** CBS/ITC/Witzend **Pd** Allan McKeown, Robert Vehon **R** Terry Hughes **B** Dick Clement, Ian La Frenais **K** Dennis Dalzell **M** Frank Denson, Mike Post **D** John Ritter (Alan O'Black), Susan Dey (Julie Preston), Paul Reiser (Jay), Audrie J. Neenan (Karen), Martin Short (Bradley Coleman) **L** 91 **E** 13.5.1993 PRO 7

SUNSET MOTEL (DESIRE AND HELL AT SUNSET MOTEL). Ein scheinbar zerstrittenes Ehepaar kann in einem Motel durch ein geschicktes Verwirrspiel einen Erpresser und einen gedungenen Mörder – beide Liebhaber der Frau – außer Gefecht setzen. Ohne Schwung entwickeltes Vexierspiel mit Längen, unübersehbaren dramaturgischen Schwächen und einem teilweise ordinären Dialog. ✦ USA 1990 **P** Planet **VA** Starlight **Pd** Donald P. Borchers **R** Alan Castle **B** Alan Castle, Gregory Small **K** Jamie Thompson **M** Alan Castle, Don Walter **D** Sherilyn Fenn, Whip Hubley, David Hewlett, David Johansen, Paul Bartel **L** 95 **FSK** ab 16 **E** 25.9.1991 Video

SUNSET PARK (SUNSET PARK). Eine Highschool-Lehrerin will sich als Coach des schulischen Basketballteams zusätzliches Geld verdienen, um aus dem Beruf aussteigen und ein Restaurant eröffnen zu können. Doch die Schüler motivieren ihre Trainerin, und nach einigen Anlaufschwierigkeiten kann sie das Team zum Erfolg führen. Gut gemeinter Sport- und Schülerfilm, der seine Handlung allzu langatmig entwickelt. Die Charaktere bleiben trotz der überzeugenden Darsteller blaß und schematisch. – Ab 12. ✦ USA 1995 **P** TriStar Pictures/Jersey Films **VA** Columbia TriStar **Pd** Danny DeVito, Michael Shamberg, Dan Paulson **R** Steve Gomer **B** Seth Zvi Rosenfeld, Kathleen Me Ghee-Anderson **K** Robbie Greenberg **M** Miles Goodman, Kay Gee **S** Arthur Coburn **D** Rhea Perlman (Phyllis), Fredro Starr (Shorty), Carol Kane (Mona), Terrence Dashon Howard (Spaceman) **L** 95 **FSK** ab 6 **E** 4.2.1997 Video/8.2.1998 premiere **fd** 32 456

SUNSET STRIP (SHAKEDOWN ON SUNSET STRIP). Los Angeles 1948: Ein idealistischer Polizist kämpft gegen die Prostitution in seiner Heimatstadt. Schließlich kann er eine Bordellbetreiberin hinter Gitter bringen, doch dadurch legt er sich mit einigen Vorgesetzten und der halben Stadtverwaltung an. Letztlich siegt zwar die Gerechtigkeit, doch der aufrechte Polizist muß den Dienst quittieren. Kriminalfilm nach einem authentischen Fall, der seinem Helden mit bescheidenen inszenatorischen Mitteln ein kleines Denkmal setzt. Akzeptable, wenn auch nicht sonderlich spannende Unterhaltung. – Ab 16. ✦ USA 1987 **P** CBS **VA** CBS/Fox **Pd** Walter Grauman, Harold Gast **R** Walter Grauman **B** Harold Gast **K** Robert C. Moreno **M** Lalo Schifrin **D** Perry King (Charles Stoker), Season Hubley (Audrey Davis), Joan Van Ark (Brenda Ellen), Joan McMurtrey (Mrs. Stoker), Alan Blumenfeld, Richard Green **L** 90 **FSK** ab 12 **E** September 1988 Video **fd** 27 337

SUNSHINE (SUNSHINE). Die Liebe zwischen einer jungen Frau mit Tochter und einem ebenso jungen Musiker wird überschattet vom unheilbaren Knochenkrebs der Frau. Sie wehrt sich gegen eine Therapie mit schweren Nebenwirkungen, sieht ihrem Schickal ins Auge und hinterläßt ihrem Kind Tonbänder mit ihren Gedanken und Eindrücken. Verhalten inszeniertes und gemächlich voranschreitendes Melodram, dem es weitgehend gelingt, kurz vor Erreichen der Kitschgrenze einzulenken. Der Konflikt um Lebenshoffnung und Todesgewißheit wird jedoch nur oberflächlich angesprochen. – Ab 16. ✦ USA 1973 **P** Universal **KI** CIC **Pd** George Eckstein **R** Joseph Sargent **B** Carol Sobieski, nach Jacqueline M. Helton **K** Bill Butler **M** John Denver **D** Christina Raines (Kate Hayden), Cliff De Young (Sam Hayden), Brenda Vaccaro (Dr. Carol Gillman), Meg Foster (Nora), Corey Fischer (Givits) **L** 104 **FSK** ab 12; f **E** 25.10.1974 **fd** 19 079

SUNSHINE – EIN HAUCH VON SONNENSCHEIN →Ein Hauch von Sonnenschein

SUNSHINE REGGAE AUF IBIZA. Lustspiel um einen Ostfriesen, der einer Schlagersängerin wegen nach Ibiza reist. Mit kindischer Blödelkomik und billiger Schlagermusik auf niedrigstem Niveau inszeniert. – Ab 16 möglich. ✦ BR Deutschland 1983 **P** Lisa **KI** Tivoli **DVD** Marketing (1.66:1, Mono dt.) **Pd** Erich Tomek **R** François Petit (= Franz Marischka) **B** Florian Burg **K** Fritz Baader **M** Gerhard Heinz **S** Claudia Wutz **D** Karl Dall, Olivia Pascal, Chris Roberts, Jonny Jürgens, Bea Fiedler **L** 86 **FSK** ab 12; nf **E** 11.11.1983/ 17.1.2002 DVD **fd** 24 319

SUPER. In einer nicht näher bezeichneten Zukunft mit perfekter staatlicher Kontrolle wird eine Tankstelle im Ruhrpott zum Sammelpunkt für Zivilisationsflüchtlinge, Randexistenzen und Geschäftemacher. Eine Mischung aus Politsatire, Actionthriller, Science-

Fiction im Dekor des New Wave der 80er Jahre; ein Versuch, moderne Mythen und Popkultur-Versatzstücke zu publikumswirksamer Kinounterhaltung zu verbinden. Leider weist der Film erhebliche dramaturgische Mängel auf und schafft es nicht, die Fülle der Ideen, Figuren und Handlungsfäden zu einem geradlinig erzählten Melodram zu ordnen. – Ab 16. ✦ BR Deutschland 1983 **P** Winkelmann Filmproduktion/Syndikat »L«/C & H Film/BB Film/WDR **Kl** Atlas **Pd** Michael Braun **R** Adolf Winkelmann **B** Jost Krüger, Gerd Weiss, Adolf Winkelmann **K** Mike Fallert, Reinhard Köcher **M** Udo Lindenberg, Dave King **S** Bettina Lewertoff **D** Renan Demirkan (Inga), Udo Lindenberg (Alex), Inga Humpe (Ruth), Günter Lamprecht (Kuballa), Hannelore Hoger (Isabella Borgward), Tana Schanzara (Tana), Ulrich Wildgruber (Burghart Borgwart), Hermann Lause (Polizist), Gottfried John (Polizist) **L** 101 **FSK** ab 16; nf **FBW** bw **E** 11.5.1984 **fd** 24 582

SUPER 8 STORIES (SUPER 8 STORIES). Dokumentarfilm über die jugoslawische Band »The No Smoking Orchestra«, inszeniert von Regisseur Emir Kusturica, der selbst seit 1986 Bandmitglied ist. Der Film zeigt Konzertausschnitte, Backstage-Aufnahmen und Dreharbeiten zu einem Videoclip und stellt jedes einzelne Bandmitglied vor, auch mittels Archiv- und Privatmaterials. Ein unterhaltsames musikalisches Porträt, das der ethnischen und musikalischen Stilvielfalt der Band Rechnung trägt, auf Dauer aber mangels einer stringenten Dramaturgie und durch eine der Musik angepasste, chaotische Stil- und Materialmixtur etwas ermüdet. (O.m.d.U.; Titel auch: »Super 8 Stories by Emir Kusturica«) – Ab 14. ✦ Teils schwarz-weiß. Deutschland/Italien 2000 **P** Fandango/Pandora/Rasta Films/Cooperative Edison/arte/Tele+ **Kl** Pegasos **Pd** Karl Baumgartner, Christoph Friedel, Domenico Procacci **R+B** Emir Kusturica **K** Michel Amathieu, Chico de Luigi, Petar Popovic, Gianenrico Bianchi, Gerd Breiter, Frederic Burgue, Pascal Caubere, Raimond Goebel, Thosten Königs, Ratko Kusic, Emir Kusturica, Dragan Radivojevic Lav, Stephan Schmidt, Darko Vucic **M** Emir Kusturica, The No Smoking Orchestra **S** Svetolik Mica Zajc **L** 92 **FSK** ab 12; f **E** 6.9.2001 **fd** 35 026

SUPER 8 1/2. Ein ausgebrannter Pornostar lernt eine lesbische Dokumentarfilmerin kennen, die über diese Beziehung ihr lang gehegtes Lieblingsprojekt finanzieren will. Unausgegorenes Super-8-Projekt des Underground-Stars der Schwulenszene Bruce LaBruce, das als Hommage an Fellinis Klassiker verstanden werden will, damit jedoch massiven Etikettenschwindel betreibt. – Wir raten ab. ✦ Schwarz-weiß. Deutschland 1994 **P** Gaytown/Strand Releasing **VA** pro fun **Pd** Jürgen Brüning, Bruce LaBruce **R+B** Bruce LaBruce **K** Donna Mobbs **S** Manse James, Robert Kennedy **D** Bruce LaBruce (Bruce), Liza LaMonica (Googie), Chris Teen (Wednesday Friday), Dirty Pillows (Jane Friday), Mikey Mike (Johnny Eczema) **L** 99 **E** Herbst 1999 Video

SUPER-BIESTER! 'NEN FREUND ZUM GEBURTSTAG (UNE GLACE AVEC DEUX BOULES OU JE LE DIS A MAMAN). Zwei Teenagerschwestern versuchen mit allen möglichen Tricks, ihre getrennt lebenden Eltern wieder zusammenzubringen. Als ihre Bemühungen fruchtlos bleiben, akzeptieren sie die beiderseitigen Geliebten. Oberflächliche, einfallslos inszenierte Komödie, in der Pubertätsschwierigkeiten für zusätzliche Problemchen sorgen. – Ab 16. ✦ Frankreich/BR Deutschland 1981 **P** Belstar/Solaris/Caraibes **Kl** Senator **R+B** Christian Lara **K** Jean-Claude Couty **M** Richard Cassin **S** Petra von Oelffen **D** Désirée Nosbusch (Vanessa), Valérie Dumas (Lolo), Sarah Siritzky (Sarah), Daniel Sarky (Daniel), François Maistre **L** 89 **FSK** ab 12; f **FBW** w **E** 14.5.1982 **fd** 23 481

SUPER CAT – DIE REICHSTE KATZE DER WELT →Supercat – Die reichste Katze der Welt

SUPER CHIEF (SUPERCHIEF). Dokumentarfilm über den Wahlkampf im Indianer-Reservat White Earth, das als Steuerparadies gilt und dessen Stammes-Chief mit uneingeschränkter Macht seit 20 Jahren regiert – wobei einiges von dem Geld, das in einem Kasino umgesetzt wird, in seine eigene Tasche fließt. Der Film stellt den Gegenkandidaten vor und beschreibt der Verlauf der Kampagne. ✦ Frankreich/USA 1999 **P** arte **R+B** Nick Kurzon **M** Joel Goodman **L** 72 **E** 3.11.2000 arte

SUPER DRAGON →Wang Yu kennt kein Erbarmen

EINE SUPER FAMILIE (EIGHT IS ENOUGH: A FAMILY REUNION). Am Vorabend seines 50. Geburtstags erfährt der Chefredakteur einer Lokalzeitung, daß seine Stellung gefährdet ist. Die mit ihren Familien zur Feier angereisten acht Kinder helfen ihrem Vater aus seiner dramatischen Lage. Humor- und gefühlvolle Familiengeschichte ohne jeden Wirklichkeitsbezug. – Ab 14. ✦ USA 1987 **P** Lorimar **Pd** Frank Fischer **R** Harry Harris **B** Gwen Bagni-Dubov (= Gwen Bagni) **D** Dick Van Patten (Tom Bradford), Mary Frann (Abby), Grant Goodeve (David), Willie Aames (Tommy), Dianne Kay (Nancy) **L** 96 **E** 30.3.1996 ZDF

SUPER MARIO BROS. (SUPER MARIO BROS.). Zwei Klempner-Brüder aus New York geraten bei dem Versuch, eine junge Frau zu retten, in eine unter der Kanalisation der Stadt liegende Gegenwelt, in der zu Menschen entwickelte Dinosaurier sich anschicken, die Welt zu beherrschen. Auf einem beliebten Computer-Spiel basierendes naives Endzeit-Abenteuer, durch dessen hektische Inszenierung alle Spannung verlorengeht und keine Figur Kontur gewinnt. Ein »Blade Runner« für junges Publikum. – Ab 12 möglich. ✦ USA 1993 **P** Buena Vista **Kl** Highlight **VA** New Vision **DVD** Highlight Video (FF, DD5.1 dt.) **Pd** Roland Joffé, Jake Eberts **R** Rocky Morton, Annabel Jankel **B** Ed Solomon, Parker Bennett, Terry Runte **K** Dean Semler **M** Alan Silvestri **S** Mark Goldblatt **D** Bob Hoskins (Mario), John Leguizamo (Luigi), Dennis Hopper (Koopa), Samantha Mathis (Daisy), Fiona Shaw (Lena), Fisher Stevens, Richard Edson, Dana Kaminski, Gianni Russo **L** 104 **FSK** ab 12; f **E** 22.7.1993/27.9.1993 Video/31.10.1998 DVD **fd** 30 371

SUPER, MEINE ELTERN LASSEN SICH SCHEIDEN (GENIAL, MES PARENTS DIVORCENT). Ein zehnjähriger Grundschüler, dessen Eltern sich zu Beginn des letzten Schuljahres haben scheiden lassen, rivalisiert mit seinem Freund um die Gunst der Tochter des Klassenlehrers, aber auch um das Amt des Klassensprechers. Bald führen beide konkurrierende Gruppen an: die eine besteht aus Kindern von Geschiedenen, die andere aus Schülern »intakter« Familien. Vor allem anfangs vulgäre und voyeuristische Schülerklamotte, die Generationskonflikte, Schülerstreiche, Bandenkämpfe und erste Liebe auf billigstem Niveau abhandelt und Personen und Konflikte nur ganz selten tiefer auslotet. – Ab 16. ✦ Frankreich 1991 **P** A.F.C.L./CFC/Ciné Cinq/Canal+ **Kl** Metropol **VA** VPS **Pd** Anne François **R+B** Patrick Braoudé **K** Thierry Arbogast **M** Jacques Davidovici **S** Marie-Josèphe Yoyotte **D** Adrien Dirand (Julien), Gianni Giardinelli (Christian), Jennifer Lauret (Pénélope), Patrick Braoudé (Klassenlehrer), Sonia Vollereaux (Madame Estelle) **L** 96 **FSK** ab 6; f **E** 25.6.1992/15.10.1992 Video **fd** 29 968

SUPER NACHBARN – DER KRIEG IM DOPPELHAUS →Höllische Nachbarn – Der Film

SUPER-SEX-REPORT →Report der Erotik

SUPER SEX SCHAU '68. Nudistenwerbung in Verbindung mit einer »Sittengeschichte«, dargestellt in drei kurzen Filmepisoden (1.»Sonnenfreuden am Mittelmeer«; 2.»Mädchen in Schwierigkeiten«; 3. »Hexenkessel der Erotik«). Ein eilig zusammengeschnipseltes Filmchen, dessen pseudomoralischer Aufputz nicht über die eigentlichen Ziele hinwegtäuschen kann. – Wir raten ab. ✦ Teils schwarz-weiß. Schweiz/USA/Italien 1963 **P** Werner Kunz/Lee Beale/Metheus **Kl** Hennen/Filmagentur Süd **R** Werner Kunz (1), Lee Beale (2), Elio Balletti (3) **L** 80 **fd** 15 478

SUPER STUNT – DIE DRAUFGÄNGER VOM DIENST (SUPER STUNT). Ein Film über jene Sensationsspezialisten, die als Double für Stars riskante Aufgaben bei den Dreharbeiten übernehmen. Die interessante und sehr unterhaltsame Dokumentation stellt einige Hollywoodstars mit ihren Doppelgängern vor und zeigt Stunts (= Kunststück/Schaunummer) aus bekannten Filmen. – Ab 14. ✦ USA 1977 **P** EMI **R** Bill Davis **B** George Geiger, Durnford King, April Kelly, Dave Letterman, Gary Gray, Al Rogers **K** Bob Keyes, Bill Philbin, Don Burgess, Tom Harvey **M** Edward Karam **D** Lee Marvin, Ernest Borgnine, Burt Reynolds, Jane Fonda, Angie Dickinson **L** 90 **E** 18.9.1979 ZDF

DAS SUPER T-SHIRT (SAMMY'S SUPER T-SHIRT). Aus Zufall gerät das Glücks-T-Shirt des 12jährigen Sammy in ein Labor für Textilforschung, wo es Wunderkräfte erhält. Als Sammy mit ihm bei einem Wettrennen startet, hat er schon bald einen riesigen Vorsprung vor der Konkurrenz. Doch als die Wunderkräfte nachlassen, will er aufgeben. Erst als ein Freund ihm klarmacht, daß Niederlage und Sieg nur an ihm selbst liegen, schöpft Sammy Hoffnung und gewinnt das Rennen aus eigener Kraft. Kinderspielfilm, der sich satirisch gegen die Wunschträume einer Comic-Wunderwelt stellt und konstruktive Alternativen bietet. – Ab 8 möglich. ✦ Großbritannien 1978 **P** Monument für Childrens Film Foundation **SF** atlas **R** Jeremy Summers **B** Frank Goodwin, nach einer Vorlage von H. MacLeod Robertson **D** Reginald Winch, Lawrie Mark, David Young, Keith Jayne, Richard Vernon **L** (TV) 55 **E** 30.8.1985 ZDF

DIE SUPERANMACHER →Private School – Die Superanmacher

DIE SUPERAUFREISSER (PRIVATE RESORT). Zwei junge Männer verbringen ihren Urlaub im Luxushotel damit, den Mädchen nachzusteigen. Dazu gibt es belanglose Verwicklungen durch einen übereifrigen Sicherheitschef und einen eitlen Juwelendieb. Ein dürftiger Teenager-Film; neben ausgiebiger Präsentation knapper Bikinis hat er nichts zu bieten als abgedroschene Gags aus der Klamottenkiste. – Ab 16. ✦ USA 1985 **P** TriStar **VA** RCA/Columbia **Pd** R. Ben Efraim, Don Enright **R** George Bowers **B** Gordon Mitchell **K** Adam Greenberg **M** Bill Wray **S** Sam Pollard **D** Rob Morrow (Ben), Johnny Depp (Jack Marshall), Emily Longstreth (Patti), Hector Elizondo (Maestro), Karyn O'Bryan (Dana) **L** 79 **FSK** ab 16 **E** 15.7.1986 Video **fd** 25 807

SUPERBABY – DER KLEINE MIT DER GROSSEN KLAPPE. Die Jagd nach einem Goldschatz auf einer kanarischen Insel, die ein aufrechter Mann mit Hilfe eines sprechenden Roboters beendet. Sehr simpler, weitgehend spannungsloser Abenteuerfilm. (Alternativtitel: »Zwei tolle Käfer räumen auf«) DVD: Unter dem »Titel Dudu – Die ultimative Kult-Trash-Box« wird der Film nur als Doublefeature mit »Ein Käfer auf Extratouren« angeboten. – Ab 14 möglich. ✦ BR Deutschland 1978 **P** Barbara **Kl** Ring **DVD** e-m-s (1.66:1, Mono dt.) **Pd+R** Rudolf Zehetgruber **B** Jacques Nova, Rudolf Zehetgruber **K** Michael Marszalek **M** Peter Weiner **S** Waltraud Maass **D** Rudolf Rittberg (El Guancho), Brad Harris (Don Fernando), Kathrin Oginski (Maria), Sal Borgese (Sal), Fernando Sancho (Mafiaboß Alfonso), Ricardo Palacios (Capitano) **L** 92 **FSK** ab 6; nf **E** 1.6.1979/25.8.2000 DVD **fd** 21 138

DAS SUPERBIEST →Die Stute

DER SUPERBOSS (LE GRAND PARDON). Gangsterfilm um Aufstieg und Fall eines jüdischen Familienclans in Paris: Das alternde Oberhaupt der Familie wird durch brutale Morde seiner arabischen Rivalen dazu provoziert, seinen Machtbereich mit denselben Mitteln zu verteidigen. Handwerklich solide entwickeltes Epos, das sich in Struktur und Atmosphäre an Coppolas Mafia-Film »Der Pate« orientiert, die politischen Akzente aber auf die Auswirkungen des Algerien-Konfliktes verlegt: der innenpolitische Konflikt zwischen Muslimen und »Pieds Noirs« (der europäischen Bevölkerung Algeriens) verlagerte sich nach Frankreich, wo er zur Ursache für rassistische

Kleinkriege wurde. Von diesem für das französische Kino bemerkenswerten Thema ist durch rabiate Kürzungen sowie die ignorante deutsche Synchronisation nichts mehr zu erkennen, so daß viele Handlungsfäden nur noch ungenügend motiviert erscheinen. (Fortsetzung: »Judgement Day«) – Ab 16. ✦ Scope. Frankreich 1981 **P** Partners/Alexandre Films/Odessa **KI** 20th Century Fox **Pd+R** Alexandre Arcady **B** Alexandre Arcady, Daniel Saint-Hamont, Alain Le Henry **K** Bernard Zitzermann **M** Serge Franklin **S** Joëlle van Effenterre **D** Roger Hanin (Raymond Bettoun), Jean-Louis Trintignant (Kommissar Duché), Bernard Giraudeau (Pascal), Clio Goldsmith (Viviane), Richard Berry (»La Sacristain«) **L** 117 (Orig. 130) **FSK** ab 16; f **E** 13.4.1984 **fd** 24 536

SUPERBOY (2. TEIL) – DER BLITZ AUS DEM ALL (DYNAMITE JOHNSON). Ein machthungriger Amerikaner, der mit Hilfe einer Laserkanone die Weltherrschaft erringen will, wird von einem Supermann und einer Interpol-Agentin überwältigt. Naives Science-Fiction-Stück in Pappmachékulisse. – Ab 16 möglich. ✦ Scope. Philippinen 1978 **P** Bobby A. Suarez **KI** Adria **Pd+R+B** Bobby A. Suarez **K** Arnold Alvaro **M** Ruben Schimano **D** Johnson Jap (Sonny Lee/Superboy), Marrie Lee, Ken Metcalfe, Joseph Zucchero, Johnny Wilson **L** 98 **FSK** ab 12; nf **E** 5.10.1979

SUPERBOY SCOTT (UP, UP, AND AWAY!). Der 14-jährige Spross einer Familie aus Superhelden muss erkennen, dass ihm die Supermann-Eigenschaften verwehrt bleiben. Als seine Familie von einem Oberschurken, der die Weltherrschaft anstrebt, gefangengenommen wird, schlägt seine Bewährungsstunde, die er auch ohne übernatürliche Kräfte meistert. Infantile Fantasy-Unterhaltung, die nie in Schwung kommt und auch ihre pädagogische Botschaft verschenkt. – Ab 14 möglich. ✦ USA 2000 **P** Hartbreak Films **Pd** Harvey Frand, Daniel Berendsen **R** Robert Townsend **B** Daniel Berendsen **K** Danny Nowak **M** Gregory Bafford, Jerome Bell, J. Coleman, David Michael Frank, Vaughan Mason **S** John L. Price **D** Robert Townsend (Jim/Bronze Eagle), Michael J. Pagan (Scott Marshall), Alex Datcher (Judy/Warrior Woman), Sherman Hemsley (Edward/Steel Condor), Kasan Butcher (Adam/Silver Charge) **L** 74 **E** 11.11.2001 RTL

SUPERBOY – STÄRKER ALS 1000 SONNEN (BIONIC BOY). Nach der Transplantation mehrerer künstlicher Organe erlangt ein 12jähriger Junge Superkräfte, die er gegen eine mörderische Mafiabande einsetzt. Handwerklich unterdurchschnittlicher Kung-Fu-Film üblich rohen Zuschnitts. – Ab 16 möglich. ✦ Scope. Philippinen 1978 **P** Intercontinental **KI** Adria **Pd** Bobby A. Suarez **R** Leody M. Diaz **B** Romeo N. Galang **K** Arnold Alvaro **M** Ruben Schimano **D** Johnson Jap, Steve Nicholson, Ron Rogers, David Fry, David McCoy **L** 87 **FSK** ab 12; nf **E** 7.6.1979 **fd** 22 121

DER SUPERBULLE RÄUMT DIE WÜSTE AUF (IL FIGLIO DELLO SCEICCO). Film aus der Serie um den unkonventionellen italienischen Polizei-Inspektor Tony Marroni, der dieses Mal von Agenten eines Ölkonzerns ohne ersichtlichen Grund gejagt wird. Die attraktive Agentin einer Ölgesellschaft führt ihn in die Wüste, wo er es mit einem Agenten einer weiteren Ölgesellschaft zu tun bekommt. Auf Kalauer und stereotype Gags setzende Krimiunterhaltung um Marroni als angeblichen Sprößling eines Ölscheichs. – Ab 16. ✦ Italien 1978 **P** Clemiinternazionale **VA** EuroVideo **R** Bruno Corbucci **B** Bruno Corbucci, Mario Amendola **M** Guido de Angelis, Maurizio de Angelis **S** Daniele Alabiso **D** Tomas Milian, Bo Svenson, Kirsten Gille, Andrea Aureli, Giancarlo Badessi **L** 95 **E** 22.8.1986 RTL plus

DER SUPERBULLE UND DIE HALBSTARKEN. Ein vorübergehend in Ungnade gefallener Interpol-Beamter wird dazu verdonnert, sich um vier schwer erziehbare Jugendliche zu kümmern, die in Portugal Projektmonate verleben müssen. Wider Erwarten kommen die Fünf miteinander aus, und auch die aparte Pädagogin zeigt Interesse an dem neuen Mitarbeiter. Als er erfährt, dass ein Attentat auf eine russische Schriftstellerin geplant ist, der er schon einmal das Leben rettete, laufen die Ereignisse aus dem Ruder. Stereotype (Fernseh-)Actionkomödie um einen inkognito arbeitenden Kripo-Beamten. – Ab 16. ✦ Deutschland 2000 **P** Action Concept (für RTL) **R** Sigi Rothemund **B** Michel Birbaek, Sissy Kelling **K** Dragan Rogulj, Claus Peter Hildebrand **D** Ralph Moeller (Mark Kerner), Birge Schade (Vera), Nikolaus Benda (Nicolas), Birthe Wolter (Isabelle), Franziska Troegner (Maruschka) **L** 94 **E** 29.10.2000 RTL

DIE SUPERBULLEN. Ein Polizeiinspektor spürt einem Dichter nach, der offenbar vorhat, seine Frau sowie seine vermögende Nichte aus dem Weg zu räumen. Sein Übereifer bringt dem Inspektor nicht nur unter den Kollegen Ärger ein, sondern führt ihn auch auf eine falsche Spur. Banale (Fernseh-)Kriminalkomödie, fern jeder formalen Ambitionen, ganz zugeschnitten auf die im trivialen Unterhaltungsfilm populären Hauptdarsteller. – Ab 14 möglich. ✦ Deutschland 1997 **R** Otto W. Retzer **B** Erich Tomek **K** Manfred Ensinger **M** Georg Gabler **D** Wolfgang Fierek (Franz Faltinger), Ottfried Fischer (Hans Kleiber), Harald Krassnitzer (Thomas Torberg), Christina Plate (Claudia Torberg), Rebecca Horner (Fanny) **L** 107 **E** 17.3.1998 ARD

SUPERCARRIER (SUPERCARRIER). Während eines Manövers kann die Besatzung eines amerikanischen Flugzeugträgers ihr Können unter Beweis stellen, bis bei einem Scheingefecht ein Unfall passiert. Stereotype Variation des Erfolgsfilms »Top Gun«. – Ab 16. ✦ USA 1988 **P** Charles Fries Prod./Real **VA** VPS **Pd** Richard Maynard **R** William A. Graham **B** Steven E. de Souza, Stanford Whitmore, nach dem Roman von George C. Wilson **K** Bob Steadman **M** Bill Conti, Jack Eskew **S** Jack Eskew **D** Robert Hooks, Richard Jaeckel, Ken Olandt, Wendie Malick, John David Bland **L** 89 **FSK** ab 12 **E** 20.10.1988 Video

SUPERCARRIER 2 (SUPERCARRIER II). Zwei Episoden um einen Flugzeugträger der U.S.-Navy. Zunächst trägt der Starpilot einen Konkurrenzkampf mit seiner ehemaligen Fluglehrerin aus, danach verhilft er einem desertierten sowjetischen Piloten zur Landung auf der schwimmenden Stadt. Mit den jugendlich-tollkühnen Kriegsspielen ist eine unverhohlene moralische Aufrüstung verbunden: die Gegner sind durch die Farbe Rot gekennzeichnet, die »Mig« des Sowjet-Fliegers ist schwarz gestrichen. An der Zurschaustellung des Waffen-Arsenals dürfte allenfalls die Rüstungsindustrie Interesse haben. – Ab 16. ✦ USA 1988 **P** Fries Entertainment **VA** VPS **R** Jackie Cooper (1), Corey Allen (2) **B** Joel M. Wilf (1), George Lee Marshall (2) **K** Frank Raymond **M** Craig Safan **D** Robert Hooks, Ken Olandt, John David Bland, Richard Jaeckel, Cec Verrell **L** 94 **FSK** ab 16 **E** 22.3.1989 Video **fd** 27 634

SUPERCAT – DIE REICHSTE KATZE DER WELT (THE RICHEST CAT IN THE WORLD). Eine sprechende Katze erbt das Vermögen eines Multimillionärs. Von Stund' an sorgt das Tier für einige Aufregung im Leben der menschlichen Hinterbliebenen, die ihm nach dem Leben trachten. Komödiantischer Abenteuerfilm mit fantastischen Elementen nach den gewohnten Mustern der Disney-Werkstatt. – Ab 10 möglich. ✦ USA 1986 **P** Walt Disney Prod. **VA** EuroVideo **R** Greg Beeman **B** Les Alexander, Steve Ditlea **K** George Koblasa **M** Peter Bernstein **D** Ramon Bieri (Oskar Kohlmeyer), Steven Kampmann, Caroline McWilliams (Paula), Jesse Welles (Louise), Steve Vinovich (Gus Barrett) **L** 84 **FSK** ab 6 **E** 14.11.1986 Video

DER SUPERCHAMP (THE FIGHTER). Ein frustrierter Vietnam-Veteran erhofft sich vom Boxen sozialen Aufstieg, kehrt jedoch reumütig in den Schoß der bürgerlich-anständigen Gesellschaft zurück, als seine Frau ein Kind bekommt und sein schwarzer Freund im Ring krankenhausreif geprügelt wird. In ihrer Aussage verschwommen bleibende Schnulze mit abwechselnd heftig-übertriebenen Box- und quälend-langatmigen Dialogszenen. (Fernsehtitel: »Harte Fäuste für ein Baby«, »Zwei Fäuste für ein Baby«) ✦ USA 1983 **P** David Lowell Rich Prod./Martin Manulis Prod./Catalina **VA** Ufa **Pd** David Lowell Rich, Franklin R. Levy, Ronald Parker, Ellen J. Levine **R** David Lowell Rich **B** Jerome Kass **K** Charles F. Wheeler **M** Patrick Williams **S** David Finfer **D** Gregory Harrison (Merle Banks), Glynnis O'Connor (Wendy Banks), Steve Inwood (Toby), Pat Hingle (Henry Banks), Susan Kellerman (Monty) **L** 96 **FSK** ab 16 **E** 5.10.1988 Video **fd** 27 164

DER SUPERCOP (SUPER SNOOPER / SUPER FUZZ / POLIZIOTTO SUPERPIU). Einem Polizisten in Florida wachsen nach einer Plutoniumexplosion übersinnliche Kräfte zu, die jedoch nachlassen, sobald er die Farbe Rot sieht. Zügig inszenierte, naive Abenteuermär im Stil von Comic-Heftchen, deren spärliche Ansätze zur Ironie im Klamauk untergehen. – Ab 12. ✦ Italien 1980 **P** Transcinema/TV Inc. **KI** Warner-Columbia **Pd** Maximilian Wolkoff **R** Sergio Corbucci **B** Sergio Corbucci, Sabatino Ciuffini **K** Silvano Ippoliti **M** Fratelli La Bionda **S** Eugenio Alabiso **D** Terence Hill (= Mario Girotti) (Dave Speed), Ernest Borgnine (Willy Dunlop), Joanne Dru (Rosy Labouche), Marc Lawrence (Torpedo), Julie Gordon (Evelyn), Sal Borgese, Lee Sandman **L** 107 **FSK** ab 6; f **E** 18.9.1980 **fd** 22 630

DIE SUPERCOPS – ZWEI IRRE HUNDE (THE SUPER COPS). Zwei rasende Ordnungshüter machen zahlreichen Unterweltlern den Garaus und bereiten ihren Vorgesetzten und Kollegen manche Scherereien. Reißerische Mischung aus hartem Gangsterfilm und Polizeilustspiel. Eine durch ihre »Aufräum-Ideologie« eher zwiespältige Unterhaltung. – Ab 16 möglich. ✦ USA 1973 **P** St. Regis Films/Winger Enterprises **KI** Fox-MGM **R** Gordon Parks **B** Lorenzo Semple jr. **K** Dick Kratina **M** Jerry Fielding **D** Ron Leibman (Dave Greenberg), David Selby (Bob Hantz), Dan Frazer (Captain Krasna), Sheila Frazier (Sara), Pat Hingle (Lieutenant O'Shaughnessy) **L** 93 **FSK** ab 16; f **E** 11.10.1974 **fd** 19 000

DER SUPERCOUP → Die Superprofis

SUPERCUP (TIGER TOWN). Nach dem Tod seiner Vaters verhilft der feste Glaube des kleinen Alex der geliebten Football-Mannschaft der Detroiter Tiger und ihrem abgehalfterten Star Bill zur Meisterschaft. Ein sentimentales Märchen, das die Macht der Freundschaft und die Kraft des positiven Denkens beschwört. Auf dieser Ebene überzeugt der Film jedoch genauso wenig wie als Sportfilm; die Vielzahl der Zeitlupenaufnahmen erzeugt keine Dynamik, trägt vielmehr zur Zerdehnung der Geschichte und zu gepflegter Langeweile bei. – Ab 12. ✦ USA 1983 **P** Thompson Street Pictures (für Walt Disney) **VA** EuroVideo **Pd** Susan B. Landau **R** Alan Shapiro **B** Alan Shapiro, Bobby Fine **K** Robert Elswit **M** Eddy L. Manson **S** Richard A. Harris, John F. Link **D** Roy Scheider (Billy Young), Justin Henry (Alex), Betheny Carpenter (Alex' Mutter), Noah Moazezzi (Alex' Vater), Lindsay Barr, Mary Wilson **L** 73 **FSK** ab 6 **E** 1.7.1988 Video **fd** 27 405

SUPERDAD – PAPA IST DER GRÖSSTE (SUPERDAD). Ein erfolgreicher Anwalt möchte, daß seine heranwachsende Tochter ihr Leben ändert und ihren Freundeskreis wechselt. Er »besorgt« ein Stipendium für eine Eliteschule und glaubt, den Lebensweg seiner Tochter geebnet zu haben. Doch sie setzt ihren Kopf durch. Leblose Familienkomödie, die an ihrer simplen Machart und ihrer hoffnungslos veralteten Inszenierung krankt. – Ab 14. ✦ USA 1974 **P** Disney **Pd** Bill Anderson **R** Vincent McEveety **B** Joseph L. McEveety **K** Andrew Jackson **M** Buddy Baker **S** Ray de Leuw **D** Bob Crane (Charlie McCready), Barbara Rush (Sue McCready), Kurt Russell (Bart), Joe Flynn (Cyrus Hershberger), Kathleen Cody (Wendy McCready) **L** 96 **E** 5.10.1996 RTL

DIE SUPERDETEKTIVE/EINE SCHNAPSIDEE (CASE BUSTERS / MY TOWN). Zwei Kinder-Unterhaltungsfilme aus der Disney-Werkstatt, dargeboten als biederste Fernsehkost. 1. »Die Superdetektive«: Ein Pensionär, drei Kinder und sein Hund machen eine Geldfälscherbande unschädlich. Ein Kurzfilm, der Gesinnungsschnüffelei als Erziehungsprogramm propagiert. 2. »Eine Schnapsidee«: Ein Mädchen liefert Einblicke in das Alltagsleben einer amerikanischen Kleinstadt und reiht dabei unglaubwürdige Charaktere und Konflikte aneinander. – Ab 12. ✦ USA 1986 **P** Disney **VA** EuroVideo **R** Wes Craven (1), Gwen Arner (2) **B** George Arthur Bloom (1), Donald Ross (1), Gil Grant (2) **K** George Koblasa (1,2) **M** David Frank (1), Craig Safan (2) **D** Pat Hingle (1), Noah Hathaway (1), Virginia Keehne (1), Gary Riley (1), Glenn Ford (2), Mary Jackson (2), Meredith Salenger (2), Parker Jacobs (2) **L** 44/44 **FSK** ab 12 **E** 1988 Video

DAS SUPERDING (PER PIACERE, NON SPARATE COL CANNONE). Einem großen Konzern soll ein elektronisches Gerät gestohlen werden. Schon um das ausgeklügelte Sicherungssystem zu knacken, bedarf es einer fachkundigen Gaunercrew. Der komplizierte Auftrag wird durch ein ausgewähltes Spezialistenteam ausgeführt. ✦ Italien/Spanien 1967 **P** Nike/Fenix **R** Mario Caiano **B** Arturo Marcos Toyodor **K** Julio Ortas **M** Angel Oliver Pina **S** Antonio Jimeno **D** Frank Wolff, Rosella Como, Claudio Gora, Giampiero Albertini, Gérard Landry, Toni Ucci, Thea Fleming, Jesús Puente **L** 90 **E** 16.2.1984 DFF 2

DAS SUPERDING DER 7 GOLDENEN MÄNNER (IL GRANDE COLPO DEI SETTE UOMINI D'ORO). Eine internationale Gangstergruppe entführt einen mittelamerikanischen Revolutionsgeneral sowie ein 7000 t Gold transportierendes Sowjetschiff. Fortsetzung des Films »7 goldene Männer«; wie auch schon der Vorgänger ein quirliger, grotesk übersteigerter Krimispaß. – Ab 16. ✦ Scope. Italien 1966 **P** Atlantica **Kl** Constantin **Pd+R+B** Marco Vicario (= Renato Marvi) **K** Ennio Guarnieri **M** Armando Trovaioli **S** Nino Baragli **D** Philippe Leroy, Rossana Podestà, Gastone Moschin, Enrico Maria Salerno, Giampiero Albertini, Maurice Poli, Gabriele Tinti, Manuel Zarzo, Dario de Grassi **L** 102 **FSK** ab 12; nf **E** 9.5.1967 **fd** 14 723

SUPERDOME (SUPERDOME). Ein durchschnittlich spannender Thriller um einen Killer, der während eines Football-Endspiels in New Orleans zuschlägt. – Ab 16. ✦ USA 1978 **P** ABC **Pd** William Frye **R** Jerry Jameson **B** Barry Oringer **D** David Janssen, Edie Adams, Ken Howard, Van Johnson, Donna Mills **L** 92 **E** 1.10.1993 RTL 2

EIN SUPERESEL AUF DEM KU'DAMM (DELITTO AL BLUE GAY). Um einen Mordfall zu klären, schleust sich Inspektor Maroni in Transvestiten-Kreise ein, wo er auf einen homosexuellen deutschen Regisseur stößt, der im Auftrag des KGB den Vater der Ermordeten, einen berühmten Kernphysiker, entführt hat. Nach vielen Mätzchen und dummen Sprüchen kann das Komplott verhindert werden. Die Wahl des Metiers bringt eine Fülle von Anzüglichkeiten und sattsam bekannte Homosexuellen-Klischees mit sich; lustlos inszenierte, mäßig gespielte und schlampig fotografierte Dutzendware. – Ab 16 möglich. ✦ Italien/BR Deutschland 1984 **P** Medusa/Globe **Kl** Ascot **R** Bruno Corbucci **B** Mario Amendola **K** Marcello Masciocchi **M** Fabio Frizzi **S** Daniele Alabiso **D** Tomas Milian, Bombolo (= Franco Lechner), Anita Kupsch, Monika Gruber, Holger Münzer **L** 83 **FSK** ab 12; nf **E** 22.2.1985/4.9.1987 RTL plus **fd** 24 968

SUPERFANTOZZI → Ich krieg' die Tür immer noch nicht zu

DIE SUPERFAUST → Ihr größter Coup

DIE SUPERFAUST DER SHAOLIN (SUPER POWER). Ein junger Mann rächt die Niederlage seines Vaters an anderen Kämpfern beziehungsweise deren Söhnen. Wenig origineller Kung Fu-Film mit einer pausenlosen Aneinanderreihung von Kampfszenen. ✦ Scope. Hongkong 1980 **P** The Eternal **Kl** Avis/Ascot **R+B** Lin Chan-Wai **K** Cheung Tak-Wai **M** Chow Fu-Liang **D** Billy Chong (= Zhong Quan-Li), Liu An-Li, Chiang Tao, Hau Chiu-Sing, Wong Chi-Ming **L** 86 **FSK** ab 16; nf **E** 9.1.1981 **fd** 22 771

DER SUPERFIGHTER (A CHI-HUA / PROJECT A). Hongkong, 1903: Ein armer Matrose wird in die Polizei gepreßt, paßt sich mühsam seiner neuen Umwelt an und kann schließlich mit Hilfe eines alten Freundes den Piraten das Handwerk legen. Eine perfekte Mischung aus brillanten Actionszenen und trockenem Humor, der in der miserablen Synchronisation zu Kalauern degradiert wurde. ✦ Hongkong 1983 **P** Golden Harvest **VA** Pacific/PolyGram **R** Jackie Chan (= Cheng Long) **B** Jackie Chan (= Cheng Long), Edward Tang **K** Chueng Yiu-Jo **M** Michael Lai **D** Jackie Chan (= Cheng Long) (Dragon Ma), Samo Hung (= Hung Kim-Po) (Fei), Yuen Biao (Hung Tin-Tze), Lau Hak-Suen (Admiral), Tai Po **L** 90 **FSK** ab 16 **E** 1988 Video/6.8.1996 Pro Sieben **fd** 26 723

SUPERFIGHTER 2 (FEARLESS HYENA II). Nach jahrzehntelanger Verfolgung wird ein Brüderpaar das Opfer der »Teufel des Himmels und der Erde«. Den Nachkommen bleibt das schwere Erbe, die Bösewichte zur Strecke zu bringen. Ein früher Film aus Chans Experimentierphase mit einem harten Showdown und der bei Chan-Filmen hierzulande offenbar unvermeidlich kalauernden Synchronisation. Das Ergebnis ist ein langatmiges Kung Fu-Kasperltheater. Der Zusammenhang mit dem Film »Der Superfighter« ist vom deutschen Verleih konstruiert. (TV-Titel: »Jackie Chan: Der Superfighter«) – Wir raten ab. ✦ Hongkong 1979 **P** Lo Wei Motion Pictures **VA** Pacific/PolyGram **Pd** Lo Wei **R** Chan Chuen **D** Jackie Chan (= Cheng Long), Sheck Tien, Yin Sai-Quen, Kung Wing-Man, Tien Chen **L** 83 **FSK** ab 18 (gek. ab 16) **E** April 1989 Video/21.7.1996 RTL 2 **fd** 27 582

SUPERFLASHMAN → Der Unsichtbare schlägt zu

DER SUPERFLIC (SUPERFLIC SE DECHAINE). Ein tolpatschiger Polizist, der sich bei allen ihm übertragenen Aufgaben ausgesprochen dämlich anstellt, hat allem Ungemach zum Trotz großen Erfolg bei seiner Arbeit. Komödie. – Ab 14. ✦ Frankreich 1981 **P** F.F.C.M. **R** Jean-Claude Roy **D** Paul Préboist, Yvonne Clech, Roger Carel **L** 97 **FSK** ab 12 **E** 26.2. 1994 RTL 2

SUPERFLY (SUPERFLY). Ein schwarzer Rauschgiftzwischenhändler steigt nach dem großen Geschäft aus der Branche aus und bleibt ungeschoren, weil er sich dem weißen Boß gegenüber mit erpresserischen Mitteln behaupten kann. Krimi aus der »schwarzen« Serie des US-Kinos, der aus oberflächlicher Sozialkritik und gängigen Klischees geschickt spannende Unterhaltung macht. ✦ USA 1972 **P** Sig Shore **Kl** Warner-Columbia **R** Gordon Parks jr. **B** Philip Fenty **K** James Signorelli **M** Curtis Mayfield **S** Bob Bradyfield **D** Ron O'Neal, Carl Lee, Sheila Frazier, Julius W. Harris, Charles McGregor **L** 93 **FSK** ab 16; nf **E** 30.3.1973 **fd** 18 315

SUPERFLY TNT (SUPERFLY T.N.T.). Ein farbiger Herumtreiber steigt in Rom in ein Waffengeschäft mit einem schwarzafrikanischen Staat ein. Als er merkt, daß er betrogen wurde, hat er Mühe, seine Haut zu retten. Abenteuerfilm, dessen Hauptrollen mit schwarzen Schauspielern besetzt sind; nur bedingt ein Beleg für das Selbstbewußtsein Afroamerikaner zu Beginn der 70er Jahre, als Hollywood durch die kommerziell erfolgreichen »Shaft«-Filme einen neuen Markt witterte. ✦ USA 1973 **P** Superfly **VA** CIC **R** Ron O'Neal **B** Alex Haley **K** Robert Gaffney **M** Osibisa **D** Ron O'Neal, Roscoe Lee Browne, Sheila Frazier, Robert Guillaume, Jacques Sernas **L** 83 **FSK** ab 16 **E** Mai 1987 Video

DIE SUPERGANG (BAD ATTITUDES). Fünf ihre Umwelt terrorisierende Kinder erreichen nicht ihr Feriencamp, sondern werden in Richtung Schweiz entführt. Schon bald übernehmen sie das Kommando und lehren ihre Entführer das Fürchten. An einschlägigen Kinovorbildern orientierter Fernsehfilm im Zuge der »Kevin«-Welle. (Alternativtitel: »Bad Attitudes«) – Ab 14. ✦ USA 1991 **P** FNM **VA** Fox **Pd** James A. Dennett **R** Alan Myerson **B** Caleb Carr **K** Jacek Laskus **M** Peter Melnick **D** Ethan Randall (Cosmo Coningsy), Jack Evans (Dabney Mitchell), Ellen Blain (Jenny Flinn), Richard Gilliland (Jürgen), Maryedith Burrell (Katyana) **L** 88 **FSK** ab 12 **E** 5.8.1992 Video/26.8. 1995 Kabel 1

SUPERGIRL (1970). Eine geheimnisvolle junge Frau verwirrt eine Reihe von Männern nicht nur durch ihre überirdische Schönheit, sondern auch durch Berichte von zukünftigen Gefahren, die den Erdbewohnern aus dem Weltall drohen sollen. Sympathische Komödie von Rudolf Thome, der im München des Jahres 1970 einen verspielt-vertrackten Howard-Hawks-Film zu inszenieren versuchte, jedoch an zu vielen Klischees und den Produktionsbedingungen des Fernsehens scheiterte. – Ab 16. ✦ BR Deutschland 1970 **P** Rudolf Thome **Kl** EMI **Pd+R** Rudolf Thome **B** Max Zihlmann, Rudolf Thome **K** Affonso Beato **M** Mainhorse Airlines **S** Jane Sperr **D** Iris Berben (Supergirl), Marquard Bohm (Evers), Karina Ehret-Brandner (Elsa Morandl), Jess Hahn (Polonski), Nikolaus Dutsch (Charly), Isolde Jovine (Jackie) **L** 100 **FSK** ab 12; f **E** 16.3.1971 ARD

SUPERGIRL (1984) (SUPERGIRL). Supergirl, Cousine des fliegenden Welt-Erretters Superman, kämpft gegen eine irdische Hexe um eine Energiekugel, die die Geschicke der Welt zu beeinflussen droht. Zähflüssiger Aufguß der Comic-Strip-Serie ohne Ansätze von Originalität und Witz; platte Unterhaltung mit handelsüblichen Geisterbahneffekten. – Ab 12 möglich. ✦ Scope. USA 1984 **P** TriStar **Kl** Scotia **VA** CBS/Fox **Pd** Timothy Burrill **R** Jeannot Szwarc **B** David Odell **K** Alan Hume **M** Jerry Goldsmith **S** Malcolm Cooke **D** Faye Dunaway (Selena), Helen Slater (Supergirl/ Linda Lee), Hart Bochner (Ethan), Peter Cook (Nigel), Peter O'Toole (Zaltar), Mia Farrow (Alura), David Healy (Mr. Danvers), Brenda Vaccaro (Bianca), Simon Ward (Zor-El), Marc McClure (Jimmy Olsen), Maureen Teefy (Lucy Lane) **L** 91 **FSK** ab 6; f **E** 22.3.1985/Juni 1985 Video **fd** 25 012

SUPERGIRL IN 3-D. Ein Manager der Werbebranche nutzt seine berufliche Tätigkeit zu Seitensprüngen, worauf seine junge Frau sich kräftig revanchiert, bis die eheliche Harmonie wiederhergestellt ist. Im wesentlichen ein auf Sexualakrobatik abgestimmtes drittklassiges Machwerk. – Wir raten ab. ✦ BR Deutschland 1983 **P** Filmhansa/Locomotion **Kl** Filmhansa **R** Amato Bozelli (= Walter Molitor) **B** Horst Alexander **K** Werner Lang, Peter Übereiner, Ronald Voss **M** Gerhard Heinz **D** Marilyn Olinka (= Olinka Hardiman), Peter Jansen (= Peter Bond), Ivonne Monaco, Eva Cordes, The Leasing Girls **L** 83 **FSK** SPIO: X **E** 14.10.1983 **fd** 24 607

SUPERGRASS – UNSER MANN BEI SCOTLAND YARD (THE SUPERGRASS). Ein junger Tolpatsch verbreitet das Lügenmärchen über einen angeblichen Drogenhandel und wird von der Polizei als Lockvogel benutzt. Als seine Lüge wahr wird, überschlagen sich die Ereignisse. Kriminalistische Slapstick-Komödie mit Anflügen von schwarzem Humor und viel Leerlauf. – Ab 16 möglich. ✦ Großbritannien 1985 **P** Comic Strip Prod./Film Four International **Kl** Impuls **VA** Marketing **Pd** Elaine Taylor **R** Peter Richardson **B** Peter Richardson, Pete Richens **K** John Metcalfe **M** Keith Tippett, Working Week Big Band **S** Geoff Hogg **D** Adrian Edmondson (Dennis), Jennifer Saunders (Lesley Reynolds), Peter Richardson (Harvey Duncan), Dawn French (Andrea), Robbie Coltrane (Troy) **L** 95 **FSK** ab 16; f **E** 18.2.1988/Mai 1988 Video **fd** 26 876

EIN SUPERHARTER ENGEL → S.H.E.

EIN SUPERHEISSES DING (DOUBLE AGENT 73). Eine Agentin mit monströsen Brüsten tötet der Reihe nach kaltblütig die Mitglieder eines Rauschgiftrings. Killerstory von ermüdender Einfallslosigkeit und voller Sympathie für Gewalt. (Fortsetzung zu »Teuflische Brüste«, 1973) – Wir raten ab. ✦ USA 1974 **Kl** Nobis **R+B** Doris Wishman **D** Chesty Morgan, Frank Silvano, Harry Reems, Curt Brandt **L** 74 **FSK** ab 18; nf **E** 23.5.1975 **fd** 19 657

EIN SUPERHELD GEGEN VAMPIRE → Supermann gegen Vampire

DIE SUPERHELDEN (MISFITS OF SCIENCE). Ein Team aus ehemaligen Wissenschaftlern und Außenseitern mit übersinnlichen Eigenschaften wächst zur selbstbewußten Einheit zusammen und rettet die Welt vor machthungrigen Militärs und einer gefährlichen Neutronenbombe. Mit Gags und flotten Sprüchen garniertes, naiv-utopisches Märchen, das die vermeintlich Schwachen zu den wahren Siegern erklärt. Sympathisch unterhaltsamer Abenteuerfilm mit Hintersinn. (Der Film lief im Fernsehen als zweiteiliger Pilotfilm der Serie »Die Spezialisten« unter dem Titel »Gefährliche Waffen«.) – Ab 16. ✦ USA 1985 **P** Universal **VA** CIC **R+B** James D. Parriott **K** Isidore Mankofsky **M** Basil Poledouris **S** George O'Hanion, Stephan Pfahler, Michael Hoggan **D** Dean Paul Martin (Billy Hayes), Kevin Peter Hall (El Lincoln), Mark Thomas Miller (Johnny B. Man), Courteney Cox (Gloria), Jennifer Holmes (Jane) **L** 87 **FSK** ab 16 **E** April 1986 Video/29.8./5.9.1988 RTL plus **fd** 25 597

DIE SUPERHEXE DER LIEBESINSEL (BRIGADE MONDAINE: VAUDOU AUX CARAIBES). Nach der Ermordung eines Kollegen werden zwei Pariser Kriminalbeamte nach Martinique entsandt, um dem Heroinschmuggel auf die Spur zu kommen. Als der Bandenboß zu entkommen versucht, wird er von seiner Geliebten getötet. Unterdurchschnittlicher Krimi, der sein Publikum mit Softpornoeinlagen und etwas Exotik zu fesseln versucht. – Wir raten ab. ✦ BR Deutschland/Frankreich 1980 **P** Geiselgasteig/Francos **Kl** Filmhansa/Diamant **R** Philippe Monnier **B** Hartmut Neugebauer, Gérard de Villiers **K** François About **M** Cerrone **S** Hélène Plemiannikov **D** Patrice Valota, Jacques Bovanich, Corinne Carol, Marcel Dalio, Julie Margo **L** 88 **FSK** ab 18; nf **E** 13.8.1981 **fd** 23 096

DAS SUPERHIRN (LE CERVEAU / IL CERVELLO). Drei rivalisierende Gaunercliquen berauben einen Geldtransport der NATO, ohne in den Genuß der Beute zu kommen. Einfallsreich inszenierte und brillant gespielte Kriminalkomödie mit einer Fülle von überraschenden Gags. – Ab 12. ✦ Scope. Frankreich/Italien 1968 **P** Gaumont International/Dino de Laurentiis **Kl** Paramount **R** Gérard Oury **B** Gérard Oury, Marcel Jullian, Danièle Thompson **K** Wladimir Ivano **M** Georges Delerue **S** Albert Jurgenson **D** David Niven (Das Superhirn), Jean-Paul Belmondo (Arthur), Bourvil (Anatole), Eli Wallach (Frank), Silvia Monti (Sofie) **L** 108 **FSK** ab 6; nf **FBW** w **E** 9.10.1969/13.8.1971 Kino DDR **fd** 16 423

SUPERHIRN IN TENNISSCHUHEN (THE COMPUTER WORE TENNIS SHOES). Durch einen Stromschlag geht das gesamte Wissen eines Universitätscomputers auf einen Studenten über. Mit diesem enormen Wissen versucht er, Geld für die Schule zu beschaffen und nimmt an einem Fernsehquiz teil. Als der Quizmaster unwissentlich ein Losungswort sagt, wird ein Teil seines Computerhirns aktiviert, in dem die illegalen Wetten einer Gangsterorganisation gespeichert sind. Zwar nicht tiefschürfende, aber sehr vergnügliche Disney-Komödie. – Ab 14. ✦ USA 1970 **P** Disney **Pd** Bill Anderson **R** Robert Butler **B** Joseph L. McEveety **K** Frank Phillips **M** Robert F. Brunner **S** Cotton Warburton **D** Cesar Romero (A. J. Arno), Kurt Russell (Dexter), Joe Flynn (Dean Higgins), William Schallert (Prof. Quigley), Alan Hewitt (Dean Collingsgood) **L** 90 **E** 21.10.1995 RTL

DIE SUPERLADY (ELLE CAUSE PLUS ... ELLE FLINGUE). Die ihr Reliquiengeschäft durch Mord in Gang haltende Chefin einer Slumsiedlung erhält den Auftrag, eine Christus-Reliquie zu beschaffen, und verliebt sich ausgerechnet in den Mann, der als Opfer am besten geeignet wäre. Zusammenhanglose Burleske mit vielen Peinlichkeiten und Blasphemien, die die wenigen gelungenen Gags rasch vergessen lassen; filmisch eine Zumutung. – Wir raten ab. ✦ Frankreich 1972 **P** Les Films La Boétie/Rizz-Oli **VA** VPS **R+B** Michel Audiard **K** Jean-Pierre Fizet **M** Eddie Vartan **D** Annie Girardot, Bernard Blier, Maurice Biraud, Roger Carel, Jean Carmet **L** 83 **E** 1985 Video **fd** 24 904

SUPERLADY (SUPERDAME). Die Dame des Hauses hat allerhand um die Ohren. Den Unterhalt für ihre vier Kinder erwirtschaftet sie als Kassiererin in einem Supermarkt, während sich ihr Mann vor dem chaotischen Familienleben in eine Nervenklinik zurückgezogen hat, aus der er sich nur an den Wochenenden hervorwagt. – Ab 16. ✦ Dänemark 1992 **P** Alberta A Danmarks Radio **R** Vibeke Gad **B** Lise Lotte Timmer, Vibeke Gad **K** Ole Schultz **M** Hans-Erik Philip **S** Jorn Tovgaard **D** Pernille Hojmark (Line), Mira Wanting, Marie Schou Nielsen, Maria Louise Sprensen, Jesper Flintso **L** 87 **E** 28.9.1993 Hessen 3

SUPERMAN (SUPERMAN). Eine millionenschwere Verfilmung der Herkunft, Jugend und Abenteuer des Comic-strip-Helden Superman, der den größten Gangster Amerikas zur Strecke bringt und dessen Plan vereitelt, halb Kalifornien zu vernichten. Stilistisch uneinheitlicher Film, der die Chance eines filmischen Comics verfehlt, weil er sich zwischen Mystifizierung, Ironie und trickreicher Action nicht entscheiden kann. Über weite Partien dennoch amüsante Unterhaltung, die in einigen Szenen durch ihre optische Präzision beeindruckt. – Ab 16. ✦ Scope. Großbritannien 1978 **P** Warner Bros. **Kl** Warner-Columbia **Pd** Alexander Salkind, Ilya Salkind **R** Richard Donner **B** Mario Puzo, David Newman, Leslie Newman, Robert Benton, nach den Comics von Jerry Siegel und Joe Shuster **K** Geoffrey Unsworth **M** John Williams **S** Stuart Baird **D** Marlon Brando (Jor-El), Gene Hackman (Lex Luthor), Christopher Reeve (Superman/Clark Kent), Margot Kidder (Lois Lane), Glenn Ford (Pa Kent), Marc McClure (Jimmy Olsen), Jackie Cooper (Perry White), Valerie Perrine (Eve Teschmacher), Ned Beatty (Otis), Susannah York (Lara), Trevor Howard (Senator), Phyllis Thaxter (Mrs. Kent), Maria Schell (Vondah), Terence Stamp (Gen. Zod), Larry Hagman **L** 143 **FSK** ab 12; f **E** 25.1.1979 **fd** 21 065

SUPERMAN II – ALLEIN GEGEN ALLE (SUPERMAN II). Ein weiteres Abenteuer des Comic-Strip-Helden, der diesmal gegen drei ihm ebenbürtige Schurken aus dem Weltall kämpft, die die Welt tyrannisieren. Aufwendiges Märchen, das unentschlossen zwischen Mystifizierung und naiver Demokratiepreisung schwankt, aber durch Übertreibung und Ironisierung streckenweise amüsant unterhält. – Ab 16. ✦ Scope. Großbritannien 1979 **P** Dovermead **Kl** Warner-Columbia **Pd** Alexander Salkind, Ilya Salkind **R** Richard Lester **B** Mario Puzo, David Newman, Leslie Newman **K** Robert Paynter **M** Ken Thorne **S** John Victor Smith (= John Victor-Smith), Peter Watson **D** Gene Hackman (Lex Luthor), Christopher Reeve (Superman/Clark Kent), Margot Kidder (Lois Lane), Ned Beatty (Otis), Jackie Cooper (Perry White), Terence Stamp (Gen. Zod), Sarah Douglas (Ursa), Jack O'Halloran (Non), Valerie Perrine (Eve Teschmacher), Susannah York (Lara), Clifton James (Sheriff), Marc McClure (Jimmy Olsen), E.G. Marshall (Präsident) **L** 127 **FSK** ab 12; f **E** 2.4.1981 **fd** 22 888

SUPERMAN III – DER STÄHLERNE BLITZ (SUPERMAN III). Dritte Auflage des aufwendigen Comic-Märchens vom Helden »Superman«. Vier Jahre nach seinem Vorgänger produziert, geriet diese Version zu einem Sammelsurium selbstironischer Nummern und Slapstick-Einlagen, das sich zu keiner überzeugenden Geschichte zusammenfügt. Unterhaltung ohne Ansprüche und auch ohne Glanz. – Ab 14. ✦ Scope. Großbritannien 1983 **P** Dovermead **Kl** Warner-Columbia **Pd** Alexander Salkind, Ilya Salkind **R** Richard Lester **B** David Newman, Leslie Newman **K** Robert Paynter **M** Ken Thorne, John Williams **S** John Victor Smith (= John Victor-Smith) **D** Christopher Reeve (Superman/Clark Kent), Richard Pryor (Gus Gorman), Jackie Cooper (Perry White), Margot Kidder (Lois Lane), Annette O'Toole (Lana Lang), Marc McClure (Jimmy Olsen), Annie Ross (Vera Webster), Robert Vaughn (Ross Webster), Pamela Stephenson (Lorelia Ambrosia), Nancy Roberts (Angestellte), Henry Woolf (Pinguin-Verkäufer) **L** 124 **FSK** ab 12; f **E** 9.3.1984 **fd** 24 462

SUPERMAN IV – DIE WELT AM ABGRUND (SUPERMAN IV – THE QUEST FOR PEACE). Der unverwundbare Superman sorgt auf seine Weise für eine radikale Abrüstung, indem er die Atomraketen beider Supermächte ins All katapultiert. Die vierte Folge der nach der bekannten Comic-strip-Serie entstandenen Filmreihe wendet sich zwar mit einer gutgemeinten Botschaft ans – vorwiegend junge – Publikum, folgt aber letztlich nur groben Klischees. Kaum mehr als eine lieblos inszenierte Aneinanderreihung von Versatzstücken. – Ab 12 möglich. ✦ Großbritannien 1986 **P** London-Cannon **Kl** Scotia-Cannon **VA** VMP **Pd** Menahem Golan, Yoram Globus **R** Sidney J. Furie **B** Lawrence Konner, Mark Rosenthal **K** Ernest Day **M** John Williams **S** John Shirley **D** Christopher Reeve (Superman/Clark Kent), Gene Hackman (Lex Luthor), Jackie Cooper (Perry White), Marc McClure (Jimmy Olsen), Jon Cryer (Lenny), Sam Wanamaker (David Warfield), Marc Pillow (Nuclear Man), Mariel Hemingway (Lucy Warfield), Margot Kidder (Lois Lane), William Hootkins (Harry Howler), Stanley Lebor (General Romoff), Susannah York (Lara) **L** 92 **FSK** ab 6; f **E** 24.3.1988/Juni 1988 Video **fd** 26 797

SUPERMAN – DIE ABENTEUER VON LOIS & CLARK → Lois & Clark – Supermans Rückkehr

SUPERMANN AUF SOWJETISCH. Ein unbestechlicher Polizeibeamter in einer Stadt an der sowjetischen Schwarzmeer-Küste gerät bei seinen Bemühungen, den Rauschgifthandel eines hohen Parteifunktionärs zu unterbinden, in hoffnungslose Unterlegenheit gegenüber dem korrupten Behördenapparat. Ein thematisch interessanter Versuch, vehemente Kritik an dem verrotteten Sowjet-System mit Spannungselementen aus westlichen Actionfilmen zu verbinden; geprägt von Melancholie, tiefer Trauer und Resignation. ✦ UdSSR/Finnland 1990 **R** Valeri Chartschenko **B** Nikolai Psurzew **K** Juri Jelchow **D** Uldis Weispal (Rushin), Klara Belowa (Lera), Michael Filippow (Rudakow), Diana Chorwatowa (Marina), Konstantin Rodnin (Kolessow) **L** 90 **E** 26.2.1992 ARD

DER SUPERMANN DER MARINE (FLOTTANS ÖVERMAN). Ein Zivilist, vorgeführt von Schwedens Filmkomiker Nils Poppe, gerät auf einem Kriegsschiff in groteske Situationen. Einige originelle Einfälle und Landschaftsaufnahmen heben sich von den ansonsten vorherrschenden Albernheiten ab. (Alternativtitel: »Schütze Bumm auf hoher See«, Videotitel: »Der Kompanietrottel«) – Ab 12. ✦ Schweden 1958 **P** AB Komiska Teatern **Kl** Panorama **Pd** Allan Ekelund **R** Stig Olin **B** Per Schytte, Nils Poppe **K** Martin Bodin **M** Hans Schreiber **S** Ingemar Ejve **D** Nils Poppe, Harriet Andersson, Yvonne Lombard, Sigge Fürst, Git Gay **L** 87 **FSK** ab 6; nf **E** 6.2.1959 **fd** 7 853

DER SUPERMANN DES WILDEN WESTENS (THE GREAT SCOUT AND CATHOUSE THURSDAY). 1908 in Colorado: Ein alternder Scout, ein fettleibiger Halbindianer und ein versoffener Cowboy überfallen ein Bordell und legen sich mit einem ehemaligen Kumpanen an, der sie einst betrogen und später in der Politik Karriere gemacht hat. Versuch einer Westernparodie, der allzuoft in abgedroschenem Klamauk und ordinären Zoten steckenbleibt. ✦ USA 1976 **P** American International **Kl** Gloria **Pd** Brent Walker **R** Don Taylor **B** Richard Shapiro **K** Alex Phillips jr. **M** John Cameron **S** Sheldon Kahn **D** Lee Marvin (Sam Longwood), Oliver Reed (Joe Knox), Robert Culp (Jack Colby), Elizabeth Ashley (Nancy Sue), Strother Martin (Billy), Sylvia Miles (Mike), Kay Lenz (Thursday), Howard Platt (Vishniac), Joe Zacha (Trainer), Ann Verdugo (Wednesday) **L** 95 **FSK** ab 18; nf **E** 12.8.1977/5.8.1989 (Neusynchronisation) **fd** 20 444

SUPERMANN GEGEN VAMPIRE (EL SANTO CONTRA LAS MUJERES VAMPIRO). Ein übermenschlich starker Supermann bricht die Macht gefährlicher Vampire. Primitiver Gruselfilm aus mexikanischer Produktion. (Späterer Titel: »Ein Superheld gegen Vampire«) ✦ Schwarz-weiß. Mexiko 1962 **P** Filmadora Panamericana **KI** Müller **R** Alfonso Corona Blake **B** Alfonso Corona Blake, Rafael Garcia Travesi **K** José Ortiz Ramos **M** Raúl Lavista **D** Lorena Velasquez, Maria Duval, Jaime Fernández, Augusto Bendico **L** 83 **FSK** ab 16; nf **E** 9.2.1967 **fd** 14 579

DER SUPERMANN MIT DER TODESPRANKE (HONGKONG SUPERMAN). Ein Kung Fu-Spezialist räumt nach wiederholten Überfällen in seiner Umgebung unter den Gangstern auf. Mittelmäßiger Hongkongimport mit sozialkritischem Gehabe. ✦ Scope. Hongkong 1976 **P** First **KI** Avis/Film-Allianz **R** Ting Shan-Si **K** Chen Chee Yung **M** Chun Liang **D** Bruce Liang (= Leung Siu-Lung), Chiang Ai-Cha, Sek Ting **L** 75 **FSK** ab 18; nf **E** 29.7.1977 **fd** 20 665

SUPERMARKT. Ein junger Mann schlägt sich durch eine fremde, unwirtliche Großstadt, wird in Gewalttätigkeiten verwickelt, kommt mit der Polizei in Konflikt und scheitert schließlich beim Versuch, durch einen Raubüberfall auf einen Supermarkt das große Geld zu machen. Handwerklich erstaunlich routinierter Thriller, der sich um geradliniges, emotionales Genrekino bemüht und sich damit bewußt vom deutschen Autorenfilm der 70er Jahre abgrenzt. – Ab 16. ✦ BR Deutschland 1973 **P** Roland Klick/Independent Film **KI** Constantin **Pd** Joachim von Vietinghoff **R** Roland Klick **B** Roland Klick, Georg Althammer, Jane Sperr **K** Jost Vacano **M** Peter Hesslein **S** Jane Sperr **D** Charly Wierzejewski (Willi), Eva Mattes (Monika), Michael Degen (Frank), Walter Kohut (Theo), Hans-Michael Rehberg (Homosexueller) **L** 84 **FSK** ab 16; f **E** 31.1.1974 **fd** 18 693

DER SUPERMASSEUR → Der Sexmasseur

SUPERMAUS UND SPIESSGESELLEN, 2. TEIL (TERRYTOONS FESTIVAL II). Übergangslose Aneinanderreihung von 16 Zeichentrickfilmen von Paul Terry. Zeichentrick-Abenteuer ohne Bildwitz, die allein an die Schadenfreude des Zuschauers appellieren. – Ab 10 möglich. ✦ Teils schwarz-weiß. USA 1941–53 **P** Terrytoons **KI** Centfox **R** Connie Rasinski, Mannie Davis, Eddy Donelly **K** Tom Morrison, John Foster **M** P. A. Scheib **L** 91 **FSK** ab 6; nf **E** 1969 Kino **fd** 16 244

DIE SUPERNACHT (ONE NIGHT ONLY). Eine Jura-Studentin soll für ein immenses Honorar einer siegreichen Eishockey-Mannschaft eine unvergeßliche Nacht bereiten. Banales Sport- und Sexfilmchen. ✦ USA 1984 **P** RSL Entertainment **VA** CBS/Fox **R** Timothy Bond **D** Lenore Zann, Geoffrey Mackay **L** 86 **FSK** ab 18 **E** November 1985 Video

SUPERNASE MIT SCHWERT UND DEGEN → Cyrano und D'Artagnan

DIE SUPERNASEN. Zwei Amateurdetektive verhelfen einem Direktorenehepaar zu glücklicher Wiedervereinigung. Konventionelle Verwechslungskomödie, die vor allem durch die beiden Hauptdarsteller unterhält. Einer der Kassenerfolge des deutschen Kinos der 80er Jahre. – Ab 12. ✦ BR Deutschland 1983 **P** Lisa **KI** Tivoli **DVD** Marketing (1.66:1, Mono dt.) **Pd** Erich Tomek, Otto W. Retzer, Wilma Bastian **R** Dieter Pröttel **B** Thomas Gottschalk, Mike Krüger **K** Fritz Baader **M** Inker + Hamilton **S** Claudia Wutz **D** Mike Krüger (Mike), Thomas Gottschalk (Tommy), Gert Haucke (Herr Sasse), Liane Hielscher (Frau Sasse), Susann Winter (Lucy) **L** 88 **FSK** ab 6; f **E** 9.9.1983/ 5.11.2001 DVD **fd** 24 192

SUPERNATURAL (SUPERNATURAL). Der Geist des toten Ehemannes sucht die Witwe heim, die mit Hilfe eines Mediums, eines Priesters und eines Wissenschaftlers den Spuk zu bannen versucht. Horrorfilm nach vorhersagbarem Muster, der auch durch pseudowissenschaftliche Verbrämung die Banalität der Story nicht verbergen kann und durch eine unnötige, grausame Schockszene indiskutabel wird. – Wir raten ab. ✦ Spanien 1981 **P** Kalender Films **VA** VCL/ Virgin **R** Eugenio Martín **B** Eugenio Martín, Eduardo Alvarez, Antonio Cuevas **K** Antonio Cuevas **M** Carlos Vizziello **D** Christina Galbo, Máximo Valverde, Ramón Lillo, Gerardo Mayá, Paloma Pages **L** 90 **E** 10.6. 1987 Video **fd** 26 382

SUPERNOVA (SUPERNOVA). Ein intergalaktischer Raumkreuzer, der als Krankenwagen seinen Dienst versieht, stösst auf einen skrupellosen Abenteurer, der auf einen offiziell entwohnten Planeten haust. Gemeinsam mit ihm bringt man eine alles vernichtende Supernova in das heimische Sonnensystem. Ein eigentlich recht ansehnlicher Science-Fiction-Film, unter einem Pseudonym von Action-Spezialist Walter Hill, der sich in einem neuen Genre versucht und Beachtliches leistet. Allerdings steht die konfuse Produktionsgeschichte dem Film im Wege, dessen Handlung etliche »schwarze Löcher« aufweist. DVD: Die Extras enthalten u. a. im Film nicht verwendete Szenen. – Ab 16. ✦ Scope. USA 2000 **P** MGM **VA** MGM Home/20th Century Fox Home **DVD** Fox Home (SE, 16:9, 2.35:1, DD5.1 engl./dt.) **Pd** Ash R. Shah, Daniel Chuba, Jamie Dixon **R** Thomas Lee **B** William Malone, Daniel Chuba, David Campbell Wilson **K** Lloyd Ahern II **M** David Williams **S** Michael Schweitzer, Melissa Kent **D** James Spader (Nick Vanzant), Angela Bassett (Kaela Evers), Robert Foster (A. J. Marley), Lou Diamond Phillips (Yerzy Penalosa), Peter Facinelli (Karl Larson), Robin Tunney (Danika Lund) **L** 90 **E** 9.11.2000 Video/16.11.2000 DVD **fd** 34 621

DIE SUPEROHREN (LES OREILLES ENTRE LES DENTS). Ein Kriminologe baut bei der Aufklärung verschiedenster Mordfälle ein abstruses Phantombild des angeblichen Serienmörders auf, bis er selbst zum Opfer wird. Kriminal-Potpourri aus Versatzstücken verschiedenster Genres, das seine parodistische Absicht durch drastische Darstellung und eine inhumane Grundeinstellung verspielt. ✦ Frankreich 1987 **P** Madeleine/Hachette Première **VA** Highlight **Pd** Gilbert de Goldschmidt **R** Patrick Schulmann **B** Patrick Schulmann, Didier Dolna, Michel Zemer **K** Jacques Assuerus **M** Patrick Schulmann **S** Aline Asseo **D** Jean-Luc Bideau (Jean-Paul Bildo), Fabrice Luchini (Luc Fabri), Laurent Gamelon (Max), Jeanne Marine (Lèa Stagnari), Philippe Khorsand (Korg) **L** 94 **FSK** ab 16 **E** Juni 1989 Video **fd** 27 918

EINE SUPERPOLIZISTIN IN NEW YORK (LA POLIZIOTTA A NEW YORK). Abenteuer einer italienischen Polizistin, die in New York einen Mafiaboß aufzuspüren hat. Alberner Klamauk mit abstoßenden, rassistischen Witzeleien. – Ab 16 möglich. ✦ Italien 1981 **P** Dania/Medusa **KI** Alemannia/Arabella **VA** Arcade **R** Michele Massimo Tarantini **B** Francesco Milizia, Michele Massimo Tarantini **K** Giancarlo Ferrando **M** Berto Pisano **S** Alberto Moriani **D** Edwige Fenech, Alvaro Vitali, Renzo Montagnani, Giacomo Rizzo, Edith Peters, Enzo Andronico **L** 90 **FSK** ab 12; nf **E** 18.12.1981 **fd** 23 308

DIE SUPERPROFIS (A NIGHTINGALE SANG IN BERKELEY SQUARE). Ein in der Unterwelt »Superhirn« genannter Einbrecher plant einen Bankraub. Den Schlüssel zur Bank soll ein ehemaliger Häftling besorgen, der sich in der Bank eine Vertrauensstellung erarbeitet hat. Komödiantischer Kriminalfilm um einen großen Coup. (TV-Titel auch: »Der Supercoup«) – Ab 14. ✦ Großbritannien 1979 **P** Benjamin Fisz Prod. **VA** Tristar **R** Ralph Thomas **B** Guy Elmes **K** John Coquillon **D** David Niven (Ivan der Schreckliche), Richard Jordan (Pinky), Oliver Tobias (Foxy), Elke Sommer (Miss Pelham), Gloria Grahame (Ma) **L** 106 **FSK** ab 12 **E** 19.10.1985 DFF 1/10.6.1986 RTL plus

SUPERPROFIS TRUMPFEN AUF → Zwei ausgebuffte Profis

DER SUPERSCHNÜFFLER (FREEBIE AND THE BEAN). Zwei Polizeidetektive verfolgen ihre Opfer, sie wollen den Boß eines Glücksspiel-Syndikats dingfest machen, mit ebenso skrupellosen wie zweifelhaften Methoden. Zynische Mischung aus Komik und Brutalitäten. ✦ Scope. USA 1974 **P** Warner Bros. **KI** Warner **VA** Warner **Pd** Floyd Mutrux **R** Richard Rush **B** Robert Kaufman **K** Laszlo Kovacs **M** Dominic Frontiere **S** Fredric Steinkamp, Michael McLean **D** Alan Arkin, James Caan, Jack Kruschen, Loretta Swit, Mike Kellin **L** 110 **FSK** ab 18; nf **E** 23.5.1975 **fd** 19 374

SUPERSINGLE. (Fernseh-)Komödie um Liebesverwicklungen in der Redaktion eines Münchner Lifestyle-Magazins: Bevor eine Redakteurin ihren Chefredakteur heiratet, testet sie auf Anraten ihrer männerfeindlichen Kolleginnen seine Treue – mit dem Erfolg, daß er ihr einen Seitensprung gesteht. Die Frau geht zum Gegenangriff über. ✦ Deutschland 1998 **P** Regina Ziegler Filmproduktion **R** Sharon von Wietersheim **B** Sharon von Wietersheim, Michael Rossié **M** Jörg Sieber **D** Ann-Kathrin Kramer (Alexa), Heio von Stetten (Philipp), Regula Grauwiller (Florentine), Jan Sosniok (Nick), Saskia Vester (Mae) **L** 90 **E** 4.11.1998 ARD

SUPERSOUND UND FLOTTE SPRÜCHE → Can't stop the Music

DER SUPERSPION (A SOUTHERN YANKEE). Im amerikanischen Bürgerkrieg führt ein Yankeetolpatsch verwegene Spionageaufträge aus und gerät hinter die Linien der feindlichen Südstaatler. Etwas Persiflage und deftige Slapstickkomik in einem Film, der nicht ohne Geschick Motive aus Buster Keatons Stummfilm »Der General« (1926) abwandelt. – Ab 12. ✦ Schwarz-weiß. USA 1948 **P** MGM **KI** MGM **Pd** Paul Jones **R** Edward Sedgwick **B** Harry Tugend, nach einem Roman von Melvin Frank und Norman Panama **K** Ray June **M** David Snell **S** Ben Lewis **D** Red Skelton (Aubrey Filmore), Brian Donlevy (Curt Devlynn), Arlene Dahl (Sallyann Weatharby), George Coulouris (Maj. Jack Drumman), Lloyd Gough (Capt. Steve Lorford), John Ireland (Capt. Jed Calbern), Addison Richards (Dr. Clayton), Jeff Corey (Sergeant), Cliff Clark (Dr. Cooper), Frank McGrath, Stanley Andrews, Byron Foulger (Mr. Duncan), Kermit Maynard, Roger Moore **L** 88 **FSK** ab 12; nf **E** 6.8.1954 **fd** 3 492

SUPERSTAR – TRAU' DICH ZU TRÄUMEN (SUPERSTAR). Ein unauffälliges High-School-Mädchen träumt vom ersten Kuss nach Art der Hollywood-Filme. Während sein Schwarm mit dem hübschesten Mädchen der Schule liiert ist, eröffnet ein Tanzwettbewerb die Chance auf eine kleine Rolle in einem Hollywood-Film. Einfallslos und lahm inszenierte Komödie, die auf einer Figur aus der US-Fernsehshow »Saturday Night Live« basiert. Dass diese vorwiegend um Anpassung ringt und sich dabei ungeschickt anstellt, erweist sich schon bald als ausgesprochen ermüdend. – Ab 14. ✦ USA 1999 **P** SNL Studios/Paramount Pictures **KI** UIP **VA** Paramount Home **DVD** Paramount (16:9, 1.78:1, DD5.1 engl./dt.) **Pd** Lorne Michaels, Steven Wayne Koren **R** Bruce McCulloch **B** Steven Wayne Koren **K** Walt Lloyd **M** Michael Gore **S** Malcolm Campbell **D** Molly Shannon (Mary Katherine Gallagher), Will Ferrell (Sky), Elaine Hendrix (Evian), Harland Williams (Eric Slater), Mark McKinney (Pater Ritley) **L** 82 **FSK** ab 6; f **E** 16.11.2000/17.5.2001 Video/8.11. 2001 DVD **fd** 34 543

SUPERSTAU. Während der Urlaubszeit geraten drei Familien auf ihrem Weg in den sonnigen Süden in einen Stau. Dieses alljährliche Chaos dient als Aufhänger einer bissig gemeinten Satire über das Fahrverhalten deutscher Urlauber aus West und Ost. Wenngleich mancher Situationskomik Ironie nicht abgesprochen werden kann, verliert der Film durch krasse Überzeichnung, zumal der Aufhänger der Geschichte nicht den langen Atem für abendfüllende Unterhaltung besitzt. – Ab 10 möglich. ✦ Deutschland 1991 **P** Delta/Connexion **KI** Delta **VA** VCL/Carolco **Pd** Richard Claus **R** Manfred Stelzer **B** Gerd Weiss, nach seinem Roman **K** Frans Bromet **M** Piet Klocke **S** Peter R. Adam, Rudi Heinrich **D** Monika Baumgartner (Marie Stocker), Ottfried Fischer (Ludwig Stocker), Ariane Mühlmann (Tochter), Hildegard Kuhlenberg (Ilse Pacholke), Ralf Richter (Hermann Pacholke) **L** 82 **FSK** o. A.; f **E** 21.3.1991/26.8.1991 Video **fd** 28 820

SUPERTRICK →Schneller als das Auge

DIE SUPERTROTTEL (REVENGE OF THE NERDS II / NERDS IN PARADISE). Fünf ungelenke Gestalten laufen als Vertreter ihres College beim alljährlichen Treffen der studentischen Vereinigungen in Fort Lauderdale auf. Insbesondere eine Clique muskelbepackter Schönlinge hat es sich in den Kopf gesetzt, die »Nerds« um jeden Preis auszubooten. Aber die Underdogs wissen sich erfolgreich zu wehren. Von den vielen Späßen, zu denen dieses Treffen Anlaß gibt, zünden allerdings nur die wenigsten, beispielsweise eine treffende Rap-Parodie. – Ab 16. ✦ USA 1987 **P** Interscope (für 20th Century Fox) **VA** CBS/Fox **Pd** Ted Field, Robert W. Cort, Peter Bart **R** Joe Roth **B** Dan Guntzelman, Steve Marshall **K** Charles Correll **M** Mark Mothersbaugh, Gerald V. Casale **S** Richard Chew **D** Robert Carradine (Lewis), Larry B. Scott (Lamar), Timothy Busfield (Poindexter), Courtney Thorne-Smith (Sunny), Ed Lauter (Buzz), Anthony Edwards, Barry Sobbel **L** 85 **FSK** ab 16 **E** Juli 1989 Video **fd** 27 724

EIN SUPERTRUCK AUF GANGSTERJAGD (TWISTER'S REVENGE). Drei trottelige Gangster wollen ein Auto klauen. Deshalb entführen sie zunächst einmal die Geliebte des Besitzers. Das ärgert dessen eigensinnigen LKW, weshalb der Truck alles platt walzt. Naiver, kaum erheiternder Klamauk. (Videotitel: »Twister's Rache«) – Ab 16 möglich. ✦ USA 1987 **P** MTP **KI** HVW Focus **VA** HVW Focus **Pd+R** Bill Rebane **B** Larry Dreyfuss, William Arthur **K** Ito **M** M. Hans Liebert **S** Bill Rebane **D** Dean West (Dave), Meredith Orr (Sherry), David Alan Smith, Jay Gjernes, Richard Luka **L** 89 (Video 79) **FSK** ab 16; nf **E** 29.9.1988/Januar 1989 Video **fd** 27 760

DER SUPERTYP (ECCO NOI PER ESEMPIO). Ein forscher Fotoreporter und ein hilfloser Dichter aus der Provinz schlagen sich gemeinsam durch ein von sozialen Unruhen geprägtes Mailand. Fehlgeschlagener Versuch einer gesellschaftskritischen Komödie, die sich in plattem Klamauk erschöpft. – Ab 14. ✦ Italien 1977 **P** Irrigazione **KI** Ascot/Avis **Pd** Achille Mangotti **R** Sergio Corbucci **B** Giuseppe Catalano, Sabatino Ciuffini, Sergio Corbucci **K** Giuseppe Rotunno **M** Vincenzo Tempera, Danny B. Besquet **D** Adriano Celentano (»Clic«), Renato Pozzetto (Palmambrogio), Barbara Bach (Beatrice), Felice Andreasi, Giuliana Calandra, Capucine **L** 94 **FSK** ab 12; f **E** 13.8.1982 **fd** 23 619

EIN SUPERTYP HAUT AUF DIE PAUKE (W. W. AND THE DIXIE DANCEKINGS). Amerika in den 50er Jahren: Ein Sonnyboy, der mit Charme und sanfter Drohung Tankstellen ausraubt, sieht sich plötzlich in der Rolle des Managers einer Country-Music-Gruppe, führt sie zum Erfolg in Nashville und entkommt schließlich auch seinem eifernden Verfolger. Keine nostalgische Rückschau – die Musik spielt nur eine untergeordnete Rolle –, sondern der Versuch einer ironischen Brechung des Nashville-Kults, der allerdings nur in Ansätzen gelingt. Dieser Anspruch scheitert auch an der zu einfallslosen und recht sentimentalen Inszenierung. – Ab 16. ✦ USA 1975 **P** 20th Century Fox **KI** 20th Century Fox **Pd** Steve Shagan **R** John G. Avildsen **B** Thomas Rickman **K** James Crabe **M** Dave Grusin **D** Burt Reynolds (W. W.), Art Carney (Deacon), Conny van Dyke (Dixie), Jerry Reed (Wayne), James Hampton (Junior) **L** 91 **FSK** ab 12; f **E** 28.7.1978 **fd** 20 862

DIE SUPERTYPEN (THE CONCRETE COWBOYS). Die Country-Music-Stadt Nashville als Betätigungsfeld zweier Amateurdetektive, die, einem Mord auf der Spur, eine Erpressungsaffäre lösen können. Nur in wenigen Momenten witzige, überwiegend jedoch fade, mit flott gemeinten Sprüchen garnierte Unterhaltung. – Ab 16. ✦ USA 1979 **P** CBS/Frankis Film **VA** Vegas **R** Burt Kennedy **B** Jimmy Sangster **K** Alan Stensvold **M** Earle Hagen **D** Jerry Reed, Tom Selleck, Morgan Fairchild, Claude Akins, Randolph Powell **L** 88 **FSK** ab 12 **E** 1986 Video **fd** 24 609

SUPERVIXENS – ERUPTION (SUPERVIXENS). Ein junger Mann flüchtet, als seine Geliebte von einem sadistischen Polizisten ermordet wird. Auf seinem Weg sieht er sich den Anforderungen sexhungriger Frauen und den Brutalitäten tumber Männer ausgesetzt. Ein eigenwilliger Streifzug durch die Niederungen des Sexkinos und Primitivkrimis, inszeniert von Russ Meyer, dessen krude erotischen Fantasien hier erstmals die Ausmaße eines Hollywoodfilms erreichen. Als Fortsetzung und Steigerung von »Ohne Gnade – Schätzchen« gedacht, häuft der Film auf drastische und zugleich parodistische Weise sämtliche Klischees des spekulativen Unterhaltungskinos an. ✦ USA 1975 **P** Russ Meyer **KI** AB **Pd+R+B+K** Russ Meyer **M** William Loose **S** Russ Meyer, Richard Serly **D** Shari Eubank (Supervixens), Charles Napier (Harry Sledge), Charles Pitt (Clint Ramsey), Uschi Digard (Supersoul), Henry Rowland **L** 105 **FSK** ab 18; nf **E** 20.4.1979 **fd** 22 015

DAS SUPERWEIB →Hera Linds Das Superweib

DIE SUPPE (DIE SUPPE). In sechs jeweils in einer unterbrochenen Einstellung gedrehten Episoden inszenieren die beiden Regisseure materielles und psychisches Elend. So steht etwa ein Mann wartend zwischen Straße und Seeufer und beschäftigt sich mit dem Inhalt eines Abfalleimers. Die Spiel- und Improvisationslust der mimischen Darstellung hat leider bis auf wenige Ansätze kein entsprechendes Äquivalent in der formalen Gestaltung. ✦ Schwarzweiß. Schweiz 1983 **P** Marea **Pd** Herbert Fritsch **R+B** Herbert Fritsch, Adrian Lipp **K** Hans Syz **D** Herbert Fritsch, Laszlo Imre Kish, Andrea Zogg, Stefan Staudinger, Stefan Gubser **L** 65 **E** Schweiz

SUPPE. Dokumentarfilm über eine Suppenküche des Franzsikanerordens in Berlin, in der jeden Tag 300 bis 400 Menschen kostenlos versorgt werden. Der Film vermittelt einen Einblick in die Gesellschaft der »Penner« und »Gestrauchelten«, ohne deren Verhältnisse zu romantisieren oder als unerträgliches Unglück zu dramatisieren. Er zeigt den Alltag der Armut. – Ab 14. ✦ Deutschland 2000 **R+B** Knut Beulich **L** 90 **E** 13.12.2000 B1

SUR →Süden (Sur)

SURE FIRE (SURE FIRE). Während in der spröden Bergwelt Utahs die herbstliche Jagdsaison eröffnet wird, doziert in einer Kleinstadt ein krankhaft ehrgeiziger und tyrannischer Geschäftsmann und Familienvater über seine Ideale und Vorstellungen und offenbart seinen zum Zuhören verdammten Gegenübern seine maßlose Egozentrik ebenso wie seine Skrupellosigkeit. Jon Josts in langen Einstellungen fotografiertes Porträt entwickelt sich langsam und beinahe beiläufig, bevor es in eine explosive, sehr persönliche Abrechnung mit dem eigenen Vater mündet. Darüber hinaus ist sein Film eine grundsätzliche Auseinandersetzung mit Machtstrukturen und (Un-)Tugenden, die menschliches und gesellschaftliches Miteinander gefährden. (O.m.d.U. – TV-Titel: »Todsicher«) ✦ USA 1990 **P** Complex Corporation **KI** Freunde der Deutschen Kinemathek **Pd** Jon Jost, Henry Rosenthal (= Henry S. Rosenthal) **R+B** Jon Jost **K** Jon Jost, Swain Wolfe **M** Erling Wold, Jon A. English **S** Jon Jost **D** Tom Blair (Wes), Kristi Hager (Bobbi), Robert Ernst (Larry), Kate Dezina (Ellen), Philip R. Brown (Phillip) **L** 83 **E** 1991 Kino/12.2. 1993 West 3

SURF NAZIS MUST DIE (SURF NAZIS MUST DIE). Ein dem Nazitum verfallener Killertrupp terrorisiert einen Küstenstreifen Kaliforniens und schafft sich unter rivalisierenden Banden Todfeinde. Eine rachlüsterne Schwarze tötet schließlich die beiden Anführer. Dilettantisch inszenierter, abstrus-gewalttätiger Actionfilm, der schamlos seine spekulativen Attribute ausschlachtet. – Wir raten ab. ✦ USA 1987 **P** Troma **VA** LVF Laser **Pd** Robert Tinnell **R** Peter George **B** Jon Ayre **K** Rolf Kesterman **M** Jon McCallum **S** Craig Colton **D** Barry Brenner (Adolf), Gail Neely (Mamma), Michael D. Sonye (Mengele), Dawn Wildsmith (Eva), Bobbie Bresee **L** 95 **E** 10.11.1987 Video **fd** 26 585

SURF NINJAS (SURF NINJAS). Zwei surfbegeisterte kalifornische Jugendliche bewähren sich als Thronfolger eines fiktiven asiatischen Königreichs, indem sie es von seinen Unterdrückern befreien. Überladenes Spektakel aus Versatzstücken einschlägiger Genrefilme, das sein Gag-Feuerwerk schnell abbrennt und im zweiten Teil kaum noch Originelles zu bieten hat. – Ab 14. ✦ USA/Hongkong 1992 **P** New Line Cinema **KI** UIP **VA** VMP **Pd** Evzen Kolar **R** Neal Israel **B** Dan Gordon **K** Arthur Albert, Victor Hammer **M** David Kitay **S** Tom Walls **D** Ernie Reyes sr. (Zatch), Ernie Reyes jr. (Johnny), Leslie Nielsen (Captain Chi), Nicolas Cowan (Adam), Rob Schneider (Iggy), John Karlen (Mac) **L** 87 **FSK** ab 12; f **E** 12.8.1993/ 21.2.1994 Video/11.4.1995 premiere **fd** 30 372

SURFER GIRLS (RIP GIRL). Eine 13-jährige Schülerin frönt auf Hawaii mit Hingabe dem Wellenreiten. Sie gerät in eine scheinbar ernste Lebenskrise, als ihr Vater seine Plantage in Australien verkaufen will und damit ihre unbeschwerten Pläne in Frage stellt. Konventioneller Familienfilm aus den Disney-Studios nach üblichen Mustern. – Ab 12. ✦ USA 2000 **Pd** Steve McGlothen **R** Joyce Chopra **B** Jeanne Rosenberg **K** David Eggby **M** Phil Marshall **S** Paul Lamastra **D** Camilla Belle (Sydney), Dwier Brown (Ben), Stacie Hess (Gia), Brian Christopher Stark (Kona), Jeanne Mori (Malia) **L** 84 **E** 27.5.2001 Premiere World

SURROGATE MOTHER (SURROGATE MOTHER). Ein reiches Ehepaar, das keine Kinder bekommen kann, sichert sich die Dienste einer Leihmutter. Es ahnt nicht, daß die Fremde das ungeborene Kind zum Werkzeug ihrer Rache an den von Schicksal begünstigten Menschen machen will. Durch handwerklich Sorgfalt wird zwar ein effektiver Erzählfluß erreicht, doch da die Geschichte selbst bar jeder Glaubwürdigkeit ist und der Regisseur sich nicht entscheiden kann, ob er die Leihmutter psychologisieren oder dämonisieren soll, ist ein Psychothriller entstanden, dessen mangelnde Überzeugungskraft den Unterhaltungswert des Films ruiniert. (Fernsehtitel: »Engel mit blutigen Händen«) ✦ USA 1996 **P** Simon Tse Prod. **VA** Splendid **Pd** Simon Tse **R** Rene Eram **B** David Thoreau **K** Teresa Medina **M** Keith Bilderbeck **S** Annamaria Szanto **D** Bridgette Wilson (Jennifer Ray Clark), Scott Cohen (Mike Miller), Peter Boyle (Jay Glass), Guy Boyd (David Henry), Seiko Matsuda (Naomi Nomura) **L** 92 **FSK** ab 16 **E** 28.10.1996 Video **fd** 32 388

SURVIVAL (DESPERATE WOMEN). Ein einsamer Reiter befreit in der Wüste von Arizona drei verurteilte Frauen aus einem Gefängniswagen und steht ihnen auf dem gefahrvollen Weg in die Zivilisation gegen Banditen und Indianern bei. Western mit melodramatischen Akzenten und nur wenigen interessanten Augenblicken. (Fernsehtitel: »Kalte Hand des Schicksals«) – Ab 14. ✦ USA 1978 **P** Lorimar **VA** Taurus **Pd** Robert Stampler **R** Earl Bellamy **B** Jack B. Sowards **K** Jorge Stahl jr. **M** Dick de Benedictis (= Dick DeBenedictis) **S** Sam Vitale **D** Susan Saint James (Esther Winter), Dan Haggerty (Benjamin Ward), Ronee Blakley (Selena Watson), Ann Dusenberry (Joanna Dance), Randy Powell (Terry), Max Gail, James Griffith (Jonas Scurlock) **L** 93 **FSK** ab 12 **E** 25.1.1988 Video/2.9.1989 SAT 1

SURVIVALIST (SURVIVALIST). Ein neues Atomwaffensystem der Sowjets versetzt die USA in Panik. Den herrschenden Ausnahmezustand machen sich Banden zunutze, um plündernd und mordend durchs Land zu ziehen. Ein Mann, der in diesem Chaos Frau und Tochter verloren hat, macht sich auf die Suche nach seinem Sohn, der in einem Feriencamp lebt. Da er sich durch nichts aufhalten läßt, ist sein Weg bald mit Leichen gepflastert. Eine äußerst abwegige Ausgangsidee für eine Mörder-Story mit fragwürdiger »Law-and-Order«-Haltung. ✦ USA 1987 **P** Scouras Pictures **VA** New Vision **Pd** Steven Shore, David Greene **R** Sig Shore **B** John V. Kraft **K** Benjamin Davis **D** Steve Railsback (Jack Tillman), Susan Blakely (Linda), Marjoe Gortner (Kurt Youngman), Cliff De

Young (Vincent), David Wayne (Dub Daniels) **L** 93 **FSK** ab 18 **E** Oktober 1989 Video

SURVIVING THE GAME (SURVIVING THE GAME). Eine Gruppe wohlhabender Männer engagiert einen Obdachlosen für einen vermeintlichen Job als Jagdhelfer. Im freien Gelände entpuppen sich die Männer als skrupellose Killer, die sich den »Penner« als Beute einer perversen Menschenjagd auserkoren haben. Doch der clevere Mann kann den Spieß umdrehen. Actionfilm, der sich im wesentlichen auf seine martialische Handlung beschränkt und die psychologischen Prozesse vernachlässigt. (Titel auch: »Surviving The Game – Tötet ihn!«) ✦ USA 1993 **P** New Line Cinema **VA** VMP **Pd** David Permut, Fred Caruso **R** Ernest Dickerson **B** Eric Bernt **K** Bojan Bazelli **M** Stewart Copeland **S** Sam Pollard **D** Rutger Hauer (Barns), Charles S. Dutton (Cole), John C. McGinley (Griffin), Gary Busey (Hawkins), F. Murray Abraham (Wolfe sr.) **L** 92 (gek. 85) **FSK** ab 18 (gek. ab 16) **E** 16.12.1994 Video/6.7.1996 RTL 2 **fd** 31 295

SURVIVOR (THE SURVIVOR). Den Absturz eines Jumbo-Jets überlebt als einziger der Kapitän der Maschine, dem das Unglück zur Last gelegt wird. Da er sich an nichts erinnern kann, läßt er sich von einem Medium in Trance versetzen und durchlebt die Vergangenheit noch einmal zum Zweck der Wahrheitsfindung. Stereotyper Katastrophenfilm mit Versatzstücken des fantastischen Kinos. – Ab 16. ✦ Australien 1981 **P** Antony I. Ginnane Prod./Tuesday Films **VA** VCL/Virgin **Pd** Anthony I. Ginnane **R** David Hemmings **B** David Ambrose, nach einem Roman von James Herbert **K** John Seale **M** Brian May **S** Tony Paterson **D** Robert Powell (Keller), Jenny Agutter (Hobbs), Joseph Cotten (Priester), Angela Punch-McGregor (= Angela Punch) (Beth Rogan), Peter Sumner (Tewson) **L** 95 **FSK** ab 16 **E** 25.8.1988 Video/21.8.1998 ProSieben

SURVIVOR – DAS GRAUEN AUS DEM EWIGEN EIS (SURVIVOR / NIGHTWORLD 6). Uninspirierter Science-Fiction-(Fernseh-)Film um ein Bohrteam in der Arktis, das bei der Suche nach Öl ein prähistorisches Monster freisetzt. ✦ Kanada/Luxemburg 1999 **P** Alliance Atlantis Communications **R** David Straiton **B** Joshua Michael Stern **K** Michel W. McMurray **M** Norman Orenstein **S** Tom Joerin **D** Rachel Crawford (Kat Holden), Greg Evigan (Adam King), David Hewlett (Dr. Gold), Diego Matamoros (Darren Sloan), Claudia Michelsen (Stark), Kurtys Kidd (Survivor) **L** 90 **E** 3.9.1999 premiere

SURVIVOR – DIE ÜBERLEBENDE (SOLE SURVIVOR). Als Frau und Tochter bei einem Flugzeugabsturz ums Leben kommen, ergeht sich ein Ex-Reporter in Depressionen, bis er eine überlebende Genetikerin der Katastrophe kennen lernt. Er stellt Nachforschungen an und stößt auf scheinbar glückliche Angehörige der Opfer, die sich bald darauf wie in Trance töten. Des Rätsels Lösung ist ein geheimes Genforschungsprojekt, bei dem Kinder mit besonderen Fähigkeiten gezüchtet wurden, die diese nun zur Entfaltung bringen. Nur anfangs spannender Fernsehfilm, der zunehmend sein Heil in der Esoterik sucht und keine diesseitigen Erlösungshoffnungen zulässt. Dadurch wird ein religiös verbrämtes Abenteuer stilisiert, das das eigentliche Konfliktpotenzial der Geschichte außer Acht lässt. ✦ USA 2000 **P** Lions Gate/Columbia Tristar Television/Sole Survivor Prod./Mandalay **VA** Columbia Tristar Home **Pd** Hans Proppe **R** Mikael Salomon **B** Richard Christian Matheson, nach einem Roman von Dean Koontz **K** Jon Joffin **M** Mark Snow **S** Christopher Rouse **D** Billy Zane (Joe Carpenter), Gloria Reuben (Rose), Isabella Hoffmann (Barbara Chrisman), Rachel Victoria Roberts (21–21), Mitchell Klosterman (Bkcker), John C. McGinley (Yates) **L** 163 **FSK** ab 16 **E** 11.9.2001 Video **fd** 35 081

SURVIVOR – GEFANGEN IN DER HÖLLE DES DSCHUNGELS →Amazonas – Gefangen in der Hölle des Dschungels

SURVIVOR – ZUM ÜBERLEBEN VERDAMMT (SURVIVOR). Ein Einzelgänger macht sich nach einer Nuklearkatastrophe auf, um den Ort zu suchen, der die letzten Überlebenden beherbergt, das »Paradies«. Nach vielen Gefahren gelangt er ans Ziel, doch das Paradies entpuppt sich als Hölle, die von einem despotischen Herrscher regiert wird. Als er erfährt, daß seine Freundin im Harem des Despoten zur Zeugung einer neuen Rasse gefangengehalten wird, kommt es zum Kampf auf Leben und Tod. Fantasy-Film um den Endzeit-Mythos mit den genreüblichen Versatzstücken. ✦ USA 1986 **P** Omega Entertainment **VA** CBS/Fox **Pd** Martin Wragge **R** Michael Shackleton **B** Bima Stagg **K** Fred Tammes **D** Chip Mayer (Survivor), Richard Moll (Kragg), Sue Kiel (die Frau), Ben Dekker, Richard Haines, John Carson, Rex Garner **L** 87 **FSK** ab 16 **E** 25.1.1988 Video

SUSAN LENOX (SUSAN LENOX, HER FALL AND RISE / THE RISE OF HELGA). Ein Mädchen vom Lande flieht vor dem Stiefvater, irrt von einem Mann zum anderen und wird schließlich die verwöhnte Geliebte eines Politikers. Ihre Liebe zu dem jungen Mann, der sich ihretwegen zugrunde richtete, kann Susan jedoch nicht vergessen. Angestaubtes Melodram von 1931, das einzig aus dem Grund erdacht wurde, um einen gemeinsamen Auftritt der beiden populärsten MGM-Stars Greta Garbo und Clark Gable zu ermöglichen. – Ab 14. ✦ Schwarz-weiß. USA 1931 **P** MGM **R** Robert Z. Leonard **B** Wanda Tuchock, Zelda Sears, Edith Fitzgerald, nach einem Roman von David Graham Phillips **K** William H. Daniels **S** Margaret Booth **D** Greta Garbo, Clark Gable, Jean Hersholt, John Miljan, Alan Hale **L** 76 **E** 21.5.1979 BR

SUSAN MEISELAS – BILDER EINER REVOLUTION (PICTURES FROM A REVOLUTION). Zehn Jahre, nachdem sie die Ereignisse der sandinistischen Revolution im Bild festgehalten hat, kehrt die amerikanische Fotografin Susan Meiselas nach Nicaragua zurück, um die Spuren der Menschen zu verfolgen, die sie seinerzeit porträtierte – Guerilla-Kämpfer, Somoza-Anhänger, Sympathisanten beider Fronten. Ein provokanter Dokumentarfilm über eine Revolution und ihre Nachwirkungen. – Ab 14. ✦ USA 1991 **P** GMR Film **Pd+R** Susan Meiselas, Richard P. Rogers, Alfred Guzzetti **K** Richard P. Rogers **M** William Eldridge, Terry Riley **L** 90 **E** 8.12.1993 MDR

SUSAN UND DER LIEBE GOTT (SUSAN AND GOD / THE GAY MRS.TREXEL). Auf einer Europareise, die sie von privaten Problemen ablenken soll, verfällt eine egozentrische, umtriebige Gesellschaftsdame der grassierenden Mode religiöser Erweckung. Nach ihrer Rückkehr will sie damit ihren ebenso eleganten wie gelangweilten Freundeskreis beglücken, aber die Verfechterin moralischer Erneuerung vergißt zu praktizieren, was sie anderen predigt. Melodramatische Gesellschaftskomödie mit satirischen Spitzen gegen die Herabwürdigung des Glaubens zur Modeerscheinung. – Ab 14 möglich. ✦ Schwarz-weiß. USA 1940 **P** MGM **Pd** Hunt Stromberg **R** George Cukor **B** Anita Loos, nach einem Bühnenstück von Rachel Crothers **K** Robert Planck **M** Herbert Stothart **S** William Terhune **D** Joan Crawford (Susan Trexel), Fredric March (Barry Trexel), Ruth Hussey (Charlotte), John Carroll (Clyde Rochester), Rita Hayworth (Leonora Stubbs) **L** 113 **E** 24.12.1991 West 3

SUSAN ... VERZWEIFELT GESUCHT (DESPERATELY SEEKING SUSAN). Eine frustrierte New Yorkerin verwandelt sich durch die Begegnung mit einer jungen Herumtreiberin zu einer selbstbewußten, leidenschaftlichen Frau. Halb Komödie, halb Thriller, erzählt der Film von der Sehnsucht und der Suche nach Leben und Gefühl; ein schwungvoll inszeniertes Kinovergnügen. DVD: Die Special Edition beinhaltet u. a. einen Audiokommentar des Regisseurs sowie ein alternatives Filmende. – Ab 14 möglich. ✦ USA 1984 **P** Orion **Kl** 20th Century Fox **SF** 20th Century Fox **VA** RCA/Columbia **DVD** Fox Home (SE, 16:9, 1.85:1, Mono engl./dt.) **Pd** Sarah Pillsbury, Midge Sanford **R** Susan Seidelman **B** Leora Barish **K** Edward Lachman **M** Thomas Newman **S** Andrew Mondshein **D** Rosanna Arquette (Roberta), Madonna (Susan), Aidan Quinn (Dez), Mark Blum (Gary), Robert Joy (Jim), Anna Levine (Crystal), Peter Maloney (Ian) **L** 103 **FSK** ab 12; f **FBW** w **E** 2.8.1985/17.3.1986 Video/10.8.2000 DVD **fd** 25 190

SUSANNA SÜSS WIE SAHNE (SUSANNA TUTTA PANNA). Eine junge Frau in Mailand will ihrem Verlobten das Rezept einer berühmten Torte, das nur sie kennt, in einer Torte versteckt zukommen lassen. Doch er beobachtet sie und hält die Notiz für eine Botschaft an einen vermeintlichen Geliebten. Als die Torte auch noch falsch ausgeliefert wird, beginnt eine turbulente Jagd. Von italienischem Temperament getragene Komödie um Eifersucht und Liebesqualen. – Ab 14. ✦ Schwarz-weiß. Italien 1957 **P** Carlo Ponti Cinematografica **R** Steno (= Stefano Vanzina) **B** Vittorio Metz, Marcello Marchesi **K** Marco Scarpelli **M** Mario Gem **D** Marisa Allasio, Nino Manfredi, German Cobos, Mario Carotenuto, Memmo Carotenuto **L** 89 **E** 30.10.1986 BR

SUSANNA – TOCHTER DES LASTERS (SUSANA (CARNE Y DEMONIO)). Eine aus dem Gefängnis entflohene Prostituierte wird in einer mexikanischen Hazienda angestellt. Nacheinander verführt sie Knecht, Sohn und Hausherrn. Der stark lädierte Familienfrieden wird scheinbar dadurch wiederhergestellt, daß sie erneut der Polizei ausgeliefert wird. Buñuels erotisches Melodram demonstriert nicht ohne Ironie die Brüchigkeit bürgerlicher Familienmoral; zugleich eine weitere bissige Attacke des Regisseurs gegen die katholische Kirche. ✦ Schwarz-weiß. Mexiko 1951 **P** Internacional Cinematografica S.A. **Kl** Stern **Pd** Sergio Kogan **R** Luis Buñuel **B** Manuel Reachi, Luis Buñuel, nach einer Geschichte von Manuel Reachi **K** José Ortiz Ramos **M** Raúl Lavista **S** Jorge Bustos **D** Fernando Soler (Don Guadalupe), Rosita Quintana (Susana), Victor Manuel Mendoza (Jesús), María Gentil Arcos (Felisa, die alte Dienerin), Luis López Somoza (Alberto, der Sohn) **L** 86 **FSK** ab 18; nf **E** 9.11.1956 **fd** 5 437

SUSANNE (SUSANNE). Die ganz und gar abstruse Geschichte eines 17jährigen Mädchens, das, von den Eltern vernachlässigt, in einer autorasenden Clique eine Heimat findet. Nach einem Unfall ändert sich jedoch ihr Charakter, und sie treibt es schlimmer als zuvor. Eine Abtreibung mißlingt, und erst ein weiterer Schock macht sie zur guten Mutter und Ehefrau. Angeblich eine Warnung vor wüstem Autofahren und leichtsinnigem Sichausleben, doch der stümperhaft inszenierte Film will wohl eher vor den gesellschaftlichen Konsequenzen weiblichen Mißverhaltens warnen. ✦ Schweden 1960 **P** Triangel **Kl** Neue Film Allianz **R+B** Elsa Colfach **K** Kit Colfach **M** Lennart Fors **S** Carl-Olov Skeppstedt **D** Susanne Ulfsäter (Susanne), Arnold Stackelberg (Olle), Rosalie Börjesson (Bibi) **L** 92 **FSK** ab 18; f **E** 23.9.1960 **fd** 9 567

SUSANNE, DIE WIRTIN VON DER LAHN →Die Wirtin von der Lahn

SUSANNE IM BADE. Die Skizze eines Mädchens im Badeanzug verursacht in einem biederen Städtchen einen handfesten Skandal. Der Lehrer einer Malschule, der sie bei einem Badeausflug mit seinen Schülerinnen fertigte, gerät ins Kreuzfeuer heftiger Kritik, da er anhand dieser Skizze ein Aktbild schuf. Eine heitere Moralpredigt gegen übereifrige Moralapostel. – Ab 12. ✦ Schwarz-weiß. Deutschland 1936 **P** Minerva **R** Jürgen von Alten **B** Walter Forster, Jürgen von Alten **K** Günther Anders **M** Harald Böhmelt **D** Manja Behrens (Gussy Alfken), Hans Schlenck (Lehrer), Max Gülstorff (Hofrat Alfken), Erich Fiedler (Bruno Kanitz), Ursula Herking (Hampelmann) **L** 75 **E** 31.12.1936/11.7.1988 DFF 1

SUSANNE UND DER ZAUBERRING. Ein Mädchen, das überall und mit allen Menschen Schwierigkeiten hat, lernt durch einen vermeintlichen Zauberring seines einzigen Freundes, eines Schleusenkapitäns, sich bewusster mit der Umwelt auseinander zu setzen. Es erkennt, dass Fleiß, eigenständiges Denken und Solidarität wichtige Voraussetzungen für Selbstvertrauen sind. Ein Film, der die kindliche Sehnsucht nach Zauberei und Wunderdingen zugleich befriedigt und produktiv hinterfragt. – Ab 6. ✦ DDR 1973 **P** DEFA, Gruppe »Kinder- und Jugendfilm« **KI** BAG/Atlas **VA** Icestorm **Pd** Adolf Fischer **R** Erwin Stranka **B** Erwin Stranka, Lothar Gerber **K** Lothar Gerber **M** Uve Schikora **S** Helga Gentz **D** Gudrun Wendler (Mutter), Rolf Hoppe (Schleusaenwärter), Klaus-Peter Thiele (Lehrer), Stefan Lisewski (Vater), Monika Wolf (Susanne), Angela Brunner **L** 69 **FSK** ab 6; f **FBW** w **E** 17.8.1973 Kino DDR/29.7.1976 DFF 1/27.4.1999 Video

SUSAN'S PLAN (SUSAN'S PLAN). Eine Ehefrau in Los Angeles plant die Ermordung ihres Mannes, um an seine Versicherungsprämie zu kommen, und bedient sich dazu eines Panoptikums hinterhältiger Einfaltspinsel. Als der erste Mordversuch fehlschlägt, versucht man es im Krankenhaus erneut. Ein in nur 20 Tagen und mit wenig Geld abgedrehter Film, der grelle Effekte und eindimensionale Charaktere verwendet, es aber dennoch versteht, sein Publikum durch seine Absurdität und seine schonungslose Darstellung der Amoral zu verunsichern. Den gut aufgelegten Schauspielern merkt man an, dass sie den Low-Budget-Spaß genossen haben. (Früherer Titel: »Die Again«) – Ab 16. ✦ USA 1998 **P** Kushner-Locke Prod. **VA** Kinowelt Home **Pd** Leslie Belzberg, Brad Wyman, John Landis **R+B** John Landis **K** Ken Kelsch **M** Peter Bernstein **S** Nancy Morrison **D** Nastassja Kinski (Susan), Billy Zane (Sam), Rob Schneider (Steve), Michael Biehn (Bill), Lara Flynn Boyle (Betty), Dan Aykroyd (Bob) **L** 85 **FSK** ab 16 **E** Herbst 1999 Video **fd** 34 058

SUSE, LIEBE SUSE. Der Entwicklungsprozess einer modernen Frau. Suse, ein Findelkind, geht ihren Weg vom Bauernhof über Küche und Großbaustelle bis zum Qualifizierungslehrgang in der Sowjetunion. Sie trennt sich vom Vater ihres Kindes und sucht nach einem ihr ebenbürtigen Partner. Ein gewollt progressiver Film, weder vom Inhalt noch von der Form her überzeugend, pathetisch und oberflächlich. – Ab 14. ✦ Scope. DDR 1974 **P** DEFA, Gruppe »Babelsberg« **KI** Progress **Pd** Dieter Dormeier **R+B** Horst Seemann **K** Jürgen Brauer **M** Ullrich Swillms, Henning Protzmann, Panta Rhei **S** Erika Lehmphul **D** Traudl Kulikowsky (Suse), Jaecki Schwarz (Manne), Boris Saidenberg (Boris), Gerhard Bienert (Herms), Dieter Montag (Soldat), Leon Niemczyk (Parteisekretär) **L** 85 **E** 28.2.1975 Kino DDR/7.10.1976 DFF 1/10.9.1996 ORB

SUSI UND STROLCH (LADY AND THE TRAMP). Die zeitlose Liebesgeschichte der Cocker-Dame Lady und des sympathischen Straßenköters Strolch. Ein gefühl- und humorvolles Zeichentrick-Abenteuer, das mit seinen detailreichen Hintergründen und der stimmungsvollen Atmosphäre der eleganteste Film unter Disneys späteren Produktionen ist. Die selbstironische Grundhaltung trägt dabei auch allzu süßliche Szenen. Die bedeutende Jazz-Sängerin Peggy Lee schrieb die Songs und singt im Original vier Rollen selbst. Höhepunkte sind die »klassische« Liebesszene im Hinterhof einer Trattoria und das mitleiderregende Hunde-Asyl. Disney erprobte erstmals die Möglichkeiten des breiten CinemaScope-Formats; heutige Kopien des Films und die Videofassung geben allerdings nur die Hälfte des ursprünglichen Bildes wieder. – Sehenswert ab 6. ✦ Scope. USA 1955 **P** Walt Disney Prod. **KI** Herzog **VA** Disney (Buena Vista) **DVD** Buena Vista (FF, DD5.0 engl./dt.) **Pd** Walt Disney **R** Hamilton Luske, Wilfred Jackson, Clyde Geronimi **B** Erdman Penner, Joe Rinaldi, Ralph Wright, Don DaGradi, nach einer Geschichte von Ward Greene **M** Oliver Wallace **S** David Halliday **L** 75 **FSK** o. A. (fr. 6; nf) **FBW** w **E** 14.12.1956/13.11.1997 Video/23.3.2000 DVD **fd** 4 940

SUSI UND STROLCH 2: KLEINE STROLCHE – GROSSES ABENTEUER (LADY AND THE TRAMP II: SCAMP'S ADVENTURE). Ein Welpe aus der gut situierten bürgerlichen Hundefamilie der schönen Cocker-Spaniel-Hündin Susi und ihrem »gezähmten« Strolch begibt sich auf Lehr- und Wanderjahre. Dabei gerät er an einen Straßenköterr, der einst schon seinen Vater »ausbildete«. Ohne dass zunächst seine Herkunft offenkundig wird, kann er die Anerkennung des Anführers der Hundebande erringen und einige Abenteuer bestehen. Fürs Videoabspiel produzierte Fortsetzung des Disney-Klassikers »Susi und Strolch«, handwerklich solide, aber nicht sonderlich inspiriert in Szene gesetzt. Gedanklich bieder-konservativ, wird der kaum einmal amüsante Zeichentrickfilm von der These getragen, dass das »rebellische« Wesen einer jungen Generation tolerabel ist, wenn es in den Schoß von Familie und bürgerlicher Gesellschaft zurückgelenkt wird. DVD: Die Extras umfassen u. a. einen dt. untertitelten Audiokommentar des Regisseurs. – Ab 8 ✦ USA 2000 **P** Disney **VA** Disney Home **DVD** Buena Vista (16:9, 1.66:1, DD5.1 engl./dt.) **Pd** Jeannine Roussel **R** Darrell Rooney, Jeannine Roussel **B** Bill Motz, Bob Roth, Flip Kobler, Cindy Marcus, Tom Rogers **M** Martin Erskine, Danny Troob **L** 66 **FSK** o. A. **E** 15.3.2001 Video & DVD

SUSIE Q – ENGEL IN PINK (SUSIE Q). US-Komödie um einen 16jährigen Jungen, der mit seiner Mutter und Schwester nach dem Unfalltod seines Vaters in ein altes Haus zieht. Als ihm dort der Geist eines Mädchens erscheint, das ebenfalls bei einem Autounfall ums Leben kam und ihn darum bittet, eine wichtige Nachricht an seine Familie zu überbringen, verweigert er sich, weil er prinzipiell nicht an Übersinnliches glauben will. ✦ USA 1995 **R** John Grant **B** Douglas J. Sloan, Shuki Levy **D** Amy Jo Johnson (Susie Quincy), Justin Whalin (Zach Sands), Shelley Long (Penny Sands), Andrea Libman (Teri Sands), Ernie Prentice (Großvater), Bentley Mitchum (Johnny Angel), Tasha Simms (Betsy Quinn) **L** 85 **E** 31.12.1998 RTL

SUSPECT DEVICE (SUSPECT DEVICE). Ein Angestellter des Pentagons wird wegen eines Geheimdokuments von einem Killerkommando gejagt. Als sich herausstellt, daß er ein Cyborg ist und sich eine Atombombe in seinem Bauch befindet, führt das zu gefährlichen Situationen. Äußerst plump inszenierter Science-Fiction-Film, dessen unsäglich dümmliche Story voller Klischees steckt. (Fernsehtitel: »Suspect Device – Das Terrorprojekt«) ✦ USA 1995 **P** New Horizons/Hillwood Entertainment **VA** Highlight/Arcade **Pd** Mike Elliott **R** Rick Jacobson **B** Alex Simon **K** John Aronson **M** Christopher Lennertz **S** John Gilbert **D** C. Thomas Howell (Dan Jericho), Stacey Travis (Jessica), Jed Allan (Artemus Lockwood), Jonathan Fuller (Dr. Charles Flint), John Beck (Direktor) **L** 91 (gek. 88) **FSK** ab 18 (gek. 16) **E** 29.4.1996 Video **fd** 32 057

SUSPECT DEVICE – DAS TERRORPROJEKT →Suspect Device

SUSPECT – UNTER VERDACHT (SUSPECT). Ein Gerichtsfilm um eine Anwältin in Not und einen Geschworenen, der sie vorantreibt. Am Ende enthüllt sie einen Korruptionsskandal, in den der Mörder verwickelt ist. Die Konventionen des Gerichtsfilms werden auf dem Weg zum Thriller und zur Liebesromanze mehrfach durchbrochen. Ein glänzend inszenierter, spannender Film, sehr unterhaltsam und niemals falsch. DVD: Die Extras umfassen u. a. einen Audiokommentar des Regisseurs. – Sehenswert ab 16. ✦ USA 1987 **P** TriStar **KI** Columbia **SF** atlas **VA** RCA/Columbia **DVD** Columbia TriStar Home (16:9, 1.85:1, DS engl., Mono dt.) **Pd** Daniel A. Sherkow **R** Peter Yates **B** Eric Roth **K** Billy Williams **M** Michael Kamen **S** Ray Lovejoy **D** Cher (Kathleen Riley), Dennis Quaid (Eddie Sanger), John Mahoney (Judge Matthew Helms), Joe Mantegna (Charlie Stella), Liam Neeson (Carl Wayne Anderson) **L** 121 **FSK** ab 12; f **FBW** bw **E** 3.3.1988/Oktober 1988 Video/5.7.2001 DVD **fd** 26 669

SUSPICION, DER VERDACHT (SUSPICION). Eine sich glücklich verheiratet wähnende Frau leidet unter dem großspurigen Lebensstil ihres Mannes; allmählich wächst in ihr die Befürchtung, daß sie nur wegen ihres Geldes geheiratet wurde. Als sie hinter das Doppelleben ihres Mannes kommt und erfährt, daß er sich nach ihrer Lebensversicherung erkundigt hat, gerät sie in Panik: sie glaubt, daß er sie ermorden will. Ein Remake von Alfred Hitchcocks 1941 entstandenem Thriller »Verdacht«. (Fernsehtitel: »In Verdacht«) ✦ Großbritannien 1987 **P** Hemisphere Prod. **VA** RCA/Columbia **R** Andrew Grieve **B** Jonathan Lynn, Barry Levinson, nach dem Originaldrehbuch von Samson Raphaelson, Joan Harrison und Alma Reville **M** Larry Grossmann **D** Anthony Andrews (Johnnie Aysgarth), Jane Curtin (Lina), Jonathan Lynn (Beaky), Betsy Blair (Lord McLaidlaw), Vivian Pickles (Isobel) **L** 96 **FSK** ab 12 **E** 17.11.1987 Video/11.7.1993 RTL 2

SUSPICIOUS (TREACHEROUS). Ein Autounfall, Beziehungsschwierigkeiten und ein gewalttätiger Geldeintreiber verdüstern das Ferienparadies, das sich zwei Freunde aufgebaut hatten. Als ein Mord geschieht und eine Menge Geld verschwindet, kommt es im Hotel zu einem nächtlichen Kampf mit überraschendem Ausgang. Ein erotisch angehauchter Thriller mit viel modischem Beiwerk, das jedoch die Sprünge und Längen des Films nicht überdecken kann. – Ab 16. ✦ USA 1992 **P** Ulysée **VA** Highlight **Pd** Stephen Strick **R+B** Kevin Brodie **K** Leo Napolitano **M** Al Gorgoni **S** Duncan Burns **D** C. Thomas Howell (Micky Stewart), Tia Carrere (Dr. Jessica Jamison), Adam Baldwin (Tommy Wright), Randi Ingerman (Lisa Rivera), Kevin Bernhardt (Damon Vasquez) **L** 90 **FSK** ab 16 **E** 8.3.1994 Video/27.3.1995 premiere **fd** 30 747

SUSPIRIA (SUSPIRIA). Eine Amerikanerin kommt in eine Münchner Ballettschule, in der geheimnisvolle Mächte ihr blutiges Unwesen treiben. Dümmliche Mischung aus Horror und Okkultismus, die auf grobe Effekte setzt und die Atmosphäre völlig vernachlässigt. ✦ Scope. Italien 1976 **P** Seda Spettacoli **KI** Gloria **VA** VMP **Pd** Claudio Argento **R** Dario Argento **B** Dario Argento, Daria Nicolodi **K** Luciano Tovoli **M** Dario Argento, The Goblins **S** Franco Fraticelli **D** Jessica Harper (Susy Banyon), Stefania Casini (Sara), Joan Bennett (Madame Blank), Udo Kier (Frank), Alida Valli (Miss Tanner) **L** 92 (Orig. 96) **FSK** ab 18; nf **E** 5.5.1977 **fd** 20 316

SÜSS IST DIE LIEBE IN PARIS →Bonsoir Paris (Süß ist die Liebe in Paris)

SÜSS UND BITTER (1966) (EDES ES KESERÜ). Ungarn zur Zeit der Horthy-Regierung: Die sich so edel und selbstlos gebenden Bürger eines kleinen Städtchens treffen sich auf dem Theaterplatz, um den Tag der Kriegswaisen zu begehen. Mihály, ein Junge aus dem Waisenhaus, findet die Veranstaltung widerlich und reagiert auf seine Weise. ✦ Schwarz-weiß. Ungarn 1966 **P** Mafilm, Stúdió IV **R** Mihály Szemes **B** Sándor Török **K** Ferenc Szécsényi, Nándor Szász **M** Emil Petrovics **D** Margit Bara, Antal Páger, Zoltán Makláry, Miklós Szakáts, Tibor Szécsényi **L** 80 **E** 30.9.1969 DFF 1

SÜSS UND BITTER (1975) (SLADKO I GORTSCHIWO). Der 18jährige Assen Jotow ist seinem leiblichen Vater, der trinkt und ihn häufig schlägt, davongelaufen. Ein ehemaliger Partisan, nun im Rang eines Generals, fühlt sich für den Jungen verantwortlich und möchte ihn adoptieren. Ein thematisch interessanter, doch künstlerisch mißlungener Film. – Ab 14. ✦ Bulgarien 1975 **P** Studio für Spielfilme **KI** Progress **R** Ilja Weltschew **B** Ljubomir Lewtschew **K** Krassimir Kostow **M** Mitko Schterew **D** Petyr Slabakow (General), Nikola Dadow (der alte Jotow), Galina Kotewa (Sonja), Adriana Banara (Rosa), Juri Amjelow (Assen Jotor) **L** 95 **E** 3.12.1976 Kino DDR

SÜSSE BEGIERDE (I DOLCI INGANNI / LES ADOLESCENTES). Ein Film aus Rom, der die wirren Gefühle einer 17jährigen bei ihrer ersten Begegnung mit einem Mann zu schildern versucht. Arm an Handlung wie an Bedeutung – allen guten Namen zum

Trotz, die vom Produzenten verpflichtet wurden. ✦ Schwarz-weiß. Italien/Frankreich 1960 **P** Titanus/Laetitia/Marceau/Cocinor/S.G.C **KI** Ceres **R** Alberto Lattuada **B** Franco Brusati, Francesco Ghedini, Alberto Lattuada, nach einem Roman von Cesare Pavese **K** Gabor Pogany **M** Piero Piccioni **D** Catherine Spaak (Francesca), Christian Marquand (Pierre), Jean Sorel (Carlo), Claudio Gora, Patrizia Bini **L** 90 **FSK** ab 18; nf **E** 9.8.1963 **fd** 12 556

SÜSSE BEUTE – LOCKVOGEL DES KILLERS (SCENE OF THE CRIME / LADYKILLER). Ein ausgebrannter Polizeidetektiv ermittelt am College seiner Tochter, das bereits mehrfach von einem Serienmörder heimgesucht wurde. Als eine heiße Spur ins Nichts zu führen scheint, wird die Tochter des Polizisten entführt und als Lockvogel benutzt. (Fernseh-)Thriller mit den üblichen Zutaten und falschen Fährten. ✦ USA 1996 **Pd** Roger Corman, Mike Elliott **R** Terence H. Winkless **B** Craig J. Nevius **M** Jeff Winkless **D** Ben Gazzara (Lt. Jack Lasky), Alex McArthur (Richard Darling), Stephen Davies (Mike Fenston), Terri Treas (Capt. Lorraine Hanover), Renee Ammann (Jennifer) **L** 89 **E** 7.7.1999 ProSieben

SÜSSE BIESTER – FLOTTE JUNGS →Waidmannsheil im Spitzenhöschen

SÜSSE, BRING DEN PO IN STELLUNG →Schinken mit Ei

DAS SÜSSE DER FREMDEN. In einer mitteleuropäischen Großstadt in den der 20er Jahren: Ein Kindermörder geht um. In dieser verunsicherten Atmosphäre gerät ein Polizist in Verdacht, sich einem Kind unsittlich genähert zu haben, und wird vom Dienst supendiert. Er verkauft Lakritzbonbons in der Maske des »Schwarzen Mannes«, den sein Sohn und seine Freunde, aufgehetzt von den Gerüchten, für den Kindermörder halten. Sie stellen eine tödliche Falle. Psychothriller. ✦ Deutschland 1996 **P** ZDF/Babelsberger Hochschule für Film und Fernsehen Konrad Wolf **VA** Universum **R+B** Michael Kobs **D** Thorsten Ranft (Vater), Ilka Reichmüller (Mutter), Enrico Krause (Robby), Hannes Adam (Gelackter Junge), Utz Krause (Fetter Mann) **L** 60 **FSK** ab 16 **E** 11.8.1996 ZDF

DER SÜSSE DUFT DES TODES (THOSE BEDROOM EYES). Thriller. Ein Psychologe riskiert Karriere, Ruf und sogar sein Leben, um seiner Frau zu helfen, die ein mörderisches Doppelleben führt. ✦ USA 1992 **R** Leon Ichaso **B** Deborah Dalton **D** Tim Matheson (William Tauber), Mimi Rogers (Ali Broussard), William Forsythe (Mike Stoller), Carlos Gomez (Hector Morales), Carroll Baker (Mrs. Graham) **L** 87 **E** 5.5.1995 RTL

SÜSSE EMMA, LIEBE BÖBE (EDES EMMA, DRAGA BÖBE). Nach dem Ende des Kommunismus hoffen die Junglehrerinnen Emma und Böbe, in Budapest ihr Glück zu machen. Doch rasch stoßen sie an die Grenzen der neuen Freiheit; es herrscht Mangel an Geld, Hoffnung und Zuversicht. Als Böbe vom Wege abkommt, reagiert die »neue Gesellschaft« unerwartet unnachsichtig; Böbe begeht Selbstmord. Ein finsterer Film über eine Gesellschaft auf der Suche nach neuen Werten, die im Materialismus unterzugehen drohen, noch bevor sie sich richtig etablieren konnten. Zugleich ein Abbild von Menschen auf der Suche nach dem Glück. Ein unspektakulärer Film, der die Ängste von Menschen in einer Umbruchsphase beschreibt. – Sehenswert ab 16. ✦ Ungarn 1991 **P** Objektív **Pd** Lajos Ovári, Gabriella Grósz **R+B** István Szabó **K** Lajos Koltai **M** Tibor Bornai, Mihály Móricz, Ferenc Nagy, Beatrice Ensemble, Robert Schumann **S** Eszter Kovács **D** Johanna Ter Steege (Emma), Enikö Börcsök (Böbe), Péter Andorai (Stefanics), Eva Kerekes (Sleepy), Erzsi Pásztor (Frau Horváth), Hédi Temessy (Maria), Irén Bódis (Emmas Mutter), Erzsébet Gaál (Hausmeisterin) **L** 90 **E** 23.1.1994 ZDF

DIE SÜSSE FALLE (LOVE IS BETTER THAN EVER). Eine junge Tanzlehrerin muß all ihren Charme und viel weibliche List aufwenden, um den Mann ihrer Träume für sich zu gewinnen, denn der geliebte Theateragent ist eingefleischter Junggeselle. Leichtgewichtige romantische Komödie, die angenehm unterhält. Die US-Premiere des Films verzögerte sich, weil Hauptdarsteller Larry Parks auf die »Schwarze Liste« des »Senats-Ausschusses für unamerikanische Umtriebe« gesetzt wurde. – Ab 14. ✦ Schwarz-weiß. USA 1951 **P** MGM **Pd** William H. Wright **R** Stanley Donen **B** Ruth Brooks Flippen **K** Harold Rosson **M** Lennie Hayton **S** George Boemler **D** Elizabeth Taylor (Anastasia Macaboy), Larry Parks (Jud Parker), Josephine Hutchinson (Mrs. Macabay), Tom Tully (Mr. Macabay), Ann Doran (Mrs. Levoy) **L** 78 **E** 21.12.1992 ARD

SÜSSE FERNE (DOLCE ASSENZA). Eine scheue 25jährige Frau, die sich ihren Lebensunterhalt als Babysitterin verdient, verschwindet eines Tages spurlos. Ihre Freundin, ein erfolgreiches Mannequin und Fotomodell, macht sich, unterstützt von einem Reporter, auf die Suche nach der Verschwundenen. Dabei offenbaren sich ganz neue, ungeahnte Seiten der Freundin. Eine als kriminalistische Recherche gestaltete Entdeckungsreise in das Innere einer für ihre Umwelt rätselhaften Persönlichkeit. – Ab 16. ✦ Italien 1987 **P** RAI Tre/Cidif **R** Claudio Sestieri **B** Sandro Petraglia, Claudio Sestieri **K** Charles Rose **M** Mauro Pagani **S** Gennaro Oliveti **D** Jo Champa (Gloria), Fabienne Babe (Sara), Sergio Castellitto (Vittorio), Pierluigi Crespi (Paolo), Stavros Tornes (Grandad) **L** 100 **E** 19.1.1992 B 3

EINE SÜSSE FRAU (SLADKAJA SHENSCHINA). Alle Partnerschaften einer attraktiven, lebenslustigen Frau halten nur kurzweilig und scheitern an ihrer Egozentrik, Oberflächlichkeit und Eigenliebe. Letztlich allein, beginnt die 40jährige, über ihr künftiges Leben nachzudenken. ✦ Scope. UdSSR 1976 **P** Lenfilm **R** Wladimir Fetin **B** Irina Welembowska, nach dem Roman von Irina Welembowska **K** Wladimir Kowsel, Semjon Iwanow **M** Wassili Solowjow-Sedoi **D** Natalja Gundarewa (Anna), Oleg Jankowski (Tichon), Swetlana Karpinskaja (Lida), Pjotr Weljaminow (Schubkin) **L** 98 **E** 8.9.1977 DFF 2

SÜSSE FRÜCHTCHEN AM STRAND →Hollywood High

DIE SÜSSE HAUT (LA PEAU DOUCE). Der verheiratete Herausgeber einer literarischen Zeitschrift sucht im Verhältnis zu einer Stewardess Erlösung aus dem gewöhnlichen Alltagstrott seines Familienlebens und wird, als er reumütig zurückkehren will, von seiner Frau erschossen. Truffaut entwickelt den melodramatischen Stoff zur kritisch-analytischen Beschreibung männlicher (und bürgerlicher) Verhaltensweisen zwischen Realitäts- und Lustprinzip. Auffallend im Vergleich zu anderen Filmen des Regisseurs ist die bewußte Zurücknahme von Eleganz und Ironie. Ein »klassisch« inszenierter Film, der vor allem durch seine fugenlose Montage auffällt. – Sehenswert ab 16. ✦ Schwarz-weiß. Frankreich 1963 **P** Carrosse/S.E.D.I.F. **KI** Hermes **Pd** Georges Charlot **R** François Truffaut **B** François Truffaut, Jean-Louis Richard **K** Raoul Coutard **M** Georges Delerue **S** Claudine Bouché **D** Jean Desailly (Pierre Lachenay), Françoise Dorléac (Nicole Chomette), Nelly Benedetti (Franca Lachenay), Daniel Ceccaldi (Clément), Jean Lanier (Michel) **L** 116 **FSK** ab 16; f **FBW** w **E** 15.1.1965/4.10.1966 ARD **fd** 13 245

DAS SÜSSE JENSEITS (THE SWEET HEREAFTER). Ein kleiner Ort in British Columbia verfällt in Agonie, als 14 Kinder bei einem Busunglück ihr Leben verlieren. Ein aus der Stadt angereister Anwalt versucht, das Leid der Eltern durch einen Musterprozeß in bare Münze zu verwandeln. Durch unermüdliche Überzeugungsarbeit gelingt es ihm, die meisten Betroffenen auf seine Seite zu bringen, doch bei der Vorbereitung des Prozesses scheitert er an der Lüge eines überlebenden Mädchens. Ein intensiver, eindringlicher Film über Verlust und Leid, der als Lehrbuch in Sachen überlebenswichtiger Trauerarbeit verstanden werden kann. Trotz des bewegenden Themas hält die sehr artifizielle Machart den Zuschauer zugleich auf eine gewisse Distanz und ermöglicht ihm so eine weitgehend emotionsfreie Auseinandersetzung mit existentiellen Sinnfragen. (Kinotip der katholischen Filmkritik) – Sehenswert ab 16. ✦ Scope. Kanada 1997 **P** Telefilm Canada/The Harold Greenberg Fund/The Movie Network/The Covernment of Canada/Canadian Film of Video Prod./Tax Credit Program **KI** Pandora **VA** Arthaus **Pd+R** Atom Egoyan **B** Atom Egoyan, nach dem gleichnamigen Roman von Russell Banks **K** Paul Sarossy **M** Mychael Danna **S** Susan Shipton **D** Ian Holm (Mitchell), Caerthan Banks (Zoe), Sarah Polley (Nicole), Tom McCamus (Sam), Gabrielle Rose (Dolores), Maury Chaykin (Wendell Walker), Peter Donaldson (Schwartz), Bruce Greenwood (Billy Ansell), David Hemblen (Abbott), Brooke Johnson (Mary Burnell), Arsinée Khanjian (Wanda Otto), Stephanie Morgenstern (Allison), Earl Pastko (Hartley Otto) **L** 112 **FSK** ab 12; f **E** 5.3.1998/2.9.1998 Video **fd** 33 033

EINE SÜSSE KATASTROPHE (RAVISSANTE / LE MOGLI DEGLI ALTRI). Ein abgewiesener Frauenheld engagiert einen unwiderstehlichen Herzensbrecher, um sich an einer Dame, die nur ihren Ehemann lieben will, auf hinterlistige Art zu rächen. So nimmt ein verwickelter Ehebruchs-Reigen seinen Lauf. Nur teilweise amüsante Boulevardkomödie, deren Witz vor allem auf der Dialogebene liegt. (Alternativtitel: »Wer will schon nachts alleine sein«) ✦ Schwarz-weiß. Frankreich/Italien 1960 **P** C.I.C.C./Le Film d'Art/Panoramas/Fono/Aurelia **KI** Rank **Pd** Charles Borderie **R** Robert Lamoureux **B** Robert Lamoureux, Maurice Regamey **K** Robert Le Febvre **M** Paul Durand, Henri Bourtayre **D** Robert Lamoureux (Thierry), Sylva Koscina (Evelyne), Lucille Saint-Simon (Françoise), Jacques Dacqmine (Marc), Philippe Noiret (Maurice) **L** 76 **FSK** ab 18; nf **E** 8.12.1961/18.11.1972 DFF 1 **fd** 10 740

DER SÜSSE KUSS DES TODES (A KISS SO DEADLY). Ein erfolgreicher Geschäftsmann verliebt sich nach einer eher zufälligen Liebesnacht in die Studienkollegin und Mitbewohnerin seiner Tochter und bedrängt die junge Frau mit seinen Aufmerksamkeiten. Als sie ihn immer häufiger abweist, kommt es zu einer Affekthandlung, in deren Verlauf die Frau den Tod findet. Zwar richtet sich der Verdacht zunächst gegen einen anderen, doch die Beweise gegen den Vater der Freundin werden immer erdrückender. (Fernseh-)Thriller um eine »amour fou«, der auf eine verhängnisvolle Verstrickung aufbaut, dies jedoch nur zum Preis seiner Überkonstruiertheit erreicht. – Ab 16. ✦ USA 1996 **P** Hearst Entertainment Prod./Morgan Hill Films **Pd** Chuck Bowman, Monica Parker **R** Chuck Bowman **B** Nevin Schreiner **K** Karl Herrman **M** Joseph Conlan **S** Jonathan Braun **D** Charles Shaughnessy (Tom), Charlotte Ross (Amanda), Dedee Pfeiffer (Katherine), Noelle Parker (June), Kerrie Keane (Addy), Tom Breznahan (Todd) **L** 87 **E** 17.5.1999 ZDF

DAS SÜSSE LEBEN (1959) (LA DOLCE VITA). Fellinis seinerzeit von manchen als »skandalös« und »pikant« empfundener Film nimmt mit seiner dreistündigen (vom deutschen Verleih nicht ganz werkgetreu synchronisierten) Episodenfolge in der Figur des Klatschreporters Marcello, seiner Begegnungen und Beziehungen, das sinnentleerte Leben und Treiben der römischen High-Society Ende der 50er Jahre aufs Korn. Die erklärte Absicht: das Böse bis zur Empfindung des Ekels bloßzulegen. Tatsächlich spürt der Film mit größter Sensibilität der Faszination des Bösen nach und beschwört es mit hoher, aber nicht immer gleichwertiger Stilkunst. Zu den zeitlos gültigen Momenten des Films gehört unter anderem die Schilderung der von zwei Kindern vorgetäuschten Marienerscheinung und des jahrmarktartigen Wunderrummels – ein Beleg für Fellinis zugleich hellsichtig-kritischen wie liebevoll-mitleidigen Blick. (Titel der Wiederaufführung: »La Dolce Vita«) – Sehenswert. ✦ Scope, schwarz-weiß. Italien/Frankreich 1959 **P** Riama/Pathé/Gray **KI** Gloria **VA** Universum/Neuprüfung ab 12/167 Min. **Pd** Giuseppe Amato **R** Federico Fellini **B** Federico Fellini, Tullio Pinelli, Ennio Flaiano, Brunello Rondi **K** Otello Martelli **M** Nino Rota **S** Leo Catozzo **D** Marcello Mastroianni (Marcello Rubini), Anita Ekberg (Sylvia), Anouk Aimée (Maddalena), Yvonne Furneaux (Emma), Alain Cuny (Steiner), Walter Santesso (Paparazzo), Adriano Celentano (Sänger), Lex Barker (Robert), Alan Dijon (Frankie Stout) **L** 177 **FSK** ab 18; nf **FBW** bw **E** 22.6.1960/17.1.1976 DFF 2 **fd** 9 260

DAS SÜSSE LEBEN (1990) → Life is Sweet

DAS SÜSSE LEBEN DER NONNE VON MONZA (LA VERA STORIA DELLA MONACA DI MONZA). Eine junge Nonne verwandelt die Stätte der Frömmigkeit für kurze Zeit in ein Freudenhaus, ehe sie für ihre Taten büßen muß und lebendig eingemauert wird. Kolportage mit plump inszenierten Sexszenen. – Wir raten ab. ✦ Italien 1980 **P** Cinemec **KI** Kora **R** Stefan Oblowsky (= Bruno Mattei) **B** Claudio Fracassi **K** Giuseppe Bernardini **M** Gianni Marchetti **S** Liliana Serra **D** Mario Cutini, Zora Kerova, Franca Stoppi, Fabio Spaltro, Franco Garofallo **L** 88 **FSK** ab 18; nf **E** 30.10.1981 **fd** 24 223

DAS SÜSSE LEBEN DES GRAFEN BOBBY (DAS SÜSSE LEBEN DES GRAFEN BOBBY). Ein Privatdetektiv in Frauenkleidern an Bord eines schwimmenden Nachtlokals, das zum Rauschgiftschmuggel benutzt wird. Klamauk auf beschämend niedrigem Niveau. – Ab 14 möglich. ✦ Österreich 1962 **P** Sascha **KI** Constantin **Pd** Karl Schwetter **R** Geza von Cziffra **B** Albert Anthony **K** Willy Winterstein **M** Peter Laine **S** Arnfrid Heyne **D** Peter Alexander (Bobby), Gunther Philipp (Mucki), Ingeborg Schöner (Vera), Margitta Scherr, Sieglinde Thomas, Oskar Sima (Benevenuto Sokrates Socre), Rolf Olsen **L** 92 **FSK** ab 12; nf **E** 27.4.1962 **fd** 11 079

SÜSSE LÜGEN → Sweet Lies

SÜSSE LUST (GIO TO PSOMI KAI TON EROTA). Ein arbeitsloser Seemann gerät in die Fänge einer verwöhnten Reeders-Gattin, wird aber von seiner Frau wieder zur Vernunft gebracht. Primitiv inszeniertes und billig synchronisiertes Melodram aus griechischer Produktion, das seine vielen Mängel durch optische Freizügigkeit auszugleichen versucht. ✦ Schwarz-weiß. Griechenland 1961 **P** Athene **KI** Cefima **R+B** Georges Zervoulakos **D** Michael Nikolinakos, Dafini Skoura, Rika Dialina, Jeanine Kiolet **L** 83 **FSK** ab 18; nf **E** 14.8.1964 **fd** 12 959

SÜSSE MÄCHTE (DOCES PODERES). Eine Journalistin übernimmt während des Wahlkampfs in Brasilia die Leitung eines lokalen Fernsehstudios und steht plötzlich zwischen allen politischen Fronten, da Arbeit, Gewissen und persönliche Interessen schwer in Einklang zu bringen sind. Ein Film über die manipulative Rolle der Medien, der die Schwierigkeiten all jener thematisiert, die sich eine aufrechte Haltung bewahren wollen, obwohl sie von einem Milieu umgeben sind, in dem jeder mit schmutzigen Mitteln seinen eigenen Vorteil sucht. ✦ Brasilien 1996 **P** Taiga Films e Video/Riofilme **KI** Freunde der Deutschen Kinemathek **R+B** Lucia Murat **K** Antonio Luiz Mendes **M** Sacha Amback, Adriana Calcanhoto **S** Cesar Migliorin, Vera Freire **D** Marisa Orth, Antonio Fagundes, Tuca Andrada, Sergio Mamberti, Otavio Augusto **L** 98 **E** 2000 Video

SÜSSE MON (MON SHWE YEE). Ein überwältigendes Opus, das in seinem Ursprungsland eine Popularität genießt wie man sie aus Hollywood etwa von Klassikern wie »Vom Winde verweht« kennt. Der nahezu dreistündige »Superheuler« im Theatermilieu dreht sich um die tragischen Verstrickungen im Leben einer gefeierten Sängerin und Tänzerin in einem burmesischen Wandtheater sowie eines in sie verliebten Pianisten und Komponisten. Mit klassischen Tanz- und Musikeinlagen sowie einem sentimentalen Titelsong garniert, avancierte der Film zum Inbegriff des burmesischen Films schlechthin. Von der sorgfältigen Inszenierung, den dramatisch ausgeleuchteten Close-Ups und der glamourösen Ausstattung dieser melodramatischen Glitzerwelt der Gefühle können burmesische Filmemacher heutzutage nur noch träumen. (O.m.d.U.) – Ab 14. ✦ Schwarz-weiß. Burma 1970 **P** Ah Paung Lat Kha Nar & Plus Sign Company **KI** Freunde der Deutschen Kinemathek **R+B** Win Oo **K** Thein Aung **M** Win Oo **S** San Shwe Maung **D** Khin Than Nu (Mon Shwe Yee), San Shwe Maung (Ye Aung), Win Oo (Myint Thu), Pho Par Gyi, Khin Lay Swe **L** 162 **E** 1996

SÜSSE SECHZEHN – SWEET SIXTEEN (LA COMPAGNA DI BANCO). Schüler versuchen (mit Erfolg), ihre Lehrer und (ohne Erfolg) einen Mitschüler hereinzulegen. Dumm-dreiste Schulklamotte: witzlos, dünn und langweilig. ✦ Italien 1977 **P** Dania **KI** Apollo/Avis **R** Mariano Laurenti **K** Pasquale Rachini **M** Gianni Furio **D** Lilli Carati, Alvaro Vitali, Gianfranco D'Angelo, Stefano Amato, Lino Banfi **L** 81 **FSK** ab 16; nf **E** 5.1.1979 **fd** 22 030

SÜSSE 17, TÖDLICHES BIEST (TWISTED DESIRE). Thriller. Eine 17jährige Schülerin, die unter den rigiden Erziehungsmaßnahmen ihrer Eltern leidet, schmiedet, nachdem ihr Freund sie verlassen hat, zusammen mit ihrem neuen Geliebten, einem jungen Kriminellen, einen Mordplan gegen ihre Eltern. Doch der junge Mann ahnt nicht, daß er in eine Falle gelockt wird. ✦ USA 1996 **Pd** Judy Cairo **R** Craig R. Baxley **B** Carey W. Hayes, Chad Hayes **K** Joao Fernandez **M** Gary Chang **S** Sonny Baskin **D** Melissa Joan Hart (Jennifer Stanton), Daniel Baldwin (William Stanton), Jeremy Jordan (Nick Ryan), Meadow Sisto (Karen Winkler), Kurt Fuller (Detective Becker) **L** 85 **E** 3.9.1998 premiere

SÜSSE SORGEN (SLADKE STAROSTI). Ein schüchterner Junggeselle, der ganz in seiner Arbeit als Zuckerbäcker aufgeht, sträubt sich dagegen, von seiner Mutter verheiratet zu werden. Als er sich schließlich in eine Kellnerin verliebt, taucht bald ein Rivale auf. Zum Schluß aber hat er die Qual der Wahl. Anspruchslos unterhaltende Komödie nach wenig originellen Mustern; belebende Akzente erhält sie durch die kritischen Seitenhiebe gegen die Verhaltensweisen bestimmter Zeitgenossen, die sich die Ausbeutung ihrer Mitmenschen zum Ziel gesetzt haben. – Ab 16. ✦ CSSR 1984 **P** Filmstudio Barrandov **KI** Progress **R** Juraj Herz **B** Milan Lezák, Jozef Pastéka **K** Dodo Simoncic **M** Michael Kocáb **D** Emil Horváth jr. (Simon Sindelka), Renata Masková (Jolana Miklosova), Andrej Hryc (Fero Balucha), Pavlina Mourková, Antonín Duchoslav **L** 93 **E** 27.6.1986 Kino DDR/17.2.1988 DFF 2/12.8.1989 RTL plus

DER SÜSSE TRAUM VOM GLÜCK → Sweet Dreams

DER SÜSSE TRAUM VOM GROSSEN GLÜCK → Sweet Dreams

SÜSSE VERSUCHUNG (LA COQUITO). Mexiko zu Beginn des 20. Jahrhunderts: Die ehrgeizige Mutter eines attraktiven Mädchens vom Lande macht aus ihr eine erfolgreiche Revuesängerin und beliebte Hure. Mit Hilfe eines armen Studenten findet die junge Frau in die bürgerliche Gesellschaft zurück. ✦ Mexiko/Spanien 1976/77 **P** Impala S. A. **R** Pedro Masó **B** Pedro Masó, Antonio Vich **K** Alejandro Ulloa **M** Gregorio Garcia Segura **D** Iliana Ross, Amparo Rivelles, Fernando Allende, Carlos Bracho, Juanito Navarro **L** 100 **E** 18.12.1986 DFF 1

DAS SÜSSE WORT FREIHEIT (ETO SLADKOJE SLOWO – SWOBODA!). In einer südamerikanischen Diktatur werden politische Gefangene von Gesinnungsgenossen mittels eines mühsamen Tunnelbaus aus ihrer Festungshaft befreit. In viele Handlungsstränge verästelter, aber spannend inszenierter Film, der unter Verzicht auf propagandistische Heldenverklärung von der Utopie der Freiheit erzählt – und von den meist unspektakulären, oft tragischen Anstrengungen, sich ihr zu nähern. – Ab 14. ✦ UdSSR 1972 **P** Mosfilm **KI** Progress **R** Vytautas Shalakjavitschjus **B** Vytautas Shalakjavitschjus, Valentin Jeshow **K** Wladimir Nachabzew **M** Wjatscheslaw Owtschinnikow **D** Regimantas Adomaitis (Francisco), Irina Miroschnitschenko (Maria), Bronius Babkauskas (Miguel Carrera), Ion Ungurjan (Alberto Ramirez), L. Aruschanjan (Walter Conde) **L** 130 **E** 9.11.1973 Kino DDR/6.12.1973 DFF 2/4.4.75 ZDF **fd** 19 212

DAS SÜSSE WORT VERHEISSUNG (TICKET TO HEAVEN). Ein junger Lehrer aus Toronto gerät nach der Trennung von seiner Geliebten in ein Landcamp, das sich als Schulungszentrum einer Jugendsekte herausstellt. Lange kann er dem Gruppendruck und den Indoktrinationen der fanatisierten jungen Leute nicht widerstehen; ein Freund trifft ihn als fremden, völlig passiven Menschen an und mobilisiert alle Mittel, um ihm zu helfen. Ambitionierter, vor allem von eindringlich agierenden Schauspielern getragener Film über die verheerenden Auswirkungen dubioser Jugendsekten. ✦ Kanada 1981 **P** Stalkers Productions/United Artists **Pd** Ronald Cohen (= Ronald I. Cohen), Vivienne Leebosh **R** Ralph L. Thomas **B** Ralph L. Thomas, Anne Cameron, nach einem Bericht von Josh Freed **K** Richard Leiterman **M** Micky Erbe, Maribeth Solomon **S** Ron Wisman **D** Nick Mancuso (David), Saul Rubinek (Larry), Meg Foster (Ingrid), Kim Cattrall (Ruthie), R. H. Thompson (Linc Strunc) **L** 107 **E** 22.1.1988 ZDF

DIE SÜSSE ZEIT MIT KALIMAGDORA. Ein junger Mann hält Winterschlaf bei einer zärtlichen Liebesfee, die fern der Zivilisation in den Schneebergen lebt. Regelmäßig im Frühjahr kommt er von dort in die liebesarme Konsumwelt und durchlebt, ohne sich in Aussehen, Intelligenz und Körpergröße merklich zu verändern, innerhalb eines Jahres sämtliche Lebensstadien. Der zwischen Märchen und Realität angesiedelte, in seiner Kritik an der modernen Gesellschaft nicht ganz klar formulierte Film ist die letzte Arbeit des 1918 in der Slowakei geborenen Schriftstellers Leopold Lahola. ✦ BR Deutschland 1967 **P** Gala International **KI** Alpha **R** Leopold Lahola **B** Leopold Lahola, nach einer Erzählung von Jan Weiss **K** Viktor Svoboda **M** Hagen Galatis **S** Hannes Nikel **D** Rüdiger Bahr, Monika Zinnenberg, Gisela Hahn, Otto Stern, Günther Panak **L** 92 **FSK** ab 18; f **E** 24.5.1968 **fd** 15 539

EIN SÜSSER FRATZ (FUNNY FACE). Ein ebenso charmanter wie erfolgreicher Fotograf soll für eine amerikanische Modezeitung einen neuen Frauentyp entdecken. Unter seinem Einfluß, vor allem aber durch ihre neuen Erfahrungen in Paris und ihre Liebe zu dem Fotografen verwandelt sich eine aus Prinzip gegen Äußerlichkeiten eingestellte junge Buchhändlerin zu einer verführerisch-attraktiven Frau. Ein witzig und durchgehend schwungvoll inszeniertes Musical mit vielen reizvollen Tanzszenen, die sich in den besten Momenten zu pointierten Parodien steigern. Hervorragend gespielt, großartig die Farbdramaturgie. (Alternativtitel: »Das rosarote Mannequin«) – Sehenswert ab 12. ✦ Scope. USA 1957 **P** Paramount **KI** Paramount **VA** Paramount (Video o. A.) **DVD** Paramount (16:9, 1.78:1, DD5.1 engl., Mono dt.) **Pd** Roger Edens **R** Stanley Donen **B** Leonard Gershe, nach seinem Bühnenstück **K** Ray June **M** George Gershwin, Ira Gershwin, Roger Edens, Leonard Gershe **S** Frank Bracht **D** Audrey Hepburn (Jo Stockton), Fred Astaire (Dick Avery), Kay Thompson (Maggie Prescott), Michel Auclair (Elile Flostre), Robert Flemyng (Paul Duval) **L** 105 **FSK** ab 12; nf **FBW** w **E** 20.12.1957/9.4.1970 ZDF/11.1.2001 Video/6.9.2001 DVD **fd** 6 567

SÜSSER REIS (L'INAFFERABILE 12). Verwechslungsintrige um Zwillingsbrüder, aus deren charakterlichen Verschiedenheiten pikante Situationen abgeleitet werden. Plumpe Späße und platte Frivolitäten in einem Konfektionslustspiel. ✦ Schwarz-weiß. Italien 1950 **P** ICS **KI** Atlantic **R** Mario Mattoli **B** Steno (= Stefano Vanzina), Mario Monicelli **K** Aldo Tonti **M** Pippo Barizza, Peter Igelhoff **D** Silvana Pampanini, Walter Chiari, Isa Barzizza, Carlo Campanini **L** 87 **FSK** ab 18; nf **E** 30.7.1953 **fd** 3 031

SÜSSER SAFT DES GRASES → Das Mädchen Sjurik

SÜSSER VOGEL JUGEND (1961) (SWEET BIRD OF YOUTH). Die Krise einer von Angst vor dem Altern besessenen Schauspielerin und das Schicksal ihres zum Film strebenden ständigen Begleiters bilden die Hauptmotive einer Geschichte voller Zynismus, Korruption und untergründiger Spannungen. Gezeigt wird das Bild von Menschen, die hoffnungslos Phantomen nachjagen und von Skrupellosigkeit gezeichnet sind. Eine brillant inszenierte Theaterverfilmung mit hervorragender Besetzung. ✦ Scope. USA 1961 **P** Roxbury/MGM **KI** MGM **Pd** Pandro S. Berman **R** Richard Brooks **B** Richard Brooks, nach dem Bühnenstück von Tennessee Williams **K** Milton Krasner **M** Robert Armbruster **S** Henry Berman **D** Geraldine Page (Alexandra del Lago), Paul Newman (Chance Wayne), Ed Begley (»Boß« Finley), Shirley Knight (Heavenly Finley), Rip Torn (Thomas J. Finley jr.) **L** 120 **FSK** ab 18; f **FBW** w **E** 31.8.1962/1.8.1987 DFF 2 **fd** 11 389

SÜSSER VOGEL JUGEND (1989) (SWEET BIRD OF YOUTH). Eine alternde Filmdiva versucht, um jeden Preis ihre schwindende Jugend festzuhalten. Sie klammert sich an ihren wesentlich jüngeren Liebhaber, der großen Ehrgeiz und eine dunkle Vergangenheit hat. Trotz prominenter Regie und Besetzung nur durchschnittliche Wiederverfilmung von Tennessee Williams' gleichnamigem Theaterstück für das Fernsehen, die allenfalls oberflächliche Unterhaltung bietet. – Ab 16. ✦ USA 1989 **P** Atlantic/Kushner-Locke **Pd** Fred Whitehead **R** Nicolas Roeg **B** Gavin Lambert, nach einem Theaterstück von Tennessee Williams **D** Elizabeth Taylor, Mark Harmon, Rip Torn, Valerie Perrine, Michael Wilding jr., Ruta Lee **L** 100 **E** 12.5. 1995 ZDF

SÜSSER WAHN (DITES-LUI QUE JE L'AIME). Ein Mann ist in blinder Liebe einer Frau ergeben, die ihn nicht liebt. Aus seiner fixen Idee erwachsen Wahnvorstellungen, die in tödlichen Attacken enden. Behutsam inszeniert, mit bestechenden Darstellerleistungen, erzählt der Film die Geschichte einer »amour fou« und zeigt das Eindringen des Pathologischen in die Welt bürgerlicher Wohlanständigkeit. – Ab 16. ✦ Frankreich 1977 **P** Prospectacle/Filmoblic/FR 3 **KI** endfilm **Pd** Maurice Bernart, Hubert Niogret **R** Claude Miller **B** Claude Miller, Luc Béraud, nach dem Roman von Patricia Highsmith **K** Pierre Lhomme **M** Alain Jomy **S** Jean-Bernard Bonis **D** Gérard Depardieu (David Martinaud), Miou-Miou (Juliette), Claude Piéplu (Monsieur Chouin), Jacques Denis (Gérard Dutilleux), Dominique Laffin (Lise) **L** 105 **E** 20.10.1979 ARD/27.7.1984 Kino **fd** 24 680

EIN SÜSSES BIEST (LA SCULACCIATA). Ein römischer Bankkassierer wird nach sechsjähriger Ehe plötzlich impotent, nach Wochen aber ebenso überraschend wieder geheilt. Eine wenig einfallsreiche Komödie, die zwar nie ganz ins Laszive abrutscht, der es jedoch an Esprit und wirklichem Humor mangelt. ✦ Italien 1974 **P** Filmes **KI** Constantin **Pd** Cecilia Bigazzi **R** Pasquale Festa Campanile **B** Luigi Malerba, Silvano Ambrogi, Pasquale Festa Campanile **K** Salvatore Caruso **M** Gianni Ferrio **D** Sydne Rome, Antonio Salines, Gino Pernice, Toni Ucci, Marisa Bartoli **L** 84 **FSK** ab 18; nf **E** 25.10.1974 **fd** 19 056

SÜSSES GIFT (LOCO VENENO). An ihrem letzten Arbeitstag gerät eine junge Frau in einen Strudel verwirrender Ereignisse, bis sie sich plötzlich mit einem wildfremden Mann an einen Stuhl gefesselt sieht. Das Urlaubsziel Rio rückt in weite Ferne. Kriminalkomödie. – Ab 14. ✦ Spanien 1988 **P** Andrea Films **Pd** José A. Romero **R** Miguel Hermoso **B** Félix Cábez, Miguel Hermoso **K** Fernando Arribas **M** Alejandro Masso **S** Blanca Guillén **D** Maru Valdivielso (Verónica), Pablo Carbonell, Antonio Resines, Emilio Gutiérrez Caba, Sarah Muthwill **L** 93 **E** 19.10.1991 DFF

SÜSSES VERLANGEN (DESIRE – AN EROTIC FANTASYPLAY). Da ihre Liebe füreinander erkaltet ist, beginnen zwei Frauen, sich auseinanderzuleben. Während die eine sich nicht mehr für Sex interessiert, vertraut die andere ihre erotischen Fantasien, in denen eine attraktive Frau im Mittelpunkt steht, ihrem Tagebuch an. Als eines Tages die erträumte Frau leibhaftig vor der Tür steht, beginnt ein leidenschaftlicher Nachmittag, an dem sich auch das Pärchen wieder näher kommt. Ein sich in erotischen Fantasien ergehender Sexfilm. ✦ USA 1995 **Pd** Cheryl Newbrough **R** Jan Kroesen **B** Jordan Ariel **K** Jopin Wu **M** Lee Hinton **S** David Thompson **D** Monique Parent (Adrienne), Anthoni Stewart (Cory), Debra Kay (Fiona), Patricia Botello (Zigeunerin) **L** 79 **E** 24.4. 1996 premiere

DIE SÜSSESTEN FRÜCHTE. Zerwürfnisse um Souveränitäts- und Zollprobleme zwischen zwei kleinen europäischen Fantasiestaaten finden durch diplomatische Liebesbeziehungen eine glückliche Lösung. Operettenhaftes Lustspiel mit mäßigem Humor und Anflügen von politischer Satire. – Ab 14 möglich. ✦ Schwarz-weiß. BR Deutschland 1953 **P** Ariston **KI** NF **Pd** Jochen Genzow, Rudolf Wischert **R** Franz Antel **B** Karl Georg Külb, Karl Farkas **K** Hans H. Theyer **M** Friedrich Meyer **S** Gertrud Hinz-Nischwitz **D** Wolf Albach-Retty, Maria Holst, Hannelore Bollmann, Katharina Mayberg, Joe Stöckel **L** 93 **FSK** ab 12; nf **E** 5.2.1954 **fd** 3 113

SUSSI (SUSSI). Eine hübsche Chilenin, blutjung und als Dorfmädchen naiv befangen im Glauben an die Scheinwelt von Fotoromanen, steigt zum nationalen Symbol für die vom diktatorischen System propagierten Ideale auf, fällt jedoch durch ihre Liebesbeziehung zu einem Studenten, der sie schwängert, in Ungnade. Ironische Gesellschaftsskizze, die Stilmittel der »Soap Opera« zur Entlarvung trügerischer Vorstellungen nutzt, dabei aber auch auf die menschlichen Qualitäten ihrer Figuren verweisen will; allzu oft erliegt der arg geschmacksunsichere Film jedoch genau jenen Klischees, die er zu persiflieren vorgibt. ✦ BR Deutschland/Frankreich/Chile 1988 **P** ZDF/Arca/Anabase **R** Gonzalo Justiniano **B** Gonzalo Justiniano, Gustavo Frías **K** Coke Roth **M** Tomás Lefever, Claudio Lefever **S** Claudio Martinez **D** Marcela Osorio (Sussi), Bastián Bodenhöfer (Student), Myriam Palacios (Laurita), Maria Corbinos (Malu), Javier Maldonado (Javier) **L** (TV) 104 **E** 25.4.1989 ZDF

SÜSSMUTH E.V. Dokumentation über einen Betrieb, den die Arbeiter in Selbstverwaltung übernehmen. ✦ BR Deutschland 1972/73 **P** dffb **SF** Freunde der Deutschen Kinemathek **R+B** Gerhard Braun, Reiner Etz, Klaus Volkenborn **L** 70 **E** 1974 Kino

SUTJESKA – HELDENKAMPF IN BOSNIEN → Die fünfte Offensive – Kesselschlacht an der Sutjeska

SUTURP – EINE LIEBESGESCHICHTE. Die Liebesgeschichte zwischen einem jungen Rechtsanwalt und einer Schauspielerin zu Anfang des Jahrhunderts in einem kleinen Fischerdorf an der Ostseeküste. Fürs Fernsehen gedrehte Verfilmung einer wenig bekannten Novelle von Heinrich Mann. ✦ DDR 1980 **P** DEFA **Pd** Dietmar Richter **R** Gerd Keil **B** Gerd Keil, nach dem gleichnamigen Roman von Heinrich Mann **K** Erich Gusko **M** Karl-Ernst Sasse **S** Birgit Koppe (= Brigitte Koppe) **D** Christine Schorn (Franziska Wollner), Gunter Schoß (Werner Belling), Dieter Franke (von Elchem), Kurt Böwe (Krauter), Fred Düren (Dinkbühl) **L** 102 **E** 7.6.1981 DFF 1

SUWOROW (SUWOROW). Filmisches Denkmal für den russischen General Suworow, der seine Armee 1794 in Polen und 1799 gegen Napoleon zum Sieg führte und die Franzosen aus Italien vertrieb. Pudowkin führt seinen Hauptdarsteller wunderbar sicher an die Nahtstelle zwischen militärischem Haudegen und verschmitzt-verschlagenem Querkopf. ✦ Schwarz-weiß. UdSSR 1941 **P** Mosfilm **KI** Progress **R** Wsewolod Pudowkin, Michail Doller **B** Grigori Grebner, N. Pawitsch **K** Anatoli Golownja, Tamara Lobowa **M** J. Schaporin **D** Nikolai Tscherkassow (Suworow), A. Jatschnitzki (Paul I.), Michail Astangow (Araktschejes), S. Kidigin, Wsewolod Aksenow **L** 77 **E** 25.1. 1946 Kino DDR

SUZANNE (SUZANNE). Eine Liebesgeschichte aus dem Montreal der 50er Jahre: Eine 15jährige Klosterschülerin verfällt einem brutalen Frauenhelden und wird schwanger. Sie widersetzt sich seiner Forderung nach Abtreibung; als er ins Gefängnis wandert, bringt sie das Kind zur Welt und schlägt sich mit ihm alleine durch. Später heiratet sie ihre Jugendliebe, einen Lehrer, und führt ein glückliches Leben, bis ihr Ex-Freund aus dem Gefängnis kommt und sie und das mittlerweile 10jährige Kind für sich fordert. Melodramatischer filmischer Schicksals-Roman. – Ab 16 möglich. ✦ Kanada 1981 **P** RSL Films **VA** IHV **Pd** Robert Lantos **R** Robin Spry **B** Robin Spry, Ronald Sutherland **K** Miklos Lente **M** François Cousineau **S** Hélène Girard **D** Jennifer Dale (Suzanne), Winston Rekert (Nicky Callaghan), Gabriel Arcand (George Laflamme), Ken Pogue (Andrew McDonald), Michelle Rossignol (Yvette McDonald) **L** 102 **FSK** ab 16 **E** 26.3.1987 Video

SUZHOU RIVER (SU ZHOU HE). Eine melodramatische, mit märchenhaften Motiven angereicherte Liebesgeschichte im kriminellen Milieu des heutigen Shanghai, die sich in mehrfacher Hinsicht um den Fluss Suzhou zentriert, auf dem sich ein unglücklich verliebter, voyeuristischer Videofilmer bewegt, Menschen beobachtet und sie mit allerlei Geschichten ausstattet. »Suzhou River« ist eine seiner Fantasien, eine Art Variation von Hitchcocks »Vertigo« in Kombination mit Vigos »L'Atalande«, erzählt in wunderbar modernistischen Bildern, die hinreichend Leerstellen in der Erzählung und zwischen den Bildern lassen, um den Film zu einem spannenden ästhetischen und intellektuellen Vergnügen zu machen. (O.m.d.U.) – Sehenswert. ✦ VR China/Deutschland/Niederlande/Japan/Frankreich 2000 **P** Essential Film/Dream Factory/Hubert Bals Fund/ZDF/arte/Studio Babelsberg/Uplink Co./Goutte d'Or Distribution/Göteburg Film-Festival Filmfund/BR **KI** X Verleih **Pd** Nai An, Philippe Bober **R+B** Lou Ye **K** Wang Yu **M** Jörg Lemberg **S** Karl Riedl **D** Nai An (Xiao Hong), Yao Anlian (Boss), Hua Zhongkai (Lao B.), Zhou Xun (Moudan/Meimei), Jia Hongsheng (Mardar Jia) **L** 82 **FSK** ab 6; f **E** 27.9. 2001 **fd** 35 066

SUZIE WASHINGTON (SUZIE WASHINGTON). Eine aus dem Osten Europas stammende Asylantin flieht aus dem Transitraum des Wiener Flughafens und schlägt sich unter falschem Namen quer durch Österreich, das sich als Bannkreis erweist. Ihre Flucht endet vorerst in einer Berghütte an der Grenze zu Deutschland, wo sich eine leise, zum Scheitern verurteilte Liebesbeziehung anbahnt. Ein in der Hauptrolle hervorragend gespielter Film, der sich weniger als Beitrag zur Flüchtlingsproblematik erweist, sondern sich als universelle Parabel auf Fremdsein und Kommunikation entpuppt. Dank des präzisen Drehbuchs verbindet er harmonisch die Roadmovie-Elemente der ersten Hälfte mit dem eher kammerspielartigen Finale. – Sehenswert ab 16. ✦ Österreich 1998 **P** Allegro-Film **KI** Vision **Pd** Helmut Grasser **R+B** Florian Flicker **K** Robert Neumüller **M** Andi Haller **S** Monika Willi **D** Birgit Doll (Nana), August Zirner (Herbert Korn, Tourist), Karl Ferdinand Kratzl (Bankräuber), Wolfram Berger (Hüttenwirt), Nina Proll (Stewardeß), Goran Rebic (Flüchtling) **L** 86 **FSK** ab 6; f **E** 31.12. 1998 **fd** 33 461

SUZY Q (SUZY Q). Süd-Amsterdam 1967: Die nur scheinbar normale Familie einer heranwachsenden Schülerin offenbart ihre Abgründe. Der Vater ist arbeitslos und missbraucht seine Tochter, die Mutter will nur ihre Ruhe haben, die Brüder leben in Traumwelten oder treiben sich herum. In seiner Not wagt auch das Mädchen einen Ausreißversuch. Bedrückendes Familiendrama aus dem Arbeitermilieu, das Probleme aneinanderreiht und einem bizarren Ende zusteuert. ✦ Niederlande 1999 **P** Staccato Films/VPRO Television **Pd** Emjay Rechsteiner **R** Martin Koolhoven **B** Frouke Fokkema, Martin Koolhoven **K** Menno Westendorp **M** Fons Merkies **S** Job ter Burg **D** Carice van Houten (Suzy), Roeland Fernhout (Zwier), Linda van Dyck (Ruth), Jack Wouterse (Ko),

Michiel Huisman (Palmer) **L** 81 **E** 19.10.2000 SF 1/DRS

SVENGALI (1931) (SVENGALI). Ein genialer Musiker mit hypnotischen Kräften macht aus einem nicht sehr talentierten Mädchen eine berühmte Sängerin und ein ihm willfähriges Geschöpf. Der sentimental verkitschte Film macht sich mit seiner Schauermär und seinen bemerkenswerten optischen Effekten über die Horrorfilme der Stummfilmzeit lustig. – Ab 14. ✦ Schwarz-weiß. USA 1931 **P** Warner **R** Archie Mayo **B** J. Grubb Alexander, nach einem Roman von George Louis du Maurier **K** Barney McGill **M** Walter Ulfig **D** John Barrymore, Donald Crisp, Marian Marsh, Carmel Myers, Luis Alberni **L** 85 **E** 29.8.1970 WDR

SVENGALI (1954) (SVENGALI). Unter dem magischen Einfluß eines dämonischen Hypnotiseurs wird um die Jahrhundertwende in Paris ein kleines Malermodell zur berühmten Sängerin. Der fantastische viktorianische Thriller »Trilby« (1894) von George Louis du Maurier in einer schwülstigen Verfilmung mit wenig Atmosphäre. Remake des Films von 1931. Spätere, modernisierte Version: »Obsession – Die dunkle Seite des Ruhms«, USA 1983, Regie: Anthony Harvey. – Ab 14 möglich. ✦ Großbritannien 1954 **P** Alderdale **Kl** Rank **Pd** George Minter **R** Noel Langley **B** Noel Langley, nach einem Roman von George Louis du Maurier **K** Wilkie Cooper **M** William Alwyn **D** Hildegard Knef, Donald Wolfit, Terence Morgan, Derek Bond, Paul Rogers **L** 81 **FSK** ab 12; f **E** 29.7.1955 **fd** 4229

SVENS GEHEIMNIS. Ein 12jähriger, der mit Stehlereien ein wenig Anerkennung bei einer Schülergang sucht, raubt unwissentlich seine neue Klassenlehrerin aus. Damit weckt er den Helfertrieb der noch jungen Pädagogin, die sich seiner annehmen möchte, aber durch Unkenntnis der Verhältnisse die Situation noch komplizierter macht. Als sie ihre pädagogischen Bemühungen aufgeben will, steht ihr ausgerechnet der Junge bei. Eindringlicher Jugendfilm um das Problem der Verwahrlosung und das Versagen von Elternhaus und Schule, engagiert und zugleich zurückhaltend erzählt. Präzise geführte junge Darsteller, eine beispielhafte Kameraführung und die glaubwürdige Milieuzeichnung unterstreichen das ernste Anliegen des Films. – Ab 14. ✦ Deutschland 1995 **P** TV 2000 **VA** Kinder- und Jugendfilmzentrum **Pd** Günter Herbertz **R** Roland Suso Richter **B** Klaus-Peter Wolf **K** Achim Poulheim **M** Jens Langbein, Robert Schulte Hemming **S** Patricia Rommel **D** Katharina Meinecke (Vera Loewe), Richy Müller (Wolfgang Fischer), Christopher Erbslöh (Sven Röder), Katharina Schüttler (Swetlana Wokowitsch), Anna Schmidt (Julia Wokowitsch), Nikolaus Paryla (Schulleiter) **L** 88 **FSK** ab 12 **E** 27.9.1995 ARD/1997 Video **fd** 33 039

SWAMP THING – DAS WESEN AUS DEN SÜMPFEN (SWAMP THING). Eine sich in vier (Fernseh-)Episoden mühsam dahinquälende Geschichte. Sie handelt von einem auf Weltherrschaft und ewiges Leben versessenen General, einem genial-bösen Wissenschaftler à la Frankenstein, einem lieblichen Retortenmädchen, das sich in einem Menschen verliebt, und vom »Swamp Thing«, einem halb zur Pflanze mutierten Wissenschaftler, der als gutmütiges Monster in den Sümpfen haust. Ein verworren und uneinheitlich inszeniertes, dilettantisch ersonnenes Potpourri ohne Anfang und Ende. – Ab 14. ✦ USA 1990/91 **P** Batfilm/DC Enterprises **VA** CIC **Pd** Boris Malden **R** Walter von Huene, Lyndon Chubbuck, Mitchell Bock, Bruce Seth Green **B** Tom Greene, W. M. Whitehead, Wade Johnson, Daniel Kennedy, Jonathon Thorp **K** Geoff Schaaf **M** Christopher L. Stone **S** John Elias **D** Mark Lindsay Chapman, Carrell Myers, Scott Garrison, Kari Wuhrer, Dick Durock (Swamp Thing) **L** 90 **FSK** ab 12 **E** 15.1.1992 Video **fd** 29 561

SWAN LAKE (SWAN LAKE). Ein Prinz entdeckt im Wald einen Schwan, der sich vor seinen Augen in eine wunderschöne Frau verwandelt. Sie gesteht ihm, eine verwunschene Königstochter zu sein, die ein böser Zauberer mit einem Fluch belegt hat. Nur die reine Liebe eines Mannes kann den Bann lösen und den Zauberer besiegen. Der Prinz nimmt die Herausforderung an, doch sein Gegner hat sich schon einen Plan zurechtgelegt. Romantisches Märchen in Form eines Animationsfilms. ✦ Japan 1978 **R** Kimio Yabuki **B** Koichi Fuse **L** 71 **E** 25.12.2000 RTL

SWANN (SWANN). Wegen der Recherchen zu einem neuen Roman – nach einem authentischen Fall, dem Mord an einer Schriftstellerin – läßt sich eine Bestsellerautorin in einem Nest in Ontario nieder. Ihre Nachforschungen stoßen jedoch auf Widerstand; zudem sitzt ein rivalisierender Kollege an der gleichen Geschichte. Doch dann lernt sie die Frau kennen, die die Autorin als letzte lebend gesehen hat und sie kann Zeit gut machen. ✦ Großbritannien/Kanada 1995 **Pd** Ann Scott, Christina Jennings **R** Anna Benson Gyles **B** Anna Benson Gyles, David Young, nach einem Roman von Carol Shields **K** Gerald Packer **M** Richard Rodney Bennett **S** Robin Sales **D** Miranda Richardson (Sarah), Brenda Fricker (Rose), Michael Ontkean (Stephen), David Cubitt (Ladner Brown), Sean Hewitt (Jimroy) **L** 95 **E** 26.9.1996 premiere

SWAP MEET (SWAP MEET). Swap Meet, ein Tausch- und Trödelmarkt in Los Angeles, ist Sammelplatz für ein buntgemischtes Volk von Jugendlichen und Ausgeflippten. Dort treffen sich drei junge Burschen, die im aufpolierten Thunderbird ihres Vaters herumkutschieren und sich mit einem hochnäsigen Ferrari-Fahrer anlegen. Öder Teenager-Film, der Witz durch Anzüglichkeiten, Komik durch Klamauk und Action durch banale Materialschlachten ersetzt. – Ab 16 möglich. ✦ USA 1979 **P** Swap Meet/21th Century Distribution **VA** Mike Hunter **Pd** Steve Krantz **R** Brice Mack **B** Steve Krantz **K** Jacques Haitkin **M** Hemlock **D** Jonathan Gries, Ruth Cox (Nancy), Deborah Richter (Susan), Dan Spector, Cheryl Rixon (Annie), Danny Goldman (Ziggy) **L** 81 **FSK** ab 16 **E** 20.9.1986 Video/24.6.1994 Kabel 1 **fd** 25 900

SWAY (SEEDPEOPLE). An der Einschlagstelle eines vor 500 Jahren niedergegangenen Meteoriten entwickeln sich aus »Samensteinen« Monstersprößlinge, die die Erde bedrohen. Ein Wissenschaftler macht sich daran, die Aliens mit ultravioletten Lichtstrahlen zu bekämpfen. Langweiliger und dümmlicher Horror. (Alternativtitel: »Seedpeople«) ✦ USA 1991 **P** Full Moon **VA** Highlight **Pd** Anne Kelly, Charles Band **R** Peter Manoogian **B** Jackson Barr **K** Adolfo Bartoli **M** Bob Mithoff **S** Tom Barrett **D** Sam Hennings (Tom Baines), Andrea Roth (Ex-Frau Heidi), Dane Witherspone (Brad Yates), Bernard Kates (Doc), David Dunard (Ed Busta) **L** 78 **FSK** ab 16 **E** Februar 1993 Video **fd** 30 127

SWD – DER BUND DER GROSSEN TAT (SWD – SOJUS WELIKOGO DELA). Sowjetischer Stummfilmklassiker: Im Dezember 1825 ergaunert ein Falschspieler in Kiew einen Ring mit den Initialen des revolutionären Bundes der Dekabristen (SWD). Er läßt sich als Spitzel anheuern und verrät die aufständischen Offiziere. Das »romantische Melodram mit historischem Hintergrund« gilt aufgrund seiner optischen und dramaturgischen Raffinessen, vor allem in der kühnen Montage, als ein wegweisendes Dokument in der Geschichte der Kinokunst. Die Originalfassung wurde vom ZDF 1979 restauriert, deutsch getitelt und durch den Komponisten Peter Michael Hamel vertont. – Ab 16. ✦ Schwarz-weiß. UdSSR 1927 **P** Sowkino **R** Grigori Kosinzew, Leonid Trauberg **B** Juri Tynjanow, Juri Oksman **K** Andrej Moskwin **M** Peter Michael Hamel (Neubearbeitung ZDF) **D** Sergej Gerassimow, Andrej Kostritschkin, Petr Sobolewskij, Konstantin Chochlow, Sofija Magarill **L** 85 **E** 6.4.1979 ZDF

SWEENY II (THE SWEENEY). Abendfüllender Film aus einer für das Fernsehen produzierten, harten Kriminalserie (vgl. »Deckname Sweeny«). Zwei Londoner Polizeidetektive untersuchen eine Serie rätselhafter Banküberfälle; die Spur führt sie in die ehrenwerte Gesellschaft von Malta. ✦ Großbritannien 1977 **P** Thames/Euston **R** Tom Clegg **B** Troy Kennedy Martin **D** John Thaw (Regan), Dennis Waterman (Carter), Barry Foster (McQueen), Ian Bannen (Baker), Diane Keen (Bianca) **L** 93 **E** 7.5.1993 RTL 2

SWEEPERS →The Sweeper – Land Mines

SWEET AND LOWDOWN (SWEET AND LOWDOWN). Die Biografie des (fiktiven) Jazz-Gitarristen Emmet Ray, der in den 30er-Jahren zu den ganz Großen seines Fachs zählte, hinter Django Reinhardt aber immer »nur« der Zweitbeste blieb. Woody Allens Hommage an den Swing besticht durch erzählerische und optische Eleganz, die sich mit der Musik zu einem atmosphärisch stimmungsvollen Zeitbild fügen. Sean Penn liefert die vorzügliche Darstellung eines selbstverliebten Rüpels und Frauenhelden, dessen emotionale Ausdrucksmöglichkeiten jenseits der Musik äußerst beschränkt bleiben, bis er am eigenen Leib Schmerz und Verlust erfährt. Ein ausgesprochen vergnügliches Stück Kino. DVD: Die Extras beinhalten u. a. eine einstündige Pressekonferenz mit Samantha Morton und dem Regisseur, aufgezeichnet bei den Filmfestspielen von Cannes. – Sehenswert ab 14. ✦ USA 1999 **P** Magnolia Prod./Sweetland Films **Kl** Arthaus **VA** Kinowelt Home **DVD** Kinowelt Home (1.85:1, DD 1.0 engl./dt.) **Pd** Jean Doumanian **R+B** Woody Allen **K** Zhao Fei **M** Dick Hyman **S** Alisa Lepselter **D** Sean Penn (Emmet Ray), Samantha Morton (Hattie), Uma Thurman (Blanche), Anthony LaPaglia (Al Torrio), Gretchen Mol (Ellie), John Waters (Mr. Haynes), Woody Allen (Woody Allen) **L** 95 **FSK** ab 6; f **E** 30.3.2000/10.10.2000 Video & DVD **fd** 34 172

SWEET ANGEL MINE (SWEET ANGEL MINE). Ein Junge, der sich in Neuschottland auf die Suche nach seinem Vater begibt, begegnet in der Einsamkeit einer Mutter und ihrer Tochter. Während sich der Junge und das Mädchen näher kommen, verstört ihn das seltsame Verhalten der beiden Frauen zusehends. Er stößt auf eine tragische und blutige Familiengeschichte. Was als harmlose Vater-Sohn- und Liebesgeschichte beginnt, mündet in einen nervenzehrenden Thriller mit Mystery- und Horror-Elementen, der am Ende mit wenig sublimen Mitteln arbeitet. ✦ Kanada/Großbritannien 1996 **P** Handmade Films **VA** New Vision (Highlight) **Pd** Christopher Zimmer, Sam Taylor (= Samuel Taylor) **R** Curtis Radclyffe **B** Sue Maheu, Tim Willocks **K** Witold Stok **M** John McCarthy **S** Anne Sopel **D** Oliver Milburn (Paul), Margaret Langrick (Rauchine), Anna Massey (Großmutter), Alberta Watson (Megan), John Dunsworth **L** 85 **FSK** ab 18 **E** 23.2.1998 Video/3.11.1998 Premiere **fd** 33 248

SWEET CHARITY (SWEET CHARITY). Gelungene Übertragung von Fellinis »Die Nächte der Cabiria« in ein Musical, in dem Shirley MacLaine das armselige, doch unbeirrbar sich nach Liebe sehnende und trotz aller Enttäuschungen hoffende Taxigirl Charity singt, spielt und tanzt. Ausgezeichnet in Choreografie, Farbdramaturgie, Regie und Darstellung; die Summe dieser Einzelleistungen macht den Film zu einem Erlebnis. (Die deutsche Kinofassung wurde um 17 Min. gekürzt; die integrale Fassung wurde erstmals 1997 im Fernsehen, teils O.m.d.U., ausgestrahlt; Sendelänge: 143 Min.) – Sehenswert ab 12. ✦ Scope. USA 1968 **P** Universal **Kl** Universal (frühe Kinofassung) **Pd** Robert Arthur **R** Bob Fosse **B** Peter Stone, nach einem Bühnenstück von Neil Simon, Cy Coleman, Dorothy Fields **K** Robert Surtees **M** Cy Coleman **S** Stuart Gilmore **D** Shirley MacLaine (Charity Hope Valentine), John McMartin (Oscar Lindquist), Ricardo Montalban (Vittorio Vitale), Sammy Davis jr. (Big Daddy), Chita Rivera (Nickie) **L** 132 (DDR 108/Orig. 149) **FSK** ab 12; f **E** 24.10.1969/25.2.1972 DDR/12.5.1974 ZDF/16.3.1974 DFF 1/25.10.1997 N3 (integrale Fassung) **fd** 16 334

SWEET DREAMS (SWEET DREAMS). Die letzten Jahre im Leben der Country-Sängerin Patsy Cline, die im

März 1963, gerade 30 Jahre alt, bei einem Flugzeugabsturz ums Leben kam. Karel Reisz heischt nicht nach Sensationen, sondern läßt Höhe- und Tiefpunkte der Sängerin wie beiläufig passieren. Dabei steht die wechselhafte Ehe mit einem trinkfreudigen Choleriker im Mittelpunkt, während tiefere Einblicke in die Wirklichkeit der Traumfabrik Country-Musik nicht gewährt werden. Unterhaltung für eingefleischte Country-Fans, die sich an Playback-Auftritten von Jessica Lange freuen können. (Fernsehtitel: »Der süße Traum vom Glück«) – Ab 14. ✦ USA 1985 **P** Silver Screen Partners/HBO/Thorn Emi **VA** Cannon/VMP **Pd** Bernard Schwartz, Charles Mulvehill **R** Karel Reisz **B** Robert Getchell **K** Robbie Greenberg **M** Charles Gross **S** Malcolm Cooke **D** Jessica Lange (Patsy Cline), Ed Harris (Charlie Dick), Ann Wedgeworth (Hilda Hensley), David Clennon (Randy Hughes), James Staley (Gerald Cline) **L** 110 **FSK** ab 12 **E** 17.6.1991 Video **fd** 29 243

SWEET JUSTICE (SWEET JUSTICE). Ein Müllskandal steht kurz vor seiner Aufklärung, weil eine Stadträtin nicht mehr mitspielen will. In einem vorgetäuschten Unfall stirbt sie auf brutale Weise. Ihre Schwester argwöhnt ein Verbrechen und zieht mit ihren Freundinnen gegen die Müllmafia zu Felde. Der spannungslose Film vermischt Versatzstücke verschiedener Genres, ohne eigenes Profil zu gewinnen. ✦ USA 1991 **P** Double Helix **VA** Highlight **Pd** James Alex **R** Allen Plone **B** Allen Plone, Jim Tabilio **K** Stuart Kiehl **M** Robby Robinson, Shelley Cameron, Teddy Phillips **S** Rob Kobrin **D** Finn Carter (Sunny Justice), Frank Gorshin (Bill Joe Rivas), Marc Siner (Steve Colton), Catherine Hickland (Chris Barnes), Mickey Rooney (Zeke) **L** 91 **FSK** ab 18 **E** 27.9.1994 Video **fd** 31 079

SWEET KILLING (SWEET KILLING). Schwarze Komödie um einen Mann, der sich durch einen perfekten Mord seiner Ehefrau entledigen will. Nach vollbrachter Tat scheint der frischgebackene Witwer jedoch vom Pech verfolgt: er wird von einem Kriminellen verfolgt, den der vom Alibi unbeeindruckte Polizei-Leutnant auf ihn angesetzt hat, und die Frau, in die er sich Hals über Kopf verliebt, gibt ihm einen Korb. – Ab 16. ✦ Kanada/Frankreich/Großbritannien 1993 **P** Girad/Maki/Burrill **R** Eddy Matalon **B** Dominique Roulet, Eddy Matalon, nach dem Roman »Qualthrough« von Angus Hall **K** Hugues de Haeck **M** Jean Musy **D** Anthony Higgins (Adam Cross), Leslie Hope (Eva Bishop), F. Murray Abraham (Zargo), Michael Ironside (Garcia), Andréa Ferréol (Louise), Aron Tager (Lipsky) **L** 86 (Orig. 100) **E** 15.5.1995 premiere

SWEET LIBERTY (SWEET LIBERTY). Ein Geschichtsprofessor, dessen Buch über den amerikanischen Unabhängigkeitskrieg verfilmt werden soll, wehrt sich erfolglos gegen die Absicht, die Vorlage zugunsten greller Unterhaltung zu verfremden. Treffsichere Satire mit Seitenhieben auf die Vermarktungsstrategien der amerikanischen Filmindustrie. Bemerkenswert gespielt und vielschichtig in der Beschreibung menschlicher Beziehungen, jedoch nicht konsequent genug in der kritischen Haltung. – Ab 16. ✦ USA 1985 **P** Universal **KI** UIP **VA** CIC **Pd** Martin Bregman **R+B** Alan Alda **K** Frank Tidy **M** Bruce Broughton **S** Michael Economou **D** Alan Alda (Michel Burgess), Michael Caine (Elliot James), Michelle Pfeiffer (Faith Healy), Bob Hoskins (Stanley Gould), Lise Hilboldt (Gretchen Carlsen), Lillian Gish **L** 107 **FSK** ab 12; f **E** 4.9.1986 **fd** 25 808

SWEET LIES (SWEET LIES). Einer Wette wegen treiben zwei attraktive Frauen ihr Spiel mit einem amerikanischen Versicherungsdetektiv, der in Paris einen Betrüger entlarven will. Sie verdrehen ihm dem Kopf, verlieben sich dann aber in ihn. Als der Schwindel auffliegt, fällt er zunächst in tiefe Depressionen, doch dann siegt sein Lebenswille, und er beschließt, den Spieß umzudrehen. Langweilige romantische Komödie mit einigen Frivolitäten. (Fernsehtitel: »Süße Lügen«) – Ab 16. ✦ USA 1987 **P** Golden Eye/Island **VA** Cannon/VMP **Pd** Serge Touboul, Chris Blackwell **R** Nathalie Delon **B** Nathalie Delon, Rob Dunn **K** Dominique Chapuis **M** Trevor Jones **S** Marie-Sophie Dubus **D** Treat Williams (Peter), Joanna Pacula (Joelle), Julianne Phillips (Dixie), Laura Manszky (Lisa), Norbert Weisser (Bill) **L** 92 **FSK** ab 12 **E** Dezember 1989 Video

SWEET LITTLE SIXTEEN. Als ihre Freundin nach einem gemeinsamen Disco-Abend ermordet wird, wird eine lebenslustige 16-Jährige mit einem charmanten Kommissar konfrontiert, in den sie sich prompt verliebt. Als ein weiteres Mädchen aus dem Bekanntenkreis getötet wird, gerät ausgerechnet ihr Vater in Tatverdacht. Fernseh-Thriller. ✦ Deutschland 1999 **P** NOVAMEDIA/FFP Entertainment **Pd** Heidi Ulmke **R** Peter Patzak **B** David Gilman **K** Andreas Köfer **D** Heikko Deutschmann (Michael Kleist), Christian Berkel (Thomas Reiner), Julia Bremermann (Eva Reiner), Cosma Shiva Hagen (Sophie Reiner), Jeanne Tremsal (Karin Stein) **L** 94 **E** 26.3.1999 ProSieben

SWEET MACHOS (SWEET MACHOS / MEET MARKET). Vier unterschiedliche Männer verfolgen nur ein Ziel, bei dem sie schließlich auf unterschiedliche Art scheitern: am Samstagabend Frauenbekanntschaften zu machen. Trotz eines komödiantischen Kraftaktes des Hauptdarstellers in den Rollen aller vier Männer verliert der anspruchslose Humor des Films bald an Reiz. Auch in formaler Hinsicht flaue Kinokost. ✦ Kanada 1989 **P** National Filmboard of Canada/Malofilm **KI** FiFiGe **VA** Starlight **Pd** Robert Ménard, Claude Bonin **R** Robert Ménard **B** Michel Coté, Robert Ménard, Claire Wojas **K** Pierre Mignot **M** Richard Grégoire **S** Michel Arcand **D** Michel Coté (Charles,Patrick,George,Jerry), Louise Marleau (die Göttliche), Geneviève Rioux, Véronique Le Flaguais, Diane Jules **L** 96 **FSK** ab 16 **E** 8.8.1991/15.1.1992 Video **fd** 28 977

SWEET MOVIE (SWEET MOVIE). In einer die Formen des konventionellen Erzählkinos sprengenden Episodencollage attackiert der Serbe Dusan Makavejev die weltweite Unterdrückung der Sinnlichkeit in kommunistischen wie kapitalistischen Gesellschaftssystemen: eine wüste, respektlose, programmatisch betriebene Tabuverletzung, die gleichermaßen schockiert wie amüsiert. ✦ BR Deutschland/Frankreich/Kanada 1973 **P** Maran/V.M./Mojack **KI** Filmverlag der Autoren **R+B** Dusan Makavejev **K** Pierre Lhomme **M** Manos Hadjidakis **D** Carole Laure (Miss World 1984), Pierre Clementi (Seemann auf der Potjemkin), Anna Prucnal (Kapitänin Anna Planeta), Sami Frey (der Macho), Marpessa Dawn (Mamma Communa) **L** 83 **FSK** ab 18; nf **E** 3.10.1975 **fd** 19 528

SWEET NOTHING (ANOTHER CHANCE). Ein erfolgreicher Schauspieler und unverbesserlicher Casanova verliebt sich zum ersten Mal richtig und schwört seiner Angebeteten die Treue. Doch er wird wortbrüchig und betrügt sie. Von diesem Moment an verläßt ihn sein Glück; alles geht schief, und bei einem Streit wird er gar lebensgefährlich verletzt. Am Krankenbett erscheint der heilige Petrus persönlich und gibt ihm eine letzte Chance, sich zu bessern. Komödie um männliches Rollenverhalten. – Ab 14. ✦ USA 1988 **P** Moviestore **VA** Highlight **Pd** Roger Camras **R** Jesse Vint **D** Bruce Greenwood (John Ripley), Vanessa Angel (Jackie), Frank Annese (Russ Wilder), Jeff East (Harlan), Robert Sacchi (Mickey), Bernard Behrens (St. Peter) **L** 94 **FSK** ab 6 **E** 24.6.1991 Video/17.4.1994 VOX

SWEET NOVEMBER (SWEET NOVEMBER). Ein geplagter Karrieremann begibt sich in die Obhut einer modernen Muse. Doch als sich zwischen ihm und der jungen Frau, die ihren Lebenssinn im Umerziehen irregeleiteter Männer sieht, wahre Liebe entspinnt, wird die Sache ernst – zumal ihre offene Lebensart auch noch eine tödliche Krankheit kaschiert. Das Remake einer Tragikomödie (»Adieu, geliebter November«) aus dem Jahr 1968 zeichnet sich durch eine paternalistische und vor allem in seinem verdrängenden Umgang mit dem Tod überaus problematische Haltung aus, die jeden Anflug von Leichtigkeit ungenießbar macht. ✦ USA 2001 **P** 3 Arts Entertainment/Bel Air Entertainment/Warner Bros. **KI** Tobis Studio Canal **Pd** Erwin Stoff, Deborah Aal, Steven Reuther, Elliott Kastner **R** Pat O'Connor **B** Herman Raucher, Kurt Voelker **K** Edward Lachman **M** Christopher Young **S** Anne V. Coates **D** Keanu Reeves (Nelson), Charlize Theron (Sara), Jason Isaacs (Chaz), Greg Germann (Vince), Liam Aiken (Abner), Robert Joy (Raeford Dunne), Lauren Graham (Angelica) **L** 115 **FSK** ab 6; f **FBW** w **E** 2.8.2001 **fd** 34 990

SWEET PLAYGIRLS →Nackt und keß am Königssee

SWEET PLAYGIRLS 2. TEIL →Liebesvögel (1979)

SWEET POISON – GEFÄHRLICHE ENGEL →Gefährlicher Engel

SWEET REVENGE (THE GIRL GETS MOE). Eine junge Frau glaubt, den Mann ihres Lebens gefunden zu haben, der sie mit Juwelen überhäuft, ist jedoch leider nur an einen Waffenschieber geraten, der sie in seine Banden-Auseinandersetzungen hineinzieht. Als ihre Schwester zu Tode kommt, sinnt die Frau auf Rache. Der Versuch einer Parodie auf Gangsterfilme, der als gescheitert angesehen werden muß, da die Personen recht abstoßend entwickelt wurden und sich die bemühte Komik in den unteren Gefilden der Humorskala abspielt. ✦ USA 1997 **P** Goldbar International **VA** VMP **DVD** BestBuyMovie (FF, DD2.0 dt.) **Pd** Harel Goldstein, Barnett Bill, Daniel Suh **R** James Bruce **B** Rustam Branaman, Monica Clemens **K** Keith L. Smith **M** J. C. Phillips, Barry Coffing **S** Gary Meyers **D** Tony Danza (Moe), Elizabeth Barondes (Monica), Rustam Branaman (Franco), Michael Madsen (Donnelly), Louise Fletcher (Gloria) **L** 98 **FSK** ab 18 **E** 1998 Video/15.10.1999 DVD **fd** 33 565

SWEET SEXY SLIPS →Heiße Höschen

SWEET 16 – LIEBE ALTERT NICHT (SEVENTEEN AGAIN / SWEET SIXTEEN). Durch die Substanz eines zwölfjährigen Genies, der an einem Anti-Alterungsmittel arbeitet, wird die Großmutter des Jungen in eine 16-Jährige verwandelt und hat plötzlich die gleichen Probleme wie ihre gleichaltrige Enkelin. Mit schwarzen Darstellern inszenierte Komödie in Anlehnung an das Tom-Hanks-Vehikel »Big«, wobei nun die Pubertätsprobleme einer gereiften Frau im Zentrum stehen. – Ab 14 möglich. ✦ USA 2000 **P** Showtime **Pd** Brandon Bates, Stewart St. John **R** Jeff Byrd **B** Stewart St. John **K** John Tarver **M** Christopher Franke, Shawn Stockman **S** Jeffrey Cooper **D** Tia Mowry (Sydney), Tamera Mowry (Cat), Max Taylor (Gene), Tahj Mowry (Willie), Hope Clarke (Großmutter Cat), Robert Hooks (Großvater Gene) **L** 93 **E** 17.6.2001 Premiere World

SWEET SUGAR (SWEET SUGAR / CHAINGANG GIRLS). Die Sklavinnen einer Zuckerrohrplantage auf Costa Rica setzen sich gegen ihre männlichen Peiniger zur Wehr und wagen die Flucht. Eine Anhäufung von Gewalttaten in einem sexistischen Film. – Wir raten ab. ✦ USA 1972 **P** Dimension **VA** Present **Pd** Charles S. Swartz **R** Michel Levesque **B** Don Spencer **M** Don Gere **D** Phyllis Elizabeth Davis (Sugar), Ella Edwards (Simone), Timothy Brown (Ric), Pamela Collins (Dolores), Cliff Osmond (Burgos) **L** 85 **E** 1984 Video

SWEET SWEETBACKS LIED (SWEET SWEETBACK'S BAADASSSSS SONG). Einblicke in das Leben der Schwarzen in einem US-Ghetto, eingefangen in einfache, mitunter verzerrte Bilder. Der seinerzeit einzige von Schwarzen außerhalb Hollywoods produzierte Film erwies sich großer Kinoerfolg, und das Branchenblatt »Variety« führt ihn heute noch auf seiner Liste der »All Time Moneymakers«. (O.m.d.U.) ✦ USA 1971 **P** Yeah Inc. **Pd+R+B** Melvin Van Peebles **M** Melvin Van Peebles **D** Melvin Van Peebles, Simon Chuckster, Hubert Scales **L** 93 **E** 4.11.1997 arte

SWEET TALKER – EIN CHARMANTES SCHLITZOHR →Harrys größter Coup

SWEETHEART (TOUTES PEINES CONFONDUES). Ein französischer Kriminalbeamter wird auf einen Finanzjongleur angesetzt, der seine illegalen Geschäfte von Zürich aus betreibt. Die beiden Männer liefern sich einen verbissenen Kampf, müssen jedoch feststellen, daß sie von einem Drahtzieher im Hintergrund mißbraucht worden sind. Ein formal eigenwillig inszenierter Kriminalfilm über das freie Spiel der Kräfte und den Mißbrauch von Menschen und Gefühlen in einer gefühlsarmen Welt. Ein Film, der getragen wird von guten Darstellern, hervorragenden Dialogen und einer brillanten Struktur. – Sehenswert. ✦ Frankreich 1992 **P** Eléfilm/C.E.C./Rhone-alpes/FR 3/Générale d'Images/Canal+/Soficas Sofiarp/Investimage 3 **KI** Pandora **Pd** Rosalinde Deville **R** Michel Deville **B** Rosalinde Deville, nach einem Roman von Andrew Coburn **K** Bernard Lutic **M** Dmitri Schostakowitsch **S** Raymonde Guyot **D** Patrick Bruel (Christophe Vade), Jacques Dutronc (Gardella), Mathilda May (Jeanne), Vernon Dobtcheff (Turston), Bruce Myers (Scandurat) **L** 107 **FSK** ab 16; f **E** 27.8.1992 **fd** 29 730

SWEETHEART MURDERS (SWEETHEART MURDERS). Die Reihen der Model-Szene von Los Angeles werden durch einen geheimnisvollen Mörder gelichtet, der am Tatort immer ein Video mit der nackten Leiche des Opfers zurücklässt. Nach anfänglichen Fahndungsschwierigkeiten kann die Polizei eine heiße Spur aufnehmen, die zu einem der einflussreichen Drahtzieher der Branche führt. Stereotyper Erotik-Thriller, der sich mehr auf die Äußerlichkeiten seiner Darstellerinnen als auf eine überzeugende Story verlässt. ✦ USA 1998 **Pd** Robert Lombard **R** Markus Innocenti **B** Duncan Elkinson **K** Sean McCall **M** Samuel Libraty **D** Monique Parent, Tane McClure, Tamara Landry, Landon Hall, Gabriella Hall **L** 87 **E** 26.3.1999 Kabel 1

SWEETHEARTS. Die Geschichte einer Münchner Mädchen-Band, die trotz grauenhaft schlechter Musik letztlich Erfolg hat, und deren Probleme mit den Männern. Mit viel Humor und Offenheit inszenierter Film, der die Probleme von Jugendlichen auf der Suche nach Glück und dessen Verwaltung durch Konsumträume zu spiegeln versucht, jedoch in der bloßen Beschreibung steckenbleibt. (Der fürs Fernsehen entstandene Film kam nach Lemkes ersten Kinoerfolgen in den Verleih.) – Ab 14. ✦ BR Deutschland 1977 **P** WDR **SF** atlas **R+B** Klaus Lemke **K** Rüdiger Meichsner, Rainer Gutjahr **M** Olaf Kübler **D** Sabine Gurn, Fatima Igramhan, Cleo Kretschmer, Renate Zimmermann, Chris Wilhelm **L** 87 **E** 25.2.1977 ARD

SWEETHEARTS DANCE – LIEBE IST MEHR ALS EIN WORT (SWEET HEART'S DANCE). In einer Kleinstadt in Vermont, im Nordosten der USA, gerät ein Mann nach 15jähriger Ehe in eine Beziehungskrise, während sein eher konservativ eingestellter Freund kurz vor der Hochzeit Sorgen mit seiner emanzipierten zukünftigen Frau hat. In eine Vielzahl banaler Episoden zerfallender Unterhaltungsfilm um Freundschaft, Lebenskrisen und Liebe; mäßig gespielt, ohne Profil inszeniert. – Ab 14 möglich. ✦ USA 1988 **P** TriStar/Chestnut Hills **KI** Columbia TriStar **VA** RCA/Columbia **Pd** Jeffrey Lurie **R** Robert Greenwald **B** Ernest Thompson **K** Tak Fujimoto **M** Richard Gibbs **S** Robert Florio **D** Don Johnson (Wiley Boon), Susan Sarandon (Sandra Boon), Jeff Daniels (Sam Manners), Elizabeth Perkins (Adie Nims), Justin Henry (Kyle Boon) **L** 101 **FSK** ab 12; f **E** 4.5.1989/5.12.1989 Video **fd** 27 584

SWEETIE (SWEETIE). Das Leben einer in sich gekehrten, abergläubischen jungen Frau will nicht in geordnete Bahnen finden. Sie wird von irrationalen Ängsten geplagt, entfremdet sich ihrem Geliebten und leidet unter den kindischen Launen ihrer Schwester und den Eheproblemen ihrer Eltern. Ein ins Groteske verzerrter Blick auf das alltägliche Leben; Jane Campions Erstlingswerk knüpft mit seiner ungewohnten Bildsprache an Familiendrama-Filme im Gefolge der Antipsychiatrie-Diskussion an und kritisiert wie diese bestehende gesellschaftliche Strukturen. (O.m.d.U.) – Ab 16. ✦ Australien 1989 **P** Arena/Australian Film Commission/New South Wales Film/Television Office **KI** Pandora **Pd** John Maynard **R** Jane Campion **B** Gerard Lee, Jane Campion **K** Sally Bongers **M** Martin Armiger **S** Veronica Haussler **D** Geneviève Lemon (Sweetie), Karen Colston (Kay), Tom Lycos (Louis), John Darling (Gordon), Dorothy Barry (Flo) **L** 100 **E** 12.10.1989 **fd** 27 890

SWEETWATER (SWEETWATER). Aufgrund eines rauschgiftbedingten Eklats macht sich die Sprecherin eines Musikkanals auf die Suche nach der in Vergessenheit geratenen Rockband »Sweetwater«, die 1969 das legendäre »Woodstock«-Festival eröffnete. Nach langwieriger Recherche trifft sie auf die Lead-Sängerin Nansi Nevins. Ein launiger Film im Zuge eines kurzfristigen 70er-Jahre-Revivals, der einige Klischees heraufbeschwört, um den Glauben an die Aufrichtigkeit der Rock-Musik aufrecht zu erhalten. Für jüngere Zuschauer eine Pop-Geschichts-Lektion, für ältere eine Nostalgie-Reise. – Ab 14. ✦ USA 1999 **P** VH 1 Television/Wilshire Court **VA** Paramount Home **Pd** Peter Katz **R** Lorraine Senna **B** Victoria Wozniak **K** Bernard Couture **M** Jay Ferguson **S** Joanne D'Antonio, Joel Goodman **D** Amy Jo Johnson (Nansi Nevens), Kelli Williams (Cami Carlson), Kurt Max Runte (Alex Del Zoppo), Robert Moloney (Fred Herrera), Nancy Moonves (Mrs. Nevins) **L** 92 **FSK** ab 12 **E** 20.7.2000 Video

SWEPT AWAY (WHITE TIDES – L.A. CONNECTION). Ein mexikanischer Drogenboß heuert einen Amerikaner als Skipper für seine Yacht an und schafft ohne dessen Wissen Drogen an Bord, die über die Grenze gebracht werden sollen. Der Amerikaner, der sich in die Frau seines Bosses verliebt hat, entdeckt die heiße Fracht und macht dem Gangster einen Strich durch die Rechnung. Oberflächlicher Kriminalfilm ohne rechten Spannungsbogen und mit vielen unnötig brutalen Szenen. Die Personen bleiben reine Klischee-Figuren, Ungereimtheiten und Unglaubwürdigkeiten lähmen zusätzlich das Interesse. ✦ USA 1996 **P** Showcase/Rojak **VA** VMP/Vipro **Pd** Serge Rodnunsky, Shauna Shapiro Jackson **R+B** Serge Rodnunsky **K** Roger Olkowski **M** Bob Christianson **S** Serge Rodnunsky **D** Roddy Piper (Nick Leddy), Tawny Kitaen (Nola), Trevor Goddard (Scott), Miles O'Keefe (Agent Stanovski), Juan Fernandez (Juan Carlos) **L** 96 **FSK** ab 18 **E** 24.3.1997 Video **fd** 32 697

SWETLANA. Eine 16-jährige Russlanddeutsche, die mit ihren Eltern, die sich ein besseres Leben aufbauen wollen, umsiedeln musste, fühlt sich in ihrer neuen Umgebung nicht wohl. Zu dieser Irritation kommen die Gefühle für ihren Freund aus Russland hinzug, der in Deutschland immer mehr den Boden unter den Füßen verliert. Zugleich fühlt sie sich zu einem marokkanischen Nachbarsjungen hingezogen, der eine fremde Welt verkörpert. Erstlingsfilm über den schwierigen Prozess des Erwachsenwerdens und die Probleme mit der unvermittelten und ungewohnten Freiheit. ✦ Deutschland 1999 **P** Tag/Traum Filmproduktion **R** Tamara Staudt **B** Ulrike Maria Hund **K** Judith Kaufmann **M** Mario Peters **S** Inge Schneider **D** Maria Podlich, Denis Burgazliev, Abdelwahad Achouri, Olga Schischkin, Valera Pawlowitsch Kanischtschew **L** 85 **E** 13.1.2001 WDR

SWIM TEAM – KÜHLES NASS AUF HEISSER HAUT → Kühles Naß auf heißer Haut

SWIMMING POOL – DER TOD FEIERT MIT. Eine Gruppe von Freunden an einer internationalen Schule in Prag will das bestandene Abitur nachts in einem entlegenen Schwimmbad feiern. Doch auch ein brutaler maskierter Mörder schleicht sich in den Bau ein. Gewalttätige, aber fade Kopie amerikanischer Teenager-Horrorfilme der jüngsten Zeit, an die der Film in keiner Weise heranreicht, zumal er weder die Ironie der Vorbilder noch interessante Hauptfiguren oder Handlungsverläufe bietet. Auch inszenatorisch und darstellerisch bestenfalls Mittelmaß. ✦ Deutschland/Tschechien 2001 **P** Calypso/Senator Film **KI** Senator **Pd** Werner Possardt, Benjamin Herrmann **R** Boris von Sychowski **B** Lorenz Stassen, Boris von Sychowski **K** Notker Mahr **M** Johannes Kobilke **S** Sabine Haigis-Mahr **D** Kristen Miller (Sarah), Thorsten Grashoff (Gregor), Elena Uhlig (Carmen), Maximilian Grill (Diego), Jonah Lotan (Chris) **L** 95 **FSK** ab 18; nf **E** 4.10.2001 **fd** 35 072

SWIMMING WITH SHARKS → The Buddy Factor – Unter Haien in Hollywood

DER SWIMMINGPOOL (LA PISCINE / LA PISCINA). Die erotische Vierecksgeschichte zwischen einem Künstlerpaar und einem reichen Playboy mit Tochter endet tödlich. Belanglose Kolportage-Story mit schicker Ausstattung, die ganz auf die beiden Stars zugeschnitten ist. ✦ Scope. Frankreich/Italien 1968 **P** S.N.C./Tritone **KI** Constantin **Pd** Gérard Beytout **R** Jacques Deray **B** Jean-Claude Carrière, Jean Emmanuel Conil, Jacques Deray **K** Jean-Jacques Tarbès **M** Michel Legrand **S** Paul Cayatte **D** Alain Delon (Jean-Paul), Romy Schneider (Marianne), Maurice Ronet (Harry), Jane Birkin (Pénélope), Paul Crauchet (Inspektor Lefèbvre) **L** 113 **FSK** ab 16; f **E** 8.5.1970/24.12.1986 DFF 1 **fd** 16 773

SWING (SWING). Ein Mann, der unschuldig für ein Vergehen seines Bruders im Gefängnis saß, wo er das Saxophonspiel lernte, will nach seiner Entlassung eine Swing-Band gründen. Dazu braucht er seine Ex-Freundin als Sängerin, die ausgerechnet mit dem Polizisten verheiratet ist, der ihn ins Gefängnis brachte. Komplikationen und Liebeswirrungen sind somit Tür und Tor geöffnet. Englische Komödie um den berühmten kleinen Mann, der sich nicht unterkriegen lassen will, die neben ihrem Unterhaltungswert auch durch die Besetzung Aufmerksamkeit verdient: Die Sängerin Lisa Stansfield ist in ihrer ersten Filmrolle zu sehen, und der Saxophonist Clarence Clemons spielt sich quasi selbst. ✦ Großbritannien 1997 **Pd** Su Lim **R+B** Nick Mead **K** Ian Wilson **S** Norman Buckley **D** Hugo Speer (Martin), Lisa Stansfield (Joan), Paul Usher (Liam), Tom Bell (Sid), Rita Tushingham (Mags), Clarence Clemons (Jack) **L** 93 **E** 1.5.2001 SAT 1

SWING COCKTAIL (SWING COCKTAIL). Abendfüllende Zusammenstellung kurzer Konzertmitschnitte populärer Jazzmusiker, garniert mit Tänzen und Zeichentrick-Sequenzen. – Ab 12. ✦ Schwarz-weiß. USA 1953 **P** Universal **KI** Universal **R** Will Cowan **K** George Robinson, Charles Van Enger, Clifford Stine, Maury Gertsman **D** Harry James, Duke Ellington, Creole Jazz Band, Henry King, Freddie Slack, Xavier Cugat **L** 80 **FSK** ab 12; nf **E** 22.8.1953 **fd** 2 924

SWING KIDS (SWING KIDS). Drei Jugendliche im Hamburg des Jahres 1939, die feurige Anhänger der von den politischen Machthabern verpönten und schließlich verbotenen Swing-Musik sind, geraten auf unterschiedliche Weise unter den Einfluß des Nazi-Regimes. Mischung aus Musikfilm und dramatischer Entwicklungsgeschichte; zwar bleibt der historische Hintergrund stereotyp, doch dank hervorragender Darsteller gelingt ein ebenso lebendiges wie differenziertes Bild jener Loyalitätskonflikte, die sich durch Freundschaften und Familien ziehen und sie letztlich zerstören. – Ab 14 möglich. ✦ USA 1992 **P** Hollywood/Touchwood Pacific Partners I **KI** Buena Vista **VA** Hollywood **Pd** John Bard Manulis, Mark Gordon, Harry Benn **R** Thomas Carter **B** Jonathan Marc Feldman **K** Jerzy Zielinski **M** James Horner **S** Michael R. Miller **D** Robert Sean Leonard (Peter), Christian Bale (Thomas), Frank Whaley (Arvid), Barbara Hershey (Frau Müller), Kenneth Branagh (Knopp), David Tom (Willi) **L** 114 **FSK** ab 12; f **FBW** w **E** 27.5.1993/20.7.1994 Video/1.12.1994 premiere **fd** 30 251

SWING-SERENADE. Ohne durchgängige Handlung aneinandergereihte Jazzfilme aus den Jahren 1948–1954, in denen bekannte Musiker und Bands auftreten. Der musikalischen Qualität der Beiträge steht die gelegentlich etwas vordergründige Bebilderung mit Tänzen und Zeichentricksequenzen gegenüber. (Titel der einzelnen Filme: »Rhythmasters«, »Four Aces Sing«, »Jimmy Dorsey's Varieties«, »Tommy Dorsey and His Orchestra«, Herman's

Herd«, »Woody and His Orchestra«, »Nat King Cole and Joe Adams Orchestra«, »Cow Cow Boogie«, »The Boogie Woogie Man«) – Ab 12. ✦ Teils schwarz-weiß. USA 1955 **P** Universal/Lantz (Trickfilme) **KI** Universal **R** Will Cowan **L** 82 **FSK** ab 12; nf **E** 3.4.1955

SWING SHIFT – LIEBE AUF ZEIT (SWING SHIFT). Eine zunächst von ihrem Mann abhängige junge Frau nimmt nach Ausbruch des Zweiten Weltkriegs Arbeit in einem Rüstungsbetrieb an und genießt ihr neues Selbstbewußtsein, das sich auch in dem zögernd eingegangenen Verhältnis zu ihrem Vorarbeiter ausdrückt. Mit Kriegsende finden Unabhängigkeit und Eigenständigkeit ein Ende. Aufwendig ausgestatteter, perfekt inszenierter Unterhaltungsfilm, der einfühlsam Emotionen und Beweggründe auslotet und der Gefahr eines geglätteten nostalgischen Rückblicks durch präzise herausgearbeitete Anmerkungen zur Rolle der Frau entgeht. – Sehenswert ab 16. ✦ USA 1984 **P** Lantana/The Hawn-Sylbert Movie Company (für Warner Bros.) **VA** Warner Home **Pd** Jerry Brick **R** Jonathan Demme **B** Rob Morton **K** Tak Fujimoto **M** Patrick Williams **S** Craig McKay **D** Goldie Hawn (Kay Walsh), Kurt Russell (Lucky Lockhart), Christine Lahti (Hazel Zanussi), Fred Ward (Biscuits), Ed Harris (Jack), Sudie Bond (Annie), Holly Hunter (Jeannie Sherman), Patty Maloney (Laverne), Lisa Pelikan (Violet Mulligan), Chris Lemmon (Lt. O'Connor), Charles Napier (Moon Willens), Stephen Tobolowsky **L** 96 **FSK** ab 12 **E** 9.10.1987 Video **fd** 26 550

SWING TIME (SWING TIME). Ein Tänzer geht von einer Provinzbühne in die Hauptstadt, um schneller Karriere zu machen und heiraten zu können. Eines der bekanntesten und besten Musicals mit dem tanzenden Traumpaar der 30er Jahre, Fred Astaire und Ginger Rogers. – Ab 14. ✦ Schwarz-weiß. USA 1936 **P** RKO **Pd** Pandro S. Berman **R** George Stevens **B** Howard Lindsay, Allan Scott, nach einer Kurzgeschichte von Erwin Gelsey **K** David Abel **M** Jerome Kern **S** Henry Berman **D** Fred Astaire (John »Lucky« Garnett), Ginger Rogers (Penelope »Penny« Carrol), Victor Moore (Dr. Cardetti, »Pop«), Helen Broderick (Mabel Anderson), Eric Blore (Mr. Gordon), Betty Furness (Margaret Watson), George Metaxa (Ricardo Romero) **L** 100 **E** 12.1.1972 ARD

SWING VOTE – DIE ENTSCHEIDENDE STIMME (SWING VOTE). Der neu berufene, jüngste Richter am amerikanischen Obersten Gerichtshof muss mit einer neunköpfigen Richterjury darüber befinden, ob eine Frau, die abgetrieben hat, wegen Mordes verurteilt werden soll, und das etwaige Strafmaß festlegen. Ein Film, der sich ganz auf den Entscheidungsprozess der Richter konzentriert und trotz einiger Vereinfachungen das Thema mit großem Anstand bewältigt und zur Diskussion beitragen kann. Ein gut gespieltes Drama über dem Durchschnitt des Videoangebots. ✦ USA 1999 **P** Jerry Bruckheimer Prod./Columbia Tristar Television **VA** Columbia Tristar Home **Pd** Chad Oman, Jonathan Littman, Richard Brams **R** David Anspaugh **B** Ronald Bass, Jane Rusconi **K** Johnny E. Jensen **M** Harry Gregson-Williams **S** Christopher Cibelli **D** Andy Garcia (Joseph Kirkland), John Aylward (Benjamin Ripley), Bob Balaban (Eli MacCorckle), Hedy Burress, Margaret Colin (Linda Kirkland), Hallie Kate Eisenberg, Harry Belafonte (Will), Ray Walston **L** 92 **FSK** ab 6 **E** 26.10. 1999 Video **fd** 34 060

SWINGERS (1991) (QUANDO ERAVAMO REPRESSI). Ein frustriertes Pärchen will sein Liebesleben durch Partnertausch auffrischen, findet auch Gleichgesinnte, schreckt aber im letzten Augenblick vor dem entscheidenen Schritt zurück. Sexkomödie mit einer durchdachten Story, in der der italienische Altstar Vittorio Gassman eine Gastrolle als Sextherapeut gibt. (Früherer Titel: »Swoppers«) ✦ Italien 1991 **P** Numero Uno International **VA** EuroVideo **R** Pino Quartullo **D** Alessandro Gassman, Vittorio Gassman, Francesca d'Aloja **L** 94 **FSK** ab 18 **E** 26.7.1995 Video

SWINGERS (1996) (SWINGERS). Ein junger Schauspieler aus New York versucht, in Los Angeles Fuß zu fassen und eine neue Liebe zu finden, weil seine Geliebte ihn verlassen hat. Mit seinen Kollegen zieht er auf Brautschau durch die Kneipen, bis er die Richtige trifft. Ein semi-dokumentarisch gefilmter und autobiografisch gefärbter Low-Budget-Film, der dank dem sympathischen Hauptdarsteller auf charmante Art unterhält und neben seinem Blick auf amerikanische Lebensgewohnheiten vor allem von seinen Film-Zitaten und (im Original) umgangssprachlichen Redewendungen lebt. – Ab 16. ✦ Scope. USA 1996 **P** Independent Pic./Alfred Shay **KI** Kinowelt **VA** VCL **DVD** VCL (2.35:1, DD5.1 dt.) **Pd** Jon Favreau, Victor Simpkins **R** Doug Liman **B** Jon Favreau **K** Doug Liman **M** Justin Reinhardt **S** Stephen Mirrione **D** Jon Favreau (Mike), Vince Vaughn (Trent), Ron Livingston (Rob), Patrick van Horn (Sue), Alex Desert (Charles), Heather Graham (Lorraine) **L** 96 **FSK** ab 12; f **E** 24.7.1997/17.2.1998 Video/1.2.1999 premiere/September 1998 DVD **fd** 32 672

SWINGERS (1998) (ENQUETE D'ECHANGES). Bei den Nachforschungen über den mysteriösen Tod ihrer Freundin gerät eine junge Frau in einen Swingerclub und entdeckt neue Seiten an sich. Erotikfilm. ✦ Frankreich 1998 **R** David Gilbert **B** Céline Martin **D** Drünna (Christine), Edouard de Larrocha (Patrick), Julie Chanel (Carole), François Beauchamps (Xavier), Jean-Marc Mineo (Darracq), Drünna (Karen) **L** ca. 85 **E** 5.2.2000 Vox

SWINGPFENNIG/DEUTSCHMARK. Experimentelle Spielfilmcollage. Ein »Roadmovie zu Fuß« über Mitglieder einer Hamburger Band und die Leute, mit denen sie leben und arbeiten. Im Rahmen ihrer Spurensuche stoßen die Jugendlichen unter anderem auf Zeugnisse der »Swing-Jugend« der 30er Jahre, die sich mit ihrer verbotenen Musik in kultureller Opposition zur Nazi-Ideologie befand. – Ab 14. ✦ Deutschland 1993 **R+B** Margit Czenki **K** Hille Sagel **M** Degenhardt, Die goldenen Zitronen, Easy Business, IQ **D** Françoise Cactus (Jo), Schorsch Kamerun (Schorsch), Calamity Jane (Marcela), Ted Gaier (Eddie), Melanie Scarlett (Nico), Ale Sexfeind (PS) **L** 92 **E** 22.3.1994 ZDF

SWISS TOUR → Ein Seemann ist kein Schneemann

SWISSMADE (3 EPISODEN) (SWISSMADE (3 EPISODEN)). Die Finanzierung durch eine schweizerische Großbank ermöglichte es drei Filmschaffenden, mit formal sehr unterschiedlich gestalteten, in der Zukunft spielenden Episoden Gefahren der schweizerischen Wohlstandsgesellschaft kritisch aufzuzeigen. Yves Yersins Beitrag »Der Neinsager« ist eine bittere Satire auf politische Trägheit, Fritz E. Maeders »Alarm« schildert – optisch etwas verspielt – die Gefühlsrebellion gegen eine total industrialisierte Welt, und in der Episode »Swissmade – 2069« entwickelt Fredi M. Murer aus den aktuellen Gegebenheiten eine Welt von übermorgen, in der die Gesellschaft fast reibungslos funktioniert: eine subtile Reflexion über das Zusammenleben und über den Stellenwert der Poesie in einer poesiefeindlichen Zukunft. ✦ Schweiz 1969 **P** Schweizerische Volksbank **R** Fredi M. Murer (»Swissmade – 2069«), Yves Yersin (»Der Neinsager«), Fritz E. Maeder (»Alarm«) **B** Fredi M. Murer (»Swissmade – 2069«), Michel Contat (»Der Neinsager«), Yves Yersin (»Der Neinsager«), Jörg Steiner (»Alarm«) **K** Fredi M. Murer (»Swissmade – 2069«), Witold Lesniewicz (»Der Neinsager«), Erwin Huppert (»Der Neinsager«), Fritz E. Maeder (»Alarm«) **M** Toni Vescoli (»Alarm«) **S** Fredi M. Murer (»Swissmade – 2069«), Yves Yersin (»Der Neinsager«), Lia Simonyi (»Alarm«) **D** Henri Noverraz (»Der Neinsager«), Elsa Skorecka (»Der Neinsager«), Erika Denzler (»Der Neinsager«), Herbert Hermann (»Alarm«), Jocko Kanitzer (»Alarm«), Franz Kutschera (»Alarm«) **L** 104 **E** Schweiz

SWITCH – DIE FRAU IM MANNE (SWITCH). Ein egozentrischer Mann wird nach der Ermordung durch drei enttäuschte Geliebte aus dem Jenseits zu einem Leben als Frau in die Welt zurückbefördert, um mehr Verständnis für weibliche Eigenart und Würde zu gewinnen. Nur zu Beginn reizvolle Mischung aus Tragikomödie, Melodram und Klamauk, die zunehmend an inszenatorischer Eleganz einbüßt und vorhersehbar wird. Betont gagreich, aber oberflächlich und ohne gedankliches Profil. – Ab 16. ✦ USA 1991 **P** Beco/HBO/Cinema Plus/Odyssee-Regency **KI** Senator **VA** Ufa **Pd** Tony Adams, Trish Caroselli Rintels **R+B** Blake Edwards **K** Dick Bush **M** Henry Mancini **S** Robert Pergament **D** Ellen Barkin (Amanda), Jimmy Smith (Walter), JoBeth Williams (Margo), Lorraine Bracco (Sheila), Tony Roberts (Arnold) **L** 103 **FSK** ab 12; f **FBW** w **E** 12.9.1991/30.3.1992 Video **fd** 29 099

SWITCHBACK – GNADENLOSE FLUCHT (SWITCHBACK). Ein Katz-und-Maus-Spiel, das ein Serienmörder mit einem FBI-Agenten betreibt: Als der zunächst erfolglose Fahnder vom Fall abgezogen wird, betreibt der Mörder seine »Wiedereinstellung«, und entführt, letztlich doch eingekreist, den Sohn des Polizisten, um in der Bergwelt von Colorado einen packenden Showdown zu inszenieren. Ein überaus intelligenter Krimi, der von der Drehbucherfahrung seines Regisseurs zeugt (u. a. »Stirb langsam«) und der neben stimmig entwickelten Charakteren packende Actionmomente und gute Charaktere zu bieten hat. Ein spannender Film, der darüber hinaus noch mit einer guten Fotografie aufwarten kann. ✦ USA 1997 **P** Pacific Western/Paramount/Rysher Entertainment **VA** Columbia-Tristar Home **Pd** Gale Anne Hurd **R+B** Jeb Stuart **K** Oliver Wood **M** Basil Poledouris **S** Conrad Buff **D** Dennis Quaid (Frank LaCrosse), Danny Glover (Bob Goodall), Jared Leto (Lane Dixon), Ted Livine (Deputy Nate Booker), R. Lee Ermey (Sheriff Buck Olmstead) **L** 120 **FSK** ab 16 **E** 20.10.1998 Video **fd** 33 410

SWJATOSLAW RICHTER, DER UNBEUGSAME (RICHTER THE ENIGMA). Dokumentarfilm über den russischen Pianisten Swjatoslaw Richter. Auf der Grundlage eines Interviews, das der Musiker zwei Jahre vor seinem Tod 1997 gab, rekonstruiert das Porträt mit vielen Archivaufnahmen und seltenen Musikaufzeichnungen Richters tragische Familiengeschichte und Karriere und zeichnet zugleich ein kritisches Bild seiner Epoche als auch der Musikwelt und ihrer Interpreten. – Ab 16. ✦ Frankreich 1998 **P** Idéal Audience/IMG Artists **Pd** Hélène Le Coeur **R+B** Bruno Monsaingeon **K** Raphael O'Bryne **S** Sophie Vermesch, Manuel Gasquet **L** 154 **E** 9.9.1998 arte

SWOON (SWOON). Zwei junge Männer aus gutem Hause lassen sich im Chicago der 20er Jahre in ihrer homosexuellen Liebesbeziehung haltlos treiben und verlieren jeden Boden unter den Füßen, was zu einem Mord führt. Auf einem authentischen Fall aufbauender Debütfilm, der durch ausgezeichnete Kameraarbeit und Montage sein heikles Thema mit geschickter ästhetischer Balance gestaltet. Durch die eindrucksvolle Bildsprache entsteht ein atmosphärisch dichtes Bild einer psychologisch verqueren Beziehung, wobei allerdings die Sympathieführung gegen Ende fragwürdig wird. ✦ USA 1991 **P** Intolerance/American Playhouse **KI** NEF 2 **Pd** Christine Vachon, Tom Kalin **R** Tom Kalin **B** Tom Kalin, Hilton Als **K** Kurt Attenberger **M** James Bennett **S** Tom Kalin **D** Daniel Schlachet (Richard Loeb), Craig Chester (Nathan Leopold), Ron Vawter (Staatsanwalt), Michael Kirby (Detektiv), Michael Stumm (Dr. Bowman), Valda Drabla (Germaine) **L** 88 **fd** 30 052

SWOPPERS → Swingers (1991)

SWORD OF HEAVEN – AUF DER SUCHE NACH DEM SCHWERT DES TODES (SWORD OF HEAVEN). Ein kampfgewandter japanischer Patriot forscht in Amerika nach einem wertvollen und traditionsreichen Schwert aus »Meteor-Metall« und muß feststellen, daß es in den Besitz einer Verbrecherorganisation geraten ist. Hinter dieser ist ein Polizist irischer Abstammung her, so daß beide ein schlagkräftiges

Team bilden und auch einen korrupten Polizisten als Kopf der Bande entlarven können. Stumpfsinniger Actionfilm mit endlosen Metzeleien. – Wir raten ab. ✦ USA 1985 **P** BFM Enterprises **KI** Splendid **VA** Pacific **Pd** Joseph J. Randazzo, Britt Lomond **R** Byron Meyers **B** James E. Bruner (= James Bruner), Britt Lomond, William Patrick O'Hagab, Joseph J. Randazzo **K** Gil Hubbs **M** Christopher L. Stone **S** Warren Chadwick **D** Tadashi Yamashita (Tadashi), Mel Novak (Dirk), Gerry Gibson (Patrick), Bill Wallace, Joseph J. Randazzo (Cain) **L** 81 **FSK** ab 18; nf **E** März 1986/ Juni 1986 Video

SWORD OF HONOR →Schwert des Ruhmes

SWORDKILL (SWORDKILL). Japan 1552: Ein Samurai jagt hinter den Entführern seiner Frau her. Im Kampf wird er verwundet und stürzt in einen Eissee am Fuße eines Gletschers. 400 Jahre später wird sein konservierter Körper gefunden und zu Studienzwecken nach Los Angeles überführt. Dort erwacht er zu neuem Leben, entweicht aus dem Forschungslabor und setzt die Suche unverdrossen fort, wobei er einem permanenten Kulturschock ausgesetzt ist. Trivialer Action-Film mit fantastischen Elementen. ✦ USA 1984 **P** Charles Band International/Swordkill/Empire/Markham **VA** Vestron **Pd** Charles Band **R** J. Larry Carroll **B** Tim Curnen **K** Mac Ahlberg **M** Richard Band **S** Brad Arensman **D** Hiroshi Fujioka (Yoshimitsa), John Calvin (Dr. Alan Richards), Janet Julian (Chris Welles), Charles Lampkin (Willie Walsh), Frank Schuller (Det. Berger), Bill Morey (Dr. Carl Anderson), Andy Wood (Dr. Pete Denza) **L** 77 **FSK** ab 18 **E** 28.2.1986 Video

SWORDSMAN (THE SWORDSMAN). Ein Polizist wird beauftragt, eine Kunsthistorikerin – die Zeugin eines Raubmordes – zu beschützen. Unter den gestohlenen Exponaten entdeckt der Hobby-Fechter ein Schwert, mit dem er schon seit längerem in bizarren Visionen gegen einen unbekannten Gegner kämpft. Die legendäre Waffe Alexanders des Großen, die ihren Besitzer unsterblich macht, hilft ihm schließlich im Kampf mit einem zwielichtigen Industriellen. Geschickt verrätselter und spannend aufgebauter düsterer »Reinkarnations-Thriller« mit augenzwinkernden Verweisen auf die »Highlander«-Filme; annehmbare Action-Unterhaltung ohne allzu große Härten. (Fernsehtitel: »The Swordsman – Das magische Schwert«) ✦ Kanada 1992 **P** SC Entertainment **VA** Highlight **Pd** Nicolas Stiliadis, Syd Cappe **R+B** Michael Kennedy **K** Ludek Bogner **M** Dominic Troiano **S** Nick Rotundo **D** Lorenzo Lamas (Andrew), Claire Stansfield (Julie Wilkins), Michael Champion (Victor Stratos), Nicholas Pasco (Nick), Raoul Trujillo (JoJo) **L** 98 **FSK** ab 16 **E** 19.8.1992 Video/ 21.2.1994 PRO 7 **fd** 29 988

SYDNEY: U. S. GARNISON, 1944 (COME IN SPINNER). Zweiteilige Fernsehverfilmung eines Erfolgsromans: Geschehnisse um einen von drei Frauen betriebenen Schönheitssalon im besten Hotel von Sydney im Oktober 1944. Die U.S-Streitkräfte haben die australische Metropole in eine Garnisonsstadt verwandelt. Der Krieg verändert das Leben der Frauen und der Soldaten, die in dem Hotel ein und aus gehen. ✦ Australien 1989 **R** Rob Marchand **B** Nick Enright, nach dem Roman »Come in Spinner« von Dymphna Cusack und Florence James **D** Lisa Harrow (Claire Jeffries), Kerry Armstrong (Deborah Forrest), Rebecca Gibney (Peg »Guinea« Malone), Bryan Marshall (Colonel Byron Maddocks), Gary Sweet (Jack Forrest) **L** 108/105 (zwei Teile) **FSK** ab 16. **E** 15.,16.10.1996 SAT 1

SYLVESTER (SYLVESTER). Ein junges Mädchen, das seine beiden Brüder erzieht, erringt nach vielen Mühen und einem harten Pferdetraining den ersten Preis in einer Vielseitigkeitsprüfung für Military-Pferde. Eine Aufsteigergeschichte, die sich zwar um Tiefgang und menschliche Wärme bemüht, in der der sportliche Erfolg jedoch alle anderen Themenkreise wie Familie und das solidarische Miteinander der Menschen in den Hintergrund drängt. – Ab 16. ✦ USA 1985 **P** Columbia **VA** RCA/Columbia **Pd** Martin Jurow **R** Tim Hunter **B** Carol Sobieski **K** Hiro Narita **M** Lee Holdridge **S** Howard E. Smith, Suzanne Pettit, David Garfield **D** Melissa Gilbert (Charlie), Richard Farnsworth (Foster), Michael Schoeffling (Matt), Constance Towers (Muffy), Pete Kowanko (Harris) **L** 99 **FSK** ab 12 **E** 17.3.1986 Video **fd** 25 576

SYLVESTER – TRAGÖDIE EINER NACHT. In der Silvesternacht wird einem Kneipenwirt die bis zum Kampf ausartende Eifersucht zwischen Mutter und Frau zuviel, so daß er sich umbringt. Im Mittelpunkt dieses Stummfilms stehen die psychologischen Zwischentöne, die erstaunlich zurückhaltend gespielt und filmsprachlich virtuos inszeniert wurden. Dank seinem feinem Gespür für soziale Eigenheiten und Kontraste, die mit assoziativ eingeblendeten Szenen von der Straße und einer Luxusveranstaltung deutlich werden, illustriert der Film die 20er Jahre als Zeit der Zerrüttung. ✦ Schwarz-weiß. Deutschland 1923 **P** Rex Film **KI** Ufa **R** Lupu Pick **B** Carl Mayer **K** Karl Hasselmann, Guido Seeber **M** Klaus Pringesheim **D** Eugen Klöpfer, Edith Posca, Frida Richard, Rudolf Blümer, Karl Habacher **L** 70 **E** 3.1.1924

SYLVIA (1964) (SYLVIA). Ein Privatdetektiv erforscht die dunkle Vergangenheit der Verlobten eines Millionärs und stellt fest, daß deren Weg nach einer früheren Vergewaltigung über mehrere Jahre der Prostitution führte. Er behält sein Wissen für sich, weil er seinerseits die inzwischen Gewandelte liebt. Typisches Hollywood-Melodram. (Alternativtitel: »Das Vorleben der Sylvia West«) ✦ Schwarz-weiß. USA 1964 **P** Paramount/Marpol **KI** Paramount **Pd** Martin Poll **R** Gordon Douglas **B** Sydney Boehm, nach einem Roman von E. V. Cunningham **K** Joseph Ruttenberg **M** David Raksin **S** Frank Bracht **D** Carroll Baker (Sylvia West), George Maharis (Alan Macklin), Joanne Dru (Jane Phillips), Peter Lawford (Frederick Summers), Viveca Lindfors (Irma Olanski), Edmond O'Brien (Oscar Stewart), Aldo Ray (Jonas Karoki) **L** 115 **FSK** ab 18; f **E** 12.3.1965 **fd** 13 354

SYLVIA (1984) (SYLVIA). Biografischer Film nach Büchern der Schriftstellerin und Pädagogin Sylvia Ashton-Warner, im Mittelpunkt die schwierigste Zeit ihres Lebens während der 30er Jahre in einer abgelegenen Maori-Siedlung. Dort entwickelt sie eine zunächst angefeindete revolutionäre Lehrmethode: sie übt Kinder im Gebrauch von Wörtern, die ihr eigenes, oft beängstigendes Leben darstellen. Ambitionierter Film, der wegen der komplexen Inszenierung und der einfühlsamen Schauspielerleistungen von der Kritik gerühmt wurde; Sylvia Ashton-Warner starb kurz vor Beginn der Dreharbeiten. ✦ Neuseeland 1984 **P** Southern Light/Cinepro/MGM-UA Classics **R** Michael Firth **B** Michael Quill, Ferdinand Fairfax, Michael Firth, nach den Büchern »Teacher« und »I passed this Way« von Sylvia Ashton-Warner **K** Ian Paul **M** Leonard Rosenman **D** Eleanor David (Sylvia Henderson), Nigel Terry (Aden Morris), Tom Wilkinson (Keith Henderson), Mary Regan (Opal Saunders), Joseph George **L** (TV) 90 **E** 14.6.1987 DFF 2/ 24.12.1988 NDR

SYLVIA – EINE KLASSE FÜR SICH. Nach Streitigkeiten mit dem Kultusministerium wird eine Lehrerin nach München strafversetzt und übernimmt an ihrer neuen Schule die berühmt-berüchtigte Klasse 10b. Schon bald stellen sich auch hier neue Schwierigkeiten ein, die in dem Vorwurf einer Schülerin gipfeln, die die neue Lehrerin der Körperverletzung bezichtigt. Pilotfilm einer äußerst anspruchslosen Schulserie, die ganz zugeschnitten wurde auf Uschi Glas als couragierte Lehrerin. Triviale Unterhaltungskost auf schlichtem Serienniveau. – Ab 12. ✦ Deutschland 1998 **R** Erwin Keusch **B** Nikolai Müllerschön **D** Uschi Glas (Sylvia), Heinz Hoenig (Ludwig Kehler), Cornelia Corba (Frau Kehler), Hannelore Cremer (Sylvias Mutter), Christian Toulali (Lukas) **L** 93 **E** 28.10.1998 SAT 1

SYLVIA KRISTEL – DIE NICHTE DER O →Es war nicht die Nachtigall

SYLVIA KRISTEL – ERSTE KLASSE →Erste Klasse

SYLVIA SCARLETT (SYLVIA SCARLETT). Ein ungeschickter und glückloser Gauner flieht gemeinsam mit seiner als Mann verkleideten Tochter aus Frankreich. Während der Schiffsreise nach England begegnen sie einem jungen und attraktiven Spieler, der die beiden überzeugt, daß sie zusammen schneller zu Geld kommen. Nach mehreren fehlgeschlagenen Coups wendet sich das Trio freilich ehrlicher Arbeit zu. Durchaus elegant inszenierte Abenteuerkomödie, die jedoch trotz solider Darsteller und manchem Wortwitz allzu steif und künstlich wirkt. Es fehlt dem Film entscheidend an Atmosphäre, um zu fesseln. (O.m.d.U.) – Ab 14 möglich. ✦ Schwarz-weiß. USA 1936 **P** RKO **Pd** Pandro S. Berman **R** George Cukor **B** Gladys Unger, John Collier, Mortimer Offner, nach einem Roman von Compton Mackenzie **K** Joseph August **M** Roy Webb **S** Jane Loring **D** Katharine Hepburn (Sylvia Scarlett), Edmund Gwenn (Henry Scarlett), Brian Aherne (Michael Fane), Cary Grant (Jimmy Monkley), Natalie Paley (Lily), Dennis Moore (Maudie Tilt), Lennox Pawle (Betrunkener) **L** 97 **E** 27.4.1975 NDR III

SYLVIA UND DAS GESPENST (SYLVIE ET LE FANTOME). Die romantisch veranlagte Baronesse Sylvia hat sich ins Schloßgespenst verliebt. Der Vater »mietet« daraufhin Gespenster, um seine Tochter bei einem kleinen Fest zu erfreuen. Eins dieser Leihgespenster entpuppt sich als Dieb, das andere verliebt sich in Sylvia. Das wirkliche Schloßgespenst immaterialisiert sich angesichts soviel Budenzaubers. Einige lustige Ideen und geradezu kühn zu nennende Tricks machen den Film sympathisch. ✦ Schwarz-weiß. Frankreich 1945 **P** Discina **KI** IFA **Pd** André Paulvé **R** Claude Autant-Lara **B** Jean Aurenche, nach einem Bühnenstück von Alfred Adam **K** Philippe Agostini **M** René Cloërec **S** Madeleine Gug **D** Odette Joyeux (Sylvia), François Périer (Ramure), Jacques Tati (Alain de Francigny), Louis Salou (Anicet), Jean Desailly (Frederic), Julien Carette (Hector) **L** 90 **E** Sommer 1947 **fd** 189

SYLVIE (DIE SCHÖNEN TAGE) (LES BEAUX JOURS). Die nach dem Selbstmord ihres Vaters, eines ruinierten Bankiers, aus dem vornehmen Internat verwiesene Sylvie findet Unterschlupf bei dem Bruder einer Lehrerin, der seinen Lebensunterhalt als Barpianist verdient. Er verliebt sich in sie, aber sie liebt einen anderen. Bittersüße Liebesromanze mit sentimental-tragischer Note. ✦ Schwarz-weiß. Frankreich 1935 **R** Marc Allégret **B** Charles Spaak, Jacques Viot **M** Georges van Parys **D** Simone Simon, Jean-Pierre Aumont, Raymond Rouleau, Catherine Fonteney, Lucienne Lemarchand **L** 90 **E** 1945/46 Kino

SYMBOL DES GLÜCKS (THE WHITE UNICORN). In einem Fürsorgeheim nimmt sich die scheinbar gefühllose Anstaltsleiterin einer jungen Frau an, die mit ihrem Kind Selbstmord begehen wollte. In vielen Rückblenden werden die unglücklichen Schicksale der beiden Frauen unterschiedlicher gesellschaftlicher Herkunft heraufbeschworen. Larmoyanter Frauenroman von Flora Sandstrom in einer oberflächlichen Verfilmung. ✦ Schwarz-weiß. Großbritannien 1947 **P** Corfield/Rank **KI** Rank **Pd** Harold Huth **R** Bernard Knowles **B** Robert Westerby, A. R. Rawlinson, Moie Charles, nach einem Roman von Flora Sandstrom **K** Reginald Wyer **M** Bretton Byrd **D** Margaret Lockwood (Lucy), Dennis Price (Richard Glover), Joan Greenwood (Lottie Smith), Ian Hunter (Philip Templar), Guy Middleton (Fobey), Catherine Lacey (Miss Carter), Mabel Constanduros (Krankenschwester) **L** 75 (Orig. 97) **FSK** ab 16; nf **E** Juni 1948 Kino **fd** 129

DER SYMPATHISCHE HOCHSTAPLER (LIVING IT UP). Eine typisch amerikanische Groteske zum Thema Sensationspresse. Ein junger Mann, der, angeblich atomverseucht, nur noch kurze Zeit zu leben haben soll, wird von einem Skandalblatt zum Helden gemacht. Mit viel Klamauk und Grimassenkomik, aber streckenweise auch mit zündendem Witz inszeniertes Remake von William A. Wellmans »Denen ist nichts heilig«, USA 1937. (Alternativtitel: »Patient mit Dachschaden«) – Ab 14. ✦ USA 1954 **P** Paramount **KI** Paramount **Pd** Paul Jones **R** Norman Taurog **B** Jack Rose, Melville Shavelson, nach dem Musical »Hazel Flagg« von Ben Hecht, Jule Styne und Bob Hilliard **K** Daniel L. Fapp **M** Walter Scharf **S** Archie Marshek **D** Dean Martin (Steve), Jerry Lewis (Homer), Janet Leigh (Wally Cook), Edward Arnold (Bürgermeister), Fred Clark (Oliver Stone), Sheree North, Sammy White, Sid Tomack **L** 95 **FSK** ab 6; f **E** 31.3.1956 **fd** 4 967

EIN SYMPATHISCHER HERR (SIMPATICUL DOMN R.). Eine raffiniert arbeitende Bande hat sich auf den Raub von Patenten und Unterlagen spezialisiert. Die Polizei tut sich schwer, den Ganoven das Handwerk zu legen. ✦ Schwarz-weiß. Rumänien 1969 **P** Filmstudio Bucuresti **R** Stefan Traian Roman **B** Tudor Popescu **K** Raducanu Ateodoresei **M** Gabriel Margarint **D** Mihai Paladescu, Silviu Stanculescu, Gilda Marinescu, Virgil Ogasanu, Eniko Öss **L** 97 **E** 10.4.1971 DFF 1

SYMPHONIE DER LIEBE (1933) (EXTASE). Die Sehnsucht nach einem Kind treibt eine junge Frau von der Seite ihres Mannes zu einem Liebhaber, den sie dann auch verläßt, um nur für das Kind zu leben. Kunstvoll fotografiertes Drama. Eine legendäre Nacktszene erregte zu ihrer Zeit Aufsehen und ebnete Hedy Kiesler den Weg zum Weltruhm als Hedy Lamarr. Regisseur Machaty, der in Hollywood bei Griffith und Stroheim in die Schule gegangen war, galt als Experte für erotische Dramen. (Alternativtitel: »Ekstase«) ✦ Schwarz-weiß. CSR/Österreich 1933 **P** Slavia **KI** Corso **Pd** Franz Horky, Moritz Grinhut, Gustav Machaty **R** Gustav Machaty **B** Gustav Machaty, nach einer Erzählung von Viteslav Nezval **K** Jan Stallich **M** Giuseppe Becce **D** Hedy Kiesler (= Hedy Lamarr) (Eva), Leopold Kramer, Aribert Moog (Adam), Zvonimir Rogoz (Emil) **L** 81 **FSK** ab 16; nf **E** 8.1.1935/Wiederaufführung 1950 **fd** 956

SYMPHONIE DER LIEBE (1942) (SYMPHONIE FANTASTIQUE). Das schwierige Leben des Komponisten Hector Berlioz (1803–1869), sein Liebesleiden, sein später Erfolg, sein Aufstieg in die Académie Française. Einer der großen »Ablenkungsfilme«, die in Frankreich unter der deutschen Okkupation entstanden. Schwerfällig-ausführlich und heroisierend inszeniert. (DDR-Titel: »Phantastische Symphonie«) ✦ Schwarz-weiß. Frankreich 1942 **P** U.G.C. **KI** IFA **R** Christian-Jaque **B** Jean-Pierre Feydeau, Henri André Legrand **K** Armand Thirard **M** Hector Berlioz **D** Jean-Louis Barrault, Renée Saint-Cyr, Lise Delamare, Mona Dol, Jules Berry **L** 95 **E** 1948 Kino/10.1.1958 Kino DDR/26.2.1960 DFF 1 **fd** 152

SYMPHONIE DER SINNLICHKEIT (LES PETITES GARCES). Um an die Erbschaft zu kommen, verführt der Privatsekretär eines gestorbenen Millionärs dessen Töchter. Sexfilm. – Wir raten ab. ✦ Frankreich 1979 **P** Cinema 2002 **KI** Apollo u. a. **R** Alain Nauroy **D** Danièle Troger, Jacques Gateau, Cathy Brival **L** 82 **FSK** ab 18; nf **E** 1980 Kino

SYMPHONIE DES HERZENS (RHAPSODY). Die Dreiecksromanze zwischen einem Pianisten, einem Geiger und einer verwöhnten und egoistischen jungen Frau führt nach Verwicklungen und Konflikten zur Läuterung der kapriziösen Dame. Konventionell-kultiviertes Gesellschaftsdrama, das durch gepflegte klassische Musik (Klavier: Claudio Arrau, Geige: Michael Rabin) aufgewertet wird. – Ab 14 möglich. ✦ Scope. USA 1954 **P** MGM **KI** MGM **Pd** Lawrence Weingarten **R** Charles Vidor **B** Fay Kanin, Michael Kanin, Ruth Goetz, Augustus Goetz, nach dem Roman »Maurice Guest« von Henry Handel Richardson **K** Robert Planck **M** Bronislau Kaper, Peter Iljitsch Tschaikowski **S** Folmar Blangsted **D** Elizabeth Taylor (Louise Durant), Vittorio Gassman (Paul Bronte), John Ericson (James Guest), Louis Calhern (Nicholas Durant), Michael Chekhov (Prof. Schuman), Barbara Bates (Effie Cahill), Richard Hageman (Bruno Fürst), Richard Lupino (Otto Krafft), Stuart Whitman (Dove) **L** 115 **FSK** ab 12; f **E** 17.9.1955 **fd** 3 924

SYMPHONIE DES TODES (REQUIEM FOR MURDER / CLASSY KILL). Rätselhafte Morde, deren Opfer mit vergiftetem Rotwein stilvoll beim Hören klassischer Musik ums Leben kommen, beschäftigen die Polizei. Die Spur führt zu einer Radio-Moderatorin, die eine beliebte Klassik-Sendung präsentiert und für die sich der ermittelnde Polizist bald mehr als nur beruflich interessiert. Ein formal etwas altbackener Thriller ohne grelle Effekte, der einen Teil seiner reizvollen Wirkung dem wohl überlegten Musikeinsatz abgewinnt. ✦ USA 1998 **P** Allegro Films **Pd** Robert Wertheimer **R** Douglas Jackson **B** Matt Dorff, Jean-Vincent Fournier **K** Barry Gravelle **M** Milan Kymlicka **S** Isabelle Levesque **D** Molly Ringwald (Anne Winslow), Christopher Heyerdahl (Lou Heinz), Lynne Adams (Samantha Parks), Alan Fawcett (David Scott), Chris Mulkey (Richard Poe), Edward Yankie (Ed Fairbanks) **L** 89 **E** 22.7.2000 ARD

SYMPHONIE DREIER HERZEN →Solistin Anna Alt

SYMPHONIE EINER WELTSTADT. Reportagehafter Dokumentarfilm, in dem alte Aufnahmen des unzerstörten Berlin des Jahres 1941 neun Jahre später neu montiert wurden. Trotz interessanten Bildmaterials nicht vergleichbar mit dem hervorragenden alten Dokumentarfilm »Berlin – Die Sinfonie einer Großstadt« (1927) von Walter Ruttmann, dessen Titel dieser Film abwandelt. (Alternativer Titel: »Berlin wie es war«) – Ab 14. ✦ Schwarz-weiß. Deutschland 1941/50 **P** Leo de Laforgue **KI** Filmkunst **R+B+K** Leo de Laforgue **M** Rudolf Kattnigg, Paul Lincke, Walter Kollo, C. Teichs, Leo Leux **L** 78 (neu 87) **FSK** ab 12; f (neu o. A.) **FBW** w **E** 1.10.1950 **fd** 1 908

SYMPHONIE EINES LEBENS. Ein genialer alternder Komponist verstrickt sich in die Leidenschaft zu einer jungen Frau, verläßt seine Familie und tötet seinen Nebenbuhler. In langer Haft gewandelt, erlebt er mit der »Symphonie eines Lebens« einen versöhnlichen Erfolg. Pathetisches Künstlerdrama, das der Peinlichkeit nur durch die darstellerische Leistung des Franzosen Harry Baur entgeht, der diese, seine letzte Rolle kurz vor der Gestapoverhaftung und seinem ungeklärten Tod spielte. – Ab 16. ✦ Schwarz-weiß. Deutschland 1942 **P** Tobis **KI** Kristall **R** Hans Bertram **B** Hans Bertram, Kurt E. Walter **K** Carl Hoffmann, Erich Nitzschmann **M** Norbert Schultze **D** Harry Baur, Henny Porten, Gisela Uhlen, Harald Paulsen, Albert Florath **L** 87 **FSK** ab 16; nf **E** 21.4.1943/24.10.1960 DFF 1

SYMPHONIE IN GOLD. Ein geheimnisumwitterter Eiskunstläufer führt seine Teamkameraden zum Gewinn der Europameisterschaft. Anspruchslos-gefällige Unterhaltung mit Sport, Liebe, viel Musik, etwas Komik und Darbietungen der Wiener Eisrevue. ✦ Österreich 1955 **P** Neusser/Cosmos **KI** Herzog **Pd** Erich von Neusser **R** Franz Antel **B** Kurt Nachmann **K** Hans H. Theyer **M** Lotar Olias **S** Arnfrid Heyne **D** Joachim Fuchsberger (Walter Gerlos), Germaine Damar (Eva Bell), Gunther Philipp (Joe Lobedanz), Hans Moser (Anton Koriander), Susi Nicoletti (Mathilde Seidlitz) **L** 100 **FSK** ab 6; nf **E** 1.3.1956 **fd** 4 789

SYMPHONY DES BÖSEN (THE HAUNTED SYMPHONY). Ein frustrierter adeliger Komponist in einem französischen Dorf des 19. Jahrhunderts arbeitet an einer »Symphonie des Teufels«, ermordet unter Einfluß des Bösen eine Prostituierte und wird von einem aufgebrachten Mob gelyncht. Als Jahre später seine Großnichte auf die unvollständige Partitur stößt, beschwört sie seinen Geist herauf. Eine krude Mischung aus »Gothic Horror«-Klischees, haarsträubend schludrig inszeniert. Leblos huschen die Figuren durch eine knallbunt ausgeleuchtete Kulisse, wobei durch dubiose Traumsequenzen und spekulative Sex-Szenen mühsam die abendfüllende Länge erreicht wird. ✦ USA/Russland 1994 **P** New Horizon/Mosfilm **VA** CIC **Pd** Roger Corman **R** David Tausik **B** Tara McCann, Beverly Gray, David Hartwell **K** Yivgeny Korzhenkov **M** Vladimir Komorov, Bruno Louchouarn **S** Mick Jackson, Brian Chambers **D** Ben Cross (Marius), Jennifer Burns (Gabrielle), Beverly Garland (Carlotta), Doug Wert (Julien), Lew Prigunow (Octavie) **L** 95 **FSK** ab 18 **E** 23.1.1995 Video **fd** 31 234

DAS SYNDIKAT (1951) →Gangster

DAS SYNDIKAT (1971) (LA POLIZIA RINGRAZIA). Ein italienischer Polizeikommissar kämpft gegen ein rechtsextremistisches Verbrechersyndikat und merkt zu spät, daß auch seine Vorgesetzten und führende Politiker Teil der faschistischen Verschwörung sind. Solide inszenierter Unterhaltungsfilm, der die Klischees des italienischen Politthrillers benutzt, um der eher trivialen Kriminalstory eine gesellschaftskritische Aura zu geben. ✦ Scope. BR Deutschland/Italien 1971 **P** Dieter Geissler Filmprod./Primex Italiana **KI** Cinerama **Pd** Roberto Infascelli **R** Stefano Vanzina **B** Lucio de Caro, Steno (= Stefano Vanzina), Dieter Geissler **K** Riccardo Pallottini **M** Stelvio Cipriani **S** Roberto Perpignani, Jutta Brandstaedter **D** Enrico Maria Salerno (Kommissar Bertone), Mario Adorf (Staatsanwalt Ricciuti), Jürgen Drews (Michele), Mariangela Melato (Sandra), Franco Fabrizi (Bettarini), Cyril Cusack (Ex-Polizeipräsident Stolfi), Laura Belli (Anna Maria), Corrado Gaipa (Armani) **L** 89 **FSK** ab 16; f **FBW** w **E** 17.11.1972 **fd** 18 097

DAS SYNDIKAT DES GRAUENS (LUCA IL CONTRABANDIERE). Als eine Rauschgiftorganisation die traditionellen Schmuggelgeschäfte der Camorra stört, bricht ein äußerst blutiger Bandenkrieg in Neapel aus. Spannungsarmer Film, der Blutbäder, Massenexekutionen, Grausamkeiten und Folter genüßlich zelebriert. ✦ Italien 1981 **P** Primex **KI** CH-Film/Filmagentur Graf/Beka/Elsner **VA** VTD **R** Lucio Fulci **B** Gianni de Chiara, Ettore Sanzo **K** Sergio Salvati **M** Lucio Cansato **D** Fabio Testi, Marcel Bozzuffi, Ivana Monti, Guido Alberti, Fernando Murolo **L** 96 **FSK** SPIO: X **E** 7.5.1982 **fd** 24 000

SYNGENOR (SYNGENOR). Im Labor eines amerikanischen Großkonzerns wird an einem »synthetischen« Soldaten gearbeitet, der die USA für zukünftige Konflikte wappnen soll. Doch die Wissenschaftler gebären ein Monster, das sich selbst fortpflanzt und Angst und Schrecken verbreitet. Vordergründiges Horrormärchen, das nicht einmal die eingefleischten Freunde des Genres zu unterhalten vermag. ✦ USA 1989 **P** Syngenor **VA** VPS **Pd** Jack F. Murphy, Marcel R. Elanjian **R** George Elanjian jr. **B** Brent V. Friedman, Michael Armody **K** James Mathers **M** Thomas Chase, Steve Rucker **S** Ellen Keneshea **D** Starr Andreeff (Susan Valentine), Mitchell Laurance (Nick Carey), David Gale (Carter Brown), Riva Spier (Paula Gorski), Charles Lucia (Stan Armbrewster) **L** 86 **FSK** ab 16 **E** 21.2.1991 Video **fd** 28 915

SYNTHETIC PLEASURES (SYNTHETIC PLEASURES). Dokumentarfilm über virtuelle Welten und künstliche Vergnügungen, der sich mit einer wertfreien Auflistung des Machbaren begnügt. Ein im Grunde erschreckendes Bild von Technologien, die das Leben zwar erleichtern, deren Erfinder jedoch einen selbstvergessenen und selbstverliebten Eindruck hinterlassen und das Vergnügen um jeden Preis predigen. (Fernsehtitel: »Ein künstliches Vergnügen«) – Ab 16. ✦ USA 1995 **P** Caipirinha Prod. **KI** Salzgeber & Co. **VA** absolut MEDIEN/Salzgeber **Pd** George Gund III **R+B** Iara Lee **K** Marcus Hahn, Kramer Morgenthau, Toshifumi Furusawa **S** Andreas Troeger, Stacia Thompson **L** 83 **E** 19.11.1996 arte/10.4.1997 Kino/1997 Video **fd** 32 422

SYNTHETISCHER FILM ODER WIE DAS MONSTER KING KONG VON FANTASIE & PRÄZISION GEZEUGT WURDE. Eine informative und unterhaltsame Dokumentation über den Filmtrick. Die legendäre »King Kong«-Verfilmung von 1930 dient als roter Faden, um die Entwicklung der synthetischen Filmarbeit von Meliès bis zum »New American Cinema« auszuarbeiten. Helmut Herbst zeigt dabei deutlich die Abhängigkeit der Filmemacher von der Technik und die daraus resultierende historische Veränderung der »Filmsprache«. – Ab 10 möglich. ✦ Teils schwarz-weiß. BR Deutschland 1975 **P** Cinegrafik/Stiftung Deutsche Kinemathek **SF** Stiftung Deutsche Kinemathek **R+B** Helmut Herbst **K** Rolf Deppe, Jochen Hergesberg **S** Elisabeth Waelchli **L** 67 **E** 2.11. 1976 ZDF

SYRTAKI – EROTIK OHNE MASKE (SYRTAKI TIS AMARTIAS). In dümmlicher »Hütet-euch-vor-den-Männern-Manier« schildert der griechische Kolportagefilm minutiös die sexuellen Unbilden, denen ein rücksichtslos mißbrauchtes Mädchen, das lebenshungrig das Vaterhaus verließ, seit seiner Vergewaltigung durch den Schwager ausgesetzt ist. ✦ Griechenland 1966 **P** Spentzos **KI** Germania **R** Giorgios Papakostas **K** Nikos Milas **D** Eleni Prokopiou, Byron Pallis, Tina Trianti, Speranza Wrana **L** 84 **FSK** ab 18; nf **E** 12.1.1968 **fd** 15 199

SYSKONBÄDD 1782 (GESCHWISTERBETT) (SYSKONBÄDD 1782). Die im Schweden von 1782 angesiedelte Geschichte einer verbotenen Liebe zwischen Bruder und Schwester. Sjömans dritter Spielfilm benutzt historische Dekors und den gehobenen Tonfall eines literarischen Textes als Vehikel für moral- und gesellschaftskritische Exkurse. ✦ Schwarzweiß. Schweden 1965 **P** AB Sandrew **KI** Topas **R** Vilgot Sjöman **B** Vilgot Sjöman, nach der Erzählung »It's a Pity She is a Whore« von John Ford **K** Lars Björne **S** Vilgot Sjöman **D** Bibi Andersson (Charlotte), Per Oscarsson (Jacob), Jarl Kulle (Baron Alsmeden), Tina Hedstroem (Ebba Livin), Gunnar Björnstrand (Greve Schwartz) **L** 95 **FSK** ab 18; f **FBW** w **E** 12.8.1966 **fd** 14 239

SYSTEM OHNE SCHATTEN. Ein Edelganove mißbraucht mit Hilfe einer Schauspielerin einen Computerfachmann für einen raffinierten Bankbetrug. Der scheinbar risikolose Coup gelingt, aber unbeabsichtigt kommt dabei ein Mensch ums Leben. Als das Gaunertrio die gestohlenen Millionen in Sicherheit bringen will, wird es von einer professionellen Bande ausgetrickst. Technisch brillant inszeniert, ist der Film nicht nur ein spannender Thriller und ein verhaltenes Dreiecksmelodram, sondern darüber hinaus ein nachdenklicher Diskurs über Fantasie und Wirklichkeit im Kino wie im Leben. Reich an Details, erforscht er behutsam die Lebensräume seiner Figuren, läßt ihnen Raum zur Entfaltung ihrer Träume und verweist auf ihr Gefangensein in mannigfaltigen Systemen der Wahrnehmung und der Gefühle. – Ab 16. ✦ BR Deutschland 1983 **P** Anthea/Moana **KI** Concorde **Pd** Jochen Brunow **R** Rudolf Thome **B** Jochen Brunow **K** Martin Schäfer **M** Dollar Brand, Laurie Anderson, Mikro Rilihy **S** Uwe Griem **D** Bruno Ganz (Faber), Hanns Zischler (Melo), Dominique Laffin (Juliet), Sylvia Kékulé (Renate), Konstantin Papanastasiou (Nino), Joachim Grigo (1. Gangster), Halbe Jelinek (2. Gangster), Hartmut Bitomsky (Theaterregisseur), Michael Klier (1. Arbeitskollege), Laurie Anderson (Sängerin) **L** 115 **FSK** ab 6; f **FBW** bw **E** 4.11.1983 **fd** 24 259

SZENEN AUS DEM LEBEN EINES AKTIVISTEN (SLIKE IZ ZIVOTA UDARNIKA). Kritische Biografie eines gefeierten »Helden der Arbeit«, der in Krisenzeiten mit seiner Brigade einen Produktionsrekord aufstellt und nach wenigen Jahren, als man auf Männer wie ihn weniger angewiesen ist, in Vergessenheit gerät. In einer Mischung aus Pathos und Ironie originell erzählter jugoslawischer Film. ✦ Jugoslawien 1972 **P** Studiofilm Sarajewo **R** Bata Cengic **B** Branko Vucicevic, Bata Cengic **K** Karpo Acimovic-Godina **M** Bojan Adamic **D** Adem Cejvan (Adem), Stole Arandjelovic (Stole), Zaim Muzaferija (Zaim), Ilija Basic (Ilija), Mida Stevanovic (Mida), Stefka Drolceva (Stevka) **L** 80 **E** 15.10.1973 ARD **fd** 18 498

SZENEN AUS DEM PORTUGIESISCHEN KLASSENKAMPF (SCENES FROM THE PORTUGUESE CLASS STRUGGLE). Ein im Frühjahr 1976 gedrehter Bericht über die einschneidenden gesellschaftlichen Veränderungen in Portugal, der die revolutionären Prozesse in diesem Land transparent machen will. Ein eindringlicher Film, der bei allem Engagement auch Skepsis gegenüber den Verhältnissen in Portugal signalisiert. ✦ Schwarz-weiß. USA 1977 **P** Barbara Stone/David Stone **SF** Freunde der Deutschen Kinemathek **R+B+K** Robert Kramer, Philip J. Spinelli **L** 89 **E** 1978 Kino

SZENEN EINER EHE (SCENER UR ETT ÄKTENSKAP). Stationen im Leben eines Paares, das sich nach schmerzhafter Aufarbeitung verdrängter Konflikte aus der gemeinsamen Ehe befreit und später nach Erfahrungen mit anderen Partnern zu einer neuen Form der Gemeinsamkeit findet. Vorwiegend auf der Dialogebene argumentierendes Beziehungsdrama von Ingmar Bergman, der zuweilen die mit analytischem Scharfsinn protokollierten Alltagsprobleme zu abstrakten existentiellen Modellsituationen verdichtet. Gekürzte Kinoversion der gleichnamigen sechsteiligen Fernsehserie. – Ab 16. ✦ Schweden 1973 **P** Cinematograph AB **KI** Constantin **R+B** Ingmar Bergman **K** Sven Nykvist **S** Siv Lundgren **D** Liv Ullmann (Marianne), Erland Josephson (Johan), Bibi Andersson (Katarina), Jan Malmsjö (Peter), Barbro Hiort af Ornäs (Frau Jacobi), Gunnel Lindblom (Eva) **L** 169 (TV 235) **FSK** ab 16; f **FBW** bw **E** 13.3.1975/10.9. 1976 Kino DDR/4.6.1983 DFF 2 **fd** 19 216

SZENEN EINER FAMILIE (FAMILY PICTURES). Die Chronik einer zerrütteten Familie über mehrere Jahrzehnte hinweg beginnt mit der Rückkehr einer jungen Fotografin in die Wohnung ihrer geschiedenen Mutter. Dort entdeckt sie Bilder aus ihrer Kindheit und beginnt, sich näher für die Geschichte ihrer Familie zu interessieren. Sie erinnert sich an ihren autistischen Bruder, der als Kind in ein Heim gegeben wurde. Danach fanden die Eltern für kurze Zeit wieder zueinander, doch unter der Oberfläche schwelen die Konflikte. Die beiden erwachsenen Kinder verlassen das Haus, und erst der Unfalltod des autistischen Bruders führt die Familienmitglieder wieder zusammen. Prägnant-gefühlvolles, etwas überlanges Familiendrama. – Ab 16. ✦ USA 1993 **Pd** Joe Broido **R** Philip Saville **B** Jennifer Miller, nach einem Roman von Sue Miller **K** Elemér Ragályi **M** Johnny Harris **S** Debra Karen **D** Anjelica Huston (Lainey Eberlin), Kyra Sedgwick (Nina), Sam Neill (David), Dermot Mulroney (Mack), Sean Ryan **L** 90/92 **E** 23.,30.10.1994 premiere (zwei Teile)

DAS SZENISCHE OPFER (AN RHEIN UND RUHR). Porträt der Ruhrgebietslandschaft, eines der letzten nichtprovinziellen deutschen Phänomene. Es heißt »Das szenische Opfer«, weil die einzelnen Stücke rhythmisch gearbeitet sind und wie eine visuelle Musik funktionieren. Das szenische Opfer ist ein doppeltes: Der Mensch hat seinem Ehrgeiz seine natürliche Umgebung geopfert und dabei wahnsinnige Monumente seiner Fähigkeiten errichtet, die nun, ihrerseits vernachlässigt, dem inzwischen ohnmächtigen Glauben an den Fortschritt zum Opfer gebracht werden. Wybornys Film wurde als gelungenes Beispiel für einen Experimentalfilm mit Witz, Phantasie und ausgefallenen Bildern ausgezeichnet. ✦ BR Deutschland 1981 **P** Klaus Wyborny **R+B+K** Klaus Wyborny **L** 60 **E** 17.9.1981 ZDF

T.A.G. – DAS KILLERSPIEL (T.A.G.). Auf dem Campus einer amerikanischen Universität findet ein seltsames Spiel begeisterte Anhänger: man beschießt sich mit harmlosen Gummi-Geschossen aus Kinderpistolen, wer getroffen wird, scheidet aus. Eine Studentin, die großes Können bei diesem Spiel entwickelt, steht plötzlich einem Gegner gegenüber, für den das Ganze tödlicher Ernst ist. Spannungsloser, schlecht gespielter Thriller mit eindimensionalen Charakteren und erbärmlichen Dialogen. (TV-Titel: »Das Killerspiel«) ✦ USA 1981 **P** New World **VA** Ufa **Pd** Peter Rosten, Daniel Rosenthal **R+B** Nick Castle **K** Willy Kurant **M** Craig Safan **S** Tom Walls **D** Robert Carradine (Alex), Linda Hamilton (Susan), Bruce Abbott (Gersh), Kristine DeBell (Nancy), John Mengatti (Randy) **L** 87 **FSK** ab 16 **E** 30.6.1987 Video/18.7. 1988 RTL plus

T AND T (STRAIGHT LINE). T.S. Turner, der muskelbepackte »Mr. T«, setzt sich mit einer neonazistischen Vereinigung auseinander, die den Wahlkampf eines schwarzen Politikers stört, und hilft einem jugendlichen Mitglied der Organisation, das unschuldig im Gefängnis sitzt, aus der Patsche. Ganz auf den Hauptdarsteller zugeschnittene banale Fernsehunterhaltung mit vielen Prügeleien und wenig »belastenden« Gedanken zum politischen Hintergrund des Themas. ✦ USA 1989 **P** Nelvana Prod. **VA** VCL/Carolco **Pd** Patrick Loubert, Michael Hirsh, Clive A. Smith, John Ryan **R** George Mihalka **B** Guy Mullally, Richard Oleksiak, Patrick Loubert **K** Douglas Kiefer **M** Kevan Staples, Marvin Dolgay **D** Mr. T (= B.A. Baracus), Alex Amini, David Nerman, Kenneth Walsh **L** 92 **E** 24.9.1990 Video

T-BONE UND WEASEL (T-BONE AND WEASEL). Zwei haftentlassene Underdogs, ein Schwarzer und ein Weißer, geraten auf der Suche nach Arbeit in Süd-Carolina an einen vermeintlich wohltätigen Arzt, der sie vor seinen Wahlkampf-Karren spannen will. Als der lebenserfahrene Schwarze die wahren Absichten des Heuchlers durchschaut, kommt es zu einem heilsamen vorübergehenden Zerwürfnis mit dem naiven Weißen. Betuliches Fernsehspiel, das zwar gesellschaftliche Mißstände aufzeigt, jede Kritik aber mit patriotischem Pathos wieder relativiert. (TV-Titel: »T-Bone & Wiesel«) – Ab 12. ✦ USA 1992 **P** Turner Home Entertainment/Turner Pictures **VA** Ascot **Pd** Mark Levinson **R** Lewis Teague **B** Jon Klein, nach seinem Theaterstück **K** Thomas Del Ruth **M** Steve Tyrell **S** Raja Gosnell **D** Gregory Hines (T-Bone), Christopher Lloyd (Weasel), Ned Beatty (Doc Tatum), Larry Hankin (Reverend Gluck), Graham Jarvis (Mr. Fergus) **L** 87 **FSK** ab 12 **E** 16.12.1992 Video/7.1.1994 PRO 7 **fd** 30 039

T-FORCE → Terminal Force (1994, Pepin)

T. J. HOOKER (T. J. HOOKER / THE PROTECTORS). Ein altgedienter überzeugter Polizist gibt nicht nur seinen Erfahrungsschatz an die Kadetten einer Polizeiakademie weiter, gleichzeitig zieht es ihn immer wieder zur aktiven Verbrechensbekämpfung auf die Straße. Dabei bekommt er es mit einem gemeingefährlichen Mörder-Duo zu tun, ein Einsatz, der ihm nicht nur die uneingeschränkte Achtung der jungen Polizisten einbringt, sondern auch einen neuen jungen Partner. Glanzloser Pilotfilm einer banalen Fernseh-Krimiserie, von der zwischen 1982 und 1985 immerhin 78 Folgen entstanden. (Titel auch: »T. J. Hooker: Das Mörderduo«) – Ab 16 möglich. ✦ USA 1982 **P** ABC/Metromedia/Aaron Spelling Prod. **R** Cliff Bole **D** William Shatner (Sgt. T.J. Hooker), Adrian Zmed (Off. Vince Romano), Timothy Scott (Whit), Lee Bryant (Fran Hooker), Carl Crudup (Travis) **L** 74 **E** 14.2.1990 SAT 1

T.N.T. → TNT

T.N.T. – FÜR IMMER IN DER HÖLLE → TNT

T-REX (THEODORE REX). Durch genetische Experimente wurden Dinosaurier zum Leben erweckt. Zu Menschengröße geschrumpft, leben sie im New York der Zukunft mit den Menschen. Als ein Dinosaurier ermordet wird, entdecken ein Dino und eine Polizistin, daß der Dino-Schöpfer dahintersteckt, der die Erde zerstören und neu erschaffen will. Komödie nach der Fernsehserie »Die Dinos«, die deren Humor gänzlich vermissen läßt. Die Schwächen des Drehbuchs und der Regie werden weder durch die aufwendige Ausstattung noch durch die Starbesetzung wettgemacht. – Ab 14. ✦ USA 1995 **P** Shooting Star **Kl** Tobis **VA** VCL **Pd** Richard Abrahamson, Sue Baden-Powell **R+B** Jonathan Betuel **K** David Tattersall **M** Robert Folk **S** Rick Shaine, Steve Mirkovich **D** Whoopi Goldberg (Katie Coltrane), Pons Maar (Theodore »Teddy« Rex), Armin Mueller-Stahl (Elizar Kane), Richard Roundtree (Kommissar Lynch), Jack Riley (Alaric) **L** 92 **FSK** ab 6; f **E** 14.12.1995/23.4. 1996 Video **fd** 31 722

TA DONA – ES BRENNT! (TA DONA). Als einem Dorf in Mali eine Dürreperiode droht, macht sich der ein Bepflanzungsprojekt der Wasser- und Forstverwaltung leitende junge Ingenieur auf, das »Geheimnis der siebten Kraft« zu finden. Die Suche macht den aufmüpfig-furchtlosen Helden mit archaischem Geheimwissen vertraut und führt ihn zu einer alten Weisen in einem abgelegenen Winkel der Sahara. Ein bildkräftiger, erfrischend keck-ironischer Spielfilm-Erstling, der verschiedene Themen dramaturgisch geschickt verschränkt. Der bislang kaum begangene kinematografische »Schmuggelpfad« zwischen Magie und Satire gewährt erhellende Einblicke in eine weitgehend fremde Welt voller Gegensätze, in der sich Altes und Neues vermengen, überlagern oder heftig bekämpfen. – Ab 16. ✦ Mali 1991 **P** Kora/C.N.C.P. Bamako **R+B** Adama Drabo **K** Lionel Cousin, Mamadou F. Coulibaly **M** Banzoumana Sissoko **S** Rose Evans-Decraene, Nathalie Larher **D** Fily Traore (Sidy), Balla Moussa Keita (Fakoro), Mamadou Fomba (Fabou), Djemeba Diawarra (Koro), Djibril Kouyaté (Samou) **L** 100 **E** März 1991/9.7.1993 3sat

TABAK (TJUTJUN). Ausuferndes Kolossalgemälde um die Schicksale einiger Menschen, die zwischen 1930 und dem Ende des Zweiten Weltkrieges um ihres wirtschaftlichen Aufstiegs willen ihre Ehre und ihre Gesinnung preisgeben. Alle Motivationen der episch breiten, aber übersichtlich bis konventionell gebauten Handlung ergeben sich aus Tabakproduktion und Tabakhandel, von denen die Existenz aller Protagonisten wirtschaftlich wie sozial bestimmt wird. Dabei spannt sich der weite Bogen vom Elend des bald aufständischen Proletariats bis zum Siegestaumel der kommunistischen Masse. Darstellerisch hervorragend, in vielen Szenen von großer Intensität und Dichte, dann wieder langatmig und psychologisch grobschlächtig. Als Beispiel eines lehrhaften »sozialistischen Realismus« durchaus interessant und auch bemerkenswert. (O.m.d.U.) – Ab 16 möglich. ✦ Schwarz-weiß. Bulgarien 1962 **P** Spielfilmstudio Sofia **Kl** Progress **R** Nikola Korabow **B** Nikola Korabow, Dimiter Dimow **K** Welo Radew **M** Wassil Kasandshiew **S** Konstantin Dshidrow **D** Newena Kokanowa (Irina), Jordan Matew (Boris), Miroslawa Stojanowa (Lila), Iwan Kassabow (Pawel), Wolfgang Langhoff (von Geier) **L** 153 **E** 2.10.1964 Kino DDR/15.9. 1967 DFF 1

TABAKSTRASSE (TOBACCO ROAD). Ein kleiner Tabakfarmer, dessen Boden so ausgelaugt ist, daß er kaum noch Erträge erwirtschaftet, hält verbissen an seinem Boden fest, kann aber nicht verhindern, daß die Familie auseinanderfällt. Als ihn auch noch der jüngste Sohn verläßt, scheint sein Schicksal besiegelt, doch in der größten Not taucht ein Retter auf. Ein engagierter Film über die soziale Not im Süden der USA, der vom Thema her an die Romane John Steinbecks erinnert. Allerdings leidet die Beschreibung einfacher Menschen an allzu schematischen Charakteren und aufgesetztem Humor. Trotz guter Kameraarbeit eines der schwächeren Werke des Regisseurs. – Ab 14 möglich. ✦ Schwarz-weiß. USA 1941 **P** 20th Century Fox **Pd** Darryl F. Zanuck **R** John Ford **B** Nunnally Johnson, nach einem Roman von Erskine Caldwell und einem Stück von Jack Kirkland **K** Arthur Miller **M** David Buttolph **S** Barbara McLean **D** Charley Grapewin (Jeeter Lester), Marjorie Rambeau (Bessie), Gene Tierney (Ella May), Dana Andrews (Laura Dr. Tim), Ward Bond (Lov Bensey), William Tracy (Dude Lester), Elizabeth Patterson (Otis Kaylor) **L** 84 **E** 6.9.1993 ARD

TABARIN (TABARIN). Der Direktor des Nachtclubs »Tabarin« nimmt seine ehemalige Geliebte ins Geschäft auf, die durch ihre intrigante Betriebsamkeit den Laden ruiniert. Seine neue Sekretärin und die treusorgende, immer verzeihende Gattin verhelfen ihm zur Wende. Eine Abfolge von Music-Hall-Effekten, Tanz und Musik, worin die überflüssige Geschichte gut aufgehoben ist. Ein liebloser, dümmlicher Revuefilm. – Ab 16 möglich. ✦ Frankreich/Italien 1957 **P** Société Technique Finacière Cinematographique/Flora/Defir/Jeannic/Nepi **Kl** Defir **Pd** Henri André Legrand **R** Richard Pottier **B** Jean Ferry **K** Lucien Joulin **M** Francis López **D** Sonja Ziemann (Rosine), Germaine Damar (Brigitte), Annie Cordy (Mimi), Sylvia Lopez (Florence), Michel Piccoli (Forestier), Mischa Auer (Boris) **L** 102 **FSK** ab 16; nf **E** 9.5.1958 **fd** 7 035

TABATABA (TABATABA). Madagaskar 1946: Ein Fremder kommt in ein abgelegenes Dorf und versucht, die Bauern von der Notwendigkeit des Widerstands gegen die französischen Kolonialherren zu überzeugen, was dazu führt, daß die Dorfgemeinschaft in eine radikale Gruppe, die kämpfen will, und in eine gemäßigte, die auf demokratische Wahlen hofft, zerfällt. Die Ereignisse eskalieren, als der Wortführer der Gemäßigten gefangengenommen und der Versuch, ihn zu befreien, von der Kolonialmacht blutig niedergeschlagen wird. Mit Laien dokumentarisch anmutend inszenierter Film, der seine Geschichte aus dem Blickwinkel eines 12jährigen Jungen erzählt, der die Veränderungen im Dorf mit banger Erwartung beobachtet. Ein in ruhigem Rhythmus sensibel und dicht gezeichnetes Bild des Lebens der armen Dorfbewohner und ihrer Bräuche. (O.m.d.U.) – Ab 16. ✦ Madagaskar/Frankreich 1988 **P** Minazara/Les Films du Volcan **Pd** Jacques le Gilou **R** Raymond Rajaonarivelo **B** Raymond Rajaonarivelo, Robert Archer, Jérôme Tonnerre **K** Bruno Privat **M** Eddy Louis **S** Suzanne Koch **D** François Botozandry (Solo), Lucien Dakadisy (Lehidy), Soatody (Harandro), Rakotoson (Raomby), Philippe Nahoun (Capitaine), Soavelo (Bakanga) **L** 84 **E** 12.4.1990 BR

TABLE DANCE ECSTASY (POOR LITTLE RICH GIRL). Eine verwöhnte junge Frau soll ein heruntergekommenes Striptease-Lokal wieder in die Gewinnzone bringen. Erotikfilm. ✦ USA 1999 **R** Jim Enright **B** Cash Marcmann **D** Alexis DeVell (Ashley Richmond), Crystal Wylder (Evaine Richmond), Alicia Rio, Celeste, Lois Ayers, Marissa Malibu, Steve Drake, Tom Byron, Randy West, Jon Dough **E** 6.4.2000 RTL II

TABU (1929/30) (TABU). Ein Mädchen auf der Südseeinsel Tahiti wird unvermittelt aus kindlichen Spielen und Jugendträumen gerissen und für das Amt der Priesterin bestimmt. Reri wird mit einem Tabu belegt, das heißt nach altem religiösem Brauch den Göttern geweiht. Ein junger Mann begehrt sie für sich und entführt sie aus dem Heiligtum, aber ihre Liebe muß tragisch enden. Eine außergewöhnliche poetische und stimmungsstarke Mischung aus Spielfilm und ethnografischer Studie, einfühlsam und taktvoll. Während der Dreharbeiten zu dem gemeinsam projektierten Film schied Flaherty wegen Meinungsverschiedenheiten aus; Murnau gab in seiner letzten Regiearbeit der Spielhandlung ein größeres Gewicht als ursprünglich geplant. – Sehenswert ab 12. ✦ Schwarz-weiß. USA 1929/30 **P** Paramount **Kl** International **R** Friedrich Wilhelm Murnau **B** Friedrich Wilhelm Murnau, Robert J. Flaherty **K** Floyd Crosby, Robert J. Flaherty **M** Hugo Riesenfeld **D** Anne Chevalier (Reri, das Mädchen), Mahati (Mahati, der Jüngling), Hitu (der alte Häuptling), Jean (der Polizist), Jules (der Kapitän), Kong Ah (der Chinese) **L** 81 **FSK** ab 12; f **E** 5.8.1931 **fd** 1 141

TABU (1987) (TABU). Polen um die Jahrhundertwende: Eine noch junge, verwitwete Bäuerin, die gemeinsam mit ihrer Tochter den Hof bewirtschaftet, verliebt sich in den Geliebten der Tochter, einen Mann, der den Frauen bei der schweren Feldarbeit hilft und von dem die Tochter ein Kind erwartet. Obwohl die Mutter ihre privaten Glücksansprüche hintanstellt, endet des Dreiecksverhältnis in einer Tragödie. Ein inhaltlich und formal beeindruckender Film, in dessen Mittelpunkt gesellschaftliche Tabus als unüberwindbare Schranken in bezug auf persönliche Glücksvorstellungen dargestellt werden. – Ab 16. ✦ Polen 1987 **P** PRF Zespoly Filmowe/Zespol Filmowy »Oko« **Kl** Progress **Pd** Konstanty Lewkowicz, Pawel Rakowski **R** Andrzej Baranski **B** Andrzej Baranski, nach dem gleichnamigen Roman von Timo K. Mukka **K** Krzysztof Ptak **M** Zygmunt Konieczny **S** Marek Denys **D** Grazyna Szapolowska (Mutter), Bernadetta Machala-Krzeminska (Milka), Bronislaw Pawlik (Organsit), Krzysztof Gosztyla (Krystian), Zofia Merle (Verkäuferin) **L** 104 **E** 6.7.1990 DDR

TABU DER GERECHTEN (GENTLEMAN'S AGREEMENT). Ein Journalist recherchiert über antisemitische Tendenzen in den USA und gibt sich als Jude aus. Er erlebt hautnah die widerspruchsvolle Situation der jüdischen Intellektuellen in New York und erfährt die stillschweigende Duldung antisemitischer Vorurteile, die sich hinter der Fassade bürgerlicher Toleranz verbergen. Elia Kazan prangert engagiert gesellschaftliche Mißstände an, wobei sein Film durch das optimistische (und aufgesetzt wirkende) Ende zwar an Schärfe einbüßt, ohne dabei aber entscheidend an Seriosität und Bedeutung zu verlieren. – Sehenswert ab 14. ✦ Schwarz-weiß. USA 1947 **P** 20th Century Fox **Kl** Centfox **Pd** Darryl F. Zanuck **R** Elia Kazan **B** Moss Hart, nach einem Roman von Laura Z. Hobson **K** Arthur Miller **M** Alfred Newman **D** Gregory Peck (Phil Green), Dorothy McGuire (Kathy), John Garfield (Dave), Celeste Holm (Anne), Anne Revere (Mrs. Green), Albert Dekker (John Minify), Dean Stockwell (Tommy) **L** 117 **FSK** ab 12; f **FBW** w **E** 29.10.1963/22.9.1969 ZDF **fd** 12 342

TABU – DIE LETZTE REISE. Beginnend mit der Uraufführung des Murnau-Films »Tabu« erzählt der Dokumentarfilm die Geschichte seiner Entstehung, befragt Augenzeugen und Mitwirkende, inwieweit der Film ihr Leben verändert hat, und beschäftigt sich mit dem mysteriösen Tod des Regisseurs, der eine Woche vor der Premiere tödlich verunglückte. Im Mittelpunkt steht dabei die Frage, ob Murnau selbst das Opfer einer Tabuverletzung wurde. – Ab 14. ✦ Teils schwarz-weiß. Frankreich/Deutschland 1996 **P** NDR **R** Yves de Peretti **L** 76 **E** 8.11.1996 arte

TABUISIERTE ARCHITEKTUR (ARCHITETTURA RIMOSSA). Die Hauptwerke der internationalen modernen Architektur sind in Italien unter Mussolini entstanden (z. B. die Casa del Fascio in Como, der Bahnhof von Florenz, die Bauten Giuseppe Terragnis). Andres Pfäfflis und Elda Guidinettis ausdrucksstarke filmische Aufarbeitung eines architekturhistorischen, lange Zeit tabuisierten Kapitels geht das Thema sowohl unter politischen Aspekten als auch unter ästhetischen Blickwinkeln an. ✦ Schweiz 1993 **P** Ventura/TSI/ZDF/arte **Pd** Andres Pfäffli **R+B** Andres Pfäffli, Elda Guidinetti **K** Daniel Lüthi **M** Antonio Russolo, Luigi Grandi, Anton Webern **S** Antonio Zuppiger **L** 59 **E** Schweiz

TABUS DER SEXUALITÄT →Tödliche Liebe

DIE TABUS DER WELT (I TABU). Dilettantischer »Dokumentarfilm« über seltsame Bräuche und Verirrungen, vorwiegend aus den Bereichen des Sexuellen und Grausamen. Aufbereitet in Anlehnung an die Filme der »Mondo Cane«-Welle, ist die spekulative Absicht deutlich bestimmend, woran auch die stark gekürzte deutsche Fassung (16 Schnittauflagen der FSK) nichts ändert. – Wir raten ab. ✦ Italien 1963 **P** Royal **Kl** Inter-Film **R** Romolo Marcellini **B** Virgilio Lilli, Georges Lauzman, Ugo Guerra, Franco Bonacina **K** Rino Filippini **M** Angelo Francesco Lavagnino **L** 95 **FSK** ab 18; nf **E** 22.5.1964 **fd** 12 775

TACH, HERR DOKTER! – DER HEINZ-BECKER-FILM. Der saarländische Kleinbürger und Biedermann Heinz Becker kollidiert mit der angeberisch-mondänen Lebenswelt seines reichen Nachbarn, bevor die symbiotische Lebensgemeinschaft der beiden durch Partys und Alkohol wieder hergestellt wird. Schale Komödie, die den anarchischen Witz der kabarettistischen Fernsehfigur erfolglos auf die Kinoleinwand zu übertragen versucht und mit der abgegriffenen Gegenüberstellung von »Reich« und »Arm« nur Klischees, Kalauer und Wortverdreher transportiert. – Ab 12. ✦ Deutschland 1999 **P** Odeon Film **Kl** Senator **VA** Ufa/BMG **Pd** Reinhard Klooss **R** Gernot Roll, Gerd Dudenhöffer **B** Gerd Dudenhöffer **K** Gernot Roll **M** Peter Thomas **S** Hans Funck **D** Gerd Dudenhöffer (Heinz Becker), Sabine Urig (Hilde Becker), Horst Krause (Dr. Schenkberg), Petra Zieser (Frau Schenkberg), Henning Hoffsten (Maier Kurt), Susanna Simon (Frau Rickebick) **L** 90 **FSK** o. A.; f **E** 28.10.1999/25.4.2000 Video **fd** 33 962

TACHIR UND SUCHRA (TACHIR I SUCHRA). Die tragische Geschichte des Liebespaares Tachir und Suchra. ✦ Schwarz-weiß. UdSSR 1945 **P** Kinostudio Taschkent **Kl** Progress **R** Nabi Ganijew **B** Alexeja Speschnewa, nach einer usbekischen Legende **K** Danil Demuzkij, Michail Krasnjanski **M** Alexej Koslowski **D** Juldus Risajewa (Suchra), Guljam Aglajew (Tachir), Assat Ismatow (Babachan), Schukur Burchanow (Karabatir), Rasak Chamrajew (Nasim) **L** 92 **E** 16.4.1946

TAD LINCOLN, DER SOHN DES PRÄSIDENTEN (TAD). Fürs Fernsehen entstandenes Drama um die enge Beziehung Abraham Lincolns, des 16. Präsidenten der USA von 1861 von 1865, zu seinem jüngsten Sohn, die sich nach dem Tod seines zweiten Sohnes und der geistigen Umnachtung seiner Frau intensiviert und zu beider Lebensfreude beiträgt. Selbst nach dem Attentat auf Lincoln versucht der Junge, in dessen Geist weiterzuleben. – Ab 14. ✦ USA 1995 **Pd** Rick Rosenberg, Daniel Schneider **R** Rob Thompson **B** Ernest Kinoy **K** Frank Prinzi **M** George S. Clinton **S** Paul Dixon **D** Bug Hall (Tad Lincoln), Kris Kristofferson (Abraham Lincoln), Jane Curtin (Mary Todd Lincoln), Jean Louisa Kelly (Julia Taft), Billie Worley (Elmer Ellsworth) **L** 90 **E** 4.4.1998 Super RTL

TADESSE: WARUM? Ein achtjähriger äthiopischer Straßenjunge betreibt mit der Unterstützung von Entwicklungshelfern seine Adoption in eine deutsche Familie. Er nimmt die Trennung von seiner fünfjährigen Schwester in Kauf, die in einer Bonner Familie unterkommt, während er in einem kleinen schwäbischen Dorf eine neue Heimat findet. Als die Pflegeeltern mit der Zeit den Kontakt zwischen den Geschwistern immer mehr unterbinden wollen, spitzen sich die Konflikte zu. ✦ Deutschland 1994 **P** SWF/BR **Pd** Susan Schulte **R** Christian Baudissin **B** Christian Baudissin, frei nach dem Buch »Tadesse, warum?« von Irmhild Söhl **K** Fritz-Otto Stachorowski **D** Josef Yebio (Tadesse 1), Daniel Wasihun (Tadesse 2), Judith Ilfu (Nunu), Esther (Nunu), Marita Breuer (Irmhild Söhl), Rudolf Kowalski (Frerich Söhl) **L** 90 **E** 15.11.1994 Südwest 3

DAS TAEBAEK-GEBIRGE (TAEBAEK SANMAEK). Korea im Oktober 1948: Nach dem Abzug der Japaner ist das Land in zwei politische Lager gespalten. Zunächst besetzen die Linken eine Kleinstadt an der Südwestküste, doch die Regierungstruppen zwingen zum Rückzug, die Polizei macht Jagd auf versprengte Kommunisten. Unter den Häschern befindet sich auch der Bruder des linken Stadtkommandanten. Der ausbrechende Partisanenkrieg führt zu grausamen Strafexpeditionen von seiten der Regierung. Als die Amerikaner eingreifen, wendet sich das Kriegsglück zunächst erneut. Ein bewegender Abriss der jüngsten Geschichte Koreas, der die politschen Wirren deutlich zu machen versucht und komplexe historische Sachverhalte durchleuchtet. – Sehenswert. ✦ Südkorea 1994 **P** Taehung Pictures **Pd** Lee Tae-Won **R** Im Kwon-Taek **B** Song Neung-Han, nach einem Roman von Cho Jeong-Lae **K** Jung Il-Sung **M** Kim Soo-Chul **S** Park Soon-Duk **D** An Sung-Kee (Bumwoo), Kim Myung-Kon (Sangjin), Kim Gap-Soo (Sangku), O Jung-Hae (Schamanin), Shin Hyun-Joon (Haseop) **L** 168 **E** 26.8.1996 arte

TAFELSPITZ (TAFELSPITZ). Eine selbstbewußt-lebensfrohe 20jährige aus der Wachau, die das Kochtalent ihrer Mutter geerbt hat, gerät auf ihrem »Weg ins Leben« als Köchin eines jungen und attraktiven Millionärs nach New York. Ohne daß die beiden ihre wahre Identität kennen, verlieben sie sich ineinander, was vor dem Happy-End zu manchen Turbulenzen führt. Ein komödiantisch-ausgelassenes Kinomärchen, dargeboten als fröhliche Kurzweil, die vor allem dank der vorzüglichen Darsteller und einiger ironischer Brüche sympathisch unterhält. – Ab 12. ✦ Deutschland/Österreich 1992 **P** TV-60/Iduna/Wega **KI** Scotia **VA** Cinevision **Pd** Bernd Burgemeister **R** Xaver Schwarzenberger **B** Ulrike Schwarzenberger **K** Xaver Schwarzenberger **M** Christian Kolonovits **S** Ulrike Schwarzenberger **D** Christiane Hörbiger (Karoline Gschwantner), Otto Schenk (William), Jan Niklas (Thomas Jefferson), Annika Pages (Lilli), Michelle Becker (Mrs. Hitchcock), Edward Brigadier (Mr. Hitchcock) **L** 99 **FSK** o. A.; f **FBW** w **E** 28.4.1994/ 24.10.1994 Video **fd** 30 732

DER TAG (DGE). Ein Tag im Leben eines jungen Mannes in Tbilissi, der umherzieht, einige Freunde und eine Party besucht und schließlich einen absurd bleibenden Mord begeht. Ein beklemmend-düsterer Film als Zeitdokument totaler Perspektivlosigkeit. Zugleich ein sehr persönlicher Spielfilm mit autobiografischen Zügen, der als erster Film überhaupt in georgischer Sprache gedreht wurde. (O.m.d.U.) ✦ Schwarz-weiß. UdSSR 1989/90 **P** Sakartwelos Telefilmebis Studia **SF** Freunde der Deutschen Kinemathek **R+B** Lewan Glonti **K** Kacha Tschelidse, Dawid Gudshabidse **M** Teimuras Bakuradse **D** Ilo Glonti, Gia Kankawa, Giorgi Kwawilaschwili, Guram Kankawa **L** 70 **E** 1991 Kino

DER TAG, AN DEM DIE BANK GESTÜRMT WURDE (AMERICAN MADNESS). In der Zeit der Weltwirtschaftskrise 1929: Eine Bank wird gestürmt, als sich nach einem Einbruch das Gerücht verbreitet, sie sei pleite. Melodram mit turbulenten Verwicklungen, in dem bereits Capras später kultivierte Lieblingsthemen anklingen: die Schilderung sozialer Mißstände als Hintergrund für eine Apologie der schlichten Ehrlichkeit und des optimistischen Individualismus. (Alternativtitel: »American Madness«) – Ab 14 möglich. ✦ Schwarz-weiß. USA 1932 **P** Columbia **R** Frank Capra **B** Robert Riskin **K** Joseph Walker **S** Maurice Wright **D** Walter Huston (Dickson), Pat O'Brien (Matt), Kay Johnson (Mrs. Dickson), Constance Cummings (Helen), Gavin Gordon (Cluett) **L** 80 **E** 2.5.1971 NDR (O.m.d.U.)/26.8.1979 ARD (synchr.)

DER TAG, AN DEM DIE ERDE FEUER FING (THE DAY THE EARTH CAUGHT FIRE). Zwei zeitlich zusammentreffende Atomexplosionen haben für die Erde eine Umweltkatastrophe zur Folge. Die letzte Chance zur Korrektur der Erdbahn liegt in der gleichzeitigen Zündung von vier Kernwaffen an bestimmten Orten. Ein technisch geschickt entwickelter Science-Fiction-Film, der – auf dem Wissensstand seiner Zeit – deutlich machen will, daß eine Verständigung zwischen den Atom-Mächten lebenswichtig ist. Handlungsort ist eine Zeitungsredaktion, wobei aus dem Blickwinkel der Redakteure geschickt Gesellschaftskritik und Fiktion gemischt werden. Dadurch entseht eine beklemmende Beschreibung eines Ausnahmezustandes, zugleich wird die zynische Berufsauffassung der Journalisten kritisch hinterfragt. (Der Farbeffekt des Films entsteht dadurch, daß Schwarz-Weiß-Material mit entsprechenden Filtern verwendet wurde.) – Ab 12. ✦ Scope, schwarz-weiß. Großbritannien 1961 **P** British Lion/Pax/Universal **VA** Kinowelt Home **Pd+R** Val Guest **B** Val Guest, Wolf Mankowitz **K** Harry Waxman **M** Stanley Black **S** Bill Lenny **D** Janet Munro (Jeannie), Leo McKern (Bill McGuire), Edward Judd (Peter Stenning), Arthur Christiansen (Chefredakteur), Michael Goodliffe (Redakteur vom Dienst), Bernard Braden (Redakteur), Reginald Beckwith (Harry), Peter Butterworth (Redakteur), Charles Morgan (Auslandsredakteur), Ian Ellis (Michael) **L** 99 (95 Video) **FSK** ab 6 **E** 30.4.1971 ZDF/März 2000 Video **fd** 34 334

DER TAG, AN DEM DIE ERDE STILLSTAND (THE DAY THE EARTH STOOD STILL). Der Abgesandte einer planetaren Macht landet in Begleitung eines Roboters per fliegender Untertasse in Washington. Er überbringt den Menschen die eindringliche Mahnung, Frieden zu halten, andernfalls werde das Roboter-Heer seines Staates die Erde besetzen. Um dessen technische Überlegenheit zu demonstrieren, läßt er alle Maschinen der Erde einen Tag lang stillstehen. Friedlicher Science-Fiction-Klassiker ohne technische Sensationen, aber mit einer gezielten Botschaft, die zur Zeit des »Kalten Krieges« und der Korea-Krise ein bemerkenswertes Gewicht hatte. – Ab 12. ✦ Schwarz-weiß. USA 1951 **P** 20th Century Fox **KI** Centfox **Pd** Julian Blaustein **R** Robert Wise **B** Edmund H. North, nach einer Erzählung von Harry Bates **K** Leo Tover **M** Bernard Herrmann **S** William Reynolds **D** Michael Rennie (Klaatu), Patricia Neal (Helen Benson), Hugh Marlowe (Tom Stevens), Sam Jaffe (Dr. Barnhardt), Billy Gray (Bobby Benson), Frances Bavier (Mrs. Barley), Carleton Young (Colonel), Robert Osterloh (Major White), House Peters jr. (M.P. Captain), Marjorie Crossland (Hilda) **L** 93 **FSK** ab 12; f **E** 2.5.1952/14.4.1971 ARD **fd** 1 799

DER TAG, AN DEM DIE FISCHE KAMEN (THE DAY THE FISH CAME OUT). Ein Spezialkommando sucht als Touristengruppe getarnt auf einer griechischen Insel nach verlorengegangenen Atombomben, die ein amerikanisches Kampfflugzeug versehentlich abgeworfen hat. Damit verursacht es eine Hysterie unter der einheimischen Bevölkerung, die um den Fremdenverkehr bangt. Eine makabre Weltuntergangskomödie, angeregt durch einen tatsächlichen Vorfall vor der spanischen Küste im Jahr 1966. Angereichert mit Seitenhieben auf kulturellen Imperialismus, griechische Provinz-Mentalität und naive Fortschrittsgläubigkeit, ist der Film letztlich nur mäßig unterhaltsam, da er auf altbackene Pointen setzt. – Ab 16. ✦ Großbritannien/Griechenland 1966 **P** Cacoyannis/20th Century Fox **KI** Centfox **Pd+R+B** Michael Cacoyannis **K** Walter Lassally **M** Mikis Theodorakis **S** Wassilis Syropoulos **D** Tom Courtenay (Navigator), Candice Bergen (Elektra), Sam Wanamaker (Agent), Colin Blakely (Pilot), Ian Ogilvy (Peter) **L** 108 **FSK** ab 12; nf **E** 26.10.1967/5.4. 1975 ARD **fd** 15 688

DER TAG, AN DEM DIE FREUNDSCHAFT BEGANN (DZIEN OCZYSZCENIA). Eine Partisanengruppe der antikommunistisch eingestellten Heimatarmee und eine Einheit sowjetischer Soldaten sind von faschistischen Truppen eingeschlossen. Während der Kommandeur der Partisanengruppe eine gemeinsame Aktion, die einen Durchbruch ermöglichen könnte, ablehnt, nehmen seine Soldaten zusammen mit den Russen den Kampf gegen den Feind auf. Ein inszenatorisch anspruchsvoller Film mit aktionsbetonter Handlung. – Ab 16. ✦ Scope, schwarz-weiß. Polen 1970 **P** ZRF Zespoly Folmowe, Gruppe »Wektor« **KI** Progress **R** Jerzy Passendorfer **B** Jerzy Przezdziecki **K** Jerzy Lipman **M** Wlodzimierz Nahorny **D** Barbara Soltysik, Aleksander Bielawski, Janusz Bukowski, Anatol Golik, Stanislaw Jasiukiewicz **L** 99 **E** 4.6.1971 Kino DDR/19.2.1975 DFF 2

DER TAG, AN DEM DIE HEUSCHRECKEN KAMEN (LOCUSTS). Ein im Zweiten Weltkrieg unehrenhaft aus der Armee entlassener Pilot kehrt in seinen Heimatort zurück, wo er sich in der Bekämpfung einer Heuschreckenplage rehabilitiert. Dramatischer (Fernseh-)Abenteuerfilm, in dem die persönlichen Konflikte ebenso wenig ausgereift sind wie die Special Effects. – Ab 16. ✦ USA 1974 **P** Paramount **R** Richard T. Heffron **B** Robert Malcolm Young **M** Mike Post, Pete Carpenter **D** Ben Johnson (Amos), Ron Howard (Donny), Lisa Gerritsen (Cissy), Katherine Helmond (Claire), Belinda Balaski (Janet) **L** 74 **E** 26.11.1995 Kabel 1

DER TAG AN DEM DIE STILLE STARB (EL DIA QUE MURIO EL SILENCIO). Zwei Ereignisse bringen Unruhe in das beschauliche Leben in einem Städtchen in den bolivianischen Anden in den späten 50er-, frühen 60er-Jahren. Zunächst zieht eine kleine Provinz-Theatertruppe ein, und der Hauptdarsteller verliebt sich in die Frau des wohlhabendsten Bürgers. Als man das Liebespaar in flagranti ertappt, wird es mit Schimpf und Schande aus der Stadt gejagt. Jahre später sorgt ein junger Mann für neuerliche Unruhe, als er eine lokale Radiostation eröffnet, Musikwünsche erfüllt und Nachrichten und Mitteilungen verbreitet, die zu heftigen Konflikten unter den Bewohnern führen. Auch er wird davon gejagt, doch die Zivilisation ist nicht länger aufzuhalten. Im Gewand einer satirischen Komödie kommentiert der Film auf erfrischende Weise den Wandel einer Gesellschaft sowie deren skurrile Formen des Widerstands. – Ab 16. ✦ Bolivien 1998 **P** Pegaso/Pegasos **Pd** Martin Proctor **R** Paolo Agazzi **B** Guillermo Aguirre, Paolo Agazzi **K** Livio Delgado, Guillermo Medrano **M** Cergio Prudencio **S** Paolo Agazzi, Nelson Rodríguez **D** Dario Grandinetti (Abelardo), Gustavo Angarita (Oscar), Elias Serrano (Ruperto), Norma Merlo (Amelia), Guillermo Medrano (José) **L** 108 **E** 18.2.2000 arte

DER TAG, AN DEM DIE WELT UNTERGING (WHEN TIME RAN OUT). Ein Vulkanausbruch bedroht das Leben auf einer Südseeinsel. Eine bunt zusammengewürfelte Gruppe Einheimischer und Touristen rettet sich in höhergelegene Regionen. Katastrophenfilm, der ein altes Thema variiert, ohne wesentlich Neues zu bieten. Durchschnittliche Unterhaltung im althergebrachten Hollywood-Stil. – Ab 14 möglich. ✦ Scope. USA 1979 **P** Warner Bros. **KI** Warner-Columbia **R** James Goldstone **B** Carl Foreman, Stirling Silliphant, nach einem Roman von Gordon Thomas und Max Morgan Witts **K** Fred J. Koenekamp **M** Lalo Schifrin **S** Edward Warner **D** James Franciscus (Bob), Paul Newman (Hank), Jacqueline Bisset (Kay), William Holden (Shelby), Ernest Borgnine (Tom Conti), Edward Albert (Brian), Red Buttons (Francis Fendly), Burgess Meredith (Rene Valdez), Barbara Carrera (Iolani), Valentina Cortese (Rose Valdez), James Franciscus (Bob Spangler) **L** 109 **FSK** ab 12; f **E** 12.9. 1980 **fd** 22 634

DER TAG, AN DEM ELVIS NACH BREMERHAVEN KAM. Der Alltag eines 17-jährigen im Oktober 1958. Während Elvis Presley seinen Dienst als GI in Deutschland antritt, sucht der junge Mann nach seiner Identität zwischen der vom Krieg geprägten Elterngeneration und den in der Garnisonsstadt Bremerhaven besonders präsenten Verlockungen des »american way of life«. Respektabler Fernsehfilm, der sich um eine akribische Rekonstruktion der Zeit und ihres Lebensgefühls bemüht. ✦ BR Deutschland 1979 **P** WDR **R** Peter F. Bringmann **B** Horst Königstein **K** Axel Block **D** Wolfgang Drygalla (Karlheinz

Teschner), Petra Bigaj (Monika Keller), Michael Shelley (Joe), Margret Homeyer (Ilse Teschner), Michael Rehberg (Herbert Teschner), Hannelore Hoger (Elisabeth Keller) **L** 105 **E** 1.4.1979 WDR

DER TAG, AN DEM GOTT NICHT DA WAR (DIO NON C'ERA). Nach Aussagen von Augenzeugen zeichnet der Film in fast dokumentarischem Stil des Neorealismus die Ereignisse des 7. Juni 1944 im italienischen Bergdorf Filetto di Camarda nach. Das Dorf am Fuße des Gran Sasso wurde nach einer Partisanen-Aktion auf Befehl des Hauptmanns Matthias Defregger – später Weihbischof von München – besetzt, geplündert und in Brand gesteckt. 17 Zivilisten, Männer zwischen 17 und 65 Jahren, wurden von den deutschen Faschisten erschossen. Ein thematisch interessanter, kämpferischer Film, der über manch drastische Bebilderung aber das Argumentieren vernachlässigt. ✦ Scope. Italien 1969 **P** Cine Escalation **R** Osvaldo Civirani **B** Osvaldo Civirani, Fabio Carpi **K** Walter Civirani **M** Italo Fischetti **D** Ivano Staccioli, Anna Miserocchi, Marcello Turilli, Carlo Boso, Isarco Ravaioli, Daniele Dani, Adriana Giuffre **L** 99 **E** 22.4. 1975 DFF 2

DER TAG, AN DEM MAN 30 WIRD (DJEN, KOGDA ISPULNJANETSJA 30 LET). An ihrem 30. Geburtstag läßt eine Frau ihr bisheriges Leben Revue passieren. Sie hatte die eigene künstlerische Ausbildung vernachlässigt, um ihren ersten Mann bei der Doktorarbeit zu unterstützen. Auch die zweite Ehe droht zu scheitern, weil sie ihren Mann, einen Testpiloten, mit ihren Ängsten peinigt. Während alle feiern, wartet sie auf ihn mit bangem Herzen. ✦ UdSSR 1961 **P** Belarusfilm **R** Valentin Winogradow **D** Rufina Nifontowa, Nikolai Lebedew, Kostja Semishow **L** 82 **E** 14.12. 1962 DFF 1

EIN TAG BEIM RENNEN →Die Marx Brothers: Ein Tag beim Rennen

DER TAG BRICHT AN (LE JOUR SE LEVE). Der junge Arbeiter François verliebt sich in die Blumenverkäuferin Françoise, die jedoch den weltmännischen Valentin bevorzugt. Durch seine ehemalige Geliebte Clara erfährt François die Wahrheit und erschießt Valentin, als dieser ihn in seinem Hotelzimmer hochmütig abkanzelt. Ein Paradebeispiel für den »poetischen Realismus« im damaligen französischen Kino. Die immer wieder unterbrochene Rückblenden-Technik bildet eine ausdrucksstarke erzählerische Klammer für den äußerst genau gezeichneten Film, der Milieu, Arbeitsbedingungen und François' Träume auch in der pessimistischen Stimmung vollendet wiedergibt. Ein auch heute noch beeindruckendes Meisterwerk, das mit eindringlichem Ernst auf den Verlust von Glauben und Orientierung in der Welt verweist. (Im Kino O.m.d.U.) – Sehenswert. ✦ Schwarz-weiß. Frankreich 1939 **P** Sigma **KI** Brunswick **R** Marcel Carné **B** Jacques Prévert, Jacques Viot **K** Philippe Agostini, André Bac, Curt Curant **M** Maurice Jaubert **D** Jean Gabin (François), Arletty (Clara), Jules Berry (Valentin), Jacqueline Laurent (Françoise), Jacques Baumer (Kommissar) **L** 85 **FSK** ab 12; f (früher 16) **FBW** bw **E** 11.11.1955/26.10.1970 ZDF/25.10.1973 DFF 1 **fd** 4 671

DER TAG DANACH (UP FROM THE BEACH). Während der Invasion Frankreichs im Zweiten Weltkrieg (1944) soll eine Gruppe französischer Zivilisten durch einen amerikanischen Sergeanten aus der Gefahrenzone in der Normandie evakuiert werden. Ein inszenatorisch beachtlicher, gedanklich aber nur ungenügend vertiefter Film, in dem das Kriegsgeschehen vor dem Schicksal der Zivilbevölkerung in den Hintergrund tritt. – Ab 16. ✦ Scope, schwarz-weiß. USA 1964 **P** 20th Century Fox **KI** Centfox **Pd** Louis Wipf **R** Robert Parrish **B** Howard Clewes, nach einem Roman von George Barr **K** Walter Wottitz **M** Edgar Cosma **S** Renée Lichtig **D** Cliff Robertson (Sgt. Edward Baxter), Red Buttons (Pfc. Harry Devine), Irina Demick (Lili Rolland), Marius Goring (Wehrmachtsmajor), Slim Pickens (US-Artillerie-Oberst), James Robertson Justice (Britischer Stabsoffizier), Broderick Crawford (MP Major), Fernand Ledoux (Faßbinder) **L** 98 **FSK** ab 12; f **E** 11.6.1965 **fd** 13 457

DER TAG DAVOR (ASHITA). Der Film erzählt die Geschichte einer Gruppe von Personen, die am 8. August 1945 zu einem Hochzeitsfest in Nagasaki zusammenkommen. Am Tag darauf fällt die Atombombe auf die japanische Stadt. ✦ Japan 1988 **P** Right Vision/Sawai/Souei Shinshiya **R** Kazuo Kuroki **B** Kazuo Kuroki, Masao Inoue, Juichiro Takeuchi, nach einem Roman von Mitsuharu Innoue. **K** Tatsuo Suzuki **M** Teizo Matsumura **D** Kaori Momoi (Tsuruko Miura), Kaho Minami (Yae Miura), Atsuko Sendo (Akiko Miura), Shiro Sato (Shoji Nakagawa, Bräutigam), Arthur Kuroda (Tsuguo Ishihara) **L** 105 **E** 8.8. 1990 DFF 1/1.8.1991 H 3

TAG DER ABRECHNUNG (RIDE BEYOND VENGEANCE). Ein Büffeljäger kehrt nach elfjähriger Abwesenheit in seine texanische Heimat zurück, um mit seinem ersparten Geld eine Existenz aufzubauen. Doch seine Braut ist mit einem Bankier verlobt, und drei Männer, die ihn für einen Viehdieb halten, brandmarken und berauben ihn. In Rückblenden erzählter Routine-Western, der seine Geschichte von Erniedrigung und Rache ohne inszenatorische Schnörkel und nicht nur für die Entstehungszeit unangenehm gewalttätig und drastisch entwickelt. ✦ USA 1965 **P** The Tiger Company/Sentinel/The Fenady Associates Prod. **KI** Columbia-Bavaria 9 **Pd** Andrew J. Fenady, Marc Goodson, Bill Todman **R** Bernard McEveety **B** Andrew J. Fenady, nach einer Novelle von Al Dewlen **K** Lester Shorr **M** Richard Markowitz **S** Otho Lovering **D** Chuck Connors (Jonas Trapp), Joan Blondell (Mrs. Lavender), Kathryn Hays (Jessie), Michael Rennie (Brooks Durham), Gloria Grahame (Bonnie Shelley), Gary Merrill (Dub Stokes), Bill Bixby (Johnsy Boy Hood), James MacArthur (Delahay), Ruth Warrick (Tante Gussie), Buddy Baer (Mr. Kratz), Frank Gorshin (Tod Wisdom), Robert Q. Lewis (Hotelangestellter), Kathryn Hays (Jessie), Claude Akins (Elwood Coates), Paul Fix (Hanley), Marissa Mathes (Maria) **L** 100 **FSK** ab 16; nf **E** 5.8.1966 **fd** 14 191

DER TAG DER ABRECHNUNG (ST. IVES). Ein erfolgloser Schriftsteller von Kriminalromanen, der früher als Polizeireporter arbeitete, soll als Mittelsmann bei einer Erpressung tätig werden. In einem sich daraus entwickelnden mörderischen Spiel behält er die Oberhand und verschafft einem Millionär gestohlene Tagebücher mit Aufzeichnungen über lichtscheue Machenschaften zurück. Ein etwas konstruierter, jedoch weitgehend spannender Krimi mit einer Prise Humor, der recht geschickt »klassische« Genre-Muster aufgreift, dabei freilich wenig Individualität erreicht. (TV-Titel: »Der Gnadenlose«) – Ab 16. ✦ USA 1975 **P** Warner Bros. **KI** Warner-Columbia **Pd** Pancho Kohner, Stanley S. Canter **R** J. Lee Thompson **B** Barry Beckerman, nach einem Roman von Oliver Bleeck **K** Lucien Ballard **M** Lalo Schifrin **D** Charles Bronson (Ray St. Ives), Jacqueline Bisset (Janet Whistler), Maximilian Schell (Dr. Constable), John Houseman (Abner Procane), Harry Guardino (Frank Deal), Harris Yulin (Carl Oller) **L** 94 **FSK** ab 16; f **E** 24.9.1976 **fd** 19 978

TAG DER ABRECHNUNG – DER AMOKLÄUFER VON EUSKIRCHEN. Am 9. März 1994 ermordete ein Amokläufer in der Stadt Euskirchen in der Voreifel sechs Menschen und sprengte sich anschließend selbst in die Luft. Die Dramatisierung dieser Ereignisse rückt nicht die Bluttaten in den Mittelpunkt, sondern deren Vorgeschichten, und versucht, sich an ein Psychogramm des Täters heranzutasten. Ein grundsolides Fernsehspiel in zurückhaltender Inszenierung, das seine Überzeugungskraft dem präzisen Drehbuch sowie den bemerkenswert guten Darstellern verdankt. – Ab 16 möglich. ✦ Deutschland 1994 **P** Crea TV **VA** RTL plus **R** Peter Keglevic **B** Douglas Graham, Douglas Scott Hessler **K** Jörg Jeshel **D** Christoph Waltz, Cornelia Froboess, Christian Redl, Oliver Stritzel **L** 93 **FSK** ab 16 **E** 26.10.1994 RTL/ 1994 Video

TAG DER AFFEN (TAG DER AFFEN). Die Geschichte des Schriftstellers Anatol, eines passiven Helden ohne Eigenschaften, der sich nirgends festlegen will und dessen Kommunikation ausschließlich über leere Sprechblasen stattfindet, und das selbst dann, als er die Bilderschmugglerin Anita kennenlernt, einen Raubüberfall fingiert oder den Gleichlauf seines Lebens mit einer mörderischen Aktion ändert. Ein sehr »literarischer« Film über ein beziehungsloses Dasein und das indifferente Verrinnen der Zeit. ✦ Schweiz/BR Deutschland 1974 **P** Cinemonde/SRG/ ZDF **R+B** Uli Meier, Elisabeth Gujer **K** Rob Gnant, Werner Zuber **S** Uli Meier **D** Michael Schacht (Anatol), Hilde Ziegler (Anita), Norbert Schwientek, Rolf Kadgin, Ingold Wildenauer **L** 80 **E** Schweiz

TAG DER ANGST (IN BROAD DAYLIGHT). »Die Verfilmung eines wahren Verbrechens«: Nachdem ein Mann fast zwei Jahre lang die Bewohner eines Städtchens in Missouri terrorisiert hat und durch einen gewieften Anwalt selbst nach einem Rachemord auf freien Fuß gelangt, regt sich allmählich der Widerstand der braven Bürger. Nach einer Bürgerversammlung begehen mehrere Männer Lynchjustiz und erschießen den Übeltäter auf offener Straße. Inszenatorisch und schauspielerisch solide Fernseh-Produktion, die das Kleinstadt-Milieu überzeugend wiedergibt, in der Haltung zum Thema Selbstjustiz aber zwiespältig ist. – Ab 16 möglich. ✦ USA 1991 **P** New World Television **VA** VCL/Carolco **Pd** Michael Biber **R** James Sadwith (= James Steven Sadwith) **B** William Hanley, nach einem Tatsachenbericht von Harry MacLean **K** Robert Draper **M** John Williams **S** Scott Vickrey **D** Brian Dennehy (Len Rowan), Cloris Leachman (Ruth Westerman), Marcia Gay Harden (Adina Rowan), Chris Cooper, John Anderson **L** 91 **FSK** ab 16 **E** 15.6.1992 Video/15.7.1995 Kabel 1 **fd** 29 742

DER TAG DER COBRA →Der Tag der Kobra

DER TAG, DER DIE WELT VERÄNDERTE (SARAJEVSKY ATENTAT / ATENTAT U SARAJEVU). Die Vorbereitung und Durchführung des Attentats auf den österreichischen Thronfolger Erzherzog Franz Ferdinand am 28. Juni 1914, das den Ersten Weltkrieg auslöste. Ein die Ereignisse handwerklich solide aufbereitender Spielfilm mit melodramatischen Akzenten, dem es indes nicht gelingt, die historische Bedeutung des Geschehens einsichtig zu machen. (DDR-Titel: »Das Attentat von Sarajevo«) – Ab 14 möglich. ✦ Jugoslawien/CSSR 1975 **P** Jadran/ Filmstudio Barrandov **KI** Scotia **R** Veljko Bulajic **B** Paul Jarrico, Vladimír Bor, Stevan Bulajic, Veljko Bulajic **K** Jan Curík **M** Lubos Fiser **D** Christopher Plummer (Ferdinand), Florinda Bolkan (Sophie), Maximilian Schell (Djuro Sarac), Irfan Mensur (Gavrilo Princip), Rados Bajic (Cabrinovic), Jan Hrusínsky **L** 109 (DDR 128) **FSK** ab 12; f **E** 23.12.1976/ 13.1.1978 Kino DDR/10.2.1980 DFF 2 **fd** 20 132

TAG DER ENTSCHEIDUNG (1956) (THE LEATHER SAINT). Als sich in seiner Gemeinde epidemisch Kinderlähmung ausbreitet, verdingt sich der örtliche Pfarrer der protestantischen Episkopalkirche als Preisboxer, bis er für das Kinderkrankenhaus eine Eiserne Lunge und ein Schwimmbassin erkämpft hat. Nebenher bringt er eine trunksüchtige Bar-Sängerin zur Besinnung, und hartgesottene Box-Manager lassen sich beim Gottesdienst sehen. Ein in seiner Haltung nicht unsympathischer, insgesamt aber sehr amerikanischer Unterhaltungsfilm, der ohne sonderliche inszenatorische Qualitäten oberflächlich-optimistische Stimmung verbreitet. – Ab 12 möglich. ✦ Scope, schwarz-weiß. USA 1956 **P** Paramount **KI** Paramount **Pd+R+B** Norman Retchin, Alvin Ganzer **K** Haskell Boggs **M** Irvin Talbot **S** Floyd Knudtson **D** Paul Douglas (Gus McAuliffe), John Derek (Pfarrer Allen), Jody Lawrance (Pearl Gorman), Cesar Romero (Tony Lorenzo), Ernest Truex (Pfarrer Ritchie), Richard Shannon (Tom Kelly) **L** 86 **FSK** ab 12; f **E** 8.3.1957 **fd** 5 718

TAG DER ENTSCHEIDUNG (1977) (BIG WEDNES-

DAY). Die Geschichte der langjährigen Freundschaft dreier junger Männer, die vor allem ihre Liebe zum Windsurfing-Sport verbindet, erzählt in vier Episoden über einen Zeitraum von zwölf Jahren (1962–1974), wobei zeitgeschichtliche Ereignisse wie der Vietnam-Krieg mitspielen. Weitgehend oberflächliche Unterhaltung mit schwachen Ansätzen zur psychologischen und zeitkritischen Vertiefung. Herausragend sind die überdurchschnittlichen Leistungen der jungen Schauspieler sowie die eindrucksvollen Aufnahmen des Meeres. – Ab 16. ✦ Scope. USA 1977 **P** A-Team **KI** Warner Columbia **Pd** Buzz Feitshans **R** John Milius **B** John Milius, Dennis Aaberg **K** Bruce Surtees **M** Basil Poledouris **S** Robert L. Wolfe **D** Jan-Michael Vincent (Matt), William Katt (Jack), Gary Busey (Leroy), Patti D'Arbanville (Sally), Lee Purcell (Peggy Gordon), Sam Melville (Bear) **L** 123 **FSK** ab 12; f **E** 24.11.1978 **fd** 20 989

DER TAG DER EULE (IL GIORNO DELLA CIVETTA). Auf Sizilien wird ein Bauunternehmer von seinen Konkurrenten ermordet. Das Verbrechen wird von der Mafia als Eifersuchtsdelikt vertuscht, die Zeugen werden beseitigt. Trotz seines unbestechlichen Engagements für die Gerechtigkeit bleibt der ermittelnde Polizist letztlich machtlos. Die beklemmende Verfilmung eines gesellschaftskritischen Romans, die die Ursachen für das Funktionieren der mit wirtschaftlichem Gangstertum verbundenen Mafia aufzeigt. Durch einige inszenatorische und darstellerische Schwächen verliert der Film einiges an Überzeugungskraft. (DDR-Titel: »Don Mariano weiß von nichts«) – Ab 16. ✦ Italien/Frankreich 1967 **P** Panda/Corona **KI** Progress/AG Kino **SF** atlas **VA** Ufa **Pd** Ermanno Donati, Luigi Carpentieri **R** Damiano Damiani **B** Damiano Damiani, Ugo Pirro, nach einem Roman von Leonardo Sciascia **K** Tonino Delli Colli **M** Giovanni Fusco **S** Nino Baragli **D** Franco Nero (Polizeihauptmann Bellodi), Claudia Cardinale (Rosa Nicolosi), Lee J. Cobb (Don Mariano Arena), Serge Reggiani (Parrinieddu), Nehemiah Persoff (Saro Pizzuco), Tano Cimarosa, Ennio Balbo, Ugo d'Alessio, Fred Coplan **L** 95 (Video 105; Orig. 112) **E** 15.5. 1970 Kino DDR/19.8.1972 DFF 1/14.2.1975 ZDF **fd** 19 171

TAG DER GESETZLOSEN (DAY OF THE OUTLAW). Ein Desperado, ehemals Offizier der Unionsarmee, hält mit sechs Gefolgsleuten eine kleine Siedlung in Schach, bis zwei rivalisierende Viehtreiber ihre Differenzen vergessen und den Kampf aufnehmen. In den verschneiten Bergen finden alle Outlaws den Tod. Schnörkellos und ohne großen Aufwand reizvoll inszenierter Western nach archaischen Mustern des Genres; formal ehrgeizig, konsequent bis zu seinem düsteren Ende. – Ab 16. ✦ Schwarz-weiß. USA 1959 **P** Security Pictures/UA **KI** United Artists **Pd** Sidney Harmon **R** André De Toth **B** Philip Yordan, nach einem Roman von Lee Wells **K** Russell Harlan **M** Alexander Courage **S** Robert Lawrence **D** Robert Ryan (Blaise Starrett), Burl Ives (Jack Bruhn), Tina Louise (Helen Crane), Alan Marshal (Hal Crane), Nehemiah Persoff (Dan), Venetia Stevenson (Ernine), Donald Elson (Vic), Helen Westcott (Vivian), Robert Cornthwaite (Tommy), Jack Lambert (Tex), Frank de Kova (Denver), Paul Wexler (Vause), Jack Woody (Shorty), William Schallert (Preston), Elisha Cook (Larry), Dan Sheridan (Lewis) **L** 88 **FSK** ab 16; nf **E** 2.10.1959 **fd** 8 491

DER TAG DER HEUSCHRECKE (THE DAY OF THE LOCUST). Nach dem gleichnamigen Roman von Nathanael West beschreibt der Film den Rummel um Karriere und Ruhm im Hollywood der Vorkriegsjahre und das damit verbundene menschliche Elend. Im Mittelpunkt steht ein junger Künstler, dessen Erfahrungen in der Filmmetropole sich zu einer Katastrophen-Vision verdichten. Eine Mischung aus Nostalgie und Gesellschaftskritik, etwas weitschweifig entwickelt, aber sorgfältig und in Einzelheiten eindrucksvoll inszeniert. Der exzessiv übersteigerte Schluß wirkt dramaturgisch aufgesetzt, entspricht aber durchaus der Vorlage. – Ab 16. ✦ USA 1975 **P** Long Road **KI** CIC **Pd** Jerome Hellman **R** John Schlesinger **B** Waldo Salt, nach einem Roman von Nathanael West **K** Conrad L. Hall **M** John Barry **S** Jim Clark **D** Donald Sutherland (Homer), Karen Black (Faye), William Atherton (Tod), Geraldine Page (Big Sister), Burgess Meredith (Harry), Richard Dysart (Claude Estee), Bo Hopkins (Earle Shoop), Pepe Serna (Miguel), Lelia Goldoni (Mary Dove), William Castle (Regisseur) **L** 144 **FSK** ab 16; f **FBW** w **E** 7.11.1975/ 23.10.1981 Kino DDR **fd** 19 536

TAG DER IDIOTEN. Eine junge Frau provoziert ihre Einweisung in eine Nervenheilanstalt, um ihrer Verstörung in einer vermeintlich normalen Alltagswelt zu entkommen. Die Begegnung mit den Insassen einer Frauenstation sowie den makabren Ritualen der psychiatrischen Resozialisierung festigt ihre Gewißheit, daß sich die Formen des Wahnsinns innerhalb und außerhalb der Anstaltsmauern nur graduell unterscheiden. Sie begeht Selbstmord. Schroeter verläßt die Ebene der realistischen oder sozialkritischen Studie und zeigt in opernhaft stilisierten Bild- und Figuren-Arrangements die Bruchstellen zwischen Utopie und Wirklichkeit, Selbstbestimmung und Anpassung. Allzu oft gleitet er dabei in manierierte Theatralik ab und präsentiert eine klischierte Irrenhaus-«Realität« voll von selbstzweckhaftem Exhibitionismus. ✦ BR Deutschland 1981 **P** OKO **KI** prokino **Pd** Karel Dirka **R** Werner Schroeter **B** Dana Horaková, Werner Schroeter **K** Ivan Slapeta **M** Peer Raben **S** Catherine Brasier **D** Carole Bouquet (Carol), Ida di Benedetto (Schwester Elisabeth), Ingrid Caven (Dr. Laura), Christine Kaufmann (Ruth), Tamara Kafka (die Neue), Hermann Killmeyer (Markus), Marie-Luise Marjan (Schwester Marjan), Carola Regnier, Magdalena Montezuma **L** 110 **FSK** ab 18; f **FBW** bw **E** 26.3. 1982 **fd** 23 419

DER TAG DER KOBRA (IL GIORNO DEL COBRA). Ein ehemaliger FBI-Agent im Rauschgiftdezernat, jetzt Privatdetektiv, wird bei der Aufklärungsarbeit gegen die Drogen-Mafia in Italien zum mörderischen Rächer seines kleinen Sohnes, der bei einem Entführungsversuch durch Rauschgifthändler zu Tode gekommen ist. Spannungsreicher Krimi mit Brutaleffekten und einer bedenklichen Sympathieführung für Selbstjustiz. (Titel auch: »Der Tag der Cobra«) ✦ Italien 1980 **P** Laser **KI** C.H./Beka/Graf/Exquisit/ Avis **VA** VTD **R** Enzo G. Castellari (= Enzo Girolami) **B** Aldo Lado, Fabio Carpi **K** Giovanni Bergamini **M** Paolo Vasile **S** Gianfranco Amicucci **D** Franco Nero (Larry), Sybil Danning (Brenda), Mario Maranzana, Licinia Lentini, Carlo Gabriel Sparanero (Tim), William Berger (Mr. Goldsmith), Ennio Girolami (Martino), Romano Puppo (Giannis Komplize), Massimo Vanni (Gianni) **L** 95 **FSK** ab 16; nf **E** 25.12.1981 **fd** 23 299

DER TAG DER MÖRDER (DAY OF THE ASSASSINS). Anspruchsloser Abenteuerfilm, offenbar zusammengeschnitten aus zwei Teilen einer belanglosen Fernsehserie. Ein Potentat aus dem Mittleren Osten flieht mit seiner Yacht nach Mexiko. Dort explodiert das Schiff und sinkt. An Bord befindet sich ein Geheimpapier, für das sich Agenten verschiedener Dienste interessieren und für dessen Besitz rücksichtslos gemordet wird. ✦ USA 1981 **P** Esme **VA** Ufa **R** Carlos Vasallo, Brian Trenchard-Smith **B** Robert A. Miller **M** Bebu Silvetti **D** Glenn Ford, Chuck Connors, Richard Roundtree, Jorge Rivero, Andrés García **L** 86 (gekürzt 78) **FSK** ab 18 (gekürzt 16) **E** 18.4.1991 PRO 7

DER TAG, DER NICHT STIRBT (DEN, KTORY NEUMIRE). Slowakei 1944, zur Zeit der Partisanenkämpfe und des Nationalaufstands: Die Entwicklung eines slowakischen Bauern vom kriegsmüden Deserteur zum bewußten Kämpfer gegen die Hitler-Wehrmacht, der zuletzt sein Leben für seine Freunde opfert. Ein pathetisch-patriotisches Heldenlied, formal wenig überzeugend. – Ab 16. ✦ CSSR 1974 **P** Filmstudio Bratislava **KI** Progress **R** Martin Tapák **B** Ivan Bukovcan **K** Beno Krivosik **M** Svetozár Stracina **D** Stefan Kvietik (Matous), Radoslav Brzobohaty (Ritter), Emília Vásáryová (Anka), Ivan Rajniak (Balogh), Július Vasek (Birc), Martin Tapák **L** 91 **E** 12.9.1975 Kino DDR

EIN TAG, DER NIE ZU ENDE GEHT. Realitätsferne Liebesgeschichte vor dem Hintergrund des Zweiten Weltkrieges: Ein im neutralen Irland notgelandeter deutscher U-Boot-Kapitän findet im Jahr 1943 Menschlichkeit bei einem feindlichen Flieger und Zuneigung einer Frau. Die dadurch bewirkten Konflikte passen sich der Unterhaltungsabsicht milde, überwiegend aber auch langweilend an. – Ab 12 möglich. ✦ BR Deutschland 1959 **P** Divina **KI** Gloria **Pd** Woldemar Wasa **R** Franz Peter Wirth **B** Walter Forster, Joachim Wedekind **K** Helmuth Ashley **M** Franz Grothe **S** Walter Boos **D** Ruth Leuwerik (Maureen Backett), Hansjörg Felmy (Robert Wissmann), Hannes Messemer (Bill Robson), Mady Rahl (Mrs. Mackintosh), Karl Lieffen (McGlade), Herbert Tiede (O'Brien) **L** 99 **FSK** ab 12; f **E** 22.12.1959 **fd** 8 792

TAG DER RACHE (1943) (VREDENS DAG / DIES IRAE). Am Beispiel einer dänischen Pfarrersfamilie in der Hexenzeit des 17. Jahrhunderts spürt der Film menschlicher Schwäche und Einsichtsfähigkeit nach: Das Leben des Pfarrers gerät durcheinander, als er eine alte Frau als Hexe verurteilen und verbrennen läßt. Seine junge Frau verliebt sich beim ersten Kennenlernen in den Stiefsohn. Ein Film von klarer geistiger Formung und hohem künstlerischem Wert. – Sehenswert ab 16. ✦ Schwarz-weiß. Dänemark 1943 **P** A/S Palladium **KI** Atlas **R** Carl Theodor Dreyer **B** Mogens Skot-Hansen, Pous Knudsen, Carl Theodor Dreyer, nach dem Roman »Anne Pedersdotter« von Wiers Jennsen **K** Karl Andersson **M** Poul Schierbeck **D** Thorkild Rose (Absalon), Lisbeth Movin (Anne Pedersdotter), Sigrid Neiiendam (Merete), Preben Lerdorff Rye (Martin), Anna Svierkier (Herlofs Marte), Albert Hoeberg (Bischof), Olaf Ussing (Laurentius) **L** 93 **FSK** ab 16; f **FBW** w **E** 18.1.1963/5.10. 1964 ZDF **fd** 11 716

TAG DER RACHE (1961) → Tiara Tahiti

TAG DER SONNENWENDE (DEN SLNOVRATU). Eine alltägliche Geschichte um Liebe, Freundschaft und Beruf zwischen vier jungen Menschen mit unterschiedlichsten Charakteren. Künstlerisch durchschnittlicher Versuch, die Probleme Jugendlicher und ihr Verhalten in Konfliktsituationen darzustellen. – Ab 16. ✦ CSSR 1973 **P** Filmstudio Bratislava **KI** Progress **R** Jozef Rezucha **B** Peter Jaros, Jozef Rezucha **K** Vincent Rosinec, J. Müller **M** Karel Svoboda **D** Magda Vásáryová (Blanka), Zuzana Kocúriková (Gabi), Juraj Kukura (Pavol), Emil Horváth jr. (Igor), Tibor Bogdan (Meister Malata) **L** 76 **E** 29.8.1975 Kino DDR/28.9.1977 DFF 1

DER TAG DER VERDAMMTEN (WEM GOTT VERGIBT) (AMENECER EN PUERTA OSCURA). Die im spanischen Bergland spielende abenteuerliche Briganten-Geschichte eines Gattenmörders, der mit zwei Kumpanen festgenommen wird, geht bruchlos über in die Schilderung alten Brauchtums in Malaga. Drei in der Fastenzeit zum Tode verurteilte Verbrecher können bei der Karmittwochs-Prozession durch die Bewegung einer mitgeführten Christus-Statue begnadigt werden, wenn der vorgestreckte hölzerne Finger dieser Figur auf einen von ihnen zeigt. Thematisch uneinheitlich, überzeugt der Film durch seine urwüchsige Erzählweise sowie die in kraftvollen Farben schwelgenden Bildkompositionen. (Alternativtitel: »Wem Gott vergibt«; TV-Titel: »Die Verdammten der Sierra«) – Ab 12. ✦ Spanien 1957 **P** Estele/Atena **KI** Karp **R** José María Forqué **B** Natividad Zaro, Alfonso Sastre, José María Forqué **K** Cecilio Paniagua **M** Regino Sainz de la Maza **D** Francisco Rabal, Alberto Farnese, Luis Pena, Isabel de Pomes, Luisella Boni **L** 85 **FSK** ab 12; f **E** 21.3.1958/20.8. 1982 DFF 1 **fd** 6 805

DER TAG DER VERGEBUNG (SIRNA NEDELJA). Anfang der 50er Jahre gerät ein junger Bulgare in die Fänge der Staatssicherheit. Er wird Spitzel, verrät mazedonische Freischärler und fristet ein einsames Leben. Die Lebensgeschichte eines etwas tumben bulgarischen Don Quijote, gradlinig und emotional erzählt, aber mit einem nebelwallend-mystischen Finale. – Ab 16. ✦ Bulgarien 1993 **R+B** Radoslav Spassov **K** Ivan Toner **M** Boshidar Petkow **D** Alexander Morfov (Angel), Anna-Maria Sekoulov (Stojka), Stojan Alexijew (Tetimov), Iwan Grigorow (Der Vater) **L** 107 (TV) **E** 20.11.1995 ORB

DER TAG DER VERGELTUNG (UNTAMED FRONTIER). Der mißratene Sohn eines mächtigen Viehzüchters tötet einen Rivalen und heiratet die einzige Zeugin der Tat, um sie an einer Aussage gegen ihn zu hindern. Als sie dies durchschaut, wendet sie sich von ihm ab und versucht, den herrschsüchtigen Vater des ungeliebten Ehemannes dazu zu bewegen, friedlichen Siedlern den Durchgang durch sein Land zu ermöglichen. Routiniert inszenierter, aber etwas mühevoller Versuch, gängige Muster und Rollen des Western neu zu kombinieren; dank der soliden Darsteller annehmbare Unterhaltung im Rahmen des Genres. – Ab 14 möglich. ✦ USA 1952 **P** Universal **KI** Universal **Pd** Leonard Goldstein **R** Hugo Fregonese **B** Gerald Drayson Adams, John Bagni, Gwen Bagni **K** Charles P. Boyle **M** Hans J. Salter **S** Virgil Vogel (= Virgil W. Vogel) **D** Joseph Cotten (Kirk Denbow), Shelley Winters (Jane Stevens), Scott Brady (Glenn Denbow), Suzan Ball (Lola), Minor Watson (Matt Denbow), José Torvay (Bandera), Lee Van Cleef, Antonio Moreno (Bandera), Douglas Spencer (Clayton Vance), Richard Garland (Charlie Fentress), Robert Anderson (Ezra McCloud), Fess Parker (Clem McCloud) **L** 75 **FSK** ab 12; nf **E** 19.9.1957/21.12. 1968 ARD **fd** 6 775

TAG DER VERGELTUNG →Zeig mir das Spielzeug des Todes

DER TAG DER VERGELTUNG – DU HAST MEINEN SOHN MISSBRAUCHT. Eine alleinerziehende, standhafte und bibelfeste Mutter erschießt im Gerichtssaal den Betreuer ihres siebenjährigen Sohnes, der den Jungen ein Jahr lang sexuell missbraucht hatte. Bewegendes Missbrauchsdrama nach einer wahren Geschichte. Die Täterin wurde zu zehn Jahren Gefängnis verurteilt, jedoch freigelassen, als man ein Krebsleiden bei ihr diagnostizierte. In der Hauptrolle hervorragend gespielt. – Ab 16. ✦ USA/Kanada 1999 **P** Jaffe-Braunstein Films/Pebblehut/USA Pictures **Pd** Daryle Ann Lindley, Susan Murdoch **R+B** Stephen Tolkin **K** Mike Fash **M** William Richter **S** Stephen Lawrence **D** Christine Lahti (Ellie Nesler), Mary Kay Place (Jan Martinez), Andrew Ducote (Brandon Nesler), Robert Bockstael (Daniel Driver), John Bourgeois (Jack Griffin), Diana Reis (Jo Graves), David Hemblen (Richter Polley) **L** 90 **E** 19.2. 2000 RTL

DER TAG DES DELPHINS (DAY OF THE DOLPHIN). Verschwörer entführen aus einem Forschungszentrum für Delphine, denen ein Wissenschaftler das Sprechen beizubringen versucht, zwei Tiere, um mit ihrer Hilfe ein Attentat auf den Präsidenten der USA durchzuführen. Eine ungewöhnliche Mischung aus Tierfilm, Politkrimi und Melodram, die sich zur anspruchslosen, aber kurzweiligen Unterhaltung entwickelt. – Ab 16. ✦ Scope. USA 1973 **P** Avco-Embassy/Icarus **KI** Gloria **DVD** BestBuyMovie (FF, Mono dt.) **Pd** Robert Relyea **R** Mike Nichols **B** Buck Henry, nach einem Roman von Robert Merle **K** William A. Fraker **M** Georges Delerue **S** Sam O'Steen **D** George C. Scott (Dr. Jake Terrell), Trish Van Devere (Maggie Terrell), Paul Sorvino (Mahoney), Fritz Weaver (Harold DeMilo), Jon Korkes (David) **L** 104 **FSK** ab 12; f **E** 15.8.1974/5.3.76 Kino DDR/20.3.2000 DVD **fd** 18 952

DER TAG DES DIVISIONSKOMMANDEURS (DEN KOMANDIRA DIWISII). Eine Schilderung authentischer Ereignisse aus dem Winter 1941, als sich die Stadt Moskau gegen deutsche Truppen verteidigen mußte. Am Kilometer 38 der Wolokolamisker Chaussee gelang es im Dezember 1941, den Vormarsch der Deutschen zu stoppen und zur Gegenoffensive überzugehen. ✦ Scope. UdSSR 1983 **P** Gorki-Studio **R** Igor Nikolajew **B** Wassili Solowjow, nach dem Roman von Alexander Bek **K** Inna Sarafjan **M** Alexej Nikolajew **D** Valeri Zwetkow (Beloborodow), Alexej Safonow (Bronnikow), Wladimir Samanski (Sasmolin), Michail Uljanow (Shukow), Alexander Michailow (Rokossowski) **L** 92 **E** 2.12.1984 DFF 2

DER TAG DES FALKEN (LADYHAWKE). Zwei durch einen Fluch zeitweilig in einen Falken und einen Wolf verwandelte Liebende werden nach vielen Abenteuern durch einen gewitzten Taschendieb und einen klugen Mönch wieder vereint. Im Frühmittelalter angesiedelter Märchen- und Fantasyfilm um die Macht der Liebe, Bewährung wahrer Freundschaft und Schuld und Sühne. Einfühlsam und spannend inszeniert und dank einer hervorragenden Kameraarbeit von hohem ästhetischem Reiz. (Alternativtitel: »Lady Hawke – Der Tag des Falken«) – Ab 14. ✦ Scope. USA 1985 **P** 20th Century Fox **KI** 20th Century Fox **VA** CBS/Fox **Pd** Richard Donner, Lauren Shuler **R** Richard Donner **B** Edward Khmara, Michael Thomas (= Erwin C. Dietrich), Tom Mankiewicz **K** Vittorio Storaro **M** Andrew Powell, Alan Parsons **S** Stuart Baird **D** Matthew Broderick (Phillipe Gaston), Rutger Hauer (Navarre), Michelle Pfeiffer (Isabeau), Leo McKern (Imperius), John Wood (Bischof), Loris Loddi (Jehann), Stefano Horowitzo (Leibwächter des Bischofs) **L** 121 **FSK** ab 12; f **FBW** bw **E** 29.3.1985/ Januar 1986 Video **fd** 25 027

TAG DES GLÜCKS (DEN STSCHASTJA). Die Probleme einer jungen Frau, die aus der bisherigen Ruhe ihrer Ehe aufgeschreckt wird, Enttäuschungen erlebt, die Liebe eines anderen Mannes erfährt und wieder einmal vor die Frage eigener Berufsarbeit gestellt wird. Sie wird versuchen, auf Grund ihrer Erlebnisse, Erkenntnisse und Erfahrungen ein neues, ihr entsprechendes Leben zu beginnen. Darstellerisch ausgezeichnet, thematisch interessant, in Aufbau und Fragestellung eher schematisch und unklar. – Ab 16. ✦ Scope, schwarz-weiß. UdSSR 1963 **P** Lenfilm **KI** Progress **R** Jossif Cheifiz **B** Juri German, Jossif Cheifiz **K** Genrich Marandshan **M** Nadeshda Simonjan **D** Tamara Sjomina (Alexandra Orlowa), Alexej Batalow (Alexander Bereskin), Valentin Subkow (Fjodor Orlow), Nikolai Krjutschkow **L** 100 **E** 9.10.1964 Kino DDR

DER TAG DES MALERS. Eine Sittengeschichte der Malerei, die sich mit dem weiblichen Geschlecht und dessen Darstellung im Lauf der Jahrhunderte auseinander setzt. Dabei nähert sich der Film seinem Thema forschend und abwägend, nutzt jedoch auch das in der Kunst stets beheimatete Stilmittel der Provokation, um seine Standpunkte darzulegen. ✦ Deutschland 1997 **P** Werner Nekes Filmproduktion **KI** Werner Nekes Film **Pd+R+B+K** Werner Nekes **M** Anthony Moore **S** Werner Nekes **L** 84 **E** 28.10. 1999/21.1.2000 Vox

DER TAG DES SÖLDNERS (ROLF). Kaum hat ein Afrika-Söldner seinem blutigen Handwerk den Rücken gekehrt, versuchen fünf ehemalige Kumpane, ihn in ein Rauschgiftgeschäft einzuspannen. Als sie seine Geliebte vergewaltigen und töten, rächt er sich im Stil eines dschungelerprobten Guerilla-Kämpfers. Dilettantisches Brutalo-Machwerk, das sich durch unbeholfen inszenierte Rückblenden erfolglos um eine moralische Rechtfertigung bemüht. – Wir raten ab. ✦ Italien 1983 **P** Metheus **KI** Apollo **VA** CBS/Fox **R** Malcolm Duff **B** Marten Sirko **K** Louis Smith **M** Fabio Frizzi **D** Antonio Marsina, Ketty Nichols, Louis Walser, Robert Twiste, Tony Raccosta **L** 86 **FSK** ab 18; nf **E** 24.8.1984 **fd** 24 720

TAG DES ZORNS (1943) →Tag der Rache (1943)

TAG DES ZORNS (1953) (A HARAG NAPJA). 24 Stunden in einem kleinen Provinzstädtchen während der Tage der ungarischen Räterepublik. – Ab 14. ✦ Schwarz-weiß. Ungarn 1953 **P** Magyar-Film **KI** Progress **R** Zoltán Várkonyi **B** Kálmán Sándor **K** Barnabás Hegyi **M** Ferenc Farkas **S** Ferencné Szécsényi **D** Ferenc Bessenyei (Ferenc Sós), Erzsi Somogyi (Juliska Sós), Juci Komlós (Magda), László Ungvári (Dr. Endre Máriáss), Andor Ajtay (Prof. Máriáss) **L** 96 **E** 7.1.1955 Kino DDR/18.2.1955 DFF 1

TAG DES ZORNS (1981) (COWARD OF THE COUNTY). Ein junger Mann, der nicht freiwillig in den Zweiten Weltkrieg zieht, wird als Feigling beschimpft und schikaniert, bis er sich, ausgelöst durch die Vergewaltigung seiner Geliebten, zum begeisterten Soldaten wandelt. Die Handlung des bieder inszenierten Films ist lediglich Vorwand für eine gewissenlose und menschenverachtende Rechtfertigung von blindem Patriotismus und Krieg. – Wir raten ab. ✦ USA 1981 **P** Lorimar **VA** VCL/Virgin **R** Dick Lowry **B** Clyde Ware **K** Steven Poster **D** Kenny Rogers, Fredric Lehne, Largo Woodruff, Mariclare Costello, John Marias **L** 93 **E** 15.9.1986 Video **fd** 25 872

TAG DES ZORNS (1985) (DEN GNEWA). Bei einer Expedition in ein abgeschirmtes Naturschutzgebiet wird ein Journalist mit merkwürdigen Ereignissen konfrontiert und entdeckt schließlich ein Laboratorium, wo Manipulationen an Menschen durchgeführt werden. Er büßt sein Leben ein, aber durch sein Vermächtnis kann der gewissenlose Wissenschaftler entlarvt werden. – Ab 16. ✦ Scope. UdSSR 1985 **P** Gorki-Studio **KI** Progress **R** Sulambek Mamilow **B** Alexander Lapschin, nach einem Roman von Sewer Gansowski **K** Alexander Rybin **M** Gija Kantscheli **D** Juosas Budraitis (Donald Bathley), Alexej Petrenko (Miller), Grazina Baikschtite (Bathleys Frau), Anatoli Iwanow (Fiedler), Marjana Poltewa (Tina) **L** 85 **E** 28.11.1985 DFF 2/31.10.1986 Kino DDR

EIN TAG FÜR DIE LIEBE – SOMEONE TO LOVE (SOMEONE TO LOVE). Am Valentinstag, dem Tag der Verliebten, lädt ein Regisseur eine Gruppe von Freunden, allesamt alleinstehende Künstler, zu einem Fest in ein altes Theater ein und befragt sie nach dem Grund ihres »Single«-Daseins und den Problemen der Geschlechterbeziehungen. Ein ebenso hintergründiger wie intelligent-vergnüglicher Film, der die Grenzen zwischen Dokumentation und raffinierter Inszenierung verwischt und Fragen nach Liebe, Ehe, Einsamkeit, Rollenverhalten und Frauenemanzipation stellt. In seinem letzten Filmauftritt ist Orson Welles in der Rolle als bissiger Kommentator zu sehen, der von der Theaterloge aus das Treiben beobachtet. Leider büßt der Film in der Synchronisation viel von seiner Frische ein. – Sehenswert. ✦ USA 1985/87 **P** Jagfilm/International Rainbow Pictures **Pd** M. H. Simonson **R+B** Henry Jaglom **K** Hanania Baer **M** Jerome Kern, Ira Gershwin, Stephen Bishop, David Frisberg **S** Henry Jaglom **D** Henry Jaglom (Danny Sapir), Orson Welles (Dannys Freund), Andrea Marcovicci (Helen Eugene), Michael Emil (Mickey Sapir), Sally Kellerman (Edith Helm) **L** 108 **E** 14.6.1989 ZDF

EIN TAG FÜR MEINE LIEBE (DEN PRO MOU LASKU). Die einfühlsame, von Geduld, Verständnis und Optimismus bestimmte Beziehungsgeschichte eines jungen Ehepaares – er Student, sie Fotolaborantin –, das in einer schweren Krise mit dem schmerzlichen Tod seiner kleinen Tochter fertig werden und lange Zeit sehnsüchtig auf ein zweites Kind warten muß. Überzeugend nicht zuletzt durch die sensible Darstellung. (Preis der OCIC in Berlin 1977.) – Sehenswert ab 16. ✦ CSSR 1976 **P** Filmstudio Barrandov **KI** Progress **R** Juraj Herz **B** Markéta Zinnerová **K** Jirí Macháne **M** Petr Hapka **D** Marta Vancurová (Marie), Vlastimil Harapes (Petr), Sylva Kamenická (Maruska), Dana Medrická (Petrs Mutter), Jirina Sejbalová (Frau Bernardová), Eva Píchová (Hanka) **L** 91 **E** 4.8. 1978 Kino DDR/11./18.3.1979 ARD (zwei Teile)/ 4.1.1980 DFF 1

TAG FÜR TAG VERDACHT (LE SOUPCON). Ein verstorbener Arzt hat einen Teil seines Vermögens einer attraktiven Frau vermacht, die seit 20 Jahren glücklich verheiratet ist. Was zunächst als Geste der Dankbarkeit an das Ehepaar gedeutet wird, entwickelt sich bald zum Anlaß für eine tiefe Vertrauenskrise, weil der Ehemann plötzlich die Treue seiner Frau bezweifelt. Ein Film über Formen der Bedrohung scheinbar gefestigter sozialer und partnerschaftlicher Verhältnisse. Im ersten Drittel sehr klischeehaft und simpel, später in der Darstellung der Verunsicherung des Ehepaares differenzierter. Insgesamt zu routiniert inszeniert, um zu berühren. ✦ Frankreich 1979 **P** Antenne 2/Caravelle International Télévision **R** Roger Pigaut **B** Georges Coulonges **K** Daniel Vogel **M** Jean Musy **D** Catherine Rich (Françoise), Jean-Marc Bory (Jean), Georges Wod (Gerard), Monique Melinand (Goguette), Anne de Broca (Catherine), Martin Provost (Jean Paul) **L** (TV) 79 **E** 5.8.1985 ZDF

TAG FÜR TAG VERZWEIFLUNG (GIORNO PER GIORNO DISPERATAMENTE). Leiden, Verzweiflung und Zerbrechen einer kleinbürgerlichen Familie in Italien, in der die geistige Umnachtung eines Sohnes immer wieder die Bemühungen um Selbstbehauptung zunichte macht. Eine eindringliche psychologische Studie mit genauer Beobachtung des sozialen Milieus und der menschlichen Reaktionen auf das Ungewöhnliche. Das Erstlingswerk des Autors Giannetti (»Unter glatter Haut«, »Scheidung auf italienisch«). – Ab 16. ✦ Schwarz-weiß. Italien 1961 **P** Franco Cristaldi/Titanus **R** Alfredo Giannetti **B** Alfredo Giannetti, Guido De Biase **K** Francesco Battistini **M** Carlo Rustichelli **D** Tomas Milian, Nino Castelnuovo, Madeleine Robinson, Tino Carraro, Franca Bettoja **L** 90 **E** 16.9.1967 ZDF **fd** 14 930

EIN TAG IM APRIL (APRIL MORNING). Die Verfilmung von Howard Fasts kulturkritischem historischem Abenteuer-Roman aus dem Jahr 1961: In den Wirren des amerikanischen Unabhängigkeitskrieges 1775 spielt sich ein Kleinkrieg in der Familie eines Siedlers ab. Der Vater will nicht akzeptieren, daß sein 15jähriger Sohn erwachsen wird, der Jugendliche rebelliert immer häufiger gegen seinen konservativ eingestellten Vater. Als die britischen Truppen vorrücken, lassen sich Vater und Sohn gemeinsam rekrutieren. Nach dem Tod des Vaters in der Schlacht ist der junge Mann auf sich selbst gestellt. Kraftvoll inszeniert, solide gespielt. – Ab 16. ✦ USA 1988 **P** Samuel Goldwyn/Robert Halmi Prod. **Pd** Robert Halmi jr., Delbert Mann **R** Delbert Mann **B** James Lee Barrett, nach dem gleichnamigen Roman von Howard Fast **K** Frank Tidy **M** Allyn Ferguson **D** Tommy Lee Jones (Moses Cooper), Robert Urich, Chad Lowe (Adam Cooper), Susan Blakely (Susan Cooper), Rip Torn, Meredith Salenger **L** 95 **E** 23.6.1994 premiere

EIN TAG IM LEBEN DES ANDREI ARSENJEWITSCH (UNE JOURNEE D'ANDREI ARSENEVITCH). Eine Video-Kompilation über das Filmemachen, in der Chris Marker Andrej Tarkowskij Tribut zollt. Am Anfang des dokumentarischen Essays stehen Filmaufnahmen, die die Ankunft von Tarkowskijs Sohn Andrjuschka in Paris im Jahr 1986 zeigen, zu einem Zeitpunkt, als Tarkowskij bereits todkrank war. Sie dienen als Ausgangspunkt für assoziative Streifzüge durch Tarkowskijs filmisches Werk, wobei Marker dessen wichtigsten Motiven folgt: dem Regen, den vier Elementen, Spiegeln, der Malerei, dem »anderen Ufer« und der Zone, dem Haus, Gottesnarren, Kindern. Eine hellsichtige Analyse und zugleich eine kongeniale Entdeckungsreise durch das filmische Universum des russischen Kinovisionärs. – Sehenswert. ✦ Teils schwarz-weiß. Frankreich 2000 **P** AMPI/Le Sept Arte/INA/Arkeion Films/Centre National de la Cinématographie/Procirep **Pd** Thierry Garrel, Jean Jacques Henry, Claude Guisard, Liane Wilmont, Michèle Lévellé **R+B+K** Chris Marker **M** Eduard Artemjew, Johann Sebastian Bach, Henry Purcell, Wolfgang Amadeus Mozart **S** Chris Marker **L** 55 **E** 17.5.2000 arte

EIN TAG IM LEBEN DES IWAN DENISSOWITSCH (EN DAG I IVAN DENISOVITIJ'S LIV / ONE DAY IN THE LIFE OF IVAN DENISSOVITCH). Verfilmung der gleichnamigen Erzählung von Alexander Solschenizyn, in der ein Tagesablauf in einem sibirischen Arbeitslager minutiös beschrieben wird. Inhaltlich und in der stilistischen Disziplin eng an die Vorlage angelehnt, schildert der Film eindrucksvoll das Bestehen menschlicher Würde gegenüber dem Terror, vermag freilich die metaphysische Dimension der von Solschenizyn gestalteten Erfahrung nicht ganz zu fassen. (Großer Preis der OCIC 1971) – Sehenswert ab 14. ✦ Norwegen/Großbritannien 1970 **P** Norsk/Leontes/Group W Films **KI** Cinerama **Pd+R** Casper Wrede **B** Ronald Harwood, nach einer Erzählung von Alexander Solschenizyn **K** Sven Nykvist **M** Arne Nordheim **D** Tom Courtenay, Alfred Burke, James Maxwell, Eric Thompson, Espen Skjönberg, Alf Malland, Mathew Guiness **L** 105 **FSK** ab 12; f **FBW** bw **E** 17.5.1974 **fd** 18 773

EIN TAG IM MAI (DEN ATTENDE). An einem einzigen Tag, dem 18. Mai 1993, als Dänemark über seinen Beitritt zur EU abstimmte, spielt die Handlung dreier Episoden, die zunächst nichts miteinander zu tun haben, aber auf Grund der Auseinandersetzungen um den Beitritt aufeinanderstoßen: eine Sängerin, die ihre Tochter vernachlässigt, ein Gewalttäter, der aus einer Anstalt ausbricht, um seine Geliebte zu treffen, ein Papierverkäufer, dessen Ehrgeiz ihn um Kopf und Kragen bringt. Farblich unterschiedlich gestaltet, verbindet die Episoden der geschickte Einsatz der Handkamera und die atemlose Dichte der Inszenierung. Eine beeindruckende Parabel über die Gemütsverfassung in einer Zeit des politischen Umbruchs, dem sich auch diejenigen nicht entziehen können, die ihn ignorieren. – Ab 16. ✦ Teils schwarz-weiß. Dänemark 1994/95 **P** Klondike Film/Danske Filminstitut **KI** Arsenal **Pd** Thomas Mai **R+B** Anders Rønnow-Klarlund **K** Eigil Bryld **M** Sanne Graulund, Martin Klarlund **S** Steen Shapiro **D** Sanne Graulund (Ulla), Niels Anders Thorn (Michael), Rasmus Botoft (Jens), Rebecca Sørensen (Stumme Zeugin) **L** 96 **E** 29.5.1997 **fd** 32 565

EIN TAG IM NOVEMBER (UN DIA DE NOVIEMBRE). Ein junger Mann, der in seinem bisherigen Leben ausschließlich und leidenschaftlich für die Sache der kubanischen Revolution eingetreten ist, erfährt von seinem Arzt, daß er an einer lebensbedrohenden Krankheit leidet. Der Zwang zur ruhigeren Lebensweise und zum verhaltenen Engagement führt ihn in eine schwere psychische Krise. Ein bemerkenswert inszeniertes Drama, das die aufgeworfene Fragen nach dem Sinn des Lebens überzeugend behandelt. – Ab 16. ✦ Scope, schwarz-weiß. Kuba 1972 **P** ICAIC **KI** Progress **R** Humberto Solás **B** Nelson Rodríguez, Humberto Solás **K** Pablo Martinez **M** Leo Brouwer **D** Eslinda Nuñez (Esteban), Raquel Revuelta, Gildo Torres, Silvia Planas, J. Fraga **L** 94 **E** 25.2.1977 Kino DDR/26.7.1978 DFF 2

EIN TAG IM SEPTEMBER (ONE DAY IN SEPTEMBER). Die Olympischen Spiele in München, die das Ansehen der Bundesrepublik Deutschland weltweit revidieren sollten, werden am 5.9.1972 vom Anschlag eines palästinensischen Terrorkommandos überschattet. Die Gangster nehmen 13 israelische Sportler als Geiseln, von denen keiner die Aktion überleben wird. Ein bewegender Dokumentarfilm, der neben den privaten Schicksalen die Überforderung der deutschen Regierung und das Versagen der Polizeibehörden dokumentiert, die mit einem Terroranschlag bislang ungeahnten Ausmaßes konfrontiert wurden. – Sehenswert ab 16. ✦ USA/Großbritannien/Schweiz 1999 **P** Arthur Cohn Prod./BBC/British Screen/Dan Valley Film/European Co-Production Fund/Passion Pic./Soros Documentary Fund **VA** Concorde (VCL) **DVD** Concorde (16:9, 1.78:1, DD2.0 engl./dt.) **Pd** John Battsek, Arthur Cohn **R+B** Kevin Macdonald **K** Neve Cunningham, Alwin H. Küchler **M** Alex Heffes, Craig Armstrong **S** Justine Wright **L** 88 **E** 31.8.2000 ARD/7.3.2001 Video & DVD/12.7.2001 Kino **fd** 34 742

EIN TAG IM TOD VON SARAJEVO (UN JOUR DANS LA MORT DE SARAJEVO). Dokumentarfilm über die verzweifelte Lage der Bürger Sarajevos während der Bombenangriffe im Juni 1992. Der eingesprochene Kommentar klagt die westliche Welt an, durch ihr Nichteingreifen die »ethnischen Säuberungen«, das Morden der Serben erst zu ermöglichen. ✦ Frankreich 1992 **P** Odessa **KI** Bioskop **Pd** Jean-Marc Henchoz **R** Thierry Ravalet, Alain Ferrari **K** Thierry Ravalet **S** Yann Kassile **L** 65 **E** 9.5.1993

EIN TAG IM ZOO (ALMODIK AZ ALLAKERT). Ein sechsjähriger Junge, der leidenschaftlich gern den Zoo besucht, freundet sich mit einem Nachtwächter an, der ihm die aufregendsten und unglaublichsten Tiergeschichten erzählt. Ein als unterhaltsamer Zoo-Spaziergang angelegter filmischer Streifzug, dessen amüsante Geschichte mit schönen Tier- und Landschaftsaufnahmen garniert ist. – Ab 8. ✦ Ungarn 1985 **P** Mafilm **R+B** Agoston Kollányi **K** Lajos Váncsa **M** István Lerch **D** Gergö Alapi, Dezsö Garas **L** 100 **E** 11.1.1987 DFF 2/15.8.1993 ORB

EIN TAG IN DER SOWJETUNION (DEN POBEDIWSCHEJ STRANY). Farbtechnisch zwar perfekter, ansonsten ermüdend langer und eintöniger Dokumentarfilm über einen gewöhnlichen Werktag, den 14. August 1947, an dem eine Flugzeugstaffel mit Kameraleuten Streiflichter vom technischen Aufschwung in den Sowjetrepubliken als Erfolge des zweiten Jahres in Stalins Fünfjahresplan präsentiert. Allenfalls als historisches Dokument interessant. – Ab 16. ✦ UdSSR 1947 **P** Zentralstudio für Dokumentarfilme **R** Ilja Kopalin, I. Setkina **B** B. Agapow **K** M. Glider, T. Bunimowitsch und 50 weitere Kameraleute **M** Wissarion Schebalin **L** 79 **E** 16.6.1948

EIN TAG IN PARIS (SUIVEZ MON REGARD). Ein Mann führt einem Kind skurrile und banale Szenen aus dem Pariser Alltagsleben vor: Ein Bauer macht Werbung für Hundefutter, bis ihm der Schaum vor dem Mund steht, ein populärer Filmagent gleitet vor laufenden Kameras glücklich ins Jenseits und dergleichen mehr. Eigentümlicherweise ist dem Drehbuchautor Curtelin für sein Regiedebüt keine durchdachte Geschichte eingefallen; trotz prominenter Besetzung kann die episodische Komödie, die – durch einen Off-Kommentar akzentuiert – etwas bösartige Schlaglichter auf Figuren und Begebenheiten des Alltags wirft, kaum das Interesse wachhalten. – Ab 14. ✦ Frankreich 1985 **P** Protecrea **R+B** Jean Curtelin **K** Michel Genet **M** Tom Novembre, Charlélie Couture **S** Martine Barraqué **D** Claude Chabrol (Der Fernseher), Stéphane Audran (Die Fernseherin), Jean-Claude Brialy (Der Filmagent), Pierre Arditi (Der Werbefachmann), Jean Carmet (Der Bauer), Michel Galabru (Der Professor), Tom Novembre (Der Pfarrer), Andréa Ferréol (Die Bäckersfrau) **L** 85 **E** 18.8.1995 ZDF

DER TAG IST LÄNGER ALS DIE NACHT (DEN DLINNEJE NOTSCHI). Das Schicksal einer georgischen Frau, die in der frühen Jugend ihren Geliebten verliert und nun in ihrem Leben nichts Lebenswertes mehr entdecken kann. Ein formal anspruchsvoller, poetischer und kompositorisch komplizierter Film mit vielen ausdrucksstarken Details. Auch als Beitrag zur Zeitgeschichte sehr interessant. – Ab 16. ✦ UdSSR 1984 **P** Grusiafilm **KI** Progress **R** Lana Gogoberidse **B** Saira Arsenischwili, Lana Gogoberidse **K** Nugsar Erkomanischwili **M** Gija Kantscheli **D** Daredshan Charschiladse (junge Eva), Tamara Schirtladse (alte Eva), Guram Pirzchalawa (Spiridon), Irakli Chisanischwili, Guram Palawandischwili **L** 104 **E** 18.4.1986 Kino DDR

EIN TAG IST SCHÖNER ALS DER ANDERE. Jugendliche Lebensform und erste Liebeserlebnisse durchbrechen scheinbar die Harmonie einer Familie mit sieben Kindern. Eine junge Verwandte, die die urlaubsreife Mutter vertritt, ebnet die Konflikte mit ausgleichendem Verständnis ein. Ein von freundlichgelackter Scheinwirklichkeit und Heile-Welt-Optimismus bestimmter Familienfilm, der vorgeblich das Lebensgefühl der damaligen Jugend spiegelt, aber nur gut gemeinte Weltflucht-Unterhaltung bietet. – Ab 12. ✦ BR Deutschland 1969 **P** Independent **KI** Constantin **Pd** Eberhard Junkersdorf **R** Kurt Hoffmann **B** Kurt Hoffmann, Hertha von Eichborn, Reinhard von Eichborn, die Kinder der Familie von Eichborn, nach dem gleichnamigen Buch der Familie von Eichborn **K** Fritz Schwennicke **M** Franz Grothe **S** Jane Hempel **D** Vivi Bach (Kirsten), Ingrid Braut (Mutter), Siegfried Siegert (Vater), Clarissa von Eichborn (Clarissa), Justina von Eichborn (Puckie), Eleonore Weisgerber (Carla) **L** 94 **FSK** ab 6; f **FBW** w **E** 19.12. 1969 **fd** 16 522

DER TAG JUPITERS (THURSDAY'S CHILD). Von guten Darstellern getragenes Drama um einen Jungen, der sich wegen eines Herzfehlers einer riskanten Transplantation unterziehen muß. – Ab 16. ✦ USA 1983 **P** CBS/Viacom/Catalina **Pd** Peter Katz **R** David Lowell Rich **B** Gwen Bagni-Dubov (= Gwen Bagni), nach einem Buch von Victoria Poole **K** Charles F. Wheeler **M** Lee Holdridge **D** Gena Rowlands (Victoria Alden), Don Murray (Parker Allen), Jessica Walter (Rosy Richardson), Rob Lowe (Sam), Glenn Morrissey (Pokie) **L** 96 **E** 15.7.1995 Super RTL

EIN TAG, LÄNGER ALS EIN JAHR (DAN DUZI OD GODINE). Während des Erdbebens in Banja Luka im Jahr 1969 läßt der Direktor des vom Einsturz bedrohten Gefängnisses seine Häftlinge auf Ehrenwort für sieben Tage frei, damit sie der Stadt Hilfe leisten. Die Männer bewähren sich und kommen zur festgesetzten Frist zurück. Eine einprägsame Charakterstudie in einem auf dokumentarischen Stil ausgerichteten Film. – Ab 14. ✦ Scope. Jugoslawien 1972 **P** Filmstudio Sarajevo **Kl** Progress **R+B** Tori Jankovic **K** Ognjen Milicevic **M** Vojislav Kostic **D** Adem Cejvan, Boro Begovic, Dragomir ›Gidra‹ Bojanic, Ljuba Tadic, Pavle Vujisic **L** 80 **E** 9.3.1973 Kino DDR/30.3.1974 DFF 2

EIN TAG MEHR ODER WENIGER (PLUSZ-MINUSZ EGY NAP). Ein entlassener ungarischer Kriegsverbrecher findet sich nach 25jähriger Haft im Leben nicht mehr zurecht. Einsamkeit und Verzweiflung lassen ihn schließlich erneut schuldig werden. Eine eindringliche Parabel über das Problem von Schuld und Sühne, bemerkenswert in ihrer erzählerischen Qualität. ✦ Ungarn 1973 **P** Mafilm **R** Zoltán Fábri **B** Zoltán Fábri, Péter Zimre, nach Novellen von Adám Bodor **K** György Illés **M** Emil Petrovics **D** Anatol Constantin, Ferenc Bencze, Márton Andrássi **L** 91 **E** 5.4.1974 ZDF

EIN TAG MIT DEM WIND. Ein allein gelassener achtjähriger Junge will seinem einsamen Kaninchen ein Weibchen beschaffen. Auf der Suche verläßt er die Stadt und wird in einem Waldhaus freundlich von einer Wohngemeinschaft aufgenommen, die ihm behilflich ist. Mit viel Sinn für Poesie und mit Feingefühl inszeniertes modernes Märchen vor dem Hintergrund einer realistischen Welt. – Sehenswert ab 10. ✦ BR Deutschland 1978 **P** Haro Senft Filmprod. **Kl** prokino **Pd+R+B** Haro Senft **K** Kurt Lorenz **M** Richard Palmer-James **S** Rainer Schmitt **D** Marcel Maillard (Marcel), Barbara Rutzmoser (Barbara), Klaus Wiese (Straßenmusiker), Ma Wild (Frau beim Bauernhof), Herbert Kreil (Maler) **L** 94 **FSK** ab 6; f **FBW** bw **E** 25.5.1979 **fd** 21 040

EIN TAG MIT DER DISNEY-FAMILIE (LIFESTYLES OF THE RICH AND ANIMATED). Ein Kompilationsfilm des Disney-Studios, der Ausschnitte aus Zeichentrickfilmen mit den bekanntesten Figuren wie Donald Duck, Micky Maus, Goofy und vielen anderen aneinanderreiht. Eine »Nummern-Revue«, die oberflächlich unterhält, aber den eigentlichen Reiz, der von den kompletten Werken ausgeht, nicht vermitteln kann. (Fernsehtitel auch: »Donald Duck Superstar«) – Ab 10. ✦ USA 1993 **P** Disney **Pd** Marijane Miller **R** Kenny Wolin **B** Charlotte Lansberg **M** Charlotte Lansberg **S** Hank Polonsky **L** 82 **E** 1.8.1993 premiere

EIN TAG MIT SERGIO (UN DIA CON SERGIO). Filmkomödie. Bei einem Preisausschreiben gewinnt eine Traktorfahrerin einen Tag mit einem berühmten Filmstar, dem alle Frauen zu Füßen liegen. Der gewonnene Tag gestaltet sich jedoch anders als vorgestellt, und bald sind die Fachkenntnisse der Frau gefragt. ✦ Spanien 1975 **P** Lotus **R** Rafael Romero Marchent **B** Santiago Moncada, Roberto Romero, nach dem gleichnamigen Roman von Roberto Romero **K** Rafael Pacheco **D** Lina Morgan, Juan Luis Galiardo, Florinda Chico, Antonio Ozores Puchol, Alfredo Mayo **L** 80 **E** 2.1.1987 DFF 1/12.10.1991 DFF

DER TAG NACH DEM TAG DANACH →Overkill – Durch die Hölle zur Ewigkeit

DER TAG NACH DER SCHEIDUNG. Ein geschiedener Ehemann wird eifersüchtig auf seine einstige Gattin, die sich aus Trotz einem jüngeren Mann zuwendet. Schließlich finden die alten Partner wieder zueinander. Eine vom Stoff her wenig originelle Komödie, die aber durch nuancenreiche Dialoge und das ungezwungen-gepflegte Kammerspiel durchaus zu gefallen weiß. – Ab 14. ✦ Schwarz-weiß. Deutschland 1938 **P** Meteor **Kl** Döring **R** Paul Verhoeven **B** Wolf Neumeister, Wilhelm Ehlers, Paul Verhoeven **K** Friedl Behn-Grund **M** Walter Kollo **D** Johannes Riemann, Luise Ulrich, Hans Söhnker, Hilde Hildebrand, Käthe Haack **L** 85 **FSK** ab 12; nf **E** 2.9.1938 **fd** 3 279

TAG, NELLIE! (HI, NELLIE!). Wegen einer nach Meinung des Chefredakteurs schlecht placierten wichtigen Nachricht wird ein Redakteur zum Briefkasten-Onkel degradiert, geht nun privat dem Nachrichten-Fall nach und entdeckt kriminelle Hintergründe. Turbulente Komödie mit kriminalistischem Einschlag. – Ab 12 möglich. ✦ Schwarz-weiß. USA 1934 **P** Warner Bros. **Pd** Robert Presnell **R** Mervyn LeRoy **B** Sidney Sutherland, Abem Finkel, nach einer Erzählung von Roy Chanslor **K** Sol Polito **D** Paul Muni (Bradshaw), Glenda Farrell (Gerry), Douglas Dumbrille (Harvey Dawes), Robert Barrat (Brownell), Hobart Cavanaugh (Fullerton), Pat Wing (Sue), George Meeker (Sheldon) **L** 75 **E** 3.4.1972 WDR III

TAG OHNE ENDE (MEN IN WAR). Gegen Ende des Korea-Kriegs (1950–53) wird ein Zug amerikanischer Soldaten abgeschnitten und kommt Mann für Mann um. Der fast absurde heroische Schluß – wo Orden auf die Leichen fallen – ist eine klare Konzession an die Zensur, ohne die dieses radikale und aufwühlende Werk, das wie eine Vorwegnahme von Anti-Vietnam-Filmen wirkt, kaum hätte gezeigt werden dürfen. Krieg wird »im Kleinen« denunziert, für Heldentum gibt es weder Anlaß noch Möglichkeit. Eine »Sache« gibt es (auf US-Seite) nicht, alles Menschliche ist schwierig zu bewahren und kann jederzeit ausgelöscht werden. Der nüchterne, knappe Erzählstil kommt ohne Pathos aus. – Ab 16. ✦ Schwarz-weiß. USA 1956 **P** Security **Kl** United Artists **Pd** Sidney Harmon **R** Anthony Mann **B** Philip Yordan, nach dem Roman »Combat« von Van van Praag **K** Ernest Haller **M** Elmer Bernstein **S** Richard C. Meyer **D** Robert Ryan (Lt. Benson), Aldo Ray (Montana), Robert Keith (Oberst), Philip Pine (Riordan), Vic Morrow (Zwickley), Nehemiah Persoff (Lewis), James Edwards (Killian) **L** 101 **FSK** ab 16; f **E** 4.10.1957 **fd** 6 354

TAG THE ANGELS (TAG THE ANGELS). Dokumentarfilm über französische HipHop-Tänzer in den Vorstädten von Paris und Lyon, der versucht, die Ursachen für dieses weltweite Ausdrucksmittel einer Generation zu ergründen. Der Film stellt die Protagonisten dieser Bewegung vor, fragt nach ihren Träumen und Hoffnungen und bemüht sich, die unglaubliche Energie zu dokumentieren, die immer wieder neue Formen hervorbringt. ✦ Frankreich 1996 **P** La Sept-arte/Agat Films & Cie **R+B** Jean-Pierre Thorn **L** 90 **E** 12.3.1997 arte

DER TAG UND DIE NACHT (LE MIROIR A DEUX FACES). Die Ehe eines Lehrers an einer Knabenschule geht nach zehnjährigen täglichen Quälereien endgültig in die Brüche, weil die Frau sich heimlich einer Schönheitsoperation unterzieht. Sie verläßt ihre Familie, kehrt aber zu den Kindern zurück, als sie erfährt, daß ihr Mann den Schönheitschirurgen umgebracht hat. Eine wirre, nur im Problemansatz interessante Geschichte, langweilig und ohne Inspiration inszeniert. Bemerkenswert allein die schauspielerischen Leistungen von Michèle Morgan und Bourvil. (DDR-Titel: »Der zweigesichtige Spiegel«) – Ab 16 möglich. ✦ Schwarz-weiß. Frankreich/Italien 1958 **P** Paris Union/Franco-London/C.E.I. Incom **Kl** Pallas **Pd** Alain Poiré **R** André Cayatte **B** Gérard Oury, André Cayatte **K** Christian Matras **M** Louiguy **S** Paul Cayatte **D** Michèle Morgan (Marie-José), Bourvil (Pierre Tardivet), Ivan Desny (Gérard Durieu), Elisabeth Manet (Véronique), Gérard Oury (Dr. Bosc), Sandra Milo (Arianne), Sylvie (Madame Tardivet) **L** 90 **FSK** ab 16; f **E** 31.10.1958/21.10.1968 ZDF/31.5.1969 DFF 1 **fd** 7 535

EIN TAG UND EINE NACHT (AU PAYS DE JULIETS). Drei Frauen lernen sich zufällig am Bahnhof kennen, als sie nach jahrelanger Haft erstmals einen Tag Urlaub erhalten. Während der ihnen zugestandenen 24 Stunden in Freiheit nähern sie sich an und machen gemeinsame Erfahrungen, aus denen der Entschluß erwächst, einander während der Haftzeit zu unterstützen. – Ab 16. ✦ Frankreich 1992 **R+B** Mehdi Charef **K** Gérard de Battista **M** Penguin Café Orchestra, Cheb Mani, Alain Souchon **D** Maria Schneider (Raissa), Laure Duthilleul (Thérèse), Claire Nebout (Henriette) **L** 90 **E** 6.11.1992 Nord 3

TAG UND NACHT →Tag und Nacht denk' ich an dich

TAG UND NACHT DENK' ICH AN DICH (NIGHT AND DAY). Musical-Revue-Film um den Komponisten Cole Porter (1891–1964), der sein Studium der Rechte aufgibt, um Musiker zu werden. Bevor jedoch seine Revue Premiere hat, bricht der Krieg aus und beendet zunächst seine Pläne. Erst nach Kriegsende stellt sich der Erfolg ein, der ihm fortan treu bleibt. Solide inszenierte und prachtvoll ausgestattete, mitunter aber recht langatmige Unterhaltung, die mit der tatsächlichen Biografie Porters kaum etwas gemein hat. (Die deutsche Kino-Fassung wurde gegenüber dem Original um 21 Minuten gekürzt.) – Ab 16. ✦ USA 1946 **P** Warner Bros. **Kl** Warner **Pd** Arthur Schwarz **R** Michael Curtiz **B** Charles Hoffman, Leo Townsend, William Bowers **K** J. Peverell Marley, William V. Skall **M** Cole Porter (Songs), Max Steiner (Ltg.), Ray Heindorf (Ltg.) **S** David Weisbart **D** Cary Grant (Cole Porter), Alexis Smith (Linda Lee Porter), Monty Woolley (Monty Woolley), Ginny Simms (Carole Hill), Jane Wyman (Gracie Harris), Eve Arden (Gabrielle), Victor Francen (Anatole Giron) **L** 111 **FSK** ab 16; nf **E** 13.12.1949 **fd** 628

DER TAG VOR DER HOCHZEIT. Der kurzfristig angesagte Besuch des Staatsoberhaupts in einer kleinen westdeutschen Universitätsstadt stürzt die Bevölkerung in fieberhafte Aufregung und den Bürgermeister in Verlegenheit, weil seine Tochter zur gleichen Zeit zum Traualtar gehen will und sich gegen eine Verschiebung des Termins sträubt. Vom satirischen Ansatz her ein bemerkenswerter Versuch, mit qualifizierten Schauspielern und pointenreichen Dialogen die teils restaurative Anfangsphase der Bundesrepublik Deutschland (einschließlich von Typen der Nazizeit) zu charakterisieren. Insgesamt bleibt der Film aber in humorig-komischen Lustspieldetails stecken. – Ab 14 möglich. ✦ Schwarz-weiß. BR Deutschland 1952 **P** Filmaufbau **Kl** Schorchtfilm **Pd** Hans Abich **R+B** Rolf Thiele **K** Oskar Schnirch **M** Norbert Schultze **S** Caspar van den Berg **D** Paul Dahlke (Bürgermeister), Käthe Haack (seine Frau), Elisabeth Müller (Thea), Joachim Brennecke (Hermann), Adelheid Seeck (Frau Heidrich), Elisabeth Flickenschildt (Frau Plitzka), Walter Giller (Schurisch), Wolfgang Lukschy (Dr. Leiden), Gert Fröbe (Rundfunkreporter) **L** 96 **FSK** ab 12; nf **E** 27.11.1952 **fd** 2 242

DER TAG WIRD KOMMEN (SOFJA PEROWSKAJA). Unter dem Druck des Volkes hatte der russische Zar Alexander II. 1861 formell die Leibeigenschaft aufgehoben und eine Reihe bürgerlicher Reformen durchgeführt. Dennoch ändert sich für die Mehrheit des Volkes nicht viel. Vor diesem Hintergrund wird das Schicksal einer jungen Frau erzählt, die sich der

»Naradnaja Wolja« anschließt, einer Organisation, die durch individuellen Terror die Grundfesten des Staates zu erschüttern versucht. ✦ Schwarz-weiß. UdSSR 1967 **P** Mosfilm **R** Lew Arnschtam **B** Jewgeni Gabrilowitsch, Lew Arnschtam **M** Dmitri Schostakowitsch **D** Alexandra Nasarowa (Sofja Perowskaja), Viktor Tarassow (Andrej Sheljabow), Boris Chmelnizki (Kubaltschitsch), Sergej Lukjanow (Michailow), E. Raikina (Gelfman) **L** 105 **E** 9.8.1970 DFF 1

EIN TAG ZUM KÄMPFEN (CUSTER OF THE WEST). Die Geschichte des amerikanischen Generals George A. Custer und seiner entscheidenden Niederlage gegen die Indianer in der Schlacht am Little Big Horn im Jahr 1876. Aufwendiger, episch breit angelegter Kavallerie-Western, der mit den historischen Ereignissen sehr frei verfährt und einen brutalen Militaristen zum romantischen Helden verklärt. – Ab 16. ✦ Scope. USA 1966 **P** Security **KI** Alpha (auch 70mm) **Pd** Philip Yordan, Louis Dolivet **R** Robert Siodmak, Irving Lerner (Bürgerkriegssequenzen) **B** Bernard Gordon, Julian Halevy **K** Cecilio Paniagua **M** Bernardo Segall **S** Maurice Rootes **D** Robert Shaw (General Custer), Jeffrey Hunter (Lt. Benteen), Ty Hardin (Major Marcus Reno), Robert Ryan (Mulligan), Mary Ure (Elizabeth Custer), Charles Stalnaker (Lt. Howells), Lawrence Tierney (General Sheridan), Robert Hall (Sgt. Buckley), Kieron Moore (Häuptling der Cheyenne), Marc Lawrence (Goldsucher) **L** 142 **FSK** ab 12; nf **E** 28.3.1968 **fd** 15 415

EIN TAG ZUVIEL (LES GOMMES). In einer belgischen Kleinstadt ist der Mord an einem Wissenschaftler fehlgeschlagen. In die Ermittlungsarbeit der örtlichen Polizei schaltet sich ein zugereister junger Kriminalbeamter ein, der in dem mutmaßlichen Opfer seinen Vater erkennt. Weitgehend werkgetreue Romanverfilmung. Ein verwirrendes Netz aus falschen Spuren und vieldeutigen Bildern, das zu keiner herkömmlichen »Auflösung« führt, sondern den Helden wie den Zuschauer zum Überdenken eigener Sehgewohnheiten provoziert. ✦ Schwarz-weiß. Belgien/Frankreich 1968 **P** Sofidoc **R** Lucien Deroisy **B** René Micha, nach einem Roman von Alain Robbe-Grillet **K** Frédéric Geilfus **M** Georges Delerue **D** Claude Titre, Françoise Brion, Georges Genicot, André Gevrey, Fernand Abel **L** 90 **E** 1.2.1971 ZDF

TAGE AUS DEM LEBEN ILJA OBLOMOWS (NESKOLKO DNEJ IS SHISNI I. I. OBLOMOWA). Ein Adliger zieht sich vom Staatsdienst zurück und verbringt die Tage auf seinem Gut schlafend und mit dem Entwerfen von Plänen, zu deren Durchsetzung ihm allerdings die Tatkraft fehlt. Auch seine Liebe zu einer jungen Frau scheitert an seiner tiefsitzenden Passivität. Verfilmung eines klassischen Romans. Ein ironisch gebrochenes Kammerspiel, das episodenhaft die Stationen einer völligen Selbstaufgabe beschreibt. Psychologisch stimmige Figuren und gute Darstellerleistungen halten das Interesse an der Geschichte wach. (Fernsehtitel West: »Oblomow«) – Ab 14. ✦ UdSSR/BR Deutschland 1980 **P** Mosfilm/Allianz (im Auftrag des ZDF) **KI** Progress **R** Nikita Michalkow **B** Alexander Adabaschjan, Nikita Michalkow, nach dem Roman »Oblomow« von Iwan A. Gontscharow **K** Pawel Lebeschew **M** Eduard Artemjew **D** Oleg Tabakow (Ilja Iljitsch Oblomow), Juri Bogatyrjew (Andrej Stolz), Andrej Popow (Sachar), Jelena Solowej (Olga Iljinskaja), Avangard Leontjew (Alexejew) **L** 139 (TV 123) **E** 27.3.1981 Kino DDR/17.7.1980 DFF 2/4.1.1982 ZDF

TAGE DER ABENTEUER. Dokumentarfilm über den italienischen Regisseur Roberto Rossellini, der dem privaten Leben und dem künstlerischen Schaffen dieses bedeutenden Klassikers des Neorealismus nachspürt. ✦ Teils schwarz-weiß. BR Deutschland/Italien 1988 **R+B** Ivo Barnabò Micheli **L** 105 **E** 22.2.1989 N 3

TAGE DER FINSTERNIS (DNI SATMENIJA). In einer mittelasiatischen Provinzstadt geht ein junger russischer Kinderarzt einem seltsamen Phänomen nach: die Lebenserwartung gläubiger Menschen soll deutlich über dem Durchschnitt liegen. Bei seinen Untersuchungen scheint der Arzt jedoch überall Unheil zu verbreiten. Ein formal komplexes, ästhetisch verschlüsseltes Werk, das in seiner Beschreibung einer kosmologischen babylonischen Sprachverwirrung assoziativ, mehrdeutig und offen bleibt. In Gelb- und Brauntönen entwickelt sich ein Fluß von apokalyptischen Bildern, die sich überlagern und über sich hinausweisen. Zentrale Themen sind der chaotische Zustand im sowjetischen Vielvölkerstaat und die verwirrende Suche des Menschen nach religiöser Tiefe. (O.m.d.U.; Fernsehtitel: »Tage der Sonnenfinsternis«.) – Sehenswert. ✦ UdSSR 1988 **P** Lenfilm **KI** Freunde der Deutschen Kinemathek **R** Alexander Sokurow **B** Juri Arabow, Arkadi Strugazki, Boris Strugazki, nach einem Roman von Arkadij und Boris Strugazkij **K** Sergej Jurisdizki **M** Juri Chanin **S** Leda Semjonowa **D** Alexej Ananischnow (Dimitri Malionowa), Iskander Umarow, Irina Sokolowa, Wladimir Samanski, Kirill Dudkin **L** 139 **E** 18.12.1989 S 3/1991 Kino

TAGE DER LIEBE (GIORNI D'AMORE). Da eine Hochzeit, bei der nahezu die gesamte Bevölkerung eines kleinen süditalienischen Dorfes verköstigt werden müßte, über die finanziellen Möglichkeiten der beiden Familien geht, schlagen die Verwandten den Verliebten Flucht und heimliche Trauung vor. Aus dem gespielten Streit, der die Flucht plausibel machen soll, entstehen jedoch ernsthafte Feindseligkeiten zwischen den Sippen. Der erste Farbfilm des Neorealisten de Santis ist eine poesievolle Umkehrung des Romeo-und-Julia-Motivs in einer Liebesgeschichte in der Tradition der italienischen Volkskomödie. Bisweilen grell-bunt und saftig-grotesk, dann aber wieder mit Sinn für Humor feinfühlig inszeniert. ✦ Italien 1954 **P** Excelsa **KI** Phönix **Pd** Mario Silvestri **R** Giuseppe de Santis **B** Libero de Libero, Giuseppe de Santis, Elio Petri, Gianni Puccini **K** Otello Martelli **M** Mario Nascimbene **D** Marcello Mastroianni (Pasquale), Marina Vlady (Angela), Angelina Langobardi (Concetta), Dora Scarpetta (Nunziata), Lucien Gallas (Oreste), Renato Chiantoni (Francesco) **L** 88 **FSK** ab 18; nf **E** 9.10.1956/7.9.1956 Kino DDR **fd** 5 480

DIE TAGE DER LIEBE (LOS DIAS DEL AMOR). Mexiko zur Zeit der Kämpfe zwischen Christen und der kirchenfeindlichen Regierung. In die kritisch bloßgelegte Zeit- und Milieustudie zeichnet der Film die Pubertätsnöte und -erlebnisse eines Jungen und konfrontiert sie mit den Spannungen staatspolitischer und kirchlicher Gewalt und Gegengewalt. Ein engagierter historisierender Spielfilm, der Atmosphäre und Wechselwirkung von individueller Entwicklung und sozialem Umfeld sehr genau einfängt. ✦ Mexiko 1971 **P** Artistas Asociados Mexicanos **R+B** Alberto Isaac **K** Jorge Stahl jr. **M** Raúl Lavista **D** Arturo Beristain, Jorge Martinez de Hoyes, Anita Blanch **L** 90 **E** 14.5.1973 ZDF

TAGE DER LUST (3 GIORNI D'AMORE). Ein begehrtes Fotomodell, zugleich »talentierte« Stripperin, versucht, sich ihrem verbrecherischen Manager zu entziehen, und findet Zuflucht bei einem anderen Mann. Doch damit sind die Probleme noch nicht gelöst. Sexfilm auf Kolportage-Niveau. (Videotitel: »Three Days of Love«) ✦ Italien 1991 **P** New Pentax **VA** Starlight **R** Frank De Niro **B** Frank De Niro, Elisabetta Grela **D** Petra Scharbach (Lulu Starlet), Carlo Mucari, Monika Rak, Mario Ferracuti **L** 78 (gek. 58) **FSK** ab 18 (gek. 16) **E** 3.6.1999 RTL 2

TAGE DER SONNENFINSTERNIS →Tage der Finsternis

TAGE DES DONNERS – DAYS OF THUNDER (DAYS OF THUNDER). Ein junger, ehrgeiziger Stock-Car-Rennfahrer rauft sich mit einem alternden Rennwagen-Konstrukteur zusammen, der ihm sein neuestes Modell anvertraut, und triumphiert nach einem Unfall über seine Ängste. Die klischeehafte Action-Handlung um Stolz und schwererkämpfte Männerfreundschaft dient ausschließlich als Tummelplatz für überzogenen Männlichkeitswahn. Lautstarke Technik und Hochglanz-Fotografie verdecken den Mangel an filmischer Innovation und Kreativität. – Ab 16. ✦ Scope. USA 1989 **P** Paramount **KI** UIP **VA** CIC **DVD** Paramount (2.35:1, DD5.1 engl., DS dt.) **Pd** Don Simpson, Jerry Bruckheimer **R** Tony Scott **B** Robert Towne, nach einer Erzählung von Robert Towne und Tom Cruise **K** Ward T. Russell (= Ward Russell), Charles Mills **M** Hans Zimmer **S** Billy Weber, Chris Lebenzon **D** Tom Cruise (Cole Trickle), Robert Duvall (Harry Hogge), Randy Quaid (Tim Dalland), Nicole Kidman (Dr. Claire Lewicki), Cary Elwes (Russ Wheeler), Don Simpson (Aldo Benedetti) **L** 108 **FSK** ab 12; f **FBW** w **E** 20.9.1990/18.4.1991 Video/20.7.2000 DVD **fd** 28 486

TAGE DES HIMMELS – DAYS OF HEAVEN →In der Glut des Südens

DIE TAGE DES MATTHÄUS (ZYWOT MATEUSZA). Ein junger, der Natur sehr verbundener Mann lebt einsam mit seiner Schwester inmitten einer weiten Seenlandschaft. Eingeschlossen in der Welt seiner eigenen Empfindung, findet er bei anderen keine Anerkennung und Zuneigung. Er geht freiwillig in den Tod, als seine Schwester sich einem anderen Mann zuwendet. Ein anspruchsvolles Filmwerk von außergewöhnlicher formaler Geschlossenheit, das mit einer seltenen filmischen Sensibilität ein menschlich aufrüttelndes Porträt zeichnet. – Sehenswert ab 16. ✦ Schwarz-weiß. Polen 1968 **P** Filmstudio Lodz/ZRF »Start« **KI** Progress **R** Witold Leszczynski **B** Witold Leszczynski, Wojciech Solarz, nach dem Roman »Die Vögel« von Tarjei Vesaas **K** Andrzej Kostenko **M** Arcangelo Corelli **D** Franciszek Pieczka (Matis), Anna Milewska (Olga), Wirgiliusz Gryn (Jan), Hanna Skarzanka, Aleksander Fogiel **L** 81 **E** 21.11.1969 Kino DDR

TAGE DES RUHMS, TAGE DER LIEBE →For the Boys – Tage des Ruhms, Tage der Liebe

TAGE DES TERRORS (ABOVE THE LAW / ZHI FA XIAN FENG). Als ein Rechtsanwalt von der Ermordung seines Kronzeugen erfährt und die Gerechtigkeit im Kampf gegen das organisierte Verbrechen in Hongkong auf der Strecke bleibt, nimmt er das Recht in die eigene Hand und wird zum Mörder. Temporeich inszenierter, harter Thriller. ✦ Hongkong 1986 **P** Paragon Films **VA** Geiselgasteig **Pd** Raymond Chow **R** Corey Yuen (= Yuen Kwei) **B** Barry Wong, Szeto Cuek-Hon **K** Tom Lau **M** Romeo Diaz **D** Yuen Biao (Jason Chan), Cynthia Rothrock (Sandy Jones), Roy Chiao-Hung (= Roy Chiao) (Richter), Corey Yuen (= Yuen Kwei) (Joe Do), Wu Ma **L** 85 **FSK** ab 18 **E** 7.9.1988 Video **fd** 27 315

DIE TAGE DES VERRATS →Hitler – Die Tage des Verrats

TAGE DES WAHNSINNS (CARLOS EL TERRORISTA / HOSTAGES). Acht brutale Gangster verüben einen Überfall auf ein Spielcasino und nehmen auf der Flucht einen Bankdirektors und seine Familie als Geiseln. Seriengefertigter Gangsterfilm. ✦ Italien/Spanien/Mexiko 1979 **P** Herald/Lotus/Polea Urdaneta **VA** Screentime **R** René Cardona jr. **B** René Cardona jr., Carlos Valdemar **K** Leopoldo Villasenor **M** Manuel de Sica **S** Alfredo Rosas Priego **D** Stuart Whitman (Kommissar), Marisa Mell (Kim Lombard), Hugo Stiglitz (Captain Sylvester), Gianni Macchia (Franco), Francisco Rabal (William Lombard), Antonella Interlenghi (Lisa), Mario Almada (Pedro), Fernando Almada (Carlos) **L** 90 **E** Mai 1985 Video

TAGE DES WARTENS (WAITING). Eine Freundesclique will die Geburt eines Kindes als Gesamtkunstwerk darstellen und versammelt sich zur Niederkunft in einem Atelier. Doch der neue Erdenbürger läßt auf sich warten und stellt die Freunde auf eine harte Probe. – Ab 16. ✦ Australien 1990 **P** ABC/Filmside **Pd** Ross Matthews **R+B** Jackie McKimmie **K** Steve Mason **M** Martin Armiger **S** Michael Honey **D** Noni Hazlehurst (Clare), Deborra-Lee Furness (Diane), Frank Whitten (Michael), Helen Jones (Sandy), Dennis Moore (Bill) **L** 87 **E** 21.11.1996 ORF 1

TAGE DES WASSERS (LOS DIAS DEL AGUA). Authentische Ereignisse aus dem Jahr 1936: Eine arme Bäuerin scheint Wunderheilungen vollbringen zu können. Rücksichtslose Geschäftemacher und Politiker mißbrauchen den Ruf der naiv religiösen Frau für ihre Zwecke. Sie verfällt in Wahnsinn, als sie erkennen muß, daß ihr Glaube machtlos gegen Gewalt ist und den Menschen keinen Halt geben kann. Inszenatorisch bemerkenswertes Drama von starker Expressivität, angreifbar in seiner antireligiösen Tendenz. ✦ Scope. Kuba 1971 **P** ICAIC **Kl** Progress **R** Manuel Octavio Gómez **B** Manuel Octavio Gómez, Bernabe Hernandez, Julio García Espinosa **K** Jorge Herrera **M** Leo Brouwer **D** Idalia Andreus (Antonia Izquierdo), Raul Pomares (Lino Baez), Adolfo Llauradó (Felipe Rodriguez), Mario Balmaseda (Toni Guaracha), Omar Valdés (Dr. Navarro) **L** 107 **E** 20.7.1973 Kino DDR/22.4.1975 DFF 1

DIE TAGE DES WEINES UND DER ROSEN (DAYS OF WINE AND ROSES). Ehe und Karriere eines Public-Relations-Managers werden durch übermäßigen Alkoholkonsum zugrunde gerichtet. Ein breit angelegtes Melodram mit einzelnen instruktiven, quälend realistischen Szenen, das sein Thema nach und nach aus den Augen verliert. Satirisch-prägnante Elemente weichen in der zweiten Hälfte zunehmend sentimentalen Szenen; hervorragend gespielt. (Alternativtitel: »Stärker als alle Vernunft«) – Ab 16. ✦ Schwarz-weiß. USA 1962 **P** Jalem/Warner **Kl** Warner **Pd** Martin Manulis **R** Blake Edwards **B** J.P. Miller **K** Philip Lathrop **M** Henry Mancini **S** Patrick McCormack **D** Jack Lemmon (Joe), Lee Remick (Kirsten), Charles Bickford (Arnesen), Jack Klugman (Jim Hungerford), Alan Hewitt (Leland) **L** 117 **FSK** ab 16; f **FBW** w **E** 14.6.1963 **fd** 11 957

TAGE DES ZWEIFELS (TAGE DES ZWEIFELS (DER FALL ZWAHLEN)). Eine Berner Hausfrau übernimmt das Amt einer Laienrichterin in einem Mordprozeß. Im Verlauf des Verfahrens stellt sie Ungereimtheiten fest und entschließt sich zur Eingabe einer Beschwerde an den großen Rat. Der Film orientiert sich frei am ›Fall Zwahlen‹ und an der Figur der Geschworenen Vreni Salsa, die mit anderen zusammen erwirkt hat, daß der des Mordes an seiner Ehefrau angeklagte und zu lebenslangem Zuchthaus verurteilte Bruno Zwahlen wieder auf freien Fuß gesetzt und ein neuer Prozeß anberaumt wurde. Giger verzichtet auf eine sensationshascherische Ausschlachtung des Falls und konzentriert sich auf die Charakterisierung seiner Hauptperson, auf ihre Befindlichkeit zwischen Pflichtbewußtsein, ethischer Verantwortung und der Suche nach einer neuen emanzipatorischen Identität. – Ab 16. ✦ Schweiz 1991 **P** Limbo/SRG/Teleclub **Pd** Theres Scherer **R** Bernhard Giger, Regina Bärtschi **B** Bernhard Giger **K** Martin Fuhrer **M** Züri West **S** Regina Bärtschi **D** Silvia Jost (Eva Balmer), Paul Born (Oberrichter), Jürgen Brügger (Staatsanwalt), Andreas Loeffel (Angeklagter), Dieter Stoll (Martin Balmer) **L** 85 **E** Schweiz

TAGE IM GALOPP (TAGE IM GALOPP). Tobias Ineichen und sein Kamera-Kollege Bernard Weber haben sich dem impulsiven Luzerner Künstler Schurtenberger (Jahrgang 1931) in seinem freigewählten Exil im österreichischen Waldviertel und bei einer Vernissage in Luzern genähert. Kein Porträtfilm, vielmehr das Bild eines Mannes, der sich entzieht, der die ländliche Idylle und Begegnungen mit Menschen vermutlich nur als Reibungsflächen für seine expressive figürliche Malerei braucht, die er im Film mit exaltiertem narzißtischem Gehabe zelebriert. ✦ Schweiz 1992 **P** Ineichen/Weber/Calypso **Pd+R+B** Tobias Ineichen, Bernard Weber **K** Bernard Weber, Roberto Di Valentino **S** Dominique Freiburghaus **D** Ernst Schurtenberger **L** 59 **E** Schweiz

TAGE IM HOTEL. Ein junger Deutscher kehrt nach dreijährigem Aufenthalt in den USA nach Europa zurück. Unschlüssig über seine Zukunft und unentschlossen gegenüber seinen Gefühlen und seiner sozialen Rolle, verbringt er mit einer amerikanischen Freundin drei Wochen auf Korsika. Die Situationen, Begegnungen und Konflikte während dieser Zeit verdichten sich für ihn zu einer Identitätskrise. ✦ BR Deutschland 1983 **P** Stein & Neumann **Pd** Ulrich Stein, Rüdiger Neumann **R+B** Ulrich Stein **K** Rüdiger Neumann **S** Ulrich Stein **D** Rolf Witt (Gernot), Rebecca Pauly (Kathy), Maja Maranow (Sarah), Ferdinand Dux (Liedloff), Heinrich Giskes (Martin Palm), Andrea Bürgin (Esther) **L** 100 **E** 10.3.1983 ZDF

TAGE IM JUNI (LOS DIAS DE JUNIO). Nach acht Jahren im Exil kehrt ein argentinischer Schauspieler zur Zeit des Falkland-Krieges im Jahr 1982 in sein Heimatland zurück. Gemeinsam mit seinen drei alten Freunden, mit denen er ehemals eine kleine verschworene Gruppe bildete, fabriziert er eine Fahne als klägliches Symbol der Hoffnung gegen die im Land durch Terror ausgelöste Angst, gegen Apathie, politische und menschliche Resignation, gegen Not und Vereinsamung. Eine intensive Klimabeschreibung, eindrucksvoll vor allem durch die Subtilität, mit der die zerstörerischen Folgen der Militärdiktatur, die bis ins Private reichen, beschrieben werden. ✦ Argentinien 1985 **P** Fischerman-Santos Productores/Asociados de Cine S.R.L. **Pd+R** Alberto Fischerman **B** Alberto Fischerman, Gustavo Wagner, Marina Gaillard **K** Marcello Camorino, Jorge Behnisch **M** Luis Maria Serra **S** Juan Carlos Macias, Carlos Márquez **D** Norman Briski, Julia van Grolman, Victor Laplace, Arturo Maly, Lorenzo Quinteros, Ana Maria Picchio, Inda Ledesma **L** 95 **E** 22.11.1988 DFF 2

DIE TAGE MIT FANNY (MANDAGARNA MED FANNY). Ein aus seiner mittelständisch situierten Ehe ausbrechender Lagerarbeiter sucht am Totenbett seines Vaters und in den Armen einer Krankenschwester nach Erklärungen für seine Kindheitstraumata und sein jetziges Leben. Er scheitert an seiner Unfähigkeit, sich verständlich zu machen. Eine pessimistische, eher beschreibende als analysierende Bestandsaufnahme über Kommunikationsschwierigkeiten in menschlichen Beziehungen. Durch den episodenhaften Inszenierungsstil läßt der Film eher ratlos als erkenntnisstiftend zurück. ✦ Schweden 1977 **P** Svenska Filminstitutet/Svensk Filmindustri **Pd** Bengt Forslund, Olle Hellbom, Olle Nordemar **R** Lars Lennart Forsberg **B** Lars Lennart Forsberg, nach einem Roman von Per Gunnar Evander **K** Lars Björne **M+S** Lars Lennart Forsberg **D** Tommy Johnson (Robert Eriksson), Ingvar Kjellson (Hilding Eriksson), Maria Selbing (Fanny), Agneta Ekmanner (Gudrun Eriksson), Henric Holmberg (Aronsson), Allan Edwall (LKW-Fahrer), Sture Djerf (Berglund) **L** 106 **E** 6.8.1979 ARD **fd** 22 098

TAGE OHNE SONNE (MEIYOU TAIYANK DE RIZI / SUNLESS DAYS). Ausgehend von der Niederschlagung der chinesischen Demokratie-Bewegung am 4. Juni 1989 auf dem Platz des himmlischen Friedens in Peking, beschreibt der Film die Reaktionen und Veränderungen, die diese Gewalttat auch in Hongkong bewirkte. Das filmische Denkmal für die Toten zeigt die Zukunftsängste der Hongkong-Chinesen, die 1997 wieder an China angeschlossen werden, und ist ein Plädoyer für Freiheit, Menschenrechte und kulturelle Identität. (O.m.d.U.; Lobende Erwähnung der OCIC in Berlin 1990.) – Ab 16. ✦ Hongkong/Japan 1990 **P** Creative Workshop/NHK Enterprises **SF** Freunde der Deutschen Kinemathek **Pd** Masami Ogahara **R** Shu Kei, Allen Fong (= Fang Yuping), Tony Au, Brian Woo, Godfrey Ho, Manfred Wong **B** Shu Kei, Wu Nien-Jen **K** Wong Chun-Piu **M** Danny Chung, Franz Liszt, Sun Wing-Leung **S** Sammy Chow, Fong Po-Wah **D** Duo Duo, Cheung Kin-Ting, Deanie Ip, Yeung Li-Kwam, Winston Kam, Manfred Wong **L** 90 **E** März 1990

TAGE UND NÄCHTE → Nächte und Tage

DIE TAGE VON '36 (MERES TOU '36). Ein inhaftierter ehemaliger Mitarbeiter der Polizei, dem fälschlich ein Mord zur Last gelegt wird, bemächtigt sich nach vergeblichen Versuchen, seine Unschuld zu beweisen, eines Abgeordneten als Geisel für seine Freilassung. Die Regierung sieht sich einem Dilemma gegenüber, das zu ihrem Sturz führen kann. Sie läßt den Häftling durch einen Scharfschützen erschießen. Eine atmosphärisch dichte Beschreibung des Klimas in Griechenland vor dem Machtwechsel im August 1936, die sich zu einer im dokumentarischen Stil inszenierten rigorosen Abrechnung mit den Methoden des Faschismus in Griechenland verdichtet. (O.m.d.U.) – Sehenswert. ✦ Griechenland 1972 **P** Prod. Jorges Papalios **Kl** Freunde der Deutschen Kinemathek **Pd** Giorgos Papalios **R+B** Theo Angelopoulos **K** Giorgos Arvanitis **S** Vassilis Styropoulos **D** K. Pavlou (Sofianos), Petros Zarkadis (Loukas), Christoforos Nezer (Gefängnisdirektor), V. Tsanglos (Gefängniswärter), Yannis Kandilas (Herr Kriezis), Thanos Grammenos (Chauffeur Anestis) **L** 110 **E** 1973 Kino/29.9.1974 HR

TAGE WIE DIESER... (ONE FINE DAY). Zwei alleinlebende und -erziehende New Yorker, Architektin und Journalist, deren berufliche Karriere an einem seidenen Faden hängt, prallen mit ihren fünfjährigen Kindern aufeinander. Obwohl sie sich nicht sonderlich gewogen sind, werden sie für einen Tag zu Schicksalsgefährten, die gegenseitig auf die Kinder achten. Am Ende steht der Beginn einer großen Liebe. Versuch einer modernen Screwball-Komödie mit leicht märchenhaften Zügen. Zwar ist die Entwicklung bis ins kleinste vorhersehbar und die Handlung allzu glatt abgewickelt, dennoch berührt die Geschichte nicht zuletzt dank vorzüglicher Darsteller. Trotz der Schwächen eine liebenswerte Unterhaltung. – Ab 14. ✦ Scope. USA 1996 **P** 20th Century Fox **Kl** 20th Century Fox **VA** Fox Home **Pd** Lynda Obst **R** Michael Hoffman **B** Terrel Seltzer, Ellen Simon **K** Oliver Stapleton **M** James Newton Howard **S** Garth Craven **D** Michelle Pfeiffer (Melanie Parker), George Clooney (Jack Taylor), Mae Whitman (Maggie Taylor), Alex D. Linz (Sammy Parker), Charles Durning (Lew) **L** 104 **FSK** ab 6; f **FBW** w **E** 1.5.1997/4.12.1997 Video/1.11.1998 Premiere **fd** 32 520

TAGEBUCH → Tagebuch meiner Kindheit

EIN TAGEBUCH AUS CAMBRIDGE. Dokumentarfilm, der ein Studienjahr im berühmten College von Cambridge verfolgt und dabei insbesondere die Mischung aus Tradition und Modernität untersucht. ✦ Frankreich 1998 **R** Philippe Pilard **L** 96 **E** 27.9.1998 arte

DAS TAGEBUCH DER ANNE FRANK (1959) (THE DIARY OF ANNE FRANK). Von Juli 1942 bis August 1944 versteckt sich eine Gruppe holländischer Juden auf dem Dachboden eines Amsterdamer Hauses. Die 13jährige Anne Frank erlebt die Angst der Verfolgten, ihre verzweifelte Hoffnung auf Rettung, ihre Schwächen und Streitigkeiten, aber auch ihre Zähigkeit und Solidarität. Der lakonische, sachlich-verhaltene Stil der bekannten Tagebuchnotizen des Mädchens erfährt eine zwar weitgehend konventionelle Kino-Dramatisierung, dennoch zwingen die überzeugenden Darsteller und der Ernst der Inszenierung zur Auseinandersetzung mit der authentischen Vorlage, die zu den erschütterndsten Zeugnissen aus der Zeit des Nationalsozialismus zählt. – Sehenswert ab 14. ✦ Scope, schwarz-weiß. USA 1959 **P** 20th Century Fox **Kl** Centfox **Pd+R** George Stevens **B** Frances Goodrich, Albert Hackett, nach ihrem Bühnenstück und Anne Franks Tagebüchern **K** William C. Mellor, Jack Cardiff **M** Alfred Newman **S** Robert Swink, William Mace, David Brotherton **D** Millie Perkins (Anne Frank), Joseph Schildkraut (Otto Frank), Shelley Winters (Frau van Daan), Richard Beymer (Peter van Daan), Gusti Huber (Edith Frank), Lou Jacobi (Herr van Daan), Diane Baker (Margot Frank) **L** 152 **FSK** ab 12; f **FBW** bw **E** 28.8.1959 **fd** 8 368

DAS TAGEBUCH DER ANNE FRANK (1980) (THE DIARY OF ANNE FRANK). Fürs Fernsehen entstandene Neuverfilmung des bekannten Bühnenstücks: Eine Gruppe holländischer Juden versteckt sich zwischen 1942 und 1944 auf dem Dachboden eines Hauses in Amsterdam. Ein 13jähriges Mädchen erlebt die Angst der Verfolgten, ihre Hoffnung auf Rettung sowie ihre Solidarität in Augenblicken der Bedrohung. Der Film weiß der erschütternden Adaption von 1959 kaum neue Akzente abzugewinnen. Doch auch im Rahmen dieser Inszenierung verfehlt die klaustrophobische Situation nicht ihre Wirkung und fordert zur Auseinandersetzung auf. – Ab 14 möglich. ✦ USA 1980 **P** NBC/20th Century Fox/Half Pint-Katz-Gallin **R** Boris Sagal **B** Frances Goodrich, Albert Hackett, nach ihrem Bühnenstück **K** Ted Voigtlander **M** Billy Goldenberg **D** Melissa Gilbert (Anne Frank), Maximilian Schell, Joan Plowright, James Coco (Herr van Daan), Scott Jacoby (Peter van Daan), Doris Roberts (Frau van Daan) **L** 96 **E** 11.6.1989 DFF 2/15.10.1989 PRO 7

DAS TAGEBUCH DER ANNE FRANK (1987) (THE DIARY OF ANNE FRANK). Weitere (fürs Fernsehen produzierte) Verfilmung des Schicksals der Anne Frank, der 15jährigen Tochter eines jüdischen Gewürzhändlers in Amsterdam, die sich mit ihrer Familie und Freunden in einem Mietshaus in der Prinsengracht vor den Nationalsozialisten versteckt hielt, bis sie entdeckt wurde und schließlich mit ihrer Schwester im KZ Bergen-Belsen an einer Typhus-Infektion starb. Ihre im Amsterdamer Versteck verfaßten Tagebücher sind bis heute ein erschütterndes Mahnmal, das die Leiden der Juden im Holocaust der Nazizeit beschreibt. – Ab 16. ✦ Großbritannien 1987 **P** BBC **VA** Matthias **R** Gareth Davies **B** Elaine Morgan **D** Katharine Schlesinger (Anne Frank), Emrys James (Otto Frank), Elisabeth Bell (Edith Frank), Emma Harbour (Margot Frank), Gareth Krikland (Harry Goldberg), Daniel Moynihan (Herr Koophius) **L** 112 **E** 1.11.1994 ZDF

TAGEBUCH DER KAMELIENDAME →La Traviata (1948)

DAS TAGEBUCH DER LADY M. (LE JOURNAL DE LADY M.). Eine Nachtclub-Sängerin verliebt sich in Paris in einen katalanischen Maler, den sie nach leidenschaftlichen Tagen in Spanien wieder verläßt, als sie zufällig erfährt, daß er verheiratet ist. Da sie jedoch ohne ihn nicht leben zu können meint, lädt sie ihn nach Paris ein. Er kommt mit Frau und Töchterchen, worauf sich eine Dreierbeziehung entwickelt, die sich schließlich auf die beiden Frauen reduziert, bis sich auch deren Wege trennen. In Alain Tanners Film geht es um Begierde, Besitz und Hingabe, um die Kluft zwischen Vernunft und Leidenschaft. Die naturalistisch ausgespielten Sexszenen tragen jedoch kaum Wesentliches zum Thema bei. ✦ Schweiz/Belgien/Spanien/Frankreich 1993 **P** Filmograph/Nomad/Messidor/Lazennec **Pd** Alain Tanner, Jacques de Clercq, Gerardo Herrero, Dimitri de Clercq **R** Alain Tanner **B** Myriam Mézières **K** Denis Jutzeler **M** Arié Dzierlatka, Destroy Man, Myriam Mézières **S** Monica Goux **D** Myriam Mézières (Lady M.), Juanjo Puigcorbé (Diego), Félicité Wouassi (Nuria), Antoine Basler (der Mann vom Kismet), Carlotta Soldevilla (die Frau von Nr. 35) **L** 100 **E** Schweiz

TAGEBUCH DER LEIDENSCHAFT →Wilde Orchidee 3

TAGEBUCH DER LIEBE (HIDDEN AGENDA). Sexfilm um erotische Konkurrenzkämpfe im Verlagsgeschäft. ✦ USA 1992 **R** Michael Craig **B** Leslie Black **K** Michael Craig, Will Lee **D** Leanna Foxx (Janet), Tiffany Million (Lila), Alex Jordan (Candice), Marc Wallice (Bobby) **L** 64 **E** 23.6.1995 premiere

TAGEBUCH DER LUST, TEIL 1+2 (THE DIARY, PART 1). England 1936: Eine junge Frau blickt auf ihr Leben zurück, das durch zwei Männer, die sie gleichzeitig begehrten, in eine emotionale Schieflage geriet und von dramatischen Ereignissen überschattet war. In Rückblenden erzählter erotischer Reigen. ✦ USA 1999 **R+B** Nicolas Weber **D** Lila Bauman (Anna), Kestrel Boyle (Oscar), Jason Davies (Jeffrey), Abigail Olegski (Alice), Adam Ashford (Winston) **L** 90 **E** 8.1.2000 Vox

TAGEBUCH DER LUST, TEIL 3 (THE DIARY, PART 3). Erotische Verwicklungen behindern das Zustandekommen eines Spielfilms in Rom, durch den die meisten Beteiligten ihre privaten Schäfchen ins Trockene zu bringen hoffen. Dritter Film eines trivialen erotischen Bilderbogens. ✦ USA 1999 **R+B** Nicolas Weber **D** Lila Bauman (Anna), Christopher O'Loughlin (Richard), Gianluigi de Angeles (Luigi), Olga Bousse (Antonella), Nathalie Commalin (Monica) **L** 85 **E** 18.11.2000 Vox

TAGEBUCH DER LUST, TEIL 4 (THE DIARY, PART 4). Vierter Teil der trivialen Erotik-Serie: Diesmal gelangt das erotische Tagebuch einer jungen Frau in die Hände eines Mannes, der sich aufgrund der Aufzeichnungen in sie verliebt und eine Reihe Komplikationen auslöst. ✦ USA 2000 **R+B** Nicolas Weber **D** Lila Bauman (Anna), Gianluigi De Angelis (Luigi), Christopher O'Loughlin (Richard), Roxane Ferrier (Sofia), Ludmila Mignol (Chiara) **L** 90 **E** 25.11.2000 Vox

TAGEBUCH DER LÜSTE →Das gestohlene Tagebuch

TAGEBUCH DER PROVINZ (DIARIO DA PROVINCIA). Aufstieg und Tod eines karrieresüchtigen Politikers im Brasilien der Jahre 1929–35. Der die Parteien wie die Hemden wechselnde Mann scheut weder Korruption noch Ausbeutung der Armen, noch Mord. Der allzu gelackt inszenierte Film bleibt sowohl in der Personenzeichnung als auch in der Gesellschaftsanalyse zu sehr an der Oberfläche, um Reflexion anzuregen geschweige denn Parallelen zur Gegenwart aufzuzeigen. ✦ Brasilien 1978 **P** Prod. Roberto Palmari **Pd+R+B** Roberto Palmari **K** Geraldo Gabriel **M** Heitor Villa-Lobos **S** Jeremias Meireia Filho **D** José Lewgoy (Dr. Acácio Figueira), Atila Iório (Caetano Bonfati), Gianfrancesco Guarnieri (Otaviano), Paula Ribeiro (Aretusa), Rodrigo Santiago (Greco) **L** (TV) 95 **E** 10.8.1981 ARD **fd** 23 047

DAS TAGEBUCH DES CARLOS ESPINOLA (DNEWNIK KARLOSA ESPINOLY). Fern seiner Heimat lebt ein lateinamerikanischer Junge in einem internationalen Schulinternat in Iwanowo. Zwar hat er sich langsam eingelebt, doch schmerzt ihn der Verlust seiner Familie. Immer wieder quälen ihn die Erinnerungen an den Tod der Mutter, die Erschießung seines älteren Bruders und Verhöre, denen er selbst ausgesetzt war. Allein die Gewißheit, daß sein Vater noch lebt, macht dem Jungen Mut. ✦ Scope. UdSSR 1976 **P** Gorki-Studio **R+B** Valentin Seliwanow **K** Wladimir Saposchnikow **M** Alexej Rybnikow **D** José-Luis Belmester (Carlos Espinola), Marina Muchina (Natascha Schumilina), Carlos Socho (Jose), Sergej Demissow (Sergej), Antonio Ortega (Benito) **L** 69 **E** 28.5.1978 DFF 2

DAS TAGEBUCH DES DR. MABUSE →Das Testament des Dr. Mabuse (1932)

DAS TAGEBUCH DES MISTER THOMPSON (LES CARNETS DU MAJOR THOMPSON). Ein englischer Major, ehemals für Seine Majestät in Indien, heiratet in zweiter Ehe eine Französin. Beide sind glücklich miteinander, auch wenn sie sich gegenseitig ihre angeblichen nationalen Schwächen vorwerfen. Als sie ihn auffordert, sein Gemecker niederzuschreiben, tut er dies, und sein Buch wird ein Riesenerfolg. Weitgehend vergnügliche, bisweilen aber recht grob gestrickte Komödie, die weitgehend unverbindlich bleibt und kaum noch den Biß und die ätzende Satire früherer Arbeiten des Komödien-Spezialisten Preston Sturges besitzt. – Ab 14. ✦ Schwarz-weiß. Frankreich 1955 **P** S.N.E./Gaumont/Wagner-Film **KI** Union **Pd** Paul Wagner **R** Preston Sturges **B** Preston Sturges, nach Motiven eines Romans von Pierre Daninos **K** Maurice Barry, Christian Matras **M** Georges van Parys **S** Raymond Lamy **D** Jack Buchanan (Major Marmaduke Thompson), Martine Carol (Martine, seine Frau), François de Breteuil (Marc), Noël-Noël (M. Taupin), Paulette Dubost (Mme. Taupin), Totti Truman Taylor (Miss Ffith), Geneviève Brunet (Ursula) **L** 96 **FSK** ab 12; nf **E** 26.4.1956 **fd** 5 043

TAGEBUCH DES VERFÜHRERS. Nach einer Erzählung von Kierkegaard wird in Form eines Tagebuchs von einem Mann um die Jahrhundertwende erzählt, der auf raffinierte Weise eine junge Frau verführt, um sie danach zu verlassen. Minuziös, aber langatmig wird die Geschichte der Verführung geschildert, wobei der Film in seinem historischen Rahmen undeutlich bleibt; auch sucht man vergeblich Bezüge zu realen Verstrickungen, wie sie sich in aktuellen Beziehungen entfalten. ✦ Schwarz-weiß. BR Deutschland 1978 **P** Albatros/ZDF **Pd** Michael Fengler **R** Michael Hild **B** Michael Hild, nach der gleichnamigen Erzählung von Sören Kierkegaard **K** Joseph Vilsmaier **M** Andreas Angelo **S** Helga Borsche **D** Adelheid Arndt (Cordelia), Rüdiger Kirschstein (Johannes), Gisela Fischer (Tante), Vitus Zeplichal (Eduard), Heinz Domez (Johann), Erika Eberhardt (Solveig) **L** 86

DAS TAGEBUCH DES VERFÜHRERS (LE JOURNAL DU SEDUCTEUR). Ausgehend von Kierkegaards gleichnamigem Werk, spielt der Film verschiedene Varianten der Verführung durch, wobei im Mittelpunkt ein Pariser Studentenpaar steht. Teils philosophische Komödie, teils Krimi-Groteske, funktioniert die Geschichte wie eine chemische Versuchsanordnung, die das Wunder der Liebe erforschen will und dabei die Verstrickungen der Figuren immer wieder ironisch bricht. Die Lust am geheimnisvoll kriminalistischen Spiel läßt dabei nie vergessen, daß es auch um moderne existentielle Probleme wie Einsamkeit, Todessehnsucht und Neurosen geht. Ein hochintelligenter Film, ausgestattet mit zahlreichen literarischen, kulturhistorischen und filmischen Bezügen, der zugleich stets auch als bezauberndes Märchen fesselt. (O.m.d.U.) – Sehenswert. ✦ Frankreich 1995 **P** Gemini/Madrogoa/Canal+/CNC **KI** peripher **Pd** Paulo Branco **R** Danièle Dubroux **B** Danièle Dubroux, nach Motiven eines Romans von Sören Kierkegaard **K** Laurent Machuel **M** Jean-Marie Sénia **S** Jean-François Naudon **D** Chiara Mastroianni (Claire Conti), Melvil Poupaud (Grégoire Moreau), Hubert Saint Macary (Hubert Markus), Serge Merlin (Robert), Mathieu Amalric (Sébastien), Danièle Dubroux (Anne, die Mutter), Jean-Pierre Léaud (Hugo), Micheline Presle (Diane) **L** 95 **E** 5.5.1997 ORB/ 9.10.1997 **fd** 32 743

TAGEBUCH EINER EHE (MARIE). Die Situation einer Familie, in der sich die Eltern nach zehnjähriger Ehe auseinandergelebt haben. Der nüchterne Film beschreibt die Probleme der Ehescheidung, der neuen Beziehungen und die Einflüsse dieser Veränderungen auf die Kinder. Fast dokumentarisch und ohne äußerlich spannende Spielhandlung, in seiner Tendenz gegen die Scheidung gerichtet. – Ab 14. ✦ Schwarz-weiß. CSSR 1964 **P** Filmstudio Barrandov **KI** Progress **R** Václav Vorlícek **B** Alexander Kliment, Václav Vorlícek, nach einem Roman von Alexander Kliment **K** Josef Strecha **M** Svatopluk Havelka **D** Blazena Holisová (Marie), Ilja Racek (Jaroslav), Stanislav Remunda (Hans) **L** 89 **E** 5.3.1965 Kino DDR

TAGEBUCH EINER FRAU (MRS. PARKINGTON). Konventionelle Verfilmung des Drei-Generationen-Romans »Mrs. Parkington« von Louis Bromfield (1895–1956). In eine Rahmenhandlung eingebettet, spielt sich in Rückblenden die Geschichte einer Frau und ihrer Ehe mit einem Großindustriellen ab. Bemerkenswert ist allenfalls die wandlungsfähige, auch als 84jährige überzeugende Greer Garson in der Hauptrolle. – Ab 16. ✦ Schwarz-weiß. USA 1944 **P** MGM **KI** MGM **Pd** Leon Gordon **R** Tay Garnett **B** Robert Thoeren, Polly James, nach einem Roman von Louis Bromfield **K** Joseph Ruttenberg **M** Bronislau Kaper **D** Greer Garson, Walter Pidgeon, Edward Arnold, Agnes Moorehead, Cecil Kellaway **L** 124 **E** 1949 Kino/17.6.1968 ZDF **fd** 126

TAGEBUCH EINER FRAUENÄRZTIN (JOURNAL D'UNE FEMME EN BLANC / PELLE DI DONNA). An Hand repräsentativer Beispiele von Frauen, die durch eine Schwangerschaft in Schwierigkeiten geraten, wird für die Möglichkeit der Empfängnisverhütung plädiert. Ein Thesenfilm, der sich auf den Bericht eines Arztes beruft. Zwar gelingen ihm einige eindringliche Szenen, da er jedoch allzu einseitig argumentiert und eine sachliche Meinungsbildung umgeht, wird er den Aspekten des Problems nicht gerecht. Interessant vor allem aus historischer Sicht auf ein schon seit den 60er Jahren aktuelles, bis heute noch nicht schlüssig gelöstes gesellschaftliches Problem. ✦ Schwarz-weiß. Frankreich/Italien 1965 **P** Société Nouvelle des Etablissements Gaumont/Sopac/Arco **KI** Nora **Pd** Ghislaine Autant-Lara **R** Claude Autant-Lara **B** Jean Aurenche, René Wheeler, nach einem Roman von André Soubiran **K** Michel Kelber **M** Michel Magne **S** Madeleine Gug **D** Marie-José Nat (Assistenzärztin Claude Sauvage), Jean Valmont (Dr. Pascal), Claude Gensac, Paloma Matta (Mariette, eine Patientin) **L** 97 **FSK** ab 16; f **E** 14.10. 1966 **fd** 14 375

TAGEBUCH EINER KAMMERZOFE (1946) (THE DIARY OF A CHAMBERMAID). Ein Dienstmädchen kommt in ein herrschaftliches Haus in der französischen Provinz, das sich als Sündenbabel entpuppt: Monsieur ist ein täppischer Lüstling, Madame eine geifernde Kanaille. Verfilmung eines Romans von Mirbeau während Renoirs Exil in den USA. Versiert im Umgang mit Originalschauplätzen, mußte Renoir vorwiegend im Atelier drehen, wodurch die Rekonstruktion des französischen Milieus eher skurril ist als formal und inhaltlich überzeugend. Das von der Produktion erzwungene Happy-End mildert zudem die Gesellschaftskritik der Vorlage. Auch schauspielerisch durchschnittlich. (O.m.d.U.) – Ab 16. ✦ Schwarz-weiß. USA 1946 **P** Benedict Bogeaus Prod. (für United Artists) **Pd** Burgess Meredith, Paulette Goddard **R** Jean Renoir **B** Burgess Meredith, Jean Renoir, nach einem Roman von Octave Mirbeau und einem Theaterstück von André Heuse, André de Lord und Thielly Neores **K** Lucien Andriot **M** Michel Michelet **D** Paulette Goddard (Célestine), Burgess Meredith (Capitaine Mauger), Hurd Hatfield (George), Francis Lederer (= Franz Lederer) (Joseph), Judith Anderson (Mme. Lanlaire), Reginald Owen (M. Lanlaire) **L** 82 **E** 6.7.1969 BR

TAGEBUCH EINER KAMMERZOFE (1963/64) (LE JOURNAL D'UNE FEMME DE CHAMBRE). Eine Hausangestellte stößt beim Antritt einer neuen Stelle in der französischen Provinz bei der wohlhabenden Herrschaft wie auch bei den Bediensteten auf verschiedene Formen sittlichen Zerfalls. Buñuel attackiert einmal mehr die verlogene Fassade der Gesellschaft, wobei seine vergleichsweise weniger verschlüsselten polemischen Ausfälle vorab dem Bürgertum, der politischen Rechten und Zerrformen des Christentums gelten. Letztlich jedoch wird der um den Preis des Verrats an der eigenen gesellschaftlichen Klasse vollzogene Aufstieg einer Minderprivilegierten zum Mitglied des dominanten Bürgertums geschildert. ✦ Scope, schwarz-weiß. Frankreich/Italien 1963/64 **P** Spéva/Ciné-Alliance/ Filmsonor/Dear **KI** Arsenal (Erstverleih: Centfox) **Pd** Serge Silberman **R** Luis Buñuel **B** Luis Buñuel, Jean-Claude Carrière, nach einem Roman von Octave Mirbeau **K** Roger Fellous **S** Louisette Hautecoeur, Luis Buñuel **D** Jeanne Moreau (Célestine), Georges Géret (Joseph), Michel Piccoli (M. Monteil), Daniel Ivernel (Hpt. Mauger), Françoise Lugagne (Mme. Monteil), Jean Ozenne (M. Rambour), Dominique Sauvage-Dandieux (Claire) **L** 97 **FSK** ab 12; f (fr. 18) **FBW** w **E** 14.8.1964/23.2.1970 ZDF **fd** 12 928

TAGEBUCH EINER LANDSCHAFT (THE SKY ON LOCATION). Eine französische Fotografin und Kamerafrau nähert sich in der Form eines filmischen Tagebuchs ihrer zweiten Heimat, den USA, an. Sie beschreibt amerikanische Landschaften im Wechsel der Jahreszeiten und versucht, ihren Charakter zu erfassen. ✦ USA 1982 **P** Babette Mangolte Production **Pd+R+B+K** Babette Mangolte **M** Ann Hankinson **L** (TV) 75 **E** 2.8.1983 ZDF

TAGEBUCH EINER LEIDENSCHAFT (BROGLIACCIO D'AMORE). Ein erfolgreicher Ingenieur will seine Identitätskrise überwinden, indem er ein Buch schreibt. Das Ergebnis ist jedoch anders, als er selbst erwartet. – Ab 16. ✦ Italien 1976 **R** Decio Silla **D** Enrico Maria Salerno (Giacomo), Senta Berger (Roberta), Paolo Carlini, Marisa Valenti **L** 89 **E** 11.4. 1995 RTL 2

TAGEBUCH EINER VERLIEBTEN. In Form eines Tagebuchs wird die Geschichte einer Ehe geschildert, die am siebten Hochzeitstag zu kriseln beginnt, als die Frau einen Seitensprung ihres Mannes entdeckt und sich dafür rächen will. Doch bevor es dazu kommt, führt sie die Sorge um ihr Kind wieder zu ihrem Mann zurück. Ehekomödie von geringer Substanz; eine platt-verfängliche Farce als Plattform für das Schauspieler-Duo Fischer/Schell, das durch sein gutes Spiel nicht von der Oberflächlichkeit des behandelten Konfliktes ablenken kann. – Ab 16. ✦ Schwarz-weiß. BR Deutschland 1953 **P** Magna **KI** Deutsche London **Pd** Karl J. Fritzsche, Conrad Flockner **R** Josef von Baky **B** Emil Burri, Johannes Mario Simmel, nach dem Roman »Ich an mich« von Dinah Nelken **K** Oskar Schnirch **M** Alois Melichar, Paul Lincke, A. Christie **S** Rudolf Schaad **D** Maria Schell (Barbara Holzmann), O. W. Fischer (Paul Holzmann), Margarete Haagen (Oma »Sanitätsrat«), Franco Andrei (Nicola), Ernst Schröder (Dr. Hugendübel) **L** 90 **FSK** ab 16; f **E** 19.10.1953 **fd** 2 852

TAGEBUCH EINER VERLORENEN. Die Tochter eines Apothekers, von der Familie nach der Geburt eines unehelichen Kindes verstoßen, gerät in ein Bordell. Sie trifft dort auf ihren Vater, der vor Bestürzung darüber einige Tage später stirbt, und heiratet schließlich einen Grafen. In seinem letzten Stummfilm umschifft Pabst leidlich geschickt die Klippen des kolportagehaften Sujets und lotet jenseits einiger Sentimentalitäten die sozialen und moralischen Abgründe aus, so daß letztlich die Rettung um so wirkungsvoller ausfällt. Als filmhistorisches Dokument vor allem wegen der herausragenden Hauptdarstellerin sehenswert. – Ab 14 möglich. ✦ Schwarz-weiß. Deutschland 1929 **P** Pabst-Film **SF** Deutsches Institut für Filmkunde **Pd+R** Georg Wilhelm Pabst **B** Rudolf Leonhardt, nach einem Roman von Margarete Böhme **K** Sepp Allgeier **M** Hans Jönssen **D** Louise Brooks (Thymian), Fritz Rasp (Provisor Meinert), Sybille Schmitz (Elisabeth), Josef Rovensky (Apotheker Henning), Vera Pawlowa (Tante Frida), Kurt Gerron (Dr. Vitalis), Valeska Gert, Siegfried Arno **L** 94 **E** 15.10.1929/24.7.1973 ZDF

TAGEBUCH EINES DIEBES AUS SHINJUKU (SHINJUKU DOROBO NIKKI). Ein Student, der beim Stehlen in einer Buchhandlung eine junge Frau kennenlernt, macht auf der Suche nach einer sexuell befriedigenden Beziehung zu ihr auch politische Erfahrungen. Dabei ist das Paar so stark auf seine jeweiligen Rollen in der Gesellschaft fixiert, daß es ihm nicht gelingt, sexuellen Kontakt zu finden. Erst in der Auseinandersetzung mit diversen Gesprächs- und Spielpartnern (die theatralische Selbstdarstellung fungiert als therapeutische Methode) gelingt beiden die sexuelle Emanzipation, die mit dem Ausbruch der Studentenunruhen in Tokios Shinjuku-Viertel zusammenfällt. Eine meisterhaft inszenierte Mischung aus kritischem Zeitbild und tiefenpsychologischem Diskurs, die sich in ihrer stilistisch verwirrenden Vielfalt hiesigen Betrachtern nur schwer erschließt. Deutlich läßt sich freilich die Auseinandersetzung mit der erotischen Tradition Japans, dem abendländischen Einfluß auf sozialem und sexuellem Gebiet sowie mit den damit zusammenhängenden Gegenwartsproblemen erkennen. (O.m.d.U.) – Sehenswert. ✦ Teils schwarz-weiß. Japan 1969 **P** Sozosha/ Shibata **KI** Freunde der Deutschen Kinemathek **Pd** Masayuki Nakajima, Takuji Yamaguchi **R** Nagisa Oshima **B** Nagisa Oshima, Tsutomu Tamura, Mamoru Sasaki, Masao Adachi **K** Yasuhiro Yoshioka, Seizo Sengen **M** Hideo Nishizaki **S** Nagisa Oshima **D** Tadanori Yokoo (Birdey Hilltop, der Junge), Rie Yokoyama (Umeko Suzuki, das Mädchen), Moichi Tanabe, Tetsu Takahashi, Fumio Watanabe, Kei Sato, Kara Juro **L** 94 **E** 18.11.1972 WDR III

TAGEBUCH EINES EHEBRUCHS (DIARY OF A MAD HOUSEWIFE). Eine junge Frau und Mutter, die von den ehelichen und gesellschaftlichen Anforderungen ihres erfolgsbesessenen und selbstgefälligen Ehemannes überfordert wird, läßt sich auf eine Liebesaffäre mit einem Schriftsteller ein, der sich aber ebenfalls als ein sadistischer Egoist entpuppt. Drama vor dem Hintergrund einer von Prestige-Denken geprägten Gesellschaft. Kühl und distanziert, aber nicht frei von Klischees inszeniert, schauspielerisch beeindruckend. ✦ USA 1970 **P** Universal **KI** CIC **Pd+R** Frank Perry **B** Eleanor Perry, nach einem Roman von Sue Kaufman **K** Gerald Hirschfeld **M** Alice Cooper **S** Sidney Katz **D** Carrie Snodgress (Tina), Richard Benjamin (Jonathan), Frank Langella (George), Lorraine Cullen, Frannie Michel, Katherine Meskill, The Alice Cooper Band **L** 95 **FSK** ab 18; f **E** 26.2. 1971 **fd** 17 214

TAGEBUCH EINES GESUNDEN MANNES →Tagebuch eines vernünftigen Mannes

TAGEBUCH EINES ITALIENERS (DIARIO DI UN ITALIANO). Die tragisch endende Liebesgeschichte eines Italieners und einer Jüdin im faschistischen Florenz des Jahres 1938. Ein Film voller subtiler Zwischentöne, präziser Milieu-Notizen und atmosphärischer Dichte. Beeindruckend auch das Spiel der Darsteller. – Sehenswert ab 16. ✦ Italien 1973 **P** Fraser **R** Sergio Capogna **B** Sergio Capogna, nach einer Erzählung von Vasco Pratolini **K** Antonio Piazza **M** Giuliano Illiani **D** Donatello (Valerio), Alida Valli (Olga), Pier Paolo Capponi (Lorenzo), Silvano Tranquilli (Alberto), Mara Vender (Vanda) **L** 89 **E** 13.3. 1984 ZDF **fd** 24 519

TAGEBUCH EINES LANDPFARRERS (JOURNAL D'UN CURE DE CAMPAGNE). Die unauffällige, von seelischem Kampf und Krebskrankheit gezeichnete Existenz eines jungen Pfarrers in der kleinen flandrischen Landgemeinde Ambricourt. Eine von großer optischer Klarheit und Einfachheit bestimmte, bekenntnishaft-monologische Romanverfilmung. Bresson schildert das Ringen eines katholischen Christen und Priesters um die Gnade des Glaubens in einer heillos erscheinenden Welt. – Sehenswert. ✦ Schwarz-weiß. Frankreich 1950 **P** Union Général Cinématographique **SF** Materna/Meteor **Pd** Léon Carré **R** Robert Bresson **B** Robert Bresson, nach einem Roman von Georges Bernanos **K** Léonce-Henry Burel, Robert Juillard **M** Jean-Jacques Grunenwald **S** Paulette Robert **D** Claude Laydu (Pfarrer von Ambricourt), Jean Riveyre (Graf), Armand Guibert (Pfarrer von Torcy), Nicole Ladmiral (Chantal), Jean Danet (Olivier) **L** 113 (Orig. 119) **FSK** ab 12; f **FBW** w **E** 8.4. 1952/17.11.1957 DFS **fd** 1 717

TAGEBUCH EINES MÖRDERS (DIARY OF A MADMAN). Ein angesehener Richter wird von dem Dämon, der einen Hingerichteten verließ, in Besitz genommen und zu mehreren Morden gezwungen, bis er durch Feuer den bösen Geist und sich selbst vernichtet. Billiger Gruselfilm im Kostüm der Jahrhundertwende nach einer Novelle Maupassants, von deren Gehalt er nur Äußerlichkeiten begreift. – Ab 16. ✦ USA 1962 **P** Admiral (für United Artists) **KI** United Artists **Pd** Robert E. Kent **R** Reginald LeBorg **B** Robert E. Kent, nach der Novelle »Der Horla« von Guy de Maupassant **K** Ellis W. Carter **M** Richard Lasalle **S** Grant Whytock **D** Vincent Price (Simon Cordier), Nancy Kovack (Odette), Chris Warfield (Paul), Elaine Devry (Jeanne), Stephen Roberts (Rennedon), Lewis Martin (Priester), Ian Wolfe (Pierre) **L** 96 **FSK** ab 12; f (fr. 16) **E** 2.8.1963 **fd** 12 137

TAGEBUCH EINES SÜNDERS (CRONACA FAMILIARE). Meisterhafte italienische Literaturverfilmung nach dem 1945 entstandenen Roman von Pratolini: die Geschichte zweier ungleicher Brüder, die sich zufällig in einem Café in Florenz treffen, und ihrer wenigen Begegnungen bis zur unheilbaren Erkrankung des Jüngeren. Der Film lebt von der Qualität seiner schauspielerischen Gestaltung, einer malerischen Kameraführung und der sensiblen Milieuzeichnung. – Sehenswert ab 16. ✦ Italien 1962 **P** Titanus **KI** MGM **R** Valerio Zurlini **B** Mario Missiroli, Valerio Zurlini, Vasco Pratolini, nach einem Roman von Vasco Pratolini **K** Giuseppe Rotunno **M** Goffredo Petrassi **S** Goffredo Lombardo **D** Marcello Mastroianni (Enrico), Jacques Perrin (Ferruccio), Valeria Ciangottini (Enzina), Salvo Randone (Salocchi), Serena Vergano (Krankenschwester), Sylvie (Großmutter) **L** 114 **FSK** ab 16; f **FBW** w **E** 29.3.1963/8.11. 1966 ARD **fd** 11 932

TAGEBUCH EINES VERNÜNFTIGEN MANNES (DIARY OF A SANE MAN). Ein Filmemacher arbeitet an einem Drehbuch über Aphrodite. Als der Entwurf von einem blinden Produzenten abgelehnt wird, »fällt« der Filmemacher in den eigenen Film zurück und macht sich mit der Kamera auf die Suche nach Aphrodite. Er trifft dabei die kleine Sara, die ihn für einen Dichter von Liebessonetten hält, und auf das Dorfmädchen Rafaella, das glaubt, sein Geliebter sei Adonis, der wiederum mit Aphrodite liiert ist. Ein avantgardistischer Tagebuch-Film über das Filmemachen, mit Selbstironie und Slapstick-Einlagen inszeniert. (O.m.d.U.; Alternativtitel: »Tagebuch eines gesunden Mannes«) ✦ Großbritannien 1989 **P** Focus/Euripides Movies/Channel Four **SF** Freunde der Deutschen Kinemathek **Pd** David Pupkewitz, Gad Hollander **R+B** Gad Hollander **K** Bob Goodlife (35mm), Graham Gussin (Super 8) **M** Johann Sebastian Bach **S** Gad Hollander **D** Sara Donadoni (Enkel), Charles Shuts (Großvater), Gad Hollander (der Filmemacher), Julia Langley (Antonin Artaud), Monty Ray Garrison (der Dichter) **L** 85 **E** März 1990

TAGEBUCH FÜR MEINE ELTERN (NAPLO APAMNAK, ANYAMNAK). Budapest, 23. Oktober 1956: Die Ungarn lehnen sich gegen die kommunistische Regierung auf. Ein Aufstand, der erst durch sowjetische Truppen niedergeschlagen werden kann und dem eine Vielzahl politischer Prozesse folgt. Die junge Ungarin Juli, die zu dieser Zeit an der Filmhochschule in Moskau ist, darf erst nach der Niederschlagung des Aufstandes in ihre Heimat zurück und dokumentiert das Grauen. Später flieht sie mit ihrem väterlichen Freund János nach Österreich. Aus Sorge um seine schwangere Frau kehrt János jedoch zurück, wird verhaftet und hingerichtet. Als Juli und seine Frau nach seinem Grab suchen, werden sie von prügelnden Polizisten vertrieben. Abschließender Teil der autobiografisch gefärbten »Tagebuch«-Trilogie von Márta Mészáros, der mit dokumentarischen und semidokumentarischen Mitteln versucht, einen authentischen Eindruck der damaligen Ereignisse zu vermitteln. Er zeigt, daß die ideologischen Fronten quer durch die Familien gingen. (Vgl. »Tagebuch meiner Kindheit« und »Tagebuch für meine Lieben«) – Sehenswert ab 16. ✦ Teils schwarz-weiß. Ungarn 1990 **P** Filmstúdió Budapest/Mafilm/Vállalat Hungarofilm **Pd** Gábor Hanák **R** Márta Mészáros **B** Márta Mészáros, Eva Pataki **K** Nyika Jancsó **M** Zsolt Döme **S** Eva Kármentö **D** Zsuzsa Czinkóczy (Juli), Jan Nowicki (János Gergely), Anna Polony (Magda), Mari Töröcsik (Vera), Ildikó Bánsági (Ildikó Gergely) **L** 115 **E** 4.2.1991 ARD

TAGEBUCH FÜR MEINE KINDER →Tagebuch meiner Kindheit

TAGEBUCH FÜR MEINE LIEBEN (NAPLO SZERELMEIMNEK). In der stalinistischen Ära der 50er Jahre absolviert eine 18jährige Ungarin an der Filmhochschule Moskau eine Regie-Ausbildung und versucht, sich von ihrer Pflegemutter, einer hochgestellten Parteifunktionärin, abzugrenzen. Der formal auf hohem Niveau stehende Film verflicht persönliche Erinnerungen und Dokumentarmaterial und macht Zwänge und Abhängigkeiten nachvollziehbar. Márta Mészaros führt ihre subjektive Auseinandersetzung mit dem Stalinismus und ihrer eigenen Vergangenheit fort (vgl. »Tagebuch meiner Kindheit«), wobei sie einseitige Schuldzuweisungen vermeidet und die Auswirkungen eines Terror-Regimes glaubhaft und formal überzeugend darstellt. (Preis der OCIC in Berlin 1987; letzter Teil der Trilogie: »Tagebuch für meine Eltern«) – Sehenswert ab 16. ✦ Teils schwarz-weiß. Ungarn 1986 **P** Mafilm **R** Márta Mészáros **B** Márta Mészáros, Eva Pataki **K** Miklós Jancsó jr. **M** Zsolt Döme **S** Eva Kármentö **D** Zsuzsa Czinkóczy (Juli), Anna Polony (Magda), Jan Nowicki (János), Pál Zolnay (Großvater), Mari Szemes (Großmutter) **L** 144 **E** 7.3.1988 ARD **fd** 26 672

TAGEBUCH MEINER KINDHEIT (NAPLO GYERMEKEIMNEK). Eine 15jährige Gymnasiastin kehrt 1947 aus dem Exil in der Sowjetunion nach Budapest zurück und erlebt den Aufbau des sozialistischen Staates aus nächster Nähe. Nachdem Vater und Mutter während der Stalin-Ära umgekommen sind, muß sie sich gegen die Adoption und Bevormundung durch die Tante – ihre Pflegemutter und eine engagierte Parteifunktionärin – durchsetzen, um trotz Widerständen ihren eigenen Weg gehen zu können. Márta Mészáros vollzieht in ihrem autobiografisch geprägten Film eine persönliche Abrechnung mit dem Stalinismus, wobei sie die euphorische Aufbruchsstimmung der Nachkriegszeit mit privaten Schicksalen, Intrigen und Verhaftungen konfrontiert. Vehement richtet sie sich gegen Menschen reglementierende starre Systeme und plädiert für die Respektierung des einzelnen. (Der erste Teil einer Trilogie; vgl. »Tagebuch für meine Lieben« und »Tagebuch für meine Eltern«) – Sehenswert ab 16. ✦ Teils schwarz-weiß. Ungarn 1982 **P** Mafilm **R+B** Márta Mészáros **K** Miklós Jancsó jr. **M** Zsolt Döme **S** Eva Kármentö **D** Zsuzsa Czinkóczy (Juli), Anna Polony (Magda), Jan Nowicki, Tamás Tóth, Pál Zolnay **L** 106 **E** 11.2.1985 ARD **fd** 24 906

TAGEBÜCHER AUS MEDELLIN. An Hand eines Tagebuchs von Jugendlichen einer Schulklasse verschafft sich die Filmautorin Eintritt in die chaotische und gewalttätige Welt Medellins, beschreibt das Leben von fünf Jugendlichen, ihren Alltag, ihre Probleme und Träume und stellt das sensible Porträt einer Gesellschaft vor, die sich aus Randexistenzen zusammensetzt. ✦ Frankreich 1998 **P** La Sept-Arte **R** Catalina Vilar **L** 72 **E** 23.10.1998 arte

TAGEDIEBE. Alltagsszenen aus dem Leben zweier junger Männer und einer Frau, die scheinbar ziellos in einer Berliner Altbauwohnung zusammenleben, sich mit Gelegenheitsjobs über Wasser halten und die Zweifel an sich selbst sowie ihrer Situation immer wieder überspielen. Unprätentiös, aber mit viel Einfühlungsvermögen und Improvisationstalent inszenierte und gespielte Schilderung des »neo-existentialistischen« Lebensgefühls moderner Müßiggänger, für die alles Politische eine Angelegenheit der Außenwelt bleibt, während sie am Rande des Abgrunds und der Verzweiflung nach Liebe und Geborgenheit suchen. – Ab 16 möglich. ✦ Schwarz-weiß. Schweiz/BR Deutschland 1985 **P** Marcel Gisler Filmprod./Renz Film (für ZDF) **SF** Arsenal **Pd** Marcel Gisler, Gottlieb Renz **R+B** Marcel Gisler **K** Rüdiger Weiss, Priska Forter **M** div., Marcel Gisler (Auswahl) **S** Catherine Steghens **D** Rudolf Nadler (Max), Dina Leipzig (Lola), Lutz Deisinger (Laurids), Matthieu Hornung (Matthieu), Lutz Ehrlich (Designer) **L** 100 **E** 14.8.1985 ZDF/20.3.1986 Kino

TAGGART (TAGGART). Der Sohn eines Siedlerehepaares rächt den Mord an seinen Eltern und entgeht den Nachstellungen gedungener Mörder. Einfallslos inszenierter B-Western, der seine langweilige Handlung durch einige vergleichsweise brutale Effekte auszugleichen versucht. – Ab 16 möglich. ✦ USA 1964 **P** Universal **KI** Universal **Pd** Gordon Kay **R** R.G. Springsteen **B** Robert C. Williams, nach einem Roman von Louis L'Amour **K** William Margulies **M** Herman Stein **S** Tony Martinelli **D** Dan Duryea (Jason), Tony Young (Kent Taggart), Elsa Cardenas (Consuela), Dick Foran (Stark), Harry Carey jr. (Lt. Hudson), Jean Hale (Miriam), David Carradine (Cal Dodge), Emile Meyer (Ben Blazer), Tom Reese (Vince August), Ray Teal (Ralph Taggart), Claudia Barrett (Lola), Stuart Randall (Sheriff), Bob Steele (Koch) **L** 85 **FSK** ab 16; nf **E** 25.6.1965 **fd** 13 489

TÄGLICH BLASMUSIK IM HINTERHAUS →Der Kumpel läßt das Jucken nicht

TÄGLICH FERNSEHEN. Überwiegend pfiffige Groteskspäße mit satirischem Zungenschlag über die totale Fernsehgesellschaft. Das Fernsehen hat den Alltag einer braven Durchschnittsfamilie in der Bundesrepublik Deutschland fest in der Hand, vom Vater, der seinen »Watchman« konstruiert, bis zum halbwüchsigen Sohn, der nur noch in Fernseh-Zitaten redet. – Ab 16. ✦ BR Deutschland 1988 **R+B** Volker Anding **K** Manfred Scheer **D** Ursula von Reibnitz (Frau Bertram), Martin Zuhr (Herr Dienstag), Herwig Mark (Herr Arend), Sarah Mark (Alice Arend), Felix Mark (Harald Arend), Gerhard Winterkamp (Großvater) **L** (TV) 70 **E** 31.1.1989 ZDF

TAGRIFT – AUFSTAND DER VERDAMMTEN (BATTLE OF TAGRIFT). Eine Episode aus dem italienischen Kolonialfeldzug in Nordafrika unter der Führung des Mussolini-Generals Graziani: Arabische Freiheitskämpfer verteidigen mit altertümlichen Waffen verbissen eine strategisch wichtige Oase. Zwar siegt die grausame Härte der Eindringlinge, doch die Rebellen haben durch ihren aufopfernden Kampf den Italienern den Nimbus der Unbesiegbarkeit geraubt. (TV-Titel DDR: »Die Schlacht von Tagrift«) ✦ Großbritannien/Tunesien 1981 **P** Glinwood **KI** Avis/Filmallianz **R** Khaled Khushaim **B** Mohamed Bederi, Faraj Khalil **K** Abdulmaged Hamed Mohammed Bederi, Faraj Khalil **M** Ali Maher **D** Al-Amin Nassef (Graziani), Hamedah El-kho-gah (Mutter), Ali Kadak (Tabouli), John Khogon, Jeff Sabry, Noamen Khaled Khushaim (der junge Mohamod), Farah Alroba **L** 87 **FSK** ab 16; f **E** 9.4.1982/14.5.1984 DFF 2

TAGTRAUM (MRZONKA). Ein alter Jude schildert seinem geduldig zuhörenden Arzt ein rätselhaftes Erlebnis, von dem bald nicht mehr klar ist, ob es tatsächlich nur ein Traum war: Er will Jesus auf einem Esel im heutigen Warschau einreiten gesehen haben und schildert die unterschiedlichen Reaktionen der Menschen auf dieses Ereignis. Nachdenklich stimmende Parabel über die Rolle Jesus in der gegenwärtigen polnischen Gesellschaft. ✦ Polen 1988 **R** Janusz Majewski **B** Janusz Majewski, nach einer Novelle von Antoni Slonimski **K** Wlodzimierz Precht **M** Jerzy Matuszkiewicz **D** Wlodzimierz Borunski (der alte Jude), Nevik Oweepian (der Arzt/Jesus), Edward Raczkowski, Szymon Szurmiej, Wieslaw Drzewicz, Jan Kobuszewski **L** 63 **E** 20.6.1989 N 3

TAGTRÄUME (GRAZY). Erst als er einer Schauspielerin begegnet, die seiner verstorbenen Frau zum Verwechseln ähnlich sieht, erwacht ein Mann zu neuem Leben. Stummfilm über Todessehnsucht und Mystizismus. – Ab 14. ✦ Schwarz-weiß. Russland 1915 **R** Jewgeni Bauer **B** J. Bauer, nach dem Roman »Bruges la Morte« von Georges Rodenbach **K** Boris Zawelew **D** Alexander Wyrubow (Sergei Nikolaevitch), N. Chernobaevna (Tina) **L** 38 **E** 7.3.1995 West 3

DIE TAGTRÄUME DER FRAU CAZIBE. Eine Türkin, deren Angehörige bislang alle Männer erfolgreich von ihr ferngehalten haben, zieht sich regelmäßig ins Reich der Einbildungskraft zurück. Dort beschwört sie den schönsten Geist ihrer Vergangenheit, den Schwarm ihrer Schulzeit, um ihre erotischen Fantasien mit ihm zu durchleben. Durch das plötzliche Erscheinen von Männern aus Fleisch und Blut gerät ihre Traumwelt aus den Fugen. Mit erfrischender Aktualität und Authentizität beschreibt die Regisseurin die Probleme unverheirateter Frauen in der Türkei. (O.m.d.U.) ✦ Türkei 1992 **R** Irfan Tözüm **B** Macit Koper **K** Aytekin Cakmakei **M** Münir Nurettin Beken **D** Hale Soygazi, Ugur Polat, Macit Koper, Suna Selen **L** 100 **E** 3.11.1994 arte

TAGTRÄUME – EROTISCHE FANTASIEN. Acht entführte junge Frauen münzen ihre Gefangenschaft zu einer erotischen Orgie um. Spekulativer Sexfilm. – Wir raten ab. ✦ Großbritannien 1983 **VA** Mike Hunter **R** Dennis Jones **L** 86 **E** Januar 1985 Video

TAGTRÄUMER (POLJOTY WO SNE I NAJAWU). Die vorläufige Lebensbilanz eines 40jährigen Mannes, der den festen Boden unter den Füßen verloren hat und scheinbar ziellos durch das Leben taumelt. Eine einfühlsame Tragikomödie, glaubwürdig, humorvoll und schauspielerisch hervorragend. – Ab 14. ✦ UdSSR 1983 **P** Dowshenko-Studio **KI** Progress **R** Roman Balajan **B** Viktor Mereshko **K** Wilen Kaljuta **M** Wadim Chrapatschow **D** Oleg Jankowski (Sergej), Ljudmila Gurtschenko (Larissa Jurjewna), Oleg Tabakow (Nikolai Pawlowitsch), Ljudmila Iwanowa (Nina Sergejewna), Ljudmila Sorina (Natascha) **L** 90 **E** 5.10.1984 Kino DDR

TAI BABILONIA: LEBEN AUF DÜNNEM EIS (ON THIN ICE – THE TAI BABILONIA STORY). Vor der Winter-Olympiade zählt die amerikanische Eiskunstläuferin Tai Babilonia zu den großen Medaillenanwärterinnen. Nachdem eine Verletzung den Start verhindert hat, verfällt die Sportlerin immer mehr Drogen und Alkohol, ehe sie sogar versucht, Selbstmord zu begehen. Willensstärke und psychiatrische Betreuung geben ihr schließlich die alte Lebensfreude wieder. – Ab 16. ✦ USA 1991 **P** Rothman Prod. **Pd** Bernard Rothman **R** Zale Dalen **B** Brian L. Ross **M** Paul J. Robertson **D** Rachael Crawford (Tai Babilonia), Charles Stratton (Randy Gardner), William Daniels (John Nicks), Chuck Shamata (Tais Vater), Denise Nicholas (Tais Mutter) **L** 91 **E** 9.6.1992 Tele 5

TAI-CHI (TAI-CHI). Zwei Kung-Fu-Kämpfer, die in einem buddhistischen Kloster aufgewachsen sind, aber aus der Mönchsgemeinschaft ausgestoßen wurden, kämpfen an verschiedenen Fronten: der zurückhaltende Rebell und der draufgängerische Offizier werden zu erbitterten Feinden. Ein perfekt choreografierter Actionfilm, angesiedelt in der Zeit der Ming-Dynastie. Zwar ganz auf die relativ unblutigen »Martial Arts«-Sequenzen ausgerichtet, erweist sich die Handlung immerhin auch dramaturgisch als weitgehend tragfähig. – Ab 16. ✦ Hongkong 1993 **P** Eastern Prod. **VA** Splendid **Pd** Jet Lee **R** Yuen Wo-Ping **B** Ip Kwong Kim **K** Tom Lau **M** Wi Wai Lap **D** Jet Lee (Jumbao), Michelle Khan (= Michelle Yeoh) (Siu Lin), Chin Siu-Ho (Tsianbao), Yuen Cheang Yan (Rev. Ling), Lau Shun (Meister) **L** 90 **FSK** ab 16 **E** 23.1.1995 Video/25.7.1996 Pro Sieben **fd** 31 481

TAI PAN (TAI PAN). Zwei Briten kämpfen zur Zeit des Opiumkrieges im Jahr 1839 um die Vormachtstellung in der Kronkolonie Hongkong. Einer der beiden steigt schließlich zu einem der mächtigsten Männer des Ostens auf. Ein aufwendig in Szene gesetztes Kostüm-Spektakel mit einigen sehr brutalen Kampfszenen. Der Film, durch die umständlich erzählte Geschichte und die schlechten Schauspieler ohnehin von nur mäßigem Unterhaltungswert, zeichnet sich durch ein schwindelerregend schiefes Kolonialbild mit einfallslosen Klischees aus. – Ab 16. ✦ Scope. USA 1986 **P** De Laurentiis Entertainment **KI** 20th Century Fox **VA** Cannon **Pd** Raffaella De Laurentiis **R** Daryl Duke **B** John Briley, Stanley Mann, nach einem Roman von James Clavell **K** Jack Cardiff **M** Maurice Jarre **S** Anthony Gibbs **D** Bryan Brown (Tai Pan), Joan Chen (May May), John Stanton (Brock), Bill Leadbitter (Gorth), Tim Guinee (Culum), Russell Wong (Gordon) **L** 127 (gek. 115) **FSK** ab 16; f (gek. 12) **E** 19.6.1987/Januar 1988 Video **fd** 26 249

TAIFUN (GREEN DOLPHIN STREET). Eine romantisch-abenteuerliche Liebesgeschichte, angesiedelt in der Mitte des 19. Jahrhunderts zwischen britischer Kanalinsel und Neuseeland: Ein Auswanderer, der die jüngere von zwei Schwestern liebt, hält brieflich um die Hand der Geliebten an. Infolge eines Schreibfehlers reist jedoch die Ältere nach Übersee und wird seine Frau. Erst nach vielen Jahren ergeben sich daraus Gewissenskonflikte, aber die versehentlich nicht Geheiratete geht zufrieden ins Kloster. Ein zwar weitgehend unsentimentaler, aber recht ermüdender Film, der allenfalls durch die eindrucksvolle Darstellung einer Erdbebenkatastrophe in Erinnerung bleibt. (Gegenüber dem Original um sechs Minuten gekürzt.) – Ab 14 möglich. ✦ Schwarz-weiß. USA 1947 **P** MGM **KI** MGM **Pd** Carey Wilson **R** Victor Saville **B** Samson Raphaelson, nach einem Roman von Elizabeth Goudge **K** George J. Folsey jr. **M** Bronislau Kaper **S** George White **D** Lana Turner (Marianne Patourel), Richard Hart (William Ozanne), Edmund Gwenn (Octavius Patourel), Van Heflin (Timothy Haslam), Donna Reed (Marguerite Patourel), Frank Morgan (Dr. Edmund Ozanne), May Whitty (Mutter Oberin), Reginald Owen (O'Hara) **L** 135 **FSK** ab 12; f **E** 27.1.1950 **fd** 520

TAIFUN CLUB (TAYFU CURABU). Pubertätsprobleme und der Leistungsdruck des bevorstehenden Examens prägen Jungen und Mädchen in einer Vorstadtschule in Tokyo. Als sie eines Nachts wegen eines schweren Sturms in der Schule übernachten müssen, werden die unterschiedlichen Charaktere und Temperamente sichtbar. Ein faszinierender Porträtfilm, der sich in stilisierten Handlungsmustern dem Thema Pubertät nähert, dabei aber für hiesige Seh- und Denkweisen nur begrenzt einsichtig wird. Eine gewisse Grausamkeit im Verhalten der jungen Mädchen, vor allem aber der fast ritualisierte Selbstmord eines der begabtesten Schüler als Opfer und Demonstration machen die Fremdartigkeit der Mentalitäten spürbar. ✦ Japan 1984 **P** Tsutomu Yamamoto/Masao Tanaka/Masao Mochizuki/Miyasaka-Somai-Prod. **Pd** Tsutomu Yamamoto, Susumu Miyasaka **R** Shinji Somai **B** Yuji Katoh **K** Akihiro Itoh **M** Nariako Saegusa **S** Isao Tomita **D** Yuichi Mikami (Kyoichi), Shigeru Benibayashi (Ken), Toshiyuki Matsunaga (Akira), Yuki Kodoh (Rie), Yuka Onishi (Michiko) **L** (TV) 109 **E** 4.5.1987 ARD

TAIFUN DER ZÄRTLICHKEIT. Ein unerfahrenes Mädchen verläßt sein philippinisches Heimatdorf, um einem amerikanischen Fotoreporter nach Manila zu folgen. Es erlebt Höhen und Tiefen einer Karriere als Sex-Star, gerät, stets bemüht, seine Reinheit zu bewahren, in Konflikt mit der Dorfgemeinschaft und wird allein gelassen. Eine Kolportage-Geschichte, die in exotischem Dekor schwelgt und von der Ausbeutung eines Landes und seiner Menschen (vornehmlich der Frauen) zehrt. (Alter Titel: »Die Geschichte der Puppen«) – Wir raten ab. ✦ BR Deutschland/Philippinen 1983 **P** Geiselgasteig/First Film **KI** Filmhansa **R+B** Hubert Frank **K** Franz X. Lederle **M** Gerhard Heinz **D** Tetchie Agbayani, Max Thayer, Brigitta Cimarolli, Carina Schally, Sabina Mucha **L** 90 **FSK** ab 16; f **E** 25.5.1984 **fd** 24 561

TAIFUN ÜBER NAGASAKI (TYPHON SUR NAGASAKI). Ein französischer Ingenieur verliebt sich in eine junge Japanerin, eine Waise, und verlängert ihretwegen seinen Arbeitsvertrag. Als seine ehemalige Geliebte als Reporterin nach Japan kommt, wendet er sich erneut ihr zu, und die Japanerin verzichtet auf ihn. Bevor sich der Ingenieur entscheiden kann, verwüstet ein Taifun Nagasaki; die Waise kommt um, und da die französische Geliebte nach Europa zurückkehrt, steht er allein in den Trümmern. Konventionell inszeniertes Liebesdrama, das nur wegen der exzellenten Dokumentaraufnahmen der durch die zweite Atombombe verwüsteten Stadt Nagasaki sowie des dramaturgisch hervorragend aufbereiteten Sturms Interesse verdient. – Ab 16. ✦ Frankreich/Japan 1956 **P** Pathé/Terra/Shochiku **KI** Pallas **R** Yves Ciampi **B** Jean-Charles Tacchella, Yves Ciampi **K** Henri Alekan **M** Chuji Kinoshita **D** Danielle Darrieux (Françoise Fabre), Jean Marais (Pierre Marsac), Keiko Kishi (Noriko), Gert Fröbe (Ritter), Hitomi Nozoe **L** 99 **FSK** ab 12; f **E** 16.8.1957/19.7.1970 DFF 1 **fd** 5 977

TAIFUN VOR RAVALO → Gefährliches Paradies – Ein Sarg voller Heroin

TAIGA. Eine kriegsgefangene deutsche Ärztin weckt in einem sibirischen Arbeitslager bei ihren Landsleuten wieder Lebensmut und Zuversicht. Ein allenfalls im Ansatz ernsthafter Versuch, die Nöte der deutschen Kriegsgefangenen nachzuzeichnen, die von den Sowjets nach der Kapitulation jahrelang als Arbeitssklaven festgehalten wurden. Mehr als rührselige Effekte gelingen ihm nicht zum menschlichen und historischen Verständnis. – Ab 16. ✦ Schwarz-weiß. BR Deutschland 1958 **P** Bavaria **KI** Bavaria **Pd** Utz Utermann **R** Wolfgang Liebeneiner **B** Herbert Reinecker **K** Georg Krause **S** Margot von Schlieffen **D** Ruth Leuwerik (Hanna Dietrich), Hannes Messemer (Roeder), Günter Pfitzmann (Dickmann), Viktor Staal (Weber), Hans Quest (Weinert), Paul Bösiger (Reimers), Peter Lühr (Westrecht), Walter Ladengast, Willi Rose, Charles Regnier, Alexander Engel, Georg Lehn **L** 100 **FSK** ab 12; f **E** 28.8.1958/1.7.1963 ZDF **fd** 7 279

TAIGA-ABENTEUER → Hundert Freuden oder Das Buch der großen Entdeckungen

TAIGA – EINE REISE INS NÖRDLICHE LAND DER MONGOLEN. Ein zeitlich ausufernder »Reisefilm«, der die Yak- und Rentier-Nomaden im nördlichen Land der Mongolen auf ihrem Weg vom Sommer- ins Winterlager begleitet. Er fasziniert durch die spannenden »Selbstinszenierungen« der Völker, die ihre eigene Geschichte erzählen, das, was vergessen oder vergangen ist, sich verändert hat. Die Bilder strahlen Suggestivkraft aus, ihre Harmonie verzaubert. Ein insgesamt bemerkenswertes ethnografisches Dokument, das aber seine in 38 Kapitel strukturierte Materialfülle ohne sonderliches Konzept aneinanderreiht, so daß Interesse und Anteilnahme zunehmend erschwert werden. – Ab 16. ✦ Deutschland 1991/92 **P** Ulrike Ottinger Filmprod./Miran **SF** Freunde der Deutschen Kinemathek **Pd** Ulrike Ottinger, Astrid Frank **R** Ulrike Ottinger **B** Ulrike Ottinger, Peter Elbling, Garry Goodrow **K** Ulrike Ottinger **S** Bettina Böhler **L** 501 **E** 3.4.1993 **fd** 30 572

TAIGA-ERZÄHLUNG (TAJESHNAJA POWEST). Zwei junge Leute müssen einige Wintermonate in der Taiga verbringen. Die Frau erkrankt schwer und wird von dem gutherzigen Pelztierjäger gepflegt. Doch sie zeigt zunächst keine Dankbarkeit. ✦ UdSSR 1979 **P** Lenfilm **R** Wladimir Fetin **B** Albina Schulgina **K** Jewgeni Schapiro **M** Wassili Solowjow-Sedoi **D** Michail Kononow (Akim), Swetlana Smechowa (Elja), Jewgeni Kindinow (Gora) **L** 98 **E** 1.5.1980 DFF 2

DIE TAIGA RUFT (SHDITE PISEM). Mädchen und Jungen aus dem europäischen Teil der Sowjetunion beim Bau einer Starkstromleitung in der Taiga. Nicht uninteressant, letztlich aber weder formal noch inhaltlich überzeugend. – Ab 14. ✦ Schwarz-weiß. UdSSR 1960 **P** Filmstudio Swerdlowsk **KI** Progress **R** Juli Karassik **B** Anatoli Grebnew **K** Gennadi Tschereschko, Wasili Kirbishekow **M** Kirill Moltschanow, Karen Chatschaturjan **D** Alexander Lebedew (Philipp), W. Abdulow (Kostja), Anatoli Kusnezow (Ljonka), Alexandra Sawjalowa (Rimma), G. Gai (Sarkissjan) **L** 95 **E** 14.7.1961 Kino DDR

TAIGATRUPP (TAJOSHNYJ DESANT). Ein Film, der die Arbeitsbedingungen und Verhaltensweisen einer Brigade aufzeigt, die beim großen Programm der Bezwingung der Taiga mithilft. Nüchtern und ohne Schönfärberei, von Thema und Gestaltung her nicht uninteressant. – Ab 14. ✦ Scope. UdSSR 1965 **KI** Progress **R** Wladimir Krasnopolski, Valeri Uskow **B** Wladimir Orlow, Wladimir Krasnopolski, Valeri Uskow, nach dem Roman »Gesalzene Melone« von Wladimir Orlow **K** Pjotr Jemeljanow **M** Leonid Afanasjew **D** Stanislaw Borodokin (Bukwar), Wladimir Gussew (Nikolai), Viktor Sadubrowski (Kjeschka), Irina Wawilowa (Olga), Konstantin Chudjakow (Witali) **L** 91 **E** 16.12.1966 Kino DDR

TAINTED LOVE – GEFÄHRLICHES VERLANGEN (TAINTED LOVE). Erotik-Thriller. Eine Polizistin verwandelt sich in ein verführerisches Model, um einem Serienkiller auf die Spur zu kommen, der bereits zwei Models auf dem Gewissen hat. ✦ USA 1995 **R** Jag Mundhra **B** Matt Roe, George Ferris **M** Alan Dermarderosian **D** Lee Ann Beaman (Detective Sara Baldwin), Granville Ames (Detective Phil Daly), Doug Jeffery (Michael Madison), Ken Steadman (Franz Ritter), Nicole Gian (Pauline) **L** 93 **E** 26.3.1997 ProSieben

TAIPAN – DER TEUFEL MIT DER DRACHENKLAUE (DUEL WITH THE DEVIL). Ein junger Mann legt einem Schurken, der seinen Namen mißbraucht, das schmutzige Handwerk. Zugleich hilft er einer von Rache erfüllten jungen Frau, die den Tod ihres Vaters rächen will und am Ende erfährt, daß ausgerechnet der abgefeimte Schurke ihr wahrer Vater ist. Wirrer Actionfilm, weitgehend einfallslos zusammengesetzt aus Action, Blut und Sentimentalität. ✦ Scope. Hongkong 1973 **P** Oliluge Motina Pictures **KI** A. B. **R** Tien Longe **D** Tiang Pin, Oiang Kin-Kin, Maki Ji-Yuen **L** 84 **FSK** ab 18; nf **E** 22.6.1973 **fd** 18 621

TAIPEI STORY (QINGMEI ZHUMA). Die Zukunftspläne eines hoffnungsvollen jungen Paares in Taipei zerplatzen, als die berufliche Karriere zum Stillstand kommt und man die eigene Situation und Beziehung reflektiert und feststellt, daß man die Träume nicht einlösen kann. Am Ende des schmerzlichen Prozesses stehen Trennung und Isolation. Ein düsterer Film über Verwirrung und Sinnverlust in einer entfremdeten Gesellschaft, der durch eine statische Kamera und lange Einstellungen die Erstarrung seiner die taiwanesische Gesellschaft repräsentierenden Personen einzufangen versucht. ✦ Taiwan 1985 **P** Evergreen **Pd** Tang I-Hwa **R** Edward Yang **B** Edward Yang, Chu Tien-Wen, Hou Hsiao-Hsien **K** Yang Wei-Han **M** Johann Sebastian Bach, Ludwig van Beethoven **S** Wang Chi-Yang **D** Tsai Chin (Ah-chen), Hou Hsiao-Hsien (Ah-lung), Wu Nien-Chen (Taxifahrer), Lin Hsiu-Ling (Ah-ling), Wu Ping-Nan (Vater) **L** (TV) 115 **E** 1.6.1989 ZDF

TAKE TWO (TAKE TWO). Psychothriller. Einer von zwei männlichen Zwillingen, die bereits bei ihrer Geburt getrennt wurden, versucht, das Vermögen des anderen einzuklagen, da er glaubt, auf Grund eines Leihmutter-Vertrages ein Anrecht darauf zu haben. Es kommt zum Konflikt, den der »Betrogene« mit Hilfe der Frau seines Bruders für sich zu entscheiden hofft. ✦ USA 1987 **P** TBJ Films **VA** Acron **Pd** Ronnie Hadar **R** Peter Rowe **B** Moshe Hadar **K** James Mathers **M** Donald Hulette **S** Terry J. Chiappe **D** Grant Goodeve (Barry/Frank), Robin Mattson (Susan Bentley), Frank Stallone (Ted Marvin), Mickey Morton (Detektiv Stratton), Nita Talbot (Betty Griffith) **L** 96 **FSK** ab 16 **E** 25.4.1988 Video

TAKEDOWN (TAKEDOWN). Ein Kreis von Computer-Hackern will sich Ende der 80er-Jahre Quellcodes unveröffentlichter Software amerikanischer Industrieunternehmen beschaffen. Erst nach Monaten kann das FBI die entscheidende Falle stellen. Ein nach wahren Ereignissen realisierter, um Authentizität bemühter Computer-Thriller, ohne unnötiges Blutvergießen recht spannend erzählt. Gut gespielt, jedoch nicht allzu variantenreich erzählt. – Ab 16. ✦ USA 1999 **P** Dimension Film **VA** Kinowelt **Pd** Brad Weston, John Thompson **R** Joe Chappelle **B** David Newman, Leslie Newman, John Danza, Howard Rodman **K** Dermott Downs **M** Chris Holmes **S** Joe Rabig **D** Skeet Ulrich, Russell Wong, Angela Featherstone, Donal Logue, Tom Berenger **L** 90 **E** 20.2.2001 Video

TAKING MANHATTAN (TAKING MANHATTAN). Ein mit Frau und Kind von Hongkong nach New York gezogener Undercover-Cop wird im Kampf gegen den organisierten Drogenhandel in eine Gang eingeschleust. Während er in zahlreiche Gefahren verwickelt wird, leidet seine Frau an der Härte der Stadt, wird aber zunehmend selbst in das Spiel der Gewalt hineingezogen. Action-Krimi, der jenseits der genreüblichen Karate-Kämpfe und Schießereien eine schlüssige Psychologie der Protagonisten entwickelt und auf überzeugende Darsteller zurückgreifen kann. So entsteht jenseits der fesselnden Aktion auch ein soziales Panorama New Yorks. ✦ USA/Hongkong 1991 **P** Friend Cheers Prod. **VA** Highlight **Pd** Anthony Chow, Eric Tsang (= Tseng Chih-Wei) **R** Che Kirk Wong (= Kirk Wong) **B** Cheung Chi Sing, Loon Kit, Lai Kit, Taokwok Wai **K** Walter Gregg **M** Danny Chung **S** Kam Ma **D** Billy Chang, Carrie Ng, Philip Tan, Alana Adena, Andrew Chan **L** 88 **FSK** ab 18 **E** 29.10.1992 Video **fd** 29 940

TAKING OFF (TAKING OFF). Ein amerikanischer Teenager nimmt heimlich an einem Gesangswettbewerb teil und verursacht dadurch Aufregung bei den Eltern, die glauben, ihre Tochter habe ihnen den Rücken gekehrt. Der erste in den USA gedrehte Film des Tschechen Milos Forman entlarvt die Schwächen der Jungen und mehr noch die Blößen der Eltern in einer scharfen Satire, die trotz gelegentlich recht krasser Zeichnung Wesentliches trifft. (Fernsehtitel: »Ich bin durchgebrannt«) – Sehenswert ab 16. ✦ USA 1970 **P** Movielab/Forman-Crown-Hausman (für Universal) **KI** CIC **Pd** Alfred W. Crown, Michael Hausman, Milos Forman **R** Milos Forman **B** Milos Forman, John Guare, Jean-Claude Carrière, John Klein **K** Miroslav Ondrícek **M** Mike Heron **S** John Carter **D** Lynn Carlin (Lynn Tyne), Buck Henry (Larry Tyne), Georgia Engel (Margot), Linnea Heacock (Jeannie Tyne), Rae Allen, Frank Berle **L** 92 **FSK** ab 16; f **E** 17.6.1971 **fd** 17 404

TAKING THE HEAT (TAKING THE HEAT). Ein New Yorker Yuppie, der Zeuge eines Mordes wurde, gerät ins Fadenkreuz eines Syndikats, als er sich bereit erklärt, vor Gericht auszusagen. Bei Prozeßbeginn eskalieren die Ereignisse, doch ihm zur Seite steht eine wehrhafte Polizistin. Ein Nichts an Geschichte wird als durchaus rasante Action angeboten, wobei die Besetzung der Nebenrollen den eigentlichen Reiz ausmacht. (Fernsehtitel auch: »Mörderische Hitze«) ✦ USA 1993 **P** Viacom **VA** VCL/Carolco **Pd** Gary Hoffman, Neal Israel **R** Tom Mankiewicz **B** Dan Gordon **K** Robert Stevens **M** Patrick Williams **S** Edward M. Abroms **D** Tony Goldwyn (Michael Norell), Lynn Whitfield (Detective Carolyn Hunter), George Segal (Kepler), Peter Boyle (Richter), Alan Arkin (Tommy Canard) **L** 87 (gek. 85) **FSK** ab 18 (gek. 16) **E** 15.8. 1994 Video/3.7.1995 premiere/2.9.1996 ZDF

DAS TAL (DOLINA). Der Kampf einer Partisaneneinheit in den Bergen der Slowakei gegen deutsche Faschisten. – Ab 16. ✦ CSSR 1973 **P** Filmstudio Bratislava-Koliba **KI** Progress **R** Stefan Uher **B** Milos Krno, Stefan Uher **K** Stanislav Szomolányi **D** Emil Horváth jr., Andrea Gunderliková, Gustáv Valach, Marian Bernát, Jirí Vondrácek **L** 91 **E** 10.1.1975 Kino DDR

DAS TAL DER ABENTEUER → Die Enid Blyton Abenteuer

DAS TAL DER FRAUEN (DAS TAL DER FRAUEN). Dokumentarfilm über die Erlebnisse einer Schweizer Bäuerin, die nach Bhutan reist. In einem Hochtal des Himalaya-Königreiches besitzen die Frauen Haus und Hof und vererben den Besitz an ihre Töchter weiter. Aus dieser Begegnung entwickelt sich eine Freundschaft, die alle kulturellen Schranken überwindet. – Ab 14. ✦ Schweiz 1994 **R** Marianne Pletscher **L** 60 **E** 15.3.1995 3sat

DAS TAL DER FRÖHLICHEN FRÖSCHE (UDOLI KRASNYCH ZAB). Die 13jährige Jana erlebt das erste Liebesleid. Als sie im Ferienlager vergeblich auf Post von Jindrich wartet, schleicht sie sich zurück nach Hause, wo der Junge mittlerweile neue Freundinnen gefunden hat. Daraufhin kehrt sie zurück und verbringt die letzten Ferientage zwischen Trauer und Neubesinnung zusammen mit den anderen Kindern. – Ab 14. ✦ CSSR 1973 **P** Filmstudio Barrandov **R** Jirí Hanibal **B** Stanislav Rudolf, Jirí Hanibal **K** Jan Novák **M** Angelo Michajlov **D** Milada Vnuková, Jirí Vala, Mila Mysliková, Víteslav Jandák, Eduard Zemla **L** 87 **E** 9.4.1977 DFF 2

TAL DER GEHEIMNISSE (VALLEY OF MYSTERY). Die 130 Passagiere eines Verkehrsflugzeuges, das im südamerikanischen Dschungel notlanden muß, erleben zahlreiche Abenteuer und zwischenmenschliche Konflikte und Spannungen im Kampf ums Überleben. Abenteuerfilm ohne nennenswerte Qualitäten; anspruchslos und unglaubwürdig. – Ab 14. ✦ Scope. USA 1966 **P** Universal **KI** Universal **Pd** Harry Tatelman **R** Joseph Leytes **B** Richard Neal, Lowell Barrington **K** Walter Strenge **M** Jack Elliott **S** Gene Milford **D** Richard Egan (Kapitän Cochrane), Peter Graves (Ben Barstow), Julie Adams (Joan Simons), Alfred Ryder (Dr. Weatherly), Fernando Lamas (Francisco Rivera), Joby Baker, Lois Nettleton **L** 93 **FSK** ab 12; nf **E** 29.9.1967 **fd** 14 946

DAS TAL DER GEHETZTEN (FUGITIVE VALLEY). Eine attraktive Krankenschwester als reitende und kämpfende Heldin, die sich, quasi in ihrer Freizeit, als maskierter Gangsterschreck betätigt. Ein seriell gefertigter Trivial-B-Western voller flüchtiger Genreeindrücke. – Ab 12. ✦ Schwarz-weiß. USA 1941 **P** Alex **KI** Diehl **Pd** M. Alexander, A. Alexander, George W. Weeks **R** S. Roy Luby, John Vlamos, R. Finkel **B** Oliver Drake **K** Robert Cline **M** Frank Sanucci **S** Roy Claire **D** Julie Duncan (Ann), Glenn Strange (Gray), Ray Corrigan (Crash), John King (Dusty), Max Terhune (Alibi) **L** 60 **FSK** ab 12; nf **E** 1953 Kino **fd** 1 910

DAS TAL DER GESETZLOSEN → Die Totenschmecker

TAL DER HOFFNUNG (NEVADA CLINT / CLINT EL SOLITARIO). Ein Revolvermann, der nach jahrelanger Suche Frau und Sohn auf einer kleinen Farm in Nevada findet, will sich zur Ruhe setzen, wird aber durch den Terror eines raffgierigen Großgrundbesitzers gezwungen, wieder zur Waffe zu greifen. Banaler Italowestern nach herkömmlichen Mustern. – Ab 16 möglich. ✦ Scope. BR Deutschland/Spanien/Italien 1967 **P** Balcazar **R** Alfonso Balcázar **B** José Antonio De la Loma, Alfonso Balcázar, Helmut Harun **K** Víctor Monreal **M** Nora Orlandi **D** George Martin (= Jorge Martin), Marianne Koch (Julie), Pinkas Braun, Walter Barnes, Renato Baldini, Xan das Bolas, Fernando Sancho **L** (TV) 88 **E** 9.7.1990 PRO 7

DAS TAL DER KÖNIGE (VALLEY OF THE KINGS). Ein amerikanischer Archäologe sucht und findet in einem ägyptischen Königsgrab eine Statuette des alttestamentlichen Josef. Zuvor muß er sich des schurkischen Ehemanns einer Forscherstochter erwehren, in die er verliebt ist. Dürftige Abenteuerfabel, die sich auf C. W. Cerams Bestseller beruft. Einige effektvolle Bilder vom interessanten Schauplatz können der schwachen Inszenierung nicht aufhelfen. – Ab 14 möglich. ✦ USA 1954 **P** MGM **KI** MGM **R** Robert Pirosh **B** Robert Pirosh, Karl Tunberg, nach Motiven des Buches »Götter, Gräber und Gelehrte« von C. W. Ceram **K** Robert Surtees **M** Miklos Rozsa **S** Harold F. Kress **D** Robert Taylor (Mark Brandon), Eleanor Parker (Ann Mercedes), Carlos Thompson (Philip Mercedes), Kurt Kasznar (Hamed Bachkour), Victor Jory (Tuareghäuptling), Leon Askin (Valentine Arko) **L** 86 **FSK** ab 12; f **E** 5.4.1955 **fd** 4 003

TAL DER LEIDENSCHAFTEN (TAP ROOTS). Als der Ausbruch des amerikanischen Bürgerkrieges droht, versucht ein reicher Großgrundbesitzer in den Südstaaten, das Familienerbe aus dem Krieg herauszuhalten, indem er seine eigene Unabhängigkeit erklärt. Die Folgen sind blutige Kämpfe gegen die eigene Armee. Episch angelegte Kleinausgabe des Erfolgsfilms »Vom Winde verweht«, reichlich verworren und mit heroischer Glasur überzogen. – Ab 16. ✦ USA 1948 **P** Universal **KI** Universal **Pd** Walter Wanger **R** George Marshall **B** Alan LeMay, Lionel Wiggam, nach dem Roman »Tap Roots« von James Street **K** Winton C. Hoch, Lionel Lindon **M** Frank Skinner **D** Susan Hayward (Morna Dabney), Van Heflin (Keith Alexander), Boris Karloff (Tishomingo), Julie London (Aven Dabney), Whitfield Connor (Clay MacIvor), Ward Bond (Hoab Dabney), Richard Long (Bruce Dabney), Arthur Shields (Rev. Kirkland), Russell Simpson (Sam Dabney), Gregg Barton (Captain), Jonathan Hale (Gen. Johnston), William Haade (Anführer der Menge), Hank Worden **L** 109 **FSK** ab 16; nf **E** 6.4.1951 **fd** 1 118

DAS TAL DER LETZTEN KRIEGER → Dogman

DAS TAL DER LIEBE. Der senile Markgraf Heinrich XXVI. von Heinrichsburg – einem Duodezfürstentum im 18. Jahrhundert – badet zur Stärkung seiner Potenz in der Quelle des Ammendorfs, wo kinderreiche Paare aus Steuergründen unverheiratet zusammenleben. Unterdessen sorgt der Dorfschmied und Ammenkönig, ein dumm-vitaler Kraftprotz, bei der Markgräfin für den Thronfolger. Ein derbes Vorkriegslustspiel. Thema und Stil lassen deutlich die bevölkerungspolitischen Tendenzen des NS-Staates erkennen. (Alternativtitel: »Das Tal des Lebens«, »Der Ammenkönig«) – Ab 16. ✦ Schwarz-weiß. Deutschland 1935 **P** Centropa **Kl** Deutsche London Film **R** Hans Steinhoff **B** Axel Eggebrecht, Ernst Hasselbach, Erich Kröhnke, nach einer Komödie von Max Dreyer **K** Karl Puth, Rudolf Bredtschneider, H.W. Gerlach **M** Franz Grothe **D** Käthe Gold, Richard Romanowsky, Gustav Knuth, Marieluise Claudius, Erika von Thellmann **L** 94 **FSK** ab 16; nf **E** 5.12.1935 **fd** 635

DAS TAL DER PUPPEN (VALLEY OF THE DOLLS). Die Geschichte von drei jungen Frauen, die im Show-Geschäft Karriere machen wollen, durch Rauschgiftsucht jedoch Schiffbruch erleiden. Kolportagehafte Bestseller-Verfilmung, unübersichtlich und melodramatisch. Die Kritik am Show-Gewerbe bleibt in den Ansätzen stecken. ✦ Scope. USA 1967 **P** Red Lion/20th Century Fox **Kl** Centfox (auch 70mm) **Pd** David Weisbart **R** Mark Robson **B** Helen Deutsch, Dorothy Kingsley, Jacqueline Susann, nach einem Roman von Jacqueline Susann **K** William H. Daniels **M** John Williams **S** Dorothy Spencer **D** Barbara Parkins (Anne Welles), Patty Duke (Neely O'Hara), Sharon Tate (Jennifer North), Paul Burke (Lyon Burke), Susan Hayward (Helen Lawson), Lee Grant (Miriam), Jacqueline Susann (Reporterin), Marvin Hamlisch (Pianist) **L** 123 **FSK** ab 18; nf **E** a **fd** 15 295

TAL DER RACHE (VENGEANCE VALLEY). Zwei Brüder suchen den Mann, der ihre Schwester mit einem unehelichen Kind sitzenließ. Während sie einen Unschuldigen verfolgen, bringt sich der Schuldige durch weitere Untaten selbst zu Fall. Ein nüchterner, sorgfältig inszenierter Western, in den Charakterrollen differenziert durchgezeichnet. – Ab 14. ✦ USA 1951 **P** MGM **Kl** MGM **Pd** Nicholas Nayfack **R** Richard Thorpe **B** Irving Ravetch, nach einem Roman von Luke Short **K** George J. Folsey jr. **M** Rudolph G. Kopp **S** Conrad A. Nervig **D** Burt Lancaster (Owen Daybright), Robert Walker (Lee Stroble), Joanne Dru (Jen Stroble), Sally Forrest (Lily), John Ireland (Hub Fasken), Carleton Carpenter (Hewie), Ray Collins (Arch Strobie), Ted de Corsia (Herb Backett), Hugh O'Brian (Dick Fasken), Grace Mills (Mrs. Burke), Glenn Strange (Dave Allard), Paul Burns (Dr. Irwin), Tom Fadden (Obie Rune), Monte Montague, Dan White **L** 82 **FSK** ab 12; nf **E** 20.5.1952/9.8.1975 ARD/27.10.1984 DFF 1 **fd** 1 845

DAS TAL DER SCHATTEN. Eine junge Ärztin, deren Schwester unter mysteriösen Krankheitssymptomen leidet, wird Zeugin, wie ihr Schwager bestialisch ermordet wird. Zunächst gerät sie unter Verdacht, doch als am Tatort Gewebespuren sichergestellt werden, die über 2000 Jahre alt sind, kommt ein Archäologe dem Rätsel auf die Spur. Der Mord und die Krankheit scheinen mit einem keltischen Bronzeherzen zusammenzuhängen, das schon einmal Unheil in den kleinen Ort brachte. Damals ermordete der Vater des Archäologen unter dem Einfluss des Herzens unschuldige Menschen. Moderne (Fernseh-)Variante des Vampir-Mythos, die sich immerhin um Brechungen der sattsam vertrauten Fabel bemüht. ✦ Deutschland 1998 **P** Bavaria Film **Pd** Ronald Mühlfellner **R** Nathaniel Gutman **B** Ronald Mühlfellner, Nikolaus Schmidt **K** Thomas Merker, Hans Selikovsky **M** Norbert Jürgen Schneider, Andreas Weidinger **S** Norbert Herzner **D** Carin C. Tietze (Marie Heller), Natalia Wörner (Corinna), Hansa Czypionka (Kommissar Ronneck), Sebastian Koch (von Sviet), Loni von Friedl (Karin Heller) **L** 93 **E** 10.10.2000 SAT 1

DAS TAL DER SIEBEN MONDE. Der gemeinsame Kampf polnischer und deutscher Antifaschisten. Ein als »Volksdeutscher« deklarierter Mann liebt ein polnisch-jüdisches Mädchen. Die Anfeindungen und Verfolgungen zwingen ihn zum Nachdenken und zur Stellungnahme. Er findet den Weg zu den Partisanen. Ein thematisch interessanter, inszenatorisch aber nicht überzeugender Film. – Ab 14 möglich. ✦ Schwarz-weiß. DDR 1966 **P** DEFA, Gruppe »Roter Kreis« **Kl** Progress **Pd** Martin Sonnabend **R** Gottfried Kolditz **B** Irmgard Köhlert, Lutz Köhlert, nach dem gleichnamigen Roman von Harry Thürk **K** Erwin Anders **M** Gerhard Wohlgemuth **S** Ursula Zweig **D** Manfred Richter (Rudek), Heidrun Polack (Martyna), Fritz Links (Skutella), Marianne Christina Schilling (Stephanie), Hannjo Hasse (Sanitter) **L** 73 **E** 10.2.1967 Kino DDR/1.3.1968 DFF 1

TAL DER SONNE (RIGUANG XIAGU). Ein Schwertkämpfer hat sein Leben der Rache für seine ermordete Mutter geweiht. Er richtet sich in einer einsam gelegenen Herberge ein, um dort den Mörder stellen zu können, muß jedoch durch die aufkeimende Liebe zur Wirtin und den Einfluß eines weisen Schwertkämpfers sein Leben überdenken und erkennen, daß er seine Zeit mit der Jagd nach einem Trugbild vergeudet hat. Eine nachdenklich stimmende filmische Fabel, die bestechende Landschaftsaufnahmen und beeindruckend choreografierte Kampfszenen mit der Frage nach den wahren Werten des Daseins und der Rückbesinnung verbindet. (O.m.d.U.) – Ab 16. ✦ VR China/Hongkong 1995 **P** Media Asia Films **Pd** Ma Fungkwok **R** He Ping **B** Zhang Rui **K** Yang Lun **M** Zhao Jiping **S** Yuan Hong **D** Zhang Fengyi (Schwertkämpfer), Yang Kuei-Mei (Witwe), Wong Xue-qui (Heiniu), Ku Fung (Alter) **L** 100 **E** 18.9.1997 WDR **fd** 32 747

DAS TAL DER TANZENDEN WITWEN. Eine Gruppe abgehalfterter Soldaten kehrt aus dem Bürgerkrieg nach Texas zurück, wo sie wegen ihrer Untauglichkeit von den selbständig gewordenen Frauen nicht mehr geduldet werden. Die verfehlte Partnerschaft endet mit Giftmord und Flucht. Eine Ausnahme ist eine junge Frau, die aus Liebe die Phalanx der Frauen verläßt. Das als Idylle verkleidete Lustspiel verweist in vielerlei Bezügen auf klassische Vorbilder im Genre des Westerns und des Heimatfilms. Bei allen inszenatorischen Unebenheiten ein durchaus unterhaltsamer Film mit satirischem Biß, der seine Komik aus einer Umkehr der Spielregeln des Western-Genres bezieht. – Ab 16. ✦ BR Deutschland/Spanien 1974 **P** Albatros/Maran/Luis Megino **Kl** Filmverlag der Autoren **R+B** Volker Vogeler **K** Fernando Arribas **M** Carmelo A. Bernaola **D** Judith Stephen (Scarlett O'Hara), Audry Allen, Harry Baer (Bogdan Witkow), Tilo Prückner (Crazy Butch), Jeanine Nestre, Leonie Thelen (Julia Littek), Chris Huerta (Robert Breidlinger) **L** 84 **FSK** ab 16; f **FBW** w **E** 23.5.1975 **fd** 19 312

DAS TAL DER UNGLÜCKLICHEN (EL VALLE DE LOS MISERABLES). Mexiko 1910, am Vorabend der Revolution: Landarbeiter und politische Häftlinge müssen unter unmenschlichen Bedingungen auf der Tabakplantage eines Großgrundbesitzers arbeiten und üben schließlich grausame Rache an ihren Unterdrückern. Abenteuerliche Unterhaltung mit gesellschaftskritischen Akzenten, aber auch zahlreichen Brutalitäten. ✦ Mexiko 1974 **P** Conacine/S.A. de C.V./Alamada/Filmica Real/Productora Mazateca **Kl** Progress **R** René Cardona jr. **B** Enrique Albuerne, René Cardona jr., Jorge Patiño **K** Daniel López **M** Gustavo César Carrion **D** Mario Almada, Fernando Almada, Ana Luisa Peluffo, Silvia Mariscal, Ricardo Carrion **L** 108 **E** 23.2.1979 Kino DDR

TAL DER VERGELTUNG (FUGITIVE OF THE PLAINS / FUZZY SETTLES DOWN). Der bärtige Western-»Gnom« Fuzzy kämpft zunächst erfolgreich gegen die Anführerin einer Verbrecherbande, um anschließend den Versuch zu unternehmen, ein seßhafter Bürger zu werden. Anspruchslos-belanglose Western-Komödien-Unterhaltung; fürs Kino zusammengestückelt aus den in sich geschlossenen Handlungen zweier Sechs-Akter. – Ab 12. ✦ Schwarz-weiß. USA 1943/44 **P** PRC **Kl** Accord **R** Sam Newfield **B** George Wallace Sayre, Louise Rousseau **M** Leo Erdody **D** Al »Fuzzy« St. John, Bill Carson, Jack Ingram **L** 86 **FSK** ab 12; nf **E** 20.11.1958 **fd** 8 755

DAS TAL DES FRIEDENS (DOLINA MIRU). Ein farbiger amerikanischer Flieger, der im Zweiten Weltkrieg über Slowenien abgestürzt ist, wird von einer Gruppe Kindern versteckt, die ihrerseits nach einem Zufluchtsort vor den Schrecken des Krieges suchen und diese in der Idylle eines abgelegenen Tals vorübergehend auch finden. Gut gespielter und ausgezeichnet fotografierter Film, der eine ✦ Schwarz-weiß. Jugoslawien 1956 **P** Triglav **R** France Stiglic **B** Ivan Ribic **K** Rudi Vavpotic **M** Marjan Kozina **S** Radojka Ivancevic **D** John Kitzmiller (Sgt. Jim), Evelyne Wohlfeiler (Lotti), Tugo Stiglic (Marko), Boris Kralj, Maks Furijan **L** 82 **E** 1.2.1962 DFF 1

DAS TAL DES GRAUENS (EYES OF FIRE). Ein in den Südstaaten des 17. Jahrhunderts angesiedelter Horrorfilm, dessen gelungene Effekte das schwache Drehbuch nicht wettmachen können. Ein zweifelhafter Prediger, der nur knapp der Lynchjustiz entging, flüchtet mit seinen Anhängern in ein Tal, das nach indianischen Vorstellungen vom Teufel und »verfluchten Seelen« bevölkert ist. ✦ USA 1984 **P** Elysian **Pd** Philip J. Spinelli **R+B** Avery Crouse **K** Wade Hanks **M** Brad Fiedel **S** Michael Barnard **D** Dennis Lipscomb (Will Smythe), Guy Boyd (Mr. Dalton), Rebecca Stanley (Eloise Dalton), Sally Klein (Fay Dalton) **L** 82 **E** 15.9.1993 RTL

DAS TAL DES LEBENS → Das Tal der Liebe

TAL DES REGENBOGENS (GEKIDO SURU OUSHI). Preisgekrönter Dokumentarfilm über Stiertreiben und Holzabschleppen auf Japans südlichster Insel. Eingebettet darin eine kleine Spielhandlung um den jungen Shiguru, der sein Heimatdorf verläßt, weil er seinen Stier nicht der Sitte entsprechend töten will, obwohl dieser einen Stiertreiber verletzte. – Ab 16. ✦ Japan 1957 **P** Shin Toho **R** Seijin Koga, Masushi Yoshimura **D** Masaya Tsukida, Ichiro Sugai, Tatsuya Ishiguro **L** 90 **E** 2.12.1960 ARD

TAL DES TODES (VALLEY OF THE SUN). Ein beherzter Scout, in Wahrheit ein Regierungsagent, tritt im alten Arizona gegen harte Militärs und betrügerische Händler für eine menschlichere und gerechte Behandlung der Apachen ein. Leidlich spannender Western, billig und ohne künstlerische Höhepunkte produziert. – Ab 14 möglich. ✦ Schwarz-weiß. USA 1942 **P** RKO **Kl** RKO **Pd** Graham Baker **R** George Marshall **B** Horace McCoy, nach einer Erzählung von Clarence Budington Kelland **K** Harry J. Wild **M** Paul Sawtell **S** Desmond Marquette **D** James Craig (Jonathan Ware), Lucille Ball (Christine Larson), Dean Jagger (Jim Sawyer), Billy Gilbert, Cedric Hardwicke (Warrick), Tom Tyler (Geronimo), Antonio Moreno (Cochise), George Cleveland (Bill Yard), Hank Bell (Shotgun), Carleton Young (Nolte), Patrick Moriarty (Mickey Maguire), Stanley Andrews (Major), Al »Fuzzy« St. John, Chester Conklin, Bud Osborne (Rose), Tom London (Parker), Francis McDonald, Jay Silverheels (Indianer), Iron Eyes Cody (Indianer) **L** 79 (gek. 76) **FSK** ab 12; nf (gek. ab 6) **E** 1.3.1951/23.4. 1966 ARD **fd** 1 305

DAS TAL ERSCHALLT (RASUNA VALEA). Spielfilm über den Bau einer wichtigen Bahnstrecke nach 1915 durch die Jugend Rumäniens. – Ab 14. ✦ Schwarz-weiß. Rumänien 1949 **P** Filmstudio Bucuresti **Kl** Progress **R** Paul Calinescu **B** Mircea Stefanescu **K** Wilfried Ott **M** Paul Constantinescu **D** Geo Barton (Radu), A. Pop Martian (Cretu), Eugenia Popovici (Ileana), Angela Chiuaru (Sanda), Marcel Anghelescu (Ion) **L** 77 **E** 13.7.1951 Kino DDR

TAL OHNE GESETZ (TREASURE OF RUBY HILLS). Verschiedene Rancher rivalisieren um ein Stück Land, das freilich nur einem von ihnen rechtmäßig gehört. Als ein Kleinkrieg zwischen ihnen ausbricht, tritt ein tapferer Held auf, der den Ort des Geschehens, eine Holzbudenstadt, von ihnen säubert. Aktionsreiche, aber fantasielos nach Schablone entwickelte Western-Dutzendware. – Ab 14 möglich. ✦ Schwarz-weiß. USA 1954 **P** Allied Artists **Kl** NF **Pd** William F. Broidy **R** Frank McDonald **B** Tom Hubbard, Fred Eggers **K** John Martin **M** Edward J. Kay **D**

Zachary Scott (Haney), Carole Mathews (Sherry), Barton MacLane (Reynolds), Dick Foran (Doran), Lola Albright (May), Lee Van Cleef (Emmett), Gordon Jones (Voyle), Raymond sutherland (Scotty), Steve Darrell (Hull), Charles E. Fredericks (Payne), Stanley Andrews (Garvey) **L** 73 **FSK** ab 12; nf **E** 8.6.1956 **fd** 5 039

EIN TAL SUCHT GOLD → Goldfieber (1932)

TALENT ZUM GLÜCK → Das Geheimnis einer Ehe

TALENTE UND VEREHRER (TALANTY I POKLONNIKI). Film aus dem Theatermilieu an einer russischen Provinzbühne Ende des 19. Jahrhunderts. Ein junge begabte Schauspielerin beweist trotz Gefährdung ihrer Existenz ihre moralische Überlegenheit und verteidigt ihren Lebensanspruch gegen alle Intrigen der bourgeoisen Gesellschaft. Eine gelungene Adaption des gleichnamigen Theaterstücks von 1882. – Ab 14. ✦ Scope. UdSSR 1973 **P** Gorki-Studio **KI** Progress **R+B** Issidor Annenski **K** Michail Kirillow **M** Tichon Chrennikow, Alexander Tschaikowski **D** Swetlana Pelichowskaja (Negina), Leonid Gubanow (Welikatow), Olga Charkowa (Donna Pantelejewna), Nikolai Grizenko (Dulebow), Alexander Beljawski (Bakin) **L** 87 **E** 11.10.1974 Kino DDR/3.1.1976 DFF 2

DER TALENTIERTE MR. RIPLEY (THE TALENTED MR. RIPLEY). Ein junger mittelloser Amerikaner wird von einem Millionär beauftragt, dessen müßiggängerischen Sohn aus Italien heim zu holen. Der verlockende Ausflug mündet jedoch rasch in einer Faszination durch Reichtum und Schönheit sowie in der Obsession, beides für immer besitzen zu wollen. Ein sehr frei nach dem gleichnamigen Roman von Patricia Highsmith entstandener psychologischer Kriminalfilm, dessen anfänglich lockere und fantasievolle Erzählweise zunehmend einer schwergewichtigen Psychologisierung weicht. Dieser hält die zugrunde liegende Kriminalhandlung auf Dauer kaum stand. Bestechend fotografiert, reizvoll im vielschichtigen Einsatz der Musik. DVD: Die Special Edition beinhaltet u. a. einen Audiokommentar des Regisseurs sowie ein Kurzfeature über den Filmmusikkomponisten. – Ab 16. ✦ USA 1999 **P** Miramax **KI** Kinowelt **VA** Kinowelt Home **DVD** Kinowelt Home (SE, 1.85:1, DD5.1 engl./dt.) **Pd** Sydney Pollack, William Horberg, Tom Sternberg **R** Anthony Minghella **B** Anthony Minghella, nach dem gleichnamigen Roman von Patricia Highsmith **K** John Seale **M** Gabriel Yared **S** Walter Murch **D** Matt Damon (Tom Ripley), Gwyneth Paltrow (Marge Sherwood), Jude Law (Dickie Greenleaf), Cate Blanchett (Meredith Logue), Philip Seymour Hoffman (Freddie Miles) **L** 139 **FSK** ab 12; f **E** 17.2.2000/15.8.2000 Video & DVD **fd** 34 113

TALENTPROBE. Dokumentarfilm über Vorbereitung und Durchführung öffentlicher Auftritte von Gesangsamateuren auf der Freilichtbühne des »Tanzbrunnen« im Rheinpark in Köln. Durch die sachliche Art werden die verschiedenen Charakterzüge der Amateursänger zwischen Gehemmtheit und Extrovertiertheit, zwischen krasser Selbstüberschätzung und an Begabung orientiertem Selbstbewußtsein aufgezeigt. Ein gleichzeitig unterhaltsamer und menschlich interessierender Beitrag über die Bedingungen des Show-Geschäfts im Zerrbild einer recht seltsamen, von der Öffentlichkeit aber rege verfolgten und mit hämischen Kommentaren zu den »Künstlern« begleiteten Veranstaltung. – Ab 16. ✦ Schwarz-weiß. BR Deutschland 1980 **P** Peter Goedel **KI** Filmwelt **VA** absolut MEDIEN **Pd+R** Peter Goedel **B** Peter Goedel, Herbert Hoven **K** David Slama, Axel Brandt, René Perraudin, Erich Krenek **S** Peter Goedel, Wolfgang Höpfner, Sabine Jehnert **L** 115 **FSK** ab 6; f **FBW** bw **E** 6.3.1981/Februar 2000 Video **fd** 22 865

TALES FOR ALL. Eine von dem kanadischen Produzenten Rock Demers hergestellte Reihe mit abendfüllenden Kinder- und Jugendspielfilmen, in der Halbwüchsige auf der Brücke zwischen Kindheit und Erwachsenenleben, zumeist begleitet von ihren Lieblingstieren, die Hauptrollen spielen. Die Serie war zunächst auf folgende 12 Teile konzipiert (siehe jeweils dort): 1. »Der Schneeballkrieg«, 2. »Unternehmen Erdnußbutter«, 3.«Bach und Broccoli«, 4. »Der kleine Magier«, 5. »Im großen Land der kleinen Leute«, 6. »Daffy und der Wal«, 7. »Tommy Tricker und die Briefmarkenbande«, 8. »Geheimnisse eines Sommers«, 9. »Abschied vom Zauberwald«, 10. »Die Geschichte von der Hexe, die keine war«, 11. »Vincent und ich«, 12. »Flickflack auf dem Schwebebalken«.

TALES FROM THE CRYPT 2 (TALES FROM THE CRYPT 2). Drei weitere Folgen der überdurchschnittlichen Fernsehserie (inspiriert von den legendären EC-Comics, vgl. »Im Horrorkabinett«), zu denen ein schauriger Grabwächter in einer hübschen Puppenfilm-Rahmenhandlung einlädt. 1. »Lover Come Back to Me«: Ein Bräutigam zeigt wenig Verständnis für die Familientradition seiner Angetrauten, als er von seiner bevorstehenden Ermordung erfährt. Eine voraussehbare Geschichte, deren Pointe auf der Hand liegt. 2. »Collection Completed«: Ein Rentner erträgt die Tierliebe seiner Frau nur, indem er sich an ihren Haustieren zum Tierpräparator weiterbildet. Schwarzhumorige Sitcom-Parodie, die sich vergeblich bemüht, den Geist Alfred Hitchcocks heraufzubeschwören. 3. »Only Sin Deep«: Eine junge Frau verpfändet ihre Schönheit, versäumt jedoch, den Pfandschein einzulösen. Ein gruselig-romantisches Memento mori, der bemerkenswerte Höhepunkt der Zusammenstellung. ✦ USA 1989 **P** Warner Bros. **VA** Warner Home **Pd** William Teitler, Joel Silver, Richard Donner **R** Tom Holland (1), Mary Lambert (2), Howard Deutch (3), Kevin T. Yacher (Rahmenhandlung) **B** Michael McDowell (1), Rudolph Davis (2), Bettie Davis (2), A. Whitney Brown (2), David Arnott (2), Fred Dekker (3) **K** Jeffrey Jus (1), Peter Stein (2), Richard Bowden (3) **M** Danny Elfman **S** Andrew London (1), Tom Finan (2), Erica Flaum (3) **D** Amanda Plummer (Peggy, 1), Stephen Shellen (Charles, 1), M. Emmet Walsh (Jean, 2), Audra Lindley (Anita, 2), Lea Thompson (Sylvia, 3), Britt Leach (Pfandleiher, 3) **L** 84 **FSK** ab 16 **E** 26.6.1992 Video **fd** 29 794

TALES FROM THE DARKSIDE I (TALES FROM THE DARKSIDE I). Drei Kurzfilme mit rätselhaften Geschichten über Werwolfmenschen, einen telefonischen Hilferuf und alptraumhafte Horror-Visionen. Das verbindende Element ist die inhaltliche Rätselhaftigkeit, wobei aber allenfalls die Maskenbildner etwas Verwunderlichkeit produzieren können. Selbst die zweite, von Stephen King als intelligent ausgetüfteltes Dialogstück angelegte Episode krankt an erzählerischem Unvermögen und ist wie die gesamte Zusammenstellung von nur geringem Unterhaltungswert. (Titel der Episoden: 1. »Die Nacht des Werwolfs«/»Family Reunion«; 2. »Die Todesbotschaft«/ »Sorry, Right Number«; 3. »Der Schatten des Zombies«/»Circus«) – Ab 16. ✦ USA 1987 **P** Lorimar **VA** Taurus **R** Tom Savini (1), John Sutherland (2), Michael Gornick (3) **B** Edithe Swensen (1), Stephen King (2), Sydney J. Bounds (3) **D** Patricia Tallman (1), Daniel Terrence Kelly (1), Deborah Harmon (2), Arthur Taxier (2), William Hickey (3), Kevin J. O'Connor (3) **L** 62 **FSK** ab 16 **E** Sept. 1988 Video **fd** 27 159

TALES FROM THE DARKSIDE II (TALES FROM THE DARKSIDE II). Drei weitere Geschichten einer Fernsehserie, verbrämt mit der Erklärung, es gäbe eine Welt der Schatten, wo nichts so sei, wie man es sonst erwarte. Zunächst erweist sich eine Braut in der Hochzeitsnacht als blutsaugender Vampir, dann stößt ein verrückter Algebra-Lehrer auf eine ihm überlegene Hexe, schließlich erzählen Eltern ihren Kindern von einem Monster, das sie dann auffrißt. In der Darstellung zurückhaltende Horrorstücke, die weder durch Inhalt noch Form auffallen oder gar überraschen. (Titel der Episoden: 1. »Zum Fressen gern«/»Black Widows«; 2. »Tödliche Zahlen«/»Snip; Snip«; 3. »Das Eismonster«/»Seasons of Believe«) – Ab 16. ✦ USA 1987 **P** Lorimar **VA** Taurus **R** Karl Epstein (1), Terence Calahan (2), Michael McDowell (3) **B** Michael McDowell (1,3), Howard E. Smith (2), Tom Allen (2) **K** Steve Ross (1) **M** Donald Rubinstein (1) **D** Margaret O'Brien (1), Theresa Salsana (1), Carol Kane (2), Bud Cort (2), E.G. Marshall (3), Margaret Klenck (3), Sky Berdahl (3), Jenna von Oy (3) **L** 62 **FSK** ab 12 **E** Oktober 1988 Video **fd** 27 307

TALES FROM THE DARKSIDE III (TALES FROM THE DARKSIDE). Drei weitere Gruselepisoden aus amerikanischen Fernsehstudios. 1. »Die Folter«/»Heretic«: Ein Kunstdieb muß am eigenen Leibe erfahren, welche Wirkung mittelalterliche Foltergeräte hatten. »Estelle lebt«/»Everybody needs a little Love«: Zwei einsame Männer freunden sich mit einer Schaufensterpuppe an, die ihnen die Zeit vertreibt, und fallen aus allen Wolken, als diese zum Leben erwacht. »Das Plüschmonster«/»Ursa Minor«: Geschichte um den Teddybären eines kleinen Mädchens, der ein zerstörerisches Eigenleben entwickelt. Triviale, leidlich unterhaltsame Geistergeschichten, die lebloser Materie Leben andichten. – Ab 16. ✦ USA 1987 **P** Lorimar **VA** Taurus **R** Jerry Smith (1), John Sutherland (2), Theodore Gershuny (3) **D** Roberts Blossom (1), Bruce McVittie (1), Richard Rubinstein (1), Jerry Orbach (2), Richard Portnow (2), Teresa L. Jones (2), Jamie Ohar (3), Marilyn Jones (3), Timothy Carhart (3) **L** 62 **FSK** ab 16 **E** November 1988 Video

TALES FROM THE DARKSIDE IV (TALES FROM THE DARKSIDE IV). Drei weitere Erzählungen nach den Stereotypen der Serie: 1. »Das kleine Horror-Zimmer«: Die heißgeliebten Stofftiere eines kleinen Jungen verwandeln sich in monströse Wesen. 2. »Woodoo«: Als ihn seine widerwärtigen Vermieter vor die Tür setzen wollen, rächt sich ein Mann mit Hilfe von Voodoo-Zaubereien. 3. »Der Tote und sein Medium«: Ein populärer Fernseh-Prediger löst nach seinem Tod einen Erbstreit unter seinen raffgierigen Nachkommen aus. So schaltet er sich aus dem Jenseits »regulierend« in die Streitereien ein. ✦ USA 1987 **P** Lorimar **VA** Taurus **Pd** George A. Romero, Richard P. Rubinstein **R** James Sadwith (= James Steven Sadwith, 1), Richard Friedman (2), Dusty Nelson (3) **D** Seth Green, Adolph Caesar, Connie Stevens, Greg Mullavey, Beth McDonand, Donna Bullock, John Callonius, Carolyn Ann Clark **L** 62 **FSK** ab 16 **E** 15.12. 1988 Video

TALES OF A HARD CITY (TALES OF A HARD CITY). Dokumentarfilm über die ehemalige Stahl-Stadt Sheffield, der die Überlebensstrategien einiger seiner Bewohner nach dem Ende der Schwerindustrie darstellt. ✦ Großbritannien 1994 **P** La Sept/arte **R** Kim Filtcroft **L** 80 **E** 2.5.1997 arte

TALES OF MADNESS. Zwei Kurzhorrorfilme aus rheinischen Landen: 1. »Dämonenspiegel«: Eine Kölner Studentin terrorisiert ihre WG unter dem Einfluss eines antiken Spiegels und macht fremde Männer zu seelenlosen Zombies. 2. »Twisted Mind«: Eine einsame Studentin lernt einen gemeingefährlichen Internet-Psychopathen kennen und findet Hilfe von unerwarteter Stelle. Uninteressanter Amateur-Trash, der bestenfalls dadurch auffällt, dass sich seine Blut- und Ekeleffekte in Grenzen halten. ✦ Deutschland 1999 **VA** X-Rated (Dominik) **R** Daniel von Euw **D** Sandra Neyken, Ludmilla Carone, Marco Kalwa **L** 88 **E** 3.5.2000 Video

TALES OF MANHATTAN (TALES OF MANHATTAN). Ein Frack wechselt mehrmals hintereinander den Besitzer und erweist sich jedesmal als Erfüllungsgehilfe des Schicksals. Ein hervorragend besetzter und gespielter Episodenfilm mit fünf geschlossenen und zugleich fortlaufend miteinander verknüpften Teilen; eine geistreiche, spielerische Auseinandersetzung mit der Wechselhaftigkeit menschlichen Glücks. (Früherer Titel: »Sechs Schicksale«) – Sehenswert ab 14. ✦ Schwarz-weiß. USA 1942 **P** 20th Century Fox **KI** Concorde **Pd** Boris Morros, Sam Spiegel **R** Julien Duvivier **B** Ben Hecht, Ferenc Molnar, Donald Ogden Stewart, Samuel Hoffenstein, Alan Campbell, Ladislas Fodor, Laslo Vadnay, Laszlo Gorog, Lamar Trotti, Henry Blankfort, Buster Keaton (ungenannt), Edmund Beloin, Bill Morrow **K** Joseph Walker **M**

Sol Kaplan **S** Robert Bischoff **D** Charles Boyer (Paul Orman, 1), Rita Hayworth (Ethel Halloway, 1), Ginger Rogers (Diane, 2), Henry Fonda (George, 2), Charles Laughton (Charles Smith, 3), Elsa Lanchester (Elsa Smith, 3), Edward G. Robinson (Larry Browne, 4), George Sanders (Williams, 4), Paul Robeson (Luke, 5), Ethel Waters (Esther, 5) **L** 118 **FSK** ab 6; f **E** 4.3. 1946/1984 Wiederaufführung **fd** 24 371

DER TALISMAN (KING RICHARD AND THE CRUSADERS). Während der Kreuzzüge beschützt der in eine blonde Lady verliebte Sultan Saladin König Richard Löwenherz vor Verrätern im Ritter-Lager. Verfilmung des gleichnamigen Romans von Sir Walter Scott (1771–1832) auf dem Niveau eines buntbebilderten Comic-Strips; naiv verkitscht und unfreiwillig komisch, dank versierter Darsteller durchaus von Unterhaltungswert. – Ab 14. ✦ Scope. USA 1954 **P** Warner **KI** Warner **Pd** Henry Blanke **R** David Butler **B** John Twist, nach dem Roman von Sir Walter Scott **K** J. Peverell Marley **M** Max Steiner **D** Rex Harrison (Saladin), Virginia Mayo, George Sanders, Laurence Harvey, Robert Douglas **L** 113 **FSK** ab 12; f **E** 8.11. 1954 **fd** 3 880

TALISMAN (TALISMAN). Eine sensible, intelligente Schülerin der fünften Klasse gerät in eine Kontroverse mit ihrer Lehrerin. Ausgelöst wird die Auseinandersetzung durch das unfaire Verhalten eines ihrer Mitschüler, der ausgerechnet der Sohn der Lehrerin ist. – Ab 10. ✦ Bulgarien 1977 **P** Spielfilmstudio Sofia **R** Raschko Usunow **B** Prawda Kirowa **K** Zwetan Tschobanski **M** Alexander Jossifow **D** Daniela Bojanowa, Michail Miltschew, Diljana Jowanowitsch, Boril Petrow, Kirtscho Petrow **L** 74 **E** 7.11.1979 DFF 1

TALISMAN – DAS TOR ZUR HÖLLE (TALISMAN). In einem osteuropäischen Internat geht ein Phantom um, das unter den Schülern regelmäßig seine Opfer fordert. Die Direktorin scheint die Vorfälle vertuschen zu wollen, doch ein neuer Schüler, der nicht willig ist, Monster-Opfer zu sein, mahnt zum Widerstand und lockt damit den Teufel aus der Reserve. Biederer Horrorfilm mit schäbigen Effekten, der mit nichts als Langeweile und lustlosen Darstellern aufwarten kann. ✦ USA 1998 **P** The Kushner-Locke **VA** Envsion **R** David DeCoteau **B** Benjamin Carr **D** Walter Jones (Jacob), Jason Adelman (Burke), Ilinka Goya, Billy Parish **L** 72 **FSK** ab 16 **E** 27.3.2000 Video

TALISMAN – DER FLUCH DES BÖSEN (CURSE OF THE TALISMAN). Eine mittelalterliche Dämonenfigur erwacht in einer amerikanischen Kleinstadt zum Leben, als sich ein Junge an einem alten Talisman mit Teufelsfratze schneidet, wodurch sich der Dämon als Fledermaus manifestiert. Als der ahnungslose Junge das Amulett seiner Freundin bei einer Halloween-Party schenkt, scheinen die Pläne des Dämons aufzugehen, die eine Vernichtung aller unmoralischen Bürger der Stadt durch die wiederbelebten altenglischen Wasserspeier vorsehen. Doch der Junge und ein angereister Priester können die Schrecken bannen. Als Teenie-Horror-Spaß angelegte Produktion mit einigermaßen ansprechenden Effekten, die jedoch hinter der flott-modischen Oberfläche ein mehr als angestaubtes Ideengut offenbart. – Ab 14 möglich. ✦ USA 2000 **P** United Paramount Network **VA** Paramount Home **Pd** Darryl Sheen **R** Colin Budds **B** Duncan Kennedy **K** Ben Nott **M** Garry McDonald, Lawrence Stone **S** Suzanne Angel **D** Jesse Spencer (Jeremy), Sara Gleeson (Fiona), Max Garner Gore, Rod Mullinar, Dragitsa Debert **L** 88 **FSK** ab 12 **E** 6.8. 2001 Video **fd** 35 098

TALK RADIO (TALK RADIO). Der Radiomoderator einer lokalen Rundfunkstation wird durch seine »Konfrontations-Sendungen«, in denen er unter Einbringung aller medialen Tricks den alltäglichen kleinbürgerlichen Faschismus enthüllt, zum Star. Da er sich jedoch höhnisch gegen alles und jeden wendet, macht er sich gefährliche Feinde. Ein düsteres Bild einer Medienwelt, in der Kommunikation zur Konfrontation verkommen ist, und das Psychogramm eines Mannes, der an sich und der Welt leidet und immer tiefer in die Isolation gedrängt wird. Eindrucksvoll gespielt und weitgehend überzeugend inszeniert, fesselt der Film in erster Linie durch die hervorragende Kameraarbeit. – Ab 16 möglich. ✦ USA 1988 **P** Cineplex Odeon Films/Ten Four Prod./ Pressman **KI** Tobis **VA** Marketing **Pd** Edward R. Pressman, A. Kitman Ho **R** Oliver Stone **B** Eric Bogosian, Oliver Stone, nach einem Bühnenstück von Eric Bogosian und Ted Savinar und dem Roman von Stephen Singular **K** Robert Richardson **M** Stewart Copeland **S** David Brenner, Joe Hutshing **D** Eric Bogosian (Barry), Ellen Greene (Ellen), Leslie Hope (Laura), John C. McGinley (Stu), Alec Baldwin (Dan) **L** 109 **FSK** ab 16; f **E** 23.2.1989/Oktober 1989 Video **fd** 27 445

TALKING BROKEN – DIE INSULANER DER TORRES-STRASSE (TALKING BROKEN). Dokumentarfilm über die Indianer der Torres-Straße in Australien, einer 14 Inseln umfassenden Region, deren Eingeborene 1871 zum ersten Mal mit Weißen in Kontakt kamen, seitdem verwaltet und dirigiert wurden und erst 1988 ihre Unabhängigkeit von Australien forderten. Der Film beschreibt die ethnischen Besonderheiten und das nur langsam aufkeimende Selbstbewußtsein der Insulaner, die sich erst in jüngster Zeit in ein (selbst-)kritisches Verhältnis zu den Kolonialherren setzen. – Ab 14 möglich. ✦ Australien/Deutschland 1990 **P** Talking Pictures **SF** Matthias **Pd** Frances Calvert, Lindsey Merrison **R+B** Frances Calvert **K** Peter van den Reek **S** Stewart Young **L** 76 **FBW** w **E** 1991 Kino

TALKING HEADS – STOP MAKING SENSE →Stop Making Sense

TALL, DARK AND HANDSOME (TALL, DARK & HANDSOME). Zwei Frauen laden eine Freundin, die am nächsten Tag heiraten wird, zu einem Abend in den »Chippendales Club« ein, wo Männer vor weiblichem Publikum Striptease-Nummern aufführen. Der Werbefilm für das tatsächlich existierende, offenbar sehr beliebte Etablissement gestaltet sich als öde Nummernrevue, aufgelockert durch anzügliche Witze und in Videoclip-Manier gefilmte Hochglanz-Fantasien, in denen sich dieselben Beaus noch einmal ausziehen. (Alternativtitel: »Nackte Kerle«, »Die Chippendales – Heiß und sexy«) – Wir raten ab. ✦ USA 1987 **P** Moving Targets **VA** Focus/Orion **Pd+R** Jane Ballard **B** Jane Ballard, Barry Samson, Steve Merritt, George Solomon, Maureen Murphy **K** Barry Samson **M** Ross Vannelli **D** Judy Landers, Maureen Murphy, Lea Dedrick, Jodi Laine, George Solomon **L** 69 **FSK** ab 16 **E** April 1989 Video/31.12.1994 RTL **fd** 27 758

TALLEYRAND →Der hinkende Teufel

TALLY BROWN, NEW YORK. »Tally Brown« ist ein amerikanischer Underground-Star, ein Monstrum aus dem Herzen von New York. Sie ist ungeheuer dick und drapiert ihre Leibesfülle so auffällig, als wolle sie damit kokettieren. Sie hat in Filmen von Warhol, Markopoulos und Jack Smith gespielt; dem Kommerz hat sie sich immer verweigert. In diesem Porträtfilm singt sie von den 60er Jahren in New York. Glamour und Flitter sowie das Supergeschäft mit den Wünschen des Menschen werden nicht kritisch durchleuchtet, sondern in ihrer Faszination gezeigt. Ein ungemein lebendiger Film, geprägt von der Spontaneität seiner Hauptfigur. ✦ BR Deutschland 1977/78 **P** Rosa von Praunheim/WDR **SF** Filmwelt **Pd+R** Rosa von Praunheim **B** Rosa von Praunheim, Mike Shephard **K** Rosa von Praunheim, Michael Oblowitz, Lloyd Williams, Juliana Wang, Edvard Lieber **M** div. Songs **S** Rosa von Praunheim, Mike Shephard **D** Tally Brown, Divine, Holly Woodlawn, Taylor Mead, Gil Fontaine **L** 97 **FSK** ab 18; nf **E** 29.6.1979/23.1. 1980 West 3

TALON IM KAMPF GEGEN DAS IMPERIUM (THE SWORD AND THE SORCERER). Ein von erschreckendem Sadismus und einfallsloser Action-Dramaturgie geprägter Film um einen antiken Superhelden, der nach unzähligen schematisch-blutigen Gefechten gegen einen grausamen Herrscher und ein übles Monstrum das Königreich seines Vaters zurückerobert. Der Fantasyfilm spielt mit Ekel und Gewalt, ohne eine auch nur im entferntesten plausible Geschichte zu bieten. (Unter dem Titel »Talon, Kampf um das Imperium« kam eine stark gekürzte Version neu auf den Videomarkt.) – Wir raten ab. ✦ USA 1981 **P** Group 1 **KI** Senator **VA** Thorn EMI (Kurzversion: MCP) **Pd** Brandon Chase, Marion Chase **R** Albert Pyun **B** Thomas Karnowski, John Stuckmeyer, Albert Pyun **K** Joseph Mangine **M** David Whitaker **S** Marshall Harvey **D** Lee Horsley (Talon), Kathleen Beller (Alana), Simon McCorkindale (Mikah), George Maharis (Machelli), Richard Lynch (Cromwell), Richard Moll (Xusia), Anthony De Longis (Rodrigo) **L** 100 (gek. 78) **FSK** ab 18; nf (gek. 16) **E** 29.4.1982/ 1983 Video **fd** 23 471

TALONS OF THE EAGLE (TALONS OF THE EAGLE). Um ein asiatisches Syndikat in Toronto zu zerschlagen, eignen sich einige Drogenfahnder Kung-Fu-Techniken an. Als Sicherheitskräfte in der feindlichen Spielhölle getarnt, gelingt es ihnen, an Beweismaterial zu gelangen. Die Lage wird gefährlich, als einer der Cops enttarnt wird. Ein einschlägiges Serien-Produkt, das asiatische Kampftechniken in ihrer Virtuosität und Brutalität vorführt und mit ein wenig Sex vergeblich Abwechslung zu schaffen sucht. ✦ USA 1992 **P** Film One/Shapiro-Glickenhaus **VA** Condor/Cannon **Pd** Jalal Merhi **R** Michael Kennedy **B** J. Stephen Maunder **K** Curtis Peterson **M** Varouje **S** Reid Dennison **D** Billy Blanks (Taylor Wilson), Jalal Merhi (Michael Reed), James Hong (Mr. Li), Priscilla Barnes (Cassandra), Pan Quing Fu (Master Pan) **L** 89 (gek. 81) **FSK** ab 18 (gek. ab 16) **E** März 1993 Video/2.12.1994 premiere **fd** 30 148

TALOS – DIE MUMIE (TALOS – THE MUMMY). Die ins Britische Museum geschaffte Mumie eines ägyptischen Prinzen sorgt für zunächst rätselhafte Morde, nach denen sie den Opfern Organe entnimmt, um wieder als leibhaftiger Mensch auf der Erde wandeln zu können. Als nur noch das Herz fehlt, klärt sich das Rätsel. Horrorfilm, der sich seine Zutaten aus diversen Vorlagen zusammenklaubt und dessen visuelle Gestaltung (trotz Vollbildschnitt der Videofassung) schlüssiger ist als seine inhaltliche. Dennoch wartet der Film mit einigen Überraschungen auf, auch wenn diese nicht angetan sind, ihn über den Genre-Durchschnitt zu heben. ✦ Großbritannien/Luxemburg 1998 **P** Carousel Picture Company **VA** VPS **Pd** Silvio Muraglia, Daniel Sladek **R** Russell Mulcahy **B** Russell Mulcahy, John Esposito **K** Gabriel Beristain **M** Stefano Mainetti **S** Armen Minasian **D** Jason Scott Lee (Riley), Louise Lombard (Sam), Jean Pertwee (Brad), Lysette Anthony (Claire), Michael Lerner (Marcus) **L** 85 **FSK** ab 16 **E** 6.10.1999 Video **fd** 33 954

DIE TALSPERRE (PRIEHRADA). Dem Bau einer Talsperre muß ein kleines Dorf weichen. Nicht alle Dorfbewohner können sich mit dieser Entscheidung abfinden. – Ab 12. ✦ Schwarz-weiß. CSR 1950 **P** Tschechoslowakischer Staatsfilm **KI** Progress **R** Palo Bielik **B** Palo Bielik, Ondrej Jariabek, Frantisek Zacek **K** Karol Krska **M** Ladislav Holoubek **D** A. Kautnik (Bujina), Gustáv Valach (Jozo), Maria Královicová (Uljka), Martin Huba (Hajnik), M. Cernicka (Martha) **L** 95 **E** 2.10.1951 Kino DDR

TAMANGO →Die schwarze Sklavin

TAMARA. Ein junger Werbeberater ist auf der Rückfahrt von Norden nach Hamburg und findet in einem Zugabteil eine ermordete Frau. Als er versucht, das Verbrechen auf eigene Faust zu klären, wird er von der Familie des Verlobten der Toten daran gehindert. Ein atmosphärisch dichter Kriminalfilm mit dokumentarisch eingearbeiteten zeit- und sozialkritischen Bezügen. ✦ BR Deutschland 1967 **P** Modern Art Film **KI** Eckelkamp **Pd+R** Hansjürgen Pohland **B** Hansjürgen Pohland, nach einem Roman von Hansjörg Martin **K** Robert van Ackeren **M** Attila Zoller **S** Christa Pohland, Sabine Hiesserer **D** Petrus Schloemp (Obuch), Wolfgang Preiss (Vater Bricks), Barbara Rütting (Mutter Bricks), Hansi Linder (Cora),

Hans Peter Hallwachs (Hanno Bricks), Rolf Zacher (Udo Bricks), Hansjörg Martin (Roth) **L** 95 **FSK** ab 18; f **E** 25.1.1968 **fd** 15 251

TAMARO – STEINE UND ENGEL (TAMARO – PIETRE E ANGELI. MARIO BOTTA – ENZO CUCCHI). Dokumentarfilm über einen Kirchenbau im Tessin, der die künstlerische Herausforderung des Architekten Mario Botta sowie des Malers Enzo Cucchi zum Anlass nimmt, gelebte Spiritualität und Religiosität vorzustellen. Dabei wird dieser Prozess nicht als Erweckung erfahrbar, sondern als etwas, das erarbeitet werden will und imstande ist, die alltägliche (schöpferische) Arbeit in andere Sphären zu transzendieren. Ein eindrucksvoller Film über Handwerk und Kunst, der über das Wesen der Dinge hinausweist und den Menschen in den Dienst an der Schöpfung stellt. (Kinotipp der katholischen Filmkritik; O.m.d.U.) – Sehenswert ab 14. ✦ Schweiz 1998 **P** Imagofilm **KI** Subiaco **Pd+R+B** Villi Hermann **K** Hugues Ryffel, Hans Stürm **M** Paul Giger **S** Villi Hermann **L** 85 **E** 15.6.2000 **fd** 34 255

TAMBARI. Ein alter Weltumsegler vermacht der Fischerei-Genossenschaft seinen weißen Kutter »Tambari«. Die Erwachsenen lassen ihn verrotten, während die Kinder das Erbe des Südseefahrers wieder instand setzen. Als die Erwachsenen das Boot verkaufen wollen, kommt es zwischen den Generationen zum Streit. Problemfilm, der für die Bewahrung von Fantasie in einer auf Rationalität ausgerichteten Welt plädiert. Durch die konsequent beibehaltene Erzählperspektive aus der Sicht eines Kindes werden die Erwachsenenfiguren oft satirisch verzerrt, was dem Film und seinem Regisseur in der DDR Schwierigkeiten brachte, die sich mit späteren, ähnlich stilistisch unkonventionellen Versuchen (»Dein unbekannter Bruder«) fortsetzten. – Ab 8. ✦ Scope, schwarz-weiß. DDR 1976 **P** DEFA, Gruppe »Berlin« **KI** Progress **Pd** Martin Sonnabend **R** Ulrich Weiß **B** Ulrich Weiß, nach dem gleichnamigen Kinderbuch von Benno Pludra **K** Otto Hanisch **M** Peter Rabenalt **S** Renate Bade **D** Erwin Geschonneck (Luden Dassow), Kurt Böwe (Fuhrmann Kaßbaum), Hans-Peter Reinecke (Heinrich Töller), Barbara Dittus (Emma Töller), Jürgen Gosch (Lehrer Steinkrug) **L** 91 **E** 8.7. 1977 Kino DDR/14.10.1978 DFF 1

TAMBOO – LIO UND DER TODESGÖTZE DER MAKUNDUCHI. Ein Völkerkundler und seine Tochter unternehmen von Heidelberg aus eine Expedition in den Dschungel von Sansibar. Schon bei der Ankunft in Afrika ereignen sich merkwürdige Zwischenfälle, die mit einem Mal auf der Schulter der jungen Frau, einer Schlange, in Verbindung stehen: Indische Geheimbündler wollen sie zu ihrer Königin machen. Der als Produktion von Schülern der Münchner Hochschule für Fernsehen und Film (HFFM) entstandene Film schwankt bemüht zwischen talentloser Parodie auf das Action- und Kriminalgenre und langweiligsteriler Amateurproduktion. ✦ BR Deutschland 1985 **P** HFFM/Barbara Moorse Workshop (für ZDF) **SF** Barbara Moorse Workshop **R** Rainer Grupe **B** Andreas Banaski, Rainer Grupe **K** Bernd Heinl **M** H. P. Milevski **D** Krissie Hohenester (Lio), Hannes Kaetner (Weinberg), Matthias Fuchs (Ragdalam), Elisabeth Volkmann (Emily), Dieter Schidor (Willborough), Joachim Hackethal (von Steichen) **L** (TV) 90 **E** 25.9. 1985 ZDF

TAMMY (TAMMY AND THE BACHELOR). Tammy, eine grundehrliche, naive 17jährige vom Lande, beeinflußt durch ihren unkomplizierten gesunden Menschenverstand die Familienverhältnisse auf einem alten Herrensitz am Mississippi. Gleichzeitig verliebt sie sich in einen Piloten, den sie nach einem Flugzeugabsturz gesund pflegt. Mischung aus zarter Liebesgeschichte und gefühlsbetonter Komödie, weitgehend originell inszeniert und gespielt. Der Naiv-Typus Tammy mit seiner gegen Zivilisationsmängel gerichteten Tendenz prägte für einige Zeit erfolgreich die amerikanischen Medien und zog Fernsehserien und weitere Kinofilme nach sich. – Ab 12. ✦ Scope. USA 1957 **P** Universal **KI** Universal **Pd** Ross Hunter **R** Joseph Pevney **B** Oscar Brodney, nach einem Roman von Cid Ricketts Sumner **K** Arthur E. Arling **M** Frank Skinner, Joseph Gershenson (Ltg.) **D** Debbie Reynolds (Tammy), Leslie Nielsen (Peter Brent), Walter Brennan (Grandpa), Mala Powers (Barbara), Mildred Natwick (Tante Renie) **L** 88 **FSK** ab 6; f **E** 23.5.1958 **fd** 7 034

TAMMY UND DER DOKTOR →Sandra und der Doktor

TAMPEKO – EIN DOLLAR HAT ZWEI SEITEN (PER POCHI DOLLARI ANCORA). Kurz nach Beendigung des amerikanischen Bürgerkrieges rettet ein gefangener Offizier der Südstaaten seine von einem korrupten Kommandanten geführte weiterkämpfende Truppe vor dem Untergang. Kavallerie-Western, der sich um eine gerechte Zeichnung der amerikanischen Bürgerkriegssituation bemüht und bei aller Härte positiv ausgerichtet ist. ✦ Scope. Italien/Spanien/Frankreich 1966 **P** Fida/Jacques Roitfeld Prod./Epoca **KI** Gloria **Pd** Jacques Roitfeld, Edmondo Amati **R** Calvin Jackson Padget (= Giorgio Ferroni) **B** Augusto Finocchi, Massimiliano Capriccioli, Alessandro Continenza, Gilles Demoulin, Leonardo Martin, Remigio Del Grosso **K** Rafael Pacheco de Usa **M** Gianni Ferrio **S** Antonietta Zita **D** Giuliano Gemma (Gary Tampeko), Sophie Daumier (Connie), Dan Vadis (Riggs), José Calvo (Sam), Angel Del Pozo (Captain Lefevre), Jacques Sernas (Major Sanders) **L** 100 **FSK** ab 16; nf **E** 26.5.1967 **fd** 14 848

TAMPOPO (TAMPOPO). Zwei Fernfahrer bilden eine junge Witwe zur unumstrittenen »Königin der Suppenküchen« aus. Ein episodisch angelegter Film um die Themen Essen und Eros, der verschiedene Filmgattungen zu einer Einheit verschmelzt. Der intelligent unterhaltende satirische Film unterläuft gängige Sehgewohnheiten und jongliert geschickt, manchmal verspielt, manchmal auch recht drastisch, mit ihnen. – Ab 16. ✦ Japan 1986 **P** Itami/New Century **KI** Kinowelt **Pd** Jûzô Itami, Yasushi Tamaoki, Seigo Hosogoe **R+B** Jûzô Itami **K** Masaki Tamura **M** Kunihiko Murai, Gustav Mahler **S** Akira Suzuki **D** Tsutomu Yamazaki (Goro), Nobuko Miyamoto (Tampopo), Kôji Yakusho (Gangster), Fukumi Kuroda (Gangsterbraut), Ken Watanabe (Gun) **L** 114 **E** 2.1.1989 ARD/15.6. 1989 Kino **fd** 27 586

TANA (TANA). Der neue Geist setzt sich gegen überlieferte und überholte Sitten durch: Die Liebe der fortschrittlichen Feldbau-Brigadierin zu einem traditionsgebundenen Mann aus dem Gebirge triumphiert über alle Vorurteile und Hindernisse. Patriotisch-pathetischer Film, inszenatorisch annehmbar. – Ab 14. ✦ Schwarz-weiß. Albanien 1958 **P** Shqiperija-film **KI** Progress **R** Kristag Dhamo **B** Fatmir Gjata, Nasho Jorgaqi, Kristag Dhamo **K** M.A. Koci **M** Cesk Zadeja **D** Tinka Kurti (Tana), Naim Frasheri (Stefani), Kadri Roshi (Lefter Dhosi), Andon Pano (Ligor Papi), Pjeter Gjoka (Tanas Großvater) **L** 95 **E** 29.1.1960 Kino DDR/9.1.1986 DFF 2

TANDEM (1986) (VAROSBUJOCSKA / TANDEM). Zwei befreundete Jazz-Musiker arbeiten unermüdlich für den Erfolg ihrer gemeinsamen Band. Als sich endlich die gewünschte Karriere einstellt, verläßt der eine scheinbar unmotiviert die Gruppe. Dramatischer Spielfilm um persönliche und soziale Konflikte im Spiegel ambitionierter Jazzmusik in Ungarn. – Ab 14 möglich. ✦ Ungarn 1986 **P** Mafilm **R** Mária Sós **B** Adám Rozgonyi, Mária Sós **K** Gábor Szabó **M** János Másik, Jirí Stivín, Európia Kiadó Gruppe **D** János Másik, György Dörner, Annamária Prepeliczay, Margit Földessy, Simon Gévai **L** 95 **E** 9.6.1990 RTL plus

TANDEM (1991). Ausgezeichnet besetzte Dreiecks-Liebeskomödie. Am Tag der Silbernen Hochzeit eines Paares taucht der frühere Verehrer der Mutter auf, die sich vor ihrer Hochzeit zwischen den beiden Männern lange nicht entscheiden konnte. Es kommt zu Auseinandersetzungen und Verwicklungen, in denen es nicht zuletzt um die Frage geht, wer nun der leibliche Vater der 25-jährigen Tochter ist. ✦ Deutschland 1991 **P** Studio Babelsberg/ZDF **Pd** Dorothea Hildebrandt, Christoph Holch **R** Bernhard Stephan **B** Bernd Schirmer, nach einem Roman von Bernd Schirmer **K** Claus Neumann **M** Karl-Ernst Sasse **S** Margrit Brusendorff **D** Hannelore Hoger (Katharina), Vadim Glowna (Rudolf), Winfried Glatzeder (Robert), Nina Hoger (junge Katharina/Katrin), Ulrich Lenk (junger Rudolf/Richard), Thomas Büchel (junger Robert) **L** 85 **E** 11.7.1995 3sat

TANG CHING – FURIEN AM GELBEN FLUSS (THE DEAF AND MUTE HEROINE). Die blutrünstige Ballade um einen geraubten Perlenschatz und eine taubstumme Schwertkämpferin, die durch ihre Geschicklichkeit selbst mehrfach überlegene Gegner besiegt. Ein inszenatorisch durchaus geschicktes Historien-Fechter-Spektakel auf den Spuren von King Hu. ✦ Scope. Hongkong 1972 **P** Golden Harvest **KI** Constantin **R** Wu Ma **B** Tong Wan, Hui Ho-Chiang **K** Wah Shan **M** Chow Fook-Leung **D** Helen Ma (Tang Ching, die Taubstumme), Tang Dig (Wong), Sally Wong (Lesuil), Lee Ying (Tong), Yeung Wai (Wo Ching), Yi Ping Au (Yang) **L** 102 **FSK** ab 18; nf **E** 12.10.1973 **fd** 18 572

TANGANJIKA (TANGANYIKA). Ein desertierter Engländer in Ostafrika spannt mordlustige Eingeborene zum Terror gegen andere Farmer ein und wird vom eigenen Bruder als Verbrecher entlarvt. Im Stil eines Western nach Schablone konstruierter Abenteuerfilm, bemerkenswert allenfalls durch einige attraktive Natur-und Tierbilder. – Ab 16. ✦ USA 1954 **P** Universal **KI** Universal **Pd** Albert J. Cohen **R** André De Toth **B** William Sackheim, Richard Alan Simmons **K** Maury Gertsman **M** Joseph Gershenson **S** Al Clark **D** Van Heflin (John Gale), Ruth Roman (Peggy Merion), Howard Duff (Dan Harder), Jeff Morrow (Abel McCracken), Joe Comadore (Andolo), Noreen Corcoran (Sally Merion), Gregory Marshall (Andy Merion) **L** 81 **FSK** ab 12; nf **E** 25.12.1954 **fd** 3 903

TANGER – DIE LEGENDE EINER STADT. Ein ehemaliger Geheimdiplomat wandelt nach vier Jahrzehnten in Tanger, dem Tor zu Afrika, auf den Spuren seiner Vergangenheit und erinnert sich an seine damalige Geliebte, die im Jahr der Unabhängigkeit (1956) ums Leben kam. Dabei entsteht das Porträt der Stadt, die in der Vergangenheit ein Eldorado für Spekulanten und Hasardeure war und Künstler und Aussteiger magisch anzog. Interviews mit Zeitzeugen, historisches Filmmaterial und Bilder von heute verdichten sich zu einem semidokumentarischen Film, der der Vergangenheit der Stadt nachspürt, ihre Gegenwart reflektiert und versucht, ihren eigentümlichen Reiz zu erklären, ohne ihre eigentliche Faszination festmachen zu können. ✦ Deutschland/Frankreich/USA 1998 **P** Peter Goedel Film/Winkelmann Filmprod./Paladin Films/Accolade Pictures/BR/SWR/WDR **KI** Kinowelt **VA** absolutMedien **Pd** Peter Goedel, Yves Pasquier **R** Peter Goedel **B** Alfred Hackensberger, Roberto de Hollanda, Peter Goedel **K** Ulrich Jaenchen **M** Khalil Chahine **S** Agape Dorstewitz **D** Armin Mueller-Stahl (Geheimdiplomat Hanson), Lisa Martino (Marie Levant), Martin Kluge (Hanson als junger Mann), Ulrich Klaus Günther (William S. Burroughs), Mohammed Mrabet (Geschichtenerzähler) **L** 96 **FSK** ab 12 (Video) **E** 23.9. 1999/27.11.2000 Video/19.4.2001 Neustart **fd** 34 720

TANGO (1968) (TANGO). Während an der Wolga die Entscheidungsschlacht des Zweiten Weltkriegs geschlagen wird, finden sich Vertreter des mit Deutschland verbündeten monarchistischen Bulgarien in der Villa eines Großhändlers zu einer privaten Feier zusammen. Als erste Gerüchte über den Verlauf der Schlacht durchsickern, zieht jeder eigene Konsequenzen für das weitere Verhalten in der sich anbahnenden Wende. ✦ Schwarz-weiß. Bulgarien 1968 **P** Spielfilmstudio Sofia **R** Vassil Mirchew **B** Slaw Karaslawow **K** Iwajlo Trentschew **M** Iwan Spassow **E** 9.9.1970 DFF 2

TANGO (1997) (TANGO). Ein renommierter Regisseur

versucht, die Trennung von seiner Frau durch die Inszenierung eines gewaltigen Tangospektakels zu verarbeiten, verliebt sich dabei aber in die Geliebte seines Hauptsponsors. Brillant fotografierter und choreografierter Film über Argentinien, den Tango und das Altern, dessen verfremdendes Spiel mit Ironie und Pathos auf Dauer ermüdet, als opulente Historie des Tango aber dennoch überzeugt. – Ab 16. ✦ Argentinien/Spanien 1997 **P** Adela Pictures/Beco Films/Terraplen Producciones/Alma Atta Films/Astrolabio Prod./Pandora Cinema **KI** Hollywood Partners **DVD** EuroVideo (16:9, 1.78, DD2.0 dt.) **Pd** Carlos A. Mentasti, Juan Carlos Codazzi, Luis Alberto Scalella **R+B** Carlos Saura **K** Vittorio Storaro **M** Lalo Schifrin **S** Julia Juaniz **D** Miguel Angel Sola (Mario Suárez), Cecilia Narova (Laura Fuentes), Mía Maestro (Elena Flores), Juan Carlos Copes (Carlos Nebbia), Carlos Rivarola (Ernesto Landi), Sandra Ballesteros (María Elman), Oscar Cardozo Ocampo (Daniel Stein) **L** 115 **FSK** ab 6; f **FBW** w **E** 29.10.1998/11.6.1999 DVD **fd** 33 402

TANGO BAR (1935) (TANGO BAR). Eine melodramatische Dreiecksgeschichte um einen jungen Mann, der in Barcelona eine Tango-Bar gründet, seine schöne Mitarbeiterin und deren ehemaligen Verbündeten, einen Dieb und Verbrecher, der nicht nur der Liebe der beiden im Wege steht. Inszenatorisch routinierter, aber konventioneller Unterhaltungsfilm, bemerkenswert durch die damals in Argentinien legendäre Gestalt des Sängers Carlos Gardel; darüber hinaus ein hervorragendes Dokument für authentische Tango-Musik. – Ab 16. ✦ Schwarz-weiß. USA 1935 **P** Exito Prod. (Paramount) **KI** Arsenal **R** John Reinhardt **B** Alfredo Le Pera **K** William J. Miller **M** Carlos Gardel **D** Carlos Gardel (Ricardo), Rosita Moreno (Laura), Enrique De Rosas (Kommandant), Tito Lusiardo (Puccini), José Luis Tortosa (Kapitän), Colette d'Arville (Chichita) **L** 60 **E** 21.9.1984

TANGO BAR (1987). 1986 in Buenos Aires: Zwei als Duo gefeierte Tangospieler beschwören nach der Rückkehr des einen aus elfjährigem Exil zusammen mit dessen Frau noch einmal die große Zeit des Tangos. Ein zwar unausgewogener, aber effektsicher fotografierter reizvoller Film mit hinreißenden Tanzszenen. Die gesellschaftliche Entwicklung spielt nur am Rande eine Rolle. – Ab 16. ✦ Argentinien/Puerto Rico 1987 **P** Zaga/Beco **KI** Arsenal **Pd** Juan Carlos Codazzi, Roberto Gándara **R** Marcos Zurinaga **B** José Pablo Feinman, Juan Carlos Codazzi, Marcos Zurinaga **K** Marcos Zurinaga **M** Atilio Stampone **S** Pablo Mari **D** Raul Julia (Ricardo), Valerie Lynch (Elena), Ruben Juarez (Antonio) **L** 89 **FSK** ab 6; f **E** 26.4.1990/14.9.1994 ARD **fd** 30 967

TANGO – DAS EXIL GARDELS →Tangos

TANGO DER TRÄUME →Stirb nicht ohne mir zu sagen, wohin du gehst

TANGO DURCH DEUTSCHLAND. Bandagiert wie eine Mumie durchquert ein Mann in einem Rollstuhl sitzend Deutschland. Seine Reise konfrontiert ihn nicht nur mit der Geschichte dieses Landes sowie mit deutschen Kultur- und Industrielandschaften, sondern auch mit seiner eigenen Person und der Erkenntnis, verlassen worden zu sein. Hauptdarsteller Eddie Constantine, der in den 50er und 60er Jahren eine Kultfigur des Unterhaltungskinos war (»Lemmy Caution«), wird als das Opfer seiner Produzenten und Regisseure dargestellt, die ihn auf ein Image festlegten, das in der Kinolandschaft der frühen 80er keinen Marktwert mehr hatte. Ein eigenwilliger Film mit experimentellem Charakter, der sich allzu verschlüsselt und versponnen über die deutsche Kulturproduktion äußert. – Ab 16. ✦ BR Deutschland 1980 **P** Mommartzfilm **KI** »Der Filmverleih« **Pd+R+B** Lutz Mommartz **K** Martin Schäfer, Dieter Fietzke, Lutz Mommartz, Jürgen Hagemann **M** Astor Piazzolla **S** Ina Rasche **D** Eddie Constantine, Maya Faber-Jansen, Georg Bradtke, Gerta Reinhardt, Sebastian Feldmann, Hartmut Redotté, Jango Edwards **L** 89 **FSK** ab 6; f **FBW** bw **E** 23.4.1981

TANGO-FIEBER →Tango Lesson

TANGO FÜR EINEN KILLER (TWO TO TANGO). Ein Killer will aussteigen und in einem buddhistischen Kloster seinen Seelenfrieden suchen. Sein letzter Auftrag besteht in der Liquidierung eines Konkurrenten in Buenos Aires. Er verliebt sich jedoch in dessen Geliebte, eine verführerische Tango-Tänzerin, und steht plötzlich selbst auf der Abschußliste. Ebenso spannungsloser wie düsterer und konfuser Thriller um Erotik und Tod, der die wehmütig-sehnsüchtige Tango-Musik als Mittlerin einzusetzen versucht. Da weder die Friedenssehnsucht des Killers noch das Auftauchen einer Nazi-Truppe ausreichend erklärt werden, entlarvt sich der vermeintliche Tiefgang als leeres Versprechen. ✦ USA 1988 **P** New Horizons Picture Group/Aries/Concorde Pictures **VA** RCA/Columbia **Pd** Roger Corman, Alex Sessa **R** Héctor Olivera **B** Yolande Pinch, José Pablo Feinman, nach einem Roman von J. P. Feinman **K** Leonard Solis **M** Oscar Cardozo Ocampo **S** Edward Lowe **D** Don Stroud (James Conrad), Adrienne Sachs (Cecilia Lorca), Duilio Marzio (Paulino Velasco), Michael Cavanaugh (Dean Boyle), Alberto Segado (Lorenzo Lara), Francisco Cocuzza (Carlos Pino) **L** 87 **FSK** ab 18 **E** 4.7.1989 Video **fd** 27 980

TANGO FURIOSO →Tango Mafioso

TANGO GEFÄLLIG? (OUT TO SEA). Zwei miteinander verschwägerte Männer über 70 verdingen sich an Bord eines Luxus-Liners als Eintänzer und haben turbulente (Verwechslungs-)Abenteuer zu bestehen, bis sie in den Hafen der Ehe einlaufen. Eine ganz auf das Schauspieler-Gespann Lemmon/Matthau zugeschnittene Komödie ohne zündende Ideen, die allein aus der Besetzung Kapital schlagen möchte. Abgesehen von wenigen gelungenen Kabinettstückchen scheitert sie am durchschnittlichen Buch und der uninspirierten Regie. – Ab 12. ✦ USA 1997 **P** Davis Entertainment **KI** Twentieth Century Fox **VA** Fox Home **Pd** John Davis, David T. Friendly **R** Martha Coolidge **B** Robert Nelson Jacobs **K** Lajos Koltai **M** David Newman **S** Anne V. Coates **D** Jack Lemmon (Herb), Walter Matthau (Charlie), Dyan Cannon (Liz), Gloria de Haven (Vivian), Brent Spiner (Godwyn), Elaine Stritch (Mavis) **L** 106 **FSK** ab 6; f **FBW** w **E** 21.5.1998/16.11.1998 Video **fd** 33 138

TANGO IM BAUCH. Eine 18jährige Frau lebt provisorisch und auf Pump und lehnt jede Form bürgerlicher Ordnung ab. Sie, die allen auf die Nerven geht, erfährt, daß sie schwanger ist, und beginnt eine Schnorrer-Odyssee, um Geld für eine Abtreibung zu organisieren. Da Hilfe ausbleibt, entschließt sie sich spontan, das Kind zu behalten. Da stellt sich heraus, daß die Schwangerschaft »blinder Alarm« war. Ein formal und schauspielerisch frischer Erstlingsfilm um Sinn- und Glückssuche, falsche und eventuell richtige Formen der Rebellion und eine lebenswichtige Entscheidung. Mehr um Atmosphäre als um vertiefende Behandlung der Problematik bemüht. – Ab 16. ✦ BR Deutschland 1985 **P** HFF/BR **SF** HFF **R+B** Ute Wieland **K** Karl Walter Lindenlaub **M** Andreas Köbner **D** Karina Fallenstein, Peter E. Funck, Dominic Raacke, Ursula Barlen, Dominik Graf **L** 88 **E** 9.3.1986 BR

TANGO IM EXIL →Tangos

TANGO LESSON (THE TANGO LESSON). Eine Filmregisseurin und ein Tango-Star verabreden einen Handel: Er bringt ihr das Tanzen bei, sie macht ihn zum Filmstar. Daß der Mann den Rollenwechsel vom Führen zum Geführtwerden akzeptiert, macht ihre Liebesbeziehung erst möglich. Ein ambitionierter Tanz- und Musikfilm mit herausragenden Tanzszenen. Statt sich auf diese Qualität zu konzentrieren, überfrachtet die Regisseurin jedoch ihr Werk mit philosophischen Aspekten und gerät zudem häufig in die Nähe zum Kitsch. – Ab 16. ✦ Teils schwarz-weiß. Großbritannien 1997 **P** Adventure Pictures/OKCK/PIE/NDF/Imagica/Pandora/CineMa Projects/Sigma Pictures **KI** Pandora **VA** Arthaus **Pd** Christopher Sheppard **R+B** Sally Potter **K** Robby Müller **M** Sally Potter, Fred Frith **S** Hervé Schneid **D** Sally Potter (Sally), Pablo Veron (Pablo), Gustavo Naveira (Gustavo), Fabian Salas (Fabian), Carlos Copello (Carlos), Carolina Iotti (Pablos Partner) **L** 101 **FSK** ab 6; f **E** 9.10.1997/6.4.1998 Video **fd** 32 782

TANGO MAFIOSO (TANGO FURIOSO). Als sich die Tochter eines Mafia-Bosses in einen unbescholtenen Uhrmacher verliebt, brechen harte Zeiten an. Beide müssen fliehen, um den Nachstellungen der »ehrenwerten Familie«, die den jungen Mann umbringen will, zu entkommen. Komödie mit Action-Elementen. (Titel auch: »Tango Furioso«) ✦ Brasilien/BR Deutschland 1979/80 **P** J. D. Davila Producciones **KI** Nobis/Movie/Onyx **VA** IHV **R** Fauzi Mansur **B** Fauzi Mansur, Marcos Rey, Reiner Brönnecke **K** Claudio Portioli **S** Olga Stoinov, Fauzi Mansur **D** Sandra Gee, David Cardoso **L** 92 **FSK** ab 16; f **E** 18.5.1984/Oktober 1985 Video

TANGO MORTALE (TANGO). Ein betrügerischer Ehemann läßt sich, als die Frau ihn verläßt, von seinem unverheirateten Onkel einreden, daß der Stand eines Witwers für einen Mann ehrenvoller sei als der eines Verlassenen. Der Versuch, mit Hilfe eines Amateur-Killers die Frau umzubringen, endet mit der Wiedervereinigung des Paares. Eine schwarze Komödie, die Techniken im Kampf zwischen den Geschlechtern bespöttelt und unter Beimischung von Mitleid für die Verführbarkeit des Menschen den Zynismus einer sich selbst mißverstehenden Männlichkeit entlarvt. Eine ebenso subtile wie amüsante Abrechnung mit Männer-Träumen und -Illusionen. – Ab 16. ✦ Scope. Frankreich 1993 **P** Cinéa/Hachette Première/CIE/TF 1/Zoulou/Soficas Sofinergie/Canal+ **KI** NIL **Pd** Philippe Carcassonne, René Cleitman **R** Patrice Leconte **B** Patrice Leconte, Patrick Dewolf **K** Eduardo Serra **M** Angélique Nachon, Jean-Claude Nachon **S** Geneviève Winding **D** Philippe Noiret (der Elegante), Richard Bohringer (Vincent), Thierry Lhermitte (Paul), Miou-Miou (Marie), Judith Godrèche, Carole Bouquet, Jean Rochefort **L** 90 **FSK** ab 12; f **FBW** w **E** 3.6.1993/20.6.1994 premiere **fd** 30 243

TANGO NOTTURNO. Melodram um eine Sängerin zwischen zwei Männern. Aus Gram über den Unfalltod ihres Kindes greift die von ihrem Ehemann verlassene Frau zu Kokain und schließlich selbstmörderisch zum Revolver. Bemerkenswert ist der Film vor allem wegen seiner Hauptdarstellerin: Pola Negri spielt genregerecht und durchaus eindrucksvoll mit dem Pathos einer Stummfilm-Diva. – Ab 16. ✦ Schwarz-weiß. Deutschland 1937 **P** F. D. F. **KI** Kristall **R** Fritz Kirchhoff **B** Rolf E. Vanloo, Philipp Lothar Mayring **K** Fritz Arno Wagner **M** Hans-Otto Borgmann **D** Pola Negri, Albrecht Schoenhals, Waldemar Leitgeb, Elisabeth Flickenschildt, Lina Carstens, Hans Nielsen, Kurt Seifert **L** 90 **FSK** ab 12; f **E** 23.12.1937 **fd** 773

TANGO & CASH (TANGO & CASH). Zwei draufgängerische Superpolizisten in Los Angeles geraten durch das raffinierte Komplott eines zynischen Obergangsters als vermeintliche Mörder ins Gefängnis und müssen sich auf eigene Faust rehabilitieren. Temporeiches Actionkino mit fragwürdiger Propagierung von Männlichkeitswahn, gelegentlichen Anflügen von Komik und einer seichten Gut-Böse-Ideologie, das gegen Ende in ein pyrotechnisches Spektakel abrutscht. ✦ Scope. USA 1989 **P** Guber-Peters Company (für Warner Bros.) **KI** Warner Bros. **VA** Warner Home **DVD** Warner Home (16:9, 2.35:1, DD5.1 engl./dt.) **Pd** Jon Peters, Peter Guber **R** Andrej Konchalowski (= Andrej Michalkow-Konchalowski) **B** Randy Feldman **K** Donald E. Thorin **M** Harold Faltermeyer **S** Hubert C. de la Bouillerie, Robert A. Ferretti, Stuart Baird **D** Sylvester Stallone (Ray Tango), Kurt Russell (Gabe Cash), Jack Palance (Yves Perret), Teri Hatcher (Kiki), Michael J. Pollard, Brion James (Courier/Requin) **L** 100 **FSK** ab 16; nf **E** 29.3.1990/14.9.1990 Video/28.4.1999 DVD **fd** 28 196

TANGOS (TANGOS – EL EXILIO DE GARDEL). Eine vom Militärputsch 1976 ins Pariser Exil vertriebene argentinische Tanzgruppe probt eine »Tanguedia« ein: eine Mischung aus Tragödie und Komödie auf der Grundlage des Tangos. Die Inszenierung kommt zu keinem Abschluß; der in Argentinien zurückgebliebene Autor, der den Text in Bruchstücken liefert, verstummt vor dem Ende, der französische Regisseur kommt mit der Mentalität der Truppe nicht zurecht, die Argentinier leiden an der Trennung von der Heimat und am Verlust der verschleppten Familienangehörigen. Ein ästhetisch eindrucksvoller, eindringlich und konsequent durchgeformter Film, der sich insbesondere durch seine stilisierte Gestaltung und musikalische Struktur auszeichnet. Die in Episoden und Fragmente zerfallende Geschichte wird zusammengehalten von hervorragenden tänzerischen und schauspielerischen Leistungen und von der meisterhaften Tangomusik. (Fernsehtitel auch: »Tango – Das Exil Gardels«) – Sehenswert ab 16. ✦ Argentinien/Frankreich 1985 **P** Terciné/Cinesur **Pd** Vincente Diaz Amo **R+B** Fernando E. Solanas **K** Felix Monti **M** Astor Piazzolla **S** Luis César D'Angiolillo, Jacques Gaillard **D** Marie Laforêt (Mariana), Philippe Léotard (Pierre), Miguel Angel Sola (Juan Dos), Marina Vlady (Florence), Fernando E. Solanas (El Angel), Georges Wilson (Jean-Marie), Lautaro Murúa (Gerardo) **L** 125 (TV 117) **E** 2.4.1987/27.2.1992 ZDF

DER TANGOSPIELER. Wegen der Klavierbegleitung eines »staatsgefährdenden« Tangos verbringt ein Historiker 21 Monate in DDR-Haft. Nach seiner Entlassung im Winter 1968 verweigert er sich der vorgezeichneten Universitätskarriere, gerät aber mangels eigener Perspektiven zunehmend in die Isolation. Nach dem Einmarsch sowjetischer Truppen in der CSSR kehrt er resigniert an seinen alten Arbeitsplatz zurück, bereit zur endgültigen Anpassung im System. Eine solide inszenierte und gut gespielte, wenn auch inszenatorisch keineswegs aufregende Literaturverfilmung. Der Alltag in der ehemaligen DDR wird detailgetreu, aber auch seltsam befangen geschildert. – Ab 16. ✦ BR Deutschland/Schweiz 1990 **P** DEFA, Gruppe »Johannisthal«/WDR/CSM **KI** Progress **Pd** Herbert Ehler **R** Roland Gräf **B** Roland Gräf, nach einer Erzählung von Christoph Hein **K** Peter Ziesche **M** Hector Piazzolla, Günther Fischer, Julio C. Sander **S** Monika Schindler **D** Michael Gwisdek (Hans-Peter Dallow), Corinna Harfouch (Elke), Hermann Beyer (Dr. Berger), Peter Prager (Roessler), Peter Sodann (Schulze), Reiner Heise (Müller), Jaecki Schwarz (Harry) **L** 96 **FSK** ab 12; f **FBW** w **E** 28.2.1991 **fd** 28 799

TANIA – LA GUERILLERA – PORTRÄT EINER REVOLUTIONÄRIN. Porträt der deutschstämmigen Argentinierin Tamara Bunke, einer Dolmetscherin aus der DDR, die aus Begeisterung für den Revolutionsführer Ché Guevara nach Südamerika ging, in einem kubanischen Trainingslager die Taktik des Guerilla-Kampfes erlernte und schließlich in geheimer Mission unter dem Kampfnamen Tania eine Kampftruppe in Bolivien aufbaute, bis sie enttarnt und von Militärs erschossen wurde. Die Dokumentation engagiert sich voller Bewunderung für eine mutige Frau, die konsequent ihren revolutionären Idealen folgte. Eine aufschlußreiche Geschichtslektion, die einen Einzelfall beleuchtet, aber eine Idee behandelt. (O.m.d.U.) – Ab 16 möglich. ✦ Teils schwarz-weiß. Deutschland/Schweiz 1991 **P** Heidi Specogna Prod./Fama **SF** Matthias **Pd** Priska Forter **R+B** Heidi Specogna **K** Rainer Hoffmann **M** Roton Music **S** Yvonne Locuens **L** 90 **E** 8.10.1991 ZDF/16.7.1992 Kino **fd** 29 873

TANJA BASKIN – ANRUF GENÜGT (T.R. BASKIN). Erlebnisse und Erfahrungen einer jungen Frau, die aus der Provinz nach Chicago gekommen ist, um hier ihr Glück zu machen. Eine Darstellung moderner Arbeitswelt und enttäuschender Lebensformen, zugleich ernüchternd und menschlich packend; genau beobachtet, solide gespielt und inszeniert. – Ab 16. ✦ USA 1971 **P** Paramount **KI** CIC **Pd** Peter Hyams **R** Herbert Ross **B** Peter Hyams **K** Gerald Hirschfeld **M** Jack Elliott **S** Maury Winetrobe **D** Candice Bergen (Tanja R. Baskin), Peter Boyle (Jack Mitchell), James Caan (Larry Moore), Marcia Rodel (Dayle Wigoda), William Wise (Gary) **L** 89 **FSK** ab 16; f **E** 14.7.1972/25.12.1975 Kino DDR **fd** 17 975

TANJA – DIE NACKTE VON DER TEUFELSINSEL. Eine Studentin treibt nackt auf einer kleinen Insel Naturstudien. Ein unverkennbar im deutschen Süden abgekurbelter, dilettantischer Film von geradezu aufreizender Beschränktheit. – Wir raten ab. ✦ BR Deutschland 1967 **P** Schonger Film **KI** Filmagentur Süd **Pd** Hubert Schonger **R** A. Hofherr **K** A. Hofherr **M** Peter Weiner **D** Ann Famoss, Gregor Uhlberg **L** 62 **FSK** ab 18; nf **E** 20.10.1967 **fd** 15 073

TANJA SUCHT FREUNDE (SWONJAT, OTKROITJE DWER). Die Erlebnisse eines Moskauer Mädchens in Erfüllung eines Pionierauftrags. Für Kinder gedachter Spielfilm, der pädagogische und agitatorische Absichten untrennbar miteinander verbindet. – Ab 8 möglich. ✦ Schwarz-weiß. UdSSR 1965 **P** Mosfilm **KI** Progress **R** Alexander Mitta **B** Alexander Wolodin **K** Alexander Panasjuk **M** Wenjamin Basner **D** Jelena Proklowa (Tanja), Rolan Bykow (Pawel Wassiljewitsch), Wladimir Belokurow (der Geiger), Sergej Nikonenko (Petja), Olja Semjonowa (Lena) **L** 70 **E** 22.7.1966 Kino DDR/25.3.1967 DFF 1

TANJA UND DIE ZWEI PISTOLENMÄNNER (TANA A DVA PISTOLNICI). Zwei Jungen, die sich »Musketiere« nennen, bringen ein bei einem unplanmäßigen Halt auf freier Strecke aus dem Schnellzug gestiegenes Mädchen zu seinen Eltern zurück. Ein heiterbeschwingtes Kinderabenteuer mit vielen ulkigen Zwischenfällen. (DDR-Titel: »Ferienfahrt mit Hindernissen«) – Ab 6. ✦ Schwarz-weiß. CSSR 1967 **P** Krátky/Filmstudio Gottwaldov **KI** Progress **SF** Kinder- und Jugendfilmaktion **R** Radim Cvrcek **B** Radim Cvrcek, Ivan Osvald, Milan Simek **K** Karel Kopecky **M** Harry Macourek **S** Antonín Strojsa **D** Dagmar Pazderková (Tanja), Láda Zatka (Lojza), Ivo Strangmüller (Pepik), Václav Babka (Polizist), Antonín Jedlicka (Artist) **L** 63 **FSK** ab 6; f **FBW** w **E** 12.1.1968 Kino DDR/29.4.1970 Kino BRD **fd** 17 378

TANJAS GELIEBTER (ADOLPHE OU L'AGE TENDRE). Eine sowohl am Altersunterschied als auch an den gesellschaftlichen Verhältnissen zerbrechende Liebesromanze zwischen einem jungen Amateurfilmer und einer polnischen Erzieherin. Verfilmung des Romans von Benjamin Constant (»Adolphe«, 1816); sie versucht die Unvereinbarkeit von Ordnungsprinzip und übersteigertem Individualismus sowie den essentiellen Graben zwischen Kunst und Wirklichkeit kritisch aufzuzeigen, verkommt aber zunehmend zur Illustrierten-Geschichte in sentimental-pathetischer Gepflegtheit. – Ab 16. ✦ Frankreich/BR Deutschland/Polen 1967 **P** Prisma/Telefilm Saar/Film Polski **KI** Euro **R** Bernard T. Michel **B** Bernard T. Michel, Patrick Aubree, nach einem Roman von Benjamin Constant **K** Jean Charvein, Claude Garric **M** Jean-Michel Damase **S** Jacqueline Thiédot **D** Ulla Jacobsson, Philippe Noiret, Jean-Claude Dauphin, Claude Giraud, Nathalie Nell, Maria Mauban, Catherine Rich **L** 103 **FSK** ab 16; nf **E** 29.7.1971 **fd** 18 067

TANJUSKA UND DIE SIEBEN TEUFEL (TANJUSKA JA 7 PERKELETTÄ). Mehrfach preisgekrönter Dokumentarfilm über ein plötzlich verstummtes, stark verstörtes weißrussisches Mädchen. Als die letzte erfolglose Behandlung abgebrochen wird, suchen die Eltern der 12jährigen ihr Heil in einer Teufelsaustreibung. Der schonungslose Bericht eines Exorzismus, der offen läßt, ob es sich hierbei um eine ernstzunehmende Heilmethode handelt oder um eine Machtdemonstration eines Priesters der russisch-orthodoxen Kirche. ✦ Finnland/Schweden 1992–93 **P** Baabeli Ky/Svensk Filminstitutet **Pd+R+B+K** Pirjo Honkasalo **M** Herny Purcell, Pirjo Bergström, Matti Bergström, The Sixth Floor Ensemble **S** Pirjo Honkasalo **L** 80 **E** 10.8.1996 Bayern 3

DER TANK (TANK). In einer abgelegenen Garnisonsstadt gerät ein Sergeant-Major mit dem selbstherrlichen und korrupten Sheriff in Konflikt. Als dieser seinen Sohn entführt, setzt er zur Befreiung einen in Hobby-Arbeit wieder flottgemachten Sherman-Panzer ein. Mischung aus Komödie und modernem Abenteuerfilm, in der Art der Highway-Filme gefertigt und mit einem Star im Mittelpunkt, der ein ebenso harter Bursche wie humorvoller, schlitzohriger Komödiant ist. Kurzweilig, aber in seiner Haltung allzu emotionsschürend und militant. – Ab 16. ✦ USA 1983 **P** Universal **KI** UIP **Pd** Irwin Yablans **R** Marvin J. Chomsky **B** Dan Gordon **K** Don H. Birnkrant **M** Lalo Schifrin **S** Donald R. Rode **D** James Garner (Zack Carey), Shirley Jones (La Donna Carey), C. Thomas Howell (Billy Carey), Jenilee Harrison (Sarah), Dorian Harewood (Sgt. Tippet), G. D. Spradlin (Sheriff Cyrus Buelton) **L** 113 **FSK** ab 12; f **E** 18.5.1984 **fd** 24 588

TANK GIRL (TANK GIRL). In einer durch einen Meteoritenabsturz weitgehend entvölkerten und ökologisch verwüsteten Welt kämpft eine junge Frau erfolgreich gegen einen skrupellosen Despoten, der die letzten Wasserreserven kontrolliert. Ein nach einem Underground-Comic gestalteter Actionfilm mit aufwendigen Kulissen und raffinierten Spezialeffekten. Die Vorlage wird dabei allenfalls in ihrem Brutalitätsgehalt übertroffen und büßt ihren satirisch-subversiven Charme zugunsten genre-stereotyper Breitenwirksamkeit ein. ✦ Scope. USA 1994 **P** Trilogy Entertainment **KI** UIP **VA** Warner Home **DVD** Fox Home (16:9, 2.35:1, DD5.1 engl./dt.) **Pd** Richard Barton Lewis, Pen Densham, John Watson **R** Rachel Talalay **B** Tedi Sarafian, nach einem Comic-Strip von Alan Martin und Jamie Hewlett **K** Gale Tattersall **M** Graeme Revell **S** James Symons **D** Lori Petty (Tank Girl), Malcolm McDowell (Kesslee), Naomi Watts (Jet Girl), Ice-T (Ripper T-Saint), Don Harvey (Sergeant Small), Jeff Kober (Booga) **L** 104 **FSK** ab 16; f **FBW** w **E** 22.6.1995/22.12.1995 Video/15.6.2001 DVD **fd** 31 412

TANKER. Die Sekretärin eines Finanzmaklers und ihr Ehemann, der als Assistent der Volkswirtschaft an der Universität arbeitet, wollen ohne jedes Eigenkapital in die große Finanzwelt einsteigen. Nach Vorbild des Maklers folgen sie den Spielregeln des Kapitalismus, um diese für ihren Plan »arbeiten« zu lassen. Ein in Form eines fast rituellen Lehrstücks inszenierter Fernsehfilm über die Fiktion Geld in der kapitalistischen Gesellschaft. Das beschriebene Tauschprinzip wird zum Spiegelbild dieser Gesellschaft generell, die primär von Vorstellungen und Theorien zusammengehalten wird. Thematisch interessant, wenn auch etwas naiv in der Haltung, daß hier neue Weisheiten verkündet würden. – Ab 16. ✦ BR Deutschland 1969 **P** Bavaria (für WDR) **R** Volker Vogeler **B** Günter Herburger **K** Gérard Vandenberg **M** Eugen Illin **D** Katrin Schaake (Helga), Hans-Michael Rehberg (Peter), Karl Georg Saebisch (Offenbach), Ivan Desny (Lichtentäler), Ulrich Matschoss (Sitting) **L** 92 **E** 17.3.1970 ARD

TANNENZAPFEN UNTER DEM RÜCKEN (KÄPY SELÄN ALLA). Die Ferientage zweier junger Paare an einem stillen See in Finnland. Der Versuch, Schwierigkeiten und Hemmnisse junger Menschen aufzuzeigen, mißlingt, da der bedeutungsschwer dialogisierte Film nur an der Oberfläche bleibt und lieber auf handelsübliche Erotikszenen setzt. ✦ Finnland 1966 **P** FJ-Filmi **KI** Topas **Pd** Arno Carlstedt **R** Mikko Niskanen **B** Marja-Leena Mikola **K** Esko Nevalainen **M** Kay Chydenius **D** Kristiina Halkola (Riitta), Kirsti Wallasvaara (Leena), Pekka Autiovuori (Timo), Eero Melasniemi (Santtu), Anneli Sauli (Anneli Sauli), Kasperi (Kasperi), Jukka Sipilä (Knecht) **L** 88 **FSK** ab 18; f **E** 18.8.1967 **fd** 14 886

TANNER → Tanner for President

TANNER FOR PRESIDENT (TANNER '88). Mehrteiliger Fernsehfilm, der den amerikanischen Wahlkampf 1988 mit einer fiktiven Geschichte verquickt. Ein smarter Liberaler tritt als Außenseiter an, um Präsidentschaftskandidat der Demokraten zu werden. Ohne politisch Partei zu ergreifen, rechnet Robert

Altman auf satirische Weise mit den fragwürdigen Methoden des Wahlkampfes und seiner Vermittlung übers Fernsehen ab. Dabei mischt sich »sein« Anwärter unter die echten Kandidaten, die im Film auch persönlich auftreten. (O.m.d.U.) ✦ USA 1988 **P** HBO **Pd** Scott Bushnell **R** Robert Altman **B** Garry Trudeau **K** Jean Lepine **D** Michael Murphy (Jack Tanner), Pamela Reed (T. J. Cavanaugh), Cynthia Nixon (Alex Tanner), Kevin J. O'Connor (Hayes Taggerty), Veronica Cartwright (Molly) **L** ca. 300 **E** 26.,28.,29.,30., 31.10.,1.11.1996 arte

DIE TANNERHÜTTE. Der adelige Besitzer eines Stahlwerks im Ruhrgebiet wehrt sich im Jahr 1910 dagegen, aus seinem Unternehmen eine Aktiengesellschaft zu machen. Er schlägt der Gewerkschaft eine Teilhabe vor, wodurch sein Werk zur Genossenschaft werden soll. Durch private wie betriebliche Mißgunst, Intrigen und ein politisches Komplott mißlingt das sozialistische Experiment. Die Geschichte eines Mitbestimmungsversuchs sowie ein Kapitel der deutschen Arbeiterbewegung, das in der offiziell approbierten Geschichtsschreibung nicht vorkommt. Bei aller notwendigen Detailkritik an der Inszenierungsweise ein insgesamt bemerkenswerter (Fernseh-)Film, der vor allem in der zweiten Hälfte eindrucksvoll alle Handlungsfäden, Dialoggruppen und Personenkonstellationen miteinander verknüpft und eine außergewöhnliche erzählerische Dichte erzielt. – Ab 16. ✦ BR Deutschland 1976 **P** WDR **R** Ingo Kratisch, Marianne Lüdcke **B** Peter Stripp, nach einem Roman von Felix Pinner **K** Ingo Kratisch, Marianne Lüdcke **M** Peter Fischer **D** Christoph Felsenstein, Grischa Huber, Margret Homeyer, Willy Semmelrogge, Hans-Georg Panczak, Paul Dahlke, Karlheinz Böhm, Traugott Buhre **L** 105 **E** 19.10.1976 WDR

TANTCHENS FAMILIENGRAB (LES GRANDS MOYENS). Drei alte Damen haben sich der Rache an einem korsischen Gangsterclan verschrieben, der ihre Familie auf dem Gewissen hat. Ihre Taten werden von der Bevölkerung jedoch einem Kriminalkommissar, Mitglied ihrer Familie, gutgeschrieben, die ihm einen geschickten Rachefeldzug unterstellt. Schwarze Kriminalkomödie um das Thema der Blutrache, die das Genre augenzwinkernd ironisiert. (Fernsehtitel: »Alte Damen morden gründlich«) – Ab 16. ✦ Scope. Frankreich 1975 **P** C.A.P.A.C. **KI** Progress **R** Hubert Cornfield **B** Richard Caron, Hubert Cornfield, nach einem Roman von Charles Exbrayat **K** Maurice Fellous **M** François de Roubaix **S** Georges Friedland **D** Hélène Dieudonné (Basilia), Yvette Maurech (Antonia), Andrée de Beaumont (Barberine), Roger Carel (Kommissar Campagna), Fernand Sardou (Camille Conségude) **L** 84 **E** 19.8.1977 Kino DDR/ 11.11.1978 DFF 1/13.1.1993 ZDF

TANTCHENS TOLLE NEFFEN (LES MOTARDS). Ein Polizist soll in Paris, von seinem Schwager unterstützt, einen amerikanischen Diplomaten beschützen. Amüsantes Lustspiel, dessen Reiz aus einer grotesken Schlag-auf-Schlag-Komik mit teils erwarteten, teils unvorhersehbaren Gags erwächst. (Titel auch: »Einer spinnt immer«) – Ab 8. ✦ Schwarzweiß. Frankreich 1958 **P** Téléfrance/Eclectique Films/Lux **KI** Cinema **R** Jean Laviron **B** Roger Pierre, Jean-Marc Thibault, Jean Laviron **K** Claude Matalou **M** Henri Crolla, André Hodeir **D** Roger Pierre, Jean-Marc Thibault, Francis Blanche, Colette Dereal, Jacqueline Maillan, Alexandra Stewart **L** 87 **FSK** ab 6; nf **E** 15.3.1963

DIE TANTE AUS ARGENTINIEN → Freddy's Tante

TANTE BLANDINE (TANTE BLANDINE). Eine vermögende alte Dame gerät wegen ihrer nachlässigen Kleidung in den Ruf, am Rande des Existenz-Minimums zu leben. Als ein Reporter diese rührselige Geschichte verbreitet, spielt sie bereitwillig mit, wodurch sich jedoch ihr Neffe, Präsident der Rechtsanwaltskammer, in seiner Kandidatur für das Bürgermeisteramt gefährdet sieht. Er will die Tante in eine psychiatrische Klinik abschieben. Bisweilen zu simpel karikierende Komödie aus dem Kleinstadtmilieu, die dennoch recht amüsant die Schrullen der alten Dame und ebenso die spießige Aufsteigermoral ihrer Angehörigen aufs Korn nimmt. – Ab 12 möglich. ✦ Frankreich 1982 **P** TF 1 **R** Guy Jorré **B** Paul Savatier **K** Jean Graglia **M** Joanna Bruzdowicz **D** Renée Faure (Blandine), André Fallon (Larose), Geneviève Brunet (Mathilde), Jean Turpin (Mercier), Jacques Lalande (Carabonel), René Havard (Simon) **L** 84 **E** 2.5.1987 ZDF

TANTE DANIELE (TATIE DANIELLE). Eine bis ins Herz boshafte alte Tante terrorisiert ihre herzensgute Verwandtschaft, bis sie an eine junge Pflegerin gerät, die es mit ihr in jeder Beziehung aufnehmen kann. Eine bissige Komödie ohne Mitgefühl, die vermeintlich witzige Rundumschläge verteilt und dabei Vorurteile schürt und untermauert. Ein zwar glänzend besetzter, aber ärgerlicher Film. ✦ Frankreich 1990 **P** Téléma/FR 3/Les Productions du Champ Poirier/ Sofica/Sofica Créations/Sofimage **KI** NEF 2 **VA** EuroVideo **Pd** Charles Gassot **R** Etienne Chatiliez **B** Florence Quentin, Etienne Chatiliez **K** Philippe Welt **M** Gabriel Yared **S** Catherine Renault **D** Tsilla Chelton (Tante Daniele), Isabelle Nanty (Sandrine), Neige Dolsky (Odiele), Catherine Jacob (Catherine Billard), Eric Prat (Jean-Pierre Billard) **L** 111 **FSK** ab 12; f **FBW** w **E** 28.6.1990/21.1.1992 Video **fd** 28 360

TANTE FRIEDA – NEUE LAUSBUBENGESCHICHTEN. Der Knabe Ludwig schneidet seinem Lehrer im Internat den Bart ab, läßt den Religionslehrer mit Schusterpech auf dem Kathederstuhl festkleben, schüttet Tinte ins Weihwasserbecken, setzt seiner Schwester einen Igel ins Brautbett und läßt einen preußischen Rittmeister statt bei seiner Cousine bei seiner Tante fensterln. Fortsetzung der »Lausbubengeschichten« nach Motiven aus Ludwig Thomas Kindheitserinnerungen. Der hintergründige Protest gegen gesellschaftliche Konventionen und klerikale Unwahrhaftigkeit wird durch eine drastische Erzählweise und einige Anzüglichkeiten unnötig vergröbert. – Ab 16. ✦ BR Deutschland 1965 **P** Franz Seitz Prod. **KI** Constantin **Pd** Franz Seitz **R** Werner Jacobs **B** Georg Laforet (= Franz Seitz), nach Motiven eines Romans von Ludwig Thoma **K** Wolf Wirth **M** Rolf Wilhelm **S** Ingeborg Taschner **D** Elisabeth Flickenschildt (Tante Frieda), Hansi Kraus (Ludwig Thoma), Gustav Knuth (Gustav Schultheiss), Heidelinde Weis (Cousine Cora), Käthe Braun (Mutter Thoma), Friedrich von Thun (Franz Reiser), Hans Quest (Rittmeister von Stülphagel) **L** 87 **FSK** ab 6; nf **E** 22.12.1965 **fd** 13 777

TANTE JUTTA AUS KALKUTTA. Ein junger Rechtsanwalt läßt seinen Freund in Frauenkleider schlüpfen, um der reichen Tante auf Besuch die ihr brieflich vorgeschwindelte Ehefrau zeigen zu können. Ein dümmlicher Schwank, vollgestopft mit hanebüchenem Klamauk. – Ab 16. ✦ Schwarz-weiß. BR Deutschland 1953 **P** Ariston **KI** NF **Pd** Jochen Genzow, Rudolf Wischert **R** Karl Georg Külb **B** Karl Georg Külb, nach dem Bühnenstück »Familie Hannemann« von Max Reimann und Otto Schwartz **K** Ernst W. Kalinke **M** Peter Igelhoff **S** Walter Fredersdorf **D** Ida Wüst (Tante Jutta), Ingrid Lutz (Lilo), Viktor Staal (Dr. Hans Hannemann), Gunther Philipp (Emil Brückner), Paul Westermeier (Bollerkopp), Bum Krüger (Ferdinand), Gustav Waldau (Mummelmann) **L** 80 **FSK** ab 16; nf **E** 24.7.1953 **fd** 2 696

TANTE TAO (QUAN SHUI DING DONG). Realitätsnaher Kinderfilm. Eine erfahrene Pädagogin und Lehrerin im Ruhestand nimmt sich zunächst widerstrebend der Kinder an, die tagsüber, wenn die Eltern arbeiten, auf sich allein gestellt sind. Durch ihr Gespür für die Kinder entwickelt sich eine tiefe Zuneigung, auf die ihre eigene Nichte zunächst mit Eifersucht reagiert. Als die alte Frau erkrankt und in ein Sanatorium muß, bleiben die Kinder traurig zurück, bis sie wieder zusammenkommen und feststellen, daß sie aus der Trennung auch gelernt haben. – Ab 10 möglich. ✦ VR China 1982 **P** Filmstudio Shanghai **R** Shi Xiao-Hua **B** Wu Jian-Xin **K** Yu Shi-Shan **M** Liu Yanxi **D** Zhang Ruifang (Tante Tao), Zhang Ling-Fei (Xue-Li), Niu Ben (Big Lin), Shi Shu-Gui (Yue E), Chen Xu-De (alter Hou) **L** 97 (DDR 90) **E** 26.4.1985 ZDF/4.6. 1989 DFF 2

TANTE TRUDE AUS BUXTEHUDE. Eine junge Frau verkauft zwölf von einer verstorbenen Tante geerbte Kleider und muß ihnen gemeinsam mit einer Freundin und zwei Privatdetektiven nachjagen, weil in einem der Kleidungsstücke der Schlüssel zur Millionenerbschaft eingenäht ist. Ein turbulent-albernes Lustspiel, schlampig inszeniert. Dreist kupfert es das Thema der »zwölf Stühle« aus dem populären Roman von I. Ilf und J. Petrow ab. – Ab 14. ✦ BR Deutschland 1971 **P** Lisa/Divina **KI** Gloria **R** Franz Josef Gottlieb **B** Erich Tomek **K** Heinz Hölscher **M** Gerhard Heinz **S** Traude Krappl **D** Rudi Carrell (Rudi, Privatdetektiv), Ilja Richter (Moritz, sein Freund), Mascha Gonska (Karin), Elisabeth Krogh (Gerda), Chris Roberts (Toni, Inhaber einer Boutique), Theo Lingen (Pauli, Chefreporter), Ann Smyrner, Gunther Philipp, Ralf Wolter **L** 87 **FSK** ab 6; nf **E** 15.4.1971 **fd** 17 313

TANTE TULA (LA TIA TULAG). Unter Verzicht auf eigenes Glück widmet sich eine schöne Frau den Kindern ihrer verstorbenen Schwester. Im Laufe der Zeit verliebt sie sich in ihren Schwager, weist aber seinen Heiratsantrag zurück. Ein fesselndes Porträt einer Frau, die ganz und gar von der überkommenen Tradition geprägt ist. Inszenatorisch wie thematisch bemerkenswert, beschreibt der Film mit Takt und Feingefühl die Stationen ihrer Täuschung und überläßt es dem Zuschauer, gesellschaftskritische Bezüge herzustellen. – Sehenswert ab 16. ✦ Schwarz-weiß. Spanien 1964 **P** Eco/Surco **R** Miguel Picazo **B** Miguel Picazo, L. Sanchez Enciso, José Hernandez Miguel, Manuel Lopez Yubero, nach einer Novelle von Miguel de Unamuno **K** Juan Julio Baena **D** Aurora Bautista, Carlos Estrada, Enriqueta Carballeira, Laly Soldevilla, Irene Gutierrez **L** 100 **E** 9.1.1967 ZDF **fd** 14 491

TANTE WANDA AUS UGANDA. Ein erfolgloser Erfinder, dessen Frau als Kneipenwirtin arbeiten muß, täuscht der Erbtante nicht vorhandene Kinder vor. Sie durchschaut aber sämtliche Tricks. Alberner Klamauk mit Gesang, dem man trotz aller Belanglosigkeit dank der ausgelassen agierenden Schauspieler einen gewissen Schwung nicht absprechen kann. – Ab 14. ✦ Schwarz-weiß. BR Deutschland 1957 **P** Neubach **KI** Prisma **Pd** Ernst Neubach **R** Geza von Cziffra **B** Ernst Neubach **K** Ernst W. Kalinke **M** Ralph M. Siegel **S** Martha Dübber **D** Grethe Weiser (Wanda), Georg Thomalla (Jonas), Rudolf Platte (Karl), Ingmar Zeisberg (Lilli), Lucie Englisch (Rosa), Al Hoosman (Tarzan) **L** 82 **FSK** ab 12; nf **E** 7.6.1957 **fd** 5 934

TANYA'S INSEL (TANYA'S ISLAND). Ein attraktives Fotomodell gerät beim Betrachten eines der Bilder ihres Geliebten, eines Malers, ins Träumen: Es findet sich mit ihm auf einer paradiesischen Südseeinsel und schwelgt in der Idylle, bis es eines Tages auf einen Menschenaffen stößt, der es mit seiner Zuneigung verfolgt. Mäßige Variante des alten »Die Schöne und das Biest«-Themas, die den Mythos mit populär-voyeuristischer Haltung präsentiert. – Ab 16. ✦ Kanada 1981 **P** Film Assoc-Brousseau/IFEX/ Fred Baker Films/Rainier Energy Ressources **VA** DEG/Acron Media **Pd** Pierre Brousseau, J.-C. Lesvesque **R** Alfred Sole **B** Pierre Brousseau **K** Mark Irwin **M** Jean Musy **S** Michael MacLaverty **D** D. D. Winters (Tanya), Don McCloud (Blue), Richard Sargent (Lobo), Mariette Levesque (Kelly), Donny Burns (Blue Stimme) **L** 70 (Video 75) **FSK** ab 12; nf (Video 16) **E** 23.3.1990 Video/15.9.1990 Tele 5

TANZ AM ABGRUND (DALBYONIN). Ein Regisseur muß erkennen, daß er das Schicksal seiner Fiktion teilt: er leidet an unheilbarem Krebs. Die letzten Monate dieses Lebens inszeniert Itami als grellbunte Pop-Farce, ohne sein eigentliches Anliegen aus dem Blick zu verlieren – Plädoyer für ein menschenwürdiges Sterben. – Ab 16. ✦ Japan 1993 **P** Itami Films **Pd+R+B** Jûzô Itami **K** Yonezo Maeda **M** Toshiyuki Honda, Toshiro Mayuzumi **S** Akira Suzuki **D** Rentarô Mikuni (Buhei Mukai), Masahiko Tsugawa (Dr. Koichiro Ogata), Nobuko Miyamoto (Mariko Mukai), Midori Kiuchi (Hisako Hayashi), Haruna Takase (Aya Kandori) **L** 110 **E** 30.10.1996 ARD **fd** 32 217

TANZ AM SONNABEND – MORD? Februar 1960: Ein Bauer wird erhängt aufgefunden, seine Scheune brennt nieder. Die Frage nach dem Täter ist eine kriminalistische und politische, im Dorf gibt es Kämpfe für und gegen LPG und sozialistische Staatsmacht. Der gesellschaftspolitische Konflikt wird als recht spannende Unterhaltung, wenngleich mit schablonenhafter Charakterisierung der handelnden Personen angeboten. Der einzige DEFA-Film, der konsequent sächsischen Dialekt aufweist. – Ab 14. ✦ Schwarz-weiß. DDR 1961 **P** DEFA, Gruppe »Heinrich Greif« **KI** Progress **Pd** Paul Ramacher **R** Heinz Thiel **B** Lothar Creutz, Carl Andrießen **K** Horst E. Brandt **M** Helmut Nier **S** Wally Gurschke **D** Johannes Arpe (Paul Gäbler), Ruth Kommerell (Erna Gäbler), Rudolf Ulrich (Fritz Gäbler), Gerry Wolff (Oberleutnant Schneider), Kurt Conradi (Leutnant Anders), Dietmar Richter-Reinick **L** 86 **E** 19.1.1962 Kino DDR/3.1.1963 DFF 1

TANZ AUF DEM DRAHTSEIL (WALK A TIGHTROPE). Eine in England in Bigamie lebende junge Frau beauftragt einen Killer, ihren Ehemann zu töten. Der Mörder erschießt den Falschen. Kolportagehafter Krimi von einiger Spannung. ✦ Schwarz-weiß. Großbritannien 1963 **P** Parroch-McCallum **Pd** Neil McCallum **R** Frank Nesbitt **B** Mann Rubin **K** Basil Emmott **M** Buxton Orr **D** Dan Duryea, Patricia Owens, Terence Cooper, Neil McCallum, Richard Leech **L** 78 **E** 28.10.1967 ARD **fd** 15 066

TANZ AUF DEM EIS (THE ICE FOLLIES OF 1939). Ein junger Eistänzer, der wegen seiner Partnerin ein Engagement verliert, heiratet sie, um ihr seinen Mut zu beweisen. Sie erhält einen Filmvertrag und steigt zum berühmten Hollywood-Star auf, während er als Choreograf erfolgreicher Eisrevuen berühmt wird. Darüber droht ihre Ehe zu zerbrechen. Von der Drehbuchkonzeption her schwache, auch schauspielerisch nicht sonderlich überzeugende Komödie aus dem Show-Busineß, die mit einer in Farbe gedrehten Eisrevue endet. Einmalige Kuriosität: James Stewart und Joan Crawford auf dem Glatteis. – Ab 12. ✦ Teils schwarz-weiß. USA 1938/39 **P** MGM **Pd** Harry Rapf **R** Reinhold Schünzel **B** Leonard Praskins, Florence Ryerson, Edgar Allan Woolf, nach einer Story von Leonard Praskins. **K** Joseph Ruttenberg, Oliver T. Marsh **M** Roger Edens **S** W. Donn Hayes **D** Joan Crawford (Mary McKay), James Stewart (Larry Hall), Lew Ayres (Eddie Burgess), Lewis Stone (Douglas Tolliver jr.), Lionel Stander (Mort Hodges), Truman Bradley (Paul Rodney), Marie Blake (Effie Lane), Bess Ehrhardt (Kitty Sherman) **L** 81 **E** 8.6.1986 ARD

TANZ AUF DEM VULKAN. Frei erfundene Auftritte des Schauspielers Jean Gaspard Debureau, der als einer der besten Pantomimen seiner Zeit galt. Zur Zeit Karl X. ist er in Frankreich bei der Bevölkerung darüber hinaus beliebt, weil er spöttische Flugblätter gegen den tyrannischen Monarchen und dessen unsoziales Verhalten verfaßt. Seinen Chansons und seiner Liebesenttäuschung wird der Ausbruch der Pariser Juli-Revolution im Jahr 1830 zugeschoben. Die mit großem Aufwand betriebene operettenhafte Inszenierung des verworrenen Drehbuchs mißlang – trotz eines mitreißenden Gustaf Gründgens in der Hauptrolle, dessen Lied »Die Nacht ist nicht allein zum Schlafen da« legendär wurde. – Ab 14. ✦ Schwarz-weiß. Deutschland 1938 **P** Majestic **KI** Transit/Murnau-Stiftung (Früher: Hamburg/Jugendfilm/Urban) **SF** Deutsches Institut für Filmkunde **VA** Ufa **Pd** Werner Kortwich **R** Hans Steinhoff **B** Hans Rehberg, Peter Hagen, Hans Steinhoff **K** Ewald Daub **M** Theo Mackeben **S** Martha Dübber **D** Gustaf Gründgens (Debureau), Sybille Schmitz (Gräfin Cambouilly), Gisela Uhlen (Angele), Theo Lingen (Graf Cambouilly), Ralph Arthur Roberts (König Karl X.), Hans Leibelt (Prinz Louis Philippe) **L** 84 **FSK** ab 12; nf **E** 30.11.1938/14.9.1959 DFF 1 **fd** 1 373

TANZ AUF DER KIPPE. Ein aufbegehrender Jugendlicher, der sich gegen die gesellschaftlichen Zwänge zur Wehr setzt und schwer verletzt wird, als er gegen einen Korruptionsfall einschreitet, endet im Sinne des Wortes auf dem Müll. Eine in verschachtelten Rückblenden erzählte Beschreibung des Endzustandes der ehemaligen DDR, die geschickt eine Liebesgeschichte mit einer Kriminalhandlung verbindet. Konsequent inszeniert, sympathisch frisch gespielt von den beiden Hauptdarstellern, metaphorisch schlüssig in seiner »Botschaft«. – Ab 16. ✦ Deutschland 1991 **P** DEFA, Gruppe »Johannisthal« **KI** Progress **Pd** Horst Hartwig **R** Jürgen Brauer **B** Jürgen Brauer, nach einem Roman von Jurij Koch **K** Jürgen Brauer **M** Ralf Hoyer **S** Erika Lehmphul **D** Dagmar Manzel (Claudia), Frank Stieren (Gerat), Winfried Glatzeder (Vater), Eberhard Kirchberg (Johanz), Christa Pasemann (Frau Kleebusch), Peter Prager (Kaderleiter), Sylvia Burza (Petra) **L** 97 **FSK** ab 12; f **FBW** w **E** 18.4.1991/25.10.1992 ZDF **fd** 28 822

TANZ AUS DEM DUNKEL (DANCING IN THE DARK). Nach 20 Jahren Ehe ermordet eine Hausfrau ihren Mann wegen dessen Affäre mit seiner Sekretärin. Die einfühlsame, psychologisch stimmige Studie einer Frau, die sich nach den Normen der Männerwelt zu richten versucht und bei einer Erschütterung ihres Lebens daran zerbricht. In einer außergewöhnlichen Inszenierung wird ein eigentlich unfilmisches Thema – die persönliche »Trauerarbeit« der Frau, die rückschauend ihr Leben und ihre Handlungen zu begreifen versucht – treffend und darstellerisch brillant umgesetzt. (O.m.d.U.) – Sehenswert ab 16. ✦ Kanada 1985 **P** Brightstar/Film Arts/Film House/CBC **Pd** Anthony Kramreither **R** Leon Marr **B** Leon Marr, nach einem Roman von Joan Barfoot **K** Vic Sarin **M** Erik Satie **S** Tom Berner **D** Martha Henry (Edna Cormick), Neil Munro (Harry), Rosemary Dunsmore (Die Schwester), Richard Monette (Der Doktor), Elena Kudaba (Ednas Zimmergenossin) **L** 94 **E** 16.8.1991 West 3

TANZ DER BLAUEN VÖGEL (TANZ DER BLAUEN VÖGEL). Zwei Partnergemeinden – Vechigen im Kanton Bern und Trhové in Südböhmen – nimmt der Film als Ausgangspunkt für eine Erkundung und Hinterfragung von Lebensbefindlichkeit und -formen im Europa von 1992. Auf Grund vergleichbarer Funktionen ausgewählt, werden Menschen hier und dort porträtiert: der Gemeindepräsident und der Bürgermeister, der Unterhändler für den EWR-Vertrag und derjenige für den Abzug der Sowjettruppen. Eine virtuose Montage setzt Bild- und Tonmaterial in einen witzig-frechen, bald tiefsinnigen, bald polemischen Dialog. ✦ Schweiz 1993 **P** Catpics/Teleclub **Pd** Alfi Sinniger, Peter Baumann **R+B** Lisa Faessler **K** Pio Corradi, Thomas Krempke (Video) **M** Michael Kocáb, Wolfgang Amadeus Mozart **S** Jürg Hassler **L** 80 **E** Schweiz

TANZ DER DÄMONEN (DEMON WIND). Ein junger Mann will den mysteriösen Selbstmord seines Vaters klären. In dessen Geburtshaus findet er ein altes Tagebuch, aus dem hervorgeht, daß die Familie einer Verschwörung des Satans zum Opfer gefallen ist. Damit beschwören er und seine Freunde die Geister erneut herauf. Erst durch einige Zauberverse und einen geheiligten Dolch kann das Unheil gestoppt werden. Im Stil der »Splatter Movies« inszenierter Horrorfilm mit abstoßenden Ekeleffekten. (Titel der gekürzten Fassung: »Tanz der Monster«) – Wir raten ab. ✦ USA 1988 **P** United Filmmakers **KI** Allround **VA** Allround/Madison **Pd** Paul Hunt, Michael Bennett **R+B** Charles Philip Moore **K** Thomas L. Callaway, Gary Graver **M** Bruce Wallenstein **S** Christopher Roth **D** George Kennedy, Francine Lapensée, Eric Larson, Jimmy Adams, Sherry Bendorf **L** 96 (gek. 74) **FSK** ab 18; nf (gek. 16) **E** 5.7.1990/27.8.1990 Video

TANZ DER FEUERRÄDER. DAS POETISCHE KINO DES JURI ILJENKO. Kommentarlose Dokumentation über den ukrainischen Kameramann und Regisseur Juri Iljenko, der zusammen mit dem Regisseur Sergej Paradshnow in den 60er-Jahren die »poetische Schule« gründete, die sich von der Kausalität realistischen Erzählens abwandte und statt dessen das Spiel mit Formen, Farben und Montagetechniken in den Vordergrund rückte. Der Beitrag stellt einen nonkonformistischen Regisseur vor, der leidvolle Kompromisse schließen musste, in seinen Hochzeiten jedoch stets den Finger auf die Wunden des Sowjet-Systems legte. ✦ Deutschland 2001 **P** ZDF **R** Andrzej Klamt **L** 60 **E** 25.4.2001 arte

TANZ DER GEFÜHLE (LAP DANCING). Sexfilm. Statt Karriere in Hollywood zu machen, gerät eine junge Frau vom Lande in einen dubiosen Sexclub. (Fernsehtitel: »Lap Dancing – Tanz der Begierde«) ✦ USA 1995 **P** Playboy **Pd+R** Mike Sedan **B** K. C. Martin **K** Carlos Montaner **M** Todd Schroeder, Ron Allen **S** Mike Sedan **D** Lorissa McComas (Angie), Tane McClure (Claudia), C.T. Miller (Sam), Kim Dawson (Sandy) **L** 90 **E** 3.1.1997 premiere

TANZ DER HEXEN (WICKED STEPMOTHER). Seltsame Dinge ereignen sich in einem Haushalt, nachdem der Vater überstürzt geheiratet hat. Die Tochter des Hauses entdeckt, daß ihre Stiefmutter in Wahrheit eine Hexe ist. Eine Horror-Variante, die das Genre mit komischen Elementen anreichert und zur Gesellschaftskomödie umformen will. Doch Klamauk und plumpe Zitate überlagern den Film und verderben dem Zuschauer Komik und Gruselspannung. ✦ USA 1988 **P** Larco **VA** EuroVideo **Pd** Robert Littman, Larry Cohen **R+B** Larry Cohen **K** Bryan England **M** Robert Folk **S** David Kern **D** Bette Davis (Miranda), Lionel Stander (Sam), Colleen Camp (Jenny), David Rasche (Steve), Barbara Carrera (Priscilla) **L** 89 **FSK** ab 12 **E** 15.12.1989 Video **fd** 28 092

TANZ DER HEXEN 2 (WITCH STORY / STREGHE). Ein Geschwisterpaar aus New York zieht nach Florida in das halbverfallene Haus seiner Eltern. Dort wird es mit einer Hexe konfrontiert, die vor 50 Jahren in ein kleines Mädchen gefahren ist und nun mit den Eindringlingen »Zehn-Kleine-Negerlein« spielt. Am Ende bleiben nur die junge Frau und der von Schuldgefühlen geplagte Pfarrer des Ortes übrig. Öde Horrorkonfektion, schludrig und auf Ekeleffekte hin inszeniert. – Wir raten ab. ✦ Italien 1990 **P** United Entertainment/Intra Films **VA** EuroVideo **Pd+R** Alessandro Capone **B** Rosario Galli, Alessandro Capone, Jeff Moldovan **K** Roberto Girometti **M** Carlo Maria Cordio **S** Franca Silvi **D** Michelle Vannucchi (Carol), Nancie Anderson (Simona), Suzanne Law (Rachel), Ian Bannen (Pater Matthew), Charon Butler (Gloria) **L** 92 **FSK** ab 18 **E** 16.4.1991 Video **fd** 28 908

TANZ DER MONSTER → Tanz der Dämonen

TANZ DER MONSTER 2 → Slaughterhouse

TANZ DER SCHATTEN (WATCH THE SHADOWS DANCE). Im Labyrinth einer futuristischen Stadtlandschaft spielen kampfgewandte Schüler eines Elite-Colleges nächtliche Kampfspiele, die nach einem Mord plötzlich zu blutigem Ernst werden. Mit Mitteln der Videoclip-Ästhetik formal niveauvoll gestaltetes Dekorkino, dessen Inhalte und Figuren jedoch lediglich blasse Klischees aus dem Thriller- und Actionkino bleiben. ✦ USA/Australien 1987 **P** Cine Funds/Somerset Film **VA** Vestron **R** Mark Joffe **B** Michael McGennan, Mark Joffe **K** Martin McGrath **M** David Skinner **D** Tom Jennings (Robby Mason), Nicole Kidman (Amy Gabriel), Joanne Samuel (Sonia Spane), Vince Martin (Steve Beck), Craig Pearce (Guy Duncan) **L** 88 **FSK** ab 18 **E** 11.7.1988 Video **fd** 27 322

TANZ DER SÜNDE (AMARTOLES TIS NYCHTAS). Von ihrem Geliebten verlassen, sieht eine junge Frau in Athen in der Gesellschaft von Dirnen und Zuhältern die einzige Möglichkeit, ihren Lebensunterhalt zu finanzieren. Ein verlogener, einfältig-primitiv inszenierter Kolportagefilm mit den üblichen Sexeinlagen. (Späterer Titel: »Ekstasen der Lust«) – Wir raten ab. ✦ Schwarz-weiß. Griechenland 1965 **P** Perissos **KI**

Germania **R+B** Dimitri Galati **K** Nikos Milas **M** Christos Mourampas **D** Kostas Kakkawas, Soula Galati, Efi Oikonomou **L** 85 **FSK** ab 18; nf **E** 18.10.1968 **fd** 15 773

TANZ DER TEUFEL (THE EVIL DEAD). Einige junge Leute wollen in einer abgelegenen Berghütte einen unbeschwerten Urlaub verbringen. Sie werden jedoch von sumerischen Teufeln, die ein Professor bei seinen okkulten Forschungen reaktiviert hat, in sich selbst zerfleischende Monster verwandelt. Ein als Kultfilm ausgegebener unappetitlicher Horrorfilm, der sich von ähnlichen Produkten überwiegend nur durch die Häufung vordergründiger, ekelerregender Schockszenen unterscheidet. Er fußt auf dem fatalen Irrtum, daß eine möglichst naturalistische Darstellung grauenhafter Szenen bereits Gruseln hervorruft. (Nach langwierigen juristischen Auseinandersetzungen um die Indizierung des Films kam er 1993 in einer »überarbeiteten Fassung« wieder in die Kinos.) DVD: Die verzeichneten deutschen DVD-Veröffentlichungen beinhalten jeweils die ungeschnittene Kinofassung. Der GB-Import (Anchor Bay) enthält im Gegensatz zu den deutschen DVDs einen Audiokommentar des Regisseurs, des Produzenten Robert Tapert und des Hauptdarstellers Bruce Campbell. – Wir raten ab. ✦ USA 1982 **P** Renaissance **KI** prokino **VA** VCL **DVD** Astro/Laser Paradise (FF, Mono dt.), Ultimate Edition: Astro (1.85:1, DD5.1 engl./dt.), GB-Import: Anchor Bay (1.85:1, DD5.1 engl.) **Pd** Robert Tapert **R+B** Sam Raimi **K** Tim Philo, Josh Becker **M** Joseph LoDuca **S** Edna Ruth Paul **D** Bruce Campbell (Ash), Ellen Sandweiss (= Ellen Barkin) (Cheryl), Betsy Baker (Linda), Hal Delrich (Scott), Sarah York (Shelly) **L** 85 **FSK** SPIO: X (DVD: SPIO-JK) **E** 10.2.1984/Neustart März 1993 (auch Video)/? DVD **fd** 24 413

TANZ DER TEUFEL II – JETZT WIRD NOCH MEHR GETANZT (EVIL DEAD II – DEAD BY DAWN). Thematisch fast ein Remake des ersten Films: Eine Gruppe junger Leute gerät in einem abgelegenen, dunklen Waldhaus erneut unter den Bann dämonischer Unwesen und mutiert zu sich selbst zerfleischenden Monstern. Die handwerklich routinierte Anhäufung von drastischen Szenen des Horrorfilms, einer Vielzahl von einschlägigen Zitaten und Anflügen makabren Humors kostet Zuschauerängste genüßlich aus und spielt nekrophil und süffisant mit Unappetitlichkeiten und Schreckmomenten. DVD: Die Extras umfassen u. a. einen Audiokommentar des Regisseurs, des Produzenten Robert Tapert und des Hauptdarstellers Bruce Campbell. – Wir raten ab. ✦ USA 1986 **P** Dino De Laurentiis/Renaissance **KI** prokino **VA** VCL/Virgin **DVD** Kinowelt Home (16:9, 1.85:1, DD5.1 engl., Mono dt.) **Pd** Robert Tapert **R** Sam Raimi **B** Sam Raimi, Scott Spiegel **K** Peter Deming, Eugene Shlugleit **M** Joseph LoDuca **S** Kaye Davis **D** Bruce Campbell (Ash), Sarah Berry (Annie), Danny Hicks (Jake), Kassie Wesley (Bobby Joe), Richard Domeier (Ed) **L** 82 **FSK** ab 18; nf (DVD SPIO-JK) **E** 28.1.1988/23.8.1988 Video/? DVD **fd** 26 646

TANZ DER TOTEN SEELEN (CARNIVAL OF SOULS). Ein billig produzierter, aber vergleichsweise fantasievoller Gruselfilm. Nach einem Unfall bei einem Autowettrennen wird die einzige Überlebende von einem Dämon verfolgt. Sie stellt fest, daß sie für ihre Umwelt unsichtbar ist. ✦ Schwarz-weiß. USA 1962 **KI** Impuls **Pd+R** Harold Harvey **B** John Clifford **M** Gene Moore **D** Candace Hilligoss (Mary Henry), Sidney Berger (John Linden), Frances Feist (Vermieterin), Harold Harvey (Dämon), Stanley Leavitt (Arzt) **L** 80 **E** 1991 Kino/2.5.1992 PRO 7

TANZ DER TOTENKÖPFE (THE LEGEND OF HELL HOUSE). Ein Physiker bekommt den Auftrag, zusammen mit zwei Medien den in einem Geisterhaus wütenden okkulten Mächten auf die Spur zu kommen. Er muß den Versuch mit dem Leben bezahlen. Ein primitives Schaubuden-Spektakel in seltsam unterkühlter, zuweilen fast steriler Atmosphäre, das selbst für Fans von modischem Okkultismus zu dürftig ausfällt. (Fernsehtitel auch: »Kampf der Totenköpfe«) ✦ Großbritannien 1972 **P** Academy Pictures **KI** Fox-MGM **Pd** James H. Nicholson, Albert Fennell **R** John Hough **B** Richard Matheson, nach seinem Roman »Hell House« **K** Alan Hume **M** Brian Hogson **D** Pamela Franklin (Florence Tanner), Roddy McDowall (Ben Fischer), Clive Revill (Dr. Lionel Barrett), Gayle Hunnicutt (Ann Barrett), Roland Culver (Rudolph Deutsch) **L** 94 **FSK** ab 16; nf **E** 26.7.1974 **fd** 18 924

TANZ DER VAMPIRE (THE VAMPIRE KILLERS / DANCE OF THE VAMPIRES / THE FEARLESS VAMPIRE KILLERS OR PARDON ME, BUT YOUR TEETH ARE IN MY NECK). Ein alter Professor und sein junger treuer Gehilfe gehen in einem Karpatenschloß auf Vampirjagd und geraten in eine Familienfeier der Untoten. Die Klischees und Handlungsmuster des Vampir-Genres werden zu einer amüsanten Persiflage genutzt, in der makabre Schocks durch liebevolle Typenkomik ausbalanciert werden. Eine Hommage an das alte Horror-Kino und seine Effekte, zugleich eine Satire auf die tragikomischen Bemühungen bürgerlich-aufklärerischer Biedermänner im Kampf mit einer buchstäblich blutsaugerischen Aristokratie. Ein fantasievoll-intelligentes Vergnügen, das erneut Polanskis Thema der Menschlichkeit in einer feindlichen Umwelt anklingen läßt. – Sehenswert ab 16. ✦ Scope. Großbritannien/USA 1967 **P** Cadre/Filmways **KI** UIP **SF** UIP **VA** MGM/UA Home **Pd** Gene Gutowski **R** Roman Polanski **B** Roman Polanski, Gérard Brach **K** Douglas Slocombe **M** Krzysztof Komeda (= Krzysztof Trzcinski-Komeda) **S** Alastair McIntyre **D** Jack MacGowran (Professor Abronsius), Roman Polanski (Alfred, sein Assistent), Sharon Tate (Sarah), Ferdy Mayne (Graf von Krolock), Terry Downes (Koukol) **L** 108 (Orig. 118) **FSK** ab 12; f (fr. 16; nf) **FBW** w **E** 1.12.1967/3.12.1973 ZDF/1.3.1986 DFF 2 **fd** 15 156

TANZ DER WISSENSCHAFT: DIE CURIES – EIN HERZ UND EINE FORSCHERSEELE (LES PALMES DE M. SCHUTZ). Zehn Jahre aus dem Leben der Chemie-Nobelpreisträgerin Marie Curie, in denen ihre grundlegenden Forschungen in eine filmisch überzeugende, aber weder wissenschaftlich noch historisch genaue Erzählung eingebettet werden. Versehen mit einer die Geschichte dynamisierenden Rahmenhandlung, entfaltet sich ein gut gespielter Film, der zwar den verbürgten Charakter seiner Heldin verkennt, dem es jedoch mit Witz und Charme gelingt, die Bedeutung und den Stellenwert der Wissenschaft unterhaltsam zu vermitteln. (Alternativtitel: »Das Labor der Marie Curie«; »Marie Curie – Forscherin aus Leidenschaft«) – Ab 12 möglich. ✦ Frankreich 1996 **P** L Films/France 2 Cinéma/French Prod./Idéale Audience-Légende Production/Le Studio Canal+/Sofineurope **VA** BMG **Pd** Emmanuel Schlumberger **R** Claude Pinoteau **B** Jean-Noël Fenwick, Claude Pinoteau, Richard Dembo **K** Pierre Lhomme **M** Vladimir Cosma **S** Marie-Josèphe Yoyotte **D** Charles Berling (Pierre Curie), Isabelle Huppert (Marie Curie), Philippe Noiret (Schutz), Christian Charmetant (Gustave), Philippe Morier-Genoud (De Clausat) **L** 106 (103 Video) **FSK** o. A. **E** 28.3.1999 Vox/28.8.2001 Video **fd** 35 080

DER TANZ DES DRACHEN (THE LAST DRAGON). Ein schwarzer Kung-Fu-Schüler besiegt eine Bande, die Harlem terrorisiert, wird dadurch Meister und gewinnt die Liebe eines weiblichen Video-Discjockeys. Ein vergeblicher Versuch, die Genres Kung-Fu-Film und Musical zu verbinden, halbherzig als Aufsteiger-Geschichte, Love-Story und Parodie auf die Pop-Welt inszeniert. Nicht mehr als eine belanglose, immerhin aber recht kurzweilige Unterhaltung. – Ab 16 möglich. ✦ USA 1984 **P** Tri-Star/Delphi III/Motown Prod. **KI** Warner-Columbia **VA** CBS/Fox **Pd** Rupert Hitzig **R** Michael Schultz **B** Louis Venosta **K** James A. Contner **M** Misha Segal, div. Popsongs **S** Christopher Holmes **D** Taimak (Leroy), Vanity (Laura), Christopher Murney (Eddie Arkadian), Julius J. Carry III. (Sho'Nuff), Faith Prince (Angela), Mike Starr (Rock), Jamal Mason (Roy) **L** 108 **FSK** ab 16; nf **E** 2.8.1985/Mai 1986 Video **fd** 25 220

DER TANZ DES DSCHINGHIS COHN (GENGHIS COHN). Verfilmung eines Romans von Romain Gary. Der Geist eines 1933 von der SS ermordeten jüdischen Kabarettisten sucht nach dem Krieg den damaligen befehlshabenden Offizier – nun Polizeichef in einer bayrischen Kleinstadt – heim und bringt ihn dazu, seinen Posten zu quittieren und jiddisch zu lernen. Nach dieser erfolgreichen »Umerziehung« versucht der Geist sein Glück bei einem Schützen des Hinrichtungskommandos. – Ab 16. ✦ Großbritannien 1994 **P** BBC **R** Elijah Moshinsky **B** Stanley Price, nach dem Roman von Romain Gary **K** John Daly **M** Carl Davis **D** Antony Sher (Dschinghis Cohn), Robert Lindsay (Otto Schatz), Diana Rigg (Frieda von Stangl), Daniel Craig (Hauptwachtmeister Guth), Matthew Marsh (Herr Krüger) **L** 80 **E** 28.11.1995 West 3

DER TANZ DES ROTEN SCHMETTERLINGS → Bloody Mission

DER TANZ DES SKORPIONS (LA DANSE DU SCORPION). Kriminalfilm um einen Jazz-Saxofonisten, der nach glanzvollem Aufstieg seinen Ruhm ebenso schnell wieder verspielt und sich auf einen dubiosen Handel einläßt, der ihn schließlich in Mordverdacht bringt. ✦ Frankreich 1990 **R** Josée Dayan **B** Laurence Lemaire **K** André Domage **D** Kim Coates (Finch Palmer), Roberta Bizeau (Camille de Vito), Ronald Guttman (Edouard de Vito), Jean-Pierre Bouvier (Charles Martin), Béatrice Benscik (Lola) **L** 81 **E** 12.12.1992 Tele 5

DER TANZ DES WINDES (DANCE OF THE WIND / SWARA MANDAL). Nach dem Tod ihrer Mutter und Lehrerin gerät eine berühmte indische Raga-Sängerin in eine schwere seelische Krise, weil ihre Stimme versagt und sie sich mit inneren Anfechtungen auseinandersetzen muß. Ein beeindruckender Debütfilm, der mit ruhigen Bildern und einer herausragenden Hauptdarstellerin von der Notwendigkeit und den Schwierigkeiten der Individuation handelt und in Gestalt einer märchenhaften Suche das Verhältnis von Tradition und Selbstbestimmung thematisiert. (O.m.d.U.; Videotitel: »Dance of the Wind«) – Sehenswert ab 16. ✦ Deutschland/Großbritannien/Frankreich/Niederlande/Indien 1997 **P** Pandora/Elephant Eye/Illuminations Film/JBA/Filmcompany/NFDC **KI** Pegasos **VA** trigon-film/absolut MEDIEN **Pd** Karl Baumgartner, Jacques Bidou, Keith Griffiths, Phil van der Linden **R** Rajan Khosa **B** Rajan Khosa, Robin Mukherjee **K** Piyush Shah **M** Shubha Mudgal **S** Emma Matthews **D** Kitu Gidwani (Pallavi), Bhaveen Gossain (Ranmal), Kapila Vatsyayan (Karuna Devi), Roshan Bano (Tara), Punamava Mehta (Schülerin Shabda) **L** 86 **FSK** o. A.; f **E** 1.10.1998/17.5.1999 Video **fd** 33 343

TANZ, EIN FILM UM DIE MUSE TERPSICHORE. Ein kulturhistorischer Dokumentarfilm über die Entwicklung des künstlerischen Tanzes im Wandel der Jahrhunderte, beginnend im alten Griechenland über die klassische Epoche bis zu modernen Tanzformen. Offensichtlich überwiegend aus kurzen Wochenschau-Filmen zusammengestellt, bietet der Film keine tiefergehenden Analysen, ist jedoch als Ausdruck globaler Lebensäußerungen zum Tanz interessant. – Ab 14. ✦ Schwarz-weiß. BR Deutschland 1955 **P** Neue Deutsche Wochenschau **KI** Allianz **Pd** Heinz Wiers **R** Ulrich Wiedmann **B** K.H. Ruppel, Manfred Purzer **K** Erich Stoll, Kurt Rau, Anton Hafner, Horst Grund, Wilhelm Luppa, Georg Pahl, Rainer Starke **L** 72 **FSK** ab 12; f **FBW** w **E** 26.6.1955/26.4. 1961 ARD

TANZ IN DEN ABGRUND (GOOD TIME GIRL). Eine englische Richterin stellt der Jugendlichen, die den Eltern davongelaufen ist, warnend das Schicksal einer Altersgenossin vor Augen, die auf die schiefe Bahn geriet und wegen Mordbeteiligung zu 15 Jahren verurteilt wurde. Ein mäßiger Kriminalfilm mit aufdringlich pädagogischem Umhang. – Ab 16. ✦ Schwarz-weiß. Großbritannien 1947 **P** Sydney-Box-Prod. **Kl** Eagle Lion **Pd** Sydney Box **R** David MacDonald **B** Muriel Box, Sydney Box, Ted Willis, nach einem Roman von Arthur LaBern **K** Gordon Lang **M** Lambert Williamson **D** Jean Kent (Eva Reuter), Dennis Price (Fred), Flora Robson (Mrs. Thoms), Herbert Lom (Max), Griffith Jones (Hawkins), Diana Dors (Lisa), George Merritt (Wachtmeister) **L** 90 **FSK** ab 12; f **E** 17.4.1951 **fd** 1 210

TANZ IN DEN FRÜHLING (SPRING IN PARK-LANE). Ein in finanzielle Bedrängnis geratener Lord läßt sich von seinem ehemaligen Butler als Lakai bei einem steinreichen Diamantenkaufmann engagieren und gewinnt das Herz von dessen Nichte. Heiter beschwingte Komödie mit pointierten Dialogen, die anspruchslos-sympathisch unterhält. (DDR-Titel: »Fräulein Privatsekretärin«) – Ab 12. ✦ Schwarz-weiß. Großbritannien 1948 **P** British Lion **Kl** Lloyd **Pd+R** Herbert Wilcox **B** Nicholas Phipps, nach einem Theaterstück von Alice Duer Miller **K** Max Greene (= Mutz Greenbaum) **M** Manning Sherwin **D** Anna Neagle (Judy Howard), Michael Wilding (Richard), Tom Walls (Onkel Josua), Nicholas Phipps (Marquis von Borechester), Peter Graves (B. Maitland), Marjorie Fielding (Mildred Howard) **L** 92 **FSK** ab 12; nf **E** 1949 Kino/24.1.1950 Kino DDR **fd** 461

TANZ IN DEN TOD →Dancing in the City

TANZ IN DEN WOLKEN (PENNIES FROM HEAVEN). Ein erfolgloser Verkäufer von Notenblättern im Chicago der 30er Jahre gerät immer tiefer ins Unglück, flüchtet sich aber in die Scheinwelt des Musicals und verklärt in seiner Fantasie seine Mißerfolge zu glanzvollen Tanznummern. Ein äußerst geschickt zwischen Sozialkritik, melodramatischen Elementen und brillanten Musical-Sequenzen aufgebauter Film, der zwar Sprünge und nostalgische Momente aufweist, aber Humor, Satire und optische Opulenz zu einem attraktiven zeitgemäßen Musical verbindet. – Sehenswert ab 16. ✦ USA 1981 **P** MGM **Pd** Nora Kaye, Herbert Ross **R** Herbert Ross **B** Dennis Potter **K** Gordon Willis **M** Marvin Hamlisch, Billy May (Arr.) **S** Richard Marks **D** Steve Martin (Arthur), Bernadette Peters (Eileen), Jessica Harper (Joan), Vernel Bagneris (Akkordeonspieler), Christopher Walken (Tom) **L** 108 **E** 3.7.1989 ARD

TANZ IN DER SONNE. Ein als Chauffeur verkleideter Tenor führt eine deutsche Ballett-Truppe singend und tanzend durch Malaga. Ein bis auf die Solotänzerin bemerkenswert temperamentloser Unterhaltungsfilm ohne jede Ambition. – Ab 12. ✦ BR Deutschland 1954 **P** Arion **Kl** DFH **Pd** Otto Meissner **R+B** Geza von Cziffra **K** Willy Winterstein **M** Lotar Olias **S** Alice Ludwig-Rasch **D** Cecile Aubry, Franco Andrei, Ursula Justin, Rudolf Platte, Hans Olden **L** 94 (DDR 83) **FSK** ab 6; nf **E** 6.10.1954/15.7.1955 Kino DDR **fd** 3 647

TANZ IN DIE FREIHEIT (DANCING AT LUGHNASA). Irland im Sommer 1936. Die Rückkehr ihres Bruders, der 25 Jahre lang als Missionar in Afrika gelebt hat, fördert im Zusammenleben von fünf Schwestern auf einem abgelegenen Hof Spannungen und Meinungsverschiedenheiten zu Tage, die durch den Besuch des Liebhabers einer der Frauen noch verstärkt werden. Diese kleinen Veränderungen und zunehmender sozialer Druck führen am Ende zur Trennung der Familie. Ein bemerkenswert undramatischer Film, der einen wehmütigen Rückblick auf Glück und Verlust des familiären Zusammenhalts wirft. Glänzend gespielt und fotografiert. – Ab 14. ✦ Irland/Großbritannien/USA 1997 **P** Capitol Films/Sony Pictures Classics/Channel Four Films/Ferndale Films **Kl** Advanced **VA** Ufa/BMG **DVD** e-m-s (FF, DD5.1 dt.) **Pd** Noel Pearson **R** Pat O'Connor **B** Frank McGuinness, nach dem gleichnamigen Theaterstück von Brian Friel **K** Kenneth MacMillan **M** Bill Whelan **D** Meryl Streep (Kate Mundy), Michael Gambon (Jack Mundy), Catherine McCormack (Christina Mundy), Kathy Burke (Maggie Mundy), Sophie Thompson (Rose Mundy), Brid Brennan (Agnes Mundy), Rhys Ifans (Gerry Evans) **L** 95 **FSK** ab 6; f **FBW** w **E** 4.2.1999/30.8.1999 Video/23.2.2000 DVD **fd** 33 526

TANZ IN KETTEN →Raw Deal

TANZ INS GLÜCK. Die gleichnamige Operette von Robert Stolz wurde bei völlig veränderter Handlung als langatmige Unterhaltung aufbereitet: Ein berühmter Operetten-Tenor und Revue-Arrangeur verschafft seiner Primaballerina, derer er überdrüssig ist, ein Engagement nach Übersee. Sie tritt es jedoch nicht an und verzögert statt dessen voller Eifersucht durch Intrigen das Happy-End mit einer jungen Schauspiel-Debütantin. Musikalisch, gesanglich und schauspielerisch gleichermaßen glanzlos. – Ab 16. ✦ Österreich 1951 **P** Mundus **Kl** Ufa **R** Alfred Stöger **B** Fritz Koselka, Lilian Belmont, nach einer Operette von Robert Stolz und nach einem Libretto von Robert Bodansky und Bruno Hardt-Warden **K** Kurt Schulz, Herbert Geier **M** Robert Stolz **D** Johannes Heesters, Waltraut Haas, Lucie Englisch, Ursula Lingen, Grethe Weiser, Fritz Imhoff **L** 101 **FSK** ab 16; nf **E** 20.10.1951 **fd** 1 411

TANZ INS LICHT (CAN YOU FEEL ME DANCING). Melodramatischer (Fernseh-)Film nach einer authentischen Begebenheit: Eine von Geburt an blinde Frau entflieht der beengenden Fürsorge ihres Elternhauses, als sie sich in einen gutaussehenden Mann verliebt. Doch bald wird klar, daß sie eine Abhängigkeit nur mit einer anderen vertauscht hat. Um endlich ihr Leben leben zu können, bewirbt sie sich um ein Stipendium am New Yorker College. Ein einfühlsamer, wenn auch nicht sonderlich tiefschürfender Film über den Kampf Behinderter um private und soziale Anerkennung. – Ab 16. ✦ USA/BR Deutschland 1986 **R** Michael Miller **B** J. Miyoko Hensley, Steven Hensley **M** Johnny Harris **D** Justine Bateman (Karin), Roger Wilson (Richie), Max Gail (Mel), Frances Lee McCain (Joan), Jason Bateman (Larry) **L** 100 **E** 9.1.1991 PRO 7

DER TANZ – MEIN LEBEN →Beleza Negra (Der Tanz – mein Leben)

TANZ MIT DEM KAISER. Liebes- und Verwechslungsgeplänkel in historischen Kostümen: Kaiserin Maria Theresia will ihren mitregierenden (und als vertrottelt dargestellten) Sohn Joseph II. verheiraten. Dessen Adjutant verliebt sich auf der Reise nach Siebenbürgen in eine adlige Gutsherrin, die ihn für den Kaiser hält. Mit Franz-Grothe-Schlagern (»So schön wie heut', so müßt' es bleiben«) und Tanznummern vor dürftigen Kulissen glanzlos aufbereitet; eine der schwächsten Vorstellungen von Marika Rökk. – Ab 12. ✦ Schwarz-weiß. Deutschland 1941 **P** Ufa **Kl** Central-Europäischer Verleih **R** Georg Jacoby **B** Geza von Cziffra, Friedrich Schreyvogel, nach dem Bühnenstück »Die Nacht in Siebenbürgen« von Nikolas Asztalos **K** Reimar Kuntze **M** Franz Grothe **S** Erika Engelbrecht **D** Marika Rökk (Christine von Alwin), Maria Eis (Kaiserin Maria Theresia), Axel von Ambesser (Kaiser Joseph II.), Wolf Albach-Retty (Rittmeister von Kleber), Hilde von Stolz (Gräfin Daun) **L** 102 **FSK** ab 12; nf **E** 19.12.1941/26.3.1978 BR

DER TANZ MIT DEM TEUFEL – DIE ENTFÜHRUNG DES RICHARD OETKER. Im Dezember 1976 wird der Industriellensohn Richard Oetker entführt, zwei Tage in einer Holzkisten gefangen gehalten und bei jeder kleinsten Bewegung mit Stormstößen traktiert. Das Ergebnis dieser Folterhaft sind Oberschenkelhalsbrüche und zwei gebrochene Brustwirbel. Nach 40 Stunden kommt der Entführte frei; seine Familie war auf die bis dahin einmalige Lösegeldforderung von 21 Mio. DM eingegangen. Beklemmend intensiv inszenierter, hervorragend gespielter (Fernseh-)Krimi, der die Tat- und Ermittlungsumstände zwar minutiös beschreibt, sich zugleich aber um psychologische Glaubwürdigkeit der Charaktere bemüht, vor allem des verbissenen Ermittlers des bereits aufgelösten Sonderkommandos. Weniger ein der Realität haarklein verpflichtetes »Doku-Feature« als ein ausgesprochen spannendes Drama. – Sehenswert ab 16. ✦ Deutschland 2000 **P** Teamworx **Pd** Nico Hofmann, Ludwig zu Salm, Ariane Krampe **R** Peter Keglevic **B** Rainer Berg **K** Hans-Günther Bücking **M** Jürgen Ecke **S** Moune Barius **D** Sebastian Koch (Richard Oetker), Tobias Moretti (Georg Kufbach), Sophie von Kessel (Christine), Christoph Waltz (Dieter Cilov), Günther Maria Halmer (Heinz Stegmayer), Ann-Kathrin Kramer (Lena), Erich Hallhuber (Schumann), Hanns Zischler (Oetkers Anwalt) **L** 184 (92 & 92) **E** 11./12.11.2001 SAT 1 (zwei Teile)

TANZ MIT DEM TOD (1991) (DANCE WITH THE DEATH). Eine ehrgeizige Reporterin recherchiert eine Mord-Serie an Striptease-Tänzerinnen und tritt zu diesem Zwecke selbst in dem Club auf, in dem der Mörder seine bevorzugten Opfer findet. Ein nach einfachem Schema entwickelter Krimi, in dem einmal mehr der Unverdächtigste der Mörder ist. Die durchaus vorhandene Spannung wird deutlich durch die pausenlosen Striptease-Nummern geschmälert, die effekthaschende Kulisse der kopflosen und später sogar absurden Handlung sind. ✦ USA 1991 **P** Concorde-New Horizons (für Universal) **VA** CIC **Pd** Mike Elliott **R** Charles Philip Moore **B** Daryl Hany **K** William H. Molina **M** David Wurst, Eric Wurst **S** Christopher Roth **D** Maxwell Caulfield (Matt Shaughnessy), Barbara Alyn Woods (Kelly), Martin Mull (Art), Drew Snyder (Richard Hopper), Cat Sassoon (Jodie) **L** 88 (gek. 80) **FSK** ab 18 (gek. 16) **E** 22.7.1992 Video **fd** 29 782

TANZ MIT DEM TOD (2000). Porträt der Schauspielerin Sybille Schmitz (1909–1955), die in den 30er- und 40er-Jahren zu den markantesten Erscheinungen des deutschen Films gehörte, jedoch nie in die erste Riege der Ufa-Stars aufstieg, da sie aus ihrer die Nazis ablehnenden Haltung keinen Hehl machte. Anhand von zahlreichen Filmausschnitten veranschaulicht die Dokumentation die Wandlungsfähigkeit der Schauspielerin und vergegenwärtigt ihre starke suggestive Wirkung. – Ab 14. ✦ Deutschland 2000 **P** ZDF **R** Friedemann Beyer **L** 57 **E** 6.12.2000 arte

TANZ MIT DEM WEISSEN HUND →To dance with the white Dog

TANZ MIT EINEM FREMDEN →Dance with a Stranger

TANZ MIT EINEM MÖRDER →Dance me outside

TANZ MIT MIR (1934) (THE GAY DIVORCEE). Turbulentes Musical um einen Tänzer, der sich in eine Blondine verliebt und sie tanzend »umgarnt«, bei seinen Annäherungsversuchen aber von Zufällen ebenso unterstützt wie boykottiert wird. Hervorragend gespielt und getanzt, temporeich inszeniert und nicht zuletzt durch die komödiantischen Schlaglichter am Rande der Handlung einer der besten Filme des Traumduetts Astaire/Rogers. (Späterer TV-Titel: »Scheidung auf amerikanisch«.) – Sehenswert ab 14. ✦ Schwarz-weiß. USA 1934 **P** RKO **Pd** Pandro S. Berman **R** Mark Sandrich **B** George Marion jr., Dorothy Yost, Edward Kaufman, nach einem Musical von Dwight Taylor und Cole Porter **K** David Abel **M** Max Steiner (Ltg.), Cole Porter, Con Conrad **S** William Hamilton **D** Fred Astaire (Guy Holden), Ginger Rogers (Mimi Glossop), Alice Brady (Hortense Ditherwell), Edward Everett Horton (Egbert Fitzgerald), Erik Rhodes (Rodolfo Tonetti), Eric Blore (Kellner), Lillian Miles (Hotelgast), William Austin (Cyril Glossop), Betty Grable (Hotelgast) **L** 107 **E** 20.4.1965 ARD (O.m.d.U.)/18.7.1984 (synchronisiert)

TANZ MIT MIR (1937) (SHALL WE DANCE?). Ein russischer Ballett-Tänzer lernt durch seine Leidenschaft fürs Step-Tanzen und für die Jazz-Musik eine Nachtclub-Sängerin kennen, in die er sich verliebt. Bis zum Happy-End sind noch viele Stationen zu durchlaufen, vor allem weil beide gegenüber dem anderen vorgeben, verheiratet zu sein. Schwungvolles Musical mit dem Duo Astaire/Rogers und einigen längst zu Klassikern avancierten Songs von George und Ira Gershwin (u. a. »They Can't Take That Away From Me«). Bei allem Unterhaltungswert ist nicht zu übersehen, daß sich viele Drehbucheinfälle gegenüber früheren Filmen des Duos wiederholen und leicht abnutzen. – Ab 12. ✦ Schwarz-weiß. USA 1937 **P** RKO **Pd** Pandro S. Berman **R** Mark Sandrich **B** Allan Scott, Ernest Pagano, P.J. Wolfson **K** David Abel **M** George Gershwin, Nathaniel Shilkret (Ltg.) **S** William Hamilton **D** Fred Astaire (Petrov/Pete Peters), Ginger Rogers (Linda Keene), Edward Everett Horton (Jeffrey Baird), Eric Blore (Cecil Flintridge), Harriet Hoctor (Harriet Hoctor) **L** 116 **E** 2.2.1972 BR (O.m.d.U.)/13.3.1983 ZDF (deutsche Fassung)

TANZ OHNE ENDE (THE UNFINISHED DANCE). Eine Ballettschülerin sorgt mit einem durch sie verschuldeten Bühnenunfall der Primaballerina dafür, daß eine junge Tänzerin, die sie verehrt, zum Star aufsteigt. Ballettfilm mit zahlreichen Tanznummern, in hübsche Bilder verpackt und ansprechend gespielt. – Ab 12. ✦ USA 1947 **P** MGM **Pd** Joe Pasternak **R** Henry Koster **B** Myles Conolly, nach dem Roman »La Mort Du Cygne« von Paul Morand **K** Robert Surgees **M** Herbert Stothart **S** Douglas Briggs **D** Margaret O'Brien (Meg), Cyd Charisse (Ariane), Karin Booth (Darina), Danny Thomas (Mr. Paneros), Esther Dale (= Elaine May) (Olga) **L** 97 **E** 13.8.1997 ARD

TANZE MIT MIR IN DEN MORGEN. Unglaubwürdige Ereignisse verhelfen einer ausgedienten Schmierenbühne zum einträglichen Besitz eines Donau-Showboats. Eine billige, schlagerdurchweichte Unterhaltung ohne jeden Anspruch. Die Jungstars der damaligen Schlagerbranche, die Rollen in der Spielhandlung übernommen haben, werden u. a. ergänzt durch Gerhard Wendland, Camela Corren, Peter Beil, Chris Howland und deren Schlager. – Ab 12 möglich. ✦ Österreich 1962 **P** Wiener Stadthalle **Kl** Nora **Pd** Adolf Eder, Karl Spiehs **R** Peter Dörre **B** Franz Arndt, Daniela Holl **K** Hanns Matula **M** Johannes Fehring **D** Paul Hörbiger (Johann Ebeseder), Rudolf Carl (Wenzel Kainz), Evi Kent (Daisy), Oskar Sima (Franz Biedermann), Guggi Löwinger (Franziska), Rex Gildo (Stefan Breuer), Udo Jürgens (Max), Peter Vogel (Kurt Liebrich) **L** 90 **FSK** ab 6; nf **E** 13.8.1962 **fd** 11 388

TANZEN IST UNSER LEBEN – LET'S DANCE (LET'S DANCE). Nach dem Tod ihres Ehemannes flieht eine Frau mit ihrem kleinen Sohn vor der langweiligen besseren Gesellschaft zurück ins Showgeschäft. Mit ihrem ehemaligen Tanzpartner feiert sie neue Erfolge und kämpft erfolgreich um das Sorgerecht für den Jungen. Komödiantisches Musical, das die seichte Handlung durch einfallsreiche Tanzeinlagen vergessen macht. – Ab 12. ✦ USA 1950 **P** Paramount **Pd** Robert Fellows **R** Norman Z. McLeod **B** Allan Scott, Dane Lussier, Maurice Zolotow, nach einer Story von Maurice Zolotow **K** George Barnes **M** Frank Loesser **D** Fred Astaire (Donald Elwood), Betty Hutton (Kitty McNeil), Roland Young (Edward Pohlwistle), Ruth Warrick (Carola Everett), Lucile Watson (Seren Everett), Gregory Moffett (Richard Everett) **L** 112 **E** 23.2. 1984 ZDF

TANZEN MIT REGITZE (DANSEN MED REGITZE). Im Kreise von Verwandten und Bekannten aus der Siedlung feiert ein dänisches Pensionärsehepaar eines seiner legendären Sommerfeste in der Laube. Während sich der eher zurückhaltende Mann an die 30 Jahre erinnert, die er mit seiner Frau verbracht hat, feiert diese wie immer ausgelassen und fröhlich. In einer kunstvollen Montage aus Erinnerung und Gegenwart zeichnet der Film das Porträt einer starken, lebendigen Frauenfigur. ✦ Dänemark 1989 **P** Nordisk **Pd** Lars Kolvig **R** Kaspar Rostrup **B** Kaspar Rostrup, nach einem Roman von Martha Christensens **K** Claus Loof **M** Fuzzy **S** Grete Möldrup **D** Ghita Nörby (Regitze), Rikke Bendsen (die junge Regitze), Frits Helmuth (Karl Age), Mikael Helmuth (der junge Karl Age), Henning Moritzen (Borge), Michael Moritzen (der junge Borge) **L** 90 **E** 17.11.1993 B 3

DER TANZENDE GANGSTER (THE GEORGE RAFT STORY / SPIN OF A COIN). Lebensbild des amerikanischen Filmschauspielers George Raft (1895–1980) im Auf und Ab seines Werdegangs vom Tänzer und Gangster im New York der 20er Jahre zum Hollywood-Star (u. a. »Scarface«, 1932). Eine trostlose, in keiner Phase überzeugende Film-Biografie nach den gängigen Mustern des amerikanischen Star- und Glamour-Kinos. – Ab 16. ✦ Teils schwarz-weiß. USA 1961 **P** Allied Artists **Kl** Rank **Pd** Ben Schwalb **R** Joseph M. Newman **B** Crane Wilbur **K** Carl Guthrie **M** Jeff Alexander **S** George White **D** Jayne Mansfield (Lisa), Ray Danton (Raft), Barbara Nichols (Texas Guinan), Frank Gorshin (Moxie), Julie London (Sheila), Barrie Chase (June), Neville Brand (Al Capone) **L** 105 **FSK** ab 16; nf **E** 1.2.1963 **fd** 11 765

DAS TANZENDE HERZ. In einer kleinen süddeutschen Residenzstadt der Biedermeierzeit konstruiert der fürstliche Hofmechanikus eine lebensgroße tanzende und singende Puppe nach dem Ebenbild seiner reizenden Tochter. Als ein rücksichtsloser Bankier sowohl die junge Frau als auch ihren mechanischen Doppelgänger in seinen Besitz bringen will, erlebt er unliebsame Überraschungen. Ein wirklichkeitsfernes Operettenmärchen mit einigen ansprechenden Musik- und Tanzeinlagen, solide inszeniert und gespielt als eine biedermeierliche Variante der Commedia dell'arte, fröhlich und gefällig choreografiert, aber ohne tieferen Anspruch. – Ab 10 möglich. ✦ BR Deutschland 1953 **P** Capitol **Kl** Prisma **Pd** Peter Paul Brauer **R** Wolfgang Liebeneiner **B** Wolfgang Liebeneiner, nach einer Novelle von W. F. Fichelscher **K** Igor Oberberg **M** Norbert Schultze **S** Carl-Otto Bartning **D** Gertrud Kückelmann (Susanne), Gunnar Möller (Viktor), Paul Hörbiger (Fürst), Herta Staal (Annchen), Paul Henckels (Haberling), Wilfried Seyferth (Leopold), Harald Juhnke (Julius) **L** 90 **FSK** ab 6; f **FBW** w **E** 23.10.1953 **fd** 2 854

TANZENDE STERNE. Mutter und Tochter aus einem Nachtlokal-Betrieb werden – ebenso wie Vater und Sohn aus englischer Aristokratie – kreuzweise verwechselt, bis sich die passenden Paare finden. Ein für die qualitätsarmen Revuefilme der 50er Jahre bezeichnendes Schablonen-Lustspiel: reich ausgestattet, tanzeifrig und melodiös – aber ohne jeden Witz. – Ab 16. ✦ Schwarz-weiß. BR Deutschland 1952 **P** Arion **Kl** Ufa **Pd** Otto Meissner **R+B** Geza von Cziffra **K** Georg Bruckbauer **M** Michael Jary **S** Alice Ludwig-Rasch **D** Fita Benkhoff (Nicolle Ferrar), Germaine Damar (Nicolle Ferrar), Axel von Ambesser (Sir Thomas Gregorian), Georg Thomalla (Bob), Oskar Sima (Alfons), Carl-Heinz Schroth (Gregor Gregorian), Ursula Herking (Jeanette), Inge Meysel (Silvias Mutter), Vera Marks (Silvia) **L** 94 **FSK** ab 12; f (früher 16) **E** 27.11.1952/10.12.1972 ZDF **fd** 2 225

DAS TANZENDE WIEN (THE DANCING YEARS). Ein verschuldeter Bauernbursche verdankt um 1911 seinen raschen Aufstieg zum berühmten Walzer-Komponisten einer Sängerin vom Operetten-Theater »An der Wien«. Ihre Beziehung scheitert an einem Mißverständnis, so daß sie sich erst 1926 wiedersehen. Die inzwischen verheiratete Frau bleibt jedoch bei ihrem ungeliebten Gatten. Zum Kitsch neigende Adaption eines dubiosen englischen Operetten-Librettos; nicht nur schauspielerisch unbeholfen. – Ab 14 möglich. ✦ Großbritannien 1949 **P** British Pictures (ABPC) **Kl** Warner Bros. **Pd** Warwick Ward **R** Harold French **B** Warwick Ward, Jack Whittingham, nach einem Operetten-Libretto von Ivor Novello **K** Stephen Dade **M** Ivor Novello **D** Dennis Price (Rudi Kleber), Gisèle Préville (Maria Ziedler), Patricia Dainton (Grete), Anthony Nicholls (Prinz Reinhardt), Grey Blake (Franzl), Muriel George (Hatti) **L** 97 **FSK** ab 12; nf **E** 25.12.1951/4.4.1990 PRO 7 **fd** 1 679

DER TÄNZER AUF DEN STUFEN (STORMY WEATHER). Farbige Künstler veranstalten für die aus dem Ersten Weltkrieg heimkehrenden farbigen US-Soldaten einen Unterhaltungsabend. Dabei lernt eine Sängerin einen jungen Mann kennen und entdeckt seine tänzerische Begabung. Sie vermittelt ihm ein Engagement, doch er versteht sich nicht mit dem Chef. Daraufhin inszenieren beide eine eigene Show, die zum großen Erfolg wird. Seinen Heiratsantrag lehnt sie zunächst ab, weil ihr die Bühne alles bedeutet. Ein ausschließlich mit schwarzen Tänzern, Sängern und Schauspielern besetzter Film; formal eher durchschnittlich, gleicht der Film einer Revue, die durch die Rasanz der Aufführungen und das Talent der Tänzer besticht. – Ab 14 möglich. ✦ Schwarz-weiß. USA 1943 **P** 20th Century Fox **Pd** William LeBaron **R** Andrew L. Stone **B** Frederick Jackson, Ted Koehler, H.S. Kraft **K** Leon Shamroy, Fred Sersen **M** Emil Newman (Ltg.) **S** James B. Clark **D** Lena Horne (Selina Rogers), Bill Robinson (Corky), Cab Calloway (Cab Calloway), Katherine Dunham (Katherine Dunham), Fats Waller (Fats Waller), Dooley Wilson (Gabe), Babe Wallace (Chick Bailey) **L** 77 **E** 11.11. 1980 ZDF

TÄNZER VOM BROADWAY (THE BARKLEYS OF BROADWAY). Ein Ehepaar, erfolgreiche Tanzpartner im Revue- und Showgeschäft, zerstreitet sich, findet nach ernüchternden Erlebnissen aber wieder zueinander. Die einfache Handlung ist Aufhänger für zahlreiche Tanz- und Revueszenen mit den berühmten Stars Ginger Rogers und Fred Astaire. Ein schwungvoller, farbenprächtiger Unterhaltungsfilm. – Ab 12. ✦ USA 1949 **P** MGM **Kl** MGM **Pd** Arthur Freed **R** Charles Walters **B** Adolph Green, Betty Comden **K** Harry Stradling **M** Harry Warren, Ira Gershwin **S** Albert Akst **D** Fred Astaire (Josh Barkley), Ginger Rogers (Dinah Barkley), Oscar Levant (Ezra Miller), Billie Burke (Mrs. Lingstone Belney), Gale Robbins (Shirlene May), George Zucco (Richter) **L** 109 **FSK** ab 12; nf **E** 29.12.1950/12.7.1975 ZDF/2.8.1985 DFF 1 **fd** 913

DIE TÄNZERIN (MAIHIME – THE DANCER). Ein japanischer Militärarzt, der 1885 zum weiteren Studium nach Berlin kommt, verliebt sich in eine junge deutsche Tänzerin. Er quittiert seinen Dienst und lebt mit ihr zusammen, bis er durch einen Freund bei einem japanischen Minister Anstellung findet und Karriere macht. Während er in sein Heimatland zurückkehrt, bleibt die Frau nach einer Fehlgeburt gebrochen in Berlin. Tragische Liebesgeschichte auf autobiografischer Grundlage, die allerdings mehr den Kopf anspricht als emotional berührt. – Ab 14. ✦ Japan/BR Deutschland 1988 **Kl** Progress **R** Masahiro Shinoda **B** Hans Borgelt, Tsutomu Tamura, Masahiro Shinoda, nach einer Erzählung von Mori Ogai **K** Jürgen Jürges, Kazuo Miyagawa **M** Cong Su **D** Hiromi Goh (Oota Toyotaro), Lisa Wolf (Ellis Weigelt), Brigitte Grothum (Anna Weigelt), Haruko Kato (Toyotaros Mutter), Mareike Carrière (Baronesse von Bülow), Rolf Hoppe (Robert Koch) **L** 121 (TV 100) **FBW** w **E** 13.10.1989 Kino DDR/7.11.1991 EINS PLUS

DIE TÄNZERIN VON MARRAKESCH (LA DANSEUSE DE MARRAKECH). Ein französischer Kolonialoffizier verliebt sich in die berühmteste Tänzerin von Marrakesch. Doch seine frühere Geliebte hintertreibt diese Liebe, und der schwarze Stiefvater der Tänzerin ersticht sie, die in den Armen des Offiziers stirbt. Belangloses Melodram, das allenfalls durch einige Außenaufnahmen von Marrakesch und eine längere suggestive Tanzszene mit aufrüttelnder Musik auffällt. – Ab 16. ✦ Schwarz-weiß. Frankreich 1949 **P** Société Africaine Cinématographique Adria Films **Kl** Pallas **Pd** Robert Florant **R** Léon Mathot **B** Léopold Gomez, Léon Mathot **K** Charlie Bauer **M** José Padilla **D** Siren Adjemova (Kalina), Yves Vincent (Portal), Katja Lova (Sonia), Habib Benglia (Taraore), Aimé Clariond (Barjac), Lahcen Ben Idder (Hamidou) **L** 102 **FSK** ab 12; nf **E** 19.10.1951 **fd** 1 400

TÄNZERINNEN FÜR TANGER (TÄNZERINNEN FÜR TANGER). Ein als Filmproduktion getarntes internationales Syndikat entführt in der Schweiz hübsche Mädchen, setzt sie unter Drogen und transportiert sie nach Amsterdam, wo sie zu Striptease und Prostitution gezwungen werden. Danach verkauft man sie in Tanger an Ölscheichs und Bordelle. Dank einer Journalistin kann die Organisation zerschlagen werden. Spekulativer Sexfilm, in Story, Machart und

Ideologie auf primitivstem Niveau. – Wir raten ab. ✦ Schweiz 1977 **P** Nestor **KI** Avis **R+B** Guy Gilbert **K** Alain Hardy **M** Walter Baumgartner **D** Gina Jansen, Eric Falk (= Erich Falk), Esther Studer, Dagmar Burger, Henry Falk **L** 78 **FSK** ab 18; nf **E** 20.5.1977 **fd** 20 462

TANZFIEBER (POLETJE U SKOLJKI 2). Fortsetzung des Films »Sommer bei den Muscheln«, in der sich die Freunde zwei Jahre später wiedertreffen. Diesmal geht es um die Tanzbegeisterung der Jugendlichen, die nicht nur eine perfekte Show auf die Beine stellen wollen, sondern ihren Tanzclub vor der drohenden Schließung retten müssen. (Fernsehtitel auch: »Sommer in der Seemuschel, Teil 2«) – Ab 12 möglich. ✦ Scope. Jugoslawien 1988 **P** Viba/Jadran **R** Tugo Stiglic **B** Vitan Mal, Tugo Stiglic **K** Rado Likon **M** Jani Golob **D** Kaja Stiglic (Milena), David Sluga (Tomas), Jure Sotler, Ziga Kobilica, Alma Blagdanic **L** 92 **E** 14.9.1990 (auch Kino DDR)/29.9.1991 DFF

DER TANZLEHRER (UTSCHITEL TANZEW). Die Geschichte eines verarmten Edelmannes, der sich als Tanzlehrer Zutritt zu seiner Geliebten verschafft. Verfilmung des Theaterstücks von Lope de Vega in einer Aufführung des Moskauer Zentralen Theaters der Sowjet-Armee. – Ab 14 möglich. ✦ Schwarz-weiß. UdSSR 1952 **P** Mosfilm **KI** Progress **R** Tatjana Lukaschewitsch, W. Kanzel (Bühnenfassung) **B** nach dem gleichnamigen Lustspiel von Lope de Vega **K** Nikolai Wlassow, Semjon Scheinin **M** A. Krein **D** Wladimir Seldin (Aldemaro), M. Terzowskij (Belardo), T. Alexejewa (Florela), Ljubow Dobrshanskaja (Feliciana), B. Lessowoi (Alberigo) **L** 104 **E** 21.8.1953 Kino DDR/ 1.10.1953 DFF 1

DIE TANZMEISTER → Dick und Doof: Die Tanzmeister

TANZMUSIK. Auf der Heimfahrt von einem erfolgreichen Auslandskonzert lernt der Sänger Mario d'-Almeda das Mädchen Gina kennen, was der Auftakt zu einem Liebesreigen innerhalb der vertrauten Muster des Unterhaltungskinos jener Jahre ist. – Ab 14. ✦ Schwarz-weiß. Österreich 1935 **P** Pan-Film **R** J. A. Hübler-Kahla **B** Maria Stephan, nach einer Idee von Max Niederberger **K** Georg Muschner **M** Max Niederberger **D** Liane Haid (Gina Harding), Hermann Thimig (Mario d'Almeda), Gusti Huber (Hedi Baumann), Georg Alexander (Bob Crawler), Leo Slezak (Koppler) **L** 82 **E** 24.9.1935/16.8.1971 DFF 1

DER TANZPALAST (ROSELAND). Der Tanzpalast »Roseland« in New York ist der Treffpunkt älterer Menschen, die hier bei alter Musik und alten Tänzen ihre Erinnerungen beschwören. Der Film stellt drei Frauen in den Vordergrund, die jede mit anderen Problemen und Nöten zu kämpfen haben und versuchen, durch die Erinnerung an alte Zeiten ihre Einsamkeit zu vergessen. Eine nuancenreiche psychologische Studie, dicht in der Beschreibung der Atmosphäre, einfühlsam in der Charakterzeichnung, von melancholischer Grundstimmung. – Sehenswert ab 16. ✦ USA 1977 **P** Merchant-Ivory/Oregon Four **Pd** Ismail Merchant **R** James Ivory **B** Ruth Prawer Jhabvala **K** Ernest Vincze **M** Michael Gibson, Hoagy Carmichael, Frank Loesser, Elton John, Alfred Newman, u. a. **D** Teresa Wright (May), Lou Jacobi (Sean), Geraldine Chaplin (Marilyn), Joan Copeland (Pauline), Christopher Walken (Russel), Lilia Skala (Rosa) **L** 103 **E** 10.11.1980 ARD

DER TANZPLATZ (TANZPLOSCHTSCHADKA). Ein junger Ingenieur kommt in eine Kleinstadt am Meer, um hier auf dem Gelände eines Tanzplatzes ein Ferienheim zu bauen. Durch die Begegnung mit Einheimischen, vor allem auch mit einer jungen Frau, geht ihm auf, welche Bedeutung dieser Platz für alle hat, und daß hier andere Lösungen gefunden werden müssen. Eine kleine freundliche Alltagsgeschichte mit viel Musik, deren lyrische Erzählweise freilich etwas Spannung und eine genauere Profilierung der Personen vermissen läßt. – Ab 14. ✦ UdSSR 1986 **P** Mosfilm **KI** Progress **R** Samson Samsonow **B** Arkadi Inin, Samson Samsonow **K** Viktor Schestoperow **M** Jewgeni Doga **D** Alexandra Jakowlewa (Schura), Jewgeni Dworshezki (Kostja), Ljudmila Schewel (Shanna), Anna Nasarjewa (Nastja), Wladimir Drushnikow (Musiker) **L** 84 **E** 30.11.1986 DFF 2/11.12. 1987 Kino DDR

TANZSTUNDEN-REPORT. Sex in der Tanzschule: auf dem Parkett, in der Garderobe und beim Schlußball. Elend einfallslos und mit den üblichen Klischees präsentiert. (Alternativtitel: »Schule der Lüste«) ✦ BR Deutschland 1973 **P** City **KI** Modern **R** John Weeran (= Wolfgang Bellenbaum) **B** Henry Vulpin, John Weeran (= Wolfgang Bellenbaum) **K** Michael Marszalek **M** Rolf Bauer **D** Marlies Petersen, Andrea Rau, Wolfgang Draeger, Natascha Verelle, Franz Zügel **L** 79 **FSK** SPIO: X **E** 21.6.1973 **fd** 19 386

TAO TAO – DER KLEINE PANDABÄR. Zeichentrickfilm um einen Pandabären, der gefangen wird und sich in einem europäischen Zoo nach der Heimat und seiner Mutter sehnt. Plump-kitschig und oberflächlich-klischeehaft, dabei mit Momenten der Angst und Bedrohung. Ein Kinderfilm ohne Poesie und Wärme, der auch in der Animation nur bescheidene Ansprüche erfüllt. – Ab 8 möglich. ✦ BR Deutschland 1981 **P** Taurus/Shun mao K.K./Animationsstudio Tianjin **VA** Taurus **Pd** Shun Mao **R** Tasuo Shimamura **B** Ken Takahashi **K** Hiroshi Takahashi **M** Masaru Satô **L** 80 **FSK** o. A. **E** 10.12.1987 Video **fd** 26 863

TAP DANCE (TAP). Ein begnadeter Steptänzer mit krimineller Vergangenheit kehrt nach seiner Entlassung aus dem Gefängnis an seine frühere Wirkungsstätte zurück und bekommt nach einigen Umwegen das private und berufliche Leben in den Griff. Eine hervorragend choreografierte Hommage an den Steptanz, deren Geschichte jedoch dünnblütig und vorhersehbar verläuft, so daß die Tänze allenfalls Erinnerungen an die gute alte Zeit dieser beschwingten Tanzform wecken. – Ab 14 möglich. ✦ USA 1988 **P** Tri-Star **KI** Columbia Tri-Star **VA** RCA/Columbia **Pd** Gary Adelson, Richard Vane **R+B** Nick Castle **K** David Gribble **M** James Newton Howard **S** Patrick Kennedy **D** Gregory Hines (Max), Suzzanne Douglas (Amy), Sammy Davis jr. (Little Mo), Savion Glover (Louis), Joe Morton (Nicky), Dick Anthony Williams (Francis), Sandman Sims (Sandman) **L** 111 **FSK** ab 12; f **E** 26.10.1989/12.6.1990 Video **fd** 27 911

TAPEHEADS – VERRÜCKT AUF VIDEO (TAPEHEADS). Ein verkannter Amateurfilmer und ein selbsternannter Marketing-Stratege widmen sich der Video-Branche und gelangen unwissentlich in den Besitz kompromittierender Aufnahmen eines skrupellosen Präsidentschaftskandidaten. Eine mit viel Rockmusik aufbereitete Komödie. Nur vereinzelt deuten sich sarkastische, gelegentlich auch geschmacklose Spitzen gegen Show-, Politik- und Video-Geschäft an. (Fernsehtitel: »Verrückt auf Video«) – Ab 16. ✦ USA 1988 **P** Front Film/NBC/Avenue Pic. **VA** RCA/Columbia **Pd** Michael Nesmith, Peter McCarthy **R** Bill Fishman **B** Bill Fishman, Peter McCarthy, Jim Herzfeld, Ryan Rowe **K** Bojan Bazelli **M** Fishbone, Nigel Harrison **S** Mondo Jenkins **D** John Cusack (Ivan Alexcov), Tim Robbins (Josh Tager), Mary Crosby (Samantha), Katy Boyer (Belinda Mart), Connie Stevens (June Tager), Doug McClure (Sidney Tager), Clu Gulager (Norman Mart) **L** 88 **FSK** ab 16 **E** 1990 Video/25.6.1992 PRO 7 **fd** 28 348

TAPETENWECHSEL. Eine Münchner Studentin muß unversehens ihre Wohnung räumen und gerät auf der Suche nach einer neuen Bleibe in zahlreiche Verwicklungen auf dem großstädtischen Wohnungsmarkt. Erstlingsfilm; eine brav-biedere Komödie, die nur in wenigen Momenten dem reizvollen Thema überzeugende Momente oder gar satirische Schärfe abgewinnt. – Ab 14. ✦ BR Deutschland 1984 **P** Monaco/ZDF **KI** Jugendfilm **Pd** Georg Althammer **R+B** Gabriela Zerau **K** Heinz Hölscher **M** Jörg Evers **S** Annette Dorn **D** Claudia Demarmels (Mona), Rolf Zacher (Thomas), August Zirner (Wolfgang), Erni Singerl (Frau Meier), Iris Berben (Laura), Walo Lüönd (Vermieter), Helen Vita (Schalterdame) **L** 85 **FSK** ab 6; f **FBW** w **E** 17.8.1984 **fd** 24 706

TAPFERE HEIDEMARIE → Heidemarie

TAPFERE HERZEN. Der Kampf von Arbeitern und Studenten in Shanghai gegen die Kuomintang-Truppen. – Ab 16. ✦ Schwarz-weiß. VR China 1953 **P** Filmstudio Shanghai **KI** Progress **R** Chao Ming **B** Hunag Kang **K** Li Sheng-Wei, Fang Shu-Kao **M** Wang Yun-Chieh **S** Chen Hsiang-Hsing **D** Chou Lai (Gung-wei), Sung Cheng (Chang Shih-fang), Li Ming (Peng Hsiao-mei), Chou Wei (Yang Fa-chieh), Chao Yuan (die kleine Lin) **L** 92 **E** 30.4.1954 Kino DDR/1.10. 1954 DFF 1

DER TAPFERE KÄMPFER (O BRAVO GUERREIRO). Ein idealistischer Oppositionsabgeordneter wechselt zur Regierungspartei, weil er hofft, seine sozialreformerischen Ziele besser durchsetzen zu können. Als dies mißlingt und ihm auch die Arbeiterbewegung ihre Unterstützung versagt, begeht er Selbstmord. Erstlingsfilm aus dem Bereich des brasilianischen »Cinema Novo«, der scharfe Kritik an den politischen Zuständen in Brasilien übt. Ein engagiertes, aber stark vom Dialog geprägtes filmisches Pamphlet, das auch die problematische Situation der jungen brasilianischen Intellektuellen Ende der 60er Jahre reflektiert. ✦ Schwarz-weiß. Brasilien 1969 **P** Saga/Gustavo Dahl/Joe Kantor **R** Gustavo Dahl **B** Gustavo Dahl, Roberto Marinho de Azevedo Nito **K** Affonso Beato **M** Walter Goulart, Carlos della Riva **S** Eduardo Escorel **D** Paulo Cesar Pereio, Maria Lucia Dahl, Mário Lago, Italo Rossi, Cezar Lacleira **L** 80 **E** 8.3.1971 ZDF

DER TAPFERE KLEINE TOASTER (THE BRAVE LITTLE TOASTER). Filmisches Märchen um fünf Haushaltsgeräte, die ihren vormaligen Besitzer in der Stadt suchen und auf dem Weg und hinterher verschiedene Abenteuer im Stile der »Bremer Stadtmusikanten« bestehen müssen. Ein sehr origineller Zeichentrickfilm, dessen Belebung von Haushaltsgeräten der Wahrnehmung zeitgenössischer Kinder nahe kommen dürfte. Dabei repräsentieren die Geräte wichtige Archetypen. Eine witzige, kurzweilige und zuweilen recht schwarze Geschichte, bei der man sich auch Gedanken über die allzu schnellen Verfallsdaten unserer Lebenswelt machen kann. (Fortsetzungen: »Der tapfere kleine Toaster als Retter in der Not«, »Der tapfere kleine Toaster fliegt zum Mars«) – Sehenswert ab 6. ✦ USA 1987 **P** Hyperion/Kushner-Locke **KI** Atlas **VA** VCL/Carolco **Pd** Donald Kushner, Thomas L. Wilhite **R** Jerry Rees **B** Jerry Rees, Joe Ranft, nach einer Science-Fiction-Geschichte von Thomas M. Disch **M** David Newman, Van Dyke Parks (Songs) **L** 90 **FSK** o. A.; f **E** 19.12. 1991/15.6.1992 Video **fd** 29 277

DER TAPFERE KLEINE TOASTER ALS RETTER IN DER NOT (THE BRAVE LITTLE TOASTER TO THE RESCUE). Die für die Videoauswertung ein weiteres Mal fortgeführte Zeichentrickgeschichte nach dem Kinofilm »Der tapfere kleine Toaster« (1987). Der wackere kleine Toaster hilft mit anderen Haushaltsgeräten seinem »Master« Rob immer wieder aus der Patsche, weil er sich als angehender Veterinär aufopfernd um Tiere kümmert. Amüsante Kinderunterhaltung. – Ab 6. ✦ USA 1999 **P** Hyperion Pictures/ Kushner-Locke Productions **Pd** John Bush **R** Robert C. Ramirez **B** Willard Carroll, nach einem Roman von Thomas M. Disch **L** 74 **E** 2.9.2000 Kinderkanal

DER TAPFERE KLEINE TOASTER FLIEGT ZUM MARS (THE BRAVE LITTLE TOASTER GOES TO MARS). Attraktive (Video-)Fortsetzung des liebenswerten Zeichentrickfilms »Der tapfere kleine Toaster« (1987), der Märchenelemente mit futuristischen Aspekten verbindet und dabei zugleich auf ein stimmungsvoll-altmodisches Ambiente zurückgreift. Der wackere kleine Toaster und seine Freunde machen sich auf den Weg zum Mars, nachdem das Baby ihres Besitzers auf mysteriöse Weise dorthin »gebeamt« wurde. Sympathische Kinderunterhaltung mit vielen reizvollen Musical-Einsprengseln. – Ab 6.

✦ USA 1998 **P** Hyperion Pictures/Kushner-Locke Prod. **Pd** John Bush, Donald Kushner, Tom Wilhite **R** Robert C. Ramirez **B** Thomas M. Disch, nach einem Roman von Thomas M. Disch **M** Alexander Janko, William Finn (Songs) **S** Julie Lau **E** 9.9.2000 Kinderkanal

DER TAPFERE SCHMIED →Vom tapferen Schmied

DAS TAPFERE SCHNEIDERLEIN (1942). Für Kinderfilm-Vorstellungen produzierte Nacherzählung des Grimmschen Märchens, allzu schlicht und durchschaubar in der Gestaltung. – Ab 6 möglich. ✦ Schwarz-weiß. Deutschland 1942 **P** Naturfilm Schonger **KI** Jugendfilm **R+B** Hubert Schonger, nach einer Erzählung von Jacob Ludwig Karl und Wilhelm Karl Grimm **K** Edgar Ziesemer **M** Rio Gebhardt **D** Hans Hessling (Schneiderlein), Ursula Zeitz (Prinzessin), Emil Heß (König), Alfred Schieske (Kriegsrat), Klaus Dohl (Finanzrat) **L** 70 **FSK** ab 6; nf **fd** 5 477

DAS TAPFERE SCHNEIDERLEIN (1956). Ein mit großem Aufwand und in sorgfältiger Dekoration erstellter Märchenfilm: Ein kleiner Schneidergeselle kann mit List und Glück gegen Riesen, Einhorn und Eber bestehen, um endlich auch die richtige Wahl bei seiner Hochzeit zu treffen. Eine unterhaltsame, wenn auch angestaubte Märchen-Unterhaltung; in gewissem Maße sind sozialistische Umdeutungen des Märchens erkennbar, etwa wenn der König als Ausbeuter und der Arbeiter als Befreier dargestellt werden – was aber schon im Märchen angelegt ist. – Ab 8. ✦ DDR 1956 **P** DEFA **KI** Westfalen **VA** Icestorm **Pd** Willi Teichmann **R** Helmut Spieß **B** Kurt Bortfeldt, nach dem Märchen der Gebrüder Grimm **K** Robert Baberske **M** Joachim Werzlau **S** Hildegard Conrad **D** Kurt Schmidchen (Tapferes Schneiderlein), Christel Bodenstein (Traute), Gisela Kretzschmar (Prinzessin Liebreich), Horst Drinda (Prinz Eitel), Fred Kronström (König Griesgram), Gerd Michael Henneberg (Schatzmeister Gier), Wolf Kaiser (Riese), Gerhard Frei (Riese) **L** 83 **FSK** o. A.; f (früher 6) **E** 28.11.1956 Kino DDR/15.3.1959 Kino BRD/1998 Video **fd** 8 052

DAS TAPFERE SCHNEIDERLEIN (1981). DDR-Kinderfilm nach dem Märchen der Gebrüder Grimm um einen armen Schneider, der nach dem Erlegen von sieben Fliegen glaubt, ein Held werden zu können. – Ab 8. ✦ DDR 1981 **R** Uwe-Detlef Jessen **B** Peter Ensikat **D** Heinz Rennhack, Horst Weinheimer, Kaspar Eichel, Günter Sonnenberg **L** 75 **E** 2.1.1997 N 3

DAS TAPFERE SCHNEIDERLEIN (1988) →Sieben auf einen Streich

DER TAPFERE SCHULSCHWÄNZER. Ein kleiner Junge rettet bei einem Wohnungsbrand zwei Kindern das Leben, kann sich darüber aber nicht richtig freuen, weil er die Schule geschwänzt hat. Liebenswürdiger, partiell etwas zu didaktischer Kinderfilm über einen träumerischen Jungen, der Verantwortung begreift, und seine Umwelt, die lernt, dass es einen Unterschied gibt zwischen einem entdeckungsfreudigen Träumer, der die Schule schwänzt, und einem wahren Faulpelz. Mit zahlreichen authentischen Berlin-Bildern, die auf die Herkunft des Regisseurs aus dem Dokumentarbereich hinweisen. Einziger Spielfilm von Winfried Junge. – Ab 8. ✦ DDR 1967 **P** DEFA, Gruppe »Berlin« **KI** Progress **Pd** Heinz Kuschke **R** Winfried Junge **B** Wera Küchenmeister, Claus Küchenmeister, Winfried Junge **K** Claus Neumann **M** Peter Gotthardt **S** Lotti Mehnert **D** André Kallenbach (Thomas Lohmann), Hartmut Tietz (Dieter), Günter Ott (Thomas' Vater), Jessy Rameik (Lehrerin), Christoph Engel (Schuldirektor), Ilse Voigt (Oma Krüger) **L** 67 **E** 22.12.1967 Kino DDR/12.12.1973 DFF 1

DIE TAPFEREN SCHOTTEN →Wir sind vom schottischen Infanterie-Regiment

DIE TAPFEREN SIEBEN (LOS SIETE BRAVISIMOS). Bei den Dreharbeiten zu einem von ihnen selbst verfaßten Krimi kommen sieben Kinder echten Gangstern auf die Spur. Kriminallustspiel, das gängige Groschenheft- und Fernsehserien-Klischees verulkt. Von den jugendlichen Darstellern frisch und ungezwungen gespielt. – Ab 8 möglich. ✦ Schwarz-weiß. Spanien 1964 **P** Epoca **R** Léon Klimovsky **B** Lucas Gallardo **K** Emilio Foriscot **M** Daniel White **S** Antonio Gimeno **D** Pedro Sanchez, José Marco, Elena Maria Tejeiro, Maria del Carmen, José Villansante **L** 76 **E** 9.4.1972 ZDF

DIE TAPFEREN WEINEN NICHT (THE BRAVE DON'T CRY). Bei einem Wassereinbruch in einem schottischen Bergwerk werden 118 Bergleute von der Außenwelt abgeschnitten. Zunächst scheint sich die Katastrophe in überschaubarem Rahmen zu halten, doch dann tritt Grubengas auf. Es beginnt ein Wettlauf mit der Zeit. Halbdokumentarischer Spielfilm, der sich als Beschreibung eines Bergwerksunglücks und der Rettungsversuche versteht und keine aufgesetzte Dramatik zuläßt. Eine eindringliche Beschreibung der Not der Eingeschlossenen, die zugleich die Ohnmacht der Angehörigen über Tage reflektiert. – Ab 14. ✦ Schwarz-weiß. Großbritannien 1952 **P** Group Three/ABF **Pd** John Grierson, John Baxter **R** Philip Leacock **B** Montagu Slater **K** Arthur Grant, Ken Hodges **D** John Gregson (John Cameron), Meg Buchanan (Margaret Wishart), John Rae (Donald Sloan), Fulton Mackay (Dan Wishart), Andrew Keir (Charlie Ross) **L** 89 **E** 26.11.1967 ZDF/19.11.1989 PRO 7

TAPFERKEITSKREUZ (KRZYZ WALECNYCH). Drei Geschichten aus dem Zweiten Weltkrieg und der Zeit unmittelbar danach. Ein just mit dem Tapferkeitskreuz ausgezeichneter Soldat bekommt Sonderurlaub und findet sein Heimatdorf in Schutt und Asche vor; polnische Soldaten wollen sich an einem Hund, der vermutlich den SS-Wachmannschaften von Auschwitz gehört hat, für die Untaten der Deutschen rächen; die Witwe eines gefallenen Hauptmanns empfindet den Nimbus, mit dem man sie stellvertretend für den gestorbenen Helden umgibt, auf Dauer als unerträgliche Belastung. Ein hervorragender Episodenfilm, der, ohne die Möglichkeit heldischer Taten generell in Abrede zu stellen, aus realistischem Blickwinkel vor übertriebener Heroisierung und Verklärung warnt. – Sehenswert ab 16. ✦ Schwarz-weiß. Polen 1959 **P** Kadr **R** Kazimierz Kutz **D** Jerzy Turek (Socha), Aleksander Fogiel (Busko), Andrzej May (Sypniewski), Bronislaw Pawlik (Florczak), Grazyna Staniszewska (Frau Joczys), Zbigniew Cybulski (Wiecek), Adolf Chronicki (Oldak) **L** 80 **E** 23.5.1970 ZDF

TARA UND DER BLAUE DELPHIN (BLUE DOLPHIN – L'AVVENTURA CONTINUA). Abenteuerfilm für Kinder. Ein zwölfjähriges Mädchen, das in London lebt, wird nach Venedig geschickt, während sich sein Vater auf die Suche nach einem sagenumwobenen Schatz begibt: den »Blauen Delphin«. Doch in Venedig wird das Mädchen selbst in Abenteuer um den Schatz verwickelt, hinter dem auch eine japanische Königin her ist. – Ab 10. ✦ Italien 1990 **R** Giorgio Moser **D** Tara Freeman (Tara Moscatelli), Gianluca Valerio (Hiram), Tony Vogel (Onkel Jerry), Paola Borboni (Großmutter Giulia), Haruhiko Yamanouchi (Samurai Banzai) **L** 88 **E** 14.4.1998 ZDF/Kinderkanal

TARAHUMARA (TARAHUMARA). Der Film erzählt eine Geschichte vom Leben und Kampf der Indianer in den Tarahumara-Bergen im Norden Mexikos. ✦ Schwarz-weiß. Mexiko 1965 **P** Matouk/S.A. **R+B** Luis Alcoriza **K** Rosalio Solano **M** Paul La Vieta **D** Ignacio Lopez Tarso, Jaime Fernández, Aurora Clavel, Eric del Castillo, Alfonso Mejia **L** 104 **E** 25.7.1974 DFF 1

TARAN UND DER ZAUBERKESSEL (THE BLACK CAULDRON). Einem jungen Schweinehirten gelingt es, durch Opfermut und die Hilfe seiner Freunde die Herrschaft eines bösen Königs zu brechen. Ein tricktechnisch perfekter Fantasy-Zeichentrickfilm aus der Disney-Werkstatt, der durch skurrile Fabelwesen unterhält. Für einen reinen Kinderfilm enthält er freilich zu wenig humorvolle und zu viel düstere Szenen, die der Geschichte vom Kampf des Guten gegen böse dämonische Kräfte keine neuen Aspekte abgewinnen. – Ab 10 möglich. ✦ Scope. USA 1985 **P** Walt Disney/Silver Screen Partners II **KI** 20th Century Fox **VA** EuroVideo/ Buena Vista Home **Pd** Joe Hale **R** Ted Berman, Richard Rich **B** David Jonas, Vance Gerry, Ted Berman, Art Stevens, Roy Morita, Peter Young, Joe Hale, Richard Rich, Al Wilson, nach dem Roman »The Chronicles of Prydain« von Lloyd Alexander **K** Jim Pickel, Ed Austin, John Ardal, u. a. **M** Elmer Bernstein **S** James Melton, Jim Koford, Armetta Jackson **L** 80 **FSK** ab 6; f **FBW** w **E** 5.12.1985/ 29.4.1999 Video **fd** 25 408

TARANTULA (TARANTULA). Beim Brand eines Laboratoriums in der kalifornischen Wüste, wo ein Forscher mit Wachstumsbeschleunigungen experimentiert, entweicht eine Giftspinne. Bald erreicht das Tier die monströsen Ausmaße eines Hochhauses und droht ganze Städte auszurotten, bis es amerikanische Düsenbomber im Luftangriff mit Napalm töten. Ein mit einfachen dramaturgischen Mitteln, aber spannend und stilsicher inszenierter Gruselfilm, der zu einem Klassiker des Genres wurde. Beiläufig, aber wirkungsvoll entwickelt er eine unterschwellige erotische und politische Mythologie: die Spinne als Inkarnation bedrohlicher Triebe, aber auch als Ausdruck wachsender Ängste vor einem Atomkrieg. ✦ Schwarz-weiß. USA 1955 **P** Universal **KI** Universal **VA** 13th Street (Video ab 12) **Pd** William Alland **R** Jack Arnold **B** Robert M. Fresco, Martin Berkeley **K** George Robinson **M** Joseph Gershenson **S** William Morgan **D** John Agar (Dr. Matt Hastings), Mara Corday (Stephanie »Steve« Clayton), Leo G. Carroll (Prof. Gerald Deemer), Nestor Paiva (Sheriff Andrews), Ross Elliott (Joe Burch), Raymond Bailey (Wissenschaftler), Edwin Rand (Lt. John Nolan), Clint Eastwood (Pilot), Hank Patterson (Josh), Bert Holland (Barney Russell), Steve Darrell (Andy Anderson), Vernon Rich (Ridley), Stuart Wade (Major) **L** 80 **FSK** ab 18; nf **E** 23.3.1956 **fd** 4 853

TARAS BULBA (1936) (TARASS BOULBA). Historischer Abenteuerfilm, der dem Kosakenführer Taras Bulba die führende Rolle im Befreiungskrieg der Ukrainer gegen Polen im 16. Jahrhundert zuweist. Ein Film voll von übertriebenem Pathos, in dem viel »gegrölt«, geritten, geschossen und getanzt wird. Interesse verdient allein Harry Baur als Darsteller der Titelfigur. (Alternativtitel: »Kosaken, Weiber und Verräter, ein Abenteuerfilm um Taras Bulba«) – Ab 16 möglich. ✦ Schwarz-weiß. Frankreich 1936 **P** Sedif/ G.G. Films **KI** Dafa/Nietzsche **R** Alexander Granowski **B** Adrian Brunel, nch einer Novelle von Nikolaj Gogol **K** Franz Planer **D** Danielle Darrieux, Harry Baur, Jean-Pierre Aumont, Jeanine Crispin, Roger Duchesne, Nane Germon, Fernand Ledoux **L** 87 **FSK** ab 12; nf **E** 8.2.1957 **fd** 5 649

TARAS BULBA (1961) (TARAS BULBA). Der Kampf des Kosakenführers Taras Bulba im 16. Jahrhundert gegen die Polen – und gegen den eigenen rebellischen Sohn – in einer Neuverfilmung der Erzählung von Nikolaj Gogol. Inszeniert als aufwendiges Kolossalgemälde einer heldischen Zeit, das Barbarismus und Verworrenheit, Banalität und Pathos oberflächlich effektvoll verbindet. Eindrucksvoll in den Massenszenen. – Ab 14 möglich. ✦ Scope. USA 1961 **P** Curtleigh/Hecht Company/Avala (für United Artists) **KI** United Artists **VA** Warner Home **Pd** Harold Hecht **R** J. Lee Thompson **B** Waldo Salt, Karl Tunberg, nach einer Erzählung von Nikolaj Gogol **K** Joseph MacDonald **M** Franz Waxman **S** William Reynolds, Gene Milford, Eda Warren **D** Tony Curtis (Andrei Bulba), Yul Brynner (Taras Bulba), Christine Kaufmann (Natalia Dubrow), Sam Wanamaker (Filipenko), Brad Dexter (Shilo), Guy Rolfe (Fürst Grigory) **L** 124 **FSK** ab 12; nf **E** 21.12.1962 **fd** 11 637

TARCHS REISE (TARCH TRIP). Ein Film wie ein impressionistisches Bild: Tagebuchartig, ohne Dialoge, filmt der Regisseur seine Heimatstadt Aichi und seine Freunde. ✦ Japan/Deutschland 1993 **SF** Freunde der Deutschen Kinemathek **Pd** Jürgen Brüning **R+B+K** Oki Hiroyuki **L** 64 **E** 1994 Kino

TARGET (THE TARGET / ZEUS – THE TARGET). Ein seit dem Tod seiner Ehefrau durchgedrehter CIA-Agent soll von einem Auftragskiller der Kokain-Mafia umgebracht werden. Es gelingt ihm, den Spieß umzudrehen. Schließlich begegnet er am Strand noch der Erscheinung seiner toten Frau. Schöne Bilder von Meer, Wüste und Luxusvilla schmücken den schwachsinnigen Actionfilm, dessen blutiges Geschehen ebenso grob wie unlogisch zusammengeschustert wurde. ✦ USA 1990 **P** Cinetrust **VA** Marketing **Pd** George Pan-Andreas, Athan Karras **R+B** George Pan-Andreas **K** Janusz Sikora **M** Voss Woudenberg **S** George Pan-Andreas **D** George Pan-Andreas (Zeus/Zach), Jill Floor (Shannon), Peter Moloha (Target), Cliff Corder (FBI-Boß), Athan Carras (Captain) **L** 94 **FSK** ab 18 **E** Februar 1993 Video **fd** 30 220

TARGET: EARTH (TARGET EARTH). Eine entführte Sechsjährige taucht im Garten eines desillusionierten Polizisten auf und löst Ermittlungen aus, die den Ordnungshüter in eine Verschwörung zwischen Außerirdischen und höchsten Regierungskreisen bringen. Als er kaltgestellt werden soll, gelingt es ihm, den Spieß mit Hilfe einiger treuer Gefährten umzudrehen. Science-Fiction-Film mit altbackener Invasionsthematik, der von soliden Spezialeffekten und darstellerischen Leistungen zehrt. ✦ USA 1998 **P** Patriot/Symphony **VA** UAP **Pd** William R. Greenblatt **R** Peter Markle **B** Michael Vickerman **K** Levie Isaacks **D** Christopher Meloni (Sam Adams), Marcia Cross (Karen), John C. McGinley (Agent Maples), Dabney Coleman (Senator Ben Arnold), Courtney Crumpler (Tammy) **L** 89 **E** 15.12.2001 Video

TARGET – ENTFÜHRT IN PARIS →Target – Zielscheibe

TARGET – GEWALT GEGEN GEWALT (TARGET EAGLE). Der spanische Geheimdienst bringt Rauschgift- und Plutoniumschmuggler mit Hilfe der spektakulären sportlichen Leistung eines Agenten zur Strecke. Ein anspruchslos-unterhaltsamer, allzu vordergründiger Abenteuerfilm, der sich immerhin bei der Darstellung von Gewalt weitgehend zurückhält. (Titel auch: »Fire Mission«, »Der Adler schlägt zurück«; DDR-Titel: »Ziel: Adler«) – Ab 16. ✦ Spanien 1982 **P** Esme Intern./Golden Sun **Kl** Filmagentur Graf/Movie **R+B** J. Anthony Loma (= José Antonio De la Loma) **K** Hans Burmann **M** Pino Donaggio, Renato Serio **D** George Rivero (David), George Peppard (McFadden), Maud Adams (Carmen), Chuck Connors (Sam Fisher), Max von Sydow (Col. O'Connell), Susana Dosamantes (Laura) **L** 100 **FSK** ab 16; f **E** 22.7.1983/6.9.1985 Kino DDR **fd** 24 122

TARGET: HARRY (TARGET: HARRY). Billiger, von Roger Corman unter Pseudonym inszenierter Fernseh-Thriller, der sich an den Filmklassiker »Die Spur des Falken« anlehnt. Ein Pilot und Abenteurer gerät in ein mörderisches Komplott, als er sich bereit erklärt, ein angesehenes Mitglied der britischen Regierung nach Istanbul zu fliegen. Der Politiker hat zwei gestohlene Gelddruckplatten im Gepäck. ✦ USA 1969 **P** Corman/ABC **Pd** Gene Corman **R** Henry Neill (= Roger Corman) **B** Bob Barbash **K** Patrice Pouget **M** Les Baxter **S** Monte Hellman **D** Vic Morrow (Harry Black), Suzanne Pleshette (Diane Reed), Victor Buono (Mosul Rashi), Cesar Romero (Lt. George Duval), Stanley Holloway (Jason Carlyle) **L** 80 **E** 21.8.1993 ORF 1

TARGET WITNESS (TARGET WITNESS). Eine bekannte Schauspielerin wird Zeugin eines Mordes an einer Prostituierten. Trotz ihrer Popularität macht der Killer nun auch Jagd auf sie, so daß zwei Polizisten mit der undankbaren Aufgabe betraut werden, die Frau zu beschützen. Doch im Polizeiapparat gibt es eine undichte Stelle, und bald haben bezahlte Killer das entlegene Versteck ausfindig gemacht. Serielle Actionware. ✦ USA 1994 **VA** Splendid **R** Armand Garabidian **D** Marc Singer (Baker), Deborah Shelton (Alex Ramsey), Charles Napier (Schultz), Mark Hamill (Johnson) **L** 90 (gek. 81) **FSK** ab 18 (gek. 16) **E** 19.12.1994 Video

TARGET WITNESS – ZEUGIN IM FADENKREUZ →Target Witness

TARGET – ZIELSCHEIBE (TARGET). Ein Sohn entdeckt, daß sein biederer Vater früher einmal ein gefürchteter Geheimagent war. Gemeinsam machen sie sich auf die Suche nach der dieser Vergangenheit wegen entführten Mutter. Die an sich interessante Vater-Sohn-Geschichte bleibt stets nur an der Oberfläche, die »Vergangenheitsbewältigung« wird kaum entfaltet. Action-Elemente und die Dekors europäischer Schauplätze stehen im Vordergrund. Trotz routinierter Inszenierung ist der Film nur unterhaltsame »Dutzendware«. (Alternativer TV-Titel: »Target – Entführt in Paris«) – Ab 14 möglich. ✦ USA 1985 **P** CBS **Kl** Concorde **VA** CBS/Fox **Pd** Richard D. Zanuck, David Brown **R** Arthur Penn **B** Howard Berk, Don Peterson **K** Jean Tournier **M** Michael Small **S** Stephen A. Rotter **D** Gene Hackman (Walter Lloyd), Matt Dillon (Chris Lloyd), Gayle Hunnicutt (Donna Lloyd), Victoria Fyodorova (Lise), Ilona Grübel (Carla), Josef Sommer (Taber), Richard Münch (Hauptmann), Werner Pochath (Agent) **L** 117 **FSK** ab 12; f **E** 28.8.1986/Mai 1987 Video/26.11.1988 ARD **fd** 25 750

TARGOOR – DAS DING AUS DEM INNEREN DER ERDE →Targoor – Reise ins Grauen

TARGOOR – REISE INS GRAUEN (THE INTRUDER WITHIN). Eine amerikanische Öl-Bohrmannschaft fördert in Alaska ein prähistorisches Monster zu Tage, das seine putzige Erscheinungsform rasch gegen die einer bedrohlichen Horror-Gestalt eintauscht. Fernsehfilm mit unverkennbaren Anleihen bei zwei Klassikern des Horror-Genres: »Das Ding aus einer anderen Welt« und »Alien«. (Fernsehtitel: »Targoor – Das Ding aus dem Inneren der Erde«) ✦ USA 1981 **P** ABC/Furia-Oringer **VA** Carrera **Pd** Neil T. Maffeo **R** Peter Carter **B** Ed Waters **K** James Pergola **M** Gil Melle **S** Richard E. Rabjohn **D** Chad Everett (Jake Nevins), Joseph Bottoms (Scott), Jennifer Warren (Colette), Rockne Tarkington (Mark), Paul Larson (Sam) **L** 95 **FSK** ab 16 **E** 12.3.1988 Video

TARKA, DER OTTER (TARKA THE OTTER). Dem Wechsel der Jahreszeiten folgend, erzählt der abenteuerliche Tierfilm von den ersten Jahren eines jungen Otters, der in der Grafschaft Devonshire lernen muß, für sich zu sorgen und Menschen wie Hunden zu entkommen. Mit herrlichen Landschafts- und Tieraufnahmen vermittelt der Film unaufdringlich Wissenswertes aus Englands Tierwelt. Wegen der Dramatik der Jagdszenen besser nicht für jüngere Kinder. (Fernsehtitel: »Tarka kämpft um sein Leben«) – Sehenswert ab 10. ✦ Großbritannien 1979 **P** Tor **VA** VCL/Virgin **DVD** Polyband (FF, DD2.0 dt.) **R** David Cobham, Janet Cobham **B** Gerald Durrell, David Cobham, nach einem Roman von Henry Williamson **K** Terry Channell, John McCallum, Slim McDonnell (Unterwasser) **M** David Fanshawe **S** Charles Davies **D** Peter Bennett, Edward Underdown, Brenda Cavendish, John Leeson, Peter Ustinov **L** 88 **FSK** o. A. **E** 8.6.1984 DFF 2/1.1.1986 SAT 1/März 1986 Video/29.1.2001 DVD **fd** 25 638

TARKA KÄMPFT UM SEIN LEBEN →Tarka, der Otter

TARNFARBEN (BARWY OCHRONNE). In einer polnischen Sommer-Akademie prallen ein zynischer, angepaßter Dozent und ein anfangs noch moralisch engagierter Assistent aufeinander und offenbaren unterschiedliche Geistes- und Lebenshaltungen. Schließlich erweisen sich Opportunismus und Konformismus als einziger Ausweg. Eine gedanklich scharfe, inszenatorisch mit kühler Brillanz umgesetzte Parabel über ein erschreckendes Phänomen nicht nur der sozialistischen Gesellschaft. – Sehenswert. ✦ Polen 1977 **P** Zespoly Filmove/TOR Unit **Kl** Progress **R+B** Krzysztof Zanussi **K** Edward Klosinski **M** Wojciech Kilar **S** Raimundo Simpson **D** Piotr Garlicki (Jaroslaw Kruszynski), Zbigniew Zapasiewicz (Jakub Szelestowski), Christine Paul-Podlasky (Nelly), Mariusz Dmochowski (Prorektor), Magdalena Zwadka **L** 103 **E** 23.10.1978 ARD/21.9.1979 Kino DDR **fd** 20 938

TARO – DER DRACHENJUNGE →Taro, der kleine Drachenjunge

TARO, DER KLEINE DRACHENJUNGE (TATSUO NO-KO TARO). Zeichentrickfilm um einen kleinen Jungen, der auf der Suche nach seiner Mutter viele Abenteuer zu bestehen hat. (Alternativtitel: »Taro – Der Drachenjunge«) – Ab 10 möglich. ✦ Japan 1974 **P** Toei **R** Kiriô Urayama **B** Kiriô Urayama, Takashi Mitsui **M** Riichiro Manabe **L** 73 (DDR 63) **E** 4.9.1983 DFF 1/9.8.1986 RTL plus

TARO UND DIE 10 000 JUNGEN (DESJAT TYSJAT MALTSCHIKOW). Ein Reifen rollt von Moskau bis Japan und erzählt von einer sowjetisch-japanischen Kinderfreundschaft. – Ab 8. ✦ UdSSR 1962 **P** Gorki-Studio **Kl** Progress **R** Boris Bunejew, I. Okada **B** Agnija Barto **K** Michail Kirillow, Alexander Chwostow **M** E. Sacharow **D** Rawschan Agsamow (Taro), Dsheni Desire (Kathrin), Swetlana Trawkina (Tassja), Tanja Koshewnikowa (Larissa), I. Okada (Mitiko) **L** 87 **E** 31.5.1963 Kino DDR

TARO UND JIRO IN DER ANTARKTIS (NANKYOKU MONOGATARI). Abenteuerfilm für Kinder. Eine Gruppe von Schlittenhunden, die 1958 von einer Antarktis-Expedition nach überstürztem Aufbruch zurückgelassen wird, muß sich allein durch den Eiskontinent schlagen und gerät dabei in gefährliche Situationen. – Ab 8. ✦ Japan 1983 **P** Fuji TV/Gakushu Kenkyu Sha/Kurahara Production **R** Koreyoshi Kurahara **B** Koreyoshi Kurahara, Tatsuo Nogami, Inui Saji, Toshiakira Ishido **K** Akira Shiizuka, Masahiro Tanaka **M** Vangelis (= Vangelis Papathanassiou) **D** Ken Takakura, Masako Natsume, Tsunehiko Watase, Keiko Oginome, Eiji Okada **L** 90 **E** 18.2.1989 DFF 2/25.10.1992 MDR/ORB

TAROT. Eine Schauspielerin und ein Filmregisseur haben sich in ein Landhaus zurückgezogen, um ihre Beziehung zu überdenken. Als ein Freund des Mannes und die Nichte der Schauspielerin eingeladen werden, kommt es zu Spannungen und Veränderungen. In die Gegenwart übertragene Version von Goethes »Wahlverwandtschaften«. Psychologisch stimmig, mit kommentierenden Naturbildern und einem hervorragenden Schauspielerteam verbindet der Film eine Reflexion über moderne Paarbeziehungen und die Lebenslügen von Menschen mit einer ironischen Kommentierung des Kulturbetriebes. – Sehenswert ab 16. ✦ BR Deutschland 1986 **P** Moana/Anthea/ZDF **Kl** Filmverlag der Autoren **Pd** Gudrun Ruzicková **R** Rudolf Thome **B** Max Zihlmann, nach Motiven aus Goethes »Wahlverwandtschaften« **K** Martin Schäfer **M** Christoph Oliver **S** Dörte Völz **D** Vera Tschechowa (Charlotte), Hanns Zischler (Eduard), Rüdiger Vogler (Otto), Katharina Böhm (Ottilie), William Berger (Mittler), Kerstin Eiblmeier (Nanni), Vadim Glowna (Autofahrer), George Tabori (Theaterregisseur) **L** 120 **FSK** ab 6; f **FBW** w **E** 11.9.1986/31.1.1988 ZDF **fd** 25 802

TARTÜFF. Molières Gesellschafts- und Sittenkomödie vom Heuchler und Schmarotzer Tartuffe, verlegt ins Preußen Friedrichs II. Murnau ergänzt die bekannten Ereignisse durch eine stilistisch abgesetzte Rahmenhandlung und läßt sie dadurch als Film im Film erscheinen. So unterstreicht er seine Aussage, daß Heuchler überall sind. Ein hervorragend inszenierter, filmhistorisch wichtiger Stummfilm mit einem außergewöhnlichen Emil Jannings in der Titelrolle. – Sehenswert ab 16. ✦ Schwarz-weiß. Deutschland 1925 **P** Universum-Film AG **Kl** Deutsches Institut für Filmkunde (DIF) **SF** DIF/atlas **Pd** Erich Pommer **R** Friedrich Wilhelm Murnau **B** Carl Mayer, nach einer Komödie von Molière **K** Karl Freund **M** Giuseppe Becce **D** Emil Jannings (Tartüff), Werner Krauss (Orgon), Lil Dagover (Elmire), Hermann Picha (Der Alte), Lucie Höflich (Dorine), André Mattoni (Enkel) **L** 74 **E** 25.1.1926/27.2.1973 ZDF/2.5.1981 DFF 1

TARZAN (TARZAN). In ihrer 47. Kinoadaption werden Edgar Rice Burroughs' klassischer fantastischer Abenteuergeschichte um Tarzan, dem »Herrn des

Urwalds«, erzählerisch kaum neue Wege gewiesen. Dafür wartet die Trickfilmversion des Disney-Studios mit einigen atemberaubenden akrobatischen Bildeffekten auf. In überragender Figuren-Animation ist Tarzan erstmals halb Mensch, halb Tier, und seine Auftritte sind die Höhepunkte in einer kindgerechten und farbenprächtigen Umsetzung, die von der Kindheit im Affenrudel bis zum Sieg über einen Wilderer eine einfache Geschichte geradlinig erzählt. Vor allem zu Beginn gibt es so manche Schocksekunde, die den Film nicht unbedingt für allzu kleine Zuschauer geeignet erscheinen lässt. DVD: Die Extras der mustergültigen USA-Import Special Edition (2 DVDs) umfassen im Gegensatz zur deutschen DVD u. a. ein Making Of und ausführliche Aufzeichnungen zur Musik des Films, einen Audiokommentar der beiden Regisseure und der Produzentin Bonnie Arnold sowie ein Feature, in dem verschiedene Stadien des Produktionsprozesses veranschaulicht werden. – Ab 8 möglich. ✦ USA 1999 **P** Walt Disney Pictures **KI** Buena Vista **VA** Buena Vista Home **DVD** Buena Vista (16:9, 1.66:1, DD5.0 engl./dt.), USA Import: Disney (SE, 16:9, 1.66:1, DD5.1 engl.) **Pd** Bonnie Arnold **R** Chris Buck, Kevin Lima **B** Tab Murphy, Bob Tzudiker, Noni White, nach dem Roman »Tarzan of the Apes« von Edgar Rice Burroughs **M** Mark Mancina **L** 87 **FSK** o. A.; f **FBW** bw **E** 11.11.1999/31.8.2000 Video/ 14.9.2000 DVD **fd** 33 957

TARZAN AM GROSSEN FLUSS (TARZAN AND THE GREAT RIVER). Ein Indianerhäuptling in Amazonien zwingt alle umliegenden Stämme zur Sklavenarbeit für seinen Diamantenbergbau. Dschungelheld Tarzan befreit die Gefangenen und macht dem Terror ein Ende. Naives Dschungelabenteuer, das mit der klassischen Burroughs-Figur nur noch die Kulissen gemein hat; talentlos inszeniert, mit einigen für die Entstehungszeit deutlichen Grausamkeiten. – Ab 16. ✦ Scope. USA/Schweiz 1967 **P** Banner/Allfin **KI** Paramount **R** Robert Day **B** Bob Barbash, nach einem Roman von Bob Barbash und Lewis Reed **K** Irving Lippman **M** William Loose **D** Mike Henry (Tarzan), Jan Murray (Capt. Sam Bishop), Diana Millay (Dr. Anna Phillips), Manuel Padilla jr. (Pepe), Rafer Johnson (Häuptling Bacuna) **L** 88 **FSK** ab 12; nf **E** 9.7. 1968 **fd** 15 591

TARZAN AUF DER SCHATZINSEL (HAWK OF THE WILDERNESS). Ein Dschungelheld gerät unter feindlich gesonnene Indianer und rettet, sich von Baum zu Baum hangelnd, Mensch wie Tier aus den Klauen der Bösewichte. Trivialer Abenteuerfilm nach üblichen Versatzstücken der »Tarzan«-Filme, wobei dessen Name nur in der deutschen Fassung verwendet wird. – Ab 10. ✦ Schwarz-weiß. USA 1938 **P** Republic **KI** NWDF-Unitas **R** William Witney, John English **B** Barry Shipman, Rex Taylor, Norman S. Hall, nach W. L. Chester **K** William Nobles **M** William Lava **D** Herman Brix (= Bruce Bennett) (Tarzan), Jill Martin, Monte Blue **L** 91 **FSK** ab 6; nf **E** 25.12.1962 **fd** 11 737

TARZAN BEI DEN AFFEN (TARZAN OF THE APES). Der erste »Tarzan«-Film der Filmgeschichte, der nur noch als Fragment vorhanden ist. Ein englischer Lord wird 1885 bei einer Meuterei mit seiner Frau und einem Matrosen in der Wildnis ausgesetzt. Der Matrose wird von Sklavenhändlern verschleppt, das im Urwald geborene Kind des Lords überlebt trotz des Todes der Eltern, weil eine Äffin sich seiner annimmt. Nach Jahren startet eine Expedition, die den Sohn des Lords nach England zurückholen soll; dabei ist eine junge Frau, die sich in Tarzan verliebt und bei ihm im Dschungel bleibt. Ein bemerkenswertes filmhistorisches Dokument; der originale Charakter wurde bewahrt, indem die englischen Zwischentitel des Stummfilms beibehalten und deutsch übersprochen wurden. – Ab 14. ✦ Schwarz-weiß. USA 1918 **P** National Film Coproration of America **R** Scott Sidney **B** William E. Wing, nach einem Roman von Edgar Rice Burroughs **K** Harry M. Fowler, Harry Vallejo **D** Elmo Lincoln (Tarzan), Gordon Griffith (Tarzan als Junge), Enid Markey (Jane Porter), George French (Binns), True Boardman (Lord Greystoke), Kathleen Kirkham (Lady Greystoke), Thomas Jefferson (Prof. Porter) **L** (TV) 45 **E** 13.4.1970 ZDF

TARZAN, BEZWINGER DER WÜSTE (TARZAN'S DESERT MYSTERY). Dschungelheld Tarzan bewahrt eine unschuldige Zirkusartistin vor dem Galgen und rettet arabische Wüstensöhne vor ausländischen Schiebern. Nach gängigen Mustern inszenierte »Tarzaniade«, die sich selbst nicht so ganz ernstzunehmen scheint und deshalb von erheiternder Spannung ist. – Ab 10 möglich. ✦ Schwarz-weiß. USA 1943 **P** RKO **KI** MGM **Pd** Sol Lesser **R** William Thiele (= Wilhelm Thiele) **B** Edward T. Lowe, nach einem Roman von Carroll Young **K** Harry J. Wild, Russell Harlan **M** Paul Sawtell **S** Ray Lockert **D** Johnny Weissmuller (Tarzan), Nancy Kelly (Connie), Johnny Sheffield (Boy), Otto Kruger (Hendrix), Maureen O'Sullivan (Jane), Joseph Sawyer (Strader), Frances Gifford **L** 70 (Orig. 78) **FSK** ab 6; nf **E** 28.4.1959/24.5.1970 ZDF **fd** 8 086

TARZAN BRICHT DIE KETTEN (TARZAN AND THE SHE-DEVIL). Tarzan legt elfenbeinlüsternen Elefantenjägern das Handwerk, indem er die Dickhäuter dazu bringt, alles zu Tode zu trampeln – ausgenommen seine Frau. Naiv-romantische Abenteuer-Unterhaltung innerhalb der Konventionen des Genres, aber insgesamt etwas härter. – Ab 12. ✦ Schwarz-weiß. USA 1953 **P** RKO **KI** RKO **Pd** Sol Lesser **R** Kurt Neumann **B** Karl Kamb, Carroll Young, nach Edgar Rice Burroughs **K** Karl Struss **M** Paul Sawtell **D** Lex Barker (Tarzan), Joyce MacKenzie (Jane), Monique van Vooren (Lydia), Raymond Burr (Vargo), Tom Conway (Fidel), Michael Granger (Lavar) **L** 76 **FSK** ab 12; nf **E** 14.9.1954/1.5.1970 ZDF **fd** 3 571

TARZAN, DER AFFENMENSCH (TARZAN THE APE MAN). Tarzan entführt die junge Engländerin Jane, die mit ihrem Vater in den afrikanischen Dschungel gekommen ist. Nach dem ersten Schrecken freundet sich das Mädchen mit ihm an. Der Affenmensch rettet die englische Expedition aus tödlicher Gefahr, Jane wird bei ihm im Dschungel bleiben. Das erste »Tarzan«-Abenteuer der MGM-Studios mit Johnny Weissmüller folgt noch weitgehend der Romanvorlage. Dank der fantasie- und ideenreichen Gestaltung ist der Film besser als alle späteren Filme des Genres. (In den 30er Jahren lief der Film im Kino als »Tarzan, der Herrscher des Urwalds«; DDR-Titel: »Tarzan, der Mann aus dem Urwald«.) – Ab 12. ✦ Schwarz-weiß. USA 1932 **P** MGM **VA** Warner Home **R** W. S. van Dyke **B** Cyril Hume, nach einem Roman von Edgar Rice Burroughs **K** Harold Rosson, Clyde de Vinna **D** Johnny Weissmuller (Tarzan), Neil Hamilton (Harry Holt), Maureen O'Sullivan (Jane Parker), C. Aubrey Smith (James Parker), Doris Lloyd (Mrs. Cutten) **L** 99 **FSK** ab 12 **E** 9.1.1933/15.10.1972 ARD/1.3.1986 DFF 2/10.8.2000 Video

TARZAN, DER GEWALTIGE (TARZAN THE MAGNIFICENT). Der Dschungelheld und seine Begleiter im Kampf gegen Verbrecher, die versuchen, ihren von Tarzan gefangengenommenen Anführer zu befreien. Spannungsreicher, aber für dieses Genre ungewohnt harter und humorloser Abenteuerfilm. – Ab 14. ✦ Großbritannien 1960 **P** Solar **KI** Paramount **Pd** Sy Weintraub, Harvey Hayutin **R** Robert Day **B** Berne Giler, nach Motiven von Edgar Rice Burroughs **K** Ted Scaife **M** Kenneth V. Jones **S** Bert Rule **D** Gordon Scott (Tarzan), Jock Mahoney (Coy Banton), Gary Cockrell (Johnny Banton), Al Mulock (Martin Banton), Betta St. John (Fay Ames), John Carradine (Abel Banton) **L** 83 **FSK** ab 12; nf **E** 28.4.1961/11.10. 1970 ZDF **fd** 10 168

TARZAN, DER HERR DES URWALDES (TARZAN, THE APE MAN). Ein neuer Tarzan-Darsteller hüpft erstmals im romantischen Kostüm seiner Vorgänger von Ast zu Ast, rettet seine künftige Braut und kommandiert hilfswillige Tierherden. Routiniert inszeniert und dank beachtlichen Aufwands ein weitgehend passables Abenteuer; der erste »Tarzan«-Film des MGM-Studios seit 1942. – Ab 12. ✦ USA 1959 **P** MGM **KI** MGM **Pd** Alfred Zimbalist **R** Joseph M. Newman **B** Robert Hill, nach Motiven von Edgar Rice Burroughs **K** Paul C. Vogel **M** Shorty Rogers **D** Denny Miller (Tarzan), Cesare Danova (Holt), Joanna Barnes (Jane Parker), Robert Douglas (Col. Parker), Thomas Yangha (Riano) **L** 82 **FSK** ab 12; nf **E** 22.12.1959 **fd** 8 880

TARZAN, DER HERRSCHER DES URWALDS →Tarzan, der Affenmensch

TARZAN, DER MANN AUS DEM URWALD →Tarzan, der Affenmensch

TARZAN, DER VERTEIDIGER DES DSCHUNGELS (TARZAN'S SAVAGE FURY). Der menschenfreundliche Serienheld muß sich diesmal mit zwei britischen Schurken und einem Kannibalen-Haufen auseinandersetzen, und an den Ecken des Urwalds stehen wieder einige nette Tiere herum, darunter die Schimpansin Cheta, die ein Funkgerät bedient und damit ein Flugzeug zum Absturz bringt. Weniger auf Glaubwürdigkeit als auf Unterhaltungseffekte setzende Serien-Kost ohne sonderliche Ambitionen. – Ab 12. ✦ Schwarz-weiß. USA 1952 **P** RKO **KI** RKO **Pd** Sol Lesser **R** Cyril Raker Endfield **B** Cyril Hume, Hans Jacoby, Shirley White, nach Motiven von Edgar Rice Burroughs **K** Karl Struss **M** Paul Sawtell **D** Lex Barker (Tarzan), Dorothy Hart (Jane), Patric Knowles (Edwards), Charles Korvin (Rokow), Tommy Carlton (Joey) **L** 80 **FSK** ab 12; nf **E** 3.9.1953/1.3.1970 ZDF **fd** 2 791

TARZAN: DIE RÜCKKEHR (TARZAN: THE EPIC ADVENTURES). Der in die Zivilisation zurückgekehrte Tarzan wird mit der Entführung einer Freundin konfrontiert, deren magisches Amulett die Begehrlichkeit eines Zarensohnes weckte. Mittels des Schmuckstücks ist der Eintritt in eine afrikanische Schattenwelt gewährt, in der Tarzan und sein Freund eine Reihe gefährlicher Abenteuer zu bestehen haben. Haarsträubendes Ammenmärchen, das nur den Titel mit Edgar Rice Burroughs' Abenteuerromanen gemein hat. ✦ USA 1996 **R** Brian Yuzna **B** Burton Armus **D** Joe Lara (Tarzan), Andrew Divoff (Rokoff), Cory Everson (Mora), Lydie Denier (Colette), Linda Hoffman (Jana) **L** 115 **E** 9.10.1999 RTL 2

TARZAN EROBERT INDIEN (TARZAN GOES TO INDIA). Der Dschungelheld rettet eine Elefantenherde vor den andringenden Fluten eines Stausees. Solide und relativ aufwendig inszeniertes »Tarzan«-Abenteuer mit gut fotografierten Tier- und Landschaftsaufnahmen. – Ab 12. ✦ Scope. Großbritannien 1962 **P** Solar/Banner (für MGM) **KI** MGM **Pd** Sy Weintraub **R** John Guillermin **B** Robert Hardy Andrews, John Guillermin, nach Motiven von Edgar Rice Burroughs **K** Paul Beeson **M** Kenneth V. Jones **S** Max Benedict **D** Jock Mahoney (Tarzan), Mark Dana (O'Hara), Leo Gordon (Bryce), Simi (Prinzessin Makara), Feroz Khan (Rama), Murad (Maharadscha) **L** 86 **FSK** ab 12; nf **E** 25.1.1963/21.7.1996 SAT 1 **fd** 11 778

TARZAN GREIFT EIN →Tarzan und das Sklavenmädchen

TARZAN, HERR DES DSCHUNGELS →Tarzan, Herr des Urwalds

TARZAN, HERR DES URWALDS (TARZAN THE APE MAN). Ein selbstherrlicher Forscher und seine kapriziöse Tochter geraten im afrikanischen Dschungel in lebensbedrohende Gefahren, aus denen sie von Tarzan gerettet werden, jenem primitiven Naturmenschen, der schließlich mit der attraktiven Frau happy-endet. Quälend langweilige Neuauflage der alten Kintopp-Geschichte, die sich als peinliche und lächerliche Personality-Show für die Hauptdarstellerin erweist. – Ab 14 mögl. ✦ USA 1981 **P** MGM **KI** CIC **Pd+R** John Derek **B** Tom Rowe, Gary Roddard, nach Romanen von Edgar Rice Burroughs **K** John Derek **M** Perry Botkin jr. **S** James B. Ling **D** Bo Derek (Jane Parker), Richard Harris (James Parker), John Phillip Law (Harry Holt), Miles O'Keefe (Tarzan), Akushula Selayah (Africa), Steven Strong (Elfenbeinkönig) **L** 112 **FSK** ab 12; f **E** 24.9.1981 **fd** 23 143

TARZAN IN GEFAHR (TARZAN AND THE MERMAIDS).

Dschungel-Held Tarzan rettet die naiven Einwohner eines afrikanischen Perlfischerdorfes vor den Intrigen eines weißen Schurken, der sie in der Maske eines Gottes ausbeutet. Naives Urwald-Abenteuer nach den bekannten Mustern der Gattung. – Ab 10. ✦ Schwarz-weiß. USA 1948 **P** RKO **KI** (RKO) **Pd** Sol Lesser **R** Robert Florey **B** Carroll Young, nach Motiven eines Romans von Edgar Rice Burroughs **K** Jack Draper **M** Dimitri Tiomkin **D** Johnny Weissmuller (Tarzan), Brenda Joyce (Jane), Linda Christian (Mara), John Laurenz, Fernando Wagner **L** 68 **FSK** ab 12; nf **E** 5.12.1951 **fd** 1 625

TARZAN IN MANHATTAN (TARZAN IN MANHATTAN). Nachdem seine Affenziehmutter erschossen und sein Lieblingsaffe verschleppt wurde, verfolgt Tarzan die Spur der Täter nach New York, wo er ganz anderen Gefahren als denen des Dschungels ausgesetzt ist. Mit Hilfe einer resoluten Taxifahrerin namens Jane und ihres schrulligen Vaters werden diese gemeistert. Man legt einem millionenschweren Hobbyjäger das Handwerk. Leichtgewichtig-trivialer »Pilotfilm« einer Fernsehserie, die den 18. Tarzan-Darsteller der Filmgeschichte vorführt. – Ab 12. ✦ USA 1989 **P** American First Run **VA** RCA/Columbia **Pd** Charles Hairston **R** Michael Schultz **B** Anna Sandor, Bill Gough **K** Laszlo George **M** Charles Fox **S** Dann Cahn **D** Joe Lara (Tarzan), Kim Crosby (Jane), Tony Curtis (Archimedes Porter), Jan-Michael Vincent (Brightmore), Joe Seneca (Joseph) **L** 94 **FSK** ab 12 **E** 5.12.1989 Video

TARZAN RETTET DIE DSCHUNGELKÖNIGIN → Tarzan und die Dschungelgöttin

TARZAN UND DAS BLAUE TAL (TARZAN'S MAGIC FOUNTAIN). Dschungelheld und Affenmensch Tarzan verteidigt einen seltsamen Volksstamm, der sich in einem schwer zugänglichen Tal an einem Jungbrunnen ewig gesund hält und sein Geheimnis eifersüchtig bewacht, gegen geschäftstüchtige Eindringlinge. Handelsüblich gestricktes Abenteuer ohne nennenswerte Einfälle. – Ab 12. ✦ Schwarz-weiß. USA 1948 **P** RKO **KI** RKO **Pd** Sol Lesser **R** Lee Sholem **B** Curt Siodmak, Harry Chandlee, nach Motiven von Edgar Rice Burroughs **K** Karl Struss **M** Alexander Laszlo **D** Lex Barker (Tarzan), Brenda Joyce (Jane), Albert Dekker (Trask), Evelyn Ankers (Gloria), Charles Drake (Dodd), Alan Napier (Jessup) **L** 70 **FSK** ab 12; nf **E** 22.8.1952/5.4.1996 Kabel 1 **fd** 2 254

TARZAN UND DAS LEOPARDENWEIB (TARZAN AND THE LEOPARD WOMAN). In Leopardenfellen unternehmen die Krieger eines Negerstamms mörderische Überfälle auf die Karawanen der Weißen, um deren Herrschaft abzuschütteln – bis sich Tarzan der Sache annimmt. Fantasiearmes Serien-Produkt, routiniert, aber allenfalls für unbedarfte Fans. – Ab 12. ✦ Schwarz-weiß. USA 1946 **P** RKO **KI** RKO **R** Kurt Neumann **B** Carroll Young, nach Motiven von Edgar Rice Burroughs **K** Karl Struss **M** Paul Sawtell **D** Johnny Weissmuller (Tarzan), Brenda Joyce (Jane), Johnny Sheffield (Boy), Acquanetta, Edgar Barrier, Dennis Hoey, Tommy Cook **L** 99 **FSK** ab 12; nf **E** 3.8.1951 **fd** 1 349

TARZAN UND DAS SKLAVENMÄDCHEN (TARZAN AND THE SLAVE GIRL). Ein altägyptisch angehauchter, durch eine seltsame Krankheit dezimierter Stamm im tiefsten Dschungel geht auf Frauenfang aus, um sein Blut aufzufrischen. Dschungel-Held Tarzan hilft allen – den Opfern und den Tätern. Seriengefertigter Abenteuerfilm ohne großen Anspruch, amüsant durch die sorglose Verquickung unterschiedlicher »Traditionen« von Ramses bis Robin Hood. (Fernsehtitel auch: »Tarzan greift ein«) – Ab 12. ✦ Schwarz-weiß. USA 1950 **P** RKO **KI** RKO **Pd** Sol Lesser **R** Lee Sholem **B** Hans Jacoby, Arnold Belgard, nach Motiven von Edgar Rice Burroughs **K** Russell Harlan **M** Paul Sawtell **D** Lex Barker (Tarzan), Vanessa Brown (Jane), Robert Alda (Neil), Denise Darcel (Lola), Arthur Shields (Doktor), Hurd Hatfield (Prinz) **L** 73 **FSK** ab 12; nf **E** 14.11.1952/12.4.1970 ZDF **fd** 2 462

TARZAN UND DER DSCHUNGELBOY (TARZAN AND THE JUNGLE BOY). Tarzan hilft einem Journalistenpaar, einen seit sechs Jahren im Dschungel verschwundenen Jungen wiederzufinden. Naives Dschungel-Abenteuer mit einigen Grausamkeiten, talentlos inszeniert. – Ab 14. ✦ Scope. USA 1967 **P** Banner Prod. (für Paramount) **KI** Paramount **Pd** Robert Day **R** Robert Day, Robert Gordon **B** Stephen Lord, nach Motiven von Edgar Rice Burroughs **K** Ozen Sermet **M** William Loose, Igo Kantor **S** Milton Mann, Reg Browne **D** Mike Henry (Tarzan), Rafer Johnson (Nagambi), Alizia Gur (Myrna Claudel), Steve Bond (Erik), Ronald Gans (Ken), Ed Johnson **L** 89 **FSK** ab 12; nf **E** 29.11.1968 **fd** 15 845

TARZAN UND DER GOLDENE LÖWE (TARZAN AND THE GOLDEN LION). In einer geheimnisvollen Diamentenstadt kann Tarzan seine Verlobte retten, die dem Gott der Löwen geopfert werden soll. An ihrer Stelle findet ein Bösewicht seine verdiente Strafe, und Tarzan wird fortan als neuer Gott verehrt. Eine frühe Tarzan-Adaption als Stummfilmfassung, in der Tochter und Schwiegersohn des Tarzan-Erfinders Edgar Rice Burroughs die Hauptrollen spielen. – Ab 12. ✦ Schwarz-weiß. USA 1927 **R** J. P. MacGowan **M** Serge Bromberg **D** James Pierce (Tarzan, Lord Greystoke), Frederic Peters (Esteban), Edna Murphy (Ruth Porter), D'Arcy Corrigan (Weesimbo) **L** 65 **E** 1.12.1996 arte

TARZAN UND DER SCHWARZE DÄMON (TARZAN'S HIDDEN JUNGLE). Tarzan schützt die wilden Tiere gegen schießwütige Weiße und rettet einen braven Urwaldarzt samt hübscher Assistentin aus einer Löwengrube. Konventionell und einfallslos abgespultes Serienprodukt in den Grenzen der üblichen Genre-Elemente. – Ab 12. ✦ Schwarz-weiß. USA 1955 **P** RKO **KI** RKO **Pd** Sol Lesser **R** Harold Schuster **B** William Lively, nach Motiven von Edgar Rice Burroughs **K** William Whitley **M** Paul Sawtell **D** Gordon Scott (Tarzan), Vera Miles (Jill Hardy), Peter van Eyck (Dr. Celliers), Jack Elam (Burger), Charles E. Fredericks (DeGroot), Richard Reeves (Reeves) **L** 72 **FSK** ab 12; nf **E** 28.10.1955 **fd** 4 593

TARZAN UND DIE AMAZONEN (TARZAN AND THE AMAZONS). Dschungel-Held Tarzan kommt gerade noch zurecht, um seinen kleinen Sohn vor der Rache eines Amazonen-Staates namens Palmyra zu bewahren und um goldgierige Übeltäter einem grausamen Tod zu übergeben. Standard-Abenteuer in Serienmanier, das allenfalls durch die Einbeziehung des kleinen Jungen Emotionen weckt. – Ab 12. ✦ Schwarz-weiß. USA 1945 **P** RKO **KI** RKO **Pd** Sol Lesser **R** Kurt Neumann **B** Hans Jacoby, Marjorie L. Pfaelzer, nach Motiven von Edgar Rice Burroughs **K** Archie Stout **M** Paul Sawtell **D** Johnny Weissmuller (Tarzan), Brenda Joyce (Jane), Johnny Sheffield (Boy), Henry Stephenson, Maria Ouspenskaya **L** 75 **FSK** ab 12; nf **E** 6.1.1950 **fd** 1 846

TARZAN UND DIE DSCHUNGELGÖTTIN (TARZAN'S PERIL). Der Urwaldheld jagt verbrecherische Waffenschmuggler. Echte Naturkulissen und entspannende Tierszenen heben den Film über den Durchschnitt. Ein Kuriosum der deutschen Synchronisation ist eine eingeblendete Notiz, die von Waffenlieferungen einer osteuropäischen Macht handelt, während im Dialog von Winchester-Gewehren die Rede ist. (Alternativtitel: »Tarzan rettet die Dschungelkönigin«) – Ab 10. ✦ Schwarz-weiß. USA 1951 **P** RKO **KI** RKO **Pd** Sol Lesser **R** Byron Haskin **B** Samuel Newman, Francis Swann, nach Motiven von Edgar Rice Burroughs **K** Karl Struss **M** Michel Michelet **D** Lex Barker (Tarzan), Virginia Huston (Jane), George Macready (Radijek), Douglas Fowley (Trask), Glenn Anders (Andrews), Dorothy Dandridge (Melmendi) **L** 80 **FSK** ab 6; nf **E** 15.1.1953 **fd** 2 565

TARZAN UND DIE JÄGER (TARZAN AND THE TRAPPERS). Tarzan tritt wie üblich für Frieden und Recht ein und macht unter anderem skrupellose Fallensteller unschädlich. Standardisierter Versuch, den kommerziellen Erfolg der Affenmensch-Abenteuer mit konventionellsten Mitteln zu verlängern. – Ab 12. ✦ Schwarz-weiß. USA 1958 **P** RKO **Pd** Sol Lesser **R** Charles Haas, Sandy Howard **B** Frederick Schlick, Robert Leach, nach Motiven von Edgar Rice Burroughs **K** William E. Snyder, Alan Stensvold **D** Gordon Scott (Tarzan), Eve Brent (Jane), Rickie Sorenson (Tantu), Leslie Bradley, Maurice Marsac **L** 65 **E** 21.6.1970 ZDF

TARZAN UND DIE NAZIS (TARZAN TRIUMPHS). Auf dem Höhepunkt der Anti-Hitler-Allianz setzte sich das amerikanische State Departement für die Produktion eines propagandistischen Kinofilms mit einem Serienhelden ein. So entstand »Tarzan und die Nazis« unter der Regie des aus Deutschland emigrierten Wilhelm Thiele. Die naive Geschichte spielt im Zweiten Weltkrieg: Tarzan will nichts mit dem Krieg zu tun haben, wird aber in seinen Strudel gerissen, als deutsche Fallschirmspringer die Urwaldstadt Palandria besetzen. Ein filmhistorisches Kuriosum mit zum Teil umwerfend aber unfreiwillig komischen Szenen. – Ab 14. ✦ Schwarz-weiß. USA 1942 **P** RKO **Pd** Sol Lesser **R** William Thiele (= Wilhelm Thiele) **B** Roy Chanslor, Carroll Young **K** Harry J. Wild **M** Paul Sawtell **S** Hal C. Kern **D** Johnny Weissmuller (Tarzan), Johnny Sheffield (Boy), Frances Gifford (Zandra), Stanley Ridges (Erster Nazi), Philip van Zandt (Zweiter Nazi), Sig Rumann (Feldwebel) **L** 78 **E** 15.1.1971 ZDF

TARZAN UND DIE VERLORENE STADT (TARZAN AND THE LOST CITY). 1913 kehrt Tarzan aus England in den afrikanischen Dschungel zurück, wo er von Menschenaffen großgezogen worden war. Unterstützt von seinen Affenbrüdern und der nachgereisten Verlobten Jane kann er einer goldgierigen Bande weißer Eindringlinge das Handwerk legen. Mit beachtlichem Aufwand inszenierter Abenteuerfilm, der jedoch an seinem einfältigen Drehbuch, ärmlichen Dialogen und einer wilden Stillosigkeit krankt. Unzumutbare Gewalt- und Tötungsszenen machen den Film trotz des Sujets für jüngere Zuschauer weniger geeignet. – Ab 16. ✦ Deutschland/USA 1997 **P** Velace/Geissler **VA** VCL **DVD** VCL (1.85:1, DD5.1 dt.) **Pd** Michael Lake, Dieter Geissler, Stanley Canter **R** Carl Schenkel **B** Bayard Johnson, J. Anderson Blake, nach Motiven aus den Tarzan-Erzählungen von Edgar Rice Burroughs **K** Paul Gilpin **M** Christopher Franke **S** Harry Hitner **D** Casper van Dien (Tarzan), Jane March (Jane Porter), Winston Ntshona (Mugambi), Rapulana Seiphemo (Kaya), Steven Waddington (Ravens) **L** 98 **FSK** ab 12 **E** 27.4.1999 Video/30.5.2000 ProSieben/9.7.1999 DVD **fd** 33 787

TARZAN UND DIE VERSCHOLLENE SAFARI (TARZAN AND THE LOST SAFARI). Ein schurkischer Löwenjäger will die Besatzung eines abgestürzten Flugzeugs an wilde Eingeborene ausliefern. Tarzan rettet sie. Anspruchslos-abenteuerliche Kolportage-Geschichte, die mit den früheren »Tarzan«-Filmen kaum noch vergleichbar ist. Das erste »Tarzan«-Abenteuer in CinemaScope und angeblich das erste, das tatsächlich in Afrika gedreht wurde. – Ab 14. ✦ Scope. USA 1957 **P** Sol Lesser Prod. (für MGM) **KI** MGM **Pd** John Croydon **R** H. Bruce Humberstone **B** Montgomery Pittman, Lillie Hayward, nach Motiven von Edgar Rice-Burroughs **K** C. Pennington-Richards **M** Clifton Parker **S** Bill Lewthwaite **D** Gordon Scott (Tarzan), Robert Beatty (»Tusker« Hawkins), Yolande Donlan (Evelyn Dean), Betta St. John (Diana Penrod), Wilfrid Hyde-White (Johnny Fletcher), George Coulouris (Carl Kraski) **L** 80 **FSK** ab 12; nf **E** 19.12.1957/2.8.1970 ZDF **fd** 6 433

TARZAN & JANE → Tarzan und die verlorene Stadt

TARZAN UND SEIN SOHN (TARZAN FINDS A SON). Dschungel-Held Tarzan und seine Frau Jane finden in den Trümmern eines abgestürzten Flugzeugs ein Baby und ziehen es auf. Schließlich setzen sie sich auch gegen alle Intrigen der geldgierigen Verwandtschaft durch, dürfen den Jungen behalten und bleiben als kleine Familie gemeinsam im Dschungel. Naiv unterhaltender Abenteuerfilm mit rührseligen

Einlagen, eindrucksvollen Tieraufnahmen und einer eher belustigend gezeichneten Urwald-Familien-Idylle. – Ab 10. ✦ Schwarz-weiß. USA 1939 **P** MGM **KI** MGM **Pd** Sam Zimbalist **R** Richard Thorpe **B** Cyril Hume, nach Motiven von Edgar Rice Burroughs **K** Leonard Smith **M** Douglas Shearer **S** Frank Sullivan, Gene Ruggiero **D** Johnny Weissmuller (Tarzan), Maureen O'Sullivan (Jane), Johnny Sheffield (Boy), Henry Wilcoxon (Mr. Sande), Ian Hunter (Austin Lancing), Henry Stephenson (Sir Thomas Lancing) **L** 88 **FSK** ab 6; f **E** 4.5.1950 **fd** 748

TARZAN WIRD GEJAGT (TARZAN AND THE HUNTRESS). Nach einigen Abenteuern kann Tarzan mit Hilfe einer Elefantenherde die arroganten weißen Jäger aus dem Dschungel vertreiben. Gut fotografiertes Abenteuermärchen mit prachtvollen Kulissen und interessanten Tieraufnahmen. – Ab 12. ✦ Schwarz-weiß. USA 1947 **P** RKO **KI** MGM **Pd** Sol Lesser **R** Kurt Neumann **B** Jerry Gruskin, Rowland Leigh, nach den Romanen von Edgar Rice Burroughs **K** Archie Stout **M** Paul Sawtell **D** Johnny Weissmuller (Tarzan), Brenda Joyce (Jane), Johnny Sheffield (Boy), Patricia Morison (Tanja), Barton MacLane (Weir), John Warburton (Marley), Wallace Scott (Smithers) **L** 80 **FSK** ab 12; nf **E** 16.11.1950 **fd** 1 011

TARZANS ABENTEUER IN NEW YORK (TARZAN'S NEW YORK ADVENTURE). Tierfänger rauben Tarzans Sohn, um ihn in New York als Zirkusattraktion vorzustellen. Tarzan und seine Frau Jane brechen auf, um den Jungen zurückzuholen. Im modernen »Großstadt-Dschungel« gerät der Urwaldheld in eine ihm unverständliche Zivilisation, kann jedoch mit Hilfe von Zirkuselefanten das Kind befreien und in den Dschungel zurückkehren. Trotz des reizvollen Kontrastes zwischen Großstadt- und Dschungel-Existenz erreicht der konventionelle Abenteuerfilm nie mehr als Serienformat. – Ab 10. ✦ Schwarz-weiß. USA 1942 **P** Loew's Inc. **KI** MGM **VA** Warner Home **Pd** Frederick Stephani **R** Richard Thorpe **B** William R. Lipman, Myles Connolly, nach Motiven von Edgar Rice Burroughs und einer Erzählung von Myles Connolly **K** Sidney Wagner **M** David Snell **D** Johnny Weissmuller (Tarzan), Maureen O'Sullivan (Jane), Johnny Sheffield (Boy), Charles Bickford (Buck Rand), Chill Wills (Manchester Mountford), Virginia Grey (Connie Beach) **L** 86 (gek. 67) **FSK** ab 6 **E** 1950 Kino/2.5.1982 ZDF/10.8.2000 Video **fd** 557

TARZANS GEHEIMER SCHATZ (TARZAN'S SECRET TREASURE). Tarzan kämpft gegen verbrecherische Goldsucher und einen feindseligen Eingeborenenstamm, die seine Frau und seinen Adoptivsohn entführt haben. Naives Abenteuer der »Tarzan«-Serie mit der üblichen Trennung von Gut und Böse. Gewürzt mit den bekannten Urwald-Späßen und einigen Tierszenen, bietet der Film anspruchslose Unterhaltung. – Ab 10 möglich. ✦ Schwarz-weiß. USA 1941 **P** Loew's Inc. **KI** MGM **VA** Warner Home **Pd** B. P. Fineman **R** Richard Thorpe **B** Myles Connolly, Paul Gangelin, nach Motiven von Edgar Rice Burroughs **K** Clyde de Vinna **M** David Snell **D** Johnny Weissmuller (Tarzan), Maureen O'Sullivan (Jane), Johnny Sheffield (Boy), Reginald Owen (Prof. Elliott), Barry Fitzgerald (O'Doul), Tom Conway (Medford), Philip Dorn (= Frits van Dongen) (Vandermeer) **L** 85 **FSK** ab 6; nf **E** 4.8.1961/10.8.2000 Video **fd** 10 402

TARZANS GRÖSSTES ABENTEUER (TARZAN'S GREATEST ADVENTURE). Tarzan jagt im Urwald hinter vier kaltblütigen Mördern her, die er selbstverständlich besiegt. Abenteuerfilm, dem fast alle Merkmale typischer »Tarzan«-Filme fehlen, was er durch gehäufte Rohheiten wettzumachen versucht. – Ab 14 möglich. ✦ Großbritannien 1959 **P** Solar **KI** Paramount **Pd** Sy Weintraub **R** John Guillermin **B** Berne Giler, John Guillermin, nach Motiven von Edgar Rice Burroughs und einer Erzählung von Les Crutchfield **K** Ted Scaife **M** Douglas Gamley **S** Bert Rule **D** Gordon Scott (Tarzan), Sara Shane (Angie), Anthony Quayle (Slade), Niall MacGinnis (Kruger), Sean Connery (O'Bannion), Al Mulock (Dino) **L** 80 **FSK** ab 12; nf **E** 13.10.1959/8.11.1970 ZDF **fd** 8 546

TARZANS KAMPF UMS LEBEN (TARZAN'S FIGHT FOR LIFE). Der Herr des Urwalds, zum friedlichen Familienvater geworden, durchkreuzt mit unblutiger Kraftanstrengung die Machenschaften eines Medizinmanns, der weiße Ärzte verdrängen möchte. – Ab 16. ✦ USA 1958 **P** Sol Lesser Prod. (für MGM) **KI** MGM **Pd** Sol Lesser **R** H. Bruce Humberstone **B** Thomas Hal Phillips, nach Motiven von Edgar Rice Burroughs **M** Ernest Gold **D** Gordon Scott (Tarzan), Eve Brent (Jane), Rickie Sorenson (Tartu), Jill Jarmyn (Anne), Carl Benton Reid (Dr. Sterdi), James Edwards (Futa), Woody Strode (Ramo) **L** 86 **FSK** ab 6; nf **E** 23.12.1958/23.8.1970 ZDF **fd** 7 713

TARZANS NEUESTE ABENTEUER – 1. DER HERR DER WILDNIS (NEW ADVENTURES OF TARZAN). Dschungelheld Tarzan gelangt auf der Suche nach einem verschollenen Freund in den geheimnisumwitterten Tempel der »Verlorenen Göttin«, wo zahlreiche Gefahren auf ihn warten. Ein aus einem zwölfteiligen Serial zusammengeschnittener Spielfilm, der für die deutsche Version obendrein mit Teilen der drei Jahre später produzierten Fortsetzung verschnitten wurde. Dies ist freilich der auf aktionsreiche Abenteuerlichkeiten bedachten Trivialunterhaltung kaum anzumerken, da ihr ohnehin jede inszenatorische Handschrift fehlt. Bemerkenswert allenfalls als filmhistorische Randnotiz, da »Tarzan«-Autor Burroughs selbst produzierte und während der Dreharbeiten im Dschungel von Guatemala für Aufsehen sorgte. (Fortsetzung: »Tarzans neueste Abenteuer – 2. Das Geheimnis der grünen Göttin«) – Ab 12. ✦ Schwarz-weiß. USA 1935 **P** Burroughs-Tarzan **KI** Wotan **Pd** Ben S. Cohen, Ashton Dearholt, Edgar Rice Burroughs **R** Edward Kull, W. F. McGaugh **B** Charles F. Royal, Edwin Harvey Blum, nach den »Tarzan«-Roman von Edgar Rice Burroughs **K** Ernest F. Smith, Edward Kull **M** Abe Meyer **S** Edward Schroeder, Harold Minter **D** Herman Brix (= Bruce Bennett) (Tarzan), Ula Holt (Ula Vale), Frank Baker (Major Martling), Dale Walsh (Alice Martling), Harry Ernest (Gordon Hamilton), Don Castello (Raglan), Lewis Sargent (George) **L** 61 (Orig. 74) **FSK** ab 12; nf **E** 2.12.1935/Januar 1950 Wiederaufführung **fd** 559

TARZANS NEUESTE ABENTEUER – 2. DAS GEHEIMNIS DER GRÜNEN GÖTTIN (TARZAN AND THE GREEN GODDESS). Tarzan wird in die Kämpfe und Rivalitäten zwischen Expeditionsteilnehmern und deren Anführern verwickelt, die alle die legendäre »Grüne Göttin« suchen. Triviale Unterhaltungskost, entstanden als Fortsetzung von »Tarzans neueste Abenteuer – 1. Der Herr der Wildnis«. In der deutschen Kinoversion, die im selben Programm mit dem ersten Teil vermietet wurde, wurden offensichtlich jene Szenen wieder entfernt, die die amerikanische Originalfassung noch aus der ersten Staffel übernommen hatte. – Ab 12. ✦ Schwarz-weiß. USA 1938 **P** Burroughs-Tarzan/Principal **KI** Wotan **Pd** George W. Stout, Ben S. Cohen, Ashton Dearholt, Edgar Rice Burroughs **R** Edward Kull **B** Charles F. Royal, nach Motiven von Edgar Rice Burroughs **K** Ernest F. Smith, Edward Kull **D** Herman Brix (= Bruce Bennett) (Tarzan), Ula Holt (Ula Vale), Frank Baker (Major Martling), Dale Walsh (Alice Martling), Harry Ernest (Gordon Hamilton), Don Castello (Raglan), Lewis Sargent (George) **L** 86 (Orig. 72) **FSK** ab 12; nf **E** 9.12.1949 **fd** 559

TARZANS RACHE (TARZAN ESCAPES). Bruder und Schwester suchen ihre Cousine, Tarzans Frau, im Dschungel, um sie zur Rückkehr nach London zu bewegen. Mit ihnen gelangen verräterische Profitjäger in das Gebiet. Tarzan bestraft sie für Intrigen und Verbrechen übermäßig grausam. Herkömmliches Dschungelabenteuer mit einigen schönen einkopierten Originalaufnahmen aus der Tierwelt. – Ab 14. ✦ Schwarz-weiß. USA 1936 **P** MGM **KI** MGM **VA** Warner Home **Pd** Sol Lesser **R** Richard Thorpe **B** Cyril Hume, nach Motiven von Edgar Rice Burroughs **K** Leonard Smith **D** Johnny Weissmuller (Tarzan), Maureen O'Sullivan (Jane), John Buckler, Benita Hume, William Henry **L** 89 **FSK** ab 12; nf **E** 31.8.1951/10.8. 2000 Video **fd** 1 321

TARZANS TODESDUELL (TARZAN'S THREE CHALLENGES). Der Urwaldheld garantiert die Thronfolge in einem ostasiatischen Reich als Beschützer des neuen Herrschers, eines kleinen Jungen. Triviale Mischung aus Folklore und Abenteuer, nicht sonderlich spannend. – Ab 12. ✦ Scope. USA 1963 **P** Banner **KI** MGM **Pd** Sy Weintraub **R** Robert Day **B** Robert Day, Berne Giler, nach Motiven von Edgar Rice Burroughs **K** Ted Scaife **M** Joseph Horovitz **D** Jock Mahoney (Tarzan), Richard Derr (Kashi), Woody Strode (Tarim Khan), Tsuruko Kobayashi (Cho San), Earl Cameron (Mang) **L** 95 **FSK** ab 12; f (fr. nf) **E** 29.1.1963/28.7. 1996 SAT 1 **fd** 12 427

TARZANS VERGELTUNG (TARZAN AND HIS MATE). Von einem großen Eingeborenentroß begleitet, suchen zwei Männer nach Elfenbein und zugleich nach der Tochter eines im Busch verschollenen Jägers, die als Tarzans Geliebte freiwillig bei ihrem Beschützer geblieben ist. Es beginnen mörderische Kämpfe mit Kannibalen und Gorillas. Tarzan wird angeschossen, die Urwaldtiere retten ihn. Auf dem Rückmarsch wird die Expedition von Eingeborenen und Löwen elendiglich dezimiert. Dieses »Tarzan«-Abenteuer unterscheidet sich vom Gros der Serie durch die Realistik der rasant gefilmten Tierkampfszenen und Massaker sowie durch die ganz unzeitgemäße erotische Deutlichkeit. – Ab 14. ✦ Schwarz-weiß. USA 1934 **P** MGM **KI** MGM **VA** Warner Home **R** Cedric Gibbons, Jack Conway **B** James Kevin McGuinness, nach Motiven von Edgar Rice Burroughs **K** Charles Clarke, Clyde de Vinna **D** Johnny Weissmuller (Tarzan), Maureen O'Sullivan (Jane Parker), Neil Hamilton (Harry Holt), Paul Cavanaugh (Martin Arlington), Forrester Harvey (Beamish), Nathan Curry (Saidi) **L** 87 **FSK** ab 12; f (fr. 16; nf) **E** 4.9.1953/10.8.2000 Video **fd** 2 759

TARZERIX DER RÄCHER. Ein kampfgewandter Held im Mittelpunkt dreier Abenteuer, die auf einem populären chinesischen Märchen basieren. Triviale Trickfilmkost auf dem stereotypen Niveau einschlägiger Fernsehware. Titel der drei Episoden: »Der Kung Fu Man«, »Kampf der Dämonen«, »Tarzerix greift ein«. – Ab 14 möglich. ✦ Japan 1985 **VA** Allround **L** 76 **FSK** ab 12

TARZERIX – I. TEIL (THE STORY OF THE CHINA GODS). Der junge Tarzerix besiegt im alten China einen bösen Tyrannen und dessen Gefolge. Der primitiv animierte Zeichentrickfilm bietet ein kunterbuntes Potpourri von Menschen- und Tierfiguren. – Ab 10 möglich. ✦ Hongkong/Frankreich 1976 **P** Chang Yin Motion Pictures/Fraise/LTC **KI** CFC-Contact **R+B** Pierre Chalons, Gabriele Yin **L** 82 **FSK** ab 6; f **E** 30.9.1977 **fd** 20 572

TARZOON – SCHANDE DES DSCHUNGELS (TARZOON LA HONTE DE LA JUNGLE). Ein im Fahrwasser von Robert Crumbs »Fritz the Cat«-Serie entstandener, aber weitaus einfallsärmerer Zeichentrick-Sexfilm. Begleitet von einem gereimten Kommentar, reiht er mit Seitenhieben auf den »Tarzan«-Mythos, auf Hollywood und den allgemeinen Werberummel Obszönes und Brutales aneinander. Im Mittelpunkt steht eine vierzehnbrüstige Königin, deren Heer aus »Hodenschwänzlern« besteht, die ihren Samen als tödliche Waffe benutzen. Formal und inhaltlich gleichermaßen plump und einfallslos. – Wir raten ab. ✦ Belgien 1975 **P** S.P.R.L. Valisa **KI** Fox-MGM **VA** Videoring **R** Picha, Boris Szulzinger **B** Picha, Pierre Baratier **K** Picha, Boris Szulzinger **M** Marc Moulin, Claude Cohen, Héloise Cohen **L** 77 **FSK** ab 18; nf **E** 5.3.1976/1982 Video

DER TASCHENDIEB (DE TASJESDIEF). Ein zwölfjähriger Junge wird von zwei stärkeren Jungen dazu gezwungen, alten Frauen die Handtasche zu stehlen und die Beute abzuliefern. Der Junge sieht sich den beiden hilflos ausgeliefert, zumal seine Eltern ihm nur mit Strenge und Ignoranz begegnen. Aber auch seine Peiniger sind massivem familiärem Druck ausgesetzt. Mit deutlichen und mitunter drastischen Bildern zeigt der Film einen Mechanismus der Weitergabe von Gewalt an Schwächere. Ohne dieses System als lösbar darzustellen, wird dennoch die Kommunikation als Notwendigkeit für das Zusammenleben ersichtlich. – Ab 14 möglich. ✦ Niederlande 1995 **P** Shooting Star/Tros Television/Film Fund Nederlande/CoBo Fund und Stimulation Fund **KI** Arsenal **Pd** Dave Schram, Hans Dos, Maria Peters **R+B** Maria Peters **K** Hein Groot **M** Ad van Dijk **S** Ot Louw **D** Olivier Tuinier (Alex), Aus Greidanus jr. (Lucas), Micha Hulshof (Evert), Ingeborg Uyt Den Boogard (Roos), Myranda Jongeling (Alex' Mutter) **L** 97 **FSK** ab 6; f **E** 7.11.1996 **fd** 32 227

TASCHENGELD (1975/76) (L'ARGENT DE POCHE). Ein in Episoden gestalteter Film über die Kinder in einer französischen Kleinstadt, ihre Abenteuer, Streiche und Probleme. Besonders mitfühlend beschreibt er einen milieugeschädigten Neuling in der Schule, dem ein Bekenntnis des jungen Lehrers gegen jedwede Kindesmißhandlung gilt. Der Film gestaltet sich als ein das Spontane und Liebenswerte herausstellendes Plädoyer von optimistischem und heiterem Grundton, das sympathisch für Verständnis und Hingabe an die Jugend wirbt. Ein autobiografisch eingefärbter, leicht und charmant erzählter Film, mit außergewöhnlichem Verständnis und Einfühlungsvermögen für Jugendliche in ihrer ersten Pubertätsphase. – Sehenswert ab 14. ✦ Frankreich 1975/76 **P** Les Films du Carosse/Artistes Associés **KI** Team **SF** Zentral **R** François Truffaut **B** François Truffaut, Suzanne Schiffman **K** Pierre-William Glenn **M** Maurice Jaubert **S** Yann Dedet **D** Geory Desmouceaux (Patrick Desmouceaux), Philippe Goldman (Lulien Leclou), Jean-François Stévenin (Jean-François Richet), Chantal Mercier (Chantal Petit, Lehrerin), Tania Torrens (Nadine Riffle, Friseuse), Kathy Carayon (Mutter von Sylvie), Nicole Felix (Gregorys Mutter) **L** 105 **FSK** ab 6; f **FBW** bw **E** 20.6.1977 ZDF **fd** 20 329

TASCHENGELD (1994) (MILK MONEY). Ein Zwölfjähriger verkuppelt seinen verwitweten Vater mit einer sympathischen Prostituierten, die er und seine Freunde bei einem selbstorganisierten »Aufklärungsausflug« kennengelernt haben. Nachdem Nachbarn und Zuhälter versucht haben, das aufkeimende Glück zu zerstören, gibt es schließlich ein Happy-End. Verlogenes »Märchen« von der Sehnsucht einer Prostituierten nach dem bürgerlichen Leben, das vor allem die Probleme der pubertierenden Jungen nur als Vorwand für allzu voraussehbare Gags benutzt. Ein seelenloses Fließbandprodukt, in dem Technik und Darsteller allenfalls Routine abliefern. – Ab 14 möglich. ✦ USA 1994 **P** Paramount **KI** UIP **VA** CIC **Pd** Kathleen Kennedy, Frank Marshall **R** Richard Benjamin **B** John Maitson **K** David Watkin **M** Michael Convertino **S** Jacqueline Cambas **D** Melanie Griffith (V), Ed Harris (Dari), Michael Patrick Carter (Frank), Malcolm McDowell (Waltzer), Anne Heche (Detty), Adam LaVorgna (Brad) **L** 109 **FSK** ab 6; f **E** 19.1.1995/12.7.1995 Video/20.7.1996 premiere **fd** 31 128

DAS TASCHENMESSER (HET ZAKMES). Zwei Jungen, die seit ihrem ersten Schultag befreundet sind, werden durch den Umzug des einen in eine fremde Stadt getrennt. Als der andere bemerkt, daß er vergessen hat, dem Freund das geliehene Taschenmesser zurückzugeben und sucht nach einem Weg, ihn zu finden. Ganz auf sich allein gestellt hat er nach einigen Fehlschlägen eine ebenso pfiffige wie erfolgreiche Idee. Preisgekrönter Kinderspielfilm ohne laute Effekte, dessen sympathische Geschichte über die Freundschaft zweier Jungen und die Beziehung zwischen Kindern und Erwachsenen in der Alltagswelt angesiedelt ist. Ein Film für die ganze Familie, der die Sorgen seines kleinen Hauptdarstellers ernst nimmt und seine Geschichte mit Humor und wohldosierter Spannung erzählt. – Ab 8. ✦ Niederlande 1992 **P** Bos Bros. (für Avro-TV) **VA** Matthias **Pd** Burny Bos **R** Ben Sombogaart **B** Sjoerd Kuyper, nach seinem gleichnamigen Buch und einer Fernseh-Serie **K** Reinier van Brummelen **M** Karel von Kleist, Roger Verhaart **S** Herman P. Koerts, Rimko Haanstra, Ranko Pankovic **D** Olivier Tuinier (Mees), Genio de Groot (Vater), Adelheid Roosen (Mutter), Verno Romney (Tim), Beppie Melissen (Lehrerin), Jaap Hoogstra (Alter Mann) **L** 86 **FSK** ab 6 **E** 2.6.1994 ZDF/1996 Video **fd** 32 109

DER TASCHENTRÄGER (IL PORTABORSE / LE PORTEUR DE SERVIETTE). Ein zunächst naiver Literaturlehrer wechselt in die Wahlkampfmannschaft eines italienischen Ministers, kann seine neue Position festigen, wird aber – je mehr Einblicke er sich verschafft – auch mit den Abgründen der Macht konfrontiert. Am Ende steht zwar ein moralischer Sieg, aber auch eine persönliche und politische Niederlage. Eine mit viel Sinn für Pointen erzählte Polit-Komödie, die einen reinen Toren in ein Spinnennetz von Intrigen und Ränkespielen stellt und so zu Gedanken über die Befindlichkeit einer Politik anregt, die sich nur noch mit sich selbst beschäftigt. Bissiger Witz und subversiver Charme finden sich eher auf der Dialogebene als im Visuellen. – Sehenswert ab 16. ✦ Italien/Frankreich 1991 **P** Connexion/Sacher Film/Eidoscope/Pyramide/Cine Cinq/Canal+ **KI** NEF 2 **VA** VMP **Pd** Nanni Moretti, Angelo Barbagallo, Giovanna Romagnoli **R** Daniele Luchetti **B** Sandro Petraglia, Stefano Rulli, Daniele Luchetti **K** Alessandro Pesci **M** Dario Lucantoni **S** Mirco Garrone **D** Silvio Orlando (Luciano Sandulli), Nanni Moretti (Cesare Botero), Giulio Brogi (Francesco Sanna), Anne Roussel (Juliette), Angela Finocchiaro (Irène), Graziano Giusti (Sebastiano Tramonti) **L** 92 **FSK** ab 12; f **FBW** w **E** 9.1.1992/19.7.1993 Video **fd** 29 304

TASHUNGA – GNADENLOSE VERFOLGUNG (TASHUNGA). Nord-Alaska zur Zeit der Jahrhundertwende: Goldgier bedroht ein indianisches Höhlenheiligtum. Hilfe bringt ein junges Halbblut, das sich dem vom kriminellen Vorsitzenden einer Minengesellschaft angeheuerten Killerkommando entgegenstellt und den Indianern ebenso wie einem entführten Stadtmädchen beisteht. In einer prächtigen Schneelandschaft angesiedelter Abenteuerfilm in aufwendiger Inszenierung. Zwei Mängel trüben den Unterhaltungswert: das Scope-Format kommt auf Video nicht zur Geltung, und die zahlreichen Tötungsakte werden in übertriebener Beiläufigkeit dargestellt. ✦ Scope. Norwegen/USA 1996 **P** AFCL/MG/Federals Films/Regency/Nordic/Urania **VA** Warner Home **Pd** Anne François, Christopher Lambert, Linda Shabert, Petter Borgli, Jean-Pierre Rosenberg, Janice Shapiro **R** Nils Gaup **B** Sergio Donati, Lorenzo Donati, Paul Ohl **K** Bruno de Keyzer **M** Bruce Rowland **S** Kant Pan **D** Christopher Lambert (Hudson), Catherine McCormack (Sarah), Burt Young (McLennon), Morten Faldaas, Jacques François (Col. Henry Johnson) **L** 84 **E** 28.8.1997 Video/4.7.1998 Premiere **fd** 32 484

TASIO (TASIO). Die Lebensgeschichte eines Köhlers und Wilderers in den Bergen des Baskenlandes, der sich durch nichts und niemanden aus seiner Heimat vertreiben läßt, der aus materieller Not mit dem Gesetz in Konflikt kam und den eine lebenslange und liebevolle »Feindschaft« mit den Gendarmen seines Dorfes verbindet. Eine fast dokumentarisch anmutende Ballade über baskische Lebensart sowie ein Leben, eingewurzelt in alte Traditionen und die malerische Landschaft. Trotz einer allzu konventionell geratenen Fotografie und Inszenierung ein interessantes Dokument des hierzulande kaum bekannten baskischen Filmschaffens. – Ab 14. ✦ Spanien 1984 **P** Elias Querejeta Prod. **Pd** Elias Querejeta **R+B** Montxo Armendáriz **K** José Luis Alcaine **M** Angel Illarramendi **S** Pablo G. del Amo **D** Patxi Bisquert (Tasio), Isidro José Solano (Tasio als Jugendlicher), Garikoitz Medigutxia (Tasio als Kind), Amaia Lasa (Paulina, Tasios Frau), Nacho Martínez (Tasios Bruder), Paco Sagarzazu (Gendarm) **L** 96 **E** 20.4.1986 DFF 2/27.6.1987 BR

TASKFORCE (TASKFORCE). Um eine Serie von Frauenmorden zu klären, bildet die Polizei von Los Angeles eine Sondereinheit mit vier ihrer besten Beamten. Die schnelle Auflösung ist allerdings nicht deren Spürsinn, sondern der Willkür des Drehbuchautors zu verdanken. Ein hanebüchener Thriller, vollgestopft mit stumpfsinnigen Klischees und Unvermögen in allen Belangen. ✦ USA 1994 **P** Gun for Hire Films **VA** Madison/Allround **Pd** Bob Kronovet **R** Stephen Lieb **B** Matt Diagostine **K** Bob Kronovet **M** Johnny Marcello **S** Craig de Villiers **D** Rod Kei (Vince), Andrew Biss (Andre), Matt Diagostine (Joey), Rocky Ferera (Lou), Daryl Mak (Cindy) **L** 81 **FSK** ab 16 **fd** 32 270

EINE TASSE TEE FÜR DIE LIEBE →Eat A Bowl Of Tea

DIE TAT DER THÉRÈSE D. (THERESE DESQUEYROUX). Eine junge Frau droht nach der Einheirat in eine Landpatrizierfamilie in deren seelenlos egoistischer Lebenstradition zu ersticken und begeht schließlich einen Mordversuch an ihrem Mann. Ein bemerkenswertes Zeugnis tiefer Humanität und der Suche nach freiheitlicher menschlicher Existenz. Die grundlegenden religiösen Bezüge der Romanvorlage werden freilich ausgeklammert. – Ab 16. ✦ Schwarz-weiß. Frankreich 1962 **P** Filmel **KI** Centfox **Pd** Eugène Lépicier **R** Georges Franju **B** François Mauriac, Claude Mauriac, Georges Franju, nach einem Roman von François Mauriac **K** Christian Matras **M** Maurice Jarre **S** Gilbert Natot **D** Emmanuelle Riva (Thérèse), Philippe Noiret (Bernard), Edith Scob (Anne), Sami Frey (Azévédo), Jeanne Perez **L** 107 **FSK** ab 16; f **FBW** w **E** 2.8.1963/8.5.1967 ZDF **fd** 12 218

DIE TAT DES ANDEREN →Der Unheimliche

DIE TAT DES HAUPTMANNS MENDOZZA →Mit leeren Händen

TAT OHNE ZEUGEN →In Ketten zum Schafott

DIE TATAREN (I TARTARI / THE TARTARS). Ein grimmiger Tataren-Häuptling kämpft im frühen Mittelalter gegen den Anführer von Wikinger-Siedlern. Über die Fronten und Leichen der Herrscher hinweg sichern zwei Verliebte als nahezu einzige Überlebende das Happy-End. Pseudohistorische Monumental-Unterhaltung, aktionsreich im Stil eines anspruchslosen Comic strips ohne sonderliche Ambitionen inszeniert. – Ab 14 möglich. ✦ Scope. Italien/Jugoslawien 1960 **P** Lux/MGM **KI** MGM **R** Richard Thorpe, Ferdinando Baldi **B** Sabatino Ciuffini, Ambrogio Molteni, Gaio Fratini, Oreste Paolella, Emimmo Salvi **K** Amerigo Gengarelli **M** Renzo Rossellini **D** Orson Welles (Burundai, Tatarenführer), Victor Mature (Oleg), Folco Lulli (Togrul), Bella Cortez (Samia), Liana Orfei (Helga), Luciano Marin (Eric), Arnoldo Foà (Chu-Lung) **L** 83 **FSK** ab 12; nf **E** 3.11.1961 **fd** 10 699

DIE TATARENWÜSTE (IL DESERTO DEI TARTARI / LE DESERT DES TARTARES). In einer Grenzfestung in der Wüste warten Offiziere und Soldaten jahrelang darauf, sich gegen den unsichtbar bleibenden Feind bewähren zu können. Während sie auf das Ereignis harren, das ihrem Dasein Sinn geben würde, verpassen sie ihr eigentliches Leben. Eine stilistisch rigorose Verfilmung von Buzzattis metaphysischer Parabel. Obwohl nicht in allen Aspekten gleichermaßen überzeugend, beeindruckt der Film vor allem durch die grandiose Landschaft und die hervorragenden Darstellerleistungen. – Ab 16. ✦ Frankreich/Italien/BR Deutschland/Iran 1976 **P** Reggane/Fildebroc/Films de l'Apostrophe/Cinema Due/Corona **KI** Filmverlag der Autoren (Erstverleih: Residenz) **Pd** Jacques Perrin, Michelle de Broca **R** Valerio Zurlini, Christian de Chalonge (zweites Team) **B** André G. Brunelin, Jean-Louis Bertuccelli, nach einem Roman von Dino Buzzatti **K** Luciano Tovoli **M** Ennio Morricone **S** Raimondo Crociani **D** Vittorio Gassman (Oberst Filimore), Giuliano Gemma (Kommandant Mattis), Helmut Griem (Leutnant Simeon), Philippe

Noiret (General), Jacques Perrin (Leutnant Drogo), Fernando Rey (Oberstleutnant Nathanson), Jean-Louis Trintignant (Sanitätsmajor Hortiz), Laurent Terzieff (Amerling), Francisco Rabal (Sergeant Tronk) **L** 140 **FSK** ab 12; f **E** 29.4.1977/2.4.1979 ZDF **fd** 20 222

TATARIN VON TARASCON (TATARIN DE TARASCON). Tatarin lebt in einer kleinen Stadt der Provence. Sein Haus ist angefüllt mit erotischen Souvenirs, die er von seinen angeblichen Reisen mitbrachte. Durch einen Zufall wird er gezwungen, auf Löwenjagd in Nordafrika zu gehen, und erweist sich als ausgemachter Maulheld. ✦ Schwarz-weiß. Frankreich 1962 **P** Georges Legrand/Pierre Guerin **R** Francis Blanche **B** Francis Blanche, nach einem Roman von Alphonse Daudet **K** Walter Wottitz **M** Jean Leccia **D** Alfred Adam, Jacqueline Maillan, Hubert Deschamps, Camille Guerini, Orbal **L** 92 **E** 23.10.1973 DFF 2

DER TÄTER FÄHRT NACH NORDEN (MR. DENNING DRIVES NORTH). Kriminalfilm, der seine Spannung weniger aus der äußeren Situation als aus menschlicher Reaktion bezieht. Sie ergibt sich daraus, daß ein Flugzeugkonstrukteur den von ihm nicht verschuldeten Tod eines unerwünschten Verehrers seiner Tochter vertuschen will und durch dilettantisches Verhalten den eigenen Anwalt auf die Spur des Mordverdächtigen setzt. Von John Mills ausgezeichnet gespielt, jedoch unbefriedigend konstruiert und an dem Effekt interessiert, daß die Wahrheit nicht ans Licht kommen kann. Intelligente, aber etwas dubiose Unterhaltung. – Ab 16 möglich. ✦ Schwarz-weiß. Großbritannien 1951 **P** London-Films/British Lion **R** Anthony Kimmins **B** Alec Coppel **K** John Wilcox **M** Benjamin Frankel **D** John Mills, Phyllis Calvert, Herbert Lom, Sam Wanamaker, Eileen Moore **L** 88 **E** 16.8.1965 ZDF

TÄTER GESUCHT. Ein engagierter Redakteur, der mit der Tochter eines vermögenden Senators verlobt ist, begeistert deren Vater durch einen Vortrag über Verurteilungen auf Grund von Indizien. Durch eine Leiche mit entstelltem Gesicht im Hause des Senators kommt es allein durch Indizien beinahe zu einem klassischen Fehlurteil gegen den Redakteur. Ein unterhaltsamer Kriminalfilm mit recht vertrackter Handlung und einigen kritischen Anmerkungen zur Praxis der damaligen Rechtsprechung. – Ab 14. ✦ Schwarz-weiß. Deutschland 1931 **P** Carl Heinz Wolff Produktion **Pd+R** Carl Heinz Wolff **B** Egon Eis, Rudolf Katscher, nach dem Roman »Der geschlossene Ring« von Frank Arnau **K** Georg Muschner, Alfred Hansen **M** Bernard Homola, Jacob Gade **D** Paul Henckels (Konsul Lychner), Gerda Maurus (Vera Lychner), Karl Ludwig Diehl (Dr. Gregor), Julius E. Herrmann (Nachtredakteur), Fritz Odemar (Dorner) **L** 70 **E** 12.3.1931/22.1.1990 DFF 1

DER TÄTER IST UNTER UNS. Der unscheinbare Hausdetektiv eines Bankunternehmens, Kriminalkommissar a. D., deckt durch Kombinationsgabe, Scharfsinn und Beharrlichkeit einen raffiniert vorbereiteten Börsenbetrug auf. Ein ganz auf den Hauptdarsteller zugeschnittener, um Anonymität der Schauplätze bemühter Kriminalfilm aus der Kriegszeit; inhaltlich und formal konventionell. – Ab 14 möglich. ✦ Schwarz-weiß. Deutschland 1944 **P** Bavaria **Kl** Bavaria-Filmkunst **R** Herbert B. Fredersdorf **B** Felix von Eckardt **K** Bruno Stephan **M** Leo Leux **D** Paul Dahlke (Dr. Adrian), Margot Hielscher (Ruth), O. E. Hasse (Dr. Cauper), Gabriele Reismüller (Lilli), Kurt Müller-Graf (Tom), Albert Hehn (Dr. Heyden), Fritz Odemar (Ladislaus von Pontembsky), Alice Treff (Eveline Brix), Joseph Offenbach (Kriminalbeamter) **L** 86 **FSK** ab 6; f **E** 27.5.1944/18.3.1973 ZDF/30.5.1988 DFF 1

TÄTER UNBEKANNT (1949) →Keine Ferien für den lieben Gott

TÄTER UNBEKANNT (1955) (LOST / KIDNAPPING). Das Kind eines amerikanischen Ehepaares wird in London aus dem Kinderwagen geraubt. Scotland Yard ermittelt in mühseliger Kleinarbeit den Aufenthalt des Kindes: Die Entführerin ist eine seelisch kranke Frau. Ein solide inszenierter Kriminalfilm mit überzeugender Milieuschilderung, lebensnah auch in der Zeichnung der Randfiguren. Anhaltend spannend, wenn auch mit einigen übertrieben reißerischen Zügen. – Sehenswert ab 16. ✦ Großbritannien 1955 **P** J. Arthur Rank/Iver Heath/Bucks **Kl** Rank **Pd** Vivian A. Cox **R** Guy Green **B** Janet Green **K** Harry Waxman **M** Benjamin Frankel **S** Anne V. Coates **D** David Farrar (Inspektor Craig), David Knight (Lee Cochrane), Julia Arnall (Sue Cochrane), Anthony Oliver (Sergeant Lyel), Anna Turner (Mrs. Robey), Anne Paige (Kinderfräulein) **L** 89 **FSK** ab 12; f (früher 16) **E** 30.10.1956/16.11.1967 ARD/30.5.1985 DFF 2 **fd** 5 332

TÄTER UNBEKANNT (1996) (PERSONS UNKNOWN). Ein Ex-Polizist, der bei einem One-Night-Stand übers Ohr gehauen wurde, macht die Betrügerin ausfindig, verliebt sich aber in sie und hat fortan nicht nur das FBI, sondern auch andere Kriminelle auf den Fersen. ✦ USA 1996 **P** Promark Entertainment Group/Spectator Films **Pd** David Lancaster **R** George Hickenlooper **B** Craig Smith **K** Richard Crudo **M** Ed Tomney **S** Suzanne Pettit **D** Joe Mantegna (Holland), Kelly Lynch (Amanda), Naomi Watts (Molly), J. T. Walsh (Cake), Xander Berkeley (Tosh), Channon Roe (Lewis), Christian Meoli (Prancer), Don Blakely (Marty), Sam Menning (Wino) **L** 91 **E** 7.9.2000 ProSieben

TATI IM STOSSVERKEHR →Trafic (Tati im Stoßverkehr)

TATIS HERRLICHE ZEITEN (PLAY-TIME / PLAY TIME (TEMPO DI DIVERTIMENTO)). Jacques Tatis aufwendig in Szene gesetzte Satire auf die Hektik und Vermassung des modernen Menschen in der Großstadt, auf seinen Kampf mit den Auswüchsen einer bis zur Gesichtslosigkeit normierten Zivilisation und den Tücken des Objektes. Wie ein roter Faden leitet Tatis Kunstfigur »Monsieur Hulot« durch das generalstabsmäßig gestylte Haus seiner Schwester und ein gläsernes Büro- und Ausstellungsgebäude, das von amerikanischen Touristen besichtigt wird, bis es in einem kaum fertiggestellten Nobelrestaurant zu einer unerwartet fröhlichen Feier kommt. Ein von melancholischer Herzlichkeit geprägtes Welttheater, organisiert wie ein filmisches Ballett, das keiner Geschichte bedarf, sondern nur Bewegungen und Begegnungen als Initialzündung braucht. Ein bisweilen etwas betulicher, stets aber intelligent unterhaltender Spaß von hohem ästhetischem Reiz. (Alternativtitel: »Playtime – Tatis herrliche Zeiten«) – Sehenswert ab 12. ✦ Scope. Frankreich/Italien 1965 **P** Specta/Armor/Alter/Jolly **Kl** Eckelkamp **VA** Universum **Pd** René Silvera **R** Jacques Tati **B** Jacques Tati, Jacques Lagrange, Art Buchwald **K** Jean Badal, Andréas Winding **M** Francis Lemarque **S** Gerard Pollicand **D** Jacques Tati (Monsieur Hulot), Luce Bonifassy, Nathalie Jam, Valérie Camille, Rita Maiden, Reinhard Kolldehoff **L** 113 **FSK** ab 12; nf (o. A. Video) **FBW** w **E** 14.8.1968 **fd** 15 687

TATIS SCHÜTZENFEST (JOUR DE FETE). Ein staksiger Dorfbriefträger wird durch Filmberichte dazu verführt, amerikanische Zustände in seinen Zustellungsbereich zu bringen. Das kleine Dorf, das sich in seiner typisch französischen Gemütlichkeit auf eine Kirmes mit Schützenfest vorbereitet, sieht dem guten Mann belustigt zu. Eine unendlich liebevoll gezeichnete Dorfchronik voller witziger Beobachtungen, mit der Tati ein ebenso zärtliches wie poetisches Meisterwerk geschaffen hat. Für den zweiten Kinostart (1961) veränderte er den Film durch Einfärbungen (Virage), wie sie zu Stummfilmzeiten praktiziert wurden, und verlieh ihm damit noch eine weitere reizvolle Pointe. 1995 kam schließlich die von Tati in einem damals neuen französischen Farbverfahren hergestellte Version ins Kino, von der seinerzeit noch keine Kopien gezogen werden konnten. (Rekonstruktion: Sophie Tatischeff und François Edé; frühere Titel: »Tempo – Tempo!!«, »Schützenfest«) – Sehenswert ab 6. ✦ Frankreich 1947/61/95 **P** Cady **Kl** MFA (Farbige Originalversion)/Atlas (Erstverleih: Trans Continental) **Pd** Fred Orain **R** Jacques Tati **B** Jacques Tati, René Wheeler, Henri Marquet **K** Jacques Mercanton, Jacques Sauvageot **M** Jean Yatove **S** Marcel Moreau **D** Jacques Tati (Briefträger François), Guy Decomble (Roger), Paul Frankeur (Marcel), Santa Relli (Rogers Frau), Maine Vallé (Jeanette), Einwohner von Sainte-Sévère **L** 79 **FSK** ab 6; nf **FBW** w **E** 31.12.1949/29.12.1971 ARD/10.9.1995 Farbfassung/27.1.1997 arte (Farbfassung) **fd** 12 552

TATJANA (1937) (KNIGHT WITHOUT ARMOUR). Die verwitwete Tochter eines aristokratischen Zaren-Ministers wird nach Ausbruch der russischen Revolution im Jahr 1917 von einem britischen Geheimagenten durch alle Gefahren geschleust, bis beide die rettende Grenze erreichen. Melodramatische Abenteuerromantik mit wenig glaubhaft konstruierter Handlung. Aufwendig produziert und mit Routine und Dichte inszeniert, bietet der Film reizvolle, mitunter vorzügliche Auftritte der beiden Hauptdarsteller auf der Höhe ihrer Schauspielkunst. – Ab 16. ✦ Schwarz-weiß. Großbritannien 1937 **P** Korda-London **Kl** Atlantic/Türck **Pd** Alexander Korda **R** Jacques Feyder **B** Lajos Biro, Arthur Wimperis, Frances Marion, nach dem Roman »Without Armour« von James Hilton **K** Harry Stradling, Jack Cardiff, Bernard Browne **M** Miklos Rozsa **S** William Hornbeck **D** Robert Donat (Ainsley Fothergill), Marlene Dietrich (Alexandra Vladinoff), Irene Vanbrugh (Fürstin von Zorin), Herbert Lomas (General Gregor Vladinoff), Austin Trevor (Oberst Adraxine), Basil Gill (Axelstein) **L** 100 (Orig. 107) **FSK** ab 16; nf **E** 12.12.1952 **fd** 23 640

TATJANA (1994) →Tatjana – Take Care Of Your Scarf

TATJANA – TAKE CARE OF YOUR SCARF (PIDÄ HUIVISTA KIINI, TATJANA). Zwei ständig Kaffee bzw. Wodka trinkende finnische Freunde nehmen auf einer Spritztour zwei russische Anhalterinnen mit und bringen sie nach Hause. Ein in jeder Hinsicht minimalistischer Film. Aki Kaurismäki versucht vergeblich, Stimmung und Charaktere seiner »Proletarischen Trilogie« (»Ariel«/»Schatten im Paradies«/»Das Mädchen aus der Streichholzfabrik«) wiederauferstehen zu lassen, erreicht aber nicht mehr als eine manieristische Erinnerungsarbeit. (O.m.d.U.) – Ab 12. ✦ Finnland 1994 **P** Sputnik Oy **Kl** Pandora **VA** Arthaus **Pd** Aki Kaurismäki, Jaakko Talaskivi **R** Aki Kaurismäki **B** Sakke Järvenpää, Aki Kaurismäki **K** Timo Salminen **S** Aki Kaurismäki **D** Kati Outinen (Tatjana), Matti Pellonpää (Reino), Kirsikka Tykkyläinen (Klavdia), Mato Valtonen (Valto), Elina Salo (Hotelangestellte) **L** 62 **FSK** ab 12; f **E** 7.7.1994/7.7.1995 Video **fd** 30 872

TATJANAS TAG (TATJANIN DJEN). Ein Kapitel aus der Geschichte des sowjetischen Jugendverbandes im Jahr 1917. – Ab 14. ✦ Scope, schwarz-weiß. UdSSR 1968 **P** Gorki-Studio **Kl** Progress **R** Issidor Annenski, Sergej Gurow **B** Nikolai Otten **K** Alexander Rybin **M** Moissej Weinberg **D** Ljudmila Maxakowa (Tanja Ognjewa), Wladimir Tatossow (Swerdlow), A. Antossewitsch (Antonow), W. Pogorelzew (Wernik), D. Schtscherbakow (Turin) **L** 86 **E** 4.4.1969 Kino DDR/5.11.1973 DFF 1

TATMOTIV UNBEKANNT (SLEDSTWIJEM USTANOWLENO). Die Aufklärung zweier im Zusammenhang stehender Verbrechen ist Anlaß, die mühe- und aufopferungsvolle Arbeit der Kriminalpolizei in allen Einzelheiten darzustellen. Langatmiger, weitgehend kolportagehafter und konstruierter Kriminalfilm. (Fernsehtitel: »Die Untersuchung hat ergeben«) – Ab 16. ✦ Scope. UdSSR 1981 **P** Filmstudio Riga **Kl** Progress **R** Ada Neretniece **B** Leonid Medwedomski, Kiril Rapoport **K** Martins Kleins **M** Ivar Vigner **D** Vija Artmane (Ruta Gaudina), Gunar Zilinski (Artur Krams), Dmitri Palejes (Agejew), J. Iwanytschew (Ussatschjow), Leonid Kulagin (Schostak) **L** 91 **E** 15.7.1982 DFF 2/26.8.1983 Kino DDR

TATORT APARTMENT 310 (THE MAN WHO

WOULDN'T TALK). Ein amerikanischer Virusforscher soll gemeinsam mit einer Agentin einen Geheimauftrag ausführen, wobei er in London unter Mordverdacht gerät. Er schweigt aus Gewissensgründen und entgeht dank seiner Anwältin zu Recht einem Schuldspruch. Reichlich konstruierter Spionagefilm vom Kalten Krieg, der seine Spannung nur aus dem eigenartigen Prozeßverlauf, nicht aber durch Glaubwürdigkeit erzielt. – Ab 16. ✦ Schwarz-weiß. Großbritannien 1958 **P** Wilcox/Neagle **R** Herbert Wilcox **B** Edgar Lustgarten **K** Gordon Dines **M** Stanley Black **D** Anthony Quayle, Anna Neagle, Zsa Zsa Gabor **L** (TV) 90 **E** 12.10.1963 ARD

TATORT BERLIN. Ein Ostberliner Kraftfahrer, soeben aus der Haftanstalt entlassen, besteht eine Bewährungsprobe, als er durch Misstrauen und Unverständnis in verbrecherische Aktionen gezogen wird. Schließlich liefert er seinen Bruder aus West-Berlin, einen Schieber und Mörder, der Volkspolizei aus. Kriminalfilmversuch der DEFA, nüchtern dargeboten, aber reichlich konstruiert, in seiner Perspektive auf das geteilte Berlin tendenziös und inszenatorisch eher schwach. Dennoch aus heutiger Sicht ein interessantes Zeitdokument. – Ab 14 möglich. ✦ Schwarz-weiß. DDR 1957 **P** DEFA **Kl** Donau **Pd** Erich Albrecht **R** Joachim Kunert **B** Joachim Kunert, Jens Gerlach **K** Otto Merz **M** Günter Klück **S** Evelyn Carow **D** Hartmut Reck (Rudi Prange), Rudolf Ulrich (Walter Prange), Annegret Golding (Ilse Schulz), Sonja Sutter (Walters Freundin), Hans-Peter Minetti (Kommissar Stein), Jochen Brockmann (Kriminalkommissar Rollberg) **L** 86 **FSK** ab 12; f **E** 10.1.1958 Kino DDR/ 14.3.1958 DFF 1/13.10.1961 Kino BRD **fd** 10 606

TATORT ... HAUPTBAHNHOF KAIRO (BAB EL-HADID). Die unglückliche Liebe eines verkrüppelten Zeitungsverkäufers zu einer Limonadenverkäuferin im Hauptbahnhof von Kairo endet im Wahnsinn und führt zu einer blutigen Verzweiflungstat. Ein thematisch und ethnisch gleichermaßen interessanter Film, grell und drastisch in der melodramatischen Zuspitzung, ungewöhnlich in der realistischen Schilderung des sozialen Milieus. ✦ Schwarz-weiß. Ägypten 1957 **P** Talhami **Kl** Delphin **R** Youssef Chahine **B** Abd El-Hay Adib **K** M. Issa **M** Fouad El-Zahiri **S** K. A. Ela **D** Farid Chawky (Hanuma), Hind Rostom (Abu Serih), Youssef Chahine (Kenaui), Hassan El Baroudy (Madbuli), Abdel Aziz Khalil (Abu Gaber) **L** 75 **FSK** ab 18; nf **E** 16.1.1962 **fd** 10 830

TATORT KLASSENZIMMER →21, Jump Street – Tatort Klassenzimmer

TATORT 911 →No Man's Land – Tatort 911

TATORT PARIS (125 RUE MONTMARTRE). Ein gutmütiger Zeitungsverkäufer gerät in Mordverdacht. Die Verfolgung des Falles enthüllt die niederträchtigen Umtriebe eines ehebrecherischen Paares. Ein bis zum Schluß spannender Kriminalfilm nach den Mustern des damals populären französischen Genrefilms. (Fernsehtitel: »125 Rue Montmartre«) – Ab 16. ✦ Schwarz-weiß. Frankreich 1959 **P** Orex **Kl** Europa **Pd** Lucien Viard **R** Gilles Grangier **B** Jacques Robert, André Gillois, Gilles Grangier, nach einem Roman von André Gillois **K** Jacques Lemare **M** Jean Yatove **D** Lino Ventura (Pascal), Andréa Parisy (Catherine), Robert Hirsch (Didier), Jean Desailly (Dodelot), Dora Doll (Babette), Alfred Adam (Philippe), Annabella Incontrera **L** 85 **FSK** ab 12; nf **E** 1.4.1960/ 2.10.1971 DFF 1 **fd** 9 063

TATORT SCHLAFZIMMER (DANGEROUS INTENTIONS). Eine junge Frau flüchtet mit ihrer kleinen Tochter vor dem gewalttätigen Ehemann und lernt im Frauenhaus eine Leidensgenossin kennen, mit der sie eine gemeinsame Zukunft plant. Als die Freundin vor ihren Augen vom jähzornigen Ehemann niedergestochen wird, gerät die Frau in einen schweren Konflikt: Wenn sie vor Gericht aussagt, verrät sie zugleich ihrem Mann ihren Aufenthaltsort. Drama um das tabuisierte Thema Gewalt in der Ehe, das sich auf einen authentischen Fall beruft. ✦ USA 1994 **R** Michael Toshiyuki Uno **B** David J. Hill **D** Donna Mills (Beth Williamson), Corbin Bernsen (Tom Williamson), Robin Givens (Kaye Ferrar), Allison Hossack (Terri), Sheila Larken (Nancy Boyle) **L** (TV) 115 **E** 19.11.1998 RTL 2

TATORT SPRINGFIELD →Konflikt

TATORT TASCHKENT (TSCHRESWYTSCHAJNYI KOMISSAR). Ereignisse des Jahres 1919, als weißgardistische Banden den Aufbau der Sowjetmacht zu verhindern versuchten. Aber auch innerhalb der turkestanischen Parteiorganisation müssen falsche Auffassungen über Nationalitätenpolitik überwunden werden. Ein informativer Film, künstlerisch solide gestaltet. – Ab 16. ✦ Scope, schwarz-weiß. UdSSR 1969 **P** Usbekfilm **Kl** Progress **R** Ali Chamrajew **B** O. Chamrajew, Ali Chamrajew **K** Chattam Faisijew **M** Rumil Wildanow **D** Sjuimenkul Tschokmorow, Armen Dshigarchanjan, Sergej Jakowlew, Nabi Rachimow, Chamza Umarow **L** 90 **E** 28.5.1971 Kino DDR

TATORT: UNTER BRÜDERN →Schimanski: Unter Brüdern

DER TÄTOWIERTE (THE ILLUSTRATED MAN). Die fantastischen Bilder eines bis zum letzten Zentimeter seiner Haut »illustrierten« alten Tramps werden für einen jungen Mann in schrecklichen Zukunftsvisionen lebendig und führen zur gegenseitigen Vernichtung. Ein wahrer Alptraum pessimistischer Zukunftsangst, entwickelt in drei Episoden, die mit Gegenwart und Vergangenheit zu einer Geschichte verbunden sind. Der Film beschreibt eine Welt, die von unmenschlicher Technisierung, totaler Bewußtseinsmanipulation und atomarer Vernichtung bedroht ist. Thematisch interessant, darstellerisch packend, ansonsten allzu konventionell und vordergründig in der Umsetzung von Bradburys Science-Fiction-Visionen. – Ab 16. ✦ Scope. USA 1968 **P** Warner Bros./ Seven Arts/SKM **Kl** Warner **Pd** Howard B. Kreitsek, Ted Mann **R** Jack Smight **B** Howard B. Kreitsek, nach einem Roman von Ray Bradbury **K** Philip Lathrop **M** Jerry Goldsmith **S** Archie Marshek **D** Rod Steiger (Carl), Claire Bloom (Felicia), Robert Drivas (Willie), Don Dubbins (Pickard), Herb »Jason« Evers (Simmons), Tim Weldon (John), Christie Matchett (Anna), Pogo (Perke) **L** 103 **FSK** ab 16; f **E** 3.7.1969 **fd** 16 249

DER TÄTOWIERTE ADLER (KID WITH TATTOO). Ein etwas dümmlicher Bursche, der durch die Ermordung seines Kung-Fu-Lehrers in die Geschäfte eines skrupellosen Opiumhandels gezogen wird, überwindet Handlanger und Killer. Ausgerechnet in seinem Vater, der ihm stets Kung Fu verbot, muß er den Bandenchef erkennen. Stimmig und solide inszeniert, maßlos überzogen in den grausamen Kämpfen. – Wir raten ab. ✦ Scope. Hongkong 1980 **P** Shaw Bros. **Kl** Avis/Apollo **VA** VPS **Pd** Run Run Shaw **R** Sun Chung **B** Szu Zu-An, Josef Pohl **K** Tsao An-Chun **M** Eddie Wang **S** Chiang Hsing-Lung **D** Wang Yu (Pao Tung), Ku Feng, Ti Lung, Wang Lung-Wei, Yuan Hua **L** 81 **FSK** ab 16; nf **E** 24.4.1981/19.3.1992 Video **fd** 23 007

DER TÄTOWIERTE FREMDE (THE TATTOOED STRANGER). An Hand einer Tätowierung stoßen New Yorker Polizeidetektive auf den Mörder einer Frau. Routiniert im Stil eines Dokudramas inszenierter Krimi, der sich ganz auf die gefährlich-schwierige Ermittlungsarbeit konzentriert und auf Grund der Einbeziehung des Lokalkolorits ein hohes Maß an Realismus erzielt. Der mit niedrigem Budget hergestellte Film entstand unter dem damaligen Produktionschef der RKO Howard Hughes, der damit eine neue Reihe von Filmen einleiten wollte, die nicht in Hollywood, sondern an der Ostküste der USA gedreht werden sollten. – Ab 16. ✦ Schwarz-weiß. USA 1950 **P** RKO **Pd** Jay Bonafield **R** Edward J. Montagne **B** Philip Reisman jr. **K** William Steiner **M** Alan Schulman **S** David Cooper **D** John Miles (Detective Tobin), Patricia White (= Patricia Barry) (Mary Mahan), Walter Kinsella (Lt. Corrigan), Frank Tweddell (Capt. Lundquist), Rod McLennan (Capt. Gavin), Henry Lasko (Joe Canko) **L** 64 **E** 25.4.1964 ARD

DIE TÄTOWIERTE LEICHE (TATUAJE). Kriminalfilm nach einem Roman des nicht nur Spanien äußerst populären Schriftstellers Montalbán, der auf attraktive Weise die spannenden erzählerischen Momente mit Reflexionen über den politischen wie sozialen Wandel Spaniens verbindet. In den Hafenkanälen von Barcelona wird eine unbekannte Leiche mit einer skurrilen Tätowierung gefunden. Den beauftragten Privatdetektiv führt eine Spur nach Holland und wieder zurück. – Ab 16. ✦ Spanien 1976 **R** Bigas Luna **B** Bigas Luna, Manuel Vásquez Montalbán, nach dem Roman von Manuel Vásquez Montalbán **D** Carlos Ballesteros, Pilar Velasquez, Mónica Randall **L** 103 **E** 5.8.1997 arte

DIE TÄTOWIERTE ROSE (THE ROSE TATTOO). Eine Sizilianerin in einer kleinen amerikanischen Hafenstadt, zunächst untröstlich über den Unfalltod ihres Mannes, erfährt nachträglich von der Untreue des schmuggelnden LKW-Fahrers. Enttäuscht will sie die 15jährige Tochter besonders beschützen. Da taucht ein Italo-Amerikaner auf, der sich in seiner Unbeholfenheit – wie der Verstorbene – eine Rose für sie auf die Brust tätowieren läßt. Der von Tennessee Williams selbst aus seinem Bühnenstück umgearbeitete Film ist in erster Linie eine Plattform für Anna Magnani, die ihre leidenschaftliche Ausdruckskraft virtuos entfaltet und die amüsante Unverblümtheit ihrer Figur mit der inneren Verworrenheit eines unerhellten Bewußtseins verschmilzt. Im Blick auf die religiösen Zusammenhänge und Ausdrucksformen ist der Film darüber hinaus getragen von verständnisvollem Ernst. – Ab 16. ✦ Schwarz-weiß. USA 1955 **P** Paramount **Kl** Paramount **Pd** Hal B. Wallis **R** Daniel Mann **B** Tennessee Williams, nach seinem gleichnamigen Bühnenstück **K** James Wong Howe **M** Alex North **S** Warren Low **D** Anna Magnani (Serafina delle Rose), Burt Lancaster (Alvaro Mangiacavallo), Marisa Pavan (Rosa delle Rose), Ben Cooper (Jack Hunter), Virginia Grey (Estelle Hohengarte), Jo Van Fleet (Bessie), Sandro Giglio (Pfarrer de Leo) **L** 117 **FSK** ab 16; f **FBW** w **E** 1956 Kino **fd** 4 801

DIE TÄTOWIERTE WITWE (DEN TATUERADE ÄNKAN). Eine 60-jährige Frau, Mutter und Großmutter, beschließt am Sterbebett ihrer Tante, aus ihrem erstarrten Leben auszubrechen. Sie verlässt die Familie, entwickelt ein Fitnessprogramm, lässt sich tätowieren und sucht auf den Begräbnissen verstorbener Frauen den Kontakt zu deren Männern. Bald kann sie auf vier Liebhaber zurückgreifen; das Leben wird zwar abwechslungsreicher, aber auch komplizierter. Eine lebensbejahende, leicht morbide Geschichte, die der 1999 verstorbene Regisseur seiner Hauptdarstellerin auf den Leib schrieb. (O.d.m.U.) ✦ Schweden/Dänemark/Finnland/Norwegen 1998 **P** SVT Drama/Danmarks Radio/Finnish Broadcasting Comp./Nordiska TV-Samarbetsfonden/NRK **R+B** Lars Molin **K** Jan-Hugo Norman **M** Ted Ström **S** Florence Akergren-Aberg **D** Mona Malm (Ester Hershagen), Göran Forsmark (Joakim Hershagen), Pia Johansson (Anette Hershagen), Maria Kulle (Lillemor Hershagen), Per Graffman (Jörgen Ramberg), Erland Josephson (Jurist) **L** 99 **E** 11.11.1999 arte

DIE TÄTOWIERUNG →Das Bambuscamp II. Teil – Die Tätowierung

TÄTOWIERUNG. Ein Fabrikanten-Ehepaar adoptiert einen 16jährigen, der in einem West-Berliner Jugendheim lebt, doch der Versuch, ihn in die neue Umgebung zu integrieren, mißlingt. Die repressive Toleranz der aufgeklärten, gebildeten Adoptiveltern, die den von einem Job zum anderen wechselnden, stehlenden und Schulden machenden Jungen aufdringlich zu verstehen versuchen, ist zuviel für ihn: er erschießt den Adoptivvater. Im verlassenen Wilmersdorfer Hallenschwimmbad, wo er sich »frei schwimmt«, wird er verhaftet. Ein präzises, generationstypisches, psychologisch interessantes Zeitbild, das die junge Welt glaubwürdig, weil authentisch mit Pop, Jazz, Moped und Fußball zeichnet, während die Vertreter der Erwachsenenwelt zu Klischeefiguren geraten. Darüber hinaus ein plastisches Bild von Berlin und der Mauer. – Ab 16 möglich. ✦ BR Deutschland 1967 **P** Houwer-Film **KI** Eckelkamp **Pd** Rob Houwer **R** Johannes Schaaf **B** Günter Herburger, Johannes Schaaf **K** Wolf Wirth **M** George Gruntz **S** Dagmar Hirtz **D** Helga Anders (Gaby), Christof Wackernagel (Benno), Rosemarie Fendel (Frau Lohmann), Alexander May (Herr Lohmann), Tilo von Berlepsch (Rudolf Lohmann), Heinz Schubert **L** 86 **FSK** ab 16; f **FBW** bw **E** 14.7.1967/8.4. 1974 ZDF **fd** 14 840

TATSCHANKA AUS DEM SÜDEN →Operation Tatschanka läuft an

TATTOO – DAS MAL DER RACHE →Tattoo – Jede große Liebe hinterläßt ihre Spuren

TATTOO – JEDE GROSSE LIEBE HINTERLÄSST IHRE SPUREN (TATTOO). Ein psychopathischer Tätowierer verliebt sich in ein Fotomodell, das er auf »den rechten Weg« bringen will. Da die Frau mehr an Sex als an Liebe interessiert ist, entführt er sie gewaltsam, tätowiert und erniedrigt sie, was er für Liebe ausgibt. Die Frau ersticht ihren Peiniger. Ein Psycho-Schocker, der mit immer neuen Einfällen die Gruselstimmung verstärkt, die verkündeten moralischen Grundsätze jedoch ins Gegenteil verkehrt. (Videotitel: »Tattoo – Das Mal der Rache«) ✦ USA 1980 **P** 20th Century Fox **KI** prokino **VA** RCA/Columbia **Pd** Joseph E. Levine, Richard P. Levine **R** Bob Brooks **B** Joyce Buñuel **K** Arthur J. Ornitz, Michael Seresin **M** Barry DeVorzon **S** Thom Noble **D** Bruce Dern (Karl Kinski), Maud Adams (Maddy), Leonard Frey (Halsey), Rikke Borge (Sandra), John Getz (Buddy), Cynthia Nixon (Cindy), Trish Doolan (Cheryl) **L** 103 **FSK** ab 18; f **E** 15.2.1985/3.6.1985 Video **fd** 24 932

DAS TATTOO – TÖDLICHE ZEICHEN. Zwei Wiener Spezialtaucher, eine Frau und ein Mann, entdecken bei einem ihrer Tauchgänge in den Katakomben der Stadt einen mittelalterlichen Schatz. Schätzungen bescheinigen den unermesslichen Wert und wecken die Begehrlichkeiten einer Antiquitätenhändlerin, die auch nicht vor Mord zurückschreckt, um sich den Fund anzueignen. In diese Intrigen wird ein früherer Freund der Taucher verstrickt, der in Kroatien eine Tauchschule betreibt. Abenteuerlicher (Fernseh-) Thriller im Kanalsystem von Wien, der die schlichte Geschichte ins übertrieben Monströse zu steigern versucht. ✦ Deutschland 2000 **P** SAT 1 **R** Curt Faudon **B** Benedikt Röskau, Curt Faudon **D** Katja Weitzenböck (Paula), Tobias Moretti (Karl), Benjamin Sadler (Fred), Erwin Steinhauer (Schreber), Gudrun Landgrebe (Chantal) **L** 92 **E** 5.12.2000 SAT 1

TAU MICH AUF, LIEBLING (1988) (OUT COLD). Als sich die Gelegenheit ergibt, entledigt sich eine Frau ihres faulen und untreuen Ehemanns, den sie im Kühlhaus seiner Metzgerei verschwinden läßt. Einen Verbündeten findet sie in seinem Geschäftspartner, der auch schon mit Mordgedanken gespielt hatte. Während er die Leiche aufs Land schafft, tötet die Frau einen lästigen Mitwisser. Mit verhaltenem Witz erzählte Komödie, die den klassischen Plot – wie man eine Leiche verschwinden läßt – variiert und recht geschickt die Erwartungen des Zuschauers manipuliert. Gleichzeitig die Geschichte eines Mannes, der unter Druck lernt, sein Leben in die eigenen Hände zu nehmen. (TV-Titel auch: »Tote Männer geh'n nicht fremd«) – Ab 16. ✦ USA 1988 **P** Hemdale/Braunstein/Hamady **VA** RCA/Columbia **Pd** George G. Braunstein, Ron Hamady **R** Malcolm Mowbray **B** Leonard Glasser, George Malko **K** Tony Pierce-Roberts **M** Michel Colombier **S** Dennis M. Hill **D** John Lithgow (Dave), Teri Garr (Sunny), Randy Quaid (Lester), Bruce McGill (Ernie), Lisa Blount (Phyllis), Alan Blumenfeld (Lew) **L** 88 **FSK** ab 16 **E** 9.12.1990/28.5.1991 Video **fd** 29 193

TAU' MICH AUF, LIEBLING (1991) →Late for Dinner – Eine zeitlose Liebe

DIE TAUBE (1959) →Die weiße Taube (1959)

DIE TAUBE (1974) →Die Weltumseglung

DIE TAUBE AUF DEM DACH. Die Geschichte einer Frau, die als Bauleiterin arbeitet und an ihrem Arbeitsplatz Sympathie sowohl für den Chef einer Brigade als auch für einen Oberschüler empfindet. 1973 nach Abschluss der Dreharbeiten wegen seiner »falschen Sicht auf die Arbeiterklasse« verboten, kam der ursprünglich farbig gedrehte Film erst 1990 in der einzigen noch überlieferten schwarzweißen Arbeitsfassung ins Kino. ✦ Teils schwarz-weiß. DDR 1973/90 **P** DEFA, Gruppe »Babelsberg« **Pd** Fritz Brix **R+B** Iris Gusner **K** Roland Gräf **M** Gerhard Rosenfeld **S** Helga Krause **D** Heidemarie Wenzel (Linda Hinrichs), Günter Naumann (Böwe), Andreas Gripp (Daniel), Christian Steyer (Trompeter), Monika Lennartz (Schallplattenverkäuferin), Lotte Loebinger (Lindas Mutter), Heinz Scholz (Lindas Vater) **L** 90 **E** 19.5. 1991

TAUBENDRECK BRINGT GLÜCK (UN SUBMARI A LES ESTOVALES / UN SUBMARINO BAJO EL MANTEL). Anspruchslos-turbulente Verwechslungskomödie. Nach der Devise »Kleider machen Leute« macht ein bargeldlos in Barcelona gestrandeter nordafrikanischer Langstreckenläufer eine traumhafte Blitzkarriere in der Kulturszene. ✦ Spanien 1990 **P** I.C.C./Ixia Films **R** Ignasi P. Ferre **B** Joan Barril, nach seinem Roman **K** Xavier Gil **M** Joan Vives **D** Vouredine Souli, Quimi Soler, Rosa Maria Sardá, Joan Mirales, Jose-Maria Angelat **L** 96 **E** 12.4.1998 SF/DRS

DAS TAUBENHAUS →Keine Frau für gewisse Stunden

TAUBENJULE. Für ein elfjähriges Mädchen endet das idyllische Leben auf dem Dorf, als die Eltern eine Neubauwohnung in der Stadt beziehen. Nur langsam gewöhnt es sich an die Stadt, wo es schwer ist, neue Freunde zu finden, und die Menschen weitaus unfreundlicher als auf dem Dorf erscheinen. Ein aufgesetzt-lehrreicher Kinderfilm um den Gegensatz von Stadt und Land. Die Umsiedlung in eine menschenunfreundliche Großstadtsiedlung wird wenig realistisch verklärt, die Kernaussage, dass man sich wohl zu fühlen hat, wo man lebt, entspringt einer recht penetranten Doktrin. – Ab 12 möglich. ✦ Scope. DDR 1982 **P** DEFA, Gruppe »Berlin« **KI** Progress **SF** BAG **Pd** Uwe Klimek **R** Hans Kratzert **B** Margot Beichler, Hans Kratzert, nach dem Roman »Das Mädchen im roten Pullover« von Edith Bergner **K** Helmut Grewald **M** Christian Steyer **S** Erika Lehmphul **D** Jördis Hollnagel (Jella), Ruth Reinecke (ihre Mutter), Eckhard Becker (ihr Vater), Mario Krüger (Freitag), Jörg Warner (Bodo), Hans-Peter Reinecke (Klaus Kürbs) **L** 69 **E** 8.7.1983 Kino DDR/3.3.1985 ZDF/24.8.1985 DFF 1

TAUCHERKOMMANDO (UNDERWATER WARRIOR). Aus dem Munde eines Stabsarztes ertönt das Lied vom braven Mann, der sich als mustergültiger Seeoffizier im Krieg freiwillig zu den Kampfschwimmern der amerikanischen Marine meldet und nach Kriegsende weiterdient. Hartnäckig schlägt er dem Admiral neue Kampfmethoden vor. Ein unabhängig produzierter Abenteuer- und Erbauungsfilm, der jenseits seiner patriotischen Klänge immerhin durch zahlreiche faszinierende Unterwasseraufnahmen unterhält. – Ab 16. ✦ Scope. USA 1958 **P** Ivan Tors Prod. (für MGM) **KI** MGM **Pd** Ivan Tors **R** Andrew Marton **B** Gene Levitt **K** Joseph Biroc, Lamar Boren **M** Harry Sukman **D** Dan Dailey (Korvettenkapitän David Forest), James Gregory (Korvettenkapitän Arnold), Claire Kelly (Anne Whitmore), Ross Martin (O'Brien), Raymond Bailey (Admiral Ashton), Virginia Core (Marie) **L** 89 **FSK** ab 12; nf **E** 20.3.1959 **fd** 8 069

TAUCHFAHRT DES SCHRECKENS (WARLORDS OF THE DEEP). Im legendären Bermuda-Dreieck gelangt ein Forscherteam bei einem Tauchversuch in das geheimnisvolle Reich Atlantis, das von außerirdischen Wesen bedroht und von einer Riesenkrake und anderen vorsintflutlichen Monstern bewacht wird. Mit allerlei technischen Tricks leidlich unterhaltsam inszenierte Abenteuer-Fantasie, die ihre wenigen spannenden Momente weniger aus der Zeichnung der Personen als aus den Effekten bezieht. (Späterer Fernsehtitel: »Atlantis – Tauchfahrt des Schreckens«) – Ab 16. ✦ Großbritannien 1978 **P** EMI **KI** Neue Constantin **R** Kevin Connor **B** Brian Hayles **K** Alan Hume **M** Mike Vickers **D** Doug McClure (Greg Collinson), Peter Gilmore (Charles Aitken), Shane Rimmer (Capt. Daniels), Cyd Charisse, Daniel Massey, Lea Brodie (Delphine) **L** 96 **FSK** ab 12; f **E** 6.7. 1978 **fd** 20 844

TAUCHFAHRT IN DIE HÖLLE (SUBMARINE X-1). Nachdem er bereits ein U-Boot im Kampf gegen die Deutschen verloren hat, wird ein Kommandant mit der Leitung eines Teams beauftragt, das eine neue Art von U-Booten bauen soll. Kriegsfilm, der wenig Neues zum Thema bietet; gut fotografiert und von den Darstellern meist unterspielt. – Ab 16. ✦ Großbritannien 1968 **P** Mirisch-Oakmont/United Artists **Pd** John Champion **R** William A. Graham **B** Donald S. Sanford, Guy Elmes **K** Paul Beeson **M** Ron Goodwin **S** John S. Smith **D** James Caan (Commander Bolton), Norman Bowler (Sub-Lt. Pennington), Rupert Davies (Vize-Admiral Redmayne), David Sumner (Lt. Davies) **L** 85 **E** 15.8.1997 RTL 2

TAUGENICHTS. Freie Verfilmung der spätromantischen Eichendorff-Erzählung vom »Taugenichts«, der in Italien den Zwängen des Alltagslebens entfliehen will. Als aktuelle Parabel auf heutige Verhältnisse gedacht, vermag der formal ambitionierte, aber weitgehend temperamentlose Film jedoch nicht, die in der Novelle so faszinierend beschriebene Macht des Traums und der Utopie spürbar werden zu lassen. – Ab 16. ✦ BR Deutschland 1977 **P** ABS/Solaris/WDR **KI** Filmverlag der Autoren **R** Bernhard Sinkel **B** Alf Brustellin, Bernhard Sinkel, nach einer Erzählung von Joseph von Eichendorff **K** Dietrich Lohmann **M** Hans Werner Henze **S** Dagmar Hirtz **D** Jacques Breuer (Taugenichts), Mareike Carrière (Flora), Matthias Habich (Leonard), Eva Maria Meineke (Gräfin), Wolfgang Reichmann (Portier), Sybil Schreiber (Aurelie) **L** 91 **FSK** ab 12; f **FBW** w **E** 27.1.1978/18.5.1980 ARD **fd** 20 649

TAUGENICHTS – DER TAPFERE RITTER (POPOLVAR NAJVTSI NA SVETE). Zwei Könige wollen ihre Reiche vereinigen, indem sie die Tochter des einen mit einem der drei Söhne des anderen verheiraten. Wer der Glückliche sein wird, soll ein Wettstreit zwischen den Brüdern entscheiden, wobei niemand dem jüngsten, der bislang am liebsten faul auf der Ofenbank lag, eine Chance einräumt. Eine aufwendig ausgestattete, unterhaltsame Verfilmung eines slawischen Volksmärchens. – Ab 8. ✦ CSSR 1982 **P** Slovensky Film **R** Martin Tapák **B** Peter Glocko **K** Stanislav Szomolányi, Vincent Rosinec **M** Svetozár Stracina **D** Martin Marek (Taugenichts/Radko), Zuzana Skopálová (Prinzessin Rosenblüte), Jozef Króner (Haudegen), Vlado Müller (König Levoslav), Bronislav Krizan (König Blahoslav), Vlado Cerny (Prinz Pravoslav/Geck), Gustáv Kyselica (Prinz Branislav/Speck) **L** (TV) 80 **E** 24.12.1983 ZDF

TAURUS – DER GIGANT VON THESSALIEN (TAUR, IL RE DELLA FORZA BRUTA / TAUR, ROI DE LA FORCE BRUTALE). Ein übermenschlich muskelstarker Held befreit einen befreundeten Stamm aus der Sklaverei. Ein »Sandalenfilm« aus dem italienischen Filmstudio »Cinecittà«, der einmal mehr ein unlogisches und lächerliches Abenteuer mit pseudohistorischem Hintergrund bietet. (Alternativtitel: »Taurus – Zorn der Götter«) – Ab 14 möglich. ✦ Scope. Italien/Frankreich 1962 **P** Italia/Coronet/Cosmopolis/ Marbeuf **KI** Constantin **Pd** Alfredo Guarini **R+B** Antonio Leonviola **K** Memmo Mancori (= Guglielmo Mancori) **M** Roberto Nicolosi **S** Renato Cinquini **D** Joe Robinson (Taurus), Bella Cortez (Königin AKiba), Harry Baird (Ubaratutu), Carla Foscari (Ararut), Thea Flemming (Jia), Claudia Capone (Tuja) **L** 94 **FSK** ab 12; nf **E** 25.10.1963 **fd** 12 329

TAURUS – ZORN DER GÖTTER →Taurus – Der Gigant von Thessalien

DER TAUSCH (1978) (TRAMPA). Ein bekannter Schriftsteller kehrt noch einmal an den Ort seiner

Jugend zurück und macht dort die Bekanntschaft einer 18jährigen, die glaubt, in dem Mann ihrem Vater zu begegnen. Noch einmal wird für ihn die Erinnerung an die Vergangenheit lebendig, in deren Mittelpunkt eine Beziehung zur Mutter dieses Mädchens stand. Künstlerisch sehr durchschnittlicher Gegenwartsfilm. – Ab 14. ✦ Bulgarien 1978 **P** Spielfilmstudio Sofia **KI** Progress **R** Georgi Djulgerow **B** Wladimir Ganew, Georgi Djulgerow **K** Radoslav Spassov **M** Boshidar Petkow **D** Ilja Dobrew (Dobrin Iliew), Tanja Schachowa (Maja), Shana Mirtschewa (Katja), Margarita Pechliwanowa (Tante Nassja), Wyltscho Kamaraschew (Bai Stamen) **L** 89 **E** 28.12.1979 Kino DDR/10.11.1981 DFF 2

DER TAUSCH (1985). Das Duisburger Kripo-Gespann Schimanski und Tanner muß einen Fall im Terroristen-Milieu klären. Eine militante Gruppe befreit einen renommierten Physiker aus dem Gefängnis, wo er wegen Fahrerflucht einsitzt. Als der kleine Sohn seiner Geliebten entführt wird, hat Schimanski persönliches Interesse an dem Fall. Routinierter Fernsehkrimi aus der »Tatort«-Serie, im Mittelpunkt der unkonventionelle »Bulle«, den Götz George in zahlreichen Folgen spielte. – Ab 16. ✦ BR Deutschland 1985 **P** Bavaria/WDR **VA** MLS Videoverwertungs GmbH **R** Ilse Hofmann **B** Chiem van Houweninge, Hartmut Grund **K** Karl Kases **M** Dieter Bohlen **D** Götz George (Schimanski), Eberhard Feik (Tanner), Ulrich Matschoss, Yolande Gilot, Nicole Ansari **L** 90 **FSK** ab 16 **E** 13.4.1986 ARD/1987 Video

TAUSCHE WOHNUNG! (SE PERMUTA). Komödie über ein in Kuba aktuelles Problem: den aus der Wohnungsknappheit erwachsenden schwungvollen Tausch von Wohnungen. In den Reigen sind eine unternehmungslustige Frau und ihre Tochter verwickelt, die im Zuge der Umzüge und damit verbundener Heiratsränke mit einem Automechaniker, einem Funktionär und einem Bauingenieur in Berührung kommen. (O.m.d.U.) – Ab 16. ✦ Kuba 1983 **P** Kubanisches Filminstitut ICAIC **R** Juan Carlos Tabío **B** Juan Carlos Tabío, Raúl García **K** Julio Valdés **M** Juan Márquez **S** Roberto Bravo **D** Rosita Fornés (Gloria), Isabel Santos (Yolanda), Ramoncito Veloz (Guillermo), Mario Balmaseda (Pepe) **L** 91 **E** 17.4. 1995 arte

DIE TÄUSCHER (THE DECEIVERS). Ein junger Offizier der East India Company verkleidet sich 1825 als indischer Einheimischer, um einer geheimen Sekte auf die Spur zu kommen. Sein Mut und Scharfsinn, aber auch seine kultische Anpassung retten ihn aus höchsten Gefahren und erbringen den Beweis für die Grausamkeit des Mörderkults. An Originalschauplätzen entstandener Abenteuerfilm mit üppigem Dekor, kaum spannend und mißlungen in dem Anliegen, den Zusammenprall zweier Kulturen im seelischen Konflikt eines Kolonialisten zu beschreiben. (TV-Titel: »Das Geheimnis der Ritualmorde«) – Ab 16. ✦ Großbritannien 1987/88 **P** Merchant-Ivory/Cinecom/Film Four International **KI** 20th Century Fox **VA** Vestron **Pd** Ismail Merchant **R** Nicholas Meyer **B** Michael Hirst, nach einem Roman von John Masters **K** Walter Lassally **M** John Scott (= Hanns Schott-Schöbinger) **S** Richard Trevor **D** Pierce Brosnan (William Savage), Saeed Jaffrey (Hussein), Shashi Kapoor (Chandra Singh), Helena Michell (Sarah Wilson), Keith Michell (Colonel Wilson) **L** 103 **FSK** ab 16; f **E** 6.7.1989/29.4.1990 Video **fd** 27 777

TAUSEND AUGEN. Träume und Hoffnungen einer jungen »Tänzerin« aus einer Peep-Show sowie einiger ihrer Verehrer und Freunde, die ihrer tristen Existenz im nicht minder tristen deutschen Winter zu entfliehen versuchen. Eine Parabel über die Unerfüllbarkeit menschlicher Sehnsüchte, spröde und distanziert inszeniert als verhaltener Thriller in einem genau beobachteten Lebensmilieu. Ein bemerkenswerter Erstlingsfilm, dem es aber an direkter Sinnlichkeit in der Personenfü Eine Parabel über die Unerfüllbarkeit menschlicher Sehnsüchte, spröde und distanziert inszeniert als verhaltener Thriller in einem genau beobachteten Lebensmilieu. Ein bemerkenswerter Erstlingsfilm Eine Parabel über die Unerfüllbarkeit menschlicher Sehnsüchte, spröde und distanziert inszeniert als verhaltener Thriller in einem genau beobachteten Lebensmilieu. Ein bemerkenswerter Erstlingsfilmhrung mangelt. Der Versuch, Kino-Mythen neu zu beleben, bleibt oft nur in bloßen Filmzitaten (und Gastauftritten: Jean-Marie Straub, Wim Wenders, George Miller, Philip Noyce) stecken. – Ab 16. ✦ BR Deutschland 1984 **P** Pro-ject/Radiant/ZDF/Thorn EMI Video **KI** Filmverlag der Autoren **Pd** Michael Bittins **R+B** Hans-Christoph Blumenberg **K** Martin Schäfer **M** Hubert Bartholomae **S** Helga Borsche **D** Barbara Rudnik (Gabriele), Armin Mueller-Stahl (Arnold), Karin Baal (Vera), Peter Kraus (Schirmer), Hannelore Hoger (Brigitte), Gudrun Landgrebe (Lohmann), Vera Tschechowa (Victoria) **L** 92 **FSK** ab 16; f **E** 7.9.1984 **fd** 24 705

DIE 1000 AUGEN DER NINJA (PRAY FOR DEATH). Eine in die USA eingewanderte japanische Familie wird von Gangstern gequält, bis sich der Mann seiner Ninja-Vergangenheit erinnert und blutige Rache nimmt. Solide inszenierte, aber brutale Selbstjustiz-Orgie, die für ihre zynische Botschaft schamlos die Gefühle der Zuschauer ausnutzt. – Wir raten ab. ✦ Scope. USA 1985 **P** Trans World Entertainment **KI** Metropol **VA** VPS **Pd** Don van Atta **R** Gordon Hessler **B** James Booth **K** Roy H. Wagner **M** Thomas Chase, Steve Rucker **S** Steve Butler, Bill Butler **D** Sho Kosugi (Akira Saito), Donna Kei Benz (Aiko), Michael Constantine (Newman), Norman Burton (Dalmain), James Booth (Limehouse), Kane Kosugi (Takeshi), Parley Baer (Restaurator) **L** 97 **FSK** ab 18; nf **E** 13.2.1986 Kino/20.6.1986 Video **fd** 25 565

DIE 1000 AUGEN DES DR. MABUSE (IL DIABOLICO DR. MABUSE / LE DIABOLIQUE DOCTEUR MABUSE). Ein nach der Weltherrschaft strebender genialer Verbrecher kontrolliert ein Luxushotel, indem er durch geheime »Fernsehaugen« in jedes Zimmer blicken und die Gäste manipulieren kann. Eines seiner Opfer ist ein amerikanischer Multimillionär, der zunächst durch Galanterie und später durch Liebe in ein fingiertes Mordkomplott gerät, aber gemeinsam mit einem getarnten Agenten und einem Kriminalkommissar den Kampf aufnimmt. Fritz Langs letzter Film liegt auf der Sensationsebene all jener Krimis, die zur selben Zeit produziert wurden. Deshalb kann er zwangsläufig nie die filmischen Qualitäten seiner alten »Mabuse«-Erfolge (»Dr. Mabuse, der Spieler«, »Das Testament des Dr. Mabuse«) erreichen, betreibt aber dennoch ein unterhaltsam-reizvolles Spiel mit doppelbödigen Perspektiven, Trugbildern und falschem Schein. DVD: Es handelt sich hierbei um die rekonstruierte Fassung des Filmes. Die Extras umfassen u. a. die Dokumentation »The Eyes of Fritz Lang«. Eine deutsche DVD lag bei Redaktionsschluss nicht vor. – Ab 16. ✦ Schwarz-weiß. BR Deutschland/Italien/Frankreich 1960 **P** CCC-Filmkunst/Cei-Incom/Critérion **KI** Constantin **DVD** USA Import: Image Entertainment (FF, Mono dt./engl.) 99 Min. **Pd** Artur Brauner **R** Fritz Lang **B** Fritz Lang, Heinz Oskar Wuttig, nach der Romanfigur von Norbert Jacques **K** Karl Loeb **M** Bert Grund **S** Waltraut Wischniewsky **D** Dawn Addams (Marion Menil), Peter van Eyck (Travers), Wolfgang Preiss (Jordan), Werner Peters (Mistelzweig), Gert Fröbe (Kommissar Kras), Lupo Prezzo (Cornelius), Reinhard Kolldehoff (Klumpfuß), Howard Vernon (Nr.12), Bruno W. Pantel (Reporter), Andrea Checchi (Berg), Nico Pepe (Hotelmanager), David Cameron (Parker), Rolf Moebius (Polizeioffizier), Albert Bessler (Hotelingenieur) **L** 104 **FSK** ab 12 (fr. ab 16; nf) **FBW** w **E** 14.9.1960/12.9.1966 ZDF **fd** 9 536

TAUSEND BERGE (THESE THOUSAND HILLS). Ein Cowboy in Oregon im Jahr 1880 ist durch die Ersparnisse eines Animier-Mädchens in den Besitz einer Ranch gelangt. In seinem Ehrgeiz, Anschluß an die große Gesellschaft zu finden, heiratet er in eine Bankiersfamilie ein und steigt sogar zum Senator auf. Ein mißgünstiger Gegner verwickelt ihn in Auseinandersetzungen, an deren Ende er sich entgegen früherem Anschein als rechtschaffener Charakter erweisen wird. Ein in verschiedene Episoden zerfallender »Edelwestern« mit einigen eindrucksvollen, aber auch vielen äußerst konventionellen Szenen. – Ab 16. ✦ Scope. USA 1958 **P** 20th Century Fox **KI** Centfox **Pd** David Weisbart **R** Richard Fleischer **B** Alfred Hayes, nach einem Roman von A.B. Guthrie jr. **K** Charles G. Clarke **M** Leigh Harline **S** Hugh S. Fowler **D** Don Murray (Lat Evans), Richard Egan (Jehu), Lee Remick (Callie), Patricia Owens (Joyce), Stuart Whitman (Tom Ping), Albert Dekker (Conrad), Harold J. Stone (Ram Butler), Royal Dano (Carmichael), Jean Willes (Jen), Douglas Fowley (Whitney), Fuzzy Knight (Sally, der Koch), Robert Adler (Godwin), Barbara Morrison (Miss Fran) **L** 96 **FSK** ab 16; nf **E** 20.3.1959 **fd** 7 971

TAUSEND CLOWNS (A THOUSAND CLOWNS). Ein sympathischer New Yorker Nonkonformist und »Gelegenheitsarbeiter« möchte gegen alle Zweifel und Einwände des Schul- und Jugendamtes der Vormund seines jungen Neffen bleiben. Die thematisch und darstellerisch bemerkenswerte Verfilmung eines Bühnenstücks, die sich zu einer sympathischen Hymne auf Lebensfreude, Menschlichkeit und Humor verdichtet. Inszenatorisch eher hausbacken, da die räumliche Enge der Theatervorlage nur unzureichend aufgebrochen wird. – Ab 14. ✦ USA 1965 **P** Harrell/United Artists **KI** United Artists **Pd+R** Fred Coe **B** Herb Gardner, nach seinem Bühnenstück **K** Arthur J. Ornitz **M** Don Walker, Gerry Mulligan **S** Ralph Rosenblum **D** Jason Robards, Barbara Harris, Barry Gordon, Martin Balsam, William Daniels, Gene Saks **L** 118 **FSK** ab 12; f **FBW** w **E** 15.9.1966 **fd** 14 297

1000 DOLLAR KOPFGELD →Sarg der blutigen Stiefel

TAUSEND FRAGEN AN FRAU ANDRA (CINE IUBESTE SI LASA). Die Leserbriefredakteurin einer Frauenzeitschrift vergißt über die engagierte und umfangreiche Arbeit jene Probleme, die sich in ihrer eigenen Ehe aufzutürmen beginnen. Langweiliger Film aus dem Journalistenmilieu. – Ab 16. ✦ Rumänien 1982 **P** Filmstudio Bucuresti **KI** Progress **R** Gheorghe Turcu **B** Sanda Faur **K** Aurel Kostrakievici **M** Tiberiu Olah **D** Adela Marculescu, Costel Constantin, Tora Vasilescu, Rodica Negrea, Stefan Radof **L** 85 **E** 30.9. 1983 Kino DDR/9.7.1985 DFF 2

TAUSEND FRANCS BELOHNUNG. Paris 1920. Ein liebenswerter Clochard bewahrt einen alten Offizier samt Tochter und Enkelin vor den Intrigen und Erpressungen eines verschlagenen Bankbevollmächtigten. Unterhaltsame und gut besetzte TV-Verfilmung einer ironischen Komödie von Victor Hugo. ✦ BR Deutschland 1974 **R** Günter Gräwert **B** Günter Gräwert, nach einem Volksstück von Victor Hugo **D** Horst Bollmann (Glapieu), Horst Frank (Rousseline), Simone Rethel (Cyprienne), Fritz Rasp (Major Gedouard), Mathieu Carrière (Edgar Marc), Ferdy Mayne (Baron de Puencarral), Claus Biederstaedt (de Pontresme) **L** 105 **E** 25.12.1974 ARD

DIE TAUSEND GESICHTER DER WÜSTE (A DESERT OF A THOUSAND LINES). Dokumentarfilm des Inders Mani Kaul über die Wüste in seiner Heimat Rajasthan. »Er hat versucht, ihr lebendiges Gesicht zu porträtieren. In Jahrtausenden haben sich tiefe Züge in dieses Gesicht gegraben, und es hat sich eine Sprache entwickelt unter Menschen und Tieren, die mehr als in anderen Landschaften der Welt aufeinander angewiesen sind, um zu überleben.« (Pressetext ZDF) ✦ Indien 1981 **P** Infrakino Bombay **R+B** Mani Kaul **K** Virendra Sain **L** 70 **E** 5.11.1981 ZDF

TAUSEND GEWEHRE FÜR GOLDEN HILL (THE PLAINSMAN). Die beiden berühmten Wildwest-Helden Wild Bill Hickok und Buffalo Bill geleiten einen Nachschubtransport der Armee durch gefährliches Indianer-Gebiet und stiften dabei Frieden zwischen Rothäuten und Soldaten. Um rauhbeinig-lustige Unterhaltung bemühter Western handelsüblicher Machart; nicht annähernd so eindrucksvoll wie Cecil B. DeMilles Erstverfilmung von 1936 (»Held der Prärie«). – Ab 14 möglich. ✦ USA 1966 **P** Universal **KI** Universal **Pd** Richard E. Lyons **R** David Lowell Rich **B** Michael Blankfort **K** Bud Thackery **M** John Williams **S** Danny B. Landres, Buddy Small **D** Guy Stockwell (Buffalo Bill Cody), Don Murray (Wild Bill Hickok), Abby Dalton (Calamity Jane), Leslie Nielsen (Colonel Custer), Bradford Dillman (Lieutenant Stiles), Henry Silva (Crazy Knife), Percy Rodriguez (Bruder John), Edward Binns (Lattimer), Michael Evans (Estrick), Terry Wilson (Sgt. Womack), Walter Burke (Abe Ireland), Emily Banks (Louisa Cody) **L** 92 **FSK** ab 12; f **E** 26.8.1966/25.3.1987 RTL plus **fd** 14 285

TAUSEND HÄNDE FÜR EINEN →1001 Hand

TAUSEND KRANICHE MUSST DU FALTEN. Dokumentarfilm über die Situation der Kinder unter den fünf Millionen Anwohnern, die unter den Auswirkungen der Reaktor-Katastrophe in Tschernobyl leiden. Sechs Jahre nach den Ereignissen versucht der Film eine Bestandsaufnahme. (O.m.d.U.) ✦ Deutschland 1991 **P** Vega **SF** NEF 2 **Pd** Paul Müller, Michael Schwarz **R+B** Thomas Bauermeister **K** Nicolas Joray, Martin Kukula, Johann Feindt, Christina Schulz **S** Ute Wenzel, Karl Brandenburg **L** 86 **FSK** o. A.; f **FBW** bw **E** 1.10.1992

TAUSEND MÄNNER UND EIN BABY (THOUSAND MEN AND A BABY / NARROW ESCAPE). Die Mannschaft eines US-Kreuzers nimmt gegen Ende des Korea-Kriegs ein verwaistes Mischlingsbaby auf, das der Bordgeistliche mit auf das Schiff bringt. Die ganze Mannschaft schließt das Kind ins Herz, und der Schiffarzt und seine Frau setzen alles daran, um den kleinen Jungen adoptieren zu können. Solide inszenierter, gefühlvoller Film nach einer wahren Begebenheit, entwickelt ohne übertriebene Sentimentalitäten. In einer kurzen Massenszene taucht das nunmehr längst erwachsene Findelkind in der Rolle eines Reporters auf. – Ab 14 möglich. ✦ USA 1997 **P** Finnegan-Pinchuk Comp. **Pd** Dauri Chase-Slover, Lorietta Taub **R** Marcus Cole **B** Richard Leder **K** Barry M. Wilson **M** David Michael Frank **S** Janet Bartels-Vandagriff **D** Gerald McRaney (Capt. John »Chuck« Hayward), Richard Thomas (Dr. Hugh »Bud« Keenan), Jonathan Banks (O'Riley), Doris Roberts (Philomena), Keith MacKechnie (Joey Camerini) **L** 88 **E** 13.12.2001 ProSieben

1000 MEILEN BIS YOKOHAMA (A MAJORITY OF ONE). Eine amerikanische Jüdin, die im Zweiten Weltkrieg ihren einzigen Sohn verloren hat, reagiert mit Entsetzen, als ihr Schwiegersohn, ein junger Diplomat, nach Tokio versetzt wird. Dennoch begleitet sie ihn und ihre Tochter nach Japan. Während der Reise begegnet sie einem japanischen Diplomaten, der durch seine Art dazu beiträgt, daß sie schließlich ihre Vorurteile überwindet. Eine etwas lehrhafte, aber sympathische Komödie mit melodramatischen Akzenten, die ihre völkerversöhnende Botschaft mit leichten selbstironischen Akzenten verbindet. – Ab 12. ✦ Schwarz-weiß. USA 1961 **P** Warner **Pd+R** Mervyn LeRoy **B** Leonard Spigelgass, nach seinem Bühnenstück **K** Harry Stradling **M** Max Steiner **S** Philip W. Anderson **D** Alec Guinness (Koichi Asano), Rosalind Russell (Mrs. Jacoby), Ray Danton (Jerome Black), Madlyn Rhue (Alice Black), Mae Questel (Mrs. Rubin), Alan Mowbray (Capt. Norcross) **L** 156 **E** 10.6.1984 ZDF

TAUSEND MELODIEN. Ein ebenso begabter wie ehrgeiziger Geigenvirtuose und Musikstudent am Heidelberger Konservatorium macht nach seinem Examen mit kulturell wenig angesehener Unterhaltungs- und Schlagermusik Karriere in einer Show, während sich sein Bruder in der heimatlichen Sägemühle plagen muß. Trotz anfänglicher Spannungen zwischen beiden endet es mit Happy-End und einer Braut für jeden. Belangloser Unterhaltungsfilm mit Heimatfilm-Anleihen, der durch auf Rührung getrimmte Akzente und die bis zum Überdruß dargebotenen, aber wenig aufregenden Musikeinlagen kaum an Reiz gewinnt. – Ab 10. ✦ BR Deutschland 1954 **P** H.D.-Film **KI** NF **Pd+R** Hans Deppe **B** Hanns H. Fischer, Rudolf Dortenwald **K** Fritz Arno Wagner **M** Willi Mattes **S** Johanna Meisel **D** Martin Benrath (Martin Hoff), Bibi Johns (Irina Servi), Helmuth Schneider (Thomas Hoff), Gardy Granass (Barbara), Heli Finkenzeller (Tante Dele), Paul Henckels (Pasedack), Ernst Waldow (Lauterbach) **L** 98 **FSK** ab 6; nf **E** 29.6.1956 **fd** 5 049

TAUSEND MILLIARDEN DOLLAR (MILLE MILLIARDS DES DOLLARS). Unter Lebensgefahr deckt ein Journalist die Zusammenhänge zwischen dem Tod eines prominenten Politikers und dem Expansionsstreben eines multinationalen Konzerns auf. Interessanter und weitgehend spannend entwickelter Polit-Thriller, dessen beklemmende Thematik durch die genrebedingten Verkürzungen und Effekte an Glaubwürdigkeit einbüßt. (Alternativtitel: »Der Clan der Giganten«) – Ab 16. ✦ Frankreich 1982 **P** V-Films/SFPC/Antenne 2 **KI** Cinefrance **Pd+R+B** Henri Verneuil **K** Jean-Louis Picavet **M** Philippe Sarde **S** Pierre Gillette **D** Patrick Dewaere (Paul Kerjean), Caroline Cellier (Hélène Kerjean), Anny Duperey (Laura Weber), Jeanne Moreau (Madame Benoît-Lambert), Fernand Ledoux (Guerande), Charles Denner (Walter), Jean Mercure (Holstein) **L** 131 **FSK** ab 12; f **E** 27.5.1982/9.12.1983 Kino DDR/30.11.1985 DFF 1 **fd** 23 389

TAUSEND MORGEN (A THOUSAND ACRES). Ein Farmer im amerikanischen Mittelwesten, der seine Töchter nach dem Tod seiner Frau allein großgezogen hat, sie aber auch sexuell mißbrauchte, überschreibt den beiden Ältesten seinen Besitz, während er die scheinbar undankbare Dritte verstößt. Als er sich bevormundet fühlt, versöhnt er sich mit der Jüngsten und versucht mit ihr gemeinsam, das Land einzuklagen. Ein von zwei ausgezeichneten Hauptdarstellerinnen getragenes Familiendrama, das sich vage an Shakespeares Tragödie »König Lear« anlehnt. Die Generationskonflikte werden durch zu viele Probleme überfrachtet, so daß der Film nur in wenigen Augenblicken unter die Oberfläche gängiger Mainstream-Unterhaltung dringt. – Ab 14. ✦ USA 1997 **P** Propaganda Films/Via Rosa/Prairie Films **KI** PolyGram/UIP **VA** PolyGram (Fox) **Pd** Marc Abraham, Steve Golin, Lynn Arost, Kate Guinzburg, Sigurjon Sighvatsson **R** Jocelyn Moorhouse **B** Laura Jones, nach dem gleichnamigen Roman von Jane Smiley **K** Tak Fujimoto **M** Richard Hartley **S** Maryann Brandon **D** Michelle Pfeiffer (Rose Cook Lewis), Jessica Lange (Ginny Cook Smith), Jason Robards (Larry Cook), Jennifer Jason Leigh (Caroline Cook), Colin Firth (Jess Clark) **L** 105 **FSK** ab 12; f **FBW** w **E** 25.6.1998/10.12.1998 Video **fd** 33 196

1000 ROSEN. Ein vermögender Verwandter aus Amerika und ein Computer-Fachmann, der als Buchhalter eingestellt wird, stürzen eine Familie und ihr Geschäft ins Verderben. Ein apokalyptisch endendes Drama, angesiedelt um 1960 in einer holländischen Kleinstadt. (Plattdeutsches Original mit deutschen Untertiteln) ✦ Niederlande 1994 **R** Theu Boermans **B** Gustav Ernst **D** Marieke Heebink (Gina), Bert Geurkink (Harry), Jaap Spijkers (Kernstock), Marisa van Eyle (Rita), Marianne Rogée (Mutter Gina) **L** 90 **E** 14.10.1995 Nord 3

TAUSEND ROTE ROSEN BLÜH'N. Ein für die 50er Jahre typischer Heimatfilm mit damals beliebten Schlagern und Leinwand-Idolen: Eine junge Frau heiratet einen ungeliebten Bauern, weil ihr Vater die Briefe des Jugendgeliebten unterschlagen hat. Als dieser, ein genialer Ingenieur, aus Übersee zurückkehrt, läuft sie mit ihm davon. Ein Unfall des Kindes führt die Eltern wieder zusammen. Banale Unterhaltung voller Sentimentalität. – Ab 14 möglich. ✦ Schwarz-weiß. BR Deutschland 1952 **P** Roxy **KI** Gloria **Pd** Erwin Gitt **R** Alfred Braun **B** Werner P. Zibaso **K** Bruno Stephan **M** Herbert Trantow, Will Meisel (Schlager), Lotar Olias (Schlager), Oskar Schima (Schlager) **S** Elisabeth Kleinert-Neumann **D** Rudolf Prack (Hannes Frings), O.W. Fischer (Andreas Mahler), Winnie Markus (Ebba), Otto Gebühr (der Rosenbauer), Margarete Haagen (Anna), Maria Holst (Marita), Gunnar Möller (Himpemax) **L** 85 **FSK** ab 12; nf **E** 28.8.1952 **fd** 2 010

TAUSEND STERNE LEUCHTEN. Anspruchsloser Revuefilm, der zwischen scheppernden Show- und Schlagernummern ein banales Verwechslungsspiel um eine mühelos karrieremachende Tänzerin entwickelt. – Ab 12. ✦ BR Deutschland 1959 **P** Willy-Zeyn-Film **KI** Union **Pd** Erwin Gitt (Ltg.) **R** Harald Philipp **B** Joachim Wedekind, Harald Philipp **K** Heinz Hölscher **M** W. Quanz, Erich Becht, Perez Prado, Jung, H. Blum **S** Elisabeth Kleinert-Neumann **D** Germaine Damar (Patricia), Harald Juhnke (Axel Grenner jr.), Toni Sailer (Robert Faber), Maria Sebaldt (Margot), Chris Howland (Freddy), Stanislav Ledinek (Direktor Bruchsal), Line Renaud (Juliette) **L** 89 **FSK** ab 12; nf **E** 13.8.1959 **fd** 8 314

TAUSEND TAKTE ÜBERMUT. Nach allerlei Verwechslungen und zunehmendem Klamauk finden in einem italienischen Ferienort die passenden Pärchen zusammen. Leidlich unterhaltsame Einheitskost, die nur als Vorwand dient, um die Erfolgsschlager der damaligen Saison (»Mit 17 hat man noch Träume« von Peggy March sowie weitere »Hits« von Elke Sommer und Manfred Schnelldorfer) auch optisch zu vermarkten. – Ab 12. ✦ BR Deutschland 1965 **P** Music House **KI** Constantin **Pd** Karl Heinz Busse **R** Ernst Hofbauer **B** Hans Billian **K** Dieter Wedekind **M** Gert Wilden **S** Elisabeth Kleinert-Neumann **D** Vivi Bach (Gerti Brückner), Rex Gildo (Rick Tanner), Hannelore Auer (Sherry Davis), Thomas Alder (Manfred Reiner), Gunther Philipp (Felix Glücklich), Gus Backus (Frank Hilman), Margitta Scherr (Michaela Andreas) **L** 98 **FSK** ab 12; nf **E** 10.9.1965 **fd** 13 633

1000 TALER (TYSIAC TALEROW). Polnische Posse über eine bereits vor hundert Jahren abgeschlossene Wette. Dabei wird das menschliche Verhalten auf's Korn genommen; Vergangenes und Gegenwärtiges, Altes und Neues werden auf unterhaltsame Art und Weise einander gegenübergestellt. ✦ Schwarz-weiß. Polen 1959 **P** Filmstudio Lodz **R** Stanislaw Wohl **B** Edmund Niziurski, Stanislaw Wohl **K** Mikolaj Sprudin **M** Lucjan M. Kaszycki **D** Olga Bielska, Barbara Kwiatkowska, Irena Kwiatkowska, Edward Dziewonski, Aleksander Dzwonkowski **L** 74 **E** 28.9.1965 DFF 1

TAUSEND UND EINE NACHT (SHARAZ / LA ESCLAVA DEL PARADISO). Märchenhafte Abenteuerkomödie, gedreht an Originalschauplätzen in Cordoba, Sevilla und Granada, insbesondere in der Alhambra. Der Sohn des Wesirs von Granada schickt sich an, den Tod seines Vaters zu rächen und nimmt den Kampf gegen den schurkischen Usurpator auf. Beistand erhält er dabei von einem weiblichen Flaschengeist. ✦ Spanien/Italien 1968 **P** Domino Film/LM Films **Pd** Mitchell Grayson, Sidney W. Pink **R** José Maria Elorrieta **B** José Maria Elorrieta, José Luis Navarro **K** Antonio Modica **M** Gianni Dell'Orso, Nico Fidenco **S** Antonio Ramirez **D** Jeff Cooper (Omar), Raf Vallone (Hixem), Luciana Paluzzi (Mixiana), Perla Cristal (Die Favoritin), Ruben Rojo (Ali) **L** 92 **E** 2.12.1998 ZDF

DIE TAUSENDJÄHRIGE BIENE (TISICROCNA VCELA). Die breit angelegte Chronik einer slowakischen Familie über drei Generationen hinweg während der letzten Jahrzehnte der Donau-Monarchie bis zum Beginn des Ersten Weltkriegs. Die beiden Söhne gehen unterschiedliche Wege: Samo wird wie seine Vorfahren Bauer und Maurer, Valent studiert Jura und heiratet aus Kalkül die Tochter eines Großgrundbesitzers. Nach dem Tod des Vaters gerät Samo durch wirtschaftliche Depression und politische Unruhen in Not. Als seine Söhne in den Krieg müssen, wird er zum Widerstandskämpfer und stirbt bei einem Bombenattentat. In einer wahren Bilderflut werden private und soziale, ökonomische und politische Probleme mit einer leitmotivisch eingesetzten Naturmystik verknüpft, der auch zahlreiche Märchen- und Sagenmotive beigegeben sind. Der »magische Realismus« der Inszenierung kommt in der gekürzten deutschen

Fassung, die die Orientierung erschwert, nur noch in einzelnen Einstellungen zur Geltung. – Sehenswert ab 16. ✦ CSSR/BR Deutschland/Österreich/Italien 1983 **P** Slovensky Film/Janus/Beta Film/HR/ORF/RAI/SACIS **Kl** Progress **Pd** Viliam Cánky (Herstellungsleitung) **R** Juraj Jakubisko **B** Peter Jaros, Juraj Jakubisko, nach einem Roman von Peter Jaros **K** Stanislav Dorsic **M** Petr Hapka **D** Stefan Kvietik (Samo), Jozef Króner (Martin), Ivana Valesová (Maria), Michal Docolomansky (Valent), Eva Jakoubková (Kristina), Jana Janovská (Ruzena) **L** 165 (TV 135) **E** 5.8. 1984 ARD/14.6.1985 Kino DDR **fd** 24 660

TAUSENDSCHÖNCHEN – KEIN MÄRCHEN (SEDMIKRASKY). Zwei gelangweilte junge Frauen verfallen in ihrer Beziehungslosigkeit der Lust, ältere wohlhabende Leute auszunutzen, Schabernack zu treiben und in der Begierde übermäßigen Essens sich selbst und die Gesellschaft spielerisch-frech zugrunde zu richten. Ein allegorisches Lehrstück im Stil einer grotesk-bizarren Komödie, die in surrealistisch inspirierter, virtuoser Manier mit der Zerstörung als zugleich befreiender und gefährlicher Kraft konfrontiert. Eine ebenso unterhaltsame wie hintergründige Fantasie von zeitloser Faszination. – Sehenswert ab 16. ✦ CSSR 1966 **P** Filmstudio Barrandov **Kl** Sputnik (Erstverleih: Neue Filmkunst) **Pd** Rudolf Hájek **R** Vera Chytilová **B** Vera Chytilová, Ester Krumbachová, Pavel Jurácek (Thema), Jaroslav Kucera (künstler. Mitarbeit) **K** Jaroslav Kucera **M** Jirí Slitr, Jirí Sust **S** Miroslav Hájek **D** Ivana Karbanová (Marie I), Jitka Cerhová (Marie II), Julius Albert, Jan Klusák, Marie Cesková, Jirina Mysková, Marcela Brezinová **L** 76 **FSK** ab 16; nf **E** 18.11.1968 ARD/Juli 1969 Kino/28.9.1990 DFF 2 **fd** 15 793

DIE 1003. NACHT. Komödie um Verliebte: Zwei deutsche Urlauber finden in Tunesien Gefallen aneinander, doch ihre beiden konkurrierenden Touristik-Unternehmen verhindern, daß sie zusammenkommen. In der Not besinnen sie sich auf ein altes arabisches Märchen und überwinden mit List und Ausdauer alle Hindernisse. – Ab 16. ✦ Deutschland 1992 **R+B** Richard Blank **D** Gabriela Herz, Axel Milberg, Dietmar Mössmer **L** 75 **E** 15.11.1995 3sat

1001 HAND (LES MILLE ET UNE MAINS / ALF YAD WA YAD). Nach dem Tod seines Vaters durch einen Arbeitsunfall übernimmt der Sohn dessen Platz in einer marokkanischen Teppichwerkstatt. In der Hoffnung auf ein besseres Leben verläßt er die Familie, ist jedoch einem System der Ausbeutung ausgesetzt. Als er begreift, wie ungerecht die gesellschaftlichen Verhältnisse sind, tötet er in einem Akt spontaner Verzweiflung und Auflehnung die Frau des Teppichhändlers. Er wird verhaftet, seine Schwester übernimmt seine Stelle. Ein uneinheitlicher, größtenteils allzu schematischer Spielfilm mit dokumentarischen Zügen; dennoch ein diskussionswerter Beitrag zum Thema Kinderarbeit in der »Dritten Welt«. (DDR-Titel: »Tausend Hände für einen«; O.m.d.U.) – Ab 14. ✦ Marokko/Italien 1973 **P** Euro Maghreb Films **Kl** Progress **SF** BAG **R** Souheil Ben Barka **B** Vincenzo Cerami, Licia Trevisan, Ahmed Badry, Souheil Ben Barka **K** Girolamo La Rosa **M** Tahar Abdou **D** Abbou Chaibane (Miloud), Mimsy Farmer (Nadine), Aissa Elghazi (Moha), Ahmed Si, B. Zaid (Jamal) **L** 77 **E** 2.5.1975 Kino DDR

1001 NACHT (A THOUSAND AND ONE NIGHTS). Märchenhafter Abenteuerfilm, der die Erzählung »Aladin und die Wunderlampe« mit ironischen Amerikanismen frei variiert. Mit deutlichen Parallelen zu dem Erfolgsfilm »Dieb von Bagdad« (USA 1940, Regie: Ludwig Berger), in dem Rex Ingram ebenfalls einen Riesen spielt, entfaltet sich ein schwungvolles orientalisches Märchen mit guten Trickeffekten, glanzvoll ausgestattet und überzeugend gespielt. – Ab 12. ✦ USA 1945 **P** Columbia **Kl** Columbus **Pd** Samuel Bischoff **R** Alfred E. Green **B** Wilfred H. Pettitt, Richard English, Jack Henley **K** Ray Rennahan **M** Marlin Skiles **D** Cornel Wilde (Aladin), Evelyn Keyes (Lampengeist), Phil Silvers (Abdullah), Adele Jergens (Prinzessin), Dennis Hoey (Sultan), Dusty Anderson (Novira) **L** 93 **FSK** ab 12; nf **E** 7.7.1950 **fd** 569

1001 REZEPTE EINES VERLIEBTEN KOCHS (LES MILLE ET UNE RECETTES DU CUISINIER AMOUREUX). Ein georgischer Galerist lernt im Paris des Jahres 1995 eine Fotografin kennen, mit der ihn eine geheimnisvolle Seelenverwandtschaft verbindet: Der Onkel der Frau, ein Globetrotter und Gourmet, hatte in den 20er-Jahren ein Verhältnis mit seiner Mutter, einer Prinzessin. In Rückblenden wird das wechselvolle Leben des Mannes erzählt, dessen feiner Geruchssinn ein Attentat auf den georgischen Präsidenten verhinderte, woraufhin er ein Feinschmeckerlokal in Tiflis eröffnen durfte und in die Wirren der Revolution geriet. Ein vielschichtiger Film, angesiedelt zwischen Komödie und Melodram, der das Erbe der Vergangenheit in der Gegenwart sucht und die vitale Überlebenskraft des Schöngeistigen feiert. – Ab 16. ✦ Frankreich/Georgien 1996 **P** Les Films du Rivage/Marc Ruscart/Studio Adam et Eve/Studio Babelsberg **R** Nana Djordjadze **B** André Grall, Irakli Kwirikadse **K** Guiorgui Beridze **M** Goran Bregovic **S** Vessela Martschewski, Guili Grigoriani **D** Pierre Richard (Pascal Ichac), Micheline Presle (Marcelle Ichac), Nino Kirtadze (Cecilia Abachidze), Teimour Kahmhadze (Zigmund), Jean-Yves Gautier (Anton Gogoladze) **L** 100 **E** 18.1.1999 arte

TAUWETTER (TAUWETTER). In einem durch Lawinen von der Außenwelt abgeschnittenen Dorf kommt es durch die Enge und Isolation zwischen einem deutschen Ehepaar aus dem Mittelstand, das mit seinem siebenjährigen Kind dort seinen Urlaub verbrachte, zu einem Konflikt, der sich durch mangelnde Einsicht auf beiden Seiten immer weiter zuspitzt. Durch die beiläufige Art der Inszenierung und die mangelnde Durchzeichnung der Charaktere fehlen dem Film psychologische Glaubwürdigkeit und atmosphärische Dichte. Das babylonische Sprachengewirr trägt kaum etwas zur Authentizität des psychologischen Konflikthintergrundes bei. ✦ Schweiz/BR Deutschland 1977 **P** Limbo/Condor/Solaris **Pd** George Reinhart, Peter-Christian Fueter **R** Markus Imhoof **B** Markus Imhoof, Claude Chenou **K** Gérard Vandenberg **M** Bruno Spoerri **S** Marianne Jäggi **D** Gila von Weitershausen (Jutta), Arthur Brauss (Manfred), Niels Arestrup (Jean-Luc), Roger Jendly (Raymond), Diana (Sandra) **L** 90 **E** 7.1.1980 ZDF

DIE TAVERNE VON NEW ORLEANS (LA TAVERNE DE NEW-ORLEANS / THE ADVENTURES OF CAPTAIN FABIAN). New Orleans 1860: Die Geschichte einer Kreolin, ihrer Demütigung durch einen reichen Schurken, ihre Liebe zu einem Seekapitän und schließlich ihr unglückliches Ende. Bis zum Sieg des unschuldig im Gefängnis gelandeten Helden setzt es Prügel und Pulversprengungen. Ein eher gekünstelt wirkender Abenteuerfilm, der sich aus Versatzstücken früherer Filme mit Errol Flynn zusammensetzt, ohne Neues und Originelles hinzuzufügen. – Ab 16. ✦ Schwarz-weiß. USA/Frankreich 1950 **P** Republic/Silver/Game **Kl** Deutsche Commerz **Pd** Robert Dorfmann, William Marshall **R** William Marshall **B** Errol Flynn, nach dem Roman »Fabulous Ann Medlock« von Robert Shannon **K** Marcel Grignon **M** René Cloërec **D** Errol Flynn (Kapitän Fabian), Micheline Presle (Léa Mariotte), Vincent Price, Agnes Moorehead, Victor Francen, Jim Gerald, Helena Manson, Howard Vernon, Roger Blin **L** 100 **FSK** ab 16; nf **E** 14.3.1952 **fd** 1 700

TAX SEASON → Dollarjagd in Hollywood

TAXANDRIA (TAXANDRIA). Ein geheimnisumwitterter Leuchtturmwächter führt einen jungen Prinzen in das Traumreich Taxandria, wo die Menschen scheinbar glücklich in einer »ewigen Gegenwart« leben. Der Preis für dieses fragwürdige Privileg ist der Verlust von Liebe, Neugier und Freiheit. Der Prinz schließt sich einem jungen Mann an, der die Monotonie bekämpfen und die Vergangenheit seines Landes erforschen möchte. Als dieser sich verliebt und offen gegen das System rebelliert, scheint sein Untergang besiegelt. Allegorische Geschichte, in der reale Schauspieler in einer Zeichentrick-Kulisse agieren, deren Motive der bildenden Kunst des 20. Jahrhunderts entlehnt sind. Auf Grund der langen Entwicklungs- und Produktionszeit ist einer der teuersten europäischen Filme entstanden, dessen Aussagegehalt jedoch hinter dem technischen Aufwand zurückstecken muß. – Ab 14. ✦ Frankreich/Deutschland/Belgien 1995 **P** Iblis Films/Bilbo Film/Les Productions Dussart **VA** absolut MEDIEN **R** Raoul Servais **B** Frank Daniel, Raoul Servais, Alain Robbe-Grillet **K** Walther van den Ende, Gilberto Azevedo **M** Kim Bullard **D** Armin Mueller-Stahl (Vrigilius/Karol), Andrew Sachs (Superindendent), Richard Kattan (Jan), Katja Studt (Ailée), Elliott Spiers (Aimé) **L** 85 **E** 29.7.1998 arte

TAXE MOON (TAXE MOON). Österreichischer Krimi im Nachtclub-Milieu. ✦ Österreich 1992 **R** Rudolf Steiner **B** Rudolf Steiner, H.W. Höber **D** K. G. Trösch (Kommissar Heller), Michael Wrzesinski (Martin), Anne K. Rathsfeld (Claudia Seide), Sieglinde Beichert (Lisa), Frauke Schütgen (Veronica), Wilfried Loll (Personalchef) **L** 90 **E** 6.5.1999 Vox

TAXI (TAXI). Eine in Frankreich äußerst erfolgreiche Komödie, deren Dialoge in der deutschen Synchronisation in Kalauern und sinnlosem Wortwust untergehen. Der Versuch, virulente Minderwertigkeitsgefühle aufzuarbeiten, scheitert letztlich auch, weil Slapstick allzu sehr mit Zerstörungswut verwechselt wird. – Ab 14. ✦ Scope. Frankreich 1997 **P** ARP/TF1 Films/Le Studio Canal+ **Kl** Tobis **VA** Ufa/BMG **DVD** BMG (16:9, 2.35:1, DD5.1 frz./dt.) **Pd** Michèle Pétin, Laurent Pétin **R** Gérard Pirès **B** Luc Besson **K** Jean-Pierre Sauvaire **M** Iam **S** Véronique Lange **D** Samy Nacéri (Daniel), Marion Cotillard (Lilly), Manuela Gourary (Camille), Emma Sjöberg (Petra), Frédéric Diefenthal (Emilien) **L** 89 **FSK** ab 12; f **E** 20.8.1998/22.2.1999 Video/13.6.2000 DVD **fd** 33 276

TAXI BLUES (TAXI BLUES). Kraftvolle, unverbrauchte Tragikomödie über einen rechtsradikalen Taxifahrer aus Moskau und einen versoffenen Musiker, die in einer seltsamen Haß-Liebe aufeinander fixiert sind, bis der Musiker überraschend den Aufstieg zum Star der russischen Musikszene schafft. Der parabelhaft angelegte Film über das Verhältnis zwischen Arbeit und Intelligenz in der Sowjetunion überzeugt durch realistische Milieu- und Menschenzeichnung und hervorragende schauspielerische Leistungen. – Sehenswert ab 16. ✦ UdSSR/Frankreich 1990 **P** Lenfilm/ASK Eurofilm/MK 2/La Sept **Kl** NEF 2 **Pd** Marin Karmitz **R+B** Pawel Lungin **K** Denis Jewstignejew **M** Vladimir Cekasin **S** Elisabeth Guido **D** Pjotr Mamonow (Ljosa), Pjotr Zaicenko (Schlikov), Vladimir Kaspur (Der alte Neciporenko), Natalja Koljakanowa (Christina), Hal Singer (Er selbst) **L** 110 **FSK** ab 16; f **FBW** bw **E** 4.4.1991/2.11.1992 arte **fd** 28 791

TAXI BOY (TAXI BOY). Ein sehr auf seinen Habitus bedachter Adliger, der in Paris als Taxifahrer und Eintänzer arbeitet, nimmt eines Tages einen von Gangstern zusammengeschlagenen Kleinganoven bei sich auf. Aus der Zufallsbegegnung entwickelt sich eine Freundschaft, die durch die unerwartet auftauchende Tochter des Ganoven noch enger wird. Komödie im Halbweltmilieu, die mit prominenten Darstellern und bewährten Handlungselementen aufwartet, letztlich jedoch durch ihren Mangel an Schauspielerführung und inszenatorischem Geschick langweilt. – Ab 16. ✦ Frankreich 1985 **P** UGC/Président/TF 1/Marie Coline Films/Cinedeal/Conil/Top No. 1 **R+B** Alain Page **K** Renato Berta **M** Charlélie Couture **S** Sophie Schmit **D** Claude Brasseur (Petrus), Richard Berry (Manuel), Charlotte Valandrey (Corinne), Evelyne Didi (Marthe), Isaach de Bankolé (Touré) **L** 89 **E** 4.4.1995 ZDF

TAXI DRIVER (TAXI DRIVER). Ein einzelgängerischer Taxifahrer in New York, der von der Stadt und seinem Lebensmilieu zugleich fasziniert und abgestoßen wird, steigert sich in den missionarischen Wahn, etwas gegen die Flut von Schmutz und Niedrigkeit in der Großstadt unternehmen zu müssen. Schwer bewaffnet beginnt er einen tragischen Kreuzzug durch die nächtlichen Straßen. Mit kühler Eindringlichkeit und analytischer Präzision schildert der ungemein dichte Film die psychischen Deformationen seines Helden. Zugleich verdeutlicht er, daß der Ausbruch individueller Gewalt mit einem allgemeinen Klima latenter Brutalität und Abstumpfung korrespendiert. Ein Thriller, der intensive Wirklichkeitsbeobachtung mit den mythischen Qualitäten des traditionellen Genrefilms verbindet. DVD: Die originell konzipierte, filmhistorisch wertvolle Special Edition enthält u. a. eine gut 60-minütige, analytische Dokumentation über die Entstehungsgeschichte des Films sowie das Originaldrehbuch in Schriftform mit integrierter Wechselmöglichkeit zur betreffenden Filmsequenz. – Sehenswert. ✦ USA 1975 **P** Taxi Driver Prod. **KI** Warner-Columbia **DVD** Columbia TriStar Home (SE, 16:9, 1.85:1, DS engl., Mono dt.) **Pd** Michael Phillips, Julia Phillips **R** Martin Scorsese **B** Paul Schrader **K** Michael Chapman **M** Bernard Herrmann **S** Marcia Lucas **D** Robert De Niro (Travis Bickle), Peter Boyle (Wizard), Cybill Shepherd (Betsy), Jodie Foster (Iris), Harvey Keitel (Matthew (»Sport«)), Martin Scorsese (Fahrgast), Steven Prince (Andy, der Waffenverkäufer), Diahnne Abbott (Süßwarenverkäuferin), Victor Argo (Melio) **L** 114 **FSK** ab 16; f (früher 18) **E** 7.10.1976/11.11.1999 DVD **fd** 19 983

TAXI 539 ANTWORTET NICHT (99 RIVER STREET). Ein ehemaliger Berufsboxer wird in eine Diamantenraub-Affäre verstrickt und legt sich auf der Jagd nach dem Mörder seiner untreuen Frau mit einem Gangstersyndikat an. Mit Hilfe einer jungen Schauspielerin bringt er die Verantwortlichen zur Strecke. Ein beachtlich inszenierter Gangsterfilm, der durch massive Brutalitäten ein Klima der latenten Gewalt verbreitet. ✦ Schwarz-weiß. USA 1953 **P** United Artists/Edward Small Prod. **KI** United Artists **Pd** Edward Small **R** Phil Karlson **B** Robert Smith, nach einer Erzählung von George Zuckerman **K** Franz Planer **M** Emil Newman, Arthur Lange **S** Buddy Small **D** John Payne (Ernie Driscoll), Evelyn Keyes (Linda James), Brad Dexter (Victor Rawlins), Frank Faylen (Stan Hogan), Peggie Castle (Pauline Driscoll), Jay Adler (Christopher) **L** 79 (Orig. 83) **FSK** ab 18; nf **E** 30.4. 1954 **fd** 3 346

TAXI GIRL (TAXI GIRL). Eine Verwechslungskomödie, in der sich eine 22jährige Pariser Taxifahrerin als die Tochter eines Advokaten ausgibt, um einen jungen Mann aus reichem Haus für sich zu gewinnen. – Ab 16. ✦ Frankreich 1992 **R** Jean-Dominique de la Rochefoucauld **D** Sophie de la Rochefoucauld (Charlotte Courtois), Samuel Labarthe (Michel Descamps), Louis Velle (Maitre Pontonnier), Michel Modo (Mademoiselle Descamps), Henri Marteau (Mademoiselle Courtois) **L** 85 **E** 23.5.1994 B 1/mdr

TAXI IN DEN TOD (A PASSION FOR MURDER / BLACK ICE). Auf der Flucht von Detroit nach Seattle kommen sich ein Taxifahrer, im Hauptberuf Krimischriftsteller, und eine junge Frau nicht nur näher, der Mann kommt auch hinter das Geheimnis der Fremden. Sie hat den Tod eines Politikers verschuldet, auf den sie als Undercover-Agentin des CIA angesetzt war. Da sie nun zu viel weiß, ist ihr eigenes Leben in Gefahr. Ein aufwendig produzierter Thriller mit überzeugenden Charakteren, der seine unübersehbaren Längen mit Sex- und Gewaltszenen zu überbrücken versucht. ✦ USA 1993 **P** Entertainment Securities **VA** EuroVideo **Pd** Robert Vince **R** Neill Fearnley **B** Arne Olsen, John Alan Schwartz **K** David Geddes **M** Amin Bhatia **S** Allan Lee **D** Michael Nouri (Ben Shorr), Joanna Pacula (Vanessa), Michael Ironside (Quinn), Mickey Jones (Lloyd), Lee J. Campbell (Sheriff), Arne Olsen (Eric) **L** 88 **FSK** ab 16 **E** 12.4. 1994 Video/10.9.1994 ARD **fd** 31 400

TAXI INS GLÜCK (SOGNO D'AMORE). Im Urlaub verliebt sich eine Frau in einen Mann, den sie für einen Taxifahrer hält. Als sie dahinterkommt, daß er in Wirklichkeit ein erfolgreicher Geschäftsmann ist, kehrt sie, enttäuscht über seine Lügen, nach New York zurück. Der Verlassene setzt einen Privatdetektiv ein. – Ab 14. ✦ USA 1994 **R** Larry Ludman (= Fabrizio de Angelis) **D** Nicole Amar (Donna Updike), Ron Cobert (Michael Forrester), Irene O'Connor (Mrs. Forrester), William Rothnell (Der Professor), Saadioa Persad (Patricia) **L** 80 **E** 3.10.1995 Vox

TAXI-KITTY. Eine stellungslose Musikantin stellt als Aushilfe in einer Kantine für Taxifahrer ihre Tüchtigkeit unter Beweis und erhält durch die hilfsbereiten Chauffeure die Gelegenheit, erfolgreich auf ihr künstlerisches Talent aufmerksam zu machen. Ein behäbiges, gutmütiges musikalisches Lustspiel, vergleichsweise einfallsreich aufbereitet, geschickt pointiert und gut gespielt. – Ab 12. ✦ Schwarz-weiß. BR Deutschland 1950 **P** Junge Film-Union **KI** National **Pd** Rolf Meyer **R** Kurt Hoffmann **B** Kurt E. Walter, Jo Hanns Rösler, Kurt Werner, nach einem Stoff von Hermann Droop **K** Albert Benitz **M** Franz Grothe **S** Martha Dübber **D** Hannelore Schroth (Kitty Grille), Carl Raddatz (Charly), Hans Schwarz jr. (Brasch), Karl Schönböck (Molander), Fita Benkhoff (Elvira Rembrandt), Gunnar Möller (Boy), Inge Meysel (1. Sekretärin), Nuk (Clown Nuk) **L** 88 **FSK** ab 12; nf **E** 28.12.1950 **fd** 1 097

TAXI LISBOA (TAXI LISBOA). Tag für Tag lenkt ein bald 94jähriger Taxifahrer (er starb am 18. Januar 1997) sein Oldsmobil durch die engen Gassen Lissabons, wo er auf die sonderbarsten Gestalten trifft. Dokumentarischer Spielfilm, zugleich das Porträt der Stadt und einiger ihrer Bewohner, der in einer poetischen Anverwandlung in den Einzelschicksalen die Geschichte des Jahrhunderts anklingen läßt. Getragen von einer ausgeklügelten Tondramaturgie und der Kraft seiner Bilder, vermag der Film das Gefühl einer Hoffnung zu vermitteln, die durch Not und Verzweiflung gegangen ist. (O.m.d.U.) – Sehenswert ab 12. ✦ Deutschland 1996 **P** solofilm/Bayerischer Rundfunk/Saarländischer Rundfunk **KI** Duofilm **Pd+R+B** Wolf Gaudlitz **K** Claus Langer, Rodger Hinrichs **M** Gert Wilden jr. **S** André Bendocchi-Alves **D** Augusto Macedo, Josefina Lind, Antonio Torchiaro, Vergilio Ferreira, Eduardo Rafael, Gerard Samaan, Ana Teresa Sousa, Leonore Mau **L** 84 **FBW** w **E** 31.10. 1996 **fd** 32 224

TAXI NACH KAIRO. Ein erfolgloser homosexueller Schreiberling soll Geld und Bauernhof erben, wenn er heiratet. Er geht eine Scheinehe ein, die sich aber zu einer tiefen Freundschaft entwickelt und auch die Entwicklung zur heterosexuellen Beziehung offen läßt. Eine an der eitlen Selbstbespiegelung des Regisseurs und Hauptdarstellers scheiternde Komödie, die auch durch anfängerhafte Regiefehler und eine weitgehend dilettantische Schauspielerführung verärgert. ✦ BR Deutschland 1987 **P** Frank Ripploh Filmprod./Albis **KI** Senator **VA** Starlight **Pd+R** Frank Ripploh **B** Tamara Kafka, Frank Ripploh **K** Dodo Simoncic **M** Peter Breiner **S** Peter R. Adam **D** Frank Ripploh (Frank), Christine Neubauer (Klara), Udo Schenk (Eugen), Nina Schühly (Mutter), Domenica Niehoff (Psychotherapeutin), Burkhard Driest (Polizist) **L** 90 **FSK** ab 18; nf **E** 10.12.1987/29.6.1988 Video **fd** 26 506

TAXI NACH SOWETO (TAXI TO SOWETO). Komödie: Durch Zufall landet eine vom Luxus verwöhnte Weiße an der Seite eines schwarzen Taxifahrers mitten in Soweto. Sie steigt in Windeseile zur ebenso glühenden wie übereifrigen Kämpferin für die Rechte der Schwarzen auf. – Ab 14. ✦ Südafrika 1991 **R** Manie van Rensburg **D** Elize Cawood (Jessica), Patrick Shai (Richard), Marius Weyers (Horace), Ramalao Makhene (Nimrod), Mara Louw (Dolly) **L** 87 **E** 25.11.1995 Super RTL

TAXI NACH TOBRUK (UN TAXI POUR TOBROUK). Oktober 1942: Ein Ritterkreuzträger wird dem französischen Stoßtrupp, der den deutschen Gefangenen durch die Wüste führt, allmählich sympathisch. Ein abenteuerlich eingekleideter Film, der sich seine Sache – Abbau von Vorurteilen zwischen den Völkern – etwas zu leicht macht. Als Unterhaltung nicht zuletzt dank hervorragender Darsteller von gediegener Kinoqualität. – Ab 16. ✦ Scope. BR Deutschland/Frankreich/Spanien 1960 **P** Continental/Franco London/S.N.E. Gaumont/Procusa **KI** Europa **R** Denys de la Patellière **B** Michel Audiard, René Havard, Denys de la Patellière **K** Marcel Grignon **M** Georges Garvarentz **D** Lino Ventura (Théo), Charles Aznavour (Samuel), Hardy Krüger (Hauptmann von Stegel), Maurice Biraud (François), German Cobos (Paolo) **L** 89 **FSK** ab 12; f **FBW** bw **E** 9.5.1961/27.3. 1972 ZDF **fd** 10 221

TAXI TAXI (TAXI 2). Patriotische Yakuzas entführen in Marseille den japanischen Verteidigungsminister, der zur Vertragsunterzeichnung in Frankreich weilt. Ein beherzter französischer Taxifahrer arabischer Abstammung heftet sich an die Fersen der Entführer und befreit das Opfer mit Hilfe von Polizei und Geheimdienst. Unterhaltsame Action-Komödie, die gegen rassistische Vorurteile eintritt und mit zahlreichen Anspielungen auf französische Mentalität, Politik und Filmgeschichte aufwartet. – Ab 14. ✦ Scope. Frankreich 1999 **P** Leeloo Productions/ARP Produktion/TF1 Films/Le Studio Canal+ **KI** Tobis StudioCanal **VA** BMG **DVD** BMG (16:9, 2.35:1, DD5.1 frz./dt.) **Pd** Luc Besson, Michèle Petin, Laurent Petin **R** Gérard Krawczyk **B** Luc Besson **K** Gérard Stérin **M** Al Khemya **S** Thierry Hoss **D** Samy Naceri (Daniel), Frédéric Diefenthal (Emilien), Marion Cotillard (Lilly), Emma Sjöberg (Petra), Bernard Farcy (Kommissar Gibert) **L** 88 **FSK** ab 12; f **E** 31.8.2000/ 13.3.2001 DVD/20.3.2001 Video **fd** 34 432

TAXI ZUM KLO. Die Geschichte eines homosexuellen Lehrers in Berlin, der zwischen bürgerlichem Leben und Subkultur, dauerhafter Partnerschaft und sexuellem Abenteurertum hin- und hergerissen wird. Eine mit geringen Mitteln produzierte, frisch und unverkrampft, aber auch höchst drastisch erzählte autobiografische Komödie, die das Homosexuellen-Milieu weder zur Idylle verklären noch sich dem bürgerlichen Geschmack anpassen will, dabei jedoch allzu selbstgefällig in die Nähe pornografischer Deutlichkeit gerät. ✦ BR Deutschland 1980 **P** Laurens Straub/Frank Ripploh/Horst Schier **KI** Filmwelt **Pd** Laurens Straub, Frank Ripploh, Horst Schier **R+B** Frank Ripploh **K** Horst Schier **M** Hans Wittstadt (Song) **S** Marina Runne, Matthias von Gunten **D** Frank Ripploh (Frank/Peggy), Bernd Broaderup (Bernd), Gitte Lederer, Hans-Gerd Mertens, Irmgard Lademacher, Beate Springer **L** 95 **FSK** ab 18; nf **FBW** w **E** 9.1.1981 **fd** 22 781

TAXICHAUFFEUR BÄNZ (TAXICHAUFFEUR BÄNZ). Dialektfilm um die Sorgen eines Zürcher Taxifahrers, der für seine Medizin studierende Tochter jedes Opfer bringt und deshalb auch seine Zuneigung zu einer Kolonialwarenhändlerin verheimlicht. Konflikte mit einem sympathischen, aber nicht sehr charakterstarken jungen Mann, der in der Stadt eine Karriere als Fußballspieler verschenkt und sogar in den Verdacht des Diebstahls gerät, schüren die Spannungen zwischen den Generationen. Nach »Polizist Wäckerli« und »Oberstadtgasse« der dritte Teil eines Bilderbogens aus dem Schweizer Alltag; sympathische Unterhaltung, die jedoch die Wirklichkeit verniedlicht. – Ab 14. ✦ Schwarz-weiß. Schweiz 1957 **P** Praesens-Film **Pd** Oscar Düby (= Lazar Wechsler) **R** Werner Düggelin, Hermann Haller **B** Schaggi Streuli, Hermann Haller, Werner Wollenberger, Richard Schweizer **K** Emil Berna **M** Robert Blum **S** Hans Heinrich Egger **D** Schaggi Streuli (Oscar Bänz), Elisabeth Müller (Irma Bänz), Maximilian Schell (Toni Schellenberg), Emil Hegetschweiler (Vater Schellenberg), Fred Tanner (Dr. Zbinden), Elisabeth Barth (Mutter Schellenberg) **L** 93 **E** 13.3.1983 S 3

TAXIDRIVER KÄMPFEN NIE ALLEIN →Taxifahrer kämpfen nie allein

TAXIFAHRER (I QUATTRO TASSISTI). In drei Episoden werden die nicht alltäglichen Erlebnisse von

Taxifahrern in Neapel, Rom und Mailand geschildert. Trotz teilweise treffender Charakterdarstellung inszenatorisch weitgehend uninteressanter Film. (In den Kinos in der DDR wurde eine Fassung gezeigt, die nur aus drei statt im Original vier Episoden bestand.) – Ab 14. ✦ Scope, schwarz-weiß. Italien 1963 **P** Federiz/Cineriz **Kl** Progress **R** Giorgio Bianchi **B** Mario Amendola, Leo Benvenuti, Piero de Bernardi, Castellano (= Franco Castellano), Pipolo (= Giuseppe Moccia), nach einem Buch von Giorgio Bianchi **K** Riccardo Pallottini, Silvano Ippoliti **M** Fiorenzo Carpi **D** Peppino de Filippo, Graziella Granata, Aldo Fabrizi, Didi Perego, Gino Bramieri **L** 73 **E** 12.5.1967 Kino DDR/3.4.1969 DFF 1

TAXIFAHRER ANGELA (ANGELA MERGE MAI DEPARTE). Die Geschichte einer 40jährigen rumänischen Taxifahrerin, die aufmerksam ihre Mitmenschen beobachtet und oft Zeugin fremden Glücks und fremden Leids wird. Eines Tages begegnet der geschiedenen Frau ein Mann, der auch in ihrem Leben Veränderungen bewirkt. ✦ Rumänien 1981 **P** Filmstudio Bucuresti **R** Lucian Bratu **B** Eva Sirbi **K** Anghel Deca **M** Marius Teici **D** Dorina Lazar, Vasile Miske, Dorina Paunescu, Cornelia Radulescu, Felicia Popca **L** 84 **E** 19.1.1983 DFF 1

TAXIFAHRER KÄMPFEN NIE ALLEIN (HIT AND RUN). Ein New Yorker Taxifahrer sucht unter Millionen Autofahrern jenen Mann, der seine Frau überfuhr und Fahrerflucht beging. Unterstützt wird er durch ein Heer von 20.000 Taxifahrern in New York. Träger Thriller mit überkonstruierter Verrätselung. (Video- und DDR-Titel: »Taxidriver kämpfen nie allein«) ✦ USA 1982 **P** Movie Making/Comworld **VA** Tristar **Pd+R** Charles Braverman **B** Don Enright, nach seinem Roman **K** Tony Mitchell **M** Brad Fiedel **D** Paul Perri, Claudia Cron, Will Lee, Bart Braverman **L** 94 (Video 88) **FSK** ab 16 **E** 7.1.1986 RTL plus/6.10.1986 DFF 1/1989 Video

DIE TAXIFAHRERIN (EXTERIEUR NUIT). Zwei befreundete Männer und eine junge Frau versuchen vor dem Hintergrund des nächtlichen Paris zueinander zu kommen, scheitern dabei aber an ihrer Unfähigkeit, ihren Schutzpanzer vor Einsamkeit und Zurückweisung zu durchbrechen. Ein sowohl inszenatorisch als auch in der komplexen Charakterzeichnung interessanter Film über Lebensmüdigkeit und Resignation, entwickelt mit etwas Galgenhumor und nur wenig Hoffnung. In stimmungsvollen Bildern komponiert er ein düsteres und trostloses Stadt- und Menschenbild, ist insgesamt jedoch überzogen und voller dramaturgischer Widersprüche. ✦ Frankreich 1980 **P** Les Films Noirs **Kl** Atlantic (Erstverleih: Concorde) **R+B** Jacques Bral **K** Pierre-William Glenn **M** Karl-Heinz Schäfer **S** Jacques Bral **D** Christine Boisson (Cora), André Dussollier (Bony), Gérard Lanvin (Léo), Jean-Pierre Sentier (Charles), Marie Keime (Bürgersfrau), Elizabeth Margoni (Véronique), Henri-Jacques Huet **L** 110 **E** 10.7.1981/4.9.1998 tm 3 **fd** 22 843

TAXMAN – DER STEUERFAHNDER VON BROOKLYN (THE TAXMAN). Der Beamte einer Zollfahndungsbehörde kommt den illegalen Geschäften der russischen Mafia auf die Spur, durch deren Aufdeckung er sich den vorzeitigen und finanziell lukrativen Abschied aus dem Dienst verspricht. Unabhängig produzierter Film, dicht inszeniert, glaubwürdig gespielt, der geschickt die verzwickte Verrätselung der Handlung betreibt. ✦ USA 1999 **P** Counterclock **Pd** Kathy Jordan, Avi Nesher, Jason Kliot, Joana Vicente **R** Avi Nesher **B** Avi Nesher, Roger Berger **K** Jim Denault **M** Roger Neill **S** Alexander Hall **D** Joe Pantoliano (Al Benjamin), Wade Dominguez (Joseph Romero), Elizabeth Berkley (Nadia Rubakov), Michael Chiklis (Andre Rubakov), Robert Townsend (Peyton Cody) **L** 97 **E** 21.3.2001 Premiere World

DER TAYLOR-MORD: KAMPF UM EIN KIND (IN A CHILD'S NAME). Nach dem Mord an seiner Ehefrau wird der psychisch gestörte Täter zu 30 Jahren Gefängnis verurteilt. Um das Sorgerecht für den gemeinsamen Sohn entbrennt ein erbitterter Kampf zwischen den Verwandten. ✦ USA 1991 **P** New World **Pd** Vahan Moosekian, Donald C. Klune **R** Tom McLoughlin **B** Bill Phillips, Charles Walker, nach dem Roman »In a Child's Name« von Peter Maas **K** Daryn Okada **M** Richard Stone **S** Charles Bornstein, Michael Berman **D** Valerie Bertinelli (Angela), Michael Ontkean (Ken), Louise Fletcher (Jean Taylor), David Huddleston (Zach), Nancy McLoughlin (Marilyn) **L** 174 **E** 25.10.1993 PRO 7

TAZA, DER SOHN DER COCHISE (TAZA, SON OF COCHISE). Der friedfertige Sohn des berühmten Häuptlings der Chiricahua-Apachen, die sich um 1870 Umsiedlungsplänen widersetzen, kann seine Friedensbemühungen zum Erfolg führen. Dabei muß er eine von Geronimo mit einem Teil seiner Stammesgenossen heraufbeschworene Schlacht zwischen Weiß und Rot sowie die Rivalität mit seinem Bruder wegen eines Mädchens meistern. Routiniert inszenierter Western mit einigen Akzenten des Verständnisses für die tragische Dezimierung des Indianervolkes; streckenweise arg pathetisch. (Der Film wurde ursprünglich in einer 3-D-Fassung gedreht.) – Ab 12 möglich. ✦ USA 1953 **P** Universal **Kl** Universal **Pd** Ross Hunter **R** Douglas Sirk **B** George Zuckerman **K** Russell Metty **M** Frank Skinner **S** Milton Carruth **D** Rock Hudson (Taza), Barbara Rush (Oona), Jeff Chandler (Cochise), Bart Roberts (Naiche), Gregg Palmer (Captain Burnett), Morris Ankrum (Grey Eagle), Richard Cutting (Cy Hagen), Robert Burton (Gen. Crook), Eugene Iglesias (Chato), Lance Fuller (Lt. Willis), Brad Jackson (Lt. Richards), Charles Horvath (Kocha) **L** 79 **FSK** ab 12; nf **E** 17.11.1954 **fd** 3 782

TC 2000 (TC 2000). Nach einer ökologischen Katastrophe haben die Mächtigen der Welt in der geschützten »Unterwelt« Zuflucht gefunden, während die Armen an der verseuchten Oberfläche zurückgeblieben sind. Die Hoffnung auf eine Erneuerung der Atmosphäre führt zu einem erbitterten Kampf um die Vorherrschaft. Fader Science-Fiction-Abklatsch, der modische Themen und Motive des Genres zu einer ermüdenden Folge von Prügel-Orgien verarbeitet. ✦ USA 1993 **P** Shapiro-Glickenhaus/TC 2000 **VA** Highlight/Condor **Pd** Jalal Merhi **R+B** T. J. Scott **K** Curtis Peterson **M** Varouje **S** Reid Dennison **D** Billy Blanks (Jason Storm), Bobbie Phillips (Zoey Kinsella), Jalal Merhi (Niki Picasso), Matthias Hues (Bigelow), Bolo Yeung (Sumai) **L** 84 **FSK** ab 18 **E** 10.1.1994 Video/27.3.1995 Pro 7 **fd** 30 620

TCHIN TCHIN (CIN CIN / TCHIN TCHIN). Ein angegrauter italienischer Architekt in Paris wird unversehens von seiner geliebten Frau verlassen, die zu jenem Arzt zieht, der sie einst am Blinddarm operierte. Der Architekt sucht Hilfe bei der Frau des Arztes und lernt in ihr eine ihm gegenüber zunächst äußerst abweisende Engländerin kennen, die sich mit dem »alten lüsternen Säufer« nie und nimmer einlassen will. Inszenatorisch wenig einfallsreiche, aber an ironischen Aperçus reiche und wirkungssicher besetzte Komödie, die ein überdurchschnittliches Hör- und Sehvergnügen bietet. (Fernsehtitel: »Eine pikante Affäre«) – Ab 16. ✦ Italien/USA 1990 **P** La Pegna/C. E. P. **VA** VPS **Pd** Arturo La Pegna, Massimiliano Le Pegna, Silvio Berlusconi **R** Gene Saks **B** Ronald Harwood, nach einem Theaterstück von François Billetdoux **K** Franco di Giacomo **M** Pino Donaggio **S** Richard Nord, Anna Poscetti **D** Marcello Mastroianni (Cesario Grimaldi), Julie Andrews (Mrs. Piquet), Jonathan Cecil (Bobby), Ian Fitzgibbon, Jean-Pierre Castaldi (Marcel), Maria Machado (Miss Knudsen) **L** 94 **FSK** ab 12 **E** 22.10.1992 Video/29.9.1994 ARD **fd** 29 963

DER TEAM-GEIST (THE SIXTH MAN). Als der Spielmacher einer Basketball-Collegemannschaft unvermittelt stirbt, sieht sich sein jüngerer Bruder außer Stande, seine Rolle zu übernehmen. Fortan erscheint der Tote als Geist, der nicht nur dem Bruder über den Verlust weghilft, sondern gleichzeitig seine Mannschaft tatkräftig unterstützt. Einmal mehr holt das Unvermögen, den Tod eines geliebten Menschen zu akzeptieren, diesen auf die Erde zurück. Doch die Auseinandersetzung mit dem Jenseits bleibt in Kalauern und Klamauk stecken, die den Anforderungen einer Komödie nicht genügen. Da auch die Sportszenen, denen es an Dynamik mangelt, völlig mißglückt sind, gibt es nichts, was für diesen Unterhaltungsversuch spricht. – Ab 10. ✦ USA 1997 **P** Touchstone Pictures/Mandeville Films **VA** Touchstone Home Video **Pd** David Hoberman **R** Randall Miller **B** Christopher Reed, Cynthia Carle **K** Michael Ozier **M** Marcus Miller **S** Eric Sears **D** Marlon Wayans (Kenny Taylor), Kadeem Hardison (Antoine Tyler), Kevin Dunn (Mikulski), David Paymer (Coach Pederson), Michael Michelle (R. C. St. John) **L** 104 **FSK** ab 6 **E** 25.6.1998 Video **fd** 33 245

EIN TEAM WIE 'NE MILLION (MILLION DOLLAR INFIELD). Vier seit ihrer Schulzeit befreundete Männer bilden den Kern der Baseballmannschaft einer amerikanischen Kleinstadt. Sie gehen so in ihrer Freundschaft und den Wettkämpfen auf, daß sie die eigentlichen Probleme in ihrem Leben verdrängen können: in ihren Familien hängt der Haussegen schief, und ihr nach außen wohlgeordnetes Leben ist das reinste Chaos. Wenig überzeugendes Kleinstadtmelodram im Sportlermilieu, zähflüssig nach Mustern einer Fernseh-»Seifenoper«. – Ab 16. ✦ USA 1982 **P** CBS **R** Hal Cooper **B** Philip Mishkin, Rob Reiner, Dick Wimmer **K** Thomas Del Ruth **M** Artie Kane **D** Rob Reiner, Bonnie Bedelia, Robert Costanzo, Christopher Guest, Bruno Kirby **L** 96 **E** 13.11.1990 Tele 5

DER TEAMGEIST → Der Team-Geist

DIE TECHNIK DER KÖRPERLICHEN LIEBE. »Populärwissenschaftliche« Aufklärung über die Funktion der Geschlechtsorgane und die Bedeutung des Liebesspiels. Anschließend werden ausführlich 21 Positionen geschlechtlicher Vereinigung erläutert, zunächst an Holzpuppen, dann durch zwei lebende Paare. Ein inszenatorisch lachhafter und hölzerner »Aufklärungsfilm«, der von seelischer Harmonie nur redet. – Wir raten ab. ✦ BR Deutschland 1968 **P** Gemini **Kl** Gloria **VA** HVW Focus **Pd** Harald Zimmer **R+B** Dietrich Krausser **K** Erhard Kühne **M** Manfred Burzlaff **D** Annelie Gebhardt, Eva Caroll, Werner Sippel, Tony Caroll **L** 82 (Video 75) **FSK** ab 18; nf (Video 16) **E** 1968 Kino **fd** 16 219

TECHNO-FEAR (TECHNO-FEAR). Ein genialer Paranoiker konstruiert in der Sicherheitsabteilung eines Investmentskonzerns in Los Angeles aus Leichen gefühl- und erinnerungslose »Killermaschinen«. Durch einen Programmierfehler verwandelt sich ein gutmütiger Hüne aus der Ukraine in einen Massenmörder, der erst auf dem Djnepr bei Kiew sein Ende findet. Ein geschmackloser Actionfilm mit dümmlicher Handlung und einem extremen Hang zu spektakulärer Brutalität. – Wir raten ab. ✦ USA 1994 **P** S.A.K. **VA** VPS **Pd** Rached Assouma, Nicolas T. Kimaz, Alex Strelkov, John Reed, Steven A. Finly **R** Lamar Card **B** Steven A. Finly **K** M. David Mullen **M+S** Daniel Loewenthal **D** Terry O'Quinn (Dr. Connors), Timothy Cavanaugh (Barkley), Evan Lucie (Taylor), Ashley Anne Graham (Natalie), Russ Tertyask (Michail), Steve O'Hara (Yuri), Tania O'Hara (Martina) **L** 86 **FSK** ab 18 **E** 16.3.1995 Video **fd** 31 354

TECHNO-STAR MIT HANDICAP → Vibrations

TECHQUA IKACHI – LAND, MEIN LEBEN (TECHQUA IKACHI – LAND, MEIN LEBEN). Ein Dokumentarfilm von den Hopi über die Hopi: Er enthält die komplexen Überlieferungen und Prophezeiungen der Hopi-Indianer und entstand auf Wunsch der Ältesten des Dorfes Hótevilla, die vor ihrem Tod ihr Wissen weitergeben und vor dem gefährdeten Gleichgewicht der Welt warnen wollten. Die Geschichte der Bewohner dieses Dorfes, ihre Konflikte mit den Weißen, aber auch mit angepaßten Indianern machen neben den eindringlichen Worten der alten Männer den Hauptteil dieses wichtigen Dokumentes aus.

(O.m.d.U.) – Ab 16. ✦ BR Deutschland/Schweiz 1989 **P** MANO **SF** Freunde der Deutschen Kinemathek **R+B** Danaqyumptewa, Agnes Barmettler, Anka Schmid **K** Anka Schmid, Jürg Victor Walter, Danaqyumptewa (8mm) **M** Zeremonien und Tänze von Hótevilla **S** Anka Schmid, Inge Schneider **L** 89

TECTONIC PLATES (TECTONIC PLATES). Verfilmung eines hochkomplexen Bühnenstücks des kanadischen »Théâtre Repère«: Das Grundmotiv – die Verschiebung der Kontinentalplatten – wird entlang des Lebensweges einer Malerin immer wieder variiert und weitet sich zu einer Reflexion über die Evolution von Mensch und Kultur. Eine schwindelerregende Reise durch Raum und Zeit, mit geringen Mitteln, aber filmisch überaus originell und sinnlich umgesetzt; die flüssige Szenenfolge verschmilzt die Medien Theater und Film und sprengt dabei ständig den eigenen Illusionscharakter. – Sehenswert ab 14. ✦ Kanada 1992 **P** Rhombus Media/Hauer Rawlence Prods. **Pd** Niv Fichman, Debra Hauer **R** Peter Mettler **B** Peter Mettler, nach einem Bühnenstück von Robert Lepage **K** Miroslaw Baszak, Peter Mettler **M** Michel Gosselin, Frédéric Chopin **S** Mike Munn **D** Marie Gignac, Robert Lepage, Céline Bonnier, Michael Benson, Normand Bissonnette **L** 106 **E** 27.10.1994 DRS

TECUMSEH (1971/72). Der berühmte Indianer Tecumseh, Häuptling der Shawanen, bemüht sich 1812 während des englisch-amerikanischen Krieges um eine Allianz der bis dahin verfeindeten Indianerstämme zwischen Ohio und Mississippi und kämpft gegen das Vordringen der weißen Eroberer. Der für ein jugendliches Publikum konzipierte Film bemüht sich um eine faire Darstellung der Indianer ohne falsche Romantik und heroische Stilisierung, wobei er sie als ausgebeutete Opfer kolonialistischer Willkür zeigt. Dieser bemerkenswerte, realitätsgerechte Ansatz wird durch die schwache Gestaltung unterlaufen: die Inszenierung verrät wenig Gespür für Räume und Bewegungen und versinkt oft in purer Geschwätzigkeit. – Ab 12. ✦ Scope. DDR 1971/72 **P** DEFA, Gruppe »Roter Kreis« **Kl** Progress **VA** EuroVideo **Pd** Heinz Herrmann **R+B** Hans Kratzert **K** Wolfgang Braumann **M** Günther Fischer **S** Monika Schindler **D** Gojko Mitic (Tecumseh), Annekathrin Bürger (Eileen), Rolf Römer (Simon), Leon Niemczyk (McKew), Mieczyslaw Kalenik (Brook), Milan Beli (Raffael), Wolfgang Greese (Harrison) **L** 109 **FSK** ab 12 **E** 1.7.1972 Kino DDR/31.12.1973 DFF 1/20.,21.7. 1976 ARD/1997 Video

TECUMSEH (1995) (TECUMSEH: THE LAST WARRIOR). Der Lebensweg des edlen Indianers Tecumseh, der im Kampf gegen skrupellose Weiße zum Führer seines Volkes aufsteigt, bevor ihn der Tod auf dem Schlachtfeld ereilt. Eine romantische Saga vom Untergang der edlen Wilden, angelegt als collagenhafter Historienfilm. Erzählt wird dies in einer überaus semtimentalen Machart, die sich eher an die Tränendrüsen der Zuschauer als an deren Verstand richtet. – Ab 14. ✦ USA 1995 **P** American Zoetrope **VA** VMP **Pd** Lynn Raynor **R** Larry Elikann **B** Paul F. Edwards **K** Eric van Haren Noman **M** David Shire **S** Peter V. White **D** Jesse Borrego, David Morse, Tantoo Cardinal, Douglas Spain, Holt McCallany **L** 90 **FSK** ab 12 **E** 12.1.1996 Video **fd** 31 824

TECUMSEH – MANITOU VERGISST SEINE SÖHNE →Tecumseh (1971/72)

TECUMSEH – SEIN GESETZ HEISST TOD →Tecumseh (1971/72)

TEDDY BÄR (TEDDY BÄR / TEDDY BÄR). Ein Schweizer Filmregisseur wird nach dem Gewinn des »Oscars« für den besten ausländischen Spielfilm in der Heimat mit Ehrungen überhäuft, bis bekannt wird, daß er einen ungeklärten Zürcher Skandal verfilmen will. Als auch das Fernsehen ihn fallen läßt, gerät er in eine schwere Identitätskrise. Eine von Einfällen überquellende filmpolitische Satire, die den tragikomischen Spießrutenlauf der Hauptfigur zum Anlaß der Kritik an den Medien und ihren Produktionsbedingungen nimmt. Ein Spaß mit Tiefsinn, der allenfalls im letzten Drittel etwas an Atem verliert. – Sehenswert ab 14. ✦ Schweiz 1983 **P** Bernard Lang Prod. **Pd** Rolf Lyssy, Bernard Lang **R+B** Rolf Lyssy **K** Hans Liechti **M** Bruno Spoerri **S** Helena Gerber **D** Rolf Lyssy (Teddy Bär, Filmemacher), Renate Schroeter (Loredana Reinhardt), Christoph Schwegler (Frank Klee, Produzent), Walo Lüönd (Otmar Fischer), Inigo Gallo (Dr. Traber) **L** 107 **E** 12.3.1988 S 3 **fd** 24 911

DER TEDDYBÄR (L' ORSO DI PELUCHE). Thriller. Ein gefühlskalter, selbstgefälliger Gynäkologe bekommt eines Tages per Post ein mysteriöses Geschenk: einen Teddybären. Kurze Zeit später meldet sich ein anonymer Anrufer mit dem Hinweis, der Doktor werde sich bald für den Tod eines Menschen verantworten müssen. Als der Arzt daraufhin beginnt, seine Vergangenheit Revue passieren zu lassen, schlägt ihm überall nur oberflächliche Verklärung und Bewunderung entgegen. – Ab 16. ✦ Frankreich/Italien 1994 **R+B** Jacques Deray **M** Romano Musamara **D** Alain Delon (Dr. Jean Rivière), Laure Killing (Christine Rivière), Regina Bianchi (Claudia), Francesca Dellera (Carla), Paolo Bonacelli (Novacek) **L** 89 **E** 22.3.1995 premiere

TEDDYBÄR, DER EROBERER DES WELTALLS (COLARGOL ZDOBYWCA KOSMOSU). Der beliebte Teddybär startet zu einer gefährlichen Reise ins Weltall. – Ab 6. ✦ Polen 1978 **P** SE-MA-FOR/Procidis **Kl** Progress **R** Tadeusz Wilkosz **B** Tadeusz Wilkosz, Olga Pouchine, Albert Barillé **K** Eugeniusz Ignaciuk, Stanislaw Kucner, Piotr Jaworski, Leszek Nartowski **M** Mireille, Jean-Michel Defaye **L** 69 **E** 12.9.1980 Kino DDR/20.2.1985 DFF 1

EIN TEDDYBÄR IM WILDEN WESTEN (COLARGOL NA DZIKIM ZACHODZIE). Abendfüllender Kinderfilm aus einer in Polen populären Trickfilmserie, zu der auch zahlreiche Kurzfilme gehören. Im Mittelpunkt steht stets der kleine Bär Uszatek, der mit seinen Abenteuern zahlreiche Erkenntnisse und Einsichten gewinnt, die er zugleich dem kindlichen Publikum weitergibt. In diesem Film erlebt der Teddybär aufregende Träume im Wilden Westen. – Ab 6. ✦ Polen 1976 **P** SE-MA-FOR **Kl** Progress **R** Tadeusz Wilkosz **B** Albert Barillé, Tadeusz Wilkosz **K** Eugeniusz Ignaciuk, Leszek Nartowski, Stanislaw Kucner **M** Jean-Michel Defaye **L** 67 **E** 26.5.1978 Kino DDR

TEDDYBÄR UND DER WUNDERKOFFER (COLARGOL I CUDOWNA WALIZKA). Weitere aufregende Abenteuer des kleinen Teddybären, diesmal auf einer Reise über fünf Kontinente. – Ab 6. ✦ Polen 1979 **P** Semafor **Kl** Progress **R** Tadeusz Wilkosz **B** Albert Barillé, Tadeusz Wilkosz **K** Eugeniusz Ignaciuk, Leszek Nartowski, Stanislaw Kucner **M** Jean-Michel Defaye **L** 75 **E** 17.1.1981 Kino DDR/27.2.1985 DFF 1

TEDEUM – JEDER HIEB EIN PRANKENSCHLAG (TEDEUM). Zwei weibliche und zwei männliche Galgenvögel versuchen, die für falsch gehaltenen Besitzpapiere für eine Goldmine zu verkaufen. Schließlich stellt sich die Echtheit der Dokumente heraus, doch auch, daß die Mine mitten auf einem Gefängnisgebiet liegt. So schlagen sich die vier munter prügelnd durch den Wilden Westen. Ein sichtlich mit der linken Hand gedrehtes Western-Lustspiel im belanglosen Rülps- und Prügelstil. – Ab 16 möglich. ✦ Scope. Italien/Spanien 1972 **P** F.P./Canaria/Tecisa **Kl** Constantin **R** Enzo G. Castellari (= Enzo Girolami) **B** Giovanni Simonelli, Enzo G. Castellari (= Enzo Girolami), Tito Carpi, José G. Maesso **K** Manuel Rojas **M** Guido de Angelis, Maurizio de Angelis **S** Vincenzo Tomassi **D** Jack Palance (Santino), Francesca Romana Coluzzi (Wendy), Lionel Stander (Stinky), Mabel Karin (Betty), Timothy Brent (= Giancarlo Prete) (Tedeum), Eduardo Fayardo (Grant), Riccardo Garrone **L** 95 **FSK** ab 16; nf **E** 17.5.1973/30.9.1995 Pro Sieben **fd** 18 322

TEE IM HAREM DES ARCHIMEDES (LE THE AU HAREM D'ARCHIMEDE). Die Geschichte zweier Jugendlicher in einer trostlosen Pariser Vorstadt, die zuweilen äußerst drastisch ihre Orientierungslosigkeit und Verelendung aufzeigt, jedoch dank zahlreicher Zwischentöne eine neue Utopie entwickelt. Sozialer Realismus und Träume verbinden sich zu einem perfekt inszenierten Film in der Tradition der Klassiker des Sujets. ✦ Frankreich 1985 **P** K.G./Ministère de la Culture/Ministère des Relations Exterieurs **Kl** Concorde **SF** atlas **VA** VCL/Virgin **Pd** Michèle Ray-Gavras **R** Mehdi Charef **B** Mehdi Charef, nach seinem Roman **K** Dominique Chapuis **M** Karim Kacel **S** Kenout Peltier **D** Kader Boukhanef (Madjid), Rémi Martin (Pat), Laure Duthilleul (Josette), Saïda Bekkouche (Malikka), Nicole Hiss (Solange), Brahim Ghenaiem (der Vater) **L** 110 **FSK** ab 16; nf (fr. 18) **FBW** bw **E** 28.11.1985/15.9.1986 Video/18.1.1988 ARD **fd** 25 354

TEE MIT MUSSOLINI (TEA WITH MUSSOLINI / UN TE CON MUSSOLINI). Italien in den 30er-Jahren: Eine Gruppe kulturbeflissener englischer Damen wird in der Toskana interniert, bekommt die eigentliche Schwere ihrer Lage jedoch durch die geheimen finanziellen Zuwendungen eines amerikanischen Showgirls nicht mit. Sie glauben vielmehr, unter dem besonderen Schutz Mussolinis zu stehen. Ein mit hervorragenden Darstellerinnen und schönen Bildern gestalteter Film, der jedoch ohne Gespür für die zeitgeschichtliche Problematik gestaltet wurde und eher einem Entschuldigungsprozess als einer ernsthaften Auseinandersetzung gleichkommt. – Ab 14 möglich. ✦ Italien/Großbritannien 1999 **P** Film & General/Cineritmo/Cattleya/Medusa **Kl** UIP **VA** Universal **Pd** Riccardo Tozzi, Giovanella Zannoni, Clive Parsons, Pippo Pisciotto **R** Franco Zeffirelli **B** John Mortimer, Franco Zeffirelli **K** David Watkin **M** Alessio Vlad, Stefano Arnaldi **S** Tariq Anwar **D** Cher (Elsa), Judi Dench (Arabella), Joan Plowright (Mary), Maggie Smith (Lady Hester), Lily Tomlin (Georgie), Baird Wallace (Luca), Charlie Lucas (Luca als Kind) **L** 117 **FSK** ab 6; f **FBW** bw **E** 6.1.2000/27.7.2000 Video **fd** 34 041

DAS TEEHAUS (CHA GUAN). Das alte Pekinger Teehaus Yutai ist gleichermaßen ein Spiegel der Gesellschaft. Das Leben im alten China über einen Zeitraum von 50 Jahren wird in dieser Verfilmung des 1957 entstandenen gleichnamigen historischen Schauspiels des chinesischen Romanciers Lao She reflektiert. – Ab 16. ✦ VR China 1983 **P** Filmstudio Peking **R** Xie Tian, nach dem gleichnamigen Schauspiel von Lao She **K** Zheng Yu Yuan **M** Peng Xui Wen **D** Yu Shi Zhi, Zheng Rong, Lan Tian Ye, Tong Chao, Hu Zong Wen **L** 120 **E** 27.12.1985 DFF 2

TEEN-ACADEMY (UNDERGRADS). Ein alter Herr, der von seinem Sohn in ein Heim abgeschoben werden soll, schreibt sich gemeinsam mit seinem Enkel an einer Universität ein und bezieht mit ihm eine Wohnung. Als der Vater, der einen schlechten Einfluß des Großvaters auf seinen hochbegabten Sohn fürchtet, die finanzielle Unterstützung einstellt und dieser eine Arbeit in einem Drugstore annimmt, fangen die Schwierigkeiten erst an. Seichte Unterhaltungs-Komödie aus den Disney-Studios. – Ab 14 möglich. ✦ USA 1985 **P** Sharmhill/Walt Disney Prod. **VA** Euro-Video **R** Steven Hillard Stern **B** Paul W. Shapiro, Michael Weisman **K** Laszlo George **M** Matthew McCauley **S** Ron Wisman **D** Art Carney (Mel Adler), Chris Makepeace (Jody), Jackie Burroughs (Nancy Galik), Len Birman (Verne), Alfie Scopp **L** 98 **FSK** ab 12 **E** 14.11.1986 Video

TEEN AGENT – WENN BLICKE TÖTEN KÖNNTEN (TEEN AGENT / IF LOOKS COULD KILL). Ein amerikanischer College-Schüler, der in Frankreich seine Sprachkenntnisse vertiefen möchte, wird mit einem Top-Agenten verwechselt und ist bald in der Situation, das Leben eines EG-Ministers schützen zu müssen. Aufwendig produzierter Film, der sich an ein Teenager-Publikum und dessen Konsum-Begehrlichkeiten richtet. Unentschlossen zwischen Persiflage und Action-Fast-Food schwankend, bietet der Film nur bescheidene Unterhaltung. Bemerkenswert lediglich die Verlagerung des Feindbildes: vom machthungrigen Superstaat zur Wirtschaftsmacht der Europäischen Gemeinschaft. (TV-Titel: »Der Spion, der aus der Highschool kam«) – Ab 16. ✦ USA 1991 **P** Craig Zadan Prod. (für Warner) **Kl** Knipp **VA** Warner Home **Pd** Craig Zadan, Neil Meron **R** William Dear **B** Darren Star, nach dem Roman von Fred Dekker **K** Doug Milsome **M** David Foster **S** John F. Link **D** Richard Grieco (Michael Corben), Linda Hunt (Ilsa Grunt), Roger Rees (Augustus Steranko), Robin Bartlett (Mrs. Grober), Gabrielle Anwar (Mariska) **L** 85 **FSK** ab 12; f (Video 16) **E** 4.7.1991/6.12.1991 Video/1.12.1992 premiere **fd** 29 496

TEEN DREAM MACHINE (DREAM MACHINE). Ein Teenager stimmt bei einer Nachbarin ein Klavier. Deren Mann geht fremd. Um ihn zu bestrafen, schenkt sie dem Teenager einen Porsche. Beide wissen nicht, daß die Leiche des Nachbarn im Kofferraum liegt. Gelegentlich hat der Film Tempo, und hin und wieder kommt Spannung auf, aber der Einfall reicht nicht aus, um der gruseligen Teenie-Komödie einen langen Atem zu verleihen. – Ab 14. ✦ USA 1990 **P** Epperson-Dayton-Sorenson Prod./DM Partnership **VA** Ascot **Pd+R** Lyman D. Dayton **B** Eric Hendershot **K** T. C. Christenson **M** Lex De Azevedo **S** Stephen L. Johnson **D** Corey Haim (Barry Davies), Jeremy Slate (Jack Chamberlain), Evan Richards (Brent Meese), Randall England (Lance Haprer), Tracy Fraim (Royal Clayton III), Brittney Lewis (Robin Marchbanks) **L** 86 **FSK** ab 12 **E** 2.9.1992 Video **fd** 29 852

TEEN KNIGHT – ZURÜCK INS MITTELALTER (TEEN KNIGHT). Ein vom Mittelalter begeisterter Teenager, der ein Wochenende in einem Mittelalter-Freizeitpark gewinnt, wird mit seinen jugendlichen Mitgewinnern eben in jene Zeit transformiert, als ein nächtliches Gewitter die vollcomputerisierte Anlage trifft. Abenteuer mit schurkischen Rabauken gehören von nun an zur Tagesordnung. Eine mehr als schlicht entwickelte Fantasy-Geschichte, die nicht mehr als ein steuerliches Abschreibungsobjekt darstellt. ✦ Kanada/Rumänien 1998 **P** Full Moon **Pd** Cris Andrei **R** Phil Comeau **K** Gabriel Kosuth **M** Trevor Morris **S** Mark Sanders **D** Kris Lemche (Peter), Caterina Scorsone (Alison), Benjamin Plener (Ben), Paul Soles (Mr. Percy/Perceval), Kimberly Pullis (Claudia) **L** 90 **E** 13.4.2001 SAT 1

TEEN LOVER (SAY ANYTHING). Während der Abschlußfeier verlieben sich eine ehrgeizige Schülerin, die mit einem Stipendium für eine englische Universität ausgezeichnet wird, und ein wenig ehrgeiziger junger Mann, dessen Berufswunsch Kickboxer ist. Erst als ihr Vater der Steuerhinterziehung überführt wird, können die beiden zusammenkommen. Einfältige und biedere Schnulze ohne jeden Wirklichkeitsgehalt. Was bleibt, ist eine Moral von zweifelhaftem Nutzen: Steuerschwindel lohnt sich, wenn man hochbegabte Kinder hat. – Ab 16. ✦ USA 1988 **P** 20th Century Fox/Gracie Films **VA** CBS/Fox **Pd** Richard Marks, James L. Brooks, Polly Platt **R+B** Cameron Crowe **K** Laszlo Kovacs **M** Richard Gibbs, Nancy Wilson, Anne Dudley **S** Richard Marks **D** John Cusack (Lloyd Dobler), Jane Steye, John Mahoney (James Court), Lili Taylor (Corey Flood), Ione Skye (Diane Court), Amy Brooks (D. C.), Pamela Segall (Rebecca), Jason Gould (Mike Cameron), Loren Dean (Joe) **L** 96 **FSK** ab 12 **E** 12.10.1990 Video **fd** 28 616

TEEN-SPIRIT 2000 (THE OTHERS). Vier Außenseiter einer High School fiebern dem letzten Schultag entgegen, um sich endlich ihren wahren Interessen widmen und den wenig geliebten Mitschülern den Rücken kehren zu können. Ausgerechnet am letzten Schultag ändert sich das Leben der Vier schlagartig. Film für ein jugendliches Publikum, der spielerisch, aber ein wenig klischeehaft die Schwierigkeiten des Erwachsenwerdens behandelt. – Ab 14 möglich. ✦ USA 1997 **P** Brooks Drive Films **Pd** Travis Fine, Julie O'Neil, Christopher R. Mans, Forrest Sloan Wright **R** Travis Fine **K** Alexander Buono **M** Gigi Meroni **S** Tia Nolan **D** Phillip Rhys, John Livingston, Devon Odessa, Gloria Gifford, Jennifer Aspen **L** 81 **E** 1.5.2000 RTL 2

TEEN VAMP (TEEN VAMP). Komödie. Der Biß einer Vampir-Dame macht einen unscheinbaren Jungen von der High School zum Supertypen, der nicht nur die Aufmerksamkeit einer schönen Blondine erregt, sondern auch zum Ziel einer wilden Verfolgungsjagd wird. ✦ USA 1988 **P** Indie Prod. **VA** New Vision **R+B** Samuel Bradford **M** Robert Sprayberry **D** Clu Gulager (Reverend), Karen Carlson (Martha), Angie Brown (Connie), Beau Bishop (Murphy), Mick Lane (Delbert Haney) **L** 86 **FSK** ab 18 **E** 11.11.1995 Pro Sieben

TEEN WITCH (TEEN WITCH). An ihrem 16. Geburtstag tritt eine Schülerin, die bislang ein Mauerblümchen-Dasein führte, ihre Nachfahrenschaft der Hexen von Salem an. Die Zauber-Schülerin steigert ihre Wirkung auf die männlichen Mitschüler beträchtlich, zweifelt aber schließlich an ihrem Tun und will den Bann brechen, damit sie um ihrer selbst willen geliebt wird. Mit fadem Hokuspokus und vielen Pennälerwitzchen gestreckte Komödie ohne Tempo; heile Welt für die Kinder des Video-Zeitalters. (Fernsehtitel: »Teen Witch – Hokuspokus in der High School«) – Ab 14 möglich. ✦ USA 1989 **P** Trans World Entertainment/Alana **Kl** Metropol **VA** VPS **Pd** Paul Mason, Helen Sarlui-Tucker, Alana Lambros, Rafael Eisenman **R** Dorian Walker **B** Vernon Zimmerman, Robin Menken **K** Mark Resbowsky **M** Larry Wier, Richard Elliot **S** Natan Zahavi **D** Robyn Liveley (Louise), Dan Gauthier (Brad), Joshua Miller (Richie), Zelda Rubinstein (Serena), Caren Kaye (Margaret), Dick Sargent (Frank) **L** 93 **FSK** ab 12; f **E** 15.3.1990/ 13.12.1990 Video/28.5.1994 PRO 7 **fd** 28 296

TEEN WITCH – HOKUSPOKUS IN DER HIGH-SCHOOL →Teen Witch

TEEN WOLF →Teenwolf

TEEN WOLF II →Teenwolf II

TEENAGE BONNIE UND KLEPTO CLYDE (TEENAGE BONNIE AND KLEPTO CLYDE). Zwei Teenager lassen den Provinzmief ihrer Heimatstadt hinter sich, um dem legendären Gangsterpaar Bonnie und Clyde nachzueifern. Aus dem Spiel wird bald blutiger Ernst, und die selbsternannten »Outlaws« werden von der Polizei gejagt und letztlich gestellt. Unverträgliche Mischung aus Teenager-Komödie, problematischer Liebesgeschichte und Gangsterballade. ✦ USA 1993 **P** 21st Century/Grove Park **VA** Columbia TriStar **Pd** Steve Jankovski **R** John Shepphird **B** John Shepphird, Steve Jankovski **K** Neal Brown **M** Terry Plumeri **S** Brent White **D** Maureen Flannigan (Bonnie), Scott Wolf (Clyde), Bentley Mitchum (Kirk), Don Novelo (Sanchez), Tom Bower (Polizeichef) **L** 86 **FSK** ab 18 **E** 18.1.1994 Video/12.3.1995 PRO 7 **fd** 30 601

TEENAGE EMANUELLE – GESTÄNDNISSE EINER 17JÄHRIGEN →Annie Belle – Zur Liebe geboren

TEENAGE EXORCIST (TEENAGE EXORCIST). Als selbst ein professioneller Teufelsaustreiber daran scheitert, eine von bösen Geistern besessene junge Studentin zu kurieren, versucht sich ein junger Pizza-Bäcker mit Starkstrom und Erfolg an ihrer Heilung. Billige Exorzismus-Persiflage ohne nennenswerte Qualitäten. ✦ USA 1990 **P** Austin Enterprises/Wald-Way **VA** VPS **Pd+R** Grant Austin Waldman **B** Brinke Stevens, Fred Olen Ray **K** William H. Molina **M** Chuck Cirino **S** David R. Schwartz **D** Brinke Stevens (Dianne), Oliver Darrow (Dämon), Jay Richardson (Mike), Tom Shell (Jeff), Elena Sahagon (Sally) **L** 83 **FSK** ab 16 **E** 5.12.1991 Video/19.5.1995 Kabel 1

TEENAGE LOLITA – VERLOCKENDE UNSCHULD (CASUALTIES OF LOVE: THE LONG ISLAND LOLITA STORY). Fernsehdrama um eine 16jährige, die von Liebe zu einem viel älteren Familienvater besessen ist und seine Ehefrau zu ermorden versucht. Als sie der Polizei zu Protokoll gibt, der Mann habe sie zu der Tat angestiftet, bringt sie eine Medienkampagne ins Rollen. – Ab 16. ✦ USA 1993 **R+B** John Herzfeld **D** Jack Scalia (Joey Buttafuoco), Alyssa Milano (Amy Fisher), Phyllis Lyons (Mary Jo Buttafuoco), Leo Rossi (Bobby Buttafuoco), J. E. Freeman (Det. Marty Alger) **L** 90 **E** 9.6.1995 RTL

TEENAGE LOVE →Hausaufgaben

TEENAGE T-REX: DER MENSCHEN-DINOSAURIER (TAMMY AND THE TEENAGE T-REX). Ein Horrorfilm mit komödiantischem Zungenschlag: Ein jugendlicher Football-Spieler wird vom Freund seiner heimlich Verehrten zusammengeschlagen und fällt ins Koma. Ein wahnsinniger Wissenschaftler, der einen künstlichen Dinosaurier erschaffen hat, entnimmt das Gehirn des Sportlers, um seiner Kreatur Leben einhauchen zu können. Als die Polizei das Urwelttier erschießt und auch der lädierte Körper des jungen Mannes nicht mehr zu gebrauchen ist, muß die junge Frau einen neuen Körper für ihn suchen. ✦ USA 1993 **P** Greenline **VA** Splendid **R** Stewart Raffill **D** Denise Richards (Tammy), Paul W. Walker (= Paul Walker) (Michael), George Pilgrim (Billy), Theo Forsett (Byron), Ellen Dubin (Helga), Terry Kiser (Dr. Wachenstein) **L** 85 (gek. 77) **FSK** ab 18 (gek. 16) **E** 1.11.1994 RTL/1995 Video

TEENAGER AM ABGRUND (JUVENTUD DESENFRENADA). Unter dem Vorwand, Probleme der Jugend darzustellen, bündelt der Film diverse Laster zum Schauerdrama. Begründet wird das jugendliche Abrutschen ins Kriminelle mit der Schuld triebgeplagter Mütter. Ein spekulativer Trivialfilm mit reißerischen Effekten. ✦ Schwarz-weiß. Mexiko 1957 **P** Calderon Films **Kl** Westfalen **Pd** Pedro A. Calderon **R** José Diaz Morales **B** Ulysee Petit de Murat **K** Raúl Martínez Solares **M** Galdino Samperio, Xavier Loya, Aida Araceli, Hilda Villalata **D** Luis Maria Aquilar, Alvaro Ortiz, Olivia Michel, Xavier Loya **L** 82 **FSK** ab 18; nf **E** 20.11.1959 **fd** 8 730

TEENAGER – EIN FRANZÖSISCHER INTERNATS-REPORT (PAPILLON D'OR). Soft-Sexfilm über ein feudales Mädchenpensionat mit vertrottelten Professoren und lüsternen Teenagern. (Alternativtitel: »Intime Spiele im Mädchenpensionat«) – Wir raten ab. ✦ Frankreich 1979 **P** Films du Saphier/Impex **Kl** Orbis **L** 88 **FSK** ab 18; nf **E** 26.9.1980 **fd** 23 182

EIN TEENAGER FLIPPT AUS. Eine Elfjährige, die mit ihren Eltern, zwei ehemaligen Punks, in einem heruntergekommenen Reihenhaus lebt, geht ganz in der Traumwelt ihrer Lieblingsfernsehserie auf. Als die Mutter als unbeteiligte Zeugin bei einem Banküberfall erschossen wird, verweigert sich das Mädchen seiner Umwelt vollends und fängt an, den Realitätssinn zu verlieren. Der Vater, der sich dem Alkohol ergeben hat, kann dem Mädchen keine Hilfe geben. Der einzige, der zu ihm hält, ist ein tauber Klassenkamerad. (Fernseh-)Drama um den Verlust von Wirklichkeit und die Verkümmerung kindlicher Fantasie. (Weiterer Titel: »Caroline«) ✦ Deutschland 2000 **Pd** Susanne Freyer **R** Hannu Salonen **B** Peter Petersen **D** Yasmin Asadie (Caroline Kerner), Oliver Korittke (Thore Kerner), Julia Richter (Agathe Kerner), Andrea Sihler (Frau Eiffel), Ellen ten Damme (Julia) **L** 92 **E** 24.12.2001 RTL

TEENAGER-LIEBE (JOHN TRAVOLTA … DA UN INSOLITO DESTINO). Eine Tänzerin fällt auf einen Koch herein, der sich als Show-Star ausgibt. Ein dürftiger Erotik-Klamauk-Liebes-Film mit dem italienischen Porno-Star Ilona Staller, die in den 80er Jahren auch Parlamentsabgeordnete war. ✦ Italien 1978 **P** Laser **Kl** Avis u. a. **R** Neri Parenti **B** Giovanni Simonelli, Massimo Franciosa, Neri Parenti **K** Alberto Spagnoli **M** Paolo Vasile **D** Giuseppe Spezia, Ilona Staller, Enzo Cannavale, Gloria Piedimonte, Angelo Infanti **L** 87 **FSK** ab 12; f **E** 6.3.1981

TEENAGER LIEBEN HEISS (BLUE JEANS). Eine junge Prostituierte wird nach dem Tod der Mutter von einem Zuhälter einem Restaurator als Tochter untergeschoben. Sie verliebt sich in ihr Opfer und rächt schließlich seine Ermordung. Zerdehntes Melodram mit Sex-Einlagen. ✦ Italien 1979 **P** Oscar **Kl** Apollo/ Avis/Agentur Graf **R** Mario Imperoli **K** Romano Albani **M** Nico Fidenco **D** Gloria Guida, Barbara Betti, Marco

Tulli, Paolo Carlini, Mario Pisu, Anni Carol Edel **L** 91 **FSK** ab 16; f **E** 17.10.1980

TEENAGER-REPORT – DIE GANZ JUNGEN MÄDCHEN. Vulgärer Sexfilm, der unverhohlen Klischees und Vorurteile auswalzt. In vier Episoden zeigt er junge Menschen bei sexuellen Aktionen: die Schülerin, die es im Klassenzimmer treibt; das Mädchen, das den Untermieter verführt; den Gastarbeiter, der Frauen en masse konsumiert; den Gymnasiasten, der Französischunterricht nimmt. – Wir raten ab. ✦ BR Deutschland 1973 **P** Conti **Kl** Constantin **R** Robert Furch **B** Bob Richardson, André Ketiv, Klaus E.R. von Schwarze **K** Richard R. Rimmel **M** Anthony Marshall, Gerhard Heinz **D** Ulrike Butz, Irina Kant, Petra Bald, Hasso Preiß **L** 85 **FSK** SPIO: X **E** 20.7.1973 **fd** 19101

TEENWOLF (TEENWOLF). Ein mittelmäßiger High-School-Schüler und Basketballspieler entdeckt, daß er sich in einen Werwolf verwandeln kann. Die ihm zuwachsenden Kräfte bringen ihn zu Ansehen und seine Mannschaft zum Erfolg. Gagreicher und auch musikalisch ansprechender Teenagerfilm um die Suche eines Heranwachsenden nach seiner Identität. Ein unterhaltsamer Film, der dem Genre durch die Einbeziehung des Werwolf-Motivs eine neue Variante zugesellt. – Ab 14 möglich. ✦ USA 1985 **P** Wolfhill/Atlantic **Kl** Ascot **VA** Ufa **Pd** Mark Levinson, Scott M. Rosenfelt, George Perkins **R** Rod Daniel **B** Joseph Loeb III, Matthew Weisman **K** Timothy Suhrstedt **M** Miles Goodman **S** Lois Freeman-Fox **D** Michael J. Fox (Scott Howard), James Hampton (Harold Howard), Susan Ursitti (Lisa »Boof« Marconi), Lorie Griffin (Pamela Wells), Jerry Levine (Rupert »Stiles« Stilinsky), Mark Arnold (Mick McAllister), Melanie Manos (Gina) **L** 90 **FSK** ab 6; f **E** 19.12.1985/Mai 1986 Video **fd** 25441

TEENWOLF II (TEEN WOLF TWO). Ein schüchterner Schüler, dessen Familie mit einem Fluch belastet ist, wird ab und an zu einem gutmütigen Werwolf und führt die zunächst von ihm ungeliebte Box-Staffel seines Colleges von Sieg zu Sieg, bis er, geläutert durch verlorene Freundschaften, zu sich selbst findet. Ein fader Aufguß des Erfolgsfilms »Teenwolf«, der allenfalls für schlichte Gemüter unterhaltsam ist. Ungenießbar vor allem auch durch die schludrige deutsche Synchronisation. – Ab 14. ✦ USA 1986 **P** Atlantic **Kl** Ascot/Saarfilm **VA** Ufa **Pd** Kent Bateman **R** Christopher Leitch **B** R. Timothy King **K** Jules Brenner **M** Mark Goldenberg **S** Steven Polivka, Kim Secrist, Harvey Rosenstock, Raja Gosnell **D** Jason Bateman (Todd Howard), Estee Chandler (Nicki), Kim Darby (Professor Brooks), John Astin (Dean Dunn), Paul Sand (Coach Finstock), Rachel Sharp (Emily), Mark Holton (Chubby) **L** 95 **FSK** ab 12; f **E** 10.12.1987/April 1988 Video **fd** 26574

TEHERAN 43 →Killer sind immer unterwegs

DIE TEILUNG ALLER TAGE. Der Lehrfilm erläutert Begriffe aus der politischen Ökonomie von Karl Marx. Von dem Film existiert eine 33minütige Kurzfassung im selben Verleih. In der Langfassung ist zusätzlich eine Diskussion der Berliner Architekturgruppe »Rote Zelle Bau« enthalten. ✦ Schwarzweiß. BR Deutschland 1970 **P** Cinegrafik/WDR **R+B** Hartmut Bitomsky, Harun Farocki **K** Carlos Bustamente, Adolf Winkelmann **M** Lissa Bauer (Klavier) **S** Hartmut Bitomsky, Harun Farocki **D** Ingrid Oppermann, Claudia Schilinski, Klaus Brenning, Gerd Volker Bussäus, Reza Dabui (Nancy Stalk) **L** 67 **E** 19.4.1970 WDR

TEILWEISE VON MIR – EIN VOLKSSTÜCK. Ein mit Super-8-Kameras gedrehtes »Volksstück«: Hellmuth Costard hat 600 Passanten befragt und verbindet ihre Aussagen über Beruf, Gesundheit, Werbung, Politik, Geld, Wetter und andere wichtige und unwichtige Dinge des Lebens zu einem unterhaltsamen Panorama landläufiger Meinungen. – Ab 14. ✦ BR Deutschland 1973 **P** Hellmuth Costard Prod. **SF** Freunde der Deutschen Kinemathek **Pd+R** Hellmuth Costard **B** Hellmuth Costard, Thomas Wittenburg, Winfried Burtschel, Susanne Müller **L** 62 **E** 11.1.1974 WDR III

TEKKEN – DIE EISERNE FAUST (TEKKEN). Japanisches Anime nach einem erfolgreichen Videospiel, in dem sich die härtesten Kämpfer der Welt zu einem Turnier treffen. ✦ Japan 1998 **R** Kunihisa Sugishima **B** Ryota Yamaguchi **L** ca. 50 **E** 29.11.2000 Vox

TEKWAR – DIE FÜRSTEN DES TODES (TEKLORDS). Der zweite Film einer vierteiligen Science-Fiction-Reihe um einen ehemaligen Polizisten, der im Los Angeles des Jahres 2044 spektakuläre Fälle löst. Bei der Untersuchung mysteriöser Todesfälle, die offensichtlich durch Einwirkung aus dem virtuellen Raum verursacht wurden, stößt er auf eine machtvolle Verschwörung. ✦ USA 1994 **VA** CIC **R** William Shatner **B** Alfonse Ruggiero, Westbrooke Claridge, nach der Romanserie von William Shatner **K** Rodney Charters **M** David Michael Frank **D** Greg Evigan (Jake Cardigan), Eugene Clark (Sid Gomez), Torri Higginson (Beth Kittridge), William Shatner (Walter H. Boscom), Von Flores (Sonny Hokori), Tyrone Benskin (Dr. Brimell), Catherine N. Blythe (Centra), Stuart Clow (Fred Shields), Greg Ellwand (Jim McNair), Sonja Smits (Kate Cardigan) **L** 90 **E** 11.11.1994 RTL/1995 Video

TEKWAR – EXCALIBUR – SCHWERT DER MACHT (TEKLAB). Der letzte Teil der vierteiligen Science-Fiction-Serie. Auf einer Feier zur geplanten Wiedereinführung der englischen Monarchie im 21. Jahrhundert wird das legendäre Schwert Excalibur gestohlen. Nur der Besitzer des Schwertes kann König von England werden. Ein Prinz, der von der monarchistischen Partei unterstützt wird, versucht, in den Besitz der Waffe zu gelangen, während ein politischer Widersacher über einen Piratensender dazu aufruft, die Krönung zu verhindern. Zwei ehemalige Polizisten entdecken, daß die mächtigen TekLords hinter den Monarchisten stecken, um dem organisierten Tek-Handel staatliche Macht zu verleihen. – Ab 14. ✦ USA 1994 **P** Universal **R** Timothy Bond **B** Westbrooke Claridge, Alfonse M. Ruggiero jr., nach einer Romanserie von William Shatner **K** Rodney Charters **M** David Michael Frank **S** Bill Goddard **D** William Shatner (Walter Boscom), Greg Evigan (Jack Cardigan), Michael York (Prinz Richard), Eugene Clark (Sid Gomez), Maurice Dean Wint (Lieutenant Winger), David Brown (Falkner), Shan Cauvery (Vishnu), Richard Curnock (Prinz Albert), Cynthia Eastman (Svetlana), Catherine N. Blythe (Centra) **L** 85 **FSK** ab 12 **E** 23.12.1994 RTL/1995 Video

TEKWAR – KAMPF UM DIE VERLORENE VERGANGENHEIT (TEKWAR). Ein unschuldig verurteilter Polizist wird im Jahr 2044 aus dem Kälteschlaf geweckt, um den Kampf gegen eine Zukunftsdroge aufzunehmen und um sich auf diese Weise zu rehabilitieren. Science-Fiction-Thriller aus einer vierteiligen Reihe, die zeitgenössische Genre-Konzepte wie Cyberspace und virtuelle Computer-Realität zum bestimmenden Element einer Detektiv-Story macht. Ein spannungsloses Abenteuer, fürs Fernsehen in belanglose Bilder umgesetzt. – Ab 14. ✦ USA 1994 **P** Atlantis **VA** CIC **Pd** Jamie Paul Rock, Stephen Boloff **R** William Shatner **B** Alfonse M. Ruggiero jr., Wes Claridge (= Westbrooke Claridge), nach einer Romanserie von William Shatner **K** Rodney Charters **M** David Michael Frank **S** Bill Goddard **D** Greg Evigan (Jake Cardigan), Eugene Clark (Sid Gomez), Torri Higginson (Beth Kittridge), William Shatner (Walter H. Boscom), Von Flores (Sonny Hokori), Sheena Easton (Warbridge), Marc Marlitt, Barry Morse **L** 88 **FSK** ab 12 **E** 24.9.1994 RTL/18.10.1995 Video **fd** 31706

TEKWAR – RECHT UND GESETZ IM CYBERSPACE (TEKJUSTICE). Der dritte Teil der im Jahr 2044 angesiedelten Science-Fiction-Serie, in dem der Held, ein ehemaliger Polizist, gleich an zwei Fronten kämpft: gegen eine machtvolle Verschwörung und vor Gericht, wo er die Verantwortung für eine Mordtat übernimmt, die eigentlich sein Sohn begangen hat. ✦ USA 1994 **VA** CIC **R** Gerard Ciccoritti **B** Alfonse M. Ruggiero jr., Westbrooke Claridge, nach einer Romanserie von William Shatner **K** Rodney Charters **M** David Michael Frank **S** Bill Goddard **D** Greg Evigan (Jack Cardigan), William Shatner (Walter Boscom), Eugene Clark (Sid Gomez), Torri Higginson (Beth Kittridge), Marc Marut (Danny), Grant Alianak (Tsuruda), Sandahl Bergman (Walküre), Catherine N. Blythe (Centra), Von Flores (Sonny Hokori), Ruth Marshall (Kylie Roman), Maurice Dean Wint (Lt. Winger) **L** 86 **E** 3.12.1994 RTL/1995 Video

TELE-TERROR (THE SEDUCTION). Eine attraktive Nachrichten-Moderatorin wird Opfer eines Voyeurs, der zunehmend zudringlicher wird und schließlich ihr Leben zerstört. Erst im abschließenden Zweikampf kann sie sich des Psychopathen erwehren. Psychothriller mit Sinn für Timing und Spannungsdramaturgie, der dem Zuschauer jedoch zu häufig die Position des Voyeurs aufdrängt und eine ernsthafte Auseinandersetzung zugunsten schicker Oberflächenreize vernachlässigt. ✦ USA 1980 **P** Avco Embassy **VA** VCL/Virgin **Pd** Irwin Yablans, Bruce Cohn Curtis **R+B** David Schmoeller **K** Mac Ahlberg **M** Lalo Schifrin **S** Tony DiMarco **D** Morgan Fairchild (Jamie), Michael Sarrazin (Brandon), Andrew Stevens (Derek), Vince Edwards (Maxwell), Colleen Camp (Robin) **L** 101 **E** 10.1.1987 Video **fd** 26068

TELE VATICANO – DAS AUGE DES PAPSTES (IL PAP'OCCHIO). Um das Medium Fernsehen für die Verkündigung zu nutzen, engagiert der fernsehbegeisterte Papst einen Show-Master. Dieser macht sich gemeinsam mit seinem grell-verrückten Team daran, niveaulose Unterhaltungs-Shows für »Tele Vaticano« zu drehen. Als Satire gedacht, greift der Film nur Vorurteile und Klischees auf und verliert sich meist in unverbindlichem Geblödel und in Klamauk. Ansatzweise vorhandene Möglichkeiten zur konstruktiven Kritik werden nicht genutzt. (Auch O.m.d.U.) ✦ Italien 1980 **P** Orsini/RAI/Eidoscope **Kl** Kuchenreuther **Pd** Mario Orfini, Emilio Bolles **R** Renzo Arbore **B** Luciano de Crescenzo, Renzo Arbore **K** Luciano Tovoli **M** Renzo Arbore **S** Alfredo Muschietti **D** Renzo Arbore (Renzo Arbore), Roberto Benigni (Roberto), Isabella Rossellini (Isabella Rosellini), Manfred Freyberger (Papst Wojtyla), Graziano Giusti (Kardinal Richelieu), Martin Scorsese (Regisseur), Luciano de Crescenzo (Gott) **L** 105 **FSK** ab 12; nf **E** 10.12.1987 **fd** 26539

TELEFON (1977) (TELEFON). Mit Hilfe eines Verses und des Telefons kann ein sowjetischer Geheimdienstler und Stalinist eine Reihe von Saboteuren in den USA aktivieren. Um die Entspannungspolitik der beiden Großmächte nicht zu gefährden, entsendet der sowjetische Geheimdienst KGB einen erfahrenen Mann, der gemeinsam mit einer nicht minder routinierten Kollegin der CIA den Fanatiker ausschaltet. Ein technisch perfekt und spannend inszenierter Agentenfilm, der solide unterhält, ohne auf reißerische Effekte und Brutalitäten zurückgreifen zu müssen. Nebenbei wird mit leiser Ironie auf gewisse Machenschaften der Geheimdienste hingewiesen. – Ab 16. ✦ USA 1977 **P** MGM **Kl** CIC **Pd** James B. Harris **R** Don Siegel **B** Peter Hyams, Stirling Silliphant, nach dem Roman von Walter Wager **K** Michael Butler **M** Lalo Schifrin **S** Douglas Stewart **D** Charles Bronson (Grigori Borzow), Donald Pleasence (Nicolai Dalchimsky), Lee Remick (Barbara), Patrick Magee (General Strelsky), Alan Bladel (Col. Malchenko), Tyne Daly (Dorothy Putterman), Sheree North (Marie Wills), Frank Marth (Harley Sandburg), Helen Page Camp (Emma Stark), Roy Jenson (Doug Stark) **L** 103 **FSK** ab 16; nf **E** 17.3.1979 **fd** 20694

TELEFON (1987) →Telephone Terror

DAS TELEFON – BEI ANRUF HORROR →Todesschrei per Telefon

TELEFON BUTTERFIELD 8 (BUTTERFIELD EIGHT). Das Liebesdrama zwischen einem langweilig verheirateten Millionär und einer vaterlos aufgewachsenen Nachtlokal-Schönheit. Ein typisch amerikanischer Kino-Roman mit »psychoanalytischer« Problemsicht und tragischem Anspruch, der Schuld mit Schicksal verwechselt. Schauspielerisch unterdurchschnittlich, mit Dialogen von haarsträubender Banalität. ✦ Scope. USA 1960 **P** Afton-Linkbrook (für MGM) **Kl** MGM **Pd** Pandro S. Berman **R** Daniel Mann **B** Charles Schnee, John Michael Hayes, nach einer Erzählung von John O'Hara **K** Joseph Ruttenberg **M** Bronislau Kaper **S** Ralph E. Winters **D** Elizabeth Taylor (Gloria Wandrous), Laurence Harvey (Weston Liggett), Eddie Fisher (Steve Carpenter), Dina Merrill (Emily Liggett), Mildred Dunnock (Mrs. Wandrous), Betty Field (Fanny Thurber), Jeffrey Lynn (Bingham Smith) **L** 110 **FSK** ab 16; f **FBW** w **E** 23.12.1960/ 25.12.1985 DFF 2

TELEFON-PAPA (TELEFONPAPA). Für einen zehnjährigen Jungen stellt das Telefon die Verbindung zu den berufstätigen Eltern dar. Eines Tages freundet er sich per Telefon mit einem alten Mann im gegenüberliegenden Haus an. Als die Familie in die langersehnte Neubauwohnung umzieht, scheint ihre Verbindung abzubrechen, da die Post noch keine Telefonleitungen gelegt hat. Doch dem Vater kommt die rettende Idee: Er installiert die Spielzeugtelefone des Sohnes. Preisgekrönter ungarischer Kinderfilm. – Ab 10. ✦ Ungarn 1982 **R** Sándor Mihályfy **B** István Katkó **D** Judit Halász, Péter Haumann, András Léner, László Csákányi, Gábor Halász **L** (TV) 60 **E** 1.5.1986 ZDF

TELEFON TERROR →Telephone Terror

TELEFONI BIANCHI (TELEFONI BIANCHI). Eine norditalienische Bauerntochter, die sich in Rom als Prostituierte betätigt, schafft dank der Protektion Mussolinis den Aufstieg zur Filmdiva. In der Scheinwelt der »weißen Telefone« findet sie sich jedoch nicht zurecht und sehnt sich nach dem Verlobten, den es auf die Schlachtfelder des Zweiten Weltkrieges verschlagen hat. Eine humorvolle, unterhaltsame Mischung aus Komödie, Melodram und bitterer Satire auf den italienischen Faschismus und die korrupte Welt des Films. Sie pendelt jedoch zu unentschlossen zwischen diesen Genres, so daß bestenfalls Fatalismus deutlich wird und die Kritik an der Oberfläche bleibt. (Titel auch: »Telefoni Bianchi – Karriere im Bett und vor der Kamera...«) – Ab 16. ✦ Scope. Italien 1976 **P** Dean/Excelsior/Film-Impex **Pd** Pio Angeletti, Adriano de Micheli **R** Dino Risi **B** Ruggero Maccari, Dino Risi, Bernardino Zapponi **K** Claudio Cirillo **M** Armando Trovaioli **D** Agostina Belli (Marcella), Vittorio Gassman (Franco Denza), Ugo Tognazzi (Adelmo), Cochi Ponzoni (Robert), Renato Pozzetto (Bruno), Lino Toffolo (Gondran), William Berger (Industrieller) **L** 116 **E** 11.4.1990 SAT 1

TELEFONLIAISON (CAUSE TOUJOURS, TU M'INTERESSES). Ein geschiedener Journalist knüpft eine Telefonbekanntschaft mit einer alleinstehenden, wie er selbst 40jährigen Frau an. Im Bemühen, bedeutender zu erscheinen, verstrickt er sich in Lügen und findet nur durch die verständnisvolle Partnerin zum Happy-End. Komödie über Einsamkeit und Kommunikationsschwierigkeiten; keine tiefschürfende Geschichte, aber turbulente Unterhaltung mit einigen leiseren Momenten. Von guten Darstellern psychologisch stimmig gespielt. (Alternativer TV-Titel: »Hallo – ich mag dich«) – Ab 16. ✦ Scope. Frankreich 1979 **P** Albina **Kl** Progress **R** Edouard Molinaro **B** Francis Veber, nach dem Roman »Hang ups« von Peter Marks **K** Gérard Hameline **M** Vladimir Cosma **S** Monique Isnardon **D** Annie Girardot (Christine), Jean-Pierre Marielle (François), Christian Marquand (Julienne), Jacques François (Daniel), Pierre Vernier (Martin), Nathalie Courval (Nicole), Michel Blanc (Polizist) **L** 85 **E** 28.8.1981 Kino DDR/20.10.1985 DFF 2/2.2.1986 ZDF

DAS TELEGRAMM (TELEGRAMA). Drei Moskauer Kinder finden beim Spielen ein Telegramm, das an eine gewisse Katja Inosemzewa gerichtet ist. Statt es zurück zur Post zu bringen, machen sie sich selbst auf die Suche nach der Adressatin. ✦ UdSSR 1971 **P** Mosfilm **R** Rolan Bykow **B** Semjon Lungin, Ilja Nussinow **K** Anatoli Mukassej **M** Michail Majerowitsch **D** Michail Janschin (Nikolai Pjatipal), Nikolai Krjutschkow (General), Juri Nikulin (Fjodor Fjodorowitsch), Tanja Grischina, Serjosha Woinow **L** 96 **E** 22.12.1974 DFF 1

TELEGRAMME (TELEGRAME). Eine Geschichte über unsaubere politische Machenschaften bürgerlicher Kreise um die Jahrhundertwende. Ein tendenziöser, formal unterdurchschnittlicher Film. – Ab 16. ✦ Rumänien 1959 **P** Filmstudio Bucuresti **Kl** Progress **R** Gheorghe Naghi, Aurel Miheles **B** Mircea Stefanescu, nach dem gleichnamigen Roman von Jan Luca Caragiale **K** Ion Cosma, Jean Pierre Lazar **M** Mircea Chiriac **D** Grigore Vasiliu-Birlic, Costache Antoniu, Jules Cazaban, Romus Comaneanu, Niki Atanasiu **L** 85 **E** 10.2.1961 Kino DDR/17.11.1961 DFF 1

TELEPHONE TERROR (THE TELEPHONE). Eine telefonsüchtige arbeitslose Schauspielerin wird vor arge Probleme gestellt, als eines Tages der Mann von der Telefongesellschaft das Gerät abholen will. Sie wehrt sich mit allen Mitteln gegen diesen entscheidenden Eingriff in ihr Leben. Burleske um die Abhängigkeit vom Telefon als falsch verstandenem Mittel der Kommunikation. (Fernsehtitel: »Telefon«, Telefon Terror«) ✦ USA 1987 **P** Esparza/Katz Prod. **VA** Highlight **Pd** Robert Katz, Moctezuma Esparza **R** Rip Torn **B** Harry Nilsson, Terry Southern **K** David Claessen **M** Christopher Young **S** Sandra Adair **D** Whoopi Goldberg (Vashti Blue), John Heard (Telefonmann), Elliott Gould (Rodney), Amy Wright (Honey Boxe), Ronald J. Stallings (Saxophonspieler) **L** 73 **FSK** ab 12 **E** 1.8. 1988 Video/1.8.1993 VOX

TELEPRESENCE – STARSHIP WARRIORS (TELEPRESENCE). Die Menschheit liefert sich einen erbitterten Krieg mit hochentwickelten außerirdischen Riesenwanzen. Die menschlichen Kombattanten treten allerdings nicht selbst zum Kampf an, sondern erledigen ihre Aufgabe im Cyberspace, sind aber trotzdem vor Verletzungen und Tod nicht gefeit. Ein in allen Belangen unterproduzierter Film, der Spannung und Dramatik herbeizureden versucht und seine Personen in keine gesellschaftlichen Zusammenhänge stellt. Gedanklich ein intergalaktisches Vakuum mit digitalen Cyber-Erweiterungen. ✦ USA 1996 **P** DiCarlo/Hash **VA** VPS **Pd** Margaret Moore **R** Raymond V. Di Carlo **B** Raymond V. Di Carlo, Martin Hash **K** Donatello Bonato **M** Gasoline Sally **S** Tom Powell **D** David Angus MacDonald (Cpt. John Richardson), Reed McGuire (Cpt. Patrice Reiniche), Blair Hampton (Lt. Katarina), Michael C. Lucas (Cpt. Brick Read), Chris McCutchine (Cpt. Aiko) **L** 96 **FSK** ab 16 **E** 17.4. 1997 Video **fd** 32 604

TELL LAURA I LOVE HER (DILE A LAURA QUE LA QUIERO). Komödie um den Besitzer einer Plattenfirma, der eine Affäre mit einer Mitarbeiterin beginnt, woraufhin ihn seine Geliebte verläßt. Den sitzengelassenen Macho stürzt dies in eine bisher ungekannte Verzweiflung. ✦ Spanien 1995 **R** José Miguel Juárez **B** José Miguel Juárez, Alvaro Fernandez Armero, Antonio Vincente Oliver **D** Jorge Perugorría (Jorge), Ana Alvarez (Laura), Nacho Novo (Roberto), Mabel Lozano (Cris), Toni Canto (Nacho) **L** 96 **E** 26.9.1997 tm 3

TELLAS STORY: EIN KINDERSCHICKSAL →Mord auf Raten

TEMPEL DER SCHÖNHEIT (KISS AND MAKE UP). Um seinen Ruf in der Damenwelt nicht einzubüßen, heiratet ein Pariser Schönheitsspezialist eine seiner Klientinnen, die als das perfekteste Beispiel seiner Kunst gilt und deswegen von ihrem Ehemann verlassen wurde. Während der Hochzeitsreise beginnt er, seine Arbeit zu überdenken, und kehrt schließlich zu seiner treuen Sekretärin zurück. Romantische Komödie in der Tradition der »Screwball Comedies«; leidlich unterhaltsam, aber nicht sehr originell. – Ab 14 möglich. ✦ Schwarz-weiß. USA 1934 **P** Paramount **Pd** B.P. Schulberg **R** Harlan Thompson **B** Harlan Thompson, George Marion jr., nach einem Bühnenstück von Stephen Bekeffi **K** Leon Shamroy **M** Ralph Rainger, Leo Robin **D** Cary Grant, Geneviève Tobin, Helen Mack, Edward Everett Horton, Lucien Littlefield **L** 80 **E** 14.1.1984 S 3

DER TEMPEL DER SHAOLIN (SHAOLIN TEMPLE). Zur Zeit der Mandschu-Herrschaft im alten China lehnt sich ein Kloster gegen seine Unterdrücker auf. Aufwendig produzierter Historienfilm, in dem in der drastisch gekürzten Fassung fernöstliche Kampftechniken die größte Rolle einnehmen. Handwerklich ein überdurchschnittliches, aber in dieser Form nicht gerade gefälliges Gewaltprodukt. ✦ Scope. Hongkong 1976 **P** Shaw Brothers **Kl** Avis **VA** Warner Home **R** Chang Cheh **M** Chen Yung-Yu **D** David Chiang (= Chiang Tai Wei), Alexander Fu-Sheng, Ti Lung, Chi Kuan-Chun **L** 84 **FSK** ab 16; nf (fr. 16) **E** 14.10.1977 **fd** 20 505

TEMPEL DER SINNLICHKEIT (SENSUAL EXPOSURE). Sexfilm. Von ihrem unzufriedenen Geliebten wird eine Frau in einen »Tempel der Sinnlichkeit« geschickt, um ihre Liebeskünste zu vervollkommnen. ✦ USA 1993 **R** Andrew Blake **B** Andrew Blake, Raven Touchstone **K** Andrew Blake **D** Kelly O'Dell, Raven, P.J. Sparxx, Debi Diamond, Christine Tyler **L** 69 **E** 3.11.1995 premiere

TEMPEL DER VERSUCHUNG (THE PRODIGAL). Zur Zeit des Baal/Astarte-Kults um 1000 v. Chr. verläßt Micah, der Hebräer, die Seinen, um sein Erbteil mit einer Tempelprostituierten in Damaskus durchzubringen. Nach demütigenden Erfahrungen geläutert, führt er schließlich das hungernde Volk zum blutigen Aufstand gegen die Götter und kehrt in den Kreis seiner Familie zurück. Kitschig-bunter Hollywood-Historienfilm von beträchtlichem Aufwand, der das biblische Gleichnis vom verlorenen Sohn zum Aufhänger für eine historische Revue voller jüdisch/heidnisch-religiöser Vorstellungen mit Western-Einlagen mißbraucht. – Ab 16. ✦ Scope. USA 1955 **P** MGM **Kl** MGM **Pd** Charles Schnee **R** Richard Thorpe **B** Maurice Zimm, nach der biblischen Geschichte von Joe Breen jr. und Samuel James Larsen **K** Joseph Ruttenberg **M** Bronislau Kaper **S** Harold F. Kress **D** Lana Turner (Samarra), Edmund Purdom (Micah), Louis Calhern (Nahreeb), Audrey Dalton (Ruth), James Mitchell (Asham), Neville Brand (Rhakim) **L** 113 (Orig. 115) **FSK** ab 16; nf **E** 23.12.1955 **fd** 4 666

DER TEMPEL DES BLUTIGEN GOLDES (YELLOW HAIR AND THE FORTRESS OF GOLD). Eine Halbindianerin und ihr Adoptivbruder auf der Suche nach einem Indianerschatz in Mexiko. Er will sich bereichern, sie ihre wahre Identität kennenlernen. Obwohl sie das Vertrauen der Schatzhüter erlangen können, währt ihr Glück nur kurz. Eine Intrige des Medizinmannes löst eine Schießerei aus, die den unterirdischen Tempel zum Einsturz bringt. Ein Filmversuch, der seine wenigen Ideen über Gebühr auswalzt und unnötige Härten mit rüden Scherzen mischt; stümperhaft inszeniert und erbärmlich gespielt. ✦ Scope. USA/Spanien 1984 **P** Cine Star/Continental Movie/Crown Intern. **Kl** Apollo **VA** Starlight/Taurus **Pd** John Ghaffari, Diego G. Sempere **R** Matt Cimber **B** John Kershaw, Matt Cimber **K** John Cabrera **M** Franco Piersanti **S** Claudio Cutry **D** Laurene Landon (Yellow Hair), Ken Roberson (Pecos Kid), John Ghaffari (Shayowteewah), Luis Lorenzo (Colonel Torres), Claudia Gravy (Grey Cloud), Aldo Sambrell (Flores), Ramiro Oliveros (Tortuga) **L** 93 **FSK** ab 16; f **E** 21.11. 1985 **fd** 25 392

TEMPEL DES SATANS. Abenteuerlicher Dreiteiler um einen aufrechten Journalisten. Im ersten Film werden die Journalisten Monique Dumont und Pit Nordfors Zeugen eines Raketenunglücks auf einem Testgelände und stellen fest, dass der Test nicht hätte durchgeführt werden dürfen, da die Konstruktion noch nicht ausgefeilt war. Ihr Herausgeber weigert sich, den Artikel zu drucken. Im zweiten Teil wird Nordfors' Flugzeug auf dem Flug nach Brasilien von einer Militärmaschine gerammt. Nordfors steuert sie für den toten Piloten zurück nach New York. Er schreibt noch in der Luft den Sensationsbericht, um auch seine anderen Recherchen zu veröffentlichen. Im dritten Film zögert er die Landung hinaus und fliegt mit der beschädigten Maschine nach Miami. Er will die Zeit für die Veröffentlichung seiner Materialien nutzen, was die Agentur Conti-Press verhindert. Auf dem Flughafen wird Nordfors verhaftet. – Zunächst von Ernesto Remani für die DEFA geschrieben, wurde der Stoff später vom DDR-Fernsehen zu einem aufwendigen, die westliche »Sensationspresse« entlarvenden »Straßenfeger« genutzt. ✦ Schwarz-weiß. DDR 1961 **P** DEFA **Pd** Erich Albrecht **R** Georg Leopold **B** Wolfgang Schreyer, Georg Leopold, nach dem gleichnamigen Roman von Wolfgang Schreyer **K** Erwin Anders **M** Helmut Nier **S** Ursula Zweig **D** Bruno Carstens (Pit Nordfors, Chefreporter), Franz Kutschera (Howard Dumont, Zeitungsboß), Christine Laszar (Monique Dumont, die Tochter), Beate Hanspach (Susan Taylor, Fotomodell), Walter Lendrich (Joe Maldy) **L** 242 **E** 4.,25.1.,1.2.1963 Kino DDR/1.,3.,4.3.1962 DFF 1 (jeweils drei Teile)

DER TEMPEL ZUR GOLDENEN HALLE (ENJO). Ausgehend von einem tatsächlichen Ereignis, schildert der Film die Tat eines jungen buddhistischen Novizen, der im Jahr 1950 den Kinkaku-Tempel in Brand setzte, einen der berühmtesten Tempel Japans, der ein Nationalheiligtum und zugleich eine der größten Touristenattraktionen des Landes war. Indem der Film fragt, was den idealistischen jungen Mann zu seiner Tat trieb, spürt er jenem Konflikt zwischen Tradition und Neubesinnung nach, von dem Japan seit dem Ende des Zweiten Weltkrieges beherrscht wird. Eine hervorragende psychologische Studie, zugleich eine scharfsinnige gesellschaftspolitische Bestandsaufnahme. – Sehenswert. ✦ Scope, schwarz-weiß. Japan 1958 **P** Daiei **Pd** Masaichi Tanaka **R** Kon Ichikawa **B** Kon Ichikawa, Nattô Wada, Keiji Hasebe, nach dem Roman »Kinkaku-ji«/»Der Tempelbrand« von Yukio Mishima **K** Kazuo Miyagawa **M** Toshiro Mayuzumi **D** Raizo Ichikawa (Goichi Mizoguchi), Tatsuya Nakadai (Tokari), Ganjirô Nakamura (Priester Tayama), Michiyo Aratama (Ikebana-Lehrerin), Yae Kitabayashi (Mizoguchis Mutter), Yoko Uraji **L** 96 **E** 2.9. 1963 ARD **fd** 12 263

DER TEMPELSCHATZ VON BENGALEN (IL TESORO DEL BENGALA / LE TRESOR DU BENGALE). Irgendwo in Indien vor 300 Jahren rauben europäische Sklavenhändler im Bunde mit hinterlistigen Stammesfürsten den kostbaren Rubin der Tempelgöttin. Ein junger Mann rettet das Kleinod und seine Braut im Zweikampf mit dem Krummsäbel. Seichte Bilderbogengeschichte nach gängigen Vorbildern, die nur leidlich unterhält. – Ab 14. ✦ Italien/Frankreich 1953 **P** Venturini/Synimex **Kl** Deutsche Cosmopol **Pd** Leopold Imperiali **R** Gianni Vernuccio **B** Piero de Bernardi, nach einer Novelle von Jean Paul Callegari **K** Renato del Frate **M** Italo delle Geze **S** Loris Bellero **D** Sabu (Ainur), Georges Poujouly (Usaka), Luisa Roni (Karma), Luigi Tosi (Don Fernando), Manuel Serrano (Burkal) **L** 77 **FSK** ab 12; nf **E** 21.1.1958 **fd** 6 727

DIE TEMPELWÜRGER VON BANGKOK (I MISTERI DELLA GIUNGLA NERA / LE TIGRE DE MALAISIE). Im Kolonialgebiet des 19. Jahrhunderts bringt eine fanatische Geheimsekte auf einer Dschungelinsel bei Bangkok alle Fremden um. Ein junger Inder begegnet dort einer als Kind geraubten englischen Majorstochter, die als Tempelpriesterin dienen muß. Soldaten und ein zahmer Königstiger retten die Gefangenen. Bescheidener Abenteuerfilm, formal wie gedanklich nach Schablone gefertigt. – Ab 14 möglich. ✦ Italien/Frankreich 1954 **P** Venturini/Cosmopolitan **Kl** Lehmacher/Riedel **Pd** George Venturini (= Giorgio Venturini) **R** Ralph Murphy **B** Ralph Murphy, Gian Paolo Callegari, nach einem Roman von Emilio Salgari **K** Massimo Dallamano **M** Giovanni Fusco, Georg Tzipine **D** Lex Barker, Paul Müller, Flora Maxwell, Luigi Tosi, Enzo Fiermonte, Pamela Palma **L** 77 **FSK** ab 12; nf **E** 9.12.1955 **fd** 4 595

TEMPI NOSTRI (TEMPI NOSTRI / QUELQUES PAS DANS LA VIE). Fünf Skizzen aus dem italienischen Alltagsleben, nach Vorlagen zeitgenössischer Autoren: 1. »Mara«: Eine arme Arbeiterin wird von einem Schriftsteller und Professor vor dem Bordell gerettet. 2. »Der Säugling«/»Il Pupo«: Ein kinderreiches Elternpaar versucht vergebens, sein jüngstes Kind in Rom vor einer geeigneten Kirche auszusetzen. 3. »Das Haus des Nächsten«/»Casa d'altri«: Ein alter Landpfarrer vermittelt seiner deprimierten Haushälterin unfreiwillig neuen Lebensmut. 4. »Außenaufnahme«/»Scena all aperto«: Zwei verarmte Adlige bringen als Filmkomparsen ihre Lebenserfahrung souverän ins Spiel. 5. »Don Corradino«: Ein neapolitanischer Busfahrer gerät durch seine Liebe zum weiblichen Geschlecht in Bedrängnis. In liebenswürdig-versöhnlichem Tonfall entwickelt, triumphiert in allen Episoden die menschliche Solidarität über alle Übel. Obwohl damit soziale Widersprüche eher verwischt als aufgedeckt werden, fasziniert der Film durch sein humanes Klima und seine lebensbejahende Vitalität. (Die sechste Episode »Der Fotoapparat«/»La Macchina fotografica« mit Sophia Loren und Totò wurde im deutschen Kino entfernt.) – Sehenswert ab 14. ✦ Schwarz-weiß. Italien/Frankreich 1953 **P** Lux/Cines **Kl** Neue Filmkunst **R** Alessandro Blasetti **B** Vasco Pratolini (1), Alessandro Blasetti (1), Suso Cecchi d'Amico (2), Giorgio Bassani (3), Ennio Flaiano (4), Eduardo de Filippo (5), Giuseppe Marotta (5), Alessandro Continenza (5), nach Erzählungen von Vasco Pratolini (1), Alberto Moravia (2), Silvio D'Arzo (3), Marino Moretti (4) und Giuseppe Maro **K** Gabor Pogany **M** Alessandro Cicognini, Giulio Cesare Sonzogno, Gorni Kramer **D** Danièle Delorme (1), Yves Montand (1), Lea Padovani (2), Marcello Mastroianni (2), Michel Simon (3), Silvie (3), Vittorio de Sica (4,5), Elisa Cegani (4), Maria Fiore (5) **L** 93 **FSK** ab 12; nf **E** 11.5.1962/6.12.1969 ARD **fd** 11 138

TEMPO (TEMPO). Ein fantasiebegabter, knapp 18jähriger Fahrradbote in Wien, der von zu Hause ausgerissen ist, spinnt sich zu seinen alltäglichen Botenaufträgen ausgeflippte Geschichten zurecht, bis er Fantasie und Wirklichkeit nicht mehr zu trennen vermag und in eine handfeste Crime-Story um Dealer, Drogen und eine minderjährige Abhängige gerät. Ein vitales Stück authentischer (Rave-)Lebenskultur, das facettenreich Stimmungen des Jungseins einfängt: Geschwindigkeit, Mobilität, ein wenig Anarcho-Freiheit sowie satirische Frechheit werden rhythmisch und präzise eingefangen, wobei am Ende des ausgelassenen Spiels fast schon so etwas wie eine Moral aufblitzt. – Ab 14. ✦ Österreich 1996 **P** Dor Film/ORF **Kl** MOP **VA** absolut MEDIEN **Pd** Danny Krausz, Kurt Stocker **R+B** Stefan Ruzowitzky **K** Andreas Berger **M** div. Rave-Musik **S** Britta Burkert **D** Xaver Hutter (Jojo), Nicolette Krebitz (Clarissa), Dani Levy (Bernd), Simon Schwarz (Bastian), Michou Friesz, Krista Stadler, Doris Schretzmayer **L** 90 **E** 16.4.1998 **fd** 33 099

TEMPO DI ROMA (TEMPO DI ROMA / ESAME DI GUIDA). Ein französischer Tourist begegnet in der Ewigen Stadt als selbsternannter Reiseführer einer Menge pittoresker Figuren und entdeckt mit der Tochter einer resoluten Wirtin die Liebe. Eine eher mäßig inszenierte Komödie, die allenfalls durch ihren charmanten Hauptdarsteller besticht. Heiterbesinnliche Momente wechseln unausgewogen mit überzogenen Karikaturen. ✦ Scope. Frankreich/Italien 1962 **P** Les Films du Cyclope/Da.Ma. Cinematografica **Kl** Cine-Union **R** Denys de la Patellière **B** Denys de la Patellière, Albert Valentin, Diego Fabbri, Monique Bertho, nach dem Roman »La Vie eternelle« von Alexis Curvers **K** Marcel Grignon **M** Georges Garvarentz **S** Renée Lichtig, Dénise Baby **D** Arletty, Charles Aznavour, Marisa Merlini, Mario Carotenuto, Alberto Lupo, Serena Vergano **L** 93 **FSK** ab 16; nf **E** 21.5.1965

TEMPO – TEMPO!! → Tatis Schützenfest

TEMPTATION (TEMPTATION). Ein betrogener Betrüger versucht nach Jahren hinter Gittern, sich an seinem ehemaligen Kumpel zu rächen, der inzwischen zu Reichtum gekommen ist. Auf einer Yacht kreuzen sich ihre Wege. Ein bescheidener Kriminalfilm mit vorhersehbarer Geschichte, die keine Spannung aufkommen läßt. Die aufgesetzten Schauwerte verlieren rasch an Reiz. ✦ USA 1994 **P** Dino de Laurentiis Prod./Tricoast Film Partners-I **VA** Starlight **Pd** Julia Verdin **R** Strathford Hamilton **B** Ian Seeber, Douglas Barr **K** David Lewis **M** Conrad Pope **S** Marcy Hamilton **D** Jeff Fahey (Eddie), Alison Doody (Lee), Philip Casnoff (Michael), Patricia Durham (Nikki), David Keith (Bone) **L** 88 **FSK** ab 18 **E** 12.10.1994 Video/31.5. 1996 Pro Sieben **fd** 31 173

TEMPTATION – LUST AUF RACHE → Temptation

TEN LITTLE INDIANS → Death on Safari

TEN WHITE MEN AND A LITTLE INDIAN (DIECI BIANCHI UCCISI DA UN PICCOLO INDIANO / PASION SALVAJE). Ein kleiner Indianerjunge überlebt als einziger ein Massaker, das Weiße in seiner Siedlung anrichten. Er schwört Rache, um Jahre später an der Ort des Geschehens zurück zu kehren. Italowestern in der Nachfolge von »Das Wiegenlied vom Totschlag«. ✦ Italien/Spanien 1975 **P** Filmar Compagnia Cinematografica/Filmar/Procensa **R** Gianfranco Baldanello **B** Gianfranco Baldanello, Mario Damiani, José Antonio Verdugo **K** Leopoldo Villaseñor **M** Piero Umiliani **D** Sara Bay (= Rosalba Neri), Luisa Rivelli, John Ireland, Fabio Testi, Julie Newmar **L** 93 **E** 1.9.2000 Kabel 1

TENDER FICTIONS (TENDER FICTIONS). Filmische Autobiografie der lesbisch-feministischen Künstlerin und Aktivistin Barbara Hammer, die Geschichten aus ihrer Kindheit und Jugend – die ehrgeizige Mutter strebte für die Tochter eine Filmkarriere an – mit Erfahrungen ihres feministischen Alltags verwebt. Private Erinnerungen und Archivmaterial verdichten sich zu einer (auch) ironischen Einheit, die bewegt und zugleich intellektuell herausfordert und die Grenzen zwischen Dichtung und Wahrheit verschwimmen läßt. (O.m.d.U.) ✦ USA 1995 **P** Hammer Prod. **SF** Freunde der Deutschen Kinemathek **Pd+R+B** Barbara Hammer **K** Barbara Hammer, Amy Halpern **M** Pamela Z, Monika, Catherine Jauniaux **S** Barbara Hammer **E** 1996 Kino

TENDERFOOT → ... denn Pulverdampf ist kein Parfüm

TENEBRAE (TENEBRAE). Ein amerikanischer Bestseller-Autor, der in Rom für seinen neuen Horror-Roman wirbt, gerät in eine Serie von bestialischen Morden. Schließlich entpuppen sich er selbst und ein Fernsehjournalist als die Täter. Ein auf Hochglanz polierter blutiger Horror-Thriller mit abstruser, an den Haaren herbeigezogener Handlung. Psychologisch unglaubwürdig und obendrein spannungsarm, da der Film allzu viel (Film-)Blut und viel zu wenig Suspense bietet. – Wir raten ab. ✦ Italien 1982 **P** Sigma **Kl** Atlas **Pd** Salvatore Argento, Claudio Argento **R+B** Dario Argento **K** Luciano Tovoli **M** Claudio Simonetti, Elsa Morante, Pignatelli **S** Franco Fraticelli **D** Anthony Franciosa (Peter Neal), John Saxon (Bulmer), Giuliano Gemma (Inspektor Germani), Daria Nicolodi (Anne), John Steiner (Cristiano Bruni), Christian Borromeo (Gianni) **L** 96 (Orig. 101) **FSK** ab 18; nf **E** 12.10.1984 **fd** 24 812

TENNESSEE BUCK – DAS GROSSE DSCHUNGEL-ABENTEUER (THE FURTHER ADVENTURES OF TENNESSEE BUCK). Ein Abenteurer und ein Pärchen, das auf der Suche nach einem weißen Tiger ist, fallen auf Borneo in die Hände eines Kannibalenstammes. Während der Mann ermordet wird, gelingt es dem Abenteurer, der eine Zeitlang unter den Eingeborenen lebte, sich und die Frau zu befreien. Abenteuerfilm auf den Spuren der »Indiana Jones«-Serie, der sein Glück in Sex- und Gewaltszenen sucht. Gute Fotografie und das ansprechende Spiel des Hauptdarstellers können den negativen Gesamteindruck nicht wettmachen. ✦ USA 1987 **P** Trans World Entertainment/Emerald Films **VA** VPS **Pd** Gideon Amir **R** David Keith **B** Barry Jacobs, Stuart Jacobs **K** Avraham

Karpick **M** John Debney **S** Anthony Redman **D** David Keith (Buck Malone), Kathy Shower (Barbara Manchester), Brant Van Hoffman (Ken Manchester), Sillaiyoor Selvarajan (Sinaga), Tiziana Stella (Che) **L** 86 **FSK** ab 18 **E** 28.12.1988 Video/12.12.1990 RTL plus

TENNESSEE NIGHTS →Minnie

TENNESSEE WALTZ →Minnie

TENNESSEE WILLIAMS – EIN AMERIKANISCHER ORPHEUS. Dokumentarfilm, der an Hand der Hauptwerke das Leben des großen amerikanischen Dramatikers Tennessee Williams nachzuzeichnen versucht. Der Film nutzt Ausschnitte aus den zahlreichen Verfilmungen ebenso wie Archivmaterial, Aufzeichnungen von Proben und Gespräche mit Zeitzeugen und Wegbegleitern. In der Gesamtschau entwickelt sich ein subtiles Spannungsfeld, in dem die künstlerische Energie des Dramatikers neben seinen oft schmerzlichen Lebenserfahrungen dargestellt wird. ✦ Frankreich/USA 1994 **R** Merrill Brockway, Catherine Tatge **L** 86 **E** 11.11.1997 arte

TENNESSEE WILLIAMS – ORPHEUS DER AMERIKANISCHEN BÜHNE →Tennessee Williams – Ein amerikanischer Orpheus

TENTAKEL DES TODES →Der Polyp – Die Bestie mit den Todesarmen

TENTAZIONE – DIE GESCHICHTE DER A. (TENTAZIONE). Eine junge Witwe muß sich den Avancen des Geschäftsführers der Firma, in der sie arbeitet, erwehren. Den Intrigen, die hinter ihrem Rücken gesponnen werden, kann sie schließlich Einhalt gebieten und sich für erlittenes Unrecht rächen. Melodramatisch verbrämter Psycho-Thriller. ✦ Italien 1987 **P** Film International **VA** VPS **R+B** Sergio Bergonzelli **K** Roberto Gionetti **M** Fabio Frizzi **S** Sergio Bergonzelli, Enzo Gallo **D** Katrine Michelsen (Katrin), Antonio Marsina (Dario), Olivia Link (Ann), Marzio Honorato, Emy Cooper **L** 82 (gek. 73) **FSK** ab 18 (gek. 16) **E** 21.1.1988 Video

TEOREMA – GEOMETRIE DER LIEBE (TEOREMA). In die Familie eines reichen italienischen Fabrikanten kommt ein Gast, dessen eigenartigem Wesen alle verfallen. Von dem geheimnisvollen Erwecker zu bewußtem Leben gerufen, finden die Menschen – verändert, aber nicht befreit – keine Möglichkeit, ihr Leben positiv zu gestalten. Nur einem Dienstmädchen gelingt der Ausbruch aus den eingefahrenen Bahnen seiner Existenz. Vieldeutiger, für verschiedene Interpretationen offener Film, in dem Pasolini seine aus Christentum und Marxismus gezogenen Erkenntnisse für die Notwendigkeit einer geistigen und sozialen Umwandlung des Menschen formuliert. Der künstlerisch beachtliche Film verknüpft thesenhaft knapp Sozialismus, Kapitalismus, Religiosität und Sexualität und verdichtet sich zu einer nur schwer zu entschlüsselnden Parabel, beruhend auf allegorischen Figuren- und Bildarrangements. ✦ Teils schwarz-weiß. Italien 1968 **P** Aetos **Kl** Die Lupe **Pd** Franco Rossellini, Manolo Bolognini **R** Pier Paolo Pasolini **B** Pier Paolo Pasolini, nach seinem Roman **K** Giuseppe Ruzzolini **M** Ennio Morricone, Wolfgang Amadeus Mozart **S** Nino Baragli **D** Terence Stamp (Der Besucher), Silvana Mangano (Lucia, die Mutter), Massimo Girotti (Paolo, der Vater), Anne Wiazemsky (Odetta, die Tochter), Andres José Cruz (Pietro, der Sohn) **L** 97 **FSK** ab 16; f **FBW** bw **E** 27.11. 1968/4.4.1972 ARD **fd** 15 863

TEPEPA (TEPEPA… VIVA LA REVOLUCION / TEPEPA). Im Jahr 1917 will ein zwielichtiger mexikanischer Rebell den Aufstand neu entfachen, weil er die Ideale und Ziele der Revolution durch den neuen Präsidenten verraten sieht. Nach einigen Erfolgen wird er schwer verwundet und auf dem Operationstisch von einem britischen Arzt getötet, dessen Braut er Monate zuvor bei einem Überfall vergewaltigte. Ein in epischer Breite entwickelter Revolutionswestern, der Partei nimmt für die Revolutionäre und Unterdrückten, deren Repräsentant er als Opfer eines unbeherrschten Revanchisten und Fanatikers darstellt. Inszenatorisch und darstellerisch durchaus bemerkenswert. (Videotitel: »Der Eliminator«, Fernsehen: »Tepepa – durch die Hölle, Companeros«) – Ab 16. ✦ Scope. Italien/Spanien 1968 **P** Film America/ P.E.F.S.A. **Kl** Adria **Pd** Alfred Cuduo, Richard Herland **R** Giulio Petroni **B** Franco Solinas, Ivan Della Mea **K** Francisco Marin **M** Ennio Morricone **S** Eraldo da Roma **D** Tomas Milian (Tepepa), Orson Welles (Colonel Cascarro), José Torres (El Piojo), John Steiner (Price), Luciano Casamonica (Paquito), Anna Maria Lanciaprima **L** 108 (gek. 84; Orig. 136) **FSK** ab 16; f **E** 22.10.1970/19.7.1986 SAT 1 **fd** 17 026

DER TEPPICH DES GRAUENS (IL TERRORE DI NOTTE). Die Handlanger eines Oberbösewichtes töten einen aus Indien kommenden Geheimagenten sowie einen Fachmann für Geheimschriften, indem sie etliche Giftkapseln auf den Teppichen zerplatzen lassen, um so für tödliche Düfte zu sorgen. Handelsüblicher Krimi, der die hanebüchene Motivationskette mit Zeitbomben, Entführungen, Geheimdokumenten und Juwelen zähflüssig verlängert. Voll mit schablonenhaft gefertigtem Nervenkitzel, aber ohne jede innere Spannung. – Ab 16. ✦ Schwarz-weiß. BR Deutschland/Spanien/Italien 1962 **P** International Germania/Epoca/Domiziana **Kl** Constantin **Pd** Franz Thierry, Alfons Carcasona **R** Harald Reinl **B** Felix Lützkendorf, Giuseppe Mangione, nach einem Roman von Louis Weinert-Wilton **K** Gottfried Pacheco (= Godofredo Pacheco) **M** Augusto Alguero **S** Edith von Seydewitz **D** Joachim Fuchsberger (Harry Reffold), Karin Dor (Ann Learner), Eleonora Rossi-Drago (Mabel Hughes), Werner Peters (Crayton), Carl Lange (Oberst Gregory), Antonio Casas (Dr. Shipley), Robert Rey (Millner) **L** 92 **FSK** ab 16; nf **E** 31.7.1962/ 26.9.1968 ARD **fd** 11 311

TEPPICHDIEBE. Episodischer Abschlußfilm zweier Absolventen der Offenbacher Hochschule für Gestaltung. Zwei Freunde – ein Boxer, der von einer Profikarriere träumt, und sein Kumpel, der große Börsengeschäfte im Sinn hat – schlittern unverschuldet in immer größere Schwierigkeiten, wollen sich aber nicht unterkriegen lassen. ✦ Deutschland 1994 **R** Georg Gilcher, Peter Rippl **B** Peter Rippl, Georg Gilcher **K** Peter Rippl **D** Adnan Maral, Erçik, Beatriz Hernandez **L** 55 **E** 28.2.1995 Hessen 3

DER TEPPICHSAMMLER UND DER HEIRATSSCHWINDLER (CINTA MANI A PODVODNIK). Die Verirrungen eines Sammelwütigen und die Fahndung nach einem Heiratsschwindler sind Anlaß für eine Lektion über menschliche Verhaltensweisen und Schwächen. Ein aus zwei Episoden zusammengesetzter Film nach Geschichten von Karel Capek, die sich zu einer liebenswerten, inszenatorisch überzeugend abgerundeten Filmkomödie ergänzen. – Ab 14. ✦ Schwarz-weiß. CSSR 1964/65 **P** Filmstudio Barrandov **Kl** Progress **R** Jirí Krejcík **B** Jirí Krejcík, nach Erzählungen von Karel Capek **K** Eduard Landisch **M** Zdenek Liska **D** Vladimír Smeral, Jirina Bohdalová, Jirí Sovák, Olga Scheinpflugová, Frantisek Filipovsky **L** 111 **E** 29.4.1966 Kino DDR/29.9.1967 DFF 1

TEQUILA SUNRISE (1974) (ONCE UPON A SCOUNDREL). Die Bewohner eines mexikanischen Dorfes tun sich gegen einen Schurken zusammen, der mit hinterhältigen Tricks seine Heirat mit einer Dorfschönheit erzwingen will. Mittels einer Betäubungsdroge fingieren sie sein Ableben und geben vor, ihn nach seiner »Auferstehung« nicht mehr sehen zu können. Fortan wandelt der »Untote« als Verdammter durch das Dorf. Eine charmant-unterhaltsam inszenierte Burleske, solide fotografiert und gespielt. – Ab 16. ✦ USA 1974 **P** Carlyle/American International Enterprises **VA** VCL/Virgin **Pd** James S. Elliott **R** George Schaefer **B** Rip van Ronkel **K** Gabriel Figueroa **M** Alex North **S** Alberto Valenzuela **D** Zero Mostel (Carlos del Refugio), Katy Jurado (Tante Delfina), A. Martinez (Luis), Titos Vandis (Dr. Fernandez), Priscilla Garcia (Alicia), Rita Macedo **L** 90 **E** 10.8.1987 Video

TEQUILA SUNRISE (1988) (TEQUILA SUNRISE). Zwei Freunde aus Highschool-Zeiten stehen sich Jahre später an verschiedenen Fronten gegenüber: Der eine arbeitet bei der Polizei, der andere will sich gerade aus dem Rauschgifthandel zurückziehen. Beide verlieben sich in dieselbe Frau. Nach vielen Verwirrungen rettet der Polizist seinen Freund aus einer Falle, die ihm von der Drogenfahndung gestellt worden war. Eine unterkühlt-elegante Mischung aus Kriminal- und Liebesgeschichte mit geschliffenen Dialogen, die den Konflikt zwischen professionellen Notwendigkeiten und emotionalen Neigungen leichtgewichtig und spielerisch verschachtelt entfaltet. (Alternativer TV-Titel: »Tequila Sunrise – Eine gefährliche Mischung«) – Ab 16. ✦ USA 1988 **P** Mount Company (für Warner Bros.) **Kl** Warner Bros. **VA** Warner Home **Pd** Thom Mount, R. Sylbert **R+B** Robert Towne **K** Conrad L. Hall **M** Dave Grusin **S** Claire Simpson **D** Mel Gibson (Dale McKussic), Michelle Pfeiffer (Jo Ann Vallenari), Kurt Russell (Lt. Nick Frescia), Raul Julia (Carlos), J.T. Walsh (Maguire), Arliss Howard (Gregg Lindroff), Ann Magnuson (Shaleen), Arye Gross (Andy Leonard), Gabriel Damon (Cody McKussic), Garret Pearson (Arturo), Budd Boetticher (Richter Nizetitch) **L** 115 **FSK** ab 12; f **E** 23.3.1989/15.9.1989 Video **fd** 27 495

TERENCE DAVIES TRILOGY →Trilogie eines Lebens

TERESA. Erstickt in ihrer tödlichen Langeweile, abgeschlossen in ihrem römischen Appartement wie in einem Ghetto, gibt eine gealterte ehemalige Schauspielerin drei Zeitungsannoncen auf. Eine davon ist ein Zimmerinserat, auf das sich eine junge, überaus hübsche Soziologie-Studentin meldet. Nach einigem Zögern bezieht sie das Zimmer und merkt zu spät, daß ihr die tiefe Einsamkeit und das psychopathische Verhalten ihrer Vermieterin zum Verhängnis werden. Ein äußerst präzis geschildertes, hervorragend gespieltes Psycho-Drama, das durch seine beklemmende Charakter- und Milieudarstellung fasziniert. – Sehenswert. ✦ Frankreich 1970 **P** Films de l'Epée/F.D.L./Orpham/O.R.T.F. **R** Gérard Vergez **B** Michèle Arnaud, Gérard Vergez, nach dem Schauspiel »L'Inserzione« von Natalia Ginsburg **K** Roger Fellous **M** Vladimir Cosma **D** Suzanne Flon (Teresa), Anne Doat (Elena), Robert Rimbaud (Lorenzo), Pierre Richard **L** 86 **E** 7.1.1979 DFF 2

TERESA (DIE GESCHICHTE EINER BRAUT) (TERESA). Ein amerikanischer Soldat lernt während des Feldzugs in Italien eine junge italienische Frau kennen, heiratet sie und veranlaßt sie, ihm später in die USA zu folgen. Erst nach zahlreichen Konflikten mit seiner sich an ihn klammernden Mutter findet der durch die Kriegswirren unsicher gewordene Mann zu tieferer Überzeugung über die schnell eingegangene Ehe. Ein in seinen Problemstellungen gut durchdachter dramatischer Film mit glaubwürdiger Charakter- und Milieuzeichnung. Trotz gelegentlicher Sentimentalitäten ein menschliches, ernsthaftes Werk, behutsam in Bild, Dialog und Darstellung. Überzeugender noch als die psychologisierende Handlung ist der unverstellte Blick auf die amerikanische Realität. – Sehenswert ab 14. ✦ Schwarzweiß. USA 1951 **P** MGM **Kl** MGM **Pd** Arthur M. Loew jr. **R** Fred Zinnemann **B** Stewart Stern **K** William J. Miller **M** Louis Applebaum **D** Pier Angeli (= Anna Maria Pierangeli) (Teresa), John Ericson (Philip), Patricia Collinge (Philips Mutter), Richard Bishop (Philips Vater), Peggy Ann Garner (Susan), Ralph Meeker (Sgt. Dobbs) **L** 100 **FSK** ab 12; f **E** 30.11. 1951/7.3.1971 ARD **fd** 1 631

TERESA UND DIE MÄNNER (TERESA). Komödie um eine Fernfahrerin, die in Schwierigkeiten steckt, weil sie ihren Lastwagen nicht abbezahlen kann. Als auch noch ihr Mann stirbt, rückt der Traum von der Unabhängigkeit für sie in weite Ferne. Da bekommt sie von ihrem Geldgeber – nicht ganz selbstlos – Hilfe angeboten. – Ab 16. ✦ Italien 1987 **P** Int. Dean Film/Reteitalia **Pd** Pio Angeletti, Adriano de Micheli **R** Dino Risi **B** Dino Risi, Diana Graziano, Bernardino Zapponi **K** Blasco Giurato **M** Claudio Maioli **S** Alberto Gallitti **D** Serena Grandi (Teresa), Luca Barbareschi

(Gino), Eros Pagni (Nabucco) **L** 97 **E** 30.11.1993 premiere

TERESAS TÄTOWIERUNG →Mystery Model

TERMINAL CHOICE – TODESPOKER (TERMINAL CHOICE). In einer vollautomatischen Klinik, in der der Computer Diagnose und Therapie bestimmt, tötet der Chefarzt mehrere Patienten durch die Erprobung eines neuen Medikaments, um sich den Nobelpreis zu verschaffen. Ein fälschlich verdächtigter alkoholabhängiger Arzt und die Chefprogrammiererin entlarven ihn. Bizarrer Schocker mit abstruser Story und diffamierenden Ärzte-Klischees, dem auf der Suche nach durchaus spannend geratenen Effekten einige Geschmacksentgleisungen unterlaufen. ✦ Kanada 1984 **P** Magder Film/ITC Entertainment **VA** Ufa **R** Sheldon Larry **B** Neil Bell, nach einem Roman von Peter Lawrence **K** Zale Magder **M** Brian Bennett **S** Murray Magder **D** David McCallum (Dr. Dodson), Diane Venora (Anna), Joe Spano (Frank Holt), Robert Joy (Dr. Rimmer), Don Francks (Chauncey Rand), Nicholas Campbell (Henderson), Ellen Barkin (Mary O'Connor) **L** 95 **FSK** ab 16 **E** 1986 Video/25.12.1989 RTL plus **fd** 25 935

TERMINAL ENTRY – DAS SPIEL MIT DEM TERROR →Das Spiel mit dem Terror

TERMINAL FORCE (1988) (TERMINAL FORCE). Als die Tochter seines besten Freundes entführt wird, besinnt sich ein ehemaliges Mitglied einer Elite-Einheit auf seine Fähigkeiten und räumt als Einzelkämpfer in der Unterwelt von Los Angeles auf. Primitiver Actionfilm nach üblichem Muster, der im groß angelegten Showdown sein Ende findet. ✦ USA 1988 **P** Grant Austin Waldman **VA** AEC **Pd** Grant Austin Waldman, Fred Olen Ray **R** Fred Olen Ray **B** Ernest Farino **K** Stephen Ashley **M** Paul Natzke **S** William Shaffer **D** Richard Harrison (Nick Tyree), Troy Donahue (Slim), Dawn Wildsmith (Delilah), Jay Richardson, Tom Shell **L** 90 **FSK** ab 18 **E** 28.4.1989 Video

TERMINAL FORCE (1994, MESA) (GALAXIS). Zwischen einem intergalaktischen Diktator und einer jungen Frau, die auf die Erde flüchten konnten, entbrennt der Kampf um einen machtspendenden Kristall. Unfreiwillig mit von der Partie ist ein kleiner irdischer Ganove, den die Kämpferin als Gehilfen auserkoren hat. An gängigen Genrevorbildern orientiertes Fantasyspektakel, das einschlägige Filmideen für seine Zwecke ausschlachtet. ✦ USA 1994 **P** Inter Light Pictures **VA** Marketing (Starlight) **R** William Mesa **B** Nick Davis **K** Robert New **M** Christopher L. Stone **S** Gregory Hobson, Patrick Lussier **D** Brigitte Nielsen, Richard Moll (Kyla), John H. Brennan (Jed Sanders), Roger Aaron Brown, Fred Asparagus (Victor), Michael Paul Chan (Manny), Sam Raimi, John Romauldi (Soldat), Russ Fega (Offizieller), Kristin Bauer (Commander) **L** 87 **FSK** ab 16 **E** 12.7.1995 Video

TERMINAL FORCE (1994, PEPIN) (T-FORCE). Als schwerbewaffnete Terroristen ein Geschäftsgebäude besetzen und über 100 Angestellte als Geiseln nehmen, setzt die Regierung eine neue Cyborg-Generation zum Gegenschlag ein. Doch die künstlichen Gesetzeshüter töten auch einige Geiseln. Die aufgebrachte Öffentlichkeit verlangt die Demontage der Einheit, doch die Androiden laufen dagegen Amok. Der einzige, der den Befehlen noch nachkommt, wird gegen seine ehemaligen Partner eingesetzt. Ein brutaler Science-Fiction-Film, dessen endlose Gewaltszenen von reaktionär-patriotischen Kommentaren begleitet werden. – Wir raten ab. ✦ USA 1994 **P** PM Entertainment **VA** Ascot **Pd** Joseph Merhi, Richard Pepin **R** Richard Pepin **B** Jacobsen Hart **K** Ken Blakey **M** Louis Febre **S** Geraint Bell, Ron Cabreros **D** Jack Scalia (Jack), Evan Lurie (Adam), Erin Gray (Mayor Pendleton), Bobby Johnston (Cain), Deron McBee (Atlas), Jennifer MacDonald **L** 90 (gek. 88) **FSK** ab 18 (gek. 16) **E** 8.12.1994 Video/31.10.1995 RTL **fd** 31 212

TERMINAL FORCE II (THE SURVIVOR). Ein außerirdischer Präsident muss mit Anhang auf der Erde notlanden, die seiner Nation früher als Strafkolonie diente. Es kommt zu Auseinandersetzungen mit dem despotischen Herrscher, dem Präsidenten-Sohn, der ein Raumschiff braucht, um den Elendsort verlassen zu können. Ein Mörder und eine Kickboxerin, die einen Indianerstamm zum Kampf für das Gute aktivieren kann, schlagen sich auf die Seite des Vaters. Video-Dutzendware als professionell zusammengeklaubte Mischung aus Fantasy-, Abenteuer- und Endzeit-Mythen, die mangelndes Geschick durch viele Gewaltszenen wett zu machen versucht. ✦ USA 1998 **P** Interlight Pictures/Puerto Rico Investors Tax Credit Film Fund **VA** Ufa/BMG **Pd** Nile Niami, Gregory Vanger **R** Nick Davis **B** Chuck Konzelman, Cary Solomon **K** Russell Lyster **M** Nicolas Rivera **S** Edward Abroms **D** Pat Asanti (O'Shack), Richard Moll (Kyla), Xavier Declie (Tarkin), Lisa Robin Kelly (Devin), Stewart Finlay-McLennan (Benter) **L** 87 (gek. 80) **FSK** ab 18 (gek. ab 16) **E** 26.1.1998 Video **fd** 34 035

TERMINAL RUSH – DIE HERAUSFORDERUNG (TERMINAL RUSH). Eine terroristische Vereinigung droht, den Hoover-Staudamm in die Luft zu sprengen, wenn ihre immense Lösegeldforderung nicht erfüllt wird. Ein Ex-Army-Ranger dringt durch einen Geheimgang ins Innere des Staudamms vor und versucht, den Coup im Alleingang zu vereiteln. Rauhbeinige Actionunterhaltung, in der zwei Ikonen des Prügelkinos aufeinandertreffen. ✦ USA 1995 **P** Royal Oaks **VA** Madison **DVD** Madison Home Video (FF, DD2.0 dt.) **R** Damian Lee **D** Roddy Piper (Bartel), Don »The Dragon« Wilson (Jacob Harper), Michael Anderson jr. (Dekker), Brian Warren (Snookie), Kate Greenhouse (Katherine) **L** 89 **FSK** ab 18 (gek. ab 16) (DVD 16) **E** 27.11.1996/DVD 2000

TERMINATOR (THE TERMINATOR). Eine Killer-Maschine aus dem Jahr 2029 wird ins Los Angeles der Gegenwart »entsandt«, um eine Frau zu töten. Mit Hilfe eines ebenfalls aus der Zukunft stammenden Beschützers, eines Menschen, kann sie schließlich das Computer-Wesen überlisten. Ein origineller, handwerklich versiert konstruierter und beklemmend intensiver Actionfilm mit martialischem Grundton, der freilich allzu kompromißlos Gewalt zelebriert. (Auf Video erschien eine »neu bearbeitete«, d. h. gekürzte Version als »Terminator I«.) DVD: Neben der FSK 16 und FSK 18 von VCL gibt es die mustergültige Special Edition von Fox/MGM, die ebenfalls FSK 18 eingestuft ist. Die umfangreichen Extras beinhalten u. a. eine 60-minütige, aufschlussreiche Dokumentation zum Film sowie ein Feature mit sieben nicht verwendeten Szenen. ✦ Scope. USA 1984 **P** Pacific Western/Hemdale Leisure (für Orion) **KI** Cine-Contor **VA** VCL/Virgin **DVD** VCL (1.66:1, Mono dt.), Fox Home (SE, 16:9, 1.85:1, DD5.1 engl./dt.) **Pd** Gale Anne Hurd **R** James Cameron **B** Gale Anne Hurd, James Cameron, William Wisher **K** Adam Greenberg **M** Brad Fiedel **S** Mark Goldblatt **D** Arnold Schwarzenegger (Terminator), Michael Biehn (Kyle Reese), Linda Hamilton (Sarah Conner), Paul Winfield (Traxler), Lance Henriksen (Vukovich), Shawn Schepps (Nancy), Rick Rossovich (Matt), Bess Motta (Ginger), Earl Boen (Silberman), Dick Miller (Verkäufer) **L** 107 (Video & DVD (FSK 16) 97) **FSK** ab 18; nf (Video 16) (DVD 16 & 18) **E** 15.3.1985/Oktober 1985 Video/23.9.1998 DVD (FSK 16, VCL)/November 1998 DVD (FSK 18, VCL)/26.7.2001 DVD (Fox) **fd** 25 019

TERMINATOR 2 – TAG DER ABRECHNUNG (TERMINATOR 2 – JUDGMENT DAY). Der Terminator, ein Maschinenwesen der Zukunft, eilt einem Zehnjährigen zu Hilfe, der von einem weiterentwickelten Terminator-Modell umgebracht werden soll, weil er dereinst zum Anführer des Widerstandes der Menschen gegen die Maschinen ausersehen ist. Eine mit höchstem tricktechnischem Aufwand inszenierte Gewalt- und Überlebensgeschichte, die ihre brutalen Aktionen mit dem überraschenden Postulat einer menschenwürdigeren Welt durchsetzt. Eine interessante Variante der martialischen Tötungs- und Vernichtungsfilme, deren möglicherweise beabsichtigte kathartische Wirkung jedoch zweifelhaft ist. DVD: Die mustergültige Special Edition (2 DVDs) enthält u. a. einen dt. untertitelten Audiokommentar von 26 Schauspielern und Crew-Mitgliedern sowie eine bemerkenswerte Fülle an aufschlussreichem Material zur Entstehungsgeschichte und zu einzelnen Teilaspekten des Films. Die DVD enthält eine gegenüber der Kinoversion um 23 Minuten verlängerten Director's Cut-Version. ✦ Scope. USA 1990 **P** T-2/Pacific Western/Lightstorm (für Carolco) **KI** Columbia TriStar **VA** VCL/Carolco **DVD** VCL (2.35:1, DD5.1 dt.), Special Edition: Kinowelt Home (SE, 16:9, 2.35:1, DD6.1 engl./dt., DTS dt.) **Pd+R** James Cameron **B** James Cameron, William Wisher **K** Adam Greenberg **M** Brad Fiedel **S** Conrad Buff, Mark Goldblatt, Richard A. Harris **D** Arnold Schwarzenegger (Terminator), Linda Hamilton (Sarah Connor), Edward Furlong (John Connor), Robert Patrick (T-1000), Earl Boen (Dr. Silberman), Joe Morton (Miles Dyson), S. Epatha Merkerson (Tarissa Dyson), Gastullo Guerra (Enrique Salceda), Danny Cooksey (Tim) **L** 137 **FSK** ab 16; f **E** 24.10.1991/24.1.1992 Video/9.12.1998 DVD/2.10.2001 DVD (Special Edition) **fd** 29 178

TERMINUS (TERMINUS). Im Jahr 2037 ist die Erde in zwei Lager gespalten. Wissenschaftler wollen die Regierung militanter Barbaren stürzen und klonen für diesen Plan menschenähnliche Wesen. Ein kleiner Junge ist das Prachtexemplar dieser Versuche: er kann sein Programm eigenmächtig abändern und ist so für die humanen Botschaften eines Mädchens anfällig, das mit ihm in telepathischer Verbindung steht. Mit seiner Hilfe kann der Computer eines LKWs manipuliert werden, der den letzten wirklichen Menschen bei ihren Plänen von Nutzen ist. Ein ambitionierter, aber nur leidlich spannender Film, der seine Ansprüche nicht einlösen kann. Thematisch überfrachtet, operiert die abenteuerliche Science-Fiction-Geschichte mit krassen Schocks und nur wenigen Ansätzen zur Reflexion einer humanen Botschaft. ✦ Frankreich/BR Deutschland/Ungarn 1986 **P** CART/Les Films du Cheval de FER/Initial Groupe/Films A2/CBL **VA** Taurus **Pd** Anne François **R** Pierre-William Glenn **B** Pierre-William Glenn, Patrice Davic **K** Jean-Claude Vicquery **M** David Cunningham **S** Thierry Derocles **D** Johnny Hallyday (Manchot), Karen Allen (Gus), Jürgen Prochnow (Doktor/Monsieur/Chauffeur), Gabriel Damon (Mati), Julie Glenn (Prinzessin), Dieter Schidor, János Kulka **L** 81 **FSK** ab 12 **E** 10.9.1988 Video

TERRA INCOGNITA. Erdölbohrungen in Mecklenburg – ein Film über das Fündigwerden wider alle Hoffnung und Erfahrung, über Explosionsgefahr und Bändigung von Naturgewalten. Verfilmung des Theater-Poems von Kuba in einer inszenatorisch unbefriedigenden Weise. Distanz- und hilflos wird das pathetische, in Jamben geschriebene Werk der sozialistischen Gegenwartsdramatik auf die Leinwand übertragen. Themen wie Arbeit, Verantwortung und Lebensführung vermögen den Zuschauer in dieser Form nicht zu erreichen. – Ab 16. ✦ Scope, schwarz-weiß. DDR 1964/65 **P** DEFA, Gruppe »Heinrich Greif« **KI** Progress **Pd** Heinz Kuschke **R** Hanns Anselm Perten **B** Kuba (= Kurt Barthel), Willi Brückner, nach einem Theaterstück von Kuba (= Kurt Barthel) **K** Siegfried Hönicke **M** Günter Kochan **S** Helga Emmrich **D** Ralph Borgwardt (Max Koller), Monika Tews (Helga Stüwe), Gerd Micheel (Gerd Raspe), Wilhelm Koch-Hooge (Dr. Rudolf Grebe), Hermann Wagemann (Wilhelm Zarge) **L** 109 **E** 7.5.1965 Kino DDR

DIE TERRASSE (LA TERRAZZA / LA TERRASSE). Fünf ältere miteinander befreundete Intellektuelle sehen die Bedeutung ihrer Arbeit und ihre Identität in Frage gestellt. Ihre Selbstanklage hat jedoch keine praktischen Konsequenzen und gerät zur selbstzweckhaften Alibiübung. Eine ebenso intelligente wie witzige Gesellschaftskomödie mit vielschichtiger Handlung, die auch selbstkritische Seitenhiebe auf die Position des Filmemachers beinhaltet. Trotz seines Humors ein letztlich bitterer und resignativer Film über die Korrumpierung der Ideale italienischer Intellektueller. – Sehenswert. ✦ Scope. Italien/Frankreich 1980 **P** Dean/Les Films Marceau-Cocinor **R** Ettore Scola **B** Ettore Scola, Age (= Agenore Incorocci), Furio Scarpelli **K** Pasqualino de Santis (= Pasquale de Santis) **M** Armando Trovaioli, Antonio Vivaldi **S** Raimondo Crociani **D** Ugo Tognazzi (Amadeo), Vittorio Gassman (Mario), Marcello Mastroianni (Luigi), Jean-Louis Trintignant (Enrico), Serge Reggiani (Sergio), Carla Gravina (Carla), Stefania Sandrelli (Giovanna) **L** 160 **E** 18.4.1984 West 3 **fd** 24 528

TERRE D'AVELLANEDA (TERRE D'AVELLANEDA). Dokumentarfilm über die Wechselbeziehung von Erinnerung und Vergessen, Amnesie und Amnestie, der eine Gruppe von Angehörigen bei der Suche nach Vermißten in Argentinien seit dem Sturz der Militärjunta begleitet. Die Regierung Alfonsin, die zunächst jene Kreise zur Rechenschaft ziehen wollte, die 30.000 Menschen getötet und eine Million Argentinier ins Exil getrieben hatte, amnestierte schließlich 400 Angeklagte. Alfonsins Nachfolger Menem will die Versöhnung seines Volks durch Vergebung erreichen. (O.m.d.U.; Titel auch: »Die Erinnerung und das Vergessen«) ✦ Argentinien 1993 **R** Daniele Incalcaterra **L** 84 **E** 30.10.1993 arte

TERRE VIOLONTE → Land der Gewalt

TERROR (1956) (TERROR AT MIDNIGHT). Die Verlobte eines Kriminalbeamten läßt sich von einem Erpresser zur Fahrerflucht verleiten, gerät in Konflikte mit Kriminellen und in Mordverdacht. Gängiger Kriminalfilm mit schlichter Handlung, der einigen Reiz aus der Beschreibung der alltäglichen Routine der Polizeiarbeit bezieht. – Ab 16. ✦ Schwarz-weiß. USA 1956 **P** Republic **KI** Gloria **Pd** Rudi Kalston **R** Franklin Adreon **B** John K. Butler **K** Bud Thackery **M** R. Dale Butts **D** Scott Brady (Polizeidetektiv Rick), Joan Vohs (Susan Lang), Frank Faylen (Fred Hill), John Dehner (Lew Hanlon), Virginia Gregg (Helen Hill), Ric Roman (Wachtmeister Brazzi) **L** 99 **FSK** ab 16; nf **E** 5.7.1957 **fd** 6 829

TERROR (1963) → The Terror – Schloß des Schreckens

TERROR (1969) (YAJU O KESSE). Eine Rockerbande vergewaltigt, erpreßt und mordet nach Laune und Bedarf, bis ihr ein junger Mann, ein Großwildjäger, der seine Schwester rächen will, nach harten Quälereien entkommt und die Übeltäter einzeln abschießt. Ein bei aller formalen Versiertheit abstoßender Actionkrimi, der sich perfiderweise einen sozialkritischen Anstrich verleiht. – Wir raten ab. ✦ Scope. Japan 1969 **P** Nikkatsu **KI** Cinerama **R** Yasuhara Hasebe **B** Shoichi Nagahara, Ryuzo Nakanishi **K** Masahisa Himeda **M** Kôichi Sakata **D** Tetsuya Watari, Yun Yoshioka, Mieko Fujimoto, Tatsuya Fuji **L** 83 **FSK** ab 18; nf **E** 16.7.1971 **fd** 17 467

TERROR (1978) (EYES BEHIND THE STARS / OCCHI DALLE STELLE). Invasoren einer außerirdischen Macht sind auf der Erde gelandet und bereiten mit Hilfe einer verbündeten irdischen Organisation den Machtwechsel vor. Als ein Fotograf seine Modefotografien entwickelt und sie darauf entdeckt, kehrt er in den Wald zurück, in dem die Aufnahmen entstanden, und wird dort entführt. Ein Journalist bemüht sich vergeblich, den Fall zu klären und die Menschheit zu warnen. Ein belangloser Science-Fiction-Film nach gängigen Mustern des Genres. (Spätere Titel: »Der Angriff kommt aus dem All, und auf der Erde herrscht Terror«, »Terror aus dem Weltall«, »Die Augen der Sterne«) ✦ Italien 1978 **P** Midia Cinematografica **VA** Arcade **Pd** Armando Novelli **R** Roy Garrett (= Mario Gariazzo) **B** Mario Gariazzo **K** Erico Menczer **M** Marcello Giombini **S** Vincenzo Tomassi **D** Robert Hoffmann (Tony Harris), Nathalie Delon (Monica Stiles), Martin Balsam (Jim Grant), Carlo Hintermann, Giorgio Ardisson (Coleman Perry), Sherry Buchanan (Karin Hale), Victor Valente, Sergio Rossi, Giovanna De Luca **L** 88 **FSK** ab 16 **E** 16.12.1985 Video/18.8. 1986 RTL plus

TERROR AM KILOMETERSTEIN 13 (HIGHWAY 13). Ein Fernfahrer klärt gemeinsam mit seiner Braut für eine Versicherung mysteriöse Unfälle von Fahrzeugen eines Speditionsunternehmens, die in einer bestimmten Autobahnkurve in den Abgrund rasen. Rasanter Actionkrimi, der in der Kürze der Spieldauer schnell zur Sache kommt und oberflächliche, aber nicht unattraktive Spannungsunterhaltung bietet. – Ab 14 möglich. ✦ Schwarz-weiß. USA 1948 **P** Lippert/Screen Guild **KI** Viktoria **Pd** William Stephens **R** William Berke **B** Maurice Tombragel **K** Carl Berger **M** David Chudnow **S** Edward Mann **D** Robert Lowery (Hank Wilson), Pamela Blake (Doris), Michael Whalen (Frank Hadley), Dan Seymour (Kelleher), Clem Bevans (Pops), Maris Wrixon (Miss Hadley) **L** 58 **FSK** ab 12; nf **E** 12.6.1953 **fd** 2 553

TERROR AM RIO GRANDE (DENVER AND RIO GRANDE). In Colorado um 1870 liefern sich die Revolver-Männer zweier konkurrierender Eisenbahngesellschaften beim Bau einer Bahnstrecke über die Rocky Mountains wüste Gefechte. Ein spannender, handwerklich routinierter kampfbetonter Western vor dem Hintergrund der beeindruckenden Bergwelt Colorados. – Ab 14. ✦ USA 1952 **P** Paramount **KI** Paramount **Pd** Nat Holt **R** Byron Haskin **B** Frank Gruber **K** Ray Rennahan **M** Paul Sawtell **S** Stanley Johnson **D** Edmond O'Brien (Jim Vesser), Sterling Hayden (McCabe), Dean Jagger (William Palmer), Laura Elliot (Linda Prescott), Lyle Bettger (Johnny Buff), J. Carroll Naish (Harkness), Paul Fix (Maschinist Monyhan), ZaSu Pitts (Jane), Tom Powers (Sloan), Robert Barrat (Haskins), Don Haggerty (Bob Nelson), James Burke (Sheriff Masters) **L** 89 **FSK** ab 12; nf **E** 10.6.1955 **fd** 4 126

TERROR AN DER HIGHSCHOOL → Young Streetfighters

TERROR AN DER SCHULE (UNLIKELY SUSPECTS). Highschool-Drama um sexuelle Belästigung. Als sich ein Mädchen der Cheerleader-Mannschaft als einzige gegen die ständigen Belästigungen durch einige der Footballspieler zur Wehr setzt, bringt es Eltern und Schulleitung gegen sich auf. ✦ USA 1996 **R** Joseph L. Scanlan **B** Natalie Chaidez **K** Malcolm Cross **M** Stacy Widelitz **D** Shanna Reed (Anne Wilson), Sarah Chalke (Krista Wilson), Lochlyn Munro (Josh Kelly), Brigitta Dau (Ruth Gayle), Gwynyth Walsh (Vicky Cooke) **L** 87 **E** 28.2.1998 ARD

TERROR AT LONDON BRIDGE (BRIDGE ACROSS TIME / TERROR AT LONDON BRIDGE). Rund hundert Jahre nach dem Tod des Frauenmörders Jack the Ripper haben geschäftstüchtige Amerikaner die London Bridge, einstmals Schauplatz der Verbrechen, an einem See in Arizona neu aufgebaut. Durch frisches Blut aus seinem Jahrhundertschlaf erweckt, beginnt Jack the Ripper ein neues brutales Morden. Billig produzierter, langweiliger Gruselfilm ohne jeden Funken Ironie. (Alternativtitel: »Der City-Cop«, »Jack the Ripper in Arizona«, »Der Schrecken der London Bridge«, »Arizona Ripper«) – Ab 16. ✦ USA 1986 **P** Media Entertainment/NBC **VA** VCL/Virgin **Pd** Jack Milchon, Richard Maynard **R** E.W. Swackhamer **B** William F. Nolan **K** Gil Hubbs **M** Lalo Schifrin **D** David Hasselhoff, Stepfanie Kramer, Randolph Mantooth, Adrienne Barbeau **L** 93 (gek. 92) **FSK** ab 18 (gek. 16) **E** 10.12.1987 Video **fd** 26 504

TERROR AUGEN (SATAN'S MISTRESS). Der Teufel ergreift Besitz von einer vereinsamten Ehefrau im einsam gelegenen Landhaus einer Architektenfamilie. Letztklassiger Horrorfilm nach üblichem Schema. ✦ USA 1980 **P** Diversified Film Ventures **VA** PolyGram **R** James Polakof **B** James Polakof, Beverley Johnson **K** James L. Carter **M** Roger Kellaway **D** Britt Ekland, Lana Wood, Don Galloway, John Carradine, Kabir Bedi **L** 91 **E** 1982 Video

TERROR AUS DEM WELTALL → Terror (1978)

TERROR BLAST → Blast

TERROR DER GESETZLOSEN → Verwegene Gegner

TERROR DER TONGS (THE TERROR OF THE TONGS). Im Jahr 1910 beherrschen die Tongs, eine von Peking aus gesteuerte Geheimorganisation für Opium- und Mädchenhandel, Hongkong, bis ihnen in einem britischen Schiffskapitän, dessen Tochter die Tongs getötet haben, ein furchtloser Widersacher ersteht. Handelsüblicher Abenteuerfilm vor exotisch gemeintem Hintergrund. – Ab 14. ✦ Großbritannien 1960 **P** Hammer **KI** Columbia **Pd** Kenneth Hyman, Anthony Nelson-Keys **R** Anthony Bushell **B** Jimmy Sangster **K** Arthur Grant **M** James Bernard **S** Eric Boyd-Perkins **D** Christopher Lee (Chung King), Yvonne Monlaur (Lee), Roger Delgado (Wang How), Marne Maitland (Bettler), Geoffrey Toone (Jackson Sale), Brian Worth (Harcourt), Richard Leech (Inspektor Dean) **L** 75 **FSK** ab 12; f (fr. 16; nf) **E** 7.4.1961/24.4.1994 PRO 7 **fd** 10 042

TERROR EYES – DER FRAUENKÖPFER (TERROR EYES). Psychothriller um eine Mordserie, bei der mehrere Frauen geköpft werden. Als Täterin entpuppt sich eine in ihrem Selbstwertgefühl unsichere Frau. Spannender, teils drastisch-makabrer Thriller, der ein anachronistisches Bild der Geschlechterrollen aufbaut. Psychologisch oberflächlich und unglaubwürdig. (Fernsehtitel ORF: »Terror Eyes – Kopfjagd in Boston«) ✦ USA 1980 **P** Lorimar/Resource Prod. **KI** 20th Century Fox **VA** ITT Contrast **Pd** Larry Babb, Ruth Avergon **R** Ken Hughes **B** Ruth Avergon **K** Mark Irwin **M** Brad Fiedel **S** Robert Reitano **D** Leonard Mann (Judd Austin), Rachel Ward (Eleanor), Drew Snyder (Vincent Millet), Joseph R. Sicari (Taj), Elisabeth Barnitz (Kim Morrison), Margo Skinner (Stevie) **L** 88 **FSK** ab 18; nf **E** 16.10.1981/1983 Video **fd** 23 170

TERROR EYES – KOPFJAGD IN BOSTON → Terror Eyes – Der Frauenköpfer

TERROR FORCE KOMMANDO (THREE MAN ON FIRE). Action-Thriller. Ein Polizist und ein Geheimagent fahnden nach den Mördern eines Professors und stoßen auf eine terroristische Vereinigung. Dieses Wissen erweist sich als höchst gefährlich; bald wird die Tochter des Gesetzeshüters entführt. ✦ Italien/Kamerun 1986 **P** Richard Harrison Prod. **VA** Carrera **Pd+R** Richard Harrison **B** Richard Harrison, Romano Kristoff **K** Lon Knaller **M** Paolo Ormi **S** Adriano Tagliavia **D** Alphonso Bene (Michael Baiko), Richard Harrison (Matt), Romano Kristoff, Maurizio Murano, Ninette Asor, Gordon Mitchell, Laurenzo Pinni **L** 89 **E** 28.1.1988 Video

DER TERROR FÜHRT REGIE → Warum mußte Staatsanwalt Traini sterben?

TERROR IM COMPUTER (MENNO'S MIND). Science-Fiction-Film um einen Zukunftsstaat, in dem sich eine diktatorische Klasse mittels computergestützter Manipulationen uneingeschränkte Macht verschafft hat. Ein bis dahin braver Computerexperte wird von Freiheitskämpfern mit Daten aus dem Gehirn von deren Anführer »gefüttert«, der im Gefängnis ist. ✦ USA 1996 **Pd** Larry Estes **R** Jon Kroll **B** Mark Valenti **K** Gary Tieche **M** Christopher Franke **S** Steven Myers **D** Bill Campbell (Menno), Stephanie Romanov (Loria), Corbin Bernsen (Felix Medina), Michael Dorn (Simon), Robert Picardo (Senator Taylor) **L** 96 **E** 2.9.1998 premiere

TERROR IM NAMEN DER LIEBE. (Fernseh-)Thriller um eine geplatzte Hochzeit, mit der sich der Bräutigam nicht abfinden will und zu harten Bandagen greift, um seine Ex-Geliebte gefügig zu machen. ✦ Deutschland 1996 **P** SAT 1 **Pd** Michael Strack **R** Bodo Fürneisen **B** Meike Toelstede **D** Julia Jäger (Kerstin Friedrichs), Johannes Brandrup (Gregor Jacobsen), Anian Zollner (Martin Köhler), Sissi Perlinger (Annabel), Jürgen Hentsch (Dr. Friedrichs), Rosel Zech (Elke Friedrichs) **L** 94 **E** 8.6.1999 SAT 1

TERROR IM ORIENT EXPRESS (DEATH, DECEIT & DESTINY ABOARD THE ORIENT EXPRESS). Eine Anzahl von Multimillionären findet sich auf Einladung eines mysteriösen Gönners in Paris ein, um Silvester auf der Reise nach Istanbul im legendären Orientexpress zu feiern. Der Gastgeber entpuppt sich als islamischer Fundamentalist, der eine Lösegeldforderung im großen Stil plant. Hölzern in Szene gesetzter Billig-Actionfilm ohne Sinn für optische und dramaturgische Aufbereitung. ✦ USA 2001 **VA** e-m-s **R** Mark Roper **D** Richard Grieco, Romina Mondello, Barry Flatman, Götz Otto, Christoph Waltz **L** 92 **E** 18.9.2001 Video

TERROR IM PARKETT (TERROR IN THE AISLES). Kompilationsfilm, der Szenen aus Horrorfilmen aneinanderreiht, die vornehmlich während der 70er und 80er Jahre entstanden. Das didaktisch unzureichend geordnete Material dient weniger dazu, Zusammenhänge innerhalb des Genres herzustellen, als auf unverbindliche Weise Spannung zu erzeugen. Allenfalls für Anhänger des Genres unterhaltsam. ✦ Teils schwarz-weiß. USA 1984 **P** Kaleidoscope **KI** FiFiGe **VA** VCL/Virgin **Pd** Stephen J. Netburn, Andrew J. Kuehn **R** Andrew J. Kuehn **B** Margery Doppelt **K** John A. Alonzo **M** John Beal **S** Gregory McClatchy, Richard Goldstein **D** Donald Pleasence (Moderation), Nancy Allen (Moderation), Alfred Hitchcock, Jack Nicholson, Anthony Perkins, Clint Eastwood **L** 83 (Video 91) **FSK** ab 18 (Video) **E** 5.6.1986/18.5.1988 Video **fd** 25 809

TERROR IM PEKING-EXPRESS →Peking-Expreß

TERROR IM WEISSEN HAUS (LOYAL OPPOSITION: TERROR IN THE WHITE HOUSE). Um seine militärischen Pläne im Nahen Osten durchzusetzen, nimmt ein US-General nach einigen Intrigen und Tricks den Präsidenten, der nach diplomatischen Lösungmöglichkeiten sucht, und seine Berater gefangen. Als er glaubt, am Ziel seiner Aggressionspolitik angelangt zu sein, treten ihm ungeahnte Widersacher entgegen: die Vizepräsidentin und ihr Bodyguard, die den Weltfrieden wahren wollen. Haarsträubendes TV-Movie um säbelrasselnde Militärs, einen gutwilligen Staatschef und eine willensstarke vom Geiste der Demokratie beseelte Frau. ✦ USA 1998 **Pd** Richard Gitelson **R** Mark Sobel **B** Jeff Wynne, Christopher Canaan **M** Ken Williams **S** Mark Lemmon, Gary L. Smith **D** Joan Van Ark (Elisabeth Lane), Nick Mancuso (Gen. James Metzger), Lloyd Bochner (Mark Hayden), Corbin Bernsen (John Gray), Rick Springfield (Lowell Barkley) **L** 94 **E** 30.6.1999 ProSieben

TERROR IN ALCATRAZ (TERROR ON ALCATRAZ). Gewalttätiger Actionfilm. Der legendäre Ausbrecher Frank Morris kehrt nach Jahren mit einer Touristengruppe auf die inzwischen stillgelegte Gefängnisinsel Alcatraz zurück, weil er den Lageplan eines Banksafes braucht, den ein Mithäftling dort versteckt hatte. Als seine Tarnung auffliegt, beginnt ein blutiges Massaker. ✦ USA 1986 **P** Mort Gorman/Morris J. Rubin/Sid Luckman **VA** Mike Hunter **Pd** Marvin G. Lipschultz **R** Philip Marcus **B** Donald Lewis **K** Greg von Berblinger **M** Charles Pavlich **D** Aldo Ray (Frank Morris), Veronica Porche Ali (Emily), Sandy Brooke (Mona), Scott Ryder (Gary), Lisa Ramirez (Yerry) **L** 95 **FSK** ab 16 **E** 31.8.1987 Video

TERROR IN BEVERLY HILLS (TERROR IN BEVERLY HILLS). Ein Ex-Marine befreit die Tochter des US-Präsidenten aus den Händen palästinensischer Terroristen und stellt zugleich einen ehemaligen Weggefährten, der ihn töten will. Spannungsloser, einfältiger, extrem harter Thriller, der die verzeichnete Polit-Ebene zugunsten einer verworrenen Rächerstory ausbeutet. ✦ USA 1988 **P** Peacock Films **VA** VCL/Virgin **Pd** Ron Lavery, Pierre Mzadeli **R** John Myers **B** John Myers, nach einem Roman von Simon Bibiyan **K** Peter Wolf **M** Alan Dermarderosian **S** Richard Marks **D** Frank Stallone (Hack), Behrouz Vossoughi (Abdul), Cameron Mitchell (Captain Stills), William Smith, Lysa Hayland **L** 89 **FSK** ab 18 **E** 26.9. 1989 Video **fd** 27 994

TERROR IN BLOCK C (WOMEN IN CHAINS). In einem amerikanischen Frauengefängnis kommt eine Gefangene ums Leben. Die frühere Bewährungshelferin der Toten will an keinen Unfall glauben und läßt sich als vermeintliche Straftäterin einschleusen. Doch eine Mauer des Schweigens und der Angst schützt die sadistische Oberaufseherin. Bevor Gerechtigkeit den Sieg davonträgt, muß die neugierige Bewährungshelferin um ihr Leben fürchten. Eine unoriginelle Klischee-Geschichte ohne jede Glaubwürdigkeit; vergleichsweise weniger gewalttätig und spekulativ. ✦ USA 1971 **P** Paramount **VA** CIC **Pd** Edward K. Milkis **R** Bernard L. Kowalski **B** Rita Lakin **K** Howard Schwartz **M** Charles Fox **S** Argyle Nelson **D** Ida Lupino (Tyson), Belinda J. Montgomery (Melinda), Lois Nettleton (Sandra/Sally), Jessica Walter (Dee Dee), John Larch (Barney) **L** 71 **FSK** ab 16 **E** Mai 1989 Video **fd** 27 685

TERROR IN BLOCK 11 (RIOT IN CELL BLOCK ELEVEN). In einem großen amerikanischen Zuchthaus führen drei Gefangene eine Revolte geschickt zum siegreichen Ende und gewinnen trotzdem wenig dabei. Eine präzise inszenierte und gespielte dramatische Reportage, die sich trotz aller reißerischen Momente glaubwürdig und eindrücklich für soziale Reformen im damaligen Zuchthauswesen engagiert. ✦ Schwarz-weiß. USA 1954 **P** Allied Artists **KI** Asco/ Transatlantic **VA** Kinowelt Home **Pd** Walter Wanger **R** Don Siegel **B** Richard Collins **K** Russell Harlan **M** Herschel Burke Gilbert **S** Bruce Pierce **D** Neville Brand (Dunn), Emile Meyer (Wärter), Frank Faylen (Haskell), Leo Gordon (Carnie), Robert Osterloh (Colonel), Paul Frees (Monroe), Don Keefer (Reporter), Alvy Moore (Gator) **L** 80 **FSK** ab 12 (fr. 18; nf) **E** 22.3. 1955/3.7.1972 ZDF **fd** 4 007

TERROR IN BROOKLYN →Die Schläger von Brooklyn

TERROR IN DER BRONX – THE WANDERERS →The Wanderers

TERROR IN DER FAMILIE – EINE TOCHTER LÄUFT AMOK (TERROR IN THE FAMILY). Eine 15-Jährige gerät in eine schwere Krise, als sie die Defizite der nur scheinbar intakten eigenen Familie nicht mehr erträgt und sich einer gewalttätigen Jugendclique anschließt. Im Streit attackiert sie ihre Eltern. Eine frühe, überzeugende Rolle der »Oscar«-Preisträgerin Hilary Swank in einem Film, der sich zwar mit Jugend-Aggression auseinandersetzen möchte, letztlich jedoch nur Klischees Gewalt geprägter Familien und deren destruktiven Kreislauf wiederholt. ✦ USA 1996 **P** Hallmark/Von Zerneck-Sertner Films **Pd** Ira Marvin, Randy Sutter **R+B** Gregory Goodell **K** Steve Yaconelli **M** Ron Ramin **S** Michael Eliot **D** Joanna Kerns (Cynthia Martin), Hilary Swank (Deena Martin), Dan Lauria (Todd Martin), Kathleen Wilhoite (Garret), Andrew Kavovit (Adam) **L** 85 **E** 19.11.2001 Vox

TERROR IN DER OPER (TERROR AT THE OPERA). Nach dem Unfall einer Opern-Diva erhält deren Schülerin die Chance ihres Lebens und steht in Verdis »Macbeth« in der Mailänder Scala auf der Bühne. Ihr Erfolg wird bald durch kleine Zwischenfälle überschattet. Während einer Liebesnacht dringt eine vermummte Gestalt in ihr Zimmer ein und tötet ihren Geliebten. Der Mord ist jedoch erst der Anfang eines grauenhaften Gemetzels, als dessen Urheber sich der mit den Ermittlungen beauftragte Polizist herausstellt. Ein blutrünstiger Horror-Thriller, der allzu spekulativ auf die Darstellung psychopathischer Mordlust setzt. (Fernsehtitel: »Im Zeichen des Raben«; Titel auch: »Opera«) ✦ USA 1988 **P** Orion **VA** RCA/ Columbia **Pd+R** Dario Argento **B** Dario Argento, Franco Ferrini **K** Ronnie Taylor **S** Franco Fraticelli **D** Christina Marsillach (Betty), Ian Charleson (Marco), Urbano Barberini (Alan), William McNamara (Urbano), Antonella Vitale (Marion) **L** 87 (Orig. 107) **FSK** ab 18 **E** 5.12.1989 Video/3.10.1992 ARD

TERROR IN MESA CITY (SEVEN GUNS TO MESA). Eine siebenköpfige Banditengruppe terrorisiert in einer Geisterstadt eine Reisegesellschaft, bis ein einsamer Westerner eingreift. Ein geradlinig entwickelter, reichlich brutaler B-Western ohne formale Ambitionen. – Ab 16 möglich. ✦ Schwarz-weiß. USA 1957 **P** Allied Artists/William F. Broidy Pictures **KI** Jugendfilm **Pd** William F. Broidy **R** Edward Dein **B** Myles Wilder, Edward Dein, Mildred Dein **K** John J. Martin **M** Leith Stevens **S** Thor Brooks **D** Charles Quinlivan (Trey), Lola Albright (Julie), James Griffith (Clark), Jay Adler (Avery), Burt Nelson (Bear), John Merrick (Brown), Charles Keane (Marsh), Jack Carr (Sam Denton), Mauritz Hugo (Lt. Franklin), Dan Sheridan (Simmons), Gerald Frank (Grandall), Harvey Russell **L** 68 **FSK** ab 12; nf **E** 6.9.1963 **fd** 12 391

TERROR IN NEW YORK (REVENGE OF THE STEPFORD WIVES). Die Männer von Stepford, einer kleinen Gemeinde nahe New York, halten ihre Frauen mit einem Serum ruhig und unterwürfig. Als eine junge Fernsehreporterin und ein neu zugezogener Polizist hinter dieses Geheimnis kommen, bringen sie sich in höchste Gefahr. Leidlich gruselige, insgesamt aber belanglose (Fernseh-)Fortsetzung von Bryan Forbes' Film »Die Frauen von Stepford« (siehe auch dort; dritter Teil der »Trilogie«: »Genesis – Stadt der lebenden Toten«) ✦ USA 1980 **P** NBC/Edgar J. Scherick Prod. **VA** Mike Hunter/ELFRA **Pd** Scott Rudin **R** Robert Fuest **B** David Wiltse, nach Motiven von Ira Levin **K** Ric Waite **M** Laurence Rosenthal **S** Jerrold L. Ludwig **D** Sharon Gless (Kay Foster), Julie Kavner (Megan Brady), Audra Lindley (Barbara Parkinson), Don Johnson (Andy Brady), Arthur Hill (Dale »Diz« Corbott), Mason Adams (Wally), Ellen Weston (Kitten), Gay Rowan (Angelina), Melissa Newman (Muffin), Tom Hill (Dr. Edgar Trent) **L** 95 **FSK** ab 16 **E** 15.6.1987 Video

TERROR IN OKLAHOMA (IL TERRORE DELL' OKLAHOMA). Eine mäßig erheiternde Western-Parodie mit komischer Übertreibung der genreüblichen Kampf-, Tanz- und Kneipenszenen: Die Bürger eines kleinen Western-Nests müßten dem Banditen-Terror weichen, wenn sich nicht ein Opa um »12 Uhr mittags« entschlösse, dem Glauben der Quäker zu entsagen, um als Moslem zum Gewehr greifen zu können. – Ab 10. ✦ Scope. Italien 1959 **P** Betauno **KI** ABC **R+B** Mario Amendola **K** Adalberto Albertini **D** Maurizio Arena, Delia Scala, Alberto Bonucci, Valeria Moriconi, Mario Carotenuto **L** 86 **FSK** ab 6; nf **E** 2.12. 1960 **fd** 9 951

TERROR IN PARADISE (TERROR IN PARADISE). Ein wegen Folterungen gesuchter US-Militär entführt eine berühmte Expertin für plastische Chirurgie samt Ehemann, damit sie ihm ein neues Gesicht herstellen kann. Zufällig kommt ein Paar diesem Treiben auf die Schliche und kann alle Schurken unschädlich machen. Unorigineller, technisch schlampiger Actionfilm. ✦ USA 1990 **P** Goldpower/Premiere/New Classics **VA** Highlight **R** Peer J. Oppenheimer **B** Ron Sellz, Buzz Dixon, Matt Oppenheimer, Peer J. Oppenheimer **K** Joe Batac **M** Matt Wayne **D** Gary Lockwood (Major Douglas), Joanna Pettet (Dr. Fleisher), David Anthony Smith (Jason), David McKnight (Chuck), Leslie Ryan (Vicky) **L** 90 **FSK** ab 16 **E** 20.11. 1991 Video **fd** 29 493

TERROR IN PORTLAND CITY (PORTLAND EXPOSE). Ein Verbrecher-Syndikat organisiert Spielhöllen und Bordelle, kontrolliert die Gewerbe-Betriebe einer amerikanischen Stadt und erpreßt hohe Abgaben. Ein Gastwirt findet bei der Gewerkschaft Verbündete und kann mit Hilfe des noch nicht korrupten Teils der Polizei die Bande abschütteln. Auf hart getrimmter Gangsterfilm innerhalb der vertrauten Muster des Genres, immerhin von einiger Spannung. ✦ Schwarz-weiß. USA 1957 **P** Allied Artists **KI** Rank **Pd** Lindsley Parsons, John H. Burrows **R** Harold Schuster **B** Jack DeWitt **K** Carl Berger **M** Paul Dunlap **S** Maurice Wright **D** Edward Binns (George Madison), Virginia Gregg (Clara Madison), Carolyn Craig (Ruth Madison), Dickie Bellis (Jimmy Madison), Joe Marr (Larry), Frank Gorshin (Joe), Russ Conway (Jacman) **L** 72 **FSK** ab 18; nf **E** 8.8.1958 **fd** 7 293

TERROR IN TEXAS (DEATH RIDES THE PLAINS / WOLVES OF THE RANGE). Zunächst verkauft ein Bandit seine Ranch viermal und stapelt im Keller die Leichen der Käufer. Dann sollen Viehzüchter um ihre Ersparnisse gebracht werden. Zwei zusammengeschnittene Episoden mit dem »einsamen Reiter« und dem grotesken Westmann »Fuzzy«, die im letzen Moment für Gerechtigeit sorgen. Anspruchslose

Westernkomödie. ✦ Schwarz-weiß. USA 1944 **P** P.R.C. **KI** Accord **Pd** Sigmund Neufeld **R** Sam Newfield **B** Patricia Harper, Joe O'Donnell **K** Robert Cline **M** David Ghudnow **S** Holbrook N. Todd **D** Al »Fuzzy« St. John (Fuzzy Jones), Bob Livingston (Rocky, der einsame Reiter), Karl Hackett (Rancher Corrigan), Nica Dorry (Virginia), Ray »Raphael« Bennett (Ben Gordon) **L** 88 **FSK** ab 12; nf **E** 28.1.1958 **fd** 6 672

TERROR IN THE MALL (DESASTER AT THE MALL). Fürs Fernsehen produzierter Katastrophenfilm. Nach gewaltigen Regengüssen und dem Bruch eines Staudamms droht ein neues Einkaufszentrum mitsamt einer Gruppe Eingeschlossener unterzugehen. Außerdem werden sie von einem entflohenen Sträfling und Mörder als Geiseln gehalten. (Videotitel:«Dark Rain«) – Ab 16. ✦ USA/Deutschland 1998 **P** Ufa/ David L. Wolper Prod. **VA** Universum **Pd** Konstantin Thoeren **R** Norberto Barba **B** John M. Mandel, Dan Gordon **K** Cristiano Pogany **M** Christopher Franke **S** Roberto Silvi **D** Rob Estes (= Robert Estes) (Glen), Shannon Sturges (Sheri), Kai Wiesinger (Chris), David Soul (Roger), Angeline Ball (Suzanne) **L** 86 (gek. 85) **FSK** ab 16 (gek. ab 12) **E** 23.12.1998 premiere/4.8.1998 Video

TERROR IN THE NIGHT (TERROR IN THE NIGHT). Ein vermeintlicher Sheriff lauert in einem Nationalpark einem jungen Pärchen auf und nimmt es gefangen. Er entpuppt sich als perverser und gefährlicher Zeitgenosse, der brave Mitmenschen überfällt. Ein ödes Machwerk, das die Brutalität des unberechenbaren Mannes ausstellt, ohne Interesse an den übrigen Personen zu verraten. Ein Thriller ohne jegliches Timing und dramaturgisches Geschick. (Fernsehtitel: »Dem Terror ausgeliefert«) ✦ USA 1993 **P** CBS **VA** Fox **Pd** Kay Hoffman **R** Colin Bucksey **B** Denise de Carmo, Randy Ritchie, Alan Landsburg **K** David M. Walsh **M** Dana Kaproff **S** Drake Silliman **D** Joe Penny (Tom), Justine Bateman (Robin), Matt Mulhern (Lonnie Carter), Valerie Landsburg (Tina) **L** 95 **FSK** ab 18 **E** 10.2.1994 Video **fd** 30 678

TERROR IN THE TOWERS (WITHOUT WARNING: TERROR IN THE TOWERS). Am 26. Februar 1993 zündeten Terroristen im New Yorker World Trade Center eine Bombe. Es gab Tote, tausende Menschen waren in dem Gebäude eingeschlossen. Der fürs amerikanische Fernsehen entstandene Film schildert die Rettungsaktionen und die erfolgreiche Täterfahndung der Polizei. (TV-Titel: »Bombenattentat in New York«) – Ab 16. ✦ USA 1993 **P** Paramount **VA** CIC **Pd** Stephen Downing, Robert M. Rolsky **R** Alan J. Levi **B** Stephen Downing, Duane Poole **K** Chuy Elizondo **M** Jay Gruska **D** George Clooney (Kevin Shea), John Karlen (Jack McAllister), Anne Marie Tesoriero (Susan Ruttan), James Avery, André Braugher **L** 93 **FSK** ab 16 **E** 16.8.1995 Video/2.8.1996 SAT 1

TERROR IN THE WAX MUSEUM →Der Bucklige vom Horror-Kabinett

DIE TERROR-KAPSEL →Lifepod

TERROR KOMMANDO (TERROR SQUAD). Ein arabisches Terrorkommando aus Lybien soll das Atomkraftwerk Blackriver im US-Staat Indiana angreifen. Als die Selbstmordaktion mißlingt, massakrieren die zwei Überlebenden die Bevölkerung einer Kleinstadt und verbarrikadieren sich in der High School, wo sie nachsitzende Jungen und Mädchen als Geisel nehmen. Wieder gibt es Tote, die Polizei muß machtlos zusehen, bis der rüpelhafteste der Schüler das rettende Ende ermöglicht. Neben dem horrorhaft blutigen Ausgang hat der Actionfilm seine spektakulärsten Momente in der Verfolgungsjagd des ersten Teils; bereits hier enthüllt sich, daß der Regie allein am Gewalt- und Sensationsgenuß gelegen ist. ✦ USA 1987 **P** Manson International **VA** CBS/Fox **Pd** Peter Maris **R** Peter Maris, Mark Morris **B** Chuck Rose **K** Peter Jensen, Mark Morris **M** Chuck Cirino **S** Jack Tucker **D** Chuck Connors (Chief Rawlings), Brodie Greer (Cpt. Steiner), Bill Calvert (Johnny), Kerry Brennan (Jennifer), Kavi Raz (Yassir) **L** 89 **FSK** ab 18 **E** März 1989 Video **fd** 27 552

TERROR NIGHT – HOCHHAUS IN ANGST (ENEMY TERRITORY). Ein Versicherungsvertreter und ein Häuflein Aufrechter geraten in Lebensgefahr, als sie in einem anonymen Hochhaus mit einer Jugendbande konfrontiert werden, die das Gebäude in ihre Gewalt gebracht haben und dort Angst und Schrecken verbreiten. Thriller vor dem Hintergrund einer lebensfeindlichen Großstadtlandschaft, offensichtlich im Fahrtwind des Kassenschlagers »Stirb langsam« produziert. ✦ USA 1987 **P** Taryn Prod. **VA** CBS/Fox **Pd** Cynthia DePaula, Tim Kincaid **R** Peter Manoogian **B** Stuart Kaminsky, Bobby Liddell **K** Ernest Dickerson **M** Sam Winans, Richard Koz Kosinski **S** Peter Teschner **D** Gary Frank (Barry), Ray Parker jr. (Will Jackson), Jan-Michael Vincent (Parker), Frances Foster (Elva Briggs), Stacey Dash (Toni Briggs) **L** 85 **FSK** ab 18 **E** 15.3.1988 Video

TERROR ON HIGHWAY 91 (HIGHWAY 91). Ein Polizist tritt als Zeuge der Anklage gegen seinen Chef auf, der mit Ganoven gemeinsame Sache macht und unbescholtene Verkehrsteilnehmer tyrannisiert. Sich kritisch gebender Polizeifilm, der Mißstände im Polizeiwesen anprangert. Durch die tempolose Inszenierung und die fehlende innere Spannung bleibt die Geschichte jedoch farblos und zeigt nicht mehr als sattsam Bekanntes. (Fernsehtitel: »Highway 91«) – Ab 14. ✦ USA 1988 **P** CBS Entertainment **VA** CBS/ Fox **Pd** Dan Witt, Courtney Pledger **R** Jerry Jameson **B** Stuart Schoffmann **K** Brian West **M** Artie Kane **D** Rick Schroder, George Dzundza, Matt Clark, Lara Flynn Boyle, David Sherrill **L** 90 **FSK** ab 12 **E** Oktober 1989 Video/23.10.1990 Tele 5 **fd** 28 012

TERROR SERPENT (THUNDER OF GIGANTIC SERPENT). Machthungrige Gangster und die Armee jagen hinter einer Formel her, mit der Pflanzen und Tiere ums 300fache wachsen. Nach einem mörderischen Überfall auf das Versuchslabor gelangt der Brutkasten, in dem die Versuche durchgeführt werden, in den Besitz eines Mädchens, dessen harmlose Schlange, die die menschliche Sprache versteht, zu einem gigantischen Reptil wächst und Brücken und Städte demoliert. Naiver Horrorfilm; tricktechnisch einfallslos, haarsträubend konstruiert und angereichert mit unnötigen Brutalitäten. ✦ Hongkong 1988 **P** IFD Films and Arts Ltd. **VA** IVE (Polyband) **R** Charles Lee (= Godfrey Ho) **B** Benny Ho (= Godfrey Ho) **K** Raymond Chang **D** Pierre Kirby, Edowan Bersmea, Danny Raisebeck, Dewey Bosworth, Jorge Gutman **L** 86 **FSK** ab 18 **E** 7.4.1988 Video **fd** 26 973

TERROR STREET (ITALIA: ULTIMO ATTO? / L'ATTENTATO). Drei Terroristen töten, entgegen den Anweisungen ihrer Gruppe, den italienischen Innenminister. Im Handlungsaufbau reichlich verworrener Politthriller, der auch in seinen Bezügen zum gesellschaftlichen Hintergrund seiner Entstehungszeit merkwürdig unklar bleibt. ✦ Italien 1977 **P** Una Cooperativa **VA** All **R** Massimo Pirri **B** Morando Morandini, Massimo Pirri, Federico Tofi **K** Riccardo Pallottini **M** Lallo Gori (= Coriolano Gori) **S** Cleofe Conversi **D** Luc Merenda (Ferruccio), Lou Castel (Marco), Andrea Franchetti (Bruno), Marcella Michelangeli (Mara), Ines Pellegrini (Studentin), Luigi Casellato **L** 81 (Orig. 86) **E** Video

TERROR STREETS →Terror Street

TERROR TRAIN →Monster im Nachtexpreß

TERROR ÜBER COLORADO (THE SAVAGE HORDE). Im Jahr 1881 terrorisiert ein Großviehzüchter die angrenzenden Kleinfarmer, um billig ihr Land und Vieh einzuheimsen. Rechtzeitig tritt ein Desperado auf, um den Raubzügen ein Ende zu bereiten. Nach Schablone gefertigter Western um einen Weidekrieg. – Ab 16. ✦ Schwarz-weiß. USA 1949 **P** Republic **KI** Gloria **Pd+R** Joseph Kane **B** Thames Williamson, Gerald Geraghty **K** Reggie Lanning **M** R. Dale Butts **S** Arthur Roberts **D** William Elliott (Ringo), Adrian Booth (Livvy Weston), Grant Withers (Proctor), Barbara Fuller (Louise), Noah Beery jr. (Glenn Larrabee), Will Wright (Richter Cole), Jim Davis (Lt. Mike Baker), Douglas Dumbrille (Col. Price), Roy Barcroft (Fergus), Earle Hodgins (Buck Yallop), Bob Steele (Tänzer), Crane Whitley, Charles Stevens, Kermit Maynard, George Chesebro, Jack O'Shea, Bud Osborne **L** 89 **FSK** ab 16; nf **E** 15.2.1952 **fd** 1 610

TERROR ÜBER DEN WOLKEN (THIS IS A HIJACK). Um 80.000 Dollar Schulden begleichen zu können, dreht ein smarter Angestellter den Erpressungsspieß um und bringt das Flugzeug eines windigen Geschäftemachers in seine Gewalt. Nach Mord und Totschlag an Bord der entführten Maschine endet die verkorkste Story mit dem Triumph des Täters. Plumper Action- und Gangsterfilm mit müden Gags und einigen wenigen gelungenen parodistischen Elementen. Regie und Darstellung lassen jedoch jede weitere Leistung vermissen. ✦ USA 1974 **P** March Development **KI** Avis **VA** VPS **R** Barry Pollack **K** Bruce Logan **M** Charles Alden **S** Peter Parasheles **D** Adam Roarke, Neville Brand, Jay Robinson, Lynn Borden, Joe Soll **L** 89 (Video 84) **FSK** ab 18; nf (Video 16) **E** 2.5.1975

TERROR UND KEBAB (AL IRHAB WAL KABAB). Eine bissige, im Kino Ägyptens sehr erfolgreiche Satire auf die Bürokratie. Als ein Vater sein Kind auf einer anderen Schule als bisher anmelden möchte, findet er bei den Behörden niemanden, der sich für zuständig hält. Auf dem Weg durch das Labyrinth der Bürokratie trifft der Mann zahlreiche Leidensgenossen und entwickelt sich zum Anführer einer »terroristischen Vereinigung«, die schließlich die zuständige Verwaltungszentrale besetzt und den Staat der Lächerlichkeit preisgibt. (O.m.d.U.) ✦ Ägypten 1992 **R** Sherif Arafa **B** Wahid Hamad **K** Mohsen Nasr **M** Moudy Elemam **S** Adel Mounir **D** Abdel Imam, Yousra **L** 115 **E** 13.3.1994 arte

TERROR VISION (1970) →Rebel Riders

TERROR VISION (1986) (TERROR VISION). Dem Fernsehgerät einer neurotischen Familie entsteigt ein intergalaktisches Monster und verspeist alles, was sich bewegt. Indiskutable Mischung aus Horrorgeschichte und zweifelhafter Komik. – Wir raten ab. ✦ USA 1986 **P** Altar **VA** Vestron **Pd** Albert Band **R+B** Ted Nicolaou **K** Romano Albani **M** Richard Band **S** Thomas Meshelski **D** Diane Franklin (Suzy), Gerrit Graham (Stan), Mary Woronov (Racquel), Chad Allen (Sherman), Jonathan Gries (O. D.) **L** 81 **FSK** ab 18 **E** 15.4.1987 Video **fd** 26 277

TERROR WITHIN II (TERROR WITHIN 2). In einer von einem Virus nahezu entvölkerten Welt muß sich ein Forscherteam Mutanten erwehren. Eine Sekte bringt zwei Menschen in ihre Gewalt und läßt die Frau von einem Mutanten schwängern. In einem unterirdischen Labor gebiert sie ein schnell heranwachsendes Monster, das bald für den Showdown in den dunklen Gängen sorgt. Dekor, Darsteller und Dialoge der vorhersehbaren Story sind dilettantisch, die inszenatorischen Ideen wirken lächerlich. Ein Science-Fiction-Plagiat ohne jeglichen Reiz. (TV-Titel: »Unsichtbare Killer«) ✦ USA 1990 **P** Concorde **VA** Highlight **Pd** Mike Elliott, Roger Corman **R+B** Andrew Stevens **K** Janusz Kaminski **M** Terry Plumeri **S** Brent Schoenfeld **D** Andrew Stevens (David), Stella Stevens (Kara), Chick Vennera (Kyle), R. Lee Ermey (von Demming), Burton Gilliam (Dewitt), Clare Hoak (Ariel) **L** 80 **FSK** ab 16 **E** Februar 1993 Video/1.8. 1995 Pro Sieben **fd** 30 263

TERROR ZONE →Bullet in the Dark

TERROR 2000 – INTENSIVSTATION DEUTSCHLAND. In einer ostdeutschen Stadt namens Rassau terrorisieren zwei ehemalige Geiselgangster Asylanten unter den Augen zweier unfähiger Kriminalbeamten, während Neonazis, eine Wunderheilerin und bürgerliche Politiker die Situation für sich auszunutzen versuchen. Eine tabulose, die Grenzen der Geschmacklosigkeit oft überschreitende Groteske, die aber hinter ihren »schmutzigen« Bildern provokativ Wahrheiten äußert. ✦ Deutschland 1992 **P** DEM FILM/NDR/WDR **KI** Eigenverleih **VA** Filmgalerie 451 **Pd** Christoph Schlingensief, Christian Fürst **R** Christoph Schlingensief **B** Christoph Schlingensief, Oskar Roehler, Uli Hanisch **K** Reinhard Köcher **M** Kambiz Giahi, Jacques Arr **S** Bettina Böhler **D** Alfred Edel (Rössler), Udo Kier (Jablo), Peter Kern (Kommissar), Margit Carstensen (Kommissarin), Susanne Bredehöft (Gangsterliebchen) **L** 79 **E** 28.1.1993/5.10. 1993 Video **fd** 30 119

DIE TERRORISTEN. Drei Möchtegern-Terroristen planen kurz nach der Wiedervereinigung, den Kanzler mittels eines Spielzeugautos in die Luft zu sprengen. Ein mit RAF-Phrasen, hanebüchenen Dialogen und technischem wie inszenatorischem Dilettantismus vollgestopfter Versuch einer Polit-Groteske, der nur langweilt. ✦ Deutschland 1992 **P** Philip Gröning/ NDR/SWF/HFF/Filmbüro Hamburg **Kl** Rechtsrheinische VerleihCooperative/Unidoc **VA** Filmgalerie 451 **Pd** Philip Gröning, B. Michael Fincke, Christian Granderath **R** Philip Gröning **B** Philip Gröning, Michael Busch, Ralf Zöller **K** Anthony Dod Mantle **M** Alexander Hacke, Michael Busch, Daniel Jonston, Nick Cave, Johann Sebastian Bach **S** Karin Nowarra, Max Jonathan Silberstein **D** Stephanie Philipp (Claudia), Michael Schech (Michael), David Baalke (Jürgen), Peter Cieslinski (Nachbar), Gerhard Fries (Makler), David Balcke (Jürgen) **L** 93 **E** 23.11.1992 S 3/25.12.1992 Kino/23.6.1994 Video **fd** 30 113

DER TERRORISTENJÄGER: DER FALL J.N.B. (ANTOINE RIVER – LE JUGE DU TERRORISME: L'AFFAIRE J.N.B.). Ein mit der Terrorismus-Bekämpfung beauftragter Richter ist einem Journalisten auf der Spur, der an der Ermordung zweier Diplomaten beteiligt gewesen sein soll. Als der Mann gefaßt wird, ereignet sich eine Reihe von Anschlägen, doch der Richter verfolgt unbeirrt seinen Weg. – Ab 16. ✦ Frankreich 1993 **R** Philippe Lefebvre **D** Jacques Weber (Richter Rives), Jean-Pierre Bisson (Kommissar Bellec), Igal Shamir (Uri Bartov), Alain Rimoux (Charles Bonneville), Jean Lagache (Joseph N. Bassili) **L** 80 **E** 4.5.1996 Vox

TERRY AUF DEM ZAUN (TERRY ON THE FENCE). Ein 11jähriger Junge, dessen Gefühls- und Gedankenwelt durcheinandergeraten und der von zu Hause ausgerissen ist, gerät in die Hände einer Jugendbande, deren Anführer ihn zum Einbruch in seine Schule zwingt. Erst allmählich festigt sich seine Haltung gegenüber dem illegalen Treiben der Teenager, ähnlich wie der zunächst haßerfüllte Anführer der Gang allmählich Reue und Einsicht zeigt. Ein Jugendfilm mit stark pädagogischem Hintersinn. – Ab 10 möglich. ✦ Großbritannien 1985 **P** Eyeline/ Children's Film and Television Foundation/Rank **R** Frank Godwin **B** Frank Godwin, nach einem Roman von Bernard Ashley **K** Ronald Maasz **M** Harry Robinson **D** Jack McNicholl (Terry), Neville Watson (Les), Tracey Ann-Morris (Tracey), Jeff Ward (Mick), Matthew Barker, Susan Jameson (Mum) **L** 70 **E** 16.4. 1990 SAT 1

TERRY TOONES (TERRY TOONES). Zeichentrick-Streiche um Ordnungshüter und Supermänner, eine japanische Maus und eine Beutelratte. Schlecht animierter Cartoon-Klamauk. – Ab 10 möglich. ✦ **P** Viacon International **VA** IHV **L** 80 **FSK** ab 6 **E** Oktober 1987 Video

TERRY'S VERSPRECHEN (A SON'S PROMISE). Am Sterbebett verspricht der 15jährige Terry seiner Mutter, für seine sechs Brüder zu sorgen. Als der alkoholkranke Vater, der die Familie vor Jahren verließ, zurückkehrt und Terry unter seine Kontrolle zu bringen versucht, droht der Jugendliche unter der Last der Verantwortung zu zerbrechen. Doch dann begreift er, daß er sich an der Schwelle des Erwachsenseins befindet, und stellt sich seiner Aufgabe. Ein sehr amerikanischer Problemfilm nach einer wahren Geschichte. ✦ USA 1990 **Pd** Marian Rees **R** John Korty **B** Bill Stratton **K** Kees Van Oostrum **S** Corky Ehlers **D** Rick Schroder, Stephen Dorff, Donald Moffat, Andrew Lowery, Veronica Cartwright **L** 96 **E** 20.8.1992 premiere

TESIS – DER SNUFF FILM (TESIS). Eine Filmstudentin stößt bei ihren Recherchen für eine Examensarbeit über Gewalt in den Medien auf ein Video, auf dem eine Frau zu Tode gequält und zerstückelt wird. Ihre weiteren Nachforschungen konfrontieren sie mit einer Welt des Schreckens und bringen sie in höchste Gefahr. In Gestalt eines spannenden, aber auch nervenzerrenden Genrefilms setzt sich die Produktion mit einer entmenschlichten Welt auseinander, die von purer Sensationsgier beherrscht wird. Dabei wird das Grauen nicht als dämonisches Faszinosum, sondern in all seinen abstoßenden Facetten dargestellt. Ein schockierender Film, trotz relativ zurückhaltender Bilder. (Titel auch: »Tesis – Faszination des Grauens«) ✦ Spanien 1996 **P** Las Producciones del Escorpion **VA** VPS **Pd** José Luis Cuerda, Emiliano Otegui **R+B** Alejandro Amenábar **K** Hans Burmann **M** Alejandro Amenábar, Mariano Marin **S** María Elena Sáenz de Rozas **D** Ana Torrent (Angela), Fele Martinez (Chema), Eduardo Noriega (Jorge Bosco), Nieves Heranz (Sena), Rosa Campillo (Yolanda) **L** 119 **FSK** ab 18 **E** 19.12.1996 Video/24.5.1998 ARD **fd** 32 556

TESS (TESS). Ende des 19. Jahrhunderts zerbricht ein unschuldiges Bauernmädchen an der Ausbeutung und Heuchelei der viktorianischen Gesellschaft und wird zur Mörderin. Polanski variiert in strenger Werktreue und bemerkenswerter gestalterischer Zurückhaltung sein altes Thema von der Schutzlosigkeit der Unschuld in einer verderbten Welt. Bei aller gesuchten Ästhetik, symbolischen Verschlüsselung und Überhöhung ins Zeitlose kommen dem Film nie die notwendigen Signale zur Kennzeichnung der sozialen Gegebenheiten der Zeit abhanden. Auch wenn das hochgesteckte Anliegen gelegentlich scheitert, ein ernsthaftes, glaubwürdiges und empfindsames Werk von besonderem ästhetischem Reiz. – Sehenswert ab 16. ✦ Scope. Frankreich/Großbritannien 1979 **P** Renn/Burril/SFP **Pd** Claude Berri **R** Roman Polanski **B** Gérard Brach, Roman Polanski, John Brownjohn, nach dem Roman »Tess of the d'Urbervilles« von Thomas Hardy **K** Geoffrey Unsworth, Ghislain Cloquet **M** Philippe Sarde **S** Alastair McIntyre, Tom Priestley **D** Nastassja Kinski (Tess), Peter Firth (Angel Clare), Leigh Lawson (Alec Stoke d'Urberville), John Collin (John Durbeyfield), David Markham (Reverend Clare), Rosemary Martin (Mrs. Durbefield), Suzanna Hamilton (Izz), Arielle Dombasle **L** 134 (Orig. 190) **FSK** ab 12; f **FBW** w **E** 25.10. 1979 **fd** 22 218

TESS UND IHR BODYGUARD (GUARDING TESS). Die ehemalige First Lady im Zank mit dem ihr zugeteilten Secret-Service-Agenten. Von langen Durststrecken unterbrochene milde Späßchen, die das Niveau einer vergeblich gut gespielten Groschenroman-Story nicht verlassen. – Ab 12. ✦ USA 1994 **P** Tri Star Pictures **VA** Columbia Tristar **DVD** Columbia TriStar Home (16:9, 1.85:1, DD5.1 engl., DS dt.) **Pd** Ned Tanen, Nancy Graham Tanen **R** Hugh Wilson **B** Hugh Wilson, Peter Torokvei **K** Brian J. Reynolds **M** Michael Convertino **S** Sidney Levin **D** Shirley MacLaine (Tess Carlisle), Nicolas Cage (Doug Chesnic), Austin Pendleton (Earl), Edward Albert (Barry Carlisle), James Rebhorn (Howard) **L** 92 (Orig. 98) **FSK** ab 6 **E** 19.9.1995 Video/10.10.1996 premiere/6.12. 2001 DVD **fd** 31 523

TESSINER FIEBER (TESSINER FIEBER). Ein gewissenhafter Bankrevisor soll in Lugano die Bücher einer Filiale überprüfen und stößt auf Fluchtgeldverschiebungen. Die dubiosen Hintergründe der kriminellen Geldgeschäfte verwirren sich durch Ereignisse, die mit einem geheimnisvollen Virus und mysteriösen Todesfällen zusammenhängen. Ausgehend von einem spektakulären Bankzusammenbruch in Chiasso, entwirft der langatmige Film eine wirre Mischung aus Tragikomödie, Revuefilm und Wirtschaftskrimi. Gedacht als satirisch-kritische Suche nach Ausdrucksformen für prinzipiell nicht abbildbare Finanzgeschäfte, bleibt er die Analyse des Themas schuldig. – Ab 16. ✦ Schweiz/BR Deutschland 1986 **P** Silvia Prod./ZDF/SRG **R+B** Thomas Geser **K** Hans Syz **M** Thomas Rabenschlag **S** Manuela Stingelin **D** Giovanni Früh (Peter Fuchs), Gabriele Isakian (Sarah Meder), Ulrich Radke (Ernesto Häfliger), Jürgen Cieszla (Schorsch Messerli), Anna Maria Eckoff (Mutter Fuchs) **L** 80 **E** 6.1.1987 ZDF

DER TEST DES PILOTEN PIRX →Testflug zum Saturn

DAS TESTAMENT (11 GIORNI 11 NOTTI II). Nach dem Tod ihres Geliebten, eines Multimillionärs, soll die Nachlaßverwalterin das Vermögen dem sexuell ausdauerndsten Verwandten übergeben. Sex-Kolportage, die ihre stupide Geschichte mit zahlreichen halbpornografischen Szenen kaschiert. – Wir raten ab. ✦ Italien 1990 **P** Filmirage **VA** EuroVideo **Pd** Hohan Geraldi **R** Joe d'Amato (= Aristide Massaccesi) **K** Federico Slonisco (= Aristide Massaccesi) **D** Kristine Rose, Ruth Collins, Frederick Lewis **L** 87 **FSK** ab 18 **E** 7.7.1992 Video

DAS TESTAMENT DER BEGIERDE →Elf Tage und elf Nächte

DAS TESTAMENT DES AGA (A KOPPANYI AGA TESTAMENTUMA). Historischer Abenteuerfilm, angesiedelt im Ungarn unter der Türkenherrschaft zum Ende des 16. Jahrhunderts: Ein junger Ungar fordert einen türkischen Befehlshaber, der seinen Vater getötet hat, zum Zweikampf heraus und besiegt ihn. Als er das Erbe des Aga antritt, muß er neue Abenteuer mit einem wallonischen Söldnerhauptmann bestehen. – Ab 8 möglich. ✦ Scope. Ungarn 1969 **P** Ungarisches Fernsehen/MOKEP **Kl** Progress **R** Eva Zsurzs **B** Imre Bencsik, Eva Zsurzs, nach einem Roman von István Fekete **K** György Czabarka **M** Emil Petrovics **D** Gyula Benkö (Gáspár Babocsai), Klári Tolnay (Sára Babocsai), Péter Benkö (Laszlo, ihr Sohn), Ferenc Bessenyei (Hauptmann Csomai), Adám Szirtes (Markó Bogics) **L** 89 **E** 25.10.1968 Kino DDR/9.7.1971 DFF 2/25.,26.10.1971 ARD

DAS TESTAMENT DES DR. CORDELIER (LE TESTAMENT DU DOCTEUR CORDELIER). Ein berühmter Psychiater will die Existenz der Seele nachweisen, indem er sie materialisiert. Durch Selbstexperimente verwandelt er sich in ein sadistisches, spielerisch grausames Wesen, das die dunkle Seite seiner Seele darstellt, wobei er allmählich die Kontrolle über die Verwandlung verliert. Nur durch einige Veränderungen im Gang und in der Gestik wird diese verdeutlicht; wenn der Verwandelte durch die Nacht stolziert, immer auf der Suche nach einem Anlaß zu einer bösen Tat, dann ist das eine der eindrucksvollsten Variationen des Schizophrenie- und Doppelgänger-Motivs im Kino. Die mit grimmigem Humor entwickelte Gruselgeschichte war für Renoir vor allem ein Experimentalfilm in Sachen Schauspielerführung. Er drehte geschlossene Szenen als Einheit und nahm sie gleichzeitig mit bis zu acht Kameras auf. Nicht zuletzt diese Methode verursacht die außerordentliche darstellerische Präsenz Barraults. – Ab 16. ✦ Schwarz-weiß. Frankreich 1959 **P** Compagnie Jean Renoir/Sofirad/Radiodiffusion-Télévision Française **Kl** Pallas **Pd+R** Jean Renoir **B** Jean Renoir, frei nach dem Roman »Dr. Jekyll und Mr. Hyde« von Robert Louis Stevenson **K** Georges Leclerc **M** Joseph Kosma **S** Renée Lichtig **D** Jean-Louis Barrault (Dr. Cordelier/Opale), Teddy Billis (Maître Joly), Michel Vitold (Dr. Séverin), Jean Topart (Désire), Micheline Gary (Marguerite), Jacques Dannoville (Kommissar Lardout), Gaston Modot **L** 92 **FSK** ab 16; f **E** 28.4.1961/14.2.1970 ARD **fd** 10 139

DAS TESTAMENT DES DR. MABUSE (1932). Elf Jahre nach seinem zweiteiligen Stummfilm »Dr. Mabuse, der Spieler« griff Fritz Lang nochmals auf die Gestalt jenes genialen Verbrechers zurück. Mabuse, der als Wahnsinniger in einer Heilanstalt lebt, verbreitet mit Hilfe des von ihm hypnotisierten Arztes Schrecken in der Welt. Nach seinem Tod wird der Arzt, der sich für seine Reinkarnation hält, von der Polizei zur Strecke gebracht; doch er entzieht sich der Staatsgewalt, indem er wahnsinnig wird. Als politisches Gleichnis für das Aufkommen des Faschismus umstritten, ist der Film ein spannend und suggestiv inszenierter Thriller von außergewöhnlich kreativer Gestaltung. Vor allem seine Experimente mit dem Ton und den Bauten sind bemerkenswert. (Alternativtitel: »Das Tagebuch des Dr. Mabuse«; »Dr. Mabuses Testament«; arte strahlte 2001 erstmals eine restaurierte Fassung aus.) – Sehenswert ab 16. ✦ Schwarz-weiß. Deutschland 1932 **P** Nerofilm **Kl** Fantasia **SF** BAG **R** Fritz Lang **B** Thea von Harbou, nach einem Roman von Norbert Jacques **K** Fritz Arno Wagner, Karl Vash **M** Hans Erdmann **S** Conrad von Molo, Lothar Wolff **D** Rudolf Klein-Rogge (Dr. Mabuse), Oscar Beregi (Professor Braun), Theodor Loos (Dr. Kramm), Otto Wernicke (Kriminalkommissar Lohmann), Wera Liessem (Lilli), Karl Meixner (Hofmeister), Camilla Spira (Juwelen-Anna), Theo Lingen (Karetzky), Paul Henckels (Litograph), Gustav Diessl (Kent), Rudolf Schündler (Hardy), Karl Meixner (Hofmeister), Georg John (Winkler), Karl Platen **L** 122 **FSK** ab 16; nf **E** 24.8.1951/28.8.1967 ZDF/ 23.2.2001 arte (restaurierte Fassung) **fd** 23 200

DAS TESTAMENT DES DR. MABUSE (1962). Spannungslose Neufassung der düsteren Geschichte vom geistig gestörten Machtverbrecher und seinem willenlosen Komplizen. Eine unerquickliche Krimi-Kolportage, äußerlich dem berühmten Fritz-Lang-Film aus dem Jahr 1932 epigonenhaft nachgebaut. – Ab 16. ✦ Schwarz-weiß. BR Deutschland 1962 **P** CCC Filmkunst **Kl** Constantin **Pd** Artur Brauner **R** Werner Klingler **B** Ladislas Fodor, Robert A. Stemmle, nach einem Drehbuch von Thea von Harbou und einer Figur von Norbert Jacques **K** Albert Benitz **M** Raimund Rosenberger **S** Walter Wischniewsky **D** Gert Fröbe (Kommissar Lohmann), Senta Berger (Nelly), Walter Rilla (Prof. Polland), Helmut Schmid (Johnny Briggs), Charles Regnier (Mortimer), Leon Askin (Flocke), Wolfgang Preiss (Dr. Mabuse) **L** 88 **FSK** ab 12 (fr.ab 16; nf) **E** 7.9.1962 **fd** 11 399

DAS TESTAMENT DES GRAFEN VON MONTE CHRISTO (EL CONDO DE MONTE CHRISTO). Dumas' Roman vom Grafen von Monte Christo in einer Verfilmung, die sich vor allem für die Racheaktion interessiert, die der fälschlich angeklagte Seeoffizier nach seiner Flucht aus dem Kerker gegen seine drei Todfeinde führt. Bis zum edelmütigen Ende eine plüschig-schmökerhaft ausgemalte Moritat ohne tieferen Gehalt. – Ab 14. ✦ Schwarz-weiß. Argentinien 1953 **P** Argentina-Sono **Kl** Prisma **Pd** Carmelo Vecchione **R** Léon Klimovsky **B** Léon Klimovsky, nach einem Roman von Alexandre Dumas **K** Alberto Etchebehere **M** Juan Ehlert **D** Jorge Mistral (Edmond Dantès), Elina Colomer (Prinzessin Haydée), Santiago Gomez Cou (Staatsanwalt de Villefort), Nelly Meden (Mercedes), Francisco Lopez Silva (Abbé Faria), Fina Wassermann (Mame. de Villefort) **L** 89 **FSK** ab 6; nf **E** 22.7.1958 **fd** 7 237

DAS TESTAMENT DES MAGIERS (TWO ON A GUILLOTINE). Die Tochter eines Magiers muß sieben Tage lang in dessen Gruselkabinett leben, bevor sie das Vermögen des verstorbenen Vaters erben kann. Doch der Vater ist gar nicht tot, die seltsame Prüfung ist ein Produkt seines zerrütteten Geisteszustandes. Unglaubwürdiger Horrorfilm mit den üblichen Versatzstücken des Genres, die allenfalls in einigen Szenen wohligen Grusel erzeugen. – Ab 16. ✦ Scope, schwarz-weiß. USA 1964 **P** Warner Bros. **Kl** Warner **Pd+R** William Conrad **B** Henry Slesar, John Kneubuhl **K** Sam Leavitt **M** Max Steiner **S** William Ziegler **D** Connie Stevens (Melinda/Casie Duquesne), Dean Jones (Val Henderson), Cesar Romero (»Duke« Duquesne), Parley Baer (»Buzz« Sheridan), Virginia Cregg (Dolly Bast), Connie Gilchrist (Ramona Ryerdon) **L** 107 **FSK** ab 16; nf **E** 30.7.1965 **fd** 13 561

DAS TESTAMENT DES ORPHEUS (LE TESTAMENT D'ORPHEE, OU NE ME DEMANDEZ PAS POURQOUI). Ständig zwischen Pathos und Ironie wechselnd, präsentiert Cocteau in seinem letzten Werk Menschen und Motive seiner sehr persönlichen Kinowelt im bewußten Selbstzitat, um sich schließlich dem sybillinischen Gericht seiner Geschöpfe zu stellen. In seiner an Sprüngen und Widersprüchen reichen, optisch faszinierenden Abschiedsvorstellung erweist Cocteau den Mythen seine Reverenz; schon im Vorspann appelliert er programmatisch an die Intuition des Zuschauers: »Ein Film für Unschuldige, die nicht vom Laster des Begreifens um jeden Preis befallen sind«. Ein faszinierender essayistischer Diskurs über dichterisches Schaffen und Erkennen, über Unterbewußtes und Traumhaftes. – Sehenswert ab 16. ✦ Schwarz-weiß. Frankreich 1960 **P** Les Editions Cinématographiques/Les Films du Carosse **Kl** Pallas **Pd** Jean Thuillier **R+B** Jean Cocteau **K** Roland Pontoizeau **M** Georges Auric **D** Jean Cocteau, Edouard Dermite, Maria Casarès, François Périer, Yul Brynner, Jean-Pierre Léaud, Nicole Courcel, Claudine Auger, Jean Marais, Charles Aznavour, Pablo Picasso **L** 79 **FSK** ab 16; f **FBW** w **E** 26.10.1961 **fd** 10 655

DAS TESTAMENT EINES ERMORDETEN JÜDISCHEN DICHTERS (LE TESTAMENT D'UN POETE JUIF ASSASSINE). UdSSR 1951: In der Todeszelle schreibt der jüdische Schriftsteller Paltiel Kossover seine Lebenserinnerungen nieder, die seinem stummen Sohn Grischa übergeben werden. Dieses »Testament« dokumentiert eine Abfolge von Leid, Flucht und Terror, aber auch den unbeugsamen Versuch, in dieser Welt einen Platz zu behaupten und in ihre Geschicke einzugreifen. Einfach, einprägsam und aufrüttelnd berichtet der Film nach einem Roman von Elie Wiesel vom Leid des jüdischen Volkes, das an einem Einzelschicksal erfahrbar und zu einem ergreifenden Appell an die Menschlichkeit verdichtet wird. – Sehenswert ab 16. ✦ Frankreich/Israel 1987 **P** Faeling/La Sept/Image des Anges/TF 1/Swan **Pd** Frank Cassenti, Michel Jonasz, Hubert Niogret, Chantal Wild **R** Frank Cassenti **B** Frank Cassenti, Michèle Annie Mercier, nach einem Roman von Elie Wiesel **K** Patrick Blossier **M** Gabriel Yared **S** Michèle Annie Mercier **D** Michel Jonasz (Patltiel Kokssover), Wojciech Pszoniak (Untersuchungsrichter), Erland Josephson (Zupaner), Philippe Léotard (Bernard Hauptmann), Vincent David (Grisha Kossover), Ann Zacharias (Inge), Anne Wiazemsky (Raissa Kossover) **L** 90 **E** 29.4.1990 ZDF

TESTAMENT IN BLEI (CRAZY JOE). Ein ehrgeiziger Gangster gerät in einen tödlichen Konflikt mit dem Mafia-Boß von New York. Ein kraß-naturalistisches und brutales Unterwelt-Spektakel, das immerhin inszenatorisch und darstellerisch von einiger Qualität ist. ✦ Scope. USA/Italien 1973 **P** Bright/Persky/De Laurentiis/Intermaco **Kl** Warner-Columbia **R** Carlo Lizzani **B** Lewis John Carlino, nach einem Roman von Nicholas Gage **K** Aldo Tonti **M** Giancarlo Chiaramello **D** Peter Boyle (Jo), Paula Prentiss (Anne), Fred Williamson (Willy), Eli Wallach (Don Vittorio), Charles Cioffi (Vince), Rip Torn (Richie), Luther Adler **L** 100 **FSK** ab 18; nf **E** 1974 Kino **fd** 18 928

TESTFLUG (NEPODSUDEN). Während einer Flugreise begegnen sich drei Menschen wieder, deren Lebensziele vor Jahren durch eine Lüge zerstört wurden und die sich nun entscheiden müssen, die Wahrheit zu bekennen oder weiter mit dieser Lüge zu leben. Bedeutsame moralische Fragestellungen in einem Film mit eindringlicher Darstellungskunst. – Ab 16. ✦ Scope, schwarz-weiß. UdSSR 1969 **P** Mosfilm **Kl** Progress **R** Wladimir Krasnopolski, Valeri Uskow **B** Konstantin Issajew, nach einem Roman von Lew Juschtschenko **K** Pjotr Jemeljanow, Wladimir Stepanow **M** Leonid Afanasjew **S** W. Korowkina **D** Oleg Strishenow (Jegorow), Ljudmila Maxakowa (Nadja), Leonid Kurawljew (Sorokin), Olga Soschnikowa, Swetlana Swetlitschnaja **L** 85 **E** 11.9.1970 Kino DDR/ 3.5.1972 DFF 1

TESTFLUG QE 97 (Q PLANES / CLOUDS OVER EUROPE). Flugzeuge eines neuen Typs verschwinden bei Testflügen spurlos. Ein kauziger Major des britischen Geheimdienstes und ein beherzter Testpilot kommen den feindlichen Agenten auf die Schliche. Gut gespielte Mischung aus Thriller und Komödie, mit trockenem Witz spannend-amüsant erzählt. – Ab 14 möglich. ✦ Schwarz-weiß. Großbritannien 1939 **P** London Film/Harefield **Pd** Alexander Korda, Irving Asher **R** Tim Whelan **B** Brock Williams, Jack Wittingham, Arthur Wimperis **K** Harry Stradling **M** Muir Mathieson **D** Laurence Olivier, Valerie Hobson, Ralph Richardson, George Merritt, George Curzon **L** 82 **E** 18.12.1965 ARD

TESTFLUG ZUM SATURN (TEST PZILOTA PIRXA). Ein Kosmonaut startet zu einem Testflug in die Galaxis. Unter der Besatzung befinden sich menschenähnliche Roboter, die auf ihre Einsatzmöglichkeiten und ihr Zusammenspiel mit den Menschen geprüft werden sollen. Da der Kosmonaut nicht weiß, wer Mensch, wer Roboter ist, entwickelt sich bald ein undurchsichtiger Machtkampf. Verfilmung einer tiefsinnigen Erzählung von Stanislaw Lem als perfekt inszeniertes und spannendes Weltraummärchen. (DDR-Titel: »Der Test des Piloten Pirx«) – Ab 12 möglich. ✦ Polen/UdSSR 1978 **P** Zespoly Filmowe/ Talinfilm **Kl** Progress **R** Marek Piestrak **B** Marek Piestrak, Wladimir Waluzki, nach einer Erzählung von Stanislaw Lem **K** Janusz Pawlowski **M** Arvo Pärt **D** Sergej Desnizki (Commander Pirx), Boleslaw Abart (Ortis), Wladimir Iwaschow (Brown), Zbigniew Lesien (Calder), Tonu Saar (Weber), Alexander Kaidanowski (Novak) **L** 95 **E** 19.6.1981 Kino DDR/13.12. 1982 DFF 2/4.2.1984 ARD

TESTIMONY →Zeugenaussage

TESTING THE LIMITS (TESTING THE LIMITS). Erotik-Film, bei dem sich fünf Personen auf einer einsamen Hütte zusammenfinden und freizügige Fotos schießen. ✦ USA 1998 **R** Brigitte Berman **D** Scott Carson (Mike), Brandy Davis (Toni), Lorissa McComas (Kristin), Karl Preston (David), Gaelle Comparat (Jan), Marc Robinson (Glen) **L** 101 **E** 12.9.2001 ProSieben

DER TESTPILOT (TEST PILOT). Während einer Notlandung in Kansas lernt ein Testpilot eine temperamentvolle Farmerstochter kennen und lieben. Sie heiraten Hals über Kopf, doch die alltäglichen Höhen und Tiefen ihrer Ehe führen zur Bewährungsprobe. Für die Nöte der jungen Frau angesichts seiner draufgängerischen Flugeinsätze hat er weitaus weniger Verständnis als sein einfühlsamer Mechaniker, der sich bald im unlösbaren Konflikt zwischen Kameradschaft und unerfüllbarer Liebe befindet. Erst dessen Tod öffnet dem Piloten die Augen. Klassisches Fliegerdrama mit außergewöhnlicher Starbesetzung und auch heute noch atemberaubenden Flugaufnahmen. (Der Film lief 1938/39 in deutschen Kinos als »Werkpilot« und war der letzte Kassenerfolg eines amerikanischen Films im Hitler-Deutschland vor Kriegsausbruch.) – Ab 14 möglich. ✦ Schwarz-weiß. USA 1938 **P** MGM **Pd** Louis D. Lighton **R** Victor Fleming **B** Vincent Lawrence, Waldemar Young, Howard Hawks (ungenannt) **K** Ray June **M** Franz Waxman **S** Tom Held **D** Clark Gable (Jim Lane), Myrna Loy (Ann Barton), Spencer Tracy (Gunner Sloane), Lionel Barrymore (Howard B. Drake), Samuel S. Hinds (General Ross), Arthur Aylesworth (Frank Barton), Claudia Coleman (Mrs. Barton) **L** 118 **E** 19.8.1939/8.3.1991 ARD

TESTPILOTEN (1955) (ON THE THRESHOLD OF SPACE). In einem luftfahrtmedizinischen Forschungscenter der USA untersucht ein Arzt und Fallschirmspringer die menschlichen Reaktionen auf große Beschleunigungen und Höhen. Durch einen Ballonflug in 30 km Höhe gewinnt er wichtige Erkenntnisse. In seinem halbdokumentarischen Teil bringt der Film eindrucksvolles authentisches Bildmaterial. Nebenher läuft eine magere Story über Konflikte in Ehe und Beruf. – Ab 12. ✦ Scope. USA 1955 **P** 20th Century Fox **Kl** Centfox **Pd** William Bloom, Barbara McLean **R** Robert D. Webb **B** Shimon Wincelberg, Francis Cockrell **K** Joseph MacDonald **M** Lyn Murray **S** Hugh S. Fowler **D** Guy Madison (Capt. Jim Hollenbeck), Virginia Leith (Pat Lange), John Hodiak (Major Ward

Thomas), Dean Jagger (Dr. Hugh Thornton), Warren Stevens (Capt. Mike Bentley), Martin Milner (Lt. Morton Glenn) **L** 96 **FSK** ab 12; f **E** 15.5.1956 **fd** 4973

TESTPILOTEN (1957) (ZEL JEGO SHISNI). Ein ehemaliger Kampfflieger kann sich nach harten äußeren und seelischen Prüfungen seinen Wunsch, Testpilot zu werden, erfüllen. Gehobene Unterhaltung, interessant und lebendig. – Ab 14. ✦ Schwarz-weiß. UdSSR 1957 **P** Mosfilm **KI** Progress **R** Anatoli Rybakow **B** Andrej Merkulow, Wadim Iwanow **K** W. Dombrowski **M** Wladimir Jurowski **D** Wsewolod Safonow (Alexej Kostrow), Ludmila Schagalowa (Nina), Mark Bernes (Anufrijew), Andrej Abrikossow (Asarow), Wladimir Jemeljanow (Seliwanow) **L** 91 **E** 12.9.1958 Kino DDR/14.11.1958 DFF 1

DIE TEUFEL (THE DEVILS). Ein blutrünstiges, bombastisch-obszönes Melodram nach Huxleys »Die Teufel von London« um den Pater Grandier, den die politischen Intrigen Richelieus und die sexuellen Hysterien in einem Ursulinenkloster des 17. Jahrhunderts vernichten. Ein effektgeladenes und grell-übersteigertes »Sitten«-Bild, durchaus mit einigen formalen und schauspielerischen Qualitäten, das aber weder historisches noch philosophisches Bewußtsein erkennen läßt. ✦ Scope. Großbritannien 1970 **P** Russo/Warner Bros. **KI** Warner Bros. **Pd** Robert H. Solo, Ken Russell **R** Ken Russell **B** Ken Russell, nach einem Bühnenstück von John Whiting und einem Roman von Aldous Huxley **K** David Watkin **M** Peter Maxwell Davies **S** Michael Bradsell **D** Oliver Reed (Pater Grandier), Vanessa Redgrave (Schwester Jeanne), Dudley Sutton (Baron de Laubardemont), Max Adrian, Murray Melvin, Christopher Logue (Richelieu) **L** 111 **FSK** ab 16; f **E** 17.9.1971 **fd** 17 499

DER TEUFEL AUF RÄDERN (THE CAR). In einem landschaftlich reizvollen Distrikt irgendwo im Südwesten der USA taucht ein fahrerloser schwarzer Straßenkreuzer mit undurchsichtigen Fenstern auf und verbreitet mit seinen grundlosen mörderischen Aktionen Angst und Schrecken. Mutige Männer der Polizei können das Fahrzeug in die Luft sprengen. Horror-Thriller nach Mustern einschlägiger Teufelshorror-Filme und in der Tradition von Spielbergs Film »Duell«, ohne ironische Distanz mit unglaubwürdigem Bierernst inszeniert. Nur wer viel Geduld aufbringt und auch den Nachspann übersteht, erfährt, daß das Böse in Gestalt des Autos noch längst nicht besiegt ist. – Ab 16 möglich. ✦ Scope. USA 1976 **P** Universal **KI** CIC **Pd** Marvin Birdt, Elliot Silverstein **R** Elliot Silverstein **B** Dennis Shryack, Michael Butler, Lane Slate **K** Gerald Hirschfeld **M** Leonard Rosenman **S** Michael McCroskey **D** James Brolin (Wade Parent), Kathleen Lloyd (Lauren), John Marley (Everett), R.G. Armstrong (Amos), Ronny Cox (Luke), John Rubinstein (John Morris) **L** 97 **FSK** ab 16; f **E** 10.11.1977 **fd** 20 551

TEUFEL DER MEERE →Seeteufel

DIE TEUFEL DER NORDSEE (THE VIKING). Ein berüchtigter Wikingerführer entbrennt in Liebe zu der Tochter eines gefallenen Waffengefährten, die jedoch einen britischen Sklaven liebt. Auf der Entdeckungsfahrt nach Amerika rettet der Sklave dem Anführer das Leben, woraufhin dieser ihm die Geliebte überläßt. Die Wikingersage mit melodramatischen Zügen wurde am 2. November 1929 als erster Farbfilm mit synchronisierten Musik- und Toneffekten uraufgeführt. Als erster Film im Technicolor-Verfahren von filmhistorischer Bedeutung und aus heutiger Sicht eine interessante Wiederentdeckung. – Ab 16. ✦ USA 1929 **P** MGM **R** Roy William Neill **B** Jack Cunningham, nach einer Novelle von Ottilie A. Liljencrantz **K** George Cave **D** Donald Crisp (Leif Erikson), Pauline Starke (Helga), LeRoy Mason (Alwin), Anders Randolf (Eric the Red), Richard Alexander (Siguard), Harry Woods (Egil) **L** (TV) 86 **E** 25.12. 1987 NDR

TEUFEL DER PRÄRIE (RAIDERS OF RED GAP / WILD HORSE RUSTLERS). Letzter Teil einer Trilogie mit jeweils zwei Folgen der »Lone Rider«-Serie. (Vgl. »Terror in Texas«, »Arizona-Bande«.) Diesmal bekommt es Fuzzy mit einem Banditen zu tun, der ihm Kleider stiehlt, um getarnt sein Unwesen zu treiben. Kurzerhand verkleidet sich der Bestohlene als Verbrecher und stellt – zusammen mit dem »Einsamen Reiter« – die Ordnung wieder her. Western-Klamauk wie gehabt. – Ab 12. ✦ Schwarz-weiß. USA 1943 **P** P.R.C. **KI** Accord **Pd** Sigmund Neufeld **R** Sam Newfield **B** Joe O'Donnell, Steve Braxton **K** Robert Cline **M** Leo Erdody **S** Holbrook N. Todd **D** Bob Livingston (Rocky, der Einsame Reiter), Al »Fuzzy« St. John (Fuzzy Jones), Charles King (Bennett), Frank Ellis (Jake), Roy Brent (Butch Crane), Ed Cassidy (Roberts), Myrna Dell (Jane) **L** 89 **FSK** ab 12; nf **E** 21.8.1958 **fd** 7 147

TEUFEL DER VERFÜHRUNG →Warum gerade meine Tochter?

TEUFEL DER WEISSEN BERGE (INDIAN UPRISING). Nachdem die Vermittlungsversuche eines verständnisvollen Kavallerie-Offiziers durchkreuzt worden sind, muß der von goldgierigen Weißen provozierte Apachen-Häuptling Geronimo weiterkämpfen, bis der Friedensstifter endlich Gehör findet. (Tatsächlich kapitulierte Geronimo 1886 nur vor der Übermacht.) Western, der sich für Verständigung ausspricht und auch die verletzten Rechte der Indianer in Betracht zieht, ohne sich inszenatorisch sonderlich hervorzuheben. – Ab 12 möglich. ✦ USA 1951 **P** Eduard Small **KI** Columbia **Pd** Bernard Small **R** Ray Nazarro **B** Kenneth Gamet, Richard Schayer **K** Ellis W. Carter **M** Ross Di Maggio **S** Richard Fantl **D** George Montgomery (Captain McCloud), Audrey Long (Norma Clemson), Carl Benton Reid (John Clemson), Eugene Iglesias (Sgt. Ramirez), Miguel Inclán (Geronimo), John Baer (Lt. Whitley), Joe Sawyer (= Joseph Sawyer) (Sgt. Keough), Robert Dover (Tubai), Edward Waller (Sagebrush), Douglas Kennedy (Cliff Taggert), Hugh Sanders (Ben Alsop), Hank Patterson (Jake Wilson) **L** 75 **FSK** ab 12; nf **E** 17.7.1953 **fd** 2 698

TEUFEL DER WOLLUST (THE GIRL WITH THE HUNGRY EYES). Eine junge Frau, die in Abhängigkeit von einer Lesbierin geraten ist, findet am Ende zu ihrem Freund zurück. Gedanklich wie inszenatorisch primitiver Film, der auf fatale Weise Vorurteile schürt: »Diese (lesbischen) Weiber sind schlimmer, als je ein Mann sein kann!« – Wir raten ab. ✦ USA 1967 **P** Boxoffice **KI** Sonderfilm **R+B** William Rotsler **D** Cathy Crawfoot, Scott Avery, Shannon Larse, Vicky Dee, Pat Barrington **L** 55 **FSK** ab 18; nf **E** 1969 Kino **fd** 15 983

DER TEUFEL DER 10. KLASSE (SZATAN Z SIODMEJ KLASY). Ein jugendlicher Detektiv klärt wie Sherlock Holmes geheimnisvolle Vorgänge in einem alten Schloß. Spannungsvoller und turbulenter Kinder-Kriminalfilm, der gut unterhält. – Ab 8. ✦ Schwarz-weiß. Polen 1960 **P** PRF »Zespoly Filmowe«/Zespol »Start« **KI** Progress **R** Maria Kaniewska **B** Maria Kaniewska, Roman Niewiarowicz, nach einem Roman von Kornel Makuszynski **K** Antoni Wojtowicz **M** Witold Krzemienski **D** Józef Skwark (Adas), Stanislaw Milski (Professor), Pola Raksa (Wanda), Kazimierz Wichniarz (Wandas Vater), Krystyna Karkowska (Wandas Mutter) **L** 110 **E** 3.8.1962 Kino DDR/9.8. 1963 DFF 1

DER TEUFEL FÜHRT REGIE (IL BOSS). Drei einflußreiche Bauunternehmer kämpfen in Palermo mit Mafia-Methoden um die Macht, bis sie von einem angeheuerten Killer hereingelegt werden. Brutaler Reißer mit rüden Dialogen, der sich allenfalls durch seinen formalen Dilettantismus von ähnlichen Produkten unterscheidet. ✦ Italien 1973 **P** Daunia 70 **KI** Adria **R** Fernando Leo **B** Fernando Di Leo, nach einem Roman von McCurin **K** Franco Villa **M** Luis Enriquez Bacalov **S** Amedeo Giomini **D** Henry Silva, Richard Conte, Gianni Garko, Antonia Santilli, Corrado Gaipa, Marino Masé **L** 87 **FSK** ab 18; nf **E** 6.12.1974 **fd** 19 111

DER TEUFEL GIBT SICH DIE EHRE →Die Nacht mit dem Teufel

DER TEUFEL HAT GUT LACHEN →Eine Nacht in Campione

DER TEUFEL HAT SIEBEN GESICHTER →Diamantenlady

DER TEUFEL HOLT SIE ALLE (BADMAN'S COUNTRY). Nachdem er seinen Rivalen Billy the Kid getötet hat, will sich Pat Garrett zur Ruhe setzen, stößt aber in Abilene auf die verbrecherischen Absichten von Butch Cassidy. Gemeinsam mit den ehemaligen Sheriffs Wyatt Earp und Bat Masterson kann er die Bürger der Stadt vom Wert des gemeinsamen Selbstschutzes überzeugen; postwendend wird Cassidys gefährliche Räuberbande überwältigt. Ein solider Western, geradlinig abenteuerlich, ohne sonderliche inszenatorische Ambitionen abgespult. Allenfalls die großen Western-Namen, die bar jeder historischen Logik zusammen in einer Geschichte auftreten, sollen zur Attraktion beitragen. – Ab 14. ✦ Schwarz-weiß. USA 1958 **P** Warner **KI** Warner **Pd** Robert E. Kent **R** Fred F. Sears **B** Orville H. Hampton **K** Benjamin H. Kline **M** Irving Gertz **S** Grant Whytock **D** George Montgomery (Pat Garrett), Karin Booth (Loma), Neville Brand (Butch Cassidy), Buster Crabbe (Wyatt Earp), Gregory Walcott (Bat Masterson), Malcolm Atterbury (Buffalo Bill Cody), Russell Johnson (Sundance), Richard Devon (Harvey Logan), Morris Ankrum (Coleman), Dan Riss (Marshall McAfee) **L** 68 **FSK** ab 12; nf **E** 5.12.1958 **fd** 7 855

TEUFEL IM BLUT →Scream & Die (Devoted)

TEUFEL IM FLEISCH. Ein deutsches Ärzteteam wird in die Tropen Afrikas entsandt, um dort auch die Ausbreitung der meist von Weißen eingeschleppten venerischen Krankheiten zu studieren. Unter dem Deckmantel der Besorgnis sieht man in diese unbeholfene pseudowissenschaftliche Rahmenhandlung eingebettete dokumentarische Aufnahmen über die Situation der Geschlechtskrankheiten in Europa und Afrika. Ein spekulativer Schnellschuß ohne jede Relevanz und jede wirksame aufklärerische Wirkung. ✦ Schwarz-weiß. BR Deutschland 1963 **P** Rewa **KI** Gloria **Pd** Kurt Palm **R+B** Hermann Wallbrück **K** Steve Landup **M** Karl Schröder **S** Marlies Deetjen **D** Aleksandar Gavric (Porf. Alexander), Peter Heim (Dr. Jensen), Ruth Gassmann (Dr. Esters), Manrik Schumacher (Dr. Beuron), Dunja Rajter (Jenny), Ingrid Boyer (blinder Passagier) **L** 83 **FSK** ab 18; f **E** 7.1.1964 **fd** 12 508

TEUFEL IM LEIB (1946/47) →Stürmische Jugend

TEUFEL IM LEIB (1986) (IL DIAVOLO IN CORPO / LE DIABLE AU CORPS). Das leidenschaftliche Liebesverhältnis eines Gymnasiasten aus konservativer Umgebung mit einer jungen Frau, die mit einem inhaftierten Terroristen verlobt ist. Ihre leidenschaftliche Liebe behauptet sich gegen alle Widerstände und Tabus. Zweite Verfilmung des Romans von Radiguet (nach »Stürmische Jugend«, 1947), angelegt als Modellfall einer Beziehung, die das Zusammenspiel von Wahnsinn, libertinen sexuellen Vorstellungen und der spirituellen Sinnsuche junger Menschen zum Thema hat. Durch die unentschiedene Inszenierung, die vergeblich nachzuweisen versucht, welche Verbindungen zwischen psychosozialen Bedingungen, freier Sexualität und depressiv-psychologischen Krankheitsbildern bestehen, und durch einige überflüssige Spekulationen zwiespältig. ✦ Italien/Frankreich 1986 **P** Istituto Luce/Italneggio Cinematografico/Film Sextile/L.P. Film/FR 3 **KI** Concorde **VA** VCL/Virgin **Pd** Leo Pescarolo **R** Marco Bellocchio **B** Marco Bellocchio, Ennio de Concini, Enrico Palandri, nach einem Roman von Raymond Radiguet unter Mitarbeit von Ennio de Concini **K** Giuseppe Lanci **M** Carlo Crivelli **S** Mirco Garrone **D** Maruschka Detmers (Giulia), Federico Pitzalis (Andrea), Anita Laurenzi (Frau Pulcini), Riccardo de Torrebruna (Giacomo Pulcini), Anna Orso (Frau Dozza), Alberto di Stasio (Raimondi) **L** 110 (gek. 107) **FSK** ab 18; f (gek. 16) **FBW** w **E** 31.7.1986 **fd** 25 714

TEUFEL IM NACKEN (MONKEY ON MY BACK). Ein gescheiterter Boxweltmeister und hochdekorierter

US-Soldat verfällt nach dem Verlust seines Titels der Spielleidenschaft, scheitert in der Liebe und im Beruf, rehabilitiert sich im Japan-Krieg, wird als Verwundeter morphiumsüchtig, kann sich aber mit der Unterstützung einer Frau erneut fangen. Ein gediegen gestalteter dramatischer Film, der den Helden als Opfer von ungünstigen Verhältnissen darstellt, in seiner optimistischen Wendung zum Schluß aber wenig glaubhaft wirkt. – Ab 16. ✦ Schwarz-weiß. USA 1957 **P** United Artists/Imperial/Small Prod. **Kl** United Artists **Pd** Edward Small **R** André De Toth **B** Crane Wilbur, Anthony Veiller, Peter Dudley, nach den Erinnerungen von Barney Ross **K** Maury Gertsman **M** Paul Sawtell, Bert Shefter **S** Grant Whytock **D** Cameron Mitchell (Barney Ross), Dianne Foster (Cathy), Paul Richards (Rico), Jack Albertson (Sam Pian), Kathy Garver (Noreen), Lisa Golm (Barneys Mutter), Barry Kelley (Big Ralph) **L** 93 **FSK** ab 16; f **E** 9.5.1958 **fd** 7 022

TEUFEL IM PARADIES (SHORTCUT TO PARADISE). Psychothriller um einen Killer, der sich als Hausmeister in eine heruntergekommene, aber friedliche Wohnanlage auf der Antillen-Insel Puerto Rico einschleicht und die Besessenheiten und intimen Geheimnisse der Bewohner für seine mörderischen Gelüste ausnutzt. ✦ Spanien/Puerto Rico 1994 **R** Gerardo Herrero **D** Charles Dance (Quinn), Assumpta Serna (Maria), Morgan Weisser (Gus), Katrina Gibson (Sara), Gladys Rodríguez (Lona) **L** 93 **E** 18.9. 1995 ZDF

TEUFEL IM QUADRAT (LE DIABLE A QUATRE / FOUR IS A CROWD). Alltagsdrama. Eine geschiedene Ingenieurin, Mutter einer 12jährigen Tochter, verliebt sich in einen Kollegen und zieht schließlich mit ihm und dessen 13jährigem Sohn zusammen. Doch die Harmonie der neuentstandenen Familie leidet unter gegensätzlichen Lebensauffassungen. (TV-Titel auch: »Das Teufelsquartett«) ✦ Kanada 1987 **R** Jacques W. Benoit **B** Jean-Raymond Marcoux, Anne Piérard, Bernard Dansereau **K** John Berrie **M** Martin Fournier, Normand Corbeil **D** Sylvie Legault (Johanne), Normand Chouinard (Jacques), Lucie Laurier (Magalie), Sébastien Tougas (Francis), Jean Lajeunesse (Toupin) **L** 80 **E** 1.9.1991 BR

DER TEUFEL IM SATTEL (TALL MAN RIDING). Erst als er feststellt, daß sein langjähriger Feind, der ihm seine Tochter verweigerte, fast erblindet ist, verzichtet ein alt gewordener, vergrämter Cowboy auf seine Rache und tritt für dessen Rechte ein. Melodramatischer Western nach gängigem Schema, in dem handelsübliche Kampfszenen dominieren. (Ins deutsche Kino kam der ursprünglich farbige Film lediglich in einer schwarz-weißen Fassung.) – Ab 14 möglich. ✦ Schwarz-weiß. USA 1955 **P** Warner Bros. **Kl** Warner Bros. **Pd** David Weisbart **R** Lesley Selander **B** Joseph Hoffman, nach einem Roman von Norman A. Fox **K** Wilfred M. Cline **M** Paul Sawtell **S** Irene Morra **D** Randolph Scott (Larry Madden), Dorothy Malone (Corinna Ordway), Peggie Castle (Reva), Bill Ching (Rex Willard), John Baragrey (Cibo Pearlo), Robert Barrat (Tucker Ordway), John Dehner (Ames Luddington), Paul Richards (Peso Kid), Lane Chandler (Hap Sutton), Charles Watts (Al), William Fawcett (Andy), Buddy Roosevelt, Dub Taylor **L** 84 **FSK** ab 12; nf **E** 25.11.1955 **fd** 4 221

TEUFEL IN BLAU (DEVIL IN A BLUE DRESS). Ein junger farbiger Kriegsheimkehrer nimmt in einer finanziellen Notlage eine Arbeit als Amateurdetektiv an und verstrickt sich auf der Suche nach einer verschwundenen Frau in ein Dickicht aus Verbrechen, Korruption und Rassismus. Die erstaunlich leise und einfühlsam geschilderte Story verbindet sich mit einer sorgfältigen, atmosphärisch dichten Rekonstruktion der Lebensverhältnisse der schwarzen Bevölkerung von Los Angeles im Jahr 1948 zu einem aufschlußreichen historischen Exkurs in die Ursprünge gesellschaftlicher Mißstände im heutigen Amerika. Vorbilder des klassischen »film noir« werden dabei auf eigenständige und fesselnde Weise verarbeitet. DVD: Die Extras umfassen u. a. einen Audiokommentar des Regisseurs. – Sehenswert ab 16. ✦ USA 1995 **P** Clinica Estetico/Mundy Lane Entertainment **Kl** Columbia-TriStar **VA** Col.TriStar **DVD** Columbia TriStar Home (16:9, 1.85:1, DD5.0 engl./dt.) **Pd** Jesse Beaton, Gary Goetzman **R** Carl Franklin **B** Carl Franklin, nach einem Roman von Walter Mosley **K** Tak Fujimoto **M** Elmer Bernstein **S** Carole Kravetz **D** Denzel Washington (Easy Rawlins), Tom Sizemore (DeWitt Albright), Jennifer Beals (Daphne Monet), Don Cheadle (Mouse), Maury Chaykin (Matthew Terell), Terry Kinney (Todd Carter) **L** 101 **FSK** ab 16; f **E** 2.5.1996/19.11.1996 Video/12.12.1997 premiere/2.5.2000 DVD **fd** 31 897

TEUFEL IN BLOND (BAD BLONDE). Ein rechtschaffener Boxer verfällt der verführerischen Ehefrau seines italo-amerikanischen Managers, bringt ihn um und wird vergiftet, als er die Verlogenheit der Anstifterin durchschaut. Pure Kolportage, angereichert mit einigen nur mäßig spannenden Thriller-Elementen. – Ab 16 möglich. ✦ Schwarz-weiß. USA 1953 **P** Lippert **Kl** Tempo **R** Reginald LeBorg **B** Guy Elmes, Richard Landau **K** Walter J. Harvey **M** Ivor Stanley **D** Tony Wright, Barbara Payton, Frederick Valk, John Slater, Sidney James, Marie Burke **L** 80 **FSK** ab 16; nf **E** 7.7.1954 **fd** 3 451

DER TEUFEL IN IHR (I DON'T WANT TO BE BORN / DEVIL WITHIN HER). Horrorfilm, der die Grundidee von »Rosemaries Baby« variiert, dabei aber nur mit wenigen gelungenen Momenten aufwarten kann. In London bringt eine ehemalige Striptease-Tänzerin einen Jungen mit angeborenem unerbittlichem Haß gegen seine Mitmenschen, besonders gegen seine Eltern, zur Welt. Ein unausgegorener Genrefilm, in keiner Hinsicht erwähnenswert. ✦ Großbritannien/USA 1975 **P** Hammer/AIP (für Rank/Unicapital) **Pd** Nato De Angeles, Norma Corney **R** Peter Sasdy **B** Stanley Price, nach einer Story von Nato de Angeles **K** Kenneth Talbot **M** Ron Grainer **S** Keith Palmer **D** Joan Collins (Lucy Carlesi), Eileen Atkins (Schwester Albana), Ralph Bates (Gino Carlesi), Donald Pleasence (Doctor Finch), Caroline Munro (Mandy) **L** 90 **E** 8.9.1992 Tele 5

TEUFEL IN KUTTEN →Priester der Dunkelheit

DER TEUFEL IN MISS JONAS (DER TEUFEL IN MISS JONAS). Eine Nymphomanin und Lesbierin träumt in sehr exzessiver Weise von ihrer Höllenfahrt und vorübergehenden Rückkehr auf die Erde. Übler pornografischer Film, der mit dem »Exorzimus«, den der Titel in plumper Anlehnung an einen amerikanischen Porno-Erfolg nahelegt, nichts zu tun hat. – Wir raten ab. ✦ Schweiz 1974 **P** FIP **Kl** Avis **R** Michael Thomas (= Erwin C. Dietrich) **B** Manfred Gregor (= Erwin C. Dietrich) **K** Peter Baumgartner **D** Christa Free, Herbert Fux, Marianne Dupont, Michel Jacot **L** 73 **FSK** SPIO: X **E** 29.3.1974 **fd** 18 858

TEUFEL IN SEIDE. Aus eifersüchtiger Besitzgier zerstört eine krankhaft egozentrische Frau das Leben ihres Mannes. Als sie ihn verliert, begeht sie Selbstmord in einer Form, die ihn des Mordes verdächtig erscheinen läßt. Nach einem mittelmäßigen Fortsetzungsroman chic und publikumsgefällig inszenierter Pseudo-Problemfilm, der allein von Lilli Palmers hervorragender Studie der Psychopathin getragen wird. – Ab 16 möglich. ✦ Schwarz-weiß. BR Deutschland 1955 **P** Fono-film **Kl** DFH **Pd** Heinz Abel **R** Rolf Hansen **B** Jochen Huth, nach einem Roman von Gina Kaus **K** Franz Weihmayr **M** Mark Lothar **S** Anna Höllering **D** Lilli Palmer (Melanie Ritter), Curd Jürgens (Thomas Ritter), Winnie Markus (Sabine Uhl), Adelheid Seeck (Sylvia Angermann), Hans Nielsen (Dr. Zacharias), Wolfgang Büttner (Dr. Hess), Paul Bildt (Dr. Heinsheimer) **L** 106 **FSK** ab 16; f **FBW** w **E** 5.1.1956 **fd** 4 631

TEUFEL IN WEISS →Klinik des Todes

DER TEUFEL IN WEISS (THE NURSE). Eine Krankenschwester nimmt Rache an dem Mann, der ihre Familie ins Verderben trieb. Nachdem er einen Schlaganfall erlitten hat und sprach- und bewegungslos ist, vergiftet sie seine Privatpflegerin und nimmt ihre Stelle ein. Sie will den Mann leiden sehen und vor seinen Augen Frau und Kinder ermorden. Leidlich spannender Psychothriller mit absehbarem Verlauf und einigen hanebüchenen Details. Die Spannung entsteht größtenteils durch die Identifikation mit dem Opfer. ✦ USA 1996 **P** Ventana/Image Organization/Starlight **VA** Starlight **Pd** Pierre David, Richard Brandes, Noel Zanitsch, Clark Peterson **R** Robert Malenfant **B** Richard Brandes **K** Feliks Parnell **M** Richard Bowers **S** Julian Semilian **D** Lisa Zane (Laura Harriman), John Stockwell (Jack Martin), Janet Gunn (Karen Martin), William R. Moses (Michael), Nancy Dussault (Carol Martin) **L** 90 **FSK** ab 16 **E** 10.12.1997 Video/6.8.1998 premiere **fd** 32 955

DER TEUFEL IST EINE FRAU (THE DEVIL IS A WOMAN). In einem imaginären Spanien erliegen zwei befreundete Männer der faszinierenden Ausstrahlung einer männerbetörenden Frau, werden zu Rivalen und verstricken sich in eine Tragödie um Liebe und Eifersucht, Rivalität und Tod. Ein überbordendes, hochartifizielles Melodram, ganz zugeschnitten auf den Star Marlene Dietrich, für die Josef von Sternberg nach mehrjähriger Zusammenarbeit noch einmal eine große Hommage schaffen wollte. Der Film fiel bei der Kritik durch und stieß auf Grund seines Spanien-Bildes auf heftigen Widerstand; Kopien wurden vernichtet, der Film verschwand in der Versenkung. Heute genießt man den Film als »klassisches« Sternberg-Opus, in dem der Regisseur hinter der trivialen Oberfläche (der sich im übrigen auch Buñuel für »Dieses obskure Objekt der Begierde« bediente) über die Aufhebung von definierten Grenzen und Rollen reflektiert und ein faszinierendes Spiel mit dem schönen Schein, mit dem Bewußten und dem Unbewußten treibt. – Ab 16. ✦ Schwarz-weiß. USA 1935 **P** Paramount **Pd** Ernst Lubitsch **R** Josef von Sternberg **B** John Dos Passos, S. K. Winston, nach dem Roman »The Woman and the Puppet« von Pierre Louys **K** Lucien Ballard, Josef von Sternberg **M** Nikolai Rimski-Korsakow (»Caprice Espagnol«), Ralph Rainger (Arr.), Adrea Setaro (Arr.) **S** Sam Winston **D** Marlene Dietrich (Concha Perez), Lionel Atwill (Don Pasqual), Cesar Romero (Antonio Galvan), Edward Everett Horton (Don Paquito), Alison Skipworth (Señora Perez), Don Alvarado (Morenito) **L** 85 **E** 14.4.1976 NDR/WDR III

DER TEUFEL KAM AUS AKASAWA (EL DIABLO VENIA A AKASAWA). Agenten des US-Geheimdienstes und Scotland Yards auf der gemeinsamen Jagd nach einem geraubten seltenen Stein. Spannungsarmer Krimi nach Motiven von Edgar Wallace, der sich durch sexuelle Aktionen seiner Helden vergeblich interessant zu machen versucht. ✦ BR Deutschland/Spanien 1970 **P** CCC Filmkunst/Fénix **Kl** Cinerama **Pd** Artur Brauner **R** Jess Franco (= Jésus Franco Manera) **B** Ladislas Fodor, Paul André, nach einer Erzählung von Edgar Wallace **K** Manuel Merino **M** Manfred Hübler, Sigi Schwab **S** Clarissa Ambach **D** Horst Tappert (Dr. Thorrsen), Susann Korda (= Soledad Miranda) (Agentin Jane), Fred Williams (= Erwin C. Dietrich) (Rex Forrester), Ewa Stroemberg (Frau Thorrsen), Walter Rilla (Lord Kingsley) **L** 84 **FSK** ab 18; nf **E** 5.3.1971 **fd** 17 216

DER TEUFEL KENNT KEIN HALLELUJA (LA COLLERA DEL VENTO / NON PERDONO, NESSUNO SONO). Ein Killer im Dienst eines Großgrundbesitzers stellt sich angesichts sozialer Auseinandersetzungen mit erwachendem kritischem Bewußtsein auf die Seite ausgebeuteter Landarbeiter und verliert sein Leben. Sorgfältig gearbeiteter Italo-Western, der sich um ein kritisches Notieren von sozialen Positionen und Abhängigkeiten bemüht, jedoch weitgehend unreflektiert Gewalt als selbstverständlichen Bestandteil gesellschaftlicher Beziehungen ausweist. – Ab 16. ✦ Scope. Italien/Spanien 1971 **P** Fair/Gonzales Prod. **Kl** Jugendfilm **Pd** Cesáreo González **R** Mario Camus **B** Alberto Silvestri, Miguel Rubio, José Vincente Puente, Manolo Marinero, Mario Camus

K Roberto Gerardi **M** Augusto Martelli **S** José Luis Matesanz **D** Terence Hill (= Mario Girotti) (Marco), Fernando Rey (Don Antonio), Maria Gracia Buccella (Soledad), Angel Lombarte, Mario Pardo, Carlo Alberto Cortina, William Layton, Manuel Alexandre, Mario Pardo **L** 93 **FSK** ab 16; f **E** 20.10.1972/14.12. 1984 Kino DDR/8.10.1986 DFF 1 **fd** 18 066

DER TEUFEL KOMMT UM VIER (THE DEVIL AT FOUR O'CLOCK). Auf einer Südsee-Insel rettet ein von den Eingeborenen boykottierter, alkoholseliger Priester gemeinsam mit drei Strafgefangenen unter Einsatz seines Lebens die von Vulkan-Ausbrüchen bedrohten Kinder der Lepra-Station. Trotz geschmacklicher Ausrutscher ein beachtlicher Versuch zur menschlichen und religiösen Vertiefung eines spannenden Katastrophen-Abenteuers. – Ab 16. ✦ USA 1960 **P** Columbia **KI** Columbia-Bavaria **Pd** Fred Kohlmar, Mervyn LeRoy **R** Mervyn LeRoy **B** Liam O'Brien, nach einem Roman von Max Catto **K** Joseph Biroc **M** George Duning **S** Charles Nelson **D** Spencer Tracy (Bruder Matthew Doonan), Frank Sinatra (Harry), Kerwin Mathews (Bruder Joseph Pereau), Jean-Pierre Aumont (Jacques), Alexander Scourby (Gouverneur), Grégoire Aslan (Marcel), Barbara Luna (Camille) **L** 117 (Orig. 126) **FSK** ab 12; f **E** 22.12. 1961 **fd** 10 792

DER TEUFEL MISCHT DIE KARTEN (TAROT). Ein reicher, alter Mann verfällt den Reizen einer verführerischen jungen Frau. Sie hat es nur auf sein Geld abgesehen und entwickelt einen teuflischen Plan. ✦ Spanien/Frankreich 1973 **P** Orfeo Producciones Cinematograficas/Comtoir Française du Films **R** José María Forqué **B** Rafael Azcona, James M. Fox, José María Forqué **K** Alejandro Ulloa **M** Michel Colombier **D** Fernando Rey, Sue Lyon, Christian Hay, Gloria Grahame, Julian Ugarte **L** 90 **E** 2.1.1986 DFF 2

DER TEUFEL MIT DEN DREI GOLDENEN HAAREN (1955). Das Grimmsche Märchen vom Tischlerjungen, der dem Teufel drei glückbringende Barthaare auszupfen soll. Ein zwar hausbackener, aber bei aller formalen Biederkeit nach wie vor sympathischer Kinderfilm mit stimmungsvollen Motiven aus Rothenburg ob der Tauber und Schloß Linderhof. – Ab 6. ✦ BR Deutschland 1955 **P** Domo **KI** Karp/Titania/Transatlantic **Pd** Hella Mora **R** Hans Fritz Wilhelm **B** Hella Mora, frei nach dem gleichnamigen Märchen der Gebrüder Grimm **K** Heino König **M** Ernst Brandner **S** Hildegard Gies-Goltz **D** Alexander Golling, Peter Schreiber, Hans Cossy, Viktoria Naelin, Milan von Kamare, Käthe Graber, Isolde Werner **L** 85 **FSK** ab 6; f **FBW** w **E** 20.11.1955 **fd** 4 709

DER TEUFEL MIT DEN DREI GOLDENEN HAAREN (1978) →Wer reißt denn gleich vorm Teufel aus?

DER TEUFEL MIT DER WEISSEN WESTE (LE DOULOS / LO SPIONE). Ein Juwelendieb, der durch Denunziation ins Gefängnis geraten ist, hält seinen Freund für den Verräter und läßt ihn durch einen bezahlten Killer ermorden. Zu spät merkt er, daß er sich geirrt hat. Präzise berechnetes, unterkühlt inszeniertes Gangstermelodram mit zunächst nüchternem, später melodramatischem Grundton, das die fatale Konsequenz antiker Tragödien in die Pariser Unterwelt überträgt. Melvilles Meisterwerk war im deutschen Kino und Fernsehen lange Zeit nur gekürzt zu sehen. Das ZDF hat die insgesamt 15 Schnitte, die den Rhythmus des Films veränderten, rückgängig gemacht. Die bislang fehlenden zwölf Minuten sind in den Dialogpassagen mit deutschen Untertiteln versehen. – Sehenswert. ✦ Schwarz-weiß. Frankreich/Italien 1962 **P** Rome-Paris/Champion **SF** Cinema actuell **Pd** Carlo Ponti, Georges de Beauregard **R** Jean-Pierre Melville **B** Jean-Pierre Melville, nach einem Roman von Pierre Lesou **K** Nicolas Hayer **M** Paul Misraki **S** Monique Bonnot, Michèle Boehm **D** Jean-Paul Belmondo (Silien), Serge Reggiani (Maurice Faugel), Fabienne Dali (Fabienne), Michel Piccoli (Nutheccio), Jean Desailly (Kommissar Clain) **L** 96 (Orig. 108) **FSK** ab 18; nf **E** 20.9.1963/ 4.5.1968 ARD/2.4.1993 ZDF (ungekürzt) **fd** 12 414

DER TEUFEL MÖGLICHERWEISE (LE DIABLE PROBABLEMENT). Ein junger Mann im modernen Paris, der angesichts der immer intensiveren Zerstörung der Erde im Namen des Fortschritts und angesichts der Kommunikationsunfähigkeit der Menschen ein menschenwürdiges Leben nicht mehr für möglich hält, läßt sich von einem anderen jungen Mann gegen Lohn erschießen. Eine äußerst pessimistische Beschreibung der modernen Gesellschaft, in der Verweigerung als einzig sinnvolle Reaktion erscheint. Obwohl jegliches explizite Zeichen der Hoffnung fehlt, erweist sich der Film in seiner Radikalität der Anklage insgesamt als Aufforderung zum Umdenken. – Sehenswert. ✦ Frankreich 1976 **P** Sunchild/Société Française de Productions/G.M.F. **KI** atlas **SF** atlas **Pd** Stéphane Tchalgadjieff, Michel Chanderli **R+B** Robert Bresson **K** Pasqualino de Santis (= Pasquale de Santis) **M** Philippe Sarde, Claudio Monteverdi **S** Germaine Lamy **D** Antoine Monnier (Charles), Tina Irissari (Alberte), Henri de Maublanc (Michel), Laetitia Carcano (Edwige), Régis Hanrion (Psychoanalytiker) **L** 96 **E** 2.7.1977/12.12.1978 ZDF **fd** 20 943

DER TEUFEL PFEIFT KEIN WIEGENLIED →Marschbefehl zur Hölle (1971)

DER TEUFEL PRÜGELT SEIN WEIB (VERI AZ ÖRDÖG A FELESEGET). Der Besuch eines Budapester Parteifunktionärs auf dem Lande offenbart die Schranken zwischen zwei Gesellschaftsschichten, aber auch ihre gemeinsamen kleinbürgerlichen Träume. Eine in naturalistischen Bildern eingefangene, teils bissig, teils liebevoll karikierende Groteske über den sozialistischen Alltag in Ungarn. (DDR-Titel: »Der Teufel schlägt sein Weib«) – Ab 16. ✦ Ungarn 1977 **P** Hunnia **KI** Progress **R** Ferenc András **B** Ferenc András, Géza Bereményi, Akos Kertész **K** Lajos Koltai **M** György Kovács **D** Imre Sarlai (Großvater Kajtár), Lajos Szabó (István), Erzsi Pásztor (Frau Kajtár), Zoltán Pécsi (Pityu), Anatol Konstantin (Dr. Vetró), Ildikó Pécsi (Jolán) **L** 95 **E** 19.5.1978 Kino DDR/23.7.1979 ARD/22.9.1981 DFF 2 **fd** 22 075

DER TEUFEL SCHLÄGT SEIN WEIB →Der Teufel prügelt sein Weib

DER TEUFEL SPIELT ZUFALL (BLIND CORNER). Konventioneller Kriminalfilm. Ein erfolgreicher Schlagerkomponist lebt sehr zurückgezogen. Seine lebenslustige Frau plant einen hinterhältigen Mordanschlag auf ihn. ✦ Schwarz-weiß. Großbritannien 1963 **P** Mancunian **Pd** Tom Blakeley **R** Lance Comfort **B** James Kelly, Peter Miller, nach dem Roman von Vivian Kemble **K** Basil Emmott **M** Brian Fahey **D** William Sylvester (Paul), Barbara Shelley, Elizabeth Shepherd, Alex Davion, Mark Eden **L** 67 **E** 30.7.1966 DFF 1

DER TEUFEL SPIELTE BALALEIKA. Charakteristische Szenen in einem sibirischen Kriegsgefangenenlager mit deutschen und japanischen Gefangenen. Der vergleichsweise ansehnlich gestaltete Film, dessen Handlungsverlauf mit einem mißglückten Fluchtversuch endet, konstruiert zugleich die Tragödie eines jüdischen Polit-Offiziers und seiner Frau. – Ab 12. ✦ Scope, schwarz-weiß. BR Deutschland 1960 **P** Peter-Bamberger-Film **KI** Televox (Erstverleih: Ufa) **Pd** Peter Bamberger **R** Leopold Lahola **B** Heinrich Déchamps, Johannes Kai, Leopold Lahola **K** Karl Schröder **M** Zvi Borodow **S** Karl Aulitzky **D** Charles Millot (Seidenwar), Götz George (Peter Joost), Anna Smolik (Elena), Pierre Parel (Fusow), Rudolf Forster (Admiral), Peter Lehmbrock (Ebermeier), Franz Muxeneder (Hintermoser) **L** 122 **FSK** ab 12; f **FBW** bw **E** 21.2.1961/25.8.1966 ARD/17.6. 1977 Neustart **fd** 10 007

DER TEUFEL TANZT UM MITTERNACHT (THE DEVIL'S OWN / THE WITCHES). Mit dem Voodoo-Kult konfrontiert, erleidet eine Lehrerin einer Missionsschule in Afrika einen Nervenzusammenbruch. Sie kehrt nach England zurück und wird Leiterin einer idyllisch gelegenen Landschule. Doch auch hier sind übernatürlich Kräfte am Werk. Ein atmosphärisch dichter Gruselfilm, gut besetzt und in stimmigen Farben fotografiert. Joan Fontaine ist in ihrer letzten Filmrolle zu sehen. – Ab 16. ✦ Großbritannien 1967 **P** Seven Arts/Hammer **Pd** Anthony Nelson Keys **R** Cyril Frankel **B** Nigel Kneale, nach einem Roman von Peter Curtis **K** Arthur Grant **M** Richard Rodney Bennett **S** Chris Barnes, James Needs **D** Joan Fontaine (Gwen Mayfield), Kay Walsh (Stephanie Bax), Alec McCowen (Alan Bax), Annie Belle (Sally), Ingrid Brett (Linda), John Collin (Dowsett), Michele Dotrice (Valerie) **L** 91 **E** 27.5.1995 ZDF

TEUFEL UM MITTERNACHT (LES DEMONS DE MINUIT / LA NOTTE E IL DESIDERIO). Im nächtlichen Paris begegnet ein hoher Diplomat auf der Suche nach seinem Sohn der Jugend und der Liebe von heute. Bis zum tränenrinnenden Ende ein gut gespielter Film über ein schlecht bewältigtes Thema. ✦ Schwarz-weiß. Frankreich/Italien 1961 **P** Générale Européenne/Unidex/Régis/Ulysse/Sagittario **KI** Nora **R** Marc Allégret, Charles Gérard **B** Bernard Revon, Serge Friedman **K** Gilbert Sarthre **M** Jean Wiener **D** Charles Boyer (Pierre Guerande), Pascale Petit (Danielle), Maria Mauban (Catherine), Charles Belmont (Claude), Berthe Grandval (Sophie) **L** 84 **FSK** ab 18; f **E** 5.12.1961 **fd** 11 048

DER TEUFEL UND DANIEL WEBSTER (THE DEVIL AND DANIEL WEBSTER / ALL THAT MONEY CAN BUY / HERE IS A MAN / A CERTAIN MR. SCRATCH). Ein armer Jungfarmer erliegt 1841 im ländlichen Vermont den Versuchungen des Teufels: Gegen Geld, Wohlstand und Erfolg verschreibt er ihm seine Seele. Der Reichtum macht ihn zu einem skrupellosen Geschäftsmann, der erst zur Besinnung kommt, als der Teufel auch die Seele seines Sohnes will. Verfremdungs- und faszinierende Spezialeffekte machen die Variation der Faust-Saga zu einem bedeutenden Fantasy-Film der 40er Jahre, der in einem stupenden Prozeß vor einer Jury verdammter Seelen gipfelt. Der Film wurde im Fernsehen in einer restaurierten Fassung gezeigt, die sieben längere Sequenzen enthält, die als verloren galten. (Frühere deutsche Titel: »Der Teufelsbauer«, »Alles was Geld kaufen kann«, »All that Money can buy«) – Sehenswert ab 14. ✦ Schwarz-weiß. USA 1941 **P** RKO **Pd+R** William Dieterle **B** Dan Totheroh, Stephen Vincent Benet, William Dieterle, nach der Geschichte »The Devil and Daniel Webster« von Stephen Vincent Benet **K** Joseph August **M** Bernard Herrmann **S** Robert Wise, Mark Robson **D** Walter Huston (Mr. Scratch), Edward Arnold (Daniel Webster), James Craig (Jabez Stone), Jane Darwell (Ma Stone), Simone Simon (Belle) **L** 105 (Orig. 112) **E** 1947 Kino/13.7.1993 West 3

DER TEUFEL UND DIE TIEFE BLAUE SEE (BETWEEN THE DEVIL AND THE DEEP BLUE SEA). Im Hafen von Hongkong dämmert ein Bordfunker, der in Frankreich seine schwangere Gefährtin aus Angst vor der Verantwortung verlassen hat, auf einem Frachter teilnahmslos und von Opium benebelt vor sich hin. Als eine zehnjährige Chinesin mit ihrem Brüderchen an Bord kommt und sich gegen seinen Willen nützlich macht, entwickelt sich zwischen den beiden eine von Respekt getragene Freundschaft, aus der sie Vertrauen und Kraft schöpfen. Eine mit einfachen, subtilen Mitteln gestaltete poetische Parabel, in der die jugendliche Darstellerin ihren Part mit außerordentlicher Souveränität und Würde spielt. ✦ Belgien/Frankreich/Großbritannien 1995 **P** Man's Film/ Tchin Tchin/Mark Forstater Prod. **R** Marion Hänsel **B** Marion Hänsel, Louis Grospierre, nach der Kurzgeschichte »Li« von Nikos Kavvadias **K** Bernard Lutic **M** Wim Mertens **S** Susana Rossberg **D** Stephen Rea (Nikos), Ling Chu (Li), Adrian Brine (Captain), Maka Kotto (Nigerianer), Lo Koon Lan (Lis Mutter), Jane Birkin (Frauenstimme) **L** 92 **E** 16.10.1996 ARD

DER TEUFEL UND DIE ZEHN GEBOTE (LE DIABLE ET LES DIX COMMANDEMENTS / LE TENTAZIONI QUOTIDIANE). Ein Landpfarrer will das alte Faktotum eines Nonnenklosters die Zehn Gebote lehren. Satan mischt sich ein und versucht in sechs Erzählungen, die größere Attraktivität seiner Prinzipien zu beweisen. Zunächst geht es um die Begehrlichkeit, die eine Striptease-Vorführung sowohl in einem Fremden als auch im Ehemann der Tänzerin auslöst; danach rächt ein Seminarist den Tod seiner Schwester, indem er sich selbst von ihrem Mörder erschießen läßt; mit einem kostbaren Brillant-Collier wechseln zwei Frauen der Pariser Gesellschaft auch ihre Männer; ein Student aus der Provinz erfährt, daß seine Mutter und sein Vater nicht seine richtigen Eltern sind; zwei Gauner begaunern sich erfolglos gegenseitig. Inszenatorisch unentschlossen, schwankt der Episodenfilm zwischen Eleganz und derb-komischem Tonfall und bietet bei aller Routine nie mehr als anspruchslose Unterhaltung. Die zur Entstehungszeit noch aufsehenerregende Koketterie mit der Verführungskraft »sündiger« Handlungen hat heute jeden Biß verloren. – Ab 14. ✦ Scope, schwarz-weiß. Frankreich/Italien 1962 **P** Mondex/Filmsonor-Procinex/Cinédis/Intercontinental/Incei **Kl** Pallas **Pd** Robert Amon, Claude Jaeger **R** Julien Duvivier **B** Julien Duvivier, Maurice Bessy, René Barjavel, Henri Jeanson, Michel Audiard, Pascal Jardin, nach Erzählungen von David Alexander, William Link und Richard Levinson **K** Roger Fellous **M** Georges Garvarentz, Guy Magenta, Michel Magne **S** Paul Cayatte **D** Michel Simon (Jerome Chambard, 1), Françoise Arnoul (Françoise Beaufort, 1), Micheline Presle (Micheline, 2), Charles Aznavour (Denis Mayeux, 3), Fernandel (Gott, 4), Alain Delon (Pierre Messager, 5), Danielle Darrieux (Clarisse Ardant, 5), Jean-Claude Brialy (Didier Marin, 6), Louis de Funès (Vaillant, 6) **L** 127 (DDR 116) **FSK** ab 18; nf **E** 9.10.1962/24.1.1964 Kino DDR/5.7.1969 DFF 1 **fd** 11 548

DER TEUFEL UND SEINE ZWEI TÖCHTER. Ein schlichter Bauernsohn sieht sich den Avancen der beiden Töchter des Teufels ausgesetzt. Durch die offenkundige Liebe der blonden guten Tochter – schließlich ist sie bereit, für den Geliebten in den Tod zu gehen – hat die dunkelhaarige schließlich das Nachsehen. Ein äußerlich opulent inszenierter Märchenfilm, der stellenweise ein wenig zu trocken ist, um Kindern eine rundum vergnügliche Unterhaltung zu bieten. – Ab 8. ✦ BR Deutschland/Spanien/Frankreich/Italien 1989 **P** Omnia/TVE/FR 3/Rai Uno **R** Jesús Garcia de Duenas **B** Jesús Garcia de Duenas, nach einem spanischen Volksmärchen **K** José Luis Cabanas **M** Anton Dvorák, Mathias Spohr **D** Thomas Heinze (Martin), Emma Suarez (Blancaflor/Sombragis), Héctor Alterio (Teufel), Karin Baal (Teresa), Lina Canalejas (Mutter) **L** 83 **E** 31.12.1990 ZDF

DER TEUFEL VOM MÜHLENBERG. Ein reicher Müller, ein übler Burgvogt und ein gemeiner Dorfvorsteher beuten die armen Bauern aus. Ein Knecht und eine Magd gewinnen mit aufständischen Bauern dank der Hilfe dreier guter Waldgeister die Oberhand. Ein schlicht erzählter, von ideologischen Einflüssen nicht freier Film nach einer mittelalterlichen Sage aus dem Harz. Optisch durchaus eindrucksvoll inszeniert und wirkungsvoll gespielt. – Ab 8 möglich. ✦ DDR 1954 **P** DEFA **Kl** Westfalen **VA** Progress **Pd** Hans-Joachim Schoeppe **R** Herbert Ballmann **B** Kurt Bortfeldt, Anneliese Probst, nach Motiven alter Sagen aus dem Harz **K** Götz Neumann **M** Joachim Werzlau **S** Lieselotte Johl **D** Willy A. Kleinau (Mühlmann), Eva Kotthaus (Anne), Werner Peters (Schulze Bangebös), Hans-Peter Minetti (Jörg), Gerhard Frei (Burgvogt Raufer), Heinz Kammer (Ratte, der Kriegsknecht) **L** 86 **FSK** ab 6; f **E** 7.4.1955/8.4.1955 Kino DDR/14.4.1955 DFF 1/1997 Video **fd** 6 102

DER TEUFEL VON COLORADO (THE MAVERICK QUEEN). Ein schießwütiger Detektiv der Pinkerton-Agentur schleust sich, getarnt als entlassener Sträfling, in eine Bande von Viehdieben ein, die für ihre Chefin, eine habgierige Hotel-Besitzerin, Herden aus »Mavericks« (Rindern ohne Brandzeichen) stehlen. Die Frau verliebt sich in ihn und stirbt bei der mörderischen Schlußabrechnung. Verworrener Serien-Western mit dramaturgischen Schwächen; für die Unwahrscheinlichkeit der Handlung entschädigen lediglich einige schöne Landschaftsaufnahmen. – Ab 14. ✦ USA 1956 **P** Republic **Kl** Gloria **Pd+R** Joseph Kane **B** Kenneth Gamet, DeVallon Scott, nach einem Roman von Zane Grey **K** Jack Marta **M** Victor Young **S** Richard L. Van Enger **D** Barbara Stanwyck (Kit Banyon), Barry Sullivan (Jeff), Scott Brady (Sundance Kid), Mary Murphy (Lucy Lee), Wallace Ford (Jamie), Howard Petrie (Butch Cassidy), Jim Davis, Emile Meyer (Malone), Walter Sande (Sheriff Wilson), George Keymas (Muncie), John Doucette (Loudmouth), Taylor Holmes (Pete Callaher), Pierre Watkin (McMillan), Tristram Coffin (Kartenspieler), Jack O'Shea (Kellner) **L** 92 **FSK** ab 12; nf **E** 12.7.1956 **fd** 5 274

TEUFEL VON HONGKONG (TRADER TOM OF THE CHINA SEAS). Ein amerikanischer Segelschiffskapitän gewinnt nach harten Rückschlägen über und unter Wasser die letzte Runde gegen tückische Waffenschmuggler, die an Rebellen in Zentralasien Giftgas und Bomben liefern wollen. Aus Serienteilen zusammengeleimter, zweitklassiger Abenteuerfilm. – Ab 14 möglich. ✦ Schwarz-weiß. USA 1954 **P** Republic **Kl** Gloria **R** Franklin Adreon **B** Ronald Davidson **K** Bud Thackery **M** R. Dale Butts **D** Harry Lauter (Tom Rogers), Aline Towne (Vivian Wells), Lyle Talbot (Barent), Robert Shayne (Major Conroy), Fred Graham (Kurt Daley), Richard Reeves (Rebellenführer), Tommy Steele (Gursan) **L** 94 **FSK** ab 12; nf **E** 10.10.1958 **fd** 7 407

DER TEUFEL VON KAPSTADT (SFIDA NELLA CITTA DELL'ORO). Ein junger Deutscher wird in einen Fall von Industrie-Spionage verwickelt. Einfältiger, in Südafrika (Kapstadt, Johannesburg, Krüger-Nationalpark, pittoreske Küste) angesiedelter Durchschnittskrimi. – Ab 16. ✦ Italien/BR Deutschland 1962 **P** Associate/Centropol **Kl** Rolei **Pd** Lothar Lomberg **R** Alfredo Medori (= Wolfgang Schleif) **B** Heinz Bothe-Pelzer, Larry Madison **K** Francesco Izzarelli, Hans Kühle **M** Francesco De Masi, Hugo Strasser **D** Michael Cramer (Kommissar Jochen Wilke), Luisella Boni (Sabina Brand), Michael Kirner (Frank Fleischer), Charles Borromel (Professor), Renato Montalbano (Martin), Silva Simon (Veronika Hanstein) **L** 85 **FSK** ab 16; nf **E** 12.10.1962 **fd** 11 528

TEUFEL ZU VIERT →Teufel im Quadrat

DIE TEUFELIN (1954) →Angela, die Teufelin

DIE TEUFELIN (1958) (NO TIME TO KILL). Ein unschuldig Verurteilter bereitet nach seiner Freilassung einen Rachemord an dem Mann vor, der ihn ins Gefängnis brachte. Ein ebenso verworrener wie inszenatorisch mißratener Thriller. ✦ Schwarz-weiß. Schweden 1958 **P** AB Freja **Kl** Iltis **R+B** Tom Younger **K** Erich Lindström **M** Harry Arnold **D** Ellen Schwiers (Nina Christians), John Ireland (John Hennessy), Birgitta Andersson (Helle), Frank Sundström, Maria Ford **L** 88 **FSK** ab 18; nf **E** 20.3.1959 **fd** 7 978

DIE TEUFELIN (1989) (SHE-DEVIL). Eine gedemütigte, pummelig-unattraktive Hausfrau und Mutter zweier Kinder, die ihren karrieresüchtigen Mann an eine blasierte Autorin von erotischen Kitschromanen verloren hat, geht nach einem Vier-Punkte-Schlachtplan vor, um den Treulosen um Heim, Familie, Karriere und Freiheit zu bringen und sich selbst ein gesundes Selbstbewußtsein zu verschaffen. Glänzend inszenierte satirische Beziehungs- und Emanzipationskomödie nach dem Bestseller von Fay Weldon, die mit einer großartigen Besetzung aufwartet und ein durchweg köstliches, sanft-bissiges Vergnügen bietet. – Sehenswert ab 14. ✦ USA 1989 **P** Orion Pictures **Kl** 20th Century Fox **SF** 20th Century Fox **VA** RCA/Columbia **Pd** Jonathan Brett, Susan Seidelman **R** Susan Seidelman **B** Barry Strugatz, Mark R. Burns, nach dem Roman »Die Teufelin« von Fay Weldon **K** Oliver Stapleton **M** Howard Shore **S** Craig McKay **D** Meryl Streep (Mary), Roseanna Barr (Ruth), Ed Begley jr. (Bob), Linda Hunt (Hooper), Sylvia Miles (Mrs. Fisher), Elisabeth Peters (Nicolette Patchett), Bryan Larkin (Andy Patchett), Maria Pitillo (Olivia Honey) **L** 98 **FSK** ab 12; f **E** 12.4.1990/13.11.1990 Video **fd** 28 216

DAS TEUFELSAUGE →Die Jungfrauenbrücke (1960)

TEUFELSAUSROTTUNG →Junges Blut für Dracula

DER TEUFELSBAUER →Der Teufel und Daniel Webster

DER TEUFELSBERG (DEVIL'S HILL). Die Erlebnisse eines Jungen, der in den 50er Jahren mit seinen Eltern auf einer Farm im tasmanischen Hinterland lebt. Es kommt zu Spannungen, als ein angeberischer Cousin mit seinen zwei Schwestern zu Besuch kommt und sofort die Führungsrolle für sich beansprucht. Als bei einem Unwetter eine der beiden Kühe ausreißt und die Kinder sich auf die Suche machen, spitzt sich der Konflikt zu. Der ganz auf die Erlebniswelt von Kindern zugeschnittene Film vermittelt anschaulich, daß auch Alltagsprobleme am besten in einer Solidargemeinschaft gelöst werden können. – Ab 10. ✦ Australien 1988 **P** Australian Children's Foundation/Australian Broadcasting **Pd** Jill Robb **R** Esben Storm **B** David Phillips **K** Steve Mason **M** Peter Best **S** Ralph Strasser **D** Alexander »Mathew« Jacobs (Badge), Cameron Atkins (Sam), Emma Pugh (Bron), Jane McArthur (Sheppie), Mary Haire (Jessie), Peter Hehir (Dave) **L** 100 **E** 26.2.1993 ARD

DIE TEUFELSBESTIE. Billiger Trivial-Horrorfilm. Durch Experimente mit Meerschweinchen, denen er Drogen verabreicht, kommt ein Biologie-Student in Teufels Küche. Er verwandelt sich in eine mörderische Bestie, als er die Ergebnisse seiner Versuchsreihe im Selbsttest überprüfen will. ✦ USA 1986 **P** Paragon Films **VA** Allround **R** Larry N. Stouffer **D** Pat Cardi, Rosie Hocotik, Austin Stocker **L** 70 **FSK** ab 16 **E** Video

DIE TEUFELSBRIGADE (1951) (DISTANT DRUMS). Unter der Führung eines verwegenen Captains dringt ein Trupp Soldaten der US-Armee 1840 in den Dschungel Floridas ein und räuchert in den Sumpfgebieten einen Stützpunkt von Waffenschmugglern aus, die die kriegerischen Seminolen, die jede Umsiedlung ablehnen, mit Gewehren versorgen. Aber die Indianer schneiden den Soldaten den Rückweg ab. Ausschweifend angelegte naive Wildwest-Saga mit vielen Ungereimtheiten, inszeniert in überaus bunten Farben. – Ab 14. ✦ USA 1951 **P** United States Pictures (für Warner) **Kl** Warner **VA** Kinowelt Home **Pd** Milton Sperling **R** Raoul Walsh **B** Niven Busch, Martin Rackin **K** Sid Hickox **M** Max Steiner **S** Folmar Blangsted **D** Gary Cooper (Quincy Wyatt), Mari Aldon (Judy Beckett), Richard Webb (Richard Tufts), Ray Teal (Mohair), Arthur Hunnicutt (Monk), Robert Barrat (General Zachary Scott), Clancy Cooper (Sgt. Shane), Robert Barrat (General Zachary Taylor), Clancy Cooper (Sgt. Shane), Larry Carper (Häuptling Ocala), Dan White (Peachtree), Mel Archer (Pvt. Jeremiah Hiff) **L** 101 **FSK** ab 12; nf **E** 28.8.1952/8.5.2001 Video **fd** 1 882

DIE TEUFELSBRIGADE (1967) (THE DEVIL'S BRIGADE). Ein US-Oberst schult im Zweiten Weltkrieg eine neu aufzustellende Elite-Truppe für Sondereinsätze in Italien und Norwegen, die zum Teil aus Strafgefangenen besteht. Dank harter Ausbildung bewährt sich die zusammengewürfelte Kommando-Einheit vorzüglich. Militaristischer Durchhaltefilm in routinierter Abenteuer-Inszenierung, entwickelt nach Mustern des Films »Das dreckige Dutzend«. – Ab 16 möglich. ✦ Scope. USA 1967 **P** Wolper Prod. (für United Artists) **Kl** United Artists **Pd** David L. Wolper **R** Andrew V. McLaglen **B** William Roberts, nach einem Bericht von Robert H. Adleman und George Walton **K** William H. Clothier **M** Alex North **S** William Cartwright **D** William Holden (Lt. Col. Robert T. Frederick), Cliff Robertson (Maj. Alan Crown), Vince Edwards (Maj. Cliff Bricker), Jack Watson (Cpt. Wilfred Peacock), Andrew Pine (Pvt. Theodore Ransom),

Claude Akins, Richard Jaeckel **L** 129 (Orig. 132) **FSK** ab 16; nf **E** 14.2.1969 **fd** 16 005

DIE TEUFELSBRÜDER (1932) →Dick und Doof – Die Teufelsbrüder (1932)

DIE TEUFELSBRÜDER (1933) →Dick und Doof – Hände hoch – oder nicht

TEUFELSBRUT (TSCHERTOWO SEMJA). Die Geschichte eines litauischen Knechts, der sein Leben lang vielerlei Unterdrückungen erfahren muß. – Ab 16. ✦ Scope. UdSSR 1980 **P** Filmstudio Vilnius **KI** Progress **R** Algimantas Puipa **B** Vytautas Shalakjavitschjus **K** Donatas Peciura **M** Oleg Karawaitschuk **D** Jewgenija Pleschkite, Kostas Smoriginas, Vytautas Paukste, I. Saulite, B. Talacka **L** 65 **E** 30.4.1982 Kino DDR/22.1.1986 DFF 1

DAS TEUFELSCAMP (MEAN DOG BLUES). Der Versuch eines unschuldig zu fünf Jahren Haft verurteilten jungen Mannes, einem menschenunwürdigen Straflager zu entfliehen. Eine nach dem Vorbild des Films »Papillon« gefertigte naturalistische Lagerstudie mit verschiedenen Brutalitätseffekten. Nur in einigen Ansätzen werden die Bedingungen asozialer oder pathogener Triebregungen verdeutlicht. (Videotitel: »Dobermänner – Zum Töten abgerichtet«; seltsamerweise wurde die längere Videofassung von der FSK in der Jugendfreigabe niedriger eingestuft als die kürzere Kinoversion.) ✦ USA 1977 **P** Bing Crosby Prod. (BPC) **KI** Neue Constantin **VA** Southern Star **Pd** Bing Crosby **R** Mel Stuart **B** George Lefferts **K** Robert B. Hauser **M** Fred Karlin **D** Gregg Henry (Paul Ramsey), Kay Lenz (Linda Ramsey), George Kennedy (Capt. Omar Kinsman), Scatman Crothers (Mudcat), Tina Louise (Donna Lacey), Felton Perry (Jake Turner) **L** 92 (Video 104) **FSK** ab 18; nf (Video 16) **E** 26.1.1979/1985 Video **fd** 21 091

DAS TEUFELSCAMP DER VERLORENEN FRAUEN. Eine Nymphomanin landet per Fallschirm im Dschungel, wo je zwei männliche und weibliche Kidnapper den Sohn eines Bankiers festhalten. Befreit, stürzt der Junge von einer Ruine und stirbt. Drei Kidnapper kommen ebenfalls um. Die wohlhabende Nymphomanin kann weiterhin dem Männerfang nachgehen. Eine üble Mischung aus spekulativen Sex- und Gewaltszenen. Die dilettantisch inszenierten Scheußlichkeiten wechseln mit dem Postkartenkitsch schöner Mittelmeerlandschaften. – Wir raten ab. ✦ BR Deutschland/Spanien/Österreich 1977 **P** Cosmos Cinema/Tesca/Victor **KI** A.B. **R+B** Hubert Frank **K** Paco Joan **M** Gerhard Heinz **D** Patricia Adriani, Barbara Rey, Brigitte Stein, José Antonio Ceinos, Miguel Angel Godo, Eric Wedekind, Manú **L** 93 **FSK** ab 18; nf **E** 5.1.1978 **fd** 20 623

DIE TEUFELSFALLE (DABLOVA PAST). 18. Jahrhundert: Der »Teufelsmüller« wird in seinem ehrlichen Bemühen um Erkenntnis und Hilfe für den Nächsten vom Feudalherren und dem Bischof in den Tod getrieben. Ein inszenatorisch solider gesellschaftskritischer Film mit antikirchlicher Tendenz. – Ab 14. ✦ Schwarz-weiß. CSSR 1961 **P** Filmstudio Barrandov **KI** Progress **R** Frantisek Vlácil **B** F. A. Dvorak, Miroslav Kratochvil, nach dem Roman »Die Mühle am Schlundfluß« von Alfred Technik **K** Rudolf Milic **M** Zdenek Liska **D** Miroslav Machácek (Priester), Vítezslav Vejrazka (Müller), Cestmír Randa (Regent), Karla Chadimová (Martina), Vít Olmer (Jan) **L** 93 **E** 21.9.1962 Kino DDR/19.11.1963 DFF 1

TEUFELSFLIEGER (SKY DEVILS). Zwei junge Amerikaner, notorische Drückeberger, werden im Ersten Weltkrieg in Frankreich zu Kampffliegern ausgebildet. Als sie sich in die Schweiz absetzen wollen, versehentlich aber hinter den deutschen Linien landen, kommt es zu einer Reihe von Verwicklungen. Eine aus der Resteverwertung der spektakulären Luftkampfszenen aus Howard Hughes' Erfolgsfilm »Hell's Angels« entstandene Slapstick-Komödie voller grotesker Absurditäten, die nicht zuletzt auch durch die hervorragende Leistung Spencer Tracys amüsant unterhält. – Ab 14. ✦ Schwarz-weiß. USA 1932 **P** Howard Hughes Productions **Pd** Howard Hughes **R** A. Edward Sutherland **B** Joseph Moncure March, A. Edward Sutherland **K** Gaetano Gaudio **M** Alfred Newman **D** Spencer Tracy (Wilkie), William Boyd (Sgt. Hogan), George Cooper (Mitchell), Ann Dvorak (Mary), Billy Bevan (Colonel), Yola D'Avril (Fifi) **L** (TV) 90 **E** 24.9.1983 ARD

DER TEUFELSGARTEN (COPLAN SAUVE SA PEAU). Die leichenreichen Abenteuer eines jungen Agenten, der die Weltvernichtungspläne eines halbwahnsinnigen Gelehrten aufdeckt. Wirrer Agentenfilm nach einem trivialen Erfolgsroman der »Coplan«-Serie, garniert mit einigen Horror-Anleihen und folkloristischen Aufnahmen der Türkei. ✦ Frankreich/Italien 1967 **P** C.F.F.P./Cinesecolo **KI** Rank **R** Yves Boisset **B** Claude Veillot, nach einem Roman von Paul Kennedy **K** Pierre Goupil **M** Jean-Claude Pelletier **D** Claudio Brook, Margaret Lee, Bernard Blier, Jean Servais, Jean Topart **L** 111 **FSK** ab 18; nf **E** 27.9.1968 **fd** 16 230

TEUFELSGENERAL PANCHO VILLA (PANCHO VILLA). Episoden aus der mexikanischen Revolution, mit dem Banditenführer und späteren General Pancho Villa. Anspruchslose Kriegs- und Abenteuer-Unterhaltung, die auf aufdringliche Urwüchsigkeit, patriotische Männlichkeit und übertrieben farbige Atmosphäre setzt. Ein wenig Humor hätte dem Film gutgetan. (Fortsetzung: »Pancho Villa – Sieg und Verrat«) – Ab 16 möglich. ✦ Mexiko 1959 **P** Ismael Rodriguez Prod. **KI** Luna **Pd+R+B** Ismael Rodriguez **K** Hugo Velasco **M** Galdino Samperio **D** Pedro Armendáriz, Elsa Aguirre, Carlos Lopez Moctezuma, Humberto Almazán **L** 91 **FSK** ab 16; nf **E** 15.6.1962 **fd** 11 178

DIE TEUFELSHAND (LA MAIN DU DIABLE). Ein Maler, dem Ruhm und Reichtum versagt blieben, geht auf einen teuflischen Handel ein: er kauft eine Hand, die ihm alles bringt, was er bisher entbehren mußte, auch die Liebe einer Frau. Schließlich muß er jedoch zu seinem Wort stehen und die mysteriös erworbene Hand wieder zurückgeben, wobei er den Tod findet. Die versponnene, nicht sonderlich logische Geschichte ist düster in Form einer Rückerzählung inszeniert und gewinnt Spannung vor allem durch die Dekors; als eine Variante des »Faust«-Themas nicht ohne Reiz. – Ab 16. ✦ Schwarz-weiß. Frankreich 1942 **P** Continental **KI** Ifa **R** Maurice Tourneur **B** Jean-Paul Le Chanois, nach einer Erzählung von Gérard de Nerval **K** Armand Thirard **M** Roger Dumas **D** Pierre Fresnay (Roland Brissot), Josseline Gael, Noël Roquevert, Marcell Rexiane, Pierre Larquey, Pierre Palau **L** 90 **FSK** ab 16; f **E** 30.3.1947 **fd** 379

DER TEUFELSHAUPTMANN (SHE WORE A YELLOW RIBBON). Ein grauhaariger, verwitweter US-Kavallerie-Captain erreicht während der Indianer-Unruhen im Jahr 1876 die Altersgrenze, gibt aber dennoch sein Kommando nicht ab, um auf einer gefährlichen Patrouille im Indianer-Gebiet die Entscheidungsbefugnis nicht einem unerfahrenen Offizier zu überlassen. So kann er die Indianer überlisten und Blutvergießen verhindern. Ein meisterhaft gestalteter Western mit stimmungsvollen Bildern, die dem zeitgenössischen Westernmaler Frederic Remington nachempfunden sind. Neben deftigen und komischen Zwischenspielen dominiert das schauspielerisch durchgefeilte Porträt eines charaktervollen Mannes, der in seinem Soldatenberuf vorrangig die Aufgabe der Friedenserhaltung sieht. DVD: Die Extras umfassen u. a. ein etwa 60-minütiges Interview mit John Ford. – Sehenswert ab 14. ✦ USA 1949 **P** RKO **KI** RKO **DVD** Kinowelt Home (FF, Mono engl./dt.) **Pd** John Ford, Merian C. Cooper **R** John Ford **B** Frank Nugent, Laurence Stallings, nach einer Geschichte von James Warner Bellah **K** Winton C. Hoch **M** Richard Hageman **D** John Wayne (Nathan Brittles), Joanne Dru (Olivia Dandridge), John Agar (Ltn. Flint Cohill), Ben Johnson (Sergeant Tyree), Harry Carey jr. (Leutnant Pennell), Victor McLaglen (Sgt. Quincannon), Mildred Natwick (Mrs. Abby Allshard), Arthur Shields (Dr. O'Laughlin), George O'Brien (Major Mack Allshard), Francis Ford (Barmann), Chief John Big Tree (Pony That Walks), Tom Tyler (Mike Quayne) **L** 103 (gek. 90) **FSK** ab 12; f **E** 5.2.1954/17.11.1971 ARD/31.10.2000 DVD **fd** 3 118

DIE TEUFELSHOCHZEIT (NOCES DE SOUFRE). Ein Angestellter einer kleinen Bank in der französischen Schweiz stiehlt seiner Zweigstelle eine größere Menge Geld. Als die Polizei das durch einen Unfall zerstörte Fluchtauto findet, ist die Leiche verkohlt. Die Ehefrau des vermeintlich Toten engagiert einen Privatdetektiv, da sie die augenscheinlich eindeutigen Gegebenheiten nicht hinnehmen will und vermutet, daß sogar die Polizei in die Sache verwickelt ist. Düsterer Kriminalfilm mit einer weitschweifig konstruierten Handlung; aus einer Fernseh-Serie mit Verfilmungen zeitgenössischer »Série noire«-Romane. – Ab 16. ✦ Frankreich/Schweiz/Italien/Luxemburg 1984 **P** Hamster/TF 1/SSR/RTL/RAI **R** Raymond Vouillamoz **B** Raymond Vouillamoz, Jean Amila, nach einem Roman von Jean Amila **M** Louis Crelier **D** Agnès Soral (Annette Letellier), Hugues Quester (Inspektor Secrétan), Claude-Inga Barbey (Thérèse Gerbaut), Jean-Luc Bideau (André Letellier), Jean Bouise (Inspektor Verdier), Capucine (Witwe Castagner), Patrick Sabourin (Jean-Pierre Castagner) **L** 95 **E** 7.10.1985 RTL plus/22.1.1987 DFF 2

DIE TEUFELSINSEL (1940) (DEVIL'S ISLAND). Weil er einen entflohenen Verbrecher behandelte, wird ein französischer Chirurg für zehn Jahre in eine Strafkolonie auf einer Insel vor der Küste Südamerikas verbannt. Zwischen ihm und dem sadistischen Aufseher herrscht von Anfang an Feindschaft. Doch auch unter den entwürdigenden Umständen bewahrt sich der Arzt seine Selbstachtung und erwirbt sogar die Zuneigung der Frau des Lagerleiters. Abenteuerlich-dramatische Schilderung der Zustände in der französischen Strafkolonie auf der Inselgruppe Französisch-Guayana, die immerhin so »realistisch« geriet, daß sie bei ihrer Uraufführung zu Protesten der französischen Diplomatie führte. – Ab 16. ✦ Schwarz-weiß. USA 1940 **P** Warner Bros. **Pd** Bryan Foy **R** William Clemens **B** Don Ryan, Kenneth Gamet, nach der Erzählung »The Return of Doctor X« von Anthony Coldeway und Raymond Schrock **K** George Barnes **S** Frank Magee **D** Boris Karloff (Dr. Charles Gaudet), James Stephenson (Col. Armand), Nedda Harrigan (Mme. Lucien), Adia Kuznetzoff (Pierre), Will Stanton (Bobo), Rolla Gourvitch (Colette) **L** 65 **E** 23.4.1983 BR

DIE TEUFELSINSEL (1976). Dokumentarfilm über die berüchtigte Gefängnisinsel Con Son, das größte Gefängnis in Vietnam, das 1862 erstmals genutzt wurde und in das nachfolgend alle Regimes ihre Gegner verbannten. Gedreht 1976, nach dem Sieg des Vietcong, ist der Film im Stil eines Lokaltermins aufgebaut, der dem ehemaligen Gefangenen Le Quang Vinh, der wegen subversiver Tätigkeit 13 Jahre inhaftiert war, Gelegenheit gibt, die für ihn zurückliegenden schrecklichen Erlebnisse zu rekapitulieren und zu kommentieren. Aufnahmen, Montage und Musik sind darauf angelegt, an das Gemüt zu appellieren. Dabei wird die ideologische Trommel manchmal so stark gerührt, dass sie das eigentliche Anliegen – den Hinweis auf eine unfassbare Unmenschlichkeit – überdeckt. Erster Langfilm eines neuen Vietnam-Zyklus des Studios Heynowski & Scheumann, dem Produktionen wie »Der erste Reis danach« (Vietnam 2), »Ich bereue aufrichtig« (Vietnam 3) und »Die eiserne Festung« (Vietnam 4) folgten. ✦ DDR 1976 **P** Studio H & S **KI** Unidoc **Pd** Mathias Remmert **R+B** Walter Heynowski, Gerhard Scheumann **K** Peter Hellmich, Horst Donth, Winfried Goldner **M** Sergio Ortega **S** Traute Wischnewski **L** 61 **E** 28.4.1976 Kino DDR/29.4.1976 DFF 1

DIE TEUFELSINSEL (1995) →Devil's Island

EIN TEUFELSKERL (1935) (EIN TEUFELSKERL). Bobby Tompson reist nach London, um seine frischverheiratete Schwester zu treffen. Auf einem Kostümfest sucht er nach ihr, findet aber eine andere Frau.

Angestaubte Liebeskomödie. – Ab 12. ✦ Schwarz-weiß. Österreich 1935 **P** Mondial-Internationale Filmindustrie AG **R** Georg Jacoby **B** Paul Sugar **K** Walter Robert Lach **M** Willy Schmidt-Gentner **D** Gustav Fröhlich (Bobby Tompson), Lida Baarová, Georg Alexander, Adele Sandrock, Lizzi Holzschuh **L** 80 **E** 20.7.1987 DFF 1

DER TEUFELSKERL (1938) (FLIRTING WITH FATE). Das Mitglied einer Vaudeville-Truppe beschließt auf der Tournee durch Paraguay, Selbstmord zu begehen, weil er sich und seinen Gefährten nur Unglück bringt und letztere immerhin durch seine Lebensversicherung ein Auskommen hätten. Doch er muss erkennen, dass sein Vorhaben nur schwer in die Tat umzusetzen ist, da plötzlich ein Schutzengel über ihn zu wachen scheint. Slapstick-Komödie, unterhaltsam, aber ohne besondere Einfälle. – Ab 12. ✦ Schwarz-weiß. USA 1938 **P** MGM **Pd** David L. Loew **R** Frank McDonald **B** Joseph Moncure March, Ethel La Blanche, Charlie Melson, Harry Clork **K** George Schneiderman **M** Walter G. Samuels, Charles Newman **S** Robert O. Crandall **D** Joe E. Brown (Dixon), Leo Carrillo (Sancho), Beverly Roberts (Patricia), Wynne Gibson (Bertha), Steffi Duna (Carlita) **L** 70 **E** 28.2.1999 mdr

DER TEUFELSKERL (1970) →Musketier mit Hieb und Stich

EIN TEUFELSKERL (1981) (RACE FOR THE YANKEE ZEPHYR). Ein alter Jäger entdeckt in der Bergwelt Südneuseelands das Wrack eines amerikanischen Flugzeuges aus dem Zweiten Weltkrieg und löst dadurch eine Verfolgungsjagd nach einem unermeßlichen Goldschatz aus, in die ein zunächst ahnungsloser Abenteurer und dessen Begleiter sowie mit bester Technik ausgerüstete Gangster verstrickt sind. Ein schwungvoll inszenierter Abenteuerfilm mit parodistischen Ansätzen. Wohltuend distanziert er sich vom modernen Trend zu Gewalt und Blutorgien und bietet weitgehend entspannende Unterhaltung. – Ab 14. ✦ Scope, teils schwarz-weiß. USA/Neuseeland/Australien 1981 **P** Hemdale Leisure **Kl** Ascot **Pd** Anthony I. Ginnane **R** David Hemmings **B** Everett de Roche **K** Vincent Monton **M** Brian May **S** John Laing **D** Ken Wahl (Barney Whittaker), Lesley Ann Warren (Sally), Donald Pleasence (»Gibbie« Gibson), George Peppard (Teo Brown), Bruno Lawrence (Barton), Grant Tilly, Clark Watkinson **L** 82 **FSK** ab 12; f **E** 29.10.1982/24.6.1983 Kino DDR **fd** 23 720

TEUFELSKERLE (BOYS TOWN). Eine gefühlsträchtige, aber packend erzählte Geschichte aus der 1917 bei Omaha in Nebraska von Pater Flanagan S. J. gegründeten »Jungenstadt«, die zunächst vier Jungen beherbergt, schließlich aber auf 200 Bewohner anwächst. Der Film fesselt durch lebendige Darstellung, erfrischenden Humor und seine vorbildhafte demokratische Gesinnung. – Sehenswert ab 12. ✦ Schwarz-weiß. USA 1937 **P** MGM **Kl** MGM **Pd** John W. Considine jr. **R** Norman Taurog **B** John Meehan, Dore Schary, nach einer Erzählung von Eleanor Griffin und Dore Schary **K** Sidney Wagner **M** Edward Ward **S** Elmo Veron **D** Spencer Tracy (Pater Edward Flanagan), Mickey Rooney (Whitey Marsh), Henry Hull (Dave Morris), Leslie Fenton (Dan Farrow), Gene Reynolds (Tony Ponessa), Addison Richards (Richter), Edward Norris (Joe Marsh), Minor Watson (Bischof), Jonathan Hale (John Hargraves), Bobs Watson (Pee Wee), Martin Spellman (Skinny) **L** 107 **FSK** ab 12; nf **E** Juli 1949/22.4.1973 ZDF **fd** 274

TEUFELSKERLE AUF HEISSEN FEUERSTÜHLEN (ON ANY SUNDAY). Dokumentarfilm über die verschiedensten Arten des Motorradsports, der die traditionellen Trugbilder von Freiheit und Männlichkeit zelebriert. Thematisch deshalb zwiespältig, formal aber in einigen Passagen rauschhaft und durchaus faszinierend. Interessant auch als Dokument einer Zeitströmung der jüngeren Generation in den USA Anfang der 70er Jahre. – Ab 14. ✦ USA 1971 **P** Solar Prod. **Kl** Constantin **Pd+R+B** Bruce Brown **K** Bob Bagley, Don Shoemaker, Bruce Brown **M** Dominic Frontiere **S** Don Shoemaker **D** Steve McQueen, Malcom Smith, Bruce Brown, Mert Lauwill **L** 86 **FSK** ab 6; f **E** 10.5.1972 **fd** 17 843

TEUFELSKERLE DES OZEANS (TORPEDO ALLEY). Zweitklassiger Werbefilm der US-Marine, der die in einem »Sachteil« vorgeführten Ausbildungsmethoden mit einer nachlässig eingebauten Spielhandlung zur Zeit des Korea-Krieges verbindet: Ein ab gestürzter Flieger-Offizier wird von einem U-Boot gerettet und entscheidet sich für eine Umschulung bei der Marine, weil er die größere Gemeinschaft der Schiffsbesatzung schätzen gelernt hat. – Ab 16 möglich. ✦ Schwarz-weiß. USA 1953 **P** Allied Artists **Kl** Lehmacher **Pd** Rex Bailey, John H. Burrows **R** Lew Landers **B** Sam Roeca, Warren Douglas **K** William Sickner **M** Edward J. Kay **S** Ace Herman **D** Mark Stevens (Bingham), Dorothy Malone (Susan), Bill Williams (Graham), Charles Winninger (Peabody), Douglas Kennedy (Gates), James Millican (Heywood) **L** 82 **FSK** ab 12; f **E** 6.12.1957 **fd** 6 602

TEUFELSKERLE IN FERNOST (MARINES LET'S GO). Zwischen Kampfszenen des Korea-Krieges vergnügt sich eine Einheit der US-Marine-Infanterie in den Badestuben und Nachtlokalen der Etappe. Unter ihnen ist ein Draufgängertyp, für den das Unglück nicht der Krieg, sondern die Etappe bedeutet. Weil er, trotz allem, ein Held ist, wird er wie ein Held sterben: Auge in Auge mit dem Feind. Eine Ansammlung billigster »Schütze-Bumm«-Scherze, exemplarisch für die immer mehr nach unten gerichtete Verharmlosungstendenz im Kriegsfilm aus Hollywood während der 60er Jahre. Auffällig ist die Parallele zu den Militärschwanks und Heldenliedern im deutschen Film der 30er Jahre. ✦ Scope. USA 1961 **P** 20th Century Fox **Kl** Centfox **Pd+R** Raoul Walsh **B** John Twist, nach einer Erzählung von Raoul Walsh **K** Lucien Ballard **M** Irving Gertz **S** Robert Simpson **D** Tom Tryon (Skip Roth), David Hedison (Dave Chatfield), Tom Reese (McCaffrey), Linda Hutchins (Grace Blake), Barbara Stuart (Ina Baxter), David Brandon (Newt Lewells) **L** 103 **FSK** ab 18; nf **E** 10.11.1961 **fd** 10 666

DIE TEUFELSKERLE MIT SCHWERT UND DEGEN →Die Teufelskerle von Dorano

DIE TEUFELSKERLE VON DORANO (I DIAVOLI DI SPARTIVENTO / LE SABRE DE LA VENGEANCE). Drei Brüder befreien mit Hilfe von Kriegsmaschinen, die sie nach Zeichnungen von Leonardo da Vinci entwickelten, ein mittelalterliches Herzogtum von Tyrannei und Willkür. Naiver Bilderbuchfilm von eher unfreiwilliger Komik. (TV-Titel: »Teufelskerle mit Schwert und Degen«) – Ab 14 möglich. ✦ Scope. Italien/Frankreich 1963 **P** Cinecompar/Cosmopolis/Marbeuf **Kl** Materna **R** Leopoldo Savona **B** Mario Amendola **K** Pier Ludovico Pavoni **M** Francesco De Masi **D** John Barrymore jr. (Lotario), Scilla Gabel (Isabella), Giacomo Rossi Stuart (Vannozzo), Michel Lemoine, Jany Clair, Mario Pisu **L** 92 **FSK** ab 12; nf **E** 17.7.1964/1.4.1995 VOX **fd** 12 875

TEUFELSKINDER (LES ENFANTS DU DIABLE). Im geteilten Frankreich des Kriegsjahrs 1942 kommt ein engagierter junger Lehrer in ein abgelegenes Bergdorf in der Lozère (Süd-Mittelfrankreich), wo er hofft, sich ganz der Bildung und Aufklärung seiner Schüler widmen zu können. Statt des ersehnten Friedens empfängt ihn jedoch ein Dorf, das durch Fehden zwischen katholischen und protestantischen Familien seit Generationen gespalten ist. Da die Parteinahmen für bzw. gegen die deutschen Besatzer den Konflikt noch verschärfen, sieht sich der Fremde bald vor eine schwierige Entscheidung gestellt. Ein ebenso eigenwilliger wie ernsthafter Versuch, in einer komplizierten Verflechtung von literarischer Vorlage, Poesie und (Pseudo-)Dokumentation die problematischen Konstellationen herauszuarbeiten. Der Konfessionsstreit tritt dabei eher in den Hintergrund. (O.m.d.U.) ✦ Frankreich/Deutschland/Spanien 1992 **P** France 3/ZDF/CYRK **R+B** Claude-Timon Gaignaire **K** Gérald Dumour **M** Jean-Marie Sénia **D** François Négret (Lehrer), Jean-Pierre Aumont (Pfarrer), Gérard Pradilles (Bürgermeister Roques), Moni Grégo (Eliane Lacroux), Hermann Bonnin (Schulinspektor), Joan Crosas (der Spanier) **L** 118 **E** 7.6. 1994 ZDF

TEUFELSKOMMANDO – MARINEKORPS »PANTHERKATZE« SCHLÄGT ZU (HOLD BACK THE NIGHT). Ein US-Kompaniechef, dessen Talisman eine Whisky-Flasche aus dem Zweiten Weltkrieg ist, muß im Korea-Krieg seine Männer in Eis und Schnee unter verlustreichen Gefechten zum Marinekorps durchbringen. Ein nur vorgeblich sachlicher Kriegsfilm im Reportagestil, der zwar nichts beschönigt, den Krieg aber für eine Quelle handfester Abenteuer hält. – Ab 16. ✦ Schwarz-weiß. USA 1956 **P** Allied Artists **Kl** Lehmacher **Pd** Hayes Goetz **R** Allan Dwan **B** John C. Higgins, Walter Doniger, nach der Novelle »Hold Back the Night« von Pat Frank **K** Ellsworth Fredricks **M** Hans J. Salter **D** John Payne (Cap. MacKenzie), Mona Freeman (Anne), Peter Graves (Couzens), Chuck Connors (Eklund), Audrey Dalton (Kitty), Bob Nichols (Beany) **L** 75 **FSK** ab 12; f **E** 25.1.1957 **fd** 5 612

TEUFELSKRALLEN. Ein amerikanischer Agent erhält den Auftrag, wichtige Pläne zu beschaffen und einen bürgerlichen Wissenschaftler nach Hongkong zu locken. Die chinesischen Sicherheitsorgane vereiteln jedoch diese Absichten. Inszenatorisch äußerst schwacher und tendenziöser Agentenfilm mit Szenen grober Diffamierung der katholischen Kirche. ✦ Schwarz-weiß. VR China 1954 **P** Studio Shanghai **Kl** Progress **R** Shen Fu **B** Chao Ming **K** Yao Shih-Chuan **M** Chen Ke-Hsin **D** Tao Chin (Tschou Tschang-Ming), Ling Chih-Hao (Direktor Tung), Djin Wen (Lü Tjia-Hui), Han Fei (Pai Ping-Tschung), Feng Chi (Kaufmann Li) **L** 91 **E** 8.7.1955 Kino DDR/5.8.1955 DFF 1

TEUFELSKREIS (DAYEREH MINA). Die Geschichte eines 17jährigen iranischen Bauernjungen, der mit seinem schwerkranken Vater in die Stadt kommt, in den Kreislauf von Besitzgier, Korruption und gewalttätiger Menschenverachtung gerät und sich dieser scheinbaren Gesetzmäßigkeit anpaßt. In seiner stilistischen Sicherheit und erzählerischen Nüchternheit gelingt dem – noch zur Zeit des Schah-Regimes gedrehten – Film die Aufforderung zur Durchbrechung derartiger Regelkreise. Ein Beispiel gelungener Sozialkritik über den konkreten politischen Bezug hinaus. – Sehenswert ab 16. ✦ Iran 1974 **P** Telfilm **R** Dariush Mehrjui **B** Dariush Mehrjui, Gholam-Hossein Saedi, nach einer Kurzgeschichte von Gholam-H. Saedi **K** Houshang Baharlou **S** Talat Mirfendereski **D** Ezatollah Entezami (Ali), Ali Nassirian (Alis Vaters), Fourouzan (Krankenschwester), Said Kangrani (Dr. Sameri) **L** 95 **E** 14.5.1979 ARD **fd** 22 002

DER TEUFELSKREIS (1955). Der Reichstagsbrand im Februar 1933 wird im Spiegel des anschließenden Prozesses aufgerollt, wobei die inszenierten Szenen dokumentarisch abgestützt werden. Der bulgarische Kommunist Georgi Dimitroff wird dabei zum intelligenten Widersacher des Gerichts, der mit Impulsivität und Logik das Lügengewebe der Machthaber auseinander pflückt und die Protagonisten des nationalsozialistischen Regimes als dumme Hampelmänner erscheinen lässt. Dimitroffs Auftreten überzeugt einen alten, eingekerkerten Sozialdemokraten, von nun an mit den Kommunisten zusammen zu arbeiten. In politisch bedingten historischen Verzeichnungen zwar kritik- und fragwürdig, ist der Film dennoch eine partiell eindrucksvolle freie Bearbeitung eines wichtigen Kapitels deutscher Zeitgeschichte. – Ab 16. ✦ Schwarz-weiß. DDR 1955 **P** DEFA **Kl** Progress **Pd** Paul Ramacher **R** Carl Balhaus **B** Carl Balhaus, nach dem gleichnamigen Bühnenstück von Hedda Zinner **K** Hans Hauptmann **M** Günter Klück **S** Ursula Kahlbaum **D** Jochen Brockmann (Georgi Dimitroff), Kurt Steingraf (Sozialdemokrat Lühring), Erika Dunkelmann (Marta, seine Frau), Horst Naumann (Paul, sein Sohn), Irma Münch (Herta Ring), Fred Delmare (Van der Lubbe), Horst

Koch (Göring), Albert Garbe (Röhm), Siegfried Weiß (Hanussen) **L** 102 **E** 13.1.1956 Kino DDR

DER TEUFELSKREIS (1962) (VICTIM). Homosexualität als Motiv eines taktvoll und fesselnd gestalteten Films, der vordergründig als Kriminalgeschichte angelegt ist: Ein Anwalt glaubt sich von einem jungen Mann erpreßt, der seinerseits Erpressern in die Hände fiel. Obwohl er Gefahr läuft, seine vielversprechende Karriere und seinen Ruf einzubüßen, setzt er sich erfolgreich zur Wehr. ✦ Schwarz-weiß. Großbritannien 1962 **P** Parkway/Rank/Allied Film Makers **KI** Rank **Pd** Michael Relph **R** Basil Dearden **B** Janet Green, John McCormick **K** Otto Heller **M** Philip Green **S** John Guthridge **D** Dirk Bogarde (Melville Farr), Sylvia Syms (Laura), Dennis Price (Calloway), Peter Copley (Paul Mandrake), John Barrie (Inspektor Harris), Anthony Nicholls (Lord Fullbrook) **L** 99 **FSK** ab 18; f **FBW** bw **E** 30.5.1962/16.10.1967 ZDF **fd** 11 316

TEUFELSKREIS ALPHA (THE FURY). Eine nicht näher bezeichnete amerikanische Behörde spürt junge Menschen mit »magischen« psychokinetischen Fähigkeiten auf und macht sie für ihre Ziele dienstbar. Ein ehemaliger Agent, dessen Sohn zu diesem Zweck gekidnappt wurde, versucht mit allen Mitteln dessen Befreiung. Ein grell inszenierter Thriller mit vordergründigem wissenschaftlichem Gerede, angelegt als effektvolles Spannungskino, das aber nur in wenigen Passagen wirklich fesselt. – Ab 16. ✦ USA 1978 **P** 20th Century Fox **KI** 20th Century Fox **Pd** Frank Yablans **R** Brian de Palma **B** John Farris, nach seinem Roman **K** Richard H. Kline **M** John Williams **S** Paul Hirsch **D** Kirk Douglas (Peter Sandza), John Cassavetes (Childress), Amy Irving (Gillian Bellaver), Andrew Stevens (Robin Sandza), Charles Durning (Dr. Jim McKeever), Fiona Lewis (Dr. Susan Charles), Carrie Snodgress (Hester), Carol Rossen (Dr. Ellen Lindstrom), Joyce Easton (Katharine Bellaver), William Finley (Raymond Dunwoodie), Daryl Hannah (Studentin) **L** 118 **FSK** ab 16; f **E** 1.3.1979 **fd** 21 147

TEUFELSKREIS DER ARMUT →Der Schrei nach Liebe

TEUFELSKREIS DER GEWALT →Mütter & Söhne

TEUFELSKREIS Y (TWISTED NERVE). Ein erbgeschädigter junger Mann ermordet in Verkleidung und nach raffinierter Vorbereitung seinen Stiefvater und wird erst nach einem weiteren Mord überwältigt. Ein Krimi, der sich mit angeblich neuen Erkenntnissen der Vererbungslehre schmückt. Voller ebenso absurder wie naiver Einfälle behauptet er, der Bruder eines Mongoloiden sei zum Mörderdasein verurteilt. Stellenweise arg nahe am konventionellen Horrorkino. ✦ Großbritannien 1968 **P** British Lion/Charter **KI** Inter **Pd** John Boulting **R** Roy Boulting **B** Leo Marks, Roy Boulting **K** Harry Waxman **M** Bernard Herrmann **S** Martin Charles **D** Hayley Mills, Hywel Bennett, Billie Whitelaw, Phyllis Calvert, Barry Foster, Frank Finlay, Gretchen Franklin **L** 104 (Orig. 118) **FSK** ab 16; f **E** 16.10.1970/1.12.1975 ZDF **fd** 17 092

DIE TEUFELSKURVE (THE DEVIL'S HAIRPIN). Durch einige rasante Autorenn-Szenen in Spannung gehaltenes Melodram um das Comeback eines eitelegozentrischen Meisterfahrers. Für einen Augenblick überwindet er sich und läßt den schärfsten Rivalen vorbeiziehen, um ihn nicht verunglücken zu lassen – dennoch siegt er. Regisseur, Produzent und Hauptdarsteller Cornel Wilde läßt nichts aus, um routiniert als erster durchs Ziel zu gehen. – Ab 14 möglich. ✦ Scope. USA 1957 **P** Paramount **KI** Paramount **Pd+R** Cornel Wilde **B** James Edmiston, Cornel Wilde **K** Daniel L. Fapp **M** R. Bagdasarian, Van Cleave **S** Floyd Knudtson **D** Cornel Wilde (Nick Jargin), Jean Wallace (Kelly), Arthur Franz (Rhinegold), Mary Astor (Mrs. Jargin), Paul Fix (Doc), Larry Pennell (Johnny) **L** 83 **FSK** ab 12; nf **E** 18.4.1958 **fd** 6 951

TEUFELSLUST MIT MYRA (MEET SWEET MYRA / THE NAUGHTY NUDY). Nach ihren irdischen Sex-Aktivitäten, die sie von einem Bauernhof in Missouri bis in den Sündenpfuhl Hollywood führten, landet Myra Morningstar schließlich in den Armen des Höllenfürsten Mephisto. Ein stupides, geistig abwegiges Sexfilmchen, offensichtlich die gekürzte Version eines harten Pornos. (Der gerade einstündige Film wurde in deutschen Kinos mit dem neunminütigen Vorfilm »Sexuelle Vorspiele zu ›Teufelslust mit Myra‹«/»Erika's Hot Summer« gekoppelt.) – Wir raten ab. ✦ USA 1973 **KI** Müller **R** Charlton Roberts **B** Earl d'Pearl **D** Star Simon, Rex Bensen **L** 74 (65+9) **FSK** SPIO: X **E** 1974 Kino

DAS TEUFELSMAHL (DEVIL'S FOOD). Komödie um einen fatalen »Vertrag« mit dem Teufel. Eine Nachrichtensprecherin, die davon überzeugt ist, daß sie nur schlank Karriere machen kann, schließt in einer Krise einen Pakt mit dem Teufel. Prompt gelingt ihr beruflich und privat alles, doch die Sache hat einen Haken. ✦ USA 1996 **R** George Kaczender **B** Henry Olek **K** Miklos Lente **M** Ray Colcord **S** Ron Wisman **D** Suzanne Somers (Sally), Dabney Coleman, William Katt, Charles Frank, Shannon Lawson **L** 88 **E** 2.9.1998 premiere

DIE TEUFELSPASSAGE (BORDER RIVER). Ein Captain der amerikanischen Nordstaaten-Armee erhält während der letzten Tage des Bürgerkrieges den Auftrag, in Mexiko für zwei Millionen Dollar Waffen zu besorgen. Dort gerät er nicht nur an gewissenlose Banditen, sondern verliebt sich auch in die Geliebte des Bandenchefs und Diktators. Nach den üblichen Mustern des Genres unterhaltsam und mit einigem handwerklichem Geschick konstruierter Western. – Ab 14. ✦ USA 1954 **P** Universal **KI** Universal **Pd** Albert J. Cohen **R** George Sherman **B** William Sackheim, Louis Stevens **K** Irving Glassberg **M** Joseph Gershenson **S** Frank Gross **D** Joel McCrea (Captain Mattson), Yvonne de Carlo (Carmelita Carias), Pedro Armendáriz (General Calleja), Howard Petrie (Newland), Erika Nordin (Annina), Alfonso Bedoya (Capitano Vargas), Ivan Triesault (Baron von Hollden), George J. Lewis (Sanchez), George Wallace (Fletcher), Lane Chandler (Anderson), Charles Horvath (Crowe), Nacho Galindo (Lopez) **L** 81 **FSK** ab 12; nf **E** 2.9.1954 **fd** 3 512

DAS TEUFELSPFERD (THE DEVIL HORSE). Das berühmte Rennpferd »Apache« fällt auf Umwegen an den Eigentümer zurück. Bis es soweit ist, vollführt es mit dem stummen Augenzeugen des Mordes an einem Waldhüter allerlei Akrobatik. Obendrein sorgen ein wackerer Cowboy und ein Halbblut dafür, daß der Sheriff die maßgeblichen Bösewichter inhaftieren kann. Ein aus einem 12teiligen Serial zu zwei Akten für die deutsche Kinoauswertung zusammengeschnittener Western. Ohne formale Ambitionen, aber mit einigen attraktiven Dressur-Nummern, waghalsigen Stunts und einem sympathischen Hauptdarsteller: dem frühen Western-Star Harry Carey (1880–1947). – Ab 10. ✦ Schwarz-weiß. USA 1932/39 **P** Nat Levine Prod. **KI** Prisma **Pd** Nat Levine **R** Otto Brower **B** George Morgan **K** Ernest Miller **M** André Theurer **D** Harry Carey (Roberts), Noah Beery sr. (Canfield), Frankie Darro (Wild Boy) **L** 78 **FSK** ab 6; nf **E** 15.12.1948 **fd** 728

DIE TEUFELSPIRATEN (DEVIL SHIP PIRATES). Die spanische Besatzung eines Piratenschiffs, die an der großen Seeschlacht mit der Armada im Jahr 1588 im Ärmelkanal teilgenommen hat, terrorisiert die Einwohner eines kleinen Dorfs an der englischen Küste, denen der Sieg der englischen Flotte noch nicht bekannt ist. Herkömmliche Abenteuer-Unterhaltung, die den üblichen historischen Bilderbogen mit Schlacht- und Kampfgetümmel verbindet. – Ab 14 möglich. ✦ Scope. Großbritannien 1963 **P** Hammer **KI** Columbia-Bavaria **Pd** Anthony Nelson Keys **R** Don Sharp **B** Jimmy Sangster **K** Michael Reed **M** Gary Hughes **S** James Needs **D** Christopher Lee (Cap. Robeles), Andrew Keir (Schmied Tom), John Cairney (Harry), Duncan Lamont (Bootsmann der »Diabolo«), Michael Ripper (Pepe), Ernest Clark (Sir Basil) **L** 84 **FSK** ab 12; nf **E** 26.6.1964 **fd** 12 865

TEUFELSPIRATEN →Zarak, der Rebell

TEUFELSPIRATEN VON KAU-LUN (THE PIRATE). Ein chinesischer »Störtebeker« kapert die Schiffe ausländischer »Imperialisten«, die gerade dabei sind, eine Kolonialmacht aufzubauen. Der edle Freibeuter denkt vor allem an die Armen im eigenen Lande und hilft zum Schluß selbst, die Seeräuber zu bekämpfen. Aktionsreicher Eastern im ungewohnten Gewand des Piratenfilms, der die üblichen Kämpfe in hochstilisierte, akrobatische Bewegungen auflöst. ✦ Scope. Hongkong 1973 **P** Shaw Brothers **KI** Scotia **R** Chang Cheh, Pao Xueh-Li **D** Ti Lung (Chang Pao), David Chiang (= Chiang Tai Wei), Fan Mei Sheng, Liu Kang, Tang Yen-Tsan, Tien Ching **L** 82 **FSK** ab 16; nf **E** 29.11.1973 **fd** 18 605

DAS TEUFELSQUARTETT →Teufel im Quadrat

TEUFELSREITER VON MESA CITY (THE DEVIL RIDERS). Der bärtige Western-»Gnom« Fuzzy steht seinem Freund und Partner bei, der die attraktive Erbin einer vermögenden Farm vor Bösewichtern rettet und schließlich ihr Herz gewinnt. Belangloser Unterhaltungsfilm, lieblos zusammenmontiert aus einem Western-Serial um den Abenteurer »Fuzzy« (siehe auch dort), gestreckt mit Szenen aus einem weiteren, unidentifizierten Crabbe/Fuzzy-Film. – Ab 12. ✦ Schwarz-weiß. USA 1943 **P** PRC **KI** Super **R** Sam Newfield **B** Joe O'Donnell **K** Robert Cline **M** Rudolf Perak **D** Buster Crabbe, Al »Fuzzy« St. John **L** 80 **FSK** ab 12; nf **E** 24.8.1954 **fd** 3 514

TEUFELSREITER VON TEXAS (RANGE WAR). In der ihm eigenen unaufdringlichen Art nimmt Western-Held Hopalong Cassidy den Kampf gegen Eisenbahn-Saboteure auf. Zum Schein gibt er sich selbst als Posträuber aus, damit die von den meuternden Eisenbahnarbeitern heftig eingeklagten Lohngelder endlich an die richtige Stelle gelangen. Unterhaltsam-trivialer Serienwestern, ganz zugeschnitten auf seinen Hauptdarsteller »Hopalong Cassidy« (siehe auch dort). – Ab 12. ✦ Schwarz-weiß. USA 1939 **P** Paramount **KI** Deutsche Commerz **Pd** Harry Sherman **R** Lesley Selander **B** Josef Motiague, Sam Robins, Walter Robins, nach Clarence E. Mulford **K** Russell Harlan **S** Sherman A. Rose **D** William Boyd (Hopalong Cassidy), Russell Hayden (Lucky), Britt Wood (Speedy), Pedro de Cordoba (Pater José), Willard Robertson (Collins), Matt Moore (Jim Marlow), Betty Moran (Ellen Marlow), Kenneth Harlan (Charles Higgins), Glenn Strange (Sheriff), Earle Hodgins (Deputy Sheriff), Stanley Price, Jason Robards sr. (Rancher), Francis McDonald (Dave Morgan), George Chesebro, Ray Bennett **L** 68 **FSK** ab 12; nf **E** 20.5.1950 **fd** 798

DAS TEUFELSRITUAL →Die Gruft der toten Frauen

DIE TEUFELSSCHLUCHT (CTZARKI ZLEB). Ein junger Grenzjäger aus der Hohen Tatra im Kampf gegen Schmuggler und Volksfeinde. Spannender Gebirgsfilm mit politischen Akzenten. – Ab 14. ✦ Schwarz-weiß. Polen 1950 **P** Film-Polski **KI** Progress **R** Tadeusz Kanski, Aldo Vergano **B** Tadeusz Kanski **K** Karol Chodura, Boguslaw Lambach **M** Kazimierz Serocki **D** Tadeusz Schmidt (Jasiek Gazdon), Alina Janowska (Halina), Wladyslaw Kaszmarski (Koziewski), Tadeusz Kanski (Wilczynski), Janusz Sciwiarski (der Dicke) **L** 105 **E** 1.9.1950 Kino DDR

DIE TEUFELSSCHLUCHT DER WILDEN WÖLFE (IL RITORNO DI ZANNA BIANCA / LA REVANCHE DE CROC BLANC). Zur Goldgräberzeit in Alaska. In den Kämpfen zwischen Schurken, die vor keinem Verbrechen zurückscheuen, und ehrbaren, tapferen Männern spielt ein treuer Wolfshund eine wesentliche Rolle. Geradlinige, hinreichend spannende Abenteuergeschichte. (Videotitel: »Wolfsblut 2«) – Ab 14. ✦ BR Deutschland/Italien/Frankreich 1974 **P** Terra-Filmkunst/Coralta/Corona **KI** Constantin **R** Lucio Fulci **B** Alberto Silvestri, Roberto Gianviti, Lucio Fulci **K** Silvano Ippoliti **M** Carlo Rustichelli **D** Franco Nero (Jason Scott), Raimund Harmstorf (Kurt Jansen), Virna Lisi (Schwester Evangeline), John Steiner (Beauty Smith), Yanti Somer (Carol),

Harry Carey jr. (Tarwater), Hannelore Elsner (Jane) **L** 98 **FSK** ab 12; f **E** 12.9.1975/23.12.1986 DFF 2 **fd** 19 486

DER TEUFELSSCHREI (EVILSPEAK). Ein Kadettenschüler, von Lehrern und Kameraden schikaniert, nimmt mit Hilfe satanischer Mächte fürchterliche Rache an seinen Peinigern. Okkulter Trivial-Horrorfilm nach bekanntem Muster, der sich durch platteste Ekelhaftigkeit diskreditiert. (Videotitel: »Evilspeak«) – Wir raten ab. ✦ USA 1980 **P** Leisure Investment/Coronet **KI** Warner-Columbia **VA** Warner Home **R** Eric Weston **B** Joseph Garofalo, Eric Weston **K** Irv Goodnoff **M** Roger Kellaway **S** Charles Tetoni **D** Clint Howard (Coopersmith), R.G. Armstrong (Sergeant), Joe Cortese (Reverend), Charles Tyner (Colonel), Louie Gravance (Jo Jo), Loren Lester (Charlie) **L** 92 **FSK** ab 18; nf **E** 13.11.1981/1987 Video **fd** 23 212

DER TEUFELSSCHÜLER (THE DEVIL'S DISCIPLE). Shaws scharf sarkastische Komödie über britische Mentalität und Menschlichkeit, im Mittelpunkt eine englische Strafexpedition, die im Jahr 1777 gegen amerikanische Siedler zieht. Stilgerecht mit respektloser Ironie inszeniert, von glänzenden Darstellern getragen. – Sehenswert ab 16. ✦ Schwarz-weiß. Großbritannien 1959 **P** Uinted Artists/Hecht-Hill-Lancaster/Brynaprod. **KI** United Artists **Pd** Harold Hecht **R** Guy Hamilton **B** John Dighton, Roland Kibbee, nach einem Schauspiel von George Bernard Shaw **K** Jack Hildyard **M** Richard Rodney Bennett **S** Alan Osbiston **D** Burt Lancaster (Anthony Anderson), Kirk Douglas (Richard Dudgeon), Laurence Olivier (General Burgoyne), Janette Scott (Judith Anderson), Eva LeGallienne (Mrs. Dudgeon), Harry Andrews (Major Swindon) **L** 82 **FSK** ab 12; f **FBW** w **E** 24.2.1960 **fd** 8 998

DAS TEUFELSWEIB (1973) (STRANGE GIRL IN LOVE). Fantasien um eine junge Ehefrau, die als das Opfer sexueller Begierde und Perversion dargestellt wird. Eine bedenkenlose Ausschlachtung gängiger Sittenfilm-Klischees, aus heutiger Sicht noch lachhafter als einst. (Alternativtitel: »Die wilde Sex Lady«) – Wir raten ab. ✦ Griechenland 1973 **P** G.D.-Films **KI** Filmagentur Gleim **R** Olav Stratis **D** Dora Galami, Peter Spencer **L** 74 **FSK** ab 18; nf **E** 12.9.1975

DAS TEUFELSWEIB (2000). Um an die Lebensversicherung ihres Mannes zu kommen, lässt ihn eine Frau von ihrem Geliebten ermorden. Nachdem Gras über die Sache gewachsen ist, verbringen beide einen Liebesurlaub auf Gomera, nicht ahnend, dass ihnen ein Versicherungsdetektiv auf den Fersen ist und dass das Opfer den Mordanschlag überlebte und ebenfalls auf der Insel weilt, um Rache zu nehmen. (Fernseh-)Thriller um die Geldgier einer Frau und einen vermeintlichen Toten, der an der eigenen Lebensversicherung verdienen will. ✦ Deutschland 2000 **R** Carl-Friedrich Koschnick **B** Edeltraud Rabitzer **D** Iris Berben (Lea Hoffmann), Michael Mendl (Paul Hoffmann), Thure D. Riefenstein (Maximilian), Peter Sattmann (Til), Christoph Waltz (Fink) **L** 93 **E** 31.10.2000 SAT 1

DAS TEUFELSWEIB VON MONTANA (BULLWHIP). Ein von einem verbrecherischen Richter wegen einer Bagatelle zum Tode Verurteilter rettet sein Leben, indem er eine ihm völlig unbekannte Fellhändlerin heiratet, die damit formal die merkwürdigen Testamentsbestimmungen ihres Vaters erfüllt. Durch Humor aufgelockerter, gefällig-abenteuerlicher Western nach üblichem Schema. – Ab 14. ✦ Scope. USA 1958 **P** Allied Artists **KI** Lehmacher **Pd** Helen Ainsworth **R** Harmon Jones **B** Adele Buffington **K** John J. Martin **M** Leith Stevens **S** Thor Brooks **D** Rhonda Fleming (Cheyenne), Guy Madison (Steve), James Griffith (Karp), Peter Adams (Parnell), Burt Nelson (Panther), Dan Sheridan (Podo), Hank Worden (Tex), Don Beddoe (Richter), Al Terr (Lem), Tim Graham (Pete), Rick Vallin (Marshal), Barbara Woodell (Mrs. Mason), Don Shelton, Wayne Mallory (Larry) **L** 79 **FSK** ab 12; nf **E** 21.8.1959 **fd** 8 490

DAS TEUFELSWEIB VON SANTA MARGARITA (LA BALANDRA ISABELL ILEGO ESTA TARDE). Ein ehrbarer Kapitän gerät in die Netze einer Hafenkneipensängerin. Unter dem Einfluß seiner meuternden Mannschaft, des Gebetes seiner Ehefrau und der Liebe seines kleinen Sohnes findet er auf den rechten Weg zurück. Kolportagehaftes Melodram, auffällig durch seine hervorragende Fotografie und die rhythmische Montage. ✦ Mexiko/Bolivien 1950 **P** Mier y Brooks/Bolivarfilm **KI** Karpatfilm **R** Carlos Hugo Christensen **K** José Maria Beltrán **D** Arturo de Cordova, America Barrio, Virginia Luque, Anna Henriquez, Nestor Zavarce **L** 81 **FSK** ab 18; nf **E** 28.11.1952 **fd** 2 173

DAS TEUFELSWEIB VON TEXAS (THE BALLAD OF JOSIE). 1870: Mit bescheidenem Erfolg bewirtschaftet eine Frau, die verdächtigt wird, am Tod ihres Mannes nicht ganz unschuldig zu sein, eine Farm in Wyoming. Als zwischen ihr und einem mächtigen Rinderbaron ein Weidekrieg ausbricht, stellt sich zunächst nur ein Mann auf ihre Seite; doch als die Frauenbewegung in Washington von ihrem Schicksal erfährt, ändert sich die Lage. Western mit einigen komischen Einlagen und bemühten Emanzipations-Elementen; viele Klischees und eine in diesem Milieu blasse Hauptdarstellerin mindern den Unterhaltungswert. (Fernsehtitel auch: »Teufelsweiber«) – Ab 10 möglich. ✦ Scope. USA 1967 **P** Universal **KI** Universal **Pd** Norman MacDonnell, Martin Melcher **R** Andrew V. McLaglen **B** Harold Swanton **K** Milton Krasner **M** Frank De Vol **S** Otho Lovering, Fred A. Chulack **D** Doris Day (Josie Minick), Peter Graves (Jason Meredith), George Kennedy (Arch Ogden), Andy Devine (Richter Tatum), William Talman (Charlie Lord), David Hartman (Fonse Pruitt), Guy Raymond (Doc), Audrey Christie (Annabelle Pettijohn), Karen Jensen (Deborah Wilkes), Elizabeth Fraser (Renfrew), Linda Meiklejohn (Jenny), Shirley O'Hara (Elizabeth), Timothy Scott (Klugg), Paul Fix (Alpheus Minick), Harry Carey jr. (Mooney), John Fiedler (Simpson), Robert Lowery (Whit Minick), Teddy Quinn (Luther Minick) **L** 102 **FSK** ab 6; nf **E** 22.12. 1967/28.3.1987 RTL plus **fd** 15 216

TEUFELSWEIBER → Das Teufelsweib von Texas

DIE TEUFELSWOLKE VON MONTEVILLE (THE TROLLENBERG TERROR). Seltsame »Eiswesen« von einem anderen Stern bedrohen ein Alpendorf. Die Bevölkerung flieht in ein betoniertes Observatorium, Brandbomben der UNO retten sie. Ein plumper Science-Fiction-Film mit einigen Horroranleihen und unfreiwillig erheiternder Komik. ✦ Schwarz-weiß. Großbritannien 1958 **P** Tempean **KI** Lehmacher **Pd** Robert S. Baker, Monty Berman **R** Quentin Lawrence **B** Jimmy Sangster **K** Monty Berman **M** Stanley Black **D** Forrest Tucker (Alan Brooks), Janet Munro (Anne), Jennifer Jayne (Sarah), Warren Mitchell (Prof. Crevett), Andrew Faults (Brett), Laurence Payne (Philipp Truscott), Frederick Schiller (Klein), Stuart Saunders (Dewhurst), Colin Douglas (Hans), Gerard Green (Pilot) **L** 82 **FSK** ab 18; nf **E** 24.7.1959 **fd** 8 519

TEUFLISCH (BEDAZZLED). Ein unglücklich in eine Kollegin verliebter, in der Firma unbeliebter Computertechniker wird vom Teufel in Gestalt einer schönen Frau aufgesucht, die ihm sieben Wünsche in Aussicht stellt. Im Glauben, durch Reichtum und Ruhm die Angebetete für sich zu gewinnen, wird er nacheinander Drogenbaron, Basketball-Star, »Softie«, Dichter und Präsident. Doch selbst in den verwirklichten Wunschträumen wird er nicht erhört. Neuverfilmung einer den »Faust«-Mythos bemühenden Komödie von Stanley Donen (»Mephisto '68«, 1967). Hervorragend gespielt und in den Traumpassagen ebenso aufwändig wie unterhaltsam inszeniert, beschränkt sich die Rahmenhandlung lediglich auf die bestmögliche Zurschaustellung der Hauptdarstellerin. DVD: Die Special Edition (nur die Kauf-DVD) beinhaltet u. a. einen untertitelten Audiokommentar des Regisseurs und der beiden Hauptdarsteller, diverse Kurzdokumentationen sowie ein Feature mit nicht verwendeten Szenen. – Ab 12 möglich. ✦ Scope. USA 2000 **P** Twentieth Century Fox/Regency Enterprises **KI** Twentieth Century Fox **VA** Fox Home **DVD** Fox Home (SE, 16:9, 2.35:1, DD5.1 engl./dt.) **Pd** Trevor Albert, Harold Ramis, Suzanne Herrington **R** Harold Ramis **B** Larry Gelbart, Harold Ramis, Peter Tolan **K** Bill Pope (= William Pope) **M** David Newman **S** Craig Herring **D** Brendan Fraser (Elliot Richards), Elizabeth Hurley (der Teufel), Frances O'Connor (Alison/Nicole/Carol), Miriam Shor (Carol/Penthouse Hostess), Orlando Jones (Dan/Esteban) **L** 93 **FSK** ab 12; f **FBW** w **E** 18.1.2001/26.7. 2001 Video/27.9.2001 DVD **fd** 34 696

TEUFLISCH SEXY (DAMIEN'S SEED). Ein Detektiv stößt bei der Suche nach einer vermissten jungen Frau, der Stiefschwester seiner Auftraggeberin, auf eine satanische Sekte, deren weibliche Mitglieder sich merkwürdigen sexuellen Praktiken hingeben. Er muss feststellen, dass seine Auftraggeberin auch in die Sache verstrickt ist. Spannungsarme Mischung aus Softporno und Fantasy mit amateurhaften schauspielerischen Leistungen. ✦ USA 1996 **P** Mystique Films **Pd** Bradford Hill **R+B** Edward Holzman **K** Bruce Dorfman **M** Alex Wilkinson **S** Kelley Cauthen **D** Matthew Sullivan (Barry Haven), Leslie Harter (Jane Janzen), Kira Reed (Carol), Jimmy Wlcek (Eric), Jacqueline Lovell (Trix) **L** 91 **E** 28.2.2001 ProSieben

DER TEUFLISCHE (LA CASA DELL'ESCORCISMO). Filmisches Gruselkabinett, in dem es um die Inkarnation des Teufels in einem jungen Mann geht, der mit seiner Mutter in einem geheimnisvollen Schloß lebt und makabre Morde begeht. Eine von ihm angelockte junge Frau wird Opfer seiner Experimente, in denen sein krankhaftes Hirn übersinnliche Horror-Szenen fabriziert. Langweilig, mit viel Leerlauf inszeniert. ✦ Scope. Italien/Spanien 1975 **P** Euro America/Tecisa **VA** Filmhansa/Allround **Pd** Alfred Leone **R** Mario Bava **B** Alfred Leone, Alberto Cittini **M** Carlo Savina **D** Telly Savalas (Leandro/Satan), Elke Sommer (Lisa/Helena), Robert Alda (Pater Michel), Alida Valli (Gräfin), Alessio Orano (Sohn), Gabriele Tinti (Chauffeur) **L** 86 **FSK** ab 16; f **E** 1985 Video/11.8. 1986 HR/NDR **fd** 25 066

TEUFLISCHE BRÜSTE (DEADLY WEAPONS). Ein erpresserischer Gangster wird von seinen Kollegen umgebracht. Seine Geliebte, eine Frau mit Superbusen, macht die Mörder ausfindig und erstickt sie nacheinander zwischen ihren überdimensionalen Brüsten. Eine ebenso abstrus-bizarre wie langweilige Krimi-Erotik-Kolportage ohne Sinn und Verstand. (Fortsetzung: »Ein superheißes Ding«) – Wir raten ab. ✦ USA 1973 **P** Juri **KI** Nobis **R** Doris Wishman **B** J. J. Kendall **K** Juan Fernandez **D** Chesty Morgan, Harry Reems, Greg Reynolds **L** 72 **FSK** ab 18; nf **E** 12.7.1974 **fd** 18 972

TEUFLISCHE ENGEL – SIE KRIEGEN EUCH AUCH NOCH (PERFECT LITTLE ANGELS). Eine allein erziehende Mutter zieht mit ihrer 17-jährigen Tochter in einen Wohnpark, der sich als streng bewachte Sicherheitsanlage entpuppt. Die Heranwachsende kann ihrer neuen Umgebung nichts abgewinnen und findet die Mitbewohner spießig. Doch dann treten seltsame Dinge ein, und sie findet mit ihrem Freund heraus, dass der Besitzer der Siedlung, ein Wissenschaftler, mit den Bewohnern ein teuflisches Spiel treibt. Ein Wettlauf gegen die Zeit ist die Folge. Recht geschickt konstruierter Psychothriller mit guten Darstellerleistungen, dem eine solide Spannungssteigerung gelingt. ✦ USA 1998 **P** Michael-Finney Prod./Shavick/TVA **Pd** James Shavick, Terence Michael, Richard Finney **R** Timothy Bond **B** Bart Baker, nach einem Roman von Andrew Neiderman **K** Peter Benison **M** Ken Williams **S** Jeremy Presner **D** Cheryl Ladd (Elaine Freedman), Jody Thompson (Justine Freedman), Lisa Caruk (Nikki), Duane Dickinson (David), Michael York (Dr. Calvin Lawrence), Doug Abrahams (Wachmann) **L** 92 **E** 10.6.2001 ProSieben

DIE TEUFLISCHE FALLE →Der Wahnsinn des Dr. Clive

DAS TEUFLISCHE GEHEIMNIS DER VERRÜCKTEN MRS. MUNCK →Der teuflische Plan der verrückten Mrs. Munck

TEUFLISCHE GELÜSTE (TEENIE TULIP / LA FEMME NUE). Einfältiger Sexfilm über einen vermeintlichen Psychiater, der, bevor er auffliegt, reichlich Gelegenheit bekommt, seine »Therapien« an Patienten mit schweren sexuellen Problemen zu demonstrieren. Für den deutschen Markt offensichtlich um »harte« pornografische Szenen gekürzt. – Wir raten ab. ✦ USA/Tunesien 1970 **P** Fortuna Transworld International/De Lemos **Kl** Transfilm **Pd** George de Lemos **R** Gerard Damiano **K** Jay Ryder **D** Steve Dickinson, Peggy Simpson, Linda Southern, Jackie Richards, Don Nardo **L** 70 (Orig. 80) **FSK** ab 18; nf **E** 2.9.1971 **fd** 17 495

DAS TEUFLISCHE GLÜCK (Z PEKLA STESTI). Eine böse und eifersüchtige Bauerstochter treibt die Stiefschwester aus dem Haus und veranlasst, dass der Knecht, der die Vertriebene liebt, den Soldatenwerbern des Königs in die Hände fällt. Der kann sich jedoch mit zwei teuflischen Gesellen verbünden und die Geliebte aus der Gewalt des tyrannischen Königs befreien. Märchenfilm, der nicht mit dem privaten Glück zweier Verliebter aufwartet, sondern zugleich dem Volk die langersehnte Freiheit beschert. ✦ Tschechien 1999 **P** Fronda Film/Krátký Film/Whisconti **Pd** Marek Brodsky, Pavel Melounek, Jirí Pomeje (= Jioi Pomeje) **R** Zdenek Troska **B** Jan Drda, Zdenek Troska **K** Juraj Fándli **M** Karel Svoboda **D** Michaela Kuklová (Margareta), Miroslav Simunek (Hannes), Lukás Vaculík (Robert), Karel Liebl (Walerius), Ivo Theimer (Nepo) **L** 105 **E** 1.1.2001 ARD

DAS TEUFLISCHE IMPERIUM →Die wahren Bosse – Ein teuflisches Imperium

DIE TEUFLISCHE INTRIGE (L' INTRIGO / MEURTRE PAR ACCIDENT). Ein italienischer Graf entledigt sich seiner an Gedächtnisschwund leidenden Frau, um deren Vermögen zu erben, kommt aber ebenfalls um. Stilistisch uneinheitliche, unglaubwürdige Kriminalgeschichte, die bessere amerikanische Vorbilder (»Gaslight«) uninspiriert kopiert. – Ab 16. ✦ Italien/Frankreich/Spanien 1963 **P** Galatea/Brazzi/Hayutin/Lyre/Titanus **Kl** Pallas **R** Vittorio Sala **B** Massimo D'Avack, nach einem Roman von Doris Hume **K** Gabor Pogany **M** Angelo Francesco Lavagnino **S** Giancarlo Cappelli **D** Rossano Brazzi (Paolo Barbarelli), Shirley Jones (Sandy Williams), George Sanders (Raymond Fontaine), Giorgia Moll (Cora Barbarelli), Micheline Presle (Monique) **L** 90 **FSK** ab 16; f **E** 25.9.1964 **fd** 13 151

TEUFLISCHE INTRIGEN (ULTERIOR MOTIVES). Gemeinsam mit einem Privatdetektiv will eine Reporterin einen brisanten Spionagefall aufdecken: Sie verdächtigt einen japanischen Geschäftsmann, hochkarätige Militärgeheimnisse an die Gangsterorganistion Yakuza zu verkaufen. Schwache Mischung aus Agententhriller und Actionfilm. ✦ USA 1991 **R** James Becket **D** Thomas Ian Griffith (Jack Blaylock), Mary Page Keller (Erica Parker Boswell), Ken Howard (Malcolm Carter), Joe Yamanaka (Joey), Hayward Mishioka (George Sakagami) **L** 91 (TV) **E** 6.3.1996 SAT 1

EINE TEUFLISCHE KARRIERE →Limit Up

TEUFLISCHE KLASSE (DANGEROUSLY CLOSE). Ein Highschool-Lehrer und früherer Vietnam-Kämpfer gründet eine »Wächter«-Gruppe, die für Ordnung sorgen soll, heimlich aber auch mißliebige Schüler terrorisiert. Ein routiniert inszenierter Actionfilm, der sich mit den angesprochenen Problemen – Verwahrlosung und Radikalisierung von Jugendlichen durch Geschichtslosigkeit und wachsenden Leistungsdruck – nur oberflächlich auseinandersetzt und seine Aussage zugunsten äußerer Spannung verschenkt. ✦ USA 1986 **P** Cannon/Golan-Globus **Kl** Scotia-Cannon **VA** VMP **Pd** Menahem Golan, Yoram Globus, Harold Sobel **R** Albert Pyun **B** Scott Fields, John Stockwell, Marty Ross **K** Walt Lloyd **M** Michael McCarthy **S** Dennis O'Connor **D** John Stockwell (Randy McDevitt), J. Eddie Peck (Donny Lennox), Carey Lowell (Julie), Bradford Bancroft (Krooger Raines), Don Michael Paul (Lehrer), Thom Mathews (Brian Rigletti) **L** 95 **FSK** ab 18; f **E** 11.9.1986/Januar 1987 Video

DER TEUFLISCHE LIEBHABER (HER COSTLY AFFAIR). Thriller. Eine Literaturprofessorin läßt sich auf eine Affäre mit einem ihrer Studenten ein. Dies erweist sich als fataler Fehler, denn der junge Mann versucht fortan mit allen Mitteln, sich Zutritt zu ihrem Leben zu verschaffen. ✦ USA 1996 **Pd** Ed Lahti **R** John D. Patterson **B** Carmen Culver **K** Mark W. Gray **M** Michael Hoenig **S** Michael Kewley **D** Bonnie Bedelia (Diane Weston), Brian Austin Green (Jeff Dante), Joe Spano (Carl Weston), Gina Philips (Tess Weston), Steve Gilborn **L** 87 **E** 26.2.1998 premiere

DIE TEUFLISCHE MASKE (THE MASK). Zweitklassiges Grusel-Abenteuer: Eine alte indianische Kultmaske aus Südamerika weckt in dem, der sie aufsetzt, den Zwang zum Bösen. Stereotyp, heute fast schon unfreiwillig komisch. (Der Film wurde teilweise im 3-D-Verfahren gedreht.) – Ab 16. ✦ Schwarzweiß. Kanada 1961 **P** Taylor-Roffman/Beaver **Kl** Warner **Pd+R** Julian Roffman **B** Frank Taubes, Sandy Haber **K** Herbert S. Alpert **M** Louis Applebaum **D** Paul Stevens (Dr. Allan Barnes), Claudette Nevins (Pamela Albright), Bill Walker (Lt. Walker), Anne Collings (Miss Goodrich), Martin Lavut (Michael Radin), Leo Leyden (Dr. Soames) **L** 83 **FSK** ab 16; nf **E** 29.6.1962 **fd** 11 196

TEUFLISCHE MISSION (COP-IN). Ein Beauftragter des Finanzministeriums, der einer Falschgeldaffäre nachspürt, wird mit einem abgehalfterten Hollywood-Star und vier jugendlichen Gammlern konfrontiert, die in den Fall verwickelt zu sein scheinen. ✦ Spanien 1988 **R** Carlos Aured **D** Glen Lee, Blanca Estrada, Julian Ugarte, Maria Perschy **L** ca. 75 **E** 11.5. 1990 SAT 1

DER TEUFLISCHE MR. FROST (THE DEADLY MISTER FROST / MISTER FROST). Ein gepflegter jüngerer Herr entpuppt sich als satanischer Massenmörder und wird in eine psychiatrische Klinik eingewiesen, wo er seinem übersinnlichen Tun weiter nachgeht. Die Ärztin, die ihn untersucht, gerät immer mehr in seinen teuflischen Bann. Gegenüberstellung von Satansglaube und Wissenschaft in einem seichten Film, der nur Platitüden aneinanderreiht und seinen letzten Thrill mit dem Liebesgesäusel zwischen einem amtsmüden Inspektor und einer modebewußten Seelenärztin verwässert. Einzig Jeff Goldblum erzielt mit seiner Darstellerung etwas Intensität. ✦ Frankreich/Großbritannien 1990 **P** AAA/Hugo/Columbia **Pd** Xavier Gélin **R** Philippe Setbon **B** Philippe Setbon, Brad Lynch **K** Dominique Brenguier **M** Steve Levine **S** Ray Lovejoy **D** Jeff Goldblum (Mr. Frost), Alan Bates (Felix Detweiler), Kathy Baker (Dr. Sarah Day), Roland Giraud (Raymond Reynhardt), Daniel Gélin (Simon Scolari), Jean-Pierre Cassel (Inspektor Corelli) **L** 105 **E** 11.4.1992 premiere

DER TEUFLISCHE PLAN DER VERRÜCKTEN MRS. MUNCK (MRS. MUNCK). Jahre nachdem sie von einem reichen Mann geschwängert und sitzengelassen wurde, hat eine Frau Gelegenheit zur Rache. Der Mann ist mittlerweile halbseitig gelähmt, sie die Witwe seines Stiefsohns, die sich anbietet, ihn zu pflegen. Als er zustimmt, entwickelt sich ein psychologisches Katz-und-Maus-Spiel. Ein durchaus ambitionierter Film mit einigen Überraschungen, der zwar keinen suggestiven Spannungsbogen enthält, sondern mit einer zufällig wirkenden Abfolge von unterschiedlich gelungenen Effekten aufwartet; dennoch weitgehend unterhaltsam. (Titel auch: »Das teuflische Geheimnis der verrückten Mrs. Munck«, »Die Rache der Mrs. Munck«) – Ab 16. ✦ USA 1995 **P** Al Media **VA** VMP **Pd** Barbara Boyle, Michael Taylor **R** Diane Ladd **B** Diane Ladd, nach einem Roman von Ella Leffland **K** James Glennon **M** Leonard Rosenman **S** Maysie Hoy **D** Diane Ladd (Mrs. Munck), Bruce Dern (Patrick Leary), Kelly Preston (Rose), Shelley Winters (Monica), Jim Walton (Harley) **L** 99 **FSK** ab 12 **E** 13.12.1996 Video **fd** 32 394

TEUFLISCHE SCHLANGE →Das Geheimnis um Linda

TEUFLISCHE SIGNALE (THE SENDER). Ein etwa 20jähriger Selbstmordkandidat mit krankhafter Mutterbeziehung verfügt über telepathische Fähigkeiten, die seine Psychologin erwidert. Durch die Wiederholung eines traumatischen Erlebnisses scheinbar geheilt, verläßt er die psychiatrische Klinik. Teilweise spannend, drängt der Film seine Thematik zugunsten von krassen Schock- und Ekeleffekten in den Hintergrund und endet als Horrorspektakel. ✦ USA/Großbritannien 1982 **P** Paramount/Kingsmere Properties **VA** CIC **Pd** Edward S. Feldman **R** Roger Christian **B** Thomas Baum **K** Roger Pratt **M** Trevor Jones **D** Kathryn Harrold (Gail Farmer), Zeljko Ivanek (John Doe 83), Shirley Knight (Jerolyn), Paul Freeman (Dr. Denman), Sean Hewitt (Messiah), Marsha Hunt (Schwester Jo) **L** 88 **FSK** ab 16 **E** 1985 Video **fd** 25 124

DAS TEUFLISCHE SPIEL (BRAINSTORM). Ein junger Wissenschaftler, der die labile Frau seines Chefs liebt und sie vor dem Selbstmord bewahrt, tötet den gehaßten Rivalen in simulierter Geisteskrankheit. Doch sie verläßt ihn, und er muß erleben, daß er tatsächlich als geisteskrank behandelt wird. Ein zunächst spannender »schwarzer« Kriminalfilm, der zunehmend den tieferen Hintergrund vernachlässigt und an Dichte einbüßt. Eine der wenigen Regie-Arbeiten des Schauspielers Conrad, der in der Fernseh-Serie »Cannon« als übergewichtiger Detektiv bekannt wurde. – Ab 16. ✦ Schwarz-weiß. USA 1965 **P** Warner/Kodima **Kl** Warner Bros. **Pd+R** William Conrad **B** Mann Rubin **K** Sam Leavitt **M** George Duning **S** William Ziegler **D** Jeffrey Hunter (Jim Grayam), Anne Francis (Lorrie Benson), Dana Andrews (Cort Benson), Viveca Lindfors (Dr. E. Larstedt), Stacy Harris (Josh Reynolds), Kathie Brown (Angie DeWitt) **L** 105 (Orig. 110) **FSK** ab 16; f **E** 21.1. 1966 **fd** 13 965

TEUFLISCHE SPIELE (THE MAGUS). Ein englischer Lehrer, der auf einer griechischen Insel unterrichtet, wird von einem zwielichtigen reichen Einheimischen mit magischen Kräften in ein sadistisches Spiel verstrickt und schließlich als hemmungsloser Egozentriker entlarvt. Der ständig zwischen Wirklichkeit, Schein und Traumwelt pendelnde Film erweist sich, trotz großen Aufwands an Mitteln und prominenten Schauspielern, als ein selbstgefälliger Bluff, der mit modisch philosophischem und aufgesetzt mysteriösem Unsinn kokettiert. ✦ Scope. Großbritannien 1968 **P** Blazer/20th Century Fox **Kl** Centfox **Pd** John Kohn, Jud Kinberg **R** Guy Green **B** John Fowles, nach seinem Roman **K** Billy Williams **M** John Dankworth **S** Max Benedict **D** Anthony Quinn (Maurice Conchis), Michael Caine (Nicholas Urfe), Candice Bergen (Lily), Anna Karina (Anne), Paul Stassino, Julian Glover **L** 116 **FSK** ab 18; f **E** 1969 Kino/18.2.1989 SAT 1

DER TEUFLISCHE – THE DEMON →The Demon – Der Teuflische

TEUFLISCHE UMARMUNG (L'ANNEE DES MEDUSES). Eine 18jährige, die mit ihrer Mutter Urlaub am Meer macht, setzt körperliche Reize und Intrigen ein, um ihre Umwelt zum Spielball ihrer Machtgelüste zu machen. Dabei scheut sie auch vor einem Mord nicht zurück. Dilettantisch inszeniertes Drama um die zerstörerischen Ränke einer noch kindlichen »femme fatale«, das sich vergeblich um symbolische Überhöhung bemüht und nur Banalitäten, spekulative Schauwerte und Langeweile bietet. ✦ Frankreich 1984 **P** T Films/FR 3 **Kl** Kora **VA** Ufa **Pd** Alain Terzian **R** Christopher Frank **B** Christopher Frank, nach seinem Roman **K** Renato Berta **M** Alain Wisniak **S** Nathalie Lafaurie **D** Valérie Kaprisky (Chris), Bernard Giraudeau (Romain), Caroline Cellier (Claude), Jacques Perrin (Vic), Philippe Lemaire (Lamotte),

Béatrice Agenin (Marianne) **L** 110 **FSK** ab 16; f **E** 23.7. 1987/15.1.1988 Video **fd** 26 576

TEUFLISCHE VERSUCHUNG (THE BABYSITTER'S SEDUCTION). Fürs Fernsehen produziertes Drama. Eine 18jährige arbeitet als Haushaltshilfe bei einer offenbar glücklichen Familie. Das Idyll wird jäh zerstört, als die Ehefrau sich das Leben nimmt. Der Witwer umwirbt daraufhin die junge Frau, und bald kommen Zweifel am Selbstmord auf. ✦ USA 1996 **P** Hearst Productions/NBC **R** David Burton Morris **B** Shirley Tallman, Nancy Hersage **D** Stephen Collins (Bill Bertrand), Keri Russell (Michelle Winston), Arian Waring Ash (Tracy Butler), Tobin Bell (Frank O'Keefe), Phylicia Rashad (Kate Jacobs) **L** 90 **E** 28.7. 1997 ZDF

DIE TEUFLISCHEN (LES DIABOLIQUES). Der Lehrer eines tristen Landschulheims in der französischen Provinz ist ein ekelhafter, sadistischer, widerwärtiger Kerl, unter dem seine herzkranke Frau immer mehr leidet. Gemeinsam mit seiner Geliebten, einer Lehrerin des Bildungsinstituts, tötet sie ihren Mann – ein perfekter Mord, der keiner ist. Bis zur schockierenden Schlußpointe bleibt der hervorragend inszenierte und gespielte düstere Film hintergründig, packend und präzise, ohne je zu den oberflächlichen Spannungsmitteln gängiger Krimis greifen zu müssen. Gerade aus seiner Gemächlichkeit und Detailfreudigkeit resultiert eine delirierende Beklemmung. ✦ Schwarz-weiß. Frankreich 1954 **P** Filmsonor **KI** Allianz **R** Henri-Georges Clouzot **B** Henri-Georges Clouzot, Jérôme Géronimi, René Masson, Frédéric Grendel, nach einem Roman von Thomas Narcejac und Pierre Boileau **K** Armand Thirard **M** Georges van Parys **D** Simone Signoret (Nicole), Véra Clouzot (Christine Delasalle), Paul Meurisse (Michel Delasalle), Charles Vanel (Kommissar Fichet), Pierre Larquey (Drain) **L** 110 **FSK** ab 18; nf **E** 29.4.1955/12.2. 1968 ZDF **fd** 4 026

DIE TEUFLISCHEN ACHT (THE DEVIL'S EIGHT). Eine Bande von Alkoholschmugglern, die in den Spitzen eines US-Bundesstaates über Kontaktleute verfügt, soll unschädlich gemacht werden. Mit Hilfe von Lebenslänglichen, die dafür Straffreiheit zugesichert erhalten, gelingt der Plan. Allenfalls vom Thema her interessanter, doch allzu oberflächlich inszenierter Routine-Krimi. ✦ USA 1968 **P** American International Pictures **KI** Mercator **R** Burt Topper **B** James Gordon White, Willard Huyck, John Milius, nach einem Roman von Larry Gordon **K** Richard C. Clouner **M** Mike Curb **S** Fred R. Feitshans jr. **D** Christopher George (Faulkner), Fabian (Sonny), Ross Hagen (Frank), Tom Nardini (Billy Joe), Ralph Meeker (Burt), Leslie Parrish (Cissy) **L** 95 **FSK** ab 16; nf **E** 24.4.1970 **fd** 16 816

DIE TEUFLISCHEN ENGEL (THE GLORY STOMPERS). Zwei gewalttätige amerikanische Motorrad-Banden, von denen eine reichlich mit Nazi-Emblemen behängt ist, streiten um eine junge blonde Frau, wobei sie sich gegenseitig umbringen und so der Frau den Weg freigeben für das Happy-End mit einem ebenso blonden Schönling. Handwerklich solide inszenierter Film, der mit bösen Klischees und kaum bemäntelten Vorurteilen und Haßinstinkten arbeitet. Filmhistorisch interessant, weil er einerseits im Rahmen einer Welle von »Motorrad-Rocker-Dramen«, andererseits zur selben Zeit wie Roger Cormans »The Trip« entstand: in beiden spielte Dennis Hopper, der die Topoi zwei Jahre später zu dem Kult-Film »Easy Rider« verband. ✦ Scope. USA 1967 **P** Norman T. Herman **KI** Eckelkamp **Pd** Norman T. Herman **R** Anthony M. Lanza **B** James Gordon White, John Lawrence **K** Mario Tosi **M** Al Simms **S** Len Miller **D** Dennis Hopper, Jody McCrea, Lindsay Crosby, Chris Noel, Jack Mahoney (= Jock Mahoney), Casey Kasem **L** 84 **FSK** ab 16; f (fr. 18; nf) **E** 21.6.1968 **fd** 15 578

DIE TEUFLISCHEN SCHWESTERN (DIE TEUFLISCHEN SCHWESTERN). Sexfilm mit lustlos abgefilmten Stellungsnummern am Strand, im Auto, im Bett, zu zweit oder als Trio, verpackt in eine schwachbrüstige Handlung: Um ihrer jüngeren Schwester das väterliche Erbe abzuluchsen, füttert eine mannstolle Gräfin sie mit Medikamenten, so daß sie nymphomanisch wird. Ein in jeder Hinsicht klägliches Machwerk. – Wir raten ab. ✦ Schweiz 1977 **P** Elite **KI** Avis **VA** Movie **Pd** Erwin C. Dietrich **R+B** Jess Franco (= Jésus Franco Manera) **K** Manfred Gregor (= Erwin C. Dietrich) **M** Walter Baumgartner **D** Karine Gambier, Pamela Stanford, Esther Moser, Eric Falk (= Erich Falk) **L** 79 **FSK** ab 18; nf **E** 2.9.1977 **fd** 20 579

DIE TEUFLISCHEN VON MYKONOS (CRUEL DESTINATION). Ein junger Mann, der seiner Schwester in inzestuöser Liebe zugetan ist, fühlt sich von Gott beauftragt, die griechische Insel Mykonos von dreckigen Typen zu befreien. Auf bestialische Weise ermordet er mehrere Menschen, wobei er alles genüßlich fotografiert. Am Schluß läßt die Schwester, die sich mit einem stummen Schäfer paart, den Wahnsinnigen elend verrecken. Ein formal wie inhaltlich indiskutables Schundprodukt. – Wir raten ab. ✦ Griechenland/Australien 1982 **P** Transam **KI** Avis **R+B** Nico Mastorakis **D** Bob Belling, Jany Ryale, John Blackman, Jessica Dublin **L** 99 **FSK** SPIO:X **E** 18.5.1984 **fd** 24 434

TEUFLISCHER IRRTUM (DOUBLE TAKE). Ein Schriftsteller wird Zeuge bei einem brutalen Raubmord. Als ein Verdächtiger verhaftet wird, kann er diesen eindeutig identifizieren und wird trotz seiner Unschuldsbeteuerungen verurteilt. Dann aber sieht er den wahren Mörder, der offensichtlich einen Doppelgänger hat, auf der Straße. Mit der Freundin des Inhaftierten begibt er sich auf Wahrheitssuche. Ein spannend erzählter Suspense-Thriller mit überraschendem Finale. ✦ USA 1996 **P** American World Pic. **VA** VPS **Pd** Dana Dubovsky, Mark L. Lester **R** Mark L. Lester **B** Edward Rugoff, Ralph Rugoff **K** Peter Benison **M** Paul J. Zaza **S** Stephan Fanfara **D** Craig Sheffer (Connor McEwen), Brigitte Bako (Nikki Capelli), Costas Mandylor (Hector Strossner/Ray Soldado), Maurice Godin (Fritz), Torri Higginson (Peggy) **L** 83 **FSK** ab 16 **E** 15.5.1997 Video/4.2.1998 premiere

EIN TEUFLISCHER PLAN →American Murder

TEUFLISCHER PLAN →Haß kennt kein Erbarmen

TEUFLISCHES ALIBI →In letzter Stunde

TEUFLISCHES GIFT →Weil ich dich liebe (1941)

TEUFLISCHES GLÜCK →Das teuflische Glück

TEUFLISCHES KOMPLOTT (FALSE ARREST). Zweiteiliger (Fernseh-)Kriminalfilm nach einem authentischen, von der Betroffenen selbst dokumentierten Fall. Die Frau eines Brauereibesitzers wird fälschlicherweise angeklagt, den Partner ihres Ehemanns ermordet zu haben. Auf Grund von Indizien wird sie schuldig gesprochen. Erst die Bemühungen eines engagierten Anwalts bringen das Komplott ans Licht, dem sie zum Opfer fallen sollte. Zähflüssige Unterhaltungskost zwischen Krimi und Melodram, die nie einen erzählerisch dichten Rhythmus findet. Der Leidensweg der Frau wird zu einer Passionsgeschichte hochstilisiert, die aber nie wirklich berührt. – Ab 16. ✦ USA 1991 **P** Ron Gilbert Associates **R** Bill L. Norton **B** Andrew Laskos, nach einem Roman von Joyce Lukezic und Ted Schwarz **K** Robert Draper **M** Sylvester Levay **D** Donna Mills (Joyce Lukecic), Robert Wagner (Ron Lukecic), James Handy (Thinnes), Steven Bauer (Dan Ryan), Kiersten Warren (Eden) **L** 182 (89+93) **E** 19.,21.10.1994 ARD (zwei Teile)

EIN TEUFLISCHES PAAR →Ich schlafe mit meinem Mörder

TEUFLISCHES SPIEL (1967) →Mit teuflischen Grüßen

TEUFLISCHES SPIEL (1972) (LO SCOPONE SCIENTIFICO). Eine wohlhabende ältere Amerikanerin, deren Leidenschaft das Kartenspiel ist, trifft seit Jahren in Rom mit einem jungen Ehepaar zusammen, das als Lumpensammler arbeitet und durch Glück im Spiel gegen die Exzentrikerin auf dem Luxus-Hügel gegenüber genug zu gewinnen hofft, um sich und seinen beiden Kindern eine bessere Zukunft schaffen zu können. Doch die beiden sind ohne jede Chance. Ihre Kinder machen schließlich der Illusion ein Ende. Eine turbulente sozialkritische Komödie voller Situationskomik und erheiterndem italienischem Temperament. Hinter der unterhaltenden Oberflächenspannung mit folkloristischen Bildern schimmern politische und soziale Zynismen auf, die sich durch das anrührende Spiel der hervorragenden Darsteller relativieren. – Sehenswert ab 14. ✦ Scope. Italien 1972 **P** Dino De Laurentiis Cinematografica **Pd** Dino De Laurentiis **R** Luigi Comencini **B** Rodolfo Sonego **K** Giuseppe Ruzzolini **M** Piero Piccioni **S** Nino Baragli **D** Bette Davis (Millionärin), Alberto Sordi (Peppino), Silvana Mangano (Antonia), Joseph Cotten (George), Domenico Modugno (Ghighetto), Antonella di Maggio (Cleopatra), Mario Carotenuto (Lehrer) **L** 116 (TV 109) **E** 16.4.1976 ZDF

TEUFLISCHES SPIEL (1993) (HOUSE OF SECRETS/ CONSPIRACY OF TERROR). Mit Hilfe einer Therapeutin tötet die Leiterin eines Sanatoriums in New Orleans ihren tyrannischen Mann. Als jedoch die Leiche verschwindet, beginnt für beide ein nervenaufreibendes Katz-und-Maus-Spiel. ✦ USA 1993 **P** Multimedie/Steve Krantz Prod. **Pd** Walter Coblenz, Andrew Laskos **R** Mimi Leder **B** Andrew Laskos, nach einem Roman von Pierre Boileau und Thomas Narcejac **K** Thomas Del Ruth **M** Anthony Marinelli, Waylon Thibodeau **S** Jacque Elaine Toberen **D** Melissa Gilbert (Marion Ravinel), Bruce Boxleitner (Dr. Frank Ravinel), Kate Vernon (Laura Morrell), Cicely Tyson (Evangeline), Michael Boatman (Sergeant Joe DuBois) **L** 90 **E** 14.10.1996 ORF 1

DIE TEUREN TANTEN UND ICH (DRAHE TETY Y JA). Die beiden Schwestern Fany und Andelka leben in ihrem kleinen Haus ohne Sorgen und Aufregungen, aber auch in Langeweile. Deshalb kommt die Abwechslung in Gestalt eines Überfalls auf die Sparkasse, bei dem Fany Zeugin ist, gerade recht. Bis zur Verhaftung des Täters erleben die Schwestern eine turbulente Zeit. ✦ CSSR 1974 **P** Filmstudio Barrandov **R+B** Zdenek Podskalsky **K** Miroslav Ondrícek **M** Václav Hybs **D** Natasa Gollová, Eva Svobodová, Iva Janzurová, Jirí Hrzán, Ota Sklencka **L** 76 **E** 28.3.1976 DFF 2

TEURER ALS RUBINE (A PRICE ABOVE RUBIES). Eine junge New Yorker Chassidin, die sich nicht auf ihr Dasein als Mutter und Hausfrau einschränken lassen möchte, beginnt, als Einkäuferin eines Juwelenhändlers zu arbeiten. Als sie einen talentierten afropuertorikanischen Künstler entdeckt und fördert, wird sie aus der Gemeinschaft ausgeschlossen. Sensibel erzählte Emanzipationsgeschichte, die gelegentlich zur Überdeutlichkeit neigt und die religiös durchdrungene Alltagswelt der orthodoxen Juden nur perspektivisch streift. Dank der eindrucksvollen Hauptdarstellerin und präziser Momentaufnahmen kultureller Verwurzelung gelingt dem Film dennoch ein Beitrag zu Toleranz und Achtung. – Ab 14. ✦ USA 1997 **P** Miramax/Lawrence Bender Prod./Pandora Films/ Channel Four **KI** Advanced **VA** Advanced (BMG) **Pd** Lawrence Bender, John Penotti, JoAnn Jansen **R+B** Boaz Yakin **K** Adam Holender **M** Lesley Barber **S** Arthur Coburn **D** Renée Zellweger (Sonia), Christopher Eccleston (Sender), Glenn Fitzgerald (Mendel), Allen Payne (Ramon), Julianna Margulies (Rachel), Kim Hunter (Rebbitzn), John Randolph (Rebbe) **L** 117 **FSK** ab 12; f **FBW** w **E** 26.11.1998/17.5.1999 Video **fd** 33 425

EIN TEURER KNABE (DOROGOI MALTSCHIK). Die beiden elfjährigen Söhne eines sowjetischen Diplomaten und eines amerikanischen Geschäftsmannes treffen zufällig in einem Hotel zusammen und schließen Freundschaft. Von Kidnappern entführt, bestehen die Jungen manche Abenteuer, ehe sie wieder die Freiheit erlangen. Kriminalkomödie mit eingefügten Zeichentricksequenzen und anderen ironischen Überzeichnungen; auch als Parodie auf westliche Krimiunterhaltung gedacht, aber nicht immer gelungen. – Ab 8. ✦ Scope. UdSSR 1975 **P** Mosfilm **KI** Progress **R** Alexander Stefanowitsch **B** Sergej Michalkow, Alexander Stefanowitsch, nach einem Roman von Sergej Michalkow **K** Boris Kotscherow, Pjotr Schumski **M** David Tuchmanow **D** Serjoscha Krupenikow (George Rob-Ronson), Sascha Jelistratow (Shora Timochin), Wladislaw Strzelczyk (McDonnald), Georgi Wizin (Mackintosh), Irina Aser **L** 80 **E** 9.4.1976 Kino DDR

TEVJE UND SEINE SIEBEN TÖCHTER (TUVIA VESHEVA BENOTAV). Die Geschichte von Tevje, dem armen jüdischen Milchmann, und von der Verheiratung seiner Töchter. Sholem Aleichems bittersüße Erzählung wurde bereits 1939 in den USA adaptiert (»Tewje, der Milchmann«) und diente auch als Vorlage des Musicals »Anatevka« (1971). Diese Verfilmung läßt sich vom liebenswürdigen Charme des Erzählers verführen und lenkt von dem tragischen Hintergrund der Geschichte, dem bitteren Schicksal des recht- und besitzlosen Ostjudentums, zu sehr ab. Übriggeblieben ist ein immerhin liebenswürdiges folkloristisches Unterhaltungsspektakel. (Alternativtitel: »Tevye aus Anatevka«) – Ab 12. ✦ Scope. BR Deutschland/Israel 1967 **P** CCC Filmkunst/Noah **KI** Kora **Pd** Artur Brauner, Menahem Golan **R** Menahem Golan **B** Chaim Hefner, Menahem Golan, nach einem Roman von Sholem Aleichem (= Salomo Rabinowitsch) **K** Nissim Leon, Max Galinski **M** Dov Seltzer **S** Alfred Srp, Dov Hoenig **D** Shmuel Rodensky (Tevye), Betty Segal (Golda), Ninet Dinar (Zeitl), Avital Paz (Hodl), Judith Solé (Sprinza) **L** 119 **FSK** ab 6; f **FBW** w **E** 5.5.1968 ZDF/5.12.1969 Kino **fd** 15 465

TEVYE AUS ANATEVKA →Tevje und seine sieben Töchter

TEWJE, DER MILCHMANN (TEVJE / TEVYA). Das Schicksal des in der Ukraine (vor 1914) lebenden armen Juden Tewje, der sich von seiner Tochter lossagt, weil sie einen Christen heiratet. Als er mit seiner Familie aus seinem Dorf vertrieben wird, kehrt die Tochter zurück und trägt das Unglück mit. Der filmisch schmucklose, aber herzlich temperamentvoll gespielte und von leisem Pathos getönte Film ist ein jiddisches Kulturdokument hohen Ranges. Er strahlt die tiefe Gläubigkeit und die Innigkeit jüdischer Familienzusammengehörigkeit aus, führt aber auch die starre Unerbittlichkeit orthodoxen Judentums vor Augen. In der Sorge um das Schicksal der jüdischen Welt durch die tödliche Bedrohung in Europa gibt der Film bereits Hinweise auf eine zionistische Lösung (Rückkehr nach Palästina). (Jiddisches O.m.d.U.) – Sehenswert ab 14. ✦ Schwarz-weiß. USA 1939 **P** Maymon **R** Maurice Schwartz **B** Maurice Schwartz, Marcy Klauber, nach einer Geschichtenfolge von Sholem Aleichem (= Salomo Rabinowitsch) **K** Larry Williams **M** Sholom Secunda **S** Sam Citron **D** Maurice Schwartz (Tewje), Miriam Riselle (Chawe), Rebecca Weintraub (Golde, Tewjes Frau), Paula Lubelski (Zeitel), Leon Liebgold (Fedya), Julius Adler (Pope Alexej), Vicki Markus (Shloimele) **L** 90 **E** 20.3. 1983 ZDF

TEX (TEX). Ein 16jähriger Junge in der amerikanischen Provinz kämpft um Orientierung und sein Zuhause. Ein wenig überzeugender Versuch einer Jugendstudie. In der Geschichte ohne eigentliche Höhepunkte wird der Initiationskonflikt nur schablonenhaft abgehandelt. – Ab 16. ✦ USA 1982 **P** Walt Disney Prod. **VA** EuroVideo **Pd** Ron Miller, Tim Zinnemann **R** Tim Hunter **B** Charlie Hass, Tim Hunter, nach einem Roman von S. E. Hinton **K** Ric Waite **M** Pino Donaggio **S** Howard E. Smith **D** Matt Dillon (Tex), Jim Metzler (Mason), Meg Tilly (Jamie Collins), Bill McKinney (Pop McCormick), Ben Johnson (Cole Collins) **L** 99 **FSK** ab 12 **E** 1.7.1988 Video **fd** 26 858

TEX UND DAS GEHEIMNIS DER TODESGROTTEN (TEX WILLER E IL SIGNORE DEGLI ABISSI). Zwei Abenteurer, die einem verschwundenen Waffentransport auf der Spur sind, werden in mysteriöse Geschehnisse um einen alten Azteken-Fluch verwickelt. Leinwand-Abenteuer à la »Indiana Jones«, das peinigend lächerliche Unterhaltung voller miserabler Dialoge bietet. – Ab 16. ✦ Italien 1985 **P** RAI/RAI 3/Cinecittà **VA** Highlight **R** Duccio Tessari **B** Gianfranco Clerici, Marcello Coscia, Duccio Tessari, Giorgio Bonelli **K** Pietro Morbidelli **M** Gianni Ferrio **S** Mirella Mencio **D** Giuliano Gemma (Tex Willer), William Berger (Kit Carson), Carlo Mucari (Tiger Jack), Isabel Russinova (Tulac), Flavio Bucci (Kanas) **L** 90 **FSK** ab 16 **E** Mai 1987

TEXACO-ILLUSION (LA HORA TEXACO). Eine an einem Einzelschicksal entwickelte Bestandsaufnahme des Lebens in Venezuela während der 60er Jahre: Ein 40jähriger Vorarbeiter auf einer Bohrinsel im Ölland Venezuela hat es zu einer gesicherten Existenz gebracht und muß dennoch allmählich feststellen, daß er um seine Liebe, sein Leben und seine Illusionen betrogen wurde. ✦ Venezuela 1985 **P** Pancho Toro/Bohemia Films **Pd** Pancho Toro **R** Eduardo Barberena **B** Ibsen Martinez **K** Ricardo Yonnis **M** José Alcalde **D** Orlando Urdaneta, Rubens de Falco, Haydée Balza, Lucia Sanoja **L** (TV) 85 **E** 4.6.1988 DFF 1/ 30.8.1993 ORB

DER TEXANER (THE OUTLAW JOSEY WALES). Während des Bürgerkrieges rächt ein friedlicher Farmer aus dem Süden die Ermordung seiner Frau und seines Kindes durch eine Guerilla-Truppe der Nordstaaten. Auf einer langen gewalttätigen Odyssee durch Texas bis zur mexikanischen Grenze entgeht er selbst den Nachstellungen von Kopfgeldjägern und kann ein friedliches Leben im Kreise einer neuen (indianischen) Familie beginnen. Ein zwar recht blutiger, inszenatorisch und fotografisch aber bemerkenswerter Western, der die Traditionen des Italowesterns mit amerikanischen Erzählweisen verbindet. Interessant ist vor allem die zentrale Gestalt des Outlaws, der »gereinigt« und »domestiziert« aus allen Ereignissen hervorgeht. – Ab 16 möglich. ✦ Scope. USA 1976 **P** Malpaso (für Warner Bros.) **KI** Warner-Columbia **VA** Warner Home **DVD** Warner Home (16:9, 2.35:1, DD5.1 engl., Mono dt.) **Pd** Robert Daley **R** Clint Eastwood **B** Philip Kaufman, Sonia Chernus, nach dem Roman »Gone to Texas« von Forrest Carter **K** Bruce Surtees **M** Jerry Fielding **S** Ferris Webster **D** Clint Eastwood (Josey Wales), Chief Dan George (Lone Watie), Sondra Locke (Laura Lee), Bill McKinney (Terrill), John Vernon (Fletcher), Paula Trueman (Sarah), Sam Bottoms (Jamie), Geraldine Keams (Little Moonlight), Woodrow Parfrey, Joyce Jameson (Rose), Sheb Wooley (Cobb), Royal Dano (Ten Spot), Will Sampson (Ten Bears) **L** 135 **FSK** ab 16; f **E** 5.11. 1976/13.12.2001 DVD **fd** 20 019

TEXAS (TEXAS). In einem weit ausladenden erzählerischen Bogen wird die Entstehung des Staates Texas geschildert. Im Mittelpunkt steht ein Pionier, der 1821 den Auftrag erhält, das kaum bewohnte Land zu besiedeln. Konflikte mit amerikanischen Siedlern, kriegerische Auseinandersetzungen mit Mexiko sowie der Kampf um das Fort Alamo sind Eckdaten der Literaturverfilmung, die das historische Geschehen mit rasch charakterisierbaren Protagonisten verbindet. Der überlange (Fernseh-)Film verbindet Pioniergeist, Liebe, Schlachtengetümmel und relativierbare Ehre mit heroisierendem Pathos, wobei er Heldentum und Besonnenheit gleichermaßen befördern möchte. – Ab 16. ✦ USA 1994 **P** Republic Pictures **VA** Splendid **Pd** Aaron Spelling **R** Richard Lang **B** Sean Meredith, nach einem Roman von James A. Mitchener **K** Neil Roach **M** Lee Haldridge **S** John A. Martinger **D** Patrick Duffy (Stephen Austin), Chelsea Field (Mattie Quimper), David Keith (Jim Bowie), Stacy Keach (Sam Houston), Rick Schroder (»Otto«) **L** 180 **FSK** ab 16 **E** 27.3.1995 Video/16., 17.4.1996 RTL 2 (zwei Teile) **fd** 31 439

TEXAS CHAINSAW MASSACRE: DIE RÜCKKEHR (TEXAS CHAINSAW MASSACRE: NEXT GENERATION). Sequel des brutalen Horrorfilm-Klassikers (»Blutgericht in Texas«), in dem eine neue Generation psychopathischer Mörder sich über vier Schüler hermacht, die sich nach einer Party im Wald verirrt haben. Unerquicklicher Horrorfilm, der seine Berechtigung aus der Berühmtheit des Vorgängers ziehen will. ✦ USA 1995 **VA** Columbia TriStar Home **DVD** Universal Home (16:9, 1.85:1, DS engl./dt.) **Pd+R+B** Kim Henkel **K** Levie Isaacks **M** Wayne Bell, Robert Jacks, Debbie Harry (= Deborah Harry) **S** Sandra Adair **D** Renée Zellweger (Jenny), Matthew McConaughey (Vilmer), Robert Jacks (Leatherface), Tonie Perensky (Darla), Joe Stevens (W. E.) **L** 95 **FSK** JK (ab 18) **E** 30.12.1997 Video/5.10.2000 DVD

TEXAS COLT (THE DANGEROUS DAYS OF KIOWA JONES / RIDE TO A GUNFIGHT). Ein herumziehender Cowboy überführt für einen sterbenden Sheriff zwei zum Tode verurteilte Banditen in ein entferntes Fort. Da auf die Befreiung eines der Verbrecher eine Prämie ausgesetzt ist und gleichzeitig eine Gruppe zwecks Privatrache dessen Tod wünscht, kommt es zur einer gefahrvollen Reise, die schließlich aber in eine Liebesromanze mit einer Lehrerin mündet. Erstlingsfilm; ein durchschnittlich inszenierter Western, der leidlich spannend, manchmal auch arg sentimental unterhält. – Ab 16. ✦ USA 1966 **P** MGM **KI** MGM **Pd** Max E. Youngstein, David Karr **R** Alex March **B** Frank Fenton, Robert E. Thompson, nach einem Roman von Clifton Adams **K** Ellsworth Fredricks **M** Samuel Matlovsky **S** John McSweeney (= John McSweeney jr.) **D** Robert Horton (Kiowa Jones), Diane Baker (Amilia Rathmore), Sal Mineo (Bobby Jack Wilkes), Gary Merrill (Sheriff Duncan), Nehemiah Persoff (Levi Skoda), Zalman King **L** 99 **FSK** ab 12; f **E** 2.2.1967/12.1.1986 DFF 2 **fd** 14 536

TEXAS-DESPERADOS (HOSTILE GUNS). Ein pflichtbewußter Sheriff bringt trotz blutiger Schwierigkeiten mit seinem Gehilfen einen Transport Verurteilter ans Ziel. Routine-Western, dürftig in der psychologischen Begründung, nur leidlich spannend. Die älter gewordenen Schauspieler künden unfreiwillig vom Ende eines Genres. – Ab 16. ✦ Scope. USA 1966 **P** Paramount **KI** Paramount **Pd** A. C. Lyles **R** R. G. Springsteen **B** Steve Fisher, Sloan Nibley **K** Lothrop B. Worth **M** Jimmie Haskell **S** John F. Schreyer **D** George Montgomery (Sheriff Gid), Yvonne de Carlo (Laura), Tab Hunter (Mike), Brian Donlevy (Willet), John Russell (Aaron), Leo Gordon (Hank Pleasant), Robert Emhardt (R. C. Crawford), Pedro Gonzalez Gonzalez (Angel), Richard Arlen (Sheriff Travis), Emile Meyer (Onkel Joe), Fuzzy Knight (Buck), William Fawcett (Jensen), Reg Parton (Chig), Roy Jenson **L** 91 **FSK** ab 16; nf **E** 1.3.1968 **fd** 15 329

DAS TEXAS-DIRNDL
→Wildwest in Oberbayern

TEXAS – DOC SNYDER HÄLT DIE WELT IN ATEM. Ruhrgebiets-Entertainer Helge Schneider in einer Westernparodie als Revolverheld, der von einem Widersacher verfolgt wird und seinen Bruder vor dem Galgen zu retten versucht. Schneiders Kunst des Dilettierens ist auch auf der Leinwand nur eingefleischten Fans zuzumuten; für andere tendiert der Witz des gewollt billigen und dilettantischen Films gegen Null. – Ab 12. ✦ Scope. Deutschland 1993 **P** Royal-Film **KI** Senator **VA** Ufa **Pd** Hanno Huth **R** Ralf Huettner, Helge Schneider **B** Helge Schneider, Schringo van den Berg **K** Diethard Prengel **M** Helge Schneider **S** Ariane Traub, Margarete Rose **D** Helge Schneider (Doc Snyder), Peter Thoms (Nasenmann), Buddy Casino (Buddy Casino), Andreas Kunze (Docs Mutter), Peter Berling (Hank), Michael Habeck (Buckliger), Christa Strobel (Edeldame) **L** 89 **FSK** ab 6; f **E** 11.11.1993/16.5.1994 Video/17.11.1995 SAT 1 **fd** 30 546

TEXAS FUNERAL →Texas Story

TEXAS JACK →Blei ist sein Lohn

TEXAS JOHN (TEXAS JOHN SLAUGHTER). Ein redlicher Draufgänger tritt der Ordnungstruppe der »Texas Rangers« bei und begleicht seine Rechnung mit einem Viehräuber. Braver, familienfreundlicher Western als Pilot-Film einer Disney-Fernsehserie, in der sich der Held dann regelmäßig mit jener Familie herumschlagen mußte, die er am Ende des Kinofilms zum Happy-End gegründet hat. – Ab 12. ✦ USA

1958 **P** Walt Disney **KI** Rank **Pd** James Pratt **R** Harry Keller **B** Albert E. Lewin, Burt Styler, Frank D. Gilroy **K** Walter H. Castle **M** Joseph S. Dubin, Buddy Baker **S** Robert Stafford **D** Tom Tryon (John Slaughter), Robert Middleton (Frank Davis), Norma Moore (Adeline Harris), Harry Carey jr. (Ben Jenkins) **L** 74 **FSK** ab 12; nf **E** 25.11.1960 **fd** 9 750

TEXAS PAYBACK (TEXAS PAYBACK). Ein Gangster-Trio, drei Brüder, will den Tod des Vaters rächen, der von einem Texas Ranger getötet wurde. Als der Gesetzeshüter sich mit einem Sheriff zusammentut, entführen sie seine Geliebte und mißhandeln sie. Der Mann folgt den Verbrechern nach Mexiko und stellt sich der Abrechnung. Nach dem Schema eines Western inszenierter Actionfilm. – Ab 16. ✦ USA 1995 **R** Richard W. Munchkin **B** Brian Page **D** Sam Jones (Lewis Gentry), Kathleen Kinmont (Angela Shelby), Gary Hudson (Killer Cody Giles), Bo Hopkins (Sheriff Bishop), Patrick St. Esprit (Jimmy) **L** (TV) 115 **E** 30.11.1996 RTL 2

TEXAS RANGER (TEXAS RANGER / WALKER, TEXAS RANGER). Ein zeitgenössischer hartgesottener Texas Ranger klärt souverän einen Bankraub und den Mord an einem Polizisten. Schwerer tut er sich mit seinem neuen schwarzen Partner, den er nicht leiden kann. Bis sie gemeinsam in einem langweiligen Showdown einige Banditen festsetzen können, quält sich der mäßige, als Teil einer Fernsehserie produzierte Gegenwartswestern durch zahlreiche emotional überfrachtete Genre-Klischees. – Ab 16. ✦ USA 1993 **P** Cannon Television **VA** Highlight **Pd** Nancy Bond **R** Virgil W. Vogel **B** Louise McCarn **K** Frank Raymond **M** Jeff Sturges **S** Jack Harnish **D** Chuck Norris (Walker), Clarence Gilyard jr. (Trivette), Gailard Sartain, Sheree J. Wilson, Marshall Teague **L** 90 **FSK** ab 16 **E** 14.9.1993 Video **fd** 30 503

TEXAS RANGER 2 (WALKER, TEXAS RANGER 2). Weitere Aufgaben für den zeitgenössischen Texas Ranger Walker: Auf einem Universitätsgelände versetzt ein unbekannter Triebtäter Studentinnen in Angst und Schrecken. Die örtliche Polizei, die gerade mit der Zerschlagung eines Drogenhändlerringes befaßt ist, hat alle Hände voll zu tun und wird in zahlreiche Auseinandersetzungen verwickelt. Ein wenig schlüssiger (Fernseh-)Krimi, der mit seinen verworrenen Nebenhandlungen ein seltsames Bild von Polizeiarbeit beschwört, das sich vornehmlich aus den Versatzstücken mehrerer Genres speist. – Ab 16. ✦ USA 1993 **P** CBS **VA** Highlight/Cannon **R** Tony Mordente, Michael Preece **B** Gordon Dawson, Harold Apter **K** Frank E. Johnson **M** Ray Bunch (= Velton Ray Bunch) **S** Harold Apter, Troy Takaki, Anthony Adler **D** Chuck Norris (Walker), Clarence Gilyard jr. (Trivette), Noble Willingham, Sheree J. Wilson, Floyd Red Crow Westerman (Uncle Ray) **L** 85 **FSK** ab 16 **E** 8.3.1994 Video **fd** 30 767

TEXAS RANGER 3 (WALKER, TEXAS RANGER / THE REUNION). Neue Serienkost um den lakonisch-wortkargen Texas Ranger, der diesmal den Auftrag erhält, zusammen mit seinem schwarzen Kollegen die Sicherheit eines Senators zu garantieren, der an einem von den Rangers veranstalteten Wettschießen teilnimmt. Eine Horde professioneller Killer steht diesem Ansinnen massiv entgegen. Papierne Dialoge, einfallslose Regie und holprige Schnitte bei den Stunt-Einlagen zeugen von der erstaunlich schlichten Machart dieses Fernsehserien-Aufgusses, der zudem vor Klischees strotzt. – Ab 16. ✦ USA 1994 **P** Top Kirk Prod. **VA** Highlight **Pd** Rick Husky **R** Michael Preece **B** Donald G. Thompson **K** Frank E. Johnson **M** Ray Bunch (= Velton Ray Bunch) **S** Troy Akaki **D** Chuck Norris (Walker), Clarence Gilyard jr. (Trivette), Floyd Red Crow Westerman (Onkel Ray), Stuart Whitman (Laredo), Noble Willingham (Axel) **L** 87 **FSK** ab 16 **E** 12.7.1994 Video **fd** 30 988

TEXAS RANGERS (THE TEXAS RANGERS). Zwei Banditen setzen sich nach Texas ab und treten bei den Texas Rangers ein, einer 1835 noch vor der Eingliederung von Texas in die USA gegründeten Selbsthilfetruppe der Siedler, die auf ihre Art für Recht und Ordnung im Lande sorgt. Die beiden hoffen, so besser ihre Beutezüge organisieren zu können. Der dritte, der sein Gaunerleben offen weiterführt, setzt auf die Hilfe der ehemaligen Kumpane, womit er sich gründlich verrechnet. Routiniert entwickelter Western, der vor allem durch King Vidors Regiekunst und den Reiz der Landschaft fesselt. – Ab 14 möglich. ✦ Schwarz-weiß. USA 1936 **P** Paramount **Pd+R** King Vidor **B** Louis Stevens **K** Edward Cronjager **M** Boris Morros **D** Fred MacMurray (Jim Hawkins), Jack Oakie (Wahoo Jones), Jean Parker (Amanda Bailey), Lloyd Nolan (Sam McGee/Polka Dot), Edward Ellis (Major Bailey), Bennie Bartlett (David), Frank Shannon (Capt. Stafford), Frank Cordell (Ranger Ditson), Richard Carle (Casper Johnson), Fred Kohler sr. (Higgins), George Hayes (Richter), Kathryn Bates (Lehrerin), Rhea Mitchell, Frank Ellis, Cecil Kellogg **L** 95 **E** 28.10.1981 WDR

DER TEXAS-SHERIFF →Der König von Wildwest II. Teil: Der Texas-Sheriff

TEXAS-SHOW (STATE FAIR). Die meist fröhliche und stets unkomplizierte Geschichte einer vierköpfigen Farmerfamilie, die aus der Weite von Texas in die Stadt zu einer »Messe« anreist. Papas Schwein erhält ebenso einen Preis wie Mutters Kochprodukt in einem Wettbewerb, während die halberwachsenen Kinder erste Liebesverwirrungen mit ein wenig Romantik, etwas Abenteuer und vielen Erfahrungen fürs weitere Leben durchmachen. Das ganze wird als seichtes Musical mit viel Familiensinn serviert, wobei die eingeschobenen Tanz- und Revueszenen erstaunlich unperfekt sind, während etliche hübsche Karikierungen und die detailreiche folkloristische Ausmalung des echten Messebetriebes durchaus unterhalten. – Ab 10. ✦ Scope. USA 1961 **P** 20th Century Fox **KI** Centfox **Pd** Charles Brackett **R** José Ferrer **B** Richard L. Breen, nach einem Roman von Philip Stong **K** William C. Mellor **M** Richard Rodgers, Alfred Newman **S** David Bretherton **D** Pat Boone (Wayne), Pamela Tiffin (Margie), Bobby Darin (Jerry Dundee), Tom Ewell (Abel Frake), Alice Faye (Melissa Frake), Ann-Margret (Emily), Wally Cox (Hipplewaite) **L** 95 (Orig. 118) **FSK** ab 6; nf **E** 27.7.1962 **fd** 11 295

TEXAS STORY (A TEXAS FUNERAL). Das Begräbnis des Großvaters führt Ende der 60er-Jahre eine amerikanische Familie für eine Nacht zusammen, wobei sich nur mühsam Sympathien und Aversionen verbergen lassen. Ein in der Tradition von Tennessee Williams und John Steinbeck erzähltes Drama, in dem die Figuren unter dem Auseinanderklaffen zwischen ihren Erwartungen an das Leben und der Wirklichkeit leiden. Der Kern der Beziehungen wird in Symbolen verdichtet und fast psychoanalytisch aufgearbeitet. Die raffiniert verschachtelten Dialoge und die handwerklich überragende Regie machen das Kinodebüt zu einer spannenden Reflexion über Glück und Schuld. (Videotitel: »Texas Funeral«) – Ab 16. ✦ USA 1999 **P** Dragon Pictures/TF Prod. **KI** Arthaus **VA** Arthaus (Kinowelt Home) **DVD** Arthaus (Kinowelt Home) **Pd** Damian Jones **R+B** William Blake Herron **K** Michael Bonvillain **M** James Legg **S** Paul Trejo **D** Martin Sheen (Grandpa Sparta), Grace Zabriskie (Grandma Murtis), Robert Patrick (Zach Whit), Jane Adams (Mary Joan Whit), Quinton Jones (Little Sparta), Chris Noth (Clinton), Olivia D'Abo (Charlotte), Joanne Whalley (Miranda), Isaiah Washington (Walter) **L** 96 **FSK** ab 12; f **E** 19.4.2001/19.3.2002 Video & DVD **fd** 34 791

TEXAS TENOR: THE ILLINOIS JACQUET STORY (TEXAS TENOR: THE ILLINOIS JACQUET STORY / AMERICAN HEROES: THE ILLINOIS JACQUET STORY). Ein balladesker Dokumentarfilm über den amerikanischen Tenor-Saxophonisten und Big-Band-Leader Illinois Jacquet (geb. am 31.10.1922 in Broussard, Louisiana), der als Kind mit dem Jazz aufwuchs und noch als (fast) 70jähriger aktiver Musiker und zugleich Musiklehrer an der renommierten Harvard-Universität ist. Ein mit zahlreichen Film- und Konzertausschnitten angereichertes Porträt, das ganz von der außergewöhnlichen Lebendigkeit Jacquets lebt; darüber hinaus eine faszinierende Begegnung mit zahlreichen weiteren Jazz-Größen wie Dizzy Gillespie, Lionel Hampton, Sonny Rollins, Buddy Tate und Arnett Cobb. (O.m.d.U.) – Ab 14. ✦ Schwarz-weiß. USA 1992 **P** Arthur Elgort Prod. **KI** Freunde der Deutschen Kinemathek **Pd** Ronit Avneri, Arthur Elgort **R+B** Arthur Elgort **K** Morten Sandtroen **M** Illinois Jacquet (& Bands) **S** Paula Heredia **L** 81 **E** September 1993/2.5.1994 ORB

TEXASBANDITEN (THUNDERING GUN SLINGERS). Weiterer Serien-Western um die teils gefährlichen, teils komischen Abenteuer des ungleichen Western-Paares Buster Crabbe und »Fuzzy«. Im Mittelpunkt steht ein jugendlicher Revolverheld, der eine Bande aufspüren will, um die Mörder seines Onkels zu stellen. Ihm zur Seite stehen ein trotteliger Richter und ein naiv-hilfloser Sheriff, die nicht verhindern, daß er den vermeintlichen Mörder auf bloßen Verdacht hin zum Duell zwingt. Ohne das triviale Serial, das nach den Gesetzen dieses Genres schnell und billig gefertigt ist, überbewerten zu wollen, hinterläßt diese Art von Selbstjustiz doch einen schalen Beigeschmack. – Ab 12. ✦ Schwarz-weiß. USA 1944 **P** PRC Pictures Building **KI** Super **R** Sam Newfield **B** Joe O'Donnell **K** Robert Cline **M** Rudolf Perak **D** Buster Crabbe, Al »Fuzzy« St. John **L** 73 **FSK** ab 12; nf **E** 24.9.1954 **fd** 374

TEXASMÄDEL (SERENADE AU TEXAS). Ein Warenhaus-Angestellter aus Südfrankreich erbt Ölfelder in Texas und wird zum mehrfachen Glücksbringer, unter anderem für die Mitglieder einer Varieté-Truppe, mit denen er gemeinsam gegen eine Gangster-Bande antritt. Anspruchslose musikalische Western-Parodie mit knallbunten Farben – thematisch dünn, allenfalls mittelmäßig in der Komik. – Ab 14. ✦ Frankreich 1958 **P** Jason **KI** NFA **Pd** Suzanne Goosens **R** Richard Pottier **B** Jean Ferry, Richard Pottier **K** Lucien Joulia **M** Francis López **D** Luis Mariano (Jacques Gardel), Bourvil (Me Jérôme Quilleboeuf), Sonja Ziemann (Sylvia), Yves Deniaud (Roderick), Germaine Damar (Rose), Arlette Poirier (Dolores) **L** 88 **FSK** ab 12; nf **E** 16.12.1960 **fd** 9 809

TEXASPOLIZEI RÄUMT AUF (DEPUTY MARSHALL). Ein US-Marshall erledigt eine Meute von Outlaws, die sich als Cowboys gewaltsam Land aneignen wollen. Serien-Western mit vielen Leichen, aber wenig Einfallsreichtum. – Ab 16. ✦ Schwarz-weiß. USA 1949 **P** Lippert **KI** Veit/Roland **Pd** William Stephens **R** William Berke **B** William Berke, nach einem Roman von Charles Heckelman **K** Carl Berger **M** Mahlon Merrick **S** Edward Mann **D** Jon Hall (Ed Garry), Frances Langford (Janet Masters), Dick Foran (Joel Benton), Julie Bishop (Claire Benton), Russell Hayden (Bill Masters), Joseph Sawyer (Eli Cressett), Clem Bevans (Doc Vinson), Vince Barnett (Hotelangestellter), Kenneth Duncan (Kyle Freeling), Roy Butler (Weed Toler), Wheaton Chambers (Harley Masters), Tom Greenway (Barkeeper) **L** 75 **FSK** ab 16; nf **E** 22.6.1951 **fd** 11 980

TEXASVILLE (TEXASVILLE). Ein kleiner Ort in Texas, in dem bereits Peter Bogdanovichs Film »Die letzte Vorstellung« (1971) spielte. Die bekannten Figuren vereinen sich, inzwischen 30 Jahre älter, zu einem melancholischen Porträt des amerikanischen Südens, das – anders als der frühere Film – aber nur wenig repräsentativ und aufschlußreich wirkt. Auch stilistisch entbehrt der Film der Vorzüge seines Vorgängers. – Ab 16. ✦ USA 1990 **P** Nelson Entertainment/Cine-Source **KI** Concorde **VA** Concorde **Pd** Barry Spikings, Peter Bogdanovich **R** Peter Bogdanovich **B** Peter Bogdanovich, Barry Spikings, nach einem Roman von Larry McMurtry **K** Nicholas von Sternberg **M** Phil Marshall **S** Richard Fields **D** Jeff Bridges (Duane Jackson), Cybill Shepherd (Jacy Farrow), Annie Potts (Karla Jackson), Cloris Leachman (Ruth Popper), Timothy Bottoms (Sonny Crawford), Randy Quaid (Lester Marlow) **L** 125 **FSK** ab 12; f **E** 14.2.1991/19.8.1991 Video **fd** 28 749

TEXT ODER APOLOGIE EINES KOMMENTARS (TEKST ILI APOLOGIJA KOMENTARIJA). Ein Mann beschließt, »Kommentator der Zeit« zu sein, und stellt damit seine eigenen Überlebensspielregeln auf. Er gerät in Konflikt mit seiner neuen Haushälterin, die ihr eigenes Spiel aufzieht und nach eigenen Regel lebt. Angelangt in dieser Sackgasse, greift die Regisseurin ein und versetzt den Mann in eine andere Geschichte, in der sich er als Poet das Studium des eigenen Werks verordnet. Eine filmische Allegorie über Allmachtsgefühle, die scheitern müssen, weil sie auf Dauer keine Referenz erfahren; zugleich der Versuch, die Mittel des Films zu erneuern, um nicht die Emotionen des Zuschauers anzusprechen, sondern diesen zum Nachdenken über seine Emotionen anzuregen. (O.m.d.U.) ✦ Russland 2000 **P** Stichija Kino **KI** Freunde der Deutschen Kinemathek **Pd+R** Jekaterina Charlamowa **B** Jekaterina Charlamowa, Alexnadr Iwanow **K** Valeri Lerner **M** Alexander Lozmanow **S** Raissa Lisowa **D** Jelena Markina, Leonid Mozgowoj **L** 88 **E** 2001

TGV EXPRESS – DER SCHNELLSTE BUS NACH CONAKRY (TGV). Die Reisenden eines Überlandbusses, der Senegals Hauptstadt Dakar mit Conakry in Guinea verbindet, geraten in arge Schwierigkeiten, als die Animositäten an Bord eskalieren und ein rebellischer Eingeborenenstamm seine Rechte einfordert. Ein reizvolles afrikanisches Road Movie, das viel über die Befindlichkeiten des schwarzen Kontinents erzählt und klassische Western-Topoi nutzt, um auf der Folie des Genres postkoloniale Befindlichkeiten vermitteln zu können. (O.m.d.U.) – Ab 14. ✦ Senegal/Frankreich 1997 **P** Flach Films/Les Films de la Saga/Les Films du Crocodile **KI** Kairos **Pd** Jean-François Lepetit **R** Moussa Touré **B** Moussa Touré, Alain Choquart **K** Alain Choquart **M** Wasis Diop **S** Josie Miljevic **D** Makéna Diop (Rambo), Al Hambou Traoré (Demba), Bernard Giraudeau (Roger), Philippine Leroy-Beaulieu (Sylvia), Joséphine M'Boup (Salambaré) **L** 86 **FSK** ab 6; f **E** 29.4.1999 **fd** 33 625

THALASSA, THALASSA – RÜCKKEHR ZUM MEER (THALASSA, THALASSA). Filmische Parabel um sieben Kinder, die mit einer gefundenen Luxuslimousine zum Meer fahren, das keines von ihnen je gesehen hat. Aus dem unbeschwerten Spiel entstehen zunehmend Konkurrenzverhalten und Machtkämpfe, bis das Abenteuer in Anarchie endet. ✦ Rumänien/Deutschland 1994 **P** Filmex-Romania/Daniel Zuta Filmproduktion **Pd** Bogdan Dreyer, Daniel Zuta **R+B** Bogdan Dumitrescu **K** Doru Mitran **M** Adrian Enescu **S** Adina G. Obrocea **D** Alexandru Cirstea (Fane), Alexandru Anghel (Pasa), Constantin Tanase (Rosu), Silvia Gheorghe (Anuta), Cristian Paulica (Jan), Viorel Patrut (Mortu), Danut Podzo (Sisi) **L** 83 **E** 15.2.1997 arte

THALIA UNTER TRÜMMERN – DAS THEATER DER NACHKRIEGSZEIT IN BERLIN. Dokumentarfilm über das Berliner Theater von 1945 bis 1951. An Hand von Wochenschau-Aufnahmen und Szenenfotos entsteht das Bild einer vergangenen Theaterbegeisterung. Angereichert wird dieses Stück Theatergeschichte durch Augenzeugenberichte, die allerdings häufig nicht mehr als oberflächliche Geschwätzigkeit sind. Da die Analyse und der Vergleich von Spielplänen zu kurz kommen, entsteht der falsche Eindruck einer einheitlichen Theaterlandschaft Berlins. Der Film endet mit der Wiedereröffnung des Schiller-Theaters, in dem die erste Berliner Festwoche gefeiert wird. Zum außergewöhnlichen Dokument wird der Film durch die immense Ansammlung von Theaterschauspielern, die in Filmszenen zu sehen sind (u. a. Ernst Busch, Werner Hinz, O. E. Hasse, Hans Albers), Szenen mit Sartre, Zuckmayer und Brecht sowie Zeitzeugen wie Friedrich Luft, Hans Borgelt und Boleslaw Barlog. – Ab 14. ✦ Teils schwarz-weiß. BR Deutschland 1982 **P** Chronos **KI** Chronos **R** Irmgard von zur Mühlen **B** Dieter Hildebrandt **D** Ernst Busch, Werner Hinz, Rudolf Platte, Aribert Wäscher, O. E. Hasse **L** 83 **FSK** ab 6; f **FBW** bw **E** 3.10.1982

THÄLMANN – FÜHRER SEINER KLASSE →Ernst Thälmann – Führer seiner Klasse

THARUS, SOHN DES ATTILA (THARUS, FIGLIO DI ATTILA). Die Hunnen brechen sengend und brennend in ein Königreich ein. Sie senden einen tapferen Recken voraus, der als angeblicher Flüchtling an den Hof kommt, sich bald in die schöne Königstochter verliebt und in die Ränkeschmiede eines intriganten Bösewichtes verwickelt wird. Serienprodukt auf dem Niveau von Dreigroschenheften; schludrig in Inszenierung und Farbgebung. – Ab 12. ✦ Scope. Italien 1962 **P** P.T. **KI** Rolei **Pd** Michelangelo Ciafrè **R** Roberto Bianchi Montero **B** Leo Bomba, Roberto Bianchi Montero **K** Giuseppe La Torre **M** Alessandro Derevitsky, Mario Migliardi **S** Enzo Alfonsi **D** Jerome Courtland (Tharus), Lisa Gastoni (Gamal), Mimmo Palmara (= Domenico Palmara) (Gudrum), Rik van Nutter (Otho), Livio Lorenzon (König Hatun), John McDouglas, Liana Dori **L** 89 **FSK** ab 12; nf **E** 7.12. 1962 **fd** 11 633

THAT'S DANCING! (THAT'S DANCING!). Ein Zusammenschnitt von Tanz- und Gesangsszenen von den Anfängen der Kinematografie über die goldenen Zeiten des Musicals bis zu den Video-Clips der 80er Jahre. Trotz fehlender Zusammenhänge und einer belanglosen Kommentierung für Freunde des Genres eine gelungene Unterhaltung. – Ab 12. ✦ Teils schwarz-weiß. USA 1985 **P** MGM/UA **KI** UIP **Pd** David Niven jr., Jack Haley jr. **R+B** Jack Haley jr. **K** Andrew Laszlo, Paul Lohmann **M** Henry Mancini **S** Bud Friedgen, Michael J. Sheridan **D** Gene Kelly, Sammy Davis jr., Michail Baryschnikow, Ray Bolger, Liza Minnelli, Fred Astaire, Ginger Rogers **L** 104 **FSK** o. A.; f **E** 17.5.1985/26.12.1987 ARD **fd** 25 148

THAT'S ENTERTAINMENT →Das gibt's nie wieder – That's Entertainment

THAT'S ENTERTAINMENT 2 →Hollywood, Hollywood!

THAT'S ENTERTAINMENT 3 (THAT'S ENTERTAINMENT III). Dritte Kompilation von Ausschnitten aus klassischen MGM-Musicals, die sich vor allem dadurch von ihren Vorgängern unterscheidet, daß sie eine Menge bisher unveröffentlichtes Material (sogenannte Outtakes) zeigt und sich zumindest gelegentlich auch einen vorsichtig kritischen Ton leistet. Für Freunde des Genres und für solche, die es kennenlernen wollen, ein niemals langweiliges Vergnügen. (Original ohne Untertitel) – Sehenswert ab 12. ✦ USA 1994 **P** MGM/Turner Entertainment **KI** UIP **Pd+R+B** Bud Friedgen, Michael J. Sheridan **K** Howard A. Anderson III **M** Marc Shaiman (zusätzl. Arrangements) **S** Bud Friedgen, Michael J. Sheridan **D** June Allyson, Cyd Charisse, Lena Horne, Howard Keel, Gene Kelly, Ann Miller, Debbie Reynolds, Mickey Rooney, Esther Williams **L** 113 **FSK** o. A.; f **E** 16.6.1994 **fd** 30 821

THAT'S LIFE – SO IST DAS LEBEN (THAT'S LIFE!). Ein gutsituiertes Ehepaar in Kalifornien bewohnt eine Villa mit Meeresstrand, hat die erwachsenen, gutaussehenden Kinder zu Besuch und plant eine Geburtstagsparty. Während die Frau, die brav Mutter und Ehefrau spielt, einen Tumor hat und auf das Ergebnis der Krebsuntersuchung wartet, nervt ihr hypochondrischer Mann mit seiner Angst vor dem Altwerden. Eine überspielte, bis zur Peinlichkeit mißlungene Komödie. Technisch brillant umgesetzt, inhaltlich aber nicht mehr als ein erschreckend belangloses und unkritisches Konversationsstück. – Ab 16. ✦ Scope. USA 1986 **P** Paradise Cove/Ubilam (für Columbia) **KI** Warner-Columbia **VA** Vestron **Pd** Tony Adams **R** Blake Edwards **B** Blake Edwards, Milton Wexler **K** Anthony B. Richmond **M** Henry Mancini **S** Lee Rhoads **D** Jack Lemmon (Harvey Fairchild), Julie Andrews (Gillian Fairchild), Robert Loggia (Vater Baragone), Sally Kellerman (Holly Parrish), Jennifer Edwards (Megan Fairchild), Robert Knepper (Steve Larwin), Chris Lemmon (Josh Fairchild) **L** 102 **FSK** ab 12; f **E** 23.4.1987/Februar 1988 Video/21.1. 1995 SAT 1 **fd** 26 013

THAT'S MY BABY – EIN MANN SIEHT ROSA (THAT'S MY BABY). Ein weitgehend unterhaltsames Spiel um einen modernen Geschlechterkampf: »Er« wünscht sich ein Kind, »sie« will Karriere machen. Die damit verbundenen Schwierigkeiten resultieren aus der Veränderung früherer Rollenverteilungen und werden in traditioneller Erzählweise zu einer optimistisch geprägten Bestandsaufnahme ohne allzu große Tiefe verbunden. – Ab 14. ✦ Kanada 1985 **P** Gemini **VA** RCA/Columbia **Pd** Edie Yolles **R+B** Edie Yolles, John Bradshaw **K** W. W. Reeve **M** Eric N. Robertson **S** Stephen Withrow **D** Sonja Smits (Suzanne), Timothy Weber (Louis), Joan McIntyre (Sugar), Lenore Zann (Sally), Derek McGrath (Bob Morgan) **L** 92 **FSK** ab 12 **E** 13.9.1988 Video **fd** 27 250

THAT SINKING FEELING (THAT SINKING FEELING). Eine Gruppe arbeitsloser Jugendlicher in Glasgow organisiert den Diebstahl von rostfreien Küchenspülen. Eine kleine, verspielte Komödie voller skurriler Einfälle, die die kriminelle Tat nicht als Anlaß zu Sozialkritik nimmt, sie vielmehr als liebevoll ausgemaltes Bild für Ausstiegsfantasien, produktive Protest-Energie und den Kampf um ein Selbstwertgefühl unter Jugendlichen nutzt. Mit viel Gespür für visuellen Rhythmus und die märchenhafte Durchdringung der Wirklichkeit. – Sehenswert ab 16. ✦ Großbritannien 1979 **P** Bill Forsyth Prod. **KI** Kinowelt **Pd+R+B** Bill Forsyth **K** Michael Coulter **M** Colin Tully **S** John Gow **D** Robert Buchanan (Ronnie), John Hughes (Vic), Billy Greenless (Wal), Douglas Sannachan (Simmy), Alan Love (Alec), Gordon Sinclair (Andy), Tom Moannion (Doktor), Eddie Burt (LKW-Fahrer), Janette Rankin (Mary), Danny Benson (Polizist) **L** 92 **E** 17.10.1985 **fd** 25 327

THAT THING YOU DO! (THAT THING YOU DO!). Aufstieg und Fall einer fiktiven Pop-Band der 60er Jahre, geschildert in den bunten Farben der Popkultur jener Zeit. Das Regiedebüt des Hollywood-Schauspielers Tom Hanks vermeidet weitgehend Konflikte und Mißtöne. Alles ist getragen von der Heiterkeit damaliger Film- und Fernsehproduktionen im Bereich des Musikbusiness, das immerhin in einigen Szenen treffend auf die Schippe genommen wird. – Ab 14. ✦ USA 1996 **P** 20th Century Fox **KI** 20th Century Fox **VA** Fox **Pd** Gary Goetzman, Jonathan Demme, Edward Saxon **R+B** Tom Hanks **K** Tak Fujimoto **M** Howard Shore **S** Victor Kempster **D** Tom Everett Scott (Guy Patterson), Liv Tyler (Faye Dolan), Jonathon Schaech (Jimmy), Steve Zahn (Lenny), Ethan Embry (Bassist), Tom Hanks (Mr. White) **L** 107 **FSK** ab 6; f **FBW** w **E** 23.1.1997/7.8.1997 Video 4.8.1998 premiere **fd** 32 357

THE ABNORMAL – DIE UNNORMALEN (NIENORMALNI). Semidokumentarischer Film über das Leben geistig und körperlich Behinderter in einem Heim in der polnischen Provinz. Er unterliegt verschiedentlich der Gefahr, die Andersartigkeit der Behinderten zu verklären, wodurch sein Anliegen, Barrieren abzubauen, Schaden nimmt; dennoch ist er durch seinen hintergründigen Humor trotz seiner Schwächen ein überzeugendes Plädoyer für Verständnis und Mitmenschlichkeit. (Fernsehtitel: »Die Unnormalen«) – Ab 16. ✦ Polen 1990 **P** Wytwórnia Filmów Oswiatowych/Sto Film/Shop-Tronik **KI** Avance/Verleih der Filmemacher **Pd** Andrzej Traczykowski **R+B** Jacek Blawut **K** Jerzy Rudzinski, Tadeusz Pirog **S** Józefa Strzesniewska **D** Leszek Ploch (Musiklehrer), Tomasz Gniatkowski (Tomek), Mariusz Zawadzki (Mariusz), Henryk Lange (Henio), Katarzyna Zabokllicka (Kasia), Dariusz Ilnicki (Darek), Janusz Machaj (Gucio) **L** 79 **E** 30.9.1993/1.5.1994 ZDF **fd** 30 510

THE ACID HOUSE (THE ACID HOUSE). Die inhaltlich, stilistisch und qualitativ sehr unterschiedliche Adaption dreier Kurzgeschichten von Irvine Welsh aus seinem Buch »The Acid House«. Insgesamt authentischer und vorlagengetreuer angelegt als die kommerziell erfolgreiche Bestsellerverfilmung von Welshs »Trainspotting«, überzeugt vor allem die zweite, in der Tradition des britischen Sozialrealismus stehende Episode durch die ungeschminkte Darstellung der deprimierend-düsteren Lebensverhältnisse in den Armen-Ghettos Edinbourghs. (Episoden: 1. »Granton Star Cause«; 2. »A Soft Touch«; 3. »The Acid House«) ✦ Großbritannien 1998 **P** Picture Palace North/Umbrella Prod./Channel 4 **KI** Senator **VA** Ufa/BMG **Pd** David Muir, Alex Usborne **R** Paul McGuigan **B** Irvine Welsh, nach seinen Kurzgeschichten aus der Sammlung »The Acid House« **K** Alasdair Walker **M** Primal Scream **S** Andrew Hulme **D** Stephen McCole (Boab (1)), Maurice Roeves (Gott (1)), Garry Sweeny (Kev (1)), Kevin McKidd (Johnny (2)), Michelle Gomez (Catriona (2)), Gary McCormack (Larry (2)), Ewen Bremner (Coco (3)), Martin Clunes (Rory (3)), Jemma Redgrave (Jenny (3)), Arlene Cockburn (Kirsty (3)) **L** 111 **FSK** ab 16; f **E** 3.6. 1999/14.12.1999 Video **fd** 33 697

THE ADDICTION (THE ADDICTION). Eine Philosophiestudentin wird von einem weiblichen Vampir gebissen und verspürt danach einen unstillbaren Blutdurst, der sie dazu zwingt, sich immer neue Opfer zu suchen. Abel Ferraras Variation der Muster des Vampirfilms benutzt die Metapher des Vampirismus, um die Fragen nach der Natur des Bösen im Menschen und der Erlösung durch die Gnade Gottes zu behandeln. Ein beklemmender, in mancher Hinsicht verstörender, in atemberaubenden Schwarz-Weiß-Bildern inszenierter Film, der den Zuschauer in einem Zwiespalt zwischen Abscheu und Faszination zu bannen weiß und Anstöße zu einer tieferen Auseinandersetzung mit theologischen Fragen gibt. (O.m.d.U.; Videotitel: »Abel Ferrara's The Addiction«) – Sehenswert. ✦ Schwarz-weiß. USA 1994 **P** Fast Films **KI** Jugendfilm/Eiszeit Kino **VA** absolut MEDIEN **Pd** Denis Hann, Fernando Sulichin **R** Abel Ferrara **B** Nicholas St. John **K** Ken Kelsch **M** Joe Delia **S** Mayin Lo **D** Lili Taylor (Kathleen Conklin), Christopher Walken (Peina), Annabella Sciorra (Vampir), Edie Falco (Jean), Paul Calderon (Dozent), Robert Castle (Priester) **L** 84 **FSK** ab 16 **E** 1997 Kino/10.11.1997 Video **fd** 32 460

THE AFFAIR (THE AFFAIR). Sexfilm: Eine junge Frau läßt sich auf das voyeuristische Angebot einer mysteriösen Auftraggeberin ein, die damit jedoch eine sehr persönliche Intrige anzetteln will. (Alternativer TV-Titel: »The Affair – Intrigen der Lust«) ✦ USA 1995 **Pd** Samantha Kash **R** Danny Taylor **B** Eric Mandelbaum, Kim Martin **K** Brooks Robinson **M** Alan Williams **D** Raelyn Saalman (Jennifer), Will Potter (Greg), Jenna Bodnar (Alexis), Robert L. Newman (Mark), Kathleen Scott **L** 85 **E** 23.2.1996 premiere

THE AFTERMATH (THE AFTERMATH). Eine Weltraumcrew kehrt nach langer Reise auf die Erde zurück, die nach dem atomaren Holocaust von brutalen Horden beherrscht wird. Einer der Astronauten beginnt einen sinnlosen Kampf ums Überleben. Der Science-Fiction-Film wirkt derartig unbeholfen-dilletantisch, daß es fast schon wieder ein Vergnügen ist, ihn zu sehen. ✦ USA 1980 **P** Nautilus **VA** All Video **R+B** Steve Barkett **K** Dennis Skotak, Thomas F. Denove **M** John Morgan **D** Steve Barkett (Newman), Lynne Margulies (Sarah), Sid Haig (Cutter), Christopher Barkett (Chris), Jim Denfort (Williams), Alfie Martin (Getman), Linda Stiegler (Helen), Laura Ann Barkett (Laura) **L** 90 **FSK** ab 18 **E** Video

THE AMBULANCE (THE AMBULANCE). Als ein Zeichner, der für die »Marvel Comics« tätig ist, auf der 5th Avenue in New York seine »Traumfrau« anspricht, erleidet sie einen Schwächeanfall und wird von einer Ambulanz abtransportiert – ohne später in irgendeinem Krankenhaus aufzutauchen. Bei der Suche nach der Vermißten wird er Zeuge weiterer Entführungen per Krankenwagen und kommt auf die Spur einer Kidnapper-Bande, die Diabetiker entführt, um mit ihnen Experimente zu machen. Ein reichlich konstruierter, aber unterhaltsamer Horror-Thriller, der mit einem Minimum an Action eine »altmodische« Spannung erzielt. ✦ USA 1989 **P** Epic/Sarlui-Diamant **KI** Senator **VA** Marketing **Pd** Robert Katz, Moctezuma Esparza **R+B** Larry Cohen **K** Jacques Haitkin **M** Jay Chattaway **S** Armond Lebowitz, Claudia Finkle **D** Eric Roberts (Josh Baker), James Earl Jones (Leutnant Spencer), Megan Gallagher (Sandra Malloy), Red Buttons (Elias Zacharai), Janine Turner (Cheryl), Eric Braeden (Arzt) **L** 96 **FSK** ab 16; f **E** 30.8.1990/ 10.12.1990 Video **fd** 28 453

THE AMERICAN SUCCESS COMPANY (THE AMERICAN SUCCESS COMPANY). Ein verträumter Büroangestellter, von der verwöhnten Ehefrau verachtet und vom Schwiegervater, in dessen Firma er arbeitet, für einen Versager gehalten, mausert sich zu einem draufgängerischen Playboy ohne Rücksichtnahme. Da er diese Rolle nur als Doppelgänger spielt, ohne entlarvt zu werden, steigern sich seine Aktionen zu einem heillosen Durcheinander. Amüsante Satire auf Rollenverhalten und die oberflächliche Orientierung an Äußerlichkeiten. (Titel auch: »Der Ringer«, »Jetzt komme ich«) – Ab 16. ✦ USA 1980 **P** Columbia **R** William Richert **B** William Richert, Larry Cohen **K** Anthony B. Richmond **M** Maurice Jarre **D** Jeff Bridges (Harry Flowers), Belinda Bauer (Sarah), Ned Beatty (Mr. Elliot), Bianca Jagger (Corinna), Steven Keats (Rick Duprez) **L** 85 (Orig. 94) **E** 6.7.1985 NDR

THE AMERICAN WAY (THE AMERICAN WAY). Ein Haufen wütender Vietnamkriegs-Veteranen und Alt-Hippies betreibt von einem abgewrackten B-29-Bomber aus einen Piratensender, der gezielt amerikanische Fernseh-Programme sabotiert und die Präsidentschaft eines als reaktionäre Politikerin verkleideten Transvestiten vereitelt. Eine wüste Satire voller hektischer und lauter Seitenhiebe, die über ihre derben Attacken jede tiefschürfende Auseinandersetzung mit Wahlkampfstrategien vernachlässigt. (Alternativtitel: »Das schrillste Fernsehen der Welt«) ✦ Großbritannien 1986 **P** Tambura Co./Kerrash **KI** Filmwelt **VA** Acron **Pd** Laurie Keller, Paul Cowan **R** Maurice Phillips **B** Scott Roberts **K** John Metcalfe **M** Brian Bennett **S** Tony Lawson **D** Dennis Hopper (Captain), Michael J. Pollard (Doc), Eugene Lipinski (Ace), James Aubrey (Claude), Al Matthews (Ben), William Armstrong (Jerry), Michael Ho (Minh) **L** 105 **FSK** ab 16; nf **E** 24.11.1988 **fd** 27 254

THE AMITYVILLE CURSE – DER FLUCH (THE AMITYVILLE CURSE). Zwölf Jahre nach den mörderischen Ereignissen im alten Pfarrhaus von Amityville beziehen fünf nichtsahnende junge Leute zusammen das verlassene Gebäude. Nach kurzer Zeit scheint das Haus zum Leben zu erwachen. Ein weiterer Aufguß des Horrorfilms »Amityville Horror« (1979); im Einsatz der Spezialeffekte vergleichsweise zurückhaltend, insgesamt uninspirierte, schale Genrekost. ✦ USA 1989 **P** Image Organization **VA** Ascot **Pd** Franco Battista **R** Tom Berry **B** Michael Krueger, Norvell Rose, nach dem Buch von Hans Holzer. **K** Rodney Gibbons **M** Milan Kymlicka **S** Franco Battista **D** Kim Coates, Dawna Wightman, Helen Hughes, David Stein, Cassandra Gava **L** 87 **E** 25.7.1990 Video/30.11.1993 PRO 7

THE ANGELIC CONVERSATION (THE ANGELIC CONVERSATION). Ein sehr persönlicher Film des 1994 an Aids gestorbenen Regisseurs Derek Jarman. In einer Folge assoziativer Betrachtungen einiger Facetten homosexueller Liebe, begleitet nur von der Rezitation Shakespearescher Sonette, feiert er ein Hohelied der Erotik und der sinnlichen Liebe. Jarman setzt sich darüber hinaus mit den Gegensätzen Leben und Tod, Nähe und Distanz, Schönheit und Vergänglichkeit auseinander. Ohne Geschichte und ohne Dialoge vertraut der formal abstrakte Film ganz auf die expressive Kraft seiner Bilder und Töne. ✦ Großbritannien 1985 **P** British Filminstitute/Channel Four **KI** Edition Salzgeber **VA** absolut MEDIEN/Salzgeber **Pd** James Mackay **R+B+K** Derek Jarman **M** Coil **S** Cerith Wyn Evans **D** Paul Reynolds, Philip Williamson **L** 78 **E** 19.5.1994/Okt. 1997 Video

THE ANIMAL FACTORY – RACHE EINES VERURTEILTEN (ANIMAL FACTORY). Ein jugendlicher Drogendealer aus reichem Elternhaus wird zu einer sechsmonatigen Gefängnisstrafe verurteilt. Dort nimmt ihn ein hart gesottener Sträfling unter seine Fittiche, der ihm alle Überlebenstricks beibringt. Als der Junge nach einem Racheakt zu weiteren fünf Jahren Haft verurteilt wird, fasst sein väterlicher Freund einen Fluchtplan. Ein um die atmosphärisch genaue Schilderung des Gefängnisalltags bemühter Film, der eine nüchterne Zustandsbeschreibung liefern will. Da das Buch die Motivationen seines alternden Protagonisten schuldig bleibt, verfehlt der nach einem autobiografischen Roman entstandene Film einiges an möglicher Wirkung und schwankt zwischen bitterer Anklage und Resignation angesichts der herrschenden Verhältnisse. – Ab 16. ✦ USA 2000 **P** Animal Pictures/Franchise Pictures **VA** BMG **Pd** Steve Buscemi, Julie Yorn, Andrew Stevens, Elie Samaha **R** Steve Buscemi **B** Edward Bunker, John Steppling, nach der Novelle »The Animal Factory« von Edward Bunker **K** Phil Parmet **M** John Lurie **S** Kate Williams **D** Willem Dafoe (Earl Copen), Edward Furlong (Rea Decker), Danny Trejo (Vito), Mark Boone jr. (Paul Adams), Seymour Cassel (Lt. Seeman), Mickey Rourke (Jan, der Schauspieler), Steve Buscemi (A.R. Hosspack) **L** 91 **FSK** ab 16 **E** 25.1.2001 Video **fd** 34 743

THE APOCALYPSE (THE APOCALYPSE). Die Kommandantin eines Bergungsraumschiffs muß für einen Auftrag eine zweite Crew anheuern und gerät ausgerechnet an ihren verbrecherischen Ex-Geliebten. Dieser bemächtigt sich eines geborgenen Frachtschiffes und will es durch seinen Hacker mittels Paßwörter für den Bordcomputer manövrierfähig machen. Dieses Unterfangen wird zu einem Wettlauf mit der Zeit, als sich herausstellt, daß das hochexplosive Raumschiff darauf programmiert ist, die Erde zu zerstören, und man entdeckt, daß die Paßwörter Zitate aus Shakespeare-Dramen sind. Eine Endzeit-Mär für Bildungsbeflissene; billig inszeniert. Dem simplen Handlungsmuster passen sich die typisierten Figuren an, die düster, debil und brutal wirken. ✦ USA 1996 **P** EGM Film **VA** Universum **Pd** John Eyres, Barnet Bain **R** Hubert C. de la Bouillerie **B** J. Reifel **K** Greg Gardiner **M** Eric Colvin **S** Amanda Kirpaul **D** Sandra Bernhard (Wayne), Cameron Dye (Lennon), Frank Zagarino (Vandler), Michelle Anne Johnson (Misha), Lee Arenberg (Noel), Matt McCoy (Suarez) **L** 92 (gek. 88) **FSK** ab 18 (gek. ab 16) **E** 23.6.1997 Video **fd** 32 724

THE APPLEGATES – EINE FAMILIE ZUM FÜRCHTEN → Applejuice

THE ARRIVAL – DIE ANKUNFT (THE ARRIVAL). Ein junger Astronom empfängt ein Signal von einem fernen Planeten. Sein Vorgesetzter vertuscht den Vorfall und entläßt den Angestellten. Dessen Nachforschungen bringen ihn auf die Spur einer heimlichen Invasion, in deren Verlauf Außerirdische die Erde den Bedingungen ihres Heimatplaneten anpassen und dadurch die Klimakatastrophe beschleunigen. Science-Fiction-Film mit schwachen Trickeffekten, der das psychologische Spannungspotential seiner Geschichte ungenutzt läßt und sich im Lauf der Handlung immer mehr in logische Brüche und Erklärungsnotstände verstrickt. – Ab 16. ✦ USA 1996 **P** Steelwork/Thomas G. Smith Prod. **VA** VMP **Pd** Thomas G. Smith, James Steele **R+B** David Twohy (= David T. Twohy) **K** Hiro Navita **M** Arthur Kempel **S** Martin Hunter **D** Charlie Sheen (Zane Zaminsky), Lindsay Crouse (Ilona Green), Richard Schiff (Calvin), Ron Silver (Gordian), Tony T. Johnson (Kiki) **L** 110 **FSK** ab 12 **E** 11.11.1997 Video/2.11.1998 Premiere **fd** 32 881

THE ART OF WAR → Art of War

THE ASSASSIN – TÖTEN IST SEIN GESETZ (THE ASSASSIN). Ein Auftragsmörder, der durch viele Demütigungen zum besten Kämpfer seines despotischen Herrschers aufgestiegen ist, steigt aus, als er einen halbwüchsigen Mönch töten soll. Auf dem Land findet er seine ehemalige Geliebte und den Frieden wieder, doch die Schergen seines Herrn spüren ihn auf. Kung-Fu-Film mit einer Vielzahl von Western-Motiven, dessen ästhetisierende Machart dem blutigen Geschehen viele seiner Härten nehmen. Trotz vieler Schnitte in der deutschen Videofassung eines der besseren Werke des Genres, das auch Kritik an der aktuellen Politik Chinas zu üben versucht. ✦ Hongkong 1993 **P** Prosper Film **VA** New Vision (Highlight) **Pd** Chan Sau Hing, Chan Yong **R** Chung Siu Hung **B** Chung Tan, Szeto Wai Cheuk **K** Chiu Fei **M** Wong Bong Yin **S** Choi Hung **D** Zheng Feng Yi (Tong Po Ka), Rosamund Kwan (Yiu), Max Mok (Wong Kau) **L** 81 **E** 1.4.1997 Video **fd** 32 562

THE ASSISTANT (THE ASSISTANT). Ein junger Mann, der in einer lieblosen Pflegefamilie aufwuchs und sich in der Depressionszeit der 30er-Jahre ohne Arbeit und Obdach durchs Leben schlägt, lässt sich zu einem Überfall auf einen Laden überreden, bei dem sein Komplize den jüdischen Besitzer niederschlägt. Von Gewissenbissen getrieben, kehrt er an den Ort des Verbrechens zurück und beginnt, dort als Aushilfe zu arbeiten. Der Themenkomplex Schuld und Sühne in einer leblos entwickelten Geschichte, die eine von moralischen Eindeutigkeiten beherrschte Kunstwelt vorstellt. Während der Film fernsehgerechte Standards erfüllt und bestenfalls für gepflegte Langeweile sorgt, wird immerhin soziales Engagement im Sinne Charles Dickens' erkennbar. – Ab 12. ✦ USA 1997 **P** Miracle/Paragon **VA** Highlight **Pd** Jon Slan, Daniel Petrie **R** Daniel Petrie **B** Daniel Petrie, nach einem Roman von Bernard Malamud **K** Philip Earnshaw **M** Lawrence Shragge **S** Susan Maggie **D** Gil Bellows (Frank Alpine), Armin Mueller-Stahl (Morris Bober), Joan Plowright (Mrs. Bober), Kate Greenhouse (Helen Bober), Jaimz Woolvett **L** 106 **FSK** ab 12 **E** 12.7.2001 Video **fd** 35 077

THE ASTRONAUT'S WIFE – DAS BÖSE HAT EIN NEUES GESICHT (THE ASTRONAUT'S WIFE). Ein Space-Shuttle-Pilot kehrt nach einem mysteriösen Zwischenfall zwar körperlich wohlbehalten auf die Erde zurück, doch seiner Frau bleiben seelische Veränderungen nicht lange verborgen. Diese entpuppen sich als erste Anzeichen einer von außen manipulierten katastrophalen Entwicklung. Plump inszenierter Science-Fiction-Thriller mit Horror-Elementen, der sich ausgiebig bei Klassikern bedient, inhaltlich wie formal aber enttäuscht. DVD: Die Extras umfassen u. a. ein alternatives Filmende. ✦ USA 1999 **P** New Line Cinema/Mad Chance Production **KI** Concorde **VA** Concorde (VCL) **DVD** Concorde (16:9, 1.85:1, DD5.1 engl./dt., DTS dt.) **Pd** Andrew Lazar **R+B** Rand Ravich **K** Allen Daviau **M** George S. Clinton **S** Steve Mirkovich, Tim Alverson **D** Johnny Depp (Spencer Armacost), Charlize Theron (Jillian Armacost), Joe Morton (Sherman Reese), Clea DuVall (Nan), Donna Murphy (Natalie Streck), Nick Cassavetes (Alex Streck), Samantha Eggar (Ärztin) **L** 109 **FSK** ab 16; f **E** 18.11.1999/27.6.2000 Video/7.11. 2000 DVD **fd** 33 958

THE ATOMIC CAFÉ (THE ATOMIC CAFE). Aus Werbe- und Propagandafilmen der 40er und 50er Jahre zusammengestellter Dokumentarfilm zur Informationspolitik der amerikanischen Militärbehörden über die Zerstörungskraft von Atomwaffen, dessen Bildmaterial die damaligen Stellungnahmen als verantwortungslos entlarvt. Keine reine Dokumentation, sondern durch die Montage als Satire aufbereitet, bezieht der Film seine Wirkung aus der Befürchtung, daß die Bedrohung durch Atomwaffen nach wie vor verharmlost wird. – Ab 14 möglich. ✦ Teils schwarzweiß. USA 1982 **P** The Archives Project **KI** Arsenal **R** Kevin Rafferty, Pierce Rafferty **B** Kevin Rafferty, Pierce Rafferty, Jayne Loader **M** Rick Eaker **S** Jayne Loader, Kevin Rafferty **L** 88 **FSK** ab 12; f **E** 5.11.1982 **fd** 23 812

THE ATTACKER →Der Totenkopf-Mörder

THE AVENGER – DER RÄCHER (THE AVENGER). Ein unschuldig zu einer Haftstrafe verurteilter Saxophonspieler muß sich nach seiner Entlassung mit einem Porno-Produzenten und dessen Handlangern auseinandersetzen. Diese sind hinter einem Koffer voller Geld her, den der kriminelle Bruder des Musikers vor seinem Tod versteckte. Ihm zur Seite steht ein kampferprobter Vietnam-Veteran. Actionfilm nach üblichem Strickmuster, der sich in der Andeutung von Problemen gefällt, die er gar nicht behandeln will. Dadurch wird das Tempo, das der Film bitter nötig hätte, immer wieder verschleppt. ✦ USA 1990 **P** Action International Pictures **VA** Madison **Pd** Jonathan Vanger, Gregory Vanger **R** Cedric Sundstrom **B** John Cianetti **K** George Bartels **M** Tim James, Steve McClintock, Garm Beall **S** Paul O'Bryan **D** Frank Zagarino (Michael), Oliver Reed (Jack Fisher), Nancy Mulford (Lisa), Jeff Weston, Sean Taylor **L** 85 **FSK** ab 18 **E** 30.4.1991 Video **fd** 28 945

THE AVENGER – DURST NACH RACHE →Böse Schatten

THE AXE – EINE VERHÄNGNISVOLLE EHE (THE EX). Weil sie ihrem Ex-Mann das neue Glück mißgönnt, versucht eine geschiedene Frau sich mit allen Mitteln in das Leben ihres Mannes zu drängen. Selbst vor Mord schreckt sie nicht zurück. Billiger, uninteressanter Thriller, der dialoglastig beginnt, um dann unmotivierte Gewaltausbrüche zelebrieren zu können. (Fernsehtitel: »Fatale Affäre«) ✦ USA 1995 **P** American World Pictures **VA** VPS **Pd** Dana Dubovsky, Mark L. Lester **R** Mark L. Lester **B** Larry Cohen, Jon Lutz **K** Richard Leiterman **M** Paul J. Zaza **S** David Bercatsky **D** Yancy Butler (Deidre Kenyon), Suzy Amis (Molly Kenyon), Nick Mancuso (David Kenyon), Hamish Tildesley (Michael Kenyon) **L** 81 **FSK** ab 16 **E** 1996 Video **fd** 32 263

THE BABE – EIN AMERIKANISCHER TRAUM (THE BABE). Porträt des Baseballstars Babe Ruth: Als Kind wurde der schwer erziehbare »Fettkloß« in ein Heim eingewiesen, wo er erstmals mit der Schlagkeule hantierte. Auch später, als er zum Helden des amerikanischen Nationalsports aufgestiegen ist, stellt sein disziplinloses Verhalten seine Umgebung vor Probleme. Nach einem letzten, sagenhaften Sieg tritt er 1935 ab. Eine dramatisch akzentuierte Biografie, die sich dank einer großartigen Darstellung, sensibler Regie und der sorgfältigen Rekonstruktion des Zeitkolorits der 20er und 30er Jahre hervorhebt. Zeitereignisse (wie der Erste Weltkrieg) bleiben allerdings auffällig ausgespart. – Ab 14. ✦ USA 1991 **P** Universal/Waterhorse **VA** CIC **Pd** John Fusco, Finnegan, Sheldon Pinchuk, J. Van Wyck, E. Hiller **R** Arthur Hiller **B** John Fusco **K** Haskell Wexler **M** Elmer Bernstein **S** Robert C. Jones **D** John Goodman (Babe Ruth), Kelly McGillis (Claire Ruth), Trini Alvarado (Helen Ruth), Peter Donat (Frazee), J. C. Quinn (Jack Dunn) **L** 110 **FSK** ab 12 **E** 8.4.1993 Video/28.4.1994 premiere **fd** 30 219

THE BABY RUTH STORY (THE BABE RUTH STORY). Die Geschichte des legendären Baseballspielers »Babe« Ruth, der bereits als Junge in die Grundregeln des Sports eingewiesen wird, sich als außergewöhnliches Talent erweist und seine beispiellose Karriere bei den Boston Red Sox startet. Ein handelsüblich angelegtes »Bio Pic« aus dem Studio der Warner Bros., das einschlägigen Mustern einer Sportlerbiografie folgt und dabei vor allem an der Mythenbildung und Imagepflege interessiert ist. Vor allem filmhistorisch dennoch nicht uninteressant. (O.m.d.U.) – Ab 12. ✦ Schwarz-weiß. USA 1948 **P** Allied Artists **Pd+R** Roy Del Ruth **B** Bob Considine, George Callahan **K** Philip Tunnura, James Van Trees **M** Edward Ward **S** Richard Heermance **D** William Bendix (George Herman »Babe« Ruth), Claire Trevor (Claire (Hodgson) Ruth), Charles Bickford (Bruder Matthias), Sam Levene (Phil Conrad), William Frawley (Jack Dunn), Gertrude Niesen (Nachtclubsängerin) **L** 107 **E** 6.12.1998 Cine Classics

THE BABYSITTER (THE BABYSITTER). Thriller um eine junge Babysitterin, die systematisch Ehe und Familie ihrer neuen Arbeitgeber zu zerstören versucht. ✦ USA 1980 **R** Peter Medak **D** Patty Duke (Liz Benedict), William Shatner (Jeff Benedict), Stephanie Zimbalist (Joanna), Quinn Cummings (Tara), John Houseman (Dr. Lindquist) **L** 92 **E** 27.12.1997 Kabel 1

THE BABYSITTERS (THE BABYSITTERS). Ein hemdsärmliges, muskelbepacktes Zwillingsbruder-Paar soll auf die beiden Neffen eines reichen Spediteurs aufpassen, der als Kronzeuge einem mörderischen Giftmüllhändler das Handwerk legen will. Die beiden Kinder, ebenfalls Zwillinge, machen ihren Aufpassern das Leben schwer. Eine grobschlächtige Ansammlung von altbekannten Gags, Albernheiten und müden Slapstick-Einlagen. Ein Film, in dem nichts zusammenpaßt, weder der düstere Kriminalfilm als Rahmenhandlung, noch die äußerst dürftige Komödie. – Ab 12. ✦ USA 1994 **P** Global Pictures/Surge Prod. **VA** VMP **Pd** Yoram Pelman **R+B** John Paragon **K** Irek Hartowicz **M** Paul Sabu **S** Sebastian Serell-Watts, Gerard Jakubowicz **D** Peter Paul (Peter Falcone), David Paul (David Falcone), Christian Cousins (Bradley), Joseph Cousins (Steven), Rena Sofer (Judy), Jared Martin (Frank Hillhurst) **L** 89 **FSK** ab 12 **E** 19.9.1995 Video **fd** 31 562

THE BAD BOY'S CLUB →Boys Club – Der Killer im Versteck

THE BAND (THE LAST WALTZ). Die in den 70er Jahren (auch als Begleitband von Bob Dylan) berühmt gewordene Folk-Rockgruppe »The Band« lud 1976 zu ihrer Abschiedsvorstellung zahlreiche Stars der Rock-, Folk- und Blues-Musik zu einem siebenstündigen Konzert ein, bei dem die einzelnen Musiker hintereinander und schließlich miteinander auftraten. Martin Scorsese filmte das Ereignis und montierte daraus einen reinen Musikfilm, der durch ebenso kurze wie substanzlose Interview-Sequenzen mit den Mitgliedern von »The Band« unterbrochen wird. Der faszinierenden Musik selbst kann man sich kaum entziehen, und die mit großer Sorgfalt gefertigte Montage bringt das musikalische Ereignis eindringlich und bewegend nahe. (O.m.d.U.) – Ab 12. ✦ USA 1978 **P** Last Waltz **KI** United Artists **Pd** Robbie Robertson **R** Martin Scorsese **B** Mardik Martin **K** Michael Chapman, Laszlo Kovacs, Vilmos Zsigmond, David Myers, Bobby Byrne, Michael Watkins, Hiro Narita **S** Yeu-Bun Yee, Jan Roblee, Thelma Schoonmaker (ungenannt) **D** The Band, Eric Clapton, Neil Diamond, Bob Dylan, Joni Mitchell, Neil Young, Van Morrison, Paul Butterfield, Dr. John, Emmylou Harris, Ronnie Hawkins, Muddy Waters **L** 117 **FSK** ab 6; f **FBW** bw **E** 13.7.1978/8.1.1982 Kino DDR **fd** 20 850

THE BANDS (THE BANDS). »The Bands« – nach »Running Wild« (1992) der zweite Dokumentarfilm, in dem sich Egon Humer mit der Jugendkultur urbaner Lebenswelten auseinandersetzt – taucht ein in den musikalischen Underground Wiens. Ein ambitionierter Ansatz zur Darstellung einer alternativen Jugendbewegung, mit reizvollen Bildern und einer Montage, die sich dem musikalischen Rhythmus anpaßt; in der Zentrierung auf die Musik der Gruppen bleiben die Kehrseiten ihrer Existenz – Resignation, innere Emigration, Abschottung von der äußeren Welt – jedoch weitgehend ohne Beachtung. – Ab 16. ✦ Schwarz-weiß. Österreich 1993 **P** Prisma **R** Egon Humer **B** Manfred Bartunek, Egon Humer **K** Wolfgang Lehner, Peter Röhsler **M** Bask, Extended Version, Fetisch 69, Occidental Blue Harmony Lovers, Pungent Stench, Cold World **S** Karina Ressler **L** 100 **E** 28.5. 1996 ORF 2

THE BANK DICK →Der Bankdetektiv

THE BANKER (THE BANKER). Brutale Callgirl-Morde rufen nicht nur die Polizei auf den Plan, sondern auch eine ehrgeizige Reporterin, die sich bei der Suche nach dem Täter mit allerlei okkultistischem Hokuspokus konfrontiert sieht. Reißerischer Kriminalfilm ohne Atmosphäre und Spannung. ✦ USA 1989 **P** Westwind **VA** Starlight **Pd** Tomas S. Byrnes, William

Webb, Kurt Anderson **R** William Webb **B** Dana Augustine **K** John Huneck **M** Sam Winans, Reg Powell **S** Patrick Dodd **D** Robert Foster (Dan Jefferson), Duncan Regehr (Bankier Osbourne), Shanna Reed (Sharon Maxwell), Jeff Conaway (Cowboy), Leif Garrett (Andre Fowler) **L** 91 **FSK** ab 18 **E** Oktober 1989 Video/28.10.1993 PRO 7 **fd** 27 999

THE BARLOW AFFAIR (THE BARLOW AFFAIR). Sexfilm über eine Firma, bei der sexuelle Freizügigkeiten das Betriebsklima bestimmen. Eine neue Angestellte braucht nicht lange, um sich zu »akklimatisieren«. – Wir raten ab. ✦ USA 1991 **Pd** Patti Rhodes Lincoln **R** Fred J. Lincoln **B** Patti Rhodes Lincoln **K** Ken Gibb **S** Jim Enright **D** Teri Weigel, Porsche Lynn, Selena Steele, Missy Warner, Angel Kelly, Buck Adams, Randy West **L** 60 **E** 2.7.1993 premiere

THE BASE (THE BASE). Ein verdeckter Ermittler wird in eine Militärbasis an der kalifonisch-mexikanischen Grenze eingeschleust, um Korruption sowie Waffen- und Drogenhandel unter den Soldaten und Offizieren zu unterbinden. Als seine Tarnung auffliegt, geraten er und seine Partnerin in Gefahr, die jedoch durch ein gerüttelt Maß an Gewaltanwendung abgewendet werden kann. Ein schablonenhafter Actionfilm mit den genreüblichen Zutaten, der in erster Linie durch seinen ungebrochenen Patriotismus und seine stellenweise unsägliche Brutalität auffällt. – Wir raten ab. ✦ USA 1997 **P** American World Pictures/Lions Gate Films/Base Camp Prod. **VA** Universum **Pd** Dana Dubovsky, Mark L. Lester **R** Mark L. Lester **B** Jeff Albert, Hesh Rephun **K** Jacques Haitkin **M** Paul J. Zaza **S** David Berlatsky **D** Mark Dacascos (Major John Murphy/Cpt. John Dalton), Tim Abell (Sgt. Gammon), Paula Trickey (Lt. Kelly Andrews), Noah Blake (Cpl. Castellano), Frederick Coffin (Gen. Albert Becker) **L** 94 **FSK** ab 18 **E** 19.7.1999 Video **fd** 33 898

THE BASE II – DAS TODESTRIBUNAL (THE BASE II – GUILTY AS CHARGED). Ein Undercover-Agent wird in einen Stützpunkt der US-Armee geschleust, in dem die tyrannische Leitung Menschenjagden auf kriminell gewordene Soldaten veranstaltet. Er verliebt sich in eine Soldatin, die Mitglied eines dieser Todeskommandos ist. Fortsetzung eines Actionfilm, der die zynisch-brutale Grundhaltung des ersten Teils und dessen verlogene Ideologie gedankenlos übernimmt. Besonders bedenklich erscheinen die Rechtfertigungsversuche, die von verlorener Soldatenehre schwadronieren und der schiefe Patriotismus, mit dem sich der ebenso klischeehafte wie minderwertige Film umgibt. ✦ USA 2000 **P** Dog Tag Prod./American World Pic./Lions Gate Films **VA** Universal **DVD** Universal Home (FF, DD2.0 engl./dt.) **Pd** Dana Dubovsky, Mark L. Lester **R** Mark L. Lester **B** C. Courtney Joyner, Jeff Albert **K** George Mooradian **M** Andrew Keresztes **S** Donn Aron **D** Antonio Sabáto jr. (Lieutenant John Murphy), James Remar (Lieutenant Colonel Strauss), Melissa Lewis (Lee), Yuji Okumoto (Davis), Duane Davis (Goose) **L** 93 **FSK** ab 18 **E** 23.11.2000 Video & DVD **fd** 34 682

THE BEACH (THE BEACH). Ein junger Mann unternimmt eine Reise nach Asien, weil er in der ungewohnten Umgebung sein Leben mit neuer Intensität erfahren will. Schon bald weist ihm ein Fremder den Weg zu einer geheimnisvollen Insel, die das Versprechen, ein Paradies auf Erden zu sein, aber nicht einlösen kann. Düsterer Abenteuerfilm, angelegt als ein Versuch über das Verlangen, der eigenen Sterblichkeit wie auch dem Realitätsverlust der Moderne durch eine ekstatisch erlebte Gegenwart zu entkommen. Bei aller plakativen Veräußerlichung des Themas zeichnet sich der Film vor allem durch seine zeitgemäße Ästhetik und seine inhaltliche Vielschichtigkeit aus. ✦ USA 1999 **P** Figment Films **KI** 20th Century Fox **VA** 20th Century Fox Home **Pd** Andrew MacDonald **R** Danny Boyle **B** John Hodge, nach einem Roman von Alex Garland **K** Darius Khondji **M** Angelo Badalamenti **S** Masahiro Hirakubo **D** Leonardo DiCaprio (Richard), Tilda Swinton (Sal), Virginie Ledoyen (Françoise), Staffan Kihlbom (Christo), Robert Carlyle (Daffy), Guillaume Canet (Etienne), Paterson Joseph (Kenty), Lars Arentz Hansen (Bugs) **L** 119 **FSK** ab 16; f **E** 10.2.2000/7.9.2000 Video **fd** 34 112

THE BEACH GIRLS – STRANDHASEN (THE BEACH GIRLS). Abenteuer um einige Jugendliche, die im sommerlichen Kalifornien ausgelassene Strandfeste organisieren. Vermeintliche Schönheitsideale, Sex und Drogenkonsum werden zu einem keimfreien Idyll verbunden, dessen Oberflächlichkeit an Werbespots erinnert. (Alternativtitel: »Strandhasen«) ✦ USA 1982 **P** Crown International Marimark **KI** Senator **Pd** Marilyn J. Tenser, Michael D. Castle **R** Pat Townsend **B** Patrick Duncan, Phil Groves **K** Michael Murphy **M** The Beach Boys, Michael Lloyd **S** George Bowers **D** Debra Blee (Sarah), Val Kline (Ginger), Jeana Tomasina (Ducky), James Daughton (Scott), Adam Roarke (Onkel Carl) **L** 88 **FSK** ab 16; nf **E** 8.8.1985 **fd** 25 229

THE BEAST – UNHEIMLICHE TIEFE (CRUEL JAWS). Um seine kriminellen Geschäfte nicht zu gefährend verschweigt der Bürgermeister eines kleinen Ferienortes in Miami die Bedrohung durch einen Killerhai, sogar eine Windsurfer-Regatta kann gestartet werden. Bald sind zahlreiche Opfer zu beklagen, bis der Bestie auf offener See der Garaus gemacht werden kann. Bis auf einige grausige Szenen kaum Neues vom »weißen Hai«, statt dessen altbekannte Handlungsmuster, die ohne recht entwickelte Spannungsbögen aneinandergereiht werden. ✦ USA 1995 **P** Eurpoe **VA** VPS **Pd** John Kent **R** William Snyder **B** Robert Feen, Linda Morrison, William Snyder **K** Ben Jackson **S** Andy Lamar **D** David Luther (Polizist Francis Berger), George Barnes (Bürgermeister Samuel Lewis), Kristen Urso (Susy Soerensen), Richard Dew (Dag Soerensen), Sky Palma (Gelnda) **L** 91 (gek. 90) **FSK** ab 16 (gek. ab 12) **E** 21.12.1995 Video **fd** 31 839

THE BEAT (THE BEAT). Eine Clique von Großstadtjugendlichen ohne jede Perspektive verweigert sich dem Schulbetrieb und tobt sich auf der Straße und bei Punk-Konzerten aus. Ein als psychisch gestört geltender Junge zieht sie mit seinen Gedichten und unverständlichen Prophezeihungen in den Bann; er stilisiert die Jugendlichen zu Vertretern einer neuen Mutanten-Generation, denen die Zukunft gehört. Mit bescheidenen Mitteln, aber anspruchsvollen Ideen entstandener Film, der zunächst mit nüchternem Blick das Drama einer ganzen Generation vor den Kulissen einer verrottenden Metropole entwirft, diesen Realismus aber durch die allzu weit hergeholte wundersame Wendung torpediert. (Videotitel auch: »Club der Rebellen«) ✦ USA 1987 **P** Vestron **VA** Vestron **Pd** Julia Phillips, Jon Klik, Nick Wechsler **R+B** Paul Mones **K** Tom DiCillo **M** Carter Burwell **S** Elizabeth Kling **D** David Jacobson (Rex Voorhaus Ormine), William McNamara (Billy Kane), Kara Glover (Kate Kane), Jeffrey Horowitz (Dr. Waxman), John Savage (Mr. Ellsworth) **L** 97 **FSK** ab 18 **E** Mai 1989 Video **fd** 27 856

THE BEAT GENERATION – AN AMERICAN DREAM (THE BEAT GENERATION – AN AMERICAN DREAM). Dokumentarfilm über die »Beat-Generation«, jene Generation junger Amerikaner, die die amerikanische Kultur der 50er Jahre prägte, indem sie sich auf die Suche nach Alternativen in Denk- Verhaltensstrukturen begab und sich in ihrer Musik und ihrer Literatur gegen den Konsumrausch und das Konformitätsdenken der etablierten Gesellschaft stellte. Der atmosphärisch dichte Film beeindruckt durch die Authentizität seiner Bilder, die er durch Aussagen der Überlebenden jener Gruppe sowie durch zeitgenössisches Filmmaterial erreicht und indem er auf relativierende Kommentare verzichtet. (O.m.d.U.) ✦ USA 1986 **P** Renaissance Motion Pictures **SF** Edition Salzgeber **Pd** Janet Foreman **R+B** Janet Forman **K** Thomas Houghton **M** David Amram **S** Peter Odabashian **D** Jack Kerouac, Neal Cassady, Thelonious Monk, David Amram, Ray Bremser **L** 90 **E** 20.4.1989

THE BEGINNING (IN THE LINE OF DUTY – THE BEGINNING). Zwei superreiche Hongkonger Unternehmerclans geraten in Streit, weil ihre Oberhäupter noch eine alte Rechnung aus einem illegalen Geschäft offen haben. Als der damals Betrogene seine Anspüche geltend macht, wird er getötet, was eine Reihe wechselseitiger Attentate heraufbeschwört. Parallel zur schießwütigen Gangstergeschichte wird eine Familienseifenoper erzählt, deren Verbindung darin besteht, daß die Attentate immer auf Familienfesten stattfinden. Insgesamt ein träger Film, der nur selten schußwaffenfreie Kämpfe zeigt. (Fernsehtitel: »Red Force – The Beginning«) ✦ Hongkong/USA 1991 **VA** Condor (Highlight) **Pd** Wang Sai Kuen **R** Chris Lee **B** Kong Heung Sang, Shum Wa **K** Lau Hung Chuen **M** Richard Lee **S** Mak Chi Sin **D** Cynthia Khan, Simon Yam, Wang Rong, Tsang Kong, Shum Wai **L** 79 **FSK** ab 18 **E** 10.5.1994 Video/19.8.1995 Pro Sieben **fd** 30 794

THE BEING (THE BEING / EASTER SUNDAY). Die Bürger einer amerikanischen Kleinstadt in Idaho werden von einem durch radioaktiven Abfall mutierten Monster terrorisiert, das sich in einem Lagerhaus eingenistet hat und sich Opfer aus ihren Reihen sucht. Primitiver Horrorfilm, der bereits 1980 unter dem Titel »Easter Sunday« entstand, aber erst drei Jahre später in veränderter Fassung ausgewertet wurde. ✦ USA 1983 **P** BFV/Jackie Kong Prod. **VA** Focus **Pd** Bill Osco **R+B** Jackie Kong **K** Robert Ebinger **M** Don Preston **D** Martin Landau, José Ferrer, Ruth Buzzi, Dorothy Malone, Rex Coltrane **L** 82 **E** Februar 1987 Video/15.9.1988 Tele 5

THE BENEFICIARY (THE BENEFICIARY). Ein Polizistenteam ermittelt im Fall einer Millionärsgattin, die ihren Mann, der sie verlassen wollte, ermordet haben soll. Die Frau im Team glaubt an ihre Schuld, der Mann geht ein Verhältnis mit ihr ein, weil er hofft, an das große Geld heranzukommen. Eine in jedem Augenblick vorhersehbare lausige Geschichte, die Probleme in fast allen Bereichen des Filmemachens aufweist und deswegen kaum Unterhaltungswerte zu bieten hat. ✦ USA 1996 **P** Magic Hour/MPCA/Playboy Entertzainment **Pd** Richard Goldberg, David Scott Rubin **R** Marc Bienstock **B** Vladimir Nemirovsky **K** Sead Mutarevic **M** Steven M. Stern **S** Steve Nevius **D** Linden Ashby (Jimmy Price), Suzy Amis (Connie Ross), Stacy Haiduk (Lena Girard), Ron Silver (Guy Girard), Robert Davi (Gil Potter) **L** 90 **E** 11.2.2001 ProSieben

THE BEST (THE BEST OF MARTIAL ARTS FILMS). Kompilationsfilm, der Kampfsequenzen aus älteren und neueren »Martial Arts«-Filmen aneinanderreiht und die Heroen des Genres in Aktion zeigt. Allenfalls für eingefleischte Fans. ✦ Hongkong/USA 1990 **P** Golden Harvest **VA** Ufa **Pd** Fred Weintraub, Sandra Weintraub **R** Sandra Weintraub **D** Jean-Claude Van Damme, Jackie Chan (= Cheng Long), Bruce Lee, Cynthia Rothrock, John Saxon **L** 87 (gek. 71) **FSK** ab 18 (gek. 16) **E** 23.5.1990 Video

THE BEST MAN – HOCHZEIT MIT HINDERNISSEN (THE BEST MAN). Ein junger Schriftsteller, dessen stark autobiografisch gefärbter Roman zu früh im Freundeskreis in Umlauf geraten ist, befürchtet, dass sein Werk der Hochzeit des besten Freundes, bei der er als Trauzeuge fungieren soll, torpedieren könnte. Ein kleiner, ausschließlich mit schwarzen Darstellern besetzter Film, der einmal mehr beschreibt, dass Männer und Frauen eigentlich nicht zusammen passen, sich aber doch gegenseitig brauchen. Eine eher eindimensionale Geschichte über Liebe und Treue und die Bedeutung von Freundschaft und Verzeihen; produziert von Spike Lee, dem Cousin des jungen Regisseurs. – Ab 16. ✦ USA 1999 **P** Universal/40 Acres and a Mule Filmworks **VA** Universal Pictures **DVD** Universal Home (16:9, 1.85:1, DD5.1 engl./dt.) **Pd** Spike Lee, Sam Kitt, Bill Carraro (= William C. Carraro) **R** Malcold D. Lee **B** Malcolm D. Lee **K** Frank Prinzi **M** Stanley Clarke **S** Cara Silverman **D** Taye Diggs (Harper Stewart), Nia Long (Jordan Armstrong), Morris Chestnut (Lance Sullivan), Sanaa Lathan (Robin), Monica Calhoun (Mia Morgan) **L** 115 **FSK** ab 12 **E** 28.9.2000 Video/28.9.2000 DVD **fd** 34 591

THE BEST OF JOHN BELUSHI (THE BEST OF JOHN BELUSHI). 16 Sketche und Musikeinlagen des 1982 verstorbenen Musikers, Schauspielers und Entertainers John Belushi und seiner »Blues Brothers Band« aus der amerikanischen Erfolgsshow »Saturday Night Live«. Weitgehend zähflüssig und allenfalls in den Parodien u. a. auf Liz Taylor, Marlon Brando und Joe Cocker von einigem Unterhaltungswert; eine eher fade Show-Suppe, der durch die deutsche Synchronisation der Rest gegeben wird. – Ab 14 möglich. ✦ USA 1985 **P** Above Avarage Prod. **VA** Warner Home **D** John Belushi, Dan Aykroyd, Gilda Radner, Bill Murray, Chevy Chase **L** 60 **FSK** ab 6 **E** November 1986 Video **fd** 26 004

THE BEST OF NEW YORK EROTIC FILM FESTIVAL (THE BEST OF NEW YORK EROTIC FILM FESTIVAL). Eine Zusammenstellung von zehn erotischen Kurzfilmen unterschiedlicher Qualität, die auf Dauer eher ermüdet als interessiert. Hinter dem Alibi eines künstlerischen Anspruchs versteckt sich allzu oft die altbekannte Kommerzmischung aus Sex, Kitsch und Kunstgewerbe. Nur einige Ausnahmen sind von Interesse: »The Appointment« von Chuck Vincent ist eine muntere Persiflage auf den Spießer-Alltag, der Sex zu einem unausprechbaren Fetisch reduziert, »Life with Video« eine amüsante Reflexion über das Verselbständigen eines Mannes auf einem Videoschirm. Hinzu kommt das Fragment eines parodistischen Zeichentrickfilms (»Buried Treasure«) aus dem Jahr 1924. (O.m.d.U.) ✦ Teils schwarz-weiß. USA 1973 **P** Saliva **KI** Theatiner-Film **R** Chuck Vincent, Alan Ruskin, Jerry Abrahams, Paul Kin, John Knoop **D** Ken Gaul, Kathy Larisch **L** 90 **FSK** ab 18; nf **E** 28.4.1978 **fd** 20 818

THE BEST OF TEX AVERY (THE KING OF CARTOONS). Eine Auswahl von elf meisterhaften Cartoons aus der Feder Tex Averys: 1. »Blitz Wolf« (1942, 10 Min.); 2. »Dumb-Hounded« (1943, 8 Min.); 3. »Screwball Squirrel« (1944, 7 Min.); 4. »Swing Shift Cinderella« (1945, 7 Min.); 5. »The Cat that hated People« (1948, 7 Min.); 6. »Little Johnny Jet« (1952, 7 Min.); 7. »Bad Luck Blackie« (1949, 7 Min.); 8. »Slap Happy Lion« (1947, 7 Min.); 9. »TV of Tomorrow« (1952, 7 Min.); 10. »Red Hot Riding Hood« (1943, 7 Min.); 11. »King Size Canary« (1947, 8 Min.). Auch wenn man einzelne Hauptwerke Averys vermißt, ein rundherum gelungenes Programm voll fantasievoller Überzeichnung und surrealem Witz, ungewohnter Erotik und pointierter Selbstironie. Ein erfrischend heiteres Spiel mit den Möglichkeiten des Zeichentrickfilms. – Sehenswert ab 14. ✦ USA 1942–52 **P** MGM **KI** endfilm **Pd** Fred Quimby **R** Tex Avery **L** 85 **E** 29.7.1993 **fd** 30 353

THE BIG BANG (BIG BANG). Dokumentation über die »Urknall«-Forschung, die den Anfang aller meßbaren Wirklichkeit in einer gigantischen Explosion im Universum vermutet. Der Schweizer Filmemacher befragt die »Archäologen« des Universums, Forscher, die das Unbegreifliche definieren wollen und Formeln für das Unerklärbare suchen. Dabei wird Einblick in eine faszinierende Forschungsarbeit gewährt und zugleich die Frage nach dem Sinn dieser Forschung eingeflochten. ✦ Schweiz 1993 **Pd** Martin Schaub **R** Matthias von Gunten **K** Patrick Lindenmaier, Hansueli Schenkel **S** Isabelle Dedieu **L** 60 **E** Schweiz

THE BIG BEAT – ROCK'N' ROLL LIVE '63 (THE BIG BEAT). Zusammenschnitt aus Fernsehshows, die 1964 bei einem Konzert in Santa Monica und 1965 im Moulin Rouge in Hollywood live aufgenommen wurden, als Pop-Musik noch einfach, grell und laut war. Die Aufnahmen aus den ersten abendfüllenden Popmusik-Dokumentationen sind ein interessantes Indiz für die Entwicklung dieser Musik, die in zum Teil gelungenen Stücken festgehalten wurde. Die nach heutigen Maßstäben primitive Präsentation der Künstler mutet gleichermaßen nostalgisch wie unfreiwillig komisch an. (O.m.d.U.) – Ab 14. ✦ Schwarz-weiß. USA 1964/65 **P** Savin-Spector **Pd** Larry Peerce **R** Phil Spector, Steve Binder, Larry Peerce **B** Phil Spector, Steve Binder **K** TV-Archivmaterial **D** Ike & Tina Turner, The Rolling Stones, Chuck Berry, The Supremes, James Brown, Smokey Robinson & The Miracles, Marvin Gaye, The Ronettes **L** 80 (TV 65) **E** 12.1.1983 WDR

THE BIG BLUE (1987 F) →Im Rausch der Tiefe – The Big Blue

THE BIG BLUE (1987 USA/BRD) (THE BIG BLUE). Im Auftrag der Ehefrau beschattet ein Detektiv einen korrupten Polizisten, kommt dabei einem Drogenhandel auf die Spur und verliebt sich in die Geliebte eines Gangsters. Daraus entwickelt sich ein dichtes Netz von Verflechtungen, dem niemand entrinnen kann. Mit Zitaten aus der »Schwarzen Serie« gespickte Liebes- und Gangstergeschichte um den Verlust von Loyalität und den Fehler des Menschen, der, statt unbeteiligter Beobachter zu sein, selbst Teil einer Geschichte wird. Ein sehr artifizielles, zur absichtsvollen Synthetik neigendes Kunst-Produkt an der nicht mehr als absichtlich oder als unfreiwillig erkennbaren Grenze zur Komik. Faszinierend als Schatzkästlein klassischer Krimimotive, bleibt das Collagen-Kunstwerk gleichzeitig verdächtig flach und vordergründig. (O.m.d.U.) ✦ USA/BR Deutschland 1987 **P** Big Blue Prod./ZDF **KI** Freunde der Deutschen Kinemathek **Pd** Yoram Mandel **R** Andrew Horn **B** Jim Neu, nach einer Kurzgeschichte von Andrew Horn **K** Carl Teitelbaum **M** Jill Jaffe, Lenny Pickett (Titelsong) **S** Ila von Hasperg **D** David Brisbin (Jack), Taunie Vrenon (Carmen), Sheila McLaughlin (Myrna), Jim Neu (Monroe), Bill Rice (Arthur) **L** 100 **E** 24.5.1988 ZDF

THE BIG BRAWL →Die große Keilerei

THE BIG BULLET (THE BIG BULLET). Kampfbetonter Actionfilm aus Hongkong. Ein Polizeisergeant wird immer wieder zu fingierten Einsätzen gerufen, die sich als Hinterhalte herausstellen. Er vermutet eine gemeinsame Sache seiner Kollegen mit einer Drogenbande und kommt einer weitreichenden Korruption auf die Spur. ✦ Hongkong 1996 **VA** VCL **Pd+R** Benny Chan **B** Susan Chan, Joe Ma, Benny Chan **K** Arthur Wong **M** Clarence Hui **S** Peter Cheung, Cheung Ka-Fai **D** Lau Ching Wan, Yu Rong-Guang, Jordan Chan, Anthony Wong, Cheung Ka-Fai **L** 87 (gek. 84) **FSK** ab 18 (gek. ab 16) **E** 4.6.1998 premiere

THE BIG DEAL →Big Deal

THE BIG EASY →Der große Leichtsinn – The Big Easy

THE BIG FALL – IM FADENKREUZ DES FBI →The Big Fall – Im Fadenkreuz des Todes

THE BIG FALL – IM FADENKREUZ DES TODES (THE BIG FALL). Ein Detektiv, der in der Regel nur kleine Fälle bearbeitet, wittert den Job seines Lebens, als eine junge Frau ihn mit der Suche nach ihrem verschollenen Bruder beauftragt. Da auch das FBI hinter dem Mann her ist, er entführte ein FBI-Flugzeug, dessen Ladung für das Office eine besondere Bedeutung hat, nimmt der Fall ungeahnte Dimensionen an. Ein sonderbarer Thriller, der vertraute Vorbilder kopiert, zitiert und parodiert und der sich bemüht, Film-noir-Atmosphäre mit der gewaltstrotzenden Bilderwelt eines Action-Thrillers zu verbinden. Da jedoch in der Form nichts zusammenpaßt, Montage, Kameraarbeit und Beleuchtung seriell sind, ist ein fader Mischmasch mit einer unnötig großen Anzahl an Gewaltszenen entstanden. (TV-Titel: »The Big Fall – Im Fadenkreuz des FBI« ✦ USA 1996 **P** PM Entertainment **VA** Madison **Pd** Richard Pepin, Joseph Merhi **R** C. Thomas Howell **B** William Applegate jr. **K** Jürgen Baum **M** Christopher Kain, Simeon Spiegel **S** Dennis M. O'Connor **D** C. Thomas Howell (Detektive Blaise), Jeff Kober (Johnny »Axe« Roosevelt), Justin Lazard (Agent Dickson), Sophie Ward (Emma), Sam Seder (Gary Snider), Titus Welliver (Moe) **L** 91 (gekürzt 87) **FSK** ab 18 (gekürzt ab 16) **E** 20.11.1997 Video **fd** 33 017

THE BIG GREEN – EIN UNSCHLAGBARES TEAM (THE BIG GREEN). Komödie. Eine neue, junge Lehrerin bringt frischen Wind in den Mief einer texanischen Provinzstadt, indem sie den Kindern das Fußballspielen beibringt. Unterstützung erhält sie von einem Ex-Kicker, der noch eine Rechnung mit dem Trainer des rivalisierenden Teams offen hat. ✦ USA 1995 **Pd** Roger Birnbaum **R+B** Holly Goldberg Sloan **K** Ralf D. Bode **M** Randy Edelman **S** John F. Link **D** Steve Guttenberg (Tom Palmer), Olivia D'Abo (Anna Montgomery), Jay O. Sanders (Jay Huffer), John Terry (Edwin V. Douglas), Chauncey Leopardi (Evan Schiff) **L** 96 **E** 2.1.1998 premiere

THE BIG HEAT →Heißes Eisen

THE BIG HIT (THE BIG HIT). Ein Syndikatskiller und seine Freunde entführen auf eigene Faust die Tochter eines Industriellen, ohne zu ahnen, daß ihr Opfer das Patenkind ihres Chefs ist. Grotesk überzeichnete Actionkomödie, die um den kruden Zwiespalt zwischen dem Job als Auftragsmörder und einer (spieß-) bürgerlichen Existenz kreist. Ihr bizarrer Stil- und Genremix läßt zwar viele Assoziationen zu, entspringt im Kern aber einer Ironie, die zum Selbstzweck geworden ist und außer dem Gestus des Lächerlichmachens jedes andere Ziel aus den Augen verloren hat. ✦ USA 1998 **P** Amen Ra Films/Zide-Perry/Lion Rock Production **KI** Columbia TriStar **VA** Columbia TriStar (geänderte Fassung ab 16) **DVD** Columbia TriStar Home (16:9, 1.85:1, DD5.1 engl./dt.) **Pd** Warren Zide, Wesley Snipes **R** Che Kirk Wong (= Kirk Wong) **B** Ben Ramsey **K** Danny Nowak **M** Graeme Revell **S** Robin Russell, Pietro Scalia **D** Mark Wahlberg (Mel Smiley), Lou Diamond Phillips (Cisco), Christina Applegate (Pam Shulman), Avery Brooks (Paris), China Chow (Keiko), Lela Rochon (Chantel) **L** 91 **FSK** ab 18; f (DVD 18) **E** 27.8.1998/9.2.1999 Video/Februar 2001 DVD **fd** 33 280

THE BIG LEBOWSKI (THE BIG LEBOWSKI). Anfang der 90er Jahre gerät ein gutmütiger Späthippie, der neben Joints und Cocktails nur Bowling im Kopf hat, durch eine Verwechslung in eine Entführungsaffäre, die ihn zum unfreiwilligen Spielball unterschiedlicher Interessen werden läßt. Ein ausgesprochen witziger Film voller skurriler Späße, der neben seinem immensen Einfallsreichtum auf das pointiert-zurückgenommene Spiel der Darsteller aufbauen kann. Die gelungene Variante eines modernen Schelmenromans, geprägt von Fabulierlust und überbordender Fantasie. – Sehenswert ab 16. ✦ USA 1997 **P** Working Title **KI** PolyGram/UIP **VA** PolyGram (Fox) **Pd** Ethan Coen, John Cameron **R** Joel Coen **B** Joel Coen, Ethan Coen **K** Roger Deakins **M** Carter Burwell **S** Roderick Jaynes, Tricia Cooke **D** Jeff Bridges (The Dude), John Goodman (Walter Sobchak), Julianne Moore (Maude Lebowski), Steve Buscemi (Donny), David Huddleston (The Big Lebowski), John Turturro (Jesus Quintana), Ben Gazzara (Jackie Treehorn) **L** 117 **FSK** ab 12; f **FBW** w **E** 19.3.1998/24.9.1998 Video **fd** 33 061

THE BIG PICTURE (THE BIG PICTURE). Der erste Preis bei der Abschlußprüfung seiner Filmhochschule nützt einem jungen Mann wenig, als er an einen erfolglosen Agenten gerät: Bald findet er sich als Botenjunge in Hollywood wieder. Erst der Videoclip für eine Rockband eröffnet ihm die Chance, nach seinen eigenen Vorstellungen einen Film zu realisieren. Die vermeintlich nestbeschmutzerische Kritik am Produktionssystem Hollywoods reduziert sich auf unglaubwürdige Klischeegestalten, die sich zu einem Hollywood-gerechten Happy-End zusammenfinden. – Ab 12. ✦ USA 1988 **P** Aspen/Society Prod. (für Columbia Pictures) **VA** RCA/Columbia **Pd** Michael Varhol **R** Christopher Guest **B** Michael Varhol, Christopher Guest, Michael McKean **K** Jeff Jur **M** David Nichtern **S** Martin Nicholson **D** Kevin Bacon (Nick Chapman), Emily Longstreth (Susan Rawlings), J.T. Walsh (Allen Nagel), Jennifer Jason Leigh

(Lydia Johnson), Michael McKean (Emmet Sumner) **L** 97 **FSK** ab 12 **E** 28.5.1991 Video **fd** 29148

THE BIG PINK (THE BIG PINK). Dokumentarfilm über die Geschichte einer Hippie-Familie – einer Frau, drei Männern und ihren sechs Kindern –, die mehr als zwei Jahrzehnte zusammenblieben. Der Regisseur, der als Siebenjähriger mit ihnen in Portugal gelebt hatte, zeichnet die Stationen ihres Lebensweges nach, der sie von Deutschland über Kalifornien, Thailand, Portugal und Tansania schließlich auf eine kleine Insel vor der Küste Senegals führte. – Ab 16. ✦ Deutschland 1994 **R+B** Kolin Schult **L** 72 **E** 7.1.1995 arte

THE BIG RED ONE (THE BIG RED ONE). Am Beispiel von fünf strahlenden Helden der 1. Infanterie-Division der US-Army werden Stationen des Zweiten Weltkriegs aus amerikanischer Sicht geschildert. Die Helden bleiben in Comicstrip-Manier ungeschoren und haben sich den moralisch-ethischen Problemen des Krieges nicht zu stellen; übrig bleibt nur das heldische Überstehen der »Stahlgewitter« des Krieges als Feld männlicher Bewährung. Ein naiv-patriotischer Kriegsfilm. Samuel Fullers Erinnerungen an eigene Kriegserlebnisse konnten ihn nicht daran hinderten, in erster Linie auf Starkino und handwerklich perfekte Unterhaltung zu setzen. ✦ USA 1978 **P** Lorimar/United Artists **KI** Scotia **Pd** Gene Corman **R+B** Samuel Fuller **K** Adam Greenberg **M** Dana Kaproff **S** Morton Tubor **D** Lee Marvin (Sergeant), Mark Hamill (Griff), Robert Carradine (Zab), Bobby DiCicco (Vinci), Stéphane Audran (Walloon), Kelly Ward (Johnson), Siegfried Rauch, Serge Marquand **L** 109 **FSK** ab 16; f **E** 24.7.1980 **fd** 22556

THE BIG SKY – DER WEITE HIMMEL (THE BIG SKY). Eine Gruppe Pelzjäger stößt 1830 im hohen Norden Amerikas mit Indianern und den Vertretern einer Pelzkompanie zusammen. Ein spannender Abenteuerfilm von überdurchschnittlichem Format, überzeugend in der Charakterzeichnung, mit grandiosen Landschaftsaufnahmen des Missouri-Gebietes. Meisterhaft (in der kompletten Version) vor allem, wie der Film die Konfrontation von Zivilisation und vermeintlicher Wildnis, von physischen und geistigen »Werten«, von bindender Liebe und ungezügeltem Freiheitsdrang als Kampf antagonistischer Kräfte versinnbildlicht. (Im deutschen Kino liefen unter den Titeln »Das Geheimnis der Indianerin« und »Die Flußpiraten vom Missouri« jeweils stark gekürzte Fassungen. Erst 1971 rekonstruierte das Fernsehen den Film und erstellte eine Version, die dem verschollenen 140minütigen Original am nächsten kommt.) – Sehenswert ab 14. ✦ Schwarz-weiß. USA 1952 **P** Winchester Prod. (für RKO) **KI** RKO **VA** Kinowelt Home **Pd+R** Howard Hawks **B** Dudley Nichols, nach einem Roman von A.B. Guthrie jr. **K** Russell Harlan **M** Dimitri Tiomkin **S** Christian Nyby **D** Kirk Douglas (Jim Deakins), Dewey Martin (Boone Caudill), Elizabeth Threatt (Vogelauge), Arthur Hunnicutt (Zepp), Steven Geray (Jourdonnais), Hank Worden (Poordevil), Jim Davis (Streak), Buddy Baer (Romaine), Frank de Kova (Moleface), Guy Wilkerson (Longface), Henri Letondal (Ladadie), Booth Colman (Pascal), Paul Frees (MacMasters), George Wallace **L** 125 (gek. 95/88) **FSK** ab 6; f (Kinovers.) **E** 15.5.1953/2.11.1971 ARD (rekonstruierte Fassung)/15.8.2000 Video **fd** 2560

THE BIG SLICE (THE BIG SLICE). Zwei Möchtegern-Autoren wollen selbst etwas erleben, bevor sie schreiben. Der eine heftet sich an die Fersen eines Großstadtpolizisten, während der andere an der Seite eines Gangsters Karriere macht. Wie das Schicksal es will, landen beide im Gefängnis und schreiben dort ihren Bestseller. Überdrehte Action-Komödie, deren recht gute Ideen durch die miserable Inszenierung verlorengehen; es mangelt an Timing und Kameraführung. (Fernsehtitel: »The Big Slice – Ein total verrücktes Ding«) ✦ Kanada 1990 **P** SC Entertainment **VA** Splendid **Pd** Nicolas Stiliadis **R+B** John Bradshaw **K** Ludek Bogner **M** Mychael Danna **S** Nick Rotundo **D** Casey Siemaszko (Mike Sawyer), Leslie Hope (Jenny Colter), Justin Louis (Andy McCafferty), Heather Locklear (Rita), Kenneth Welsh (Lieutenant Bernard) **L** 85 (gek. 79) **FSK** ab 16 (gek. ab 12) **E** 9.10.1991 Video/12.10.1995 VOX

THE BIG SLICE – EIN TOTAL VERRÜCKTES WOCHENENDE →The Big Slice

THE BIKINI SHOP (THE BIKINI SHOP / THE MALIBU BIKINI SHOP). Zwei Brüder, die einen ererbten Bikini-Shop an einer kalifornischen Strandpromenade an einen Sektenchef verkauft haben, wollen den Vertrag rückgängig machen. Sie verschaffen sich das nötige Geld durch ein Strand-Happening mit Bikini-Modenschau. Schwachsinniger Klamaukfilm ohne eigentliche Handlung; die Personen werden als platte Karikaturen verzeichnet, die Kamera interessiert sich lediglich für die möglichst distanzlose Fleischbeschau. (Alternativtitel: »Heiße Hasenjagd«, »Der Bikini-Shop«) – Ab 16. ✦ USA 1985 **P** Wascom/Romay **KI** Metropol **VA** VPS **Pd** Gary Mehlman, J. Kenneth Rotcop, Leo Leichter **R+B** David Wechter **K** Anthony B. Richmond **M** Bob Summers, Don Perry **S** Jean-Marc Vasseur **D** Michael David Wright (Alan), Bruce Greenwood (Todd), Barbara Horan (Ronnie), Debra Blee (Jane), Ami Julius (Kathy) **L** 98 **FSK** ab 12; nf **E** 31.12.1987/17.3.1988 Video **fd** 26603

THE BIRD: CHARLIE PARKER (THE BIRD: CHARLIE PARKER). Dokumentarfilm über den Saxophonisten Charlie Parker, der die Bedeutung dieses legendären Jazzmusikers für die Musik des 20. Jahrhunderts zu vermitteln versucht. – Ab 16. ✦ Teils schwarz-weiß. Norwegen 1990 **R** Jan Horne **K** Bengt Kristiansen **L** 60 **E** 28.2.1993 N 3

THE BIRDCAGE – EIN PARADIES FÜR SCHRILLE VÖGEL (THE BIRDCAGE). Neuverfilmung der Boulevardkomödie um einen homosexuellen Vater, dessen Sohn die Tochter eines konservativen Patriarchen heiraten will und der daraufhin nichts unversucht läßt, bürgerliches Familienglück vorzutäuschen. Brillante Darstellerleistungen in den Hauptrollen und eine Inszenierung, die sich sehr bewußt zu ihrer Theatralik bekennt, sorgen für kurzweilige Unterhaltung. – Sehenswert ab 16. ✦ USA 1995 **P** United Artists **KI** UIP **VA** Warner Home **DVD** Fox Home (16:9, 1.85:1, DD5.1 engl./dt.) **Pd+R** Mike Nichols **B** Elaine May, nach einem Bühnenstück von Jean Poiret und dem Drehbuch »Ein Käfig voller Narren« von Francis Veber, Eduardo Molinaro **K** Emmanuel Lubezki **M** Jonathan Tunick, Steven Goldstein **S** Arthur Schmidt **D** Robin Williams (Armand Goldman), Gene Hackman (Senator Keeley), Nathan Lane (Albert), Dianne Wiest (Louise Keeley), Dan Futterman (Val Goldman), Hank Azaria (Agador) **L** 119 **FSK** ab 12; f **FBW** bw **E** 16.5.1996/20.12.1996 Video/4.1.1998 premiere/16.12.1999 DVD **fd** 31919

THE BITCH (THE SECRETARY). Eine ehrgeizige und karrieresüchtige junge Sekretärin verfolgt mit rigoroser Verbissenheit ihren beruflichen Aufstieg, wobei sie schließlich auch nicht davor zurückschreckt, das Vertrauen ihrer Vorgesetzten zu mißbrauchen. Eine von sehenswerten Schauspielerleistungen geprägte Charakterstudie, die ihre Qualitäten jedoch zunehmend im Gestrüpp einer überkonstruierten Kriminalhandlung und in hilflosen psychologischen Erklärungsversuchen einbüßt. ✦ USA 1994 **P** Image Organisation/Republic Pictures **VA** Starlight **Pd** Pierre David, Lawrence Goebel, Meyer Shwarzstein **R** Andrew Lane **B** Ken Segal, Randy Kornfield, Graham Flashner **K** Steven Bernstein **M** Louis Febre **S** Julian Semilian **D** Mel Harris (Ellen Bradford), Sheila Kelley (Daidre Bosnell), Barry Bostwick (Eric Bradford), James Russo (Ted Burke), Raymond Baker (Lester Holland), Rod McCary (George Matthias) **L** 90 **FSK** ab 16 **E** 25.1.1995 Video/15.4.1996 premiere **fd** 31417

THE BITE (THE BITE). Nach einem Schlangenbiß durch ein atomar verseuchtes Reptil mutiert ein junger Mann zum beißwütigen Giftwesen und versetzt seine ehemaligen Freunde in Angst und Schrecken. Anfangs baut die Variante des Katastrophen-Thrillers geschickt eine Atmosphäre der Bedrohung auf, schlägt aber bald in vordergründige Action und übliche Ekeleffekte um, wobei die Angst vor atomaren Gefahren zur bloßen Folie verkommt. ✦ Niederlande 1989 **P** Trihoof Investments/Viva Entertainment **VA** VPS **Pd** Ovidio G. Assonitis **R** Fred Goodwin **B** Susan Zelouf, Federico Prosperi **K** Roberto d'Ettore Piazzoli **M** Carlo Maria Cordio **S** Claudio Cutry **D** Jill Schoelen (Lisa), J. Eddie Peck (Clark), Bo Svenson (Sheriff), Marianne Muellerleile (Big Flo), Al Fann (Gas Jockey), Savina Gersak (Iris), Sydney Lassick (George), Sandra Sexton **L** 87 **FSK** ab 18 **E** 28.12.1989 Video **fd** 28139

THE BITTER TEA OF GENERAL YEN (THE BITTER TEA OF GENERAL YEN). Die tragische Liebesgeschichte zwischen einer jungen amerikanischen Missionarin und einem chinesischen Bürgerkriegsgeneral in Shanghai. Ein betont kunstvolles Melodram mit manchem Leerlauf, aber auch einigen sehr intensiven Szenen. Frank Capra wagte sich mit der Liebe zwischen zwei Menschen unterschiedlicher Hautfarbe an ein »heißes Eisen«: in England und mehreren anderen Staaten wurde sein Film, der die Hauptdarstellerin Barbara Stanwyck zum Star machte, boykottiert. – Ab 14. ✦ Schwarz-weiß. USA 1933 **P** Columbia **Pd** Walter Wanger **R** Frank Capra **B** Edward E. Paramore, nach einem Roman von Grace Zaring Stone **K** Joseph Walker **M** W. Franke Harling **S** Edward Curtiss **D** Barbara Stanwyck (Megan Davis), Nils Asther (General Yen), Gavin Gordon (Dr. Robert Strike), Lucien Littlefield (Mr. Jackson), Toshia Mori (Mah-Li) **L** 89 **E** 9.5.1971 NDR/RB/SFB

THE BLACK CAT (IL GATTO NERO). Eine amerikanische Fotojournalistin und ein verschrobener Katzennarr begegnen sich in der englischen Provinz durch eine mysteriöse Unfallserie, deren Opfer allesamt die Narben von Katzenkrallen aufweisen. Durch telepathische Kräfte scheint das Hauskätzchen »zweckentfremdet« zu sein. Ein für Regisseur Lucio Fulci eher untypischer Horrorfilm, der eine Erzählung von E.A. Poe nutzt, um eine unblutigere Spielart seines Metiers zu inszenieren; dabei verstrickt er sich allzu sehr in Nichtigkeiten und scheitert. ✦ Italien 1980 **P** Selenia **VA** Laser Pasadise **Pd** Antonio da Padova, Ennio Onorati, Biagio Proietti **R** Lucio Fulci **B** Lucio Fulci, Biagio Proietti, Sergio Salvati, nach einer Erzählung von Edgar Allan Poe **K** Sergio Salvati **M** Pino Donaggio **S** Vincenzo Tomassi **D** Patrick Magee (Prof. Robert Miles), Mimsy Farmer (Jill Trevers), David Warbeck (Inspektor Gorley), Al Cliver (Sergeant Wilson), Dagmar Lassander (Lillian Grayson) **L** 88 **E** 4.10.2001 Video

THE BLACK COBRA (BLACK COBRA / COBRA NERO). Ein wegen seiner rüden Methoden gefürchteter schwarzer Polizeileutnant beschützt eine Fotografin, die den mordgierigen Anführer einer Motorrad-Rockerbande bei einem Überfall fotografierte. Schußsicher und stichfest rottet er die Bande mit exzessiver Brutalität aus. Außer der selbstzweckhaften Aneinanderreihung von Bluttaten und Quälereien hat der Film nichts zu bieten; die Akteuere kommen noch nicht einmal dazu, ihre Rollen wenigstens klischeehaft zu füllen. – Wir raten ab. ✦ Italien 1987 **P** L'Immagine **VA** Starlight **Pd** Luciano Appignani **R** Stelvio Massi **B** Danielo Massi **K** Stefano Catalano (= Stelvio Massi) **M** Paolo Rustichelli **D** Fred Williamson (Robert Malone), Eva Grimaldi (Elys Trumbo), Karl Landgren (Snake), Maurice Poli, Vassili Karis **L** 87 **FSK** ab 18 **E** 25.10.1987 Video

THE BLACK COBRA II →Black Cobra II: Einsatz in Manila

THE BLACK COBRA III (THE BLACK COBRA III / MANILA CONNECTION). Ein Spezialagent mit Vietnam-Erfahrungen räumt im vietnamesischen Dschungel mit Bösewichtern auf, die die amerikanische Regierung erpressen wollen. Billiger Action-Reißer nach Klischee. (Vgl. neben den früheren Teilen auch »Detective Malone« mit derselben Hauptfigur) ✦ Italien/USA 1989/90 **P** Luciano Appignani Prod. **VA** Scala/

Allround **DVD** Madison Home Video (FF, DD2.0 dt.) **Pd** Luciano Appignani **R** Dan Edwards **D** Fred Williamson, Fory Smith, Debra Ward **L** 96 (gek. 82) **FSK** ab 18 (gek. 16) **E** 31.5.1991 Video/2000 DVD

THE BLACK GODFATHER (THE BLACK GODFATHER). Der Kampf dreier Gangstergruppen um die Vorherrschaft auf dem Rauschgiftmarkt in einem Schwarzen-Ghetto. Eine Aneinanderreihung von Schlägereien und Schießereien; brutal, wirklichkeitsfern, mit rüdem Dialog. (Fernsehtitel auch: »Der schwarze Pate«) ✦ USA 1974 **P** Couguar Prod. **VA** Ufa **R+B** John Evans **K** Jack Steely **M** Marita Yarbrough **D** Rod Perry, Damu King, Don Charstein, Diane Sommerfield, Jimmy Witherspoon **L** 86 (gek. 83) **FSK** ab 18 (gek. 16) **E** 11.11.1986 Video **fd** 25 515

THE BLACK KLANSMAN (THE BLACK KLANSMAN / I CROSSED THE LINE). Ein Schwarzer verändert sein Aussehen und schleicht sich als Mitglied in den Ku-Klux-Klan, um seine Tochter zu rächen, die beim Bombenanschlag auf eine Kirche ums Leben kam. (Originalfassung) ✦ USA 1966 **P** US Films **Pd+R** Ted V. Mikels **B** John T. Wilson, Arthur A. Names **K** Robert Caramico **M** Jaime Mendoza-Nava **S** Ted V. Mikels **D** Richard Gilden (Jerry), Harry Lovejoy (Rook), Jackie Deslonde (Farley), Rima Kutner (Andrea), Max Julien (Raymond) **L** 90 **E** 19.4.1992 Tele 5

THE BLACK SIX (THE BLACK SIX). Eine schwarze Motorradgang rächt den Mord an dem Bruder eines der Mitglieder und liefert sich ein brutales Gefecht mit einer weißen Bande. Der Film endet am Höhepunkt der Auseinandersetzung. In den Hauptrollen spielen sechs beliebte amerikanische Footballstars. Neben den zahlreichen Actionszenen finden sich auch einige vorsichtige sozialkritische Akzente. ✦ USA 1973 **P** Cinemation **VA** Muntel **Pd+R** Matt Cimber **B** George Theakos **K** William Swenning **M** David Moscoe **S** William Swenning **D** Gene Washington (Bubba), Carl Eller (Junior Bro), Lem Barney (Frenchy), Mercury Morris (Bookie), Willie Lanier (Tommy) **L** 90 **E** Video

THE BLACKOUT → Abel Ferraras The Blackout

THE BLADE – DAS ZERBROCHENE SCHWERT (THE BLADE). China im 19. Jahrhundert: Der Adoptivsohn eines Schwertschmiedes fällt auf der Suche nach dem Mörder seines Vaters einer Räuberbande in die Hände und verliert seinen rechten Arm. Doch durch die Pflege einer Bäuerin und mit Hilfe eines Buches über die Fechtkunst gelingt es ihm, den Vater zu rächen. Eine archetypische Genregeschichte mit simpler Figurenzeichnung, die vor allem von der physischen Präsenz ihres Hauptdarstellers lebt. Da die Choreografie der Kampfszenen zu wünschen übrig läßt und der Off-Kommentar der weiblichen Hauptfigur nicht mehr als pseudo-philosophisches Beiwerk ist, kann der Film seinen Unterhaltungsanspruch kaum erfüllen. ✦ Hongkong 1996 **P** Golden Harvest **VA** Splendid **DVD** Ascot/Splendid (16:9, 1.78:1, DD5.1 dt.) **Pd+R** Tsui Hark **B** Tsui Hark, Koan Hui, So Man-Sing **D** Wing Zhao, Xiong Xin-Xin, Su Tsui-Yu, Wai Tin-Chi **L** 101 **FSK** ab 18 **E** 20.12.1996/ 10.12.2001 DVD **fd** 32 477

THE BLAIR WITCH PROJECT → Blair Witch Project

THE BLASTFIGHTER → Blastfighter – Der Executor

THE BLUE KITE → Der blaue Drachen

THE BLUE YONDER → Blue Yonder

THE BODY (THE BODY). Ein archäologischer Grabfund in Jerusalem scheint das Ende der Christenheit zu bedeuten, da man glaubt, die Gebeine von Jesus gefunden zu haben, womit die Heilsgeschichte in Frage gestellt wäre. Eine politische Intrige, in die auch der Vatikan verwickelt ist, trägt das ihre dazu bei, den Konflikt zu schüren. Belangloser Mystery-Thriller voller Ungereimtheiten, der bestenfalls durch sein Unvermögen in allen Belangen und seine unausgereifte Story auffällt. – Ab 16. ✦ Israel/USA 2001 **P** MDP Worldwide/Helkon Green Moon/Diamant-Cohen Prod. **KI** Knipp Film **Pd** Rudy Cohen **R** Jonas McCord **B** Jonas McCord, nach einem Roman von Richard Ben Sapir **K** Vilmos Zsigmond **M** Serge Colbert **S** Richard Marks, Alain Jakubowicz, Lesley Walker **D** Antonio Banderas (Pater Matt Gutiérrez), Olivia Williams (Sharon Golban), John Shrapnel (Moshe Cohen), Derek Jacobi (Pater Lavelle), Jason Flemyng (Pater Walter Winstead), John Wood (Kardinal Pesci), Makram J. Khoury (Nasir Hamid) **L** 105 **FSK** ab 12; f **E** 13.12.2001 **fd** 35 185

THE BODY STEALERS – INVASION DER ALIENS → Alien Invasion

THE BOLLYWOOD STORY (THE BOLLYWOOD STORY). Dokumentation, die einen Überblick über 75 Jahre indisches Kino gibt. Im Mittelpunkt steht die Entwicklung Indiens zum demokratischen Staat als die wichtigste Voraussetzung für eine eigenständige Filmkultur, welche die territoriale Zersplitterung zu überwinden half und bis heute einen wichtigen Einfluß auf Gesellschaft und Politik ausübt. ✦ Großbritannien 1997 **R** Amrik Manku **L** 120 **E** 12.8.1997 arte

THE BOMBER BOYS → Bomber Boys

THE BOOGEY MAN (THE BOOGEY MAN). Mit Hilfe eines zerbrochenen Spiegels kehrt nach 20 Jahren der Geist eines Ermordeten zurück, um sich zu rächen. Ein schwachsinniger Horrorfilm, der sein Thema mit bekannten Klischees abhandelt. Die eingestreuten Scheußlichkeiten werden durch unbeabsichtigte Lächerlichkeiten leidlich erträglicher. ✦ USA 1979 **P** Interbest/Interunion **KI** Residenz **VA** Mike Hunter **Pd+R+B** Ulli Lommel **K** David Sperling, Jochen Breitenscheid **M** Tim Krog **S** Terrell Tannen **D** Suzanna Love (Lacy), Ron James (Jake), John Carradine (Dr. Warren), Nicholas Love (Willy), Raymond Boyden (Kevin), Felicite Morgan (Hellen) **L** 82 **FSK** ab 18; nf **E** 19.6.1981 **fd** 23 003

THE BOONDOCK SAINTS → Der blutige Pfad Gottes

THE BOOST → Der Preis des Erfolges

THE BOUNTY HUNTER (THE BOUNTY HUNTER). In einem abgelegenen Nest in Kalifornien führt der korrupte Sheriff ein hartes Regiment. Als er einen Indianer, der sein Land nicht an eine Ölgesellschaft verkaufen will, niederknüppelt, nimmt sich ein privater Kopfgeldjäger seines Todes an. Stereotype Rachegeschichte. ✦ USA 1989 **P** Action International Pictures **VA** New Vision **Pd** Fritz Matthews **R** Robert Ginty **B** Thomas Baldwin, Robert Ginty **K** Robert M. Baldwin jr. **M** Tim James, Steve McLintock **S** David Campling, Jonathan Shaw **D** Robert Ginty (Duke Evans), Bo Hopkins (Sheriff Bennett), Loeta Waterdown (Marion Foot), Melvin Holt (Kevin Foot), John White (Barnes), Robert Knott (Jimmy Gibbons) **L** 90 **FSK** ab 16 **E** 15.1.1990 Video **fd** 28 143

THE BOXER KID (THE KID). Ein 13jähriger mit Boxambitionen und guten Chancen, in seiner Division erfolgreich zu werden, muß seine Leidenschaft vor den Eltern geheimhalten. Unterstützung findet er bei seinem väterlichen Trainer, einem ehemaligen Profi, doch als ein jugendlicher Kokurrent die Eltern über das heimliche Training informiert, sind die Zukunftsträume zunächst einmal geplatzt. Erst das Nachdenken über den Tod des Trainers beschert den Eltern ein Einsehen und ermöglicht das Fortsetzen der jungen Karriere. Ein gefühlvoll-unglaubwürdiger Film, der den »Karate Kid«-Mythos mit »Rocky«-Anleihen auffüllt, jedoch jederzeit als Abziehbild zu erkennen ist. – Ab 14. ✦ USA 1997 **P** Cinepix Film **VA** Highlight **Pd** Richard Goudreau **R** John Hamilton **B** Seymour Blicker **S** Yvann Thibaudeau **D** Jeff Saumier (Jimmy Albright), Ray Aranha, Mark Camacho, Rod Steiger (Harry Sloan), Jane Wheeler **L** 85 **FSK** ab 12 **E** 26.1.1998 Video

THE BOY → Der Junge (1969)

THE BOYS FROM BRAZIL (THE BOYS FROM BRAZIL). Düstere Utopie um den berüchtigten KZ-Arzt Josef Mengele, der im paraguayischen Exil durch Gen-Manipulation 94 Hitlers »klont« und die Kinder über die ganze Welt verteilt, damit zum gegebenen Zeitpunkt das »Vierte Reich« aufgebaut werden kann. Die abwegige Handlung ist zu einem spannenden Thriller in Starbesetzung verdichtet, der sein im Kern wichtiges Thema jedoch weitgehend verschenkt, da er als glatte Hollywood-Unterhaltung angelegt ist. (In der deutschen Fassung um zahlreiche brutale Szenen von insgesamt 23 Minuten Länge gekürzt; Fernsehtitel auch: »Boys from Brazil«) ✦ USA 1977 **P** Producer Circle **KI** Ascot **VA** VCL/Carolco **Pd** Martin Richard, Stanley O'Toole **R** Franklin J. Schaffner **B** Kenneth Ross, Heywood Gould, nach einem Roman von Ira Levin **K** Henri Decaë **M** Jerry Goldsmith **S** Robert Swink **D** Gregory Peck (Mengele), Laurence Olivier (Liebermann), Lilli Palmer (Esther), James Mason (Seibert), Bruno Ganz (Dr. Brückner), Uta Hagen (Maloney), Rosemary Harris (Frau Doring), Georg Marischka (Gunther), Wolfgang Preiss (Lofquist), Steve Guttenberg (Barry Kohler), Denholm Elliott (Sidney Beynon), John Dehner (Henry Wheelock), Michael Gough (Harrington), Joachim Hansen (Fassler) **L** 100 **FSK** ab 16; f **E** 19.9.1985/Januar 1986 Video/1.4.1988 RTL plus **fd** 25 550

THE BRADY FAMILY 2 (A VERY BRADY SEQUEL). Fortsetzung der erfolgreichen Fernsehserie »The Brady Bunch«/»Drei Jungen und drei Mädchen« (1969–1973), nach der bereits 1994 ein Kinofilm entstand. Diesmal taucht der totgeglaubte erste Mann der kinderreichen Mutter als Abenteurer wieder auf und macht sich auf die Suche nach einer kostbaren Antiquität, in deren Verlauf die Mutter nach Hawaii entführt wird. Hieraus entwickeln sich musikverbrämte Episoden um die sechs Kinder. Ein frappierend belangloser Familienfilm in Form einer schwachen Komödie, die ihre wenig originelle Story mit vielen Längen erzählt. (Fernsehtitel: »Die Brady Family 2«) – Ab 10. ✦ USA 1996 **P** Paramount **VA** CIC **Pd** Sherwood Schwartz, Alan Ladd jr. **R** Arlene Sanford **B** Harry Elfont, Deborah Kaplan, James Berg, Stan Zimmerman **K** Mac Ahlberg **M** Steve Tyrell **S** Anita Brandt-Burgoyne **D** Shelley Long (Carol Brady), Gary Cole (Mike Brady), Tim Matheson (Roy), Christine Taylor (Marcia Brady), Henriette Mantel (Alice) **L** 86 **FSK** o. A. **E** 18.9.1997 Video/20.9.1998 Premiere **fd** 32 912

THE BRAIN (THE HEAD OF THE FAMILY). Ein Liebespaar gerät in die Fänge einer mordenden Sippe, die ihrem Familienoberhaupt, einem gigantischen Kopf, Menschen für sadistische Experimente zuführt. Im Keller des Hauses muß die Frau die Geschichte der Jungfrau von Orléans nachspielen und wird bei jedem Versprecher durch Stromstöße gefoltert. Schließlich gelingen Flucht und Rache. Ein völlig abstruser Film, gedanklich schwachsinnig, inszenatorisch katastrophal, angereichert mit Gewalt- und Erotikszenen. Ansätze zu einer Parodie auf das Horrorgenre ersticken bereits im Keim. – Wir raten ab. ✦ USA 1996 **P** Pulp Fantasy/Tanna Prod. **VA** VPS **Pd+R** Robert Talbot **B** Benjamin Carr **K** Adolfo Bartoli **M** Richard Band, Steven Morrell **S** Steve Nielson, Poppy Das, Lazar Djokic **D** Blake Bailey (Lane), Jacqueline Lovell (Wretta), Bob Schott (Otts), James Jones (Wheeler), Dianne Colazzo (Ernestina) **L** 79 **FSK** ab 18 **E** 11.9.1997 Video **fd** 32 926

THE BRAIN MACHINE → Der Manipulator

THE BRAVE (THE BRAVE). Ein Indianer, der mit seiner Familie ein mehr als armseliges Dasein am Rande der Großstadt fristet, verkauft sein Leben einem Millionär, der ihn zu Tode foltern und sein Ableben auf Video aufnehmen möchte. Der mehr als bizarre Debütfilm des Schauspielers Johnny Depp, unbeholfen inszeniert, aber durch die Besetzung mit Altstar Marlon Brando an eine indianerfreundliche Tradition anknüpfend. ✦ USA 1997 **P** Majestic/Accapella **VA** Highlight **Pd** Charles Evans, Carroll Kemp **R** Johnny Depp **B** D. P. Depp, Johnny Depp, Paul McCudden **K** Vilko Filac **M** Iggy Pop **S** Pasquale Buba **D** Johnny Depp (Raphael), Marlon Brando (McCarthy), Marshall Bell (Larry), Elpidia Carrillo (Rita), Frederic Forrest (Lou sr.) **L** 117 **FSK** ab 16 **E** 27.10.1998 Video

THE BREAKS (THE BREAKS). Ein Chaot irischer Abstammung verbringt den Tag mit dem scheinbar simplen Auftrag, für seine Mutter Milch zu kaufen. Dies setzt eine Abfolge katastrophaler Entwicklungen in Gang, in deren Verlaufg er zu Hause hinausgeworfen wird, den Job bei seinem Onkel verliert, von der Nachbarschafts-Gang verfolgt und von seiner Freundin verlassen wird. Doch was viel schlimmer wiegt, er möchte genau so schwarz und cool sein, wie alle anderen Menschen in seiner Umgebung. Also versucht er, noch cooler zu sein als alle anderen, daraus zieht die Komödie ihr Kapital. Begreift man den Film als irren Tagtraum, so hat er durchaus einige Unterhaltungsqualitäten und kann mit gelungenen und aberwitzigen Szenen aufwarten, doch es ist zu vermuten, dass die Synchronisation viele Gags verwässert. ✦ USA 1999 **P** Artisan **VA** Highlight **Pd** Terry Spazek **R** Eric Meza **B** Mitch Mullany **K** Carlos Gonzales **M** Adam Hirsh **S** Tom Walls **D** Mitch Mullany (Derrick King), Carl Anthony Payne (Chris), Paula Jai Parker (Ann), Clifton Powell (Cosmo), George Clinton (Dr. Funkenstein) **L** 85 **FSK** ab 16 **E** 10.5.2001 Video **fd** 34 953

THE BRIG →Der Knast

THE BRONX (FORT APACHE – THE BRONX). Im New Yorker Stadtteil Bronx werden nach der Ermordung eines Polizisten Razzien angeordnet, die Aufruhr und Straßenschlachten auslösen. Ein redlicher, aber verbitterter Polizist beobachtet, wie ein Kollege einen Unbeteiligten zu Tode stürzt, und gerät in einen Zwiespalt, ob er den Täter denunzieren soll. Über weite Strecken schildert der Film nüchtern die Zustände in den heruntergekommenen Slums einer amerikanischen Metropole und gibt nahezu authentische Einblicke in den wenig heroischen Alltag der Polizei. In der Charakterisierung seiner moralisch intakten (hervorragend dargestellten) Identifikationsfigur kommt er freilich genreüblichen Konventionen sehr entgegen. DDR-Titel: »Fort Apache (The Bronx«) ✦ USA 1981 **P** Time-Life/Motion Picture Division **KI** Scotia **Pd** Martin Richards, Tom Fiorello **R** Daniel Petrie **B** Heywood Gould **K** John Alcott **M** Jonathan Tunick **S** Rita Roland **D** Paul Newman (Murphy), Edward Asner (Connolly), Ken Wahl (Corelli), Danny Aiello (Morgan), Rachel Ticotin (Isabella), Pam Grier (= Pamela Grier) (Charlotte), Kathleen Beller (Theresa), Miguel Pinero (Hernando) **L** 123 **FSK** ab 16; f **E** 21.1.1982/ 4.3.1983 Kino DDR **fd** 23 266

THE BRONX WAR →Bronx War

THE BRONX 2001 (EMPIRE OF ASH III). Nach der Verwüstung der Erde sind die wenigen Überlebenden in zwei Lager gespalten. Religiöse Fanatiker wollen unter der Führung ihres Hohepriesters die Macht an sich reißen, während einige Rebellen mit allen Mitteln um ihre Freiheit kämpfen. Unausgegorenes Endzeit-Abenteuer in Fortsetzung von »Empire of the Ash – Die Zeit nach dem Ende«. ✦ Kanada 1988 **P** North American Pictures **VA** Allround **Pd** Lloyd Shimandl, John A. Curtis **R** Lloyd A. Simandl, Michael Mazo **B** Chris Manuna **K** Danny Nowak **D** William Smith, Pauline Crawford, Ken Farmer, Scott Andersen, Nancy Pataki **L** 96 **FSK** ab 18 **E** 26.6.1990 Video

THE BRUCE (THE BRUCE). Schottland zu Beginn des 15. Jahrhunderts: Unter der Führung des Clan-Führers Robert the Bruce wenden sich die Schotten gegen die englische Besatzung. Erst nachdem ein Verräter bestraft und eine neue Armee aufgestellt worden ist, wendet sich das Kriegsglück, und die Schotten erstreiten sich vorübergehend die Freiheit. Thematisch verwandt mit »Braveheart«, wird auch hier Leben und Kampf eines Freiheitshelden dargestellt. Doch schottische Geschichte dient hier nur als Aufhänger für ein fades Ritter-Spektakel, dem durch handwerkliche Unzulänglichkeiten jede Überzeugungskraft genommen wird. – Ab 16. ✦ Großbritannien 1996 **P** Cromwell/Lamancha **VA** MIC/IMV **Pd+R** Bob Carruthers, David McWhinnie **B** Michael W. Leighton **K** Chris Weaver **M** Gordon Dougall, Paul Farrer **S** Owen Parker **D** Sandy Welch (Robert the Bruce), Brian Blessed (Edward I.), Michael van Wijk (De Bohun), Hildegard Neil (Queen Eleanor), Oliver Reed (Bishop Wisharton) **L** 107 **FSK** ab 16 **E** 18.12. 1996 Video **fd** 32 411

THE BUDDY FACTOR – UNTER HAIEN IN HOLLYWOOD (THE BUDDY FACTOR). Ein Filmschulabsolvent voller Ideale gerät bei seinem ersten Job an einen despotischen Produzenten. Doch er erträgt alle Launen seines Chefs, um seine Karriere nicht zu gefährden. Das ändert sich, als er erfährt, daß seine Geliebte, eine Produzentin, ein Verhältnis mit seinem Boß unterhält. Eine schwarze Komödie über den Hollywood-Betrieb, die – wenn auch satirische überhöhte – Einblicke in das Metier gewährt. (Fernsehtitel: »Unter Haien in Hollywood«; auch: »Swimming with Sharks«) – Ab 16. ✦ USA 1994 **P** Trimark/Keystone Partners **VA** E.A.T. **R+B** George Huang **K** Steven Finestone **M** Tom Heil **D** Kevin Spacey (Buddy Ackerman), Frank Whaley (Guy), Michelle Forbes (Dawn), Benicio del Tores (Rex) **L** 89 **FSK** ab 16 **E** 1996 Video/3.4.1996 premiere

THE BULLFIGHTERS – DAS TODESLIED DER STÄHLERNEN KETTEN (WORSE THAN VULTURES / THE BULLFIGHTERS). Drei Motorrad-Rocker rauben eine Fabrik aus, fliehen mit dem Geld und nötigen eine junge Frau und einen Halbindianer, sie zu begleiten, bis zum Schluß Wüste und Eifersucht für ein Happy End sorgen. Ein öder Actionfilm, gestreckt mit Sex und Sadismen. – Wir raten ab. ✦ Scope. USA 1974 **P** Monarex **KI** CS **R+B** Abel Salazar **K** José Ortiz Ramos **M** Gustavo César Carrion **D** Lance Hool, Jorge Rivero, Armando Silvestre, Mabel Luna **L** 81 **FSK** ab 18; nf **E** 26.9.1975 **fd** 19 550

THE BURNING MOON. Ein heroinsüchtiger junger Mann erzählt seiner kleinen Schwester zwei Horror-Gutenachtgeschichten: 1. Ein geisteskranker Massenmörder jagt bayerische Friseusen. 2. Ein besessener Landpfarrer muss sich mit Jungfrauenopfern und einem Lynchmob auseinander setzen. Für 70 000 DM in schlichter Einfalt entstandener Amateurfilm, der bereits eine Wiederholungstat des Regisseurs darstellt. ✦ Deutschland 1992 **P** Olaf Ittenbach **VA** IMAS (Dominik) **Pd+R** Olaf Ittenbach **M** A.G. Striedl **D** Olaf Ittenbach, Beate Neumeyer, Bernd Muggenthaler **L** 86 **FSK** ab 18 **E** 26.2.1999 Video

THE CALIFORNIA BLUFF (GIRL IN THE EMPTY GRAVE). Wirrer Kriminalfilm mit okkultistischen Motiven. In einem verschlafenen kalifornischen Provinznest scheint der Geist einer verstorbenen jungen Frau umzugehen. Ein Sheriff, der nichts von übersinnlichen Dingen wissen will, geht der Sache nach und stößt auf ein Ehepaar, das nach dem Krieg ein Adoptivkind illegal kaufte und deswegen erpreßt wurde. Es nutzte einen Autounfall der Tochter, um sie für tot zu erklären und so den Erpressern zu entgehen. ✦ USA 1977 **P** Gordon A. Webb Prod. **VA** MGM/UA **Pd** Gordon A. Webb **R** Lou Antonio **B** Lane Slate **K** Gayne Rescher **D** Andy Griffith, James Cromwell, Jonathan Banks, Mitzi Hoag **L** 92 **FSK** ab 16 **E** 29.8.1986 Video

THE CALIFORNIA KID →California Kid

THE CALL OF THE WILD →Der Ruf der Wildnis (1996)

THE CALLER (THE CALLER). Ein geheimnisvoller Fremder nistet sich bei einer jungen Frau ein, die mutterseelenallein in ihrem großen Haus im Wald lebt. Die beiden belauern sich gegenseitig, bis am Ende eines ermüdenden Katz-und-Maus-Spiels herauskommt, daß der Besucher zu einer außerirdischen Lebensform gehört, die die Menschen quasi in Einzelhaft gefangenhält und mit psychologischen Tests terrorisiert. Dieser weit hergeholten Pointe geht ein öde vorbereitetes Herumhantieren mit leeren Anspielungen und Symbolen voraus. – Ab 16. ✦ USA 1987 **P** Altar **VA** Concorde/Vestron **Pd** Frank Yablans, Michael Sloan **R** Arthur Allan Seidelman **B** Michael Sloan **K** Armando Nannuzzi **M** Richard Band **S** Bert Glatstein **D** Malcolm McDowell (der Besucher), Madolyn Smith (das Mädchen) **L** 93 **FSK** ab 16 **E** 29.4. 1990 Video **fd** 28 410

THE CALLING (THE CALLING). Ein kleines Kind entpuppt sich als die Wiedergeburt des Bösen, das 2000 Jahre nach Christi Geburt antritt, die Herrschaft über die Welt zu übernehmen. Unorigineller Horrorfilm, der sich an einschlägigen Vorbildern abarbeitet, dabei aber lediglich Belanglosigkeiten aneinander reiht, ohne das Genre und seine Regeln ernst zu nehmen. ✦ Deutschland/USA 2000 **P** Constantin/IMF/ Fanes Film **KI** Constantin **VA** VCL **DVD** VCL (1.85:1, DD5.1 engl./dt.) **Pd** Norbert Preuss, Bernd Eichinger **R** Richard Caesar **B** John Rice, Rudy Gaines, Richard Caesar **K** Joachim Berc **M** Christopher Franke **S** Michael Feick **D** Laura Harris (Kristie St. Clair), Richard Lintern (Marc St. Clair), Francis Magee (Cormac), Alex Roe-Brown (Dylan St. Clair), John Standing (Jack Plummer), Alice Krige (Elizabeth Plummer), Peter Waddington (Father Mullin), Nick Brimble (Police Inspector Morton) **L** 89 **FSK** ab 16; f **E** 21.12. 2000/26.7.2001 Video & DVD **fd** 34 630

THE CAMOMILE LAWN (THE CAMOMILE LAWN). Fünfteilige Verfilmung eines Romans über die zunächst kaum merklichen sozialen und moralischen Umbrüche in England am Vorabend des Zweiten Weltkriegs. Im August 1939 findet an der Küste Cornwalls das alljährliche Treffen eines Familien- und Freundeskreises statt. Das weltfremde Idyll, geprägt vom strengen Patriarchat und der konservativen Klassengesellschaft, wird unter anderem durch die Anwesenheit eines jüdischen Flüchtlingspaares aus Deutschland in Frage gestellt. ✦ Australien/Großbritannien 1992 **P** Zed/Channel Four **Pd** Sophie balhetchet, Glenn Wilhilde **R** Peter Hall **B** Kenneth Taylor, nach einem Roman von Mary Wesley **K** Ernest Vincze **M** Stephen Edwards **D** Felicity Kendal (Helena), Paul Eddington (Richard), Jennifer Ehle (Calypso), Toby Stephens (Oliver), Tara Fitzgerald (Oliver), Rebecca Hall (junge Sophie), Claire Bloom (Sophie) **L** 262 (fünf Teile) **E** 1.9.1994 SF/DRS

THE CARPENTER (THE CARPENTER). Ein Schreiner ist vom Geist eines hingerichteten Massenmörders besessen. In einer in ihn verliebten jungen Frau findet er eine ihm in tragischer Abhängigkeit ergebene Verbündete. Horrorschocker auf dem schmalen Grat von drastischem Grusel und schwarzer Komik. Die allzu offensichtlichen Löcher der schalen Genrekost werden mit überdeutlich krassen Effekten gestopft. ✦ USA 1989 **P** Golden Gems **VA** Splendid **Pd** Pierre Grise **R** David Wellington **B** Doug Taylor **K** David Franco **M** Pierre Bundock **S** Roland Pollack **D** Wings Hauser (Ed), Lynne Adams (Alice), Pierre Lenoire (Martin), Barbara Jones (Rachel) **L** 85 **FSK** ab 18 **E** 2.4.1990 Video

THE CAT AND THE CANARY (THE CAT AND THE CANARY). Bei der Testamentseröffnung in einem alten feudalen Herrensitz erfahren die gierigen Erben, daß sie zugunsten einer jungen Dame, die nur entfernt mit dem Verstorbenen verwandt ist, leer ausgehen. Voraussetzung für die Erbschaft ist allerdings die klare geistige Verfassung der jungen Frau. Daraufhin nehmen unheimliche Geschehnisse im Haus ihren Lauf. Ein in expressionistischem Dekor geschickt entwickelter Stummfilm, der das Genre der Geisterhaus-Filme einläutete. Es ist der erste Film von Paul Leni in den USA. Erwähnenswert vor allem die Arbeit des Bühnenbildners Charles D. Hall, der auch das Dekor von »Phantom der Oper« (1925) und »Frankenstein« (1932) gestaltete. – Ab 14 möglich. ✦ Schwarz-weiß. USA 1927 **P** Universal Pictures **R** Paul Leni **B** Robert F. Hill (= Robert Hill), Alfred A. Cohn, nach einem Bühnenstück von John Willard **K** Gilbert Warrenton **D** Laura La Plante, Creighton Hale, Forrest Stanley, Tully Marshall, Gertrude Astor **L** (TV) 90 **E** 14.6.1990 Tele 5

THE CATCHER – DREI STRIKES BIS ZUM TOD (THE CATCHER). Eine Managerin, die ein marodes Baseballteam gesund rationalisieren soll, bekommt massive Probleme, als sie den Fänger des Teams entlässt und der sich gegen diese Zurücksetzung mit seinem Schläger zur Wehr setzt. Eine Menge Leichen sind die Folgen. Äußerst brutaler Psychothriller, der mangelndes Budget und stümperhafte Entwicklung durch breit ausgewalzte Schlachtszenen auszugleichen versucht. ✦ USA 1998 **VA** Screen Power **Pd+R** Guy Crawford, Yvette Hoffman **K** Paul Degruccio **M** Paul Amorosi **S** Steven D. White **D** David Heavener, Monique Parent, Joe Estevez, Leslie Garret, Fred Meyers **L** 90 **FSK** ab 18 **E** 15.12.2000 Video

THE CELL (THE CELL). Eine junge Psychotherapeutin arbeitet in einem Projekt zur Annäherung an autistische Kinder: Mittels Elektroden und Computer tritt sie in Verbindung mit der hermetischen Psyche der Patienten und bewegt sich quasi virtuell in deren Denklandschaften. Als ein vom FBI gestellter Serienmörder ins Koma fällt, ohne den Aufenthaltsort seines letzten Opfers preisgegeben zu haben, soll sie mit ihm in Kontakt treten. Auf der Kriminalebene eher banal und allzu deutlich an einschlägige Vorläufer erinnernd, entwickelt der Film in den im psychonautischen Paralleluniversum spielenden Szenen eine teilweise atemberaubende visuelle Energie. Kulturhistorische Bezüge zu Piranesi, Bosch, Tarkowskij oder Jodorowsky verbinden sich eindrucksvoll mit Einflüssen aus Experimentalfilm und Videokunst. DVD: Beide umfangreiche Special Editionen (2 DVDs) enthalten u. a. einen dt. untertitelten Audiokommentar des Regisseurs, eine separate Soundtrackspur, eine Reihe von Kurzfeatures zu Teilaspekten des Films sowie ein kommentiertes Feature mit acht im Film nicht verwendeten Szenen. ✦ Scope. USA 2000 **P** New Line **KI** Kinowelt **VA** Kinowelt Home **DVD** FSK-18: Kinowelt Home (SE, 16:9, 2.35:1, DD5.1 engl./dt., DTS dt.), FSK-16: Kinowelt Home (SE, 16:9, 2.35:1, DD5.1 engl./dt.) **Pd** Julio Caro, Eric McLeod **R** Tarsem Singh **B** Mark Protosevich **K** Paul Laufer **M** Howard Shore **S** Paul Rubell, Robert Duffy **D** Jennifer Lopez (Catherine Deane), Vincent D'Onofrio (Carl Stargher), Vince Vaughn (Peter Novak), Jake Weber (Gordon Ramsey), Marianne Jean-Baptiste (Dr. Miriam Kent) **L** 107 **FSK** ab 16; f **E** 23.11.2000/10.7.2001 Video & DVD **fd** 34 568

THE CHAIN – NO ESCAPE (THE CHAIN). Ein Polizist auf der Jagd nach einem Waffenschieber. In Südamerika fallen beide faschistoiden Rebellen in die Hände. Mit einer Stahlkette aneinandergebunden, gelingt den Erzfeinden kurz vor ihrer Hinrichtung die Flucht in den Dschungel. Ein vordergründiges Gewaltspektakel nach der Grundidee von »Flucht in Ketten«. Zweck der Story ist aber nur, Anlaß für Actionszenen zu liefern, wobei die politische Realität in Südamerika zu Gunsten banaler Unterhaltung verhöhnt wird. ✦ USA 1996 **P** Warnervision Films/Tapestry Films **VA** Ascot **Pd** Natan Zahavi, Sam Bernard **R** Luca Bercovici **B** Luca Bercovici, Sam Bernard **K** Steven Wacks **M** Kendall Schmidt **S** Sherwood Jones **D** Gary Busey (Frank Morrisey), Victor Reeves (Carlos), Jamie Rose (Ellen Morrisey), Rez Cortez (Colonel Cortez), Craig Judd (Zalit) **L** 96 **FSK** ab 16 **E** 17.5.1996 Video **fd** 32 078

THE CHAIR (THE CHAIR). Ein altes Gefängnis wird zu einer fortschrittlichen Anstalt mit Resozialisierungsprogramm umgestaltet. Da kehrt der Geist des früheren Direktors zurück, der während einer damaligen Gefangenen-Revolte auf den elektrischen Stuhl gezerrt wurde und starb. Er wendet sich gegen seinen Nachfolger, der diesem Verbrechen tatenlos zusah. Abwegiger Grusel-Schocker. ✦ USA 1987/88 **P** Angelika Films **VA** Mike Hunter **Pd** Anthony Jones **R** Waldemar Korzeniowsky **B** Carolyn Swartz **K** Steve Ross **M** Eddie Reyes **S** Carolyn Swartz **D** Trini Alvarado (Lisa Titus), James Coco (Dr. Harold Langer), Gary McCleery (Rick), Stephen Geoffreys (Roach), John Bentley (Joseph Callahan) **L** 89 **FSK** ab 18 **E** Oktober 1988 Video

THE CHANGELING (THE CHANGELING). Nach dem Unfalltod von Frau und Kind zieht sich ein Komponist auf einen Landsitz zurück. Doch die ersehnte Ruhe findet er nicht, da der Geist eines vor Jahrzehnten ermordeten Kindes nach Gerechtigkeit verlangt. Ein spannender Horrorfilm in konventioneller Machart, der zum Ende hin etwas überkonstruiert wirkt. Dank guter Fotografie und überzeugender Hauptdarsteller jedoch durchgehend fesselnd. (Fernsehtitel auch: »Das Grauen«) ✦ USA 1980 **P** Michaels/Drabinsky **VA** Vestron **Pd** Joel B. Michaels, Garth H. Drabinsky **R** Peter Medak **B** William Gray, Diana Maddox **K** John Coquillon **M** Rick Wilkins **S** Lilla Pederson **D** George C. Scott (John Russel), Trish Van Devere (Claire Norman), Melvyn Douglas (Carmichael), John Colicos, Jean March **L** 107 **FSK** ab 18 **E** 1985 Video **fd** 25 038

THE CHASE – DIE WAHNSINNSJAGD →Highway Heat

THE CHASE – GNADENLOSE JAGD (THE CHASE). Thriller, angeblich nach einer wahren Begebenheit. Um sich eine Flucht nach Südamerika zu ermöglichen, überfällt ein entflohener Sträfling in Denver eine Bank, wobei er einen Polizisten tötet. Daraufhin wird er nicht nur von der Polizei gejagt, sondern auch von einem Fernsehteam im Hubschrauber. ✦ USA 1991 **R** Paul Wendkos **B** Guerdon Trueblood **D** Casey Siemaszko (Hutchinson), Ben Johnson (John Laurienti), Gerry Bamman (Peter), Robert Beltran (Mike Silva), Barry Corbin (Bob Wallis) **L** 89 **E** 16.1.1999 RTL 2

THE CHASE – HIGHWAY HEAT →Highway Heat

THE CHILD – DIE STADT WIRD ZUM ALPTRAUM (THE CHILD / CHI L'HA VISTA MORIRE?). Eine Serie von Morden an kleinen Mädchen schreckt Venedig auf. Auch die Tochter eines bekannten Bildhauers wird während eines Kurzurlaubs das Opfer des offenbar geistesgestörten Killers. Als die Ermittlungen der Polizei im Sande verlaufen, schwört der Vater Rache und steht bald vor einem mörderischen Monster in Frauengestalt. Mischung aus Thriller und Horrorfilm. ✦ Italien/BR Deutschland 1972 **P** Doria Film/Roas Produzioni/Dieter Geissler **VA** Starlight **DVD** Laser Paradise (FF, Mono dt.) **Pd** Enzo Doria **R** Aldo Lado **B** Massimo D'Avack, Aldo Lado, Francesco Barius, Rüdiger von Spiehs **K** Franco di Giacomo **M** Ennio Morricone **S** Angelo Curi **D** Adolfo Celi, Anita Strindberg, George Lazenby, Peter Chatel, Dominique Boschero **L** 91 **FSK** ab 16 **E** 1985 Video/8.6.1987 RTL plus/? DVD

THE CHURCH (LA CHIESA). Kreuzritter richten in einem augenscheinlich vom Teufel besessenen Dorf ein Massaker an und verscharren die Leichen in einem Massengrab. Später wird an dieser Stelle eine Kirche errichtet. Durch einen unvorsichtigen Bibliothekar werden in der Gegenwart die Geister der Ermordeten zu neuem Leben erweckt. Eine Besucherschar, die sich in der Kirche aufhält, sieht sich der gebündelten Kraft des Bösen ausgesetzt. Ein unüberzeugender Horror-Schocker, der vage Carpenters »Fürsten der Dunkelheit« (1987) plagiiert; voller drastischer Spezialeffekte für abgebrühte Fans des Genres. ✦ Italien 1989 **P** A.D.C. Film/Cecchi-Gori Group/Tiger Cinematografica **VA** New Vision **DVD** Laser Paradise (1.66:1, Mono dt.) **Pd** Dario Argento **R** Michele Soavi **B** Dario Argento, Franco Ferrini **K** Michele Soavi, Renato Tafuri **M** Keith Emerson **S** Franco Fraticelli **D** Hugh Quarshie, Thomas Arana, Feodor Chaliapin jr., Barbara Cupisti, Antonella Vitale, Asia Argento **L** 98 **FSK** ab 18 **E** 13.8.1990 Video/DVD

THE CISCO KID (THE CISCO KID). Ein amerikanischer Abenteurer und Geschäftemacher gerät im Mexiko des Jahres 1867 zwischen die Fronten von Freiheitskämpfern unter der Führung von Benito Juarez und Royalisten unter dem von Napoleon eingesetzten König Maximilian. Bald findet er sich auf der Seite der »Juaristas« und verbündet sich mit einem der Freiheitskämpfer. Ein leichtgewichtig unterhaltender Western mit den üblichen Versatzstücken des Genres, der die familienfreundliche Nische zwischen handfestem Italo-Western und dessen Klamaukversion besetzt. (Fernsehtitel: »Cisco Kid – Auf der Jagd nach dem Goldjungen«) – Ab 16. ✦ USA 1994 **P** Turner Pictures **VA** VMP **Pd** Gary M. Goodman, Barry Rosen **R** Luis Valdez **B** Michael Kane, Luis Valdez, nach einer Erzählung von O'Henry **K** Guillermo Navarro **M** Joseph Julian Gonzalez **S** Zach Staenberg **D** Jimmy Smits (Cisco), Richard »Cheech« Marin (Pancho), Sadie Frost (Dominique), Bruce Payne (St. Martin Dupre), Ron Perlman (Delacroix) **L** 91 **FSK** ab 12 **E** 21.2.1995 Video/20.2.1996 Pro Sieben **fd** 31 308

THE CITY (THE CITY). Ein Bürgermeister indianischer Abstammung nimmt zum Wohle »seiner« Stadt den Kampf gegen einen Bombenattentäter, soziale Ungerechtigkeiten, den Generationskonflikt und inhumane Geschäftspraktiken auf. Fernsehfilm, der Probleme einer Großstadt anspricht, die der Fortschritt mit sich bringt, durch die biedere Inszenierung aber keine Brisanz gewinnt. Das Bemerkenswerteste ist die Erkenntnis, daß es auch damals schon thematisch unangepaßtere Versuche gab, die Entwicklung der Großstadt zu einem inhumanen Konstrukt zu kritisieren. Der Film war Auftakt einer kurzlebigen Fernsehserie, entstanden in Albuquerque. – Ab 14. ✦ USA 1971 **P** Universal City Studios **VA** CIC **Pd** Frank Price **R** Daniel Petrie **B** Howard Rodman **K** Jack Marta **M** Billy Goldenberg **D** Anthony Quinn (Thomas J. Alcala), E. G. Marshall (Sheridan Hugotor), Skye Aubrey (Sabina Menard), Robert Reed (Sealy Graham), Pat Hingle (Ira Groom) **L** 92 **FSK** ab 12 **E** Juni 1987 Video **fd** 26 531

THE CLEARING →Zeit der Finsternis

THE CLONE MASTERS (THE CLONE MASTERS). Ein Wissenschaftler erschafft durch Klonen eine Vielzahl erbgleicher Duplikate seiner selbst. Die »Söhne« helfen ihm im Kampf gegen den finsteren Finanzier der Experimente. Überraschungsloser Fernsehfilm, der sein Thema als oberflächliche Variation des bekannten Genre-Rezepts ausbeutet. – Ab 16. ✦ USA 1979 **P** Paramount TV **VA** CIC **Pd** John D. F. Black **R** Don Medford **B** John D. F. Black **K** Joseph Biroc **M** Glenn Paxton **D** Art Hindle (Simon), Robyn Douglass (Gussie), Ralph Bellamy (Ezra), John van Dreelen (Salt), Mario Roccuzzo (Harry), Ed Lauter (Bender), Stacy Keach (Admiral Millus) **L** 95 **FSK** ab 16 **E** 3.8. 1987 Video **fd** 26 421

THE CLOSER YOU GET (THE CLOSER YOU GET). In einem irischen Küstendorf verfallen die unverheirateten Männer durch einen Hollywood-Film auf den Gedanken, sich amerikanische Frauen zu suchen. Sie geben eine Anzeige im »Miami Herald« auf und warten. Die einheimische Frauenwelt rächt sich auf ihre Weise und lädt spanische Fischer zum Dorffest ein. Der Film setzt eine Reihe von »Ethno«-Komödien aus Großbritannien fort und fügt ihr einige sympathische Figuren und eine nicht minder skurrile Geschichte hinzu. Aufgrund einer manchmal ungenauen Regie und der allzu leichtgängigen Erzählweise bietet er aber etwas zu harmlose Unterhaltung. – Ab 16. ✦ Großbritannien/Irland 2000 **P** Redwave Films **KI** Twentieth Century Fox **VA** Fox Home **Pd** Uberto Pasolini **R** Aileen Ritchie **B** William Ivory, nach einer Geschichte von Herbie Wave **K** Robert Alazraki **M** Rachel Portman **S** Sue Wyatt **D** Niamh Cusack (Kate), Sean McGinley (Ian), Ian Hart (Kieran), Ewan Stewart (Pat), Sean McDonagh (Sean), Ruth McCabe (Mary), Pat Shortt (Ollie) **L** 92 **FSK** ab 16; f **FBW** w **E** 19.4.2001/11.10.2001 Video **fd** 34 806

THE CLOWN AT MIDNIGHT (THE CLOWN AT MIDNIGHT). Eine Studentin soll mit einigen ihrer Kommilitonen ein altes Operhaus renovieren. In dem Gebäude wurde 15 Jahre zuvor ihre Mutter, eine Opernsängerin, bestialisch ermordet. Da sich der Täter, ein irregeleiteter Clown, noch immer in den Katakomben des Gebäudes herumtreibt, fallen bald die ersten toten Studenten an, und die Halbwaise muss sich ihrer (Familien-)Vergangenheit stellen. Slasher-Film, der dem Genre seinen Blutzoll erbietet, ohne seine Mittelmäßigkeit kaschieren zu können. ✦ Kanada/Deutschland 1998 **P** Fries Film/Hallmark/Highlight **VA** Highlight **Pd** Gary Howsam, Gilles Paquin **R** Jean Pellerin **B** Kenneth J. Hall **K** Barry Gravelle **S** Robert Lower **D** Christopher Plummer (Mr. Caruthers), Margot Kidder (Mrs. Ellen Gibby), Sarah Lassez (Kate

Williams), James Duval (Geoge Reese), Tatyana Ali (Monica) **L** 86 **FSK** ab 16 **E** 29.11.2001 Video **fd** 35 248

THE CLUB (THE CLUB). Ein Schulklasse veranstaltet eine mittelalterliche Party in einem Schloß und erlebt grausige Überraschungen mit einem »Gast«, der zu einem »Club« von Geistern gehört, der aus Mördern und Selbstmördern besteht. Die Geister können die Zeit anhalten und in dem »Freiraum« über die Zukunft entscheiden. Aus den Elementen von Schülerfilm, Gruselfilm und einer aufgesetzten Moral zusammengeflickt, kann der Film nur anfänglich durch einige reizvolle Bilder Atmosphäre erzeugen, bevor er in einem recht häßlichen Brei aus Spezialeffekten und Schocksequenzen versinkt. ✦ Kanada 1993 **P** Devil **VA** Highlight **Pd** Peter Simpson **R** Brenton Spencer **B** Robert C. Cooper **K** Curtis Peterson **M** Paul Zaza **S** Michael McMahon **D** Joel Wyner (John), Andrea Roth (Amy), Zack Ward (Kyle), Kelli Taylor (Lisa), Rino Romano (Evan) **L** 93 **FSK** ab 18 **E** 29.12. 1995 premiere **fd** 31 260

THE COLD ROOM (THE COLD ROOM). Eine junge Engländerin durchlebt während ihrer Ferien in Ost-Berlin einen Albtraum, in dem sich Realität und Bilder aus dem Dritten Reich mischen. Düsterer Thriller von starker Spannung, aber zum Ende hin zu verworren, so daß der Zuschauer jede Orientierung verliert und Realität und Traumspiel nicht mehr zu unterscheiden vermag. Vorzüglich: die Musik. ✦ Großbritannien 1983 **P** Jethro Films **VA** Ufa **Pd** Mark Forstater, Bob Weis **R** James Dearden, **B** James Dearden, nach einem Roman von Jeffrey Caine **K** Tony Pierce-Roberts **M** Michael Nyman **S** Mick Audsley **D** George Segal (Hugh), Amanda Pays (Carla/ Christa), Renée Soutendijk (Lily), Warren Clarke (Bruckner), Anthony Higgins (Erich) **L** 91 **FSK** ab 16 **E** 2.12.1988 Video **fd** 27 481

THE COLL-BROTHERS (MAD DOG COLL). Zwei irische Einwanderer im Amerika der Prohibitionszeit versuchen, sich von kleinen Ganoven zu selbständigen Unterweltgrößen hochzuarbeiten, geraten dabei aber immer wieder in andere Abhängigkeiten und schließlich in einen Bandenkrieg. Ohne Höhepunkte werden die Szenen aneinandergereiht und verbunden durch stereotype Schießereien und Explosionen. Die Charaktere bleiben so flach und klischeehaft wie die Szenerie. Auch die qualitativ gute Musik rettet die Gangstergeschichte nicht vor der Langeweile. (Titel auch: »The Violators«) ✦ USA/Russland 1992 **P** Power-Picture/Start Corporation **VA** VPS **Pd** Menahem Golan **R** Greydon Clark, Ken Stein **B** Neil Ruttenberg **K** Janusz Kaminski **M** Terry Blümeri **S** Patrick Rand **D** Christopher Bradley (Vincent Coll), Bruce Nozick (Dutch Schulz), Rachel York (Lottie), Jeff Criggs (Peter Coll), Jack Couley (Owney Madden) **L** 97 **FSK** ab 18 **E** 11.5.1994 Video **fd** 30 556

THE COLLECTORS (THE ACCOUNTANTS). Zwei aus dem US-Süden nach New York entsandte Geldeintreiber der Mafia erregen die Aufmerksamkeit der städtischen Behörden, insbesondere die einer attraktiven Polizistin, die sich in einen der Killer verliebt. Geschwätziger Thriller in Tarantino-Manier, der seinem Unterhaltungsanspruch in keiner Sekunde gerecht werden kann. ✦ Kanada 1999 **P** Cinefile/Les Films St. Paul **VA** Ascot **DVD** Splendid/Ascot (FF, DD2.0 engl./dt.) **Pd** Jean-Marc Félio, Bruce Dennis **R** Sidney J. Furie **B** Robert Anton, David Penotti **K** Curtis Peterson **S** Hélène Girard **D** Casper van Dien (A.K.), Rick Fox (Ray), Andreas Apergis (Morgan), Daniel Pilon (Hackman), Tony Calabretta (Jake Barnes) **L** 86 **FSK** ab 16 **E** 8.10.1999 Video/31.1.2000 DVD

THE COLONY (1995) (THE COLONY). Ein Computeringenieur zieht mit seiner Familie in eine idyllisch gelegene Wohnsiedlung luxuriösen Zuschnitts. Anfangs amüsieren sich alle über die rigorosen Sicherheits- und Kontrollregeln, die in der Kolonie herrschen, doch allmählich werden sie gewahr, daß sie sich in einer autoritär gelenkten, rechtsgerichteten Kontrollwelt bewegen, deren Geschicke ein machtbesessener Psychopath lenkt. Als sie sich zur Wehr setzen, geraten sie in höchste Gefahr, der nur mit vereinten Kräften begegnet werden kann. Originelle Unterhaltung im gehobenen Fernsehstil, die sich auf ein geschickt dramaturgisiertes Drehbuch und gute Darsteller verlassen kann und ihre Geschichte weitgehend gewaltfrei erzählt. – Ab 12. ✦ USA 1995 **P** Universal/MCA/Kevin Brown Prod. **VA** CIC **Pd** Fern Field, Kevin Kelly Brown **R+B** Rob Hedden **K** David Geddes **M** Dennis McCarthy **S** Barry B. Leirer **D** John Ritter (Rick Knowlton), Mary Page Keller (Leslie), Hal Linden (Philip Denig), Tod Jeffriers (Mike Knowlton), June Lockhart (Mrs. Billingsley) **L** 89 **E** 27.6.1996 Video **fd** 32 039

THE COLONY (1997) (THE COLONY / THE ADVANCED GUARD). Eine außerirdische Macht plant die Eroberung der Erde und schickt, da ihre Vertreter menschliche Gestalt annehmen können, Wissenschaftler als Vorhut, die mit grausamen Experimenten die Übernahme vorbereiten sollen. Doch die Menschen erweisen sich als äußerst ausgeschlafen. Ein äußerst lahmer Science-Fiction-Film, der sich nicht unbedingt einer originellen Ausgangsidee rühmen kann. ✦ USA 1997 **P** Trimark/Ma & Pa Pict./The Sci-Fi Channel **Pd** Thom Colwell **R** Peter Geiger **B** Peter Geiger, Richard Kletter **K** Zoltan David **M** Paul Rabjohns **S** Mallory Gottlieb **D** Isabella Hoffman (Harper), Michael Weatherly (Kevin), James Avery (Fred), Eric Allan Kramer (Bravo), Jeff Kober (Desmond) **L** 89 **E** 5.2.2001 ProSieben

THE COLOR OF LOVE: JACEY'S STORY (THE COLOR OF LOVE: JACEY'S STORY). Eine Frau, die vor Jahren den Kontakt zu ihrer Tochter abgebrochen hatte, nimmt nach deren Unfalltod ihre farbige Enkelin bei sich und ihrer Familie auf und kann allmählich ihre Vorurteile überwinden. Ein etwas reißbrettartig entworfener Problemfilm, der allerdings durch die großartigen Leistungen seiner Hauptdarsteller für sich ein nimmt. ✦ USA 2000 **P** Columbia TriStar/Logo/TeleVest **Pd** Louis Gossett jr. **R** Sheldon Larry **B** Nancey Silvers **K** Karl Herrman **M** J.A.C. Redford **S** Paul Lamastra **D** Gena Rowlands (Georgia Porter), Louis Gossett jr. (Lou Hastings), Penny Fuller (Madeleine Porter), Stella Parton (Ellen Fuller), Penny Rae Bridges (Jacey Hastings) **L** 90 **E** 7.12.2000 Premiere World

THE COMMUNISTS ARE COMFORTABLE (AND 3 OTHER STORIES) (THE COMMUNISTS ARE COMFORTABLE (AND 3 OTHER STORIES)). Ein Film über Idealisten, die hoffnungsvoll und von der Macht der Utopie getragen an eine gemeinsame glückliche Zukunft glaubten, aber spätestens vor den Schranken des Komitees für unamerikanische Umtriebe vor den Scherben ihrer Träume standen. Im Zentrum steht der Begriff der Lebensqualität, der u.a. Ende der 30er Jahre in Amerika zu einem »housing project« führte, das menschenwürdige Wohnungen für die untere Mittelschicht zur Verfügung stellte. Eine menschliche Utopie, die schon wenig später der Vergangenheit angehörte und deren Verlust noch bis in die 80er Jahre hineinreichte. (O.m.d.U.) ✦ Teils schwarzweiß. USA 1984 **P** Ken Kobland Prod. **SF** Freunde der Deutschen Kinemathek **R+B** Ken Kobland **D** Willem Dafoe, Spalding Gray, Lushe Sacker, Pwyton Smith, Ron Vawter **L** 75 **E** 12.9.1985

THE CONCERT FOR BANGLA DESH (THE CONCERT FOR BANGLA DESH). Dokumentation des Pop-Konzerts zugunsten der Flüchtlinge aus Bangla Desh, dem ehemaligen Ostpakistan, das am 1. August 1971 im Madison Square Garden in New York vor 40.000 Besuchern stattfand. Nicht sehr sorgfältig in der Herstellung, doch als Dokument der Pop-Musik von einiger Bedeutung. (O.m.d.U.) – Ab 10. ✦ USA 1971 **P** Apple **KI** Centfox **Pd** George Harrison, Allen Klein **R+B** Saul Swimmer **K** Richard Brooks, Sol Negrin, Fred Hoffman, Tohru Nakamura **M** div. Interpreten **S** Howard Lester **D** Eric Clapton, Bob Dylan, George Harrison, Billy Preston, Ringo Starr, Leon Russel, Ravi Shankar, Klaus Voorman **L** 99 **FSK** ab 6; **f E** 4.8. 1972 **fd** 18 010

THE CONFESSION – DAS GESTÄNDNIS (THE CONFESSION). Weil ihn in der Notaufnahme eines Krankenhauses sein fünfjähriger Sohn stirbt, da das Personal aus Arbeitsüberlastung keine Zeit hat, erschießt ein gläubiger Jude die drei Verantwortlichen aus Verzweiflung, Rache und Gerechtigkeitssinn und stellt sich anschließend der Polizei. Sein Chef stellt ihm einen karrieresüchtigen Anwalt, der auf »Unzurechnungsfähigkeit« plädiert, doch der Täter will sein Verbrechen sühnen. Ein im Grundkonflikt interessanter Film, der eine Reflexion über Recht und Gerechtigkeit hätte werden können, der sich jedoch zu sehr in Nebenkonflikten verstrickt. Die Komplexität der einprägsam entwickelten Hauptfigur wird ebenso wenig genutzt wie die Wandlung seines aalglatten Verteidigers nachvollziehbar gemacht. Obwohl einiges an Tiefe verschenkt wird, regt der auf gepflegtem Fernsehniveau inszenierte Film dennoch zur Diskussion an. – Ab 14 möglich. ✦ USA 1998 **P** Franchise Pictures/El Dorado Pictures **VA** Columbia TriStar Home **Pd** Alec Baldwin, Corinne Mann, Elie Samaha **R** David Jones **B** David Black, nach einem Roman von Sol Yurick **K** Mike Fash **M** Mychael Danna **S** Ray Hubley **D** Alec Baldwin (Roy Bleakie), Ben Kingsley (Harry Fertig), Amy Irving (Sarah Fertig), Jay O. Sanders (Jack Renoble), Kevin Conway (Mel Duden) **L** 110 **FSK** ab 12 **E** 11.7.2000 Video **fd** 34 478

THE CONNECTION (1960) (THE CONNECTION). Ein Regisseur verschafft sich Zugang zum Rauschgiftmilieu, indem er Süchtigen für Filmaufnahmen eine Heroinlieferung verspricht. In einem Appartement finden die Vorbereitungen zu einer Drogenparty statt; Debatten zwischen dem Filmteam und den Betroffenen führen schließlich zum Abbruch der Dreharbeiten. Pseudodokumentarischer Experimentalfilm über die New Yorker Bohème- und Junkie-Szene, verwirrend und provozierend in seiner kalkulierten Mischung aus Fiktion und Realität. Eine Produktion des »New American Cinema« der 60er Jahre, die als eines der Hauptwerke dieser Bewegung gilt. ✦ USA 1960 **P** Allen-Hogdon **Pd** Shirley Clarke, Lewis M. Allen **R** Shirley Clarke **B** Jack Gelber, nach seinem Bühnenstück **K** Arthur J. Ornitz **M** Freddie Redd **S** Shirley Clarke **D** Warren Finnerty (Leach), Garry Goodrow (Ernie), Carl Lee (Cowboy), Jerome Raphel (Solly), James Anderson (Sam) **L** 102 **E** 11.9.1967 ARD

THE CONNECTION (1973) (THE CONNECTION). Ein rauhbeiniger Reporter soll sich als Mittler zwischen Juwelendieben und einer Versicherungsanstalt betätigen. Als die Polizei auf seine Aktivitäten aufmerksam wird und seine Auftraggeber untertauchen, muß er Geschick und viel Glück aufbieten, um sich aus der Affäre ziehen zu können. Routiniert inszenierter (Fernseh-)Krimi von einigem Unterhaltungswert. (Späterer Titel: »Ultimax Force«) – Ab 16. ✦ USA 1973 **P** D'Antoni Television/Metromedia **VA** IHE **R** Tom Gries **B** Albert Ruben **D** Charles Durning, Ronny Cox, Zohra Lampert, Dennis Cole, Dana Wynter **L** 74 **FSK** ab 18 **E** November 1988 Video

THE CONTRACT – EIN TÖDLICHER AUFTRAG (THE CONTRACT). Der Rachefeldzug einer Profi-Killerin, die die Mörder ihres Partners zur Strecke bringt. Der eintönigen Geschichte fällt aber auch rasch das Interesse des Zuschauers zum Opfer, dem triviale Fernsehkost mit unglaubwürdigen Personen geboten wird, sodass man dem reizlosen und ohne eine Spur von Selbstironie entwickelten Film nur mit einem probaten Mittel beikommen kann: Abschalten! ✦ USA 1998 **P** Cut to the Horse/Wishbone **VA** e-m-s **Pd** Nick Seferian, Navid Khousavi **R** K.C. Bascombe **B** Navid Khousavi **K** Jay Ferguson **S** Todd Farrell **D** Johanna Black (Hannah), Matthew Olver (James), Laurent Imbault (Luc), Billy Dee Williams (Senator Harmon), Jon Jordan (Big Boss) **L** 90 **FSK** ab 18 **E** 2001 Video **fd** 34 882

THE CONVENT →Convent

THE COOL WORLD (THE COOL WORLD). Das trostlose Leben eines schwarzen Jugendlichen in den Slums von Harlem, das zwangsläufig im Gangstertum mündet. Brillant fotografiert, präzise in der Schilderung des Milieus, ist der Film trotz starker Spannungselemente kein Thriller, sondern eine realistisch-harte Semidokumentation. Eine Produktion des »New American Cinema«. – Ab 16 möglich. ✦ Schwarz-weiß. USA 1963 **P** Wiseman Film **Pd** Frederick Wiseman **R** Shirley Clarke **B** Shirley Clarke, Carl Lee, nach einem Roman von Warren Miller **K** Baird Bryant **M** Mal Waldron **S** Shirley Clarke **D** Hampton Clanton (Duke), Yolanda Rodriguez (Luanee), Bostic Felton (Rod), Gary Bolling (Littleman), Carl Lee (Priester) **L** 100 **E** 6.5.1967 NDR

THE CORRUPTOR – IM ZEICHEN DER KORRUPTION →Corruptor – Im Zeichen der Korruption

THE CRAZIES →Crazies

THE CREAM – LAST CONCERT →Last Concert – The Cream

THE CREW – DIE FAHRT INS UNGEWISSE (THE CREW). Ein Wochenende auf dem Boot eines Anwalts wird zum Drama, als die fünf Ausflügler zwei in Seenot Geratene an Bord nehmen: einen launenhaften Transsexuellen und seine illegal in die USA eingewanderte Begleiterin. Sie kidnappen das Boot und bringen ihre Geiseln auf eine Insel. – Ab 16. ✦ USA 1994 **R** Carl Colpaert **D** Donal Logue (Bill), Pamela Gidley (Jennifer), Viggo Mortensen (Philip), Sam Jenkins (Cathrine), John Philbins (Alex) **L** 95 **E** 1.10. 1995 Vox

THE CRIPPLED MASTERS (THE CRIPPLED MASTERS). Zwei durch einen Despoten zu Krüppeln gemachten Männer nehmen als Kung-Fu-Kämpfer Rache an ihren Peinigern. Ein Serienprodukt aus Hongkong, das körperlich Behinderte zu Schauobjekten degradiert. – Wir raten ab. ✦ Scope. Hongkong 1979 **P** P-First Distributors **Kl** cfc Contact **R** Joe Law **K** Kam Cheng-Tung **M** Li Chung-Keng **D** Bruce Lei, Frank Shum, Chen Mu-Chuam **L** 93 **FSK** SPIO: X **E** 27.2. 1981 **fd** 22 887

THE CROSSING (THE CROSSING). Am Veteranen-Gedenktag kreuzen sich in einem verschlafenen australischen Provinznest schicksalhaft die Wege dreier junger Leute, die als Kinder Freunde waren und sich nun als Konkurrenten und Nebenbuhler gegenüberstehen. Bis zum Abend des Feiertags muß sich eine junge Frau für einen der beiden Männer entscheiden. Nach klassischen Mustern erzählte Dreiecksgeschichte mit tragischem Ausgang. Zunächst recht geschickt in langsamem Rhythmus entwickelt, doch dann zunehmend gewollt und vorhersehbar. – Ab 16. ✦ Australien 1990 **P** Beyond International **VA** atlas **Pd** Sue Seeary **R** George Ogilvie **B** Ranald Allan **K** Jeff Darling **M** Martin Armiger **S** Henry Dangar **D** Russell Crowe (Johnny), Robert Mammone (Sam), Danielle Spencer (Meg), Emily Lumbers (Jenny), Rodney Bell (Shorty) **L** 90 **FSK** ab 12 **E** 21.4.1992 Video/29.4. 1995 SAT 1 **fd** 29 692

THE CROSSING – DER BESUCH (THE CROSSING). Seit mehr als 20 Jahren lebt ein alter, inzwischen verbitterter afghanischer Exilant in einer schäbigen Brüsseler Pension. Eines Tages wird er von einem geheimnisvollen Fremden aufgesucht – ein Bote aus der fernen Heimat oder gar ein (Todes-)Engel, der ihm das Ende seines irdischen Daseins verkündet? Mit ihm erwacht die Sehnsucht, aber es kommt auch die Frage auf, ob er Schuld auf sich geladen hat. Erstlingsfilm, der sich eher am iranischen als am europäischen Kino orientiert. Das Drama des Exils dient als Folie für eine beharrliche Schule des Sehens. Ein Beitrag zum Kino der Langsamkeit, der von eindringlichen szenischen Augenblicken und der Leistung des Hauptdarstellers lebt, durch seine Auflösung allerdings etwas enttäuscht. – Ab 14. ✦ Niederlande/Deutschland/Dänemark 1999 **P** Isabella/Tatfilm/NPS Television/arte/ZDF **Kl** Zephir **Pd** Els Vandevorst, Wilfried Depeweg, Christine Ruppert **R+B** Nora Hoppe **K** Walther van den Ende **M** Zaher Howaida **S** Vessela Martschewski **D** Behrouz Vossoughi (Babak), Johan Leysen (Sarban), Michel Israel (Elias) **L** 91 **FSK** ab 6; f **E** 1.2. 2001 **fd** 34 697

THE CROW – DIE KRÄHE (THE CROW). Ein Rockmusiker, der mit seiner Geliebten von Gangstern getötet wurde, kehrt aus dem Grab zurück, um sich zu rächen. Mit Hilfe einer Krähe, die ihm Schutz und Späher ist, bringt er die Mörder zur Strecke. Als deren Auftraggeber, ein Rauschgiftboß, seines Gegners habhaft werden will, entbrennt ein blutiger Krieg zwischen den Lebenden und dem Toten. Eine in Geschichte und Charakteren flache, atmosphärisch aber phasenweise dichte Mischung aus Krimi, Action- und »gotischem« Horrorfilm nach einer Comic-Vorlage. Die stark visuell orientierte Regie bemüht zahlreiche Vorbilder, findet aber zu keinem eigenen Stil. Auch der Hauptdarsteller (in seiner letzten Rolle: er kam bei den Dreharbeiten ums Leben) bleibt profillos und austauschbar. ✦ USA 1993 **P** Paramount/Edward R. Pressman Film/Jeff Most Prod./ CrowVision **Kl** Buena Vista **VA** Buena Vista **Pd** Edward R. Pressman, Jeff Most **R** Alex Proyas **B** David J. Schow, John Shirley, nach den Comics von James O'Barr **K** Dariusz Wolski **M** div. Popsongs **S** Dov Hoenig, Scott Smith **D** Brandon Lee (Eric), Ernie Hudson (Albrecht), Michael Wincott (Top Dollar), Rochelle Davis (Sarah), Bai Ling (Myca) **L** 101 **FSK** ab 18; f **FBW** w **E** 28.7.1994/2.3.1995 Video/2.3.1996 premiere **fd** 30 892

THE CROW – DIE RACHE DER KRÄHE (THE CROW: CITY OF ANGELS). Der zweite Film nach einer Comic-Geschichte um einen Toten, der ins Reich der Lebenden zurückkehrt, um seinen gewaltsamen Tod und den seines Sohnes blutig zu rächen. Ästhetisch ohne den gotisch-düsteren Reiz des ersten Teils, als Popmärchen zu unzeitgemäß, wirr erzählt und von gnadenloser Brutalität gekennzeichnet. (Erster Film: »The Crow – Die Krähe«.) – Wir raten ab. ✦ USA 1996 **P** Miramax/Dimension Films **Kl** Kinowelt **VA** VMP **DVD** Kinowelt Home (16:9, 1.78:1, DD5.1 engl., DS dt., DTS engl.) **Pd** Edward R. Pressman, Jeff Most **R** Tim Pope **B** David S. Goyer **K** Jean Yves Escoffier **M** Graeme Revell **S** Michael N. Knue, Anthony Redman **D** Vincent Perez (Ashe), Mia Kirshner (Sarah), Richard Brooks (Judah), Iggy Pop (Curve), Thomas Jane (Nemo) **L** 86 **FSK** ab 16; f **E** 30.1. 1997/15.7.1997 Video/1.8.1998 premiere/12.6. 2001 DVD **fd** 32 398

THE CROW III – TÖDLICHE ERLÖSUNG (THE CROW: SALVATION). Der Geist eines zu Unrecht Hingerichteten kehrt in Gestalt einer Krähe auf die Erde zurück, um die Ermordung der über alles geliebten Freundin blutig zu rächen. Mit Rock- und Popmusik unterlegte zweite Fortsetzung eines Horrorthrillers mit Kultcharakter, deren gediegene Ausstattung weit über dem Durchschnitt des Genres liegt, die sich jedoch in einen Rausch von Blut und Gewalt hineinsteigert, wodurch die morbide Atmosphäre des Erstlings vernachlässigt wird. ✦ USA/Deutschland 1999 **P** Edward R. Pressman/IMF Internationale Medien und Film/Fallen Bird/KG/Jeff Most Prod. **VA** BMG Video **DVD** Verleihversion: BMG (16:9, 1.85:1, dt.) **Pd** Edward R. Pressman, Jeff Most, Alessandro Camon **R** Bharat Nalluri **B** Chip Johannessen, auf Basis der gleichnamigen Comic-Serie von James O'Barr **K** Carolyn Chen **M** Marco Beltrami **S** Howard E. Smith **D** Eric Mabius (Alex Corvis), Kirsten Dunst (Erin Randall), Jodi Lyn O'Keefe (Lauren Randall), William Atherton, Fred Ward (Polizeichef) **L** 98 **E** 20.2.2001 Video & DVD **fd** 34 876

THE CROW – DIE SERIE (THE CROW – STAIRWAY TO HEAVEN). Nach zwei Kinofilmen die überfällige Serie: Ein ermordeter Musiker, der keine Ruhe finden kann, kehrt als Untoter zurück, um seinen und den Tod seiner Geliebten zu rächen. Nebenbei bleiben andere Schurken auf der Strecke. Müder Actionfilm, der sich mit dem Problem herumschlagen muss, das Gewaltpotenzial der Comic-Vorlage nicht erfüllen zu können. Immerhin ist es in der ersten, plump gekoppelten Doppelfolge gelungen, einen Widersacher zu installieren, der auch nicht von dieser Welt ist. So kann der naive Zuschauer zumindest um den Helden bangen. – Ab 16. ✦ USA 1999 **P** Crow Prod. **VA** Warner Home **Pd** Gordon Mark **R** Kari Skogland **B** Bryce Zabel **K** Attila Szalay **M** Peter Manning Robinson **S** Richard A. Schwadel **D** Mark Dacascos (Erik Draven »The Crow«), Sabine Karsenti (Shelly Webster), Marc Gomes (Inspector Daryl Albrecht), Katie Stuart (Sarah Mohr), Lynda Boyd (Darla Mohr), Jon Cuthbert (Lt. David Vincennes), Julie Dreyfus (India Reyes) **L** 82 (gek. 79) **FSK** ab 16 (gek. ab 12) **E** 18.6.1999 Video/4.1.2000 RTL 2 **fd** 33 951

THE CRUDE OASIS →Schwarzer Horizont

THE CRYING GAME (THE CRYING GAME). Ein junger IRA-Kämpfer wird auf tragische Weise in den Tod eines britischen Soldaten verwickelt, zu dem er während dessen Gefangenschaft eine vorsichtige Beziehung aufgebaut hatte. Er sucht die Geliebte des Toten auf und erliegt selbst ihrer geheimnisvollen Anziehungskraft. Die faszinierend erzählte und ausgezeichnet gespielte Geschichte eines jungen Mannes, dessen Selbstfindung und Entscheidungsfähigkeit mit den von außen hereinbrechenden Ereignissen kaum Schritt halten kann; zudem eine intelligente und lustvolle Reflexion über Schein und Sein. – Sehenswert ab 16. ✦ Scope. Großbritannien 1991/92 **P** Palace **Kl** Senator **VA** Ufa **Pd** Stephen Wooley **R+B** Neil Jordan **K** Ian Wilson **M** Anne Dudley **S** Kant Pan **D** Stephen Rea (Fergus), Miranda Richardson (Jude), Forest Whitaker (Jody), Jaye Davidson (Dil), Jim Broadbent (Col), Ralph Brown (Dave), Adrian Dunbar (Maguire) **L** 111 **FSK** ab 16; f **FBW** bw **E** 10.12.1992/7.6.1993 Video/8.7.1994 premiere **fd** 29 948

THE CULT ON TODVILLE (THE HOUSE ON TODVILLE ROAD). Ein Arzt wird ins Haus seines Jugendfreundes gerufen, um dessen todkranker Schwester, seiner früheren Geliebten, beizustehen. Unversehens sieht er sich mit einer kriminellen Sekte konfrontiert, die auf dem Anwesen ihr Unwesen treibt. Psychothriller mit okkulten Ritualen, der die Klischees der Gattung weidlich ausnutzt, ohne überzeugen zu können. ✦ USA 1994 **P** Third Coast Entertainment **VA** Highlight **R** Bob Burge **D** David Harrod (Adam Rawlings), Terri Harrel (Cornelia Todville), Rodney Scott (Henry Todville), Lisa Newmyer (Sarah Todville), Kirsten Maryott (Amelia) **L** 92 **FSK** ab 16 **E** 15.5.1995 Video

THE CURE IN ORANGE (THE CURE IN ORANGE). Das älteste römische Amphitheater Frankreichs als imposante Kulisse für das erste Rock-Konzert in dieser ansonsten der klassischen Musik vorbehaltenen Arena. Mit fünf Kameras aufgenommen, konzentriert sich der Film ausschließlich auf den Bühnenauftritt der Band »The Cure« und setzt ganz auf die Ausdruckskraft ihrer Musik. Ein fast einem Live-Erlebnis nahekommendes Musikspektakel für Fans. (Originalfassung) – Ab 14 möglich. ✦ Großbritannien 1987 **P** Gordon Lewis Prod. **Kl** Arsenal **Pd** Gordon Lewis **R+B** Tim Pope **K** Chris Ashbrook **M** The Cure **S** Peter Goddard **L** 101 **E** 26.5.1988 **fd** 27 178

THE CURSE (THE CURSE). Die äußerlich wohlgeratenen Früchte einer Obst- und Gemüsefarm sind innen voller Gewürm und grünem Schleim; das Wasser des Brunnens ist verseucht, so daß jeder, der daraus trinkt, zu einem entstellten, mordenden Monster wird. Nur zwei Kinder überleben das dem Verwandlungsdrama folgende Gemetzel. Schuld an dieser Geschichte ist ein anfangs niedergegangener Meteorit, der das Wasser »entartet« hat. Billigster Ekel-Horror und eine hemmungslose Demonstration übelkeitserregender Scheußlichkeiten. – Wir raten ab. ✦ USA 1987 **P** Empire/Trans World Entertainment **VA** Empire **Pd** Ovidio G. Assonitis **R** David Keith **B** David Chaskin **K** Robert D. Forges **M** John Debney **S** Claude Kuntry **D** Wil Wheaton (Zachary Hayes),

Claude Akins (Nathan Hayes), Malcolm Danare (Cyrus), Cooper Huckabee (Dr. Alan Forbes), John Schneider (Carl Willis), Amy Wheaton **L** 83 **FSK** ab 18 **E** 1988 Video **fd** 27 462

THE DAMBUSTERS (THE DAM BUSTERS). Die Planung, Vorbereitung und Durchführung einer komplizierten militärischen Aktion im Zweiten Weltkrieg: Britische Torpedoflieger zerstören 1942 zielgenau zwei Talsperren unweit des Ruhrgebiets. Fesselnd, mit präziser Regie und sehr menschlich gezeichneten Figuren, übergeht der Film jedoch völlig die unvorhergesehenen Folgen der (nur vermeintlich kriegswichtigen) Operation für die Zivilbevölkerung. (Alternativtitel: »Mai 1943 – Die Zerstörung der Talsperren«) – Ab 14 möglich. ✦ Schwarz-weiß. Großbritannien 1954 **P** Associated British/Warner Bros. **KI** R.S.C. **Pd** Robert Clark, W. A. Whittaker **R** Michael Anderson **B** R.C. Sherriff, nach Vorlagen von Paul Brickhill und Guy Gibson **K** Erwin Hillier **M** Louis Levy, Eric Coates, Leighton Lucas **S** Richard Best **D** Michael Redgrave (Wing Cmdr. Guy Gibson), Richard Todd (Dr. B.N. Wallis), Basil Sydney (Sir Arthur Harris), Derek Farr (Group Cpt. J.N.H. Whitworth), Patrick Barr (Cpt. Joseph Summers) **L** 122 **FSK** ab 12; f **E** 17.1.1975 ZDF

THE DANCER (THE DANCER). Eine dunkelhäutige, seit ihrer Geburt stumme Tänzerin verdient sich in New Yorker Discos ihren Lebensunterhalt, träumt aber von einer Broadway-Karriere. Erst als ein junger Wissenschaftler eine Maschine entwickelt, die ihre Gefühle und Bewegungen in Töne umsetzt, kommt sie ihrem Ziel näher. Die alte Musical-Geschichte vom Tanzgirl, das zum Star aufsteigt, in einer Videoclip-Ästhetik und aktuelle Musiktrends aufgreifenden Inszenierung, die ihre Protagonisten und die Behinderung ihrer Hauptfigur lediglich als Accessoires benutzt und sich in Oberflächlichkeit verliert. – Ab 14. ✦ Scope. Frankreich 2000 **P** Leeloo Productions **KI** Tobis **VA** BMG **DVD** BMG (16:9, 2.35:1, DD5.1 engl./dt., DTS dt.) **Pd** Thierry Guilmard **R** Fred Garson **B** Jessica Kaplan, Luc Besson **K** Thierry Arbogast **M** Pascal Lafa **S** Sylvie Landra **D** Mia Frye (India), Garland Whitt (Jasper), Rodney Eastman (Isaac), Joshua Lucas (Stéphane), Féodor Atkine (Oscar) **L** 93 **FSK** ab 6; f **E** 26.10.2000/18.4.2001 Video/ 18.4.2001 DVD **fd** 34 520

THE DANGEROUS →Killing Yakuza

THE DARK (THE DARK). Eine mordende Riesenratte aus der Zeit der Dinosaurier lebt in einem Tunnelgewirr, das zwei Totengräber unter dem Friedhof entdecken. Ein Wissenschaftler, der das röchelnde Monstertier retten will, weil es ein Sekret mit Wunder-Heilwirkung absondert, tritt in Konkurrenz zu einem Agenten des FBI, der den Tod eines Kollegen rächen will. Die unfreiwillige Komik in den dilettantisch abgedrehten Szenen und den sinnlosen Dialogen nehmen der Horrorgeschichte jegliche Spannung. ✦ Kanada 1993 **P** Norstar **VA** Highlight **Pd** Robert Bergman, Craig Pryce **R** Craig Pryce **B** Robert C. Cooper **K** Michael Storey **M** Paul Zaza **S** Michael Todd **D** Stephen McHattie (Hunter), Cynthia Belliveau (Tracy), Jaimz Woolvett (Ed), Neve Campbell (Jesse), Dennis O'Connor (Jake) **L** 87 **FSK** ab 16 **E** 16.12. 1994 Video/22.1.1996 premiere **fd** 31 197

THE DARK AREA – WALD DES SCHRECKENS (THE DARK AREA). Fünf Studenten, die die Erforschung einer seltenen Schlangenart in den deutschen Mischwald treibt, entzweien sich durch diverse Streitereien und bieten das ideale Angriffsziel für eine unbekannte böse Kraft, die ihre Opfer aus ihren Reihen holt. Hausgemachter »Blair Witch Project«-Ableger voller verwackelter, schlecht ausgeleuchteter Nachtausnahmen. Ein Zeugnis gedanklicher Schlichtheit und schauspielerischer Selbstüberschätzung. ✦ Deutschland 2000 **P** Hill House **VA** Screen Power **Pd** Tobias Ibel, Oliver Hummell **R** Oliver Hummell **B** Tobias Ibel, Oliver Hummell, Stefan Lammert **K** Oliver Hummell **M** Troels B. Folmann **S** Oliver Hummell, Stefan Lammert **D** Tobias Ibel (Tobias), Jasmin Hänsgen (Jasmin), Andre Horsten (Andre), Stefan Lammert (Stefan), Oliver Hummell (Oliver) **L** 90 **E** 15.2.2001 Video

THE DARK SIDE OF SEX →Heißer Sex auf Ibiza

THE DARK SIDE OF THE MOON (THE DARK SIDE OF THE MOON). Im Jahr 2022 entdeckt eine Raumfähre der amerikanischen Weltraumbehörde auf der dunklen Seite des Mondes ein Raumschiff, das 30 Jahre zuvor im Bermuda-Dreieck versunken ist. Hinter der mysteriösen Entdeckung verbirgt sich der Teufel persönlich, der das Bermuda-Dreieck als Tor zur Hölle nutzt. Eine triviale Weltraum-Odyssee mit paranormalem Überbau und einem Übermaß an billigen Klang- und Lichteffekten; thematisch unausgegoren und kaum spannend. – Ab 16. ✦ USA 1989 **P** Spacescore/Wildstreet Prod. **VA** VPS **Pd** Keith Walley, Paul White **R** D.J. Webster **B** Carey W. Hayes, Chad Hayes **K** Russ T. Alsobrook **M** Mark Ryder, Phil Davies **S** John O'Connor, Peter Teschner **D** Will Bledsoe (Giles Stewart), Alan Blumenfeld (Dreyfuss Steiner), Robert Sampson (Flynn Harding), John Diehl (Philip Jennings), Joe Turkel (Paxton Warner), Wendy MacDonald (Alex Mcinny), Camilla More (Leslie) **L** 87 **FSK** ab 16 **E** 23.8.1990 Video/18.5.1994 PRO 7 **fd** 28 517

THE DARK SIDE – TAXI ZUR HÖLLE (THE DARK SIDE). Ein Taxifahrer mischt sich trotz anfänglicher Ängste in die Angelegenheiten einer jungen Frau ein, die von einem manisch-verrückten Sadisten, dem sie pornografische Aufzeichnungen entwendet hat, bedroht wird. Dilettantischer Kriminalfilm, der ohne Sinn und Verstand einschlägige Versatzstücke manchmal sentimental, manchmal spekulativ aneinanderreiht. ✦ USA 1987 **P** Magnatta Prod. **VA** Cannon-VMP **R** Constantino Magnatta **B** Allan Magee, Matt Black **K** Gilles Corbeil **M** Greg Diakun **S** Claudio De Grano **D** Tony Galati, Cindy Preston, Peter Read, John Tench, David Hewlett **L** 86 (gek. 82 **FSK** ab 18 (gek. 16) **E** 1.8.1988 Video **fd** 27 271

THE DAUGHTER OF ROSIE O'GRADY (THE DAUGHTER OF ROSIE O'GRADY). Nach dem Tod seiner über alles geliebten Frau, die ein Star im Musiktheater war, stellt ein verzweifelter Mann seinen drei attraktiven Töchtern eine Bedingung: Keine von ihnen soll in die Fußstapfen der Mutter treten. Ausgerechnet die begabteste der drei jungen Frau verliebt sich in einen im Showgeschäft tätigen Mann, brennt von zu Hause durch und startet eine eigene Gesangs- und Tanzkarriere. Thematisch konventioneller Musik- und Tanzfilm, der aber dank Routine und unverbrauchten Darstellerinnen und Darstellern grundsolide unterhält. (O.m.d.U.) – Ab 12. ✦ USA 1950 **P** Warner Bros. **Pd** William Jacobs **R** David Butler **B** Peter Milne, Jack Rose, Melville Shavelson **K** Wilfred M. Cline **M** David Buttolph **S** Irene Morra **D** June Haver (Patricia O'Grady), Gordon MacRae (Tony Pastor), James Barton (Dennis O'Grady), S.Z. Sakall (= Szöke Szakall) (Miklos Teretzky), Gene Nelson (Doug Martin), Debbie Reynolds (Maureen O'Grady) **L** 104 **E** 5.12.1998 Cine Classics

THE DAY AFTER (DER TAG DANACH) (THE DAY AFTER). Der Versuch, das Undarstellbare eines Atomkrieges und seiner vernichtenden Folgen am Beispiel der Zerstörung Kansas Citys und der Verseuchung seiner Umgebung darzustellen. Mit den Mitteln des amerikanischen Fernsehfilms trotz dramaturgischer Schwächen zu starker Wirkung gebracht, wobei die Inszenierung weniger argumentiert als Angst erzeugt. Die Kompromißlosigkeit, mit der das Thema behandelt wird, kann dennoch diskussionsfördernd sein. – Ab 16. ✦ USA 1983 **P** ABC Motion Pictures/Circle **KI** Tobis **R** Nicholas Meyer **B** Edward Hume **K** Gayne Rescher **M** David Raksin **S** William Paul Dornisch, Robert Florio **D** Jason Robards (Dr. Russel Oakes), JoBeth Williams (Nancy Bauer), Steve Guttenberg (Stephen Klein), John Cullum (Jim Dahlberg), John Lithgow (Joe Huxley), Amy Madigan (Allison Ransom), Lori Lethin (Denise Dahlberg), Bibi Besch (Eve Dahlberg), William Allen Young, Jeff East, Stephen Furst, Calvin Jung **L** 126 **FSK** ab 12; f **FBW** w **E** 2.12.1983 **fd** 24 316

THE DAY BEFORE – DER ANFANG VOM ENDE (MASSIVE RETALIATION). Der atomare Konflikt zwischen den USA und der Sowjetunion scheint unausweichlich. Viele Amerikaner fliehen aufs Land, um der Bedrohung zu entgehen. Drei befreundete Familien, die in einem Sommerhaus Zuflucht suchen, müssen erleben, wie ihre Landsleute angesichts der Gefahr in Panik geraten. Mit den Mitteln des Katastrophenkinos inszenierter Actionfilm vor plakativ entfaltetem politischem Hintergrund. ✦ USA 1984 **P** Massive Prod. **VA** Lightning **Pd+R** Thomas A. Cohen **B** Larry Wittnerbert, Richard Beban **K** Richard Lerner **M** Harn Soper, Paul Potyen **S** B.J. Sears **D** Tom Bower (Kirk Fredericks), Karlene Crockett (Marianne Briscoe), Peter Donat (Lee Briscoe), Marilyn Hassett (Lois Fredericks), Michael Pritchard (Harry), Susan O'Connell (Jackie Tolliver) **L** 89 **FSK** ab 18 **E** 30.4. 1986 Video

THE DAY OF BIRTH (JANMADINAM). Die Stunden vor ihrer Niederkunft bieten einer Fernsehreporterin aus Bombay und ihrer Mutter, die sie begleitet, Gelegenheit zu einem intensiven Austausch, da sich die werdende Mutter zwischen zwei Männern und notfalls gegen den Willen ihres Vaters entscheiden muss. Unerwartete Hilfe wird von der der Tradition unterworfenen Mutter zuteil. Ein leiser, intensiver Film, der individuelles Glück gegen das der Tradition verhaftete Unglück abwägt und das Vordringen der Moderne in Indien beschreibt; dabei werden die Familienbeziehungen in vielfachen Rückblenden dargelegt. (O.m.d.U.) ✦ Indien 1997 **P** National Film Development **KI** Freunde der Deutschen Kinemathek **R+B** Suma Josson **K** Hari Nair **M** Narayana Mani **S** Alex Chand **D** Nandita Das, Surekha Sikhri **L** 105 **E** 1999

THE DAY THE SUN TURNED COLD (TIANGUO NIEZI). Zehn Jahre nach dem Tod seines Vaters beschuldigt ein junger Mann seine Mutter, diesen vergiftet zu haben, um ihren Liebhaber heiraten zu können. Beklemmendes Psychodrama um eine verhängnisvolle Mutter-Sohn-Beziehung aus dem kalten Norden Chinas, das auf einer wahren Begebenheit beruht. Viele Dialoge wurden direkt aus den Gerichtsunterlagen entnommen. (O.m.d.U.) ✦ Hongkong 1994 **R+B** Yim Ho **K** Hou Yong **M** Otomo Yoshihide **S** Wong Yee-shun **D** Siqin Gowa (Mutter), Tuo Zhong Hua (Guan Jian), Ma Jingwu (Vater), Wai Zhi (Liebhaber), Su Zong (der junge Guan Jian), Li Hu (Polizist) **L** 96 **E** 16.4.1999 SF 2/DRS

THE DEAD – DIE TOTEN (THE DEAD). Nach einem traditionellen Familienfest am Dreikönigstag wird einem Mann klar, welch geringe Bedeutung er im Leben seiner Frau gespielt hat. John Hustons faszinierende Übertragung einer Erzählung aus »Dubliners« von James Joyce beschreibt einen Augenblick der Lebenserkenntnis zwischen Selbsttäuschung und Hoffnung. Die metaphorisch vertiefte Inszenierung summiert einen Rückblick auf endgültige Wahrheiten und thematisiert die Bedingtheit und Untrennbarkeit von Leben und Tod. Darüber hinaus ist Hustons ebenso feinfühlig wie kunstvoll inszenierter Film nicht nur eine Hommage für James Joyce, sondern auch eine Liebeserklärung an Irland und seine Menschen. (Alternativtitel: »Die Toten«) – Sehenswert ab 16. ✦ Großbritannien/USA/BR Deutschland 1987 **P** Zenith/Vestron/Channel 4/Liffey/Delta **KI** Delta **VA** Vestron **Pd** Chris Sievernich, Wieland Schulz-Keil **R** John Huston **B** Tony Huston, nach einer Erzählung aus »Die Dubliners« von James Joyce **K** Fred Murphy **M** Alex North **S** Roberto Silvi **D** Anjelica Huston (Gretta), Donal McCann (Gabriel), Helena Carroll (Tante Kate), Cathleen Delany (Tante Julia), Ingrid Craigie (Mary Jane), Donal Donnelly (Freddy), Colm Meany (Mr. Bergin) **L** 83 **FSK** ab 6; f **FBW** bw **E** 17.9. 1987/März 1988 Video **fd** 26 396

THE DEAD HATE THE LIVING! (THE DEAD HATE THE LIVING). Eine Gruppe von Amateurfilmern erweckt einen Toten, den sie für ihre Dreharbeiten einsetzen, zum Leben und muss ihre Hybris teuer bezahlen. Mediokrer Horrorfilm, von Fans für Fans produziert, der sich an italienischen Zombie-Vorbildern orientiert. Auch ein wenig Teenie-Humor kann ihm keine sonderlichen Impulse geben. ✦ USA 1999 **P** Full Moon **Pd** Kirk Edward Hansen, Dana Scanlan **R+B** Dave Parker **K** Thomas L. Callaway **M** Jared DePasquale **D** Eric Clawson (David Poe), Jamie Donahue (Topaz), Doyle Rockwell (Zombie), Matt Stephens (Dr. Eibon), Brett Beardslee (Paul) **L** 91 **E** 19.11.2001 Premiere World

THE DEAD NEXT DOOR (THE DEAD NEXT DOOR). Amerika in den 90er Jahren: Die Toten verlassen ihre Gräber, um sich am Fleisch der Lebenden zu delektieren. Nach anfänglicher Hysterie stellt sich ihnen eine Gruppe entschlossener Bürger entgegen, die dem Spuk ein Ende bereiten wollen, sich zunächst jedoch mit einer Todessekte auseinanderzusetzen haben. Bereits 1988 entstandener Amateur-Horrorfilm, der George Romeros »Zombie« zur Vorlage nimmt. Nicht creditiert ist Sam Raimi (»Tanz der Teufel«), der den Film co-produziert hat. DVD: Es existieren mehrere Auflagen des Films. Die Edition von Astro hat mit 81 Minuten die vollständigste Fassung und umfasst als Extra u. a. einen Audiokommentar des Regisseurs. – Wir raten ab. ✦ USA 1988 **P** Amsco/Suburban Tempe **VA** Screen Power **DVD** Astro (FF, DD2.0 engl./dt.), Laser Paradise (FF, Mono dt.) **Pd+R+B** J.R. Bookwalter **K** Michael Tolochko **M+S** J.R. Bookwalter **D** Pete Ferry (Raimi), Jolie Jackunas (Kuller), Robert Kokai (Reverend Jones), Bogdan Pecic (Dr. Moulsson), Michael Grossi (Mercer) **L** 72 **FSK** DVD ungeprüft, nicht unter 18 **E** 22.12. 1998/DVD

THE DEADLY AVENGER → Deadly Avenger

THE DELINQUENTS – SIE SIND JUNG UND WOLLEN FREI SEIN (THE DELINQUENTS). Australien 1957. Die aufkeimende Liebe zweier Minderjähriger wird von deren Eltern mit allen Mitteln zu verhindern versucht. Erst nach jahrelangem Kampf gegen die Bigotterie ihrer Umwelt finden die beiden, nun volljährig, zueinander. Nostalgisch aufbereitete Entwicklungsgeschichte, die um der äußeren Spannung willen zwar mit einigen Überzeichnungen arbeitet, aber nie die Sympathie für ihre beiden Hauptfiguren verspielt und feinfühlig deren wachsende Beziehung zeichnet. – Ab 16. ✦ Australien 1989 **P** Village Roadshow/Silver Lining/Isolar Enterprises **KI** Warner Bros. **VA** Warner Home **Pd** Alex Cutler, Michael Wilcox **R** Chris Thomson **B** Clayton Frohman, Mac Gudgeon, nach einer Novelle von Criena Rohan **K** Andrew Lesnie **M** Miles Goodman **S** John Scott (= Hanns Schott-Schöbinger) **D** Kylie Minogue (Lola Lovell), Charlie Schlatter (Brownie Hansen), Bruno Lawrence (Bosun), Todd Boyce (Lyle), Desirée Smith (Mavis), Angela Punch-McGregor (= Angela Punch) (Mrs. Lovell) **L** 107 **FSK** ab 12; f **E** 12.7.1990/8.8.1991 Video **fd** 28 395

THE DELIVERY (THE DELIVERY). Zwei Freunde, die ans schnelle Geld wollen, übernehmen den Auftrag, Ecstasy-Pillen aus den Niederlanden nach Spanien zu überführen. Als unterwegs eine verführerische Frau in ihr Auto steigt, eskalieren die Ereignisse. Krimi-Komödie, die in erster Linie auf Schnelligkeit setzt; in der Machart liebäugelt sie mit »Lola rennt!«, verliert dabei jedoch die Plausibilität der Geschichte weitgehend aus den Augen. DVD: Die Extras umfassen u. a. ein 65-minütiges Making Of. ✦ Niederlande/Belgien 1999 **P** Rebel/Two Independent **VA** Sunfilm **DVD** Sun Film (16:9, 1.78:1, DD2.0 engl./dt., DTS dt.) **Pd** Thijs Bayens, Roel Reiné **R** Roel Reiné **B** David Hilton, Roel Reiné **K** Jan van den Nieuwenhuyzen, Roel Reiné **S** Jeff Hertogs, Roel Reiné **D** Fedja van Huet (Alfred), Freddy Douglas (Guy), Aurélie Meriel (Loulou), Esmée de la Bretonière (Anna), Jonathan Harvey (Marc) **L** 96 **FSK** ab 18 **E** 7.11.2001 Premiere World/5.12.2001 Video & DVD **fd** 35 252

THE DEMOLITIONIST (THE DEMOLITIONIST). Eine amerikanische Großstadt, irgendwann in der Zukunft: Eine Polizistin wird bei einem Undercover-Einsatz tödlich verwundet. Sie kann jedoch mit biomechanischen Kunstgriffen am Leben erhalten und in eine unbesiegbare Kampfmaschine verwandelt werden. Ein seelenloses Konglomerat aus vertrauten Handlungselementen, das jenseits der Plagiate keine Bereitschaft zeigt, eine eigenständige Geschichte zu erzählen. Lahme Actionszenen, eigenschaftslose Protagonisten und der niedrige technische Standard komplettieren den mangelhaften Gesamteindruck. ✦ USA 1996 **P** Le Monde/A-Pix **VA** Ascot **Pd** Donald P. Borchers **R** Robert Kurtzman **B** Brian DiMuccio, Dino Vindeni **K** Marcus Hahn **M** Shawn Patterson **S** Paolo Mazzucato **D** Nicole Eggert (Alyssa/The Demolitionist), Richard Grieco (Mad Dog), Susan Tyrell (Mayor Grimbaum), Jack Nance (= John Nance) (Father McKenzie), Heather Langenkamp (Christy Caruthers) **L** 88 **FSK** ab 18 **E** 21.2.1997 Video **fd** 32 489

THE DEMON – DER TEUFLISCHE (THE DEMON). Ein geisteskranker Mörder bringt einige Mädchen und ihre Familien um, ehe er schließlich von einer Lehrerin mit einer Schere erstochen wird. Trotz Anleihen bei Filmen wie »Das Omen« oder »Der Exorzist« kein Horrorfilm, sondern ein leichenstarrender Psycho-Thriller. (Videotitel: »Der Teuflische – The Demon«) ✦ USA 1981 **P** Hollard **KI** A.B. **VA** Skyline **Pd+R+B** Percival Rubens **K** Vincent Cox **M** Nick Labuschagne **D** Jennifer Holmes, Cameron Mitchell, Craig Gardner, Zoli Marki, Mark Tannous **L** 93 **E** 22.7.1982

THE DENTIST (THE DENTIST). Die Seitensprünge seiner Frau treiben einen Zahnarzt in den Wahnsinn. Zuerst entstellt er sie, indem er ihre alle Zähne zieht, dann ist kein Patient mehr vor ihm sicher. Nur ein Mädchen kann seinem mitunter faschistoiden Wahn entkommen. Ein auf Schockeffekte hin inszenierter harter Horrorfilm, der auf schreiende Patienten und klaffende Wunden setzt. Da der eindimensionalen Geschichte jeder reale Bezug schnell abhanden kommt, gelingt es ihr nie, nachhaltige Beklemmung auszulösen. ✦ USA 1996 **P** Novocaine/Trimark **VA** Highlight **DVD** Laser Paradise (FF, DS dt.) **Pd** Pierre David **R** Brian Yuzna **B** Dennis Paoli, Stuart Gordon, Charles Finch **K** Levie Isaacks **M** Alan Howarth **S** Christopher Roth **D** Corbin Bernsen (Dr. Felnstone), Linda Hoffman (Brooke), Molly Hagan (Jessica), Ken Foree (Detective Gibbs), Virginia Keehne (Sarah), Earl Boen (Marvin Goldblum) **L** 87 (gek. 80) **FSK** ab 18 (gek. ab 16) (DVD ab 18) **E** 11.12.1996 Video/ 16.1.1998 premiere/3.4.2000 DVD **fd** 32 392

THE DENTIST 2 (THE DENTIST II). Ein verrückter Zahnarzt bricht aus der Nervenklinik aus, in die er als mehrfacher Mörder eingeliefert wurde, und taucht in einer amerikanischen Kleinstadt unter. Seine Bemühungen um Normalität und vermeintliche Idylle fallen bald seinem Irrsinn zum Opfer. Zumeist folgt der Film der Perspektive seines psychopathischen Protagonisten, so dass der Zuschauer dessen Ringen um Kontrolle nachvollziehen kann, wobei die Grenzen zwischen Realität und Wahn verwischen. Doch dieser Kunstgriff dient dem fragwürdigen Zweck, den Zuschauer mit sadistischen Tötungs- und Foltersequenzen zu konfrontieren, die nur schwer zu ertragen sind. Es ist wenig empfehlenswert, sich freiwillig diesem Film auszuliefern. (Titel auch: »The Dentist 2 – Zahnarzt des Schreckens«) – Wir raten ab. ✦ USA 1998 **P** Trimark Pictures **VA** Ufa/BMG **DVD** e-m-s (FF, DD5.1 dt.) **Pd** Pierre David, Noel Zanitsch, Bruce David Eisen **R** Brian Yuzna **B** Richard Dana Smith **K** Jürgen Baum **M** Alan Howarth **S** Christopher Roth **D** Corbin Bernsen (Dr. Feinstone/Dr. Caine), Jillian McWhirter (Jamie Devers), Susanne Wright (Bev Trotter), Jeff Drucette (Jeremy Wilkes), Jim Antonio (Doc Burns) **L** 96 **FSK** ab 18 **E** 26.4.1999 Video/ 9.12.1999 DVD **fd** 33 791

THE DESTRUCTOR (1979) (PREY). Ein außerirdisches fleischfressendes Wesen in Menschengestalt sucht die Erde heim. Seine ersten Opfer findet es in einem einsamen Landhaus: zwei lesbische Frauen, von denen die eine vor Jahren ihren Geliebten ermordete. Formal veralteter, spekulativer Billig-Horrorfilm. ✦ Großbritannien 1979 **P** Tymar Film **VA** Mike Hunter **R** Norman J. Warren **B** Mah Cuff **K** Derek Browne **M** Ivor Slaney **D** Barry Stokes (Fremder), Sally Faulkner, Glory Annan, Sandy Chinney **L** 79 **FSK** ab 16 **E** 29.2.1988 Video

THE DESTRUCTOR (1988) (11TH COMMANDMENT). Primitiver Thriller. Ein geistesgestörter junger Mann kann aus der Nervenheilanstalt entkommen und nutzt die Freiheit, um nach und nach seine Familienangehörigen umzubringen. ✦ USA 1988 **P** Manson International **VA** Sony **R** Paul Leder **B** William Norton **K** Francis Grumman **D** Bernie White, Marilyn Hassett, Dick Sargent, Greg Mullavey **L** 91 **FSK** ab 18 **E** Video

THE DESTRUCTORS → The Diamond Killing

THE DETECTIVE KID → Detective Kid

THE DEVIL AND MAX DEVLIN (THE DEVIL AND MAX DEVLIN). Unterhaltsame Komödie über die Macht der Liebe, produziert im Hause Disney: Nachdem ein kaltherziger Hausverwalter überfahren wurde, fährt seine Seele schnurstracks in die Hölle. Die rechte Hand des Teufels macht ihm ein Angebot: wenn er binnen zweier Monate drei unschuldige Menschen findet, die ihre Seelen dem Teufel überschreiben, darf er sein Erdenleben wieder aufnehmen. Der Mann hat rasch Erfolg, nur sein drittes Opfer bereitet Schwierigkeiten. – Ab 12. ✦ USA 1981 **P** Disney **R** Steven Hillard Stern **B** Mary Rodgers **D** Elliott Gould (Max Devlijn), Bill Cosby (Barney Satin), Susan Anspach (Penny Hart), Adam Rich (Toby Hart), Julie Budd (Stella Summers) **L** 95 **E** 13.1.1996 RTL

THE DEVILS OF MONZA (LA MONACA DI MONZA / THE DEVILS OF MONZA). Exzesse, Morde und weitere Missetaten der Priorin Virginia De Leyda im Nonnenkloster Monza an der Wende des 16. zum 17. Jahrhundert. Aus dem historischen Fall wurde eine Mischung aus erotischem Klosterkrimi und pornografienahem Bilderbogen, die sich weder um eine zeitgeschichtliche Durchdringung noch um eine psychologische Beglaubigung bemüht. Eine Kolportage auf niedrigstem Spekulationsniveau. – Wir raten ab. ✦ Italien/USA 1986 **P** Giovanni Di Clemente **VA** Ufa **Pd** Giovanni di Clemente **R** Luciano Odorisio **B** Gino Capone, Carlo Lizzani **K** Romano Albani **M** Pino Donaggio **D** Myriem Roussel, Alessandro Gassman, Renato de Carmine, Alina de Simone, Augusto Zucchi, Flaminia Lizzani **L** 100 **FSK** ab 18 **E** 7.6.1989 Video/1.7.1995 PRO SIEBEN **fd** 26 920

THE DIAMOND DEVILS – DIE SCHMUTZIGEN HELDEN → Der Söldner

THE DIAMOND KILLING (ICE). Ein Einbrecher-Ehepaar erleichtert einen Mafiaboß um Diamanten im Wert von 60 Millionen Dollar. Bei der anschließenden Hetzjagd findet der Mann den Tod, doch die Frau weiß sich ihrer Haut zu wehren. Eine mit einem Maximum an billigen Spannungseffekten inszenierte schlichte Geschichte. (Fernsehtitel: »Diamanten kalt wie Eis«, »The Destructors«) ✦ USA 1993 **P** PM Entertainment **VA** VMP **Pd** Richard Pepin, Joseph Merhi **R** Brook Yeaton **B** Sean Dash, John Gonzales **K** Ken Blakey **S** Geraint Bell, Fred Roth **D** Zach Galligan (Rick), Traci Lords (Ellen), Phillip Troy (Charley), Jaime Alba (Det. Alan Little), Floyd Levine (Det. Prine), Jorge Rivero (Vito Malta) **L** 91 (gek. 80) **FSK** ab 18 (gek. 16) **E** 23.8.1994 Video/7.7.1995 RTL **fd** 31 137

THE DISCIPLES (THE DISCIPLES). Der Meister einer amerikanischen Kampfsportschule schickt seine beste Schülerin aus, um das Leben eines kubanischen Baseballstars zu schützen, der nach der Flucht aus Kuba auf der Todesliste seines Landesvaters Fidel Castro steht. Die Amazone erledigt ihr »martial arts«-Handwerk. Gedanklich schlichter Actionfilm mit ideologisch fragwürdiger Gesinnung, der seine zahlreichen Defizite durch gut choreografierte Kampfszenen kaum kompensieren kann. ✦ USA 1999 **R** Alan Smithee, Kirk Wong **B** Roger Garcia,

Don Michael Paul **D** Erin Daniels (Lisa), Eva Mendes (Maria), Will Yun Lee (Yoyo), Ice-T (Karatelehrer), Greg Lauren **L** 83 **E** 10.3.2001 Premiere World

THE DISH (THE DISH). Australien im Juli 1969: In einem abgelegenen Provinznest wollen vier Techniker mit Hilfe einer riesigen Teleskop-Anlage die erste Mondlandung live in alle Welt übertragen. Doch das Mediengroßereignis wird von allerlei Problemen, vor allem auch der Geltungssucht der meisten Beteiligten überschattet. Liebevoll entwickelte Komödie mit melodramatischen Untertönen, die durch ihre beiläufige Erzählweise ebenso überzeugt wie durch einer Reihe optischer und akustischer Gags. Ein kleiner Film, der in allen Belangen großes Kino bietet. – Sehenswert ab 14. ✦ Australien 2000 **P** Working Dog/Distant Horizon/Summit Entertainment **KI** Highlight **VA** Highlight **DVD** Highlight **Pd** Michael Hirsh, Santo Cilauro, Tom Gleisner, Rob Sitch **R** Rob Sitch **B** Santo Cilauro, Tom Gleisner, Rob Sitch **K** Graeme Wood **M** Edmund Choi **S** Jill Bilcock **D** Sam Neill (Cliff Buxton), Kevin Harrington (Mitch), Tom Gleisner (Glenn Latham), Patrick Warburton (Al Burnett), Genevieve Mooy (May), Roy Billing (Bob McIntyre) **L** 101 **FSK** ab 6; **f FBW** bw **E** 19.7.2001/10.1.2002 Video & DVD **fd** 34 958

THE DIVE →Gefangen in der Tiefe – The Dive

THE DOG (EL PERRO). Ein politischer Häftling in einem diktatorisch beherrschten Staat in Südamerika flieht aus einem Straflager und wird von dem Spürhund eines Aufsehers unerbittlich verfolgt, vor allem weil er die Namen von Mitgliedern einer Untergrundbewegung kennt. Bei einem Putsch werden der Diktator und der Schäferhund gleichzeitig getötet. Der Film setzt in seinem Grundgedanken auf den Hund als Allegorie einer überall hinreichenden Staatsgewalt, wobei er in seinen politischen Bezügen eher undeutlich bleibt. Vielmehr bietet er spannende, aber recht harte Action-Szenen, die von sterilen Sprechszenen unterbrochen werden. – Ab 16 möglich. ✦ Spanien 1979 **P** Deva **KI** United Artists **Pd** Rafael Perez Mensague **R** Antonio Isasi **B** Juan Antonio Porto, Antonio Isasi, nach einem Roman von Alberto Vazquez Figueroa **K** Juan Gelpi **M** Anton Garcia Abril **S** Carmen Frias **D** Jason Miller (Aristides), Léa Massari (Muriel), Marisa Paredes, Aldo Sambrell, Juan Antonio Bardem **L** 101 **FSK** ab 16; **f E** 13.6.1980 **fd** 22 507

THE DOLL SQUAD (THE DOLL SQUAD). Eine Spezialeinheit der Polizei, der nur Frauen angehören, macht einen ehemaligen Agenten des US-Geheimdienstes, der die Welt mit Pestviren zu verseuchen droht, unschädlich. Lächerlicher Gewaltfilm. (Alternativtitel: »Das Kommando der Frauen«) ✦ USA 1974 **P** Feature Fair **VA** VCL **R** Ted V. Mikels **B** Ted V. Mikels, Jack Richesin, Pam Eddy **K** Anthony Salinas **M** Nicholas Carras **D** Claudia Jennings, Sherri Vernon, Judy McConnell, Leigh Christian, Tura Jatama **L** 90 **E** Video

THE DONOR – OUT OF LAW (THE DONOR). Einem Stuntman wird von Organräubern eine Niere entnommen. Danach lassen sie ihn in Pflege jener Ärztin, in deren Sexfalle er bereits tappte. Erst als sie auch seine zweite Niere will, werden dem liebeskranken Mann die Augen geöffnet und es kommt zum Show Down. Eine einfältige Sex-and-Crime Geschichte voller Ungereimtheiten und rüder Entgleisungen. (Alternativer Fernsehtitel: »Organic Fighter«) ✦ Kanada 1994 **P** Donor Film **VA** Splendid **Pd+R** Damian Lee **B** Neal Dobrofsky, Tippi Dobrofsky **K** Gerald Grooze **M** Ronald J. Weiss **S** David Ransley **D** Jeff Wincott (Billy Castle), Michelle Johnson (Dr. Lucy Flynn), Gordon Thomson (Dr. Jonathan Cross), Amanda Tapping (Cassie), Richard Zeppieri (Eric Anderson) **L** 90 **FSK** ab 16 **E** 28.11.1995 Video/3.6.1996 premiere **fd** 31 728

THE DOORS (THE DOORS). Ein subjektiv überzeichnetes Porträt von Jim Morrison, dem 1971 gestorbenen Leadsänger der legendären Rockgruppe »The Doors«, das den Rock-Poeten als einen von Dämonen getriebenen Menschen darstellt, der in Drogen- und Alkoholexzessen und in zügellosen Sexerlebnissen die Abgründe seiner Seele auszuloten versucht. Ein Film voller visueller Kraftakte, der mit zweifelsohne hervorragender Gestaltung und Ausstattung den Zuschauer zu überrumpeln versucht. Obwohl er dabei der Person Morrisons nicht gerecht wird, ist ihm Faszination nicht abzusprechen, was auch durch das verdienstvolle Bemühen ausgelöst wird, den Zeitgeist der Ära zwischen Woodstock, Vietnam-Krieg und Jugendrebellion einzufangen. – Ab 16 möglich. ✦ Scope. USA 1990 **P** Carolco **KI** Columbia Tri-Star **VA** VCL/Carolco **Pd** Bill Graham, Sasha Harari, A. Kitman Ho **R** Oliver Stone **B** John Randal Johnson, Oliver Stone **K** Robert Richardson **M** The Doors **S** David Brenner, Joe Hutshing **D** Val Kilmer (Jim Morrison), Frank Whaley (Robby Krieger), Meg Ryan (Pamela Courson), Kevin Dillon (John Densmore), Kyle MacLachlan (Ray Manzarek), Michael Madsen (Tom Baker), Kathleen Quinlan (Patricia Kennealy) **L** 140 **FSK** ab 16; **f E** 2.5.1991/25.11.1991 Video/17.6.1995 RTL 2 **fd** 28 882

THE DRAGON FROM RUSSIA →Dragon from Russia

THE DREAM MACHINE →Teen Dream Machine

THE DRESS →Das geheimnisvolle Kleid

THE DRIFTER (THE DRIFTER). Nach einem Seitensprung mit einem Anhalter wird eine junge Frau von dem mysteriösen Mann weiter belästigt. Als ihre Freundin ermordet wird, befürchtet sie, daß er auch ihr nach dem Leben trachtet. Aber als Mörder entpuppt sich ein Psychopath, der ihr Vergehen bestrafen will. Düsteres, mitunter zynisches Spiel um Moral und Doppelmoral, das die Figuren ebenso geheimnisvoll wie ambivalent aufbaut. Die Spannung verkommt jedoch rasch zum bloßen Terror. ✦ USA 1988 **P** Concorde **VA** MGM/UA **Pd** Roger Corman, Matt Leipzig **R+B** Larry Band **K** David Sperling **M** Rick Conrad **S** Stephen Mark **D** Kim Delaney (Julia), Timothy Bottoms (Arthur), Al Shannon (Kriger), Miles O'Keefe (Trey), Ann Gray Garduno (Matty) **L** 84 **FSK** ab 18 **E** 20.6.1989 Video **fd** 27 791

›THE DRUNKEN MASTER‹ IN SCHLITZAUGE SEI WACHSAM →Schlitzauge sei wachsam

THE EAST IS RED →China Swordsman 2

THE 18th ANGEL (THE EIGHTEENTH ANGEL). Einer etruskischen Legende zufolge soll der Satan am Ende des Jahrtausends in Gestalt eines unschuldigen Mädchens die Weltherrschaft übernehmen. Ein abtrünniger Mönch und seine Jünger haben bereits alles in die Wege geleitet und einen amerikanischen Teenager als körperliche Hülle für den Teufel bereitgestellt. Ein stimmiger, wohldosierter und atmosphärisch dichter Horrorfilm, der zwar keine sonderlich neue Geschichte erzählt, doch auf Grund einer durchdachten Kameraarbeit und guter Darsteller unterschwelliges Grauen in der Tradition des Genres erzeugt. (Titel auch: »The 18th Angel – Im Namen des Bösen«) ✦ USA 1997 **P** Rysher Entertainment **VA** Columbia TriStar **Pd** William Hart, Douglas Curtis **R** William Bindley **B** David Seltzer **K** Thomas E. Ackerman **M** Simon Boswell **S** William Hoy **D** Maximilian Schell (Pater Simeon), Christopher McDonald (Hugh Stanton), Rachael Leigh Cook (Lucy), Stanley Tucci (Todd), Branislav Tesanovic (Damiano) **L** 85 **FSK** ab 18 **E** 18.5.1999 Video **fd** 34 038

THE ELEMENT OF CRIME (FORBRYDELSENS ELEMENT / THE ELEMENT OF CRIME). Ein Kriminalbeamter kehrt erstmals nach 13 Jahren aus Kairo nach Europa zurück und ermittelt in einem nicht näher genannten Land in einer Mordserie. Durch seine Art der Wahrheitssuche, die ihm eine weitgehende Identifikation mit dem Täter vorschreibt, gerät er immer mehr in den Sog der Verbrechen, bis er selbst zum Mörder wird. Ein surrealer Kriminalfilm von hohem ästhetischem Reiz, der weniger an der Kriminalhandlung interessiert ist, sondern Fragen nach der gesellschaftlichen Befindlichkeit stellt. Für ein aufnahme- und kritikfähiges Publikum diskussionswert. (O.m.d.U.; dt. Synchronfassung im Fernsehen als »Spuren des Verbrechens«) ✦ Dänemark 1984 **P** Per Holst Filmprod./Dänisches Filminstitut **KI** Pandora **Pd** Per Holst **R** Lars von Trier **B** Lars von Trier, Niels Vorsel **K** Tom Elling **M** Bo Holten **S** Thomas Gíslason **D** Michael Elphick (Fisher), Me Me Lei (Kim), Esmond Knight (Osborne), Jerold Wells (Polizeichef Kramer), Preben Lerdorff Rye (Großvater), Astrid Henning-Jensen (Haushälterin), Ghota Andersen (Richter) **L** 103 **E** 24.5.1985/26.5.1987 ZDF **fd** 25 122

THE ELEVATOR (THE ELEVATOR). Ein Gangster bleibt infolge eines Defekts mit der Beute aus einem Raubüberfall mit anderen in einem Fahrstuhl zwischen zwei Stockwerken stecken. Fürs Fernsehen entstandener Thriller, der das unterschiedliche Verhalten der Menschen in tödlicher Gefahr schildern will, dabei jedoch nicht über die Beschreibung von Klischeetypen hinauskommt und die Spannungshöhepunkte verpuffen läßt. (TV-Titel: »Fahrstuhl des Schreckens«) ✦ USA 1974 **P** Universal **VA** MCP/Action **R** Jerry Jameson **B** Bruce Shelley, David Ketchum, Rhoda Blecker **K** Matthew F. Leonetti **M** John Cacavas **D** James Farentino (Eddie Holcomb), Myrna Loy (Amanda Kanyon), Teresa Wright (Mrs. Reynolds), Roddy McDowall, Carol Lynley, Don Stroud (Peter Howard), Jean Allison (Mrs. Peters) **L** 74 **FSK** ab 16 **E** 18.5.1986 ARD/1990 Video

THE EMPTY BEACH (THE EMPTY BEACH). Ein Privatdetektiv wird auf die Spur eines angeblich seit zwei Jahren toten Mannes angesetzt. Seine Recherchen lösen eine Welle von Gewalttaten und eine Serie von Mordanschlägen auf ihn selbst aus. Im Handlungsablauf etwas verworrener, aber effektvoll inszenierter und fotografierter Kriminalfilm mit Anleihen bei der »hard boiled«-Schule; im Mittelpunkt ein zunächst einsamer, aber integrer Detektiv. (Fernsehtitel: »Der leere Strand«, Titel der neuen deutschen Fernsehfassung: »Ein Toter weiß zuviel«) ✦ Australien 1985 **P** Jethro Films **VA** Sony **Pd** Timothy Read, John Edwards **R** Christopher Thompson **B** Keith Dewhurst, nach einem Roman von Peter Corris **K** John Seale **M** Red Symons, Martin Armiger **S** Lindsay Frazer **D** Bryan Brown (Cliff Hardy), Anna-Maria Monticelli (Anne Winter), Belinda Giblin (Marion Singer), Kerry Mack (Hildegard), Ray Barrett (MacLeary), Sally Cooper (Sandy Modesta) **L** 87 **FSK** ab 16 **E** Oktober 1987 Video/8.9.1988 DFF 2/13.9.1993 ZDF (Neuf.)

THE END. Impressionen von den Philippinen. Der Film der Münchener HFF-Studenten versteht sich als persönliches Dokument einer Reise, will also keine repräsentative Darstellung von Politik, Kultur und Ökonomie des Landes sein. ✦ BR Deutschland/Philippinen 1975/76 **P** HFF (Hochschule für Film und Fernsehen, München)/Hartmut Lerch **R+B** Patricia de Guia, Hartmut Lerch **K** Hartmut Lerch **L** 94 **E** 5.11.1977 WDR

THE EQUALIZER (THE EQUALIZER). Ein pensionierter Polizist fühlt sich viel zu agil, um sich zur Ruhe zu setzen, und bietet seine Hilfe und Erfahrung per Zeitungsanzeige an. Bald hat er alle Hände voll zu tun und muß nicht nur eine junge Frau vor einem psychopathischen Verehrer retten, sondern auch einen Computerspezialisten schützen, der für seinen Konzern zum Sicherheitsrisiko geworden ist. Auftakt zu einer amerikanischen Fernsehserie, die mit recht plakativer Grundhaltung die »Machtlosigkeit« der Gesetzeshüter New Yorks beschreibt. (Titel auch: »Equalizer – Kampf um Gerechtigkeit«) ✦ USA 1986 **P** Universal **VA** CIC **R** Rod Holcomb **B** Michael Sloan **K** Frank Beascoechea **M** Lalo Schifrin **D** Edward Woodward, Steven Williams, Jack Davidson, George Hearn, Scott Burgholder **L** 115 **FSK** ab 16 **E** November 1986 Video

THE ESCAPE (THE ESCAPE). Einem zu lebenslanger Haft verurteilten Sträfling gelingt die Flucht. Er findet Unterschlupf in einem verlassenen Waldhaus, wo er auf eine junge Frau trifft, die nach einem Autounfall dort ebenfalls Zuflucht sucht. Die musischen Begabungen der beiden, sie eine passionierte Cellistin, er ein in der Haft gereifter Lyriker, lassen sie sich finden, während ein sadistischer Gefangenenaufseher die Verfolgung des Entflohenen organisiert. Zwar bemüht sich der Film um psychologische Differenzierung in der Charakterisierung seiner Hauptdarsteller, doch durch ein fadenscheiniges Drehbuch und die Fehlbesetzung der männlichen Hauptrolle werden diese Bemühungen zunichte gemacht. Auch die manierierte Kameraarbeit trägt wenig zum Gelingen des Films bei. (Alternativtitel: »Escape – Flucht ohne Ausweg«) ✦ Kanada 1995 **P** Pacific Motion Pictures **VA** Warner Home **Pd** Tom Rowe, George Horie **R** Stuart Gillard **B** Scott Busby **K** Tobias Schliessler (= Tobias A. Schliessler) **M** Loek Dikker **S** Rick Martin **D** Patrick Dempsey (Clayton), Brigitte Bako (Sarah), Colm Fiore (Hickman), Vincent Gale (Newby), Nathaniel Deveaux (Moses) **L** 87 **FSK** ab 16 **E** 20.2.1998 Video **fd** 33 041

THE ESCORT II (THE ESCORT II). Eine psychopathische Killerin offenbart sich ihrem Therapeuten, der eine Konfrontation mit einem ihrer letzten Opfer plant. Stereotyper Thriller mit Erotik und Crime. (Eine Art Fortsetzung von »Heiße Nummern auf Bestellung«.) ✦ USA 1998 **P** Royal Oaks Entertainment/ Palm Entertainment **Pd** Robyn Scott **R** Gary Graver **B** Sean O'Bannon **K** Gary Graver **M** Adam Berry **S** Randy Carter **D** Shauna O'Brien (Suzanne Lane), Landon Hall (Debra Gray), Robert Donovan (Dr. James Sterling), Christopher Graver (David Gates), Scott Coppola (Shane) **L** 81 **E** 25.6.1999 Kabel 1

THE EVIL MOTHER →Surrogate Mother

THE EXECUTION (THE EXECUTION). Fünf Jüdinnen, Überlebende des Konzentrationslagers Birkenau, erkennen in einem Restaurantbesitzer in Los Angeles den damaligen Lagerarzt wieder und beschließen, ihn umzubringen. Nach der Tat wird ihnen zwar der Prozeß gemacht, doch sie werden freigesprochen. Ein Film, dessen zeitgeschichtlicher Bezug zugunsten einer veräußerlichten Kriminalhandlung verwässert wurde; in den historischen Zusammenhängen eher vage als aussagekräftig. (TV-Titel: »Exekution«) – Ab 16 möglich. ✦ USA 1985 **P** Comworld International **VA** All **R** Paul Wendkos **B** William Wood, Oliver Crawford **K** Michael D. Margulies **M** Georges Delerue **S** Steve Cohen **D** Loretta Swit, Rip Torn, Jessica Walter, Barbara Barrie, Sandy Dennis **L** 90 **FSK** ab 12 **E** August 1987 Video

THE EXECUTOR – DER VOLLSTRECKER (STERMINATORI DEL ANNO 3000). Kleiner Junge sucht mit Gefährten nach dem letzten Wasserdepot in der Wüste, das vor ihrer Ankunft gesprengt wird. Formal niveaulose und brutale postatomare Endzeitvision mit den üblichen Bandenkriegen, die auch durch den spärlichen Humor nicht erträglicher wird. ✦ Italien 1983 **P** Film Export Group **KI** Ascot/Avis **VA** UFA-ATB **R** Jules Harrison **B** James A. Rich **K** Clarence Gatto **M** Detto Marino **D** James Clayton, Robert Warner, Beryl Cunningham, Robert Janucci (Alien), Alicia Moro (Trash) **L** 88 **FSK** ab 16; f **E** 13.1.1984 **fd** 24 383

THE EXPERT (1988) →Hard Feelings

THE EXPERT (1994) (THE EXPERT). Actionthriller; die erste Regiearbeit eines Stunt-Koordinators. Ein ehemaliger Polizeibeamter greift zur Selbstjustiz, als der Serienkiller, der seine Schwester ermordet hat, dem Todesurteil entkommt und psychiatrisch behandelt wird. (TV-Titel: »Weapon Expert«) ✦ USA 1994 **P** Axis Films **VA** DVR **Pd** Walter Gernert, Samuel Hadida, Andrew Garroni **R** Rick Avery **B** Max Allan Collins **K** Levie Isaacks **M** Ashley Irvin **S** Bob Murawski **D** Jeff Speakman (John Lomax), James Brolin (Warden Munsey), Alex Datcher (Dr. Alice Barnes), Elizabeth Gracen (Liz Pierce), Michael Shaner (Martin Kagan), Wolfgang Bodison (Dan Mason), Jim Varney (Snake) **L** 86 (gek. 74) **FSK** ab 18 (gek. ab 16) **E** 20.12.1995 Video/8.3.1996 premiere

THE EXPERT – KALT UND GNADENLOS →The Expert (1994)

THE EXTREME ADVENTURES OF SUPER DAVE (THE EXTREME ADVENTURES OF SUPER DAVE). Nach einem spektakulären Unfall zieht sich der Besitzer einer Stuntmen-Show vom Beruf zurück. Doch die Liebe zu seiner neuen Nachbarin, deren kranker Sohn einer finanziell aufwendigen Behandlung bedarf, lässt ihn einen letzten, extrem gefährlichen Auftritt austüfteln. Versuch einer Action-Komödie, dem nach ansehnlichem Anfang Ideen und Tempo ausgehen. ✦ USA 2000 **P** MGM **Pd** Larry Brezner, Lorne Cameron, David Hoselton, Mike Marcus, Richard H. Prince, David Sternberg **R** Peter MacDonald **B** Bob Einstein, Lorne Cameron, David Hoselton **K** Bernd Heinl **M** Andrew Gross **S** Mike Murphy **D** Bob Einstein (Super Dave Osborne), Don Lake (Donald), Art Irizawa (Fuji), Gia Carides (Sandy), Dan Hedaya (Gil Ruston), Mike Walden (Michael) **L** 88 **E** 3.10.2001 Pro Sieben

THE FACE – SCHMERZEN DER SCHÖNHEIT →Schmerzen der Schönheit

THE FACULTY (THE FACULTY). Die Lehrer an einer US-High School legen plötzlich ein ungewöhnliches Verhalten an den Tag, und bald verhalten sich auch die meisten ihrer Schüler ihnen gegenüber konform. Eine Gruppe sehr unterschiedlicher Jugendlicher findet heraus, dass parasitäre Außerirdische in die Menschen schlüpfen, um sie zu dirigieren. Ein unterhaltsamer Science-Fiction-Horrorthriller, der seine Vorbilder besonders in den 50er-Jahre-Werken des Genres findet, diese aber mit zeitgemäßen Inhalten füllt: einerseits durch die Lust an der Zerstörung der heilen Teenager-Welten aus den Fernseh-Seifenopern, andererseits durch die Darstellung des alltäglichen psychologischen Horrors innerhalb der Hackordnung an den Schulen. (Videotitel: »Faculty – Trau keinem Lehrer«) ✦ USA 1998 **P** Les Holligans Productions/Dimension Films **KI** Kinowelt **VA** Kinowelt Home **DVD** Kinowelt Home (16:9, 1.85:1, DD5.1 engl./dt.) **Pd** Elizabeth Avellan **R** Robert Rodriguez **B** Kevin Williamson **K** Enrique Chediak **M** Marco Beltrami **S** Robert Rodriguez **D** Jordana Brewster (Delilah), Clea DuVall (Stokely), Laura Harris (Marybeth), Josh Hartnett (Zeke), Elijah Wood (Casey), Shawn Hatosy (Stan), Salma Hayek (Schwester Harper), Famke Janssen (Miss Burke), Piper Laurie (Mrs. Olson), Robert Patrick (Trainer Willis), Bebe Neuwirth (Rektorin Drake) **L** 104 **FSK** ab 16; f **E** 22.4.1999/ 25.10.1999 Video/19.10.1999 DVD **fd** 33 635

THE FALLS (THE FALLS). Da eine ideale Geschichte der Welt, die aus den Geschichten ihrer sämtlichen Bewohner bestehen müßte, auch in bezug auf das filmisch Mögliche nicht realisierbar ist, legt Peter Greenaway in seinem Film 92 aus dem »Handbuch über Opfer des unbekannten gewaltsamen Ereignisses« (»Violent Unknown Event«) ausgewählte Biografien vor. Alle Nachnamen der porträtierten Personen beginnen mit »Fall«. Dadurch, daß jedes Porträt auf den Charakter der Person einzugehen versucht, sind ungemein lebendige und einfühlsam präsentierte Studien entstanden, die den Zuschauer geradezu »süchtig« auf die Bekanntschaft mit Menschen, auf das Kennenlernen ihrer Gedanken und ihrer Schicksale machen. Trotz seiner Überlänge ein fesselndes dokumentarisches Erlebnis. (O.m.d.U.) – Sehenswert. ✦ Großbritannien 1980 **P** The British Film Institute **KI** Freunde der Deutschen Kinemathek **R+B** Peter Greenaway **K** Mike Coles, John Rosenberg, Erika Stevenson, Francine Winham, Tex Ledcote **M** Michael Nyman, Brian Eno, John Hyde, Keith Pendlebury **L** 185

THE FAN (THE FAN). Ein im Berufs- und Privatleben gescheiterter Handelsvertreter gibt sich ganz seiner Verehrung für einen Baseballstar hin. Er ermordet sogar dessen Widersacher und steigert sich so in seine Obsession hinein, daß er schließlich den Sohn seines Idols entführt, um dessen Zuneigung zu bekommen. Die Werbefilm-Ästhetik der Inszenierung verhindert eine stringente Entwicklung der Geschichte und eine glaubhafte Zeichnung der Charaktere. Der aufdringliche Soundtrack zerstört jede Stimmung. Was bleibt, sind ein überaus präsenter Hauptdarsteller und einige die oberflächliche Hochglanzinszenierung durchbrechende licht- und farbdramaturgische Effekte. – Ab 16. ✦ Scope. USA 1996 **P** TriStar/Mandalay Entertainment **KI** Constantin **VA** New Vision (Highlight) **DVD** CinePlus (16:9, 1.78:1, DD5.1 dt.) **Pd** Wendy Finerman **R** Tony Scott **B** Phoef Sutton, nach einem Buch von Peter Abrahams **K** Dariusz Wolski **M** Hans Zimmer **S** Christian Adam Wagner, Claire Simpson **D** Robert De Niro (Gil Renard), Wesley Snipes (Bobby Rayburn), Ellen Barkin (Jewel Stern), John Leguizamo (Manny), Benicio Del Toro (Juan Primo) **L** 116 **FSK** ab 12; f **E** 3.10.1996/1.4. 1997 Video/28.3.1998 premiere/15.6.1998 DVD **fd** 32 142

THE FANTASIST (THE FANTASIST). Eine junge Lehrerin in Dublin wird von einem anonymen Anrufer belästigt, der für eine Serie von Frauenmorden verantwortlich ist. Sie fühlt sich gleichzeitig geschmeichelt und verängstigt und kann die Identität des Anrufers erst ermitteln, als sie in seine Falle tappt. Ein anfänglich spannender Thriller, der geschickt einige falsche Spuren auslegt, zum Ende jedoch an dem zu lange eingeleiteten Finale krankt. (Fernsehtitel: »Killer-Fantasien«) ✦ Irland 1986 **P** ITC Entertainment/ New Irish Film Prod. **VA** Vestron **Pd** Mark Forstater **R** Robin Hardy **B** Robin Hardy, nach einem Roman von Patrick McGinley **K** Frank Gell **M** Stanislas Syrewicz, Level 42, Kiki Dee, Private Lives **S** Thomas Schwalm **D** Moira Harris (Patricia Teeling), Christopher Cazenove (Inspektor McMyler), Timothy Bottoms (Danny Sullivan), John Kavanagh (Robert Foxley), Mick Lally (Onkel Lar) **L** 95 **FSK** ab 18 **E** Juli 1988 Video/19.6. 1998 tm 3 **fd** 27 185

THE FAST AND THE FURIOUS (THE FAST AND THE FURIOUS). Ein verdeckter Ermittler wird in Los Angeles in das Milieu von Autofanatikern eingeschleust, die illegale Straßenrennen fahren, weil die Polizei unter ihnen die Mitglieder einer Diebesbande vermutet. Hauptverdächtiger ist der Anführer der Gruppe, dessen verführerischer Art sich der Polizist ebenso wenig entziehen kann wie dem Charme von dessen Schwester. Technisch aufwändig und kostspielig inszeniertes Exploitation-Kino vergangener Jahrzehnte, in dessen Mittelpunkt »frisierte« Mittelklasseautos stehen, denen mehr Interesse entgegen gebracht wird als der Charakterzeichnung der menschlichen Akteure. – Ab 16 möglich. ✦ Scope. USA 2001 **P** Mediastream Film/Neal H. Moritz Prod./Original Film **KI** UIP **Pd** Neal H. Moritz **R** Rob Cohen **B** Gary Scott Thompson, Erik Bergquist, David Ayer **K** Ericson Core **M** BT, Brian Tyler **S** Peter Honess **D** Paul Walker (Brian), Vin Diesel (Dominic), Michelle Rodriguez (Letty), Jordana Brewster (Mia), Rick Yune (Johnny Tran), Chad Lindberg (Jesse), Ted Levine **L** 107 **FSK** ab 16; f **E** 11.10.2001 **fd** 35 086

THE FAT BOYS – DAS CHAOTEN-TEAM →Das Chaoten-Team

THE FAVOR – HILFE, MEINE FRAU IST VERLIEBT (THE FAVOR). Nach zehn Jahren Ehe vermißt eine Frau Leidenschaft und Liebeszauber und träumt von einem alten Schulfreund, den sie seit 16 Jahren nicht mehr gesehen hat. Als sie aus Angst und Skrupel vor einem Seitensprung ihre leichtlebige Freundin zu ihm schickt, damit sie Wirklichkeit und Traumbild vergleiche, setzt sie ein Karussell der Gefühle und Verwechslungen in Gang, bis endlich die Richtigen (wieder) zueinanderfinden. Eine kurzweilige Ehekomödie ohne sonderliche Ansprüche, die aber liebevoll-witzig und etwas satirisch (zwischen-)menschliche Schwächen beleuchtet. In der Hauptrolle hervorragend gespielt. – Ab 16. ✦ USA 1991 **P** Orion Pictures **VA** Columbia TriStar **Pd** Lauren Shuler-Donner (= Lauren Shuler) **R** Donald Petrie **B** Sara Pariott, Josann McGibbon **K** Timothy Suhrstedt **M** Thomas Newman **S** Harry Keramidas **D** Harley Jane Kozak (Kathy), Elizabeth McGovern (Emily), Bill Pullman (Peter), Brad Pitt (Elliot), Larry Miller (Joe Dubin),

Ken Wabl (Tom) **L** 93 **FSK** ab 12 **E** 17.2.1995 Video/ 21.2.1996 premiere **fd** 31 264

THE FEAR – ANGST IN DER NACHT (FEAR IN THE NIGHT). Ein jungverheirateter Arzt schmiedet mit der Frau eines reichen Patienten einen Plan zu dessen Ermordung, wobei er seine eigene Frau mit psychischem Druck zur Mörderin machen will. Technisch überdurchschnittlicher, jedoch reichlich verworrener Thriller aus der in den 70er Jahren für ihre Horrorfilme berühmt gewordenen Hammer-Produktion. Einige spannende Momente wechseln mit Längen und brutalen Szenen, die bezeichnend sind für den sich in jener Zeit vollziehenden Wandel hin zu einem zunehmend spekulativen Naturalismus. (Fernsehtitel: »Das Haus des Schreckens«, »Wo der Schrecken wohnt«, »Nachts kommt die Angst«) ✦ Großbritannien 1972 **P** Hammer Film Prod. **VA** G. L. **Pd+R** Jimmy Sangster **B** Jimmy Sangster, Michael Syson **K** Arthur Grant **M** John McCabe **D** Judy Geeson (Peggy Heller), Joan Collins (Molly Carmichael), Ralph Bates (Robert Heller), Peter Cushing (Michael Carmichael), James Cossins (Doctor) **L** 92 **FSK** ab 18 **E** 12.6.1976 DFF 1/28.11.1988 RTL plus/1989 Video

THE FENCE (THE FENCE). Thriller um einen jungen Strafgefangenen, der nach seiner Entlassung auf schmerzliche Weise die Erfahrung macht, daß er sich gegen eine korrupte und ungerechte Umwelt behaupten muß. (Fernsehtitel: »Straßen zur Hölle«) – Ab 16. ✦ USA 1994 **R** Peter Pistor **B** Peter Fedorenko **K** John Newby **M** Jeff Beal **D** Billy Wirth (Terry Griff), Paul Benjamin (Del), Erica Gimpel (Jackie), Lorenzo Clemons (Arthur Price) **L** 98 **E** 7.6.1995 premiere

THE FENCING MASTER (EL MAESTRO DE ESGRIMA). Der Mord an einem ehemaligen Schüler und einige politisch brisante Briefe, die ihm anvertraut wurden, ziehen einen Fechtmeister im Madrid des Jahres 1868 in die kriegerischen Auseinandersetzungen zwischen Isabel II. und General Prim hinein. Historisches Drama, das mehr Gewicht auf authentische Details, atmosphärische Stimmigkeit und seine gut gespielten Figuren legt als auf den historischen und politischen Hintergrund der Geschichte. – Ab 16. ✦ Spanien 1992 **P** Origen/Altube **VA** VIPRO **R** Pedro Olea **B** Arturo Perez-Reverte, Antonio Larreta, Pedro Olea, nach seinem Roman **K** Alfredo F. Mayo **M** José Nieto **S** José Salcedo **D** Omero Antonutti (Astarloa), Assumpta Serna (Adela), Joaquim de Almeida (Ayala), José Luis López Vázquez (Campillo), Alberto Closas (Salanova) **L** 85 (Orig. 91) **FSK** ab 12 **E** 1994 Video

THE FIGHT IN PARADISE ALLEY →Vorhof zum Paradies

THE FIGHTER (THE FIGHTER / THE FIRST TIME). In den Wirren der mexikanischen Revolution schlägt sich ein mittelloser Fischer als Preisboxer durch und trägt durch sein Talent dazu bei, dem unterdrückten Volk zu seinem Recht zu verhelfen. Routiniert, aber ohne großen Glanz inszenierter Abenteuerfilm, der den Geist der Vorlage von Jack London (»The Mexican«) durchaus wiedergibt. – Ab 16. ✦ Schwarzweiß. USA 1951 **P** United Artists **R** Herbert Kline **B** Aben Kandel, Herbert Kline, nach einer Kurzgeschichte von Jack London **K** James Wong Howe **M** Vicente Gomez **D** Richard Conte, Vanessa Brown, Lee J. Cobb, Frank Silvera, Hugh Sanders **L** 78 **E** 23.8. 1987 RTL plus

THE FIGHTING CONNECTION (THE FIGHTING CONNECTION). Ein Inspektor aus Hongkong will einen internationalen Drogendealer, der seinen besten Freund erschoß, von Manila überführen. Auf dem Weg zum Flughafen flüchtet der Verbrecher und löst eine lange, martialische Verfolgungsjagd aus, in deren Verlauf ein recht unfähiger philippinischer Polizeikollege für unfreiwillige Slapstick-Einlagen sorgt. Leichtfüßig choreografierte Kampfszenen auf der einen und langatmige, schlecht geschnittene Sequenzen auf der anderen Seite gehen eine unausgewogene, emotional oft überfrachtete Mischung ein. ✦ Hongkong 1993 **P** Regent **VA** Madison **Pd** Jenny Lai **R** Philip Ko **B** Cindy Chow **K** Johnny Lee **M** Stephen Tsang **S** Vincent Leung **D** Robin Shou, Cynthia Luster, Simon Yim, Philip Ko, Iwanbeo Leung, King Kong **L** 80 **FSK** ab 16 **E** 25.4.1994 Video **fd** 30 976

THE FINAL CUT – TÖDLICHES RISIKO (THE FINAL CUT). Der introvertierte, extrem furchtlose Leiter der kommunalen Bombenentschärfung gerät in den Verdacht, mittels klug konstruierter Sprengkörper eine Großstadt zu terrorisieren. Schließlich erkennt er den wahren Täter an dessen »technischer Handschrift«. Langatmiger Krimi mit hanebüchen sorgloser Handlung, blassen Charakteren und einem stillos blutigen Ende mit Anleihen beim Horrorfilm. (Weitere Titel: »Tödliches Risiko«; »Bomben in Seatte«) ✦ Kanada 1995 **P** One Cut Films **VA** VPS **Pd** Robert Vince, William Vince, Michael Strange **R** Roger Christian **B** Paul Inglis **K** Mike Southon **M** Ross Vanelli **S** Robin Russell **D** Sam Elliott (John Pierce), Anne Ramsay (Kathleen Harda), Ray Baker (Col. Forsyth), Charles Martin Smith (Capt. Mamet), Matt Craven (Lloyd) **L** 95 **E** 1996 Video **fd** 31 970

THE FINAL KICK – DAS FINALE. Dokumentation über das Endspiel der Fußball-Weltmeisterschaft 1994 in Los Angeles, das weltweit von einer Milliarde Zuschauer live am Fernsehbildschirm verfolgt wurde. Der Film kombiniert die sportlichen Höhepunkte des Spiels mit Zuschauerreaktionen, die er u. a. in einem Dominikaner-Kloster in Tschechien, im Hafen von Sydney, im Harem eines berühmten Volkssängers in Kamerun, einem Dorfcafé im Sultanat Oman und einem Bergdorf in Thailand aufnahm. Insgesamt vereint er 40 Orte zu seiner weltumspannenden Berichterstattung. ✦ Deutschland 1994 **P** ZDF (Das kleine Fernsehspiel)/Arte **R** Andreas Rogenhagen **L** 56 **E** 1994/27.6.2000 ZDF

THE FINAL OPTION (FEIHU XIONGXIN / THE FINAL OPTION). Private und politische Komplikationen unter den Mitgliedern einer Sondereinheit, die von der Royal Hongkong Police für Spezialeinsätze gegen die zunehmende Kriminalität in der Kronkolonie zusammengestellt und unter menschenunwürdigem Training ausgebildet wird. Ein unkritischer, mit Unterwerfungsmentalität und harten Szenen operierender Actionfilm. (Fernsehtitel: »Sie kämpfen für Gerechtigkeit«) ✦ Hongkong 1994 **P** Golden Harvest **VA** Splendid **Pd** Ip Kwong Jim **R** Gordon Chan **M** Richard Yuen **S** Chan Ki Hop **D** Michael Wong, Peter Yung, Carman Lee, Vindy Chan, Chank Kwok Ponk **L** 99 **FSK** ab 16 **E** 15.3.1995 Video/5.11.1998 ProSieben **fd** 31 382

THE FIREBASE (THE SIEGE OF FIREBASE GLORIA / THE FIREBASE). Vietnam während der Tet-Offensive 1968: Eine amerikanische Einheit hält eine strategisch unbedeutende Lehmfestung und wird im letzten Augenblick, nach schweren Verlusten auf beiden Seiten, von Lufteinheiten entsetzt. Ein vergleichsweise kritischer Vietnam-Film in aufwendiger Inszenierung. (Fernsehtitel: »Firebase – Blutige Offensive«) ✦ USA/Australien/Philippinen 1990 **VA** Allround/Madison **Pd** D. Howard Grigsby, Rudolfos S. M. Confesor **R** Brian Trenchard-Smith **B** William Nagle, Tony Johnston **K** Kevan Lind **M** Paul Shutze **S** Andrew J. Prowse **D** Wings Hauser (Corp. Di Nardo), R. Lee Ermey (Sgt. Major Hafner), Albert Popwell (Jones), Robert Arevalo (Cao Van), Mark Neely (Murphy), Gary Hershberger (Bugs Morgan) **L** 96 (gek. 72) **FSK** ab 18 (gek. 16) **E** 30.9.1992 Video/8.6. 1996 RTL 2

THE FIRST 9 1/2 WEEKS (THE FIRST 9 1/2 WEEKS). Ein New Yorker Anlageberater verfällt in New Orleans der attraktiven Frau eines halbgelähmten Milliardärs, mit dem er ins Geschäft kommen will. Erst als die Leidenschaft ihren Höhepunkt erreicht, bemerkt er, dass er einer perfiden Charade des gelangweilten Ehepaars aufgesessen ist, das seinen Charakter testen wollte. Eine durch und durch konstruierte Story voller abgestandener Klischees, die die im Verleihtext versprochene hemmungslose Erotik in keiner Sekunde einlöst und statt dessen nur Fernsehunterhaltung auf bescheidenem Niveau liefert. ✦ USA 1998 **P** High Concept Prod. **VA** Ascot **DVD** Splendid/ Ascot (FF, MPEG2.0 dt.) **Pd** Barry Barnholtz, Tom Reeve **R+B** Alexander Wright **K** John Tarver **M** Gast Waltzing **S** Mark Sanders **D** Paul Mercurio (Matt Wade), Clara Bellar (Emily Dubois), Malcolm McDowell (François Dubois), Dennis Burkley (Sheriff), Victoria Mahoney (Chantal) **L** 95 **FSK** ab 16 **E** 19.3. 1999 Video/24.9.1999 DVD **fd** 33 823

THE FIRST SHOT (LIM JING DAI YAT GIK). Als die Hongkonger Polizei Mitte der 70er-Jahre in einem Sumpf von Korruption zu versinken droht, wird ein integrer Beamter eingesetzt, um diesen trocken zu legen. Dabei muss er sich nicht nur mit den Gangstern der Stadt anlegen, sondern rasch feststellen, dass die gefährlichsten Feinde in den eigenen Reihen stehen. Harter, auf tatsächlichen Begebenheiten in der ehemaligen Kronkolonie beruhender Actionfilm in gewohnter Hongkong-Manier; ein asiatisches Pendent zu »Die Unbestechlichen«. ✦ Hongkong 1993 **VA** VMP (Kinowelt) **Pd** David Lam, Rose Lam **R** David Lam **D** Ti Lung (Wong Yat-Chung), Maggie Cheung (Annie Ma), Waise Lee (Luk Tai-Chiu), Andy Hui, Jamie Luk **L** 95 **FSK** ab 18 **E** 23.4.1999 Video

THE FIVE HEARTBEATS (THE FIVE HEARTBEATS). Der Weg fünf junger Farbiger im New York der 60er Jahre zu einer erfolgreichen Gesangsgruppe ist auch gekennzeichnet durch Streitereien, Eifersüchteleien und kriminellen Machenschaften. Ein sympathisches, nicht sonderlich tiefschürfendes Stimmungsbild, das trotz einiger Holprigkeiten von Erzähltalent zeugt. Auch die reichlich dargebotene Musik sorgt für angemessene Unterhaltung. – Ab 16. ✦ USA 1991 **P** 20th Century Fox **VA** Fox **Pd** Loretha C. Jones **R** Robert Townsend **B** Robert Townsend, Keenen Ivory Wayans **K** William Dill **M** Stanley Clarke **S** John Carter **D** Robert Townsend (Duck), Michael Wright (Eddie), Leon (J. T.), Harry J. Lennix (Dresser), Tico Wells (Chor-Boy), Diahann Carroll (Eleanor) **L** 117 **FSK** ab 12 **E** 19.1.1995 Video/13.6.1995 premiere **fd** 31 193

THE FIVE SENSES (THE FIVE SENSES). Fünf Episoden rund um die fünf Sinne: Eine Massagetherapeutin hat nach dem Tod ihres Mannes verlernt, zu fühlen; ihre Tochter verliert das ihr anvertraute Kind aus den Augen, entdeckt aber ihren Hang zum Voyeurismus; ein Raumpfleger glaubt die große Liebe am Duft zu erkennen; eine Frau lernt, Torten zu backen, die nicht nur gut aussehen; ein Augenarzt, der sein Gehör verliert, archiviert die Geräusche seiner Umgebung. Die Geschichten reflektieren die verlorene und wieder gefundene sinnliche Bindung der Figuren an ihre eigenen Empfindungen, ihre Umgebung und damit zu ihren Mitmenschen. Getragen und dabei eindringlich inszeniert, stimmungsvoll fotografiert und gut besetzt. – Ab 16. ✦ Kanada 1999 **P** Alliance Atlantic/Five Senses **KI** TiMe **Pd** Camelia Frieberg, Jeremy Podeswa **R+B** Jeremy Podeswa **K** Gregory Middleton **M** Alex Pauk, Alexina Louie **S** Wiebke von Carolsfeld **D** Mary-Louise Parker (Rona), Philippe Volter (Richard), Gabrielle Rose (Ruth), Daniel MacIvor (Robert), Nadia Litz (Rachel) **L** 104 **FSK** ab 12; f **E** 15.6.2000 **fd** 34 304

THE FLAMINGO KID →Flamingo Kid

THE FOG – NEBEL DES GRAUENS →Der Nebel des Grauens

THE FORCE (THE FORCE). Ein Nachwuchspolizist in Los Angeles wird häufiger vom Geist eines ermordeten Kollegen, seines großen Vorbildes, heimgesucht. Mit seiner Hilfe erkennt er die Zusammenhänge verschiedener Fälle und deckt eine Verschwörung in den eigenen Reihen auf. Ein mit fantastischen Elementen versetzter Thriller, der zum Ende hin allzusehr auf abenteuerliche Fantasie setzt. ✦ USA 1994 **P** Image/Republic **VA** Ascent **Pd** Pierre David **R** Mark Rosman **B** Steve Kallangher, Randall Frakes **K** Jacques Haitkin **M** Louis Febre **S** Julian Semilian **D** Jason Gedrick (Cal Warner), Kim Delaney (Sarah

Flynn), Gary Hudson (Des Flynn), Christopher Kriesa (Brooks), Dennis Lipscomb (Frank Sykes), Lyman Ward (Maddox) **L** 93 **FSK** ab 16 **E** 10.8.1994 Video/ 7.3.1996 premiere **fd** 31 199

THE FOREST (THE FOREST). In einem abgeschiedenen Wald fallen immer wieder einsame Wanderer einem psychopathischen Mörder zum Opfer. Billiger Grusel-Thriller. ✦ USA 1983 **P** Commedia **VA** IVE **R** Don Jones **B** Evan Jones **K** Stuart Asbjorusou **D** Dean Russell, Michael Brody, Elaine Warner, John Batis **L** 84 **FSK** ab 18 **E** 1988 Video

THE FORGOTTEN (THE FORGOTTEN). Sechs amerikanische Elitesoldaten, die aus 17jähriger Gefangenschaft in Vietnam entlassen werden, geraten bei einer dubiosen Untersuchung ihrer Vergangenheit in ein lebensgefährliches Komplott. Kuriose Mischung aus Vietnam-Drama und Thriller, die nur teilweise Spannung erzeugt, vom Agentenstück in eine Räuberpistole umschlägt und keinen Wert auf eine Gestaltung der Hintergründe legt. – Ab 16 möglich. ✦ USA/Jugoslawien 1989 **P** Paramount/Jadran Film **VA** CIC **Pd+R** James Keach **B** James Keach, Steve Railsback, Matthew Barr, Glenn M. Benest **K** Vilko Filac **M** Laurence Rosenthal **S** Jack Hofstra **D** Keith Carradine (Cpt. Tom Watkins), Steve Railsback (Lt. Alex Brady), Pepe Serna (Sgt. Pepe Gutierrez), Richard Lawson (Sgt. Frank McDermott), Don Opper (Sgt. Peter Lowell) **L** 91 **FSK** ab 16 **E** 1.12.1989 Video **fd** 28 141

THE FORGOTTEN ONE (THE FORGOTTEN ONE). Nach dem Unfalltod seiner Frau mietet sich ein Schriftsteller in einem alten Haus ein, um in Ruhe seinen neuen Roman beenden zu können. Bald plagen ihn Alpträume, und unheimliche Vorgänge im Keller sowie das Tagebuch seiner (un)toten Frau offenbaren ungeheuerliche Zusammenhänge: Er war bereits vor 100 Jahren ihr Geliebter und folgt ihr nun ins Reich der Untoten. Eine mit den üblichen Effekten gewürzte, spannende Gruselgeschichte um Reinkarnation und Untote, erzählt in recht anspruchsvoll konstruierten Rückblenden. – Ab 16. ✦ USA 1989 **P** Wind River **VA** Ascot **Pd** Peter Garrity **R+B** Phillip Badger **K** James Mathers **M** Kevin Hedges **S** Michael Spence **D** Terry O'Quinn (Bob Andersen), Kristy McNichol (Barbara), Blair Parker (Evelyn), Elisabeth Brooks (Carla), Michael Osborne (Dillon) **L** 94 **FSK** ab 16 **E** 24.9.1990 Video/1.6.1994 PRO 7 **fd** 28 647

THE 4TH FLOOR (THE 4TH FLOOR). Eine junge Frau bezieht in New York die Wohnung ihrer verstorbenen Tante, ein düsteres Apartment mit einigen merkwürdigen Nachbarn. Von Anfang an beschwert sich vor allem die Frau im Stockwerk unter ihr über den angeblichen Lärm. Als die neue Mieterin nicht klein beigibt, wird sie bedroht und schließlich angegriffen. Psychothriller mit offensichtlichen Anleihen bei Klassikern des Genres. Ein über weite Strecken gelungenes, spannendes Regiedebüt mit kleinen Schwächen bei logischen Anschlüssen und in der Auflösung. DVD: Die Extras umfassen u.a. einen untertitelten Audiokommentar des Regisseurs, der Schnittmeisterin und des Szenenbildners Timothy Galvin sowie ein Feature mit einem alternativen Filmende. ✦ USA 2000 **P** Millennium **KI** Kinowelt **VA** Kinowelt Home **DVD** Kinowelt Home (16:9, 1.85:1, DD5.1 engl./dt.) **Pd** Naomi Despres, Boaz Davidson, John Thompson, William Vince, Brad Weston, Danny Lerner **R+B** Josh Klausner **K** Michael Slovis **M** Brian Tyler **S** Tricia Cooke **D** Juliette Lewis (Jane Emelin), William Hurt (Greg Harrison), Shelley Duvall (Martha Stewart), Austin Pendleton (Mr. Collins), Tobin Bell (Schlosser) **L** 90 **FSK** ab 16; f **E** 10.8.2000/20.3. 2001 Video & DVD **fd** 34 383

THE 44 SPECIALIST (MARK COLPISCE ANCORA). Veralteter Italo-Thriller mit teilweise konfuser Entwicklung der Story. Ein Geheimagent verschafft sich mit Hilfe zweier Terroristen Zugang zu deren Kreisen. Bei einer Mission in Wien trifft er auf CIA-Agenten, denen er sich zu erkennen gibt. Kurz darauf werden die Terroristen, die er treffen sollte, erschossen. Der Agent gerät zwischen die Fronten von politischen Interessen eines der CIA-Männer und aufkommenden Mißtrauens seitens seines Kontaktmannes unter den Terroristen. ✦ Italien 1977 **P** P.A.C. **VA** Zenit **R** Stelvio Massi **B** Dardano Sacchetti **K** Mario Vulpiani **M** Stelvio Cipriani **S** Mauro Bonanni **D** Franco Gasparri (Mark), John Saxon (Paul), John Steiner (Altman), Marcella Michelangeli (Olga), Paul Muller (Interpol-Agent), Malisa Longo (Isa), Andrea Aureli (Pappadato) **L** 95 (Video 90) **E** Juli 1984 Video/18.8. 1998 Vox

THE FOX (THE FOX). Die homoerotisch getönte Beziehung zweier Frauen auf einer abgelegenen Farm wird durch das Auftauchen eines ungehobelten Seemanns und sein forderndes und eroberndes Auftretens zerstört. Er gewinnt die eine zur Ehe, während die andere, vermutlich absichtlich, einen Unfalltod stirbt. Ein solide inszeniertes und gespieltes Kammerspiel nach einer Erzählung von D.H. Lawrence, angereichert mit schwüler Erotik und greller Seelendramatik. Die destruktive Gewalt männlicher Sexualität wird in symbolbefrachteter Weise weniger kritisiert als verklärt. ✦ USA 1967 **P** Motion Pictures International **KI** Warner Bros. **Pd** Raymond Stross **R** Mark Rydell **B** Lewis John Carlino, nach einer Erzählung von D.H. Lawrence **K** William A. Fraker **M** Lalo Schifrin **S** Thomas Stanford **D** Sandy Dennis (Jill), Anne Heywood (Ellen March), Keir Dullea (Paul Renfield), Glyn Morris (Makler) **L** 110 **FSK** ab 18; f **FBW** w **E** 26.4.1968 **fd** 15 429

THE FRAGILE HEART (THE FRAGILE HEART). Ein ebenso brillanter wie arroganter englischer Herzchirurg, der nur den technischen Aspekt seines medizinischen Könnens sieht und nichts von ganzheitlichen Heilungsmethoden hält, wird aus der Bahn geworfen, als ein Patient auf seinem Operationstisch stirbt. Im Auftrag einer Firma für medizinische Geräte tritt er eine Marketingreise nach China an, aber auch dort wird er von seiner Vergangenheit eingeholt. Abermals wird er mit zwei medizinischen Grundhaltungen konfrontiert, zudem muss er sich mit den Menschenrechtsverletzungen im Reich der Mitte auseinandersetzen, bevor er einen chinesischen Staatsmann operiert. Im Ärztemilieu angesiedelter Fernseh-Zweiteiler, der immer wieder neue Wendungen findet, um eine Fülle von Problemen anzuschneiden. Neben den medizinischen Konflikten steht auch die Familie des Arztes, deren Mitglieder diese Konflikte spiegeln, im Mittelpunkt. Eine gediegene Produktion mit einem exzellenten Hauptdarsteller. ✦ Großbritannien 1996 **P** Carnival **Pd** Brian Eastman, Christopher Hall **R** Patrick Lau **B** Paula Milne **K** Nicholas D. Knowland **M** Gavin Greenaway **S** Neil Thomson **D** Nigel Hawthorne (Edgar Pascoe), Dearbhla Molloy (Lileth Pascoe), Helen McCrory (Nicola Pascoe), Dominic Mafham (Daniel Pascoe), Robert Langdon Lloyd (= Robert Langdon Lloyd) (Maurice Denton) **L** 96/97 (zwei Teile) **E** 8.,9.8.2001 SF 2/DRS

THE FRENCH (THE FRENCH). Dokumentarfilm über die Offenen Französischen Tennis-Meisterschaften, eines der »Grand Slam«-Turniere, die alljährlich ausgetragen werden. Mit drei Kamerateams verfolgte der Dokumentarist William Klein die »French Open« von 1981, um die Spannung zwischen Leerlauf und extremer Dramatik, zwischen Sieg und Niederlage zu spiegeln. (O.m.d.U.; TV-Titel auch: »French Open«) – Ab 14. ✦ Frankreich 1981 **R+B** William Klein **K** William Klein, Nurith Aviv, Yann Lemasson **M** Jean-Pierre Mas **L** (TV) 130 **E** 22.5.1994 Nord 3

THE FRESHMAN →Freshman

THE FRIGHTENERS (THE FRIGHTENERS). Ein Fachmann für außergewöhnliche Phänomene gerät in den Verdacht des Massenmordes, als eine Reihe braver Bürger ihr Leben verliert. Tatsächlich jedoch treiben der untote Geist eines vor Jahren hingerichteten Massenmörders und seine ehemalige Geliebte ihr Unwesen. Eine zähe, unausgegorene und auch unlogische Horrorkomödie, die nur in wenigen Momenten unterhält, ansonsten Kalauer mit satirischer Ironie verwechselt und Fantasie, Leichtigkeit und Unbekümmertheit den vielen Kompromissen opfert. (Kino: Originalfassung) ✦ Neuseeland/USA 1996 **P** Wingnut/Universal **KI** UIP **VA** CIC **DVD** Universal Home (16:9, 2.35:1, DD5.1 engl./DS dt.) **Pd** Jamie Selkirk, Peter Jackson **R** Peter Jackson **B** Frances Walsh, Peter Jackson **M** Danny Elfman **S** Jamie Selkirk **D** Michael J. Fox (Frank Bannister), Trini Alvarado (Dr. Lucy Lynskey), Peter Dobson (Ray Lynskey), John Astin (Richter), Jeffrey Combs (FBI-Agent Dammers), Dee Wallace Stone (Patricia Bradley) **L** 108 (104 Video) **FSK** ab 18; nf (Video 16) (DVD 18) **E** 1.1.1998/17.8.1998 Video/1.2.2000 DVD **fd** 32 917

THE FRUIT MACHINE (THE FRUIT MACHINE). Zwei 16jährige Freunde aus dem Homosexuellen- und Stricher-Milieu versuchen, dem Dasein im tristen Liverpool zu entkommen, werden in einer Bar Mordzeugen und fliehen, von einem dämonischen Killer gehetzt, nach Brighton. Dort werden ihre Träume von Freiheit auf tragische Weise Wirklichkeit. Ein zwischen krassem Realismus und Poesie pendelnder Film, der die Menschenfeindlichkeit einer nur leistungsorientierten Gesellschaft anprangert und den Traum von Freiheit beschwört. Ein bemerkenswerter Film, der dem beschriebenen unwirtlichen Klima mit inhaltlichen Brüchen und stilistischen Überhöhungen beizukommen versucht. (Titel auch: »The Fruit Machine – Rendezvous mit einem Killer«) ✦ Großbritannien 1988 **P** Granada/Ideal Communications Film and Television **KI** Senator **VA** Ascot **Pd** Steve Morrison **R** Philip Saville **B** Frank Clarke **K** Dick Pope **M** Hans Zimmer **S** Richard Bedford **D** Emile Charles (Eddie), Tony Forsyth (Michael), Robert Stephens (Vincent), Bruce Payne (Echo), Clare Higgins (Eve), Robbie Coltrane (Annabelle) **L** 114 **FSK** ab 16; f **FBW** w **E** 15.12.1988 **fd** 27 228

THE FUNNY-DRIVERS →Der Tomatenkrieg

THE FUTURE PROJECT (MY SCIENCE PROJECT). Um im Physikunterricht bestehen zu können, bedienen sich zwei Schüler eines geheimen Apparates, den einer vom Schrottplatz der US-Luftwaffe entwendet hat. Die Maschine ermöglicht, das Raum-Zeit-Kontinuum zu überwinden. Außer Kontrolle geraten, sorgt sie jedoch für heillose Aufregung und stürzt die Schüler in martialische Bewährungsproben. Eine Variation der Geschichte vom Zauberlehrling; anfangs einfühlsam inszeniert, gerät der Film immer mehr zum Spezialeffekt-Spektakel, so daß Initiationsgeschichte und Technologie-Kritik im Getöse untergehen. (TV-Titel: »Future Project – Das Geheimprojekt«) – Ab 16. ✦ USA 1985 **P** Touchstone Films/ Silver Screen Partner II **VA** Disney Home **R+B** Jonathan Betuel **K** David M. Walsh **M** Peter Bernstein **S** C. Timothy O'Meara **D** John Stockwell (Mike Harlan), Danielle van Zerneck (Ellie Swayer), Fisher Stevens (Vince Latello), Raphael Sbarge (Sherman), Dennis Hopper (Bob Roberts), Richard Masur, Barry Corbin, Ann Wedgeworth **L** 84 **FSK** ab 12 **E** 15.12.1986 Video/17.10.1993 RTL **fd** 26 117

THE GAME (THE GAME). Ein egoistischer Wirtschaftsboß wird zum unfreiwilligen Teilnehmer in einem lebensbedrohlichen Spiel, durch das er jeden emotionalen und materiellen Rückhalt einbüßt. Unter formalen Gesichtspunkten betrachtet, ist der ebenso rasante wie spannende Film ein im visuellen Design und in der Überraschungsdramaturgie konsequent entwickeltes, kunstvoll stilisiertes Stück Erlebniskino. Fragwürdig wird er dort, wo er distanzlos die Manipulation und Fremdbestimmung eines Menschen legitimiert und dies abschließend sogar als drastische Möglichkeit einer therapeutischen »Heilung« ausgibt. (Titel auch: »The Game – Das Geschenk seines Lebens«) – Ab 16 möglich. ✦ Scope. USA 1997 **P** Polygram Filmed Entertainment/Propaganda Films **KI** PolyGram **VA** PolyGram (Fox) **DVD** Universal Home (16:9, 2.35:1, DD5.1 engl./dt.) **Pd** Steve Golin, Cean Chaffin, John Brancato, Michael Ferris **R** David Fincher **B** John Brancato, Michael Ferris **K** Harris Savides **M** Howard Shore **S** James

Haygood **D** Michael Douglas (Nicholas Van Orton), Sean Penn (Conrad Van Orton), Deborah Unger (Christine), James Rebhorn (Jim Feingold), Peter Donat (Samuel Sutherland), Carroll Baker (Ilsa), Armin Mueller-Stahl (Anson Bear) **L** 128 **FSK** ab 12; f **FBW** w **E** 20.11.1997/4.6.1998 Video/27.5.2000 ProSieben//19.10.1998 DVD **fd** 32 845

THE GAME OF LOVE →Power of Love

THE GARDEN (THE GARDEN). Beschrieb Derek Jarman in »The Last of England« seine Heimat als postsoziale Apokalypse, so geht er hier den umgekehrten Weg und erträumt sich einen Garten Eden, fernab von den fragwürdigen Errungenschaften der Moderne. Diese dringt jedoch immer wieder in die Idylle ein, so daß der »Sündenfall« im Garten Eden immer augenfälliger wird. Ein sehr persönlicher Film, der christliche Symbolik mit der Welt des Konsums kontrastiert und auch das tabuisierte Thema Homosexualität behandelt. In der Summe entsteht eine experimentelle Collage, die auch Abstrusitäten, Abnormitäten und Obszönitäten einbezieht. (O.m.d.U.) ✦ Großbritannien/BR Deutschland 1989 **P** Basilisk/Channel Four/British Screen/Uplink/ZDF **Kl** Freunde der Deutschen Kinemathek **Pd** James Mackay **R+B** Derek Jarman **K** Christopher Hughes **M** Simon Fisher Turner **S** Peter Cartwright **D** Tilda Swinton (Madonna), Roger Cook (Christ), Spencer Leigh (Mary Magdalene/Adam), Pete Lee Wilson (Teufel), Kevin Collins, Johnny Mills **L** 95 **E** 30.10.1990 ZDF

THE GATLING GUN – DAS MASCHINENGEWEHR (THE GATLING GUN). Eine Kavallerie-Einheit setzt sich erfolgreich gegen die ständigen Angriffe von Indianern zur Wehr, da sie über ein Maschinengewehr verfügt. Ein weitgehend langweiliger Western, der in inflationärer Weise Zeitlupenaufnahmen benutzt, um seiner dürftigen Geschichte einige ebenso oberflächliche wie fragwürdige Schauwerte zu verleihen. ✦ Scope. USA 1972 **P** Western/Ellman International **Pd** Oscar Nichols **R** Robert Gordon **B** Joseph Van Winkle, Mark Hanna **K** Jacques Marquette **S** Edward Mann **D** Guy Stockwell (Lt. Malcolm), Woody Strode (Runner), Barbara Luna (Leona), Robert Fuller (Sneed), Patrick Wayne (Jim Boland), Pat Buttram (Tin Pot), John Carradine (Rev. Harper), Phil Harris (Boland), Judy Jordan (Martha Boland), Carlos Rivas **L** 93 (TV 81) **E** 2.11.1990 RTL plus

THE GENERAL →Der General (1998)

THE GETAWAY (THE GETAWAY). Ein Einbruch- und Sprengstoffspezialist entkommt dank seiner attraktiven Frau einem mexikanischen Gefängnis. Nach einem Raubüberfall flüchten die beiden vor einem hinterlistigen Komplizen den Häschern des Auftraggebers und der Polizei nach Mexiko, um dort mit dem gestohlenen Geld ein ehrliches Leben anzufangen. Ein modisch aufgepepptes Remake von Sam Peckinpahs Gangster-Ballade »Getaway« von 1972, das nie die gleiche Intensität erreicht. Selbst voller Gewaltszenen, übt der Film allenfalls zwischen den Zeilen Kritik an einer Gesellschaft, die Gewalt als selbstverständliche »Umgangsform« akzeptiert. ✦ Scope. USA 1993 **P** Largo/JVC Entertainment (für Universal) **Kl** Tobis **DVD** VCL/Laser Paradise (2.35:1, DD5.1 dt.) **Pd** David Foster, Lawrence Turman, John Alan Simon **R** Roger Donaldson **B** Walter Hill, Amy Jones, nach einem Roman von Jim Thompson **K** Peter Menzies jr. **M** Mark Isham **S** Conrad Buff **D** Alec Baldwin (Doc McCoy), Kim Basinger (Carol), Michael Madsen (Rudy Travis), James Woods (Jack Benyon), Jennifer Tilly (Fran Carvey), David Morse (Jim Deer Jackson) **L** 115 **FSK** ab 16; f **E** 14.4.1994/ 4.10. 1994 Video/3.10.1995 premiere/7.8.1998 DVD **fd** 30 716

THE GETAWAY COUP (FAST GETAWAY 2). Der junge Sicherheitsbeamte einer Bank wird verdächtigt, an Überfällen auf die Bank beteiligt gewesen zu sein. Sein Vater nimmt sich »Hafturlaub« und hilft seinem Sohn aus der Patsche. Eine mißlungene Mischung aus Krimi und Komödie, die lediglich in den teilweise übertrieben harten Actionszenen Tempo gewinnt. (Fernsehtitel: »The Getaway Coup – Schon wieder auf der Flucht«) – Ab 16. ✦ USA 1994 **P** Faster Getaway/CineTel **VA** VPS **Pd** Russell D. Markowitz **R** Oley Sassone **B** Mark Sevi **K** Mark Parry **M** David Robbins **S** Glenn Garland **D** Corey Haim (Nelson), Cynthia Rothrock (Lily), Leo Rossi (Vater Sam), Peter Liapis (Rankin), Ken Lerner (Tony), Sarah Buxton (Patricia) **L** 91 **FSK** ab 16 **E** 23.6.1994 Video/14.7. 1995 premiere **fd** 31 024

THE GETAWAY – IHRE CHANCE IST GLEICH NULL →Getaway

THE GIFT – DIE DUNKLE GABE (THE GIFT). Eine junge verwitwete Mutter dreier Söhne nutzt ihre seherischen Fähigkeiten, um sich ein Auskommen in einer US-Kleinstadt zu sichern. Meistens behält sie ihre oft negativen Visionen für sich – bis sie eine Leiche entdecken hilft, die auf dem Grundstück des Mannes einer ihrer Kundinnen liegt. Spannende Mischung aus Horrorfilm, Kleinstadtdrama und Gerichtskrimi, die vor allem von den darstellerischen Leistungen, der präzisen Zeichnung der Hauptfigur und der kunstvoll-schlichten Inszenierung lebt. Schwachpunkt: Die angesprochenen moralischen Themen werden kaum vertieft. – Ab 16. ✦ USA 2000 **P** Paramount Classics/Lakeshore Ent. **Kl** Helkon **VA** Columbia TriStar Home **DVD** Columbia TriStar Home **Pd** Thomas Rosenberg, James Jacks, Gary Lucchesi **R** Sam Raimi **B** Tom Epperson, Billy Bob Thornton **K** Jamie Anderson **M** Christopher Young **S** Bob Murawski, Arthur Coburn **D** Cate Blanchett (Annie Wilson), Giovanni Ribisi (Buddy Cole), Keanu Reeves (Donnie Barksdale), Katie Holmes (Jessica King), Greg Kinnear (Wayne Collins), Hilary Swank (Valerie Barksdale) **L** 112 **FSK** ab 16; f **E** 4.10.2001/19.3. 2002 Video & DVD **fd** 35 065

THE GINGERBREAD MAN (THE GINGERBREAD MAN). Ein Anwalt wird durch eine junge Frau in ein Netz von Intrigen und Gewalt gelockt, in dem er fast seine Kinder, seine berufliche Stellung und gesellschaftliche Reputation einbüßt. Ein nach einer Originalvorlage von John Grisham inszenierter Thriller, der zunächst in einer geheimnisvollen Schwebe bleibt, sich am Ende aber in einer banalen, vordergründigen Kolportage verliert. Überzeugend ist lediglich das atmosphärische Exterieur: Landschaften und Naturgewalten werden von der Regie zu Spiegeln der menschlichen Seele verdichtet. (Videotitel: »Gingerbread Man – Gefährliche Träume«) – Ab 16. ✦ USA 1998 **P** Island Pictures/Enchanter Entertainment **Kl** Concorde **VA** Concorde (VCL) **DVD** Concorde (1.85:1, DD5.1 dt.) **Pd** Jeremy Tannenbaum **R** Robert Altman **B** Al Hayes, basierend auf einer Originalstory von John Grisham **K** Gu Changwei **M** Mark Isham **S** Geraldine Peroni **D** Kenneth Branagh (Rick Magruder), Embeth Davidtz (Mallory Doss), Robert Downey jr. (Clyde Pell), Daryl Hannah (Lois Harlan), Robert Duvall (Dixon Doss), Tom Berenger (Pete Randle), Famke Janssen (Leeanne), Mae Whitman (Libby), Jesse James (Jeff) **L** 112 **FSK** ab 12; f **FBW** bw **E** 21.5. 1998/21.12.1998 Video/3.11.1999 DVD **fd** 33 131

THE GIRL CAN'T HELP IT (THE GIRL CAN'T HELP IT). Satire auf das amerikanische Schlagergeschäft in den 50er Jahren, aufgehängt an der Geschichte einer jungen Frau, die zum Star gemacht werden soll. Optisch und akustisch einfallsreich lärmende Komödie im Comic-strip-Stil mit zeitkritischen Akzenten. Der Film wurde 1982 in der Originalfassung wieder in die deutschen Kinos gebracht. (Früherer Titel: »Schlagerpiraten«) – Ab 16. ✦ Scope. USA 1956 **P** 20th Century Fox **Kl** FiFiGe **Pd+R** Frank Tashlin **B** Herbert Blaker, Frank Tashlin, nach einer Erzählung von Garson Kanin **K** Leon Shamroy **M** Lionel Newman, div. Songs **S** James B. Clark **D** Tom Ewell (Tom Miller), Jayne Mansfield (Jerri Jordan), Edmond O'Brien (Murdock), Julie London (sie selbst), Henry Jones (Mousie) **L** 97 **FSK** ab 16; nf **E** 8.3.1957/1982 (WA) **fd** 23 509

THE GIRL – EIN GEFÄHRLICHES MÄDCHEN (THE GIRL). Ein erfolgreicher, verheirateter Rechtsanwalt verliebt sich in eine 17jährige Schülerin und flieht mit ihr auf eine Mittelmeerinsel. Die raffinierte »Lolita« ermordet einen Sensationsreporter, der ihnen nachstellt, und stürzt den bald von Gewissensbissen geplagten Anwalt in eine Katastrophe. Weder eine Milieustudie noch das Psychogramm eines ungeliebten Kindes, zielt die Geschichte lediglich auf oberflächliche Reize und steht auf dem Niveau einschlägiger Groschenromane. (Fernsehtitel: »Ein gefährliches Mädchen«) ✦ Italien/Großbritannien 1986 **P** Lux/Shapiro **Kl** Alemannia/Elysee/Nova **VA** New Vision **R** Arne Mattson **B** Ernest Hotch **K** Tomislav Pinter **M** Alfi Kabiljo **D** Franco Nero (John Berg), Clare Powney (Pat), Bernice Stegers (Eva Berg), Frank Brennan (Lindberg), Christopher Lee (Kommissar), Sam Cook (Antonio), Mark Robinson (Hans) **L** 104 **FSK** ab 18; nf **E** 7.1.1988/Juni 1988 Video **fd** 27 318

THE GIRL GETS MOE – DER TODESMAKLER →Sweet Revenge

THE GIRL NEXT DOOR (1997) (THE GIRL NEXT DOOR). Ein in Rückblenden erzählter Mordfall: Eine verängstigte junge Frau berichtet einer erfahrenen Polizeipsychologin, wie sie in die Abhängigkeit eines korrupten Polizisten geriet und unter seinem Willen um der Liebe willen dessen Ehefrau umbrachte. Hausbackener Kriminalfilm, der sich ganz auf die Seelenlage der Täterin konzentriert und dem man mit viel gutem Willen unterstellen kann, dass er Frauen den Rat geben will, das eigene Leben selbst zu gestalten. (Fernsehtitel: »Mörderin aus Liebe«) – Ab 14 möglich. ✦ USA 1997 **P** FTM-Productions **VA** UAP **Pd** Murray Shostak **R** David Greene **B** Mel Frohman **K** Thomas Burstyn **S** Debra Karen **D** Tracey Gold (Annie Mitchell), Sharon Gless (Gayle Bennett), Michael Dorn (Lieutenant Driscoll), Mark Camacho (Detective Levine), Brigid Tierney (Alissa Mitchell), John Koensgen (Pfarrer Ryan) **L** 87 **FSK** ab 12 **E** 3.10.1998 Vox/2001 Video **fd** 35 249

THE GIRL NEXT DOOR (1999) (THE GIRL NEXT DOOR). Dokumentarfilm über den Weg des eher biederen Provinzmädchens Stacy Baker zum Porno-Starlet Stacy Valentine. Ebenso einfühlsam wie schonungslos führt der Film die psychischen und körperlichen Opfer vor Augen, räumt der Protagonistin dabei aber auch Selbstbewusstsein und Stolz ein. ✦ USA 1999 **P** Berns Brothers Prod./Cafe Sisters Prod. **Pd** Adam Berns, Christine Fugate, Eren McGinnis **R** Christine Fugate **M** Denis M. Hannigan **S** Kate Amend **D** Stacy Valentine **L** 82 **E** 25.10.2001 SF 2

THE GLASS HOUSE (THE GLASS HOUSE). Eine 16-Jährige wird nach dem Unfalltod ihrer Eltern gemeinsam mit ihrem jüngeren Bruder unter die Vormundschaft eines Ehepaars gestellt, das hinter der gutbürgerlichen Fassade dunkle Absichten zu hegen scheint. Die beiden Kinder geraten in ein »gläsernes Gefängnis«, aus dem es kein Entrinnen gibt. Blutleer inszenierter Thriller als Variation des »Hänsel und Gretel«-Themas, der sich in vordergründiger Symbolik verliert. Vorzüglich sind allein die architektonische Gestaltung der Schauplätze als bedrohliches Labyrinth sowie die sparsam instrumentierte Musik. ✦ Scope. USA 2001 **P** Original Film/Columbia Pictures **Kl** Columbia TriStar **Pd** Neal H. Moritz **R** Daniel Sackheim **B** Wesley Strick **K** Alar Kivilo **M** Christopher Young **S** Howard E. Smith **D** Leelee Sobieski (Ruby Baker), Diane Lane (Erin Glass), Stellan Skarsgard (Terry Glass), Bruce Dern (Alvin Begleiter), Trevor Morgan (Rhett Baker), Chris Noth (Onkel Jack), Michael O'Keefe (Dave Baker), Kathy Baker (Nancy Ryan) **L** 106 **FSK** ab 16; f **E** 29.11.2001 **fd** 35 160

THE GLASS JUNGLE (THE GLASS JUNGLE). Eine Gangsterbande erpreßt die Stadtverwaltung mit willkürlichen Morden. Man kommt ihrer Forderung nach, doch der Taxifahrer, der zur Übergabe des Lösegeldes auserkoren wurde, weigert sich. Erst als seine Geliebte ermordet wird, macht er mit, allerdings mit dem Hintergedanken, Rache zu nehmen. Ein Thriller ohne erkennbare Kino-Ambitionen: überwiegend ist er mit der Video-Kamera aufgenommen. ✦ USA 1988 **P** City Lights **VA** MCP **Pd+R** Joseph Merhi **D** Lee Canalito, Diana Frank, Frank Scala **L** 73 **FSK** ab 16 **E** 12.10.1988 Video

THE GODDESS OF 1967 (THE GODDESS OF 1967). Ein junger Japaner, der nach Australien gekommen ist, um dort ein seltenes Auto zu kaufen, begegnet einer blinden Frau und reist fortan gemeinsam mit ihr. Im Laufe der Zeit kommen grausame und trostlose Details aus der Kindheit der Frau ans Tageslicht. Gut fotografiertes und in der weiblichen Hauptrolle eindrucksvoll gespieltes Drama. ✦ Australien 2000 **P** New South Wales Film & Television Office **Pd** Eddie Ling-Ching Fong **R** Clara Law **B** Clara Law, Eddie Ling-Ching Fong **K** Dion Beebe **M** Jen Anderson **S** Kate Williams **D** Rose Byrne (Deidre), Rikiya Kurokawa (Junge), Nicholas Hope (Vater/Großvater), Elise McCredie (Marie) **L** 118

THE GODSON (THE GODSON). Nach dem gewaltsamen Tod seines Bruders rückt ein Mann zum Boss eines Mafia-Unternehmens auf, dessen kriminelle Gene wenig geeignet sind, das Geschäft erfolgreich zu führen. Eine Nummern-Revue mit loser Struktur, die noch nicht einmal die Ansprüche einer Pseudo-Parodie erfüllt. Überforderte Darsteller und eine unzumutbare Inszenierung lassen die Frage aufkommen, warum jemand Zeit und Geld in diesen Unfug investiert hat. – Ab 16. ✦ USA 1998 **P** Shoreline Entertainment **VA** Highlight **Pd** Jeff Ritchie, Kevin Flint **R+B** Bob Hoge **K** Tom Lappin **M** Boris Elkis **S** Tracy Curtis **D** Dom DeLuise (Calzone), Rodney Dangerfield (Oddfather), Kevin Hamilton McDonald (= Kevin McDonald) (Guiseppe), Fabiana Udenio, Lou Ferrigno **L** 87 **FSK** ab 12 **E** 16.8.1999 Video **fd** 33 916

THE GOOD BAD GUY – KILLER AUS ZUFALL (THE GOOD BAD GUY / KILLER PER CASO). Ein kleiner Gauner stiehlt das Auto eines Mafiosi und sieht sich unversehens in gewaltige kriminelle Verwicklungen verstrickt, als er über Autotelefon einen Auftragsmord übernimmt, der für ihn mehrere Nummern zu groß ist. Krimiklamotte, die jede Nähe zur Parodie vermeidet, sich statt dessen im Fahrwasser des lauten Slapsticks bewegt und jede Art von Tiefgang umgeht. – Ab 12. ✦ USA 1997 **P** Funny Movies Prod. **VA** Columbia Tristar Home **Pd** Ezio Greggio, Roger la Page **R** Ezio Greggio **B** Rudy de Luca (= Rudy De-Luca), Ezio Greggio **K** Massimo Zeri **M** John Dickson **S** Marc Grossman **D** Ezio Greggio (Joe Fortunato), Pat Asanti (Sergeant O'Neill), Ron Carey (Robert Lambert), Jessica Lundy (Carol Graham), Carmine Caridi (Toy Fusciacca) **L** 88 **FSK** ab 6 **E** 31.8.1999 Video

THE GOOD WIFE (THE UMBRELLA WOMAN). Australien 1939. In einer Holzfällerstadt lebt ein Ehepaar zurückgezogen in seinem Haus. Als der jüngere Bruder des Mannes einzieht und ein Schürzenjäger in die Stadt kommt, gibt die sexuell frustrierte Ehefrau ihren Gefühlen nach. Zurückhaltend inszeniertes, gut fotografiertes und sensibel gespieltes Porträt einer Frau, die sich gegen gesellschaftliche Konventionen auflehnt. (TV-Titel: »Der Versuchung verfallen«) ✦ Australien 1986 **P** Atlantic **Kl** Ascot **VA** Ascot **Pd** Jan Sharp **R** Ken Cameron **B** Peter Kenna **K** James Bartle **M** Cameron Allan **S** John Scott (= Hanns Schott-Schöbinger) **D** Rachel Ward (Marge Hills), Bryan Brown (Sonny Hills), Steven Vidler (Sugar Hills), Sam Neill (Neville Gifford), Jennifer Claire (Daisy), Peter Cummings (Ned Hopper), Bruce Barry (Archie) **L** 95 **FSK** ab 16; f **E** 9.7.1987/18.2.1988 Video **fd** 26 262

THE GRAVEYARD STORY (GRAVEYARD STORY). Ein Privatdetektiv erhält den Auftrag, den Jahre zurückliegenden Tod der unehelichen Tochter seines Klienten aufzuklären. Er entdeckt, daß das Mädchen lebt und von seinem Kidnapper väterlich umsorgt wird. Als dieser von Gangstern umgebracht wird, steht einem Happy-End nichts mehr entgegen. Seichte, sentimentale und umständlich inszenierte (Fernseh-)Detektivgeschichte, formal noch unter dem gängigen Serienfilm-Niveau. (Fernsehtitel: »Der Tod kann weinen«) – Ab 16. ✦ USA 1990 **P** Golden Screen Films/Cinevest Entertainment **VA** Focus **Pd** Katarina Benedikt, Mike Munja **R+B** B. D. Benedikt **K** George Hosek **M** Robin Hare, Mark McLay **S** Domenic Ubaldino **D** John Ireland (Dr. McGregor), Adrian Paul (Detektiv Hunt), Keith Vinsonhaler (Bruce), Cayle Chernin (Miss Bloor), Gerry Tucker (Vic Morieta) **L** 92 **FSK** ab 12 **E** 29.7.1991 Video/24.2.1992 Tele 5 **fd** 29 264

THE GREAT BOOKIE ROBBERY (THE GREAT BOOKIE ROBBERY). Die Vorbereitung und Durchführung eines spektakulären Bankraubs in Melbourne. Scheinbar ist das perfekte Verbrechen gelungen, doch während die Polizei noch vor einem Rätsel steht, wissen Unterweltskreise Bescheid und liefern sich einen erbitterten Kampf um die Beute. Nach einer tatsächlichen Begebenheit inszenierter überlanger Kriminal- und Gangsterfilm. ✦ Australien 1986 **P** PBL Prod. **VA** EuroVideo **R** Marcus Cole **B** Philip Cornford **K** Ellery Ryan **D** John Bach, Catherine Wilkin, Gary Day, Bruno Lawrence **L** 265 (90/90/85) **FSK** ab 16 **E** 18.12.1987 Video (drei Kassetten)

THE GREAT MOMENT (THE GREAT MOMENT). Auf dialoglastige und sentimentale Art wird in Rückblenden die Entdeckung der Anästhesie auf Äther-Basis durch den US-Zahnarzt Morton um die Mitte des letzten Jahrhunderts erzählt. Standesdünkel und Intrigen der Ärzteschaft bringen Morton um Anerkennung und Lohn. Kritische Haltung nimmt dieser unbedeutende Film (immerhin) der Überheblichkeit der Mediziner gegenüber ein, schildert jedoch Morton und seine Sache als moralisch so integer, dass sie auch zweifelhafte Vorgehensweisen gestatten. Eine Ansicht, die in die Entstehungszeit des Films passt. – Ab 14 möglich. ✦ Schwarz-weiß. USA 1944 **P** Paramount **Pd+R** Preston Sturges **B** Preston Sturges, nach dem Buch »Triumph over Pain« von René Fulop-Miller **K** Victor Milner **M** Victor Young **S** Stuart Gilmore **D** Joel McCrea (W.T.G. Morton), Betty Field (Elizabeth Morton), William Demarest (Eben Frost), Harry Carey (Prof. Warren), Julian Tannen (Dr. Jackson) **L** 83

THE GREAT ROCK'N'ROLL SWINDLE (THE GREAT ROCK'N'ROLL SWINDLE). Mischung aus Konzertmitschnitten, Interviews und einer gespielten, komisch überzogenen und teilweise fiktiven Erfolgsgeschichte der Punk-Gruppe »Sex Pistols«, was zusammen eine Art Travestie auf das Show-Geschäft ergibt. Die drastische parodistische Machart des Films birgt jedoch auch weitgehend die Gefahr der mißverständlichen Auslegung als platte Verherrlichung der Punk-Bewegung und als Aufforderung zu Chaos und Gewalt. (O.m.d.U.) – Ab 16. ✦ Großbritannien 1979 **P** Kendom Virgin/Matrixbest/Boyd **Kl** Arsenal **R** Julien Temple **B** Julien Temple, Malcolm McLaren **K** Adam Barker-Mills **M** Sex Pistols **S** Richard Bedford, M. D. Maslin, G. Swire **D** Malcolm McLaren, Johnny Rotten (= John Lydon), Sid Vicious, Steve Jones, Paul Cook, Liz Frazer, Julian Holloway **L** 105 **E** Dezember 1980 **fd** 23 352

THE GREAT STONE FACE (THE GREAT STONE FACE). Dokumentation über den Stummfilmkomiker Buster Keaton, der als Regisseur, Autor und Hauptdarsteller seiner Filme Kinogeschichte schrieb. Der Film porträtiert den Mann mit dem »steinernen Gesicht« an Hand zahlreicher Filmausschnitte. (Originalfassung) – Ab 12 möglich. ✦ Teils schwarz-weiß. USA 1968 **R+B** Vernon P. Becker **L** (TV) 100 **E** 27.12. 1990 Tele 5

THE GREATEST AMERICAN HERO (THE GREATEST AMERICAN HERO). Ein braver Highschool-Lehrer empfängt in der Wüste aus einer Fliegenden Untertasse den Wunderanzug Supermans, verliert aber die Gebrauchsanweisung und kann seine fliegerischen Fähigkeiten nur unvollkommen einsetzen. Immerhin gelingt es ihm am Ende, gemeinsam mit einem FBI-Beamten ein Attentat auf den Präsidenten zu verhindern. Mit bescheidenem Aufwand inszenierter erster Teil einer amerikanischen Fernsehserie; unterhaltsam mit einer Reihe amüsanter Momente inszeniert. – Ab 12. ✦ USA 1981 **P** Paramount **VA** CIC **R** Rod Holcomb **B** Stephen J. Cannell **K** Andrew Jackson **M** Mike Post, Pete Carpenter **D** William Catt, Robert Culp, Connie Sellecca, Michael Paré, Faye Grant **L** 92 **FSK** ab 12 **E** Dezember 1987 Video **fd** 26 561

THE GREEN MAN →Zum grünen Mann – Eine Geistergeschichte

THE GREEN MILE (THE GREEN MILE). Die Erinnerung eines früheren Gefängnisaufsehers, der im Zellenblock der Zum-Tode-Verurteilten auf einen scheinbaren Kindesmörder trifft, der über die Kraft verfügt, Krankheiten zu heilen und Lebewesen vor dem Tod zu bewahren. Der extrem breit angelegte Film widersetzt sich zwar erfolgreich der hektischen Dramaturgie des heutigen Hollywoods, versteht die metaphysische Komponente jedoch nicht zu mehr als emotionaler Ergriffenheit zu nutzen. Nach einem Fortsetzungsroman von Stephen King. – Ab 16. ✦ Scope. USA 1999 **P** Paramount **Kl** UIP **VA** Universal **DVD** Warner Home (16:9, 2.35:1, DD5.1 engl./dt.) **Pd** David Valdes, Frank Darabont **R** Frank Darabont **B** Frank Darabont, nach dem gleichnamigen Roman von Stephen King **K** David Tattersall **M** Thomas Newman **S** Richard Francis-Bruce **D** Tom Hanks (Paul Edgecomb), David Morse (Brutus »Brutal« Howell), Bonnie Hunt (Janice Edgecomb), Michael Clarke Duncan (John Coffey), James Cromwell (Hal Moores), Michael Jeter (Eduard Delacroix), Graham Green (Arlen Bitterbuck), Sam Rockwell (»Wild Bill« Wharton), Harry Dean Stanton (Toot-Toot) **L** 188 **FSK** ab 12; f **FBW** w **E** 10.2.2000/24.8.2000 Video & DVD **fd** 34 096

THE GROTESQUE (THE GROTESQUE). Ein zwielichtiges Diener-Ehepaar tritt seinen Dienst bei der verschrobenen Familie eines Landadligen an. Schon bald sorgt der neue Diener nicht nur für homoerotische Verwirrungen, sondern unterhält auch ein Verhältnis mit der Dame des Haues. Als der erste Tote zu beklagen ist, wird der Lakai auch in Zusammenhang mit einer früheren Mordserie gebracht. Eine seltsame Mischung aus Groteske, rabenschwarzer Komödie und Kriminalspiel, die durch exzellente Darsteller, eine detailfreudige Ausstattung und kluge Kameraführung für Freunde des schwarzen Humors abwechslungsreiche Unterhaltung bietet. (Fernsehtitel: »Butler morden leiser«) ✦ Großbritannien 1995 **P** Xingu Films **VA** Ufa **Pd** Trudie Styler **R** J. P. Davidson **B** Patrick McGrath **K** Andrew Dunn **M** Anne Dudley **S** Tariq Anwar **D** Alan Bates (Sir Hugo Coal), Theresa Russell (Lady Harriet Coal), Sting (Fledge), Lena Headey (Cleo Coal), Jim Carter (George Lecky), Steven Mackintosh (Sidney Giblet), Anna Massey (Mrs. Giblet) **L** 92 **FSK** ab 16 **E** 6.9.1996 Video **fd** 32 206

THE GUARDIAN ANGEL / SCHUTZENGEL (SKYDDSÄNGELN). Ein imaginärer europäischer Staat zu Beginn des 20. Jahrhunderts: Nachdem der Innenminister einen revoltierenden Studenten hat zum Tode verurteilen lassen, muß er sich mit seiner Familie aufs Land zurückziehen. Einer seiner Leibwächter wird schließlich zum Kämpfer für den Verurteilten. Spannende, atmosphärisch stimmige Verfilmung eines Romans von Ricarda Huch. ✦ Schweden 1990 **P** Mekano/Svenska Filminstitutet/Swedish Television/ TV 2/Filmhuset **Pd** Anders Birkeland **R** Suzanne Osten **B** Madeleine Gustaffson, nach dem Roman »Der letzte Sommer« von Ricarda Huch **K** Göran Nilsson **D** Philip Zandén (Jacob), Etienne Glaser (Joel Birkman), Malin Ek (Livia Birkman), Björn Kjellman (Welja), Gunilla Röör (Katja) **L** 104 (TV) **E** 7.3.1996 arte

THE GUARDIAN – TÖDLICHE WAHRHEIT (THE GUARDIAN). Ein Privatdetektiv, dessen Mutter just ermordet wurde, übernimmt im Auftrag des Sohnes den Personenschutz für einen reichen Industriellen, dessen Ansehen er bald gewinnen kann, doch als er sich in die vernachlässigte Frau seines zwielichtigen Auftagsgebers verliebt, stehen neue Probleme ins

Haus. Thriller mit einer unglaubwürdigen Konstruktion, dessen Ermittlungen an die Anfang der Geschichte zurückführen und ein familiäres Verwirrspiel in Gang setzen. Ein in allen Belangen mäßiger Film, dessen Binnenlogik die gesamte Geschichte auf den Kopf stellt. ✦ USA/Kanada 1999 **P** Giardian Prod. **VA** VCL **Pd** David Gordian **R** Gerry Lively **B** Bill Irwin **K** Basarab Smarandescu **M** John Sereda **S** Pamela Benwick **D** Frank Zagarino (Paul Rendall), Bryan Genesse (Steve Layton), Robert C. Saunders (Win), Stellina Rusich (Maggie Layton), Dale Wilson (Ted Layton) **L** 92 **FSK** ab 12 **E** 27.10.2001 Vox/28.8.2001 Video **fd** 35 147

THE GUN (L'ARMA). Ein unauffälliger Angestellter um die 50 legt sich einen Revolver zu, um Frau und Tochter künftig besser gegen Einbrecher verteidigen zu können. Der Besitz der Waffe steigert sein Selbstbewußtsein, leitet aber auch seinen Untergang ein: nach entwürdigenden familiären Konflikten läßt er sich dazu hinreißen, auf den Freund seiner unberechenbaren Frau zu feuern. Er stirbt unter den Schüssen der Polizei. Bis auf die Schlußszene, die endlich tragische Qulitäten entwickelt, hat das verkorkste Melodram nicht viel zu bieten. ✦ Italien 1979 **P** Maratea **VA** HVW Focus **R+B** Pasquale Squitieri **K** Giulio Abbonico **M** Tulio DePiscopo **D** Claudia Cardinale (Marta Campagna), Stefano Satta Flores (Luigi Campagna), Benedetta Fantoli (Rossana Campagna), Clara Colosimo **L** 83 **FSK** ab 16 **E** 1988 Video/13.10. 1988 Tele 5 **fd** 27 341

THE GUNRUNNER (THE GUNRUNNER). Montreal in den 20er Jahren: Ein Mann will Waffen für den Freiheitskampf der chinesischen Kommunisten beschaffen und gerät in den Kleinkrieg zweier Alkoholschmugglerbanden. Als sein Bruder ermordet wird, rächt er dessen Tod und löst sein Versprechen gegenüber seinen chinesischen Freunden ein. Ganz auf den Hauptdarsteller zugeschnittene Geschichte, die ein mitunter stimmiges Zeitbild entwirft. Atmosphärisch dicht und in der Figurenzeichnung ambitioniert, scheitert der Film an den Schwächen von Buch, Schnitt und Regie. Die Absicht, Zerfall, Egoismus und Träume der bürgerlichen Gesellschaft darzustellen, ist nur schwer zu erschließen. (Der bereits 1983 gedrehte Film wurde erst sechs Jahre später, aufgrund der Popularität von Kevin Costner, ausgewertet.) – Ab 16. ✦ Kanada 1984/89 **P** New World Entertainment/Video Voice **VA** Highlight **Pd** Richard Sadler, Robert I. Langevin **R** Nardo Castillo **B** Arnie Gelbart **K** Alain Dostie **M** Rex Taylor Smith **S** Diane Findalgo, André Corriveau **D** Kevin Costner (Ted), Sara Botsford (Maude), Paul Soles (Loebman), Gerard Parkes (Wilson), Ron Lean (Georges) **L** 79 **FSK** ab 16 **E** 28.1.1991 Video/24.4.1994 PRO 7 **fd** 29 123

THE HAMPTONS →Die Hamptons

THE HAMSTER FACTOR AND OTHER TALES OF TWELVE MONKEYS (THE HAMSTER FACTOR AND OTHER TALES OF TWELVE MONKEYS). Dokumentation des Entstehungsprozesses von Terry Gilliams »Twelve Monkeys«, die einen kritischen Einblick in die Möglichkeiten und Grenzen eines unabhängigen Filmemachers in Hollywood gewährt. ✦ USA 1996 **R+B+K** Keith Fulton, Louis Pepe **M** John Benskin **S** Keith Fulton, Louis Pepe **L** 90 **E** 15.4.1999 SF 1/DRS

THE HAND OF DEATH →John Woo – The Hand of Death

THE HANGING GARDEN (THE HANGING GARDEN). Nach zehn Jahren kehrt ein junger Mann anlässlich der Hochzeit seiner Schwester ins Elternhaus zurück. Aus dem stark übergewichtigen Einzelgänger, der in den Rückerinnerungen der Hauptfigur immer wieder auftaucht, ist ein schlanker Mittzwanziger geworden, der zu seiner Homosexualität steht, während sich die übrigen Familienmitglieder seither alle zum Negativen entwickelt haben. Sympathisches Familienporträt über einen Außenseiter. Trotz einer intensiven Darstellung menschlicher Abgründe lassen sich dramaturgische Mängel und stilistische Ungenauigkeiten indes nicht übersehen. ✦ Kanada 1997 **P** Triptych Media/Nova Scotia/The Harold Greenberg Fund/Channel Four/Emotion Pictures/Galafilm/Téléfilm Canada **KI** MFA **VA** pro-fun **Pd** Louise Garfield, Arnie Gelbart, Thom Fitzgerald **R+B** Thom Fitzgerald **K** Daniel Jobin **M** John Roby **S** Susan Shanks **D** Chris Leavins (William), Troy Veinotte (William als Teenager), Kerry Fox (Rosemary), Seanna McKenna (Iris), Peter MacNeill (Whiskey Mac), Christine Dunsworth (Violet) **L** 90 **FSK** ab 12 (Video) **E** 4.11.1999/8.3. 2000 Video **fd** 33 933

THE HARD TRUTH (THE HARD TRUTH). Ein hartgesottener Polizist will den Tresor des Stadtrats ausrauben. Zusammen mit dessen Sekretärin und einem eiskalten, tresorknackenden Wissenschaftler stoßen sie auf die Schmiergelder einer vom Rat bevorzugten Baufirma, hinter der sich allerdings die Mafia verbirgt. Doch mehr als das plagt den Polizisten nun die Eifersucht. Ein oberflächlich recht spannender Thriller, der aber auf unausgegorene psychologische Erklärungsversuche setzt und entsprechend wenig plastische Figuren bietet. Für den »Schuß Erotik« sorgen langatmige Softsexszenen. ✦ USA 1994 **P** Promark/Spectator **VA** Starlight **Pd** Brad Southwick, Gary Depew **R** Kristine Peterson **B** Jonathan Tydor **K** Ross Berryman **M** Daniel Licht **S** Kert van der Meulen **D** Eric Roberts (Chandler Etheridge), Michael Rooker (Jonah Mantz), Lysette Anthony (Lisa Kantrell), Ray Baker (Hamilton Nichols), Don Yesso (Luis Gisors) **L** 96 **FSK** ab 16 **E** 25.8.1994 Video/1.9.1995 premiere **fd** 30 989

THE HARD WAY (WALKING THE EDGE). Unterstützt von einem Taxifahrer, rächt eine attraktive Frau die Ermordung ihres Sohnes. Ein Selbstjustiz bejahender Film, nach einschlägigen Vorbildern inszeniert. ✦ USA/BR Deutschland 1983 **P** Marketing/Cinema Overseas/Empire **KI** Marketing **VA** Marketing **R** Norbert Meisel **B** Curt Allen **K** Ernie Poulos **M** Jay Chattaway **D** Robert Forster, Nancy Kwan, Joe Spinell, Al Martinez, Aarika Wells **L** 93 **FSK** ab 18; nf **E** 1.2.1985 Video

THE HARDER THEY COME (THE HARDER THEY COME). Mit Jimmy Cliff, dem Reggae-Musiker, als Volkshelden in der Hauptrolle, verweist der Film auf die elenden Zustände in den übervölkerten Slums von Kingston, der Hauptstadt Jamaikas. Es liegt jedoch soviel Distanz im Regiestil, daß eine aufrüttelnde Wirkung kaum erhalten bleibt. Da der Film großen Wert auf den Reggae legt, kommen Freunde dieser Musik voll auf ihre Kosten. (O.m.d.U.) – Ab 16. ✦ Jamaika 1972 **P** New World **KI** Atlas **Pd** Perry Henzel, Roger Corman **R** Perry Henzel **B** Perry Henzel, Trevor Rhone **K** Peter Jassop, Frank Saint-Just, David McDonald **M** Jimmy Cliff, F. Hibbert, Derek Harriot, Desmond Dekker, Toots and the Maytals **D** Jimmy Cliff (Ivanhoe Martin), Janet Bartley (Elsa), Carl Bradshaw (José), Ras Daniel Hartmann, Basil Keane **L** 88 **E** 1980 Kino

THE HARVEST (THE HARVEST). Ein Drehbuchautor mit ausgelaugter Fantasie wird bei der Suche nach Ideen aus dem Leben in Mexiko das Opfer von kriminellen Organhändlern und einer Niere beraubt. Ein ehrgeiziger Versuch, in Verbindung mit der aktuellen Problematik des Geschäfts mit Transplantationen die Verschiebungen zwischen Sein und Schein in der Medienproduktion kritisch darzustellen. In der effektund klischeevollen Gestaltung mehr irritierend als überzeugend, so daß die angestrebte Studie über das Verhältnis zwischen Dichtung und Wahrheit keine Aussagekraft gewinnt. (Videotitel: »Blutige Ernte«) ✦ USA 1992 **P** Morgan Mason/Jason Clark Prod. **KI** Delta **VA** VPS **Pd** Jason Clark, Morgan Mason **R+B** David Marconi **K** Emmanuel Lubezki **M** Dave Allen, Rick Boston **S** Hubert C. de la Bouillerie, Carlos Puente **D** Miguel Ferrer (Charlie Pope), Leilani Sarelle (Natalie), Harvey Fierstein (Bob), Henry Silva (Topo), Anthony John Denison (Guzman), Tim Thomerson (Steve Mobley) **L** 97 **FSK** ab 18 **E** 20.1.1994/ 25.8.1994 Video **fd** 30 648

THE HAUNTED SEA (THE HAUNTED SEA). Die Besatzung eines Frachters entdeckt ein »Geisterschiff«, das ohne Besatzung auf dem Meer treibt. Bei näherer Erkundung stellt sich heraus, daß das Schiff mit Waffen und einem Goldschatz des Azteken beladen ist. Letzterer ist jedoch mit einem Fluch belegt, und so treibt an Bord ein Monster sein Unwesen, dem die alte Besatzung bereits zum Opfer fiel und das sich jetzt über die Neuankömmlinge hermacht. In allen Belangen unterdurchschnittlicher Horrorfilm, in dem nicht nur materiell an allem gespart wurde. Mitleid erregt allenfalls das unbeholfene Ungeheuer, das mit einem unbeweglichen Gummikostüm durch die Szenerie stolpern muß. ✦ USA 1997 **P** Concorde **VA** Highlight **Pd** Marta M. Mobley **R** Daniel Patrick **B** T.C. McKelvey **K** John Aronson **M** Eric Wurst, David Wurst, Nigel Holton **S** Bob Berman **D** Joanna Pacula, Krista Allen, Don Stroud, James Brolin **L** 78 **FSK** ab 16 **E** 17.11.1997 Video **fd** 32 947

THE HAUNTING →The Terror – Schloß des Schreckens

THE HEROIC TRIO (DONGFAN SAN XIA / THE HEROIC TRIO). Zwei kampferprobte Frauen, die sich maskieren, um der Polizei im Hongkong der nahen Zukunft unerkannt zu Hilfe zu eilen, nehmen den Kampf mit einem bösen Geist auf, der schon 18 Babys entführt hat. Bald stößt eine dritte Frau zu ihnen, die sich vom Einfluß des Geistes befreien und zudem unsichtbar machen kann. Ein virtuos inszeniertes, bildgewaltiges Comic-Strip-Spektakel vor dem Hintergrund einer düsteren Welt der Zukunft, die nicht minder gespenstisch wirkt als das Reich des Bösen in der Kanalisation der Stadt. Neben präzise choreografierten Kampfszenen in fantasievollen Dekors stehen vielfache Bezüge sowohl zur chinesischen Mythologie als auch zu populären Trivialgenres. (O.m.d.U.; Videotitel: »Heroic Trio«) ✦ Hongkong 1993 **P** Taka Hill Film/China Entertainment **KI** Rapid Eye Movies **VA** Highlight **Pd** Ching Siu-Tung **R** Johnny To Kei Fung, Ching Siu-Tung **B** Sandy Shaw, Susanne Chan **K** Poon Hang Sang, Tam Lau **M** William Hu **D** Maggie Cheung (Chat/Thief Catcher), Michelle Yeoh (Ching/ Invisible Girl), Anita Mui (Wonder Woman), Anthony Wong (Kau), Damian Lau (Inspektor Lau) **L** 103 (81 Video) **FSK** ab 16 (Video) **E** 5.3.1998/31.8.1998 Video **fd** 33 008

THE HI-LO COUNTRY (THE HI-LO COUNTRY). Als nach dem Zweiten Weltkrieg ein heimkehrender Farmer seine heimliche Liebe in anderen Händen sieht und aus Trotz mit einer anderen anbandelt, führt das zu Neid und Missgunst, die sich zu einem gewalttätigen Drama ausweiten. In rohem, archaischem Tonfall erzählt, überzeugt dieses in seiner Anlage konventionelle Psychodrama durch die Wucht seiner Landschaftsfotografie und die Einbindung in die Ästhetik existentialistischer Spätwestern. – Ab 16. ✦ USA/Großbritannien 1998 **P** Working Title/Cappa-De Fina **KI** PolyGram **VA** Universal **Pd** Barbara De Fina, Martin Scorsese, Eric Fellner, Tim Bevan **R** Stephen Frears **B** Walon Green, nach einem Roman von Max Evans **K** Oliver Stapleton **M** Carter Burwell **S** Masahiro Hirakubo **D** Woody Harrelson (Big Boy Matson), Billy Crudup (Pete Calder), Patricia Arquette (Mona), Cole Hauser (Little Boy), James Gammon (Hoover Young), Penélope Cruz (Josepha), Sam Elliott (Jim Ed Love) **L** 114 **FSK** ab 12; f **FBW** bw **E** 15.4.1999/4.11.1999 Video **fd** 33 637

THE HIDDEN – DAS UNSAGBAR BÖSE (THE HIDDEN). Ein außerirdisches Wesen, das von einem Menschenkörper in den nächsten schlüpft, verübt serienweise Bluttaten, um die Erde zu beherrschen. Ein Polizeidetektiv und ein als FBI-Agent getarnter, gutartiger Alien machen ihm den Garaus. Purer Actionfilm mit wenigen Horror-Elementen, zynisch in seiner Brutalität, makaber im Witz, temporeich, aber letztlich ohne Höhepunkt. (Videotitel: »The Hidden«) ✦ USA 1987 **P** New Line Cinema/Heron Communications **KI** 20th Century Fox **SF** 20th Century Fox **VA** CBS/Fox **Pd** Robert Shaye, Gerald T. Olson, Michael Meltzer **R** Jack Sholder **B** Bob Hunt, Jim Kouf **K**

Jacques Haitkin **M** Michael Convertino **S** Michael N. Knue **D** Michael Nouri (Tom Beck), Kyle MacLachlan (Lloyd Gallagher), Ed O'Ross (Cliff Willis), Clu Gulager (Ed Flynn), Claudia Christian (Brenda Lee), Chris Mulkey (Jack Devris), Clarence Felder (Lt. John Masterson), Clu Gulager (Lt. Flynn), Katherine Cannon (Barbara Beck), John McCann (Sen. Holt) **L** 97 (gek. 90) **FSK** ab 18; f (gek. 16 V) **E** 8.6. 1989/Februar 1990 Video **fd** 27 531

THE HIDDEN II – THE SPAWNING (THE HIDDEN II – THE SPAWNING). Aus den Überresten eines vernichteten Aliens entwickelt sich eine neue Brut der außerirdischen Killermaschinen. Ein gutartiger Alien und die Tochter eines getöteten Alien-Jägers sagen den hummerartigen Parasiten den Kampf an. Dabei kommt sich das ungleiche Paar näher, doch die Angst des Aliens, sich durch die Erfahrung von Liebe zu einem bösartigen Wesen zu wandeln, überwiegt. Eine dramaturgisch unbeholfene, abstruse Geschichte, die mit schaurigen Dekors und zuweilen ausgefeilter Beleuchtungstechnik Spannung erzeugen will, sich aber zu sehr auf die Schockwirkung der detailliert ausgemalten Gewaltszenen verläßt. – Wir raten ab. ✦ USA 1992 **P** New Line **VA** Highlight **Pd** Michael Meltzer, David Helpern **R+B** Seth Pinsker **K** Bryan England **M** David McHugh **S** Christopher Cibelli **D** Raphael Sbarge (Mac Lachlan), Kate Hodge (Juliet), Jovin Montanaro (Stanton), Christopher Murphy (Tony Thompson), Michael Weldon (Detective Beck), Michael A. Nickles, Tony Di Benedetto (Bum), Michael Nouri (Dr. Beck im Flashback), Tom Tayback **L** 88 **FSK** ab 18 **E** 10.5.1994 Video/9.6.1995 premiere **fd** 30 812

THE HIGH COUNTRY (HIGH COUNTRY / THE FIRST HELLO). Ein verletzter Gefangener trifft auf seiner Flucht auf eine leicht geistig behinderte junge Frau, die ihn gesund pflegt. Auch als er versucht, sie zu vergewaltigen, hält sie zu ihm. Bald werden sie vom Vater der Frau aufgespürt. Als dieser nach Handgreiflichkeiten die menschlichen Qualitäten des Gefangenen erkennt, überredet er ihn, sich zu stellen, um nach der Haft sein Schwiegersohn zu werden. In einer grandiosen Landschaft angesiedelter Abenteuerfilm, dessen Geschichte nur dürftig motiviert ist. Die Kamera bemüht sich zwar um Romantik, die sich aber ebenso wenig einstellt wie Spannung. – Ab 16. ✦ Kanada 1986 **P** Crown/Canadian Development Corporation/Filmcorn **VA** Ufa **Pd** Bruce Mallen, Ken Gord **R** Harvey Hart **B** Bud Townsend **K** Robert Ryan **S** Ron Wisman **D** Timothy Bottoms (Jim), Linda Paul (Cathy), George Sims (Larry), James C. Lawrence (Casey) **L** 94 **FSK** ab 16 **E** 8.2.1991 Video **fd** 28 991

THE HIRED GUN (THE HIRED GUN). Billig produzierter Actionfilm. Auf der Suche nach Kunstschätzen, die die Nazis im besetzten Dänemark versteckten, hinterläßt ein Verbrecherpärchen eine blutige Spur, um seine Auftraggeber, aber auch einige Neonazis auszuschalten, die ihr Lager in einem Tunnelnetz aufgeschlagen haben. Nur ein Kriegsveteran, den es für die Suche brauchte, bietet ihm Paroli. ✦ Schweden 1989 **P** M. Nielsen Films Leisure **VA** Focus **Pd** Roger Lundey, Mogens Nielsen **R+B** Mats Helge **K** Karl Frode **M** Dough Anderson **D** Frederick Offrein, Tim Earle, Helena Michaelsen **L** 84 (gek. 80) **FSK** ab 18 (gek. 16) **E** 8.8.1991 Video

THE HIT (THE HIT). Zwei englische Killer spüren in Spanien einen ehemaligen Gangster auf, der vor zehn Jahren seine Komplizen verraten hat. Die Haltung des scheinbar gleichmütig den Tod erwartenden Mannes erweist sich als Lebenslüge. Meditativer Kriminalfilm, der sich mit menschlichen Verhaltensweisen in Extremsituationen auseinandersetzt. Das Thema wird nicht immer überzeugend entwickelt, doch liefert der ausgezeichnet gespielte Film eine Fülle von Denkanstößen. (TV-Titel: »Die Profi-Killer«) ✦ Großbritannien 1984 **P** Zenith/Recorded Picture/Central **KI** Filmwelt **VA** VCL/Virgin **Pd** Thomas Jeremy **R** Stephen Frears **B** Peter Prince **K** Mike Molloy **M** Paco de Lucia, Eric Clapton **S** Mick Audsley **D** Terence Stamp (Willie Parker), John Hurt (Braddock), Tim Roth (Myron), Laura Del Sol (Maggie), Bill Hunter (Harry), Lenie Peters (Corrigen) **L** 98 **FSK** ab 16; f **E** 24.4.1986/30.10.1986 Video/9.4.1988 ARD **fd** 25 663

THE HOLE (THE HOLE). Ein in seinen attraktiven Mitschüler verliebtes Mauerblümchen lässt sich mit seinem Schwarm und zwei weiteren Klassenkameraden in einen Bunker einsperren, um einer Schulexkursion zu entkommen. Als die junge Frau nach zwei Wochen als Einzige lebend zurückkehrt, entlockt eine Polizei-Psychologin ihr nach und nach die grausame Wahrheit. Ein in den kammerspielartigen Szenen druchaus überzeugend inszenierter, letztlich aber allzu konstruierter Teenie-Horrorfilm, der trotz ansprechender schauspielerischer Leistungen den Spannungsbogen nicht durchhält und sich in einen unglaubwürdigen Schluss-Gag flüchtet. – Ab 16. ✦ Scope. Großbritannien 2001 **P** Pathé Pictures/Cowboy Films/Granada Film/Impact Pictures/The Film Council/Le Studio Canal+ **KI** Tobis Studiocanal **Pd** Lisa Bryer, Jeremy Bolt, Pippa Cross **R** Nick Hamm **B** Ben Court, Caroline Ip, nach dem Roman »After the Hole« von Guy Burt **K** Denis Crossan **M** Clint Mansell **S** Niven Howie **D** Thora Birch (Liz), Daniel Brocklebank (Martin), Embeth Davidtz (Dr. Philippa Horwood), Keira Knightley (Frankie), Desmond Harrington (Mike), Laurence Fox (Geoff), Steve Waddington (Howard) **L** 102 **FSK** ab 16; f **E** 20.9.2001 **fd** 35 053

THE HOLLYWOOD SOUND (THE HOLLYWOOD SOUND). Die Dokumentation beleuchtet das »goldene Zeitalter« Hollywoods, die 30er und 40er Jahre, an Hand der Filmmusiken dieser Zeit. Sie versteht sich als Hommage an Komponisten wie Max Steiner, Dimitri Tiomkin, Franz Waxman und David Raskin. Filmausschnitte, Archivaufnahmen, Probendokumente und Standfotos ergänzen sich zu einem eindrucksvollen Gesamtbild, das den einstigen Glanz Hollywoods auferstehen läßt. – Ab 16. ✦ Teils schwarz-weiß. Frankreich 1995 **P** La Sept/arte/Les Films d'Ici/Altemate Current/NHK/France Supervision **R** Josh Waletzky **L** 85 **E** 4.10.1995 arte

THE HORROR STAR (THE HORROR STAR). Sieben Jugendliche entwenden den Leichnam eines berühmten Horrordarstellers aus seiner Gruft und treiben mit ihm ihre Scherze, bis seine Frau über ein Medium mit ihm in Kontakt tritt und ihn auffordert, sich an seinen Peinigern zu rächen. Eine Abfolge von Morden ist die Folge. Ein Horrorfilm ohne Atmosphäre und Fantasie, der nichts mit der reizvollen Ausgangsidee anzufangen weiß. ✦ USA 1982 **P** Screenwriters Prod. **KI** WaBo-Mondial **VA** Mondial **Pd** Patrick Wright, Tallie Wright **R+B** Norman Thaddeus Vane **K** Joel King **M** Jerry Moseley **S** Doug Jackson **D** Ferdy Mayne, Luca Berovici, Jennifer Starret, Nita Talbot, Barbara Pilavin, Leon Askin **L** 87 **FSK** ab 16; nf **E** 12.8.1983

THE HOT SPOT – SPIEL MIT DEM FEUER (THE HOT SPOT). In einer texanischen Kleinstadt verdingt sich ein Fremder als Autoverkäufer. Er raubt die örtliche Bank aus, verliebt sich in eine Buchhalterin, verfällt aber gleichzeitig einem verführerischen Vamp, vor dessen erpresserischer Raffinesse er schließlich die Waffen strecken muß. Ein nur in Ansätzen überzeugender Versuch einer Wiederbelebung der »Schwarzen Serie« und ihrer Mythen. Ästhetisch gelackt in betont »postmodernen« Bildern von allzu großer Beliebigkeit, bleibt der Film in der Behandlung des Themas sexueller Abhängigkeit unglaubwürdig. ✦ USA 1990 **P** Paul Lewis Prod. (für Orion Pictures) **KI** Delta **VA** Warner Home **Pd** Paul Lewis **R** Dennis Hopper **B** Nona Tyson, nach einem Roman von Charles Williams **K** Ueli Steiger **M** Jack Nitzsche **S** Wende Phifer Mate **D** Don Johnson (Harry Madox), Virginia Madsen (Dolly Harshaw), Jennifer Connelly (Gloria Harper), Charles Martin Smith (Lon Gulik), William Sadler (Frank Sutton), Jerry Hardin (George Harshaw) **L** 129 **FSK** ab 16; f **E** 17.1.1991/12.7.1991 Video/11.6.1993 premiere **fd** 28 679

THE HOURS AND TIMES (THE HOURS AND TIMES). Szenische Rekonstruktion der ungewöhnlichen Freundschaft zwischen dem Pop-Musiker und Komponisten John Lennon (»The Beatles«) und Brian Epstein, die im Frühjahr 1963 einen gemeinsamen Urlaub in Barcelona verbrachten. Während Epstein einen praktizierbaren Mittelweg zwischen Glücksrausch und tiefer Verzweiflung suchte, hatte Lennon seinen ersten Starruhm zu verkraften, worunter vor allem seine Ehe litt. (O.m.d.U.) ✦ Schwarz-weiß. USA 1991 **P** Antarctic Pictures **KI** Freunde der Deutschen Kinemathek **R+B+K** Christopher Münch **M** Narvaez, Johann Sebastian Bach **S** Christopher Münch **D** David Angus (Brian), Ian Hart (John), Stephanie Pack (Marianne), Robin McDonald (Quiñones), Sergio Moreno (Miguel) **L** 60 **E** 1992 Kino

THE HOUSE (A CASA). Ein Junge irrt wie in Trance durch ein Haus und lernt nach und nach dessen unterschiedliche Bewohner kennen. Dabei wird kein Mikrokosmos erschlossen, sondern eine Welt voller Rätsel entdeckt. Ein kontemplativer Film, der ohne viele Worte und mit experimentellen Mitteln das Haus als Lebensmittelpunkt beschreibt und versucht, auf seine meditative Art die ästhetischen Grenzen herkömmlicher Kinoproduktionen zu erweitern. ✦ Frankreich/Portugal/Litauen 1997 **P** Gemini Films/arte France Cinéma/Madragoa Filmes/Studio Kinema **Pd** Paulo Branco **R** Sarunas Bartas **B** Sarunas Bartas, Katerina Golubeva **K** Sarunas Bartas, Rimvydas Leipus **S** Mingaile Murmulaitiene **D** Francisco Nascimento, Valéria Bruni-Tedeschi, Alex Descas, Léos Carax **L** 120 **E** 9.6.2000 arte

THE HOUSE OF USHER (THE FALL OF THE HOUSE OF USHER). Roderick Usher, der blutleere letzte Sproß einer einst angesehenen Familie, lädt ein junges Paar auf sein Schloß ein. Er schaltet den Mann aus und bringt die Frau in seine Gewalt. Sein wahnsinniger Plan: sie soll ihm ein Kind gebären und dadurch das Blut derer von Usher auffrischen. Damit leitet er allerdings den Niedergang seines Geschlechts ein. Dritte Verfilmung der bekannten Geschichte von E. A. Poe, die die Handlung in die Gegenwart verlegt. Ein abstruser Schocker voller extremer Gewalttätigkeiten. ✦ USA 1988 **P** Breton Films **VA** 21st Century **R** Alan Birkinshaw, Gérard Kikoïne **B** Michael J. Durray, nach einer Kurzgeschichte von Edgar Allan Poe **D** Oliver Reed (Roderick Usher), Donald Pleasence (Clive Derrick), Romy Windsor (Molly McNulty) **L** 1988 **FSK** ab 18 **E** März 1990 Video

THE HOUSE ON TODVILLE ROAD →The Cult on Todville

THE HUMAN FACTOR (THE HUMAN FACTOR). Ein Beamter der britischen Spionageabwehr, aus moralischen Gründen zum Doppelagenten geworden, gerät in die Intrigenmaschinerie der ost-westlichen Geheimdienste, die sein Privatleben skrupellos zerstören. Eine Agentengeschichte als Parabel auf die Gefährdung menschlicher Bindungen, auf den Widerspruch von Politik und Gefühl. Otto Preminger verzichtet in seinem letzten Spielfilm auf Klischees und vordergründige Action, konzentriert sich statt dessen auf die geruhsame und differenzierte Entfaltung von Charakterporträts. (Fernsehtitel: »Der menschliche Faktor«) – Sehenswert ab 16. ✦ Großbritannien 1979 **P** Sigma/MGM-UA **VA** Ufa **R** Otto Preminger **B** Tom Stoppard, nach einem Roman von Graham Greene **K** Mike Malloy **M** Richard Logan, Gary Logan **D** Nicol Williamson (Maurice Castle), Iman (Sarah), Robert Morley (Percival), Richard Attenborough (Colonel Daintry), John Gielgud (Brigadier Tomlinson), Joop Doderer, Derek Jacobi **L** 110 **FSK** ab 12 **E** März 1985 Video/28.5.1986 ZDF **fd** 25 159

THE HUNT (COLD HEART). Die heftige Liebe eines Gaunerpärchens schlägt in grenzenlosen Haß um, als sie sich nach einem Juwelendiebstahl mit den erbeuteten Steinen aus dem Staub macht. Er nimmt die Verfolgung auf und ein lebensbedrohliches Spiel um Geld, Macht und Liebe nimmt seinen Lauf. Ein gut durchdachtes Road-Movie mit geschickt konstruierten Spannungsbögen, das dank der soliden Dramaturgie und seiner überzeugend agierenden Hauptdarsteller spannende Genre-Unterhaltung liefert. ✦ USA 1997 **P** Illusion Entertainment/Baumgarten-Prophet Entertainment (für 20th Century Fox) **VA** VPS **Pd** Dan Halsted, Craig Baumgarten, Adam J. Merims **R+B** John Ridley **K** Malik Hassan Sayeed **M** Mason Daring **D** David Caruso (Ned), Kelly Lynch (Jude), Stacey Dash (Dee), Chris Noth (T) **L** 92 (gek. 89) **FSK** ab 18 (gek. ab 16) **E** 10.7.1997 Video **fd** 32943

THE HUNTED – DER GEJAGTE (THE HUNTED). Ein Amerikaner, der in einer japanischen Großstadt einen Massenmörder zu Gesicht bekommen hat, wird von einer ganzen Heerschar von Ninja-Kriegern gejagt. Nach abenteuerlichen Verfolgungen und einer Vielzahl von Leichen gelangt er mit Hilfe eines Kampfsportlehrers auf eine Insel, auf der die Klinge geschmiedet wird, mit der man den Anführer der Ninjas köpfen kann. Ein abstoßender Film voller bluttriefender Massaker, basierend auf einem schwachsinnigen Drehbuch, angereichert mit unsäglichen Dialogen. – Wir raten ab. ✦ USA 1995 **P** Universal/Davis Entertainment **VA** CIC **DVD** Universal Home (16:9, 1.85:1, DD5.1 engl., DS dt.) **Pd** John Davis, Gary W. Goldstein, Yuriko Matsubara **R+B** J. F. Lawton **K** Jack Conroy **M** Motofumi Yamaguchi **S** Robert A. Ferretti, Eric S. Strand **D** Christopher Lambert (Paul Racine), John Lone (Kinjo), Joan Chen (Kirina), Yoshio Harada (Takeda), Yoko Shimada (Micko) **L** 106 **FSK** ab 18 **E** 24.1.1996 Video/6.9.2001 DVD **fd** 31862

THE HUNTED – GEJAGT BIS AUFS BLUT (THE HUNTED). Ein Mann wird hereingelegt und wandert unschuldig ins Gefängnis. Bereits nach kurzer Zeit befreit ihn ein südamerikanischer Unterweltboss, dessen Frau er einst das Leben rettete, und er macht sich auf die Spur der verräterischen Intrige. Dabei wird er mit der Entführung seiner Tochter konfrontiert: Sie fiel einer Agentur in die Hände, die mit Internet-Pornografie ihr Unwesen treibt. Der von einem äußerst populären Stuntman inszenierte Action-Thriller versucht, die konventionelle Handlung durch die vermeintlich »dunkle Seite des Internets« aufzuwerten. ✦ USA 1997 **Pd** Steven Baio, Neil P. White **R** Max Kleven **B** Jack Burkhead jr., Steven Baio **M** Ennio Di Berardo **D** Emmett James (Paul), Christopher Mayer (Jake McKnight), Carlos Cervantes (Ramon), Charlene Blane, Thomas Burr **L** ca. 90 **E** 8.6.2001 RTL II

THE HUNTER – EIN ERBARMUNGSLOSER JÄGER (HELL COMES TO FROGTOWN). Nach einem atomaren Krieg regieren einige überlebende Frauen und kontrollieren die Vermehrung, um die Menschheit vor Mutationen zu schützen. Ein frauenbetörender, selbstgefälliger Abenteurer wird eingespannt, um ihnen im Kampf gegen machtgierige Mutanten, halb Frosch, halb Mensch, beizustehen. Zunächst eine plakativ unterhaltsame Replik auf den sich ändernden Umgang mit Sexualität im Angesicht von Seuchen- und Ansteckungsgefahren, dann ein zunehmend trivialerer Actionfilm mit den üblichen Versatzstücken. ✦ USA 1987 **P** New World Pictures **VA** New Vision **Pd** Donald G. Jackson, Enrico Picard **R** R. J. Kizer, Donald G. Jackson **B** Randall Frakes **K** Donald G. Jackson, Enrico Picard **M** David Shapiro **S** R. J. Kizer, James Matheny **D** Roddy Piper (Sam Hell), Sandahl Bergman (Spangle), William Smith (Cpt. Devlin/Graf Sodom), Cec Verrell (Centinella), Rory Calhoun (Looney Tunes), Kristi Somers (Arabella), Nicholas Worth (Bull), Eyde Byrde (Patton), Brian Frank (Commander Toty), Cliff Bemis (Leroy) **L** 82 **FSK** ab 18 **E** Mai 1988 Video **fd** 27207

THE HUNTERS – JÄGER DES TODES →Die Jäger (1996)

THE IDIOTS →Idioten

THE IMAGEMAKER (THE IMAGEMAKER). Mit kompromittierenden Tonbandaufnahmen, die eine Verbindung des Präsidenten der Vereinigten Staaten mit dem organisierten Verbrechen belegen, will der ehemalige Medienberater des Regierungschefs zurück ins Zentrum der Macht, aus dem er wegen seines gefährlichen »Hintergrundwissens« verdrängt wurde. Routinierter Thriller um Macht und ihren Erhalt mit allen Mitteln. (Fernsehtitel: »Im Zentrum der Macht«) – Ab 16. ✦ Scope. USA 1986 **P** Screenscope/Castle Hill-Manson International **KI** Progress **VA** Ufa **Pd** Marilyn Weiner, Hal Weiner **R** Hal Weiner **B** Dick Goldberg, Hal Weiner **K** Jacques Haitkin **M** Fred Karns **S** Terry Halle **D** Michael Nouri (Roger Blackwell), Anne Twomey (Molly Grainger), Jerry Orbach (Byron Caine), Jessica Harper (Cynthia), Farley Granger (Botschafter), Richard Bauer (Morris Brodkin), Roger Frazier (Victor Griffin) **L** 93 **FSK** ab 16 (Video) **E** 22.4.1988 Kino DDR/Dezember 1986 Video/3.2.1994 RTL 2

THE IMMORTALS →Gunpowder

THE IMPOSTER (THE IMPOSTOR). Ein sympathischer kleiner Gauner erschwindelt sich nach seiner Haftentlassung die Stelle eines Schuldirektors, die niemand sonst haben wollte. Er nimmt sich der Probleme der Schüler an, und mit Hilfe eines alten Freundes erklärt er den Drogenhändlern, die »seine« Schule unsicher machen, den Kampf. Am Ende ist nicht nur das Schulproblem gelöst, sondern auch die ehrliche Zukunft des Helden gesichert. Unterhaltsame Highschool-Komödie, die eine nicht ganz unernste Geschichte locker erzählt. (Fernsehtitel: »Ein Schwindler auf dem Weg nach oben«) – Ab 16 möglich. ✦ USA 1984 **P** Comworld International **VA** All **R** Michael Pressman **B** Eric Hendershot, Dori Pierson, Marc Rubel **K** Andrew M. Costikyan **M** Craig Safan **S** Millie Moore **D** Anthony Geary, Lorna Patterson, Jordan Charney, Penny Johnson, Ken Olandt **L** 91 **FSK** ab 16 **E** August 1987 Video

THE IMPOSTORS (THE IMPOSTORS). In den 30er-Jahren verschlägt es zwei arbeitslose Schauspieler auf der Flucht auf einen Luxusdampfer. Dort versuchen sie, sich unerkannt als Stewards durchzuschlagen, was angesichts der skurrilen Schiffsgäste und Mannschaft nicht so schwer ist. Eine von guten Darstellern getragene Komödie, die das Metier und das menschliche Streben nach mehr Schein als Sein reflektiert. Wenig konsequent und stringent entwickelt, büßt der als Hommage an Hollywoods große Komödienzeit konzipierte Film zu viel von seinem amüsanten Witz ein, um wirklich zu überzeugen. – Ab 14 möglich. ✦ USA 1998 **P** Fox Searchlight Pictures/First Cold Press **KI** Twentieth Century Fox **VA** Fox Home **Pd** Beth Alexander, Stanley Tucci **R+B** Stanley Tucci **K** Ken Kelsch **M** Gary DeMichele **S** Suzy Elmiger **D** Oliver Platt (Maurice), Stanley Tucci (Arthur), Walker Jones (Maitre D.), Jessica Walling (attraktive Frau), David Lipman (Baker), Steve Buscemi (Happy Franks), Lili Taylor (Lily), Isabella Rossellini (Königin/verschleierte Frau) **L** 100 **FSK** ab 6; **f FBW w E** 20.7.2000/27.2.2001 Video **fd** 34365

THE INFILTRATOR (THE INFILTRATOR). Ein amerikanischer Journalist, der einen Artikel über Neonazismus in Deutschland schreiben soll, ist dermaßen schockiert über die Ansichten und Methoden der rechtsradikalen Szene, daß er sich der Wiesenthal-Stiftung als verdeckter Ermittler zur Verfügung stellt, um den Denker im Hintergrund zu entlarven. Vordergründiger Krimi, der jegliche Zwischentöne zugunsten plumper Eindeutigkeit vermeidet. Als Darstellung des schwerwiegenden gesellschaftlichen Problems des Neonazismus inakzeptabel. ✦ USA 1995 **P** HBO Showcase/Francine Lefrak/Carnival Films **VA** MIC **Pd** Brian Eastman **R** John Mackenzie **B** Guy Andrews, nach einem Roman von Yaron Svoray und Nick Taylor **K** Michael Coulter **M** Hal Lindes **S** Graham Walker **D** Oliver Platt (Yaron), Arliss Howard (Eaton), Peter Riegert (Rabbi Cooper), Julian Glover (Bielert), Tony Haygarth (Günther) **L** 89 **FSK** ab 18 **E** 23.5.1996 Video **fd** 32018

THE INFLUENCE OF STRANGERS (THE INFLUENCE OF STRANGERS). Eine Frau nimmt den Telefonhörer ab und beantwortet Fragen nach ihrer Vergangenheit, ihrer Familie, ihrem gegenwärtigen sozialen und wirtschaftlichen Status. Dabei streift sie durch ihre Wohnung, wo Gegenstände ihres alltäglichen Gebrauchs die Aufmerksamkeit erregen. Die Gegenstände werden zu abstrakten Formulierungen menschlicher Sehnsüchte. Der Film bedient sich keiner narrativen Struktur und versucht, in einer experimentellen Filmsprache über die Darstellung des vermeintlich Vertrauten hinaus auf die »größere Dimension« des Menschseins zu blicken. Ein kompliziérter und anstrengender Film, aber nicht ohne leisen Humor. (O.m.d.U.) ✦ Teils schwarz-weiß. USA 1986 **P** Mark Daniels Prod. **SF** Freunde der Deutschen Kinemathek **Pd+R+B+K** Mark Daniels **S** Mark Daniels **L** 76 **E** 1986 Kino

THE INFORMANT (THE INFORMANT). Ein IRA-Killer soll nach seiner Verhaftung als Kronzeuge gegen seine Hintermänner aufgebaut werden. Gegenspieler ist ein britischer Chief Inspector, der in der Wahl seiner Mittel keineswegs zimperlich ist. Polit-Thriller vor aktuellem Hintergrund, der eine sattsam vertraute Geschichte auf solide, aber wenig originelle Weise fortschreibt. ✦ Irland 1997 **P** Showtime **VA** Splendid **Pd** Leon Falk **R** Jim McBride **B** Nicholas Meyer **K** Affonso Beato **M** The Pogues **D** Anthony Brophy (Gingy McAnally), Timothy Dalton (Inspektor Rennie), Cary Elwes (Leutnant Ferris), Maria Lennon (Roisin McAnally), Sean McGinley (Frankie Conroy) **L** 101 **FSK** ab 12 **E** Herbst 1998 Video

THE INNOCENT – JAGD AUF EIN UNSCHULDIGES KIND (THE INNOCENT). In der Thematik an »Der einzige Zeuge« angelehnter Fernseh-Kriminalfilm: Ein fünfjähriger autistischer Junge ist der einzige Augenzeuge eines brutalen Raubüberfalles. Während die Gangster das Kind aus dem Weg räumen wollen, wird es von einem Polizeibeamten und einer Psychotherapeutin in Obhut genommen. – Ab 16. ✦ USA 1994 **R** Mimi Leder **B** David Venable **M** Anthony Marinelli **D** Kelsey Grammer (Leutnant Frank Barlow), Polly Draper (Pamela Sutton), Carlos Gomez (Ramirez), Keegan MacIntosh (Gregory White), Dean Stockwell (Jason Flaboe) **L** 88 **E** 2.10.1995 Pro Sieben

THE INSIDER (THE INSIDER). Ein von seinem Arbeitgeber, einem Tabakkonzern, entlassener Chemiker will mit seinem Wissen über die Manipulation des Nikotinanteils in Zigaretten an die Öffentlichkeit treten. In einem Fernsehjournalisten findet er zwar einen Verbündeten, doch beide müssen sich zunächst der Macht ihrer Firmen beugen, die mit massiven Repressalien aufwarten. Ein brillant fotografierter Politthriller, getragen von guten Hauptdarstellern, der auf veräußerlichte Gewaltakte verzichtet und seine Spannung durch die Darstellung struktureller Gewalt aufbaut. Zugleich eine eindrucksvolle Studie über die Manipulationsmechanismen der Medien. (Videotitel: »Insider«) – Sehenswert ab 16. ✦ Scope. USA 1999 **P** Touchstone Pictures/Spyglass Entertainment/Mann-Roth Prod./Forward Pass Picture **KI** Constantin **VA** VCL **DVD** VCL (16:9, 2.35:1, DD5.1 engl./dt.) **Pd** Michael Mann, Pieter Jan Brugge **R** Michael Mann **B** Eric Roth, Michael Mann **K** Dante Spinotti **M** Lisa Gerrard, Pieter Bourke **S** William Goldenberg, Paul Rubell, David Rosenbloom **D** Russell Crowe (Jeffrey Wigand), Al Pacino (Lowell Bergman), Christopher Plummer (Mike Wallace), Diane Venora (Liane Wigand), Philip Baker Hall (Don Hewitt), Lindsay Crouse (Sharon Tiller), Hallie Kate Eisenberg (Barbara Wigand), Wings Hauser (Anwalt der Tabakindustrie) **L** 158 **FSK** ab 6; **f FBW bw E** 27.4.2000/17.10.2000 Video/18.10.2000 DVD **fd** 34234

THE INSPECTORS – DER TOD KOMMT MIT DER POST (THE INSPECTORS). Ein Ehepaar wird Opfer eines Briefbombenattentats. Der eigene Sohn, der als Sprengstoffexperte bei der Navy tätig ist, gerät in Verdacht, doch zwei mit dem Fall beauftragte Postinspektoren ermitteln, dass der junge Mann das eigentliche Ziel des Anschlags war. Nun ist er auf der

Flucht, und eine weitere Bombe auf dem Weg. Fürs Fernsehen produzierter Thriller. ✦ USA 1998 **P** Showtime **Pd** Colleen Nystedt **R** Brad Turner **B** Bruce Zimmerman **K** Bert Dunk (= Albert J. Dunk) **M** Terry Frewer **S** Ron Yoshida **D** Louis Gossett jr. (Insp. Frank Hughes), Jonathan Silverman (Insp. Alex Urbina), Greg Thirloway (Insp. Hank Bridges), Tobias Mehler (Drew Carrigan), Jr. Bourne (Dwayne), Laurie Paton (Susan Scott), Shaun Johnston (Sheriff Glover) **L** 105 **E** 26.7.2001 RTL II

THE INSPECTORS – ZERRISSENE BEWEISE (INSPECTORS 2: A SHRED OF EVIDENCE). Zwei interne Ermittler der Postdirektion in Baltimore suchen einen Betrüger in den eigenen Reihen, der sich mit nagelneuen Kreditkarten auf Kosten ihrer Inhaber ein schönes Leben macht. Solide inszenierter und gespielter (Fernseh-)Krimi, konzipiert als Fortsetzungsfilm. ✦ USA 2000 **P** Showtime **R** Brad Turner **B** Bruce Zimmerman **K** Albert J. Dunk **M** Terry Frewer, Clinton Shorter **S** Ron Yoshida **D** Louis Gossett jr. (Inspector Frank Hughes), Jonathan Silverman (Inspector Alex Urbina), Michael Madsen (Joe), Samantha Ferris (Lauren Urbina), Greg Thirloway (Inspector Hank Bridges) **L** 93 **E** 10.1.2001 Premiere World

THE INTRUDER → Der Intruder

THE INTRUDER – ANGRIFF AUS DER VERGANGENHEIT (THE INTRUDER). Eine junge Französin, die in New York Hals über Kopf einen Musik-Produzenten heiratet, fühlt sich nach einer kurzen Zeit des Glücks, von dessen verstorbener Frau verfolgt, die regelmäßig die gemeinsame Wohnung heim zu suchen scheint. Ein inhaltlich unterentwickelter Thriller, der die Ambivalenz seiner Geschichte nicht zu nutzen versteht, sondern sich in konzeptioneller Planlosigkeit ergeht und durch seinen vermeintlich intellektuellen Überbau jeden Unterhaltungswert sabotiert. – Ab 16. ✦ Großbritannien 1999 **P** GFT Kingsborough Films **VA** Highlight **DVD** Highlight (16:9, 1.85:1, DD5.1 dt./engl.) **Pd** Jamie Brown, Pieter Kroonenburgh **R** David Bailey **B** Jamie Brown, nach einem Roman von Brooke Laimas **K** Jean Lenine **M** Frank Ufman **S** Angelo Corrao **D** Charlotte Gainsbourg (Catherine Girard), Molly Parker (Daisy), Charles Powell (Nick), Nastassja Kinski (Badge), John Hannah (Charlie) **L** 91 **FSK** ab 12 **E** 11.5.2000 Video/ 6.7.2000 DVD **fd** 34 389

THE INVADER – KILLER AUS EINER ANDEREN WELT (THE INVADER). Eine eigentlich unfruchtbare junge Frau läßt sich auf ein Schäferstündchen mit einem Fremden ein und muß feststellen, daß sie durch einen Kuß schwanger geworden ist. Der Mann offenbart ihr, er sei ein Außerirdischer, der seine Rasse vor der Vernichtung durch genmanipulierte Aliens retten will. Er bittet die Frau, ihn auf seinen Planeten zu begleiten. Zuvor müssen sie sich den Nachstellungen eines Widersachers und eines Dorfpolizisten erwehren. Science-Fiction-Film mit haarsträubendem Plot und unfreiwilliger Komik auf dem Niveau einer Fernsehserie; kurzweilig allenfalls durch gelungene Computereffekte. (Fernsehtitel: »The Invader – Spur des Alien«) – Ab 16. ✦ USA/ Kanada 1997 **P** SPIN Limited Partnership (Spectator Films/Promark) **VA** Warner Home **Pd** Lisa Richardson **R+B** Mark Rosman **K** Gregory Middleton **M** Todd Hayen **S** Joseph Gutowski **D** Sean Young (Annie), Ben Cross (Renn), Daniel Baldwin (Polizist Jack), Nick Mancuso (Willard), Lynda Boyd (Gail), Tim Henry (alter Cop) **L** 93 (gek. 92) **FSK** ab 18 (gek. ab 16) **E** 19.12.1997 Video/2.2.1999 Premiere **fd** 33 047

THE INVADERS – INVASION AUS DEM ALL (2) → The New Invaders I + II

THE INVISIBLE CIRCUS (THE INVISIBLE CIRCUS). Eine junge Amerikanerin macht sich 1977 auf den Weg nach Europa, um das Schicksal ihrer Schwester zu ergründen, die sich dort sechs Jahren zuvor das Leben nahm. Während die Verquickung des lyrischen Road Movies mit (Rückblenden-)Erinnerungen an politisch brisante Zeiten weitgehend misslingt, entwickelt der in den Hauptrollen ausgezeichnet besetzte Film in den psychologisch stimmigen Figurenkonstellationen einige starke Momente persönlicher Beziehungsaufarbeitung. (Videotitel: »Deadly Shadows«) – Ab 14. ✦ USA 2000 **P** Fine Line/Industry Entertainment/Nicolas Entertainment **KI** Kinowelt **VA** Kinowelt Home **DVD** Kinowelt Home **Pd** Julia Chasman, Nick Wechsler **R** Adam Brooks **B** Adam Brooks, nach dem gleichnamigen Roman von Jennifer Egan **K** Henry Braham **M** Nick Laird-Clowes **S** Elisabeth Kling **D** Jordana Brewster (Phoebe), Christopher Eccleston (Wolf), Cameron Diaz (Faith), Moritz Bleibtreu (Erik), Isabelle Pasco (Claire), Blythe Danner (Gail), Camilla Belle (Phoebe als 12-Jährige) **L** 93 **FSK** ab 12; f **E** 28.6.2001/5.2.2002 Video & DVD **fd** 34 971

THE IRON GIRL (THE IRON GIRL). Eine junge Frau rächt sich für ihre Vergewaltigung durch eine Clique von Motorrad-Rowdys, indem sie nach einem Schnell-Karate-Kurs alles daran setzt, in die Gang aufgenommen zu werden, um das Übel »sachgerecht« bekämpfen zu können. Harter Actionfilm eines einschlägig vorbelasteten Regisseurs, der kein Interesse an der Entwicklung einer eigenständigen Geschichte zeigt, sondern lediglich das altvertraute Rachethema variiert. ✦ USA 1994 **R** Larry Ludman (= Fabrizio de Angelis) **B** Daniel Baker **D** Sarah Brooks, Ray Coleman, Markus Trautman, Jerry Pacific, Martha Kelly **L** 95 **E** 19.3.2001 RTL II

THE IRON TRIANGLE (THE IRON TRIANGLE). Vietnam-»Bericht« eines hartgesottenen amerikanischen Berufssoldaten: Im Dschungel-Gefecht verschonte er einen 17jährigen Vietcong, worauf dieser, ein Lehrersohn, ihn später als Gefangenen entkommen ließ. Der Offizier erkennt, daß »auf der anderen Seite auch Menschen kämpften«. Ein aufwendig inszenierter Kriegsfilm nach üblichen Mustern und mit den herkömmlichen Rollenverteilungen – Kriegskino einmal mehr im patriotischen alten US-Feuerwerksstil. (TV-Titel auch: »Iron Triangle – Das Gesetz des Todes«) ✦ USA 1988 **P** Scotti Brothers Pictures **VA** VCL/Virgin **Pd** Tony Scotti, Angela P. Shapiro **R** Eric Weston **B** Eric Weston, John A. Bushelman, Larry Hilbrand **K** Irv Goodnoff **M** Michael Lloyd, John D'Andrea, Nick Strimple **S** Roy Watts **D** Beau Bridges (Captain Keene), Haing S. Ngor (Captain Tuong), Jim Ishida (Khoi), Ping Wu (Pham), Liem Whatley (Ho) **L** 91 (gek. 89) **FSK** ab 18 (gek. 16) **E** Dezember 1989 Video **fd** 28 123

THE JAMES GANG (FRANK AND JESSE). Unter den Eindrücken eines tausendfachen Sterbens, das er im amerikanischen Bürgerkrieg erleben mußte, wird Jesse James zum Desperado und führt zusammen mit seinem Bruder Frank und den Younger-Brüdern einen erbarmungslosen Kampf gegen die Männer, die das Gesetz schreiben, es aber ständig mißachten. Weitere Aufbereitung der bekannten Western-Legende als handwerklich solider kleiner Spätwestern mit lakonischem Humor, etwas Sentimentalität und einigen blutrünstigen Szenen, der sich darum bemüht, den Weg des legendären Outlaws in die Kriminalität zu erklären. ✦ USA 1995 **P** Trimark **VA** VCL/ Carolco **Pd** Cassian Elwes, Elliott Kastner **R+B** Robert Boris **K** Walt Lloyd **M** Mark McKenzie **S** Christopher Greenbury **D** Rob Lowe (Jesse James), Bill Paxton (Frank James), Randy Travis (Cale Younger), Dana Wheeler-Nicholson (Annie), William Atherton (Allan Pinkerton) **L** 102 **FSK** ab 16 **E** 20.11.1995 Video **fd** 31 909

THE JAZZ SINGER (THE JAZZ SINGER). Ein junger jüdischer Kantor macht gegen den Widerstand seiner Familie Karriere als Popstar. Trivialer, sehr vordergründig gefühlsbetonter Musikfilm. Die Handlung dient weitgehend nur als Vorwand für die musikalische Selbstdarstellung des Stars Neil Diamond und liefert allenfalls vereinfachende politische Leitbilder. (Alternativtitel: »Der Jazz-Sänger«) – Ab 16. ✦ Großbritannien 1980 **P** EMI/GJL **KI** Neue Constantin **Pd** Jerry Leider **R** Richard Fleischer **B** Herbert Baker, Stephen H. Foreman, nach einem Bühnenstück von Samuel Raphaelson **K** Isidore Mankofsky **M** Leonard Rosenman, Neil Diamond **S** Frank J. Urioste, Maury Weintrobe **D** Neil Diamond (Jess Robin), Laurence Olivier (Cantor Rabinovitch), Lucie Arnaz (Molly Bell), Catlin Adams (Rivka Rabinovitch), Franklyn Ajaye (Bubba) **L** 116 **FSK** ab 12; f **E** 14.8.1981/19.11. 1988 DFF 1 **fd** 23 088

THE JULY GROUP (THE JULY GROUP). Vier bewaffnete Männer dringen in das Haus eines Bankiers ein, nehmen seine Familie als Geiseln und fordern von dem überzeugten Quäker vier Millionen Dollar Lösegeld. Die Gewaltlosigkeit des Quäkers stellt die Gangster vor Probleme und verwickelt sie schließlich in eine Katastrophe. Ein überwiegend langweiliger Kriminalfilm nach stereotypen Mustern, der aus der interessanten psychologischen Grundkonstellation kein Kapital zu schlagen weiß. ✦ **P** Canadian Broadcasting Corp. **VA** Starlight **R** George McCowan **B** Lister Sinclair, nach einem Roman von Stanley Ellin **K** Brian R. R. Hebb **M** Samuel Matlovsky **D** Ken Pogue, Nicholas Campbell, Chapelle Jaffe, Tom Butler, Maury Chaykin **L** 73 **FSK** ab 16 **E** 10.2.1987 Video **fd** 26 631

THE KEY – DER SCHLÜSSEL (LA CHIAVE). In geheimen Tagebüchern offenbaren ein alternder Kunstprofessor und seine Frau einander ihre erotischen und sexuellen Wünsche und Erfahrungen. Das Plädoyer für Schrankenlosigkeit bis hin zum Inzest will als Emanzipationsbeitrag verstanden werden, verfällt aber in seiner plakativ-spekulativen Erzählweise eben jener Frauenverachtung, die überwunden werden soll. Obwohl der Film das Venedig der Jahre 1940/41 zum Schauplatz hat, versäumt er es, den Faschismus organisch in die Handlung einzufügen bzw. einen Bezug zwischen Sexualität und Macht aufzuzeigen. – Wir raten ab. ✦ Italien 1983 **P** San Francisco **KI** Ascot/Avis **VA** EuroVideo **Pd** Giovanni Bertolucci **R** Tinto Brass **B** Tinto Brass, nach einem Roman von Junichiro Tanizaki **K** Silvano Ippoliti **M** Ennio Morricone **S** Tinto Brass **D** Stefania Sandrelli (Teresa Rolfe), Frank Finlay (Nino Rolfe), Barbara Cupisti (Lisa Rolfe), Franco Branciaroli (Laszlo Apony), Maria Grazia Bon **L** 104 (Orig. 116) **FSK** ab 18; nf **E** 3.2.1984/1984 Video **fd** 24 420

THE KICK FIGHTER (THE KICK FIGHTER). Ein junger blonder Mann, der sich in Bangkok als Straßenkämpfer verdingt, im Kampf gegen eine Verbrecherorganisation. Die lächerliche Story des billigen Actionfilms ist nur Vorwand für blutrünstige Schlägerszenen und rassistische Figurenzeichnungen. – Wir raten ab. ✦ USA 1988 **P** Anthony Maharaj Prod. **KI** Mercator **VA** Focus **Pd+R** Anthony Maharaj **B** Noah Blough, Anthony Maharaj **K** Johnny Araojo **M** Ron Jones **S** Bass Santos **D** Richard Norton (Ryan Travers), Franco Guerrero (Chat Wat), Erica van Wagener (Katie Travers), Glenn Ruehland (Zach), Steve Rackman (Bodo) **L** 94 **FSK** ab 18; f **E** 7.9.1989/26.9.1989 Video **fd** 27 863

THE KID (THE KID). Vagabund Charlie liest in den Londoner Slums ein ausgesetztes Baby auf und findet sich – zuerst widerstrebend, dann mit Hingabe – in die Rolle des Pflegevaters. Als die inzwischen zur berühmten Schauspielerin avancierte ledige Mutter auftaucht, scheint die Stunde der Trennung gekommen, aber Charlies schöner Traum wird wahr: Alle drei finden zu einer glücklichen Familie zusammen. Chaplin reflektiert in seinem ersten abendfüllenden Spielfilm die eigene Kindheit. Eine sentimentale, bittere, sozialkritische Tragikomödie, in der sich Realismus, Romantik und Phantasmagorie dank Chaplins und des kleinen Jackie Coogans unwiderstehlicher Darstellung mit Gags und Slapsticks zu einem großen Kinovergnügen verbinden. (Alternativtitel: »Der Vagabund und das Kind«) – Sehenswert ab 6. ✦ Schwarz-weiß. USA 1920 **P** First National **VA** Taurus **Pd+R+B** Charles Chaplin **K** Roland H. Totheroh **M** Conny Schumann **D** Charles Chaplin (Der Vagabund), Jackie Coogan (The Kid), Edna Purviance

(Die Mutter), Carl Miller (Künstler), Tom Wilson (Polizist) **L** 55 **FBW** w **E** Wiederaufführung April 1955/2.5.1958 DFF 1/9.10.1997 Video **fd** 4 037

THE KID – IMAGE IST ALLES (DISNEY'S THE KID). Ein zynischer Image-Berater, der seine Umwelt schikaniert, wird mit einem kleinen Jungen konfrontiert, der fortan nicht mehr von seiner Seite weicht. Mit Schrecken müssen die beiden feststellen, dass sie ein und dieselbe Person sind. Die an Charles Dickens' »A Christmas Carol« angelehnte Geschichte einer Menschwerdung, die nur wenig Interesse an der moralisierenden Filmerzählung hat. Vielmehr dient sie in erster Linie als Projektionsfläche für den Star Bruce Willis, der einmal mehr die Gelegenheit ergreift, sein Image als Actionheld hinter sich zu lassen. DVD: Die Extras umfassen u. a. einen dt. untertitelten Audiokommentar des Regisseurs und des Darstellers Spencer Breslin. – Ab 14. ✦ USA 2000 **P** Walt Disney Pictures **KI** Buena Vista **VA** Buena Vista **DVD** Buena Vista (16:9, 1.85:1, DD5.1 engl./dt.) **Pd** Jon Turteltaub, Christina Steinberg, Hunt Lowry **R** Jon Turteltaub **B** Audrey Wells **K** Peter Menzies **M** Marc Shaiman **S** Peter Honess, David Rennie **D** Bruce Willis (Russ Duritz), Spencer Breslin (Rusty Duritz), Emily Mortimer (Amy), Lily Tomlin (Janet), Jean Smart (Deirdre Lafever), Chi McBride (Kenny) **L** 104 **FSK** o. A.; f **E** 5.10.2000/5.4.2001 Video & DVD **fd** 34 466

THE KIDS ARE ALRIGHT (THE KIDS ARE ALRIGHT). Ein launiger Versuch, das musikalische Porträt einer Popgruppe im Laufe ihrer bis dahin 15 Jahre anhaltenden Karriere zu zeichnen. Live- und Fernsehauftritte wechseln mit Interviewszenen und ironischen Selbstdarstellungen der Gruppenmitglieder. Eine überwiegend witzige, verwirrende und musikalisch fesselnde Dokumentation über ein wichtiges Kapitel der Rockgeschichte. – Ab 12. ✦ Teils schwarz-weiß. Großbritannien 1978 **P** Rock Films **KI** Neue Constantin **R+B** Jeff Stein **K** Peter Nevard, Norman Wexler, Anthony B. Richmond **M** The Who **D** Roger Daltrey, Pete Townshend, John Entwistle, Keith Moon **L** 101 **FSK** ab 12; f **E** 21.12.1979 **fd** 22 320

THE KILLER (DIEXUE SHUANGXIONG / THE KILLER). Ein Profikiller in Hongkong blendet bei einem Auftrag unbeabsichtigt eine junge Sängerin und beschließt, ihr zu helfen. Bei seinem letzten Auftrag, der das Geld für eine Augenoperation bringen soll, gerät er in einen aussichtslosen Kampf gegen einen Triadenboß, wobei er in einem Polizisten eine verwandte Seele und einen Freund findet. Ein stilisiertes, visuell erstaunliches Actiondrama, in dem der fulminante Einsatz von Gewalt und Schießereien weniger als Selbstzweck erscheint, sondern als Teil eines facettenreichen Zeichensystems. Bei aller Härte entwickelt sich so eine fast »romantische Studie« über Schuld und Sühne, Liebe und Verzicht, Freundschaft und Ehre. (Der Film wurde bereits 1990 in einer unzulänglichen Videofassung als »Blast Killer« vertrieben; erst die Kinoversion sowie der 1997 erstmalig auf Video erschienene »Director's Cut« lassen die Qualitäten des Films erkennen. Kino: O.m.eng.U.) ✦ Hongkong 1989 **P** Film Workshop **KI** Rapid Eye Movies **VA** New Vision (frühe Version/Highlight (Director's Cut) **DVD** VCL/Laser Paradise (FF P&S, DD2.0 engl./dt.) **Pd** Tsui Hark **R+B** John Woo **K** Wong Wing-Hang, Peter Pao **M** Lowell Lo **S** Fan Kung-ming **D** Chow Yun-Fat (Jeff), Sally Yeh (Jenny), Danny Lee (Inspektor Li), Chu Kong (Sidney Fung), Kenneth Tsang (Sergeant Chang), Shing Fui-on (Johnny Wenig) **L** 110 (Video fr. 104/118) (DVD 18) **E** 13.8.1990 Video/13.2.1997 Kino/13.2.1997 Video (Director's Cut)/10.8.1999 DVD **fd** 32 399

THE KILLING (THE KILLING). Eine bunt zusammengewürfelte Gruppe Krimineller überfällt das Wettbüro einer Pferderennbahn, doch ihr minutiös ausgetüftelter Plan scheitert an einer Reihe von Unwägbarkeiten, banalen Zufällen sowie der Habgier einzelner Bandenmitglieder. Frühes Meisterwerk des damals 28-jährigen Stanley Kubrick: ein intelligenter, packender Kriminalfilm, der durch seine Besetzung ebenso besticht wie durch die ausgeklügelte Bildsprache, die die spannungsgeladene Beziehung zwischen den Personen augenfällig dramatisiert; inszeniert mit kühler Präzision und einem Anflug von bitterer Ironie. (Erster Kinotitel: »Die Rechnung ging nicht auf«; Videotitel: »Killing«; Neustart 2001: O.m.d.U.) – Sehenswert ab 14. ✦ Schwarz-weiß. USA 1956 **P** Kubrick-Harris Prod. **KI** Alamode/MFA Classics (Erstverleih: United Artists) **VA** Warner Home **Pd** James B. Harris **R** Stanley Kubrick **B** Stanley Kubrick, Jim Thompson (zusätzliche Dialoge), nach dem Roman »Clean Break« von Lionel White **K** Lucien Ballard **M** Gerald Fried **S** Betty Steinberg **D** Sterling Hayden (Johnny Clay), Coleen Gray (Fay), Elisha Cook jr. (George Peatty), Marie Windsor (Sherry Peatty), Jay C. Flippen (Marvin Unger), Ted de Corsia (Randy Kennan) **L** 85 **FSK** ab 12 (Video) **E** 27.11.1956/10.5.1969 ARD/6.12.2001 Neustart Kino **fd** 35 174

THE KILLING BOX (THE KILLING BOX). Amerika während des Bürgerkriegs: Ein Offizier der Nordstaaten-Armee wird ins feindliche Hinterland gesandt, um nach den Überlebenden eines Massakers zu fahnden. Seine zwangsrekrutierte Begleitung liefert ansprechende Charakterskizzen, führt aber dazu, daß der Film nicht zu erzählerischer Dichte findet. Ein Film mit guten Einzelleistungen, der seine Episoden jedoch nicht zu einer Geschichte verzahnt. – Ab 16. ✦ USA 1992/93 **P** Motion Pictures of America/Fred Kuehnert Prod. **VA** VCL/Carolco **Pd** Steven Stabler, Brad Krevoy, Brad Jenkel **R** George Hickenlooper **B** Matt Greenberg **K** Kent Wakeford **M** Cory Lerios, John D'Andrea **S** Monte Hellman **D** Adrian Pasdar (John Harling), Corbin Bernsen (Strayn), Ray Wise (Thalman), Cynda Williams (Rebecca), Roger Wilson (Elkins), Martin Sheen (Haworth) **L** 79 **FSK** ab 16 **E** 21.11.1994 Video **fd** 31 200

THE KILLING FIELDS – SCHREIENDES LAND (THE KILLING FIELDS). Die Ereignisse in Kambodscha unmittelbar vor und nach dem Fall Pnom Penhs und der Machtübernahme durch die Roten Khmer. Nach einem authentischen Bericht des »New York Times«-Reporters Sydney Schanberg rekonstruiert der Film dessen Erlebnisse im Bürgerkrieg und den Leidensweg seines Dolmetschers und Freundes in kambodschanischen Umerziehungslagern. Ein realistischer, detailgenauer Erstlingsfilm von außerordentlicher Eindringlichkeit und humaner Gesinnung, der sich zu einer höchst bemerkenswerten Auseinandersetzung mit einem fortwirkenden Kapitel jüngster Geschichte verdichtet. – Sehenswert ab 16. ✦ Großbritannien 1984 **P** Warner Bros./Goldcrest/International Film Investors **KI** Warner-Columbia **SF** atlas **VA** Thorn EMI **DVD** EuroVideo (FF P&S, DS dt.) **Pd** David Puttnam **R** Roland Joffé **B** Bruce Robinson **K** Chris Menges **M** Mike Oldfield **S** Jim Clark **D** Sam Waterston (Sydney Schanberg), Haing S. Ngor (Dith Pran), John Malkovich (Al Rokoff), Julian Sands (Jon Swain), Craig T. Nelson (Militärattaché), Bill Paterson (Dr. McEntire), Athol Fugard (Dr. Sundeswal) **L** 100 **FSK** ab 16; f **FBW** bw **E** 22.2.1985/November 1985 Video/30.3.1999 DVD **fd** 24 922

THE KILLING GAME (THE KILLING JAR). Der Besitzer eines kleinen Weingutes wird unwissentlich Zeuge am Mord an einer vierköpfigen Familie. Als er sich auf Drängen seiner Frau der Polizei als Zeuge zur Verfügung stellt und seine Aussage unter Hypnose macht, wird deutlich, daß er mehr gesehen hat, als er zugeben wollte. Sorgfältig konstruierter Psychothriller mit vielen Überraschungsmomenten, der die Handlungselemente des Genres geschickt kombiniert. Durch die ambivalente Zeichnung der Hauptfigur wird die Spannung auf einem konstant hohen Niveau gehalten. Die hölzern agierenden Darsteller schmälern allerdings die Wirkung des Films, der ansonsten ansprechende Genre-Unterhaltung bietet. ✦ USA 1996 **P** Paragon **VA** Splendid **Pd** Shelley Strong **R** Evan C. Crooke **B** Mark Mullin **K** Michael G. Wojciechowski **M** David Williams **S** Fred Wardell **D** Brett Cullen (Michael Sanford), Tamlyn Tomita (Diane Sanford), Wes Studi (Cameron), Xander Berkeley (Danny Evans), M. Emmet Walsh (Sheriff Foley), Brion James (Dr. Garret) **L** 98 **FSK** ab 16 **E** 27.1.1997 Video/1.6.1997 premiere **fd** 32 560

THE KILLING JAR →The Killing Game

THE KILLING SECRET (THE KILLING SECRET / THE SECRET). Ein erfolgreicher High-School-Schüler tötet seine aus der Arbeiterklasse stammende Geliebte, als sie ihm offenbart, schwanger zu sein und das Kind austragen zu wollen. Ausgerechnet die Freundin des jungen Mannes findet die Leiche und macht sich auf die Suche nach dem Mörder, die auch ihr Leben in Gefahr bringt. Thriller aus dem Schülermilieu, der dem Zuschauer keine Rätsel aufgibt, sondern ihn recht vordergründig um die Heldin bangen lässt. ✦ USA 1996 **Pd** Rob Fresco, Philip K. Kleinbart, Michael W. Stroud **R** Noel Nosseck **B** Rob Fresco **K** Paul Maibaum **M** Brian Adler **S** Ron Spang **D** Ari Meyers (Nicole Voss), Soleil Moon Frye (Emily), Tess Harper (Tina), Mark Krassenbaum (Greg Dunleavy), John O'Hurley (Ted Dunleavy) **L** 115 **E** 20.7.1999 RTL 2

THE KILLING TIME (THE KILLING TIME). Haß und Mißgunst brodeln unter der scheinbar ruhigen Oberfläche einer amerikanischen Kleinstadt. Ein skrupelloser Spekulant ist das erste Opfer der Intrigen. Düsterer Krimi in B-Picture-Tradition. (TV-Titel auch: »Killing Time«) ✦ USA 1987 **P** New World Pictures **VA** New Vision **Pd** Peter Abrams, Robert L. Levy **R** Rick King **B** Don Bohlinger, James Nathan, Bruce Franklin Singer **K** Paul Goldsmith **M** Paul Chihara **S** Lorenzo de Stefano **D** Beau Bridges (Sam Wayburn), Kiefer Sutherland (Brian Mars), Wayne Rogers (Jake Winslow), Camelia Kath (Laura Winslow), Joe Don Baker (Carl Cunningham) **L** 88 **FSK** ab 16 **E** 25.4.1988 Video

THE KING OF COMEDY (THE KING OF COMEDY). Ein junger Mann, der sich für einen verkannten Starentertainer hält, verliert allmählich den Blick für die Wirklichkeit. Er entführt sein Vorbild und erzwingt sich damit den Platz in dessen Fernsehshow. Eine hintergründig erzählte Tragikomödie um die Ausbeutung von Träumen und den Widerspruch zwischen Illusion und Realität im amerikanischen Showbusiness. Vorzüglich interpretiert in den beiden gegensätzlichen Hauptrollen. ✦ USA 1982 **P** Embassy **KI** Jugendfilm **Pd** Arnon Milchan **R** Martin Scorsese **B** Paul D. Zimmerman **K** Fred Schuler **M** Robbie Robertson **S** Thelma Schoonmaker **D** Robert De Niro (Rupert Pupkin), Jerry Lewis (Jerry Langford), Sandra Bernhard (Masha), Diahnne Abbott (Rita), Ed Herlihy (Ed Herlihy), Lou Brown (Orchesterleiter), Catherine Scorsese (Ruperts Mutter) **L** 109 **FSK** ab 6; f **FBW** bw **E** 4.3.1983/29.4.1990 DFF 1 **fd** 23 851

THE KING OF JAZZ (THE KING OF JAZZ). Eine Nummernrevue, in der die Jazz-Hits der 20er-Jahre vorgestellt werden; Höhepunkt: die Jazz-Version von »Rhapsody in Blue«. Im Mittelpunkt steht der Interpret Paul Whiteman, der zu seiner Zeit ein Megastar war. Mit von der Partie als Mitglied der Gruppe »The Rhythm Boys« ist der spätere Weltstar Bing Crosby. Der opulent ausgestattete Film, ein Vorläufer späterer Musical-Produktionen, wurde in Zweifarben-Technicolor-Verfahren aufgenommen und ist daher auch von filmhistorischem Interesse. – Ab 12. ✦ USA 1930 **P** Universal **Pd** Carl Laemmle jr. **R** John Murray Anderson **B** Charles MacArthur, Harry Ruskin **K** Jerome Ash, Hal Mohr, Ray Rennahan **M** Milton Ager, James Dietrich, George Gershwin, Billy Rose, Mabel Wayne **S** Robert Carlisle **D** Paul Whiteman (Paul Whiteman), Laura La Plante (Sekretärin), Slim Summerville (Soldat), Bing Crosby (Rhythm Boy), Al Rinker (Rhythm Boy) **L** 101 **E** 5.8.2000 hessen 3

THE KINGDOM – HOSPITAL DER GEISTER (RIGET / KINGDOM). Im Reichskrankenhaus von Kopenhagen findet der Geist eines 1919 ermordeten Mädchens erst seine Ruhe, als sich eine simulierende Patientin seiner annimmt. Doch damit ist das Böse noch längst nicht aus der Welt verbannt. Eine kuriose und manchmal erschreckende Horrorgroteske, die eine spirituelle Welt gegen die der wissenschaftlichen Erklärungen abgrenzt. In einer Vielzahl von ironisch-parodistischen Episoden beleuchtet der intelligente Gruselspaß ebenso beiläufig wie treffend das Arbeits-, Gesellschafts- und Gefühlsleben der verschiedenen Patienten und Mitarbeiter der Großklinik. Inszenatorisch werden die Stilmittel des Reality-TV genutzt, um diese Form der Fernsehunterhaltung als einen Weg in eine Unterhaltungssackgasse ab absurdum zu führen. (O.m.d.U.; Fernsehtitel: »Geister«; Titel der fünf Fernsehteile: 1. »Die höllischen Heerscharen«, 2. »Dein Reich komme«, 3. »Horcht und Ihr werdet hören«, 4. »Ein fremder Leib«, 5. »Der lebende Tote«) – Sehenswert. ✦ Dänemark/Schweden/Deutschland 1994 **P** Zentropa/Denmark Radio/Swedish Television/WDR/arte/The CoProduction Office **KI** Sputnik **VA** Arthaus **Pd** Ole Reim **R** Lars von Trier **B** Lars von Trier, Niels Vorsel, Tomas Gislason **K** Eric Kress **M** Joakim Holbek **S** Jacob Thuesen, Molly Marlene Stensgaard **D** Ernst-Hugo Järegard (Stig Helmer), Kirsten Rolffes (Sigrid Drusse), Ghita Nörby (Rigmor), Sören Pilmark (Dr. Krogen), Annevig Schelde Ebbe (Mary), Udo Kier (Dr. Aage Krüger), Otto Brandenburg (Hansen), Jens Okking (Bulder) **L** 278 **FSK** ab 16; f **E** 11./18./25.3./1./8.4.1995 arte (5 Teile à 52 Min.)/15.6.1995 Kino/6./8.4.1996 West 3 (zwei Teile)/4.8.1997 Video **fd** 31 390

THE KINGDOM – HOSPITAL DER GEISTER II (RIGET II / THE KINGDOM II). Fortsetzung der Fernsehreihe »The Kingdom – Hospital der Geister« aus dem Jahr 1994. Das Böse versucht, im Reichskrankenhaus von Kopenhagen Fuß zu fassen und seinen Machtbereich auszudehnen. Die zweite Staffel von Lars von Triers eigenwilliger Krankenhausserie verliert nach und nach ihre satirischen Bezüge und öffnet sich dem Schrecken und dem Horror. Ein apokalyptischer Film, dessen gestalterische Mittel sich in den Dienst der Sache stellen und zur Verunsicherung des Zuschauers beitragen. (Videotitel: »Hospital der Geister – The Kingdom II«) ✦ Dänemark 1997 **P** Zentropa/Denmarksradio/Schwedisches Fernsehen/Arte **VA** Arthaus (Zwei Kassetten) **Pd** Vibeke Windelov, Svend Abrahamsen **R** Lars von Trier, Morten Arnfred **B** Lars von Trier, Niels Vorsel, Morten Arnfred **K** Eric Kress **M** Joachim Holbek **S** Molly Marlene Stensgaard, Pernille Christensen **D** Ernst-Hugo Järegard (Prof. Helmer), Kirsten Rolffes (Frau Drusse), Ghita Norby (Dr. Rigmor), Sören Pilmark (Dr. Krogshoy), Holger Juul Hansen (Dr. Moesgaard), Brigitte Raaberg (Judith), Baard Owe (Prof. Bondo) **L** 286 **FSK** ab 16 **E** 23.5.1998 arte (1. von 6 Teilen)/30.6.1998 Video **fd** 33 464

THE KINKS – RETURN TO WATERLOO →Return to Waterloo – Einmal Waterloo und zurück

THE KITCHEN (THE KITCHEN). Experimentalfilm des wohl bekanntesten Pop-Künstlers Amerikas. Die in einer halbtotalen Distanz verbleibende Kamera beobachtet einige Menschen, die an einem Tisch in der Küche sitzen. Eine Frau hat Schnupfen und niest unentwegt, ein Mann macht pausenlos die Kühlschranktür auf und zu. Die Leute reden, aber man versteht kein Wort. Für Norman Mailer war dies »vielleicht wirklich der beste Film über das 20. Jahrhundert, und es ist fast unerträglich, ihn anzuschauen. Es ist fast nicht zum Aushalten, aber wenn man später mal was über die Aufstände in unseren Städten erfahren will, dann könnte dieser Film einen Anhalt geben«. ✦ USA 1965 **R** Andy Warhol **B** Ronald Travel **D** Edie Sedgwick (Superstar) **L** 65 **E** 1.7.1971 HR III

THE LADIES MAN (THE LADIES MAN). Ein schwarzer Radio-Talkmaster mit immensem Erfolg bei den Frauen wird wegen seiner zotig-anzüglichen Moderationen zunächst zur Quotensensation, dann aber zum Problemfall. Müde Komödie, die sich vergeblich an der Parodie eines schwadronierenden Weiberhelden versucht. ✦ USA 2001 **P** Lorne Michaels Prod. **KI** UIP **Pd** Lorne Michaels **R** Reginald Hudlin **B** Tim Meadows, Dennis McNicholas, Andrew Steele **K** Johnny E. Jensen **M** Marcus Miller **S** Earl Watson **D** Tim Meadows (Leon), Karyn Parsons (Julie), Billy Dee Williams (Lester), John Witherspoon (Scrap Iron), Jill Talley **L** 84 **FSK** ab 16; nf **E** 30.8.2001 **fd** 35 054

THE LADY IN RED (THE LADY IN RED / GUNS, SIN AND BATHTUB GIN). Schilderung des Lebensweges von Polly Franklin, der angeblichen Geliebten des Gangsters John Dillinger. Eine »Bonnie und Clyde«-Imitation, einfallslos und spannungsarm in den Klischees des Gangsterfilms inszeniert. ✦ USA 1978 **P** New World **VA** IHV **Pd** Julie Corman **R** Lewis Teague **B** John Sayles **K** Daniel Lacambre **M** James Horner **S** Larry Bock, Ron Medico, Lewis Teague **D** Pamela Sue Martin (Polly Franklin), Robert Conrad (John Dillinger), Laurie Heineman (Rose Shimkus), Louise Fletcher (Anna Sage), Robert Hogan (Jake Lingle) **L** 83 **FSK** ab 16 **E** August 1986 Video **fd** 25 744

THE LAKE (SJÖN). Eine junge Schwedin erbt von ihrem ermordeten Vater ein Waldgrundstück inklusive See und übersiedelt mit ihrem britischen Ehemann in die Provinz. Von Seiten der Einheimischen schlägt ihnen Ablehnung entgegen, der bald unerklärliche Ereignisse folgen, deren Spuren in die Vergangenheit führen. Stereotyper Horrorfilm mit glaubwürdigen Charakteren, die allerdings chancenlos gegen die spannungsarme Story anspielen. ✦ Schweden 1999 **P** Omega Film/Nordisk Film/Film i Väst/Spice/Svenska Filminstitutet **VA** Laser Paradise **Pd** Hans Iveberg, Peter Kropenin **R** Hans Ake Gabrielsson **B** Hans Iveberg **K** Björn Blixt **M** Björn Jason Lindh **S** Roger Sellberg **D** Regina Lund (Lisa), Mats Rudal (Martin), Björn Gedda (Sven), Jonas Falk (Vicar), Fredrik Hammar (Kurt) **L** 92 **FSK** ab 16 **E** 19.4.2000 Video

THE LAND →Das Land

THE LAND OF WILLIAM TELL (THE LAND OF WILLIAM TELL). Ein Jungfilmer stellt sich an der Schreibmaschine sein großes Filmprojekt vor – über einen amerikanischen Bomberpiloten, der im Zweiten Weltkrieg abstürzte und nun nach Jahren in die Schweiz zurückkehrt, um sich feiern zu lassen. Das Projekt wird jedoch von der Bundesfilmförderung abgelehnt. An seinem Arbeitsplatz als Autowäscher wird der resignierte Filmemacher in einen Bankraub verwickelt, der sich zu einer Erpressungsgeschichte ausweitet. Der skurrile, mitunter etwas gesucht wirkende Humor verleiht dem Film, der spielerisch mit Fiktion und Realität umgeht, einen eigenen Charme. – Ab 16. ✦ Schwarz-weiß. Schweiz 1984 **P** Hayek Film **Pd+R+B** G. Nicolas Hayek **K** Joder Machaz **M** Alexandre Desplat, Daniel Brunetti **S** Pierre Levy **D** Agnes Dünneisen, Ettore Cella, Teco Celio, G. Nicolas Hayek, Frank Hamilton **L** 75 **E** Schweiz

THE LAST AMERICAN SOLDIER (COMMANDER). Ein im Dschungel zurückgebliebener amerikanischer Sergeant führt seit dem Ende des Vietnam-Kriegs einen privaten Rachefeldzug gegen den grausamen Vietcong und dessen hinterhältigen Verbündeten, einen russischen Offizier. Eine üble Mischung aus Kriegsabenteuer und menschenverachtenden Gewaltszenen. – Wir raten ab. ✦ Italien 1988 **P** Regal Films **VA** EVC **R** Paul D. Robinson (= Ignazio Dolis) **B** Paul D. Robinson (= Ignazio Dolis), Larry D. Jonathan **K** David D. Morris **M** Simon Boswell **D** Craig Alan, David Light, Max Laurel, Larry Brand, Tania Gomez **L** 99 **FSK** ab 18 **E** 20.6.1988 Video **fd** 27 051

THE LAST BANDIT (THICK AS THIEVES). Ein feinsinniger Meisterdieb, der nach getaner Arbeit seine Ruhe liebt, wird in dieser empfindlich gestört als ihm ein Detroiter Gangsterboss zwei korrupte Cops auf die Fersen hetzt, die ihn umbringen sollen. Als er Rache nimmt, erhält er Rückdeckung von der Mafia. Ein zerfahren wirkender Thriller, der sich zwar Mühe gibt, die psychologische Disposition seiner Hauptperson zu beschreiben, jedoch durch seine bescheidenen inszenatorischen Mittel scheitert. – Ab 16. ✦ USA 1998 **P** TAT LLC (Moonstone Entertainment) **VA** Ufa/BMG **DVD** e-m-s (16:9, 1.85:1, DD5.1 engl./dt.) **Pd** Jon Steingart, Glenn Zoller, Donald Zuckerman **R** Scott Sanders **B** Arthur Krystal, Scott Sanders, nach einer Novelle von Patrick Quinn **K** Christopher Walling **M** Christophe Beck **S** John Pace **D** Alec Baldwin (Macklin), Michael Jai White (Pointy), Rebecca De Mornay (Petrone), André Braugher (Dink), Ricky Harris (Rodney) **L** 90 **FSK** ab 16 **E** 14.12.1999 Video/14.7.2000 DVD **fd** 34 237

THE LAST BLOOD (THE LAST BLOOD). Seine Heiligkeit, der Dalai Lama, wird in Singapur erwartet; eine japanische Terroristengruppe will ihn töten. Die Polizei hat alle Hände voll zu tun, um das Attentat zu verhindern. Prügelklamauk aus Fernost, der in gewohnter Weise Schaukämpfe präsentiert, die reich an Blut und Leichen sind. Ansätze von Humor gestalten das Ganze etwas erträglicher. ✦ Hongkong 1990 **P** Movie Impact **VA** HL/Condor **Pd** Wallace Cheung **R** Wong Ching **K** Na She Shing **S** Chiang Kwan Kuen **D** Andy Lau, Alan Tam, Eric Tsang (= Tseng Chih-Wei), Yusaku Matsuda **L** 86 **FSK** ab 18 **E** 15.6.1993 Video/11.5.1996 Pro Sieben **fd** 30 366

THE LAST BORDER (VIIMEISELLÄ RAJALLA). Am nördlichen Polarkreis herrschen in einer lebensfeindlichen und verseuchten Tundra des Jahres 2009 bronzezeitlich anmutende Barbarenhorden, die mit Duldung der Militärregierung unbarmherzig plündern und morden. Zu finnischer Heavy-Metal-Musik spielen sie vorzugsweise Motorrad-Polo mit abgeschlagenen Menschenköpfen und können erst im Zweikampf eines lauteren Ex-Häftlings mit dem Bandenführer besiegt werden. Eine billig produzierte, bis zur Lächerlichkeit überzeichnete Mischung aus Italo-Western und Biker-Film, der nur in wenigen Momenten die beabsichtigte Ironisierung von Genre-Klischees gelingt. ✦ Finnland 1992 **P** Last Border/Connexion **VA** VMP **Pd+R** Mika Kaurismäki **B** Mika Kaurismäki, Pia Tikki **K** Timo Salminen **M** Anssi Tikanmäki **S** Mika Kaurismäki **D** Jalyon Baker (Jake), Jürgen Prochnow (Duke), Fanny Bastien (Doaira), Kari Väänänen (Borke), Matti Pellonpää (Dimitri) **L** 101 (gek. 94) **FSK** ab 18 (gek. 16) **E** 21.6.1994 Video **fd** 30 927

THE LAST BOYSCOUT →Last Boy Scout – Das Ziel ist Überleben

THE LAST BROADCAST (THE LAST BROADCAST). Fünf Filmemacher ziehen aus, um dem legendären Jersey Devil nachzuspüren. Als nur einer von ihnen zurückkehrt, kann er erschreckendes »Dokumentarmaterial« über den Verlauf der Expedition vorlegen. Ein gefälschter Dokumentarfilm in der Tradition von »The Blair Witch Projekt«, der vordergründig einen Horrorfilm offeriert, seinen eigentlichen Horror jedoch dadurch offenbart, dass er deutlich macht, wie leicht das Filmemachen in Zukunft dank des Einsatzes digitaler Technik sein wird. DVD: Der Film ist als Bonus auf der Special Edition zu »The Blair Witch Projekt« enthalten. ✦ USA 1998 **P** FFM Productions **VA** Kinowelt Home **DVD** Kinowelt Home (SE, FF, DD5.1 dt., DD2.0 engl.) **Pd+R+B** Stefan Avalos, Lance Weiler **K** Lance Weiler **M** Stefan Avalos, A.D. Roso **S** Stefan Avalos **D** David Beard (David Leigh), Jim Seward (Jim Suerd), Stefan Avalos (Steven Avkast), Lance Weiler (Locus Wheeler), Rein Clabbers (Rein Clackin) **L** 87 **FSK** ab 16 **E** 2000 Video/9.5.2000

THE LAST CHANCE – DIE NACHT DER ENTSCHEIDUNG (HONG KONG '97). Hongkong, 30. Juni 1997, der letzte Tag vor der Eingliederung der britischen Kronkolonie in die VR China: Ein Killer des britischen Geheimdienstes erfüllt einen getürkten Befehl und erschießt einen korrupten Minister der Volksrepublik, womit er in die lebensgefährlichen Intrigen eines Bösewichts aus den eigenen Reihen gerät. Ein dünner, inszenatorisch auf unterstem Fernseh-Niveau angesiedelter Actionfilm, der den Hintergrund sowie die damit verbundenen existentiellen und politischen Ängste nur oberflächlich einbezieht. Zwiespältig in der menschelnden Beschreibung des Auftragskillers.

(Fernsehtitel: »The Last Chance – Showdown in Hongkong«) ✦ USA 1994 **P** Trimark **VA** VPS **Pd** Thomas Karnowski, Gary Schmoeller **R** Albert Pyun **B** Randall Fontana **K** George Mooradian **M** Michael McCarty **S** Ken Morrissey **D** Robert Patrick (Reginald Cameron), Brion James (Simon Alexander), Tim Thomerson (Jack McGraw), Ming-Na Wen (Katie Chun), Michael Lee (Chun) **L** 87 **FSK** ab 18 **E** 16.2. 1995 Video/15.11.1995 premiere **fd** 31 320

THE LAST DAYS OF DISCO →Last Days of Disco – Nachts wird Geschichte gemacht

THE LAST DAYS OF PARADISE (THERE GOES MY BABY). Eine Amerikanerin erinnert sich aus dem Abstand von 25 Jahren an ihr Abschlußjahr an der Westwood High School im Los Angeles des Jahres 1965. Die Zeit des Erwachsenwerdens ist geprägt von Musik, Tanz und Flirts, aber auch durch Krawalle mit autoritätssüchtigen Lehrern, Demonstrationen gegen den Vietnam-Krieg und Straßenkämpfe im Schwarzen-Viertel. Kaleidoskopartig verbindet der Film Erinnerungssplitter, wobei die Dramaturgie gelegentlich verwirrt, insgesamt aber doch im Sinne subjektiver Zeit- und Gesellschaftskritik Wirkung erzielt wird. (TV-Titel: »The last Days of Paradise«) – Ab 16. ✦ USA 1991 **P** Orion/Nelson **VA** Columbia TriStar **Pd** Robert Shapiro, Barry Springs, Rick Finkelstein **R+B** Floyd Mutrux **K** William A. Fraker **M** Budd Carr **S** Danford B. Greene, Maysie Hoy **D** Dermot Mulroney (Pirate), Rick Schroder (Stick), Kelli Williams (Sunshine), Kristin Minter (Tracy), Noah Wyle (Finnegan) **L** 94 **FSK** ab 12 **E** 9.5.1995 Video/20.5. 1996 premiere **fd** 31 360

THE LAST EMPRESS →Die letzte Kaiserin

THE LAST FLIGHT TO HELL – FLUG IN DIE HÖLLE →Flug in die Hölle

THE LAST GAME (PALAIS ROYALE). Toronto 1959: Ein ehrgeiziger junger Mann, Mitarbeiter einer Werbeagentur, träumt von Macht und Erfolg. Die Hoffnungen scheinen sich zu erfüllen, als er durch die Vermittlung eines Fotomodells einen mächtigen Gangsterboß kennenlernt, der sich seiner annimmt. Der Aufstieg an die Spitze kostet jedoch einen enormen Preis. Bald muß der Emporkömmling ums eigene Leben fürchten. (Titel auch: »Palais Royale«) – Ab 16. ✦ Kanada 1987 **P** Metaphor **VA** Starlight **R** Martin Lavut **B** Hugh Graham **K** Brenton Spencer **D** Matt Craven, Kim Cattrall, Kim Coates, Dean Stockwell, Brian George **L** 92 **FSK** ab 16 **E** Februar 1990 Video

THE LAST JAWS – DER WEISSE KILLER (L'ULTIMO SQUALO). Alberner Aufguß der Katastrophengeschichte vom weißen Hai als der Inkarnation des Bösen. Das Untier bedroht das idyllische Leben eines Küstenstädtchens, ehe es mit einer Ladung Dynamit zur Strecke gebracht wird. Mit viel Pappmaché nur mäßig spannend inszeniert. – Ab 16 möglich. ✦ Italien 1980 **P** Uti/Horizon **Kl** Alemannia/Arabella **R** Enzo G. Castellari (= Enzo Girolami) **B** Vincenzo Mannino **K** Alberto Spagnoli, Giovanni Bergamini **M** Guido de Angelis, Maurizio de Angelis **S** Gianfranco Amicucci **D** James Franciscus (Peter Benton), Vic Morrow (Dave), Micky Pignatelli, Stefania Girolami (Gloria), Joshua Sinclair, Timothy Brent (= Giancarlo Prete) **L** 79 **FSK** ab 12; f **E** 30.4. 1981 **fd** 22 924

THE LAST KLEZMER, LEOPOLD KOZLOWSKI: HIS LIFE AND MUSIC (THE LAST KLEZMER, LEOPOLD KOZLOWSKI: HIS LIFE AND MUSIC). Dokumentarisches Porträt des letzten aktiven Klezmer-Musikers, der noch aus der langen Tradition dieser jüdischen Musik in Polen stammt. In der Ukraine aufgewachsen, leitete er nach dem Zweiten Weltkrieg Symphonie-Orchester und Chor der polnischen Armee, bis er 1968 infolge der antisemitischen Kampagne entlassen wurde. Er gründete ein Zigeuner-Ensemble, mit dem er um die Welt reiste, danach wurde er musikalischer Direktor des Jiddischen Staatstheaters in Warschau. Schließlich begleitet ihn der Film bei einem Besuch seiner Heimatstadt, die er 50 Jahre nicht gesehen hat. Seine Erinnerungen werden auch begleitet von Erzählungen darüber, wie ihm die Musik immer wieder das Leben gerettet hat. (O.m.d.U.) – Ab 16. ✦ USA 1993 **P** Mälström **SF** Freunde der Deutschen Kinemathek **Pd** Bernard Berkin **R+B** Yale Strom **K** Oren Rudavsky **M** Leopold Kozlowski, Yale Strom **S** David Notowitz **L** 84 **E** 1994

THE LAST MAN ON PLANET EARTH (THE LAST MAN ON PLANET EARTH). Nachdem eine Biowaffe fast alle Männer ausgelöscht hat, gelingt einer amerikanischen Studentin die »Nachzucht« eines gewaltfreien männlichen Menschen. Fortan stehen beide auf den Abschusslisten der Behörden, können allerdings untertauchen und die Stammeltern eines neuen Menschengeschlechts werden. Eine Pseudofeministische Science-Fiction-Romanze, die ihr Konfliktpotenzial und die sozialkritischen Weitungen des Stoffes zum Zwecke herkömmlicher Action-Unterhaltung vernachlässigt. Die daraus resultierende Langeweile spricht auch nicht für die Macher des Fernsehfilms, die ihre Geschichte weitgehend sinn- und vernunftslos abspulen. ✦ USA 1999 **P** Paramount/Sterling Pacific Films **VA** Paramount Home **Pd** Scott McAboy, Gilbert Alexander Wadsworth **R** Les Landau **B** Kenneth Biller **K** Jacques Haitkin **M** Mark Baccaccio **S** Sean Albertson **D** Julie Bowen (Hope Chayse), Paul Francis (Adam), Tamlyn Tomita (Agent Hastings), Veronica Cartwright (FBI-Direktor Riggs), L. Scott Caldwell **L** 86 **FSK** ab 12 **E** 2000 Video **fd** 34 265

THE LAST MARSHAL (THE LAST MARSHAL). Ein alternder US-Marshal, berüchtigt durch seine eigenwilligen, unnachgiebigen Methoden, scheitert an einer Geiselbefreiung und lässt sich nach Florida strafversetzen, wo er die Spur der Geiselnehmer wieder aufnehmen kann. Die Liebe zu einer Kollegin scheint seinen Seelenpanzer aufzubrechen, aber natürlich bringt er seine Widersacher mit gewohnter Härte zur Strecke. Ein simpler Rächerfilm in der Tradition des Western, der auf perfide Weise Selbstjustiz predigt und in der Gestalt eines rechtschaffenen Cops, der in der modernen Welt nicht zurecht kommt, einen zweckdienlichen Erfüllungsgehilfen findet. ✦ USA 1999 **P** Newman/Tooley Prod. **VA** Ascot **DVD** Splendid/Ascot (FF, DD2.0 engl./dt.) **Pd** Joseph Nittolo, Vincent G. Newman, Tucker Tooley **R** Mike Kirton **B** Mike Kirton, Scott Wiper **K** Michael Bonvillain **M** Lanny Cordola, Matt Sorum **S** James E. Tooley **D** Scott Glenn (Marshal Cole McClary), Constance Marie (Marshal Rosa Cortez), Raymond Cruz (T-Boy), Vincent Castellanos (Torres), William Forsythe (DeClerk), Randall Batinkoff (Jamie Wilson), Ralph Wilcox (Marshal Lukowski) **L** 94 **FSK** ab 18 (DVD 16) **E** 18.6.1999 Video/28.2.2000 DVD **fd** 33 946

THE LAST MATCH (THE LAST MATCH). Wegen angeblichen Drogenbesitzes drohen der Tochter eines US-Football-Profis mehrere Jahre im brutal geführten Gefängnis einer Antillen-Insel. Nachdem juristische und politische Befreiungsversuche fehlschlagen, stürmt das Football-Team des Vaters schwerbewaffnet die Festung und befreit das Mädchen. Trivialer Actionfilm, dessen fragwürdige unterschwellige Botschaft von Kameradschaft und blindem Gehorsam wegen der eher lächerlichen Grundidee nicht zum Tragen kommt. – Ab 16 möglich. ✦ Italien/USA 1990 **P** Europa Films **VA** Cannon/VMP **Pd** Fabrizio de Angelis **R** Larry Ludman (= Fabrizio de Angelis) **B** Gianfranco Clerici, Vincenzo Mannino **K** Giuseppe Clerici **M** Gugliemo Arcieri **S** Adrian Cut (= Adriano Tagliavia) **D** Oliver Tobias (Gaylor), Ernest Borgnine (Trainer), Charles Napier (Konsul), Henry Silva (Gefängniskommandant), Martin Balsam (Anwalt) **L** 90 **FSK** ab 12 **E** 17.6.1991 Video **fd** 29 194

THE LAST MILE (THE LAST MILE). Während ein unschuldig zum Tode Verurteilter auf seine Hinrichtung wartet, zettelt ein gewalttätiger Mithäftling eine Revolte an und bringt mehrere Wächter um, um seine Freilassung zu erzwingen. Der Aufstand wird blutig niedergeschlagen, die Unschuld des Todeskandidaten bewiesen. Gefängnisfilm nach einem Theaterstück, der seinen Schluß zugunsten des Film-Happy-Ends im Gegensatz zur Vorlage ändert und so die soziale Anklage mildert. – Ab 16. ✦ Schwarzweiß. USA 1932 **P** KBS/World Wide **R** Samuel Bischoff **B** Seton I. Miller, nach einem Bühnenstück von John Wexley **K** Arthur Edeson **M** Val Burton **D** Preston Foster, Howard Phillips, George E. Stone, Noel Madison, Alan Roscoe **L** 75 **E** 17.6.1989 Tele 5

THE LAST MOVIE (THE LAST MOVIE). In der Wildnis von Peru wird ein Hollywood-Western gedreht. Die peruanischen Eingeborenen schauen staunend zu, ohne zu begreifen, daß die wüsten Schießereien nur gestellt sind. Nachdem die Filmleute abgezogen sind, spielen die Indios selbst »Filmproduktion«; sie allerdings prügeln sich ganz real. Ein Stuntman, der bei ihnen geblieben ist, wird angeschossen, als er einzugreifen versucht. Ein wild verschachtelter und mit einer Vielzahl experimenteller Einfälle durchsetzter Film über den Mythos Film; zugleich eine wütende Abrechnung mit dem Hollywood-System. ✦ USA 1971 **P** Universal/CIC **Pd** Paul Lewis **R** Dennis Hopper **B** Stewart Stern **K** Laszlo Kovacs **M** Kris Kristofferson, John Buck Wilkin, Chabuca Granda **S** Dennis Hopper, David Berlatsky, Antranig Mahakian **D** Dennis Hopper (Kansas), Don Gordon (Neville), Roy Engel (Harry Anderson), Julie Adams (Mrs. Anderson), Stella Garcia (Maria), Samuel Fuller **L** 105 **E** 17.1.1992 ZDF

THE LAST OF ENGLAND – VERLORENE UTOPIEN (THE LAST OF ENGLAND). Derek Jarman verbindet gesellschaftliche und private Erinnerungen, Fragmente seiner Familiengeschichte, dokumentarische Aufnahmen eines sich verändernden London, kleine Geschichten und Spielereien zu einem filmischen Essay über das nachindustrielle England. Vor allem angesichts der viktorianischen Vergangenheit wird der Verlust von Werten und die zunehmende Verstädterung der Gesellschaft sichtbar. Größtenteils auf Super-8-Material gedreht, das nach dem Überspielen auf Video auf Kinoformat aufgeblasen wurde, entstand ein beklemmender experimenteller Film voller ungewohnter filmischer Effekte. (O.m.d.U.) ✦ Teils schwarz-weiß. Großbritannien/BR Deutschland 1987 **P** Anglo Films (für British Screen/Channel Four/ZDF) **Kl** Freunde der Deutschen Kinemathek **Pd** James Mackay, Don Boyd **R+B** Derek Jarman **K** Derek Jarman, Christopher Hughes, Cerith Wyn Evans, Richard Heslop **M** Simon Fisher Turner, Andy Gill, Barry Adamson, Mayo Thomson, Albert Oehoen, Al Tito **S** Peter Cartwright, Angus Cook, John Maybury, Sally Yeadon **D** Tilda Swinton, Spencer Leigh, Matthew Hawkins, Spring, John Phillips **L** 87 **E** 8.9.1987 ZDF

THE LAST OUTLAW (THE LAST OUTLAW). Ein Offizier der Südstaatler kann sich mit der Niederlage im Sezessionskrieg nicht abfinden und raubt mit fünf seiner Soldaten in New Mexico Banken aus. Als ihn ein junges Bandenmitglied an einem Mord hindern will und ihn niederschießt, startet er einen grausamen Rachefeldzug. Ein Western, der überdeutlich Grausamkeiten ins Bild rückt und dabei alle Ansätze zu einer halbwegs überzeugenden Charakterzeichnung hintanstellt. Die großartig eingefangenen Landschaftsbilder können nicht aufwiegen, daß der Film unterschwellig Kadavergehorsam als notwendiges Übel für den militärischen Erfolg propagiert. ✦ USA 1993 **P** Home Box Office **VA** Concorde **Pd** John Davis **R** Geoff Murphy **B** Eric Red **K** Jack Conroy **M** Mason Daring **S** C. Timothy O'Meara **D** Mickey Rourke (Graff), Dermot Mulroney (Eustis), Ted Levine (Potts), John C. McGinley (Wills), Steve Buscemi (Philo), Keith David (Lovecraft), Daniel Quinn (Loomis) **L** 103 **FSK** ab 18 **E** 24.10.1994 Video/20.10.1995 premiere **fd** 31 064

THE LAST RIDE (THE LAST RIDE). Ein aus dem Gefängnis entlassener Mann gerät in den Verdacht, mit einem psychisch kranken Gewalttäter gemeinsame Sache zu machen. Am Ende kann er sich rehabilitieren, eine Kellnerin retten und der wahre Täter hat das Zeitliche gesegnet. Nach einfachstem Schema gestricktes Schauermärchen, das die genreüblichen Brutalitäten aufzubieten hat. ✦ USA 1995 **P** AIP **VA** Madison **Pd** Ashley Duncan **R** Karl Krogstad **B** Ted Prior **K** C. David Crowther **M** Charles Shepard, Tony Capelli **S** Charles Shepard **D** David P. Ranger (Mike), Amy Newhavic (Debbie), Michael Regis Hilow (Philipp), Renn Reynolds (Doctor), William Winship (Sheriff Bolt) **L** 83 **FSK** ab 16 **E** 16.7.1998 Video **fd** 33 465

THE LAST SECRET (REWIND / THE LAST SECRET). Zehn Jahre nach dem tödlichen Attentat auf einen Diplomaten, für das der verantwortliche Terrorist lebenslang hinter Gitter musste, ereignet sich ein ähnlicher Anschlag. Der französische Geheimdienst vermutet einen Zusammenhang und stellt ein Psychologenteam zusammen, das den Attentäter sein Verbrechen im Cyberspace noch einmal durchleben lässt, um dem Täter auf die Spur zu kommen. Herkömmlicher Thriller mit dem mittlerweile vertrauten Cyber-Beiwerk. ✦ Frankreich/Italien 1998 **P** France International/Jiby/Les Films de l'Astre/SGGC/Videa **Pd** Alessandro Parenzo **R** Sergio Gobbi **B** Luca Biglione, Sergio Gobbi **K** Jean-Francis Gondre **M** Jean-Yves d'Angelo **S** Françoise London **D** Raoul Bova (Paul Mansart), Maruschka Detmers (Marianne Legrand), Niels Arestrup (Fabrice Rivail), Luca Zingaretti (Joseph Valko), Cecile Pallas (Alice Varyk) **L** 94 **E** 20.1.2001 ProSieben

THE LAST SHOT (SOTTO IL VESTITO NIENTE). Ein Ranger des Yellowstone-Nationalparks, der über das »zweite Gesicht« verfügt, sieht die Ermordung seiner Zwillingsschwester, eines berühmten Fotomodells, im entfernten Mailand voraus. Als er in Italien ankommt, ist seine Schwester verschwunden. Aber erst als einige ihrer Freundinnen ermordet werden, schenkt man ihm Gehör. Die Fährte führt die Polizei in das Haus eines Diamantenhändlers. Abstruser Thriller mit einem ebenso überraschenden wie unglaubwürdigen Ende. ✦ Italien 1985 **P** Faso **VA** Euro-Video/IMV **Pd** Achille Manzotti **R** Carlo Vanzina **B** Carlo Vanzina, Enrico Vanzina, Franco Ferrini, nach dem Roman »Sotto il vestito niente« von Marco Parma. **K** Beppe Maccari **M** Pino Donaggio **D** Tom Schanley (Bob), Renée Simonsen (Barbara), Donald Pleasence (Inspektor), Nicola Perring, Maria McDonald **L** 90 **FSK** ab 18 **E** 23.1.1990 Video

THE LAST SONG (PERMANENT RECORD). Der Selbstmord seines besten Freundes stürzt einen Schüler und Musiker zunächst in größte Verwirrung, bringt ihn schließlich aber dazu, seine eigenen Fähigkeiten zu erkennen und einzusetzen. Eine behutsame und stille, manchmal ergreifende Auseinandersetzung mit dem Thema Selbstmord und den Schwierigkeiten der Umwelt, ihn zu begreifen und zu verarbeiten. – Ab 16. ✦ USA 1987 **P** Paramount **VA** CIC **Pd** Frank Mancuso jr. **R** Marisa Silver **B** Jarre Fees, Alice Liddle, Larry Ketron **K** Frederick Elmes **M** Joe Strummer **S** Robert Brown **D** Keanu Reeves (Chris Townsend), Alan Boyce (David Sinclair), Michelle Meyrink (M. G.), Jennifer Rubin (Lauren), Barry Corbin (Jim Sinclair) **L** 88 **FSK** ab 16 **E** April 1989 Video/27.2.1996 SAT 1 **fd** 27 785

THE LAST STOP (THE LAST STOP). Ein Highway-Polizist gerät bei der Verfolgung von vier Bankräubern in einen Schneesturm und muss Zuflucht in einem entlegenen Motel suchen. Hier sitzen noch einige andere Gäste fest. Die Lage spitzt sich bedrohlich zu, als plötzlich einige Leichen anfallen und ein Sack mit Geld auftaucht. Ein konventioneller, aber leidlich spannender Kriminalfilm, der zwar einige Holprigkeiten aufweist, doch Genrefreunde zu unterhalten versteht. ✦ USA 2000 **P** New City **VA** Ascot **DVD** Splendid/Ascot (FF, DD2.0 engl./dt.) **Pd** Colleen Nystedt **R** Mark Malone **B** Bart Sumner **K** Tony Westman **S** Ron Yoshida **D** Adam Beach (Jason), Jürgen Prochnow (Fritz), Rose McGowan (Nancy), Callum Keith Rennie (Jake), Winston Rekert (Carl) **L** 90 **FSK** 12 **E** April 2000 Video/17.4.2000 DVD

THE LAST STRIPSHOW (RAVEN'S KISS). Eine junge Frau, die vor fünf Jahren ihren Geliebten verlassen hat, um als Stripperin die Welt kennenzulernen, kehrt zurück, nachdem ihr zwischenzeitlicher 83jähriger Geliebter verstorben ist und ihr zwei Millionen Dollar hinterlassen hat. Sie will ein neues Leben anfangen und dem Milieu den Rücken kehren. Doch plötzlich taucht eine andere Frau auf, die nur den Wunsch hat, selbst Stripperin zu werden. Die Aussteigerin nimmt sie unter ihre Fittiche und nebenbei entwickelt sich eine spannungsgeladene Dreiecksbeziehung. Ereignisarmer Erotikfilm, der kaum jemanden hinter dem Ofen hervorlocken kann. (Fernsehtitel: »Die Striptease-Falle«) ✦ USA 1995 **P** Great Iguana Films **VA** VMP **Pd** David Fresilli **R+B** Gary Dean Orona **K** Roger Olkowski **M** Michael Binikos **D** Tan'e McClure (= Tane McClure), Monique Parent, Steven Tietsort **L** 95 **FSK** ab 16 **E** 24.3.1997

THE LAST TATTOO (TAKING LIBERTIES). Neuseeland 1943: Die Beauftragte für Geschlechtskrankheiten findet auf der Suche nach einer Meldepflichtigen heraus, daß sich hinter einem Mord an einem US-Marineoffizier ein machtpolitisches Intrigenspiel verbirgt. Abgesehen vom schwachen und harten Beginn ein solide inszenierter, spannender Thriller, zugleich ein glaubwürdiges Frauenporträt vor dem Hintergrund des Zweiten Weltkrieges. – Ab 16 möglich. ✦ Neuseeland 1993 **P** Plumb/Capella International **VA** VMP **Pd** Neville Carson, Bill Gavin **R** John Reid **B** Keith Aberdein **K** John Blick **M** John Charles **S** John Scott (= Hanns Schott-Schöbinger) **D** Terry Goldwyn (Mike Starwood), Kerry Fox (Kelly Towne), Robert Loggia (Conrad Dart), John Bach (Austin Leech), Rod Steiger (Frank) **L** 108 **FSK** ab 16 **E** 11.7.1995 Video **fd** 31 500

THE LAST WALTZ →The Band

THE LAST WARRIOR – DER KÄMPFER EINER VERLORENEN WELT (IL GUERRIERO DEL MONDO PERDUTO / WARRIOR OF THE LOST WORLD). In einer vom Atomkrieg zerstörten Welt verhilft ein Einzelgänger einer Gruppe Rebellen zum Sieg über die Tyrannei. Weiterer postatomarer Actionfilm voller einschlägiger Klischees, der Kampfszenen und Massenblutbäder aufdringlich auskostet. – Wir raten ab. ✦ Italien 1983 **P** Royal **KI** Tivoli/Filmhansa **VA** Astra **R+B** David Worth **K** Giancarlo Ferrando **M** Daniele Patucchi **S** Cesare d'Amico **D** Robert Ginty (Warrior), Persis Khambatta (Nastasia), Donald Pleasence (Prossor), Fred Williamson (Captain), Harrison Muller (Marc Wayne) **L** 86 **FSK** ab 18; nf **E** 27.4.1984 **fd** 24 553

THE LAST WITNESS – NUR TOTE ZEUGEN SCHWEIGEN (THE LAST WITNESS / CARACARA). Eine Ornithologin nebst Falken wird in die Machenschaften des FBI und eines südafrikanischen Berufskillers verwickelt, der ein Attentat auf Nelson Mandela vorbereitet. Weitgehend überzeugende (Jung-) Stars in einer ansonsten nur wenig überzeugenden Geschichte. ✦ Kanada/USA 1999 **P** Citadel Entertainment/Le Monde Entertainment **VA** Laser Paradise **Pd** Barbara Black, David Lancaster, Armand Mastroianni, Jeffrey Morton **R** Graeme Clifford **B** Craig Smith **D** John Henry Canavan, Natasha Henstridge, Lauren Hutton, Jonathon Schaech **L** 93 **FSK** ab 18 **E** 2000 Video

THE LATE SHIFT (THE LATE SHIFT). USA 1990: Beim Fernsehgiganten NBC ist der Kampf um die Nachfolge des legendären Talkmasters Johnny Carson entbrannt. Zunächst scheint David Letterman die besseren Karten zu haben, doch dann macht der texanische Standup-Komödiant Jay Leno mit Hilfe seiner durchtriebenen Agentin Helen Kushnik das Rennen. Ein Stück Fernsehgeschichte, dargeboten als bissige Satire, die Roß und Reiter nennt und die das schmutzige Geschäft um Verträge und Quoten hinter der Fassade des schönen Scheins transparent macht. Eine interessante Unterhaltung, getragen von hervorragenden Darstellern, die ihre Aufgabe bis zur Selbstverleugnung erfüllen (Titel auch: »The Late Shift – die Spätvorstellung«) – Ab 16. ✦ USA 1995/96 **P** Northern Lights (für HBO) **VA** MIC **Pd** Ivan Reitman, Joe Medjuck, Daniel Goldberg **R** Betty Thomas **B** Bill Carter, George Armitage, nach einem Roman von Bill Carter **K** Mac Ahlberg **M** Ira Newborn **S** Peter Teschner **D** Kathy Bates (Helen Kushnik), Daniel Roebuck (David Letterman), John Michael Higgins (Jay Leno), Treat Williams (Michael Ovitz), Bob Balaban (Warren Littlefield) **L** 95 **FSK** ab 12 **E** 31.7.1996 Video **fd** 32 212

THE LAUGHING DEAD (THE LAUGHING DEAD). Während des Besuchs von Maya-Kultstätten in Mexiko, fährt der Todesgott der Mayas in den Körper eines Paters, der als Reiseleiter mit einigen Gemeindemitgliedern unterwegs ist, die nun um ihr Leben fürchten müssen. Mit von der Partie ist auch eine Ex-Nonne, die frühere Geliebte des Priesters, und der gemeinsame Sohn. Billig-Horrorfilm, dessen blutigen Splatter-Effekte das Amateurniveau des übrigen Films überragen. ✦ USA 1989 **VA** Incredibly Strange Video **Pd** Lex Nakashima **R+B** S.P. Somtow **K** David Boyd **M** S.P. Somtow **S** Rose Anne Weinstein **D** Tim Sullivan (Pater O'Sullivan), Wendy Webb (Tessie), Premika Eaton (Laurie), Patrick Roskowick (Ivan), Larry Kagen (Wilbur) **L** 91 **FSK** JK **E** 14.8.1998 Video

THE LEADING MAN →Leading Man

THE LIES BOYS TELL (THE LIES BOYS TELL / TAKE ME HOME AGAIN). Ein alter Mann sieht sein Ende nahen. Da beschließt er, sein beschauliches Leben aufzugeben und eine beschwerliche Reise anzutreten, da er in jenem Bett sterben will, in dem er geboren wurde. Helfen soll ihm dabei sein ältester Sohn, der vor Jahren die Familie verließ, um ungebunden Leben zu können. Die beiden Männer machen sich auf, verfolgt vom Rest der Familie, die aus Sorge den Plan vereiteln will. Road Movie als Reise zu den Ursprüngen und Anfängen, in dessen Verlauf sich nicht nur Vater und Sohn wieder näher kommen, sondern auch längst verarbeitet geglaubte Konflikte erneut aufbrechen. – Ab 16. ✦ USA 1994 **P** Von Zerneck-Sertner Films **Pd** Patricia K. Meyer, Robert M. Sertner, Frank von Zerneck, Barbara Black, Randy Sutter **R** Tom McLoughlin **B** Ernest Thompson, nach einem Roman von Lamar Herrin **K** Chuck Arnold (= Charles G. Arnold) **M** Patrick Williams **S** Charles Bornstein **D** Kirk Douglas (Ed Reece), Craig T. Nelson (Larry), Bess Armstrong (Connie), Bonnie Bartlett (Sylvia), Richard Gilliland (Russ) **L** 87 **E** 1.10.2000 Super RTL

THE LIGHTHORSEMEN (THE LIGHTHORSEMEN). Das Kriegsgeschehen in Palästina 1917: Eine australische Freiwilligen-Einheit der Leichten Kavallerie kämpft an der Seite der Engländer gegen Deutsche und mit ihnen verbündete Türken. Um dem zermürbenden Wüstenkrieg eine Wende zu geben, erfolgt der Überraschungsangriff auf die strategisch wichtige Stadt Beersheba. Das Hohelied auf Kameradschaft und Heldenmut erklärt sich durch die spezielle Lage der jungen australischen Nation, die um eigenständige historische Identität ringt. Effektvoll, aber nicht spekulativ inszeniert. – Ab 16. ✦ Australien 1987 **P** RKO Pictures **VA** Concorde **Pd** Ian Jones, Simon Wincer, Anthony I. Ginnane **R** Simon Wincer **B** Ian Jones **K** Dean Semler **M** Mario Millo **S** Adrian Carr **D** Peter Phelps (Dave Mitchell), Gary Sweet (Frank), John Walton (Tas), Tim McKenzie (Chiller), Sigrid Thornton (Anne), Anthony Andrews (Major Meinertzhagen), Anthony Hawkins (General Allenby), Gerard Kennedy (Ismet Bey), Shane Briant (Reichert) **L** 112 **FSK** ab 16 **E** Mai 1990 Video **fd** 28 404

THE LIMEY (THE LIMEY). Ein englischer Ex-Zuchthäusler kommt nach Los Angeles, um den plötzlichen Tod seiner Tochter aufzuklären und zu rächen. Eine von Steven Soderbergh in kunstvoller Verschachtelung erzählte Geschichte, deren Verweise auf den Zeitgeist und die Filme der 60er-Jahre eine reizvolle zusätzliche Dimension einbringen. Stilistisch und darstellerisch hervorragend, freilich von distanziert intellektueller Kühle. – Sehenswert. ✦ USA 1998 **P** Artisan Entertainment **KI** Highlight **VA** Highlight **DVD** Highlight Video (16:9, 1.85:1, DD5.1 engl./dt.) **Pd** John Hardy, Scott Kramer **R** Steven Soderbergh **B** Lem Dobbs **K** Edward Lachman **M** Cliff Martinez **S** Sarah Flack **D** Terence Stamp (Wilson), Lesley Ann Warren (Elaine), Luis Guzman (Ed), Barry Newman (Avery), Joe Dallesandro (Onkel John), Peter Fonda (Valentine), Nicky Katt (Stacy), Amelia Heinle (Adhara), Melissa George (Jennifer) **L** 89 **FSK** ab 16; **f E** 6.1.2000/20.7.2000 Video/7.9.2000 DVD **fd** 34 024

THE LINE – TAUSEND MEILEN BIS ZUR HÖLLE (THE LINE). Während der Vietnam-Auseinandersetzung der späten 60er Jahre werden junge Amerikaner, die in Vietnam desertiert sind, in einem Straflager auf zynisch-sadistische Weise für ihre vermeintlich fehlende vaterländische Gesinnung geschliffen und umerzogen. Ein in der Reduzierung des Problems auf einen besonders unmenschlich handelnden Sergeanten zwar etwas eindimensional geratener Film, der dennoch durch seine kritische Absicht beeindruckt und eine ernstzunehmende Anklage gegen Ideologie und Praxis des Militarismus ist. ✦ USA 1983 **P** Independent Cinema **KI** Kobra **VA** Mike Hunter **Pd+R** Robert J. Siegel **B** Reginald Shelborne, Patricia Maxwell **K** Sol Negrin, Al Lhota **M** Rod McBrien **S** Dennis Golub, Reginald Shelborne **D** Russ Thacker (Rusty Novik), Brad Sullivan (Sergeant Hook), Jacqueline Brookes (Rustys Mutter), Lewis J. Stradlen (Potofsky), Gil Rodgers, Raymond Baker, David Ramsey **L** 89 **FSK** ab 16; **f E** Januar 1985 Video/15.2.1985 Kino BRD/24.1.1986 Kino DDR **fd** 24 967

THE LION'S SHARE ... DEN LÖWEN ZUM FRASS (THE LION'S SHARE). Ein italienischer Polizist kehrt nach Jahren nach Afrika zurück, um den mysteriösen Tod seines Vaters aufzuklären. Banaler Abenteuerfilm. ✦ Südafrika 1984 **P** Lion's Share Syndicate/Panorama Films **VA** Polyband **R** Norman Cohen **B** Sven H. Forsell **K** Ivo Pellegrini **D** Tullio Moneta, Venantino Venantini, Brenda Wood, Simon Sabela **L** 88 **FSK** ab 18 **E** 1987 Video

THE LITTLE SHOP OF HORRORS →Kleiner Laden voller Schrecken

THE LONE NINJA WARRIOR (THE LONE NINJA WARRIOR). Abenteuer eines jungen Ninja-Kriegers, dem der Ruf der Unbesiegbarkeit vorauseilt. Ein gewalttätiger Ninja-Film, so überflüssig wie die meisten Action-Filme seines Sub-Genres. ✦ Hongkong 1979 **P** Ocean Shores Video **VA** Scala **R** Chang Tien-I **D** Chen Xing, Tien Pang, Tien Ho, Sui Sui **L** 93 **FSK** ab 16 **E** 1988 Video

THE LONG HELLO AND SHORT GOODBYE →Long Hello & Short Goodbye

THE LONG KISS GOODNIGHT →Tödliche Weihnachten

THE LONG WAY HOME (THE LONG WAY HOME). Dokumentarfilm über die Errichtung des Staates Israel, dessen Besiedlung nach dem Zweiten Weltkrieg von zionistischen Organisationen erzwungen wurde. Ein interessanter Beitrag zur Zeitgeschichte, der historische Hintergründe erhellt und durch seine Kompilation teilweise unbekannten Materials den »Willensakt der Geretteten« dokumentiert. (O.m.d.U.; Fernsehtitel: »Ins gelobte Land«) – Ab 16. ✦ USA 1997 **P** Moriah Films/The Simon Wiesenthal Center **KI** Salzgeber **VA** Salzgeber **Pd** Marvin Hier, Richard Trank **R+B** Mark Jonathan Harris **K** Don Lenzer **M** Lee Holdridge **S** Kate Amend **L** 114 **E** 15.4.1999/Januar 2001 Video **fd** 33 632

THE LORDS OF MAGICK (THE LORDS OF MAGICK). Abenteuerfilm um eine Zeitreise: Durch einen Fluch werden zwei Brüder aus dem Mittelalter ins Los Angeles der Gegenwart befördert und müssen sich dort, umgeben von Polizisten und Punkern, neue Überlebensstrategien aneignen. Wieder zurück in ihrer Zeit, können sie das Erlernte anwenden, um die Königstochter aus der Gewalt eines bösen Herrschers zu befreien. – Ab 16 möglich. ✦ USA 1988 **P** American Cinema **VA** VPS **Pd+R** David Marsh **B** David Marsh, Sherman Hirsch **K** Bruce Burnside **M** Greg Stewart **S** David Marsh **D** Brendan Dillian jr. (Salatin), Ruth Zakarian (Prinzessin Luna), Jarret Parker (Michael Redglen), Mark Gauthier (Ulrich Redglen), David Snow (Thomas) **L** 98 **FSK** ab 16 **E** 6.7. 1989 Video

THE LOSERS →Verdammt, verkommen, verloren

THE LOSS OF SEXUAL INNOCENCE →Loss of Sexual Innocence

THE LOST BOYS (THE LOST BOYS). Vampire terrorisieren in Gestalt von Rockern eine kalifornische Kleinstadt und versuchen, einen jungen Mann zu einem der ihren zu machen. Eine flüssig inszenierte, stellenweise spannende und mitunter auch amüsante Mischung aus klamaukhaftem Horror- und aggressiv-reißerischem Musikfilm, verbrämt mit leicht ironischer Hippie-Nostalgie. In der Absicht, in Parallele zur Drogenszene vor persönlichkeitsgefährdenden Abhängigkeiten zu warnen, ist der unterhaltsame Film freilich allzu unbeholfen. – Ab 16. ✦ Scope. USA 1986 **P** Warner Bros. **KI** Warner Bros. **VA** Warner Home **Pd** Harvey Bernhard **R** Joel Schumacher **B** Janice Fischer, James Jeremias, Jeffrey Boam **K** Michael Chapman **M** Thomas Newman **S** Robert Brown, Larry Singer **D** Jason Patric (Michael), Corey Haim (Sam), Dianne Wiest (Lucy), Kiefer Sutherland (David), Jami Gertz (Star), Corey Feldman (Edgard Frog) **L** 97 **FSK** ab 16; **nf E** 14.1.1988/22.9.1988 Video/14.5.1991 premiere **fd** 26 629

THE LOST CHILD (THE LOST CHILD). Eine junge Frau, die bei jüdischen Adoptiveltern aufwuchs, findet heraus, dass sie Navajo-Blut in den Adern hat, und macht sich auch die Suche nach ihren leiblichen Eltern. Konventionelles Melodram, das sich wenig um die Hintergründe der Geschichte schert; so stimmen die Uniformen nicht mit denen der wirklichen Navoja-Polizei überein, und kein einziger Indianer ist auf der Besetzungsliste zu finden. – Ab 16. ✦ USA 2000 **P** Hallmark **Pd** Brent Shields **R** Karen Arthur **B** Sally Beth Robinson, nach einem Buch von Yvette Melanson und Claire Safran **K** Tom Neuwirth **M** Mark McKenzie **S** Sabrina Plisco-Morris **D** Mercedes Ruehl (Rebecca), Jamey Sheridan (Jack), Christine Rose (Elaine), Irene Bedard (Grace), Dinah Manoff (Helen) **L** 98 **E** 19.8.2001 Premiere World

THE LOST LANGUAGE OF CRANES →Schwul

THE LOST MAN – ES FÜHRT KEIN WEG ZURÜCK (THE LOST MAN). Eine militante Untergrundorganisation, die gegen die Unterdrückung der Farbigen in den USA kämpft, will sich durch einen Geldraub finanzielle Mittel beschaffen. Das Unternehmen scheitert, einer der Täter flieht schwerverletzt und läßt sich in auswegloser Situation von seiner weißen Freundin töten. Die Handlung von Carol Reeds irischem Freiheitskämpferdrama »Ausgestoßen« (1947), übertragen ins Milieu der amerikanischen Black-Power-Bewegung: Ein handwerklich routinierter Thriller mit Starbesetzung, der kommerzielle Actionmuster mit politischem Hintergrund ausstaffiert. (DDR-/Fernsehtitel: »Es führt kein Weg zurück«) ✦ Scope. USA 1969 **P** Universal **KI** Universal **Pd** Edward Muhl, Melville Tucker **R** Robert Alan Aurthur **B** Robert Alan Aurthur, nach dem Roman »Odd Man out« von Frederick Laurence Green **K** Jerry Finnerman **M** Quincy Jones **S** Edward Mann **D** Sidney Poitier (Jason Higgs), Joanna Shimkus (Cathy Ellis), Michael Tolan (Hamilton), Leon Bibb (Eddie Moxy), Al Freeman jr. (Dennis Laurence) **L** 112 **FSK** ab 16; **f E** 5.9.1969 **fd** 16 355

THE LOST SON (THE LOST SON). Ein Privatdetektiv, der nach seiner Kündigung als Pariser Polizist in London lebt, wird von einem alten Freund beauftragt, den Bruder von dessen Frau zu suchen. Dabei stößt er auf das schmutzige Geschäft mit Kindern, die zur Prostitution gezwungen werden. Der einsame Detektiv, der nichts mehr zu verlieren hat, beginnt einen Kreuzzug gegen die Drahtzieher. Sensibel gestalteter Film, der das heikle Thema dadurch in den Griff bekommt, dass er es in eine klassische und spannende Detektivgeschichte einfügt. Kinderprostitution stellt sich als straff organisiertes Geschäft dar, das gleichsam in der Nachbarschaft abgewickelt wird. (Fernsehtitel: »Der Zorn des Jägers«) ✦ Großbritannien/Frankreich/USA 1998 **P** Scala/Channel Four Films/The Film Consortium/Arts Council of England/IMA/Le Studio Canal+/France 2 Cinéma/UCG/France 3 Cinéma **KI** Arthaus **VA** Kinowelt Home **Pd** Marina Gefter, Finola Dwyer **R** Chris Menges **B** Eric Leclere, Margaret Leclere, Mark Mills **K** Barry Ackroyd **M** Goran Bregovic **S** Luc Barnier, Pamela Power **D** Daniel Auteuil (Xavier Lombard), Nastassja Kinski (Deborah Spitz), Katrin Cartlidge (Emily), Marianne Denicourt (Nathalie), Ciaran Hinds (Carlos), Bruce Greenwood (Friedman) **L** 103 **FSK** ab 16; **f E** 25.5.2000/4.12. 2000 ZDF **fd** 34 283

THE LOST TRIBE (THE LOST TRIBE). Ein vermeintlich verschollener Forscher nimmt nach der Ermordung seines Zwillingsbruders dessen Identität an, um für einen anderen Mord nicht belangt werden und zu seiner Familie zurückkehren zu können. Düsterer Psychothriller, dessen dünne Geschichte durch die gespenstische Atmosphäre, eine gute Kameraarbeit und die geschickte ambivalente Charakterzeichnung aufgewogen wird. – Ab 16. ✦ Neuseeland 1986 **P** Meridian Film/The Film Investment Corporation of New Zealand/The New Zealand Film Commission **VA** Ufa **Pd** Gary Hannam, John Laing **R+B** John Laing **K** Thomas Burstyn **M** David Fraser **S** Philip McDonald **D** John Bach (Edward/Max), Darien Takle (Ruth Takle), Emma Takle (Katy), Don Selwyn (Sgt. Swain), Martyn Sanderson (Thorne) **L** 91 **FSK** ab 16 **E** 16.7. 1990 Video **fd** 28 470

THE LOST WORLD (THE LOST WORLD). Ein englischer Forscher bereist ein Hochplateau im Amazonasgebiet, das ein verstorbener Kollege in seinen Tagebüchern erwähnt. Wie beschrieben, findet er dort wirklich eine Population lebender Saurier. Es gelingt ihm, einen Brontosaurus zu fangen und nach London zu verschiffen. Dort kann sich das riesige Urtier befreien und richtet Verwüstungen in der Stadt an. Bei seinem Start 1925 galt der Film aufgrund seiner Einzigartigkeit als Weltsensation, deren aufwendige Tricksequenzen eine 14-monatige Herstellungszeit erforderten. Beim Aufkommen des Tonfilms wurde die ursprüngliche Fassung vernichtet, seitdem war der Film nur in einer stark verstümmelten Fassung zu sehen. Diese Sendefassung entspricht weitgehend der Originalversion. Die Restaurierung erfolgte digital, ihr liegen acht Kopien zugrunde, als Zwischentitel wurden die Faksimiles der originalen Typografie verwendet. – Sehenswert ab 14. ✦ Schwarz-weiß. USA 1925 **P** First National **Pd** Carl Laemmle **R** Harry O. Hoyt **B** Marion Fairfax, nach dem gleichnamigen Roman von Arthur Conan Doyle **K** Arthur Edeson **M** Alloy Orchestra (restaurierte Fassung), Philip Carli **S** George McGuire, Mathieu Dubosq (restaurierte Fassung) **D** Wallace Beery (Prof. Challenger), Lloyd Hughes (Edward Malone), Arthur Hoyt (Prof. Summerlee), Lewis Stone (Lord John Roxton), Bessie Love (Paula White) **L** 100 **E** 14.12.2000 arte

THE LUSTFULL BARBARIAN →Siegfried und das sagenhafte Liebesleben der Nibelungen

THE LUSTY MEN (THE LUSTY MEN). Ein Farmer schafft den zweifelhaften Aufstieg zum gutbezahlten Rodeostar, entscheidet sich aber nach dem Unfalltod seines Kameraden und Kollegen unter dem Einfluß seiner vernüftigen Frau zur Rückkehr auf seine Ranch. Ein moderner Western auf der Folie eines handwerklich mit großer Sorgfalt komponierten Hollywood-Melodrams. Dank hervorragender Darsteller und der sensiblen Vertiefung der Genre-Chiffren wird der Film zur existentiellen Auseinandersetzung mit der Zusammengehörigkeit der Menschen und ihrer Suche nach Geborgenheit und Frieden. (Der Film lief zunächst als »Arena der Cowboys« in einer gekürzten Fassung in den deutschen Kinos. Fernsehtitel auch:

»Die Draufgänger«; Neustart: O.m.d.U.) – Sehenswert ab 14. ✦ Schwarz-weiß. USA 1952 **P** RKO **Kl** prokino **Pd** Jerry Wald, Norman Krasna **R** Nicholas Ray **B** Horace McCoy, David Dortort, nach einer Novelle von Claude Stanush **K** Lee Garmes **M** Roy Webb **S** Ralph Dawson **D** Susan Hayward (Louise Merritt), Robert Mitchum (Jeff McCloud), Arthur Kennedy (Wes Merritt), Arthur Hunnicutt (Davis), Burt Mustin (Jeremiah), Frank Faylen (Al Dawson), Walter Coy (Buster Burgess), Carol Nugent (Rusty Davis), Maria Hart (Rosemary Maddox), Paul Burns (Waite) **L** 113 (gek. 95) **FSK** ab 6; f **E** 22.5.1953 (gekürzte Fassung)/25.2.1983 Neustart **fd** 23 939

THE MAD BOMBER →Aus der Hölle gespuckt

THE MAD MUSTANGS (LE BAR DU TELEPHONE). Ein Gangster entfesselt aus verletzter Ehre einen Bandenkrieg. An klassischen Vorbildern des Gangsterfilms orientierte Schießballade, vordergründig und undifferenziert. ✦ Frankreich 1980 **P** A.T.C. 3000 **Kl** Ascot **R** Claude Barrois **B** Claude Néron **K** Bernard Lutic **M** Vladimir Cosma **S** Nicole Saunier **D** Daniel Duval (Toni), François Périer (Joinville), Georges Wilson, Julien Guiomar, Raymond Pellegrin **L** 93 **FSK** ab 18; f **E** 16.4.1982 **fd** 23 444

THE MAGIC OF LOVE (THE PRINCE OF KISSING). Eine arbeitslose Akademikerin, die ihren Geliebten hinausgeworfen hat, hadert mit ihrem Schicksal und vertraut ihre Sorgen ihrem Tagebuch an. Wirklich reden kann sie nur mit einem schwarzen Sänger, der sie aufrichtig liebt, doch aus Angst vor einer neuen seelischen Verletzung sträubt sie sich gegen ihre Gefühle. Als sich ihre beste Freundin in den Mann verliebt, fangen die Probleme erst richtig an. Romantische Komödie in einer tagebuchähnlichen Aneinanderreihung, die schnell ermüdet. Produziert als betuliche Fernsehinszenierung mit verstaubt wirkenden Off-Monologen, die kein Interesse an der Gefühlswelt der jungen Frau wecken. So bleibt nur die gute Reggae-Musik des Films länger in Erinnerung. – Ab 14 möglich. ✦ USA 1996 **P** The Prince of Kissing/MDP **VA** VCL **Pd** Bill Guttentag, Leon, Frazin Toussi **R+B** Vincent DiPersio **K** Feliks Parnell **M** Philip Marshall **S** Michael Bloecher **D** Pauley Perette (Renee), Leon (Larry), Nicole Eggert (Annette), Jon Seda (Billy), Loretta Devine (Jackee), Lou Rawls (Ben) **L** 90 **FSK** ab 12 **E** 24.5.2001 Video **fd** 34 954

THE MAGNIFICENT – DER UNSCHLAGBARE (THE MAGNIFICENT). Eastern mit Anspielungen auf die jüngere Geschichte Chinas: Die Kämpfe zwischen Kaisertreuen und Republikanern nutzt ein General für seine machtlüsternen Pläne. Erst spät wird sein Komplott durchschaut und durch das gemeinsame Vorgehen beider Parteien verhindert. Denkwürdig jene Szene, in der ein tapferer Republikaner bei einer Rast von vier Frauen überfallen wird, die ihn mit Rüben zu erschlagen trachten. ✦ Scope. Hongkong 1980 **P** Asso-Asia **Kl** Filmhansa **R** Chen Shao-Peng **B** Tomas Tang **K** Jimmy Yu **M** Tsang Kong-Wah **D** Chen Sing, Carter Wang, Doris Cheng, Casanova Wong, Bruce Lai **L** 89 **FSK** ab 18; nf **E** 19.6.1981

THE MAKER (THE MAKER). Ein Teenager mit Hang zu rüden Scherzen und kleinkriminellen Taten gerät durch seinen Bruder in den faszinierenden Sog des Verbrechens und muss bald Farbe bekennen, welcher Seite er angehören will und erproben, ob er sich als wirklicher »Macher« in den Geschäften des großen Bruders bewähren kann. Ein düsteres Bild der amerikanischen Jugend, das durch drastische Darstellung und Sprache schockieren mag, aber nie die Sympathie für die Charaktere des Films vermissen lässt. Eine effektvolle Darstellerriege verstärkt den Eindruck des Films, der Risse in der scheinbar heilen amerikanischen Bürgerwelt bloßlegen möchte. ✦ USA 1997 **P** Demitri Samaha Prod./Mad Chance/Millennium Films/Nu Image **VA** VMP **Pd** Andrew Lazar, Nancy Paloian, Demitri Samaha **R** Tim Hunter **B** Rand Ravich **K** Hubert Taczanowski **M** Paul Buckmaster **S** Scott Chestnut **D** Matthew Modine (Walter Schmeiss), Mary-Louise Parker (Officer Emily Peck), Jonathan Rhys-Myers (Josh Minnell), Fairuza Balk (Bella Sotto), Michael Madsen (Skarney) **L** 95 **FSK** ab 16 **E** 1998 Video **fd** 33 750

THE MAKING OF A NEW EMPIRE (THE MAKING OF A NEW EMPIRE). Porträt des tschetschenischen Führers Chosh-Ahmed Nuchajew, der plant, seine im Krieg zerstörte Heimatstadt wieder aufzubauen und in Kaukasus einen Staat zu gründen, der letztlich Auswirkungen auf Westeuropa haben könnte, da in seinem Herrschaftsgebiet die Kontrolle über die wichtigsten (Öl-)Reserven liegt. Der niederländische Regisseur verdichtet seinen mutigen Film zu einem Sinnbild der Zusammenhänge von Politik, Kriminalität und Terror und zeigt die Ohnmacht der großen Politik angesichts regionaler Konflikte. ✦ Niederlande 1999 **P** Jura Filmproduktics **Kl** Freunde der Deutschen Kinemathek **Pd** Jan Heijs, Ruud Monster **R** Jos de Putter **K** Andrzej Adamczak, Adri Schrover, Marc Homs, Bernd Wouthuysen **M** Vincent van Warmerdam **S** Danniel Danniel, Puck Goossen **L** 98 **E** 2000 Kino

THE MALL – FLUTKATASTROPHE IM SHOPPING-CENTER →Terror in the Mall

THE MAN INSIDE – TÖDLICHE NACHRICHTEN (THE MAN INSIDE). Von einer deutschen Boulevard-Zeitung unter Druck gesetzt, dreht ein politischer Journalist den Spieß um, verschafft sich eine Tarnung und heuert bei dem Blatt an. Innerhalb kürzester Zeit steigt er in leitende Positionen auf, wird – die (Macht-)Politik der Zeitung betreffend – zum Geheimnisträger und gerät in Gefahr, als die Verlagsleitung entdeckt, daß ein »Maulwurf« bei ihr arbeitet. Spannend, wenn auch etwas hölzern und klischeehaft entwickelte Geschichte nach den Erlebnissen des Journalisten Günter Wallraff; Hintergrund ist seine Arbeit für die »Bild«-Zeitung und das Buch »Der Aufmacher«. Redlich in der politischen Absicht, zeichnet der Film in der Beschreibung der Zeitungsmacher das Klischeebild des »häßlichen Deutschen«. – Ab 16. ✦ USA/Frankreich 1989 **P** New Line Cinema/FPC **VA** M.C.E.G. Virgin Vision **Pd** Philippe Diaz **R** Bobby Roth **B** Bobby Roth, nach einer Reportage von Günter Wallraff **K** Ricardo Aronovich **M** Tangerine Dream **S** Luce Grunenwaldt **D** Jürgen Prochnow (Günter Wallraff), Peter Coyote (Henry Tobel), Nathalie Baye (Christine), Dieter Laser (Schroeter), Monique van de Ven (Tina Wallraff) **L** 90 **FSK** ab 12 **E** 19.6.1991 Video/11.4.1994 premiere **fd** 30 080

THE MAN WHO WASN'T THERE (THE MAN WHO WASN'T THERE). In einer kalifornischen Kleinstadt des Jahres 1949 verstrickt sich ein an seinem ungeliebten Beruf und an seiner verkorksten Ehe leidender Friseur in einen Teufelskreis von Erpressung, Betrug, Mord, Totschlag, Bankrott und Selbstmord. Eine in hervorragend komponierten schwarz-weißen Bildern erzählte Hommage an die Hollwood-Filme der »Schwarzen Serie« der 40er-Jahre, deren beabsichtigte Ironie aber in dem zum Selbstzweck neigenden künstlichen Inszenierungsstil weitgehend untergeht. Auch die dahin plätschernde Handlung sowie die allzu marionettenhaft geführten Schauspieler lassen keine emotionale Identifikation zu. – Ab 14. ✦ Schwarz-weiß. USA 2001 **P** Working Title **Kl** Constantin **Pd** Ethan Coen, John Cameron **R** Joel Coen **B** Ethan Coen, Joel Coen **K** Roger Deakins **M** Carter Burwell **S** Roderick Jaynes, Tricia Cooke **D** Billy Bob Thornton (Ed Crane), Frances McDormand (Doris Crane), Michael Badalucco (Frank), James Gandolfini (Big Dave Nirdlinger), Katherine Borowitz (Ann Nirdlinger), Jon Polito (Creighton Tolliver), Scarlett Johansson (Birdy Abindas) **L** 116 **FSK** ab 12; f **FBW** w **E** 8.11.2001 **fd** 35 136

THE MANGLER (THE MANGLER). Eine vom Bösen besessene Wäschemangel fordert laufend neue Jungfrauenopfer, bis ein widerwillig ermittelnder Kommissar und sein mit übersinnlichen Phänomenen vertrauter Schwager dem Spuk ein Ende setzen können. Lächerliche Verfilmung einer Stephen-King-Kurzgeschichte mit einer hanebüchenen Dramaturgie und dem Hang zu unfreiwillig komischen Stereotypen. DVD: Die FSK-16 Fassung ist um etwa drei Minuten gekürzt. ✦ USA 1994 **P** Distant Horizon/Filmex/Allied Film Prod. **Kl** Jugendfilm **VA** Starlight **DVD** CinePlus (FF, DD5.1 dt.) **Pd** Anant Singh **R** Tobe Hooper **B** Tobe Hooper, Stephen Brooks, Peter Welbeck (= Harry Alan Towers), nach einer Kurzgeschichte von Stephen King **K** Amnon Salomon **M** Barrington Pheloung **S** David Heitner **D** Robert Englund (Bill Gartley), Ted Levine (John Hunton), Daniel Matmor (Mark Jackson), Jeremy Crutchley (Picture-Man), Vanessa Pike (Sherry Ouelette), Demetre Phillips (Stanner) **L** 104 **FSK** ab 18; nf (DVD ab 16 & 18) **E** 29.6.1995/15.11.1995 Video/12.6.1996 premiere/17.2.2000 DVD (FSK 16)/28.2.2000 DVD (FSK 18) **fd** 31 445

THE MANHATTAN PROJECT (DEADLY GAMES). Ein begabter Schüler entwendet Forschungsmaterial aus einem geheimen Nuklearbetrieb der US-Behörden und baut in spielerischen Selbstversuchen die erste private Atombombe im Kofferformat. Das entsetzte FBI setzt Scharfschützen ein, verschont aber den Jungen, um die Bombe rechtzeitig entschärfen zu können. Eine unglaubwürdige, nur mäßig inszenierte und erst gegen Ende leidlich spannende Geschichte um einen Jugendlichen als Identitätsträger, der über die unehrliche Welt der Erwachsenen siegt. (Fernsehtitel auch: »Das Manhattan Projekt«) – Ab 14. ✦ Großbritannien 1986 **P** Gladden Company **VA** VMP Cannon **Pd** Jennifer Ogden **R** Marshall Brickman **B** Marshall Brickman, Thomas Baum **K** Billy Williams **M** Philippe Sarde **S** Nina Feinberg **D** Christopher Collet (Paul Stevens), John Lithgow (John Mathewson), Cynthia Nixon (Jenny), Sully Boyar (Nachtwächter), John Mahoney (Lt. Col. Conroy) **L** 107 **FSK** ab 12 **E** April 1988 Video **fd** 26 803

THE MASTER (THE MASTER). Ein Kung-Fu-Eleve wird nach seiner Einreise in die USA in die Kämpfe zwischen einer Straßengang unter der Führung eines berüchtigten Dojo-(Kampfschulen-)Besitzers und seines verehrten Meisters, der vorübergehend kaltgestellt wurde, verwickelt. Mit Hilfe dreier Gefährten kann er Paroli bieten. Ein kampfbetonter »martial arts«-Film mit unterhaltsamen Slapstick-Einlagen, der seine Handlung sehr sprunghaft entwickelt und recht atemlos seinem Finale zutaumelt. ✦ Hongkong 1992 **P** Golden Harvest **VA** Warner Home **Pd+R** Tsui Hark **B** Lam Kee To, Lau Tai Mo **K** Henry Chan, Paul A. Edwards **M** Lau Yee Tot **D** Jet Lee (Jet), Yuen Wak (Onkel Tak), Crystal Kwok (May), Jerry Trimble (Jonny), Ruben Gonzales (Cito) **L** 87 (gek. 82) **FSK** ab 18 (gek. 16) **E** 22.4.1994 Video

THE MCMASTERS (THE MCMASTERS ... TOUGHER THAN THE WEST ITSELF / THE BLOOD CROWD). Nach dem amerikanischen Unabhängigkeitskrieg sieht sich ein Schwarzer fortwährend mit Rassendiskriminierungen konfrontiert. Da er niemanden findet, der für ihn arbeiten will, will er das ihm zur Verfügung gestellte Land verkaufen. Im letzten Augenblick hilft ihm ein befreundeter Indianer mit seinem Stamm, der auch unter den Weißen leidet. Ein sich authentisch gebender Western, der als einer der ersten das Thema Rassismus behandelte. Ein im Grunde sympathisches Plädoyer gegen Vorurteile, routiniert, aber nicht sonderlich inspiriert inszeniert. (Der Film wurde mit zwei verschiedenen Schlüssen hergestellt – offensichtlich waren sich die Produzenten über ihre Zielsetzung nicht im klaren. (Fernsehtitel auch: »Die McMasters«) – Ab 16. ✦ USA 1970 **P** Jayjen/Chevron **Pd** Monroe Sachson **R** Alf Kjellin **B** Harold Jacob Smith **K** Lester Shorr **M** Coleridge-Taylor Perkinson **S** Melvin Shapiro **D** Brock Peters (Benji), Burl Ives (Neal McMasters), David Carradine (White Feather), Nancy Kwan (Robin), Jack Palance (Kolby), John Carradine (Priester), L.Q. Jones (Russell), R.G. Armstrong (Watson), Dane Clark (Spencer) **L** 90 **E** 23.12.1988 RTL plus

THE MEN'S CLUB (THE MEN'S CLUB). Sieben amerikanische Männer gründen einen »Club« und reden über ihre Abenteuer mit Ehe- und »Traum«-Frauen, bevor sie in ein Edelbordell weiterziehen, wo sie ihre Fantasien frei von vermeintlichen Zwängen ausleben können. Der Film verschenkt jegliche Annäherung an männliche »Wunden«, die aus unverarbeiteten Ansprüchen der Männer und ihrer Unfähigkeit zu einem aufrichtigen Partnerschaftsverhältnis erwachsen, durch die platte und oberflächliche Inszenierung, die sich in sexistischen Derbheiten gefällt. ✦ USA 1985 **P** Howard Gottfried Prod./Atlantic Releasing **KI** Ascot **VA** Ascot **Pd** Howard Gottfried **R** Peter Medak **B** Leonard Michaels, nach seinem Roman **K** John Fleckenstein **M** Lee Holdridge **S** Cynthia Scheider, David Dresher **D** Roy Scheider (Cavanaugh), David Dukes (Phillip), Harvey Keitel (Solly Berliner), Treat Williams (Terry), Frank Langella (Harold Canterbury), Craig Wasson (Paul), Stockard Channing (Nancy), Jennifer Jason Leigh (Teensy) **L** 101 **FSK** ab 18; f **E** 11.12.1986/Juli 1987 Video **fd** 25 948

THE MESSENGER (THE MESSENGER). Aus privater Rache führt ein schwarzer Einzelgänger einen unerbittlichen Feldzug gegen die Rauschgift-Mafia, dem Unterwelt und Polizei nur tatenlos zusehen können. Gewalttätiger Action-Thriller, an dem nur die Schauplätze leidlich abwechslungsreich sind. ✦ Italien/USA 1986 **P** Realta Cinematografica/Po' Boy/ Snizzlefritz **VA** Starlight **Pd** Fred Williamson, Pierre Luigi Ciriaci **R** Fred Williamson **B** Brian Johnson, Conchita Lee, Anthony Wisdom **K** Giancarlo Ferrando, Craig Greene **M** William Stuckey **S** Meuller **D** Fred Williamson (Jake Sebastian Turner), Cameron Mitchell (Capt. Carter), Sandy Cummings (Sabrina), Michael Dante (Emerson), Val Avery (Clark) **L** 93 **FSK** ab 18 **E** 11.8.1987 Video

THE METAL YEARS (THE METAL YEARS / THE DECLINE OF WESTERN CIVILIZATION, PART II). Musikfilm, der Konzertmitschnitte verschiedener Heavy Metal-Gruppen aneinanderreiht und mit Statements von Mitgliedern diverser Bands wie »Aerosmith«, »Kiss« oder »Poison« über ihre Art der Musik verbindet. – Ab 16. ✦ Großbritannien 1988 **P** Rainbow **VA** Rainbow **R+B** Penelope Spheeris **K** Jeff Zimmerman **M** Megadeth, Faster Pussycat, Lizzy Bordon, London, Odion, Seduce, Aerosmith, Kiss, Motörhead, Poison **L** 89 **FSK** ab 16

THE METEOR MAN → Meteor Man

THE MEXICAN (THE MEXICAN). Ein junger Mann, der durch eine Verkettung unglücklicher Umstände zum Handlanger des organisierten Verbrechens wurde, sieht sich gezwungen, in Mexiko eine antike Pistole aufzutreiben und zugleich die Beziehung zu seiner Geliebten zu retten. Misslungener Versuch, einen Kultfilm zu kreieren. Statt dessen erzeugt die Mixtur aus Thriller-Handlung, Elementen der romantischen Komödie und postmodernem Manierismus nur Langeweile, die auch das Staraufgebot nicht überspielen kann. (Videotitel: »Mexican – Eine heiße Liebe«) – Ab 16. ✦ Scope. USA 2001 **P** Newmarket/DreamWorks **KI** Helkon **VA** Columbia TriStar Home **DVD** Columbia TriStar Home **Pd** Lawrence Bender, John Baldecchi **R** Gore Verbinski **B** J. H. Wyman **K** Dariusz Wolski **M** Alan Silvestri **S** Craig Wood **D** Julia Roberts (Samantha), Brad Pitt (Jerry), Gene Hackman (Margoles), James Gandolfini (Leroy), J. K. Simmons (Ted), David Krumholtz (Beck), Michael Cerveris (Frank) **L** 124 **FSK** ab 12; f **E** 16.8.2001/19.2.2002 Video & DVD **fd** 34 998

THE MIGHTY – GEMEINSAM SIND SIE STARK (THE MIGHTY). Ein 13jähriger verängstigter Junge, der wegen seiner Körpergröße gehänselt wird, bekommt einen neuen Mitschüler und Nachbarn, der unter einer Rückgratverkrümmung leidet, aber den Demütigungen mit Geist, Witz und Fantasie begegnet. Nach anfänglichem Zögern finden die beiden Außenseiter zusammen und schaffen sich eine Märchenwelt mit Rittern und Drachen. Als der Vater des einen aus der Haft entlassen wird, in der er wegen des Mordes an seiner Frau saß, entführt er seinen Sohn, was zur größten Bewährungsprobe für die Jungen wird. Mischung aus Komödie, Melodram und Kriminalfilm, die ebenso witzig wie anrührend die Geschichte einer Freundschaft erzählt, die sich zu einer symbiotischen Beziehung auswächst, durch die Schwierigkeiten und Vorurteile bekämpft werden können. Während der Film die schwierigen Lebensbedingungen der Familien realistisch beschreibt, beschwört er zugleich die Kraft der Fantasie als Lebenshilfe. – Sehenswert ab 14. ✦ USA 1998 **P** Miramax/Scholastic Prod./Simon Fields Prod. **KI** Scotia **VA** Ufa/BMG **Pd** Jane Startz, Simon Fields **R** Peter Chelsom **B** Charles Leavitt, nach dem Roman »Freak the Mighty« von Rodman Philbrick **K** John de Borman **M** Trevor Jones **S** Martin Walsh **D** Sharon Stone (Gwen Dillon), Gena Rowlands (Gram), Harry Dean Stanton (Grim), Gillian Anderson (Lorretta Lee), James Gandolfini (Kenny Kane), Elden Henson (Maxwell Kane), Kieran Culkin (Kevin Dillon) **L** 100 **FSK** ab 6; f **FBW** w **E** 6.5.1999/1.11.1999 Video **fd** 33 649

THE MILLION DOLLAR HOTEL (THE MILLION DOLLAR HOTEL). Ein heruntergekommenes Luxushotel in Los Angeles birgt im Jahr 2001 einen Mikrokosmos gescheiterter Existenzen: Fixer, Prostituierte, Gescheiterte, Verrückte, Einsame, Alte. Aus ihrer Mitte ist einer ermordet worden. Zumindest vermutet die Polizei, dass es sich bei dem Tod eines Malers nicht um Selbstmord gehandelt habe. Die Ermittlungen eines FBI-Agenten laufen zwar ins Leere, leuchten aber die geschlossene Gesellschaft filmgerecht aus. Ein nach furiosem Anfang von großer suggestiver Bildkraft zunehmend enttäuschenderer Versuch, deutsches Autorenkino mit amerikanischen Leinwand-Mythen zu verschmelzen. Statt sich auf eine kammerspielartige Dramaturgie einzulassen, verliert sich der Film immer mehr in nebulöser Universalität. DVD: Die umfangreiche Special Edition (2 DVDs) beinhaltet u. a. einen Audiokommentar des Regisseurs, ein 90-minütiges von Wenders und Produzent Bono »kommentiertes Tagebuch« (One Dollar Diary) sowie ein Feature mit nicht verwendeten Szenen. – Ab 16. ✦ Scope. Deutschland/USA 1999 **P** Road Movies Filmprod./Icon Prod./Kintop Pictures **KI** Concorde **VA** Concorde (VCL) **DVD** Concorde (16:9, 2.35:1, DD5.1 engl./dt.) **Pd** Deepak Nayar, Bono, Nicholas Klein, Bruce Davey, Wim Wenders **R** Wim Wenders **B** Nicholas Klein, nach einer Story von Bono und Nicholas Klein **K** Phedon Papamichael **M** Bono, Hal Willner **S** Tatiana S. Riegel **D** Jeremy Davies (Tom Tom), Milla Jovovich (Eloise), Mel Gibson (Skinner), Peter Stormare (Dixie), Jimmy Smits (Geronimo), Gloria Stuart (Jessica), Bud Cort (Shorty), Amanda Plummer (Vivien), Julian Sands (Terence Scopcy), Tim Roth (Izzy Goldkiss) **L** 122 **FSK** ab 12; f **E** 10.2.2000/16.8.2000 Video/14.2.2001 DVD **fd** 34 087

THE MINUS MAN (THE MINUS MAN). Ein harmlos aussehender junger Mann, den das Schicksal in den Mittelwesten der USA verschlagen hat, entpuppt sich als Serienmörder. Dabei wird er nicht als Bestie dargestellt, sondern als zwanghaft Getriebener, der angesichts seiner spießigen Alltagssituation manches selbst zu erleiden hat. Ein subtil entwickelter Film ohne Gewaltszenen, der sich nicht für das filmische Genre, sondern für das Wesen seiner Hauptperson interessiert und durch dessen erschreckende Normalität den Blick in Abgründe ermöglicht. (O.m.d.U.) ✦ USA 1999 **P** The Shooting Galery/Fida Attieh Productions **KI** Real Fiction **VA** Columbia TriStar Home **DVD** Columbia TriStar Home (16:9, 1.85:1, DD5.1 engl./dt.) **Pd** David L. Bushell, Fida Attieh **R** Hampton Fancher **B** Hampton Fancher, nach dem gleichnamigen Roman von Lew McCreary **K** Bobby Bukowski **M** Marco Beltrami **S** Todd Ramsey **D** Owen Wilson (Vann Siegert), Brian Cox (Doug), Mercedes Ruehl (Jane), Dennis Haysbert (Graves), Sheryl Crow (Casper), Janeane Garofalo, Dwight Yoakam **L** 111 **FSK** ab 12 **E** 21.9.2000/12.12.2000 Video/5.4.2001 DVD **fd** 34 440

THE MINX (THE MINX). Ein skrupelloser Konzernboß erkauft sich die Zustimmung des Aufsichtsrats für die Ausweitung seiner Firma, indem er den Herrn in seinem Jagdhaus hübsche Mädchen offeriert. Die Frauen sind allerdings im Hauptberuf als Wirtschaftsspioninnen tätig. Langatmiger Sexfilm ohne Höhepunkte. (Alternativtitel: »Die Sexspionin«) ✦ USA 1969 **P** Walter Manley **KI** Avis **Pd** Herbert Jaffey, Raymond Jacobs **R** Raymond Jacobs **B** Raymond Jacobs, Herbert Jaffey **K** Victor Pretashevic **M** Tom Dawes, Don Dannemann **S** Larry Marinelli **D** Jan Sterling (Louise Baxter), Robert Rodan (Henry Baxter), Shirley Parker (Terry), Michael Beirne (John Lawson), William Gleason (Sam Burke) **L** 78 **FSK** ab 18; nf **E** 6.8.1971

THE MIRACLE – EIN GEHEIMNISVOLLER SOMMER → Miracle – Ein geheimnisvoller Sommer

THE MISSION (1997) (THE MISSION). Dokumentarfilm über die »Lord Resistance Army« (LRA) in Uganda, die seit Jahren raubend und mordend durch Uganda zieht und, angeführt von einem christlichen Fanatiker, aus Kindern und Jugendlichen besteht. Der Film geht dem Schicksal von 139 zwangsrekrutierten jungen LRA-»Soldaten« nach, um deren Freilassung sich eine Missionarin bemüht. ✦ Großbritannien 1997 **R** Clive Michael Gordon **L** 72 **E** 11.8. 1998 WDR

THE MISSION (1999) (CHEUNG FO / THE MISSION). Fünf höchst unterschiedliche Männer in Hongkong werden als Leibwächter eines von Attentaten bedrohten Triadenbosses rekrutiert und erledigen ihren gefährlichen Job erfolgreich mit emotionsloser Präzision. Ihre in vielen Gefahren gefestigte Freundschaft gerät auf den Prüfstand, als einer von ihnen selbst getötet werden soll. Ein virtuos inszenierter Gangsterfilm, der einschlägige Versatzstücke und Rituale inszenatorisch perfekt zelebriert. Bei aller erkennbaren Lust am Spiel mit den Regeln des schießfreudigen Genres fesselt er vor allem durch einen augenzwinkernden Tonfall, wobei Themen wie Tod, Loyalität und Freundschaft durchaus verantwortungsbewusst behandelt werden. (O.m.d.U.; Videotitel: »The Mission – Ihr Geschäft ist der Tod«) DVD: Die Extras umfassen u. a. ein längeres Interview mit dem Regisseur. – Sehenswert. ✦ Scope. Hongkong/VR China 1999 **P** Milkyway Image **KI** Rapid Eye Movies **VA** Sunfilm **DVD** Sun Film (FF P&S, DD2.0 mand./ DD5.1 & DTS dt.) **Pd+R** Johnnie To **B** Yau Nai Hoi, Milkyway Creative Team **K** Cheng Siu Keung **S** Chan Chi Wai **D** Anthony Wong (Curtis), Francis Ng (Roy), Roy Cheung, Jackie Lui, Simon Yam, Lam Suet (James) **L** 81 **FSK** DVD ab 16 **E** 30.11.2000/23.3.2001 Video & DVD **fd** 34 582

THE MISSION – IHR GESCHÄFT IST DER TOD → The Mission (1999)

THE MOB – DER PATE VON MANHATTAN (WITNESS TO THE MOB). Durch Zufall gelangt ein junger Gauner unter die Fittiche eines Mafia-Bosses und macht durch seine Pflichttreue schnell Karriere. Seine Rücksichtslosigkeit zeigt sich, als er bei einem Machtkampf die Seiten wechselt und zur rechten Hand des neuen Paten aufsteigt. Als das FBI die Führungsriege des Clans festnimmt, wechselt er abermals die Seiten und zieht seinen Kopf durch Verrat aus der Schlinge. Eine überlange Fernsehproduktion, die 19 Jahre bei der Mafia beschreibt und die bekannten Stichworte Respekt, Loyalität, Gehorsam und Ehre bebildert. Dabei ist die im Rückblick des Hauptbeteiligten erzählte »wahre« Geschichte weitgehend frei von Überraschungen und hinterlässt den Eindruck eines zweiten Aufgusses. ✦ USA 1998 **P** NBC/Tribeca **VA** e-m-s **Pd** Caroline Baron **R** Thaddeus O'Sullivan **B** Stanley Weiser **K** Frank Prinzi **M** Sonny Kompanek **S** David Ray **D** Nicholas Turturro (Sammy »The Bull« Gravano), Tom Sizemore (John Gotti), Debi Mazar (Deborah Gravano), Abe Vigoda (Paul Castellano), Philip Baker Hall (Toddo Aurello), Lenny Venito (Sal DiMaggio), Johnny Williams (Angelo Ruggiero), Frankie Valli (Frank LoCascio), Michael Imperioli (Louie Milito) **L** 163 **FSK** ab 16 **E** 23.2. 2001 Video **fd** 34 947

THE MODERNS (THE MODERNS). Im Paris des Jahres 1926 begegnet ein amerikanischer Maler seiner attraktiven Ehefrau wieder, die ihn verlassen hat und nun mit einem skrupellosen Geschäftsmann liiert ist. Dieser will sich in die »Kunstszene« einkaufen, erwirbt drei kostbare Gemälde, kann jedoch bald nicht mehr zwischen Schein und Sein, Original und Fälschung unterscheiden. Ein elegant inszenierter Reigen vor dem Hintergrund der exzentrischen und selbstverliebten Künstler, Literaten und Bohemiens des »Jazz-Zeitalters«. Mit Raffinesse verbindet der Film die Liebesgeschichte mit vielschichtigen satirischen Anmerkungen zu Wahrheit und Lüge, Betrug und Selbstbetrug, Liebe und Selbstverliebtheit. (Fernsehtitel: »Wilde Jahre in Paris«) – Sehenswert ab 16. ✦ Teils schwarz-weiß. USA 1987 **P** Alive Films/Pfeiffer-Blocker-Prod./Nelson Entertainment **Kl** Europolis/Lupe **Pd** David Blocker, Carolyn Pfeiffer **R** Alan Rudolph **B** Alan Rudolph, John Bradshaw **K** Toyomichi Kurita **M** Mark Isham **S** Scott Brock, Debra T. Smith **D** Keith Carradine (Nicholas Hart), Linda Fiorentino (Rachel Hart/Stone), Geneviève Bujold (Libby Valentin), Geraldine Chaplin (Nathalie de Ville), Wallace Shawn (Oiseau), John Lone (Bertram Stone) **L** 124 **E** 19.10.1989/24.9.1990 ARD **fd** 27 936

THE MOHALE STR. BROTHERS. Der Dokumentarfilm erzählt Geschichten aus Soweto, Südafrika, im Jahr 1988: Geschichten des Widerstands gegen das Regime der Weißen, Geschichten des Überlebens, Geschichten von Verbrechen, Ganovereien, Polizeiattacken. Der lakonische Film bar jeder Illusionstaumelei läßt intensiv an einem fremden Leben teilhaben. – Ab 16. ✦ BR Deutschland 1989 **P** Hammon Prod. **VA** Medienwerkstatt Freiburg **Pd+R+B+K** Michael Hammon **M** William Ramsey, Vusi Thusi **S** Olaf Koschke **L** 60

THE MONK (THE MONK). Biedere Verfilmung eines klassischen Schauerromans aus dem Jahr 1795: Der spanische Mönch Lorenzo endet auf dem Scheiterhaufen, weil er der Lust des Fleisches und dem Teufel verfällt. Redseliges Gruseldrama, dem es nie gelingt, mit suggestiven Bildern die Fantasie des Zuschauers zu fesseln. ✦ Spanien/Großbritannien 1990 **P** Celtic Films/Mediterraneo Cine TV **VA** Highlight **Pd** Muir Sutherland, Paco Lara **R** Paco Lara **B** Paco Lara, nach einem Roman von M. G. Lewis **K** Angel Luis Fernández **M** Anton Garcia Abril **S** José Luis Matesanz **D** Paul McGann (Pater Lorenzo), Sophie Ward (Juan/Matilde), Isla Blair (Mutter Agueda), Freda Dowie (Sr. Ursula), Aitana Sánchez-Gijón (Sr. Ines) **L** 103 **FSK** ab 16 **E** 21.7.1992 Video/ 3.3.1995 Kabel 1 **fd** 29 786

THE MONKEY HUSTLE – DIE ABZOCKER (THE MONKEY HUSTLE). Der Lebensraum der illustren Bewohner eines Ghettos von Chicago wird durch den geplanten Bau eines Freeways bedroht. Die dünne Handlung dient als vager Zusammenhalt in einer figurenreichen, offensichtlich für ein schwarzes Publikum inszenierten, aber schwachen Komödie. – Ab 16. ✦ USA 1976 **P** American International Pictures **Pd+R** Arthur Marks **B** Charles Johnson **K** Jack L. Richards **M** Jack Conrad **S** Art Seid **D** Yaphet Kotto (Daddy Foxx), Rudy Ray Moore (Goldie), Rosalind Cash (Mama), Randy Brooks (Win), Debbi Morgan (Vi) **L** 84 **E** 4.4.1998 ProSieben

THE MONKEY'S MASK (THE MONKEY'S MASK). Die Eltern einer spurlos verschwundenen jungen Punk-Dichterin beauftragen eine lesbische Privatdetektivin mit der Suche nach ihrer Tochter. Deren Literaturlehrerin scheint geeignete Tipps geben zu können, doch die Detektivin vermischt Berufliches und Privates und verliebt sich in die verheiratete Frau. Als die verschwundene junge Frau ermordet aufgefunden wird, gerät auch die Geliebte in Verdacht. Gut entwickelter, erotisch aufgeheizter Thriller, der die Hintergrundzeichnung der Personen jedoch zugunsten einer Reihe aufgesetzt wirkender Sexszenen vernachlässigt und damit bestenfalls »Basic Instinct«-Niveau erreicht. ✦ Australien/Kanada/Frankreich/Italien/ Japan 2000 **P** Arenafilm/Asmik Ace/Le Studio Canal+/Mars/Strand **VA** e-m-s **DVD** e-m-s (2.00:1, DD2.0 engl., DD5.1 dt.) **Pd** Robert Connolly, John Maynard, Domenico Procacci **R** Samantha Lang **B** Anne Kennedy, nach einem Roman von Dorothy Porter **K** Garry Phillips **S** Dany Cooper **D** Susie Porter (Jill Fitzpatrick), Kelly McGillis (Prof. Diana Maitland), Marton Csokas (Nick), Deborah Mailman (Lou), Abbie Cornish (Mickey Norris) **L** 89 **FSK** ab 16 **E** 26.4.2001 Video/13.9.2001 DVD

THE MONKEY'S UNCLE →Eine Uni voller Affen

THE MORE I SEE YOU (THE MORE I SEE YOU). Ein junger Mann reist nach Italien, um sich dort mit seiner Freundin zu treffen. Unterwegs lernt er das Spannungsverhältnis von Sehnsucht und Genießen neu kennen. Österreichisches Roadmovie, dem es weniger an guten Ideen als an handwerklichem Geschick, vor allem beim Drehbuch und Erzählrhythmus, mangelt. ✦ Österreich 1991 **P** ÖFF/ORF **Pd** Manfred Fritsch **R+B** Josef Aichholzer **K** Michael Epp **S** Gertraud Luschützky **D** Laurent Grévill (Paul), Aianta Barilli (Autostopperin), Karina Thayenthal (Bernadette), Maria Giulia Cavalli, Sabrina Ferilli **L** 85 **E** 26.10.1994 ORF 2

THE MOST DANGEROUS MAN IN THE WORLD (THE MOST DANGEROUS MAN IN THE WORLD). Ein Thriller nach der authentischen Geschichte des Papst-Attentäters Ali Agca, der sich in den 70er Jahren türkischen Nationalisten anschloß, eine kriminelle Karriere begann und später in Syrien in einem Ausbildungslager der PLO zum Terroristen ausgebildet wurde. Seine Laufbahn als Profikiller gipfelte am 13. Mai 1981 in jenem Attentat, bei dem er auf dem Petersplatz in Rom Papst Paul II. niederschoß. (TV-Titel: »Der gefährlichste Mann der Welt«) ✦ Großbritannien 1988 **P** BBC/Celtic Films/Iberoamericana **VA** Lightning **Pd** Alan Shallcross **R** Gavin Millar **B** T. R. Bowen, nach einem Roman von Paul Henze **K** John McGlashan **M** Stanley Myers **S** Dick Allen **D** Martin Shaw (Süleyman), Ian Sears (Agca), Tom Radcliffe, George Innes, John Gvillo, James Donnelly **L** 98 **FSK** ab 12 **E** 26.9.1990 Video/10.4.1995 RTL 2

THE MOVIEMAKER (SEARCH AND DESTROY). Ein von den Steuernehörden bedrängter Mann will Großes schaffen. Er plant die Verfilmung eines Lebenshilfe-Bestsellers, dessen geschäftstüchtiger Autor aber ein immenses Honorar verlangt. Es beginnt eine abenteuerliche, gegen Ende brutale Irrfahrt. Eine mit schwarzem Humor und bitterer Ironie erzählte Satire auf Geschäftspraktiken und die (Un-)Moral des Filmgeschäfts, die sich im Grunde aber auf allzu simple Erkenntnisse reduziert. Knallige Farben, ungewöhnliche Einstellungen und kuriose Achsensprünge machen die Geschichte allenfalls oberflächlich interessant. ✦ USA 1995 **P** Nu Image/October/Autumn Pictures **VA** VMP **Pd** Ruth Charny, Dan Lupowitz, Elie Cohn **R** David Salle **B** Michael Almereyda, nach einem Theaterstück von Howard Korder **K** Bobby Bukowski, Michael Spiller **M** Elmer Bernstein **S** Michelle Gorchow **D** Griffin Dunne (Martin Mirkheim), Illeana Douglas (Marie), Dennis Hopper (Dr. Waxling), Rosanna Arquette (Lauren Mirkheim), Christopher Walken (Kim Ulander), Ethan Hawke (Roger), John Turturro (Ron), Martin Scorsese (Steuerbeamter) **L** 87 **FSK** ab 16 **E** 14.11.1995 Video **fd** 31 683

THE MYSTERY OF CHOPIN – THE STRANGE CASE OF DELPHINA POTOCKA (THE MYSTERY OF CHOPIN – THE STRANGE CASE OF DELPHINA POTOCKA). Das Leben des polnischen Komponisten Chopin im Spiegel seiner Beziehung zur leichtlebigen Aristokratin Delphina Potocka. Dass dies für Chopin mehr als eine flüchtige Affäre war, sollen Liebesbriefe belegen, deren Inhalt Delphinas Urenkelin Paulina Czernicka dem polnischen Kultusministerium Ende 1945 zur Kenntnis gab. Damit begann ihr seelisches Martyrium bis zum angeblichen Selbstmord, das Palmer als Rahmenhandlung und als erste von drei kunstvoll ineinander fließenden Ebenen installiert. Die zweite ist Chopins Biografie gewidmet, die dritte der Chopin spielenden Pianistin Valentina Igoshina. Nicht die Frage, ob die Briefe authentisch sind, ist der Brennpunkt der Handlung, sondern jene ideologische Unart, die alles unterdrückt, was der offiziellen Legendenbildung zuwiderläuft. In diesem rekonstruierten Prozess der Verschleierung hat der Film mit Penelope Wilton und Paul Rhys seine Meriten. In Kauf nehmen muss man flächige Videobilder ohne Tiefe und einige deutlich gestellte Spielszenen, in denen er seine Nähe zu Fernsehdokumentationen verrät. (Fernsehtitel: »Chopins Geheimnis«) – Ab 16. ✦ Teils schwarz-weiß. Großbritannien/Deutschland 1999 **P** Flashpoint/Claverdon Films/NDR/arte **DVD** Arthaus Musik/Kinowelt Home (16:9. Reghional Code 2,5. Dolby Digital Stereo) **Pd** Tony Palmer, Michela Antonello **R+B** Tony Palmer **S** Tony Palmer **D** Paul Rhys (Chopin), Penelope Wilton (Paulina/ Delphina), Valentina Igoshina (Delphina), Elizabeth McGorian (Delphina) **L** 167 (TV 88) **E** 20.10.1999 arte (Kurzfassung)/2001 DVD

THE NAKED DETECTIVE (THE NAKED DETECTIVE). Im Haus eines Millionärs wird ein Privatdetektiv mit einer Reihe erotischer Verstrickungen konfrontiert, ohne das Ableben des Hausherrn verhindern zu können. Auf Erotik getrimmte Komödie mit einigen durchaus vergnüglichen Gags. ✦ USA 1996 **Pd** Gary P. Conner **R** Ernest G. Sauer **B** Ken Dashow **K** Michael Watkins **M** Joey Mennona **S** Bill Buckendorf **D** Jim Gardiner (Sam Drake), Julia Parton (Irene), Gregory Tracy (Junior), Kimberly Knight (Roxanne), Camille Donatacci (Annie O'Shea) **L** 85 **E** 7.4.2000 Kabel 1

THE NAKED MAN (THE NAKED MAN). Ein Chiropraktiker, der abends gerne als Ringkämpfer in den Wrestling-Ring steigt, will sich endlich dem Willen seines Vaters fügen und eine eigene Praxis eröffnen, als ein Gangster seine Eltern erschießt. »Schriller« Debütfilm über eine seltsame Sportart, der über weite Strecken wie eine Fingerübung wirkt, weil seinen verschrobenen, teilweise auch makabren Einfällen ein übergreifendes Ziel fehlt. ✦ USA 1998 **P** October Films **Kl** Jugendfilm **Pd** Ben Barenholtz **R** J. Todd Anderson **B** Ethan Coen, J. Todd Anderson **K** Jeff Barklage **M** Edward Bilous **S** Tricia Cooke, Mark Cretcher **D** Michael Rapaport (Dr. Edward Bliss jr.), Rachael Leigh Cook (Dolores), Michael Jeter (Sticks Verona), Arija Bareikis (Kim Bliss), Martin Ferrero **L** 86 **E** 12.7.2001 **fd** 34 939

THE NAKED TRUTH (THE NAKED TRUTH). Zwei junge Drehbuchautoren werden unfreiwillig vom FBI angeheuert, um einem Drogen-Baron das Handwerk zu legen. Um sich in das Imperium des als Ketchup-Fabrikanten getarnten Dealers einzuschleichen, verkleiden sie sich als Kosmetikerinnen, die die leichtgeschürzten Kandidatinnen des zur Vertuschung von illegalen Transaktionen veranstalteten Schönheitswettbewerbs betreuen. Eine von dümmlichen Witzchen und billigem Softsex strotzende, teilweise geschmacklose Krimi-Komödie mit peinlich chargierenden Darstellern. (TV-Titel: »Blöd und blöder«) ✦ USA 1991 **P** Omega **VA** Ufa **Pd+R** Nico Mastorakis **B** Nico Mastorakis, Kirk Ellis **K** Andreas Bellis **M** Jerry J. Grant **S** Bert Glatstein **D** Robert Caso (Frank I/ Ethel), Kevin Schon (Frank II/Mirabelle), Courtney Gibbs (Misty Blue/Joanne), Herbert Edelman (Rupert Hess), Brian Thompson (Bruno) **L** 99 **FSK** ab 12 **E** 6.6.1994 Video/6.7.1995 Pro Sieben **fd** 30 946

THE NECRO FILES (THE NECRO FILES). Nachdem die amerikanische Polizei einen Serienkiller ausschalten kann, erweckt eine Gruppe Jugendlicher Satanisten ihn zu neuem Leben und beschwört eine Katastrophe herauf. Ebenso gewalttätiger wie blutriefender Horrorfilm aus dem Amateurfilmer-Nachwuchs, der sich durch zahlreiche Sexszenen in der Hardcore-Ecke ansiedelt. ✦ USA 1998 **P** Threat Theatre International **VA** X-Rated (Dominik) **Pd+R** Matt

Jaissle **B** Todd Tjersland **M** Matt Jaissle **S** Matt Jaissle, Todd Tjersland **D** Isaac Cooper (Logan/Zombie), Steve Sheppard (Detective Manners), Gery Browning (Detective Sloane), Todd Tjersland (Satanist), Theresa Bestul (Mädchen unter der Dusche) **L** 73 **E** 3.5.2000 Video

THE NEON BIBLE (THE NEON BIBLE). Nach seinen konsequent autobiografischen Arbeiten verarbeitet Terence Davies erstmals eine literarische Vorlage. Die Adaption des Romans basiert freilich auf einer Seelenverwandtschaft: Wieder steht ein Kind an der Schwelle zum Erwachsensein im Mittelpunkt, wieder wird der Verlust von Unschuld durch Erfahrung beschrieben. Doch die Bilanz der in den amerikanischen Südstaaten angesiedelten Geschichte fällt wesentlich düsterer aus: Statt befreiendem Aufbruch stehen Tod und Vernichtung als einziger Ausweg. Ein intensiver und eindrucksvoller, in optischer als auch inhaltlicher Hinsicht düsterer Film. (O.m.d.U.) – Sehenswert. ✦ Scope. Großbritannien/USA 1995 **P** Scala/Miramax **Kl** Silver Cine **Pd** Elizabeth Karlsen, Oliver Stewart **R** Terence Davies **B** Terence Davies, nach einem Roman von John Kennedy Toole **K** Michael Coulter **M** Robert Lockhart **S** Charles Reed **D** Gena Rowlands (Tante Mae), Diana Scarwid (Sarah), Denis Leary (Frank), Drake Bell (David mit 10 Jahren), Jacob Tierney (David mit 15 Jahren) **L** 92 **E** 30.1.1997 **fd** 32 397

THE NEST →Das Nest

THE NESTING – HAUS DES GRAUENS (THE NESTING). Eine unter psychischen Störungen leidende junge Schriftstellerin findet in einem Haus auf dem Land nach merkwürdigen und unerklärlichen Ereignissen Befreiung von ihren Ängsten. Plakativer Gruselfilm ohne Atmosphäre und Spannung. Bemerkenswert an dem Reigen einschlägiger Blut- und Gruseleffekte ist lediglich die Mitwirkung der beiden Altstars John Carradine und Gloria Grahame. ✦ USA 1981 **P** Nesting Company **Kl** Apollo/WaBo-Mondial **VA** Mike Hunter **Pd+R** Armand Weston **B** Armand Weston, Daria Price **K** Joao Fernandes **M** Jack Malken **S** Jack Foster **D** Robin Groves (Lauren Cochran), Christopher Loomis (Mark Felton), Michael David Lally (Daniel Griffith), John Carradine (Col. LeBrun), Gloria Grahame (Florinda Costello) **L** 95 **FSK** ab 18; nf **E** 2.4.1982 **fd** 24 160

THE NET (THE NET / PROJECT M7). Ein brillanter junger Flugzeugkonstrukteur arbeitet mit einer Gruppe von Forschern an der streng geheimen Entwicklung eines Flugzeuges, das dreimal schneller zu fliegen vermag als alle bisherigen Modelle. Als er seine Erfindung selbst testen will, untersagt ihm dies angesichts des hohen Risikos sein Vorgesetzter, der sich selbst freiwillig meldet. Doch da wird der Vorgesetzte tot aufgefunden, geheime Unterlagen sind verschwunden. Hervorragend inszeniertes und gespieltes Spannungsdrama, das die Suche nach einem möglichen Verräter mit einer intensiven Charakterisierung der beteiligten Personen verbindet. (O.m.d.U.) – Ab 14. ✦ Schwarz-weiß. Großbritannien 1953 **P** Two Cities Films Ltd./The Rank Organisation **Pd** Antony Darnborough **R** Anthony Asquith **B** William Fairchild, nach einem Roman von John Pudney **K** Desmond Dickinson **M** Benjamin Frankel **S** Frederick Wilson **D** Phyllis Calvert (Lydia Heathley), James Donald (Michael Heathley), Robert Beatty (Sam Seagram), Herbert Lom (Alex Leon), Muriel Pavlow (Caroline Cartier), Noel Willman (Dr. Dennis Bord) **L** 86 **E** 23.10.1998

THE NEW INVADERS I + II (THE INVADERS I/II). Außerirdische versuchen, die Erde zu erobern, indem sie das Ökosystem zerstören und den Menschen Sonden einbauen, um sie zu unterwerfen. Ein ehemaliger Autist kann sich nach einer Haft den Befehlen widersetzen, stößt aber mit seinen Warnungen auf Unglauben. Nach der sorgfältigen Konstruktion des Plots, der die alte Invasionsthematik mit einer ökologischen Botschaft verbindet, mündet der Film zunehmend in ein konventionelles Actiondrama. – Ab 16. ✦ USA 1995 **P** Spelling Television/Papazian-Hirsch Entertainment **VA** Starlight **DVD** CinePlus (FF, DD2.0 dt.) **Pd** Robert A. Papazian, E. Duke Vincent, James G. Hirsch, James D. Parriott, Aaron Spelling **R** Paul Shapiro **B** James Dott **K** Alar Kivilo **M** Joseph Vitarelli **S** Daniel Cahn **D** Scott Bakula (Nolan Wood), Elizabeth Pena (Ellen Garza), Richard Thomas (Jerry Thayer), Delane Matthews (Amanda Thayer), Terence Knox (Coyle), Roy Thinnes (David Vincent), Shannon Kenny, Erik King, Jon Cypher, Todd Susman **L** 86/87 **FSK** ab 16 **E** 31.7.1996 Video/1.2.2001 DVD **fd** 32 159

THE NEW KILLING MACHINE (THE NEW KILLING MACHINE). Ein ehemals berüchtigter Verbrecher wird vom amerikanischen Geheimdienst so manipuliert, daß er als Killer zur Landesverteidigung eingesetzt werden kann. Doch bei seiner Programmierung geht etwas schief: die »Killermaschine« ist sentimental und zweifelt an ihrem Tun. Als auch noch die Liebe zu einem potentiellen Opfer, einer Wissenschaftlerin, dazukommt, wollen die Auftraggeber ihn beseitigen. Ein blutiger Showdown beendet den ohne jede Wahrscheinlichkeit und psychologische Motivation zusammengeschusterten Film, der mit hölzernen Dialogen und schematischen Darstellern aufgesetztes Pathos verbreitet. ✦ USA 1994 **P** Ashok Amritraj Productions/Moonstone Entertainment **VA** Starlight **Pd** Damian Lee **R** David Mitchell **B** David Mitchell, Damian Lee **K** David Felletier **M** Ronald J. Weiss **S** David Bruder **D** Jeff Wincott (Harlin Garrett), Terri Hawkes (Dr. Ann Kendall), David Bolt, Michael Ironside (Mr. Green), Jeff Pustil **L** 90 (gek. 81) **FSK** ab 18 (gek. 16) **E** 28.12.1994 Video/12.1.1996 premiere **fd** 31 216

THE NEXT KARATE KID →Karate Kid IV – Die nächste Generation

THE NIGHT OF THE CROW →Stephen King – The Night of the Crow

THE NIGHT TRAIN →Nighttrain

THE NINJA SQUAD (THE NINJA SQUAD). Ein Mann, dessen Familie von einem Verbrechersyndikat erpreßt wird, will im Alleingang den Konflikt lösen. Stereotyper Actionfilm. ✦ Hongkong 1986 **P** Godfrey Ho Prod. **VA** Ufa **Pd** Joseph Lai, Betty Chan **R** Robert W. Young **K** Sherman Chang **D** Richard Harrison, Dave Wheeler, Eduardo Martinez, Tim Alden, Kelvin James McHugh **L** 87 **FSK** ab 18 **E** 1987 Video

THE NORSEMEN (THE NORSEMEN). Eine Wikingerschar begibt sich auf die Suche nach ihrem König, der von einem blutrünstigen Indianerstamm gefangengehalten wird. Mit bescheidenen inszenatorischen Mitteln gefertigter Monumentalfilm, der seine Vorgänger unverhohlen kopiert und außer Langeweile nur Kopfschütteln hervorruft. (Fernsehtitel auch: »Die Nordmänner«) – Ab 16 möglich. ✦ USA 1978 **P** American International **VA** VCL/Virgin **Pd+R+B** Charles B. Pierce **K** Robert Bethard **M** Jaime Mendoza-Nava **S** Stephen Dunn, Shirak Kojayan, Aladar Klein, Sarah Legor, Robert Bell **D** Lee Majors (Thorvald), Cornel Wilde (Ragnar), Mel Ferrer (King Erich), Jack Elam, Susie Coelho, Kathleen Freeman (Indianerin) **L** 87 **FSK** ab 12 **E** 10.9.1987 Video **fd** 26 422

THE NOSE (THE NOSE). Ein kurioser filmischer Streifzug durch die russische Hauptstadt: Lina Wertmüller befragt Moskauer Bürger nach der Geschichte (»Wer waren Marx und Stalin?«) sowie nach den kleinen Problemen des Alltags (»Wo bekomme ich was und wieviel kostet es?«) und findet ein Volk von Realisten, das der historischen Wechselfälle seines Landes überdrüssig geworden ist und sich ins Private zurückgezogen hat. Teil einer Dokumentationsreihe über den Wandel der russischen Gesellschaft. (O.o.U.; Titel der übrigen Filme: »Alice in Russialand«, »Bells from the Deep«, »Les Enfants jouent à Russie«, »Russian Lullaby«) ✦ Italien/Russland 1993 **P** Cecco Films **Pd** Alessandro Cecconi, Ira Barmak **R+B** Lina Wertmüller **K** Valentin Piganow, Alexej Matiuschkin **L** 60 **E** 28.8.1995 premiere

THE ODD ANGRY SHOT – DURCH DIE HÖLLE VIETNAMS (THE ODD ANGRY SHOT). Eine Gruppe australischer Freiwilliger meldet sich für den Einsatz im Vietnam-Krieg. Sie sehen in dem Krieg vor allem eine sportliche Herausforderung oder auch ein Sprungbrett für eine Karriere beim Militär. Angesichts der Brutalität und des Chaos, dem sie begegnen, geht es ihnen aber bald nur noch ums Überleben. Besonders dank des Kameramanns, der als Dokumentarist in Vietnam tätig war, bietet der Film eine realistische Schilderung der Zustände in jenem Krieg. Aus der Divergenz zwischen den absurden Illusionen der Protagonisten und der Realität entstehen im Film auch einige komische Szenen. Auch darstellerisch überzeugend. – Ab 16. ✦ Australien 1979 **P** Samson/Roadshow **Pd** Tom Jeffrey, Sue Milliken **R** Tom Jeffrey **B** Tom Jeffrey, William Nagle **K** Donald McAlpine **M** Michael Carlos **S** Brian Kavanagh **D** Graham Kennedy (Harry), John Hargreaves (Bung), John Jarratt (Bill), Bryan Brown (Rogers), Graeme Blundell (Dawson) **L** 90 **E** 10.6.1998 Kabel 1

THE ODD ONE DIES (LEUNG GOR JI NUN WOOT I GOR). Ein heruntergekommener Kleinkrimineller in Hongkong vervielfacht beim Glücksspiel das Geld, das er als Vorschuß für einen Mord erhielt, und engagiert dafür eine aus dem Gefängnis entlassene junge Frau, die für ihn die »Arbeit« ausführen soll. Ein wild-bizarres, experimentierfreudiges Spiel mit den Versatzstücken des Gangster- sowie des Liebesfilms, das sich zu einem wortkargen, mal gewaltsamen, mal äußerst witzigen Kunst-Film verdichtet und sich dabei allen moralischen Kriterien verweigert. (O.m.engl.U.) ✦ Hongkong 1997 **Kl** rapid eye movies **VA** New East **Pd** Johnny To Keifu **R** Patrick Yau **B** Wai Kaifai **K** Cheng Siukeung **M** Raymond Wong **S** Wong Wingwing **D** Takeshi Kaneshiro (Mo), Carman Lee Yeuktung (Carmen) **L** 85 **E** 18.9.1997/7.2.1998 Video **fd** 32 740

THE OLD DARK HOUSE (THE OLD DARK HOUSE). Fünf Reisende werden von einem heftigen Sturm überrascht und finden Unterschlupf in einem hochherrschaftlichen alten Haus. Bald erweisen sich die Bewohner als eine Ansammlung recht exzentrischer Gesellen. So sind die Gäste unglaublichen Vorgängen ausgeliefert, als ein 102 Jahre alter Greis, religiöse Eiferer und ein Pyromane ihr Unwesen treiben. Als Butler fungiert ein Psychopath (Boris Karloff in seiner ersten Hauptrolle), der maßgeblich zu den verrückten Geschehnissen beiträgt. Eine Gruselkomödie, die zu den ganz großen Klassikern des Genres zählt; ein Feuerwerk darstellerischer Kabinettstücke, die die lächerliche Handlung vergessen machen. (Originalfassung; Fernsehtitel auch: »Das Haus des Grauens«) – Ab 16. ✦ Schwarz-weiß. USA 1932 **P** Universal **Pd** Carl Laemmle jr. **R** James Whale **B** Benn W. Levy, R. C. Sherriff, nach dem Roman »Benighted« von J.B. Priestley **K** Arthur Edeson **S** Clarence Kolster **D** Boris Karloff (Morgan), Melvyn Douglas (Roger Penderel), Charles Laughton (Sr. William Porterhouse), Gloria Stuart (Margaret Waverton), Lillian Bond (Gladys DuCane), Ernest Thesiger (Horace Femm), Raymond Massey (Philip Waverton) **L** 70 **E** 10.3.1989 Tele 5

THE OLD MAN IN THE COTTAGE (GLUBBEN I STUGNAN). Dokumentarfilm über einen bejahrten Mann, der in völliger Abgeschiedenheit allein in einem Holzhaus im Norden Schwedens wohnt. Der Film beschreibt die sich ändernden Lebensbedingungen im Wechsel der Jahreszeiten und die Methoden, mit denen sich der Mann jeweils darauf einstellt, in einer dementsprechend gemächlichen Erzählweise, die die Mühsale dieses Daseins ebenso einfängt wie die kleinen Freuden, die es bereiten kann. – Ab 16. ✦ Schweden 1996 **P** Sveriges Television (SVT) **R** Nina Hedenius **L** 89 **E** 17.6.1998 arte

THE OMEGA CODE (THE OMEGA CODE). Ein zynischer Medien-Mogul will mit Hilfe verschlüsselter Botschaften, die sich aus Texten und Chiffren der

Bibel ergeben, die Weltherrschaft erringen. Auf dem Höhepunkt seines Ruhms kann ihn ein junger Schriftsteller stürzten. Bestenfalls routiniert inszenierte Mixtur aus Horror- und Science-Fiction-Elementen, die sich der christlichen und jüdischen Ikonografie bedient. Nach wirkungsvollem Anfang verkommt der Film zu einer kruden Ansammlung von Genre-Versatzstücken und hat nicht mehr als vorgeblich tiefsinnigen Geisterbahn-Mumpitz zu bieten. Trauriger Höhepunkt, Michael York in der Rolle des Teufels inmitten einer Riege chargierender Laiendarsteller. ✦ USA 1999 **P** TBN Films/Genr8xion Entertainment **VA** Columbia TriStar Home **Pd** Matthew Crouch, Robert Marcarelli, Lawrence Mortorff **R** Robert Marcarelli **B** Stephan Blinn, Hollis Barton **K** Carlos Gonzalez **M** Harry Manfredini **S** Peter Zimmer, Katina Zimmer **D** Casper van Dien (Gillen Lane), Michael York (Stone Alexander), Catherine Oxenberg (Cassandra), Michael Ironside (Dominic), Devon Odessa (Jennifer), William Hootkins (Sir Perceval) **L** 95 **FSK** ab 16 **E** 21.8.2001 Video **fd** 35 013

THE ONE-MAN-BAND →Orson Welles: The One-Man-Band

THE OPERATIVE (THE OPERATIVE). Ein CIA-Agent, der 1989 vom KGB in die russische Psychiatrie gebracht wurde, wird elf Jahre später, nach seiner Rückkehr in die USA von einem ehemaligen KGB-Offizier zu einem Kunstraub erpresst. Seine verblüffende Ähnlichkeit mit einem großspurigen texanischen Millionär erleichtert die heikle Angelegenheit. Ein Krimi von der Stange, der die Stereotypen des Genres aneinanderreiht, ohne eine Spur von Eigenständigkeit zu besitzen. Eine hölzerne Darstellerriege und die misslungene Inszenierung runden den negativen Gesamteindruck ab. ✦ Kanada/Großbritannien 2000 **P** Prophecy Pic. **VA** Highlight **Pd** Evan Tylor, John Curtis **R** Robert Lee **B** Paul A. Birkett **K** David Pelletier **M** Peter Allen **S** Gordon Rempel **D** Brian Bosworth (Alec/Grady), John Tench (Norvid), Jerry Wasserman (Urquart), Rachel Hayward (Sonja), Teryl Rothery (Vicky), Bob Dawson (Basil), Jenny Clark (Sharon) **L** 96 **FSK** ab 18 **E** 7.12.2000 Video **fd** 34 662

THE OPIUM CONNECTION (AFYON OPPIO / ACTION HEROINE). Ein Agent der amerikanischen Antidrogenbehörde wird in eine italienische Mafiabande eingeschleust und enttarnt durch einen millionenschweren Heroincoup die Hintermänner in den USA. Routiniert, aber etwas zerfahren inszenierter Gangsterfilm mit einem überzeugenden Hauptdarsteller. (Alternativtitel: »Opium Connection«) ✦ Scope. Italien/Frankreich 1973 **P** PAC/Atlas/Societé Cinématographique/Lyre **VA** VPS **R** Ferdinando Baldi **B** Duilio Coletti, Ferdinando Baldi **K** Aiace Parolin **M** Guido de Angelis, Maurizio de Angelis **S** Eugenio Alabiso **D** Ben Gazzara (Joseph Coppola), Silvia Monti (Claude), Fausto Tozzi (Vincenzo Vascello), Steffen Zacharias (Selby), Luciano Catenacci (Toni Nicolodi), Jess Hahn (Sacha), Malisa Longo (Rosalia), Luciano Rossi (Hans), Mario Pilar (Ibrahim) **L** 100 (gek. 97) **FSK** ab 18 (gek. 16) **E** September 1985 Video **fd** 25 390

THE OPPONENT – SEIN HÄRTESTER GEGNER (THE OPPONENT). Ein talentierter Boxer gerät in die Hände eines bekannten Promoters, der sein Geld mit abgesprochenen Kämpfen verdient. Der Sportler will sich darauf zwar nicht einlassen, wird aber durch die Entführung seiner Freundin unter Druck gesetzt. Boxerfilm nach üblichem Schema, in dem sich ein braver Junge aus bescheidenen Verhältnissen gegen alle Widrigkeiten nach oben boxt. (Alternativtitel: »Sein härtester Gegner«) ✦ Italien 1987 **P** Medusa **KI** Esplanade **VA** New Vision **R** Sergio Martino **B** Luciano Martino **K** Giancarlo Ferrando **M** Luciano Michelini **D** Ernest Borgnine (Victor), Daniel Greene (Bob Mulligan), Giuliano Gemma (Martin Duranti), Mary Stavin (Baby), Kelly Shaye Smith (Anne) **L** 94 **FSK** ab 18 **E** 4.8.1988/Februar 1989 Video

THE OPPOSITE OF SEX – DAS GEGENTEIL VON SEX (THE OPPOSITE OF SEX). Momentaufnahmen aus dem Leben eines 16jährigen Flittchens, das das Leben seines homosexuellen Halbbruders ins Chaos stürzt und zur Erreichung seiner unmoralischen Selbstentfaltung vor keiner Schandtat zurückschreckt. Ein ebenso frischer wie frecher Film, der das Mittel der Off-Kommentierung kreativ nutzt, um mit dem Zuschauer seine absurden Spielchen zu treiben. Die ironische Infragestellung gängiger Wertvorstellungen macht den Film trotz seiner drastischen Sprache zu einem intellektuellen Vergnügen. (Videotitel: »Das Gegenteil von Sex – The Opposite of Sex«) DVD: Die Extras umfassen u. a. einen Audiokommentar des Regisseurs sowie ein Feature mit fünf nicht verwendeten Szenen. ✦ USA 1998 **P** Tri Star Pic. **KI** Movienet **VA** Columbia TriStar **DVD** Columbia TriStar Home (16:9, 1.85:1, DD5.1 engl./dt.) **Pd** David Kirkpatrick, Michael Besman **R+B** Don Roos **K** Hubert Taczanowski **M** Mason Daring **S** David Codron **D** Christina Ricci (Dedee Truitt), Martin Donovan (Bill Truitt), Lisa Kudrow (Lucia Delury), Ivan Sergei (Matt Mateo), Johnny Galecki (Jason) **L** 94 **FSK** ab 16; f **E** 22.7.1999/7.12.1999 Video/11.1. 2001 DVD **fd** 33 780

THE ORDER (THE ORDER). Eine 2000 Jahre alte Weltuntergangssekte meldet sich im Heiligen Land zu Wort und entführt einen New Yorker Museumsdirektor, um das letzte Gefecht einzuläuten. Leider haben sie die Rechnung ohne den Sohn des Gefangenen gemacht: einen karatekundigen Abenteurer, der seinem Vater aus der Patsche hilft und den Weltfrieden rettet. Unausgegorenes Konglomerat aus etlichen Genres, das einem in die Jahre gekommenen Action-Star die Gelegenheit bietet, seine mittlerweile eingefahrenen Kampfkünste zur Geltung zu bringen. ✦ USA 2001 **P** Millennium Films/Nu Image **VA** Highlight **DVD** Highlight Video (16:9, 1.85:1, DD5.1 dt.) **Pd** Boaz Davidson, Danny Lerner, John Thompson **R** Sheldon Lettich **B** Les Weldon, Jean-Claude Van Damme **S** Donn Aron **D** Jean-Claude Van Damme (Rudy), Charlton Heston (Professor Finley), Ben Cross (Major Ben-Ner), Sofia Milos (Dalia), Brian Thompson (Cyrus) **L** 86 **FSK** ab 16 **E** 13.12.2001 Video & DVD

THE OTHER (THE OTHER). Sanfter Horrorfilm um die gespaltene Persönlichkeit eines Kindes. Der »andere«, der böse Zwillingsbruder, begeht die Untaten, die das gute Kind sich tief in seinem Innern wünscht. Der Film arbeitet nicht mit vordergründigen Horroreffekten, schafft vielmehr Zwischentöne und -räume, die der Zuschauer mit eigenen Projektionen besetzen kann. Vorzüglich gespielt und inszeniert, setzt seine komplizierte Anlage gedankliche Mitarbeit voraus. (O.m.d.U.) ✦ USA 1972 **P** 20th Century Fox **KI** Concorde/Fox **R** Robert Mulligan **B** Tom Tryon **K** Robert Surtees **M** Jerry Goldsmith **D** Uta Hagen (Ada), Diana Muldaur (Alexandra), Chris Udvarnoky (Niles Perry), Martin Udvarnoky (Holland Perry), Norma Connolly (Tante Vee) **L** 99 **FSK** ab 16; f **E** 3.5.1985 **fd** 25 101

THE OUTFIT (THE OUTFIT). Amerika in den 30er-Jahren: Ein Undercoveragent des FBI unterwandert die Bande des legendären Dutch Schultz und kann seine Mission zunächst erfolgreich durchführen, doch als er sich in Schultz' Geliebte verliebt, gerät die Sache außer Kontrolle. Gefälliger Gangsterfilm der B-Klasse, der zwar keine neuen Standards setzt, aber im Genrerahmen brauchbare Unterhaltung liefert. ✦ USA 1993 **VA** Astro **DVD** VCL (FF, DD2.0 dt.) **Pd** J. Christian Ingvordsen, Steven Kaman **R** J. Christian Ingvordsen **B** J. Christian Ingvordsen, Steven Kaman, Whitney Ransick **K** Steven Kaman **M** Gary Topper **S** Steven Kaman **D** Lance Henriksen (Dutch Schultz), Martin Kove (Agent Baker), Billy Drago (Lucky Luciano), Rick Washburn (Red), Josh Mosby (Les Diamond) **L** 110 **FSK** 18 **E** 19.7.1999 Video/12.10.2000 DVD

THE OUTLAW INFERNO (THE OUTLAW INFERNO). Als in einer Provinzstadt auf den Philippinen sein bester Freund und dessen Vater von den Handlangern eines Schutzgelder erpressenden Gangsters ermordet werden, zieht ein junger Mann gegen ihn zu Felde, wobei er sogar Unterstützung in der Tochter des Gangsters findet. Die zum Teil dilettantisch inszenierte Geschichte vermag es kaum, einen Spannungsbogen aufzubauen, und endet mit den üblichen Schießereien. ✦ Philippinen 1988 **P** Davian International **VA** G. L. **R** Nick Lizaso **B** Tony A. Calvento **K** Sergio Lobo **D** Rudy Fernandez, John Cunningham, Charito Solis, Eddie Garcia, Dang Cecilio **L** 87 **FSK** ab 18 **E** 26.7.1988 Video **fd** 27 077

THE OUTSIDERS II – DER KAMPF GEHT WEITER (THE OUTSIDERS II – THE STRUGGLE CONTINUES). Drei Brüder, Halbstarke, die sich ohne Eltern durchs Leben schlagen, gehören zu einer Straßengang, die sich mit den Söhnen der gutsituierten Nachbarschaft anlegt. Es kommt zu Rivalitäten um die Nachfolge des getöteten Anführers. Unbefriedigender Aufguß des Themas »Jugendbanden in den 60er Jahren«; eine eher nostalgische Rückschau, die weniger realen Konflikten verpflichtet ist als der Illusion, daß sich mit entsprechenden Absichten über alle Klassenkluften hinweg Berge versetzen ließen. – Ab 16. ✦ USA 1989 **P** Papazian-Hirsch Entertainment **VA** CIC **Pd** Francis Ford Coppola, Fred Roos **R** Sharron Miller, Alan Shapiro **B** Alan Shapiro, nach Charakteren eines Romans von Susan E. Hinton **K** David Parker **M** W.G. Snuffy Walden, Bennett Salvay **S** Corky Ehlers **D** Jay Ferguson (= Jay R. Ferguson) (Pony Boy), Rodney Harvey (Soda Pop), Boyd Kestner (Darrel), David Arquette (Two Bit), Heather McComb (Scout) **L** 83 **FSK** ab 16 **E** 8.8.1990 Video **fd** 28 521

THE OWL (THE OWL). Seit der Ermordung seiner Frau und seiner kleinen Tochter ist ein Mann unter dem Namen »Die Eule« als ruheloser Rächer mit sagenhaften Fähigkeiten unterwegs, um die Täter zu stellen. Bei seiner Verfolgungsjagd trifft er ein kleines Mädchen, dessen Vater, ein Chemiker, von den Verbrechern entführt wurde, damit er Rauschgift für sie herstellt. Actionfilm um einen eiskalten Rächer, dem zur Erlangung seiner Ziele fast jedes Mittel recht ist. (Titel auch: »Die Rache der Eule«, »The Owl – Alptraum des Bösen«) – Ab 16. ✦ USA 1991 **P** Lorimar Television **VA** IMV **R** Alan Smithee **B** Tom Holland **M** Sylvester Levay **D** Adrian Paul (Alex/»die Eule«), Patricia Charbonneau (Danny Santerre), Brian Thompson (Norbert), Erika Flores (Lisa), Jacques Apollo (Cool Ice), David Anthony Marshall (Bobby B.) **L** 84 **FSK** ab 16 **E** 12.1.1995 Pro 7/13.11.1996 Video

THE PALMER FILES: DER ROTE TOD (LEN DEIGHTON'S BULLET TO BEIJING / BULLET TO BEJING). (Fernseh-)Verfilmung eines Romans von Len Deighton um die Gestalt des Harry Palmer. Ein arbeitslos gewordener britischer Geheimagent läßt sich von einem russischen Wirtschaftsboß beauftragen, biologische Waffen aus Nordkorea zurückzuholen. Doch hinter der vorgeblich humanitären Aufgabe stecken skrupellose, finanzielle Interessen. Reizvoll vor allem durch das melancholische Spiel von Michael Caine, der den Agenten bereits erfolgreich im Kino der 60er Jahre verkörperte (u. a. »Icpress – Streng geheim«, »Das Milliarden-Dollar-Gehirn«). – Ab 16. ✦ Großbritannien/Kanada 1995 **P** Harry Palmer Prod./ Showtime Networks **Pd** Andre Dunning, Alexander Golutwa, Andre Link, Peter Welbeck (= Harry Alan Towers) **R** George Mihalka **B** Peter Welbeck (= Harry Alan Towers), nach einem Roman von Len Deighton **K** Peter Benison, Peter Cole **M** Rick Wakeman **S** François Gill **D** Michael Caine (Harry Palmer), Jason Connery (Nikolai Petrov), Mia Sara (Natasha Gradetsky), Michael Sarrain (Craig Warner), Michael Gambon (Alexei) **L** 101 **E** 20.12.1998 RTL 2

THE PALMER FILES: HERREN DER APOCALYPSE (LEN DEIGHTON'S MIDNIGHT IN ST. PETERSBURG / MIDNIGHT IN SAN PETERSBURG). Weitere (Fernseh-)Verfilmung eines Romans von Len Deighton. Nach 30 Jahren beim britischen Geheimdienst und dem Ende des Kalten Krieges läßt sich ein Agent zusammen mit einem Kollegen in St. Petersburg als

Privatdetektiv nieder. Als seine Geliebte entführt wird, stoßen die beiden auf einen Fall von Plutoniumschmuggel. Solide Unterhaltung, reizvoll durch die Wiederbegegnung mit Michael Caine, der die Figur des Harry Palmer bereits erfolgreich im Kino der 60er Jahre verkörperte. – Ab 16. ✦ Kanada/Russland 1995 **P** Harry Palmer Prod./Showtime Networks **Pd** Alexander Golutwa, Andre Link, Edward Simons, Peter Welbeck (= Harry Alan Towers), Kent Walwin, John Dunning **R** Doug Jackson **B** Peter Welbeck (= Harry Alan Towers), nach einem Roman von Len Deighton **K** Peter Benison **M** Rick Wakeman **S** Vidal Béïque **D** Michael Caine (Harry Palmer), Jason Connery (Nikolai Petrow), Michelle Thomas (Brandy), Yuri Limonty (Clown), Tanya Jackson (Tatiana) **L** 86 **E** 24.12.1998 RTL 2

THE PANIC IN NEEDLE PARK (THE PANIC IN NEEDLE PARK). Die Geschichte eines jungen Paares in New York, das der Rauschgiftsucht verfällt und schließlich in Kriminalität absinkt, um an neuen Stoff zu kommen. Ein in der Milieu-Zeichnung authentisch wirkender, lebendig fotografierter Film, der trotz gelegentlicher Romantisierung eindrucksvoll die Gefahren des Drogenkonsums aufzeigt. (TV-Titel: »Panik im Needle Park«) – Sehenswert ab 16. ✦ USA 1970 **P** Gadd/Didion-Dunne **KI** 20th Century Fox **Pd** Dominique Dunne **R** Jerry Schatzberg **B** Joan Didion, John Gregory Dunne, nach einem Roman von James Mills **K** Adam Holender **S** Evan Lottman **D** Al Pacino (Bobby), Kitty Winn (Helen), Alan Vint (Hotch), Richard Bright (Hank), Warren Finnerty (Sammy), Raul Julia, Marcia Jean Kurtz (Marcie) **L** 109 **FSK** ab 16; f **E** 1.7.1977 (O.m.d.U.) **fd** 20 365

THE PAPER BRIGADE (THE PAPER BRIGADE). Ein Teenager, der sich – von New York zugezogen – nur schwer an seine neue provinzielle Umgebung gewöhnt, verliebt sich in eine Kellnerin und nimmt eine Arbeit als Zeitungsausträger an, um Karten für ein Konzert bezahlen zu können. Der Job birgt viele Tücken und ruft den Schläger der Stadt auf den Plan, der ihm und seinen neuen Freunden die lukrative Tätigkeit wegnimmt. Nun ist Handeln geboten, denn die Angebetete wirft ihm mangelnde Courage vor. Konventionelle Teenager-Komödie, kurzweilig erzählt und mit einigen hübschen Gags versehen, in der Zeichnung einer idyllischen Wohlstandswelt ohne ernsthafte Probleme wirklichkeitsfremd. – Ab 10. ✦ USA 1996 **P** Leucadia Film **VA** Splendid **Pd** David Anderson **R** Blair Treu **B** Denice K. Rice **K** Brian Sullivan **M** Ray Colcord **S** David Blangsted **D** Kyle Howard (Gunther), Travis Wester (Chad), Chauncey Leopardi (Charlie), Ethan Glazer (Andrew), Matthew Ness (Fish), Robert Englund (Cooper) **L** 86 **FSK** ab 6 **E** 25.9.1996 Video **fd** 32 479

THE PAPERBOY (THE PAPERBOY). Um eine Ersatzfamilie zu gewinnen, wird ein 12jähriger Zeitungsjunge zum Mörder. Den auserwählten Personen gegenüber benimmt er sich tadellos und liebenswert, während er all jene aus dem Weg räumt, denen sein aufdringliches, manchmal absonderliches Verhalten Anlaß zur Sorge ist. Die eindringliche Darstellung des schizophrenen Jungen gibt dem Film eine beklemmende psychologische Glaubwürdigkeit. Ansonsten folgt er den gängigen und vorhersehbaren Mustern des Psychothrillers, ohne sich um eine Ursachenforschung zu bemühen. (Fernsehtitel ORF: »Paperbpoy – Der Tod steht vor der Tür«) ✦ Kanada 1994 **P** Allegro/Image/Blue Rider **VA** Starlight **Pd** Tom Berry, Franco Battista **R** Douglas Jackson **B** David Peckinpah **K** Rodney Gibbons **M** Milan Kymlicka **S** Yves Langlois **D** Alexandra Paul (Melissa), Marc Marut (Johnny), William Katt (Brian), Brigid Tierney (Cammie), Krista Errickson (Diana) **L** 90 (gek. 87) **FSK** ab 18 (gek. 16) **E** 14.9.1994 Video/22.4.1996 premiere **fd** 31 081

THE PARTY IS OVER ... DIE FORTSETZUNG VON AMERICAN GRAFFITI (MORE AMERICAN GRAFFITI). Fortsetzung von »American Graffiti« (1973), in der die weiteren Schicksale der Hauptpersonen – aufgeteilt auf vier Jahresebenen – verfolgt werden. Dabei entsteht ein Panorama einer kalifornischen Kleinstadt Mitte der 60er Jahre während des Vietnamkriegs, das nur vordergründig fortschrittlich ist: Der routiniert, streckenweise brillant inszenierte Film offenbart vielmehr eine sehr konservative, rückwärtsgewandte Haltung. Die komplizierte Verschachtelung der Zeitebenen erschwert zudem das Verständnis. (TV-Titel: »Noch mehr American Graffiti«) – Ab 14 möglich. ✦ Scope. USA 1979 **P** Lucasfilm (für Universal Pictures) **KI** CIC **Pd** Howard Kazanjian **R+B** Bill L. Norton **K** Caleb Deschanel **M** Country Joe and The Fish, The Supremes, The Marvelettes, The Miracles, Bob Dylan, Donovan, The Angels, The Doors, Frank Zappa, Steppenwolf, Simon & Garfunkel, Gene Finley, u. a. **S** Tina Hirsch **D** Candy Clark (Debbie Dunham), Bo Hopkins (Little Joe), Ron Howard (Steve Bolander), Paul Le Mat (John Milner), Mackenzie Phillips (Carol/Rainbow), Charles Martin Smith (Terry), Cindy Williams (Laurie Bolander) **L** 111 **FSK** ab 12; f **E** 11.1.1980/15.12.1993 RTL 2 **fd** 22 299

THE PARTY – NATURE MORTE. Ein gutsituiertes Paar erlebt nach Jahren der Vertrautheit eine bedrohliche Anspannung in seiner Beziehung. Während eines geselligen Abends quälen und provozieren sie sich gegenseitig vor den Augen und Ohren der anwesenden übrigen Gäste; er betrinkt sich maßlos, sie bandelt mit einem Unbekannten an. Die äußere Handlung ist lediglich der Rahmen für ein von der hervorragenden Hauptdarstellerin und einer sich raffiniert bewegenden Kamera geprägtes eigenwilliges Spiel, das die Kraft der Fantasie sowie die Tiefe von Leidenschaft und Einvernehmen von Partnern poetisch überhöht auszuloten versucht. ✦ Schwarzweiß. Deutschland 1991 **P** Alert Film/Neue Filmproduktion **SF** Freunde der Deutschen Kinemathek **Pd** Alfred Hürmer **R+B** Cynthia Beatt **K** Elfi Mikesch, Priska Forter **M** Margaret De Wys, Mark Reeder & Alastair Gray, Simon Fisher Turner **S** Dörte Völz, Friederike von Norman **D** Tilda Swinton, Féodor Atkine, Lutz Weidlich, Leland Wheeler, Isabella Mamthis **L** 89 **E** 28.1.1993/30.6.1993 West 3

THE PASSAGE →Rivalen der Liebe

THE PASSION OF DARKLY NOON (THE PASSION OF DARKLY NOON). In einem einsamen Waldhaus zerbricht ein religiöser Fanatiker an seiner ersten, unglücklichen Liebe und läuft Amok. Ambitionierter psychologischer Thriller, der am eigenen Anspruch scheitert; vordergründig in den religiösen Bezügen und zu getragen-ästhetisiert, um spannend zu sein. ✦ Scope. Großbritannien/Deutschland 1995 **P** Fugitive Features/Die Hauskunst/Keytsman **KI** Jugendfilm (Central) **VA** VPS **Pd** Alain Keytsman, Dominic Anciano, Frank Henschke **R+B** Philip Ridley **K** John de Borman **M** Nick Bicât **S** Leslie Healey **D** Brendan Fraser (Darkly Noon), Ashley Judd (Callie), Viggo Mortensen (Clay), Loren Dean (Jude), Grace Zabriskie (Roxy) **L** 101 **FSK** ab 16; f **E** 25.4.1996/24.9.1996 Video **fd** 31 869

THE PATRIOT (THE PATRIOT). Der Führer einer rechtsradikalen Vereinigung will die USA von einem Provinznest aus mit Hilfe eines neu entwickelten Virus in die Knie zwingen. Als das eigene Immunsystem versagt, rückt ein Arzt, der fieberhaft an einer Heilungsmethode forscht, in die Rolle des Retters. Einmal mehr rückt der schauspielerisch untalentierte Steven Seagal in die Rolle des Heilsbringers, der seine schlagkräftige Rolle durch homöopathische Dosen esoterischer Binsenweisheiten vollends unerträglich macht. Unterm Strich ein handelsüblicher brutaler Actionfilm mit unzähligen Kampfsequenzen. ✦ USA 1998 **P** Interlight Pictures **VA** Ascot **Pd** Howard Baldwin, Patrick D. Choi, Julius R. Nasso, Nile Niami, Steven Seagal **R** Dean Semler **B** Paul Mones, David Ayer, M. Sussman, John Kingswell, nach dem Roman »The Last Canadian« von William Heine **K** Stephen F. Windon **M** Stephen Edwards **S** Derek G. Brechin (= Derek Brechin) **D** Steven Seagal (Wesley McClaren), Gailard Sartain (Floyd Chisolm), L.Q. Jones (Frank), Camilla Belle (Holly), Dan Beene (Dr. Richard Bach) **L** 85 **FSK** ab 16 **E** 26.2.1999 Video **fd** 33 826

THE PAWN →Der Unbestechliche – Ein Cop rechnet ab

THE PAWN – EIN COP RECHNET AB →Der Unbestechliche – Ein Cop rechnet ab

THE PEACE KILLERS →Die auf heißen Öfen verrecken

THE PEACEKEEPER →Red Zone

THE PEREZ FAMILY (THE PEREZ FAMILY). Eine junge Kubanerin, die in die USA auswandern will, begegnet auf der Überfahrt einem politischen Gefangenen, der dorthin abgeschoben wird. Durch enttäuschte Erwartungen aneinander gebunden, getrieben von der Sehnsucht nach Geborgenheit, aber auch, um die Behörden zu überlisten, gründen sie mit anderen Exilanten eine Pseudo-Familie. Ein unentschieden zwischen Rührstück und Komödie schwankender Film, der keine politischen Hintergründe erhellt, sondern stereotype Zerrbilder entwirft. Der simple Inszenierungsstil vermag nicht von den Schwächen des Drehbuchs abzulenken; was bleibt ist einfallslose Unterhaltungsware, die sogar mit dem Potential der Besetzung nichts anzufangen weiß. – Ab 14. ✦ USA 1995 **P** Samuel Goldwyn Company **VA** VPS **Pd** Michael Novik, Lydia Dean Pilcher **R** Mira Nair **B** Robin Suicord **K** Stuart Dryburgh **M** Alan Silvestri **S** Robert Estrin **D** Marisa Tomei (Dottie Perez), Alfred Molina (Juan Raul Perez), Anjelica Huston (Carmela Perez), Trini Alvarado (Teresa Perez), Chazz Palminteri (Officer Pirelli) **L** 108 **FSK** ab 12 **E** 11.7.1996 Video **fd** 32 076

THE PERFECT BRIDE →Die Alptraumbraut

THE PEST – JAGD NACH EINEM CHAMÄLEON (THE PEST). Ein quirliger Latino, der auf der Abschußliste der schottischen Mafia steht und das Interesse eines deutschen Hobby-Jägers erregt, der ihn seiner ethnischen Trophäen-Sammlung einverleiben will, kann sich auf der Flucht in Miami mit Hilfe seiner Freunde seiner Verfolger erwehren. Was als rasante Komödie und knallige Veralberung von National-Klischees geplant gewesen sein mag, gerät rasch zum Panoptikum der Peinlichkeiten und mißlungenen Gags. Endlose Blödelsätze und die Zappeleien des grimassierenden Hauptdarstellers zehren an den Nerven, und auch die Idee des deutschen Menschenjägers, der »Mein Kampf« im Bücherregal hat, ist nicht unbedingt geschmackssicher. (Titel auch: »The Pest – Jagd auf das Chamäleon«) ✦ USA 1997 **P** TriStar Pictures/The Bubble Factory **VA** Columbia TriStar Home **Pd** Robert A. Papzian **R** Paul Miller **B** David Bar Katz **K** Roy H. Wagner **M** Kevin Kiner **S** Ross Albert, David Rawlins **D** John Leguizamo (Pest), Jeffrey Jones (Gustav), Eduardo Ballerini (Gustav), Freddy Rodriguez (Ninja), Tammy Townsend (Xantha Kent) **L** 81 **FSK** ab 12 **E** 4.11.1997 Video/3.11.1998 Premiere **fd** 33 044

THE PINK CHIQUITAS (THE PINK CHIQUITAS). Durch einen Meteoriten-Einschlag werden die Bewohnerinnen eines kleinen Dorfes zu machthungrigen Amazonen. Erst ein Detektiv kann Licht in die Angelegenheit bringen. Actionfilm mit komödiantischen Einlagen, vielen Songs und zahlreichen Referenzen an die Geschichte der trivialen B-Pictures Hollywoods. (Titel auch: »Pink Chiquitas«, »Tony Mareda schlägt zu«) ✦ Kanada 1986 **P** SC Entertainment Corp./Shapiro **VA** Acron/Greuter **R+B** Antony Currie **K** Nicolas Stiliadis **M** Paul Zaza **D** Frank Stallone, Claudia Udy, John Hemphill, Don Luke, Bruce Pirrie **L** 80 **FSK** ab 16 **E** 25.6.1988 RTL plus

THE PLATINUM TRIANGLE →Platinum Triangle

THE PLAYER (THE PLAYER). Ein Hollywood-Produzent sieht sich ausgerechnet zu einer Zeit, da auch seine Karriere in Gefahr ist, von einem Autor verfolgt, der ihm beunruhigende anonyme Drohbriefe schreibt. Eine ebenso intelligente wie unterhaltsame Satire auf den Niedergang Hollywoods und der amerikanischen Kulturszene schlechthin. Voller Verweise auf filmische Vorbilder und auf reale Personen und Verhältnisse, die sich oft nur Kennern ganz entschlüsseln werden. Formal zeigt sich Robert Altman auf der Höhe seines Könnens; faszinierend und reizvoll sein Kunstgriff, zahlreiche Hollywood-Größen – Julia Roberts, Bruce Willis, Anjelica Huston, Jack Lemmon u.v.a. – in kleinen und kleinsten Nebenrollen einzusetzen. – Sehenswert ab 16. ✦ USA 1992 **P** Avenue Pictures/Spelling Entertainment/David Brown/Addis-Wechsler **KI** Highlight **VA** New Vision **Pd** David Brown, Michael Tolkin, Nick Wechsler **R** Robert Altman **B** Michael Tolkin **K** Jean Lepine **M** Thomas Newman **S** Geraldine Peroni **D** Tim Robbins (Griffin Mill), Greta Scacchi (June Gudmundsdottir), Fred Ward (Walter Stuckel), Whoopi Goldberg (Susan Avery), Dean Stockwell (Andy Civella), Peter Gallagher (Larry Levy), Vincent D'Onofrio (David Kahane), Dina Merrill (Celia Beck), Sydney Pollack (Dick Mellen), Brion James (Levinson) **L** 117 **FSK** ab 12; f **E** 2.7.1992/9.12.1992 Video/19.12.1993 premiere **fd** 29 643

THE PLAYERS CLUB (THE PLAYER'S CLUB). Während eine allein stehende Mutter versucht, sich und ihren Sohn als Stripperin durchzubringen und gleichzeitig ihr Studium zu finanzieren, verfällt ihre 18-jährige Cousine den vermeintlichen Reizen der Szene und gibt sich Drogen und Luxus hin. Der Erstlingsfilm des Rappers Ice Cube, der nicht durch intellektuelle Brillanz beeindrucken, sondern das Leben in den Schwarzen-Vierteln amerikanischer Großstädte spiegeln und beeinflussen will. Dass Geld notwendig ist, aber nicht unbedingt glücklich macht, ist die einfache Botschaft des Films, dem man wegen seiner pädagogischen Einlassungen gewisse dramaturgische Schwächen nachsehen kann. ✦ USA 1997 **P** New Line Cinema **VA** Ufa/BMG **Pd** Carl Craig, Patricia Charbonnet **R+B** Ice Cube **K** Malik Hassan Sayeed **M** Hidden Faces **S** Suzanne Hines **D** Lisa Raye (Diana/Diamond), Bernie Mac (Dollar Bill), Monica Calhoun (Ebony), Dick Anthony Williams (Mr. Armstrong), Chrystale Wilson (Ronnie) **L** 90 **FSK** ab 16 **E** 14.12.1999 Video **fd** 34 238

THE PLEASURE – DIE LUST (IL PLEASURE). Nach dem Tod seiner Geliebten versucht deren minderjährige Tochter zunächst vergeblich den leicht angegrauten Gerard aus seiner Lethargie zu reißen. Erst als sie ins Bordell geht, weil sie sich verschmäht fühlt, kann sie seine Begierde wecken. Pornografisch angelegter Film mit gestelzten Dialogen und hilflos agierenden Schauspielern, dessen Seitenhiebe auf Mussolini in den nackten Tatsachen untergehen. (Alternativtitel: »Die Lust«) – Wir raten ab. ✦ Italien 1985 **P** Filmirage/T.V.O.R. **VA** ELFRA (früher Cannon/VMP) **R** Joe d'Amato (= Aristide Massaccesi) **B** Homerus S. Zweitag, Claudio Fragasso **K** Aristide Massaccesi **M** Cluster **S** Franco Alessandri **D** Isabelle Andrea Guzon, Steve Wyler, Marco Mattiola, Lilli Carati, Laura Gemser **L** 90 **FSK** ab 18 **E** 6.2.1991 Video **fd** 28 937

THE PLOGGER (SUPER FORCE). Amerika im Jahr 2020: Die Polizei sieht sich hilflos einer Welle von Gewalt gegenüber, bis ihr ein von einer Mars-Mission zurückkehrender Astronaut auf der Suche nach seinem Bruder zur Seite rückt. Angetan mit einem weiterentwickelten Raumanzug, mischt er die Mörder seines Bruders und andere finstere Gestalten auf. Ein unterproduzierter Fernsehfilm mit Seriencharakter, der sich an die Erfolge der »Robocop«-Filme anlehnt. Inhaltlich und formal nur bescheidensten Ansprüchen genügend, vollends lächerlich durch die amateurhafte deutsche Synchronisation. ✦ USA 1990 **P** Premiere/Viacom **VA** Highlight **Pd** Michael Attanasio, Michael H. Gerber **R** Richard Compton **B** Janis Hendler, Larry Brody **K** Michael McGowan **M** Kevin Kiner **S** Gary Blair, Gaston Santiso **D** Ken Olandt (Zachary Stone), Larry B. Scott (F.X. Spinner), Lisa Niemi (Carla Frost), Patrick MacNee (Hungerford), G. Gordon Liddy (Satori) **L** 77 **FSK** ab 16 **E** 29.4.1991 Video **fd** 28 941

THE PLUMBER – IMMER WENN'S KLEMMT (THE PLUMBER / TOILET TROUBLE). Ein Klempner aus Tel Aviv, der einen Auftrag für das Finanzministerium erhält, wird mit einem Schweizer Finanzexperten verwechselt und kommt zu Amt und Würden, weil die Verantwortlichen glauben, er könne die marode Wirtschaft Israels sanieren. Das gelingt nicht, aber immerhin kommt er einem korrupten Parteichef auf die Schliche. Anspielungsreiche Polit-Satire, die die wirtschaftliche Lage Israels und deren Ursachen aufs Korn nimmt. – Ab 14. ✦ Israel 1991 **P** Rozen-Reidenbach Prod. **VA** Summit **Pd** Mel Rozen, Ralf Reidenbach **R** Miki Behagen **D** Tuvia Tzafir, Assi Hangebi, Klara Ron, Avi Kushnir **L** 93 **FSK** ab 6 **E** 26.2.1992 Video

THE POINT MEN (THE POINT MEN). Eine Sondereinheit des israelischen Geheimdienstes liquidiert auf offener Straße in Luxemburg einen Mossad-Terroristen, hat jedoch den Falschen erwischt. Der wahre Täter nutzt die Verwirrung, um sich nach einer kosmetischen Operation an seinen Verfolgern zu rächen. Nur im Alleingang gelingt es einem Agenten, ihn auszuschalten. Solide entwickelter Thriller, der deutlich an seiner Unterbudgetierung krankt, gegen die auch der recht überzeugend spielende Christopher Lambert nicht anzuspielen vermag. – Ab 16. ✦ USA 2001 **P** Carousel Pic. **VA** Kinowelt **DVD** Kinowelt Home (16:9, 1.85:1, DD5.1 engl./dt.) **Pd** Silvio Muraglia, Avi Nesher, Tom Reeve **R** John Glen **B** Ripley Highsmith, nach dem Roman »The Heat of the Ramadan« von Steven Hartov **K** Alec Mills **S** Matthew Glen **D** Christopher Lambert (Tony), Kerry Fox (Maddy), Vincent Regan (Amar), Cal Macaninch (Horst), Maryam D'Abo (Francie Koln) **L** 87 **E** 11.12.2001 Video & DVD

THE POWER – MACHT DES BÖSEN (THE POWER). Eine mit einem Fluch belastete aztekische Bronzestatue verwandelt alle, die mit ihr in Berührung kommen, in Bestien. Drei Studenten, die die Statue aufgetrieben haben, wenden sich an eine Journalistin, der sie aber gestohlen wird. Läppischer Grusel- und Horrorfilm um die üblichen unappetitlichen Morde. ✦ USA 1983 **P** Obrow Prod./Artists Releasing/Film Venture **VA** Vestron **R+B** Jeffrey Obrow, Stephen Carpenter **K** Stephen Carpenter **M** Chris Young (= Christopher Young) **D** Susan Stokey, Warren Lincoln, Lisa Erickson, Chad Christian, Ben Gilbert **L** 80 **FSK** ab 16 **E** 26.4.1985 Video

THE POWER OF LOVE → Power of Love

THE PRESIDENT'S MAN (THE PRESIDENT'S MAN). Ein Spezialagent des US-Präsidenten, der für besonders gefährliche und geheime Missionen herangezogen wird, will sich aufs Altenteil zurück ziehen und sucht einen geeigneten Nachfolger. Ein aufrechter Elite-Soldat scheint den Anforderungen zu genügen und kann sich im Kampf gegen brasilianische Terroristen, ein Drogenkartell und eine schurkische Sekte ebenso behaupten wie im Fall eines gekidnappten Atom-Wissenschaftlers. Stereotyper Actionfilm mit den üblichen Kampf-, Explosions- und Gemetzelszenen, dessen spannungsarme Geschichte sogar Fans des Genres und des Hauptdarstellers enttäuscht. DVD: Die FSK 16-Fassung ist um etwa drei Minuten gekürzt. ✦ USA 2000 **P** Norris Brothers Ent./Washo Brothers Ent. **VA** Highlight **DVD** Highlight Video (16:9, 1.85:1, DD2.0 engl., DD5.1 dt.) **Pd** Garry A. Brown **R** Michael Preece **B** Bob Gookin **K** Karl Kases **M** Christopher L. Stone **S** David Latham **D** Chuck Norris, Dylan Neal, Stuart Whitman, Jennifer Tung, Soon-Teck Oh, Jonathan Nichols, Ralph Waite **L** 87 **FSK** ab 18 (DVD 16 & 18) **E** 15.2.2001 Video/2.8.2001 DVD **fd** 34 810

THE PREY (THE PREY). Einmal mehr fallen unschuldige Menschen einem Monster zum Opfer, das, im Wald versteckt, vergangenes Unrecht rächen will. Horrorfilm nach sattsam bekanntem Schema. (Neuer Titel: »... und der Tod wartet schon«) ✦ USA 1988 **P** Essex **VA** Ufa **Pd** Summer Brown, Randy Rovins **R** Edwin Scott Brown **B** Edwin Scott Brown, Summer Brown **K** Teruo Hayashi **M** Don Peake **S** Michael Barnard **D** Debbie Thureson (Nancy), Steve Bond (Joel), Lori Lethin (Bobbie), Robert Wald (Skip), Gayle Gannes (Gail), Philip Wenckus (Greg) **L** 95 **FSK** ab 16 **E** Video

THE PRINCE (THE PRINCE). Der glücklose Angestellte eines Spielzeugkonzerns entwickelt sich durch die Zufallsbekanntschaft mit einem Barkeeper, der ihn mit dem Denken Macchiavellis vertraut macht, zum Tausendsassa in allen Belangen. Zu spät erkennt er, dass er das Opfer eines Komplotts ist, dessen Fäden seine Geliebte zieht. Thriller, der das Thema der verkauften Seele variiert und für seine Unterhaltungszwecke nutzt. ✦ USA 1996 **Pd+R** Pinchas Perry **B** Amentha Dymally **K** Hanania Baer **M** David Michael Frank **S** Irit Raz **D** Billy Dee Williams (Jamie Hicks), Michael Riley (Roy Timmons), Henry Silva (Marshall Stern), Alex Morrisen (Ruth Demarco), Kathryn Morris (Emily) **L** 90 **E** 15.5.2001 Vox

THE PRISONER (ISLAND ON FIRE). Drei Männer müssen sich im Gefängnis mit unterschiedlichen Gegnern befassen: der eine ist Undercover-Agent im Auftrag der Polizei, der zweite eher aus Versehen eingesperrt, der dritte ein Alteingesessener, der schon immer hinter Gittern zu leben scheint. Eine wüste, selbst für Freunde des Genres nur schwer zu ertragende Mischung aus Knastfilm, Kung-Fu- und Polizeireißer mit gut choreographierten, aber sehr drastischen Kampfszenen. ✦ Hongkong 1991 **P** Blaine & Blake Ltd./Golden Harvest **VA** Pacific/Splendid/PolyGram **DVD** Splendid/Ascot (FF P&S, Mono engl./dt.) **Pd** Jimmy Wang Yu **R** Chu Yen-Ping **B** Fu Li, Yeh Yuen-Chio **K** Chan Wing-Shu **M** Fu Lap **S** Chow Tak-Yeung **D** Jackie Chan (= Cheng Long) (Steve), Andy Lau (Boss Lee), Samo Hung (= Hung Kim-Po) (John), Tony Leung Ka Fai (Andy), Jimmy Wang-Yu (Lucas) **L** 92 (gek. 82) **FSK** ab 18 (gek. 16) (DVD 16) **E** März 1992 Video/25.5.1999 DVD **fd** 29 585

THE PROPHET (THE PROPHET). Ein FBI-Agent soll fünf mutmaßliche Terroristen aufspüren und wird dabei mit dem Geheimnis seiner eigenen Identität konfrontiert: Er und die Gesuchten waren Opfer eines Gen-Experiments des CIA, die während des Vietnam-Kriegs Waisenkinder für gentechnische Experimente missbrauchte, um »Hellseher« herzustellen, die hinter den feindlichen Linien operieren sollten. Aus dieser Erkenntnis entwickelt sich ein tiefgreifender Vater-Adoptivsohn-Konflikt. Ein verwirrender Actionthriller, dessen spannungsarme Geschichte sich zunehmend in Gewalttätigkeiten flüchtet. Erwähnenswert sind nur einige Schwarz-Weiß-Sequenzen, die albtraumhafte Beklemmung heraufbeschwören. ✦ USA 1998 **P** Royal Oakes Entertainment/Concorde-New Horizons/Amritaj-Stevens Prod. **VA** VPS **Pd** Ashok Amritraj, Andrew Stevens **R** Ed Raymond **B** Ron Raymond **K** Gary Graver **M** Timothy Wynn **S** W. Peter Miller **D** Don »The Dragon« Wilson (Jarrid), Alexander Keith (Vicki), Paul Michael Robinson (Hunter), Arthur Roberts (Richard), Barbara Steele (Agent Oakley), Eric Lawson (Agent Johnson) **L** 87 **FSK** ab 18 **E** 24.8.1999 Video **fd** 33 922

THE PROTECTOR (THE PROTECTOR / DEATH RUN). Ein Unterweltsboss schickt seine weitgehend weiblichen Todesschwadronen aus, um einen Computerfachmann zu stellen, der angeblich das Wissen über ein Virusprogramm hat, das jedes Sicherheitssystem knacken kann. Fatal ist, dass der Gejagte unter totalem Gedächtnisverlust leidet; allerdings steht ihm in der Not ein geläuterter Totschläger als Schutzengel zur Seite. Wirrer, gedanklich äußerst schlichter Actionfilm, der Schlägereien aneinanderreiht und glaubt, damit seine Unterhaltungspflicht erfüllt zu haben. ✦ USA 1998 **VA** Screen Power **Pd** Judo Hsia, Steven Nijjar **R** Boon Collins, Jeff Frey **B** Boon Collins, Robert Cousins, Russell Sherad Langille, John McFetridge **K** Gurgeet Mann, Ed Tillman **M** Paul Nelson **S** Steve Swersky **D** Frank Zagarino (Cole), Matthias Hues (Gunther), Steven Nijjar (Mann ohne

Geld), Meeka Schiro (Undercover-Agent) **L** 90 **E** 18.1.2001 Video

THE PUNISHER (THE PUNISHER). Ein gnadenloser Rächer dezimiert die amerikanische Unterwelt und weitet sein Betätigungsfeld vorübergehend auf eine japanische Gangsterorganisation aus, die sich mit der Mafia einen blutigen Krieg liefert. Äußerst brutaler Actionfilm nach einem amerikanischen Comic strip, der Spannung mit pausenlosen Tötungsorgien gleichsetzt; ein ebenso blutrünstiges wie langweiliges Machwerk. – Wir raten ab. ✦ USA/Australien 1988 **P** New World/Neufeld-Heath Prod. **KI** Highlight **VA** Highlight **Pd** Robert Kamen **R** Mark Goldblatt **B** Robert Mark Kamen, Boaz Yakin, nach einer Marvel-Comic-Reihe **K** Ian Baker **M** Dennis Dreith **S** Tim Wellburn **D** Dolph Lundgren (Frank Castle), Louis Gossett jr. (Jake Berkowitz), Jeroen Krabbé (Gianni Franco), Kim Miyori (Lady Tanaka), Bryan Marshall (Dino Moretti), Barry Otto (Shake) **L** 87 **FSK** ab 18; nf **E** 19.10.1989/Februar 1990 Video **fd** 27 935

THE PUNISHMENT (THE PUNISHMENT / KAZNA). Unmittelbar nach den NATO-Angriffen auf Belgrad 1999 hat der in Wien lebende serbische Regisseur den Alltag in der Stadt aufgenommen und Betroffene über Verantwortung, kollektive Schuld und Bestrafung befragt. Er sammelte subjektive Wirklichkeiten, die auch den Widerstand gegen das Milosevic-Regime dokumentieren, und verdichtet seinen preisgekrönten Film zu einem Dokument über den Verlust von Heimat und Hoffnung. ✦ Österreich 1999 **P** Novotny & Novotny **Pd** Franz Novotny **R+B** Goran Rebic **K** Jerzy Palacz **S** Martin Matusiak **L** 90 **E** 28.9.2001 3sat

THE PURPLE ROSE OF CAIRO (THE PURPLE ROSE OF CAIRO). Während der Depressionszeit flüchtet sich eine Serviererin vor ihrem anstrengenden Leben zeitweise ins Kino. Als der Held eines dort gezeigten Films aus Liebe zu ihr hinabsteigt, erzeugt er heillose Verwirrung bei Partnern, Zuschauern, Produzenten und dem Darsteller seiner Rolle. Eine kluge und sensible Tragikomödie, hervorragend inszeniert und gespielt. Der Film verbindet die Liebesgeschichte mit einer intelligenten Reflexion über Schein und Sein, Illusion und Realität. Das komplexe Verwirrspiel ist als vielschichtiger Diskurs über Möglichkeiten von Liebe, Leben, Film und Traum eine Liebeserklärung an das Kino, seine Stars und Zuschauer. – Sehenswert ab 14. ✦ Teils schwarz-weiß. USA 1984 **P** Rollins-Joffe/Orion **KI** Filmverlag der Autoren **VA** VCL/Virgin **DVD** VCL (FF, Mono dt.) **Pd** Robert Greenhut **R+B** Woody Allen **K** Gordon Willis **M** Dick Hyman **S** Susan E. Morse **D** Mia Farrow (Cecilia), Jeff Daniels (Tom Baxter/Gil Shepherd), Danny Aiello (Monk), Dianne Wiest (Emma), Van Johnson (Larry), Deborah Rush (Rita), John Wood (Jason) **L** 82 **FSK** ab 12; f **E** 3.10.1985/6.3.1987 Kino DDR/9.12.1987 ARD/19.11.1999 DVD **fd** 25 282

THE QUEENS – DIE GESPIELINNEN →Die Gespielinnen

THE QUEST – DIE HERAUSFORDERUNG (THE QUEST). Der jugendliche Anführer einer New Yorker Kinderbande landet Mitte der 20er Jahre als Kickboxer in einer sagenumwobenen tibetanischen Festung, in der alle 50 Jahre die weltbesten Kämpfer ihren Champion ermitteln. Das Regie-Debüt des belgischen Kampfsportmeisters und Schauspielers Claude Van Damme, dessen aufgesetzte Sozialmoral von den Kampfszenen ad absurdum geführt wird. Die Bildreminiszenzen an große Abenteuer-Epen wirken angesichts der menschenverachtenden Grundhaltung des Films heuchlerisch und zynisch. ✦ Scope. USA 1995 **P** Selima Films **KI** Jugendfilm **VA** Highlight **DVD** Highlight Video (16:9, 2.35:1, DD5.1 dt.) **Pd** Moshe Diamant **R** Jean-Claude Van Damme **B** Paul Mones **K** David Gribble **M** Randy Edelman **D** Jean-Claude Van Damme (Chris DuBois), Roger Moore (»Lord« Dobbs), James Remar (Maxie Devine), Jack McGee (Harry Smith), Janet Gunn (Carrie Newton) **L** 94 **FSK** ab 16; f **E** 1.8.1996/13.1.1997 Video/13.2.1998 premiere/23.10.1998 DVD **fd** 32065

THE QUICK AND THE DEAD (THE QUICK AND THE DEAD). Wyoming 1876. Eine auf ihrem Weg in die neue Heimat im Westen von Outlaws verfolgte und bedrohte Siedlerfamilie erhält Unterstützung von einem stattlichen Trapper, der immer wieder einen begehrenden Blick auf die attraktive Ehefrau wirft. Ein solide inszenierter, leidlich unterhaltsamer Western um das Verhältnis von erzwungener Gewalt und erwünschter Friedfertigkeit, der einem ausgebrannten Genre keine neuen Impulse zu verleihen vermag. (Fernsehtitel: »Er kam aus der Sonne«) – Ab 16. ✦ USA 1987 **P** HBO Pictures/Lorimar Telepictures **VA** Taurus **Pd** Phillip Cates **R** Robert Day **B** James Lee Barrett, nach einem Roman von Louis L'Amour **K** Dick Bush **M** Steve Dorff **D** Sam Elliott (Con Vallian), Kate Capshaw (Susanna McKaskel), Tom Conti (Duncan McKaskel), Matt Clark (Doc Shabitt), Kenny Morrison (Tom McKaskel), Patrick Kilpatrick (The Ute), Jerry Potter (Red Hayle), Billy Streater (Ike Mantle), R. L. Tolbert (Johnny Dobbs), Hrady Rawls (Joy), Larry Sellers (Running Wolf), Bill Stedman (Barkeeper) **L** 86 **FSK** ab 12 **E** Oktober 1988 Video/21.12.1991 PRO 7 **fd** 27 286

THE RACE – FERNES ZIEL (CLOCKWORK MICE). Nur mit Mühe erringt ein junger Lehrer Anerkennung und Respekt an einer Schule für schwererziehbare Jugendliche. Nur ein Schüler, der seine Aggressionen in kilometerweiten Dauerläufen abbaut, widersetzt sich zunächst seinen Annäherungsversuchen. Erst ein Wettrennen zwischen den beiden schafft Klarheit. Porträt eines beruflich engagierten Menschen, das seine Geschichte mit Gefühl und Humor erzählt. – Ab 14. ✦ Großbritannien 1995 **Pd** Paul Brooks **R** Vadim Jean **B** Rod Woodruff **K** Gordon Hickie **M** John Murphy, David A. Hughes **S** Liz Webber **D** Ian Hart (Steve), Ruaidhri Conroy (Conrad James), Catherine Russell (Polly), Art Malik (Laney), Claire Skinner (Fairy) **L** 95 **E** 12.9.1995 premiere

THE RAGE – IM RAUSCH DER GEWALT (THE RAGE). Da er erfolglos im Fall einiger Serienmorde ermittelt, wird ein FBI-Agent dem Kommando einer Frau unterstellt. Dies fördert nicht gerade sein Selbstbewußtsein, doch das Team kann die Mörder ermitteln und wird am Ende ein Paar. Ein recht brutaler Kriminalfilm, der dem Genre keine neuen Weisheiten zukommen läßt. Einmal mehr muß Vietnam als Erklärungsmuster für den Haufen halbirrer Ex-Soldaten herhalten, die ihre harmlosen Mitbürger meucheln. ✦ USA 1996 **P** Norstar **VA** VCL **Pd** Robert Snukal, Daniel Grodnik **R** Sidney J. Furie **B** Sidney J. Furie, Greg Mellott **K** Donald M. Morgan **M** Paul Zaza **S** Nick Rotundo **D** Lorenzo Lamas (Nick Travis), Kristen Cloke (Kelly McCord), Gary Busey (Gacy), Roy Scheider (John Taggart), Brandon Smith, David Carradine **L** 91 **FSK** ab 16 **E** 23.6.1998 Video **fd** 33 368

THE RAINBOW →Der Regenbogen

THE RAINMAKER →John Grisham's: Der Regenmacher

THE RAPE OF APHRODITE (O VIASMOS TIS APHRODITES). Dokumentarischer Spielfilm über Zypern und seine wechselvolle Geschichte. An Hand der persönlichen Tragödie eines ehemaligen Widerstandskämpfers gegen die britische Besatzung, der nach der türkischen Invasion und den darauf folgenden Unruhen im Sommer 1974 in seine Heimat zurückkehrt, um seine verschollene Familie zu suchen, wird ein aktuelles und historisches, politisch und privat gefärbtes Bild der geteilten Mittelmeerinsel gezeichnet. – Ab 16. ✦ Zypern/Griechenland 1985 **P** Curus/Greek Film Center/ERT-1 **R+B** Andreas Pantzis **K** Andreas Bellis **M** Michaelis Christodoulidis **S** Panos Papakyriakopoulos **D** Costas Timvios (Evagoras), Thalia Argiriou (Aphrodite), Ilias Aletras (Taxifahrer) **L** (TV) 110 **E** 26.5.1994 arte

THE REAL THING (THE REAL THING / LIVERS AIN'T CHEAP). Ein Ex-Krimineller steigt wieder ins Geschäft ein, als sein kleiner Bruder, der einem unbedeutenden, aber großspurigen Gangster bei der Planung des Überfalls auf einen Nachtclubbesitzer ins Gehege kam, schwer verletzt wird. Er geht mit seiner sympathischen Truppe zur Offensive über und provoziert ein erneutes Zusammentreffen am Silvesterabend. Ein tarantinoesk angelegter, wenig origineller Film, der Freunde des handfesten Crime-Genres mit Witz und Brutalitäten beliefert und nach und nach deutlich macht, daß es in diesem Spiel keinen Gewinner geben wird. ✦ USA 1997 **P** Windy City International/LLP Prod. **VA** VMP **DVD** BestBuyMovie (1.66:1, DD2.0 dt.) **Pd** Kurt MacCarley **R** James Merendino **B** Rustam Branaman **K** Greg Littlewood **M** Peter Leinheiser **S** Esther P. Russell **D** James Russo (Rupert Little), Emily Lloyd (Lisa), Patrick Gallagher (Dexter), Jeremy Piven (John), Rod Steiger (Victor) **L** 86 **FSK** ab 18 **E** 25.9.1998 Video/1.6.1999 DVD **fd** 33 562

THE REAL X-FILES – AMERICA'S PSYCHIC SPIES (THE REAL X-FILES – AMERICA'S PSYCHIC SPIES). Dokumentation, die von der Annahme ausgeht, daß in den USA während des Kalten Krieges eine parapsychologische Spionageeinheit aufgebaut wurde, deren Mitglieder ihre PSI-Fähigkeiten trainierten und den Militärs über Zeit und Raum hinweg wichtige geheime Informationen zur Verfügung stellen konnten. Mitglieder dieser Spezialeinheit treten vor die Kamera, demonstrieren ihre Fähigkeiten und schildern ihren Werdegang. Ein Film, der keine Beweise für seine verblüffenden Aussagen liefert, sondern die dargelegten Phänomene als gegeben hinnimmt und mit Dauer deutlich Partei ergreift. ✦ Großbritannien 1997 **P** Wall To Wall Television/Channel 4 **VA** Transmedia **Pd** Alex Graham, Letitia Knight **R** Bill Eagles **B** Jim Schnabel **K** Richard Numeroff **S** David Head **L** 55 **E** 1997 Video **fd** 32 859

THE RED BARRETS – DIE VOLLSTRECKER (RED BARRETS). Als philippinische Untergrundkämpfer das »Codebuch der konterrevolutionären Bewegung« erobern, holt es eine Spezial-Einsatztruppe unter Führung eines tollkühnen Leutnants wieder zurück. Dilettantisches Handwerk, dürftige schauspielerische Leistungen und jede Menge Brutalitäten kennzeichnen diesen politisch infamen Söldner-Kriegsfilm, der die Aufständischen als primitive Operettentruppe diffamiert. ✦ Philippinen 1983 **P** Kinavesa **KI** Arco/Avis **R** Francis Jun Posadas **B** Clem Santiago **K** Vic Anao **M** Totoy Nuke **D** Anthony Conrad, Dick Philip, Alonzo Poe, Israel Gamboa, Rey Malonzo **L** 91 **FSK** ab 18; nf **E** 4.11.1983 **fd** 24 401

THE RED DRAGON (THE RED DRAGON). Ein junger Mann wird von seinem Onkel, dem das Leben übel mitspielte, zum besten Kämpfer des Landes ausgebildet, um das Unrecht zu rächen, das dem Mann vor Jahren zugefügt wurde. Trivialer Actionfilm, hierzulande verspätet in den Handel gebracht, um am Ruhm des Schauspielers und Regisseurs Jackie Chan zu verdienen. ✦ Hongkong/USA 1981 **VA** Allround **R** Jackie Chan (= Cheng Long) **D** Jackie Chan (= Cheng Long), Li Kuen, Yen Si-Kuan **L** 82 **FSK** ab 16 **E** 20.12.1990 Video

THE RED MONKS (THE RED MONKS). Eine junge Frau stößt im Schloß ihres introvertierten Mannes auf die Spuren eines Satanskults, der von rot gekleideten Mönchen praktiziert wird. Banaler Gruselfilm voller Klischees. ✦ Italien 1989 **P** Filmexport **VA** Splendid **Pd** Pino Buricchi, Joe Martucci **R** Joe Martucci **B** Pino Buricchi **D** Chuck Valenti, Lara Wendel, Gerardo Amato **L** 85 **FSK** ab 16 **E** 17.4.1990 Video

THE REDEEMER (THE REDEEMER ... SON OF SATAN!). Während eines Klassentreffens wird eine Gesellschaft von sechs jungen Menschen auf grauenhafte Weise dezimiert. Eine Serie blutiger Gewalttätigkeiten im Mittelpunkt eines billigen Horrorfilms mit fadenscheiniger Handlung und minimalen Schauspielerleistungen. (Späterer Videotitel: »Son of Satan«) – Wir raten ab. ✦ USA 1986 **P** MLTD **VA** IHV **Pd** Sheldon Tromberg **R** Constantine S. Gochis **B** William Vernick **K** John Michael Seymer **M** Phillip Gallo, Clem Vicari **S** Jack Foster **D** Michael Hollingsworth (Roger), Damien Knight (John), Gyr Patterson, Jeannetta Arnette (Cindy), Nikki Barthen **L** 77 **FSK** ab 18 **E** März 1987 Video

THE REPLACEMENT KILLERS – DIE ERSATZKILLER (THE REPLACEMENT KILLERS). Als sich ein in Diensten der chinesischen Mafia stehender Auftragskiller weigert, einen Polizisten zu erschießen, zieht er den Zorn seines Bosses auf sich. Er wird vom Jäger zum Gejagten, der sich der Verfolgung durch zwei »Ersatzkiller« erwehren muß. Konventioneller Actionfilm, der außer spektakulären Actionszenen und einer übertriebenen Klangkulisse nichts zu bieten hat und sich vor allem durch die schlampige Zeichnung der Personen um jedes Interesse bringt. ✦ Scope. USA 1997 **P** WCG Entertainment **KI** Columbia TriStar **VA** Columbia TriStar (gek. ab 16) **DVD** Columbia TriStar Home (16:9, 1.85:1, DD5.1 engl./dt.) **Pd** Brad Grey, Bernie Brillstein, Michael McDonnell **R** Antoine Fuqua **B** Ken Sanzel **K** Peter Lyons Collister **M** Harry Gregson-Williams **S** Jay Cassidy **D** Chow Yun-Fat (John Lee), Mira Sorvino (Meg Coburn), Michael Rooker (Stan »Zeedo« Zedkov), Kenneth Tsang (Terence Wei), Jürgen Prochnow (Michael Kogan), Til Schweiger (Ryker) **L** 87 (gek. 80 Video) **FSK** ab 18; f (DVD 18) **E** 28.5.1998/17.12.1998 Video/29.1.1999 DVD **fd** 33 164

THE REPLACEMENT – TODESKOMMANDO WEISSES HAUS (AGENT OF DEATH / THE ALTERNATE / THE REPLACEMENT). Ein Kampf-Spezialist hilft beim CIA aus, um die Sicherheitsvorkehrungen für den US-Präsidenten zu testen. Als ein CIA-Anführer den Plan einer fingierten Entführung des Präsidenten fasst, ihn aber tatsächlich kidnappen will, entbrennt in einem hermetisch abgeschlossenen Hotelkomplex ein mörderischer Kampf zwischen den beiden Männern. Ein dünn ausgestatteter Actionfilm mit ebensolcher Story, der nicht nur zahllose Schnittfehler aufweist, sondern auch einen überforderten Hauptdarsteller präsentiert, der gleichzeitig das Buch und die schlecht choreografierten Stuntszenen zu verantworten hat. ✦ USA 1999 **P** Replacement Prod. **VA** VCL **DVD** CinePlus (?) **Pd** Frank DeMartini **R** Sam Firstenberg **B** Bryan Genesse **K** Gerry Lively **M** Serge Colbert, Robert J. Schuster **S** Christopher Holmes, Marcus Manton **D** Eric Roberts (der Ersatzmann), Bryan Genesse (Anführer), Ice-T (Agent Williams), John Beck (Präsident Fallbrook), Brooke Theiss (Mary), Larry Manetti (Agent Harris), Michael Madsen (Agent Briggs), Eliza Roberts (Donaldson), J. Cynthia Brooks (Mrs. Fallbrook) **L** 91 **FSK** ab 16 **E** 23.1.2001 Video/DVD

THE RESCUE (1988 BRD). Kriminalfilm, der dem Terroristenproblem mit Selbstjustiz begegnet: Deutsche Terroristen kapern ein US-Flugzeug, um Gesinnungsgenossen freizupressen. Da er von den Behörden keine Unterstützung erwartet, stellt der Vater einer Geisel ein privates Kampfkommando zusammen, um den Terroristen mit Dschungelkampf-Methoden den Garaus zu machen. (Fernsehtitel: »Das Rattennest«) ✦ BR Deutschland 1988 **P** Rosco-Film **VA** EuroVideo **Pd** Hans Proppe **R** John Herzfeld **B** Mel Frohman, John Herzfeld **K** Steven Shaw **M** Klaus Doldinger **S** Thomas Schwalm, Klaus Zimmermann **D** Brian Dennehy (Paul Hobart), Joanna Cassidy (Barbara Hobart), Helen Patton (Karen Hobart), Anthony Valentine (Vickers), Claudia Matschulla (Ingrid Kleist), Ron Silver (Max Greenwald), Christoph M. Ohrt (Wolfgang Dorner), Alexander Radszun (Captain Schilling), Angus McInnes (Patterson) **L** 93 **FSK** ab 16 **E** 23.1.1990 Video/29.6.1990 RTL plus

THE RESCUE (1988 USA) (THE RESCUE). Die vom passiven Verhalten der US-Regierung enttäuschten Söhne und Töchter von vier Soldaten, die während eines Sonderkommandos in Südkorea in Gefangenschaft des kommunistischen Nordens gerieten, schleichen ins Feindesland und befreien die Väter. Vier Teenager und ein Dreikäsehoch im vorbildlichen Kriegseinsatz: wenn es darum geht, die Wehrhaftigkeit des Landes zu demonstrieren, schreckt der amerikanische Kriegsfilm auch vor den haarsträubendsten Manövern nicht zurück. Perfiderweise auch noch recht geschickt inszeniert, wird der Feind auf einen nicht ernstzunehmenden Spielverderber reduziert. (Alternativtitel: »Sonderkommando Südkorea«) – Ab 16. ✦ USA 1988 **P** Touchstone **VA** EuroVideo **Pd** Laura Ziskin **R** Ferdinand Fairfax **B** Jim Thomas, John Thomas **K** Russell Boyd **M** Bruce Broughton **S** David Holden, C. Timothy O'Meara **D** Kevin Dillon (J.J. Merrill), Marc Price (Max Rothman), Ned Vaughn (Shawn Howard), Christina Harnos (Adrian Phillips), Ian Giatti (Bobby Howard) **L** 93 **FSK** ab 16 **E** 19.5.1989 Video **fd** 27 853

THE RETRIEVERS – ZUM TÖTEN ABGERICHTET (THE RETRIEVERS / HOT AND DEADLY). Ein Exagent, der die Machenschaften der CIA aufdecken will, gerät in Gefangenschaft, wird jedoch von einem Neuling im Geheimdienst gerettet. Einfallsloser Agententhriller mit vielen spekulativen Kampfszenen. ✦ USA 1982 **P** Arista **KI** Filmhansa **VA** USA **R** Elliott Long **B** Larry Stamper **K** Stephen Kim **M** Ted Ashford **D** Max Thayer, Shawn Hoskins, Randy Anderson, Lenhard Miller, Roselyn Royce **L** 89 **FSK** ab 18; nf **E** 16.9.1982 **fd** 23 663

THE RETURN (THE RETURN OF ALEX KELLY). Die Vergewaltigung einer High-School-Schülerin ruft die Familie des Täters auf den Plan, die durch gerissene Anwälte den Leumund des Opfers zu untergraben versucht. Der Plan scheint zu gelingen, doch dann flieht der Täter. Verfilmung eines authentischen Falls, der sich 1986 zugetragen hat und erst 1997 seinen juristischen Abschluß fand. Eine solide Produktion, die innerer vor äußerer Spannung den Vorzug gibt. ✦ USA 1997 **P** Atlanis/CTV Television/Flashner-Gernon Prod. **VA** VCL **Pd** Jan Peter Meyboom **R** Ted Kotcheff **B** Joe Cacaci, Graham Flashner **K** François Protat **M** Asher Ettinger, Tony Kosinec **S** Jeff Warren **D** Matthew Settle, Cassidy Rae, Barry Flatman, Wanda Cannon, Ron White **L** 91 **FSK** ab 12 **E** 10.11.1998 Video

THE RETURN OF THE LIVING DEAD →Verdammt, die Zombies kommen

THE RETURN OF THE SUPERFLY (THE RETURN OF THE SUPERFLY). Ein einstiger Drogenhändler kehrt von Paris nach New York zurück und hilft der Polizei, ein Drogensyndikat, das seinen Freund ermordete, auszuhebeln. Im Mittelpunkt der aktionsreichen Handlung steht »Superfly«, einer der schwarzen Kinohelden der 70er Jahre. ✦ USA 1989 **P** The Indieprod. Company **VA** Allround **Pd** Sig Shore, Anthony Wisdom **R** Sig Shore **D** Nathan Purdee, Margaret Avery, Leonard Thomas, Christopher Curry, Kirk Taylor **L** 95 (gek. 89) **FSK** ab 18 (gek. 16) **E** 30.10.1991 Video

THE RETURN – TÖDLICHE BEDROHUNG (THE RETURN). Drei Menschen werden von einem UFO entführt und tauchen erst 20 Jahre später im Auftrag der Außerirdischen wieder auf der Erde auf. Während einer von ihnen den Wesen aus dem Weltall willenlos ergeben ist, ahnen die anderen deren böse Absichten und setzen sich zur Wehr. Ein verquerer Science-Fiction-Film, der nur mühsam über die Runden kommt. (Fernsehtitel: »Die Rückkehr der Außerirdischen«) ✦ Schwarz-weiß. USA 1980 **P** Greydon Clark Prod. **VA** Scala **Pd+R** Greydon Clark **B** Jim Wheat, Ken Wheat, Curtis Burch **K** Daniel Pearl **M** Dan Wyman **S** Richard Brummer **D** Cybill Shepherd (Jennifer Kramer), Raymond Burr (Dr. Joseph Kramer), Jan-Michael Vincent (Wayne Thompson), Martin Landau (Miles Buchanan), Vincent Schiavelli (Prospektor), Zachary Vincent, Neville Brand (Walt), Brad Reardon (Eddie), Steven Hirsch (Dr. Parkfield), Darby Hinton (Darren) **L** 90 **FSK** ab 16 **E** 1991 Video

THE RIFFS – DIE GEWALT SIND WIR (1990 – I CAVALIERI DEL BRONX). Der New Yorker Stadtteil Bronx in naher Zukunft: ein Kampfplatz rivalisierender Banden, die mit nie gekannter Brutalität gegeneinander vorgehen. Der italienische B-Film kopiert einschlägige Action-Vorbilder (»The Warriors«, 1978; »Die Klapperschlange«, 1980), ohne deren handwerkliches Niveau zu erreichen. Brutal und gewaltverherrlichend. – Wir raten ab. ✦ Scope. Italien 1982 **P** Deaf **KI** Alemannia/Arabella **VA** UFA-ATB **DVD** Laser Paradise (2.00:1, Mono dt.) **R** Enzo G. Castellari (= Enzo Girolami) **B** Dardano Sacchetti, Elio Briganti, Enzo G. Castellari (= Enzo Girolami) **K** Sergio Salvati, Antonio Benetti **M** Walter Rizzati **D** Vic Morrow (Hammer), Christopher Connelly (Trash), Fred Williamson, Mark Gregory (Orgy), Stefania Girolami, George Eastman (= Luigi Montefiori), John Sinclair, Bette Desy **L** 86 **FSK** ab 18; nf (DVD ungeprüft, nicht unter 18) **E** 16.12.1982/März 1983 Video/DVD **fd** 23 781

THE RIFFS II – FLUCHT AUS DER BRONX (1990 – I GUERRIERI DEL BRONX / LA FUGA DAL BRONX). New York 1990. Angesichts steigender Mordraten will die Regierung die noch überlebenden Bewohner der Bronx umsiedeln. Die Betroffenen rüsten sich zur Gegenwehr. Formal drittklassiges Gewaltkino, noch brutaler als der erste Teil. – Wir raten ab. ✦ Scope. Italien 1982 **P** Deaf **KI** Alemannia/Arabella **DVD** Laser Paradise (1.85:1, Mono dt.) **R** Enzo G. Castellari (= Enzo Girolami) **B** Tito Carpi **K** Blasco Giurato **M** Francesco De Masi **S** Gianfranco Amicucci **D** Mark Gregory, Henry Silva, Valeria d'Obici, Timothy Brent (= Giancarlo Prete), Bette Desy **L** 88 **FSK** SPIO: X (DVD ab 18) **E** 16.9.1983/DVD **fd** 24 189

THE RIGHT HAND MAN (THE RIGHT HAND MAN). Australien 1860: Ein zuckerkranker Lord verliert bei einem Unfall einen Arm. Der neu engagierte Kutscher wird rasch zum Freund und – auf die Bitte seines Vorgesetzten hin – zum Liebhaber der frisch angetrauten Frau des Adligen. Melodram im historischen Gewand. (Fernsehtitel: »Was vom Leben übrig bleibt«) – Ab 16. ✦ Australien 1987 **R** Di Drews **B** Helen Hodgman **D** Rupert Everett (Lord Harry Ironminster), Hugo Weaving (Ned Rowlands), Catherine McClements (Sarah Redbridge), Arthur Dignam (Dr. Redbridge), Jennifer Claire (Lady Ironminster) **L** 96 **E** 5.1.1997 Kabel 1

THE RIGHT TEMPTATION – MÖRDERISCHE VERSUCHUNG (THE RIGHT TEMPTATION). Im Auftrag der Ehefrau soll eine Privatdetektivin einen millionenschweren Makler verführen und gerät in seelische Bedrängnis, weil sie sich in den Mann, den sie zuvor bereits beschattete, verliebt hat. Im letzten Augenblick erkennt sie, dass sie von dem Paar nur benutzt wurde, damit der Mann nach dubiosen Geschäften untertauchen kann. Pseudo-Thriller im Hochglanz-Ambiente, dessen anfängliche Spannung sich im verschachtelten Plot verliert. Als Krimi-Unterhaltung zu verworren, als Psychogramm zu oberflächlich, kann der durchschnittlich inszenierte Film nicht überzeugen. – Ab 16. ✦ USA 2000 **P** Tempting/Award/Columbia TriStar/Showcase **VA** e-m-s **DVD** e-m-s (1.66:1, DD2.0 engl, DD5.1 dt.) **Pd** Paul Maslak, Neva Friedenn, Gerald I. Wolff **R** Lyndon Chubbuck **B** Larry Brand **K** Eric Goldstein **M** Phil Marshall, William Pearson **S** Lawrence Maddox **D** Kiefer Sutherland (Michael), Rebecca De Mornay (Derian), Dana Delany (Anthea), Adam Baldwin (Captain Wagner), Joanna Cassidy (Maryanne), Michael Ralph (Falco) **L** 89 **FSK** ab 12 **E** 27.12.2000 Video/19.2.2001 DVD **fd** 34 850

THE RIPPER (1986) (THE RIPPER). »Jack the Ripper«, der Schrecken des viktorianischen Englands, scheint von den Toten auferstanden zu sein und erneut sein Unwesen im Prostituierten-Milieu zu treiben. Billiger Brutal-Horrorfilm. ✦ USA 1986 **P** United Entertainment Pictures **VA** Focus/Allround **R** Christopher Lewis **B** Bill Groves **K** Paul MacFarlane **D** Tom Savini, Tom Schreier, Mona Van Pernis, Andrea Adams **L** 100 (gek. 95/69) **FSK** ab 18 (gek. 16) **E** 1988 Video

THE RIPPER (1987) (JACK'S BACK). Nach dem Vorbild von »Jack the Ripper« wütet ein Killer unter den Prostituierten von Los Angeles. Der mutmaßliche Täter, ein junger Arzt, begeht Selbstmord, nachdem sein letztes Opfer gefunden worden ist. Sein telepathisch begabter Zwillingsbruder entlarvt den Selbstmord als Mord und kommt auch dem »Ripper«-Epigonen auf die Spur. Was sich als passables zeitgenössisches »Whodunit« ohne große Greuel anläßt, schleppt sich bald nur noch zähflüssig über die Zeit, weil trotz sattsam eingesetzter subjektiver Kamera keine rechte Spannung aufkommen will. ✦ USA 1987 **P** Palisades Entertainment **VA** CBS/Fox **Pd** Tim Moore, Cassian Elwes **R+B** Rowdy Herrington **K** Shelly Johnson **M** Danny Di Paola **S** Harry B. Miller III **D** James Spader (John/Rick), Cynthia Gibb (Christine), Jim Haynie (Sgt. Gabriel), Robert Picardo (Dr. Battera), Rod Loomis (Dr. Sidney Tannerson) **L** 93 (gek. 90) **FSK** ab 18 (gek. ab 16) **E** September 1989 Video **fd** 28 007

THE ROAD TO GOD KNOWS WHERE (THE ROAD TO GOD KNOWS WHERE). Dokumentarfilm über die US-Tournee der Rockband »Nick Cave & The Bad Seeds«. Weniger an der Musik und den Konzerten als an den Begleitumständen der Tour interessiert, zeichnet er ein desillusionierendes Bild vom Leben zwischen Garderoben, Hotelzimmern und Tour-Bus, wobei die Bilder stets eine nüchterne Distanz zum Geschehen wahren. Wegen formaler Unzulänglichkeiten durch minimalen technischen Aufwand wird sich der thematisch interessante Film wohl nur eingefleischten Fans erschließen. (O.m.d.U.) – Ab 14 möglich. ✦ Schwarz-weiß. Großbritannien/BR Deutschland 1990 **P** Mute Films/uMs/dffb **KI** Okapi **R+B+K** Uli M. Schüppel **M** Nick Cave & The Bad Seeds **S** Frank Behnke **D** Nick Cave, Mick Harvey, Blixa Bargeld, Thomas Wydler, Kid Kongo Powers **L** 89 **E** 24.5.1990 **fd** 28 490

THE ROARING TWENTIES →Die wilden Zwanziger

THE ROCK – ENTSCHEIDUNG AUF ALCATRAZ →The Rock – Fels der Entscheidung

THE ROCK – FELS DER ENTSCHEIDUNG (THE ROCK). Ein verbitterter Marine-General besetzt das ehemalige Zuchthaus auf der Felseninsel Alcatraz und bedroht die Regierung mit einem Giftgas-Angriff auf San Francisco. Mit Sean Connery und Nicolas Cage als wirkungsvolle und witzige Helden wider Willen gewinnt die genreübliche Action gelegentlich an Reiz, der jedoch immer wieder durch überaktive Hektik und gleichförmige Materialschlachten zugedeckt wird. Ein weiteres Beispiel für die Okkupation des Actionfilms durch die berechnende Videoclip-Ästhetik. (Videotitel: »The Rock – Entscheidung auf Alcatraz«) DVD: Die Extras des USA-Imports (»Criterion Collection«, 2 DVDs) umfassen im Gegensatz zur deutschen DVD einen Audiokommentar des Regisseurs, des Produzenten Jerry Bruckheimer, der Darsteller Nicolas Cage und Ed Harris und des technischen Beraters Harry Humphries. Des weiteren enthält diese umfangreiche Special Edition eine Fülle von Features zu Detailaspekten des Films sowie ein Feature mit Arbeiten Bays für die Werbeindustrie. Die FSK 18-Version der deutschen Ausgabe ist um c.a. eine Minute länger als die FSK 16-Version. ✦ Scope. USA 1995 **P** Hollywood Pictures **KI** Buena Vista **VA** Hollywood Pict. (Buena Vista; gek. und ungek. Fass.) **DVD** Buena Vista (16:9, 2.35:1, DD5.1 engl., DS dt.), 2. Auflage: Buena Vista (16:9, 2.35:1, DD5.1 engl./dt.) **Pd** Don Simpson, Jerry Bruckheimer **R** Michael Bay **B** David Weisberg, Douglas S. Cook, Mark Rosner **K** John Schwartzman **M** Nick Glennie-Smith, Hans Zimmer **S** Richard Francis-Bruce **D** Sean Connery (Patrick Mason), Nicolas Cage (Stanley Goodspeed), Ed Harris (General Francis X. Hummel), Michael Biehn (Charles Anderson), William Forsythe (Eddie Paxton), David Morse (Major Tom Baxter) **L** 136 **FSK** ab 16; f (DVD ab 16 & 18) **FBW** w **E** 11.7.1996/20.12.1996 Video/7.12.1998 DVD/12.7.2001 DVD (FSK 18)/30.8.2001 (2. Auflage FSK 16) **fd** 32 033

THE ROCKFORD FILES: IF IT BLEEDS ... IT LEADS (THE ROCKFORF FILES: IF IT BLEEDS ... IT LEADS). Fernseh-Detektiv Jim Rockford wird mit dem Fall eines Freundes konfrontiert, der des Kindesmissbrauchs beschuldigt wird und dem eine sensationslüsterne Reportermeute auf den Fersen sitzt. Kriminalunterhaltung auf gewohnten Niveau, die jedoch die Leichtigkeit der Serie vermissen lässt und eher düstere Töne zum Klingen bringt. ✦ USA 1999 **P** MGB/Universal **Pd** Juanita Bartlett, James Garner, Mark Horowitz, Floyd Johnson, Mary Ann Rea, Mark R. Schilz **R** Stuart Margolin **B** Juanita Bartlett, Stephen J. Cannell, Reuben Leder **K** Michael D. O'Shea **M** Pete Carpenter, Mike Post **S** Toni Morgan **D** James Garner (Jim Rockford), Rita Moreno (Rita Kapkovic Landale), Joe Santos (Lt. Dennis Becker), Gretchen Corbett (Beth Davenport), Tom Atkins (Commander Diehl) **L** 87 **E** 27.8.2000 Premiere World

THE ROCKY HORROR PICTURE SHOW (THE ROCKY HORROR PICTURE SHOW). Ein Liebespaar gerät in ein Schloß, das von monströsen Wesen unter der Herrschaft eines Transvestiten bevölkert ist. Bizarr-groteske Pop-Parodie auf Horror-, Monster-, Science-Fiction- und Musikfilme; voll bewußter Angriffe auf moralische und geschmackliche Konventionen. Ein Klassiker des 70er-Jahre-Pop. DVD: Die umfangreiche, originell konzipierte Special Edition (2 DVDs) enthält u.a. einen Audiokommentar der Darsteller Richard O'Brian und Patricia Quinn, eine informative Dokumentation sowie eine Fülle von Kurzfeatures, die die ausgefallenen Rezeptionseigenheiten des Filmes näher bringen. ✦ USA 1974 **P** 20th Century Fox **KI** 20th Century Fox **VA** Fox **DVD** Fox Home (SE, 16:9, 1.66:1, DD5.1 engl.) **Pd** Michael White, John Goldstone **R** Jim Sharman **B** Jim Sharman, Richard O'Brien, nach einem Bühnenstück von Richard O'Brien **K** Peter Suschitzky **M** Richard O'Brien **S** Graeme Clifford **D** Tim Curry (Frank N. Furter), Susan Sarandon (Janet), Barry Bostwick (Brad), Peter Hinwood (Rocky), Patricia Quinn (Magenta), Richard O'Brien (Riff Raff), Jonathan Adams (Dr. Everett Scott), Nell Campbell (Columbia), Meat Loaf (Eddie), Charles Gray (Kriminologe), Hilary Labow (Betty) **L** 94 **FSK** ab 12; nf **E** 24.6.1977/Juli 1997 Video/8.2.2001 DVD **fd** 20 807

THE ROLLING STONES – GIMME SHELTER →Gimme Shelter

THE ROMANTIC RED SUITCASE →Taxi ins Glück

THE ROOKIE →Rookie – Der Anfänger

THE ROSARY MURDERS (THE ROSARY MURDERS). Ein Pater in Detroit wird in eine Mordserie an Ordensangehörigen verwickelt, nachdem sich ihm der Täter im Beichtstuhl offenbart hat. Er greift in die Ermittlungen der Polizei ein, wobei er belastet ist mit dem Gewissenskonflikt um die Wahrung des Beichtgeheimnisses. Ein routiniert inszenierter Krimi, der das amerikanische Kirchenmilieu als illustre Kulisse einer Spannungsgeschichte einsetzt, wobei er jenseits mancher Kinoklischees überraschend seriös alltägliche Situationen, vor allem aber den zentralen Konflikt darstellt. (TV-Titel: »Der Mörder mit dem Rosenkranz«) ✦ USA 1987 **P** First Take **VA** VCL/Virgin **Pd** Robert G. Laurel **R** Fred Walton **B** Elmore Leonard, Fred Walton, nach einem Roman von William X. Kienzle **K** David Golia **M** Bobby Laurel, Don Sebesky **S** Sam Vitale **D** Donald Sutherland (Father Koesler), Charles Durning (Father Nabors), Belinda Bauer (Pat Lennon), Josef Sommer (Lt. Kosnicki), James Murtaugh (Javison), Kathleen Tolan (Schwester Ann Vania), John Danelle (Detektiv Harris) **L** 101 **FSK** ab 16 **E** 25.10.1988 Video **fd** 27 186

THE ROSE (THE ROSE). Ein weiblicher Rockstar scheitert bei dem Versuch, aus dem mörderischen Musikbetrieb auszusteigen, und stirbt auf offener Bühne den Alkohol- und Drogentod. Die an das Leben von Janis Joplin erinnernde Story wird einfühlsam interpretiert, die zahlreichen Musiknummern sind hervorragend in die Handlung einbezogen. ✦ USA 1979 **P** 20th Century Fox **KI** 20th Century Fox **Pd** Marvin Worth, Aaron Russo **R** Mark Rydell **B** Bill Kerby, Bo Goldman, Michael Cimino **K** Vilmos Zsigmond **M** Paul A. Rothchild, div. Rocksongs **S** Robert L. Wolfe **D** Bette Midler (Rose), Frederic Forrest (Dyer), Harry Dean Stanton (Billy Ray), Barry Primus (Dennis), Alan Bates (Rudge), David Keith (Mal), Sandra McCabe (Sarah) **L** 134 **FSK** ab 12; f **FBW** w **E** 8.2.1980/14.5.1982 Kino DDR/28.7.1990 DFF 1 **fd** 22 366

THE RUNNER (DAVANDEH). Ein obdach- und elternloser 13-jähriger Junge versucht verzweifelt, in einer iranischen Hafenstadt zu überleben. Das wenige Geld, das er verdient, gibt er für Illustrierte mit Bildern von Flugzeugen aus, die seinem Fernweh Ausdruck verleihen. Als ihm seine ausweglose Situation bewusst wird, entschließt er sich, zur Schule zu gehen. Der erste im Ausland gezeigte iranische Film nach der Revolution von 1979 ist autobiografisch geprägt. Trotz einiger formaler Mängel ein außergewöhnliches Dokument, das Einblicke in den Alltag im Iran bietet und entgegen der Heilsversprechungen der neuen Machthaber deutlich Elend und Armut abbildet, wobei der Film nicht durch offene Kritik angreifbar wird. (O.m.d.U.; Fernsehtitel: »Der Läufer«) – Sehenswert ab 14. ✦ Iran 1984 **P** Institute for the Intellectual Developement of Children and Young Adults **KI** Pegasos **SF** Matthias **Pd** Fathollah Dalili **R** Amir Naderi **B** Amir Naderi, Behrous Gharibpour **K** Firouz Malekzadeh **S** Bahram Bayzai **D** Madjid Nirumand (Amiro), Musa Torkizageh, Alireza Gholamzadeh, Schirzad Basschkal, Ali Pasdarzadeh **L** 91 (TV 87) **FSK** o.A.; f **E** 28.11.1991 ZDF/3.6.1999 **fd** 33 694

THE RUSSIAN NINJA (THE RUSSIAN NINJA). Ninja- und Agenten-Abenteuer aus Skandinavien: Ein Top-Agent befreit mit Unterstützung eines russischen Ninja-Kämpfers eine Diplomatentochter aus den Händen einer internationalen Terror-Organisation und sorgt dafür, daß wichtige Dokumente der Ost-West-Verhandlungen wieder in die richtigen Hände geraten. ✦ Schweden 1989 **P** Roger Lundgren Prod. **VA** Allround **R+B** Mats Helge **K** Antew Newton **D** Helena Michaelsen, Frederick Offrein, Harley Melin, Tim Earle **L** 85 **FSK** ab 18 **E** 14.8.1990 Video

THE RUTHERFORD COUNTY LINE →Ein knallharter Bulle

THE RUTLES – ALL YOU NEED IS CASH (THE RUTLES – ALL YOU NEED IS CASH). Ein emsiger Reporter rollt die Geschichte der »Rutles« auf, die mit ihren Songs die Welt der Popmusik auf den Kopf gestellt haben – von ihrer Jugend im Arbeiterviertel über die Anfänge in Hamburg und die Pilzkopf-Frisuren bis zur Hysterie der Fans und zu den Affären ihres Privatlebens. Ebenso witzige wie liebevolle Parodie auf die Beatles, aber auch auf gängige Musikdokumentationen, die den Witz von Monty Python in geordnetere Bahnen zwingt, ohne ihm die anarchische Kraft zu nehmen. Neil Innes' kongeniale Songkompositionen kommen den Vorbildern verblüffend nahe. In Gastauftritten sind unter anderem Mick Jagger, Paul Simon und George Harrison zu sehen. – Sehenswert ab 12. ✦ Großbritannien 1978 **R** Gary Weis, Eric Idle **B** Eric Idle **K** Gary Weis **M** Neil Innes **D** Eric Idle (Dirk), Neil Innes (Nasty), Rikki Fataar (Stig), John Halsey (Barry), Michael Palin (Eric Manchester), John Belushi (Ron Decline), Dan Aykroyd (Brian Thigh) **L** 70 **E** 26.11.1995 premiere

THE SAINT – DER MANN OHNE NAMEN (THE SAINT). Ein Meisterdieb läßt sich von einem russischen Gangster und angehenden Politiker engagieren, um den Schlüssel für eine billige und saubere Energiequelle zu stehlen. Aber er verliebt sich in die zuständige Physikerin und erkennt die diktatorischen Pläne seines Auftraggebers. Ein spannend und mit hohem Aufwand an Technik und Ausstattung inszenierter Actionthriller auf der Grundlage einer Roman- und Fernsehreihe (»Simon Templar«) mit einer erstmals psychologisch fundierten Hauptfigur. Das Rußland-Bild entspricht allerdings noch sehr dem des Kalten Krieges, und die Fortschreibung der Handlung bis hin zum Abwenden eines Putsches führt die ansonsten geradlinige und solide Entwicklung der Geschichte in absurde Höhen. DVD: Die Extras umfassen u. a. einen Audiokommentar des Regisseurs. – Ab 16. ✦ Scope. USA 1996 **P** Paramount Pictures/Rysher Entertainment **KI** UIP **VA** CIC **DVD** Paramount (16:9, 2.35:1, DD5.1 engl./dt.) **Pd** David Brown, Robert Evans, William J. Macdonald, Mace Neufeld **R** Phillip Noyce **B** Jonathan Hensleigh, Wesley Strick **K** Phil Meheux **M** Graeme Revell **S** Terry Rawlings **D** Val Kilmer (The Saint), Elisabeth Shue (Dr. Emma Russell), Rade Serbedzija (Ivan Tretiak), Valery Nikolaev (Ilya), Irina Apeximowa (Frankie) **L** 116 **FSK** ab 12; f **E** 1.5.1997/17.11.1997 Video/ 6.12.1998 Premiere/7.12.2000 DVD **fd** 32 525

THE SCARLET AND THE BLACK →Im Wendekreis des Kreuzes

THE SCORE (THE SCORE). Der Auftragsdiebstahl eines französischen Königszepters nötigt einen Safeknacker der alten Schule zur Zusammenarbeit mit einem wesentlich jüngeren High-Tech-Kriminellen. Ein ganz dem Gangsterfilm klassischer Ausrichtung verpflichteter Krimi, der die alten Mythen und Ehrbegriffe aufleben lässt und sich in erster Linie auf den Vater-Sohn-Konflikt seiner beiden Protagonisten konzentriert. Ein betont altmodisch erzählter Film in getragener, weitgehend gewaltfreier Inszenierung. – Ab 14. ✦ Scope. USA 2001 **P** Eagle Point/Horseshoe Bay/Madalay/Paramount **KI** Constantin **VA** BMG **DVD** BMG **Pd** Gary Foster, Lee Rich **R** Frank Oz **B** Kario Salem, Lem Dobbs, Scott Marshall Smith **K** Rob Hahn **M** Howard Shore **S** Richard Pearson **D** Robert De Niro (Nick Wells), Edward Norton (Jackie Teller/Brian), Marlon Brando (Max Baron), Angela Bassett (Diane), Gary Garmer (Burt), Andrew Walker (Jeff), David L. McCallum (reicher Mann) **L** 124 **FSK** ab 12; f **FBW** bw **E** 9.8.2001/29.1.2002 Video & DVD **fd** 34 987

THE SCORE LOSERS – SCHLECHTE VERLIERER →Schlechte Verlierer

THE SCORPIO FORCE (THE SCORPIO FORCE). Billiger Actionfilm, der diverse Kriegs-(Helden-)Bilder gegenüberstellt und auf unausgegorene Weise gegeneinander ausspielt: Ein ehemaliger Vietnam-Soldat erpreßt eine südamerikanische Großstadt mit einem Nervengift, das er aus einem Militärdepot entwendete. Erst der Einsatz einer Anti-Terror-Truppe kann das weltweite Unglück abwenden. ✦ USA/Mexiko 1987 **P** Rogelio Agrasanchez Prod. **VA** IHE **Pd** R. Agrasanchez **R** Gilberto de Anda **D** Hugo Stiglitz, Cruz Infanto **L** 81 **E** November 1988 Video

THE SCRIPT (THE SCRIPT). Eine heruntergekommene Schriftstellerin produziert in einem Meer von Zigarettenasche und Whisky ihre billigen Schauergeschichten, die sie in der Zürcher Langstraße ansiedelt und mit Typen à la Bogart, Chandler, Hammett und Marlowe bevölkert. Wirklichkeit und Einbildung geraten dabei immer mehr durcheinander, bis die Frau schließlich von ihren blutigen Fantasien eingeholt wird. Mehrheitlich mißglückter Versuch, großes Kino zu imitieren. ✦ Teils schwarz-weiß. Schweiz 1982 **P** S+S Prod. **R** Sergio Galli, Sonya Fricker **B** Sonya Fricker **K** Sergio Galli **S** Sergio Galli **D** Sonya Fricker (Schriftstellerin), Sergio Galli, Konstantin Müller, Alexandre Vermot, Bob Careletti **L** 90 **E** Schweiz

THE SEA WOLF (THE SEA WOLF). In die Gegenwart verlegte Verfilmung des berühmten Abenteuerromans von Jack London, die wenig mit dem Geist der Vorlage und den Charakteren ihres Personenarsenals zu tun hat: Einen Umweltschützer verschlägt es nach einem Mordanschlag auf den maroden Frachter des brutalen Kapitäns Wolf Larsen. Er wird zur Arbeit gezwungen und verliebt sich in die Mätresse des Seemanns, was zu weiteren Konflikten führt. Eine brutalisierte und erotisch aufgeladene Uminterpretation des Stoffes, die nicht mehr Londons Auseinandersetzung mit Nietzsches Philosophie des Übermenschen thematisiert, sondern auf handfeste Unterhaltung mit selbstzweckhaften Gewaltszenen aus ist. ✦ USA 1997 **P** The Pacific Trust **VA** Highlight **Pd** Frances Doel **R** Gary McDonald **B** Gerald Thompson, nach einem Roman von Jack London **K** Andrea V. Rossotto **M** Roger Neill **S** Eric Jenkins **D** Stacy Keach (Kapitän Wolf Larson), Jason Simmons (Humphrey Van Weyden), Stephen Davies (Koch Cookye), Alejandra Cruz (Maria), Rick Dean (Leach), Kenneth Cortland (Nilson), Dom Magwilli (Conquo) **L** 90 **FSK** ab 18 **E** 7.6.2001 Video **fd** 34 952

THE SECOND ARRIVAL (THE SECOND ARRIVAL). Feindselige Aliens starten eine zweite Attacke auf die Erde, um durch eine globale Erwärmung die Grundlage ihrer Existenzbedingungen zu schaffen. Ein Wissenschaftler und eine Journalistin stellen sich ihnen entgegen. In allen Belangen unterproduzierter Science-Fiction-Film, der seine Geschichte fern jeder Plausibilität vorantreibt. – Ab 16. ✦ USA 1998 **P** Live Entertainment **VA** Kinowelt Home **DVD** Kinowelt Home (16:9, 1.85:1, DD5.1 engl./dt.) **Pd** Claudio Castravelli **R** Kevin S. Tenney (= Kevin Tenney) **B** Mark David Perry **K** Bruno Philip **M** Ned Bouhalassa **S** Heidi Haines, Gregory Fine **D** Patrick Muldoon (Jack Addison), Michael Sarrazin (Nelson Zarcoll), Jane Sibbett (Bridget Riordan), Catherine Blythe (Sandra Wolfe), Mike Scherer (Wotan) **L** 100 **FSK** ab 12 **E** 15.2.2000 Video & DVD **fd** 34 243

THE SECRET OF THE LOST EMPIRE (ROYAL WARRIORS). Ein enormer Goldschatz, der das Vermächtnis eines untergegangenen burmesischen Reiches darstellt, sorgt für tödliche Auseinandersetzungen unter rivalisierenden Gruppen. Trivialer Abenteuerfilm. ✦ Hongkong 1987 **P** IFD Film & Arts **VA** Pacific **Pd** John Sham **R** Godfrey Ho **B** Chung Chi Man **K** Wilson Chan **D** Mike Abbott, Stefan Bredhart, Philip Parker, Michelle Kheng, Michael Wong **L** 84 **FSK** ab 18 **E** 14.4.1988 Video

THE SECT (LA SETTA). Hippies in einer kalifornischen Kommune werden ermordet. Jahre später wird in Frankfurt einer jungen Frau das Herz aus dem Leib geschnitten. Ein alter Mann trifft auf eine Lehrerin, die von Satan erwählt wurde, ihm einen Sohn zu schenken. Ein trotz pseudophilosophischen Geschwätzes und rasanter Kamerafahrten verquaster, wenig gruseliger Horrorfilm, konzipiert als negative »Heilsgeschichte«. ✦ Italien 1990 **P** Penta Film/ ADC **VA** New Vision **Pd** Dario Argento, Mario Cecchi Gori, Vittorio Cecchi Gori **R** Michele Soavi **B** Dario Argento, Giovanni Romoli, Michele Soavi **K** Raffaele Mertes **M** Pino Donaggio **S** Franco Fraticelli **D** Kelly Curtis, Herbert Lom, Maria Angela Giordano, Michel Adatte, Carla Cassola **L** 97 **FSK** ab 18 **E** 16.10.1991 Video **fd** 29 342

THE SEDUCTION OF MARY →Begierde auf Abwegen

THE SET UP – DIE FALLE (THE SET UP). Ein Einbruchs- und Computerspezialist soll ein Bankgebäude einbruchssicher gestalten und gerät dabei an brutale Gangster, die ihm einen Mord in die Schuhe schieben und ihn zwingen, das eigene Sicherheitssystem auszuhebeln. Ein reizlos glatt inszenierter Routinekrimi mit flachen Charakteren, der zu keiner Minute Interesse weckt. ✦ USA 1994 **P** TriCoast Film Partners-II/Rough Diamond **VA** Warner Home **Pd** Julia Verdin **R** Strathford Hamilton **B** Michael Thomas (= Erwin C. Dietrich), nach einem Roman von James Hadley Chase **K** David Lewis **M** Conrad Pope **S** Marcy Hamilton **D** Billy Zane (Charlie Thorpe), Mia Sara (Gena Sands), James Coburn (Jeremiah Cole), James Russo (Kliff), Louis Mandylor (Pauly) **L** 90 **E** 29.3.1996 Video **fd** 31 928

THE SEVENTH CURSE (THE SEVENTH CURSE). Während einer Expedition in Thailand befreit ein Wissenschaftler eine zum Menschenopfer auserkorene Jungfrau aus der Gewalt ihrer Peiniger. Er wird daraufhin mit einem entsetzlichen Fluch belegt, der ihn nach seiner Heimkehr ereilt. Ein befreundeter Abenteurer macht sich erneut auf den Weg, um die Macht des Bösen abzuwenden. Fernöstliche »Indiana Jones«-Variante mit den üblichen Kampf- und Splatter-Einlagen und einer Fülle von Spezialeffekten. ✦ Hongkong 1992 **VA** New East Video **R** Lau Nei Tsan **D** Chow Yun Fat (= Chow Yun-Fat), Dick Wie, Maggie Cheung **E** 24.3.1997 Video

THE SHADOW MEN (THE SHADOW MEN). Das beschauliche Leben einer Durchschnittsfamilie gerät aus den Fugen, als sie durch eine Alien-Attacke geblendet wird und erst Stunden später wieder zu Bewußtsein kommt. Da die Behörden jede Hilfe verweigern, wenden sich die Geplagten, die nun ständig von Aliens verfolgt werden, an einen Science-Fiction-Autor und Experten, der sie versteckt und mit dessen Hilfe sie die Angriffe abwehren können. Genre-Mix im Fahrwasser von Mystery-Serien und des Kinoerfolges »Men in Black«, der seine Geschichte wenig originell abspult. ✦ USA 1997 **P** Promark Entertainment/Spectacor Films **VA** Starlight **Pd** Steve Beswick **R** Timothy Bond **B** Eric Miller, Justin Stanley **K** Frank Byers **M** Todd Hayen **S** Barry Zetlin **D** Eric Roberts (Bob Wilson), Sherilyn Fenn (Dez Wilson), Brendon Ryan Barrett (Andy Wilson), Dean Stockwell (Stan Mills), Andrew Prine **L** 94 **FSK** ab 12 **E** 6.7.1998 Video

THE SHINING (STEPHEN KING'S THE SHINING). Ein ehemals alkoholkranker Lehrer übernimmt den Job des Hausmeisters in einem abgelegenen Hotel in den winterlichen Rocky Mountains. Seine Frau und der siebenjährige Sohn, der die Gabe des »zweiten Gesichts« besitzt, begleiten ihn. Bald wird der Junge von erscheckenden Visionen geplagt, und der Vater ist von der Idee besessen, seine Familie umbringen zu müssen. Zweiteilige Fernsehfassung des Bestsellers von Stephen King, die beschreibt, wie eine Familie langsam, aber unaufhaltsam in den Wahnsinn treibt. Nach verhaltenem Anfang bricht im zweiten Teil der Horror aus, der sich zum blutrünstigen Gespensterreigen steigert. Durch den konventionellen Inszenierungsstil wird jedoch kaum Interesse geweckt, dazu ist der Film zu stimmungsarm, zu oberflächlich und zu lang. Vorzüglich: die Spielkunst des kleinen Darstellers. – Ab 16. ✦ USA 1997 **P** Lakeside **VA** Warner Home (zwei Kassetten) **Pd** Mark Carliner, Laura Gibson, Stephen King **R** Mick Garris **B** Stephen King, nach seiner gleichnamigen Erzählung **K** Shelly Johnson **M** Nicholas Pike **S** Patrick McNahon **D** Steven Weber (Jack Torrance), Rebecca De Mornay (Wendy Torrance), Courtland Mead (Danny Torrance), Melvin Van Peebles (Halloran), Wil Horneff (Ullman) **L** 259 (136 & 123) **FSK** ab 16 **E** 10.10.1997 Video/13.10.1998 Premiere **fd** 32 850

THE SHOOTER – DER SCHARFSCHÜTZE (THE SHOOTER). Nach dem Ende des amerikanischen Bürgerkrieges kommt ein Fremder in eine kleine Präriestadt, die unter der Fuchtel eines Großranchers lebt. Der äußerst schießkundige Neuling schlägt sich auf die Seite der Bürger und legt sich mit den Schergen des Rancher an. Als er dessen Sohn erschießt, mit dessen Verlobter er anbandelte, eskalieren die Ereignisse. Western mit einer ungewöhnlichen Rolle für Actionstar Dudikoff, die brauchbare, aber harte Unterhaltung liefert. ✦ USA 1997 **P** Amritraj/Stevens Prod. **VA** Madison **DVD** Madison Home Video (FF, DD2.0 dt.) **Pd** Alan B. Bursteen **R** Fred Olen Ray **B** Tony Giglio **K** Gary Graver **M** Boris Zelkin **S** Brett Hedlund **D** Michael Dudikoff, Randy Travis, Valerie Wildman, Matthew Anderson, William Smith **L** 88 (gek. 82) **FSK** ab 18 (gek. 16) (DVD 16) **E** 19.2.1998 Video/17.9.1999 DVD

THE SHOOTER – EIN LEBEN FÜR DEN TOD (THE SHOOTER). Ein US-Marshall erhält den Auftrag, eine Frau in Prag zu entführen, die für ein Attentat auf den kubanischen Botschafter in den USA verantwortlich sein soll. Bald beschleichen ihn jedoch Zweifel an ihrer Schuld und er schlägt sich auf ihre Seite. Ihren Tod kann er zwar nicht verhindern, doch er sorgt dafür, daß der geplante kubanisch-amerkanische Gipfel stattfinden kann. Was als spannender Politthriller beginnt, verliert sich rasch in den Niederungen eines vorhersehbaren Actionfilms, der die Stärke seines Stoffes ebensowenig zu nutzen versteht wie das Potential seiner Darsteller. ✦ USA 1995 **P** Ricochet/

Adelson-Baumgarten/Newmarket Capitol **VA** Starlight **Pd** Paul Pampian, Silvio Muraglia **R** Ted Kotcheff **B** Yves André Martin **K** Fernando Arguelles **M** Stefano Mainetti **S** Ralph Brunjes **D** Dolph Lundgren (Michael Dane), Maruschka Detmers (Simone Rosset), Assumpta Serner (Marta), Gavan O'Herlihy (Dick Powell), John Ashton (Alex Reed) **L** 100 **FSK** ab 16 **E** Januar 1996 **fd** 31 778

THE SILENCER (THE SILENCER). Eine Undercover-Agentin erhält den Auftrag, eine Schar von Kinderpornografen auszuschalten. Sie geht erfolgreich zu Werke, auch wenn ihre Arbeit durch zahlreiche Bettepisoden verzögert wird. Dies wiederum ruft ihren ehemaligen Liebhaber auf den Plan, der seinerseits ihre Geliebten dezimiert. Eine banale »Sex and Crime«-Geschichte im Videoclip-Design mit einer ausgesprochen zynischen Weltsicht. (TV-Titel auch: »Silencer – Sie tötet lautlos«) ✦ USA 1992 **P** Marimark **VA** Splendid **DVD** Highlight (16:9, 1.78:1, DD5.1 dt.) **Pd** Brian J. Smith **R** Amy Goldstein **B** Scott Kraft, Amy Goldstein **K** Daniel Berkowitz **M** Carole Pope, Ron Sures **S** Rick Blue **D** Lynette Walden (Angelica), Chris Mulkey (George), Paul Ganus (Tony), Jaime Gomez (Drew), Morton Downey jr. (Michael Keating) **L** 81 (gek. 75) **FSK** ab 18 (gek. 16) **E** 21.10. 1992 Video/9.5.1994 PRO 7/19.4.2000 DVD

THE SILENCER – LAUTLOSE KILLER (1992) →The Silencer

THE SILENCER – LAUTLOSE KILLER (1999) (THE SILENCER). Ein paranoider FBI-Direktor erfindet eine Terror-Organisation, um eine verdeckt operierende Anti-Terror-Einheit aufbauen zu können. Mit ihrer Hilfe sollen der liberale US-Präsident und ein junger Agent ermordet werden. Doch der Auftragskiller entpuppt sich als Freund und Beschützer des potenziellen Opfers. Eine spannungsarme Produktion, die zwischen Drama und Action angesiedelt ist und ihre Geschichte wenig glaubwürdig abspult. ✦ Kanada 1999 **P** Prophecy Entertainment **VA** Highlight **DVD** Highlight Video (16:9, 1.85:1, DD5.1 dt.) **Pd** John A. Curtis, Evan Tylor **R** Robert Lee **B** John A. Curtis **K** Henry Lebo **M** Peter Allen **S** Gordon Remple **D** Michael Dudikoff (Quinn Simmons), Brennan Elliott (Jason Wells/Jason Black), Gabrielle Miller (Jill Martin), Nicole Oliver (Holly Sharp), Peter Lacroix (Rodeski), Terence Kelly (Neal Donovan) **L** 92 (gek. 89) **FSK** ab 16 (DVD ab 16 & 18) **E** 23.3.2000 Video/ 19.4.2001 DVD **fd** 34 235

THE SILENT ONE →Jonasi und die weiße Schildkröte

THE SIMPSONS GREATEST HITS (THE SIMPSONS GREATEST HITS). Kompilation von fünf Fernsehzeichentrick-Folgen der langlebigen Erfolgsserie »The Simpsons«. Die Episoden sollen scheinbar mit dem Vorurteil aufräumen, dass die Serie amoralisch sei, liefern eigentlich jedoch nur beliebige Fan-Unterhaltung, deren Produktionsstandard bestenfalls das gehobene Budget der Serie bestätigt, die mit scharfem Humor amerikanischen Alltag zu spiegeln versucht. Titel der einzelnen Episoden: »Es weihnachtet schwer«, »Freund oder Feind!«, »Die sich im Dreck wälzen«, »Der Musterschüler«, »Am Anfang war das Wort«. – Ab 10 möglich. ✦ USA 2000 **P** Twentieth Century Fox **VA** Twentieth Century Fox Home **Pd** James L. Brooks, Matt Groening, Sam Spiegel **R** David Silverman, Bob Anderson, Jim Reardon, Mark Kirkland **B** Mimi Pond, Bill Oakley, Josh Weinstein, Ian Maxtone-Graham, David M. Stern, Jeff Martin **M** Danny Elfman, Alf Clausen, Robin Gibbs **L** 114 **E** 2000 Video **fd** 34 588

THE SITTER (THE SITTER). Eine weltfremde junge Frau, die sich ein eigenes Fantasiereich erdacht hat, in dessen Zentrum die heile Familie steht, glaubt am Ziel ihrer Wünsche zu sein, als sie eines Abends auf die Tochter eines erfolgreichen Schriftstellers aufpassen darf. Plötzlich hat sie das ersehnte Kind, und auch der »Traummann« läßt nicht lange auf sich warten. Als ihr Traum zerplatzt, fängt der Alptraum an. Stockend inszenierte Fernsehproduktion, der die vorgesehenen »Löcher« für die Werbeeinblendungen anzusehen sind. Die dargestellte reale Umwelt der Protagonistin steht ihrer erträumten Scheinwelt an Unwahrscheinlichkeiten kaum nach. ✦ USA 1991 **P** FNM Film **VA** CBS/Fox **Pd** Gina Scheerer **R+B** Rick Berger **K** Edward J. Pei **M** Laura Karpman **S** Lynne Southerland **D** Kim Myers (Nell), Brett Cullen (Jeff), Eugene Roche (Onkel Carl), Susan Barnes (Alice), Kimberly Cullum (Melissa) **L** 89 **FSK** ab 16 **E** 8.1. 1992 Video **fd** 29 519

THE 6TH DAY (THE 6TH DAY). Ein Hubschrauberpilot sieht sich selbst am Ende eines harten Arbeitstages im Kreis seiner Familie sitzen und gerät in tödlichen Konflikt mit den Ordnungsbehörden, als er seinen Platz einklagt. Er entdeckt, dass er Opfer einer Genmanipulation ist, und kann einen Verstoß gegen das Verbot menschlicher Klone nachweisen. Mischung aus Science-Fiction- und Actionfilm, in der Arnold Schwarzenegger einmal mehr sein Image als Actionheld ablegen will, letztlich aber am eigenen Vorbild gemessen wird. In der Problemstellung nicht uninteressant, wird das Thema jedoch nie vertieft und nur als konturloses Star-Vehikel eingesetzt. DVD: Die Special Edition enthält u. a. eine separate, vom Komponisten kommentierte (dt. untertitelte) Soundtrackspur, diverse Kurz-Feature zu Teilbereichen des Films sowie drei Storyboard/Film-Vergleiche. – Ab 16. ✦ Scope. USA 2000 **P** Phoenix Pictures **KI** Columbia TriStar **VA** Columbia TriStar Home **DVD** Columbia TriStar Home (SE, 16:9, 2.35:1, DD5.1 engl./ dt.) **Pd** Mike Medavoy, Arnold Schwarzenegger, Jon Davison **R** Roger Spottiswoode **B** Cormac Wibberley, Marianne Wibberley **K** Pierre Mignot **M** Trevor Rabin **S** Mark Conte, Dominique Fortin, Michel Arcand **D** Arnold Schwarzenegger (Adam Gibson), Robert Duvall (Dr. Graham Weir), Michael Rooker (Robert Marshall), Tony Goldwyn (Michael Drucker), Michael Rapaport (Hank Morgan), Sarah Wynter (Talia Elsworth), Rodney Rowland (Wiley) **L** 123 **FSK** ab 16; f **E** 14.12.2000/12.6.2001 Video & DVD **fd** 34 596

THE SIXTH SENSE – DER SECHSTE SINN (THE SIXTH SENSE). Ein achtjähriger Junge, der unter der übernatürlichen Fähigkeit leidet, Tote sehen zu können, lernt mit Hilfe eines Psychologen, seine besondere Gabe zu akzeptieren. Auch wenn der Film teilweise die Mittel des Horror-Kinos bemüht, um eine bedrohliche Atmosphäre zu erzeugen, zeichnen ihn sein betont ruhiger Erzählduktus und die unaufdringliche Bildsprache als ernsthafte und außergewöhnlich sorgfältig inszenierte Annäherung an das Thema der menschlichen Sterblichkeit aus. DVD: Die umfangreiche Special Edition (2 DVDs) enthält u. a. ein Feature mit im Film nicht verwendeten Szenen und mehrere Featurettes (u. a. zum Regisseur sowie zur Musik und den Soundeffekten). Im Handel ist ebenfalls eine »abgespeckte« Version, ohne die Bonuns-DVD, erhältlich. – Ab 16. ✦ USA 1999 **P** Spyglass Entertainment/Hollywood Pictures **KI** Constantin **VA** VCL **DVD** VCL (16:9, 1.85:1, DD5.1 engl./dt., DTS dt.) **Pd** Frank Marshall, Kathleen Kennedy, Barry Mendel **R+B** M. Night Shyamalan **K** Tak Fujimoto **M** James Newton Howard **S** Andrew Mondshein **D** Bruce Willis (Malcolm Crowe), Haley Joel Osment (Cole Sear), Toni Collette (Lynn Sear), Olivia Williams (Anna Crowe), Donnie Wahlberg (Vincent Gray) **L** 107 **FSK** ab 16; f **FBW** w **E** 30.12.1999/23.5. 2000 Video & DVD **fd** 34 020

THE SKULLS – ALLE MACHT DER WELT (THE SKULLS). Ein ehrgeiziger amerikanischer Student, der in einen prestigeträchtigen Geheimbund aufgenommen wurde, erkennt die Schattenseiten der Organisation und versucht verzweifelt, sich ihrem Zugriff zu entziehen. Ein bewährten Mustern diverser Polit-Thriller folgender Film; er versucht sich an einem Porträt des amerikanischen Nationalcharakters, scheitert aber an den Unzulänglichkeiten der Inszenierung. DVD: Die Extras umfassen u. a. einen dt. untertitelten Audiokommentar des Regisseurs sowie ein Feature mit im Film nicht verwendeten Szenen. – Ab 16. ✦ USA 2000 **P** Summit/Cranium/New Market Capital Croup/Original Film/Overbrook Entertainment/Universal Pictures **KI** Kinowelt **VA** Kinowelt Home **DVD** Kinowelt Home (SE, 16:9, 1.85:1, DD5.1 engl./dt.) **Pd** Neal H. Moritz, John Pogue **R** Rob Cohen **B** John Pogue **K** Shane Hurlbut **M** Randy Edelman **S** Peter Amundson **D** Joshua Jackson (Luke McNamara), Paul Walker (Caleb Mandrake), Hill Harper (Will Beckford), Steve Harris (Detective Sparrow), Christopher McDonald (Martin Lombard) **L** 106 **FSK** ab 12; f **E** 27.7.2000/22.2.2001 Video & DVD **fd** 34 362

THE SMILE OF THE FOX (THE SMILE OF THE FOX). Ein amerikanischer Profikiller wird in Buenos Aires für einen Auftrag angeheuert. Erst spät erfährt er, daß das ausgewählte Opfer der Liebhaber seiner Zimmernachbarin ist, der diese als eine Art Sklavin hält. Der nicht nur in formalen Belangen unglaublich dilettantische Film erinnert mehr an einen verstaubten Softsexfilm mit klischeeverhafteten Figuren als an einen Thriller. ✦ Italien/Argentinien 1992 **P** Dania/National **VA** Fox **R** George Raminto **B** Piero Regnoli, George Raminto **K** Giancarlo Ferrando **M** Luigi Ceccarelli **S** Albert Morris **D** Debora Caprioglio (Marina), Steve Bond (Mark), Sharon Twomey (Irene), Leonardo Treviglio (Hank), Pedro Loeb (Steinberg) **L** 94 **FSK** ab 16 **E** 18.7.1994 Video **fd** 30 972

THE SNAPPER (THE SNAPPER). Eine unverheiratete Zwanzigjährige, Tochter aus einer kinderreichen Arbeiterfamilie in einem Dubliner Vorort, wird schwanger. Da sie den Vater des Kindes verheimlichen will, geraten ihre Familie und vor allem der in seiner Autorität verletzte Vater in Turbulenzen und Krisen, bevor die tiefe Zuneigung füreinander und die (Vor-) Freude auf das Baby alle versöhnt. Ein schwungvoll und detailfreudig entwickelter liebenswerter Film, der bruchlos die Verzahnung von realistischer Alltagsbeschreibung, bewegendem Melodram und unterhaltsamer Komödie meistert. Ein außergewöhnliches Plädoyer für die uneingeschränkte Zustimmung zum Leben. (Kinotip der katholischen Filmkritik; auch O.m.d.U.; die deutsche Synchronfassung kommt bei aller Sorgfalt dem Charme des Originals nie nahe.) – Sehenswert ab 14. ✦ Großbritannien 1993 **P** BBC Films **KI** Concorde **VA** Concorde **Pd** Lynda Myles **R** Stephen Frears **B** Roddy Doyle, nach seinem Roman **K** Oliver Stapleton **M** div. Songs **S** Mick Audsley **D** Tina Kellegher (Sharon Curley), Colm Meaney (Dessie), Ruth McCabe (Kay), Colm O'Byrne (Craig), Eanna MacLiam (Kimberley), Ciara Duffy (Lisa), Joanne Gerrard (Sonny) **L** 94 **FSK** ab 12; f **FBW** bw **E** 6.1.1994/24.10.1994 Video **fd** 30 608

THE SNAPPER – HILFE, EIN BABY! →The Snapper

THE SOUND OF WAR (WHEN TRUMPETS FADE). November 1944 in der Eifel: Im Hürtgenwald liefern sich amerikanische Einheiten mit der deutschen Wehrmacht erbitterte Gefechte. In dieser Situation muss ein Sergeant, der das System, am Leben zu bleiben, perfektioniert hat, das Kommando über blutjunge Neulinge übernehmen, die in ein Himmelfahrtsunternehmen geschickt werden. Effektvoll und realistisch inszenierter Kriegsfilm, der die psychische Befindlichkeit der Soldaten in den Mittelpunkt stellt, wobei die Misere der amerikanischen Truppen im Zentrum des diskutablen Films steht. ✦ USA 1998 **P** HBO NYC/Citadel Entertainment-John Kemeny Prod./Hofflund/Polone **VA** EuroVideo **DVD** EuroVideo (FF P&S, DD2.0 engl., DD5.1 dt.) **Pd** John Kemeny **R** John Irvin **B** William W. Vought **K** Thomas Burstyn **M** Geoffrey Burgon **S** Ian Crafford **D** Ron Eldard (Manning), Frank Whaley (Chamberlain), Zak Orth (Warren), Dylan Bruno (Sgt. Talbot), Martin Donovan (Captain Pritchett) **L** 87 **FSK** ab 16 **E** 11.1.2001 Video/11.4.2001 DVD **fd** 34 815

THE SPACE MOVIE (THE SPACE MOVIE). Eine aus dokumentarischen Bildern collagierte »Revue« über den Weltraum von den ersten Jahren der Mondfahrt bis zur Entwicklung des amerikanischen Space-Shuttle »Enterprise«. Der Film beschreibt den außergewöhnlichen Aufwand, den die Menschheit zur Erschließung anderer (Lebens-)Räume betreibt, und will dabei laut Regisseur ein »planetarisches Bewußtsein« vermitteln. Verwendet wird ausschließlich historisches Material, darunter teils bis dahin unveröffentlichtes Filmmaterial der amerikanischen Weltraumbehörde NASA; entstanden ist eine thematisch interessante, aber recht ziellose Kompilation mit einigen formalen Qualitäten, aber wenig Aussagekraft. (Originalfassung) – Ab 14. ✦ Großbritannien 1979 **P** Virgin **KI** Filmwelt **Pd** Richard Branson, Simon Draper **R+B** Tony Palmer **M** Mike Oldfield **L** 90 **E** 17.2.1984

THE SPECIALIST (THE SPECIALIST). Ein als »freier Killer« arbeitender Sprengstoffexperte wird von einer Frau angeheuert, um die Mörder ihrer Eltern zu liquidieren. Als sein Gegenspieler entpuppt sich ein ehemaliger Partner aus gemeinsamen CIA-Tagen, der nun ein Doppelspiel als Polizeiberater und als Sicherheitschef eines Mafia-Clans spielt. Eine ganz auf die beiden Hauptdarsteller zugeschnittene unerquickliche Mischung aus menschenverachtenden Gewalt- und Sexszenen, die in ihrer einfältigen Dramaturgie so voraussehbar ist, daß sich schon bald jegliche Spannung verliert. ✦ USA 1994 **P** Warner Bros. **KI** Warner Bros. **VA** Warner **DVD** Warner Home (16:9, 1.85:1, DD5.1 engl./dt.) **Pd** Jerry Weintraub, R. J. Louis **R** Luis Llosa **B** Alexandra Seros **K** Jeffrey L. Kimball **M** John Barry **S** Jack Hofstra **D** Sylvester Stallone (Ray Quick), Sharon Stone (May Munro), James Woods (Ned Trent), Rod Steiger (Joe Leon), Eric Roberts (Thomas Leon) **L** 110 **FSK** ab 16; f **E** 11.11.1994/12.5.1995 Video/17.5.1996 premiere/ 25.9.1998 DVD **fd** 31 058

THE SPIRIT OF '76 (THE SPIRIT OF '76). Am 4. Juli des Jahres 2176 macht sich ein smarter Wissenschaftler auf eine Zeitreise, um 400 Jahre zuvor bei den Gründervätern der USA eine Kopie der inzwischen verloren gegangenen Verfassung zu beschaffen. Durch einen technischen Fehler landen er und seine Begleiter im Jahr 1976 mitten in einer Kleinstadt, die wegen des 200. Nationalfeiertages total aus dem Häuschen geraten ist. Eine überdrehte Parodie auf den patriotischen Kult Amerikas, das Hippie-Zeitalter und alles, was typisch für die 70er Jahre war; überwiegend treffsicher und witzig. – Ab 14 möglich. ✦ USA 1993 **P** Commercial/Black Diamond/Castle Rock **VA** Columbia TriStar **Pd** Susan B. Landau **R+B** Lucas Reiner **K** Stephen Lighthill **M** David Nichtern **S** Glen Scantlebury **D** David Cassidy (Adam-11), Olivia D'Abo (Chanel-6), Leif Garrett (Eddie Trojan), Moon Zappa (Cheryl Dickman), Carl Reiner (Dr. Von Mobil), Rob Reiner (Dr. Cash), Thomas Chong (Stoner), Jeff McDonald (Chris), Liam O'Brien (Rodney) **L** 77 **FSK** ab 6 **E** 12.10.1993 Video **fd** 30 520

THE SPRING – AUF DER SUCHE NACH DEM KRISTALL DES LEBENS (THE SPRING). In einem spanischen Kloster entdecken zwei Wissenschaftler eine vergilbte Handschrift, die den Weg zu einer ewige Jugend versprechenden Quelle weist. Am Ziel ihrer Suche bekommen sie es nicht nur mit Gangstern, sondern auch mit einem jahrhundertealten Wächter der Quelle zu tun. Im Fahrwasser von »Indiana Jones« dümpelnde Mixtur aus Gangsterstück, indianischer Sage und geheimnisvollem Voodoo-Zauber, die eine unoriginelle Bildersprache mit lästigen Off-Kommentaren zu kaschieren sucht. (TV-Titel auch: »Auf der Suche nach dem Kristall des Lebens«) – Ab 16. ✦ USA 1988 **P** Quest Entertainment/Orlando Film Partners II **VA** Summit **Pd** Hugh Parks **R** John D. Patterson **B** Hugh Parks, Mike Palma **K** Greg Patterson **M** Don Hughes **S** Mike Palma **D** Dack Rambo (Andy), Shari Shattuck (Dyanne), Gedde Watanabe (Matty), Steven Keats (Mark), Virginia Watson (Pafinya) **L** 98 **FSK** ab 12 **E** 17.7.1991 Video **fd** 29 285

THE SPY (SPY). Ein Agent der CIA will aussteigen, unterzieht sich einer Gesichtsoperation und taucht unter. Die Organisation hängt sich an seine Frau, um ihn durch sie enttarnen zu können. Er muß das Versteckspiel aufgeben und sich den Widersachern stellen. Spannender Agententhriller, solide in Machart und Darstellung. (Fernsehtitel: »Spy – Grabenkämpfe«) – Ab 16 möglich. ✦ USA 1989 **P** Wilshire Court/Deadly Prod. **VA** CIC **Pd** Robert Lewis (= Robert Michael Lewis) **R** Philip F. Messina **B** Philip F. Messina, nach einem Roman von Norman Garbo **K** Johnny E. Jensen **M** Nan Schwartz **S** David Handman **D** Bruce Greenwood (Richard Berk), Jameson Parker (Frank Harkevy), Tim Chaote (David Tiomchin), Catherine Hicks (Angela Berk), Ned Beatty (Thomas Ludlow), Michael Tucker (Tony Krueger) **L** 89 **FSK** ab 16 **E** 15.1.1990 Video

THE SPY RETURNS (I SPY RETURNS). Die Stars einer Agentenserie (dt. »Tennisschläger und Kanonen«) werden nach 25 Jahren Ruhestand wieder aktiv, als die eigenen Kinder, mittlerweile selbst als Agenten angeworben, in Bedrängnis geraten. Deren erster Einsatz in Wien entpuppt sich als Falle, und die einstigen Agenten, die sich zu ihrer Zeit als Tennis-Star und Trainer tarnten, haben Mühe, den Bösen beizukommen. Eine Mischung aus Action und flotten Sprüchen, die durchaus unterhält und recht charmant mit ihrer ein wenig altmodischen Art kokettiert. (TV-Titel: »Cosby & Culp – die Rückkehr der Superspione«, »Bill Cosby & Co. – Die Rückkehr der Superspione«) – Ab 14 möglich. ✦ USA 1992 **VA** Ascot **Pd** Michael O. Gallant **R** Jerry London **B** Michael Norell **K** Martin Stingl **M** Johnny Harris **S** Sidney Wolinsky **D** Robert Culp (Kelly), Bill Cosby (Scott), George Newbern (Bennett), Salli Richardson (Nicole), Nikolaus Paryla (Victor Renikow), Lynsey Baxter (Santina Resnokow) **L** 93 **FSK** ab 12 **E** 5.9. 1994 Video/2.3.1995 Pro Sieben **fd** 31 030

THE ST. FRANCISVILLE EXPERIMENT (THE ST. FRANCISVILLE EXPERIMENT). Vier junge Amerikaner verbringen die Nacht in einem Haus in den Südstaaten, dessen Bewohner einst ihre Sklaven für grausame medizinische Experimente missbraucht haben sollen. Nach ereignislosen Stunden bricht sich der Horror Bahn, ein Rollabspann informiert über das Schicksal der Geisterbeschwörer. Miserabler Nachklapp von »The Blair Witch Project«, dessen inszenatorische Hektik in keinem Verhältnis zum erzählerischen Ergebnis steht. Ein in allen Belangen erbärmlicher Film. ✦ USA 2000 **P** Kushner-Locke Prod. **VA** Sunfilm **DVD** Sun Film (FF, DD2.0 engl./ dt.) **Pd** Dana Scanlan **R** Tim Baldini **K** Todd Richard **S** Tom Vater, Jeff Bradley **D** Paul Salamoff (Produzent), Tim Baldini (Kameramann), Ryan Larson (Student), Troy Taylor (Geist), Madison Charap, Paul James **L** 76 **FSK** ab 16 **E** 18.9.2001 Video & DVD **fd** 35 151

THE STABILIZER (THE STABILIZER). Ein FBI-Agent soll das Imperium eines Drogenkönigs zerschlagen. Der Auftrag kommt ihm wie gerufen, da er nun auch eine lang gehegte persönliche Rache befriedigen kann. Primitiver Actionfilm. ✦ Philippinen 1987 **P** Parkit Films **VA** Geiselgasteig **R** Arizal **D** Peter O'Brien, Craig Gavin **L** 90 **FSK** ab 18 **E** September 1987 Video

THE STAND – DAS LETZTE GEFECHT →Stephen King's The Stand – Das letzte Gefecht

THE STAY AWAKE – NACHT DES GRAUENS (THE STAY AWAKE). Ein 1969 hingerichteter Frauenmörder dringt 19 Jahre später als unsterblicher »Engel der Finsternis« in ein einsam gelegenes College ein, um sein Schändungswerk in Gestalt eines Monsters fortzusetzen. Während einige seiner Opfer in der Schulkapelle dem Morgen entgegenzittern, nimmt eine kreuzbewehrte Lehrerin den Kampf mit dem Bösen auf. Horrorstück der billigsten Primitivität, erbärmlich ungekonnt und einfallslos. ✦ USA 1987 **P** Management & Investment **VA** VMP **Pd** Thys Heyns, Paul Raleigh, Barry Wood, Avi Lerner **R** John Bernard **B** John Bernard, Daniel Biasini, Jean-Paul Torok **K** Alwyn Kumst **M** Dan Hill, Kevin Kruger **S** Bernie Buys **D** Shirley Jane Harris (Lehrerin), Tanya Gordon, Jayne Hutton, Heath Potter (William John Brown), Ken Marshall (Hausmeister) **L** 85 **FSK** ab 16 **E** 27.11.1991 Video **fd** 29 364

THE STEAL (THE STEAL). Ein Anwalt will beweisen, dass eine Londoner Privatbank durch Eingriffe in die Umwelt in einem asiatischen Land eine Dürrekatastrophe herbeigeführt hat. Da den Finanzjongleuren nicht mit legalen Mitteln beizukommen ist, engagiert er eine Computer-Hackerin und einen Ex-Architekten, die in das Computersystem der Bank eindringen und die Konten leerräumen sollen. Für die beiden ungleichen Partner beginnt ein großes Abenteuer. Gaunerkomödie mit guten Darstellern und einigem Tempo, die das Thema Umweltschutz als Aufhänger für ihre turbulente Geschichte nimmt. – Ab 14. ✦ Großbritannien 1994 **P** Poseidon Pictures **Pd** Gary Kurtz, Barbara Stone **R+B** John Hay **K** Ronnie Taylor **M** Barry Kirsch **S** David Martin **D** Alfred Molina (Cliff), Helen Slater (Kim), Peter Bowles (Lord Childwell), Dinsdale Landen (Sir Wilmot), Stephen Fry (Wimborne) **L** 105 **E** 10.11.1999 RTL 2

THE STENDHAL SYNDROME (THE STENDHAL SYNDROME). Unter dem Einfluß der Gemälde in den Uffizien von Florenz gerät eine junge Frau in geistige Verwirrung und wird von einem Serientäter brutal vergewaltigt. Als sie im Krankenhaus wieder zu Bewußtsein kommt, tastet sie sich an ihre Identität heran: Sie ist Polizistin und war auf einen psychopathischen Killer angesetzt. Ein Film, der in Form eines Thrillers jene Deformationen zu erklären versucht, die eine Vergewaltigung hervorrufen kann. Doch die Grundidee wird nicht konsequent umgesetzt, sondern weist viele Erklärungslücken auf und verliert sich im wild-spekulativen Durcheinander von Wahn und Wirklichkeit, Angst und Verzweiflung. ✦ Italien 1995 **P** Cine 2000/Medusa **VA** Splendid **Pd** Giuseppe Colombo **R** Dario Argento **B** Dario Argento, nach einem Roman von Graziella Magherini **K** Giuseppe Rotunno **M** Ennio Morricone **S** Angelo Nicolini **D** Asia Argento (Anna Manni), Thomas Kretschmann (Alfredo Grossi), Marco Leonardi (Marco Longhi), Luigi Diberti (Inspektor Manetti), Julien Lambroschini (Marie) **L** 114 **FSK** ab 18 **E** 29.7.1996 Video **fd** 32 115

THE STEPFATHER (THE STEPFATHER). Das Mißtrauen eines heranwachsenden Mädchens gegenüber seinem Stiefvater erweist sich als berechtigt. Der Mann, der vor Jahresfrist seine Familie ausrottete und sich nun eine neue Identität aufgebaut hat, plant, auch die neue Familie umzubringen. Spannender Thriller, der die Brüchigkeit von bürgerlichen Glücksvorstellungen sichtbar macht; wegen seines nervenaufreibenden und blutigen Finales eher für hartgesottene Freunde des Genres. (Titel auch: »Kill, Daddy, kill«, »Spur in den Tod II«, »The Stepfather – Kill, Daddy, Kill«) ✦ USA 1986 **P** ITC **VA** VCL/Virgin **Pd** Jay Benson **R** Joseph Ruben **B** Donald E. Westlake **K** John Lindley **M** Patrick Moraz **S** George Bowers **D** Terry O'Quinn (Henry Morrison), Jill Schoelen (Stephanie Maine), Shelley Hack (Susan Blake), Charles Lanyer (Dr. Bondurant), Stephen E. Miller (Al Brennan) **L** 85 (gek. 82) **FSK** ab 18 (gek. 16) **E** 28.6.1988 Video **fd** 27 035

THE STING OF DEATH (SHI NO TOGE). Nach zehnjähriger Ehe gerät ein Paar in eine tiefe Krise, als die Frau erfährt, daß ihr Mann seit langem eine Geliebte hat. Nachdem er sich ihrer Verzweiflung bewußt wird, beginnt ein qualvolles Ringen um einen Neuanfang. Ein in »reduzierten«, minimalistischen Bildern von extremer kompositorischer Strenge eingefangenes Drama, das nichtsdestotrotz ein hohes Maß an innerer Spannung aufbaut. Über die private Lebens- und Liebeskrise hinaus eine grundsätzliche Bestandsaufnahme der japanischen Gesellschaft nach dem Zweiten Weltkrieg und ihrer Orientierungslosigkeit. (O.m.d.U.; Fernsehtitel: »Stachel des Todes«) – Sehenswert. ✦ Japan 1990 **P** Shochiku/Araki Office **KI** Silver Cine **R** Kohei Oguri **B** Kohei Oguri, nach einem Roman von Toshio Shimao **K** Shohei Ando **M** Toshio Hosokawa **S** Nobuo Ogawa **D** Keiko Matsuzaka (Miho), Ittoku Kishibe (Toshio), Takenori Matsumura (Shinichi), Yuri Chikamori (Maya), Midori Kiuchi (Kuniko), Akira Yamanouchi (Masagaro) **L** 115 **E** 23.6.1994/26.9.1995 ZDF **fd** 30 851

THE STORM →Storm (1987)

THE STORY OF A BAD BOY (THE STORY OF A BAD BOY). Ein 17-jähriger Junge ringt mit den Tücken des High-School-Lebens, während er zugleich mit seiner sexuellen Identität hadert. Angelegt als eher leises Porträt eines introvertierten Menschen, mangelt es der zurückgenommenen Inszenierung an individuellen Konturen, sodass die Geschichte ein allzu vages Konstrukt bleibt. – Ab 16. ✦ USA 1999 **P** Sheila Fraser Milne Prod. **Kl** Jugendfilm **Pd** Jean Doumanian **R+B** Tom Donaghy **K** Garrett Fisher **M** Angelo Badalamenti, Chris Hajian **S** Barbara Tulliver **D** Jeremy Hollingworth (Pauly), Christian Camargo (Noel), Stephen Lang (Spryo), Julie Kavner (Elaina), Lauren Ward (Ludmilla), Howie Ravikoff (Colin) **L** 85 **E** 12.7. 2001 **fd** 34 936

THE STRAIGHT STORY →Eine wahre Geschichte – The Straight Story

THE STRAY – DER RACHEENGEL (THE STRAY). Die Geliebte eines in Ungnade gefallenen Polizisten nimmt einen Landstreicher bei sich auf, den sie bei einem Autounfall verletzt hatte. Dem Cop ist die Sache nicht geheuer und er bleibt wachsam – zu recht. Psychothriller aus dem Hause Pepin/Merhin, der zwar weitgehend auf veräußerlichte Actionattribute verzichtet, dennoch ein gerüttelt Maß an Gewalttätigkeiten und Shootouts bietet. ✦ USA 1999 **P** PM Entertainment **VA** e-m-s **DVD** e-m-s (16:9, 1.85:1, DD5.1 dt., DS engl.) **R** Kevin Mock **B** Terry Cunningham **K** Ken Blakey **M** John Sponsler **S** Martin Apelbaum **D** Bailey Chase (Keith), Angie Everhart (Kate), Michael Madsen (Ben), Frank Zagarino (Carl), Seidy Lopez (Tanya) **L** 90 **FSK** ab 16 **E** 25.9.2000 Video/ 30.11.2000 DVD

THE STUNTDRIVER →Executive Target

THE SUBURBANATORS (THE SUBURBANATORS). Die kanadische Stadt Calgary an einem Samstagnachmittag: Junge Leute lassen sich ziel- und planlos durch die Stadt treiben, verbringen gelangweilt und unablässig quasselnd den Tag. Der Film umschreibt ein in Langeweile und Sinnleere festgefahrenes Dasein, wobei er das (Nicht-)Geschehen nicht nur ermüdend, sondern auch allzu distanzlos abbildet, indem er die Langeweile zum Kulturgut und Objekt der Unterhaltung erhebt. (O.m.d.U.) – Ab 16 möglich. ✦ Kanada 1995 **P** burns Film/Red Devil Film **Kl** peripher **Pd** Gary Burns, John Hazlett **R+B** Gary Burns **K** Patrick McLaughlin **S** Mark Lemmon **D** Joel McNichol (Al), Stephen Spender (Bob), Stewart Burdett (Carl), Jacob Banigan (Eric), Jihad Traya (Salah) **L** 86 **E** 22.5.1997 **fd** 32 641

THE SUBURBANS – THE BEAT GOES ON! (THE SUBURBANS). Ein weiblicher Musik-Scout versucht, den Sound der 80er-Jahre entgegen den gängigen Marktgepflogenheiten schon zum Ende des Jahrtausends zu recyceln und will eine damals nur mäßig erfolgreiche Band in die aktuellen Charts hieven. Eine leidlich unterhaltsame Mediensatire, deren Inszenierung manchmal den Faden verliert und sich meist in albernen Gags und abgedroschenen (Rock-)Klischees ergeht. Nur die Musik und das überraschende Finale sichern dem Film einige Pluspunkte. – Ab 14. ✦ USA 1999 **P** Suburbans/HSX Films/Ignite/MPCA/Red Hour **VA** Columbia TriStar Home **Pd** Jeffrey Abrams, Michael Burns, Leanna Creel, Brad Krevoy **R** Donal Lardner Ward **B** Donal Lardner Ward, Tony Guma **K** Michael Barrett **M** Robbie Kondor **S** Kathryn Himoff **D** Donal Larner Ward (Danny), Tony Guma (Rory), Craig Bierko (Mitch), Will Ferrell (Gil), Dick Clark (Dick Clark) **L** 84 **E** 2000 Video **fd** 34 852

THE SUCKLING (THE SUCKLING). Ein abgetriebener Fötus mutiert in der Kanalisation auf Grund radioaktiver Abfälle zu einem Monster und beginnt einen Vernichtungsfeldzug gegen die Belegschaft eines Bordells. Kruder Horrorfilm; seine unausgegorene »Anti-Schwangerschafts-Ideologie« und zahlreiche geschmacklose Genreelemente ergeben eine kaum erträgliche Mischung. – Wir raten ab. ✦ USA 1990 **P** Suckling **VA** New Vision **Pd** Michael Helman, Francis Teri **R+B** Francis Teri **K** Harry Eisenstein **M** Joseph Teri **D** Frank Reeves, Lisa Patrunov, Marie Michaels, Tim Martin Crouse, Michael Logan **L** 77 **FSK** ab 18 **E** 12.2.1992 Video **fd** 30 256

THE SUICIDE CLUB →Tod oder Joker

THE SUNCHASER (THE SUNCHASER). Ein unheilbar an Krebs leidender junger Mörder nimmt seinen Arzt als Geisel und erzwingt mit ihm die Flucht zu einem »Heiligen Berg« der Indianer, auf dem ein Zaubersee liegen soll, der alle Krankheiten heilt. Eine bemühte Roadmovie-Version, die das mythische, präkolumbianische Amerika feiert. Als Auseinandersetzung mit Rationalität und Spiritualität kaum überzeugend, ärgerlich durch das verschwommene Amerika-Bild. – Ab 16 möglich. ✦ USA 1996 **P** Regency Enterprises **VA** Warner Home **Pd** Armin Milchigan, Michael Cimino, Larry Spiegel, Judy Goldstein, Joseph S. Vecchio **R** Michael Cimino **B** Charles Leavitt **K** Doug Milestone **M** Maurice Jarre **S** Joe D'Augustine **D** Woody Harrelson (Dr. Michael Reynolds), Jon Seda (Brandon »Blue« Monroe), Alexandra Tydings (Victoria Reynolds), Matt Mulhern (Dr. Chip Byrnes), Anne Bancroft (Dr. Renata Baumbauer) **L** 127 **FSK** ab 12 **E** 23.5.1997 Video/1.6.1998 premiere **fd** 32 624

THE SURFER (THE SURFER). Ein Surfbrett-Vermieter wird von seiner Vergangenheit als Vietnam-Kämpfer eingeholt, als er einem Freund beistehen will. Er wird in eine Agenten- und Schmuggelgeschichte mit mehreren Toten hineingezogen und muß das geruhsame Leben am Strand zugunsten einer pausenlosen Verfolgungsjagd aufgeben. Versüßt wird dies durch die Liebe zu einer jungen Frau, die das Schicksal mit ihm verbindet. Mäßig spannender, ungemein verworren konstruierter Thriller. (TV-Titel DDR: »Ein Zeuge auf der Flucht«) ✦ Australien 1985 **P** Frontier/The Producers Circle **VA** Vestron/Concorde **Pd** James Michael Vernon, Frank Shields **R** Frank Shields **B** David Marsh, nach einer Vorlage von Frank Shields **K** Michael Edols **M** Davood Tabrizi **S** Greg Bell **D** Gary Day (Sam Barlow), Gosia Dobrowolska (Gina), Rod Mullinar (Hagan), Tony Barry (Calhoun), Gerrard McGuire (Jack) **L** 90 (gek. 88) **FSK** ab 18 (gek.16) **E** Dezember 1988 Video/23.9.1989 DFF 1

THE SWAP (THE SWAP). Erotikfilm mit wenig Anspruch und viel nackter Haut: Zwei auch privat miteinander befreundete Arbeitskollegen besuchen gemeinsam mit ihren Partnerinnen eine Party, die sich als Sex-Orgie erweist. Es kommt zum Partnertausch mit Folgen: nachdem die Paare zuvor Probleme mit dem ersehnten Nachwuchs hatten, sind nun unversehens beide Frauen schwanger. ✦ USA 1990 **R** Paul Thomas **B** Ashley Richards **K** Ed Holtzman **D** Jennifer Stewart (Judy), Sharon Kane (Claire), Ameiko Madison, Bridget Monroe, Terry Richardson **L** 72 **E** 7.2. 1992 premiere

THE SWEEPER – LAND MINES (SWEEPERS). Eine Entschärfer von Landminen verliert bei einem Einsatz in Angola seinen Sohn durch einen solchen Sprengsatz. Er ertränkt seinen Schmerz im Alkohol und kann erst wieder aktiviert werden, als eine Forscherin in bittet, ihr bei der Suche nach einem neuen, besonderen heimtückischen Minentyp zu helfen. Sein Engagement ruft den lokalen Waffenhändler auf den Plan. Nicht um die Ächtung von Minen geht es diesem Film, sondern er nutzt die öffentliche Debatte als kostengünstige Publicity aus, um einen herkömmlichen Actionfilm mit simpler Plot-Mechanik zu etablieren. Inkompetent inszenierte Action-Sequenzen und ein leicht rassistischer Unterton diskreditieren den Film vollends. (Fernsehtitel: »Sweepers«) ✦ USA 1998 **P** NU Image **VA** VPS (geänderte Fassung ab 16) **Pd** Danny Lerner, Elie Samaha **R** Darby Black **B** Darby Black, Kevin Bernhardt **K** Yossi Wein **M** Serge Colbert **S** Alain Jakubowicz **D** Dolph Lundgren (Christian Erickson), Bruce Payne (Cecil Hopper), Claire Stansfield (Michelle Flynn), Ian Roberts (Yager), Fats Bookholane (Old Mo) **L** 93 (geänd. Fassung 88) **FSK** ab 18 **E** 1999 Video **fd** 33 688

THE SWEETEST SOUND (THE SWEETEST SOUND). »Ich wollte einen Film über Identität drehen, über den Widerspruch zwischen dem Wunsch nach Einzigartigkeit und der Sehnsucht nach einer Gemeinschaft«, bekennt der Regisseur. Sein überbordender Essayfilm über den schönen Namensklang, voll von aberwitzigen Ideen, verblüffenden Erkenntnissen und amüsanten Montagen, beschäftigt sich mit der privaten Genealogie des New Yorker Filmemachers. Er lud zwölf Namensvetter zum Essen ein, um am Ende festzustellen, dass es keine gemeinsame Eigenschaft der Gleichnamigen gibt. Eine verschrobenmelancholische Reflexion über Individualismus und Vergänglichkeit, die vom unvermittelten Umschlag vom tiefsinnig Philosophischen ins alltäglich Banale (und umgekehrt) lebt. (Fernsehtitel: »Meine Name ist Alan Berliner«; O.m.d.U.) – Sehenswert ab 16. ✦ Teils schwarz-weiß. USA 2001 **P** Cine-Matrix **Kl** Freunde der deutschen Kinemathek **Pd+R+B** Alan Berliner **K** Richard Dallett **S** Alan Berliner **L** 60 **E** 17.5.2001 arte/14.6.2001 Kino **fd** 34 910

THE SWINDLE (THE SWINDLE). Sexfilm. Zwei Gelegenheitsgauner wollen als betrügerische Heiratsvermittler bei zahlungskräftigen jungen Damen das große Geschäft machen. Die Kandidatinnen sollen sich dabei jeweils in einem »ausdrucksstarken« Video vorstellen. (Titel auch: »Mädels, Mieder, Millionäre«) ✦ USA 1991 **R+B** Jason Holt **D** Robby West, Britt Houston, Bobby Tess, Elaina Dunn, Samantha Fong **L** 85 **E** 6.3.1992 SAT 1

THE SWORDSMAN – DAS MAGISCHE SCHWERT →Swordsman

THE TAKE OVER (THE TAKE-OVER). Ein Trupp Verbrecher besetzt ein Wasserwerk in Chicago und nimmt eine Besuchergruppe als Geiseln, um die Stadt mit der Drohung zu erpressen, sie werde das Trinkwasser vergiften. In Wirklichkeit haben es die Gangster auf ein angrenzendes Regierungsgebäude abgesehen, in dem Wertpapiere lagern. Ein zufällig anwesender Polizist setzt sich zur Wehr. Ein einfallslos zusammengeschusterter Film nach vertrauten Vorbildern, dessen Geschehnisse keine Eigendynamik entwickeln. Die einfallslose Figurenzeichnung gibt dem achtlos gefertigten Film den Rest. ✦ USA 1996 **P** Le Monde Entertainment **VA** VPS **Pd** Julian Grant **R** John Bradshaw **B** Tony Johnson **K** Gerald R. Goozee **M** Lou Natalie **S** Paul Day (= Paul G. Day) **D** Gary Busey (Mr. Turner), Jeff Fahey (David Chase), Kim Coates (Montesi), Carrie Anne-Moss (Melissa Wilkins), Denis Akiyama (Detective Peter Ota) **L** 88 **FSK** ab 18 **E** 27.2.1997 Video **fd** 32 486

THE TAKEOVER – DIE NACKTE GEWALT (THE TAKEOVER). Standardisierter Actionfilm. Zwei vorzeitig entlassene Häftlinge geraten in einen Bandenkrieg um den Drogenmarkt von Los Angeles. ✦ USA 1994 **R** Troy Cook **B** Gene Mitchell **M** Jimmy Lifton (= James Ian Lifton) **D** Gene Mitchell (Mickey), David Amos (Jonathan), Sam Scarber (D.C.), Nick Mancuso (Vilachi), Billy Drago (Stein) **L** 84 **E** 3.6. 1997 ProSieben

THE TAKERS – SEX-REVOLUTION DER HEMMUNGSLOSEN (THE TAKERS). Zwei Rocker holen sich junge Frauen auf ihre Motorräder und ins Bett, bis ein Ehemann dem Treiben ein Ende bereitet. Stupider Sex-and-Crime-Film, der die alten Klischees vom sexbesessenen Wüstling und der schwachen Frau in üblicher Manier präsentiert. – Wir raten ab. ✦ USA 1971 **P** Gary Troy & John **Kl** Sonderfilm **R** Carlos Monsoya **B** Dash Freemont **K** Gary Troy **S** C. C. Evers **D** Susan Apple, Fred Bush, Coe Bart, Kim Kiya, Louise Douglas **L** 59 **FSK** SPIO: X **E** 12.5.1972

THE TEENIES – EIN COLLEGE DREHT DURCH (THE TEENIES). Eine auf Sex und Drogen spezialisierte High School in Kalifornien behauptet sich schließlich gegen korrupte Geschäftsinteressen. Auf

Sex und Klamauk getrimmtes primitives Lustspiel. – Wir raten ab. ✦ USA 1979 **P** Globe Pictures **KI** Apollo/Mondial **R** James Hunter **D** Jerry Woods, Helen Lang, Rainbeaux Smith, Patrice Rohmer, Susie Elene **L** 76 **FSK** ab 16; nf **E** 12.12.1980 **fd** 23 026

THE TEMPEST – DER STURM (1979) (THE TEMPEST). Filmische Bearbeitung von Shakespeares letztem Werk, der rätselhaften Komödie/Romanze um den abgesetzten Herzog Prospero, seine Tochter Miranda sowie die Fabelwesen Caliban und Ariel auf einer verzauberten Insel. Jarman behält zwar nur einen Teil des Dramentextes bei, bleibt aber trotz moderner Stilelemente und einer eigenwilligen Interpretation der Figuren in der Handlung der Vorlage bemerkenswert treu. Mit einem großen Gespür für Bilder, die die Faszination des Schönen und des Häßlichen verbinden, gestaltet er eine märchenhaft-fantastische, von skurrilen Gestalten bevölkerte Welt, wenn auch die Komplexität des Shakespeare-Dramas letztlich reduziert erscheint. (O.m.d.U.) – Ab 16. ✦ Großbritannien 1979 **P** Kendon/Boyd's Company **KI** FiFiGe **Pd** Don Boyd **R** Derek Jarman **B** Derek Jarman, nach dem Bühnenstück von William Shakespeare **K** Peter Middleton **M** Wavemaker **S** Lesley Walker **D** Heathcote Williams (Prospero), Toyah Willcox (Miranda), Jack Birkett (Caliban), Karl Johnson (Ariel), David Meyer (Ferdinand), Peter Bull (Alonso), Neil Cunningham (Sebastian) **L** 96 **E** 25.12.1980 **fd** 22 943

THE TEMPEST – DER STURM (1998) →The Tempest – Sturm über dem Mississippi

THE TEMPEST – STURM ÜBER DEM MISSISSIPPI (THE TEMPEST). Shakespeares Drama um den weisen Prospero, der die Geschicke der ihm Schutzbefohlenen auf einer Insel richtet, verlagert in die Zeit des amerikanischen Bürgerkriegs und auf merkwürdige Fernsehgewohnheiten zugeschnitten. Das Ergebnis ist trotz hochkarätiger Besetzung enttäuschend, bietet weder Shakespeare-Liebhabern noch Peter-Fonda-Fans brauchbare Unterhaltung und liefert sich durch lächerliche Spezialeffekte der Kritik aus. – Ab 12. ✦ USA 1998 **P** NBC/Bonnie Raskin Prod. **VA** e-m-s **DVD** e-m-s (FF P&S, DD5.1 engl./dt.) **Pd** James Bigwood, Todd Sharp, Ronna Slutske **R** Jack Bender **B** James Henerson, nach dem gleichnamigen Theaterstück von William Shakespeare **K** Steven Shaw **M** Terence Blanchard **S** Stephen Lovejoy **D** Peter Fonda (Guideon Prosper), John Glover (Anthony Prosper), Harold Perrineau (Ariel), John Pyper-Ferguson, Katherine Heigl (Miranda) **L** 80 **E** 20.11.2000 Video/26.1.2001 DVD **fd** 34 880

THE TERROR – SCHLOSS DES SCHRECKENS (THE TERROR / LADY OF THE SHADOWS). Ein junger Offizier der napoleonischen Armee gerät auf der Suche nach seiner Retterin in ein geheimnisvolles Schloß, dessen seit 20 Jahren tote Herrin ihm wiederholt lebendig gegenübertritt. Am Schluß kann er sich als einziger aus dem vom Schloßherrn gefluteten Gemäuer retten. Ein thematisch etwas wirrer, aber dank atmosphärischer Dichte und dramaturgischer Qualitäten bemerkenswerter Horrorfilm mit einer reizvollen Produktionsgeschichte: er entstand quasi als »Abfallprodukt«, weil Schauspieler und Filmmaterial noch von einer anderen Corman-Produktion (»Der Rabe – Duell der Zauberer«) zur Verfügung standen. (Weitere Titel: »Die Dame aus dem Meer«, »The Haunting«, »Terror«; O.m.d.U.) – Sehenswert ab 16. ✦ Scope. USA 1963 **P** Filmgroup/American International **KI** Peter H. Vollmann **VA** Scala/Allround **DVD** e-m-s (FF P&S, Mono dt.) **Pd** Roger Corman **R** Roger Corman, Francis Ford Coppola (ungenannt), Monte Hellman (ungenannt), Jack Hill (ungenannt), Jack Nicholson (ungenannt), Dennis Jacob (ungenannt) **B** Leo Gordon, Jack Hill **K** John M. Nickolaus jr. **M** Ronald Stein **S** Stuart O'Brien **D** Jack Nicholson (Lt. Andre Duvalier), Boris Karloff (Baron von Leppe), Sandra Knight (Helene), Richard Miller (= Dick Miller) (Stefan, der Diener), Dorothy Neumann (alte Frau), Jonathan Haze (Gustav) **L** 81 **FSK** ab 12 **E** 1981 Kino/24.11.1982 West III/25.9.2000 DVD **fd** 23 115

THE THIN BLUE LIE (THE THIN BLUE LIE). Ein rechtschaffener Journalist aus der Provinz kommt in die Stadt und macht sich rasch unbeliebt, weil er die rüden Methoden der lokalen Gesetzeshüter in Frage stellt. Zum mächtigsten Gegenspieler erwächst der korrupte Bürgermeister der Metropole, der die Kriminalitätsrate mit allen Mitteln senken will. Politisch aufgeheizter Film, der nicht von ungefähr Videomaterial realer Polizeiübergriffe an seinen Anfang stellt. Seine Attacke scheitert jedoch, da die eindimensionalen Figuren als Mittel einer banalen Polemik zu durchschauen sind und die Argumentation des Films grob und unbeholfen ist. – Ab 16. ✦ USA 2000 **P** Paramount/Paramount Network/Helfgott-Turner/Showtime **VA** Paramount Home **Pd** Daniel Helfgott, Fritzi Horstmann, Janet Turner, Roger Young **R** Roger Young **B** Daniel Helfgott **K** Donald M. Morgan **M** Patrick Williams **S** Benjamin A. Weissman **D** Rob Morrow (Jonathan Neumann), Randy Quaid (Phil Chadway), Cynthia Preston (Kate Johnson), Al Waxman (Art Zuggler), Paul Sorvino (Frank Rizzo) **L** 93 **FSK** ab 12 **E** 14.6.2001 Video **fd** 34 915

THE THIN MAN – DER UNAUFFINDBARE →Der dünne Mann

THE THING (SEVERED TIES). Ein hochtalentierter zehnjähriger Musterknabe leidet am Desinteresse seiner Eltern und setzt in einem Musterprozeß durch, daß er sich binnen drei Monaten passende neue Eltern suchen darf. Keines der zahlreichen Bewerberpaare findet jedoch seine Zustimmung, nirgendwo in der Welt fühlt er sich zu Hause. Eine streckenweise sehr amüsante Satire um die Sehnsucht eines Kindes nach Geborgenheit und Anerkennung, die bei aller Intelligenz letztlich aber zu unentschlossen bleibt: junge Zuschauer ✦ USA 1991 **P** Fangoria **VA** Empire/VPS **Pd** Christopher Webster **R** Damon Santostefano **B** John Nystrom, Henry Dominic **K** Geza Sinkovics **M** Daniel Licht **S** Richard Roberts **D** Oliver Reed (Hans Vaughan), Elke Sommer (Helena Harrison), Billy Morrisette (Harrison), Garrett Morris (Stripes), Johnny Legend (Prediger), Denise Wallace (Eve), Roger Perkovich, Bekki Valin **L** 89 **FSK** ab 18 **E** 27.5.1993 Video **fd** 30 290

THE THING CALLED LOVE – ENTSCHEIDUNG FÜRS LEBEN (THE THING CALLED LOVE). In Nashville, dem Mekka der Countrymusik, kreuzen sich die Wege von vier jungen Sängern, die auf einen Einstieg ins Musikgeschäft und Erfolg hoffen. Die Liebe ist dieser beruflichen Entwicklung eher hinderlich, doch am Ende kommt alles ins rechte Lot. Ein liebenswert-altmodischer Film, der die Mythen dieser Musikrichtung nicht hinterfragt, sondern zielstrebig dem guten Ende seiner Geschichte entgegeneilt. (Kino auch O.m.d.U.) – Ab 16. ✦ USA 1993 **P** Paramount **KI** Amazonas **VA** CIC **Pd** John Davis, George Folsey jr. **R** Peter Bogdanovich **B** Carol Heikkinen **K** Peter James **M** G. Mark Rosell **S** Terry Stokes **D** River Phoenix (James Wright), Samantha Mathis (Miranda Presley), Dermot Mulroney (Kyle Davidson), Sandra Bullock (Linda Lue Linden), K.T. Oslin (Lucy), Anthony Clark (Billy), Webb Wilder (Ned) **L** 110 **FSK** ab 6 (Video) **E** 13.7.1994 Video/3.11.1994/12.7.1995 premiere **fd** 30 952

THE THIRD HAND →Satanas – Nacht der Teufel

THE 13th FLOOR – BIST DU WAS DU DENKST? (THE THIRTEENTH FLOOR). Los Angeles im Jahr 1997: Für einen Computer-Experten gerät nach der Ermordung seines Chefs und Förderers die Welt für immer aus den Fugen. Er wird selbst der Tat verdächtigt und dringt bei seinen Recherchen nach Entlastungsbeweisen zu einer grausigen Vermutung vor: Könnten nicht Computer in der Lage sein, längst vergangene Epochen zu simulieren? Mehr noch: Könnte die eigene Existenz lediglich Ergebnis einer Programmierung sein? Aufwendige und technisch perfekte, freilich weitgehend innovationslose Variante des alten Zeitmaschinen-Themas. Die 1973 entstandene Verfilmung desselben Stoffes durch Rainer Werner Fassbinder (»Welt am Draht«) wird dieses Remake überleben. DVD: Die Special Edition beinhaltet u.a. einen Audiokommentar des Regisseurs. ✦ Scope. Deutschland/USA 1999 **P** Centropolis Entertainment **KI** Jugendfilm/Fox **VA** Ufa/BMG **DVD** BMG (SE, 16:9, 2.35:1, DD5.1 engl./dt.) **Pd** Roland Emmerich, Ute Emmerich, Marco Weber **R** Josef Rusnak **B** Josef Rusnak, Ravel Centeno-Rodriguez, nach dem Roman »Sumulacron-3« von Daniel F. Galouye **K** Wedigo von Schultzendorff **M** Harald Kloser **S** Henry Richardson **D** Craig Bierko (Douglas Hall/Feguson/David), Gretchen Mol (Jane/Natasha), Vincent D'Onofrio (Whitney/Ashton), Armin Mueller-Stahl (Hannon Fuller/Grierson), Dennis Haysbert (Detective Larry McBain), Steven Schub (Zev Bernstein), Jeremy Roberts (Tom Jones) **L** 101 **FSK** ab 12; f **FBW** w **E** 25.11.1999/16.5.2000 Video/20.11.2000 DVD **fd** 33 993

THE THRONE OF FIRE (IL TRONO DI FUOCO). Morak, der Sohn des Teufels, will sich zum Herrscher über die Menschheit machen, indem er den »Thron des Feuers« besteigt. Dieser überschüttet jeden, der sich unrechtmäßig seiner bemächtigt, mit einer tödlichen Feuersglut. Morak ermordet den derzeitigen Throninhaber und will durch Heirat mit einer Prinzessin zum rechtmäßigen Nachfolger aufsteigen. Primitiv zusammengeschusterter Fantasy-Film, der die fadenscheinige Handlung für eine recht spekulative Ansammlung von billigen Gewaltszenen und Horror-Einlagen ausschlachtet. (Fernsehtitel: »Der Thron des Feuers«) ✦ Italien 1982 **P** Visione Cinematografica **VA** All **R** Franco Prosperi **D** Peter McCoy, Sabrina Siani, Harrison Muller, Benny Carduso, Peter Caine **L** 84 **FSK** ab 16; nf **E** 1986 Kino/22.8.1986 RTL plus

THE TIC CODE →Tic Code

THE TIME IS NOW – JETZT IST DIE ZEIT. Dokumentarfilm zur Friedensthematik: die beiden Dokumentaristen begeben sich auf die Suche nach Menschen, mit denen sie ihre Sorgen, Ängste und Hoffnungen angesichts atomarer Bedrohung teilen können. Entstanden ist eine betont subjektive Selbstdarstellung als ernst zu nehmendes Angebot zum Friedensgespräch. Bemerkenswert als Versuch, mit eindringlichen, eher poetischen als »realistischen« Stimmungsbildern eigene Befindlichkeiten wiederzugeben, womit der Film durchaus neue Wege im Dokumentarfilmschaffen der DDR beschritt. – Ab 14. ✦ DDR 1987 **P** DEFA **KI** Progress **Pd** Joachim Sigmund **R** Eduard Schreiber **B** Eduard Schreiber, Rolf Richter **K** Wolfgang Dietzel **M** Hannes Zerbe, Eckhard Rödger **S** Viktoria Dietrich **L** 104 **E** 4.9.1987 Kino DDR

THE TIME IS OUT OF JOINT – DIE ZEIT IST AUS DEN FUGEN. Dokumentarfilm über die berühmte und umstrittene »Hamlet«-Inszenierung von Heiner Müller am Berliner Deutschen Theater 1989/90, die in die Zeit eines historischen Umbruchs fiel. Während draußen der Staat DDR zerfiel, probte der Schriftsteller drinnen unbeirrt den Shakespeare-Stoff. ✦ BR Deutschland 1989/90 **R** Christoph Rüter **L** 100 **E** 20.8.1991 West 3

THE TIMES OF HARVEY MILK (THE TIMES OF HARVEY MILK). 1977 wurde in San Francisco Harvey Milk, der sich offen zu seiner Homosexualität bekannte, zum Bezirksbürgermeister gewählt. Seine Vision war ein Bündnis zwischen rassischen und sexuellen Minderheiten, älteren Bürgern und freien Gewerkschaftlern. Er und Bürgermeister Moscone wurden Ende 1978 von einem Fanatiker erschossen. Der Gewalttat folgte ein Schweigemarsch von 45.000 Menschen. Erst als der Täter als beschränkt zurechnungsfähig eingestuft wurde, schlug die Trauer in Wut um. Ein engagiert montierter, eindringlicher und diskussionswerter Dokumentarfilm, der weitgehend auf Zeugenaussagen des Fernsehens beruht. (O.m.d.U.; Fernsehtitel: »Wer war Harvey Milk?«) – Sehenswert. ✦ USA 1984 **P** Black Sand **KI** Arsenal **Pd** Richard Schmiechen **R** Robert Epstein

B Robert Epstein, Judith Coburn, Carter Wilson **K** Frances Reid **M** Mark Isham **S** Deborah Hoffmann, Robert Epstein **D** Harvey Fierstein (Erzähler) **L** 87 **E** 31.10.1985/2.10.1987 West 3 **fd** 25 449

THE TOP OF HIS HEAD (THE TOP OF HIS HEAD). Das geordnete Leben eines Verkäufers von Satellitenschüsseln gerät durcheinander, als er sich in eine geheimnisvolle Performance-Künstlerin verliebt, die von der Polizei verfolgt wird. Filmisch anspruchsvolle Komödie mit existentialistischen Untertönen, die Lichter und Bewegungen, Fernsehbilder und Farben zu einer traumhaften, von sphärischer Musik ausgemalten Welt verschmilzt. – Ab 14. ✦ Kanada 1989 **P** Rhombus Media/Grimthorpe Film **R+B** Peter Mettler **K** Tobias A. Schliessler, Peter Mettler **M** Fred Frith **S** Peter Mettler, Margaret van Eerdewijk **D** Stephen Ouimette, Christie MacFadyen, Gary Reineke **L** 110 **E** 29.8.1994 DRS

THE TORTURE ZONE (THE FEAR CHAMBER / LA CAMARA DEL TERROR). Ein verrückter Wissenschaftler, der glaubt, er könne mit menschlichem Blut urzeitliche Kreaturen wiederbeleben, treibt seine Opfer mit grauenvollen Experimenten zum Wahnsinn. Auf wunderbare Art genesen, bricht er das Projekt ab und entreißt es seinen machthungrigen Assistenten. Eine Grusel-Billigproduktion mit dem müde wirkenden Horror-Star Boris Karloff in einer seiner letzten Rollen. Die sinnlos zusammengeklaubte Geschichte entbehrt jeglicher Spannung und birgt bestenfalls das Schreckenspotential einer Geisterbahn. (Fernsehtitel: »Folter«) – Ab 16. ✦ USA/Mexiko 1968 **P** Parasol Group/Azteca **VA** Madison **Pd** Luis Enrique Vergara **R** Juan Ibanez **B** Jack Hill, Luis Enrique Vergara **K** Raul Dominguez **M** Enrico Cabiati **S** Felipe Mareno **D** Boris Karloff (Dr. Mantell), Julissa Santanon (Corine Mantell), Charles East (Mark), Isela Vega (Helga), Yerye Beirute (Roland) **L** 79 (gek. 66) **FSK** ab 18 (gek. 16) **E** 23.7.1991 Tele 5/September 1991 Video **fd** 29 055

THE TOUCH (BERÖRINGEN / THE TOUCH). Eine materiell abgesicherte, in gutbürgerlichen Verhältnissen lebende Frau löst sich allmählich aus ihren Bindungen an Eltern, Ehemann und Liebhaber, um in einen schwierigen Prozeß der Selbstfindung einzutreten. Ein auffallend glatt und sehr konventionell inszenierter Film; psychologisch zwar genau und handwerklich perfekt, wird die psychologische Spurensuche mit allzu aufdringlichen Symbolen belastet. (DDR-Titel: »Die Berührung«) ✦ Schweden/USA 1970 **P** Persona/ABC **KI** Centfox//Progress **Pd** Lars-Owe Carlberg **R+B** Ingmar Bergman **K** Sven Nykvist **M** Jan Johansson, Carl Michael Bellman, William Byrd, Peter Covent **S** Siv Lundgren **D** Bibi Andersson (Karin Vergérus), Elliott Gould (David Kovac), Max von Sydow (Andreas Vergérus), Åke Lindström (Holm, Arzt), Sheila Reid (Sara), Barbro Hiort af Ornäs (Karins Mutter) **L** 113 **FSK** ab 16; f **FBW** w **E** 14.1.1972/14.12.1973 Kino DDR/18.12.1976 DFF 1 **fd** 17 668

THE TOWER (THE TOWER). Das perfekte Computersystem eines Firmenhochhauses startet sein Vernichtungsprogramm, als der neue Unternehmensforscher die Sicherheitsvorschriften mißachtet und das System manipuliert. Der Fahrstuhl des Towers und ein Propeller im Lüftungsschacht werden zu Mordwerkzeugen. Die anfangs nicht ohne Originalität geschilderte Variante des alten Zweikampfes von Mensch und Computer verliert sich in selbstzweckhaften Actionszenen und sich wiederholenden Effekten, die das schauspielerische Unvermögen der Darsteller deutlich zu Tage treten lassen. – Ab 16 möglich. ✦ USA 1992 **P** FNM/Catalina **VA** Fox **Pd** Matthew Rushton **R** Richard Kletter **B** John Riley **K** Bing Sokolsky **M** Richard Horrowitz **S** Bill Johnson **D** Paul Reiser (Tony Minot), Susan Norman (Linda), Richard Gant (Wilson), Annabelle Gurwitch (Gaby), Roger Rees (»Littlehill«) **L** 87 **FSK** ab 16 **E** 8.2.1993 Video/2.4.1994 premiere **fd** 30 182

THE TOXIC AVENGER III → Toxie's letzte Schlacht

THE TRANSFORMER (TRANSFORMER / INVISIBLE STRANGLER). Ein geisteskranker Frauenmörder kann sich unsichtbar machen und mit einer neuen Mordserie Angst und Schrecken in einer Villenvorstadt verbreiten, bis ihm die Polizei eine elektrische Falle stellt. Ein sich ernsthaft gebärdender Krimi, der ebenso spannungslos wie unglaubwürdig ist. – Ab 16 möglich. ✦ USA 1987 **P** Trans World Entertainment **VA** VPS **Pd** Earle Lyon, Jordan Lyon **R** John Florea **B** Arthur C. Pierce **K** Alan Stensvold **M** Richard Hieronymus, Alan Oldfield **S** Bud S. Isaacs **D** Robert Foxworth (Lt. Charles Barrett), Stefanie Powers (Candy Barrett), Elke Sommer (Chris), Sue Lyon (Miss de Long), Marianna Hill (Bambi) **L** 82 **FSK** ab 16 **E** 21.4.1988 Video **fd** 26 951

THE TRIP (THE TRIP). Ein vor der Scheidung stehender Fernsehregisseur nimmt LSD, um im Drogenrausch sein Ich zu ergründen. Die auf die Dauer ermüdende Schilderung von alptraumhaften Halluzinationen und erotischen Wunschträumen ist weder eine Auseinandersetzung mit dem Problem der Droge noch eine Warnung vor deren Gebrauch. Aus heutiger Sicht ein »zeitgeistlich« bemerkenswerter Film, weil er versucht, mit Mitteln der filmischen Ästhetik (bis zu den »psychedelic colors«) einem damals gesellschaftlich relevanten Thema beizukommen. Interessant ist ebenso, wie er dabei scheitert: Der Film besitzt und vermittelt kein Gefühl dafür, wo das Tragische seiner Geschichte aufhört und das Absurde beginnt. ✦ USA 1967 **P** AIP **KI** Gloria **Pd+R** Roger Corman **B** Jack Nicholson **K** Arch R. Dalzell **M** American Music Band **S** Ronald Sinclair **D** Peter Fonda (Paul Groves), Susan Strasberg (Sally Groves), Dennis Hopper (Max), Bruce Dern (John, der Guru), Salli Sachse (Glenn), Katherine Walsh (Lulu), Barboura Morris (Flo), Peter Bogdanovich **L** 78 **FSK** ab 18; f **E** 31.1.1969

THE TRIUMPH (LONGMAN FUNGBOU / SOMEBODY UP THERE LIKES ME). Ein unerfahrener Boxer tritt gegen einen alten Champion an, weil er sich in dessen Schwester verliebt hat, die er für die Geliebte des erfahrenen Kämpfers hält. Er unterliegt im Ring und unterzieht sich einem harten Training, um im zweiten Versuch bestehen zu können. Während seiner Ausbildung muß er so schwere Kopftreffer einstecken, daß jeder weitere Schlag tödlich sein könnte. Endlich trifft er auf seinen alten Rivalen, ein Kampf um die Ehre und die Frau beginnt. Boxer-Melodram mit furios inszenierten Kämpfen, das sich aber auch Zeit für eine leiser entwickelte Nebenhandlung nimmt. ✦ Hongkong 1996 **P** Long Shong Pic. **VA** VPS **Pd** John Woo **R** Patrick Leung **B** Chan Hing Kar **K** Arthur Wong **M** Dennie Wong **S** David Wu **D** Aaron Kwok (Ken), Carman Lee (Gloria), Michael Tong (Bruce), Samo Hung (= Hung Kim-Po) (Tyson) **L** 106 **FSK** ab 16 **E** 24.7.1997 Video **fd** 34 055

THE TROUBLES WE'VE SEEN – DIE GESCHICHTE DER KRIEGSBERICHTERSTATTUNG (VEILLEES D'ARMES – HISTOIRE DU JOURNALISME EN TEMPS DE GUERRE / THE TROUBLES WE'VE SEEN). Eine Reise in die bosnische Hauptstadt Sarajevo dient Marcel Ophüls dazu, Notwendigkeiten und Doppelbödigkeiten der Kriegsberichterstattung aufzuarbeiten. Unter wiederholtem Bezug auf die Geschichte der Berichterstattung, durch Rückbezüge auf den Spanischen Bürgerkrieg, den Zweiten Weltkrieg und den Vietnamkrieg stellt die Dokumentation die Frage: »Haben Katastrophenbilder die Macht, Kriege und Elend zu verhindern?« Der zweite Teil des Films beschäftigt sich unter anderem mit den Risiken der Arbeit und der zwiespältigen Entwicklung zum spektakulären »Infotainment«. Ophüls gelingt trotz der ernsten Thematik eine im Dokumentarfilm kaum gekannte Gratwanderung zwischen Moral und Unterhaltung. Er ist nie der distanzierte Beobachter, sondern verarbeitet das Gesehene und Gehörte stets auf subjektive Weise. Die Art, in der er sich selbst in den Film einbringt, treibt das Genre mitunter an seine Grenzen, sie ist ebenso Selbstinszenierung wie -befragung – aus der Einsicht heraus, daß ein Dokumentarist, der kritisch die Medien hinterfragt, auch sein eigenes Tun überprüfen muß. (O.m.d.U.) – Sehenswert. ✦ Teils schwarz-weiß. Frankreich/Deutschland/Großbritannien 1994 **P** Little Bear/Premiere Medien/Canal+/Sofiarp 2/Sofinergie 3/Centre National de la Cinématographie **KI** Freunde der Deutschen Kinemathek **Pd** Bertrand Tavernier, Frédéric Bourboulon **R+B** Marcel Ophüls **K** Pierre Boffety, Pierre Milon **S** Sophie Brunet **L** 234 **E** 3.4.1995 premiere (zwei Teile)

THE TWO GENTLEMEN OF VERONA (THE TWO GENTLEMEN OF VERONA). Britische Fernsehverfilmung einer frühen Shakespeare-Komödie über das verzwickte Liebeswerben von vier jungen Menschen, die erst nach diversen Umwegen und Enttäuschungen zu zwei Paaren werden. (Originalfassung) ✦ Großbritannien 1983 **P** BBC **Pd** Shaun Sutton **R** Don Taylor, nach einem Bühnenstück von William Shakespeare **S** Peter Reason **D** Paul Daneman (Duke of Milan), Tyler Butterworth (Proteus), Michael Byrne (Antonio), David Collings (Thurio), Tony Haygarth (Launce), John Hudson (Valentine) **L** 137 **E** 2.10. 1993 B 1

THE UGLY (THE UGLY). Eine publicitysüchtige Psychiaterin soll auf Wunsch eines Massenmörders ein Gutachten über seine Heilung erstellen, damit er Chancen auf eine Freilassung hat. Im Rahmen dieser Gesprächssituation visualisiert der Film die Erinnerungen des Mörders an seine Bluttaten, die Albträume der Frau sowie beider Vorstellungen, wobei der Mörder immer mehr Macht über ihre Imaginationen gewinnt. Ein auf der Bildebene wenig zimperlicher Psychothriller, der gelegentlich zumindest die Grenze zur Spekulation streift. Formal ist der Film indes erstaunlich geschlossen; gestaltet mit einer konsequenten Farbdramaturgie. ✦ Neuseeland 1997 **P** Essential/New Zealand Film Commission **KI** Nil Film **VA** Splendid **Pd** Jonathan Dowling **R+B** Scott Reynolds **K** Simon Raby **M** Victoria Kelly **S** Wayne Cook **D** Paolo Rotondo (Simon Cartwright), Rebecca Hobbs (Karen Schumaker), Jennifer Ward-Lealand (Evelyn Cartwright), Roy Ward (Marlowe) **L** 93 **FSK** ab 18; f **E** 27.11.1997/30.6.1998 Video **fd** 32 867

THE ULTIMATE WARRIOR – NEW YORK ANTWORTET NICHT MEHR → New York antwortet nicht mehr

THE ULTIMATE WEAPON (THE ULTIMATE WEAPON). Die Zerstörung eines Waffenlagers soll der letzte Auftrag eines gealterten Söldners sein, den er mit dem Sohn eines Ex-Partners durchführt. Erst später erfahren beide, dass es sich um Waffen der IRA handelte, die ihnen nun unerbittlich auf den Fersen ist. Die beiden können zwar untertauchen, doch da gerät die Tochter des Söldners in die Schusslinie. Auch sie kann sich ihrer Haut erwehren, doch eine Entscheidungsschlacht auf der Ranch des Mannes ist unausweichlich. Öder Actionfilm mit Wrestling-Star Hulk Hogan, der das Potenzial des Genres einmal mehr für eine sattsam vertraute Geschichte plündert. ✦ Kanada 1997 **P** Avalanche Home Entertainment **VA** Ascot **DVD** Splendid/Ascot (FF, DD2.0 engl., DD5.1 dt.) **Pd** Danny Rossner, Murray Shostak **R** Jon Cassar **B** Paul Robert **K** Bert Tougas **M** Marty Simon **S** Enrique Launi **D** Hulk Hogan (= Terry Gene Bollea) (Ben Cutter), Daniel Pilon (Dylan McBride), Carl Marotte (Vince Dean), Cindy Preston (Mary Kate), Lynne Adams (Lorrie) **L** 91 **FSK** ab 18 **E** 6.2.1998 premiere/27.11.2000 DVD

THE UNDERCOVER KID (THE UNDERCOVER KID). Abenteuerfilm für Kinder. Ein Junge, der sich mit seinem Hund und seiner Katze unterhalten kann, erfährt vom Schäferhund eines Schurken von einem geplanten Attentat auf den US-Präsidenten. – Ab 12. ✦ USA 1995 **VA** Splendid **R** Linda Shayne **D** Bradley Pierce (Max), Nicolas Surovy (Vater), Susan Dolan (Mutter), Melora Hardin (Clyde) **L** 77 **FSK** ab 6 **E** 24.8.1997 ORF 1

THE UNDERCOVER MAN (WISEGUY). Ein FBI-Agent

soll die Machenschaften eines zwielichtigen Computer-Unternehmers untersuchen und heuert bei ihm als Küchenhilfe an. Als er verhindert, daß dessen vernachlässigter Sohn entführt wird, steigt er zum Betreuer des Jungen auf und kann nun hinter die Kulissen der Firma blicken, wobei er die Ehefrau und Mutter als Drahtzieherin enttarnt. Behäbig-langweiliger Kriminalfilm mit Vorliebe für bedeutungsschwangere Zeitlupe. Weder als Actionfilm noch als Drama befriedigend. (TV-Titel: »Undercover Man«) – Ab 16. ✦ USA 1996 **P** New World **VA** VPS **Pd** Michelle A. Spina, Geraint Bell **R** James Whitmore jr. **B** Joel Surnow **K** Buddy Fries **M** Mike Post **D** Ken Wahl (Vinnie Terranova), Ted Levine (Paul Callendar), Jonathan Banks (Frank McPike), Debrah Farentino (Emma Callendar), Jim Byrnes, Zachary Browne (Alex Callendar) **L** 88 **FSK** ab 16 **E** 11.7.1996 Video/ 28.4.1998 tm3 **fd** 32 178

THE UNGODLY (THE UNGODLY). Ein betrügerischer Fernseh-Prediger und seine geldgierige Frau wollen am Satanskult Geld verdienen und merken zu spät, daß sie sich mit dem Leibhaftigen eingelassen haben, der im Keller ihres neuen Hauses lebt. Der Mann widersteht der letzten Versuchung und nimmt sich selbst das Leben, um wenig später – nach dem Brand des Hauses – wie ein Phoenix geläutert aus der Asche aufzuerstehen. Mißglückter Versuch einer Horror-Komödie, der Geschmackloses, Derbes und Frivoles aneinanderreiht und nicht mehr als eine unausgegorene Genre-Mischung liefert. ✦ USA 1990 **P** Delta Unique Media **VA** New Vision **Pd+R** Raphael Nussbaum **B** Raphael Nussbaum, Bob Craft **K** Chuck Colwell **M** Gil Bottcher, John Baer **S** John Santos, Stephen Adrianson **D** Robert Blarton (Reverend Johnson), Jean Miller (Isabelle Johnson), Bernice Tamara Gorr (Eve), Walter Kay (Mort), David Campbell (Südstaaten-Cop) **L** 88 **FSK** ab 16 **E** 11.12.1991 Video **fd** 29 344

THE UNKNOWN (THE UNKNOWN). Ein gesuchter Verbrecher schlüpft als armloser Messerwerfer – er arbeitet mit den Zehen – bei einem Zirkus unter. Er verliebt sich in die Tochter des Direktors, die panische Angst vor Umarmungen hat. Aus Liebe läßt er sich die nur vorgetäuschte Behinderung operativ beibringen. Als er merkt, daß sie einen anderen liebt, sinnt er auf grausame Rache. Ein Meisterwerk des skurrilen Horrorfilms, das lange Zeit als verschollen galt. Die morbide Atmosphäre, sein Metier und Sujet verweisen bereits auf Brownings legendären Film »Freaks« (1932). (Titel auch: The Unknown – Der Unbekannte«) – Ab 14. ✦ Schwarz-weiß. USA 1927 **P** MGM **R** Tod Browning **B** Waldemar Young **K** Merritt Gestard **S** Harry Reynolds, Errol Taggart **D** Lon Chaney (Alonzo), Norman Kerry (Malabor), Joan Crawford (Estrellita), Nick De Ruiz (Zanzi), John George (Cojo), Frank Lanning (Costra), Billy Seay **L** 50 (Orig. 70) **E** 27.5.1995 B1

THE UNNAMABLE II (THE UNNAMABLE RETURNS). Studenten reaktivieren in einem verwunschenen Haus an der Küste Neuenglands einen Dämon, der vor Jahrhunderten gebannt werden konnte, und lösen damit eine Welle mörderischer Ereignisse aus. Blutiges Horrorspektakel mit einem Schuß Ironie und der Botschaft, daß lautere Liebe über das triebhaft Böse im Menschen siegt. (Titel auch: »Der Dämon erwacht«, »The Unnamable – Zurück aus der Hölle«) ✦ USA 1993 **P** Yankee Classic/AM East/Prim/New Age **VA** VCL/Carolco **Pd+R+B** Jean-Paul Ouellette **K** Greg Gardiner, Roger Olkowski **M** David Bergeaud **S** W.C. Williams **D** John Rhys-Davies (Prof. Warren), Mark Kinsey Stephenson (Randolph Carter), Charles Klausmeyer (Eliot Damon Howard), Maria Ford (Alyda Winthrop), Julie Strain (Creature) **L** 99 **FSK** ab 16 **E** 23.8.1993 Video **fd** 30 436

THE UNTAMED → Der Ungezähmte

THE UNTOUCHABLES – DIE UNBESTECHLICHEN (THE UNTOUCHABLES). Einer kleinen Polizeitruppe im Chicago der Jahre 1930/31 gelingt es, das Regime Al Capones zu beenden und damit das illegale Alkoholgeschäft zu unterbinden. Spektakulärer Großstadtwestern, der die tatsächlichen Begebenheiten als eine Folge mythisch überhöhter Kabinettstücke aus der Kinogeschichte darstellt. Opulent ausgestattet und virtuos inszeniert, neigt der Film zum plakativen Schockeffekt, dessen Faszination jedoch nicht hinterfragt wird. (Eine Neubelebung der gleichnamigen US-Fernsehserie, die in den 50er Jahren sehr populär war.) – Ab 16 möglich. ✦ Scope. USA 1986 **P** Paramount **KI** UIP **SF** UIP **VA** CIC **DVD** Paramount (16:9, 2.35:1, DD5.1 engl., DS dt.) **Pd** Art Linson **R** Brian de Palma **B** David Mamet **K** Stephen H. Burum **M** Ennio Morricone **S** Jerry Greenberg, Bill Pankow **D** Kevin Costner (Eliot Ness), Sean Connery (Jim Malone), Charles Martin Smith (Oscar Wallace), Andy Garcia (George Stone), Robert De Niro (Al Capone), Patricia Clarkson (Catherine Ness), Richard Bradford (Mike) **L** 120 **FSK** ab 16; f **FBW** bw **E** 15.10.1987/ Mai 1988 Video/4.1.1991 PRO 7/7.6.2001 DVD **fd** 26 432

THE USUAL → Das Übliche

THE V.A.L.S. (THE V.A.L.S.). Mittelmäßige Teenagerkomödie mit erotischen Einlagen: vier Mädchen vom Lande kommen in die Stadt, um sich zu amüsieren. ✦ USA 1982 **P** Simcom International **VA** Ufa **Pd+R** James Polakof **B** James Polakof, Deborah Amelon **K** G. W. Read **M** Daphna Edwards **S** Millie Paul **D** Jill Carroll (Samantha), Elena Statheros (Trish), Michele Laumita (Beth), Gina Calabrese (Annie), Chuck Connors (Trishs Vater) **L** 97 **FSK** ab 16 **E** 15.1.1988 Video

THE VERDICT – DIE WAHRHEIT UND NICHTS ALS DIE WAHRHEIT (THE VERDICT). Ein heruntergekommener Bostoner Anwalt kämpft im Interesse einer durch einen Narkosefehler ins Koma gefallenen Frau gegen das Krankenhaus, die verantwortlichen Ärzte und einen trickreichen Starverteidiger. Intensiv gespielter, dicht inszenierter Film, der das Psychogramm eines um seine moralische Integrität kämpfenden Menschen entwirft und zugleich als spannendes Gerichtsdrama und als Anklage gegen die Macht und den Einfluß der Institutionen fesselt. – Ab 16. ✦ USA 1982 **P** 20th Century Fox **KI** 20th Century Fox **R** Sidney Lumet **B** David Mamet, nach einem Roman von Barry Reed **K** Andrzej Bartkowiak **M** Johnny Mandel **S** Peter C. Frank **D** Paul Newman (Frank Galvin), Charlotte Rampling (Laura Fischer), Jack Warden (Mickey Morissey), James Mason (Ed Concannon), Milo O'Shea (Richter Hoyle), Lindsay Crouse (Kaitlin Costello Price) **L** 129 **FSK** ab 6; f **FBW** bw **E** 31.3.1983 **fd** 23 947

THE VERSACE MURDER (THE VERSACE MURDER). Dramatisierung der Ereignisse, die dem Mord an dem italienischen Modeschöpfer Gianni Versace im Juli 1997 vorangingen. Im Mittelpunkt steht der Mörder Versaces, der Amerikaner Andrew Cunanan, und dessen Karriere als homosexueller Stricher. Ein spekulativer Reißer, voller Klischees der homosexuellen Subkultur; stümperhaft und ohne jede Spannung inszeniert, mit erbärmlich agierenden Darstellern. ✦ USA 1997 **P** PanAm Pictures **VA** VMP **Pd** Sam Lupowitz **R+B** Menahem Golan **K** William G. Randall **M** Claudio Simonetti **S** Michael Yanovich **D** Franco Nero (Versace), Steven Bauer (John Jacoby), Shane Perdue (Cunanan), Matt Servito (David Madson), Oscar Torres (Antonio) **L** 89 **FSK** ab 16 (gek. ab 12) **E** 29.4. 1998 Video **fd** 33 189

THE VIKING SAGAS → Islandic Warrior

THE VINDICATOR → Micro-Chip-Man

THE VIOLATORS → The Coll-Brothers

THE VIRGIN SUICIDES – VERLORENE JUGEND (THE VIRGIN SUICIDES). Unter dem strengen Reglement des Elternhauses zerbrechen vier Schwestern, die nach dem Selbstmord der Jüngsten in einer Nacht gemeinsam den Tod suchen. Eine ebenso eindrucksvolle wie irritierende Studie, die die im Prinzip düstere Geschichte in frohe Farben taucht und die 70er-Jahre nicht als Ära des Liberalismus feiert, sondern sie als Hort kleinbürgerlichen Denkens darstellt. – Ab 16. ✦ USA 1999 **P** American Zoetrope Prod. **KI** TiMe **Pd** Francis Ford Coppola, Julie Costanzo, Dan Halsted, Chris Hanley, Gary Marcus, Fred Ross **R** Sofia Coppola **B** Sofia Coppola, nach dem gleichnamigen Roman von Jeffrey Eugenides **K** Edward Lachman **M** Brian Reitznell, AIR **S** James Lyons, Melissa Kent **D** Kirsten Dunst (Lux Lisbon), Josh Hartnett (Trip Fontaine), Hanna Hall (Cecilia Lisbon), Chelse Swain (Bonnie Lisbon), Leslie Hayman (Therese Lisbon), James Woods (Mr. Lisbon), Kathleen Turner (Mrs. Lisbon) **L** 97 **FSK** ab 12; f **E** 16.11.2000 **fd** 34 539

THE VISITORS – BESUCHER IM HAUS → Visitors

THE VOICE → Die Stimme (1982)

THE VOYEUR (THE VOYEUR). Erotikfilm über die Reaktivierung des Liebeslebens eines Ehepaares. ✦ USA 1995 **R** Deborah Shames **B** Udana Power **D** Kim Dawson (Brenda), Al Sapienza (James), Lenore Andriel (Tante Lydia), Sean Abbanato (Christopher), Joe Schuster (Desmond) **L** 80 **E** 22.11.1997 Vox

THE WALL (THE WALL). Grell-monströse Illustrationen zum gleichnamigen Rock-Oratorium der englischen Popgruppe »Pink Floyd«: Ein Rockmusiker durchlebt in einem Hotelzimmer in Los Angeles Stationen seiner tristen Kindheit, seines gescheiterten Privatlebens und seiner steilen Karriere. Die visionären Fragmente seines Deliriums fügen sich zu einer Mauer, die ihn in völliger Kommunikationsunfähigkeit einschließt. Auf optische wie akustische Reizüberflutung angelegt und mit unausgegorenen Symbolismen überladen, beeindruckt der wirre Film allein durch die konsequente Verbindung von Musik und Bild im Stil moderner Videoclip-Ästhetik. DVD: Die Extras der filmhistorisch interessanten Special Edition umfassen neben einer in Bild und Ton sorgfältig rekonstruierten Filmversion u. a. ein 25-minütiges Making Of sowie eine erhellende 45-minütige Dokumentation (»Retrospective«). – Ab 16. ✦ Scope. Großbritannien 1982 **P** Tin Blue/Goldcrest (für MGM) **KI** Neue Constantin (auch 70mm) **DVD** Sony Music (2.35:1, DD5.1 engl.) **Pd** Alan Marshall **R** Alan Parker **B** Roger Waters, nach dem gleichnamigen Schallplatten-Album von »Pink Floyd« **K** Peter Biziou **M** Roger Waters, David Gilmour **S** Gerry Hambling **D** Bob Geldof (Pink), Kevin McKeon (Pink als Junge), Christine Hargreaves (Pinks Mutter), James Laurenson (Pinks Vater), Eleanor David (Pinks Frau), Bob Hoskins (Manager), David Bingham (Pink als Kind) **L** 95 **FSK** ab 16; f **FBW** bw **E** 1.10.1982/ 17.2.2000 DVD **fd** 23 678

THE WALL – ABSCHIED VOM HELDENTUM (THE WALL). Drei Episoden, die das Schicksal von US-amerikanischen Soldaten illustrieren, die in Vietnam gefallen sind. Ihre Namen sind drei von 58.000, die in Washington in die Memorial Wall eingemeißelt wurden, einem Ort, der zur Pilgerstätte für die Hinterbliebenen der Opfer wurde. In der ersten Episode (»Der Bleistifthalter«/»The Pencil Holder«) überdenkt ein Colonel sein barsches Wesen und findet einen neuen Zugang zu seinem Sohn. In »Die Anstecknadel« (»The Badge«) stirbt ein kriegsbegeisterter junger Mann, ohne dass ihm die von der Großmutter angesteckte Nadel das erhoffte Glück gebracht hat. In der dritten Episode (»Die Gitarre«/»The Player«) erfährt ein dubioser Offizier einen Sinneswandel, als er das Gitarrenspiel eines verantwortungsbewussten Soldaten vernimmt. – Ab 16. ✦ USA 1998 **Pd** Liza Leeds **R** Joseph Sargent **B** Scott Abbott (1), Patrick Sheane Duncan (= Patrick Duncan, 2), Charles Fuller (3) **K** Donald M. Morgan **M** Larry Brown **S** Paul Seydor **D** Edward James Olmos (Colonel Holst), Michael DeLorenzo (Luis), Ruby Dee (Frau Mitchell), Savion Glover (Bracey Mitchell), Frank Whaley (Bisop) **L** 95 **E** 1.4.1999 premiere

THE WANDERERS (THE WANDERERS). Eine High-School-Gang im New Yorker Stadtteil Bronx, 1963: Die »Wanderers« (so benannt nach einem Schlager jener Jahre), Söhne italienischer Einwanderer, setzen sich mit Jugendbanden anderer Bevölkerungsgruppen, unter ihnen die kriminellen »Ducky Boys«, auseinander. Ein in Nostalgie und Trauer über den Verlust »unschuldiger« vergangener Zeiten getauchter Film, der in bemerkenswerten Ansätzen eine reizvolle zeitbezogene (Kennedy-Attentat) Differenzierung der Themen Gewalt, Rassismus und jugendliches Gruppenverhalten aufweist. Die sexuellen Versuche der Jungen sind freilich in einer auf Lacheffekte zielenden »Eis am Stil«-Manier geschildert. (Fernsehtitel: »Terror in der Bronx – The Wanderers«) – Ab 16. ✦ USA 1979 **P** Aspen (für Orion) **KI** Tobis **Pd** Martin Ransohoff **R** Philip Kaufman **B** Rose Kaufman, Philip Kaufman, nach einem Roman von Richard Price **K** Michael Chapman **M** Four Seasons, Ben E. King, Bob Dylan, Isley Brothers, u. a. **S** Ronald Roose, Stuart H. Pappe **D** Ken Wahl (Richie), John Friedrich (Joey), Alan Rosenberg (Turkey), Karen Allen (Nina), Toni Kalem (Despie Galasso), Jim Youngs (Buddy), Linda Manz (Peewee) **L** 117 **FSK** ab 16; f **E** 23.8.1979 **fd** 22 151

THE WAR → Das Baumhaus

THE WAR AT HOME (THE WAR AT HOME). Texas 1972: Ein Vietnam-Veteran kann seine Vergangenheit nicht vergessen und wird immer wieder von schrecklichen Wachträumen heimgesucht. Seine Familie steht seinem Leiden hilflos gegenüber, und am Thanksgiving Day kommt es zum Zerwürfnis zwischen Vater und Sohn, da dieser ihm vorhält, ihn zur Kriegsteilnahme gezwungen zu haben. Mit soliden Darstellern besetzter Film nach einem Bühnenstück, der sich zu sehr auf den traumatisierten Veteranen konzentriert und das schauspielerische Potenzial der übrigen ungenutzt lässt. Dadurch erhält das Melodram eine eher sentimentale Note, der kein relativierendes Gegengewicht entgegen gebracht wird. – Ab 16. ✦ USA 1996 **P** Avatar Entertainment/MPCA/ Touchstone **Pd** James Duff, Emilio Estevez, Brad Krevoy, Steven Stabler **R** Emilio Estevez **B** James Duff, nach seinem Bühnenstück »Homefront« **K** Peter Levy **M** Basil Poledouris **S** Craig Bassett **D** Emilio Estevez (Jeremy Collier), Kathy Bates (Maurine Collier), Martin Sheen (Bob Collier), Kimberly Williams (Karen Collier), Corin Nemec (Donald) **L** 160 **E** 23.9. 2000 ProSieben

THE WAR GAME (KRIEGSSPIEL) (THE WAR GAME). Eine fiktive Reportage über einen Atombombenangriff auf englische Städte und seine schrecklichen Auswirkungen auf die Bevölkerung. Der von der BBC produzierte und mit einem »Oscar« ausgezeichnete, im englischen Fernsehen aber nicht ausgestrahlte Film will die alle Vorstellungen übersteigenden Zerstörungen eines Atomkriegs bewußt machen, die öffentliche Meinung aufrütteln und zu einer moralisch-politischen Stellungnahme auffordern. Ein erschreckender, aufrüttelnder Film. (TV-Titel: »Wargame«) – Ab 14 möglich. ✦ Großbritannien 1966 **P** BBC-TV **KI** Jugendfilm **R+B** Peter Watkins **K** Peter Bartlett **S** Michael Bradsell **L** 48 **FSK** ab 12; f **FBW** bw **E** 3.3.1971 **fd** 17 201

THE WAR ROOM (THE WAR ROOM). Ein Dokumentarfilm, der über mehrere Monate hinweg die »Drahtzieher« der Präsidentschaftskampagne Bill Clintons bei ihrer Arbeit begleitet. Im (titelgebenden) Hauptquartier des Teams entstehen Strategien, werden Angriffe der Konkurrenten gekontert und Pressevertreter mit angeblichen Schwächen der Gegner »gefüttert« – der zielstrebige Aufbau einer Medienpersönlichkeit. Die Dokumentation wird dadurch spannend, daß sie jeglichen Kommentar, jede eindeutige Stellungnahme vermeidet und sich mit einem teilweise entlarvenden und recht komischen Blick hinter die Kulissen »begnügt«. Ein ebenso aufschlußreiches wie unterhaltsames Zeugnis der Zeitgeschichte. (O.m.d.U.; TV-Titel auch: »Die Kommandozentrale«) – Ab 14 möglich. ✦ USA 1993 **P** Pennebaker Associates/Cyclone **Pd** Wendy Ettinger, Frazer Pennebaker, R. J. Cutler **R** D. A. Pennebaker, Chris Hegedus **K** Nick Doob, D. A. Pennebaker, Kevin Rafferty **S** Chris Hegedus, Erez Laufer, D. A. Pennebaker **L** 92 **E** 9.10. 1994 premiere

THE WAR ZONE (THE WAR ZONE). Ein 15-jähriger Junge entdeckt, dass sowohl seine 18-jährige Schwester als auch der neu geborene Säugling von seinem Vater sexuell missbraucht werden. Nach einer Auseinandersetzung sticht er den Vater nieder. Ein beklemmendes, in intensiven Bildern eingefangenes Familiendrama, angesiedelt an der tristen südwestenglischen Küste. Dank der einfühlsamen Inszenierung sowie der schauspielerischen Leistungen wirft der Film einen emotional wie analytisch überzeugenden Blick auf das brisante Thema des sexuellen Missbrauchs in der Familie. Dabei stellt er sich vorbehaltlos auf die Seite der Opfer, ohne die Gegenseite zu dämonisieren. Ein zutiefst menschlicher Film, geprägt von seiner künstlerischen Verantwortung gegenüber dem Sujet. (Kinotipp der katholischen Filmkritik) – Sehenswert ab 16. ✦ Scope. Großbritannien 1998 **P** Film Four/Portobello Pictures/Sarah Radclyffe **KI** Arsenal **Pd** Dixie Linder, Sarah Radclyffe **R** Tim Roth **B** Alexander Stuart, nach seinem gleichnamigen Roman **K** Seamus McGarvey **M** Simon Boswell **S** Trevor Waite **D** Ray Winstone (Vater), Kate Ashfield, Tilda Swinton (Mutter), Lara Belmonte (Jessie), Freddie Cunliffe (Tom), Aisling O'Sullivan (Carol) **L** 99 **FSK** ab 16; f **E** 1.6.2000 **fd** 34 272

THE WARRIOR → Der Krieger und die Hexe

THE WARRIOR AND THE NINJA (THE WARRIOR AND THE NINJA). Durch einen Vulkanausbruch wird ein scheinbar unbesiegbarer Supermann aktiviert, der mordend durch die Lande zieht und sich mit Armee und Ninja-Kriegern blutige Schlachten liefert. Das Ninja-Genre vebrindet sich mit Motiven japanischer Science-Fiction-Filme zu einem äußerst trivialen Actionfilm. ✦ Indonesien 1985/86 **P** Rapi-Film **VA** GM/Marx Film **R** H. Tjut Djalil **B** Imam Tantowi **K** Thomas Susanto **D** Barry Prima, El Manik, Rita Zalora, Syamsin Kaempvan **L** 79 **FSK** ab 18 **E** 30.10. 1986 Video

THE WATCHER (THE WATCHER). Ein Polizist, der unter der Begabung leidet, sich in die Psyche von Mördern hineindenken zu können, wird von seiner Vergangenheit eingeholt, als ihm ein Serienkiller ein mörderisches Spiel aufzwingt. Thriller, der einmal mehr die komplexe Beziehung zwischen einem Mörder und seinem Verfolger durchspielt, wobei er keine Eigenständigkeit gewinnt und seine prinzipiell reizvollen Optionen nicht konsequent genug entwickelt. ✦ USA 2000 **P** Interlight/Kirchmedia/Universal Pictures **KI** Tobis Studio Canal **VA** BMG Video **DVD** BMG (16:9, 1.85:1, DD5.1 engl./dt.) **Pd** Christopher Eberts, Elliott Lewitt, Jeff Rice, Nile Niami **R** Joe Charbanic **B** David Elliot, Clay Ayers **K** Michael Chapman **M** Marco Beltrami **S** Richard Nord **D** James Spader (Joel Campbell), Marisa Tomei (Polly), Keanu Reeves (David Allen Griffin), Ernie Hudson (Ibby), Chris Ellis (Hollis) **L** 97 **FSK** ab 16; f **E** 18.1.2001/ 3.7.2001 Video/23.7.2001 DVD **fd** 34 667

THE WATER ENGINE → Die Wassermaschine – Eine Jagd auf Leben und Tod

THE WATERMELON WOMAN (THE WATERMELON WOMAN). Eine lesbische Afroamerikanerin hat sich in den Kopf gesetzt, Regisseurin zu werden, und recherchiert das Leben einer (fiktiven) schwarzen Schauspielerin, die in den 30er-Jahren in Rollenklischees eine Filmkarriere machte. Eine als »Film im Film« angelegte Pseudo-Dokumentation, die nicht nur eine weitreichende kulturelle Bestandsaufnahme ist, sondern auch eine swingende, humorvolle und intelligente Hommage an das »Black Cinema«. Mit der lesbischen »Community« treibt sie ebenso ihre Insider-Späße wie mit einem Kapitel »schwarzer« Filmgeschichte. ✦ USA 1995 **P** Dancing Girl Productions Inc. **VA** Edition Salzgeber **Pd** Barry Swimar, Alexandra Juhasz **R+B** Cheryl Dunye **K** Michelle Crenshaw **S** Annie Taylor, Burke Moody **D** Cheryl Dunye (Cheryl), Guin Turner (Diana), Valerie Walker (Tamara), Lisa Marie Bronson (Fae »The Watermelon Woman« Richards), Toshi Reagon (Straßensängerin), Camilla Paglia **L** 90 **E** 10.7.2001 Video **fd** 35 149

THE WAY IT IS OR EURYDICE IN THE AVENUES (THE WAY IT IS OR EURYDICE IN THE AVENUES). Eine Theatertruppe im New Yorker East Village probt Cocteaus »Orphée«. Da wird die Leiche der Hauptdarstellerin in einem Park gefunden, und alle Partner geraten der Reihe nach unter Verdacht. Nicht leicht zugängliches Vexierspiel, das amerikanisches Erzählkino und europäisches Autorenkino sowohl zitiert als auch reflektiert. Dichtung und Wahrheit fließen zu einem künstlich-komplizierten Produkt zusammen, das von einem unbestimmten Gefühl existentieller Verlorenheit getragen wird; allenfalls für versierte Cineasten von größerem Interesse. (O.m.d.U.; TV-Titel: »So, wie es ist / Eurydice in den Avenuen«) ✦ Schwarz-weiß. USA 1984 **P** The Way It Is Company/ Spring **SF** Arsenal **Pd** Daniel Sales **R+B** Eric Mitchell **K** Bobby Bukowski **M** Vincent Gallo **S** Bob Gould, Sue Graf **D** Kai Eric, Boris Major, Vincent Gallo, Jessica Stutchbury, Mark Boone jr., Steve Buscemi **L** 80 **E** 17.4.1986/17.2.1989 West 3

THE WAY OF THE WEED. Experimenteller Science-Fiction-Film, der einen Forscher des Jahres 7079 auf der Spurensuche nach einem Jahrtausende alten botanischen Experiment beobachtet, in deren Verlauf er mit dem Forschungsteam von einst konfrontiert wird. Ein preisgekrönter Film, dessen Schauspieler Tänzer des Balletts Frankfurt sind und der das Hauptaugenmerk auf Körper in Bewegung lenkt und Starre als Antithese darstellt. ✦ Belgien/Deutschland 1997 **R** An-Marie Lambrechts, Peter Missotten, Anne Quirynen **L** 82 **E** 16.6.1999 arte

THE WAY WE ARE. In einem Sex-Reigen treffen sich homo- und heterosexuelle Paare, dessen Wege sich am Rande auch kreuzen. Eine in die »X-Generation« von Los Angeles transponierte »Anlehnung« an Arthur Schnitzlers »Reigen«, die aber die inhaltlichen Qualitäten des Vorbildes zugunsten einer aufdringlichen und geschmäcklerischen Videoclip-Ästhetik opfert. Trotz eines beeindruckenden Aufgebotes talentierter Darsteller lassen die einzelnen Schicksale auf Grund der platten Dialoge und der oberflächlichen Inszenierung kalt, so daß schnell Langeweile entsteht. (Fernsehtitel: »Hollywood Boulevard«) ✦ Scope. Deutschland 1997 **P** Kick Film/WDR **KI** Warner **VA** Warner Home **Pd** Jörg Bundschuh, Klaus Thora **R+B** Joseph Rusnak **K** Dietrich Lohmann **M** Harald Kloser **S** Christopher Koefoed **D** Hilary Swank (Lolita), Daryl Mitchell (Angel), Peter Dobson (Peter Blaine), Chad Lowe (Richard), Meta Golding (Julie), Natasha Gregson Wagner (Kathy), Bill Cusack (Bobby), Stephen Mailer (Patrick) **L** 95 **FSK** ab 16; f **E** 17.7.1997/30.1.1998 Video **fd** 32 692

THE WAY WE LIVE NOW (THE WAY WE LIVE NOW). Ein Werbemanager in einer Midlife-Krise stürzt sich in eine Reihe von Affären und provoziert so die Scheidung von seiner Frau nach neun Ehejahren. Zunächst glaubt er, die wiedergewonnene Freiheit nutzen zu können, doch bald muß er feststellen, daß ihm eine richtige Bindung fehlt. Bei einer verheirateten Frau glaubt er, die große Liebe gefunden zu haben, doch die ist nicht bereit, ihre Ehe aufs Spiel zu setzen. Drama um Krisen, Freiheit und Freizüglichkeit, das die Leere hinter vielen (Schein-)Aktivitäten offenbart. Der erste Spielfilm eines Werbefilmes, dessen relative Länge im Mißverhältnis zur eher dürftigen Aussage steht. ✦ USA 1970 **P** United Artists **Pd+R** Barry Brown **B** Barry Brown, Daniel Tamkus, nach einem Roman von Warren Miller **K** Barry Brown **M** Nate Sassover, Daniel Tamkus **S** Barry Brown **D** Nicholas Pryor (Lionel Aldridge), Joanna Miles (Amelia), Lois Smith (Jane Aldridge), Linda Simon (Rosalind Leopoldo), Pat McAneny (Laurie) **L** 110 **E** 3.7.1997 tm3

THE WEAVERS – WASN'T THAT A TIME (THE WEAVERS: WASN'T THAT A TIME). Dokumentarfilm über »The Weavers«, die in der Zeit nach dem Zweiten Weltkrieg mit amerikanischer Folk-Musik populär wurden. Ihre Mischung aus Balladen, Spirituals und »Appalachian Music«, die oft mit politischen Untertönen versehen war, wurde 1952, auf dem Höhepunkt der McCarthy-Ära, verboten. 1980 trafen sich vier Mitglieder wieder, redeten über die alten Zeiten und spielten erneut ihre Musik. Der Dokumentarfilm beobachtet sie, blendet zurück in die Vergangenheit und dokumentiert zwei New Yorker Auftritte. Er versteht sich nicht als sentimentaler Nachruf, sondern als Sympathie-Erklärung für ein Stück populärer Musikgeschichte. (O.m.d.U.) – Ab 16. ✦ Teils schwarz-weiß. USA 1981 **P** Jim Brown Prod. **R** Jim Brown **B** Lee Hays **K** Jim Brown, Tom Hurwitz, Danny Ducovny **M** The Weavers **L** 75 **E** 1.5.1987 West 3

THE WEDDING MARCH (THE WEDDING MARCH). Wien vor dem Ausbruch des Ersten Weltkriegs. Ein österreichischer Prinz, der ein einfaches Mädchen liebt, muß schließlich aus Standes- und finanziellen Rücksichten eine andere heiraten. Erich von Stroheim »regierte« als Regisseur, Autor und Hauptdarsteller, doch Schwierigkeiten mit dem Produzenten führten dazu, daß er den Film nicht fertig montieren konnte; er wurde von anderen, darunter Josef von Sternberg, fertiggestellt. Trotz aller Eingriffe ein außergewöhnliches filmhistorisches Dokument, bemerkenswert vor allem durch die ausufernd opulente Gestaltung, die zum bissigen (Zerr-)Spiegel einer Gesellschaft und ihrer pathologischen Befindlichkeit wird. Schonungs- und rücksichtslos gestaltet von Stroheim die Stationen eines erotischen Konkurrenzkampfes zwischen dem aristokratischen Offizier und dem (Klein-)Bürgertum. (Fernsehtitel auch: »Der Hochzeitsmarsch«) – Sehenswert. ✦ Schwarz-weiß. USA 1926–28 **P** Paramount/Famous/Lasky Corporation **Pd** P.A. Powers **R** Erich von Stroheim **B** Erich von Stroheim, Harry Carr **K** Hal Mohr, Ben Reynolds, Bill McGann (= William McGann), Harry Thorpe, Roy Klaffki **M** J.S. Zamecnik, Louis de Francesco **S** Frank E. Hull, Josef von Sternberg, Julian Johnston **D** Erich von Stroheim (Prinz Nikki), George Fawcett (von Wildliebe-Rauffenburg), Fay Wray (Mitzi Schrammel), Maude George (Prinzessin Maria Immaculata), Cesare Gravina (Martin Schrammel), ZaSu Pitts (Cecilia Schweisser), Matthew Betz (Schani Eberle) **L** (TV) 115 **E** 26.9.1979 NDR

THE WEREWOLF (THE NIGHT OF THE WEREWOLF). 400 Jahre nach ihrem Tod erstehen eine hingerichtete Hexe und ein Werwolf aus ihren Gräbern auf und suchen ihre frühere Wirkungsstätte, eine alte Burg, aufs neue heim. Ausgelöst wird der Spuk durch drei junge Frauen, die den sühnebereiten Werwolf in arge Bedrängnis bringen. Pappmaché-Grusel, verbunden mit einer makaber-romantischen Liebesgeschichte und einigen parodistischen Ansätzen, die durch das Unvermögen der Inszenierung verpuffen. ✦ Spanien 1981 **P** Dalmata **Kl** CFC Contact **R** Jacinto Molina **M** Fernandes Donte **D** Paul Naschy (= Jacinto Molina), Julia Saly, Silvia Aguilar **L** 92 **FSK** ab 16; f **E** März 1984/5.11.1989 SAT 1

THE WHISPERING (THE WHISPERING). Ein Versicherungsdetektiv lernt bei den Nachforschungen in einem Mordfall eine attraktive junge Frau kennen, die ihm rät, neue Ermittlungswege einzuschlagen. Unter Hypnose entdeckt er die schreckliche Wahrheit: Ursache für einige unaufgeklärte Morde ist ein Wesen in Frauengestalt, das psychisch kranke Menschen in den Selbstmord treibt. Mischung aus Psychothriller und Horrorfilm, die sich jedoch mit sanften Schocks begnügt. – (TV-Titel: »The Whispering – Mord aus tiefster Seele«) ✦ USA 1995 **P** Prodigee Films **VA** Highlight **R** Gregory Gieras **D** Leif Garrett (Peter Ransket), Leslie Danon (Lisa Smyths), Tom Patton (Jake Meyers), Maxwell Rutherford (Prof. Bettman), L. B. Bogdanovich (Shawnee) **L** 88 **FSK** ab 16 **E** 3.7.1995 Video

THE WHITE ZOMBIE (WHITE ZOMBIE). Ein von seiner Angebeteten verschmähter Plantagenbesitzer in Haiti sucht Hilfe bei einem Wissenschaftler, der sie in einen Zombie verwandelt. Ihr Verlobter macht sich mit einem Missionar auf, die Willenlose zu retten. Ein nach Jahren der Vergessenheit verspätet zum Klassiker des Gruselfilms der 30er Jahre erhobener Genrefilm, der seine Atmosphäre zum poetischen Schauermärchen verdichtet und in seinen besten Momenten reinen Surrealismus bietet. (Originalfassung) – Ab 16. ✦ Schwarz-weiß. USA 1932 **P** Amusement Securities/Edward Halperin Prod. (für United Artists) **Pd** Edward Halperin **R** Victor Halperin **B** Garnett Weston, nach dem Roman »The Magic Island« von William Seabrook **K** Arthur Martinelli **M** Guy Bevier Williams, Xavier Cugat, Nathaniel Dett, Gaston Borch, Hugo Riesenfeld, Leo Kempenski, H. Herkan, H. Maurice Jacquet **S** Harold McLernon **D** Bela Lugosi (Legendre), Madge Bellamy (Madeline Short), John Harrow (Neil Parker), Joseph Cawthorn (Dr. Bruner), Robert Frazer (Charles Beaumont), Clarence Muse (Kutscher), Brandon Hurst (Silver) **L** 73 (gek. 65) **E** 7.7.1989 Tele 5

THE WHOOPEE BOYS →Die Whoopee Boys

THE WILD BUNCH – SIE KANNTEN KEIN GESETZ (THE WILD BUNCH). Ein verwilderter Haufen ehemaliger Soldaten überfällt Stationen der Eisenbahngesellschaft in Texas und verschachert die Beute an das Militärregime in Mexiko. Ein meisterhafter Western über die Verhältnisse am Rande der mexikanischen Revolution (1913). Extrem kraß in den Gewaltszenen, doch mit überzeugender ästhetischer Kraft werden Korruption, Gewalt und Mißbrauch von Gesetz und Macht geschildert. 1996 kam erstmals die ungekürzte Version dieses bedeutenden Westerns in die deutschen Kinos. Deutlich wird, daß seinerzeit keine explizit drastischen Sequenzen der Schere zum Opfer fielen, sich die Kürzungen vielmehr auf jene Rückblenden beschränken, die die Hintergründe der beiden Hauptfiguren beleuchten, sowie auf einige Handlungsdetails ohne wesentlichen Rückschluß auf die Gesamtkonstruktion. ✦ Scope. USA 1968 **P** Warner-Seven Arts **Kl** Warner **VA** Warner Home **Pd** Phil Feldman **R** Sam Peckinpah **B** Walon Green, Sam Peckinpah **K** Lucien Ballard **M** Jerry Fielding **S** Lou Lombardo **D** Ernest Borgnine (Dutch Engstrom), William Holden (Pike Bishop), Robert Ryan (Deke Thornton), Edmond O'Brien (Sykes), Warren Oates (Lyle Gorch), Jaime Sanchez (Angel), Ben Johnson (Tector Gorch), Emilio Fernández (Mapache), Strother Martin (Coffer), L.Q. Jones (T. C.), Albert Dekker (Pat Harrigan), Bo Hopkins (Crazy Lee), Jorge Russek (Lt. Zamorra), Alfonso Arau (Herrera), Aurora Clavel (Aurora), Sonia Amelio (Teresa) **L** 143 (gek. 126) **FSK** ab 18; nf **FBW** w **E** 3.10.1969/1996 (ungekürzte Fassung) **fd** 16 396

THE WILD PARTY →Wild Party

THE WILLIES (THE WILLIES). Am Schnellimbiß beißt eine hungrige Frau nichtsahnend in eine fette Ratte; im Zimmer einer Rentnerin zerplatzt ein Pudel wie ein Ballon; ein netter Hausmeister wird zum Monster und verspeist auf der Schultoilette eine barsche Lehrerin und herzlose Schüler; ein gemeiner Junge züchtet Riesenfliegen, die ihm schließlich die Arme abbeißen. Kleine Gruselgeschichten um Ekel und Schadenfreude – erzählt von drei Jungen, die sich die Nacht im Campingzelt vertreiben wollen. Mit Ausnahme der Hausmeister-Episode ein Sammelsurium minderer Qualität und schlechten Geschmacks. ✦ USA 1990 **P** Filmtown International/Force Majeure **VA** Thrill-Entertainment/Allround **Pd** Gary Depew, Brad Southwick **R+B** Brian Peck **K** Tom Ingalls **M** Randy Miller **S** James Eaton **D** Sean Astin (Michael), James Karen (Onkel Henry/Mr. Jenkins), Kathleen Freeman (Miss Titmarsh), Ian Fried (Danny Hollister), Michael Bower (Gordy) **L** 88 (gek. 81) **FSK** ab 18 (gek. 16) **E** 26.4.1991 Video **fd** 29 237

THE WIND (1927) →Wind

THE WIND (1982) (THE WIND). In einem abgelegenen Dorf irgendwo in Griechenland trachtet ein psychopathischer Mörder einer Amerikanerin nach dem Leben. Der Versuch, Angst nicht allein durch die Täter-Opfer-Beziehung zu erzeugen, sondern auch die Angst vor den Urgewalten der Natur einzubeziehen, verflacht bald, da die Geschichte leicht durchschaubar ist. ✦ USA 1982 **P** Omega **Kl** Knipp-Film **VA** VPS **Pd+R** Nico Mastorakis **B** Nico Mastorakis, Fred C. Perry **K** Andrew Bellis (= Andreas Bellis) **M** Stanley Myers **D** Meg Foster (Sian Anderson), Robert Morley (Elias Appleby), Wings Hauser (Phil), Steve Railsback (Kesner), David McCallum (John) **L** 92 **FSK** ab 16; f **E** 23.7.1987/18.2.1988 Video **fd** 26 309

THE WIND OF AMNESIA – WIND DES VERGESSENS (KAZE NO NAMAE WA AMUNEJIA). Ein böser Wind beraubt die Menschen ihres Erinnerungsvermögens, sodass sie nicht mehr auf ihre zivilisatorischen und humanen Fähigkeiten bauen können. Ein junger Mann, dem die Fähigkeit zur Selbstreflexion erhalten blieb, steht bei der Errettung der Menschheit auf verlorenem Posten. Konzentriert erzählter, thematisch wie formal ungewöhnlicher Zeichentrickfilm ohne aufgesetzte Actionelemente, der seinem jugendlichen Zielpublikum eine Lehrstunde in Sachen Nachdenklichkeit verordnet. – Ab 14. ✦ Japan 1993 **P** Japan Home Video Corp. **VA** Manga Video/A.C.O.G. **Pd** Heisuke Kuri **R** Kazuo Yamazaki **B** Kazuo Yamazaki, Yoshiaki Kawajiri **K** Kinichi Ishikawa **M** Kazz Tojama **L** 78 **FSK** ab 12 **E** 2001 Video **fd** 35 038

THE WINDS OF AUTUMN (THE WINDS OF AUTUMN). Montana 1884: Ein elfjähriger Quäkerjunge findet seine Familie ermordet vor und bietet die Gemeindemitglieder um Hilfe bei der Suche nach den Tätern. Da diese Gewalt in jeder Form ablehnen und ihre Hilfe verweigern, wendet sich das Kind an einen ausgemusterten Revolvermann und nimmt mit diesem die Spur der Verbrecher auf. Spätwestern, der einmal mehr die großen Themen Vergeltung, Gewissenskonflikt und Gewaltverzicht behandelt. ✦ USA 1975 **P** Howco **Pd+R** Charles B. Pierce **B** Earl E. Smith **K** James W. Roberson **M** Jaime Mendoza-Nava **D** Chuck Pierce (Joel Rigney), Earl E. Smith (Mr. Pepperdine), Dud Taylor (Rattler S. Gravely), Jack Elam (Gangmitglied), Jeanette Nolan (Gangmitglied) **L** 98 **E** 24.1.2001 ProSieben

THE WINGATES – EINE FAMILIE ZUM FÜRCHTEN (KAMILLIONS). In seinem Labor gelingt es einem Professor, Kontakt mit einem anderen Universum herzustellen. Doch die Besucher aus der anderen Welt – Wesen, die jede Gestalt annehmen können – erweisen sich als wenig friedfertig und terrorisieren die zum Geburtstag des Professors versammelte Familie, bis der Spuk schließlich ein Ende hat. Schrille Horrorkomödie mit geschmacklosen Einfällen, die hirnrissige, derbe und ekelerregende Gags aneinanderreiht. ✦ Niederlande 1989 **P** Atalanta Films International **VA** VPS **Pd** Robert Hsi, Teresa Woo, Sally Aw **R** Mikel B. Anderson **B** Mikel B. Anderson, Harry S. Robins, Robert Hsi **K** Kathleen Beeler **M** Kent H. Randolph **S** Ian Turner **D** Christopher Gasti (Desmon), Dan Evans (Sam Wingate), Dru-Anne Cakmis (Jasmine), Laura O'Malley (Nancy Wingate), Kate Alexander (Angelica Wingate), David Allan Shaw (Reverend Newman), Chuck Bartell (Floyd), Andrew Ross Litzky (Alex), Harry S. Robins (Nathan Wingate) **L** 100 **FSK** ab 16 **E** 4.10.1990 Video **fd** 28 734

THE WINGS OF THE DOVE →Wings of the Dove – Die Flügel der Taube

THE WITCH (THE WITCH/SUPERSTITION). Eine Hexe, die vor 200 Jahren in einem Teich ertränkt wurde, kehrt zurück und nimmt Rache. Sie mordet in stets wechselnden Erscheinungsformen, und auch der Priester der Gemeinde, der dem Spuk auf den Grund gehen will, fällt ihr zum Opfer. Am Ende siegt das okkulte Böse. Brutaler Horrorfilm. ✦ USA 1987 **P** ATB Prod. (für Carolco) **VA** Unistar/All **Pd** Ed Carlin **R** James W. Roberson **B** Michael Saybel **K** Lee Madden **M** David Gibney **S** Al Rabinowitz **D** James Houghton (Reverend Thompson), Albert Salmi (Inspektor Sturgess), Larry Pennell (George Leahy), Lynn Carlin (Melinda Leahy), Billy Jacoby **L** 83 **FSK** ab 16 **E** 12.10.1988 Video

THE WIZARD OF LONELINESS – ZAUBER DER EINSAMKEIT (THE WIZARD OF LONELINESS). Ein 12jähriger verbitterter Junge, der in die Familie seines Großvaters kommt, kapselt sich immer mehr von seiner Umwelt ab, bis er endlich begreift, daß er nicht nur sich selbst in eine ausweglose Situation gebracht hat, sondern daß auch seine Mitmenschen seine Hilfe brauchen. Ein leiser, psychologisch einfühlsamer Film, der durch sein Thema – den Appell an solidarisches Miteinander – und dessen Umsetzung beeindruckt. Eine allzu düstere Episode um einen Psychopathen kann die Freude an diesem Film kaum trüben. (TV-Titel: »Der Hexenmeister«) – Sehenswert ab 16. ✦ USA 1988 **P** Virgin Vision/American Playhouse/Theatrical Films/The Sundance Institute **VA** VCL/Carolco **Pd** Philip Porcella, Thom Tyson **R** Jenny Bowen **B** Nancy Larson, Jenny Bowen, nach einem Roman von John Nichols **K** Richard Bowen **M** Michel Colombier **S** Lisa Day **D** Lukas Haas (Wendell), Lea Thompson (Sybil), John Randolph (Doc), Anne Pitoniak (Cornelia), Dylan Baker (Duffy), Lance Guest **L** 106 **FSK** ab 12 **E** 27.5.1991 Video **fd** 27 997

THE WOG BOY – DER GRÖSSTE ZORBAS VON DOWN UNDER (THE WOG BOY). Ein griechischstämmiger Arbeitsloser, der in einem von Einwanderern bewohnten Viertel einer australischen Stadt eine Art lokaler Held ist, fordert nach einem Zusammenstoß mit dem Auto einer Politikerin Schadenersatz, woraufhin diese ihn öffentlich als »Sozialschmarotzer« darstellt. Der Mann verliert all seine Meriten, setzt sich aber mit gleichen Mitteln zur Wehr. Wenig amüsante »Multikulti-Komödie«, die folkloristische Klischees nur aufgreift, ohne sie sinn- oder humorvoll zu verarbeiten. Auch die gedehnte Handlung um korrupte Politiker und Medien bleibt ohne Esprit. – Ab 16. ✦ Australien 2000 **P** Twentieth Century Fox/Beyond Films/The Australien Film Finance Corporation/Thridcosta Prod. **KI** 20th Century Fox **VA** Fox Home **Pd** John Brousek, Nick Giannopoulos **R** Aleksi Vellis **B** Chris Anastassiades, Nick Giannopoulos **K** Roger Lanser **M** Cezary Skubiszewski **S** Suresh Ayyar **D** Nick Giannopoulos (Steve), Lucy Bell (Celia), Vince Colosimo (Frank), Geraldine Turner (Raelene Beagle-Thorpe), Abi Tucker (Annie) **L** 92 **FSK** ab 16; f **FBW** w **E** 21.12.2000/14.6.2001 Video **fd** 34 631

THE WOLVES OF KROMER (THE WOLVES OF KROMER). Das Treiben einer jugendlichen Außenseiter-Clique dient zwei alten Damen dazu, die Ermordung ihrer Dienstherrin zu kaschieren. Ein ebenso böses wie surrealistisches filmisches Märchen, das seine Geschichte auf den Ängsten vor dem Andersartigen aufbaut. Nicht konsequent genug entwickelt, zerfällt der Film in mehrere narrative Ebenen, die nur schwer miteinander in Einklang zu bringen sind. (O.m.d.U.) ✦ Großbritannien 1999 **P** A DiscoDog Production **KI** Salzgeber **VA** Salzgeber **DVD** Salzgeber (16:9, 1.66:1, DD2.0 span.) **Pd** Charles Lambert **R** Will Gould **B** Charles Lambert, Matthew Read, nach dem gleichnamigen Bühnenstück von Charles Lambert **K** Laura Remacha **M** Basil Moore-Asfouri **S** Carol Slater **D** Lee Williams (Seth), James Layton (Gabriel), Rita Davies (Fanny), Matthew Read (Kester), Rosemarie Dunham (Mrs. Drax), Leila Lloyd-Evelyn (Polly), Kevin Moore (Priester), David Prescott (Mark), Angharad Rees (Mary), Margaret Towner (Doreen) **L** 82 **E** 8.3.2001/18.6.2001 Video/18.6.2001 DVD **fd** 34 726

THE WOMEN NEXT DOOR (THE WOMEN NEXT DOOR). Das Dokument einer Reise durch Israel und die besetzten Gebiete, die die israelische Filmemacherin zusammen mit einer palästinensischen Assistentin und eine israelischen Kamerafrau unternimmt. Dabei untersuchen sie beispielhaft die Folgen der Besetzung für die Frauen beider Seiten. (O.m.d.U.) ✦ Israel/USA 1992 **P** Filmmakers Collaborative **SF** Freunde der Deutschen Kinemathek **Pd** Michal Aviad, Kevin White **R+B** Michal Aviad **K** Yvonne Miklosh **M** Shlomo Mizrachi **S** Era Lapid **L** 80 **E** 1993 Kino

THE WOMEN OF SAN QUENTIN – A KILLING JOB (WOMEN OF SAN QUENTIN). Die Arbeit einer weiblichen Wachmannschaft im berühmt-berüchtigten Männerzuchthaus von San Quentin. Ein mit Klischees gespicktes Fernseh-Drama. (Fernsehtitel: »Die Frauen von San Quentin«) ✦ USA 1983 **P** NBC/MGM-UA Home Video **VA** IMV/MGM-UA **R** William A. Graham **B** Mark Rodgers **K** Robert Steadman **M** John Cacavas **D** Stella Stevens (Lt. Janet Alexander), Debbie Allen (Carol Freeman), Hector Elizondo, Amy Steel (Liz Larson), Rosana De Soto **L** 92 **FSK** ab 16 **E** Juni 1986 Video/10.5.1989 HR

THE WONDERBEATS – KINGS OF BEAT. Was im Film »The Wonderbeats« heißt, das waren in Wirklichkeit die »Rattles«, eine Hamburger Beatband, die sich in den 60er Jahren in die Herzen der Teenager spielte und eine Reihe nationaler Hits landete, ehe Achim Reichel, einer der Musiker, zum Wehrdienst eingezogen wurde. Der Film stellt diese Erfolgsstory aus einer bewegten Zeit ohne Anspruch auf historische Authentizität nach, wobei der Reiz dieser Low-Budget-Produktion gerade in ihrer schäbigen Machart und in den auf die Spitze getriebenen Klischees liegt. (Titel auch: »Wonderbeat«) – Ab 14 möglich. ✦ BR Deutschland 1990 **P** Wild Movie/Claude Oliver Rudolph **KI** G'Oldie **R+B** Claude Oliver Rudolph **K** Otto Kirchhoff **M** Miro Nemec, Claude Oliver Rudolph, Uwe Fellensiek, The Wonderbeats **S** Michael Feick **D** Richy Müller (Dicky), Jürgen Vogel (Achim), Uwe Fellensiek (Rudi), Ralf Richter (Herbert), Sabine von Maydell (Lydia L'Arronge), Rudolf Rock (Manni Weißleder), Miro Nemec (Harry Deutscher), Klaus Emmerich (Regisseur), Frank Stecker (Siggi), Claude Oliver Rudolph (Rudi Dutschke), Peter Stripp (Vater), Sabina Trooger (Conny) **L** 91 **FBW** w **E** 7.6.1991 **fd** 28 626

THE WOOD (THE WOOD). Während sie den angetrunken Bräutigam zur Kirche fahren, erinnern sich die Freunde an ihre Jugendzeit. Im Mittelpunkt stehen die Jagd nach Mädchen und einschlägige Erlebnisse aus der High-School-Zeit. Pubertätskomödie mit angeberischen Obszönitäten und Albernheiten, die sich von Dutzendproduktionen nur dadurch unterscheidet, dass alle Beteiligten Afroamerikaner sind. Da jedoch ihr gesellschaftlicher und familiärer Hintergrund ausgespart wird, bleibt nicht mehr als ein Stück Anbiederungskino für Jugendliche, dem auch die spielfreudigen Darsteller kein größeres Interesse sichern können. (Fernsehtitel auch: »Jein, ich will«) – Ab 14. ✦ USA 1999 **P** Paramount/MTV/Bona Fide Prod. **VA** CIC/Paramount Home **DVD** Paramount (1.78:1, DD5.1 engl., DS dt.) **Pd** Albert Berger, Ron Yerxa, David Gale, Douglas Curtis **R+B** Rick Famuyiwa **K** Steven Bernstein **M** Robert Hurst, Pilar McCurry **S** John Carter **D** Omar Epps (Mike), Richard T. Jones (Slim), Taye Diggs (Roland), Tamala Jones (Tanya), Lisa Raye (Lisa), Elayn Taylor (Rolands Mutter), Malinda Williams (junge Alicia) **L** 102 **FSK** ab 12 **E** 23.3.2000 Video/7.4.2001 Premiere World/7.6.2001 DVD **fd** 34 190

THE WORLD IS FULL OF MARRIED MEN (THE WORLD IS FULL OF MARRIED MEN). Die Frau eines Werbefilmproduzenten trennt sich von ihrem Mann, als sie erfährt, daß er sie betrügt. Während sie sich mit einem Nachwuchssänger einläßt, wendet er sich, nachdem sein Verhältnis auch in die Brüche gegangen ist, anderen Frauen zu und landet schließlich in den Armen seiner ihn liebenden Sekretärin. Als er im Fernsehen mitbekommt, welch ein Wirbel um den mit seiner Frau liierten Sänger gemacht wird, erschießt er ihn auf offener Bühne. Eine Satire um das »ewige« Mißtrauen zwischen den Geschlechtern und ihre Machtkämpfe, deren Ansätze zur bitterbösen Rollenkritik im sanften Disco-Sound versanden. (TV-Titel: »Hilfe ... ich bin verheiratet«) ✦ Großbritannien 1979 **P** New Married Men Production **VA** VMP **R** Robert Young **B** Jackie Collins, nach ihrem Roman **K** Ray Parslow **M** Frank Musher, D. Bargattle **S** David Campling **D** Anthony Franciosa (David), Carroll Baker (Linda), Sherrie Lee Cronn (Claudia), Gareth Hunt (Jay), Georgina Hale (Lori), Paul Nicholas (= Lutz Schaarwächter) (Gem) **L** 105 **E** 11.11.1995 ORB/Video

THE WORLD'S BEST SELLERS OR THE FINE ART OF SEPARATING PEOPLE FROM THEIR MONEY (THE WORLD'S BEST SELLERS OR THE FINE ART OF SEPERATING PEOPLE FROM THEIR MONEY). Eine Dokumentation über die Welt der Werbewirtschaft, die sich speziell mit den Schnittstellen zwischen Marketing, Kunst und Kultur befasst und die Themen Humor und Schock in der Werbung auszuloten versucht. Zu diesem Zweck suchte der Filmemacher Werbefachleute auf, sprach mit Regisseuren (Alan Parker, Wim Wenders etc.) und Schauspielern (Harvey Keitel, Dennis Hopper etc.), um die Verbindungen und Abgrenzungen zwischen den einzelnen Disziplinen augenfällig zu machen. ✦ Deutschland 1996 **R** Hermann Vaske **L** 150 **E** 28.6.1999 arte

THE WRONG GUY (THE WRONG GUY). Ein Jungmanager, der seinen Boß wegen einer verweigerten Beförderung zur Rede stellen will, findet dessen Leiche vor. Er gerät in Panik, nimmt die Mordwaffe, ein Messer, an sich und flieht, über und über mit Blut besudelt. Daß der Mord von einer Überwachungskamera gefilmt wurde und die Polizei längst dem wahren Täter auf der Spur ist, weiß der Mann nicht. Die Flucht, an der er allmählich Gefallen findet, wird bedrohlich, als sich sein Weg immer wieder mit dem des Mörders kreuzt. Eine leidlich unterhaltsame Komödie, die aus der hübschen Grundidee zu wenig Kapital zu schlagen versteht. Eine Reihe gelungener Gags können die dünne Handlung nicht tragen, zumal dem komödiantischen Talent des Hauptdarstellers Grenzen gesetzt sind und die Nebenfiguren blaß und albern bleiben. – Ab 14 möglich. ✦ USA/Großbritannien 1997 **P** Paragon/Handmade **VA** Highlight **Pd** Jon Slan **R** David Steinberg **B** Dave Foley, David Higgins, Jay Kogan **K** David A. Makin **M** Lawrence Shragge **S** Christopher Cooper **D** Dave Foley (Nelson Hubbert), David Higgins (Detective Arlen), Jennifer Tilly (Lynn Holden), Joe Flaherty (Fred Holden), Dan Redican (Ken Daly), Alan Scarfe (Farmer Brown), Colm Feore (Killer), Kenneth Welsh (Mr. Nagel), Enrico Colantoni **L** 92 **FSK** ab 12 **E** 31.8.1998 Video **fd** 33 336

THE YARDS – IM HINTERHOF DER MACHT (THE YARDS). Ein junger Mann kommt aus dem Gefängnis und findet sich in seiner Familie, die in Mafia-Geschäfte verstrickt ist, nicht mehr zurecht. Er verfällt der Versuchung des schnellen Geldes, begeht fast einen Mord, wird von seinem besten Freund verraten und verrät am Ende seine Familie, nachdem er wie ein Detektiv deren kriminelle Machenschaften aufgedeckt hat. Moralischer Gangsterfilm, inszeniert als zeitloses Gesellschaftsdrama. Optisch, musikalisch und darstellerisch gleichermaßen beeindruckend, erinnert der Film an bekannte Genrefilme, ohne sie direkt zu kopieren. ✦ Scope. USA 1999 **P** Miramax/Industrie Entertainment **KI** Kinowelt **Pd** Nick Wechsler, Paul Webster, Kerry Orent, Matt Reeves, Christopher Goode **R** James Gray **B** James Gray, Matt Reeves **K** Harris Savides **M** Howard Shore **S** Jeffrey Ford **D** Mark Wahlberg (Leo Handler), Joaquin Phoenix (Willie Gutierrez), Charlize Theron (Erica Stoltz), James Caan (Frank Olchin), Ellen Burstyn (Val Handler) **L** 115 **fd** 34 862

THE YOUNG MASTER (THE YOUNG MASTER). Ein parodistisch angelegter Kung-Fu-Film, dessen angestrengter Witz nicht so recht überspringen will, der aber auch weniger brutal angelegt ist als das Gros des Genres. ✦ Hongkong 1987 **VA** AVU **R** George Lai, Godfrey Ho **B** Robert Chan **M** Ricky Chan **D** Phoenix Kim, Oragon Lee, Godfrey Ho **L** 72 **FSK** ab 12 **E** Herbst 1992 Video

THE ZOO GANG (THE ZOO GANG). Als fünf Freunde einen heruntergekommenen Nachtclub zu einem Treffpunkt für Rockfans ausbauen, scheint ihr Traum in Erfüllung zu gehen. Doch Gangster versuchen, das florierende Lokal in die Hände zu bekommen, und Auseinandersetzungen sind unvermeidlich. Banaler Action-Film um »rebellische Jugendliche«. (Alternativtitel: »Donelli Gang«) – Ab 14. ✦ USA 1985 **P** Hersch-Insight Group/New World **VA** New Vision **Pd** Pen Densham, John Watson, Richard Barton Lewis **R** Pen Densham **B** John Watson, Pen Densham **K** Robert New **M** Patrick Gleeson **S** James Symons **D** Jackie Earle Haley (Little Joe), Eric Gurry (Danny), Tiffany Helm (Kate), Jason Gedrick (Hardin), Ben Vereen (»Ledergesicht«), Bobby Jacoby (Ricky), Ramon Bieri (Jack Donnelly) **L** 93 **FSK** ab 12 **E** 21.3. 1988 Video

THEA UND NAT. Kurz bevor sie ihren reichen Partner verlassen will, verursacht eine junge Journalistin einen Unfall, bei dem er eine Querschnittslähmung davonträgt. Ihre Schuldgefühle stehen nun einer Trennung im Weg, und der Mann weiß diese Situation geschickt für seine Zwecke zu nutzen und sie noch stärker an sich zu binden. Als sie sich von ihm verfolgt und manipuliert fühlt, eskaliert der Konflikt. Beziehungsdrama über eine Liebe, in der Mißtrauen und Abhängigkeit zu den bestimmenden Faktoren geworden sind. ✦ Deutschland 1992 **P** Objektiv Film **R** Nina Grosse **B** Nina Grosse, Susanne Schneider, nach einem Roman von Carmen Korn **K** Klaus Eichhammer **S** Wolfgang Raabe **D** Corinna Harfouch (Thea Friedberg), Helmut Berger (Nat Landman), Sabine Kaack (Ruth), Michael Grelling (Benedikt Lob), Charlotte Schwab (Effi Lob), Dietmar Mues (= Joachim Dietmar Mues) (Max Schrader) **L** 93 **E** 12.6. 1992 ZDF

THEATER DER LIEBE (L'AMOUR PAR TERRE). Ein Schriftsteller lädt zwei Schauspielerinnen in sein Haus ein, um mit ihnen ein neues Theaterstück einzustudieren. Handlung und Figuren des Dramas – es geht um Liebe, Eifersucht und große Gefühle – werden Wirklichkeit und vermischen sich mit dem Alltag der Künstler, die bald nicht mehr zwischen Dichtung und Wahrheit unterscheiden können. Rivette, von den Darstellungsformen des Theaters ebenso fasziniert wie von den Illusionsmöglichkeiten des Films, spielt auf doppelbödige Weise mit den Reizen beider Kunstgattungen. Auf engstem Raum entsteht ein cineastisches Kammerspiel, eine facettenreiche, melancholisch-heitere Meditation über die Beziehungen zwischen Männern und Frauen, aber auch zwischen Kunst und Leben. – Sehenswert. ✦ Frankreich 1984 **P** La Cecilia/Französisches Kultusministerium **Pd** Martine Marignac **R** Jacques Rivette **B** Jacques Rivette, Pascal Bonitzer **K** William Lubtchansky **S** Nicole Lubtchansky **D** Geraldine Chaplin (Charlotte), Jane Birkin (Emily), André Dussollier (Paul), Jean-Pierre Kalfon (Clement), Facundo Bo (Silvano), László Szabó (Virgile), Sandra Montaigu (Eleonore), Eva Roelens (Adriana) **L** 122 **E** 25.2.1985 ARD

THEATER DES GRAUENS (THEATRE OF BLOOD). Ein verkannter Shakespeare-Mime rächt sich auf mörderische Art an seinen Kritikern. Intelligent inszenierte Grusel-Komödie; schwarzer Humor und großartige schauspielerische Leistungen machen die amüsant-makabre Satire für Freunde der Gattung zu einem schaurigen Vergnügen. – Ab 16 möglich. ✦ Großbritannien 1972 **P** United Artists/Cineman **Kl** United Artists **Pd** John Kohn, Stanley Mann **R** Douglas Hickox **B** Anthony Greville-Bell **K** Wolfgang Suschitzky **M** Michael J. Lewis **S** Malcolm Cooke **D** Vincent Price (Edwart Lionheart), Diana Rigg (Edwina Lionheart), Ian Hendry (Peregrine Devlin), Jack Hawkins (Solomon Psaltery), Robert Morley (Meredith Merridew) **L** 104 **FSK** ab 16; nf **E** 27.9.1973 **fd** 18 622

THEATER IN TRANCE. Im Juni 1981 spielten in über 100 Vorstellungen mehr als 30 Theatergruppen aus 15 Ländern beim Kölner Theaterfestival »Theater der Welt«. Rainer Werner Fassbinder beobachtete zwei Wochen lang die Teilnehmer des Festivals und filmte ihre Auftritte. Aus diesem Rohmaterial entstand der Film. Der Text ist der Schriftensammlung von Antonin Artaud entnommen, einem der wichtigsten Theoretiker des modernen Theaters. Er wird von Fassbinder gesprochen. – Ab 14 möglich. ✦ BR Deutschland 1981 **P** Laura/ZDF **Pd** Thomas Schühly **R** Rainer Werner Fassbinder **B** Rainer Werner Fassbinder, nach Texten aus »Das Theater und sein Double« von Antonin Artaud **K** Werner Lüring **S** Juliane Lorenz, Franz Walsch (= Rainer Werner Fassbinder) **D** Het Werkteater, Squat Theatre, Sombras Blancas, Pina Bausch, Kipper Kids, Wuppertaler Tanztheater **L** 91 **E** 11.11.1981 ZDF

THEATER UM MARGI (MARGI). Probleme eines elfjährigen Mädchens mit der Schule und mit sich selbst in einem auf kindliches Verständnis zugeschnittenen Kinderfilm. – Ab 8. ✦ Bulgarien 1982 **P** Filmstudio Bojana **Kl** Progress **R** Liljana Pentschewa **B** Sheni Radewa **K** Georgi Georgiew **M** Boshidar Petkow **D** Lili Mitowa, Lili Usunowa, Rossen Batschew, Wladislaw Radnew, Lubomir Zwetkow **L** 76 **E** 6.7. 1984 Kino DDR/16.11.1985 DFF 1

THEATER UM OTHELLO. Die Leiterin eines Vorstadttheaters in Berlin in der ersten Hälfte des 19. Jahrhunderts will das Vermächtnis ihres Mannes erfüllen und Shakespeares »Othello« auf ihre Bühne bringen. Mit List und Fantasie erreicht sie auch gegen fürstliche Verbote und höfische Intrigen ihre Absicht. Anspruchslose Fernsehunterhaltung mit viel Klamauk. – Ab 14. ✦ Schwarz-weiß. DDR 1963 **P** DFF **Kl** Progress **R** Hubert Hoelzke **B** Werner Bernhardy **K** Peter Brand **M** Hans Hendrik Wehding **S** Ingrid Müller **D** Ellinor Vogel (Julie Pickenbach), Hubert Hoelzke (Emil Biermann), Walter Richter-Reinick (Eduard Lembke), Monika Lennartz (Lotte Lembke), Ulrich Folkmar (Graf von Schröck) **L** 88 **E** 26.12.1963 DFF 1/28.2.1964 Kino DDR

THEATERFIEBER (THE ACTRESS). Eine junge Frau, die unbedingt Schauspielerin werden will, setzt ihren Plan gegen den Widerstand ihrer Eltern durch und geht schließlich – mit deren Einverständnis – nach New York. Gefühlvolle, sich gelegentlich in allzu klischeehaft entwickelten Gefühlsseligkeiten verlierende Verfilmung eines Broadway-Stücks, die das Milieu armer Leute um 1900 zeichnet. Routiniert inszeniert, aber allzusehr der Vorlage verpflichtet, gehört der vor allem durch die schauspielerischen Leistungen auffallende Film nicht zu den stärksten Arbeiten Cukors. – Ab 14. ✦ Schwarz-weiß. USA 1953 **P** Loew's (für MGM) **Pd** Lawrence Weingarten **R** George Cukor **B** Ruth Gordon, nach ihrem Bühnenstück »Years Ago« **K** Harold Rosson **M** Bronislau Kaper **S** George Boemler **D** Spencer Tracy (Clinton Jones), Jean Simmons (Ruth Gordon Jones), Teresa Wright (Annie Jones), Anthony Perkins (Fred Whitmarsh), Ian Wolfe (Mr. Bagley), Kay Williams (Hazel Dawn), Mary Wickes (Emma Glavey) **L** 90 **E** 11.3.1986 HR

THEATERLIEBE (ENTREE DES ARTISTES). Liebe und Eifersucht an einer Theaterschule. Eine Studentin vornehmer Herkunft bringt sich aus Enttäuschung um und belastet einen Lehrer mit Mordverdacht, der eine andere Schülerin einfacher Herkunft liebt und ihr selbstlos die Ausbildung ermöglicht. Gepflegtes französisches Vorkriegskino mit subtilen Charakterzeichnungen. – Ab 16. ✦ Schwarz-weiß. Frankreich 1938 **P** Regina/Kassler **R** Marc Allégret **B** Henri Jeanson, André Cayatte **K** Christian Matras, Robert Juillard **M** Georges Auric **D** Claude Dauphin (François Polti), Odette Joyeux (Cecilia), Janine Darcey (Isabelle), Louis Jouvet (Prof. Lambertin), André Brunot (Grenaison), Madeleine Geoffroy (Madame Grenaison), Roger Blin (Dominick) **L** 99 **E** Mai 1946

THEATERTRÄUME (IL MONDO DEI MIRACOLI). Ein junger, ehrgeiziger Schauspieler verläßt sein Provinztheater, um in der italienischen Filmstadt Cinecittà sein Glück zu versuchen. Dabei bedient er sich auch der Protektion einflußreicher Damen. Anspruchslose Komödie, reizvoll allenfalls durch die Einblicke in die Illusionswelt der damaligen italienischen Filmmetropole. – Ab 16. ✦ Scope, schwarzweiß. Italien 1959 **P** Romana Film **R** Luigi Capuano **B** Alfredo Giannetti, Vinicio Marinucci, Sergio Sollima, Antonio Valeri **K** Augusto Tiezzi, M. Cozzoli **D** Virna Lisi, Jacques Sernas, Vittorio de Sica, Amedeo Nazzari, Kerima, Marisa Merlini, Elli Parvo **L** 86 **E** 5.10. 1988 DFF 2

THEFT UNDER THE SUN →Heißes Pflaster Hongkong

THELMA & LOUISE (THELMA & LOUISE). Zwei Freundinnen, eine Hausfrau und eine Serviererin, wollen ein Wochenende ohne Männer verbringen, geraten aber bei diesem Versuch, ihre Freiheit zu finden, in unvorhergesehene Probleme. Als eine der beiden auf üble Weise von einem rüden Kneipengänger belästigt wird und die andere ihn erschießt, werden sie vom FBI gejagt. Doch sie streben kompromißlos ihre Freiheit an und emanzipieren sich so von der Männerwelt. Eine mit viel Enthusiasmus für ihre Figuren durchsetzte schwarze Komödie, die das vertraute Klischee des ansonsten eher »männlich« akzentuierten Roadmovies mit neuem Sinngehalt erfüllt. Das präzise Drehbuch wurde in einen gleichermaßen unterhaltenden wie systemkritischen Film umgesetzt. – Sehenswert. ✦ USA 1991 **P** Percy Main Prod./Pathé Entertainment **Kl** Tobis **VA** MGM/UA/Warner Home **DVD** Fox Home (16:9, 1.78:1, DD5.1 engl., DD2.0 dt.) **Pd** Percy Main, Dean O'Brien, Callie Khourie, Ridley Scott, Mimi Polk **R** Ridley Scott **B** Callie Khourie **K** Adrian Biddle, David B. Nowell **M** Hans Zimmer, div. Songs **S** Thom Noble **D** Susan Sarandon (Louise), Geena Davis (Thelma), Harvey Keitel (Hal), Michael Madsen (Jimmy), Christopher McDonald (Darryl), Stephen Tobolowsky (Max), Brad Pitt (J. D.) **L** 129 **FSK** ab 16; f **E** 24.10.1991/7.8.1992 Video/ 8.8.1993 premiere/20.11.1998 DVD **fd** 29 188

THELONIOUS MONK: STRAIGHT, NO CHAISER (THELONIOUS MONK: STRAIGHT, NO CHAISER). Ein faszinierender Dokumentarfilm über den Pianisten und Komponisten Thelonious Monk, der zu den bedeutendsten Jazz-Musikern aller Zeiten zählt. Er vereint seltenes Archivmaterial mit Gesprächen über Monk und zeigt ihn vor allem in alten Konzertaufnahmen als unvergleichlichen Musiker. Ein ebenso informativer wie ausdrucksstarker Film. (O.m.d.U.) – Sehenswert ab 14. ✦ Teils schwarz-weiß. USA 1988 **P** Monk Film Projekt/Malpaso/Michael Blackwood Prod. **Kl** Freunde der Deutschen Kinemathek **Pd** Clint Eastwood, Bruce Ricker, Charlotte Zwerin **R+B** Charlotte Zwerin **K** Christian Blackwood, Joan Churchill, Stuart Math **M** Thelonious Monk, Dick Hyman **S** Charlotte Zwerin **L** 89 **E** 1991 Kino/2.8.1996 ZDF

THEM (THEM). Vor Jahren wurde ein junger Wissenschaftler in der Arktis Zeuge einer Alienankunft. Niemand nahm seine Berichte ernst. Jahre später wird ein enthüllendes Videoband für seine Schwester und deren Sohn zur tödlichen Bedrohung, da tatsächlich gelandete Aliens lästige Zeugen ausschalten wollen. Auf ihrer Flucht entdecken sie, daß die Außerirdischen bereits eine Basisstation errichtet haben, deren irdische Bewohner ein zombieähnliches Leben fristen. Im derzeitigen Science-Fiction-Trend liegender Film, der im Fahrwasser gewinnträchtiger Großproduktionen mitschwimmen möchte. (Titel auch: »Them – Die den Tod bringen«) ✦ USA 1996 **P** New World Entertainment **VA** Starlight **Pd** David Roessell **R** Bill L. Norton **B** Charles Grant Craig **M** John Graham **D** Scott Patterson (Simon Trent), Clare Carey (Kelly Black), Dustin Voight (Jake Trent), Tony Todd (Berlin) **L** 85 **FSK** ab 12 **E** 3.9.1997 Video/15.3.1998 ProSieben

DAS THEMA (TEMA). Ein prominenter, vom Staat geförderter Schriftsteller verläßt in einer Schaffenskrise die Hektik der Stadt und flüchtet in die Stille der russischen Provinz. Während seiner Suche nach einem neuen literarischen »Thema« begegnet er einer wahrheitsliebenden, vom literarischen Forschungsdrang besessenen jungen Lehrerin, die es – im Gegensatz zu seinen Freunden und Bekannten – wagt, sein Werk grundsätzlich in Frage zu stellen. Eine leise, vergnügliche Tragikomödie, die sieben Jahre unter Verschluß lag. Subtil wird die Stellung des

Künstlers in der Gemeinschaft reflektiert, wobei gesellschaftskritische Fragestellungen ebenso auftauchen, wie Kritik am Kunstbetrieb geübt wird. Die »Wahrheitssuche« des Schriftstellers umschreibt dabei auch das grundlegende Streben des Films nach ethischer Wahrheit, für die Begriffe wie Gewissen, Glauben und Güte stehen. (O.m.d.U.) – Sehenswert ab 16. ✦ UdSSR 1979 **P** Mosfilm **Kl** Progress **R** Gleb Panfilow **B** Gleb Panfilow, Alexander Tscherwinski **K** Leonid Kalaschnikow **M** Wadim Bibergan **S** P. Skatschkowa **D** Michail Uljanow (Kim Esenin), Inna Tschurikowa (Sasa Nikolaeva), Stanislaw Ljubschin (Der Bärtige), Jewgeni Wesnik (Pascin), Jewgenija Netschajewa (Aleksandrovna) **L** 97 **E** 28.10.1988 Kino DDR/23.8.1990 DFF 1/29.10. 1992 arte

THEMA: DER MANN (THE MALE ANIMAL). Ein nüchterner junger Professor gerät in turbulente Konflikte, als er sich beruflich der Kommunistenjagd des Vorsitzenden des Bürgerkomitees ausgesetzt sieht, während sich gleichzeitig seine Ehefrau, eine Sportskanone, von einem Football-Spieler angezogen fühlt. Amüsante Komödie mit trefflichen Darstellern, die mit ihrer Spielfreude die bühnenimmanente Steifheit der Inszenierung wettmachen. Interessant ist auch die Problemstellung – Sport-Fanatismus und provinzieller McCarthyismus – im Rahmen eines konventionellen Familienlustspiels. – Ab 14. ✦ Schwarz-weiß. USA 1942 **P** Warner Bros. **Pd** Wolfgang Reinhardt **R** Elliott Nugent **B** Julius J. Epstein, Philip G. Epstein, Stephen Morehouse Avery, nach einem Bühnenstück von James Thruber und Elliott Nugent **K** Arthur Edeson **M** Heinz Roemheld **D** Henry Fonda (Professor Tommy Turner), Olivia de Havilland (Ellen Turner), Jack Carson (Joe Ferguson), Joan Leslie, Eugene Pallette **L** 101 **E** 6.8.1963 ARD

THEMA NR. 1 (1970) →« St. Pauli-Nachrichten« – Thema Nr.1

THEMA NR. 1 (2001). Vier Freundinnen quatschen bei Spaghetti und Chianti über ihre sexuellen Erfahrungen, ihre Sehnsüchte und Enttäuschungen, und geben sich Tipps im Umgang mit dem anderen Geschlecht. Der reizvolle Ansatz, Männer in diesem Mikrokosmos optisch auszusparen, wird von dem auf Oberflächenreize fixierten Drehbuch und einer überforderten Regie verschenkt, sodass sich die vier gegen die Klischees anspielenden Darstellerinnen vergeblich bemühen, das Interesse an der auf Spielfilmlänge gestreckten Soap Opera aufrecht zu erhalten. – Ab 16. ✦ Deutschland 2001 **P** Hofmann & Voges Entertainment/Constantin Film **Kl** Constantin Film **VA** VCL **DVD** VCL **Pd** Taclan Blaine Romey **R+B** Maria Bachmann **K** Rodger Hinrichs **M** Rainer Kühn **S** Thomas Knöpfel **D** Antje Schmidt (Paula), Nicole Marischka (Gabi), Sissy Höfferer (Jutta), Katarina Klaffs (Franziska), Luca Kolenda (Motte), Isabel Trimborn (Putzfrau) **L** 88 **FSK** ab 12; f **E** 16.8.2001/21.2.2002 Video & DVD **fd** 35 006

THEMROC (THEMROC). Ein Anstreicher in Paris – Proletarier vom Stadtrand – protestiert eines Tages gegen seine inhumane Umwelt, indem er sich der bürgerlichen Ordnung verweigert, alle Einrichtungsgegenstände aus seiner Wohnung wirft und sie zur Höhle macht, in der er ungeniert nach seinen Wünschen lebt. Eine in Details mit satirischem Biß beobachtende, als Ganzes aber eher unverbindlich-verspielte Komödie, die ihre anarchistische Vision allzuweit und allzu einfältig in die Gefilde des Fantastischen entrückt und um jeden Preis schockieren will. ✦ Frankreich 1972 **P** Filmanthrope/F.D.L. **Kl** M.A.F. **VA** Debil **Pd** Helène Vager, François de Lannurien **R+B** Claude Faraldo **K** Jean-Marc Ripert **M** Harald Maury **D** Michel Piccoli (Themroc), Béatrice Romand (seine Schwester), Marilù Tolo, Francesca Romana Coluzzi (Nachbarin), Jeanne Herviale (Mutter) **L** 110 **FSK** ab 18; f **E** 10.1.1974/8.3.1993 Video **fd** 18 695

THEO BERGER – DER AL CAPONE VON DER PFALZ →Der Al Capone von der Pfalz

THEO GEGEN DEN REST DER WELT. Die turbulente, aber vergebliche Suche nach einem gestohlenen LKW führt einen jungen Mann, seinen Freund und Kompagnon sowie eine hübsche Medizinstudentin aus der Schweiz auf eine wahre Odyssee über die Schweiz, Mailand und Genua – per Auto, Touristenbus und fliegenden »Seelenverkäufer«. Eine moderne Abenteuer-Komödie, die anspruchslos, aber frisch und temporeich erzählt ist. Sie lebt ganz vom trockenen Charme und vor allem vom Wortwitz Marius Müller-Westernhagens. – Ab 14 möglich. ✦ BR Deutschland 1980 **P** Trio/Tura/Popular/WDR **Kl** Filmverlag der Autoren **Pd** Michael Wiedemann, Alena Rimbach **R** Peter F. Bringmann **B** Matthias Seelig **K** Helge Weindler **M** Lothar Meid **S** Annette Dorn **D** Marius Müller-Westernhagen (Theo Gromberg), Guido Gagliardi (Enno Goldoni), Claudia Demarmels (Ines Röggeli), Peter Berling (Maurice Moreau), Carlheinz Heitmann (Kreditmann), Horst Bergmann (Vater Camper), Ursula Strätz (Mutter Camper) **L** 106 **FSK** ab 12; f **FBW** w **E** 25.9.1980 **fd** 22 631

THEODOR, DER MISANTHROP (JA UZ BUDU HODNY, DEDECKU!). Ein eitler und selbstgefälliger Schauspieler, der die Rolle des »Menschenfeindes« auch im Leben spielt, erlebt im Traum, wie ihm mit gleicher Münze heimgezahlt wird. Er gelobt, sich zu bessern. Märchenhafte Alltagskomödie mit Gleichnischarakter. – Ab 16. ✦ Scope. CSSR 1978 **P** Filmstudio Barrandov **Kl** Progress **R+B** Petr Schulhoff **K** Jirí Vojta **M** Milan Dvorák **D** Milos Kopecky (Theodor Bergner), Alena Vránová (Olga Bergnerová), Svatopluk Benes (Schauspieler Basta), Josef Vetrovec (Theaterdichter), Jaroslav Heyduk (Herr Pikl) **L** 87 **E** 4.7.1980 Kino DDR/28.11.1984 DFF 1

THEODOR HIERNEIS ODER WIE MAN EHEM. HOFKOCH WIRD. Die Erinnerungen des ehemaligen Hofkochs Ludwig II. von Bayern an seine Lehrzeit, filmisch aufbereitet in einer Mischform aus Spiel und Dokumentation. Schauplätze sind die Schlösser Linderhof und Neuschwanstein und das Berghaus Schachen. Die Schönheit der Bilder und der humorvolle Text lassen die Langatmigkeit des Films fast vergessen. – Ab 16. ✦ BR Deutschland 1972 **P** Syberberg Film **Kl** Syberg Film **Pd+R** Hans Jürgen Syberberg **B** Hans Jürgen Syberberg, Walter Sedlmayr **K** Hermann Reichmann **S** Inge Ewald, Eva Kohlschein **D** Walter Sedlmayr **L** 84 **E** 5.5.1973 HR

DER THEODOR IM FUSSBALLTOR. Der in seine Sekretärin verliebte Inhaber eines Reisebüros, zugleich ein aktiver Fußballer, söhnt sich mit seinem Rivalen und Vereinskamerad aus, dessen Vater als Klubvorsitzender den Sohn hinausgeworfen hat. Mit populären Schauspielern aufbereitete seichte Filmposse mit mäßig komischen Situationen und Verwicklungen, die aus einem seinerzeit populären Schlager (»Der Theodor, der Theodor, der steht bei uns im Fußballtor«) vergeblich Kapital zu schlagen versucht. – Ab 12. ✦ Schwarz-weiß. BR Deutschland/Österreich 1950 **P** Zeyn-Styria **Kl** Ufa **Pd** Hans Lehmann **R** E.W. Emo **B** Karl Farkas, E.W. Emo, nach einer Idee von Günther Schwarz **K** Erich Claunigk **M** Werner Bochmann **S** Freimut Kalden **D** Theo Lingen (Theo Lubitz), Hans Moser (Theo Haslinger sen.), Josef Meinrad (Theo Haslinger jun.), Lucie Englisch (Frau Haslinger), Charlott Daudert (Charlotte), Gustav Knuth (Knospe), Katja Mayberg (Carola), Beppo Brem (Emil), Loni Heuser (Frau Bröslmeier) **L** 99 **FSK** ab 12; nf **E** 29.8.1950 **fd** 852

THEODORA, KAISERIN VON BYZANZ (TEODORA, L'IMPERATRICE DI BYZANZ / TEODORA (IMPREATIRCE DI BISANZIO)). Der Aufstieg des ehrgeizigen Zirkusmädchens Theodora zur oströmischen Kaiserin und Gattin Justinians I. im 6. Jahrhundert. Historisch falsches Antik-Abenteuer mit viel Pomp und Massenszenen; trotz verschwenderischer Ausstattung ein farbloser Monumentalfilm. – Ab 14 möglich. ✦ Italien/Frankreich 1954 **P** Lux **Kl** Europa **R** Riccardo Freda **B** René Wheeler, Claude Accursi, Ranieri Cochetti, Riccardo Freda **K** Rodolfo Lombardi **M** Renzo Rossellini **D** Gianna Maria Canale (Kaiserin Theodora), Georges Marchal (Kaiser Justinian), Irene Papas (Saidia), Renato Baldini (Arcal), Roger Pigaut (Andreas), Olga Solbelli (Egina) **L** 90 **FSK** ab 12; f **E** 23.7.1954/7.10.1983 DFF 1 **fd** 3 420

THEOPHRASTUS PARACELSUS (THEOPHRASTUS PARACELSUS). Leben und Werk des genialen Arztes, Naturforschers und Philosophen Theophrastus von Hohenheim, genannt Paracelsus (1493–1541). Das Porträt wird zu einer Art Ballade vom Schicksal eines Forschers und Wahrheitssuchers an der Schwelle vom Mittelalter zur Neuzeit in all seiner Größe und Tragik. ✦ Schweiz 1972 **P** Lia Simonyi Prod. **Pd+R+B** Lia Simonyi **K** Andreas Demmer **S** Lia Simonyi **L** 60 **E** Schweiz

THERAPIE D'AMOUR – MASSAGESALON DER JUNGEN MÄDCHEN →Massagesalon der jungen Mädchen

THERAPIE MORD →Asylum: Therapie Mord

THERAPIE ZWECKLOS (BEYOND THERAPY). In einem Pariser Restaurant kreuzen sich immer wieder die Wege mehrerer Menschen: Eine unsichere junge Frau und ein in homosexueller Beziehung lebender Mann bemühen sich umeinander und werden dabei mehr behindert als gefördert durch ihre Psychotherapeuten, die sich ebenso als Suchende herausstellen, die sich hinter ihren Rollen verstecken. Ein elegant inszeniertes turbulentes Spiel um die Relativität von Schein und Sein und die Sehnsucht des einzelnen nach Geborgenheit in einer verrückten, nur vorgeblich geordneten Welt. Die meisterhafte Umsetzung eines Boulevardstücks, getragen von viel Sympathie für die Personen. – Sehenswert ab 16. ✦ USA 1987 **P** Sandcastle 5/Roger Berlind Prod./New World **Kl** Highlight **VA** Highlight **Pd** Steven Haft **R** Robert Altman **B** Christopher Durang, Robert Altman, nach einem Theaterstück von Christopher Durang **K** Pierre Mignot **M** Gabriel Yared **S** Steve Dunn, Jennifer Augé **D** Jeff Goldblum (Bruce), Julie Hagerty (Prudence), Glenda Jackson (Charlotte), Tom Conti (Stuart), Christopher Guest (Bob), Geneviève Page (Zizi), Cris Campion (Andrew), Sandrine Dumas (Cindy) **L** 93 **FSK** ab 16; f **E** 7.1.1988/August 1988 Video/10.1. 1990 ZDF **fd** 26 572

THERESA, DIE DIEBIN (TERESA LA LADRA). Der Leidensweg einer jungen Frau, die, vom Vater verstoßen und von ihrem Mann verlassen, ihren Lebensunterhalt als Gelegenheitsdiebin fristet. Immer wieder kommt sie mit dem Gesetz in Konflikt und ist einem ständigen Kreislauf von Gefängnisaufenthalten und neuen Gesetzesübertretungen ausgesetzt. Ein komödiantisch angelegter Film über ein ernstes Thema, der von einer guten Hauptdarstellerin lebt, ansonsten aber eher spekulativ und oberflächlich ausgefallen ist. – Ab 16. ✦ Scope. Italien 1973 **P** Euro International **Kl** Progress **Pd** Dacia Maraini **R** Carlo Di Palma **B** Carlo Di Palma, nach einem Roman von Dacia Maraini **K** Dario Di Palma **M** Riz Ortolani **S** Ruggero Mastroianni **D** Monica Vitti (Theresa), Stefano Satta Flores, Isa Danieli, Carlo Delle Piane, Michele Placido, Valeriano Vallone, Luciana Turina **L** 125 **E** 23.3.1979 Kino DDR/30.4.1980 DFF 1/7.9.1987 RTL plus

THÉRÈSE (THERESE). Nach der Geschichte der Theresia von Lisieux (1873–1899), die als 15jährige in den Karmel ihrer Heimatstadt eintritt, 25jährig an Tuberkulose stirbt und 1925 von Pius XI. heiliggesprochen wird, erzählt der Film die Geschichte der Karmelitin Thérèse. Er ist von äußerster Einfachheit in den Mitteln, verzichtet völlig auf Originalschauplätze und konzentriert sich ganz auf die zarte Aussagekraft seiner in der Einheit der Geschichte verknüpften Bilder; beeindruckend auch die schauspielerische Gestaltung, vor allem der Thérèse. Der Film besitzt ein hohes Maß an Authentizität, gleichzeitig hinterläßt der teilweise Ausfall der für Theresia von Lisieux zentralen religiösen Komponente ein halbiertes, zumindest reduziertes Bild. – Sehenswert ab 12. ✦ Frankreich 1986 **P** A.F.C./Films A 2/CNC **Kl** Concorde **SF** atlas **VA** VPS **Pd** Maurice Bernart **R** Alain

Cavalier **B** Alain Cavalier, Camille de Casabianca **K** Philippe Rousselot **M** Jacques Offenbach, Gabriel Fauré **S** Isabelle Dedieu **D** Catherine Mouchet (Thérèse), Aurore Prieto (Céline), Sylvie Habault (Pauline), Ghislaine Mona (Marie), Hélène Alexandridis (Lucie), Clémence Massart, Jean Pelegri (Vater) **L** 91 **FSK** ab 6; f **FBW** w **E** 9.7.1987/18.2.1988 Video **fd** 26 219

THERESE ETIENNE (THERESE ETIENNE). Eine junge Frau verläßt ihr Zuhause und geht als Magd zu einem reichen Bauern im Berner Land. Dieser begehrt sie, doch sie will sich seinen Belästigungen entziehen; nachdem sie einen Selbstmordversuch begeht, heiratet er sie. Sie verliebt sich in ihren Stiefsohn und erwartet bald ein Kind von ihm. Als der Bauer dahinterkommt, vergiftet sie ihn. Der Stiefsohn nimmt die Tat auf sich und wird verurteilt, bis die Magd die Wahrheit gesteht. Ein mit viel Seelenpein und Herzeleid routiniert in Szene gesetztes Melodram an der Grenze zum Kitsch, dem es bei aller atmosphärischen Dichte und sorgfältigen Gestaltung zu sehr an Tiefe mangelt, um Wesentliches über den Menschen oder »das Böse« aussagen zu können. ✦ Scope, schwarz-weiß. Frankreich/Italien 1957 **P** Cité/Agiman/Monica **Kl** Columbia **Pd** Walter Rupp **R** Denys de la Patellière **B** Denys de la Patellière, Roland Laudenbach, nach einem Roman von John Knittel **K** Roger Hubert **M** Maurice Thiriet **S** Georges Alepée **D** Françoise Arnoul (Thérèse Etienne), James Robertson Justice (Anton Müller), Pierre Vaneck (Gottfried), Guy Decomble (Rothlisberger), Robert Porte (Félix), Rita Liechti (Frieda) **L** 91 **FSK** ab 18; f **E** 21.3.1958 **fd** 6 824

THERESE RAQUIN – DU SOLLST NICHT EHEBRECHEN (THERESE RAQUIN). Eine junge Frau verliebt sich in einen Transportfahrer und will mit ihm der kleinbürgerlichen Enge ihres Lebens entfliehen. Ihr Mann tritt dazwischen und wird von dem LKW-Fahrer aus einem Zug gestürzt. Die Frau wird der Tat verdächtigt, doch es gibt keine Beweise. Ein junger Seemann erpreßt die beiden Liebenden, bis ein Unglücksfall die Wahrheit aufdeckt. Stilgerechte Verfilmung des Romans von Zola. Eindringlich erzählt, geprägt von düster-fatalistischer Stimmung und brütender Schwere. Trotz hervorragender Darsteller eher unzugänglich und gelegentlich auch manieriert. – Ab 16. ✦ Schwarz-weiß. Frankreich/Italien 1953 **P** Paris-Film/Lux **Kl** Allianz **Pd** Raphael Hakim, Raymond Hakim **R** Marcel Carné **B** Marcel Carné, Charles Spaak, nach einem Roman von Emile Zola **K** Roger Hubert **M** Maurice Thiriet **S** Henri Rust **D** Simone Signoret (Thérèse Raquin), Raf Vallone (Lorenz), Roland Lesaffre (Matrose), Sylvie (Schwiegermutter), Jacques Duby (Camille), Maria Pia Casilio **L** 105 **FSK** ab 16; f **E** 20.8.1954/15.11.1963 Kino DDR/20.2.1971 ZDF/5.8.1974 DFF 1 **fd** 3 458

THERESE SOLL UNS NICHT VERLASSEN (TEREZU BYCH KVULI ZADNE HOLCE NEOPUSTIL). Ein Zoodirektor bringt von einer Afrika-Reise eine junge Schimpansin mit, die sich aber nicht an das Zooleben gewöhnen kann. Als er den Affen mit nach Hause nimmt, damit seine beiden Söhne sich um ihn kümmern, wird es turbulent: Streit zwischen den Kindern, Aufregung in der Schule und schließlich Angst um das Leben des erkrankten Tiers. Ein weitgehend unterhaltsamer Tierfilm, der in seiner dramaturgischen Grundstruktur auf amüsante Weise Handlungsmuster trivialer Serienkrimis einbezieht. Die Darstellung des Affenbabys weist allzu viele Züge der Vermenschlichung auf. (DDR-Titel: »Ein Affe am Familientisch«; Titel auch: »Ein Affe in der Familie«) – Ab 8. ✦ CSSR 1976 **P** Kratky-Studio Kurzfilm Prag/Filmstudio Gottwaldov **Kl** Progress **SF** cine aktuell **R** Josef Pinkava **B** Josef Pinkava, Dimitri Plichta **K** Karel Kopecky **M** Angelo Michajlov **D** Norbert Jut (Robert), Iván Polásek (Martin), Katka Zatovicová (Marcela), Ludek Munzar (Zoodirektor), Roman Cada (Pepik) **L** 84 **E** 9.9.1977 Kino DDR/1979 Kino BRD/22.9.1984 DFF **fd** 21 191

THERESE UND ISABELL (THERESE AND ISABELLE). Einsamkeitsgefühle, Unverständnis und Enttäuschung treiben zwei Internatsschülerinnen in eine lesbische Beziehung. Die intime Mädchenfreundschaft wird zum Spiegelbild erotischer Wirrnis im Mittelpunkt einer schwärmerisch-romantischen Geschichte, die psychologisch glaubwürdig entwickelt ist. Eine Romanverfilmung, die sich um die differenzierte und einfühlsame bildlyrische Darstellung einer homoerotischen Problematik bemüht. ✦ Scope. USA 1968 **P** Amsterdam Film Corp. **Kl** Constantin **Pd+R** Radley Metzger **B** Jesse Vogel, nach einem Roman von Violette Leduc **K** Hans Jura **M** Georges Auric **S** Humphrey Wood **D** Essy Persson (Therese), Anna Gael (Isabell), Maurice Teynac (Martin), Barbara Laage (Thereses Mutter), Anne Vernon, Simone Paris **L** 91 **FSK** ab 18; f **E** 11.10.1968 **fd** 15 777

THESEUS, HELD VON HELLAS (TESEO CONTRO IL MINOTAURO). Abenteuer des Königssohnes Theseus, der ein menschenfressendes Ungeheuer auf Kreta tötet und mit Hilfe seiner Geliebten den Rückweg aus dem Labyrinth findet. Billiger »Antikfilm« mit vermeintlich spektakulären Akzenten auf Grusel und Grausamkeit, mehr als frei nach der griechischen Theseus-Sage. – Ab 16. ✦ Scope. Italien 1960 **P** Agliani-Mordini/Illiria **Kl** United Artists **Pd** Giorgio Agliani, Dino Mordoni, Rodolphe Solmsen **R** Mario Bonnard **B** Daniel Mainwaring **K** Aldo Giordani **M** Carlo Rustichelli **D** Rosanna Schiaffino (Phaedra/Ariadne), Robert Mathias (Theseus), Carlo Tamberlani (König Minos), Alberto Lupo (Chryone), Rik Battaglia (Demetrius), Tina Lattanzi (Königin Pasiphae) **L** 93 **FSK** ab 16; nf **E** 23.12.1960 **fd** 9 874

THEY NEST – TÖDLICHE BRUT (THEY NEST). Eine Herrschar gefräßiger Käfer, die sich im Fleisch ihrer menschlichen Opfer vermehrt, sucht ein kleines Fischerdorf im US-Staat Maine heim. Auf die Warnungen eines Arztes, der sich in der Abgeschiedenheit von seinem Alkoholismus kurieren möchte, reagieren die Dörfler engstirnig-borniert und haben die Rechnung zu zahlen. Konventioneller Horrorfilm, der unverhohlen auf Vorlagen aus den 50er-Jahren schielt und in erster Linie auf den Abscheu des Zuschauers vor Kakerlaken setzt. Nichts Neues von der Ekelfront des Trash- und B-Films. ✦ USA 2000 **P** Kushner-Locke Prod. **VA** Sunfilm **DVD** Sun Film (16:9, 1.85:1, DD5.1 engl./dt.) **Pd** Frank Hildebrand **R** Ellory Elkayem **B** John Claflin, Daniel Zelman **K** Philip Linzey **M** Vinny Golia **S** Harry Hitner **D** Thomas Calabro (Dr. Cahill), Dean Stockwell (Sheriff Hobbs), John Savage (Jack Wald), Kristen Dalton (Nell Bartle), Tom McBeath (Eamon Wald), Walter Marsch (Vinyl) **L** 89 **FSK** ab 16 **E** 21.8.2001 Video & DVD **fd** 35 060

THEY TEACH US HOW TO BE HAPPY (THEY TEACH US HOW TO BE HAPPY). Dokumentarfilm, der vier sudanesische Familien durch den mühseligen und bürokratischen Prozeß des Asylverfahrens in der Schweiz begleitet. ✦ Schweiz 1996 **R+B+K** Peter von Gunten **S** Peter von Gunten **L** 90 **E** 2.9.1998 SF1

THINGS CHANGE – MEHR GLÜCK ALS VERSTAND (THINGS CHANGE). Ein alter Schuhputzer aus Chicago bekommt am Lebensabend seine Chance: Ein Mafia-Boss will ihn reich entlohnen, falls er einen Mord gesteht, den er nicht begangen hat, und für einen anderen ins Gefängnis geht. Zusammen mit seinem Betreuer, einem glücklosen Gauner, gerät er aber auf ein ganz anderes Gleis, als beide vor dem Prozeß eine Wochenendspritztour unternehmen und in den Bannkreis einer anderen »Paten-Familie« geraten. Mit bedächtiger Ironie erzähltes modernes Märchen um wahre Freundschaft, die vor allem dort gedeiht, wo man sie nie erwarten würde. Der stärkste Reiz des amüsant unterhaltenden Films liegt freilich im spitzbübischen Spiel Don Ameches. (Alternativtitel: »Wo bitte geht's zum Knast?«, »Things Change – ... der Weg ins Glück«) – Sehenswert ab 14. ✦ USA 1988 **P** Filmhaus (für Columbia Pictures) **Kl** Kinowelt **VA** RCA/Columbia **Pd** Michael Hausman **R** David Mamet **B** David Mamet, Shel Silverstein **K** Juan Ruiz Anchia **M** Alaric Jans **S** Trudy Ship **D** Don Ameche (Gino), Joe Mantegna (Jerry), Robert Prosky (Joseph Vincent), J. J. Johnston (Frankie), Ricky Jay (Mr. Silver), Mike Nussbaum (Mr. Green), Jack Wallace **L** 100 **FSK** ab 12; f **E** 12.4.1990/13.12.1990 Video **fd** 27 418

THINGS I NEVER TOLD YOU (THINGS I NEVER TOLD YOU). Porträt von sieben Personen einer amerikanischen Kleinstadt im Mittleren Westen auf der Suche nach Liebe und Geborgenheit, im Mittelpunkt ein ehrenamtlicher Telefonseelsorger und eine selbstmordgefährdete Verkäuferin. Ein Film, in dem die Sehnsucht nach Liebe merkwürdige Blüten treibt, die jedoch auch Triebfeder für einen einschneidenden Selbsterkennungsprozeß ist. Die Verlorenheit der Personen spiegelt sich in der fahlen, unwirtlichen Landschaft, dennoch bewahrt der Film durch die feine Zeichnung der einzelnen Charaktere eine optimistische Grundhaltung. Eine sanfte, melancholische Ballade mit offener Erzählstruktur, getragen von ausgezeichneten Darstellern. (O.m.d.U.; Fernsehtitel: »Was ich Dir noch nie erzählt habe«) – Sehenswert ab 16. ✦ USA/Spanien 1995 **P** Carbó **Kl** Arsenal **Pd** Eddie Saeta **R+B** Isabel Coixet **K** Teresa Medina **M** Alfonso Vilallonga **S** Kathryn Himoff **D** Lili Taylor (Ann), Andrew McCarthy (Don Henderson), Alexis Arquette (Paul), Richard Edson (Steve), Debi Mazar (Diane) **L** 90 **E** 22.4.1998 WDR/4.1.2001

THINGS TO COME → Was kommen wird

THINKING BIG (THINKING BIG). Fünf sexhungrige Mädchen treffen am Strand auf gleichgesinnte Jungen. Teenager-Sex nach üblichen Strickmustern. ✦ USA 1986 **P** Jim C. Harris Prod. **VA** Mike Hunter **Pd** Jim C. Harris **R** S. F. Brownrigg **B** Joseph Sterling, Loretta Yeargin **K** Brian M. Hooper **M** John Boy Cooke **D** Bruce Anderson, Nancy Buechler, Darla Ralston, Kenny Sargent, Randy Jandt **L** 95 **FSK** ab 16 **E** 31.8.1987 Video

THIRTEEN (THIRTEEN). Kurz nach dem Ausblasen ihrer Geburtstagskerzen beschließt die 13jährige Nina, von zu Hause auszureißen und einen abgelegenen Berg aufzusuchen. Dort hat sie die Vision, unbedingt ein Auto besitzen zu müssen, kehrt nach Hause zurück und versucht, ihren Traum durch Arbeit in die Tat umzusetzen. Eine Aufgabe, die gar nicht so einfach zu bewerkstelligen ist. Zweiter Spielfilm des Filmemachers Williams, der in seinem Erstling (»Lillian«) die Mutter porträtierte und nun mit Laiendarstellern eine fiktive Familiengeschichte mit Humor und Gefühl fortschreibt, die trotz aller Fiktionalität Bedürfnisse, Wünsche und Träume einer schwarzen Community spiegelt. ✦ USA 1997 **SF** Freunde der Deutschen Kinemathek **Pd+R+B+K** David Williams **M** Cecil Hooker, Speh Williams, Carlos Garza **S** David Williams **D** Nina Dickens (Nina), Lillian Folley (Lillian), Hermine Douglas (Sekretärin), Alan Douglas (Computerladenbesitzer), Anisa Dickens (Kiki) **L** 87 **E** 1998

THIRTEEN DAYS (THIRTEEN DAYS). Politdrama um die 13 Tage währende Kuba-Krise im Oktober 1962, bei der die Welt am Rande eines Atomkrieges stand. Der Film konzentriert sich ganz auf die amerikanische Seite, wobei ihm das Kunststück gelingt, eine Politik, die in erster Linie von der Sprache bestimmt wird, durch eine stimmige dramaturgische Form überzeugend und spannend darzustellen. Dabei werden die Sprachstrategien der Beteiligten als die prägenden und entscheidenden Handlungen erfahrbar. DVD: Die umfangreiche Special Edition beinhaltet u. a. einen Audiokommentar des Regisseurs und des Drehbuchautors, in den zusätzlich Zitate von Personen der Zeitgeschichte (u. a. Kennedy, seinem Berater Kenneth O'Donnell, Verteidigungsminister Robert McNamara) eingeschnitten sind. Des weitern enthält die DVD eine ausführliche, erhellende Dokumentation über die Hintergründe und Entwicklung der Kubakrise. – Sehenswert ab 16. ✦ Teils schwarz-weiß. USA 2000 **P** Beacon Pictures **Kl** Kinowelt **VA** Kinowelt

Home **DVD** Kinowelt Home (SE, 16:9, 1.85:1, DD5.1 engl./dt.) **Pd** Armyan Bernstein, Peter O. Almond, Kevin Costner, Paul Deason, Mary Montiforte **R** Roger Donaldson **B** David Self **K** Andrzej Bartkowiak **M** Trevor Jones **S** Conrad Buff **D** Kevin Costner (Kenneth P. O'Donnell), Bruce Greenwood (John F. Kennedy), Steven Culp (Robert F. Kennedy), Dylan Baker (Robert McNamara), Michael Fairman (Adlai Stevenson), Henry Strozier (Dean Rusk), Frank Wood (McGeorge Bundy) **L** 145 **FSK** ab 12; f **E** 22.3.2001/2.10.2001 Video & DVD **fd** 34 753

THIS BOY'S LIFE (THIS BOY'S LIFE). In den USA Ende der 50er Jahre: Durch die Heirat seiner Mutter wird ein Junge mit einem Mann konfrontiert, der seine Minderwertigkeitsgefühle brutal an dem Schwächeren abreagiert. Eine beeindruckend und stimmig inszenierte, hervorragend gespielte Milieu- und Charakterstudie, die einen realistischen Blick auf eine Kleinstadt und ihre geistige Enge vermittelt. – Ab 16. ✦ Scope. USA 1993 **P** Warner Bros. **KI** Warner Bros. **VA** Warner Home **Pd** Art Linson **R** Michael Caton-Jones **B** Robert Getchell, nach einem Roman von Tobias Wolff **K** David Watkin **M** Carter Burwell **S** Jim Clark **D** Robert De Niro (Dwight), Ellen Barkin (Caroline), Leonardo DiCaprio (Toby), Jonah Blechman (Arthur Gayle), Eliza Dushku (Pearl), Chris Cooper (Roy), Carla Gugino (Norma), Zachary Ansley (Skipper) **L** 114 **FSK** ab 12; f **E** 11.11.1993/8.4.1994 Video **fd** 30 527

THIS IS SPINAL TAP (THIS IS SPINAL TAP). Eine im Stil einer Reportage inszenierte Geschichte einer fiktiven Rockgruppe, die während einer Amerika-Tournee wegen innerer und äußerer Spannungen auseinandergeht. Eine intelligent-witzige, machmal boshafte Auseinandersetzung mit dem Showgeschäft und dem Filmemachen; zugleich ein raffinierter satirischer Kommentar über Schein und Sein, Mythen-Bildung und Wirklichkeit im (Musik-)Showgeschäft. (TV-Titel: »Die Jungs von Spinal Tap«) – Ab 16. ✦ USA 1983 **P** Spinal Tap Prod. **VA** Embassy **R** Rob Reiner **B** Christopher Guest, Michael McKean, Rob Reiner, Harry Shearer **K** Peter Skmokler **M** Christopher Guest, Michael McKean, Rob Reiner, Harry Shearer **D** Christopher Guest (Nigel Tufnel), Michael McKean (David St. Hubbins), Harry Shearer (Derek Smalls), Rob Reiner (Marty DiBergi), June Chadwick **L** 79 **E** 1985 Video **fd** 25 182

THIS WIFE FOR HIRE →Himmel vorhanden – Engel gesucht

35 UP (35 UP). Fünfter Teil einer Langzeitdokumentation, in der eine Personengruppe über ihr Leben und über ihre Wünsche befragt wird. Im Abstand von sieben Jahren wurden die inzwischen 35jährigen befragt, der erste Film entstand, als sie sieben Jahre alt waren. Eine der längsten Dokumentationen der Fernsehgeschichte. (O.m.d.U.) ✦ Kanada 1992 **R** Michael Apted **L** 120 **E** 5.12.1992 arte

DIE THOMANER. Fürs DDR-Fernsehen gedrehter Dokumentarfilm über einen der ältesten Knabenchöre Deutschlands. Ein Chorjahr des Leipziger Thomanerchors wurde von der Aufnahmeprüfung über das Weihnachtsoratorium und die Matthäus-Passion bis zum Abschied der Ältesten beobachtet. – Ab 14. ✦ DDR 1979 **P** DEFA, Studio für Dokumentarfilme **KI** Progress **Pd** Heinz Kuhnert **R** Lew Hohmann **B** Lew Hohmann, Heide Zenthöfer **K** Niko Pawloff, Detlef Tetzke **S** Eleonore Burke **L** 61

DIE THOMAS CROWN AFFÄRE (THE THOMAS CROWN AFFAIR). Ein reicher Geschäftsmann stiehlt aus Langeweile Kunstschätze aus New Yorker Museen. Nach seinem jüngsten Coup setzt ihm nicht nur die Polizei nach, sondern auch eine attraktive Versicherungsagentin. Beide liefern sich fortan ein Duell der Schachzüge. Neuverfilmung der gleichnamigen Kriminalkomödie mit Steve McQueen aus dem Jahr 1967. Wie das Vorbild mit einiger Ironie versehen, lebt der Film vorwiegend vom Schlagabtausch der Hauptfiguren sowie von einigen raffiniert inszenierten Actionszenen. Weniger gelungen sind atmosphärische Sequenzen wie die Darstellung der Lebensumstände des Kunstdiebs, die für die Anlage der Rolle bedeutend sind. DVD: Die Extras des USA-Imports umfassen im Gegensatz zur deutschen DVD u.a. einen Audiokommentar des Regisseurs. – Ab 16. ✦ Scope. USA 1999 **P** United Artists/Irish **KI** UIP **VA** Fox Home **DVD** Fox Home (16:9, 2.35:1, DD5.1 engl./dt.), USA Import: MGM (2.35:1, DD5.1 engl.) **Pd** Beau St. Clair, Pierce Brosnan, Roger Paradiso, John McTiernan **R** John McTiernan **B** Leslie Dixon, nach einem Drehbuch von Alan R. Trustman **K** Tom Priestley jr. **M** Bill Conti **S** John Wright **D** Pierce Brosnan (Thomas Crown), Rene Russo (Catherine Banning), Denis Leary (Det. Michael McCann), Frankie Faison (Det. Paretti), Faye Dunaway (Psychologin), Ben Gazzara (Andrew Wallace), Fritz Weaver (John Reynolds), Charles Keating (Golchan) **L** 113 **FSK** ab 6; f **FBW** w **E** 2.9.1999/10.3.2000 Video & DVD **fd** 33 832

THOMAS CROWN IST NICHT ZU FASSEN (THE THOMAS CROWN AFFAIR). Eine Versicherungsagentin versucht, einen erfolgreichen Geschäftsmann zu umgarnen, um ihn der Urheberschaft an einem Bankraub zu überführen. Ein ebenso gepflegt wie geschickt inszenierter, weitgehend spannender Kriminalfilm über den Konflikt zwischen Geld und Liebe. In der zweiten Hälfte gelegentlich zum Pseudo-Drama hochgespielt, aber dank der beiden Hauptdarsteller stets mit angenehm ironischen Zwischentönen versehen. Hervorragend die eingängig-pointierte Musik von Michel Legrand (»Oscar« für »The Windmills Of Your Mind«). DVD: Die Extras des USA-Imports umfassen im Gegensatz zur deutschen DVD u.a. einen Audiokommentar des Regisseurs. – Ab 14. ✦ USA 1967 **P** United Artists/Mirisch/Simkoe/Solar **KI** United Artists **DVD** Fox Home (1.85:1, Mono engl./dt.), USA Import: MGM (FF P&S, Mono engl.) **Pd+R** Norman Jewison **B** Alan R. Trustman **K** Haskell Wexler **M** Michel Legrand **S** Hal Ashby, Ralph E. Winters, Byron »Buzz« Brandt **D** Steve McQueen (Thomas Crown), Faye Dunaway (Vicky Anderson), Paul Burke (Eddy Malone), Jack Weston (Erwin Weaver), Yaphet Kotto (Carl), Addison Powell **L** 102 **FSK** ab 12; f (früher 16) **FBW** w **E** 18.10.1968/18.5.1975 ZDF/19.3.1983 DFF 1/27.10.1999 DVD **fd** 15 715

THOMAS, DER BETRÜGER (THOMAS, L'IMPOSTEUR). Ein junger französischer Rekrut hilft 1914 einer Herzogin durch die vorgetäuschte Verwandtschaft mit einem berühmten General bei der Organisation von Krankentransporten. Cocteaus Roman wurde zu einer eigenwilligen, mit poetischen Zwischentönen, surrealen Traum-Elementen und makabrem Humor angereicherten Schelmengeschichte, die einen kritischen Blick auf chauvinistische Kriegsbegeisterung und militaristische Rituale wirft. (Titel auch: »Thomas, der Schwindler«) ✦ Schwarz-weiß. Frankreich 1964 **P** Filmel **Pd** Eugène Lépicier **R** Georges Franju **B** Jean Cocteau, Michel Worms, Georges Franju, nach einem Roman von Jean Cocteau **K** Marcel Fradetal **M** Georges Auric **D** Fabrice Rouleau (Thomas), Emmanuelle Riva (Prinzessin), Jean Servais (Pesquel Duport), Sophie Darès (Henriette), Michel Vitold (Dr. Vanes), Rosy Varte (Mme. Valiche) **L** 94 **E** 1965 Kino **fd** 13 498

THOMAS, DER SCHWINDLER →Thomas, der Betrüger

THOMAS, DIE FANTASTISCHE LOKOMOTIVE (THOMAS AND THE MAGIC RAILROAD). Auf einer verwunschenen Insel lebende sprechende Dampflokomotiven müssen sich gegen die Zerstörungswut einer martialischen Diesellok zur Wehr setzen, wobei ihnen auch Menschen aus der realen Welt zu Hilfe eilen. Fantasy-Abenteuer, das ohne digitale Animation und überbordende Spezialeffekte auskommt. Die Realszenen erreichen zwar nicht den Charme der Tricksequenzen, doch die liebenswert unaufgeregte Art der Inszenierung unterhält gerade die jüngsten Kinogänger auf angenehme Weise. – Ab 6. ✦ USA 2000 **P** Destination Films/Gullain Pic./Barry London/Brent Baum **KI** Concorde **VA** EuroVideo **DVD** Concorde (16:9, 1.78:1, DD5.1 engl./dt.) **Pd** Britt Allcroft, Phil Fehrle **R+B** Britt Allcroft **K** Paul Ryan **M** Hummie Mann **S** Ron Wisman **D** Alec Baldwin (Schaffner), Cody McMains (Patch), Peter Fonda (Burnett Stone), Mara Wilson (Lily), Russell Means (Billy Twofeathers), Jared Wall (Junger Burnett), Laura Bower (junge Tasha), Lori Hallier (Lilys Mutter), Michael E. Rodgers (Herr Schaffner jr.) **L** 86 **FSK** o. A.; f **E** 26.10.2000/30.5.2001 Video/10.10.2001 DVD **fd** 34 530

THOMAS MÜNTZER – EIN FILM DEUTSCHER GESCHICHTE. Mit immensem äußeren Aufwand gestalteter Historienfilm über das Schicksal des protestantischen Geistlichen und Bauernführers Thomas Müntzer, entstanden als »eigentliches nationales Filmwerk« (Hellberg) anlässlich der Zehnjahresfeier der DDR. Müntzer, der aus dem Evangelium seine »urkommunistische« Kampfansage ableitete, war im Bauernkrieg eine der Schlüsselfiguren der Reformation und als solcher der ideologische Widerpart des Katholizismus, aber auch der die Interessen der deutschen Fürsten vertretenden Lutheraner. Die DEFA-Produktion verzeichnet Müntzer als Visionär einer »neuen Weltordnung«, der letztlich nur an der Sabotage des Adels scheitert. So wirkt der Film in seiner Geschichtsinterpretation oberflächlich und tendenziös; auch inszenatorisch bleibt er trotz aufwendiger Massenszenen blutleer. – Ab 16. ✦ DDR 1955/56 **P** DEFA **KI** Progress **Pd** Paul Ramacher **R+B** Martin Hellberg **K** Götz Neumann **M** Ernst Roters **S** Lieselotte Johl **D** Wolfgang Stumpf (Thomas Müntzer), Margarete Taudte (Otilie von Gersen), Wolf Kaiser (Schwabenhannes), Martin Flörchinger (Heinrich Pfeiffer), Heinz Gies (Hans Buss), Ruth-Maria Kubitschek (Bärbel Buss), Wolfgang A. Kaehler (Markus Stübner), Walter Lendrich **L** 133 **E** 18.5.1956 Kino DDR/29.6.1956 DFF 1

THOMAS PYNCHON – A JOURNEY INTO THE MIND OF (P.). Eindrucksvoller Dokumentarfilm, der sich auf die Suche nach dem amerikanischen Erfolgsautor Thomas Pynchon begibt, der 1963 nach dem Erscheinen seines Romans »V« spurlos untertauchte. Der Film kreist um Paranoia und Verschwörungstheorien und versucht, sich mit einer Vielzahl von Archivaufnahmen und Interviews einem vielschichtigen Mythos anzunähern, ohne diesen letztlich entschleiern zu können. Eine auch stilistisch anspruchsvolle Arbeit, die dem Zuschauer einige Gewinn bringende Herausforderungen abverlangt. (O.m.d.U.) – Sehenswert ab 16. ✦ Teils schwarz-weiß. Deutschland 2001 **P** Dubini Filmproduktion/Valli **KI** Real Fiction **Pd+R+B** Fosco Dubini, Donatello Dubini **K** Donatello Dubini **M** The Residents **S** Fosco Dubini, Donatello Dubini **L** 92 **E** 6.12.2001 **fd** 35 172

THOMPSONS LETZTER AUSBRUCH (THOMPSON'S LAST RUN). Ein gutmütiger Einbrecher und ein pensionsreifer Sheriff sehen sich gezwungen, noch einmal das alte Räuber-und-Gendarm-Spiel zu spielen. Die Jagd endet mit einem tragikomischen Showdown. Unterhaltsames, aber nur mäßig spannendes Altherrendrama. – Ab 16. ✦ USA 1985 **P** Phoenix Entertainment Group **R** Jerrold Freedman **B** John Carlin **K** Hal Trussell **M** Tom Villano **S** Anthony Redman **D** Robert Mitchum (John Thompson), Wilford Brimley (Red Haines), Kathleen York (Louise), Guy Boyd (James Warner), Royce Wallace (Mary), Tony Frank (Sheriff) **L** 120 **E** 8.8.1987 ARD **fd** 26 281

THOR – DER UNBESIEGBARE BARBAR (THOR IL CONQUISTATORE). In grauer Vorzeit: Ein Zauberer zieht ein Kind groß, dessen Eltern vom Stamm eines blutrünstigen Tyrannen getötet wurden. Es wächst zum »Supermann« heran und macht sich auf, das Schwert seines Vaters zu finden und den Menschen die goldene Saat zu bringen. Ein mit ans Fantasy-Genre erinnernden Nebelschwaden und Zauberkunststückchen gewürzter Film, dessen billige Aufmachung eher an die Bemühungen einer Laienspielgruppe erinnert als an eine professionelle Produktion. ✦ Scope. Italien 1982 **P** Abruzzo **VA** Pront **R** Anthony Richmond (= Tonino Ricci) **B** Tito Carpi **K** Giovanni Bergamini **M** Francesco De Masi **D** Christopher Holm, Maria Romano, Malisa Lang, Raf Falcone, Angelo Ragusa **L** 87 **E** 1983 Video **fd** 24 126

THOR 2000 (THE INCREDIBLE HULK RETURNS). Professor Banner, in dessen Brust zwei Seelen wohnen, muß sich als grüner Muskelprotz »Hulk« den Gestalten einer mystischen Vergangenheit stellen. Die wenig geistreiche Handlung dieses im Rahmen einer Fernsehserie (»Der unglaubliche Hulk«, 1978) entstandenen Films wird durch Action-Szenen zwar belebt, aber nicht überzeugender. (TV-Titel: »Die Rückkehr des unheimlichen Hulk«) – Ab 16 möglich. ✦ USA 1988 **P** New World/Universal **VA** Highlight **R+B** Nicholas Corea **M** Lance Rubin **D** Bill Bixby (David Bruce Banner), Lou Ferrigno (Der unheimliche Hulk), Jack Colvin (Jack McGee) **L** 93 **FSK** ab 16 **E** Video

THOROUGHLY MODERN MILLIE →Modern Millie

THRASH, ALTENESSEN. Dokumentarfilm über Jugendliche in dem Essener Stadtteil Altenessen, deren Alltag von abgebrochenen Lehren, Gelegenheitsjobs und Arbeitslosigkeit geprägt ist. Sie hoffen auf einen Ausweg aus ihrer Situation, indem sie gemeinsam Rock-Musik machen: sogenannte Thrash-Musik, eine Mischung aus aggressivem Heavy Metal, aus Rock und Punk. Der Film dokumentiert diese Musik und diejenigen, die sie spielen, um damit ihre soziale Unzufriedenheit auszudrücken. – Ab 16. ✦ BR Deutschland 1989 **P** Odyssee-Film Thomas Schadt/SWF **Pd+R+B+K** Thomas Schadt **M** Kreator **S** Inge Schneider **L** 88 **E** 17.4.1990 ARD

THREE BEWILDERED PEOPLE IN THE NIGHT →Drei Verirrte in der Nacht

THREE DAYS OF LOVE →Tage der Lust

THREE FOR THE ROAD →Drei auf dem Highway – Three for the Road

THREE KINGS – ES IST SCHÖN KÖNIG ZU SEIN (THREE KINGS). Eine Gruppe amerikanischer Soldaten sucht nach dem Ende des Golfkriegs in einem Privatfeldzug nach den Goldbarren, die Saddam Hussein in Kuwait erbeuten ließ. Eine im Grenzbereich von Realismus und Absurdität angesiedelte Darstellung des modernen Kriegs zwischen High Tech, politischer Konfusion, ökologischem Desaster und eingefleischter Konsum-Ideologie. Ein hintergründiges satirisches Paradestück auf den Spuren von Robert Altman und Richard Lester. DVD: Die umfangreiche Special Edition beinhaltet u. a. einen Audiokommentar sowie ein »Videotagebuch« des Regisseurs. – Sehenswert. ✦ Scope. USA 1999 **P** Village Roadshow Pictures/Village – A. M. Film Partnership/Coast Ridge/Atlas Entertainment **KI** Warner Bros. **VA** Warner Home **DVD** Warner Home (SE, 16:9, 2.35:1, DD5.1 engl./dt.) **Pd** Charles Roven, Paul Junger Witt, Edward L. McDonnell **R+B** David O. Russell **K** Newton Thomas Sigel **M** Carter Burwell **S** Robert K. Lambert **D** George Clooney (Archie Gates), Mark Wahlberg (Troy Barlow), Spike Jonze (Conrad Vig), Cliff Curtis (Amir Abdulah), Nora Dunn (Adriana Cruz), Saïd Taghmaoui (Capt. Sa'id), Ice Cube (Chief Elgin) **L** 114 **FSK** ab 16; f **FBW** w **E** 10.2.2000/18.8. 2000 Video & DVD **fd** 34 098

THREE SEASONS (THREE SEASONS). Episoden aus Ho-Chi-Minh-Stadt, der Hauptstadt Vietnams: Eine Lotusblütenpflückerin hilft einem leprakranken Dichter bei der Niederschrift seiner Gedichte; ein Rikschafahrer verliebt sich in eine nach westlichem Glanz strebende Prostituierte; ein kleiner Junge verliert seinen Bauchladen; ein Ex-GI sucht seine Tochter. Ein mit leichter Hand ruhig und mit klarem Blick für kleine Gesten und Worte inszenierter Reigen alltäglicher Begebenheiten. Vor dem Hintergrund des sich dem Westen öffnenden Landes vermittelt der gefühlvolle Film einen Eindruck von dem sich anbahnenden Wohlstandsgefälle. – Sehenswert ab 16. ✦ USA 1998 **P** Open City/The Goatsingers **KI** Arthaus **VA** Arthaus (Kinowelt Home) **Pd** Jason Kliot, Joana Vicente, Tony Bui **R+B** Tony Bui **K** Lisa Rinzler **M** Richard Horowitz **S** Keith Reamer **D** Don Duong (Hai), Nguyen Ngoc Hiep (Kien An), Tran Manh Cuong (Meister Dao), Harvey Keitel (James Hager), Zoë Bui (Lan) **L** 109 **FSK** ab 6; f **E** 11.5.2000/7.11. 2000 Video **fd** 34 218

3 STEPS TO HEAVEN (3 STEPS TO HEAVEN). Eine junge Frau will den Tod ihres Freundes rächen. Als Schuldige macht sie drei Spitzen der Londoner High Society aus: einen Modedesigner, einen Politiker und eine Fernseh-Moderatorin. Während der Versuche, die drei umzubringen, erfährt sie die genauen Umstände der Todesnacht und lernt auch, sich selbst besser zu verstehen. Ansehnliche filmische Fingerübung über Einsamkeit, Illusionen und unerfüllbare Träume, die immer wieder durch komische und groteske Töne gebrochen wird und so jedem Anflug von Didaktik und Sentimentalität aus dem Wege geht. – Ab 16. ✦ Großbritannien 1995 **P** Maya Vision Prod. **KI** Helkon **Pd** Rebecca Dobbs **R+B** Constantinos Giannaris **K** James Welland **M** John Eacott **S** Budge Tremlett **D** Katrin Cartlidge (Juliette, Suzanne, Candy, Billie), Stuart Laing (Sean), Con O'Neill (Angel Farnham), James Fleet (Harry Roberts), Frances Barber (Andrea Wallis) **L** ca. 90 **E** 17.8.2000 **fd** 34 403

THREE WISHES (THREE WISHES). Eine junge Frau, deren Mann im Korea-Krieg gefallen ist, nimmt 1955 einen Landstreicher bei sich auf, nachdem sie ihn mit ihrem Auto angefahren hatte. Ihre beiden Söhne sind von der Situation zunächst nicht begeistert, doch als der Fremde dem Außenseiter Tom das Baseballspielen beibringt, ändert sich ihre Einstellung. Als er seine Wanderung fortsetzt, stellt sich kurzfristig ein Abschiedsschmerz ein, doch es erfüllen sich drei Wünsche, die das Leben wieder lebenswert werden lassen. Nostalgisch-romantischer Familienfilm mit guten Darstellern und einer optimistischen Weltsicht; gewiß kein Meisterwerk moderner Unterhaltung, aber eine löbliche Ausnahme auf dem Videomarkt. – Ab 12. ✦ USA 1995 **P** Savoy Pictures/ Rysher Entertainment **VA** Columbia TriStar **Pd** Clifford Green, Gary Lucchesi, Ellen Green **R** Martha Coolidge **B** Elizabeth Anderson, nach einer Erzählung von Clifford und Ellen Green **K** Johnny E. Jensen **M** Cynthia Millar **S** Steven Cohen **D** Patrick Swayze (Jack McCloud), Mary Elizabeth Mastrantonio (Jeanne Holman), Joseph Mazzello (Tom als Kind), Seth Mumy (Gunny Holman), Michael O'Keefe (Tom als Erwachsener) **L** 111 **FSK** ab 6 **E** 17.6.1997 Video/ 5.7.1998 Premiere **fd** 33 020

THREESOME WILD →Wilder Dreier

THRILL SEEKERS – ZEITREISE IN DIE KATASTROPHE (THE TIME SHIFTERS). Ein zeitreisender Journalist stößt bei seinen Recherchen über berühmte Katastrophen des 20. Jahrhunderts immer wieder auf denselben Besucher der entsprechenden Veranstaltung und kommt hinter das System eines perfekt eingespielten Katastrophen-Tourismus. Als er und eine Attentäterin aus der Zukunft, die ihn stellen soll, in die Zeit eingreifen, um ihre Kinder zu retten, stellen sich eklatante Geschichtsveränderungen ein, die nur durch eine zweite Zeitschleife behoben werden können. Ein durch seine Geschichte interessanter Film, der jedoch unter bescheidenen Schauspielerleistungen ebenso zu leiden hat wie unter dem schmalen Fernsehbudget, dessen Sparmaßnahmen störend ins Auge fallen. – Ab 16. ✦ USA 1999 **P** Abandon Pictures/Avenue Pictures Prod./Hamdon Entertainment **VA** EuroVideo **Pd** Tom Luse **R** Marion Ahzzopardi **B** Kurt Inderbitzin, Gay Walch **K** Derick Underschultz **M** Fred Mollin **S** Ron Wisman **D** Casper van Dien (Tom Merrick), Catherine Bell (Elizabeth Wintern), Theresa Saldana (Cortez), Peter Outerbridge (Felder), Julian Richings (Katastrophen-Tourist Murray Trevor), Lawrence Dane (FBI-Agent Baker), Catherine Oxenberg-Van Dien, Mimi Kuzyk, Eleanor Grayson, James Allodi, Deborah Odell, Martin Sheen **L** 88 **FSK** ab 12 **E** 12.7.2001 Video **fd** 35 097

THRILL – SPIEL UM DEIN LEBEN. Ein unbescholtener Mann, der einer Taxifahrerin hilft, als diese überfallen wird, gerät unter Mordverdacht, als die Frau am nächsten Tag tot aufgefunden wird. Da er kein Alibi hat, macht er sich selbst auf die Suche nach dem Mörder und entdeckt in der Wohnung der Toten ein Internet-Spiel, das in der Realität tödliche Folgen hat. (Fernseh-)Cyber-Thriller, der bekannte Vorbilder variiert. ✦ Deutschland 2000 **P** Pro 7 **R+B** Peter Jürgensmeier **M** Wilbert Hirsch **D** Stefan Jürgens (André Falpertz), Ingolf Lück (Dr. Volker Endress), Sylvia Haider (Ellen Endress), Tobias Schenke (Daniel Endress), Alexandra Kamp (Corinna Dierung) **L** 90 **E** 8.6.2000 ProSieben

THRILLER – EIN UNBARMHERZIGER FILM (THRILLER – EN GRYM FILM). Eine als Kind vergewaltigte und seither stumme junge Frau fällt vertrauensselig einem Schurken in die Hände, der sie mittels Heroin zur Prostitution zwingt. Als sie sich wehrt, sticht er ihr ein Auge aus. Das Ende des mit Sex und Melodramatik aufgefüllten Films besteht aus einer blutigen Racheorgie: in Zeitlupe platzen die zerfetzten Leiber auf. – Wir raten ab. ✦ Schweden 1973 **P** BAV Film **KI** Pilot **Pd** Bo A. Vibenius **R** Alex Fridolinski **B** Bo A. Vibenius, Alex Fridolinski **K** Andreas Bellis **M** Ralph Lundsten, Raoul Kraushaar **S** Brian Wikström **D** Christina Lindberg (Frigga), Heinz Hopf (Jerry) **L** 107 **FSK** ab 18; nf **E** 20.3.1975 **fd** 19 294

THRILLKILL – DAS TÖDLICHE COMPUTERSPIEL (THRILLKILL). Einige Gauner erschwindeln mit Hilfe eines Computers über drei Millionen Dollar und bringen sich dann wegen der Beute gegenseitig um. Langweiliger und stümperhafter Kriminalfilm. ✦ USA 1983 **P** Thrillkill Prod. **VA** CBS/Fox **R** Anthony Kramreither, Anthony d'Andrea **B** Anthony d'Andrea **K** John Clement **M** Tim McCauley **D** Robin Ward, Gina Massey, Laura Robinson, Diana Reis, Kurt Reis **L** 87 **E** April 1985 Video **fd** 25 125

DER THRON DES FEUERS →The Throne of Fire

EIN THRON FÜR CHRISTINE. Auf Mallorca wird eine amerikanische Touristin, deren Mutter ehrgeizige Heiratspläne verfolgt, als Prinzessin eines Großherzogtums erkannt. Das Mädchen entsagt seiner Neigung zu einem Reporter und besteigt den Thron. Sentimental-kitschige Unterhaltung für Anspruchslose, die seinerzeit am Erfolg der »Sissi«-Filme teilhaben wollte. – Ab 10 möglich. ✦ BR Deutschland/ Spanien 1959 **P** Germania/Procusa/Antares **KI** UFH **Pd** Alfons Carcasona **R** Luis Cesar Amadori **B** Luis Marquina, nach einer Komödie von José Lopez Rubio **K** Antonio L. Ballesteros **M** Guillermo Cases **S** Julio Peña **D** Christine Kaufmann (Christine), Dieter Borsche (Du Vanel), Zully Moreno (Pamela), Angel Aranda (Angel), Peter René Körner (Georg), Ingrid Ahrens (Ariane) **L** 85 **FSK** ab 6; nf **E** 2.6.1960 **fd** 9 216

THRON UND TAXIS. Dokumentarischer Film über die Schönheitskönigin »Miss Germany« 1983 sowie ihre Vertrauten und Manager, die mit allem erdenklichen Raffinement ihre Vermarktung betreiben. Der Film begleitet die junge Frau während des einen Jahres ihrer Amtszeit und versucht, dabei vielfache Formen der Ausbeutung bloßzulegen. Dabei hat der eher biedere und langweilig gestaltete Film im Stil eines Fernsehfeatures zu wenig Distanz zu seinen Bildern und erliegt gelegentlich seiner eigenen voyeuristischen Haltung. – Ab 16. ✦ BR Deutschland 1984 **P** Journal-Film **SF** Journal-Film **R+B** Manfred Stelzer **K** David Slama, Johann Feindt **D** Loana Radecki, Veronika Schaker, Heidi Esser, Michael Rau, Erich Reindl **L** 80 **E** 5.12.1984 ZDF

DIE THRONFOLGERIN (YOUNG BESS). Eine eher fiktive als historisch belegte Schilderung der Jugendzeit von Elisabeth, der Tochter Heinrichs VIII., bis zu ihrer Thronbesteigung im Jahr 1558. Ihre Mutter Ann Boleyn wurde von Heinrich hingerichtet, als Elisabeth noch ein Kind war. Als Zeitgemälde in

Kostüm und Ausstattung sorgfältig gestaltet, dramaturgisch gepflegt und schauspielerisch solide. – Ab 12. ✦ USA 1953 **P** MGM **KI** MGM **Pd** Sidney Franklin **R** George Sidney **B** Jan Lustig, Arthur Wimperis, nach einem Roman von Margaret Irvin **K** Charles Rosher **M** Miklos Rozsa **D** Jean Simmons (Young Bess), Stewart Granger (Thomas Seymour), Deborah Kerr (Catherine), Charles Laughton (König Heinrich), Kay Walsh (Mrs. Ashley), Guy Rolfe (Ned Seymour), Dawn Addams (Kate Howard), Elaine Stewart (Ann Boleyn), Alan Napier (Robert Tyrwhitt) **L** 112 **FSK** ab 12; f **E** 4.3.1954/7.7.1973 ZDF **fd** 3101

THROUGH THE FIRE →Pentagramm des Satans

THUNDER (THUNDER). Die Zerstörung eines indianischen Friedhofs im vertraglich verbürgten Reservat durch Bauleute, die ein Observatorium errichten wollen, treibt einen jungen Navajo zum Kampf gegen die Polizei. Mit Panzerfaust und Planier-Raupe erkämpft er sich von den Bergen aus den Weg in die Stadt und vernichtet Polizei-Station und Bank. Ein Polizist, dem er das Leben rettete, läßt ihn entkommen. Ein dramaturgisch sorgloser, oft unlogischer, in den Actionszenen aufwendiger »Asphalt-Western«, dessen thematisch nicht uninteressante Variation in Blut und Gewalt erstickt. (Fernsehtitel auch: »Thunder I – Der gnadenlose Einzelgänger«) – Wir raten ab. ✦ Scope. Italien 1983 **P** Embassy **KI** Ascot **R** Larry Ludman (= Fabrizio de Angelis) **B** David Parker jr. (= Dardano Sacchetti), Larry Ludman (= Fabrizio de Angelis), nach einem Roman von David Parker **K** Sergio Salvati **M** Francesco De Masi **S** Eugenio Alabiso **D** Mark Gregory (Thunder), Bo Svenson (Cook), Raimund Harmstorf (Barry), Valerie Ross (Sheila), Giovanni Vettorazzo (Thomas), Paolo Malco **L** 83 **FSK** ab 16; f **E** 25.11.1983 **fd** 24315

THUNDER 2 (THUNDER 2). Der junge Navajo wird im Indianergebiet von Arizona als Hilfssheriff eingesetzt. Als ihn ein korrupter Kollege verleumdet, wird er wegen angeblichen Drogenhandels in ein Straflager verbracht, wo er übel gefoltert wird. Bei seiner Flucht in die Wüste beschießt ihn der haßerfüllte Verfolger vom Hubschrauber aus, wobei sein Baby getötet wird. Als Rächer kehrt er zurück und zerstört die Polizeistation in einem Flammenmeer. Fortsetzungsfilm, der weniger von der dünnen und löcherigen Handlung lebt als von sensationellen Schau- und Actionnummern. In den Gewaltszenen vergleichsweise zurückhaltend. ✦ Italien 1986 **P** Fulvia **VA** Mike Hunter **R** Larry Ludman (= Fabrizio de Angelis) **B** David Parker jr. (= Dardano Sacchetti), Larry Ludman (= Fabrizio de Angelis) **K** Sergio Salvati **M** Francesco De Masi **S** Eugenio Alabiso **D** Mark Gregory (Thunder), Karen Reell, Bo Svenson (Bill Cook), Raimund Harmstorf (Deputy Barry), Valerie Ross **L** 89 **FSK** ab 16; f **E** 1987 Video

THUNDER 3 (THUNDER). Einmal mehr muß sich der geschundene Indianer »Thunder« für erlittenes Unrecht rächen und gegen eine bewaffnete Übermacht antreten, und wieder kann er als Sieger die Auseinandersetzungen beenden. Brutaler Actionfilm ohne inszenatorisches Geschick. ✦ Italien 1987 **P** Fulvia **VA** ECV **Pd** Fabrizio de Angelis **R** Larry Ludman (= Fabrizio de Angelis) **B** David Parker jr. (= Dardano Sacchetti), Larry Ludman (= Fabrizio de Angelis) **K** Frederick Hail (= Federico del Zoppo) **M** Francesco De Masi **S** Vincenzo Tomassi **D** Mark Gregory (Thunder), Horst Schön (Magnum), Werner Pochath, Ingrid Lawrence, Bruce Miles **L** 84 **FSK** ab 16 **E** 25.2.1988 Video

THUNDER ALLEY (THUNDER ALLEY). Ein Farmerssohn aus Arizona träumt vom Ruhm als Rock-Musiker, findet den Einstieg in das Geschäft und kann auf der Erfolgsleiter nach oben klimmen. Aber er muß erkennen, daß das unstete Leben im Showgeschäft eine Reihe von Anfechtungen mit sich bringt, die in Form von Sex und Drogen das Erreichte zu zerstören drohen. Musikalische Komödie voller Klischees und Stereotypen, erzählt als voraussehbarer filmischer Fotoroman. – Ab 16. ✦ USA 1985 **P** Cannon **VA** G. L. **Pd** Menahem Golan, Yoram Globus **R+B** Joe S. Cardone **K** Karen Grossman **M** Ken Topolsky **S** Daniel Wetherbee **D** Roger Wilson (Richie), Jill Schoelen (Beth), Scott McGinnis (Donnie), Cynthia Eilbacher (Lorraine), Clancy Brown (Weasel), Leif Garrett (Skip) **L** 96 **FSK** ab 16 **E** Video/14.7.1994 RTL 2

THUNDER DRIVE – FLUCHTPUNKT LOS ANGELES (THE BIG SWEAT). Als ein soeben aus dem Gefängnis Entlassener erneut einen Bankraub durchführen soll, löst er eine wilde Verfolgungsjagd durch das FBI kreuz und quer durch Los Angeles aus. Belangloser Kriminalfilm auf niedrigstem Niveau. ✦ USA 1989 **P** Joey Walker Production **VA** Madison **Pd** Joanne Watkins **R** Ulli Lommel **B** Max Bolt **D** Robert Z'Dar (Trudeau), Ken Letner (Madison), Steve Molone (Marco Donnely) **L** 86 (gek. 77) **FSK** ab 18 (gek. 16) **E** 26.6.1991 Video

THUNDER KIDS (THUNDER KIDS). Jugendliche Kung-Fu-Schüler lehren ihre Gegner das Fürchten und verprügeln sie nach Strich und Faden. Die ewig gleiche Mischung aus Slapstick-Komödie und Prügelszenen. ✦ Hongkong 1989 **P** IFD Films **VA** Allround **R** Charles Lee (= Godfrey Ho) **K** Ying Tak-Li **D** Jonathan James **L** 78 **FSK** ab 16 **E** Video

THUNDER KIDS 2 (THUNDER KIDS 2). Weitere Prügelabenteuer jugendlicher Kung-Fu-Kämpfer. Billigste Serienkost, die auf schnelle Identifikation eines jungen Zielpublikums schielt. ✦ Hongkong 1990 **VA** Allround **L** 87 (gek. 82) **FSK** ab 18 (gek. 16) **E** Video

THUNDER POINT / DAS WINDSOR PROTOCOLL – VERSCHOLLEN IN DER KARIBIK TEIL 1 & 2 (THUNDER POINT/THE WINDSOR PROTOCOLL). Kurz vor Ende des Zweiten Weltkrieges wird Martin Bormann mit Geheimakten nach Südamerika entsandt. Sie enthalten Schweizer Nummernkonten, auf denen Milliardenbeträge für die Errichtung des Vierten Reichs liegen. Ein halbes Jahrhundert später tauchen die Akten wieder auf und rufen eine Organisation alter und neuer Nazis auf den Plan. Nur unter großen Schwierigkeiten kann ein irischer Topagent verhindern, daß die Papiere dauerhaft in ihre Hände geraten. Herkömmlicher Agentenfilm als Fernsehzweiteiler, der sich wenig um seinen historischen Hintergrund schert und belanglose Abenteuer aneinanderreiht. Die Motivationen der Personen bleiben ebenso unklar wie ihre Charaktere, und auch mit der Logik nimmt man es nicht besonders genau. Lustlos abgespulte Unterhaltung mit minderwertiger Tricktechnik und einigen unnötig blutigen Details. – Ab 16 möglich. ✦ Großbritannien/Kanada 1996 **P** Telescene/Visionview **VA** Pro Sieben Home **Pd** Robert Wertheimer, Jim Reeve **R** George Mihalka **B** Morrie Ruvinsky (1), Stephen Zoller (2), David Preston (2), nach einem Roman von Jack Higgins **K** Peter Bonison **M** Stanislas Syrewicz **S** David R. McLeod **D** Kyle MacLachlan (Sean Dillon), Pascale Bussières (Jenny Baker), Chris Wiggins (Charles Ferguson), Jean Leclerc (Fortier), Cedric Smith (Henry Baker), Macha Grenon (Catherine Durgin), John Colicos (Heinzer) **L** 95 (gek. 93/96 (zwei Teile) **FSK** ab 16/ab 12 **E** 20.11.1997 Video **fd** 32948

THUNDER PRINCE. Zeichentrick-Episoden um einen kleinen Jungen, der Gefahren und Abenteuer übersteht, um den Tod seines Vaters zu rächen. – Ab 14 möglich. ✦ Hongkong 1989 **VA** Allround **R** Benjamin Cloyd **B** Lenny Washington **L** 69 **FSK** ab 12 **E** Video

THUNDER RACE (CHECKERED FLAG / THUNDER RACE). Sechs Jahre nachdem Mechaniker Tommy ihm die Geliebte ausgespannt hat, treffen sich Rennfahrer Mike und Tommy im selben Rennteam wieder. Da der Konflikt noch einige Zeit schwelt, ist die Karriere von beiden in Gefahr, aber letztlich raufen sie sich zusammen. Ein in jeder Hinsicht belangloser Film, der seine kraftlose Geschichte mit den hinreichend bekannten Konstellationen erzählt. (Fernsehtitel: »Rennfahrer im Temporausch«) ✦ USA 1990 **P** New World/Levine-Rosen Prod. **VA** Highlight **Pd** James Margellos **R** John Glen, Michael Levine **B** E. F. Wallengreen, Jason Brett **K** William A. Fraker **M** Kevin Klingler **S** Bernard Gribble, Robert L. Sinise **D** William Campbell (Tommy Traherne), Robert Estes (Mike Reardon), Amanda Wus (Kris), Carrie Hamilton (Alexis Cross), Adam Philipson (Sal) **L** 91 (gek. 86) **FSK** ab 16 (gek. 12) **E** 29.5.1991 Video/23.8.1992 RTL plus **fd** 29116

THUNDER RUN →Geheimcode Charly

THUNDERBALL (THUNDERBALL / RETURN OF THE MAN FROM U.N.C.L.E.). Rückblickend erzählt die Besitzerin einer Kautschuk-Plantage im Indochina der 30er Jahre von ihrer problematischen Beziehung zur Adoptivtochter und ihrem gemeinsamen Liebhaber vor dem Hintergrund politischer Umwälzungen. Nach dessen Tod in einem Gefangenenlager der Kolonialherren reift die Tochter zur gefeierten »Roten Prinzessin« heran. Ein durch die Darsteller und die subtile Fotografie überzeugendes Melodram, das allerdings zu konventionell inszeniert ist, um ein differenzier – Ab 16. ✦ USA 1983 **P** Viacom/Michael Sloan Production **VA** Starlight **Pd** Michael Sloan **R** Ray Austin **B** Michael Sloan **K** Fred J. Koenekamp **M** Gerald Fried **D** Robert Vaughn (Napoleon Solo), David McCallum (Illya Kuryakin), Patrick MacNee (Sir John Francis Raleigh), Tomas Mason (Benjamin Kowalski), Geoffrey Lewis **L** 100 (gek. 91) **E** 1984 Video **fd** 24728

THUNDERBOLT (1985) (FREDY EL CROUPIER). Ein Sohn will einem Gangsterboß den Mord an seinem Vater heimzahlen. Handelsübliche Rachegeschichte, die lediglich als roter Faden für spekulative Einblicke in die Gewalt-, Sex- und Drogenszene dient. Weder witzig noch spannend, schlampig montiert und dilettantisch gespielt. (Fernsehtitel: »Freddy, der Croupier«) ✦ Spanien 1985 **P** A.S.H. **VA** EVC **R+B** Alvaro Saenz de Heredia **K** Andres Berenguer **M** Manuel Santisteban **D** Xabier Elorriaga, Ana Obregon, Jaime Adalid, Luis Suarez, Ricardo Palacios **L** 97 **FSK** ab 16 **E** 27.9.1986 DFF 1/25.4.1988 Video/5.5.1990 RTL plus **fd** 26949

THUNDERBOLT (1995) (PI LI HUO). Ein Automechaniker aus Hongkong legt sich unfreiwillig mit einem Gangsterboss an, der seine beiden Schwestern entführt und ihn zu einem finalen Autorennen in Japan zwingt. Eine in den Actionszenen perfekt inszenierte Materialschlacht um Jackie Chan als menschlichen Mittelpunkt, die jedoch bierernst ausgefallen ist und den Charme vergleichbarer Chan-Filme vermissen lässt. Unterm Strich bleibt die teuerste Hongkong-Produktion aller Zeiten (1996: 25 Mio. US-Dollar) hinter den Erwartungen zurück und bedient nur Fans mit einem ausgeprägten Interesse an Destruktionen. (Titel auch: »Jackie Chan's Thunderbolt«) ✦ Hongkong 1995 **P** Golden Harvest **VA** VMP **Pd** Leonard Ho, Chua Lam **R** Gordon Chan **B** Gordon Chan, Hing-Ka Chan, Wai Chung Kwok **K** Chan Kwong-yan, Lam Kwok-Wah, Wong Wing-Hang, Tseng Tsiu-keung, Lau Hung-chun, Kwan Chi-ching **S** Peter Cheung **D** Jackie Chan (= Cheng Long) (Jackie Chan), Anita Yuen (Amy Yip), Michael Wong (Steve Cannon), Todd Bryant (Cougar), Michael Ian Lambert **L** 107 **FSK** ab 16 **E** 10.8.1999 Video **fd** 34085

THUNDERBOLT ANGELS →Ninja Operation – Thunderbolt Angels

THUNDERBOLT CONNECTION (MAGNUM THUNDERBOLT). Ein Berufskiller spielt in Hongkong die Anführer zweier rivalisierender Gangsterbanden gegeneinander aus. Reichlich brutaler Eastern mit einer Aneinanderreihung genüßlich ausgespielter Tötungsszenen. (Späterer Titel: »Drug Connection«) ✦ Hongkong 1985 **P** IFD Films **VA** Polyband/Gloria **R** Godfrey Ho **D** Richard Harrison, Roc Thien **L** 80 **FSK** ab 18 **E** 12.8.1985 Video

THUNDERCLAP (TERMINATOR WOMEN). Irgendwo in Afrika hat ein Super-Gangster ein wertvolles Goldversteck eingerichtet. Zwei Fahnder aus Los Angeles können sich nur dank ihrer Karate-Talente der auf sie angesetzten Killer erwehren, um sie in einem endlosen Showdown zu besiegen. Die schwache Handlung dient dem trivialen Actionfilm als Vorwand für selbstzweckhaft-grausame Karate- und Kickboxkämpfe. – Wir raten ab. ✦ USA 1993 **P** Q Two Prod./ Robert Davies Prod. **VA** Highlight **Pd** Francesca Quissi **R** Michael Quissi **B** Francesca Quissi, John Steven Soet **K** Vincent Cox **M** Bruce Cassidy **D** Jerry Trimble (Jay Handlin), Karen Sheperd (Julie Perish), Michael Quissi (Alex Gatalee), Ashley Hayden (Myra), Ted LePlat (Fetz) **L** 86 **FSK** ab 18 **E** 12.4.1994 Video **fd** 30 793

THUNDERHEAD – DER VIERBEINIGE TEUFEL (THUNDERHEAD, SON OF FLICKA). Ein Farmerssohn träumt davon, Jockey zu werden. Da findet er in den Bergen eine Stute mit einem eigenwilligen weißen Fohlen, das er zu einem großen Rennpferd machen möchte. Sympathischer, wenn auch gelegentlich arg rührseliger Familienfilm in Fortsetzung von »Flicka« (1942, Regie: Harold Schuster); mit hervorragend fotografierten Landschaftsaufnahmen. – Ab 10. ✦ USA 1945 **P** 20th Century Fox **Pd** Robert Bassler **R** Louis King **B** Dwight Cummins, Dorothy Yost, nach einem Roman von Mary O'Hara **K** Charles Clarke **M** Cyril J. Mockridge **D** Roddy McDowall, Preston Foster, Rita Johnson, James Bell, Carleton Young **L** 78 **E** 25.2.1990 DFF 2/29.6.1991 DFF

THUNDERHOOF (THUNDERHOOF). Ein älterer Gelegenheitsarbeiter und seine sehr junge Frau wollen in der Wildnis Mexikos den legendären Hengst »Thunderhoof« fangen und eine Ranch aufbauen. Mit von der Partie ist der Adoptivsohn, nunmehr als Rivale, weil er in die Frau verliebt ist. Nach ständigen Auseinandersetzungen gelingt der Fang, jedoch bricht sich der Ältere dabei ein Bein; der Jüngere läßt ihn später hilflos liegen, aber der Ältere überlebt. Ein routiniert und geradlinig entwickelter B-Western, atmosphärisch dicht und deutlich über dem Durchschnitt der Gattung. (O.m.d.U.) – Ab 16. ✦ Schwarzweiß. USA 1948 **P** Columbia Pictures **R** Phil Karlson **B** Harold Jacob Smith **K** Henry Freulich **M** Mischa Bakaleinikoff **D** Preston Foster (Scotty Mason), Mary Stuart (Margarita), William Bishop (Kid) **L** 75 **E** 25.11.1981 West 3

THUNDERTRONIC (ROBO-C.H.I.C.). Ein leicht versponnener Erpresser verlangt für ein Dutzend atomare Sprengköpfe eine Milliarde Dollar von der US-Regierung, gerät selbst aber in die Hände eines Gangsters. Der weibliche Roboter »ROBO-C.H.I.C.« sorgt dafür, daß Amerika bald wieder ruhig schlafen kann. Auf Klamauk angelegte abstruse Science-Fiction-Geschichte, mehr schlecht als recht in Szene gesetzt. – Ab 14. ✦ USA 1989 **P** Windstar **VA** VPS **Pd** Mark Paglia, Douglas K. Grimm, John Fitzgerald, Jerry Graham, Dale Mitchell **R** Ed Hansen, Jeff Mandel **B** Jeff Mandel, John Fitzgerald, Micak Fitzgerald **K** Ken Carmack, Mike Wemple **M** Brian Malone **S** Tom Matthies, Ed Hansen **D** Jack Carter (Dr. Borborigmus), Burt Ward, Phil Proctor (Polizeichef Morton), Kip King (Dr. von Colon), Kathy Shower (ROBO-C.H.I.C.), Jennifer Daly, Ranson Baker **L** 102 **FSK** ab 12 **E** 3.1.1991 Video **fd** 28 763

THURSDAY – EIN MÖRDERISCHER TAG (THURSDAY). Ein ehemaliger Drogendealer, der sich zur Ruhe gesetzt hat, wird von seiner Vergangenheit eingeholt, als er einem alten Partner Zuflucht gewährt. Plötzlich ist er mit Heroin und einem Koffer voller Geld konfrontiert und muss sich gegen Gangster und korrupte Polizisten verteidigen. Ein durchaus ansehnlicher Krimi mit einem sympathischen Hauptdarsteller, der sich handwerklich auf die Tarantino-Schule bezieht und eher beiläufig Brutalitäten einstreut. (Durch Schnittauflagen der FSK wurde der Film hierzulande um 13 Minuten gekürzt.) ✦ USA 1998 **P** Propaganda Films **VA** Universal **Pd** Alan Poul **R+B** Skip Woods **K** Denis Lenoir **M** Luna **S** Paul Trejo, Peter Schink **D** Thomas Jane (Casey), Aaron Eckhart (Nick), Paulina Porizkova (Dallas), James LeGros (Billy Hill), Mickey Rourke (Kasarov) **L** 77 **FSK** ab 16 **E** 10.6.1999 Video **fd** 34 102

THX 1138 (THX 1138). In einer vollcomputerisierten unterirdischen Stadt ungefähr im 25. Jahrhundert: Das Individuum THX 1138 ist die als »Glück« ausgegebenen kybernetischen Zwänge leid und entflieht der absoluten Ordnung. Es gelangt an die »Oberwelt« und sieht zum ersten Mal die Sonne. George Lucas' Erstlingsfilm ist ein komplexes und sehr originelles, freilich nicht ganz leicht zu rezipierendes Science-Fiction-Abenteuer und zugleich eine bewegende Warnung vor den Gefahren einer mechanisierten Welt. – Sehenswert. ✦ Scope. USA 1969 **P** American Zoetrope (für Warner Bros.) **Pd** Lawrence Sturhahn, Francis Ford Coppola **R** George Lucas **B** George Lucas, Walter Murch **K** Dave Meyers, Albert Kihn **M** Lalo Schifrin **S** George Lucas **D** Robert Duvall (THX 1138), Donald Pleasence (SEN), Maggie McOmie (LUH 3417), Don Pedro Colley (SRT), Ian Wolfe (PTO), Sid Haig (NCH), Marshall Efron (TWA), John Pearce (DWY), Johnny Weissmuller jr. (Chrom-Roboter), Irene Forrest (IMM) **L** 88 **E** 30.12.1978 ARD

TI HO INCONTRATA DOMANI (TI HO INCONTRATA DOMANI). Ein Mann in der Midlife crisis erinnert sich eines schönen Tages in einer Bar an seine gescheiterte Ehe und an all die Frauen, mit denen er inzwischen zusammen war. Die Frauen, ihre Wohnungen und die Musik, die sie hören, sind beliebig austauschbar und führen den Film in eine monotone Sackgasse; nur die schauspielerischen Leistungen können überzeugen. ✦ Schweiz 1989 **P** Bordoni **Pd+R** Pio Bordoni **B** Mario Garriba **K** Nando Campiotti **M** Sergio Caputo **S** Claudio Cormio **D** Cochi Ponzoni (Primo), Duilio Del Prete, Silli Togni, Sonia Gessner, Alessandra Scaramuzza **L** 80 **E** Schweiz

TI LUNG – DER MANN MIT DER STAHLKETTE → Der Mann mit der Stahlkette

TI LUNG – DER TÖDLICHE SCHATTEN DES MR. SHATTER (CALL HIM MR. SHATTER). Ein Berufskiller, der auftragsgemäß einen afrikanischen Diktator erschoß, soll in Hongkong um sein Honorar betrogen werden, entgeht jedoch mit Hilfe eines Kung-Fu-Lehrers allen Anschlägen auf sein Leben. Ein sorgfältig inszenierter und gut gespielter Actionfilm, in den Kampfszenen von beträchtlicher Härte. ✦ Großbritannien 1970 **P** Hammer **KI** Constantin **Pd** Michael Carreras, Vee King Shaw **R** Michael Carreras **B** Don Houghton, Roy Ford **K** Brian Probyn, John Wilcox **M** David Lindup **S** Eric Boyd-Perkins **D** Stuart Whitman, Ti Lung, Lily Li, Peter Cushing, Anton Diffring **L** 91 **FSK** ab 16; f **E** 16.7.1976 **fd** 19 880

TI LUNG – DUELL OHNE GNADE (THE DUEL). Der älteste Sohn eines Besitzers großer Unternehmen läßt den Vater aus Habgier und Machtbesessenheit durch einen gedungenen Mörder umbringen. Blutiges Actionspektakel, das genüßlich in Zeitlupe eingefangene Grausamkeiten mit Albernheiten und Geschmacklosigkeiten in ungewöhnlichem Ausmaß verbindet. Formal routiniert, aber zu spekulativ und drastisch. – Wir raten ab. ✦ Scope. Hongkong 1972 **P** Shaw Brothers **KI** Constantin **VA** VPS **Pd** Runme Shaw **R** Chang Cheh **B** Chu Kang-Chen **K** Chuan Yin-Chuan **M** Chen Yung-Yu **S** Kuo Ting-Hung **D** Ti Lung (Jen Chieh), Wang Ping (Mi, gen. »Butterfly«), Ku Feng (Yen Liu), Chuen Yuan (Kang), Yang Chih Ching (Vater Shen), David Chiang (= Chiang Tai Wei) (Ti Wang) **L** 113 **FSK** ab 18; nf **E** 23.11.1973/1980 Video **fd** 18 643

TIARA TAHITI (TIARA TAHITI). Ein Lebenskünstler auf Tahiti rächt sich an einem geltungssüchtigen früheren Vorgesetzten in der britischen Armee, der ihn einst denunzierte. Ein stilistisch uneinheitlicher Unterhaltungsfilm zwischen Melodram und spritziger Komödie, der seinem Thema nicht gerecht wird. Ein gut gespielter Erstlingsfilm, noch wenig stilsicher inszeniert. – Ab 16. ✦ Großbritannien 1961 **P** Ivan Foxwell's Prod. **KI** Rank **Pd** Ivan Foxwell **R** William T. Kotcheff (= Ted Kotcheff) **B** Geoffrey Cotterell, Ivan Foxwell, nach einem Roman von Geoffrey Cotterell **K** Otto Heller **M** Philip Green **S** Anthony Gibbs **D** James Mason (Brett Aimsley), John Mills (Clifford Southey), Rosenda Monteros (Belle Annie), Claude Dauphin (Monsieur Farengue), Herbert Lom (Chong Sing) **L** 100 **FSK** ab 6; f (früher 18) **E** 21.12. 1962 **fd** 11 690

TIBET – TOR ZUM HIMMEL. Dokumentarfilm einer Reise durch Tibet auf den Spuren Sven Hedins, wobei das Leben abseits des Tourismus skizziert wird. Der Film entstand Ende der 80er Jahre und konzentriert sich auf kulturelle und religiöse Phänomene im Land des Lamaismus. ✦ BR Deutschland 1988 **R+B** Wolfgang Kohl, Jaroslav Poncar **L** (TV) 90 **E** 27.3. 1989 S 3

TIBET – WIDERSTAND DES GEISTES. Vor der Verhängung des Kriegsrechts im Mai 1989 entstandene Dokumentation über den tibetanischen Buddhismus sowie die kulturelle und politische Situation Tibets. Clemens Kuby nähert sich in seinem engagierten Beitrag, der eindeutig Stellung gegen die aggressive chinesische Unterdrückungspolitik bezieht, einer zunächst fremden Welt an. In eindrucksvollen Bildern und informativen Gesprächen vermittelt er tiefergehende Eindrücke von einer spirituell geprägten Kultur und ihrem gewaltlosen Widerstand gegen die chinesischen Imperialisten. Der Film, der unter schwierigen Bedingungen entstand und von Video auf Film umkopiert wurde, leidet unter seiner schwachen Bildqualität, die ihm besonders im Kino zu schaffen macht. – Sehenswert ab 16. ✦ BR Deutschland 1988/89 **P** Kuby Film TV/WDR **KI** Delta **Pd** Thomas Wingen, Karl-B. Kolpsell **R+B** Clemens Kuby **K** Hans Hager **M** Christian Bühner, Agape Dorstewitz, Angelika Ludwig, Helge Schröder, Palden Tawo **S** Clemens Kuby, Agape Dorstewitz, Angelika Ludwig **L** 98 **FSK** ab 16; f **E** 5.12.1989 ARD/4.1.1990 Kino **fd** 28 192

DER TIBETANISCHE KREIDEKREIS. Dokumentarfilm über die Suche nach dem zweithöchsten Würdenträger der Tibeter, den Pantschen Lama. Der im Exil lebende Dalai Lama hatte 1989 ein entsprechendes Kind gefunden, das aber bis heute verschwunden ist. 1995 präsentierten stattdessen die Chinesen, die Tibet seit 1950 besetzt halten, ihren eigenen Pantschen Lama. Der Film dokumentiert den anhaltenden Kampf um die »heiligen Kinder«, der stellvertretend für eine politische Auseinandersetzung ausgetragen wird. ✦ Großbritannien 1996 **P** BBC **R** Charlotte More Gordon **L** 70 **E** 28.7.1998 WDR

TIBUL BESIEGT DIE DICKWÄNSTE (TRI TOLSTJAKA). Märchenfilm vom wagemutigen Kampf eines Seiltänzers, der auszog, sein Volk von den drei Dickwänsten zu befreien. – Ab 6. ✦ Scope. UdSSR 1966 **P** Lenfilm **KI** Progress **R** Alexej Batalow, Jossif Schapiro **B** Alexej Batalow, M. Oleschewski, nach einem Roman von J. Olesch **K** Suren Schachbasjan **M** Nikolai Sidelnikow **D** Lina Braknite (Suok), Petja Artemjew (Tutti), Alexej Batalow (Tibul), Valentin Nikulin (Gaspar), A. Orlow (August) **L** 90 **E** 22.9.1967 Kino DDR/ 1.8.1980 DFF 1

TIC CODE (THE TIC CODE). Ein 12-jähriger New Yorker Junge, der unter dem Tourette-Syndrom leidet, trifft durch seine Leidenschaft fürs Jazz-Piano auf einen schwarzen Saxofonisten, der unter derselben »Behinderung« leidet. Nach vielen Problemen wächst schließlich eine neue Familie zusammen. Konventionell inszeniert und thematisch etwas überfrachtet, kann der Film durch seine ernsthafte Auseinandersetzung mit der weitgehend tabuisierten »Krankheit«, seine sympathische Botschaft für die Musik als »heilende« Kraft sowie das authentische Spiel des jungen Hauptdarstellers für sich einnehmen. – Ab 10. ✦ USA 1998 **P** Jazz Film Inc./Overseas Filmgroup/First Artists **KI** Advanced **VA** Matthias **DVD** e-m-s (1.85:1, DS engl./dt.) **Pd** Polly Draper, Michael Wolff, Karen Tangorra, Sarah Pillsbury **R** Gary Winick **B** Polly Draper **K** Wolfgang Held **M** Michael Wolff **S** Bill Pankow, Kate Sanford **D** Christopher Marquette (Miles), Gregory Hines (Tyrone Pike), Polly Draper (Laura), Desmond Robertson (Todd), Carol Kane (Miss Gimpole), Carlos McKinney (Chester), Dick Berk (Dick) **L** 89 **FSK** ab 6; f **E** 1.6.2000/19.3. 2001 DVD **fd** 34 277

... TICK ... TICK ... TICK (... TICK ... TICK ... TICK). Rassenkonflikte im amerikanischen Süden: Einem zum Sheriff gewählten Schwarzen gelingt es mit Hilfe einiger verständnisbereiter Weißer, die erste Machtprobe in seinem Amt zu bestehen. In Absicht und Tendenz positiv, in der Behandlung des Themas oberflächlich. Ein Unterhaltungsfilm, der das Rassenproblem zu stark vereinfacht. – Ab 14. ✦ Scope. USA 1969 **P** MGM **KI** MGM **Pd** Ralph Nelson, James Lee Barrett **R** Ralph Nelson **B** James Lee Barrett **K** Loyal Griggs **M** Calvin Jackson **S** Alex Beaton **D** Jim Brown (Jimmy Price), George Kennedy (John Little), Fredric March (Major Jeff Parks), Lynn Carlin (Julia Little), Don Stroud (Bengy Springer), Janet MacLachlan (Mary Price) **L** 97 **FSK** ab 12; f **FBW** w **E** 20.3.1970 **fd** 16 727

TICKER (TICKER). Eine Serie von Bomben-Attentaten hält einen Polizeidetektiv in Los Angeles, der dabei seine Familie verlor, in Atem. Als auch noch sein Partner erschossen wird, macht er sich außerhalb der Gesetze auf die Jagd. Simpel strukturierter, routiniert inszenierter Actionfilm nach gängigen Mustern des Genres. Dennis Hopper steigt einmal mehr in die Niederung des B-Film-Fieslings hinab. ✦ USA 2001 **P** Artisan/Nu Image **VA** Highlight **Pd** Ken Aguado, Randall Emmett, George Furla, Albert Pyun, Paul Rosenblum **R** Albert Pyun **B** Paul B. Margolis **K** Philip Alan Waters **M** Serge Colbert **S** Ken Morrisey **D** Tom Sizemore (Nettles), Rozonda Thomas (Lilly), Dennis Hopper (Swann), Steven Seagal (Glass), Joe Spano (Captain Spano) **L** 88 **E** 15.11.2001 Video

TICKET (TICKET). Frühes Drama eines der führenden südkoreanischen Filmemacher, der immer wieder zwischen »populären« melodramatischen Auftragsarbeiten und ambitionierten Autorenfilmen pendelt, wobei erstere die zweiten erst ermöglichen. In einem Kaffehaus an der koreanischen Küste bieten vier junge Kellnerinnen sexuelle Dienste an. Die jüngste von ihnen will mit der Nebentätigkeit ihrem Freund das Studium finanzieren. Als dieser jedoch von ihrem Job erfährt, verläßt er sie, obwohl sie inzwischen schwanger ist. ✦ Südkorea 1986 **R** Im Kwon-Taek **D** Kim Ji-Mi (Min Ji-Suk), An So-Young (Yang), Lee Heh-Young (Hong), Chun Se-Young (Yoon) **L** 100 **E** 19.6.1998 3sat

EIN TICKET FÜR ZWEI (PLANES, TRAINS AND AUTOMOBILES). Ein Werbefachmann und ein Handlungsreisender werden zu ungleichen Reisegefährten, die eine abenteuerliche Odyssee überstehen müssen. Der Versuch, die Gag-Komödie durch die Beschreibung einer mitmenschlichen Annäherung zu vertiefen, bleibt in gutgemeinten Ansätzen stecken. – Ab 14. ✦ USA 1987 **P** Paramount Pictures **KI** UIP **VA** CIC **DVD** Paramount (16:9, 1.78:1, DD5.1 engl., DS dt.) **Pd+R+B** John Hughes **K** Don Peterman **M** Ira Newborn **S** Paul Hirsch **D** Steve Martin (Neal Page), John Candy (Del Griffith), Laila Robbins (Susan Poppe), Michael McKean (Grenzpolizist), Kevin Bacon (Taxifahrer) **L** 92 **FSK** ab 6; f **FBW** w **E** 28.4.1988/28.4.1988 Video/18.10.2001 DVD **fd** 26 771

TICKET IN DEN TOD (PASSPORT TO MURDER). Thriller. Um Abstand von ihrer gescheiterten Ehe zu gewinnen, fliegt eine Frau nach Paris. An ihre Fersen heften sich neben einem Privatdetektiv, den die Geliebte ihres Mannes engagiert hat, bald auch mehrere Geheimdienste, die hinter dem brisanten Inhalt ihres Stofftiers her sind, das sie eigentlich bloß verschenken wollte. ✦ Teils schwarz-weiß. USA 1992 **Pd** Peter Katz **R** David Hemmings **B** Alfred Monacella **K** Elemér Ragályi **M** Charles Gross **S** Debra Chiate **D** Connie Sellecca (Helen Hollander), Ed Marinaro (Hank McKay), Pavel Douglas (Charles Devon), Peter Bowles (Inspektor Bullion), Morella Oppenheim (Louise de Chabot) **L** 86 **E** 27.1.1994 RTL

TICKET INS CHAOS (BANZAI). Ein Angestellter einer Reiseunfall-Versicherung wird in den Außendienst versetzt, muß seine Verlobte, die davon nichts wissen darf, beschwindeln und wird in exotischen Urlaubsländern mit den eigenen Vorurteilen konfrontiert. Eine turbulente, manchmal etwas zu hektische Komödie, die zaghaft Fremdenhaß und Ausländerfeindlichkeit aufs Korn nimmt. Trotz einiger Mängel humorige Unterhaltung nicht ganz ohne Tiefgang. (Titel auch: »Banzai – Ticket ins Chaos«) – Ab 16. ✦ Frankreich 1982 **P** Renn **VA** Marketing **Pd** Claude Berri **R** Claude Zidi **B** Claude Zidi, Didier Kaminka, Michel Fabre **K** Jean-Jacques Tarbès **M** Vladimir Cosma **S** Nicole Saunier **D** Coluche (= Michel Colucci) (Michel Bernardin), Valérie Mairesse (Isabelle Morizet), François Perrot (Chef), Didier Kaminka (Cousin Paul), Marthe Villalonga (Frau Bernardin), Jean-Marie Proslier (Geschäftsmann), Eva Darlan (Carole) **L** 96 **FSK** ab 12 **E** 19.12.1985 Video **fd** 25 531

TICKET TO HELL →Final Cut – Ticket to Hell

TICKET TO LOVE (JUST THE TICKET). Ein sympathischer junger Mann schlägt sich in New York mehr schlecht als recht mit dem Schwarzmarktverkauf von Eintrittskarten durch. Als der Papst-Besuch ansteht, wittert er das Geschäft seines Lebens und mischt sich als kartenverkaufende Nonne unter das Volk. Doch die Polizei und ein konkurrierendes Syndikat setzen ihm zu, sodass er am Ende fast mehr als sein Geld verliert. Immerhin bleibt ein Leben an der Seite des geliebten Mädchens, das ihn zu verlassen drohte. Eine uneinheitlich inszenierte Komödie mit einigen gelungenen Einfällen, die sich auf Dauer jedoch als zu lang erweist. Während die authentischen Aufnahmen aus dem New Yorker Alltag überzeugen, irritieren eingestreute religiöse Motive, wie einige Bekenntnisse des Schwarzhändlers, die im Rahmen eines Beichtgesprächs angelegt sind. DVD: Die Special Edition beinhaltet u. a. einen Audiokommentar des Regisseurs sowie ein Feature mit nicht verwendeten Szenen. – Ab 14. ✦ USA 1998 **P** Cine Son Prod. **VA** Carolco (VCL) **DVD** Concorde (SE, 16:9, 1.85:1/FF P&S, DD5.1 engl./dt.) **Pd** Andy Garcia, Gary Lucchesi, John Starke **R+B** Richard Wenk **K** Ellen Kuras **M** Rick Marotta **S** Christopher Cibelli **D** Andy Garcia (Gary Starke), Andie MacDowell (Linda Palinski), Richard Bradford (Benny Morgan), Elizabeth Ashley (Mrs. Palinski), Fred Asparagus (Zeus) **L** 110 **FSK** ab 6 **E** 18.4.2000 Video/17.11.2000 DVD **fd** 34 565

TICKET TO TAJ MAHAL (BILETAS IKI TAJ MAHAL). Im Jahr 1946 lösen in einem litauischen Dorf die Stalinisten die deutschen Besatzer ab. Aus der düsteren Realität versucht einer der Einwohner in sein Traumland Indien zu flüchten, während ein Nachbar von den Sowjets zum Wehrdienst gezwungen wird. Doch er hat Glück im Unglück: Eine russische Untersuchungsrichterin beschützt ihn, damit er sie heiraten und das gemeinsame Kind großziehen kann. So bleibt er am Leben und kann einen Freund vor der Verbannung nach Sibirien retten. ✦ Litauen 1990 **P** Film Kooperative Katarsis **KI** ex picturis **R** Algimantas Puipa **B** Rimantas Schawelis **K** Rimantas Juodwalkis **M** Juosas Schirwinskas **D** Elena Balsyte, Saulius Kysas, Kostas Smoriginas, Nijole Narmontaile, Vidas Petkevicius **L** 90 **E** 1991 Kino

TICKET ZUM HIMMEL (SEVEN MINUTES IN HEAVEN). Sexuelle Erwartungen und erste Liebeserfahrungen zweier amerikanischer Schülerinnen. Während die draufgängerische Polly nach dem »ersten Mal« enttäuscht ist, hat die scheue Natalie in New York ein unvergeßliches Erlebnis. Teenager-Komödie der sensibleren Art, die, mit weiblichem Einfühlungsvermögen gestaltet, durch die hervorragend geführten jungen Darsteller und die dezente Kamera für sich einnimmt und trotz einiger Längen sympathisch und glaubhaft unterhält. (Alternativtitel: »Sieben Minuten im Himmel«) – Ab 16. ✦ USA 1985 **P** Zoetrope Studios/FR **VA** Warner Home **Pd** Fred Roos **R** Linda Feferman **B** Jane Bernstein, Linda Feferman **K** Steven Fierberg **M** Robert Kraft **S** Marc Laub **D** Jennifer Connelly (Natalie Becker), Byron Thames (Jeff Moran), Maddie Corman (Polly Franklin), Alan Boyce (Casey), Polly Draper (Aileen Jones) **L** 84 **FSK** ab 12 **E** 9.12.1988 Video **fd** 27 482

TICKET ZUR HÖLLE →Höllenzug

TICKY – EINE NUMMER ZU KLEIN (TROP PETIT MON AMI). Ein kleinwüchsiger Mann, der als Saal-Diener in einem Spielcasino arbeitet, sieht einen Weg zum Erfolg im Verbrechen; seine Rechnung scheint aufzugehen. Gelackte Verfilmung eines Kriminalromans: ein Gangsterfilm mit beinahe sadistischer Note. ✦ Frankreich 1970 **P** Les Films Corona/Les Films du Quadrangle **R** Eddy Matalon **B** Jean-Claude Grumberg, Sady Rebbot, nach einem Roman von James Hadley Chase **K** Jean-Jacques Tarbès **M** William Sheller **S** Françoise Garnault, Jacques Poyon **D** Jane Birkin, Michael Dunn, Bernard Fresson, Claude Brasseur, André Pousse, Roger Blin **L** 85 **E** 7.12.1974 ARD

TIEF IN MEINEM HERZEN (DEEP IN MY HEART). Der Aufstieg des aus Österreich eingewanderten Sigmund Romberg vom Kaffeehaus-Pianisten in New York zum gefeierten Musical-Komponisten, der unter anderem von dem Theatermanager Florenz Ziegfeld und der Autorin Dorothy Donnelly gefördert wird. 1914 begann Romberg mit der Amerikanisierung europäischer Operetten und trug entscheidend dazu bei, daß sich das Musical in den 20er Jahren zu einer eigenständigen und erfolgreichen Bühnenform entwickelte. Im Prinzip folgt der gelegentlich übertrieben sentimentale Film gängigen Schablonen für Künstlerbiografien, besitzt aber einige brillante Tanzszenen sowie eine hinreißende Jazz-Parodie. Reizvoll auch die Kurzauftritte vieler Hollywood-Größen wie Gene Kelly, Jane Powell, Ann Miller und Cyd Charisse. – Ab 14. ✦ Scope. USA 1954 **P** MGM **KI** MGM **Pd** Roger Edens **R** Stanley Donen **B** Leonard Spigelgass, nach einer Erzählung von Elliott Arnold **K** George J. Folsey jr. **M** Sigmund Romberg **S** Adrienne Fazan **D** José Ferrer (Sigmund Romberg), Merle Oberon (Dorothy Donnelly), Helen Traubel (Anna Mueller), Doe Avedon (Lillian Romberg), Walter Pidgeon (J. J. Shubert), Paul Henreid (Florenz Ziegfeld), Jim Backus (Ben Judson) **L** 125 (Orig. 132) **FSK** ab 12; nf **E** 10.2.1956 **fd** 4 956

TIEF WIE DER OZEAN (THE DEEP END OF THE OCEAN). Eine junge Mutter stürzt in tiefe Verzweiflung, als ihr dreijähriger Sohn spurlos verschwindet. Neun Jahre später wird der vermisste Junge wieder gefunden, aber die Integration in die alte Familie, die ihm fremd ist, erweist sich als schwierig. Gefühlvolles Familiendrama nach einem Bestsellerroman, das die Entwicklung der Mutter in den Mittelpunkt stellt. Solide inszeniert, aber zu glatt in der Lösung der Probleme. – Ab 10. ✦ USA 1999 **P** Mandalay Entertainment/Via Rosa **KI** Constantin **VA** Constantin (VCL) **DVD** VCL (16:9, 1.85:1, DD5.1 engl./dt.) **Pd** Kate Guinzburg, Steve Nicolaides **R** Ulu Grosbard **B** Stephen Schiff, nach dem Roman »The Deep End of the Ocean« von Jacquelyn Mitchard **K** Stephen Goldblatt **M** Elmer Bernstein **S** John Bloom **D** Michelle Pfeiffer (Beth Cappadora), Treat Williams (Pat Cappadora), Whoopi Goldberg (Detective Supervisor Candy Bliss), Ryan Merriman (Sam), Jonathan Jackson (Vincent), John Kapelos (George Karras) **L** 109 **FSK** ab 6; f **E** 12.8.1999/22.2.2000 Video/6.6.2000 DVD **fd** 33 798

DIE TIEFE (THE DEEP). Ein Sporttaucher-Paar findet in den Riffs vor den Bermudainseln alte Goldmünzen und Morphium-Ampullen. Zusammen mit einem Schatz-Experten und im Kampf gegen eine Rauschgift-Bande erlebt es einige gefährliche Abenteuer. Lediglich in den Unterwasser-Sequenzen fesselnder Unterhaltungsfilm, der im übrigen durch sein dünnes Drehbuch, die schwachen schauspielerischen Leistungen und eine einfallslose Regie eher langweilt. – Ab 16. ✦ Scope. USA 1977 **P** Casablanca Film Works für Columbia/EMI **KI** Warner-Columbia **DVD** Columbia TriStar Home (16:9, 2.35:1, DS engl., Mono dt.) **Pd** Peter Guber **R** Peter Yates **B** Peter Benchley, Tracy Keenan Wynn, nach dem Roman von

Peter Benchley **K** Christopher Challis, Al Giddings, Stanton Waterman **M** John Barry **S** Robert L. Wolfe, David Berlatsky **D** Robert Shaw (Treece), Jacqueline Bisset (Gail Sanders), Nick Nolte (David Sanders), Louis Gossett jr. (Cloche), Eli Wallach (Adam Coffin) **L** 124 **FSK** ab 16; **f E** 20.11.1977/2.12.1999 DVD **fd** 20 525

TIEFE BRUNNEN (ROJ). Im ersten Ansturm gegen die türkische Fremdherrschaft konnten weite Teile Serbiens im Jahr 1804 befreit werden. Die Helden werden gefeiert, die Verräter abgeurteilt. Ein Fall läßt sich so einfach nicht lösen: Hat eine Frau ihren Mann Nikola wirklich an die Türken verraten? ✦ Schwarz-weiß. Jugoslawien 1965 **P** Avala **R+B** Mica Popovic **K** Milorad Markovic **M** Zoran Hristic **D** Mira Stupica, Rade Markovic, Svetolik Mikacevic, Olivera Vuco, Ljubica Kovic **L** 80 **E** 26.6.1970 DFF 1

TIEFE DER SEHNSUCHT (PASSION OF MIND). Eine attraktive Frau lebt einerseits als allein erziehende Mutter in Südfrankreich, andererseits als erfolgreiche Literatur-Managerin in New York – im Moment des Einschlafens werden die Identitäten zwischen Traum und Wirklichkeit quasi vertauscht. Parallel in Europa und USA sucht sie Psychoanalytiker auf, verliebt sich, vertraut sich dem jeweiligen Partner an und trudelt angesichts dieser Partnerschaften auf den Punkt zu, an dem es keinen Platz mehr für eine der beiden Existenzen gibt. Unglaubwürdiges Psychodrama, das sich in bloßen Oberflächenarrangements erschöpft. An die Stelle glaubwürdiger Figurenzeichnung treten lediglich (pseudo-)psychoanalytische Schnittmuster. – Ab 16. ✦ Scope. USA 2000 **P** Lakeshore Entertainment/Paramount Classics/Ron Bass Prod. **Kl** Concorde **VA** Concorde (VCL) **Pd** Carole Scotta, Thomas Rosenberg, Ronald Bass **R** Alain Berliner **B** Ronald Bass, David Field **K** Eduardo Serra **M** Randy Edelman **S** Anne V. Coates **D** Demi Moore (Marie/Marty), Stellan Skarsgard (William Leeds), William Fichtner (Aaron Reilly), Sinéad Cusack (Jesse), Peter Riegert (Therapeut) **L** 105 **FSK** ab 12; **f E** 13.7.2000/27.3.2001 Video **fd** 34 339

TIEFE FURCHEN. Die Ereignisse in einem Dorf im Sommer 1945 zur Zeit der Bodenreform. Milieugerechte Schilderung der damaligen Zustände, künstlerisch jedoch durch peinlich kolportagehafte Züge unter dem Durchschnitt. Koproduktion zwischen Fernsehen der DDR und DEFA. – Ab 14. ✦ Schwarz-weiß. DDR 1965 **P** DEFA, Gruppe »Roter Kreis« **Kl** Progress **Pd** Hans Mahlich, Dorothea Hildebrandt **R** Lutz Köhlert **B** Helmut Sakowski, Lutz Köhlert, nach dem gleichnamigen Roman von Otto Gotsche **K** Roland Gräf **M** Karl-Ernst Sasse **S** Monika Schindler **D** Erwin Geschonneck (Roter Schuster), Karl Kendzia (Hübner), Gudrun Ritter (Agnes), Hans Hardt-Hardtloff (Gebhardt), Helga Raumer (Frau Gebhardt), Kaspar Eichel (Georg), Kurt Kachlicki (Arthur) **L** 97 **E** 2.9.1966 DFF 1/3.9.1966 Kino DDR

DER TIEFE SCHLAF (1945) →Tote schlafen fest

DER TIEFE SCHLAF (1978) →Tote schlafen besser

DER TIEFE SUMPF DES SÜDENS (BLUE BAYOU). (Fernseh-)Krimi: Eine kalifornische Anwältin geht mit ihrem straffällig gewordenen Sohn nach New Orleans, wo sie für die Staatsanwaltschaft tätig wird und gemeinsam mit ihrem Ex-Mann, einem Polizisten, einen Mordfall im Milieu der Reichen untersucht. Im Lauf der Ermittlungen kommen sich die beiden wieder näher. ✦ USA 1990 **P** Fisher **Pd** Christopher Morgan **R** Karen Arthur **B** Terry Louise Fisher **D** Alfre Woodard (Jessica Filley), Keith Williams (Nick), Mario Van Peebles (Jay Filley), Roy Thinnes (Barney Fontenot), Maxwell Caulfield **L** 90 **E** 26.6.1994 premiere

DAS TIEFE TAL (DEEP VALLEY). Eine wegen des häuslichen Unfriedens verstörte Farmerstochter in Kalifornien befreit sich durch ihre tragische Liebe zu einem entflohenen Sträfling von ihrem Sprachfehler. Thematisch ein Vorläufer von »Schweigende Lippen«. Ein Melodram in gepflegt-konventioneller Inszenierung, hervorragend in der Darstellung. – Ab 16. ✦ Schwarz-weiß. USA 1947 **P** Warner Bros. **Pd** Henry Blanke **R** Jean Negulesco **B** Salka Viertel, Stephen Morehouse Avery, William Faulkner (ungenannt), nach einem Roman von Dan Totheroh **K** Ted McCord **M** Max Steiner **S** Owen Marks **D** Ida Lupino (Libby Saul), Dane Clark (Barry Burnette), Wayne Morris (Jeff Barker), Fay Bainter (Ellie Saul), Henry Hull (Cliff Saul) **L** 104 **E** 2.1.1965 ARD

TIEFE WASSER (1981) →Stille Wasser (1981)

TIEFE WASSER (1989) (LIFE UNDER WATER). Tragikomödie um eine aussichtslose Urlaubsliebe. ✦ USA 1989 **R** Jay Holman **B** Richard Greenberg **D** Sarah Jessica Parker (Beth), Haviland Morris (Joy), Keanu Reeves (Kip), Joanna Gleason (Jinx), Stephen McHattie (Hank) **L** 56 **E** 9.4.1999 tm 3

TIEFER ALS HASS →F.T.W. – Tiefer als Haß

DER TIEFFLIEGER (LE FOU DU ROI). Eine amateurhaft gespielte Komödie vor »historischem« Hintergrund mit ebenso schwachsinnigen wie unwahrscheinlichen Gags. 1680 versucht der französische Feldmarschall d'Artagnan, seinem Sohn Dieudonné, der mit Kriegen und Duellen wenig anfangen kann, militärischen Schliff zu geben. Nachdem der Vater im Kampf an der Front gefallen ist, wird Dieudonné in Versailles zur Vertrauensperson von Louis XIV. und damit zum Opfer der intriganten Favoritin des Königs. In jeder Hinsicht belanglose Trivialkost. (DDR-Titel: »Der Narr des Königs«) – Ab 12 möglich. ✦ Frankreich 1984 **P** Japhila/Films J. Leitienne **Pd** Claude Gallet, Gie Distra **R+B** Yvan Chiffre **K** Jean-Francis Gondre **M** Dominique Perrier, Sam Bernett **S** Michel Lewin **D** Michel Leeb (Dieudonné), Diane Bellego (Madame de Montespan), Jean Desailly (Louis XIV.), Brigitte Glastre (Auréline), Elisabeth Kaza (Dame Clarisse), Howard Vernon (Abbé Guibourg), Jean-Claude Dreyfus (Courtemise) **L** 92 **FSK** ab 12; **f E** 24.9.1988 DFF 2/24.4.1993 RTL 2

TIEFLAND. Melodram nach Motiven der gleichnamigen Oper von Eugen d'Albert: Ein herrischer Großgrundbesitzer in den Pyrenäen verheiratet eine Zigeuner-Tänzerin an einen armen Berghirten, um sie als Mätresse beizubehalten. In einem Messerkampfduell fällt der Bösewicht. Optisch und musikalisch durchaus stimmungsvoll, jedoch mit volkhaft frisiertem Pathos, naturalistisch-flacher Psychologie und heroischer Landschaftsdarstellung überaus langweilig. Ein weiterer Mangel: Regisseurin, Autorin und Produzentin Leni Riefenstahl deplaziert sich in der weiblichen Hauptrolle. (Der Film wurde 1943 gedreht, konnte aber erst neun Jahre später, nachdem 100.000 Meter belichtetes Filmmaterial eine abenteuerliche Irrfahrt hinter sich gebracht hatten, vollendet werden.) – Ab 16. ✦ Schwarz-weiß. Deutschland 1940/54 **P** Leni-Riefenstahl-Prod. **Kl** Deutsche Cosmopol **VA** Taurus **Pd** Leni Riefenstahl **R** Leni Riefenstahl, Georg Wilhelm Pabst **B** Leni Riefenstahl, Harald Reinl, nach Motiven der gleichnamigen Oper von Eugen d'Albert **K** Albert Benitz **M** Herbert Windt, Eugen d'Albert (div. Opern-Melodien) **D** Leni Riefenstahl (Martha), Bernhard Minetti (Don Sebastian), Franz Eichberger (Pedro), Luise Rainer (Nando), Maria Koppenhöfer (Amelia), Aribert Wäscher (Camillo) **L** 98 **FSK** ab 12; **f E** 11.2.1954 **fd** 3 293

DER TIEFSTAPLER. Ein Rollmops-Fabrikant – der in Wirklichkeit aber ein Professor ist – und eine Dirne – die sich schließlich als Ärztin entpuppt – müssen in einem Entwicklungsland die Rolle eines deutschen Minister-Ehepaares spielen. Ein deprimierendes Lustspiel wie aus der Mottenkiste: die unfähigen Autoren des faden Films begreifen Entwicklungsländer als Bananen-Republiken, ihre Politiker als Operetten-Chargen und ihre Bewohner als Karikaturen und Kretins. – Ab 16 möglich. ✦ BR Deutschland 1977 **P** Anila/RKB **Kl** Intercine **R+B** Peter W. Rosenthal, Michael Krohne **K** Charly Steinberger **M** Jack White (= Horst Nussbaum) **S** Eva-Maria Grohmann **D** Georg Thomalla (Christian Sturm), Gert Fröbe (Felix von Korn), Charo López (Jutta), José Luiz Lifante (Sperber) **L** 88 **FSK** ab 6; nf **E** 11.5.1978 **fd** 20 792

DAS TIER (1968) (THE ANIMAL). Ein rauschgiftsüchtiger Sexualverbrecher sucht seine Partnerinnen per Telefon und zwingt sie zu perversen Spielen, bis er von einem seiner Opfer durch einen Autounfall infolge Schlafmittels getötet wird. Verlogener Sexfilm mit der üblichen voyeuristischen Haltung. – Wir raten ab. ✦ Schwarz-weiß. USA 1968 **P** Monarex/Olympic International **Kl** Adria **R** Robert Lee Frost **K** Robert Lee Frost **M** M. R. Terr **D** David Homes, Virginia Gord **L** 82 **FSK** ab 18; nf **E** 30.1.1970 **fd** 16 583

DAS TIER (1980) (THE HOWLING). Nach dem Zusammentreffen mit einem Triebtäter erleidet eine Fernseh-Reporterin einen Nervenzusammenbruch und kommt in ein Therapie-Zentrum, das sich als Sammelplatz von Menschen entpuppt, die sich unter dem Einfluß ihrer dunklen Triebe in reißende Bestien verwandeln. Ein suggestiver Horrorfilm, angesiedelt zwischen »Rotkäppchen und der Wolf« und klassischen »Werwolf«-Filmen, zu denen er in zahlreichen Anspielungen ironisch Stellung bezieht; zugleich eine Satire auf die Macht der Massenmedien. Durch allzu aufgesetzte Psychologisierungen sowie die sich in ihrer tricktechnischen Perfektion oft selbstzweckhaft verselbständigenden Effekte verschenkt der Film viel von seiner Wirkung. – Ab 16 möglich. ✦ USA 1980 **P** International Film Investors/Wescom **Kl** Neue Constantin **DVD** BestBuyMovie (FF, DD2.0 dt.) **Pd** Michael Finnell, Jack Conrad **R** Joe Dante **B** John Sayles, Terence H. Winkless, nach einem Roman von Gary Brandner **K** John Hora **M** Pino Donaggio **S** Mark Goldblatt **D** Dee Wallace (= Dee Wallace Stone) (Karen), Patrick MacNee (Dr. Waggner), Dennis Dugan (Chris), Christopher Stone (Bill), Belinda Balaski (Terry Fischer), John Carradine (Erle Kenton) **L** 91 **FSK** ab 16; **f E** 30.7.1981/10.5.1991 premiere/20.3.2000 DVD **fd** 23 071

DAS TIER (1993). TV-Komödie über einen Tierhasser, der bisweilen auch zum Luftgewehr greift und seine Nachbarn schließlich so weit bringt, dass sie ein Mordkomplott schmieden. Die Lage ändert sich, als dem Mann eine Katze zuläuft. ✦ Deutschland 1993 **P** SWF **Pd** Dietrich Mack **R+B** Gert Steinheimer **K** Hannes Hollmann **M** Klaus Nagel **S** Carola Hülsebus **D** Adolf Laimböck (Paul Ratzeburger), Jutta Speidel (Barbara Fehling), Hans Peter Korff (Jürgen Fehling), Heinz Meier (Roland Tauber), Elke Twiesselmann (Hermine Tauber), Gabriele Badura (Elisabeth Ruprecht) **L** 86

DAS TIER II (THE HOWLING II – YOUR SISTER IS A WEREWOLF). Angebliche Fortsetzung von Joe Dantes »Das Tier«. Ein junges amerikanisches Pärchen versucht, eine seltsame Mordserie aufzuklären. Die Spur führt nach Transsylvanien, wo es zur aufreibenden Konfrontation mit der »Königin der Wölfe« kommt. Haarsträubende Mischung aus »gotischen« und modernen Horror-Elementen mit einigen recht kunstvoll fotografierten Szenen, die permanent in die denkbar primitivsten Sex- und Gewaltorgien zurückfällt. ✦ Großbritannien 1984 **P** Granite/Thorn EMI **VA** Cannon **R** Philippe Mora **B** Robert Sarno, Gary Brandner, nach einem Roman von Gary Brandner **K** Geoffrey Stephenson **M** Steve Parsons **S** Charles Bornstein **D** Marsha Hunt (Mariana), Sybil Danning (Stirba), Christopher Lee (Stefan Crosscoe), Annie McEnroe (Jennie Templeton), Reb Brown (Ben White) **L** 87 **FSK** ab 18 **E** August 1986 Video

TIERARZT DR. VLIMMEN (1956). Mißgunst und Verleumdung erschweren einem in Scheidung lebenden Tierarzt die neue Existenz in einer Kleinstadt an der Nordseeküste. Verfilmung des gleichnamigen niederländischen Romans von A. Roothaert, in der Milieuzeichnung glaubhaft und vor allem in der Titelrolle munter-unterhaltsam. Frei von der antikirchlichen Polemik der Vorlage. (Alternativtitel: »Skandal um Dr. Vlimmen«) – Ab 16. ✦ Schwarz-weiß. BR Deutschland 1956 **P** Real **Kl** Rank **Pd** Gyula Trebitsch, Walter Koppel **R** Arthur Maria Rabenalt **B** Konrad

Beste, Carl Dietrich Carls, nach Motiven der gleichnamigen Roman-Trilogie von A. Roothaert **K** Albert Benitz **M** Marc Hendriks **S** Alice Ludwig-Rasch **D** Bernhard Wicki (Dr. Jan Vlimmen), Heidemarie Hatheyer (Truus Dautzenberg), Wolfgang Lukschy (Fritz Dacka, Rechtsanwalt), Ellen Schwiers (Nels van der Kalk), Ursula Herking (Frau van der Kalk), Erni Mangold (Mientje) **L** 104 **FSK** ab 16; f **E** 7.9.1956 **fd** 5 209

TIERARZT DR. VLIMMEN (1978) (DR. VLIMMEN). Ein Tierarzt in Brabant, den seine Frau verließ, wird durch einen Gemeinderat in seiner Karriere behindert. Seine Aussichten verringern sich noch mehr, als eine Schwangere behauptet, der Arzt sei der Vater ihres Kindes. Nach der Romantrilogie von A. Roothaert schildert der Film das Leben eines Landtierarztes in den 20er und 30er Jahren, wobei er manche Figur zur Karikatur verzeichnet. Gut gespielt und mit schönen Landschaftsaufnahmen. – Ab 16. ✦ Niederlande/Belgien 1978 **P** Cincecentrum/Cine-ma/Kunst en Kino Produktie **R** Guido Peters **B** Guido Peters, nach der Roman-Trilogie von A. Roothaert **K** Theo van de Sande **M** Pim Koopman **S** Ton Ruys **D** Peter Faber (Johannes Maria Vlimmen), Roger van Hool (Dacka), Chris Lomme (Truus), Brigitte de Man (Mientje), Hattijin Hallers, Erik van 't Wout, Helmert Woudenberg **L** 112 **E** 25.2.1981 ARD

TIERE ANTWORTEN (AZ ALLATOK VALASZOLNAK). Verhaltensbeobachtungen bei seltenen Tieren in einem populärwissenschaftlichen Film mit interessanten, überraschenden und seltenen Tieraufnahmen. – Ab 6. ✦ Ungarn 1979 **P** Mafilm **KI** Progress **R+B** Agoston Kollányi **K** Lajos Váncsa **M** Frigyes Hidas **L** 86 **E** 28.11.1980 Kino DDR

TIERE IN DER FORSCHUNG (TIERE IN DER FORSCHUNG). Im Vorfeld einer schweizerischen Volksabstimmung über die Tierversuche in der Pharma-Industrie 1992 sorgte Rissis Dokumentarfilm mit Enthüllungen über die dubiose Zusammenarbeit von Tierhändlern und firmeneigener und universitärer Forschung für Gesprächsstoff. Er weist nach, daß entgegen aller verbalen Verschleierungen der Industrie kranke und heruntergekommene Katzen und Hunde in die Labors kamen, die bei unseriösen, aber billigen Zulieferern in Sammellagern eingepfercht waren. Unglücklicherweise macht der reißerische Kommentar des Films einiges von der beabsichtigten Wirkung zunichte. Im Grunde nämlich sprechen die Bilder für sich. ✦ Schweiz 1991 **P** Pica **R** Mark M. Rissi **B** Stefan Eckart **K** Helmut Hörber **S** Mark M. Rissi **L** 60 **E** Schweiz

TIERFÄNGER → Raubtierfänger

DER TIERFILM (THE ANIMALS FILM). Umfangreiche Dokumentation über Mißachtung und Mißhandlung der Tiere in der modernen Industriegesellschaft, die auch ausführlich über Tierversuche berichtet. Trotz Schwächen in der Argumentationsstruktur und der sachlichen Differenzierung eine wichtige Materialsammlung zur kritischen Auseinandersetzung und ein vehementes, glaubwürdiges Plädoyer für die wehrlose Kreatur. – Ab 14. ✦ Teils schwarz-weiß. USA/Großbritannien 1981 **P** Slick Pics **KI** Verleihgenossenschaft der Filmemacher **R** Victor Schonfeld, Myriam Alaux **B** Victor Schonfeld **K** Kevin Keating **M** Robert Wyatt **L** 136 **E** 1984 Kino **fd** 24 677

TIERGARTEN. Mit minimalem Budget gedrehter Film über den Berliner Stadtteil Tiergarten und einige dort lebende »exotische« Menschen, verdichtet zu einer »mitleidsvoll menschlichen Komödie«, die mit vielen technischen Unzulänglichkeiten behaftet ist, aber dadurch einen unübersehbaren »Underground-Charme« erhält. ✦ BR Deutschland 1979 **P** Lambert Film Studio **KI** Skylight/Lambert **Pd+R+B+K** Lothar Lambert **M** Vangelis (= Vangelis Papathanassiou), Exuma **S** Lothar Lambert **D** Steven Adamczewski (Tramper), Dagmar Beiersdorf (Ehefrau), Erich Förtsch (Zuhälter), Marion Herschel (Hure), Mustafa Iskandarani (junger Türke), Erika Rabau (Pennerin), Beate Hasenau (Kabarettistin) **L** 80 **E** 26.2.1980

TIERGARTEN SÜDAMERIKA → Tierparadies Südamerika

EIN TIERISCH ERNSTER FALL (NOTHING PERSONAL). Ein Jura-Professor erfährt von der Absicht, eine Robbenherde zu töten, die einem geplanten Militärstützpunkt in Alaska im Wege ist. Der Jurist nimmt den Kampf mit der mächtigen Lobby seiner Gegner auf, unterstützt von einer attraktiven Anwältin, die ihm am Schluß in die Arme sinkt. Langweilige, witzlose Komödie, die ein ökologisches Thema für eine krampfhaft konstruierte (Liebes-)Geschichte mißbraucht. Regie, Buch und Schnitt spotten jeder Beschreibung. Selbst die routinierten Darsteller können aus dieser ambitionslosen Dutzendware keinen brauchbaren Film machen. (Alternativtitel: »Ein Professor geht auf's Ganze«) – Ab 16 möglich. ✦ Kanada 1980 **P** AIP/Filmways **Pd** David M. Perlmutter **R** George Bloomfield **B** Robert Kaufman **K** Laszlo George, Arthur Ibbetson **S** George Appleby **D** Donald Sutherland (Prof. Roger Keller), Suzanne Somers (Abigail Adams), Lawrence Dane (Robert Ralston), Roscoe Lee Browne (Mr. Paxton), Dabney Coleman (Tom Dickerson), Saul Rubinek (Peter Braden) **L** 97 **E** 21.8.1994 ORF 2

TIERISCHE LIEBE. Großstädter neigen dazu, das eigene Schicksal mit Frettchen, Hamstern, Vögeln, Vogelspinnen, natürlich auch mit Hund und Katze zu teilen. Die närrische Liebe zum Tier zieht sich quer durch alle sozialen Schichten und ideologischen Standpunkte. Dieser Dokumentarfilm begibt sich auf die Spuren dieses Phänomens. Was er zutage fördert, ist von aberwitziger Komik, erschreckend monströs und abgrundtief deprimierend in einem. Eine Meditation über die Einsamkeit, entworfen in irritierend schönen Tableaus, wie man sie im Dokumentarfilm noch nicht gesehen hat. ✦ Österreich 1995 **P** Lotus Film/Selikovsky **KI** Ventura **VA** absolut MEDIEN **Pd** Erich Lackner **R+B** Ulrich Seidl **K** Michael Glawogger, Peter Zertlinger **S** Christof Schertenleib **L** 114 **FSK** ab 18 (Video) **E** 29.8.1996/1997 Video **fd** 32 066

EINE TIERISCHE VERBINDUNG (L'ALLIANCE). Über eine Heiratsagentur findet ein schüchterner Tierarzt die Frau fürs Leben. Doch im gemeinsamen Haus leben beide nebeneinander her, bis er sich für die Vergangenheit seiner geheimnisvollen Gattin zu interessieren beginnt. Während er seine Nachforschungen anstellt, fängt sie an, ihn auszuspionieren. Gleichzeitig füllt sich das Haus mit immer mehr ausgefallenen Tieren, die die gereizte Spannung noch mehr aufheizen. Einr fantastische Allegorie über Geschlechterrollen und geheimnisvolles (Macht-)Verhalten, die eine ungeheurere psychologische Spannung aufbaut und von ausgezeichneten Darstellern getragen wird. Die detailverliebte Ausstattung des Films trägt das Ihre zur nachhaltigen Verunsicherung bei. ✦ Frankreich 1970 **P** Capac **Pd** Paul Claudon **R** Christian de Chalonge **B** Christian de Chalonge, Jean-Claude Carrière, nach seinem Roman **K** Alain Derobe **M** Gilbert Amy **D** Anna Karina (Jeanne), Jean-Claude Carrière (Hugues), Isabelle Sadoyan (Hélène), Jean-Pierre Darras (Berater der Heiratsagentur), Tsilla Chelton (Sekretärin) **L** 85 **E** 14.10.2001 arte

EIN TIERISCHER DETEKTIV → Ace Ventura – Ein tierischer Detektiv

EIN TIERISCHES TRIO – WIEDER UNTERWEGS (HOMEWARD BOUND II: LOST IN SAN FRANCISCO). Drei Haustiere, zwei Hunde und eine Katze, gehen auf dem Weg in den Urlaub auf dem Flughafen von San Franzisko verloren. Während ihre Familie vergeblich eine Suchaktion startet, schlägt sich das permanent palavernde Trio zwei Tage lang durch den Großstadtdschungel nach Hause durch. Der nach »Zurück nach Hause« (1993) zweite, ebenso kurzweilige wie belanglose Aufguß der Walt-Disney-Produktion »Die unglaubliche Reise« (1963), der lediglich Episode an Episode reiht, ohne ein übergreifendes Thema zu finden. (Deutsche Stimmen: Pascal Breuer/Chance, Senta Berger/Sassy, Georg Thomalla/Shadow.) – Ab 6. ✦ USA 1996 **P** Walt Disney Company **KI** Buena Vista **VA** Disney (Buena Vista) **Pd** Barry Jossen **R** David R. Ellis **B** Chris Hauty, Julie Hickson, basierend auf den Figuren des Buches »Die unglaubliche Reise« von Sheila Burnford **K** Jack Conroy **M** Bruce Broughton **S** Peter E. Berger, Michael A. Stevenson **D** Kevin Chevalia (Jamie Seaver), Robert Hays (Bob Seaver), Kim Greist (Laura Seaver), Max Perlich (Ralph), Michael Rispoli (Jack) **L** 89 **FSK** o. A.; f **FBW** w **E** 30.1.1997/24.7.1997 Video/2.8.1998 premiere **fd** 32 345

EIN TIERPARADIES. Dokumentarfilm über das Leben der Tiere im Naturschutzgebiet der Donau-Wälder im Gebiet von Gemenc. ✦ **L** 65 **E** 20.6.1965 ARD

TIERPARADIES SÜDAMERIKA. Expeditionsfilm, der in den unterschiedlichsten Landstrichen Südamerikas die Anpassung der Tierwelt an ihre natürliche Umgebung demonstriert. Durchaus informative Tierkunde in bieder-trockener formaler Gestaltung, die Aufnahmen seltener Exemplare wie Faultier und Ameisenbär beinhaltet. (Titel auch: »Tiergarten Südamerika«) – Ab 12. ✦ Schwarz-weiß. Deutschland 1940 **P** Ufa **SF** Paikert **R** Werner Buhre, K. Krieg **B** Hans Hömberg, Hans Krieg **K** Eugen Schuhmacher **M** Hans Ebert **L** 66 **FSK** ab 6; f **E** 18.12.1940 **fd** 5 826

TIERRA Y LIBERTAD. Dokumentarfilm zur Problematik der Landverteilung in Guatemala, die zur extremen Klassenteilung im Land führt und die Armen immer ärmer und die Reichen immer reicher werden läßt. ✦ Guatemala/BR Deutschland 1976 **P** Böffgen Filmproduktion **SF** Unidoc **R** Peter Palme (= Hans-Peter Böffgen), Marie Trebe **L** 70

DIE TIERWELT RUFT (THE ANIMAL WORLD). Populär-wissenschaftlicher Sachfilm über die Entwicklungsstufen tierischen Lebens durch Jahrmillionen, vom Anbeginn der Welt bis ins 20. Jahrhundert. Ein gemessen an seiner Entstehungszeit ideenreicher Film mit allzu dürftig geratenen Trick-Rekonstruktionen der miteinander kämpfenden Saurier. – Ab 8 möglich. ✦ USA 1956 **P** Windsor Prod. (für Warner Bros.) **KI** Warner Bros. **Pd+R+B** Irwin Allen **K** Harold E. Wellman **M** Paul Sawtell **L** 77 **FSK** ab 6; f **E** 6.8. 1957 **fd** 6 237

TIETA DO BRASIL (TIETA DO AGRESTE). Nach zwei Jahrzehnten kehrt eine Brasilianerin in ihr Heimatdorf in der Provinz Bahai zurück, aus dem sie als Mädchen verstoßen wurde. Selbstbewußt und reich geworden, wirbelt sie das verschlafene Nest durcheinander. Ihre Suche nach Anerkennung und Liebe scheitert, als ruchbar wird, welche Art von Gewerbe sie in Sao Paulo unterhielt. Die temperamentvolle, burleske Adaption eines Romans, in der die Widersprüche der brasilianischen Gesellschaft ausgebreitet werden, ohne daß immer ganz deutlich würde, welche Stellung der Film dazu bezieht. Beeindruckend in der stilistischen Geschlossenheit, die sich vor allem in Kostüm und Ausstattung manifestiert. – Ab 16. ✦ Brasilien/Großbritannien 1996 **P** Sky Light **KI** MFA **VA** MFA **Pd** Bruno Stroppiana, Donald Ranvaud **R** Carlos Diegues **B** Joao Ubaldo Ribeiro, Antonio Calmon, Carlos Diegues, nach dem Roman von Jorge Amado **K** Edgar Moura **M** Caetano Veloso **S** Mair Tavares, Karen Harley **D** Sonia Braga (Tieta), Marilia Pera (Perpétua), Chico Anysio (Zé Esteves), Claudia Abreu (Leonora), Zezé Motta (Carmo), Heitor Martinez Mello (Ricardo), Patricia Franca (Imaculada) **L** 121 **FSK** ab 12; f **E** 7.8.1997 **fd** 32 687

TIFFANY – HEISSE SEMESTERFERIEN → Heiße Semesterferien

TIGER (TIGAR). Ein Amateurboxer muß aus Altersgründen vom Sport Abschied nehmen. Er versucht, wieder im normalen Leben Fuß zu fassen, und bemüht sich gleichzeitig, einem auf die schiefe Bahn gekommenen Jugendlichen zu helfen. Dieser ist jedoch stärker als er, und schließlich landen beide im Gefängnis, um sich so den Anfang für ein ehrliches Leben zu ermöglichen. Die interessante Thematik wird durch Richtungslosigkeit vertan. Mäßige

Unterhaltung. – Ab 16. ✦ Scope. Jugoslawien 1978 **P** Avala **KI** Progress **R** Milan Jelic **B** Gordan Mihic **K** Predrag Popovic **M** Vojislav Kostic **S** Lana Vukobratovic **D** Vera Cukic, Bata Zivojinovic (= Velimir Bata Zivojinovic), Pavle Vujisic, Snezana Niksic, Milivoje Tomic **L** 91 **E** 29.2.1980 Kino DDR

DER TIGER (1950) (THE ENFORCER). Wenige Stunden vor der Eröffnung der Gerichtsverhandlung gegen den Chef einer Organisation für Morde auf Bestellung hat der Bezirksstaatsanwalt keinen Belastungszeugen mehr. Im Wettlauf mit den Killern kann er die einzige noch lebende Zeugin der Anklage vor der Ermordung bewahren und dadurch ein für die Verurteilung des Gangsters ausreichendes Beweismittel präsentieren. Ein raffiniert ausgeklügelter Thriller, tempogeladen und durch die präzise Darstellung suggestiv-spannend. – Ab 16. ✦ Schwarz-weiß. USA 1950 **P** United States Pictures (für Warner Bros.) **KI** Die Lupe **VA** Kinowelt Home **Pd** Milton Sperling **R** Bretaigne Windust **B** Martin Rackin **K** Robert Burks **M** David Buttolph **S** Fred Allen **D** Humphrey Bogart (Martin Ferguson), Zero Mostel (»Big Babe« Lazich), Ted de Corsia (Joseph Rico), Everett Sloane (Albert Mendoza), Roy Roberts (Capt. Nelson), Lawrence Tolan (»Duke« Malloy) **L** 85 (Orig. 87) **FSK** ab 16; nf **E** 9.11.1951/5.10.1970 ZDF/31.10.2000 Video **fd** 1 506

DER TIGER (1986) (EYE OF THE TIGER). Ein amerikanischer Bürger wehrt sich gegen den Terror, den eine mit Rauschgift handelnde Motorrad-Gang in der Stadt, in der er lebt, verbreitet. Als seine Frau von den Rockern ermordet wird, nimmt er Rache und tötet die gesamte Bande. Brutaler Actionfilm, der Selbstjustiz verherrlicht. – Wir raten ab. ✦ USA 1986 **P** Scotti Brothers Pic. **KI** Filmwelt-Imperial **VA** VCL/Virgin **Pd** Tony Scotti **R** Richard C. Sarafian **B** Michael Montgomery **K** Peter Lyons Collister **M** Don Preston, Survivor **S** Gregory Prange **D** Gary Busey (Buck), Yaphet Kotto (J. B. Deveraux), Seymour Cassel (Sheriff), Jorge Gill (Jamie), William Smith (Blade) **L** 91 **FSK** ab 16; nf (fr. 18) **E** 9.7.1987/31.8.1987 Video **fd** 26 264

DER TIGER AKBAR. Ein Dompteur liebt eine Dompteuse, die im Zirkus mit einer Tiergruppe arbeitet. Doch ihr Lieblingstier wird eifersüchtig, und am Hochzeitstag stürzt sich das Raubtier auf seine Herrin und verletzt sie tödlich. Ein von einigen gelungenen Dressur-Aufnahmen abgesehen enttäuschend schwacher und glanzloser Zirkusfilm, dessen melodramatische Momente zur Schnulze geraten. Mit einem seiner letzten Kinofilme versuchte Harry Piel vergeblich, an sein Artisten-Sensationskino der 20er und 30er Jahre anzuknüpfen. (Der Film wurde 1958 stark gekürzt und kam als »Panik im Zirkus Williams« wieder in die Kinos.) – Ab 10 möglich. ✦ Schwarz-weiß. BR Deutschland 1950/51 **P** Ariel **KI** Deutsche Cosmopol **Pd+R** Harry Piel **B** William Quindt, Harry Piel, nach einem Motiv des gleichnamigen Romans von William Quindt **K** Klaus von Rautenfeld, Bruno Timm **M** Fritz Wenneis **S** Hildegard Grebner **D** Harry Piel, Friedl Hardt, Helga Wiedenbrück, Hilde Hildebrand, Nikolai Kolin, Fritz Lafontaine, Willy Millowitsch, Franz Schneider **L** 122 (gek. 114/92) **FSK** ab 6; f **E** 19.4.1951/9.11.1951 Kino DDR **fd** 1 140

TIGER & DRAGON (CROUCHING TIGER, HIDDEN DRAGON / WO HU ZANG LONG). Ein alternder Schwertkämpfer, der seine Waffe in die Hände einer von ihm verehrten Frau gelegt hat, muss noch einmal zum Duell antreten, als das Schwert von der Schülerin seiner Erzfeindin, einer ungestümen Kriegerin, entwendet wird. Ein faszinierender Martial-Arts-Film, der sich zu einem romantischen Abenteuerfilm von zeitloser Schönheit verdichtet und zugleich die Traditionen gegen ein unbekümmert modernes Lebensgefühl abwägt. Ein Film von ungeheurer Leichtigkeit, der, wie alle großen Märchen, auch vom Verantwortungsbewusstsein des Menschen handelt. DVD: Die Extras der aufwendig gestalteten Doppel-DVD umfassen u. a. einen Audiokommentar des Regisseurs. – Sehenswert ab 14. ✦ Scope. Hongkong/Taiwan/USA 2000 **P** Edko Films/China Film/Asia Union Film & Entertainment **KI** Arthaus **VA** Kinowelt Home **DVD** Kinowelt Home (16:9, 2.35:1, DD5.1 mand./dt.) **Pd** Bill Kong, Hsu Li Kong, Ang Lee **R** Ang Lee **B** Wang Hui Ling, James Schamus, Tsai Kuo Jung, nach dem Roman »Crouching Tiger, Hidden Dragon« von Wang Du Lu **K** Peter Pau **M** Tan Dun **S** Tim Squyres **D** Chow Yun Fat (= Chow Yun-Fat) (Li Mui Bai), Michelle Yeoh (Yu Shu Lien), Zhang Ziyi (Jen), Chang Chen (Lo), Cheng Pei-Pei (Jade Fox) **L** 120 **FSK** ab 12; f **E** 11.1.2001/7.8.2001 Video & DVD **fd** 34 652

DER TIGER AUS TAIPEH (THE AMSTERDAM KILL). Ein aus dem Drogen-Dezernat entlassener amerikanischer Geheimagent versucht, einen alten Freund zu beschützen, der in die Drogenkriege Hongkongs verwickelt wurde. Dabei gelingt ihm gleichzeitig die Zerschlagung eines internationalen Rauschgift-Schmugglerrings. Gegen Ende zunehmend härter und leichenreicher werdender Polizeifilm, der uninspiriert abgespulte Dutzendware bietet. Ein mißlungener Versuch, das asiatische Kung-Fu-Genre auf internationale Auswertungsmechanismen zu übertragen. (Titel auch: »Verschwörung in Amsterdam«) – Ab 16 möglich. ✦ Scope. Hongkong/USA 1977 **P** Golden Harvest/Fantastic **KI** Scotia **Pd** Raymond Chow **R** Robert Clouse **B** Gregory Teifer, Robert Clouse **K** Alan Hume **M** Hal Schaffer **D** Robert Mitchum (Quinlan), Richard Egan (Ridgeway), Leslie Nielsen (Knight), Bradford Dillman (Odums), Keye Luke (Chung Wei) **L** 89 (Orig. 93) **FSK** ab 16; f **E** 15.9.1978 **fd** 21 017

TIGER BAY (TIGER BAY). Ein polnischer Seemann in Cardiff, der seine Geliebte umgebracht hat, zwingt die Zeugin seines Eifersuchtsverbrechens, ihn auf seiner Flucht zu begleiten. Das kleine Mädchen, das in einer vereinsamten Fantasiewelt lebt, sieht sich zum ersten Mal ernstgenommen. Es hält sein Versprechen, den Freund seines Abenteuers nicht zu verraten, auch später, als die Polizei es dem Mörder gegenüberstellt. Ungemein spannend entwickelter Kriminalfilm mit melodramatischen Akzenten; hervorragend in der Charakterzeichnung, außergewöhnlich intensiv gespielt. (TV-Titel DDR: »Ich kenne den Mörder«) – Ab 16. ✦ Schwarz-weiß. Großbritannien 1959 **P** Rank/Independent Artists/Wintle-Parkyn **KI** Rank **Pd** John Hawkesworth **R** J. Lee Thompson **B** John Hawkesworth, Shelley Smith **K** Eric Cross **M** Laurie Johnson **D** Horst Buchholz, Hayley Mills, John Mills, Yvonne Mitchell, Anthony Dawson **L** 105 **FSK** ab 16; f **FBW** w **E** 31.7.1959/6.9.1975 ZDF/16.11.1985 DFF 1 **fd** 8 296

TIGER CAGE (TIGER CAGE 3). Harter Thriller aus Hongkong. Zwei Polizisten sind hinter einem Hongkonger Gangster her. Als die Geliebte des einen entführt und dieser bei einer Explosion entstellt wird, taucht er unter und arbeitet auf eigene Rechnung. Erst zum Endkampf finden die Gefährten wieder zusammen, stürmen die Festung des Gangsters und liquidieren dessen Imperium, wobei beide den Tod finden. ✦ Hongkong 1992 **VA** Splendid **Pd** Stephen Shin **R** Yuen Wo-Ping, Ho Chi Hang **B** Anthony Wong, Patrick Leung **M** Benjamin Wong **D** Cheung Man, Cheung Kwok Leung, Michael Wong, John Cheung, Wong Kam Kwong, Lau Shun **L** 85 **FSK** ab 18 **E** 7.12.1992 Video/19.8.1994 PRO 7

TIGER CAGE 2 – FULL CONTACT →Full Contact

TIGER DER MEERE (LA TIGRE DEI SETTE MARI). Liebeszwist, Kämpfe und Intrigen um das Schiff und den Geheimschatz eines alten Seeräubers, der sich zur Ruhe setzen will. Handlungsreicher, gefällig erzählter Piratenfilm ohne sonderlich nennenswerte formale Höhepunkte. – Ab 14 möglich. ✦ Scope. Italien 1962 **P** Liber/Euro International **KI** Columbia-Bavaria **Pd** Ottavio Poggi **R** Luigi Capuano **B** Arpad De Riso, Ottavio Poggi, Luigi Capuano **K** Alvaro Mancori **M** Carlo Rustichelli **S** Renato Cinquini **D** Anthony Steel (William), Gianna Maria Canale (Consuela), Maria Grazia Spina (Anna), Carlo Ninchi (»der hinkende Tiger«), Ernesto Calindri, John Kitzmiller (»die silberne Schlange«) **L** 90 **FSK** ab 12; nf **E** 18.10.1963 **fd** 12 421

TIGER DER SIEBEN MEERE →Unter der Flagge des Tigers

TIGER FIGHTER →Tiger Kid II

TIGER – FRÜHLING IN WIEN. Ein gealterter »Tarzan«-Darsteller muß erkennen, daß sich sein Mythos überlebt hat. Gemeinsam mit seinem Schicksalsgefährten Philip Marbo, einem amerikanischen Detektiv, macht er sich auf in eine neue Zukunft. Ein ambitionierter, streckenweise heiterer Film über das Filmemachen und seinen Mythos. Die Vielzahl der Versatzstücke, die Fülle der sich verselbständigenden Einfälle und Zitate verstellen jedoch den Blick auf das Ganze, auch wird die Freude des Wiedererkennens mitunter durch recht derben Klamauk getrübt. ✦ Österreich/BR Deutschland 1984 **P** Satel/Almaro/ORF/BR **KI** Cosmos **Pd** Michael Wolkenstein **R** Peter Patzak **B** Helmut Zenker, Peter Patzak **K** Jirí Stibr **M** Christian Kolonovits **S** Traude Gruber **D** Art Metrano (Tiger), William Berger (Marbo), Lukas Resetarits (Regisseur), Heinz Moog (Vorführer), Christiane Rücker (Gitti), Tilo Prückner (Robert), Kurt Weinzierl (Pilch) **L** 92 **FSK** ab 16; nf **E** 14.12.1984 **fd** 24 895

TIGER GESUCHT! (TREBUJETSJA TIGR). Ein Kinderfilm über eine abenteuerliche Tierfangexpedition. – Ab 10. ✦ UdSSR 1974 **P** Tadshikfilm **R** Batur Arabow **B** Juri Charlamow **K** Saur Dachte **M** Firus Bachor, Boris Rytschkow **D** Ira Faisijewa (Sitora), Rustam Salijew (Rawschan), Rustam Chaschimow (Timur), Gani Agsamow (Lawron), Burchon Radshabow (Mamur) **L** 65 **E** 13.6.1976 DFF 2

TIGER-HAI (TIGER SHARK). Ein Thunfisch-Fänger, der bei einem Haifisch-Angriff eine Hand verloren hat, heiratet die Tochter eines alten Freundes. Er entbrennt in tödlichem Haß, als er erfährt, daß die attraktive Frau nicht ihn, sondern seinen Bootsmann liebt. Als er den Rivalen dem gefährlichen Tigerhai ausliefert, wird er selbst tödlich von der Bestie verletzt. Fabulierfreudiger Abenteuerfilm mit melodramatischen Akzenten und einigen Anleihen bei Melvilles »Moby Dick«. Geschickt erzählt und intelligent in der Balance zwischen heiteren und ernsten Elementen inszeniert. – Ab 16. ✦ Schwarz-weiß. USA 1932 **P** First National/Vitaphone (für Warner Brothers) **R** Howard Hawks **B** Wells Root, nach der Erzählung »Tuna« von Houston Branch **K** Tony Gaudio **M** Leo F. Forbstein **S** Thomas Pratt **D** Edward G. Robinson (Mike Mascarenhas), Zita Johann (Quita Silva), Richard Arlen (Pipes Boley), Vince Barnett (Fishbone), J. Carroll Naish (Tony), William Ricciardi (Manuel Silva) **L** 80 **E** 30.9.1968 ARD **fd** 15 712

TIGER HEART (TIGER HEART). Ein cleverer Collegeboy und ausgezeichneter Kickbox-Kämpfer setzt sich handfest gegen die Rollkommandos eines Immobilienhais durch, der ein Armenviertel in Los Angeles entmieten will, um dort Einkaufszentren zu bauen. Der halbwegs interessante Ansatz des Films verliert sich zusehends in Doppelmoral und illusionärer Teenager-Selbstjustiz. Ohne Not werden Grausamkeiten und Prügeleien bemüht, um ein mehr als fragliches Menschenbild zu präsentieren. ✦ USA 1995 **P** PM **VA** Vipro **R** Robert Chamchon **B** William Applegate jr. **K** Maurice McGuire **D** T. J. Roberts (Eric), Jennifer Lyons (Stephanie), Rob de Saldo (Paulo), Rance Howard (Mr. Johnson), Timothy Williams (Brad) **L** 95 (gek. 82) **FSK** ab 16 (gek. ab 12) **E** 1996 Video **fd** 31 991

DER TIGER HETZT DIE MEUTE (WHITE LIGHTNING). Ein wegen Alkoholschmuggels Verurteilter verdingt sich den Steuerbehörden, um einen korrupten Sheriff, der seinen Bruder auf dem Gewissen hat, zur Strecke zu bringen. Steril und oberflächlich inszenierter, nur leidlich spannender Actionfilm, der seine gesellschaftskritischen Möglichkeiten verschenkt. (Hauptdarsteller Burt Reynolds griff drei Jahre später unter eigener Regie die Hauptfigur erneut auf und drehte »Mein Name ist Gator«.) – Ab 16. ✦ USA 1972 **P** United Artists **KI** United Artists **Pd** Arthur Gardner, Jules Levy **R** Joseph Sargent **B** William Norton **K** Edward Rosson **M** Charles Bernstein **D** Burt Reynolds (Gator McKlusky), Jennifer Billingsley (Lou), Ned Beatty (Sheriff Conners), Bo Hopkins (Roy Boone), Matt Clark (Dude Watson), Diane Ladd (Maggie), R. G. Armstrong, Conlan Carter, Laura Dern **L** 101 **FSK** ab 16; nf **E** 1.3.1974 **fd** 18757

DER TIGER HETZT SIE ALLE →Bruce Lee – Der Tiger hetzt sie alle

TIGER IM NEBEL (TIGER IN THE SMOKE). Der geisteskranke Sohn einer Pfarrhaushälterin versetzt als Messerstecher London in Angst, bis er endlich auf den von ihm gesuchten Schatz an der französischen Küste stößt, der sich für ihn aber als wertlos erweist. Ein formal bescheidener dramatischer Krimi mit einer überraschend komplexen Erzählstruktur. Atmosphäre gewinnt er vor allem aus einem an Graham-Greene-Romane erinnernden Klima. ✦ Schwarz-weiß. Großbritannien 1956 **P** Leslie Parkyn Prod./Iver-Bucks (für Rank) **KI** Rank **Pd** Leslie Parkyn **R** Roy Ward Baker **B** Anthony Pelissier, nach einem Roman von Margery Allingham **K** Geoffrey Unsworth **M** Malcolm Arnold **D** Tony Wright (Jack Harroc), Muriel Pavlow (Meggie Elgin), Donald Sinden (Geoffrey Levett), Bernard Miles (Teddy Doll), Christopher Rhodes (Oberinspektor Luke), Laurence Naismith (Pfarrer) **L** 94 **FSK** ab 18; nf **E** 23.8.1957 **fd** 6173

DER TIGER IST UNTER UNS (THIRTEEN WEST STREET / 13 WEST STREET). Jugendliche Wohlstandskriminalität in den USA: Ein von Halbstarken zusammengeschlagener Raketenforscher, dem die Polizei zu langsam arbeitet, versucht selbst, die Täter ausfindig zu machen. In seinem Sinnen auf Rache treibt er einen Jungen zum Selbstmord. Weniger ein Problembeitrag als ein teilweise recht spannendes, düster fotografiertes Kriminaldrama um einen Fall von nur ansatzweise ausgeloteter Selbstjustiz. – Ab 16. ✦ Schwarz-weiß. USA 1961 **P** Ladd Enterprises (für Columbia) **KI** Columbia-Bavaria **Pd** William Bloom **R** Philip Leacock **B** Bernard C. Schoenfeld, Robert Presnell jr., nach dem Roman »The Tiger among us« von Leigh Brackett **K** Charles Lawton jr. **M** George Duning **S** Al Clark **D** Alan Ladd (Walt Sherill), Rod Steiger (Sergeant Koleski), Michael Callan (Chuck), Dolores Dorn (Tracey Sherill), Margaret Hayes (Mrs. Landry), Kenneth MacKenna (Paul Logan) **L** 80 **FSK** ab 16; f **E** 23.2.1962 **fd** 10955

TIGER KID (NINJA DRAGONS). Zusammen mit seiner wenig älteren Schwester darf der etwa 12jährige Kampfsport-Juniorenmeister von Michigan seinen Onkel besuchen. Da der erfolglose Hollywood-Agent wegen seiner Wettleidenschaft ständig in Schwierigkeiten ist, ergeben sich für den Jungen zahlreiche Gelegenheiten, dem »schwarzen Schaf der Familie« tat- und schlagkräftig aus der Patsche zu helfen. Die läppische Ninja-Komödie richtet sich an ein jugendliches Publikum, hat aber außer Klamauk und Prügeleien nur einen wenig talentierten Hauptdarsteller zu bieten, der von »Philosophie und Ehrenkodex« seiner Sportart schwadroniert. (Fernsehtitel: »Ninja Dragons«) – Ab 14 möglich. ✦ USA 1993 **P** PM Entertainment **VA** Ascot **Pd** Joseph Merhi, Richard Pepin **R** Joseph Merhi **B** Stephen Smoke **K** Ken Blakey **M** Jim Halfpenny **S** Geraint Bell **D** Ted Jan Roberts (Kevin Ryan), Shonda Whipple (Megan Ryan), Stephen Furst (Bob Ryan), Billy Hufsey (Guido), Joseph Campanella (Tony), Don »The Dragon« Wilson **L** 86 **FSK** ab 12 **E** 27.10.1993 Video **fd** 30574

TIGER KID II (DANGEROUS PLACE). Da er nicht an den Selbstmord seines älteren Bruders glaubt, schleicht sich ein junger Karate-Schüler in die Kampfsport-Clique ein, in der der Bruder Mitglied werden wollte. Schnell ist seine Absicht durchschaut, und beim nächsten Wettkampf soll er getötet werden. Ein zwar relativ unblutiger, aber extrem spannungsarmer Kampfsport-Film ohne Dynamik, dessen Personenkonstellation keinerlei Interesse erregt. (Fernsehtitel: »Tiger Fighter«) ✦ USA 1995 **P** P/M Entertainment **VA** Starlight **Pd** Richard Pepin, Joseph Merhi **R** Jerry P. Jacobs **B** Sean Dash **K** Ken Blakey **M** Jim Halfpenny **S** Geraint Bell, Ron Cabreros, Fred Roth **D** Ted Jan Roberts (Ethan), Corey Feldman (Taylor), Erin Gray (Audrey), Marshall Teague (Gavin), Mako (Sensei) **L** 93 (gek. 88) **FSK** ab 16 (gek. ab 12) **E** 1.11.1995 Video/7.8.1998 RTL 2 **fd** 31810

DER TIGER LIEBT NUR FRISCHES FLEISCH (LE TIGRE AIME LA CHAIR FRAICHE / LA TIGRE AMA LA CARNE FRESCA). Ein draufgängerischer Spezialagent der Abwehr beschützt den türkischen Wirtschaftsminister, der in Frankreich Düsenjäger einkauft, vor gedungenen Mördern. Raffiniert fotografierter Actionfilm mit Ansätzen zur Persiflage, die sich vor allem im rasant inszenierten Stil einer wüsten Groschenheft-Story zu erkennen gibt. Doppelbödig-triviale Unterhaltung, die freilich recht sorglos mit Gewalttätigkeiten umgeht. (Vgl. auch »Der Tiger parfümiert sich mit Dynamit«, den Chabrol ein Jahr später inszenierte.) ✦ Schwarz-weiß. Frankreich/Italien 1964 **P** Générale/Alexandra **Pd** Christine Gouze-Rénal **R** Claude Chabrol **B** Antoine Flachot (= Roger Hanin) **K** Jean Rabier **M** Pierre Jansen **S** Jacques Gaillard **D** Roger Hanin (Louis Rapière, »Tiger«), Maria Mauban (Mme. Baskine), Daniela Bianchi (Mehlica Baskine), Robert Dumas (Duvet), Mario David (Dobrovsky) **L** 79 (Orig. 86) **FSK** ab 18; nf **E** 3.9.1965 **fd** 14092

TIGER, LÖWE, PANTHER. Ein milieugenaues Stimmungsbild einer Generation um die Dreißig, die sich im bürgerlichen Leben etabliert hat, aber nach der Verwirklichung von Sehnsüchten sucht: Drei Frauen unterschiedlichen Temperaments unternehmen kleine Ausbrüche aus ihrem Alltag, erhalten jedoch durch ihre Freundschaft den Zustand, in dem sie sich eingerichtet haben. Eine mit viel Humor umgesetzte Alltagsgeschichte über menschliche Beziehungen und Sehnsüchte, die jedoch allzu bald an Schwung verliert und die treffend eingeführten Charaktere danach nur noch wenig entwickelt. – Ab 16. ✦ BR Deutschland 1988 **P** Bavaria Film **KI** Kinowelt **Pd** Michael Hild **R** Dominik Graf **B** Sherry Hormann **K** Klaus Eichhammer **M** Andreas Koebner, Dominik Graf **S** Christel Suckow **D** Natja Brunckhorst (Pat), Martina Gedeck (Nicoletta), Sabine Kaack (Sissy), Thomas Winkler (Christopher), Oliver Stokowski (Schorsch), Peter Lohmeyer, Heinrich Schafmeister **L** 97 **FSK** ab 12; f **FBW** w **E** 6.7.1989/5.10.1990 ARD **fd** 27680

DER TIGER MIT DER TODESKRALLE. Ein einsamer, wortkarger Held kämpft gegen ein verbrecherisches Syndikat und begleicht dabei auch eine alte Rechnung mit dem Chef der Bande, ehe er sich pathetisch zur Gewaltlosigkeit bekennt. Ein in der Inszenierung der artistischen Zweikämpfe sorgfältiger Eastern ohne allzu große Brutalitäten, dessen Dialoge und Handlungsfragmente zumindest in der deutschen Kinofassung lächerlich ungelenk wirken. ✦ Scope. Hongkong 1979 **P** Lo Wei Production **KI** Apollo/Nobis/Peiper **VA** Silwa **R** Wu Ma **D** Don Wang, Kim Ming **L** 88 **FSK** ab 16; nf **E** 1981 Kino und Video **fd** 23054

DER TIGER PARFÜMIERT SICH MIT DYNAMIT (LE TIGRE SE PARFUME A LA DYNAMITE / LA TIGRE PROFUMATA ALLA DINAMITE). Der »Tiger«, Superagent des französischen Geheimdienstes, in seinem zweiten Einsatz (vgl. »Der Tiger liebt nur frisches Fleisch«): Er bekämpft eine internationale Organisation, die sich zur Finanzierung ihrer terroristischen Ziele in den Besitz eines Goldbarren-Schatzes gesetzt hat. Mit Gespür für publikumswirksame Effekte zwischen »James Bond« und »Lemmy Caution« angesiedelter Agentenfilm, dessen wirre Handlung durchaus Methode ist. Viele Ansätze zur Persiflage gehen freilich wieder in den Brutalitäten unter. ✦ Scope. Frankreich/Spanien/Italien 1965 **P** Générale/Producciones Cinematograficas Barcelona/de Laurentiis **R** Claude Chabrol **B** Antoine Flachot (= Roger Hanin) **K** Jean Rabier **M** Jean Wiener **S** Jacques Gaillard **D** Roger Hanin (Louis Rapière), Roger Dumas (Duvet), Michel Bouquet (Jacques Vermorel), José María Caffarel (Colonel Pontarlier), Georges Rigaud (Kommandant Damerec) **L** 84 (Orig. 85) **FSK** ab 18; nf **E** 3.6.1966 **fd** 14101

TIGER RAGE (IL PUGNI DI RABBIA). In einer tristen Hochhaussiedlung am Rande Roms verliebt sich ein arbeitsloser Amateurboxer in eine junge Frau aus Mali. Doch die Romanze währt nicht lange: Die Frau wird von Landsleuten drogenabhängig gemacht, seine verzweifelten Versuche, sie zu retten, scheitern. Schließlich flüchtet er ganz in seine Boxwelt, doch auch hier holt ihn der Lebensekel ein. Ein sozialkritischer Boxerfilm, zwar unsicher in Verwendung der unterschiedlichen filmischen Mittel, insgesamt aber durchaus glaubwürdig. – Ab 16. ✦ Italien 1990 **P** Movie Development/Doppiaggio Villini **VA** VPS **Pd** Mauro Morigi, Marco Morigi, Antonello Filosa **R** Claudio Risi **B** Piero Tavaglini, Claudio Risi, Marco Bresciani **K** Giancarlo Martella **M** Simon Luca **S** Tatiana Cabini-Morigi **D** Ricky Memphis (Danilo), Johara (Tresir), Alessandra Fassio (Anna), Romita Losco (Lia), Mario Aulietti (Mario) **L** 97 **FSK** ab 16 **E** 11.8.1994 Video **fd** 30975

DER TIGER SCHLÄGT ZURÜCK (THE TIGER MAKES OUT). Ein New Yorker Postangestellter leidet an seinem anonymen und einsamen Dasein im bürokratisierten, seelenlosen Großstadtdschungel. Um sich an der Gesellschaft zu rächen, will er zum »Tiger« werden, der rücksichtslos seinen vermeintlichen Bedürfnissen frönt, und entführt auf der Straße eine Passantin. Diese entpuppt sich aber bald als alles andere als ein noch schwächeres Glied der Gesellschaft als er es selbst ist. Amüsante Verfilmung eines Einakters, getragen von zwei vorzüglichen Hauptdarstellern. – Ab 14. ✦ USA 1967 **P** Columbia **Pd** George Justin **R** Arthur Hiller **B** Murray Schisgal, nach seinem Bühnenstück **K** Arthur J. Ornitz **M** Shorty Rogers **S** Robert C. Jones **D** Eli Wallach (Ben), Anne Jackson (Gloria), Bob Dishy (Jerry), John Harkins (Leo), Ruth White (Mrs. Kelly), Roland Wood (Mr. Kelly), Rae Allen (Beverly), Sudie Bond (Mrs. Lane), David Burns (Mr. Ratner), Bibi Osterwald (Mrs. Ratner), Frances Sternhagen, Mariclare Costello (Rosi), Dustin Hoffman (Hap) **L** 94 **E** 26.6.1996 ORF 1

DIE TIGER SIND LOS (HERE COME THE TIGERS). Ein Polizist und sein Freund übernehmen die Aufgabe, die »Tigers« zu trainieren. Doch statt einer gemischten Baseball-Mannschaft finden sie einen Haufen Jugendlicher vor, die von diesem Sport nur wenig Ahnung haben. Sämtliche Spiele gehen verloren, bis ein sonderbarer Werfer zu der Mannschaft stößt, der über ungeahnte Kräfte verfügt. ✦ USA 1978 **Pd** Sean S. Cunningham, Steve Miner **R** Sean S. Cunningham **B** Arch McCoy **K** Barry Abrams **M** Harry Manfredini **S** Steve Miner **D** Richard Lincoln (Eddie Burke), James Zvanut (Burt Honneger), Samantha Grey (Bette Burke), Manny Lieberman (Felix), William Caldwell (Kreeger), Kathy Bell (Patty O'Malley), Noel Joel Cunningham (Noel »Peanuts« Cady), Jay Schmalholz (Adam Jebb), David Schmalholz (Fritz »Bionic Mouth« Curtis) **L** 85 **E** 13.7.2000 ProSieben

DER TIGER VOM KWAI (LA TIGRE VENUTA DAL FIUME KWAY). Ein Siamese, der die sterblichen Überreste und den Juwelenschatz eines Amerikaners in den Wilden Westen bringen will, wird von Verbrechern daran gehindert. Schlampig inszenierter, rundum primitiver Italowestern. ✦ Scope. Italien 1974 **P** Cine Fenix **KI** Müller **R** Franco Lattanzi **D** Krung Srivilai, Kam Won Long, Gordon Mitchell, George Eastman (= Luigi Montefiori) **L** 81 **FSK** ab 18; nf **E** 7.11.1975 **fd** 19687

DER TIGER VON ESCHNAPUR (1937). Im Palast des Maharadschas von Eschnapur wird der frühere Geliebte der Maharani entlarvt, worauf diese mit dem Todeskandidaten nach Europa flüchtet. Schwülstige

Verfilmung eines Kolportagestoffes, die exotische Atmosphäre vorzutäuschen versucht. Ein verstaubt wirkender Abenteuerfilm in Fortsetzung von »Das indische Grabmal«. – Ab 12. ✦ Schwarz-weiß. Deutschland 1937 **P** Eichberg-Film **Kl** Tobis **R** Richard Eichberg **B** Richard Eichberg, Artur Pohl, Hans Klaehr, nach dem Roman »Das Indische Grabmal« von Thea von Harbou und nach Tatsachenberichten aus Indien **K** Ewald Daub, Hans Schneeberger, Hugo O. Schulze **M** Harald Böhmelt **D** Frits van Dongen (Maharadscha von Eschnapur), La Jana (Maharani von Eschnapur), Alexander Golling (Prinz Ramigani), Theo Lingen (Emil Sperling), Kitty Jantzen (Irene Traven) **L** 94 **FSK** ab 12; f **E** 7.1.1938/3.12.1984 DFF 1 **fd** 365

DER TIGER VON ESCHNAPUR (1958) (LE TIGRE DU BENGALE / LA TIGRE DI ESCHNAPUR). Ein deutscher Architekt verliebt sich am Hof des Maharadschas von Eschnapur in die Auserwählte des Herrschers, eine Tempeltänzerin halbeuropäischer Abstammung, und flieht mit ihr nach dramatischen Ereignissen in die Wüste. Eine Neuverfilmung des exotischen Monumental-Stummfilms von Joe May (erstes Remake 1937, Regie: Richard Eichberg) als naiv-romantisches Märchen und üppig ausgestattetes Abenteuer-Spektakel in schönen Farben und getragenem Rhythmus. Vor allem die blassen, oft unfreiwillig komischen Schauspieler und die Zugeständnisse an die Trivial-Romantik im bundesdeutschen Kino der 50er Jahre lassen den Film allenfalls das Niveau eines unterhaltsamen Schaustückes erreichen. (Fortsetzung: »Das indische Grabmal«) – Ab 12. ✦ BR Deutschland/Frankreich/Italien 1958 **P** CCC Filmkunst/Régina/Critérion/Rizzoli **Kl** Gloria **DVD** Polyband (FF, DD2.0 dt.) **Pd** Artur Brauner **R** Fritz Lang **B** Werner Jörg Lüddecke, Fritz Lang (ungenannt), nach einem Roman von Thea von Harbou und einem Szenarium von Lang/Harbou **K** Richard Angst **M** Michel Michelet **S** Walter Wischniewsky **D** Debra Paget (Seetha), Paul Hubschmid (Harald Berger), Walter Reyer (Maharadscha Chandra), René Deltgen (Fürst Ramigani), Sabine Bethmann (Irene Rhode), Claus Holm (Dr. Walter Rhode) **L** 101 **FSK** ab 12; nf **E** 22.1.1959/25.12.1970 ARD/30.7.2001 DVD **fd** 7 760

DIE TIGER VON KWAN TUNG (TEN TIGERS OF KWAN TUNG). Während der Mandschu-Dynastie: Auf der Flucht vor einem kaisertreuen Statthalter wird ein Rebellenführer von einem Kung-Fu-Meister und dessen Schüler beschützt. Drei Herumtreiber helfen ihnen, als sie die politischen Fronten erkennen. Historische Abenteuergeschichte mit heftigem Showdown, die zunächst Spannung und Komik mischt und aus der Gegenüberstellung von ungestümen jungen und weisen alten Kämpfern Reiz gewinnt, dann aber zunehmend zu einer wüsten Tötungsorgie absinkt. – Wir raten ab. ✦ Scope. Hongkong 1979 **P** Shaw Brothers **Kl** Avis/Apollo **R** Chang Cheh **B** Chang Cheh, I Kuan **K** Tsao Hui-Chi **M** Chen Yung-Yu **S** Chiang Xing-Lung **D** Alexander Fu-Sheng, Lu Feng, Lo Meng, Wang Li, Ti Lung **L** 82 **FSK** ab 18; nf **E** 13.3.1981 **fd** 22 899

DER TIGER VON MALAYSIA → Il Tigre

DER TIGER VON NEW YORK (KILLER'S KISS). Ein erfolgloser Boxer in New York verliebt sich in seine junge Nachbarin, die von ihrem Arbeitgeber, einem alternden Gangster, in Abhängigkeit gehalten, sexuell bedrängt, schließlich verschleppt wird. In einer verlassenen Schaufensterpuppen-Fabrik kommt es zum dramatischen Showdown zwischen dem Helden und seinem Widersacher. Kubricks zweiter Spielfilm ist ein unabhängig produziertes Low-Budget-Gangsterdrama, das stilistisch dem »film noir« und dem deutschen Expressionismus verpflichtet ist. Eine oft irritierende Variation von Handlungsmustern des Melodrams und des harten Thrillers, zuweilen doppelbödig in ihrem kühl kalkulierten Spiel mit der Erwartungshaltung des Zuschauers. – Ab 16. ✦ Schwarz-weiß. USA 1955 **P** Minotaur (für United Artists) **Kl** Lehmacher **Pd** Stanley Kubrick, Morris Bousel **R** Stanley Kubrick **B** Stanley Kubrick, Howard Sackler **K** Stanley Kubrick **M** Gerald Fried **S** Stanley Kubrick **D** Frank Silvera (Vincent Rapallo), Jamie Smith (Davy Gordon), Irene Kane (Gloria Price), Jerry Jarret (Albert), Ruth Sobotka (Iris), Phil Stevenson (Gangster) **L** 63 (Orig. 64) **FSK** ab 16; nf **E** 12.12.1958/15.11.1969 ARD **fd** 7 673

DER TIGER VON OSAKA (ZERONANO ONNA AKAI WAPPA). In eine Gangsterbande, die die Tochter eines Politikers gekidnappt hat, wird eine Agentin eingeschleust. Die Entführte kommt frei, doch bis dahin säumen scheußlich zugerichtete Tote den Weg. Ein abstoßender, miserabel gestalteter Actionfilm voller sadistischer Szenen, garniert mit obszönem Dialog. – Wir raten ab. ✦ Scope. Japan 1975 **P** Toho **Kl** Constantin **R** Yukio Noda **B** Fumio Konami **K** Yoshio Nakajma **D** Miki Sugimoto, Yoko Mihara, Hironi Kish **L** 82 **FSK** SPIO: X **E** 3.2.1977/1981 Video **fd** 20 156

DER TIGER VON SARDES (GOLIATH E LA SCHIAVA RIBELLE / GOLIATH ET L'HERCULE NOIR). Im Krieg zwischen Alexander dem Großen und dem Perserkönig Darius im vierten Jahrhundert vor Christi Geburt hält ein Muskelheld den Stadtstaat Lydien neutral und nimmt schließlich selbst den verwaisten Königsthron ein. Unbekümmert-pompöses Historien-Kino für bescheidene Unterhaltungsansprüche. (Alternativtitel: »Goliath und Herkules«) – Ab 12. ✦ Scope. Italien/Frankreich 1963 **P** C.I.R.A.C./F.I.A. **Kl** Adria **Pd** Georges de Beauregard **R** Mario Caiano **B** Gian Paolo Callegari, Albert Valentin **K** Pier Ludovico Pavoni **M** Carlo Franci **S** Albert Valentin **D** Gordon Scott (Gordian), Ombretta Colli (Cori), Massimo Serato (Macius), Gloria Milland (Zoe), Mimmo Palmara (= Domenico Palmara) (Artafernes) **L** 80 **FSK** ab 6; nf **E** 27.11.1964 Kino **fd** 13 179

DER TIGER VON TEXAS (HIGH LONESOME). Ein junger Mann wird in den erbitterten Kampf zweier Familien verwickelt, die sich gegenseitig aufreiben. Zwei totgeglaubte Überlebende der Sippen treiben ihr Unwesen, in das der Mann, der selbst unter falschen Verdacht geraten ist, Licht bringt. Konventioneller Western um Rache und Gewalt, der allenfalls durch seine Anleihen beim Mysteriösen auffällt. – Ab 14 möglich. ✦ USA 1950 **P** Eagle Lion (für United Artists) **Kl** Constantin **Pd** George Templeton **R+B** Alan LeMay **K** W. Howard Greene **M** Rudy Schrager **S** Jack W. Ogilvie **D** John Barrymore jr. (Waschbär), Chill Wills (Bärenfänger), Lois Butler (Martha Davis), Kristine Miller (Abby Davis), Basil Ruysdael (Horse Davis), Jack Elam (der Lächelnde), John Archer (Pat Farrell), Dave Kashner (Roper), Frank Cordell (Frank), Clem Fuller (Dixie), Howard Joslin (Jim Shell) **L** 80 **FSK** ab 12; nf **E** 4.7.1952 **fd** 1 929

DER TIGER VON UTAH (RIDE THE MAN DOWN). Die junge Erbin einer Ranch und ihr leichtlebiger Onkel können 1892 ihre Ländereien und Rinderherden gegen Neider und Plünderer nur dank der Kampftüchtigkeit des treuen Verwalters halten, der sich zugleich das Happy-End verdient. Routinierter Western nach den üblichen Mustern des Genres, anspruchslos und ohne sonderlichen Aufwand als »C-Produktion« inszeniert. – Ab 14 möglich. ✦ Schwarz-weiß. USA 1952 **P** Republic **Kl** Gloria **Pd+R** Joseph Kane **B** Mary McCall jr., nach einem Roman-Serial aus der »Saturday Evening Post« von Luke Short **K** Jack Marta **M** Ned Freeman **S** Fred Allen **D** Brian Donlevy (Bide Marriner), Rod Cameron (Will Ballard), Ella Raines (Celia Evarts), Forrest Tucker (Sam Danfelser), Barbara Britton (Lottie Priest), Chill Wills (Ike Adams), J. Carroll Naish (Joe Keen), Jim Davis (Red Courteen), Taylor Holmes (Priester), James Bell (John Evarts), Paul Fix (Ray Cavanaugh), Roy Barcroft (Russ Schultz), Douglas Kennedy (Harve Garrison), Jack LaRue (Kennedy), Claire Carleton (Amelia) **L** 85 **FSK** ab 12; nf **E** 29.7.1955 **fd** 4 430

TIGER WOODS – DER TRAUM MEINES LEBENS (THE TIGER WOODS STORY). In Rückblenden aufgefächerter Werdegang des meisterlichen Golfspielers Tiger Woods, der bereits mit 21 Jahren das Mastersturnier in Georgia gewann. Der Film erklärt den Erfolgswillen des Ausnahmespielers aus seiner Herkunft als Sohn eines afroamerikanischen Offiziers und einer Thailänderin. Um gegen die Vorurteile der Gesellschaft anzutreten, konzentrierte er seine ganze Kraft auf sein Spiel, um in die Domäne der Weißen einzudringen und zum millionenschweren Medienstar aufzusteigen. Eine sport- und sehr familienfreundliche Aufsteigerstory, konventionell mit den Mitteln einer kleinen, unauffälligen Fernsehproduktion gestaltet. – Ab 8. ✦ USA 1998 **P** Paramount/Showtime **VA** CIC **Pd** Jerry Goldman, Ted Rich, Ken Mok, Dawn Paraouse **R** LeVar Burton **B** Takashi A. Bufford (= Takashi Bufford), nach der Vorlage »Tiger« von John Strege **K** Frank Byers **M** Camara Kambon **S** Tom Walls **D** Khalil Kain (Tiger), Keith David (Vater), Freda Foh Shen (Mutter), John Cho (Jerry Chang), Candy Hogan (Louise) **L** 99 **FSK** o. A. **E** 1999 Video **fd** 33 686

DIE TIGERBÄNDIGERIN (UKROTITELNIZA TIGROW). Aus einem Motorsportler wird ein Artist, aus einer Reinmachefrau eine unerschrockene Dompteuse – und aus beiden ein glückliches Ehepaar. Eine Komödie ohne sonderliche formale Ambitionen. – Ab 14. ✦ UdSSR 1954 **P** Lenfilm **Kl** Progress **R** I. Gindin **B** Klimenti Minz, Jewgeni Pomeschtschikow **K** Apollinari Dudko **M** Moissej Weinberg **D** Ljudmila Kassatkina (Lena), Pawel Kadotschnikow (Jermolajew), Leonid Bykow (Mokin), Pawel Suchanow (Zirkusdirektor), Konstantin Sorokin (Buchhalter) **L** 99 **E** 30.9.1955 Kino DDR

DIE TIGERIN. Im Berlin der frühen 20er Jahre verfällt eine allseits begehrte attraktive Prostituierte einem Herumtreiber, mit dem sie vor der Eifersucht eines Gangsters ins mondäne Karlsbad flüchtet, um dort reiche Männer auszunehmen. Mißlungene Romanverfilmung, die weder dem Gehalt der dadaistischen Krimi-Vorlage Walter Serners gerecht wird noch als »erotisches« Unterhaltungskino überzeugt. Eine im Vergleich zum Gehalt übertrieben aufwendige Bebilderung altbekannter Klischees über die »wilden Zwanziger«, dramaturgisch zerfahren und unausgegoren. ✦ Deutschland 1991/92 **P** Cine-Vox/Dieter Geissler Filmprod./DEFA **Kl** Warner Bros. **VA** Euro-Video **Pd** Dieter Geissler **R** Karin Howard **B** Karin Howard, nach Motiven eines Romans von Walter Serner **K** Lothar Elias Stickelbrucks **M** Loek Dikker **S** Norbert Herzner **D** Valentina Vargas (Pauline), James Remar (Andrei), Hannes Jaenicke (Harry), George Peppard (Sid Slaughter), Ferdy Mayne (Österreichischer Graf), Arne Nannestad (Pat Cooper) **L** 88 **FSK** ab 16; f **E** 15.10.1992/8.6.1993 Video/4.11.1995 ARD **fd** 29 883

TIGERJAGD IN MANHATTAN (NYPD MOUNTED). Nach seiner Scheidung heuert ein Mann aus Montana bei der berittenen Polizei New Yorks an. Ihm zur Seite gestellt wird ein erfahrener Cop, der bei der Reiterstaffel endlich die lang ersehnte »ruhige Kugel« schieben will. Kriminalkomödie um ein eigenwilliges Polizistenpaar, bei dem der eine nichts von New York, der andere nichts von Pferden weiß. ✦ USA 1991 **R** Mark Tinker **B** Patrick Hasburgh **M** Peter Bernstein **D** Dennis Franz (Anthony Spampatta), Dan Gauthier (»Lucky« Lonnie Wellington), Roxann Biggs (Lieutenant Torres), Cliff De Young (Captain Vernon Smithers) **L** 86 **E** 28.6.1998 Pro Sieben

DIE TIGERKÖNIGIN (TIGERWOMAN). Eine junge Engländerin, die als Überlebende eines Flugzeugunglücks bei Eingeborenen aufwuchs, gerät in die Auseinandersetzung zweier Konkurrenz-Unternehmen, die um Ölquellen streiten. Nach zahlreichen Mordanschlägen unterliegen die Gangster, sie folgt dem anständigen Ingenieur nach Amerika. Trivialer Abenteuerfilm, angelegt als weibliche »Tarzan«-Variante; inszenatorisch und inhaltlich gleichermaßen belanglos. – Ab 16. ✦ Schwarz-weiß. USA 1944 **P** Republic **Kl** Gloria **Pd** William J. O'Sullivan **R** Spencer G. Bennet, Wallace Grissell **B** Royal Cole, Basil Dickey **K**

Bud Thackery **M** Joseph S. Dubin **D** Allan Lane (Allen Saunders), Linda Stirling (Tigerkönigin), Duncan Renaldo (José), George J. Lewis (Morgan), LeRoy Mason (Walton), Crane Whitley (Dagget) **L** 93 **FSK** ab 16; nf **E** September 1952 **fd** 2 315

TIGERKRALLE (TIGER CLAWS). Ein Serienkiller, der seine Opfer unter erprobten Kampfsportlern sucht, beschäftigt die New Yorker Polizei. Ein Undercover-Agent wird in eine Kampfsportschule eingeschleust und muß schließlich gemeinsam mit der karateerprobten Leiterin der Schule gegen einen scheinbar übermächtigen Gegner in einem offziellen Duell antreten. Actionthriller, der die Topoi moderner Krimis mit klassischen »Martial Arts«-Prügeleien verbindet. ✦ USA 1992 **P** Shapiro-Glickenhaus **VA** Highlight **Pd** Jalal Merhi **R** Kelly Makin **B** Steve Mauner **K** Mark Willis **M** Varouje **S** Reid Dennison **D** Jalal Merhi (Tarek Richards), Cynthia Rothrock (Det. Linda Masterson), Bolo Yeung (Chong), Mo Chow (Chow), Ho Chow (James) **L** 88 **FSK** ab 16 **E** 29.9.1992 Video/ 10.1.1995 Pro Sieben

TIGERKRALLE II (TIGERCLAWS II). Während sich zwei Fahnder zwischen den Fronten verfeindeter Banden durchschlagen und einen Mörder dingfest machen, prügelt sich ein gnadenloser Killer zum Kick-Box-Champion durch und darf mit seinem religiösen Meister in die Vergangenheit reisen. Eine ebenso einfältige wie gewalttätige Geschichte, deren billige Inszenierung vor Zynismus trieft. – Wir raten ab. ✦ USA 1994 **P** Tiger Claws II Sabertooth MCMXCVI Film One **VA** Highlight **Pd** Jalal Merhi **R** J. Stephen Maunder **B** J. Stephen Maunder, Andreas Kyprianov **K** Mark Willis **M** Varouje **S** John Meakin, Barryl Cornford **D** Jalal Merhi (Tarek Richards), Boko Yeung (Chong), Cynthia Rothrock (Linda Masterson), Evan Lurie (Victor), Han Soo Ong (Dai Lo Fu) **L** 85 **FSK** ab 16 **E** 23.12.1996 Video **fd** 32 341

TIGERLAND (TIGERLAND). Im Jahr 1971 wird eine Gruppe von Rekruten für den Vietnam-Krieg ausgebildet. Es zeigt sich, dass die jungen Männer, die unter dem harten Training leiden, kaum für den Einsatz im Krieg geeignet sind. Spannende Variation des Kriegsfilm-Genres, die sich auf die Ausbildungsphase beschränkt, in der die Unmenschlichkeit des Drills zum Töten aber bereits deutlich wird. Das Lager wirkt manchmal wie ein Spielplatz, manchmal, durch die Handkamera und das 16mm-Material, wie einer einschlägigen Fernsehdokumentation entnommen, was die verschwommene Realitätswahrnehmung der jungen Männer auf intensive Weise vor Augen führt. ✦ USA 2000 **P** Haft Entertainment/New Regency **KI** Twentieth Century Fox **VA** Fox Home **DVD** Fox Home **Pd** Arnon Milchan, Steven Haft, Beau Flynn **R** Joel Schumacher **B** Ross Klavan, Michael McGruther **K** Matthew Libatique **M** Nathan Larson **S** Mark Stevens **D** Colin Farrell (Roland Bozz), Matthew Davis (Paxton), Shea Whigham (Wilson), Clifton Collins jr. (Miter), Tom Guiry (Cantwell), Russell Richardson (Johnson), Nick Searcy (Captain Saunders) **L** 101 **FSK** ab 16; f **FBW** w **E** 24.5.2001/ 22.11.2001 Video & DVD **fd** 34 871

TIGERMAN (FINAL ALLIANCE). Jahre nach der Ermordung seiner Eltern kehrt ein Mann in seine Heimatstadt zurück. Mit der Hilfe eines Pumas säubert er die Stadt von dem verbrecherischen Gesindel, das mit Korruption und Gewalt regiert und dem seine Eltern zum Opfer fielen. In Western-Manier erzählte Geschichte vom einsamen Rächer, ganz zugeschnitten auf den farblosen Hauptdarsteller. ✦ USA 1988/ 89 **P** Emerald Films/International Media Exchange/ Trans World Entert. **VA** VPS **Pd** David Goldstein, Ami Artzi, Harel Goldstein **R** Mario Di Leo **B** John T. Eubank, Harel Goldstein **K** Mario Di Leo **M** Julian Laxton **S** Duane Hartzell **D** David Hasselhoff (Will Colton), John Saxon (Geist), Bo Hopkins (Sheriff Whistler), Jeanie Moore (Carrie), Len Sparrowhawk (Zeike), Karl Johnson (Red), Frank Notard (Ferret), Jeff Fannell (Chuck), Sylvano Architto (ZZ) **L** 90 **FSK** ab 16 **E** 19.7.1990 Video

TIGER'S TALE – EIN TIGER AUF DEM KISSEN (TIGER'S TALE). Ein 19jähriger in einem abgelegenen amerikanischen Provinznest verliebt sich in die 40jährige geschiedene Mutter seiner Schulfreundin und bricht mit ihr als neuer Lebensgefährtin nach Kalifornien auf. Auf Gefühl getrimmter Jugendproblemfilm, der seine Thematik verschenkt und lediglich oberflächliche Unterhaltung bietet. – Ab 16 möglich. ✦ USA 1987 **P** Atlantic **KI** Ascot **VA** Ascot **Pd+R** Peter Douglas **B** Peter Douglas, nach dem Roman von Allan Hannay III **K** Tony Pierce-Roberts **M** Lee Holdridge **S** David Campling **D** C. Thomas Howell (Bubber Drumm), Ann-Margret (Rose Butts), Kelly Preston (Shirley Butts), Charles Durning (Charly Drumm), Ann Wedgeworth (Claudine) **L** 98 **FSK** ab 12; f (fr.16) **E** 24.3.1988/Juni 1988 Video **fd** 27 071

TIGERSTREIFENBABY →Tigerstreifenbaby wartet auf Tarzan

TIGERSTREIFENBABY WARTET AUF TARZAN. Ein Gast aus dem fünften Jahrtausend kommt in die Gegenwart, um nach einer bestimmten Frau zu suchen. Gemeinsam mit ihr, einer Schriftstellerin, und einer weiteren Frau praktiziert er in einem Landhaus das utopische Ideal freier Liebe, bis ein eifersüchtiger Ehemann das Idyll zerstört. Der Film reflektiert im Gewand eines modernen Märchens über Lebenssinn, Harmoniebedürfnis und Todessehnsucht. Zunächst etwas schleppend, wird die Inszenierung zunehmend dichter, wobei Regisseur Rudolf Thome Motive und Konfliktkonstellationen seiner früheren Werke zitiert und paraphrasiert. Ein eigenwilliger deutscher Film. – Sehenswert ab 16. ✦ Deutschland 1997 **P** Moana Film/WDR **KI** Prometheus **Pd+R+B** Rudolf Thome **K** Carsten Thiele **M** Wolfgang Böhmer **S** Dörte Völz-Mammarella **D** Herbert Fritsch (Frank Mackay), Cora Frost (Luise), Valeska Hanel (Laura Luna), Irm Hermann (Birgit Kirschstein, Verlegerin), Rüdiger Vogler (Franz, Lauras Vater), Tilo Werner (Theo) **L** 118 **FSK** ab 12; f **E** 27.8.1998 **fd** 33 262

TIGGERS GROSSES ABENTEUER (THE TIGGER MOVIE). Der hüpfende »Tigger«, ein ausgelassenes, lebensfrohes Wesen mit Anleihen bei einem Tiger, stellt in diesem »Winnie Puuh«-Zeichentrickfilm fest, dass er als wahrhaft einzigartiges Wesen keinerlei Artgenossen zu besitzen scheint. Seine Suche nach der »Tigger-Familie« wird für seine Gefährten im Hundertmorgenwald zur Bewährungsprobe ihrer Freundschaft. Der liebenswerte, kindgerechte Film nach den Figuren von A. A. Milne ist visuell eine Rückkehr zur Einfachheit der ganz von der Figuren-Animation lebenden Disney-Cartoons der 60er- und 70er-Jahre. Eingebunden in eine charmante Geschichte wird daraus ein lohnender Familienfilm. (Titel auch: »Tiggers großes Abenteuer mit Winnie Puuh und seinen Freunden«) – Sehenswert ab 6. ✦ USA 2000 **P** Walt Disney Animation Japan/Walt Disney Television Animation **KI** Buena Vista **VA** Buena Vista Home **DVD** Buena Vista (1.66:1, DD5.1 engl./ dt.) **Pd** Cheryl Abood **R** Jun Falkenstein **B** Jun Falkenstein, nach den Buchfiguren von A. A. Milne **M** Harry Gregson-Williams, Richard M. Sherman, Robert B. Sherman **S** Robert Fisher jr **L** 77 **FSK** o. A.; f **E** 15.6.2000/9.11.2000 Video/23.11.2000 DVD **fd** 34 295

TIGRERO – A FILM THAT WAS NEVER MADE (TIGRERO – A FILM THAT WAS NEVER MADE). Nach 40 Jahren fahren Jim Jarmusch und Mika Kaurismäki mit Samuel Fuller in ein brasilianisches Indiodorf, wo der amerikanische Regie-Altmeister einst Probeaufnahmen für ein nie realisiertes Ehe-Abenteuerdrama gedreht hatte. Was von der Ausgangskonstellation her hätte spannend sein können, wird durch die unkonzentrierte Aufbereitung verspielt. Kaurismäki will gleichzeitig filmgeschichtlichen Exkurs, ethnologische Studie und eigenständiges Kunstwerk und erreicht nichts außer Langeweile. (O.m.d.U.) ✦ Finnland/Deutschland/Brasilien 1994 **P** Marianna Films/premiere **KI** Freunde der Deutschen Kinemathek **Pd+R+B** Mika Kaurismäki **K** Jacques Cheuiche **M** Nana Vasconcelos, Chuck Jonkey, Karajá-Indianer **S** Mika Kaurismäki **D** Samuel Fuller, Jim Jarmusch, Karajá-Indianer **L** 75 **E** 7.7.1994 premiere **fd** 30 933

TILAÏ (TILAI). Ein Mann kehrt in sein Heimatdorf zurück, um seine Verlobte zu heiraten. Dort erfährt er, daß sein Vater die junge Frau wider ihren Willen geheiratet hat. Da beide sich noch immer lieben, treffen sie sich heimlich. Als dies bekannt wird, soll der Mann, so wollen es Gesetz und Ehre, getötet werden. Ein Film über die Unvereinbarkeit von individuellem Freiheitsstreben und traditionellen Normen, wobei die Hoffnung auf eine zukünftige Veränderung durchschimmert. Ein tragischer Stoff, angesiedelt zwischen Realität und allgemeingültiger Fabel. – Ab 16. ✦ Burkina Faso/Schweiz/Frankreich 1990 **P** Les Films de l'Avenir/Weka/Rhea **R+B** Idrissa Ouédraogo **K** Jean Monsigny, Pierre-Laurent Chenieux **M** Abdullah Ibrahim **S** Luc Barnier **D** Rasmane Ouédraogo, Ina Cissé, Roukietou Barry, Assane Ouédraogo, Shibidou Sidibe **L** 81 **E** Schweiz

TILDA UND DAS GEHEIMNISVOLLE MEDAILLON (TRUE TILDA). Ein neunjähriges aufgewecktes Waisenmädchen begibt sich durch die Bitte einer sterbenden Frau auf die Suche nach einem Leidensgefährten. Es findet ihn in einem verwahrlosten Waisenhaus und flieht mit ihm vor dem despotischen Heimleiter. Auf der Flucht, die nach Stratford upon Avon führt, begegnen sie vielen hilfsbereiten Erwachsenen, müssen sich aber immer vor dem Heimleiter hüten, der ihnen auf den Fersen bleibt, da er hinter dem Geld seines Zöglings, der noch nichts von seiner Herkunft ahnt, her ist. (Fernseh-)Kinderfilm um ein couragiertes Paar, das lernt, mit Offenheit und Ehrlichkeit sein Schicksal zu meistern, und durch diese Eigenschaften viele erwachsene Freunde gewinnt. – Ab 10. ✦ Großbritannien 1996 **P** BBC/ Portobello Pic. **Pd** Eric Abraham **R** Ross Devenish **B** Richard Carpenter, nach einem Roman von Arthur Quiller-Couch **D** Morgan Bell (Tilda), Eric Graves (Arthur Miles), John Shrapnel (Pastor Glasson), Desmond Barrit (Mr. Mortimer), Isla Blair (Mrs. Mortimer) **L** 95 **E** 30.9.2000 Kinderkanal

TILL (TILL). Nachdem sich die Eltern getrennt haben, muß sich der Vater um den 18monatigen Sohn Till kümmern. Dabei wird deutlich, daß die Vater-Sohn-Beziehung nicht von vornherein einfach und schön ist, sie vielmehr im täglichen Miteinander erst wachsen muß. Eine schlichte »Männergeschichte«, die von wechselseitigen und unausweichlichen Abhängigkeiten erzählt. Ihre ebenfalls schlichten Bilder sollen ein Gegengewicht gegen die gelackte Bilderflut darstellen. – Ab 14. ✦ Schwarz-weiß. Schweiz/ BR Deutschland 1988 **P** Pandora/SRG/ZDF **Pd** Res Balzli **R+B** Felix Tissi **K** Andreas Schneuwly **M** Kahondo Style **S** Remo Legnazzi, Carola Kayatz, Felix Tissi **D** Sven Simon (Philipp), Louis Bloechlinger (Till), Cecile Kellner (Myriam), Sina Hochuli (Roberta), Erik Göller (Olek) **L** (TV) 87 **E** 25.2.1991 ZDF

TILL EULENSPIEGEL. Eine in die Zeit kurz vor den Bauernkriegen (1524/25) verlegte Verfilmung des ursprünglich im 14. Jahrhundert spielenden Volksbuches, in dem der Bauernsohn Till Eulenspiegel durch seine Possen und Streiche die Widersprüche und Grausamkeiten feudaler Gesellschaftsstrukturen aufzeigt. Die bildstarke, auch nicht vor Derbheiten zurückschreckende Inszenierung wird in ihrem filmischen Erzählfluss durch eine die Dialektik der Geschichte allzu betonende Dramaturgie und Musikbearbeitung behindert. Als Angriff auf Autoritäten von gleichnishafter Bedeutung, stand der Film in der DDR kurz vor einem Verbot. – Ab 16. ✦ Scope. DDR 1975 **P** DEFA, Gruppe »Babelsberg« **KI** Progress/ Unidoc **Pd** Martin Sonnabend **R** Rainer Simon **B** Rainer Simon, Jürgen Klauß, nach dem deutschen Volksbuch und einer Filmerzählung von Christa und Gerhard Wolf **K** Claus Neumann **M** Friedrich Goldmann **S** Helga Gentz **D** Winfried Glatzeder (Till Eulenspiegel), Cox Habbema (Rosine), Franciszek Pieczka (Ritter Kunz), Jürgen Gosch (Kaiser), Michael Gwisdek (Landsknecht bei Kunz), Eberhard Esche (Fürst), Jörg Gudzuhn (Oberhenker) **L** 102 **E** 23.5.1975 Kino DDR/11.5.1977 DFF 1/Februar 1989 Kino BRD/ 24.5.1995 ORB **fd** 27 396

TILL EULENSPIEGEL, DER LACHENDE REBELL →Die Abenteuer des Till Ulenspiegel

TILL ULENSPIEGEL (LEGENDA O TILJE). Im 16. Jahrhundert leiden die Menschen in der niederländischen Provinz Flandern unter der grausamen Herrschaft des spanischen Königs Karl V., seines Sohnes und der katholischen Kirche. Mit schalkhaften Streichen opponiert der legendäre Flame Till Ulenspiegel gegen die Unterdrückung seiner Landsleute. Episch breiter Historienfilm, der die populäre Gestalt in ihren konkreten historischen und gesellschaftlichen Rahmen einzuordnen versucht. (Titel der ersten beiden Teile: »Die Asche von Clas«; Titel der Teile 3 und 4: »Es leben die Bettler«) ✦ Scope. UdSSR 1976 **P** Mosfilm **R** Alexander Alow **B** Alexander Alow, nach dem Roman von Charles de Coster **K** Valentin Shelesnjakow **M** Nikolai Karetnikow **D** Lembit Ulfsak (Till), Jewgeni Leonow (Lamme), Natalja Belochwostikowa (Nele), Michail Uljanow (Clas), Igor Ledogorow (Prinz von Oranien) **L** 292 **E** 28.9.1978 (Teile 1+2)/5.10.1978 DFF 1 (Teile 3+4)

TILMAN RIEMENSCHNEIDER. Am Schicksal des deutschen Bildschnitzers Tilman Riemenschneider (geboren um 1460), der sich während der Bauernkriege zu den Unterdrückten bekannte, will der Film die notwendige Parteilichkeit eines Künstlers demonstrieren. Ein unvollkommenes Geschichtsbild mit vereinfachten Zügen, schauspielerisch jedoch brillant. – Ab 14 möglich. ✦ Schwarz-weiß. DDR 1958 **P** DEFA **Kl** Progress **Pd** Alexander Lösche **R** Helmut Spieß **B** Joachim Barckhausen, Alexander Stenbock-Fermor, nach der Filmerzählung von Harry Hindemith und Werner Stewe. **K** Eugen Klagemann, Karl Drömmer **M** Joachim Werzlau **S** Ursula Rudzki **D** Emil Stöhr (Tilman Riemenschneider), Gerd Michael Henneberg (Fürstbischof Konrad), Annekathrin Bürger (Anna), Kurt Oligmüller (Domherr), Johannes Curth (Bürgermeister Merklein), Hanns Anselm Perten (Burghauptmann) **L** 97 **E** 5.12.1958 Kino DDR/ 6.2.1959 DFF 1

TILT – ICH KANN'S AM BESTEN →Ich kann's am besten

TIM BURTON'S NIGHTMARE BEFORE CHRISTMAS →Nightmare Before Christmas

TIM FRAZER JAGT DEN GEHEIMNISVOLLEN MR. X (TIM FRAZER JAGT DEN GEHEIMNISVOLLEN MR. X). Der englische Privatdetektiv Tim Frazer wird in Antwerpen auf einen geheimnisvollen Mörder angesetzt, der Mitwisser beim Marihuana-Schmuggel aus dem Wege räumt. Ein müder Krimi, der seinerzeit vergeblich versuchte, vom Fernseherfolg des Titelhelden zu profitieren. Anspruchslos-seichte Unterhaltung in einigermaßen annehmbarer Gestaltung. – Ab 16. ✦ Schwarz-weiß. Österreich 1964 **P** Melba **Kl** Constantin **Pd** Kurt Miksch **R** Ernst Hofbauer **B** Ernst Hofbauer, nach einer Seriengestalt von Francis Durbridge **K** Raimund Herold **M** Heinz Neubrand **S** Arnfrid Heyne **D** Adrian Hoven (Tim Frazer), Corny Collins (Janine), Paul Löwinger (Stoffels), Mady Rahl (Rosalie), Adi Berber (Lode), Sieghardt Rupp (Jack van Druten), Ellen Schwiers (Farida) **L** 85 **FSK** ab 16; nf **E** 12.6.1964/6.5.1972 ARD **fd** 12 793

TIM – KANN DAS LIEBE SEIN? (TIM). Die Beziehung zwischen einer 40jährigen ledigen Geschäftsfrau mit Villa und Ferienhaus am Meer und einem 24jährigen, geistig zurückgebliebenen Mann aus einfachen Verhältnissen. Sie fördert den fast analphabetischen Schützling aus Sympathie auf mütterlich-schwesterliche Weise. Als er in ihr schließlich die begehrenswerte Frau entdeckt, will sie auf Distanz gehen, bis ihr ein Schulpsychologe zur Heirat rät. Melodramatischer Erstlingsfilm um eine unkonventionelle Romanze, inszeniert mit konventionellen Mitteln und hochgemuten Worten über Leben und Tod. Er drückt sich vor der tieferen Auseinandersetzung mit der psychosozialen Problematik und bleibt unstimmig und vereinfachend. ✦ Australien 1979 **P** Pisces Prod. **R** Michael Paté **B** Michael Paté, nach einem Roman von Colleen McCullough **K** Paul Onorato **M** Eric Jupp **S** David Stiven **D** Piper Laurie (Mary Horton), Mel Gibson (Tim Melville), Alwyn Kurts (Ron Melville), Pat Evison (Emily Melville), Deborah Kennedy (Dawn Melville) **L** (TV) 102 **E** 13.9.1985 ZDF

TIM UND DER HAIFISCHSEE (TINTIN ET LE LAC AU REQUIN). Tim, ein junger aufgeweckter Reporter, der stets in gefährliche Abenteuer gerät und dabei Detektiv spielt, wird gemeinsam mit seinem Hund Struppi, Käpt'n Haddock sowie dem Wissenschaftler Bienlein in einen Kampf mit Gangstern um eine geheimnisvolle Vervielfältigungsmaschine verwickelt. Ein nur bedingt kindgerechter Zeichentrickfilm nach der populären Comic-Serie, der kurzweilige Unterhaltung mit sympathischen Charakteren bietet. Im Gegensatz zu »Tim und Struppi im Sonnentempel« entstand der Film nach einem Originalszenario, das auch nicht von Hergé, sondern von Michel Regnier stammt. – Ab 8. ✦ Belgien/Frankreich 1972 **P** Raymond Leblanc/Dargaud/Belvision **Kl** United Artists **R** Raymond Leblanc **B** Greg (= Michel Regnier), nach Figuren einer Comic-Strip-Serie von Hergé **M** François Rauber, Joseph Noël **L** 77 **FSK** ab 6; f **E** 2.12.1973 **fd** 18 647

TIM UND STRUPPI IM SONNENTEMPEL (TIN TIN ET LE TEMPLE DU SOLEIL). Zeichentrick-Krimi nach einem Comic-Band der populären Serie von Hergé, in der der mutige und gewitzte Jung-Reporter Tim mit seinem Hund Struppi in gefährliche Abenteuer in allen Winkeln der Welt gerät. Dieses Mal wird der liebenswert-zerstreute Professor Bienlein von Indios nach Peru entführt, und Tim, Struppi und der whiskyliebende, stets fluchende Kapitän nehmen die Verfolgung auf. Bei schwacher Animation bietet der Film immer noch Zeit für einige reizvolle Einfälle, die den Unterhaltungswert sichern. Der Film ist gewiß keine Unterhaltung für ganz kleine Zuschauer, sondern eine ironische Abrechnung mit den Agentenfilmen seiner Zeit. – Ab 8. ✦ Frankreich/Belgien 1969 **P** Dargaud/ Raymond Leblanc/Belvision **Kl** Atlas (Erstverleih: Constantin) **Pd** Raymond Leblanc **R** Hergé **B** Hergé, Greg (= Michel Regnier), nach einem Comic-Buch von Hergé **K** François Leonard **M** François Rauber, Jacques Brel (Lieder) **S** Laszlo Molnar, Roger Cacheux **L** 79 **FSK** ab o. A.; f (fr. 6) **FBW** w **E** 18.12.1970 **fd** 17 118

TIM UND STRUPPI ON THE ROAD (TINTIN, LE VOYAGEUR DU SIECLE). Die Comics des belgischen Zeichners Hergé bilden einen zeitlosen Kosmos ab und stellen eine beispiellose zeichnerische Zeitreise durch unser Jahrhundert dar. Haims Dokumentarfilm nimmt den Blickwinkel des Comic-Helden Tim, eines rasenden Reporters auf, und schickt sechs Kameramänner in 15 Länder unserer Welt, in denen Tims Abenteuer spielen. Entstanden ist ein bewusst naiver Film, der Tims Haltung zur Welt spiegelt und Momentaufnahmen aus exotischen Ländern mit Comic-Panels und historischem Archivmaterial verknüpft. ✦ Frankreich 2001 **R** Claude Haim **L** 90 **E** 30.9.2001 arte

TIM UND STRUPPI UND DER HAIFISCHSEE →Tim und der Haifischsee

TIMBER TRAMPS (TIMBER TRAMPS). In einem kanadischen Holzfällercamp, in dem jeder nur auf seinen eigenen Vorteil schaut, halten sieben schlagfertige Kumpane wie Pech und Schwefel zusammen und versuchen, die Ordnung aufrechtzuerhalten. Abenteuerfilm mit vielen Prügeleien und flotten Sprüchen, anspruchslos inszeniert von dem damals fast 80jährigen Routinier Tay Garnett. (Fernsehtitel auch: »Die Sieben vom Holzfällercamp«) – Ab 16. ✦ Kanada 1978 **P** American Eagle **VA** General Motion Pictures **R** Tay Garnett **K** Chuck Keen **D** Claude Akins (Big Push), Tab Hunter (Schwede), Joseph Cotten, Leon Ames (Diakon), Cesar Romero (Mühlenbesitzer) **L** 88 **FSK** ab 12 **E** 21.6.1990 Tele 5

TIMBUKTU (TIMBUKTU). Während französische Truppen im Jahr 1940 gegen die Nazis kämpfen, rettet ein amerikanischer Waffenschmuggler unter franzosenfeindlichen Stämmen des Sudan aus Liebe zur Frau des französischen Kommandanten eine bedrohte Garnison. Melodramatischer Abenteuerfilm, ohne großen Aufwand stilsicher und stimmungsvoll in Szene gesetzt. In der Zeichnung von Gut und Böse schematisch wie jeder handelsübliche Western, aber innerhalb der Genre-Grenzen durch das doppelbödige Spiel mit Intrigen nicht ohne Reiz. – Ab 16. ✦ Schwarz-weiß. USA 1958 **P** Imperial **Kl** United Artists **Pd** Edward Small **R** Jacques Tourneur **B** Anthony Veiller, Paul Dudley **K** Maury Gertsman **M** Gerald Fried **S** Roy Cropper **D** Victor Mature (Mike Conway), Yvonne de Carlo (Natalie Dufort), George Dolenz (Colonel Dufort), John Dehner (Emir), Marcia Henderson (Jeanne Marat), James Fox (Leutnant Marat) **L** 92 **FSK** ab 16; nf **E** 28.4.1959 **fd** 8 064

TIME AND TIDE (SEUNLAU NGAKLAU). Ein junger Bodyguard und ein erfahrener Söldner werden in gewalttätige Auseinandersetzungen um einen Koffer voller Geld verwickelt. Obwohl sie auf unterschiedlichen Seiten kämpfen, erkennen die Männer, die beide im Begriff sind, Vater zu werden, die moralische Integrität des Gegners an. Ein Männer-Actionfilm nach bekannten Mustern, dem es trotz menschelnder Attitüden nicht um Charaktere und universelle Emotionen geht, sondern um die Beschwörung eines Kinos der Archetypen, Zeichen und Gesten. Ein Fest der Farben und Formen, dem es aber gerade dadurch an narrativer Substanz fehlt. ✦ Scope. VR China 2000 **P** Hong Kong Film Workshop/Columbia Pictures Film Production Asia **VA** Columbia TriStar Home **DVD** Columbia TriStar Home (16:9, 2.35:1, DD5.1 cant./dt.) **Pd+R** Tsui Hark **B** Koan Hui, Tsui Hark **K** Herman Yau, Chiu-Lam Ko **M** Tommy Wai **S** Marco Mak **D** Nicholas Tse (Tyler), Wu Bai (Jack), Candy Lo (Ah Hui), Cathy Tsui (Ah Jo), Antony Wong Chau-Sang (Uncle Ji), Couto Remotigue jr. (Miguel) **L** 113 **E** 16.10.2001 Video & DVD **fd** 35 168

TIME BANDITS (TIME BANDITS). Mitten in der Nacht fallen sechs gnomartige Wesen durch ein Zeitloch direkt ins Schlafzimmer eines etwa zehnjährigen Jungen, der sich ihnen begeistert anschließt auf eine abenteuerliche Reise kreuz und quer durch Raum und Zeit, von Napoleon bis Robin Hood, vom Mittelalter bis ins Altertum, über die »Titanic« ins Märchenland bis ins Schloß des Bösen. In größter Not greift das »Große Wesen« ernüchternd ein. Ein fantastischer Abenteuerfilm, angesiedelt zwischen Parodie und vertracktem Traummärchen, gewürzt mit viel britischem Humor. Eine aufwendige und effektreiche, trotz einiger formaler Unstimmigkeiten amüsante und bisweilen sogar tiefsinnige Unterhaltung. Die vielschichtige Handlung und die parodistischen Feinheiten dürften sich erst dem erwachsenen Zuschauer ganz eröffnen. – Ab 12 möglich. ✦ Großbritannien 1981 **P** Handmade **Kl** Senator **Pd+R** Terry Gilliam **B** Terry Gilliam, Michael Palin **K** Peter Biziou **M** Mike Moran, George Harrison (Songs) **S** Julian Doyle **D** Craig Warnock (Kevin), David Rappaport (Randall), Kenny Baker (Fridgit), John Cleese (Robin Hood), Sean Connery (König Agamemnon), David Warner (das böse Genie), Shelley Duvall (Pansy), Ralph Richardson (das Große Wesen), Peter Vaughan **L** 116 **FSK** ab 6; f **E** 18.3.1982 **fd** 23 341

TIME BARBARIANS (TIME BARBARIANS). Im Los Angeles der Gegenwart liefert sich ein mächtiger Barbaren-König mit dem Mörder seiner Frau einen mörderischen Kampf, ehe er mit einem Zauberkristall in seine Zeit zurückkehrt. Unattraktiv inszenierte Fantasy-Action mit armseligen Schauspielern und Dialogen. ✦ USA 1990 **P** Vista Street/T.I.P. Trading **VA** Scala/Troma (ungeschnittene Fassung) **DVD** Troma (FF, Mono dt.) **Pd** Philip J. Jones **R+B** Joseph John Barmettler **K** Kevin Morrisey **M** Miriam Cutler **S** Chris Webber, Gary Webber **D** Deron McBee (Doran), Jo-Ann Ayres (Lystra/Penny), Daniel Martine (Mandrak), Louis Roth (Stako), Michael Ferrare (Brice) **L** 96 (ungeschn. 97) **FSK** ab 16 (ungeschn. 18) (DVD 18) **E** 2.9.1991 Video/3.6.1992 Tele 5/10.8.2000 DVD **fd** 29 422

TIME BOMB (TIME BOMB). Französische Terroristen überfallen in den USA einen Plutonium-Transport. Zwei Sicherheitsbeamte nehmen die Verfolgung der Gangster auf und können den Abtransport der Nuklear-Waffen ins Ausland verhindern. Ein langweiliger Film voller Patriotismus, der unter dem Mäntelchen der Unterhaltung eine fragwürdige Ideologie verkaufen will. (Fernsehtitel: »Die Bombe tickt«) – Ab 16 möglich. ✦ USA 1984 **P** Universal **VA** CIC **Pd** Tom Thayer **R** Paul Krasny **B** Wes Claridge (= Westbrooke Claridge) **K** Don Reddy **M** Sylvester Levay **D** Billy Dee Williams (Wesley Tanner), Joseph Bottoms (Daniel O'Bannonn), Merlin Olsen (Jake Callahan), Morgan Fairchild (Renee DeSalles), Anne Kerry (Tracy) **L** 92 **FSK** ab 16 **E** September 1985 Video/23.7.1988 ARD **fd** 25 379

TIME BREAKER (GET MEAN). Ein Fremder begleitet für 50.000 Dollar eine Prinzessin nach Spanien und wird dort in die Kämpfe von Engländern und Spaniern gegen barbarische Wikinger (!) verwickelt. Völlig misslungene Mischung aus Italowestern und Fantasyfilm. ✦ Italien 1975 **Pd** Tony Anthony **R+B** Ferdinando Baldi **K** Mario Perino **M** Franco Bixio, Fabio Frizzi, Vince Tempera (= Vincenzo Tempera) **D** Tony Anthony, Lloyd Battista, Raffaele Baldassarre, Diana Lorys, Mirta Miller, David Dreyer **L** 84 **E** Video

TIME COP (TIME COP). Eine Maschine für Reisen in die Vergangenheit wird von Gangstern für Beutezüge und Spekulationen mißbraucht. Diesem Unwesen soll eine Truppe von »Zeitpolizisten« ein Ende bereiten. Der Polizist, der schließlich dem Drahtzieher der schmutzigen Geschäfte auf die Spur kommt, kann zugleich auch den Mord an seiner Frau ungeschehen machen. Ein Fantasyfilm ohne Spannung und Humor, der die Möglichkeiten des Sujets verschenkt. Er begnügt sich damit, seinen Hauptdarsteller in stereotypen Kampfszenen als versierten Karatekämpfer zu präsentieren. – Ab 16. ✦ Scope. USA 1993 **P** Universal **Kl** UIP **VA** CIC **DVD** Columbia TriStar Home (16:9, 2.35:1, DD5.1 engl./dt.) **Pd** Moshe Diamant, Sam Raimi, Robert Tapert **R** Peter Hyams **B** Mark Verheiden **K** Peter Hyams **M** Mark Isham **S** Steven Kemper **D** Jean-Claude Van Damme (Max Walker), Ron Silver (Senator McComb), Mia Sara (Melissa Walker), Gloria Reuben (Fielding), Bruce McGill (Matuzak), Scott Bellis (Ricky), Jason Schombing (Lyle Atwood), Scott Lawrence (Spots) **L** 98 **FSK** ab 16; f **E** 24.11.1994/21.6.1995 Video/7.6.1996 premiere/11.1.2000 DVD **fd** 31 059

TIME FLASH (BLUE TORNADO). Während eines Testsflugs werden zwei Tornado-Piloten mit UFO-Phänomenen konfrontiert. Als die Maschine des einen abstürzt, glauben die Vorgesetzten dem Überlebenden kein Wort, doch mit Hilfe einer jungen Wissenschaftlerin kann er sich rehabilitieren. Mischung aus Fliegerdrama mit artistischen Einlagen und Science-Fiction-Film, die ihr Vorbild, den amerikanischen Erfolgsfilm »Top Gun«, nicht verleugnen kann. (Fernsehtitel: »Blue Tornado – Männer wie Stahl«) – Ab 16. ✦ Italien 1990 **P** Clemi Cinematografica/Titanus **VA** VPS **Pd** Giovanni di Clemente **R** Tony B. Dobb **B** Gino Capone, Tony B. Dobb, Antonio Bido **D** Dirk Benedict (Alex), Ted McGinley (Philip), Patsy Kensit (Isabella), David Warner (Kommandant) **L** 87 **FSK** ab 12 **E** 18.4.1991 Video/11.8.1992 RTL plus

TIME FOR KILLING →Blutroter Morgen

TIME GUARDIAN – WÄCHTER DER ZUKUNFT (THE TIME GUARDIAN). Roboterhafte Androiden greifen im Jahr 4039 eine Stadt an, deren Bewohner durch einen Zeitsprung ins 20. Jahrhundert flüchten, aber auch dort in Kämpfe mit den Feinden verwickelt werden. Einfallsloser Science-Fiction-Film, schauspielerisch und tricktechnisch ohne Niveau. – Ab 16. ✦ Scope. USA 1988 **P** Hemdale Film Corporation **Kl** Scotia **VA** Ufa **R** Brian Hannat **B** John Baxter, Brian Hannat **K** Geoff Burton **M** Allan Zavod **D** Tom Berlinson (Ballard), Nikki Coghill (Annie), Dean Stockwell (Boss), Carrie Fisher (Petra), Henry Salter (Prenzler), Jo Flemming (Tanel), Tim Robertson (Sgt. McCarthy), Jim Holt (Rafferty) **L** 87 **FSK** ab 16; f **E** 22.6.1989/Oktober 1989 Video/1.1.1990 RTL plus **fd** 27 715

TIME LOCK →Timelock

TIME MACHINE 001 (TIME MACHINE 001). In einer fernen Zukunft kämpfen der Junge Knuffel (im Original Koktari) und seine Freunde gegen außerirdische Bösewichter, wobei es um eine Wunderwaffe geht, durch die die Bösen den Menschen die Zeit stehlen wollen. Aus einer Vielzahl literarischer und filmischer Quellen gespeister Science Fiction-Zeichentrickfilm, gedacht für Kinder, aber nicht gerade kindertümlich. – Ab 10 möglich. ✦ Hongkong 1982 **VA** Mike Hunter **R** Kan Han-Young **B** Chi Sang-Hak **K** Cho Min-Chul, Hwang Mung-Gin (Animation) **L** 90 **E** 1984 Video/30.8.1986 RTL plus

TIME MASTER (TIME MASTER). Außerirdische bestimmen das Schicksal der Erde, indem sie die Menschen zu willfährigen Figuren eines überdimensionalen pervertierten Videospiels gemacht haben. Ein 12jähriger Waise verhindert die atomare Vernichtung der Erde, indem er auf einer Zeitreise durch Vergangenheit und Zukunft den zynischen Kommandanten besiegt. Ein thematisch angestaubter Science-Fiction-Film, der allzu wirr Zeit- und Raumebenen sowie die Genres wechselt. (Fernsehtitel: »Timemaster – Aus der Zukunft zurück«) – Ab 16. ✦ USA 1995 **P** SGE Entertainment **VA** Ufa **Pd** Jefferson Richard **R+B** James Glickenhaus **K** Stephen M. Katz **M** Harry Manfredini **S** David Kern **D** Jesse Cameron-Glickenhaus (Jesse), Noriyuki »Pat« Morita (= Pat Morita) (Isalah), Joanna Pacula (Evelyn), Duncan Regehr (Jonathan), Michael Dorn (Kommandant) **L** 95 (gek. 91) **FSK** ab 16 (gek. ab 12) **E** 25.3.1996 Video/22.1.1999 ProSieben **fd** 31 972

TIME OF THE GYPSIES (DOM ZA VESANJE). Ein halbwüchsiger Roma verläßt mit einem reichen Zigeunerboß sein elendes Heimatdorf in Serbien und wird Mitglied seiner Bande, die von Diebstahl, Prostitution und Hehlerei in Mailand lebt. Er steigt zwar zur »rechten Hand« auf, wird jedoch ausgenutzt und betrogen und verliert Träume, Ideale und Leben. Eine filmische Odyssee, die mit visionären, rauschhaften Bildern Wirklichkeit, Märchen und Legenden der Zigeuner verknüpft. Dabei geht der ebenso ehrliche wie verständnisvolle Film über die Schilderung eines Einzelschicksals hinaus und beschreibt mit Poesie und verhaltenem Witz eine universelle Initiationsreise zwischen Tradition und Moderne, Verlust von Werten und wehmütiger Rückbesinnung. – Sehenswert. ✦ Jugoslawien 1989 **P** Forum/Television of Sarajevo **Kl** Die Lupe (Erstverleih: Impuls) **Pd** Mirza Pasic **R** Emir Kusturica **B** Emir Kusturica, Gordan Mihic **K** Vilko Filac **M** Goran Bregovic **S** Andrija Zafranovic **D** Davor Dujmovic (Perhan), Bora Todorovic (Ahmed), Ljubica Adzovic (Baba, die Großmutter), Husnija Hasimovic (Onkel Merkzan), Sinolicka Trpkova (Azra), Zabit Memedov (Zabit, der Nachbar), Elvira Sali (Danira) **L** 141 **FSK** ab 16; f **FBW** bw **E** 15.8.1991/10.1.1995 ZDF (teilweise untertitelt)/17.9.1998 Neustart **fd** 29 069

TIME OUT – DIE ZEIT LÄUFT AB →Time Out – Richter der Zeit

TIME OUT – RICHTER DER ZEIT (NIGHTWORLD: 30 YEARS TO LIFE / 30 YEARS TO LIFE). Irgendwann in naher Zukunft wird die Strafe für Verbrecher nicht mehr als Gefängnishaft verhängt, sondern in Form eines künstlichen Entzuges von Lebenszeit. Ein 15-Jähriger wird wegen Mord verurteilt, man entzieht ihm mit Hilfe eines rapiden Alterungsprozesses 30 Lebensjahre. Doch der nun 45-Jährige ist unschuldig und macht sich auf die Suche nach dem wahren Täter. Dabei verliebt er sich und muss sich entscheiden zwischen einer Rückkehr zu seinem ursprünglichen Leben und seiner Liebe. Fürs Fernsehen produzierte Mischung aus Science-Fiction- und Kriminalfilm. ✦ USA/Kanada/Luxemburg 1998 **P** Chesler-Perlmutter Prod./CLT-UFA International/Delux Prod./Alliance Communications Corp. **Pd** Ken Gord, Jimmy De Brabant **R** Michael Tuchner **B** Shawn Alex Thompson **K** Jon Joffin **M** James McGrath **S** Dean Balser **D** Robert Hays (Vincent Dawson), Hugh O'Conor (Vinnie Dawson), Amy Robbins (Darla), Mirabele Kirkland (Gwyneth), Christien Anholt (Derek), Gabrielle Lazure (Kate) **L** 90 **E** 2.4.1999 premiere

TIME RUNNER (IN EXILE). Während sich die Erde im Jahr 2022 zur Verteidigung gegen die Invasion außerirdischer Raumschiffe rüstet, rutscht ein Wissenschaftler durch ein »Wurmloch« ins Jahr 1992, wo er ebenfalls zur Rettung der Erde antreten muß, da auch das zeitgenössische Amerika von einer Schar niederträchtiger Aliens unterminiert ist. Ein äußerst bescheiden budgetierter Science-Fiction-Film, dem es nicht annähernd gelingt, die parallelen Handlungsebenen in Zukunft und Gegenwart zu verknüpfen. Dramaturgisch wirr, inszenatorisch und darstellerisch kaum Mittelmaß. – Ab 16. ✦ USA 1993 **P** North American/Excalibur **VA** Condor **Pd** Lloyd A. Simandl, John A. Curtis **R** Michael Mazo **B** Chris Hade, Greg Derochie, Ron Tarront, Ian Bray, Michael Mazo, John A. Curtis **K** Danny Nowak **M** Braun Farnon, Robert Smart **S** Michelle Bjornson **D** Mark Hamill (Michael Raynor), Rae Dawn Chong (Karen McDonald), Brion James (Neila), Marc Bauer (Freeman), Gordon Tipple (Arnie), J. Gregory MacLaren (Carl) **L** 85 **FSK** ab 16 **E** 7.9.1993 Video/16.12.1994 PRO 7 **fd** 30 499

TIME SERVED – HÖLLE HINTER GITTERN (TIME SERVED). Der tot geglaubte Frauengefängnis-Film feiert fröhliche Urständ und das mit einem völlig schwachsinnigen Buch und talentlosen Darstellern. (TV-Titel: »Ausgebeutet – Hölle hinter Gittern«) ✦ USA 1999 **P** Time Served Prod. **VA** Screen Power **Pd** John Burrows, Ron De Rosa, Jack Gilardi jr. **R** Glen Pitre **B** Michael Melon, Paul Pompian, Michael Sheeter **K** Jeff Roberts **M** Joe Delia **S** Barry Taylor **D** Catherine Oxenberg (Sarah), Jeff Fahey (Patrick), Louise Fletcher (Warden), Bo Hopkins (Mr. D), James Handy (Richter Engstrom) **L** 88 **FSK** ab 16 **E** 27.5.2000 Vox/7.12.2000 Video

TIME SHARE (TIME SHARE). Eine deutsche Genetikerin und Mutter zweier Kinder erfährt erst vor Ort, dass sie sich ihr Feriendomizil mit einem freundlichen Koch in gleicher Situation teilen muss. Zwar hält sie noch einige Zeit an ihrem nachgereisten biederen Verlobten fest, doch zuletzt weiß ein Koch doch mehr mit ihrem gentechnisch manipulierten Gemüse anzufangen. Aufgesetzte, mitunter dilettantisch inszenierte Filmkomödie mit enttäuschend spielenden Darstellern. – Ab 12. ✦ Deutschland/USA 2000 **P** B & H Entertainment **Kl** Constantin **VA** VCL **DVD** VCL (1.85:1, DD5.1 dt.) **Pd** Jeanette Buerling, Alexandra Hoesdorff **R** Sharon von Wietersheim **B** Eric Tuchman **K** Christian Sebaldt **M** Larry Seymour **S** John Gilbert **D** Nastassja Kinski (Gwen), Timothy Dalton (Matt), Kevin Zegers (Thomas), Cameron Finley (Max), Billy Kay (Lewis), Natalie Elizabeth Marston (Daphne), Kelli Garner (Kelly) **L** 87 **FSK** ab 6; f **E** 23.11.2000/10.5.2001 DVD/24.5.2001 Video **fd** 34 597

TIME SLIP – DER TAG DER APOKALYPSE (TIME SLIP). Während eines Manövers wird eine Gruppe japanischer Elite-Soldaten durch einen Zeitsprung zurück ins 16. Jahrhundert versetzt und in einen Krieg zwischen rivalisierenden Fürsten verwickelt. Die im Kern reizvolle Zeitreise-Thematik entwickelt sich als Science-Fiction-Story, die allzu geschäftstüchtig auf modische Versatzstücke und breit ausgespielte Kampfszenen setzt. – Ab 16. ✦ Japan 1980 **P** Haruki Kadokawa **Kl** Avis **VA** VPS **Pd** Haruki Kadokawa **R** Kosei Saito, Sonny Chiba **B** Toshio Kamata, nach einem Roman von Ryo Hanmura **K** Iwao Isayama **M** Kentaro Haneda **D** Sonny Chiba (Lieutenant Yoshiaki Iba), Isao Natsuki (Samurai-Führer Nagao), Tsunehiko

Watase (Hayoto Yano), Raita Ryu (Haruhisa Kimura), Jun Eto (Nobuhiko Agata), Miyuki Ono (Miwa), Hiroko Yakushimaru (Junger Samurai) **L** 107 **FSK** ab 16; nf (fr. 18) **E** 24.4.1981 **fd** 22 927

TIME TO DIE – ZEIT ZU STERBEN →Zeit zu sterben (1983)

TIME TRACKERS (TIME TRACKERS). Im Jahr 2033 nutzt ein Wissenschaftler eine Zeitmaschine, um in die Vergangenheit zu reisen und im Jahr 1991 einen Widersacher auszuschalten. Eine »Zeit-Eingreiftruppe« reist ihm nach und kann den Anschlag verhindern, doch nun sinnt der Unhold auf die Ausrottung der ganzen Sippe und reist weiter ins englische Mittelalter. Haarsträubendes Zeit-Abenteuer ohne Sinn und Verstand. – Ab 12 möglich. ✦ USA 1988/89 **P** Concorde **VA** MGM/UA/EuroVideo **Pd** Roger Corman **R+B** Howard R. Cohen **K** Ronn Schmidt **M** Parmer Fuller **S** Brent Schoenfeld **D** Wil Shriner (Charles Arsenal), Ned Beatty (Harry Orth), Kathleen Beller (R. J. Craig), Lee Bergere (Zandor), Bridget Hoffman (Madeline Hart), Alex Hyde-White (Edgar), Robert Cornthwaite **L** 82 **FSK** ab 12 **E** 18.9.1990 Video **fd** 28 496

TIME TRAVELLER (TIME TRAVELLER). Nach Überwindung der »Zeitbarriere« gelangt ein Mensch der fernen Zukunft auf eine griechische Insel von heute und wird von einer jungen Witwe aufgenommen. Nachdem der Fremdling ein Kind wieder zum Leben erweckt und an der Osterliturgie teilgenommen hat, geht er durchs Meer davon. Ein kurios mit allerlei übersinnlichen und religiösen Partikeln verbrämter Außenseiterfilm, der sich durch nichts als seinen guten Willen auszeichnet. – Ab 14. ✦ Griechenland/Großbritannien 1986 **P** Constantine Vlachakis **VA** G.L. **Pd** Constantine Vlachakis **R+B** Nico Mastorakis **K** Aris Stavrou **M** Stanley Myers **D** Keir Dullea (Glenn), Adrienne Barbeau (Andrea Johnson), Peter Hobbs (Dr. Caldwell), Betty Arvanlis (Anna), Michael Yamatos, Phaedon Georgitis (Yanni) **L** 100 **FSK** ab 12 **E** 15.3.1988 Video **fd** 26 689

TIME TRAX – ZURÜCK INS 20. JAHRHUNDERT (TIME TRAX – A STRANGER IN TIME). Mittels eines Wirkstoffes versetzen sich zwei Kontrahenten aus dem 22. Jahrhundert zurück ins Jahr 1993. Dort kann ein Attentat auf den amerikanischen Präsidenten, das die Manipulation der Zukunft ermöglichen soll, mit Hilfe eines personifizierbaren Computers in letzter Minute vereitelt und der Gegner ausgeschaltet werden. Ein mit Science-Fiction-Elementen angereicherter primitiver Action-Film, der kaum Spannung erreicht. (Fernsehtitel: »Time Traxx – Reise in die Vergangenheit«) – Ab 14. ✦ USA 1992 **P** Lorimar TV **VA** Warner Home **Pd** Harve Bennett, Jeffrey Hayes **R** Lewis Teague **B** Harve Bennett **K** Barry M. Wilson **M** Garry McDonald, Laurie Stone **S** Scott McCennann, David Hugget, Trevor Jolly **D** Dale Midkiff (Lambert), Elizabeth Alexander (Selma), Mia Sara (Elissa Knox/Annie Knox), Michael Warren (Frank Motumba), Henry Darrow (Chief), Peter Donat (Mordecai Sahmbi), Monroe Reimers (Duke), Henk Johannes (Wahlgren), Peter Whittle (Fredric), Rob Steele (Wilson) **L** 88 **FSK** ab 12 **E** 15.1.1993 Video **fd** 30 100

TIME TRAXX – REISE IN DIE VERGANGENHEIT →Time Trax – Zurück ins 20. Jahrhundert

TIME UNDER FIRE (TIME UNDER FIRE). Der Ex-Kommandant eines U-Bootes, das im Bermuda-Dreieck spurlos verschwand, wird in einer medizinisch-parapsychologischen Anstalt reaktiviert, als ein Fremder auftaucht, der behauptet, aus dem Jahr 2077 zu kommen. Er begibt sich auf eine Zeitreise in deren Verlauf er zusammen mit seinem leiblichen Nachfahren einem skrupellosen Machtpolitiker das Handwerk legen kann. Ein verworrenes Science-Fiction-Abenteuer, das durch verschiedene Zeitebenen, eingeschobene Traumsequenzen und mißratene dramaturgische Brechungen nicht gerade überschaubarer wird. Da helfen auch die vielfach zitierten Versatzstücke des Genres nicht, zumal die Regie vor dem unschlüssigen Drehbuch kapituliert zu haben scheint. ✦ USA 1997 **P** Royal Oaks Entertainment **VA** VMP **Pd** Ashok Amritraj, Andrew Stevens **R** Scott Levy **B** Tripp Reed, Sean McGinley **K** Gary Graver, Mark Allen Putnam **M** Eric Wurst, David Wurst **S** Brett Hedlund, Dan Holland **D** Jeff Fahey (Alan Deakins/John Deakins), Richard Tyson (Koda), Jack Coleman (Lance), Linda Hoffman (Marjorie), Brian Cronston (Craddock) **L** 88 (gek. 82) **FSK** ab 18 (gek. ab 16) **E** 23.4.1998 Video **fd** 33 172

TIME WALKER (TIME WALKER). Ein außerirdisches Wesen, durch einen radioaktiven Unfall nach 3000 Jahren wieder zum Leben erweckt, versetzt in Gestalt einer Mumie eine Universitätsstadt in Angst und Schrecken. Mit Hilfe zurückeroberter Kristalle stellt es Kontakt zu seiner außerplanetarischen Heimat her und kann endlich zurückkehren. Zurückhaltend inszenierter, nur mäßig spannender Horrorfilm, angereichert mit zahlreichen Versatzstücken des Genres. – Ab 16. ✦ USA 1982 **P** Byzantine **Kl** PolyGram **Pd** Dimitri Villard, Jason Williams **R** Tom Kennedy **B** Tom Friedman, Karen Levitt **K** Robbie Greenberg **M** Richard Band **S** Joseph Yanuzzi **D** Ben Murphy (Douglas McCadden), Nina Axelrod (Susie), Robert Random (Parker), Kevin Brophy, James Karen (Rossmore), Jack Olsen (Ankh-Venharis), Austin Stoker (Dr. Ken Melrode), Clint Young (Willoughby), Shari Belafonte-Harper (= Shari Belafonte) (Linda), Jason Williams (Jeff) **L** 85 **E** Mai 1983 Video **fd** 24 203

TIMEBOMB →Nameless – Total Terminator

TIMECOP →Time Cop

TIMELESS, BOTTOMLESS, BAD MOVIE (NA PUN YEONG HWA). Sonnenuntergang in Seoul: Ein Dutzend Jugendliche schwärmen aus, suchen Drogen, Sex und Konsumartikel. Ihre Antriebsfeder ist die Sucht nach den immer neuen Oberflächenreizen und die Hoffnung auf den ultimativen Kick. Ein in Zusammenarbeit mit den Jugendlichen entwickelter fiktiver Dokumentarfilm, der sich aus Collagen, Cartoons, Realszenen und Videospielen zusammensetzt. Das Ergebnis ist die Darstellung einer vom Wirtschaftswunder ausgegrenzten Jugend, die alle Utopien verloren hat und in einer radikalen Rücksichtslosigkeit verharrt, die zu weiterer Vereinsamung und zunehmendem Sprachverlust führt. Das bewusst provozierende Bild einer »verlorenen Jugend«. ✦ Südkorea 1997 **P** Miracin Korea **Pd** Yeo Hanku, Kim Soojin **R** Jang Sun-Woo **B** Jang Sun-Woo, Kim Soohyun **K** Choi Jungwoo, Cho Yongkyou, Kim Soohyun, Yum Jungsuk, Lee Hyeyoung **M** Kang Keeyoung **S** Kim Soo-hyun **D** Kwon Hyocksin (Belle), Jang Sun-Woo (Birdbrain), KG Gim (Un-Addict), Jujinju (Rectal Bag), Mesun Choi (Prinzessin) **L** 144 **E** 31.8.2001 arte

TIMELOCK (TIMELOCK). Der Weltraum im Jahr 2251: Ein Millionendieb gerät durch einen Computerfehler auf den Eisplaneten Alpha 4, der eigentlich Mördern vorbehalten ist. Als die Schwerverbrecher eine Revolte anzetteln, verbündet er sich mit der Pilotin eines Raumkreuzers und tritt der Bande entgegen. Ein Actionfilm mit wenigen inhaltlichen Überraschungen, der immerhin durch geschickten Lichteinsatz und gute Kameraführung auffällt. Auch in der Wahl des körperlich unscheinbaren Antihelden beweist der Film einigen Witz. Mißlungen sind die Versuche, im Kontext von Mord und Totschlag die Dialoge der beiden Hauptpersonen im Stile der Screwball-Comedies zu inszenieren. ✦ USA 1995 **P** EGM Film **VA** Universum **Pd** John Eyres, Barnet Bain **R** Robert Munic **B** Joseph John Barmettler, J. Reifel **K** Steve Adcock **M** Marco Marinangeli **S** Amanda Kirpaul **D** Maryam D'Abo (Teegs), Arye Gross (Riley), Jeffrey Meek (Villum), Rillo Ross (Tibuck), Jeff Speakman (McMasters) **L** 87 **FSK** ab 18 **E** 14.7.1997 Video **fd** 32 725

TIMEMASTER – AUS DER ZUKUNFT ZURÜCK →Time Master

TIMERIDER – DAS ABENTEUER DES LYLE SWANN (TIMERIDER). Ein Motocrossfahrer gelangt durch ein wissenschaftliches Experiment versehentlich auf eine Zeitreise. Er wird in den Wilden Westen des Jahres 1875 zurückversetzt, muß sich seiner Haut gegen schießwütige Cowboys erwehren und sein Motorrad und die eigene Urgroßmutter vor Desperados schützen. Ein gut gespielter, aber nur leidlich spannender Abenteuerfilm, der sich zu einem Western mit einigen anachronistischen Elementen und effektvoller Schlußpointe entwickelt. Logische Probleme werden lediglich angedeutet, die Folgen des gegenseitigen Kulturschocks sowie die Botschaft der Friedfertigkeit gehen im Revolvergeknalle unter. – Ab 16 möglich. ✦ USA 1982 **P** Manson International **Kl** Atlas **Pd** Harry Gittes **R** William Dear **B** Michael Nesmith, William Dear **K** Larry Pizer **M** Michael Nesmith **S** Suzanne Pettit, Kim Secrist, R. J. Kizer **D** Fred Ward (Lyle Swann), Belinda Bauer (Claire Cygne), Peter Coyote (Porter Reese), Richard Masur (Claude Dorsett), Tracey Walter (Carl Dorsett), Ed Lauter (Padre), L. Q. Jones (Ben Potter), Chris Mulkey (Daniels), Ben Zeller (Jack Peoples), Laurie O'Brien (Terry) **L** 93 **FSK** ab 12; f **E** 12.8.1983 **fd** 24 143

TIMES SQUARE GANG (THE CHILDREN OF THE TIMES SQUARE). Das Leben von obdachlosen Jugendlichen im Dschungel New Yorks, das von Prostitution, Drogenhandel und sozialem Elend bestimmt wird. Ein engagierter Film, der seine spannende Geschichte in ein realistisches Milieu einbettet, sich letztlich jedoch mit zu vielen Klischees belastet, um durchweg überzeugen zu können. (Alternativtitel: »Die Bande des Todes«) – Ab 16. ✦ USA 1986 **P** The Children of the Times Square Prod./Fries Entertainment **VA** VCL/Virgin **Pd** Marcy Gross, Ann Weston **R** Curtis Hanson **B** Curtis Hanson, Allan Moyle, Leanne Unger **K** Robert Elswit **M** Michael Shrieve, Roxy Music, Talking Heads, XTC, Gary Numan **S** Ray Daniels **D** Howard E. Rollins jr., Joanna Cassidy, David Ackroyd, Larry B. Scott, Jason Bernard **L** 91 **FSK** ab 12 **E** 24.11.1987 Video **fd** 26 528

TIMES SQUARE – IHR KÖNNT UNS ALLE MAL (TIMES SQUARE). Die 16jährige Tochter eines New Yorker Politikers und ein gleichaltriges Mädchen, das sich mittels Rockmusik und Aggressivität seiner Umwelt verweigert, schlagen sich durch die Großstadt. Ihre Versuche, sich gegen etablierte Denkweisen aufzulehnen, werden durch einen Radio-Sender unterstützt. Der Film gefällt als dichtes, wertungsfreies Porträt von Teenagern, ihren Träumen, Sehnsüchten und Aggressionen. Er nutzt Fatalismus und Verweigerungsformen in der neuen Rockmusik aber nur in wenigen Momenten zu einem vertiefenden Blick auf die Gefühle der Jugendlichen, da er sie zugleich vermarkten will und dementsprechend zur Modeerscheinung glättet. (TV-Titel: »Ihr könnt uns alle mal«) – Ab 14 möglich. ✦ USA 1981 **P** Robert Stigwood Prod. (für EMI/ITC) **Kl** Schröder **Pd** Jacob Brackman, Robert Stigwood **R** Allan Moyle **B** Jacob Brackman, Allan Moyle, Leanne Unger **K** James A. Contner **M** Suzi Quatro, Roxy Music, Talking Heads, XTC, Gary Numan, The Pretenders, Lou Reed, Patti Smith, u. a. **S** Tom Priestley **D** Robin Johnson (Nicky Moretta), Trini Alvarado (Pamela Pearl), Tim Curry (Johnny La Gardia), Peter Coffield (David), David Margulies (Dr. Zymabsky) **L** 110 **FSK** ab 12; f **E** 21.5. 1982 **fd** 23 496

TIMESCAPE (THE GRAND TOUR / TIMESCAPE). Nach dem Tod seiner Frau ist auch das Leben von Ben Wilsons Tochter bedroht, als sich in seinem Hotel eine geheimnisvolle Reisegruppe einquartiert, die aus Zeitreisenden auf der Suche nach tödlichen Katastrophen besteht. Unblutiges Horror-Spektakel, dessen Geschichte langatmig entwickelt wird und das statt Aufregung ein verquastes Melodram beschert. ✦ USA 1990/91 **P** Wild Street Pictures **VA** Starlight **Pd** John A. O'Connor **R** David N. Towhy **B** David N. Towhy, nach der Erzählung »Vintage Season« von Lawrence O'Donnell und C. L. Moore **K** Harry Mathias **M** Gerald Gouriet **S** Glenn A. Morgan **D** Jeff Daniels (Ben Wilson), Ariana Richards (Hillaray

Wilson), Emilia Crow (Reeve), Jim Haynie (Oscar), David Wells (Quish), George Murdock (Maxwell) **L** 90 **FSK** ab 12 **E** 22.4.1992 Video/11.6.1995 premiere **fd** 29 580

TIMESWEEP – REISE INS GRAUEN (TIMESWEEP). Besucher eines leerstehenden Filmstudios geraten in ein mysteriöses Kraftfeld, das sie in eine andere Zeit schleudert, wo sie eine Reihe gefährlicher Abenteuer zu bestehen haben. Eine Zeitreise wider Willen als Grundlage für einen Science-Fiction-Horror-Film. (TV-Titel: »Mysterien des Grauens«) ✦ Großbritannien 1986 **P** Dan Diefenderfer Prod. **VA** Carrera **Pd+R** Dan Diefenderfer **B** John Thonen, Larry Nordsieck, Dan Diefenderfer **D** Michael Fountain, Pamela de Bord, Kevin Brief, Greg Anderson, Kriss Avery **L** ca. 85 **E** 15.9.1988 Video/22.4.1990 Tele 5

TIMMY UND DAS GEHEIMNIS VON NIMH (THE SECRET OF NIMH 2: TIMMY TO THE RESCUE). Auch Zeichentrickmäuse verlieren ihre Attraktion, wenn man sie in lustlos gemachte Remakes schickt: Mäuseknabe Timmy wird mit einem Wissenschaftler konfrontiert, der Genexperimente an Menschen und Tieren durchführt. Die verspätete Fortsetzung eines Kinoabenteuers mit durchaus didaktischen Einfällen, die allerdings der alten Disney-Formel folgt und fröhliche Gesangsnummern und nette Zeichentrick-Sidekicks als die hauptsächlichen Positivpunkte ausbaut. – Ab 8. ✦ USA 1998 **P** Metro Goldwyn-Mayer Animation **VA** Warner Home **DVD** Fox Home (FF, Mono engl./dt.) **Pd** Paul Sabella, Jonathan Dern, Robert Winthrop **R** Dick Sebast **B** Sam Graham, Chris Hubbell **K** Kent Lin, Dana Wu, Ching-Yun Chuang **M** Lee Holdridge (mit Songs von Richard Sparks) **S** Michael Bradley **L** 66 **FSK** ab 6 **E** 23.9.1999 Video/16.11.2000 DVD **fd** 34 122

TIMUR UND SEIN TRUPP (TIMUR I EGO KOMANDA). Der junge Timur und seine Mannschaft betätigen sich im Ort als Heinzelmännchen für die Familien der zur Sowjetarmee eingerückten Männer. Gemächlicher Kinderfilm, lebensnah gespielt und trotz erkennbarer politischer Belehrung weitgehend unaufdringlich. – Ab 6. ✦ Schwarz-weiß. UdSSR 1940 **P** Sojusdetfilm **KI** Progress **R** Alexander Rasumni **B** Arkadi Gaidar, nach seinem gleichnamigen Roman **K** Pjotr Jermolow **M** Lew Schwarz **D** L. Schtschipatschew (Timur), P. Sawin (Garajew), Lew Potjomkin (Dr. Koloktschikow), W. Selesnjew (Witja), P. Grochowski (Kolja), M. Kowaljowa **L** 81 **E** 6.1.1950 Kino DDR/19.1.1974 DFF 1

TIMUR UND SEINE MANNSCHAFT →Timur und sein Trupp

TIN CUP (TIN CUP). Ein beruflich wie privat heruntergekommener ehemaliger Golf-Profi wagt mit der Unterstützung einer attraktiven Psychologin und seines treuen Ex-Caddys einen Neuanfang und qualifiziert sich für die US-Open. Er gewinnt zwar nicht das Turnier, aber Selbstvertrauen. Sportlerfilm, der aus den Wettkämpfen keine Spannung zieht und in der Zeichnung der Charaktere nicht durchgehend stimmig ist. Langweilige Bilder und die störende Musik verstärken den Eindruck des Mißlungenen. – Ab 14 möglich. ✦ Scope. USA 1995 **P** Regency Enterprises **KI** Warner Bros. **VA** Warner Home **Pd** Gary Foster, David Lester **R** Ron Shelton **B** John Norville, Ron Shelton **K** Russell Boyd **M** William Ross **S** Paul Seydor, Kimberly Ray **D** Kevin Costner (Roy McAvoy), Rene Russo (Dr. Molly Griswold), Don Johnson (David Simms), Cheech Marin (= Richard »Cheech« Marin) (Romeo Posar), Linda Hart (Doreen) **L** 134 **FSK** o. A.; f **FBW** w **E** 10.10.1996/25.4.1997 Video/3.5.1998 premiere **fd** 32 165

TIN MAN – DIE TOTALE GEFAHR →Die totale Gefahr

TIN MEN (TIN MEN). Zwei rücksichtslos vorgehende Vertreter verkaufen Aluminium-Fassaden zur Verschönerung heruntergekommener Häuser in Baltimore. Ausgelöst durch einen Autounfall geraten sie aneinander, hecken gegenseitige Demütigungen und Rachepläne aus, die schließlich zu einem Kleinkrieg eskalieren, bei dem sie abwechselnd ihre zur Arbeit unerläßlichen Autos zertrümmern. Erst als sie ihre Lizenzen verlieren, bahnt sich eine Versöhnung an. Hintergründige Komödie, die sich zu einer Tragikomödie mit satirischen Seitenhieben auf die amerikanische Geschäftswelt entwickelt. Turbulent und witzig, liebevoll in der Personenbeschreibung. – Ab 14 möglich. ✦ USA 1986 **P** Touchstone Pictures/Silver Screen Partners II **KI** UIP **VA** Touchstone **Pd** Mark Johnson **R+B** Barry Levinson **K** Peter Sova **M** Fine Young Cannibals, David Steele, Andy Cox **S** Stu Linder **D** Richard Dreyfuss (Bill »BB« Babowsky), Danny DeVito (Ernest Tilley), Barbara Hershey (Nora Tilley), John Mahoney (Moe, Bills Partner), Jackie Gayle (Sam, Ernests Partner), Stanley Brock (Gil), Seymour Cassel (Cheese), J.T. Walsh (Wing) **L** 112 **FSK** ab 12; f **FBW** w **E** 2.7.1987/25.2.1988 Video **fd** 26 239

TIN-TIN UND DAS GEHEIMNIS VOM GOLDENEN VLIES (TINTIN ET LA MYSTERE DE LA TOISON D'OR). Der jugendliche Reporter und Abenteurer Tin-Tin und sein Hund begleiten ihren Freund, den trinkfreudigen Kapitän Haddock, nach Istanbul, um eine Erbschaft anzutreten. Dabei handelt es sich um einen Schatz, auf den auch eine Diebesbande ein Auge geworfen hat, die das Trio nach etlichen Turbulenzen überlisten kann. Aus einem von Hergés populären Comic-Abenteuern wurde ein kurzweiliger Realfilm, der vergnüglich-heitere und spannende Unterhaltung bietet. Atmosphärisch stimmig fotografiert und detailverliebt, folgt der Film der ganz eigenen Logik des Comic strips, was zu amüsanten Unwahrscheinlichkeiten führt. – Ab 6 möglich. ✦ Scope. Frankreich 1961 **P** A. P. C./Pathé **R** Jean-Jacques Vierne **B** André Barret, nach dem gleichnamigen Comic strip von Hergé **K** Raymond Lemoigne **M** Maurice Jarre **D** Georges Wilson (Captain Haddock), Jean-Pierre Talbot (Tin-Tin), Georges Loriot, Charles Vanel, Dario Moreno, Marcel Bozzuffi **L** 88 **E** 26.12.1964 DFF 1

TINA MODOTTI. Dokumentarfilm über die legendäre Fotografin und kommunistische Aktivistin Tina Modotti, die Anfang des 20. Jahrhunderts von Italien in die USA eingewandert ist. Sie wurde zunächst Hollywood-Schauspielerin, dann Fotografin in Mexiko, und später ließ sie sich vom Geheimdienst NKWD für Missionen im faschistischen Europa und im Spanischen Bürgerkrieg einspannen. ✦ Deutschland 1996 **R** Elisabeth Weyer **L** 60 **E** 16.4.1997 arte

TINA MODOTTI – FOTOGRAFIN UND REVOLUTIONÄRIN. Das Leben der Fotografin und Revolutionärin Tina Modotti, dokumentiert in einer Mischung aus Interviews, persönlichen Fotos und Filmaufnahmen der Zeit. Das sachlich-engagierte Porträt einer künstlerisch und politisch gleichermaßen bedeutenden Frau, das streckenweise etwas allzu unpersönlich und betulich wirkt. – Ab 16. ✦ BR Deutschland 1981 **P** Sparta/WDR **KI** Basis **R+B** Marie Bardischewski, Ursula Jeshel **K** Kurt Lorenz, Peter Braumüller **S** Monika Maertens **L** 80 **FBW** bw **E** 14.5.1982 **fd** 23 564

TINA RÄUMT AUF (LA SCERIFFA). Eine alte Dame betätigt sich mit einigem Erfolg als Sheriff. Belangloser Western, der vergeblich versucht, einschlägige amerikanische Genrefilme zu verulken; weder unterhaltsam noch komisch. – Ab 14 möglich. ✦ Scope, schwarz-weiß. Italien 1959 **P** Betauno **KI** ABC **R** Roberto Bianchi Montero **B** Mario Amendola **K** Sergio Pesce, Elio Polacchi **D** Tina Pica, Tina De Mola, Tom Felleghi, Livio Lorenzon, Ugo Tognazzi, Tino Scotti **L** 96 **FSK** ab 12; nf **E** 9.9.1960 **fd** 9 553

TINA, WHAT'S LOVE GOT TO DO WITH IT? (TINA – WHAT'S LOVE GOT TO DO WITH IT? / THE TRUE LIFE STORY OF TINA TURNER). Eine filmische Biografie der Rock-Musikerin Tina Turner, aufbereitet als gediegener Unterhaltungsfilm, der die Anfänge ihrer Karriere und ihr Leben mit ihrem despotischen Ehemann Ike Turner beschreibt. Ihr furioses Comeback ab 1985 bleibt ausgespart. In rasantem Wechsel von Schauplätzen, Zeitperioden, Kostümen, Musik und Bühnenauftritten werden zwar sattsam bekannte Stationen ihres Lebens lediglich abgehakt, wobei dennoch ein munter gespieltes und recht glaubhaftes Bild der Popszene der 60er Jahre entsteht. – Ab 14. ✦ USA 1993 **P** Touchstone **KI** Buena Vista **VA** Euro-Video **DVD** Buena Vista (16:9, 1.85:1, DD5.1 engl./dt.) **Pd** Doug Chapin, Barry Krost **R** Brian Gibson **B** Kate Lanier, nach dem autobiografischen Buch von Tina Turner **K** Jamie Anderson **M** Stanley Clarke **S** Stuart H. Pappe **D** Angela Bassett (Tina Turner), Laurence Fishburne (Ike Turner), Vanessa Bell Calloway (Jackie), Jenifer Lewis (Zelma Bullock), Phyllis Yvonne Stickney (Alline Bullock), Khandi Alexander (Darlene) **L** 117 **FSK** ab 12; f **FBW** bw **E** 9.9.1993/14.4.1994 Video/28.7.1999 DVD **fd** 30 421

TING LU, DER GRAUSAME TIGER (THE YOUNG TIGER). Ein junger Kung-Fu-Kämpfer wird Zeuge eines Mordes, von der Polizei aber selbst der Tat verdächtigt. Er bricht aus dem Gefängnis aus und führt auf eigene Faust den Kampf gegen die skrupellose Mörderbande. Standard-Eastern ohne erkennbare inhaltliche und formale Besonderheiten. ✦ Scope. Hongkong 1977 **P** Kim Sing Corporation **KI** Avis/Peiperfilm/FAS **R** Wu Ming-Shun **D** Lei Cheng-Kun, Li Shin, Teng Mai-Fang, Lung Fei **L** 84 **FSK** ab 18; nf **E** 21.4.1978 **fd** 20 815

TING LU, DER KARATEKILLER (THE GODFATHER OF HONGKONG). Zwei Interpol-Agenten machen zwei rivalisierende Rauschgifthändlerbanden unschädlich. Brutaler Eastern nach Klischee. ✦ Hongkong 1973 **P** Spectacular Trading **KI** Apollo **R** Nan Xun **D** Ting Lu, Chin Lin, Liang Ti, Nan Kung **L** 89 **FSK** SPIO: X **E** 27.2.1975 **fd** 19 266

TINGELTANGEL (HEREINSPAZIERT!). Liebeskummer einer tüchtigen Inhaberin des Prater-Etablissements »Fata Morgana«, worum sich Geschichten um einen kreuzbraven Geschäftsführer, einen diebischen Lump und einen heimwehkranken Italiener ranken. Anspruchslos-volkstümliche Wiener Unterhaltung nach Klischee. (Alternativtitel: »Das Leben ist stärker«) – Ab 12. ✦ Schwarz-weiß. Österreich 1952 **P** Öfa-Schönbrunn-Film **KI** Schorcht **Pd** Ernest Müller **R** Paul Verhoeven **B** Hans Schubert, August Rieger, nach dem gleichnamigen Bühnenstück von Hans Schubert **K** Elio Carniel **M** Hans Lang, Hans-Otto Borgmann **D** Christl Mardayn (Karoline Doppler), Gardy Granass (Marie Fröhlich), Curd Jürgens (Toni Brandstetter), Richard Romanowsky (Karl Leutgeb), Lotte Lang (Putzi Lorrant), Elisabeth Stemberger (Gretl Judex), Paul Verhoeven (Pfister) **L** 102 **FSK** ab 12; nf **E** 6.2.1953 **fd** 2 357

DIE TINGELTANGELGRÄFIN (THE GAY LADY). Der Aufstieg einer englischen Varieté-Tänzerin vom theaterbegeisterten Kind zum gefeierten Star im ersten Jahrzehnt nach der Jahrhundertwende. Schwerpunkte liegen auf ihrer Liebe zu einem Ballonfahrer und der Heirat mit einem Lord. Romantisch-sentimentale, langatmige Unterhaltung. – Ab 14. ✦ Großbritannien 1949 **P** Two Cities **KI** Rank **Pd** Hugh Stewart **R** Brian Desmond Hurst **B** C. Denis Freeman, nach einer Novelle von Caryl Brahms und S. J. Simon **K** Harry Waxman **M** Benjamin Frankel **D** Jean Kent (Trotti), James Donald (Dixi), Lana Morris (Betty), Bill Owen (Joe Hopps), Andrew Crawford (Teddy), Hugh Sinclair (Ronald Beckendorf), Harcourt Williams (Zerog von Wellenborn) **L** 96 **FSK** ab 12; nf **E** 27.7.1951 **fd** 1 336

TINGTING IM RAMPENLICHT (DA MINGXING). Eine bildhübsche Tänzerin wagt wegen ihrer Schüchternheit nicht, sich den Probeaufnahmen für ein Filmmusical zu stellen. Ein Kameramann, der sich in sie verliebt, findet Mittel und Wege, sie der Auswahlkommission vorzuführen. Musical aus der Volksrepublik China, das flotte Tanzmusik mit klassischen Ballettszenen verbindet. – Ab 14. ✦ VR China 1985 **P** Filmstudio Shenzhen **R** Teng Wenji **B** Teng Wenji, Ah Cheng, Xiao Mao **K** Gu Changwei **D** Yin Tingru (Tingting), Lin Zhao, Gui Zhi, Zhang Tianxi **L** 80 **E** 3.10.1987 DFF 1/21.12.1992 ORB

TINKO. Konflikte eines kleinen Jungen in der Nachkriegszeit, der in die menschlichen und politischen Auseinandersetzungen zwischen dem Großvater, einem dickschädeligen Bauern, und dem gerade aus der Gefangenschaft heimgekehrten Vater gerät. Ein poetischer und emotionsstarker, überzeugend gespielter und inszenierter Jugendfilm nach dem Roman von Erwin Strittmatter (»Der Laden«), der sich ohne Schablone und aufdringliche Tendenz mit Problemen in der jungen DDR beschäftigt. Stärker als eine sozialistisch-fortschrittliche »Einkleidung« interessiert ihn die Auseinandersetzung zwischen Jung und Alt, zwischen einem im Herkömmlichen verharrenden und einem dem Neuen aufgeschlossenen Denken. In der DDR wegen des Fehlens sozialistischer Institutionen (Pionierorganisation) scharf kritisiert. – Ab 8. ✦ Schwarz-weiß. DDR 1956 **P** DEFA **KI** Progress **Pd** Hans-Joachim Schoeppe **R** Herbert Ballmann **B** Erwin Strittmatter, Herbert Ballmann, nach dem gleichnamigen Roman von Erwin Strittmatter **K** Erwin Anders **M** Joachim Werzlau **S** Christa Wernicke **D** Josef Sieber (Kraske), Lisa Wehn (Kraskin), Günther Simon (Ernst Kraske), Paul R. Henker (Kimpel), Max Reichhoff (Tinko), Eva Krasnodebska (Frau Clary), Hans-Peter Minetti (Lehrer Kern) **L** 90 **E** 29.3.1957 Kino DDR/13.8.1973 DFF 1/30.5.1993 ORB

TINTO BRASS FRIVOLA LOLA (MONELLA). Eine pralle Dorfschönheit, die mit ihren Reizen durchaus nicht geizt, verdreht den Männern reihenweise den Kopf. Obwohl sie die sexuelle Fantasie vieler beflügelt, sind nur wenige für erotische Abenteuer auserkoren. Ein weichgezeichneter Sexfilm in Form eines erotischen Reigens, der seine simple Geschichte episodisch erzählt und keinen Anspruch auf dramaturgische Spannungsbögen erhebt. ✦ Italien 1997 **P** Cardinal Pic./C.R.C./PFC 2000 **VA** Splendid **Pd** Giovanni Bertolucci **R** Tinto Brass **B** Tinto Brass, Barbara Alberti, Carla Cipriani **K** Massimo di Venanzo **M** Pino Donaggio **S** Tinto Brass **D** Anna Ammirati (Lola), Patrick Mower (André), Mario Parodi (Masetto), Susanna Martinková (Michelle), Antonio Salines (Pepe) **L** 100 **E** 6.4.1998 Video

TINTO BRASS – PLAYBOYS (PLAYBOYS). Ein junger Venezianer ergeht sich in Sehnsucht und Zweifeln, während sich seine hübsche Geliebte in London mit zahlreichen sexuellen Freuden vergnügt. Eine geistesarme Softporno-Produktion, die einmal mehr das Bild der Frau als notorische Hure propagiert. Durch seine lustlose Inszenierung liefert der Film nicht mehr als den ungelenken Versuch, aus nackter Haut Kapital zu schlagen. ✦ Italien 2000 **P** Lion Pictures **VA** Ascot **DVD** Splendid/Ascot (FF, DD5.1 dt.) **Pd** Pino Gargiulo **R+B** Tinto Brass **K** Massimo di Venanzo **M** Pino Donaggio **S** Tinto Brass **D** Yuliya Mayarchuk, Jarno Berardi, Francesco Nunzi, Max Parodi, Mauro Lorenz **L** 86 **FSK** ab 18 **E** 19.9.2000 Video/19.9.2000 DVD **fd** 34 505

TINTO BRASS VOYEUR (L' UOMO CHE GUARDA). Ein mit einer attraktiven Frau verheirateter Philosophieprofessor kann sich nicht den Reizen anderer Frauen erwehren und beginnt gleichzeitig eine Affäre mit einer Studentin und der Haushälterin seines ans Bett gefesselten Vaters, der auch sexuelle Gelüste anmeldet. Ein in betont gestylten Bildern erzählter Erotikfilm, der sich zwar um Atmosphäre bemüht, dabei aber einen extrem voyeuristischen Blickwinkel einnimmt und dabei des öfteren die Grenzen zur Pornografie überschreitet. Der Bezug auf Alberto Moravias Gedanken über die gesellschaftliche Unterdrückung des Eros ist ausschließlich spekulativ. – Wir raten ab. ✦ Italien 1994 **P** Rodeo Drive/Erre Cinematografica **VA** Splendid **Pd** Marco Poccioni, Marco Valsania, Angelo Rizzoli **R** Tinto Brass **B** Tinto Brass, nach Motiven eines Romans von Alberto Moravia **K** Massimo di Venanzo **M** Riz Ortolani **S** Tinto Brass **D** Francesco Casale (Professor), Katarina Vasilissa (Silvia), Cristina Garavaglia (Fausta), Raffaella Offidani, Franco Branciaroli (Alberto) **L** 94 **FSK** ab 18 **E** 24.10.1995 Video/14.6.1996 premiere

TINTORERA! MEERESUNGEHEUER GREIFEN AN (TINTORERA). Zwei reiche Müßiggänger jagen in der See vor der mexikanischen Küste Haie und an Land junge Touristinnen; zur »Strafe« fallen sie einem Tigerhai zum Opfer. Ein trivialer Aufguß hinlänglich bekannter Erfolgsfilme, der auf unansehnliche Weise Schock- und Sex-Szenen aneinanderreiht. ✦ USA/Mexiko 1977 **P** Hemdale Leisure/Conacine **KI** Scotia **R** René Cardona jr. **B** Ramon Bravo, René Cardona jr. **K** Léon Sánchez **M** Basil Poledouris **S** Alfredo Rosas Priego **D** Susan George, Fiona Lewis, Jennifer Ashley, Hugo Stiglitz, Andrés García, Roberto Guzman, Priscilla Barnes **L** 82 **FSK** ab 16; f **E** 16.9.1977 **fd** 20 481

TINY TOONS ABENTEUER: TOTAL VERRÜCKTE FERIEN → Tiny Toons: Summer Home Video

TINY TOONS: SUMMER HOME VIDEO (TINY TOON ADVENTURES: HOW I SPENT MY VACATION). Die Schüler der »Looniversity« beschreiben ihre alles andere als beschaulich-friedlichen Ferienerlebnisse: Plucky, die Gans, Betty und Babs Bunny und ein Stinktier geraten in allerlei Unannehmlichkeiten. Turbulente Zeichentrick-Episoden als Wiederbelebung der bissig-bösartigen »Loony Toons«-Serie der 30er Jahre. Während sich in der ersten Hälfte das Tempo dahinschleppt und Überraschungen Mangelware sind, wartet die zweite mit furiosen Gags, witzigen Zitaten und munterem Chaos auf. (Alternativtitel: »Tiny Toons Abenteuer: Total verrückte Ferien«) – Ab 12. ✦ USA 1991 **P** Warner Bros. **VA** Warner Home **Pd** Steven Spielberg, Tom Ruegger **R** Rich Arons, Byron Vaughns, Alfred Gimeno, Barry Caldwell, Ken Boyer, Art Leonardi, Kent Butterworth **B** Paul Dini, Nicholas Hollander, Tom Ruegger, Sherri Stoner **M** Steven Bramson, Bruce Broughton, Don Davis, Albert Olson, Richard Stone, Stephen James Taylor, Mark Watters **L** 76 **E** 20.3.1992 Video **fd** 29 682

TIRO – RUF DES JÄGERS (TIRO). Ein junger Mann entfremdet sich immer mehr seinem sterilen Elternhaus. Lediglich die gemeinsame Entenjagd in der holländischen Polderlandschaft verbindet ihn mit seinem autoritären Vater, einem reichen Arzt. Als auch dieses Refugium bedroht ist, vollziehen sich Bruch, totale Abkapselung und Selbstmord in unerbittlicher Konsequenz. Ein schauspielerisch ausdrucksstarker, jedoch selbstquälerisch übersteigerter Film über Gefühle, Beziehungen und die Unfähigkeit zur bzw. die Verweigerung von Kommunikation. ✦ Niederlande 1979 **P** MGS Films **R+B** Jacob Bijl **K** Paul van den Bos, Anton von Munster **M** Ruud Bos **S** Jane Sperr **D** Matthias Maat (Tom Vieren), Geert de Jong (Lilly Vieren), Julien Schoenaerts (Alexander Vieren), Alma (Edith Vieren), Linda van Dyck (Anke) **L** (TV) 102 **E** 15.6.1989 ZDF

EIN TISCH FÜR FÜNF (TABLE FOR FIVE). Ein Vater versucht, die Liebe seiner drei Kinder zwischen 8 und 14 Jahren, darunter ein vietnamesischer Adoptivsohn, die bei seiner wiederverheirateten Ex-Frau leben, durch eine gemeinsame Reise auf einem Luxusdampfer nach Europa und Ägypten zu gewinnen. Nach dem unerwarteten Tod der Frau verkompliziert sich die ohnehin gespannte Situation, zumal der Stiefvater noch herzlicher an den Kindern hängt. Rührendes, behutsam entwickeltes Familienmelodram, überzogen mit einigem dramaturgischem Zuckerguß. Hinter der recht klischeehaften Gestaltung wird das einfühlsame Porträt eines um seine Vaterrolle ringenden Erfolgsmenschen sichtbar. – Ab 14. ✦ USA 1983 **P** Warner Bros. **KI** Progress **Pd** Jon Voight, Robert Schaffel **R** Robert Lieberman **B** David Seltzer **K** Vilmos Zsigmond **M** Miles Goodman, John Morris **S** Michael Kahn **D** Jon Voight (J. P. Tannen), Richard Crenna (Mitchell), Marie-Christine Barrault (Marie), Millie Perkins (Kathleen), Robby Kiger (Truman-Paul), Roxana Zal (Tilde) **L** 122 **E** 26.4.1985 Kino DDR/25.9.1988 ARD

TISCH NO. 6. Dokumentation über einen Anatomiekurs an der Universität Freiburg. Was für Studenten ein notwendiger, aber auch belastender Ausbildungsabschnitt ist, werden viele Zuschauer als heftige Zumutung empfinden, zumal sich der Sinn des Films nicht erschließt. Durch den Einbezug genre-dramaturgischer Mittel verliert der Film zudem an dokumentarischer Seriosität und wird zur filmischen Belastungsprobe. ✦ Schwarz-weiß. Deutschland 1998 **P** Filmakademie Baden-Württemberg **KI** Arsenal **Pd** Michael Jungfleisch **R+B** Carola Noelle-Hauck **K** Hans-Peter Eckardt, Knut Schmitz, Gunnar Fuß **M** Beate Hetény **S** Carola Noelle-Hauck **L** 83 **FSK** ab 16; f **FBW** bw **E** 21.10.1999 **fd** 33 910

TISCH UND BETT (DOMICILE CONJUGAL / NON DRAMMATIZZIAMO ... E' SOLO QUESTIONE DI CORNA!). Die Freuden und Belastungen einer jungen Ehe im Laufe zweier Jahre: finanzielle Probleme, Freude über die Geburt des Kindes, Seitensprünge des Mannes, Trennung und Versöhnung. Die chronologische, thematische und stilistische Fortsetzung von »Geraubte Küsse« und Truffauts Fortführung seiner Antoine-Doinel-Filme. Aus spielerischen, locker zusammengefügten Szenen setzt sich ein ebenso liebenswürdiger wie unterhaltsamer Liebesfilm zusammen, bravourös gespielt, gespickt mit charakterisierenden Bild- und Dialogpointen, geprägt von menschlich warmem Humor, souveräner Leichtigkeit und feinem Charme. (DDR-Titel: »Das Ehedomizil«) – Sehenswert ab 16. ✦ Frankreich/Italien 1970 **P** Carosse/Valoria/Fida **KI** Progress **Pd** Marcel Berbert **R** François Truffaut **B** François Truffaut, Claude de Givray, Bernard Revon **K** Nestor Almendros **M** Antoine Duhamel **S** Agnès Guillemot **D** Jean-Pierre Léaud (Antoine Doinel), Claude Jade (Christine Doinel), Barbara Laage (Monique, Sekretärin), Danièle Girard (Ginette, Kellnerin), Daniel Boulanger (Opernsänger), Silvana Blasi, Hiroko Berghauer **L** 100 **E** 25.12.1971 Kino DDR/4.1.1972 ARD/7.1.1975 DFF 1 **fd** 17 628

TISCHLEIN, DECK DICH (1956, ALTEN). Weil ein Schneidermeister seiner verlogenen Ziege mehr glaubt als seinen Söhnen, müssen diese in die Welt ziehen, um dort zu Männern heranzuwachsen. Ein mit viel Liebe fürs Detail inszenierter Märchenfilm nach dem Märchen der Gebrüder Grimm, der heute eher durch seine Farbenpracht als seine etwas hausbackene Pädagogik gefällt. – Ab 6. ✦ BR Deutschland 1956 **P** Schongerfilm **KI** Jugendfilm/Progress **VA** EuroVideo **Pd** Hubert Schonger **R** Jürgen von Alten **B** Konrad Lustig, nach dem gleichnamigen Märchen der Gebrüder Grimm **K** Wolfgang Schwan **M** Carl Stueber **S** Ernst Roßberger **D** Bobby Todd (Schneider), Rolf Bollmann (Tischler Hans), Fritz Wepper (Müller Michel), Helmut Lieber (Drechsler Klaus), Hans Elwenspoek (Wirt) **L** 77 (gek. 74) **FSK** ab 6; f (gek. o. A.) **FBW** w **E** 5.11.1956/23.9.1960 Kino DDR

TISCHLEIN, DECK DICH (1956, GENSCHOW). Das Grimmsche Märchen vom »Tischlein deck dich, Esel streck dich, Knüppel aus dem Sack« in einer weiteren Verfilmung: Ein Schneidermeister jagt seine drei braven Söhne davon, weil die gefräßige Ziege nicht bei der Wahrheit blieb. Eine recht geruhsame Verfilmung mit eingestreuten Volksliedern, gereimtem Dialog und betulichem Schnitt, deren bemühte Kindertümlichkeit aus heutiger Sicht veraltet wirkt. – Ab 6. ✦ BR Deutschland 1956 **P** Fritz-Genschow-Filmprod. **KI** Hamburg/Rheinischer/Titania **Pd+R** Fritz Genschow **B** Fritz Genschow, Renée Stobrawa, nach dem gleichnamigen Märchen der Gebrüder Grimm **K** Gerhard Huttula **M** Richard Stauch **S** Albert Baumeister **D** Horst Keitel, Harald Dietl, Wolfgang Draeger, Rita-Maria Novotny, Renée Stobrawa, Siegfried Hackenberg, Fritz Genschow **L** 80 **FSK** ab 6; f **E** 9.9.1956 **fd** 5 284

TITAN A. E. (TITAN A. E.). Nachdem die Erde im dritten Jahrtausend von einer außerirdischen Macht zerstört wurde, suchen die wenigen Überlebenden nach einer neuen Heimat. Einem 20-jährigen, dessen Vater ein Projekt zur Erschließung neuer Lebenswelten entwickelte, schlüpft dabei – zunächst widerwillig –

in die Rolle des Führers. Unterhaltsamer Science-Fiction-Zeichentrickfilm, konzipiert für ein jugendliches Publikum. Er spielt mit Urängsten, ohne dabei sonderlich innovativ zu Werke zu gehen, sondern lediglich vertraute Versatzstücke neu kombiniert. Tricktechnisch vereint er gemalte 2-D- und computeranimierte 3-D-Grafiken, was nur im Rahmen einer digitalen Filmprojektion homogen wirkt. DVD: Die Extras umfassen u.a. einen Audiokommentar des Regisseurs sowie ein Feature mit vier im Film nicht verwendeten Szenen. – Ab 14. ✦ Scope. USA 2000 **P** Twentieth Century Fox Animation/David Kirschner Productions **Kl** Twentieth Century Fox **VA** Fox Home **DVD** Fox Home (SE, 16:9, 2.35:1, DD5.1 engl./dt.) **Pd** David Kirschner, Don Bluth, Gary Goldman **R** Don Bluth, Gary Goldman **B** Ben Edlund, John August, Joss Whedon **M** Graeme Revell **L** 95 **FSK** ab 6; f **E** 10.8.2000/5.4.2001 Video & DVD **fd** 34 380

TITAN DER GLADIATOREN →Kaiser der Gladiatoren

DER TITAN MIT DER EISERNEN FAUST (IL COLOSSO DI ROMA / MUZIO SCEVOLA). Der sagenhafte Linkshänder Mucius (er hatte sich laut Sage ohne Schmerzenslaut die rechte Hand verbrennen lassen, um seine Standhaftigkeit zu beweisen) bewahrt Rom um 507 v. Chr. vor der Niederlage im Kampf gegen den einstigen römischen Tyrannen Tarquinius. Pseudo-Historienfilm üblicher Machart, formal gepflegter als üblich. (Titel auch: »Spartacus, der Held mit der eisernen Faust«) – Ab 14. ✦ Scope. Italien 1964 **P** Dorica **Kl** Adria **Pd** Bruno Turschetto **R** Giorgio Ferroni **B** Alberto Montanari, Remigio Del Grosso, Giorgio Ferroni **K** Augusto Tiezzi **M** Angelo Francesco Lavagnino **S** Antonietta Zita **D** Gordon Scott (Muzio Scevola), Gabriella Pallotta (Clelia), Massimo Serato (Tarquinius), Roldano Lupi (Porsenna), Philippe Hersent (Publicola), Gabriele Antonini (Arunte) **L** 88 **FSK** ab 12; nf **E** 28.1.1966 **fd** 13 828

TITANEN (ICE PALACE). Die über drei Generationen erzählte Geschichte einer Männerfreund- und -feindschaft in Alaska. Nach dem Ersten Weltkrieg versuchen sich zwei Freunde in Schnee und Eis als Unternehmer. Über Liebeskonflikten zerbricht die Partnerschaft – während der eine ganz im Geschäft aufgeht, zieht der andere in die Wildnis, ehe er eine politische Laufbahn einschlägt. Sauber fotografierter, aber überlanger und dialoglastiger Heimatfilm, der mit der Angliederung des Bundesstaates Alaska an die USA endet. – Ab 14. ✦ USA 1959 **P** Warner Bros. **Kl** Warner **Pd** Henry Blanke **R** Vincent Sherman **B** Harry Kleiner, nach einem Roman von Edna Ferber **K** Joseph Biroc **M** Max Steiner **S** William Ziegler **D** Richard Burton (Zeb Kennedy), Robert Ryan (Thor Storm), Martha Hyer (Dorothy Kennedy), Carolyn Jones (Bridie Ballantyne), Jim Backus (Dave Husack) **L** 121 **FSK** ab 12; f **E** 6.1.1961 **fd** 9 783

DER TITANIA-PALAST. Dokumentation. 1928 wurde in dem Berliner Vorort Steglitz der »Titania-Palast« eröffnet, ein Kino-Tempel großen Stils, der sich nicht nur für Filmvorführungen, sondern mit seiner Licht-Architektur auch für pompöse Premierenfeiern eignete. Nach dem Krieg wurde in dem fast unbeschädigt gebliebenen Gebäude ein Kulturzentrum eingerichtet, in den 60er Jahren machte man ein Ladenzentrum daraus. Mit selten gesehenen Dokumentaraufnahmen zeichnen die Autoren die bewegte Geschichte des Kinos nach. – Ab 12. ✦ Teils schwarz-weiß. BR Deutschland 1987 **R** Sylvia Conradt, Kirsten Heckmann-Janz, Jürgen Zimmermann **E** 7.11.1987 N 3

TITANIC (1943). Mit Bauten und Trickaufnahmen geschickt konstruierter Spielfilm, der die Jungfernfahrt des englischen Luxusdampfers »Titanic« im Jahr 1912 und seinen Untergang nach dem Zusammenprall mit einem Eisberg im Nordatlantik schildert. In der Darstellung der Katastrophe eindringlich, ansonsten wenig überzeugend. Der vom NS-Propagandaministerium in antibritischer Absicht konzipierte Film wurde von Goebbels, nach der Uraufführung 1943 im besetzten Paris, wegen möglicher defätistischer Wirkung verboten, 1949 von der FSK freigegeben und 1950, nach der westdeutschen Premiere, von den West-Alliierten wieder verboten. (Vgl. auch »Untergang der Titanic«, »Die letzte Nacht der Titanic«) – Ab 14. ✦ Schwarz-weiß. Deutschland 1943 **P** Tobis **Kl** Südwest/Türck **VA** Ufa **Pd** Willy Reiber **R** Herbert Selpin, Werner Klingler **B** Walter Zerlett-Olfenius, nach einem Entwurf von Harald Bratt **K** Friedl Behn-Grund **M** Werner Eisbrenner, Hubert Pataky **D** Sybille Schmitz (Sigrid), Kirsten Heiberg (Gloria), Hans Nielsen (Petersen, 1. Offizier), Ernst Fritz Fürbringer (Sir Bruce Ismay), Karl Schönböck (Lord Astor), Monika Burg (= Paulette von Suchan) (Hedi, Maniküre), Otto Wernicke (Kapitän Smith), Franz Schafheitlin (Henderson), Sepp Rist, Charlotte Thiele **L** 85 **FSK** ab 12; f **E** 7.2.1950/1961 Kino DDR/1.6.1959 DFF 1 **fd** 620

TITANIC (1996) (TITANIC). Fürs Fernsehen produzierter Katastrophenfilm, der die menschlichen Verwicklungen unter den Passagieren der »Titanic« bis zu deren Untergang in den Mittelpunkt stellt, aber auch auf zahlreiche Trickeffekte aus dem Computer setzt. Der holprige Torso einer ursprünglich fast dreistündigen Produktion. – Ab 16. ✦ USA 1996 **P** Konigsberg-Sanitsky Company/American Zoetrope/Hallmark Entertainment **Pd** Rocky Lang, Harold Tichenor **R** Robert Lieberman **B** Ross LaManna, Joyce Eliason **K** David Hennings **M** Lennie Niehaus **S** Tod Feuerman **D** Peter Gallagher (Wynn Park), George C. Scott (Captain Smith), Catherine Zeta-Jones (Isabella), Eva Marie Saint (Mrs. Foley), Tim Curry (Doonan) **L** 173 (TV 126) **E** 4.1.1998 ProSieben

TITANIC (1997) (TITANIC). Die Neuverfilmung des mythisch besetzten Stoffes vom Untergang des Passagierschiffes »Titanic« schildert an Hand einer Klassenschranken übergreifenden Liebesgeschichte zwischen einem Maler und einer jungen Frau aus der Upper-Class die viertägige Jungfernfahrt des englischen Luxusliners. Trotz einer fast manischen Fixierung auf eine möglichst originalgetreue Rekonstruktion des Schiffes und seiner Interieurs sowie des gigantischen Aufwandes entstand dabei mehr als ein Kostüm- und Katastrophenfilm: Der angenehm ruhige Rhythmus, teilweise herausragende Schauspieler sowie die kunstvolle Kameraarbeit lassen das Epos zu einer berührenden Love-Story werden. (Für die Fernsehfassung kappte RTL das Scope-Bild und zerstörte dabei instinktlos den visuell so hervorragenden Eindruck des Films.) – Ab 14. ✦ Scope. USA 1997 **P** Lightstorm Entertainment **Kl** 20th Century Fox **VA** Fox Home **DVD** Fox Home (2.30:1, DS engl., DD.5.1 dt.) **Pd** James Cameron, Jon Landau **R+B** James Cameron **K** Russell Carpenter **M** James Horner **S** Conrad Buff, James Cameron, Richard A. Harris **D** Kate Winslet (Rose DeWitt Bukater), Leonardo DiCaprio (Jack Dawson), Billy Zane (Cal Hockley), Kathy Bates (Molly Brown), Bill Paxton (Brock Lovett), Bernard Hill (Captain Smith), Jonathan Hyde (Bruce Ismay), Victor Garber (Thomas Andrews) **L** 192 **FSK** ab 12; f **FBW** w **E** 8.1.1998/22.10.1998 Video/25.12.2000 RTL/2.9.1999 DVD **fd** 32 921

TITANIC – UNTERGANG EINES TRAUMES. Dokumentarfilm, der an Hand von Fotos, Filmausschnitten, Tagebucheinträgen sowie Interviews mit Überlebenden und Fachleuten den Untergang des Luxusdampfers »Titanic« im Jahr 1912 nachzeichnet. ✦ USA 1994 **R** Melissa Jo Peltier **L** 96 **E** 23.1.1998 arte

TITANIEN ODER DIE NACHT DER DOPPELGÄNGER (TITANIA, TITANIA, AVAGY A DUBLÖRÖK EJSZAKAJA). Ein vergreister Diktator regiert sein heruntergewirtschaftetes Land von der Intensiv-Station aus mit Terror und zynisch-pathetischen Phrasen, während drei Doppelgänger zur Täuschung des Volkes seine Rolle spielen. Nach seinem Tod werden die Doppelgänger in groteske Kämpfe um Überleben und Macht verstrickt. Satirische Groteske, die Funktionsweisen von Diktaturen entlarvt und dabei auch unzweideutig auf zur Produktionszeit des Films aktuelle Verhältnisse innerhalb sozialistischer Länder anspielt. Im Schlußteil stark abfallend und vieles von der anfänglichen Stoßkraft einbüßend. – Ab 16. ✦ BR Deutschland/Ungarn 1987 **P** Salinas/Süddeutscher Rundfunk/Dialóg Filmstúdió **R+B** Péter Bacsó **K** Tamás Andor **M** György Buchhorn **D** Gyula Bodrogi (Haupttitan/Schauspieler/Bauer), Dorottya Udvaros (Angelika), Attila Kaszás (General), Eva Igó, Adrea Kiss **L** (TV) 88 **E** 23.8.1989 ARD

TITEL HAB ICH NOCH NICHT. Während seines Urlaubs in Warna verliebt sich ein junger Berliner Arbeiter und Amateurboxer in eine polnische Schlagersängerin. Um ein Wiedersehen mit der in Berlin gastierenden Frau zu ermöglichen, lässt er sich ein unsportliches und unkollegiales Verhalten zuschulden kommen. Doch Einsicht und Happy-End bleiben nicht aus. Ein klischeehaft angelegter, weitgehend farblos gespielter Unterhaltungsfilm fürs DDR-Fernsehen. – Ab 14. ✦ Schwarz-weiß. DDR 1964 **P** DFF **Kl** Progress **R+B** Ulrich Thein **K** Hartwig Strobel **M** Wolfgang Pietsch **D** Manfred Richter (Max), Helena Majdaniec (Marina), Günther Simon (Charly), Ingeborg Ottmann (Isolde), Claus Jurichs (Klaus) **L** 91 **E** 23.4.1964 DFF 1/4.9.1964 Kino DDR

TITFIELD-EXPRESS (THE TITFIELD THUNDERBOLT). Kleinstädter, an ihrer Spitze der Pfarrer, verteidigen eine gemütliche Lokalbahn, die auf Anordnung der Behörde stillgelegt werden soll. Eine sehenswerte Komödie über angelsächsisches Beharrungsvermögen, voll geistreicher Selbstironie und liebenswürdig-schrulligem Witz. – Sehenswert ab 12. ✦ Großbritannien 1952 **P** Ealing **Kl** Neue Filmkunst **Pd** Michael Truman **R** Charles Crichton **B** T.E.B. Clarke **K** Douglas Slocombe **M** Georges Auric **S** Seth Holt **D** Stanley Holloway (Mr. Valentine), George Relph (Pfarrer Weech), Naunton Wayne (Blakeworth), John Gregson (Squire Gordon), Godfrey Tearle (Bischof), Hugh Griffith (Dan), Gabrielle Brun (Joan) **L** 83 **FSK** ab 6; nf **E** 28.4.1961/26.9.1964 ZDF **fd** 10 215

TITICUT FOLLIES (TITICUT FOLLIES). »Titicut« ist der indianische Name für das Gebiet um das Bridgewater-Krankenhaus für kriminelle Geisteskranke in Massachusetts. Frederick Wisemans erster langer Dokumentarfilm wurde fast 26 Jahre (bis zum April 1993) von staatlichen Stellen unter Verschluß gehalten. Er schildert die Haftbedingungen und erhebt Anklage gegen das unmenschliche Leben in dieser Anstalt. Nach dem Tod von fünf Insassen im Jahr 1987 hatte Wiseman voller Empörung erneut begonnen, für eine Freigabe seines Films zu kämpfen. ✦ Schwarz-weiß. USA 1967/93 **P** Frederick Wiseman **R+B** Frederick Wiseman **L** 80 **E** 12.3.1994 arte

TITLE SHOT – DER KILLER LAUERT AM RING (TITLE SHOT). Ein großangelegter Wettschwindel beim Boxsport platzt im letzten Augenblick und stürzt seinen Drahtzieher ins Verderben. Ein konventionell inszenierter Krimi, dessen sozialkritische Ambitionen kaum zum Tragen kommen. (TV-Titel auch: »Sturz ins Verderben«) – Ab 16. ✦ Kanada 1980 **P** Regenthal **VA** Ufa **R** Les Rose **B** John Saxton, nach einem Roman von Richard Gabourie **K** Henry Fiks **M** Paul Zaza **D** Tony Curtis (Frank Renzetti), Richard Gabourie (Blake), Susan Hogan (Sylvia), Allan Royal (Dunlop), Robert Delbert (Rufus Taylor), Jack Duffy (Herschel Green) **L** 85 **E** 1984 Video **fd** 24 880

TITO DER KLEINE ELEFANT (TITO EL ELEFANTITO). Zeichentrickfilm über einen kleinen Elefanten, der, durch Fernsehwerbung verführt, sein Dorf verläßt, um in der Stadt zu leben. Dort erfährt er, daß der Besitz all der Dinge, die die Werbung versprach, doch nicht glücklich macht. Tito kehrt ins Dorf zurück. Eine fantasievolle Parabel über die Verlockungen (westlicher) Konsumgüterwerbung und was sie in den Köpfen der Kinder der Dritten Welt anrichtet. Ein pädagogisch nur bedingt nachvollziehbarer »Propaganda«-Film des mexikanischen Erziehungsministeriums. – Ab 8. ✦ Mexiko 1977 **P** Cine Infantin Educativo (C.I.N.E.) **SF** atlas **R** Rodolfo S. Pastor **M** Carlos Grätzer **L** 45 **E** 1979 Kino **fd** 22 168

TIZNAO (TIZNAO). Die Geschichte eines Dorfes in Venezuela und seiner Bewohner, zumeist alter Menschen, weil die jungen wegen fehlender Zukunftsperspektiven abgewandert sind. Das Dorf wird durch den Bau eines Staudammes bedroht, was für die Bewohner zu einer ausweglosen Situation führt. Mit Geduld und Ausdauer gestalteter Erstlingsfilm, in dem venezolanische Campesinos die Geschichte ihrer Entwurzelung selbst spielen. Halb dokumentarisch, halb fiktiv, illustriert er in seiner wirklichkeitsgetreuen Sprache die Wichtigkeit der Solidarität einer Gemeinschaft im Kampf um ihre durch den Fortschritt bedrohte Identität. (O.m.d.U.) – Sehenswert ab 16. ✦ Venezuela 1983 **P** Tiznao Films **KI** Freunde der Deutschen Kinemathek **Pd** Fernando Arias, Gualdino Ferreira **R+B** Dominique Cassuto de Bonet, Salvador Bonet **K** Salvador Bonet **M** Miguel Angel Fuster **S** Dominique Cassuto de Bonet **D** Flor María Belisario, Domingo Antonio Lovera, Francisca Hernández, Pablo Alejo, Candido Tovar de Macero, Juan José Yañez **L** 90 **E** 1984 Kino

TKKG – DAS DRACHENAUGE. Die jugendlichen Detektive Tim, Karl, Klößchen und Gaby, kurz »TKKG«, stoßen in einer unterirdischen Höhle auf die Spur eines mittelalterlichen Schatzes, an dem aber auch ihr Lehrer und ein gewissenloser Antiquitätenhändler reges Interesse zeigen. Ein nach einer erfolgreichen Jugendbuchreihe entstandenes spannendes Kinoabenteuer, gut gespielt und handwerklich solide inszeniert. – Ab 8. ✦ Deutschland 1991 **P** Neue Constantin **KI** Neue Constantin **VA** VCL/Carolco **Pd** Martin Moszkowicz, Peter Zenk, Sabine Eichinger **R** Ulrich König **B** Rolf Kalmuczak, Inka-Maria Kalmuczak, nach einem Jugendbuch von Stefan Wolf (= Rolf Kalmuczak) **K** Leander Loosen **M** Fritz Muschler, Bernie Paul, Frank Zander (Titelsong) **S** Hannes Nickel **D** Toni Renjak (Tim), Max Sittel (Karl), Steffen Raddatz (Klößchen), Sanny van Heteren (Gaby), Jörg Pleva (Dr. Schindler) **L** 84 **FSK** ab 6; f **E** 2.4.1992/23.11. 1992 Video/8.5.1994 premiere **fd** 29 512

TKX ANTWORTET NICHT (SI TOUS LES GARS DU MONDE / S.O.S. LUTEZIA). Funkamateure und Helfer aus aller Welt retten die lebensgefährlich erkrankte Besatzung eines französischen Fischkutters. Im Wettlauf mit der Zeit siegt die völkerverständigende und selbstlose Zusammenarbeit aller Beteiligten. Trotz einiger Ungereimtheiten ein stets spannender Film mit außergewöhnlicher Thematik. (DDR-Titel: »Wenn alle Menschen der Welt…«) – Sehenswert ab 12. ✦ Schwarz-weiß. Frankreich/Italien 1955 **P** Ariane/Filmsonor/Cinétel **KI** Allianz **Pd** Alexandre Mnouchkine **R** Christian-Jaque **B** Christian-Jaque, Henri-Georges Clouzot, Jacques Rémy, Jérôme Géronimi, Jean Ferry **K** Armand Thirard **M** Georges van Parys **S** Jacques Desagneaux **D** André Valmy (Kapitän Le Guellec), Jean Gaven (Jos, der Steuermann), Hélène Perdrière (Christine Largeau), Mathias Wieman (Karl, deutscher Kriegsblinder), Gardy Granass (Herta), Mimo Billi (Alberto), Jean-Louis Trintignant (Jean-Louis) **L** 110 (BRD 102) **FSK** ab 12; f **FBW** w **E** 31.8.1956/11.3.1957 Kino DDR/20.11.1957 DFF 1/25.5.1963 ARD **fd** 5 436

TNT (TNT). Ein Söldnertrupp aus Golfkriegsveteranen führt im Auftrag einer privaten Organisation Morde in Entwicklungsländern aus. Einer von ihnen steigt aus und taucht unter, doch ein Jahr später muß er sein privates Glück in einem kleinen Dorf gegen die ehemaligen Gefährten verteidigen. Minderwertige Action-Ware mit einer Aneinandereihung an Kampfhandlungen, die ihre Akteure in ein grobes Gut-Böse-Raster einordnet. Den völligen Ruin des Films besorgen das handwerkliche Unvermögen des Regisseurs und eine konfuse Montage, die die Gesetze von Raum und Zeit unfreiwillig außer Kraft setzt. ✦ USA 1997 **P** Interlight Pic./Daewoo Corp. **VA** Ascot **Pd** Patrick D. Choi, Nile Niami **R** Robert Radler **B** Cary Solomon, Chuck Konzelman, Darrel Sedliar **K** Bryan Duggan **M** Steve Edwards **S** Edward M. Abroms **D** Olivier Gruner (Nate Spears), Randy Travis (Jim Shelton), Eric Roberts (Victor Russo), Rebecca Staab (Jamie Wheeler), Judson Mills **L** 86 (gek. 83) **FSK** ab 18 (gek. ab 16) **E** 14.10.1997 Video/3.8.1998 premiere **fd** 32 944

TO BE THE BOP. Dokumentarfilm, der mit einer sehr persönlichen Sichtweise des Filmautors sechs junge deutsche Jazzmusiker porträtiert, die in New York ihr Glück versuchen. Noch immer gilt die Stadt als Mekka des Jazz, mit einem entsprechend kritischen, aber auch enthusiastischen Publikum. ✦ Deutschland 1997 **R** Jörg Richter **L** 60 **E** 20.7.1998 3sat

TO CATCH A THIEF →Über den Dächern von Nizza

TO DANCE WITH THE WHITE DOG (TO DANCE WITH THE WHITE DOG). Nach dem Tode seiner über alles geliebten Frau läuft einem Witwer ein weißer Hund zu, den zunächst nur er zu Gesicht bekommt. Obwohl sich seine Kinder liebevoll um den alten Mann kümmern, kann er den Tod seiner Frau nicht verschmerzen, bis er begreift, daß sie ihm das Tier geschickt hat. Eine anrührende Geschichte mit poesievollen Altersrollen für das Ehepaar Hume Cronyn/ Jessica Tandy. – Ab 14. ✦ USA 1993 **R** Glenn Jordan **B** Susan Cooper, nach einem Roman von Terry Kay **K** Neil Roach **M** Gerald Gouriet **D** Hume Cronyn (Sam Peek), Jessica Tandy (Cora), Christine Baranski (Kate), Harley Cross (Bobby), Terry Beaver (Paul), Esther Rolle (Neelie), Frank Whaley (James), Amy Wright (Carrie) **L** 100 **E** 9.11.1996 Kabel 1

TO DIE FOR (TO DIE FOR). Eine naiv-durchtriebene Provinzschönheit, die bei einer lokalen Fernsehstation arbeitet, wünscht sich nichts sehnlicher als nationale Bildschirmpräsenz. Ihr Wunsch geht in Erfüllung, als man sie der Anstiftung zum Mord an ihrem Ehemann beschuldigt. Eine grelle Mediensatire, die die Auswüchse des Fernsehens mit den Mitteln des Fernsehens entlarven will. Im inszenatorischen Detail gelungener als im dramaturgischen Ganzen, kontrastiert der stark überzeichnende Film in Rückblenden den tatsächlichen Sachverhalt mit seiner Aufbereitung in fernsehtypischen Sendeformen. Das Ergebnis ist ein weniger beunruhigend als vielmehr amüsant angelegtes Bild von Realitätsverlust und verzerrter Wahrnehmung bei Fernsehmachern und -konsumenten. – Ab 16. ✦ USA 1995 **P** Columbia **KI** CI-Vertriebsgemeinschaft **VA** VCL Comm. **DVD** VCL (FF P&S, DD5.1 dt.) **Pd** Laura Ziskin **R** Gus Van Sant **B** Buck Henry, nach dem Buch von Joyce Maynard **K** Eric Alan Edwards **M** Danny Elfman, div. Popsongs **S** Curtiss Clayton **D** Nicole Kidman (Suzanne Stone), Matt Dillon (Larry), Joaquin Phoenix (Jimmy), Alison Folland (Lydia), Casey Affleck (Russell) **L** 106 **FSK** ab 12; f **E** 14.12.1995/18.6.1996 Video/15.3.1999 DVD **fd** 31 673

TO KILL A STRANGER →Missing and Killed

TO PROTECT AND SERVE – KORRUPT SIND SIE ALLE →Protect and Serve

TO PROTECT MOTHER EARTH (BROKEN TREATY, PART II). In Weiterführung des 15 Jahre zuvor entstandenen Dokumentarfilms »Broken Treaty at Battle Mountain« berichtet der Film über den immer noch ungeklärten Streit zwischen den traditionsbewußten West-Shoshonen und der Bundesregierung des Staates Nevada um einen Vertrag aus dem Jahr 1863, der den Indianern ihren Landbesitz nahm. Ein engagierter Bericht, der Kultur und Erbe einer ethnischen Minderheit mit dem Fortschritt der modernen Gesellschaft konfrontiert. – Ab 16. ✦ USA 1989 **P** Cinnamon **Pd** Joel L. Freedman, Leonard Marks, Ann Maytag **R+B** Joel L. Freedman **K** Robert Fiore, Mark Peterson, Sandi Sessel **M** Oscar Deric Brown, jr., Original-Musik der West-Shoshonen **S** Sarah Stein **L** (TV) 60 **E** 21.9.1991 N 3

TO THE DEATH (TO THE DEATH). Ein des Kämpfens müder Kickbox-Champion wird von seinem Impresario am Rücktritt gehindert und weiter in blutige Kämpfe geschickt. Als er sich in die Gefährtin seines Vorgesetzten verliebt, schließt er sich mit einem ehemaligen Widersacher zusammen und liefert dem Boß eine blutige Entscheidungsschlacht. Trivialer Actionfilm, immerhin einigermaßen bemüht um eine differenzierte Zeichnung der Charaktere. ✦ USA 1991 **P** Tangent Films **VA** Condor/Cannon **Pd** Anant Singh **R** Darrell James Roodt **B** John Golden, Stephen La Rocque **K** Mark Vicente **D** John Barrett, Michael Quissi, Robert Whitehead **L** 90 **FSK** ab 18 **E** 22.12.1992 Video

TO THE LIMIT (1995) (TO THE LIMIT). Eine attraktive Polizeiagentin kommt gemeinsam mit ihrem Partner einem Drogensyndikat auf die Spur, wodurch die beiden in gefährliche Intrigen und eine Mordserie verwickelt werden, an der auch das CIA, die Mafia und einige Vietnam-Veteranen beteiligt sind. Trivialer Action-Krimi mit einer strukturlosen Bilderflut. Sein eigentlicher Sinn liegt in der voyeuristischen Präsentation von Gewalt und Sex, wobei beides plump und technisch auf niedrigstem Niveau geboten wird. (Titel auch: »To The Limit – Zur richtigen Zeit am richtigen Ort«) – Wir raten ab. ✦ USA 1995 **P** PM Entertainment **KI** Highlight **VA** Highlight/Arcade **Pd** Richard Pepin, Joseph Merhi **R** Raymond Martino **B** Raymond Martino, William Stroum, Joey Travolta **K** Henryk Cymorman **M** Jim Halfpenny **S** John Dagnen **D** Anna Nicole Smith (Colette DuBois), Joey Travolta (Frank »China« Smith), John Aprea (Philly), David Proval (Joey), Lydie Denier (Frannie) **L** 97 (gek. 83) **FSK** ab 18; nf (gek. 16) **E** 19.10.1995/8.1.1996 Video **fd** 31 867

TO THE LIMIT (1997) →In den Armen der Bestie

TO TRABI GO →Go, Trabi, Go

TO WALK WITH THE LIONS (TO WALK WITH THE LIONS). Ein sorgloser junger Mann, der sein Geld mit Safarifahrten durch die Savanne Kenias verdient, trifft auf den engagierten Wildhüter George Adamson, der sich für den Schutz der Tierwelt einsetzt und seine besondere Liebe zu den Löwen entdeckt hat. Die beiden Männer kommen und arbeiten zusammen, auch gegen die Interessen starker Lobbies und der Regierung. Ein überzeugender Tierfilm mit semidokumentarischem Ansatz, der mit guten Darstellern aufwarten kann, die auch einige allzu rührseligen Szenen vergessen machen. Eine authentische Geschichte, verdichtet zu einem lohnenswerten Biopic für Naturfreunde. – Ab 14. ✦ Kanada 1996 **VA** Starlight **Pd** Julie Allan, Jamie Brown, Pieter Kroonenburg **R** Carl Schultz **B** Sharon Buckingham, Keith Ross Leckie **K** Jean Lepine **M** Alan Reeves **S** Angelo Corrao **D** Richard Harris (George Adamson), John Michie (Tony Fitzjohn), Ian Bannen (Terence Adamson), Kerry Fox (Lucy Jacksobn), Hugh Quarshie (Maxwell) **L** 105 **FSK** ab 12 **E** 11.4.2000 Video

TO WONG FOO, THANKS FOR EVERYTHING, JULIE NEWMAR (TO WONG FOO, THANKS FOR EVERYTHING, JULIE NEWMAR). Zwei zur »Drag Queen« von New York gekürte Transvestiten reisen mit einem unterlegenen Kandidaten zur nationalen Ausscheidung nach Hollywood. Auf dem Weg in den Westen landet das Trio – ein Weißer, ein Schwarzer und ein Hispano-Amerikaner – in einem Provinznest und bringt die Bevölkerung gehörig durcheinander. Den Versatzstücken des Road-Movies und der Travestie-Provinzposse verpflichtete Komödie, die allzu sehr auf bekannte Klischees setzt und die Charakterzeichnung vernachlässigt. Die sensible Schauspielerführung und fantasievolle Kostüme sichern dem Film einen bescheidenen Unterhaltungswert. (Titel auch: »To Wong Foo«) – Ab 16. ✦ USA 1995 **P** Universal **KI** UIP **VA** CIC **Pd** G. Mac Brown **R** Beeban Kidron **B** Douglas Carter Beane **K** Steve Mason **M** Rachel Portman **S** Andrew Mondsheim **D** Patrick Swayze (Vida), Wesley Snipes (Noxeema), John Leguizamo (Chi Chi), Stockard Channing (Carol Ann), Christopher Penn (Sheriff) **L** 108 **FSK** ab 12; f **FBW** w **E** 11.1.1996/ 18.7.1996 Video **fd** 31 720

TOBBY. Die Geschichte eines eigenwilligen Jazz-Musikers, der das verlockende Angebot, als kommerzieller Schlagersänger Karriere zu machen, zurückweist und seine künstlerische Integrität behauptet. Hansjürgen Pohlands Regiedebüt ist der bemerkenswerte Versuch, mit avantgardistischen Mitteln aus vorgefundenem Faktenmaterial, improvisierten Dialogen und Laiendarstellern einen »realitätsnahen« Film zu machen. Auch wenn die Spontaneität seiner Inszenierung letztlich in Konfusion endet und die Ansätze zur Dramatisierung allzu zaghaft und spannungslos bleiben, ist der Film ein interessanter Vorläufer der »jungen deutschen Welle«, entstanden noch vor Unterzeichnung des »Oberhausener Manifests«. ✦ Teils schwarz-weiß. BR Deutschland 1961 **P** Modern Art **KI** Modern Art **R+B** Hansjürgen Pohland **K** Wolf Wirth **M** Manfred Burzlaff **D** Tobias Fichelscher, Eva Häussler **L** 81 **FSK** ab 18; nf **FBW** w **E** 27.11.1962 **fd** 10 967

TOBE HOOPER'S LIVING NIGHTMARE (TOBE HOOPER'S NIGHTMARE). Marquis de Sade träumt in seiner Zelle von der Zukunft: Eine reine junge Frau kommt nach Alexandria und wird in eine Welt grausigster Verlockungen gezogen; schließlich sorgen die Kopten und ihre Waage für Gerechtigkeit von biblischen Ausmaßen. Ein seltsam bunt-verspielter Film zwischen selbstbewußtem Kitsch und selbstverschuldetem Gehirnschaden. (TV-Titel auch: »Living Nightmare«) ✦ USA 1993 **P** Global **VA** Highlight **Pd** Harry Alan Towers **R** Tobe Hooper **B** Daniel Matmor, Rom Globus **K** Amnon Salomon **M** Dov Seltzer **S** Alain Jakubowicz **D** Robert Englund (De Sade), Zoe Trilling (Eugenie Matteson), William Finley (Mateson), Zachi Noy, Alona Kimchi (Sabina) **L** 83 **FSK** ab 18 **E** 9.11.1993 Video **fd** 30 901

TOBIAS AUF BRAUTSCHAU →Der Bräutigam aus Teheran

TOBIAS KNOPP, ABENTEUER EINES JUNGGESELLEN. Aus der enttäuschend endenden Freierfahrt des Junggesellen Tobias Knopp wurde ein mit Sprechpartien und Gesang etwas breit ausgeschmückter Zeichentrickfilm nach den Bilderbögen von Wilhelm Busch. Anspruchlos-nette Unterhaltung, filmhistorisch eine reizvolle Randnotiz. – Ab 10 möglich. ✦ Schwarz-weiß. Deutschland 1949 **P** Alfa/Eos-Film **KI** Donau/Deick **R** Gerhard Fieber, Wolfgang Liebeneiner **B** Walter Pentzlin, Gerhard Fieber, A. Stich, Norbert Schultze, nach den Bilderbögen von Wilhelm Busch **K** Tatjana Langus, Kurt Drews **M** Hans-Martin Majewski **D** Wolfgang Liebeneiner, Grethe Weiser, Hannelore Schroth, René Deltgen, Harald Paulsen, Otto Gebühr (alle als Sprecher) **L** 74 **FSK** ab 6; nf **E** 24.2.1950 **fd** 842

TOBIAS TOTZ UND SEIN LÖWE. Der Zoowärter Tobias Totz reist nach Afrika, um für seinen Löwen eine Löwendame zu finden, ohne zunächst zu wissen, dass ihm zwei trottelige Tierschmuggler, aber auch der Löwe selbst ins Abenteuer folgen. Zeichentrickfilm für ganz junge Kinogänger: eine in satten, stets warmen Farben erzählte kleine und überschaubare Geschichte um Geborgenheit, Freundschaft und Liebe, behutsam erweitert um eine komisch-skurrile Kriminalgeschichte. Sorgfältig gestaltet und atmosphärisch stimmungsvoll, zeugt der Film von professionellem Respekt gegenüber seinem kindlichen Publikum. DVD: Besonders für Kinder bieten die Extras (Kurzinterviews mit den Synchronsprechern, Kurzdokumentationen über die Crew) einen interessanten Einblick in die Produktionsweise eines Trickfilms. – Sehenswert ab 6. ✦ Deutschland 1999 **P** von Rothkirch-Cartoon Film/Munich Animation/Bioskop/Stupid Studio/Warner Bros. **KI** Warner Bros. **VA** Warner Home **DVD** Warner Home (SE, 1.66:1, DD5.1 dt.) **Pd** Linda van Tulden, Bernard Goossens, Eberhard Junkersdorf, Thilo Rothkirch **R** Piet de Rycker, Thilo Rothkirch **B** Bert Schrickel, Piet de Rycker, Thilo Rothkirch, nach einem Bilderbuch von Thilo Graf Rothkirch **M** Nikolaus Glowna, Siggi Mueller **L** 77 **FSK** o. A.; f **FBW** bw **E** 30.9.1999/6.4.2000 Video/7.9.2000 DVD **fd** 33 891

TOBRUK (1957) (EL ALAMEIN). Eine italienische Kriegsabenteuer-Version über die Wüstenkämpfe mit englischen Panzern am Frontabschnitt bei El Alamein (1941/42). Die dominanten realistisch-harten Kampfbilder werden verwässert durch eine Rahmenhandlung, in der sich im Jahr 1940 ein Playboy in eine englische Nachtclub-Sängerin verliebt, die er als Leutnant im ägyptischen Gefangenencamp wiedertrifft. – Ab 16. ✦ Scope, schwarz-weiß. Italien 1957 **P** C.A.P.R.I. **KI** Pallas **R** Guido Malatesta **B** Angelo de Giglio, Gabriele Silvestri, Guido Malatesta **K** Luciano Trasatti **M** Roberto Nicolosi **S** Renato Cinquini **D** Fausto Tozzi (Hauptmann Bruchi), Rossana Rory (Nancy Carson), Gabriele Tinti (Leutnant Sergio Marchi), Pierre Cressoy (Hauptmann Moore), Matteo Spinola, Marco Guglielmi, Walter Santesso **L** 85 **FSK** ab 12; f **E** 16.6.1958 **fd** 7 127

TOBRUK (1966) (TOBRUK). Eine aus jüdischen Emigranten zusammengesetzte Spezialtruppe unter britischem Kommando vernichtet in Nordafrika 1942 in einer Art Köpenickiade deutsche Nachschubdepots bei Tobruk. Ein unglaubwürdiges Kriegsabenteuer mit grotesker Verzeichnung der Deutschen, das Elemente des Agentenfilms mit einigen oberflächlichen politischen Anmerkungen verbindet. (Alternativtitel: »Die Kanonen von Tobruk«) – Ab 16 möglich. ✦ Scope. USA 1966 **P** Gibraltar/Corman Company (für Universal) **KI** Universal **Pd** Roger Corman **R** Arthur Hiller **B** Leo Gordon **K** Russell Harlan **M** Bronislau Kaper **S** Robert C. Jones **D** Rock Hudson (Maj. Donald Craig), George Peppard (Capt. Kurt Bergmann), Nigel Green (Col. John Harker), Guy Stockwell (Lt. Max Mohnfeld), Robert Wolders (Bruckner), Jack Watson (Tyne), Norman Rossington (Alfie), Heidy Hunt (Cheryl Portman), Leo Gordon (Sgt. Krug), Liam Redmond (Henry Portman) **L** 110 (gek. 94) **FSK** ab 16; nf (gek. f) **E** 10.3.1967 **fd** 14 618

TOBRUK HELL FIGHTERS →Sahara – Wüste des Todes

TOBY UND BUTCH – VIER FÄUSTE GEBEN ZUNDER →Toby & Butch – wie zwei sanfte Engel

TOBY & BUTCH – WIE ZWEI SANFTE ENGEL (SIMONE E MATTEO – UN GIOCO DA RAGAZZI / UN GIOCO DI RAGAZZI). Zwei kleine Ganoven wollen nicht länger vor der Polizei flüchten und werden Lastwagenfahrer. Doch bereits bei ihrer ersten Fahrt nach Marseille kommen sie unfreiwillig wieder mit dem Gesetz in Konflikt: statt Insektenvernichtungsmittel transportieren sie Waffen. Sie werden zu Helfern der Polizei, um der eigenen Verhaftung zu entgehen. Prügelfreudige Gaunerkomödie mit überwiegend trivialen Gags. (Alternativtitel: »Tony und Butch – vier Fäuste geben Zunder«, »Laßt die Finger von Marseille«, »Zwei irre Typen mit ihrem tollen Brummi«) – Ab 16. ✦ Scope. Italien/Spanien 1975 **P** P.A.C./D.I.A. **KI** Adria **R** Giuliano Carmineo **B** Pier Luigi Alberti, Gabriela Giustini, Tulio Demicheli **K** Vicente Minaya **M** Juniper **S** Amedeo Giomini **D** Paul Smith, Michael Coby (= Antonio Cantafora), Dominic Barto, Giuliana Calandra, Angel Del Pozo, Tony Norton **L** 96 (TV 69) **FSK** ab 12; nf **E** 4.9.1975/20.2.1985 SAT 1 **fd** 19 484

TOBYS REISE IN EIN UNBEKANNTES LAND (THE LITTLE CONVICT). Im 18. Jahrhundert muß der 13-jährige Toby mit seiner Schwester und einigen Freunden England verlassen, da sie gegen das Gesetz verstoßen haben. In Australien versuchen sie, das Beste aus ihrem Los zu machen, und erleben viele Abenteuer. Ein Spielfilm für Kinder, der sich durch eine anmutige Kombination von Zeichentrick- und Realfilm (mit einem einzigen Darsteller als Erzähler) auszeichnet. Gefühlvoll, gutmütig, auch besinnlich. – Ab 8. ✦ Australien 1979 **P** Yoram Gross **Pd+R** Yoram Gross **B** John Palmer **K** Yoram Gross **M** Bob Young **S** Rod Hay **D** Rolf Harris **L** 80 **E** 18.6.1983 ZDF

DIE TÖCHTER CHINAS (ZHONGHUA NÜ'ER). Episoden aus dem Freiheitskampf chinesischer Frauen 1931. ✦ Schwarz-weiß. VR China 1949 **P** Zentralfilmbüro/Filmstudio Nord/Ost **KI** Progress **R** Ling Tze-Feng, Chai Chiang **B** Yen Yi-Yen **K** Chien Chiang **M** Tung-Ying-Orchester **D** Chang Cheng (Hu Hsio-Chih), Yüeh Shen (Leng-yün), Pe Li (Schwester An), Chin Pu-Hua (Yang Shu-chen), Chou Su-Fei (Klein-Wang) **L** 87 **E** 7.6.1951 Kino DDR

TOCHTER DER FINSTERNIS (DAUGHTER OF DARKNESS). Ein äußerst zurückhaltend bebildertes Kriminalmelodram um eine mörderische junge Nymphomanin, die als Haushälterin des Pfarrers in einem kleinem irischen Dorf lebt. Nach der Verführung und Ermordung einiger Männer stellt eine Dorfbewohnerin der Täterin eine Falle. Elegant inszeniert, bemerkenswert vor allem durch die Darstellung der psychotischen »femme fatale«. (O.m.d.U.) ✦ Schwarz-weiß. Großbritannien 1948 **P** Paramount **Pd** Victor Hanbury **R** Lance Comfort **B** Max Catto, nach seinem Bühnenstück »They walk alone« **K** Stanley Pavey **M** Clifton Parker **S** Lito Carruthers **D** Anne Crawford (Bess Stanforth), Maxwell Reed (Dan), Siobhan McKenna (Emily Beaudine), George Thorpe (Mr. Tallent), Barry Morse (Robert Stanforth), Honor Blackman (Julie Tallent) **L** 91 **E** 31.3.1995 WDR

DIE TOCHTER DER KOMPANIE (LA FIGLIA DEL REGGIMENTE / LA FILLE DU REGIMENT). Ein Regiment in einem Fantasiestaat mit vertrottelter Verwaltung zieht ein auf dem Kasernenhof ausgesetztes Mädchen als Findelkind auf, bis es im heiratsfähigen Alter den unwiderstehlichen Herzensbrecher ehelicht. Durch das operettenhafte Sammelsurium aus abgestandenen Militärwitzen, albernen Schlagern und krampfhaft pikanten Lustspielverkleidungen bricht immer wieder ein gewisser Funke Humor durch, der nicht zuletzt den sympathischen Darstellern zu verdanken ist. – Ab 14. ✦ Schwarz-weiß. BR Deutschland/Italien/Frankreich 1953 **P** Posa-Film/Marceau **KI** Constantin **Pd** Alexander Salkind **R** Géza von Bolváry **B** Franz Marischka **K** Clemente Santoni, Enrico Cignitti **M** Nino Oliviero **D** Hannelore Schroth (Toni), Michel Auclair (Leutnant Andreas), Theo Lingen (Oberst von Gestern), Isa Barzizza (Kiki), Carlo Croccolo (Pasquale), Enrico Luzi (Louis) **L** 88 **FSK** ab 12; nf **E** 4.9.1953 **fd** 2 839

TÖCHTER DER LIEBE →Ein Zwinger voll Verrückter

DIE TOCHTER DER LÜGE (LA HIJA DEL ENGANO / DON QUINTIN, EL AMARGAO). Ein kleiner ehrenwerter Angestellter in Mexiko jagt seine untreue Frau aus dem Haus und läßt seine Tochter bei Freunden großziehen, da sie von einem anderen Mann stammen soll. Als der verbitterte Mann Jahrzehnte später erfährt, daß sie sein eigenes Kind ist, versucht er, sie wieder aufzuspüren. In den Konventionen des mexikanischen Melodrams inszenierter Film Luis Buñuels, der unterschwellig seine Kritik an der bürgerlichen Gesellschaft anklingen läßt und über Klischees hinausgeht, um eine distanzierte Beschreibung von Emotionen anzustreben. (O.m.d.U.) ✦ Schwarz-weiß. Mexiko 1951 **P** Ultramar **Pd** Oscar Dancigers **R** Luis Buñuel **B** Raquel Alcoriza, Luis Alcoriza, nach dem Roman »Don Quintín, el amargao« von Carlos Arniches **K** José Ortiz Ramos **M** Manuel Esperón **S** Carlos Savage **D** Fernando Soler (Don Quintín Guzmán), Alicia Caro (Marta), Ruben Rojo (Paco), Lily Aclemar (Jovita), Roberto Meyer (Lencho García), Nacho Contla (Jonrón) **L** 80 **E** 4.3.1990 West 3

TÖCHTER DER LUST (DOSSIER EROTIQUE D'UN NOTAIRE). Ein älterer Rechtsanwalt in einer Kleinstadt stellt jungen Frauen nach und ermordet schließlich die lesbische Freundin seiner Geliebten. Der dünne Faden einer Krimihandlung ist nur Vorwand für eine anödende Folge von Sexszenen. – Wir raten ab. ✦ Frankreich 1972 **P** J.M.P. **KI** Mercator **R** Jean-Marie Pallardy **D** Evelyn Scott, Claude Sandorn, Angela Hansen **L** 80 **FSK** SPIO: X **E** 21.9.1973

DIE TOCHTER DER MATA HARI (LA FILLE DE MATA HARI / LA FIGLIA DI MATA-HARI). Das Schicksal der im Ersten Weltkrieg als deutsche Spionin in Paris hingerichteten Tänzerin Mata Hari (Margareta Zelle, 1876–1917) wiederholt sich eine Generation später: Ihre Tochter wird von den Japanern 1941 in Indochina als amerikanische Spionin exekutiert. Eine zusammengeschusterte Abenteuerfabel, schlecht inszeniert und fotografiert. Die Primaballerina Ludmilla Tscherina zeigt in der Titelrolle ihre Tanzkunst vor. – Ab 16. ✦ Italien/Frankreich 1954 **P** Gamma/Cinefilms **KI** Union **R** Renzo Merusi **B** Cécil Saint-Laurent, nach einem Roman von Vera Caspary **K** Gabor Pogany **M** Alessandro Casagrande **D** Ludmilla Tscherina (= Ludmilla Tchérina) (Aileen), Erno Crisa (Anak), Frank Latimore (Douglas), Milly Vitale, Valentine Tessier (Aileens Tante), Waleri Inkischinoff (Naos), Enzo Biliotti (van Hopen) **L** 94 **FSK** ab 16; nf **E** 15.4. 1955 **fd** 4 104

TOCHTER DER NACHT (DAUGHTER OF THE STREETS). Die erbauliche Moritat von der sozial engagierten alleinerziehenden Mutter und ihrer naiven Tochter, die während einer Krise an einen Zuhälter gerät und von ihrer Mutter unter Einsatz aller Mittel vor dem Abgrund gerettet wird. Ein klischeehaftes Melodram voller stereotyper Figuren, das wie eine Auftragsproduktion der amerikanischen »Moral Majority« daherkommt. Oberflächlich in der Argumentation, hölzern gespielt. – Ab 16 möglich. ✦ USA 1989 **P** 20th Century Fox **VA** Fox **Pd** Hugh Benson, Ed Milkovich **R** Ed Sherin **B** David Abramowitz **K** Lloyd Ahern (= Lloyd Ahern II) **M** Lee Holdridge **S** Gregory Prange **D** Jane Alexander (Peggy Ryan), Roxana Zal (Charley), Harris Yulin (John), Martha Scott (Sarah), John Stamos (Joey) **L** 90 **FSK** ab 16 **E** 13.5.1991 Video/26.5.1992 premiere **fd** 29 174

DIE TÖCHTER DER NACHT. Das Thema der verwahrlosten und sich ungezügelt austobenden Jugend aus wohlhabenden Familien in griechischer Abwandlung. Oberflächlich, verkitscht, überzogen melodramatisch. ✦ Schwarz-weiß. Griechenland 1963 **P** Finos **KI** Goldeck **R** Yiannis Dallandidis **K** Nicos Demopoulos **M** Costas Capnissis **D** Zoe Laskari, Nikos Kourkoulos, Helene Zaphiriou, Pantelis Zervos, Vangelis Voulgaridis **L** 81 **FSK** ab 18; nf **E** 23.10.1964 **fd** 13 099

TÖCHTER DER PARTEI (DANGDE NÜ'ER). Nach dem zeitweiligen Abzug der roten Verbände stehen die zurückgebliebenen Genossen treu zur kommunistischen Partei trotz Verrat und Terror der Kuomintang-Truppen. Durch besondere Standhaftigkeit zeichnen sich drei Frauen aus. Tendenzfilm ohne inszenatorische Qualitäten. – Ab 16. ✦ VR China 1958 **P** Filmstudio Changchun **KI** Progress **R** Lin Nung **B** Lin Schan **K** Wang Dji-Min **M** Tschang Li-tschang **D** Tjän Hua (Li Jü-mee), Tschön Go (Wang Djä), Li Lin (Ma Dja-hui), Sjau Bee-djä (Örl Djä), Li Möng (Ssju Jing) **L** 94 **E** 4.3.1960 Kino DDR

TOCHTER DER PRÄRIE (BELLE STARR'S DAUGHTER). Eine fiktive Tochter der berüchtigten Bandenchefin Belle Starr (1848–1889) fahndet rachbegierig nach dem Mörder ihrer Mutter, paktiert mit den Outlaws und bekommt den Sheriff zum Happy-End. Mit allerlei Verfolgungsjagden und Schießereien ausgefüllter Durchschnittswestern. (Alternativtitel: »Die wilde Meute«) – Ab 16. ✦ Schwarz-weiß. USA 1948 **P** Alson/Fox **KI** Centfox **VA** Allround **Pd** Edward L. Alperson **R** Lesley Selander **B** W. R. Burnett **K** William Sickner **M** Edward Kilenyi **S** Jason Bernie **D** George Montgomery (Tom Jackson), Rod Cameron (Bob »Bittercreek« Yauntis), Ruth Roman (Rose Starr/ Rose of Cimmarron), Wallace Ford (Bailey), Charles Kemper (Gaffer), William Phipps (Yuma), Edith King (Mrs. Allen), Jack Lambert (Brone), Fred Libby (Slim), Isabel Jewell (Belle Starr), Larry Johns (Jed Purdy), Kenneth MacDonald (Jim Davis) **L** 90 (Video 69) **FSK** ab 12; nf (fr. 16) **E** 3.4.1953 **fd** 2 543

TÖCHTER DER RACHE (ACCIDENTAL MEETING). Zwei Frauen denken an eine gewalttätige Lösung ihrer Probleme. Die eine hat unter ihrem Chef zu leiden, die andere unter ihrem Ehemann. Nachdem die eine den tyrannischen Vorgesetzten der anderen ermordet hat, erwartet sie nun deren Gegenleistung. Ein Thriller, der anfänglich nicht ungeschickt mit den Erwartungen des Zuschauers jongliert, bis er allzubald seiner vordergründigen Dramaturgie erliegt und einer verfänglichen Ideologie folgt, die Hilfsbereitschaft als Luxus denunziert. Schauspielerisch miserabel, amateurhaft inszeniert in den Action-Sequenzen. ✦ USA 1993 **P** Wilshire Court **VA** CIC **Pd** Walter Klenhard **R** Michael Zinberg **B** Pete Best, Christopher Horner **K** Michael Watkins **M** Patrick Williams **S** Robert L. Sinise **D** Linda Gray (Jennifer), Linda Purl (Maryanne), Leigh McCloskey (Richard), Ernie Lively, David Hayward **L** 87 **E** 17.11.1994 Video **fd** 31 106

TÖCHTER DER SEHNSUCHT (DANIELLE STEEL'S KALEIDOSCOPE / KALEIDOSCOPE). Bestsellerverfilmung. Von seinem schlechten Gewissen getrieben, läßt ein schwer erkrankter Rechtsanwalt nach den Kindern eines vor 30 Jahren gestorbenen Freundes suchen, die er damals, statt sich um sie zu kümmern, in Waisenhäusern unterbrachte. ✦ USA 1991 **P** The Cramer Company **Pd** Elaine Rich, James Margellos **R** Jud Taylor **B** Karol Ann Hoeffner, nach einem Roman von Danielle Steel **K** Laszlo George **M** Johnny Mandel, Dennis McCarthy **S** Michael S. Murphey **D** Jaclyn Smith (Hilary Walker), Perry King (John Chapman), Patricia Kalember (Alexandra), Claudia Christian (Meagan Kincaide), Donald Moffat (Arthur Patterson) **L** 91 **E** 16.8.1996 ARD

TÖCHTER DER SONNE (LES FILLES DU DIEU SOLEIL). Die Reise eines jungen Mannes und zweier Mädchen nach Sardinien und der Isle de Cavallo dient zur Werbung für Freikörperkultur. Ein unvorstellbar alberner Film, der so langweilig und verkrampft daherkommt, daß sich noch nicht einmal unfreiwillige Komik einstellt. ✦ Schweiz 1963 **P** Werner Kunz-Filmprod. **KI** Karp **Pd** Werner Kunz **R** Alexander Swiagenin **B** Alexander Swiagenin, Werner Kunz **K** Adolf Jenny, Werner Kunz, Edgar Reiser **M** Fred Böhler **L** 65 **FSK** ab 18; nf **E** 14.2.1964 **fd** 12 596

TÖCHTER DER SÜNDE (UNE FEMME AUX ABOIS / LA PRISONNIERE DU DESIR). In Abwesenheit seines reichen Ehemannes wird ein Ex-Fotomodell von einem Gangster und seiner Komplizin mit belastenden Fotos erpreßt. Nach der Ermordung des Gangsters entläuft der Liebhaber mit der Komplizin, während die betrogene Ehefrau auf die Rückkehr ihres betrogenen Mannes wartet. Spekulative Kolportage dürftigster Machart, vollgestopft mit Sadismus und Sex. – Wir raten ab. ✦ Schwarz-weiß. Frankreich 1966 **P** Les Films du Griffon/C.F.F. **KI** Roland/Alfia **R+B** Max Pécas **K** Robert Le Febvre **M** Louiguy **D** Claude Cerval, Sylvie Cost, Marie-Christine Weil, Alvin Chevallier **L** 81 **FSK** ab 18; nf **E** 7.7.1967 **fd** 14 794

DIE TOCHTER DES BOTSCHAFTERS →Die große und die kleine Welt (1935)

TÖCHTER DES GLÜCKS (A SZERENCSE LANYAI / CORY SZCZESCIA). Eine Moskauer Englischlehrerin, die ihre Familie mehr schlecht als recht über Wasser hält, reist mit einer wohlhabenden Freundin und ihrer Tochter nach Polen, um Geschäfte zu machen. Als die Freundin ermordet wird, kommt ans Tageslicht, dass sie sich als Drogenkurierin verdingt hatte. In Warschau wird die Lehrerin gezwungen als Edelprostituierte zu arbeiten, um das dringend benötigte Geld zu verdienen. Als sie mit ihrer Tochter und ihrem Zuhälter nach Budapest reist, wendet sich die junge Frau dem Mann zu, die Mutter bleibt gebrochen und gedemütigt zurück. Ein erschreckender Blick auf die Verhältnisse in Russland, der die Not der Frauen in den Mittelpunkt stellt und ein Schlaglicht wirft, das vom Einzelschicksal auf die Gesellschaft schließen lässt. Dabei ist der realistische Blick der ungarischen Regisseurin trotz des düsteren Themas von Poesie geprägt. ✦ Ungarn/Polen/Deutschland 1998 **R** Márta Mészáros **B** Márta Mészáros, Maciej Karpinski **K** Piotr Wojtowicz **M** Jan Kanty Pawluskiewicz **S** Cezary Grzesiuk **D** Olga Drozdowa (Natascha), Jan Nowicki (Robert), Masha Petraniuk (Mascha), Olaf Lubaszenko (Janek), Igor Czerniewicz (Andrej), Ewa Telega (Vera) **L** 114 **E** 20.8.2001 arte

DIE TOCHTER DES HAUPTMANNS →Aufstand in Sibirien

DIE TÖCHTER DES HAUSES MAKIOKA (SASAME YUKI). Japan am Vorabend des Zweiten Weltkriegs: Wie in jedem Jahr treffen sich die vier Töchter des angesehenen Hauses Makioka zum Kirschblütenfest in Kyoto. Nach außen scheint das Leben wohlgeordnet, doch innerhalb der traditionsgebundenen Familienstrukturen tobt ein Zwist, den die jüngste Schwester schon vor Jahren durch eine unstandesgemäße Heirat auslöste. Mit ihr kommt es zum endgültigen Bruch, aber auch der Zusammenhalt der übrigen löst sich auf. Opulente Verfilmung eines Erfolgsromans, die den Verfall traditioneller Strukturen der japanischen Gesellschaft und das Vordringen westlicher Einflüsse schildert. Kon Ichikawa, einer der Altmeister des japanischen Kinos, beschreibt den Zwiespalt zwischen Moderne und Überlieferung mit expressionistischer Bildkraft. – Ab 16. ✦ Japan 1983 **P** Toho Company **R** Kon Ichikawa **B** Kon Ichikawa, Shinya Hidaka, nach einem Roman von Junichiro Tanizaki **K** Kiyoshi Hasegawa **M** Shinnosuke Okawa **S** Chizuko Nagata **D** Yoshiko Sakuma (Sachiko), Keiko Kishi (Tsuruko), Sayuri Yoshinaga (Yukiko), Yuko Kotegawa (Taeko), Jûzô Itami (Tatsuo) **L** 135 **E** 16.10.1991 ZDF

TÖCHTER DES HIMMELS (THE JOY LUCK CLUB). Vier vor langer Zeit in die USA emigrierte Chinesinnen erinnern sich der Umstände, unter denen sie ihre Heimat verlassen mußten: Repressionen einer im Untergang befindlichen Feudalherrschaft, Krieg, Flüchtlingselend und Tod. Ihre Erinnerungen drängen angesichts von Konflikten mit ihren in den USA geborenen Töchtern nach oben. Die jungen Frauen lernen allmählich, ihre Mütter zu verstehen, und erfahren zugleich etwas, das auch für ihr Leben entscheidend wird. Eine ausufernd breit entwickelte Bestseller-Verfilmung. Die populäre, gelegentlich (über-)konstruierte Erzählstruktur ist Grundlage für ein berührendes Melodram, das von der heilenden Kraft der Liebe und des Verstehens handelt und von der Hoffnung auf eine Verständigung über Generationen und Grenzen hinweg. – Sehenswert ab 14. ✦ USA 1993 **P** Hollywood Pictures/Oliver Stone Prod. (für Buena Vista) **KI** Buena Vista **VA** EuroVideo **Pd** Wayne Wang, Amy Tan, Ronald Bass, Patrick Markey **R** Wayne Wang **B** Amy Tam, Ronald Bass, nach einem Roman von Amy Tan **K** Amir Mokri **M** Rachel Portman **S** Maysie Hoy **D** Kieu Chinh (Suyuan), Tsai Chin (Lindo), France Nuyen (Ying Ying), Lisa Lu (An Mei), Ming-Na Wen (June), Tamlyn Tomita (Waverly), Lauren Tom (Lena), Rosalind Chao (Rose) **L** 139 **FSK** ab 12; f **FBW** bw **E** 19.5.1994/15.12.1994 Video/ 20.12.1995 premiere **fd** 30 776

DIE TOCHTER DES KALIFEN (THE ADVENTURES OF HAJJI BABA). Ein tapferer Barbier erringt die in die Wüste entflohene spröde Kalifentochter unter tausend Gefahren. Hollywood stellt sich die »Geheimnisse aus 1001 Nacht« vor: finsterbärtige Fremde, Gift, Intriganten, gefährliche Juwelen, eine Horde Amazonen, die plündern und ihre Gegner an einem malerischen Massengalgen festschnüren. Ein ebenso naives wie oberflächlich-schauprächtiges Orientmärchen mit dezent beigemischter Erotik und der grotesken Wirkung waschechter amerikanischer Songs. – Ab 16. ✦ Scope. USA 1954 **P** Allied Artists (für 20th Century Fox) **KI** Centfox **Pd** Walter Wanger **R** Don Weis **B** Richard Collins, nach einem Roman von James Morier **K** Harold Lipstein **M** Dimitri Tiomkin **S** William Austin **D** John Derek (Hajji Baba), Elaine Stewart (Fawzia), Thomas Gomez (Osman Aga), Amanda Blake (Banah), Paul Picerni (Nur-El-Din), Rosemarie Bowe (Ayesha) **L** 93 **FSK** ab 12; nf **E** 13.5.1955 **fd** 4 091

DIE TOCHTER DES KOMMANDEURS (DOTSCH KOMANDIRA). Das Vorhaben, die Ferien in einem Pionierlager zu verbringen, wird für die Tochter eines Kommandeurs der Roten Armee im Sommer 1941 durch die Kriegsereignisse zunichte gemacht. Auf der Festung Brest versorgen sie und ihre Freunde verwundete russische Soldaten. ✦ Scope. UdSSR 1981 **P** Belarusfilm **R** Boris Goroschko **B** Juri Jakowlew **K** Oleg Awdejew **D** Anna Nasarjewa (Walja Beda),

Valentina Anaina (Walja Beda), Wladimir Talaschko (Major Beda), Mischa Botting (Dima), Wolodja Rumjanzew (Grinja Lopatkin) **L** 69 **E** 13.6.1982 DFF 2

DIE TOCHTER DES KOMMISSARS. Als ein durchweg integrer Kriminalkommissar entdeckt, dass seine 20-jährige Tochter den Tod der Mutter nur mit Drogen zu verarbeiten vermag, bricht für ihn eine Welt zusammen. Eines Tages wird bei einer Razzia eine größere Menge Drogen sicher gestellt, mit der er seine abhängige Tochter versorgt, weil er glaubt, mit der gezielten Abgabe ihre Sucht kontrollieren zu können. Mischung aus Melodram und Kriminalfilm, die sich durch intensives Spiel auszeichnet und Fragen nach menschlichen Verhalten jenseits der abwägbaren Grenzen stellt. – Ab 16. ✦ Deutschland 2001 **P** d.i.e. film. **R** Christine Hartmann **B** Peter Petersen **K** Volker Tittel **M** Fabian Römer **D** Herbert Knaup (Harms), Lisa Maria Potthoff (Leonie), Joram Voelklein (Steffen), David Winter (Tobi), Angela Roy (Maigold) **L** 86 **E** 2.11.2001 arte

DIE TOCHTER DES KORSAREN (LA FIGLIA DEL CORSAR O VERDE). Eine wild-schöne Piratenanführerin neben blutrünstigen Rivalen läßt sich nach Plündereien an der Küste Maracaibos von einem tapferen Gouverneurssohn erobern, der sich unerkannt unter die Seeräuber eingeschlichen hat. Ein von der italienischen Produktion nach Kriegsausbruch 1939 als Ersatz für ausbleibende Hollywood-Importe hergestellter Abenteuerfilm, inszeniert nach dem Actionrezept des bereits 1912 mit »Quo vadis?« bekannt gewordenen Stummfilmregisseurs Guazzoni (1876–1949). – Ab 14. ✦ Schwarz-weiß. Italien 1940 **P** Manenti **KI** Döring **R** Enrico Guazzoni **B** Enrico Guazzoni, nach einem Roman von Salgari **D** Doris Duranti, Fosco Giachetti, Mariella Lotti, Enrico Glori, Camillo Pilotto **L** 84 **FSK** ab 12; nf **E** 19.12.1941 **fd** 1313

DIE TOCHTER DES MEISTERS →Kung Fu: Die Tochter des Meisters

DIE TOCHTER DES PATEN (BIRD OF PREY). Nachdem er jahrelang auf Rache gesonnen hat, gelingt es einem Mann endlich, sich ins Haus eines Drogenbosses einzuschleusen, der einst seinen Vater, einen Polizisten, erschossen hatte. Nun gerät er jedoch in einen Gewissenskonflikt, weil er sich in die Tochter des Gangsters verliebt, die von den kriminellen Machenschaften des Vaters nichts weiß. Thriller um eine langgehegte Rache. ✦ USA/Bulgarien 1995 **Pd** Jonathan Debin **R** Temistocles Lopez **B** Boyan Milushev, James J. Mellon **K** David Knaus **M** Brian Clifton **S** Tracy Hall Adams, Ila von Hasperg **D** Jennifer Tilly (Kily Griffith), Boyan Milushev (Nikolai Milev), Richard Chamberlain (Jonathan), Lesley Ann Warren (Claire), Robert Carradine (Eric Parker) **L** 94 **E** 23.4.1996 premiere

DIE TOCHTER DES PRÄSIDENTEN: IN TÖDLICHER GEFAHR (FIRST DAUGHTER). Terroristen entführen die Tochter des amerikanischen Präsidenten während ihrer Abenteuer-Ferien und rufen einen Leibwächter auf den Plan, der ihrem Vater schon einmal das Leben rettete und sich nun erneut beweisen kann. (Fernseh-)Thriller ohne sonderliche Ambitionen, der den Genre-Standard mit einer Reihe von dramaturgischen Fehlern abspult. ✦ USA 1999 **P** Columbia TriStar/Mandalay **Pd** Michael O. Gallant **R** Armand Mastroianni **B** Chad Hayes, Carey W. Hayes **K** Mark Wareham **M** Louis Febre **S** Peter V. White **D** Mariel Hemingway (Alex McGregor), Doug Savant (Grant Calrson), Monica Keena (Jess Hayes), Gregory Harrison (Präsident Jonathan Hayes), Dominic Purcell (Troy) **L** 94 **E** 3.5.2000 Premiere World/21.7.2001 ProSieben

DIE TOCHTER DES PUMA (PUMAENS DATTER). Vom mexikanischen Exil aus macht sich ein Mädchen auf, um seinen Bruder zu suchen, der in den Wirren des Bürgerkrieges in Guatemala verschollen ist. Ein politisch gut gemeinter, inszenatorisch jedoch recht bescheidener Film, der seine auf Emotionalisierung angelegte Geschichte durch eine Reihe von Rückblenden erzählt. – Ab 14 möglich. ✦ Dänemark/Schweden 1994 **P** Domino Film/TV-Produktion/Ulf Hultberg Film **KI** Atlas **Pd** Peter Ringgaard, Tom Winther **R** Ulf Hultberg, Asa Faringer **B** Bob Foss, Ulf Hultberg, Asa Faringer, nach dem gleichnamigen Roman von Monica Zak **K** Dirk Brüel **M** Jacob Groth **S** Leif Axel Kjeldsen **D** Angeles Cruz (Aschlop), Gerardo Taracena (Mateo), Elpidia Carrillo (Maria), Dolores Heredia (Katharina), Nora Aguirre (Juana) **L** 85 **E** 1995 Kino **fd** 31 690

TÖCHTER DES SATANS (THE CULT). Vier junge Frauen und ein Mann dringen unter dem Vorwand, neue religiöse Gefühle zu vermitteln, in eine Villa ein und ermorden im im Verlauf einer sexuellen Orgie auf grausame Weise zwei Liebespaare. Widerwärtige Mischung aus Sex and Crime. – Wir raten ab. ✦ USA 1971 **P** Monarex/Regency **KI** CS **VA** ITT/VMP **DVD** Astro (FF, Mono dt.) **R+B** Kentucky Jones **K** Robert Maxwell **M** Clark de Will **D** Blaisdell Makee, Debbie Osborne, Sean Kenney, Candice Roman **L** 74 **FSK** ab 18; nf **E** 18.8.1972/1980 Video/2001 DVD **fd** 18 160

TOCHTER DES SATANS – DARK ANGEL (DARK ANGEL – THE ASCENT). Ein weiblicher schwarzer Engel kann aus der Pein der ewigen Verdammnis ins Reich der Irdischen gelangen und verliebt sich dort in einen Arzt. Dieser muß feststellen, daß in der Nähe der Frau seltsame Morde geschehen. Ein blutiges Horrormärchen, das durch seine grellen Effekte mehr Ekel und Abscheu als Furcht erzeugt. Eine unausgegorene Mischung aus gewalttätiger Genrekost, naiver Liebesgeschichte und unfreiwilliger Klamotte. – Wir raten ab. ✦ USA 1994 **P** Full Moon Entertainment **VA** CIC **Pd** Vlad Paunescu, Oana Paunescu **R** L. Hassani **B** Matthew Bright **K** Vivi Dragan **M** Fuzzbee Morse **S** Mark Manos **D** Daniel Markel (Dr. Max Barrin), Angela Featherstone (Veronica), Mike Genovese (Detective Harper), Charlotte Stewart (Veronicas Mutter), Nicholas Worth (Veronicas Vater) **L** 82 **FSK** ab 18 **E** 16.1.1995 Video **fd** 31 335

TOCHTER DES TEUFELS (THE DEVIL'S DAUGHTER). Nach dem Tod ihrer Mutter findet eine junge Frau Aufnahme bei deren Jugendfreundin, wird jedoch schon bald durch merkwürdige okkulte Dinge in ihrer neuen Umgebung verschreckt. Als man ihr eröffnet, daß sie die Tochter des Teufels und Mittelpunkt eines satanischen Zirkels ist, versucht sie, sich diesen Einflüssen zu entziehen, kann aber die wahren Dimensionen des teuflischen Komplotts noch gar nicht überschauen. Okkulter Horrorfilm aus der Blütezeit der »Exorzismus«-Welle. ✦ USA 1972 **P** Paramount **VA** CIC **R** Jeannot Szwarc **B** Colin Higgins **K** J. J. Jones **M** Laurence Rosenthal **D** Belinda J. Montgomery, Shelley Winters, Robert Foxworth, Jonathan Frid, Martha Scott **L** 71 **FSK** ab 16 **E** Mai 1987 Video

DIE TOCHTER DES TRAUBENHÄNDLERS (THE GRAPE DEALER'S DAUGHTER). Ein »Underground-Film«, in dem sich der Filmemacher Walter Gutman in den Mittelpunkt eines Selbstporträts stellt, das weniger ein glaubwürdiges Dokument ist als eine filmische Wunschvorstellung, die seine Träume Gestalt annehmen läßt. Mit Humor und Fantasie konterkariert der Film gängige Bild-Erzählungen, setzt dabei aber übertrieben auf drastische sexuelle (Selbst-)Darstellungen. ✦ Teils schwarz-weiß. USA 1970 **P** Gutman Prod. **Pd+R+B** Walter Gutman **K** Walter Gutman, Louis Brigante, John Delaney **D** Walter Gutman, Anna Norteus, Linda Rubera **L** 90 **E** 24.10.1976 WDR

DIE TOCHTER DES WASSERS (LA FILLE DE L'EAU). Stummfilm-Märchen über das wechselvolle Schicksal einer Schifferstochter nach dem Tod des Vaters und der Flucht vom Kahn ihres gewalttätigen Onkels. Renoirs Erstlingsfilm ist ein expressives Melodram und vor allem filmhistorisch interessant. Kompositorisch überzeugt es nur in einigen Momenten, in denen Renoir spätere Themen und Topoi vorwegnimmt. – Ab 16. ✦ Schwarz-weiß. Frankreich 1924 **P** Jean Renoir Prod. **Pd+R** Jean Renoir **B** Pierre Lestringuez **K** Jean Bachelet, Gibory **D** Catherine Hessling (Virginia Rosaert), Pierre Philippe (= Pierre Lestringuez) (Jef, Virginias Onkel), Pierre Champagne (Justin Crépoix), Maurice Touzé (Bouche/La Fouine), Georges Térof (Monsieur Raynal), Harold Levingston (Georges Raynal) **L** 85 **E** Dezember 1924/15.9.1974 HR III

TOCHTER EINER DIRNE (MY MOTHER'S SECRET LIFE). Als eine Prostituierte überraschend von ihrer 16jährigen Tochter besucht wird, die sie vor Jahren verlassen hat, gerät ihr gewohntes Leben durcheinander. Nur zögernd ist sie bereit, ihre Gefühle zu akzeptieren und neue Bahnen einzuschlagen. Seichtes (Fernseh-)Melodram, das die angedeuteten Konflikte ohne jeden Wirklichkeitsbezug darstellt und auflöst. – Ab 16. ✦ USA 1984 **P** ABC/Furia-Oringer **R** Robert Markowitz **B** John Furia jr., Barry Oringer **K** Robbie Greenberg **M** Brad Fiedel **D** Loni Anderson (Ellen Blake), Paul Sorvino (Max), Amanda Wyss (Tobi Jensen), James Sutorius (Joe Parkman), Sandy McPeak (Frank) **L** 95 **E** 13.9.1991 Tele 5

DIE TÖCHTER IHRER EXZELLENZ. Eine Wiener Generalswitwe sorgt sich um die ältere Tochter, weil diese der Ehe mit einem langweiligen Beamten überdrüssig ist und mit einem ältlichen Grafen anbändelt, der ihr den ersehnten Luxus bieten kann. Die jüngere Tochter, Abiturientin, will die Schwester auf den rechten Weg bringen; irrtümlich hält sie jedoch den Sohn des Grafen für den Liebhaber der Schwester. Nach entsprechenden Mißverständnissen stellt sich in dem beschwingt inszenierten Lustspiel das hübsche Happy-End ein. – Ab 10. ✦ Schwarz-weiß. Deutschland 1934 **P** Ufa **KI** Ufa **R** Reinhold Schünzel **B** Emil Burri, nach dem Bühnenstück »Die kleine Trafik« von Ladislaus Bus-Fekete. **K** Werner Brandes **M** Albert Fischer **S** Willy Zeyn **D** Käthe von Nagy (Gerti), Dagny Servaes (Leonie), Willy Fritsch (Graf Marenzi d. Jüngere), Hansi Niese (Henriette von Petrin), Hans Moser (Anton) **L** 94 **E** 17.5.1934/30.12.1979 BR

DIE TÖCHTER SATANS (DAUGHTERS OF SATAN). Der Kauf eines alten Gemäldes bringt einen amerikanischen Kunstsammler auf den Philippinen in gefährliche Nähe zu einem satanischen Kult. Seine Frau, die einer der Hexen auf dem Bild verblüffend ähnlich sieht, trachtet ihm nach dem Leben. Ein eher langweiliger als gruseliger Horrorfilm. – Ab 16. ✦ USA 1972 **P** United Artists **Pd** Aubrey Schenck **R** Hollingsworth Morse **B** John C. Higgins **K** Nonong Rasca **M** Richard Lasalle **S** Tony DiMarco **D** Tom Selleck (James Robertson), Barra Grant (Chris Robertson), Tani Phelps Guthrie (Kitty Duarte), Paraluman (Juana Rios), Vic Silayan (Dr. Dangal) **L** 87 **E** 5.10.1994 RTL 2

TÖCHTER, TÖCHTER! (ABU EL BANAT). Die Nöte eines israelischen Zitronenhändlers, der eine liebevolle Frau, acht anstrengende Töchter und eine junge Geliebte hat, nur keinen Sohn und Erben. Als auch das neunte Kind weiblichen Geschlechts ist, eskaliert die Familienkrise – Frau und Töchter ziehen aus, der Vater bleibt mit dem Baby zurück. Eine burleskesatirische Komödie im Stil Ephraim Kishons, die den Männlichkeitswahn des orthodoxen Judentums aufs Korn nimmt. – Ab 12. ✦ Israel 1973 **R** Moshe Mizrahi **D** Shai K. Ophir (Sabbatai Alfandari), Zahahira Harifai (Bianca Alfandari), Yosseph Shiloah (Joseph Omri), Gideon Singer (Dr. Mazor), Avner Hezkiyahu (Casarola) **L** 86 **E** 5.12.1994 ZDF

TÖCHTER UND MÜTTER (DOTSCHKI I MATERI). Eine junge Arbeiterin aus Swerdlowsk, in einem Kinderheim aufgewachsen, kommt nach Moskau, um ihre Mutter, die sich nie um sie gekümmert hat, zu suchen. Eine falsche Aussage führt sie zu einer fremden Familie. Künstlerisch interessanter Film mit einer anspruchsvollen Thematik. (Fernsehtitel: »Töchterchen und Mütterchen«) – Ab 16. ✦ UdSSR 1974 **P** Gorki-Studio **KI** Progress **R** Sergej Gerassimow **B** Alexander Wolodin **K** Wladimir Rapoport **M** Wjatscheslaw Tschekin **D** Innokenti Smoktunowski (Wassiljew), Tamara Makarowa (seine Frau), Swetlana

Smechowa (Anja), Larissa Udowitschenko (Galja), Ljubow Polechina (Olga Wassiljewa) **L** 98 **E** 14.11. 1975 Kino DDR/11.10.1977 DFF 1

TÖCHTER ZWEIER WELTEN. Zwei türkische Frauen, Mutter und Tochter, die eine noch in ihrer Heimat verwurzelt, die andere eine »deutsche Türkin«, berichten von ihren Leben. Die Aussagen werden erst durch die Kamera zu Dialogen geformt, und so entsteht das Bild von Unterdrückung und Kulturverlust, aber auch die vage Hoffnung auf Emanzipation der Jüngeren. Ein klarer, einfacher, engagierter Film, der vom Zuschauer Nachdenken verlangt. – Ab 16. ✦ Deutschland 1990 **P** Gülsen-Film/NDR **SF** Freunde der Deutschen Kinemathek **Pd** Sabine Friedrichs **R+B** Serap Berrakkarasu **K** Gisela Tuchtenhagen **S** Maike Samuels **L** 60 **E** 1991 Kino/22.8.1992 N 3 **fd** 30 245

TÖCHTERCHEN UND MÜTTERCHEN →Töchter und Mütter

TOD AM MISSISSIPPI. Fernsehfilm. Im Sommer 1964 wird der Führer der schwarzen Bürgerrechtsbewegung im US-Staat Mississippi auf offener Straße erschossen. Drei andere junge Männer, die sich aktiv an der Bürgerrechtsbewegung beteiligen, verschwinden kurz darauf spurlos. Dieser Fall wurde zu einem politischen Skandal, zumal zwei der Vermissten Weiße waren. ✦ Schwarz-weiß. DDR 1973/74 **P** DEFA **Pd** Heinz Herrmann **R+B** Ralph J. Boettner **K** Helmut Grewald **S** Brigitte Krex **D** Jirí Lír (Moore), Josef Sebek (Butler), Fritz Bartholdt (Sheriff Rainey), Ulrich Teschner (Hilfssheriff Price), Michael Narloch (Michael) **L** 86 **E** 27.6.1974 DFF 1

TOD AM MORGEN (FOUR IN THE MORNING). Drei parallele Geschichten, dramaturgisch verschachtelt und in Beziehung gesetzt: die Bergung einer unbekannten Frauenleiche im Hafen von London; die kurze Liebesromanze zwischen einem jungen Mann und einem Nachtklubmädchen; Streit, Trennung und Versöhnung eines bürgerlichen Ehepaares während einer Nacht. Debütfilm, inszeniert als facettenreiches Beziehungsprotokoll, in dem melancholische, heitere und ironische Sequenzen miteinander konfrontiert werden. Die Einbindung der Handlung in soziale Milieus steht in der Tradition des britischen »Free Cinema«; intensive Figurenporträts und pointierte Montagen verweisen auf den Einfluß der »Nouvelle Vague«. – Sehenswert. ✦ Schwarz-weiß. Großbritannien 1965 **P** West One/Ursuline **Pd** John Morris **R+B** Anthony Simmons **K** Larry Pizer **M** John Barry **S** Fergus McDonell **D** Ann Lynn, Norman Roadway, Judi Dench, Brian Phelan, Joe Melia **L** 93 **E** 1.8.1967 ARD **fd** 14 796

TOD AM SAMSTAG →Sensation am Sonnabend

DER TOD AM SILBERSEE (PRISRAKI POKIDAJUT WERSCHINY). Der Versuch von Agenten eines ausländischen Konzerns, eine Expedition von der Entdeckung reicher Naturschätze abzuhalten, mißlingt. Spannender Unterhaltungsfilm. – Ab 8. ✦ Schwarz-weiß. UdSSR 1955 **P** Studio Jerewan **Kl** Progress **R** Stepan Keworkow, Ersam Karamjan **B** Ersam Karamjan, Grigori Koltunow **K** I. Dildarjan **M** Alexander Arutjunjan **D** S. Sossian (Artasches Malian), E. Jutudshian (Gajanneh), G. Karapetian (Bagrat), G. Nersesjan (Wagan), W. Papassian (Daniel Beck) **L** 96 **E** 29.6.1956 Kino DDR/24.8.1956 DFF 1

TOD AM STADTRAND (RADIKALNI REZ). Die Ermittlungen in einem Mordfall führen in eine Zigeunersiedlung am Rande einer Kleinstadt. Das Aufleben tiefsitzender Vorurteile stellt die Polizei vor eine schwierige Aufgabe. Durchaus spannender Kriminalfilm mit gesellschaftlichem Problembewußtsein. – Ab 16. ✦ CSSR 1983 **P** Filmstudio Barrandov **Kl** Progress **R** Dusan Klein **B** Dusan Klein, nach einem Roman von Josef Klima **K** Josef Vanis **M** Zdenek Marat **S** Jirí Brozek **D** Lubomír Paulovic (Weiner), Bronislav Poloczek (Smolina), Josef Ropog (Takác), Ilja Racek (Ruml), Monika Zigova (Naha) **L** 86 **E** 28.6.1985 Kino DDR/11.9.1987 DFF 2/3.12.1993 RTL

TOD AN BORD (1977) (KILLER ON BOARD). Zwei blinde Passagiere eines Kreuzfahrtdampfers schleppen eine unbekannte Viruskrankheit ein, der ein Teil der Mannschaft und Passagiere zum Opfer fällt. Durch die weithin überzeugende Schilderung menschlicher Beziehungen und Verhaltensweisen in Krisensituationen entstand ein spannender, gut unterhaltender Film, der ohne exzentrische Zuspitzung und moderne Effekthascherei beeindruckt. – Ab 16. ✦ USA 1977 **P** Lorimar **Pd** Sandor Stern **R** Philip Leacock **B** Sandor Stern **K** William Cronjager **M** Earle Hagen, Carl Friberg **S** Bill Mosher **D** Jane Seymour (Jan), Claude Akins (Oscar Billingham), Beatrice Straight (Beatrice Richmond), George Hamilton (Glenn Lyle), Susan Howard (Julie), Frank Converse (Dr. Paul Jeffries) **L** 95 **E** 23.8.1980 ZDF

TOD AN BORD (1978) (OVERBOARD). Während einer Bootspartie stürzt die Frau eines reichen Rechtsanwaltes über Bord. Das Unglück und die Suche nach ihr lassen die Vergangenheit auferstehen und den Mann über die Probleme ihrer Ehe nachdenken. Routiniert inszenierter Fernsehfilm mit soliden Schauspielerleistungen. – Ab 16. ✦ USA 1978 **P** ABC/Factor Newland **VA** Vestron **R** John Newland **B** Hank Searles **K** Robert C. Moreno **M** Mark Snow **D** Cliff Robertson, Angie Dickinson, Andrew Duggan, Lewis van Bergen, Stephen Elliott **L** 96 **FSK** ab 16 **E** 26.4.1985 Video

DER TOD AN DER ANGEL →Haute Tension: Der Tod an der Angel

TOD AUF ABRUF (DELAYED ACTION). Ein lebensmüder Schriftsteller verschachert sein Leben an Gangster. Er will deren Verbrechen auf sich nehmen und sich anschließend töten. Eine junge Frau und sein plötzlicher literarischer Erfolg lassen ihn den Handel bereuen. Unaufwendig inszenierter Krimi, der seine reizvolle Grundidee nur unzulänglich umzusetzen weiß. – Ab 16. ✦ Schwarz-weiß. Großbritannien 1955 **P** Kenilworth-Mid-Century/GFD **Kl** Aki-Aktualitäten-Kino **Pd** Robert S. Baker, Monty Berman **R** John Harlow **B** Geoffrey Orme **K** Gerald Gibbs **D** Robert Ayres (Ned Ellison), Alan Wheatley (Mark Cruden), June Thorburn (Anne Curlew), Michael Kelly (Lob), Bruce Seton (Sellars), Michael Balfour (Honey) **L** 60 **FSK** ab 12; f **E** 26.2.1965 ARD

TOD AUF AMRUM. Ausgerechnet im ersten gemeinsamen Urlaub seit Jahren wird die Familie eines Hamburger Kriminalkommissars Zielscheibe eines Überfalls. Der Polizist vermutet einen Racheakt auf Gangsterkreisen und befürchtet weitere Anschläge. Um seine Familie nicht zu verängstigen, ermittelt er auf eigene Faust und löst damit zusätzliche Schwierigkeiten aus. Thriller, der seine Spannung aus dem Kontrast zwischen einer Atmosphäre ständiger Bedrohung und der äußeren Idylle einer Urlaubsinsel bezieht. ✦ Deutschland 1998 **R** Konrad Sabrautzky **B** Krystian Martinek, Frieder Wittich **K** Jörg Seidl **M** Jochen Schmidt-Hambrock **D** Christian Berkel (Rolf Spiekermann), Andrea Sawatzki (Elke Spiekermann), Tobias Nath (Olaf), Ute Willing (Wibke), Sabine Kaack (Eva), Sabrina Rattey (Jessica Spiekermann), Friedrich Lindner (Hendrik Spiekermann) **L** 88 **E** 28.12.1998 ZDF

TOD AUF DEM CAMPUS (KENT STATE). Filmisches Protokoll der Studentenunruhen an der Kent State University im Jahr 1970 und deren blutige Folgen. Leider läßt der als Fernsehproduktion gedrehte Film die nötigen Hintergrundinformationwn vermissen und leidet unter einer unsorgfältigen, sterilen Synchronisation. – Ab 16. ✦ USA 1981 **P** Inter Planetary/Osmond Communications **VA** CIC **R** James Goldstone **B** Gerald Green, Richard Kramer, nach Büchern von J. A. Michener, J. Kelner & J. Munres **K** Stevan Larner **M** Ken Lauber **D** Talia Balsam, Ellen Barkin, Jane Fleiss, John Getz, Keith Gordon **L** 120 **FSK** ab 16 **E** Juni 1987 Video **fd** 26 255

TOD AUF DEM HIGHWAY →Roadkill

TOD AUF DEM NIL (DEATH ON THE NILE). Der Mord an einer reichen jungen Frau während ihrer Flitterwochen auf einem Nil-Dampfer sowie die Ermordung von zwei Tatzeugen werden von dem exzentrischen Detektiv Hercule Poirot aufgeklärt. Eine Agatha-Christie-Verfilmung, die es nicht versteht, den Roman von seiner schwerfälligen Struktur zu befreien und kinogerecht zu adaptieren. Entstanden ist dank Peter Ustinov als Detektiv und der Versammlung vieler gut spielender Stars ein immerhin verschmockt-amüsantes Kammerspiel mit einigem Leerlauf. – Ab 14 möglich. ✦ Großbritannien 1977 **P** EMI **Kl** Neue Constantin **VA** Kinowelt Home **Pd** John Brabourne, Richard Goodwin **R** John Guillermin **B** Anthony Shaffer, nach einem Roman von Agatha Christie **K** Jack Cardiff **M** Nino Rota **S** Malcolm Cooke **D** Peter Ustinov (Hercule Poirot), Jane Birkin (Louise Bourget), Bette Davis (Mrs. Van Schuyler), David Niven (Col. Race), Mia Farrow (Jacqueline de Belfort), Lois Chiles (Linnet Ridgeway), Jon Finch (Ferguson), Olivia Hussey (Rosalie Otterbourne), Maggie Smith (Miss Bowers), Simon McCorkindale (Simon Doyle) **L** 140 **FSK** ab 12; f **FBW** w **E** 13.10.1978/19.11.1983 DFF 1/15.8.2000 Video **fd** 20 947

TOD AUF RHODOS (MEDUSA). Neurosen, Okkultismus und die verbotene Liebe zu seiner Schwester bestimmen das Leben eines reichen Erben. In die Abhängigkeit eines multinationalen Syndikats geraten, versucht er, seine Widersacher durch Morde auszuschalten. In aussichtsloser Lage verüben die Geschwister gemeinsam Selbstmord. Eine völlig abstruse und durchsichtige Kolportage, der es nie gelingt, die Handlungen der Hauptfigur zu motivieren. (Neuer Videotitel: »Cocktail Infernal«) ✦ **P** Roubanis & Co. **VA** PolyGram **R** Gordon Hessler **B** Christopher Wicking **K** Dimitri Papakostatis **M** Theodore Roubanis **D** George Hamilton, Cameron Mitchell, Luciana Paluzzi, Theodore Roubanis, Nora Valsami **L** 95 **E** 1983 Video **fd** 23 927

TOD AUF SEE (HASSEL – FÖRGÖRARNA). Ein Stockholmer Kriminalkommissar stößt bei seinen Ermittlungen im Fall einer ermordeten russischen Drogenkurierin auf die Spur der Russenmafia. Mit Hilfe einer Kollegin aus Moskau kann er ein Komplott aufdecken, in dessen Verlauf ein schwedischer Schwerverbrecher den Weg für die Machtübernahme der russischen Mafia ebnen soll. Als die beiden Polizisten den Gegner in die Enge getrieben haben, muss der Schwede feststellen, dass seine Kollegin höchst persönliche Rachepläne hegt. Aufwändig gestalteter, in der Hauptrolle überzeugend gespielter Thriller, der ein düsteres Bild des einstigen (Vorzeige-)Sozialstaates Schweden entwirft. Spannende Unterhaltung, die aber an der nur schablonenhaft entwickelten Figur der russischen Polizistin krankt. ✦ Schweden 2000 **P** Jarowski Drama **Pd** Thomas Lindgren **R** Mikael Hylin **B** Hans Rosenfeldt, nach einem Roman von Olov Svedelid **K** Crille Forsberg **M** Stefan Ekström **S** Gregers F. Dohn **D** Lars-Erik Berenett (Roland Hassel), Regina Lund (Galina Volkova), Göran Forsmark (Nils Ahlberg), Björn Gedda (Simon Palm), Cathrine Hardenborg (Myrna Clavebo) **L** 100 **E** 29.10. 2001 ZDF

TOD AUF TRAUSCHEIN (A VOW TO KILL). Ein verheirateter Betrüger umgarnt eine reiche Erbin, heiratet sie und schenkt ihr eine »Überraschungsreise«. Während sie Abenteuer-Flitterwochen auf einer einsamen Insel verbringen, erpreßt seine eigentliche Frau den Vater der Betrogenen mit der angeblichen Entführung des Paares. Ein vom Thema effektvoller Kriminalfilm, der aber allzu sprunghaft entwickelt wird. Die Charaktere bleiben blaß, Spannung gewinnt der Film lediglich in kurzlebigen Aktionen. ✦ USA 1994 **P** Wilshire Court **VA** CIC **Pd** Renee Longstreet **R** Harry Longstreet **B** Sean Silas, Renee Longstreet, Harry Longstreet **K** François Protat **M** John Keane **S** Lauren Schaffer **D** Richard Grieco (Eric Lewis), Julianne Phillips (Rachel Evans), Gordon Pinsent (Frank Evans), Peter MacNeill (Sam Flowers), Thomas Cavanagh **L** 87 **FSK** ab 16 **E** 14.6.1995 Video/16.6.1996 premiere **fd** 31 432

TOD AUS DEM ALL (WITHOUT WARNING). Als Live-Nachrichtensendung gestalteter Science-Fiction-Film, in dem namhafte amerikanische Journalisten und der Science-Fiction-Autor Arthur C. Clarke sich selbst spielen. Auf der Erde schlagen Bruchstücke eines Meteoriten ein. Zugleich mehren sich die Hinweise auf Außerirdische. Die amerikanische Regierung reagiert mit dem Einsatz atomarer Waffen. ✦ USA 1995 **Pd** Robert Iscove, Nancy Platt Jacoby **R** Robert Iscove **B** Peter Lance, Jeremy Thorn, Ernie Anastos **K** John Beymer **M** Craig Safan **S** Martin Nicholson **D** Sander Vanocur, Bree Walker Lampley, Warren Olney, Ernie Anastos, Arthur C. Clarke **L** 88 **E** 26.2.1996 premiere

TOD AUS DEM INTERNET →Massive Protection

DER TOD AUS DEM NICHTS →Der schleichende Tod

TOD AUS DEM TELEFON →Starkstrom (1981)

TOD AUS ERSTER HAND (ROUGH DRAFT). Ein Journalist, der im Transvestiten-Milieu recherchiert, gerät in die Fänge eines Serienmörders, der ihn zwingt, seine Lebensbeichte zu protokollieren. Die anfängliche Angst wird bald von Faszination abgelöst, doch als der Mörder den wieder selbstsicher gewordenen Journalisten zwingt, an seinen Untaten teilzunehmen, erreicht der Konflikt seinen Höhepunkt. Ein weiterer Serienmörder-Thriller, der daran scheitert, keine positive Gegenfigur zum wahnsinnigen Mörder aufbauen zu können und statt dessen sein Heil in grausigen Mordszenen sucht. Leicht beeinflußbare Zuschauer könnten der Sogwirkung dieses gewalttätigen Films erliegen. (Titel auch: »Rough Draft – Mörderisches Spiel«) ✦ USA 1997 **P** Kandice King Prod./Goldbar **VA** Warner Home **Pd** Kandice King **R** Joshua Wallace **B** Jennifer Badham-Stewart **K** Keith L. Smith **M** Steve Edwards **S** Christopher Koefoed **D** Gary Busey (Nelson Keece), Arnold Vosloo (Stefan), Michael Madsen (Detective Haynes), Juliette Campbell (Juliette), Reno Wilson (Detective Larowe) **L** 89 **FSK** ab 16 **E** 1998 Video **fd** 33 511

TOD BEI TISCH (DODEN KOMMER TIL MIDDAG). Ein Krimiautor entdeckt einen Mord. Da die Polizei nicht an ein Verbrechen glaubt, versucht er, dem Mörder auf eigene Faust auf die Spur zu kommen. Was thematisch als Krimi daherkommt, entpuppt sich als freundliche, gutmütige Unterhaltung von gedämpfter Spannung. – Ab 14. ✦ Dänemark 1964 **P** Nordisk **R** Erik Balling **B** Erik Balling, nach einem Roman von Peter Sander **K** Jörgen Skov **M** Bent Fabricius Bjerre **D** Poul Reichhardt, Helle Virkner, Birgitte Federspiel, Jan Priiskorn Schmidt, Morten Grunwald **L** 100 **E** 3.5.1971 ZDF

DER TOD BIETET MIT (SMRT NA CERNO). In Prag stoßen im Jahr 1947 auf den nächtlichen, menschenleeren Straßen zwei Lastkraftwagen zusammen. Einer der Fahrer flüchtet. In seinem Wagen findet die Polizei wertvolle Stoffe, deren Eigentümer zunächst nicht festzustellen ist. Der ermittelnde Polizei-Inspektor vermutet Schwarzhandel und recherchiert. ✦ CSSR 1977 **P** Filmstudio Barrandov **R** Ivo Toman **B** Drahoslav Makovicka **K** Josef Pávek **M** Ferdinand Havlík **D** Vlastimil Brodsky (Inspektor Kotouc), Slávka Budínová (Jitka), Josef Langmiler (Sektionsleiter Juzi), Jan Kanyza (Dudy), Josef Vetrovec (Vaclav Cacala) **L** 87 **E** 4.4.1979 DFF 2

TOD DEM DRACHEN (UBIT DRAKONA). Sowjetisch-deutsche Co-Produktion nach einer Bühnenvorlage von Jewgenij Schwarz: Lancelot kämpft gegen einen Drachen, der seit Jahrhunderten eine Stadt tyrannisiert, verschwindet aber nach seinem Sieg spurlos. Diesen Umstand macht sich der Bürgermeister zunutze, der sich selbst zum Drachentöter erklärt. Das 1943 ursprünglich als anti-faschistisches Drama akzeptierte Bühnenstück wurde bald von der stalinistischen Zensur als im Märchengewand versteckte Attacke gegen das totalitäre System verboten. (Titel auch: »Den Drachen töten«) ✦ UdSSR/BR Deutschland 1988 **P** Mosfilm/Bavaria/ZDF/KAG Ritm/V/O Sovinfilm **KI** Progress **R** Mark Sacharow, Alexander Chait **B** Mark Sacharow, Grigori Gorin, nach Motiven des Dramas »Der Drache« von Jewgenij Schwarz **K** Wladimir Nachabzew **M** Gennadi Gladkow **D** Alexander Abdulow (Lancelot), Oleg Jankowski (der Drache), Jewgeni Leonow (Bürgermeister), Wjatscheslaw Tichonow (Archivar Charlesmagne), Alexandra Sacharowa (Elsa), Viktor Rakow (Heinrich) **L** 115 **E** 19.1.1990 (auch Kino DDR)

TOD DEM MANN, DER VERRAT BEGEHT →Die Abenteuer der Totenkopf-Piraten

TOD DEM SCHIEDSRICHTER (A MORT L'ARBITRE!). Die Fans eines Fußballvereins machen für die Niederlage ihrer Mannschaft den Schiedsrichter verantwortlich. Ein freundlich aussehender Mittvierziger Marke »netter Nachbar« schwingt sich zum Rädelsführer einer Meute gutbürgerlicher Fans auf, die den Unparteiischen lynchen will und bei ihrem Amoklauf eine Spur der Verwüstung hinterläßt. Kein »realistischer« Film, vielmehr eine grelle Horror-Farce, die paradoxerweise dann am meisten fesselt, wenn die Künstlichkeit der Personen und Schauplätze auf die Spitze getrieben wird. Souverän: Michel Serrault. – Ab 16. ✦ Frankreich 1983 **P** Lira-Eléphant/TF I/RTZ **VA** Atlas **Pd** Raymond Danon **R** Jean-Pierre Mocky **B** Jacques Dreux, Jean-Pierre Mocky, nach einem Roman von Alfred Drape **K** Edmond Richard **M** Alain Chomfort **S** Catherine Renault, Jean-Pierre Mocky **D** Michel Serrault (Rico), Jean-Pierre Mocky (Inspektor), Carole Laure, Eddy Mitchell, Laurent Malet **L** 80 **FSK** ab 16 **E** Juni 1992 Video/26.5.1995 ARD **fd** 29 965

DER TOD DER FLIEGE (SMRT MOUCHY). Entwicklungs- und Pubertätsprobleme eines 17jährigen Jungen, dessen Hobby das Fotografieren ist. Kein Film von so hoher Qualität wie andere des tschechischen Regisseurs; es fehlt diesmal an Poesie und Einfallskraft. – Ab 14. ✦ CSSR 1976 **P** Filmstudio Barrandov **KI** Progress **R** Karel Kachyna **B** Pavel Blumenfeld, Ján Otcenásek, Jana Stroblova, Karel Kachyna **K** Jaroslav Kucera **M** Zdenek Liska **D** Lubos Knytl (Milan), Jana Pehrová (= Jana Krausová), Miroslava Safránková, Otakar Brousek, Libuse Svormová **L** 90 **E** 24.3.1978 DDR/2.,9.12.1979 ARD/7.8.1979 DFF 2

DER TOD DER HERRLICHEN REHE →Der Tod der schönen Rehe

TOD DER MANNEQUINS (THE COVER GIRL MURDER). Auf einer einsamen Karibik-Insel räkeln sich schöne Models in Badeanzügen für eine Hochglanz-Zeitschrift. Als einige von ihnen auf mysteriöse Weise sterben, freut sich der skrupellose Verleger, denn eine solche Story läßt sich gut verkaufen. Die angespannte Lage auf der hermetisch abgeriegelten Insel läßt bald jeden der Beteiligten verdächtig erscheinen. Eine banale Krimigeschichte mit unmotivierten Actionszenen und unglaubwürdigen Todesfällen. – Ab 16. ✦ USA 1993 **P** Wilshire Court **VA** CIC **Pd** Lance Hool **R** James A. Contner **B** Douglas Barr, Bernard Maybeck **K** Guillermo Navarro **M** Rick Marotta **S** Benjamin Chulay **D** Lee Majors, Jennifer O'Neill, Adrian Paul, Beverly Johnson, Vanessa Angel **L** 84 **FSK** ab 12 **E** 21.3.1994 Video/26.3.1995 premiere **fd** 30 744

DER TOD DER MARIA MALIBRAN. Avangardistisches Filmporträt, das sich mit Mythos und Persönlichkeit der Sängerin Maria Malibran beschäftigt. Maria Malibran, eine der berühmtesten Sängerinnen des 19. Jahrhunderts, war auf der Höhe ihrer Popularität im Alter von 28 Jahren während einer Aufführung vor illustrer Gesellschaft zusammengebrochen und gestorben. Dieser Moment des »sich zu Tode singens« faszinierte Werner Schroeter und veranlaßte ihn zu einer sehr eigenwilligen, intelligenten Studie, die in ihrer fantastischen, symbolisch-poetischen Ästhetisierung ein einschlägig interessiertes Publikum voraussetzt. ✦ BR Deutschland 1971 **P** Werner Schroeter/ZDF **R+B+K** Werner Schroeter **M** div. Opernarien **D** Magdalena Montezuma, Christine Kaufmann, Candy Darling, Manuela Riva, Ingrid Caven, Annette Tissier **L** 104 **E** 7.3.1972 ZDF

DER TOD DER SCHÖNEN REHE (SMRT KRASNYCH SRNCU). Anfang der 30er Jahre führt ein jüdischer Handelsvertreter in der Tschechoslowakei ein mit geschäftlichen und erotischen Abenteuern gespicktes Leben, halbwegs zufrieden und in bescheidenen, aber keineswegs ärmlichen Verhältnissen. Mit Leidenschaft beobachtet er den Austritt der Rehe auf einer Waldwiese: ein Sinnbild seiner Existenz. Als der Krieg ausbricht und deutsche Truppen einmarschieren, beschlagnahmt man seinen Besitz. Seine zwei ältesten Söhne müssen ins Konzentrationslager. Aus Hilflosigkeit und Unverständnis wird er zum Wilderer und tötet das geliebte Wild, um seinen Söhnen Reiseproviant zu bescheren. Was als unbeschwerte, fast ausgelassene Gaunerkomödie beginnt, wandelt sich zur bedrückenden Tragödie; die verschiedenen Elemente verbindet der Film zu einer ebenso eindrucksvollen wie eigenwilligen Chronik, deren tragische Dimension sich nicht ohne weiteres erschließt. (Westdeutscher TV-Titel: »Der Tod der herrlichen Rehe«) – Ab 14. ✦ CSSR 1986 **P** Filmstudio Barrandov **KI** Progress **R** Karel Kachyna **B** Karel Kachyna, nach einem Roman von Ota Pavel **K** Vladimír Smutny **M** Lubos Fiser **S** Jirí Brozek **D** Karel Hermánek (Herr Popper), Marta Vancurová (seine Frau), Marek Valter (Popochen), Jirí Stach (Jirka), Jan Jiránek (Hugo), Rudolf Hrusínsky (Prosek), Dana Vlková (Irma Korálek), Ladislav Potmesil (Dirktor Korálek) **L** 95 **E** 13.5. 1988 Kino DDR/28.7.1989 DFF 2/7.2.1990 ZDF

TOD DER SCHWARZEN SPINNE →Im Netz der Schwarzen Spinne

DER TOD DES ALTEN ZIRKUSLÖWEN (CHAD HANNA). 1840 in einem verschlafenen Nest des Staates New York. Ein junger Mann erschwindelt sich das Geld für eine Eintrittskarte in den einen Tag im Ort gastierenden Zirkus. Aus Angst vor der Rache des Hereingelegten bleibt er beim Zirkus, zu dem sich auch die Tochter des Betrogenen geflüchtet hat. Die beiden verlieben sich und heiraten. Der Zirkus gerät in Schwierigkeiten, die der Manager dem Neuling zuschiebt, der wütend Truppe und Frau verläßt, bald aber zurückkehrt und mit einem Elefanten zur Attraktion der Schau wird. Eine anspruchslose Mischung aus Melodram und Komödie, reizvoll in Milieubeschreibung und Charakterzeichnung, insgesamt aber mehr langweilend als unterhaltsam. – Ab 12. ✦ USA 1940 **P** 20th Century Fox **Pd** Darryl F. Zanuck, Nunnally Johnson **R** Henry King **B** Nunnally Johnson, nach dem Roman »Red Wheels Rolling« von Walter D. Edmonds **K** Ernest Palmer, Ray Rennahan **M** David Buttolph **D** Henry Fonda (Chad Hanna), Dorothy Lamour (Albany Yates), Linda Darnell (Caroline), Guy Kibbee (Huguenine, Zirkusdirektor), John Carradine (Bisbee), Jane Darwell (Mrs. Huguenine) **L** 86 **E** 24.6.1980 ZDF

DER TOD DES ARES. Der Dokumentarfilm reflektiert das Umdenken in Ost und West nach dem Fall der Mauer in Bezug auf Kriege, Aufrüstung, Friedensbewegung und Medien. Dabei bezieht der Autor, selbst zwischen Ost und West aufgewachsen, seine eigene Position mit ein. ✦ Deutschland 1995 **VA** absolut MEDIEN **R** Peter Heller **L** 86 **E** 4.8.1998 WDR/Herbst 1999 Video

DER TOD DES ARZTES (AZ ORVOS HALALA). Ein fast 70jähriger Arzt hofft nach seinem langen, anstrengenden Berufsleben vergeblich auf den Ruhestand; sein »Fall« wird vorläufig zurückgestellt. Eines Abends wird in der Begegnung mit einem Eisenbahner in verhängnisvoller Weise die Kriegs- und KZ-Vergangenheit für ihn wach. Die Lebensgeschichte des jüdischen Arztes wird eng mit den Geschehnissen der Zeit verzahnt. Ein Film von schlichter Menschlichkeit, unsensationell und ohne Pathos. – Ab 16. ✦ Schwarz-weiß. Ungarn 1966 **P** Mafilm, Stúdió 2 **KI** Progress **R** Frigyes Mamcserov **B** Gyula Fekete, Frigyes Mamcserov, nach dem Roman von Gyula Fekete **K** János Tóth **M** Emil Petrovics **D** Antal Páger (Dr. Weiß), Elma Bulla (seine Frau), Erzsi Pártos (Haushälterin), Károly Kovács (Apotheker), Samu

Balázs (Lebovits) **L** 93 **E** 16.9.1966 Kino DDR/15.7. 1967 DFF 1/27.11.1967 ZDF

DER TOD DES CAMILO TORRES ODER DIE WIRKLICHKEIT HÄLT VIEL AUS. Die revolutionären Ideen des kolumbianischen Priesters und Guerilleros Camilo Torres (1929–1966) in der (angenommenen) Auseinandersetzung mit dem früheren Freund und späteren General Tovar als Hintergrund für die Frage nach der Rechtfertigung der Gewalt im Dienste des menschlichen Fortschritts. Ein szenischer Essay von hoher dichterischer Qualität und bemerkenswerter optischer Aussage, der das Torres-Bild dem Bereich des Revolutionären entrückt und die christliche Motivation des früheren Priesters betont. – Sehenswert ab 16. ✦ BR Deutschland 1977 **P** Tellux **SF** Katholisches Filmwerk **R** Eberhard Itzenplitz **B** Oliver Storz **K** Wolfgang Treu **M** Mario Rodriguez Aguirre **D** Gerd Böckmann (Camilo Torres), Wolfgang Wahl (Alvaro Valencia Tovar), Verena Buss (Guitemie), Inge Birkmann (Isabel Restrepo de Torres), Harry Buckwitz (Kardinal Concha), Ludwig Thiesen (Weihbischof Isaza) **L** 100 **E** 14.12.1977 ZDF **fd** 20 652

DER TOD DES EMPEDOKLES (LA MORT D'EMPEDOCLE). Der griechische Philosoph und Naturforscher Empedokles wird im 5. Jahrhundert vor Christus auf Sizilien wegen Lästerung der Götter angefeindet und sucht vor den Intrigen eines neidischen Priesters den Tod im Krater des Ätna. Eine mit asketischer Strenge und Mitteln der Verfremdung gestaltete, absonderlich inszenierte Aufführung von Hölderlins erstem der drei erhaltenen Empedokles-Fragmente. Eine spröde Folge von aneinandergereihten Deklamationen und Rezitationen; die persönliche Lektüre des Hölderlin-Textes wird für den literarisch interessierten Zuschauer in jedem Fall fruchtbarer und weniger strapaziös sein. ✦ BR Deutschland/Frankreich 1986 **P** Janus/Les Films du Losange **KI** Edition Salzgeber **Pd** Klaus Hellwig, Rosy Gockel **R** Jean-Marie Straub, Danièle Huillet **B** Jean-Marie Straub, Danièle Huillet, nach einem Trauerspielfragment von Friedrich Hölderlin **K** Renato Berta, Jean-Paul Toraille, Giovanni Canfarelli **S** Jean-Marie Straub, Danièle Huillet **D** Andreas von Rauch (Empedokles), Howard Vernon (Hermokrates), Vladimir Baratta (Pausanias), Martina Baratta (Panthea), Ute Cremer (Delia), Federico Hecker (Bürger) **L** 132 **E** 7.5.1987/28.2.1989 ARD

DER TOD DES FISCHERS MARC LEBLANC. Ein durch seine Intensität und Aufrichtigkeit beeindruckender Dokumentarfilm, der die Ursachen für den Selbstmord eines Fischers zu ergründen versucht. Jede Frage scheint eine neue Antwort zu bringen, die Summe läßt die Gründe ahnen und enthält dennoch einen unklärbaren Rest. – Sehenswert ab 14. ✦ BR Deutschland 1975 **P** Christian Rischert Filmprod. **KI** Filmverlag der Autoren **Pd+R+B** Christian Rischert **K** Kurt Lorenz, Lothar Elias Stickelbrucks, Peter H. Krause (Unterwasser) **D** Vania Vilars, Christian Rischert **L** 121 **FSK** ab 6; f **FBW** w **E** 15.9.1978 **fd** 21 128

DER TOD DES FLOHZIRKUSDIREKTORS ODER OTTOCARO WEISS REFORMIERT SEINE FIRMA (DER TOD DES FLOHZIRKUSDIREKTORS ODER OTTOCARO WEISS REFORMIERT SEINE FIRMA). Ein ehemaliger Flohzirkusdirektor will auf der Bühne die Pest darstellen. Für ihn ist sie Symbol der Gleichheit aller Menschen. Nicht so für einen reichen Unternehmer, der eine reale Pestepidemie auslösen will, um daraus eigene Vorteile zu ziehen. Anhand eines Lehrstückes im Sinne Brechts werden gesellschaftspolitische Thesen abgehandelt, zu deren Reflexion Thomas Koerfer dem Zuschauer durch Motivwahl, Bildgestaltung und Rhythmus Zeit und Anlaß gibt. Ein beachtliches Spielfilm-Debüt. ✦ Schwarz-weiß. Schweiz 1975 **P** Thomas Koerfer Film **Pd+R** Thomas Koerfer **B** Dieter Feldhausen **K** Renato Berta **M** Ernst Kölz **S** Heinz Berner **D** François Simon (Ottocaro Weiss), Paul Gogel (Johannes Wagner, Mäzen), Norbert Schwientek (Stephan Moosbrugger), Janine Weill (Anja, Artistin) **L** 111 **E** Schweiz

DER TOD DES IWAN ILJITSCH (IVAN ILJICS HALALA). Rußland im 19. Jahrhundert: Ein hoher Justizbeamter blickt auf sein Leben und die Ehe mit einer Adligen zurück. ✦ Schwarz-weiß. Ungarn 1965 **R** Imre Mihályfy **B** Julianna Székely, nach dem gleichnamigen Roman von Leo Tolstoi **K** Igor Sík **M** Ferenc Vári **D** Lajos Básti, Erzsi Máthé, Nándor Tomanek, Tibor Bodor, Kornél Gelley **L** 73 **E** 22.9.1966 DFF 1

DER TOD DES MARIO RICCI (LA MORT DE MARIO RICCI). Ein alternder Starjournalist reist in ein Dorf im Schweizer Jura, um einen Hungerforscher zu interviewen, der sich, von der Erfolglosigkeit seiner Arbeit entmutigt, dorthin zurückgezogen hat. Der Ort, wo kurz zuvor ein italienischer Gastarbeiter auf mysteriöse Weise ums Leben gekommen ist, wird zum kleinen Welttheater, zum modellhaften Schauplatz politischer und sozialer Konflikte der 80er Jahre. Die Geschichte zweier gescheiterter Idealisten verdichtet sich so zum vielschichtigen Diskurs über die Befindlichkeit der modernen Gesellschaft und das allmähliche Entdecken von Wahrheiten. Meisterhaft und mit sanfter Melancholie, zuweilen nicht ohne resignative Larmoyanz inszeniert. – Sehenswert ab 16. ✦ Schweiz/Frankreich/BR Deutschland 1983 **P** Pegase/TSR/Swanie/FR 3/Tele-München **KI** Concorde **R** Claude Goretta **B** Claude Goretta, Georges Haldas **K** Hans Liechti **M** Arié Dzierlatka, Claudio Monteverdi, Antonio Vivaldi **S** Joëlle van Effenterre **D** Gian Maria Volonté (Bernard Fontana), Magali Noël (Solange), Heinz Bennent (Henri Kremer), Mimsy Farmer (Cathy Burns), Jean-Michel Dupuis (Didier Meylan), Michel Robin (Fernand Blondel) **L** 101 **FSK** ab 12; f **FBW** bw **E** 23.9.1983 **fd** 24 095

DER TOD DES MIKEL (LA MUERTE DE MIKEL). Die in Rückblenden erzählte Geschichte eines jungen Apothekers, dessen Leben bis zu seinem mysteriösen Tod als Folge vergeblicher Anstrengungen erscheint, sich unter repressiven soziopolitischen Bedingungen eine eigene Identität aufzubauen. Zugleich eine verhalten inszenierte Reflexion über Liebe, Freundschaft, Familie und Außenseitertum in der spanischen Gesellschaft nach Franco. (O.m.d.U.) ✦ Spanien 1983 **P** Aiete Films **KI** FiFiGe **R** Imanol Uribe **B** Imanol Uribe, José Angel Rebolledo **K** Javier Aguirresarobe **M** Alberto Iglesias **S** José Luis Pelaez **D** Imanol Arias, Montserrat Salvador, Fama, Amaia Lasa, Xabier Elorriaga **L** 90 **E** 2.10.1986 **fd** 25 845

DER TOD DES PATEN →Der Mafia-Boß – Sie töten wie Schakale

DER TOD DES PHILATELISTEN (SMERT FILATELISTA). Die Polizei versucht, einen Kassenraub und einen damit verbundenen scheinbaren Selbstmord aufzuklären. Es gelingt ihr, über die unmittelbar Beteiligten die Hintermänner herauszufinden. Krimi-Unterhaltung ohne besondere Spannung und Originalität. – Ab 12. ✦ Schwarz-weiß. UdSSR 1970 **P** Grusiafilm **KI** Progress **R** Georgi Kalatosischwili **B** Lewan Aleksidse, Georgi Kalatosischwili, Ansor Salukwadse **K** Juri Kikabidse **M** Konstantin Pewsner **D** Ramas Tschchikwadse, Rusudan Kiknadse, A. Kurdiani, W. Sulakwelidse, G. Tkabladse **L** 73 **E** 18.6. 1971 Kino DDR/20.5.1972 DFF 1

TOD DES PSYCHOPATHEN →Tod eines Psychopathen

DER TOD DES SCHWARZEN KÖNIGS (SMRT CERNEHO KRALE). Auf elf Personen fällt der Verdacht in einem Mordfall, den ein Prager Kriminalrat aufzuklären hat. Erst mit exzellenter Kombinationsgabe kann der Fall gelöst werden. ✦ Schwarz-weiß. CSSR 1971 **P** Filmstudio Barrandov **R** Jirí Sequens **B** Jirí Sequens, Jirí Marek **K** Václav Hanus **M** Zdenek Liska **D** Jaroslav Marvan, Jana Brejchová, Josef Bláha, Josef Vinklár, Vlastimil Brodsky **L** 100 **E** 8.10.1973 DFF 1

DER TOD DES SEBASTIAN ARACHE UND SEIN ARMSELIGES BEGRÄBNIS (LA MUERTE DE SEBASTIAN ARACHE Y SU POBRE ENTIERRO). Ein Mann kommt in seinen Geburtsort im Inneren Argentiniens, um die Ursachen des Todes seines Vaters zu ergründen. Schweigen und Feindseligkeit ist die Reaktion der Dorfbevölkerung. Trotz erheblicher formaler Schwächen ein ernstzunehmender Film: Von der Tragödie zur Allegorie gleitend, integriert er geschickt Natur und Mythos und wird zur fesselnden Beschreibung einer beunruhigenden Wirklichkeit. (O.m.d.U.) ✦ Argentinien 1977 **P** Nicolás Sarquis **R** Nicolás Sarquis **B** Haroldo Conti, Luis Priamo, Nicolás Sarquis **K** Jorge Ruiz, Andrés Silvart **M** José Luis Castiñeira de Dios **D** Jorge Asis, Maria Cignacco, Raul del Valle, Hector Posadas, Luisa Vehil **L** 110 **E** 15.5.1978 WDR

DER TOD DES UNHEIMLICHEN HULK (DEATH OF THE INCREDIBLE HULK). Abendfüllender Fernsehteil der Serie um die übermenschliche Comicfigur des »unglaublichen Hulk«. Diesmal versucht eine Gruppe von Terroristen, hinter das Geheimnis der Experimente zu kommen, die einen unscheinbaren Wissenschaftler immer wieder zu dem gefürchteten grünen Monster machen, das auf Verbrecherjagd geht. Anspruchs- und belanglose Unterhaltungskost in routinierten Mustern. (Vgl. auch »Der unheimliche Hulk«, »Thor 2000«) – Ab 16. ✦ USA 1990 **P** Universal **R** Bill Bixby **D** Bill Bixby (Dr. David Banner), Lou Ferrigno (Hulk), Philip Sterling (Dr. Ronald Pratt), Barbara Tarbuck (Amy Pratt), Elizabeth Gracen (Jasmine) **L** 95 **E** 23.8.1991 RTL plus

DER TOD DES WEISSEN MARABUT. Ein fürs Fernsehen entstandener Spielfilm, der den Weg Charles de Foucaults (1858–1916) vom reichen verwöhnten Adeligen zum Einsiedler im Wüstenbergland des nordafrikanischen Hoggar beschreibt. Ein thematisch wichtiger Beitrag zur Auseinandersetzung mit dem Christsein, mit Einsiedlertum und Kolonialismus. – Ab 12 möglich. ✦ BR Deutschland 1986 **P** SDR **VA** KFW **R** Dieter Schlotterbeck **B** Karlhans Reuss **L** 92

DER TOD DES WEISSEN PFERDES. Am Beispiel einer Auseinandersetzung zwischen einem Kloster und einem von diesem abhängigen Dorf zur Zeit der Bauernkriege des 16. Jahrhunderts sollen Abhängigkeitsstrukturen zwischen (ungerechter) Obrigkeit und (unterdrücktem) Volk exemplarisch verdeutlicht werden. Ein durch Schwächen von Regie und Dramaturgie irreführender Versuch, Geschichte glaubwürdig zu zitieren und für Gegenwart und prinzipielle Fragen der Menschheit transparent zu machen. Die Neufassung von 1986 hebt einige Mängel des Films auf: sie erscheint weniger als historisch-naturalistische Rekonstruktion, sondern als modellhaft-distanzierte Reflexion über Herrschaftsstrukturen und politische Verhaltensweisen. – Ab 16 möglich. ✦ BR Deutschland 1984/85 **P** Basis/WDR **KI** Basis **Pd** Clara Burckner **R+B** Christian Ziewer **K** Gérard Vandenberg **M** Erhard Grosskopf **S** Stefanie Wilke **D** Thomas Anzenhofer (Veit), Angela Schanelec (Anna), Udo Samel (Pater Andreas), Peter Franke (Kilian Feuerbacher), Dietmar Schönherr (Caspar von Schenkenstein), Ulrich Wildgruber (Abt Georg) **L** 110 (Neuf. 92) **FSK** ab 12; f **FBW** bw **E** 3.10.1985/Herbst 1986 Neufassung/4.11.1987 ARD **fd** 24 999

DER TOD DROBEN AUF DEM HÜGEL →Die Rechnung zahlt der Bounty-Killer

TOD DURCH ENTLASSUNG (TOD DURCH ENTLASSUNG). Ein Topmanager, der eine Fusion in der Versicherungsbranche und die damit verbundenen Entlassungen durchführen soll, gerät aus dem Gleichgewicht, als sich einer der Angestellten das Leben nimmt und er selbst anonyme Drohungen erhält. Je angegriffener sein Nervenkostüm ist, um so mehr denkt er über sein Tun nach. Ein kritischer Blick auf die angespannte Arbeitsmarktlage, durch den durchaus alltägliche Vorkommnisse in dramatischer Überhöhung gespiegelt werden. ✦ Schweiz 2001 **P** C-Films **R** Christian Kohlund **B** Christa Capaul **K** Hans Meier **M** stylepolice **D** Stefan Gubser (Thomas Graf), Bruno Cathomas (Felice Defago), Brigitte Beyeler (Katrin Faber), Ueli Jäggi (Winkler), Wolfram Berger (Koller) **L** 85 **E** 11.11.2001 SF 1/DRS

TOD DURCH ERHÄNGEN (KOSHIKEI). Ein zum Tode

Verurteilter überlebt seine Hinrichtung, verliert dadurch aber die Erinnerung. Das Räderwerk der Justiz beginnt zu zerfallen, die Grenzen zwischen Opfer und Henker verschwimmen. Indem der Verbrecher seine Identität leugnet, dementiert er auch seine Schuld, und was zuvor gerecht erschien, wirkt nun absurd, grotesk, willkürlich und gewalttätig. Das rituelle Endspiel hinter verschlossenen Türen thematisiert mit immenser Intensität und kühler Strenge das Wesen der Unterdrückung eines Mannes, der als einst von Japan kolonisierter Koreaner, Arbeiter und Außenseiter die moralische Norm der Herrschenden ablehnt. Oshimas Revolte gegen den schuldig gewordenen Staat ist ein kühnes Schlüsselwerk. – Sehenswert. ✦ Schwarz-weiß. Japan 1968 **P** Sôzô-sha/Art Theater Guild (ATG) **Kl** Freunde der Deutschen Kinemathek **Pd** Masayuki Nakajima, Tatsuji Yamaguchi, Nagisa Oshima **R** Nagisa Oshima **B** Takashi Tamura, Mamoru Sasaki, Michinori Fukao, Nagisa Oshima **K** Yasuhiro Yoshioka **M** Hikaru Hayashi **S** Sueko Shiraishi **D** Kei Sato (Chef der Hinrichtungsabteilung), Fumio Watanabe (Erziehungsoffizier), Toshiro Ishido (Kaplan), Masao Adachi (Sicherheitsoffizier), Mutsuhiro Toura (Arzt), Akiko Koyama (die Frau), Yun-Do Yun (R.) **L** 117 **E** 20.12.1971 ARD **fd** 17 602

TOD EINER STRIPPERIN (STAG). Eine Gesellschaft von Yuppies vergnügt sich in einem Landhaus auf Long Island. Man hat eine Jungesellenparty organisiert, für die auch einige Stripperinnen und Stripper engagiert wurden. Als eine der Frauen beim wüsten Spiel stirbt und einer ihrer Kollegen in der ausbrechenden Panik erschossen wird, eskalieren die Ereignisse. Man will die Todesfälle vertuschen und muß die vielen unterschiedlichen Charaktere auf eine Linie zwingen: nämlich Stillschweigen zu bewahren. Zu diesem Zweck nimmt man die Schwester der Toten als Geisel, doch das Unglück nimmt weiter seinen Lauf. Psychothriller über eskalierende Gewalt und wachsendes Mißtrauen, der eine klaustrophobische Atmosphäre zu erzeugen versucht. ✦ USA 1997 **R** Gavin Wilding **B** Evan Tylor, Pat Bermel **K** Maryse Alberti **M** Paul J. Zaza, Gerry Gershman **D** Mario Van Peebles (Michael Barnes), Andrew McCarthy (Pete Weber), Kevin Dillon (Daniel Kane), Ben Gazzara (Frank Grieco), Taylor Dayne (Serena) **L** 91 **E** 24.10.1998 ARD

TOD EINES BÜRGERS (THE OLD MAN WHO CRIED WOLF). Ein alter Mann, der in New York Zeuge eines Mordes wurde, den aber sowohl die Polizei als auch seine Familie als verrückt ansehen, flieht aus der psychiatrischen Klinik und sucht auf eigene Faust den Mörder. Fürs Fernsehen produzierter, spannender und in der Hauptrolle hervorragend gespielter Kriminalfilm mit sozialkritischen Ambitionen. Zugleich eine fast satirisch getönte Attacke gegen oberflächlichen Optimismus, oberflächliche Psychiatrie und Ignoranz in der amerikanischen Alltags-Erfolgsmentalität. – Ab 16. ✦ USA 1970 **P** Aaron Spelling Prod. (für Paramount) **Pd+R** Walter Grauman **B** Luther Davis **K** Arch R. Dalzell **M** Robert Drasnin **S** Art Seid **D** Edward G. Robinson (Emile Pulska), Martin Balsam (Stanley Pulska), Diane Baker (Peggy Pulska), Percy Rodrigues (Frank Jones), Ruth Roman (Lois), Sam Jeffe (Abe Stillman), Edward Asner (Dr. Morheim) **L** 75 **E** 19.10.1974 ARD

DER TOD EINES BÜROKRATEN (LA MUERTE DE UN BUROCRATA). Ein Arbeiter wurde bei einem Unfall getötet und mit seinem Arbeitsbuch beerdigt. Damit die Witwe ihre Rente erhalten kann, muß das Arbeitsbuch her, doch das führt zu ungeahnten Schwierigkeiten mit der Bürokratie. Mit Offenheit und Direktheit attackiert die Satire den Popanz der kubanischen Bürokratie und die damit verbundene Herrschaft über den Menschen. Ein bemerkenswertes Stück sozialistischer Selbstkritik; die zum Teil ausufernden Gags mögen aus hiesiger Sicht plakativ und billig erscheinen, sind aber als kulturell verankerter Bestandteil lateinamerikanischer Erzählformen zu verstehen. – Ab 16. ✦ Schwarz-weiß. Kuba 1966 **P** ICIAC **SF** Imbild **R** Tomás Gutiérrez Alea **B** Tomás Gutiérrez Alea, Ramon Suarez, Alfredo del Cueto **K** Ramon Suarez **M** Leo Brouwer **D** Salvador Wood (der Neffe), Silvia Planas (die Witwe), Manuel Estanillo (der Bürokrat), Gaspar de Santelices (der Chef) **L** 80 **E** 14.12.1970 ZDF **fd** 19 441

TOD EINES CALLBOYS →Die fatale Affäre der Katherine G.

TOD EINES CALLGIRLS. Fürs Fernsehen produzierter Routine-Thriller in den vertrauten Bahnen. Ein Callgirl wird in ihrem Appartement erschossen aufgefunden. Verdächtigt wird ein Bauunternehmer, dem aber eine weitere Prostituierte ein Alibi verschafft. Bald stellt sich dieses allerdings als erkauft heraus. ✦ Deutschland 1997 **R** Erwin Keusch **B** Michael Fengler, Margot Rothkirch **D** Jenny Gröllmann (Katharina Dorn), Paul Faßnacht (Jürgen Marquard), Katharina Müller-Elmau (Samantha Egger), Angela Fischer (Heidi Zobel), Axel Milberg (Dr. Otto Wohlrabe) **L** 94 **E** 28.3.1998 SAT 1

TOD EINES CHEERLEADERS →Viel zu schön, um zu sterben

DER TOD EINES DOPPELGÄNGERS. Der mit Komplexen behaftete unterwürfige Gehilfe eines abartigen Juweliers wird das Opfer eines Doppelgängers, der ein perfektes Verbrechen plante. Ein mit Freudschen Theorien vollgestopfter, psychologisierender Psychokrimi, stellenweise gut fotografiert, aber oberflächlich, zusammenhanglos und ohne Spannung inszeniert. Jedes wirklichkeitsnahe geistige Engagement verschwindet hinter modischen Effekten und einer leicht anrüchigen Atmosphäre. ✦ BR Deutschland/Belgien 1966 **P** Roxy/Meuter/Titra-Société de Doublage et de Sonorisation **Kl** Gloria **Pd** Luggi Waldleitner **R+B** Rolf Thiele **K** Petrus Schloemp **M** Bernd Kampka **S** Ingeborg Taschner, Edith Schumann **D** Jürgen Draeger (Jack), Werner Pochath (Cutler), Nicole Badal (Peggy), Hedy Frick (Margaret), Ivan Desny (Hoggan), Alexander Allerson (Joe) **L** 90 **FSK** ab 18; nf **E** 6.1.1967 **fd** 14 713

TOD EINES HANDLUNGSREISENDEN (DEATH OF A SALESMAN). Eine auf Farce mit opernhaftem Pathos zugeschnittene Neuverfilmung von Arthur Millers Tragödie vom kleinen Handelsvertreter, der mit seinen Träumen, Illusionen und Lebenslügen kläglich an der Wirklichkeit zerbricht. Filmisch unbedeutend, bleibt die von Dustin Hoffmans Schauspielkunst beherrschte Adaption des Bühnenwerkes jedoch durch die unverbrauchte Aktualität sozialkritischer Aufdeckungen und humaner Mahnungen diskussionswert. – Ab 16. ✦ USA/BR Deutschland 1985 **P** Roxbury & Punch/Bioskop **Kl** Tobis **VA** Warner Home **Pd** Robert F. Colesberry **R** Volker Schlöndorff **B** Volker Schlöndorff, nach einem Theaterstück von Arthur Miller **K** Michael Ballhaus **M** Alex North **S** David Ray **D** Dustin Hoffman (Willy Loman), Kate Reid (Linda Loman), John Malkovich (Biff), Stephen Lang (Happy), Charles Durning (Charley), Louis Zorich (Ben), David S. Chandler (Bernard) **L** 134 **FSK** ab 12; f **FBW** bw **E** 9.5.1986/Mai 1987 Video/1.12.1987 Eins Plus/30.12.1988 DFF **fd** 25 556

DER TOD EINES HANDLUNGSREISENDEN (DEATH OF A SALESMAN). Preisgekrönte Verfilmung des Bühnenstücks von Arthur Miller: Die tragische Selbsttäuschung eines beruflich und familiär gestrandeten amerikanischen Kleinbürgers. Seine Erfolglosigkeit verschleiert er durch armselige Aufschneiderei. Sich selbst verstellt er den Zugang zur rauhen Wirklichkeit und hinterläßt den Angehörigen zum Schluß nur die Lebensversicherungsprämie. Der Film veranschaulicht, über die ausgezeichnete schauspielerische Darstellung hinaus, durch die Bildreflexion und Montage die psychischen Stimmungsschwankungen zwischen Wunschdenken und Realität. – Ab 16. ✦ Schwarz-weiß. USA 1951 **P** Columbia **Kl** Columbia **Pd** Stanley Kramer **R** Laszlo Benedek **B** Stanley Roberts, nach einem Bühnenstück von Arthur Miller **K** Franz Planer **M** Alex North **S** William A. Lyon, Harry Gerstad **D** Fredric March (Willy Loman), Mildred Dunnock (Linda Loman), Kevin McCarthy (Biff), Cameron Mitchell (Happy), Howard E. Smith (Charley), Don Keefer (Bernard) **L** 108 **FSK** ab 16; f **E** 31.10.1952/25.11.1967 ZDF/18.8.1968 DFF 1 **fd** 2 176

TOD EINES HOLZFÄLLERS (LA MORT D'UN BUCHERON / MARIA CHAPDELAINE). In Montreal angekommen, sucht eine junge Frau nach den Spuren ihres in Kanada verschollenen Vaters. Mit Hilfe ihrer neuen Freunde stößt sie auf ein verlassenes Holzfällercamp und erfährt, daß ihr Vater ermordet wurde. Eine formal wie konzeptionell interessante Adaption des berühmten Romans von Louis Hémon, die die tränenreiche melodramatische Geschichte auf eine realistische Basis stellt, in ihrer inszenatorischen Rigorosität aber wohl die am schwersten zu verdauende Verfilmung ist. ✦ Kanada 1972 **P** Les Productions Carle-Lamy **Pd** Pierre Lamy **R** Gilles Carle **B** Gilles Carle, Arthur Lamothe, nach einem Roman von Louis Hémon **K** René Verzier **M** Willie Lamothe **D** Carole Laure (Maria Chapdelaine), Daniel Pilon (François Paradis), Willie Lamothe (Armand Saint-Amour), Denise Filiatrault (Blanche Bellefeuille), Marcel Sabourin (Tinoir Espérance) **L** 110 **E** 23.11. 1992 arte

DER TOD EINES KILLERS (THE KILLERS). Zwei Killer, die im Auftrag einen Mann töten, gehen seiner Lebensgeschichte nach, um in den Besitz von einer Million Dollar zu gelangen. Packender Thriller, der sich auf Ernest Hemingways Kurzgeschichte »Die Killer« beruft, mit ihr aber weder stilistisch noch substantiell etwas gemein hat. Vielmehr entstand eine hart, schnell und äußerst spannend entwickelte, düstere Gangsterstory. Vor allem in der Konstellation der Personen sowie deren Handlungsdevise, nach der der Zweck alle Mittel heilige, ist der eindrucksvoll gespielte Film differenzierter, als der erste Blick vermuten läßt. ✦ USA 1964 **P** Revue/Universal **Kl** Universal **Pd+R** Don Siegel **B** Gene L. Coon, nach Motiven einer Kurzgeschichte von Ernest Hemingway **K** Richard L. Rawlings **M** John Williams **S** Richard Belding **D** Lee Marvin (Charlie), Angie Dickinson (Sheila Farr), John Cassavetes (Johnny North), Clu Gulager (Lee), Ronald Reagan (Jack Browning) **L** 94 **FSK** ab 16; nf **E** 7.8.1964 **fd** 12 920

TOD EINES KOMPLIZEN (INCIDENT ON A DARK STREET). Um die Ermordung seines Bruders zu rächen, liefert ein kleiner Gauner der Staatsanwaltschaft Beweismaterial, um einen gefürchteten Syndikatsboß und korrupte Verwaltungsbeamte überführen zu können. Damit begibt er sich selbst in Gefahr. Ursprünglich fürs Fernsehen entstandener Kriminalfilm; routiniert inszeniert, mit melodramatischen Akzenten. – Ab 16. ✦ USA 1972 **P** 20th Century Fox **R** Buzz Kulik **B** David Gerber, E. Jack Neuman **K** Charles F. Wheeler **M** Elmer Bernstein **S** Rita Roland **D** James Olson (Staatsanwalt Dubbs), Richard Castellano (Frank Romeo), David Canary (Peter Gallagher), Robert Pine (Paul Hamilton), Kathleen Lloyd (Louise Trenier) **L** 98 **E** 8.6.1985 ARD

TOD EINES MILLIONÄRS. Dreiteiliger Fernsehfilm über einen Prozess vor dem Düsseldorfer Landgericht gegen einen Exportkaufmann im Jahr 1969. Aus der Reihe »Kriminalfälle ohne Beispiel«, die auf authentischen Fällen in der westlichen Welt fußt (u. a. auch: »Der Fall Timo Rinnelt«, »Der Fall Vera Brühne«). ✦ Schwarz-weiß. DDR 1970/71 **P** DEFA **Pd** Alexander Lösche **R+B** Hubert Hoelzke **K** Lothar Gerber **M** Walter Kubiczek **S** Helga Emmrich **D** Helmut Schellhardt (Trettner), Eva-Maria Hagen (Frau Trettner), Alfred Struwe (Ermisch), Sabine Lorenz (Sekretärin), Hans Hardt-Hardtloff (Wirtz) **L** 214 **E** 13.,15.,17.8.1971 DFF 1 (drei Teile)

TOD EINES POLIZISTEN (LA MORT D'UN GARDIEN DE LA PAIX). Kriminalfilm mit einer sattsam vertrauten Personenkonstellation. Ein junger Streifenpolizist wird bei einer Routinekontrolle von Gangstern erschossen. Seine Vorgesetzte glaubt, er sei in dunkle Geschäfte verwickelt gewesen und Opfer einer internen Auseinandersetzung. Doch sein väterlicher Freund, ein zurückgezogen lebender Ex-Polizist, glaubt an seine Unschuld. Gemeinsam nehmen sie die Ermittlungen auf. – Ab 16. ✦ Frankreich 1994 **R** Josée Dayen **B** Mathieu Fabiani, Bob Swaim, Thierry Bourcy **K** Jean-Pierre Aliphat **M** Bruno Coulais **D** Claude Rich (Victor), Claire Nebout (Fanny), François Négret (Pascal), Alain Fromager (Francis), Natalie Cerda (Dominique) **L** 100 **E** 7.12.1996 N 3

TOD EINES PSYCHOPATHEN (CAUSE A L'AUTRE). Kriminalfilm. Ein Versicherungsvertreter, der durch Wettschulden in die Hände von Gangstern gerät, verliebt sich in eine attraktive Klientin. Gemeinsam mit ihr plant er die Ermordung ihres Ehemannes, damit sie dessen Lebensversicherung kassieren können. Ein psychopathischer Mörder soll ihnen bei diesem Plan behilflich sein. ✦ Frankreich 1987 **R** Carlo Lizzani **D** Giovanni Vettorazzo (Eléna), Patricia Millardet (Victor), Augusto Zucchi (Maddox), Franco Trevesi (Di Fazio), Francesco Capitano (Lubrano) **L** 96 **E** 25.4.1988 RTL plus

DER TOD EINES RADFAHRERS (MUERTE DE UN CICLISTA / GLI EGOISTI). Eine Fahrerflucht eines Paares wird zur grundsätzlichen Flucht aus der Verantwortung und offenbart eine tiefe Verstrickung in soziale Schuld, die immerfort neues Unrecht hervorbringt. Die angstvollen Folgen geben das Gerüst ab für scharf ausgeleuchtete Charakterstudien, die unter anderem eine verschlüsselte Gesellschaftskritik am Spanien Francos enthalten. Ein mutiger Film mit Gewissensernst und hohem gedanklichem Niveau. – Sehenswert ab 16. ✦ Schwarz-weiß. Spanien/Italien 1955 **P** Guion/Trionfalcine **KI** neue filmform **R** Juan Antonio Bardem **B** Juan Antonio Bardem, Luis F. de Igoa **K** Alfredo Fraile **M** Isidor B. Maiztegui **D** Lucia Bosé (Maria José), Alberto Closas (Juan), Carlos Casaravilla (Rafa), Otello Toso (Miguel), Bruna Corrá (Matilda), Julia Delgado Caro **L** 86 **FSK** ab 16; f **FBW** bw **E** 19.9.1958 Kino DDR/9.10.1959 Kino BRD/16.4.1963 ARD/19.10.1970 DFF 1 **fd** 8 537

TOD EINES SCHIEDSRICHTERS →Tod dem Schiedsrichter

DER TOD EINES SCHNEEMANNS (DEATH OF A SNOWMAN / BLACK TRASH). Fünf Jahre nach einem blutigen Krieg der Mafia in New York kommt es in Johannesburg zu mehreren Morden in den Kreisen der südafrikanischen Unterwelt. Ein Journalist kommt gemeinsam mit einem Polizeileutnant einer gefährlichen Drogenhändlerbande auf die Spur, deren Wirkungskreise bis zu besagtem Bandenkrieg in New York zurückreichen. Ein banaler, gewalttätiger Kriminalfilm. ✦ USA 1976 **P** Martin Wragge Prod. **R** Chris Rowley **B** Bima Stagg **K** Fred Tammes **D** Nigel Davenport, Ken Campu, Peter Dyneley, Bima Stagg, Madala Mphahlele **L** 82 (Orig. 90) **E** 22.7.1988 RTL plus

TOD EINES SHOWGIRLS (BUTTER / NEVER 2 BIG). Ein junger Mann mit Ambitionen ins Plattengeschäft einzusteigen, muss sich nach dem Rauschgifttod seiner Schwester mit einem mächtigen Produzenten der Branche anlegen, der ihm nach dem Leben trachtet. Zunächst sucht er sein Heil in der Flucht, doch erst als er vom Gejagten zum Jäger wird, kann er sein Schicksal in die eigenen Hände nehmen. Konventioneller Krimi mit dem »Boy Group«-Sänger Donnie Wahlberg in einer Schlüsselrolle. ✦ USA 1998 **P** World International Network (WIN)/Butter Films/Cinetel Pictures **Pd** Peter Gathings Bunche, Julian Fowles, Paul Hertzberg, John Paul Pettinato, Catalaine Knell **R+B** Peter Gathings Bunche **K** Nancy Schreiber **M** Joseph Williams **S** Daniel Duncan **D** Shemar Moore (Freddy Roland), Nia Long (Carmen Jones), Ernie Hudson (Curtis »8-Ball« Harris), Tony Todd (Benzo Al), Donnie Wahlberg (Rick Damon) **L** 95 **E** 19.6.1999 Vox

DER TOD EINES TEEMEISTERS (SEN NO RIKYU). Ende des 16. Jahrhunderts begeht ein japanischer Teezeremonienmeister auf Befehl seines Herrn Harakiri. 27 Jahre später versuchen zwei seiner Schüler, Licht in die Hintergründe seines Todes zu bringen. Ein hochstilisierter Abgesang auf untergegangene Traditionen und Werte, in strenge, nüchterne Bilder gefaßt, die sich ganz auf die Ausdruckskraft der Gesten und Gesichter einläßt. Die Romanverfilmung nimmt sich einer in Japan sehr populären historischen Persönlichkeit an; der Zen-Meister Sen no Rikyu setzte zu einer Zeit, als der Teegenuß zu einer Religion des Ästhetizismus erhoben worden war, dem Hang seiner Herren zu Prunk und Üppigkeit das Gebot des »Reichtums in der Beschränkung« entgegen. ✦ Japan 1989 **P** Seiyu Ltd. **R** Kei Kumai **B** Yoshikata Yoda, nach dem Roman »Das Testament des Honkakubo« von Yasushi Inoue **K** Masao Tochizawa **M** Teizo Matsumura **S** Osamu Inoue **D** Eiji Okuda (Honkakubo), Toshirô Mifune (Rikyu), Kinnosuke Yorozuya (Uraku), Go Kato (Oribe), Shinsuke Ashida (Hideyoshi) **L** 107 **E** 22.2.1994 ZDF

DER TOD FÄHRT ERSTER KLASSE (THE REBEL SET / BEATSVILLE). Der Besitzer einer Kaffeestube in Hollywood ist ein raffinierter Gauner, der drei gelangweilt herumlungernde Arbeitslose, einen Möchtegern-Schauspieler, einen trinkfreudigen Schriftsteller und einen enterbten Playboy, zu einem vorgeblich perfekten Verbrechen überredet. Gemeinsam überfallen sie ein Chicagoer Bankauto und flüchten per Zug nach New York. Da der Anführer nicht teilen will, kommt es zu mörderischen Auseinandersetzungen, die nur einer von ihnen reumütig überlebt. Ein bemerkenswerter kleiner Gangsterfilm, solide gespielt, schnell und spannend dank der bestechenden Montage. – Ab 16. ✦ Schwarz-weiß. USA 1959 **P** E & L/Allied Artists **KI** Neue Olympia **Pd** Earle Lyon **R** Gene Fowler jr. **B** Louis Vittes, Bernard Girard **K** Karl Struss **M** Paul Dunlap **S** William Austin **D** Gregg Palmer (John Mapes), Kathleen Crowley (Jeanne Mapes), Edward Platt (Mr. Tucker), John Lupton (Ray Miller), Ned Glass (Sidney Horner), Don Sullivan (George Leland) **L** 70 **FSK** ab 16; nf **E** 25.8.1961 **fd** 10 563

DER TOD FÄHRT MIT. Ein Mann und eine Frau in ausweglosen Geldschwierigkeiten versuchen, sich auf einer Bahnfahrt gegenseitig umzubringen, da dem Überlebenden die Versicherungssumme zufallen soll. Eine ebenso unglaubwürdige wie langatmige Gangstergeschichte mit zahlreichen Brutalitäten, angesiedelt in Südafrika. ✦ Schwarz-weiß. BR Deutschland 1962 **P** Corona **KI** Columbia-Bavaria **VA** Polyband **Pd+R** Denis Scully **B** Bruce Yorke, Anya Corvin **K** Václav Vich **D** Sonja Ziemann (Maria), Helmut Schmid (Joe), Tony Wright (Ricky) **L** 80 (Video 73) **FSK** ab 16; nf (fr. 18) **E** 21.8.1962 **fd** 11 352

DER TOD FLIEGT NACH JAMAICA (FLATFOOT / HALLO, WARD ... E FURONO VACANZE DI SANGUE). Ein tolpatschiger Privatdetektiv gerät auf Jamaica bei der Aufklärung des Mordes an seinem Freund in den Kampf zweier Gangsterbanden. Plakativer Krimi ohne Witz und Spannung, der parodistische Übertreibung mit stumpfer Blödelei verwechselt. – Ab 14 möglich. ✦ Scope. Italien/Spanien 1967 **P** Metheus/Orbita **KI** Alpha **R** Julio Salvador **B** Richard Ferrer, Julio Salvador **K** Angelo Lannutti **M** Alessandro Alessandroni **D** Ray Danton, Pamela Tudor, Alan Collins (= Luciano Pigozzi), Luis Davila, Carlo Palmucci, Georges Rigaud, Carla Calò **L** 97 **FSK** ab 12; nf **E** 15.3.1968/16.6.1970 DFF 1 **fd** 15 592

DER TOD HAT EIN GESICHT. Das rücksichtslose Vorgehen westdeutscher Konzerne gegen Menschen, die vor der neuerlichen Herstellung von Giften zur Massenvernichtung in einem geplanten Krieg warnen. Ein sorgfältig inszenierter, spannender »politischer« Anti-Kriegsfilm, der mit einer fiktiven Geschichte gegen den westdeutschen Rivalen polemisiert und dabei manch unangebrachte, religiöse Symbole denunzierende Bilder benutzt. – Ab 14. ✦ Scope, schwarz-weiß. DDR 1961 **P** DEFA, Gruppe »Heinrich Greif« **KI** Progress **Pd** Paul Ramacher **R** Joachim Hasler **B** Horst Beseler, Joachim Hasler **K** Joachim Hasler, Helmut Grewald **M** Hans-Dieter Hosalla **S** Hildegard Tegener **D** Günther Simon (Dr. Cramm), Christine Laszar (Dr. Barbara Frei), Franz Kutschera (Dr. Mommer), Kurt Steingraf (Direktor Bethmann), Friedrich Richter (Dr. Zichy), Erika Pelikowsky (Frau Zichy) **L** 87 **E** 23.11.1961 Kino DDR/12.1.1965 DFF 1

DER TOD HAT SCHWARZE KRALLEN (I WAS A TEENAGE WEREWOLF). Als Arzt getarnt, entwickelt ein Verbrecher in einem hemmungslosen Studenten mörderische Urinstinkte, so daß dieser sich zeitweise in einen Werwolf verwandelt. Ein einfältiger Horrorfilm: Was sich zu Beginn noch in das Gewand eines ernsthaften Genrefilms über jugendliche Verführbarkeiten kleidet, entwickelt sich zusehends zur trivialen Gruselmär. – Ab 16 möglich. ✦ Schwarz-weiß. USA 1957 **P** Sunset **KI** Mercator **R** Gene Fowler jr. **B** Ralph Thornton **K** Joseph LaShelle **M** Paul Dunlap **D** Michael Landon, Yvonne Lime, Tony Marshall, Whit Bissell **L** 75 **FSK** ab 16; nf **E** 30.3.1962 **fd** 11 005

DER TOD HAT VERSPÄTUNG (JET STORM). Während eines Flugs von London nach New York sorgt ein halbwahnsinniger Chemiker unter den Passagieren für Unruhe, weil er sich an einem Mitpassagier rächen will, der seine kleine Tochter totgefahren hat und Unfallflucht beging. Er droht mit einer Katastrophe und behauptet, eine Bombe sei an Bord. Ein früher Katastrophenfilm, der im Stil späterer »Airport«-Filme den geschlossenen Innenraum des Flugzeugs zu Miniaturstudien der Isolierten nutzt und voller Kinodramatik Ängste, Pflichtgefühl, Nichtachten der Todesgefahr, Gewalt- und Panikausbrüche schildert. Solide gespielt, routiniert inszeniert. – Ab 14. ✦ Schwarz-weiß. Großbritannien 1959 **P** Pendennis **KI** Rank **Pd** Steven Pallos **R** Cyril Raker Endfield **B** Cyril Raker Endfield, Sigmund Miller **K** Jack Hildyard **M** Thomas Rajna **S** Oswald Hafenrichter **D** Richard Attenborough (Ernest Tilley), Stanley Baker (Kapitän Bardow), Hermione Baddeley (Mrs. Satterley), Bernard Braden (Otis Randolf), Mai Zetterling (Carol Tilley), Diane Cilento (Angelica Como) **L** 88 **FSK** ab 12; f **E** 16.6.1961/17.6.1972 ZDF **fd** 10 329

DER TOD HEISST ENGELCHEN (SMRT SI RIKA ENGELCHEN). Ein schwerverwundeter Partisan erinnert sich in den letzten Kriegstagen im Lazarett an seine zurückliegenden Einsätze. Die Rückschau wird zu einer Aneinanderreihung von Greueltaten auf beiden Seiten, die jeden Gedanken an ein verklärtes Heldentum im Keim ersticken. Ein realistischer Kriegsfilm – eindringlich in Rückblenden erzählt und beeindruckend gespielt –, der jede Schwarzweißmalerei vermeidet und so zu einer allgemeingültigen menschlichen Aussage gelangt. – Ab 16. ✦ Schwarz-weiß. CSSR 1963 **P** Filmstudio Barrandov **KI** Progress **R** Ján Kadár, Elmar Klos **B** Ján Kadár, Elmar Klos, nach dem gleichnamigen Roman von Ladislav Mnacko **K** Rudolf Milic **M** Zdenek Liska **D** Jan Kacer (Pavel), Eva Poláková (Marta), Martin Ruzek (Doktor), Blazena Holisová (Schwester Alzbeta), Otto Lackovic (Ondra) **L** 133 **E** 21.2.1964 Kino DDR

TOD HINTER DEM BÜHNENVORHANG (SMRT ZA OPONOU). Kriminalfilm, der seine Fabel – Aufdeckung eines Heroinschmuggels und Aufklärung eines damit in Zusammenhang stehenden Mordes – mit konsequenter Langeweile und inszenatorisch kaum durchschnittlicher Machart vorträgt. – Ab 16. ✦ Schwarz-weiß. CSSR 1966 **P** Filmstudio Barrandov **KI** Progress **R** Antonín Kachlík **B** Antonín Kachlík, Vladimír Bor, nach dem Roman »Andel hraje na violo« von Pavel Hejcman **K** Jan Nemecek **M** Vladimír Sommer **D** Miroslav Hornicek (Chrástek), Jaroslav Satoransky (Maracek), Lenka Fiserová (Jana Pilátová), Waldemar Matuska (Orbigny), Jirí Vrstála (Lavedan) **L** 87 **E** 22.9.1967 Kino DDR/1.7.1972 DFF 1

DER TOD HINTER DER MASKE →Blackbird

TOD IM COLLEGE →Feuerstoß

TOD IM FAHRSTUHL (NINGEN NO SHOMEI). Ein mysteriöser Mord an einem Schwarzen im Fahrstuhl eines vornehmen Hotels führt die Polizei in ihren Ermittlungen auf Spuren, die Jahrzehnte zurückreichen und grauenvolle Erinnerungen wachrufen. Ein aufwendig inszenierter und ausgestatteter Krimi von nur bescheidener Spannung. – Ab 16. ✦ Scope. Japan 1978 **P** Toei/Kadokawa Jimusho **KI** Progress **R** Junya Sato **B** Zenzo Matsuyama, nach dem Roman von Seiichi Morimura **K** Shinsaku Himeda **M** Yuji Ono **D** George Kennedy (Ken Shuftan), Broderick Crawford (O'Brien), Mariko Okada (Kyoko Yasugi), Yusaku Matsuda (Detektiv Munesue), Koji Tsuruta (Detektiv Nasu) **L** 115 **E** 18.5.1984 Kino DDR/20.7.1985 DFF 1

TOD IM KALTEN MORGENLICHT (THE COLD LIGHT OF DAY). Nach der Ermordung dreier Kinder glaubt die Polizei, den Mörder überführt zu haben. Der Inhaftierte gesteht und begeht Selbstmord. Ein Kommissar glaubt nicht an dessen Schuld und macht sich auf die Suche nach dem wahren Mörder, wobei er ein kleines Mädchen als Lockvogel benutzt. Er glaubt, die Sache fest im Griff zu haben, doch er wird eines besseren belehrt. Remake eines Psychothrillers (»Es geschah am hellichten Tag«, 1958) nach einem Stoff von Friedrich Dürrenmatt. – Ab 16. ✦ Niederlande/Deutschland 1995 **VA** AVU **Pd** Chris Brouwer **R** Rudolf van den Berg **B** Doug Magee, nach einem Drama von Friedrich Dürrenmatt **K** Igor Luther **M** Stefan Truyman, Yves Elegeert **S** Kant Pan **D** Richard E. Grant (Victor Marek), Lynsey Baxter (Milena Tatour), Perdita Weeks (Anna Tatour), Simon Cadell (Dr. Vladimir Kozant), James Laurenson (Lt. Pavel Nowak) **L** 97 **FSK** ab 12 **E** 1996 Video/11.7.1996 premiere

DER TOD IM MORGENGRAUEN →Sundown

TOD IM MORGENGRAUEN (MUERTE AL AMANECER). Die letzten zwölf Stunden vor der Hinrichtung eines angeblichen Sittenverbrechers. Der Blick richtet sich auf die Verhaltensweisen des Erschießungspelotons und des kommandierenden Offiziers, die Gefängniswärter sowie die Vertreter von Justiz und Politik, die teils als geladene Gäste, teils als Amtspersonen bei einer Mahlzeit und viel Alkohol auf die Hinrichtung warten. Ein Erstlingsfilm, distanziert gestaltet mit fast dokumentarischer Genauigkeit. Mit beißendem Unterton entlarvt er die schludrige Arbeit einer korrumpierten Justiz und attackiert eindringlich die Todesstrafe. Zugleich läßt er einfließen, daß mit dem Schicksal des auf Grund fragwürdiger Indizien Verurteilten augenscheinlich weniger ein gemeiner Rechtsbrecher als ein politischer Gefangener gemeint ist. ✦ Peru/Venezuela 1977 **P** Cine Films 71/ Inca **R** Francisco José Lombardi **B** Guillermo Thorndike, Francisco José Lombardi **K** Ramon Carthy **M** Arturo Pinto **S** Pili Flores Guerra **D** Gustavo Rodriguez (Leutnant Molfino), William Moreno (Gregorio Villasante), Jorge Rodriguez Paz (Gefängnisdirektor), Sylvia Gálvez (Tecchi, seine Frau), Hernando Cortez (Naranjo), Hugo Soriano (Juez) **L** 113 **E** 13.2.1979 ZDF **fd** 21 146

TOD IM NACKEN (TO PLEASE A LADY / RED HOT WHEELS). Ein hartgesottener Autorennfahrer und eine abgebrühte Journalistin finden nach Feindseligkeiten zueinander, als der zähe Erfolgsmensch sie beim Rennen in Indianapolis von seiner sportlichen Fairneß überzeugt. Ein aktionsreicher Liebesfilm, dialogsicher, mit satirischen Tupfern und rasanter Spannung weitgehend unterhaltsam inszeniert, wenn auch der Funke zwischen den beiden Hauptdarstellern nur in wenigen Momenten überzuspringen scheint. – Ab 14. ✦ Schwarz-weiß. USA 1950 **P** MGM **KI** MGM **Pd+R** Clarence Brown **B** Barre Lyndon, Marge Decker **K** Harold Rosson **M** Bronislau Kaper **S** Robert J. Kern **D** Clark Gable (Mika Brennan), Barbara Stanwyck (Regina Forbes), Adolphe Menjou (Gregg), Will Geer (Jack Mackay), Roland Winters (Dwight Barrington), William C. McGaw (Joie Chitwood) **L** 91 **FSK** ab 12; f **E** 4.1.1952 **fd** 1 570

TOD IM NETZ (SPIEWY PO ROSIE). Ein unschuldig verurteilter Mann kehrt nach mehrjähriger Haft in sein polnisches Heimatdorf zurück. Da man fürchtet, daß er Rache üben könnte, wird unter den Dorfbewohnern noch einmal die schreckliche Vergangenheit lebendig. Ein zwar spannender, doch allzu sehr um Effekthascherei bemühter, gelegentlich auch geschmacksunsicherer Kriminalfilm. – Ab 16. ✦ Polen 1982 **P** Zespoly Filmowe, Zespoly »Kadr« **KI** Progress **R+B** Wladyslaw Slesicki **K** Andrzej Ramlau **M** Jerzy Matuszkiewicz **D** Krystyna Wachelko-Zaleska (Jadzka), Maciej Góraj (Zdzichu), Sylwester Maciejewski (Bronek), Joanna Kasperska (Malgosia), Ryszarda Hanin (Januszkowa) **L** 95 **E** 25.11. 1983 Kino DDR/23.5.1985 DFF 2

TOD IM NOVEMBER →Die Wölfin vom Teufelsmoor

TOD IM OP (PEUR BLANCHE). Eine junge Anästhesistin wird an ihrer neuen Arbeitsstätte mit rätselhaften Todesfällen von Patienten konfrontiert und sieht sich Anfeindungen ausgesetzt, die in Mordanschlägen gipfeln. Ihre Nachforschungen ergeben, dass an der Klinik verbotene Experimente mit menschlichen Föten durchgeführt werden und dass ihr Kollege und Geliebter maßgeblich in die Vorfälle verwickelt ist. Ein Wissen, welches die Ärztin in tödlich Gefahr bringt. Beim Krimifestival in Cognac ausgezeichneter Fernseh-Thriller, der durch seine Ausstattung und eine stimmungsvolle Kameraarbeit für sich einnimmt. ✦ Frankreich 1998 **R** Olivier Chavarot **B** Anne Landois **D** Alexandra Vandernoot (Claire Casey), Frédéric van den Driessche (Marc Peletan), Sophie Carle (Nicole), Frédéric Deban (Ludo), Stefan Velniciuc (Dr. Verlet) **L** 95 **E** 20.8.2001 Vox

TOD IM PARADIES. Nach einem schweren Unfall eines deutschen Urlauberpaares auf einer Karibikinsel verschwindet die Frau spurlos. Dem aus dem Koma erwachenden Mann gelingt es, ihren Vater zu alarmieren. Als der Mann stirbt und sich die Anzeichen mehren, daß seine Tochter noch lebt, beginnt für den Vater ein Wettlauf mit der Zeit. Thriller um dubiose Machenschaften, der aus seiner exotischen Kulisse zusätzlichen Reiz zu gewinnen versucht. – Ab 16. ✦ Deutschland 1996 **P** Erwing & Partner Film (für Pro Sieben) **VA** Pro Sieben **R+B** Sigi Rothemund **M** Ralf Wengenmayr **D** Johanna Klante (Lizzy), Martin Gruber (Volker), Richy Müller (Gregor), August Schmölzer (Dr. Grienbaum), Doris Kunstmann (Witwe Queen) **L** 92 **FSK** ab 12 **E** 4.11.1996 Pro Sieben

TOD IM PREIS INBEGRIFFEN. Zweiteiliger Fernsehfilm der DEFA: Im ersten Teil wird Bärbel Schober, Bürgerin der DDR, ermordet. Ihre Identität nimmt eine Bürgerin der Bundesrepublik Deutschland mit dem Namen Lindner an. Sie soll Druckplatten für die CIA schmuggeln. Nach Erledigung des Auftrags wird auch sie ermordet. Im zweiten Teil verhaftet die Staatssicherheit der DDR einen Doppelagenten als Mörder, der illegal Menschen aus der DDR in die Bundesrepublik Deutschland bringt. Neuer Fall des westdeutschen Privatdetektivs Weber, mit dem die durch und durch verruchte Gesellschaft der Bundesrepublik in einer Mischung aus Spannung und Propaganda entlarvt werden soll. Vgl. auch »Tote reden nicht«, »Botschafter morden nicht«, »Doppelt oder nichts«, »Ein Mann, der sterben muß« und »Er ging allein«. ✦ Schwarz-weiß. DDR 1967/68 **P** DEFA **Pd** Willi Teichmann **R** Hans-Joachim Hildebrandt **B** Werner Toelcke, Hans-Joachim Hildebrandt **K** Horst Hardt **M** Gerhard Siebholz **S** Thea Richter **D** Werner Toelcke (Weber, Privatdetektiv), Christine Laszar (Monika), Eva-Maria Hagen (Brigitte), Herbert Köfer (Croun), Horst Schön (Schünzel) **L** 160 **E** 12.,14.1. 1968 DFF 1 (zwei Teile)

TOD IM REGEN →Die Prinzen

TOD IM REGENWALD (AVAETE, A SEMENTE DA VINGANCA). Aus Expansionsdrang läßt ein brasilianischer Großunternehmer durch seine Söldnertruppe ein Indiodorf bombardieren und alle Eingeborenen ermorden. Ein kleiner Indiojunge entgeht dem Massaker und taucht in einer entfernten Siedlung unter. Nach Jahren bringt ein Missionspater den Bericht über die grauenhafte Ausrottungsaktion an die Öffentlichkeit, doch der Unternehmer stemmt sich brutal einer Strafverfolgung entgegen. Der inzwischen erwachsene Indio entkommt wiederum als einziger den Mordanschlägen und nimmt in der Kriegsbemalung seines Stammes Rache. Vor allem im ersten Drittel unerträglich realistisch bebildert, um den Völkermord an den brasilianischen Ureinwohnern erschreckend augenfällig zu machen. Mehr und mehr abflachend und verschwommen, wenn auch das Engagement unverkennbar bleibt. – Ab 16. ✦ Brasilien/BR Deutschland 1985 **P** Cabana da Ponte/ Roberto Mendes Prod./Manfred Durniok **Pd** Manfred Durniok, Roberto Mendez **R** Zelito Viana **B** Zelito Viana, José Joffily **K** Edgar Moura **M** Egberto Gismonti **D** Hugo Carvana (Ramiro), Macsuara Kadiweu (Avá), José Dumont (Ribamar), Milton Rodrigues (Elias), Renata Sorrah (Clara) **L** 100 **E** 24.5.1990 ZDF

DER TOD IM ROTEN JAGUAR (LA MORTE IN JAGUAR ROSSO). Fall Nr. 7 für Jerry Cotton, den Top-Mann vom FBI. Diesmal sprengt er unter Einsatz seines Lebens ein Mördersyndikat. Wenig einfallsreiches Kriminalabenteuer nach bekannten Mustern, immerhin flüssig und unterhaltsam als wirklichkeitsferne Kintopp-Kost abgespult. – Ab 16. ✦ Scope. BR Deutschland/Italien 1968 **P** Constantin/Allianz/ Cineproduzioni Associate **KI** Constantin **VA** Taurus **Pd** Heinz Willeg **R** Harald Reinl **B** Alex Berg (= Herbert Reinecker), nach einem »Jerry Cotton«-Serienroman **K** Franz X. Lederle **M** Peter Thomas **S** Hermann Haller **D** George Nader (Jerry Cotton), Heinz Weiss (Phil Decker), Grit Boettcher (Linda Carp), Friedrich Schütter (Mr. Clark), Carl Lange (Dr. Saunders), Giuliano Raffaelli (Francis Gordon), Herbert Stass (Detektiv Sam Parker) **L** 91 **FSK** ab 12; f (fr.16; nf) **E** 15.8. 1968 **fd** 15 655

TOD IM ROTLICHT →Dancing with Danger

DER TOD IM SATTEL (SMRT V SEDLE). Die Geschichte eines Lehrlings, der aus der Scheinwelt erschmökerter Wildwest-Romantik gerissen wird. Jugendfilm gegen erlogene Abenteuer und falsche Idole aus dem Groschenheft-Milieu. Ethisch von Wert, künstlerisch schwach. – Ab 14. ✦ CSR 1958 **P** Statni **KI** Progress **R** Jindrich Polák **B** Jindrich Polák, Jirí Cirkl **K** Rudolf Milic **M** Evzen Illín (= Eugen Illin) **D** Rudolf Jelínek (Tomás), Eduard Dubsky (Kosina), Radovan Lukavsky (Tierarzt Krepelka), Jirí Sovák (Trainer Mikota), Jana Kasanová (seine Tochter Vera) **L** 84 **E** 23.10.1959 Kino DDR

TOD IM SCHLAFZIMMER (IF SOMEONE HAD KNOWN). Die Tochter eines Polizisten, der bei der lokalen Mordkommission arbeitet, heiratet gegen den Willen des Vaters einen jungen Heißsporn, der sich schon bald als unberechenbarer Tyrann herausstellt, der die zurückhaltende Frau demütigt und auch vor rücksichtsloser Gewalt nicht zurückschreckt. In auswegloser Situation tötet sie ihn, der eigene Vater muß sie verhaften. Drama über das Tabuthema eheliche Gewalt, das in verschiedenen Schattierungen analysiert werden soll. (Fernsehtitel: »Blinde Verzweiflung – Eine Frau wehrt sich«) ✦ USA 1995 **R** Eric Laneuville **B** Susan Cuscuna, Michael Petryni **K** Paul Elliott **M** Laura Karpman **D** Kellie Martin (Katie Liner), Kevin Dobson (Jack Liner), Linda Kelsey (Ellen Liner), Ivan Sergei (Jimmy Pettit), Kristin Dattilo-Hayward (= Kristin Dattilo) (Sharon Liner), Anna Gunn (Linda Reed) **L** (TV) 81 **E** 10.1.1997 ARD

TOD IM SEE (LAGHI PROFUNDI). Kriminalfilm. Ein Schweizer Geschäftsmann täuscht seinen Tod vor, um unter neuer Identität dunklen Geschäften nachzugehen, die ihn jedoch in unlösbare Gewissenskonflikte stürzen. ✦ Schweiz 1985 **P** Radio Tel Svizzera **R+B** Bruno Soldini **K** Renato Volger **M** Daniele Mainardi **S** Sonia Bertini **D** Antonio Ballerio (Romeo), Manuela Beillard (Manuela), Lidia Costanzo (Lidia), Germanio Diverio (Industrieller) **L** 85 **E** 18.6.1993 mdr

TOD IM SEICHTEN WASSER. Spionagethriller: 1987 wird in Ungarn ein Chemiker, der an einem Mittel gegen militärische Kampfgase arbeitete, vom sowjetischen Geheimdienst unter Druck gesetzt und wenig später tot aufgefunden. Vier Jahre später erleidet der

Sohn des Wissenschaftlers ein ähnliches Schicksal, als er Nachforschungen über den Vater anstellt. Da entdeckt seine Mutter auf einer Videokassette eine Spur. – Ab 16. ✦ Deutschland 1993 **R** Imre Gyöngyössy, Barna Kabay **B** Katalin Petényi, Imre Gyöngyössy **K** Péter Jankura **D** Anna Romantowska (Maria), Michael Marwitz (Tibor), Daniele Legler (Hans), Katarzyna Walter (Martha), Pavel Delon (Peter) **L** 100 **E** 15.3.1994 WDR

TOD IM SPIEGEL (SHATTERED). Nur mit Mühe überwindet ein wohlhabender Bauunternehmer nach einem schweren Autounfall seinen Gedächtnisschwund. Dabei kommt er mit Hilfe eines Detektivs seiner zurückliegenden Ehekrise auf die Spur und findet Hinweise, daß der Unfall in Wahrheit ein Mordversuch gewesen sein könnte. Ein raffiniert konstruierter Thriller im Geist der »Schwarzen Serie«, gut gespielt und unerhört spannend. Einige weniger originelle Regie-Einfälle und ein mangelndes Gespür für Subtilität trüben den positiven Gesamteindruck. ✦ USA 1991 **P** Cinevox/Pathé Entertainment/Davis/Capella/Dieter Geissler Filmprod. **KI** Tobis **VA** Warner Home **DVD** VCL/Laser Paradise (1.66:1, DD5.1 dt.) **Pd** Wolfgang Petersen, John Davis, David Korda **R** Wolfgang Petersen **B** Wolfgang Petersen, nach einem Roman von Richard Neely **K** Laszlo Kovacs **M** Alan Silvestri **S** Hannes Nickel, Glenn Farr **D** Tom Berenger (Dan Merrick), Bob Hoskins (Gus Klein), Greta Scacchi (Judith Merrick), Joanne Whalley-Kilmer (= Joanne Whalley) (Jenny Scott), Corbin Bernsen (Jeb Scott) **L** 98 **FSK** ab 16; f **FBW** w **E** 21.11.1991/15.5.1992 Video/5.12.1993 premiere/9.7.1999 DVD **fd** 29 229

TOD IM SPIELZEUGLAND (DOLLMAN VS. THE DEMONIC TOYS). In der Lagerhalle einer Spielzeugfabrik spukt es. Puppen und Monster führen ein blutiges Regiment. Sie rächen sich an den Menschen, indem sie sie schrumpfen lassen und sich als Spielzeug für ihre perversen Gelüste halten. Atmosphärisch dicht und belastend inszeniert, wirkt die skurrile Story eher konstruiert und effekthascherisch. Rüde Dialoge, Zwischenschnitte von hämisch grinsenden Puppengesichtern und veräußerlichend spannungssteigernde Musik verstärken diesen Eindruck. ✦ USA 1993 **P** Full Moon **VA** CIC **R** Charles Band **B** Charles Band, Craig Haman **K** Adolfo Bartoli **M** Richard Band **S** Mark Manos **D** Melissa Behr, Phil Brock, Phil Fondacaro, Willie Carpenter **L** 60 **FSK** ab 18 **E** 21.3.1994 Video **fd** 30 711

TOD IM SUCHER →Den Tod im Sucher

TOD IM TEUFELSGRUND (ASSAULT). Die Polizei vermutet, daß der Mord an einer 16jährigen Schülerin in einer englischen Kleinstadt das Verbrechen eines Triebtäters ist. Aber es gibt weder brauchbare Spuren noch Hinweise. Mit Hilfe spezieller kriminalistischer Verfahren und psychologischer Taktik gelingt es dennoch, den Täter zu fassen. Konfektionierter Thriller mit wenigen spannenden Szenen, der thematisch wie formal nie eingefahrene Wege des Genres verläßt. ✦ Großbritannien 1971 **P** Peter Rogers Productions **Pd** Peter Rogers **R** Sidney Hayers **B** John Kruse, nach einem Roman von Kendal Young **K** Ken Hodges **M** Eric Rogers **D** Suzy Kendall, Frank Finlay, Lesley-Anne Down, James Laurenson, Freddie Jones **L** 91 **E** 8.1.1977 DFF 1

TOD IM WINTER →Dead of Winter

TOD IM ZWIELICHT (SILHOUETTE). Psychothriller: Nach der Ermordung ihrer Schwester erfährt eine junge Pianistin, daß die Tote ein mysteriöses Doppelleben führte, zu dem ein verschwundenes Tagebuch der Schlüssel sein soll. Mit Hilfe eines Polizeipsychologen nimmt sie Nachforschungen auf, die für sie sehr gefährlich werden. – Ab 16. ✦ USA 1994 **R** Eric Till **B** Karol Ann Hoeffner **K** Glen MacPherson **M** Cynthia Millar **D** JoBeth Williams (Nancy Parkhurst), Corbin Bernsen (Mark Reichard), Stephanie Zimbalist (Ann Parkhurst), Winston Rekert (Paul Gatlin), Charles Boswell (Riley Rawlings) **L** 87 **E** 22.7.1995 ARD

TOD IN BANGKOK (NATURAL CAUSES). Thriller vor der exotischen Kulisse Bangkoks. Eine Amerikanerin, die ihre Mutter in Thailand besuchen will, erfährt, daß diese erschossen wurde. Gemeinsam mit einer Botschaftsangehörigen will sie Licht in die mysteriöse Angelegenheit bringen. Sie wird plötzlich mit einer Terrororganisation konfrontiert, die die Ermordung des amerikanischen Außenministers plant. – Ab 16. ✦ USA 1994 **R** James Becket **B** Jake Raymond Needham **D** Linda Purl (Jessie McCarthy), Ken Wisan (Nguyen), Ali MacGraw (Fran Jakes), Cary-Hiroyuki Tagawa (Major Somchai), Will Patton (Michael Murphy) **L** 85 **E** 23.11.1996 Kabel 1

TOD IN BRUNSWICK →Gesellschaft für Mrs. Di Marco

DER TOD IN DEINEN AUGEN. (Fernseh-)Thriller: Eine schwerhörige Frau wird während eines Geschäftsessens »Ohrenzeugin« eines Mordkomplotts, das sie einem Mann am Nebentisch von den Lippen abliest. Sie informiert die Polizei, gerät aber zunächst an einen korrupten Polizisten, der sie in Sicherheit wiegt, in Wahrheit jedoch seit geraumer Zeit mit dem Auftraggeber gemeinsame Sache macht. Ihr Leben ist in höchster Gefahr, doch vor der Beseitigung der Zeugin schreckt der Polizist dann doch zurück, zumal er sich verliebt hat. ✦ Deutschland 1999 **P** SAT 1/Bavaria Film **Pd** Oliver Schündler, James Veres **R** Michael Rowitz **B** Michael January, Benjamin Parment **K** Dietmar Koelzer **M** Jürgen Eckes **S** Angelika Sengbusch **D** Thomas Kretschmann (Billy Tanauer), Aglaia Szyszkowitz (Laura Tilmann), Dominique Horwitz (Leo Lohmann), Walter Kreye (Helmut Reiger), Aleksandar Jovanovic (Adrian Zuto) **L** 92 **E** 16.3.1999 SAT 1

TOD IN DEN AUGEN (GYPSY EYES). Action-Abenteuer: Eine Zigeunerin, die sich als Prostituierte verkleidet, um Geschäftsmänner auszurauben, wird Zeugin eines Mordes. Ein Freund des Toten kommt bei seinen Ermittlungen hinter Waffenschiebergeschäfte und verliebt sich in die Zigeunerin. ✦ USA 1993 **R** Vinci Vogue-Anzlovar **D** Jim Metzler (Narry Noble), Claire Forlani (Katarina), George DiCenzo (Wyden Burrows), Boris Cavazza (Otto), Zachary Bogatz (Shane) **L** 82 **E** 14.6.1997 ZDF

TOD IN DER KURVE. Fernseh-Kriminalfilm mit angelsächsischem Flair: Ein englischer Unternehmer verunglückt mit dem Auto tödlich. Die Polizei geht von einem selbstverschuldeten Unfall aus, doch die Verwandten beauftragen einen erfahrenen Londoner Inspektor mit der Aufklärung des mysteriösen Ereignisses. ✦ Schwarz-weiß. DDR 1971 **P** DEFA **Pd** Fritz Brix **R** Gerhard Respondek **B** Gerhard Respondek, nach dem Roman »Police Alibi« von Alan Winnington **K** Siegfried Hönicke **M** Helmut Nier **S** Ursula Rudzki **D** Horst Hiemer (Inspektor Gullet), Renate Reinecke (Connie), Jürgen Hentsch (Mitchell), Alfred Müller (Dick), Stanislaw Zaczyk (Halber) **L** 80 **E** 20.6.1971 DFF 1

DER TOD IN DER WASCHSTRASSE. Ein scheinbarer Versager, der die Schule kurz vor dem Abitur verließ, scheint sein Ziel zu erreichen, als ein Verleger seinen ersten Roman annimmt. Doch der Erfolg bleibt aus, und zu guter Letzt arbeitet er weiter in jener Autowaschstraße, die ihn zu seinem Buch inspirierte. Das einfühlsame Porträt eines jungen Mannes, der trotz seiner persönlichen Niederlagen an seine Zukunft glaubt. Ein mit treffenden Beobachtungen aus dem deutschen Alltagsleben in ironisch-distanzierter Art inszenierter Debütfilm. – Sehenswert ab 16. ✦ BR Deutschland 1981 **P** Solaris/Pro-ject **KI** Filmverlag der Autoren **Pd** Hans Weth **R+B** Friedemann Schulz **K** Jerzy Lipman **M** Aaron, Eberhard Weber **S** Stefan Arnsten **D** Benjamin Völz (Peter), Beate Finckh (Jutta), Rosemarie Fendel (Frau Jesky), Henning Venske (Juttas Vater), Barbara Stanek (Juttas Mutter), Hans Dieter Schwarze (Herr Randecker) **L** 103 **FSK** ab 12; f **FBW** w **E** 19.2.1982 **fd** 23 608

DER TOD IN DIESEM GARTEN →Pesthauch des Dschungels

TOD IN EINER KLEINEN STADT (DEATH IN CANAAN). In einem Städtchen in Connecticut wird ein junger Mann 1973 wegen Mordes an seiner Mutter verhaftet. Sein Geständnis stößt in der Öffentlichkeit auf Zweifel. Besonders eine Journalistin greift die Methoden der Polizei an, kann aber nicht verhindern, daß die Geschworenen den 18jährigen schuldig sprechen. Durch die Hartnäckigkeit derer, die nicht an seine Schuld glauben, wird der Prozeß nach drei Jahren wiederaufgenommen. Ein bemerkenswerter engagierter Film mit großer Überzeugungskraft, die vor allem durch den jugendlichen Hauptdarsteller erzielt wird. – Ab 16. ✦ USA 1977 **P** Warner Bros. **R** Tony Richardson **B** Thomas Thompson, Spencer Eastman, nach einem Roman von Joan Barthel **K** James Crabe **D** Paul Clemens (Peter Reilly), Conchata Ferrell (Rita Parsons), Floyd Levine (Thomas Lanza), Jacqueline Brookes (Mildred), Brian Dennehy (Barney Parsons), Stefanie Powers **L** 120 **E** 12.2.1981 HR

TOD IN EINER SOMMERNACHT (ONE HOT SUMMER NIGHT). Die misshandelte Ehefrau eines Multimillionärs beginnt eine Affäre mit ihrem Anwalt. Als ihr Mann wenig später erschossen wird und das Pärchen sich wegen Auftragsmord vor Gericht verantworten muss, nimmt der Geliebte die Schuld auf sich. Damit geht der perfide Plan der Frau auf, die sich das Geld mit ihrem wahren Komplizen, einem Polizisten, teilt. Konfektionierter Psychokrimi um eine kalte berechnende Frau, der im Lauf der Handlung eine Menge falscher Fährten legt. ✦ USA 1997 **P** O'Hara-Horowitz Productions **Pd** James A. Contner, Michael Dougan, Tracey Jeffrey, Beth Schroeder **R** James A. Contner **B** Michael O'Hara **K** Peter Benison **M** Stacy Widelitz **S** Thomas Fries **D** Erika Eleniak (Kelly Moore Brooks), Brian Wimmer (Richard Linski), Tobin Bell (Vincent DeVille), Stephen Macht (Abel Ganz), Anne DeSalvo (Chris Spina) **L** 83 **E** 20.3.1999 ARD

TOD IN HOLLYWOOD (THE LOVED ONE). Ein junger Engländer kommt nach Los Angeles und lernt dort das Totengeschäft und das Bestattungswesen kennen. Er wird schließlich selbst Angestellter eines großen Beerdigungsinstituts in Hollywood, das, als sich die traditionelle Bestattungsform geschäftlich nicht mehr lohnt, die Toten durch Raketen in den Weltraum schießen läßt. Eine Satire mit deutlicher Akzentuierung des Makabren, die gelegentlich in allzu große Nähe des Ulks gerät. Boshaft-bissig richtet der Film sein Augenmerk auf eine verräterische Stelle der in Illusionen flüchtenden amerikanischen Zivilisation: den »Way of Death«. ✦ Schwarz-weiß. USA 1964 **P** Filmways/Martin Ransohoff Prod. (für MGM) **KI** MGM **Pd** John Calley, Haskell Wexler, Martin Ransohoff **R** Tony Richardson **B** Terry Southern, Christopher Isherwood, nach einem Roman von Evelyn Waugh **K** Haskell Wexler **M** John Addison **S** Anthony Gibbs, Hal Ashby, Brian Smedley-Aston **D** Robert Morse (Dennis Barlow), Jonathan Winters (Wilbur/Harry Glenworthy), Anjanette Comer (Amy Thanatogenos), Dana Andrews (General Brinkman), Rod Steiger (Mr. Joyboy), Milton Berle (Mr. Kenton), James Coburn (Beamter), John Gielgud (Sir Francis Hinsley), Tab Hunter (Fremdenführer), Roddy McDowall (D. J., jr.), Liberace (Mr. Starker) **L** 123 **FSK** ab 18; nf **FBW** w **E** 9.4.1966/28.9.1971 ZDF **fd** 13 980

TOD IN KLEINEN DOSEN (DEATH IN SMALL DOSES). Ein als LKW-Fahrer getarnter Polizeiagent macht die Verkaufsstelle von Gangstern in Los Angeles ausfindig, die rezeptpflichtige Aufputschmittel an Fernlastfahrer absetzen. Dürftig erfundener und billig produzierter Krimi der B-Klasse. (Alternativtitel: »Geheimagent TKX – Achtung Rauschgift«) – Ab 16. ✦ Schwarz-weiß. USA 1957 **P** Allied Artists **KI** Rank **Pd** Richard Heermance **R** Joseph M. Newman **B** John McGreevey **K** Carl Guthrie **M** Emil Newman, Robert Wiley Miller **S** William Austin **D** Peter Graves (Tom Kayler), Mala Powers (Val Owens), Chuck Connors (Mink Reynolds), Merry Anders (Amy Phillips), Roy

Engel (Wally), Robert B. Williams (Dunc) **L** 80 **FSK** ab 16; f **E** 28.8.1958 **fd** 7 275

TOD IN L.A. →Drug Runner – Tod in L.A.

TOD IN MALIBU (THE MALIBU BRANCH). Der Mordanschlag auf eine Psychotherapeutin schockiert die reichen Bewohner von Malibu. Als tags darauf ein unscheinbarer Automechaniker Hehlerware angeboten bekommt, die mit dem Anschlag in Zusammenhang steht, löst dies eine Reihe von hochnotpeinlichen Nachforschungen aus. Der Mechaniker ist in Wirklichkeit ein Undercover-Agent, der einem dubiosen Geschäftsmann auf der Spur ist und nun in ein Wespennest stößt. – Ab 16 möglich. ✦ USA 1995 **Pd** Esther Shapiro, Richard Shapiro **R** Tim Hunter **D** Brian Bloom (Mick McCann), Jennifer Guthrie (Molly), Michael Paré (Alec Harkin), Alison Moir (Julia Harkin), Bernard Zette (Noelle Simms) **L** 94 **E** 25.7.1996 SAT 1

TOD IN MIAMI. Der Traumurlaub in Florida endet für eine Frau vor den Trümmern ihrer Existenz. Kurz nachdem sie die Affäre ihres Ehemannes mit der Frau des befreundeten Paares entdeckt hat, werden sie von einer Straßengang überfallen, die sich auf Touristenüberfälle spezialisiert hat. Ihr Mann wird erschossen. Polizeivernehmungen und Presserummel belasten sie derart, daß sie nach Hause abreist. Dort erfährt sie jedoch, daß die Firma ihres Mannes vor dem Bankrott steht. Melodramatischer Fernsehfilm mit einem übertrieben konstruierten Drehbuch, der allenfalls durch die Hauptdarstellerin etwas Glaubwürdigkeit gewinnt. – Ab 16. ✦ Deutschland 1993 **P** Ufa **VA** RTL Video **Pd** Norbert Sauer **R** Carlo Rola **B** Matthias Herbert **K** Peter Ziesche **D** Iris Berben (Susanne Evers), Peter Sattmann (Michael Evers), Rüdiger Vogler (Kai Vogt), Suzanne von Borsody (Vera Vogt), Bodo Wolf (Mirbach) **L** 91 **FSK** ab 12 **E** 1994 RTL/Oktober 1994 Video

TOD IN NAMIBIA (WINDPRINTS). Ein Kameramann aus Johannesburg wird außer Landes geschickt, als seine Aufnahmen von Soweto bei der Polizei auf Mißfallen stoßen. In Namibia wird er auf den Fall eines Mörders angesetzt, der ausschließlich Schwarze tötet. Seine Recherchen werden brisant, als er erfährt, daß ein weißer Farmer der Auftraggeber der Morde ist, um billig Land aufkaufen zu können. Ein Politthriller vor dem Hintergrund der Unruhen zwischen Afrikaeinwanderen und Schwarzen aus der Zeit vor der Unabhängigkeit Namibias. (Videotitel: »Windprints«) ✦ Großbritannien 1989 **P** Apex/United British Artists **VA** Ascot **Pd** G. Brian Morgan, David Wicht **R+B** David Wicht **K** Brian Tufano **M** John Keane **S** Robin Sales **D** John Hurt, Sean Bean, Marius Weyers, Eric Nobbs, Lesley Fong, Kurt Egelhof **L** 95 **FSK** ab 18 **E** 6.5.1993 premiere

TOD IN OST-TIMOR – EINE MUTTER SUCHT DEN MÖRDER IHRES SOHNES (PUNITIVE DAMAGE – A MOTHER'S TRIAL). Als ihr Sohn, ein neuseeländischer Student, der einer Menschenrechtskommission angehörte, im Anschluss an eine Demonstration von indonesischem Militär in Ost-Timor erschossen wurde, setzte seine Mutter alle Hebel in Bewegung, um die Täter zur Verantwortung zu ziehen. Ein internationaler Musterprozess war die Folge. Preisgekrönte Dokumentation, die das Leben des Ermordeten ebenso nachzeichnet wie den bewegenden Kampf der Mutter um ihr Recht. – Ab 14. ✦ Neuseeland 1999 **P** New Zealand Film Commission **Pd** Gaylene Preston **R+B** Annie Goldson **K** Leon Narbey **M** Exilanten-Chor aus Ost-Timor **S** John Gilbert **L** 77 **E** 23.9.2000 Bayern 3

TOD IN VENEDIG (MORTE A VENEZIA / DEATH IN VENICE). Ein zur Erholung nach Venedig gekommener deutscher Künstler verfällt in platonische Liebe zu einem schönen polnischen Jüngling und erleidet in der choleraverseuchten Stadt einen moralischen und physischen Zusammenbruch. Eine zwar nicht bruchlose, in der Beschwörung der morbiden Atmosphäre aber großartige Verfilmung von Thomas Manns 1912 erschienener Novelle. – Sehenswert ab 16. ✦ Scope. Italien 1970 **P** Alfa **Kl** Warner **VA** Warner/Matthias **Pd+R** Luchino Visconti **B** Luchino Visconti, Nicola Badalucco, nach einer Novelle von Thomas Mann **K** Pasquale de Santis **M** Gustav Mahler **S** Ruggero Mastroianni **D** Dirk Bogarde (Gustav von Aschenbach), Silvana Mangano (Tadzios Mutter), Björn Andresen (Tadzio), Romolo Valli (Hoteldirektor), Mark Burns (Alfried), Marisa Berenson (Frau von Aschenbach), Franco Fabrizi (Friseur), Leslie French **L** 130 (Orig. 135) **FSK** ab 12; f **FBW** bw **E** 4.6.1971/12.4.1974 Kino DDR/14.3.1993 ZDF/März 1999 Video **fd** 17 358

DER TOD IST WÄHLERISCH (SMRT SI VYBIRA). Ein junger Postangestelllter wird in seinem Wagen erschossen aufgefunden. Ein Freund des Ermordeten versucht, auf eigene Faust den Täter ausfindig zu machen, und gerät dabei in gefährliche Situationen. In der Grundkonzeption unwahrscheinliche, aber durchaus stimmig umgesetzte Krimi-Unterhaltung. – Ab 16. ✦ Schwarz-weiß. CSSR 1972 **P** Filmstudio Barrandov **Kl** Progress **R** Václav Vorlícek **B** Jaroslav Korán, Václav Vorlícek **K** Rudolf Stahl **M** Karel Svoboda **D** Václav Postranecky (Honza Marek), Jana Sulcová (Klara), Jan Libícek (Krizek), Jaroslav Moucka (Vodicka), Ladislav Mrkvicka (Miky) **L** 92 **E** 12.10.1973 Kino DDR/8.11.1974 DFF 1

DER TOD KAM ALS ENGEL (FACE OF EVIL). Thriller um den Amoklauf einer skrupellosen Frau, die in der Hochzeitsnacht ihren Bräutigam mitsamt dessen Geld verläßt und später eine Frau beraubt und tötet, deren Identität als Studentin und Malerin sie annimmt. ✦ USA 1996 **Pd** Daniel Schneider **R** Mary Lambert **B** Gregory Goodell **K** Brian Capener **M** Chris Boardman **S** Sharyn L. Ross **D** Tracey Gold (Darcy), Perry King (Russel), Shawnee Smith (Jeanelle), Don Harvey (Quinn), Brigitta Dau (Sabrina) **L** 87 **FSK** ab 12 **E** 19.10.1997 premiere

DER TOD KAM UM MITTERNACHT (OPERAZIONE »NOTTE«). Ein scheinbar nihilistischer Student aus braver Familie bricht unter dem Einfluß einer Prostituierten mit Komplizen in den Kassenraum einer Fabrik ein, in der sein Vater als Kassierer angestellt ist. Noch in derselben Nacht bewegt ihn der Prokurist, sein väterlicher Freund, zur Umkehr. Ein klischeehaft konstruiertes Melodram, das das Zeitproblem kriminell werdender Jugendlicher unglaubwürdig und zur platten Kolportage verarbeitet. (DDR-Titel: »Es geschah um Mitternacht«) ✦ Schwarz-weiß. Italien 1955 **P** Federalcine **Kl** Pallas **R** Giuseppe Bennati **B** Giuseppe Bennati, Paolo Levi, Edoardo Anton **K** Mario Damicelli **M** Mario Nascimbene **D** Antonio Cifariello (Aldo), Andrea Checchi (Nick), Corinne Calvet, Anna Maria Pancani, Giancarlo Ferri, Irene Tunc, Henri Vidon **L** 81 **FSK** ab 18; f **E** 18.1.1957/24.3.1961 Kino DDR **fd** 5 587

DER TOD KANN WARTEN (SMYRTTA MOSHE DA POTSCHAKA). Zwei elternlose Geschwister im Bulgarien der 30er Jahre versuchen, ein gemeisames Leben in Sofia zu beginnen. Doch als der junge Mann in Notwehr einen Menschen tötet, gerät ihr Leben in gefährliche Bahnen. ✦ Bulgarien 1985 **P** Filmstudio Bojana **R** Jewgeni Michailow **B** Alexandyr Tomow **K** Eli Michailowa **M** Boshidar Petkow **D** Todor Kolew, Momtschil Karamitew, Daljana Chadshijankowa, Ilija Karaiwanow, Ginka Stantschewa **L** 90 **E** 10.6.1987 DFF 1

DER TOD KANN WEINEN →The Graveyard Story

DER TOD KENNT KEINE WIEDERKEHR (THE LONG GOODBYE). Privatdetektiv Philip Marlowe versucht, den angeblichen Selbstmord eines Freundes zu klären, und gerät in das wirre Durcheinander einer schändlichen Geschichte, bei der sowohl ein trunksüchtiger Schriftsteller als auch ein sadistischer Gangsterboß eine Rolle spielen. Gegen die Aussage und Atmosphäre der literarischen Vorlage von Raymond Chandler inszenierter »Anti-Kriminalfilm«, der mit den herkömmlichen Sehgewohnheiten des Genres weitgehend bricht. Ein intelligentes Mörder-Puzzle, das als satirische Parabel auf eine haltlose Wirklichkeit zu verstehen ist, in der es keinen Platz für Individualität gibt. – Ab 16 möglich. ✦ Scope. USA 1972 **P** Lion's Gate **Kl** United Artists **SF** atlas **Pd** Jerry Bick **R** Robert Altman **B** Leigh Brackett, nach dem Roman »The Long Goodbye« von Raymond Chandler **K** Vilmos Zsigmond **M** John Williams **S** Lou Lombardo **D** Elliott Gould (Philip Marlowe), Nina von Pallandt (Eileen Wade), Sterling Hayden (Roger Wad), Mark Rydell (Marty Augustine), Henry Gibson (Dr. Verringer), David Arkin (Harry), Jim Bouton (Terry Lennox) **L** 112 **FSK** ab 16; f **E** 2.11.1973/25.9.1976 ARD **fd** 18 592

DER TOD KOMMT AUF LEISEN SOHLEN (MURDER BY CONTRACT). Ein friedvolles Häuschen am Ohio ist der Wunschtraum eines jungen, gebildeten und intelligenten Buchhalters. Sein Weg dorthin führt über kaltblütig ausgeführte, hoch bezahlte Morde: Er heuert als Berufskiller an, stählt Muskeln und Nerven und verdrängt erfolgreich alle Gefühlsregungen. Erst als er für einen Moment seine Kaltschnäuzigkeit aufgibt, kann ihn die Polizei fassen. Ein äußerst düsterer und »schwarzer« Gangsterfilm mit suggestiver Bildführung; die leitmotivisch verwandte Musik verstärkt raffiniert die lauernde Spannung. Die Regie badet indes in Zynismus. ✦ Schwarz-weiß. USA 1958 **P** Columbia **Kl** Columbia **Pd** Leon Chooluck **R** Irving Lerner **B** Ben Simcoe **K** Lucien Ballard **M** Perry Botkin **S** Carlo Lodato **D** Vince Edwards (Claude), Phillip Pine (Marc), Herschel Bernardi (George), Caprice Toriel (Billie Williams), Cathy Browne (die Blonde), Michael Granger (Mr. Moon), Frances Osborne (Mädchen) **L** 81 **FSK** ab 18; nf **E** 15.5.1959 **fd** 8 160

DER TOD KOMMT AUF SECHS BEINEN →Distortions

DER TOD KOMMT AUF 4 PFOTEN →Man's Best Friend

DER TOD KOMMT IM REGEN (SMRT PRICHADZA V DAZDI). Die Bewohner eines Hauses – ein Buchhalter und seine Frau, eine Krankenschwester, ein Archäologe und die Angestellte eines Rechtsanwaltsbüros – stehen unter Mordverdacht. Jeder läßt die letzten 24 Stunden seines Lebens Revue passieren, um den Verdacht zu entkräften oder um von sich abzulenken. ✦ Schwarz-weiß. CSSR 1965 **P** Filmstudio Bratislava **R** Andrej Lettrich **B** Jozef Tallo **K** Václav Richter **M** Miroslav Broz **D** Ladislav Chudík, Zdenka Grúberová, Ivan Mistrík, Viliam Polónyi, Mikulás Huba **L** 79 **E** 21.1.1967 DFF 1

DER TOD KOMMT ÜBERS MEER (GUARDA FRONTERAS). Eine Gruppe von Jugendlichen und jungen Männern, die auf Kuba als Küstenwacht eingesetzt ist, erhält von einem erfahrenen Sergeanten eine harte Ausbildung. Nach Überwindung von einigen Schwierigkeiten bewähren sie sich im Kampf gegen gelandete Konterrevolutionäre. ✦ Scope. Kuba 1981 **P** Estudios cinematograficos de las Far **Kl** Progress **R** Octavio Cortázar **B** Octavio Cortázar, Luis Rogelio Nogueras **K** Paul Rodriguez Cabrera **M** Sergio Vitier **D** Tito Junco, Patricio Wood, Javier Gonzáles, Maribel Rodriguez, Mara Roque **L** 120 **E** 15.10.1982 Kino DDR/25.7.1984 DFF 1

DER TOD KOMMT ZWEIMAL (BODY DOUBLE). Ein klaustrophobisch veranlagter Schauspieler, Kleindarsteller in Hollywood, wird zum Zeugen des bestialischen Mordes an einer nymphomanisch veranlagten reichen Frau. Ein technisch durchaus virtuoser Thriller über die Relativität von Schein und Sein, garniert mit Hinweisen auf die eigene Unernsthaftigkeit. Allzu aufdringlich und auch nicht sonderlich spannend werden dabei zahlreiche Motive der Hitchcock-Filme »Fenster zum Hof« und »Vertigo« ausgebeutet, wobei sich der erotische und gewalttätige Aspekt unangemessen voyeuristisch aufdrängen. ✦ USA 1984 **P** Columbia-Delphi Prod. II **Kl** Warner-Columbia **DVD** Columbia TriStar Home (16:9, 1.85:1, DS engl./dt.) **Pd+R** Brian de Palma **B** Robert J. Avrech, Brian de Palma **K** Stephen H. Burum **M** Pino Donaggio **S** Jerry Greenberg, Bill Pankow **D** Craig Wasson (Jake), Melanie Griffith (Holly), Gregg Henry

(Sam), Deborah Shelton (Gloria), Guy Boyd (Jim McLean), Dennis Franz (Rubin), Rebecca Stanley (Kimberly) **L** 113 **FSK** ab 16; f (DVD 18) **E** 25.1.1985/ 1.2.2000 DVD **fd** 24 921

DER TOD LAUERT IN DALLAS →Blutiges Blei

DER TOD LAUERT IN DEN ROCKY MOUNTAINS (VENNER). Die Erstbesteigung eines Gipfels ist der Anlaß für eine tiefgreifende Auseinandersetzung zwischen zwei Freunden, in deren Verlauf auch Verleumdung und Verbrechen offenbar werden. Mäßig inszenierte Unterhaltung ohne Spannung und Glaubwürdigkeit. – Ab 14. ✦ Schwarz-weiß. Norwegen 1960 **P** Nordsjöfilm **KI** Progress **R** Tancred Ibsen **B** Tancred Ibsen, nach einem Roman von Arnulf Överland **K** Ragnar Sörensen **M** Maj Sönstevold **D** Alf Malland (Thomas Gran), Eva Bergh (Edna Gran), Tor Stokke (Harry Schmidt), Ingerid Vardund (Vera Ruud), Wilfred Breistrand (Dr. Hammer) **L** 86 **E** 15.9. 1961 Kino DDR

DER TOD LAUERT IN KAIRO →Ruby Cairo

DER TOD LAUERT NEBENAN (THE PERFECT TENANT). Der neue Untermieter einer allein erziehenden Adoptivmutter entpuppt sich als gefährlicher Psychopath, der sich an seiner Vermieterin rächen will, die er für den Selbstmord seines Vaters verantwortlich macht. Als Schülerin hatte sie ihn, ihren Lehrer, wegen sexueller Belästigung angezeigt. Ein durch und durch schlechter Psychothriller, der bestenfalls durch seine monströs konstruierte Geschichte aus dem Rahmen fällt. ✦ USA 1999 **Pd** Pierre David, Mark Castaldo, Ken Sanders, Noel A. Zanitsch **R** Douglas Campbell **B** M. Todd Bonin, Douglas Campbell, Jim Vines **K** M. David Mullen **M** Richard Bowers **D** Linda Purl (Jessica Micheals), Maxwell Caulfield (Daniel Winters), Stacy Hogue (Laura Michaels), Melissa Behr (Andrea), Earl Holliman (Arthus Michaels) **L** 85 **E** 31.3.2001 Vox

DER TOD LÖSCHT ALLE SPUREN →Blow out – Der Tod löscht alle Spuren

TOD NACH PLAN (DEATH BY DESIGN). Eine Reise ins Innere des menschlichen Körpers, in die Struktur der Zellen. Dabei befaßt sich der Dokumentarfilm mit dem Problem des »programmierten Zelltods«, eines körpereigenen Programms, das durch das Absterben verbrauchter Zellen das Überleben des Organismus sichert. Eine ebenso interessante wie witzige Auseinandersetzung, die Fragen nach der Beziehung zwischen Leben und Tod stellt und die perfekte Koordination abertausender Organismen bewußt macht. Beispiele aus dem täglichen Leben und Szenen aus alten Hollywoodfilmen verleihen den Phänomenen plastische Anschaulichkeit. ✦ USA/Frankreich/ Deutschland 1995 **R+B** Peter Friedman, Jean-François Brunet **L** 70 **E** 6.9.1996 arte

TOD NACH SCHULSCHLUSS – EINE LEHRERIN UNTER ANKLAGE (TRIAL BY FIRE). Drama nach einer wahren Begebenheit. Eine Lehrerin wird bezichtigt, Mitschuld am Selbstmord eines ihrer Schüler zu tragen, mit dem sie angeblich eine Liebesaffäre hatte. ✦ USA 1995 **Pd** Vicky L. Herman (= Vicky Herman) **R** Alan Metzger **B** Richard Lawton **K** Christopher Taylor **D** Gail O'Grady (Paulette Gill), Keith Carradine (Owen Turner), Michael Bowen (Roger Gill), Ken Lerner (Earl Cleaver), Mariangela Pino (Evie Bauchmoyer) **L** 90 **E** 29.5.1996 RTL

TOD NACH SENDESCHLUSS (RAFALES / BLIZZARD RAFALES). Der skrupellose, sensationsgierige Reporter einer lokalen Radiostation in Montreal erschleicht sich das Vertrauen eines Kriminellen, indem er sich als Geisel zur Verfügung stellt, mit der dessen inhaftierter Bruder freigepreßt werden soll. Ohne sonderliche Spannung handwerklich mangelhaft inszenierter Krimi mit Seriencharakter, der lediglich Schablonen über die Macht der Medien und die Sensationslust der Öffentlichkeit produziert. ✦ Kanada 1990 **P** Aska/L'Office National du Film du Canada/Téléfilm Canada **KI** Progress **Pd** Yuri Yoshimura-Gagnon, Claude Gagnon **R** André Mélançon **B** André Mélançon, Marcel Leboeuf, Denis Bouchard **K** Pierre Mignot **M** Osvaldo Montes **S** André Corriveau **D** Marcel Leboeuf (Gérard), Denis Bouchard (Trepanier), Claude Blanchard (Pouilot), Guy Thauvette (Normand), Sylvie Ferlatte (Nicole) **L** 87 **FSK** ab 12; f **FBW** w **E** 22.8.1991 **fd** 29 206

TOD ODER FREIHEIT. Ein um 1750 in den Wäldern um Coburg, Urach und Bamberg spielender Abenteuerfilm, der Schillers »Die Räuber« nach Anregungen für unterhaltende Action-Sequenzen durchstöbert zu haben scheint: Junge Leute greifen zu den Waffen, um der Fürstenwillkür und Unterdrückung ein Leben in Gerechtigkeit und Würde entgegenzusetzen. Aus weiteren vielfältigen Quellen gespeist, schwankt der Film allzu unentschlossen zwischen Freilichtaufführung und Italo-Western, so daß er weder unterhält noch tieferen Ansprüchen genügt. – Ab 16. ✦ BR Deutschland 1977 **P** Paramount-Orion/ Regina Ziegler Filmprod. **KI** CIC **R** Wolf Gremm **B** Wolf Gremm, Fritz Müller-Scherz, Thomas Keck, Barbara Naujock **K** Jost Vacano **M** Guido de Angelis, Maurizio de Angelis **D** Peter Sattmann, Erika Pluhar, Gert Fröbe, Mario Adorf, Wolfgang Schumacher (= Malte Thorsten), Harald Leipnitz, Christine Böhm, Dieter Schidor **L** 94 **FSK** ab 12; f **E** 25.12.1977 **fd** 20 639

TOD ODER JOKER (THE SUICIDE CLUB). Eine psychisch labile junge Frau gerät an einen dubiosen »Selbstmörderklub« und verliert sich in ihrem Verlangen nach Geborgenheit und ihrer krankhaften Todessehnsucht. Ein einfühlsam inszeniertes und fesselnd gespieltes Drama mit ebenso ungewöhnlicher wie bedrückender Atmosphäre. (Früherer Titel: »The Suicide Club«) ✦ USA 1987 **P** Angelika Films/Suicide Prod. **VA** Ufa **Pd** James Bruce, Steve Crisman **R** James Bruce **B** Susan Kouguell, Carl Capotesto, nach einer Kurzgeschichte von Louis Stevenson **K** Frank Prinzi **M** J. Aaron Diamond **S** James Bruce, Keith Rouse **D** Mariel Hemingway (Sasha Michaels), Robert Joy (Michael Collins), Madeleine Potter (Nancy), Michael O'Donoghue (Mervin), Lenny Henry (Cam) **L** 89 **FSK** ab 16 **E** 31.3.1989 Video **fd** 27 723

DER TOD REITET MIT (1958) (WILD HERITAGE). Auf dem Treck nach Westen verliert eine Frau mit vier Kindern durch streitsüchtige Revolvermänner ihren Mann. Auch eine andere Neusiedlerfamilie mit zwei Kindern verliert den Vater durch einen Unfall. Nach anfänglichem Zank unter den jungen Leuten der beiden Familien rauft man sich gegen die Mörder und Viehdiebe zusammen, wobei die im Schießen noch unerfahrenen Söhne beider Familien den Besitz verteidigen. Routinierter Western klassischer Bauart, in dem das Humorige und Herzliche familienfreundlich Vorrang eingeräumt bekommen. – Ab 12. ✦ Scope. USA 1958 **P** Universal **KI** Universal **Pd** John E. Horton **R** Charles Haas **B** Paul King, Joseph Stone **K** Philip Lathrop **M** Joseph Gershenson **S** Edward Mann **D** Will Rogers jr. (Richter Copeland), Maureen O'Sullivan (Emma Breslin), Rod McKuen (Dirk Breslin), Casey Tibbs (Rusty), Judi Meredith (Callie Bascomb), Troy Donahue, Gigi Perreau (Missouri Breslin), Gary Gray (Hugh), Jeanette Nolan (Ma Bascomb), Paul Birch (Jake Breslin), Guy Wilkerson (Chaco) **L** 78 **FSK** ab 12; f **E** 24.3.1959 **fd** 7 977

DER TOD REITET MIT (1969) →Vier Halleluja für Dynamit-Joe

DER TOD RITT DIENSTAGS (I GIORNI DELL'IRA). Ein alternder Pistolenheld weiht in der Zeit nach dem amerikanischen Bürgerkrieg einen jungen, von den Bewohnern einer kleinen Wildwest-Stadt in Arizona verachteten Mann in das Handwerk des Pistoleros ein. Als der gelehrige Schüler nach harter Schule erkennt, daß sein zunächst so bewunderter Lehrer ein brutaler Mörder ist, tötet er ihn im Duell. Ein formal ansprechender Italo-Western mit einer packenden Darstellung in den beiden Hauptrollen, zugleich aber auch mit einigen drastischen Härten. (Titel auch: »Der Tod ritt Dienstag«) ✦ Scope. BR Deutschland/ Italien 1967 **P** Corona/Divina/Sancro **KI** Gloria **Pd** Nicolo Pomilla **R** Tonino Valerii **B** Ernesto Gastaldi, Tonino Valerii, Renzo Genta, nach einem Roman von Ron Barker **K** Enzo Serafin **M** Riz Ortolani **S** Franco Fraticelli **D** Giuliano Gemma (Scott Mary), Lee Van Cleef (Frank Talby), Christa Linder (Gwen), Lukas Ammann (Richter), Walter Rilla (Murph), Ennio Balbo (Killer), Andrea Bosic (Murray Abel), Pepe Calvo (Bill), Yvonne Sanson (Vivien Skill), Franco Balducci **L** 114 **FSK** ab 16; f (fr. nf) **FBW** w **E** 12.1.1968 **fd** 15 214

DER TOD SAGT AMEN (ARIZONA SIF SCATENO'... E LI FECE FUORI TUTTI!). Ein Revolverheld befreit im Alleingang eine Stadt, indem er die sie terrorisierende Mordbande regelrecht ausrottet. Stereotyper Italo-Western, dessen rohe Gesinnung mühsam mit einigen Witzeleien und parodistischen Floskeln kaschiert wird. ✦ Scope. Italien/Spanien 1970 **P** Devon/Cooperativa Cine Astro **KI** Nobis **R** Sergio Martino **B** Joaquin Romero Fernandez **K** Miguel F. Mila **M** Bruno Nicolai **S** Michele Massimo Tarantini **D** Anthony Steffen (= Antonio de Teffe), Marcella Michelangeli, Aldo Sambrell, Raffaele Baldassarre, Emilio Delle Piane, Gildo Di Marco **L** 94 **FSK** ab 18; nf **E** 5.8.1971 **fd** 17 448

DER TOD SPIELT MIT (LA SOULE). Ein Soldat der napoleonischen Armee will an einem Kameraden Rache nehmen, der ihm in einem entscheidenden Moment die Pferde gestohlen hat. Nach dem Krieg spürt er ihn in einem Dorf auf, wo er als allseits beliebter Schuster lebt. Die Handlung läuft auf ein entscheidendes »Soule«-Spiel hinaus, eine Art archaisch-brutales Rugby, als Metapher und Fortsetzung des Krieges. Perfekt inszenierter Debütfilm um einen dank Menschlichkeit zunehmend relativierten Rachefeldzug, ausgestattet mit brillant agierenden Darstellern und einer beeindruckenden Rekonstruktion des historischen Hintergrunds. – Sehenswert ab 16. ✦ Frankreich 1988 **P** Agepro Cinéma/M.F. Productions/LBF/TF 1 **R** Michel Sibra **B** Michel Sibra, Jacques Emond **K** Jean-Jacques Bouhon **M** Nicola Piovani **S** Elisabeth Couque **D** Richard Bohringer (François Lemercier), Christophe Malavoy (Pierre Cursey), Marianne Basler (Marion), Roland Blanche (Gauberlin), Michel Fortin (Graillat), Jean-François Stévenin (Colonel Valbert) **L** 92 **E** 5.10.1997 ZDF

DER TOD SPRINGT MIT →Viva Knievel – Der Tod springt mit

DER TOD STEHT IHR GUT (DEATH BECOMES HER). Zwei durch ein Zauberelixier unsterblich gewordene Frauen liefern sich wegen einer alten (Liebes-)Rechnung einen Kampf bis aufs Messer, können sich jedoch nicht gegenseitig ausschalten, da ihre Tode nur von kurzer Dauer sind. Eine anfänglich rabenschwarze Komödie, die im zweiten Teil zu einer Aneinanderreihung mehr oder weniger vergnüglicher Filmtricks versandet, deren Tendenz zur Verselbständigung unübersehbar ist. Durch die drei glänzenden Hauptdarsteller dennoch ein ansehnliches Vergnügen. – Ab 16. ✦ USA 1992 **P** Universal **KI** UIP **VA** CIC **DVD** Universal Home (1.85:1, DS engl./dt.) **Pd** Robert Zemeckis, Steve Starkey **R** Robert Zemeckis **B** Martin Donovan, David Koepp **K** Dean Cundey **M** Alan Silvestri **S** Arthur Schmidt **D** Meryl Streep (Madeline Ashton), Bruce Willis (Ernest Menville), Goldie Hawn (Helen), Isabella Rossellini (Lisle), Ian Ogilvy (Chagall), Adam Storke (Dakota), Nancy Fish (Rose), Sydney Pollack **L** 104 **FSK** ab 12; f **FBW** bw **E** 17.12.1992/25.8.1993 Video/5.4.2000 DVD **fd** 29 947

DER TOD TANZT KEINEN DIXIELAND (NEW ORLEANS AFTER DARK). Zwei Polizei-Detektive in New Orleans kämpfen gegen eine Rauschgiftbande, die die Spuren ihres weitverzweigten Handels mit zahlreichen Morden zu vertuschen versucht. Im Stil einer nüchternen Reportage angelegter Low-Budget-Kriminalfilm, der die Sachlichkeit der Handlung dann doch wieder mit zahlreichen Leichen kinogerecht »aufzuwerten« versucht und dementsprechend spekulativ unterwandert. – Ab 16. ✦ Schwarz-weiß. USA 1958 **P** Allied Artists/M.P.A. **KI** Iltis **Pd** Eric Sayers **R**

John Sledge **B** Frank Phares **K** Willis Winford **D** Stacy Harris (Detektiv Beaujac), Louis Sirgo (Detektiv Conroy), Ellen Moore (Jean Conroy), Tommy Pelle (Pat Conroy), Wilson Bourg (Nick Livorno), Jeanine Thomas (Sandra) **L** 69 **FSK** ab 12; nf **E** 6.1.1961 **fd** 9 895

DER TOD TRÄGT KEINEN SMOKING (ALIBI POUR UN MEURTRE). Mord und Erpressung infolge eines ehebrecherischen Liebesverhältnisses, bei dem sich herausstellen wird, daß der junge Rechtsanwalt nicht die von ihrem Mann perfekt getötete Ehefrau, sondern dessen Geliebte besessen hat. Ein allzu undurchsichtig angelegtes Kriminalrätsel, auch formal nur Mittelmaß. ✦ Frankreich 1960 **P** Les Films Clairbois/Dragon **KI** Lehmacher **Pd** Pierre Gaurier **R** Robert Bibal **B** Pierre Moncais, Robert Bettoni **K** Pierre Lebon **M** Louis Ferrari **S** Jeanette Berton **D** Raymond Souplex (Kommissar), Danick Patisson (Laura), Alan Scott (Tom), Vera Valmont (Vera), Yves Vincent (Cielo), Jean Tissier (Wirt) **L** 81 **FSK** ab 16; nf **E** 29.9. 1961 **fd** 10 529

DER TOD TRÄGT SCHWARZES LEDER (LA POLIZIA CHIEDE AIUTO). Im Verlauf ihrer Ermittlungen entlarven eine junge Staatsanwältin und die italienische Polizei ein Verbrechernetz, das Kinder zur Prostitution anbietet. Ein Film ohne Qualitäten, der seine drastische Darstellung von Gewaltverbrechen mit statistischem Material über Sexualkriminalität auszugleichen versucht. ✦ Scope. Italien 1974 **P** Primex **KI** Cinerama **R** Massimo Dallamano **B** Ettore Sanzo, Massimo Dallamano **K** Giovanni Ciarlo **M** Stelvio Cipriani **D** Giovanna Ralli, Claudio Cassinelli, Mario Adorf, Marina Berti, Franco Fabrizi, Farley Granger **L** 91 **FSK** ab 18; nf **E** 3.6.1977/14.5.1989 DFF 1

TOD ÜBER DER SAVANNE (THE BIG GAME). Thriller um den verbrecherischen Bewirtschafter einer Großwildfarm in Kenia, der als »Nebeneinnahme« Einwanderer im Austausch für einen sicheren Weg über die Grenze dazu erpreßt, für ihn Drogen zu schmuggeln. Um seine Geschäfte zu vertuschen, schreckt er auch vor Mord nicht zurück. ✦ USA 1988 **R** Chris Du Toit **B** Luanshya Greer **M** Johnny Boshoff **D** Jonathan Rands (Andrew Webster), Gaynor Young (Steve Burrows), James Whyle (Charles Ryan), Dale Cutts (David Ryan), Zoe Randall (Miss Willingale) **L** 93 **E** 18.5.1992 Tele 5

DER TOD UND DAS MÄDCHEN (DEATH AND THE MAIDEN / LA JEUNE FILLE ET LA MORT). Eine ehemalige Widerständlerin gegen eine lateinamerikanische Militärdiktatur, die 1977 zwei Monate inhaftiert und gefoltert wurde, glaubt in einem Arzt jenen Peiniger wiederzuerkennen, der sie jeweils zu Schuberts »Der Tod und das Mädchen« vergewaltigte. Sie überwältigt ihn und veranstaltet gegen den Willen ihres Mannes, einem als Justizminister designierten Anwalt, ein Privattribunal gegen ihren mutmaßlichen Peiniger. Ein nach einem Kammerspiel spannend inszenierter Psychothriller mit großartiger Besetzung und glänzenden Dialogen. Der Film vermittelt ein konkretes, eindringliches Bild von den unendlichen Qualen der (meist auch sexuell) mißhandelten (weiblichen) Opfer sowie der unauffälligen »Beschaffenheit« des Tätertyps und verdichtet sich zudem zur Auseinandersetzung mit Rache und (möglicher) Vergebung. – Sehenswert ab 16. ✦ Großbritannien/Frankreich 1994 **P** Mount/Kramer/Channel Four/Flach Films/Canal+/TF 1 **KI** Concorde **VA** Concorde (VCL) **Pd** Thom Mount, Josh Kramer **R** Roman Polanski **B** Rafael Yglesias, Ariel Dorfman, nach dem gleichnamigen Theaterstück von Ariel Dorfman **K** Tonino Delli Colli **M** Wojciech Kilar **S** Hervé de Luze **D** Sigourney Weaver (Paulina Escobar), Ben Kingsley (Dr. Roberto Miranda), Stuart Wilson (Gerardo Escobar), Krystia Mova (Mirandas Ehefrau), Jonathan Vega (Mirandas Sohn), Rodolphe Vega (Mirandas Sohn) **L** 105 **FSK** ab 12; f **FBW** bw **E** 4.5.1995/20.11. 1995 Video **fd** 31 328

DER TOD UND DAS SINGENDE TELEGRAMM (DEATH AND THE SINGING TELEGRAM). Über einen Zeitraum von fünf Jahren beobachtete Mark Rance die Mitglieder seiner eigenen Familie, um ihre Gefühle zu erforschen. Seine Mutter und ihr Bruder verließen bereits früh das Elternhaus und wurden durch ihre Ausbildung Angehörige der oberen Mittelklasse, während ihre Brüder und Schwestern auf dem Lande zurückblieben, wo sie unweit der Farm, auf der sie geboren wurden, arbeiteten. Mit dieser filmischen Aufarbeitung versucht der Autor, den Kampf zwischen dem Leben des Individuums und dem Leben in Familie und Ehe im Rahmen eines subjektiven Dokuments darzustellen. (O.m.d.U.) ✦ Teils schwarzweiß. USA 1975–83 **P** Rance-Film **SF** Freunde der Deutschen Kinemathek **Pd+R+B+K** Mark Rance **L** 110 **E** 1984 Kino

DER TOD UND DER KOMPASS (THE DEATH AND THE COMPASS). Ein Kriminalfilm nach einer Vorlage von Borges: Nacheinander werden drei Morde am jeweils dritten Tag des Monats auf die gleiche Art und Weise verübt. Der ermittelnde Detektiv kommt dahinter, daß ein vierter Mord nach demselben Muster bevorsteht, und versucht, die rätselhaften Fälle mit Hilfe der Thora zu lösen. Eine kuriose, aber nicht allzu fesselnde Kombination vielfältiger Handlungsfäden und Erzählmuster, zusammengehalten durch eine modernistische Ästhetisierung, die Videoclips ebenso zitiert wie »film noir«-Elemente. ✦ Großbritannien 1992 **P** Cineteve/BBC/RTVE/Ibero Americana **R** Alex Cox **B** Victor Erice, nach einer Novelle von Jorge-Luis Borges **D** Peter Boyle, Miguel Sandoval, Chris Beeleston, Alonso Behanove, Mario Ivan Martinez, Pedro Armendáriz jr. **L** 60 **E** 11.6.1994 arte

DER TOD UND DIE LADY (DYING TO LOVE YOU). Mittelmäßiger TV-Thriller. Ein Jahr nach seiner Scheidung beginnt ein Verkäufer die verhängnisvolle Beziehung zu einer Frau, von der sich bald heraus stellt, dass sie einige Geheimnisse vor ihm hat und unter falschem Namen lebt. Trotzdem verstrickt er sich bis zur Hörigkeit in die Beziehung. ✦ USA 1993 **Pd** Ronnie D. Clemmer, David C. Thomas **R** Robert Iscove **B** John Miglis **K** Francis Kenny **M** Joseph LoDuca **S** Geoffrey Rowland **D** Tim Matheson (Roger Paulson), Tracy Pollan (Elaine Miller/Lisa Ann Rohn), Christine Ebersole (Cheryl New), Lee Garlington (Rita), Frances Lee McCain (Sue) **L** 85 **E** 18.3.1994 ARD

TOD UND TEUFEL (TOD UND TEUFEL). Ein eigenwilliger und eindringlicher Experimentalfilm, der sich der Motivik von Wedekinds »Tod und Teufel« bedient. Mit außergewöhnlicher Beharrlichkeit stellt er dessen Frage nach dem Zusammenhang von Sinnlichkeit, Macht und Unschuld und forscht nach dem Wesen des Instinkts und des Zerstörungsdrangs gegenüber allen bürgerlichen Zwängen. Fast ausschließlich in Groß- und Detailaufnahmen erfaßt die hautnahe Optik Formen, versteckte Regungen, wobei gerade die Unbewegtheit der Kamera große Dynamik auslöst. In einer innigen, zugleich tragischen Verherrlichung von Leben, Empfindsamkeit und Sinnlichkeit wird der Zuschauer herausgefordert, verschiedenste Assoziationen und Beobachtungen »zusammenzudenken«. ✦ Großbritannien 1973 **P** Q-Productions Alan Power **SF** Freunde der Deutschen Kinemathek **R** Stephen Dwoskin **B** Stephen Dwoskin, Charles Regnier, Ross Spain, Volker Elis Pilgrim, nach einem Bühnenstück von Frank Wedekind **M** Gavin Bryars **D** Charles Regnier, Carola Regnier, Brigitte Rau, Matthias von Spallart, Ulla Larsson **L** 92

TOD UNTER PALMEN (THE KEYS). Im paradiesischen Inselgebiet vor der Küste Floridas setzt sich ein alter Bootseigner handfest gegen Grundstückshaie zur Wehr, die ihn mit Hilfe der Behörden von seinem Land vertreiben wollen. Ihm zur Seite steht sein Nachbar, der Besitzer eines Wasserhotels, der vor Jahren Frau und Anwaltsberuf in New York zurückließ und ausgerechnet jetzt Besuch seiner erwachsenen Söhne erhält. Gefälliger Unterhaltungsfilm mit hübschen Bildmotiven, solide inszeniert und gespielt. Der familiäre Hintergrund und die biografischen Profile in den beiden Handlungssträngen bleiben freilich recht undeutlich. – Ab 12. ✦ USA 1990 **P** Sellier/Nelvana (für Universal) **VA** CIC **Pd** Michael Hirsch, Stan Blum, Michael Ornstein, Maurice Hurley **R** Richard Compton **B** Maurice Hurley, Eduardo de Gregorio, Marilù Parolini **K** Geoffrey Erb **M** Dale Menten **S** Boyd Steer **D** Brian Bloom (Michael), Scott Bloom (David), Ben Masters (Jake), Barry Corbin (Earl), Iris Peynado (Clarissa) **L** 92 **FSK** ab 12 **E** 4.12.1991 Video/21.12.1992 premiere **fd** 29 402

TOD VOR DER KARRIERE → Operation Gilbert

DER TOD WAR SCHNELLER (1957) (THE EYES OF FATHER TOMASINO / THE MIDNIGHT STORY). Auf der Suche nach dem Mörder eines von ihm verehrten katholischen Priesters quartiert sich ein Polizist, der dafür seinen Dienst aufgibt, im Italiener-Viertel von San Francisco ein. Er nimmt Wohnung bei einem Verdächtigen und verliebt sich in dessen Cousine. Ein auf bemerkenswerte Weise vom üblichen Schema abweichender Kriminalfilm, der eine bisweilen humorig-herzliche Familienschilderung mit einem zentralen Gewissenskonflikt und Schuld und Sühne verbindet. Konsequent klingt er mit dem Sakrament der Sündenvergebung aus und erweist sich als vielschichtiger, als die Genre-Fabel vermuten läßt. – Sehenswert ab 16. ✦ Scope, schwarz-weiß. USA 1957 **P** Universal **KI** Universal **Pd** Robert Arthur **R** Joseph Pevney **B** John Robinson, Edwin Harvey Blum, nach einem gleichnamigen Fernsehspiel **K** Russell Metty **M** Joseph Gershenson **D** Tony Curtis (Joe Martini), Marisa Pavan (Anna Malatesta), Gilbert Roland (Sylvio Malatesta), Jay C. Flippen (Sgt. Gillen), Ted de Corsia (Lt. Kilrain), Argentina Bruneti (Mama Malatesta) **L** 99 **FSK** ab 16; f **E** 5.11.1957/22.8.1995 N 3 **fd** 6 394

DER TOD WAR SCHNELLER (1991) (A MIND TO KILL). Ein Psycho-Thriller, in dem eine Kleinstadt von den Mordtaten eines Serien-Killers heimgesucht wird. ✦ Großbritannien 1991 **R** Peter Edwards **D** Hywel Bennett (Gareth D. Lewis), Philip Madoc (Detective Inspector Noel Bain), Sue Jones-Davies (Mary Lewis), Robin Davies (John Hammond), Margaret John (Sarah Hammond) **L** 95 **E** 5.11.1993 VOX

DER TOD WARTET AM DEVIL'S HILL → Devil's Hill

DER TOD WARTET IN VENEDIG → Off Balance – Der Tod wartet in Venedig

DER TOD WIRD UNS SCHEIDEN → Scheidung per Mord

TOD, WO IST DEIN SIEG? (MORT, OU EST TA VICTOIRE?). Eine sensible junge katholische Erzieherin wird aus Enttäuschung über die Handlungsweise ihres Geliebten, der seine Ehefrau vergiftet hat, nach der Heirat mit ihm zur Ehebrecherin. Sie beginnt Verhältnisse mit einer Vielzahl von Männern, ohne ihre seelische Einsamkeit und Gebrochenheit übertönen zu können. Erst der plötzliche Tod ihres Mannes und die Begegnung mit einem Jugendfreund und der Tochter ihrer besten Freundin wecken sie auf. Sie geht ins Kloster. Der hervorragend gespielte Film entwickelt die Geschichte in breitflächigen Szenenfolgen, wobei ihm eine dichte Erfassung der Atmosphäre besser gelingt als die überzeugende psychologische Charakterisierung der Personen. Das um die Probleme der Abkehr von Gott und des stellvertretenden Entsühnens kreisende Thema wird mit hoffnungsvoller Perspektive seriös und diskussionswert verdichtet. – Ab 16. ✦ Schwarz-weiß. Frankreich 1963 **P** Filmel/Gaumont **Pd** Eugène Lépicier **R** Hervé Bromberger **B** Frédéric Grindel, nach einem Roman von Daniel Rops **K** Pierre Petit **M** Maurice Jarre **D** Pascale Audret (Laure), Michel Auclair (Jean), Laurent Terzieff (Thierry), Philippe Noiret (Brassy), Diane Lepvrier (Pia/Xave), Alfred Adam (Detrerrieux), Gabriele Ferzetti (Sandro) **L** 135 **E** 7.5.1973 ZDF

DER TOD WOHNT NEBENAN (THE UNSEEN). Eine junge Hauslehrerin muß befürchten, daß der Mann, den sie liebt, ein Mörder ist. Die Aufklärung zweier Mordfälle führt auf das Geheimnis eines Liebesdramas, das mit Erpressung und Ehebruch, Gattenmord und später Rache einhergeht. Atmosphärisch stimmiger Kriminalfilm mit einigen Horrorfilm-Elementen, angesiedelt in einem Haus mit zwielichtigem Personal und bedrohlicher Vergangenheit. – Ab 16. ✦ Schwarz-weiß. USA 1945 **P** Paramount **R** Lewis Allen **B** Raymond Chandler, Hagar Wilde, Ken Englund, nach einem Roman von Ethel Lina White **K** John Seitz **M** Ernst Toch **D** Gail Russell (Elizabeth Howard), Joel McCrea (David Fielding), Herbert Marshall (Dr. Evans), Richard Lyon (Barnaby), Nona Griffith (Ellen), Isobel Elsom (Marian Tygarth) **L** 81 **E** 20.11.1986 West 3

DER TOD ZÄHLT KEINE DOLLAR (LA MORTE NON CONTA I DOLLARI). Sohn und Schwiegersohn eines Ermordeten rächen den Tod des Vaters und befreien die Stadt vom Terror einer Gangsterfamilie. Langweiliger Serienwestern mit den landläufigen Schlägereien. ✦ Scope. Italien 1967 **P** Cinecidi **KI** Adria **R** George Lincoln (= Riccardo Freda) **B** Giuseppe Masini, George Lincoln (= Riccardo Freda) **K** Gabor Pogany **M** Nora Orlandi, Robby Poitevin **S** Anna medei **D** Mark Damon, Luciana Gilli, Alan Collins (= Luciano Pigozzi), Pamela Tudor, Hardy Reichelt, Pedro Sanchez **L** 87 **FSK** ab 16; nf **E** 30.5.1969 **fd** 16 190

DER TOD ZU BASEL (DER TOD ZU BASEL). Basel wird von einer Serie rätselhafter Todesfälle heimgesucht. Der Assistent eines Gerichtsmediziners verfällt auf die Theorie, der »Tod« persönlich habe, wie einst beim Totentanz, wieder Einzug in die Stadt gehalten. Ein Journalist, der ebenfalls von der Totentanz-Besessenheit seiner Stadt fasziniert ist, erkrankt schließlich an Aids. Von skurrilen und grotesken Zügen durchdrungene Mischung aus Fabel, Thriller und Drama. ✦ Schweiz/BR Deutschland 1990 **P** SRG/WDR **Pd** Peter Keller **R** Urs Odermatt **B** Markus Kutter **K** Reinhard Schatzmann **M** Christoph Marthaler **S** Dominique Beinroth, Patrizia Wagner **D** Günter Lamprecht (André), Dietmar Schönherr (Jean-Jacques Zinstag), Ueli Jäggi (Harry/Mors), Stephan Walz (Andreas Zinstag), Marie-Thérèse Maeder (Gabi) **L** 69 **E** 26.1.1992 DRS

TODAS – AM RANDE DES PARADIESES. Dokumentarischer Essay über das südindische Volk der Todas, eine nur 1000 Mitglieder umfassende Minigesellschaft, die in großer Harmonie mit der Natur lebt. Meditative Bilder vermitteln einen nachdenklich stimmenden Eindruck einer kontemplativen Kultur, in der Glück und Zufriedenheit nicht an Arbeit oder Aktivität, sondern an Ruhe und stillen Genuß geknüpft sind. Trotz subjektivem Blickwinkel und mancher Einseitigkeit das eindringliche Porträt einer fremden Lebensweise mit hohem zivilisationskritischem Potential. – Ab 14. ✦ Deutschland 1996 **P** Kuby Film TV/Bayerischer Rundfunk **KI** mind films **Pd+R+B** Clemens Kuby **K** Alok Upadhyaya, Sameer Sabnis **M** Büdi Siebert **S** Barbara de Pellegrini **D** Andrea Jonasson (Erzählerin), Gisela Hoeter, Katharina Müller-Elmau, Alois Maria Giani, Hubertus von Lerchenfeld, Philipp Brammer, Cosima Kuby Kaye (Sprecherinnen/Sprecher) **L** 96 **FSK** o. A.; f **FBW** w **E** 7.11.1996 **fd** 32 226

TODBRINGENDE SPIELDOSEN →Jagd auf Spieldosen

TODESAMBULANZ (CRIME OF CRIMES). Ein Eisverkäufer entführt in seinem Wagen kleine Mädchen, um sie in einer Privatklinik ihrer verwertbaren Organe zu berauben. Ein Familienvater gerät unter falschen Tatverdacht und damit an zwei übereifrige Polizisten, mit denen er gemeinsam den Täter ausfindig macht, als seine eigene Tochter geraubt wird. Stümperhafter Krimi der untersten Produktionskategorie; ebenso unglaubwürdig wie schlecht inszeniert. ✦ USA 1989 **P** Zach Motion Pictures/Panorama **VA** New Vision **Pd+R** Alfredo Zacharias **B** Jeffrey Bloom, Alfredo Zacharias **K** Frank Ruttencutter **D** Richard Yniguez (Mandoza), Miguel Angel Rodrigez (Silva), Aldo Ray (Johnson), David Carradine (Captain), Jeff Weston (Young) **L** 84 **FSK** ab 18 **E** Januar Video 1992 **fd** 29 628

TODESANGST (1963) (THE SADIST / THE PROFILE OF TERROR). Während einer Autoreise werden drei Lehrer, zwei Männer und eine Frau, bei der Rast an einer einsamen Auto-Reperaturwerkstatt Opfer eines sadistischen Triebverbrechers. Ein formal konventionell gestalteter Thriller, der ein hohes Maß seiner schockierenden Wirkung aus der ebenso suggestiven wie rücksichtslosen Schilderung der Ängste, aber auch der Brutalitäten bezieht. Bar jeden psychologischen Unterbaus, liefert der Film in seiner fast schon opernhaften Inszenierungsweise das düstere und bedrückende Bild einer verwüsteten Seelenlandschaft. (Alternativtitel: »Der Mittagsmörder«) ✦ Schwarz-weiß. USA 1963 **P** Fairway-International **KI** Notausgang (Erstverleih: neue filmform) **Pd** L. Steven Snyder **R+B** James Landis **K** William Zsigmond (= Vilmos Zsigmond) **M** Rod Moss **S** Anthony M. Lanza **D** Arch Hall (Charley Tibbs), Richard Alden (Ed Stiles), Marilyn Manning (Judy Bradshaw), Helen Hovey (Doris Page), Don Russell (Carl Oliver) **L** 88 **FSK** ab 18; nf **E** 1967 Kino/12.10.1979 Neustart **fd** 14 671

TODESANGST (1989) →Fear – Todesangst

TODESANGST BEI JEDER DÄMMERUNG (EACH DAWN I DIE). Ein Zeitungsreporter deckt einen Korruptionsfall auf. Als »Täter« eines manipulierten Unfalls kommt er ins Zuchthaus. Ein Lebenslänglicher, dem er zur Flucht verhilft, ermöglicht seine Rehabilitierung. Ein spannungsgeladener Film über die unmenschliche Härte des Strafvollzuges, in dem das Gefühl des ohnmächtigen Ausgeliefertseins durch James Cagney beklemmend dargestellt wird. Einige Konzessionen an die Unterhaltungsindustrie mindern den überzeugenden Eindruck der realistischen Inszenierung. – Ab 16. ✦ Schwarz-weiß. USA 1939 **P** First National/Warner **KI** Warner Bros. **Pd** David Lewis **R** William Keighley **B** Norman Reilly Raine, Warren Duff, Charles Perry, nach dem Roman von Jerome Odlum. **K** Arthur Edeson **M** Max Steiner **S** Thomas Richards **D** James Cagney (Frank Ross), George Raft (»Hood« Stacey), Jane Bryan (Joyce Conover), George Bancroft (John Armstrong), Stanley Ridges (Muller) **L** 92 **E** 11.10.1977 ZDF

TODESANGST IM HOCHHAUS →Death Tower

DIE TODESARENA (DIE TODESARENA). Der Chef eines Trios von Motorrad-Artisten, der in der Vergangenheit eine Schuld auf sich geladen hat, wird durch die halbe Welt gehetzt und schließlich bei einem Gastspiel in Wien zu Fall gebracht. Spannungsarmer Krimi, verworren konzipiert, verkrampft in Dialog und Darstellung. Einzig wirkungsvoll ist die routinierte Kameraführung. – Ab 12. ✦ Schwarz-weiß. Österreich/BR Deutschland 1953 **P** Listo/Bristol **KI** Deutsche Commerz **R** Kurt Meisel **B** Raimund Warta, Hans Herberth, nach einem Manuskript von Sepp Walter und O. H. Dangl **K** Elio Carniel **M** Heinz Sandauer **S** Raimund Warta **D** Richard Häussler (Diego), Katharina Mayberg (Manuela), Friedl Hardt (Helli), Bert Fortell (Gino), Elfe Gerhart (Roberta), Fritz Imhoff (Dr. Reiner) **L** 90 **FSK** ab 12; nf **E** 23.10.1953 **fd** 2 730

DER TODESARM DES KUNG FU (CHAOCHOW GUY). Um sich für den feigen Mord an ihrem Verlobten, einem wackeren Karatekämpfer, zu rächen, bildet die Braut einen Anfänger in der Kampftechnik des Toten aus. Nach einer ersten Niederlage gegen den Oberbösewicht springt ihm die Frau bei und leitet die restlose Vernichtung der Gegner ein. Ein für seine Zeit ausgesprochen harter Martial-Arts-Film. In der dummen deutschen Fassung reden die Darsteller teils sehr preußisch, teils in deutscher Gossensprache. ✦ Scope. Hongkong 1972 **P** Golden Dragon **KI** Constantin **Pd** Chang Chung-Lung **R** Tie Hang **K** Xiang Ling **S** Tsin Chao-Ching **D** Tien Peng (Jung Fu), Yen Nan-Xi (Szu Chen), Chen Tao-Wang (Oberst Fung-Huan), Wang Kuang-Xiung (Kao), Huang Wei-Lung (Wang) **L** 94 **FSK** ab 18; nf **E** 6.7.1973 **fd** 18 418

DAS TODESAUGE VON CEYLON (TEMPESTA SU CEYLON / TEMPETE SUR CEYLAN). Ein deutscher Gelehrter soll im Auftrag einer Maharani einen verschütteten unterirdischen Tempel auf Ceylon ausgraben. Bald ist er gemeinsam mit seiner Tochter einer Reihe von Intrigen, Gaunereien und Verbrechen ausgesetzt, findet aber in einem hilfsbereiten amerikanischen Tierfänger einen wackeren Helfer. Abenteuerliches Unterhaltungskino, das bunt-oberflächliche Spannung sucht, aber lediglich die üblichen Kolportage-Elemente und eine Vielzahl von Unglaubwürdigkeiten findet. – Ab 14 möglich. ✦ Scope. BR Deutschland/Italien/Frankreich 1962 **P** Rapid/Ficit/Paris Europa Prd. **KI** Gloria **Pd** Wolfgang Hartwig **R** Gerd Oswald **B** Ludwig Bruckmann **K** Adalberto Albertini, Ugo Peruzzi **M** Francesco De Masi **S** Eva Maria Tittes **D** Lex Barker (Larry Stone), Ann Smyrner (Helga Ferlach), Hans Nielsen (Prof. Ferlach), Eleonora Rossi-Drago (Maharani), Magali Noël (Kathy), Peter Carsten (Hermann), Maurice Ronet (Dr. Rinaldi) **L** 82 **FSK** ab 12; nf **E** 31.5.1963/30.6.1973 ARD **fd** 12 004

DER TODESBAUM. Ein Dokumentarfilm über ein kleines ungarisches Dorf, in dem sich im April 1989 zwei 13jährige Jungen erhängten, nachdem sie zusammen Horror-Videos angeschaut hatten. Eltern, Lehrer und Schulkameraden der Kinder, die vor der Frage stehen, ob sie das Geschehene hätten verhindern können, äußern sich vor der Kamera. ✦ Ungarn 1994 **R** László Mihályfy **L** 90 **E** 16.11.1994 3sat

DER TODESBISS DER GELBEN SCHLANGE (DEADLY KICKS IN THE EAGLE'S SHADOW). Zwei Brüder, die eine Stadt tyrannisieren, werden von zwei aufrechten Männern getötet bzw. bezwungen. Kung-Fu-Film nach Schema. Im Unterschied zu den meisten Produkten des Genres wird der Bösewicht hier einmal nicht gelyncht, sondern der Justiz übergeben. ✦ Hongkong 1980 **P** Good Friends Productions **KI** Ascot **R** Tong Chung-San **D** Hong Hoi, Lung Fai, Chueng On-Ping, Lee Ei-Ming, Fan Wan-Fai **L** 82 **FSK** ab 18; nf **E** 10.7.1981 **fd** 22 996

DER TODESBLITZ DER SHAOLIN →Alexander Fu Sheng – Der Todesblitz der Shaolin

DIE TODESBRIGADE (ASCEMAS). Ein brutaler Überfall auf einen Geldtransport, bei dem die gesamte Begleitmannschaft getötet wird, ist der Auslöser für die nicht minder brutalen Aktionen der »Todesbrigade«, einer Anti-Terroreinheit. Miserabler Actionfilm, der durch zahlreiche Schnitte weitgehend unverständlich bleibt. ✦ Brasilien/BR Deutschland 1978/79 **P** J. Dàvila Prod./Onyx-Film **KI** Onyx **VA** IHV/MCP **R+B** Fauzi Mansur **K** Claudio Portioli **D** Vera Fischer, Roberto Bolant, David Cardoso, Marlene Franca **L** 80 (Video 73) **FSK** ab 18; f (Video 16) **E** August 1986 Video

DIE TODESBUCHT DER SHAOLIN (THE BEACH OF THE WAR GODS). Die tapferen Bewohner einer chinesischen Küstenregion tun sich zur Zeit der Ming-Dynastie unter der Führung eines berühmten Shaolin-Kämpfers zusammen, um gegen japanische Piraten und Plünderer bestehen zu können. Routinierter Eastern aus der späten Hochblüte des Genres. Unübersehbar sind ideologische Untertöne mit antijapanischer Tendenz. ✦ Hongkong 1984 **P** Golden Harvest Group **VA** New Vision **Pd** Raymond Chow **R+B** Wang Yu **K** Chin Yao-Hu **D** Wang Yu, Lung Fei, Tien Yeh, Tsao Chien **L** 96 **FSK** ab 18 **E** 17.2.1988 Video

DIE TODESBUCHT VON LOUISIANA (THUNDER BAY). Ein Spezialist für Ölbohrungen unter Wasser und sein Freund gewinnen für ihr Projekt an der Südküste der USA einen Geldgeber, stoßen aber mit ihrer gewaltigen Förderanlage, mit der sie das Öl zum »Wohl von Volk und Vaterland« zu heben gedenken, auf den erbitterten Widerstand der Fischer in einem idyllisch gelegenen Dorf. Ein kurioser Abenteuerfilm mit einem naiven Fortschrittsglauben, der dem Triumph der Technik sogar noch den Aufschwung des einheimischen Fischfangs zuschreiben will. – Ab 12. ✦ USA 1953 **P** Universal **KI** Universal **Pd** Aaron Rosenberg **R** Anthony Mann **B** Gil Doud,

John Michael Hayes **K** William H. Daniels **M** Frank Skinner **S** Russell Schoengarth **D** James Stewart (Steve Martin), Joanne Dru (Stella Rigaud), Gilbert Roland (Teche), Dan Duryea (Johnny), Marcia Henderson (Francesca), Jay C. Flippen (MacDonald), Antonio Moreno (Dominique) **L** 102 **FSK** ab 6; f **E** 31.12.1953 **fd** 3 034

DER TODESBUS. Durch ungeheure Regenmassen wird die Untertunnelung einer Straße erheblich behindert. Als der Bauleiter und sein Kollege sich vor Ort vom Zustand des Tunnels überzeugen wollen, stürzt die Betondecke ein, einer von ihnen findet den Tod. Wenig später will ein Bus die Stelle überqueren, die Fahrbahndecke gibt nach und der Bus fährt in einen Krater. Für die Überlebenden beginnen bange Stunden. Fernseh-Dramatisierung des Münchner Busunglücks vom 20. September 1994. ✦ Deutschland 1997 **P** premiere/RTL **Pd** Claudia Sihler **R** Richard Huber **B** Nicholas Niciphor **K** Tomas Erhart **D** Hannes Jaenicke (Markus Voss), Pierre Britz (Peter Voss), Franziska Breckenfelder (Uschi), Chris Hohenester (Marianne), Johanna Klante **L** 93 **E** 10.11. 1997 premiere

DAS TODESCAMP DER SHAOLIN (INCREDIBLE KUNG FU MISSION). Ein wichtiger Mann der Widerstandsbewegung gegen die Willkürherrschaft in China ist vom Gouverneur gefangengesetzt worden. Als jeder Versuch, ihn durch Verhandlungen auszulösen, scheitert, stellt ein Kung-Fu-Meister eine Kampfgruppe aus fünf Männern zusammen, die durch hartes Training auf ihre Aufgabe vorbereitet werden. Ein besonders in den Kampfszenen recht einfallsreicher, aber äußerst drastischer Eastern. (Alternativtitel: »Shaolin-Killer«; »Der Sturm auf die gelbe Burg«) ✦ Scope. Hongkong 1978 **P** Panasia **KI** Avis/Dimo/Filmallianz/Wiking **VA** Starlight **R** Chang Xin-Yi **K** Chuan Yin-Chuan **M** Huang Mou-Shan **D** Chang Lung, Liu Chung-Liang **L** 83 **FSK** ab 16; nf **E** 7.11.1980/1982 Video

TODESDIAGNOSE (DIAGNOZA SMRTI). Eine junge Frau, die vermutlich einem Mordanschlag zum Opfer fiel, und ein durch einen Verkehrsunfall schwerverletzter Kraftfahrer werden am selben Tag in ein Krankenhaus eingeliefert. Die Ermittlungen der Kriminalpolizei ergeben, daß zwischen beiden Todeskandidaten eine Verbindung bestehen muß. Konventioneller Kriminalfilm. – Ab 14. ✦ CSSR 1979 **P** Filmstudio Barrandov **KI** Progress **R+B** Petr Schulhoff **K** Jirí Vojta **M** Pavel Blatny **D** Rudolf Hrusínsky (Major Kalas), Drahomira Hofmanová (Linhartoyá), Alexandra Gasnárková (Markova), Vilém Besser (Leutnant Martinec), Zdenek Ornest (Dr. Zibrt) **L** 91 **E** 3.10.1980 Kino DDR/17.7.1982 DFF 1

DER TODESDIAMANT (BATTLE FOR TREASURE). Prinzessin Yang auf der Jagd nach einem roten Diamanten, der der Sage nach die Macht der Khmer-Dynastie in Kambodscha sichern soll. Ein Actionfilm nach üblichem Schema, wenig um Glaubwürdigkeit bemüht. ✦ Hongkong 1987 **P** Filmark International **VA** Spitfire **Pd** Tomas Tang **R** Burt Peterson **B** Derek Law **K** Jack Howard **D** Joey Ryan, Randy Donner, Bert Brooks, Stephene Mitchell, Norman Linn **L** 90 **E** 13.2. 1989 Video

TODESDIÄT – DER PREIS DER SCHÖNHEIT (WHEN FRIENDSHIP KILLS). Eine neue Schülerin an einer High School freundet sich mit dem beliebtesten Mädchen der Schule an und übernimmt bald deren Essstörungen, um genau so schlank und attraktiv wie die neue Freundin zu sein. Erst als diese ihrer Sucht zum Opfer fällt, gelangt die neue Schülerin zur Einsicht, was sie sich und ihrer Familie antut. Drama über Magersucht, das den Verlauf der Krankheit und deren Ursachen akribisch nachzeichnet. ✦ USA 1996 **P** O'Hara-Horowitz Prod./Libra Pic. **Pd** Tracey Jeffrey **R** James A. Contner **B** Elizabeth Gill **K** Richard Leiterman **M** Stacy Widelitz **S** Thomas Fries **D** Lynda Carter (Kathryn Archer), Katie Wright (Lexi Archer), Josh Taylor (Peter Archer), Colleen Winton (Pamela), Kimberley Warnat (Jill) **L** 87 **E** 26.4.2000 RTL

TODESDROGE HEROIN →Der große Kampf des Syndikats

DAS TODESDUELL →Die Todeskarawane der Shaolin

TODESDUELL AUF DEM HIGHWAY →Sie nannten ihn El Lute

DAS TODESDUELL DER NINJA (ULTIMATE NINJA). Nach 20jähriger Ausbildung rächt sich ein Ninja-Kämpfer an den Mördern seines Vaters. Seriengefertigter Actionfilm mit schlechten Kampfszenen. ✦ Hongkong 1986 **P** Godfrey Ho Prod. **VA** Highlight **R** Godfrey Ho **D** Bruce Baron, Stuart Smith **L** 90 **E** 22.12.1986 Video

DER TODESENGEL (1971) (LA VITTIMA DESIGNATA). Ein venezianischer Graf ermordet die ungeliebte, millionenschwere Frau eines Mailänder Werbechefs und verlangt von diesem die Tötung seines eigenen Bruders. Am Ende ist der Graf selbst das Opfer. Verworrener, formal unbedarfter Pseudothriller, der das Thema aus Patricia Highsmiths Krimi »Der Fremde im Zug« paraphrasiert. ✦ Scope. Italien 1971 **P** P.C.E. **KI** Nobis **R** Maurizio Lucidi **B** Augusto Caminito, Aldo Lado, Maurizio Lucidi, Fulvio Gicca (= Fulvio Gicca Palli), Antonio Troisio **K** Aldo Tonti **M** Luis Enriquez Bacalov **S** Alessandro Lucidi **D** Tomas Milian, Pierre Clementi, Marisa Bartoli, Katia Kristine, Luigi Casellato, Sandra Cardini **L** 100 **FSK** ab 16; f **E** 30.8.1974

DER TODESENGEL (1988) (FATAL JUDGMENT). Drama nach einem authentischen Fall. Anfang der 80er Jahre kam in Massachusetts eine Hilfskrankenschwester unter Mordanklage vor Gericht, nachdem sie im Auftrag des verantwortlichen Arztes einer Krebskranken eine Überdosis Morphium gespritzt hatte. ✦ USA 1988 **P** Jack Farren Prod. **Pd** Paul Pompian **R** Gilbert Cates **B** Gerald Green, nach einem Tatsachenbericht von Gary Provost **D** Patty Duke (Anne Capute), Tom Conti (Pat Piscitelli), Philip Sterling (Richter Josiah Clay), Thomas Ryan (Henry Eastlake), Joe Regalbuto (Charlie Capute), Jo Henderson (Bannermann) **L** 90 **E** 2.6.1992 PRO 7

DER TODESENGEL (1998). Nach einer Vergewaltigung kann eine junge Frau wie durch eine Wunder zwei Männern entkommen, die mordend durch Deutschland ziehen. Sie schwört Rache, übt an einem Nachbarn und kann schließlich ihre Peiniger stellen. Amateur-Filmschund mit Splattereffekten, der sich in Vergewaltigungsszenen ergeht und bei dem es sich erübrigt, von handwerklichem Niveau zu reden. ✦ Deutschland 1998 **VA** Screen Power (Böhling) **R** Andreas Bethmann **D** Manila May, Marc Fehse, Timo Rose **L** 92 **FSK** Juristen-Kommision **E** 31.3.1999 Video

DIE TODESENGEL DES KUNG FU (DEADLY ANGELS – WOMEN DETECTIVES). Eine Polizei-Sondereinheit, bestehend aus vier Kung-Fu-Kämpferinnen, macht nach blutigen Gemetzeln einer Diamantenbande den Garaus, die ihre Beute von jungen Frauen nach Korea schmuggeln läßt und diese dann umbringt. Ein langatmiger, extrem gewalttätiger Actionfilm von kaum zu überbietender Brutalität. – Wir raten ab. ✦ Scope. Hongkong 1977 **P** Shaw Brothers **KI** Avis **R** Chang Cheh **D** Evelyn Kraft, Chin Yung, Szu Wei, Yen Nan-Xi **L** 88 **FSK** ab 18; nf **E** 21.7.1978 **fd** 20 942

DER TODESENGEL VON GRAND CENTRAL (TERROR ON TRACK 9). Kriminalfilm. Ein psychopathischer Serienkiller injiziert Frauen auf der Grand Central Station eine Überdosis Heroin. Als zusätzlich zur Polizei das FBI eingeschaltet wird, verwandelt sich die Jagd nach dem Mörder in ein Medienspektakel. ✦ USA 1992 **R** Robert Iscove **B** Monte Stettin **D** Richard Crenna (Lt. Frank Janek), Joan Van Ark (Leslie Renner), Swoosie Kurtz (Marcia Hobbs), Cliff Gorman (Sgt. Aaron Greenberg), Joseph Campanella (Chef der Mordkommission) **L** 90 **E** 16.10.1997 Vox

DER TODESENGEL VON SAN FRANCISCO →Milly … und sowas nennt sich seine Mutter

DIE TODESFAHRT DER MS SEASTAR. (Fernseh-) Drama um einen Kampfschwimmer der Bundeswehr, der sich mit seiner Familie auf einer Kreuzfahrt befindet, als der Luxusliner von Terroristen gekapert wird. Ein vordergründiger Aufguss einschlägiger amerikanischer Kino-Vorbilder. ✦ Deutschland 1998/99 **P** Novamedia/Phoenix/ProSieben **Pd** Peter Freund **R** Mark von Seydlitz **B** Peter Freund **K** Hannes Hubach **M** Jürgen Ecke **S** Horst Reiter **D** Ralf Bauer (Sven Tauchert), Oana Solomonescu (Anna Tauchert-Martin), Udo Wachtveitl (Kranz), Tyron Ricketts (Nico Behrend), Bruno Maccallini (Schiffskoch), Valea Scalabrino (Laura), Rolf Kantes (Kapitän van Bergen) **L** 95 **E** 19.11.1999 ProSieben

TODESFAHRT IM REGEN (LLOVIZNA). Ein Mann muß nachts mit einer größeren Menge Geld durch die mexikanische Provinz fahren. Gegen seine Überzeugung nimmt er vier Indios mit in die Stadt. Sein Mißtrauen steigert sich zu Wahnvorstellungen; er tötet seine Mitfahrer. Thema dieses Films ist das schlechte Gewissen der mexikanischen Mittelklasse gegenüber den unterprivilegierten Indios. ✦ Mexiko 1973 **P** Conacine/Dasa **R** Sergio Olhovich **B** Juan de la Cabada, Sergio Olhovich **K** Rosalio Solano **M** Raúl Lavista **D** Aaron Hernan (Eduardo), Salvador Sanchez (Juan), Delia Casanova (Luisa Fernanda), Silvia Mariscal (Patrícia), Carlos Chavez (José), Martin Palomares (Pedro) **L** 75 **E** 30.12.1979 DFF 2/ 17.3.1983 WDR

DIE TODESFALLE (DEADFALL). Ein einzelgängerischer Juwelendieb tut sich mit einem Gauner- und Ehepaar aus derselben Branche zusammen, weil er den Reizen der jungen Frau verfallen ist. Es entwickelt sich eine amouröse Dreiecksgeschichte, die am Ende alle Beteiligten um den Lohn ihrer »Arbeit« bringt. Ein ambitionierter Thriller, der seine konventionelle Kriminalhandlung mit psychologischen Feinheiten und tabuisierten Randmotiven (Homosexualität, deutsch-französische Kollaboration unter dem Vichy-Regime) verbindet. – Ab 16 möglich. ✦ Großbritannien 1967 **P** Salamander **KI** Centfox **Pd** Paul Monash **R** Bryan Forbes **B** Bryan Forbes, nach einem Roman von Desmond Cory **K** Gerry Turpin **M** John Barry **S** John Jympson **D** Michael Caine (Henry), Giovanna Ralli (Fé), Nanette Newman (Mädchen), Eric Portman (Richard Moreau), David Buck (Salinas), Leonard Rossiter **L** 120 **FSK** ab 16; f **E** 1.11.1968 **fd** 15 812

TODESFALLE →Haute Tension: Todesfalle

TODESFALLE AM MILL CREEK →Horror am Mill Creek

DIE TODESFALLE AUF DEM HIGHWAY (DEATH CAR ON THE FREEWAY). Eine unerschrockene Reporterin klärt gegen den Widerstand einer ihr feindlich gesinnten männlichen Umwelt eine Serie von rätselhaften Mordanschlägen gegen Frauen auf amerikanischen Autobahnen. Rasanter Actionfilm, der die Stationen einer Emanzipation beschreibt, dessen Anliegen jedoch durch die inkonsequente Darstellung der Frau weitgehend verpufft. ✦ **VA** PolyGram **R** Hal Needham **B** William Wood **K** Bobby Byrne **M** Richard Markowitz **D** Shelley Hack, Frank Gorshin, George Hamilton, Peter Graves, Harriet Nelson **L** 95 **E** 1983 Video **fd** 24 172

TODESFALLE BERMUDA DREIECK (SECRETS OF THE BERMUDA TRIANGLE). (Fernseh-)Dokumentation mit Spielszenen, die versucht, dem Geheimnis des Bermuda Dreiecks, in dem immer wieder Schiffe und Flugzeuge spurlos verschwinden, auf den Grund zu gehen. ✦ USA 1978 **R** Donald Brittain **K** Brianne Murphy **D** Peter Tompkin, Brianne Murphy **L** 90 **E** 12.10.1999 RTL 2

TODESFALLE – DER MÖRDER LAUERT IM DUNKELN →Der Parkhausmörder

DIE TODESFALLE DER SHAOLIN (TSA-CHI WANG-MING TUI / DARE DEVILS). Die chinesische Republik um die Jahrhundertwende: Der Rachefeldzug von vier jungen Kung-Fu-Helden gegen einen reaktionären, putschistischen Militär, der den Vater ihres Freundes und diesen selbst getötet hat. Ein handwerklich ausgesprochen solider, aber besonders blutiger Eastern, in dem Blut und Gewalt geradezu surreale Dimensionen annehmen. ✦ Scope. Hongkong 1979 **P** Shaw Brothers **KI** Avis/Apollo **VA** VPS **Pd** Run Run Shaw **R** Chang Cheh **B** I Kuan, Chang Cheh **K** Tsao Hui-Chi **S** Chiang Xing-Lung **D** Lu Feng, Chiang Sheng, Wang Li, Sun Chien, Lo Meng **L** 80 **FSK** ab 16; nf **E** 18.7.1980/16.4.1992 Video **fd** 22 591

TODESFALLE ESFAHAN (APPOINTMENT IN ESFAHAN). Ein Mikrofilm über Öl-Vorkommen im persischen Golf löst eine Reihe krimineller Handlungen aus. Banaler Abenteuerfilm. ✦ **P** Moulin Rouge Prod. **VA** Heimfilm **R** Tony M. Zarindast **B** Ely Sarandi **K** Martin Patrich **M** Pour Hashemi **D** Burt Miller, Suzanne West, Caty Taylor, Nasser Malak, Hashern Khan **L** 85 **E** März 1985 Video

TODESFALLE PAZIFIK (SUICIDE BATTALION). Eine Kampfgruppe der US-Army vernichtet im Zweiten Weltkrieg eine japanische Befehlsstelle. Nach einleitenden Bildern vom Dschungelkrieg gesellt sich dem gefährlichen Unternehmen eine Journalistin bei, die in Stöckelschuhen und tief dekolletiert für Eifersucht zwischen den beteiligten Offizieren sorgt. Ein Kriegsabenteuerfilm der nichtsnutzigsten Art. ✦ Schwarz-weiß. USA 1958 **P** AIP/Zuma **KI** NF **Pd** Lou Rusoff **R** Edward L. Cahn **B** Lou Rusoff **K** Floyd Crosby **M** Ronald Stein **D** Michael »Touch« Connors (Major Matt McCormick), John Ashley (Tommy Novello), Jewell Lain (Elizabeth Ann Mason), Russ Bender (Harry Donavan), Bing Russell (Lt. Chet Hall), Scott Peters (Wally Skilzowski) **L** 79 **FSK** ab 18; nf **E** 27.2. 1959 **fd** 8 090

TODESFALLE TRESOR 17 (RAPINA AL QUARTIERE OVEST). Ein amerikanischer und ein italienischer Gangster knacken im Auftrag eines Nachtlokalbesitzers einen Banktresor. Um die Beute entbrennt ein mörderischer Kampf. Ein schleppend inszenierter und hölzern gespielter Gangsterfilm. ✦ Schwarzweiß. Italien 1960 **P** Mercurio **KI** Ceres **Pd** Giovanni Laterza **R** Filippo W. Ratti **B** Franco Cobianchi, Oreste Palella, Filippo W. Ratti **K** Oberdan Troiani **M** Francesco De Masi **S** Otello Colangeli **D** Lawrence Montaigne (Barney), Maria Fié (Anna), Clelia Mantania (Clelia), Sergio Raimondi (Julius), Jacqueline Rogers (Therese), Franco D'Este (Morletto), Fanfulla (= Luigi Visconti), Gianni Dei **L** 80 **FSK** ab 16; nf **E** 13.9.1963 **fd** 12 296

TODESFALLE UNTER DEM MEER (DEATH DIVE). Die Bedienungsfehler eines Seemannes lassen ein Forschungs-U-Boot auf den Meeresboden absinken, wo es nur durch die Umsicht eines erfahrenen Sprengmeisters wieder zum Auftauchen gebracht werden kann. Um etwas Spannung in die monotone Story zu bringen, verfiel das Drehbuch auf die Idee, einen Korb mit fünf giftigen Schlangen an Bord zu schmuggeln. Wenigstens sie produzieren ab und zu etwas Gänsehaut. Ein biederer, offensichtlich zunächst fürs Fernsehen produzierter Film. – Ab 16. ✦ USA 1974 **P** Leslie Stevens Prod. (für CBS) **KI** Constantin **VA** Sunrise **Pd** Elaine Michea **R** Russ Mayberry **B** Leslie Stevens **K** John M. Stephens **M** Dominic Frontiere **D** David Janssen (Russ Bogan), Hope Lange (Lt. Dr. Eileen McCord), Ivan Dixon, Herb »Jason« Evers, Charles Knox (Voit), Sandra Ego **L** 97 **FSK** ab 12; f **E** 20.3.1975/Oktober 1985 Video **fd** 19 217

TODESFALLE VON CHIKAGO (CHICAGO DEADLINE). Ein draufgängerischer Reporter recherchiert an Hand des Taschenkalenders einer im Hotel tot aufgefundenen jungen Frau, die angeblich einem TBC-Blutsturz erlag. Er stößt auf mordende Gangster und bringt, ziemlich lädiert, den Boß zur Strecke. Spannender Kriminalfilm, geschickt in Rückblenden aufgebaut, ganz zugeschnitten auf den zugkräftigen Hauptdarsteller Alan Ladd. – Ab 14 möglich. ✦ Schwarzweiß. USA 1949 **P** Paramount **KI** Paramount **Pd** Robert Fellows **R** Lewis Allen **B** Warren Duff, Tiffany Thayer **K** John Seitz **M** Victor Young **S** LeRoy Stone **D** Alan Ladd (Ed Adams), Donna Reed (Rosita Jean D'Ur), June Havoc (Leona), Berry Kroeger (Sally Wellman), Arthur Kennedy (Tommy Ditman), Irene Hervey (Belle Dorset) **L** 86 **FSK** ab 12; nf **E** 20.10. 1950 **fd** 947

DIE TODESFALLE VON HONGKONG (HONG-KONG AFFAIR). Ein junger Amerikaner kämpft in Hongkong gegen Opium-Schmuggler um die Einkünfte seiner Teeplantage. Unaufwendiger Krimi mit löchriger Handlung zwischen schönen Landschaftsbildern. – Ab 14. ✦ Schwarz-weiß. USA 1958 **P** Allied Artists/ Claremounce Pictures **KI** Austria **R** Paul F. Heard **B** Herbert G. Luft, Paul F. Heard, J. Raymond Friedgen, Helene Turner **K** S.T. Chow **M** Louis Forbes **D** Jack Kelly (Steve Whalen), May Wynn (Chu Lan), Lo Lita Shek (Sou May), Richard Loo (Li Noon), Gerald Young (Louis Jordan), James Hudson (Jim Long) **L** 78 **FSK** ab 12; nf **E** 13.3.1959 **fd** 7 954

DIE TODESFARM (DEMENTED DEATH FARM MASSACRE). Vier Diamantendiebe geraten auf ihrer Flucht vor der Polizei auf eine abgelegene Farm. Zwar kann man sich die Frau gefügig machen, doch das vermeintliche Versteck erweist sich als tödliche Falle, als ihr Mann zurückkehrt. Banales Action-Produkt aus der »Troma«-Grusel-Küche. ✦ USA 1983 **P** Troma **VA** RCA/Columbia **Pd+R** Donn Davison, Fred Olen Ray **B** Barbara Morris Davison **S** Avrum Fine **D** John Carradine, Ashley Brooks, George Ellis, Trudy Moors, Jim Peck **L** 83 **FSK** ab 18 **E** 2.2.1988 Video

TODESFAUST (TENNESSEE'S PARTNER). Zur Zeit des großen Goldrauschs freunden sich ein Berufsspieler und ein energischer Cowboy zögernd an, retten sich wechselseitig und helfen einander. So verzichtet der Spieler auf seine Provisionen bei der Besitzerin eines dubiosen Heiratsinstituts, um den Freund von einem Flittchen zu befreien und ihn vor einem goldhungrigen Schurken zu retten. Spannender, mit großer Routine und Abgeklärtheit inszenierter Western des damals 70jährigen Allan Dwan, der das kalifornische Goldgräber-Milieu mit seiner Ausgelassenheit, Goldgier, Brutalität und der Ambivalenz der Figuren lebendig einfängt. – Ab 14. ✦ Scope. USA 1955 **P** RKO **KI** RKO **Pd** Benedict Bogeaus **R** Allan Dwan **B** Milton Krims, D. D. Beauchamp, Graham Baker, Teddi Sherman **K** John Alton **M** Louis Forbes **S** James Leicester **D** John Payne (Tennessee), Ronald Reagan (Cowpoke), Rhonda Fleming (Herzogin), Coleen Gray (Goldie), Tony Caruso (Turner), Leo Gordon (Sheriff), Coleen Gray (Goldie Slater), Morris Ankrum (Richter), Chubby Johnson (Grubstake McNiven), Myron Healey (Reynolds), Joe Devlin (Prendergast), Angie Dickinson (Mädchen) **L** 85 **FSK** ab 12; nf **E** 29.6.1956 **fd** 5 125

DIE TODESFAUST (THUNDERFIST). Ein überlegener Karatekämpfer klärt den Diebstahl eines wertvollen Kunstgegenstandes und die damit im Zusammenhang stehende Entführung der Tochter des französischen Botschafters auf. Die unglaubwürdige, magere Handlung ist nur Vorwand für eine Abfolge von Brutalitäten. ✦ USA 1974 **P** Inter Associates **KI** Alemannia **R** Teddy Yip **B** Johnny L. Pascual **M** Lamont Johnson **D** Franco Liu, Michael Freeman, Alex Lung, Yukio Someno, Steve Yu **L** 83 **FSK** ab 18; nf **E** 20.5.1976 **fd** 19 888

DIE TODESFAUST DER KILLERKRALLE (FIGHTING DRAGON). Nach Jahren kehrt ein wegen seiner Kampftechnik »Drachen« genannter Mann von Japan nach Hongkong zurück, weil sein alter Meister ermordet wurde. Als Täter entlarvt er die Handlanger eines mächtigen Gangsters. Schludriger Krimi mit brutalen Kampfszenen vor der Alltagskulisse Hongkongs. ✦ Scope. Hongkong 1980 **P** Star Sea Motion Pictures **KI** Kora **R+B** Pang Him **K** Leung Hay-Ming **M** Chan Fei-Hei **D** Bruce Liang (= Leung Siu-Lung), Yasuaki Kurata, Lee Gar-Ding, Chen Lan, Pang Him **L** 85 **FSK** ab 18; nf **E** 13.11.1981 **fd** 23 442

DIE TODESFAUST DES CHENG LI →Bruce Lee – Die Todesfaust des Cheng Li

DIE TODESFÄUSTE DES KARATEHENKERS (IN HOT PURSUITE). Ein bankrotter Geschäftsmann gibt nach erfolglosen Selbstmordversuchen seine eigene Ermordung in Auftrag und versucht, den Killern zu entkommen, als sich seine Lage bessert. Langweilige Eastern-Komödie mit öden Gags und ebensolchen Dialogen. Uninspiriert kupfert sie das häufig schon fürs Kino verwandte Thema aus Jules Vernes Roman »Die Leiden eines Chinesen in China« ab. ✦ Hongkong 1974 **P** Sunrise Company **KI** Avis/Aktuell-Film **R** Lee Van-Tang **D** Kao Peng, Jen Fang, Lee Tao-Jen, Ming Shen, Miao Lu **L** 81 **FSK** ab 18; nf **E** 1976 Kino **fd** 19 885

DER TODESFELSEN VON COLORADO (NEW MEXIKO). New Mexiko um 1866: Hunger, Durst, Munitionsmangel und Unzufriedenheit bedrohen weiße Truppen im Kampf gegen eine zahlenmäßige Übermacht von Indianern. Kavallerie-Western nach den üblichen Mustern; ohne formale Besonderheit. – Ab 16. ✦ USA 1951 **P** United Artists **KI** Constantin **Pd** Irving Allen, Joseph Justman **R** Irving Reis **B** Max Trell **K** Jack Greenhalgh, William E. Snyder **M** Lucian Maroweck **S** Louis H. Sackin **D** Lew Ayres (Capt. Hunt), Marilyn Maxwell (Cherry), Robert Hutton (Lt. Vermont), Andy Devine (Sgt. Garrity), Raymond Burr (Anderson), Jeff Corey (Coyote), Lloyd Corrigan (Richter Wilcox), Verna Felton (Mrs. Fenway), Ted de Corsia (Acuma), John Hoyt (Sgt. Harrison), Robert Osterloh (Parsons) **L** 78 **FSK** ab 12; nf **E** 31.10.1952 **fd** 2 192

DIE TODESFLIEGER (FORZA G). Ein junger Playboy wird nach einigen Schwierigkeiten Pilot in einer Kunstfliegerstaffel der italienischen Luftwaffe und hilft, einen verlorenen Kunstflugpokal zurückzugewinnen. Routiniertes Abenteuer-Spektakel mit spannenden Düsenjägerstunts, fragwürdigem Technik-Fetischismus und einer etwas pubertären Männermoral. ✦ Italien 1971 **P** Vides **KI** United Artists **Pd** Franco Cristaldi **R** Duccio Tessari **B** Nanni D'Eramo, Gianni Orlando, Duccio Tessari **K** Stelvio Massi **M** Ennio Morricone **S** Mario Morra **D** Riccardo Salvino (Leutnant Orlando), Pino Colizzi (Hauptmann Bergamini), Nico Cundari (Oberst Moschin), Giancarlo Prete (Leutnant Pettarin), Ernesto Colli (Leutnant Del Prete), Esmeralda Ruspoli (Signora Orlando) **L** 103 **FSK** ab 16; f **E** 11.8.1972 **fd** 17 959

DER TODESFLUCH →Last Gasp – Der Todesfluch

DER TODESFLUCH DES GELBEN RÄCHERS (THE GOOSE-BOXER). Auf der Suche nach Arbeit landet ein Entenverkäufer als Ausbilder in einer Kung-Fu-Schule. Der als Mörder gesuchte Meister zwingt ihm ein barbarisches Trainingsprogramm auf. Schließlich besiegt der Schüler seinen Meister. Der in spärlicher Kulisse gedrehte, offensichtlich stark verstümmelte Film versucht, die Kung-Fu-Kämpfe durch humorige Stilarten aufzulockern. Die Originalfassung zählt ob ihrer genuin eigenwilligen Mischung aus Witz, harten Kämpfen und Ausbildung zu einem der besten Martial-Arts-Filme. ✦ Scope. Hongkong 1979 **P** SUPER WIA **KI** Apollo/Alemannia/Barberina **R** Ta Shih-Fu **B** Cheng Hoi-Ching **M** Chow Fook-Leung **D** Charles Heung, Kao Fei, Li Hai-Shen, Tien Ching **L** 82 **FSK** ab 16; nf **E** 24.10.1980 **fd** 23 487

TODESFLUG (DEATH FLIGHT). Ein Überschall-Flugzeug, das mit geladenen Gästen in Rekordzeit von New York nach Paris fliegen soll, wird während des Fluges durch Sabotage beschädigt. Eine Explosion setzt ein als Fracht befördertes Virenpräparat frei, so daß die Maschine aus Furcht vor einer Epidemie in europäischen Staaten nicht landen darf. Sentimental-kitschiger Katastrophenfilm, dessen Handlung oft die Grenzen des Lächerlichen streift; schludrig inszeniert. – Ab 16. ✦ USA 1977 **P** ABC Circle/Inter Ocean **R** David Lowell Rich **B** Robert L. Joseph, Meyer Dolinsky **K** Joseph Biroc **M** John Cavacas **S** Pembroke J. Herring **D** Peter Graves (Whitley), Doug McClure, Lorne Greene, Robert Reed, Susan Strasberg **L** 85 **E** 30.3.1984 ARD

TODESFLUG KAL 007 (CODED HOSTILE). Am 1. September 1983 schossen sowjetische Jagdflieger ein koreanisches Passagierflugzeug ab, das den Luftraum der UdSSR streifte. 269 Menschen fanden den Tod; die Welt stand am Rande eines Krieges. Das dokumentarische Fernsehspiel deckt die Hintergründe dieses Vorfalls auf, wobei es sich auf Interviews und Geheimdienstmaterial stützt. Deutlich werden Manipulationen im Hintergrund und ein verantwortungsloses Verhalten von Politikern, die Warnungen der eigenen Geheimdienste in den Wind schlugen. – Ab 16. ✦ USA 1989 **P** HBO Showcase **R** David Darlow **B** Brian Phelan **K** Witold Stok **M** David Ferguson **S** Chris Gill **D** Michael Moriarty (Major Hank Daniels), Michael Murphy (Richard Burt), Chris Sarandon (John Lenczowski), Harris Yulin (General Tyson), Gavan O'Herlihy (Sgt. Muller) **L** 80 **E** 29.6.1991 ARD

TODESFLUG 1602 – ALS DER HIMMEL EINSTÜRZTE (A WING AND A PRAYER). Als ein Fluglotse bei einer Beinahekollision die Nerven verliert, wird er von Dienst suspendiert. Seiner Frau, die ebenfalls in dem Metier tätig ist, wird ein erfahrener Kollege zugeteilt. Als der Mann aus seinem Zwangsurlaub zurückkehrt, wird sein Flugzeug von einem Blitz getroffen und ist manövierunfähig, die Frau im Tower ist hilflos. Für den Lotsen an Bord schlägt die Stunde der Bewährung. Haarsträubender Katastrophenfilm ohne Spannung und erkennbare Schauspielerleistungen, dafür aber mit einer äußerst wirren Geschichte. ✦ USA 1998 **P** PolyGram/USA Pictures **R** Paul Wendkos **B** Michael Ahnemann, Stephen Harrigan **K** Chuck Arnold (= Charles G. Arnold) **M** Marty Davich **D** Claudia Christian (Shelley Lowe), Jeff Yagher (Jack Love), Jessica Tuck (LaVaughn), Christopher Cousins (Evan), Leon Russom (Vernon) **L** 90 **E** 17.1.2001 ProSieben

TODESFLUG 401 →Flug 401

TODESFLÜSTERN →Mit der Angst in ihren Augen

DIE TODESFLUT →Die große Flut – Wenn alle Dämme brechen

DAS TODESFOTO (PHOTO SOUVENIR). Ein Spezialist für Herzverpflanzungen gerät in den Besitz einer Sofortbildkamera, die keine Bilder herstellt, die die Wirklichkeit abbilden, diese vielmehr mit Hinweisen auf zukünftige Ereignisse interpretiert. So fehlen Personen auf den Fotografien, die kurze Zeit später sterben, und so sieht sich auch der Arzt mit seinem eigenen Ableben konfrontiert. Fantastischer Film, der mit realen filmischen Mitteln Ereignisse schildert, die mit der Vernunft nicht greifbar sind. Zwar etwas bieder in der Inszenierung und nur mäßig spannend, aber reizvoll durch das originelle Spiel mit den verschiedenen Zeit- und Wirklichkeitsebenen. – Ab 16. ✦ Frankreich 1982 **P** FR 3 **R** Edmond Séchan **B** Edmond Séchan, Jean-Claude Carrière **K** Guy Delattre **M** Georges Delerue **D** Jean-Claude Carrière (Dr. Henry Quissard), Vania Vilers (Françoise), Bernard Le Coq (Jérome), Danièle Aymé (Catherine), Ginette Mathieu (Madame Quissard), Jean-Paul Venel (Barthes) **L** (TV) 79 **E** 24.5.1985 ZDF

DIE TODESGLOCKE →Verhängnisvolle Jagdpartie

DIE TODESGÖTTIN DES LIEBESCAMPS. Eine junge Frau bekehrt durch ihre Liebe den Anhänger einer Sekte, deren Führerin jeden Abtrünnigen töten läßt. Mischung aus Sex and Crime, die mit dem Thema Jugendsekten spekuliert. Weitgehend unfreiwillig komisch, wird der Film peinlich, wenn er auf philosophische und biblische Zitate zurückgreift. ✦ BR Deutschland 1980 **P** Christian Anders Filmproduktion **KI** Avis/Film-Allianz **Pd+R+B** Christian Anders **K** Vassilis Christomoglou **M** Christian Anders **S** Renate Engelmann **D** Laura Gemser (die »Göttliche«), Christian Anders (Dorian), Gabriele Tinti (Patricia Benneman), Maximilian Wolters, Simone Brahmann, Sascha Borysenko **L** 79 **FSK** ab 18; nf **E** 10.4.1981 **fd** 23 031

DER TODESGRIFF DER SHAOLIN (SHAOLIN HANDLOCK). In der Kindheit getrennte Brüder rächen gemeinsam die Zerschlagung ihrer Familie und die Ermordung ihres Vaters. Durchschnittseastern, ebenso klischeehaft wie spannungslos. Reizvoll allenfalls durch die Aufnahmen thailändischer Tempelruinen. ✦ Scope. Hongkong 1978 **P** Shaw Brothers **KI** Avis **D** David Chiang (= Chiang Tai Wei), Lo Lieh, Ti Lung **L** 82 **FSK** ab 18; nf **E** 19.10.1979 **fd** 22 221

DIE TODESGRIPPE VON KÖLN. Der Tod eines Kölner Virenforschers löst Alarm aus, da vermutet wird, dass ein tödlicher Grippevirus freigesetzt wurde. Das Forschungslabor, für das der Wissenschaftler tätig war, setzt alles daran, den Vorfall als Selbstmord hinzustellen, doch seine Frau und ihr Stiefsohn wollen die Wahrheit ans Licht bringen. Hektischer (Fernseh-) Thriller über die Gefahren moderner Forschung, in dessen Verlauf zugleich der Mutter-Stiefsohn-Konflikt geklärt werden kann. ✦ Deutschland 1999 **P** Freie Fernseh-Film Prod. (FFP)/SAT 1 **Pd** Petra Schepeler **R** Christiane Balthasar **B** Holger Badura **D** Ann-Kathrin Kramer (Sonja), Robert Stadlober (Jan), Reiner Schöne (Werner Nielsen), Max Herbrechter (Reinhard Kessler), Charlotte Schwab (Kommissarin Rudolph) **L** 93 **E** 5.10.1999 SAT 1

DIE TODESGROTTEN DER SHAOLIN (THE BUTTERFLY MURDERS / WHITE JADE / TIEH PIEN). In den unterirdischen Höhlen einer chinesischen Burg rotten sich Gute und Böse gegenseitig aus. Tsui Harks Regiedebüt ist ein wilder, nicht leicht durchschaubarer und extrem finsterer Kung-Fu-Film voller brillanter Kampfszenen, der vor allem durch das Gespür für Atmosphäre überzeugt. ✦ Scope. Hongkong 1979 **P** Seasonal **KI** Nobis/Elsner **Pd** Ng See-Yuen **R** Tsui Hark **B** Lin Chih-Ming, Liang Nung-Kang **K** Fan Chin-Yu **M** Chen Hsun-Chi, Ku Chia-Hui **S** Tsui Hark, Wu Sze-Yuan **D** Lau Siu-Ming, Mi Hsueh, Wong Shee Tong, Chen Chi-Chi, Chang Kuo-Kuei, Kao Hsiung **L** 89 **FSK** ab 16; nf **E** 14.8.1981

TODESGRÜSSE AUS DEM BABYFON →Ein perfekter kleiner Mord

TODESGRÜSSE AUS DEM JENSEITS (BLACKOUT). Eine junge Frau kehrt in ihr Elternhaus zurück, das sie als Siebenjährige verließ, und beginnt, Nachforschungen über ihren verschwundenen Vater anzustellen. Als ein junger Mann sie belästigt und sie auf ihn einsticht, scheint die Erinnerung wiederzukehren. Sie selbst scheint den Vater getötet zu haben, als dieser sich an ihr vergehen wollte. Doch die Wahrheit ist noch bizarrer. Psycho-Thriller ohne Eigenständigkeit und mit mehr als nur Anleihen bei den Klassikern des Genres. Das verworrene Buch und ausgebleichte Bilder erzeugen nur Langeweile. (Titel auch: »Blackout«) ✦ USA 1987 **P** Ambient Light Entertainment **VA** Ufa **Pd** Joseph Stefano **R** Doug Adams **B** Joseph Stefano **K** Arledge Armenaki **M** Don Davis **S** Zach Staenberg **D** Carol Lynley (Mutter), Gail O'Grady (Caroline Boyle), Michael Keys Hall (Onkel Alan), Joseph Gian (Luke), Deena Freeman (Angela), Joanna Miles (Eleanor) **L** 87 **FSK** ab 16 **E** 5.1.1991 Video **fd** 28 704

TODESGRÜSSE AUS HAVANNA →Code Name Dancer

TODESGRÜSSE AUS SHANGHAI →Bruce Lee – Todesgrüße aus Shanghai

TODESGRÜSSE VON BRUCE LEE (THE DRAGON THE HERO). Ein Polizist bewirbt sich bei einer Verbrecherbande als Leibwächter und macht sie dann mit Hilfe eines Freundes unschädlich. Serieller Blut- und Kampffilm aus Fernost. ✦ Scope. Hongkong 1979 **P** Asso-Asia **KI** A. B. **R** Godfrey Ho **M** Mah Man **D** Bruce Lai, Dragon Lee, John Liu, Tino Wong, Philip Ku **L** 82 **FSK** ab 16; nf **E** 16.1.1981 **fd** 23 876

TODESGRÜSSE VON GAMMA 03 (THE BIG GAME). Ein junger amerikanischer Diplomat gerät in die Gewalt einer geheimnisvollen Organisation, die eine Erfindung zur Verhinderung von Kriegen unbrauchbar machen will. Einfallslose Agentenmär; ein wirres Sammelsurium technischer Details und psychologischer Unglaubwürdigkeiten. – Ab 16 möglich. ✦ Südafrika 1974 **P** Atlantic/Comet **KI** Nobis **R** Robert Day **B** Ralph Anderson, Stanley Norman, Robert Day, nach einem Roman von Ralph Anders **K** Mario Fioretti **M** Francesco De Masi **D** Stephen Boyd (Leyton van Dyk), France Nuyen (Atanga), Ray Milland (Prof. Handley), Cameron Mitchell (Testpilot), Brendon Boone (Jim Handley), Michael Kirner (Mark Handley), John van Dreelen (Lee), John Stacy (Gen. Stryker) **L** 94 **FSK** ab 16; nf **E** 30.5.1975 **fd** 19 599

DER TODESHAMMER DER SHAOLIN (ADVENTURE AT SHAOLIN). Ein Tyrann, hervorragender Kung-Fu-Meister, wird nach harten Kämpfen durch eine schon tödlich verletzte junge Frau besiegt. Fernost-Import nach bekanntem Schema. ✦ Scope. Taiwan 1976 **P** Wu's Film Company **KI** Berolina Cine **R+B** Hong Nan Cheng **D** Chanc Shang Fon, Tseng Tseng Wu, Yang Hsiung, Mona Hsu **L** 86 **FSK** ab 18; nf **E** 25.8.1978

DIE TODESHAND DES GELBEN ADLERS (KUNG FU INSTRUCTOR). Ein junger Kung-Fu-Meister trotzt den Intrigen, Erpressungen und Korrumpierungsversuchen einer Kampfschule, die die Kunst der Selbstverteidigung zu verbrecherischen Zwecken mißbraucht. Serienprodukt voller genreüblicher Rache- und Feindklischees, unmotiviert aufgelockert durch einige parodistische Elemente. ✦ Scope. Hongkong 1979 **P** Shaw Brothers **KI** Avis/Apollo **Pd** Run Run Shaw **R** Sun Chung **D** Ti Lung (Wang), Wang Yu, Ku Feng, Dang Yu **L** 87 **FSK** ab 16; nf **E** 18.4.1980 **fd** 22 557

DIE TODESHAND DES LIFANGTU (KUNGFU ON THE BOSPORUS). Ein türkischer und ein chinesischer Kommissar machen in Istanbul Jagd auf eine Bande von Antiquitäten-Schmugglern. Naiv-schwerfälliger Actionkrimi mit brutalen Kampfszenen: Leichen mit gebrochenen Gliedern säumen die malerischen Lokalitäten am Bosporus. ✦ Hongkong 1975 **P** Sunrise **KI** Film-Allianz/Avis **VA** Inter-Pathé **R** Victor Lam **K** Lu Shang **M** Su Pee **D** Lee Arkin, Wang Li, Torgut Ötzan, Ingrid Stoones, Ming Shen **L** 73 **FSK** ab 18; nf **E** 28.5. 1976/1983 Video **fd** 20 035

DIE TODESHAND DES SCHWARZEN PANTHERS (LAYOUT). Nach der Ermordung des Paten von Shanghai kommt es zu blutigen Auseinandersetzungen um seine Nachfolge, in deren Verlauf ein Sicherheitspolizist eine japanische Agentin als Drahtzieherin entlarvt. Actionkrimi, der unentschlossen zwischen parodistischer Überzeichnung und heftigem Kampfgetümmel schwankt. ✦ Scope. Hongkong 1978 **P** Hong Kong Motion Pictures **KI** Avis und andere **VA** Inter-Pathé/Loyal **R** Wu Ma **D** Chen Kwan-Tai, Meng Fei **L** 91 **FSK** ab 18; nf **E** 30.11.1979 **fd** 22 334

DER TODESHAUCH DES GOLDENEN DRACHEN – KUNG FU SUPERMAN (OF COOKS AND KUNG FU). Ein alter Kung-Fu-Meister wird von einem eifersüchtigen Shaolin-Kämpfer gnadenlos verfolgt und zuletzt im unfairen Kampf getötet. Der Enkel des Meisters nimmt blutige Rache an dem Schurken. Ein alberner, vergeblich um Komik bemühter Kung-Fu-Film, haarsträubend undurchdacht. Die Akrobatik der Kampfszenen ist temperamentlos fotografiert und geschnitten. ✦ Scope. Hongkong 1980 **P** Great China Film **KI** A.B. **R** Ting Pao-Shing **D** Jackie Chan (= Cheng Long), Chia Kai, Lee Kuen **L** 87 **FSK** ab 16; nf **E** 15.5.1981 **fd** 23 285

DAS TODESHAUS AM FLUSS (HOUSE BY THE RIVER). Ein junger Schriftsteller lebt mit seiner Frau in einer alten Villa in der Nähe eines verschmutzten Flusses. Er stellt dem Hausmädchen nach, erwürgt es und wirft die Leiche mit Hilfe seines Bruders, dem er einen Unfall vortäuscht, in den Fluß. Die Untat führt zu einem zweiten Mord – an seinem Bruder. Als er auch seine Frau erdrosseln will, taucht der für tot Gehaltene wieder auf. Leicht angestaubtes, düstermakabres Krimi-Melodram, angesiedelt in der für Fritz Lang typischen Atmosphäre moralisch-ethischer Zweideutigkeiten. Bemerkenswert durch die Kameraeinstellungen sowie die interessanten Symbolverweise in Dekor und Kulisse: alles spiegelt das Seelenleben der Hauptfigur, so daß auch sein makabres Ende aus einer filmisch durchaus zwingenden Logik resultiert. – Ab 16. ✦ Schwarz-weiß. USA 1949 **P** Fidelity Pictures (für Republic) **Pd** Howard Welsch, Robert Peters **R** Fritz Lang **B** Mel Dinelli, nach einem Roman von A. P. Herbert **K** Edward Cronjager **M**

George Antheil **S** Arthur Hilton **D** Louis Hayward (Stephen Byrne), Lee Bowman (John Byrne), Jane Wyatt (Marjorie Byrne), Ann Shoemaker (Mrs. Ambrose), Jody Gilbert (Flora Bantam), Dorothy Patrick (Emily Gaunt), Peter Brocco (Generalstaatsanwalt) **L** 88 **E** 29.8.1986 ZDF

DIE TODESINSEL (DEMON OF PARADISE). Ein menschenfressendes Echsenmonster wird durch mit Dynamit arbeitende Fischer aus seinem Schlaf in den Tiefen des Meeres aufgeschreckt und terrorisiert die Küste Hawaiis. Während ein Sheriff und eine Reptil-Forscherin vor den Gefahren warnen, versucht eine skrupellose Landbesitzerin, durch die Sensationsgier der Massen das Tourismusgeschäft anzukurbeln. Trivialer Horrorfilm in der Nachfolge des »Weißen Hais«. ✦ USA 1986 **P** Concorde **VA** CBS/Fox **R** Cirio H. Santiago **B** Frederick Bailey **D** William Steis, Laura Banks, Frederick Bailey, Leslie Huntley, Kathryn Witt **L** 84 **FSK** ab 16 **E** Dezember 1987 Video

DIE TODESJAGD (CHASE). Die Tochter eines Alkoholikers kehrt als erfolgreiche Anwältin in ihr Heimatstädtchen in der amerikanischen Provinz zurück und nimmt sich entrechteter Tagelöhner an, die unter polizeilicher Willkür und bürgerlicher Borniertheit leiden. Einen vermeintlichen Mörder, der gelyncht werden soll, rettet sie nach langer Verfolgungsjagd durchs Gebirge. Geradlinig und abwechslungsreich inszenierter (Fernseh-)Film, der zum Ende nur noch abenteuerliche Unterhaltung nach gängigen Mustern bietet. – Ab 14. ✦ USA 1985 **P** CBS **VA** CBS/Fox **Pd** Sam Strangis **R** Rod Holcomb **B** David E. Peckinpah (= David Peckinpah) **K** Frank Beascoechea **M** Charles Bernstein, Robert Drasnin **D** Jennifer O'Neill (Sandy Albright), Robert S. Woods (Sheriff Dean Hartley), Michael Parks (Larry Butler), Terence Knox (Craig Phalen), John Philbin (Bobby) **L** 90 **FSK** ab 12 **E** 25.6.1988 Video **fd** 26 812

DER TODESJÄGER (THE DEATHSTALKER). Im Staatswesen eines teuflischen Hexenmeisters bricht ein furchtloser Kämpfer die Tyrannei. Zum Ziel führen vor allem Kämpfe von extremer Blutrünstigkeit, die darin gipfeln, daß der Bösewicht gevierteilt wird. Die eingestreuten Sexszenen bewegen sich an der Grenze zum Softporno. – Wir raten ab. ✦ USA 1983 **P** New Horizons **KI** Apollo **VA** Ofv **R** John Watson **B** Howard R. Cohen **K** Leonardo Rodriguez **M** Oscar Cardozo **S** John K. Adams, Silvia Ripoll **D** Richard Hill, Barbi Benton, Richard Brooker, Lana Clarkson **L** 79 **FSK** ab 18; nf **E** 13.7.1984 **fd** 24 681

TODESKALIBER 45 →Danny und Charlene

DIE TODESKAMMERN DER SHAOLIN (PROUD YOUTH). Ein junges Mitglied einer Schwertkampfverbindung entdeckt, daß der Leiter der fünf Bergschulen, die den Schwertkampf als friedlichen Kampf ausüben wollen, ein Betrüger ist. Nach einigen Bewährungsproben kann er den wahren Führer aus einem Verlies befreien. Mit spektakulären Kämpfen und opernhaftem Beiwerk aufbereiteter Eastern. Die rigoros gekürzte deutsche Fassung wurde jeglichen motivierenden Rahmens beraubt und erscheint als unlogischer, gewalttätiger Torso, der schnell langweilt. ✦ Scope. Hongkong 1980 **P** Shaw Brothers **KI** Avis/Apollo **R** Sun Chung **M** Eddie Wang **S** Chiang Xing-Lung **D** Ku Feng, Wang Yu (Hu Chung) **L** 88 **FSK** ab 16; nf **E** 27.7.1981 **fd** 23 081

TODESKAMPF AUF HOHER SEE (DESPERATE JOURNEY). Verfilmung einer wahren Begebenheit: Der zehntägige Überlebenskampf einer Hochschwangeren auf einem Rettungsfloß, nachdem das Segelboot, auf dem sie zur Crew gehörte, in einem Hurricane gesunken ist. – Ab 14. ✦ USA 1993 **R** Dan Lerner **B** Jonathan Rintels **D** Mel Harris (Allison Wilcox), John Schneider (Eddie Provost), Dana Ashbrook (Marc DuPavillon), Cotter Smith (Steve Vorhies) **L** 92 **E** 19.1.1995 Pro Sieben

TODESKAMPF DER NINJA (NINJA PROJECT DAREDEVILS). Handelsübliches Ninja-Gemetzel, dieses Mal vor dem Hintergrund kriegerischer Auseinandersetzungen. ✦ Hongkong 1987 **P** Filmark International **VA** Highlight **R** Tony Kong **B** Ronald Nicholas **K** Gordon Young **D** Chris Peterson, Daniel Wells, Kelly Kruize, Henry Band **L** 84 **FSK** ab 18 **E** 1987 Video

DIE TODESKÄMPFER DER SHAOLIN (THE GREEN DRAGON INN). In einer nach gängigen Western-Klischees konstruierten Handlung – ein reicher, einflußreicher Vater versucht mit allen Mitteln, seinen Sohn vor der gerechten Strafe zu bewahren, doch der aufrechte Gesetzeshüter setzt alles daran, ihn vor Gericht zu bringen – werden mittels verschiedenster Kung-Fu- und Schwertkampf-Techniken Berge von Leichen aufgetürmt. Mit einem Kampf der Superhelden findet der blutrünstige Film sein Ende. – Wir raten ab. ✦ Scope. Hongkong 1977 **P** LB Films Exchange **KI** Gamma **R+B** Woo Ming-Hung **D** Cheng Ching, Wan Chien, Yuen Hua, Ling Fung, Lo Lieh **L** 81 **FSK** ab 18; nf **E** 7.7.1978 **fd** 20 932

DER TODESKANDIDAT (THE QUARE FELLOW). Ein junger Gefängniswärter, der für die Todesstrafe eintritt, wird durch Erfahrungen in seinem Beruf und den Kontakt mit den Verurteilten und ihren Angehörigen in seiner Meinung unsicher. Verfilmung des kämpferisch-provokanten irischen Bühnenstücks von Brendan Behan, die sich gegen die mittlerweile auch in Großbritannien abgeschaffte Todesstrafe richtet. Beachtlich, wenn auch mit kolportagehaften Elementen inszeniert. – Ab 16. ✦ Schwarz-weiß. Großbritannien 1962 **P** Havelock-Allan/Astor-Ajay **Pd** Anthony Havelock-Allan **R** Arthur Dreifuss **B** Arthur Dreifuss, Jacqueline Sundstrom, nach einem Theaterstück von Brendan Behan **K** Peter Hennessy **M** Alexander Faris **S** Gitta Zadek **D** Patrick McGoohan (Thomas Crimmin), Sylvia Syms (Kathleen), Walter Macken (Regan), Dermot Kelly (Donelly), Jack Cunningham (Oberinspektor), Hilton Edwards (Mr. Healy) **L** 85 **E** 16.11.1970 ZDF/23.5.1989 SAT 1

TODESKANDIDATEN →Am Rande des Abgrunds (1947)

TODESKARAWANE (DOOMED CARAVAN). Nach vielen Schwierigkeiten gelingt es Western-Serienheld »Hopalong Cassidy«, einen von Banditen »beschützten« Goldtransport ans Ziel zu bringen. Unbekümmerter Routine-Western, schlicht im Aufbau, geprägt von herrlicher Naivität. – Ab 12. ✦ Schwarzweiß. USA 1940 **P** Paramount **KI** Continental **Pd** Harry Sherman **R** Lesley Selander **B** Johnston McCulley, nach Charakteren von Clarence E. Mulford **K** Russell Harlan **S** Carroll Lewis **D** William Boyd (Hopalong Cassidy), Russell Hayden (Lucky Jenkins), Andy Clyde (California Jack), Minna Gombell (Jane Travers), Morris Ankrum (Stephen Westcott), Georgia Hawkins (Diana Westcott), Trevor Bardette (Ed Martin), Pat O'Brien (Jim Ferber), José Luis Tortosa (Don Pedro), Ray »Raphael« Bennett (Pete Gregg) **L** 75 **FSK** ab 12; nf **E** 11.8.1950

DIE TODESKARAWANE DER SHAOLIN (THE ADVENTURE SANDSTORM). Wang Yu, einem Massaker entkommen, entlarvt zehn Jahre später die Mörder und deren Hintermänner. Er wird zwar gefangengenommen und geblendet, kann aber den Oberschurken im Zweikampf töten. Ein durch zahlreiche Schnitte in seiner schlimmsten Gewalt gemilderter, aber dadurch auch sehr verworrener Kung-Fu-Film mit Krimi-Elementen. (Titel auch: »Wang Yu – Eine Faust wie Bruce Lee«, »Das Todesduell«) ✦ Scope. Hongkong 1976 **P** Carrel **KI** CFC-Contact **R** Wang Scott **D** Ming Chen-Ya, Pu Fung, Cha Tong **L** 86 **FSK** ab 18; nf **E** 6.5.1977 **fd** 22 612

DIE TODESKARTEN DES DR. SCHRECK (DR. TERROR'S HOUSE OF HORRORS). Fünf im gleichen Zugabteil reisende Männer erfahren durch einen unheimlichen Fremden ihr Schicksal. Metaphysisch verbrämte, höchst vordergründige Gruselballade in fünf Episoden, nach Horrorschema gestaltet. – Ab 16. ✦ Scope. Großbritannien 1964 **P** Amicus **KI** Rank **Pd** Milton Subotsky, Max J. Rosenberg **R** Freddie Francis **B** Milton Subotsky **K** Alan Hume **M** Elizabeth Lutyens **S** Thelma Connell **D** Christopher Lee (Franklyn Marsh), Peter Cushing (Dr. Schreck), Roy Castle (Biff Bailey), Donald Sutherland (Bob Carroll), Neil McCallum (Jim Dawson) **L** 98 **FSK** ab 16; nf **E** 21.1.1966 **fd** 13 832

DIE TODESKLAUE DES TIGERS →Bruce Lee – Die Todesklaue des Tigers

TODESKOMMANDO →Du warst unser Kamerad

TODESKOMMANDO AM GELBEN FLUSS (SERGEANT HSIUNG). 1949: Gegen Ende des chinesischen Bürgerkrieges ziehen sich die Truppen des Generals Tschiang Kai-Tschek nach Taiwan zurück und versuchen, die Insel zu verteidigen. Im Mittelpunkt des patriotisch gefärbten Kriegsfilms mit leicht propagandistischen Zügen steht Sergeant Hsiung, der durch seinen aufopferungsvollen Einsatz zum Volkshelden wurde. ✦ Scope. Taiwan 1983 **P** China Motion Picture **KI** Allround **VA** VMP **R** Robert Chang **D** Sunny Han, Albert Weng, Tang Wey, Chin Han **L** 86 **FSK** ab 18; nf **E** 5.7.1985/20.1.1986 Video

TODESKOMMANDO FEUERBLITZ (ULTIMATUM) →Das Ultimatum

TODESKOMMANDO IRAK →Bravo Two Zero: Todeskommando Irak

TODESKOMMANDO IWO JIMA (1949) →Du warst unser Kamerad

TODESKOMMANDO IWO JIMA (1969) (COMBAT KILLER). Ein unfähiger Oberst führt gegen Ende des Zweiten Weltkriegs seine Truppe amerikanischer Dschungelkämpfer gegen versprengte japanische Verbände und gerät in deren Hinterhalt. Verlogener Kriegsfilm, der das Kampfgeschehen in rüdem Hurra-Stil zum Sport- und Super-Abenteuer ummünzt. Ein auch handwerklich dilettantisches Kriegsspiel aus Rauch und Flammen. ✦ Philippinen/USA 1969 **P** Mever/Cinema East **KI** Nobis **Pd+R+B** Ken Loring **K** Mars B. Rasca **M** Pepe Merto **D** Paul Edwards, Claude Wilson, Marlene Dauden, Ken Metcalfe, Vic Silayan, Leopoldo Salcedo **L** 95 **FSK** ab 16; nf **E** 12.7.1974 **fd** 19 119

TODESKOMMANDO PANTHERSPRUNG (CINQUE PER L'INFERNO). Im Zweiten Weltkrieg an der italienischen Front: Ein fünfköpfiges Sonderkommando der Alliierten holt die Aufmarschpläne der Deutschen aus der Villa eines Generals. Billiges, wirklichkeitsfernes Kriegsabenteuer. (Alternativtitel: »Fünf durch's Inferno«) ✦ Scope. Italien 1968 **P** Ambrosiana **KI** R.C.S. **R** Frank Kramer (= Gianfranco Parolini) **B** Renato Izzo, Gianfranco Parolini **K** Sandro Mancori (= Alessandro Mancori) **M** Vasco, Mancuso **S** Gianfranco Parolini **D** John Garko (= Gianni Garko), Margaret Lee, Klaus Kinski, Nick Jordan, Sal Borgese, Luciano Rossi **L** 86 **FSK** ab 18; nf **E** 20.12.1974 **fd** 19 158

TODESKOMMANDO S. IM HEXENKESSEL →Die Brücke von Zupanja

TODESKOMMANDO TOBRUK (QUELLA DANNATA PATTUGLIA). Ein Sonderkommando der US-Armee erhält im Zweiten Weltkrieg den Auftrag, ein Treibstofflager der Deutschen in Nordafrika in die Luft zu sprengen. Kriegsfilm nach primitiver Schablone, mit grober Verzeichnung der Kriegsrealität. – Ab 16 möglich. ✦ Scope. Italien 1969 **P** Tigielle 33 **KI** Avis **R** Roberto Bianchi Montero **B** Arpad De Riso, Giovanni Scolaro, Roberto Bianchi Montero **K** Mario Mancini **M** Marcello Giombini **S** Giuseppe Vari **D** Dale Cummings, Monty Greenwood, Herbert Andreas, Lex Monson, Maurizio Tocchi, Fabio Testi **L** 87 **FSK** ab 16; f **E** 8.9.1972 **fd** 18 111

DIE TODESKRALLE DES GELBEN TIGERS (TWO HEROES SHOOTING STARS). Als der Sohn eines berühmten Kung-Fu-Meisters ermordet wird, erhält dessen bester Schüler den Auftrag, den Mörder zu finden und die Tat zu rächen. Er gelangt in den Besitz einer Liste, die die Namen von sechs Verbrechern aufweist, unter denen der des Mörders sein soll. Durchschnittlicher Eastern ohne besonderen Wert. ✦ Hongkong 1979 **R** Ke Shi-Hao **D** Chia Kua-Chen, Li Ji-Min **L** (TV) 95 **E** 2.7.1985 RTL plus

DIE TODESKRALLE DES KARATETÖTERS (BILLY CHAN). Ein junger Koreaner, als Kind vom Mafiaboß in Shanghai adoptiert, ist dem Alkohol verfallen. Als ihn ein Killer-Trio beseitigen will, gewinnt er seine Kräfte zurück und zieht gegen einen Schurken zu Felde, der seinen Adoptivvater getötet und sein Mädchen geheiratet hat. Ein spannungsloser, inszenatorisch äußerst plump zusammengeflickter Actionfilm. Interessant allenfalls als Randnotiz im Werk des Südkoreaners I Du-Yong, der auch ganz hervorragende Filme (u. a. »Der Beerdigungsplatz«/»Pee Mak«) drehte. ✦ Scope. Hongkong 1976 **P** Filmline Enterprises **KI** Alemannia **R** Lee Doo-Young (= I Du-Yong) **B** Kim Ha-Lim **M** I Du-Yong **D** Billy Chan, Han Yong, Sylvia Beltrin, Known Yung, I Do **L** 86 **FSK** ab 18; nf **E** 26.8.1977 **fd** 20 660

DIE TODESKRALLE KEHRT ZURÜCK (FIST OF FURY III). Nach dem Tod seiner Mutter, der er versprechen mußte, nicht gegen die Verbrecher zu kämpfen, rächt der Held seinen Bruder, der von einer Rauschgifthändlerbande ermordet wurde. Ein Serienprodukt, epigonenhaft wie sein Hauptdarsteller, mit übersteigerter Geräuschkulisse. (Alternativtitel: »Die Bruce Lai – Die Todeskralle kehrt zurück«) ✦ Scope. Hongkong 1978 **P** Shin-Shin **KI** Alemannia **R+B** To Lo-Po **K** Fa Sum **D** Bruce Lai, Choi King-Fai, Fong Yeah, Ku Phong **L** 76 **FSK** ab 18; nf **E** 6.7.1979

DIE TODESKRALLE SCHLÄGT WIEDER ZU →Bruce Lee – Die Todeskralle schlägt wieder zu

DIE TODESKRALLEN DES GRAUSAMEN WOLFES (EL RETORNO DE WALPURGIS). Ein Schloßherr wird von einer Zigeunerin, die mit dem Teufel verbündet ist, in ein werwölfisches Gorilla-Monster verwandelt, das eine Reihe von Morden verübt. Primitive, sich bedeutungsvoll gebende Horror-Unterhaltung nach Motiven einer mittelalterlichen Sage. (Titel auch: »Die Nacht der teuflischen Orgien«) ✦ Scope. Spanien 1973 **P** Lotus **KI** Cinema Service **VA** Silwa/MCP **R** Carlos Aured **B** Jack Moll Jacinto (= Jacinto Molina) **K** Felix Miron **D** Paul Naschy (= Jacinto Molina), Maria Silva, Fabiola Falcon, Vidal Molina, Mariza Olivares **L** 78 (Video 60) **FSK** ab 18; nf (Video 16) **E** 23.8.1974 **fd** 19 114

TODESKREIS LIBELLE (UNA LIBELULA PARA CADO MUERTO). Seriengefertigter Krimi. Ein Mailänder Polizeiinspektor ist einem Prostituierten-Mörder auf der Spur, der am Tatort als Erkennungszeichen immer eine Libelle zurückläßt. Mit Hilfe seiner Geliebten gelingt es dem Polizisten, den Mörder einzukreisen. ✦ Spanien 1977 **P** Profilmes/C.C. Astro **R** Léon Klimovsky **B** Jacinto Molina **K** Miguel F. Mila **S** Antonio Ramirez **D** Paul Naschy (= Jacinto Molina), Erika Blanc, Angel Aranda, Maria Kosti, Ricardo Merino, Eduardo Calvo, Vidal Molina **L** (TV) 90 **E** 29.6.1990 PRO 7

TODESKULT (THE SNAKE PEOPLE / ISLA DE LOS MUERTOS / LA MUERTE VIVENTE / THE LIVING DEATH / ISLE OF THE SNAKE PEOPLE / THE ISLE OF THE DEAD). Boris Karloff in der Doppelrolle eines Dämons und des wohlhabenden Dr. van Molder, der Voodoo-Ritualen im Südpazifik nachspürt, bei denen Menschen auf mysteriöse Weise ums Leben kommen. »Todeskult« zählt zu jenem Quartett von Filmen, die Karloff – der allerdings nur in einigen Kurzauftritten zu sehen ist – kurz vor seinem Tod im Jahr 1969 innerhalb von fünf Wochen (!) abdrehte. Das Resultat ist der knappen Drehzeit entsprechend niederschmetternd. (Videotitel: »Cult of the Dead«) – Ab 16. ✦ USA/Mexiko 1968 **P** Azteca/Columbia **VA** Madison **Pd** Henry Verg (= Luis Enrique Vergara), Juan Ibanez **R** Juan Ibanez, Jack Hill **B** Jack Hill **K** Austin McKinney, Raul Dominguez **M** Alice Uretta, S. John Mungea **D** Boris Karloff (Damballah/van Molder), Charles East (Wilhelm), Ralph Bertrand (Captain Labiche), Julissa (Anabella), Tongolele (Kalea) **L** 85 **E** 16.7.1991 Tele 5/Oktober 1991 Video **fd** 29 120

DIE TODESKURVE (THE BIG WHEEL). Ein psychologisch geschickt inszeniertes Wechselspiel zwischen Erfolg und Mißerfolg eines draufgängerischen Nachwuchsfahrers. Der junge Mann verdingt sich in einer Renngarage; als er nach einer durchbummelten Nacht mitschuldig wird am Tod seines besten Freundes, scheint seine Karriere jäh beendet. Doch er beißt sich durch und bestreitet erfolgreich das Autorennen in Indianapolis, wobei ihn um ein Haar das tödliche Schicksal seines Vaters ereilt. Ein ganz auf den Hauptdarsteller zugeschnittener Spannungsfilm, gezeichnet zwischen flegelhafter Einbildung und entwaffnender Kindlichkeit; angereichert mit rasanten Rennreportagen, bisweilen freundlich aufgelockert. – Ab 14. ✦ Schwarz-weiß. USA 1949 **P** United Artists **KI** Constantin **R** Edward Ludwig **B** Robert Smith **K** Ernest Laszlo **M** Nat W. Finston **D** Mickey Rooney (Billy), Spring Byington, Thomas Mitchell, Mary Hatcher, Allen Jenkins, Michael O'Shea **L** 90 **FSK** ab 12; nf **E** 29.12.1950 **fd** 1 034

DER TODESKUSS (KISS OF DEATH). Ein Arbeitsloser, der seinen Kindern ein Weihnachtsgeschenk machen möchte, wird beim Juwelenraub gestellt. Er erreicht die vorzeitige Entlassung aus dem Zuchthaus, indem er seine Komplizen denunziert, die entgegen ihrem Versprechen nicht für seine Frau sorgten. Sie beging Selbstmord, so daß seine Kinder ins Waisenhaus kamen. Als Spitzel verfolgt, hilft er der Polizei unter Einsatz seines Lebens, den gefährlichsten der Mordgangster, einen verschlagenen Psychopathen, zur Strecke zu bringen. Ein spannend inszenierter, beinahe dokumentarisch anmutender düsterer Thriller in der Tradition des »film noir« mit melodramatischen Akzenten, atmosphärisch dicht und intensiv ausgespielt. – Ab 16. ✦ Schwarz-weiß. USA 1947 **P** 20th Century Fox **KI** Centfox **R** Henry Hathaway **B** Ben Hecht, Charles Lederer, nach einem Roman von Eleazar Lipsky **K** Norbert Brodine **M** David Buttolph **D** Victor Mature (Nick Bianco), Richard Widmark (Tommy Udo), Brian Donlevy (Untersuchungsrichter D'Angelo), Coleen Gray (Nettie Cavallo), Karl Malden (Sergeant Cullen), Taylor Holmes **L** 100 **FSK** ab 16; nf **E** 1.9.1950/7.9.1970 ZDF **fd** 788

DER TODESKUSS DER COSA NOSTRA →Der Untergang der Cosa Nostra

DER TODESKUSS DER SCHLANGE (KISS OF THE SERPENT). Nachdem ihr Boot auf einer einsamen Insel gestrandet ist, wird eine Gruppe junger Leute von einem bestialischen Killer dezimiert. Das Verhängnis hängt mit einem »Schlangenfluch« zusammen, den nur ein Mädchen brechen kann, wenn es alles opfert, was es liebt. Sex-and-Crime nach sattsam bekannten Mustern. ✦ USA 1988 **P** Florida Film Venture **VA** Splendid **R** James Ingrassia **D** Chris Moore, Murray McDougall **L** 95 **FSK** ab 18 **E** Mai 1989 Video

DER TODESKUSS DES DR. FU MAN CHU. Gefangene Mädchen, die er von Giftschlangen beißen läßt, dienen dem Seriendoktor Fu Man Chu als Waffe für seine Weltherrschaftspläne. Sadistisch ausufernder Abenteuerfilm. ✦ BR Deutschland/Spanien/USA 1968 **P** Terra-Filmkunst/Ada/Udastex **KI** Constantin **R** Jess Franco (= Jésus Franco Manera) **B** Peter Welbeck (= Harry Alan Towers), Harry Alan Towers, nach einem Roman von Sax Rohmer **K** Manuel Merino **M** Daniel White **D** Christopher Lee (Fu Man Chu), Richard Greene (Nayland Smith), Götz George (Carl Jansen), Loni von Friedl (Celeste) **L** 82 **FSK** ab 18; nf **E** 23.8.1968 **fd** 15 675

DER TODESKUSS DES PATEN (BACIAMO LE MANI). Brutale Machtkämpfe in den Reihen der Mafia um die Vorherrschaft und die Nachfolge eines mächtigen Paten haben eine Reihe von Mordopfern zur Folge. Ein handwerklich ansprechender, jedoch unglaubwürdiger Mafia-Thriller mit überflüssigen Gewalttätigkeiten. ✦ Scope. Italien 1973 **P** Aquila Cinematografica **R** Vittorio Schiraldi **B** Vittorio Schiraldi, nach seinem Roman **K** Marcello Gatti **M** Enrico Simonetti **S** Franco Fraticelli **D** Arthur Kennedy (Don Angelino Ferrante), John Saxon (Stefano Ferrante), Agostina Belli (Gaspare Ardizzone), Pino Colizzi, Spiros Focas **L** 78 (orig. 110) **E** 18.9.1985 SAT 1

DAS TODESLIED →Das Todeslied von Laramie

DAS TODESLIED DER STÄHLERNEN KETTEN →The Bullfighters – Das Todeslied der stählernen Ketten

DAS TODESLIED DES SHAOLIN (THE SWIFT SHAOLIN BOXER). Ein japanischer Fürst versucht, die Unruhen in den chinesischen Provinzen für seine Invasionspläne nutzbar zu machen, und geht mit einem mächtigen Provinz-Gouverneur ein Bündnis ein. Doch chinesische Patrioten durchkreuzen die Pläne, töten die Samurai und die Verräter. Historischer Eastern mit variantenreichen Kampfszenen; drastisch in der Darstellung von Grausamkeiten, ebenso unangenehm in seinem chauvinistischen Hurra-Patriotismus. ✦ Scope. Hongkong 1980 **P** Alpha Motion Hongkong Picture **KI** C.H./Exquisit/Alemannia/Beka/Avis **VA** Allround **DVD** Madison Home Video (FF, DD2.0 dt.) **R** Jimmy Wang-Yu **B** Ku Lung **D** Wong Dao, Chi Kwan-Chin, Tsung Hua, Ling Wong, Chen Kwan-Tai, Lung Chun **L** 99 (Video 88) **FSK** ab 18; nf (Video & DVD 16) **E** 11.6.1981/1.2.2000 DVD

DAS TODESLIED VON LARAMIE (ADIOS, HOMBRE / SETTE PISTOLE PER UN MASSACRO / CON EL CORAZON IN LA GARGANTA / HONDO SPARA PIU FORTE). Ein auf Grund einer falschen Zeugenaussage unschuldig Verurteilter bricht aus dem Zuchthaus aus und rächt sich an einem Bankräuber, der mit seiner Bande eine Stadt tyrannisiert und einen Goldtransport überfallen will. Leichenreiche Brutalitäten-Show im Westerngewand. ✦ Italien/Spanien 1968 **P** United Pictures/Copercines **KI** Germania **R** Mario Caiano **B** Mario Caiano, Eduardo Manzanos Brochero **K** Julio Ortas **M** Francesco De Masi **S** Gian Maria Messeri **D** Craig Hill, Giulia Rubini, Eduardo Fajardo, Piero Lulli, Robert Wood **L** 89 **FSK** ab 18; nf **E** 15.10.1971/8.9.1984 DFF 1 **fd** 17 625

DIE TODESLISTE (THE FEMININE TOUCH). Nachdem ihr Geliebter bei der Organisation eines Wahlkampfs einem Mordkomplott zum Opfer gefallen ist, kommt eine Journalistin einer Verschwörung auf die Spur, die bis in höchste politische Kreise reicht. Thriller. (Titel auch: »Die Liste«) ✦ USA 1994 **R** Conrad Janis **B** Maria Grimm **D** Paige Turco (Jennifer Baron), George Segal (Michael Ashton), Elliott Gould (George Kahn), Dirk Benedict (John Mackie), Conrad Janis (Frank Donaldson) **L** 98 **E** 6.1.1996 RTL 2

TODESLISTE →Black List

DAS TODESMAGAZIN ODER: WIE WERDE ICH EIN BLUMENTOPF? (DEATH MAGAZINE OR HOW TO BECOME A FLOWERPOT). Die Dokumentation präsentiert in Form eines Magazins (Interviews, Statements, Archivmaterial, Kurzreportage) verschiedenen Aspekte des Umgangs mit dem Tod und mit Toten, überwiegend an Hand der Situation in den USA Ende der 70er Jahre. Die beinahe kommentarlos aneinandergereihten teils schockierenden und abstoßenden, teils kuriosen Beiträge wollen erreichen, daß jeder seinem Tod positiver gegenübersteht, vermeiden aber hierfür wesentliche Fragen. In einigen Teilen herausfordernd geschmacklos (spektakuläre Todesfälle aus der Zeitgeschichte; Asche der Angehörigen in einem Blumentopf), kann der umstrittene Film trotz begründeter Einwände als Anstoß zur Auseinandersetzung mit dem Tabu-Thema Sterben und Tod nützlich sein. ✦ Teils schwarz-weiß. BR Deutschland/USA 1979 **P** ZDF/Rosa von Praunheim **SF** Filmwelt **Pd+R+B** Rosa von Praunheim **K** Michael Oblowitz, Boy Iniquez, Rosa von Praunheim, Bernhard Stampfer, Lloyd Williams **M** James Chance and the Contortions **S** Rosa von Praunheim, Mike Shephard **D** Al Goldstein, Helen Adam, Anja Philipps, James Chance, Jean-Pierre LaHary **L** 73 **E** 9.8.1979 ZDF **fd** 22 360

DER TODESMAJOR (THE LOST IDOL). Ein amerikanischer Offizier hat auf dem Rückzug vor dem Vietcong eine goldene Statue versteckt und die eigene Einheit bis auf ein Mitglied eliminiert. Er kehrt zurück, um die Beute abzuholen. Das geht nicht im Alleingang, und er muß sich den unterschiedlichsten militärischen Gruppierungen stellen, wozu er eine Söldnereinheit zusammenstellt. Trotz erheblichen Materialaufwands eine absolute Billigproduktion, die Philippinos als sadistische Vietnamesen ausgibt und in der sich Abenteuerlust und Kriegslüsternheit zu der üblichen Zerstörungsorgie vereinen. ✦ USA/Thailand 1988 **P** Shapiro Glickenhaus/C-Produktion **VA** RCA/Columbia **Pd** P. Sumon **R** Philip Chalong (= Chalong Pakdivijit) **B** Tony S. Suwat, James Phillips **K** Visidh S. Stone **M** Anuwat Suebsuwan **S** P. Charles **D** Erik Estrada, James Phillips, Myra Chason, Christoph Klüppel, Pierre Delalande **L** 98 **FSK** ab 18 **E** 5.6.1990 Video **fd** 28 449

TODESMARSCH DER BESTIEN (CONDENADOS A VIVIR). Ein Sergeant und seine Tochter versuchen mit sieben Kettensträflingen über die winterlichen Rocky Mountains ins nächste Fort zu kommen. Unterwegs stellt sich heraus, dass der Sergeant die Kettensträflinge missbrauchen will, um Gold zu transportieren. Die angespannte Situation eskaliert und kostet schließlich alle Neun das Leben. Die Ansätze zur sozialkritischen Reflexion über das Verhalten unterschiedlicher Charaktere in einer Extremsituationen gehen leider unter im Bemühen des Regisseurs, den blutigsten und grausamsten Italo-Western zu drehen. – Wir raten ab. ✦ Spanien/Italien 1973 **P** Vitória **Pd** Serafin Garcia Trueba **R** Joaquin Romero Marchent **B** Joacquin Romero Hernandez, Santiago Moncada **K** Luis Cuadrado **M** Carmelo A. Bernaola **S** Mercedes Alonso **D** Robert Hundar, Emma Cohen, Alberto Dalbes (= Albert Dalbes), José Manuel Martín, Antonio Iranzo, Manuel Tejada **L** 90 **E** TV

DIE TODESMASCHINE (DEATH MACHINES). Auseinandersetzung zwischen einer von einer Frau geleiteten Killerbande und ihrer Konkurrenz. Es wird nach Leibeskräften und auf scheußlichste Art gemordet, unter anderem mit Hilfe der Todesmaschine: eine Buddha-Figur mit eingebauter Zeitzünderbombe. (Späterer Titel: »Drei unbesiegbare Höllenhunde«) – Wir raten ab. ✦ Scope. USA 1975 **P** Marchini **KI** Splendid/Ring-Film **VA** PolyGram **R** Paul Kyriazi **D** Ron Marchini, Michael Chong, Mari Honyo, Ron Ackerman, Joshua Johnson, Chuck Katzaian **L** 93 **FSK** ab 18; nf **E** 21.1.1977/1981 Video **fd** 20 138

DIE TODESMASKE →Im Todesgriff der roten Maske

TODESMELODIE (GIU LA TESTA). Die seltsame Freundschaft zwischen einem irischen Revolutionär und Sprengstoffspezialisten und einem mexikanischen Banditen vor dem Hintergrund der blutigen mexikanischen Revolution 1911 bis 1914. Ein bis in Einzelheiten der Handlungsführung und der Charakterzeichnung sorgfältig durchgearbeitetes Abenteuer, das dem Zuschauer im Dialog und in den ständig wiederkehrenden Tötungsakten einiges zumutet. Dabei überlagern die aufwendigen, stilsicher inszenierten Actionszenen die durchaus angedeutete Frage nach dem Sinn der Gewalttaten. ✦ Scope. Italien 1970 **P** Rafran/San Marco/Miura **KI** United Artists **VA** Warner Home (Langfassung) **Pd** Fulvio Morsella **R** Sergio Leone **B** Sergio Leone, Sergio Donati, Luciano Vincenzoni **K** Giuseppe Ruzzolini **M** Ennio Morricone **S** Nino Baragli **D** Rod Steiger (Juan Miranda), James Coburn (John-Sean Mallory), Maria Monti (Adelita), Romolo Valli (Dr. Villega), Antoine Domingo (Colonel Gutierrez/Gunther Reza), Franco Graziosi (Don Jaime), Rik Battaglia (Sanderna), Goffredo Pistoni (Nino), Roy Bossier (Landbesitzer) **L** 154 (gek. 132; Orig. 165) **FSK** ab 16; nf (fr. 18) **FBW** w **E** 2.3.1972 **fd** 17 749

TODESMELODIE OHNE ENDE →Mord in Texas

DIE TODESMINEN VON CANYON CITY (L' UOMO CHE VIENE DA CANYON CITY / QUE VIVA CARRANCHO). Zwei entwichene Häftlinge befreien die in einem Silberbergwerk ausgebeuteten Bewohner eines mexikanischen Dorfes von ihren habgierigen Peinigern, einem verbrecherischen Texaner und seiner skrupellosen Bande. Euro-Western, stillos pendelnd zwischen krassem Realismus und bemüht lustiger Parodie. ✦ Scope. Italien/Spanien 1965 **P** Adelphia/Balcazar **KI** Austria **R** Alfonso Balcázar **B** Adriano Bolzoni **K** Aldo Scavarda **M** Angelo Francesco Lavagnino **S** Teresa Alcocer **D** Robert Wood (Barton), Fernando Sancho (Carrancho), Luis Davila (Red), Gérard Tichy, Loredana Nusciak (Vivian), Ryan Baldwyn (= Renato Baldini) **L** 82 **FSK** ab 16; nf **E** 19.10. 1967 **fd** 14 990

TODESMISSION JAGUAR (JAGUAR FORCE). In Tokio: Zwei Banden kämpfen um die Vormachtstellung in der Unterwelt. Eine Spezialeinheit der Polizei, die Ordnung zu schaffen versucht, macht das Chaos nur noch größer. Eine auf viele Leichen und fortlaufende Schießereien angelegte konfuse Geschichte, in die zur Erholung einige süßliche und sentimentale Szenen eingeschnitten sind. ✦ Hongkong 1982 **VA** Vegas/Starlight **R+B** Poon You Man **K** Tsui Kwantong **M** Lawrence Chan **D** Jaguar Lee, Maurin Chow, Chow Ming, Marlon Paul **L** ca. 90 **E** 1983 Video **fd** 24 129

TODESMONSTER GREIFEN AN →Insel des Schreckens (1966)

DER TODESMUTIGE (THE NAKED PREY). Nur ein weißer Safari-Leiter und Jäger überlebt Mitte des 19. Jahrhunderts den Angriff eines Eingeborenenstammes in Afrika, der durch das unvernünftige Verhalten der weißen Expeditionsteilnehmer provoziert wurde. Spannender Abenteuerfilm mit einigen Härten, der einige schöne Landschaftsaufnahmen zu bieten hat und auch in anderer Hinsicht über dem Gros des Genres liegt. ✦ Scope. USA 1964 **P** Theodora **KI** Paramount **Pd** Cornel Wilde, Sven Persson **R** Cornel Wilde **B** Clint Johnston, Donald A. Peters **K** J.A.R. Thomson, Ray Sturgess **M** Andrew Tracey **S** Roger Cherrill **D** Cornel Wilde (Safarileiter), Gert van der Berg (Elefantenjäger), Bella Randles (Eingeborene), Ken Gampu (Häuptling), Patrick Mynhardt **L** 91 **FSK** ab 18; nf **E** 17.2.1966 **fd** 13 898

DIE TODESPARTY (SLAUGHTER HIGH / APRIL FOOL'S DAY). Durch einen dummen Streich seiner Mitschüler wird Marty bei einer Explosion schwer verletzt. Er rächt sich, indem er sie Jahre später bei einem Klassentreffen der Reihe nach brutal ermordet – eine Rache, die zwar nur in seinem Traum stattfindet, aber drastisch bebildert wird. Ein ekelerregender Brei aus Sex, Crime und Drogen. – Wir raten ab. ✦ USA 1987 **P** Vestron **VA** Vestron **Pd** Steve Minasian, Dick Randall **R** George Dugdale, Mark Ezra, Peter Litten **B** George Dugdale **K** Alan Pudney **M** Harry Manfredini **S** Jim Connock **D** Caroline Munro (Carol), Carmine Iannaconne (Skip), Simon Scuddamore (Marty), Gary Martin (Joe), Sally Cross (Nancy) **L** 85 **FSK** ab 18 **E** Februar 1988 Video **fd** 26 659

TODESPARTY II (CUTTING CLASS). Banal-brutaler High-School-Thriller. Nachdem Brian nach mehrjährigem Aufenthalt in einer Nervenklinik an die Highschool zurückgekehrt ist, wird er von allen geschnitten und gilt als Außenseiter. Nur Paula kümmert sich um ihn, bis ihr eifersüchtiger Freund ihr jeden Kontakt mit Brian untersagt. Als zwei Mädchen unter mysteriösen Umständen verschwinden und wenig später eine Lehrerin ermordet aufgefunden wird, fällt der Verdacht sofort auf Brian. Doch der kann einiges zur Aufklärung der beginnenden brutalen Mord-Serie beitragen. ✦ USA 1988 **P** April Films **VA** Lightning/Concorde **Pd** Rudy Cohen **R** Rospo Pallenberg **B** Steve Slavkin **K** Avi Karpick (= Avraham Karpick) **S** Natan Zahavi **D** Donovan Leitch (Brian Woods), Jill Schoelen (Paula Carson), Brad Pitt (Swight Ingalls), Roddy McDowall (Dr. Dante), Martin Mull (William Carson), Brenda Lynn Klemme (Colleen) **L** 85 **FSK** ab 16 **E** 28.5.1990 Video

DIE TODESPEITSCHE (KING OF THE BULLWHIP / FRONTIER PHANTOM). »Lassy La Roc, der Mann der Peitsche« (siehe auch dort) und sein skurriler Gefährte Fuzzy in weiteren Serienabenteuern, für den deutschen Markt neu zusammenmontiert. Im ersten Film bekämpfen sie ein Rudel von Lösegeld-Erpressern, zu denen auch Lassys Zwillingsbruder gehört, im zweiten Film entlarven sie einen Bankkassierer als peitschenschwingenden Räuberchef. Anspruchslos-gutmütige Trivialkost. Kurioses Indiz für Praktiken einer gewissen Synchronisation: Die Zeitungsschlagzeilen vom Western-Schauplatz kleben auf der Titelseite der »Frankfurter Allgemeinen, der Zeitung für Deutschland«. (Der Originalfilm »King Of The Bullwhip« lief im Fernsehen unter dem Titel »Fuzzy und der Peitschenheini«) – Ab 12. ✦ Schwarz-weiß. USA 1948 **P** Howko **KI** Accord **Pd** Ron Ormond **R** Jack Lewis **B** Jack Lewis, Ira Webb, Ursula Zell (dt. Fassung) **K** Ernest Miller **M** Walter Greene **S** Hans Zeiler (dt. Fassung) **D** Lassy La Roc (Lash LaRue), Al »Fuzzy« St. John (Fuzzy Q. Jones), Mary Lou Webb, Clarke Stevens, Cliff Taylor, Bud Osborne, George J. Lewis (Rio), Tex Cooper (Buffalo Bill) **L** 93 **FSK** ab 12; nf **E** 21.6.1957/10.9.1988 SAT1 (Film 1) **fd** 5 966

TODESPFEIL AM MISSISSIPPI (FRONTIER WOMAN). Von Landaufkäufern aufgehetzte Indianer machen den Weißen und den friedlich mit ihnen lebenden Rothäuten das Leben schwer, bis eine wagemutige weiße Frau den Frieden herstellt. Betulich-naiver Indianerfilm, der die durchzustehenden Konfliktsituationen ohne große innere Dramatik abhakt und eine nicht unbedingt nachvollziehbare »heldenhafte« Lösung anhängt. Antiquierte Unterhaltung. – Ab 12. ✦ Scope. USA 1956 **P** Top Pictures/Meridian **KI** Phoebus **R** Ron Diamond **B** Paul Piel **K** Harry Revel **M** Walter Greene **D** Cindy Carson, Lance Fuller, Ann Kelly, Rance Howard, James Clayton **L** 79 **FSK** ab 12; nf **E** 2.8.1968 **fd** 15 682

TODESPISTE LE MANS (LE MANS – SCORCIATORIA PER L'INFERNO). Mit einem neu konstruierten Rennauto, mit dem er zuvor schon in Zandvoort erfolgreich war, nimmt ein junger Fahrer am Großen Preis in Le Mans teil. Das Rennen entwickelt sich zu einem erbitterten Duell mit seinem stärksten Rivalen. ✦ Italien 1968 **VA** Mike Hunter **R** Richard Kean (= Osvaldo Civirani) **B** Tito Carpi **M** Stelvio Cipriani **D** Lang Jeffries (Dustin), Erna Schurer, Maurizio Bonuglia, Edwige Fenech **L** 93 **E** 31.5.1986 RTL plus

DER TODESPLANET →New Eden – Wüste des Todes

TODESPOKER →Terminal Choice – Todespoker

DIE TODESPRANKE DER GELBEN KATZE (THE HERO). Ein einsamer Kämpfer besiegt eine brutale Bande von Thai-Boxern und rächt deren heimtückische Morde. Sorgfältig inszeniert und innerhalb der üblichen Grenzen des Genres relativ spannend. ✦ Scope. Taiwan 1973 **P** Young Chin Hsiao **KI** United Artists **R** Wang Hung-Chang **D** Jimmy Wang-Yu, Chiao Chiao, Kun Yu-Yang **L** 75 **FSK** ab 18; nf **E** 20.5. 1976 **fd** 19 806

DIE TODESPRANKE DES GELBEN DRACHEN →Kung Fu Nr. 1 (Der Kung Fu-Koloß vom River Kwai/Die Todespranke des gelben Drachen)

DIE TODESPRANKE DES KARATE-TIGERS (CHINESE DRAGON). Der Besitzer einer Silbermine, der die nahegelegene Stadt terrorisiert, belastet einen kleinen Gauner mit dem von seinen Leuten begangenen Mord an einem Polizisten. Diesem gelingt es im Alleingang, die Bande zu zerschlagen. Ein technisch sorgfältig konstruierter Eastern, der dennoch durch die fast pausenlose Aneinanderreihung von brutalen Kung-Fu-Kämpfen langweilt. ✦ Scope. Hongkong 1973 **P** Sunrise Company 5 **KI** Peiperfilm/RCS **R** Chang Chien-Shen **D** Kao Peng, Tu Tao-Jen, Hu Yuan-Fang, Chen Lee **L** 89 **FSK** ab 18; nf **E** 29.1.1976 **fd** 19 768

DIE TODESRÄCHER VON BRUCE LEE (FATAL STRIKE – THE BROTHER TWO). Ein junger Mann schlägt sich durch die Reihen der vermeintlichen Mörder seines Freundes Bruce Lee, ohne in seiner Rache weiterzukommen, denn aus unerfindlichen Gründen stellt sich ihm ein Polizist immer in letzter Sekunde entgegen. Als sie merken, daß sie beide auf derselben Seite stehen, sind die Bösewichte schnell zur Strecke gebracht. Einfältiger und unlogisch aufgebauter Actionfilm in schlampiger Inszenierung. Einer der vielen Bruce-Lee-Filme ohne Bruce Lee. ✦ Scope. Hongkong 1976 **P** First Film **KI** Ring/Splendid **VA** VPS **R** Kin Lung **D** Kam Kang, Yasuaki Kurata **L** 78 **FSK** ab 18; nf **E** 28.1.1977/1980 Video

DER TODESRÄCHER VON SOHO (EL MUERTO HACE LAS MALETAS). Ein Psychopath als Urheber einer Mordserie in Kreisen des Rauschgifthandels. Krimi von provinzieller Machart. ✦ BR Deutschland/Spanien 1971 **P** Telecine/Fénix **KI** Constantin **Pd** Artur Brauner **R** Jess Frank (= Jésus Franco Manera) **B** Art Bernd (= Artur Brauner), Jess Franco (= Jésus Franco Manera), nach einer Erzählung von Bryan Edgar Wallace **K** Manuel Merino **M** Rolf Kühn **S** Renate Engelmann **D** Horst Tappert (James Barton), Fred Williams (= Erwin C. Dietrich) (Redford), Barbara Rütting (Celia), Wolfgang Kieling (Ferencz), Rainer Basedow (McDowell), Siegfried Schürenberg (Dr. Bladmore) **L** 81 **FSK** ab 16; nf **E** 9.11.1972 **fd** 18 073

TODESRALLYE →Rallye des Todes

TODESRALLYE IN HELIX-CITY (DEATHSPORT). Im Jahr 3000 liegen in einer trostlosen, verwüsteten Welt Stadt- und Landmenschen im Kampf miteinander, wobei die Geächteten mit Schwert und Pferd gegen Laserkanonen und Kampfmotorräder antreten und Elektrofolter und Auspeitschung überstehen müssen. Belangloser Science-Fiction-Film um die althergebrachte Auseinandsersetzung des Guten mit dem Bösen, kommerztüchtig zusammengeschustert aus handelsüblichen Zukunfts- und Horror-Versatzstücken, angereichert mit einer unglaubhaften Love-Story. (Titel auch: »Giganten mit stählernen Fäusten«) ✦ USA 1978 **P** New World Prod. **KI** Jugendfilm **Pd** Roger Corman **R** Henry Suso, Allan Arkush **B** Henry Suso, Donald Stewart, nach einer Erzählung von Frances Doel **K** Gary Graver **M** Andrew Stein **S** Larry Bock **D** David Carradine (Kaz Oshay), Claudia Jennings (Dereer), Richard Lynch (Ankar Moor), William Smithers (Doktor Karl), David McLean (Lord Zirpola), Jesse Vint (Polna), Will Walker (Marcus Karl), H. B. Haggerty (Gefängnisaufseher), Peter Hooper (Bakkar), John Himes (Präsident) **L** 79 **FSK** ab 12; nf **E** 8.9.1978 **fd** 21 182

DIE TODESRANCH (1937) (NORTH OF THE RIO GRANDE). Hopalong Cassidy jagt eine Verbrecherbande, deren Chef mit einem gestohlenen Eisenbahnzug in den Abgrund rast. Seriell gefertigter Western nach den trivialen Erzählmustern des Genres. – Ab 12. ✦ Schwarz-weiß. USA 1937 **P** Harry Sherman Prod. (für Western Classics) **KI** Deutsche Commerz **Pd** Harry Sherman **R** Nate Watt **B** Jack O'Donnell, nach dem Roman »Cottonwood Gulch« von Clarence E. Mulford **K** Russell Harlan **S** Robert Warwick **D** William Boyd (Hopalong Cassidy), George Hayes (Windy Halliday), Russell Hayden (Lucky Jenkins), Stephen Morris (= Morris Ankrum) (Henry Stoneham), Bernadene Hayes (Faro Annie), John Rutherford, Lorraine Randall (Mary Cassidy), Walter Long (Bull), Lee J. Cobb (Goodwin), John Beach (Clark), Al Ferguson (Plunkett), Lafe McKee (Joe) **L** 74 **FSK** ab 12; nf **E** 16.5.1952 **fd** 1 909

DIE TODES-RANCH (1965) (NIGHT OF THE GRIZZLY). Eine Rancher-Familie kämpft gegen einen Grizzlybär, der durch seine Raubzüge das idyllische Leben auf ihrer Ranch in Wyoming zu zerstören droht. Ein Abenteuer-Heimatfilm mit banaler Schwarz-Weiß-Zeichnung der Charaktere. Streckenweise sentimental, allenfalls von schlichtem Unterhaltungswert. – Ab 14. ✦ Scope. USA 1965 **P** Paramount **KI** Paramount **Pd** Burt Dunne **R** Joseph Pevney **B** Warren Douglas **K** Harold Lipstein, Loyal Griggs **M** Leith Stevens **S** Philip W. Anderson **D** Clint Walker (Big Jim Cole), Martha Hyer (Angela Cole), Keenan Wynn (Jed Curry), Nancy Kulb (Wilhelmina Peterson), Leo Gordon (Cass Dowdy), Kevin Brodie (Charlie Cole), Ron Ely (Tad Curry), Don Haggerty (Sam Potts), Ellen Corby (Hazel Squires), Jack Elam (Hank), Regis Toomey (Cotton Benson) **L** 101 (gek. 88) **FSK** ab 12; f (früher nf) **E** 25.11.1966 **fd** 14 416

DER TODESREIFEN (SUSPENSE). Ein ebenso raffinierter wie skrupelloser Tramp steigt vom abgerissenen Hilfsarbeiter zum Showmaster einer Eisrevue auf. Als er noch weiter auf der Karriereleiter emporsteigen will und obendrein Ansprüche auf die Ehefrau seines Vorgesetzten anmeldet, verwickelt er sich in ein Intrigenspiel, bei dem er auch vor Mord nicht zurückschreckt. Variante des »film noir«, die zwecks Attraktivitätssteigerung auf Musical-Einlagen und Artistik zurückgreift und dabei in die Nähe der Kolportage gerät. Nur in wenigen Szenen fasziniert die düstere, ins Alptraumhafte gesteigerte Erzählhaltung des klassischen »schwarzen« Thrillers. (Früherer Titel: »Ein gefährlicher Rivale«) – Ab 16. ✦ Schwarz-weiß. USA 1946 **P** King Bros. (für Monogram) **KI** Falken/Stern **Pd** Maurice King, Franklin King **R** Frank Tuttle **B** Philip Yordan **K** Karl Struss **M** Daniele Amfitheatrof **D** Belita (Roberta), Barry Sullivan (Joe), Albert Dekker (Frank), Bonita Granville (Susi), Eugene Pallette (Harry), George E. Stone (May) **L** 95 **FSK** ab 16; nf **E** 21.11.1950/5.3.1987 WDR III

TODESREIGEN. Die Mutter einer 13-Jährigen hat den schrecklichen Verdacht, dass ihre Tochter kleinere Kinder aus der Nachbarschaft umgebracht haben könnte, stößt mit ihren Ängsten beim Ehemann aber auf taube Ohren. Erst nach einer weiteren Gewalttat kommen verhängnisvolle Zusammenhänge ans Licht. Ausgezeichnet besetztes Fernsehdrama mit einer teilweise allzu dick aufgetragenen metaphorischen Bildprache. ✦ Deutschland 1993 **P** SWF **Pd** Susan Schulte **R** Vivian Naefe **B** Harald Göckeritz **K** Immo Rentz **M** Ulrich Kümpfel **S** Katrin Eplinius **D** Lena Stolze (Lisa), Walter Kreye (Richard), Lavinia Wilson (Rebecca), Nina Petri (Susi), Götz Behrendt, Helmut Berger, Konstantin Baier (Jan), Sarah Deißenböck, Thomas Munz, Horst Schäfer, Heinrich Schafmeister **L** 85 **E** 19.5.1993 ARD

DIE TODESREISE (DEATH JOURNEY). Stereotyper Krimi vom Fließband. Um die Aussage einer Kronzeugin zu unterbinden, schickt die Mafia eine Bande von Killern aus. Da die Frau jedoch von einem draufgängerischen Privatdetektiv beschützt wird, ist ihr Leben nicht nachhaltig in Gefahr. ✦ USA 1976 **R** Fred Williamson **D** Fred Williamson, Bernhard Kuby, Heidi Dobbs, D'Urville Martin, Stephanie Faulkner **L** 82 **E** 23.11.1990 Tele 5

DIE TODESREITER (THE DESPERADOS). In der Uniform von Konföderierten zieht eine Banditenbande raubend und plündernd durch das Gebiet der Nordstaaten, bis sie sich gegenseitig ausrottet, nachdem sich der Sohn des Bandenführers von seinem Vater und seinen Brüdern losgesagt hat. Western sehr rauher Machart. Die innerhalb der Handlung unmotivierten Brutalitäten lassen sich allenfalls produktionsbedingt erklären: offensichtlich sollte der Film gegenüber den damaligen Italo-Western konkurrenzfähig sein. ✦ USA 1968 **P** Irving Allen Ltd. (für Columbia) **KI** Columbia **Pd** Irving Allen **R** Henry Levin **B** Walter Brough **K** Sam Leavitt **M** David Whitaker **S** Geoffrey Foot **D** Vince Edwards (David Galt), Jack Palance (Pfarrer Josiah Galt), George Maharis (Jacob Galt), Neville Brand (Sheriff Kilpatrick), Sylvia Syms (Laura), Christian Roberts (Adam Galt), Kate O'Mara (Adah), Kenneth Cope (Carlin), John Paul (Lacey), Christopher Malcolm (Gregg), John Clarke (Bandit) **L** 91 **FSK** ab 18; nf **E** 28.2.1969 **fd** 16 029

DIE TODESREITER VON KANSAS (TRAIL STREET). Kansas im Jahr 1880: Der legendäre Marshall Bat Masterson hilft schießfreudig Farmern, die nach Dürre und Sandsturm von Bodenspekulanten zur Landaufgabe gebracht werden sollen. Nach Austilgung aller Missetäter wird wetterbeständiges Weizensaatgut herbeigeschafft. Routine-Western mit üblicher »Romantik« und zahlreichen Filmtoten, inszeniert nach standardisierten Mustern des Genres. – Ab 14. ✦ Schwarz-weiß. USA 1946 **P** RKO **KI** MPEA **Pd** Nat Holt **R** Ray Enright **B** Norman Houston, Gene Lewis, nach einem Roman von William Corcoran **K** J. Roy Hunt **M** Mischa Bakaleinikoff **S** Lyle Boyer **D** Randolph Scott (Bat Masterson), Robert Ryan (Allen Harper), Anne Jeffreys (Ruby Stone), Billy House (Carmody), George Hayes (Billy Jones), Madge Meredith (Susan Pritchett), Steve Brodie (Logan Maury), Virginia Sale (Hannah), Harry Woods (Lance Larkin), Jason Robards sr. (Jason) **L** 85 **FSK** ab 12; nf **E** 29.4. 1949 **fd** 462

DIE TODESREITER VON LAREDO (STREETS OF LAREDO). Zwei von drei Banditen, die Postkutschen, Eisenbahnen und Banken überfallen haben, werden Mitglieder der kampfstarken Polizeitruppe der »Texas Rangers«. Der dritte zieht es vor, das gesetzlose Leben fortzusetzen. Bei der ersten Auseinandersetzung schonen ihn die beiden ehemaligen Gefährten, bei der zweiten bringt er einen der beiden um. Wiederverfilmung von King Vidors Star-Western »Texas Rangers« (1936), unprätentiös und bemerkenswert in seinem Ansatz, Gerechtigkeit und Freundschaft in den Vordergrund zu rücken. Inszenatorisch eher in den durchschnittlichen Bahnen des Genres. – Ab 16. ✦ USA 1948 **P** Paramount **KI** Paramount **Pd** Robert Fellows **R** Leslie Fenton **B** Charles Marquis Warren, nach einer Erzählung von Louis Stevens und Elizabeth Hill **K** Ray Rennahan **M** Victor Young **S** Archie Marshek **D** Macdonald Carey (Lorn Reming), William Holden (Jim Dawkins), William Bendix (Wahoo Jones), Mona Freeman (Rannie Carter), Dick Foote (Pipes), Stanley Ridges (Maj. Bailey), Alfonso Bedoya (Charley Calico), Ray Teal (Cantrel), Clem Bevans (Pop Lint), James Bell (Ike), Byron Foulger (Künstler) **L** 90 **FSK** ab 16; nf **E** 15.4. 1953 **fd** 2 499

DAS TODESRIFF (SFIDA SUL FONDO). Als sich ein Firmenchef in wirtschaftlichen Nöten mit der vielversprechenden Produktion eines Mini-U-Bootes beschäftigt, bekommen Gangster von der Sache Wind und versuchen, durch Erpressung in den Besitz der Konstruktionspläne zu gelangen. Trivialer Kriminalfilm. ✦ Italien 1976 **R** Melchiade Coletti **K** Aldo Greci **M** Luigi Romanelli, Gianpaolo Chitti, Sergio Montori **D** Frederick Stafford, Dagmar Lassander, Enzo Majorca, Chris Akram **L** 93 **E** 10.1.1986 RTL plus/24.1. 1987 DFF 2

DER TODESRITT DER GLORREICHEN 7 (THE MAGNIFICENT SEVEN RIDE). Ein US-Marshall besiegt mit Hilfe von fünf Schwerverbrechern und einem Journalisten eine Mörderbande an der Grenze nach Mexiko. Inszenatorisch passabler, aber psychologisch unglaubwürdiger Western, der einmal mehr das Motiv der »glorreichen Sieben« aufwärmt. – Ab 16. ✦ USA 1972 **P** The Mirisch Company **KI** United Artists **DVD** Fox Home (16:9, 1.85:1, Mono engl./ dt.) **Pd** William A. Calihan **R** George McCowan **B** Arthur Rowe **K** Fred J. Koenekamp **M** Elmer Bernstein **S** Walter Thompson **D** Lee Van Cleef (Chris), Stefanie Powers (Laurie Gunn), Mariette Hartley (Arilla), Michael Callan (Noah Forbes), Luke Askew (Skinner), Pedro Armendáriz jr. (Pepe Carral), William Lucking (Walt Drummond), Allyn Ann McLerie (Mrs. Donovan), Ed Lauter (Scott Elliott), Ralph Waite (Jim McKay), Rodolfo Acosta (Juan de Toro) **L** 97 **FSK** ab 12; f **E** 17.11.1972/8.11.2001 DVD **fd** 18 154

TODESRITT IN TEXAS (THE DRIFTER). Der unverwüstliche und skurrile Western-Haudegen »Fuzzy« gerät an einen Doppelgänger seines Freundes, der als Zirkusschütze auftritt und hauptberuflich von Bankeinbrüchen lebt. Er verwechselt die beiden, befreit den Falschen aus dem Gefängnis und setzt den Richtigen vorübergehend schachmatt. Trivialfilm von allerschlichtester Komik, der übliche Westernszenen mit harmlosen Clownerien verbindet. – Ab 12. ✦ Schwarz-weiß. USA 1944 **P** P.R.C. **KI** Accord **R** Sam Newfield **K** Jack Greenhalgh **D** Al »Fuzzy« St. John, Bill Carson **L** 81 **FSK** ab 12; nf **E** 16.1.1959 **fd** 7 821

TODESROULETTE (THE SAINT'S GIRL FRIDAY). Eine Meisterdetektiv mit dem Spitznamen »Heiliger« klärt zum Ärger von Scotland Yard einen Mordfall in London. Er hebt eine Bande aus, die auf einem Themse-Kahn verbotenes Glücksspiel betreibt und verschuldete Spieler erpreßt oder umbringt. Ein später Wiederbelebungsversuch einer amerikanischen Film-serie aus den Jahren 1938–43, deren Held in britischen Fernsehserien zuletzt mit Roger Moore (dt. »Simon Templar«) bis in die 60er Jahre populär blieb. Leidlich spannende Durchschnittsunterhaltung. – Ab 16. ✦ Schwarz-weiß. USA 1954 **P** RKO **KI** RKO **Pd** Julian Lesser, Anthony Hinds **R** Seymour Friedman **B** Allan MacKinnon, nach Figuren aus den »Simon Templar«/»The Saint«-Romanen von Leslie Charteris **K** Walter J. Harvey **M** Ivor Slaney **D** Louis Hayward (Simon Templar), Naomi Chance (Carol Denby), Fred Johnson (Irish Cassidy), Diana Dors (Margie), Charles Victor (Inspektor Teal) **L** 68 **FSK** ab 16; nf **E** 30.8.1957 **fd** 6 147

DAS TODESSCHIFF →Death Ship

TODESSCHLAF (INSOMNIA). Ein schwedischer Kriminalkommissar soll im Norden Norwegens den Mord an einer Schülerin aufklären. Bald kommt der abgebrühte Fahnder dem Täter auf die Spur, doch bei dessen Verfolgung erschießt der Polizist versehentlich seinen eigenen Kollegen. Er versucht, den tragischen Unfall dem Mörder in die Schuhe zu schieben, womit er einen fatale Kette von Lügen und Intrigen auslöst, die ihn immer enger mit dem Täter zusammenschweißen. Intensiv inszenierter Thriller vor der realen Tatsache der hohen Selbstmordrate in Norwegen, die mit den extremen Lebensbedingungen am nördlichen Polarkreis zusammenhängen. Dies setzt der Film geschickt für sein zermürbendes Katz-und-Maus-Spiel ein. ✦ Norwegen 1997 **P** Norsk Film **Pd** Petter Borgli **R** Erik Skjoldbjaerg **B** Nikolaj Frobenius **K** Erling Thurmann-Andersen **M** Geir Jensen **S** Hakon Overas **D** Stellan Skarsgard (Jonas Engström), Sverre Anker Ousdal (Erik Vik), Gisken Armand (Hilde Hagen), Bjorn Floberg (Jon Holt), Maria Bonnevie (Ane), Kristian Figenschow (Arne Zakariassen), Thor Michael Aamodt (Tom Engen) **L** 90 **E** 14.2.2000 ZDF

DER TODESSCHLAG DER STAHLFINGER (TIEN-YA MING-YÜEH TAO / THE MAGIC BLADE). 17. Jahrhundert in China: Ein Unterdrücker, der seine Herrschaft durch fünf durchtrainierte, gestählte Kämpfer sichert, findet seinen Meister in einem aufrechten jungen Mann, der von einem Alten, dem er das Leben rettete, die Tochter und eine wirksame Waffe erhalten hat. Ein sorgfältig gestalteter und ausgestatteter Martial-Arts-Film mit atemberaubenden Kampfszenen, vor allem im Finale, der reizvoll chinesische Sagen- und Märchenmotive mit historischen Elementen verbindet und in die Actiongeschichte einbindet. ✦ Scope. Hongkong 1979 **P** Shaw Brothers **KI** Residenz **R** Chu Yuan **B** I Kuan **D** Ti Lung, Ching Li, Lo Lieh, Tien Ni, Ku Feng **L** 81 **FSK** ab 18; nf **E** 4.4.1980

DIE TODESSCHLUCHT VON ARIZONA (THE CARIBOO TRAIL). Die Geschichte eines Rindertrecks auf dem Weg in ein besseres Weidegebiet. Unterwegs wird man nicht nur von feindlichen Indianern belagert, sondern auch von einer Gangsterbande bedroht. Unterhaltsamer, konventionell inszenierter Western mit einer klaren Trennung von Gut und Böse. – Ab 14 möglich. ✦ USA 1950 **P** Fox **KI** Türk/Südwest **Pd** Nat Holt **R** Edwin L. Marin **B** Frank Gruber **K** Fred Jackman jr. **M** Paul Sawtell **S** Philip Martin **D** Randolph Scott (Jim Redfern), George Hayes (Grizzly), Bill Williams (Mike Evans), Karin Booth (Frances), Victor Jory (Frank Walsh), Douglas Kennedy (Murphy), Jim Davis (Miller) **L** 80 **FSK** ab 12; nf **E** 27.1.1956 **fd** 4 711

DIE TODESSCHLUCHT VON LARAMIE (DAKOTA INCIDENT). Eine buntzusammengewürfelte Postkutschenbesetzung gerät in einen Indianerhinterhalt. Nach tagelangen, verlustreichen Kämpfen können sich nur ein positiv geläuterter Bankräuber und eine Bardame retten. Gut gespielter und spannend inszenierter, aber recht rüder Western, dessen Appell an die Gewaltlosigkeit zum Ende hin wenig Überzeugungskraft besitzt. – Ab 14 möglich. ✦ USA 1956 **P** Republic **KI** Gloria **Pd** Michael Baird **R** Lewis R. Foster **B** Frederic Fox **K** Ernest Haller **M** R. Dale Butts **S** Howard E. Smith **D** Linda Darnell (Amy Clarke), Dale Robertson (John Banner), John Lund (Carter Hamilton), Ward Bond (Senator Blakely), Regis Toomey (Minstrel), Skip Homeier (Frank Banner), Irving Bacon (Tully Morgan), John Doucette (Rick Largo), Whit Bissell (Mark Chester), William Fawcett (Mathew Barnes), Malcolm Atterbury, Charles Horvath (Indianerführer) **L** 82 **FSK** ab 12; f (fr. 16) **E** 14.6.1957 **fd** 6 212

DER TODESSCHREI (THE SHOUT). Die Geschichte des Einbruchs archaischer Zaubermythen in die moderne Gesellschaft: Der Insasse eines Irrenhauses erzählt von seiner Begegnung mit einem jungen Ehepaar in einer abgeschiedenen Landgemeinde, in deren festgefügte Ordnung er Unruhe gebracht hat. Ein mit ungewöhnlicher ästhetischer Brillanz inszenierter sanfter Horrorfilm. Die Verunsicherung der modernen rationalen Weltsicht gelingt durch die subtile Mischung aus Fantastischem, Angst und Schrecken mit dem Alltäglichen. Ein reizvoller Film, auch wenn er in der implizierten Gegenwartskritik keinen klaren politischen Standpunkt findet. ✦ Großbritannien 1978 **P** Recorded Picture **KI** NEF **Pd** Jeremy Thomas **R** Jerzy Skolimowski **B** Michael Austin, Jerzy Skolimowski, nach einer Erzählung von Robert Graves **K** Mike Molloy **M** Rupert Hine, Anthony Banks, Mike Rutherford **S** Barrie Vince **D** Alan Bates (Charles Crossley), John Hurt (Anthony Fielding), Susannah York (Rachel Fielding), Tim Curry (Robert Graves), Julian Hough, John Rees, Robert Stephens **L** 87 **E** 20.7.1979 **fd** 22 111

DER TODESSCHREI DER HEXEN (CRY OF THE BANSHEE). England im 16. Jahrhundert: Ein skrupelloser Adeliger geht gewaltsam gegen eine heidnische Priesterin und ihre Gefolgschaft vor, wofür die Hexe ihn und seine Familie verflucht. Schließlich schickt sie den von der Adelsfamilie als Findling angenommenen Stallburschen als Rächer aus, der sich in einen reißenden Werwolf verwandelt. Grobgestrickter Trivial-Horrorfilm, langweilig und ideenlos. Erst zum Ende gewinnt der Film ein gewisses Maß an bedrückender Eindringlichkeit, die nicht zuletzt vom Spiel Elisabeth Bergners ausgeht. ✦ Großbritannien 1969 **P** American International Pictures (AIP) **KI** Gloria **Pd+R** Gordon Hessler **B** Tim Kelly, Christopher Wicking **K** John Coquillon **M** Les Baxter **S** Oswald Hafenrichter **D** Vincent Price (Lord Edward Whitman), Elisabeth Bergner (Oona), Essy Persson (Lady Patricia), Patrick Mower (Roderick), Hugh Griffith (Mickey), Hilary Dwyer (Maureen) **L** 86 **FSK** ab 16; nf **E** 19.3.1971 **fd** 17 274

DER TODESSCHREI DER KANNIBALEN (PRIMITIF). Eine Gruppe junger Wissenschaftler fällt auf der Suche nach Steinzeitkulturen einem Kannibalenstamm in die Hände; nur zwei überleben das Abenteuer. Die magere Expeditionsgeschichte fungiert als Vehikel für Schreck- und Ekelbilder von Tötungsritualen und absonderlichen Ernährungsgepflogenheiten. – Wir raten ab. ✦ Scope. Italien 1979 **P** P.T. Rapi-Films **KI** Apollo/Avis **VA** Video Programm **R** Ben Tako **K** Leo Fioole **M** Ibnu Hassan, Gat Sudarto, Kraftwerk **D** Barry Prima, John Mardom, Anny York **L** 91 **FSK** ab 18; nf **E** 7.3.1980 **fd** 22 393

DER TODESSCHREI DER SHAOLIN (MYSTERIOUS FOOTWORK OF KUNG FU). Ein kampfstarker, ebenso unbeherrschter wie einfältiger Provinz-Bursche gerät ahnungslos in die Intrigen eines Opiumkrieges zwischen einer Dealer-Bande und den Kämpfern seines Meisters. Nach einem intensiven Kung-Fu-Kurs seines Meisters schickt er in einem schier endlosen Finale die Böswichte zu ihren Ahnen. Schlampig inszenierte Dutzendware; die dürftige Handlung ist nur Vorwand für brutale, schlecht gefilmte Kampfszenen. ✦ Scope. Hongkong 1978 **KI** Apollo/Peiper **R** Chen Wah **D** Charles Heung, Wah Keung, Chan Wai-Man **L** 80 **FSK** ab 18; nf **E** 27.7.1979 **fd** 22 179

DER TODESSCHREI DER TIGERKRALLE (TIGER LOVE). Ein Tiger, der einer schwangeren Frau das Leben gerettet hat, rächt sich in Gestalt eines schwebenden weiblichen Vampirs an jenen Übeltätern einer verfeindeten Sippe, die die Familie der Frau ausgelöscht hat. Äußerst anspruchslos inszeniertes Abenteuer- und Rachemärchen, das zahlreiche Kämpfe mit nicht minder drastischen Gruselelementen verbindet. Reizvoll allenfalls als Beispiel für die im Hongkong-Kino durchaus geläufige Verbindung von Eastern und Gespensterfilm, die ohne jeden Anspruch an die Logik operiert. ✦ Scope. Hongkong 1981 **P** Mini-Film **KI** C.H. **L** 77 **FSK** ab 16; nf **E** 16.4.1982 **fd** 23 490

DER TODESSCHREI DES GELBEN PANTHERS (TOUGH GUYS). Zwei Polizeiagenten werden in eine Schmugglerbande eingeschleust, um diese von innen her aufzusprengen. Hongkong-Ware vom Fließband: roh und primitiv, formal gelegentlich über dem Durchschnitt des Genres. ✦ Scope. Hongkong 1971 **P** Empire **KI** Cinerama **R** Chiang Hung **K** Hwa San **M** Chow Fu-Liang **D** Chen Zin, Henry Yue-Young, Linda Ling, Charly Chiang **L** 88 **FSK** ab 18; nf **E** 15.6.1973 **fd** 18 445

DER TODESSCHREI DES GELBEN TIGERS (SHAOLIN RESCUERS). Zwei junge Kung-Fu-Kämpfer stehen einem Helden gegen die Übermacht grausamer Verfolger bei und bezahlen zuletzt ihren Einsatz mit dem Leben. Die stark gekürzte Action-Geschichte wirkt reichlich ungelenk. Der Film beeindruckt aber streckenweise durch verblüffende Artistik, sowie seine schräge Mixtur aus verspielten Albernheiten und heftigen Schwertkampfszenen. ✦ Scope. Hongkong 1980 **P** Shaw Brothers **KI** Residenz **R** Chang Cheh **D** Pai Piau, Lu Feng, Lo Meng **L** 83 (Orig. 110) **FSK** ab 18; nf **E** 21.8.1981 **fd** 23 079

TODESSCHREI IM MÄDCHENPENSIONAT →Lost Girls

TODESSCHREI PER TELEFON (DON'T ANSWER THE PHONE). Ein Frauenwürger terrorisiert Los Angeles. Erst als er sich die Geliebte eines Polizeidetektivs, eine Psychotherapeutin, als Opfer auserkoren hat, wird er von dem Polizisten liquidiert. Weniger die Untaten des Würgers als die spekulativen, auf unterster Ebene angesiedelten Dialoge machen den Film unerträglich. Auch die grobe Zeichnung psychopathologischer Verhaltensweisen und die unverhohlene Selbstjustizmentalität deklassieren ihn zum Machwerk. (Späterer Videotitel: »Das Telefon – Bei Anruf Horror«) – Wir raten ab. ✦ USA 1979 **P** Crown International **VA** Arcade **R** Robert Hammer **B** Michael D. Castle, Robert Hammer, nach einem Roman von Michael Curtis **K** James Carter (= James L. Carter) **M** Byron Alfred **D** James Westmoreland, Flo Gerrish, Ben Frank, Nicholas Worth, Pamela Bryant **L** 87 **E** 1984 Video **fd** 24 504

TODESSCHREIE →Death Scream

TODESSCHREIE AUS DEM LEUCHTTURM (STRANDED). Ein Urlaub auf einer einsamen Insel soll die Ehe eines Paares retten. Doch die Insel birgt ein düsteres Geheimnis, dem vor Jahren bereits die Schwester der Frau zum Opfer fiel. Plötzlich sieht sich das Paar mit mysteriösen Ereignissen konfrontiert. Die Spur führt zu einem alten Leuchtturm, auf den sich die Ereignisse konzentrieren. Lauer Psychothriller mit einer überkonstruierten Handlung. ✦ USA 1993 **R** Paul R. Tucker **D** Deborah Wakeham (Lynn), Ryan Michael (Paul), Stephen E. Miller (Boyd) **L** 93 **E** 20.5.1994 RTL

DER TODESSCHUSS (WARNING SHOT). Ein Polizeisergeant, der in Notwehr einen bekannten Arzt erschossen hat, entkräftet in zäher Kleinstarbeit die Anklage gegen ihn und entlarvt zugleich einen Rauschgiftschmuggel-Ring. Überwiegend spannender Routine-Kriminalfilm, reizvoll wegen der Besetzung mit alten Stars in den Nebenrollen. – Ab 14 möglich. ✦ USA 1966 **P** Bob Banner Associates (für Paramount) **KI** Paramount **Pd** Buzz Kulik, Bob Banner **R** Buzz Kulik **B** Mann Rubin, nach dem Roman »711 Officer Needs Help« von Whit Masterson **K** Joseph Biroc **M** Jerry Goldsmith **S** Archie Marshek **D** David Janssen (Sgt. Tom Valens), Ed Begley (Capt. Roy Klodin), Lillian Gish (Alice Willows), Sam Wanamaker (Frank

Sanderman), Eleanor Parker (Mrs. Doris Ruston), Keenan Wynn (Sgt. Ed Musso), Stefanie Powers (Liz Thayer), George Sanders (Calvin York), Walter Pidgeon (Ames), Joan Collins (Joanie Valens) **L** 100 **FSK** ab 12; f (früher 16) **E** 5.7.1967/8.1.1973 ZDF **fd** 14 812

TODESSCHUSS IM SCHNEE (WITHOUT MALICE). Nachdem zwei Hobbyjäger, ein erfolgreicher Schönheitschirurg und der wegen Drogenvergehen vorbestrafte Bruder seiner Verlobten, einen Jagdaufseher erschossen und seine Leiche beseitigt haben, schaltet sich dessen Kollegin in die Ermittlungen ein. Obwohl alles gegen den Vorbestraften spricht, glaubt sie nicht an die zu offenkundige Lösung und forscht hartnäckig nach der Wahrheit. Schablonenhaft entwickelter Thriller mit stereotypen Charakteren, der allenfalls oberflächliche Spannung erzeugt. ✦ USA 2000 **Pd** Rhonda Baker **R** Rob King **B** Peter Layton **D** Gabrielle Anwar (Susan), Craig Sheffer (Dr. Paul Venters), Jennifer Beals (Samantha Wilkes), Corey Haim (Marty Pollard), Ian Black (Nick) **L** 85 **E** 29.10. 2001 Vox

TODESSCHÜSSE AM BROADWAY. FBI-Agent Jerry Cotton bringt zwei sich bekämpfende Gangsterbanden zur Strecke, die um geraubte Goldbarren streiten. Schablonenhaft inszenierter Serienkrimi mit einigen unnötigen Härten. Achter Film der »Jerry Cotton«-Serie, die sich zu diesem Zeitpunkt längst selbst ins Abseits gestellt hat. – Ab 16. ✦ BR Deutschland 1968 **P** Allianz/Terra **KI** Constantin **VA** Taurus **R** Harald Reinl **B** Rolf Schulz, Christa Stern, nach einem Heftchen-Roman der »Jerry Cotton«-Reihe **K** Heinz Hölscher **M** Peter Thomas **D** George Nader (Jerry Cotton), Heinz Weiss (Phil Decker), Heidy Bohlen (Cindy Holden), Miha Baloh, Michaela May (Alice), Herbert Fux (Butler Robin) **L** 89 **FSK** ab 12; f (fr. 16; nf) **E** 26.3.1969 **fd** 16 059

TODESSCHÜSSE IM KLASSENZIMMER – EIN SCHÜLER NIMMT RACHE (TARGET FOR RAGE). Thriller nach einer wahren Begebenheit, die allerdings in den üblichen Konventionen zur gängigen Spannunsgeschichte nivelliert wird. Der ehemalige Schüler einer US-Highschool macht seinen Geschichtslehrer, der ihn durchs Examen fallen ließ, für sein gescheitertes Leben verantwortlich. Er dringt in die Schule ein, schießt den Lehrer nieder und nimmt 80 Schüler als Geiseln. Die Polizei versucht unterdessen verzweifelt, ein Blutbad zu verhindern. (Titel auch: »Todesschüsse im Klassenzimmer«) ✦ USA 1997 **R** Michael Watkins **B** Larry Golin **D** Rick Schroder (Jason Copeland), Henry Winkler (Skip Fine), Freddie Prinze jr. (Aaron Sullivan), Ren Woods (Mrs. McGill), Katie Wright (Samantha Eckert) **L** 89 **E** 15.7.1998 RTL

TODESSCHWADRON (DEADLY FORCE). Ein ehemaliger Polizist klärt gemeinsam mit seiner einstigen Ehefrau, einer Journalistin, eine Mordserie auf und legt damit die unzulängliche Arbeit der legalen Ordnungsmacht in Los Angeles bloß. Ein von rohen Effekten durchsetzter Actionfilm, fragwürdig durch die Verherrlichung kriminalistischen Einzelgängertums außerhalb der Legalität. (TV-Titel auch: »Deadly Force«) ✦ USA 1983 **P** Hemdale Leisure Corp. **KI** Ascot **Pd** Sandy Howard **R** Paul Aaron **B** Ken Barnett (= Freddie Francis), Barry Schneider, Robert Vincent O'Neil **K** Norman Leigh, David Myers **M** Gary Scott **S** Roy Watts **D** Wings Hauser (Stoney Cooper), Joyce Ingalls (Eddie Cooper), Paul Shenar (Joshua Adams), Al Ruscio (Sam Goodwin), Arlen Dean Snyder (Ashley Maynard), Lincoln Kilpatrick (Otto Hoxley), Bud Ekins (Harvey) **L** 93 **FSK** ab 16; f **E** 7.10. 1983 **fd** 24 242

TODESSCHWADRON AUS DER ZUKUNFT → Past Perfect

DAS TODESSEIL (LA CORDA D'ACCIAIO). Die nach dem Tod ihres Vaters ohnehin erschütterte und verängstigte Tochter einer Trapez-Artistin gerät durch die neuerliche Verlobung ihrer Mutter in eine tiefe Krise. Nach einem Autounfall tritt eine eher seelisch bedingte Lähmung ein, die sich erst löst, als die Mutter eine lebensgefährliche akrobatische Leistung wagt. Sentimentale Unterhaltung zwischen Märchen und Melodram, die wegen der zahlreich konstruierten Unglaubwürdigkeiten nie wirklich berührt. – Ab 12. ✦ Schwarz-weiß. Italien 1954 **P** Zodiaco **KI** Progress **R** Carlo Borghesio **B** Leo Benvenuti, Giuseppe Mangione, Carlo Borghesio, nach einem Roman von C. B. Seyta **K** Vincenzo Seratrice **M** Alfonso Salerno **D** Xenia Valderi (Elsa), Fausto Tozzi (Filippo), Brigitte Fossey (Marcella), Virna Lisi (Stella), Nando Bruno (Sandro) **L** 91 **E** 13.3.1957 Kino DDR/28.4.1957 DFF 1

DAS TODESSPIEL (THE DEAD POOL). Inspektor Harry Calahan gerät auf die Todesliste eines psychopathischen Mörders. Bei der Lösung des Falles verfährt er nicht weniger brutal als seine Widersacher. Fünfter Film der »Dirty Harry«-Reihe: Ein harter Polizeifilm mit fragwürdiger Faustrecht-Moral, geradlinig inszeniert, aber nur wenig über dem Niveau gängiger Serien-Krimis. (Alternativer Titel: »Dirty Harry in Das Todesspiel«; TV: »Dirty Harry V – Das Todesspiel«) ✦ USA 1988 **P** Malpaso **KI** Warner Bros. **VA** Warner Home **DVD** Warner Home (16:9, 1.85:1, DD5.1 engl., DD2.0 dt.) **Pd** David Valdes **R** Buddy Van Horn **B** Steve Sharon, Durk Pearson, Sandy Shaw, nach Charakteren von H. J. & R. M. Fink **K** Jack N. Green **M** Lalo Schifrin **S** Ron Spang **D** Clint Eastwood (Harry Callahan), Patricia Clarkson (Samantha Walker), Liam Neeson (Peter Swan), Evan C. Kim (Al Quan), David Hunt (Harlan Rook), Michael Currie (Capt. Donnelly), Michael Goodwin (Lt. Ackerman), Jim Carrey **L** 91 **FSK** ab 16; nf **E** 19.1.1989/21.7.1989 Video/6.1.1992 premiere/13.12.2001 DVD **fd** 27 393

TODESSPIEL – TEIL 1 UND 2. Zweiteiliges Dokumentarspiel über den »deutschen Herbst« 1977, der mit der Entführung des Arbeitgeberpräsidenten Hanns Martin Schleyer am 5. September in Köln begann und mit der Erstürmung der Lufthansa-Maschine »Landshut« in Mogadischu endete. Ein faszinierendes Doku-Drama, das die Stellungnahmen und Erinnerungen vieler Beteiligter einfließen läßt und sich trotz Parteinahme für die Opfer um Objektivität bemüht. Bei aller Realitätsnähe werden auch – besonders im zweiten Teil – die Möglichkeiten des Genrekinos durchaus genutzt. (1. Teil: »Volksgefängnis«, 2. Teil: »Entführt die Landshut«) – Sehenswert ab 16. ✦ Deutschland 1996/97 **P** WDR/NDR **VA** Arthaus **R+B** Heinrich Breloer **K** Hans Günther Bücking **M** Hans-Peter Stoer **D** Hans Brenner (Hanns Martin Schleyer), Manfred Zapatka (Helmut Schmidt), Horst Herold (Dieter Mann), Sebastian Koch (Andreas Baader), Anya Hoffmann (Gudrun Ensslin), Ulrich Matthes (Jan-Carl Raspe), Gerd Preusche (Hans Jürgen Wischnewski) **L** 177 (88 & 89) **FSK** ab 12 **E** 24. & 25.7.1997 ARD/1.9.1997 Video **fd** 32 846

TODESSPIELE (I SAW WHAT YOU DID). Während eines albernen Telefonspiels rufen zwei Teenager durch Zufall ausgerechnet einen Mann an, der soeben seine Freundin ermordet hat. Weil er glaubt, erkannt worden zu sein, will er die vermeintlichen Zeugen beseitigen. Ein nachts spielender Thriller mit einigen Horrorfilm-Anleihen. Die geradlinig angelegte Geschichte legt zu offensichtliche Spuren, um mehr als oberflächliche Unterhaltung bieten zu können. – Ab 16 möglich. ✦ USA 1987 **P** Universal **VA** CIC **Pd** Barry Greenfield **R** Fred Walton **B** Cynthia Cidre, nach einem Roman von Ursula Curtis **K** Woody Omens **M** Dana Kaproff **D** Shawnee Smith (Kim), Tammy Lauren (Lisa), Robert Carradine (Adrian Lancer), David Carradine (Steve Lancer), Candace Cameron Bure (Juliet) **L** 90 **FSK** ab 16 **E** Mai 1988 Video **fd** 27 163

TODESSPIRALEN. Dokumentarfilm über Saloth Sar, besser bekannt als Pol Pot, dessen Schreckensherrschaft in den 70er-Jahren etwa ein Viertel der kambodschanischen Bevölkerung zum Opfer fiel. ✦ Frankreich 1999 **R** Adrian Maben **L** 75 **E** 9.2.2000 ARD

DER TODESSPRINGER. In einer leblos gezeichneten Welt kommen mehrere Menschen mit dem Leben nicht zurecht, werden von Beziehungsproblemen, künstlerischen Krisen und politischen Frustrationen geplagt. Eine vor diesem ernsten Hintergrund spielerisch, mit einem guten Schuß Ironie inszenierte Studie, die Fragen nach Lebenssinn und Lebensumfeld stellt. Konzipiert als verzwickte Collage aus Einzelporträts, Geschichtenfragmenten und Reflexionen über den lebensgefährlichen bundesdeutschen Alltag, ist der Film durch diese originelle dramaturgische Durcharbeitung von Interesse, zugleich aber allzu thesenbeladen und literarisch bemüht. ✦ BR Deutschland 1984 **P** Lerch/Trautmann **KI** Basis **Pd** Benno Trautmann, Toni Lerch **R+B** Benno Trautmann **K** Hans-Günther Bücking, Jürgen Jürges **S** Benno Trautmann **D** Maurizio Margutti (Todesspringer), Nicole Heesters (Privatsekretärin), Mathew T. Anden (Sohn reicher Eltern), Toni Lerch (Maggie), Gerd Wameling, Ingrid Hammer (Kellnerin), Peter Albers (Fritz), Tamara Nàvas (schöne Frau) **L** 87 **FBW** bw **E** 1.2.1985 **fd** 25 063

TODESSPUR CHINATOWN (CHINATOWN CONNECTION). Ein China-stämmiger Polizist und sein weißer amerikanischer Kollege werden auf ein Drogenkartell angesetzt, das vergiftetes Kokain in Umlauf bringt. Die Spur führt nach Chinatown, wo ein Verbrecherboß zwecks Ausschaltung der lateinamerikanischen Konkurrenz sein schmutziges Spiel treibt. Eine fade und schlecht gespielte Mischung aus Kung Fu, Drogenkrieg und Polizisten-Buddy-Movie; selbst die Kampfszenen sind langweilig inszeniert und geschnitten. ✦ USA 1988 **P** Esseff-Arpaia/BCD **VA** New Vision **Pd** Michael S. Emerson **R** Jean-Paul Ouellette **B** Joseph Berry **K** Jack Anderson **M** Chris Caswell **S** Skip Williams, Lee Harry **D** Bruce Li (= Ho Chung-Tao) (Chan), Lee Majors II (Houston), Pat McCormick (Flynn), Art Camacho (Estes), Susan Frailey **L** 90 **FSK** ab 16 **E** 19.6.1991 Video/19.5.1995 Pro Sieben **fd** 29 260

TODESSPUR FÜR ISABELL (BLUEPRINT). Aktivisten einer schwedischen Umweltgruppe führen eine spektakuläre Aktion auf einem Atommüllfrachter durch. Ein Jahr danach bittet ein Mitglied der Gruppe seine Schwester, eine schwangere junge Frau, das damals gedrehte Videomaterial aufzubewahren. Widerwillig läßt sie sich darauf ein, doch als ihre Schwester und das Baby wenig später an Leukämie sterben, begibt sie sich, mißtrauisch geworden, auf die Suche nach den Ursachen. In einem Chemiekonzern laufen die Fäden zusammen, aber die Recherchen gestalten sich lebensgefährlich. Fürs Fernsehen produzierter Ökothriller. (Alternativer TV-Titel: »Blueprint«) ✦ Schweden 1992 **R** Rickard Petrelius **B** Lars Bill Lundholm, Thomas Borgström **D** Asa Göransson (Isabell Rydbeck), Marika Lagercrantz (Gabriella), Peter Haber (Gustav Hake), Gerhard Hoberstorfer (Rick Magnusson), Samuel Fröler (Tom Lager) **L** 180 **E** 28.12.1994 N 3

TODESSTILLE (DEAD CALM). Ein australischer Marine-Offizier verbringt mit seiner Frau nach dem tragischen Tod ihres Kindes einen Monat auf seiner Yacht im Pazifik. Ein scheinbar Schiffbrüchiger bemächtigt sich der Yacht und terrorisiert die Frau, während ihr Mann auf dem verlassenen Wrack des Geretteten um sein Leben kämpft. Die ausgefeilte Inszenierung eines traumatischen Erlebnisses wird äußerst spannend, in Machart und Darstellung perfekt angeboten. – Sehenswert. ✦ Scope. Australien/USA 1988 **P** Kennedy Miller Prod. (für Warner Bros.) **KI** Warner Bros. **VA** Warner Home Video **Pd** Terry Hayes, Doug Mitchell, George Miller **R** Phillip Noyce **B** Terry Hayes, nach einem Roman von Charles Williams **K** Dean Semler, Geoff Burton **M** Graeme Revell **S** Richard Francis-Bruce **D** Nicole Kidman (Rae Ingram), Sam Neill (John Ingram), Billy Zane (Hughie Warriner), Rod Mullinar (Russell Bellows), Joshua Tilden (Danny) **L** 94 **FSK** ab 16; f **E** 27.7.1989/16.2. 1990 Video/23.3.1991 premiere **fd** 27 628

TODESSTRAFE – EIN DEUTSCHER HINTER GITTERN. Die Todesstrafe als Sujet eines eindrucksvollen, dicht inszenierten und zurückhaltend-präzise gespielten Fernsehdramas, das Bezug zum authentischen Fall des Deutschen Dieter Riechmann nimmt, der wegen Mordes an seiner Frau im US-Bundesstaat Florida zum Tode verurteilt wurde und dort zur Zeit der Dreharbeiten immer noch in der Todeszelle saß. Inszeniert nach einem klugen Drehbuch, nähern sich ein farbiger amerikanischer Privatdetektiv, der entschiedener Verfechter der Todesstrafe ist, und eine junge deutsche Journalistin zunächst zögerlich dem zum Tode Verurteilten und schließlich Hingerichteten an, wobei stets offen bleibt, ob dieser nun ein Mörder war oder nicht. – Ab 16. ✦ Deutschland 2000 **P** temWorx (für RTL) **Pd** Sascha Schwingel **R** Michael Wenning **B** Holger Karsten Schmidt **K** Christof Wahl **D** Jan Josef Liefers (Klaus Jansen), Claudia Michelsen (Corinna Pohl), Calvin Burke (Steven Grady), Nadeshda Brennicke, Barbara Focke (Gisela Mertens), Susanne Schäfer (Daniela Mertens) **L** 90 **E** 16.5.2001 RTL

TODESSTRAHLEN AUS DEM WELTALL (LAST WAR). Ein Konflikt zwischen Amerikanern, Russen und Chinesen führt im Jahr 2015 zu einer atomaren Konfrontation, die die Zentren der Welt in Schutt und Asche legt. Ein handwerklich dilettantischer utopischer Film, der trotz grober Vereinfachung in seiner Aussage nicht ganz uninteressant ist. – Ab 14. ✦ Scope. USA 1973 **P** Inter Ocean **Kl** Film-Allianz/Avis **R** Jaque Brenko **B** Cyril Hume **D** Mike Burnes, Yu Wang, Jean Clissovis, Jeisha Jobo, Yair Pecker **L** 78 **FSK** ab 12; f **E** 1977 Kino **fd** 20 487

DIE TODESSTRAHLEN DES DR. MABUSE (I RAGGI MORTALI DEL DR. MABUSE / LES RAYONS DE LA MORT DU DOCTEUR MABUSE). Abenteuer eines britischen Geheimdienstmajors, der einen Erfinder und seine Superwaffe vor Dr. Mabuses Zugriff schützen soll. Geistlose Variante der Geschichte vom machtwahnsinnigen Verbrecher, statt spannend nur rüde und plump. – Ab 16. ✦ Schwarz-weiß. BR Deutschland/Frankreich/Italien 1964 **P** CCC Filmkunst/Franco-London-Film/Serena **Kl** Gloria **Pd** Artur Brauner **R** Hugo Fregonese **B** Ladislas Fodor, unter Verwendung einer Figur von Norbert Jacques **K** Riccardo Pallottini **M** Carlos Diernhammer, Oskar Sala **S** Alfred Srp **D** Peter van Eyck (Major Anders), O. E. Hasse (Prof. Larsen), Yvonne Furneaux (Gilda Larsen), Rika Dialina (Judy), Yoko Tani (Mercedes), Wolfgang Preiss (Dr. Mabuse), Walter Rilla (Prof. Pohland), Ernst Schröder (Chefarzt), Robert Beatty (Oberst Matson), Gustavo Rojo (Mario Monta), Dieter Eppler (Kaspar), Charles Fawcett (Col. Adams), Leo Genn (Admiral Quencey) **L** 91 **FSK** ab 12 (fr. ab 16; nf) **E** 18.9.1964/7.10.1970 ARD **fd** 13 041

DAS TODESSYNDROM →Malastrana

DAS TODESTAL DER WÖLFE →Im Todestal der Wölfe

DER TODESTANZ EINES KILLERS (A DANDY IN ASPIC). Das tödliche Schicksal eines in den britischen Geheimdienst eingeschleusten sowjetischen Agenten, der in Berlin den Auftrag erhält, jenen »Maulwurf«, der er selbst ist, zu liquidieren. In dieser ausweglosen Lage versucht er vergeblich, sich von seiner Doppelrolle zu befreien. Ein düsterer Agentenfilm mit Ansätzen zur menschlichen Vertiefung und zur kritischen Durchleuchtung des schmutzigen Agentenkrieges jener Jahre. Vorzüglich gespielt und dicht inszeniert, wenn auch letztlich äußere Elemente einer reißerischen Unterhaltsamkeit überwiegen. – Ab 16. ✦ Scope. Großbritannien 1967 **P** Columbia **Kl** Columbia-Bavaria **Pd+R** Anthony Mann **B** Derek Marlowe, nach seinem Roman **K** Christopher Challis **M** Quincy Jones **S** Thelma Connell **D** Laurence Harvey (Alexander Eberlin), Tom Courtenay (Gatiss), Mia Farrow (Caroline), Lionel Stander (Sobakewitsch), Harry Andrews (Chief Frazer), Per Oscarsson, Peter Cook **L** 108 **FSK** ab 12; f (früher 16) **E** 26.4.1968 **fd** 15 467

TODESTAUMEL (LOVING ... DEADLY). Gewaltträchtige »Bonnie und Clyde«-Geschichte um einen Gangster und eine Prostiuierte, die mit ihren Feinden kurzen Prozess machen. ✦ USA 1995 **P** Barron Prod. **Pd+R** Kris Kertentz **B** Daniel Giro, Kris Kertentz **K** Mark Woods **M** Howard Pfeifer **S** Manny Martinez **D** Jonathan Ward (Jesse), Sarah Lassez (Melody), David Warner (Grant), Terry Kiser (Walter), Shirley Ann Field (Madam), Frank Marth (John), Richard Lynch (Mel), Burt Goodman (Priester), Leslie Hyland (TV-Produzentin) **L** 97 **E** 25.2.1999 ProSieben

TODESTHERAPIE (TILL DEATH DO US PART). Ein Journalist und seine Frau kommen als eins von drei Paaren in das Haus eines sich als wahnsinnig herausstellenden Arztes, um an dessen »Ehe-Therapie« teilzunehmen. Sie werden mit mysteriösen Ereignissen und Morden konfrontiert, für die die Ehefrau des Arztes verantwortlich ist. Zwischen spekulativen Gruseleffekten und bemühter makabrer Komik schwankender Horrorfilm, dümmlich erdacht, miserabel inszeniert. – Wir raten ab. ✦ USA/Kanada 1982 **P** Seagull/Brady Presentation **VA** Lightning **R** Timothy Bond **B** Timothy Bond, Peter Jobin **K** François Protat **M** Peter Jermyn, Drew King **D** James Keach, Claude Jutra, Helen Hughes, Toby Tarnow, Jack Creley **L** 78 **FSK** ab 18 **E** 28.5.1986 Video **fd** 25 860

TODESTRAUM – DER LETZTE ZEUGE SCHWEIGT (LIEBESTRAUM). Ein Architektur-Wissenschaftler, der seine sterbenskranke Mutter, von der er als Baby getrennt wurde, besucht, wird in eine verhängnisvolle Affäre verwickelt. Vergangene Ereignisse, die in einem grauenhaften Verbrechen gipfelten, scheinen sich zu wiederholen. Ein um Atmosphäre bemühter erotischer Thriller mit exzellenter Kameraarbeit, doch über der Beschwörung der Genre-Topoi geht die erzählerische Linie verloren. Die Zitationen beim Regie-Vorbild Hitchcock sind überdeutlich, doch dessen dramaturgische Dichte und Geschlossenheit wird kaum einmal erreicht. (Fernsehtitel: »Liebesrausch – Wenn Leidenschaft tötet«) ✦ USA 1990 **P** MGM/UA/Initial **VA** Warner Home **Pd** Eric Fellner **R+B** Mike Figgis **K** Juan Ruiz Anchia **M** Mike Figgis **S** Martin Hunter **D** Kevin Anderson (Nick Kaminsky), Pamela Gidley (Jane Kessler), Bill Pullman (Paul Kessler), Kim Novak (Mrs. Anderssen), Graham Beckel (Sheriff Riecker) **L** 109 **FSK** ab 16 **E** 11.6.1993 Video **fd** 30 360

TODESTRAUMA (THE DORM THAT DRIPPED BLOOD). Fünf Studenten besuchen ein verlassenes Abbruchhaus und geraten in ein durch unheimliche Mächte ausgelöstes Blutbad. Abstoßender Grusel-Schocker. ✦ USA 1981 **P** New Image/Wescom/Obrow/Heron International **VA** Media Entertainment **R** Jeffrey Obrow, Stephen Carpenter **B** Jeffrey Obrow, Stephen Carpenter, Stacey Giachino **K** Stephen Carpenter **M** Chris Young (= Christopher Young) **D** Laurie Lapinski, Stephen Sachs, David Snow, Pamela Holland **L** 84 **E** September 1986 Video

TODESTRÄUME (MURDER BY NIGHT). Ein unter Gedächtnisverlust leidender Mann, der Zeuge eines Mordes wurde, gerät in Verdacht, der langgesuchte »Hammermörder« zu sein. Da alle Indizien gegen ihn sprechen und er selbst Zweifel an seiner Unschuld hegt, versucht er mit verzweifelten Mitteln, sich Gewißheit zu verschaffen. Fast zu spät erkennt er, daß er das Opfer einer Intrige wurde, bei der man sich seinen verwirrten Geisteszustand zunutze machen wollte. Fürs US-Kabelfernsehen entstandener konventioneller Psychothriller. (Fernsehtitel: »Die Mörderbestie mit dem Hammer«) ✦ USA 1989 **P** Universal **VA** CIC **Pd** Peter Simpson, David Roessel **R** Paul Lynch **B** Alan B. McElroy **M** Paul Zaza **D** Robert Urich (Allan Strong), Kay Lenz (Karen Hicks), Jim Metzler (Kevin Carlisle), Richard Monette, Michael Ironside (Carl Madsen) **L** 90 **FSK** ab 16 **E** 15.1.1990 Video/16.12.1992 RTL

DIE TODESTREPPE (KAMATA KOSHINKYOKU). Die Geschichte eines japanischen Kleindarstellers, der seinen Beruf sehr ernst nimmt und von einer jungen Frau bewundert wird. ✦ Japan 1985 **P** Shochiku-Kadokawa Jimusho **R** Kinji Fukasaku **B** Kohei Tsuka **K** Kiyoshi Kitasaka **M** Kai Masato **D** Keiko Matsuzaka, Morio Kazama, Mitsuru Hirata, Chika Takami, Keizo Kanie **L** 100 **E** 28.2.1987 DFF 1

DER TODES-TRIP →Wenn du krepierst, lebe ich!

TODESTRIP LOS ANGELES →Spree

TODESTROMMELN AM GROSSEN FLUSS (SANDERS OF THE RIVER). Der legendäre Polizeikommissar Sanders klärt in Zentralafrika Schmuggelgeschäfte mit Diamanten und Mordfälle auf. Eine Neuverfilmung des Abenteuerfilms »Bosambo« (1935) nach einem Roman von Edgar Wallace, streckenweise durchaus spannend, mit schönen Naturaufnahmen. – Ab 14. ✦ Scope. Großbritannien 1963 **P** Towers of London **Kl** Constantin **Pd** Harry Alan Towers **R** Lawrence Huntington **B** Harry Alan Towers, Nicolas Roeg, Kevin Kavanagh, Lawrence Huntington, nach dem Roman »Sanders vom Strom« von Edgar Wallace **K** Bob Huke **S** Allan Morrison **D** Richard Todd (Inspektor Harry Sanders), Albert Lieven (Dr. Weiss), Marianne Koch (Dr. Inge Jung), Walter Rilla (Dr. Schneider), Bill Brewer (Pearson), Vivi Bach (Marlene), Robert Arden (Hunter) **L** 84 **FSK** ab 12; nf **E** 20.12.1963 **fd** 12 472

TODESURSACHE: AGENT ORANGE (UNNATURAL CAUSES). Explosives Fernsehdrama nach einem authentischen Fall: Zehn Jahre nach seiner Rückkehr aus Vietnam erkrankt ein Lehrer an Krebs. Unterstützt von der kämpferischen Angestellten einer Veteranen-Organisation, versucht der ehemalige Soldat nachzuweisen, daß seine Krankheit durch das Giftgas »Agent Orange« hervorgerufen wurde. ✦ USA 1986 **P** Blue Andre **Pd** Blue Andre **R** Lamont Johnson **B** John Sayles **D** John Ritter (Frank Coleman), Alfre Woodard (Maude DeVictor), Patti LaBelle (Jeanette), Benjamin Barrett (Randy), Dee McCafferty (Eddie) **L** 96 **E** 18.7.1993 Kabelkanal

TODESURSACHE: ZYANKALI (CIANURA SI PICATURA DE PLOAIE). Kriminalfilm: Der Buchhalter einer Baufirma wird tot in seiner Wohnung aufgefunden. Was zunächst wie ein Selbstmord aussieht, scheint in Wirklichkeit ein grausames Verbrechen zu sein. Auch die Ehefrau zählt zu den Verdächtigen. ✦ Rumänien 1978 **P** Filmstudio Bucuresti **R** Manole Marcus **B** Virgil Mogos, Mande Marcus **K** Dan Niculescu **D** Victor Rebengiuc, Jurie Darie, Aurel Giurumia, Mihai Dobre, Maria Chira **L** 84 **E** 14.10.1980 DFF 2

DAS TODESURTEIL – EINE POLNISCHE PASSION (WYROK SMIERCI). Ein Mitglied der polnischen Widerstandsbewegung gegen die SS-Herrschaft in Polen 1939 bis 1944 wird einem Liquidierungskommando zur Vollstreckung von Todesurteilen an Verrätern zugeteilt und fällt zuletzt durch seine Gehorsamsverweigerung. Ein eindringlich gespielter Film fern jeder vorschnellen und einseitigen ideologischen Festlegung, der vielmehr eine entmythologisierte Welt zeichnet, in der zwangsläufig alle Schuld auf sich laden. Zwar werden die immanenten Fragen nach Rechtmäßigkeit, Gehorsamspflicht, Gewissen letztlich nicht sehr tief ausgelotet, dennoch bleibt eine bemerkenswerte filmische Reflexion. – Ab 16. ✦ Polen 1980 **P** Film Polski, Arbeitsgruppe »Silesia« **Kl** 20th Century Fox **Pd** Ryszard Jasionowski **R** Witold Orzechowski **B** Witold Orzechowski, nach dem Roman von Jerzy Gieraltowski **K** Kazimierz Konrad **M** Andrzej Korzynski **S** Alisja Faflik **D** Doris Kunstmann (Christine Müller), Wojciech Wysocki (Slim), Jerzy Bonczak (Diver), Erich Thiede, Klaus-Peter Thiele, Stanislaw Igar (von Dehl), Slawomira Lozinska (Zyta) **L** 105 **FSK** ab 16; f **E** 8.5.1981 **fd** 23 949

DER TODESVERÄCHTER (WHISPERING SMITH). Ein tollkühner Detektiv bringt um das Jahr 1890 als Sicherheitsbeauftragter für eine Eisenbahnbaugesellschaft eine Bankräuber-Bande zur Strecke. Konfliktreich wird sein Kampf dadurch, daß die Verbrecher seinen Freund in die Überfälle verstrickten.

Unterhaltsamer Routine-Western in prallem Technicolor. – Ab 14. ✦ USA 1948 **P** Paramount **KI** Paramount **Pd** Mel Epstein **R** Leslie Fenton **B** Frank Butler, Karl Lamb, nach einem Roman von Frank H. Spearman **K** Ray Rennahan **M** Adolph Deutsch **S** Archie Marshek **D** Alan Ladd (Luke »Whispering« Smith), Robert Preston (Murray Sinclair), Brenda Marshall (Marian Sinclair), Donald Crisp (Barney Rebstock), William Demarest (Bill Dansing), Fay Holden (Emmy Dansing), Frank Faylen (Whitey DuSang), John Eldredge (George McCloud), Robert Wood (Leroy Barton), Edward Waller, Gary Gray (Junge), Robert Kortman (Gabby Barton), Ray Teal **L** 90 **FSK** ab 12; nf **E** 2.2.1951 **fd** 734

TODESVERSPRECHEN (WHEN THE TIME COMES). Fernsehfilm zum Thema Sterbehilfe. Eine 34-jährige Hausfrau leidet unheilbar an Krebs und hat nur noch wenige Monate zu leben. Sie entscheidet sich, ihrem Leben selbst ein Ende zu setzen, stößt damit bei ihrem Mann aber auf heftigen Widerstand. In dieser Situation wendet sie sich an einen Jugendfreund. ✦ USA 1987 **P** Republic Pictures **Pd+R** John Erman **B** William Hanley **K** Larry Pizer **M** Marvin Hamlisch **S** Jerrold L. Ludwig **D** Bonnie Bedelia (Liddy Travis), Brad Davis (Dean), Terry O'Quinn (Wes Travis), Karen Austin (Joanna), Donald Moffat (Harold), Wendy Schaal (Laura), Corey Carrier (Jess) **L** 94 **E** 30.4. 1993 Vox

DAS TODESVIRUS – RETTUNG AUS DEM EIS (RUNAWAY VIRUS). Ein tödliches Virus bedroht die Millionenstadt Los Angeles und ruft einen Forscher des Seuchendezernats auf den Plan, der das Schlimmste verhindern muss. Katastrophenfilm nach den sattsam bekannten Stereotypen des Genres, der bestenfalls geläufige Fernsehstandards erfüllt. ✦ USA 2000 **P** Greengrass/Mandy Films/Panda **Pd** Jeff Bleckner, Karen Moore, Amanda Goldberg, Heather Neely **R** Jeff Bleckner **B** Perri Klass, David Klass **K** Brian J. Reynolds **M** Gary Chang **S** Geoffrey Rowland **D** Paige Turco (Jenny Blanchard), Jason Beghe (Daniel Rothman), Larry Drake (Dr. Griggs), Kenneth Mars (Dr. Arnold Bowman), Richard Ian Cox (Mullin) **L** 89 **E** 14.9.2000 Premiere World

TODESVISIONEN. Vier Kurzfilme von Studenten der Münchner Hochschule für Film und Fernsehen, die ihre Premiere beim Festival des Fantastischen Films in München erlebten. 1. »Malum«: Eine alleinstehende Frau mit Katze erhält ein Geschenk, das recht bald seine Tücken offenbart. 2. »Julia«: Eine Doppelgängerin drängt sich in das Leben einer gelangweilten Frau und nimmt allmählich deren Identität an. 3. »Kristalltod«: Ein geheimnisvoller Kristall fasziniert zwei Mädchen, die nicht wissen, daß sie mit ihrem Leben spielen. 4. »Bis daß der Tod uns scheidet«: Nach einem Mord erneuert sich zur Monatsfrist der Blutfleck, und das Opfer erwacht zu einem neuen Leben. Spannend und einfallsreich ist vor allem die erste Episode, auch wenn die Regie sich zu wenig Zeit nimmt, um die Stimmung langsam aufzubauen. (Videotitel auch: »Geisterstunde«) ✦ BR Deutschland 1985–87 **P** Volker Morlock Prod./HFF/Combat/Rochus Haan/Starduck **VA** Vestron **R+B** Volker Morlock (1), Susanne Aernecke (2), Pascal Hoffmann (3), Dirk Eickhoff (4) **K** Justus Pankau (1), Jo Heim (2), Cornelius Glatzl (2), Carsten Lippstock (2), Karl Walter Lindenlaub (3), Peter Gaube (4) **M** Bert Grund (1), Michael Diekmann (2,3), Stephan Massimo (4), Carl Hänggi (4) **S** Volker Morlock (1), Susanne Aernecke (2), Nina Ergang (3), Patricia Rommel (4) **D** Angelika Bender (1), Isabell Emminger (Julia, 2), Klaus Ringer (Julias Mann, 2), Stella Adorf (3), Judith Rosmair (3), Nabike Aqiqi (3), Erich Tiebel (3), Marietta Meade (4), Alison Welles (4), Joa van Overstraaten (4) **L** 93 **FSK** ab 18 **E** April 1989 Video **fd** 29 423

DER TODESVOGEL (THE CORMORANT). Ein Schriftsteller erbt den Hof seines Onkels in der Abgeschiedenheit von Wales. An das Testament ist jedoch die Bedingung geknüpft, für einen Kormoran zu sorgen, der auf dem Gut lebt. Zwischen Mann und Vogel entwickelt sich rasch eine Freundschaft, doch die Ehefrau und der kleine Sohn fühlen sich von dem Tier bedroht. Sie ziehen aus und wollen nur zurückkehren, wenn der Vogel fort ist. Der Mann ist vor eine schwere Gewissensentscheidung gestellt. Thriller um geheimnisvolle Vorgänge, die das Leben und das Glück einer Familie bedrohen. ✦ Großbritannien 1993 **P** Holmes & Associates/BBC **Pd** Andrew Holmes, Ruth Kenley-Letts **R** Peter Markham **B** Peter Markham, nach einem Roman von Stephen Gregory **K** Ashley Rowe **M** John Lunn **D** Ralph Fiennes (John Talbot), Helen Schlesinger (Mary Talbot), Thomas Williams (Tom), Buddug Morgan (Jenny), Derek Hutchinson (Dave) **L** 85 **E** 26.10.2000 Bayern 3

DIE TODESWAND BIN ICH (JA JSEM STENA SMRTI). Ein alter Kaskadeur will nicht wahrhaben, daß sein unstetes Leben auf den Rummelplätzen ihn müde gemacht hat. So wird seine waghalsige Motorradfahrt auf der Todeswand zum unkalkulierbaren Risiko. ✦ CSSR 1978 **P** Filmstudio Barrandov **R+B** Jaroslav Balík **K** Jirí Macák **M** Karel Mares **D** Josef Kemr, Eva Sitteová, Lubomír Paulovic, Pavel Zednicek, Slavo Záhradník **L** 95 **E** 26.7.1980 DFF 1

DIE TODESWELLE – EINE STADT IN ANGST. Ein Ingenieur, der einen Job als Sicherheitsbeauftragter eines umstrittenen Staudamms erhält, kommt Unregelmäßigkeiten beim Bau und der Wartung der Anlage auf die Spur. Bevor er sein Wissen mit Hilfe einer engagierten Journalistin vertiefen kann, platzt eine Bombe ganz anderer Art: Ein Erpresser verlangt zwei Millionen Mark, ansonsten will er den Staudamm in die Luft sprengen. Auf die üblichen »Sensationen« ausgerichteter (Fernseh-)Thriller ohne tiefere Wirkung. ✦ Deutschland 1999 **P** SAT 1 **R** Frederik Steiner **B** Holger Karsten Schmidt **K** Jirí Macháne **M** Wolf Wolff **S** Philipp Stahl **D** Jochen Horst (Sven Todt), Doris Schretzmayer (Claudia Förster), Wilfried Hochholdinger (Manfred Jäger), Horst Kotterba (Herbert Schorlau), Hubert Mulzer (Ernst Sonnemann), Anouschka Renzi (Marie Todt) **L** 93 **E** 21.11.2000 SAT 1

TODESZELLE NR. 5 (I WOULDN'T BE IN YOUR SHOES). Die Spur eines Raubmords an einem reichen Sonderling führt zu einem mittellosen Tänzer-Ehepaar. Der junge Mann wird auf Grund von Indizien zum Tode verurteilt. Seine Frau sucht die Hilfe eines Kriminalisten, der kurz vor der Hinrichtung des Unschuldigen den wahren Mörder stellen kann. Mit kleinem Budget unaufwendig, aber routiniert entwickelter Krimi mit geschickt gedrechselter Spannung, der das bedrückende Klima der Romanvorlage von Cornell Woolrich atmosphärisch dicht einfängt. – Ab 16. ✦ Schwarz-weiß. USA 1948 **P** Monogram/Allied Artists **KI** Paikert/Klinger/Stern **Pd** Walter Mirisch **R** William Nigh **B** Steve Fisher, nach einem Roman von Cornell Woolrich **K** Mack Stengler **M** Edward J. Kay **D** Don Castle (Tom), Elyse Knox (Ann), Regis Toomey (Judd), Charles D. Brown (Inspektor Stevens), Rory Mallinson (Detektiv) **L** 71 **FSK** ab 12; f **E** 27.7.1951 **fd** 1 258

TODESZELLE 2455 (CELL 2455 DEATH ROW / CHESSMAN-STORY). Ein als Tatsachen-Bericht ausgegebener Spielfilm über den Lebensweg des 1948 in Kalifornien zum Tode verurteilten Schwerkriminellen Caryl Chessman, der sich auf Chessmans im Zuchthaus verfaßte Selbstbiografie bezieht, die in den USA ein Bestseller wurde. Der Verurteilte konnte seine Hinrichtung bis 1960 hinauszögern. Ein schlampig inszenierter Sensationsfilm der B-Kategorie, fragwürdig in der zynischen Brutalität, mit der er das Geschäft mit dem Tode betreibt. Dem noch zu Chessmans Lebzeiten gedrehten Film folgte 1977 eine eindrucksvollere Fernseh-Produktion: »Der Mann in der Todeszelle«. – Ab 16. ✦ Schwarz-weiß. USA 1955 **P** Columbia **KI** Columbia **Pd** Wallace MacDonald **R** Fred F. Sears **B** Jack De Witt, nach der Autobiografie von Caryl Chessman **K** Fred Jackman jr. **M** Mischa Bakaleinikoff **S** Henry Batista **D** William Campbell, Marian Karr, Kathryn Grant, Harvey Stephens, Robert Campbell (= R. Wright Campbell) **L** 76 **FSK** ab 16; nf **E** 22.7.1955 **fd** 4 203

TODESZONE → War Zone – Todeszone

DER TODESZUG. Umwelt-Aktivisten machen ganze Sache und entführen einen Castor-Transport nebst Begleitmannschaft, zudem die 16-jährige Tochter eines Polizisten. Sie wollen die Veröffentlichung einer Studie über Sicherheitsmängel bei Atomtransporten erreichen. Eine schwachsinnige Geschichte vor dem Hintergrund der umstrittenen Castor-Transporte, die einem einsamen Helden Gelegenheit zur Bewährung gibt. ✦ Deutschland 1999 **P** ProSieben **R** Jörg Lühdorff **B** Tobias Saalfeld **M** Oliver Biehler **D** Jörg Schüttauf (Martin Koch), Claudia Michelsen (Nadja), Frank Röth (Paul), Denise Zich (Jessica), Jürgen Schornagel (Innenminister) **L** 95 **E** 5.11.1999 ProSieben

DER TODFEIND – EIN MANN RÄCHT SEINE FRAU (EXTREME DURESS). Der Freispruch in einem Mordprozess hat fatale Folgen für den Anwalt des Angeklagten. Denn der ist bald wieder in einen Mordfall verstrickt und bringt den Anwalt in eine Zwickmühle, weil er im Auftrag eines väterliches Freundes des Juristen gehandelt hat. Dieser fordert Loyalität ein und zwingt den jungen Mann, in seine schmutzigen Geschäfte einzusteigen. Auch Familie und Freunde des Rechtsanwalts geraten zunehmend unter Druck. (Fernseh-)Krimi um einen korrupten Lokalpolitiker und falsch verstandene Freundschaft, der in einen übertrieben spektakulären Showdown mündet. (Titel auch: »Der Todfeind«) ✦ USA/Deutschland 1998 **P** Restrained Films/Phoenician Films/SAT 1 **Pd** Ashok Amritraj, Elke Keck, William B. Steakley, Andrew Stevens **R** Lee H. Katzin **B** John Jarrell **M** David Wurst, Eric Wurst **S** Brett Hedlund **D** Eric Roberts (Robert Woodfield), Hannes Jaenicke (Martin Ritter), Tatjana Patitz (Leigh), Dean Stockwell (Mains), Rif Hutton (Sidney) **L** 95 **E** 30.4.1999 SAT 1

TODFEINDE (FIVE CARD STUD). Colorado 1880: Nachdem ein Falschspieler von den Teilnehmern einer Poker-Runde gelyncht wurde, wird einer nach dem anderen durch einen geheimnisvollen Unbekannten getötet. Schließlich findet auch der Rächer sein Ende. Ein spannend und sorgfältig inszenierter Western. – Ab 16 möglich. ✦ USA 1968 **P** Hal Wallis Prod. (für Paramount) **KI** Paramount **Pd** Hal B. Wallis **R** Henry Hathaway **B** Marguerite Roberts, nach einem Roman von Ray Gaulden **K** Daniel L. Fapp **M** Maurice Jarre **S** Warren Low **D** Dean Martin (Van Morgan), Robert Mitchum (Reverend Rudd), Inger Stevens (Lily Langford), Roddy McDowall (Nick Evers), Katherine Justice (Nora Evers), John Anderson (Marshal Dana), Yaphet Kotto (Little George), Denver Pyle (Sig Evers), Whit Bissell (Dr. Cooper), Ted de Corsia (Eldon Bates), Don Collier (Rowan), Roy Jenson (Mace Jones), Boyd »Red« Morgan (Fred Carson), Chuck Hayward (O'Hara) **L** 103 **FSK** ab 12; nf (fr. 16) **E** 25.12.1968 **fd** 15 919

TODFEINDE – DIE FALSCHE ENTSCHEIDUNG. Fernseh-Thriller. Bei einer Routinekontrolle erschießt ein Streifenpolizist einen Autofahrer. Er und sein Kollege vertuschen die Sache und beseitigen Leiche und Auto. Dann stellt sich heraus, daß der Tote ein Kronzeuge gegen die Mafia war. Der eine Kollege vergreift sich an dessen Geld, der andere wird Mitglied der Fahndungsgruppe. Aus Freunden werden Feinde. DVD: Der Film ist nur als Double-Feature zusammen mit »Wenn Männer Frauen trauen« erhältlich. ✦ Deutschland 1998 **R** Oliver Hirschbiegel **B** Don Bohlinger, Hermann Kirchmann, Oliver Hirschbiegel **D** Tobias Moretti (Nico Möller), Heino Ferch (Max Klausmann), Michael Mendl (Peter Gerlach), Julia Jäger (Anna), Eva Hassmann (Claire) **L** 96 **E** 8.11.1998 ProSieben/2001 DVD

TODFEINDE – VOM STERBEN UND ÜBERLEBEN IN STALINGRAD. Ein deutscher und ein russischer Filmregisseur zeichnen 50 Jahre nach der Schlacht, die dem Zweiten Weltkrieg eine Wende verlieh, Erinnerungen an das Sterben und Überleben in Stalingrad auf. Rolf Schübel (»Nachruf auf eine Bestie«, »Das Heimweh des Walerian Wrobel«) und Grigori Tschuchjaij (»Die Ballade vom Soldaten«, Klarer Himmel«), selbst ein Überlebender der Schlacht von Stalingrad, befragten Beteiligte. Was sie erzählen, fügt sich zu einem detailreichen Psychogramm und spannenden Dialog des Krieges zusammen. – Sehenswert ab 14. ✦ Deutschland/Russland 1992 **SF** Filmkundliches Archiv, Köln **R+B** Rolf Schübel, Grigori Tschuchrai **L** 150 (90 + 60) **E** 13.,14.1.1993 ARD (zwei Teile)

TODFEINDSCHAFT (DALLAS). Einem ehemaligen Oberst der Südstaatenarmee gelingt es, in Texas drei verbrecherischen Brüdern ihr Handwerk zu legen. Ein dank guter Darsteller und solider Kameraarbeit unterhaltsamer Western, der bekannte Genremuster zu einer weitgehend spannenden Mischung kombiniert. – Ab 16. ✦ USA 1950 **P** Warner **Kl** Warner **Pd** Anthony Veiller **R** Stuart Heisler **B** John Twist **K** Ernest Haller **M** Max Steiner **S** Clarence Kolster **D** Gary Cooper (Blayde Hollister), Ruth Roman (Tonia Robles), Steve Cochran (Bryant Marlow), Raymond Massey (Will Marlow), Leif Erickson (Martin Weatherby), Barbara Payton (Flo), Antonio Moreno (Felipe), Jerome Cowan (Matt Coulter), Dylan Kelsey Hadley (Wild Bill Hickok), Monte Blue (Sheriff), Gene Evans (Betrunkener), Tom Fadden, Buddy Roosevelt, Charles Horvath **L** 94 **FSK** ab 16; nf **E** 9.11.1951 **fd** 1 569

TODFREUNDE – BAD INFLUENCE (BAD INFLUENCE). Ein karrieresüchtiger junger Mann in Los Angeles lernt einen geheimnisvollen Fremden kennen, der ihm mit perfiden Methoden seine geheimsten Wünsche erfüllt und sogar in einen Mord verwickelt. Als der zur Besinnung Gekommene ihn mit seinen eigenen Waffen zu schlagen versucht, endet das Duell tödlich. Die modisch durchgestylte Variante des alten Themas von der Verführbarkeit des Menschen, die durch das oberflächliche Drehbuch und ungenügende schauspielerische Leistungen verschenkt wird. Ein Film ohne innere Spannung, der »Gut« und »Böse« allzu klar trennt. – Ab 16 möglich. ✦ USA 1989 **P** Epic **Kl** Tivoli **VA** Concorde **Pd** Steve Tisch **R** Curtis Hanson **B** David Koepp **K** Robert Elswit **M** Trevor Jones **S** Bonnie Kaehler **D** Rob Lowe (Alex), James Spader (Michael Boll), Lisa Zane (Claire), Christian Clemenson (Pismo), Toni Maggio (Patterson), Marcia Cross (Ruth Fielding) **L** 99 **FSK** ab 16; f **E** 21.6.1990/18.2.1991 Video/26.6.1992 premiere **fd** 28 400

TÖDLICHE ABRECHNUNG (DEATH VENGEANCE). Ein Mann stellt sich einer Gangsterbande, die eine Kleinstadt terrorisiert, und bereitet deren Schreckensherrschaft ein Ende. Trivialer Großstadt-Western. ✦ Großbritannien 1982 **P** EMI/Dino de Laurentiis Prod. **VA** Thorn EMI **R** Lewis Teague **B** Tom Hedley, David Zelag Goodman **K** Franco di Giacomo **M** Piero Piccioni **D** Tom Skerritt, Michael Sarrazin, Patti LuPone, Yaphet Kotto, David Rasche **L** 92 **E** 18.2.1985 Video

TÖDLICHE ABSICHTEN (1991) (DEADLY INTENTIONS ... AGAIN?). Thriller nach einem authentischen Fall. Ein Arzt wird wegen versuchten Mordes an seiner ersten Frau eingesperrt. Als er entlassen wird, scheint er alles dafür zu geben, seine zweite Ehe sowie seine Karriere als Arzt auf festen Boden zu stellen – bis die Frau seine wahren Pläne durchschaut. ✦ USA 1991 **R** James Sadwith (= James Steven Sadwith) **D** Harry Hamlin (Charles), Joanna Kerns (Sally), Fairuza Balk (Stacey), Rochelle Greenwood (Nory), Eileen Brennan (Charlotte) **L** 92 **E** 5.4.1997 ZDF

TÖDLICHE ABSICHTEN (1993) (MOTHER'S BOYS). Eine junge Frau, die vor drei Jahren ihren Mann und ihre drei Kinder verlassen hat, kehrt zurück und will ihre Familie wiederhaben. Auf zwischenzeitliche Veränderungen – ihr Mann will wieder heiraten und besteht auf der Scheidung – reagiert sie mit Terror, der sich bis zu Mordanschlägen steigert. Das psychologisch unausgereifte Porträt einer Rabenmutter krankt an der unglaubwürdigen Geschichte, dem mangelnden Regiekonzept und einer Schauspielerführung, die keine Entfaltungsmöglichkeit läßt. ✦ USA 1993 **P** Miramax/CBS **Kl** Senator **VA** Ufa **Pd** Jack E. Fredman, Wayne S. Williams, Patricia Herskovic **R** Yves Simoneau **B** Barry Schneider, Richard Hawley, nach einem Roman von Bernard Taylor **K** Elliot Davis **M** George S. Clinton **S** Michael Ornstein **D** Jamie Lee Curtis (Jude), Peter Gallagher (Robert), Joanne Whalley-Kilmer (= Joanne Whalley) (Callie), Vanessa Redgrave, Luke Edwards **L** 96 **FSK** ab 16; f **E** 17.11.1994/19.6.1995 Video/1.6.1996 premiere **fd** 31 092

EINE TÖDLICHE AFFÄRE (TOO GOOD TO BE TRUE). Die in einer langen Rückblende erzählte unglückliche zweite Ehe des Schriftstellers Richard, der das »blonde Gift« Ellen heiratete und von seinem Unglück nichts merkt. Erst als Ellen den behinderten Sohn aus erster Ehe quasi vor seinen Augen ertränkt, dämmert ihm, daß etwas faul ist. Bevor er Ellens Stiefschwester in die Arme schließen kann, muß Ellen noch an der eigenen Bosheit zugrunde gehen. Eine unglaublich dumme Ehe-Geschichte mit miserablen Schauspielern. (Fernsehtitel: »Zeit ohne Flügel«) – Ab 16. ✦ USA 1988 **P** Newland-Raynor Prod. **VA** CBS/Fox **Pd** John Newland, Judith Parker **R** Christian I. Nyby II. **B** Timothy Bradshaw, nach einem Roman von Ben Ames Williams **K** Michael D. Margulies **M** Michel Rubini **D** Loni Anderson (Ellen Berent), Patrick Duffy (Richard Harland), Glynnis O'Connor (Ruth), Larry Drake (Glen), Neil Patrick Harris (Margaret Berent) **L** 96 **FSK** ab 12; f (fr. 16) **E** Juli 1989 Video **fd** 27 861

TÖDLICHE AFFÄREN →Blackmail (1991)

TÖDLICHE ANGST (LA SEPTIEME CIBLE). Das Leben eines ehemaligen Journalisten wird zum Alptraum, als er mit kriminellen Mitteln eingeschüchtert und schließlich erpreßt wird. Er versucht, auf eigene Faust die Identität des Täters zu ermitteln und stößt auf ein Geheimnis in seiner eigenen Familie. Die Verfolgung des Bösewichtes endet nach seltsamen Umwegen an der Berliner Mauer, wo der Täter von Grenzwachen der DDR erschossen wird. Blutleerer Kriminalfilm von geringer inszenatorischer Geschlossenheit, der allenfalls durch das routinierte Spiel Lino Venturas in seiner letzten Rolle für sich einnimmt. – Ab 16. ✦ Frankreich 1984 **P** Gaumont/Internationale/Productions Marcel Dassault **VA** Atlas **Pd** Alain Poiré **R** Claude Pinoteau **B** Jean-Loup Dabadie, Claude Pinoteau **K** Edmond Séchan **M** Vladimir Cosma **S** Marie-Josèphe Yoyotte **D** Lino Ventura (Bastien Grimaldy), Léa Massari (Nelly), Jean Poiret (Jean Michelis), Elisabeth Bourgine (Laura), Béatrice Agenin (Catherine), Jean-Pierre Bacri (Inspektor Esperanza) **L** 103 **FSK** ab 12 **E** November 1988 Video/12.1.1991 ARD **fd** 27 272

TÖDLICHE ANZIEHUNGSKRAFT (HER DEADLY LOOK). Thriller. Zwei junge Männer lernen eine Frau kennen, von der beide fasziniert sind. Aber sie ist von einem schrecklichen Geheimnis umgeben. ✦ Frankreich 1989 **R** Jean-Marc Longval **B** Isabelle Delage **D** Smaïn (Bambi), Nathalie Cardone (Zoe), Luc Thuillier (Lucky), Marie Caries (Chupa), Philippe Chambon (Pampers) **L** 90 **E** 16.5.1997 tm3

EINE TÖDLICHE BEDROHUNG (SUMMER OF FEAR). Eine junge Waise wird von einer Familie aufgenommen, weil man hofft, daß die Tochter in ihr eine gute Freundin findet. Doch das Mädchen provoziert Konflikte innerhalb der Familie, als sich herausstellt, daß es mit okkulten Kräften im Bunde steht. Ein unglaubwürdig konstruierter Horrorfilm mit mäßigen Spannungseffekten über von Dämonen besessene Menschen. Zwar zurückhaltend in der Zurschaustellung von Gewalttaten, aber in jeder Hinsicht belanglos. (Titel auch: »Sommer der Angst«; »Night Kill – Eine tödliche Bedrohung«) ✦ USA 1978 **P** Inter Planetary Pic. **VA** Karo **R** Wes Craven **B** Glenn M. Denest, Max A. Keller, nach einem Roman von Lois Duncan **K** William K. Jurgensen **M** Michael Lloyd, John D'Andrea **D** Linda Blair (Rachel Bryant), Lee Purcell (Julia), Jeremy Slate (Tom Bryant), Jeff East (Peter), Jeff McCracken (Mike), Carol Lawrence (Leslie Bryant) **L** 89 **FSK** ab 16 **E** Januar 1986 Video/28.8.1986 RTL plus

TÖDLICHE BEFEHLE AUS DEM ALL →Scream (1976)

TÖDLICHE BEGEGNUNG (1958) (OSTATNI STRZAK). Nach zehnjähriger Haft wird ein Mann aus dem Gefängnis entlassen, der wegen Mordes zu lebenslanger Haft verurteilt wurde. Er kann sich nicht in die neuen gesellschaftlichen Verhältnisse eingewöhnen und findet keine Arbeit. Er sinnt auf Rache an dem Mann, der ihn damals verraten hat. ✦ Polen 1958 **R** Jan Rybkowski **D** Stanislaw Jasiukiewicz, Emil Karewicz, Urszula Modrzynska, Cezary Julski, Tadeusz Bartosiak **L** 80 **E** 27.10.1962 DFF 1

TÖDLICHE BEGEGNUNG (1960) (LES MAGICIENNES). Ein Konservatoriumsschüler begegnet bei der Beerdigung seines Vaters, einem Zauberkünstler, einer attraktiven Artistin, in die er sich verliebt. Da sie eine von ihr nicht unterscheidbare Zwillingsschwester hat, kommt es zu Verwirrungen, die sich zu kriminellen und schließlich mörderischen Intrigen steigern. Spannende Routine-Unterhaltung nach einem Roman von Boileau-Narcejac, angelegt als effektvolle, allzuoft aber auch nur effekthaschende Kolportage zwischen Kriminalität und Erotik. ✦ Schwarzweiß. Frankreich 1960 **P** Spéva/Intertéléfilm **Kl** Columbia-Bavaria **Pd** Henri Baum **R** Serge Friedman **B** François Boyer, Bernard Revon, nach einem Roman von Pierre Boileau und Thomas Narcejac **K** Christian Matras **M** Georges van Parys **S** Louisette Hautecoeur **D** Alice Kessler (Greta), Ellen Kessler (Hilda), Jacques Riberolles (Pierre), Jean Mercure (Ludwig), Ginette Leclerc (Odette), Daniel Sorano (Wladimir) **L** 99 **FSK** ab 18; nf **E** 22.6.1962 **fd** 11 290

TÖDLICHE BEGIERDE (AROUSED). Ein übereifriger junger Polizist jagt einen krankhaft veranlagten Prostituierten-Mörder, verschuldet dabei den Tod einer Prostituierten und gefährdet schwer die Sicherheit seiner eigenen Frau. Die Morde werden schließlich von den verängstigten und rachsüchtigen Prostituierten in Selbstjustiz geahndet. Ein unerquicklicher Krimi, dessen psychoanalytischer Gehalt sich in der Verwendung einschlägiger Kino-Klischees in optisch recht derber Verdichtung erschöpft. Der Film spekuliert lediglich mit der Routineschilderung menschlicher Abartigkeiten. ✦ Schwarz-weiß. USA 1967 **P** Ray Jenkins Prod. **Kl** Lenhart **Pd** Ray Jenkins **R** Anton Holden **B** Ray Jenkins, Anton Holden **K** Gideon Zumbach **M** Edmund Mitchel **D** Janine Lenon, Steve Hollister, Joanna Mills, Fleurette Carter, Tony Palladino **L** 69 **FSK** ab 18; nf **E** 19.8.1968 **fd** 15 302

TÖDLICHE BEKANNTSCHAFTEN (PERSONALS). Nächtens wandelt sich eine tagsüber mausgraue Bibliothekarin zum männermordenden Vamp. Die Polizei tappt im dunkeln, bis sich die Ehefrau eines der Ermordeten selbst auf die Suche nach der Mörderin macht. Belanglose Schilderung eines zerdehnten, unwahrscheinlichen Krimi-Abenteuers, das keine Fragen nach den Beweggründen der neurotischen Mörderin stellt. (Alternativtitel: »Rendezvous mit einer Mörderin«) ✦ Kanada 1989 **P** Wilshire Court Prod./Sharmill **VA** CIC **Pd+R** Steven Hillard Stern **B** George Franklin, Brad Whiting jr., Arlene Sanford **K** Frank Tidy **M** Ken Thorne **S** Barry Taylor **D** Stephanie Zimbalist (Sarah Martin), Robin Thomas (Evan Martin), Jennifer O'Neill (Heather Moore), Gina Gallego (Theresa Casona), Rosemary Dunsmore (Susan Merchant), David Nichols (Michael Merchant), Barry Stevens (Randy Yates) **L** 92 **FSK** ab 16; f (früher 18) **E** Juli 1990 Video/16.7.1991 premiere **fd** 28 444

TÖDLICHE BESESSENHEIT – DAS GEHEIMNIS DER MARTHA E. Als sich ein Geschäftsmann in eine verwitwete Schauspielerin verliebt, scheint sich deren Traum von einem eigenen Theater an der Nordseeküste endlich zu erfüllen. Doch plötzlich tritt ein junger Mann in ihr Leben und die Entwicklung nimmt eine dramatische Wende. Eigenproduzierter Spielfilm. ✦ Deutschland 1994 **P** SAT 1 **R** Peter Patzak **D** Nicole Heesters (Martha Eysink), Thomas Kretschmann (Sebastian Göbel), Eberhard Feik (Schorsch Waller), Patricia Tiedke (Frauke), Claudia Michelsen (Sonja) **L** 95 **E** 9.10.1994 SAT 1

TÖDLICHE BEUTE (DEADLY PREY). Ein harmloser Bürger gerät in die Fänge einer Söldner-Truppe, die zu Übungszwecken Männer von der Straße kidnappt. Das Opfer entpuppt sich jedoch als ehemaliger Vietnam-Kämpfer und kann seinen Peinigern entkommen. Als der Söldner-Führer dessen Frau entführen läßt, hat er die einzige Schwachstelle seines Widersachers getroffen. Brutaler Actionfilm, dessen Handlung eine krude Abwandlung des gängigen Söldnerfilms ist. ✦ USA 1987 **P** Action International Pic. **VA** CBS/Fox **R+B** David A. Prior **K** Stephen Ashley Blake **M** Tim James, Tim Heintz, Steve McClintock **D** Troy Donahue, Ted Prior, Fritz Matthews, David Campbell, Cameron Mitchell, Dawn Abraham **L** 81 **FSK** ab 18 **E** Dezember 1987 Video

TÖDLICHE BEZIEHUNGEN (COMPROMISING POSITIONS). Ein mit leichter Hand inszenierter Kriminalfilm um den Mord an einem Zahnarzt und Schürzenjäger, den eine ehemalige Journalistin, die in ihrem Hausfrauendasein in der Vorstadt in einen Dornröschenschlaf versunken war, mit viel Energie und Neugier aufklärt. Ein spannender, ironischer und glänzend gespielter Unterhaltungsfilm, der lediglich in einigen schlüpfrigen Details in der Ausgangssituation sein Niveau unterschreitet. – Ab 16. ✦ USA 1985 **P** Paramount **KI** Monte **VA** CIC **Pd+R** Frank Perry **B** Susan Isaacs, nach ihrem gleichnamigen Roman **K** Barry Sonnenfeld **M** Brad Fiedel **S** Peter C. Frank **D** Susan Sarandon (Judith Singer), Raul Julia (David Suarez), Judith Ivey (Nancy Miller), Josh Mostel (Dicky Dunck), Edward Herrmann (Bob Singer) **L** 98 **FSK** ab 16; nf **E** 19.2.1987 Video **fd** 26 436

TÖDLICHE BILDER (DARK SIDE OF GENIUS). Thriller aus dem Kunstmilieu. Eine Kunstkritikerin verliebt sich, wider alle Warnungen, in einen Maler, der vor kurzem aus einer geschlossenen Anstalt entlassen wurde, in der er wegen eines Ritualmords an seinem Modell einsaß. Seine Vorgeschichte treibt die Preise seiner Bilder zwar in die Höhe, doch als er ein Modell trifft, das der Ermordeten bis aufs Haar gleicht, drohen sich die Ereignisse zu wiederholen. ✦ USA 1993 **R** Phedon Papamichael **B** Frederic J. Stroppel **K** Phedon Papamichael **M** Tom Hiel **D** Finola Hughes (Jennifer Cole), Brent Fraser (Julien Jones), Tina Cote (Ana/Kristi), Glenn Shadix (Leo Bennini), Patrick Bauchau (Sherman McPhee), Seymour Cassel (Samuel Rourke) **L** 83 **E** 5.7.1995 premiere

EINE TÖDLICHE BLONDINE (THE CORPORATE LADDER). Ein beruflich gestresster Werbefachmann, dessen Frau ein Kind erwartet, geht ein Verhältnis mit einer neuen Mitarbeiterin ein. Als er sich von ihr zurückziehen will, bringt sie ihn in Mordverdacht und trachtet der Ehefrau nach dem Leben. Trivialer Erotik-Thriller mit einigen recht drastischen Sex-and-Crime-Effekten, der einmal mehr in Richtung »Eine verhängnisvolle Affäre« schielt. ✦ USA 1996 **P** Playboy Entertainment Group **Pd** Jeremy Kramer, Brad Krevoy, Steven Stabler **R** Nick Vallelonga **B** Christopher Reed, Greg Mellot, Nick Vallelonga **K** Adam Kane **M** Jan Hammer **S** Christopher Cibelli **D** Anthony John Denison (Matt Taylor), Kathleen Kinmont (Nicole London), Talisa Soto (Susan Taylor), Jennifer O'Neill (Irene Grace), Ben Cross (Jay Williams) **L** 103 **E** 24.3.1999 ProSieben

TÖDLICHE BLUTSPUREN →Mixed Blood – Die Ratten von Harlem

TÖDLICHE BOTSCHAFT (1979) (THE LADY VANISHES). Eine alte Dame verschwindet während der Fahrt eines Zuges von Bayern in die Schweiz aus ihrem Abteil. Die raffinierte Spionagegeschichte wurde von Alfred Hitchcock bereits 1938 verfilmt: »Eine Dame verschwindet«. Diese Fernseh-Version ist weitgehend konventionell und einfallslos inszeniert und setzt allein auf Stars. – Ab 14. ✦ Scope. Großbritannien 1979 **P** Rank **VA** VCL **R** Anthony Page **B** George Axelrod, nach einem Roman von Ethel Lina White **K** Douglas Slocombe **M** Richard Hartley **D** Elliott Gould (Robert Condon), Cybill Shepherd (Amanda Kelly), Angela Lansbury (Miss Froy), Herbert Lom (Dr. Hartz), Ian Carmichael (Caldicott) **L** 99 **E** 1983 Video **fd** 24 297

TÖDLICHE BOTSCHAFT (1985) (DEADLY MESSAGES). Einer jungen Frau, die Zeugin eines Mordes wird, glaubt niemand, als sie ihr schreckliches Erlebnis erzählt. Als sich der messerschwingende Mörder an ihre Fersen heftet, um sie als lästige Mordzeugin zu beseitigen, hält man sie für geisteskrank. Grob gestrickter Psychothriller von allmählich wachsender Spannung. Die Auflösung des reichlich kompliziert erzählten Krimirätsels erfolgt spät und mit entwaffnender Unlogik – man glaubt nichts davon, hat sich aber doch leidlich unterhalten. – Ab 16. ✦ USA 1985 **P** Columbia **VA** RCA/Columbia **Pd** Paul Pompian **R** Jack Bender **B** Bill Bleich **K** Rexford Metz **M** Brad Fiedel **S** Jim Benson **D** Kathleen Beller (Laura Daniels), Michael Brandon (Michael Krasnick), Dennis Franz (Detektiv Lucas), Charles Tyner (George Clark), Raye Birk (Harding) **L** 94 **FSK** ab 16 **E** Februar 1988 Video/23.4.1991 premiere **fd** 27 518

TÖDLICHE DIAGNOSE (MEDICAL STORY). Ein idealistischer Assistenzarzt lehnt sich gegen die fragwürdigen Behandlungsmethoden seines Chefs auf und muß den Dienst quittieren. Eine eindringliche Schilderung des Krankenhaus-Betriebs und eines fast schon menschenverachtenden Karrieretums seiner Bediensteten. Ein überdenkenswerter Beitrag zur Diskussion über das Gesundheitswesen, routiniert als engagiertes Fernsehdrama ohne inszenatorische Besonderheiten abgewickelt. Der Film diente als Auftakt einer 20teiligen amerikanischen Fernsehserie. – Ab 16. ✦ USA 1975 **P** Columbia Pictures Television **Pd** Abby Mann, David Gerber **R** Gary Nelson **B** Abby Mann **K** Jules Brenner **M** Jerry Goldsmith, Arthur Morton **D** Beau Bridges (Steve Ducker), Claude Akins (Dr. Mathews), José Ferrer (Dr. Knowland), Harriet Karr (Fritzi Donnelly), Shirley Knight (Schwester Phyllis) **L** 96 **E** 21.5.1977 ARD **fd** 20 283

TÖDLICHE DOSIS (DOSE MORTELLE). Eine Chirurgin, die das Opfer einer Vergewaltigung wird, sieht sich wenig später mit der Tatsache konfrontiert, den Täter operieren zu müssen. Sie überwindet ihren Haß und besinnt sich auf ihren Eid. Als der Mann stirbt, gerät sie in Mordverdacht. (Fernseh-)Kriminalfilm um eine teuflische Intrige aus verschmähter Liebe. ✦ Frankreich 1993 **R** Joyce Buñuel **B** Joyce Buñuel, Jean-Pierre Gallo **K** Claude Robin **M** Jean-Marie Sénia **D** Ludmila Mikael (Sylvie Drapier), Frédéric van den Driessche (Serge Querol), Valérie Mairesse (Jacqueline), François Chaumette (Louis Querol), Aurelin Levitan (David Drapier) **L** 84 **E** 2.12.1994 ARD

DAS TÖDLICHE DREIECK (1979) (HANOVER STREET). Während des Zweiten Weltkriegs verliebt sich ein amerikanischer Bomberpilot in die Frau eines englischen Geheimdienstoffiziers. Bei einem gemeinsamen Einsatz beider Männer erkennt der Pilot, daß sein »Rivale« nur aus Liebe handelt. Er verzichtet auf die Frau. Gediegen inszenierter, jedoch kaum spannender melodramatischer Abenteuerfilm, der mit viel äußerem Aufwand den Krieg verharmlost und lediglich als Hintergrund einer Männerfreundschaft benutzt. Vom Gefühl der »verlorenen Generation«, das wohl vermittelt werden soll, bleibt nur gepflegt inszenierte Langeweile. – Ab 16. ✦ Großbritannien 1979 **P** Lazarus/Hyams Prod./Hanover Street Prod. (für Columbia) **VA** RCA/Columbia **Pd** Paul N. Lazarus III **R+B** Peter Hyams **K** David Watkin **M** John Barry **S** James Mitchell **D** Harrison Ford (David Halloran), Lesley-Anne Down (Margaret Sellinger), Christopher Plummer (Paul Sellinger), Alec McCowen (Major Trumbo), Richard Masur (2nd Lt. Jerry Cimino), Patsy Kensit (Sarah Sellinger), Michael Sacks (2nd Lt. Martin Hyer) **L** 104 **FSK** ab 12; f (früher 16) **E** 6.5.1985 Video **fd** 25 100

DAS TÖDLICHE DREIECK (1995) (DEADLINE FOR MURDER: FROM THE FILES OF EDNA BUCHANAN). Eine Polizeireporterin untersucht den Mordanschlag auf einen Mafioso in Miami und fördert erstaunliche Ergebnisse zu Tage. Der Thriller arbeitet wie »Tödliche Recherche« (1994) Erlebnisse der Pulitzer-Preisträgerin Edna Buchanan auf. ✦ USA 1995 **Pd** Carol Ann Trussell **R** Joyce Chopra **B** Les Carter, Susan Risko, nach der Autobiografie »The Corpse had a Familiar Face« von Edna Buchanan **K** James Glennon **M** Patrick Williams **S** Robert Taylor **D** Elizabeth Montgomery (Edna Buchanan), Yaphet Kotto (Marty Talbot), Audra Lindley (Jean), Joe Flanigan (Scott), Jenifer Lewis (Denice) **L** 88 **E** 6.3.1996 premiere

DAS TÖDLICHE DUELL DER SHAOLIN (THE SHAOLIN INVINCIBLES). Eine junge Frau, einst als Mädchen einzige Überlebende eines großen Massakers, das ein chinesischer Usurpator entfesselte, rächt sich an Kaiser und Vasallen. Ein für die Entstehungszeit recht harter Eastern mit üblicher Story. ✦ Scope. Hongkong 1981 **P** Hai Hua Cinema Company **KI** Stern/Arco **R** Huo Cheng **D** Huang Chia-Ta, Chia Ling, Tan Tao-Liang, Chen Hung Lieh **L** 88 **FSK** ab 18; nf **E** 19.3.1982 **fd** 23 536

TÖDLICHE EHEN (PRAYING MANTIS). Romanverfilmung, entstanden fürs Fernsehen: Als die Sekretärin eines Professors unter mysteriösen Umständen Selbstmord begeht, kommt es zur ersten Auseinandersetzung des Mannes mit seiner zweiten Ehefrau. Er tröstet sich mit der Frau seines Assistenten, und plötzlich schwebt auch sie in Lebensgefahr. Ein überraschend nachlässig inszenierter und auch unglaubwürdiger Psychokrimi über seelische Abgründe in einer modisch verputzten, verlogenen Mord- und Rachekonstellation. ✦ Großbritannien 1982 **P** Channel 4/ZDF/ORF **R** Jack Gold **B** Philip Mackie, nach dem Briefroman »Les Mantes Religieuses« von Hubert Monteilhet **K** John Coquillon **M** Carl Davis **D** Jonathan Pryce (Christian Magny), Cherie Lunghi (Beatrice Manceau), Carmen Du Sautoy (Vera Canova), Pinkas Braun (Paul Canova), Arthur Brauss (Richter) **L** 150 **E** 4.,5.9.1983 ZDF (zwei Teile)

TÖDLICHE EIFERSUCHT (LOS DESAFIOS). Episodenfilm um Liebe und Eifersucht. In der ersten Episode droht ein Ehepaar im Urlaub auseinanderzubrechen, in der zweiten gerät ein Paar im Urlaub auf einen Gutshof und dabei in ein potentielles Liebesabenteuer; in der dritten dringen vier junge Leute in ein einsames Haus ein, wobei es zum Streit kommt. ✦ Spanien 1968 **Pd** Elias Querejeta **R+B** Rafael Azcona, Claudio Guerín (= Claudio Guerín Hill, 1), José Luis Egea (2), Victor Erice (3) **K** Luis Cuadrado **M** Luis de Pablo **S** Pablo G. del Amo **D** Dean Selmier, Daisy Granados, Julia G. Caba (= Julia Gutiérrez Caba), Francisco Rabal **L** 101 **E** 20.9.1997 tm 3

TÖDLICHE ENGEL SCHLAGEN ZURÜCK (FIRE OF VENGEANCE). Eine junge Frau, deren Ehemann auf der Hochzeitsreise ermordet wurde, lernt die Kunst des Kung-Fu-Kampfes und rächt sich mit Hilfe verbündeter kampfgewanter Frauen. Billiger Actionkrimi mit thematischen Anleihen bei Truffauts »Die Braut trug schwarz«. Ein weiteres Produkt obskurer philippinischer Abschreibungsfirmen mit Briefkasten in Hongkong. ✦ Scope. Hongkong 1983 **P** Parkit **KI** Jugendfilm **VA** Zenit **R** Danu Umbara **D** Tuti Wasiat, Barry Prima, George Rudy, Eddy Jonathan, Eddy Haryono **L** 90 **E** 27.1.1984

DAS TÖDLICHE ERBE DES SHAOLIN (MAGNIFICENT RUFFIANS). Ein skrupelloser Geschäftsmann und perfekter Kämpfer will die Macht in der Stadt übernehmen. Ein junger Kaufmann widersetzt sich ihm. Vier Kung-Fu-Helden, die der Geschäftsmann in sein Intrigenspiel einspannt, müssen den Einzelkämpfer töten, nehmen dann jedoch blutige Rache. Aktionsreicher Eastern, der in zwei völlig gegensätzliche Elemente zerfällt: Der schludrig und unschlüssig erzählten Geschichte stehen mit bemerkenswerter Präzision nahezu surreal ausgemalte Kampfszenen gegenüber, die geschickt den perspektivischen Raum nutzen und auch bewußt Actionmotive amerikanischen Ursprungs einbeziehen. ✦ Scope. Hongkong 1979 **P** Shaw Brothers **KI** Avis/Apollo **R** Chang Cheh **D** Lu Feng, Lo Meng, Sun Chien, Wang Li, Chiang Seng **L** 82 **FSK** ab 18; nf **E** 13.6.1980 **fd** 22 645

TÖDLICHE ERINNERUNGEN (DUPLICATES). Eine Frau glaubt, in einem Fremden den Bruder zu erkennen, der mit ihrem Sohn spurlos verschwand. Sie folgt ihm und entdeckt, daß er und ihr Junge die Opfer skrupelloser Wissenschaftler wurden, die die beiden einer Gehirnwäsche unterzogen. Bald sind auch sie und ihr Mann den Machenschaften der Forscher ausgesetzt. Psychothriller mit Science-Fiction-Elementen, der sich formal an Hitchcock orientiert. – Ab 16. ✦ USA 1991 **P** Paramount **VA** CIC **Pd** Robert M. Rolsky **R** Sandor Stern **B** Sandor Stern, Andrew Neidermann **K** Tobias A. Schliessler **M** Dana Kaproff **S** Jere Huggins **D** Gregory Harrison (Bob Boxletter), Kim Greist (Marion Boxletter), Cicely Tyson (Dr. Randolph), Kevin McCarthy (Dr. Congemi), Lane Smith, William Lucking, Scott Hoxby **L** 87 **FSK** ab 16 **E** 3.12.1992 Video/1.12.1993 premiere

TÖDLICHE ERNTE (1972) (DEADLY HARVEST). Als die Erde durch Umweltzerstörung, Raubbau und Fehlplanung mit ihren Nahrungsreserven am Ende ist und innerhalb kurzer Zeit in den Abgrund zu steuern droht, bricht Panik und blutiges Chaos aus. Mäßiger Science-Fiction-Film mit düsterer Untergangs- und Endzeitstimmung. ✦ Kanada 1972 **R** Timothy Bond **B** Martin Lager **K** Robert Brooks **M** John Mills-Cockell **D** Clint Walker, Nehemiah Persoff, Kim Cattrall, David Brown, Gary Davies, Dawn Greenhalgh (Leah Franklin), Tami Tucker (Bobbie Franklin), Jim Henshaw (John McCrae), Tim Whelan (James Ennis), Wally Crouter (Milizionär) **L** (TV) 120 **E** 1.8.1988 Tele 5

TÖDLICHE ERNTE (1991) (CHILDREN OF THE CORN II – DEADLY HARVEST). Die Kinder aus einer Maisregion ziehen ihre Eltern wegen des Frevels an der Natur blutig zur Rechenschaft. Ein Reporter, der die Story seines Lebens wittert, bringt sich und seinen Sohn in Gefahr, kann aber die Zusammenhänge aufdecken und eine Beziehung zu einem uralten indianischen Mythos herstellen. Uninspirierte, allzu blutige Fortsetzung des Horrorfilms »Kinder des Zorns« (1983) nach einer Kurzgeschichte von Stephen King, die mit ihren abwegigen ökologischen Erklärungsversuchen dem Zuschauer einiges zumutet. (Alternativtitel: »Tödliche Ernte – Kinder des Zorns 2«; Fernsehen: »Stephen King – Kinder des Zorns 2«) ✦ USA 1991 **P** Fifth Avenue/Trans-Atlantic **VA** Starlight **DVD** CinePlus (FF, DD2.0 dt.) **Pd** Scott A. Stone, David G. Stanley **R** David F. Price **B** Al Katz, Gilbert Adler, nach einer Kurzgeschichte von Stephen King **K** Levie Isaacks **M** Daniel Licht **S** Barry Zetlin **D** Terence Knox (Garett), Paul Scherrer (Danny), Rosalind Allen (Angela), Ryan Bollman (Micah), Christie Clark (Lacey) **L** 89 (gek. 83) **FSK** ab 18 (DVD & Video ab 16) **E** 21.10.1992 Video/1.6. 2001 DVD **fd** 30 021

DER TÖDLICHE FÄCHER DES KAO MING (RIDER OF REVENGE). Wirrer Eastern um einen mörderischen Brauerei-Besitzer. Die nicht näher zu beschreibende Handlung verliert sich in einem pausenlosen Gemetzel, wobei die Brutalitäten und Sadismen nur durch wenige sentimentale Handlungsmotive entlastet werden. ✦ Hongkong 1973 **P** L.S. Chang **KI** A-P-Film **R** Chen Shan-Li **K** Huang Ye-Chang **M** Wang Fu-Ling **D** Shankuan Ling-Fu, Tien Peng, Kao Ming, Nen Chung-Shan, Chin Sing-Pin **L** 88 **FSK** ab 18; nf **E** 31.8.1973 **fd** 18 582

DIE TÖDLICHE FALLE (BLIND DATE). Scotland Yard verdächtigt einen deutschen Maler als Mörder eines leichten Mädchens, doch stellt sich heraus, daß der junge Mann zur Tarnung einer Eifersuchtstat diente. Ein fesselnd inszeniertes, psychologisch reizvolles kriminalistisches Rätselstück mit sozialkritischer Tendenz. (Verleihtitel DDR: »Alles spricht gegen Van Rooyen«) ✦ Schwarz-weiß. Großbritannien 1959 **P** Indepenent Artists **KI** Constantin **Pd** David Deutsch **R** Joseph Losey **B** Ben Barzman, Millard Lampell, nach einem Roman von Leigh Howard **K** Christopher Challis **M** Richard Rodney Bennett **S** Reginald Mills **D** Hardy Krüger (Jan Van Rooyen), Stanley Baker (Inspektor Morgan), Micheline Presle (Lady Fenton/ Jacqueline Cousteu), Robert Flemyng (Sir Brian Lewis), Gordon Jackson (Polizeisergeant) **L** 96 **FSK** ab 16; nf **E** 2.10.1959/14.4.1961 Kino DDR/6.7. 1964 ZDF/6.3.1982 DFF **fd** 8 492

EINE TÖDLICHE FALLE →Walmord

TÖDLICHE FALLE →Ihr Leben in seinen Händen

DIE TÖDLICHE FALLE (DIE AFFÄRE SADIEL) →Das Attentat (1972)

TÖDLICHE FAMILIENGEHEIMNISSE (DEADLY FAMILY SECRETS). Eine erfolgreiche Modeeinkäuferin, die nach Jahren ihre Heimatstadt besucht, um sich mit ihrer Familie auszusöhnen, wird Zeugin eines Mordes, an dem ihr Schwager beteiligt ist. Zunächst behält sie ihr Wissen für sich, um das Leben ihrer Schwester nicht zu zerstören, doch als der Druck auf sie wächst, vertraut sie sich einem Staatsanwalt an. Die Ermittlungen bringen Grundstücksschiebereien und lange vertuschte Familiengeheimnisse ans Licht. Solide inszeniertes, aber weitgehend vorhersehbares Krimi-Melodram ohne sonderliche Überraschungen. ✦ USA 1995 **P** Art & Anne Prod./Michael Filerman Prod. **Pd** Jack H. Degelia, Tom Fortuna, Dennis Murphy **R** Richard T. Heffron **B** Brian Taggert **K** Stevan Larner **M** Nan Schwartz Mishkin (= Nan Schwartz) **S** Christopher Nelson **D** Loni Anderson (Martha Tobias), Barry Corbin (Boyle Potter), Greg Evigan (Eddie), William Converse-Roberts (Brooke Akins) **L** 91 **E** 14.9.1999 RTL 2

TÖDLICHE FANTASIEN (THE SPIDER AND THE FLY). Ein Krimi-Autor schließt mit einer erfolgreicheren, jüngeren Kollegin eine Wette ab: Wer denkt sich den perfekten Mord aus? Das Spiel wird blutiger Ernst, als wenige Tage später der Verleger der beiden aufgefunden wird – ermordet unter genau den Umständen, wie es die Autorin beschrieben hatte. Solide inszenierter Krimi, der zwar wenig Überraschendes zu bieten hat, sein Rätsel jedoch bis zum Schluß zu wahren weiß. – Ab 16. ✦ USA 1994 **P** Wilshire Court **VA** CIC **R** Michael Katleman **B** Alanna Hamill, Robert Pucci **K** Brian R.P. Herb **M** Richard Bellis **D** Mel Harris (Dianna Taylor), Kenneth Welsh (Irwin Stroud), Ted Shackelford (Michael Moore), Cynthia Belliveau (Blair Delaney), Peggy Lipton (Helen Stroud) **L** 84 **FSK** ab 16 **E** 16.1.1995 Video/3.1.1996 premiere

TÖDLICHE FÄUSTE (HARDCASE AND FIST). Weil er dem organisierten Verbrechen ein Dorn im Auge ist, wird ein Polizeibeamter von seinem Kollegen, der mit der Unterwelt kollaboriert, in eine Falle gelockt und inhaftiert. Als ihn ein Kampfgefährte aus Vietnam-Zeiten befreit, starten beide mit einem in fernöstlichen Kampftechniken versierten Zellengenossen zum Rachefeldzug. Eine altbackene Geschichte, ungeschickt erzählt. Endlose Verfolgungsjagden und Schießereien können die Spannung nicht schaffen, die dem Drehbuch abgeht. ✦ USA 1988 **P** United Entertainment **VA** Ufa **Pd+R** Tony M. Zarindast **B** Bud Fleischer, Tony M. Zarindast **K** Robert Hayes **M** Tom Tucciarone, Matthew Tucciarone **S** Bill Cunningham **D** Ted Prior (Bud McCall), Carter Wang (Eddy Lee), Christine Lunde (Sharon), Maureen Lavette (Nora), Tony M. Zarindast (Tony Marino) **L** 88 (gek. 85) **FSK** ab 18 (gek. 16) **E** Juni 1989 Video **fd** 27 728

DER TÖDLICHE FEIND →Deadly Intruder

TÖDLICHE FERIEN (AND SOON THE DARKNESS). Zwei englische Krankenschwestern werden bei einer Radtour in Frankreich von einem Sexualmörder bedroht. Einfallsloser Thriller, der sich mit den üblichen Suspense-Klischees behilft: falsche Identitäten, geheimnisvolle Geräusche und undurchsichtige Einheimische. ✦ Großbritannien 1970 **P** Warner-Pathé/EMI **R** Robert Fuest **B** Brian Clemens, Terry Nation **K** Ian Wilson **M** Laurie Johnson **D** Pamela Franklin (Jane), Michèle Doctrice (Cathy), Sandor Elès (Paul), John Nettleton, Claire Kelly **L** 95 **E** 5.7. 1991 RTL plus

TÖDLICHE FLUCHT (THE LAWLESS LAND). In einem fiktiven mittel- oder südamerikanischen Staat heiratet ein junger Mann die Tochter eines vermögenden Minenbesitzers gegen dessen Willen, worauf der Vater ein Mordkommando auf das Paar hetzt. Die verlogene Geschichte hat einzig den Zweck, Folter- und Mordszenen aneinanderzureihen. ✦ USA 1988 **P** MGM/UA **VA** EuroVideo/IMV **Pd** Tony Cinciripini, Larry Leahy **R** Jon Hess **B** Tony Cinciripini, Larry Leahy, Sergio Arriotti **K** Makoto Watanabe **M** Lucia Hwong **S** Bernard Caputo, Steven Kane **D** Nick Corri (Falco), Amanda Peterson (Diana), Xander Berkeley (Ez Andy), Ann-Marie Peterson (Venus), Patricio Buster (Don Enrique) **L** 77 **FSK** ab 18 **E** März 1989 Video **fd** 27 509

TÖDLICHE FLUT (DEADLY CURRENT). Actionfilm nach den bekannten »Stirb langsam«-Mustern: Terroristen drohen, die Kläranlage einer Stadt zu sprengen, wollen damit aber nur von einem spektakulären Geldraub ablenken. Zufällig ist ein kampferprobter Polizist in der Anlage. ✦ Kanada 1991 **R** John Bradshaw **D** Jeff Fahey (David Chase), Carrie-Ann Moss (Melissa), Kim Coates (Montesi), Gary Busey (Turner), Denis Akiyama (Ota) **L** 89 **E** 20.2.1998 SAT 1

TÖDLICHE FLUTEN – RETTET UNSERE KINDER (THE FLOOD – WHO WILL SAVE OUR CHILDREN). Ein aus inszenierten und dokumentarischen Bildern eines authentischen Ereignisses zusammengesetzter (Fernseh-)Film über die Rettung einer texanischen Schulklasse nach einer Unwetter-Katastrophe. ✦ USA 1993 **R** Chris Thomson **B** Donna Kanter, David J. Klinghorn **D** Joe Spano (Richard Koons), Lisa Rieffel (Leanne Pond), Blayne Weaver (Jeff Browman), David Lascher (Brad Jamison), Amy van Nostrand (Linda Smith), Norman Skaggs (Jerry Smith) **L** 93 **E** 7.9.1994 SAT 1

TÖDLICHE FRACHT (1977) (TARANTULAS – THE DEADLY CARGO / THE DEADLY CARGO). Ein Flugzeug zweier Abenteurer, die außer Kaffee auch illegale Arbeitskräfte aus Mexiko in die USA schmuggeln wollen, stürzt in der Nähe einer kalifornischen Kleinstadt ab. In den Kaffeebohnensäcken befinden sich hochgiftige Wolfsspinnen, die entkommen und die Bevölkerung in tödliche Gefahr bringen. Erst ein wagemutiger Feuerwehrchef findet eine riskante Methode, die Insekten zu vernichten. Solide inszenierter Katastrophenfilm, der sich weniger auf spektakuläre Effekte als auf die Vorbereitung und Durchführung des Rettungsplanes konzentriert, jedoch psychologisch oberflächlich und kaum spannend ist. – Ab 16. ✦ USA 1977 **P** New Line Cinema **R** Stuart Hagmann **B** John Groves **K** Robert L. Morrison **M** Mundell Lowe **D** Pat Hingle (Doc Hodgins), Claude Akins (Bert Springer), Matthew Laborteaux (Matthew), Deborah Winters, Sandy McPeak **L** 93 **E** 17.11.1981 ARD

TÖDLICHE FRACHT (1997/98) (FATAL IMPACT). Nach dem Absturz eines Jumbo-Jets wird festgestellt, dass alle getöteten Passagiere radioaktiv verstrahlt sind. Die Spur führt zu zwei ebenfalls toten Männern und einer mysteriösen Frau, die den Tod ihres Vaters rächen will. Special aus der Krankenhaus-Krimiserie »Diagnose Mord«, die ein wackeres Ärzteteam im kriminalistischen Einsatz vorstellt. ✦ USA 1997/98 **R** Christian I. Nyby II. **B** David Bennett Carren, J. Larry Carroll **M** Dick DeBenedictis, Arthur Kempel **D** Dick van Dyke (Dr. Mark Sloan), Victoria Rowell (Dr. Amanda Livingston), Charlie Schlatter (Dr. Jesse Travis), Barry van Dyke (Lieutenant Steve Sloan), Harry J. Lennix (Ron Wagner) **L** 90 **E** 24.3. 1999 Kabel 1

TÖDLICHE FRAGEN (Q & A / QUESTIONS & ANSWERS). Ein junger Staatsanwalt deckt bei der Untersuchung eines Mordfalles, in den ein rassistischer

Polizeioffizier verstrickt ist, ein Komplott seines Vorgesetzten auf. Der um eine Auseinandersetzung mit dem Klima von Rassismus und Gewalt bemühte Film entlarvt die Allgegenwart von Korruption in Kreisen der Polizei und Justiz, kann aber nicht vollends überzeugen, da das Buch zum Teil allzu stark konstruiert wirkt. Inszenierung und schauspielerische Leistungen liegen gleichwohl auf einem hohen Niveau. – Ab 16. ✦ USA 1990 **P** Regency/Odyssey **KI** Tobis **VA** VCL **Pd** Arnon Milchan, Burtt Harris **R** Sidney Lumet **B** Sidney Lumet, nach einem Roman von Edwin Torres **K** Andrzej Bartkowiak **M** Rubén Blades **S** Richard Cirincione **D** Nick Nolte (Mike Brennan), Timothy Hutton (Al Reilly), Armand Assante (Texador), Patrick O'Neal (Kevin), Jenny Lumet (Nancy Bosch), Luis Guzman (Luis Valentin) **L** 132 **FSK** ab 16; f **E** 6.9.1990/25.2.1991 Video/23.5.1993 premiere **fd** 28 455

TÖDLICHE FREQUENZ → Frequenz Mord

DER TÖDLICHE FREUND (DEADLY FRIEND). Ein junger Computerspezialist und Neurologe hat seine Erkenntnisse über das menschliche Gehirn erfolgreich auf den Computerbau übertragen. Als seine Geliebte von ihrem trunksüchtigen und irren Vater zu Tode geprügelt wird, stiehlt er ihre Leiche und setzt in ihr Gehirn Teile seines Roboters ein. Zwar erweckt er sie wieder zum Leben, doch die junge Frau mutiert zu einem mordenden Monster. Ein auf oberflächliche Schrecksequenzen ausgelegter Horrorfilm, dem die reale Bedrohung durch neue Technologien nur als Aufhänger für die flache Handlung dient. ✦ USA 1986 **P** Warner Brothers **KI** Warner-Columbia **VA** Warner Home **Pd** Robert M. Sherman **R** Wes Craven **B** Bruce Joel Rubin, nach einem Roman von Diana Henstell **K** Philip Lathrop **M** Charles Bernstein **S** Michael Eliot **D** Matthew Laborteaux (Paul Conway), Kristy Swanson (Samantha), Michael Sharrett (Tom), Anne Twomey (Jeannie Conway), Anne Ramsey (Elvira Parker), Richard Marcus (Harry) **L** 90 **FSK** ab 16; f **E** 12.2.1987/11.9.1987 Video/13.4.1994 SAT 1 **fd** 26 031

TÖDLICHE FREUNDSCHAFT (1982) (LUCIEN BROUILLARD). Zwei junge Männer, die in einem Heim aufwuchsen und sich ewige Freundschaft geschworen haben, geraten durch ihren unterschiedlichen Werdegang auf verschiedene Seiten des sozialen Systems: der eine wird von einer reichen Familie adoptiert und steigt zum angesehenen Anwalt mit politischen Ambitionen auf, der andere, der im Heim blieb, entwickelt ein ausgeprägtes Gerechtigkeitsempfinden und engagiert sich in Streiks, die ihn mit der Justiz in Konflikt bringen, für Arme und Außenseiter. Spielfilm über soziale Unterschiede durch Sozialisation und vergebliche Überbrückungsversuche. ✦ Kanada 1982 **P** A.C.P.A.V. **Pd** Rene Gueissaz **R** Bruno Carrière **B** Jacques Jacob, Jacques Paris, Bruno Carrière **K** Pierre Mignot **M** Yves Laferrière **S** Michel Arcand **D** Pierre Curzi (Lucien Brouillard), Roger Blay (Jacques Martineau), Marie Tifo (Alice Tanguay), Paul Savoie (André Morin), Jean Duceppe (Provencher) **L** (TV) 84 **E** 5.5.1988 3sat

TÖDLICHE FREUNDSCHAFT (1998) (ASUNDER). Nachdem seine Frau bei einem Rummelplatz-Besuch auf tragische Weise ums Leben kam und mit ihr das ungeborene Kind, tyrannisiert der Witwer seine Freunde, die ihn bei sich aufnehmen. Als seine Gastgeberin, mit der ein Verhältnis hatte, ein Kind erwartet, versteigt er sich in die fixe Idee, es könnte von ihm sein. Er setzt alles daran, das Kind für sich zu haben, wobei er auch vor Mord nicht zurückschreckt. Thriller, der wohl in erster Linie für ein schwarzes Publikum produziert wurde, sich letztlich aber nur durch die Hautfarbe der Akteure von gängigen Konventionen des Genres unterscheidet. ✦ USA 1998 **P** Obsidian/World International **Pd** Dick Atkins, Martin Jones, Tim Reid **R** Tim Reid **B** Eric Lee Bowers **K** John Simmons **M** Lionel Cole **S** John Lafferty **D** Blair Underwood (Chance Williams), Debbi Morgan (Lauren Hubbs), Michael Beach (Michael Hubbs), Marva Hicks (Roberta Williams), Desiree Marie Velez (Vanessa) **L** 95 **E** 2.12.2000 Vox

TÖDLICHE GALAXIS (MURDER ON THE MOON / MURDER BY MOONLIGHT). Ein mysteriöser Todesfall in einer Mondstation der Amerikaner, die auf russischem Territorium liegt, ruft die Raumbehörden beider Nationen auf den Plan. Ein linientreuer russischer Major und eine amerikanische Weltraumpolizistin ermitteln gemeinsam und raufen sich nach ideologischem Geplänkel zusammen. Ein optisch recht armseliger futuristischer Krimi, der durch einige überraschende Wendungen aber durchaus spannend unterhält. – Ab 16. ✦ Großbritannien 1989 **P** London Weekend Television/Tamara Asseyev Prod./Viacom **VA** Warner Home **Pd** Ron Carr **R** Michael Lindsay-Hogg **B** Carla Jean Wagner **K** David Watkin **M** Trevor Jones **S** Robert K. Lambert, Ralph Sheldon **D** Brigitte Nielsen (Lt. Maggie Bartok), Julian Sands (Major Kirilenko), Jane Capotaire (Louise Mackey), Gerald McRaney (Huff), Brian Cox (Col. Fedorenko), Alphonsia Emmanuel (Dr. Klein), Celia Imre (Patsy Diehl), Michael Shannon (Vincent Ivanov), David Yip, Stephen Jenn **L** 96 **FSK** ab 12 **E** 12.4.1990 Video/21.7.1995 Kabel 1 **fd** 28 308

TÖDLICHE GEDANKEN (1990) (MORTAL THOUGHTS). Eine Friseuse schildert einem Polizeibeamten die Hintergründe eines Mordes, den ihre beste Freundin und Berufskollegin an ihrem unsympathischen und selbstgefälligen Mann begangen haben soll. Sie verstrickt sich zunehmend in Ungereimtheiten, die ihre Beteiligung an der Tat in einem sich wandelnden Licht zeigen. Ein inszenatorisch dichter, intelligent unterhaltender Kriminalfilm mit soliden Schauspielerleistungen. Die konventionelle Handlung gewinnt ihren Reiz durch die raffinierten Verweise auf die Doppelbödigkeit der Bilder, denen man mit viel Aufmerksamkeit begegnen muß. – Ab 16. ✦ USA 1990 **P** New Visions/Polar Entertainment/Rufglen Film **KI** Columbia **VA** RCA/Columbia **DVD** Columbia TriStar Home (16:9, 1.85:1, DS engl., DD2.0 dt.) **Pd** John Fiedler, Mark Tarlov, Demi Moore **R** Alan Rudolph **B** William Reilly, Claude Kerven **K** Elliot Davis **M** Mark Isham **S** Tom Walls **D** Demi Moore (Cynthia Kellog), Glenne Headly (Joyce Urbanski), Harvey Keitel (Detective John Wood), John Pankow (Arthur Kellog), Billie Neal (Detective Linda Nealon), Bruce Willis (James Urbanski), Frank Vincent (Dominic Marinho) **L** 104 **FSK** ab 16; f **E** 19.9.1991/19.5.1992/29.6.1993 premiere/2.6.2000 DVD **fd** 29 106

TÖDLICHE GEDANKEN (1993/94) (MURDER IN MIND). Psychothriller. In einer psychotherapeutischen Privatklinik geschehen nacheinander drei mysteriöse Selbstmorde. Die Therapeutin wird verdächtigt, aber freigesprochen. Der ermittelnde Polizist läßt sich auf eine Affäre mit ihr ein, die fatale Folgen hat. ✦ Großbritannien 1993/94 **R** Robert Bierman **D** Charlotte Rampling (Sonya Davies), Trevor Eve (Malcolm Iverson), Cathryn Harrison (Eileen), Juliette Caton (Fern), Lesley Nightingale (Trish) **L** 78 **E** 28.2.1997 MDR

DAS TÖDLICHE GEHEIMNIS DER SHAOLIN (SHAOLIN DEATH SQUAD). China vor einigen hundert Jahren: Von einem despotischen Kaiser bedroht, kann ein General, bevor er Selbstmord begeht, seine beiden Verfolger von seiner Sache überzeugen. Handlungsarme, auch in den Kämpfen völlig fantasielose Fernost-Action; das Musterbeispiel eines mißlungenen Kung-Fu-Films wurde zu allem Überfluß auch noch mies synchronisiert. ✦ Hongkong 1977 **P** First Film **KI** Splendid und andere **R** Joseph Kuo (= Kuo Nanhung) **B** Ngai Hong, Wong Sai Lap, Ng Tan **D** Carter Wang, Ku Lung, Yang Wei **L** 84 **FSK** ab 18; nf **E** 12.5.1978/23.2.1994 PRO 7 **fd** 20 755

TÖDLICHE GEIER → Huasca – wie tödliche Geier

TÖDLICHE GELÜSTE (A KISS GOODNIGHT). Eine junge Werbekauffrau wird von ihrer Diskotheken-Bekanntschaft, einem Anwalt, nicht mehr aus den Augen gelassen. Was zunächst nur ein ärgerliches Problem scheint, wird bald lebensbedrohlich. Der macht- und sexbesessene Psychopath treibt sie immer mehr in die Enge und tötet sogar ihre Freundin. Doch auch jetzt nimmt der alarmierte Kommissar die Bedrohung nicht ernst, und die Bedrängte greift selbst zur Waffe. Ein passabel gespielter, inszenatorisch durchschnittlicher Fernsehthriller mit einer ärgerlichen Tendenz zur Selbstjustiz. ✦ USA 1993 **P** Exposition Park **VA** VPS **Pd** Lori Miller, Daniel Raskov **R+B** Daniel Raskov **K** Glenn Kershaw **M** Chris Caswell **S** Amy Tompkins **D** Al Corley (Kurt Pierson), Paula Trickey (Natalie Collins), Mark Moses (Michael Turner), Brett Cullen (Carl Jasper), Lawrence Tierney (Sgt. Harwood) **L** 84 **FSK** ab 18 **E** 11.8.1994 Video/1.10.1995 RTL 2 **fd** 31 032

TÖDLICHE GERÜCHTE (GOSSIP). Inspiriert von einem Seminar über die Macht von Gerüchten, setzt eine Studenten-Clique ein besonders böses Gerücht in die Welt, das zunächst zu Rufmord führt, um sich danach in einer blutigen Auseinandersetzung zu entladen. Die interessante Ausgangsposition des Films wird für ein effekthascherisches Chargentheater missbraucht und versandet in einem handelsüblichen Teenager-Spektakel mit gelackten Oberflächenreizen. DVD: Die Extras umfassen u. a. einen Audiokommentar des Regisseurs, A. Bartkowiak und J. Marsden, ein Feature mit drei im Film nicht verwendeten Szenen, sowie ein alternatives Filmende. – Ab 16. ✦ Scope. USA 2000 **P** Warner Bros./Village Roadshow/NPV Entertainment/Outlaw **KI** Warner Bros. **VA** Warner Home **DVD** Warner Home (16:9, 2.35:1, DD5.1 engl./dt.) **Pd** Jeffrey Silver, Robert Newmyer **R** Davis Guggenheim **B** Gregory Poirier, Theresa Rebeck **K** Andrzej Bartkowiak **M** Graeme Revell **S** Jay Cassidy **D** James Marsden (Derrick), Lena Headey (Jones), Norman Reedus (Travis), Kate Hudson (Naomi), Joshua Jackson (Beau Edson) **L** 90 **FSK** ab 12; f **FBW** w **E** 26.10.2000/16.3.2001 Video/26.4.2001 DVD **fd** 34 514

TÖDLICHE GESCHÄFTE (THE TIME IS MY ENEMY). Eine glücklich verheiratete Frau steht plötzlich ihrem seit Kriegsende totgeglaubten ersten Ehemann gegenüber. Als zugleich ein angesehener Londoner Juwelier ermordet wird, beginnt eine spannende Kriminalgeschichte um tödliche Geschäfte. – Ab 16. ✦ Schwarz-weiß. Großbritannien 1954 **P** Vandyke Picture **R** Don Chaffey **B** Allan MacKinnon **K** Geoffrey Faithfull **D** Renée Asherson (Barbara Everton), Dennis Price (Martin Radley), Duncan Lamont (Charles Wayne), Patrick Barr (John Everton), Susan Shaw (Evelyn Gower) **L** 63 **E** 21.7.1969 DFF 1

TÖDLICHE GESCHWINDIGKEIT (TERMINAL VELOCITY). Die geheimnisvolle Schülerin eines Fallschirmlehrers entpuppt sich als Agentin des KGB. Auf der turbulenten Jagd nach goldschmuggelnden russischen Mafiosi kommt ihr seine Hilfe gerade recht. Rasanter Actionfilm, der seine abstruse Story geistreich ironisiert und mit einer Portion Romantik garniert. Obendrein bietet der Film das Comeback der hervorragend spielenden Nastassja Kinski. – Ab 16. ✦ Scope. USA 1994 **P** Hollywood Pictures/Interscope/Polygram **KI** Buena Vista **VA** Buena Vista **DVD** Buena Vista (16:9, 1.85:1, DD5.1 engl., DS dt.) **Pd** Scott Kroopf, Tom Engelman **R** Deran Sarafian **B** David T. Twohy **K** Oliver Wood **M** Joel MecNeely **S** Frank J. Urioste, Peck Prior **D** Charlie Sheen (Ditch Brody), Nastassja Kinski (Chris Morrow), James Gandolfini (Ben Pinkwater), Christopher McDonald (Kerr), Gary Bullock (Lex) **L** 102 **FSK** ab 12; f **E** 26.1.1995/14.9.1995 Video/19.10.1996 premiere/30.12.1998 DVD **fd** 31 159

TÖDLICHE GESPIELIN → Spanish Rose

TÖDLICHE GIER (1989) → Die Gottesanbeterin (1988)

TÖDLICHE GIER (1990) (DEADLY INTENT). Ein amerikanischer Abenteurer stiehlt bei einer Urwald-Expedition das wertvolle Juwel einer Maya-Gottheit, das ihm jedoch nicht den erhofften Reichtum, sondern Tod und Verderben bringt. Ein mittelmäßiger Actionfilm, der lediglich die bekannten Genre-Muster abspult. ✦ USA 1990 **R** Nigel Dick **B** John Goff **K** Daniel Yarussi **D** Lisa Eilbacher (Laura Keaton), Steve Railsback (Jeff Kirkwood), Maud Adams (Elise Marlowe), Lance Henriksen (Raymond Keaton), Fred Williamson (Slate), Persis Khambatta (Inga) **L** 83 **E** 17.11.1994 RTL 2

TÖDLICHE GOTTESANBETERIN (PRAYING MANTIS). Wie das Insekt »Gottesanbeterin« tötet eine Frau ihre Ehemänner in der Hochzeitsnacht. Ihr nächstes Gift-Opfer, ein verwitweter Buchhändler, hat jedoch einen Sohn und eine Schwägerin, die ihr mißtrauen. Eine formal anspruchslose, manches Mal arg konstruierte Geschichte, die aber eine durchaus stimmige Thriller-Atmosphäre aufbaut. – Ab 16. ✦ USA 1993 **P** Wilshire Court **VA** CIC **Pd** Robert M. Rolsky **R** James Keach **B** William Delligan, Duane Poole **K** Ross A. Maehl **M** John Debney **S** Stanford C. Allen **D** Jane Seymour (Linda Crandle), Barry Bostwick (Don McEndrew), Chad Allen (Bobby), Frances Fisher (Betty) **L** 85 **FSK** ab 16 **E** 21.3.1994 Video/7.3.1995 premiere **fd** 30 726

TÖDLICHE GRENZE (1949) (BORDER INCIDENT). Zwei Geheimagenten der Einwanderungsbehörde infiltrieren eine Bande, die ein lukratives Geschäft mit mexikanischen Landarbeitern betreibt, indem sie sie schwarz über die Grenze in die USA bringt. Die beiden Agenten lösen den gefährlichen Fall. Nach Tatsachen inszenierter Film, der sich durch Realismus und soziales Engagement auszeichnet; die etwas schwerfällige Inszenierung kombiniert recht reizvoll Western-Elemente mit wesentlichen Zügen des klassischen »film noir«. – Ab 16. ✦ Schwarz-weiß. USA 1949 **P** MGM **Pd** Nicholas Nayfack **R** Anthony Mann **B** John C. Higgins, nach einer Story von John C. Higgins und George Zuckerman **K** John Alton **M** André Previn **S** Conrad A. Nervig **D** Ricardo Montalban (Pablo Rodriguez), George Murphy (Jack Bearnes), Howard da Silva (Owen Parkson), James Mitchell (Juan Garcia), Arnold Moss (Zopilote), Alfonso Bedoya (Cuchillo), Teresa Celli (Maria), Charles McGraw (Jeff Amboy) **L** 92 **E** 12.11.1988 West 3

TÖDLICHE GRENZE (1985) →Gefährliche Grenze (1985)

TÖDLICHE HITZE (STARK: MIRROR IMAGE). Getrieben durch den Ehrgeiz seines Chefs, die Abteilung vom Verdacht der Bestechlichkeit freizuhalten, geht ein Kriminalbeamter dem gewaltsamen Tod seines Kollegen nach und gerät dabei von Wichita nach Las Vegas. Er entlarvt den Ermordeten als Frauenhelden, der Opfer eines »gehörnten« üblen Geschäftsmannes wurde. Menschlich und dramaturgisch adrett inszenierter Fernseh-Serien-Krimi, mühsam auf Spielfilmlänge aufgeblasen. – Ab 16. ✦ USA 1986 **P** CBS **VA** CBS/Fox **Pd** David H. Balkan **R** Noel Nosseck **B** David H. Balkan **K** Frank Beascoechea **M** Peter Myers **S** George Hively **D** Dennis Hopper (Lt. Ron Bliss), Nicolas Surovy (Evan Stark), Kirstie Alley (Maggie), Pat Corley (Chief Waldren), Ben Murphy (Steve Graves) **L** 90 **FSK** ab 16 **E** 24.4.1989 Video **fd** 27 798

TÖDLICHE INJEKTIONEN (WARUI YATSURA). Kriminalfilm mit sadistischem Einschlag. Der Leiter einer Privatklinik bedient sich seiner medizinischen Fähigkeiten, um die Zeuginnen seiner Verbrechen beiseite zu schaffen. ✦ Japan 1980 **P** Kiri/Shochiku **R** Yoshitaro Nomura **B** Seicho Matsumoto, Masato Ide **K** Takashi Kawamata, Yasushi Akutagawa **D** Takao Kataoka (Shinicchi Toya), Keiko Matsuzaka (Takako Makimura) **L** 105 **E** 23.7.1983 DFF 1

DAS TÖDLICHE INSERAT (LA BURSQUEDA). Durch ein Inserat, mit dem auch andere Interessenten angelockt werden, dringt eine Bande in eine wohlhabende Familie ein und tötet den Vater. Der Schock bringt den kleinen Sohn ins Irrenhaus, eine Spätfolge ist der Selbstmord der Mutter. Die Tochter nimmt fürchterliche Rache und holt den inzwischen geheilten Bruder aus der Klinik. Das klassische Thema des Terrors, der plötzlich über Unschuldige hereinbricht, wird als Motiv für einen Schundfilm verschleudert. (Videotitel: »Die Suche – The Search«) – Wir raten ab. ✦ Argentinien 1985 **P** Grupi **KI** Ring-Film/Transatlantic **VA** Ufa **R** Juan Carlos Desanzo **K** Juan Carlos Lenardi **S** Sergio Zottola **D** Rudolfo Ranni, Marta Gonzales, Luisina Brando, Emilio Disi **L** 90 (gek. 81) **FSK** ab 18; nf (gek. 16) **E** 30.4.1987/Juni 1987 Video **fd** 26 195

TÖDLICHE INTRIGEN (1990) →Storyville

TÖDLICHE INTRIGEN (1991) (CRIMINAL INTENT). Ein gewalttätiger Polizist erregt die Aufmerksamkeit eines Beamten für »interne Angelegenheiten«. Als er in eine Totschlagsaffäre verwickelt wird, wendet sich seine verführerische Frau dem unbescholtenen Mann in eindeutiger Absicht zu. Zu spät bemerkt er, daß er zum Spielball in einer Intrige geworden ist, in der die unterschiedlichsten Interessen gegeneinander ausgespielt werden sollen. Erotischer Thriller mit Elementen des klassischen »film noir«. ✦ USA 1991 **P** Paramount **VA** CIC **Pd** Ashok Amritraj, Steve Beswick **R** Worth Keeter **B** Jag Mundhra **K** Doyle Smith **D** Robert Davi, Joan Severance, Jack Scalia, James Russo, Jenilee Harrison **L** 99 **FSK** ab 18 **E** 16.9.1992 Video

TÖDLICHE INTRIGEN (1995) (SCHEMES). Kurz nach dem Unfalltod seiner Frau bekommt ein erfolgreicher Architekt Besuch von einer ihm unbekannten Frau, die sich als Freundin seiner Frau vorstellt, in Wirklichkeit aber gemeinsam mit einem zwielichtigen Partner den Plan ausgeheckt hat, an das Geld aus der Lebensversicherung zu kommen. Wider Erwarten aber verliebt sie sich in ihr Opfer. – Ab 16. ✦ USA 1995 **R** Derek Westervelt **D** James McCaffrey (Paul Stewart), Polly Draper (Evelyn Hayes), John Glover (Victor Kraft), Leslie Hope (Laura Pierce), Allison Mackie (Beth Stewart) **L** 92 **E** 10.1.1996 RTL

TÖDLICHE KATZEN →Heiße Katzen

DAS TÖDLICHE KOMMANDO →Die letzte Schlacht (1965)

DER TÖDLICHE KREIS (1973) →Endstation Schafott

DER TÖDLICHE KREIS (1978) (CIRCUITO CHIUSO). In einem Kino, in dem ein Western gezeigt wird, findet man einen Erschossenen. Bei einer Rekonstruktion der Situation durch die Polizei gibt es wieder einen Toten: erschossen wie das erste Opfer. Die Polizei zieht den Geheimdienst zu Hilfe. Als sich schließlich der Polizeipräsident auf den Platz des Ermordeten setzt, geschieht Unfaßbares: der Revolverheld auf der Leinwand richtet seine Waffe ins Publikum, auf den Polizeipräsidenten. Der Film hat seinen dritten Toten. Ein reizvoller Versuch, mit Mitteln des Krimis zu verdeutlichen, daß die Gewalt im Alltag, auf der Straße und in den Medien so selbstverständlich geworden ist, daß man bei »normaler« Gewalt nicht mehr aufschreckt. Der originell konzipierte Film kann dabei die Spannung des Anfangs nicht ganz durchhalten. – Ab 16. ✦ Italien 1978 **P** Filmalpha **Pd** Mario Gallo **R** Giuliano Montaldo **B** Nicola Badalucco, Mario Gallo, Giuliano Montaldo **K** Giuseppe Pinori **M** Egisto Macchi **D** Flavio Bucci (Intellektueller), Brizio Montinaro (Kommissar), Aurore Clément (junge Frau), Ettore Manni (Polizeipräsident), Luciano Catenacci (sein Stellvertreter), Giuliano Gemma (Revolverheld), William Berger (Revolverheld), Tony Kendall (1. Ganove) **L** 105 **E** 12.8.1980 ZDF

TÖDLICHE KRIEGSSPIELE →Columbo: Tödliche Kriegsspiele

TÖDLICHE LADY →Killing Devil – Die gefährlichste Waffe: Ihr Körper

TÖDLICHE LEIDENSCHAFT (1948) (PATTES BLANCHES). Eine junge Frau, »leichtes Mädchen« aus dem Cabaret-Milieu in der naheliegenden Stadt, kommt in ein Fischerdorf, bringt die männliche Bevölkerung durcheinander und schließlich alle Dorfbewohner gegen sich auf. Nur ein verwachsenes kleines Mädchen hält zu ihr. Schließlich bringt ein Schloßherr die Frau um. Eine krude, dick aufgetragene Sittengeschichte, zwar mit viel Geschick inszeniert, aber doch nicht über »Schnulzen«-Niveau hinausgelangend. (O.m.d.U.) ✦ Schwarz-weiß. Frankreich 1948 **P** Majestic **KI** Paris **R** Jean Grémillon **B** Jean Anouilh, Jean-Bernard Luc **K** Philippe Agostini **M** Elsa Barraine **D** Fernand Ledoux, Paul Bernard, Suzy Delair, Arlette Thomas, Michel Bouquet, Jean Debucourt, Sylvie **L** 92 **FSK** ab 18; nf **E** 22.1.1954 **fd** 3 126

TÖDLICHE LEIDENSCHAFT (1961) →Blut der Leidenschaft

TÖDLICHE LIEBE. Ein Kind wird von einem Sittlichkeitsverbrecher umgebracht, ein Reporter interessiert sich für die Hintergründe, ein gemütlicher Arzt gibt Auskunft, und da man gerade beim Thema ist, gibt es auch noch zusätzliche Geschichten von schmutzigen Abtreiberinnen, blutigen Operationen und syphiliszerfressenen Genitalien. Das Ganze nennt sich im Untertitel »Der neue deutsche Sexualfilm« und ist eine sexualpädagogisch verfehlte Abschreckungslektion über die Gefahren der Abtreibung und der Geschlechtskrankheiten in einem dilettantischen, extrem langweiligen Sachfilm. ✦ Schwarz-weiß. BR Deutschland 1952/53 **P** Pfeiffer-Film **KI** Adler **Pd** Paul Pfeiffer **R** Paul Pfeiffer, Fred Barius **B** Heinz Rippel, E.O. Kramer, Paul Pfeiffer **K** Paul Pfeiffer **M** Emil Ferstl **S** Hannes Olbrich, B. Zöckler **D** Rolf Moebius (Polizeireporter), Ruth Hambrock (Gerda Friedländer), Walter Janssen (Psychiater), Harald Mannl (Polizeiarzt), Else Wolz, Karl Hackenberg, Johannes Buszalski **L** 88 **FSK** ab 18; nf **E** 18.2.1953 **fd** 2 368

EINE TÖDLICHE LIEBE (EINE TÖDLICHE LIEBE). Ehedrama um die Ehefrau eines Verlegers, die nicht nur unter ihrer dominanten Schwiegermutter zu leiden hat, sondern deren Mann ihr jede Selbständigkeit und berufliche Entfaltung verweigert. Als die Scheidung ansteht und dem Mann auf Grund fingierter Beweise das alleinige Sorgerecht für den sechsjährigen Sohn zugesprochen wird, eskalieren die Ereignisse. ✦ Österreich 1995 **R** Houchang Allahyari **B** Houchang Allahyari, Dariusch Allahyari, Gudrun Stadelmann **D** Eva Herzig (Uschi Helmreich), Mathieu Carrière (Franz Helmreich), Johannes Gebel (Gregor Helmreich), Susi Nicoletti (Frau Helmreich), Wolfgang Gasser (Herr Helmreich) **L** 89 **E** 30.3.2000 tm3

TÖDLICHE LIEBESDROGE →Professional Affair

TÖDLICHE LIPPEN (TO DIE FOR). Zwei Nachkommen Draculas treiben ihr Unwesen in einer Yuppie-Clique. Der eine, ein blasser Beau, verliebt sich derart »unsterblich« in ein Mädchen, daß er darüber fast das Zubeißen vergißt; der andere metzelt derweil in ihrer Bekanntschaft. Schließlich spießt ihn der verliebte Vampir am Bettpfosten auf und opfert sich in der aufgehenden Sonne. Eine unentschieden mit zahlreichen Versatzstücken jonglierende postmoderne Vampirismus-Variation, abgerundet mit den sattsam bekannten Erlösungsritualen und einem gehörigen Schuß Melodramatik. ✦ USA 1988 **P** Arrowhead Entertainment/Image Organization **VA** Starlight **Pd** Barin Kumar, Lee Caplin **R** Deran Sarafian **B** Leslie King **K** Jacques Haitkin **M** Cliff Eidelman **D** Brendan Hughes (Vlad Tepish), Sydney Walsh (Kate Wooten), Amanda Wyss (Celia Kett), Scott Jacoby (Martin Planting), Steve Bond (Tom) **L** 88 **FSK** ab 18 **E** März 1989 Video **fd** 27 691

TÖDLICHE LOLITA →Die Rache der Amy Fisher

TÖDLICHE LÜGE. Die Moderatorin einer Talkshow, in der sie ihre Gäste geschickt psychologisch durchleuchtet, wird von einem Mörder bedroht, der eine vermeintliche Lebenslüge des Fernsehstars aufdecken will: die wahre Identität des Vaters ihrer Tochter. Stereotype Fernsehproduktion, steril und ohne Atmosphäre, die die vorzüglichen Darsteller nie richtig einzusetzen versteht. – Ab 16. ✦ Deutschland 1993 **P** tele-münchen/RTL **Pd** Matthias Emcke **R** Ate de Jong **B** Peter Probst **K** Charly Steinberger **M** Dominic Roth **S** Ingrid Steinberger **D** Barbara Auer (Claudia Fischer), Hannes Jaenicke (Dieter Sladko), Lisa Karlström (Stefanie Fischer), Leonard Lansink (Rüdiger von Gutzow), Volker Prechtel (Georg) **L** 95 **E** 16.9.1993 RTL

TÖDLICHE LÜGEN (BEHIND EVERY GOOD MAN). Die Ehefrau eines Polizisten erhält anonyme Hinweise, dass ihr Mann in Drogengeschäfte verwickelt sei und bei einer Festnahme einen Dealer absichtlich erschossen habe. Sie will den Gerüchten nicht glauben, wird aber durch eine wachsende Zahl von »Zufällen« langsam unsicher. US-Krimi um korrupte Cops. ✦ USA 1996 **R** Andy Wolk **B** Lynn Mamet **D** Kim Delaney (Meredith Scialo), James Sheridan (Dan Scialo), Kevin Kilner (Richie), Amy Pietz (Terri Paxton), Peter Dobson, Robin Bartlett, David Gianopoulos, Tom Mason, David Wohl, Vanessa Marquez, Robert Bishop **L** 115 **E** 18.2.1999 Vox

TÖDLICHE LUST (THE BIG HURT). Ein Starreporter, der sich mit staatlichen Stellen anlegte und deshalb ebenso wie wegen seiner illegalen Methoden ins Gefängnis mußte, sieht sich nach seiner Haftentlassung degradiert: Als Polizeireporter fängt er wieder ganz unten an. Nachdem er auf die sadistisch verstümmelte Leiche einer jungen Frau stößt, gerät er in ein Komplott halbwahnsinniger Wissenschaftler, die an einer gefährlichen Droge arbeiten. Ein anfänglich spannender Reißer, der gegen Ende seinen Reiz verliert, weil ein wenig glaubhafter Vater-Tochter-Konflikt ein gewaltsames Ende motivieren muß. ✦ Australien 1986 **P** Ultimate Show Productions **VA** RCA/Colombia **Pd** Chris Kiely **R** Barry Peak **B** Barry Peak, Sylvia Bradshaw **K** Malcolm Richards, Allan Zavod **M** Allan Zavod **S** Ralph Strasser **D** David Bradshaw (Price), Lian Lunson (Lisa), Simon Chilvers (Algerson), John Ewart (Harry), Nick Waters (McBride) **L** 93 **FSK** ab 18 **E** 9.5.1989 Video **fd** 27 695

DIE TÖDLICHE MARIA. Eine seit dem Kindbett-Tod ihrer Mutter von ihrem gelähmten Vater und später auch von ihrem Macho-Ehemann unterdrückte Frau flüchtet sich in eine imaginäre Brieffreundschaft und skurrile Sammlerleidenschaft, bis sie in ihrem menschenscheuen Nachbarn eine verwandte Seele kennenlernt und sich auf tragische Weise von ihren Zwängen »befreit«. Ein ganz auf die visuelle Wirkung hin inszeniertes Spielfilmdebüt von bedrückender Intensität, dessen kameratechnische Ambitionen zwar nicht immer frei von Manierismen sind, stets aber vom Talent des Autors zeugen, eine Geschichte filmisch aufzulösen. Auch schauspielerisch überzeugend. – Ab 16. ✦ Deutschland 1993 **P** Liebesfilm/ZDF **KI** Sputnik **VA** Filmgalerie 451 **Pd** Stefan Arndt, Tom Tykwer **R+B** Tom Tykwer **K** Frank Griebe **M** Tom Tykwer, Klaus Garternicht **S** Katja Dringenberg **D** Nina Petri (Maria), Katja Studt (Maria mit 16), Juliane Heinmann (Maria mit 10), Josef Bierbichler (Vater), Peter Franke (Heinz), Joachim Król (Dieter) **L** 107 **FSK** ab 16; f **FBW** w **E** 3.2.1994/3.2.1995 arte/1.4.1996 Video **fd** 30 644

TÖDLICHE MISSION (THE EMISSARY). Der sowjetische Geheimdienst bringt die Frau eines amerikanischen Politikers in kompromittierende Situationen, um sie für seine Zwecke erpressen zu können. Ein überdurchschnittlicher Spionagefilm ohne grobe Effekte, der seine an sich wenig originelle Story konsequent aus der Perspektive des Opfers entwickelt. – Ab 16. ✦ USA/Südafrika 1988 **P** Lars International Pictures (für Universal) **VA** CIC **Pd+R+B** Jan Scholtz **K** Johan Scheepers **M** Robyn Smith **S** Johan Lategan **D** Ted LePlat (Ted Cavanaugh), Terry Norton (Caroline Cavanaugh), André Jacobs (Hesse), Robert Vaughn (Botschafter), Jonathan Taylor **L** 95 **FSK** ab 16 **E** März 1989 Video/14.7.1995 Pro Sieben **fd** 27 570

TÖDLICHE MOTIVE (SMRT TALEMTOVANEMO SEVCE). Kriminalfilm. Ein in einer Kleinstadt lebender Restaurator und naiver Maler wird getötet. Erste Recherchen schließen auf einen Raubmord. Die Ermittlungen erschweren sich, als seine in Fachkreisen bekannten Werke zerstört aufgefunden werden. ✦ CSSR 1983 **P** Filmstudio Barrandov **R** Jan Schmidt **B** Václav Erben, Jan Schmidt **K** Jirí Macák **M** Otakar Petrina **D** Jirí Kodet, Antonin Mardt, Karel Chromik, Miroslav Zounar, Karel Augusta **L** 80

TÖDLICHE NÄHE (STRIKING DISTANCE). Ein Serienmörder, der offensichtlich in Polizeikreisen zu suchen ist, hält jahrelang Pittsburgh in Atem, bis ein von seinen Kollegen wegen »Nestbeschmutzung« geschnittener Officer ihm das Handwerk legt. Ein technisch aufwendig, aber dramaturgisch wenig glaubwürdig inszenierter Thriller, der allzu offensichtlich falsche Fährten legt und dessen Auflösung an den Haaren herbeigezogen wirkt. Reizvoll ist der teilweise spektakulär einbezogene Blick auf die unverbrauchte Kulisse der Stadt Pittsburgh. – Ab 16. ✦ USA 1993 **P** TriStar **KI** Columbia TriStar **VA** Columbia TriStar **DVD** Columbia TriStar Home (16:9, 1.85:1, DS engl./dt.) **Pd** Arnon Milchan, Tony Thomopoulos **R** Rowdy Herrington **B** Martin Kaplan, Rowdy Herrington **K** Mac Ahlberg **M** Brad Fiedel **S** Pasquale Buba, Mark Helfrich **D** Bruce Willis (Tom Hardy), Sarah Jessica Parker (Jo Christman), Tom Sizemore (Danny Detillo), Robert Pastorelli (Jimmy Detillo), Dennis Farina (Nick Detillo), John Mahoney (Vince Hardy) **L** 102 **FSK** ab 16; f **E** 27.1.1994/9.8.1994 Video/1.8.1995 premiere/8.11.1998 DVD **fd** 30 607

TÖDLICHE NEBEL (I DIAFANOIDI VENGONO DA MARTE). Mächte von fremden Planeten versuchen, mit hypnotisierendem Energienebel die Weltherrschaft zu erobern. Naive Science-Fiction-Fantastik mit trivialen Tricks und Gruselbeigaben. – Ab 16. ✦ Italien 1965 **P** Mercury **KI** Alpha **R** Anthony M. Dawson (= Antonio Margheriti) **B** Ivan Reiner, Renato Moretti **K** Riccardo Pallottini **M** Angelo Francesco Lavagnino **S** Otello Colangeli **D** Tony Russell (Commander Halstead), Jane Fate (= Lisa Gastoni) (Lt. Connie Gomez), Franco Nero, Carlo Giustini, Michel Lemoine (Capt. Dubois), Enzo Fiermonte, John Bartha, Linda Sini **L** 97 **FSK** ab 16; nf **E** 29.11.1968 **fd** 15 926

TÖDLICHE NEBENWIRKUNGEN (LES FAUX MEDICAMENTS). Drama. Ein französischer Arzt in Afrika kommt einer Medikamenten-Mafia auf die Spur, die für den Tod einiger seiner Patienten verantwortlich ist. Die Medikamente, die er gegen eine Sumpffieber-Epidemie verschrieben hat, waren gefälscht, doch die Fälscher werden von den Behörden des Landes geschützt. ✦ Frankreich 1994 **R+B** Alain-Michel Blanc **D** Fabrice Michel (Dr. Jacques Oger), Solal Valentin, Aida Isalbe, Michel Duchaussoy, Daniel Gélin **L** 91 **E** 1.3.1997 TM3

DAS TÖDLICHE NETZ (THE MAN IN THE NET). Als die zur Hysterie und Trunksucht neigende Frau eines Kunstmalers in einem amerikanischen Dorf verschwindet, verdächtigen die Bewohner den Mann als Mörder und drohen ihn zu lynchen. Von seinem Versteck in einer abgelegenen Höhle aus unternimmt er Schritte, um seine Unschuld zu beweisen und den wirklichen Mörder aufzuspüren, wobei ihm fünf Schulkinder, die unerschütterlich an seine Unschuld glauben, nützliche Helferdienste leisten. Was als quälendes Seelendrama beginnt, entwickelt sich zum routinierten Detektivspiel, das zwar auf manche Ungereimtheit aufbaut, aber durchweg dicht und spannend konstruiert ist. – Ab 16. ✦ Schwarz-weiß. USA 1959 **P** Mirisch-Jaguar/United Artists **KI** United Artists **Pd** Walter Mirisch **R** Michael Curtiz **B** Reginald Rose, nach dem Roman »Man in a Net« von Patrick Quentin **K** John Seitz **M** Hans J. Salter **S** Harold LaVelle, Richard Heermance **D** Alan Ladd (John Hamilton), Carolyn Jones (Linda Hamilton), Diane Brewster (Vickie Carey), John Lupton (Brad Carey), Charles McGraw (Steve Ritter), Tom Helmore (Gordon Moreland), Betty Lou Holland (Roz Moreland) **L** 96 **FSK** ab 16; nf **E** 20.8.1959 **fd** 8 421

TÖDLICHE PARTIES (MURDER IN THREE ACTS). Statt seine Memoiren schreiben zu können, wird der belgische Meisterdetektiv Hercule Poirot mit einem neuen Fall konfrontiert, der ihn nach Acapulco verschlägt, wo er eine dubiose Giftmordserie aufklären muß. Banale Verfilmung eines Kriminalstücks von Agatha Christie, fürs Fernsehen als dahinplätscherndes Konversationsstück inszeniert. (Fernsehtitel: »Agatha Christie: Tödliche Parties«) – Ab 14 möglich. ✦ USA 1987 **P** Warner Bros. Television **VA** Warner Home **Pd** Paul Waigner **R** Gary Nelson **B** Scott Swanson, nach einem Roman von Agatha Christie **K** Neil Roach **M** Alf Clausen **S** Donald R. Rode **D** Peter Ustinov (Hercule Poirot), Tony Curtis (Charles Cartwright), Lisa Eichhorn (Cynthia Dayton), Emma Samms (Jennifer Eastman), Jonathan Cecil (Hastings) **L** 89 **FSK** ab 12 **E** 25.2.1988 Video

DAS TÖDLICHE PATT (HARRY'S GAME). Ein Agent der britischen Regierung wird auf die Spur eines Attentäters der IRA gesetzt, der den englischen Sozialminister ermordete. In Belfast spürt er eine Sympathisantin der IRA auf, die nach einem brutalen Polizeiverhör Selbstmord begeht. Seine Aktionen rufen erneut den Killer auf den Plan, der den Tod der jungen Frau rächen soll. Fürs Fernsehen entstandener überlanger Kriminalfilm vor dem Hintergrund des englisch-irischen Konfliktes. (Titel auch: »Harry's Game – Das tödliche Patt«) ✦ Großbritannien 1982 **P** YTV **R** Lawrence Gordon Clark **B** Gerald Seymour, nach seinem Roman **K** Alan Pyrah **M** Mike Moran **D** Ray Lonnen (Harry), Derek Thompson (Billy), Benjamin Whitrow (Davidson), Christopher Whitehouse (Franckie), Gil Brailey (Josephine) **L** 156 **E** 24.,25.1.1990 Tele 5 (zwei Teile)

TÖDLICHE PFEILE (LITTLE BIG HORN). Der Untergang eines Kavallerie-Spähtrupps in Dakota, der 1876 zum Fluß Little Big Horn vordringt, um General Custers Division vor der Übermacht der Siouxindianer zu warnen. Ein Leichen sammelnder, zähflüssiger B-Western, der ein konventionelles Heldenepos anstimmt. Von der deutschen Synchronisation um etwa fünf Minuten gekürzt und damit »entmilitarisiert«. – Ab 16. ✦ Schwarz-weiß. USA 1951 **P** Lippert Prod. **KI** Super **Pd** Robert L. Lippert **R+B** Charles Marquis Warren **K** Ernest Miller **M** Paul Dunlap **S** Carl Pierson **D** Lloyd Bridges (Capt. Philip Donlin), Marie Windsor (Celie Donlin), John Ireland (Lt. John Haywood), Reed Hadley (Sgt. Grierdon), John Pickard (Sgt. McCloud), Jim Davis (Corp. Moylen), Hugh O'Brian (Al De Walt), King Donovan (James Corbo), Sheb Wooley (Quince), Barbara Woodell (Mrs. Owens), Wally Cassell (Danny Zecca) **L** 80 **FSK** ab 16; nf **E** 15.1.1954 **fd** 3 080

TÖDLICHE PUPPEN (LA POUPEE, QUI TUE). Thriller. Ein vierjähriges Mädchen wird tot aufgefunden, nachdem es von seiner Mutter eine Spielzeugpuppe geschenkt bekommen hat. Als die Mutter erfährt, daß auch andere Kinder nach dem Spiel mit einer solchen Puppe gestorben sind, macht sie sich auf den Weg zur Fabrik des Herstellers. (Alternativer Fernsehtitel: »Puppen, die töten«) ✦ Frankreich 1991 **R** Bruno Gantillon **B** Françoise Bourdin, Bruno Gantillon **D** Marianne Basler (Jeanne), Isabelle Linnartz (Sylvia), Jean-Claude Adelin (Serge), Philippe Magnan (Kommissar), Benjamin Ritter (Inspektor) **L** 91 **E** 18.2.1997 tm 3

TÖDLICHE RACHE (1954) (SIRAA FIL-WADI / THE BLAZING SUN). Die Liebe zwischen einem Fellachensohn und der Tochter des Paschas unter dem Schatten von Verbrechen, Mord und Blutrache. Durchschnittliche und tendenziöse Unterhaltung mit reißerischen Elementen. – Ab 16. ✦ Schwarz-weiß. Ägypten 1954 **P** Nile Cinema Company **KI** Progress **R** Youssef Chahine **B** Helmy Halim, Aly El Zorkany **K** Ahmed Khorched **M** Fouad El-Zahiri **D** Faten Hamama (Amal), Omar Sharif (Ahmed), Abdel Waress, Zaki Rostom, Farid Chawky **L** 87 **E** 28.11.1958 Kino DDR/13.2.1959 DFF 1

TÖDLICHE RACHE (1961) (UNA SPADA NELL'OMBRA). Der Erbe einer ermordeten Adelsfamilie wird von einem treuen Diener gerettet und wächst bei Zigeunern zum strahlenden Helden heran, bis die Gerechtigkeit siegt und er die Tochter seiner Gegner in die Arme schließen kann. Dürftiges Abenteuerdrama, bei dem sich die Autoren wohl ganz dunkel an Shakespeare erinnert haben. Die Laienspielschar bewegt sich durch bunte Romantik und durchschaubare Pappkulissen, ohne der Angelegenheit tiefere Bewegtheit einhauchen zu können. (Fernsehtitel: »Schwert im Schatten«) – Ab 14. ✦ Scope. Italien 1961 **P** Romana **Kl** Austria **Pd** Fortunato Misiano **R** Luigi Capuano **B** Gino de Sanctis, Luigi Capuano **K** Carlo Bellero **M** Michele Cozzoli **D** Tamara Lees (Ottavia della Rocca), Livio Lorenzon (Mellina), Germano Longo (Braccio), Mario Valdemarin (Fabrizio), Gabriella Farinon (Lavinia), Pina Cornel (Iolanda) **L** 81 **FSK** ab 12; nf **E** 20.12.1963/29.3.1986 DFF 2/16.10.1995 ORB **fd** 12 619

TÖDLICHE RACHE (1976) (VENDETTA / L' UOMO DI SANTA CRUZ / KID VENGEANCE). Ein zwölfjähriger Siedlerjunge rächt mit Hilfe eines Ex-Sklaven die Ermordung seiner Eltern und befreit seine Schwester aus der Hand der Banditen. Ein mäßiger Nachzügler des Italowestern mit Lee Van Cleef als Banditenboß, der eher wie ein Pirat aussieht. Der Film fällt ausschließlich durch den jugendlichen Helden und den Schluß (der Sohn des Banditenbosses verzichtet auf die Tötung des Helden) aus dem Rahmen des Genreüblichen. ✦ Italien/USA/Israel 1976 **P** Golan-Globus **VA** VMP **Pd** Menahem Golan, Frank Johnson **R** Joe Manduke (= Joseph Manduke) **B** Bud Robbins, Jay Tefler, Ken Globus **K** David Gurfinkel **M** Francesco De Masi **D** Lee Van Cleef, Jim Brown, Leif Garrett, John Marley, Glynnis O'Connor **L** 93 **E** Video

TÖDLICHE RECHERCHE (THE CORPSE HAD A FAMILIAR FACE). Thriller nach Begebenheiten aus dem Leben der Pulitzer-Preisträgerin Edna Buchanan. Während sich zwischen der langjährigen Polizeireporterin und einem Detektiv eine seltsame Haßliebe entwickelt, interessiert sie sich zunehmend für den Fall einer 18jährigen, die von ihrem Vater jahrelang sexuell mißbraucht wurde und nun verschwunden ist. Ihre Recherchen decken eine Familientragödie auf, die auch das Leben der Journalistin verändert. – Ab 16. ✦ USA 1994 **R** Joyce Chopra **B** Derek Marlowe, Dennis Turner **K** James Glennon **M** Patrick Williams **D** Elizabeth Montgomery (Edna Buchanan), Yaphet Kotto (Martin Talbot), Dennis Farina (Harry Lindstrom), Lee Horsley (Ben), Luanne Ponce (Jennifer Nicholson) **L** 89 **E** 30.4.1995 premiere

DAS TÖDLICHE RITUAL →Gespenster im Schloß

TÖDLICHE RIVALIN – LIEBE BIS ZUM WAHNSINN (HER DEADLY RIVAL). Die Bilderbuch-Ehe eines Paares wird nach dem Umzug in ein Städtchen an der Ostküste durch eine anonyme Anruferin gestört, die dem Mann zunächst Avancen macht und ihn dann auffordert, seine Frau zu ermorden. Als diese wenig später wirklich tot aufgefunden wird und er in Mordverdacht gerät, muss er die unbekannte Anruferin finden. Thriller. ✦ USA 1995 **R** James Hayman **B** Dan Vining **M** George S. Clinton **D** Harry Hamlin (Jim Lanford), Annie Potts (Kris Lanford), Lisa Zane (Lynne), Susan Diol (Jean), Roma Maffia (Officer Caldwell) **L** 87 **E** 2.2.1999 ProSieben

TÖDLICHE SAFARI →Death on Safari

TÖDLICHE SCHATTEN (JITTEMAI). Ein Geheimbund bedient sich im alten Japan illegaler Mittel und Helfer, um der Gerechtigkeit zum Siege zu verhelfen. Als einer der »Schatten« sein Leben verliert, setzt seine Tochter sein Werk fort und setzt sich im Kampf gegen die verbrecherischen Gegenspieler durch. Aktionsreiche Unterhaltung im historischen Gewand, angereichert mit vielen Kampfszenen. ✦ Scope. Japan 1986 **P** Shochiku/Gosha Productions Eizo **Kl** Progress **R** Hideo Gosha **B** Motomu Furuta, nach einem Roman von Hideo Gosha und Kotaro Mori **K** Fujio Morita **M** Masaru Satô **D** Mariko Ishihara (Ocho und ihre Mutter), Masanori Sera (Kanoya), Mari Natsuki (Oren), Takuzo Kawatani (Yasuké), Takeo Chii (Denzo) **L** 115 **E** 17.2.1989 Kino DDR

TÖDLICHE SCHLAGZEILEN (1971) (L'ODEUR DES FAUVES). Ein Skandaljournalist stößt auf der Suche nach einer Sensationsgeschichte auf die Tochter eines amerikanischen Senators, die sich mit einem Schwarzen einläßt. Als ein entsprechendes Foto veröffentlicht wird, versuchen Handlanger des Senators, der ein fanatischer Anhänger der Apartheid-Bewegung ist, das Bild als gefälscht auszugeben. Thematisch nicht uninteressanter, solide gespielter und inszenierter Film über die Macht der Sensationspresse, Korruption und Manipulation; jedoch allzu konventionell üblichen Genrebildern verhaftet, um das Thema überzeugend umzusetzen. ✦ Frankreich 1971 **P** Sofracima/Clodio Cinematografica **R** Richard Balducci **B** Richard Balducci, Michel Martens **K** Tadasu Suzuki, Alain Coffier **M** Francis Lai **D** Maurice Ronet, Joséphine Chaplin, Vittorio de Sica, Raymond Pellegrin, Tanya Lopert, Francis Blanche **L** 90 **E** 3.5.1988 RTL plus

TÖDLICHE SCHLAGZEILEN (1973) →Knallt das Monstrum auf die Titelseite!

TÖDLICHE SCHLAGZEILEN (1985) (SCANDAL SHEET). Eine Schriftstellerin nimmt eine Arbeit für den Verleger eines Skandalblattes an, dem jede journalistische Ethik fremd ist und der für eine gute Schlagzeile über Leichen geht. Sie soll das Leben eines früheren Hollywood-Stars recherchieren, der unter Alkohol-Problemen leidet. Erst spät merkt sie, daß sie sich immer mehr in die unsauberen Machenschaften ihres Arbeitgebers verstrickt. Routiniert inszeniertes, aber vorhersehbares (Fernseh-)Melodram, das Auswüchse der Boulevard-Presse anprangert. – Ab 16. ✦ USA 1985 **P** ABC/Metromedia **R** David Lowell Rich **B** Howard Rodman **M** Randy Edelman **D** Burt Lancaster (Harold Fallen), Pamela Reed (Helen Greco), Robert Urich (Ben Rowan), Lauren Hutton (Meg Noth) **L** 96 **E** 6.10.1990 PRO 7

TÖDLICHE SCHREIE →Screamers – Tödliche Schreie

DER TÖDLICHE SCHWARM (THE SWARM). Erst nach einer Reihe von Katastrophen gelingt es Wissenschaftlern und Militärs, Milliardenschwärme tödlicher Bienen aus Afrika zu vernichten, die zunächst die Angestellten einer ultrageheimen Raketenbasis und danach weite Gebiete von Texas attackieren. Horror auf der Welle der Killer-Tierfilme. Trotz bemerkenswerter Tricktechnik und einiger guter Szenen insgesamt doch nur mittelmäßiger Kintopp, begrenzt reizvoll durch die Auftritte berühmter Schauspieler-«Veteranen«. – Ab 16. ✦ Scope. USA 1978 **P** Warner Bros. **Kl** Warner-Columbia **Pd+R** Irwin Allen **B** Stirling Silliphant, nach einem Roman von Arthur Herzog **K** Fred J. Koenekamp **M** Jerry Goldsmith **S** Harold F. Cress **D** Michael Caine (Brad Crane), Katharine Ross (Helena), Richard Widmark (Slater), Olivia de Havilland (Maureen), Henry Fonda (Dr. Krim), Ben Johnson (Felix), Lee Grant (Anne McGregor), Fred MacMurray (Clarence), Richard Chamberlain (Hubbard), José Ferrer (Dr. Andrews), Patty Duke Astin (= Patty Duke) (Rita Bard), Slim Pickens (Jud Hawkins) **L** 116 **FSK** ab 16; nf **E** 14.9.1978 **fd** 20 919

TÖDLICHE SCHWESTERNLIEBE. Die einzige Rettung für eine an Leukämie erkrankte junge Frau ist eine Knochenmarkspende ihrer älteren Schwester. Doch die vom Leben Enttäuschte, der die jüngere Schwester den Freund wegschnappte und ihn heiratete, stellt ihre Bedingungen: Sie will nicht nur Geld, sondern den Mann zurück und sogar deren gemeinsamen Sohn. Die kranke Frau befindet sich in einer verzweifelten Situation. Fernseh-Drama aus dem Zettelkasten der hochgeschraubten Gefühle. ✦ Deutschland 1996 **R** Samir **B** Andreas Föhr, Thomas Letocha **D** Anica Dobra (Meike), Claudia Messner (Lena), Maja Maranow (Nadine), Axel Wandtke (Kai) **L** 92 **E** 28.7.1998 ProSieben

TÖDLICHE SEXSPIELE →Night Eyes 2

TÖDLICHE SONNE (NORTHSTAR). Schwacher Science-Fiction-Film. Nach einem Unfall im All entwickelt ein Astronaut übermenschliche Fähigkeiten, die ihm im Kampf gegen einen skrupellosen Wissenschaftler zugute kommen. Die ultraviolette Strahlung, der er ausgesetzt war, macht ihn jedoch zugleich zu einer wandelnden Zeitbombe. – Ab 16 möglich. ✦ USA 1986 **P** ABC/Warner Bros./Daniel Grodnik/Clyde Phillips **Pd** Howard Lakin **R** Peter Levin **B** Howard Lakin **K** Michael D. Margulies **M** Brad Fiedel **S** S. Skip Schoolnik, Jack Fegan **D** Greg Evigan (Major Jack North), Deborah Wakeham (Dr. Alison Taylor), Mitchell Ryan (Evan Marshall), Mason Adams (Dr. Karl Janss), David Hayward (Dr. Bill Harlow), Sonny Landham (Becker), Robin Curtis (Jane Harlow), Richard Garrison **L** 66 **E** 26.6.1993 ZDF

TÖDLICHE SPIEGEL (MIRRORS / MARIANNE). Während eines Aufenthalts in New Orleans ereignen sich in der Umgebung eines Chicagoer Ehepaares mysteriöse und unheimliche Vorfälle. Als der Mann stirbt, glaubt die Frau, das Unglück ausgelöst zu haben, und steht fortan unter einem Schock. In Spiegeln und reflektierenden Wasseroberflächen sieht sie kommendes Unheil. Sanft gruselnder Horrorfilm vor der Szenerie der »Stadt des Aberglaubens«, der gegen Ende allzu modisch-glatt wird. ✦ USA 1984 **P** First American **R** Noel Black **B** Sidney L. Stebel **K** Michael D. Murphy **M** Stephen Lawrence **D** Kitty Wynn, Peter Donat, William Swetland, Mary-Robin Redd, William Burns **L** 88 **E** 30.8.1985 RTL plus

TÖDLICHE SPIELE (SISTERS OF DEATH). Bei der Mutprobe eines Geheimbundes wird ein Mädchen durch einen Pistolenschuß tödlich verletzt. Sieben Jahre später sind alle Mitglieder des ehemaligen Bundes von einem unbekannten Gastgeber übers Wochenende auf eine abgelegene Farm eingeladen. Schon bald ereignen sich die ersten geheimnisvollen Todesfälle. Standard-Grusel nach sattsam vertrautem Muster. ✦ USA 1976 **R** Joseph Mazzuca **D** Arthur Franz (Edmond Clybourn), Claudia Jennings (Judy), Cherie Howell (Sylvia), Sherry Boucher (Diane), Paul Carr (Mark) **L** 84 **E** 15.10.1991 Tele 5

TÖDLICHE SPUR (LE FAUCON). Nach dem tragischen Unfall seiner Frau und seiner kleinen Tochter beißt sich ein verstörter Polizist wie ein Besessener in der Verfolgung eines skrupellosen Mörders fest. Konventioneller, teilweise recht harter Krimi mit fatalem Hang zur Selbstjustiz. Beachtlich: das vielschichtige Spiel des Hauptdarstellers, das dem ansonsten planen Genrefilm einige Konturen verleiht. ✦ Frankreich 1983 **P** Belstar/Joseph **VA** Atlas **R** Paul Boujenah **B** Hubert Attal, Alain Attal, Paul Boujenah **K** Bernard Zitzermann **M** Del Rabenja **S** Marie Castro-Vazquez **D** Francis Huster (Frank Zodiak), Guy Pannequin (Gustave Savor), Maruschka Detmers (Zodiaks Frau), Vincent Lindon (Inspektor), Audrey Dana (Samantha), Anastacia Menzel (Anastacia), Florence Bott (Wanda) **L** 80 **FSK** ab 16 **E** 1985 Video **fd** 24 916

TÖDLICHE STILLE (A DEADLY SILENCE). Während einer Gerichtsverhandlung wird enthüllt, daß ein nach außen hin unbescholtener Familienvater über Jahre seine Tochter sexuell mißbraucht hat. Eine als publikumswirksames Drama aufbereitete ambitionierte Auseinandersetzung mit dem Thema der sexuellen Gewalt in der Familie, die differenziert die vielfältigen seelischen Zerstörungen auffächert und so für ein Gespräch sensibilisiert. – Ab 16. ✦ USA 1989 **P** Robert Greenwald Productions Inc. II **VA** VCL/Carolco **Pd** Philip Kleinbart, Paul Lussier **R** John D. Patterson **B** John D. Patterson, Jennifer Miller, nach dem Buch von Dena Kleiman **K** Robert Florio, Steven Shaw **M** Richard Gibbs **S** Robert Florio **D** Heather Fairfield (Cheryl Pierson), Mike Farrell (Paul Gianelli), Sally Struthers (Marilyn Adams), Charles Haid (James Pierson), Richard Portnow (Ed Jablonski), Wally Ward (Jimmy Pierson) **L** 91 **FSK** ab 12 **E** 25.6.1990 Video **fd** 28 467

TÖDLICHE STRAHLEN (THE INVISIBLE RAY). Ein Wissenschaftler findet bei einer Expedition in Afrika einen Meteoriten, der vor Jahrmillionen zur Erde stürzte, und entdeckt den radioaktiven Stoff Radium X. Als er durch Strahlung verseucht wid, rettet ihn zwar ein Kollege vor dem Tod, aber er wird von Wahnvorstellungen befallen und versucht, die Expeditionsmitglieder zu töten, um seine Entdeckung zu wahren. Klassischer Horrorfilm, der wohligen Grusel innerhalb der vertrauten Genremuster bietet;

bemerkenswert vor allem wegen seiner Trickeffekte. – Ab 14. ✦ Schwarz-weiß. USA 1936 **P** Universal **Pd** Edmund Grainger **R** Lambert Hillyer **B** John Colton, nach einer Erzählung von Howard Higgin und Douglas Hodges **K** George Robinson **M** Franz Waxman **S** Bernard Burton **D** Boris Karloff (Dr. Janos Rukh), Bela Lugosi (Dr. Felix Benet), Frances Drake (Diane Rukh), Frank Lawton (Ronald Drake), Walter Kingsford (Sir Francis Stevens), Beulah Bondi (Lady Arabella Stevens) **L** 82 **E** 6.4.1982 NDR

DIE TÖDLICHE STRASSE DER TRÄUME →Straße der Träume

TÖDLICHE STRÖMUNGEN (DEADLY CURRENTS). Dokumentarfilm über den israelisch-palästinensischen Konflikt, der filmische Techniken des Spielfilms mit denen der Reportage verbindet. In der Darstellung kommen beide Parteien zu Wort: Der Filmemacher konnte u. a. einen führenden Palästinenserführer interviewen, beim Verhör eines palästinensischen Kollaborateurs dabeisein und eine israelische Patrouille in der Westbank begleiten. ✦ Kanada 1991 **P** Associated Producers **Pd** Simcha Jacobovici, Elliott Halpern, Ric Esther Bienstock **R+B** Simcha Jacobovici **K** Mark MacKay **M** Stephen Price **S** Steve Weslak **L** 90 **E** 3.5.1992 DRS

TÖDLICHE SUCHT (1985) (HIT AND RUN). Ein jungdynamischer Aufsteiger im Erdölgeschäft gerät durch eine Affäre mit der Frau seines Chefs in düstere Machenschaften und wird sowohl von Gesetzeshütern als auch von Verbrechern gejagt. Leidlich spannende Krimiunterhaltung ohne Format und Tiefgang. ✦ USA 1985 **P** CineStar **VA** Mondial **R** Claudio Cutry **B** John Goff, nach einem Roman von James Hadley Chase **K** Eddy van der Enden **M** Brian Banks, Anthony Marinelli **S** John R. Bowey **D** Ken Roberson (Mason Morgan), George Kennedy (Benjamin Wheeler), Pamela Bryant (Monique), Dene Anton (Cheryl Carter), George »Buck« Flower (Ed Nutley) **L** 92 **FSK** ab 16 **E** Mai 1986 Video **fd** 25 828

TÖDLICHE SUCHT (1993) (BLIND SPOT). (Fernseh-)Drama um eine Kongreßabgeordnete, die auf schmerzhafte Weise mit Familienproblemen konfrontiert wird, die sie durch beruflichen Ehrgeiz zum großen Teil selbst verschuldet hat: ihre schwangere Tochter wird bei einem Autounfall verletzt, das Baby kommt zu früh zur Welt. Zudem erfährt die Mutter, daß die junge Frau drogenabhängig ist. – Ab 16. ✦ USA 1993 **R** Michael Toshiyuki Uno **B** Michael McTaggart, Ellen M. Violett **M** Patrick Williams **D** Joanne Woodward (Nell Herrington), Laura Linney (Phoebe), Fritz Weaver (Simon), Reed Diamond (Charlie), Cynthia Martells (Holly) **L** 98 **E** 23.5.1995 Pro Sieben

TÖDLICHE SÜNDEN – SCHREIE HINTER KLOSTERMAUERN →Sins – Mörderische Vergebung

TÖDLICHE TÄUSCHUNG (1987) →Deadly Illusion

TÖDLICHE TÄUSCHUNG (1991) (DEADLY DECEPTION). Im spanisch-französischen Grenzgebiet versucht ein junger Kriminalbeamter, einen von höchsten Justizkreisen protegierten Mädchenhändlerring zu sprengen, der junge hübsche Models an reiche alte Männer verschachert. Eine konfus erzählte, miserabel inszenierte und linkisch gespielte Kolportage, die exakt das auszuschlachten versucht, was sie als kriminell zu kritisieren vorgibt. ✦ Spanien 1991 **P** Golden Sun/TV 3 **VA** VMP **Pd** Carmen P. Pueyo **R+B** J. Anthony Loma (= José Antonio De la Loma) **K** José Garciá Galisteo **M** Josep Mas Kitflus, Carles Benavent **S** Teresa Alcocer **D** Andrew Stevens (Computer), Clare Hoak (Lolita), Lloyd Bochner (Don Gustavo), Anthony Eisley (Bryan Foster), Joe Maxwell (Jimmy) **L** 92 **FSK** ab 16 **E** 13.9.1993 Video **fd** 30 514

TÖDLICHE THERAPIE →Baton Rouge – Tödliche Therapie

TÖDLICHE THERAPIE – DIE PROTOKOLLE DER REBECCA M. (REBECCA M.). In ihrer luxuriösen Villa behandelt eine Sextherapeutin einschlägig gestörte Politiker und Millionäre unter anderem mit einer potenzsteigernden Droge. Als zwei ihrer Patienten nach einer Überdosis sterben, kümmert sich die Mordkommission um die Vorgänge in dem Haus. Ein in jeder Hinsicht unterbelichteter Sex-and-Crime-Schund. – Wir raten ab. ✦ USA 1993 **P** Magic Hour/Atlantic **VA** Columbia TriStar **Pd** Michael Cain, Marc Greenberg, Richard Goldberg **R** Lawrence Lanoff **B** Rosalind Robinson **K** Anthony G. Nakonechnyj **M** Randy Miller **S** Tony Miller **D** Shannon Tweed (Dr. Rebecca Mathis), Gary Hudson (Nick Sharkey), Jan-Michael Vincent (Tom Mathis), Brandy Sanders (Elaine Croft), Lawrence Hilton-Jacobs (Lou Parsons) **L** 95 **FSK** ab 18 **E** 5.7.1994 Video/21.6.1995 Pro Sieben **fd** 30 931

TÖDLICHE TIEFEN →U 23 – Tödliche Tiefen

TÖDLICHE TRÄUME →Crackhouse

TÖDLICHE TRICKS →Columbo: Tödliche Tricks

DER TÖDLICHE TRIP (SINNER'S BLOOD). Kleinstadtleben im Amerika der 60er Jahre: Zwei verwaiste Schwestern kommen in die Stadt und finden Anschluß an eine Motorrad-Gang. Bald schlägt das Vergnügen in Gewalttätigkeiten um, und als einer aus der Clique bei einem Unfall ums Leben kommt, eskalieren die Ereignisse. (Alternativtitel: »Sinners Blood – Der tödliche Trip«) ✦ USA 1970 **R** Nail Douglas **D** Christy Beal, Nancy Sheldon, Parker Hernott, Dennis McKenna, Ron Fisher **L** (TV) 80 **E** 26.2.1992 RTL plus

TÖDLICHE UMARMUNG (1979) (THE LAST EMBRACE). Nach längerer Kur infolge eines Nervenzusammenbruchs stellt ein Privatdetektiv und Versicherungsagent fest, daß ihm nicht nur sein einstiger Auftraggeber nach dem Leben trachtet, sondern auch die Studentin, die er liebt. Bei seinen Recherchen stößt er auf einen dunklen Punkt in seiner Vergangenheit, der die Geschehnisse plausibel macht. Kriminalfilm, der sich in Thema, Motiven, Stil und vielen Zitaten an Hitchcock-Thrillern orientiert, ohne deren Dichte und Spannungsbögen zu erreichen. Trotz formaler Schwächen dennoch weitgehend spannende Unterhaltung. ✦ USA 1979 **P** United Artists/Taylor-Wigutow **VA** Warner Home **Pd** Michael Taylor, Daniel Wigutow **R** Jonathan Demme **B** David Shaber, nach einem Roman von Murray Teigh Bloom **K** Tak Fujimoto **M** Miklos Rozsa **S** Barry Malkin **D** Roy Scheider (Harry Hannan), Janet Margolin (Ellie Fabian), Christopher Walken (Eckart), Sam Levene (Sam Urdell), Charles Napier (Dave Quittle), John Glover (Richard Peabody), Sandy McLeod (Dorothy Hannan), Andrew Duncan (Bernie Meckler), Jacqueline Brookes (Dr. Coopersmith), David Margulies (Rabbi Drexel), Mandy Patinkin, Max Wright, Jim McBride, Jonathan Demme (Mann im Zug) **L** 95 **FSK** ab 18 **E** 11.1.1985 ZDF/22.9.1988 Video/10.6.1995 KABEL 1 **fd** 27 204

TÖDLICHE UMARMUNG (1987) (BLOOD VOWS). Kriminalfilm. Nach ihrer Heirat mit einem angesehenen Anwalt muß eine junge Designerin entdecken, daß der geliebte Mann Mitglied der Mafia ist. Als sie bei einem befreundeten FBI-Agenten Hilfe sucht, fällt sie bei der »ehrenwerten Familie« in Ungnade. (Fernsehtitel: »Das Gesetz der ehrenwerten Familie«) ✦ USA 1987 **P** S. B. Hickox/G. Trueblood Prod. **VA** USA **Pd** S. Bryan Hickox, Guerdon Trueblood **R** Paul Wendkos **B** Guerdon Trueblood **K** Bernd Heinl **M** William Goldstein **S** Steve Cohen, Stan Rhode **D** Melissa Gilbert, Joe Penny, Tony Franciosa (= Anthony Franciosa) **L** 89 **FSK** ab 16 **E** 10.4.1988 Video

TÖDLICHE UMSTÄNDE – INVASION OF PRIVACY (INVASION OF PRIVACY). Eine junge Frau will ihre Schwangerschaft abbrechen, als sie merkt, daß ihr Geliebter ein brutaler Psychopath ist. Der aber will die Geburt erzwingen und hält sie gefangen, bis die Frist für einen Abbruch verstrichen ist. Danach wird er vor Gericht gestellt, aber die öffentliche Meinung, die von Gegnern der Abtreibung beherrscht wird, steht geschlossen hinter ihm. Mißlungener Thriller, der sich formal diverser Vorbilder bedient. Der Versuch, die Abtreibungsdiskussion zu einem Thriller-Thema zu machen, wirkt klischeehaft und verlogen. ✦ USA 1996 **P** Fontana **KI** Senator **VA** Ufa (BMG) **Pd** Hanno Huth, Carsten Lorenz **R** Anthony Hickox **B** Larry Cohen **K** Peter Wunstorf **M** Anthony Marinelli **S** Dana Congdon **D** Mili Avital (Theresa Lyras), Jonathon Schaech (Josh Taylor), David Keith (Sgt. Rutherford), Neomi Campbell (Cindy Carmichael), Tom Wright (Devereux) **L** 94 **FSK** ab 16; f **FBW** w **E** 5.12.1996/14.7.1997 Video/6.6.1998 premiere **fd** 32 295

TÖDLICHE VERGANGENHEIT (B. L. STRYKER: DANCERS TOUCH). Ein Maskierter überfällt Frauen aus der mondänen Gesellschaft Palm Beachs, um an ihnen »krankhafte Riutale« zu praktizieren: Er reibt sie mit Massageöl ein und vollzieht eine Art Tanz vor seinen Opfern. Dies ist der Auftakt für weitere Verbrechen, die einen ehemaligen Polizisten aus der Reserve locken sollen. Krankhaft ist nicht nur das Ritual, sondern auch der Gedankengang der Autoren, die mit einer unausgereiften Idee den neuen Fernsehserien-Helden »Stryker« installieren und sich dabei mit fremden Federn schmücken: Die Grundidee – Polizist versetzt sich in die Psyche des Verbrechers und erkrankt daran fast selbst – ist schamlos von Michael Manns Thriller »Blutmond« (1986) übernommen, dem bereits Lars von Triers »The Element of Crime« (1984) vorausgegangen war. (Fortsetzungen: »B. L. Stryker – Dirty Diamonds«, »Jäger ohne Skrupel«, »Im Banne der Sekte«, »Carolann«) – Ab 16. ✦ USA 1988 **P** Universal **VA** CIC **Pd** Alan Barnette, Rick Weaver **R** William A. Fraker **B** Leon Piedmont, Walter Klenhard, Chris Abbott, nach Charakteren eines Romans von Joe Gores **K** Nick McLean **M** Mike Post **D** Burt Reynolds (B. L. Stryker), Ossie Davis (Oz Jackson), Helen Shaver (Dr. Diane Decker), David Hunt (Lenny Stalhut), Kristy Swanson (Lynn Hollingsworth) **L** 92 **FSK** ab 16 **E** Juli 1989 Video **fd** 27 858

TÖDLICHE VERGELTUNG (CRUEL JUSTICE). Eine 16-Jährige wird nach einem Disco-Besuch vergewaltigt. Als ihr übervorsorglicher Vater, der wegen seiner Gewaltbereitschaft den Polizeidienst quittieren musste, davon erfährt, macht er sich auf die Suche nach dem Täter. Er kann ihn ermitteln, doch als dieser bei der Gerichtsverhandlung frei gesprochen wird, sieht der Vater rot. Bei einer zufälligen Begegnung findet der Jugendliche den Tod, der Vater, der sich im Recht wähnt, wird wegen Mordes angeklagt. (Fernseh-)Familiendrama um Recht und Gerechtigkeit, das das Unglück, das durch ungezügelte Gewalt über eine unbescholtene Familie hereinbricht, ins Zentrum rückt. ✦ USA 1999 **P** NBC **Pd** Clara George **R** Gregory Goodell **B** Karen Krenis, Ken Selden **K** Laszlo George **M** Ron Ramin **S** Sharyn L. Ross **D** A. Martinez (Jerry Metcalf), Nicki Lynn Aycox (Amy Metcalf), Mimi Kuzyk (Elaine Metcalf), Christian Campbell (Dean Joiner), Bill MacDonald (Detective Haller) **L** 84 **E** 18.8.2000 ARD

TÖDLICHE VERSCHWÖRUNG (RICH MAN'S WIFE). Um ihre Ehe zu retten, unternehmen ein erfolgreicher Fernsehproduzent und seine wesentlich jüngere Frau einen Ausflug in die Berge. Als der Mann seine Frau alleine läßt, lernt sie einen undurchsichtigen Verehrer kennen, der ihr vorschlägt, den Ehemann zu töten. Zwar geht die Frau nicht auf das Angebot ein, doch er setzt es trotzdem in die Tat um und versucht, sie zu erpressen. Haarsträubender Unsinn mit albernen Wendepunkten, der sich durch sinnlos ausgewalzte Brutalität selbst disqualifiziert. – Wir raten ab. ✦ USA 1996 **P** Hollywood Pic./Caravan **VA** Buena Vista Home **Pd** Roger Birnbaum, Julie Bergman Sender **R+B** Amy Holden Jones (= Amy Jones) **K** Haskell Wexler **M** John Frizzell **S** Wendy Greene Bricmont **D** Halle Berry (Josie Potenza), Christopher McDonald (Tony Potenza), Clive Owen (Jake Golden), Peter Greene (Cole), Charles Hallahan (Dan Fredricks) **L** 91 **FSK** ab 18 **E** 19.8.1997 Video **fd** 32 900

TÖDLICHE VERSUCHUNG (BYAKUYA NO YOJO). Ein buddhistischer Mönch verfällt einer schönen

Frau, die ihre Liebhaber der Reihe nach in Tiere verwandelt. Eine Mischung aus Grusel-, Sitten- und Heimatfilm, gespeist aus Elementen der japanischen Sagen- und Märchenwelt mit all ihren unheimlichen und erotischen Legenden. Optisch opulent und ausschweifend, ebenso fremd wie befremdend in manchen Geschmacklosigkeiten, insgesamt als Beispiel des trivialen Unterhaltungskinos aus Japan aber durchaus reizvoll. ✦ Scope. Japan 1957 **P** Nikkatsu **KI** Löwen **R** Eisuke Takizawa **B** Toshio Yasumi, nach dem Roman »Der Heilige vom Berge Koya« von Kyoka Izumi **K** Minoru Yokoyama **M** Yutaka Makino **D** Yumeji Tsukioka, Ryoji Hayama, Tadashi Kobayashi, Jun Hamamura **L** 88 **FSK** ab 16; f **E** 22.1.1960 **fd** 8 867

TÖDLICHE VIREN (NEMOURS – LES DEUX VIRUS). Nach einem Bombenattentat auf ein Forschungslabor, bei dem seine Frau ums Leben kam, stellt ein Biologe auf eigene Faust Nachforschungen an und stößt auf eine ausgeprägte Form des »Kollegenstreits« zwischen zwei Wissenschaftlern, in dem Mord durchaus zu den Spielregeln gehört. (Fernsehtitel auch: »Ein tödlicher Virus«) ✦ Frankreich 1988 **R** Bruno Gantillon **D** Patrick Fierry (Nemours), Jean-Claude Brialy (Chinault), Gérard Blain (Puisard) **L** 90 **E** 14.2.1993 ORB

DIE TÖDLICHE VISION (BAFFLED). Ein amerikanischer Rennfahrer wird plötzlich von Visionen geplagt, in deren Mittelpunkt ein englisches Landhaus, ein 12jähriges Mädchen und dessen Mutter stehen. Mit Hilfe einer Parapsychologin kann er das Haus und die beiden Personen aufspüren und kommt einem mörderischen Komplott auf die Spur, bei dem magische Kräfte eine bedeutende Rolle spielen. Verworrener Fantasy-Krimi, der sich krampfhaft um Spannung bemüht. ✦ Großbritannien 1971 **P** ITC/ Arena **Pd+R** Philip Leacock **B** Theodore Apstein **K** Ken Hodges **M** Richard Hill **D** Leonard Nimoy (Tom Kovack), Susan Hampshire (Michele Brent), Vera Miles (Andrea Glenn), Jewel Blanch (Jennifer Glenn), Rachel Roberts (Mrs. Farraday), Valerie Taylor (Mrs. Sanford), Ray Brooks (George Tracewell) **L** 96 **E** 28.1. 1994 PRO 7

TÖDLICHE VISIONEN (DISTURBED). Jahre, nachdem in einer amerikanischen Nervenheilanstalt eine Frau vor den Augen ihrer kleinen Tochter aus dem Fenster in den Tod sprang, ereignen sich erneut beunruhigende Dinge: eine junge Frau stirbt auf gewaltsame Weise, ihre Leiche verschwindet, ihr Arzt verfällt dem Wahn. Erstlingsfilm mit einer Horror-Story, die in der Grundkonstellation an Hitchcock-Filme und an Carol Reeds »Der dritte Mann« erinnert. Zwar können die anvisierten Vorbilder nie erreicht werden, aber dank solider Schauspieler und einiger humoriger Gags ist der Film innerhalb seines Genres unterhaltsam. ✦ USA 1990 **P** Second Generation Films **VA** Warner Home **Pd** Brad Wyman **R** Charles Winkler **B** Emerson Bixby, Charles Winkler **K** Bernd Heinl **M** Stepen Scott Smalley **S** David Handman **D** Malcolm McDowell (Dr. Russell), Geoffrey Lewis (Michael), Priscilla Pointer (Sr. Francine), Irwin Keyes (Pat), Clint Howard (Brian), Pamela Gidley (Sandy Ramirez) **L** 93 **FSK** ab 16 **E** 24.7.1992 Video **fd** 29 814

TÖDLICHE WAHRHEIT. Die Idylle einer auf dem Land lebenden Familie erweist sich als trügerisch, als unerwartet der verschollen geglaubte Bruder des Ehemanns auftaucht. Verdrängte Konflikte kommen an die Oberfläche und drohen die Ehe zu zerstören. Ein Fernseh-Melodram, das alle Register gängiger Seifenopern zieht. – Ab 14 möglich. ✦ Deutschland 1994 **P** SAT 1 **R** Rainer Wolffhardt **B** Peter Guthman **D** Helmut Berger (Martin Böhm), Katharina Meinecke (Sabine), Nadine Neumann (Tonie), Doris Schade (Hilde), Rainer Grenkowitz (Edmund) **L** 92 **E** 9.11. 1994 SAT 1

DIE TÖDLICHE WARNUNG (L' AVVERTIMENTO). Eine Gruppe von Geschäftsleuten versucht durch hohe Geldzuweisungen, einen römischen Kriminalkommissar zu bestechen, dem die Aufklärung eines furchtbaren Blutbads übertragen wurde. Der Polizist beginnt ein gefährliches Doppelspiel, das vor allem durch das Mißtrauen unter den leitenden Polizeibeamten erschwert wird, von denen jeder den anderen für korrupt und skrupellos hält. Spannender Politthriller, der ein durch die Verfilzung diverser Interessen verursachtes Klima der Bedrohung und Unsicherheit beschreibt. Durch die eindimensionale Personenzeichnung sowie durch äußerliche Effekte verliert er stark an Brisanz und sozialkritischer Aussage. (DDR-Titel: »Die Warnung«) – Ab 16. ✦ Scope. Italien 1980 **P** Capital/Mario Cecchi Gori **KI** Progress **Pd** Mario Cecchi Gori **R** Damiano Damiani **B** Nicola Badalucco, Damiano Damiani, Massimo De Rita, Dino Maiuri **K** Alfio Contini **M** Riz Ortolani **S** Antonio Siciliano **D** Giuliano Gemma (Barresi), Martin Balsam (Martorana), Laura Trotter (Silvia), Giancarlo Zanetti (Prizzi), Guido Leontini **L** 109 **E** 11.12.1981 Kino DDR/21.3.1987 ZDF

TÖDLICHE WEIHNACHTEN (THE LONG KISS GOODNIGHT). Eine Ehefrau und Mutter in einer Kleinstadt muß erkennen, daß sie ein Vorleben als bezahlte Killerin hatte, das sie bisher durch Amnesie verdrängt hat. Sie macht sich auf die Spuren ihrer Vergangenheit, was ihre früheren Auftraggeber von der Regierung mit allen Mitteln zu verhindern versuchen. Actionfilm, der verschiedene Elemente des Genres bis hin zum Hongkong-Kino zu einer unterhaltsamen Mischung verbindet, wobei ihm aber ein übergreifendes Konzept fehlt. Allein die ungewöhnliche Präsenz der Hauptdarstellerin als Actionstar hält den Film zusammen. (Videotitel: »The Long Kiss Goodnight«) ✦ USA 1996 **P** Forge **KI** Constantin **VA** Constantin (VCL) **DVD** VCL (2.35:1, DD5.1 dt.) & VCL (2.35:1, DD5.1 engl./dt., DTS dt.) **Pd** Renny Harlin, Stephanie Austin, Shane Black **R** Renny Harlin **B** Shane Black **K** Guillermo Navarro **M** Alan Silvestri **S** William C. Goldenberg (= William Goldenberg) **D** Geena Davis (Samantha Caine/Charly Baltimoe), Samuel L. Jackson (Mitch Henessy), Yvonne Zima (Caitlin), Craig Bierko (Timothy), Tom Amandes (Hal), Brian Cox (Nathan) **L** 120 **FSK** ab 16; f **E** 12.12.1996/24.6.1997 Video/24.6.1998 premiere/ 19.3.1999 DVD/13.9.1999 DVD (DTS-Fsg.) **fd** 32 285

TÖDLICHE WEITE (UNLAWFUL PASSAGE). Die vielbeschäftigte Hauptdarstellerin einer berühmten Fernseh-Seifenoper möchte ein paar Tage ausspannen und macht mit ihrem Mann eine Kreuzfahrt auf einer Segelyacht. Als sie mit ihrem Schiff Drogenschmugglern in die Hände fallen, die den Mann auf offener See im Rettungsboot aussetzen und die Frau entführen, verwandelt sich der geplante Traumurlaub in einen Alptraum. Fernseh-Thriller mit deutlichen Anleihen bei dem Kino-Erfolg »Todesstille« von 1988. – Ab 16. ✦ USA 1994 **R** Camilo Vila **B** Peter Dixon **D** Lee Horsley (Peter Browning), Felicity Waterman (Gale Browning), William Zabka (Howie), Les Ming (Patrick), René Pereira (Paco) **L** 88 **E** 3.3.1995 RTL

TÖDLICHE WETTE → Deadly Bet

TÖDLICHE WILDNIS – SIE WAREN JUNG UND MUSSTEN STERBEN. Während einer archäologischen Exkursion auf der Ostseeinsel Nordström versinkt eine Geologin im Moor. Bald häufen sich rätselhafte Todesfälle. Effekthascherischer (Fernseh-) Krimi. ✦ Deutschland 2000 **P** RTL **R** Jorgo Papavassiliou **B** Wolfgang Hesse **D** Simon Licht (Prof. Sebastian Reich), Niels-Bruno Schmidt (Lukas), Chiara Schoras (Julia), Mina Tander (Mony), Arndt Schwering-Sohnrey (Friedemann), Mandala Tayde (Anna), Julia Bähre (Claudia), Sandra Leonhard (Elke), Sandra Nedeleff (Uschi Berger) **L** 93 **E** 08.04.2000 RTL

TÖDLICHE WÜSTE (A SAVAGE HUNGER). Unter den fünf Überlebenden eines Flugzeugabsturzes entbrennt ein brutaler Kampf auf Leben und Tod, als der Wortführer der Gruppe vorschlägt, eine verletzte junge Frau als Nahrung zu verwenden. Eine einfältige Geschichte, die von der grandiosen Naivität ihrer Personen lebt, die selbst die simpelsten Überlebensregeln mißachten. Der Schwachsinn wird noch durch eine Flut blutiger Bilder gesteigert. – Wir raten ab. ✦ USA 1984 **P** Titan **VA** CBS/Fox **Pd** Myron Meisel, Sparky Greene **R** Sparky Greene **B** Tom Klassen, Sparky Greene, Myron Meisel **K** Alexander Gruszynski **M** Chris Young (= Christopher Young) **S** Mary Bauer **D** Chris Makepeace (Matt Campbell), Dori Brenner (Jill), Richard Cox (Paul), Anne Lockhart (Anna), Ben Slack (Louis), Suzanne Snyder (Jennifer), Scott Hylands (Jake) **L** 90 **FSK** ab 18 **E** 26.2. 1990 Video **fd** 28 408

TÖDLICHE ZEILEN (JENIPAPO). Ein Journalist begibt sich in Brasilien auf die Spuren eines Priesters, der sich engagiert für eine Bodenreform zu Gunsten der Armen einsetzte, ausgerechnet vor den bevorstehenden Kongress-Wahlen jedoch verstummte. Er reist in den Norden des Landes und registriert entsetzt das brutale Vorgehen der Regierungspartei. Als man ihm ein Treffen mit dem Priester in Aussicht stellt, glaubt sich der Reporter am Ziel seiner Wünsche und bemerkt nicht, dass er selbst längst zum Spielball höherer Interessen geworden ist. Ein politisch engagierter Spielfilm, der seine Botschaft über eine spannende Geschichte zu transportieren versucht. ✦ Brasilien 1995 **P** Boku Films/Duerto Prod./Ravina Films **Pd** Alan Poul, Flavio R. Tambellini **R** Monique Gardenberg **B** Cyrus Nowrasteh, Monique Gardenberg **K** Pedro Farkas **M** Philip Glass **S** Dan Rae **D** Henry Czerny (Michael Coleman), Patrick Bauchau (Pater Stephen Louis), Miguel Lunardi (Carlos Reis), Julia Lemmertz (Julia), Daniel Dantas (Alfredo) **L** 92 **E** 3.2.1999 premiere

DIE TÖDLICHEN BIENEN (THE DEADLY BEES). Ein verbrecherischer Bienenzüchter wird am Ende selbst das Opfer seiner mörderischen Zucht. Der erste »Killerbienen-Film«; ein durchschnittlicher Gruselkrimi. – Ab 16 möglich. ✦ Scope. Großbritannien 1966 **P** Amicus **KI** Paramount **Pd** Max J. Rosenberg, Milton Subotsky **R** Freddie Francis **B** Robert Bloch, Anthony Marriott, nach dem Roman »A Taste of Honey« von H. F. Heard **K** John Wilcox **M** Wilfred Josephs **S** Oswald Hafenrichter **D** Suzanna Leigh (Vicki Robbins), Frank Finlay (Manfred), Guy Doleman (Hargrove), Catherine Finn (Mrs. Hargrove), John Harvey (Thompson), Michael Ripper (Hawkins), Anthony Bailey (Compere), Tim Barrett (Harcourt), Frank Forsyth (Arzt), Katy Wild (Doris Hawkins), Greta Farrar (Schwester), Gina Gianelli (Sekretärin) **L** 84 **FSK** ab 16; nf **E** 28.4.1967 **fd** 14 703

DIE TÖDLICHEN FÄUSTE DER SHAOLIN (HEROES TWO). Nach der Niederlage gegen die Mandschus gehen die überlebenden Novizen eines chinesischen Klosters in den Untergrund, um die Stunde der Befreiung vorzubereiten. Dieser Historien-Eastern ist Teil eines Zyklus um die Rache der Shaolin für die Zerstörung ihres Klosters. Er bietet expressive Farben und exzellent choreografierte, einfallsreiche Kampfszenen, die freilich auch von extremer Härte sind. ✦ Scope. Hongkong 1974 **P** Shaw Brothers **KI** Avis **R** Chang Cheh **B** I Kuan, Chang Cheh **D** Alexander Fu-Sheng, Chen Kuan-Tai, Chi Kuan-Chun **L** 86 **FSK** ab 18; nf **E** 9.4.1977 **fd** 20 301

DIE TÖDLICHEN FINGER DES KUNG FU (FINGERS THAT KILL). Eine Schurkenbande terrorisiert einen ganzen Landstrich und verschleppt die Männer nach Siam. Ein junger Mann, der seine bloßen Finger wie Dolche in menschliche Körper bohren kann, wird zum Rächer aller Opfer. Durchschnitts-Eastern voller Klischees und außergewöhnlicher Gewalttätigkeit. – Wir raten ab. ✦ Scope. Hongkong 1977 **P** Lo Hin **KI** Apollo **L** 86 **FSK** ab 18; nf **E** 8.12.1978

DIE TÖDLICHEN SPIELE DER YUPPIES → Beverly Hills Boys Club

DIE TÖDLICHEN TRÄUME. Ein Philologiestudent, der eine fotografische Bildersammlung vom Bamberger Dom zusammenstellt, findet Quartier im Hause eines Antiquitätenhändlers am Schillerplatz, wo der Dichter E.T.A. Hoffmann (1776–1822) im Jahr

1809 wohnte. Träumend vermischen sich bei ihm Hoffmanns Doppelgänger-Motive (»Der Spieler«, »Das Fräulein von Scuderi«) mit eigenen Erlebnissen, zweifach verflochten und enthüllt. Ein Versuch deutscher Nachkriegsproduktion, kultiviert zu unterhalten, mit vorzüglichen Schauspielern in Mehrfachrollen und kongenialer Kameraführung, jedoch vom Drehbuch und der Regie recht umständlich entwickelt. (Alternativtitel: »Liebestraum«) – Ab 16. ✦ Schwarz-weiß. BR Deutschland 1950 **P** Pontus **Kl** NF **Pd** Werner Fischer, Georg Mohr **R** Paul Martin **B** Gustav Kampendonk, nach Motiven der Erzählungen »Der Spieler«, »Cardillac«, »Das Fräulein von Scuderi« von E.T.A. Hoffmann **K** Fritz Arno Wagner **M** Hans-Otto Borgmann **S** Rosemarie Weinert **D** Rudolf Forster (Opitz/E.T.A.Hoffmann/Gefreiter), Will Quadflieg (Winter/Barravas/Florestan), Cornell Borchers (Angelika/Inez/Lisette/Maria), Walter Franck (Alexis/Don d'Alvarez/Cardillac), Harald Paulsen (Magier/Rodriguez/Olivier) **L** 81 **FSK** ab 16; f **E** 10.1. 1951 **fd** 1 028

DIE TÖDLICHEN ZWEI (THE DEADLY DUO). China im 13. Jahrhundert: Der von Mongolen gefangengehaltene Sohn des gestürzten Kaisers der Yuan-Dynastie wird von chinesischen Patrioten befreit, was den unterlegenen Mongolengeneral finster räsonieren läßt: »Wenn die Chinesen noch mehr solche Kämpfer haben, dann stecken wir in großen Schwierigkeiten.« Aktionsreicher historischer Eastern mit patriotischer Tendenz, exzentrischen Waffen und illustren Charakteren. Zugleich aufdringlich in seiner blutrünstigen Theatralik, zerdehnt in der Dramaturgie. ✦ Scope. Hongkong 1972 **P** Shaw Brothers **Kl** Avis **VA** ITT/VMP **R** Chang Cheh **B** I Kuan **K** Kung Mu-To **M** Chen Yung-Yu **D** Ti Lung, David Chiang (= Chiang Tai Wei) **L** 83 **FSK** SPIO: X **E** 28.2.1974 **fd** 18 752

TÖDLICHER ABSTAND (DISTANCE). Eine deutsche Kriegsbraut geht an der Intoleranz ihrer Umwelt und der Beziehungslosigkeit zu ihrem schwarzen Mann zugrunde. Ein in den 50er Jahren in einer Garnison in den Südstaaten der USA angesiedeltes Rassen- und Sozialdrama, das trotz gut beobachteter Details letztlich an der kühlen Teilnahmslosigkeit seines Inszenierungsstils scheitert. – Ab 16. ✦ USA 1975 **R** Anthony Lover **B** Jay Castle **K** Anthony Lover **M** Don Dannemann, Norris O'Neil **D** Paul Benjamin (Elwood Horne), Eija Pokkinen (Greta Horne), James Woods (Larry Vincent), Bibi Besch (Joanne Morse), Hal Miller (Jesse Horne), Polly Holliday (Mrs. Herman) **L** (TV) 85 **E** 13.2.1978 ARD **fd** 20 643

TÖDLICHER AUFTRAG (1971) →Kommando Cobra

TÖDLICHER AUFTRAG (1987) (THE CONTRACT). Spionagefilm. Der Sohn des Mannes, der das sowjetische Raumfahrtzentrum leitet, flüchtet aus der UdSSR. Der englische Secret Service setzt daraufhin einen Fluchthelfer ein, um die Vaterliebe des Wissenschaftlers auszunutzen und ihn zu seinem Sohn in den Westen zu holen. ✦ Großbritannien 1987 **P** Yorkshire TV **Pd** Keith Richardson **R** Ian Toynton **B** Gerald Seymour **K** Alan Pyrah **M** Mike Moran **S** Paul Trevor Bale, Brian Tomkins **D** Kevin McNally (Johnny Donoghue), Bernard Hepton (Henry Carter), James Faulkner (Charles Mawby), Hans Caninenberg (Professor Guttmann), Brigitte Karner (Erica Guttmann), Stephan Meyer-Kohlhoff (Willi Guttmann), Marion Kracht (Renate) **L** (TV) 120 **E** 18.9.1992 ORF 1

TÖDLICHER BETRUG (ABOVE SUSPICION). Ein querschnittsgelähmter ehemaliger Polizist erschießt aus Eifersucht seine Frau und seinen Bruder, die ein Verhältnis miteinander haben. Er scheint mit seiner Darstellung, er habe in Notwehr gehandelt, Glauben zu finden; nur sein früherer Rivale will ihm den Doppelmord nachweisen. Thriller mit dem nach einem Reitunfall tatsächlich an einen Rollstuhl gefesselten Christopher Reeves in der Hauptrolle. ✦ USA 1994 **P** Rysher Entertainment **VA** Warner Home **R** Steven Schachter **B** Jerry Lazarus, William H. Macy **K** Ross Berryman **D** Christopher Reeve (Dempsey), Joe Mantegna (Rhinehart), Kim Cattrall (Gail), Edward Kerr (Nick), Geoffrey Rivas (Enrique) **L** 92 **FSK** ab 16 **E** 26.5.1995 Video/18.4.1996 premiere

TÖDLICHER BLUES →Saxo – Musik in Dur und Mord

TÖDLICHER CHARME (FATAL CHARME). Eine schwärmerische junge Frau engagiert sich für einen wegen vier Sexualmorden zum Tode verurteilten Mann, an dessen Unschuld sie glaubt. Als dieser flüchtet und in ihr Haus eindringt, beginnt ein Alptraum. Sie setzt sich der Bedrohung mit Leibeskräften zur Wehr und stoppt den Killer mit Glasscherben, Revolver, Ziegelsteinen und Feuer. Angesiedelt im Spannungsfeld unausgegorener sexueller Fantasien und angereichert mit Zutaten des Gerichtsdramas und des Knastfilms, ist der plakative Psychothriller allein an den Spannungsmomenten seiner unglaubwürdigen Handlung interessiert. ✦ USA 1989 **P** M.C.E.G. **VA** M.C.E.G. Virgin/RCA/Columbia **Pd** Jonathan D. Krane, Bruce Cohn Curtis **R** Fritz Kiersch **B** Nicholas Niciphor **K** Steve Grass **M** Michael Linn **S** Bob Ducsay, Bill Butler, Steve Butler **D** Christopher Atkins (Adam), Amanda Peterson (Valerie Richter), Mary Frann (Susan Richter), James Remar, Andrew Robinson **L** 86 **FSK** ab 18 **E** 18.9.1990 Video **fd** 28 595

EIN TÖDLICHER COUP (1986) →Intimate Power – Im Schatten der Macht

EIN TÖDLICHER COUP (1994) (DEAD MAN'S ISLAND). Thriller. Ein Multimillionär fürchtet um sein Leben und lädt alle potentiellen Feinde in seine Villa auf einer abgelegenen Insel ein, um sie auf ihre Absichten ihm gegenüber hin zu untersuchen. ✦ USA 1994 **R** Peter Hunt **B** Peter S. Fisher **D** Barbara Eden (Henri O.), William Shatner (Chase), Morgan Fairchild (Valerie), Traci Lords (Miranda) **L** 85 **E** 8.5. 1997 RTL 2

TÖDLICHER DUFT (BASED ON AN UNTRUE STORY). Ein neuartiges Parfum ruft bei einer jungen Frau den Verlust des Geruchssinns hervor. Nur die Transplantation eines olfaktorischen Nervs einer Verwandten kann ihr helfen. Dabei stellt sich heraus, daß sie ein Adoptivkind ist. Mittels Voodoo und anderer außergewöhnlicher Hilfeleistungen beginnt die Suche nach den leiblichen Schwestern. Die groteske Handlung streift Klischees verschiedener Genres und verdichtet sich durch ihre »Überinszenierung« zur amüsanten Unterhaltung mit parodistischen Spitzen gegen die amerikanische Fernsehkultur. (Alternativtitel: »Flanell Nr. 5«) – Ab 14. ✦ USA 1993 **P** CBS **VA** Fox **Pd** Kevin Reidy **R** Jim Drake **B** George McGrath **K** Frank Byers **M** Laura Karpman **S** Norman Hollyn **D** Morgan Fairchild (Satin), Dan Hedaya, Victoria Jackson, Harvey Korman, Robert Goulet **L** 91 **FSK** ab 12 **E** 10.2.1994 Video/18.7.1995 premiere **fd** 30 709

TÖDLICHER ENGEL (BODY CHEMISTRY IV: FULL EXPOSURE). Ein liebesblinder Anwalt läßt sich mit einer Psychologin ein, die bereits mehrere Geliebte auf dem Gewissen hat. Als er das Verhältnis lösen will, hat auch er sein Leben verwirkt. Seine Assistentin besitzt zwar belastendes Material, doch da die Weitergabe an die Staatsanwaltschaft rechtswidrig war erwirkt die Mörderin einen Freispruch. Ein müder Abklatsch gängiger Publikumserfolge mit flacher Charakterzeichnung und aufgesetzt wirkenden Erotikszenen. ✦ USA 1994 **P** Concorde/New Horizons/Cinetel **VA** 20th Century Fox Home **Pd** Andrew Stevens **R** Jim Wynorski **B** Karen Kelly **K** Zoran Hochstatter **M** P. DiFranco **S** H. Moradian **D** Shannon Tweed (Claire Archer), Larry Poindexter (Simon Mitchell), Marta Martin (Lane Goodwin) **L** 90 **FSK** ab 16 **E** 25.7.1996 Video **fd** 32 113

EIN TÖDLICHER FEHLER (1971) (THE DEATH OF ME YET). Ein unbescholtener amerikanischer Zeitungsverleger, der vormals im Dienst der CIA stand, gerät in den Verdacht, nun ein Agent der Sowjets zu sein. Verworrener, aber weitgehend recht spannender Agentenkrimi. – Ab 16. ✦ USA 1971 **P** Aaron Spelling Prod. **R** John Llewellyn Moxey **B** A.J. Russell, nach einem Roman von Whit Masterson **D** Doug McClure, Darren McGavin, Richard Basehart, Rosemary Forsyth, Meg Foster **L** 74 **E** 13.11.1989 Tele 5

EIN TÖDLICHER FEHLER (1988) (UNHOLY MATRIMONY). Als eine Frau den Mann ihrer Nichte des Mordes an ihr bezichtigt – die junge Frau war bei einem vorgeblichen Autounfall mit Fahrerflucht ums Leben gekommen –, soll ein Polizei-Detektiv der Sache auf den Grund gehen. Er findet heraus, daß der Beschuldigte ein Doppelleben führt und der Schlüssel zu dem Fall in einem texanischen Massagesalon zu finden ist, der in dunkle Geschäfte verwickelt ist. Fürs Fernsehen produzierter Kriminalfilm nach gängigem Muster, der sich mit dem »perfekten Verbrechen« befaßt. Die Idee zu der Geschichte beruht auf einer wahren Begebenheit, was man dem Film nicht unbedingt ansieht. – Ab 16. ✦ USA 1988 **R** Jerrold Freedman **B** John Dillman **D** Patrick Duffy, Charles Durning, Michael O'Keefe, Lisa Blount, Jacqueline Brookes **L** 93 **E** 16.2.1991 RTL plus

TÖDLICHER FLIRT →Trade Off

TÖDLICHER GEFALLEN (DEATH BENEFIT). Ein Rechtsanwalt übernimmt im Auftrag einer Mutter den Fall ihrer Tochter, die bei einem Ausflug tödlich verunglückte. Bald mehren sich die Ungereimtheiten und als der Anwalt gegen den Widerstand der Behörden weiter ermittelt, deuten alle Anzeichen auf Mord. Ein herkömmlicher Kriminal- und Gerichtsfilm, der amerikanische Tugenden feiert, dem es jedoch an Überzeugungskraft und Dynamik mangelt. – Ab 12. ✦ USA 1996 **P** Universal **VA** CIC **Pd** Tina Threadgill **R** Mark Piznarski **B** Philip Rosenberg **K** Christopher Taylor **M** Brian Adler **S** Robert Frazen **D** Peter Horton (Steven Keeny), Wendy Makkena (Wynn Berkholder), Elizabeth Ruscio (Lou Anne Wilkins), Penny Johnson (Sylvia Gazman), Carrie Snodgress (Virginia McGinnis) **L** 85 **FSK** ab 12 **E** 11.11.1996 Video **fd** 32 335

TÖDLICHER HASS (TONY ARZENTA E'BIG GUNS / LES GRANDS FUSILS). Aus Rache für die Ermordung seiner Familie übt ein Berufskiller, der aus der Mafia ausgestiegen ist, an den Schuldigen Selbstjustiz. Ein zynischer Actionfilm mit Glorifizierung brutaler Gewalt, distanzloser Verherrlichung eines Massenmörders und billigster »Zehn-kleine-Negerlein-Dramaturgie«. ✦ Scope. Italien/Frankreich 1973 **P** Adel/Mondial TE.FI. **Kl** Gloria **R** Duccio Tessari **B** Franco Verducci, Ugo Liberatore **K** Silvano Ippoliti **M** Gianni Ferrio **D** Alain Delon (Tony Azzita), Richard Conte, Carla Gravina, Marc Porel, Umberto Orsini, Nicoletta Machiavelli, Guido Alberti **L** 95 **FSK** ab 18; nf **E** 7.12.1973/18.10.1985 RTL plus **fd** 18 707

TÖDLICHER IRRTUM (1970). Als in einem Reservat Ölvorkommen entdeckt werden, verspricht der Boss einer Ölgesellschaft den Indianern Beteiligung am Gewinn, beutet sie dann aber schamlos aus. Nur ein Unterhäuptling der Schoschonen und sein Halbbruder, Hilfssheriff im Reservat, wehren sich. Ein weitgehend spannender, manchmal etwas unübersichtlich geratener Western mit gesellschaftskritischer Note. Der Film ist einer von insgesamt 14 Western aus der DEFA-Produktion, die (von neun verschiedenen Regisseuren) mit demselben Hauptdarsteller inszeniert wurden. – Ab 14. ✦ Scope. DDR 1970 **P** DEFA **Kl** Progress **Pd** Bernd Gerwien **R** Konrad Petzold **B** Günter Karl, Rolf Römer **K** Eberhard Borkmann **M** Wilhelm Neef **S** Thea Richter **D** Gojko Mitic (Shave Head), Armin Mueller-Stahl (Chris Howard), Annekathrin Bürger (Caroline), Rolf Hoppe (Allison), Krystyna Mikolajewska (Jessebee), Kati Bus (White Leaf) **L** 104 **FSK** ab 6 **E** 27.6.1970 Kino DDR/18.10.1974 DFF 1/2.1.1994 ORB/1998 Video

TÖDLICHER IRRTUM (1973) (RAPPRESAGLIA / S.S. REPRESSAILLES). Der bemühte und in seiner Vordergründigkeit unbefriedigende Versuch, den »Fall Kappler« – die deutschen Geiselerschießungen nach einem Attentat auf SS-Soldaten in Rom im März 1944 – in einer filmischen Fiktion nachzuvollziehen. Beachtung verdienen einige differenzierende darstellerische Leistungen, neben denen sich jedoch auch

Klischeehaftes breitmacht. (Fernsehtitel auch: »Das Massaker«, »Das Massaker – Der Fall Kappler«) ✦ Italien/Frankreich 1973 **P** Champion/Concordia **KI** Avis **Pd** Carlo Ponti **R** George Pan Cosmatos **B** Robert Katz, George Pan Cosmatos, nach einem Roman von Robert Katz **K** Marcello Gatti **M** Ennio Morricone **S** Françoise Bonnot, Roberto Silvi **D** Richard Burton (Herbert Kappler), Marcello Mastroianni (Pater Antonelli), Leo McKern (General Maeltzer), Renzo Montagnani (Polizeipräsident Caruso), Delia Boccardo (Elena), Duilio Del Prete, Anthony Steel **L** 85 **FSK** ab 16; f **E** 10.6.1977/1.7.1986 RTL plus

TÖDLICHER IRRTUM (1984) (ORDEAL BY INNOCENCE). Ein Wissenschaftler, der in einem Mordprozeß als Kronzeuge auftritt und sich gleichzeitig als Amateurdetektiv betätigt, macht sich mehrfach schuldig, als der Sohn der Ermordeten Opfer eines Justiz-Irrtums und gehenkt wird. Ein thematisch interessanter Stoff nach Agatha Christie, doch in der filmischen Umsetzung unzureichend. Auch die dem »film noir« nachempfundenen Schwarz-Weiß-Rückblenden bringen kaum Licht in das verworrene Geschehen. – Ab 14. ✦ Teils schwarz-weiß. Großbritannien 1984 **P** Cannon **VA** VMP/Cannon **Pd** Jenny Craven **R** Desmond Davis **B** Alexander Stuart, nach einem Roman von Agatha Christie **K** Billy Williams **M** Pino Donaggio, Dave Brubeck **S** Timothy Gee, Alan Jones **D** Donald Sutherland (Dr. Arthur Calgary), Sarah Miles (Mary Durrant), Christopher Plummer (Leo Argyle), Faye Dunaway (Rachel Argyle), Ian McShane (Philip Durrant), Diana Quick **L** 84 **FSK** ab 16 **E** 12.9.1987 Video/26.12.1988 DFF 1

TÖDLICHER IRRTUM (1994) (LA BAVURE). Ein jugendlicher Kleinkrimineller wird von einem Kommissar als Spitzel gegen eine Gangsterbande eingesetzt und Tatzeuge eines Mordes, den zwei Bandenmitglieder begehen. Als bei der Verfolgung ein Polizist sein Leben durch einen Kripobeamten verliert, werden kriminelle Verflechtungen im Polizeiapparet sichtbar. Konventioneller Kriminalfilm um Filz und Korruption innerhalb der Polizei. – Ab 16. ✦ Frankreich 1994 **R** Alain Tasma **B** Mathieu Fabiani, Guy-Patrick Sainderichin, Nathalie David-Weill **K** Jimmy Glasberg **M** Strub & Clock **D** Bernard Verley (Lessner), Clovis Cornillac (Jacques Corti), Renaud Menager (Bruno), Caroline Proust (Betty), Eric Deshors (Bricourt) **L** 80 **E** 14.12.1996 N 3

TÖDLICHER KARNEVAL. Bei Filmaufnahmen kommt der Regisseur durch einen vorgetäuschten Unfall ums Leben. Die Polizei vermutet einen Mord aus Eifersucht und verfolgt die Spuren des Täters im Trubel des Karnevals von Rio. Billig inszenierter Kriminalfilm, der seinerzeit im »Doppelpack« mit »Mord in Rio« entstand und nie den Weg ins Kino fand. ✦ Schwarz-weiß. BR Deutschland 1963 **P** Theumer-Film **Pd** Ernst von Theumer **R** Horst Hächler **B** Gerhard Overhoff **K** Kurt Hasse **M** Friedrich Meyer **S** Werner Preuss **D** Erika Remberg, Hellmut Lange, Gustavo Rojo, Reinhard Kolldehoff, Eva Wilma **L** ca. 90 **E** 2.2.1993 Kabelkanal

TÖDLICHER MARKT (FRANCE, SOCIETE ANONYME). Im Jahre 2222 ist der Drogenhandel weltweit legalisiert, der Heroinkonsum allgegenwärtig. Ein einstiger Drogenboß, der im künstlichen Tiefschlaf die Zeit überdauert hat, schildert, wie dieser Zustand Anfang der 70er Jahre des 20. Jahrhunderts in erbitterten Machtkämpfen internationaler Finanzgruppen ermöglicht wurde. Ein in Konzept und Umsetzung wenig überzeugender Science-Fiction-Krimi mit soliden Darstellern. ✦ Frankreich 1973 **P** Doperfilm/Albina **Pd** Albina de Boisrouvray, Maurice Bernart **R+B** Alain Corneau **K** Pierre-William Glenn **M** Clifton Chenier **S** Marie-Josèphe Yoyotte **D** Michel Bouquet (Der Franzose), Allyn Ann McLerie (Die Amerikanerin), Roland Dubillard (Der Mörder), Daniel Ceccaldi (Der Regierungsbeamte), Joel Barcellos (Der Brasilianer), Marcel Imhoff (Der »klamme« Geldmann), Michel Vitold (Der Pusher), Yves Alonzo, Ann Zacharias **L** 96 **E** 28.3.1993 ARD

TÖDLICHER PAKT (UNHOLY PARTNERS). Aus dem Ersten Weltkrieg heimgekehrt, beschließt ein New Yorker, Karriere als Journalist zu machen. Das Geld für die eigene Zeitung erhält er von einem Gangsterboß, der die Publikation zu 50 Prozent kontrolliert. Als dieser seine Einflußnahme weiter ausdehnen will und dabei auch nicht vor verbrecherischen Machenschaften zurückschreckt, kommt es zur Konfrontation zwischen den Männern, die mit Totschlag und Selbstmord endet. Die Zeitung jedoch kann erhalten bleiben. Gediegenes Melodram, straff inszeniert und eindringlich gespielt. – Ab 16. ✦ Schwarz-weiß. USA 1941 **P** MGM **Pd** Samuel Marx **R** Mervyn LeRoy **B** Earl Baldwin, Bartlett Cormack, Lesser Samuels **K** George Barnes **M** David Snell **S** Harold F. Kress **D** Edward G. Robinson (Bruce Corey), Edward Arnold (Merrill Lambert), Laraine Day (Miss Cronin), Marsha Hunt (Gail Fenton), William T. Orr (Tommy Jarvis), Don Beddoe (Mike Reynolds), Charles Dingle (Clyde Fenton) **L** 94 **E** 26.8.1990 EINS PLUS

TÖDLICHER RITT → Tödlicher Ritt nach Sacramento

TÖDLICHER RITT NACH SACRAMENTO (CON LUI CAVALCA LA MORTE). Ein Bewerber um das Amt des Senators versucht, einen Pony-Expreß-Reiter umzubringen, der mit ihn belastenden Dokumenten unterwegs ist. Schablonenhafter Italowestern mit mageren humoristischen Ansätzen. – Ab 16. ✦ Scope. Italien 1967 **P** Cine International/Italcine T.V. e Picienne **KI** NWDF **R** Joseph Warren (= Giuseppe Vari) **B** Augusto Caminito, Fernando Di Leo **K** Amerigo Gengarelli **M** Lallo Gori (= Coriolano Gori) **D** Mike Marshall (Idaho Joe), Robert Hundar (Bryan Talbot), Hélène Chanel (Dolores Talbot), Paolo Giusti, Carole André (Susan), John McDouglas **L** 79 **FSK** ab 16; f **E** 25.4.1975

TÖDLICHER SALUT (CROSSPLOT). Ein geplantes Attentat auf einen schwarzen Staatsmann beim Besuch in London wird von einem Werbemanager verhindert. Umständlicher Serien-Krimi mit den üblichen Klischees, dessen dürftige Story gewaltsam auf Spielfilmlänge gezogen wurde. (Späterer Titel: »Im Sold ihrer Majestät«, »Im Fadenkreuz des Todes«) – Ab 16. ✦ Großbritannien 1969 **P** Tribune **KI** United Artists **Pd** Robert S. Baker **R** Alvin Rakoff **B** Leigh Vance, nach seinem Roman **K** Brendan J. Stafford **M** Stanley Black **S** Bert Rule **D** Roger Moore (Gary Farm), Claudie Lange, Martha Hyer, Alexis Kanner, Bernard Lee, Derek Francis, Ursula Howells **L** 96 **FSK** ab 12;nf (fr.16) **E** 15.5.1970 **fd** 16 810

TÖDLICHER SCHNEE (IN THE LINE OF DUTY: A COP FOR THE KILLING). Eine Anti-Drogen-Einheit der Polizei von Los Angeles erlebt eine dramatische Niederlage, als ein Polizist und ein Zivilist ums Leben kommen. Der Tod des beliebten Kollegen gibt aber nur vorübergehend Anlaß zu Selbstzweifel, bis sein Mörder der Hinrichtung zugeführt und der Drogenboß verhaftet ist. Während sich der Anfang in ausgedehnten Gewaltszenen ergeht, entwickelt sich der auf unterstem Fernseh-Niveau angesiedelte, schwerfällige Film bald zur Soap-Opera mit scheinheiliger Moral. Statt der angestrebten Psychologisierung pflegt er uralte Klischees. ✦ USA 1990 **P** Tom Patchell Entertainment **VA** VMP/Screen Entertainment **Pd** Kenneth Kaufmann, Tom Patchell, Dick Lowry **R** Dick Lowry **B** Philip Rosenberg **K** Frank Beascoechea **M** Mark Snow **S** Anita Brandt-Burgoyne, Byron »Buzz« Brandt **D** James Farentino (Ray Wiltern), Steven Weber (Matthew Fischer), Susan Walters (Julie Tobias), Charles Haid (Tommy Quinn), Tony Plana, Dan Lauria **L** 89 **FSK** ab 16 **E** 7.5.1992 Video **fd** 29 617

TÖDLICHER SCHWUR (DEADLY VOWS). Thriller. Ein 40jähriger Fernfahrer beschließt, aus seinem Leben auszubrechen. Als er eine College-Absolventin kennenlernt, greift er die Gelegenheit beim Schopf und heiratet sie. Fatal ist allerdings, daß er bereits verheiratet ist. Eine Zeitlang kann er sein Doppelleben geheimhalten, doch dann faßt er den Entschluß, sich einer Frau zu entledigen. ✦ USA 1994 **R** Alan Metzger **B** Philip Rosenberg **D** Gerald McRaney (Tom Weston), Peggy Lipton (Nancy Weston), Josie Bissett (Bobbi Gilbert), Ric Reid (Dwight), P. Lynn Johnson (Mrs. Gilbert) **L** 86 **E** 18.12.1995 RTL 2

TÖDLICHER SEGEN (DEADLY BLESSING). Bedrohliche und mörderische Ereignisse um eine sittenstrenge Farmersekte. Eine junge Witwe, deren Freundinnen und weitere Personen dienen dazu, das Treiben eines nächtlichen Dämons zu bebildern. Ein atmosphärisch zwar dichter, durch seine überkomplizierte Handlung jedoch arg verwirrender Horrorfilm. (Fernsehtitel: »[Wes Cravens] Dem Tode geweiht«) ✦ USA 1981 **P** Inter Planetary **VA** PolyGram/Arena **R** Wes Craven **B** Glenn M. Benest, Matthew Barr **K** Robert Jessup **M** James Horner **S** Richard Bracken **D** Maren Jensen (Martha), Sharon Stone (Lana), Susan Bruckner (Vicky), Jeff East (John), Coleen Riley (Melissa) **L** 102 **E** 1982 Video **fd** 23 725

TÖDLICHER SEX → Night Eyes 2

TÖDLICHER SKANDAL (SLANDER). Der Verleger eines Skandal-Magazins versucht, die Auflage seiner Zeitschrift zu steigern, indem er längst verjährte Fehltritte bekannter Persönlichkeiten ausschlachtet. Ein in der Fernsehwerbung für Kinder-Frühstücksflocken erfolgreicher Marionettenspieler, der Teil des schmutzigen Plans werden soll, weigert sich standhaft mitzumachen und stürzt dadurch sich und seine Frau ins Unglück. Der Film prangert zunächst den Mißbrauch der Pressefreiheit an, trägt dann jedoch zu dick auf und verliert sich in unglaubwürdiger Melodramatik. – Ab 16. ✦ Schwarz-weiß. USA 1956 **P** MGM **Pd** Armand Deutsch **R** Roy Rowland **B** Jerome Weidman, nach einem Roman von H.W. Junkin **K** Harold J. Marzorati **M** Jeff Alexander **S** George Boemler **D** Van Johnson (Scott Ethan Martin), Ann Blyth (Connie Martin), Steve Cochran (H.R. Manley), Marjorie Rambeau (Mrs. Manley), Richard Eyer (Joey Martin) **L** 81 **E** 14.11.1990 West 3

TÖDLICHER SOG (UNDERTOW). Ein junger Mann kommt nach Chicago, um die Tochter des Syndikatsbosses zu heiraten, der ihn vor Jahren aus der Stadt gejagt hat. Als der Gangster ermordet wird, gerät er in Verdacht und sieht sich gezwungen, den wahren Täter zu suchen. Routinierter »kleiner« Kriminalfilm, geradlinig und weitgehend spannend erzählt. (In einer kleinen Nebenrolle: Rock Hudson in seinem zweiten Spielfilm überhaupt.) – Ab 16. ✦ Schwarz-weiß. USA 1949 **P** Universal **Pd** Ralph Dietrich **R** William Castle **B** Lee Loeb, Arthur T. Horman **K** Irving Glassberg **M** Milton Schwarzwald **S** Ralph Dawson **D** Scott Brady (Tony Reagan), John Russell (Danny Morgan), Dorothy Hart (Sally Lee), Peggy Dow (Ann McKnight), Charles Sherlock (Cooper), Roc Hudson (= Rock Hudson) (Detective) **L** 70 **E** 28.8.1992 ARD

TÖDLICHER STURM (MORTAL STORM). Einer der ersten Antinazifilme: Die Hitler-Diktatur reißt 1933 die Familie eines jüdischen Universitätsprofessors in Süddeutschland auseinander. Er stirbt im Lager, die Tochter auf der Flucht. Die Stiefsöhne werden zu Feinden. Obschon dem Film manche Verzeichnung unterläuft, läßt sich seine verhaltene Darstellung von dem Bemühen leiten, nicht alle Deutschen über einen Kamm zu scheren. (Obwohl die USA zur Zeit der Produktion noch neutral waren, wurden aufgrund dieses Films alle MGM-Produktionen im deutschen Herrschaftsbereich verboten. Die westdeutsche Erstaufführung kam sehr spät.) – Ab 12. ✦ Schwarz-weiß. USA 1940 **P** MGM **KI** MGM **Pd** Sidney Franklin, Victor Saville (ungenannt) **R** Frank Borzage **B** Claudine West, Andersen Ellis, George Froeschel, nach dem Roman von Phyllis Bottoms **K** William H. Daniels **M** Edward Kane, Eugene Zador **S** Elmo Veron **D** James Stewart (Martin Brietner), Margaret Sullavan (Freya Roth), Robert Young (Fritz Marlberg), Frank Morgan (Professor Roth), Robert Stack (Otto von Rohn) **L** 96 **FSK** ab 12; f **E** 15.11.1957 **fd** 6 440

TÖDLICHER SUMPF → Für Fremde kein Zutritt

TÖDLICHER TAG (THE LONG DAY'S DYING). Im Zweiten Weltkrieg wird für drei von ihrer Truppe abgeschnittene Engländer das Abenteuer des Krieges allmählich zur blutigen Wirklichkeit. Im Verzicht auf den üblichen Aufwand ungewöhnlicher, in der Analyse des Verhaltens beklemmender Antikriegsfilm. ✦ Großbritannien 1968 **P** Junction **Kl** Paramount **Pd** Peter Collinson, Harry Fine **R** Peter Collinson **B** Charles Wood, nach einem Roman von Alan White **K** Brian Probyn **S** John Trumper **D** David Hemmings (John), Tony Beckley (Cliff), Alan Dobie (Helmut), Tom Bell (Tom) **L** 93 **FSK** ab 16; f **FBW** w **E** 14.2.1969 **fd** 15 942

EIN TÖDLICHER TRAUM (SOMEWHERE IN TIME). Ein Bühnenautor verliebt sich 1980 in das Bildnis einer hübschen Schauspielerin, die 1912 ein gefeierter Star war. Mittels Autosuggestion unternimmt er eine Reise in die Vergangenheit, die ihm ein kurzes Glück mit der Geliebten gewährt. Tragisch endendes Melodram in den Kulissen einer vergangenen Epoche, das beschauliche Unterhaltung in gediegener Inszenierung, mit guten Darstellern und größtenteils überzeugender Konstruktion bietet. – Ab 16. ✦ USA 1980 **P** Universal **VA** CIC **Pd** Stephen Deutsch **R** Jeannot Szwarc **B** Richard Matheson, nach seinem Roman **K** Isidore Mankofsky **M** John Barry **S** Jeff Gourson **D** Christopher Reeve (Richard Collier), Jane Seymour (Elise McKenna), Christopher Plummer (W. F. Robinson), Teresa Wright (Laura Roberts), Bill Erwin (Arthur), George Voskovec (Dr. Finney), Susan French (Elise im Alter) **L** 99 **FSK** ab 16 **E** November 1986 Video **fd** 26 009

TÖDLICHER TRAUM → Das achte Opfer

TÖDLICHER VERDACHT (1989) (MOTHER'S DAY). Ein inszenatorisch durchschnittliches Fernsehdrama um eine schwarze Mittelstandsfamilie. Der Sohn wird beschuldigt, mit Rauschgift gehandelt und bei einem Geschäft einen weißen Jungen erstochen zu haben. Da er im Falle eines Schuldspruchs mit der Todesstrafe rechnen muß, beginnt seine Mutter auf eigene Faust mit Ermittlungen nach dem wahren Täter. ✦ USA 1989 **R** Susan Rohrer **D** Malcolm-Jamal Warner (Cullen Sturgis), José Ferrer (Richter Leatham), Denise Nicholas, Bernie Casey, Melba Moore **L** 105 **E** 21.2.1994 VOX

TÖDLICHER VERDACHT (1994) → Wenn Liebe tötet (1994)

TÖDLICHER VERDACHT (1997) (DEEP FAMILY SECRETS). Kriminalfilm, einmal mehr erdacht »nach einem authentischen Fall«, der freilich gegenüber der handelsüblichen filmischen Verdichtung zurücktritt. Eine Frau beschuldigt ihren Mann nach langer Ehe, daß er sie betrügt. Eines Tages verschwindet die Frau, und ihr Mann erhält einen Erpresserbrief. Gleichzeitig kommt ans Tageslicht, daß er nicht der Vater ihrer beiden Kinder sein kann. ✦ USA 1997 **R** Arthur Allan Seidelman **B** Nevin Schreiner, David Madsen, Dena Kleiman **D** Richard Crenna (Clay Chadway), Angie Dickinson (Renee Chadway), Molly Gross (Joanne), Christie Lynn Smith (Lisa), Meg Foster (Ellen) **L** 85 **E** 23.5.1998 Vox

TÖDLICHER VERRAT (DESPERATE). Ein unehrenhaft entlassener Marine-Soldat wird von seiner ehemaligen Verlobten überredet, einen Regime-Kritiker aus Kuba herauszuschmuggeln. In Wirklichkeit wird er für einen Waffenwandel missbraucht, dessen Nutznießer die IRA sein soll. Fürs Fernsehen hergestellter, wenig einfallsreicher Actionfilm. ✦ USA 1987 **R** Peter Markle **B** Michael Braverman **D** John Savage (Noah Sullivan), Meg Foster (Dorymae), Chris Burke (Louis), Liane Langland (Deirdre), Andrew Robinson (Seamus Quinton) **L** 110 **E** 20.10.1999 RTL 2

TÖDLICHER VIRUS → Final Pulse

EIN TÖDLICHER VIRUS → Tödliche Viren

TÖDLICHER WEIN. Kriminalfilm. Gangster erpressen eine renommierte Kellerei mit der Drohung, vergifteten Wein in den Verkauf gelangen zu lassen. Als es bei einem Versuch, das Geld zu übergeben, zu einer Schießerei kommt, nehmen sie die Geschäftsführerin des Unternehmens als Geisel. ✦ Frankreich 1992 **R** Josée Dayan **B** Mathieu Fabiani **D** Caroline Sihol (Françoise), Daniel Olbrychski (Anton), Amidou (Amin), Jean-Yves Gautier (La Boulange), Roland Oberlin (Riton), Myriam Boyer (Irène) **L** 85 **E** 15.3.1994 H 3

TÖDLICHER WETTLAUF → Hellfire

TÖDLICHER WINTER (EL INVIERNO EN LISBOA). Ein junger Jazz-Pianist verliebt sich in eine attraktive Frau, ohne zu wissen, daß sie die Frau eines Waffenhändlers ist. Nur allmählich erahnt er, daß er zur Figur in einem schmutzigen Spiel um Waffenschmuggel geworden ist. In Lissabon geht er auf Distanz zu den Ereignissen, ohne die Frau vergessen zu können. Da spielt der Leiter seiner Jazz-Band, ein lebenskluger alter Trompeter, Schicksal, um die Liebenden doch noch zusammenzubrinegn. Eine vor allem mit Stimmungen und Atmosphären jonglierender Romanverfilmung, die Elemente des Kriminal- und Liebesfilms zu einer melancholischen »Etude in Jazz« verbindet. Eindrucksvoll: der Auftritt des Jazz-Trompeters Dizzy Gillespie und seine Musik. – Ab 16. ✦ Frankreich/Portugal/Spanien 1991 **P** Igeldo Zine/Impala/M.G.N./Sara **Pd** Tino Navarro **R** José Antonio Zorilla **B** José Antonio Zorilla, Mason M. Funk, nach dem Roman von Antonio Munos Molina **K** Jean-Francis Gondre **M** Dizzy Gillespie **S** Pablo G. del Amo, Ivan G. de Aledo **D** Christian Vadim (Jim Biralbo), Hélène de Saint Père (Lucrecia), Dizzy Gillespie (Swann), Eusebio Poncela **L** 97 **E** 14.12.1992 premiere

TÖDLICHES BLEI. Aktionsreicher politischer »Abenteuerfilm«: Im Juli 1941 versetzen die Bergarbeiter einer jugoslawischen Bleigrube den faschistischen Okkupanten einen schweren Schlag. Sie erheben sich gegen die Besatzer, sprengen die Fördertürme und setzen die Stollen unter Wasser. ✦ Jugoslawien 1974 **R** Predrag Golubovic **B** Branislav Bozovic, Ratko Djurovic, Predrag Golubovic **K** Milivoje Milivojevic **M** Boris Bizetic **D** Bata Zivojinovic (= Velimir Bata Zivojinovic), Boris Dvornik, Bert Solter, Abdurahman Salja, Dzevat Cena **L** 85 **E** 28.2.1979 DFF 2

TÖDLICHES DOPPELSPIEL → Lassiter

TÖDLICHES DREIECK → Mörderisches Dreieck

TÖDLICHES ERBE (OMICIDIO PER VOCAZIONE). Nachdem ein Testament für die vermeintlichen Erben eine böse Überraschung birgt und die Kinder des reichen Verstorbenen leer ausgehen, setzt eine Mordserie ein, die nahezu die ganze Familie ausrottet. Formal unambitionierter Kriminalfilm, ohne allzu großes Geschick realisiert und gespielt; leidlich unterhaltsam durch einige unerwartete Wendungen im Handlungsablauf. – Ab 16. ✦ Scope. Italien 1968 **P** Serma **VA** Sauerland Kunststoffe **R** Vittorio Sindoni **B** Romano Migliorini, Vittorio Sindoni, Aldo Bruno **K** Ascenzio Rossi **M** Stefano Torossi **S** Maria Schettino **D** Tom Drake, Femi Benussi, Virginio Gazzolo, Ernesto Colli, Isarco Ravaioli, Andrea Fantasia, Ivo Garrani **L** 81 (Video 79) **FSK** ab 16 **E** 2.8.1986 DFF 2/ 23.4.1990 Tele 5

TÖDLICHES ERWACHEN (SWEET DREAMS). Erotik-Thriller um eine junge Frau, die ihr Gedächtnis verloren hat und sich auf die Suche nach ihrer Vergangenheit begibt. ✦ USA 1996 **R** Jack Bender **B** Bruce Miller **K** David Geddes, Robert Primes **M** Pray For Rain **S** Mark Melnick **D** Tiffani-Amber Thiessen (Alison Sullivan), A. Martinez (Doug Harrison), David Newsom (Jack Renault), Amy Yasbeck (Laura Renault), Scott Paulin (Mateo), Sheelah Megill (Nancy Morrison), Merrilyn Gann (Stevie), Biski Gugushe (Scott), Duncan Fraser (Loggins) **L** 85 **E** 17.10.1998 ARD

TÖDLICHES GEHEIMNIS (MINE OWN EXECUTIONER). Infolge von Ermüdung, verursacht durch private Schwierigkeiten, versagt ein Psychiater bei der Behandlung eines erkrankten Kriegsveteranen, der daraufhin in einem Anfall sich und seine Frau umbringt. Trotz gerichtlichen Freispruchs verliert der Arzt vorübergehend sein Selbstvertrauen. Der schauspielerisch vorzügliche Film packt sein Thema mit Sachlichkeit und Gründlichkeit an und handelt es durchgehend spannend und niveauvoll ab. – Ab 16. ✦ Schwarz-weiß. Großbritannien 1948 **P** London **Kl** Deutsche London-Film **Pd** Alexander Korda **R** Anthony Kimmins **B** Nigel Balchin **K** Wilkie Cooper **M** Benjamin Frankel **D** Burgess Meredith, Kieron Moore, Dulcie Gray, Barbara White, Christine Norden, John Laurie **L** 105 **FSK** ab 16; f **E** 28.2.1950/ 17.9.1962 ARD **fd** 688

TÖDLICHES GELD – DAS GESETZ DER BELMONTS. Zweiteiliger Fernsehfilm über eine Schweizer Bankiersfamilie, die nach dem Tod des ältesten Sohnes und designierten Nachfolgers in harte Auseinandersetzungen stürzt und zudem durch einen Geldwäscheskandal in Bedrängnis gerät. ✦ Deutschland 1994 **P** SAT 1 **Pd** Christian Görlitz **R** Detlef Rönfeldt **B** Christian Görlitz, nach dem Roman »Die Belmonts« von Hans Herlin **K** Axel de Roche **M** Günther Fischer **S** Marcel Peragine **D** Marthe Keller (Beatrice Belmont), Michel Piccoli (Paul Belmont), Christian Kohlund (Michael Belmont), Friedrich von Thun (Guy Fallon), Peter Simonischek (Bill Brodin), Suzanne von Borsody (Anita Zorzi de Lucca), Karlheinz Hackl (Carlo Torzi de Lucca), Pia Hänggi (Lucy Corbasse), Walter Kreye (Leon Corbasse), Henry Hübchen (Albert Belmont), Ernst Jacobi (Monsignore Francis Belmont), Horst Schulze (Viktor Lepka) **L** 96/88 **E** 7.,8.2.1995 SAT 1

TÖDLICHES GESCHÄFT (A DEADLY BUSINESS). Ein lange Jahre inhaftierter Ex-Gangster, der auf Bewährung freikommt und ein neues Leben zu beginnen versucht, wird in die Machenschaften eines gewissenlosen Fuhrunternehmers verstrickt, der profitable Geschäfte mit illegalen Giftmüll-Transporten macht. Aufgeschreckt durch eine Fernseh-Aufklärungskampagne und die Angst vor Verstrickung in einen Korruptionsfall, verdingt er sich als FBI-Informant. Nach einem authentischen Fall fürs Fernsehen entstanden, weist der leidlich spannende Film mit verhaltener Sachlichkeit auf die Notwendigkeit hin, organisiertes Verbrechen auf dem Betätigungsfeld des illegalen Giftmüll-Transports zu bekämpfen. – Ab 16. ✦ USA 1986 **R** John Korty **B** Al Ramrus **K** David Herrington **M** Paul Chihara **D** Alan Arkin (Harold Kaufman), Armand Assante (Charles Macaluso), Jon Polito (Vitola), Raymond Serra (DiNardi), Michael Lerned (Ann), George Morfogen (Sordino) **L** 90 **E** 30.9.1988 BR

TÖDLICHES GESTÄNDNIS (MURDER LIVE!). Eine junge Frau nimmt sich vor laufender Kamera das Leben, nachdem sie mit sehr persönlichen Details ihres Privatlebens konfrontiert wurde. Einige Wochen später ist ihr Vater Gast derselben Moderatorin, die er für den Tod seiner Tochter verantwortlich macht und mit der Waffe in der Hand als Geisel nimmt. Dramatischer (Fernseh-)Film über die Macht und Verantwortung der Medien für das Schicksal des Einzelnen. – Ab 16. ✦ USA 1997 **P** NBC Studios/Von Zerneck-Sertner Films **Pd** Karen Moore, Randy Sutter, Ted Babcock **R** Roger Spottiswoode **B** Chris Bertolet, Peter Horton **K** Jeffrey Jur **M** Gary Chang **S** Dominique Fortin **D** Marg Helgenberger (Pia Postman), David Morse (Frank McGrath), Peter Horton (Clay Moloney), Christine Estabrook (Christine Winter), Lauren Tom (Marge Fong), Teri Garr (JoAnn McGrath), Paige Moss (Sally) **L** 88 **E** 9.9.2000 WDR

TÖDLICHES GIFT (AGENT ORANGE). Ein CIA-Agent nimmt die Fahndung nach skrupellosen Umweltverschmutzern auf, die den Düngemitteln für Farmer ein berüchtigtes Gift beimischen. Ein vager Versuch eines Öko-Thrillers, der an der durchsichtigen Story, unbeholfenen Akteuren und einer einschläfernden Inszenierung krankt. – Ab 16. ✦ USA 1989 **P** Orange Management/Universal City Studios **VA** CIC **Pd** Duncan MacNeillie **R** Robert Davies **B** Johann Potgieter, Anthony Makin **M** James Hooker **S** Nena Olwage **D** Philipp Brown (Steve Woodman), Michelle Bestbier (Sarah), Michael Brunner (Hyde), Ron Smerczak (Jonathan), Alfred Nokwe (David Dhlomo) **L** 84 **FSK** ab 16 **E** 6.9.1990 Video **fd** 28 542

TÖDLICHES GOLD (1946) →Der König von Wildwest V. Teil: Tödliches Gold

TÖDLICHES GOLD (1973) →Big Deal

TÖDLICHES INFERNO (INFERNO). Der Partner eines ermordeten Polizisten verfolgt den vermeintlichen Mörder bis nach Indien und muß dort feststellen, daß der Kollege seinen Tod nur vortäuschte, um in illegale Geschäfte einsteigen zu können. Eine Prügel-Orgie auf niedrigstem Niveau, der es an Figurenzeichnung, Dramaturgie und innerer Logik mangelt. Selbst die Kampfszenen dieses mit etwas Sex angereicherten Films sind gründlich mißlungen. ✦ USA 1997 **P** Royal Oaks **VA** Ascot **Pd** Ashok Amritraj, Andrew Stevens **R** Fred Olen Ray **B** Michael W. Pottis **K** Gary Graver **M** Lane Driver **S** Yanick Moradian **D** Don »The Dragon« Wilson (Connors), Evan Lurie (Davaad), Tane McClure (Callista), Michael Cavanaugh (Grayson), Richard Hill (Trevor) **L** 87 **FSK** ab 18 **E** 5.12.1997 Video/22.5.1998 premiere **fd** 33 362

TÖDLICHES INSELPARADIES →Foxtrot

TÖDLICHES INTERVIEW (FINAL FRAME). Nach der Ermordung eines gefeierten Rock-Stars wird ein junger Filmemacher, der eines der letzten Video-Interviews mit dem Musiker aufnahm, zum Spielball verschiedener Interessengruppen, die das Videoband in ihren Besitz bringen wollen. Als er auf eigene Faust ermittelt, gerät er in ein gefährliches Spiel um eine Korruptionsaffäre. (Fernseh-)Krimi, der mit ironischen Seitenhieben das Geschäft um die Rock-Musik beleuchtet; der Rock-Star, der einem Bombenattentat zum Opfer fällt, wird vom Sänger der englischen Pop-Gruppe »Madness« gespielt. – Ab 16. ✦ Großbritannien 1989 **R** Paul Oremland **M** Les Negresses Vertes, The Farm **D** Graham MacPherson (East), Nick Reding (Hadi), Claire Toeman (Judy), Gillian Kearney (Cassy), James Aubrey (Paul Mandell) **L** 90 **E** 7.5.1993 VOX

TÖDLICHES KLASSENTREFFEN (PARALLEL LIVES). Hochkarätig besetzter Kriminalfilm. Als sich die Schulabgänger von Millbank College zu einem Klassentreffen versammeln, gibt es einen Toten. ✦ USA 1994 **R** Linda Yellen **B** Gisela Bernice **D** James Belushi (Nick Dimas), James Brolin (Spencer Jones), Ben Gazzara (Charlie Duke), Gena Rowlands (Francie Pomerantz), LeVar Burton (Dr. Franklin Carter), Liza Minnelli (Stevie Merrill), Dudley Moore (Stanley/Präsident Andrews), Mira Sorvino (Matty DeRosa) **L** 88 **E** 16.3.1998 SF 1

TÖDLICHES KOMPLOTT (THE FIFTH CORNER: TRIO). Ein Mann, der neben der Leiche einer jungen Frau aufwacht, muß feststellen, daß er sein Gedächtnis verloren hat. Nur bruchstückhaft kehrt seine Erinnerung wieder. Er wohnt in einem prächtigen Haus, besitzt mehrere Pässe und scheint für einen zwielichtigen Geschäftsmann zu arbeiten. Zusammen mit seinem Chauffeur und einer Journalistin will er Licht in die Angelegenheit bringen. – Ab 16. ✦ USA 1991 **R+B** John Herzfeld **D** Alex McArthur (Richard), J. E. Freeman (Boone), Kim Delaney (Erica), James Coburn (Dr. Grandwell) **L** 88/89 **E** 11./18.9.1995 Kabel 1 (zwei Teile)

TÖDLICHES LEBEN. Drama um einen Architekten, der zwischen Ehefrau und Geliebter steht. Kurz hintereinander muß er erfahren, daß seine Geliebte schwanger ist und er selbst einen Gehirntumor hat. ✦ Deutschland 1995 **R** Richard Engel **B** Ingrid Föhr **D** Susanne Uhlen (Vera Cortin), Bernd Herzsprung (Robert Cortin), Ursula Karven (Stefanie Sander), Gunter Schoß (Prof. Landmann), Jaecki Schwarz (Dr. Strecker) **L** 90 **E** 24.1.1998 Vox

TÖDLICHES LOS (THE TICKET). Durch finanzielle Engpässe kriselt es in der Ehe zwischen einer Verkäuferin und dem Aushilfspiloten einer Chartergesellschaft. Als die Not am größten ist, entdeckt der Mann, daß ihm ein Los, das er vor einiger Zeit erstanden hat, einen Millionengewinn beschert hat. Mit einem Flug nach Denver soll der Gewinn eingefahren werden, doch durch eine Manipulation stürzt das Flugzeug ab und die überlebenden Insassen müssen sich in den schneebedeckten Bergen den Nachstellungen der Flugfirmenbesitzerin und ihres Geliebten erwehren, die in Besitz des Loses kommen wollen. Eine gänzlich uninteressante Produktion mit völlig vorhersehbarer Handlung, die den Zuschauer nur durch ihre logischen Ungereimtheiten in Staunen versetzt. – Ab 16 möglich. ✦ USA 1997 **P** Wilshire Court (für Paramount) **VA** CIC **Pd+R** Stuart Cooper **B** David Alexander **K** Curtis Petersen **M** Charles Bernstein **S** Tim Tommasino **D** Shannen Doherty, James Marshall, Phillip van Dyke, Heidi Swedberg **L** 84 (gek. 84 Kino) **FSK** ab 16 (gek. 12; f) **E** 8.12.1997 Video/6.12.1998 Premiere **fd** 32 949

TÖDLICHES NETZ. Nach einer Serie spektakulärer Morde ermittelt ein zynischer Hauptkommissar der Berliner Kripo im Umfeld eines Computer-Clubs, zu dem alle Opfer Verbindung hatten. Es stellt sich heraus, daß die jugendlichen »Hacker« auf ihren Datenreisen versehentlich in ein Computer-Netz geraten sind, dessen Betreiber das Bekanntwerden bestimmter Informationen um jeden Preis verhindern will. Fürs Fernsehen produzierter Kriminalfilm von einiger Spannung. – Ab 16. ✦ Deutschland 1994 **P** ZDF **R** Vivian Naefe **B** Jochen Brunow **K** Martin Gressmann **M** Ulrich Kümpfel **D** Gottfried John (Kommissar Beckmann), Sydne Rome (Karin Jensen), Dominic Raacke (Markowski), Niels-Bruno Schmidt (Nicolai), Benno Fürmann (Chet), Gudrun Okras (Maria) **L** 90 **E** 19.9.1994 ZDF

TÖDLICHES PARADIES (SANDS OF EDEN). Den Spuren seines vor 27 Jahren verschwundenen Vaters, einem englischen Hobbyarchäologen, folgend, entdeckt ein junger Mann eine legendäre Wüstenstadt, deren unterirdisches Süßwasser-Reservoir von unermesslicher Bedeutung für die Region sein kann. Behindert wird seine Expedition allerdings vom Führer, der im Auftrag einer Ölgesellschaft alles daran setzt, das Unternehmen zu boykottieren. Konfektionierter (Fernseh-)Abenteuerfilm, der die Eckdaten des Genres mit einer Liebesgeschichte verbindet. – Ab 16. ✦ Frankreich/Kanada/Luxemburg 1997 **P** France 3/France 2/Cinévidéo Plus/Carrere/Delux Prod. **Pd** Claude Carrère, Denis Heroux **R** Marc Voizard **B** Robert Geoffrion, Nicole Ricard **K** John Berrie **M** Paul Racer, Matt Son **S** Hélène Plemiannikov **D** Rosemarie La Vaullée (Caroline), Christian Brendel (Tom Gregory), Randy Quaid (Lenny), Simon MacCorkindale (Peter Gregory), Said Amadis **L** 90 **E** 1.3.1999 premiere

TÖDLICHES PFLASTER SUNSET STRIP (THE STRIP). Soeben aus dem Militärdienst entlassen, gerät ein junger Jazz-Schlagzeuger an einen windigen Buchmacher, durch den er schnell ans große Geld zu kommen glaubt. Doch der Buchmacher spannt ihn und seine Geliebte für seine schmutzigen Geschäfte ein und verwickelt ihn unschuldig in Mordaffären. Kleiner Krimi mit melodramatischen Akzenten. Trotz versierter Hauptdarsteller wenig ansehnlich, durch ungeschicktes Rückblenden zudem recht holprig. Reizvoll indes die Jazz-Einlagen mit Louis Armstrong, Earl Hines und Jack Teagarden, die als historische Kostbarkeit gelten können. – Ab 16. ✦ Schwarz-weiß. USA 1951 **P** MGM **R** Leslie Kardos **B** Allen Rivkin **K** Robert Surtees **M** George Stoll **D** Mickey Rooney (Stan Maxton), Sally Forrest (Jane Tafford), William Demarest, James Craig (»Sonny« Johnson), Kay Brown **L** 85 **E** 18.10.1988 HR

TÖDLICHES RISIKO (1988) →Gleaming Heart

TÖDLICHES RISIKO (1995) →The Final Cut – Tödliches Risiko

TÖDLICHES RITUAL →Scheiß auf den Tod

TÖDLICHES SCHWEIGEN (1986) (SAN O RUZI). Ein in Armut lebender Gießereiarbeiter wird per Zufall Zeuge eines Mordes unter Schiebern und findet eine Tasche voller Geld. Obwohl er seiner Familie kaum das Nötigste bieten kann, rührt er das Geld nicht an. Als die Schieber auf seine Spur kommen, weiß er sich zu wehren. Ein vor allem sozialkritischer Gegenwartsfilm, als Krimi verpackt, diesem Genre jedoch nicht entsprechend. – Ab 16. ✦ Scope. Jugoslawien 1986 **P** Jadran **KI** Progress **R** Zoran Tadic **B** Pavao Pavlicic **K** Goran Trbuljak **M** Alfi Kabiljo **D** Rade Serbedzija (Valent), Fabijan Sovagovic, Iva Marjanovic, Ljubo Zecevic, Anja Sovagovic **L** 85 **E** 17.3.1989 Kino DDR

TÖDLICHES SCHWEIGEN (1996). Anlässlich des 60. Geburtstages seines Vaters kehrt ein Mann, der zu DDR-Zeiten in den Westen floh, ins Vogtländische zurück. Er hat jahrelang nichts von sich hören lassen und findet eine völlig veränderte Situation vor. Seine Frau hat erneut geheiratet und der Mann begegnet dem Gast mit Argwohn. Nicht zu Unrecht, wie sich herausstellt. Als die Frau sich wieder ihrem Ex-Mann zuwenden will, der sie jedoch zurückweist, weil er sein homosexuelles Coming Out hatte, eskalieren die Ereignisse, zumal auch das Verhältnis zwischen Vater und Sohn nicht das beste ist. Fernsehfilm über die Last einer unversöhnlichen Vergangenheit, der eine Familie, die nie richtig miteinander kommunizieren konnte, vor den Trümmern ihrer Hoffnungen zeigt. ✦ Deutschland 1996 **P** Max Movies **Pd** Roman Gustke **R+B** Bernd Böhlich **K** Georg Steffen **M** Tamás Kahane **D** Bruno Ganz (Hans Plache), Monika Lennartz (Lisa Plache), Ulrich Mühe (Christian Plache), Claudia Messner (Sophie Plache), Florian Martens (Joachim Deymann) **L** 90 **E** 13.3.1996 ARD

EIN TÖDLICHES SPIEL (CLOAK & DAGGER). Ein fantasiebegabter Junge, der sein Dasein durch Spielsituationen aufregender gestaltet und in dem Helden eines Computerspiels sein großes Vorbild sieht, gerät in Gefahr, als er tatsächlich einen Mord beobachtet, was ihm die Erwachsenen lange Zeit nicht glauben. Ein sehr spannend inszenierter Thriller, der geschickt mehrere Wirklichkeitsebenen ineinanderfließen läßt und die Möglichkeiten und Grenzen von Fantasietätigkeit und vorgegebenen Spielangeboten anspricht. Unkritisch und problematisch wird er durch die eingeengte Darstellung von Leitfiguren für Kinder, die als tapfere Helden dargestellt werden. (Andere Verfilmungen des Stoffes: »Das unheimliche Fenster«, »Ein Junge schrie Mord«) – Ab 16. ✦ USA 1984 **P** Universal **KI** CIC **Pd** Allan Carr **R** Richard Franklin **B** Tom Holland, nach einer Kurzgeschichte von Cornell Woolrich **K** Victor J. Kemper **M** Brian May **D** Henry Thomas (Davey Osborne), Dabney Coleman (Jack Flack/Hal Osborne), Michael Murphy (Rice), Christina Nigra (Kim Gardener), John McIntire (George MacCready), Jeanette Nolan (Eunice MacCready) **L** 97 **FSK** ab 16 **E** 1986 Video **fd** 25 200

TÖDLICHES SPIEL (FRAME UP II: THE COVER UP). Ein Thriller, der den ehemaligen Großstadtcop und jetzigen Provinzsheriff aus dem Film »Cobra Attack« (1990) vor eine neue Bewährungsprobe stellt. Als der Gesetzeshüter einem kriminellen Banker zu nahe kommt, der seinen Buchhalter ermordet und seine Ehefrau drogenabhängig gemacht hat, entführt der Verbrecher die Tochter des Sheriffs. Nun schaltet sich auch die aus ihrem Dämmerzustand erwachende Bankiersfrau ins Geschehen ein. ✦ USA 1992 **Pd+R+B** Paul Leder **K** Kent Wakeford **M** Bob Summers **S** Paul Leder **D** Wings Hauser (Sheriff Ralph Baker), John Saxon (Charles Searage), Frances Fisher (Jo Baker), Margaux Hemingway (Jean Searage), Patti D'Arbanville (Barbara Griffin), Lauren Woodland (Sue Baker), Peter Kwong (David Wong) **L** 92 **E** 27.12.1994 premiere

TÖDLICHES TERRITORIUM (THE TERRITORIANS). Die Ermordung einer Familie, die im australischen Outland Campingurlaub machte, ruft einen Aborigines-Polizisten auf den Plan. Ihm zur Seite wird ein Cop aus Sydney gestellt. Das Kompetenzgerangel findet ein Ende, als ein weiterer Mordfall registiert wird und sich durch einen unglücklichen Zufall die Familie des Großstadt-Polizisten in der Gewalt des mysteriösen Killers befindet. Thriller, der sich bemüht, die Landschaft des Kontinents einzubeziehen und die Eigentümlichkeiten seiner Bewohner herauszustellen. ✦ Australien 1996 **P** Robert-Bruning Prod. **Pd** Robert Bruning **R** Michael Offer **B** Ted Roberts **K** David Foreman **M** Anthony Partos **S** David Jaeger **D** Steven Vidler (Robert McCabe), Aaron Pedersen (Tom Daly), Peter Adams (Polizist Sarge Kennedy), Susan Lyons (Anne McCabe), Jamie Croft (Josh McCabe) **L** 90 **E** 26.4.1999 ZDF

TÖDLICHES TRAUMA (PRIME SUSPECT / TRAUMA). Während eines Camping-Urlaubs wird ein junger Mann Zeuge, wie seine Geliebte bestialisch ermordet wird. Durch den Schock verliert er seine Sprache und landet als Hauptverdächtiger in einer psychiatrischen Anstalt. Dort ist er den Nachstellungen eines perversen Pflegers ausgesetzt, bis er flieht, um auf eigene Faust den Mörder zu suchen, der weiter sein Unwesen treibt. Die langweilige Handlung wird eingeflochten in unlogische und überflüssige Rahmen-Geschichten, um am Ende einen drogensüchtigen Psychopathen als Täter zu präsentieren. ✦ USA 1988 **P** Premiere **VA** Ufa **Pd** Alain Silver, Patrick Regan **R** Mark Rutland **B** Alex Josephs, Sergei Goncharoff **K** Fernando Arguelles **M** Bruce Kimmel **S** Sergei Goncharoff **D** Robert F. Lyons (Sheriff), Susan Strasberg (Dr. Celia Warren), Billy Drago (Cyril), Michael Parks (Bill), Tom Breznahan (Tod) **L** 86 **FSK** ab 18 **E** 5.7.1993 Video **fd** 30 415

EIN TÖDLICHES TRIO (SLATE, WYN & ME). Gangsterballade in der Tradition von »Badlands« und »Bonnie & Clyde«, die trotz interessanter Ausgangsidee schnell an Reiz verliert. Zwei im Leben gescheiterte australische Brüder überfallen eine Bank und nehmen eine Zeugin mit auf die Flucht, um sie später zu töten. Zwischen den Männern und der jungen Frau entwickelt sich ein verhängnisvolles Dreiecksverhältnis. ✦ Australien 1987 **P** Hemdale/International Film Management/Ukiyo **Pd** Tim Burstall **R** Don McLennan **B** Don McLennan, nach dem Roman »Slate and Wyn and Blanche McBride« von Georgia Savage **K** David Connell **M+S** Peter Sullivan **D** Sigrid Thornton (Blanche McBride), Simon Burke (Wyn Jackson), Martin Sacks (Slate Jackson), Tommy Lewis (Morgan), Lesley Baker (Molly) **L** 90 **E** 17.9.1993 RTL 2

EIN TÖDLICHES VERGEHEN. Eine alleinstehende Therapeutin fühlt sich zu einem ihrer Patienten, einem attraktiven Witwer, hingezogen. Es verwirrt sie allerdings, dass er sie bei den Sitzungen offenkundig anlügt. Als in der Stadt zwei Kolleginnen ermordet werden, die mit einem ihrer Patienten ein Verhältnis hatten, gerät auch der jugendliche Mann in Verdacht und die Ärztin in höchste Gefahr. In der psychiatrischen Abteilung einer Klini angesiedelter Psychothriller. ✦ Deutschland 1995 **R** Tony Randel **B** Mark Rosman **K** Rodger Hinrichs **M** Joel Goldsmith **D** Marijam Agischewa (Dr. Katharina Sand), Jan Niklas (Alex Neumann), Birgit Doll (Jennifer Degenhardt), Gunter Schoß (Kommissar Porter), Diana Körner (Prod. Lydia Kaber) **L** 89 **E** 3.2.1996 ZDF

TÖDLICHES VERGNÜGEN (THE TASTE OF HEMLOCK). Als ein Kellner einen affektierten jungen Mann aufsucht, um die inserierte Lederjacke zu erwerben, gerät er in höchst seltsame Ereignisse. Der Inserent und seine Freunde haben Lust auf ein satanisches Spiel, und der Kellner sieht sich plötzlich des Mordes verdächtigt. Ein subtiler Psychothriller mit Szenen eruptiver Gewalt. Weil die sadistischen Elemente im Vordergrund stehen, ist das Vergnügen getrübt. ✦ USA 1987 **P** Manley Prod. **VA** Dynamic **Pd+R** Geoffrey Darwin **B** Eric Tynan Young, nach dem Bühnenstück von Pauline Macaulay **K** Roger Tonry **M** Eric Tynan Young **S** Henry Te **D** Randy Harrington (Cloud Thatch), Eric Tynan Young (James Hatton), Anne Elizabeth Ramsay (Barbara), Reed Armstrong (Barry), David McKnight (Lt. Jordan) **L** 86 **FSK** ab 16 **E** 1.7.1992 Video **fd** 29 855

EIN TÖDLICHES VERHÄLTNIS. Zwei Frauen mit schweren psychischen Störungen auf Grund frühkindlichen Mißbrauchs und einer Fehlgeburt konkurrieren bis zum blutigen Ende um denselben Mann. Ein reißerischer Psychothriller auf Fernsehfilm-Niveau, der deutlich nach US-amerikanischen Vorbildern schielt. Formal bemerkenswert sind allenfalls einige erzählerische Fähigkeiten des Regisseurs im rein visuellen Bereich. ✦ Deutschland 1997 **P** Rialto Film **KI** Tobis **Pd** Susan Nielebock **R+B** Michael Bartlett **K** Ekkehart Pollack **M** Jens Holzkamp **S** Sabine Brose **D** Dominique Horwitz (Ben), Floriane Daniel (Jenny), Julia Jäger (Lisa), Dorothea Moritz (Frau Prack), Ingo Naujoks (Leo), Rainer Strecker (Vater) **L** 110 **FSK** ab 16; **f E** 16.4.1998 **fd** 33 087

TÖDLICHES VERLANGEN (SVART LUCIA). Drama über Nöte und Realitätsbewältigung einer jungen Frau. Eine Schülerin hat sich in ihren Literaturlehrer verliebt. Nachdem sie ihm einen erotischen Aufsatz geschrieben hat, erfährt sie, daß der Mann ihre Fantasien mit einer anderen Frau realisiert hat. Bald geschehen merkwürdige Dinge in der Schule. ✦ Schweden 1992 **Pd** Waldemar Bergendahl **R** Rumle Hammerich **B** Carina Rydberg **K** Jens Fischer **M** Jacob Groth **S** Camilla Skousen **D** Tova Magnusson (Mikaela), Figge Norling (Joakim), Björn Kjellman (Max), Liv Alsterlund (Sandra), Malin Berghagen (Justine) **L** 99 **E** 5.3.1994 RTL 2

TÖDLICHES VERSPRECHEN (AVEUGLE, QUE VOIS-TU). Ein junger Mann verliert sein Augenlicht und sieht sich als Blinder den Nachstellungen von Gangstern ausgesetzt, gegen die er sich mit List und Mut und der Hilfe eines kleinen Jungen zur Wehr setzt. Kriminalfilm aus einer ursprünglich fürs französische Fernsehen unter dem Oberbegriff »Schwarze Serie« entstandenen Reihe. Streckenweise interessant und unterhaltsam, in der Thriller-Handlung aber zu klischeehaft und unglaubwürdig. (Videotitel auch: »Auge um Zahn«) ✦ Frankreich 1984 **P** Hamster Prod./TF1 Films/Radio Télévsion Suisse Romande/RTL/RAI **VA** Hit-Film **R** Juan-Luis Buñuel **B** Juan-Luis Buñuel, Jean-Patrick Manchette, nach einem Roman von Robert Destanques **K** Christian Garnier, Alain Guillard **D** François Cluzet, Marcel Cuvelier, Vania Vilers, Hélène Pechayrand, Aina Walle, Ged Marlon **L** 86 **FSK** ab 16 **E** 2.9.1985 RTL plus/August 1986 Video

TÖDLICHES VERSTECK (HIDER IN THE HOUSE). Ein durch Kindheitserlebnisse zum Paranoiker gewordener Mann mit gewaltigen Körperkräften, die er nicht beherrschen kann, nistet sich heimlich auf dem Dachboden eines Hauses ein, in das eine vierköpfige Familie einzieht. Er beobachtet sie heimlich, nimmt indirekt an ihrem Leben teil und lenkt zunehmend deren Geschicke in gute wie auch in schlechte Richtungen. Zwangsläufig spitzen sich die Ereignisse zu, und eher unwillentlich wird er zum Mörder. Trotz einiger Unglaubwürdigkeiten ein annehmbarer Horrorfilm über den irrationalen Einbruch von tödlicher Gefahr in eine harmlos-normale Welt, der sich durchaus geschickt für die psychologische Seite interessiert. – Ab 16. ✦ USA 1988 **P** Precision/Mack-Taylor (für Vestron) **VA** Concorde **Pd** Edward Teets, Michael Taylor **R** Matthew Patrick **B** Lem Dobbs **K** Jeff Jur **M** Christopher Young **S** Debra T. Senith **D** Gary Busey (Thomas Sykes), Mimi Rogers (July), Michael McKean (Phil), Elizabeth Ruscio (Rita), K.C. Kinder (Neil), Candy Hutson (Holly) **L** 106 (gek.103) **FSK** ab 16 (gek. ab 12) **E** 13.5.1991 Video **fd** 29 421

TÖDLICHES WISSEN (DANGER TOMORROW). Kriminalfilm der britischen B-Klasse: Ein Arztehepaar zieht in ein altes Landhaus, in dem sich ein paar Jahre vorher ein Mord ereignet haben soll. Es geschehen scheinbar übernatürliche Dinge, die schießlich zur Aufklärung des Mordes führen. Unaufwendig inszeniert, mit einigen effektvollen Details. – Ab 16. ✦ Schwarz-weiß. Großbritannien 1960 **P** Parroch/Anglo Amalgamated **KI** Aki-Aktualitäten-Kino **Pd** C. Jack Parsons **R** Terry Bishop **B** Guy Deghy, nach einer Erzählung von Frank Charles **D** Zena Walker (Ginny Murray), Robert Urquhart (Bob Murray), Lisa Daniely (Marie), Rupert Davies (Dr. Robert Cambell), Annabel Maule (Helen), Russell Waters (Steve) **L** 61 **FSK** ab 12; **f E** 28.8.1964 ARD

EIN TÖDLICHES WOCHENENDE. Ein Teilnehmer einer Gruppentherapiesitzung in einem abgeschiedenen Gebirgsdorf überfährt den Sohn eines Bauern, der an seinen Verletzungen stirbt. Während die wohlhabenden Städter einer aufreibenden Sitzung beiwohnen, in deren Verlauf sie einen der Ihren spielerisch opfern müssen, macht der Vater des Toten blutigen Ernst und fordert seine Rache. Ein Thriller mit klaustrophobischem Szenario und geradezu klassischem Aufbau, in dessen Verlauf die Mördergruben in den Herzen der einzelnen Beteiligten ausgelotet werden sollen. ✦ Deutschland 2000 **R** Torsten C. Fischer **B** Klaus-Peter Wolf **D** Andrea Sawatzki (Ute Sperling), Nele Müller-Stöfen (Sabine Jung), Dominique Horwitz (Julius), Thomas Kretschmann (Christian), Jürgen Hentsch (Harry), Helmut Berger (Jochen), Manfred Möck **L** 90 **E** 7.3.2001 ARD

TODO MODO (TODO MODO). Die polemische Darstellung einer Elite von Machtträgern, die in einem kirchlichen Zentrum geistliche Übungen abhalten und zugleich in einem Prozeß der Selbstzerfleischung begriffen sind. Auf italienische Verhältnisse und speziell auf die Democrazia Cristiana gemünzt, denunziert die Romanverfilmung mit deutlichem Zorn die Verfilzung der Macht und eine zynische Indienstnahme der Religion für politische Zwecke. Dabei wird die Darstellung des Machtspiels irreal überhöht und gerät derart abstrakt, daß die darin enthaltene Kritik kaum Verbindlichkeit erreicht. ✦ Italien 1976 **P** Cinevera/Daniele Senatore **Pd** Daniele Senatore **R** Elio Petri **B** Elio Petri, Berto Pelosso, nach einem Roman von Leonardo Sciascia **K** Luigi Kuveiller **M** Ennio Morricone **S** Ruggero Mastroianni **D** Gian Maria Volonté (M), Marcello Mastroianni (Don Gaetano), Mariangela Melato (Giacinta), Michel Piccoli (Lui), Renato Salvatori (Scalambri), Ciccio Ingrassia (Voltrano) **L** 133 **E** 1977 Kino **fd** 20 358

TODOROV – EIN GANGSTERFILM. 1971 fand in München beim Überfall auf eine Filiale der Deutschen Bank die erste Geiselnahme der deutschen Nachkriegsgeschichte statt. Bei der Befreiungsaktion starb eine Geisel und einer der Geiselnehmer. Der andere Gangster wurde zu lebenslanger Freiheitstrafe verurteilt. Nach seiner Haftentlassung 1993 begleitete ihn der Dokumentarfilmer Uli Kick ein Jahr lang. Ein ungemein spannender Dokumentarfilm, der sich durch intensive Beobachtungen und Gespräche auszeichnet und durch eine Kameraarbeit, die Nähe vermittelt, ohne aufdringlich zu wirken. Das ehrliche Dokument eines verpfuschten Lebens. – Ab 16. ✦ Deutschland 1995 **P** filmworks **Pd+R+B** Uli Kick **K** Franz König **S** Christine Hafner, Jan Redepenning **L** 90 **E** 10.9.1995 WDR

TODSICHER → Sure Fire

TODSICHERE GESCHÄFTE (THE SETTLEMENT). Zwei halbseidene Geschäftsleute, Kumpels aus Schultagen, kaufen die Lebensversicherungen sterbender Patienten zum Dumping-Preis auf, um sie nach deren Ableben kassieren zu können. Die Versicherungspolice einer Krebskranken, die sie für 500.000 Dollar erstehen, um später zwei Millionen einstreichen zu können, scheint der Coup ihres Lebens. Doch sie haben die Rechnung ohne die Kranke gemacht. Krimi-Komödie mit verhaltenem Tempo und einem soliden Hauptdarsteller; geschickt konstruierte Unterhaltung jenseits des Mainstreams. ✦ USA 1999 **P** Cinetel/Davis Entertainment/Dogsmile **Pd** Todd Hoffman, Jon Kuyper **R** Mark Steilen **B** Mark Steilen, Lawrence H. Toffler, nach einem Bühnenstück von Lawrence H. Toffler **K** Judy Irola **M** Brian Tyler **S** Fabienne Rawley **D** John C. Reilly (Pat), William Fichtner (Jerry), Kelly McGillis (Barbara/Ellie), David Rasche (Denny), Dan Castellaneta (Neal), Monica Staggs (die richtige Barbara) **L** 90 **E** 24.3.2001 Premiere World

EINE TODSICHERE SACHE (DEAD CERT / DEAD CERTAIN). Ein Jockey kommt nach dem tödlichen

Sturz seines Freundes einer Wettschwindelbande auf die Schliche. Perfekt konstruierter und inszenierter Reißer mit Spannung und Action, der seine Pointe geschickt hinauszögert. Über solch unterhaltende Qualitäten hinaus auch glaubwürdig und überzeugend in der Darstellung zwischenmenschlicher Beziehungen. (Fernsehtitel: »Im Karussell des Todes«) – Ab 16. ✦ Großbritannien 1974 **P** Woodfall **R** Tony Richardson **B** Tony Richardson, John Oaksey, nach einem Roman von Dick Francis. **K** Freddie Cooper **M** John Addison **D** Scott Anthony (Alan York), Judi Dench (Laura Davidson), Ian Hogg (Bill Davidson), Michael Williams (Sandy Mason), Nina Thomas (Penny Brocker) **L** 90 **E** 21.7.1978 ZDF **fd** 20 353

EINE TODSICHERE WETTE (TWICE SHY). Ein Privatdetektiv, der in Irland den mysteriösen Tod eines Freundes klären will, stößt auf ein Wettsystem, das todsichere Gewinne verspricht. Als er in den Besitz der Formel gerät, sind ihm plötzlich Gangster auf den Fersen, die sich dieses Wissen sichern wollen. Kriminalfilm. – Ab 16. ✦ Irland/Kanada 1989 **R** Deirdre Friel **B** Andrew Payne **D** Ian McShane (David Cleveland), Niall Toibin (Rennstallbesitzer), Pat Leavy (Hotelbesitzer), Dearbhla Molloy (Witwe), Geraldine Fitzgerald (Mrs. O'Rourke) **L** 94 **E** 17.12.1996 SAT 1

EIN TODSICHERES GESCHÄFT. Ein junger Deutscher, den es als Bestattungsgehilfen in einen kleinen walisischen Küstenort verschlagen hat, träumt von einem eigenen Beerdigungsinstitut. Erst als ein todkranker amerikanischer Jazz-Musiker auftaucht und sich mit ihm anfreundet, erfüllt sich sein Wunsch auf ungewöhnliche Weise. Skurrile Komödie, die den makabren Humor des Sujets nie auszuschöpfen weiß und am falschen Timing der Inszenierung krankt. Die präzis besetzten Nebenrollen, die ausgezeichnete Kameraarbeit und der verspielt-nostalgische Soundtrack können diese Defizite begrenzt ausgleichen. – Ab 14 möglich. ✦ Deutschland 2000 **P** Claussen & Wöbke **Kl** Buena Vista **VA** Buena Vista Home **Pd** Jakob Claussen, Thomas Wöbke **R+B** M. X. Oberg **K** Martin Kukula **M** Niki Reiser **S** Barbara Giess, Mona Bräuer **D** Thomas Schmauser (Hugo Nagel), Ben Gazzara (Jim Lagota), Emma Catherwood (Natalie), Sally Dexter (Mary-Boo), Edward Jewesbury (Burns. sen.) **L** 89 **FSK** ab 12; f **FBW** w **E** 8.2.2001/16.8.2001 Video **fd** 34 699

TODSÜNDE (1946) (LEAVE HER TO HEAVEN). Nach dem Tod ihres abgöttisch geliebten Vaters heiratet eine egozentrische junge Frau einen Schriftsteller, der dem Toten auffällig ähnelt. In krankhafter Eifersucht räumt sie alles, was ihn ablenken könnte, aus dem Weg und begeht schließlich sogar Selbstmord, um damit einen Mord vorzutäuschen, für den der Ehemann unschuldig verurteilt wird. Erst die stille Liebe der Schwägerin sorgt für Gerechtigkeit. Altmodisches Melodram, das in grenzenlosem Pathos untergeht. Reizvoll allein: die schwelgerischen Farben von Technicolor. – Ab 16. ✦ USA 1946 **P** 20th Century Fox **Kl** Centfox **Pd** William A. Bacher **R** John M. Stahl **B** Jo Swerling, nach einem Roman von Ben Ames Williams **K** Leon Shamroy **M** Alfred Newman **D** Gene Tierney (Ellen), Cornel Wilde (Richard), Jeanne Crain (Ruth), Vincent Price (Russell Quinton), Mary Philips (Mrs. Berent) **L** 110 **FSK** ab 16; f **E** 24.11.1950 **fd** 712

TODSÜNDE (1970) (PECADO MORTAL). Der moralische und sittliche Verfall einer brasilianischen Großbürgerfamilie. Auch der vom Studium heimkehrende Sohn ist, obwohl er die Misere intellektuell erfaßt, zur Veränderung unfähig und versinkt in Lethargie. Eine düster-pessimistische Bestandsaufnahme, sehr verschlüsselt und kühl inszeniert, fast ohne Dialog und mit einigen eher zitathaften Ausflügen ins Melodramatische. Prononciert wird auch das Proletariat als obrigkeitshörige Masse von Machtlosen dargestellt. Nicht zuletzt ist der Film ein Abgesang auf die aufklärerischen Ideale des brasilianischen »Cinema Novo«. ✦ Brasilien 1970 **P** M.F./CN Promoçoes e Publicade **Pd** Gustavo Dahl **R+B** Miguel Faria jr. **K** Joao Carlos Horta **M** Gilberto Gil **S** Mair Tavares **D** José Lewgoy (Dr. José), Fernanda Montenegro (Dona Fernanda), Susana Moraes (Susana), Annecy Rocha (Anecy), Rejane Medeiros (Rejane) **L** 65 **E** 21.8.1972 ARD

TODSÜNDE (1992) (LAKE CONSEQUENCE). Eine Ehefrau und Mutter findet sich gemeinsam mit einem Holzfäller und dessen Geliebter in der Wildnis eines amerikanischen Naturparks wieder. Am Ende der sexuellen Eskapaden steht für die Hausfrau die Einsicht, daß dies nicht das richtige Leben für sie ist. Erotik-Schmachtfetzen mit unechten, überdrehten Gefühlen und einer (Doppel-)Moral, die in ein falsches Idyll der bürgerlichen Familie zurückführt. ✦ USA 1992 **P** Zalman King Collection **VA** Concorde **Pd** Avram Butch Kaplan **R** Rafael Eisenman **B** Henry Cobbold **K** Harris Savides **M** George S. Clinton **S** James Gavin Bedford, Curtis Edge **D** Billy Zane (Billy), Joan Severance (Irene), May Karasun (Grace), Whip Hubley (Jim), Courtland Mead (Christopher) **L** 86 **FSK** ab 16 **E** 15.11.1993 Video/11.11. 1994 premiere **fd** 30 536

TODSÜNDEN (MORTAL SINS). Psychothriller um einen psychopathischen Frauenmörder, der als Sozialamtsbeamter im Priestergewand mit Stola seine Taten wie religiöse Rituale zelebriert. Bis zu seinem Todessturz vom Kirchturm hat er einen forschen Gemeinde-Pastor an das Beichtgeheimnis gekettet, wodurch dieser zwischen die Fronten von Polizei und geistlichen Amstbrüdern gerät und trotz eigener Ermittlungen den Täter gewähren lassen mußte. Ein abstruser Genrefilm um Mystik-Wahn und sehr verzerrender Kirchenvorstellungen: Die römisch-katholische Kirche wird gleichzeitig als extrem rückständig und als sympathische Sozialhilfeeinrichtung gezeichnet. ✦ USA 1992 **P** Blake Edwards TV/Barry Weitz Films **Pd** Tom Rowe **R** Bradford May **B** Greg Martinelli **K** Peter Woeste **D** Christopher Reeve (Pater Cusack), Roxann Biggs (Maria Croce), Francis Guinan (Bruder Simmons), Weston McMillan (Paul Kaye), Phillip R. Allen (Lt. Williams), Lisa Vultaggio (Niba Croce) **L** 90 **E** 3.4.1994 Hessen 3

TODSÜNDEN – DIE ZWEI GESICHTER EINER FRAU. Nachdem sie sich 20 Jahre aus dem Wege gegangen sind, treffen sich zwei Zwillingsschwestern anlässlich eines Todesfalls wieder. Bei der Begegnung kommt es zum Streit, beim dem eine der beiden zu Tode kommt. Die Überlebende beschließt, den Platz der Toten einzunehmen, nicht zuletzt weil diese vermögend war. Doch das Doppelspiel hat seinen Preis: Bald ist die Betrügerin Erpressungen ausgesetzt und entdeckt, dass auch die Schwester ein mörderisches Doppelleben führte. Fürs Fernsehen produzierter Psychothriller. ✦ Deutschland 1999 **P** Movie – the art of entertainment (für RTL) **Pd** Oliver Berben **R** Carlo Rola **B** Norbert Ehry, Werner Thal **D** Iris Berben (Cathrin/Vera), Vadim Glowna (Gregor Altmann), Ralf Schermuly (Dr. Victor Reck), Anian Zollner (Claudio Fernandez), Patrizia Moresko (Jessica) **L** 90 **E** 4.12.1999 RTL

TOHUWABOHU →Der falsche Ehemann

TOILETTE. Mit einer Videokamera beobachtet die Filmemacherin Stück für Stück ihren Körper, seine Formen, Bewegungen und Geräusche. In Einstellungen mit der Eindringlichkeit von Graphiken kann der dazu bereite Zuschauer Sehen und Hören neu erleben und im Alltäglichen das Abenteuer entdecken. In seiner Konsequenz ein äußerst radikaler Film, der entdeckt werden will, aber viele neue Erfahrungen in sich birgt. – Ab 16. ✦ Schwarz-weiß. BR Deutschland/ Österreich 1977–79 **P** Friederike Pezold Prod. **SF** Freunde der Deutschen Kinemathek **Pd+R+B+K** Friederike Pezold **S+D** Friederike Pezold **L** 89 **E** 27.2.1979

TOILETTENGEFLÜSTER. Ein unsäglich dummer, aus zusammenhang- und witzlosen Episoden bestehender Sexfilm über WC-Graffitis. Verleihreklame 1971: »Schamlose Frechheiten um stille Örtchen«. (Titel auch: »Das bums-fidele Häuschen«) – Wir raten ab. ✦ Schweiz 1971 **P** Monarex **Kl** Film Allianz/Roland **R** Mario d'Alcala **K** Hans Jura **D** Ursula Reith, Alon d'Armand, Margot Mahler, Kurt Grundmann, Josef Moosholzer **L** 84 **FSK** ab 18; nf **E** 3.12.1971 **fd** 17 813

TOKIO DEKADENZ (TOKYO DECADENCE TOPAZ). Eine junge Prostituierte in Tokio läßt sich auf die sadomasochistischen Fantasien ihrer Kunden ein und beobachtet ebenso verstört wie verwundert das, was die Männer ihr und sich selbst zufügen. Eine filmische Odyssee durch ein perverses »Wunderland« geheimer Triebe, die in einer gefühlskalten japanischen Wirklichkeit ihre versteckten Nischen finden. Betont »kunstvoll« und ambitioniert, kann der Film auf Dauer seine gedankliche Kurzatmigkeit nicht hinter den drastisch ausgespielten Sexszenen verbergen. ✦ Japan 1991 **P** Melsat/JVD **Kl** Kinowelt **VA** VPS/Cinevision **Pd** Aikoh Suzuki, Tadanobu Hirao, Yousuke Nagata, Chosei Funhara **R** Ryu Murakami **B** Ryu Murakami, nach seinen Erzählungen **K** Tadash Aoki **M** Ryuichi Sakamoto **S** Kazuki Katashima **D** Miho Nikaido (Ai), Sayoko Amano (Saki), Tenmei Kanou, Masahiko Shimada **L** 89 **FSK** ab 18; nf **E** 29.7.1993/17.2.1994 Video **fd** 30 351

TOKIO-JOE (TOKYO JOE). Ein ehemaliger Nachtlokalbesitzer, zuletzt Kampfflieger für die US-Air-Force, kehrt wenige Jahre nach Ende des Zweiten Weltkriegs nach Tokio zurück, wo er seiner totgeglaubten früheren Frau wiederbegegnet. Diese hatte sich aus Angst vor der Internierung für den japanischen Nachrichtendienst anwerben lassen. Um ihr zu helfen, verstrickt sich der Heimkehrer in Gefahren, die ihn letztlich das Leben kosten. Spannender Abenteuerfilm mit kleinen Seitenhieben auf Militärbürokratie und Geheimdienst, in erster Linie ein Starfilm für Humphrey Bogart, der als desillusionierter Held zum Scheitern verurteilt ist und sich nur durch seinen Opfertod verwirklichen kann. ✦ Schwarz-weiß. USA 1949 **P** Santana (für Columbia) **Kl** Columbia **Pd** Robert Lord, Henry S. Kesler **R** Stuart Heisler **B** Cyril Hume, Bertram Millhauser, Walter Doniger **K** Charles Lawton jr. **M** George Antheil **S** Viola Lawrence **D** Humphrey Bogart (Joe Barrett), Florence Marly (Trina), Alexander Knox (Mark Landis), Sessue Hayakawa (Baron Kimura), Lora Lee Michel (Anya) **L** 88 **FSK** ab 12; nf **E** 2.1.1951 **fd** 1 087

TOKIO 1964 (TOKYO OLYMPIAD / TOKYO ORIMPIKKU). Dokumentation über die olympischen Spiele in Tokio. Der ungewöhnliche technisch-organisatorische Aufwand und Ichikawas konsequenter Gestaltungswille ergeben zusammen ein exemplarisches Bild vom Menschen in der sportlichen Leistungsprüfung. Vereinzelte Idealisierungstendenzen gehen auf das Konto des IOC, das die Originalfassung mit dem Argument, sie sei künstlerisch allzu »eigenwillig«, nur in stark gekürzter und veränderter Version für die internationale Kinoauswertung freigab. (DDR-Titel: »XVIII. Olympische Sommerspiele Tokio 1964«) – Ab 12. ✦ Scope. Japan 1964 **P** The Organizing Committee for the Games of the XVIII Olympiad **Kl** Deutsche Olympische Gesellschaft/Rank **R** Kon Ichikawa **B** Nattô Wada, Shuntaro Tanikawa, Yoshio Shirasaka, Kon Ichikawa **M** Toshiro Mayuzumi **L** 87 (DDR 103) **FSK** ab 6; f **FBW** bw **E** 1965 Kino/14.10.1966 Kino DDR **fd** 13 646

TOKIO – PANKOW. Dokumentar-Video. Ein deutscher Filmemacher, der in Japan aufgewachsen ist, bereist seine alte Heimat, in der er sich fremd fühlt. In Tokio begegnet er einem japanisch-koreanischen Ehepaar, das Deutschland verehrt und sich dort bei einem Studienaufenthalt kennengelernt und eingerichtet hat. Doch im Sommer 1992 begann man in Pankow, die Asiaten »unfreundlich« zu behandeln. ✦ Deutschland/Japan 1993 **R** Peter Zobel **K** Seiji Mita, Sinichiro Sakaguchi, Peter Zobel **M** Gilles Zimmermann **L** 61 **E** 18.1.1994 ZDF

TOKIO PIGALLE (ARASHI O YOBU OTOKO). Aufstieg und Fall eines Jazz-Schlagzeugers im Zwielicht der Halbwelt von Tokio. Ein lebendig und populär erzählter Unterhaltungsfilm, wechselweise lärmend und weinerlich, naiv und gewalttätig. Das kintopp-dramatische Schlaglicht auf die damalige japanische Schlager- und Halbstarken-Szene wurde in der Gestaltung offensichtlich beeinflußt von amerikanischen Mustern. ✦ Scope. Japan 1957 **P** Nikkatsu **KI** Atlas **R+B** Umeji Inouye **K** Izumi Iwasi **M** Seitaro Omori **D** Yujiro Ishihara, Miye Kitahara, Kyoji Aoyama, Yumi Takano **L** 85 **FSK** ab 16; nf **E** 25.11.1960 **fd** 9731

TOKIO POP →Tokyo Pop

TOKIO-STORY (HOUSE OF BAMBOO). Im Auftrag amerikanischer und japanischer Behörden knackt ein Militärpolizist eine aus entlassenen Soldaten rekrutierte, besonders straff organisierte und brutale Bande. Oberflächlicher Gangsterfilm, der die Story von »Straße ohne Namen« (1948) nach Tokio verlegt und mit effektvollen Breitwandbildern aus Fernost ausstaffiert. – Ab 16. ✦ Scope. USA 1954/55 **P** 20th Century Fox **KI** Centfox **Pd** Buddy Adler **R** Samuel Fuller **B** Harry Kleiner, Samuel Fuller **K** Joseph MacDonald **M** Leigh Harline **S** James B. Clark **D** Robert Ryan (Sandy Dawson), Robert Stack (Eddie Kenner/Spanier), Shirley Yamaguchi (Mariko), Cameron Mitchell (Griff), Brad Dexter (Captain Hanson) **L** 102 **FSK** ab 12; nf **E** 21.10.1955 **fd** 4475

TOKOSILE (DIE SCHWARZE SCHWESTER). Missionsspielfilm in Original-Zulusprache mit Zwischentiteln: Die in der katholischen Missionsschule Kinghill (Natal) erzogene Häuptlingstochter, durch Intrigen des Giftmordes in der Hochzeitsnacht verdächtigt und zum Tode verurteilt, wird nach ihrer Flucht Ordensschwester und opfert sich als Krankenpflegerin bei einer Malaria-Epedemie in ihrem Stammesgebiet. – Ab 14. ✦ Schwarz-weiß. Deutschland 1932/33 **P** Oblatenpater Stephan (Jurczek) **R** Stephan Jurczek **L** 85 **FSK** ab 12; f

TOKUGAWA – GEQUÄLTE FRAUEN (TOKUGAWA ONNA KEIBATSUSHI). Drei Episoden um Liebe, Leidenschaft und Mord aus dem Japan des frühen 17. Jahrhunderts (= die Tokugawa-ra), entstanden auf der Grundlage angeblich authentischer Kriminalfälle: Eine arme junge Frau wird durch erpresserische Machenschaften eines reichen Kaufmanns zur Geliebten ihres Bruders und stirbt durch eine bestialische Hinrichtungsmethode. Eifersucht und lesbische Liebe in einem Nonnenkloster führen zu blutigen Tötungsorgien, die nicht minder grausam bestraft werden. Ein Tätowierer spezialisiert sich auf die Darstellung von Folterszenen und benutzt die Qual seiner Modelle als Quelle künstlerischer Inspiration. Der Film häuft Sadismen und Perversitäten, die vor allem durch ihre frauenverachtende Tendenz Brechreiz verursachen. (Titel auch: »Frauen – gequält und geschändet«) – Wir raten ab. ✦ Scope. Japan 1968 **P** Toei **KI** Constantin (Neu: Knipp-Film) **R+B** Teruo Ishii **K** Motoya Washio **M** Masao Yagi **D** Teruo Yoshida (Tanamo Yoshioka), Yukie Kagawa (Reiko), Reiko Mikasa (Hana), Miki Obana (Myoshin), Masumi Tachibana (Mitsu) **L** 86 **FSK** ab 18; nf **E** 9.1.1970 **fd** 16563

TOKUGAWA II – DAS FREUDENHAUS VON NAGASAKI (TOKUGAWA IREZUMISHI-SEMEJIGOKU). Der Leidensweg der Bauerntochter Yumi durch die Bordelle und Folterkammern des japanischen Feudalreichs im 19. Jahrhundert. Anders als im ersten Film der Reihe (»Tokugawa – Gequälte Frauen«) wartet die Fortsetzung mit einer durchgehenden Handlung auf, die allerdings reichlich konfus ist und nur den Rahmen abgibt für gesuchte Grausamkeiten jeder Art. (Videotitel: »Das Freudenhaus von Nagasaki«) – Wir raten ab. ✦ Scope. Japan 1969 **P** Toei **KI** Constantin (Neu: Knipp-Film) **VA** EuroVideo **R** Teruo Ishii **B** Masahiro Kakefuda, Teruo Ishii **K** Motoya Washio **M** Masao Yagi **D** Teruo Yoshida, Masumi Tachibana, Tamiko Katayama, Mieko Fujimoto, Yukie Kagawa, Miki Obana **L** 84 **FSK** ab 18; nf **E** 24.9.1970/1980 Video **fd** 16981

TOKUGAWA III – IM RAUSCH DER SINNE (GENROKU ONNA KEIZU). Drei blutige Frauenschicksale aus der Praxis eines Arztes der Tokugawa-ra (um 1700): Eine unschuldig verführte, schwangere junge Frau endet im Bordell, wo sie elend zugrundegeht. Eine Nymphomanin erzählt unter Hypnose die Vorgeschichte ihrer Krankheit, bevor sie von ihrem Geliebten ermordet wird. Ein neurotischer Landesfürst fällt der Intrige seiner Mätresse zum Opfer, die ihm seine eigene Tochter als Geliebte zuführt. Die gynäkologische Perspektive ist in allen drei Fällen auch der Blickwinkel der Inszenierung: sadistischer Voyeurismus als Konsumware. – Wir raten ab. ✦ Scope. Japan 1970 **P** Toei **KI** Constantin **R** Teruo Ishii **B** Teruo Ishii, Musahiro Kakemaru **K** Teiji Yoshida **M** Masao Yagi **D** Teruo Yoshida, Masumi Tachibana, Matsuko Aoi, Akira Ishihama, Masumi Hashi, Toyozo Yamamoto **L** 85 **FSK** ab 18; nf **E** 5.5.1972 **fd** 17839

TOKYO DRIFTER – DER MANN AUS TOKIO (TOKYO NAGAREMONO). Ein ehemaliger Yakuza wird daran gehindert, aus dem Gangster-Milieu auszusteigen, und muß sich mit den Killern einer verfeindeten Bande herumschlagen. Am Ende ist er der einzige Überlebende und geht einsam seines Weges. Eine triviale Gangster-Ballade über das Töten und die Einsamkeit, erzählt in knallbunten Farben, die sich zu einer grellen Symbolik verdichten. Sie spielt durchaus geschickt mit den eigenen filmischen Mitteln und steckt voller Verweise auf den Gangsterfilm – speziell den »existentialistischen« französischen der 60er Jahre. (Kino: O.m.d.U.; Fernsehtitel: »Abrechnung in Tokio«) – Ab 16. ✦ Japan 1966 **P** Nikkatsu Corporation **KI** Kinowelt **Pd** Tetsuo Nakagawa **R** Seijun Suzuki **B** Yasunori Kawauchi, nach seinem Roman **K** Shigeyoshi Mine **M** Sô Kaburagi **S** So Isuburagi **D** Tetsuya Watari (Tetsu), Chieko Matsubara (Chiharu), Hideaki Nitani (Kenji), Eiji Go (Tanaka), Tamio Kawaji (Tatsuzo), Tomoko Hamakawa (Mutsuko) **L** 83 **E** 11.10.1990/7.10.1995 ZDF (deutsche Synchronfassung) **fd** 28628

TOKYO EYES (TOKYO EYES / UN CERTAIN REGARD). Eine junge Frau verliebt sich in Tokyo in einen merkwürdigen »Killer«, der mit seinen vorgetäuschten Attacken herzlose Menschen läutern will. Unkonventioneller Liebesthriller, in dessen Zentrum eine durch und durch filmische Reflexion über die Grenzen des Sichtbaren und die bleibende Fremdheit zwischen Individuen steht. – Ab 16. ✦ Frankreich/Japan 1998 **P** Lumen Films/Euro Space **KI** Pegasos **Pd** Kenzo Horikoshi, Hengameh Panahi **R** Jean Pierre Limosin **B** Jean Pierre Limosin, Santiago Amigorena, Philippe Madral, Yuji Sakamoto **K** Jean-Marc Fabre **M** Xavier Jamaux **S** Danielle Anezin **D** Shinji Takeda (K), Hinano Yoshikawa (Hinano), Kaori Mizushima (Naomi), Tetta Sugimoto (Roy), Takeshi Kitano (Yakuza) **L** 98 **FSK** ab 12; f **E** 14.10.1999 **fd** 33909

TOKYO-GA (TOKYO-GA). Der deutsche Filmemacher Wim Wenders auf den Spuren des 1963 verstorbenen japanischen Regisseurs Yasujiro Ozu, der in seinen Filmen Chronist der sich verändernden japanischen Gesellschaft war. Ein beeindruckendes Filmdokument über Entfremdung und über das Filmemachen, informativ und interessant. Es stört allein der mitunter etwas zu salbungsvoll wirkende Kommentar. – Sehenswert ab 14. ✦ BR Deutschland/USA 1985 **P** Wim Wenders Prod./Gray City Inc./Chris Sievernich Prod. (für WDR) **SF** Basis/Road Movie **VA** atlas **Pd** Chris Sievernich **R+B** Wim Wenders **K** Edward Lachman **M** Dick Tracy, Laurent Petitgand, Meche Mamecier, Chico Rojo Ortega **S** Wim Wenders, Solveig Dommartin, Jon Neuburger **D** Chishû Ryû, Yûshun Atsuta, Werner Herzog **L** 90 **FSK** ab 12 (Video) **E** 19.3.1987/13.11.1988 West 3 **fd** 26335

TOKYO KIDS. Dokumentation über japanischen Jugendliche, die nichts unversucht lassen, um den Zwängen des normierten Alltags zu entkommen. Als Hilfsmittel stehen neben der Popkultur und Anlehnungen an den Westen Video und Computer zur Verfügung. Der Film schildert kommentarlos seine Eindrücke und stellt eine virtuelle Gegenwelt vor, die vom Konsum bestimmt wird. ✦ Deutschland 2000 **R** Eva Bense, Georg Bense **L** 76 **E** 26.7.2000 arte

TOKYO POP (TOKYO POP). Eine von der New Yorker Szene frustrierte Rocksängerin geht nach Tokio, wo sie mit einer japanischen Gruppe zum Star aufsteigt. Eine mit viel Sinn für Situationskomik inszenierte Komödie, die die leicht klischeehafte Erfolgsstory durch viele treffende Seitenhiebe auf die Amerikanisierung der japanischen Kultur und das sich daraus ergebende kulturelle Durcheinander ausgleicht. (O.m.d.U.; TV-Titel: »Tokio Pop«) – Ab 16. ✦ Japan/USA 1987/88 **P** Kuzui Enterprises **KI** Filmwelt **Pd** Kaz Kuzui, Joel Tuber, Alan Brewer **R** Fran Rubel Kuzui **B** Fran Rubel Kuzui, Lynn Grossmann **K** James Hayman **M** Alan Brewer **S** Camilla Toniolo **D** Carrie Hamilton (Wendy Reed), Yutaka Tadokoro (Hiro Yamaguchi), Tetsuro Tanba (Dota), Masumi Harukawa (Mutter), Taiji Tonoyama (Großvater) **L** 99 **E** 10.8.1989/21.10.1994 ZDF **fd** 27748

TOKYO POWERMAN (MY LUCKY STARS). Ein Spezialagent der Hongkonger Polizei soll seinen Kollegen in Tokio beistehen. Doch aus dem scheinbaren Routineauftrag entwickelt sich ein Feldzug gegen die gesamte Unterwelt der japanischen Metropole. Martial-Arts-Film mit akrobatischen Elementen auf den Spuren der »Powerman«-Serie. ✦ Hongkong 1986 **P** Golden Harvest **VA** New Vision **Pd** Raymond Chow **R** Samo Hung (= Hung Kim-Po) **B** Barry Wong **K** Ngor Chi-Kwan, Arthur Wong **D** Jackie Chan (= Cheng Long) (Jackie), Yuen Biao (Ricky), Samo Hung (= Hung Kim-Po) (Kidstuff), Hu Hui-Chung (Inspektor Woo), Chang Chung (Matsumuto) **L** 84 **FSK** ab 16 **E** Dezember 1987 Video

TOKYO RAIDERS (DONG JING GONG LÜE). Ein vorgeblicher Innendekorateur begibt sich auf die Fährte einer jungen Bankierstochter, deren Verlobter in der japanischen Hauptstadt spurlos verschwunden ist. Eine visuell schwelgerische, rhythmisch präzise abgestimmte Actionkomödie, deren technische Raffinessen den dünnen Plot jedoch nicht kaschieren können. So wirkt der Mix aus verschiedenen inszenatorischen Stilelementen auf Dauer ermüdend und bietet nicht mehr als postmodernes Popcorn-Kino, in dem Agenten des CIA einmal mehr der die Drahtzieher sind, die den Weltgeldmarkt destabilisieren wollen. ✦ Hongkong 2000 **P** Red on Red/Golden Harvest **VA** Columbia Tristar Home **DVD** Columbia TriStar Home (16:9, 1.85:1, DD5.1 cant./dt.) **Pd** Chan Shek-Hong, Chong Lai Chun, Raymond Chow **R** Jingle Ma **B** Susan Chan, Felix Chong **K** Jingle Ma, Chan Chi-Ying **M** Peter Kam **S** Kwong Chi Leung **D** Tony Leung Chiu-Wai (Lin), Ekin Cheng (Yung), Kelly Chen (Macy), Cecilia Cheung (Saori), Nakamura Tôru (Takahashi) **L** 96 (Orig. 118) **FSK** ab 16 **E** 21.8.2001 Video & DVD **fd** 35078

TOKYO SKIN (MEI FA ZI). Ein 30-jähriger Chinese, der seit fünf Jahren in Tokyo lebt, hält sich mit Hehlerei über Wasser, sucht aber nach etwas, das seinem Leben einen Sinn geben könnte. Einem erfolglosen Maler geht es ähnlich. Ein Pakistani, den es nach Tokyo verschlagen hat, lebt auf der Straße und bettelt. Allen gemeinsam ist das Überleben in der kalten Metropole. Der Film versucht, das Lebensgefühl der 30-Jährigen in der modernen japanischen Gesellschaft zu beschreiben, die auf dem Weg in die Moderne Außenseitern wenig Lebensraum lässt. ✦ Japan 1995 **P** Only Hearts **R** Yukinari Hanawa **B** Yukinari Hanawa, Xiu Jian **K** Robin Probyn **M** Kenji Horie **S** Nobuko Tomita **D** Xiu Jian (Zhou), Mika Takahashi (Kyoko), Yukio Yamato (Kazuo), Koko (Yoko), Ali Ahmed (Ali) **L** 90 **E** 16.5.2000 arte

TOKYORAMA – FRAUEN BEI NACKTEM LICHT (TOKYO NO YORU / TOKYORAMA). Eine auf primitive Neugier zielende Aneinanderreihung von Striptease-, Varieté- und Revue-Szenen, diesmal aus Japan, garniert mit etwas Pseudo-Folklore und Fakir-Kunststücken. Einfallslos und schmuddelig. ✦ Scope. Japan/Frankreich 1961 **P** United Motion Pictures/Pathé Overseas **KI** Schneider **R** J. Hashida, J. Guymont **L** 82 **FSK** ab 18; nf **E** 2.4.1965 **fd** 13358

TOLDI – EIN HELDENLEBEN (TOLDI). Zeichentrickfilm nach einem Epos von Janos Arany, in dem das Heldenleben eines ungarischen Bauern und Edelmannes aus dem 14. Jahrhundert beschrieben wird. Seine Taten und sein Leben sind bis heute in Geschichten und Überlieferungen erhalten. Für den Film wurden Zehntausende von Ölbildern angefertigt und in einem komplizierten technischen Verfahren auf Filmmaterial übertragen. Entstanden ist dadurch ein in der Geschichte des Zeichentricks einzigartiger Film. – Ab 10. ✦ Ungarn 1985 **P** Pannónia/Infafilm/BR **R** József Gémes **B** József Gémes, nach dem Epos »Toldi« von János Arany **L** 80 **FSK** o. A.; f **E** 1.1.1988 BR

TOLL TREIBEN ES DIE WILDEN ZOMBIES (RETURN OF THE LIVING DEAD PART II). Ein Giftgas der Armee, das freigesetzt wird, belebt die Toten auf dem Friedhof, die eine Gruppe von Jugendlichen verfolgen, bis sie den Stromtod sterben. In der Mischung aus müdem Horror und plumper Komik hat sich das Genre des Zombie-Films zur banalen Teenager-Unterhaltung entwickelt. (Fernsehtitel: »Die Rückkehr der Höllenzombies«) ✦ USA 1987 **P** Lorimar **KI** Columbia **VA** VCL/Virgin **Pd** Tom Fox **R+B** Ken Wiederhorn **K** Robert Elswit **M** J. Peter Robinson, Vladimir Horunzhy **S** Charles Bornstein **D** James Karen (Ed), Jason Hogan (Johnny), Thor van Lingen (Billy), Michael Kentworthy (Jesse Wilson), Suzanne Snyder (Aerobic-Lehrerin), Thom Mathews (Joey) **L** 81 **FSK** ab 18; nf **E** 18.8.1988/27.2.1989 Video **fd** 27 057

TOLL TRIEBEN ES DIE ALTEN GERMANEN (QUANDO LE DONNE PERSERO LA CODA). Weiterer »Urzeit-Sex-Klamauk« als Verlängerung des Erfolgsfilms »Als die Frauen noch Schwänze hatten«: Fünf vertrottelte urgermanische Zottelkerle, die sich eine hübsche »Weibchenfrau« teilen, entdecken das erste Geld, unterjochen eine kleine Steinzeit-Gemeinde und erfahren durch einen findigen Weiberhändler, daß man Liebe auch kaufen kann. Ein äußerst vulgärer Film, noch gröber gestrickt als sein Vorgänger. Unterhaltung auf tiefstem Niveau. ✦ BR Deutschland/Italien 1972 **P** Terra Filmkunst/Clesi Cinematografica **KI** Constantin **Pd** Silvio Clementelli **R** Pasquale Festa Campanile **B** Marcello Coscia, Ottavio Jemma, Maria Gracia Fiastri **K** Silvano Ippoliti **M** Ennio Morricone, Bruno Nicolai **S** Nino Baragli, Gertrud Petermann **D** Senta Berger (Filli), Lando Buzzanca (Ham), Frank Wolff (Grrr), Renzo Montagnani (Maluc), Francesco Mule (Uto), Aldo Puglisi (Zog), Mario Adorf (Pap) **L** 102 **FSK** ab 12; nf **E** 25.12.1972/22.11.1985 SAT 1

TOLL TRIEBEN ES DIE ALTEN RÖMER (A FUNNY THING HAPPENED ON THE WAY TO THE FORUM). Turbulente Liebes- und Verwechslungsgeschichten um eine schöne Sklavin, einen jungen Heros, einen cholerischen Feldherrn und einen verkalkten Patriarchen, der sich am Ende als Vater aller Beteiligten erweist – angesiedelt in einem aus Hollywood-Versatzstücken bestehenden antiken Rom. Die Filmversion eines Broadway-Musicals (das seinerseits auf den 21 Komödien des Plautus beruhte) verarbeitet Elemente des Burlesk-Theaters, der Kabarett-Revue, der Slapstick-Klamotte und der Pop-Ästhetik zu einer hinreißenden Parodie auf das Genre der »Sandalenfilme«. (Fragwürdig die deutsche Synchronfassung, in der viele Feinheiten verlorengehen.) – Ab 14 möglich. ✦ USA/Schweiz 1965 **P** Melnor/Quadrangle **KI** United Artists **Pd** Melvin Frank **R** Richard Lester **B** Melvin Frank, Michael Pertwee, nach einer musikalischen Komödie von Burt Shevelove und Larry Gelbart **K** Nicolas Roeg **M** Stephen Sondheim, Irwin Kostal (Ltg.) **S** John Victor Smith (= John Victor-Smith) **D** Zero Mostel (Pseudolus), Phil Silvers (Lycus), Buster Keaton (Erronius), Jack Gilford (Hysterium), Annette Andre (Philia), Michael Crawford (Hero), Patricia Jessel (Domina) **L** 95 **FSK** ab 12; f (fr. 16; nf) **FBW** w **E** 25.3.1967/15.9.1975 ZDF **fd** 14 768

TOLLDREISTE KERLE IN RASSELNDEN RAKETEN (ROCKET TO THE MOON / JULES VERNE'S ROCKET TO THE MOON). Versuche, Verhandlungen, Intrigen und Ränke um den Bau und Start eines Raumschiffes, das im England der Queen Victoria um die Jahrhundertwende zum Mond starten soll. Der amerikanische Zirkus-Mogul Barnum heuert Spezialisten an, kämpft gegen Neider und Konkurrenten, doch am Ende sitzen doch die Falschen in der Rakete. Eine nach Motiven eines Romans von Jules Verne gestaltete Filmburleske, die auf Gags und vordergründige Späße setzt. Trotz des immensen äußeren Aufwands und eines gewissen Reizes durch seine Atmosphäre kindlicher Naivität kommt der Film nicht über durchschnittliche Unterhaltung hinaus. – Ab 12. ✦ Scope. Großbritannien 1966 **P** Jules Verne Films **KI** Nora **Pd** Harry Alan Towers **R** Don Sharp **B** Dave Freeman, Peter Welbeck (= Harry Alan Towers), nach dem Roman »Die Reise zum Mond« von Jules Verne **K** Reginald Wyer **M** Patrick John Scott **S** Ann Chegwidden **D** Burl Ives (Phineas Taylor Barnum), Troy Donahue (Gaylord Sullivan), Gert Fröbe (Professor von Bülow), Daliah Lavi (Madeleine), Joachim Teege (Bulgeroff), Lionel Jeffries (Sir Charles Dillworthy), Dennis Price (Duke of Barset), Terry-Thomas (Sir Harry Washington-Smythe), Edward de Souza (Henri), Graham Stark (Grunle), Renate von Holt (Anna) **L** 99 **FSK** ab 6; nf **E** 20.12.1967/14.8.1975 ZDF **fd** 15 161

DIE TOLLDREISTEN DOBERMÄNNER (THE DARING DOBERMANS). Drei junge Kriminelle richten Dobermänner ab, die einen tolldreisten Coup landen sollen. Doch die gelehrigen Hunde entwickeln eine tiefe Freundschaft zu einem Indianerjungen, die den perfekt ausgeklügelten Plan gefährdet. Belanglose Fortsetzung von »Die Dobermann Gang«, die keine rechte Krimi-Spannung aufkommen läßt. – Ab 16. ✦ USA 1973 **P** Dimension **Pd** David Chudnow **R** Byron Chudnow **B** Alan Alch, Jack Kaplan **D** Charles Knox Robinson, Tim Considine, David Moses, Claudio Martinez, Joan Caulfield **L** 90 **E** 30.6.1996 Kabel 1

DIE TOLLDREISTEN GESCHICHTEN – NACH HONORÉ DE BALZAC. Während eines Wochenendes auf einem Schloß versuchen sich Gastgeber und Gäste im Partnerwechsel. Dümmliches, derb-plumpes Lustspiel, das sich auf Balzac beruft. (Alternativtitel: »Komm liebe Maid und mache...«; »Die tolldreisten Geschichten«) – Wir raten ab. ✦ BR Deutschland 1968 **P** Lisa **KI** Gloria **VA** Ufa **Pd** Kurt Nachmann **R** Joseph Zacher **B** Kurt Nachmann, nach »Tolldreiste Geschichten« von Honoré de Balzac **K** Kurt Junek **M** Claudius Alzner **S** Traude Krappl **D** Sissy Löwinger (Therese), Joachim Hansen (Fabian von Weyden), Ralf Wolter (Toni), Sieghardt Rupp (Georg), Gustav Knuth (Richter), Francy Fair (Eugenie) **L** 84 (gek. 79) **FSK** ab 18; nf (gek. 16) **E** 18.4.1969 **fd** 16 094

DIE TOLLDREISTEN KERLE VOM LÖSCHZUG 34 (I DUE POMPIERI). Ein Feuerwehrkorporal versucht mit allen Mitteln, aber vergeblich, seinem Untergebenen die Braut wegzunehmen. In der Serie »Zwei Trottel...« (siehe dort) das wohl dümmlichste Produkt, dessen wenige Gags in lautem Klamauk und grimassierender Idiotenkomik untergehen. – Ab 10 möglich. ✦ Scope. Italien 1968 **P** Seven **KI** Avis **R** Bruno Corbucci **B** Sergio Bonotti, Bruno Corbucci, Luciani Ferri **K** Fausto Zuccoli **M** Sante Maria Romitelli **S** Luciano Anconetani **D** Franco Franchi, Ciccio Ingrassia, Monica Pardo, Poldo Bendandi, Lis Halvorsen, Dante Cleri **L** 81 **FSK** ab 6; nf **E** 7.11.1975 **fd** 19 897

DIE TOLLDREISTEN STREICHE DES MARCHESE DEL GRILLO (IL MARCHESE DEL GRILLO / LE MARQUIS S'AMUSE). Während der Zeit der napoleonischen Besatzung treibt ein exzentrischer Marchese in Rom mit derben Späßen und Streichen sein Unwesen. Durch das Auftauchen eines Doppelgängers sorgt er für zusätzliche Verwirrungen. Nach dem Abzug der Besatzer soll der Doppelgänger vom Papst an seiner Statt zur Rechenschaft gezogen werden, wodurch den Marchese Gewissensbisse plagen. Doch dann entpuppt sich die Bestrafung als Versuch der Kirche, den Tunichtgut zu bessern. Turbulente und gelegentlich recht derbe Farce, die alles und jeden auf die Schippe nimmt. Amüsant vor allem durch den Hauptdarsteller, der in der Doppelrolle einige Glanzlichter setzt. – Ab 16. ✦ Italien/Frankreich 1981 **P** Opera Films/Gaumont **Pd** Luciano de Feo **R** Mario Monicelli **B** Leo Benvenuti, Piero de Bernardi, Mario Monicelli, Tullio Pinelli, Alberto Sordi **K** Sergio d'Offizi **M** Nicola Piovani **S** Ruggero Mastroianni **D** Alberto Sordi (Onofrio/ Gasperino), Paolo Stoppa (Pius der VII.), Caroline Berg (Olimpia), Giorgio Gabbi (Ricciotto), Marc Porel (Blanchard) **L** 127 **E** 29.7.1987 ZDF

DER TOLLE AMERIKANER (LA BELLE AMERICAINE). Ein Pariser Fabrikarbeiter gerät durch ein amerikanisches Luxusauto, das er für nur 4000 Franc kaufen konnte, ohne zu ahnen, warum, in allerlei Bedrängnisse. Munter-volkstümliches Lustspiel, das schwungvoll und unbekümmert Klamauk und liebevoll-ironische Seitenhiebe gegen die Lebensarten französischer Vorstadtbewohner verbindet. – Ab 14. ✦ Teils schwarz-weiß. Frankreich 1961 **P** D'Art/Panoramas/C.C.F.C./Corflor/Carlton Continental **KI** Rank **Pd** Henri Diamant-Berger, Arthur Lesser **R** Robert Dhéry **B** Robert Dhéry, Pierre Tchernia, Alfred Adam **K** Ghislain Cloquet **M** Gérard Calvi **S** Albert Jurgenson **D** Alfred Adam (Alfred), Colette Brosset (Paulette), Robert Dhéry (Marcel), Louis de Funès (Viralot/Polizeichef), Bernard Lavalette (Minister), Jean Carmet, Michel Serrault, Jean Lefebvre **L** 99 **FSK** ab 6; nf **E** 16.3.1962/16.7.1965 Kino DDR/24.5.1987 DFF 2 **fd** 10 968

DER TOLLE BOMBERG. Auf seinem Schloß im östlichen Münsterland narrt Baron Gisbert Freiherr von Bomberg geldgierige Verwandte und neureiche Spießer. In freier Anlehnung an den gleichnamigen Schelmenroman von Josef Winkler verknüpft der Film mit einer Paraderolle für Hans Albers seine Episoden zu einer Kette aus Lustspielklamauk, sarkastischem Witz, Münchhausen-Posse und grober Komik. – Ab 14 möglich. ✦ BR Deutschland 1957 **P** Arca **KI** NF **Pd** Carola Bornée, Heinz Fiebig **R** Rolf Thiele **B** Hans Jacoby, Per Schwenzen, nach dem Roman von Josef Winkler **K** Václav Vich **M** Hans-Martin Majewski **S** Caspar van den Berg **D** Hans Albers (Baron Gisbert von Bomberg), Marion Michael (Paula Mühlberg), Harald Juhnke (Dr. Roland), Paul Henkels (Dr. Landois), Gert Fröbe (Komm.-Rat Mühlberg), Camilla Spira (Frau Mühlberg), Wanda Rotha (Editha), Herbert Weißbach **L** 98 **FSK** ab 12; f (fr. 16; nf) **E** 23.8.1957 **fd** 6 125

DIE TOLLE GESCHICHTE DER C. (CINDERELLA). Eine dümmliche Sexplotte, in der Motive des Märchens vom Aschenputtel (= Cinderella) mit einigen müden Disco-Songs garniert und mit einem guten Dutzend ständig nackter Jungdarstellerinnen sowie einigen albernen Slapstick-Gags »angereichert« werden. – Wir raten ab. ✦ USA 1976 **P** Group 1 Films **KI** Pilot **R** Michael Pataki **K** Joseph Mangine **M** Andrew Belling **D** Cheryl Smith, Kirk Scott, Brett Smiley, Marilyn Corwin, Jennifer Doyle **L** 77 **FSK** ab 18; nf **E** 3.8.1979 **fd** 22 129

TOLLE JUNGS IM EINSATZ (DANCE WITH ME HENRY). Die beiden amerikanischen Komiker als Rummelplatzbesitzer, den sie gegen erpresserische Gangster und die Nachstellungen der Jugendbehörde verteidigen müssen. Kurzweiliger Serien-Klamauk ohne thematische und inszenatorische Überraschungen; mit dem bekannten turbulenten Aufwand werden unsinnig-groteske Einfälle und Späße zur Spielfilmhandlung verbunden. – Ab 12. ✦ Schwarz-weiß. USA 1956 **P** United Artists **KI** Lehmacher **Pd** Robert Goldstein **R** Charles T. Barton **B** William Kozlenko, Leslie Kardos, Devery Freeman **K** George Robinson **M** Paul Dunlap **S** Robert Golden **D** Bud Abbott (Bud Flick), Lou Costello (Lou Henry),

Gigi Perreau (Shelley), Rusty Hamer (Duffer), Mary Wickes (Miss Mayberry), Ted de Corsia (Big Frank) **L** 79 **FSK** ab 12; nf **E** 25.4.1958 **fd** 6 929

DER TOLLE JUXBARON (47 MORTO CHE PARLA). Ein verarmter Adliger, der sein Standesansehen bei bürgerlichen Festlichkeiten – Taufe, Hochzeit, Begräbnis – zu Erwerbszwecken ausnutzt, geht eine Scheinehe mit einer reichen Amerikanerin ein, die ihn aus Erbschaftsgründen benötigt. Inszenatorisch eher dürftige Komödie, sympathisch durch die Charakterkomik Totòs. – Ab 12 möglich. ✦ Schwarz-weiß. Italien 1951 **P** F.C. **KI** Schonger/IFV **R** Carlo Ludovico Bragaglia **B** Michele Cardieri **K** Renato del Frate **M** Ezio Carabella **D** Totò (Baron Antonio Peletti), Silvana Pampanini (Marion), Carlo Croccolo, Adriana Benetti, Dante Maggio, Tina Lattanzi **L** 95 **FSK** ab 12; nf **E** 19.12.1953 **fd** 1 259

DER TOLLE KÄFER IN DER RALLYE MONTE CARLO (HERBIE GOES TO MONTE CARLO). Das Wunderauto Herbie als Teilnehmer an der Rallye Paris-Monte Carlo. Ideenarmer Aufguß des Erfolgsfilms »Ein toller Käfer«; nur mäßig unterhaltsam. – Ab 10. ✦ USA 1976 **P** Walt Disney **KI** 20th Century Fox **Pd** Ron Miller **R** Vincent McEveety **B** Don Tait **K** Frank Phillips **M** Frank De Vol **S** Gordon D. Brenner **D** Dean Jones (Jim Douglas), Don Knotts (Wheely Applegate), Julie Sommars (Diane Darcy), Roy Kinnear (Quincey), Jacques Marin (Inspektor Bouchet), Bernard Fox (Max) **L** 105 **FSK** ab 6 ; f **E** 7.10.1977 **fd** 20 509

TOLLE KUH →Zur tollen Kuh

TOLLE LAGE. Ein Tag auf einem Campingplatz in Mecklenburg: Dort, wo früher LPG-Kühe ihren Stall hatten, erholen sich nun Urlauber, die von einem geldgierigen West-Besitzer tyrannisiert werden. Der Konflikt mündet in eine Zerstörungsorgie, und nicht die alte, sondern die Generation der 20-Jährigen baut das verwüstete Universum wieder auf. Ein groteskes Panoptikum, das ebenso grell wie symbolisch auf den Stand der deutschen Einheit hinweisen will. Im Stil der »Dogma«-Filme mit bewegter Handkamera aufgenommen, verzichtet der Film auf eine psychologische Durchdringung der Figuren, überzeugt aber durch seine konsequente Skurrilität. – Ab 16. ✦ Deutschland 2000 **P** Metropolis/Studio Babelsberg Independents/ZDF/dffb **KI** Progress **Pd** Alexander Ris **R+B** Sören Voigt **K** Hanno Lentz **M** Rainer Kirchmann **S** Gergana Voigt **D** Ill-Young Kim (Pit Sun), Paul Faßnacht (Ralf Skiernitzki), Phi Dang (Josi Skiernitzki), Henriette Heinze (Anita), Gabi Methner (Martina), Fritz Roth (Claus), Astrid Meyerfeldt (Natascha Oehlke), Julia Hummer (Steffie Oehlke) **L** 84 **FSK** ab 12; f **E** 7.6.2001 **fd** 34 890

DIE TOLLE LOLA. Eine attraktive Pariser Tänzerin verliebt sich beim Engagement in Berlin in den neuen Varieté-Direktor, der das nicht bemerkt. Die resolute Inhaberin einer Artisten-Pension hilft zwei weiteren Paaren, so daß sich, nach herkömmlichen Hindernissen, das dreifache Happy-End einstellt. Anspruchslos-seichtes Lustspiel, schauspielerisch gut besetzt. – Ab 12. ✦ Schwarz-weiß. BR Deutschland 1954 **P** HD-Film **KI** NF **Pd** Hans Speer, Johannes Franck, Wilhelm Gernhardt **R** Hans Deppe **B** Bobby E. Lüthge, Walter F. Fichelscher, nach dem gleichnamigen musikalischen Lustspiel von Kadelburg und Rebner **K** Fritz Arno Wagner **M** Hugo Hirsch **S** Walter Wischniewsky **D** Herta Staal (Lola Cornero), Wolf Albach-Retty (Carlo Werner), Grethe Weiser (Nelly), Walter Giller (Dr. Hugo Bendler), Paul Dahlke (Emil Dornwald), Käthe Haack (Agathe Dornwald), Wera Frydtberg (Tilly), Rudolf Platte (Jackson) **L** 95 **FSK** ab 12; nf **E** 29.1.1954/15.2.1957 Kino DDR/18.2.1963 ZDF **fd** 3 067

DIE TOLLE MASCHE (LA GAMBERGE). Die Liebeskomödie einer nach Paris reisenden jungen Frau aus der Provinz, deren Vorstellungen von der Hauptstadt aus einschlägigen Journalen stammen. Bald gerät sie als Star in eine Skandalblatt-Chronik und droht, sich in einem Scheinleben einzurichten und sich darin zu verlieren. Ein von frischen Darstellern sympathisch gespielter Film, der thematisch jedoch allzu überfrachtet ist und seine Möglichkeiten zu Ironie und satirischem Witz nur ansatzweise nutzt. ✦ Scope, schwarz-weiß. Frankreich 1961 **P** Parc/Compagnie de Cinématographie/P.A.T. **KI** Rank **R** Norbert Carbonnaux **B** François Billetdoux **K** Pierre Petit **M** Guy Béart **D** Jean-Pierre Cassel (Albert), Françoise Dorléac (Françoise), Arletty (Madame Albert), Jean Poiret (Vieux), Michel Serrault (Pétrarque), Micheline Francey (Tante), Michel Vitold (Antonin) **L** 95 **FSK** ab 18; nf **E** 4.1.1963 **fd** 11 712

DIE TOLLE MISS (MADEMOISELLES S'AMUSE). Die verwöhnte Tochter eines amerikanischen Millionärs hat lauter verrückte Flausen im Kopf, die ihr Vater ihr erfüllt. So bekommt sie auch Ray Ventura und sein Jazz-Orchester zu ihrer privaten Verfügung. Das bringt reichlich viele und harmlose Verwirrungen mit sich, bis die »tolle Miss« in den väterlichen Mittelwesten zurückfährt. Vorwiegend auf Ray Venturas Musik abgestellt, hat der Film darüber hinaus nur sehr bescheidene Unterhaltung zu bieten. – Ab 14. ✦ Schwarz-weiß. Frankreich 1947 **P** Phoebus International **KI** Fortuna **Pd** Jean Darvey **R** Jean Boyer **B** Serge Veber **K** Charles Suin **M** Paul Misraki **D** Gisèle Pascal (Christine Gibson), Bernard Lancret, Catherine Gay, Jeannette Batti, Jeanne Fusier-Gir, Max Elloy, Ray Ventura und Orchester **L** 80 **FSK** ab 12; nf **E** 25.11.1949 **fd** 502

DER TOLLE MR. FLIM-FLAM (THE FLIM-FLAM MAN). Ein alter Gauner und ein junger Deserteur schließen auf der Flucht vor der Polizei Freundschaft, bis sich der Junge aus Liebe zu einer jungen Frau stellen will. Eine frisch und einfallsreich inszenierte Gaunerkomödie, angesiedelt vor der reizvoll einbezogenen Landschaft der amerikanischen Südstaaten. Die Übertreibungen und Überspitzungen verlieren gegen Ende, dafür wandelt sich der Film zum lupenreinen Gangsterfilm. – Ab 16 möglich. ✦ USA 1966 **P** 20th Century Fox **KI** Centfox **Pd** Lawrence Turman **R** Irvin Kershner **B** William Rosen, nach einem Roman von Guy Owen **K** Charles B. Lang **M** Jerry Goldsmith **S** Robert Swink **D** George C. Scott (Mordecai Jones), Michael Sarrazin (»Curley« Treadaway), Sue Lyon (Bonnie Lee Packard), Jack Albertson (Mr. Packard), Alice Ghostley (Mrs. Packard), Slim Pickens, Harry Morgan (Sheriff Blade) **L** 104 **FSK** ab 16; nf **FBW** w **E** 29.9.1967 **fd** 15 103

DER TOLLE MUSKETIER →Wer nimmt die Liebe ernst? (1954)

TOLLE NACHT (1943). Die Nichte einer reichen Fabrikanten-Erbtante hat heimlich geheiratet. Ihr Ehemann verirrt sich im Pyjama nächtens im Kurhotel auf den Balkon einer reizenden Sängerin. Das stellt deren stürmischen, bisher erfolglosen Verehrer vor Rätsel. Saloppe Situationskomik in einem alten deutschen Lustspiel ohne tieferen Anspruch. – Ab 10. ✦ Schwarz-weiß. Deutschland 1943 **P** Tobis **KI** DFV **R** Theo Lingen **B** Johann Vaszary, Franz Gribitz **K** Willy Winterstein, Erich Nitzschmann **M** Erich Ernst Buder **D** Marte Harell (Gloria), Gustav Fröhlich (Peter), Theo Lingen, Hansi Arnstaedt, Marina Ried **L** 80 **E** 24.9.1943/11.4.1960 DFF 1 **fd** 1 443

TOLLE NACHT (1957). Die überspannten Kurgäste eines Sanatoriums für »Neuzeitliche Lebensweise« werden in ein benachbartes Hotel umquartiert, wo sie absichtlich den Verdacht aufrechterhalten, sie seien geistesgestört. Blödelfilm mit angestrengter Komik und primitiver Albernheit. – Ab 14. ✦ Schwarz-weiß. BR Deutschland 1957 **P** Real-Film/Gyula-Trebitsch-Prod. **KI** Europa **Pd** Walter Koppel **R** John Olden **B** Gustav Kampendonk **K** Heinz Pehlke **M** Michael Jary **S** Walter Wischniewsky **D** Maria Sebaldt (Karla Wenger), Harald Juhnke (Michael Haller), Rudolf Platte (Oskar), Hans Nielsen (Mr. Vanderbilt), Paul Henckels (Onkel Gode), Boy Gobert (Ernst Castell), Heinz Reincke (Alfred Erdmann), Hubert von Meyerinck (Herr Lemke) **L** 81 **FSK** ab 12; nf **E** 17.5.1957 **fd** 5 896

TOLLE NÄCHTE IN LAS VEGAS (VIVA LAS VEGAS). Ein junger Außenseiter, der sich in den Kopf gesetzt hat, das Grand-Prix-Rennen in Las Vegas zu gewinnen, macht sich auf die Suche nach einer jungen Frau, die er in den Vergnügungslokalen von Las Vegas vermutet. Deshalb jobt er als Kellner, bis er entdeckt, daß sie als Schwimm- und Sportlehrerin tätig ist. Wenig originelles, anspruchsloses Lustspiel mit zahlreichen Gesangs- und Tanznummern, ganz zugeschnitten auf den Sänger Elvis Presley. – Ab 12 möglich. ✦ Scope. USA 1963 **P** MGM **KI** MGM **Pd** Jack Cummings, George Sidney **R** George Sidney **B** Sally Benson, nach ihrer Erzählung **K** Joseph Biroc **M** George Stoll **S** John McSweeney jr. **D** Elvis Presley (Lucky Jackson), Ann-Margret (Rusty Martin), Cesare Danova (Graf Elmo Mancini), Nicky Blair (Farnsworth), William Demarest (Mr. Martin) **L** 83 **FSK** ab 12; nf **E** 24.7.1964 **fd** 12 884

EINE TOLLE NUMMER (IT STARTED WITH A KISS). Ein US-Sergeant lernt in New York bei einem Wohltätigkeitsfest eine temperamentvolle Tänzerin kennen. Tags darauf heiraten die beiden, einen weiteren Tag später wird er nach Spanien versetzt. Die nach Luxus strebende junge Frau folgt ihm, im Gepäck ein kostbares Auto, das er bei der Wohltätigkeitstombola gewonnen hat. Daraus ergeben sich teils lustige, teils pikante Situationen um Verwechslungen, Mißverständnisse und Eifersucht. Starkomödie, deren Aktivposten die ausgelassene Hauptdarstellerin ist. Ansonsten kokettiert der eher prüde Film mit seiner »moralfremden Haltung« und ist eher gezwungen frivol als spritzig. – Ab 16. ✦ Scope. USA 1959 **P** Arcola **KI** MGM **Pd** Aaron Rosenberg **R** George Marshall **B** Charles Lederer, nach einem Roman von Valentine Davies **K** Robert Bronner **M** Jeff Alexander **S** John McSweeney jr. **D** Glenn Ford (Sgt. Joe Fitzpatrick), Debbie Reynolds (Maggie), Eva Gabor (Marquesa de la Rey), Gustavo Rojo (Antonio Soriano), Fred Clark (General O'Connell), Edgar Buchanan (Tappe, Abgeordneter) **L** 105 **FSK** ab 16; nf **E** 28.1.1960 **fd** 9 005

DIE TOLLE RESIDENZ (BONJOUR SOURIRE). Die Prinzessin des Fantasie-Königreichs Monte Marino soll mit dem Premierminister verheiratet werden, aber nur dann, wenn sie, die nicht lachen kann, zum Lachen gebracht worden ist. Der Vater läßt aus der Hauptstadt alle Komiker entführen, doch nichts will helfen, bis sie ihre wahre Liebe entdeckt. Der Erstlingsfilm von Claude Sautet. Eine märchenhaft-abgekupferte Geschichte ohne Elan und Reiz, die stellenweise von den Gags einiger bekannter französischer Spaßmacher lebt. – Ab 14. ✦ Schwarz-weiß. Frankreich 1955 **P** Vox/Tarcali **KI** Phönix **Pd** Pierre Tarcali **R** Claude Sautet **B** Pierre Tarcali **K** Léonce-Henry Burel **M** Jean Constantin **D** Annie Cordy, Lisette Lebon, Henri Salvador, Jimmy Gaillard, Christian Duvaillaix, Louis de Funès, Jean Carmet **L** 90 **E** 1957 Kino

TOLLE SACHEN →Das Tollste vom Tollen

TOLLE STAATSAFFAIREN →Staatsaffären

TOLLE TAGE (CARDBOARD CAVALIER). Grotesklustspiel in historischer Verkleidung mit satirischen Spitzen gegen humorfeindliche Diktatoren: Eine Kneipenwirtin und ein schusseliger Markthändler, der sich in ein Komplott gegen Oliver Cromwell um 1658 verwickelt, entgehen mit List, Tücke und Glück den Roundheads, einer sturen Staatspolizei-Truppe. Ein Kabinettstück britischer Komik, das ausgelassene Clowenerien mit Charme und Eleganz präsentiert. Eher albern ist die eingedeutschte Version, in der die Rollennamen seltsame Blüten treiben; so wurde aus der Hauptfigur »Sidcup Buttermeadow« in der deutschen Fassung »Trautlieb Butterblume«, aus »Mosspot« »Pausback«. – Ab 12. ✦ Schwarz-weiß. Großbritannien 1948 **P** Two Cities **KI** Eagle Lion **Pd+R** Walter Forde **B** Noel Langley **K** Jack Hildyard, Russel Thomson **M** Lambert Williamson **S** Alan L. Jaggs **D** Sid Field (Trautlieb Butterblume), Margaret Lockwood (Nell Gwynne), Mary Clare (Lady

Doverhouse), Jerry Desmonde (Colonel Liebwert), Edmund Willard (Cromwell), Jack McNaughton (Schleim), Anthony Hulme (König Charles II.), Peter Bull (Pausback) **L** 95 **FSK** ab 12; nf **E** 23.12.1949 **fd** 498

DIE TOLLE TANTE (AUNTIE MAME). Eine extravagante Amerikanerin erzieht zur Zeit der großen Wirtschaftskrise 1929/30 den verwaisten Neffen in ihrem Sinne zur Lebensklugheit. Amüsant gespielte Gesellschaftskomödie, die ihre teilweise etwas grelle Komik mit Sentimentalität vermischt und offensichtlich unter der Eindeutschung gelitten hat. – Ab 16. ✦ USA 1958 **P** Warner Bros. **KI** Warner Bros. **Pd** Robert Fryer, L. Carr **R** Morton DaCosta **B** Betty Comden, Adolph Green, nach einem Roman von Patrick Dennis und einem Bühnenstück von Jerome Lawrence und Robert E. Lee **K** Harry Stradling **M** Bronislau Kaper, Ray Heindorf **D** Rosalind Russell (Tante Mame), Forrest Tucker (Beauregard Burnside), Coral Browne (Vera Charles), Fred Clark (Mr. Babcock), Roger Smith (Patrick Dennis), Jan Handzlik (Patrick als Kind) **L** 143 (gek. 104) **FSK** ab 16; nf (gek. 6; f) **E** 1.1.1960 **fd** 8 812

TOLLE TEXASGIRLS (OUTLAW WOMEN). Im texanischen Las Mujeres führen die Inhaberin eines Vergnügungsetablissements und ihre Mädchen eine Amazonen-Herrschaft ein: Sie reiten, schießen, rauben und geben sogar dem berüchtigten Postkutschenräuber Sam Bass (1878) das Nachsehen, bis auf Grund eines neuen Wahlgesetzes wieder Männer agieren dürfen. Ironischer Routine-Western zwischen Klamauk und Posse, der auch mit seinem Rollentausch nur die Spannungsklischees des Genres nutzt. (Titel auch: »Whisky, Weiber und Pistolen«) – Ab 16. ✦ USA 1952 **P** Lippert **KI** Viktoria **Pd** Ron Ormond **R** Sam Newfield **B** Hugh Winn **K** Ellis W. Carter **M** Walter Greene **S** Hugh Winn **D** Marie Windsor (Iron McLeod), Jackie Coogan (Piute Bill), Richard Rober (Woody Callaway), Allan Nixon (Bob Ridgeway), Carla Balenda (Beth Larabee), Jacqueline Fontaine (Ellen), Leonard Penn (Sam Bass), Maria Hart (Big Dora), Billy House (Barney), Richard Avonde (Frank Slater), Lyle Talbot (Richter Dixon), Brad Johnson (Chuck) **L** 78 **FSK** ab 16; nf **E** 11.2. 1955 **fd** 3 892

TOLLE ZEITEN... (UNE EPOQUE FORMIDABLE). Nach Entlassung und Beziehungsstreit landet ein Wohlstandsbürger auf der Straße und muß sich mit deren Gesetzen arrangieren. Mit Hilfe dreier Clochards lernt er schnell, versucht jedoch letztlich, an seinen angestammten sozialen Platz zurückzukehren. Konventionell entwickelte (Sozial-)Komödie, der anfangs einige präzise Beobachtungen gelingen, bevor sich Belanglosigkeiten und Klischees häufen. – Ab 14 möglich. ✦ Frankreich 1991 **P** Ciby 2000/ Arturo **KI** NEF 2 **VA** VCL/Carolco **Pd** Alain Depardieu **R** Gérard Jugnot **B** Gérard Jugnot, Philippe Lopes Curval **K** Gérard de Battista **M** Francis Cabrel **S** Catherine Kelber **D** Gérard Jugnot (Michel), Richard Bohringer (Toubib), Victoria Abril (Juliette), Ticky Holgado (Crayon), Chick Ortega (Mimosa), Roland Blanche (Copi), Eric Prat (Maladian) **L** 96 **FSK** ab 12; f **E** 9.7.1992/14.12.1992 Video **fd** 29 651

DIE TOLLEN ABENTEUER DER SCHÖNEN PAULINE (THE PERILS OF PAULINE). Ein junger Mann, der im Waisenhaus aufwuchs und es inzwischen zu Ansehen und Reichtum gebracht hat, verfolgt hartnäckig die von ihm geliebte junge Frau, die einst als Findelkind ins Waisenhaus gebracht wurde, mit der er aufwuchs und die er seitdem umwirbt. Sie gerät in ungewollte Abenteuer rund um den Erdball, so daß er sie schließlich aus der Gewalt eines verrückten arabischen Prinzen befreien muß. Eine von einem 20teiligen Stummfilm-Serial aus dem Jahr 1914 inspirierte knallbunte, sentimentale Abenteuer-Komödie, die deren Stilelemente wie Slapstick-Einlagen und Zwischentitel übernimmt. Ein nur in wenigen Momenten amüsantes Vergnügen, das insgesamt nicht über anspruchsloses Lustspiel-Niveau hinauskommt. – Ab 14. ✦ USA 1967 **P** Universal **Pd** Herbert B. Leonard **R** Herbert B. Leonard, Joshua Shelley **B** Albert Beich, nach einem Roman von Charles W. Goddard **K** Jack A. Marta **M** Vic Mizzy **S** Sam E. Waxman **D** Pamela Austin (Pauline), Pat Boone (George), Terry-Thomas (Sten Martin), Doris Packer (Mrs. Carruthers), Hamilton Camp (Thorpe) **L** 93 (Orig. 107) **E** 26.11.1988 ZDF

DIE TOLLEN ABENTEUER DES MONSIEUR L. (LES TRIBULATIONS D'UN CHINOIS EN CHINE / L' UOMO DI HONG KONG). Die Erziehung eines wohlstandssatten und lebensmüden jungen Milliardären zur Lebensfreude als Ausgangspunkt für bewegte Abenteuerfahrten durch den Fernen Osten. Frei nach Jules Verne entstandene turbulente Unterhaltung mit zahlreichen übermütig inszenierten Verfolgungsjagden und Kraftakten Jean-Paul Belmondos. Der parodistische Grundton kommt nur in Maßen zum Tragen, im Vordergrund steht handfester Spaß, der gelegentlich etwas klamaukhaft gerät. (Alternativtitel: »Belmondo – Das Rauhbein«) – Ab 14 möglich. ✦ Frankreich/ Italien 1965 **P** Ariane/Artistes Associés/Vides **KI** United Artists **Pd** Alexandre Mnouchkine **R** Philippe de Broca **B** Philippe de Broca, Daniel Boulanger, nach einem Roman von Jules Verne **K** Edmond Séchan **M** Georges Delerue **S** Françoise Javet **D** Jean-Paul Belmondo (Arthur), Ursula Andress (Alexandrine), Jean Rochefort (Leon), Darry Cowl (Biscoton), Maria Pacôme (Suzy), Jess Hahn (Cornelius), Valérie Lagrange (Alice) **L** 110 **FSK** ab 12; nf **FBW** w **E** 25.12.1965/20.7.1974 ZDF **fd** 13 781

DIE TOLLEN CHARLOTS: DIE TROTTEL VON DER 3. KOMPANIE (LES BIDASSES S'EN VONT EN GUERRE / CINQUE MATTI VANNO IN GUERRA). Vier Rekruten stiften auch bei einfachen Aufträgen ein heilloses Chaos, ganz besonders bei einem Manöver, das durch den Widerstand einer Bauersfrau mit vier heiratsfähigen Töchtern behindert wird. Grobgestrickte Militärgroteske mit einschläfernden Holzhammer-Gags. – Ab 14. ✦ Scope. Frankreich/Italien/BR Deutschland 1974 **P** Les Films Christian Fechner/Renn/Film 7/Simar/Medusa/Terra **KI** Constantin **Pd** Christian Fechner **R** Claude Zidi **B** Claude Zidi, Jean Bouchard, Jean-Paul Farre **K** Paul Bonis **M** Les Charlots, Paul Piot (Arr.) **S** Monique Isnardon, Robert Isnardon **D** Gérard Rinaldi (Gérard), Gérard Filipelli (Phil), Jean Sarrus (Jean), Jean-Guy Fechner (Jean-Guy), Paolo Stoppa (Oberst), Jacques Seiler (Sergeant Bellec), Heidy Bohlen (Paulette) **L** 87 **FSK** ab 6; nf **E** 7.3.1975 **fd** 19 228

DIE TOLLEN CHARLOTS – FERIEN WIE NOCH NIE (LES CHARLOTS FONT L'ESPAGNE). Die vier Charlots schlagen sich als mittellose Urlauber in Spanien mit abenteuerlichen Jobs durch. Eine anspruchs- und hintergrundlose Abfolge von lärmenden Klamaukszenen, völlig überdreht und allenfalls für Anhänger dieser Art von Komik unterhaltsam. – Ab 10 möglich. ✦ Frankreich/Spanien 1972 **P** Renn/F.C.F. (Films Christian Fechner)/Dia S. A. **KI** Constantin **Pd** Christian Fechner **R** Jean Girault **B** Jean Girault, Jacques Vilfrid **K** Jean Penzer, Jean-Paul Schwartz **M** Les Charlots, Jean-Claude Pelletier (Arr.) **S** Armand Psenny **D** Jean-Guy Fechner (Guy), Gérard Filipelli (Phil), Gérard Rinaldi (Gérard), Jean Sarrus (Jean), Jacques Legras (Fahrer), Beatrice Chatelier (Sublime) **L** 88 **FSK** ab 6; nf **E** 6.4.1973 **fd** 18 273

DIE TOLLEN CHARLOTS – FRECHHEIT SIEGT (LES BIDASSES EN FOLIE). Fünf Freunde gründen eine Band, werden jedoch durch die Einberufung als Rekruten am Aufbau ihrer Karriere gehindert. Teils heitere Burleske, teils parodistischer Militärschwank: ein anspruchsloser Zeitvertreib um die vor allem in ihrem Heimatland Frankreich in den 70er Jahren populäre Popgruppe »Les Charlots«, die mit mehr oder minder großem Erfolg auch im Kino zu sehen war. (Titel auch: »Die fünf tollen Charlys – Frechheit siegt«, »Fünf Spaßvögel vom Dienst«) – Ab 10 möglich. ✦ Frankreich 1971 **P** Belles Rives/Magelan **KI** Constantin **Pd** Michel Ardan **R** Claude Zidi **B** Claude Zidi, Michel Ardan **K** Paul Bonis **M** Les Charlots, Eric de Marsan (Arr.) **S** Françoise Garnault-Berger (= Françoise Garnault) **D** Gérard Rinaldi (Gérard), Jean Sarrus (Jean), Gérard Filipelli (Phil), Jean-Guy Fechner (Guy), Luis Rego (Luis), Jacques Dufilho (Oberst), Marion Game (Creme) **L** 83 **FSK** ab 6; nf **E** 19.5.1972 **fd** 17 873

DIE TOLLEN CHARLOTS – HILFE, MEIN DEGEN KLEMMT (LES QUATRE CHARLOTS EN FOLIE! 2EME RONDE / A NOUS QUATRE, CARDINAL!). Als Diener der vier Musketiere (vgl. »Die tollen Charlots: Wir viere sind die Musketiere«) übernehmen die Charlots deren Aufgabe, das Halsband der Königin aus England zu holen. Sehr frei nach Alexandre Dumas inszeniertes Degen-Abenteuer mit einigen mäßigen Gags. Peinlich sind die deutsch synchronisierten Lieder der französischen Pop-Gruppe »Les Charlots«, während sich die Inszenierung lediglich in den Actionszenen bemerkbar macht. (Fernsehtitel: »Hilfe, mein Degen klemmt«) – Ab 10 möglich. ✦ Frankreich 1973 **P** Films Christian Fechner/Renn **KI** Constantin **Pd** Christian Fechner **R** André Hunebelle **B** Jean Halain, frei nach einem Roman von Alexandre Dumas **K** Claude Robin **M** Les Charlots **D** Jean-Guy Fechner (Guy), Gérard Filipelli (Phil), Gérard Rinaldi (Gérard), Jean Sarrus (Jean), Joséphine Chaplin, Jean Valmont (D'Artagnan), Karin Petersen **L** 97 **FSK** ab 6; f **E** 30.8.1974/12.8.1977 Kino DDR/19.8.1979 DFF 1 **fd** 18 984

DIE TOLLEN CHARLOTS – VIER VERRÜCKTE IM STADION (LES FOUS DU STADE). Gags und Klamauk rund um ein Dorffest und bei Olympischen Spielen. Die überdrehte Grotesk-Komik der hierzulande weniger bekannten französischen Spaßvögel und Pop-Musiker »Les Charlots« zielt auf oberflächliche Heiterkeit ohne wirklichen Humor. Sterile Unterhaltung in Fortsetzungsmanier. – Ab 10. ✦ Frankreich 1972 **P** Renn/Films Christian Fechner **KI** Constantin **Pd** Christian Fechner **R** Claude Zidi **B** Claude Zidi, Jacques Fansten **K** Paul Bonis **M** Les Charlots, Eric de Marsan (Arr.) **S** Monique Isnardon **D** Gérard Rinaldi (Gérard), Jean Sarrus (Jean), Gérard Filipelli (Phil), Jean-Guy Fechner (Guy), Paul Préboist (Jules, der Krämer), Martine Kelly (Délice) **L** 87 **FSK** ab 6; nf **E** 30.11.1972 **fd** 18 112

DIE TOLLEN CHARLOTS: WIR VIERE SIND DIE MUSKETIERE (LES QUATRE CHARLOTS MOUSQUETAIRES). Im Verein mit den Musketieren schützen die tollen Charlots als deren Diener die Königin vor den Intrigen ihrer Feinde. Investiert wurden in diesen Fortsetzungsfilm wenig Geld und noch weniger Witz: eine zeitweise recht grobe Klamotte, überdreht und plump. (Alternativtitel: »Wir viere sind die Musketiere«) – Ab 10 möglich. ✦ Frankreich 1973 **P** Films Christian Fechner/Renn **KI** Constantin **Pd** Christian Fechner **R** André Hunebelle **B** Jean Halain, frei nach einem Roman von Alexandre Dumas **K** Claude Robin **M** Les Charlots **S** Pierre Gillette **D** Gérard Rinaldi (Planchet), Gérard Filipelli (Mousqueton), Jean Sarrus (Bazin), Jean-Guy Fechner (Grimaud), Jean Valmont (D'Artagnan), Yvan Tanguy (Athos), Paul Préboist (Pater Joseph) **L** 110 **FSK** ab 6; nf **E** 24.4.1974/29.7.1977 Kino DDR/17.8. 1979 DFF 1 **fd** 18 813

DIE TOLLEN CHARLOTS: WO DIE GRÜNEN NUDELN FLIEGEN (LE GRAND BAZAR). Nach einigen unergiebigen Jobs schalten sich die als die »Charlots« bekannten vier Komiker in den Existenzkampf eines Krämers gegen einen Supermarkt ein. Ein harmloser, überdrehter Klamaukfilm, der mehr oder minder gelungene Gags ohne erkennbare inszenatorische Ambitionen aneinanderreiht. (Fernsehtitel: »Wo die grünen Nudeln fliegen«) – Ab 10 möglich. ✦ Frankreich 1973 **P** Films Christian Fechner/Renn/ Films 13 **KI** Constantin **Pd** Christian Fechner **R** Claude Zidi **B** Claude Zidi, Georges Beller, Michel Fabre **K** Paul Bonis **M** Les Charlots, Gérard Perrier (Arr.) **S** Robert Isnardon, Monique Isnardon **D** Gérard Rinaldi (Gérard), Jean-Guy Fechner (Jean-Guy),

Gérard Filipelli (Phil), Jean Sarrus (Jean), Michel Galabru (Emil), Michel Serrault (Felix Boucan) **L** 85 **FSK** ab 6; nf **E** 30.11.1973 **fd** 18 627

DIE TOLLEN HUNDE DER KARIBISCHEN SEE (LO SPARVIERDO DEI CARAIBI). Operettenhafte Verfilmung einer Piratengeschichte aus der spanischen Kolonialzeit. Strafgefangene können sich aus einem sinkenden Schiff befreien und retten als gefürchtete Piraten die Spanier vor der Bedrohung durch die Briten. Eine öde Aneinanderreihung von Kämpfen, Gewalttätigkeiten und etwas Erotik, unterdurchschnittlich in Inszenierung und Darstellung. ✦ Scope. Italien 1962 **P** Nord Film Italiana **KI** Hans Lenhart **R** Piero Regnoli **B** Gian Paolo Callegari, Piero Regnoli **K** Aldo Greci **M** Aldo Piga **D** Johnny Desmond, Yvonne Monlaur, Armando Francioli **L** 87 **FSK** ab 16; nf **E** 13.3.1975 **fd** 19 202

DIE TOLLEN RENNER IN IHREN KNATTERNDEN KISTEN → Das große Rennen rund um die Welt

DIE TOLLEN STREICHE VON BUGS BUNNY, TWEETY UND SYLVESTER. Etwa ein Dutzend aneinandergeklebter Animationsfilme mit dem Hasen Bugs Bunny, dem Vogel Tweety, dem Kater Sylvester und weiteren Tieren des klassischen Warner-Trickfilms. Höhepunkte, die auch thematisch aus dem Schema fallen, sind die Erlebnisse zweier Mäuse in einer Konservenfabrik und eine »Rotkäppchen«-Persiflage. Die Filme, unter denen sich aus heutiger Sicht Klassiker des Genres befinden, wurden damals nicht näher benannt und lieblos zweitverwertet aus den früheren Zusammenstellungen »Lustige Trickfilm-Parade« und »Bunte Trickfilm-Show«. In ihrer destruktiven Anarcho-Komik gewiß nichts für kleinere Kinder. – Ab 10. ✦ USA 1948–57 **P** The Vitaphone Corporation **KI** Warner Bros. **L** 82 **FSK** ab 6; nf **E** 1962 Kino **fd** 11 346

DIE TOLLEN TAGE UND HEISSEN NÄCHTE DES DON JUAN → Sein Schlachtfeld war das Bett

DIE TOLLEN TANTEN SCHLAGEN ZU. Weil die strenge Mutter keine Männerbekanntschaften duldet, greifen zwei lebenslustige Schwestern zur List: Die eine will für die andere in einem Hotel am Wörthersee arbeiten, damit diese inzwischen heiraten kann. Da die Doppelgängerin aber zur selben Zeit in einem Mädchenpensionat arbeiten soll, kommt sie in Nöte, bis ihr zwei Autostopper und ein verliebter Musiker auf turbulente Weise helfen. Tristes Lustspiel mit untalentierten Nachwuchskomikern, altbackenen Verwechslungsspielen und seichten Schlagern vor Alpenkulisse. – Ab 10 möglich. ✦ BR Deutschland 1971 **P** Lisa/Divina **KI** Gloria **R** Franz Josef Gottlieb **B** Erich Tomek **K** Heinz Hölscher **M** Gerhard Heinz **S** Traude Krappl **D** Rudi Carrell (Rud Carnera), Ilja Richter (Andy Braus), Mascha Gonska (Eva Wiedemann), Theo Lingen (Dr. Theo Schatz), Hansi Kraus (Hans Müller) **L** 94 **FSK** ab 6; nf **E** 24.9.1971 **fd** 17 497

EIN TOLLER BLUFF (IL ETAIT UNE FOIS UN FLIC / C'ERA UNA VOLTA UN COMMISSARIO …). Um eine Bande von Rauschgifthändlern ausheben zu können, gibt sich ein Kommissar als Bruder eines getöteten Bandenmitglieds aus. Da der Junggeselle für seine neue Identität eine Familie benötigt, »borgt« er sich die Witwe eines ermordeten Kollegen und deren Sohn aus, woraus sich etliche Komplikationen mit der neuen Familie, den Kollegen und den Verbrechern ergeben. Ein weitgehend spannender, unterhaltsam zwischen Ernst und Heiterkeit schwankender Kriminalfilm, dessen Reiz in der glaubwürdigen menschlichen Vertiefung vertrauter Genremuster liegt. – Ab 16. ✦ Frankreich/Italien 1971 **P** Gaumount International/Rizzoli **KI** Constantin **Pd** Alain Poiré **R** Georges Lautner **B** Georges Lautner, Francis Veber, nach einem Roman von Richard Caron **K** Maurice Fellous, Alain Boisnard **M** Eddie Vartan **S** Michèle David **D** Michel Constantin (Campana), Daniel Ivernel (Ligman), Mireille Darc (Christine), Michel Lonsdale (Lucas), Herné Hillien (Bertrand), Phyllis Major (Marianne), Robert Castel (Rodriguez), Henri Cogan (Jeannot) **L** 95 **FSK** ab 16; nf **E** 22.9.1972 **fd** 18 577

EIN TOLLER BOBBY, DIESER FLIC (ALLEZ FRANCE). Ein junger Franzose gerät als Schlachtenbummler bei einem Rugby-Spiel in London in die tollsten Situationen, weil er für einen »Bobby«, einen englischen Polizisten, gehalten wird. Ein vergleichsweise einfallsreicher Gagfilm, der trotz Längen dank hübscher Seitenhiebe auf die politischen Spannungen zwischen England und Frankreich sowie die englische Lebensweise weitgehend unterhält. (DDR- und TV-Titel: »Malheur an der Themse«) – Ab 10. ✦ Frankreich 1964 **P** Les Films d'Art/Les Films Arthur Lesser/Les Films Borderie **KI** Pallas **Pd** Maurice Hartwig **R** Robert Dhéry **B** Robert Dhéry, Pierre Tchernia, Jean L'Hôte, Colette Brosset **K** Jean Tournier, Henri Tiquet **M** Gérard Calvi **S** Albert Jurgenson **D** Robert Dhéry (Robert Flic), Diana Dors (Diana Dors), Colette Brosset, Robert Rollis, Pierre Olaf, Raymond Pussières, Pierre Doris **L** 83 (DDR 73) **FSK** ab 6; nf **E** 3.9.1965/10.6.1966 Kino DDR/26.1.1973 DFF1 **fd** 13 621

EIN TOLLER BURSCHE (1941) (HONKY TONK). Ein skrupelloser Glücksritter versucht sich in Yellow Creek in dunklen Geschäften, läßt sich von der besorgten Tochter des Richters als Ehemann einfangen und verläßt nach dem gewaltsamen Tode des Schwiegervaters Frau und Stadt, wobei er sich geschickt aus jeder gefährlichen Affäre zieht. Die von ihm faszinierte Frau reist ihm nach. Zwischen Komödie und Gaunerstück angesiedelter Western, ganz geprägt von dem in großer Spiellaune agierenden Hauptdarsteller Clark Gable. – Ab 12. ✦ Schwarz-weiß. USA 1941 **P** MGM **KI** MGM **Pd** Pandro S. Berman **R** Jack Conway **B** Marguerite Roberts, John Sandford **K** Harold Rosson **M** Franz Waxman **S** Blanche Sewell **D** Clark Gable (»Candy« Johnson), Lana Turner (Elizabeth Cotton), Frank Morgan (Judge Cotton), Claire Trevor (Goldy Nelson), Marjorie Main (Mrs. Varner), Albert Decker (Brazos Hearn), Henry O'Neill (Daniel Wells), Chill Wills (Sniper), John Maxwell (Kendall), Morgan Wallace (Adams), Douglas Wood (Gov. Wilson), Betty Blythe (Mrs. Wilson), Veda Ann Borg (Pearl), Dorothy Granger (Frau im Saloon), Ray Teal (Kartenspieler), Russell Hicks (Dr. Otis), Edward Waller (Zugführer) **L** 105 **FSK** ab 12; nf **E** 30.12.1949 **fd** 570

EIN TOLLER BURSCHE (1974) (HONKY TONK). Fürs Fernsehen entstandene Neuverfilmung des gleichnamigen Westerns von 1941. Ein Draufgänger, der sich in einer Stadt in Nevada als Wohltäter einen Namen gemacht hat, legt sich mit seinem Schwiegervater, einem korrupten Richter, an. Eine nach gängigen Mustern glanzlos unterhaltende Routinearbeit, bei der man wehmütig die einstige Ausstrahlung Clark Gables vermißt. – Ab 14 möglich. ✦ USA 1974 **P** MGM Television **R** Don Taylor **B** Douglas Heyes **K** Joseph Biroc **M** Jerry Fielding **D** Richard Crenna (»Candy« Johnson), Margot Kidder (Lucy Cotton), Will Geer (Richter Cotton), Stella Stevens (Gold Dust), John Dehner (Brazos), Geoffrey Lewis (Roper), Gregory Sierra (Slade) **L** 74 **E** 3.12.1993 RTL 2

EIN TOLLER EINFALL. Der Neffe eines verschuldeten Schloßherrn vermietet das Schloß in dessen Abwesenheit an eine Truppe hübscher Revue-Girls. Eine sympathische, anspruchslos unterhaltende musikalische Komödie um Liebeswirren und Verwechslungen, deren Hauptrolle dem damaligen Frauenliebling Willy Fritsch auf den Leib geschrieben war. Filmhistorisch bedeutsam als eine der vergleichsweise wenigen Regie-Arbeiten Kurt Gerrons, der ein Multi-Talent mit außergewöhnlichen Entertainer-Qualitäten war, bis er 1933 aus Deutschland vertrieben wurde. 1944, vor seiner Ermordung in Auschwitz, war er gezwungen, im Auftrag der Nationalsozialisten den Theresienstadt-Film »Der Führer schenkt den Juden eine Stadt« zu drehen. – Ab 12. ✦ Schwarz-weiß. Deutschland 1932 **P** Ufa **Pd** Bruno Duday **R** Kurt Gerron **B** Philipp Lothar Mayring, Fritz Zeckendorf, nach dem gleichnamigen Bühnenstück von Carl Lauf **K** Konstantin Irmen-Tschet, Werner Bohne **M** Walter Jurmann **S** Konstantin Mick **D** Willy Fritsch (Paul Lüders), Dorothea Wieck (Mabel), Jakob Tiedtke (Michael Lüders), Max Adalbert (Birnstiel), Heinz Salfner (Mr. Miller, reicher Engländer), Rose Barsony (Anita), Leo Slezak, Fritz Odemar, Theo Lingen, Adele Sandrock, Oskar Sima **L** 87 **E** 14.5.1932/26.1.1981 DFF 1/1.1.1989 BR

EIN TOLLER FALL → Der große Fall

TOLLER HECHT AUF KRUMMER TOUR. Ein elternloser Berliner Junge, zur Zeit der Luftbrücke (1948) von einem US-Captain (der in Korea fallen wird) mit nach Westdeutschland genommen, versucht, unbedingt nach Amerika und in die Air Force zu kommen. Die unstimmige Geschichte, die mit ihrer Thematik und Besetzung die deutsch-amerikanische Freundschaft feiern möchte, versandet zwischen den vielen Albernheiten, die sich auf dem Zick-zackweg des Jungen – darunter bayerischer Pensionsaufenthalt, Jugendgefängnis, Wiesbadener US-Flughafen – auftürmen. Aus heutiger Sicht gewiß eher von (kultur-) politischem Interesse. – Ab 14. ✦ Schwarz-weiß. BR Deutschland 1961 **P** Astra **KI** DFG **Pd** Adolf Rosen **R** Akos von Ratony **B** Milton Krims, Alexander Badal (dt. Bearbeitung), nach einem Roman von Heinz Groß und Egon G. Schleinitz **K** Ernst W. Kalinke **M** Herbert Jarczyk **S** Anneliese Schönnenbeck **D** Christine Kaufmann (Inge), Michael Hinz (Helmut), Wera Frydtberg (Mary), Walter Groß (Max), Karl Lieffen (Moritz), William Bendix (Sgt. Harrigan), Ron Randall (Smith) **L** 96 **FSK** ab 12; nf **E** 22.12.1961 **fd** 10 867

EIN TOLLER HUND (SPOT MARKS THE X). Drei Bankräuber suchen ihren Hund, der ihnen helfen soll, die vergrabene Beute wiederzufinden. Einfältig und witzlos erzählter Kinderfilm, eher nervtötend als unterhaltsam. (Titel auch: »Mike the Dog – Ein himmlischer Hund«) – Ab 14 möglich. ✦ USA 1986 **P** Walt Disney **VA** EuroVideo **R** Mark Rosman **B** Michael Jenning **K** Kelvin Pike **M** Patrick Williams **S** Michael A. Stevenson **D** Frances Flanagan, Dale Wilson, Barret Oliver, Natalie Gregory, Vic Dunlop, Jerry Wasserman, David Huddleston **L** 87 **FSK** ab 12 **E** 13.5.1987 Video **fd** 26 206

EIN TOLLER KÄFER (THE LOVE BUG). Einem äußerlich unscheinbaren Volkswagen, einem VW-«Käfer«, und dessen gefühlvollem Innenleben verdankt ein junger Rennfahrer glanzvolle Siege. Sein Pech beginnt, als er den ihm »zugelaufenen« Glücksbringer verkaufen will und sich das Wunderauto »rächt«. Schließlich kommt alles zum Guten, und der »Käfer« stiftet noch eine Liebesromanze. Ein turbulentes modernes Märchen aus der Walt-Disney-Werkstatt, angereichert mit vielen hübschen Gags. Heiter-sympathische Unterhaltung, freilich nicht ohne Längen und mit einigen allzu übertriebenen Sentimentalitäten. – Ab 6. ✦ USA 1968 **P** Walt Disney Prod. **KI** MGM **VA** walt Disney Home **DVD** Buena Vista (FF, Mono engl./dt.) **Pd** Bill Walsh **R** Robert Stevenson **B** Bill Walsh, Don DaGradi **K** Edward Colman **M** George Bruns **S** Cotton Warburton **D** Dean Jones (Jim Douglas), Michele Lee (Carole Bennett), David Tomlinson (Peter Thorndyke), Buddy Hackett (Tennessee Steinmetz), Joe Flynn (Havershaw), Benson Fong (Tang Wu) **L** 98 **FSK** ab 6; f **FBW** w **E** 11.9.1969/11.3.1993 Video/20.5.1999 DVD **fd** 16 367

EIN TOLLER KÄFER IN DER RALLYE MONTE CARLO → Der tolle Käfer in der Rallye Monte Carlo

EIN TOLLER KÄFER KEHRT ZURÜCK (THE LOVE BUG). Wiederbelebung des mit Eigensinn ausgestatteten Filmautos, eines VW-Käfers, der nach einem ersten großen Kinoerfolg (»Ein toller Käfer«, 1968) mehrmals das Licht der Leinwand erblickte. Diesmal wird er gerade noch rechtzeitig vor dem Verschrotten gerettet. – Ab 8. ✦ USA 1996 **Pd** Joan Van Horn, Irwin Marcus **R** Peyton Reed **B** Ryan Rowe **K** Russ T. Alsobrook **D** Bruce Campbell (Hank Cooper), John Hannah (Simon Moore), Alexandra Wentworth (Alex

Davis), Dana Gould (Rupert), Kevin J. O'Connor (Roddy Martel) **L** 93 **FSK** ab 6 **E** 3.12.1997 premiere

EIN TOLLER SOMMER MIT TOM SAWYER (THE MODERN ADVENTURES OF TOM SAWYER). Modernisierte Variante der »Tom Sawyer«-Fabeln als Unterhaltung für Jugendliche: In den Sommerferien kommt der Jugendliche Tom in die Stadt zu seiner Tante, wo er mit einem bequemen Trick Sieger in einem Wettbewerb zur Erhaltung der Sauberkeit in der Stadt werden will, dann aber mit turbulenten Verwicklungen fertig werden muss. – Ab 14. ✦ USA 1998 **R** Adam Weissman, Micky Dolenz **B** David Schneider, Adam Weissman, Drew Daywalt **M** Kristopher Carter **S** Ken Schretzmann **D** Phillip van Dyke (Tom Sawyer), Bethany Richards (Becky Thatcher), Laraine Newman (Polly), Erik Estrada (Joe), Arte Johnson (Grumpy Old Man), Kaye Ballard (Mrs. Grumpy Old Man) **L** 84 **E** 10.9.2000 SAT 1

EIN TOLLER TAG. Verfilmung der Gesellschaftskomödie von Beaumarchais (1732–1799), bekannt als Vorlage für das Libretto der Mozart-Oper »Die Hochzeit des Figaro«: Tändeleien und amouröse Verwechslungen zwischen gräflicher Herrschaft und Bediensteten auf einem Landschloß bei Sevilla zur Rokoko-Zeit. Trotz behutsamer Regie eines erfahrenen Theaterkenners und guter Rollenbesetzung im Ergebnis matt. Ein sogenannter Überläufer: Der Film war bei Kriegsende abgedreht, jedoch noch nicht fertiggestellt. – Ab 12. ✦ Deutschland 1944/45 **P** UFA **KI** Prisma **R** Oskar Fritz Schuh **B** Walter Lieck, nach dem Bühnenstück »La folle journée ou Le mariage de Figaro« von Beaumarchais **K** Carl Hoffmann **M** Wolfgang Zeller **D** Ilse Werner (Kammerzofe Susanne), Paul Hartmann (Graf Almaviva), Lola Müthel (Gräfin Rosina), Elisabeth Flickenschildt (Haushälterin Marzelline), Aribert Wäscher (Dr. Bartholo), Joachim Brennecke, Franz Weber, Kurt Meisel **L** 74 **FSK** ab 12; nf **E** 27.9.1954 **fd** 4 095

EIN TOLLER TAG ODER DIE HOCHZEIT DES FIGARO (BESYMNYJ DEN, ILI SHENITBA FIGARO). Umfängliche Adaption von Beaumarchais' klassischer Gesellschaftskomödie um die Irrungen und Wirrungen der Liebe und Untreue. Graf Almaviva stellt der hübschen Susanne nach; er will ihre Hochzeit mit seinem Diener Figaro verhindern. Zusammen mit der Gräfin, die ihren Gatten der Untreue überführen will, ersinnt Figaro einen Plan. – Ab 12. ✦ UdSSR 1973 **P** Ekran **R** W. Plustschek, W. Chramow, nach dem Bühnenstück »La folle journée ou Le mariage de Figaro« von Beaumarchais **K** G. Krinitzki **M** Wolfgang Amadeus Mozart **D** Alexander Schirwindt (Graf Almaviva), Vera Wassiljewa (Gräfin), Alexej Mironow (Figaro), Nelli Kornijenko (Susanne), Gisela Morgen (Marcelline) **L** 167 **E** 3.8.1974/14.11.1974 DFF 2 (zwei Teile)

EIN TOLLES FRÜCHTCHEN (DAS FRÜCHTCHEN). Vom Besuch der reichen Tante überrascht, stecken ihre Angehörigen die voreheliche Tochter in Kinderkleider, damit Geburts- und Trauungstermin nicht verräterisch voneinander abweichen. Morgens spielt die Verkleidete mit den Teddybären, abends singt sie im Nachtlokal. Daraus bezieht der plumpe Schwank eine Situationskomik, die in ihrer Niveaulosigkeit schwer zu unterbieten ist. ✦ Schwarz-weiß. Österreich 1953 **P** Styria **KI** Gloria **Pd** Heinrich Haas, Auguste Barth **R** Franz Antel **B** Karl Farkas **K** Hans H. Theyer **M** Erwin Halletz **S** Arnfrid Heyne **D** Ingrid Pan (Eva Strux), Hans Holt (Paul Wiesinger), Nadja Tiller (Madelaine), Bully Buhlan (Gunar), Oskar Sima (Pedro Galotti), Jane Tilden (Ilse Strux), Erika von Thellmann (Emilia Galotti), Fritz Eckhardt (Warenhauschef) **L** 92 **FSK** ab 18; nf **E** 2.10.1953 **fd** 2 790

EIN TOLLES GEFÜHL (IT'S A GREAT FEELING). Ein Hollywood-Regisseur, mit dem kein Schauspieler gern zusammenarbeitet, verspricht einer jungen Kellnerin aus der Studio-Kantine eine tolle Karriere, wenn sie es fertigbringt, einen Filmstar zur Mitarbeit zu bewegen. Eine bescheiden-amüsante Komödie, die den Hollywood-Betrieb gutmütig-ironisch glossiert. Ihre »Film-im-Film«-Story ermöglicht Kurzauftritte vieler attraktiver Warner-Stars, u. a. Ronald Reagan, Gary Cooper, Edward G. Robinson, Errol Flynn, Joan Crawford, Danny Kaye, Eleanor Parker, Patricia Neal, Jane Wyman und Regisseure wie Michael Curtiz, King Vidor und Raoul Walsh. Doris Day steuert Schlager von Jule Styne und Sammy Cahn bei. (TV-Titel auch: »Judy erobert Hollywood«, »Einfach wunderbar«; Erstaustrahlung O.m.d.U.) – Ab 12. ✦ USA 1949 **P** Warner Bros. **Pd** Alex Gottlieb **R** David Butler **B** Jack Rose, Melville Shavelson **K** Wilfred M. Cline **M** Jule Styne, Sammy Cahn (Songs), Ray Heindorf (Ltg.) **S** Irene Morra **D** Dennis Morgan (Dennis Morgan), Doris Day (Judy Adams), Jack Carson (Jack Carson), Bill Goodwin (Arthur Trent), Claire Carleton (Grace), Irving Bacon (Mann an der Information), Bill Goodwin (Arthur Trent), Claire Carleton (Grace), Harlan Warde (Publicity-Mann), Jacqueline de Wit (Trents Sekretärin), Pat Flaherty (Pförtner), Errol Flynn (Jeffrey Bushfinkle), Gary Cooper, Joan Crawford, Sydney Greenstreet, Danny Kaye, Patricia Neal, Eleanor Parker, Ronald Reagan, Edward G. Robinson, Jane Wyman, David Butler, Michael Curtiz, King Vidor, Raoul Walsh **L** 85 **E** 27.11.1971 NDR (O.m.d.U.)/18.4.1978 ZDF (Synchronfas.)

TOLLES GELD (BESCHEYJE DENGI). Ein ungehobelter Industrieller bemüht sich um eine Moskauer Aristokratentochter. Zunächst sind seine Chancen aussichtslos, da er vor allem von ihrer Familie verachtet wird, doch dann wendet sich das Blatt plötzlich für ihn. ✦ UdSSR 1981 **P** Mosfilm **R** Jewgeni Matwejew **B** Jewgeni Matwejew, nach einem Roman von A. Ostrowski **K** Leonid Kalaschnikow **M** Jewgeni Ptitschkin **D** Ljudmila Nilskaja (Lidija), Juri Jakowlew (Teljatew), Jelena Solowej (Nadeshda Antonowna), Pawel Kadotschnikow (Kutschnerow), Alexander Michailow (Wassilkow) **L** 87 **E** 16.9.1982 DFF 2

TOLLES HERZ, HALT DICH FEST (CUORE MATTO, MATTO DE LEGARE). Die Freunde Tony, Sandro und Marco versuchen vergeblich, ihre schlechte wirtschaftliche Lage zu bessern. Nach einigen erfolglosen Unternehmungen erhält Tony ein Angebot von einer Schallplattenfirma. Müde Komödie; die langweilig-alberne Fortsetzung des Films »Wer zuletzt lacht, lacht am besten«. – Ab 14. ✦ Schwarz-weiß. Italien 1967 **P** West **KI** Progress **R** Mario Amendola **B** Mario Amendola, Bruno Corbucci **K** Alessandro D'Eva **M** Willy Brezza **D** Little Tony, Eleonora Brown, Ferruccio Amendola, Lucio Flauto, Fidel Gonzales **L** 95 **E** 8.8.1969 Kino DDR

EIN TOLLES HOTEL (EIN TOLLES HOTEL). Das Hausmeister-Ehepaar in der Luxusvilla hat heimlich eine zerbrochene kostbare Vase per Ratenzahlung ersetzt und verwandelt das Haus beim Urlaub der Herrschaft zwecks Schuldentilgung in ein Privathotel. Dümmlicher Verwechslungs- und Verkleidungsschwank mit den üblichen Turbulenzen und ganz wenigen Geistesblitzen an Humor. – Ab 16. ✦ Schwarz-weiß. Österreich 1956 **P** Wiener Mundus **KI** Europa **R** Hans Wolff **B** Gustav Kampendonk, Michael Haller, nach dem musikalischen Schwank »Ein toller Fall« von Toni Impekoven und Carl Mathern **K** Willi Sohm **M** Peter Igelhoff **S** Renate Jelinek **D** Theo Lingen (August Birnstiel), Ruth Stephan (Luise), Ernst Waldow (Franz Bender), Susi Nicoletti (Anna), Doris Kirchner (Irene), Karl Schönböck (Niki von Schöberl), Helen Vita (Lisette Moulin), Josef Meinrad (Edi Schlawinsky) **L** 94 **FSK** ab 16; nf **E** 15.6.1956 **fd** 5 055

TOLLKÜHNE FLIEGER (THE GREAT WALDO PEPPER). Abenteuer aus der Jugendzeit der Fliegerei am Ende der 20er Jahre: Ein ehemaliger Kriegsflieger versucht, sich mit waghalsigen Kunstflügen über Wasser zu halten, erleidet dabei jedoch mehrfach Unfälle und kommt zunehmend mit den neuen Bestimmungen für die Zivilluftfahrt in Schwierigkeiten. Schließlich verunglückt er beim Drehen eines Kriegsfilms tödlich. Eine zwischen Burleske und Melodram schwankende Huldigung, die in der Verherrlichung der Kampffliegerei nicht ganz problemlos ist. Insgesamt aber eine reizvolle, weil menschlich vertiefte Unterhaltung, technisch aufwendig, mit faszinierenden Flugaufnahmen. – Ab 12 möglich. ✦ USA 1974 **P** Universal **KI** CIC **Pd+R** George Roy Hill **B** William Goldman **K** Robert Surtees **M** Henry Mancini **S** Peter Berkos, William Reynolds **D** Robert Redford (Waldo Pepper), Bo Swenson (Axel Olsson), Bo Brundin (Ernst Kessler), Susan Sarandon (Mary Beth), Roderick Cook (Werfel), Edward Herrmann (Ezra Stiles) **L** 108 **FSK** ab 12; f **E** 5.9.1975 **fd** 19 446

DIE TOLLKÜHNE HEXE IN IHREM FLIEGENDEN BETT (BEDKNOBS AND BROOMSTICKS). Fantasy-Geschichte um den weiblichen Hexenlehrling Miß Caroline Price und drei Londoner Kinder, die zur Zeit des Ersten Weltkriegs in die Vergangenheit reisen. Aus Mary Nortons Romanvorlage wurde in der Disney-Werkstatt – mit Zeichentrickfiguren und Musical-Nummern versehen – eine britische Hexen-Story, die ihre Spuk-Elemente an einer historisch fixierten, realistischen Umwelt festmacht. So kommt es, daß Miß Price mit Hilfe des Zauberspruchs vom Halsorden des Löwen England gar vor der deutschen Invasion bewahren kann. Mit etlichem Kitsch angereicherte Familienunterhaltung, die anspruchslos-sympathisch unterhält. – Ab 6 möglich. ✦ USA 1972 **P** Walt Disney Prod. **KI** MGM **R** Robert Stevenson **B** Bill Walsh, Don DaGradi, nach einem Roman von Mary Norton **K** Frank Phillips **M** Richard M. Sherman, Robert B. Sherman **S** Cotton Warburton **D** Angela Lansbury (Caroline Price), David Tomlinson (Prof. Emellus Browne), Roddy McDowall (Mr. Jelk), Roy Snart (Paul), Cindy O'Callaghan (Carrie), Ian Weighill (Charlie) **L** 104 **FSK** ab 6; nf **FBW** w **E** 15.12.1972/28.5.1982 Neustart **fd** 18 118

DER TOLLKÜHNE JOCKEY (MONEY FROM HOME). Das Mitglied eines Wettbetrügerringes soll mit Hilfe seines Freundes, eines Tierarzt-Gehilfen, dafür einstehen, daß ein berühmtes Rennpferd nicht gewinnt, sorgt dann aber dafür, daß das Pferd als erstes durchs Ziel geht. Anspruchslose, allzu geschwätzige Komödie um das ungleiche Komiker-Gespann Jerry Lewis und Dean Martin, die ihre unterhaltsamsten Momente in der Verulkung von Gangsterfilmen hat. – Ab 12. ✦ USA 1954 **P** Hal Wallis Prod. (für Paramount) **KI** CIC **Pd** Hal B. Wallis **R** George Marshall **B** Hal Kanter, nach einem Roman von Damon Runyon **K** Daniel L. Fapp **M** Leigh Harline **D** Jerry Lewis (Honey Talk Nelson), Dean Martin (Virgil Yokum), Pat Crowley, Robert Strauss, Marjie Miller **L** 96 **FSK** ab 6; nf **E** 17.12.1971 **fd** 17 632

DIE TOLLKÜHNE LIST DES OBERST KWIATKOWSKI (PULKOWNIK KWIATKOWSKI). Um seine Angebetete und sich selbst aus einer mißlichen Lage zu lavieren, gibt ein Gynäkologe sich im Warschau der Nachkriegszeit als Offizier der Staatssicherheit aus. Da sein Trick gelingt, versucht er mit derselben Masche, einen unschuldig verurteilten Freund aus dem Gefängnis zu befreien. Zunächst hat er Glück, doch als er schließlich erwischt wird, muß er sich opfern, um die Frau und die Gefährten zu retten. Eine Abrechnung mit den Methoden der Staatssicherheit, durchsetzt und getragen von Schweijkschen Streichen und bauernschlauer Mentalität. – Ab 16. ✦ Polen 1995 **P** IKAM, Ltd./TVP S.A. **R** Kazimierz Kutz **B** Jerzy Stefan Stawinski **K** Grzegorz Kedzierski **M** Jan Kanty Pawluskiewicz **S** Cezary Grzesiuk **D** Marek Kondrat (Oberst Kwiatkowski), Renata Dancewicz (Krysia), Zbigniew Zamachowski (Dudek), Adam Ferency (Oberst Kizior) **L** 122 (Originallänge) **E** 9.9.1997 Südwest 3

DER TOLLKÜHNE LÜGENBARON – MÜNCHHAUSEN UND SEINE LISTIGEN STREICHE (LES FABULEUSES AVENTURES DU LEGENDAIRE BARON DE MUNCHHAUSEN). Zeichentrickfilm nach Motiven der Münchhausen-Geschichten, der sich in der Art von Trickfilm-Fernsehserien auf eine infantile Action-Dramaturgie verläßt. Der rüde Dialog drückt das Niveau zusätzlich. Einen Gebrauchswert als »Fantasie-Anreger« für Kinder hat der Film nicht. (Fernsehtitel: »Der Baron von Münchhausen«; DDR-TV: »Die wundersamen Abenteuer des legendären Baron Münchhausen«) – Ab 10. ✦ Frankreich/Ungarn 1978 **P** Films Jean Image/Hungaro-Film **Kl** Alemannia **Pd+R** Jean Image (= Emeric Hajdu) **B** Jean Image (= Emeric Hajdu), France Image **K** Per Olaf Csongovai **M** Michel Legrand **L** 77 **FSK** ab 6; f **E** 14.6.1979/ 6.4.1985 DFF 2 **fd** 22 064

DIE TOLLKÜHNE RETTUNG DER GANGSTERBRAUT HONEY SWANSON (A SONG IS BORN). Ein Gangsterliebchen bringt auf seiner Flucht vor der Polizei Unruhe in eine »jungfräuliche« Gemeinschaft von Wissenschaftlern. Nach vielen Verwicklungen entsagt es seinem Milieu und heiratet einen der Professoren. Der Komödienstoff wurde von Howard Hawks innerhalb von sieben Jahren zweimal verfilmt (zuerst 1941 als »Die merkwürdige Zähmung der Gangsterbraut Sugarpuss«). Diese zweite Verfilmung ist ein eher müder Aufguß, überdreht, aber nur mit begrenztem Unterhaltungswert. Was dem Film einiges Interesse sichert, ist der Auftritt amerikanischer Jazzmusik-Größen wie Tommy Dorsey, Louis Armstrong, Lionel Hampton, und das Golden Gate Quartett. – Ab 12. ✦ USA 1948 **P** Goldwyn Productions **Pd** Samuel Goldwyn **R** Howard Hawks **B** Harry Tugend, nach dem Drehbuch zu dem Film »Ball of Fire« **K** Gregg Toland **M** Emil Newman, Hugo Friedhofer, Don Don Raye (Songs), Gene De Paul (Songs) **S** Daniel Mandell **D** Danny Kaye (Prof. Robert Frisbee), Virginia Mayo (Honey Swanson), Benny Goodman (Prof. Magenbruch), Hugh Herbert (Prof. Twingle), Steve Cochran (Tony Crow), J. Edward Bromberg (Dr. Elfini), Ludwig Stössel (Prof. Traumer) **L** 113 **E** 27.5.1976 ZDF **fd** 19 775

DIE TOLLKÜHNEN (DARING GAME). Eine waghalsige Truppe junger Abenteurer befreit einen amerikanischen Professor aus der Gewalt eines lateinamerikanischen Diktators, der sich zum Demokraten wandelt. Konventioneller Abenteuerfilm, der aus konservativer Perspektive demokratischen Nachhilfeunterricht erteilt und das Eingreifen der USA in die Belange anderer Staaten propagiert und zu rechtfertigen sucht. – Ab 16. ✦ USA 1967 **P** Ivan Tors Films (für Paramount) **Kl** Paramount **Pd** Gene Levitt, Ivan Tors **R** Laszlo Benedek **B** Andy White **K** H. Edmund Gibson, Lamar Boren (Unterwasser) **M** George Bruns **S** Jack Woelz **D** Lloyd Bridges (Vic Powers), Nico Minardos (Ricardo), Michael Ansara (Delgado), Marie Gomez (Maria), Joan Blackman (Kathryn), Shepperd Strudwick (Dr. Carlyle), Alex Montoya (Tovera) **L** 100 **FSK** ab 6; nf **E** 9.8.1968 **fd** 15 662

DIE TOLLKÜHNEN ABENTEUER DES CAPTAIN EDDIE (CAPTAIN EDDIE). Das in Rückblenden dargestellte Porträt Eddie Rickenbackers, einer authentischen Heldenfigur des Ersten Weltkriegs. Der Film schildert seinen Weg von den ersten technischen Experimenten, die ihn zur Luftfahrt führten, bis zu seinen Ruhmestaten. Zur Zeit der Uraufführung am Ende des Zweiten Weltkriegs mußte die Filmfigur als leuchtendes Beispiel wirken, aber an Stelle von patriotischer Propaganda gibt sich der Film mit der Lebensgeschichte eines Sympathieträgers zufrieden, die solide inszeniert und gespielt ist. – Ab 14. ✦ Schwarz-weiß. USA 1945 **P** 20th Century Fox/Eureka **Pd** Winfield Sheehan **R** Lloyd Bacon **B** John Tucker Battle **K** Joe MacDonald **M** Cyril J. Mockridge **S** James B. Clark **D** Fred MacMurray (Eddie), Lynn Bari (Adelaide), Charles Bickford (Eddies Vater), Mary Philips (Eddies Mutter), Darryl Hickman (Junger Eddie) **L** 107 **E** 5.4.1997 ZDF

DIE TOLLKÜHNEN ABENTEUER DES MARCO POLO JUN. (MARCO POLO JR.). Abenteuer des 49. Nachkommen des Marco Polo im Reich des Kublai Khan. Zeichentrickfilm in der Tradition des Disney-Stils, temporeich, aber nur mit wenig Witz und Überraschungen. In der deutschen Synchronfassung sind einige fernöstliche Typen (besonders der »Rote Drache«) mit überflüssigen politischen Anspielungen versehen. – Ab 8 möglich. ✦ Australien 1973 **P** Eric Porter Prod. **Kl** Tobis **Pd+R** Eric Porter **B** Sheldon Moldoff, nach seinem Roman **K** Joe Dulgoniscu, John Cummings **M** Joel Herron **L** 81 **FSK** ab 6; f **E** 4.4.1974 **fd** 18 802

DIE TOLLKÜHNEN MÄNNER IN IHREN FLIEGENDEN KISTEN (THOSE MAGNIFICENT MEN IN THEIR FLYING MACHINES...). Vorbereitung und Durchführung eines Wettfluges von London nach Paris im Jahre 1910. Eine Vielzahl zwar dem Klischee verpflichteter, doch amüsant in Szene gesetzter Karikaturen nationaler Eigenheiten dient als Anlaß für eine trickreiche Folge von Gags. Fröhliche Unterhaltung, die dank der geschickten Flugzeug-Rekonstruktionen auch historisches Interesse beanspruchen darf. – Sehenswert ab 12. ✦ Scope. Großbritannien 1964 **P** 20th Century Fox **Kl** Centfox **Pd** Stan Margulies **R** Ken Annakin **B** Jack Davies, Ken Annakin **K** Christopher Challis **M** Ron Goodwin **S** Gordon Stone, Anne V. Coates **D** Stuart Whitman (Orvil Newton), Sarah Miles (Patricia Rawnsley), James Fox (Richard Mays), Gert Fröbe (Oberst Manfred von Holstein), Alberto Sordi (Graf Emilio Ponticelli), Robert Morley (Lord Rawnsley), Red Skelton, Jean-Pierre Cassel, Eric Sykes, Terry-Thomas, Irina Demick, Karl Michael Vogler, Sam Wanamaker, Ferdy Mayne **L** 131 **FSK** ab 6; nf **FBW** w **E** 14.9.1965/28.4.1967 Kino DDR **fd** 13 660

DIE TOLLKÜHNEN PENNER. Zwei clevere junge Männer leiten einen einträglichen Bettlerkonzern, wobei sich tagsüber der eine als »Blinder«, der andere als »Umweltgeschädigter« ausgibt, während sie abends als piekfeine Playboys in Aktion treten. Unter Hindernissen erobern sie zwei junge Frauen und bekehren sie zur »unkonventionellen« Lebensweise des Schmarotzens. Kurzweilige Unterhaltung im Gag-Stil, die tiefergehende satirische Möglichkeiten freilich ungenutzt läßt und nur oberflächlich die Ausnutzbarkeit der etablierten Gesellschaft bewitzelt. (Alternativtitel: »Mit Cadillac und Bettelsack«, TV: »Komm in die Wanne, Schätzchen«) – Ab 16 möglich. ✦ BR Deutschland 1970 **P** Michael-Geimer-Studios/Wiedey-Schönberg **Kl** Alpha **R+B** Michael Geimer-Gründgens **K** Vlada Majic **M** Manfred Schoof **D** Diana Körner, Henry van Lyck, Diether Krebs, Ernst H. Hilbich, Bettina Kamenz **L** 92 **FSK** ab 16; nf **E** 29.1.1971 **fd** 17 182

EIN TOLLKÜHNER DRAUFGÄNGER (THE LIVELY SET). Ein inszenatorisch routinierter, gedanklich anspruchslos-biederer Teenager-Film um einen charmant-kecken 22jährigen, der lieber Rennwagen bastelt als studiert. Erst nach einem Unfall, der ihn fast das Leben kostet, begreift er, daß auch für junge Genies ernsthafte Studien an der Universität wichtig sind. Geschmacklich ganz auf ein junges (amerikanisches) Publikum abgestellt, unterlegt mit vorsichtiger pädagogischer Tendenz. – Ab 12. ✦ USA 1964 **P** Universal **Kl** Universal **Pd** William Alland **R** Jack Arnold **B** Mel Goldberg, William Alland **K** Carl Guthrie **M** Bobby Darin **S** Archie Marshek **D** James Darren (Casey Owens), Pamela Tiffin (Eadie Manning), Doug McClure (Chuck Manning), Joanie Sommers (Doreen Grey), Marilyn Maxwell (Marge Owens), Peter Mann (Stanford Rogers) **L** 95 **FSK** ab 12; nf **E** 25.2.1965 **fd** 13 303

EIN TOLLKÜHNER HIMMELHUND (BULLSHOT!). In den dreißiger Jahren gelingt es einem englischen Superhelden, seinem deutschen Widersacher die Formel zur Herstellung eines synthetischen Benzins abzujagen. Eine größtenteils vergnügliche Parodie auf Superheldentum und britisches Nationalbewußtsein. – Ab 16. ✦ Großbritannien 1983 **P** Handmade **Kl** Senator **Pd** Ian La Frenais **R** Dick Clement **B** Ron House, Diz White, Alan Shearman **K** Alex Thomson **M** John Du Prez **S** Alan Jones **D** Alan Shearman (Bullshot Crummond), Diz White (Rosemary Fenton), Ron House (Graf Otto von Bruno), Frances Tomelty (Fräulein Lenya von Bruno), Michael Aldridge (Rupert Fenton) **L** 85 **FSK** ab 12; f **E** 7.9.1984 **fd** 24 753

DAS TOLLSTE KAUFHAUS DER WELT (THE GREATEST STORE IN THE WORLD). Nachdem ihr Wohnwagen ausgebrannt ist, quartiert sich eine alleinerziehende Mutter mit ihren beiden Töchtern kurzerhand im nobelsten Kaufhaus der Stadt ein. Obwohl sie stets auf der Hut vor dem Wachpersonal sein müssen, genießt die kleine Tochter die Stituation, während die Zwölfjährige sich endlich ein richtiges Zuhause und feste Schulzeiten wünscht. Als die beiden Mädchen einen Juwelendiebstahl verhindern, wendet sich alles zum Guten, und auch der passende Mann für die Mutter scheint gefunden. Überzeugende (Fernseh-)Familienunterhaltung, die eine ebenso besinnliche wie heitere Weihnachtsgeschichte erzählt und ohne moralischen Zeigefinger traditionelle Werte beschwört. – Ab 12. ✦ Großbritannien 1999 **P** BBC **Pd** Gillian Gordon **R** Jane Prowse **B** Alex Shearer **D** Elizabeth Earl (Livvy), Holly Earl (Angeline), Peter Capaldi (Mr. Schnurrbart), Helen Schlesinger (Miss Greystone), Dervla Kirwan (Geraldine) **L** 73 **E** 23.12.2000 Kinderkanal

DAS TOLLSTE VOM TOLLEN (AH! LES BELLES BACCHANTES). Ein in Pariser Nachtclubs herumstreichender Sittenschnüffler der Polizei bringt eine Revue-Theaterprobe durcheinander und avanciert zum Star des Spektakels. Die banale Handlung dient als dramaturgischer Leitfaden für eine laute Nummernrevue, bei der Tänzer und Tänzerinnen hausbackene Frivolitäten bieten, die heute eher unfreiwillig komisch sind. Langweilig, grellbunt und schrilldumm. (Titel auch: »Tolle Sachen«, »Die Knallschote«) – Ab 16. ✦ Frankreich 1954 **P** Optimax/Lux **Kl** Pallas **R** Jean Loubignac **B** Jean Loubignac, nach einem Bühnenstück von Robert Dhéry **K** René Colas **M** Gérard Calvi **D** Robert Dhéry, Colette Brosset, Raymond Bussières, Rosine Luguet, Louis de Funès **L** 77 **FSK** ab 12; nf (fr. 18) **E** 31.12.1955 **fd** 4 660

TOLLWUT. Die Spannungen zwischen einer proletarischen Aussteigerfamilie und den bürgerlichen Nachbarn finden im Spiel zweier Jungen ihre Entsprechung, die die Feindschaft der Väter übernehmen. Die Situation spitzt sich immer mehr zu. Als die Siedlung zum Tollwut-Gebiet erklärt wird, greift der Arbeiter aus nichtigem Anlaß zum Gewehr, verletzt den Sohn des Nachbarn und tötet dessen Pudel. Versuch eines wirklichkeitsnahen Jugendfilms, der in Ansätzen stecken bleibt. – Ab 14 möglich. ✦ BR Deutschland 1981 **P** Taege-Astral **Kl** Demos **R** Jürgen Brest **B** Ilse Hofmann **K** Axel Block **M** Andreas Köbner **D** Thomas Tolksdorf (Olli), Tilmann Hähle (Micki), Claus Eberth (Herr Oldenburger), Ingeburg Kanstein (Frau Oldenburger), Eberhard Feik (Herr Fredemann), Kornelia Boje (Frau Fredemann) **L** 103 **FSK** ab 6; f **E** 24.9.1982

TOLLWÜTIG (PARIS TROUT). Ein cholerischer Ladenbesitzer, der auch an Schwarze Kredite vergibt, dreht durch, als eines dieser Darlehen nicht fristgerecht zurückgezahlt wird. Er tötet im Affekt ein kleines Mädchen, und als er für den Totschlag zur Rechenschaft gezogen werden soll, kennt sein Haß keine Grenzen mehr. Seine Frau versucht, die Affäre zu nutzen, um ihrem gewalttätigen Mann zu entkommen. Ein von soliden Darstellern getragenes Südstaaten-Drama, das Rassenhaß von einem psychopathischen Blickpunkt aus behandelt. ✦ USA 1990 **P** Viacom Enterprises **VA** VCL/Carolco **DVD** CinePlus (FF, DD2.0 dt.) **Pd** Frank Königsberg, Larry Sanitzky **R** Stephen Gyllenhaal **B** Pete Dexter, nach seinem Roman **K** Robert Elswit **M** David Shire **S** Harvey Rosenstock, Angelo Corrao **D** Dennis Hopper (Paris Trout), Barbara Hershey (Hanna), Ed Harris (Harry Seagraves), Ray McKinnon (Carl Bonner), Tina Lifford (Mary Sayers) **L** 95 **FSK** ab 16 **E** 21.9.1992 Video/11.10.1993 premiere/1.6.2001 DVD

DER TOLLWÜTIGE (1960) (MAD DOG COLL). Das (Kintopp-)Lebensbild des Berufsverbrechers Vincent Coll, der um 1920 die Vereinigten Staaten terrorisierte. Beginnend mit seiner Kindheit und dem prügelnden Vater in den Slums von New York, der seinen Sohn seelisch verhärtet, endet die Gangsterstory nach zahlreichen bleihaltigen Episoden in einer von Kugeln durchsiebten Telefonzelle. Die einzelnen Lebensstationen sind plakative Schilderungen voller Mord, Totschlag, Schlägereien und Quälereien, angereichert mit viel Trivialpsychologie und einem aufgesetzt moralisierenden Deckmäntelchen. ✦ Schwarz-weiß. USA 1960 **P** Thalia **KI** Columbia **Pd** Edward Schreiber **R** Burt Balaban **B** Edward Schreiber, nach Tatsachenmaterial von Leo Lieberman **K** Gayne Rescher **D** John Chandler (Vincent Coll), Kay Doubleday (Clio), Brooke Hayward (Elizabeth), Telly Savalas (Lt. Dawson), Jerry Orbach (Joe), Vincent Gardenia (Schultz) **L** 86 **FSK** ab 18; nf **E** 1.12.1961 **fd** 10 731

DER TOLLWÜTIGE (1977) (LA BELVA COL MITRA / FEROCE). Ein psychopathischer Mörder bricht aus der Haft aus, um sich an denen zu rächen, die ihn einst verraten haben. Mit äußerstem Sadismus tötet und vergewaltigt er, bis ein Kommissar ihn zur Strecke bringt. Hinter der pseudokritischen Erklärung vom Einzelgänger, der »nur« seine Angst verbergen will, offenbart sich der inszenatorisch schludrige Film als ein spekulatives Machwerk voller genüßlich ausgespielter Grausamkeiten. – Wir raten ab. ✦ Scope. Italien 1977 **P** Armando & Francesco Bertuccinoli **VA** Constantin **Pd** Armando Bertuccinoli, Francesco Bertuccinoli **R** Sergio Grieco **D** Helmut Berger (Nanni Vitale), Marisa Mell (Giuliana), Richard Harrison (Santini), Vittorio Duse, Marina Giordana, Maria Pascucci **L** 85 **E** April 1983 Video **fd** 23 817

DER TOLLWÜTIGE (1980) (WSCIEKLY). In verschiedenen Städten Polens werden Menschen ermordet, ohne daß ein Motiv erkennbar ist. Die Suche nach dem Täter wird für die Kriminalisten zu einer schwierigen Aktion. – Ab 16. ✦ Polen 1980 **P** PRF Zespoly Filmowe/Zespol Iluzjon **KI** Progress **R** Roman Zaluski **B** Roman Zaluski, nach einem Roman von Jerzy Romuald **K** Janusz Pawlowski, J. Gauer **M** Jerzy Matula **D** Bronislaw Cieslak (Kapitän Zawada), Barbara Brylska, Liliana Grabczynska, Halina Gryglaszewska, Ewa Kania **L** 97 **E** 14.8.1981 Kino DDR/30.6.1984 DFF 1

DIE TOLLWÜTIGEN (I DRINK YOUR BLOOD). Hippies, zugleich Anhänger einer satanischen Sekte, terrorisieren eine Kleinstadt. Als sie seinen Vater demütigen, infiziert ein elfjähriger Junge die Bande mit Tollwut. Die Hippies entwickeln kannibalistische Gelüste und fallen übereinander her. Gewalttätiger und bizarrer Horrorfilm mit abstoßenden Details. (Videotitel: »Blood Suckers«) – Wir raten ab. ✦ USA 1971 **P** Cinemation/Repa **KI** Schmidt/Ringfilm **VA** Media **Pd** Jerry Gross **R+B** David Durston **K** Jacques Demarecaux **M** Clay Pitts **S** Lyman Hallowell **D** Bhaskar (Horace Bones), Jadine Wong (Sue-Lin), Ronda Fultz (Molly), Elizabeth Marner-Brooks (Mildred Nash), George Patterson (Rollo) **L** 83 (Orig. 88) **FSK** ab 18; nf **E** 25.1.1972/März 1987 Video **fd** 17 685

DER TOLPATSCH (1953) (THE CADDY). Jerry Lewis und Dean Martin, zum Revue-Erfolgsduo aufgestiegen, präsentieren sich in Sketchen auf dem Golfplatz: Jerry, ein linkisch gehemmter, golfbegeisterter Möchtegernmeister, assistiert seinem Partner als Caddy beim Wettkampf. Überwiegend auf Lewis' Pechvogelkomik beschränkte Groteske, mehr Klamauk als zündender Witz. ✦ Schwarz-weiß. USA 1953 **P** Paramount **KI** Paramount **Pd** Paul Jones **R** Norman Taurog **B** Edmund L. Hartmann, Danny Arnold **K** Daniel L. Fapp **M** Harry Warren (Songs), Jack Brooks (Songs), Joseph J. Lilley **S** Warren Low **D** Dean Martin (Joe Anthony), Jerry Lewis (Harvey), Donna Reed (Kathy Taylor), Barbara Bates (Lisa Anthony), Joseph Calleia (Papa Anthony), Fred Clark (Mr. Baxter), Clinton Sundberg (Charles) **L** 96 **FSK** ab 12; nf **E** 23.12.1955 **fd** 4 688

DER TOLPATSCH (1961) (KARJERA DIMY GORINA). Ein Sparkassen-Angestellter überwindet Ungeschicklichkeit und Egoismus beim Bau einer Überlandleitung durch die Taiga. Eine heiter gemeinte Unterhaltung ohne thematische und inszenatorische Überzeugungskraft. – Ab 10. ✦ UdSSR 1961 **P** Gorki-Studio **KI** Progress **R** Frunse Dowlatjan, Lew Kirski **B** Boris Medowoi **K** Konstantin Arutjunow **M** Andrej Eschpai **D** Tatjana Konjuchowa (Galja), Alexander Demjanenko (Dima Gorin), Wladimir Wyssozki, W. Selesnjew, N. Kasakow **L** 93 **E** 11.1.1962 Kino DDR/30.4.1963 DFF 1

DER TOLPATSCH (1985) (BLOUDENI ORIENTACNIHO BEZCE). Ein hoch aufgeschossener 14jähriger Junge fällt vor allem beim Schulsport immer wieder durch Ungeschicklichkeit und Willensschwäche auf, bis er sich freiwillig bei der Feuerwehr und in einer Laufgruppe leistungsfähig trimmt. Ein anschaulich die Entwicklungsnöte darstellender Jugendfilm, der trotz wohlmeinender pädagogischer Fingerzeige penetrant an den Anforderungen des kommunistischen Staates orientiert ist. Interessant durch eher am Rand angesprochene Gesellschaftsprobleme (Scheidungswelle, Pfarrer), aber gewiß keine Kinder- oder Familienunterhaltung. – Ab 14. ✦ CSSR 1985 **P** Filmstudio Barrandov **KI** Progress **Pd** Jan Syrovy **R** Julius Matula **B** Miroslav Sovják, Julius Matula **K** Juraj Sajmovic **M** Jaroslav Uhlír **D** Filip Tousek (Radek), Juraj Matula (Petr), Vladimía Nejepsová (Svatava), Olga Draxlerová (Jirina), Alena Knowková (Vlasta) **L** 83 **E** 23.1.1987 Kino DDR/29.7.1988 ARD/6.8.1988 DFF 1

EIN TOLPATSCH AUF ABWEGEN (ON AURA TOUT VU!). Ein Werbefotograf, der von einem seriösen Filmprojekt träumt, entwickelt mit einem Freund ein Drehbuch. Nach Anlaufschwierigkeiten finden sie sogar einen Produzenten, doch der läßt das Buch kurzerhand umschreiben. Nun haben die Freunde einen Pornofilm zu verantworten. Als Parodie auf die Porno-Industrie angelegt, verteilt der Film einige treffsichere Seitenhiebe, wirkt aber nicht sehr überzeugend, da er zu häufig bekannte Klischees aneinanderreiht. – Ab 16. ✦ Frankreich 1976 **P** Gaumont International **R** Georges Lautner **B** Francis Veber **K** Maurice Fellous **M** Philippe Sarde **D** Pierre Richard (François Perrin), Miou-Miou (Christine), Jean-Pierre Marielle (Morlock), Henri Guybet (Mercier), Renée Saint-Cyr (Madame Ferroni), Arlette Emmery (Marie-France) **L** 95 **E** 1.5.1995 RTL 2

EIN TOLPATSCH KOMMT SELTEN ALLEIN →Der Hornochse und sein Zugpferd

TOLPATSCH MACHT KARRIERE (POLICARPO, UFFICIALE DI SCRITTURA / POLYCARPO). Ein kleiner Schreiber im römischen Ministerium strebt nach Beförderung. Sie wird ihm zuteil, als er sich unvermutet in der neuen Kunst des Maschineschreibens hervortut. Samt Liebesromanze der anmutigen Tochter eine niveauvolle, leicht ironische Humoreske zur Zeit der Jahrhundertwende. Das unbeschwert kabarettistische Spiel wird vor allem durch den Hauptdarsteller in seiner köstlichen Mischung aus serviler Schüchternheit und überlegener Pfiffigkeit geprägt. (Verleihtitel DDR: »Policarpos große Pläne«) – Ab 12. ✦ Italien/Frankreich/Spanien 1958 **P** Titanus/S.G.C./Hispamex **KI** MGM **Pd** Silvio Clementelli **R** Mario Soldati **B** Age (= Agenore Incorocci), Furio Scarpelli, nach einem Roman von Gandolin (= Arnoldo Vassallo) **K** Giuseppe Rotunno **M** Angelo Francesco Lavagnino **S** Mario Serandrei **D** Renato Rascel (Policarpo de Tappetti), Carla Gravina (Celeste), Romolo Valli, Peppino de Filippo (Pancarano de Rondo), Luigi de Filippo (Gégé), Renato Salvatori, Toni Soler **L** 108 **FSK** ab 12; nf **E** 28.7.1960/13.10.1961 Kino DDR/11.8.1968 ZDF/23.5.1970 DFF **fd** 9 621

DER TOLPATSCH MIT DEM SECHSTEN SINN (LA COURSE A L'ECHALOTE). Ein tüchtiger Bankbeamter präsentiert sich plötzlich recht grundlos als Tolpatsch, der von einem Schlamassel ins andere purzelt und zuletzt erfolgreich einem von einer Transvestitengruppe gestohlenen Safeinhalt nachjagt. Pausenloser Klamauk mit Pierre Richard, komischer als der Durchschnitt der Gattung. (Alternativtitel: »Der lange Blonde und die kleine Schwarze«, »Mich laust der Affe«) – Ab 14. ✦ BR Deutschland/Frankreich 1975 **P** Hermes/Christian Fechner/Renn **KI** Constantin **R** Claude Zidi **B** Claude Zidi, Michel Fabre, Jean-Luc Voulfow **K** Henri Decaë **M** Vladimir Cosma **D** Pierre Richard (Pierre), Jane Birkin (Janet), Michel Aumont (Inspektor), Amadeus August, Henri Déus (Mike) **L** 98 **FSK** ab 12; nf **E** 19.12.1975/26.12.1984 DFF 1 **fd** 19 610

DER TOLPATSCH UND DIE SCHÖNE (I DOOD IT). Ein Schneidergehilfe verliebt sich unsterblich in einen Tanzstar und fällt aus allen Wolken, als seine Angebetete ihn aus einer Laune heraus heiraten will. Doch das dicke Ende kommt nach, und so muß sich der Tolpatsch erst auf der Bühne bewähren, bevor seine Träume vom Liebesglück in Erfüllung gehen. Eine von Musiknummern durchzogene, weitgehend schwerfällige Komödie, deren anspruchslose Handlung der Musik untergeordnet ist. Dennoch überwiegend routiniert-gefällige Unterhaltung. – Ab 14. ✦ Schwarz-weiß. USA 1943 **P** MGM **Pd** Jack Cummings **R** Vincente Minnelli **B** Sig Herzig, Fred Saidy **K** Ray June **M** George Stoll **S** Robert J. Kern **D** Red Skelton (Joseph Reynolds), Eleanor Powell (Constance Shaw), Richard Ainley (Larry West), Patricia Dane (Suretta Brenton), Sam Levene (Ed Jackson), Lena Horne (Lena Horne), Hazel Scott (Hazel Scott) **L** 102 **E** 9.7.1991 ARD

DER TÖLPEL (1926) (THE BOOB). Ein verliebter Junge vom Lande will seinen Nebenbuhler der illegalen Schnapsbrennerei überführen. Das gelingt jedoch erst nach einer dramatischen Verfolgungsjagd und im Verein mit dem FBI. Ein weitgehend in Vergessenheit geratener Stummfilm des Regie-Routiniers Wellman. Die Musik wurde für die Fernsehausstrahlung neu komponiert und eingespielt. – Ab 12 möglich. ✦ Schwarz-weiß. USA 1926 **P** MGM **R** William A. Wellman **B** Kenneth B. Clarke **K** William H. Daniels **M** William Davies **S** Ben Lewis **D** George K. Arthur (Peter Good), Gertrude Olmstedt (Amy), Joan Crawford (Jane), Antonio D'Algy (Harry Benson), Charles Murray (Kaktus Jim) **L** 70 **E** 28.7.1991 N 3

DER TÖLPEL (1986) (LE PALTOQUET). Fünf Stammgäste einer Hafenkneipe – vier Männer und eine Frau – stehen im Verdacht, jemanden im gegenüberliegenden Hotel ermordet zu haben. Der ermittelnde Kommissar tappt im Dunkeln, verhaftet einen der Verdächtigen auf gut Glück, muss ihn aber bald wieder freilassen. Nun gibt jeder seine Version der Ereignisse zum Besten. Ein kriminalistisches Kammerspiel ohne eigentliche Auflösung, getragen von einer Riege französischer Star-Schauspieler. Ein trotz seiner inszenatorischen Kühle erotischer Film, der seine Spannung aus den geschliffenen Dialogen bezieht. ✦ Frankreich 1986 **P** Eléfilm/Erato Films/Soprofilms/TF 1 Films/Sofia/Sofima **Pd** Rosalinde Damamme **R** Michel Deville **B** Michel Deville, nach einem Roman von Franz-Rudolf Falk **K** Max Pantera **M** Antonín Dvorak, Leos Janacek **S** Raymonde Guyot **D** Michel Piccoli (der Tölpel), Fanny Ardant (Lotte), Jeanne Moreau (Kneipenbesitzerin), Daniel Auteuil (Journalist), Philippe Léotard (ehrenwerter Kaufmann), Jean Yanne (Kommissar) **L** 92 **E** 12.7.1999 arte

DER TÖLPEL VOM DIENST (THE DISORDERLY ORDERLY). Ein tölpelhafter Krankenpfleger in einer kalifornischen Privatklinik für Gemütskranke hat es zumeist mit reichen, eingebildeten Kranken zu tun. Episodische Klamauk-Komödie um Jerry Lewis und seine Verrenkungs- und Grimassenkomik, angereichert mit den üblichen Personal- und Patienten-Karikaturen. Die faustdicken Blödeleien und die zahllosen Groteskssituationen verkommen oft zu billigem Krampf, während manche munteren Seitenhiebe auf hypochondrische Tricks und Verschrobenheiten ebenso amüsieren wie die luxuriöse Farbigkeit von Tashlins Inszenierungsstil. – Ab 14. ✦ USA 1964 **P** York-Jerry-Lewis-Prod. (für Paramount) **KI** Paramount **Pd** Paul Jones **R+B** Frank Tashlin **K** W. Wallace Kelley **M** Joseph J. Lilley **S** John Woodcock **D** Jerry Lewis (Jerome Littlefield), Glenda Farrell (Dr. Jean Howard), Everett Sloane (Mr. Tuffington), Karen Sharpe (Julie Blair), Susan Oliver (Susan Andrews), Kathleen Freeman (Maggie Higgins) **L** 89 **FSK** ab 12; nf **E** 12.2.1965 **fd** 13 297

DER TÖLPELHANS. Mit Hilfe einer Fee erobert der von allen verspottete Tölpelhans die Gunst der Prinzessin Tausendschön. Konventioneller Märchenfilm nach der Vorlage von Hans Christian Andersen. – Ab 6. ✦ DDR 1988 **P** DEFA **R** Bodo Schwarz **B** Joachim Hürtgen, nach einem Märchen von Hans Christian Andersen **K** Alfred Kirchner **D** Thomas Schuch (Tölpelhans), Beatrice Bergner (Prinzessin), Eberhard Mellies (König), Peter Pauli (Melchior), Herbert Olschok (Gregor), Petra Hinze (Fee) **L** 88 **E** 25.12.1989 DFF 1/7.2.1993 mdr/ORB

TOM BROWNS SCHULZEIT (TOM BROWN'S SCHOOLDAYS). Typisch englische, atmosphärisch dichte Milieustudie aus dem College-Leben am Ende des 19. Jahrhunderts. Der junge Tom Brown wehrt sich mit Hilfe des Direktors erfolgreich gegen die Grausamkeiten eines älteren Mitschülers. Die (nach 1940, Regie: Robert Stevenson) zweite Verfilmung des englischen Romanklassikers ist zwar gelegentlich arg kitschig und in der Gegenüberstellung von »Guten« und »Bösen« recht plakativ, weiß aber auch daraus durchaus effektvolle Momente zu schaffen. – Ab 14. ✦ Schwarz-weiß. Großbritannien 1951 **P** Talisman/United Artists **Pd** Brian Desmond Hurst **R** Gordon Parry **B** Noel Langley, nach einem Roman von Thomas Hughes **K** C. Pennington-Richards, Ray Sturgess **M** Richard Addinsell, Muir Mathieson (Ltg.) **S** Kenneth Heeley-Ray **D** John Howard Davies (Tom Brown), Robert Newton (Dr. Arnold), Hermione Baddeley (Sally Harrowell), Diana Wynyard (Mrs. Arnold), Francis de Wolff (Squire Brown), James Hayter (Old Thomas), John Charlesworth (East) **L** 93 **E** 30.10.1966 ZDF

TOM CLANCY'S NETFORCE (TOM CLANCY'S NETFORCE / NETFORCE). Der Fahnder einer Netforce-Sondereinheit ermittelt im Jahr 2005 gegen massive Angriffe auf das Internet, die Manipulationen in allen Lebensbereichen zur Folge haben. Hilfe wird ihm dabei durch seinen ermordeten Boss zu teil, der als elektronischer »Klon« bereit steht. Eine zähe Inszenierung zukünftiger Computer-Kriminalität, die sich bestenfalls durch Unkenntnis der Materie und grobe Stereotypen auszeichnet. Ein überfordert wirkender Hauptdarsteller kann das Scheitern des zweiteiligen Fernsehfilms nicht verhindern. – Ab 16. ✦ USA 1999 **P** Cates/Duty Productions/Greengrass Productions **VA** Ufa/BMG **Pd** Dennis E. Doty **R** Robert Lieberman **B** Lionel Chetwynd **K** David Hennings **M** Jeff Rona **S** Alan L. Shefland **D** Scott Bakula (Alex Michaels), Brian Dennehy (Lowell Davidson), Kris Kristofferson (Steve Day), CCH Pounder (Sandra Knight), Judge Reinhold (Will Stiles), Paul Hewitt (Jay Gridley), Sam Anderson (Fox), Xander Berkeley (Bo Tyler) **L** 155 (75 & 80) **FSK** ab 16 (1.T.), 12 (2.T.) **E** 9./30.8. 1999 Video **fd** 33 915

TOM CLANCY'S OP CENTER →Countdown des Schreckens

TOM COLLINS JAGT DIE SCHWARZE NATTER (INTRIGO A LOS ANGELES). Spionagefilm um die Suche nach einem verschwundenen Atom-Wissenschaftler, der eine aufsehenerregende Erfindung gemacht hat. Der Agent Tom Collins und seine Kollegin arbeiten im Auftrag des FBI und beenden ihre Mission trotz aller Gefahren erfolgreich, wobei sie die verbrecherische Assistentin des Professors entlarven. Ein ausgesprochen langweiliger Abenteuer- und Agentenfilm, konstruiert und technisch primitiv. Für seine Entstehungszeit ausgesprochen rüde. ✦ Italien 1964 **P** Publitalia/Cinelions **KI** Constantin **R** Roy Freemount (= Romano Ferrara) **B** Lucio Marcuzzo, A. Doyle **K** Adalberto Albertini **M** Piero Umiliani **S** Tatiana Casini **D** Luciano Marin (Tom Collins), Mary Luger (Silvia), Carol Walker (Jean), Gaetano Quartaro (George), P. Cruciani (Prof. Weiss), E.R. Caizzi (Elston) **L** 90 **FSK** ab 18; nf **E** 11.6.1965 **fd** 13 513

TOM, CROSBY UND DIE MÄUSEBRIGADE (JACK AND THE BEANSTALK). Der Bauernjunge Tom und sein Hund Crosby klettern auf einer schnell wachsenden Bohnenranke ins Elfenreich in den Wolken, wo eine böse Hexe mit ihrem Sohn herrscht. Sie hält die liebliche Feen-Prinzessin gefangen und hat deren Hofstaat in Mäuse verzaubert. Tom macht sich auf, das »Land« mit Hilfe seiner Freunde zu befreien. Ein recht ordentlich animierter Zeichentrickfilm um einen eher widerstrebenden Helden, der dem klassischen angelsächsischen Märchen entnommen wurde. Die deutsche Bearbeitung hat den Film, der einige allzu selbstzweckhaft ausgespielte Schreckszenen aufweist, in grobschlächtiger und wirrer Art eher »verschlimmbessert«. – Ab 8. ✦ Japan 1978 **P** Nippon Herald/Group Tac **KI** Avis **R** Gisaburo Sugii, Josef Neugebauer (dt. Bearbeitung) **B** Gisaburo Sugii, Josef Neugebauer (dt. Bearbeitung), nach dem angelsächsischen Märchen »Jack und die Wunderbohnen« **M** Takashi Miki, Gerhard Heinz (dt. Fassung) **L** 86 **FSK** ab 6; f **E** 15.12.1978 **fd** 21 046

TOM, DER WERWOLF →Die Wolfspfote

TOM, DICK UND HARRY (TOM, DICK AND HARRY). Eine scheinbar phlegmatische Post-Telefonistin beschäftigt sich träumerisch mit drei möglichen Ehekandidaten, wobei sie insgeheim an eine reiche Partie denkt. Ein fleißiger Autoverkäufer, ein lebensfroher Schlosser und ein verkappter Millionär stehen zur Wahl. Ein vortrefflich inszeniertes Komödien-Puzzle um Lebens- und Kinoträume. Das Remake »Kess und kokett« (1957, Regie: Mitchell Leisen) bewies weniger Einfallsreichtum. – Ab 12. ✦ Schwarz-weiß. USA 1940 **P** RKO **Pd** Robert Sisk **R** Garson Kanin **B** Paul Jarrico, nach einem Roman von Alexandre Dumas **K** Merritt B. Gerstad **M** Roy Webb **S** John Sturges **D** Ginger Rogers (Janie), George Murphy (Tom), Alan Marshal (Dick Hamilton), Burgess Meredith (Harry), Joe Cunningham (Pop), Jane Seymour (Ma), Leonore Lonergan (Babs), Vicki Lester (Paula) **L** 86 **E** Oktober 1945

TOM DOOLEY – HELD DER GRÜNEN HÖLLE (TUMULTO DE PAIXOES). Ein Vagabund und Abenteurer, ein amerikanischer Schreiberling und eine abenteuerlustige junge Frau in buntem Sommerröckchen und Sandalen auf Amazonas-Reise durch den Dschungel, wo mit Schlangen und Krokodilen, vor allem aber mit der erotischen Liebe gekämpft wird, die in dieser archaisch-urwüchsigen Gegend besonders »wild« aufzuflammen scheint. Ein sich obendrein noch dokumentarisch gebender Film im Stil eines Comic strips, auffällig primitiv und geradezu lachhaft abenteuerlich. – Ab 16 möglich. ✦ BR Deutschland/Brasilien 1957/58 **P** Alfa/Sulistrowski/Audra **KI** Bavaria **Pd+R** Zygmunt Sulistrowski **B** Zygmunt Sulistrowski, nach einer Erzählung von Anita Manville **K** Alexander Orban **M** Enrico Simonetti, Gerhard Becker **S** Ikswort Silus **D** John Sutton (John Morgan), Richard Olizar (Tom Dooley), Gina Albert (Anna Martin), Celeneh Costa (Marezinha), Eugenio Carlos (Eugenio), Pedro de Iparana, Rita de Cassia **L** 92 **FSK** ab 12; nf **E** 27.11.1959 **fd** 8 694

TOM JONES – ZWISCHEN BETT UND GALGEN (TOM JONES). Die Abenteuer eines jungen Mannes im England des 18. Jahrhunderts, der, als elternloses Findelkind aufgewachsen, auf seiner Wanderschaft die Licht- und Schattenseiten seiner Epoche erlebt. Der Dramatiker John Osborne bearbeitete Fieldings klassischen Schelmenroman zu einem witzigen, turbulenten und sinnenfreudigen Historien-Spektakel, das unter der Regie des »Free Cinema«-Pioniers Tony Richardson darüber hinaus zu einer intelligent unterhaltenden Parodie auf die Mechanismen des Abenteuerfilms wird. (DDR-Titel: »Tom Jones«) ✦ Großbritannien 1962 **P** Woodfall **KI** United Artists **Pd+R** Tony Richardson **B** John Osborne, nach einem Roman von Henry Fielding **K** Walter Lassally **M** John Addison **S** Anthony Gibbs **D** Albert Finney (Tom Jones), Susannah York (Sophie Western), Hugh Griffith (Squire Western), Edith Evans (Miss Western), Joan Greenwood (Lady Bellaston), Diane Cilento (Molly), George Devine (Squire Allworthy) **L** 128 **FSK** ab 18; nf **FBW** w **E** 12.3.1964/24.6.1966 Kino DDR/27.12. 1973 ARD/25.12.1989 DFF **fd** 12 708

TOM MIX, DER WUNDERREITER: 1. TEIL: DER FEUERVOGEL / 2. TEIL: DIE VERGELTUNG (MIRACLE RIDER). Zwei aus einem 15teiligen Western-Serial zusammengeschnittene Kinoprogramme mit einem der ersten Sheriff-Cowboy-Stars: Thomas Edwin alias Tom Mix (1881–1940) kam als Zirkusartist und Profi-Sheriff 1910 zum Stummfilm und trat mit seinem weißen Pferd als elegant siegreicher Reiter bis Anfang der 30er Jahre im Kino auf. In »Der Feuervogel« soll ein ferngelenktes Flugzeug für Geschäftemacher und Gangster die Indianer, wie schon in der Vergangenheit, aus ihren Territorien vertreiben. Ein Captain der Texas-Rangers hält die Bösewichter in Schach und geht ihnen ins Netz. In »Die Vergeltung« siegt er mit Hilfe seines Pferdes und eines Indianermädchens, nachdem er wertvolles »X 94«, ein hochexplosives Element, gefunden hat. Eine überaus simple und belustigend wirkende Zusammenkopplung von Indianergeschichte und neuer Technik im Uralt-Actionstil. – Ab 12. ✦ Schwarz-weiß. USA 1935 **P** Franco London **KI** Prisma **Pd** Nat Levine Mascot **R** Armand Schaefer, B. Reeves Eason **B** Barney Sarecky, Wellyn Totman, Gerald Geraghty, John Rathmell **D** Tom Mix (Tom Morgan), Joan Gale (Ruth), Jason Robards sr. (Carlton), Charles Middleton (Zaroff), Edward Hearn (Janss), Pat O'Malley (Sam Morgan), Robert Kortman (Longboat), Edmund Cobb (Vining) **L** 102/93 **FSK** ab 12; nf **E** 3.6.1949 **fd** 342

TOM OF FINLAND – DADDY AND THE MUSCLE ACADEMY (DADDY AND THE MUSCLE ACADEMY). Dokumentarfilm über den finnischen Comic-Zeichner Touko Laaksonen, dessen Zeichnungen lederbekleideter Muskelmänner in Homosexuellen-Kreisen zu Gegenständen von fast kultischer Verehrung geworden sind. Statt sozio-kultureller Denkanstöße liefert der Film mit den Mitteln der Werbeästhetik Einblicke in einen subkulturellen Lebensstil, die indirekt Vorurteile bestätigen können. (O.m.d.U.) ✦ Finnland 1991 **P** Filmitakomo Oy/Finnisches Fernsehen TV 2 **SF** Edition Salzgeber **Pd** Kari Paljakka, Alvaro Pardo **R+B** Ilppo Pohjola **K** Kjell Lageroos **M** Elliot Sharp **S** Jorma Höri **L** 55 **E** 4.5.1992 **fd** 29 574

TOM PETTY – GOING HOME (GOING HOME). Porträt des aus Florida stammenden Sängers, Gitarristen und Songschreibers Tom Petty, das neben Konzertausschnitten und Studiosessions auch Äußerungen von Kollegen wie George Harrison beinhaltet. – Ab 14. ✦ USA 1993 **R** Gone Gator **L** 77 **E** 3.8.1997 Bayern 3

TOM SAWYER (1982) →Die Abenteuer von Tom Sawyer und Huckleberry Finn (1982)

TOM SAWYER (2000) (TOM SAWYER). Zeichentrickversion des Jugendbuch-Klassikers von Mark Twain: Tom Sawyer und sein Freund Huckleberry Finn werden Zeuge eines Mordes und müssen vor Gericht aussagen, um einen unschuldig Verhafteten zu entlasten. Keine überragende, aber unterhaltende Produktion für Kinder, in der die Hauptdarsteller als Tiere auftreten. Kater und Fuchs kämpfen für das Recht eines Hundes, den ein Grizzly ins Gefängnis gebracht hat. – Ab 8. ✦ USA 2000 **P** MCA/Stone Canyon Entertainment **Pd** Jonathan Dern, Paul Sabella **R** Phil Mendez, Paul Sabella **B** Patricia Jones, Donald Reiker, nach dem Roman von Mark Twain **M** Mark Watters, Christopher Klatman **L** 85 **FSK** ab 6 **E** 7.10. 2001 Premiere World

TOM SAWYER UND HUCKLEBERRY FINN – DIE RÜCKKEHR NACH HANNIBAL (BACK TO HANNIBAL: THE RETURN OF TOM SAWYER AND HUCK FINN). Die inzwischen erwachsen gewordenen Freunde Tom Sawyer, nun Rechtsanwalt, und Huckleberry Finn, angehender Journalist, kehren in ihr Heimatstädtchen Hannibal zurück. Dort wird ein freigelassener Sklave verdächtigt, den Ehemann von Toms Jugendliebe ermordet zu haben. Mit Mut und Scharfsinn können die beiden Freunde den wahren Täter überführen. Eine kriminalistisch weitergesponnene Geschichte um die legendären Romanhelden Mark Twains. ✦ USA 1990 **P** Gay-Jay **Pd** Hugh Benson, Thomas Lane **R** Paul Krasny **B** Roy Johansen **K** James Robertson **M** Lee Holdridge **D** Raphael Sbarge (Tom Sawyer), Mitchell Anderson (Huckleberry Finn), Megan Follows (Becky Thatcher), William Windom (Richter Thatcher), Ned Beatty (»Duke«), Paul Winfield (Jim) **L** 88 **E** 26.11.1993 premiere

TOM SAWYER UND HUCKLEBERY FINNS ABENTEUER → Tom Sawyers Abenteuer (1968)

TOM SAWYERS ABENTEUER (1938) → Toms Abenteuer

TOM SAWYERS ABENTEUER (1968) (AVENTURILE LUI TOM SAWYER / LES AVENTURES DE TOM SAWYER). Die wesentlichsten Abenteuer der Freunde Tom Sawyer und Huckleberry Finn in einem unterhaltsamen Film ohne gesteigerte künstlerische Bedeutung. (Die Kinofassung basiert auf einer vierteiligen Fernsehserie; Titel auch: »Tom Sawyer und Huckleberry Finns Abenteuer«) – Ab 8. ✦ Rumänien/Frankreich/BR Deutschland 1968 **P** Filmstudio »Bucuresti«/Franco-London-Film/ZDF/ORF **KI** Progress **R** Mihai Iacob, Wolfgang Liebeneiner **B** Petre Salcudeanu, Walter Ulbrich, nach dem Roman von Mark Twain **K** Ovidiu Gologan, Robert Le Febvre **M** Vladimir Cosma, Theodor Mitache **D** Roland Demongeot (Tom), Marc Dinapoli (Huck), Lucia Ocraim (Becky), Jacques Billodeau (Joe), Mario Verdon **L** 128 **E** 29.8.1969 Kino DDR/1.1.1973 DFF 2

TOM SAWYERS ABENTEUER (1973) (TOM SAWYER). Mark Twains klassische Geschichte von der Freundschaft zweier Jungen am Ufer des Mississippi in einer Musical-Version. Die Geschichte wird mit hörenswerten Songs angereichert, während der Film etwas unter der wenig inspirierten Regie leidet. Insgesamt sympathische Unterhaltung. – Ab 10. ✦ Scope. USA 1973 **P** Readers's Digest/United Artists **Pd** Arthur P. Jacobs **R** Don Taylor **B** Robert B. Sherman, Richard M. Sherman, nach dem Roman von Mark Twain **K** John Stanley **M** Richard M. Sherman, Robert B. Sherman **S** Marion Rothman **D** Johnny Whitaker (Tom Sawyer), Celeste Holm (Tante Polly), Warren Oates (Muff Potter), Jeff East (Huckleberry Finn), Jodie Foster (Becky Thatcher), Noah Keen (Thatcher) **L** 95 **E** 26.12.1992 ARD

TOM UND BOBBY IN AKTION (THE BOYS IN BLUE). Schon 17 Jahre lang ist in dem kleinen Ort nichts passiert, und die Polizei langweilt sich. So funktionieren die beiden Sheriffs ihre Wache zum Supermarkt um und erleben wundersame Überraschungen. ✦ Großbritannien 1977 **P** Elstree Production Company/Rank **R** Val Guest **B** Val Guest, nach dem Roman »Ask a Policeman« von Sidney Gilliat **K** Jack Atcheler **D** Tommy Cannon (Sergeant Tommy), Bobby Ball (Constable Bobby Ball), Suzanne Danielle (Kim), Roy Kinnear (Hector Lloyd), Eric Sykes (Chief Constable) **L** 85 **E** 17.11.1989 DFF 2

TOM UND HUCK (TOM AND HUCK). Erneute Verfilmung des Klassikers von Mark Twain: Die Freunde Tom Sawyer und Huckleberry Finn verleben ihre Kindheit Mitte des 19. Jahrhunderts in einem verschlafenen Nest am Mississippi. Doch mit der Ruhe und den harmlosen Streichen ist es vorbei, als ein Mann ermordet wird und nur die beiden Freunde wissen, daß der falsche Mann als Täter verhaftet wurde. Familiengerechte, aber ein wenig sterile Verfilmung der bekannten Geschichte, die durch einige modische Zutaten auf Zeitgeist getrimmt wurde. – Ab 10. ✦ USA 1995 **P** Walt Disney Pic. **VA** Disney (Buena Vista) **R** Peter Hewitt **B** Stephen Sommers, David Loughery, nach einem Roman von Mark Twain **S** David Freeman **D** Jonathan Taylor Thomas (Tom Sawyer), Brad Renfro (Huck Finn), Eric Schweig (Injun Joe) **L** 90 **FSK** ab 6 **E** 12.6.1997 Video/14.6.1998 premiere

TOM UND JERRY. Der böse Kater Tom und das listige Mäuschen Jerry, zwei berühmte Hauptfiguren des amerikanischen Zeichentrickfilms, betraten 1940 zum ersten Mal die Kinoleinwand. Sie sind eine Schöpfung des ehemaligen Journalisten William Hanna und des aus dem Bankwesen kommenden Autors Joseph Barbera sowie des Leiters der MGM-Animationsabteilung Fred Quimby. Das Grundmuster der zunächst im Beiprogramm von Kinofilmen, später auch im Fernsehen gezeigten Kurzfilme besteht aus dem Kontrast von Kater-Tolpatschigkeit und Mäuschen-List: In ihren Abenteuern soll sich die Besiegbarkeit des Großen durch das Kleine spiegeln. Pädagogen hielten der Serie vor, ihre Darstellung überharter und folgenloser Aggressivität könne einen schädlichen Einfluß auf Kinder ausüben. Nachfolger von Quimby als Produzent und Regisseur wurde Mitte der 60er Jahre Chuck Jones (geboren 1912). Mehrere »Tom-und-Jerry«-Filme erhielten als Spitzenleistungen ihrer Gattung den »Oscar«. In deutschen Kinos waren, oft in Matinee-Vorstellungen, »Tom-und-Jerry«-Kurzfilme mehrfach, jeweils in programmfüllender Aneinanderreihung zu sehen; sie bieten kurzweilige, unterschiedlich effektvolle und einfallsreiche Unterhaltung, die sich freilich in der atemlosen Häufung der Zusammenstellungen oft ermüdet. Gewiß handelt es sich nicht um Kinderfilme im eigentlichen Sinne. ✦

TOM & JERRY (TOM AND JERRY'S GREATEST CHASES). Zwölf siebenminütige Episoden aus der bekannten Zeichentrickserie der 50er-Jahre. Katze und Maus liefern sich wie gewohnt ihre Schlachten, wobei eine eskalierende Spirale der Gewalt durchaus als dramaturgisches Konzept ausgemacht werden kann. Im zeitlichen Abstand zur Entstehungszeit lässt sich konstatieren, dass die Cartoon-Graumsamkeiten mittlerweile zur täglichen Fernsehkost von Vorschulkindern geworden sind und sich der erzieherische Schaden in Grenzen halten wird. Bedenklich sind die gelegentlich rassistischen Untertöne der Serie und ihre konservative Aura, die jedoch nur der erwachsene Zuschauer des Programms registrieren wird. Die einzelnen Episoden: 1. »Tom spielt Feuerwerker«, 2. »Tom macht Ferien«, 3. »Tom spielt Golf«, 4. »Tom gibt ein Konzert«, 5. »Tom als Troubadour«, 6. »Kleider machen Leute«, 7. »Katz und Maus im Walzertakt«, 8. »Geiz macht klein und hässlich« , 9. »Eine Broadway Melodie«, 10. »Zwei kleine gegen Tom«, 11. »Tom, ich und Nibbelchen«, 12. »Jerry's Diary« (letzte Episode in Originalfassung). – Ab 6. ✦ USA 2000 **P** MGM **VA** Warner Home **DVD** Warner Home (FF, Mono engl./dt.) **Pd** Fred Quimby **R** William Hanna, Joseph Barbera **M** Scott Bradley **L** 89 **FSK** ab 6 **E** 7.12.2000 Video & DVD **fd** 34 644

TOM UND JERRY AUF DEM KRIEGSPFAD. Die neunte Zusammenstellung von insgesamt elf »Tom-und-Jerry«-Zeichentrickfilmen in Originalfassung: »Gar lustig ist die Fischerei« (Regie: Fred Quimby), »Tom sieht Sterne« (Quimby), »Maus in Manhattan« (Quimby), »Einsames Mäuschen« (Quimby), »Jerrys Spukschloß« (Regie: Gene Deitch), »Fahrt ins Wochenend« (Deitch), »Zum Kuckuck mit Tom« (Deitch), »Eine haarige Geschichte« (Regie: Chuck Jones), »Feuer, Wasser, Kohle« (Deitch), »Zum Fressen gern« (Jones), »Mit 80 in die Kurve« (Jones). – Ab 8. ✦ USA 1965/66 **P** MGM **KI** MGM **R** Chuck Jones, Fred Quimby, Gene Deitch **L** 79 **FSK** ab 6; nf **E** 1966 Kino **fd** 14 068

TOM UND JERRY AUF HEISSER FÄHRTE (TOM & JERRY FESTIVAL (NO. XI)). Die elfte Zusammenstellung enthält folgende »Tom-und-Jerry«-Zeichentrickfilme in Originalfassungen (z.T. mit deutschen Untertiteln): »Jerry – scharf gewürzt«, »Jerry auf italienisch«, »Fallenstellerei«, »Alp-Träumereien«, »Querschüsse«, »«Eventuell auch ein Duell«, »Der bellende Kater«, »Armer Schlucker«, »Kleine Fische«, »Scharfe Sachen«, »Zarte Saiten«. – Ab 8. ✦ USA 1967 **P** MGM **KI** MGM **R** Fred Quimby **L** 72 **FSK** ab 6; nf **E** 1968 Kino **fd** 15 283

TOM UND JERRY – DER FILM (TOM & JERRY – THE MOVIE). Kater Tom und Maus Jerry kehren in diesem abendfüllenden Zeichentrickfilm-Musical als Freunde auf die Leinwand zurück. Sie können nunmehr sprechen und helfen einem Mädchen auf der Flucht vor seiner tyrannischen Tante. Ein unterhaltsamer, kindgerechter Familienfilm, der allerdings Witz und Tempo der berühmten frühen Kurzfilme vermissen läßt. – Ab 6. ✦ USA 1992 **P** Film Roman **KI** Jugendfilm **VA** Ufa **Pd** Phil Roman, Joseph Barbera **R** Phil Roman **B** Dennis Marks **M** Henry Mancini **S** Sam Horta **L** 84 **FSK** o. A.; f **E** 1.10.1992/1.3.1993 Video/10.12.1995 premiere **fd** 29 844

TOM UND JERRY, DIE RASENDEN MUSKETIERE (TOM AND JERRY FESTIVAL XII). Die zwölfte Zusammenstellung von in Qualität und Entstehungszeit sehr unterschiedlichen »Tom-und-Jerry«-Zeichentrickfilmen (im deutsch untertitelten Original), darunter die Filme »Triumph der Technik«, »Jerry Solo«, »Tom am Ball«, »Auf den Hund gekommen«, »Windelweich«, »Baby Puss«. – Ab 8. ✦ USA 1942/43/68 **P** Loew's (für MGM) **KI** MGM **R** Fred Quimby, William Hanna, Abe Leviton, Joseph Barbera **L** 75 **FSK** ab 6; nf **E** 1969 Kino **fd** 16 553

TOM UND JERRY FESTIVAL VI. Zusammenstellung der Trickfilme »Säuglings-Nahrung« (»Baby Butch«, 1955), »Wer anderen eine Falle baut« (»Designs on Jerry«, 1956), »Bombe in Weiß« (»The missing Mouse«, 1959), »Hausbau schwer gemacht« (»The Doghouse«, 1953), »Der Entendoktor« (»Duck Doctor«, 1952), »Kleiner Ausreißer« (»Little Runaway«, 1952), »Tom hat einen Kater« (»Sleepy-Time-Tom«, 1958), »Tom sieht schwarz« (»His Mouse Friday«, 1958), »Die zwei Musketiere« (»The two Mouseketeers«, 1952), »Aller schlechten Dinge sind drei« (»Triplet Trouble«, 1952), »Die fliegende Katze« (»Flying Cat«, 1952). (Originalfassung) – Ab 8. ✦ USA 1952–59 **P** Loew's Inc. (für MGM) **KI** MGM **R** Fred Quimby **L** 70 **FSK** ab 6; nf **E** 5.4.1963 **fd** 11 887

TOM UND JERRY FESTWOCHE III. Die dritte Zusammenstellung von Zeichentrickfilmen mit »Tom und Jerry«, alle inszeniert von Fred Quimby, darunter einige im CinemaScope-Format: »Die falsche Mammi« (»That's my Mommy«), »Specht im Mäusereich« (»Egg and Jerry«), »Mausketier Jerry« (»Touché Pussy Cat«), »Zum sonnigen Süden« (»Southbound Duckling«), »Sparmaßnahmen« (»Pet Peeve«), »Prost die Mahlzeit!« (»Pup on a Picnic«), »Schlage sich, wer will« (»Tom and Cherie«), »Kinder-Kätzchen« (»Busy Buddies«), »Maus in Napoli« (»Neapolitan Mouse«), »Weiß gemacht« (»Mouse for Sale«). – Ab 8. ✦ Scope. USA 1954–57 **P** MGM **KI** MGM **R** Fred Quimby **L** 72 **FSK** ab 6; nf **E** 14.4. 1960 **fd** 7 663

TOM UND JERRY FESTWOCHE IV. Die vierte Zusammenstellung von Zeichentrickfilmen um »Tom und Jerry« in Originalfassungen und teilweise im CinemaScope-Format: »Gemaustes Wochenend« (»Saturday Evening Puss«), »Mausputz« (»Mouse Cleaning«; früherer deutscher Titel: »Mäuschen stört den Hausputz«), »Bei Jerry hat's geklingelt« (»Fit to be tied«; früherer deutscher Titel: »Ein kleiner Freund«); »Tom und Jerry, ahoi!« (»Cruise Cat«), »... wem Gesang gegeben« (»Pecos Pest«), »Angsthase« (»Timid Tabby«; früherer deutscher Titel: »So ein Feigling!«), »Der verhinderte Romeo« (»Blue Cat Blues«), »Sieg der Technik« (»Push Button Kitty«), »Hexenflug« (»Flying Sorceress«), »Fotofalle« (»Tom's Photo Finish«), »Muskelprotz und Freierspfoten« (»Muscle Beach Tom«). – Ab 8. ✦ Scope. USA 1948–59 **P** MGM **KI** MGM **R** Fred Quimby, William Hanna, Joseph Barbera **M** Scott Bradley **L** 76 **FSK** ab 6; nf **E** 14.4.1960 **fd** 9 108

TOM UND JERRY FESTWOCHE V. Die fünfte Zusammenstellung mit Zeichentrickfilmen um »Tom und Jerry« enthält »Glatteisballett« (»Mice Follies«),

»Jerry und der Löwe« (»Jerry and the Lion«), »Maser-echt getupft« (»Polka Dot Puss«) – alle inszeniert von Fred Quimby –, »Beefsteak mit Hindernissen« (»Down Beat Bear«), »Swingbear« (»Barbecue Brawl«), »Nimmersatt« (»Feedin' the Kiddie«), »Der Mäusematador« (»Mucho Mouse«), »Schlüsselklau« (»Robin Hoodwinked«), »Ein Hundeleben« (»Zops with Pops«), »Getarnte Erde« (»The Vanishing Duck«), »Königliche Mäusejagd« (»Royal Cat Nap«) – alle inszeniert von Hanna/Barbera. – Ab 8. ✦ USA 1948–59 **P** MGM **KI** MGM **R** Fred Quimby, Joseph Barbera, William Hanna **L** 81 **FSK** ab 6; nf **E** 10.10.1961 **fd** 10 632

TOM UND JERRY FESTWOCHE VII. Zusammenstellung Nr. 7 in sehr unterschiedlicher Qualität und aus sehr verschiedenen Produktionsepochen, erneut in Originalfassung: »Fraidy Cat«, »Ferienübermut«, »Katzenkonzert«, »Dämon und Mäuschen«, »Auf Walfang«, »Judo ganz groß«, »Haltet den Dieb«, »Safari verkehrt«, »Der undankbare Kater«, »Carmen leicht gestört«, »Kalypso Kater«. – Ab 8. ✦ USA 1942–62 **P** Loew's/MGM **KI** MGM **R** Fred Quimby **L** 84 **FSK** ab 6; nf **E** 20.12.1963 **fd** 12 483

TOM UND JERRY FESTWOCHE VIII (TOM AND JERRY FESTIVAL VIII). Zusammenstellung von elf weiteren Kurzfilmen mit Tom und Jerry. (Originalfassung) – Ab 8. ✦ USA 1954–64 **P** MGM **KI** MGM **R** Fred Quimby, Chuck Jones, Gene Deitch **L** 77 **FSK** ab 6; nf **E** Dezember 1964 **fd** 13 213

TOM & JERRY – IHRE GRÖSSTEN JAGDSZENEN →Tom & Jerry

TOM UND JERRY – RÄUBER UND GENDARM. Die zehnte Folge der Tom-und-Jerry-Reihe. In der Zusammenstellung finden sich folgende Trickfilme in Originalfassungen: »Der Millionenerbe« (Regie: Fred Quimby), »Tom kommt auf den Hund« (Quimby), »Astronauten sind keine Engel« (Regie: Abe Levinton), »Die Freundschaft« (Levinton), »Die Katze läßt das Grausen nicht« (Regie: Chuck Jones), »Tom & Jerry – Klein aber oho« (jones), »Manche mögens hart« (Jones), »Kraftmeierei« (Quimby), »Der Segen kommt von oben« (Jones), »Mausbübereien« (Levinton), »Tom & Jerry im Jahr 2565« (Levinton). – Ab 8. ✦ USA 1965/66 **P** MGM **KI** MGM **R** Abe Levinton, Chuck Jones, Fred Quimby **L** 72 **FSK** ab 6; nf **E** 1969 Kino **fd** 16 232

TOM & VIV (TOM & VIV). Die zum Scheitern verurteilte erste Ehe des amerikanischen Literatur-Nobel-Preisträgers T.S. Eliot mit der Engländerin Vivienne Haigh-Wood in einer in den Titelrollen vorzüglich gespielten, gediegenen Verfilmung des gleichnamigen Bühnenstücks. Die inszenatorisch solide Beziehungstragödie läßt sich gleichermaßen als Krankengeschichte, Emanzipationsdrama und Dichterbiografie verstehen. Mit dem Geist des britischen Empires zwischen den Kriegen beschwört der Film überdies glaubhaft eine Zeit, in der eine erstarrte Gesellschaft eine unangepaßte junge Frau zwangsläufig isolieren mußte. – Ab 16. ✦ Scope. USA/Großbritannien 1994 **P** Samuelson/Kass/IRS Media/British Screen **KI** Concorde **VA** Concorde **Pd** Marc Samuelson, Peter Samuelson, Harvey Kass **R** Brian Gilbert **B** Michael Hastings, Adrian Hodges, nach dem gleichnamigen Bühnenstück von Michael Hastings **K** Martin Fuhrer **M** Debbie Wiseman **S** John Lawson **D** Willem Dafoe (T. S. »Tom« Eliot), Miranda Richardson (Vivienne »Viv« Haigh-Wood), Rosemary Harris (Rose Haigh-Wood), Tim Dutton (Maurice Haigh-Wood), Nickolas Grace (Bertrand Russell) **L** 125 **FSK** ab 12; f **FBW** bw **E** 24.11.1994/1.9.1995 Video **fd** 31 077

TOM WAITS – BIG TIME →Big Time

TOMAHAWK – AUFSTAND DER SIOUX (TOMAHAWK). Eine Episode aus der Kampfzeit der Sioux (1866). Es geht um Gebietsforderungen der Regierung für Militärstützpunkte und Eisenbahnbau durch Wyoming. Dabei klagt der Scout Jim Bridger (gest. 1881), der in einem Leutnant den Mörder seiner indianischen Frau und seines Kindes wiedererkennt, die Politiker in Washington an, Wortbruch, Mißachtung der geschlossenen Verträge und das Dezimieren der Indianer zu befürworten. Angereichert mit Folklore und guter Besetzung, ist das spannende Drama einer der ersten Western, die den Weißen unverblümt die Hauptschuld an den blutigen Indianerkämpfen anlasten. – Ab 12. ✦ USA 1950 **P** Universal **KI** Universal **Pd** Leonard Goldstein **R** George Sherman **B** Silvia Richards, Maurice Geraghty **K** Charles P. Boyle **M** Hans J. Salter **S** Danny B. Landres **D** Van Heflin (Jim Bridger), Yvonne de Carlo (Julie Madden), Alex Nicol (Lt. Rob Dancy), Preston Foster (Oberst Carrington), Jack Oakie (Sol Beckworth), Tom Tully (Dan Costello), Rock Hudson (Burt Hanna), Ann Doran (Mrs. Carrington), Susan Cabot (Monahseetah), Arthur Space (Capt. Fetterman), Stuart Randall (Sgt. Newell), John Peters (Osborne), Regis Toomey (Smith) **L** 80 **FSK** ab 12; nf **E** 21.12. 1951/26.7.1975 ARD **fd** 1 567

TOMAS DER TRÄUMER (POLUNOTSCHNIK). Die Sorgen eines kleinen Jungen mit seinen Eltern, den Schulkameraden und seiner Lehrerin, weil ihm Wirklichkeit und Träume durcheinandergeraten. – Ab 8. ✦ Scope. UdSSR 1973 **P** Litauisches Filmstudio Vilnius **KI** Progress **R** Arunas Shebrunas **B** Juri Jakowlew **K** Algimantas Mozkus **M** Wjatscheslaw Ganelin **D** Dainius Bratkauskas (Tomas), Daiva Daujetite (Zita), Arturas Vegis (Piatras), Zigmas Visniauskas (Trenkus), Arturas Pravilonia (Sisa) **L** 65 **E** 13.6.1975 Kino DDR/22.5.1976 DFF 1

TOMATEN FÜR DIE FREIHEIT →Eat the peach

DER TOMATENKRIEG (ATTENTI RAGAZZI, CHI ROMPE PAGA / ANTONIO E PLACIDO: ATTENTI RAGAZZI, CHI ROMPE PAGA / KIRANLAR ÖDER). Ein Gemüsehändler, der ein heruntergekommenes Schiff zu Transportzwecken chartert, entdeckt, daß seine Ladung zur Tarnung eines Waffenschmuggels benutzt wird. Gemeinsam mit einem schlagkräftigen Freund sagt er den Schmugglern den Kampf an. Anspruchslose Typenkomödie. (Fernsehtitel: »Zwei total verrückte Typen«) – Ab 16. ✦ Italien/Türkei 1975 **P** VE LI. Film/Film di Turgut Demirag **VA** Scala **R** Calvin Jackson Padget (= Giorgio Ferroni) **B** Roberto Natale, Vittorio Vighi, Francesco Merli **K** Sandro Mancori (= Alessandro Mancori) **M** Gianpaolo Chiti, Sergio Montori **S** Franco Fraticelli **D** Robin McDavid (= Brad Harris) (Placido), Giancarlo Prete (Antonio), Gianni Rizzo (Mister Paul), Lars Bloch (Kapitän McConny), Giovanni Cianfriglia (Bruscio) **L** 88 **FSK** ab 16 **E** 26.6.1987 RTL plus/1989 Video

TOMB RAIDER →Lara Croft: Tomb Raider

TOMBÉS DU CIEL (TOMBES DU CIEL). Ein französischer und kanadischer Staatsbürger mit Wohnsitz in Italien wird am Pariser Flughafen an der Einreise gehindert, da ihm unterwegs der Pass gestohlen wurde. Zusammen mit anderen Leidensgenossen muss er im Transit-Bereich ausharren, eine Erfahrung, die sein Leben entscheidend ändert. Eine brillante Komödie über die Willkürlichkeit von Grenzen, die die Unzugänglichkeiten von Gesetzen und Bürokratie vor Augen führt und die Solidarität von Außenseitern verschiedener Kulturkreise beschwört. Einfühlsam inszeniert und glänzend gespielt, steuert der humorvolle Film auf eine optimistische Lösung seines Problems zu. (Preis der OCIC-Jury in San Sebastián 1993) – Sehenswert ab 16. ✦ Frankreich/Spanien 1993 **P** Epithète Films/Filmania **Pd** Michèle Arnould, Frédéric Brillion, Gilles Legrand, Enrique Posner **R** Philippe Lioret **B** Michel Ganz, Philippe Lioret **K** Thierry Arbogast **M** Jeff Cohen **S** Laurent Quaglio **D** Jean Rochefort (Arturo), Marisa Paredes (Arturos Frau), Ticky Holgado (Serge), Laura Del Sol (Angela), Sotigui Kouyaté (Knak) **L** 86 **E** 29.12.2000 SF 2/DRS

TOMBOY – JUNGE, WAS FÜR EIN MÄDCHEN (TOMBOY). Eine in Werbefilm-Manier gedrehte Geschichte um einen weiblichen Automechaniker, der einen berühmten Rennfahrer besiegt, ehe die beiden ein Paar werden. Voll zotiger Dialoge, mit frauenverachtender Grundtendenz, auch schauspielerisch dürftig. – Ab 16 möglich. ✦ USA 1984 **P** Crown International **KI** Metropol **VA** VPS **Pd** Marilyn J. Tenser, Michael D. Castle **R** Herb Freed **B** Ben Zelig **K** Daniel Yarussi **M** Michael Lloyd, John D'Andrea **S** Richard E. Westover **D** Betsy Russell (Tommy Boyd), Jerry Dinome (Randy Starr), Kristi Somers (Seville Ritz), Richard Erdman (Chester), Philip Sterling (Earl Delarue), Cynthia Ann Thompson (Amanda), Eric Douglas (Ernie Leeds jr.) **L** 87 **FSK** ab 12; f **E** 14.11. 1985/21.3.1986 Video **fd** 25 445

TOMBSTONE (1946) →Faustrecht der Prärie

TOMBSTONE (1993) (TOMBSTONE). Vergeblich versucht der ehemalige Sheriff Wyatt Earp, gemeinsam mit seinen Brüdern in Tombstone ein ruhiges Leben zu führen. Der Konflikt mit schießwütigen Cowboys kulminiert in dem Showdown am O. K. Corral und dem heimtückischen Mord an Morgan Earp. Daraufhin machen Wyatt Earp und Doc Holliday gnadenlos Jagd auf die Schuldigen. Ein überlanger, inszenatorisch wie dramaturgisch ungefüger Western, der sich zwischen der historischen Wirklichkeit und dem Mythos »Wyatt Earp« durchlaviert und dabei der Faszination seiner vielen Gewaltszenen erliegt. ✦ Scope. USA 1993 **P** Cinergi **KI** Scotia **VA** Ufa **DVD** BMG (FF P & S, DS dt.) **Pd** Jim Jacks, Sean Daniel, Robert A. Misiorowski **R** George Pan Cosmatos **B** Kevin Jarre **K** William A. Fraker **M** Bruce Broughton **S** Frank J. Urioste, Roberto Silvi, Harvey Rosenstock **D** Kurt Russell (Wyatt Earp), Val Kilmer (Doc Holliday), Dana Delany (Josephine), Sam Elliott (Virgil Earp), Bill Paxton (Morgan Earp), Charlton Heston (Henry Hooker), Joanna Pacula (Kate), Powers Boothe (Curly Bill), Michael Biehn (Johnny Ringo), Jason Priestley (Billy Breckinridge), Jon Tenney (Behan), Stephen Lang (Ike Clanton), Thomas Haden Church (Billy Clanton), Paula Malcomson (Allie Earp), Harry Carey jr. (Marshal Fred White), Billy Zane (Mr. Fabian), John Corbett (Barnes), Pedro Armendáriz jr. (Priester), Don Collier (High Roller), Christopher Mitchum (Ranch Hand), Michael Rooker (Sherman McMasters) **L** 130 (Video 120) **FSK** ab 16; f **E** 17.2. 1994/5.9.1994 Video/7.10.1995 premiere/2.10. 2000 DVD **fd** 30 667

TOMCATS (TOMCATS). Eine Junggesellen-Clique schließt eine Wette ab: Derjenige, der am längsten den Hafen der Ehe meidet, soll eine halbe Million Dollar gewinnen. Als nur noch zwei von ihnen unverheiratet sind und einer von ihnen in Geldnöten steckt, versucht er den Anderen mit Hilfe einer Komplizin auszutricksen. Sprachlich und filmisch anrüchige Zoten-Revue, die ihren frauenfeindlichen Humor vor allem auf einer modisch gewordenen »Ekel«-Ebene ausbreitet. Von jeder wie auch immer gearteten künstlerischen Durchdringung ist der Film weit entfernt ist. ✦ USA 2001 **P** Revolution Studios/Eagle Cove Entertainment **KI** Senator **Pd** Tony Ludwig, Alan Riche, Paul Kurta, Peter Riche **R+B** Gregory Poirier **K** Charles Minsky **S** Harry Keramidas **D** Jerry O'Connell (Michael Delaney), Shannon Elizabeth (Natalie Parker), Jake Busey (Kyle Brenner), Horatio Sanz (Steve), Jaime Pressly (Tricia) **L** 94 **FSK** ab 16; f **E** 5.7.2001 **fd** 34 933

TOMMASO BLU. Ein von Arbeit und Ehe frustierter Fabrikarbeiter im Süden Italiens zieht sich in die Natur zurück, kommt aber auf der Suche nach Liebe und menschlicher Wärme schließlich im Sinne des Wortes »auf den Hund«. Der Film verbindet die provozierenden Gedanken des italienischen Arbeiterdichters Tommaso Di Ciaula mit dem philosophischen Gedankengut des antiken »Aussteigers« Diogenes, wobei er vor allem durch seinen klaren, dokumentarischen Inszenierungsstil und die Schauspielkunst des Hauptdarstellers besticht. Ohne konkrete Antworten zu geben, läßt er Raum für Lösungsmöglichkeiten. (O.m.d.U.) – Ab 16. ✦ BR Deutschland 1986 **P** Florian Furtwängler Filmprod./BR **KI** endfilm **Pd+R** Florian Furtwängler **B** Tommaso Di Ciaula, Peter Kammerer, Florian Furtwängler, nach einem Roman von Tommaso Di Ciaula **K** James Jacobs (= Hans W. Jakob) **M** Peer Raben **S** Heidi Handorf **D** Alessandro Haber (Tommaso Blu), Laien **L** 90 **E** 30.4.1987/5.4.1988 BR **fd** 26 507

TOMMY (TOMMY). Eine optisch und akustisch orgiastische, zuweilen gewalttätige Verfilmung der gleichnamigen Rock-Oper von »The Who«: Der blinde und taubstumme Tommy steigt vom gedemütigten Außenseiter zum Weltmeister im Flipper-Spiel und zum Messias einer begeisterten Fan-Gemeinde auf, deren kultische Verehrung bald kommerziell ausgeschlachtet und industriell vervielfältigt wird. Die allegorische Geschichte, in der sich das wütende Aufbegehren der Rock-Generation ebenso artikuliert wie deren mystische Erlösungssehnsucht, wurde zum grellen Pop-Bilderbogen, angereichert mit satirischen Seitenhieben auf die eigene Branche und getragen von einer effektbewußten Bürgerschreck-Attitüde. – Ab 16. ✦ Scope. Großbritannien 1974 **P** RSO **KI** Cinerama **Pd** Robert Stigwood, Ken Russell **R** Ken Russell **B** Ken Russell, Pete Townshend, nach der gleichnamigen Rockoper von Pete Townshend und der Rock-Band »The Who« **K** Dick Bush, Ronnie Taylor, Robin Lehmann **M** Pete Townshend, John Entwistle, Keith Moon, Roger Daltrey **S** Stuart Baird **D** Roger Daltrey (Tommy), Oliver Reed (Tommys Stiefvater), Ann-Margret (Nora Walker, Tommys Mutter), Elton John (Pinball Wizard), Eric Clapton (Der Prediger), Tina Turner (Acid Queen), Keith Moon (Onkel Ernie), Jack Nicholson (der »Spezialist«), Robert Powell (Kapitän Walker), John Entwistle, Pete Townshend **L** 110 **FSK** ab 16; f **FBW** bw **E** 31.10.1975 **fd** 19 581

TOMMY BOY – DURCH DICK UND DÜNN (TOMMY BOY). Ein dümmlich-infantiler Unternehmersohn übernimmt nach dem Tod seines Vaters die Leitung der von Konkurs und Intrige bedrohten Autoteile-Firma. Um sie zu retten, geht er gemeinsam mit dem Buchhalter erfolgreich Klinkenputzen. Eine aktionsreiche, aber wenig witzige Klamauk-Komödie, die sich fast ausschließlich auf die sich schnell abnutzende Körperkomik ihres bildfüllenden Hauptdarstellers verläßt. (Videotitel: »Tommy Boy durch dick und dünn«) – Ab 14. ✦ USA 1995 **P** Paramount **KI** UIP **VA** CIC **Pd** Lorne Michaels **R** Peter Segal **B** Bonnie Turner, Terry Turner, Fred Wolf **K** Victor J. Kemper **M** David Newman **S** William Kerr **D** Chris Farley (Tommy Callahan), David Spade (Richard Hayden), Rob Lowe (Paul), Bo Derek (Beverly), Brian Dennehy (Big Tom Calahan), Julie Warner (Michelle) **L** 97 **FSK** ab 6; f **E** 6.7.1995/21.3.1996 Video **fd** 31 426

TOMMY, DER TORERO (TOMMY THE TOREADOR). Abenteuer des Seemanns Tommy in Mexico, der dort ohne Geld zurückgeblieben ist. Er trifft eine junge Frau, die ebenfalls zurück nach England will, und muß sein Können als Stierkämpfer beweisen. Eine harmlos unterhaltende Gag-Komödie, ganz zugeschnitten auf Tommy Steele, der nach einer Blitzkarriere als Rock-'n'-Roll-Star in diversen Kinofilmen vermarktet wurde. (Vgl. auch »Die Tommy-Steele-Story«) – Ab 14. ✦ Schwarz-weiß. Großbritannien 1959 **P** Fanfare **Pd** Nat Cohen, Stuart Levy **R** John Paddy Carstairs **B** George H. Brown, Patrick Kirwan **K** Gilbert Taylor **M** Stanley Black **D** Tommy Steele (Tommy), Janet Munro (Amanda), Sidney James (Cadena), Bernard Cribbins (Paco), Noel Purcell (Captain) **L** 81 **E** 18.12.1967 DFF 1

TOMMY – DER TRÄUMER (ANGEL SQUARE). Ein zwölfjähriger Junge lebt mehr in seiner Comic-Fantasie-Welt als in der Wirklichkeit. Als er mitansehen muß, wie der Vater eines Freundes zusammengeschlagen wird, sieht er seine Stunde gekommen und überführt den Täter. Ein sorgfältig ausgestatteter und bis in die Nebenrollen hinein überzeugend besetzter Film, der geschickt die reale und irreale Welt seiner Geschichte verbindet. Mit Spannung und Humor erzählt, stellt er sich ganz auf die Erlebnisfähigkeit und Lebenserfahrung junger Zuschauer ein. – Sehenswert ab 10. ✦ Kanada 1990 **P** Rendez-Vous/Western International/National Filmboard **KI** Metropol **VA** VPS **Pd** Arvi Liimatainen **R** Anne Wheeler **B** James De Felice, Anne Wheeler, nach dem Roman von Brian Doyle **K** Tobias A. Schliessler **M** George Blondheim **S** Peter Svab, Lenka Svab **D** Jeremy Radick (Tommy), Nicola Cavendish (Tante Dottie), Ned Beatty (Ozzie), Jordan Singer (Sammy), Sarah Meyette (Loretta), Marie Stefane Gaudry (Fleurette) **L** 105 **FSK** ab 6; f **E** 17.9.1992/17.12.1992 Video/15.5.1994 premiere **fd** 29 817

TOMMY MACHT DAS RENNEN (BOOTS MALONE). Ein 15jähriger Junge aus reichem Haus, der seinen Eltern davongelaufen ist, um seinen Wunsch, Jockey zu werden, verwirklichen zu können, schließt sich einem guten, aber heruntergekommenen Jockey-Trainer an. Dieser nutzt ihn zunächst aus, merkt aber allmählich, daß der Junge tatsächlich viel Talent hat. Ein vor allem schauspielerisch beeindruckender, gelegentlich freilich allzu sentimentaler dramatischer Film des ehemaligen Reinhardt-Schülers Dieterle. – Ab 14. ✦ Schwarz-weiß. USA 1951 **P** Columbia **Pd** Milton Holmes **R** William Dieterle **B** Milton Holmes **K** Charles Lawton jr. **M** Elmer Bernstein **S** Al Clark **D** William Holden (Boots Malone), Johnny Stewart (Tommy), Basil Ruysdael (Prediger Cole), Stanley Clements (Stash Clements), Carl Benton Reid (John Williams), Ed Begley (Howard Whitehead), Hugh Sanders (Matson), Hank Worden (Mechaniker) **L** 102 **E** 2.10.1976 ARD

DIE TOMMY-STEELE-STORY (THE TOMMY STEELE STORY). Der 19jährige Tommy Steele mimt höchstselbst seinen Aufstieg vom gitarrezupfenden Schiffsjungen zum Rock-'n'-Roll-Sänger, der in die Fußstapfen des Massen-Idols Elvis Presley zu treten schien. Hauptsächlich eine Abfolge von Darbietungen des Showgeschäfts in einem Musikfilm, der die vorübergehende Anziehungskraft des Teenager-Lieblings in England überschätzte. – Ab 10 möglich. ✦ Schwarz-weiß. Großbritannien 1957 **P** Insignia/Anglo-Amalgamated **KI** NF **Pd** Herbert Smith **R** Gerard Bryant **B** Norman Hudis **K** Peter Hennessy **M** Tommy Steele **S** Yvonne Axworthy **D** Tommy Steele (Tommy Steele), Patrick Westwood (Brushes), Hilda Fenemore (Frau Steele), Charles Lamb (Herr Steele), Peter Lewiston (John Kennedy), John Boxer (Paul Lincoln) **L** 81 **FSK** ab 6; nf **E** 30.5.1958 **fd** 7 092

TOMMY TRICKER – DIE RÜCKKEHR (THE RETURN OF TOMMY TRICKER). Fortsetzung des Kinderfilms »Tommy Tricker und die Briefmarkenbande« von 1988. Nachdem Tommy den kleinen Charles aus dem »Zeitgefängnis« befreit hat, soll dieser nun König auf der Briefmarkeninsel in der Südsee werden. Doch statt seiner erscheint seine Schwester Molly, die berichtet, daß Charles und sie rapide zu altern beginnen, da eine geheimnisvolle Krankheit sie die »übersprungenen« Jahre nachholen läßt. Wieder muß Tommy Tricker helfen. – Ab 10. ✦ Kanada 1994 **R+B** Michael Rubbo **K** Thomas Vamos **D** Michael Stevens (Tommy Tricker), Andrew Bauer-Gabor (Ralph), Joshawa Mathers (Cass), Heather Goodsell (Nancy), Oliver Morgan Varlow (Charles Merryweather) **L** 100 **E** 5.3.1995 premiere

TOMMY TRICKER UND DIE BRIEFMARKENBANDE (TOMMY TRICKER AND THE STAMP TRAVELLER). Durch ein altes wundertätiges Briefmarkenalbum erfahren einige Kinder, wie man auf einer Briefmarke um die Welt reisen und einen Schatz bergen kann. Wie alle Zauberei hat natürlich auch diese einen Haken. Fantasievoller, überaus unterhaltender Kinderfilm, aus der Reihe »Tales for All«, der seine abenteuerliche Geschichte mit viel Sinn für Humor erzählt und die Kinder zu Selbstvertrauen und zur Überwindung von Ängsten anregt. (TV-Titel: »Die phantastische Reise auf der Briefmarke«) – Sehenswert ab 8. ✦ Kanada 1988 **P** Les Productions La Fête **KI** atlas **VA** atlas **Pd** Rock Demers **R+B** Michael Rubbo **K** Andreas Poulsson **M** Kate McGarrigle, Anna McGarrigle, Jane McGarrigle, Roxette McGarrigle **S** André Corriveau **D** Lucas Evans (Ralph), Anthony Rogers (Tommy), Jill Stanley (Nancy), Andrew Whitehead (Albert), Chen Yuan-Tao (Mai Ling) **L** 105 **FSK** ab 6; f **E** April 1991/20.5.1991 Video/10.6.1993 ZDF **fd** 28 904

TOMMY UND DER LUCHS (POIKA JA ILVES / TOMMY AND THE WILDCAT). Probleme um die Auswilderung eines zahmen Luchses, der den Erfordernissen eines Lebens in freier Wildbahn nicht genügt und auf sie erst durch einen jugendlichen Freund vorbeitet werden muss. Anspruchslose Abenteuerunterhaltung für Jugendliche, gefällig entwickelt, ohne freilich einzelne Motive zu vertiefen oder den angesprochenen Konflikten Konturen zu verleihen. – Ab 10 möglich. ✦ Finnland/Dänemark/Luxemburg 1998 **P** Suomi-Filmi/Wildcat Prod./Balbao 2/Samsa/CLTUFA International/Filmikontorri/Finnish Broadcasting Company TV1/Egmont Entertainment/Cinemaker/EuroAim **KI** AFM **Pd** Hannu Tuomainen **R** Raimo O. Niemi **B** Ville Suhonen, Martin Daniel **K** Kari Sohlberg **M** Søren Hyldgaard **S** Jukka Nykänen **D** Konsta Hietanen (Tommy), Antti Virmavirta (Tommys Vater), Kristiina Halttu (Helena), Jarmo Mäkinen (Herman Haapala), Risto Tuorila (Onkel Jouko) **L** 96 **FSK** o. A.; f **E** 12.9.1999 premiere/30.11.2000 Kino **fd** 34 623

TOMORROW MAN (THE TOMORROW MAN). Nachdem die Menschheit im 27. Jahrhundert durch die Kollision der Erde mit einem Kometen ausgelöscht wurde, senden die überlebenden Maschinen einen Androiden in die Gegenwart, um ein folgenschweres Raketenunglück zu verhindern. Ein abstruser Science-Fiction-Plot, der bewährte Versatzstücke des Genres spannungsarm zu einer Fernsehproduktion mit lächerlichen Spezialeffekten aneinanderreiht.(Titel auch: »Tomorrow Man – Retter aus der Zukunft«) – Ab 14. ✦ USA 1995 **P** Alan Spencer Prod./3Arts **VA** Fox Home Entertainment **Pd** Cyrus Yarneh **R** Bill D'Ella **B** Alan Spencer **K** Frank Byers **M** Lance Rubin **S** Jimmy B. Frazier **D** Julian Sands (Ken), Giancarlo Esposito (Jonathan), Craig Wasson, Obba Babatunde, Ray Baker **L** 85 **FSK** ab 12 **E** 29.8.1996 Video **fd** 32 135

TOMS ABENTEUER (THE ADVENTURES OF TOM SAWYER). Humorvolle Verfilmung von Mark Twains bekanntem Roman von den abenteuerlichen Streichen der Jungen Tom Sawyer und Huckleberry Finn in einer Mississippi-Kleinstadt. Den größten Raum nimmt die Mordgeschichte vom unschuldig verdächtigten Muff Potter und dem bösen Indianer-Joe ein. In Einzelheiten vorzüglich, doch fehlt den Episoden die Verklammerung, so daß sie etwas unmotiviert nebeneinanderstehen und es dem Film insgesamt an Dichte mangelt. Dennoch liebenswerte Unterhaltung. (Alternativtitel: »Die Abenteuer des Tom Sawyer«) – Ab 10. ✦ USA 1938 **P** Selznick International **KI** Schorcht **Pd** David O. Selznick, William H. Wright **R** Norman Taurog **B** John V. A. Weaver, nach dem Roman »Die Abenteuer des Tom Sawyer« von Mark Twain **K** James Wong Howe, Wilfred M. Cline **M** Max Steiner **S** Margaret Clancy **D** Tommy Kelly (Tom Sawyer), Ann Gillis (Becky Thatcher), May Robson (Tante Polly), Victor Jory (Indianer-Joe), Jackie Moran (Huckleberry Finn), Walter Brennan (Muff Potter), David Holt (Sid Sawyer), Victor Kilian (Sheriff), Donald Meek **L** 90 (gek. 73) **FSK** ab 12; f **E** 25.2.1954 **fd** 2 872

TOMS FANTASIES (PICCOLI FUOCHI). Ein fünfjähriger Junge lebt in seiner von kleinen Königen, Drachen und Außerirdischen bevölkerten Fantasiewelt und kämpft mit seinen Geschöpfen gegen die Welt der Erwachsenen. Doch seine kleine Welt verändert sich merklich, als er sich unglücklich in ein neues Kindermädchen verliebt. Er flüchtet sich in eine schwere Krankheit, doch das Kindermädchen pflegt ihn aufopferungsvoll. Ein melodramatisch akzentuierter Film über die reiche Erlebniswelt eines Kindes. (Videotitel auch: »Die Kindfrau«; Fernsehtitel: »Vergiß die Feuer nicht«) – Ab 12 möglich. ✦ Italien 1985 **P** Intersound **VA** Taurus **Pd** Claudio Argento **R** Peter del Monte **B** Peter del Monte, Giovanni Pascutto **K** Tonino Nardi **M** Riccardo Zappa **S** Anna Napoli **D** Dino Jaksic (Tommaso), Charlotta Wittig (Ada), Mario Garriba (Leo), Valeria Golino (Mara), Ulisse Minervini (Franci) **L** 91 **FSK** ab 16 **E** März 1989 Video/17.7.1990 PRO 7

TON UND TÖNE. Dokumentarfilm über die Tonverarbeitung und die Herstellung von Gerätschaften in der afrikanischen Volksrepublik Benin. Er will verdeutlichen, wie Zivilisationsware die gewachsenen Traditionen zerstören kann, und setzt sich für den Erhalt des selbstgetöpferten Geschirrs und der tönernen Musikinstrumente ein. Da die Herstellung dieser Gefäße und der tägliche Umgang mit ihnen zu den Obliegenheiten der Frauen gehört, ist der Film auch ein Dokument über ihren Alltag. ✦ BR Deutschland 1986 **P** dffb **SF** Cine-Terz **R+B** Marlene Dittrich-Lux **K** Eduard Hartmann **M** Griot Kongolos **L** 63 **E** März 1987

TONBAND UNTER SEIDENEN BETTEN →Sommer und Sünder

DER TONBANDFREAK (ZABY A INE RYBY). Der 14jährige Sohn eines Chefarztes zeichnet Umweltgeräusche in Stadt und Land, Menschen- und Tierstimmen auf und läßt sich auch durch eine ihn verschmähende Mitschülerin nicht entmutigen. Durch die Tonaufzeichnungen deckt er Manipulationen bei einem schulischen Altmetall-Wettbewerb auf. Mit langen Musikeinlagen schleppend inszenierter Jugendfilm, der formale Qualitäten im Umgang mit dem Ton aufweist, aber die erstrebte Beschreibung der Entwicklung eines Jungen in seinem Selbstwertgefühl trotz unbefangener Darsteller allzu beiläufig abhandelt: Nebenbei wird ein bemerkenswert luxuriöser Lebensstandard in der damaligen CSSR vorgegaukelt. – Ab 12. ✦ Scope. CSSR 1986 **P** Filmstudio Bratislava-Koliba **KI** Progress **R** Július Jarábek **B** Ján Navrátil **K** Viktor Svoboda **M** Ján Lehotsky **D** Bronislav Králik (Martin), Gabriela Skrábaková (Lida), Martin Susina (Käfer), Peter Hain (Jakob Kalas), Igor Klacansky (Karol) **L** 75 **E** 28.7.1989 Kino DDR/8.9.1989 ARD

TONELLI. Ein berühmter Drahtseil-Artist wird verdächtigt, den tödlichen Absturz seines Partners aus Eifersucht verursacht zu haben. Nach der Flucht mit seinem Sohn zu einem Wanderzirkus gerät er außerdem in den Verdacht, der Mörder seiner Ehefrau zu sein. Schwerfälliges Melodram mit leicht vorhersehbarer Spannungskurve, das eher unbeholfen damals beliebte Themen wie Zirkusartisten-Milieu, Ehedrama und Mordaffäre zusammenzwingt. – Ab 16. ✦ Schwarz-weiß. Deutschland 1943 **P** Bavaria **KI** Kristall **R** Viktor Tourjansky **B** Emil Burri, Viktor Tourjansky **K** Franz Koch **M** Lothar Brühne **D** Ferdinand Marian, Winnie Markus, Mady Rahl, Albert Hehn, Nikolai Kolin, Josef Sieber, Leo Peukert **L** 95 **E** 12.7. 1943/21.12.1958 ARD/2.11.1959 DFF 1

TONG TANA – DAS VERLORENE PARADIES (TONG TANA – THE DEVASTATION). Bereits vor zehn Jahren wurde ein Dokumentarfilm über Bruno Manser gedreht, der seine Schweizer Heimat verließ und sechs Jahre mit dem Nomadenstamm der Penans in den Wäldern von Borneo lebte. Er kehrte in die Schweiz zurück, um die Zerstörung der Urwälder von dort wirksamer bekämpfen zu können. Als er nichts ausrichten konnte ging er zurück, seit Mai 2000 ist er spurlos verschwunden. Das Dokument einer ökologischen Katastrophe, des persönlichen Scheiterns und vielleicht des Todes eines engagierten Menschen. Ein sehr persönlicher Dokumentarfilm, dessen deutschen Kommentar der Regisseur Dominik Graf spricht. ✦ Schweden/Großbritannien/Deutschland 2000 **R+B** Björn Cederberg **L** 75 **E** 7.4.2001 Bayern 3

TONG TANA – EINE REISE INS INNERE BORNEOS (TONG TANA). Ein schwedisches Filmteam beobachtet im nördlichen Borneo den Eingeborenenstamm der Penans, dessen Lebensraum und Überlebenschancen durch das rücksichtslose Abholzen des Regenwaldes immer mehr eingeengt wird. Unter den Eingeborenen lebte sechs Jahre lang der Schweizer Bruno Manser, der maßgeblich am Kampf gegen die Zerstörung der Regenwälder beteiligt ist. Manser wird von der Regierung des Inselstaates als »Staatsfeind« eingestuft und gejagt. Der Dokumentarfilm informiert eindrucksvoll über das rücksichtslose Vorgehen der Holzhändler und die Verflechtung von Geschäft und Politik und macht auf ein weitgehend unbekanntes Verbrechen an der Umwelt aufmerksam. (O.m.d.U.) – Ab 14 möglich. ✦ Schweden/Borneo 1989 **P** Against the Sky/Harold Budd-Brian Eno Prod. **Pd** Harold Budd, Brian Eno **R** Jan Röed, Frederik von Krusenstjerna **B** Jan Röed, Frederik von Krusenstjerna, Björn Cederberg (Texte), Kristian Petri **K** Jan Röed **M** Björn Ryd **S** Björn Cederberg **L** 88 **E** 7.4.1990 BR

TONGS – IN DEN KLAUEN DES DRACHEN (GIDEON OLIVER: TONGS). Ein Ethnologie-Professor gerät im Chinatown New Yorks zwischen die Fronten sich bekriegender Geheimbünde und in den Machtbereich eines eiskalten Drogenhändlers, als er versucht, einen begabten Studenten chinesischer Herkunft dem Einflußbereich seines Clans zu entfremden. Abenteuerfilm vor salopp-ethnologischem Hintergrund, gestaltet im Stil standardisierter Fernsehkost. – Ab 16 möglich. ✦ USA 1989 **P** Universal **VA** CIC **R** Alan Metzger **B** Jack Richardson **K** Frank Prinzi **M** Paul Chihara **D** Louis Gossett jr., Kelvin Han Yee, James Hong, Shari Headley, James Saito **L** 92 **FSK** ab 16 **E** November 1989 Video

TONGS – TERROR IN CHINATOWN (TONGS / TONG HAU GOO SI). Zwei chinesische Brüder, die als Flüchtlinge in Hongkong aufwuchsen, wandern auf der Suche nach dem amerikanischen Traum nach New York aus. Hier geraten sie zwischen rivalisierende Jugendbanden, die von Gangstern und korrupten Cops gesteuert werden. Ein dicht inszenierter pessimistischer Actionfilm über die Verflechtung von Verbrechen und Polizei, der die zum Teil schockierend krassen Gewaltszenen als Folge bestimmter Lebensumstände ausweist. ✦ Hongkong 1987 **P** Pan Pacific **VA** EuroVideo **Pd** Peter C.M. Chan, Jimmy Yang **R** Philip Chan **B** Felipe Luciano, Peter C. M. Chan, Sergio Arriotti, Neil P. Mainiello **K** Michael Ma **M** Joseph Chan **S** Tony Morias, Robert Warmflash **D** Simon Yam (Mickey Lee), Christopher O'Conner (Silverman), Quintan Han (Chang), William Lau, Stephen Leung **L** 87 **FSK** ab 18 **E** 26.7.1988 Video **fd** 27 282

TONI (TONI). Ein italienischer Gastarbeiter in der Provence verliert seine Geliebte an einen autoritären Vorarbeiter, der die junge Frau mit brutalen Mitteln zur Ehe zwingt. Als sie in einem Verzweiflungsakt ihren Mann umbringt, versucht Toni, den Mord zu vertuschen. Da das mißlingt, nimmt er die Schuld auf sich. Ein im Emigranten-Milieu Südfrankreichs jener Jahre angesiedelter unpathetischer Film, der die Ausbeutung der Arbeiter und den Fremdenhaß darstellt. Stimmig in Milieu- und Charakterzeichnung, gedreht an authentischen Schauplätzen und überwiegend mit Laiendarstellern, besticht er durch eine meisterhafte, wenn auch unspektakuläre Bildsprache sowie durch sein Engagement für die sozial Schwachen. Trotz des fatalen Endes strahlt der Film Vitalität, Spontaneität und Lebenskraft aus. – Sehenswert ab 14. ✦ Schwarz-weiß. Frankreich 1934 **P** Films d'Aujourd'hui **R** Jean Renoir **B** Jean Renoir, Carl Einstein, nach einer Dokumentation von Jacques Mortier **K** Claude Renoir **M** Paul Bozzi **S** Marguerite Renoir, Suzanne de Troeye **D** Charles Blavette (Toni), Célia Montalvan (Josepha), Jenny Hélia (Marie), Max Dalban (Albert), Edouard Delmont (Fernand), Andrex (Gaby), André Kovachévitsch (Sébastian) **L** 85 (Orig. 100) **E** 15.9.1969 ZDF/12.9. 1974 DFF 1

TONI, BIST DU VERRÜCKT? →Tony, du bist verrückt

TONIGHT: DIE JAY LENO-STORY →The Late Shift

TONINO UND TOINETTE (TONINO UND TOINETTE). Wien 1912: Die Tochter eines verarmten Aristokraten ist aus finanziellen Gründen mit einem reichen Waffenhändler verheiratet, der, in Erwartung eines baldigen Krieges, auch Chlorgas herstellt. Nur der heranwachsende Sohn hält die Ehe zusammen. Als der Vater beschließt, ihn in die Militärakademie zu schicken, erbittet sich die Frau mit dem Sohn einen letzten Besuch bei der Tante in Grado. Dort lernt sie einen Fischer kennen. Bald verlieben sich die beiden und die Frau entschließt sich, ihre Lebenslüge nicht mehr fortzusetzen. Literaturverfilmung, in stimmungsvollem Schwarz-weiß inszeniert und mit Zeitkolorit versehen. ✦ Schwarz-weiß. Österreich 1994 **P** Teamfilm **Pd** Wulf Flemming **R** Xaver Schwarzenberger **B** Ulrike Schwarzenberger, nach dem Roman »Pave und Paula« von Paula von Preradovic **K** Xaver Schwarzenberger **S** Ulrike Schwarzenberger, Xaver Schwarzenberger **D** Julia Stemberger (Toinette), Giulio Ricciarelli (Tonino), Miguel Herz-Kestranek (Robert Hammer), George McCoy (Robbi), Nicole Heesters (Marie Gräfin Kentrovic), Wolfgang Gasser (Pater Cecco), Veronica Ferres **L** 95 **E** 26.10.1995 3sat

TONIO KRÖGER. Die sich bedeutungsvoll gebende, aber oberflächliche Verfilmung der stark autobiografischen Novelle von Thomas Mann (1903). Tonio Kröger, ein junger Schriftsteller aus großbürgerlichem Hause, leidet am Zwiespalt zwischen banalem Alltag und künstlerischer Idealisierung, naiver Lebensfreude und vergrübelter Intellektuellen-Existenz. Der teilweise vornehme, kalte Stil erfaßt nicht den persönlichen Geist, die Antinomie und Wortkunst der Vorlage und geht auch an den wesentlichen Nuancen zwischen Ernst und Spott des jungen Dichters vorbei. Ein typisches Beispiel verfehlter Literatur-Verfilmung. Neben »Wälsungenblut« die zweite Thomas-Mann-Adaption Thieles. – Ab 16. ✦ Schwarz-weiß. BR Deutschland/Frankreich 1964 **P** Thalia/Seitz/Filmaufbau Göttingen/Mondex/Procinex **KI** Schorcht **Pd** Franz Seitz **R** Rolf Thiele **B** Erika Mann, Ennio Flaiano, nach Motiven der gleichnamigen Novelle von Thomas Mann **K** Wolf Wirth **M** Rolf Wilhelm **D** Jean-Claude Brialy (Tonio Kröger), Nadja Tiller (Lisaweta Iwanowa), Werner Hinz (Konsul Kröger), Rudolf Forster (Herr Seehase), Walter Giller (Kaufmann), Anaid Iplicjian (Frau Kröger), Theo Lingen (Tanzmeister Knaak), Günther Lüders (Bibliotheksbeamter), Mathieu Carrière (der junge Tonio), Gert Fröbe (Polizist Petersen) **L** 90 **FSK** ab 12; f **E** 2.9. 1964/26.6.1971 DFF 1 **fd** 13 002

TONITE LET'S ALL MAKE LOVE IN LONDON (TONITE LET'S ALL MAKE LOVE IN LONDON). Eine dokumentarische Bestandsaufnahme der Londoner Pop-Szene der 60er Jahre, die schon zur Entstehungszeit des Films historischen Wert besaß, weil der Londoner Untergrund in dieser Form in Auflösung begriffen war. Der episodisch strukturierte, in seiner sprunghaften Art nicht leicht zu greifende Film stellt Künstler vor, die damals mit dem Begriff »Swinging London« identifiziert wurden, u. a. Julie Christie, Allan Ginsberg, Michael Caine und Vanessa Redgrave. Ein vor allem auch aus heutiger Sicht reizvolles Dokument. – Ab 14. ✦ Großbritannien 1967 **P** C.F.I. **R** Peter Whitehead **L** 70 **E** 27.6.1969 HR III

TONTAUBE (GLINENI GOLUB). Ein Widerstandskämpfer wird nach grausamen Verhören durch die Gestapo wieder freigelassen. Man versucht, ihn auf andere Art zum Sprechen zu bringen: Als Verräter hingestellt, ist er vogelfrei. Erst in letzter Minute gelingt es ihm, wieder das Vertrauen seiner Freunde zu erringen. Spannend und psychologisch interessant, künstlerisch nicht ohne Mängel, wodurch die Wirkung etwas abgeschwächt wird. – Ab 16. ✦ Scope, schwarz-weiß. Jugoslawien 1966 **P** Bosna-Film **KI** Progress **R** Tomo Janic **B** Djordje Lebovic **K** Miroljub Dikosavljevic **M** Bojan Adamic **D** Zoran Radmilovic, Tatjana Salaj, Bata Zivojinovic (= Velimir Bata Zivojinovic), Rejhan Demirdzic, Stole Arandjelovic **L** 83 **E** 27.1. 1967 Kino DDR

TONY, DU BIST VERRÜCKT (TONY, TOBE PRESKO-

CILO). Die Geschichte eines Bauern, der nacheinander vier Kinder aus einem Heim aufnimmt, sich mit ihnen zusammenrauft und schließlich aus Überzeugung dafür kämpft, daß er sie behalten darf. Ein bemerkenswerter Kinderfilm, der es versteht, ein ernstes Thema so aufzuarbeiten, daß seine hoffnungsvolle Perspektive zum Weiterdenken und zum Gespräch einlädt. (Fernsehtitel: »Toni, bist du verrückt?«) – Ab 8. ✦ CSSR 1968 **P** Filmstudio Barrandov **KI** BAG **R** Véra Plívová-Simková **B** Frantisek Pavlicek, Véra Plívová-Simková **K** Vladimir Skalsky **M** Zdenek Liska **S** Miroslav Hájek **D** Ludvik Króner (Toni), Josef Filip (Kleiner Münchhausen), Jozka Masnicak (Joska), Jirina Solcová (Rosa), Zdena Smrcková (Annchen) **L** 92 **FSK** ab 6; f **FBW** w **E** 10.10. 1971 ARD/29.9.1972 Kino **fd** 22 581

TONY MAREDA SCHLÄGT ZU →The Pink Chiquitas

TONY MARRONI. Tony Marroni ist Held einiger Kriminalfilme, die Bruno Corbucci Ende der 70er, Anfang der 80er Jahre drehte. Nach dem Vorbild der Bud-Spencer-Serie bieten die Filme ohne sonderlichen Witz und allzu großes Tempo, mit wenig Dialog, viel Action, einem Schuß Sex und etlichen Slapstick-Einlagen simple Abenteuer an wechselnden Schauplätzen: Anlaß jeweils für eine Abfolge von Schlägereien, Schießereien, Verfolgungsjagden zu Wasser und zu Lande sowie doppelbödigen Kalauern. Marronis Markenzeichen waren seine wüste Haar- und Barttracht, seine leichte Dümmlichkeit und eine Spürnase, die man ihm nicht unbedingt zutraute. ✦

TONY MARRONI – DER SUPERBULLE JAGT DEN PATEN (SQUADRA ANTIMAFIA). Nach einer Gefängnisrevolte, bei der ein wichtiger Mafioso erschossen wird, tarnt sich Marroni lässig als Krimineller und flüchtet nach Amerika, um sich hier an einen geflüchteten Mafia-Boß heranzumachen. Eingeschnitten in die langweilige Klamotte mit müden Kalauern sind Standard-Einstellungen aus New York und der Neon-Nachtwelt von Las Vegas. – Ab 16. ✦ Italien 1981 **P** Cleminternazionale **KI** Ascot **R** Bruno Corbucci **B** Mario Amendola, Bruno Corbucci **K** Marcello Masciocchi **M** Goblin, Carlo Rustichelli **S** Daniele Alabiso **D** Tomas Milian (Tony Marroni), Enzo Cannavale (Salvatore), Eli Wallach (Don Girolami), Margherita Fumero (Maria Sole), Bombolo (= Franco Lechner) (Venticello), Massimo Vanni, Enzo Pulcrano, Alfredo Rizzo **L** 92 **FSK** ab 12; f **E** 22.1.1982 **fd** 23 302

TONY MARRONI – DER SUPERBULLE JAGT DEN RIPPER (ASSASSINO SUL TEVERE). Der »Superbulle« im abgewetzten blauen Overall klärt die Ermordung des Präsidenten des Vereins der Tiberfreunde, die hinter einer ordentlichen Fassade dunkle Geschäfte abwickeln. Nach weiteren Verbrechen, unzähligen Prügeleien und billigsten Kalauern entlarvt er die Frau des Präsidenten und deren Komplizen als Drahtzieher. Eine dürftige, überaus dilettantische Serienkost. – Ab 16. ✦ Italien 1979 **P** Cinemaster **KI** Ascot **R** Bruno Corbucci **B** Bruno Corbucci, Mario Amendola **K** Giovanni Ciarlo **M** Carlo Rustichelli **S** Daniele Alabiso **D** Tomas Milian (Tony Marroni), Bombolo (= Franco Lechner) (Venticello), Alberto Farnese (Manfredo Ruffini), Marina Lante della Rovere (Eleonora Ruffini), Marino Masé, Massimo Vanni, Andrea Aureli **L** 96 **FSK** ab 12; nf **E** 4.2.1983 **fd** 24 025

TONY MARRONI – DER SUPERBULLE RÄUMT DIE WÜSTE AUF →Der Superbulle räumt die Wüste auf

TONY MARRONI – DER SUPERBULLE SCHLÄGT WIEDER ZU (SQUADRA ANTITRUFFA). Weil er im Betrugsdezernat zu Hause ist, wird Superpolizist Marroni, eine Mischung aus Hippie und Rocker, auf einen schwierigen Fall von Versicherungsbetrug angesetzt. In London geht er ans Werk, in San Francisco wird er fündig. Krimi mit müden Ansätzen zur Komödie, vielen Leichen, rüdem Dialog und mäßiger Spannung. – Ab 16. ✦ Italien 1976 **P** Cinemaster **KI** Avis/Apollo **R** Bruno Corbucci **B** Bruno Corbucci, Mario Amendola **K** Marcello Masciocchi **M** Guido de Angelis, Maurizio de Angelis **S** Daniele Alabiso **D** Tomas Milian (Tony Marroni), David Hemmings, Anna Cardini, Alberto Franese, Franco Lechner **L** 98 **FSK** ab 12; nf **E** 14.8.1981 **fd** 23 085

TONY MARRONI – EIN SUPERBULLE GEGEN AMERIKA (SQUADRA ANTI GANGSTER). »Superbulle« Marroni will einem Freund aus der Klemme helfen, dem die Mafia auf den Fersen ist. Um bei den Bossen der Cosa Nostra mitmischen zu können, gibt er sich als Killer aus. Nachdem er Eingang im Mafia-Milieu gefunden hat, kann er die Bösewichte zur Strecke bringen. Schludrige Krimikomödie ohne Tempo und Witz, billig und rasch produziert, gräßlich synchronisiert. – Ab 16. ✦ Italien 1979 **P** Cinemaster **KI** Ascot **R** Bruno Corbucci **B** Bruno Corbucci, Mario Amendola **K** Giovanni Ciarlo **M** Asha Putli, Goblin **S** Daniele Alabiso **D** Tomas Milian (Tony Marroni), Enzo Cannavale (Salvatore), Asha Putli (Fiona), Margherita Fumero (Maria), Gianni Musi **L** 89 **FSK** ab 12; nf **E** 20.3.1981 **fd** 22 868

TONY MARRONI – ELFMETER FÜR DEN SUPERBULLEN (DELITTO A PORTA ROMANA). Marroni nimmt sich eines befreundeten Ganoven an, der fälschlich als Mordverdächtiger gilt, während seine Ehefrau kurz vor der Entbindung steht. Noch ein zweiter Mordfall führt den unorthodoxen Kriminalisten ins Hospital. Die übliche bescheidene Serienunterhaltung: Einige Gags immerhin treffen, Darstellung und Technik sind wie gehabt unter dem Durchschnitt. – Ab 16. ✦ Italien 1981 **P** Cleminternazionale **KI** Ascot **R** Bruno Corbucci **B** Bruno Corbucci, Mario Amendola **K** Giovanni Ciarlo **M** Franco Micalizzi **S** Daniele Alabiso **D** Tomas Milian (Tony Marroni), Olimpia Dinardo, Franco Bertarelli, Bombolo (= Franco Lechner) (Venticello), Elio Crovetto **L** 90 **FSK** ab 16; nf **E** 4.6.1982 **fd** 23 528

TOO BEAUTIFUL TO DIE (SOTTO IL VESTITO NIENTE 2). Die Vergewaltigung eines Models während einer Party im Haus eines Werbefilmers löst eine Mordserie aus, der nach und nach alle Gäste mit Ausnahme eines Models zum Opfer fallen. Am Ende stellt sich ein Werbefilm-Regisseur als der Täter heraus, der die Vergewaltigte als das Produkt seiner Schöpfung betrachtete und liebte. Doch die Totgeglaubte rettet ihre Kollegin vor dem Psychopathen. Ein schönfärberisch fotografierter Film, der nichts als stilisierte Langeweile verbreitet. ✦ Italien 1988 **P** Gruppe Bema/Reitalia **VA** New Vision **Pd** Achille Manzotti **R** Dario Piana **B** Dario Piana, Claudio Mancini, Achille Manzotti **K** Alan Jones **M** Roberto Cacciapaglia **S** Alessio Tambieri **D** François-Eric Gendron (Wei), Florence Guerin, Dick Ingermann, Giovanni Tambieri, Helena Jesus **L** 96 **FSK** ab 18 **E** Januar 1993 Video **fd** 30 194

TOO MUCH FLESH (TOO MUCH FLESH). Ein Mann Mitte 30, der mit seiner Ehefrau keinen Sex hat, weil sie es nicht will und er sich aufgrund eines traumatischen Jugend-Erlebnisses nicht traut, schläft mit einer Fremden und fühlt sich zum ersten Mal in seinem Leben frei und glücklich. Die im Home-Video-Stil gefilmte Geschichte einer verspäteten, öffentlich ausgelebten Pubertät in der amerikanischen Provinz eskaliert und schlägt in eine Anklage gegen puritanische Doppelmoral um, als die Dorfbewohner den zum Außenseiter Gewordenen erschießen. Eine auch visuell offensiv vorgetragene Reflexion über Sexualität, recht konstruiert, aber durchaus plausibel entwickelt. (O.m.d.U.) ✦ Frankreich/Spanien 2000 **P** Barnothing/Le Studio Canal+/TF 1/Toloda **KI** Arsenal **Pd** Pascal Arnold, Jean-Marc Barr, Karina Granjean **R+B** Pascal Arnold, Jean-Marc Barr **K** Pascal Arnold **M** Irina Decermic, Misko Plavi **S** Brian Schmitt **D** Rosanna Arquette (Amy), Elodie Bouchez (Juliette), Jean-Marc Barr (Lyle), Ian Vogt (Vernon), Hutton Cobb (Wally, der Sheriff), Ian Brennan (Bert) **L** 109 **E** 26.4.2001 **fd** 34 826

TOO MUCH HEAVEN →Dream With the Fishes

TOO MUCH SUN – EIN STICH ZUVIEL (TOO MUCH SUN). Die homosexuellen Geschwister Sonny und Bitsy müssen binnen eines Jahres für familiären Nachwuchs sorgen, wenn das Familienvermögen nicht in die Hände eines ehrgeizigen Paters fallen soll. Eine geist- und niveaulose Komödie, die von tiefer Intoleranz gegen kirchliche Repräsentanten wie gegen Homosexuelle geprägt ist. In Regie, Buch und Schnitt eine künstlerische Bankrotterklärung. ✦ USA 1990 **P** CineTel Films **KI** Senator **VA** Marketing **Pd** Lisa M. Hansen **R** Robert Downey **B** Laura Ernst, Robert Downey, Al Schwartz **K** Robert Yeoman **M** David Robbins **S** Joe D'Augustine **D** Robert Downey jr. (Reed Richmond), Laura Ernst (Susan Connor), Jim Haynie (Seamus Kelly), Eric Idle (Sonny Rivers), Ralph Macchio (Frank Della Rocca), Andrea Martin, Howard Duff **L** 97 **FSK** ab 12; f **E** 13.6.1991/20.1. 1992 Video **fd** 28 981

TOO SCARED TO SCREAM – DER NACKTE WAHNSINN →Der nackte Wahnsinn

TOO SOON FOR SORRY (TOO SOON FOR SORRY). Ein Blick auf das Gefängnis- und Justizsystem Nordamerikas, das sich durch das »Wegsperren« unliebsamer Mitbürger, Bettler, Kleindealer, Junkies einen zweifelhaften Ruf erworben hat. Der Film zeigt eine Zweiklassen-Gesellschaft, von der der eine Teil im Gefängnis sitzt, meist Afroamerikaner und Latinos, während der andere Teil seinen Besitzstand in Hochsicherheits-Wohnanlagen zu sichern hofft. Interviews mit Delinquenten geben Auskunft über eine Gesellschaft, deren Gefängnisindustrie mittlerweile kaum mehr zu finanzieren ist. ✦ USA/Deutschland/Österreich 2001 **R** Katharina Weingartner, Reinhard Jud **L** 77 **E** 26.4.2001 arte

TOO YOUNG TO DIE? (TOO YOUNG TO DIE?). Das Drama einer 15jährigen, die nach Problemen im Elternhaus und einer gescheiterten Frühehe immer mehr auf die schiefe Bahn gerät und sich zu guter Letzt für den Mord an ihrem Verführer vor Gericht verantworten muß. Die Todesstrafe wird im letzten Augenblick in eine lebenslange Haftstrafe umgewandelt. Steril inszenierter Fernsehfilm, der langatmig für Verständnis und Mitgefühl wirbt und dabei eine Menge Milieu- und Dialogklischees abspult. (Fernsehtitel: »Zum Sterben viel zu jung«) – Ab 14. ✦ USA 1990 **P** Weber-Gold **VA** Universum/ BMG **Pd** Susan Weber-Gold, Julie Anne Weitz, Paul Alan Mones, Timothy McFlynn **R** Robert Markowitz **B** David J. Hill, George Rubino, nach einer Erzählung von David Hill **K** Eric van Haren Noman **M** Charles Bernstein **S** Harvey Rosenstock, Eric Sears **D** Juliette Lewis (Amanda Sue Bradley), Michael Tucker (Buddy Thornton), Brad Pitt (Billy Canton), Michael O'Keefe (Mike Medwicki), Yvette Heyden (Annie Meechan) **L** 88 **FSK** ab 16 **E** 26.11.1991 Tele 5/8.12.1997 Video **fd** 32 999

TOOTSIE (TOOTSIE). Die Geschichte eines arbeitslosen Schauspielers, der als Frau verkleidet endlich eine Rolle in einer Fernsehserie bekommt und dadurch in ein irritierendes Spiel um seine wechselnden Identitäten gerät. Hauptdarsteller Dustin Hoffman und Regisseur Sydney Pollack machen aus der äußerst konventionellen und reichlich anspruchslosen Story, die sich vor allem auf den »Charleys Tante«-Effekt verläßt, eine unterhaltsame, augenzwinkernd präsentierte Komödie über die Absurditäten des Showgeschäfts und über den Umgang mit Geschlechterrollen. – Ab 14. ✦ Scope. USA 1982 **P** Mirage/Punch **KI** Warner-Columbia **Pd** Sydney Pollack, Dick Richards **R** Sydney Pollack **B** Larry Gelbart, Murray Schisgal, Elaine May (ungenannt), nach einer Erzählung von Don McGuire und Larry Gelbart **K** Owen Roizman **M** Dave Grusin **S** Fredric Steinkamp, William Steinkamp **D** Dustin Hoffman (Michael Dorsey/Dorothy), Jessica Lange (Julie), Teri Garr (Sandy), Sydney Pollack (George Fields), Dabney Coleman (Ron), Estelle Getty (Frau in mittleren Jahren), Charles Durning (Les), Bill Murray (Jeff), Geena Davis (April) **L** 116 **FSK** ab 6; f **FBW** bw **E** 25.3.1983/ 15.6.1984 Kino DDR **fd** 23 849

DIE TOP COPS (THE WILD PAIR). Ein pensionierter

General, der den inneren Frieden Amerikas bedroht sieht und aus dem Verkauf von Rauschgift eine Privatarmee finanziert, die nächtens in den Armenvierteln New Yorks die farbige Bevölkerung massakriert, wird von einem Polizisten und einem FBI-Agenten unschädlich gemacht. Prügelabenteuer nach Standardsituationen; gelegentliche Ansätze eines Plädoyers für die Armen einer reichen Welt gehen in Brutalität unter. ✦ USA 1987 **P** Trans World Entertainment **VA** VPS **Pd** Paul Mason, Randall Torno **R** Beau Bridges **B** Joseph Gunn, John Crowther **K** Peter Stein **M** John Debney **S** Christopher Holmes, Scott Conrad **D** Beau Bridges (Joe Jennings), Bubba Smith (Benny Avalon), Lloyd Bridges (Col. Hester), Raymond St. Jacques (Ivory), Gary Lockwood (Cpt. Kremer) **L** 88 (gek. 77) **FSK** ab 18 (gek. 16) **E** 23.6.1988 Video **fd** 27 076

TOP CRACK →Immer Ärger mit den Lümmeln

TOP CRACK – ENTFÜHRUNG WILL GELERNT SEIN →Immer Ärger mit den Lümmeln

TOP DOG (TOP DOG). Ein reaktivierter Polizist wird auf eine Gruppe faschistischer Terroristen angesetzt, die mit Sprengstoffanschlägen ethnische Minderheiten bekämpfen wollen. Der Film setzt ganz auf das humoristische Potential des Hundes, der die Hauptfigur bei ihren Einsätzen begleitet. Die Gags sind nicht immer neu, lockern aber die eher schlichte Handlung und mäßige Inszenierung auch der Kampfszenen auf. Die Darstellung des Rassismus dagegen bleibt schlicht und karikaturhaft. – Ab 16. ✦ USA 1995 **P** Tanglewood **KI** Highlight **VA** Highlight/Arcade **Pd** Andy Howard **R** Aaron Norris **B** Ron Swanson **K** Joao Fernandez **M** George S. Clinton **S** Peter Schrink **D** Chuck Norris (Jake Wilder), Michelle Lamar Richards (Savannah Boyette), Carmine Casidi (Lou Swanson), Clyde Kusatsu (Ken Callahan) **L** 93 **FSK** ab 12; f **E** 6.7.1995/17.10.1995 Video **fd** 31 457

TOP FIGHTER (RAGE OF HONOR). Weil er sich von seinen Vorgesetzten im Stich gelassen glaubt, quittiert ein Interpol-Inspektor seinen Dienst und verfolgt auf eigene Faust einen Drogenring in Argentinien, dessen Mitglieder seinen Freund und Kollegen ermordet haben. Die Kampf-Akrobatik des Hauptdarstellers verbirgt kaum die unlogische Dramaturgie der Geschichte und ihre martialische Grundhaltung. Ein ermüdender Actionfilm, der endloses, wenn auch verhältnismäßig unblutiges Kampfgetümmel aneinanderreiht. ✦ USA 1986 **P** Trans World Entertainment **KI** Metropol **VA** VPS **Pd** Don van Atta **R** Gordon Hessler **B** Robert Short, Wallace Bennett **K** Julio Bragado **M** Stelvio Cipriani **S** Robert Gordon **D** Sho Kosugi (Shiro Tanaka), Lewis van Bergen, Robin Evans, Chip Lucia, Gerry Gibson **L** 91 **FSK** ab 18; nf **E** 16.4.1987/20.8.1987 Video **fd** 26 134

TOP GUN – SIE FÜRCHTEN WEDER TOD NOCH TEUFEL (TOP GUN). Ein junger Draufgänger geht durch die harte Schule einer Elite-Klasse für amerikanische Luftkampfpiloten und wächst nach zahlreichen Rückschlägen zu einer Persönlichkeit, was auch mit privatem Glück belohnt wird. Ein in verführerischen Bildkompositionen aufgelöstes Hohelied auf die militärische Gemeinschaft, die jungen Menschen Aufstieg, Erfüllung und ein hohes Maß an Abenteuerlichkeit bietet. Distanzlos und plakativ, in der auf ungebrochene Faszination setzenden Direktheit äußerst zwiespältig. ✦ Scope. USA 1985 **P** Paramount Pictures **KI** UIP **SF** UIP **VA** CIC **DVD** Paramount (2.00:1, DD5.1 engl./ DS dt.) **Pd** Don Simpson, Jerry Bruckheimer **R** Tony Scott **B** Jim Cash, Jack Epps jr. **K** Jeffrey L. Kimball **M** Harold Faltermeyer **S** Billy Weber, Chris Lebenzon **D** Tom Cruise (Pete »Maverick« Mitchell), Kelly McGillis (»Charlie« Blackwood), Val Kilmer (Tom »Ice« Kazansky), Anthony Edwards (Nick »Goose« Bradshaw), Tom Skerritt (Commander Metcalf), Michael Ironside (Jester), John Stockwell (Cougar) **L** 110 **FSK** ab 12; nf **E** 7.8.1986/Oktober 1986 Video/20.7.2000 DVD **fd** 25 722

TOP HAT →Ich tanz' mich in dein Herz hinein

TOP HAT – ICH TANZ MICH IN DEIN HERZ HINEIN →Ich tanz' mich in dein Herz hinein

TOP JETS (AQUILE). Ein flugbegeisterter junger Italiener lässt sich nach harter Rekrutenzeit zum Piloten ausbilden und darf als Offizier der Luftwaffe die modernsten Militärmaschinen fliegen. Um sein Wohlergehen kümmern sich vorbildliche Vorgesetzte und untadelige Kameraden. Nur seine Geliebte wendet sich von dem Flugfanatiker vorübergehend ab. Militärfilm: So unverblümt dilettantisch, spannungslos und zuschauerunfreundlich wie dieser Werbeversuch für Kunstfliegerei hat sich wohl noch nie ein Film dieses Genres auf den Markt gewagt. – Ab 16. ✦ Italien 1989 **P** Clemi Cinematografica **VA** Highlight **R** Nini Salerno **D** Federica Moro, Alessandro Piccinini **L** 93 **FSK** ab 12 **E** März 1990 Video **fd** 28 208

TOP JETS – ANGRIFF AUS DEN WOLKEN (TACTICAL ASSAULT). Action-Thriller um einen traumatisierten US-Kampfpiloten, der unter NATO-Kommando in Bosnien wieder zum Einsatz kommt. ✦ USA 1997 **P** Hess-Kaalberg Prod./Tactical Prod. Joint Venture **Pd** David Bixler, Paula Hammerel, Oliver G. Hess, Kevin M. Kallberg, Frank Kostenko jr., Brad Krevoy **R** Mark Griffiths **B** David Golden **K** Blake Evans **M** Arthur Kempel **S** Barry Zetlin **D** Rutger Hauer (Captain »Doc« Holiday), Robert Patrick (Colonel Lee Banning), Isabel Glasser (Jennifer Banning), Ken Howard (General White), Dey Young (Dr. Mildred Baxter) **L** 85 **E** 12.01.1999 ProSieben

TOP JETS, TEIL 2 (AQUILE). Die belanglose Fortsetzung der Abenteuer in einer Luftwaffen-Ausbildungskompanie. Diesmal münden die Rivalitäten in einen Mordverdacht, der sich jedoch am guten Ende als Schlamperei mit beinahe tödlichem Ausgang herausstellt. Naiver Werbefilm für Kameradschaft und Militär; einfallslos und ermüdend inszeniert. – Ab 16. ✦ Italien 1989 **P** Clemi **VA** Highlight **R** Nini Salerno **D** Federica Moro, Alessandro Piccinini, Massimo Venturiello **L** 89 **FSK** ab 16 **E** Mai 1990 Video **fd** 28 347

TOP JETS, TEIL 3 (AQUILE). Dritter Teil der ebenso belanglosen wie propagandistisch aufbereiteten Abenteuer um die Ausbildung angehender Kampfflieger-Piloten. Diesmal führt eine abschließende Übungseinheit, die mit scharfer Munition geflogen werden muß, zu einer Beinahe-Katastrophe. – Ab 16. ✦ Italien 1989 **P** Clemi Cinematografica **VA** Highlight **R** Nini Salerno **D** Federica Moro, Alessandro Piccinini, Massimo Venturiello **L** 93 **FSK** ab 16 **E** 2.7.1990 Video

TOP JOB (AD OGNI COSTO / GRAND SLAM). Ein pensionierter Lehrer führt mit Hilfe einiger gedungener Spezialisten erfolgreich seinen perfekt durchdachten Plan eines Millionenraubes aus. Letztlich aber werden alle Beteiligten doch noch um ihre Beute geprellt. Ein geschickt und spannend inszenierter Krimi, raffiniert konstruiert und glänzend gespielt. (TV-Titel auch: »Top Job – Diamantenraub in Rio«) – Ab 14. ✦ Scope. BR Deutschland/Spanien/Italien 1966 **P** Constantin/Jolly Film/Croal **KI** Constantin **Pd** Harry Colombo, Giorgio Papi **R** Giuliano Montaldo **B** Mino Roli (= Erminio Pontiroli), Augusto Caminito, Marcello Fondato, José Antonio De la Loma, Marcello Coscia **K** Antonio Macasoli **M** Ennio Morricone **S** Nino Baragli **D** Janet Leigh (Mary Ann Davis), Robert Hoffmann (Jean Paul), Klaus Kinski (Erich), Riccardo Cucciolla (Agostino), Georges Rigaud (Gregg), Edward G. Robinson (Prof. Anders), Adolfo Celi (Milford) **L** 110 **FSK** ab 12; f (fr. 16; nf) **FBW** w **E** 5.1.1968/28.2.1981 ZDF **fd** 15 245

TOP LINE (TOP LINE). Ein Schriftsteller in ständigen Geldsorgen stößt in Kolumbien auf Spuren von Außerirdischen, die bereits alle wichtigen Schaltstellen der Macht auf der Erde eingenommen haben. Schlecht gespielte, mäßig unterhaltsame Geschichte, in die allzu viele Elemente aus verschiedenen Genres (Abenteuer-, Science-Fiction-, Horrorfilm) hineingepackt wurden. (Fernsehtitel: »Top Line – Das Geheimnis des Azteken-Berges«; Videotitel: »Top Line – Die Schlagzeile«) – Ab 16 möglich. ✦ Italien 1988 **P** National Cinematografica/Dania/Rete Italia/Surf **KI** Scotia-Cannon **VA** Cannon-VMP/ELFRA/Screen **R** Ted Archer (= Nello Rossati) **B** Nello Rossati, Roberto Gianviti **K** Guglielmo Mancori **M** Maurizio Dami **S** Adalberto Ceccarelli **D** Franco Nero (Ted Angelo), Deborah Barrymore (= Deborah Moore) (Jo), George Kennedy (Heinrich Holzmann), William Berger, Mary Stavin, Cary Dolgin, Steven Luotlo **L** 89 (gek. 87) **FSK** ab 16; f (gek. 12) **E** 22.9.1988/März 1989 Video **fd** 27 118

TOP LINE – DAS GEHEIMNIS DES AZTEKEN-BERGES →Top Line

TOP MISSILE (THE FIFTH MISSILE). Die Mannschaft eines amerikanischen Atom-U-Bootes soll einem Ernstfall-Test unterzogen werden: Falschmeldungen läßt sie glauben, daß der dritte Weltkrieg ausgebrochen sei und sie den Atom-Gegenschlag auslösen müsse. Infolge eines giftigen Farbanstrichs im U-Boot verursachte Aggressionspsychosen treiben auch den Kommandanten in den Wahnsinn, so daß er alle Befehle zum Abbruch des Unternehmens ignoriert, bis ein nukleares Desaster bevorsteht. Ein mit flüchtig angehäuften Konfliktstoffen mangelhaft konzipierter Militär-Katastrophenfilm. Auch als Action-Spektakel lahm. (Fernsehtitel: »Top Missile – Unternehmen dritter Weltkrieg«) – Ab 16 möglich. ✦ USA 1986 **P** Bercovici/St. Johns Prod./MGM/UA Television Prod. **VA** IMV **R** Larry Peerce **B** Eric Bercovici **K** Cristiano Pogany **M** Pino Donaggio **D** Robert Conrad, Sam Waterston, David Soul, Richard Roundtree, Jonathan Banks **L** 106 **FSK** ab 16 **E** 14.11.1986 Video/13.6.1990 RTL plus

TOP MISSION (TOP MISSION). Eine Spezialeinheit der CIA macht Jagd auf Terroristen, die einen Jumbo-Jet in ihre Gewalt gebracht haben, und stürmt schließlich das Flugzeug. Ein schlecht inszenierter Film, der ein äußerst fragwürdiges Heldenbild installieren will und einem Kult der Gewalt huldigt. Im ersten Teil konfus, im zweiten äußerst gewalttätig entwickelt. ✦ Hongkong 1987 **P** Filmark International **VA** Atlanta **R** Henry Lee **B** Benny Keung **K** Raymond Cheung **M** Stephen Tsang **S** Vincent Leung **D** Alphonse Beni, Mike Smith, Bembol Rocco, Kurt Eberhard, Philip Gordon **L** 87 **FSK** ab 18 **E** 20.5.1988 Video

TOP MODEL (TOP MODEL). Ein Call-Girl, tätig in einem Escort-Service in New Orleans, befreit, um seine Liebe zu gewinnen, einen Computerfachmann aus seinen homophilen Verstrickungen. Soft-Porno mit fadenscheiniger Rahmenhandlung, die streckenweise unfreiwillig Anlaß zur Heiterkeit bietet. (Videotitel: »Elf Tage und elf Nächte – 2. Teil«) ✦ Italien 1987 **P** Variety **KI** Esplanade/Elysee/Nova **VA** Highlight **R** Joe d'Amato (= Aristide Massaccesi) **B** Sarah Asproon (= Aristide Massaccesi), Gloria Miles **K** Fred Slonisco jr. (= Federico Slonisco jr.) **M** Piero Montanari **D** Jessica Moore (Sarah), James Sutterfield (Cliff), Ale Dugas (Peter), Laura Gemser (Dorothy), Jason Saucier (Jason) **L** 85 **FSK** ab 18; nf **E** 5.5.1988/22.11.1988 Video **fd** 26 900

TOP SECRET (1971) (THE SALZBURG CONNECTION). Westliche und östliche Geheimdienste auf der Jagd nach NS-Dokumenten (Adressen von Kollaborateuren), die SS-Männer 1945 im Toplitz-See versenkten. Ein spannungsloser Agentenfilm vor der Kulisse von Salzburg, der ein wirres und verwirrendes Stelldichein sämtlicher böser Agenten aus Ost und West aufbietet. – Ab 16. ✦ USA 1971 **P** 20th Century Fox **KI** Centfox **Pd** Ingo Preminger **R** Lee H. Katzin **B** Oscar Millard, nach einem Roman von Helen MacInnes **K** Wolfgang Treu **M** Lionel Newman **S** John Woodcock **D** Barry Newman (Richard Bryan), Anna Karina (Anna Bryant), Wolfgang Preiss (Felix Zauner), Klaus Maria Brandauer (Johann Kronsteiner), Karen Jensen (Elissa Lang), Helmut Schmid, Udo Kier (Grell) **L** 93 **FSK** ab 16; f **E** 10.11.1972 **fd** 18 065

TOP SECRET (1983) (TOP SECRET). Ein amerikanischer Rocksänger gerät bei einem Kulturfestival in der DDR in eine dubiose Agentengeschichte zwischen Ost und West: Die DDR hat einen amerikanischen Wissenschaftler entführt, um an das Geheimnis einer Bombe zu gelangen, mit der sie gewaltsam die deutsche Wiedervereinigung erreichen will. Temporeiche, überwiegend aber grobschlächtige Parodie auf einschlägige Spionagefilme, deren Witze ebensooft zünden, wie sie die Grenzen des guten Geschmacks überschreiten. Peinlich: der Handlungsort DDR erinnert häufig an den nationalsozialistischen deutschen Staat. – Ab 16. ✦ USA 1983 **P** Paramount **Kl** UIP **Pd** Jon Davison, Hunt Lowry **R** Jim Abrahams, David Zucker, Jerry Zucker **B** Jim Abrahams, David Zucker, Jerry Zucker, Martyn Burke **K** Christopher Challis **M** Maurice Jarre **S** Bernard Gribble **D** Val Kilmer (Nick Rivers), Lucy Gutteridge (Hillary Flammond), Christopher Villiers (Nigel), Omar Sharif (Cedric), Peter Cushing (Schwedischer Buchhändler), Jeremy Kamp (General Streck), Billy J. Mitchell (Martin) **L** 91 **FSK** ab 12; nf **E** 21.12.1984 **fd** 24 892

TOP SQUAD (TOP SQUAD). Nach der Grundausbildung mit überhartem militärischem Drill gelingt es einer weiblichen Elite-Einheit der Hongkonger Polizei, Juwelendiebe unschädlich zu machen und ihre Ausbilderin aus der Gewalt der Bande zu befreien. Durch zahlreiche Schnitte verlor der Film zwar seinen zynischen Grundton, er provoziert aber nach wie vor in der Schilderung der Ausbildungssituation Vorbehalte. ✦ Hongkong 1988 **P** Golden Communications **VA** Splendid **Pd** Jackie Chan (= Cheng Long) **R** Min Sing Wai **B** Cheng Kam Fu **D** Cynthia Rothrock, Sibelle Hu, Regina Kent, Vanessa Chan **L** 91 (gek. 87) **FSK** ab 18 (gek. 16) **E** November 1989 Video

DER TOPAGENT. Dokumentarfilm über die Tätigkeit des deutschen Detektivs und Geheimagenten Werner Mauss, der häufig eingesetzt wurde, wenn staatliche Mittel zu versagen drohten. Der Film spürt dem Wirken des Mannes nach, dem es gelang, fast 30 Jahre lang seine Identität geheimzuhalten, und auf dessen Konto über 2000 Verhaftungen gehen. In diesem Film nimmt Mauss selbst erstmals zu seinem Agenten-Leben Stellung. (Titel auch: »Der Topagent. Das geheime Leben des Werner Mauss«) ✦ Deutschland 1998 **R** Stephan Lamby, Marcus Fischötter **L** 75 **E** 17.2.1999 ARD

TOPAS (TOPAZ). Der Absprung eines hohen sowjetischen Geheimdienstbeamten führt 1962 zur Entdeckung russischer Raketenbasen in Kuba und zur Sprengung eines Spionagerings in Frankreich. Hitchcocks Bearbeitung des gleichnamigen Romans von Leon Uris konstruiert sorgfältig die zahlreichen Schachzüge und harten Spielregeln der Geheimdienste vor dem Hintergrund der Kuba-Krise. Bemerkenswert durch die wohldosierten Effekte und die vergleichsweise diskreten Mittel, durch die der Film Spannung erzeugt, bietet er letztlich aber eher konventionelle Unterhaltung. – Ab 16. ✦ USA/Großbritannien 1968 **P** Universal **Kl** Universal **VA** Universal **Pd+R** Alfred Hitchcock **B** Samuel Taylor, nach dem Roman von Leon Uris **K** Jack Hildyard **M** Maurice Jarre **S** William Ziegler **D** Frederick Stafford (André Devereaux), Dany Robin (Nicole Devereaux), Karin Dor (Juanita de Cordoba), John Forsythe (Michael Nordstrom), Roscoe Lee Browne (Philippe Dubois), John Vernon (Rico Parra), Michel Piccoli (Jacques Granville), Philippe Noiret (Henri Jarre), Claude Jade (Michel Picard) **L** 125 **FSK** ab 12; f **E** 1.1.1970/ 4.4.1976 ARD/13.8.1999 Video **fd** 16 477

TOPEKA (TOPEKA). Vagabundierende Banditen etablieren sich in einem von einer anderen Bande bereits beherrschten Westernstädtchen, dessen Bürger den Anführer der Neulinge zum Sheriff wählen. Nach ausgiebigen Faustkämpfen und Schießereien hat er alle Gesetzesbrecher unschädlich gemacht und sich mit Freund und Bar-Chefin zum ehrbaren Bürger gemausert. Leidlich spannender Routine-Western mit den Merkmalen der Serienfabrikation. – Ab 16. ✦ Schwarz-weiß. USA 1953 **P** Allied Artists **Kl** NF **Pd** Vincent M. Fennelly **R** Thomas Carr **B** Milton Raison **K** Ernest Miller **M** Raoul Kraushaar **S** Sam Fields **D** William Elliott (Jim Everling), Phyllis Coates (Marian Harrison), Rick Vallin (Ray Hammond), Fuzzy Knight (Pop Harrison), John James (Marv Ransom), Denver Pyle (Jonas Bailey), Harry Lauter (Mack Wilson), Dick Crockett (Will Peters), Dale Van Sickel (Jake Manning), I. Stanford Jolley (Doktor), Ted Mapes (Cully) **L** 70 **FSK** ab 12; nf **E** 21.11.1955 **fd** 4 576

DIE TÖPFERSCHEIBE (GONTSCHARNY KRUG). Ein Filmteam dreht eine Reportage über die Arbeit des alten Töpfermeisters Lukitsch. Aus der anfangs oberflächlichen und arroganten Haltung des jungen Regisseurs gegenüber dem Handwerker entwickeln sich allmählich Zuneigung und Achtung dem Meister gegenüber. – Ab 14 möglich. ✦ UdSSR 1974 **P** Ekran **R** Wadim Derbenjew **B** Wladimir Ionow **K** G. Krinitzki **D** Andrej Fait (Michail Lukitsch), Sergej Tichonow (Makar), Eduard Marzewitsch (Denis), Alla Denissowa (Matrjona), Andrej Kusnezow (Wassili) **L** 84 **E** 20.1.1976 DFF 2

TOPKAPI (TOPKAPI). Eine attraktive Diebin mit den Spezialgebieten »Männer« und »Juwelen« plant mit einer Gruppe ebenso biederer wie spleeniger Ganoven den Diebstahl eines kostbaren Dolches aus dem Topkapi-Museum in Istanbul. Der raffiniert ausgetüftelte Plan mündet unter den Augen des türkischen Geheimdienstes in ein nervenaufreibendes Unternehmen, das schließlich doch noch mißlingt. Unterhaltsame Mischung aus Kriminalkomödie und Selbstpersiflage nach dem Muster von »Rififi«, das sich zwar merklich abgenutzt hat, aber dank der gut aufgelegten Darsteller immer noch Vergnügen bereitet. – Ab 14 möglich. ✦ USA 1963 **P** Filmways/ F-H Prod. **Kl** UIP (Erstverleih: United Artists) **Pd+R** Jules Dassin **B** Monja Danischewsky, nach einem Roman von Eric Ambler **K** Henri Alekan **M** Manos Hadjidakis **S** Roger Dwyre **D** Melina Mercouri (Elizabeth Lipp), Peter Ustinov (Arthur Simpson), Maximilian Schell (William Walter), Robert Morley (Cedric Page), Akim Tamiroff (Geven), Jess Hahn (Fischer) **L** 120 **FSK** ab 12; nf **FBW** w **E** 23.10.1964/ 2.3.1972 ARD **fd** 13 080

TOPLESS WOMEN TALK ABOUT THEIR LIVES (TOPLESS WOMEN TALK ABOUT THEIR LIVES). Einige überforderte junge Leute versuchen, Ordnung in ihr chaotisches Leben zu bringen. Unter anderem muß einer von ihnen eine künstlerische Schlappe überwinden, eine junge Frau muß sich auf die Mutterschaft vorbereiten und einen Ersatzvater für ihr Kind finden. Der Debütfilm ist lediglich eine lose Ansammlung von Einfällen und vermeintlichen Gags. Eher laut als überzeugend und mit unzulänglichen Mitteln versucht er, Interesse an den wirren Geschichten zu wecken. ✦ Neuseeland 1997 **P** John Swimmer Ltd./The New Zealand Film Commission/ New Zealand On Air **Kl** TiMe **Pd** Fiona Copland, Harry Sinclair **R+B** Harry Sinclair **K** Dale McCready **S** Cushla Dillon **D** Danielle Cormack (Liz), Willa O'Neill (Prue), Joel Tobeck (Neil), Ian Hughes (Ant), Shimpal Lelisi (Mike) **L** 90 **FSK** ab 16; f **E** 20.11.1997 **fd** 32 836

TOPPER – DAS BLONDE GESPENST (TOPPER). Nach einem tödlichen Verkehrsunfall kehrt ein leichtlebiges Ehepaar für kurze Zeit ins Leben zurück, um an einem von seiner Frau tyrannisierten Bankier eine gute Tat zu vollbringen. Leicht frivole Filmgroteske aus den 30er Jahren mit verblüffenden Filmtricks, glänzenden Darstellern und geistreichen Dialogen, die nach Anlaufschwierigkeiten schwungvolle Unterhaltung bietet. (Alternativer TV-Titel: »Zwei Engel ohne Flügel«) – Ab 10. ✦ Schwarz-weiß. USA 1937 **P** Hal Roach Production **Kl** Filmwelt **Pd** Hal Roach **R** Norman Z. McLeod **B** Jack Jevne, Eric Hatch, Eddie Moran, nach einem Roman von Thorne Smith **K** Norbert Brodine **M** Arthur Morton **S** William Terhune **D** Cary Grant (George Kerby), Constance Bennett (Marion Kerby), Roland Young (Cosmo Topper), Billie Burke (Henrietta Topper), Alan Mowbray (Wilkins) **L** 95 **E** 24.6.1938/15.1.1963 ARD **fd** 24 647

TOPPER 2 – DAS GESPENSTERSCHLOSS (TOPPER RETURNS). Der angesehene, etwas ängstliche Bankier Topper muß ein weiteres Mal seine Erfahrungen mit überirdischen Wesen machen: Der Geist eines irrtümlich ermordeten Mädchens animiert ihn zur Mörderjagd in einem geheimnisvollen Schloß. Humorvolle Fortsetzung der Filmgrotesken »Topper« und »Topper geht auf Reisen«mit vergnüglichen parodistischen Spitzen und hervorragend gesetzten situationskomischen Pointen. Der amüsanteste Film der Serie. (Alternativtitel: »Ich suche meinen Mörder«; TV auch: »Die merkwürdigen Abenteuer des Mr. Topper«) – Ab 12. ✦ Schwarz-weiß. USA 1941 **P** Hal Roach Prod. **Kl** Filmwelt **Pd** Hal Roach **R** Roy Del Ruth **B** Jonathan Latimer, Gordon Douglas, Paul Gerard Smith, nach Motiven eines Romans von Thorne Smith **K** Norbert Brodine **M** Werner R. Heymann **S** James E. Newcom **D** Joan Blondell (Gail Richards), Roland Young (Cosmo Topper), Billie Burke (Mrs. Topper), Patsy Kelly (Maid), Carole Landis (Ann Carrington), Dennis O'Keefe (Bob), H. B. Warner (Mr. Carrington) **L** 90 **E** Juni 1946 Kino/22.1. 1963 ARD/1985 (WA) **fd** 25 218

TOPPER GEHT AUF REISEN (TOPPER TAKES A TRIP). Zweite Geisterkomödie um das gemeinsam mit seinem Hund im Auto tödlich verunglückte Ehepaar Kerby, das vor der Aufnahme ins Jenseits noch eine gute Tat auf Erden nachzuholen hat. Diesmal geistert Mrs. Kerby allein bis an die Riviera, um die gestörte Ehe des New Yorker Bankiers Topper ins Lot zu bringen. Ein bisweilen arg langatmiger Aufguß der erfolgreichen Grotesk-Fantasmagorie, der aber mit seinen Bildtricks und seinem behenden Wortwitz immer noch recht amüsante Unterhaltung bietet. – Ab 12. ✦ Schwarz-weiß. USA 1939 **P** Hal Roach Production **Kl** Prisma **Pd** Hal Roach **R** Norman Z. McLeod **B** Jack Jevne, Eddie Moran, Corey Ford, in Anlehnung an Romanfiguren von Thorne Smith **K** Norbert Brodine **M** Edward B. Powell, Hugo Friedhofer **S** William Terhune **D** Roland Young (Cosmo Topper), Billie Burke (Clara Topper), Cary Grant (George Kerby), Constance Bennett (Marion Kerby), Alan Mowbray (Wilkins) **L** 90 **FSK** ab 12; nf **E** 16.4.1951/19.10. 1962 ARD **fd** 1 171

TOPS AND BOTTOMS. Dokumentation zum Thema Sado-Masochismus, die die gesellschaftlichen und geschichtlichen Hintergründe darstellt und dabei nicht nur Sex in den Mittelpunkt stellt, sondern auch Macht und Machtverhältnisse in der modernen Konsumgesellschaft behandeln will. ✦ Frankreich 1999 **R** Christine Richey **L** 80 **E** 23.11.1999 arte

TOPSY-TURVY – AUF DEN KOPF GESTELLT (TOPSY-TURVY). Ein Blick hinter die Kulissen des Musiktheaters: 1884 kommt es zum schweren Konflikt zwischen dem Komponisten Arthur Sullivan und seinem Librettisten William Gilbert, die mit ihren Singspielen die Londoner Theater dominierten. Nachdem sie sich über eine ernste Oper entzweiten, stellt sich mit einer japanisch inspirierten Burleske neuer Erfolg ein. Ein ausgesprochen moderner Historienfilm über das Theater am Theater, der nicht nur die Entstehung eines Bühnenwerks beschreibt, sondern auch bittere zwischenmenschliche Erfahrungen thematisiert. Durch den humanen Blick des Regisseurs entsteht keine Distanz zu den Figuren, sondern der Zuschauer wird im Gegenteil an die Menschen und ihre Beweggründe heran geführt. – Sehenswert ab 16. ✦ Großbritannien 1999 **P** Thin Man Films/The Greenlight Fund **VA** BMG **Pd** Simon Channing-Williams **R+B** Mike Leigh **K** Dick Pope **M** Carl Davis **S** Robin Sales **D** Jim Broadbent (William Schwenk Gilbert), Allan Corduner (Arthur Sullivan), Lesley Manville (Lucy Gilbert), Eleanor David (Fanny Ronalds), Ron Cook (Richard D'Oyly Carte), Timothy Spall (Richard Temple), Kevin McKidd (Lely) **L** 154 **FSK** o. A. **E** 18.9.2001 Video **fd** 35 102

TOR DES FEUERS. Der Leibwächter eines Bundestagsabgeordneten wird in einen Schußwechsel verwickelt und unter Mordverdacht verhaftet. Als seine Tochter bei einem Mittlerdienst getötet wird, schwört er Rache. Routinierter Fernseh-Krimi, der Götz George einmal mehr von seiner rauhbeinigen Seite zeigt. – Ab 16. ✦ Deutschland 1996 **R** Kaspar Heidelbach **B** Sascha Arango **K** Fred Schuler **D** Götz George (Harry Kowa), Klaus J. Behrendt (Heckmann), Thomas Thieme (Tischler), Anette Hellwig (Hanna Kowa), David Schelle (Yuri Kowa) **L** 105 **E** 10.11. 1996 SAT 1

DAS TOR DES HIMMLISCHEN FRIEDENS (THE GATE OF HEAVENLY PEACE). Am 4. Juni 1989 bereitete ein Massaker auf dem »Platz des Himmlischen Friedens« in Peking der chinesischen Protestbewegung, die sich für eine Liberalisierung und Öffnung des Landes einsetzte, ein brutales Ende. Der Film dokumentiert die Entwicklung bis zu diesem Zeitpunkt und zeigt auf, daß die Fronten zwischen Bürgerprotest und kommunistischer Kaderhaltung nicht so klar getrennt waren, wie sie in den westlichen Medien vermittelt wurden. An Hand von umfangreichem Archiv- und Videomaterial wird deutlich, daß in beiden Lagern radikale und liberale Strömungen miteinander uneins waren und die Möglichkeit einer gemäßigten Reform verstellten. Ein informatives und engagiertes Zeitdokument, das Hintergründe erhellt und Zusammenhänge aufzeigt. (O.m.d.U.) – Ab 16. ✦ USA 1995 **P** Long Bow Group **Kl** Freunde der Deutschen Kinematheк **Pd+R** Richard Gordon, Carma Hinton **B** John Crowley, Geremie Barme **K** Richard Gordon **M** Mark Pevsner **S** Charles Phred Churchill, David Carnochan **L** 140 (Orig. 180) **E** 1996/22.7.1996 West 3

DAS TOR ZUM FRIEDEN (DAS TOR ZUM FRIEDEN). Ein im Legendenstil aufbereiteter Schicksalsroman einer österreichisch-ungarischen Gutsbesitzerfamilie über zwei Generationen hinweg vor dem Hintergrund des Wallfahrtsortes Mariazell. Die unübersehbaren Schwächen des umsichtig inszenierten und von namhaften Schauspielern getragenen Films resultieren aus dem rührseligen Drehbuch der ungeübten Produzentin. (Rudolf Nußgreber, seinerzeit Liebeneiners Regieassistent, drehte Ende der 80er Jahre eine Ergänzung des Films, welche die Schicksale der Protagonisten 40 Jahre danach erzählt; Titel: »Das Tor zum Frieden – Gestern, heute, morgen«) – Ab 12. ✦ Schwarz-weiß. Österreich 1951 **P** Lambach **Kl** Ring/Filmkunst **Pd** Leopoldine Kytka, Hans Anderson **R** Wolfgang Liebeneiner **B** Leopoldine Kytka **K** Günther Anders, Willi Sohm **M** Bert Rudolf **D** Paul Hartmann, Vilma Degischer, Hilde Krahl, Walter Ladengast, Fritz Michael Tellering, Kurt Bülau, Ida Krottendorf **L** 98 **FSK** ab 12; f **E** 27.4.1951/Neustart 7.12.1989 **fd** 1 095

DAS TOR ZUM FRIEDEN – GESTERN, HEUTE, MORGEN →Das Tor zum Frieden

DAS TOR ZUM GARTEN DER TRÄUME. Dokumentarfilm über zwei junge Mädchen aus Oberhausen, die bei einer Jugendzeitschrift einen Tag mit ihrem Star, dem Schlagersänger Bernd Clüver, gewonnen haben. Weitgehend ohne Kommentar kontrastiert der Filml den Alltag der Fans – die endlosen Gänge des Arbeitsamtes in Oberhausen – mit dem elitären Selbstverständnis eines bornierten Stars und der gnadenlosen PR-Maschinerie der Zeitschrift. ✦ BR Deutschland 1977 **P** Rolf Schübel Filmproduktion **SF** Unidoc **R+B** Rolf Schübel, Harald Reetz, Karsten H. Müller, Jürgen Schulz **L** 45 **E** 7.8.1977 WDR

DAS TOR ZUM HIMMEL (1980) →Heaven's Gate

DAS TOR ZUM HIMMEL (1983) (WOROTA W NEBO). Im Januar 1945 erreichen sowjetische Truppen die Oder und beginnen, in der Kleinstadt Himmelspfort ein Nachschublager einzurichten. Da rüstet noch einmal eine versprengte deutsche Einheit mit einem fanatischen SS-Offizier an der Spitze zu einem sinnlosen Angriff. Oberflächlicher Kriegsfilm über eine tragische Episode aus dem Zweiten Weltkrieg, der ein allzu vereinfachtes Klischee- und Rollenbild konstruiert und flach und spannungslos bleibt. Kein Film, der zum Weiterdenken anregt, sondern bekannte Klischees bemüht und überstrapaziert. – Ab 14 möglich. ✦ Scope. UdSSR 1983 **P** Mosfilm **Kl** Progress **R** Damir Wjatitsch-Bereshnych **B** Wladimir Baskakow, Kiril Rapoport **K** Anatoli Nikolajew **M** Jewgeni Ptitschkin **D** Georgi Shenow, Valeri Chromuschkin, Anatoli Wassiljew, Ernst Romanow, Juri Nasarow **L** 84 **E** 16.8.1984 DFF 2/22.2.1985 Kino DDR

DAS TOR ZUM ORIENT (JUGOSLAWIEN VON HEUTE). Dokumentation im Stil einer ungeschickten Tourismusreklame. Ohne die politischen Bedingungen des Landes im geringsten zur Kenntnis zu nehmen, preist der Film ein Jugoslawien schöner Städte und Bauten, großzügiger Bildungsstätten, sonniger Gestade mit lebensfrohen Badegästen, operettenhafter Folkloristik und alten Kulturdenkmälern. – Ab 14. ✦ Schwarz-weiß. BR Deutschland/Jugoslawien 1954 **P** Hellmann/Triglar **Kl** Schnöd **Pd+R** Wilhelm Hellmann **B** Ruprecht O. Seibel **K** Kollektiv jugoslawischer Kameraleute **M** Bojan Adamic **L** 68 **FSK** ab 6; f **E** 14.11.1951 **fd** 4 052

TOR ZUM PARADIES →Die seltsame Geschichte des Brandner Kaspar

DAS TOR ZUR HÖLLE (1952) (HELLGATE). Das schlimme Los eines nach Ende des amerikanischen Bürgerkriegs und Lincolns Ermordung (1865) unschuldig verurteilten Veterinärarztes in einer Strafkolonie, deren sadistischer Kommandant jeder Rachegier freien Lauf läßt. Glanzlose Neuverfilmung des John-Ford-Films »Der Gefangene der Haifischinsel«. – Ab 16. ✦ USA 1952 **P** Lippert **Kl** Wotan **R+B** Charles Marquis Warren **K** Ernest Miller **M** Paul Dunlap **D** Sterling Hayden, Ward Bond, Joan Leslie, Jim Arness (= James Arness), Peter Coe **L** 85 **FSK** ab 16; f **E** 13.11.1953 **fd** 2 868

DAS TOR ZUR HÖLLE (1989) (CIRCLE OF FEAR). Ein Mann rächt die Ermordung seines Bruders und befreit dessen Tochter aus den Händen von Drogen- und Mädchenhändlern. Auf den Philippinen spielender harter Actionfilm; eine pausenlose Aneinanderreihung von Kampf- und Schießszenen. ✦ USA 1989 **P** Concorde/New Horizons **VA** Ascot **Pd** Isabel Samayao **R** Clark Henderson **B** Frederick Bayley **K** Austin McKinney **D** Patrick Dollaghan, Vernon Wells, Paul Holme **L** 89 **FSK** ab 18 **E** 21.1.1992 Video

TORA! TORA! TORA! (TORA! TORA! TORA!). Vorgeschichte und Ablauf des Angriffs der japanischen Luftwaffe auf den amerikanischen Flottenstützpunkt Pearl Harbour am 7. Dezember 1941. Mit großem Aufwand und sichtlichem Bemühen um historische Genauigkeit inszenierter Kriegsfilm. Während zunächst eindrucksvoll die Wehrlosigkeit der Amerikaner, die aus Sorglosigkeit und Bindung an die Spielregeln der Demokratie resultiert, dargestellt wird, gerät der Film im weiteren Verlauf zu einem Feuerwerksspektakel, das den Krieg eher verharmlost. DVD: Die Extras umfassen u.a. einen historischen Audiokommentar der japanischen Regisseure. – Ab 16. ✦ Scope. USA/Japan 1969 **P** 20th Century Fox **Kl** Centfox **DVD** Fox Home (16:9, 2.35:1, DD4.1 engl., DD2.0 dt.) **Pd** Elmo Williams **R** Richard Fleischer, Toshio Masuda, Kinji Fukasaku **B** Larry Forrester, Hideo Uguni, Ryuzo Kikushima, nach Büchern von Gordon W. Prange und Ladislas Farago **K** Charles F. Wheeler, Shinsaku Himeda, Masamichi Sato, Osami Furuya **M** Jerry Goldsmith **S** James E. Newcom, Pembroke J. Herring, Inoue Chikaya **D** Martin Balsam (Admiral Husband E. Kimmel), Joseph Cotten (Henry L. Stimson), Wesley Addey (Korvettenkapitän Kramer), Sô Yamamura (Admiral Yamamoto), Takahiro Tamura (Korvettenkapitän Fuchida), Jason Robards (General Walter C. Short), James Whitmore (Adm. William F. Halsey), Leon Ames (Frank Knox) **L** 144 **FSK** ab 16; f **E** 23.10.1970/5.7.2001 DVD **fd** 17 058

TORBEN – DER SATANSBRATEN (VILDBASSEN). Ein Leichtfuß stellt Mitte der 30er Jahre sein dänisches Heimatstädtchen auf den Kopf und kann auch durch den Zwangsaufenthalt in einem Ferienlager nicht gebändigt werden. Im Gegenteil: vereint mit seinen Freunden und einem jugendlichen Aufschneider, kann er nun erst richtig loslegen. So zettelt er die größte Kneipenschlägerei der Dorfgeschichte an, kann aber auch einen Bankräuber entlarven. Turbulente Jugendkomödie. – Ab 12. ✦ Dänemark 1993 **R** Sven Methling **B** Peter Bay, Jørgen Kastrup **K** Peter Roos **M** Michael Hardinger, Rasmus Fenger **D** Robert Hansen (Torben), Dick Kaysoe (Harry), Viggo Sommer (Carl Martin) **L** 80 **E** 20.8. 1995 premiere

TORERO D'AMORE (TORERO). Aufwendig gestalteter, dadurch nicht minder spekulativer und inhaltsleerer Sexfilm um einen jungen Torero, der den erotischen Versuchungen seines Erfolges erliegt. ✦ Italien 1996 **R** Joe d'Amato (= Aristide Massaccesi) **B** Jeff Sterling **K** Joe d'Amato (= Aristide Massaccesi) **M** Andrew Galti **S** Kathleen Stratton **D** Rocco Siffredi, Sunset Thomas, Olivia del Rio, Akan Belkiran, Roberto Malone **L** 74 **E** 9.1.1998 premiere

TORJÄGER IM ABSEITS (SHOOTING STARS). Bei einem Radioquiz gewinnt eine junge Frau eine Verabredung mit dem Fußballstar Calvin Clarke. Eine Verkettung unglücklicher Umstände führt dazu, daß der Nationalspieler, der zu einem Hamburger Verein wechseln will, an besagtem Abend von den arbeitslosen Freunden des Mädchens entführt wird. Filmischer Rückblick auf die englische Gesellschaft der 80er Jahre. ✦ Großbritannien 1990 **Pd** John Goldschmidt **R** Chris Bernard **B** Barry Hines **K** Witold Stok **M** Whoever **D** Helmut Griem (Gutke), Sharon Duce (Paule), Jane Hazlegrove (Alison), Chris Hargreaves (Gary), Frank Lauder (Sean), John Brobey (Vic) **L** 85 **E** 3.12.1991 N 3

TORN ALLEGIANCE (TORN ALLEGIANCE). Auf einer süafrikanischen Farm Ende des 19. Jahrhunderts erlebt eine Heranwachsende die Greuel des »Burenkriegs« zwischen Südafrika und England. Historienfilm, dem es gelingt, sowohl die Lebensbedingungen jener Epoche als auch die Figuren seiner Handlung plastisch darzustellen. – Ab 16. ✦ Südafrika 1984 **R** Alan Nathason **B** Alan Nathason, Margarethe Heale **K** Digby Young **M** Johnny Boshoff **D** Jonathan Morris (Lt. Wyckham), Shelagh Holliday (Ma), Marius Weyers (Henk), Jon Maytham (Watts), Ronald France (Sgt. Major Pattison) **L** 92 **E** 21.2.1998 RTL 2

TORNADO (1977) (CYCLONE). Ein Wirbelsturm führt Schiff- und Jetbrüchige auf offenem Meer zusammen, wo sie tagelang ohne Wasser und Nahrung treiben und den Angriffen von Haien ebenso ausgesetzt sind wie der Rivalität untereinander. Ein monströses Schauerdrama, in dem effekthascherisch Katastrophen-Gags aneinandergereiht und auch blutige Hai-Gemetzel und Kannibalismus nicht ausgespart werden. (Titel auch: »Tornado und Haie«) ✦ Italien 1977 **P** Pelmex-Helvetia **Kl** Adria **R** René Cardona jr. **B** René Cardona, Carlos Valdemar **K** Léon Sánchez **M** Riz Ortolani **D** Arthur Kennedy, Carroll Baker, Lionel Stander, Hugo Stiglitz, Andrés García, Olga Carlatos **L** 108 **FSK** ab 16; f **E** 21.7.1978 **fd** 20 856

TORNADO! (1996) (TORNADO). Katastrophenfilm im Gefolge von Jan de Bonts Filmerfolg »Twister«: Als sie eine neue Stelle antritt, kommt eine junge Frau erstmals mit einem Tornado-Forscher in Berührung. Sie hat wenig Verständnis für sein Projekt, bis sie eines Tages einen jungen, waghalsigen Mitarbeiter des Forschers kennen- und liebenlernt. Er macht sie mit der Faszination und der Gewalt der Wirbelstürme vertraut. Wenig später rast ein Tornado auf die Farm des Vaters ihres Geliebten zu. – Ab 16. ✦ USA 1996 **R** Noel Nosseck **B** John Logan **M** Garry Schyman **D** Shannon Sturges (Samantha/Sam), Bruce Campbell (Jake), Ernie Hudson (Dr. Branson), L. Q. Jones (Ephram), Bo Eason (Tex) **L** 82 **E** 27.10.1996 Pro Sieben

TORNADO UND HAIE →Tornado (1977)

TORNEDO – BLAUE BOHNEN MIT SPECK →Der Ritt zur Hölle

TORPEDO LOS! (TORPEDO RUN). Ein amerikanischer U-Boot-Kapitän im Pazifik versucht, in freier Entscheidung und ohne Rücksicht auf das voraussehbare Massensterben von 1400 Landsleuten ein feindliches Kriegsschiff zu versenken. Als er Erfolg hat, scheint damit auch der Verlust seiner mit untergegangenen Familie verschmerzt. In seiner Heldenzeichnung fragwürdiger Kriegsfilm, entstanden mit Unterstützung des Pentagon. ✦ Scope. USA 1958 **P** MGM **KI** MGM **Pd** Edmund Grainger **R** Joseph Pevney **B** Richard Sale, William Wister Haines **K** George J. Folsey jr. **M** Wesley Miller **S** Gene Ruggiero **D** Glenn Ford (Lt. Cmdr. Barney Doyle), Ernest Borgnine (Lt. Archer Sloan), Diane Brewster (Jane Doyle), Dean Jones (Lt. Jake »Fuzz« Foley), L. Q. Jones (»Hash« Benson) **L** 95 **FSK** ab 12; f **E** 10.2.1959 **fd** 7 838

TORPEDOFLIEGER (TORPEDONOSZY). Eine kleine Garnison von Hochseefliegern an der russischen Küste und ihr Einsatz gegen Geleitzüge der deutschen Marine während des Zweiten Weltkriegs stehen im Mittelpunkt des Films, der an Originalschauplätzen entstand. ✦ Scope. UdSSR 1983 **P** Lenfilm **R** Semjon Aranowitsch **B** Swetlana Karmalita, nach einem Roman von Juri German **K** Wladimir Iljin **M** Alexander Kneifel **D** Rodion Nachapetow (Belobrow), Vera Glagolewa (Schura), Alexej Sharkow (Tscherepez), Andrej Woltnew (Gawrilow), Nadeshda Lukaschewitsch (Nastja) **L** 96 **E** 26.7.1984 DFF 2

TORPEDOMÄNNER GREIFEN AN (SILURI UMANI). Vorbereitung und Einsatz italienischer Marine-Soldaten im Jahr 1941 mit Ein-Mann-Sprengbooten gegen englische Flotten-Einheiten bei Kreta. Ein vordergründig auf Spannung angelegter Kriegsfilm, der das verlustreiche Unternehmen erst gegen Schluß etwas aus der Perspektive der Helden-Glorìole herauszurücken versucht. – Ab 16. ✦ Schwarz-weiß. Italien 1954 **P** Ponti/De Laurentiis **KI** Paramount **Pd** Marc' Antonio Bragadin **R** Antonio Leonviola **B** Ennio de Concini, Roberto Cossa, Antonio Bragadin **K** Riccardo Pallottini **M** Angelo Francesco Lavagnino **S** Renato Cinquini **D** Raf Vallone (Kommandant), Elena Varzi (Pietros Frau), Franco Fabrizi (Antonio), Andrea Checchi (Giorgio), Ettore Manni (Marco), Enrico Maria Salerno (Virgilio), Christian Marquand (Paolo) **L** 87 **FSK** ab 12; f **E** 27.4.1956 **fd** 4 942

TORRE BELA (TORRE BELA). Im April 1975 kommt es auf dem Landgut eines Herzogs in Portugal zu Auseinandersetzungen, als 100 arbeitslose Landarbeiter den Gutsherrn um Arbeit bitten (und abgewiesen werden), weil der das Land brachliegen läßt. Ein Offizier der Militärjunta gibt den empörten Arbeitern, obwohl es geltendem Recht widerspricht, die Erlaubnis, das Land zu besetzen, zu bewirtschaften und auch im Palast des Herzogs Räume für Unterkunft und Versorgung einzurichten. Damit ist die erste landwirtschaftliche Kooperative in Portugal gegründet. Ein Dokumentarfilm, der sachlich und informativ einen Aspekt der portugiesischen Revolution aufzeigt. ✦ Scope. Portugal 1975–77 **P** Coopérative Cinématographique Era Nova **R+B** Thomas Harlan **K** Russell Parker **L** 100 **E** 24.8.1980 WDR

TORREANI. Eine Geschichte aus dem Artistenmilieu, im Mittelpunkt ein heruntergekommener Varieté-Künstler, der seinen berühmten Namen an einen befreundeten Artisten verschenkt hat und eine Zuchthausstrafe in Südamerika verbüßt. Nach seiner Flucht und Rückkehr kommt es zu unheilvollen Verwicklungen, geschürt durch Liebesverwicklungen und einen Mord. Ein konstruierter, unglaubwürdiger Unterhaltungsfilm, der die Erzählmuster erfolgreicherer Vorbilder dieser alten Filmgattung (etwa »Truxa«) nachahmt. – Ab 14. ✦ Schwarz-weiß. BR Deutschland 1951 **P** Fröhlich **KI** DFH **Pd** Hermann Brüning, Fritz Klotzsch **R** Gustav Fröhlich **B** Curt J. Braun **K** Fritz Arno Wagner, Karl Loeb **M** Leo Leux **S** Gustav Lohse **D** Gustav Fröhlich, René Deltgen, Inge Landgut, Lisa Stammer, Willi Rose **L** 100 **FSK** ab 12; nf **E** 21.12.1951/27.9.1971 DFF 1 **fd** 1 509

TORTURE (TURNAROUND). Der Enkel eines bekannten Zauberers wird von Motorrad-Rowdies terrorisiert, bis die bösen Buben in eine Falle gelockt und mit allerlei magischen Tricks in Angst versetzt werden. Eine dünne Geschichte in haarsträubend dilettantischer Inszenierung, deren angeblicher Clou, die Zaubertricks, nicht mehr als einige belanglose Spielereien darstellen. ✦ Norwegen/USA 1986 **P** Rose Prod./Major Film **VA** Vestron **R** Ola Solum **B** Sandra K. Bailey **K** Odd Geir Sæther **M** Mark Shreeve, Andy Richards **D** Doug McKeon, Tim Maier, Jonna Lee, Gayle Hunnicutt, Eddie Albert, Ed Bishop **L** 87 **FSK** ab 18 **E** Mai 1988 Video **fd** 27 008

TORU TAKEMITSU →Music for the Movies: Toru Takemitsu

DER TORWART WOHNT IN UNSERER STRASSE →1:0 für Kalle

TOSCA (1942) (LA TOSCA). Ein Versuch, die Puccini-Oper als Kinospielfilm zu inszenieren. Im Ergebnis wenig überzeugend, aber von Interesse durch die Mitwirkung renommierter Künstler, darunter Jean Renoir als ungenannter Regisseur der ersten fünf Drehtage. – Ab 12. ✦ Schwarz-weiß. Italien 1942 **P** Scalera **KI** Deutsche Cosmopol **R** Carl Koch, Jean Renoir (erste Einstellungen, ungenannt) **B** Jean Renoir, Carl Koch, Luchino Visconti, nach einem Bühnenstück von Victorien Sardou **K** Ubaldo Arata **M** Giacomo Puccini **S** Gino Bertone **D** Imperio Argentina (Tosca), Michel Simon (Scarpia), Rossano Brazzi (Mario Cavaradossi), Carla Candiani, Adriano Rimaldi, Juan Calvo **L** 92 **FSK** ab 12; f **E** 2.6.1942/1952 Neustart **fd** 17 190

TOSCA (1956) (TOSCA). Die Puccini-Oper in einer bildlich und stimmlich guten, weitgehend werkgetreuen Abfilmung durch den seit Jahrzehnten auf dieses Genre spezialisierten Carmine Gallone: In den politischen Wirren des Jahres 1800 will die Sängerin Tosca ihren Geliebten, den Maler Cavaradossi, den Klauen des lüsternen Polizeipräfekten Scarpia entreißen. Sie ersticht ihn. Als der Maler vor ihren Augen standrechtlich erschossen wird (nicht zum Schein, wie sie hoffte), stürzt sie sich von den Zinnen der Engelsburg zu Tode. – Ab 12. ✦ Scope. Italien 1956 **P** Gallone Prod. **KI** Deutsche Cosmopol **Pd+R** Carmine Gallone **B** Luigi Illica, Giuseppe Giacosa, nach dem Trauerspiel von Victorien Sardou **K** Giuseppe Rotunno **M** Giacomo Puccini **D** Franca Duval (Tosca), Franco Corelli (Cavaradossi), Afro Poli (Scarpia), Vito de Taranto (Sacrestano), Antonio Sacchetti (Angelotti) **L** 112 **FSK** ab 12; f **E** 7.10.1958 **fd** 7 698

TOSCA (2001) (TOSCA). In einem totalitären Regime gerät der Maler Cavaradossi in Verdacht, Hochverrat begangen zu haben. Tosca schützt ihren Geliebten, bis der Polizeichef sich die latente Eifersucht der Sängerin zunutze macht, um das Paar zu zerstören. Der Versuch, Giacomo Puccinis berühmtes Bühnenwerk ins filmische Medium zu übersetzen, scheitert an einer einfallslosen Inszenierung, die sich damit begnügt, Playback singende Opernstars abzulichten. Das politische Potenzial, das die Oper neben der tragischen Liebesgeschichte in sich birgt, wird gänzlich zu Gunsten eines angestaubten Opern-Ereignisses mit Stars und beliebten Melodien geopfert. (O.m.d.U.) – Ab 14. ✦ Teils schwarz-weiß. Frankreich/Deutschland/Großbritannien/Italien 2001 **P** Euripide/Integral/Verkdia/Seven Star/Axiom/CNC/France 3 Cinéma/Le Studio Canal+/Sofica France Télévision/Tele +/Veradia/WDR/arte **KI** Integral Film **Pd** Alfred Hürmer, Dagmar Jacobsen, Daniel Toscan du Plantier, Frédéric Sichler, Alessandro Verdecchi, Douglas Cummins **R** Benoît Jacquot **B** Benoît Jacquot, nach der Oper Tosca von Giacomo Puccini **K** Romain Winding **M** Giacomo Puccini **S** Luc Barnier **D** Angela Gheorghiu (Floria Tosca), Roberto Alagna (Mario Cavaradossi), Ruggero Raimondi (Scarpia), Sorin Coliban (Sciarrone), David Cangelosi (Spoletta), Maurizio Murano (Angelotti) **L** 124 **FSK** ab 6; f **FBW** bw **E** 6.12.2001 **fd** 35 200

TOSELLI-SERENADE (ROMANZO D'AMORE). Die (völlig unhistorische) Ehebruchsgeschichte zwischen dem Komponisten Enrico Toselli (1883–1920) und der Prinzessin Luisa von Toscana, die ihren Ehemann, König Friedrich August III. von Sachsen, als Kronprinzessin vor dessen Thronbesteigung (1904) bereits verlassen hatte, deren Ehe jedoch tatsächlich nie geschieden wurde. Anders in diesem rührseligen Film, der im Stil einer Gartenlauben-Geschichte Liebe, Krankheit, Verzicht und Tod (der Prinzessin Luisa im Jahr 1947) aneinanderreiht; voller haarsträubender Regiefehler und auch schauspielerisch niveaulos. (Späterer Titel: »Mein Ehrenwort – so war es«) – Ab 14. ✦ Schwarz-weiß. Italien 1950 **P** Lux **KI** Deutsche London **R** Duilio Coletti **B** Suso Cecchi d'Amico, Aldo de Benedetti, Fulvio Palmieri **K** Piero Portalupi **M** Gino Marinuzzi, Enrico Toselli **D** Danielle Darrieux, Rossano Brazzi, Harry Hardt, Charles Rutherford, Robert Valberg, Egon von Jordan, Heinz Moog **L** 96 **FSK** ab 12; f **E** 2.3.1951/7.6.1970 ZDF

DAS TOSENDE HIMMELBETT (PIGEN OG PRESSEFOTOGRAFEN). Eine hübsche junge Briefkastentante bringt den Bildreporter-Kollegen ihrer Redaktion mit weiblicher List dazu, sie zu heiraten. Um viel Situationskomik bemühtes Lustspiel, das trotz einiger Derbheiten annehmbar unterhält. – Ab 16. ✦ Dänemark 1962 **P** Merry **KI** Atlas **R** Sven Methling **B** Solveig Ersgard **K** Henning Christiansen **M** Ib Glindemann **D** Dirch Passer, Ghita Nörby, Paul Hagen, Judy Gringer, Jarl Kulle **L** 99 **FSK** ab 16; nf **E** 4.3.1966 **fd** 13 952

DER TOSENDE LIEBESQUELL →Das bumsfidele Heiratsbüro

DAS TOSENDE MÄDCHENPENSIONAT (I JOMFRUENS TEGN). Sexfilm. Eine schicksalhafte Planetenkonstellation und ein Liebespulver sorgen unter den Zöglingen eines Mädchenpensionats für erotische Verwicklungen. (Alternativtitel: »Heiße Girls aus Dänemark«, »Venus-Passage«; TV: »Das tosende Mädchenpensionat der Madame O.«) – Wir raten ab. ✦ Dänemark 1973 **KI** A.B. **VA** Skyline **R** Andrew Oppenheim (= Finn Karlsson) **K** Torbjörn Lindquist **D** Ole Soltoft (Mr. Armand), Bent Warburg (Professor), Sigrid Horne-Rasmussen (Lehrerin), Benny Hansen (Bordellbesitzer), Lone Helmer (Bordellmutter) **L** 80 (gek. 69) **FSK** SPIO: X **E** 1975 Kino/25.6.1993 SAT 1 **fd** 24 472

DAS TOSENDE PARADIES (DET TOSSEDE PARADIS). Eine kleine Insel im Kattegatt, die sich von Dänemark lossagt, als erotisches Paradies: Die Dörfler haben Geschmack an Eiern gefunden, deren Trinkgenuß den Sexus gewaltig steigert, und sogar die hübsche Frau des Pastors wandelt sich zum wollüstigen Weibchen. Sexschwank im Stil der sechziger Jahre, zotig und derb, mit einer gewollten Komik, die nicht erheitert, sondern abstößt. ✦ Dänemark 1962 **P** A/S Palladium **KI** Topas **VA** VCL **R** Gabriel Axel **B** Bob Ramsing, nach einem Roman von Ole Juul **K** Henning Bendtsen **M** Ib Glindemann **D** Dirch Passer, Ove Sprogøe, Hans W. Petersen, Ghita Nörby **L** 104 **FSK** ab 18; nf **E** 24.4.1964/Juni 1992 Video **fd** 12 774

TOT LEBT SICH'S BESSER (THOSE DEAR DEPARTED). Ein Schauspieler, der nach mehreren Fehlversuchen den Mordplänen seiner Frau und deren Geliebten zum Opfer fällt, trifft im Jenseits Freunde aus vergangenen Erdentagen wieder. Gemeinsam planen sie, der Mörderin das Handwerk zu legen. Als Handicap erweist sich, daß sich der Mime erneut in seine Gattin verliebt. Grelle Komödie mit einigen Unterhaltungsqualitäten. – Ab 16 möglich. ✦ Australien 1987 **P** Phillip Emanuel Prod. **VA** Fox **Pd** Phillip Emanuel **R** Ted Robinson **D** Garry McDonald (Max Falcon), Pamela Stephenson (Marilyn Falcon), Su Cruickshank (Norda), Marian Dworakowski (Richard), Ritchie Singer (Gordon), John Clarke (Jerry), Jonathan Biggins (Steve), Arthur Dignam (Produzent) **L** 84 **FSK** ab 16 **E** 25.11.1992 Video

TOT ODER LEBENDIG (1957) (LAST OF THE BADMEN). Eine Chicagoer Detektiv-Agentur entlarvt dank eingeschleuster Detektive eine Bande mit unbekanntem Boß, die mörderische Geschäfte mit Kopfgeldprämien für steckbrieflich gesuchte Räuber macht. Nur einer der Detektive überlebt und kommt ans Ziel. Wie ein Polizeibericht aus dem Jahr 1870 kommentierter, hinreichend spannender, freilich etwas trocken geratener Western-Krimi. – Ab 14 möglich. ✦ Scope. USA 1957 **P** Allied Artists **KI** RKO **Pd** Vincent M. Fennelly **R** Paul Landres **B** Daniel B. Ullman, David T. Chantler, nach einer Erzählung von Daniel B. Ullman **K** Ellsworth Fredricks **M** Paul Sawtell **S** William Austin **D** George Montgomery (Dan Barton), Keith Larsen (Roberts), James Best (Ted Hamilton), Douglas Kennedy (Hawkins), Robert Foulk (Taylor), Willis Bouchey (Marshal Parker), John Doucette (Johnson), Meg Randall (Lila), Tom Greenway (Dallas), Addison Richards (Dillon), Michael Ansara (Kramer) **L** 80 **FSK** ab 12; nf **E** 3.1.1958 **fd** 6731

TOT ODER LEBENDIG (1979) (ELVE VAGY HALVA). Im Sommer 1852 versucht ein ungarischer Freiheitskämpfer, mit einer kleinen Gruppe Gleichgesinnter den österreichischen Kaiser Franz gefangenzunehmen, um ihn zu zwingen, die Unabhängigkeit Ungarns anzuerkennen. Ein aktionsreicher historischer Abenteuerfilm von bedrückender Atmosphäre, der deutliche Schwächen in Motivation und Charakterisierung aufweist und auch die historischen Zusammenhänge allzu unübersichtlich gestaltet. – Ab 12 möglich. ✦ Ungarn 1979 **P** Mafilm **KI** Progress **R** Tamás Rényi **B** Tamás Rényi, Péter Zimre, nach dem Roman von Béla Móricz **K** Gábor Szabó **M** Géza Berki **D** Lajos Balázsovits, György Cserhalmi, Dezsö Garas, Károly Mécs, Djoko Rosic **L** 83 **E** 15.5.1981 Kino DDR/1.5.1984 DFF 2/23.12.1986 RTL plus

TOT ODER LEBENDIG (1987). Ein mäßig erfolgreicher Kommissar bei der Landespolizei nimmt das Kind seiner Zwillingsschwester zu sich, einen 14jährigen Jungen, der nie zur Schule geschickt wurde, nicht spricht, aber ungewöhnliche Fähigkeiten zu besitzen scheint. Zwischen den beiden entwickelt sich eine eigenartige Bindung, die irrationale Züge annimmt, als deutlich wird, daß der Junge etwas mit merkwürdigen Todesfällen zu tun hat und offenbar die Seele aus den Körpern »hinauszaubern« kann. Ein metaphysischer Kriminalfilm um Krankheit und Seelenwanderung, um die Übergänge zwischen Alltäglichem und Irrationalem; gut gespielt, aber im Drehbuch völlig mißraten und die Geduld des Zuschauers strapazierend. – Ab 16. ✦ BR Deutschland 1987 **P** Surprise-Company Goggo Gensch **R+B** Gisela Zimmermann **K** Klaus Moderegger, Michael Gruber **M** Wolfgang Dauner **D** Ludwig Hirsch, Sara Kellenberger, Gerhart Hinze, Elsbeth Janda, Wolfgang Büttner **L** 113 **E** 3.11.1987 ZDF

TOT & BEGRABEN (DEAD AND BURIED). Bei der Aufklärung einer Serie von grausamen Morden entdeckt der Sheriff eines Küstenstädtchens, daß die Einwohner lebende Tote sind, die vom Leichenbestatter beherrscht werden. Ein an bekannte Vorbilder angelehnter Horrorfilm. Trotz unübersehbarer formaler Anstrengung auf Grund der spekulativen Darstellung sadistischer Tötungsszenen fragwürdig. ✦ USA 1980 **P** Aspen **KI** Scotia **Pd** Ronald Shusett, Robert Fentress **R** Gary A. Sherman **B** Ronald Shusett, Dan O'Bannon **K** Steven Poster **M** Joe Renzetti **S** Alan Balsam **D** James Farentino (Dan), Melody Anderson (Janet), Jack Albertson (Dobbs), Dennis Redfield (Ron), Nancy Locke Hauser (Linda) **L** 92 **FSK** ab 18; nf **E** 27.7.1981 **fd** 23124

TOT ZIENS (TOT ZIENS). Die sich sofort bei der ersten Begegnung entwickelnde Leidenschaft zwischen einer jungen Frau und einem Mann wird schnell von der Realität eingeholt, denn der Mann ist verheiratet. Der Film zeigt in insistierenden und detailreichen Beobachtungen das Bemühen zweier Menschen, Vernunft und Gefühl zu vereinbaren. Dies gelingt besonders überzeugend in der weiblichen Hauptfigur. In wenigen Szenen wirkt er etwas bemüht, insgesamt aber beeindruckt er durch seine Beharrlichkeit und den Verzicht auf einfache Lösungen. (Kino: O.m.d.U.; Fernsehtitel: »Auf Wiedersehen«.) ✦ Niederlande 1995 **P** Ariel/NPS Television **KI** peripher **Pd** Suzanne van Voorst **R** Heddy Honigmann **B** Helena van der Meulen, Heddy Honigmann **K** Stef Tijdink **M** Wouter van Bemmel **S** Sander Vos **D** Johanna Ter Steege (Laura), Guy Van Sande (Jan), Els Dottermans (Ann), Warre Borgmans (Wouter), Nelleke Zitman (Ine), Stefan van de Staak (Stefan) **L** 114 **E** 4.12.1997 WDR/26.3.1998 Kino **fd** 33057

TOTAL ABGEDREHT – LIVING IN OBLIVION →Living in Oblivion

DAS TOTAL AUSGEFLIPPTE SOMMERCAMP (POISON IVY). Billige Teenager-Komödie um eine Gruppe von Jungen, die sich im Sommerferienlager weniger für das angebotene Sportprogramm als für gleichaltrige Mädchen interessieren. – Ab 12 möglich. ✦ USA 1985 **P** NBC International **VA** Highlight **R** Larry Elikann **B** Bennett Tramer **K** Robert Jessup **D** Michael J. Fox, Nancy McKeon, Robert Klein, Caren Kaye, Jason Bateman **L** 93 **FSK** ab 6 **E** 13.2.1987 Video/31.7.1988 RTL plus

TOTAL BALALAIKA SHOW (TOTAL BALALAIKA SHOW). Dokumentarischer Mitschnitt eines Open-Air-Konzertes der finnischen Polka-Truppe »Leningrad Cowboys« im Sommer 1993. Der musikalisch eher unergiebigen Gruppe entspricht der Regisseur mit einem bescheidenen visuellen Konzept. (Der kurze Film wurde im Kino durch die zwei Kurzfilme »Rocky VI«, 1986, und »Thru the Wire«, 1987, desselben Regisseurs »gestreckt«, die nicht mehr als nette Fingerübungen sind.) – Ab 14. ✦ Finnland 1993 **P** Sputnik Oy **KI** Pandora **VA** Arthaus **Pd+R+B** Aki Kaurismäki **K** Heikki Ortamo **M** Leningrad Cowboys **S** Timo Linnasalo **L** 55 **E** 26.5.1994/15.5.1995 Video **fd** 30801

DIE TOTAL BEKNACKTE NUSS (THE NUTTY NUT). Ein durch Bewußtseinsspaltung mehrfach vorhandener Insasse einer psychiatrischen Klinik flüchtet zu seinem Zwillingsbruder, einem gerissenen Geschäftsmann, und treibt dessen Party ins Chaos und die Gäste in den Wahnsinn. Überdrehte Komödie voller makabrer Einfälle, deren angestrebter Hintersinn in ebenso langweiligen wie geschmacklosen Entgleisungen untergeht. – Ab 16 möglich. ✦ USA 1991/92 **P** Capella International **KI** UIP **VA** VMP/VIPRO **Pd** Brad Wyman, David Rotman **R** Adam Rifkin **B** Bruce Campbell, Sam Raimi, Scott Spiegel, Ron Zwang **K** Bernd Heinl **M** Cameron Allan **S** Peter Schink **D** Stephen Kearney (Gotthilf/Philbert), Amy Yasbeck (Diane), Traci Lords (Miss Tress), Robert Trebor (Buddy), Emil Sitka (Geeves) **L** 86 **FSK** ab 12; f **E** 10.9.1992/10.5.1993 Video/25.2.1995 premiere **fd** 29819

TOTAL BESCHEUERT. Drei dümmlichen Brüdern winkt eine große Erbschaft, wenn sie in knapp zwei Jahren drei Aufgaben erfüllen. Ihre Mission verschlägt sie in die Südsee, bringt sie mit kleinen grünen Männchen ebenso in Kontakt wie mit zwei Polizisten, bis sie sich schließlich auf Schloß Knödelstein zwecks Testamentseröffnung einfinden können. Eine völlig mißratene Slapstick-Komödie. – Ab 14 möglich. ✦ BR Deutschland 1986 **P** Silvia/Cobra **KI** Cobra **R** Harald Alexander **B** Werner Krumbiegel, Harald Alexander **K** Martin Abert, Thomas Abert **M** Kunterbunt, Grenzwacht Stabil **S** Harald Alexander **D** Heinrich Hambitzer (Ewald Krumpel), Linda Relton (Hanni), Victor Brown (Victor), Herbert Meurer (Dragon), Ralph Willmann (Hugo Bröckelfisch) **L** 90 **E** 20.11.1986

TOTAL BLACKOUT →Der Schatten des Mörders

TOTAL CONTROL (TOTAL CONTROL / EMINENT DOMAIN). Polen vor der Wende: Der Funktionär Jozef ist ein geachteter, mächtiger Mann. Doch ohne erkennbaren Grund sieht er sich plötzlich seines Amtes beraubt und auf Schritt und Tritt überwacht. Seine Familie ergreift Panik; die Tochter läuft in ein Auto und stirbt. Aus ebenso unerklärlichen Gründen nimmt die Partei ihren Funktionär wieder in Ehren auf, doch Jozef, nun vorgewarnt, bereitet seine Flucht vor. Ein bemühter Versuch, die vergangene Wirklichkeit der kommunistischen Herrschaftssysteme nachzuzeichnen. Die wortlastige, biedere Inszenierung findet nur Standardbilder aus den Zeiten des Kalten Krieges, die selten die Bedrohung spürbar machen, die auch auf den Privilegierten lastete. (Späterer Titel: »Eminent Domain«) – Ab 16. ✦ Kanada/Israel/Frankreich 1990 **P** Harlech/Shima Arama/A.F.P. Eminent Domain/Stephan/UGC Image **VA** VPS **Pd** Shimon Arama **R** John Irvin **B** Andrzej Krakowski, Richard Gregson **K** Witold Adamek **M** Zbigniew Preisner **S** Peter Tanner **D** Donald Sutherland (Jozef), Anne Archer (Mira), Paul Freeman (Ben), Anthony Bate (Kowal), Bernard Hepton (Slowak), Jodhi May **L** 102 **FSK** ab 12 **E** 18.2.1993 Video **fd** 30097

TOTAL DEFENSE (IN HER DEFENSE). Ein Anwalt verliebt sich in seine stumme Klientin, die ihn in einer Scheidungsangelegenheit konsultiert, jedoch das Problem hat, im Falle einer Scheidung finanziell leer auszugehen. Der Tod des Mannes könnte jedoch den drohenden finanziellen Engpass verhindern. Nachdem der Jurist den Nebenbuhler in Notwehr erschossen und den Prozess gewonnen hat, stößt er auf Ungereimtheiten in der Vergangenheit seiner Geliebten, die ihn an ihrer Lauterkeit zweifeln lassen. Eine unausgegorene Mischung aus Love Story, konventionellem Krimi und Gerichtsdrama, die sich ohne Überzeugungskraft müde ihrem Ende entgegen schleppt. – Ab 16. ✦ Kanada 1998 **P** Les Production du Films SD/Les Films Saint Paul Inc. **VA** Ascot **DVD** Splendid/Ascot (FF, MPEG2.0 engl./dt.) **Pd** Jean-Marc Félio **R** Sidney J. Furie **B** Marc Lynn, Jeffrey M. Rosenbaum **K** Curtis Peterson **M** Paul Zaza **S** Denis Papillon **D** Marlee Matlin (Jane Claire), Michael Dudikoff (Andrew Garfield), Daniel Pilon (Robert St. Laurent), Sophie Lorain (Debra Turner), Robbie O'Neill (Frank Miller) **L** 93 **FSK** ab 12 **E** 23.4.1999 Video/25.10.1999 DVD **fd** 34129

TOTAL ECLIPSE – DIE AFFÄRE VON RIMBAUD UND VERLAINE (TOTAL ECLIPSE). Verfilmung der leidenschaftlichen, zerstörerischen Beziehung zwischen den Dichtern Arthur Rimbaud und Paul Verlaine. Ohne der künstlerischen Bedeutung der beiden gerecht zu werden, folgt der Film nur den äußeren Ereignissen. So überwiegen die üblichen Klischees des rebellierenden Dichters, die wenig von seiner geistigen Auseinandersetzung vermitteln. Dazu trägt nicht zuletzt auch die konventionelle Art der Inszenierung wesentlich bei. ✦ Frankreich/Großbritannien 1995 **P** FIT/Portman/SFPC/K2 **KI** Senator **VA** Ufa (BMG) **DVD** BMG (16:9, 1.78:1, DD5.1 engl./dt.) **Pd** Jean-Pierre Ramsey Levi **R** Agnieszka Holland **B** Christopher Hampton **K** Giorgos Arvanitis **M** Jan A. P. Kaczmarek **S** Isabel Lorente **D** Leonardo DiCaprio (Arthur Rimbaud), David Thewlis (Paul Verlaine), Romane Bohringer (Mathilde Verlaine), Dominique Blanc (Isabelle Rimbaud), Nita Klein (Rimbauds Mutter) **L** 108 **E** 13.6.1996/2.12.1996 Video/15.1.1998 premiere/25.7.2001 DVD **fd** 31964

TOTAL EXPOSURE (TOTAL EXPOSURE). Eine Fotografin gerät durch Zufall in ein Netz von Drogenschmuggel und Erpressung und steht, als eines ihrer Modelle tot aufgefunden wird, unter Mordverdacht. Ein von ihr engagierter Detektiv kann Licht in die dunklen Machenschaften bringen. Routiniert und recht spannend erzählter Kriminalfilm, der den Drogenkonsum, hier immerhin der Auslöser aller verbrecherischen Aktivitäten, relativ unkritisch kommentiert und statt dessen versucht, erotische Spannungen aufzubauen. Dabei neigt er zu den üblichen spekulativen Szenen, die er zudem mit einigen drastischen Härten verbindet. (Titel auch: »Total Exposure – Heißer Stoff aus Mexiko«) ✦ USA 1991 **P** Promark Entertainment Group **VA** Atlas **Pd** Steve Bewick, Jeffrey Prettyman **R** John Quinn **B** John Quinn, Lynne Dahlgren **K** Kent Wakeford **M** Sasha

Matson **S** Kert van der Meulen **D** Season Hubley (Andi), Michael Nouri (Dave), Jeff Conaway (Peter), Deborah Driggs (Kathy), Robert Prentiss (Zack) **L** 93 **FSK** ab 18 **E** 13.12.1991 Video/1.7.1992 premiere **fd** 29 918

TOTAL FORCE (ABSOLUTE FORCE). Ein bei seinen Vorgesetzten eher unbeliebter Elitekrieger wird im Kampf gegen eine paramilitärische Organisation eingesetzt, die die Regierung der USA zu erpressen versucht. Er entdeckt, daß der Hauptwidersacher in den eigenen Reihen steckt und hat einen Kampf gegen alle Fronten zu führen. Eher lächerlicher Actionfilm, der sein Heil in einer Anhäufung von Kraftakten sucht. ✦ USA 1997 **P** Cinequanon Pic. **VA** VCL **Pd** Rustam Branaman, Steven W. Kaman **R+B** Steven W. Kaman **K** Dwight F. Lay **M** Barry Coffing **S** Tucker Stilley **D** Timothy Bottoms (Lt. John Drake), Oleg Taktarov (Agent Borris Checkniow), Callista Carradine, Tom Breznahan, Tracy Miller **L** 87 **E** 21.4.1998 Video

TOTAL IRRE (BONNIE E CLYDE ALL'ITALIANA). Ein Vertreter für Scherzartikel und geborener Pechvogel sowie eine extrem kurzsichtige Bahnangestellte werden ungewollt in eine Fülle von Abenteuern um gestohlenes Geld verwickelt. Das ungleiche Paar kann sich gegen Gangster und Polizisten durchsetzen, findet zueinander und flieht mit dem ergaunerten Geld. Turbulente Komödie, in der die wenigen gelungenen Ideen weitgehend im polternden Klamauk untergehen. (Titel auch: »Bonnie und Clyde auf italienisch«) – Ab 14 möglich. ✦ Italien 1983 **P** Faso **KI** Atlas **VA** Atlas **R** Steno (= Stefano Vanzina), Stefano Vanzina **B** Luciano Vincenzoni, Sergio Donati, Giovanni Manganelli, Paolo Villaggio **K** Franco di Giacomo **M** Guido de Angelis, Maurizio de Angelis **D** Paolo Villaggio (Leo), Ornella Muti (Giada), Jean Sorel, Fernando Murolo, Antonio Alloco **L** 89 **FSK** ab 12; nf **E** 22.6.1984/6.2.1987 Kino DDR/18.5.1988 DFF 2 **fd** 24 440

EIN TOTAL IRRES HOTEL (QU'EST-CE QUI FAIT CRAQUER LES FILLES?). In Deauville bricht ein verbissener Kampf zwischen zwei Hotelbesitzern aus, weil der eine das Palace-Hotel seines Erzrivalen in seinen Besitz bringen will. Er versucht, den guten Ruf des Hotels zu ruinieren, indem er mit Bestechung erreicht, daß nur noch Dummköpfe und Gauner als Hotelpersonal angestellt werden. Schon bald geht die friedliche Stadt im Chaos unter. Schlampig heruntergekurbelte Komödie, behäbig gespielt, voller bemühter Gags. – Ab 16 möglich. ✦ Frankreich 1982 **P** Belles Rives/France International/African Queen **R+B** Michel Vocoret **K** Claude Becognée **M** Roland Romanelli, Samy Wathson **S** Claudio Ventura **D** Guy Montagné (Cervoise), Georges Descrières (Jonquart), Gérard Hernandez (Zerbini), Katia Tchenko, Daniel Balavoine, Darry Cowl **L** 90 **E** 14.11.1990 Tele 5

TOTAL PSYCHO →Ein Mann läuft Amok

TOTAL REALITY (TOTAL REALITY). Zwei Widerstandskämpfer eines faschistoiden Zukunftstaates begeben sich auf eine Zeitreise in das Amerika der 90er Jahre, um einen windigen Autor von Psychologie-Ratgebern zu stellen, der mit seinen unausgegorenen Theorien das ideologische Fundament ihres Gemeinwesens schuf. Der autoritäre System zwingt andere Oppositionelle zur Verfolgung der beiden durch Zeit und Raum. Science-Fiction- und Zeitreisefilm, der sich in erster Linie durch das unbeholfene Hantieren mit den Versatzstücken des Genres auszeichnet. Einmal mehr muß der genreprägende Film »Blade Runner« für eine unausgegorene Geschichte herhalten. (Titel auch: »Total Reality – Die tödlichen Vier«) ✦ USA 1997 **P** Deadly Dilettantes/Unified Film Organization LLC **VA** Vipro/VMP **Pd** Phillip J. Roth, Ken Olandt, Elizabeth Weintraub **R** Phillip J. Roth **B** Phillip J. Roth, Rob Trenton **K** Andres Garreton **M** Jim Goodwin **D** David Bradley (Rand), Ely Pouget (Cathy), Thomas Kretschmann (Tunis), Misa Kaprova (Wingate), Brian Faker (Frankel), Melik Malkasian (Uriah) **L** 93 **FSK** ab 16 **E** 22.5.1998 Video **fd** 33 232

TOTAL RECALL – DIE TOTALE ERINNERUNG →Die totale Erinnerung – Total Recall

TOTAL RECALL 2070 (TOTAL RECALL 2070). Die Erde im Jahr 2070: Nachdem sein langjähriger Partner ermordet wurde, ermittelt ein Polizist zusammen mit seinem neuen Kollegen, einem Androiden, gegen die Firma Rekall, die illegale Technologien herstellt. Pilotfilm einer aufwendigen Science-Fiction-(Fernseh-)Serie, die weniger durch den ähnlich lautenden Erfolgsfilm mit Arnold Schwarzenegger als durch Anleihen bei »Blade Runner« geprägt ist. ✦ USA/Deutschland 1998 **P** PolyGram/TEAM/Alliance Atlantis Communications/Pro Sieben **R** Mario Azzopardi **B** Art Monterastelli **K** Derick V. Underschultz, Peter Wunstorf **M** Zoran Boris **S** James Bredin, Eric Goddard **D** Michael Easton (David Hume), Karl Pruner (Ian Farve), Cindy Preston (Olivia Hume), Michael Anthony Rawlins (Lt. Ehrenthal), Judith Krant (Olan Chang) **L** 90 **E** 4.1.2000 ProSieben

TOTAL RISK (HIGH RISK (1995)). Eine Gangsterbande besetzt das Hongkonger Hotel, in dem die russischen Kronjuwelen ausgestellt werden, und nimmt die Gäste als Geiseln. Nur der Leibwächter eines Filmstars leistet Widerstand. Am Erfolg von »Stirb langsam« orientiert, fällt die innere Logik des Films rasch den vielen Feuergefechten zum Opfer. Die vielen Mängel der Inszenierung sollen durch Komik wettgemacht werden, doch da Humor mit Klamauk verwechselt wird, ist die Schmerzgrenze des Betrachters rasch erreicht. ✦ Hongkong 1995 **P** Upland Films/Wong Jing's Workshop **VA** Splendid **Pd** Yang Teng Kuei **R** Wong Jing **K** Tom Lau **M** Richard Yuen **S** Angie Lam **D** Jet Lee (Gus Lee), Jacky Cheung (Jackie Lone), Yau Shuk Ching (Lorraine), Charlie Young (= Yeung Choi-nei) (Doc), Yang Chung Hsien (Faye Chu) **L** 93 **FSK** ab 18 **E** 28.5.1996 Video **fd** 32 064

TOTAL TERMINATOR →Nameless – Total Terminator

EINE TOTAL, TOTAL VERRÜCKTE WELT (IT'S A MAD, MAD, MAD, MAD WORLD). Der Schatz eines verunglückten Einbrechers verursacht einen Wettlauf zu der Stelle, wo das Geld vergraben ist. Alle Beteiligten fallen ihrer Gier zum Opfer, während ein abgeklärter Polizeidetektiv das Treiben aus der Distanz verfolgt. Ins Groteske übersteigertes, überlanges Abenteuerspektakel mit moralisierender Tendenz, voller absurder Komik und zynischer Seitenhiebe. (Alternativtitel: »Das Ding«) – Ab 16. ✦ Scope. USA 1962 **P** Casey **KI** United Artists **Pd+R** Stanley Kramer **B** William Rose, Tania Rose **K** Ernest Laszlo **M** Ernest Gold **S** Frederic Knudtson, Robert C. Jones, Gene Fowler jr. **D** Spencer Tracy (Captain C. G. Culpeper), Milton Berle (J. Russell Finch), Sid Caesar (Melville Crump), Buddy Hackett (Benjy; Benjamin), Ethel Merman (Mrs. Marcus), Mickey Rooney (Ding Bell), Peter Falk (Taxifahrer), Edward Everett Horton (Dinckler), Buster Keaton (Jimmy), Carl Reiner (Tower-Kontrolle), Joe E. Brown **L** 191 **FSK** ab 12; nf **FBW** w **E** 19.12.1963/2.8.1968 Kino DDR **fd** 12 461

TOTAL VEREIST. Zu der ausschweifenden Leichenfeier für einen plötzlich verstorbenen Familienvater erscheinen neben der skurrilen Verwandtschaft auch ein eingefrorener Pilot aus dem Ersten Weltkrieg und zur Veränderung auftanzende Jugendliche. Schließlich sprengt der Großvater allesamt in die Luft. Ein fröhlicher deutscher Katastrophenfilm, der Zerfallsymptome der bürgerlichen Gesellschaft aufs Korn nimmt. Eine lustvoll-zügellose, polemische und manchmal auch unbeherrschte Parabel, die wenig Wert auf eine gezirkelte Dramaturgie legt, aber auch in ziellosen Momenten immer wieder neue Bilder findet, um die Geschichte kraftvoll weiterzuführen. – Ab 16. ✦ BR Deutschland 1980 **P** DNS/BR/Olga **KI** Skylight **Pd** Elvira Senft **R** Hans Noever **B** Hans Noever, Ursula Jeshel **K** Jacques Steyn **M** Ton Steine Scherben **S** Christine Leyrer **D** Rio Reiser (Hans), Adam Alexander Kaz (Adam), Jürgen von Alten (Großvater), Renate Reiche (Elisabeth), Silvia Janisch (Sophie), Kurt Raab (Herr Münch), Hanns Zischler (Pilot) **L** 81 **E** 6.3.1981 **fd** 22 822

TOTAL VERROCKT UND -ROLLT (LET THE GOOD TIMES ROLL). Dokumentarfilm über ein Erinnerungskonzert mit zehn in den 50er Jahren berühmten Rock-'n'-Roll-Stars wie Chuck Berry, Little Richard, Bill Haley, Chubby Checker und Fats Domino, deren Ruhm bis in die Gegenwart des Films Bestand hat. Dazwischengeschnitten sind Ereignisse aus Politik und Film der 50er Jahre. Besonders von den in der schwarzen Folklore verwurzelten Musikern ist viel gute Musik zu hören, während der Anspruch einer zeitkritischen Analyse allenfalls im Rahmen assoziativer Streiflichter erfüllt wird. – Ab 12. ✦ Scope. USA 1972 **P** Metromedia **KI** Warner-Columbia **Pd** Gerald I. Isenberg **R+B** Sid Levin, Robert Abel **K** Robert E. Thomas **D** Chuck Berry, Little Richard, Bill Haley and the Comets, Fats Domino, Bo Diddley, Chubby Checker, The Coasters, The Shirelles, The Five Satins, Danny and the Juniors **L** 99 **FSK** ab 12; nf **E** 27.7.1973 **fd** 18 426

TOTAL VERRÜCKT (POUSSE MAIS POUSSE EGAL). Komödie. Ein junger, unbeholfener Mann aus Quebec verliebt sich in die Tochter eines Arztes. Dabei muß er nicht nur gegen elterliche Widerstände angehen, sondern diverse andere Schwierigkeiten durchstehen. ✦ Kanada 1974 **P** Cinevideo/Compagnie France Film/Télécapital **R** Denis Héroux **B** Marcel Gamache **K** Bernard Chentrier **M** Lee Gagnon **D** Gilles Latulippe, Céline Lomez, Denis Drouin, Suzanna Langlois, Yves Létourneau **L** 85 **E** 31.12.1979 DFF 2

TOTAL VERRÜCKT NACH LIEBE →Just in Time

DER TOTAL VERRÜCKTE AUTOBUS →Aufruhr im Busdepot

DER TOTAL VERRÜCKTE BUGS BUNNY FILM (LOONEY, LOONEY, LOONEY BUGS BUNNY MOVIE / FRIZ FRELENG'S LOONEY, LOONEY, LOONEY BUGS BUNNY MOVIE). Eine Kompilation klassischer Warner-Cartoons mit den berühmtesten Trickfiguren des Studios: dem Hasen Bugs Bunny, der Ente Duffy Duck, dem Kater Sylvester, dem Kanarienvogel Tweety und vielen anderen. In der Zusammenstellung enthalten ist der 1958 mit dem »Oscar« ausgezeichnete Kurzfilm »Knighty Knight Bugs«, in dem Bugs Bunny das »Singende Schwert« rettet. Höhepunkt ist eine amüsante Parodie auf die amerikanische »Oscar«-Verleihung: Bugs Bunny moderiert die »Oswald«-Verleihung, und alle Trickfiguren zeigen ihre Talente. Ein kurzweilig-amüsanter Einblick in die turbulente Trickfilmkunst berühmter Zeichner wie Friz Freleng und Chuck Stones, deren Stil »realistischer« und auch drastischer als etwa der des Disney-Studios ist. – Ab 8 möglich. ✦ USA 1981 **P** Warner Bros. **VA** Warner Home Video **R** Friz Freleng **L** 76 **FSK** o. A. **E** 26.12.1993 ZDF

DIE TOTAL VERRÜCKTE BÜROPARTY (THE WILD AFFAIR). Bei der Weihnachtsfeier ihrer Firma will eine Büroangestellte vor ihrer Hochzeit noch ein letztes Mal ausgiebig flirten. Ihr Chef und ein Handelsvertreter springen auf ihre aufreizende Aufmachung an, doch angesichts der allseitigen plumpen Vertraulichkeiten ihrer alkoholisierten Kollegen läßt sie beide abblitzen, zumal auch ihr zukünftiger Ehemann auf der Feier erscheint. In der Hauptrolle fehlbesetzte, gesellschaftskritische Komödie nach einer satirischen Romanvorlage. – Ab 14. ✦ Schwarzweiß. Großbritannien 1966 **P** Seven Arts/Bryanston **Pd** Richard L. Patterson **R** John Krish **B** John Krish, nach dem Roman »The last hours of Sandra Lee« von William Sansom **K** Arthur Ibbetson **M** Martin Slavin **S** Russell Lloyd, Norman Savage **D** Nancy Kwan (Marjorie Lee), Jimmy Logan (Craig), Terry-Thomas (Godfrey Deane), Bud Flanagan (Sgt. Bletch), Gladys Morgan (Mrs. Tovey), Betty Marsden (Mavis Cook) **L** 88 **E** 15.4.1995 ZDF

DAS TOTAL VERRÜCKTE CAMPINGPARADIES (CARRY ON CAMPING). Zwei Männer reiferen Alters wollen ihre Freundinnen in ein Nudistencamp locken, landen aber in einer ganz normalen Ferienkolonie, wo sie versuchen, sich bei einer Schar von Internatsschülerinnen schadlos zu halten. Anspruchsloses Lustspiel aus der schier endlosen »Ist ja irre« (»Carry on...«)-Reihe (siehe auch dort), das plump-billige Gags und zweideutige Späße aneinanderreiht. (TV-Titel auch: »Carry On: Das total verrückte Campingparadies«, DDR: »Camping-Paradies«) – Ab 16. ✦ Großbritannien 1969 **P** Adder Prod. (für Rank) **KI** Pilot **Pd** Peter Rogers **R** Gerald Thomas **B** Talbot Rothwell **K** Ernest Steward **M** Eric Rogers **S** Alfred Roome **D** Sidney James (Sid Boggle), Kenneth Williams (Dr. Soper), Joan Sims (Joan Fussey), Terry Scott (Peter Potter), Hattie Jacques (Miss Haggerd), Dilys Laye (Anthea Meeks) **L** 88 **FSK** ab 12; nf **E** 19.6.1977/4.8.1984 DFF 1 **fd** 20 540

DIE TOTAL VERRÜCKTE CLIQUE →Perfect Timing – Die total verrückte Clique

EINE TOTAL VERRÜCKTE FAMILIE →Crazy Family

DIE TOTAL VERRÜCKTE FAMILIE →Die Familie mit umgekehrtem Düsenantrieb

DAS TOTAL VERRÜCKTE FERIENCAMP (MEATBALLS PART II). Die Ferien einer erlebnishungrigen Horde von Teenagern, die sich in kalifornischen Feriencamps vergnügen, werden durch die Ankunft eines Außerirdischen, der noch mehr Trubel in das Chaos bringt, zu einem außergewöhnlichen Ereignis. Überdrehte Slapstick-Komödie nach den bekannten Vorbildern, die äußerst anspruchslose Unterhaltung bietet. – Ab 16. ✦ USA 1984/85 **P** Space Prod./Tri Star **VA** Ufa **R** Ken Wiederhorn **B** Martin Kitrosser, Carol Watson **K** Donald M. Morgan **M** Ken Harrison **D** Richard Mulligan (Giddy), Hamilton Camp (Col. Hershey), John Mengatti (Flash), Kim Richards (Cheryl), Jonna King **L** 87 **FSK** ab 12 (fr. 16) **E** 20.1. 1987 Video/13.2.1996 SAT 1

DAS TOTAL VERRÜCKTE FERIENLAGER →Chaos in Camp Cucamonga

EINE TOTAL VERRÜCKTE FORMEL →Sour Grapes

DIE TOTAL VERRÜCKTE HIGHWAY-POLIZEI →Highway Kids

DAS TOTAL VERRÜCKTE IRRENHAUS (CARRY ON AGAIN, DOCTOR). Das »Carry On«-Team bringt sich wieder in ein Krankenhaus – nicht Irrenhaus – ein. Nachdem ein junger, unfähiger Arzt in ein verlottertes Missionshospital hat entfliehen müssen, kehrt er mit einer Wunderdroge, die der Schlankheit förderlich ist, in die Heimat zurück und macht sein Glück, nicht ohne seinen ehemaligen Chef und einige Mitwisser am Unternehmen zu beteiligen. Nur mäßig unterhaltendes Lustspiel mit etlichen geschmacklosen Gags. (DDR-Titel: »Komm wieder, Doktor!«) – Ab 16. ✦ Großbritannien 1969 **P** Adder Prod. (für Rank) **KI** Pilot **Pd** Peter Rogers **R** Gerald Thomas **B** Talbot Rothwell **K** Ernest Steward **M** Eric Rogers **S** Alfred Roome **D** Sidney James (Gladstone Screwer), Kenneth Williams (Frederick Carver), Charles Hawtrey (Dr. Ernest Stoppidge), Jim Dale (Dr. James Nookey), Joan Sims (Ellen Moore), Hattie Jacques (Matron) **L** 89 **FSK** ab 12; nf **E** 10.3.1978 **fd** 20 742

EINE TOTAL VERRÜCKTE KOMPANIE (RIAVANTI MARSCH). Primitive Militärklamotte um eine Reservistenübung, zu der gestandene Mannsbilder nach Jahr und Tag einberufen werden. ✦ Italien 1979 **P** P.A.C. **VA** VMP **R** Luciano Salce **B** Augusto Caminito, Luciano Salce **K** Sergio Rubini **D** Renzo Montagnani, Silvia Dionisio, Carlo Giuffrè **L** 114 **FSK** ab 16 **E** 1988 Video

DIE TOTAL VERRÜCKTE KÖNIGIN DER AMAZONEN (CARRY ON UP THE JUNGLE). Die Mitglieder einer britischen Expedition gehen recht unterschiedlichen Leidenschaften nach und landen nach mancherlei Abenteuern bei Kannibalen, wo sie von Amazonen aus einer lebensgefährlichen Situation gerettet werden. Aber diese fordern ihren Lohn von den männlichen Expeditions-Teilnehmern. Versuch einer Parodie auf Abenteuerfilme, als handfeste Klamotte serviert. (TV-Titel auch: »Carry On: Die total verrückte Königin der Amazonen«) – Ab 16. ✦ Großbritannien 1970 **P** Adder/Ethiro (für Rank) **KI** Pilot **Pd** Peter Rogers **R** Gerald Thomas **B** Talbot Rothwell **K** Ernest Steward **M** Eric Rogers **S** Alfred Roome **D** Frankie Howerd (Professor Tinkle), Sidney James (Bill Boosey), Charles Hawtrey (Tonka/Walter), Joan Sims (Lady Evelyn), Terry Scott (Dschungel-Boy), Kenneth Connor (Claude Chumley) **L** 90 **FSK** ab 12; nf **E** 26.12.1980

DAS TOTAL VERRÜCKTE KRANKENHAUS (CARRY ON DOCTOR). Die »Carry On«-Serie läßt sich in einer Klinik nieder. An Gag-Lieferanten tauchen auf: der Rekonvaleszent mit Gipsbein, der sich immer wieder in die Frauenabteilung schleicht; der Arbeitsscheue, der sein Thermometer in den Tee steckt und statt des Urins Whisky zur Untersuchung gibt; der Scharlatan, der an seinen baldigen Tod glaubt und rasch die Geliebte ehelicht; der werdende Vater, der alle Symptome der Schwangerschaft durchleidet. Sie alle treffen auf Schwestern, die mannstoll, bigott oder einfach doof sind; eine Klamotte auf äußerst bescheidenem Niveau. (Alternativer TV-Titel: »Carry On: Das total verrückte Krankenhaus«, DDR: »Machen Sie weiter, Herr Doktor!«) – Ab 16. ✦ Großbritannien 1967 **P** Adder (für Rank) **KI** Pilot **Pd** Peter Rogers **R** Gerald Thomas **B** Talbot Rothwell **K** Alan Hume **M** Eric Rogers **S** Alfred Roome **D** Frankie Howerd (Francis Bigger), Kenneth Williams (Doktor Tinkle), Charles Hawtrey (Mr. Barron), Jim Dale (Dr. Kilmore), Sidney James (Charlie Roper), Barbara Windsor (Sandra May) **L** 95 **FSK** ab 12; nf **E** 25.1. 1974 DFF 1/28.5.1976 Kino **fd** 19 877

DER TOTAL VERRÜCKTE MUMIENSCHRECK →Alles geht nach hinten los

DIE TOTAL VERRÜCKTE OBERSCHWESTER (CARRY ON MATRON). Vier tolpatschige Ganoven versuchen, durch den Raub einer Riesenladung von Anti-Baby-Pillen aus einer Geburtsklinik ihr Glück zu machen. Um das Depot auszukundschaften, muß einer sich als Schwester verkleiden, was einige Verwirrungen, vor allem erotischer Art, auslöst. Anspruchslose Krankenhaus-Klamotte, die mehr peinlich berührt als erheitert. (Alternativer TV-Titel: »Carry On: Die total verrückte Oberschwester«) – Ab 16. ✦ Großbritannien 1972 **P** G.T. Prod./Peter Rogers Prod. **KI** Pilot **Pd** Peter Rogers **R** Gerald Thomas **D** Sidney James (Sid), Kenneth Williams (Sir Bernard Cutting), Charles Hawtrey (Dr. Goode), Joan Sims (Mrs. Tidey), Hattie Jacques (Oberschwester) **L** 89 **FSK** ab 12; nf **E** 31.5.1979 **fd** 22 125

DIE TOTAL VERRÜCKTE REISE IN DIE ZEIT →Crazy Balloon

DAS TOTAL VERRÜCKTE SKIHOTEL (WINTER A-GO-GO). Mit einem Ski-Hotel erbt ein junger Mann auch die Schulden, die auf dem Anwesen liegen. Zusammen mit seinem Freund versucht er, die Übernahme des Hauses durch einen Gläubiger zu verhindern und eine Attraktion für finanzkräftige junge Leute daraus zu machen. Anspruchsloser Unsinn mit zahlreichen Musikeinlagen. – Ab 14 möglich. ✦ USA 1965 **P** Columbia **Pd** Reno Carell **R** Richard Benedict **B** Bob Kanter, Reno Carell **K** Jacques Marquette **M** Harry R. Betts **S** Irving Berlin **D** William Wellman jr. (Jeff), James Stacy (Danny), Beverly Adams (Sekretärin), Anthony Hayes (Burt), Walter Maslow (Jordan) **L** 84 **E** 2.12.1994 RTL 2

DER TOTAL VERRÜCKTE STRASSENRÄUBER →Mach' weiter, Dick!

EIN TOTAL VERRÜCKTER KERL →Ein ausgekochtes Schlitzohr

EIN TOTAL VERRÜCKTER TRIP →Flucht im blauen Cabrio

EIN TOTAL VERRÜCKTER URLAUB (1972) (CARRY ON ABROAD). Eine britische Reisegesellschaft landet in einem spanischen Hotel, in dem noch die Handwerker wirken. Der Küchenherd streikt, in Schubladen fehlen die Böden, aus der Wasserleitung rieselt Sand, in Balkontüren gibt es kein Glas, und erotische Freibeuter haben leichtes Spiel, weil jeweils zwei Appartements über nur ein Badezimmer verfügen. Lautstarker Klamauk üblichen Zuschnitts und ohne jede Eigenständigkeit. (Fernsehtitel auch: »Carry On: Ein total verrückter Urlaub«) – Ab 16. ✦ Großbritannien 1972 **P** Peter Rogers Prod./G.T. Prod. **KI** Pilot **Pd** Peter Rogers **R** Gerald Thomas **B** Talbot Rothwell **K** Alan Hume **M** Eric Rogers **D** Sidney James (Vic Flange), Kenneth Williams (Stuart Farquar), Joan Sims (Cora Flange), Barbara Windsor (Sadie), Charles Hawtrey (Tuttle) **L** 85 **FSK** ab 12; nf **E** 1977 Kino/1.1.1984 DFF 2 **fd** 20 287

EIN TOTAL VERRÜCKTER URLAUB (1985) (SUMMER RENTAL). Der Familienurlaub einer amerikanischen Durchschnittsfamilie gestaltet sich zum herausragenden Erlebnis für alle, da man ein hochnäsiges Segler-As in die Schranken verweisen und den Beweis der eigenen Tüchtigkeit erbringen kann. Sympathische Familienunterhaltung um den Gewinn von Selbstvertrauen und Familiensinn, aufgelockert durch eine Reihe burlesker Einfälle und skurriler Typen. (Titel auch: »Summer Rental«) – Ab 14 möglich. ✦ USA 1985 **P** Paramount **VA** CIC **Pd** George Shapiro **R** Carl Reiner **B** Jeremy Stevens, Mark Reisman **K** Ric Waite **M** Alan Silvestri **S** Bud Molin, Lee Burch **D** John Candy (Jack Chester), Richard Crenna (Al Pellet), Karen Austin (Sandy Chester), Kerri Green (Jennifer Chester), Rip Torn (Scully) **L** 83 **FSK** ab 12 **E** Juli 1986 Video **fd** 25 789

EIN TOTAL VERRÜCKTES BEGRÄBNIS →Ein Begräbnis 1. Klasse

EIN TOTAL VERRÜCKTES HAUS (FONTAN). Als man ihn seiner Lebensgrundlage beraubt, zieht ein alter Kasache aus der Wüste zu seiner Tochter nach Leningrad. In deren baulich völlig heruntergekommenem Wohnsilo ist der naturverbundene Mann todunglücklich, zumal er nur Kirgisisch spricht. Da die Wasser- und Heizungsanlagen nicht funktionieren, schaltet er sie ab, was die Bürokratie als ökologisches Experiment im Zeichen der Perestroika rühmt. Ein Bewohner nach dem anderen schaltet den Strom ab, und alle treffen sich am Lagerfeuer zu einer »Energie-Spar-Perestroika-Feier«. Ein in sieben »Sätzen« episodisch persiflierender Film, der in einer Mischung aus Komödie, Satire, Karikatur und Melodram die Mißstände des »real existierenden Sozialismus« sehr grob und grell anprangert. – Ab 14 möglich. ✦ UdSSR 1988 **P** Lenfilm **R** Juri Mamin **B** Vladimir Vardunas **K** Anatoli Lapschow **M** Alexej Saliwalow, Maurice Ravel, Igor Strawinsky **S** O. Adrianowoi **D** Sergej Donzow (Lagutin), Viktor Michailow (Mitrofanow), Assankul Kuttubajew (Großvater Kerbabajew), Shanna Kerimtajewa (Maja), J. Sudakowa (Petristschewa) **L** (TV) 100 **E** 20.2.1991 ZDF

EIN TOTAL VERRÜCKTES KLASSENTREFFEN →Since You've Been Gone

EIN TOTAL VERSAUTES WOCHENENDE (SABATO, DOMENICA E VENERDI). Episodenfilm um anders als geplant ablaufende Wochenenden eines Angestellten, eines LKW-Fahrers und eines Ballettmeisters. Neben einigen gelungenen Gags bieten die anspruchslosen Geschichten überwiegend lärmenden Klamauk. – Ab 16 möglich. ✦ Italien/Spanien 1979 **P** Dania/Medusa/National/AS-Film **KI** CH/Beka/Graf/Exquisit/Avis **R** Sergio Martino **B** Sergio Martino, Castellano (= Franco Castellano), Pipolo (= Giuseppe Moccia), Pasquale Festa Campanile **K** Alejandro Ulloa, Giancarlo Ferrando **M** Detto Mariano **D** Adriano Celentano, Edwige Fenech, Barbara Bouchet, Lino Banfi, Michele Placido, Vova Moor **L** 111 **FSK** ab 12; nf **E** 10.7.1981 **fd** 23 372

TOTAL VERSEXT (MÄNNER IN DEN BESTEN JAHREN). Der Anblick junger Frauen im Bikini in Wiens Prater-Auen animiert eine Stammtischrunde, pikante Erlebnisse zum besten zu geben: Gelegenheit zu sechs Sexhistörchen, in denen sich die beteiligten Männer jeweils halb entkleideten Frauen gegenübersehen. Zwischendurch etwas Striptease und Nacktanz. Eine unsägliche Primitiv-Produktion der sechziger Jahre, haarsträubend dilettantisch. ✦ Österreich 1967 **P** Erwin Matula **KI** Ring/Schmidt **R** Frits Fronz **K** Sepp Huber **D** Walter Regelsberger, Walter

Raha, Frits Fronz, Felix Czerny **L** 80 **FSK** ab 18; nf **E** 11.10.1968 **fd** 15 848

TOTALE ANGST ÜBER DER STADT →Angst (1954)

DIE TOTALE ERINNERUNG – TOTAL RECALL (TOTAL RECALL). Im Jahr 2084, als die Erde technisiert und der Mars kolonialisiert ist, muß ein muskulöser Bauarbeiter entdecken, daß in seinem Körper das Wissen eines Geheimagenten um die verbrecherische Beherrschung des Mars und seiner Bevölkerung schlummert. Als Retter des fernen Planeten gerät er auf der Flucht vor den Verfolgern von einer Gewaltfantasie in die nächste. Seine tricktechnischen Leistungen sind die einzige Originalität des inhaltlich epigonalen und uninspirierten Films, der die wirre Erlösergeschichte um falsche Identitäten lediglich ausbreitet, um eine rabiate Action-Maschinerie zu entfesseln. (Fernsehtitel auch: »Total Recall – Die totale Erinnerung«; im Fernsehen und auf Video wurde auch eine um sieben Minuten gekürzte Fassung mit herabgesetzter Altersfreigabe gezeigt, die die drastischsten Gewalteffekte eliminiert.) ✦ USA 1990 **P** TriStar/Carolco/Ronald Shusett Prod. **KI** Scotia **VA** Ufa **DVD** Kinowelt Home (16:9, 1.85:1, DD5.1 engl., DD2.0 dt.) **Pd** Ronald Shusett, Buzz Feitshans **R** Paul Verhoeven **B** Ronald Shusett, Dan O'Bannon, Gary Goldman, nach einer Kurzgeschichte von Philip K. Dick **K** Jost Vacano **M** Jerry Goldsmith **S** Frank J. Urioste **D** Arnold Schwarzenegger (Quaid/Hauser), Rachel Ticotin (Melina), Sharon Stone (Lori), Ronny Cox (Cohaagen), Michael Ironside (Richter), Marshall Bell (George/Kuato), Mel Johnson jr. (Benny), Michael Champion (Helm), Roy Brocksmith (Dr. Edgemar), Rosemary Dunsmore (Dr. Lull) **L** 113 (Video 106) **FSK** ab 18; f (Video 16) **E** 26.7.1990/3.12.1990 Video/31.12.1991 premiere/ 21.11.2000 DVD **fd** 28 398

DIE TOTALE GEFAHR (PROJECT: TIN MEN). Ein Maschinenmensch soll von einem Menschenfreund zum Superkiller umprogrammiert werden. Als den US-Wissenschaftlern das Vorhaben nicht gelingt, soll er vernichtet werden. Doch er entzieht sich diesem Schicksal durch die gemeinsame Flucht mit einer Wissenschaftlerin. Auch nach deren Ermordung versucht er beharrlich, die Welt zu verbessern. Billige Science-Fiction-Produktion mit einer äußerst simplen Handlung und primitiven filmischen Mitteln; ohne Witz und Spannung inszeniert, verbrämt mit viel pseudo-philosophischem Technik- und Moralgeschwätz. – Ab 16. ✦ USA 1990 **P** Lawrence Hertzog/Weintraub/Orion TV **VA** VCL/Carolco **Pd** Stuart Segall, Lawrence Hertzog **R** Karen Arthur **B** Lawrence Hertzog **K** Tom Neuwirth **M** Russ Landau, Ken Mazur **S** Daniel Cahn **D** Hunt Block (Tin Man), Catherine Mary Stewart (Dr. Naomi Fisher), Leon Russom (Dr. Forest), Beau Billingslea, James Laurenson (Dr. Wheeler) **L** 71 **FSK** ab 16 **E** 25.4.1991 Video **fd** 28 913

TOTALE LUST (THE TWO FACES OF LOVE). Die mannstolle Frau eines vielbeschäftigten Managers verbringt ihre reichliche Freizeit in einem billigen Bordell. Sexfilm, der im Grunde nur aus der Aneinanderreihung von Kopulationsszenen besteht, die von einem unsagbar rüden Dialog begleitet werden. – Wir raten ab. ✦ Griechenland 1972 **P** GD **KI** Anka/ Gleim/Peiperfilm **R** Dimitros Efstratiadis **D** Anna Gonsou, Andreas Barke, Marc Elliot, H. Roda **L** 82 **FSK** SPIO: X **E** 28.9.1973 **fd** 18 610

DIE TOTALE THERAPIE (DIE TOTALE THERAPIE). Neun Menschen unterschiedlicher sozialer Herkunft begeben sich in die Hände eines berühmten Therapeuten, dessen Mischung aus Esoterik, Yoga und Psychoanalyse bestens ankommt. Gegenüber den Phantomschmerzen der Wohlstandsgesellschaft greifen seine Methoden durchaus, für wirklich Kranke erweist sich das Brimborium allerdings als gefährlich. Die anfangs harmlos erscheinende Situation eskaliert zu einer aberwitzigen Höllenfahrt, die nur eine Kursteilnehmerin überlebt. Ein an Ideen überschäumendes Regiedebüt, komplex konstruiert, getragen von bitterbösem Humor und bis in die Nebenrollen hinein genau akzentuiert und hervorragend besetzt. – Sehenswert. ✦ Deutschland/Österreich 1998 **P** Prisma Film Wien **KI** Neue Visionen **VA** Neue Visionen **Pd** Heinz Stussak, Michael Seeber **R+B** Christian Frosch **K** Johannes Hammel **M** Michael Palm, Paul Browse **S** Michael Palm **D** Ursula Ofner (Gabi), Blixa Bargeld (Dr. Roman Romero), Sophie Rois (Hedwig), Walfriede Schmitt (Eva), Claudia Martini (Martha), Lars Rudolph (Wolfgang) **L** 122 (TV 80) **FSK** ab 16; f **E** 17.5.1999 Vox/24.8. 2000 Kino/22.11.2001 Video **fd** 34 411

TOTALER SPERRBEZIRK (FORBIDDEN ZONE). Als die naseweise Tochter der »Hercules Family« in die 6. Dimension entführt wird, wo ein wollüstiger Liliputaner, seine eifersüchtige »Normal«-Frau, deren nymphomanische Tochter und natürlich der Teufel herrschen, macht sich die »Family« auf den Weg, sie zu befreien. Der Versuch, die Nachfolge der legendären »The Rocky Horror Picture Show« anzutreten, scheitert kläglich: Die Mischung aus Animationsfilm, Slapstick-Einlagen, Revue-Nummern und surrealistischen Einfällen wirkt peinlich und vulgär. Lediglich der Soundtrack kann es mit seinem Vorbild aufnehmen. – Ab 16 möglich. ✦ USA 1980 **P** Carl Borack Film **KI** Senator **Pd** Carl Borack **R** Richard Elfman **B** Richard Elfman, Matthew Bright **K** Gregory Sandor **M** Danny Elfman, Oingo Boingo **S** Martin Nicholson, Lala Holland **D** Susan Tyrrell (Königin Dori), Hervé Villechaize (König Fausto), Marie-Pascale Elfman (Frenchy), Viva (Königin Déchue), Joe Spinell (Flash), Danny Elfman (Satan), Toshiro Baloney (Squeezit) **L** 73 **FSK** ab 16; nf **E** 12.11.1982 **fd** 23 807

TOTALLY F*ED UP.** 15 Fragmente aus dem Leben homosexueller junger Erwachsener in San Francisco. Der Film spiegelt die Ängste einer Subkultur, die sich vor dem Hintergrund von AIDS, Lustfeindlichkeit und Entfremdung aufgegeben zu haben scheint und haltlos zwischen überaktiver Lebenslust und Depressionen pendelt. Der Film liefert keine neuen Einsichten zum Thema, doch sein radikaler Ansatz und seine stilistischen Mittel, die an Experimentalfilme der 70er Jahre erinnern, ergeben eine interessante Außenseiterstudie. ✦ USA 1993 **P** Desperate Pictures/National Endowment for the Arts/ J. Paul Getty Foundation/The Funding Exchange/ Paul Robeson Fund/Sundance Institute **KI** Lesbisches und Schwules Büro Film **Pd** Andrea Sperling, Gregg Araki **R+B+K** Gregg Araki **S** Gregg Araki **D** James Duval (Andy), Roko Belic (Tommy), Lance May (Deric), Susan Behsid (Michele), Jenee Gill (Patricia), Gilbert Luna (Steven) **L** 85 **E** 14.9.1995

DIE TOTE (A FALECIDA). Die im Stadtrandgebiet von Rio de Janeiro lebende Frau eines Arbeitslosen glaubt sich »verhext« und richtet ihr ganzes Sinnen und Trachten auf eine luxuriöse Beerdigung, um Mann und Nachbarn ihren Wert zu beweisen. Eine atmosphärisch dichte und genaue Zustandsbeschreibung des Lebens sozial Benachteiligter in Brasilien, streckenweise mit makabrem Humor angereichert. ✦ Brasilien 1965 **P** META **R** Leon Hirszman **B** Leon Hirszman, nach einer literarischen Vorlage von Nelson Rodrigues **K** Dib Lufti **D** Fernanda Montenegro, Ivan Candido, Vanda Lacerda, Nelson Xavier **L** 90 **E** 16.7.1976 ARD **fd** 19 841

TÖTE ALLE UND KEHR ALLEIN ZURÜCK (AMMAZZALI TUTTI E TORNA SOLO). Im Auftrag der Südstaaten-Armee versuchen während des amerikanischen Bürgerkrieges sieben Gangster, sich einer Ladung Gold zu bemächtigen, die von Nordstaatlern in einem Pulvermagazin gelagert wird. Italowestern, dessen zaghafte parodistische Ansätze von zahlreichen brutalen Szenen überspielt werden. ✦ Scope. Italien/Spanien 1968 **P** Fida/Centauro **KI** Gloria **R** Enzo G. Castellari (= Enzo Girolami) **B** Tito Carpi, Francesco Scardamaglia, Joacquin Romero Hernandez, Enzo G. Castellari (= Enzo Girolami) **K** Alejandro Ulloa **M** Francesco De Masi **S** Tatiana Casini **D** Chuck Connors (Clyde), Frank Wolff (Captain Lynch), Franco Citti (Hoagy), Leo Anchoriz (Deker), Ken Wood (= Giovanni Cianfriglia) (Kid), Alberto Dell'Acqua (Blade), John Bartha, Anthony Molino, Alfonso Rojas, Ugo Adinolfi **L** 92 **FSK** ab 18; nf **E** 27.2.1970 **fd** 16 889

TÖTE AMIGO (QUIEN SABE? / EL CUNCHO / EL CUNCHO QUIEN SABRE?). Während der mexikanischen Revolution (1910–1920) schließt sich ein von Regierungstruppen gedungener Amerikaner einer Gruppe von Banditen an, um für eine hohe Prämie einen Rebellengeneral zu erschießen. Ein harter und kompromißloser Italowestern mit zynischen Grundtönen, der die Exzesse einer blindwütigen Revolution ebenso ungeschminkt darstellt wie die Erbarmungslosigkeit einer Gewaltherrschaft. Spannend inszeniert und gut gespielt. ✦ Scope. Italien 1966 **P** M.C.M. **KI** Nora **Pd** Bianco Manini **R** Damiano Damiani **B** Salvatore Laurani **K** Toni Secchi **M** Luis Enriquez Bacalov, Ennio Morricone (Supervisor) **S** Renato Cinquini **D** Gian Maria Volonté (El Chunco), Lou Castel (El Gringo), Klaus Kinski (El Santo), Martine Beswick (Adelita), Jaime Fernández (Elias), Joaquin Parra, Aldo Sambrell, Andrea Checchi (Don Felipe), Spartaco Conversi (Cirillo) **L** 98 (Orig. 120) **FSK** ab 18; nf **E** 7.6.1968 **fd** 15 523

DIE TOTE AUS DER THEMSE. Ein junge Frau reist aus Australien nach London, wo ihre Schwester, Tänzerin im Royal Ballet, ermordet wurde. Vor Ort gerät sie in ein undurchschaubares Netz aus Verbrechen und Intrigen, an dem diverse zwielichtige Gestalten beteiligt sind, darunter ein Polizeiarzt, der Rauschgifthändler ermordet und ihre Ware selbst verkauft. Ein extrem langweiliger Krimi nach Edgar Wallace, voller Unwahrscheinlichkeiten und mit willkürlicher Auflösung, schauspielerisch und inszenatorisch öde und farblos. – Ab 16. ✦ BR Deutschland 1971 **P** Rialto **KI** Constantin **VA** Kinowelt Home **Pd** Horst Wendlandt **R** Harald Philipp **B** H. O. Gregor (= Horst Wendlandt), Harald Philipp, nach einem Roman von Edgar Wallace **K** Karl Loeb **M** Peter Thomas **S** Alfred Srp **D** Hansjörg Felmy (Inspektor Craig), Uschi Glas (Danny), Werner Peters (William Baxter), Siegfried Schürenberg (Sir John), Günther Stoll (Dr. Ellis), Petra Schürmann (Susan), Ivan Desny (Louis Stout), Vadim Glowna (David Armstrong), Harry Riebauer (Milton S. Farnborough) **L** 89 (gek. 76) **FSK** ab 16; nf (gek. 12; f) **E** 1.4.1971/28.1.1972 Kino DR/3.5. 1980 DFF 1/Juli 1999 Video **fd** 17 293

TOTE BABYS WEINEN NICHT (DEADLY MEDICINE). Melodramatischer Psycho-Thriller über eine idealistische junge Ärztin, die in einer texanischen Kleinstadt ihre erste Praxis eröffnet. Als eine kleine Patientin unter mysteriösen Umständen stirbt, wird sie vom Staatsanwalt des Mordes angeklagt. – Ab 16. ✦ USA 1991 **R** Richard A. Colla **B** Vicki Polon, L. Virginia Brown, Andrew Laskos, nach einem Roman von Kelly Moore und Dan Reed **K** Rick Bota **M** Bob Alcivar **D** Veronica Hamel (Kathleen Holland), Susan Ruttan (Genene Jones), Stephen Tobolowsky (Ron Sutton), Scott Paulin (Charleigh Holland), Marnie McPhail (Helen McKay), Kin Shriner (Ray McKay) **L** 90 **E** 13.1.1995 ARD

DER TOTE BAUM. Eine verheiratete Frau kehrt aus Frankreich noch einmal in ihre südamerikanische Heimat zurück, um ihren ehemaligen Geliebten zu sehen, und verliebt sich auf der Überfahrt in einen jungen Mann. Ein nach den Strukturen des Melodrams gestalteter Film, dessen Bezugsebene ausschließlich die Welt des Kinos ist. Dialoge werden dabei durch innere Monologe ersetzt. Durch das hölzerne Spiel der Darsteller und die amateurhafte Kameraführung entsteht der Eindruck eines sterilen Films, der sich in nichtssagende Aussagen flüchtet. (O.m.d.U.) ✦ Frankreich/BR Deutschland 1988 **P** Joseph Morder Prod./La Boîte à Image/ZDF **Pd+R** Joseph Morder **B** Philippe Fano, Joseph Morder, Marie Serrurier **K** Joseph Morder **M** Mario Litwin **D** Philippe Fano (Jaime), Marie Serrurier (Laura),

Rosette (Sofia), Patrick Zocco (Antonio) **L** (TV) 80 **E** 10.1.1989 ZDF

TOTE BIENEN SINGEN NICHT (FLARE UP). Eine junge Go-go-Tänzerin aus Las Vegas auf der Flucht vor einem psychopathischen Mörder, der seine geschiedene Frau erschossen hat, als sie sich weigerte, zu ihm zurückzukehren. Erst nach drei weiteren Morden kann er unschädlich gemacht werden. Unglaubwürdiger und klischeehafter Krimi von allenfalls durchschnittlicher Spannung. ✦ USA 1969 **P** GMF **Kl** MGM **Pd** Leon Fronkess **R** James Neilson **B** Mark Rodgers **K** Andrew J. McIntyre **M** Les Baxter **S** Aaron Stell **D** Raquel Welch (Michele), James Stacy (Joe Brodnek), Luke Askew (Alan Morris), Don Castain (Lieutenant Manion), Ron Rifkin (»Sailor«), Jeanne Byron (Jerri Benton) **L** 98 **FSK** ab 16; nf **E** 6.8.1970 **fd** 16 950

DER TOTE BIN ICH (1958) (KOVAA PELI POHJOLASSA). Spione trachten einem abtrünnigen Komplizen nach dem Leben, dessen Stelle ein wagemutiger Doppelgänger eingenommen hat. Konventioneller Kriminal- und Spionagefilm mit verwirrender Handlung. Reizvoll durch die Begegnung mit (hierzulande) unverbrauchten Gesichtern. – Ab 16. ✦ Schwarz-weiß. Finnland 1958 **P** OY. Suomen Filmiteollisuus **Kl** Hermes/Rivoli **Pd+R** Toivo Särkkä **B** Erkki Koivusalo **K** Olavi Tuomi **M** Harry Bergström **D** Tauno Palo, Teija Sopanen, Kaarlo Halttunen, Gunvor Sandkvist, Anja Hatakka, Hannes Häyrynen **L** 93 **FSK** ab 16; nf **E** 8.6.1962 **fd** 11 164

DER TOTE BIN ICH (1979). Ein angehender Junglehrer erhält einen Brief der Schulbehörde, in dem ihm mitgeteilt wird, daß es Zweifel an seiner Verfassungstreue gebe und man ihn zu einem klärenden Gespräch bittet. Irritiert durchforscht der junge Mann seine Vergangenheit nach möglichen Anlässen, stößt aber nur auf wenige Fotos und andere Erinnerungen an seine fröhlich-kämpferische Studentenzeit. Als er sich obendrein beobachtet und durchsucht fühlt, bricht er innerlich zusammen. Auf ungewöhnliche Weise verbindet der ebenso amüsante wie beklemmend-hintergründige Film den Mut zur ernstzunehmenden politischen Satire mit einer wortkargen Dramaturgie, die ihre Kraft überzeugend aus der Konzentration auf die Suggestiv-Werte der Bilder bezieht. – Ab 16. ✦ BR Deutschland 1979 **P** WDR **Pd** Alexander Wesemann **R** Alexander von Eschwege **B** Gert Loschütz **K** Igor Luther **M** Irmin Schmidt **S** Margot Löhlein **D** Marius Müller-Westernhagen (Schröder), Christiane Lemm, Dietmar Mues (= Joachim Dietmar Mues), Anne Bennent, Werner Eichhorn, Grete Wurm, Elisabeth Wiedemann, Heinz Hoenig **L** 103 **E** 26.9.1979 ARD

TOTE BRAUCHEN KEINE DOLLARS → Einen vor den Latz geknallt

TOTE BRAUCHEN KEINEN DOLLAR (CRISANTEMI PER UN BRANCO DI CAROGNE). Banditen rauben eine Braut aus der Kirche, werden jedoch von einem Mönch zur Strecke gebracht. Italowestern von der Stange. ✦ Italien 1969 **P** Società Cinematografica Artisti Alleati **R** Sergio Pastore **B** Sergio Pastore, Dino Santoni, John Manera (= Gianni Manera) **K** Dino Santoni **M** Piero Umiliani **D** Edmund Purdom, John Manera (= Gianni Manera), Marilena Possenti, Ivano Davoli, Livio Lorenzon, Joseph Logan

DER TOTE BRUDER (CULPABILITE ZERO). Fürs Fernsehen produziertes Drama mit Ansätzen zur politischen Bestandsaufnahme: Ein Student geht dem Tod seines Bruders nach, weil er nicht an einen Selbstmord glauben kann. Er stößt in Straßburg auf Verwicklungen des Bruders mit einer linksextremen Gruppe. ✦ Frankreich 1996 **P** AGAT Films et Cie/La Sept Arte/France 3 Alsace/Théâtre National de Strasbourg **R+B** Cédric Kahn **K** Jean-Philippe Bouyer **S** Emmanuelle Castro **D** Marie Mûre (Ludivine), Agathe Rouiller (Nadine), Frédéric Cherboef (Régis), Vincent Berger (Simon), Marie Payen (Nathalie) **L** 94 **E** 17.12.1997 arte

DER TOTE, DER NICHT STERBEN WOLLTE (NEITHER THE SEA NOR THE SAND). Auf der Insel Jersey macht eine ehemüde Frau Bekanntschaft mit einem Flughafenkontrolleur. Gemeinsam fliegen sie zum Urlaub an die schottische Küste, wo er nach einem Unfall am Strand an Herzversagen stirbt. Sein Tod scheint aber nicht endgültig, vielmehr kehrt die Frau mit dem Leichnam nach Jersey zurück, bis beide in den Fluten des Meeres untergehen. Melodramatische Geschichte mit viel Liebe und frischer Meerluft, zu unglaubwürdig, um anrühren zu können. – Ab 16. ✦ Großbritannien 1973 **P** Tigon British/Portland Film **R** Fred Burnley **B** Gordon Honeycombe, nach seinem Roman **K** David Muir **M** Nachum Heimann **D** Susan Hampshire (Anna Robinson), Michael Petrovich (Hugh Dabernon), Frank Finlay (George Dabernon), Michael Craze (Collie), Jack Lambert **L** 80 **E** 14.12.1990 RTL plus

TÖTE, DJANGO (SE SEI VIVO, SPARA / GRINGO UCCIDI). Ein Halbblut lehnt sich gegen eine Mörder- und Goldjägerbande sowie einen verbrecherischen Rancher und zwei schurkische Bürger auf, die alle nach einem Schatz gieren. Inhaltlich wie formal ein besonders typisches Beispiel des Italowestern: eine handwerklich gekonnt inszenierte Mixtur aus (homo)sexuellen Anspielungen, exzessiver Gewalt, zynischem Humor, religiöser Symbolik und linker Ideologie, mit einer Paraderolle für Tomas Milian. – Wir raten ab. ✦ Scope. Italien/Spanien 1966 **P** Cia Cinematografica/Hispamer **Kl** Eckelkamp **VA** VPS/VFL Video-Film Leasing **R** Giulio Questi **B** Franco Arcalli, Giulio Questi **K** Franco Delli Colli **M** Ivan Vandor **S** Franco Arcalli **D** Tomas Milian (Django), Marilù Tolo (Flory), Piero Lulli (Oaks), Milo Quesada (Tembler), Francisco Sanz (Hagerman), Miguel Serrano, Roberto Camardiel (Sorro), Raymond Havelock (Evan) **L** 112 (Orig. 120; Video 94/84) **FSK** ab 18; nf (gek. 16) **E** 3.5.1967 **fd** 14 708

TOTE ENGEL LÜGEN NICHT (THE DEAD CAN'T LIE / GOTHAM). Ein Privatdetektiv verliebt sich während eines Auftrags in eine ebenso betörende wie geheimnisvolle Frau und ist dem Wahnsinn nahe, als er feststellt, daß er ein Verhältnis mit einer Toten hat. Seltene Mischung aus atmosphärisch stimmigem Kriminalfilm, okkulter Geschichte und der Beschreibung einer »amour fou«, die trotz aller Unwahrscheinlichkeiten und der unstimmigen deutschen Synchronisation einen reizvollen Unterhaltungswert besitzt. – Ab 16 möglich. ✦ USA 1988 **P** Cannon Intern./Showtime Entertainment **VA** Cannon/VMP **Pd** David Latt **R+B** Lloyd Fonvielle **K** Michael Chapman **M** George Chinton **S** Evan Lottman **D** Tommy Lee Jones (Eddie Martel Mallard), Virginia Madsen (Rachel Carlyle), Colin Bruce (Charlie Rand), Denise Stephenson (Debbie), Kevin Jarre (Tim) **L** 94 **FSK** ab 16 **E** April 1989 Video **fd** 27 668

TOTE FAULEN IN DER SONNE (UN POSTO ALL'INFERNO). Ein auf eine philippinische Insel verschlagener US-Kriegsreporter zerstört mit einem verwegenen Kommando eine von den Japanern eroberte Radarstation. Handwerklich solides, aber tendenziöses und menschenverachtendes Kriegsabenteuer mit pseudokritischen Dialogen. – Wir raten ab. ✦ Scope. Italien 1968 **P** Tigielle 33 **Kl** Cinerama **R** Joseph Warren (= Giuseppe Vari) **B** Adriano Bolzoni **K** Stelvio Massi **M** Roberto Pregadio **S** Giuseppe Vari **D** Guy Madison, Monty Greenwood, Hélène Chanel, Sandro Kerso, Claudio Biava, Fabio Testi **L** 94 (Orig. 107) **FSK** ab 18; f **E** 3.7.1975 **fd** 19 396

TOTE GLEISE (THE RAILWAY STATION MAN). Familiendrama. Nachdem ihr Mann zufällig Opfer eines Anschlags der irischen Untergrundbewegung IRA geworden ist, zieht sich eine Malerin mittleren Alters auf einen abgelegenen Küstenhof zurück. Dort lernt sie einen amerikanischen Invaliden kennen, der das Stellwerk eines in der Nähe gelegenen Bahnhofs instand setzt. Als sich aus der Bekanntschaft eine Liebesbeziehung entwickelt, reagiert ihr erwachsener Sohn, ein aktives IRA-Mitglied, mit tödlicher Eifersucht. ✦ Großbritannien 1992 **R** Michael Whyte **B** Shelagh Delaney **K** Frank Tidy **M** Richard Hartley **D** Julie Christie (Helen Cuffe), Donald Sutherland (Roger Hawthorne), Frank MacCusker (Jack Cuffe), John Lynch (Damian Sweeney) **L** 92 **E** 7.9.1994 premiere

TOTE HABEN KEINEN NAMEN (HOME FIRES BURNING). Im Haus eines Zeitungsverlegers in einer amerikanischen Kleinstadt herrschen gespannte Verhältnisse. Man schreibt das Jahr 1944: Nach einem Verkehrsunfall mit tödlichen Folgen ist der Sohn zu den kämpfenden Truppen nach Europa geflohen, und plötzlich steht eine junge Frau vor der Tür, die behauptet, von ihm schwanger zu sein. Aus heiterem Himmel kommt die Nachricht, daß er gefallen ist. Der Vater ignoriert die traurige Botschaft und läßt den Sarg öffnen. In der Tat liegt ein Fremder im Sarg. Ein weitgehend gelungenes Zeitbild. ✦ USA 1989 **P** Marian Rees Associates **Pd+R** Glenn Jordan **B** Robert Inman, nach einem Roman von Inman **M** Don Davis **D** Barnard Hughes (Jake Tibbetts), Sada Thompson (Pastine Tibbetts), Robert Prosky (Rosh Bebefield), Bill Pullman (Henry Tibbetts), Elizabeth Berridge (Francine Tibbetts) **L** 95 **E** 14.11.1990 PRO 7

DER TOTE IM BEICHTSTUHL → Ein gesegnetes Team: Der Tote im Beichtstuhl

DIE TOTE IM SEE → Perry Mason: Die Tote im See

DIE TOTE IN DEN DÜNEN (MYSTERY STREET). Ein hispano-amerikanischer Polizist soll in Boston den Mord an einer in den Dünen gefundenen Frau klären. Nach mühevoller kriminalistischer Kleinarbeit durch die Forschungsabteilung der Polizei, das »Harvard Department of Legal Medicine«, führt ihn die Spur in gehobene Gesellschaftskreise. Kriminalfilm in der Tradition der B-Pictures, der aus einer beinahe dokumentarisch genau beobachteten Polizeiarbeit ein gutes Maß an Spannung zieht. – Ab 16 möglich. ✦ Schwarz-weiß. USA 1950 **P** MGM **R** John Sturges **B** Sydney Boehm, Richard Brooks, nach einer unveröffentlichten Geschichte von Leonard Spigelgass **K** John Alton **M** Rudolph G. Kopp **D** Ricardo Montalban (Lt. Peter Morales), Sally Forrest (Grace Shanway), Bruce Bennett (Dr. McAdoo), Elsa Lanchester (Mrs. Smerrling), Marshall Thompson (Henry Shanway), Jan Sterling (Vivian Heldon) **L** 93 **E** 8.10.1988 West 3

DER TOTE KEHRT ZURÜCK (MISTERIOS DE ULTRATUMBA). Ein Irrenarzt nimmt seinem sterbenden Kollegen das Versprechen ab, ihm eine Art kurzfristigen Grenzübertritt ins Jenseits zu verschaffen. Der Wunsch wird erfüllt, doch muß der »Jenseitsschnüffler« zur Strafe im Körper eines Verstümmelten zur Erde zurück. Ein Spuk- und Mordbilderbogen mit viel Unfug, der streckenweise unter Schaubuden-Niveau absinkt und allenfalls Freunde naiven Grusels unterhält. ✦ Mexiko 1957 **P** Alameda **Kl** Pallas **Pd** Jorge Cardena **R** Fernando Mendez **B** Ramon Obon **K** Victor Herrera **M** Gustavo César Carrion **S** Charles L. Kimball **D** Carolina Barret (Patricia), Rafael Bertrand (Eduardo), Luis Aragon (Dr. Aldama), Gaston Santos (Dr. Masali), Beatrix Aguirre, Antonio Raxel **L** 79 **FSK** ab 16; nf **E** 8.5.1964 **fd** 12 740

TOTE KILLER MORDEN NICHT (THE MASK OF ALEXANDER CROSS). Thriller. Nachdem ein skrupelloser Verbrecher selbst Opfer eines Mordanschlags geworden ist, übernimmt ein Doppelgänger auf Betreiben der Regierungsbehörden die Rolle des Toten, um dessen kriminelle Machenschaften aufzudecken und einen Massenmord zu verhindern. – Ab 16. ✦ USA 1977 **R** Bernard McEveety **B** Paul Playdon **K** Ted Voigtlander **M** Richard Markowitz **D** Paul Shenar (Alexander Cross/Jim Munroe), Barbara Bach (Judson), Lance Le Gault (Peter Davis), Karen Carlson (Samantha), Fred Beir (Harry Keller) **L** 69 **E** 5.5.1995 ARD

TOTE KINDER LACHEN NICHT (SCHAG). Ein Film über den Kampf gegen die in Japan auftretende Krankheit Poliomyelitis, der in den 50er Jahren Tausende Menschen, insbesondere Kinder, erlagen. Den

Durchbruch schafft ein sowjetischer Wissenschaftler, dem es gelingt, lebende Vakzine (= Impfstoff aus dem Krankheitserreger) zu produzieren. Doch bevor die Medizin eingesetzt werden kann, muß die Skepsis der Schulmedizin überwunden werden. Dramatischer Film, der sich auf authentische Vorfälle stützt, um einen Beitrag zur Verständigung zwischen Russen und Japanern zu leisten. – Ab 16 möglich. ✦ UdSSR/Japan 1988 **P** Mosfilm/Sovinfilm/Sigatho Film **R+B** Alexander Mitta **K** Valeri Schuwalow **M** Alfred Schnittke, Igor Kefalidi, Igor Nasaruk **D** Leonid Filatow, Komaki Kurihara, Oleg Tabakow, Jelena Jaklowewa, Go Vatanabe **L** 120 **E** 8.12.1989 West 3

DIE TOTE KÖNIGIN →Königliche Blutrache

TOTE KÖNNEN NICHT MEHR SINGEN (PORTRAIT OF A MOBSTER). Die Laufbahn des legendären New Yorker Gangsters A. F. Legenheimer alias »Dutch Schulz« von 1902 bis zum bitteren Ende im Jahr 1935. Eine kaltschnäuzig-brutale Gangster-Biografie, die ausschließlich an der Darstellung krimineller »Sensationen« interessiert ist. Auch inszenatorisch allenfalls ein zweitklassiger Reißer. ✦ Schwarzweiß. USA 1961 **P** Warner Bros. **Kl** Warner **R** Joseph Pevney **B** Howard Browne, nach einem Roman von Harry Grey **K** Eugene Polito **M** Max Steiner **D** Vic Morrow (Dutch Schulz), Leslie Parrish (Iris Murphy), Ray Danton (»Legs« Diamond), Peter Breck (Frank Brennan), Norman Alden (Bo Wetzel), Robert McQueeney (Ferris) **L** 107 **FSK** ab 18; nf **E** 5.1.1962 **fd** 10 826

TOTE KRIEGEN KEINE POST (ONE SHOE MAKES IT MURDER). Ein heruntergekommener Privatdetektiv, der im Auftrag eines reichen Spielcasino-Besitzers nach dessen verschwundener Frau sucht, gerät in eine Mord- und Erpressungsgeschichte. Bieder inszenierter Krimi auf dem Niveau üblicher Fernsehfilme, der nur durch die augenzwinkernde Souveränität Robert Mitchums Unterhaltungswert bekommt. – Ab 16 möglich. ✦ USA 1982 **P** CBS/Lorimar/Fellows-Keegan **Pd** Mel Ferrer **R** Billy Hale **B** Felix Culver, nach einem Roman von Eric Bercovici **K** Terry K. Meade **M** Bruce Broughton **D** Robert Mitchum (Harold Schillmann), Angie Dickinson (Fay Reid), Mel Ferrer (Carl Sharnock), Cathie Shirriff (Caroline), John Harkins (Smiley) **L** 96 **E** 2.8.1987 ARD **fd** 26 280

TOTE LEBEN LÄNGER (DEAD MAN WALKING). Ein triviales Endzeit-Spektakel, in dem drei Personen aus ihrer »Todeszone« entfliehen können und versuchen, in die »Zone der Nicht-Infizierten« zu gelangen. In zahlreichen Abenteuern setzen sie unentwegt ihr Leben aufs Spiel. ✦ USA 1987 **P** Metropolis Pictures **VA** Geiselgasteig **Pd+R** Gregory Brown **B** John Weidner, Rick Marx **K** Paul Desatoff **M** Claude Cave **D** Wings Hauser (John Luger), Brion James (Dekker), Pamela Ludwig (Lelia), Tasia Valenza (Rika), Sy Richardson (Snake) **L** 85 **FSK** ab 18 **E** 22.2.1988 Video

DER TOTE LEBT (JOHNNY EAGER). Getarnt als harmloser Taxi-Chauffeur, macht sich ein Gangsterboß mit Gentleman-Charme an die Stieftochter eines angesehenen Anwalts heran und verwickelt sie zwecks Erpressung des Vaters in eine vorgetäuschte Mordaffäre. Wegen Mordes an einem Kumpanen fällt er den Kugeln der Polizei zum Opfer, beweint von seinem alkoholkranken Freund. Ein kammerspielhaftes, effektvoll inszeniertes Gangster-Melodram mit sicherem Gespür für Spannungsmomente. Unmotiviert das aufgesetzte Ende mit einer weithergeholten ausgleichenden Gerechtigkeit. – Ab 16. ✦ Schwarzweiß. USA 1941 **P** MGM **Kl** MGM **Pd** John W. Considine jr. **R** Mervyn LeRoy **B** John Lee Mahin, James Edward Grant, nach einer Erzählung von James Edward Grant **K** Harold Rosson **M** Bronislau Kaper **S** Albert Akst **D** Robert Taylor (Johnny Eager), Lana Turner (Lisbeth Bard), Edward Arnold (John Benson Farrell), Van Heflin (Jeff Hartnett), Robert Sterling (Jimmy Lanthrop), Patricia Dane (Garnet), Glenda Farrell (Mae Blythe) **L** 106 **FSK** ab 16; nf **E** 5.4.1957 **fd** 5 803

TOTE LIEBEN BESSER (THIRD DEGREE BURN). Ein Privatdetektiv verliebt sich in die Frau eines Klienten, die er beobachten soll, um über ihre Seitensprünge zu berichten. Dann ist der Auftraggeber tot, und er wird selbst als Mörder gesucht. Erst jetzt beschleichen den Schnüffler Zweifel an der Ehrlichkeit seiner Geliebten. Ein zwar nur leidlich spannender, aber dicht konstruierter Krimi, der den Zuschauer geschickt an der Nase herumführt. ✦ USA 1989 **P** HBO/MTM Entertainment/Paramount **VA** CIC **Pd** Fredda Weiss **R** Roger Spottiswoode **B** Duncan Gibbins, Yale Udoff **K** Alexander Gruszynski **M** Charles Gross **S** Marc Dabe **D** Treat Williams (Scott Weston), Virginia Madsen (Anne Scholes), CCH Pounder (Julie), Frederic Forrest (Pater George), Michael Chapman (Hausbesitzer), Richard Masur (Clay Reynolds) **L** 93 **FSK** ab 16 **E** Oktober 1989 Video **fd** 28 003

TOTE LÜGEN NICHT (1978) (DYING DECLARATION). Ein ambitionierter Anwalt setzt sich für seine Klientin, eine geläuterte Prostituierte, ein, der geldgierige Schlawiner den Mord an einem Polizisten anhängen wollen. Von miserablen Schauspielern mehr schlecht als recht vorangetragener konventioneller Kriminalfilm aus dem Milieu rechtsliebender Anwälte, die um Justitias Sieg kämpfen. Platte Unterhaltung ohne Realitätsgehalt. – Ab 16. ✦ USA 1978 **P** Universal **VA** CIC **R** William Wiard **B** Peter S. Fischer **K** Mario Di Leo **M** John Cacavas **D** Vincent Baggetta (Eddie Capra), Wendy Phillips (Lacy), Ken Swofford (Jack Devlin), Michael Horton (Harvey), Barbara Rush (Vanessa Trautman) **L** 95 **FSK** ab 12 **E** April 1988 Video **fd** 26 886

TOTE LÜGEN NICHT (1988) (SCATTERING DAD). Drama mit übersinnlichem »Ghost«-Anstrich: Nach dem Tod ihres Mannes bleibt eine Frau, die unter Agoraphobie, Platzangst, leidet, allein zurück. Da taucht der Geist ihres Mannes auf, der sie bittet, seine Asche am Cathedral Rock zu verstreuen. Die Frau ist nun gezwungen, ihre Ängste zu überwinden. ✦ USA 1998 **Pd** Anthony Santa Croce **R** Joan Tewkesbury **B** Joan Tewkesbury, Barbara Bosson **K** Denis Lewiston **M** Michel Colombier **S** Robert P. Seppey **D** Olympia Dukakis (Dotty), Lucinda Jenney (Molly), Michelle Thomas (Taylor), August Schellenberg (Fierce Crow), Andy Griffith (Hiram) **L** 88 **E** 2.9.1998 premiere

TOTE MÄNNER GEH'N NICHT FREMD →Tau mich auf, Liebling (1988)

TÖTE ODER STIRB! (TAILS YOU LIVE, HEADS YOU'RE DEAD). Nach einem Würfelspiel in einer Bar teilt ein Mann seinem Gegenüber mit, daß er ein Killer sein, und ihn töten werde. Es beginnt ein Katz-und-Maus-Spiel, in das die Polizei erst eingreifen kann, als ersten »ernsthaften« Mordanschläge verübt werden. In seiner Not versucht der Gejagte, den Spieß umzudrehen. Unkonventioneller Thriller, der seine Spannung lange Zeit aus der Ungeklärtheit der Situation bezieht und für handfeste Unterhaltung sorgt. ✦ USA 1995 **P** Wilshire Count/Power Picture **VA** CIC **Pd** Julian Marks **R** Tim Matheson **B** Miguel Tejada-Flores, Bill Prouzim **K** François Protat **M** David M. Frank **S** Christopher Rouse **D** Corbin Bernsen, Ted McGrinley, Maria Del Mar, Tim Matheson (Detective McKinley) **L** 88 (gek. 88 Kino) **FSK** ab 16 (gek. 12; f) **E** 16.9.1996 Video **fd** 32 261

TOTE PFLASTERN SEINEN WEG (PRONTO AD UCCIDERE). Ein brutaler Juwelenräuber, der seinen Machtanspruch den Mithäftlingen handgreiflich klarmacht, entpuppt sich als ein auf Rauschgifthändler angesetzter Polizist. Obwohl dazu angehalten, sich im Rahmen der Gesetze zu bewegen, entwickelt er sich nach seiner durch einen fingierten Ausbruch bewerkstelligten Einschleusung in Gangsterkreise zum Killer. Er wird allerdings noch von einer ebenso attraktiven wie gnadenlosen Frau übertroffen. Reißerische Mischung aus Gangster- und Polizeifilm, in der der Polizist sich nur dadurch vom Verbrecher unterscheidet, daß er auf der anderen Seite steht. (Titel auch: »Alles auf eine Karte«) ✦ BR Deutschland/Italien 1976 **P** Hermes Synchron/Terra Filmkunst/T. D. L. **Kl** Constantin **VA** VPS **R** Franco Prosperi **B** Peter Berling, Antonio Cucca, Claudio Fragasso, Alberto Marras **K** Roberto d'Ettore Piazzoli **M** Ubaldo Continiello **D** Ray Lovelock, Martin Balsam, Elke Sommer, Heinz Domez **L** 88 (gek. 84) **FSK** ab 18; nf (gek. 16) **E** 28.7.1977

TOTE REDEN NICHT. Vor dem Hintergrund des Contergan-Skandals, der in der Bundesrepublik Deutschland große Erregung hervorrief, wird die Skrupellosigkeit gewisser Geschäftemacher angeprangert, die sich nicht scheuen, unbequeme Leute zu beseitigen. Gegen den Widerstand der Behörden erfolgt schließlich doch die Entlarvung der Täter. Reißerischer Krimi mit stark politischen Tendenzen, einer von mehreren DDR-Fernsehfilmen mit dem Hamburger Privatdeteketiv Weber. Vgl auch »Botschafter morden nicht«, »Doppelt oder nichts«, »Ein Mann, der sterben muß«, »Er ging allein«, »Tod im Preis inbegriffen«. – Ab 14. ✦ Schwarz-weiß. DDR 1962 **P** DEFA **Kl** Progress **Pd** Adolf Fischer **R** Helmut Krätzig **B** Werner Toelcke, Helmut Krätzig **K** Lothar Gerber **M** Wolfgang Pietsch **S** Ursula Rudzki **D** Johannes Arpe (Graumann), Hans-Joachim Hanisch (Schoppenhauer), Horst Schulze (Brandt), Werner Toelcke (Weber), Annekathrin Bürger (Lisa) **L** 201 **E** 6.,8.1.1963 DFF 1 (zwei Teile)

TÖTE, RINGO, TÖTE (UNO SCERIFFO TUTTO D'ORO). Um für einen großen Coup getarnt zu sein, läßt sich ein ehemaliger Revolverheld zum Sheriff ernennen und überfällt mit einigen Komplizen einen Goldtransport. Erfolgreich täuscht er die Justiz und reitet am Ende mit der Beute, die mehrmals den Besitzer gewechselt hat, davon. Handwerklich unterdurchschnittlicher Italo-Western, brutal und roh. ✦ Scope. Italien 1966 **P** Wonder/Fono Roma **Kl** Ceres **R** Richard Kean (= Osvaldo Civirani) **B** Roberto Gianviti, Enzo Dell'Aquila **K** Glen Eastman (= Osvaldo Civirani) **M** Jan Cristiane **S** Gian Maria Messeri **D** Louis McJulian, Kathleen Parker, Jacques Berthier, Bob Messenger, Ivan Scraft (= Ivan Scratuglia), Aldo Rendine **L** 86 **FSK** ab 18; nf **E** 30.12.1968 **fd** 16 172

TOTE SAISON (MERTWYJ SESON). Frei gestaltete Episoden aus dem Leben des Kundschafters Rudolf Iwanowitsch Abel, der nach dem Zweiten Weltkrieg von Kanada aus für den sowjetischen Geheimdienst arbeitete. 1957 wurde er enttarnt und in den USA zu 30 Jahren Zuchthaus verurteilt. 1962 tauschte man ihn auf der Glienicker Brücke in Potsdam gegen einen amerikanischen Piloten aus. ✦ UdSSR 1968 **P** Lenfilm **R** Sawwa Kulisch **B** Wladimir Wladimirow, Alexander Schlepjanow **K** Alexander Tschetschulin **M** Andrej Wolkonski **D** Donatas Banionis (Ladeinikow), Rolan Bykow (Sawuschkin), Sergej Kurilow (Botscharow), Gennadi Juchtin (Murawjew), Bruno Frejndlich (Waleri Petrowitsch) **L** 97 **E** 23.,24.3.1969 DFF 1 (zwei Teile)

TOTE SCHLAFEN BESSER (THE BIG SLEEP). Privatdetektiv Philip Marlowe wird von einem alten General zur Aufklärung von Erpressungen gegen dessen Töchter engagiert. Nach Howard Hawks' Klassiker aus dem Jahr 1946 (»Tote schlafen fest«) eine neuerliche Verfilmung des berühmten Romans von Raymond Chandler, verlegt nach England, ohne daß aus den Mentalitätsverschiedenheiten nennenswerte Pointen gewonnen würden. Ohnehin wird die verschachtelte Handlungsführung des Romans über Gebühr vereinfacht, so daß der erschreckend stimmungslose und unatmosphärische Routinekrimi nie die Vorbilder erreichen kann. (DDR-Titel: »Der tiefe Schlaf«) – Ab 16. ✦ Großbritannien 1978 **P** The Winkast **Kl** Neue Constantin **Pd** Elliott Kastner, Michael Winner **R** Michael Winner **B** Michael Winner, nach einem Roman von Raymond Chandler **K** Robert Paynter **M** Jerry Fielding **S** Frederick Wilson **D** Robert Mitchum (Philip Marlowe), Sarah Miles (Charlotte), Oliver Reed (Eddie), Candy Clark (Camilla), James Stewart (General Sternwood), Richard Boone, Edward Fox **L** 99 **FSK** ab 16; nf **E** 18.5.1979/1.2.1980 Kino DDR **fd** 22 014

TOTE SCHLAFEN FEST (THE BIG SLEEP). Privatdetektiv Philip Marlowe wird von einem Ex-General beauftragt, einem Erpresser das Handwerk zu legen. Bei seinen Nachforschungen merkt er, daß sein Auftraggeber und dessen Töchter selbst in schmutzige Geschäfte verwickelt sind. Der Fall wird zu einem düsteren Labyrinth, aus dem der Detektiv nur mit knapper Not entkommen kann. Ein beispielhaftes Werk der »Schwarzen Serie« Hollywoods, das durch sein Klima der allgegenwärtigen Bedrohung, Amoralität und Korruption die gesellschaftlichen Umbrüche im Amerika der 40er Jahre spiegelt. Ein geradlinig und lakonisch erzählter Film mit von William Faulkner glänzend adaptierten Dialogen. Weniger an logischer Stimmigkeit als an der »existentialistischen« Lebenshaltung seines Helden interessiert. Humphrey Bogart zeigt in der Hauptrolle eine der besten Leistungen seiner Karriere. (Titel auch: »Der tiefe Schlaf«) DVD: Der filmhistorisch wertvolle USA-Import enthält im Gegensatz zur deutschen DVD neben der bekannten Kinoversion aus dem Jahr 1946 (114 Min.) eine 1945 vorab veröffentlichte Version (116 Min.), in der der Rolle Lauren Bacalls eine geringere Bedeutung zugestanden wurde. – Sehenswert ab 16. ✦ Schwarz-weiß. USA 1945 **P** Warner Bros./First National **KI** Eckelkamp/UIP **SF** atlas **VA** Warner Home **DVD** Warner (FF, Mono engl./dt.), USA-Import: Warner (SE, FF, Mono engl.) **Pd+R** Howard Hawks **B** William Faulkner, Jules Furthman, Leigh Brackett, nach einem Roman von Raymond Chandler **K** Sid Hickox **M** Max Steiner **S** Christian Nyby **D** Humphrey Bogart (Philip Marlowe), Lauren Bacall (Vivian Rutledge), John Ridgely (Eddie Mars), Martha Vickers (Carmen), Charles Waldron (General Sternwood), Louis Jean Heydt (Joe Brody), Elisha Cook jr. (Johns), Dorothy Malone **L** 114 **FSK** ab 16; f **E** 29.9. 1967/22.6.1968 WDR III/6.4.1970 ZDF/9.6.1979 DFF 1/10.8.2000 Video/28.6.2000 DVD **fd** 15 569

TOTE SCHWEIGEN NICHT (VOICE FROM THE GRAVE). Gruselthriller nach einer angeblich wahren Geschichte. Ein Ehepaar, das gemeinsam in einem Krankenhaus arbeitet, findet eine Kollegin grausam ermordet auf. Die Frau wird daraufhin von Visionen heimgesucht und spricht schließlich sogar mit der Stimme der Toten. ✦ USA 1996 **R** David Jackson **B** Bill Phillips, Edithe Swensen **D** Megan Ward (Renee Perkins), John Terlesky (Bill Perkins), Kevin Dobson (Joe Stachula), Kim Dickens (Terry Deveroux), Tim Grimm **L** 85 **E** 22.9.1997 Vox

TÖTE SIE ALLE UND KOMM' ALLEIN ZURÜCK →Töte alle und kehr allein zurück

TOTE TAUBE IN DER BEETHOVENSTRASSE. Ein New Yorker Privatdetektiv kommt in die Bundesrepublik Deutschland und schmuggelt sich in einen Erpresserring ein. Der auf den ersten Blick klare Fall verkompliziert sich durch einen Mord und wächst sich im Trubel des Kölner Karnevals zu einem düsteren Alptraum aus. Ein fürs deutsche Fernsehen im Rahmen der »Tatort«-Reihe entstandener Krimi, der im europäischen Ausland in den Kinos aufgeführt wurde. Sam Fuller inszenierte die Geschichte als eine unerwartete und überraschende Montageanordnung, die die Muster des seriellen Fernsehkrimis formal konsequent zugunsten einer manchmal lyrischen, dann wieder heftigen Reflexion über die Macht des Geldes aufbricht. ✦ BR Deutschland 1972 **P** Bavaria (für WDR) **Pd** Joachim von Mengershausen **R+B** Samuel Fuller **K** Jerzy Lipman **M** Can **S** Liesgret Schmitt-Klink **D** Glenn Corbett (Sandy), Christa Lang (Christa), Anton Diffring (Mensur), Stéphane Audran, Eric P. Caspar (Charlie Umlaut), Sieghardt Rupp (Kressin), Hans-Christoph Blumenberg **L** 105 **E** 7.1.1973 ARD

DER TOTE TAUCHER IM WALD. In einem Wald nahe einer ostdeutschen Provinzstadt werden ein toter Taucher und die Leiche eines Mädchens gefunden. Ein Kommissar, der bislang von solchen Verbrechen verschont geblieben ist, will die Fälle vor seiner Pensionierung aufklären und entdeckt, dass fast die ganze Stadt darin verstrickt ist. Lakonischer Versuch eines schwarz-humorigen Krimis, bei dem weder auf soziale Genauigkeit noch auf psychologische Details Wert gelegt wird, sondern vor allem technische Finessen triumphieren. Statt Spannung und atmosphärischer Dichte erzeugt der überlange, zudem brutale Videoclip dabei aber nur anstrengende Langeweile. ✦ Scope. Deutschland 1999 **P** Helkon Media Filmproduktion/MME/Me, Myself & Eye/Studio Babelsberg Independents **KI** Helkon **VA** Columbia TriStar **Pd** Werner Koenig, Nils Dünker **R** Marcus O. Rosenmüller **B** Peter Dollinger, Marcus O. Rosenmüller **K** Ekkehart Pollack **M** Reinhold Heil **S** Raimund Vienken **D** Dieter Pfaff (Konrad Hartwich), Jens Schäfer (Tobias Kutschke), Axel Milberg (Lothar Blanck), Niki Greb (Charly Sternberg), Ingo Naujoks (Harry Minx), Michael Kind (Bruno Bergmann), Uwe Ochsenknecht (Udo Tiburski), Johannes B. Kerner (Jogger) **L** 96 **FSK** ab 12; f **FBW** bw **E** 6.4.2000/17.10.2000 Video **fd** 34 183

TOTE TRAGEN KEINE KAROS (DEAD MEN DON'T WEAR PLAID). Ein etwas trotteliger Privatdetektiv gerät in eine unübersichtliche Geschichte mit schwarzen Listen und geheimnisvollen Andeutungen und löst sie im Stile Philip Marlowes. Eine einfallsreiche und liebevolle Parodie auf die Detektivfilme der 40er Jahre, die sich dadurch auszeichnet, daß zahlreiche Originalausschnitte dieser alten Filme kunstvoll in die neue Handlung eingearbeitet werden. Diese ist dem Stil der Vorbilder perfekt nachempfunden, zuweilen burlesk, nie ohne hintergründigen Witz, herausragend in Kameraarbeit und Dekor. Eine vergnügliche Lektion über ein Kapitel Kinogeschichte. »Gastauftritte« aus dem Reich der Kinogeschichte von Barbara Stanwyck (»Sorry, Wrong Number«), Alan Ladd (»This Gun for Hire«), Ray Milland (»Lost Weekend«), Ava Gardner (»The Killers«, »The Bribe«), Humphrey Bogart (»The Big Sleep«, »In a Lonely Place«, »Dark Passage«), Burt Lancaster (»The Killers«), Cary Grant (»Suspicion«), Ingrid Bergman (»Notorious«), Veronica Lake (»The Glass Key«), Bette Davis (»Deception«), Lana Turner (»Johnny Eager«, »The Postman Always Rings Twice«), Kirk Douglas (»I Walk Alone«), Fred McMurray (»Double Indemnity«), James Cagney (»White Heat«), Joan Crawford (»Humoresque«) und Charles Laughton (»The Bribe«). – Sehenswert ab 14. ✦ Schwarzweiß. USA 1981 **P** Aspen Film Society **KI** UIP **VA** Universal **Pd** David V. Picker, William E. McEuen **R** Carl Reiner **B** Carl Reiner, George Gipe, Steve Martin **K** Michael Chapman **M** Miklos Rozsa **S** Bud Molin **D** Steve Martin (Rigby Reardon), Rachel Ward (Juliet Forrest), Carl Reiner (Feldmarschall von Kluck), Reni Santoni (Carlos Rodriguez) **L** 88 **FSK** ab 12; f **E** 20.8. 1982/Mai 2001 Video **fd** 23 593

DER TOTE TRAUM (MINSA'Y ISANG GAMU-GAMO). Eine junge Krankenschwester auf den Philippinen will im Jahr 1969 in die USA auswandern. Die Menschen in ihrer Umgebung sind voller Illusionen über ein »besseres« Leben in den USA, vor allem ihre Mutter, die in einem Kolonialwarenladen auf der Clark Air Base arbeitet. Als ihr jüngerer Bruder von einem Air-Base-Piloten erschossen wird, weil er für ein Wildschwein gehalten wurde, beginnt sie einen aussichtslosen Kampf vor Gericht um die Bestrafung des Schuldigen. Ein engagierter Film über den Verlust von Illusionen und den Kampf um Selbstbewußtsein und Identität, den eine junge Frau stellvertretend für eine ganze Nation führt. ✦ Philippinen 1976 **P** Premier Production **Pd** Diagna H. Santiago **R** Lupita A. Concio **B** Marina Feleo-Gonzales **K** José Batac **M** Restie Umali **S** Edgardo Vinarao **D** Nora Aunor (Corazon de la Cruz), Jay Ilagan (Bonifacio Santos), Gloria Sevilla (Chedeng de la Cruz), Perla Bautista (Yolanda Santos), Eddie Villamayor (Carlito), Paquito Salcedo (Inkong Menciong) **L** 110 (Orig. 122) **E** 15.11.1985 DFF 2

TOTE VÖGEL (DEAD BIRDS). Gardners berühmter völkerkundlicher Film ist die dramatische Darstellung des Lebens des Dugum-Dani-Stammes im Balim-Tal im Westen Neuguineas. Der Film konzentriert sich auf die Beschreibung eines Mannes und eines Jungen. Während die Frauen in Subsistenzgärten arbeiten, beobachten die Männer von Wachtürmen aus, weil sie sich in einem permanenten Kriegszustand befinden. Gardner folgt in der filmischen Struktur den kriegerischen und rituellen Ereignissen zur Zeit der Dreharbeiten im Jahr 1961, wobei er versucht, grundsätzliche Aussagen über das menschliche Wesen und sein Schicksal zu treffen. Entstanden ist dabei kein »rein« ethnografischer Beitrag, sondern ein Film, der sich in manchen Szenen der Fiktion annähert und philosophische und poetische Reflexionen einbezieht. – Sehenswert ab 12. ✦ USA/Niederlande 1961–63/65 **P** Peabody Museum (Harvard University)/Niederländische Regierung **R** Robert Gardner **B** Peter Matthieson **K** Eliot Elisofon **S** Robert Gardner, Jestrup Lincoln **L** 83 **E** 18.1.1977 HR

DIE TOTE VON AMELUNG 1.–3. TEIL. Der Mord an einer Pastorenwitwe auf einer kleinen Insel ruft Ermittlungsbeamte vom Festland auf den Plan. Von den Inselbewohnern mißtrauisch beobachtet, decken sie nach und nach Verdachtsmomente auf, die für jeden Einheimischen ein Tatmotiv sein könnten. Dreiteiliger Fernsehfilm, der durch die Überkonstruktion seiner Geschichte auffällt: Die 36 Bewohner der Insel scheinen in jede mögliche Kriminaltat verwickelt zu sein: Drogen- und Jugendkriminalität gehören ebenso zum Inselalltag wie Mord, Unterschlagung und illegaler Aufenthalt. – Ab 16. ✦ Deutschland 1995 **R** Hajo Gies **B** Rainer Berg, Beate Langmaack **D** Paul Herwig (Jan Mendel), Heinz Meier (Sigurd Flotow), Andrea Heuer (Maria Albrecht), Romy Kühnert (Florentine), Michael Gwisdek (Ohm Weber) **L** 78/78/78 **E** 27./28./29.12.1995 RTL (drei Teile)

DIE TOTE VON BEVERLY HILLS. Eine nymphomanische 17jährige Frau wird ermordet aufgefunden. Als Täter kommen ihre Liebhaber in Betracht, deren Vielzahl den Detektiv fast zur Verzweiflung bringt. Eine mit modischen Verfremdungen und ambitionierten Stilübungen durchsetzte Verfilmung des gleichnamigen Romans von Curt Goetz, der die Klischees des amerikanischen Kriminalromans auf den Arm nimmt. Das dekadente High-Society-Milieu wird eher genüßlich ausgekostet als karikiert, die gesellschaftskritischen Seitenhiebe bleiben folgenlose Spielerei. ✦ Scope. BR Deutschland 1964 **P** Modern Art Film **KI** Constantin **Pd** Hansjürgen Pohland **R** Michael Pfleghar **B** Peter Laregh, Hansjürgen Pohland, Michael Pfleghar, nach einem Roman von Curt Goetz **K** Ernst Wild **M** Heinz Kiessling **D** Heidelinde Weis (Lu), Klausjürgen Wussow (C. G.), Horst Frank (Dr. Maning), Wolfgang Neuss (Ben), Ernst Fritz Fürbringer (Sostlov), Peter Schütte (Swendka), Alice Kessler, Ellen Kessler (beide die »Tiddy Sisters«) **L** 110 **FSK** ab 18; nf **FBW** w **E** 9.4.1964 **fd** 12 667

TÖTE, WAS DU LIEBST →Mon Bel Amour

TOTE WERFEN KEINE SCHATTEN (INGINOCCHIATI STRANIERO ... I CADAVERI NON FANNO OMBRA!). Ein junger Revolverheld bringt einen gefährlichen Kopfgeldjäger zur Strecke. Dilettantisch inszeniertes Serienprodukt, das außer Sadismus und Langeweile nichts zu bieten hat. ✦ Italien 1970 **P** Tarquinia **KI** A. B. **R** Miles Deem (= Demofilo Fidani) **B** Francesco Mannocchi, Demofilo Fidani **K** Aristide Massaccesi **M** Coriolano Gori **S** Piera Bruni **D** Hunt Powers (= Jack Betts), Chet David, Simone Blondell, Dennis Colt, Ettore Manni, Gordon Mitchell **L** 83 **FSK** ab 18; nf **E** 2.7.1971 **fd** 17 506

DER TOTE ZEUGE (OPERATION SECRET). Nach dem Krieg wird in Paris der Mord an einem französischen Widerstandskämpfer untersucht. Die Zeugen schildern abwechselnd ihre Erlebnisse seit 1940, bis am Ende das Gericht den anwesenden Mörder festnehmen kann, einen ehemaligen Offizier der Fremdenlegion, der kriegswichtige deutsche Geheimfilme an die Sowjets ausliefern wollte, statt sie nach London zu schaffen. Ein antikommunistisch gefärbter Spionagefilm von einer Naivität, wie sie wohl nur im Hollywood jener Jahre denkbar war. – Ab 16. ✦ Schwarz-weiß. USA 1952 **P** Warner Bros. **KI** Warner **Pd** Henry Blanke **R** Lewis Seiler **B** James R. Webb, Harold Medford, nach einer Erzählung von Alvin Josephy und John Twist **K** Ted McCord **M** Ray Heindorf **D** Cornel Wilde (Peter Forrester), Steve Cochran (Sgt. Marcel Brevoort), Phyllis Thaxter (Maria), Karl Malden (Major der Legion Latrec), Paul Picerni (Capitaine Armand), Lester Matthews (Mr. Robbins) **L** 107 **FSK** ab 12; f **E** 25.9.1959 **fd** 8 450

TOTE ZEUGEN NÜTZEN NICHTS →Privatdetektiv Joe Dancer: Tote Zeugen nützen nichts

TOTE ZEUGEN REDEN NICHT (TROUBLE IN PARADISE IN THE LATE EIGHTIES / TROUBLE IN PARADISE). Ein EG-Politiker und die Frau eines belgischen Industriellen, der als Zwischenhändler im Waffengeschäft zwischen den USA und dem Iran fungiert, werden Opfer eines Komplotts, durch das eine linke Gruppierung in Mißkredit gebracht werden soll. Ein Fernsehjournalist und eine wackere Reporterin können eine Bluttat vereiteln und decken die wahren Hintergründe der Affäre auf. Trotz der zeitgemäßen und brisanten Geschichte zündet der Film nicht, da die komplexen Zusammenhänge zu nebulös bleiben und dramaturgische Kurzschlüsse sowie klischeehafte Figurenzeichnung den thematischen Sprengstoff verpuffen lassen. – Ab 16. ✦ Niederlande/Belgien 1989 **P** Emotion Pictures/BRT/Dienst Drama/Ministerie van de Claamse Gemeenschaft/Three Lines **VA** Ufa **Pd** Luc Pien, Otto Wobma **R** Robbe De Hert **B** Chiem van Houweninge, Robbe De Hert **K** Jules van de Steenhowen **M** Jack van Poll **S** Chris Verbiest **D** Beatie Edney (Ann Kusters), Freark Smink (Freddy DeJonghe), Carl Huybrechts (Carl), Jack Coulter (Jack), Eric Schneider (Eric Kusters), Alexandra Vandernoot (Francine), Patty Pontier (Myrthe), Monica Dumon (Claire), Gees Linnebank (Johan van Zuylen) **L** 94 **FSK** ab 16 **E** April 1990 Video **fd** 28 346

TOTE ZEUGEN SINGEN NICHT (LA POLIZIA INCRIMINA, LA LEGGE ASSOLVE / THE COP). Ein in der Wahl seiner Mittel keineswegs zimperlicher Kommissar versucht erfolglos, auch die in höchsten Kreisen sitzenden Hintermänner eines Rauschgiftringes in Genua zu überführen. Ein spannender, aber sehr harter Kriminalfilm, der vor allem durch die präzise Kameraarbeit auffällt. Die gesellschaftskritische Konzeption wird freilich von reißerischen Effekten überwuchert. ✦ Italien/Spanien 1973 **P** Capitolina/Star **KI** Warner-Columbia **Pd** Edmondo Amati **R** Enzo G. Castellari (= Enzo Girolami) **B** Tito Carpi, Gianfranco Clerici, Enzo G. Castellari (= Enzo Girolami), Leonardo Martin **K** Alejandro Ulloa **M** Guido de Angelis, Maurizio de Angelis **D** Franco Nero, Fernando Rey, James Whitmore, Duilio Del Prete, Delia Boccardo **L** 102 **FSK** ab 18; nf **E** 9.8.1974 **fd** 18 955

TOTEM (DAY OF THE EVIL GUN). Ein nach dreijähriger Abwesenheit für tot gehaltener Revolverheld macht sich mit einem Nachbarn auf die Suche nach seiner Frau, die mit ihren beiden Töchtern von Indianern verschleppt wurde. Ein im Tempo gemächlicher, thematisch interessanter Western, der eine Variation des Klassikers »Der schwarze Falke« handwerklich solide inszeniert, wobei er auf einige Härten aber nicht verzichten mag. – Ab 16. ✦ Scope. USA 1967 **P** Metro-Goldwyn-Mayer **KI** MGM **Pd+R** Jerry Thorpe **B** Charles Marquis Warren, Eric Bercovici **K** W. Wallace Kelley **M** Jeff Alexander **S** Alex Beaton **D** Glenn Ford (Lorn Warfield), Arthur Kennedy (Owen Forbes), Dean Jagger (Jimmy Noble), John Anderson (Capt. Jefferson Addis), Barbara Babcock (Angie Warfield), Harry Dean Stanton (Sergeant Parker), Paul Fix (Sheriff), Nico Minardos (DeLeon), Royal Dano (Dr. Prather), Ross Elliott (Rev. Yearby) **L** 89 **FSK** ab 12; f **E** 26.9.1968 **fd** 15 795

DIE TOTEN →The Dead – Die Toten

DIE TOTEN AUGEN DES DR. DRACULA (OPERAZIONE PAURA). Ein mutiger Arzt befreit ein Dorf um die Jahrhundertwende von einem unheimlichen Mörder. Etwas verworrene, nervenstrapazierende Gruselgeschichte in effektvoller Inszenierung. Raffinierte Überblendungen prägen die bedrückende Geschichte um die Inkarnation des schlechten Gewissens. ✦ Italien 1966 **P** F.U.L. **KI** Alpha **R** Mario Bava **B** Roberto Natale, Romano Migliorini, Mario Bava **K** Antonio Rinaldi **M** Carlo Rustichelli **S** Romana Fortini **D** Giacomo Rossi Stuart, Fabienne Dali, Piero Lulli, Erika Blanc, Max Lawrence **L** 83 **FSK** ab 16; nf **E** 13.3.1970/4.10.1986 DFF 1 **fd** 16 677

DIE TOTEN AUGEN VON LONDON. Auf Gruseleffekte getrimmter Krimi nach Edgar Wallace, im Mittelpunkt die Entlarvung von teils blinden Versicherungsbetrügern, die im Londoner Nebel vorzugsweise alte, hochversicherte Millionäre ermorden, die alle bei einer Gesellschaft ihre Policen abgeschlossen haben. Ein vergleichsweise spannender Film, der ohne zimperliche Zurückhaltung ein gewisses Angstpotential aufzubauen versteht. Vor allem aus der zeitlichen Distanz betrachtet, besitzt die triviale Serienkost fast schon einen gewissen »naiven« Unterhaltungswert. – Ab 16. ✦ Schwarz-weiß. BR Deutschland 1960 **P** Rialto **KI** Constantin **VA** Taurus **Pd** Horst Wendlandt **R** Alfred Vohrer **B** Trygve Larsen, nach einem Roman von Edgar Wallace **K** Karl Loeb **M** Heinz Funk **D** Joachim Fuchsberger (Larry Holt), Karin Baal (Nora Ward), Dieter Borsche (Paul Dearborn), Wolfgang Lukschy (Stephan Judd), Eddi Arent (Sunny Harvey), Harry Wüstenhagen (Flimmer-Fred), Klaus Kinski (Edgar Strauss), Ida Ehre (Ella Ward) **L** 98 **FSK** ab 12; f (fr. 16; nf) **E** 28.3.1961/16.3.1974 ZDF/22.1.1977 DFF 1/2.3.1979 Kino DDR **fd** 10 117

DIE TOTEN BLEIBEN JUNG. Ein eng an den Roman von Anna Seghers angelehntes, in mehreren parallel verlaufenden Handlungssträngen entworfenes Panorama der deutschen Gesellschaft zwischen den beiden Weltkriegen. Eine menschlich differenzierte, um überzeugendes Zeitkolorit und naturalistische Atmosphäre bemühte Literaturverfilmung, die der Vielschichtigkeit der Vorlage jedoch nur bedingt gerecht wird. – Ab 16. ✦ Scope, schwarz-weiß. DDR 1968 **P** DEFA, Gruppe »Berlin« **KI** Progress **Pd** Bernhard Gelbe **R** Joachim Kunert **B** Christa Wolf, Joachim Kunert, nach dem gleichnamigen Roman von Anna Seghers **K** Günter Haubold **M** Gerhard Wohlgemuth **S** Christa Helwig **D** Barbara Dittus (Marie), Günter Wolf (Geschke), Klaus-Peter Pleßow (Hans), Klaus Piontek (Martin), Peter Borgelt (Triebel), Dieter Wien (von Wenzlow), Gunter Schoß (Erwin), Alfred Struwe (von Klemm), Kurt Kachlicki (von Lieven) **L** 112 **E** 14.11.1968 Kino DDR/9.9.1973 DFF 1/16.11.1973 ZDF

DIE TOTEN DER SEINE →Les Morts de la Seine

DIE TOTEN DER VILLA CAPRI →Blutkult

DIE TOTEN HOSEN – DREI AKKORDE FÜR EIN HALLELUJA. Ein bunter Bilderbogen zeichnet die zehnjährige Geschichte der Düsseldorfer Rockband »Die toten Hosen« nach. Die wilde Mischung aus amateurhaften Filmaufnahmen und Fernsehmitschnitten macht zwar etwas von dem Witz deutlich, mit dem die Band ihre Musik wie auch ihre teils spektakulären Aktionen gestaltet, aber sie kann ebensowenig wie die wenigen Interviews erhellen, wie und warum ein Relikt der Punk-Ära zu einer der erfolgreichsten bundesdeutschen Rockbands wurde. (Videotitel: »Vier Akkorde für ein Halleluja«) – Ab 14. ✦ Deutschland 1991 **P** Startfilm/Totenkopf Schallplatten/Trini Trimpop **KI** Mega Film **Pd** Christian Wagner **R+B** Trini Trimpop **M** Die Toten Hosen **S** Marcus Herold **D** Die Toten Hosen, Alan Bangs, Elke Heidenreich, Kurt Raab, Marianne Sägebrecht **L** 88 **FSK** ab 6; nf **E** 18.7.1991 **fd** 29 033

DIE TOTEN JAHRE →Vierzehn Jahre Sing-Sing

DIE TOTEN LEHREN DIE LEBENDEN →Gekauftes Leben

DIE TOTEN SCHWEIGEN NICHT. In der kämpferischen Tradition des Studios Heynowski & Scheumann gefertigter Dokumentarfilm über die Diktatur in Chile. Geschildert werden die Begleitumstände und Ursachen der Morde an zwei Politikern der gestürzten Regierung der Unidad Popular, die als Verteidigungspolitiker genaue Kenntnisse über jene gewinnen konnten, die später gewaltsam gegen Allende putschten. Vgl. auch »El golpe blanco – Der weiße Putsch« und »Ich war, ich bin, ich werde sein«. ✦ Teils schwarz-weiß. DDR 1978 **P** Studio H & S **KI** Unidoc **SF** Unidoc **Pd** Mathias Remmert **R+B** Walter Heynowski, Gerhard Scheumann **K** Peter Hellmich, Horst Donth, Winfried Goldner **M** Johann Sebastian Bach **S** Traute Wischnewski, Ilse Radtke **L** 76 **E** 19.4.1978 DFF 1

DIE TOTEN SEELEN (MJORTVAJE DUSCHY). Ein Hochstapler und ehemaliger Beamter im zaristischen Rußland schleicht sich in die wohlhabende Gesellschaft ein und kauft von Gutsbesitzern verstorbene leibeigene Bauern auf, um mit diesen toten Seelen die Steuerbehörde zu betrügen. Eine formal eigenwillige Verfilmung des satirischen Romans von Gogol durch den Filmpionier und früheren Kosinzew-Mitarbeiter Leonid Trauberg, der in seinen satirischen Spitzen betont dick aufträgt und lustvoll nach entsprechenden äußeren Effekten sucht. – Ab 16. ✦ Schwarz-weiß. UdSSR 1960 **P** Mosfilm **R** Leonid Trauberg **B** Leonid Trauberg, nach einem Roman von Nikolai Gogol **K** Konstantin Browin **D** Wladimir Belokurow, Viktor Stanizin, Boris Liwanow, Alexej Gribow, Anastasia Zujewa **L** 95 **E** 11.6.1975 S 3

DIE TOTEN STERBEN NICHT (THE DEAD DON'T DIE). Bei dem Versuch, seinen unschuldig hingerichteten Bruder zu rehabilitieren, stößt ein junger Mann in Chicago auf den Inhaber eines Marathon-Tanzwettbewerblokals, der als mysteriöser Magier mit Hilfe von Zombies die Macht an sich reißen will. Ein fürs Fernsehen entstandener abgeschmackter Leichen-Horror im Kostüm der frühen 30er Jahre, versetzt mit vagen Hinweisen auf den Voodoo-Kult. Optisch dezenter als spätere Zombie-Schocker, aber allenfalls genießbar für unverbesserliche Liebhaber von trivialem Schauer-Kintopp. ✦ USA 1975 **P** Douglas S. Cramer Company **Pd** Henry Colman **R** Curtis Harrington **B** Robert Bloch **K** James Crabe **M** Robert Prince **S** Ronald J. Fagan **D** George Hamilton (Don Drake), Ray Milland (Jim Moss), Ralph Meeker (Lt. Reardon), Linda Cristal (Vera LaValle), Joan Blondell (Levenia Hatcher) **L** 74 **E** 11.7.1987 ARD

TÖTEN WAR IHR JOB (SEDUTO ALLA SUA DESTRA). Internationale Soldateska (»Wir kämpfen, weil wir Kämpfer sind«) verfolgt einen von der Gegenregierung im Kongo gesuchten Schwarzen-Führer, der ebenso ermordet wird wie zwei weiße Mitgefangene, ein reumütiger und ein unbarmherziger Söldner. Der symbol- und parallelenreiche Film versucht, neben zeitgeschichtlichen Anspielungen (Korea, Laos, Vietnam, Biafra) auch Bezüge zur Passion Christi und dem Schicksal des ermordeten Ministerpräsidenten Lumumba herzustellen. Seine schockierende Ausmalung der Unmenschlichkeiten erschwert jedoch gründlichere Einsichten. (Videotitel: »Die Söldner – Töten war ihr Job«) ✦ Scope. Italien 1968 **P** Ital Noleggio Cinematografico/Castoro **KI** Ringfilm/Carlo-Schmidt-Verleih **VA** EuroVideo **R** Valerio Zurlini **B** Franco Brusati, Valerio Zurlini **K** Aiace Parolin **M** Ivan Vandor **S** Franco Arcalli **D** Woody Strode, Jean Servais, Franco Citti, Pier Paolo Capponi, Stephen Forsyth, Luciano Lorcas (= Luciano Catenacci) **L** 91 **FSK** ab 18; f **E** 11.7.1969 **fd** 16 242

DER TOTENCHOR DER KNOCHENMÄNNER (LA ORGIA DE LOS MUERTOS). Der Neffe eines alten Grafen entlarvt einen von seinem Onkel geförderten Wissenschaftler als mehrfachen Mörder. Stümperhafter Horrorfilm mit vielen selbstzweckhaften Schockszenen. (Späterer Titel: »Die Bestie aus dem Totenreich«) ✦ Spanien/Italien 1972 **P** Petruka/Prodimex **KI** Alemannia **VA** ITT/VMP **R** Léon Klimovsky **B**

Léon Klimovsky, Enrico Colombo **K** Modesto Rizzolo **M** Francesco De Masi **D** Stan Cooper, Maria Pia Conte **L** 98 **FSK** ab 18; nf **E** 19.3.1976 **fd** 20 091

DAS TOTENFEST (GRÜSSE AN MARIA) (SEMINA PO ZDRAVI MARIJU). Zwei Gymnasiasten in Ljubljana, ein Junge und ein Mädchen, werden 1941 während der Annexion ihrer Heimatprovinz durch Mussolinis Truppen jäh aus ihren geordneten Lebensverhältnissen gerissen. Der Junge wird zum ersten Mal einen Menschen töten müssen. Weniger auf die Vermittlung politisch-historischer Fakten ausgerichtet, liefert der eindringliche Film eine verhaltene, zuweilen poetisierende und verinnerlichte Beschreibung der Besatzungs- und Widerstandszeit in Jugoslawien. Zuweilen verselbständigt sich aber die schöne, subtile Beschreibung gegenüber der Vermittlung des politischen Hintergrunds. – Sehenswert. ✦ Jugoslawien 1969 **P** Viba Film **R+B** Matjaz Klopcic **K** Sreco Pavlocic **M** Joze Privsek **D** Milena Dravic (Maria), Rade Serbedzija (Nico), Mirko Bogataj, Relja Basic **L** 98 **E** 8.12.1972 BR III

DIE TOTENGLOCKE →Verhängnisvolle Jagdpartie

DIE TOTENGRUFT DES DR. JEKYLL (DAUGHTER OF DR. JEKYLL). Die Tochter des unseligen Gruselarztes Dr. Jekyll wird von ihrem Vormund hypnotisch in die Bluttaten eines Werwolfs verstrickt. Vordergründiger Horrorfilm der B-Kategorie, der nie das Talent des Routiniers Ulmer erkennen läßt. – Ab 16. ✦ USA 1957 **P** Film Venturers/Allied Artists **Kl** Mercator **Pd** Jack Pollexfen **R** Edgar G. Ulmer **B** Jack Pollexfen **K** John F. Warren **M** Melvyn Lenard **S** Holbrook N. Todd **D** John Agar (George Hastings), Gloria Talbott (Janet Smith), Arthur Shields (Dr. Lomas), John Dierkes (Jacob), Martha Wentworth (Mrs. Merchant) **L** 67 **FSK** ab 16; nf **E** 28.6.1964 **fd** 1 208

DIE TOTENINSEL (1955). Die nach einem Illustrierten-Roman erarbeiteten Schicksale von Lepra-Kranken aus aller Welt, die auf einer Südseeinsel leben, darunter ein geschiedener Korea-Heimkehrer, eine Sängerin mit Stimmverlust, ein Kirchenbauer und ein Ordenspriester. Ein »Problemfilm«, typisch für das Unterhaltungskino der 50er Jahre: Da seine erzählerischen und gedanklichen Möglichkeiten zu unwahrhaftig und unausgereift sind, bringt er nie die Kraft auf, zu erschüttern. – Ab 14 möglich. ✦ Schwarz-weiß. BR Deutschland 1955 **P** Unicorn **Kl** NF **Pd** Alfred Bittins **R** Viktor Tourjansky **B** Juliane Kay, Viktor Tourjansky, Victor de Fast, Lore Stapenhorst, Erich Kröhnke, nach einem Roman von Hans-Ulrich Horster (= Eduard Rhein) **K** Günther Anders **M** Hans-Otto Borgmann **S** Walter Fredersdorf, Lydia Fredersdorf **D** Willy Birgel (Frank), Inge Egger (Maria), Folke Sundquist (Stefan), Charles Regnier (Pater Markus), Paul Esser (Kahlmeyer), Karin Hardt (Erna Kahlmeyer), Alexander Kerst (Dr. Gordon), Joseph Offenbach (Dr. Gabin) **L** 100 **FSK** ab 12; f **E** 23.8.1955 **fd** 4 287

DIE TOTENINSEL (1993) (OSTROW MJERTWYCH). Nach Motiven von Arnold Böcklins berühmtem Gemälde ist eine epische Collage aus alten russischen Stummfilmen, Dokumentaraufnahmen aus dem Ersten Weltkrieg und seltenen Filmfragmenten aus den 20er Jahren entstanden. Die filmische Fantasie ist der russischen Stummfilmdiva Vera Kholodnaja gewidmet, die zu ihrer Zeit mit Sara Bernhardt verglichen wurde und ein fester Bestandteil der russischen Filmkultur ist. (O.m.d.U.) ✦ Schwarz-weiß. Russland 1993 **R+B** Oleg Kowalow **K** Wladimir Smirnow **L** 85 **E** 3.10.1994 WDR

TOTENKOPF AUF WEISSEN SEGELN (LA REBELLION DE LOS BUCCANEROS). Liebe, Eifersucht, Macht, Habsucht als Elemente einer dünnen Handlung, die sich auf Kriegsschiffen und einer kleinen Insel vor Australien abspielt, wo ehemalige Piraten mit ihren Frauen als brave Untertanen der britischen Krone ihr Leben fristen. Ein langweiliger, billig hergestellter Piratenfilm, der uninspiriert Fecht-, Schieß- und Prügelszenen in dichter Folge abspult. (TV-Titel: »Die Rebellen der Freibeuter«) – Ab 14 möglich. ✦ Spanien/Italien 1971 **P** Cooperative Cinematografica Carthago/Duca Internazionale **Kl** CS **R+B** José Luis Merino **K** Emanuele di Cola **M** Francesco De Masi **D** Charles Quiney, Stan Cooper, Maria Pia Conte, Loretta Marti **L** 90 **FSK** ab 12; f **E** 9.1.1975 **fd** 19 161

DER TOTENKOPF-MÖRDER (EXCLUSIVE). Thriller um eine Fernsehreporterin, die vom anonymen Urheber einer spektakulären Mordserie Exklusiv-Informationen erhält. Nach intensiven Recherchen und weiteren Morden erhärtet sich der Verdacht, daß ihr eigener Mann, ein College-Professor, der Mörder sein könnte. ✦ USA 1992 **R** Alan Metzger **D** Suzanne Somers (Marcy Singer), Michael Nouri (Reed Pierce), Ed Begley jr. (Allen), Joe Cortese (Oliver), Scott Bryce (Chandler), Kelly Rowan (Sally) **L** 88 **E** 17.8.1994 RTL

DIE TOTENLISTE (THE LIST OF ADRIAN MESSENGER). Ein Geheimdienst-Offizier entlarvt einen Unbekannten, der auf geheimnisvolle Weise elf Zeugen seines früheren Kriegsverbrechens ermordet. Eine nach traditionellen Vorbildern im Stil alter Sherlock-Holmes-Geschichten fesselnd entwickelte Kriminalgeschichte mit erstklassiger Besetzung; spannend inszeniert und glänzend gespielt. Reizvoll auch durch die Gastauftritte von Robert Mitchum, Frank Sinatra, Burt Lancaster und Tony Curtis, die in ihren Maskeraden erst auf den zweiten Blick zu erkennen sind. – Ab 14. ✦ Schwarz-weiß. USA 1962 **P** Universal/Joel Prod. **Kl** Universal **Pd** Edward Lewis **R** John Huston **B** Anthony Veiller, nach einem Roman von Philip MacDonald **K** Joseph MacDonald **M** Jerry Goldsmith **S** Terry Morse, Hugh S. Fowler **D** George C. Scott (Anthony Gethryn), Dana Wynter (Lady Jocelyn Bruttenholm), Clive Brook (Marquis of Gleneyre), Jacques Roux (Raoul Le Borg), Herbert Marshall (Sir Wilfred Lucas), Tony Curtis, Kirk Douglas, Burt Lancaster, Robert Mitchum, Frank Sinatra **L** 98 **FSK** ab 12; nf **FBW** w **E** 30.8.1963/31.12.1976 DFF 2 **fd** 12 204

DAS TOTENSCHIFF. Ein junger amerikanischer Matrose wird um seine Papiere gebracht und gerät auf ein morsches, dem Untergang geweihtes Schmugglerschiff. Aus B. Travens hervorragend stilisiertem Abenteuerroman mit gesellschaftskritischer Note wurde ein flotter Reißer, in dessen Mittelpunkt die Freundschaft des jungen Seemannes mit einem Gefährten steht. Trotz der gelegentlich recht angestrengt-brutalen Realistik insgesamt ein mit großem technischem Aufwand bildstark inszenierter Abenteuerfilm, der die ungebrochene menschliche Haltung der hoffnungslosen, verworfenen Figuren zumindest andeutet. Mit der räumlichen Einengung gewinnt der Film im zweiten Teil merklich an dramatischer Geschlossenheit. – Ab 16. ✦ Schwarz-weiß. BR Deutschland/Mexiko 1959 **P** Universum/Producciones José Kohn **Kl** UFH **Pd** Dietrich von Theobald **R** Georg Tressler **B** Hans Jacoby, Georg Tressler, nach dem gleichnamigen Roman von B. Traven **K** Heinz Pehlke **M** Roland Kovac **S** Ilse Voigt **D** Horst Buchholz (Philip Gale), Mario Adorf (Lawski), Helmut Schmidt (Heizer Martin), Elke Sommer (Mylène), Werner Buttler (Dils), Alf Marholm (Kapitän der »Yorikke«) **L** 98 **FSK** ab 16; f **E** 1.10.1959/13.9.1969 ZDF **fd** 8 489

DIE TOTENSCHMECKER. Auf einem Einödhof in den österreichischen Bergen haust ein verwitweter Bauer mit drei Söhnen, von denen der schwachsinnige jüngste vor der Umwelt abgeschirmt wird. In diesem Milieu lebt man von Vorurteilen, die sich in einer Orgie von Gewalt entladen, als der geistig Behinderte ein Zigeunermädchen erwürgt. Um die Tat zu vertuschen, rottet die Familie die gesamte, in der Nähe lagernde Zigeunersippe aus. Ein reißerisch zugespitztes grobes Gewaltdrama, mittelmäßig inszeniert und gespielt. (Im ZDF lief eine leicht gekürzte Fassung unter dem Titel »Das Mädchen vom Hof«.) ✦ BR Deutschland 1978 **P** Cine-Tele-Team/Alfa **Kl** Nobis **Pd** Ernst von Theumer, Monica Teuber, Artur Brauner **R+B** Richard Jackson (= Ernst von Theumer) **K** Joe Stemmer **M** Joachim Ludwig **S** Karl H. Fugunt **D** Herb Andress (Kurt), William Berger (Felix), Peter Jacob (Vater), Maria Beck (Anna), Lore Graf (Magd Rosa), Claudia Bethge (Großmutter) **L** 85 **FSK** ab 18; f **E** 22.2.1979 **fd** 21 172

TOTENTANZ DER VAMPIRE (THE HOUSE THAT DRIPPED BLOOD). Sämtliche Mieter eines schaurig-einsamen, mysteriösen Landhauses kommen auf seltsame Weise ums Leben – direkt oder indirekt durch Vampire. Für Freunde und Kenner des Genres ein reizvoller Horrorfilm, sorgfältig und bedingt spannend inszeniert, in einer Vampir-Episode mehr amüsant als erschreckend. – Ab 16. ✦ Großbritannien 1969 **P** Amicus **Kl** Cinerama **Pd** Max J. Rosenberg, Milton Subotsky **R** Peter Duffell **B** Robert Bloch **K** Ray Parslow **M** Michael Dress **S** Peter Tanner **D** Peter Cushing, Christopher Lee, Nyree Dawn Porter, John Bennett, John Bryans, Joss Ackland, Denholm Elliott **L** 101 **FSK** ab 16; nf **E** 23.6.1972

TOTENTANZ IM PAZIFIK (SMRT NA CUKROVEM OSTROVE). Das Schicksal von Menschen, die aus politischem Haß ihre Heimat verlassen haben. In einer fremden Welt gehen sie seelisch und körperlich zugrunde. Aufwendiges Drama mit aufgesetztem Tiefgang. – Ab 16. ✦ Scope. CSSR 1961 **P** Filmstudio Barrandov **Kl** Progress **R** Jirí Sequens **B** Miloslav Fábera, Jirí Sequens **K** Jan Kalis **M** Wiliam Bukovy **D** Jirí Vala (Dr. Trojan), Marie Tomásová (Katerina), Jirí Holy (Milan), Frantisek Smolík (Pirner), Zdenek Stepánek (Gilberti) **L** 99 **E** 23.11.1962 Kino DDR

TOTENTANZ IM SCHRECKENSSCHLOSS →Dance of Death

DER TOTENTISCH (LA TABLE AUX CREVES). Die Probleme eines Bauern in einem provenzalischen Dorf. Zunächst bringt ihn der Selbstmord seiner Frau ins Gerede, dann kommt heraus, daß er der Schwester eines Schmugglers den Hof macht. Trotz der ernsten Ereignisse ein eher heiterer Unterhaltungsfilm mit seinerzeit populären Komödianten. – Ab 14. ✦ Schwarz-weiß. Frankreich 1950 **R** Henri Verneuil **B** Henri Verneuil, André Tabet, nach dem Roman von Marcel Aymé **K** André Germain **D** Edouard Delmont (Capucet), Andrex (Frédéric), Fernandel (Urbain Coindet), Maria Mauban (Jeanne), René Génin (Pfarrer), Henri Vilbert (Victor) **L** 87 **E** 23.4.1992 EINS PLUS

TOTER GEHT'S NICHT (PEGGIO DI COSI SI MUORE / LE CRI DE LA LAVANDE DANS LE CHAMPF DE SAUTERELLES). Ein frisch verheiratetes Paar gelangt unvermittelt in dem Besitz eines Koffers mit Geld und kauft damit eine Wohnung. Am Abend der Einweihung stehen zwei Männer vor der Tür, die »ihr« Geld zurückfordern und dem Paar eine zweiwöchige Frist einräumen. Für die Beiden bricht eine hektischen Zeit an, die mit einer Reihe von Zufällen überstanden werden kann. Komödie mit satirischen Spitzen und makabren Einlagen, die sich nach verhaltenem Anfang zu einer temporeichen Farce steigert. – Ab 16. ✦ Italien/Frankreich/Spanien 1995 **P** Angel Film/Banfilm/La Sept Cinéma/Le Studio Canal+/Mate Prod./Palomar Pic./RAI **Pd** Nella Banfi **R** Marcello Cesena **B** Marcello Cesena, Ugo Dighero **K** Régis Blondeau **M** Paolo Silvestri **S** Anna Napoli **D** Carla Signoris (Anna), Maurizio Crozza (Carlo), Ugo Dighero (Jack), Mauro Pirovano (Cermine), Marcello Cesena (Claudio) **L** 89 **E** 8.6.1998 arte

EIN TOTER HING AM GLOCKENSEIL (1965) (LA CRIPTA E L'INCUBO). Ein junger Gelehrter bannt mit dem Tod eines Vampirs den auf einer Adelsfamilie seit Jahrhunderten lastenden Fluch. Wirrer Gruselfilm von geringem Unterhaltungswert. (TV-Titel DDR: »Die Gruft und der Alptraum«) ✦ Italien 1965 **P** M.E.C./C.P.F./Europadis **Kl** Carlo Schmidt **Pd** William Mulligan **R** Thomas Miller (= Camillo Mastrocinque) **B** Robert Bohr, Julian Berry (= Ernesto Gastaldi) **K** Julio Ortas **M** Carlo Savina, Herbert Buchman **D** Christopher Lee, Audry Amber (= Adriana Ambesi), Ursula Davis, Bill Curtis, José Campos, Carla

Calò **L** 85 (DDR 78) **FSK** ab 16; nf **E** 3.3.1967/14.11. 1969 DFF 1 **fd** 14 612

EIN TOTER HING AM GLOCKENSEIL (1980) →Ein Zombie hing am Glockenseil

EIN TOTER HING IM NETZ. Ein New Yorker Werbemanager und seine Freundin wählen sieben Tanzgirls für eine Übersee-Tournee aus. Unterwegs stürzt das Flugzeug ins Meer, und die Truppe strandet auf einer einsamen Insel im Stillen Ozean. Der Biß einer riesigen Spinne verwandelt den Manager in ein kralliges Untier, das von den jungen Frauen ins Moor gejagt wird. Bald gibt es drei Leichen, aber auch zwei Neuankömmlinge, die für erotische Abwechslung sorgen. Die naiv-triviale Fabel vereint Sex- und Horror-Elemente zu einem zur Entstehungszeit heftig umstrittenen Genrefilm, dessen inszenatorische Qualitäten freilich übersehen wurden. ✦ Schwarz-weiß. BR Deutschland 1959 **P** Rapid **KI** Austria **R+B** Fritz Böttger **K** Georg Krause **M** Willi Mattes, Karl Bette **D** Harald Maresch (Joe), Barbara Valentin (Babs), Helga Franck (Georgia), Alex D'Arcy (Gary), Helga Neuner (Ann), Reiner Brand (Robby) **L** 81 **FSK** ab 18; nf **E** 16.4.1960 **fd** 9 132

EIN TOTER KEHRT ZURÜCK (BODA SECRETA). Eine anarchisch-wütende, aber auch humorvoll-intelligente und surreale Auseinandersetzung mit der jüngsten Vergangenheit Argentiniens. 13 Jahre nachdem er angeblich unter der Militärdiktatur ermordet wurde, wird ein Revolutionär nackt und verstört auf den Straßen von Buenos Aires aufgegriffen. Er kehrt in sein Heimatdorf zurück. Für seine Verlobte ist das langjährige Warten zur Obsession geworden, sie erkennt ihn nicht. Er arbeitet unter neuer Identität als Barpianist und kann sie erneut für sich gewinnen. Nachdem er den Dorfpfarrer, der ihn denunzieren wollte, ermordet hat, wird er vor der Flucht aus dem Dorf erneut verhaftet und deportiert. (Titel auch: »Heimliche Hochzeit«) ✦ Argentinien/Kanada/ Niederlande 1989 **P** Allarts/Cinephile/Movie Centre Tri-Production **Pd** Seton J. Miller, Lujan Pflaum, Beatriz Heiras **R+B** Alejandro Agresti **K** Ricardo Rodriguez, Alejandro Agresti **M** Paul Michael Van Brugge **S** Suzanne Baron, René Wiegmans **D** Tito Haas (Fermin), Mirtha Busnelli (Tota), Sergio Poves Campos (Pipi), Nathan Pinzon (Pfarrer), Floria Bloise (Dona Patricia) **L** 82 **E** März 1990/30.4.1992 ZDF

EIN TOTER KOMMT ZURÜCK (JOE DAKOTA). Ein Fremder kommt 1876 in das kalifornische Prärienest, wo man seinen Kriegskameraden und Freund, einen Indianer, wegen angeblicher Vergewaltigung aufgehängt hat. Mit Hilfe einer hübschen Einheimischen entlarvt er den Schuldigen, der sich nur an der ertragreichen Ölquelle des Indianers bereichern wollte. Western von eher innerer Spannung, der thematisch dem berühmten Vorbild »Stadt in Angst« (1954) folgt. – Ab 16. ✦ USA 1957 **P** Universal **KI** Universal **Pd** Howard Christie **R** Richard Bartlett **B** William Talman, Norman Jolley **K** George Robinson **M** Joseph Gershenson **S** Fred MacDowell **D** Jock Mahoney (Der Fremde), Luana Patten (Jody Weaver), Charles McGraw (Cal Moore), Barbara Lawrence (Myrna Weaver), Paul Birch (Frank Weaver), Claude Akins (Aaron Grant), Lee Van Cleef (Adam Grant), Anthony Caruso (Marcus Vizzini), George Dunn (Jim Baldwin), Steve Darrell (Sam Cook), Rita Lynn (Rosa Vizzini), Gregg Barton (Tom Jensen) **L** 79 **FSK** ab 12; nf **E** 31.1.1958 **fd** 6 668

EIN TOTER LACHT ALS LETZTER (LA CAMPANA DEL INFIERNO / LES CLOCHES DE L'ENFER). Eine Rachegeschichte zwischen Fantasie und Horror, die deutlich E. A. Poe nachstrebt, ohne dem Anspruch in irgendeiner Weise genügen zu können. Ein junger, angeblich oder tatsächlich geisteskranker Mann sucht sich an Tante und Cousinen durch Mordanschläge zu rächen, wird aber zuletzt selbst das Opfer. Eine handwerklich wie inhaltlich unausgegorene Gruselmär. ✦ Spanien/Frankreich 1973 **P** Hesperia/ La Boétie **KI** Cinerama **R** Claudio Guerín Hill **B** Santiago Moncada **K** Manuel Rojas **M** Adolfo Waitzman **D** Renaud Verley, Viveca Lindfors, Alfredo Mayo, Maribel Martin (= Maribel Martín), Nuria Gimeno **L** 86 **FSK** ab 18; nf **E** 19.7.1974 **fd** 19 116

EIN TOTER LÄSST GRÜSSEN →Toter geht's nicht

EIN TOTER LÜGT NICHT (THE BURGLAR). Ein Profieinbrecher mit zwei Gehilfen hat Pech: Nach dem Diebstahl von kostbarem Schmuck heftet sich ein zwielichtiger Gesetzeshüter an seine Fersen, um die Beute privat für sich zu vereinnahmen. Schließlich erschießt er den Dieb, wird aber als Mörder entlarvt. Aus David Goodis' düsterem Roman wurde ein sentimental verwässerter, nicht sonderlich spannender Krimi, der aber immerhin mit viel Routine inszeniert und gut gespielt ist. – Ab 16. ✦ Schwarz-weiß. USA 1957 **P** Columbia **KI** Columbia **Pd** Louis W. Kellman **R** Paul Wendkos **B** David Goodis, nach seinem Roman »The Burglar« **K** Don Malkames **M** Bob Marcucchi, Pete de Angelo **D** Dan Duryea (Nat Harbin), Jayne Mansfield (Gladden), Martha Vickers (Della), Peter Capell (Baylock), Mickey Shaughnessy (Dohmer), Stewart Bradley (Charlie) **L** 89 **FSK** ab 16; nf **E** 22.4.1958 **fd** 7 074

EIN TOTER NIMMT KEIN GOLD →Ein toter Taucher nimmt kein Gold

TOTER ORT (HOLT VIDEK). In einem Dorf, das von seinen Bewohnern verlassen wird, bleiben eine alte Frau und ein junges Ehepaar zurück. Den Mann bindet an diesen Ort nur egoistisches Besitzdenken, die junge Frau aber zerbricht an der Einsamkeit. Eindringliche psychologische Studie in künstlerisch meisterhafter Gestaltung. – Sehenswert ab 16. ✦ Ungarn 1971 **P** Mafilm, Stúdió 2 **KI** Progress **R** István Gaál **B** István Gaál, Péter Nádas **K** János Zsombolyai **M** András Szöllösy **D** Mari Töröcsik (Juli), István Ferenczi (Anti), Irma Patkós (Tante Erzsi), Sergej Jelisztratov, József Papp **L** 89 **E** 6.4.1973 Kino DDR/ 6.6.1974 DFF 1

EIN TOTER RUFT AN (THE THIRD VOICE). Ein geldgieriger Mörder setzt sich an die Stelle seines vermögenden Opfers, indem er mit dem Namen und der Stimme des Toten operiert und so dessen Bankkonten plündert. Erst als er sich anschickt, seine Mitwisserin, die frühere Geliebte des Ermordeten, aus dem Weg zu räumen, fliegt er auf. Die Geschichte eines perfekten Verbrechens mit überraschendem Ausgang in einem düsteren, raffiniert konstruierten Thriller nach einem Roman von Charles Williams. Zuweilen recht spannend, aber auch nicht ohne Längen entwickelt. – Ab 16. ✦ Scope, schwarz-weiß. USA 1959 **P** 20th Century Fox **KI** Centfox **Pd** Maury Dexter, Hubert Cornfield **R** Hubert Cornfield **B** Hubert Cornfield, nach dem Roman »All the Way« (»Totes Wasser«) von Charles Williams **K** Ernest Haller **M** Johnny Mandel **D** Edmond O'Brien (die Stimme), Julie London (Corey), Laraine Day (Marian), Ralph Brooks (Harris Chapman), Eddie LeBaron (Carlos), Shirley O'Hara (Carreras Sekretärin) **L** 82 **FSK** ab 16; nf **E** 3.6.1960 **fd** 9 148

EIN TOTER SCHWEIGT (THE SECRET MAN). Ein junger Raketenforscher wird vom Geheimdienst seines Staates veranlaßt, als scheinbarer Verräter zu fliehen, um dadurch einem Spionagering auf die Spur zu kommen. Reichlich konstruierter Spionage-Krimi ohne Spannung. – Ab 14 möglich. ✦ Schwarz-weiß. Großbritannien 1958 **P** Producers Associates/Amalgamated **KI** Hamburg/Odin/Titania **Pd+R** Ronald Kinnoch **B** Tony O'Grady, nach seinem Roman **K** John Wimbold, Geoffrey Faithfull **M** Terence Scotter **D** Marshall Thompson (Dr. Cliff Mitchell), John Loder (Major Anderson), Anne Aubrey (Jill Warren), Magda Miller (Ruth), John Stuart (Dr. Warren), Henry Oscar (John Manning) **L** 68 **FSK** ab 12; nf **E** 27.5.1960 **fd** 9 197

EIN TOTER SPIELT KLAVIER (SCREAM OF FEAR / TASTE OF FEAR). Ein überdrehter Krimi um den in Frankreich verschwundenen Vater einer jungen Engländerin, die an den Rollstuhl gefesselt ist. In der sich betont geheimnisvoll gebenden Handlung intrigieren ihre attraktive Stiefmutter und deren Geliebter, der Chauffeur, die es beide auf das Erbe abgesehen haben. Belangloser Reißer mit einigen Gruseleffekten; reizvoll allenfalls durch das variable Spiel Christopher Lees, der einmal nicht der Bösewicht ist. – Ab 16. ✦ Schwarz-weiß. Großbritannien 1960 **P** Hammer **KI** Columbia-Bavaria **Pd** Jimmy Sangster **R** Seth Holt **B** Jimmy Sangster **K** Douglas Slocombe **M** Clifton Parker **S** Eric Boyd-Perkins **D** Susan Strasberg (Penny Appleby), Ronald Lewis (Bob), Ann Todd (Janne Appleby), Christopher Lee (Dr. Gerrard), John Serret (Legrand), Leonard Sachs (Spratt) **L** 81 **FSK** ab 16; nf **E** 12.1.1962/24.7.1971 ARD **fd** 10 810

EIN TOTER SUCHT SEINEN MÖRDER (VENGEANCE/ THE BRAIN). Das künstlich am Leben gehaltene Gehirn eines Ermordeten ermöglicht es einem Mediziner, den Mörder ausfindig zu machen. Eine Mischung aus Krimi und Horrorfilm, weitgehend routiniert inszeniert. Gerade angesichts der aufgesetzten, recht aufdringlich verwendeten religiös-sittlichen Aspekte der Geschichte stößt das morbide Spiel mit der Menschenwürde doch arg auf. – Ab 16 möglich. ✦ Großbritannien/BR Deutschland 1962 **P** Stross/ CCC **KI** Europa **Pd** Artur Brauner **R** Freddie Francis **B** Philip Mackie, Robert Stewart, nach dem Roman »Donovan's Brain« von Curt Siodmak **K** Bob Huke **M** Kenneth V. Jones **D** Anne Heywood (Anna), Peter van Eyck (Dr. Corrie), Cecil Parker (Stevenson), Bernard Lee (Frank Shears), Ellen Schwiers (Ella), Siegfried Lowitz (Walters), Dieter Borsche (Miller) **L** 84 **FSK** ab 16; nf **E** 9.10.1962 **fd** 11 473

EIN TOTER TAUCHER NIMMT KEIN GOLD. Drei Deutsche bergen zusammen mit einem Taucher und dessen Freundin in der Karibischen See einen Goldschatz aus einem vor Jahrhunderten gesunkenen Schiff, der schließlich von der Polizei beschlagnahmt wird. Ein vordergründig-klischeehafter Abenteuerfilm mit einer grob zurechtgezimmerten Story. (Fernsehtitel: »Ein Toter nimmt kein Geld«) – Ab 16. ✦ BR Deutschland 1973 **P** Rapid/Terra/TV 13 **KI** Constantin **Pd** Wolf C. Hartwig **R** Harald Reinl **B** George Merlon, nach einem Roman von Heinz G. Konsalik **K** Franz X. Lederle **S** Herbert Taschner **D** Horst Janson (Hans Faerber), Hans Hass jr. (Peter Damms), Marius Weyers (René Chagrin), Monika Lundi (Ellen), Sandra Prinsloo (Pascale) **L** 95 **FSK** ab 12; nf **E** 15.3. 1974 **fd** 18 730

EIN TOTER WEISS ZUVIEL →The Empty Beach

TOTER WINKEL. Fernseh-Drama aus den letzten Tagen des Zweiten Weltkriegs. Der Unteroffizier eines Zwangsarbeitslagers, dessen Kriegsverbrechen offenbar werden, versucht sich bei der verwitweten Bäuerin eines benachbarten Gehöftes einzuschmeicheln, um ein Versteck vor den herannahenden sowjetischen Truppen zu finden. Die junge Frau lässt sich von dem Kriegsverbrecher jedoch nicht einschüchtern. – Ab 16. ✦ Schwarz-weiß. DDR 1960 **P** DEFA **Pd** Erich Albrecht **R** Wolfgang Luderer **B** Kurt Bortfeldt **K** Walter Fehdmer **M** Pavol Simai **S** Ilse Peters **D** Helga Raumer (Elfriede Watt), Lotte Loebinger (Großmutter), Hans Finohr (Großvater), Walter Richter-Reinick (Emil Rost), Fred Düren (François) **L** 76 **E** 3.5.1960 DFF 1

TOTES GLEIS (1969) (DEADLOCK). Ein für den amerikanischen Senat kandidierender schwarzer Staatsanwalt wird mit der Klärung eines Doppelmordes an zwei Weißen beauftragt, was zu Rassenkonflikten mit dem ermittelnden weißen Polizeioffizier führt. Ein geradlinig inszenierter Kriminalfilm mit knappem Dialog, zügigem Handlungsablauf und reizvoller Thematik. – Ab 16. ✦ USA 1969 **P** Universal **Pd** William Sackheim **R** Lamont Johnson **B** Roland Wolpert, William Sackheim **K** Vilis Lapenieks **M** Stanley Wilson **D** Leslie Nielsen (Lt. Danforth), Hari Rhodes (Staatsanwalt Washburn), Max Julien (Coley Walker), Aldo Ray (Edward Logan), Ruby Dee **L** 95 **E** 1.8.1975 ZDF

TOTES GLEIS (1994) (ONLY THE BRAVE). Das rauhe Leben zweier Mädchen in den trostlosen Vorstädten von Melbourne, zwischen Industrie- und Bahnanlagen, geprägt von Enttäuschungen, Aggression und Alkohol. Ein Regiedebüt über Ängste und Sehnsüchte, Verzweiflung und Hoffnung. (O.m.d.U.) ✦ Australien 1994 **R** Ana Kokkinos **D** Elena Mandalis (Alex), Dora Kaskanis (Vicki), Maude Davey (Kate), Bob Bright (Reg) **L** 60 **E** 8.3.1996 3sat

TOTES WASSER (DOOD WATER). Die Errichtung des Abschlußdammes, der das Ijselmeer von der holländischen Nordsee trennt, führt zur Trockenlegung der Zuidersee und zu gravierenden Problemen für die davon betroffenen Menschen: Fischer, die plötzlich ihren Beruf verloren haben und vielfach damit nicht fertig werden konnten. Im Dokumentarteil faszinierend, wirkt der Film im Spielteil (mit Laiendarstellern) etwas theatralisch, was den Gesamteindruck des hervorragend fotografierten Werkes aber kaum belastet. (O.m.d.U.) – Sehenswert ab 14. ✦ Schwarz-weiß. Niederlande 1934 **P** Nederlandsche Filmgemeinschaft **R** Gerard Rutten **B** Simon Koster **K** Andor von Barsy **M** Walter Gronostay **D** Jan Musch, Teo de Maal, Max Croiset, Helga Gogh, Jan Schildhuizen **L** 80 **E** 8.5.1976 BR

TÖTET DAS SCHWARZE SCHAF (ZABIJCIE CZARNA OWCE). Am Beispiel eines jungen Mannes, den die Umwelt als straffälligen Außenseiter ansieht, wird die Verantwortung der Eltern gegenüber dem heranwachsenden Kind thematisiert. Ein künstlerisch wie inszenatorisch beachtenswerter Film. – Ab 16. ✦ Scope. Polen 1971 **P** Zespoly Filmowe **KI** Progress **R** Jerzy Passendorfer **B** Ryszard Klys, nach seinem Roman **K** Stefan Pindelski **M** Jerzy Matuszkiewicz **D** Marek Frackowiak (Tymon), Tadeusz Janczar (Tymons Stiefvater), Anna Seniuk (Tymons Mutter), Leon Niemczyk (Major), Stock **L** 77 **E** 12.1.1973 Kino DDR/31.8.1974 DFF 2

TÖTET DIE WEISSE TAUBE → Die Killer-Brigade

TÖTET EMILIO Z. (ZAPATA). Aufbruch, Erfolg und Untergang des mexikanischen Volkshelden und Revolutionärs Emiliano Zapata zwischen 1909 und seiner Ermordung im Jahr 1919. Das Heldenepos ist mit großem äußerem Aufwand, aber ohne erkennbare Linie inszeniert, setzt auf grobe Schwarz-Weiß-Zeichnungen und einige allzu blutrünstige Effekte. – Ab 16 möglich. ✦ Scope. Mexiko 1971 **P** Aguilar S.A. **KI** Nobis **Pd** Antonio Aguilar **R** Felipe Casalz **B** M. Hernandez, Antonio Aguilar **K** Alex Phillips jr. **M** Bert Shefter, Paul Sawtell **D** Antonio Aguilar, Patricia Azpillaga, Jaime Fernández, Mario Almada **L** 82 **FSK** ab 16; f **E** 8.8.1975 **fd** 19 569

TÖTET IHN! – SURVIVING THE GAME → Surviving The Game

TÖTET MACARIOS (MURDER MACARIOS). Am 15. Juli 1974 führt die griechische Junta einen Putsch auf Zypern herbei, bei dem das Staatsoberhaupt der Insel, Erzbischof Makarios, gestürzt wird. Türkische Truppen besetzen daraufhin die Mittelmeerinsel. Ein griechischer Sportreporter erfährt von diesem Komplott und reist nach Zypern, um es mit einigen Patrioten zu vereiteln, wird jedoch lediglich zum Chronist der Geschehnisse. Das brisante Thema der regionalen Konflikte vor dem Hintergrund internationaler Großmachtpolitik wird nur unzureichend angedeutet, wodurch der Film im Rahmen eines konturlosen Politthrillers steckenbleibt. – Ab 16 möglich. ✦ Griechenland 1977 **P** PF Filmproductions **VA** IHV **R** Paul Filippou **B** Jonathan Ramboldt **K** Paul Filipou **M** Mikis Theodorakis **D** Larry Daniels, Tony Katsarides, Christina Kosta, Stelios Kafkarides, Costa Dimitron **L** 93 **FSK** ab 16 **E** Dezember 1987 Video

TÖTET MEINE TOCHTER NICHT! (RECKONING). Eine amerikanische Meeresbiologin vermutet ihre in Nizza verschwundene Tochter in der Gewalt von Mädchenhändlern. Zusammen mit einem Kriegsveteranen, dessen Enkelin ebenfalls spurlos verschwunden ist, spürt sie die Gangster auf. An reizvollen Schauplätzen am Mittelmeer spielender Thriller. ✦ Kanada/Frankreich/USA 1996 **R** Fred Gerber **B** Robert Hopkins **K** Yves Dahan **M** Georges Blonheim **D** Jean-Marc Barr (Patrick Lemaire), Lorraine Bracco (Kits Maitland), Victor Lanoux (Lucien Basso), Stephen Shellen (Yank), Lisa Jakub (Shelley Maitland) **L** 90 **E** 7.3.1997 ARD

TÖTET MRS. TINGLE! → Rettet Mrs. Tingle!

TÖTET VARRICK → Der große Coup (1972)

TOTGESCHWIEGEN – EINE FRAU SCHLÄGT ZURÜCK → Schande (1987)

DER TOTMACHER. An Hand der Vernehmungsprotokolle wird das Psychogramm des Massenmörders Fritz Haarmann aus den 20er Jahren nachgezeichnet. Der Zuschauer schwankt im Verlauf der Gespräche zwischen Mörder und Gutachter, zwischen Abscheu und Faszination. Der Film ist als ungemein dichtes Kammerspiel inszeniert, das nicht auf Emotionalisierung angelegt ist, sondern als nüchterne Fallstudie. Der glänzende Hauptdarsteller vermittelt in der Rolle des Haarmann das eigentlich Unfaßliche. – Sehenswert. ✦ Deutschland 1995 **P** Pantera/WDR/SWF **KI** Warner Bros. **VA** Warner Home **DVD** Universal Home (16:9, 1.85:1, DD2.0 dt.) **Pd** Thomas Schüly **R** Romuald Karmakar **B** Romuald Karmakar, Michael Farin, nach Protokollen der gerichtspsychiatrischen Untersuchung **K** Fred Schuler **S** Peter Przygodda **D** Götz George (Fritz Haarmann), Jürgen Hentsch (Prof. Ernst Schultze), Pierre Franckh (Stenograf), Hans-Michael Rehberg (Kommissar Rätz), Matthias Fuchs (Dr. Machnik), Marek Harloff (Kress) **L** 115 **FSK** ab 12; f **E** 23.11.1995/24.5.1996 Video/12.7.2001 DVD **fd** 31 645

TOTÒ ALS SCHEICH (TOTO SCEICCO). Ein Haushofmeister soll seinen gräflichen Herrn, der sich aus Liebeskummer zur Fremdenlegion abgesetzt hat, aus der nordafrikanischen Wüste nach Hause zurückholen. Dabei fällt er unter aufständische Araber. Ein leichtfüßiger Groteskfilm, ganz zugeschnitten auf den neapolitanischen Spaßmacher Totò (= Antonio Fürst des Curtis-Gagliardi), der mit seiner eigentümlichen Mienen- und seiner Verrenkungskomik nicht immer Heiterkeitserfolge zu ernten vermag. – Ab 14. ✦ Schwarz-weiß. Italien 1950/51 **P** Manenti **KI** Deutsche London **Pd** Giulio Manenti **R** Mario Mattoli **B** Vittorio Metz, Marcello Marchesi, Agenore Incorocci **K** Mario Albertelli **M** Armando Fragna **D** Ada Dondini, Aroldo Tieri, Totò, Laura Gore, Tamara Lees **L** 93 **FSK** ab 12; nf **E** 28.9.1951 **fd** 1 417

TOTO DER HELD (TOTO LES HEROS). Ein alter Mann kommt in Erinnerungen an die Kindheit zu der Erkenntnis, daß er als Erwachsener in falscher Schicksalsauffassung am Leben vorbeigegangen ist. Eine von Tragik und Komik durchzogene einfühlsame Persönlichkeitsstudie. In virtuosen Verschachtelungen von Raum, Zeit, Wirklichkeit und Traum mit der Sinnlichkeit des poetischen Bildes beschreibt sie die Uneinheitlichkeit menschlichen Wesens und weist der Kindheit und dem Alter die besten Möglichkeiten für die Kunst intensiv gelebten Lebens zu. (Kinotip der katholischen Filmkritik; Videotitel: »Der Held«) – Sehenswert ab 16. ✦ Frankreich 1991 **P** Iblis Films/Les Productions Philippe Dussart/Metropolis/RTBF/FR 3 Films/ZDF/Canal+ **KI** NEF 2 **VA** VCL/Carolco **Pd** Pierre Drouot, Dany Geys, Jacqueline Louis **R+B** Jaco van Dormael **K** Walther van den Ende **M** Pierre van Dormael **S** Susana Rossberg **D** Michel Bouquet (Thomas als alter Mann), Jo de Backer (Thomas als junger Mann), Thomas Godet (Thomas »Toto« als Kind), Gisela Uhlen (Evelyne als alte Frau), Mireille Perrier (Evelyne als junge Frau), Sandrine Blancke (Alice), Peter Böhlke (Alfred, alt) **L** 91 **FSK** ab 12; f **FBW** w **E** 14.11.1991/13.7.1992 Video/13.1.1994 premiere **fd** 29 209

TOTÒ, FABRIZI UND DIE JUGEND VON HEUTE (TOTO, FABRIZI E I GIOVANI D'OGGI). Die Tochter eines angesehenen und wohlhabenden Konditoreibesitzers und der Sohn eines Buchhalters in einem Ministerium lieben sich und brennen durch, weil ihre Väter gegen die Heirat sind. Komödie mit einem beinahe schon »klassischen« Thema, die mit viel Situationskomik und Wortwitz von der Versöhnung der sozialen Gegensätze erzählt. – Ab 14. ✦ Scope, schwarz-weiß. Italien 1960 **P** D.D.L. **R** Mario Mattoli **B** Castellano (= Franco Castellano), Pipolo (= Giuseppe Moccia) **D** Totò (Antonio Cocazza), Aldo Fabrizi (Giuseppe D'Amore), Christine Kaufmann (Gabriella), Geronimo Meynier, Luigi Pavese **L** (TV) 92 **E** 21.7.1986 S 3

TOTO-GLÜCK (EASY MONEY). Vier Kurzgeschichten über leichtverdientes Geld durch Fußballtoto, die in die moralische Frage »Bringt das Geld Glück?« münden. 1. Episode: Betrugsmanöver eines Angestellten im Wettbüro nebst Barsängerin als erpresserischer Komplizin. Tragisch die 2. Episode: Ein ältlicher Angestellter wagt nach plötzlichem Reichtum nicht, die Stellung zu kündigen, und täuscht einen Herzanfall vor. Ironisch die 3. Geschichte: Eine mehrköpfige Familie fällt infolge Gewinnachricht in Unfrieden, jedoch folgt ein Hin und Her, ob der Wettschein überhaupt abgegeben worden war. Am liebenswürdigsten die letzte Episode: Ein Baßgeiger in der letzten Reihe des Orchesters gibt seinen Beruf auf, verschafft dem Kontrabaß mit seinem Gewinn jedoch einen bevorzugten Platz. Eine überwiegend humorig inszenierte, frisch gespielte Komödienunterhaltung. – Ab 12. ✦ Schwarz-weiß. Großbritannien 1948 **P** Gainsborough/Rank/GFD **KI** Eagle Lion **Pd** A. Frank Bundy **R** Bernard Knowles **B** Muriel Box, Sydney Box, nach einem Bühnenstück von Arnold Ridley **K** Jack Asher **S** Vladimir Sagovsky **D** Greta Gynt (Pat Parsons), Dennis Price (Joe Henry), Mervyn Johns (Herbert Atkins), Jack Warner (Philip Stafford), Edward Rigby (Teddy Ball), Marjorie Fielding (Ruth Stafford), Petula Clark (Jackie Stafford) **L** 93 **FSK** ab 12; nf **E** 18.4.1950 **fd** 713

TOTÒ LE MOKÒ (TOTO LE MOKO). Kriminalkomödie mit parodistischen Anleihen bei Julien Duviviers Klassiker »Pépé le Mokò – Im Dunkel von Algier« aus dem Jahr 1937: Ein kleiner Straßenmusiker aus Neapel träumt davon, einmal ein großes Orchester zu dirigieren. Bevor sein Wunsch in Erfüllung geht, gerät er in Algier an die berühmte Diebesbande. Formal unbefriedigend, lebt der Schwank von der faszinierenen Komik Totòs, der der Handlung einige Glanzlichter aufsetzt. (O.m.d.U.) – Ab 14. ✦ Schwarz-weiß. Italien 1949 **P** Forum **Pd** Raffaele Colamonici **R** Carlo Ludovico Bragaglia **B** Vittorio Metz, Furio Scarpelli, Alessandro Continenza **K** Sergio Pesce **M** Maestro Micucci **S** Mario Sansoni **D** Totò (Antonio Lumaconi), Carla Calò (Suleima), Gianna Maria Canale (Viviane De Valance), Franca Marzi (Odette), Luigi Pavese (François), Elena Altieri (Sara) **L** 77 **E** 7.2.1988 BR

TOTÒ, PEPPINO UND DAS LEICHTE MÄDCHEN (TOTO, PEPPINO E LA MALA FEMMINA). Ein naivvertrotteltes Brüderpaar wähnt seinen Neffen wegen einer jungen Frau in Gefahr und erlebt in der Großstadt Mailand groteske Erlebnisse. Mit viel Situationskomik inszeniertes Lustspiel um den italienischen Komiker Totò. – Ab 12 möglich. ✦ Schwarzweiß. Italien 1956 **P** D.D.L. **R** Camillo Mastrocinque **B** Nicola Manzari, Alessandro Continenza, Francesco Thellung **D** Totò (Antonio), Peppino de Filippo (Peppino), Teddy Reno (Gianni), Dorian Gray (Marisa), Nino Manfredi **L** (TV) 101 **E** 2.10.1986 S 3

TOTÒ, PEPPINO UND DAS SÜSSE LEBEN (TOTO, PEPPINO E LA DOLCE VITA). Der süditalienische Gemeindesekretär Peppino folgt seinem Vetter Antonio nach Rom, der dort im Ministerium für die Autobahn-Anbindung des Heimatdorfes sorgen sollte. Antonio arbeitet allerdings auf der sündigen Via Veneto als Parkwächter, und gemeinsam gerät man für eine Nacht ins »süße Leben« der oberen Zehntausend und unter Rauschgifthändler. Eine im Stil der Commedia dell'Arte inszenierte Komödie, die Motive aus aktuellen italienischen Erfolgsfilmen der späten 50er Jahre aufgreift und ganz auf den anarchistisch-kauzigen Humor des Komikers Totò zugeschnitten ist. Ein ebenso unterhaltsames wie interessantes Beispiel für die italienische Volkskomödie der 60er Jahre. (O.m.d.U.) – Sehenswert ab 14. ✦ Schwarz-weiß. Italien 1961 **P** M.B. Film **KI** Die Lupe **Pd** Mario Mariani, Gianni Buffardi **R** Sergio Corbucci **B** Lucio Fulci, Giovanni Grimaldi, Mario Guerra, Sergio Corbucci **K** Alvaro Mancori **M** Armando Trovaioli **S** Renato Clinquini **D** Totò (Antonio Barbacane), Peppino de Filippo (Peppino, sein Vater), Tania Beryll (Ausländische Schauspielerin), Gloria Paul (Zweite Schauspielerin), Peppino de Martino (Gangster), Francesco Mule (Exzentrischer Herr) **L** 90 (DDR 73) **E** 8.11.1969 DFF 1/September 1989 Kino **fd** 28 302

TOTÒ UND DIE FRAUEN (TOTO E LE DONNE). Ein zu Hause unter dem Pantoffel stehender Ehemann und Familienvater flüchtet häufig in eine Fanatasiewelt, in der er der große Held sein kann. Unterhaltsame Filmkomödie mit einer Paraderolle für den neapolitanischen Komiker Totò. – Ab 14. ✦ Schwarz-weiß. Italien 1952 **P** Variety Film **R** Steno (= Stefano Vanzina), Mario Monicelli **B** Steno (= Stefano Vanzina), Mario Monicelli, Age (= Agenore Incorocci), Furio Scarpelli **D** Totò (Scaparro), Franca Faldini (seine Ehefrau), Lea Padovani (seine Tochter), Peppino de Filippo (Arzt), Ave Ninchi **L** 102 **E** 25.2.1989 S 3

TOTÒ UND MARCELLINO (TOTO E MARCELLINO). Komödie um einen Clochard, der einen Waisenjungen aufzieht. Eines Tages taucht der wirkliche Onkel des Jungen auf, womit für den kleinen Marcellino eine harte Zeit beginnt. Teils komisch, teils sentimental, weitgehend an der Oberfläche der Problematik bleibend, sympathisch durch den neapolitanischen Komödienstar Totò. – Ab 12. ✦ Schwarz-weiß. Italien 1958 **P** C.F.F./Euro-International **KI** Progress **R** Antonio Musu **B** Massimo Franciosa, Pasquale Festa Campanile, Diego Fabbri **K** Ugo Nudi, Renato del Frate **M** Carlo Rustichelli **D** Totò (Totò), Pablito Calvo (Marcellino), Memmo Carotenuto, Fanfulla (= Luigi Visconti), Jone Salinas **L** 88 **E** 29.7.1960 Kino DDR/26.3.1967 ZDF/20.12.1968 DFF 1

TOTÒ UND PEPPINO (TOTO, PEPPINO ET LE FANATICHE). Lustspiel mit dem im Italien der 50er Jahre sehr beliebten Komikergespann Totò und Peppino de Filippo. Nach einem Streit mit dem Rest der Familie werden die beiden in eine Irrenanstalt eingewiesen. Nachdem sie aber den Arzt von ihrer »Normalität« überzeugt haben, wandern statt ihrer die nervtötenden Angehörigen in die Klinik, als sie zu Besuch kommen. ✦ Schwarz-weiß. Italien 1958 **P** D.D.L. **KI** Progress **R** Mario Mattoli **B** Age (= Agenore Incorocci), Furio Scarpelli **K** Anchise Brizzi **M** Michele Cozzoli **D** Totò (Totò), Peppino de Filippo (Peppino), Alessandra Panaro (Clara), Johnny Dorelli (Carlo), Mario Riva (Direktor) **L** 80 **E** 24.3.1961 Kino DDR/ 2.3.1985 DFF 2/4.2.1993 ORB

DER TOTSCHLÄGER (THE YOUNG CAPTIVES). Ein junges Liebespaar fällt auf der Fahrt nach Mexiko in die Gewalt eines unzurechnungsfähigen Mörders. Effektvoller kleiner Thriller, direkt und schnörkellos inszeniert, bezwingend durch die Leistung des Hauptdarstellers. ✦ Schwarz-weiß. USA 1958 **P** Paramount **KI** Paramount **Pd** Andrew J. Fenady **R** Irvin Kershner **B** Andrew J. Fenady, nach einer Vorlage von Gordon Hunt und Al Burton **K** W. Wallace Kelley **M** Richard Markowitz **D** Steven Marlo (Jamie Forbes), Tom Selden (Benjie Whitney), Luana Patten (Ann Howel), Joan Granville (Mrs. Howel), Ed Nelson (Norm Britt), Dan Sheridan (Dave), Jim Chandler (Tony) **L** 64 **FSK** ab 18; nf **E** 13.5.1960 **fd** 9 220

TOTSCHWEIGEN (TOTSCHWEIGEN). Im März 1945 wurden nahe dem burgenländischen Grenzort Rechnitz 180 jüdische Zwangsarbeiter von SS-Schergen erschossen. Die Suche nach dem Massengrab blieb erfolglos. Auch vor den Filmemachern tat sich während ihrer fünfjährigen Recherche eine Mauer des Schweigens auf. Ein eindrucksvolles Dokument über Antisemitismus in Vergangenheit und Gegenwart, sachlich und distanziert inszeniert. Der Film wurde nach dem überraschenden Tod Margareta Heinrichs im Februar 1994 von Eduard Erne fertiggestellt. ✦ Österreich/Deutschland/Niederlande 1994 **P** Extrafilm/Strandfilm/Netherlands Film Institute **KI** Freunde der Deutschen Kinemathek **R+B** Margareta Heinrich, Eduard Erne **K** Hermann Dunzendorfer **S** Paul Michael Sedlacek, Regina Turkuu-Schubert **L** 90 (gek. 60) **E** 23.7.1995 West 3/1996 Kino

DER TÖTUNGSBEFEHL (AT MOTHER'S REQUEST). Nachdem sie sich mit ihren Eltern überworfen hat, nutzt die Mutter zweier heranwachsender Söhne und einer kleinen Tochter jedes Mittel, um an das Geld ihres Vaters zu kommen. Als der ersehnte Erfolg ausbleibt, entwickelt sie einen mörderischen Plan. Melodramatischer Fernsehfilm, gestaltet nach einer wahren Begebenheit. (TV-Titel: »Auf Mutters Befehl«) ✦ USA 1987 **P** ITC **VA** Polyband **Pd** Christopher Morgan, Bob Markell **R** Michael Tuchner **B+K** Larry Pizer **M** Charles Gross **S** Gary Griffen **D** Stefanie Powers (Frances Schreuder), Doug McKeon (Marc Schreuder), Frances Sternhagen (Berenice Bradshaw), John Wood (Richard Behrens), Terry O'Quinn (Joel Campbell) **L** 166 **FSK** ab 16 **E** 26.2.1990 Video

TOUCH (TOUCH). Ein junger Mann, der in Los Angeles als Seelsorger arbeitet, erregt durch seine Fähigkeit, Kranke zu heilen, die Aufmerksamkeit eines religiösen Fanatikers und eines zwielichtigen Geschäftsmanns. Er läßt sich nicht vom plötzlichen Interesse an seiner Person beeindrucken und entzieht sich ihren Vermarktungsabsichten. Ein zutiefst humaner Film über Nächstenliebe und Aufrichtigkeit in den zwischenmenschlichen Beziehungen, der nicht als theologischer Diskurs, sondern als Reflex auf die Defizite der modernen Gesellschaft angelegt ist. Durch den unaufdringlichen Charme des Hauptdarstellers und eine Inszenierung ohne aufgesetzte Dramatik ist ein feiner kleiner Film entstanden, der seinem großen Thema auf unprätentiöse Art und Weise gerecht wird. (Fernsehtitel: »Touch – Der Typ mit den magischen Händen«) – Ab 16. ✦ USA 1996 **P** Lumière International **VA** VCL **DVD** CinePlus (FF, DS dt.) **Pd** Lila Cazes, Fida Attien **R** Paul Schrader **B** Paul Schrader, nach einem Roman von Elmore Leonard **K** Edward Lachman **M** David Grohl **S** Cara Silverman **D** Skeet Ulrich (Juvenal), Bridget Fonda (Lynn Faulkner), Christopher Walken (Bill Hill), Tom Arnold (August Murray), Gina Gershon (Debra Lusanne), Lolita Davidovich (Antoinette Baker) **L** 95 **E** 25.11.1997 Video/1.12.1998 Premiere/1.2.2001 DVD **fd** 32 988

TOUCH ME – KAMPF GEGEN DIE ZEIT (TOUCH ME). Liebesdrama um eine Aerobic-Trainerin, die zu dem Zeitpunkt, da sie sich neu verliebt, erfahren muß, dass sie HIV-positiv ist. Verhalten und langsam inszenierte Romanze mit ernstem Hintergrund, deren unbekannte Darsteller durchaus zu überzeugen verstehen. ✦ USA 1997 **P** Devin Entertainment **VA** noch offen **Pd** David Rubin, Michael Sourapas, Jacob Wellington **R+B** H. Gordon Boos **K** Giles Dunning **M** Claude Foisy **S** Steve Nevius **D** Amanda Peet (Bridgette), Michael Vartan (Adam), Peter Facinelli (Bail), Kari Wuhrer (Margot), Erica Gimpel (Kareen) **L** 103 **FSK** ab 12 **E** 22.1.1998 premiere

TOUCH OF EVIL →Im Zeichen des Bösen

TOUCHDOWN – SEIN ZIEL IST DER SIEG (RUDY). Ein eher schmächtiger Junge träumt im Amerika der 60er Jahre von einer Karriere als Footballspieler. Von seiner Familie belächelt, macht er sich an die Verwirklichung seines Ziels und erkämpft sich nach mühevollen Jahren in einem katholischen College den Einsatz in der Universitätsmannschaft. Der formal wenig spektakuläre Film bietet die sensible Darstellung eines Traums, die Möglichkeit und Grenzen seiner Verwirklichung. Daß er nicht eindimensionaler Rührseligkeit verfällt, verdankt er der glaubwürdigen und differenzierten Reflexion über die Konflikte seines Protagonisten. (Fernsehtitel: »Es gibt keine Grenzen«) – Ab 12. ✦ USA 1993 **P** Fried/Wood Films **VA** Columbia TriStar **Pd** Robert M. Fried, Cary Woods **R** David Anspaugh **B** Angelo Pizzo **K** Oliver Wood **M** Jerry Goldsmith **S** David Rosenbloom **D** Sean Astin (Rudy Ruelliger), Ned Beatty (Daniel), Charles S. Dutton (Fortune), Robert Prosky (Father Cavanaugh) **L** 109 **FSK** ab 6 **E** 9.8.1994 Video **fd** 30 970

TOUCHOL (TOUCHOL). Wie schon in früheren Filmen erzählt Alvaro Bizzarri in »Touchol« aus dem Leben eines Saisonarbeiters und beschreibt dessen zerrissenes Leben: hier der Arbeitsort, dort die Heimat und die Familie. Sensibel eingefangene Bilder zeigen einen jungen Ausländer bei der Arbeit auf einer Autobahnbaustelle, an seinem Wohnort in einer lauten, engen Barackensiedlung und bei der schwierigen Suche nach einer neuen Unterkunft. ✦ Schweiz 1990 **P** Collettivo Cinema Indipendente **R+B+K** Alvaro Bizzarri **M** Giuseppe Mucci **S** Alvaro Bizzarri **D** Paolo Merico, Giuseppe Virgadamo, Claudia Nuara, Cosimo Merico, Cinzia Buttice **L** 57 **E** Schweiz

TOUGH AND DEADLY (TOUGH AND DEADLY). Ein Kopfgeldjäger und Ex-Polizist nimmt sich eines Schwerverletzten an, der unter Gedächtnisverlust leidet. Als dessen Erinnerung zurückkehrt, werden die beiden in einen Drogenfall verwickelt und müssen feststellen, daß die örtlichen Drogenkartelle mit dem CIA gemeinsame Sache machen. Drogenkrimi voller logischer Schwachpunkte, die durch »martial arts«-Orgien überdeckt werden sollen. ✦ USA 1994 **P** Shapiro Glickenhaus Entertainment **VA** NGP **R** Steve E. Cohen **D** Billy Blanks, Roddy Piper, Richard Norton **L** 78 **FSK** ab 18 **E** 26.4.1995 Video

TOUGH BOYS – ZWEI RECHNEN AB (I WENT DOWN). Gerade aus dem Gefängnis entlassen, wird ein junger Mann, um seinen Kumpel aus der finanziellen Klemme zu helfen, gezwungen, Schulden für einen Kredithai einzutreiben. Bald stellt sich heraus, dass der Schuldner viel bessere Konditionen zu bieten hat als der eigentliche Auftraggeber. Außergewöhnliche Thriller-Komödie aus Irland, die mit vielen lakonischen Wendungen und pittoresken Figuren die Klischees des Genres unterläuft und eine ungewöhnliche Gangstergeschichte mit grimmigem Humor erzählt. – Ab 16. ✦ Irland 1997 **P** Treasure Films **VA** VCL **Pd** Robert Walpole, Mark Shivas, David Collins, Rod Stoneman **R** Paddy Breathnach **B** Conor McPherson **K** Cian de Buitléar **M** Dario Marianelli **S** Emer Reynolds **D** Brenda Gleeson (Bunny Kelly), Peter McDonald (Git), Tony Doyle (Tom French), Peter Caffrey (Frank Grogan), David Collins (Anto), Antoine Byrne (Sabrina Bradley) **L** 103 **FSK** ab 16 **E** 20.12.2001 Video

TOUGH COP (TOUGH COP). Eine paramilitärische Truppe mit überharten Spezialisten soll einen international agierenden Drogen- und Waffenhändlerring in Miami zur Strecke bringen. Eine Crew ehemaliger Vietnam-Kämpfer ist mit von der Partie. Plakativer Söldnerfilm. ✦ USA/Philippinen 1987 **P** F. Puzon Film **VA** New Vision **R+B** Dominic Elmo Smith **D** Romano Kristoff, James Bridges, Anthony East, Kenneth Peerless **L** 89 **FSK** ab 18 **E** 21.3.1988 Video

TOUJOURS L'AMOUR – IMMER DIE LIEBE (L' ETA' DEL MALESSERE). Eine 17jährige Schülerin in Mailand, ohne Liebe aufgewachsen, sucht Geborgenheit in sexuellen Beziehungen mit verschiedenen Männern, kehrt aber am Ende enttäuscht ins Leben der bürgerlichen Anpassung zurück. Ein oberflächliches Sitten- und Milieubild, das sich formal in modernistisch-verfremdeten Effekten verliert und weder als Zeitbild noch als Entwicklungsstudie überzeugt. (Fernsehtitel DDR: »Immer die Liebe«) ✦ Italien 1968 **P** Salaria/Cormons Film **KI** Rank **R** Giuliano Biagetti **B** Dacia Maraini, Luciano Lucignani, Giuliano Biagetti, nach einem Roman von Dacia Maraini **K** Antonio Giulio Borghesi **M** Stefano Torossi **S** Marcella Bevilacqua **D** Jean Sorel, Eleonora Rossi-Drago, Haydée Politoff, Yorgo Voyagis, Gabriele Ferzetti, Claudio Gora **L** 101 (Orig. 115) **FSK** ab 18; f **E** 25.10.1968/23.4.1977 DFF 1

TOUKI BOUKI (TOUKI BOUKI). Ein senegalesisches Paar träumt von einem Leben in Paris, muß seinen Alltag jedoch zunächst mit der Jagd nach Geld und der Suche nach der eigenen Identität verbringen. Ein Kultfilm des afrikanischen Kinos, der einen satirischen Blick auf die europäisch beeinflußten Eliten des Landes wirft. Er besticht durch seine üppigen Bilder und die überraschenden Wendungen der Geschichte, ist witzig und politisch zugleich. – Ab 16. ✦ Senegal 1973 **R+B** Djibril Diop-Mambéty **L** 87 (TV) **E** 5.10.1995 arte

TOULA ODER DER GEIST DES WASSERS (TOULA OU LE GENIE DES EAUX). Die Bahargas, ein afrikanischer Stamm, werden von einer Dürrekatastrophe geplagt. Während der Geisterbeschwörer des Volkes hofft, durch traditionelle Opfergaben das Unheil abzuwenden, rät ein junger Hirte, sich auf die Suche nach Wasser zu begeben. Ein Film nach einer alten afrikanischen Legende. ✦ Niger 1973 **R** Moustapha Alassane, Anna Soehring, nach dem Roman von Boubou Hama **K** Bernd Rühe, Moustapha Alassane **D** Solange Delanne (Toula), Isaa Bania (Ado), Sotigui Kouyaté (König), Damouré Zika (Zogoum), Parfait Kondo (Medizinmann) **L** 76 **E** 22.2.1984 DFF 1

TOULON'S RACHE → Puppetmaster 3

TOULOUSE-LAUTREC (LAUTREC). Filmische Biografie des Malers Henri de Toulouse-Lautrec (1864–1901), die sich um eine möglichst »komplette« Erzählung des Künstlerlebens bemüht. Dabei bleibt der Film in der Aufbereitung seiner Stationen allzu oft an der Oberfläche und reproduziert lediglich weitgehend bekannte Klischees, so etwa in der Darstellung des vergnügungssüchtigen Pariser Nachtlebens. Aufwendig ausgestattet, fesselt er durch die glänzende Fotografie sowie teilweise vorzügliche Darsteller und überzeugt vor allem in der Darstellung der schwierigen Beziehungen innerhalb der Familie des Künstlers. – Ab 16. ✦ Frankreich 1998 **P** Les Films du Losange/Le Studio Canal+/France 3 Cinéma/Societad General Cine SA **KI** MFA **Pd** Margaret Ménégoz **R+B** Roger Planchon **K** Gérard Simon **M** Jean-Pierre Fouquey **S** Isabelle Devinck **D** Régis Royer (Henri de Toulouse-Lautrec), Elsa Zylberstein (Suzanne Valadon), Anémone (Adèle de Toulouse-Lautrec), Claude Rich (Alphonse de Toulouse-Lautrec), Jean-Marie Bigard (Aristide Bruant) **L** 126 **FSK** ab 12; f **E** 11.2.1999 **fd** 33 532

DER TOURIST. Ein Hamburger Kommissar glaubt, in London einen langgesuchten Frauenmörder unschädlich gemacht zu haben. Zur Belohnung reist er mit seiner Frau nach Wien, um einige Tage auszuspannen. Doch dort erreicht ihn eine Botschaft des Totgeglaubten und aus dem Jäger wird der Gejagte, der um das Leben seiner Frau fürchten muß. Thriller mit dem Versuch einer unkonventionellen Handlungsführung. (Alternativer Fernsehtitel: »Der Postkartenmörder«) ✦ Deutschland 1995 **P** PRO SIEBEN-PRODUCTIONS **R** Urs Egger **B** Don Bohlinger **M** Dominik Roth **D** Dominic Raacke (Robert Lanz), Leslie Malton (Karen Lanz), Christoph Waltz (Stephan Gröner), Eva Hassmann (Birgit Arndt), Manfred Lehmann (Kaspar Kopmann) **L** 100 **E** 7.5.1995 PRO SIEBEN

TOURIST TRAP (TOURIST TRAP). Fünf jugendliche Touristinnen haben in der Wüste Nevada eine Reifenpanne. Sie werden, bis auf eine, Opfer eines Geisteskranken und seiner lebensgroßen Puppen, die auf unerklärliche Weise beweglich sind und morden. Thriller mit pausenlos aneinandergereihten Horror-Elementen, streckenweise recht widerwärtig. In Inszenierung, Fotografie und Darstellung mangelhaft. – Wir raten ab. ✦ Scope. USA 1978 **P** Charles Band Prod. **KI** Senator **VA** VMP **Pd** J. Larry Carroll **R** David Schmoeller **B** David Schmoeller, J. Larry Carroll **K** Nicholas von Sternberg **M** Pino Donaggio **S** Ted Nicolaou **D** Chuck Connors (Slausen-Davey), Jocelyn Jones (Molly), Tanya Roberts, Jon Van Ness (Jerry), Robin Sherwood (Ellen), D. Jeffroy, K. MacDermott **L** 90 **FSK** ab 18; nf **E** 21.11.1980/1981 Video

DIE TOURISTENFALLE – ROBIN HOOD'S TOLLKÜHNE ERBEN (RESTLESS NATIVES). Zwei naive junge Schotten versuchen sich als Räuber und überfallen im Hochland Touristenbusse. Harmlose Komödie mit mangelndem Realitätsbezug, die aber durch die sympathischen Darsteller in den Hauptrollen und einige lustige Einfälle durchaus unterhält. – Ab 14. ✦ Großbritannien 1985 **P** Oxford Film Company/Thorn EMI Screen Entertainment **VA** Cannon/VMP **Pd** Rick Stevenson **R** Michael Hoffman **B** Ninian Dunnett **K** Oliver Stapleton **M** Stuart Adamson **S** Sean Barton **D** Vincent Friell (Will), Joe Mullaney (Ronnie), Ned Beatty (Bender), Teri Lally (Margot) **L** 86 **FSK** ab 12 **E** April 1988 Video **fd** 26 916

TOUTE UNE NUIT → Eine ganze Nacht

TOWARISCH BERLIN (TOWARISCHTSCH BERLIN). Dokumentarfilm des bekannten sowjetischen Dokumentaristen Roman Karmen über Berlin, gedreht mit Sympathie für die Berliner und mit viel Persönlichkeit. – Ab 6. ✦ Scope. UdSSR 1969 **P** Zentralstudio für Dokumentarfilme **KI** Progress **R** Roman Karmen **B** Henrik Gurkow, Roman Karmen **K** Aba Kritschewski **M** Michail Mejerowitsch **L** 61 **E** 9.5.1969 Kino DDR

TOWN RATS (BLACK HEAT). Ein schwarzer Drogenhändler in Detroit will endlich an das große Geld herankommen und fädelt ein Geschäft ein, das ihn ins Waffengeschäft bringen soll. Doch er hat seine Rechnung ohne Polizisten gemacht. Eine banale Geschichte voller Leichen, die in allen Belangen an schlechte Fernseh-Serien erinnert. ✦ USA 1976 **P** Independante International Pictures **VA** Highlight **R** Al Adamson **B** John R. D'Amato **K** Gary Graver **M** Robert Dietz **D** Timothy Brown, Russ Tamblyn, Jana Bellan, Geoffrey Land, Al Richardson **L** 90 **FSK** ab 18 **E** März 1986 Video

TOXI. Ein gutgemeinter Versuch, zum gegebenen Zeitpunkt (Ostern 1952) der Einschulung der ersten Mulatten-Kinder, zumeist nichteheliche Kinder schwarzer US-Besatzungssoldaten, in deutsche Grundschulen mittels eines gefühlvollen Spielfilms Vorurteile abzubauen. In der oberflächlich konstruierten Handlung bewirkt die kleine Hauptdarstellerin durch ihre Niedlichkeit, daß sie in eine reiche Familie aufgenommen werden soll, bis just am Weihnachtsabend der Vater aus Amerika eintrifft, um sein Kind mitzunehmen. Ein leicht-seichter Unterhaltungsfilm, durchaus sympathisch und auch anrührend, der aber das Problem verwässert und zu leicht nimmt. – Ab 6 möglich. ✦ Schwarz-weiß. BR Deutschland 1952 **P** Fono **KI** M. Döring **Pd** Hermann Schwerin, Werner Ludwig **R** Robert A. Stemmle **B** Maria von der Osten-Sacken, Robert A. Stemmle, nach einer Idee von Peter Francke und Maria von der Osten-Sacken **K** Igor Oberberg **M** Michael Jary **S** Alice Ludwig **D** Elfie Fiegert (Toxi), Paul Bildt (Großvater Rose), Johanna Hofer (Großmutter Helene Rose), Ingeborg Körner (Herta Rose), Carola Höhn (Charlotte Jenrich), Wilfried Seyferth (Theodor Jenrich), Elisabeth Flickenschildt (Tanty Wally), Ernst Waldow (Rechtsanwalt Übelhack) **L** 89 **FSK** ab 6; f **FBW** w **E** 15.8.1952/4.12.1965 ARD **fd** 1 949

TOXIC AFFAIR (TOXIC AFFAIR). Nachdem sie ihrem Geliebten den Laufpaß gegeben hat, gerät eine 30jährige Pariserin seelisch aus dem Lot. Zweimal versucht sie, sich das Leben zu nehmen. Erst die Bekanntschaft mit einem Italiener bringt ihr Leben in ruhigere Bahnen. Dann aber verliebt sich ihre beste Freundin in den Beau. Der erste Leinwandauftritt von Isabelle Adjani nach fünf Jahren ist eine herbe Enttäuschung. Die Tragikomödie einer »emotionalen Entwöhnung« bleibt ohne Witz und Tiefe, der Star grimassiert am Rande der Selbstparodie. (Titel auch: »Toxic Affair – Die Fesseln der Liebe«, »Toxic Affair – Eine gefährliche Liebe«) ✦ Frankreich 1992/93 **P** Caméra One/France 2 Cinéma/Gaumont/Lilith Films **VA** Concorde **R+B** Philomène Esposito **K** Pierre Lhomme **M** Goran Bregovic **S** Noëlle Boisson **D** Isabelle Adjani (Pénélope), Clémentine Célarié (Sophie), Sergio Castellitto (Mister Ray-Ban), Hippolyte Girardot (Georges), Michel Blanc (Mann am Diktaphon), Fabrice Luchini (Psychiater) **L** 85 **FSK** ab 12 **E** 1995 Video/23.11.1995 premiere

TOXIE'S LETZTE SCHLACHT (THE TOXIC AVENGER PART 3 / THE LAST TEMPTATION OF TOXIE). Der nach einem Sturz in ein Giftmüllfaß zum Monster mutierte »toxische Rächer« verfällt in dieser dritten Folge (nach »Atomic Hero« I und II) seinem Erzfeind, den Umweltschädigern der »Apocalypse Inc.«. Mit deren Geld will er die Operation seiner blinden Freundin finanzieren. Doch am Ende besiegt er mit Gottes Hilfe den Teufel, der dem Leib des Konzernchefs entsprungen ist. Die abstruse Geschichte ist bewußt grell und geschmacklos in Szene gesetzt, erreicht mit ihren begrenzten gestalterischen Mitteln und schalen Witzen jedoch nur verkrampfte Langeweile. (Alternativtitel: »The Toxic Avenger III«) ✦ USA 1989 **P** Troma **VA** Ufa **DVD** Troma (FF, Mono engl./dt.) **Pd+R** Michael Herz, Lloyd Kaufman **B** Gay Partington Terry, Lloyd Kaufman **K** James London (= James A. Lebovitz) **M** Christopher DeMarco (nach Antonín Dvorak) **S** Joseph McGirr **D** Ron Fazio, John Altamura (The Toxic Avenger), Phoebe Legere (Claire), Rick Collins (Präsident/Teufel), Lisa Gaye (Malfaire), Jessica Dublin (Mrs. Junko) **L** 98 (DVD 99) **FSK** ab 18 **E** 1.6.1993 Video/ Januar 2001 **fd** 30 303

TOY (VACANZE PER UN MASSACRO / MADNESS – VACANZE PER UN MASSACRO). Ein entflohener Gangster setzt den Bewohnern einer Berghütte zu, in der einst seine Beute versteckt hatte. Ein in jeder Hinsicht erbärmliches Sex & Crime-Machwerk. ✦ Italien 1979 **P** Midia **VA** U.W. **R+B** Fernando Di Leo **K** Enrico Lucidi **M** Luis Enriquez Bacalov **S** Amedeo Giomini **D** Joe Dallesandro (Luigi Bresci), Lorraine de Selle (Paola), Patricia Bhen (Lilly), Gianni Macchia (Sergio) **L** 84 **E** Video

TOY STORY (TOY STORY). Aus der Rivalität zweier Spielzeugfiguren um die Gunst ihres kindlichen Besitzers entsteht eine spannende Verfolgungsgeschichte, die an überwirkliche Orte, aber auch zu wirklicher Freundschaft führt. Der erste vollständig computeranimierte Langfilm erzählt seine spannende Abenteuergeschichte mit überwältigendem Einfallsreichtum, mit Rasanz und Humor, ohne das Loblied auf Freundschaft und gegenseitigen Respekt der technischen Virtuosität zu opfern. DVD: Als Bonus enthält die Edition den Kurzfilm »Tin Toy«. Als USA-Import ist zudem eine Dreifach-DVD-Box erhältlich, die neben »Toy Story« und »Toy Story 2« eine Bonus DVD enthält, auf der zusätzlich zu den Extras der Einzel-DVDs ein ausführliches Making Of sowie ein kommentiertes Feature mit nicht verwendeten Szenen enthalten ist. – Sehenswert ab 8. ✦ USA 1995 **P** Pixar Animation/The Walt Disney Company **KI** Buena Vista **VA** Disney (Buena Vista) **DVD** Buena Vista (16:9, 1.78:1, DD5.1 engl./dt.) **Pd** Ralph Guggenheim, Bonnie Arnold **R** John Lasseter **B** Joss Whedon, Andrew Stanton, Joel Cohen, Alec Sokolow **M** Randy Newman **S** Robert Gordon, Lee Unkrich **L** 81 **FSK** o. A.; f **FBW** w **E** 21.3.1996/14.11.1996 Video/16.11.2000 DVD **fd** 31 830

TOY STORY 2 (TOY STORY 2). In ihrem zweiten Abenteuer verschlägt es die »Toy Story«-Figuren Woody, einen Cowboy, und Space-Käpt'n Buzz Lightyear in die finstere Welt eines Spielzeugsammlers. Woody erweist sich als von Sammlern begehrter Puppen-«Klassiker«, der mit seinen ihm bislang unbekannten Weggefährten aus den 50er-Jahren an ein Museum verkauft werden soll. Schließlich aber ziehen er und seine Freunde die Liebe des Jungen Andy dem ewigen Leben in der Vitrine vor. Der computeranimierte Trickfilm erweist sich in seiner atemberaubenden Rasanz sowie seiner überbordenden Fülle an Gags und Einfällen als ein wahres Meisterwerk der Erzählkunst. Er fasziniert sowohl als Unterhaltung auf höchstem Niveau als auch als vielschichtiger Exkurs über das Wesen des Spiels sowie die funktionsweise kindlicher Fantasie, wobei auch Themen wie Verlustängste, Sorgen vor dem Älterwerden und der Wert von Freundschaft und Liebe einfließen. DVD: Unter den Extras befindet sich unter anderem die Pixar-Kurzanimation »Die kleine Lampe« (1986). Als

USA-Import ist zudem eine Dreifach-DVD-Box erhältlich, die neben »Toy Story« und »Toy Story 2« eine Bonus DVD enthält, auf der zusätzlich zu den Extras der Einzel-DVDs ein ausführliches Making Of sowie ein kommentiertes Feature mit nicht verwendeten Szenen enthalten ist. – Sehenswert ab 6. ✦ USA 1998/99 **P** Pixar Animation Studios/Walt Disney Prod. **KI** Buena Vista **VA** Buena Vista Home **DVD** Buena Vista (16:9, 1.78:1, DD5.1 engl./dt.) **Pd** Karen Robert Jackson, Helene Plotkin **R** John Lasseter, Lee Unkrich, Ash Brannon **B** John Lasseter, Pete Docter, Ash Brannon, Andrew Stanton, Rita Hsiao, Doug Chamberlin, Chris Webb **K** Sharon Calahan **M** Randy Newman **S** Edie Bleiman, David Ian Salter, Lee Unkrich **L** 94 **FSK** o. A.; f **FBW** w **E** 3.2.2000/ 2.11.2000 Video/16.11.2000 DVD **fd** 34 099

TOYS (TOYS). Ein frustrierter General funktioniert die fröhlich-bunte Spielzeugfabrik seines verstorbenen Bruders in eine geheime Waffenschmiede mit Kindern als Versuchsobjekten um. Die naiven, aber fantasievollen Sprößlinge des Firmengründers stellen sich diesen Plänen im letzten Moment entgegen. Ein vornehmlich auf die aufwendige Ausstattung zugeschnittenes Filmmärchen mit einer gigantischen Spielzeug-Schlacht als zwiespältigem Höhepunkt. Plakativ und widersprüchlich in der Aussage, profillos inszeniert. – Ab 14 möglich. ✦ USA 1992 **P** Baltimore Pictures (für 20th Century Fox) **KI** 20th Century Fox **VA** Fox **Pd** Mark Johnson, Barry Levinson **R** Barry Levinson **B** Valerie Curtin, Barry Levinson **K** Adam Greenberg **M** Hans Zimmer, Trevor Horn **S** Stu Linder **D** Robin Williams (Leslie Zevo), Michael Gambon (General Zevo), Joan Cusack (Alsatia Zevo), Robin Wright (Gwen Tyler), LL Cool J (Patrick Zevo), Donald O'Connor (Kenneth Zevo), Jack Warden (Zevo sr.) **L** 121 **FSK** ab 12; f **FBW** w **E** 13.5.1993/ 8.12.1993 Video/3.12.1994 premiere **fd** 30 168

TOYS – TÖDLICHES SPIELZEUG (SILENT NIGHT, DEADLY NIGHT 5 – THE TOYMAKER). Ein greiser Spielzeugmacher, der über den Verlust seiner schwangeren Frau irre geworden ist, verschickt kurz vor Weihnachten präparierte Geschenke, die explodieren und Menschen töten oder verstümmeln. Ein kleiner Junge, der durch ein solches »Geschenk« seinen hartherzigen Ziehvater verlor, und seine couragierte Mutter kommen dem Wahnsinnigen auf die Schliche, der durch eine seiner Schöpfungen getötet wird. Allerlei Versatzstücke aus »Pinocchio« sowie aus Fantasy-, Krimi- und Horrorfilmen werden zu einer wirren Fabel ohne Zusammenhalt verbunden. Die dramaturgischen wie technischen Effekte verpuffen wirkungslos. ✦ USA 1991 **P** Still Silent Films **VA** VCL/Carolco **Pd** Brian Yuzna, Richard N. Gladstein **R** Martin Kitrosser **B** Martin Kitrosser, Brian Yuzna **K** James Mathers **M** Matthew Morse **S** Norman Buckley **D** William Thorne (Derek), Jane Higginson (Sarah), Tracy Fraim (Noah Addams), Brian Bremer (Pino), Mickey Rooney (Joe Petto) **L** 86 **FSK** ab 18 **E** 18.5. 1992 Video **fd** 29 888

TRABANTEN. An der Schwelle zum Erwachsenwerden müssen drei Jugendliche mit dem Verlust von Schutz und Geborgenheit fertigwerden. Der Alltag einer jungen Frau und eines jungen Mannes, beide arbeitslos, sowie eines Aushilfsarbeiters in einem Supermarkt ist geprägt von Ziellosigkeit, Enttäuschungen und schmerzhaften Erfahrungen bei der Einfügung in einen geordneten Tagesablauf. – Ab 16. ✦ BR Deutschland 1984 **P** WDR **R+B** Frank Grützbach **K** Peter Kaiser **M** Herb Alpert, Bob Marley **D** Aggi Kurnoth (Hilla), Olaf Dietrich (Arno), Jörg Hennig (Jojo), Christian Lugerth (Skin), Thomas Brohl (schmächtiger Junge), Elvira Scheider (Anita) **L** 90 **E** 1.10.1984 WDR

TRABBI GOES TO HOLLYWOOD (DRIVING ME CRAZY / TRABBI TROUBLE). Ein »Ossi« will in Amerika seinen »Hochgeschwindigkeits-Trabbi« verkaufen und erlebt viele Abenteuer, als ihm das Auto im Land der unbegrenzten Möglichkeiten gestohlen wird. Einfallsloser Komödienversuch ohne Rhythmus und Tempo. Ein peinliches Vehikel zur Vermarktung des Entertainers Thomas Gottschalk. – Ab 10 möglich. ✦ USA 1990 **P** Motion Picture Corporation of America **KI** Highlight **VA** Highlight **Pd** Brad Krevoy, Steven Stabler **R** Jon Turteltaub **B** David Tausik, Jon Turteltaub, John London **K** Phedon Papamichael **M** Joey Balin, Christopher Franke **S** Nancy Richardson **D** Thomas Gottschalk (Gunther Schmidt), Billy Dee Williams (Max), Michelle Johnson (Ricki), James Tolkan (Vince), Steve Kanaly (Goodwyn) **L** 89 **FSK** ab 6; f **E** 16.5.1991/23.10.1991 Video/21.11.1992 premiere **fd** 28 919

TRACK (TRACK). Nachdem ein Polizei-Detektiv in einem Entführungsfall vermeintlich versagt hat und man ihm die Schuld für die gescheiterte Operation in die Schuhe schieben will, entschließt er sich zum Handeln: Er plant seinerseits eine Entführung. Verworrener Actionfilm voller Klischees, dessen Konfliktpotenzial durch pseudo-tiefsinnige Dialoge zerredet wird. ✦ Deutschland/USA 1998 **VA** Anolis **R** Sammy Balkas **D** Robert Hiob, Zach Montez, Roland Stemmer **L** 101 **E** 3.5.2001 Video

TRACK 29 – EIN GEFÄHRLICHES SPIEL (TRACK 29). Ein junger Engländer gibt sich in einer texanischen Kleinstadt als das verlorene Kind einer sexuell frustrierten Arztfrau aus. Allmählich verwischen sich Vergangenheit und Gegenwart, Wirklichkeit und Fiktion. Ein inszenatorisch brillanter, hervorragend montierter und gespielter Film, der die verschiedenen Ebenen auf unentwirrbare Weise zu einem symbolbefrachteten Wechselbad aus Horror und Komödie vermischt. Das undurchsichtige Chaos verdichtet sich zu einer durch und durch häßlichen Attacke gegen den (Alp-)Traum amerikanischer Kleinbürger, wobei freilich nur ansatzweise die Analyse einer kaputten Generation gelingt. ✦ Großbritannien 1987 **P** Handmade **KI** prokino **Pd** Rick McCallum **R** Nicolas Roeg **B** Dennis Potter **K** Alex Thomson **M** Stanley Myers **S** Tony Lawson **D** Theresa Russell (Linda), Gary Oldman (Martin), Colleen Camp (Alanda), Christopher Lloyd (Henry), Sandra Bernhard (Schwester Stein), Seymour Cassel (Dr. B. Fairmont) **L** 90 **FSK** ab 16; nf (fr.18) **E** 12.1.1989 **fd** 27 256

TRACKDOWN → Keine Gnade, Mister Dee!

TRACKS OF A KILLER (TRACKS OF A KILLER). Ein alternder Konzernchef lädt einen strebsamen jungen Mitarbeiter – seinen möglichen Nachfolger – und dessen Ehefrau zu einem Wochenende in seine einsamen Berghütte ein. Das Beisammensein entwickelt sich zur Katastrophe mit Mordversuchen, Folter und mehreren Toten. Ein äußerst unglaubwürdiger Thriller, horrorhaft und ungelenk in Szene gesetzt. ✦ Kanada 1995 **P** Shavick Entertainment/Libra Pictures/Live Entertainment **VA** Splendid **Pd** James Shavick, Lance H. Robbins **R** Harvey Frost **B** Michael Cooney **K** Bruce Worrall **M** Barron Abramovitch **S** Stein Myhrstad **D** Wolf Larson (Patrick Hausman), Kelly LeBrock (Claire), James Brolin (David Hawkner), Courtney Taylor (Bella), George Touliatos (Macready) **L** 97 **FSK** ab 18 **E** 27.2.1996 Video/21.10. 1996 premiere **fd** 31 926

TRACY TRIFFT DEN LIEBEN GOTT (OH GOD! BOOK II). Gott bittet ein kleines Mädchen irgendwo in den USA, sich eine Werbekampagne auszudenken, um die gleichgültigen Menschen an seine Existenz zu erinnern. Gemeinsam mit Mitschülern erfüllt es eifrig die Aufgabe: Überall malen, kritzeln und schmieren sie »Think God«. Die ratlosen Eltern, überforderte Pädagogen und selbstgerechte Psychiater wollen das Mädchen von seiner scheinbaren Wahnidee heilen, bis Gott – ein netter, alter Mann – ein wenig eingreift. Ein naiv-besinnliches modernes Märchen, das Fragen nach Religiosität und Glauben zugunsten des »Wunder«-Gags des plötzlich auftauchenden »Mister Gott« ausspart. Eine fürs Fernsehen entstandene, bieder-harmlose Fortsetzung des Kinoerfolgs »Oh, Gott...« von 1977. – Ab 10. ✦ USA 1980 **P** Warner Bros. **Pd+R** Gilbert Cates **B** Josh Greenfeld, Hal Goldman, Fred S. Fox, Seaman Jacobs, Melissa Miller **K** Ralph Woolsey **M** Charles Fox **S** Peter E. Berger **D** George Burns (Gott), Louanne (Tracy), Suzanne Pleshette (Paula), David Birney (Don), John Louie (Shingo), Conrad Janis (Mr. Benson), Wilfrid Hyde-White (Richter) **L** 89 **E** 18.10. 1986 ZDF

TRADE OFF (TRADE-OFF). Ein Geschäftsmann beginnt eine Affäre mit einer attraktiven Frau. Als kurze Zeit später seine Ehefrau bei einem Verkehrsunglück ums Leben kommt, gesteht ihm seine Geliebte, daß sie für den Unfall verantwortlich sei. Im Gegenzug verlangt sie, daß er ihren Mann umbringt. Ein schematisch konstruierter Thriller mit wenigen Überraschungseffekten, der durch das Unterlaufen von Erwartungshaltungen versucht, wenigstens ein Mindestmaß an Spannung zu erzeugen. (Fernsehtitel: »Tödlicher Flirt«) – Ab 16. ✦ USA 1994 **P** Trade-off/Infinite Entertainment **VA** VCL **Pd+R** Andrew Lane **B** Paul Koval, Edmund Fitzgerald **K** Steven Bernstein **M** David McHugh **S** Bernard Gribble **D** Theresa Russell (Jackie Daniels), Adam Baldwin (Thomas Hughes), Barry Primus (Detective Gold), Megan Gallagher (Karen Hughes), Pat Skipper (Kirk Daniels) **L** 88 **FSK** ab 12 **E** 21.1.1997 Video/15.2.1998 premiere **fd** 32 494

TRADER HORN (TRADER HORN). Die Geschichte einer abenteuerlichen Durchquerung Afrikas auf der Suche nach einem Platinschatz im Jahr 1916, als der Krieg in Europa die Kolonien nicht unbeeinflußt läßt. Im Mittelpunkt steht der erfahrene Trader und Waldläufer Horn, der Beste seiner Zunft in Westafrika, der sich unfreiwillig in die wirren Verwicklungen einspannen läßt. Eine in Handlung und Motivierung naive Abenteuerunterhaltung, immerhin mit bestechenden Aufnahmen von Land, Leuten und Tieren. – Ab 12 möglich. ✦ USA 1973 **P** MGM **KI** Fox-MGM **R** Reza S. Badiyi **B** William Norton, Edward Harper, nach einem Roman von Edward Harper **K** Ronald W. Brown **M** Shelly Manne **D** Rod Taylor, Anne Heywood, Jean Sorel, Don Knight, Stack Peirce, Ed Bernard **L** 104 **FSK** ab 12; f **E** 14.12.1973 **fd** 18 685

TRADITION UND FORTSCHRITT. Dokumentarischer Industriefilm der »Continental«-Werke über die Verwendung des Kautschuks und die Fabrikationsanlagen. Interessant durch die Zusammenstellung historischen Bildmaterials aus der Geschichte des Autorennsports von Nizza (1901) bis Avus, Nürburgring und Eilenriede 1953 (Motorrad). – Ab 10 möglich. ✦ Schwarz-weiß. BR Deutschland 1953 **P** Boehner **KI** Boehner **R** C. A. Engel **K** August Lutz **L** 50 **FSK** ab 6; f **E** 1956 Kino **fd** 4718

TRAFFIC – MACHT DES KARTELLS (TRAFFIC). Zwischen Mexiko, Kalifornien und dem Osten der USA sind drei Handlungsstränge angesiedelt, die ein breit angelegtes Bild vom Kampf gegen die Drogenkartelle und den am Weg zurückbleibenden Opfern entwerfen. Der komplex und anspruchsvoll strukturierte Film geht dabei ehrlicher vor als andere Hollywood-Erzeugnisse, ohne freilich auf melodramatische Effekte zu verzichten. Damit wurde dem ehrgeizigen und kritischen Konzept eine zuschauerfreundliche Maske übergestülpt, die auch noch das Hässliche konsumierbar macht. So vermittelt der Film zwar durchaus Anregungen zu eigenem Nachdenken, geht aber in der Darstellung letzter Konsequenzen nicht weit genug. DVD: Die Extras umfassen u. a. ein Feature mit nicht verwendeten Szenen (7 Min.). Sowohl der US-Import als auch der GB-Import beinhaltet mit insgesamt 25 geschnittene Szenen die umfangreichere Sammlung. – Ab 16. ✦ USA 2000 **P** Bedford Falls/Laura Bickford Prod. **KI** 20th Century Fox **VA** Warner/Splendid **DVD** Splendid/Ascot (16:9, 1.78:1, DD5.1 engl./dt.) **Pd** Edward Zwick, Marshall Herskovitz, Laura Bickford **R** Steven Soderbergh **B** Stephen Gaghan **K** Peter Andrews (= Steven Soderbergh) **M** Cliff Martinez **S** Stephen Mirrione **D** Michael Douglas (Robert Wakefield), Don Cheadle (Montel Gordon), Benicio Del Toro (Javier Rodriguez Rodriguez), Luis Guzman (Ray Castro), Dennis Quaid (Arnie Metzger), Catherine Zeta-Jones (Helena Ayala) **L** 147 **FSK** ab 16; f **FBW** bw **E** 5.4.2001/ 25.10.2001 Video & DVD **fd** 34 766

TRAFFIC SCHOOL – DIE BLECH- UND DACHSCHADEN-KOMPANIE (MOVING VIOLATIONS). Korrupte Polizisten versuchen, Autofahrer, die ihre Führerscheinprüfung wiederholen müssen, durch den Test fallen zu lassen. Die banale Story dient als Grundlage für eine ermüdende Abfolge von meist matten Gags. – Ab 14. ✦ USA 1985 **P** Moving Violations **KI** 20th Century Fox **SF** 20th Century Fox **VA** CBS/Fox **R** Neal Israel **B** Neal Israel, Pat Proft, nach einer Vorlage von Paul und Sharon Boorstin **K** Robert Elswit **M** Ralph Burns **D** John Murray (Dana Cannon), Jennifer Tilly (Amy Hopkins), James Keach (Deputy Halik), Wendie Jo Sperber (Joan Pudillo), Sally Kellerman (Richterin Henderson) **L** 90 **FSK** ab 6; nf **E** 29.8.1985/Mai 1986 Video **fd** 25 265

TRAFIC (TATI IM STOSSVERKEHR) (TRAFIC / MONSIEUR HULOT NEL CAOS DEL TRAFFICO). Monsieur Hulot soll ein von ihm entworfenes und mit allen Schikanen ausgerüstetes Camping-Auto von Paris zum Amsterdamer Automobil-Salon bringen, trifft aber vieler Pannen wegen erst nach Schluß der Ausstellung ein. Tatis satirische Komödie über den seltsamen Gebrauch, den Menschen vom Auto machen, unterhält mit zahlreichen köstlichen Gags und liebenswürdigem Humor. Der Film überzeugt vor allem durch seine poetische Klarheit und Reinheit, die alles ausstrahlt, was Jacques Tati am Herzen liegt: nicht die große Gesellschaftskritik, sondern die feinsinnige Mahnung, sich nicht manipulieren zu lassen von der Hektik und der Überbewertung der technischen Konsumjagd. – Sehenswert ab 8. ✦ Frankreich/Italien 1969–71 **P** Colonia/Gibé/Selenia **KI** Warner-Columbia **VA** Kinowelt Home **Pd** Robert Dorfmann **R** Jacques Tati **B** Jacques Tati, Jacques Lagrange (Mitarbeit), Bert Haanstra (Mitarbeit) **K** Eddy van der Enden, Marcel Weiss **M** Charles Dumont **S** Maurice Laumain, Sophie Tatischeff **D** Jacques Tati (Monsieur Hulot), Maria Kimberley (Mademoiselle Maria), Marcel Fraval (Marcel, Transportunternehmer), Honoré Bostel (Altra-Direktor), F. Maisongrosse, Tony Knepper (Holländ. Garagenbesitzer) **L** 106 **FSK** ab 6; f (früher nf) **E** 17.12.1971/September 2000 Video **fd** 17 631

TRAGE DEINES BRUDERS BÜRDE (THE PROMISE). Melodramatischer (Fernseh-)Film: Ein notorischer Junggeselle, der sich bislang vor jeder Verantwortung gedrückt hat, verspricht seiner Mutter auf dem Sterbebett, sich um seinen schizophrenen, völlig hilflosen Bruder zu kümmern. Das Versprechen verändert sein ganzes Leben. – Ab 16. ✦ USA 1986 **R** Glenn Jordan **B** Richard Friedenberg **M** David Shire **D** James Garner (Bob), James Woods (D.J.), Piper Laurie (Annie), Peter Michael Goetz (Stuart), Michael Alldredge (Gibb) **L** 96 **E** 16.8.1991 PRO 7

TRAGISCHE JAGD (CACCIA TRAGICA). Banditen in der Romagna rauben das staatliche Geld für eine Siedlungsgenossenschaft und nehmen eine junge Frau als Geisel. Bei der Jagd der Siedler auf die Banditen verhindert deren Anführer, ein ehemaliger KZ-Häftling, die Sprengung eines Minenfeldes. Bildmächtiger neorealistischer Film, dessen Themen der Solidarität und der Vergebung von guten Schauspielern in einer stellenweise arg melodramatischen Inszenierung vermittelt werden. – Ab 16. ✦ Schwarz-weiß. Italien 1948 **P** ANPI für Lux/Dante **R** Giuseppe de Santis **B** Umberto Barbaro, Michelangelo Antonioni, Cesare Zavattini **K** Otello Martelli, Carlo Carlini, Gianni di Venanzo **M** Giuseppe Rosati **S** Mario Serandrei **D** Andrea Checchi (Alberto), Vivi Gioi (Daniela »Lili Marleen«), Massimo Girotti (Michele), Carla del Poggio (Giovanna), Vittorio Duse (Giuseppe) **L** 80 **E** 6.4.1978 DFF 1/5.6.1986 BR III

TRAGISCHE WILDNIS (SELVA TRAGICA). Das Schicksal eines armen Teepflückers und seiner Frau, die gegen ihren Willen zur Arbeit auf den Feldern eines Großkonzerns gezwungen werden. Ein sozialkritisch engagiertes Drama über Formen der Ausbeutung als Auswüchse einer kapitalistischen Raubbau-Politik. Schlicht und bewegend inszeniert und gespielt, hervorragend fotografiert und durch einen eigenwilligen Montage-Rhythmus reizvoll akzentuiert. – Ab 16. ✦ Schwarz-weiß. Brasilien 1964 **R** Roberto Farias **B** Roberto Farias, nach einem Roman von Ernani Donato **K** José Rosa **M** Luis Bonfa **D** Reginaldo Farias, Rejane Medeiros, Aurelio Teixeira, Mauricio do Valle **L** 77 (Orig. 103) **E** 20.10.1967 DFF 1

DIE TRAGÖDIE AM ELEPHANT ROCK →Verlorene Liebe (1954)

TRAGÖDIE AM MITTAG (MAHIRU NO SANGEKI). Realistisch verfilmtes Arme-Leute-Drama in den Hintergassen von Tokio: Zwei kleine Mädchen töten ihren Vater, der trinkt und seine Frau mißhandelt. Ein in der Erfassung seelischer Vorgänge eindrucksvoller Film, der vor allem gegen Ende durch die hervorragende Nachgestaltung psychologisch komplizierter menschlicher Regungen überzeugt. Dagegen wird die glaubhafte Motivierung der tragischen Geschichte eher vernachlässigt. ✦ Schwarz-weiß. Japan 1958 **P** Shochiku **KI** Atlas **R** Kiho Nomura **D** Hideo Fukuhara, Yuko Mochizuki, Bokuzen Hidari **L** 80 **E** 6.4.1964 ARD **fd** 11 027

DIE TRAGÖDIE DER CARMEN (LA TRAGEDIE DE CARMEN, 1ER PART). Eine von drei zur selben Zeit, aber mit unterschiedlicher Besetzung entstandenen Verfilmungen von Bizets Oper »Carmen«, die im Anschluß an Peter Brooks vielbeachtete Theater-Inszenierung im November 1981 in Paris entstanden. Die Qualitäten dieser Inszenierung hat Brook virtuos ins Medium Film übertragen, wobei die vorzügliche Kameraarbeit die unmittelbare Atmosphäre der Bühne einfängt. Vor allem der Verzicht auf Folklore und die Eingrenzung auf das Wechselspiel der Liebe ergibt eine ganz »neue« Carmen-Oper. (Der Reiz der Adaption entfaltet sich wohl vollständig erst im Wechselspiel mit den zwei übrigen, ebenfalls 80minütigen Filmen des »Tryptichons«.) – Sehenswert ab 16. ✦ Frankreich 1983 **P** Alby-Film/Antenne 2 **R** Peter Brook **B** Peter Brook, Marius Constant, Jean-Claude Carrière, nach der Oper von Georges Bizet und einer Erzählung von Prosper Mérimée **K** Sven Nykvist **M** Georges Bizet **S** M. Michaka **D** Hélène Delavault (Carmen), Howard Hensel (Don José), Agnès Host (Micaela), Jake Gardner (Escamillo) **L** 80 **E** 26.2. 1984 ARD

DIE TRAGÖDIE DER GROSSEN MAUER. Ein in Hongkong produzierter chinesischer Legendenfilm über den Bau der Großen Mauer im 3. Jahrhundert vor Christus. Einer der Zwangsarbeiter aus vornehmer Familie wird als Opfer für die Götter lebendig begraben. Seine Frau folgt ihm in den Tod. Spiel und Szenerie sind dem fast spannungslosen Stil chinesischer Bühnentradition verpflichtet. Vor allem als filmhistorisches Dokument von Interesse. – Ab 16. ✦ Schwarz-weiß. Hongkong/VR China 1954 **P** Li Hwa Motion Picture **KI** Materna **Pd+R** Li Li Hwa **K** Tu Kuang-She **D** Li Li Hwa, Huang Ho, Wang-Yuan Lung, Hiau-dsia Piau, Tshen Hou **L** 85 **FSK** ab 16; f **E** 31.5.1957 **fd** 5 944

TRAGÖDIE EINER GROSSEN LIEBE. Die unglückliche Ehegeschichte des ungarischen Dichters Imre Mádach (1823–1861). Aus Liebesschmerz entsteht die philosophische Dichtung »Die Tragödie des Menschen«, die in der Bühnenfassung eines der beliebtesten Stücke des ungarischen Theaters wurde. Der sentimentalisierte Film hingegen bietet eher Schmierentheater und ist allenfalls filmhistorisch als eine der frühesten ungarischen Produktionen von Interesse. – Ab 12 möglich. ✦ Schwarz-weiß. Ungarn 1946 **P** Dancz Film **KI** Ring/Karp **R** Antal Németh **B** Peéry Piri, G. L. Engel **M** Dezsö Losonczy **D** Eva Szörényi (Erzsi), Paul Jávor (Sonntag), József Tímár (Imre Madách) **L** 75 **FSK** ab 12; f **E** 11.11.1949 **fd** 911

TRAGÖDIE EINER LEIDENSCHAFT. Im zaristischen Rußland wird ein Mann zum Mörder an dem Verführer seiner Frau, als dieser sie des Geldes willen einem Offizier als Geliebte zuschieben will. Der in Rückblenden erzählte Film nach einer Novelle von Leskow (1831–1895) schildert ein realistisches Bild der dekadenten Adelsgesellschaft Rußlands. Melodram, feinfühlig in der Milieuzeichnung und beachtlich von erstklassigen Theaterschauspielern gespielt. Bedrückend in der dumpfen Schicksalhaftigkeit des Geschehens. – Ab 14. ✦ Schwarz-weiß. BR Deutschland 1949 **P** Witt **KI** Bavaria **Pd** Georg Witt **R** Kurt Meisel **B** Emil Burri, nach Motiven der Novelle »Pawlin« von Nikolaj Leskow **K** Heinz Schnackertz, Josef Illig **M** Mark Lothar **S** Werner Jacobs **D** Joana Maria Gorvin, Hermine Körner, Carl Kuhlmann, Friedrich Schönfelder, Nikolai Kolin, Kurt Waitzmann, Edith Schultze-Westrum **L** 89 **E** 25.3.1949 **fd** 247

TRAGÖDIE EINER LIEBE (VERTIGINE). Der in Deutschland auch als Filmschauspieler beliebte Tenor Benjamino Gigli muß hier, unter der Regie eines Spezialisten für italienischen Rührkitsch, neben Gesangsdarbietungen (Puccini, Wagner) die Rolle des schwergeprüften Vaters mimen, dessen Tochter an gebrochenem Herzen stirbt. Das Mädchen hat einen jungen Tennis-Champion wegen eines Mißverständnisses abgewiesen. Aus Kummer wird der Sportsmann trübsinnig, zieht mit seiner früheren Mätresse durch Spielhöllen und stellt ungedeckte Wechsel aus. – Ab 14 möglich. ✦ Schwarz-weiß. Deutschland/Italien 1942 **P** Itala **KI** Fortuna **R** Guido Brignone, Ela Elborg **B** Georg C. Klaren, Guido Cantini **K** Günther L. Arko **M** Luigi Ricci, Richard Wagner (Melodien), Giacomo Puccini (Melodien) **D** Ruth Hellberg, Benjamino Gigli, Camilla Horn, Emma Gramatica, Herbert Wilk **L** 86 **FSK** ab 12; f **E** 24.9. 1943/19.7.1971 DFF 1 **fd** 5

DIE TRAGÖDIE EINES LÄCHERLICHEN MANNES (LA TRAGEDIA DI UN UOMO RIDICOLO). Nach der Entführung seines Sohnes versucht ein italienischer Käsefabrikant vergeblich, Aufklärung über das Vorgefallene zu erlangen. Schließlich fingiert er selbst eine Lösegeldzahlung in der Absicht, das Geld zur Sanierung seiner Firma zu verwenden. Ein mit maliziösem Vergnügen entwickeltes ironisches Verwirr- und Versteckspiel um Geschäft, Ideologie und Gewalt. Sarkastisch beschreibt der Film die undurchsichtigen Intrigen, die in Italien Skandale und Krisen regelmäßig begleiten, und nimmt angesichts dieser alltäglichen Wurstelei eine eher resignative Haltung ein. – Ab 16 möglich. ✦ Italien 1980/81 **P** Fiction Cinematografica **KI** Warner-Columbia **Pd** Giovanni Bertolucci **R+B** Bernardo Bertolucci **K** Carlo Di Palma **M** Ennio Morricone **S** Gabriella Cristiani **D** Ugo Tognazzi (Primo Spaggiari), Anouk Aimée (Barbara, seine Frau), Laura Morante (Laura), Victor Cavallo (Adelfo), Ricky Tognazzi (Giovanni, Primos Sohn), Vittorio Caprioli (Marshal), Renato Salvatori (Colonel) **L** 116 **FSK** ab 12; f **E** 6.11.1981/2.12.1984 ARD **fd** 23 194

TRAGÖDIE IM ZELTLAGER (AMERICAN EYES). Während eines Pfadfinderlagers werden drei kleine Mädchen vergewaltigt und bestialisch ermordet. Die Polizei tappt zunächst im dunkeln, doch einige Indizien deuten auf einen indianischen Täter. Seine Identität kann ermittelt werden, doch die Bevölkerung stellt sich zunächst schützend vor den Mann. Als ihm schließlich doch der Prozeß gemacht werden kann und er trotz erdrückender Beweise freigesprochen wird, sorgt ein indianischer Zauberer für ausgleichende Gerechtigkeit. Thriller und Gerichtsfilm, der sich seinem Thema mit den Mitteln der Dokumentation annähert. ✦ USA 1983 **P** ABC **R** Michael Wilkinson **L** 120 **E** 21.6.1997 RTL

DIE TRAGÖDIE VON WACO (IN THE LINE OF DUTY: AMBUSH IN WACO). Psychologischer Kriminalfilm um die Person des texanischen Sektenführers David Koresh, mit dem im April 1993 nach 51tägiger Belagerung mehr als 70 Menschen starben. Als Pop-musiker erfolglos, gründete er eine Sekte und verbarrikadierte sich mit seinen fanatischen Anhängern in Erwartung des selbstprophezeiten Weltuntergangs auf einer festungsartigen Ranch in Texas. Als die Polizei das Anwesen stürmen will, eröffnen die »Davidianer« das Feuer. Inszenatorisch eher ein »Schnellschuß«, der die aktuellen Ereignisse in einem »Docu-Feature« leidlich seriös aufbereitet. (Titel auch: »Die Fanatiker von Waco«) – Ab 16. ✦ USA 1993 **R** Dick Lowry **B** Philip Penningroth **K** Frank Beascoechea **M** Mark Snow **D** Tim Daly (Bob Vernon, gen. David Koresh), Neal McDonough (Jason), Marlee Shelton (Laura), Gordon Clapp (Glen), Debra Jo Rupp (Dorrie), Alana Austin (Betsy) **L** 89 **E** 22.4. 1994 ARD

TRAINED TO FIGHT – BEST OF THE BEST (TRAINED TO FIGHT – BEST OF THE BEST). Nach dem Tod seines Partners bewirbt sich ein junger Hongkonger Polizist um die Aufnahme in eine Spezialeinheit, die vietnamesische Terroristen bekämpfen soll. Dort trifft er auch seinen unbekannten Halbbruder, der ihm zunächst mit Verachtung begegnet. Eine vorgeblich an ihren menschlichen Dimensionen interessierte Geschichte, die jedoch an der Lieblosigkeit ihrer Personenzeichnung scheitert und nicht mehr als sattsam bekannte Klischees und eine Reihe von Langeweile-Schüben abliefert. ✦ Hongkong 1997 **P** Golden Harvest **VA** Pacific (Splendid) **Pd** Manfred Wong **R** Andrew Lau **B** Manfred Wong, Candy Cheung **M** Lin Che Yeung **D** Daniel Chan, Karen Mok, Annie Wu, Cheung Chi Lam **L** 108 **FSK** ab 18 **E** 28.1.1998 Video **fd** 34 016

TRAINED TO KILL (TRAINED TO KILL). Die Wiedersehensfeier zweier Brüder, die getrennt voneinander aufwuchsen, nimmt traumatische Züge an. Vor ihren Augen werden die Eltern ermordet, einer von ihnen wird schwer verletzt. Als auch noch die Geliebte des einen entführt wird, beschließen sie, Rache zu üben. Nach hartem Training bei einem Karate-Meister fühlen sie sich auf ihre Aufgabe vorbereitet. Die übliche Rächer-Story als fragwürdiger Kampfsport-Actionfilm aufbereitet. ✦ USA 1988 **P** Starvision **VA** Starlight **Pd** Arthur Webb **R+B** H. Kaye Dyal, Arthur Webb **K** Jack Copperman **D** Frank Zagarino, Glen Eaton, Lisa Aliff, Ron O'Neal, Chuck Connors **L** 88 **FSK** ab 18 **E** Juni 1989 Video

TRAINER DES JAHRES → Coach of the Year

TRAINING DAY (TRAINING DAY). Ein junger engagierter Polizist bekämpft in Los Angeles seinen charismatischen Kollegen und Lehrmeister, der den »Krieg gegen das Verbrechen« rhetorisch geschickt verbrämt, um seine eigenen kriminellen Machenschaften zu rechtfertigen. Ein durch affektiertes Schauspiel geprägter Thriller, dessen Drehbuch kaum originelle Facetten aufzeigt; die genreimmanente Spannung wird zugunsten eines überzogenen Finales verspielt. – Ab 16. ✦ Scope. USA 2001 **P** Village Roadshow/NPV/Outlaw/Warner **Kl** Warner Bros. **Pd** Jeffrey Silver, Bobby Newmyer, David Ayer, Scott Strauss, David Wisnievitz **R** Antoine Fuqua **B** David Ayer **K** Mauro Fiore **M** Mark Mancina **S** Conrad Buff **D** Denzel Washington (Alonzo Harris), Ethan Hawke (Jake Hoyt), Scott Glenn (Roger), Tom Berenger (Stan), Cliff Curtis (Smiley), Snoop Dogg (Sammy), Macy Gray (Sandmans Frau), Dr. Dre (Paul) **L** 122 **FSK** ab 16; f **FBW** bw **E** 6.12.2001 **fd** 35 184

TRAINING MIT KLEINER NACHTMUSIK (VSICHNI MUSIBYT V PYZAMU). Ein älterer, allein lebender Buchhalter beschließt nach seinem ersten Herzinfarkt, ganz gesund zu leben und alle Aufregungen zu vermeiden. Doch seine nervenaufreibende Tätigkeit für die Sozialversicherung und die liebenswürdige, fast aufdringliche Fürsorge einer Arbeitskollegin lassen ihn bald wieder schwach werden. Anspruchsloses, gelegentlich allzu klamaukhaftes Lustspiel. – Ab 14. ✦ CSSR 1984 **P** Filmstudio Barrandov **Kl** Progress **R** Jaroslav Papousek **B** Jaroslav Papousek, Vlastimil Venclík **K** Ivan Slapeta **M** Karel Mares, Wolfgang Amadeus Mozart **D** Frantisek Husák (Rehor), Iva Janzurová (Bozenka), Josef Kemr (Vater), Eliska Balzerová (Bekova), Marie Rosulková **L** 80 **E** 20.6.1986 Kino DDR

TRAINSPOTTING – NEUE HELDEN (TRAINSPOTTING). Eine Clique schottischer Heroin-Junkies bestreitet ihren Tagesablauf mit der unablässigen Suche nach Betäubungsmitteln, was sich als endloser Kampf um den nächsten Kick beziehungsweise die Mittel, sich Drogen zu verschaffen, darstellt. Erst als einer ins Gefängnis und ein anderer in den Entzug wandert, scheint der Teufelskreis durchbrochen zu werden. Eine bittere, mit ungewöhnlichen filmischen Mitteln erzählte Groteske, deren auf Überraschung und Überrumpelung zielende Dramaturgie gefangennimmt. Trotz der suggestiven Bebilderung der Drogenerfahrungen ein zugleich schockierendes und einfühlsames Porträt der Junkie-Szene. – Sehenswert. ✦ Großbritannien 1995 **P** Figment/The Noel Gay Motion Picture Company/Channel Four **Kl** prokino plus/Central **VA** VPS **DVD** Alligator DVD/e-m-s (FF, DD5.1 dt.) **Pd** Andrew MacDonald **R** Danny Boyle **B** John Hodge, nach einem Roman von Irvine Welsh **K** Brian Tufano **M** Damon Albarn (Songs), Iggy Pop (Songs), Brian Eno (Songs), Blur (Songs), Elastica (Songs), Primal Scream (Songs), New Order (Songs), Lou Reed (Songs), Beadrock Featuring Kyo (Songs), Leftfield (Songs), Underworld (Songs), Sleeper (Songs) **S** Masahiro Hirakubo **D** Ewan McGregor (Mark Renton), Ewen Bremner (Spud), Jonny Lee Miller (Sick Boy), Kevin McKidd (Tommy), Robert Carlyle (Begbie), Kelly MacDonald (Diane) **L** 94 **FSK** ab 16; f **FBW** bw **E** 15.8.1996/13.3. 1997 Video/19.2.1998 premiere/16.3.1999 DVD **fd** 32 052

TRAMP – MÖRDER UNTERWEGS (HARD TRAVELLING). Im Dezember 1941 wird der vorbestrafte Ed Slohan hingerichtet für einen Mord, der keiner war. Im Jahr vor der Tat hatte Ed eine Frau kennengelernt, die ihn trotz seiner Vergangenheit liebte. Die auf Amerika lastende Depression aber machte ihn arbeitslos und ließ die Hoffnungen auf familiäres Glück schwinden. Nicht ohne Brüche im Handlungsablauf schildert der Film auf anrührende und stimmungsvolle Weise das Schicksal einer gescheiterten Existenz. (TV-Titel: »Hard Traveling – Am Ende des Weges«) – Ab 14. ✦ USA 1986 **P** Shire Films **VA** Highlight **Pd** Helen Garvy **R+B** Dan Besser **K** David Myers **M** Ernie Sheldon **S** Susan Heick **D** J.E. Freeman (Ed Slohan), Ellen Geer (Norah Gilbert Slohan), Barry Corbin (Attorney Frank Burton), Anthony Danna (Joey Gilbert), T.J. Thompson (Tim Gilbert) **L** 94 **FSK** ab 12 **E** 10.1.1991 Video/21.1.1995 RTL 2 **fd** 28 767

TRAMP, TRAMP, TRAMP (TRAMP TRAMP TRAMP). Trotz unglaublicher Schwierigkeiten und Hindernisse gewinnt ein junger Mann einen Wettlauf im Gehen gegen die besten Konkurrenten, saniert mit dem Preis die Schusterei seines Vaters und gewinnt obendrein das verehrte Mädchen. Der zu Unrecht in Vergessenheit geratene Stummfilmkomiker Harry Langdon brilliert in seinem ersten abendfüllenden Film als ebenso liebenswerter wie gewandter Durchschnittsbürger, der in einem wahren Feuerwerk von köstlichen Gags seinen Weg findet. – Ab 10. ✦ Schwarz-weiß. USA 1926 **P** Harry Langdon Corp./ Film National **Pd** Harry Langdon **R** Harry Edwards **B** Frank Capra, Tim Whelan, Han Conklin, J. Frank Holliday, Gerald Duffy, Murray Roth **K** Elgin Lessley **M** Rolf Rosemeier (dt. Bearbeitung) **D** Harry Langdon (Harry), Joan Crawford (Betty Burton), Edwards Davis (John Burton), Carlton Griffin (Roger Caldwell), Alec B. Francis (Harrys Vater), Brooks Benedict (Taxifahrer) **L** (TV) 65 **E** 16.1.1971 WDR III

TRAMPEN NACH NORDEN. Die abenteuerlichen Erlebnisse zweier Tramper auf ihrer Reise zur Ostsee. Fernsehfilm für jugendliches Publikum. – Ab 12. ✦ DDR 1977 **P** DEFA **Kl** Progress **R** Wolfgang Hübner **B** Wolfgang Hübner, Eberhard Borkmann, nach dem gleichnamigen Roman von Gerhard Holtz-Baumert **K** Eberhard Borkmann **M** Peter Gotthardt **S** Monika Schindler **D** Axel Kaboth (Gunnar), Silvia Mißbach (Teresa), Herwart Grosse (Professor), Winfried Glatzeder (Pastor), Otto Mellies (Schauspieler) **L** 76 **E** 26.12.1977 DFF 1/1.6.1979 Kino DDR

DIE TRAMPLER (THE TRAMPLERS / GLI UOMINI DAL PASSO PESANTE). Ein Großrancher in den Südstaaten der USA versucht nach dem Bürgerkrieg, seinen Sklavenbesitz mit roher Gewalt zu erhalten. In einem seiner Söhne entsteht ihm ein entschlossener Gegenspieler. Ein psychologisch vertiefter Western von streckenweise bedrückender Härte. (Fernsehtitel: »Die um Gnade winseln«) ✦ Scope. USA/Italien 1965 **P** Embassy **Kl** Inter-Film **Pd+R** Albert Band **B** Ugo Liberatore, Albert Band, nach dem Roman »Guns of North Texas« von Will Cook **K** Alvaro Mancori **M** Angelo Francesco Lavagnino **S** Maurice A. Bright (= Maurizio Lucidi) **D** Joseph Cotten (Temple Cordeen), Gordon Scott (Lon Cordeen), James Mitchum (Hoby Cordeen), Ilaria Occhini (Janet Wickett), Franco Nero (Charley Garvey), Emil Jordan, Carol Brown, Muriel Franklin (Alice Cordeen), Claudio Gora (Fred Wickett), Emma Vanoni (Bess Cordeen) **L** 99 **FSK** ab 16; nf **E** 24.6.1966 **fd** 14 128

TRANCE (1991). Eine 16jährige bewundert einen berühmten Star der New-Wave-Musik wie einen Gott und bringt ihm kultische Verehrung entgegen. Magisch fühlt sie sich von ihm angezogen und trampt wie in Trance zu einem Konzert mit ihm nach München. Als er sie leibhaftig berührt, fällt sie in Ohnmacht und wird in seine Umkleidekabine getragen. Fortan begleitet sie ihn bei den Proben und einem Konzert, wird seine Geliebte, leidet aber unter seiner emotionalen Kälte, die nicht in ihr Bild von ihm paßt. Da tötet sie ihn, zersägt seinen Körper und beginnt ihn aufzuessen. Eine abstrus-spekulative Horror-Mär um irreale Auswüchse einer Idol-Verehrung, die sich auf makabre Weise zu einem exzessiven »Liebesbeweis« steigert. ✦ Deutschland 1991 **P** Barbara Moorse Workshop **Kl** Scotia **R+B** Eckhart Schmidt **K** Bernd Heinl **M** Rheingold **D** Désirée Nosbusch (Simone), Bodo Steiger (»R«) **L** 90 **E** 1991 Kino

TRANCE (1998) (TRANCE). Eine amerikanische Familie, die die Großmutter der Frau in Irland besucht, wird mit der unheilvollen Familiengeschichte konfrontiert. Im Keller des Hauses ist eine 2000 Jahre alte, mumifizierte Leiche aufgebahrt, die zu neuem Leben erwacht und vom Körper der Frau Besitz ergreifen will. Durch Tempo und Stil setzt sich der Film anfangs von den Genre-Standards ab, kann jedoch den selbst gewählten Anspruch nicht einlösen und nur mit Charakteren aufwarten, die alle Klischees der Gattung erfüllen. Letztlich einmal mehr eine Konfrontation mit der Vergangenheit und eine Bewährungsprobe für die intakte Familieneinheit. (Titel auch: »Michael Almereydas Trance«) ✦ USA 1998 **P** Trimark Pictures **VA** Columbia TriStar Home **Pd** Mark Amin, David L. Bushell **R** Michael Almereyda **B** Mark Amereyda **K** Jim Denault **M** Simon Fisher-Truner **S** Steven Hamilton, Tracy Granger **D** Alison Elliott (Nora), Jared Harris (Jim), Christopher Walken (Bill), Karl Geary (Sean), Paul Ferriter (Joe) **L** 91 **FSK** ab 16 **E** 12.10.1999 Video **fd** 34 059

TRANCE-ATLANTIK. Drei schwarze Brasilianerinnen reisen auf der Suche nach ihrer Herkunft von Brasilien nach Afrika. Tagebuchfilm über einen Kult namens Candombé, der Mitte des vorigen Jahrhunderts in Brasilien von einer als Sklavin aus Afrika verschleppten Königstochter gegründet wurde. Auf dem Tempel liegt, seitdem er Schauplatz eines Mordes wurde, ein prophezeiender Fluch: Ein Weißer aus der Alten Welt werde kommen und eine Verbindung zu den Ahnen in Afrika herstellen. – Ab 16. ✦ BR Deutschland 1990 **P** HR/WDR **R+B** Herbert Brödl **K** Joaquim Pinto **D** Geralda do Carma Silva, Tania de Souza, Roseli de Oliveira, Ya Fesso, Kabiesi de Pobé **L** 100 **E** 23.5.1991 EINS PLUS

TRANCEFORMER – A PORTRAIT OF LARS VON TRIER (TRANCEFORMER – A PORTRAIT OF LARS

VON TRIER). Außergewöhnlich intimes Porträt des dänischen Regisseurs Lars von Trier. Der Film spürt der Biografie und dem Schaffen des öffentlichkeitsscheuen »Selbstdarstellers« nach. ✦ Dänemark/Schweden 1997 **R+B** Stig Björkman **K** Björn Blixt, Anthony Dod Mantle, Jan Röed **S** Leon Flamholc **L** 60 **E** 20.01.2000 SF 1

TRANCERS (TRANCERS). Ein aus der Zukunft kommender Polizist liquidiert im Jahre 1985 einige menschenähnliche Roboter, die den Fortbestand der Menschheit bedrohen. Ein weitgehend ohne die genreüblichen Härten inszenierter, stellenweise recht witziger Science-Fiction-Film. (TV-Titel auch: »Future Cop«) – Ab 16 möglich. ✦ USA 1984 **P** Empire **VA** Marketing **Pd+R** Charles Band **B** Danny Bilson, Paul De Meo **K** Mac Ahlberg **M** Mark Ryder, Phil Davies **S** Ted Nicolaou **D** Tim Thomerson (Jack Deth/Philip Dethon), Helen Hunt (Leena), Michael Stefani (Martin Whistler/Lt. Wiesling), Art LaFleur (McNulty), Telma Hopkins (Commander Raines), Richard Herd (Spencer), Anne Seymour (Ashe), Biff Manard (Hap Ashby), Barbara Perry (Mrs. Santa Claus) **L** 88 **E** März 1985 Video/5.6.1991 premiere **fd** 25 179

TRANCERS II (TRANCERS II). Die Außerirdischen der Zukunft fürchten um die Menschen der Vergangenheit: Leblose Tote bedrohen im Amerika der Gegenwart die Menschheit und damit auch die Zukunft. So werden Angehörige der außerirdischen Rasse auf die Erde gesandt, um dort dem Trancer-Unwesen ein Ende zu bereiten. Science-Fiction-Film in einer seltsamen Mischung aus Klamauk und Schock-Elementen, fragwürdig vor allem durch den distanzlos beschworenen Mythos des Untermenschen, der bedenkenlos getötet werden darf. – Wir raten ab. ✦ USA 1990 **P** Full Moon **VA** CIC **Pd+R** Charles Band **B** Jackson Barr **K** Adolfo Bartoli **M** Mark Ryder, Phil Davies **S** Ted Nicolaou, Andy Horvitch **D** Tim Thomerson (Jack Deth), Helen Hunt (Lena Deth), Megan Ward (Alice), Biff Manard (Haps), Alyson Croft (McNulty), Martine Beswick (Schwester Trotter), Jeffrey Combs (Doktor Pyle), Telma Hopkins (Commander Raines), Barbara Crampton (Sadie Brady), Art LaFleur (alter McNulty) **L** 85 **FSK** ab 16 **E** 18.3.1992 Video **fd** 29 595

TRANCERS IV (TRANCERS IV / JACK OF SWORDS). Durch eine technische Panne gerät ein intergalaktischer Kopfgeldjäger ins Mittelalter. Aber auch hier treiben die »Trancers« ihr Unwesen, die den Menschen Blut aussagen, um am Leben zu bleiben. Die krude Mischung aus Ritterfilm und Vampir-Mythos kann aus dem Zusammenprall dieser grundverschiedenen Welten keinerlei Kapital schlagen und leidet zudem an einer mißlungenen Synchronisation. ✦ USA/Rumänien 1993 **P** Full Moon **VA** CIC **Pd** Vlad Paunescu, Oana Paunescu **R** David Nutter **B** Peter Daura **K** Adolfo Bartoli **M** Gary Fry **S** Lisa Bromwell **D** Tim Thomerson (Jack Deth), Stacie Randall (Lyra), Ty Miller (Prospero), Terri Ivens (Shaleen), Mark Arnold (Lucius), Clabe Hartley (Lord Caliban), Alan Oppenheimer (Farr), Stephen Macht (Harris), Adrian Pintea (Borgia), Jeff Moldovan (Harson) **L** 71 **FSK** ab 18 **E** 14.9.1994 Video **fd** 31 029

TRANCERS 5 (TRANCERS 5: SUDDEN DEATH). Ein Macho-Polizist aus Los Angeles, der durch einen Fehler in der Zeitmaschine in ein Land der Zukunft geraten ist, kämpft dort gegen die tyrannischen Trancers und kann mit Hilfe eines großen Diamanten, der in der »Festung der erbarmungslosen Angst« aufbewahrt wird, in sein Land und seine Zeit zurückkehren. Die ideenlos weitergesponnene Fortsetzung der Fantasy-Film-Serie verliert sich überwiegend in quälenden Rückblenden. Auch Anleihen bei Shakespeare machen die Handlung nicht besser, so daß allenfalls einige Bilder von rumänischen Burgen haften bleiben. ✦ USA 1994 **P** Full Moon **VA** CIC **Pd** Vlad Paunescu, Oana Paunescu **R** David Nutter **B** Peter David **K** Adolfo Bartoli **M** Gary Fry **S** Lisa Bromwell **D** Stacie Randall (Lyra), Ty Miller (Prospero), Terri Ivens (Shaleen), Clabe Hartly (Caliban), Tim Thomerson (Jack Deth), Mark Arnold (Lucius), Alan Oppenheimer (Farr), Stephen Macht (Harris), Luanca Stoica (Celia), Clabe Hartley (Lord Caliban) **L** 71 **FSK** ab 16 **E** 26.4.1995 Video **fd** 31 363

TRANCERS 2010 (TRANCERS III). Ein Detektiv aus dem Los Angeles des Jahres 2100 kehrt ins Jahr 2005 zurück, um dort gegen die »Trancers« zu kämpfen, eine durch Drogen aufgeputschte Truppe, die ein fanatischer Führer kommandiert. Eine stimmige Thematik, glaubwürdige Psychologie, überzeugende Dialoge oder gute Schauspieler sucht man in diesem Science-Fiction-Krimi vergebens. Selbst die Actionszenen wirken plump und gestellt. ✦ USA 1991 **P** Full Moon **VA** Highlight **Pd** Albert Band **R+B** C. Courtney Joyner **K** Adolfo Bartoli **M** Mark Ryder, Phil Davies **S** Lauren Schaffer, Margaret-Anne Smith **D** Tim Thomerson (Jack Deth), Melanie Smith (R. J.), Andrew Robinson (Col. Daddy Muthuh), Tony Pierce (Jason), Ed Beechner (Lt. Ryan), Helen Hunt (Lena), Dawn Ann Billings (Jana), Megan Ward (Alice Stillwell), Telma Hopkins (Commander Raines), Stephen Macht (Harris) **L** 69 **FSK** ab 18 **E** 13.4.1993 Video **fd** 30 210

TRÄNEN AUF HEISSEM SAND (ANKUR) (ANKUR). Erstlingsfilm, der das Verhältnis eines jungen Inders, Sohn eines Großgrundbesitzers, zu einer verheirateten Dienerin niederer Kaste beschreibt. Die moderne Haltung des jungen Mannes, der nach seiner College-Ausbildung studieren möchte und glaubt, das Kastendenken überwunden zu haben, entpuppt sich sehr bald als bloßer Schein. Als seine vom Vater bestimmte Frau eintrifft, verleugnet er die Dienerin, die inzwischen schwanger geworden ist, und jagt sie aus dem Haus. Der sinnliche, ganz in der Ruhe der indischen Landschaft verankerte Film übt einfach, aber überzeugend Kritik an den gravierenden Klassenunterschieden und am Feudalsystem des Landes. – Sehenswert ab 14. ✦ Indien 1973 **P** Blaze Films **Pd** Mohan J. Bislani, Freni Variava **R+B** Shyam Benegal **K** Govind Nihalani **M** Vanraj Bhatia **S** Bhanudas **D** Shabana Azmi, Sadhu Neher, Anant Nag, Priya Tandulkar, Aga Mohamed Hussain **L** 125 **E** 11.4.1984 DFF 1

TRÄNEN DER ERINNERUNG (YESTERDAY'S CHILDREN). Als eine glücklich verheiratete Mutter mit 42 Jahren noch einmal schwanger wird, stellen sich merkwürdige Träume ein, die sie mit dem Leben einer Familie im Irland der 30er-Jahre konfrontiert. Sie versucht, den dubiosen Ereignissen auf den Grund zu gehen, und muss sich mit der Erkenntnis auseinander setzen, dass sie schon einmal gelebt hat. Sie begibt sich auf die Spuren ihrer früheren Familie. Gut gespieltes TV-Movie, das eine Fülle irischer Folklore einbringt, vom Zuschauer jedoch auch die Bereitschaft einfordert, sich auf die okkulte Räuberpistole einzulassen. ✦ USA 2000 **P** Cosgrove-Meurer/WIN **Pd** Jay Benson, Grainne Dunne, Susan Holmes, James Flynn, Morgan O'Sullivan **R** Marcus Cole **B** Sarah Bird, Richard Leder, nach dem Roman »Yesterday's Children« von Jenny Cockell **K** James Bartle **M** Patrick Williams **S** Mark W. Rosenbaum **D** Jane Seymour (Jenny Cole/Mary Sutton), Clancy Brown (Doug Cole), Kyle Howard (Kevin Cole), Claire Bloom (Margaret), Hume Cronyn (Sonny Sutton) **L** 90 **E** 15.9.2001 Vox

TRÄNEN DER LIEBE (ANOTHER WOMAN). Mit einigen Spannungsmomenten angereichertes (Fernseh-)Melodram. Nachdem sie bei einem Überfall das Gedächtnis verloren hat, muß eine Frau sich ihre Vergangenheit mühsam erarbeiten. Sie erkennt, daß sie mit einem Millionär verheiratet ist und in einer scheinbar harmonischen Ehe lebt, doch plötzlich trüben dunkle Schatten ihre Erinnerung. Ihre Ehe war zerrüttet, und sie muß erkennen, daß sie einen Berufskiller auf ihren Mann angesetzt hat. Verzweifelt versucht sie, die Vergangenheit zu rekonstruieren. – Ab 14. ✦ USA/Kanada 1994 **P** CBS/CTV/UFA **R** Alan Smithee **B** Jim Henshaw, Lee Langley, Lyle Slack **K** Michael Storey **M** David Blamires **D** Justine Bateman (Lisa Temple), Peter Outerbridge (Paul Temple), James Purcell (Joe Dooley), Kenneth Welsh (Dr. Holcross), Amy Stewart (Bonnie Temple) **L** 86 **E** 6.9. 1996 ARD

DIE TRÄNEN DES CLOWNS (THE CLOWN). Nachdem ihn seine Frau verlassen hat, ist ein einst gefeierter Clown zum »dummen August« in einem Vergnügungspark abgesunken und dem Alkohol verfallen. Die Versuche seines kleinen Sohnes, ihn wieder aufzurichten, scheitern zunächst, bis endlich ein triumphales Comeback gelingt. Doch mitten in der Fernsehübertragung ereilt ihn der Tod. Tragikomödie, ganz zugeschnitten auf den Komiker Red Skelton, der weit über das hinauswächst, was er in früheren Filmen zu bieten hatte, und seiner Rolle glaubhafte, teilweise sogar ergreifende Züge verleiht. Er allein gibt dem Film, der ansonsten im sentimental-seichten Fahrwasser üblicher Hollywood-Produkte steckenbleibt, menschliche Qualitäten. – Ab 10 möglich. ✦ Schwarz-weiß. USA 1952 **P** MGM **Pd** William H. Wright **R** Robert Z. Leonard **B** Martin Rackin, nach dem Film »The Champ« (1931), geschrieben von Leonard Praskins und Frances Marion **K** Paul C. Vogel **M** David Rose **S** Gene Ruggiero **D** Red Skelton (Dodo Delwyn), Tim Considine (Dink Delwyn), Jane Greer (Paula Henderson), Loring Smith (Goldie), Philip Ober (Ralph Z. Henderson) **L** 91 **E** 31.7.1993 ARD

TRÄNEN EINES SIEGERS. Ein junger talentierter, aber mittelloser Tennisspieler erregt das Aufsehen eines Ex-Champions, der sich anbietet, ihn zu trainieren. Mit Fleiß erspielt er sich seinen kometenhaften Aufstieg, doch er verliert sein gewohntes Umfeld aus den Augen und gerät an falsche Freunde. Als sich sein väterlicher Freund und Trainer von ihm abwendet, beginnt der Niedergang des 17jährigen. Aufstieg und Fall eines jungen Tennisstars als fernsehgerechte Unterhaltung ohne besondere Vorkommnisse. ✦ Deutschland 1994 **R** Jens Hercher **B** Douglas Graham, Kurt Volkert **D** Fabian Harloff (Sascha Bauer), Manfred Zapatka (Bruna Henning), Leonore Steller (Karin Breite), Renate Krößner (Anika Bauer), Mirco Wallraf (Uwe Dorn) **L** 95 **E** 5.7.1995 RTL

TRÄNEN FÜR RUSSLAND – ROSTROPOWITSCH KEHRT HEIM (SOLDIERS OF MUSIC). Nach 16 Jahren im Exil konnte der Cellist und Dirigent Mstislav Rostropowitsch im Februar 1990 erstmals in seine sowjetische Heimat zurückkehren. Der Film dokumentiert die Momente des Wiedersehens und versucht zugleich, als Chronik der Vergangenheit die Gründe für das Auftrittsverbot des Dirigenten und seiner Frau, der Sängerin Galina Wischnewskaja, darzustellen. Der Dokumentation ist Musik von Tschaikowski und Schostakowitsch unterlegt, Werke, mit denen sich der Musiker besonders identifiziert. ✦ USA/BR Deutschland 1990 **R+B** Susan Froemke, Peter Gelb **L** 90 **E** 24.2.1991 ZDF

TRÄNEN HINTER DEM LACHEN (KANASHII KIBUN DE JOKU). Die melodramatische Geschichte einer Vater-Sohn-Beziehung. Ein erfolgreicher Komödiant gibt seine Karriere auf, um den todkranken Sohn zu pflegen. Der Junge stirbt schließlich in den Armen des Vaters, nachdem sie gemeinsam noch einmal die Mutter besuchten. ✦ Japan 1984 **P** Shochiku **R** Shoji Segawa **B** Go Yoshida **M** Taku Izumi **D** Beat Takeshi (= Takeshi Kitano), Kie Nakai, Shingo Yanagisawa, Saburo Ishikura, Tachiro Kawabe **L** 90 **E** 24.11.1988 DFF 1/30.6.1992 ORB

TRÄNEN IN DEINEN AUGEN →Ein Sommer, den man nie vergißt

TRÄNEN IN FLORENZ. Ein Modeschöpfer verliebt sich in eine italienische Gräfin, die von ihm bei einem Autounfall verletzt wurde. Ihre Heirat scheitert, weil sie dieselbe Mutter zu haben scheinen. Ein im Stil eines grell-bunten Kitsch-Märchens entwickeltes Melodram aus der Welt des Adels, der Hochfinanz und der Modeschöpfer. Die dick auftragende

Groschenroman-Geschichte um Glück und Unglück ist allenfalls in einigen Momenten der ironischen Brechung erträglich. – Ab 12 möglich. ✦ BR Deutschland 1984 **P** Buntfilm **KI** Titania **R** Marianne Klara Schäfer **B** Marianne Klara Schäfer, Peter Rueben **K** Jacques Steyn **M** Charles Kalman **S** Beate Köster **D** Wolfgang Joop (Rüdiger Kaienberg), Violetta Sanchez (Contessa Vera da Vinci), Christoph Eichhorn (Wolfram Dernbach), Rita Kail (Gerda), Yolande Gilot (Annabel), Alfred Edel (Butler Florenz), Hasso Degener (Prof. Visconti) **L** 87 **FSK** o. A.; f **E** 29.8.1985 **fd** 25 118

TRÄNEN TROCKNET DER WIND... (1967). Gangsterkrieg und Liebesaffäre auf St. Pauli: Eine Striptease-Tänzerin und ein Offizier der Handelsmarine werden in einen Mord verwickelt. Die junge Frau selbst bringt einen Verbrecher um und wird später von der Polizei auf der Flucht erschossen. Triviale Kolportage aus dem Prostituierten-Milieu, unmotiviert und ohne innere Logik, lediglich auf die vermeintliche Attraktion einiger Nacktszenen setzend. (Titel auch: »Mädchen zwischen Nacht und Morgen«) ✦ Schwarz-weiß. BR Deutschland 1967 **P** Kerstin **KI** Filmagentur Süd **R** H. G. Schier **B** S. Leither **K** Armin Müller, Ralph Knoess **M** Peter Weiner **D** Margarethe von Trotta, Günter Becker, Hermann Holve, Hildegard Linden, Eva Christian, Helmut Förnbacher, Dunja Rajter **L** 96 **FSK** ab 18; nf **E** 13.10.1967 **fd** 15 029

TRÄNEN TROCKNET DER WIND (1980) (CIVOTA VYCHOVA JEDNEJ DASE). Junge Leute in einer slowakischen Kleinstadt, die sich nicht den Vorstellungen und Wünschen ihrer Eltern und den gebräuchlichen Normen in der Gesellschaft unterwerfen wollen, verlassen ihr Elternhaus, um, auf sich allein gestellt, ihr Glück im Leben zu finden. Das interessante und aufschlußreiche Thema findet eine flache und unglaubwürdige, auch schauspielerisch nur wenig überzeugende Inszenierung. – Ab 14. ✦ CSSR 1980 **P** Filmstudio Bratislava **KI** Progress **R** Ján Zeman **B** Marian Urban **K** Ján Duris **M** Jaroslav Filip **D** Yvetta Kornová (Dascha Kohútová), Peter Matto (Peter Pcola), Karol Spisák (Rudo Kohút), Milena Dvorská (Olga Kohútová), Vladimír Brabec (Puco Baric) **L** 89 **E** 28.1.1983 Kino DDR/29.10. 1984 DFF 1

TRANS (1993). Dokumentation einer Reise in der Transsibirischen Eisenbahn von Moskau nach Wladiwostok im September 1991. Vom Regisseur Peter Bratz alias Harry Rag im Zusammenhang mit der für den Film komponierten Musik geschnitten. Mal auf besondere Szenen dokumentarisch konzentriert, dann eher meditativ dem Reisen selbst, der Bewegung im Raum, dem Rhythmus der Geräusche nachsinnend. Zu spüren ist die Lust an der Fortbewegung selbst und die gleichzeitige Verzweiflung an ihr. (TV-Titel: »TRANS/TPAHC«) – Ab 16. ✦ Deutschland 1993 **P** Taris Filmprod./WDR/SFB/SWF **R+B** Harry Rag **K** Frank Guido Blasberg **M** Stewart Dunlop, Chrislo Haas, Uwe Jahnke **S** Harry Rag **L** 95 **E** 11.11. 1993/21.3.1994 West 3

TRANS (1998) (TRANS). Nach einem gelungenen Ausbruch irrt ein junger Strafgefangener zunächst allein durch die Sümpfe Floridas, dann nähert er sich langsam der Zivilisation an. Er registriert, nimmt wahr, immer in Bewegung, immer auf der Hut, wird mit immer mehr surrealen Begegnungen konfrontiert. Trotz seines Sujets lässt sich der Film in keine Genre-Schablone pressen, sondern entwickelt einen subtilen Rhythmus, in dessen Verlauf sich der Ausbrecher langsam verwandelt. Die reduzierten Geräusche tragen zu seinem eigenwilligen Reiz bei. Das Ergebnis ist eine komplexe Studie des amerikanischen Südens. (O.m.d.U.) ✦ USA 1998 **P** Yid Panther/Down Home Pic./Fig Leaf **KI** Freund der Deutschen Kinemathek **Pd** Michael Robinson **R** Julien L. Goldberger **B** Julian L. Goldberger **K** Jesse Rosen **M** Fat Mama and her Trans World Orchester **S** Affonso Goncalves **D** Ryan Daugherty (Ryan Kazinski), Justin Lakes (Justin Mullenkoff), Jon Daugherty (jüngerer Bruder), Michael Gulnac (Mike Gonzales), Elijah Smith (Insasse) **L** 80 **E** 1999

TRANS-AMERIKA-EXPRESS (SILVER STREAK). Anstatt sich wie geplant im »Transamerica Express« entspannen zu können, gerät ein biederer Verleger für Gartenbücher während der Zugfahrt in ein lebensgefährliches Abenteuer, als vor seinen Augen ein Kunsthistoriker ermordet wird, in dessen Sekretärin sich der Verleger verliebt hat. Eine turbulente Actionkomödie, die Elemente der Screwball Comedy, der Romanze, des Abenteuer- sowie des Katastrophenfilms gagreich verbindet. Nach ruhigem Beginn steigert sich der bis in die Nebenrollen hervorragend besetzte Film zu einem absurden Happening, das trotz einiger Plattheiten vorzüglich unterhält. – Ab 14. ✦ USA 1976 **P** 20th Century Fox **KI** 20th Century Fox **Pd** Martin Ransohoff, Frank Yablans **R** Arthur Hiller **B** Colin Higgins **K** David M. Walsh **M** Henry Mancini **S** David Bretherton **D** Gene Wilder (George Caldwell), Jill Clayburgh (Hilly), Richard Pryor (Muldoon), Patrick McGoohan (Devereau), Ned Beatty (Sweet), Clifton James (Sheriff), Ray Walston (Mr. Whiney), Stefan Gierasch (Johnson/Prof. Schreiner), Richard Kiel (Reace/Goldtooth), Scatman Crothers (Ralston), Fred Willard (Jerry Jarvis) **L** 114 **FSK** ab 12; nf **E** 9.9. 1977/4.1.1989 DFF 1 **fd** 20 485

TRANS-ATLANTIQUE (TRANS-ATLANTIQUE). Ein Schweizer Ethnologe, der auf den Spuren von Claude Lévi-Strauss das Amazonas-Gebiet besuchen will, verliebt sich während der Überfahrt von Genua nach Rio in eine Brasilianerin, die in ihre Heimat zurückfahren will. Durch die Verbindung von dokumentarischem und fiktivem Inszenierungsstil wird die private Liebesgeschichte zu einer Begegnung zwischen grundverschiedenen Kulturen; sie beschreibt glaubhaft und sinnlich nachvollziehbar die Wandlung eines nach einem neuen Lebensinhalt suchenden Menschen. – Sehenswert. ✦ Schweiz 1983 **P** Ariane/Limbo/SRG **R+B** Hans-Ulrich Schlumpf **K** Pio Corradi **M** Baden Powell **S** Fee Liechti **D** Zaira Zambelli (Zaira Gelbert), Roger Jendly (Roger Wiedmer), Renate Schroeter (Marianne), Balz Raz (Blinder Passagier) **L** 109 **E** 11.5.1986 EINS PLUS

TRANS BRASILIA – PHANTASTISCHE REISE. Dokumentation einer Autoreise durch Brasilien, gut fotografiert, in Kommentar und Musikeinsatz jedoch über weite Strecken unoriginell bis mißlungen. Die starke Gewichtung landschaftlicher und biologischer Aspekte läßt Politik, Soziales, Kulturelles weitgehend zu kurz kommen. Mit diesen Einschränkungen für landeskundlich Interessierte nicht ohne Reiz. – Ab 12. ✦ BR Deutschland 1980 **P** Jura-Film **KI** Jura-Film **R+B+K** Freimut Kalden **L** 94 **FSK** ab 6; f **E** 15.5.1980 **fd** 22 492

TRANS-EUROP-EXPRESS (TRANS-EUROP-EXPRESS). Im Schnellzug Paris-Amsterdam ersinnen drei Filmemacher eine fantastische Mord- und Rauschgiftgeschichte, die von der Imagination in die (filmische) Wirklichkeit übergreift, als die Reisenden die Handlung um Rauschgiftschmuggel sowie eine von der Polizei bedrohte Agentin, die als Verräterin getötet wird, weiterspinnen und improvisieren. Ein intellektuelles Denk- und Verwirrspiel, das literarische und filmische Erzählfragmente zu einer komplexen Struktur arrangiert, die mehrere Deutungsmöglichkeiten zuläßt. Ein reizvolles, gleichwohl recht akademisches und dabei manchmal arg gekünsteltes Vexierspiel. ✦ Schwarz-weiß. Frankreich 1966 **P** Como **KI** Pallas **R+B** Alain Robbe-Grillet **K** Willy Kurant **M** Michel Fano, Giuseppe Verdi (Motive) **S** Willy Kurant **D** Jean-Louis Trintignant, Marie-France Pisier, Nadine Verdier, Alain Robbe-Grillet, Charles Millot, Christian Barbier **L** 94 **FSK** ab 18; nf **E** 29.6.1967 **fd** 14 804

TRANS/TPAHC → Trans (1993)

TRANSATLANTIS. Nach dem Tod seiner Mutter und angeregt durch die Aufzeichnungen seines Großvaters beginnt ein Kernphysiker, nach der mythologischen Insel Atlantis zu suchen, die er auf dem Dach der Welt, im Himalaya, vermutet. Vielschichtige Parabel über die Kraft des Utopischen, deren bildmächtige Chiffren und zurückgenommener Inszenierungsstil den Zuschauer zur eigenen Interpretation zwingen. – Sehenswert ab 16. ✦ Deutschland 1994 **P** Christian Wagner Filmproduktion **KI** Zorro **Pd+R+B** Christian Wagner **K** Thomas Mauch **M** Florian Ernst Müller **S** Peter Przygodda **D** Daniel Olbrychski (Neuffer), Birgit Aurell (Nele), Jörg Hube (Brack), Otto Grünmandl (Rubacher), Fritz Rothdach (Großvater), Eleonore Zetzsche (Mutter Neuffer) **L** 116 **FSK** ab 6; f **E** 14.9.1995 **fd** 31 411

TRANSES – REITER AUF DEM TOTEN PFERD (TRANSES – REITER AUF DEM TOTEN PFERD). Ein Experimentalfilm um das berauschende Gefühl des Davonfahrens: Lange, endlos wirkende Aufnahmen aus einem Auto und später aus Zügen von einer Landschaft fern einengender Zivilisation üben ihre Faszination auf den Zuschauer aus. »Handlung« und dramaturgische Instanz fließen zusammen mit der subjektiven Kamera: Das Zentrum des Films ist die Kamera und mit ihr der Zuschauer. Ein Film, der weniger inszeniert ist, als er mittels der Kamera einen ungewöhnlichen Ausbruchsversuch illustriert. – Ab 16. ✦ Schweiz 1979–81 **P** Ombra **Pd+R+B+K** Clemens Klopfenstein **M** Ouled-Nail **S** Hugo Sigrist **L** 86 **E** 25.3.1982 ZDF

TRANSIT (TRANSIT). 1940 im besetzten Paris: Der Deutsche Gerhardt Seidler gelangt auf der Flucht vor der SA in den Besitz des Koffers eines deutschen Schriftstellers, der Selbstmord verübte, und wird – zunächst ohne sein Zutun – in die Identität des anderen gezwungen. Bei dem Versuch, Frankreich zu verlassen, begegnet er Marie, die auf der Suche nach ihrem verschollenen Geliebten durch die besetzte Stadt irrt. Eine gelungene und werkgetreue Verfilmung des Romans von Anna Seghers, die sich vor allem durch das bewunderungswürdige Spiel ihrer Hauptdarsteller auszeichnet. – Sehenswert ab 16. ✦ Frankreich/BR Deutschland 1990 **P** Paris Classics/Action Films/FR 3/La Sept/SFPC/ZDF **R** René Allio **B** René Allio, Jean Jourdheuil, nach dem Roman von Anna Seghers **K** Richard Copans **M** Georges Boeuf **S** Marie-Hélène Quinton **D** Sebastian Koch (Gerhardt Seidler), Claudia Messner (Marie), Rüdiger Vogler (Arzt), Magali Leris (Nadine), Paul Allio (Georges Binnet), Ludwig Boettger (Heinz) **L** 125 **E** 25.8.1991 ZDF

TRANSIT LEVANTKADE (TRANSIT LEVANTKADE). Ein aus dokumentarischen Aufnahmen, historischem Filmmaterial und Spielfilmszenen kompilierter Film über die »Levantkade«, ein kleines Gebiet im östlichen Hafengebiet von Amsterdam, das in den 20er Jahren als Durchgangslager für Emigranten diente und in der Gegenwart (bis zur Räumung im November 1989) von jungen Außenseitern aller Nationalitäten, Flüchtlingen und Asylanten als provisorisch errichteter Lebensraum genutzt wurde. Der Film bringt Vergangenheit und Gegenwart zusammen und stellt einige Schicksale vor. Thematisch interessant, streng durchkomponiert, phasenweise aber etwas langatmig. (O.m.d.U.) ✦ Schwarz-weiß. BR Deutschland/Niederlande 1990 **P** Casa-Film/ZDF/VPRO & COBO **SF** Freunde der Deutschen Kinemathek **R+B** Rosemarie Blank **K** Stef Tijdink, Peter Lataster **M** Stephan Funk **S** Rosemarie Blank, Mara Loytved-Hardegg, Frans van de Staak **L** 82 **E** März 1991/19.3. 1991 ZDF

TRANSIT URI (TRANSIT URI). Ein lyrischer Filmessay, der einfühlsam die Auswirkungen beschreibt, die der zunehmende Transitverkehr und ein geplantes Straßenbauprojekt auf den Lebensraum des Kantons Uri haben. In Interviews kommen die Sorgen und Zukunftsängste der betroffenen Bewohner zum Ausdruck. Eine Dokumentation, die keine Fakten und Zahlen anhäuft, sondern mit Hilfe einer geschickten Kontrastmontage den Zustand einer auf schrankenlose Mobilität ausgerichteten Gesellschaft zeichnet.

– Ab 12. ✦ Schweiz 1993 **P** Dieter Gränicher **Pd+R+B** Dieter Gränicher **K** Peter Liechti **M** Ruth Bieri **S** Dieter Gränicher **L** 77 **E** Schweiz

TRANSITTRÄUME. Die Geschichte einer Freundschaft zweier Frauen aus Berlin-West und -Ost, ihrer Träume, Hoffnungen, Möglichkeiten der Selbstverwirklichung und Enttäuschungen. Sie tauschen Land, Leute, Wohnung, Kleidung und Männer, was zu Konflikten führt. Dazu kommen Probleme in ihren Berufen und Rückschläge in ihren Berufswünschen. Ein sich ganz auf die Atmosphäre der Stadt Berlin einlassender Film um private und politische Grenzen, um Grenzüberschreitungen und Formen der Freiheit. – Ab 16 möglich. ✦ BR Deutschland 1985/86 **P** panta/ZDF **SF** Okapi **R+B** Hartmut Jahn, Peter Wensierski **K** Carlos Bustamente **M** Bernhard Voss **S** Verena Neumann **D** Marita Marschall (Anne/Marie), Pascal Lavy (Pascal), Gerald Uhlig (Mars), Edith Neitzel (Wollnatzky), Kurt Raab (Kaderleiter), Peter Heusch (Regisseur) **L** 95 **E** 25.3.1986 ZDF/1.2.1990 Kino

DER TRANSPORT (1961). Ein bis dahin zaghafter und gleichgültiger Leutnant der Wehrmacht führt die Häftlinge, die er im März 1945 an die Westfront schaffen soll, auf der Flucht vor der Gestapo in amerikanische Gefangenschaft. Eine realistische Romanverfilmung, inszenatorisch und darstellerisch ansprechend. Der innere und äußere Konflikt wird glaubwürdig entwickelt, wobei die intensive Spannung, vor allem der reißerische Schluß, der Vertiefung eher schon im Wege steht. Insgesamt über dem deutschen Durchschnitt jener Jahre. – Ab 14 möglich. ✦ Schwarz-weiß. BR Deutschland 1961 **P** Fono **KI** UFH **Pd** Hermann Schwerin **R** Jürgen Roland **B** Michael Mansfeld, Heinz Oskar Wuttig, Paul H. Rameau, nach dem gleichnamigen Roman von Wolfgang Altendorf **K** Heinz Hölscher, Ted Kornowicz **S** Klaus Dudenhöfer **D** Hannes Messemer (Leutnant Bleck), Armin Dahlen (Feldwebel Steinlein), Inge Langen (Helga Burghardt), Eva-Katharina Schultz (Susanne Westphal), Andreas Wolf (Dr. Born), Horst Keitel (Unteroffizier Mahlmann), Benno Hoffmann (Ketten-Charly) **L** 92 **FSK** ab 12; f **E** 30.6.1961/22.6.1967 ARD **fd** 10 318

DER TRANSPORT (1981) (A TRANSZPORT). In einem nicht genannten Land wird zur Zeit des Ersten Weltkriegs ein Arzt gewaltsam in ein Gefängnis eingeschleust. Er entdeckt in einem Speziallager, daß dort mit den Häftlingen bakteriologische Versuche durchgeführt werden, kann aber trotz zunächst geglückter Flucht keine Hilfe bringen. Das Handlungsgefüge hat gleichnishaften Charakter und ist mehrfach deutbar. Ein bedrückender Film, der reichlich Diskussionsstoff bietet. – Ab 16. ✦ Ungarn 1981 **P** Dialóg-Stúdió **KI** Progress **R** András Szurdi **B** Péter Kuczka **K** Tamás Nemescsói **M** Zsolt Döme **D** Pál Hetényi (Dr. Graf), Gábor Reviczky (Vukics), Sándor Gáspár (Emil Winkler), Dénes Ujlaki (Kaminsky), Tibor Gáspár (Erwin Winkler) **L** 85 **E** 26.11.1982 Kino DDR

DER TRANSPORT (1996). Im April 1995 wurde der erste Transport eines Castor-Behälters vom Atomkraftwerk Philippsburg nach Gorleben durchgeführt. Der Dokumentarfilm zeigt das Ereignis, das die Bevölkerung polarisierte, aus mehreren Blickwinkeln. Er zeigt Demonstranten und Kernkraftgegner ebenso wie Politiker und Journalisten, zeigt Polizeibeamte bei ihrem Einsatz und immer wieder den Castor, der im Schrittempo zu seinem Ziel gebracht wird. Ein engagierter Beitrag, der auch Fragen nach der Staatsräson anklingen läßt; der Transport kostete 50 Millionen DM. – Ab 16. ✦ Deutschland 1996 **P** Wendländische Filmcooperation **R** Roswitha Ziegler, Gerhard Ziegler **L** 74 **E** 10.11.1996 3sat

TRANSPORT AUS DEM PARADIES (TRANSPORT Z RAJE). Ein SS-General besucht das Getto von Theresienstadt. Alles scheint in bester Ordnung, zumal in den Straßen gerade ein Film über das »glückliche Leben« der Juden gedreht wird. Als ketzerische Plakate auftauchen, die das Ende der Filmaufnahmen fordern, »die die Welt betrügen sollen«, kommt es zur Säuberungsaktion und zur Deportation von 6000 Juden. Ein Spielfilm als Dokument der nationalsozialistischen Herren-Moral, wie sie im Getto Theresienstadt zur Anwendung gelangte. Durch die sorgfältige Herausarbeitung der verschiedenen Typen von Schuldigen und Mitschuldigen und die aufrichtige, unpathetische Darstellung der Juden ein eindringliches, ernstes Mahnmal wider das Geschehene. – Sehenswert ab 14. ✦ Schwarz-weiß. CSSR 1963 **P** Filmstudio Barrandov **KI** Progress **R** Zbynek Brynych **B** Arnost Lustig, Zbynek Brynych **K** Jan Curík **M** Jirí Sternwald **D** Zdenek Stepánek (Löwenbach), Cestmír Randa (Murmelstaub), Ilja Prachar (Herz), Jaroslav Raner (Holler), Martin Gregor (Gerron), Jirí Vrstála **L** 98 **E** 25.10.1963 Kino DDR

TRANSSIBIRIEN-EXPRESS (TRANSSIBIRSKI EKSPRESS). Ein Mitarbeiter der Tscheka vereitelt 1927 einen Anschlag weißgardistischer Emigranten auf einen japanischen Großindustriellen, der für eine verstärkte wirtschaftliche Zusammenarbeit zwischen seinem Land und der Sowjetunion eintritt. Abenteuerlicher Kundschafterfilm von durchschnittlicher künstlerischer Qualität. – Ab 12. ✦ UdSSR 1978 **P** Kasachfilm **KI** Progress **R** Eldar Urasbajew **B** Alexander Adabaschjan, Nikita Michalkow, Andrej Michalkow-Konchalowski **K** Wadim Alissow **M** Jerkegali Rachmadijew **D** Assanali Aschimow (Omar Kasychanow), Nonna Terentjewa (Demidowa), Oleg Tabakow (Fedotow), Konstantin Grigorjew (Schnieder), Nina Alissowa (Schauspielerin) **L** 90 **E** 29.6.1978 DFF 2/25.8.1978 Kino DDR

TRANSYLVANIA 6 – 5000 (TRANSYLVANIA 6 – 5000). Horrorfilm-Parodie: Zwei Reporter werden im Auftrag ihrer Zeitung nach Transsylvanien geschickt, um eine Story über Frankenstein zu recherchieren. Vor Ort werden sie rasch fündig, auch wenn ihre Entdeckungen wenig mit dem einschlägigen Mythos gemein haben und das Panoptikum der Horrorfiguren sich als ein höchst lächerlicher Haufen entpuppt. Des Rätsels Lösung: die Horror-Mythen werden als touristische Attraktionen gepflegt. Dann kommt das Duo einem Arzt auf die Spur, der in den Fußstapfen Dr. Frankensteins wandelt. – Ab 16. ✦ USA/Jugoslawien 1985 **P** New World/Dow Chemical/Jadran Film **VA** VCL/Virgin **Pd** Mace Neufeld, Thomas H. Brodek **R+B** Rudy DeLuca **K** Tomislav Pinter **M** Lee Holdridge **S** Harry Keller **D** Jeff Goldblum (Jack Harrison), Joseph Bologna (Dr. Malavaqua), Ed Begley jr. (Gil Turner), Carol Kane (Lupi), Jeffrey Jones (Lepescu) **L** 94 **E** 30.1.1987 Video

TRAPEZ (TRAPEZE). Die Geschichte zweier auf Leben und Tod verschworener Artisten, zwischen die sich eine Frau drängt, die sie zunächst aus Ehrgeiz auszuspielen versucht, am Ende aber einen von ihnen liebt. Ein melodramatischer Zirkusfilm, der in der Dreiecksgeschichte eher konventionell ist, aber durch die soliden Darsteller und vor allem in den hervorragenden artistischen Szenen fesselt und spannend unterhält. – Ab 14 möglich. ✦ Scope. USA 1956 **P** Joanna/Hecht-Lancaster (für United Artists) **KI** United Artists **Pd** James Hill **R** Carol Reed **B** James R. Webb, Liam O'Brien, nach dem Roman »The Killing Frost« von Max Catto **K** Robert Krasker, Walter H. Castle **M** Muir Mathieson, Malcolm Arnold **S** Bert Bates **D** Burt Lancaster (Mike Ribble), Tony Curtis (Tino Orsini), Gina Lollobrigida (Lola), Thomas Gomez (Bouglione), Katy Jurado (Rosa), John Puleo (der Zwerg) **L** 107 **FSK** ab 12; nf **E** 18.12.1956/1960 Kino DDR/4.5.1983 DFF 1 **fd** 5 538

TRAPITO (PETETE Y TRAPITO). Ein für Kinder konzipierter Zeichentrickfilm mit einigen Anleihen bei der »Pinocchio«-Fabel: Die Vogelscheuche Trapito, die eher wie ein putziger kleiner Junge aussieht, soll aus Dankbarkeit von einem Vogel zu menschlichem Leben erweckt werden. Der weiseste aller Vögel stellt fest, daß Trapito über Gefühle, Ehrlichkeit und Tapferkeit, nicht aber über eigene Fantasie verfügt. Weil aber die Vorstellungskraft fürs Leben wichtig ist, weil Träume tragen können, beschließt der Vogel, Trapito etwas von der eigenen Fantasie abzugeben. – Ab 8 möglich. ✦ Argentinien 1975 **R+B** Manuel Garcia Ferré **K** Osvaldo Dominguez **M** Nestor D'Allessandro **L** 63 **E** 29.12.1991 premiere

DIE TRAPP-FAMILIE. Die Geschichte der österreichischen Baronin Trapp, einer ehemaligen Novizin, die lebenslustig und tatkräftig eine kinderreiche Familie als Singegruppe an den Widrigkeiten des Lebens nach dem Ersten Weltkrieg vorbeiführt und 1938 vor dem Hitler-Regime in die USA flieht. Dort zeichnet sich die erste Konzert-Tournee ab. Optimistische, gelegentlich allzu schönfärberische Lebensbeschreibung, die vor allem durch die Hauptdarstellerin an Glaubwürdigkeit und Lebensnähe gewinnt. Anspruchslose Unterhaltung für die Familie. (Fortsetzung: »Die Trapp-Familie in Amerika«; Neuverfilmung des Stoffes: »Meine Lieder – meine Träume«) – Ab 6. ✦ BR Deutschland 1956 **P** Divina **KI** Gloria **Pd** Walter Traut **R** Wolfgang Liebeneiner **B** Georg Hurdalek, nach den Lebenserinnerungen der Baronin Maria Trapp »The History of the Trapp Family Singers« **K** Werner Krien **M** Franz Grothe **S** Margot von Schlieffen **D** Ruth Leuwerik (Baronin Maria Trapp), Hans Holt (Baron Trapp), Maria Holst (Gräfin), Josef Meinrad (Dr. Wasner), Friedrich Domin (Bankier Gruber) **L** 104 **FSK** ab 6; f **FBW** w **E** 10.10.1956 **fd** 5 340

DIE TRAPP-FAMILIE IN AMERIKA. Der Trapp-Geschichte zweiter Teil: Die musizierende Familie des ausgewanderten Barons findet nach anhaltenden Mißerfolgen auf amerikanischen Konzertbühnen doch noch den Schlüssel zum Erfolg: deutsche Volkslieder, vorgetragen in hübschen Volkstrachten. Schleppender und unglaubwürdiger als der erste Teil, liefert der Film nicht mehr als eine dünne Erbauungsgeschichte, die mit den (ausgeliehenen) Stimmen der Regensburger Domspatzen musikalisch aufgeputzt wurde. Weder in der Beschreibung eines menschlichen Schicksals noch eines religiös begründeten Lebensvertrauens überzeugend. (Erster Teil: »Die Trapp-Familie«; Musical-Verfilmung: »Meine Lieder – meine Träume«) – Ab 6 möglich. ✦ BR Deutschland 1958 **P** Divina **KI** Gloria **Pd** Utz Utermann **R** Wolfgang Liebeneiner **B** Herbert Reinecker **K** Werner Krien **M** Franz Grothe **S** Margot von Schlieffen **D** Ruth Leuwerik (Baronin Maria Trapp), Hans Holt (Baron Trapp), Josef Meinrad (Dr. Wasner), Wolfgang Wahl, Adrienne Gessner **L** 106 **FSK** ab 6; f **FBW** w **E** 17.10.1958 **fd** 7 434

TRAPPED, DIE TÖDLICHE FALLE (TRAPPED). Ein seelisch labiler Mann jagt in einem kleinen Ort in Tennessee hinter vier Studenten her, die Zeuge eines Mordes wurden, den er begangen hat. Ein extrem mittelmäßig inszenierter Film, der in erster Linie Interesse an der Darstellung von Gewalttaten zeigt. (Alternativtitel: »In der Falle«) – Wir raten ab. ✦ USA/Kanada 1981 **VA** ITT Contrast **R** William Fruet **L** 92 **E** 1983 Video

TRAPPER AM MISSOURI → The Big Sky – Der weite Himmel

TRAPPER COUNTY WAR → Dirty War

TRAPPER UND ESKIMOS IN ALASKA (NORTH COUNTRY). Dokumentarischer Film über einen Buschpiloten, der seine in der Wildnis Alaskas lebenden Freunde mit Proviant und Post versorgt, einen Jäger und Fallensteller jenseits des Polarkreises und einen Eskimo, der während der Seehundjagd auf einer Eisscholle ins offene Meer getrieben wird. – Ab 14. ✦ USA 1983 **P** Ron Hayes Production **R+B+K** Ron Hayes **M** Richard Lasalle **D** Ron Hayes, Jeff Graham **L** (TV) 89 **E** 24.12.1984 ZDF

TRAPPER, WOLF UND FÄHRTENSUCHER (CHALLENGE TO BE FREE / MAD TRAPPER OF THE YUKON). Ein Trapper in der Wildnis Alaskas, der sich durch Jagen und Goldwaschen ernährt, befreit einen alten Fuchs aus einem Fangeisen. Dadurch gewinnt er einen Freund, der ihm auch im Konflikt mit Vertretern des Gesetzes beisteht. Nach einem verhängnisvollen Zwischenfall, als er einen Polizisten tötet, muß er durch die Weite der Tundra fliehen. Abenteuerfilm mit Zügen eines naiven Märchens, der die Sehnsucht nach Harmonie zwischen Mensch und Natur thematisiert und ein Loblied auf die Freiheit des Individuums anstimmt. Allenfalls in den Landschaftsbildern beeindruckend; insgesamt ein enttäuschendes Spätwerk des Routiniers Tay Garnett. (Videotitel: »Der Jäger«; Fernsehtitel: »Der Mut zur Freiheit«) – Ab 14. ✦ USA 1974 **P** Garnett Prod. **VA** VCL/Virgin **Pd** Arthur R. Dubs **R+B** Tay Garnett, Fritz Ford Beebe **K** Chuck Keen **M** Ian Bernard **S** Ford Beebe, Arthur R. Dubs **D** Mike Mazurki (Trapper), Fritz Ford (Sergeant Kelly), Vic Christy (Frenchy), Jimmy Kane (Old Tracks), Tay Garnett (der alte Marshall) **L** 88 **FSK** ab 6 **E** 1.4.1988 ZDF

TRAPS – DSCHUNGEL DER GEFÜHLE →Dschungel der Gefühle

TRASH (TRASH). Das Dahinsiechen eines jungen, impotenten Heroin-Süchtigen in wilder Ehe mit einer heterosexuellen jungen Frau, die von Müllabfällen lebt. Zweiter »Kommerz-Underground«-Film der Warhol-Factory, der an der Grenze des sprachlich und bildlich Darstellbaren ein monoton-trostloses Bild seelischen, moralischen und materiellen Verfalls entwirft. Der Film gibt vor, ein Porträt totaler Lasterhaftigkeit in »antitabuistischer« Darstellungsweise zu sein, doch da Umgebung und gesellschaftlicher Hintergrund gänzlich fehlen, kommt kein kritischer oder analytischer Aspekt zur Wirkung. ✦ USA 1970 **P** Andy Warhol Factory **KI** Constantin **Pd** Andy Warhol **R+B+K** Paul Morrissey **M** Joe Saggarino **S** Jed Johnson **D** Joe Dallesandro (Joe), Holly Woodlawn (Holly), Jane Forth (Jane), Geri Miller (Go-go-Tänzerin), Michael Sklar (Sozialamtsangestellter), Andrea Feldman (reiches Mädchen), Johnny Putnam (Junge aus Yonkers) **L** 110 **FSK** ab 18; nf **FBW** bw **E** 18.2.1971 **fd** 17 217

TRASHIN' (TRASHIN'). Ein Teenager aus der Provinz heimst in Los Angeles Lorbeeren als waghalsiger Skateboard-Fahrer ein, muß sich allerdings gegen die rüde Konkurrenz einer anderen Skater-Clique durchsetzen. »Trashin'«, so wird anschaulich vorgeführt, ist die aggressive Variante des harmlosen Rollbrett-Vergnügens, vor dessen Nachahmung im Abspann gewarnt wird. Der Film kümmert sich nur nebenbei um eine Handlung und rückt statt dessen unermüdlich, aber monoton, die artistischen Kunststücke der Skater ins Bild. ✦ USA 1986 **P** Fries Entertainment **VA** Lightning **Pd** Alan Sacks **R** David Winters **B** Paul Brown, Alan Sacks **K** Chuck Colwell **M** Barry Goldberg **S** Nicholas C. Smith **D** Josh Brolin (Cory Webster), Robert Rusler (Tommy Hook), Pamela Gidley (Chrissy), Brett Marx (Bozo), David Wagner (Little Stevie) **L** 88 **FSK** ab 18 **E** Dezember 1988 Video **fd** 27 432

TRAU DIR SELBST (VALLALD ÖNMAGADAT). Für einen gerade erst den Kinderschuhen entwachsenen Sohn eines Arztes tun sich Probleme auf. Noch nicht erwachsen, aber auch kein Kind mehr, sieht und erlebt er viele Vorgänge in seiner unmittelbaren Umgebung anders und intensiver als noch vor einem Jahr. ✦ Ungarn 1974 **P** Filmstudio Bucuresti **R** Frigyes Mamcserov **B** Sándor Somogyi Tóth, nach seinem Roman »Die Kinder kommen zweimal auf die Welt« **K** József Lörincz **M** Zoltán Jeney **D** István Avar (Zsolts Vater), Eva Almási (Magda Nr. 2), Mariann Moór (Magda Nr. 1), Sergej Jelisztratov (Zsolt), Tünde Kassai (Olga) **L** 80 **E** 26.12.1976 DFF 2

TRAU KEINEM SCHURKEN (TRY THIS ONE FOR SIZE / LA GRANDE FAUCHE / SAUF VOTRE RESPECT). Ein ehemaliger amerikanischer Polizist jagt als Versicherungsdetektiv in Nizza einen gefährlichen Meistergangster und alten Bekannten, der eine russische Madonna gestohlen hat. Ohne Inspiration und Überraschungsmomente aufgebauter, lustlos gespielter Kriminalfilm, dessen Inszenierungsstil merklich an verstaubte Muster der 60er Jahre erinnert. – Ab 16. ✦ Frankreich 1988 **P** Candice Prod./S.G.G.C. **KI** 20th Century Fox **VA** CBS/Fox **Pd** Sergio Gobbi **R** Guy Hamilton **B** Alec Medieff, Sergio Gobbi, Guy Hamilton, nach einem Roman von James Hadley Chase **K** Jean-Yves Le Mener **M** Claude Bolling **S** Georges Klotz **D** Michael Brandon (Lepski), David Carradine (Bradley), Arielle Dombasle (Maggie), Guy Marchand (Ottavioni), Mario Adorf (Radnitz) **L** 107 **FSK** ab 12; f **E** 12.7.1990/16.1.1991 Video **fd** 28 394

TRAU KEINEM ÜBER 18 (THAT'LL BE THE DAY). Die Erlebnisse eines 18jährigen im England der späten 50er Jahre, der hin- und hergerissen ist zwischen Freiheit und Unabhängigkeit des Rock'n'Roll und privaten und beruflichen Bindungen. Eine gut gespielte, aufrichtige und wirklichkeitsnahe Auseinandersetzung mit dem Lebensgefühl Jugendlicher, die mit dem bekannter gewordenen Film »Stardust« fortgesetzt wurde. – Ab 16. ✦ Großbritannien 1974 **P** Goodtimes Enterprises/EMI **R** Claude Whatham **B** Ray Connolly, nach seiner Erzählung **K** Peter Suschitzky **M** div. Popsongs **D** David Essex (Jim MacLaine), Ringo Starr (Mike), Rosemary Leach (Mrs. MacLaine), James Booth (Mr. MacLaine), Billy Fury (Stormy Tempest) **L** 90 **E** 1.7.1991 RTL plus

TRAU KEINEM ÜBER 30 (30 IS A DANGEROUS AGE, CYNTHIA). Noch vor seinem 30. Geburtstag will ein quirliger Barmusiker die Frau fürs Leben gefunden und sein erstes Musical fertiggestellt haben, doch wegen seines streng reglementierten Berufs fehlt ihm für beides die Zeit. Mit Blanko-Heiratspapieren in der Tasche verliebt er sich in eine Zimmernachbarin, doch deren eifersüchtiger Geliebter bricht ihm den Arm. Er verliert die Angebetete und muß ihr nachspüren, beschattet von einem Detektiv seines mißgünstigen Arbeitgebers. Eine furios inszenierte Musikkomödie um den glänzend aufgelegten Allround-Entertainer Dudley Moore, der als Darsteller und Autor ebenso überzeugt wie als Pianist. – Ab 14. ✦ Großbritannien 1968 **P** Columbia **Pd** Walter Shenson **R** Joseph McGrath **B** Dudley Moore, Joseph McGrath, Walter Shenson **K** Billy Williams **M** Dudley Moore **S** Bill Blunden **D** Dudley Moore (Rupert Street), Eddie Foy jr. (Oscar), Suzy Kendall (Louise Hammond), John Bird (Herbert Greenslade), Duncan Macrae (Jock McCue), Patricia Routledge (Mrs. Woolley) **L** 85 **E** 21.7.1994 RTL 2

TRAU NICHT DEM SEPTEMBERFRIEDEN... (TREWOSHNY MESJAZ WERESSEN). Im Herbst 1944 kehrt ein russischer Soldat in sein ukrainisches Heimatdorf zurück, das zwar schon von den Faschisten befreit, aber von einzelnen Banden terrorisiert wird. Er hat den Auftrag, einen Mörder zu fassen. ✦ Scope. UdSSR 1976 **P** Dowshenko-Studio **R** Leonid Ossyka **B** Viktor Smirnow, nach dem Roman von Viktor Smirnow **K** Suren Schachbasjan **M** Wladimir Guba **D** Viktor Fokin (Iwan Kapeljuch), Borislaw Brondukow (Pepelenko), Antonina Leftij (Tonja), Irina Bunina (Warwara), Fedor Panassenko (Semerenko) **L** 94 **E** 31.3.1977 DFF 2

TRAU NIEMALS EINEM ZWILLING (STRIKING RESEMBLANCE). Eine Polizistin wird zu einem Leichenfund gerufen: Ein Fotograf und sein Model scheinen bei einem Schäferstündchen ermordet worden zu sein. Als sie am nächsten Tag den Tatort noch einmal aufsucht, steht der Tote quicklebendig vor ihr. Grund genug für die Frau, sich Hals über Kopf zu verlieben. Hanebüchener Erotik-Thriller mit den einschlägigen visuellen »Höhepunkten«. ✦ USA 1997 **P** Mystique Films **Pd** Bradford Hill **R** Kelley Cauthen **B** Melody Suppes **K** Maximo Munzi **S** Kelley Cauthen **D** Kevin Spirtas (Michael/Mitchell), Nicole Gian (Jess), Jason Adams (Erik), Alan Toy (Sage), Whitney Rydbeck (Dr. Baxter) **L** 101 **E** 17.5.2000 ProSieben

TRAUE KEINEM HAUSFREUND (A SEVERED HEAD). In Kreisen der englischen Oberschicht vergnügt man sich mit Partnertausch und gibt sich ungemein liberal. Das System scheint perfekt, solange jeder auf seine Kosten kommt, doch als sich einer der Beteiligten benachteiligt fühlt, gerät das sexuelle Gleichgewicht ins Wanken. Platte Sexkomödie mit einigen satirischen Spitzen. ✦ Großbritannien 1971 **P** Winkast/Columbia Pictures **R** Dick Clement **B** Frederic Raphael, nach einem Roman von Iris Murdoch und einem Bühnenstück von Iris Murdoch und J. B. Priestley **K** Austin Dempster **M** Stanley Myers **D** Lee Remick (Antonia Lynch-Gibbon), Richard Attenborough (Palmer Anderson), Ian Holm (Martin Lynch-Gibbon), Claire Bloom (Honor Klein), Jennie Linden (George Hands) **L** 98 **E** 6.5.1990 DFF 2/14.8.1990 PRO 7

TRAUEN SIE ALFREDO EINEN MORD ZU? (L'ASSASSINO / L'ASSASSIN). Der Geliebte einer Ermordeten ist aus Selbstverachtung bereit, die Schuld auf sich zu nehmen, doch als die Polizei den wirklichen Täter ermittelt, nimmt er sein altes unverbindliches Leben wieder auf. Elio Petri benutzt in seinem ersten Spielfilm das Schema des Kriminalfilms als Rahmen für eine interessante Charakterstudie von gesellschaftlichem Hintergrund. ✦ Italien/Frankreich 1961 **P** Titanus/S.G.C. **KI** Rank **R** Elio Petri **B** Elio Petri, Ugo Guerra, Pasquale Festa Campanile, Massimo Franciosa **K** Carlo Di Palma **M** Piero Piccioni **D** Marcello Mastroianni (Alfredo), Micheline Presle (Adalgisa), Salvo Randone (Kommissar), Cristina Gaioni (Nicoletta), Mac Roney (Suicida), Paolo Panelli (Gefangener) **L** 97 **FSK** ab 18; nf **E** 5.10.1962/7.6.1971 ZDF **fd** 11 305

DIE TRAUER DER AFGHANEN (GHAME AFGHAN). Eine afghanische Familie gerät schuldlos in den militärischen Konflikt zwischen russischen Besatzungstruppen und afghanischen Widerstandskämpfern und sieht in der Flucht nach Pakistan den einzigen Ausweg. Nach großen Entbehrungen kommt sie mittellos im pakistanischen Flüchtlingslager an, doch das Leben dort läßt die Familie zerbrechen. Ein dokumentarischer Spielfilm mit Darstellern, die ihre eigene Geschichte spielen. Mit respektvoll-kritischem Blick werden die Zerstörung einer Familie durch Krieg, Hunger und Entwurzelung sowie die Eigenarten und die Kultur der Flüchtlinge, die bedroht sind, gezeigt. Ein redlicher, aber etwas harmlos und bemüht wirkender Film: durch Elemente westlicher Seh- und Gestaltungsweisen werden Unmittelbarkeit und Betroffenheit eher beeinträchtigt. (O.m.d.U.) – Ab 16 möglich. ✦ Schweden/Großbritannien/Afghanistan 1986 **P** Mark K. Tissi Prod. **Pd** Mark M. Rissi **R+B** Zmarai Kasi, Mark M. Rissi **K** Werner Schneider **M** Malek Salam, Mark M. Rissi **S** Evelyne von Rabenau **D** Aamir Farid, Jawed Babur, Bushra Ejaz, Hakun Jana Abai, Anita Gul, Mohamed Didar **L** 90 **E** 26.5.1988 BR

DER TRAUERANZUG (THE MOURNING SUIT). Ein junger, beruflich und privat gescheiterter Musiker, Sohn einer Jüdin und eines Christen, kommt mittellos in seine kanadische Heimatstadt zurück. Als Gegenleistung für die ihm von einem Bekannten beschaffte Unterkunft soll er sich um den Besitzer der verwahrlosten Fabrik kümmern, einen aus Osteuropa stammenden, vereinsamten strenggläubigen Juden. Mit der Zeit lernen die völlig unterschiedlichen Männer einander verstehen, so daß der junge Mann am Totenbett des Alten das traditionell dem Sohn vorbehaltene Totengebet spricht. Eine interessante, fremdartige Geschichte, die, etwas langatmig erzählt, auf eindrucksvolle und beachtliche Weise unterhält. – Ab 16. ✦ Kanada 1975 **P** March Films **Pd+R** Leonard Yakir **B** Joe Wiesenfeld, Leonard Yakir **K** Henry Fiks **M** Donald Gillis **S** Honor Griffith **D** Allan Moyle (Herschel), Norman Taviss (Kramer), Brenda Donohue (Anna), Henry Gamer (Berger), Marcia Diamond (Mutter), Patrick Coughlin (Chemnisky) **L** 80 (Orig. 90) **E** 23.5.1978 ZDF

DER TRAUM DER BEACH BOYS (SUMMER DREAMS: THE STORY OF THE BEACH BOYS). Die Geschichte der legendären kalifornischen »Beach Boys«, deren kometenhafter Aufstieg zur äußerst erfolgreichen Musik-Band mit einprägsam-schlichtem Surf- und Beach-Sound von Exzessen, Selbstzweifeln und Eifersüchteleien überschattet war. – Ab 14 möglich. ✦ USA 1990 **P** Leonard Hill Productions **Pd** Joel Fields **R** Michael Switzer **B** Charles Rosin **K** Paul Onorato **M** Jay Levy **S** Mark W. Rosenbaum **D** Bruce Greenwood (Dennis Wilson), Greg Kean (Brian Wilson), Arlen Dean Snyder (Murry Wilson), Casey Sander (Mike Love), Bo Foxworth (Carl Wilson) **L** 95 **E** 21.6. 1991 premiere

DER TRAUM DER SCHWESTERN PECHSTEIN. Drei gealterte Schwestern, die fernab des »normalen« Lebens in ihrem Elternhaus am Rande eines kleinen Gebirgsdorfes in recht überspannter Atmosphäre leben, werden durch eine kleine Lügengeschichte aus ihrem Trott gerissen. Die jüngste der drei erfindet einen nächtlichen Anruf, und so unwahrscheinlich ihre Behauptung auch ist, so sehr verheddern sich die drei Damen bald im Geflecht des ausgestreuten Gerüchts, daß der einstige Jugendverehrer der ältesten Schwester sein Kommen ankündigt. Ein Erstlingsfilm um Schein und Sein, Lebenslügen und einen späten Ausbruchversuch. ✦ Schwarz-weiß. BR Deutschland 1984 **P** HFF München/Südwestfunk **R+B** Nina Grosse **K** Tom Fährmann **D** Ellen Frank (Lotte von Pechstein), Marianne Brandt (Lene von Pechstein), Herta Böhm (Sophie von Pechstein), Barbara Dorsch (Barbara), Georg Einerdinger (der Nikolaus), Michael Heininger (das Medium) **L** (TV) 55 **E** 24.1.1985 Südwest 3

DER TRAUM DES ALLAN GRAY →Vampyr – Der Traum des Allan Gray

DER TRAUM DES HÄUPTLINGS →Stolen Women

DER TRAUM DES HAUPTMANN LOY. Unter dem Vorwand, sich an einer Suchaktion nach einem in der Ostsee vermissten Flugzeug zu beteiligen, überfliegt eine amerikanische Militärmaschine sowjetisches Hoheitsgebiet, um dort einen Agenten abzusetzen. Die sowjetischen Streitkräfte aber können die Maschine, in der sich inzwischen tragische Schicksale zwischen den Mitreisenden abspielen, zur Landung zwingen. Spannend inszenierter, durch sein Studiodekor jedoch atmosphärisch dürftiger Spionagefilm mit Zügen einer Kolportage. – Ab 14. ✦ Scope, schwarz-weiß. DDR 1961 **P** DEFA, Gruppe »Roter Kreis« **KI** Progress **Pd** Hans Mahlich **R** Kurt Maetzig **B** Kurt Maetzig, nach dem gleichnamigen Roman von Wolfgang Schreyer **K** Karl Plintzner **M** Helmut Nier **S** Lena Neumann **D** Horst Drinda (Hauptmann Loy), Christine Laszar (Corporal Doris Graves), Ulrich Thein (Eddy Sharp), Jana Brejchová (Patricia Binchy), Heinz Hinze (Mister Macauley), Ekkehard Schall (Baron Studnitz-Sternberg), Karl Paryla (Oberst Markarow) **L** 89 **E** 24.8.1961 Kino DDR/ 24.8.1962 DFF 1

DER TRAUM DES MÄDCHENS AH YING →Ah Ying

DER TRAUM DES SANDINO (DER TRAUM DES SANDINO). Nicaragua 1980: Das Regime des Diktators Somoza ist überwunden, die Hauptbestrebungen der revolutionären Regierung gelten der Bekämpfung des Analphabetentums. Der Dokumentarfilm will die Nöte der Bevölkerung während und nach der Zeit der Diktatur verdeutlichen und zugleich Emotionen mobilisieren. Durch seinen allzu stark ideologisch geprägten Kommentar wird der durchaus vorhandene Informationsgehalt eingeschränkt. – Ab 14 möglich. ✦ Österreich 1980 **P** Extrafilm **SF** Verleihgenossenschaft **R+B** Rudi Palla, Margareta Heinrich **K** Rudi Palla **M** Egberto Gismonti **S** Henriette Fischer **L** 117 **E** 11.6.1981

TRAUM DES SCHRECKENS (WHEN DREAMS COME TRUE). Eine Museumsführerin träumt immer wieder von Liebesabenteuern mit einem Fremden. Als dieser plötzlich vor ihr steht, nimmt sie Kontakt mit ihm auf. Ihr Geliebter, der als Polizist auf der Jagd nach einem Frauenmörder ist, warnt sie davor, derweil die Frau träumt, das nächste Mordopfer zu sein. Ein nicht uninteressanter Mystery-Thriller, der aber allzu viele Details unerklärt läßt. ✦ USA 1985 **P** ABC/Telepictures/I & C **R** John Llewellyn Moxey **B** William Bleich **K** Jack L. Richards **M** Gil Melle **D** Cindy Williams, David Morse, Jessica Harper, Stan Shaw, Lee Horsley **L** 90 **E** 28.3.1998 ORF 2

TRAUM EINER LEIDENSCHAFT (A DREAM OF PASSION). Eine erfolgreiche Bühnenschauspielerin hat die Rolle der Medea in der antiken Tragödie von Euripides übernommen. Während der Proben am Stück erregt ein Ereignis großes Aufsehen: Wie in der Tragödie tötet eine Frau ihre Kinder aus Rache, weil sie von ihrem Mann verlassen wurde. Die Schauspielerin sucht die vom Wahnsinn Gezeichnete im Gefängnis auf. ✦ Griechenland 1978 **P** Melinafilm/Brenfilm **R+B** Jules Dassin **K** Giorgos Arvanitis **M** Yannis Markopoulos **D** Melina Mercouri, Ellen Burstyn, Andreas Voutsinas, Dimitri Papamichael, Despo **L** 102 **E** 26.12.1985 DFF 2

TRAUM FRAU (TRAUM FRAU. STATIONEN EINER GESCHLECHTSUMWANDLUNG). Dokumentarfilm über die Stationen der Geschlechtsumwandlung, die ein junger Schweizer Transsexueller nach Jahren der inneren Zerrissenheit und des Selbsthasses an sich vornehmen läßt, um seinen »falschen« männlichen Körper in einen weiblichen, seinen Empfindungen entsprechenden Körper umwandeln zu lassen. Ein facettenreiches, intimes Porträt, das sich behutsam mit seinem Thema auseinandersetzt. ✦ Schweiz 1991 **R** Paul Riniker **K** Reinhard Schatzmann **S** Christine Weibel **L** 55 **E** 26.4.1994 B 3

TRAUM IN PINK (THE FUZZY PINK NIGHTGOWN). Als eine Hollywood-Diva just vor der Premiere ihres neuen Films entführt wird, glaubt sie – wie die Presse – an einen Publicity-Gag. Bald jedoch wird ihr klar, daß die Kidnapper, wenngleich keine Profis, »echt« sind. Als sich beide auch noch in sie verlieben, bleiben Verwicklungen nicht aus. Eine schwerfällige, nur in wenigen Momenten amüsante Kriminal- und Liebeskomödie. – Ab 14 möglich. ✦ Schwarz-weiß. USA 1957 **P** United Artists **Pd** Robert Waterfield **R** Norman Taurog **B** Richard Alan Simmons, nach einem Roman von Sylvia Tate **K** Joseph LaShelle **M** Billy May **S** Archie Marshek **D** Jane Russell (Laurel Stevens), Keenan Wynn (Dandy), Ralph Meeker (Mike Valla), Fred Clark (Sergeant McBride), Una Merkel (Bertha) **L** 84 **E** 30.11.1992 ARD

DER TRAUM IST AUS – DIE ERBEN DER SCHERBEN. Porträt der Berliner Rockgruppe »Ton, Steine, Scherben«, die sich Anfang der 70er-Jahre im politischen Kampf engagierte und diesem ungeachtet ihres musikalischen Vermögens ihren Erfolg verdankte. Engagierter Dokumentarfilm, der neben dem Gruppenporträt eine politische Zeitreise unternimmt und Musiker zu Wort kommen lässt, die von der Band nachhaltig beeinflusst wurden. Dabei wird der Verlust an politischem Engagement ebenso deutlich wie der gesellschaftliche Wandel, der sich einer Politisierung weitgehend verweigert. Ein erhellender Film, den die zahlreichen Musikstücke zudem zu einem Vergnügen machen. – Sehenswert ab 14. ✦ Deutschland 2001 **P** Avanti Film **KI** Edition Salzgeber **Pd+R+B** Christoph Schuch **K** Thomas Schuch **S** Christoph Schuch, Sven Ritzkowski **L** 95 **FSK** o. A.; f **FBW** w **E** 9.8.2001 **fd** 35 008

TRAUM MEINES LEBENS (SUMMER MADNESS / SUMMERTIME). Eine ältliche amerikanische Sekretärin verliebt sich während ihres ersten Urlaubs in Europa in einen verheirateten Geschäftsmann in Venedig. Dem gewohnten Halt amerikanischer Lebensform entglitten, läßt sie sich bewußt und fast willenlos auf ein Verhältnis mit dem Italiener ein, reißt sich jedoch zum Urlaubsende auch innerlich davon los. Ein atmosphärisch dicht und einfühlsam inszeniertes Melodram, bisweilen hart an der Grenze zum Sentimentalen. Hervorragend fotografiert, fesselt der souverän ausbalancierte Film vor allem durch die Schauspielkunst Katharine Hepburns. – Sehenswert ab 16. ✦ Großbritannien 1954 **P** London Film/Lopert Film **KI** Deutsche London **Pd** Ilya Lopert, Alexander Korda **R** David Lean **B** H.E. Bates, David Lean, nach einem Bühnenstück von Arthur Laurents **K** Jack Hildyard **M** Alessandro Cicognini **D** Katharine Hepburn (Jane Hudson), Rossano Brazzi (Renato de Rossi), Isa Miranda (Signora Fiorina), Darren McGavin (Eddie Jäger), Mari Aldon (Phyl Jäger), Jane Rose (Mrs. McIlhenny) **L** 100 **FSK** ab 16; f **E** 30.9.1955/ 13.6.1987 DFF 1 **fd** 4 448

TRÄUM' NICHT, ANNETTE. Eine junge Französischlehrerin schwankt zwischen den Heiratsanträgen eines Diplomaten und eines Ingenieurs, bis ein armer Pianist ihr Herz erobert. In Träumen und Visionen malt sie sich ihre jeweils mögliche Zukunft aus, ehe sie sich entscheidet. Ein konventionell inszenierter, naiv-romantisch unterhaltender Liebesfilm, durchaus originell in den Traummontagen und einigen Gags. Ansonsten bei allem äußeren Aufwand eher bieder, unecht und ausgesprochen humorlos. – Ab 14. ✦ Schwarz-weiß. Deutschland 1948 **P** DEFA **KI** Union **Pd** Robert Leistenschneider **R** Eberhard Klagemann **B** Frank Clifford, Fritz Schwiefert **K** Reimar Kuntze, Ernst Kunstmann **M** Theo Mackeben **S** Johanna Meisel **D** Jenny Jugo (Annette), Max Eckard (Hans), Karl Schönböck (Klaus), Helmuth Rudolph (Theo), Erwin Biegel (Beamter) **L** 93 **FSK** ab 12; nf **E** 4.2.1949 Kino DDR/11.1.1950 Kino BRD/29.4. 1985 DFF 1 **fd** 472

TRAUM OHNE ENDE (1945) (DEAD OF NIGHT). Ein intelligentes Psychogramm-Mosaik aus surrealistischen Zutaten mit Rahmenhandlung und fünf Einzelerzählungen. Ein Architekt fährt auf einen Anruf hin zu einem Landhaus und trifft dort mehrere Personen an; manches erscheint ihm merkwürdig bekannt. Dem anwesenden Psychiater erzählen nun die anderen jeweils ein sonderbares Erlebnis: 1. »Der Leichenwagenfahrer« (»The Hearse Driver«), 2. »Die Weihnachtsfeier« (The Christmas Party«), 3. »Der Spuk-Spiegel« (»The Haunted Mirror«), 4. »Die Golfgeschichte« (»The Golfing Story«) und 5. »Des Bauchredners Puppe« (»The Ventriloquist's Dummy«) – die beste Episode. Die beklemmend makabren Kurzgeschichten gipfeln in einer überraschenden Pointe. Ein Film, an dem mehr noch als der aufregende Inhalt seine exzellente Form besticht. – Ab 14 möglich. ✦ Schwarz-weiß. Großbritannien 1945 **P** Ealing Studios **Pd** Michael Balcon **R** Basil Dearden (1), Alberto Cavalcanti (2,5), Robert Hamer (3), Charles Crichton (4) **B** John Baines, Angus MacPhail, nach Erzählungen von E.F. Benson, Angus MacPhail, John Baines und H.G. Wells **K** Douglas Slocombe, Stanley Pavey **M** Georges Auric **S** Charles Hasse **D** Mervyn Johns (Walter Craig), Roland Culver (Eliot Foley), Mary Merrall (Mrs. Foley), Judy Kelly (Joyce Grainger), Anthony Baird (Hugh Grainger), Basil Radford, Googie Withers **L** 95 **E** 2.6.1946/ 27.11.1974 NDR III **fd** 18

TRAUM OHNE ENDE (1986) (SONHO SEM FIN). Spielfilm über das Leben und den Werdegang des brasilianischen Filmschaffenden Eduardo Abelim. Als junger Mann verläßt er 1924 seinen Heimatort, um in Rio de Janeiro Karriere als Schauspieler zu machen. Er scheitert, resigniert aber nicht, sondern versucht sich als Kameramann, Drehbuchautor, Regisseur und Produzent – mit größerem Erfolg. ✦ Brasilien 1986 **P** Embra/Cine **Pd** Luciola Villela **R** Lauro Escorel Filho **B** Lauro Escorel Filho, Walter Lima jr., Nelson Nadotti **K** Jose Tadeu Ribeiro **M** Antonio Adolfo **S** Gilberto Santeiro **D** Carlos Alberto Ricelli (Edu), Debora Bloch, Imara Reis, Marieta Severo, Fernanda Torres **L** 90 **E** 27.4.1990 DFF 2/ 9.12.1993 ORB

DAS TRAUM TEAM (THE DREAM TEAM). Vier psychisch Kranke, die die Klinik zu einem Ausflug nach New York verlassen durften, werden durch eine Verkettung unglücklicher Umstände den Gefahren der Großstadt ausgeliefert. In der Not lernen sie, sich zu behaupten, und werden so zu einem Team, das sich gegen zwei skrupellos mordende Polizisten behauptet und Selbstbewußtsein für eine mögliche Heilung »tankt«. Ein gagreiches, amüsantes Großstadt-Märchen mit Krimi-Anleihen, das zwar ohne überzeugende erzählerische Dichte ist, insgesamt aber liebenswert-unterhaltsames Traumkino bietet. – Ab 16. ✦ USA 1989 **P** Imagine Entertainment/Christopher W. Knight Prod. (für Universal) **KI** UIP **VA** CIC **Pd** Christopher W. Knight **R** Howard Zieff **B** Jon Connolly, David Loucka **K** Adam Holender **M** David McHugh **S** C. Timothy O'Meara **D** Michael Keaton (Billy Caulfield), Christopher Lloyd (Henry Sikorsky), Peter Boyle (Jack McDermott), Stephen Furst (Albert Lanuzzi), Dennis Boutsikaris (Dr. Weitzman), Lorraine Bracco (Riley), Milo O'Shea (Dr. Newald), James Remar (Gianelli), Philip Bosco (O'Malley) **L** 113 **FSK** ab 12; f **FBW** bw **E** 4.1.1990/8.8.1990 Video/20.9. 1991 premiere **fd** 28 049

DER TRAUM VOM ELCH. Die Lebensansprüche einer jungen, in ihrer ersten Ehe gescheiterten Anästhesistin bleiben nach einer unglücklichen Liebe weiter unerfüllt. Ein nachdenklich stimmender Gegenwartsfilm mit überraschend pessimistischer Grundhaltung zu Lebensfragen, der von der Beziehungs- und Sprachlosigkeit junger Menschen in den letzten Jahren der DDR erzählt. – Ab 16. ✦ Scope. DDR 1985/86 **P** DEFA, Gruppe »Roter Kreis« **KI** Progress **Pd** Volkmar Leweck **R** Siegfried Kühn **B** Siegfried Kühn, Christa Müller, nach dem gleichnamigen Roman von Herbert Otto **K** Peter Brand **M** Hans-Jürgen Wenzel **S** Brigitte Krex **D** Katrin Saß (Anna), Marie Gruber (Anette), Christian Steyer (Ludwig), Detlev Heintze (Stefan), Klaus Piontek (Dr. Kurt), Werner Dissel (Paulchen), Dagmar Manzel (Barbara) **L** 87 **E** 4.12. 1986 Kino DDR/9.8.1988 DFF 2/12.5.1994 ORB

TRAUM VOM FERNEN GLÜCK (SWESDA PLENITELNOWO STSCHASTJA). 1825 versuchten adlige Revolutionäre, die Selbstherrschaft des Zaren zu stürzen. Der Film schildert die Ereignisse an Hand von Episoden und durch die Porträts der Hauptbeteiligten, wobei er besonders die Frauen, die ihren Männern in die Verbannung folgten, herausstellt. Weniger ein historisches Schaugemälde als der trotz inszenatorischer Schwächen interessante Versuch, innere Zusammenhänge und Motive aufzuzeigen. – Ab 14. ✦ UdSSR 1975 **P** Lenfilm **KI** Progress **R** Wladimir Motyl **B** Wladimir Motyl, Oleg Ossetinski, Mark Sacharow **K** Dmitri Meschijew **M** Isaak Schwarz **D** Irina Kuptschenko (Jekaterina Trubezkaja), Alexej Batalow (Fürst Sergej Trubezkoi), Natalja Bondartschuk (Maria Wolkonskaja), Oleg Strishenow (Fürst Sergej Wolkonski), Ewa Szykulska (Pauline Gebl-Annenkowa) **L** 164 **E** 5.11.1976 Kino DDR

DER TRAUM VOM FLIEGEN. Porträt von vier jungen Männern, die den Entschluss gefasst haben, Berufssoldaten zu werden. Dabei wird die Bedeutung des Militärischen in Brandenburg ebenso herausgearbeitet wie der Demokratisierungsprozess der Armee in Ostdeutschland. Eine Entwicklung, die der aus Ex-Jugoslawien stammende Regisseur in Hinblick auf seine Heimat mit Wehmut registriert. ✦ Deutschland 1999 **R+B** Zoran Solomun **L** 60 **E** 22.11.1999 ZDF

TRAUM VOM GLÜCK (MÄRCHEN VOM GLÜCK). Im Operettenstaat Utopistan betätigt sich der stellvertretende Polizeipräfekt als geheimnisvoller Galan, der nach ihm lechzende Weibchen für drei Liebesnächte in einen Palast entführt, um dadurch seine spröde Auserwählte von seiner Casanova-Männlichkeit zu überzeugen. Ein weitgehend glanzloses Lustspiel, naiv-albern aufbereitet als musikalischer Abenteuer- und Ausstattungsfilm. (Alternativtitel: »Märchen vom Glück«; »Küß' mich Casanova«) – Ab 14. ✦ Schwarz-weiß. Österreich 1949 **P** Belvedere **KI** Panorama **Pd** R. Deisinger **R** Arthur de Glahs **B** Arthur de Glahs, Franz Krpata **K** Hans Nigmann **M** Franz Thurner **D** O. W. Fischer (Fernando), Maria Holst (Danielle), Gretl Schörg (Violetta), Nadja Tiller (Lucia), Erika Berghöfer (Elvira), Hans Olden (Polizeipräsident), Evelyn Künneke (Jazzsängerin), Gunther Philipp (Jean) **L** 78 **FSK** ab 12; nf **E** 23.12.1949 **fd** 1 094

DER TRAUM VOM GLÜCK (1981). Anfang der 70er Jahre löste sich die deutsche Studentenbewegung in eine Unzahl von Organisationen auf. Während die APO sich noch an konkreten gesellschaftlichen Interessen orientiert hatte bzw. orientieren wollte, versteinerten die Nachfolge-Parteien ihren Veränderungsanspruch zu abstrakten politischen Ritualen. Diese Gruppen lösten ihre Mitglieder aus allen früheren Lebensbereichen heraus und absorbierten sie physisch wie psychisch. Der Film zeigt den Auflösungsprozeß einer Beziehung, ausgelöst durch sektiererisches politisches Sendungsbewußtsein, »das den Privatbereich als nutzlos und ›individualistisch‹ verteufelt und als ›kleinbürgerlich‹ verachtet« (ZDF). ✦ BR Deutschland 1981 **P** Promedia **R** Maximiliane Mainka **B** Mascha Jirsa **K** Thomas Schwan **D** Peter Kaempfe (Klaus), Barbara Weller (Edith), Bernd Herberger (Dachs), Ulrike Luderer (Helga), Vera Lippisch (Inge), Martin Umbach (Jörg) **L** 85 **E** 3.12.1981 ZDF

DER TRAUM VOM GLÜCK (1986) →Countdown (1986)

DER TRAUM VOM GLÜCK (1995) (RADIANT CITY). In den 50er-Jahren träumt eine Frau in einer heruntergekommenen Wohnsiedlung in New York von einer besseren Umgebung für ihre Familie und nimmt heimlich eine Arbeit als Kosmetikverkäuferin an, was erhebliche Widerstände nach sich zieht. Nostalgisches (Fernseh-)Drama. ✦ USA 1995 **Pd** Timothy Marx **R** Robert Allan Ackerman **B** Lewis Colick **K** Sandi Sissel **M** David Mansfield **S** Rick Shaine **D** Kirstie Alley (Gloria Goodman), Clancy Brown (Al Goodman), Gil Bellows (Bert Kramer), Laraine Newman (Flo), Adam Lamberg (Stewie Goodman), Tori McPetrie (Sherry Goodman), Fab Filippo (Johnny) **L** 84 **E** 28.11.1999 RTL 2

DER TRAUM VOM GROSSEN BLAUEN WASSER (DER TRAUM VOM GROSSEN BLAUEN WASSER). Dokumentarfilm über die in den 30er Jahren erfolgte Stauung des Sihlsees bei Einsiedeln (Kanton Schwyz). Der Film webt ein beziehungsreiches Geflecht zwischen altem Foto- und Filmmaterial, heutigen Landschaftsbildern und Berichten von Menschen, die als Kinder mit ihren Familien aus dem Tal wegziehen mußten oder am Bau des Etzelwerkes mitwirkten. Entstanden ist ein facettenreiches Bild dieses Ereignisses und der damit verbundenen Widersprüche und Konflikte zwischen agrarischer Bergregion und industrialisiertem Unterland, regionalen und nationalen Bestrebungen, ökonomischen und ökologischen Interessen. ✦ Teils schwarz-weiß. Schweiz 1993 **P** Saurer **Pd+R** Karl Saurer **B** Karl Saurer, Elena M. Fischli **K** Franz Kälin, Erich Langjahr, Hansueli Schenkel **M** Mani Planzer **S** Bernhard Lehner **L** 85 **E** Schweiz

TRAUM VOM »GROSSEN GELD« (HARRY O / SUCH DUST AS DREAMS ARE MADE OF). Ein Routine-Auftrag führt einen Privatdetektiv in die Niederungen des Drogen-Milieus. Als sein Klient, dessen Leben er schützen soll, ermordet wird, hat er plötzlich alle Hände voll zu tun, um selbst am Leben zu bleiben. Pilotfilm der relativ populären Krimiserie »Harry O.«, in deren Mittelpunkt ein Ex-Polizist steht, der eine Kugel in den Rücken bekam und deshalb seinen Dienst quittieren mußte. – Ab 16. ✦ USA 1973 **P** TVM **R** Jerry Thorpe **B** Howard Rodman **M** Billy Goldenberg **D** David Janssen (Harry Orwell), Will Geer, Mel Stewart, Marianna Hill, Martin Sheen **L** 90 **E** 5.1.1990 PRO 7

DER TRAUM VOM LEBEN →Walkabout

DER TRAUM VOM PARADIES. Der in Deutschland gastierende Schauspieler Shmuel Rodensky lädt dazu ein, mit ihm Israel und damit die langersehnte und immer noch hart bedrängte Heimat seines Volkes zu besuchen. Es folgt ein dokumentarischer Reisebericht, der Einblicke in die wirtschaftlichen und kulturellen Bestrebungen des Staates gibt. An der Grenze von Fremdenverkehrswerbung und Kulturfilm, entstand eine ansprechend und abwechslungsreich gestaltete Reportage über Israel zur Zeit nach dem »Sechs-Tage-Krieg«, die interessante Informationen zusammenträgt, ohne freilich allzu vertiefend politisch zu argumentieren. – Ab 8. ✦ BR Deutschland 1968 **P** Berofilm **KI** Berofilm **R+B** Hans W. Busse **K** Horst Durban **M** Heinz Hermannsdörfer **L** 93 **FSK** ab 6; f

DER TRAUM VOM RECHTSFREIEN RAUM. 12 Jahre nach der Räumung von acht besetzten Häusern in Berlin trifft der Filmemacher sechs Beteiligte, fragt nach ihrem Werdegang und ihren Absichten. In der Rückschau entsteht das Bild einer engagierten, aber ein wenig desillusionierten Generation, die viele ihrer Utopien über Bord werfen mußte, um sich in der Realität einrichten zu können. Ein engagierter und persönlicher Dokumentarfilm zum Thema Gegenöffentlichkeit. – Ab 16. ✦ Deutschland 1993 **R** Eckart Lottmann **L** 75 **E** 29.8.1996 B1

DER TRAUM VOM RHEIN. Ein reicher Deutsch-Amerikaner begegnet in den USA zufällig einem rheinischen Gesangsquartett mit dem Kölner Willy Ostermann und besucht nunmehr, obschon herzkrank, nach 30 Jahren wieder seinen Heimatort in der Bonner Gegend. Unterwegs engagiert er für seine Tochter einen abgebauten Lehrer und einen stellungslosen Chauffeur, die mit einem Kölner Dom aus Streichhölzern vagabundieren und alsbald in Diebstahlsverdacht geraten. Konfektioniertes Volksstück mit bekannten Ostermann-Liedern (»Einmal am Rhein ...«) und einem »Wanderlied der Arbeitslosen« (!), die auf bessere Zeiten hoffen. – Ab 12. ✦ Schwarz-weiß. Deutschland 1933 **P** R. N. **KI** Europa **Pd** Robert Neppach **R** Herbert Selpin **B** Herbert Eulenberg, Herbert Selpin **K** Carl Drews **M** Willi Ostermann, Ludwig Schmidseder **S** Elisabeth Neumann **D** Franz W. Schröder-Schrom (Jupp Steinweg), Gay Christie (Mary, seine Tochter), Eduard Wesener (Hein Fries), Paul Henckels (Dellhausen), Käthe Haack (Grete) **L** 97 **E** 18.10.1933

DER TRAUM VOM SCHÖNEREN LEBEN (SATURDAY'S CHILDREN). Die Ehe eines jungen Erfinders mit einer ehrgeizigen jungen Frau zerbricht beinahe an wirtschaftlichen Schwierigkeiten, weil er sich im Beruf nicht durchzusetzen vermag. Der nette Schwiegervater wird zum Retter in der Not. Sentimentales Hollywood-Drama, das zunächst soziale Mißstände und Ungerechtigkeiten heraufbeschwört, um sie dann in einem beschwichtigenden Happy-End zu entschärfen. – Ab 14 möglich. ✦ Schwarz-weiß. USA 1939 **P** Warner Brothers **Pd** Henry Blake **R** Vincent Sherman **B** Julius J. Epstein, Philip G. Epstein, nach einem Bühnenstück von Maxwell Anderson **K** James Wong Howe **M** Adolph Deutsch **D** John Garfield, Anne Shirley, Claude Rains, Lee Patrick, George Tobias, Roscoe Karns **L** 101 **E** 20.4.1963 ARD

DER TRAUM VON APOLLO XI (PONTIAC MOON). Im August 1969, als die Landung der ersten Menschen auf dem Mond bevorsteht, bricht ein spleeniger Lehrer aus dem Alltag aus: Während der vier Tage, die Apollo 11 für seine Reise braucht, will er zusammen mit seinem Sohn den Kilometerstand seines Autos der Entfernung zum Mond angleichen, wofür ihm noch etwa 1000 Meilen fehlen. Aus einem Roadmovie voller Entdeckungen und Einsichten entwickelt sich eine skurrile Parabel über die Einheit der (amerikanischen) Familie, die zwar plakativ und irreal ist wie ein Märchen, gerade daraus aber einen gewissen Reiz bezieht. – Ab 10. ✦ USA 1994 **P** Paramount **VA** CIC **Pd** Robert Schaffel, Youssef Vahabzadeh **R** Peter Medak **B** Tim Taylor, Jeffrey Brown **K** Thomas Kloss **M** Randy Edelman **S** Anne V. Coates **D** Ted Danson (Washington Bellamy), Mary Steenburgen (Katherine), Ryan Todd (Andy), Eric Schweig (Ernest Ironplume), Cathy Moriarty (Lorraine) **L** 102 **FSK** ab 6 **E** 25.10.1995 Video/1.10.1996 premiere **fd** 31 663

TRAUM VON DER EWIGKEIT. Ein kinderloses Ehepaar, das einen unstillbaren Kinderwunsch hegt, wendet sich in seiner Not an einen angesehenen Wissenschaftler und wird zum Spielball von dessen ehrgeizigen Versuchen. Er denkt gar nicht daran, den beiden zu helfen, sondern forscht nach Mitteln, um das menschliche Leben zu verlängern. Erst das engagierte Eingreifen einer Beauftragten des Sozialministeriums kann den Spuk beenden. Eine Auseinandersetzung mit Erscheinungsformen der modernen Medizin, die sich nicht mehr im Dienste der Menschheit sondern als puren Selbstzweck sieht. – Ab 16. ✦ Kanada 1989 **P** Les Films du Regard/Office National du Film du Canada **Pd** Marie-Andrée Vinet **R+B** Robert Favreau **K** Guy Dufaux **M** Marie Bernard **S** Hélène Girard **D** Danielle Proulx, Marc Messier, Paul Savoie, Patricia Nolin, Gilles Pelletier **L** 96 **E** 9.1.1997 arte

DER TRAUM VON DER FREIHEIT – DIE DEUTSCHE REVOLUTION VON 1848/49. Szenische Dokumentation, die an Hand von Augenzeugenberichten und Episoden die Zeit der Bürgerlichen Revolution in Deutschland von 1848/49 vergegenwärtigen will. Die Ereignisse wurden zum Teil mit großem Aufwand nachgestellt; der Film konzentriert sich dabei auf Baden und die Pfalz, bezieht aber die internationale Lage jener Zeit mit ein. ✦ Deutschland 1997 **R** Jürgen Stumpfhaus **K** Oliver Jakob **D** Otto Sander (Anton Melbye), Peter Schell (Carl Schurz), Felix von Manteuffel (Strodtmann) **L** 90 **E** 12.3.1998 ARD

DER TRAUM VON DER GROSSEN RALLYE (RALLIUL). Die Geschichte eines Mädchens, dem sich nach Überwindung vieler Hindernisse der Traum erfüllt, Rallyefahrerin und in ein Werksteam aufgenommen zu werden. Anspruchslose und langatmig erzählte Unterhaltung. – Ab 14. ✦ Rumänien 1984 **P** Filmstudio Bucuresti, Filmhaus Bukarest Nr. 3 **KI** Progress **R** Mircea Dragan **B** Melania Chiricescu Constantiniu **K** Ion Marinescu **M** Florin Bogardo **D** Diana Ghiorghian, Constantin Diplan, Stefan Sileanu, Monica Ghiuta, Mircea Basta **L** 93 **E** 26.9.1986 Kino DDR/12.8.1988 DFF 1

TRAUM VON EINEM MÄDCHEN (LEPTIROV OBLAK). Ein siebzehnjähriger Junge gerät nicht nur in Konflikte mit seinem Elternhaus, sondern erfährt auch erste Komplikationen in den Beziehungen zu einem Mädchen aus dem Nachbarhaus. In seiner Idee ein zwar nicht sehr origineller, in seiner Ausführung aber doch interessanter Gegenwartsfilm. Er setzt auf äußerliche Attraktionen, um geschickt sein jugendliches Publikum anzusprechen. – Ab 14. ✦ Scope. Jugoslawien 1977 **P** Filmstudio Belgrad **KI** Progress **R** Zdravko Randic **B** Gordan Mihic **K** Miorad Jaksic-Fandjo **M** Goran Bragovic **D** Zoran Cvijanovic, Pavle Vujisic, Jelisaveta Sablic, Ruzica Sokic, Sonja Savic **L** 83 **E** 16.6.1978 Kino DDR/6.12.1979 DFF 1

DER TRAUM VON EINER SACHE – GORLEBEN 1980–1982 →Gorleben: Der Traum von einer Sache

EIN TRAUM VON FREIHEIT (EN DRÖM OM FRIHET). Das Schicksal zweier junger Strafentlassener, die auf der Flucht nach einem Bankraub einen Polizisten erschießen und mit Hilfe der Massenmedien schließlich gestellt werden. Eine Auseinandersetzung mit Kriminalität, Strafvollzug und der Resozialisierung Strafentlassener in Schweden, bei der die gute Absicht stärker ist als die Verwirklichung. Gut in der Charakterisierung der Typen, die frei von Sentimentalität und um Objektivität bemüht ist. Über die Intensität und Spannung, die der Film erzeugt, leuchtet er dann indirekt doch wieder die Schwierigkeiten der Resozialisierung an. ✦ Schwarz-weiß. Schweden 1969 **P** Svensk Filmindustri **R** Jan Halldoff **B** Bengt Forslund, Jan Halldoff **K** Lars Johnson **S** Siv Kanälv **D** Per Ragnar (Jan), Stig Törnblom (Stig), Ann Norstedt (Ann), Elisabeth Nordkvist (Stigs Freundin), Bo Halldoff (Bewährungshelfer) **L** 86 **E** 11.1.1971 ZDF **fd** 17 146

TRAUM VON GOLDENEN ZEITEN (ZLATE CASY). In einem abgelegenen slowakischen Bergdorf bemüht sich im Jahr 1941 ein junger Bauer mit einer verkrüppelten Hand, eine eigene Existenz aufzubauen. Das einbrechende Kriegsgeschehen zerstört dieses Vorhaben und schließlich auch sein Leben. Bedrückende Schilderung kriegerischer Auswirkungen. – Ab 16. ✦ CSSR 1978 **P** Filmstudio Bratislava **KI** Progress **R** Stefan Uher **B** Peter Kovacik, Stefan Uher **K** Stanislav Szomolányi **M** Svetozár Stúr **D** Jan Vlasak, Ján Vrabec, Peter Gábris, Ryszarda Hanin, Ondrej Jarabek **L** 78 **E** 31.8.1979 Kino DDR/24.2.1981 DFF 2

EIN TRAUM VON KABUL. Ein Dokumentar-, Reise-, Recherche- und Kompilationsfilm der sich auf reizvolle Weise dem Phänomen der zahlreichen westlichen Jugendlichen nähert, die in den 70er Jahren in die afghanische Hauptstadt Kabul aufbrachen, um spirituelle Erleuchtung, Musik- und Drogenerlebnisse oder auch einfach »nur« einen alternativen Lebensweg zu suchen. Historisches Filmmaterial aus den späten 20er Jahren über Kabul ist ebenso zu finden wie eine Reihe von Zeitzeugenaussagen (darunter von Berühmtheiten wie Donovan, Julie Driscoll-Tippett, Timothy Leary und »Bommi« Baumann) sowie Bilder, mit denen sich die Filmemacher auf die Suche nach dem einstigen »Zeitgeist«, nach Lebensidealen und Fluchtpunkten machen. – Ab 16. ✦ Deutschland 1996 **P** Matzka-Kiener Film **KI** Matzka-Kiener Film **VA** absolut MEDIEN **Pd+R** Wilma Kiener, Dieter Matzka **B** Wilma Kiener **K** Dieter Matzka **S** Wilma Kiener **L** 80 **E** 8.9.1996

EIN TRAUM VON LIEBE UND TOD (UNA QUESTIONE PRIVATA). Piemont 1944: Ein Partisan ist den Faschisten in die Hände gefallen und soll erschossen werden. Sein bester Freund, ein Student, hat die Möglichkeit, einen Gefangenenaustausch zu organisieren, der zögert jedoch, da er den Gefangenen in Verdacht hat, ein Verhältnis mit seiner großen Liebe zu haben. Romanverfilmung, die um Liebe, Freundschaft und eine schwierige Gewissensentscheidung kreist. ✦ Italien 1991 **P** EPG **R** Alberto Negrin **B** Raffaele La Capria, Alberto Negrin, Paolo Virzi, nach einem Roman von Beppe Fenoglio **D** Rupert Graves (Milton), Céline Beauvallet (Fulvia), Pina Cei (Haushälterin), Claudio Mazzenga (Giorgio), Gabriele Benedetti (Riccio) **L** 80 **E** 17.7.1994 ORF 1

DER TRAUM VON LIESCHEN MÜLLER. Die Traumbilder einer jungen Bankangestellten, die sich nach Luxus und Reichtum sehnt, geben Anlaß zu einer Satire auf die Schnulzenseligkeit der Deutschen zur Zeit des Wirtschaftswunders. Ein enttäuschender Film, dessen Witz und Satire auf der Strecke bleiben und der sich in der Mentalität der Schnulze verliert, die er anzuprangern vorgibt; ebenso zerdehnt wie verworren. (Alternativtitel: »Happy-End im siebten Himmel«) – Ab 14 möglich. ✦ BR Deutschland 1961 **P** Divina/Omnia **KI** Gloria **Pd** Georg Richter **R** Helmut Käutner **B** Helmut Käutner, Willibald Eser **K** Günther Senftleben **M** Bernhard Eichhorn, Michel Legrand (Arr.) **S** Klaus Dudenhöfer **D** Sonja Ziemann (Lieschen Müller), Martin Held (Dr. Schmidt), Helmut Griem (Jan), Cornelia Froboess (Anni), Peter Weck (Paul), Wolfgang Neuss (Chauffeur) **L** 89 **FSK** ab 6; f **E** 19.12.1961 **fd** 10 772

EIN TRAUM, WAS SONST? Ein auf Video gedrehtes Einpersonenstück über die letzten Stunden von Bismarcks Schwiegertochter auf ihrem Gut in Pommern, kurz bevor die Russen am Ende des Zweiten Weltkriegs einmarschieren. ✦ Deutschland 1994 **R+B** Hans Jürgen Syberberg **M** Ludwig van Beethoven **D** Edith Clever **L** 135 **E** 30.1.1998 3sat

EIN TRAUM WURDE WAHR. Eine Frau unbekannter Herkunft, deren Asylantrag zum zweiten Mal abgelehnt worden ist, irrt durch Berlin. Die fiktive Ebene des Films vermischt sich mit realen Statements, wirklichen Interviews und Beobachtungen von Passanten zu einer semidokumentarischen Einheit. ✦ Deutschland 1990 **R+B** Nader Ahmady **K** Alexander Weber, Donata Schmidt **M** Rainer Korf **D** Minu Ghedina (Flüchtlingsfrau), Charlotte Hoffmann (Frau an der Tür), Tedyan Volkmar (Pfarrer), Sabine Klose (Sozialarbeiterin) **L** 76 **E** 15.1.1996 ORB

TRAUMA (1983). Die junge Mitarbeiterin eines Detektivbüros fährt auf der Suche nach einer Vermißten zu einem einsamen Haus an der bretonischen Küste. Immer mehr wird aus ihrer Nachforschung eine Erforschung ihrer selbst, bis die schreckensreichen Ereignisse sie fast in den Selbstmord treiben. Erstlingsfilm, der zahlreiche Genre-Elemente, vor allem aus thematisch verwandten Hitchcock-Filmen, zu einem Psychodrama zu verdichten versucht. Hervorragend fotografiert, sieht man ihm in seinem Bemühen, »film-logisch« zu erzählen, die spürbare Konstruiertheit und mangelnde Logik gerne nach. Da sich der Film dabei aber viel zu ernst nimmt, wirkt er letztlich doch allzu gewollt und bemüht. – Ab 16. ✦ BR Deutschland 1983 **P** tura-Film/Winkelmann Produktion/Demos-Film/WDR **KI** Futura **Pd** Michael Wiedemann **R+B** Gabi Kubach **K** Helge Weindler **M** Paul Vincent Gunia **S** Peter Przygodda **D** Birgit Doll (Anna), Armin Mueller-Stahl (Sam), Lou Castel (Lemaître), Hanne Wieder (Annas Mutter), Janna Marangosoff (Christina), Eva-Maria Hagen (Christinas Mutter) **L** 93 **FSK** ab 12; f **FBW** w **E** 12.5.1984 **fd** 24 550

TRAUMA (1992) (TRAUMA). Eine junge Frau wird von einem Mann entführt und sexuell gedemütigt. Während der ziellosen Fahrt durchs Land entsteht ein eigentümliches Verhältnis zwischen dem Täter und der Entführten, die versucht, zu dem Mann eine Beziehung herzustellen und zugleich innerlich auf Distanz zu dem zu gehen, was mit ihr geschieht. ✦ Großbritannien 1992 **R** Betsan Morris Evans **B** John Harding **K** James Aspinall **M** Mark Thomas **D** Richard McCabe (Der Fremde), Deborah Barrymore (= Deborah Moore) (Susannah), John Harding (David), Briony Wringe (Jessica), Godfrey James (Charles) **L** 62 **E** 9.9.1992 Tele 5

TRAUMA (1998) (MIND GAMES). Die Probleme des zwölfjährigen Sohnes machen eine Familientherapie erforderlich, doch die sonderbaren Methoden der Psychologin bringen keine Linderung, sondern drohen, das Familienglück vollends zu zerstören. ✦ USA 1998 **P** Sarabande **Pd** Meredith Zamsky, John Landgraf **R** Jan Egleson **B** Paula Milne, Cynthia Saunders, Arla Sorkin Manson, Phil Parmet **M** Gary Chang **S** Dorian Harris **D** Jayne Brook (Hannah Berrick), Kyle Secor (Doug Berrick), Lindsay Frost (Karen Sorensen), William Greenblatt (Luke Berrick), Hayley Lochner (Amy Berrick) **L** 87 **E** 30.7.2000 Premiere World

TRAUMAUTO. Der Botenjunge einer Hamburger Werbeagentur verliebt sich in die Sängerin einer Rockband. Um ihr zu imponieren, bringt er – mit nicht immer nützlicher Hilfestellung eines Schrotthändlers und seiner Nichte – einen alten Straßenkreuzer auf Vordermann. – Ab 14. ✦ BR Deutschland 1987 **R** Hajo Gies **B** Urs Eplinius **K** Henning Zick **M** Caro José Tollenaar **D** Ralf Komorr (Pit), Caro José Tollenaar (Caro), Maria Ketikidou (Susi), Klaus Herm (Schorsch), Elisabeth Volkmann (Lilo) **L** 80 **E** 18.11. 1995 West 3

TRAUMBUS →Austern mit Senf

TRAUMDÄMON – DREAM DEMON (DREAM DEMON). Eine wegen ihrer bevorstehenden Hochzeit von Alpträumen heimgesuchte junge Engländerin und eine ihrem Kindheitstrauma nachspürende Amerikanerin treffen sich in London und ergründen gemeinsam die Ursachen ihrer Ängste. Geschickt mit expressionistischen Licht-Schatten-Spielen und surrealen Bildfolgen spielendes Psycho-Horror-B-Picture, das aber auch vor unnötigen Ekeleffekten nicht zurückschreckt; in den »Real«-Szenen eher unbeholfen inszeniert. (Videotitel: »Dream Demon – Traum Dämon«) ✦ Großbritannien 1987 **P** Palace **KI** Delta **VA** Warner Home **Pd** Paul Webster **R** Harley Cokliss **B** Christopher Wicking, Harley Cokliss **K** Ian Wilson **M** Bill Nelson **S** Ian Crafford, David Martin **D** Kathleen Wilhoite (Jenny Hoffman), Jemma Redgrave (Diana Markham), Timothy Spall (Peck), Jimmy Nail (Paul), Mark Greenstreet (Oliver) **L** 89 **FSK** ab 18; nf **E** 6.10.1988/14.4.1989 Video **fd** 27 174

TRÄUME (1990) →Akira Kurosawas Träume

TRÄUME (1995). Drei deutsche Dokumentarfilmemacher, die in der DDR aufwuchsen bzw. arbeiteten, porträtieren im Rahmen einer Trilogie Menschen, deren Leben sich durch einschneidende Erlebnisse sehr verändert hat. »Leben ein Traum« besucht das 380-Seelen-Dorf Kausche am Rande des Tagebaus Welzow/Süd, das bis zum Jahr 2000 dem Braunkohleabbau zum Opfer gefallen und von der Landkarte verschwunden sein wird. »Die Träume danach« begleitet eine 26jährige Invalidenrentnerin aus Berlin nach vier Jahren an den Ort, wo ihr ein schwerer Autounfall die Erinnerung an den politischen Umbruch des Jahres 1990 nahm. Die dritte Episode »Geliebte Carmencha« beschreibt das Leben einer Frau aus der DDR, die ihrem Mann aus Liebe in seine südamerikanische Heimat folgte und trotz schwerer Schicksalsschläge nicht ins jetzige Deutschland zurückkehren möchte. – Ab 16. ✦ Deutschland 1995 **P** Marco Mundt Prod. (für ORB) **Pd** Lew Hohmann (1,2) **R+B** Helke Misselwitz (1), Jens Becker (2), Petra Tschörtner (3) **K** Thomas Plenert (1), Jörg Petzold (2), Thomas Bach (2), Ciro Cappellari (3) **S** Barbara Metselaar (1), Ines Bluhm (2) **L** 30/30/30 **E** 15.(1)/22.(2)/29.(3)5.1995 ORB

TRÄUME AUF BESTELLUNG (ILS). Die in der Handlung etwas konfuse, darstellerisch aber ansehnliche Geschichte eines jungen Malers. Nachdem sein Lehrmeister Selbstmord begangen hat, lernt er einen alten Gelehrten kennen, der eine Maschine entwickelt hat, mit der sich die Träume beherrschen lassen. Diese Erfindung ruft eine okkulte Organisation auf den Plan. Kein realistischer Film, vielmehr eine impressionistische Reflexion über Lebensentwürfe und ihre Bedrohung. ✦ Frankreich 1970 **P** C.F.D.C. **R** Jean-Daniel Simon **B** Jean-Pierre Petrolacci, Jean-Daniel Simon, André Hardelet, nach einem Roman von André Hardellet **K** Patrice Pouget **M** Pierre Vassiliu **D** Michel Duchaussoy (Steve Masson), Charles Vanel (P.R. Swaine), Alexandra Stewart, Olivier Hussenot, Dominique Zardi **L** 89 **E** 10.5.1987 DFF/26.10.1992 Tele 5

TRÄUME AUF RÄDERN. Dokumentarfilm über den legendenumwobenen Orient-Express, der seit einigen Jahren wieder in detailgetreu restaurierten Wagons auf Reisen ist und den Inbegriff eines luxuriösen Lebensstils verkörpert. Der Film stellt die Mitarbeiter des Zuges vor, die jederzeit den Ansprüchen der Gäste genügen müssen, und er lässt Reisende zu Wort kommen, die mitunter Jahre lang für diese Reise sparen. Dabei werden Träume ebenso erfahrbar wie der nüchtern kalkulatorische Hintergrund des Unternehmens. ✦ Deutschland 2000 **R** Hannelore Conradsen, Dieter Köster **L** 75 **E** 15.8.2001 ARD

TRÄUME AUS DER STREICHHOLZSCHACHTEL (METSCHTI W KIBRITENA KUTIJKA). Die Geschichte eines zwölfjährigen Mädchens, das mehr in der Welt seiner Träume als in der Wirklichkeit lebt, bis es eines Tages einen gleichaltrigen Jungen kennenlernt. Nach einer Erzählung von Leo Tolstoi entstandener Jugendfilm aus der kleinen Produktion bulgarischer Kinder- und Jugendfilme, der vergleichsweise konventionell und etwas bieder wirkt, weil er auch pädagogische Hilfestellung zur Erziehung geben will. – Ab 12. ✦ Bulgarien 1979 **P** Mladost **R** Mariana Ewstatiewa-Bioltschewa **B** Olga Krusteva, nach einer Erzählung von Leo Tolstoi **K** Emil Wagenstein **M** Simeon Pironkow **D** Diliana Simeonova, Wladimir Wassilew, Violeta Doneva, Dossjo Dossew, Stefan Danailow **L** 85 **E** 4.2.1984 ZDF

TRÄUME AUS SAMT UND SEIDE →Velvet Dreams

TRÄUME BIS ANS ENDE DER WELT (DIGGING TO CHINA). Die unmögliche Freundschaft zwischen einer Schülerin, die einen schweren Schicksalsschlag verarbeiten muß, und einem 30jährigen geistig Behinderten. Erstlingsfilm über einen gesellschaftlichen Verlust der Unschuld, der an seiner unentschlossenen Haltung zwischen psychologischer Treue und der Naivität seiner Erzählung scheitert. Er führt in ein Niemandsland zwischen Kinder- und Erwachsenenfilm und verschenkt das darstellerische Potential seines Hauptdarstellers Kevin Bacon. – Ab 14 möglich. ✦ USA 1998 **P** Moonstone Entertainment **Kl** Arsenal **VA** Warner Home **Pd** Marilyn Vance, Alan Mruvka, J. Todd Harris **R** Timothy Hutton **B** Karen Janszen **K** Jörgen Persson **M** Cynthia Millar **S** Dana Congdon **D** John Davis, Kevin Bacon (Ricky), Mary Stuart Masterson (Gwenn), Evan Rachel Wood (Harriet), Cathy Moriarty (Mrs. Frankovitz), Marian Seldes (Rickys Mutter) **L** 98 **FSK** ab 6 (Video) **E** 15.10.1998/9.4.1999 Video **fd** 33 376

TRÄUME DER ANGST (ILLUSIONS). Eine jung verheiratete Frau, die von der Familie ihres Mannes abgelehnt wird, fällt immer wieder in Alpträume. Kurz darauf entdeckt sie die inzestuöse Beziehung des Mannes zu seiner Schwester. In Trance erschießt sie die Schwägerin, sieht sich bald einem Komplott ihres Mannes ausgeliefert und flieht. Ein unmotiviertes, verwirrendes Intrigenspiel, dessen schlechte Darsteller die Vielzahl plumper Bettszenen nicht erträglicher machen. ✦ USA 1992 **P** Apricot/Crystal Sky **VA** CIC **Pd** Steven Paul, Michael Canale, Gary Preisler **R** Victor Kulle **B** Peter Colley, nach seinem Bühnenstück. **K** George Hosek **M** Rob Walsh **S** Jack Tucker **D** Robert Carradine (Greg Sanderson), Heather Locklear (Jan Sanderson), Emma Samms (Laura Sanderson), Ned Beatty (George) **L** 99 **FSK** ab 16 **E** 20.1.1993 Video **fd** 30 154

TRÄUME DER LIEBE (TI PRESENTO UN'AMICA). Einige Männer und Frauen aus der römischen Schickeria verbringen eine Zeit voller seelisch-sexueller Irrungen und Wirrungen auf der Suche nach der »großen Liebe«. Weder Psychogramm noch ironisch gebrochene Komödie, findet der Film keine Einstellung zu seiner Thematik. Die Figuren bleiben ohne Konturen, sentimentale Platitüden ersetzen tiefere Einblicke. (Videotitel: »Quite by Chance – Träume der Liebe«) ✦ Italien 1987 **P** Reteitalia **Kl** Jugendfilm **VA** Taurus **Pd** Alessandro Fracassi **R** Francesco Massaro **B** Suso Cecchi d'Amico, Enrico Vanzina, Franco Ferrini, Francesco Massaro **K** Luigi Kuveiller **M** Celso Valli **S** Sergio Montanari **D** Kate Capshaw (Brunetta), Carolina Rosi (Marina), Giuliana de Sio (Nagra), Michele Placido (Lionello), David Naughton (Mauro) **L** 105 **FSK** ab 12; **f E** 1.12.1988 **fd** 27 287

TRÄUME DES WAHNSINNS (DEADLY DREAMS). Fließbandfilm, der mit einer Folge blutverschmierter Rätselhaftigkeiten aufwartet und das Ganze kurzerhand zum Traumgebilde eines sich verfolgt fühlenden Schreiberlings erklärt. Die Folge: Auf eine plausible Story kann verzichtet werden. Deutlich wird im ungenauen Durcheinander von Erträumtem und Erlebtem immerhin, daß ein gerissenes blondes Luder zwei ungleiche Brüder rachehalber zugrunde richtet, indem es den Guten mit Hilfe des Bösen in den Wahnsinn zu treiben versucht. Das führt zu fünf Toten – aber weder zu spannender noch gruseliger Unterhaltung. ✦ USA 1987 **P** Concorde Pictures **VA** RCA/Columbia **Pd** Matt Leipzig **R** Kristine Peterson **B** Thom Babbes **K** Zoran Hochstatter **M** Todd Boekelheide **S** Bernard Caputo **D** Mitchell Anderson (Alex), Juliette Cummins (Maggie), Xander Berkeley (Jack), Thom Babbes (Danny), Timothy Austin (Alex als Junge) **L** 76 **FSK** ab 18 **E** 13.12.1988 Video **fd** 27 399

TRÄUME EINER GESCHIEDENEN FRAU (FOR RICHER, FOR POORER). In Rückblenden wird erzählt, warum eine Ehe nach anfänglicher Leidenschaft in die Brüche ging, wie sich die Seitensprünge häuften. Ein auf Softsex-Niveau gekürzter Porno. – Wir raten ab. ✦ USA 1980 **P** Filmstudio/Royal **Kl** Avis u.a. **R+B** Gerard Damiano **D** Georgia Spelvin, Richard Bolla, Bobby Astyr, Mary Margaret, Debbie Revenge **L** 72 **FSK** ab 18; **nf E** 9.5.1980

TRÄUME IM ZWIELICHT (HAKUJITSUMU). Die erotisch-sadistischen Tagträume eines jungen Mannes, der seinen Zahnarzt als sexuelles Monstrum über eine Patientin herfallen sieht. Die sozialkritischen Bezüge der Vorlage von Tanizaki sind von der unbegabten Regie bis zur Unkenntlichkeit zurückgedrängt. Was bleibt, ist ein Sexfilm niedriger Sorte. ✦ Scope, schwarz-weiß. Japan 1964 **P** Shochiku **I** Constantin **Pd** Toyojiro Nagashima **R** Tetsuji Takech **B** Tetsuji Takechi, nach einem Roman von Junichir Tanizaki **K** Masayoshi Kayanuma **M** Sukashisa Shib **D** Kanako Michi (Chieko), Akira Ishihama (Kura hashi), Chojuro Hanakawa (Zahnarzt) **L** 92 **FSK** ab 18 **f E** 23.2.1968 **fd** 15 287

TRÄUME IN DER SCHUBLADE (I SOGNI NEL CAS SETTO / RIEN QUE NOUS DEUX). Die mit leichte Hand und ironischem Grundton erzählte Geschicht einer Studentenliebe: Mario und Lucia heiraten ge gen den Willen ihrer Eltern und meistern mutig all Nöte. Aber während Mario als Arzt einer werden den Mutter zur Seite steht, stirbt Lucia daheim be der Geburt des eigenen Kindes. Einflüsse des Neo realismus verbinden sich mit satirischen Ansätze und liebevoller Kleine-Leute-Poesie. (O.m.d.U. ✦ Schwarz-weiß. Italien/Frankreich 1956 **P** Rizzoli Francinex/Pathé **Kl** Deutsche Cosmopol **R** Renat Castellani **B** Renato Castellani, Adriana Chiaromont **K** Leonida Barboni **M** Roman Vlad **D** Léa Massar (Lucia), Enrico Pagani (Mario), Cosetta Greco (Lina) Lilla Brignone (Lucias Mutter), Sergio Tofano (Lucia Vater), Guglielmo Inglese **L** 101 **FSK** ab 16; **f E** 28.8 1958/18.9.1959 Kino DDR **fd** 7 780

TRÄUME IN HONGKONG →Ah Ying

TRÄUME IN KALKUTTA (CHAALCHITRA). Ein junge Inder erhält die Chance, als Journalist zu arbeiten Auf der Jagd nach Sensationen übersieht er die großen und kleinen Alltagsgeschichten, bis er schließlich eine Reportage über die Kohleöfen Kalkuttas schreibt, die wegen ihrer vermeintlichen sozialpolitischen Brisanz vom Verleger abgelehnt wird. Ein im neorealistischen Stil virtuos inszenierter Film, der nicht nur die indische Realität einfängt, sondern auf eindringliche, mitunter auch humorvolle Weise die Gegensätze in diesem Land spielerisch reflektiert. – Sehenswert ab 16. ✦ Indien 1981 **P** D.K. Films **R+B** Mrinal Sen **K** K.K. Mahajan **M** Aloknath Dey **S** Gangadhar Naskar **D** Anjan Dutt (Dipu), Gita Sen (Mutter), Utpal Dutt (Verleger), Arun Mukerjee (Kolpona), Jyoti Chatterjee (Rekha) **L** 92 **E** 6.5.1987 ZDF

TRÄUME IN LEDER (REVES DE CUIR). Erotik-Film. Eine junge Frau läßt sich von einem Video zu Liebe in Lack und Leder inspirieren. ✦ Frankreich 1991 **R+B** Francis Leroi **K** Norbert Marfaing-Sintes **M** David Cap **D** Zara Whites, Sunny Mac Kay, Sophie, Noelle O'Hores **L** 76 **E** 22.8.1997 premiere

TRÄUME MIT LUFTSCHRAUBE (PJATAJA TSCHETWERT). Die Abenteuer eines Jungen auf seiner Ferienreise nach Bratsk in Sibirien. (Fernsehtitel: »Das fünfte Viertel«) – Ab 6. ✦ Scope. UdSSR 1972 **P** Lenfilm **Kl** Progress **R** Grigori Aronow **B** Michail Kurajew, nach einem Roman von G. Michalenko **K** Eduard Rosowski **M** Nadeshda Simonjan **D** Serjosha Gorbowski (Anton), Igor Urumbekow (Goschka), Juri Tolubejew (Kondrikow), I. Gobrjakow (Leonid), Tatjana Piskunowa (Tamara) **L** 85 **E** 5.5.1974 DFF 2/12.7.1974 Kino DDR

TRÄUME – SCHÄUME? →Wenn Frauen träumen

TRÄUME UND KEIN ENDE →Fünf Tage noch

TRÄUME VON DER SÜDSEE. Ein Modeschöpfer folgt einem Mannequin auf einen Luxusdampfer, den Gangster in ihre Gewalt bringen. Alle Passagiere werden auf einer Südseeinsel ausgesetzt. Eine ganz auf den damals populären Schlagersänger Vico Torriani hin angelegte Mischung aus Krimi und Lustspiel, angereichert mit kitschiger Südsee-Romantik und süßlicher Robinsonade. Wahllos eingestreut in die banale Handlung noch banalere Musik- und Tanznummern. – Ab 12. ✦ BR Deutschland 1957 **P** Willy-Zeyn-Film **Kl** DFH **Pd** Willy Zeyn **R** Harald Philipp **B** Gerd Nickstadt, Hans-Dieter Bove **K** Oskar Schnirch **M** Erwin Halletz **S** Alice Ludwig-Rasch **D** Vico Torriani (Tonio Torsten), Mady Rahl (Leonie Peppritz), Marina Orschel (Helga Rollin), Werner Fuetterer (Hjalmar Nielsen), Eva Schreiber (Ulla Nielsen), Klaus Löwitsch (Percy Remberg), Hubert von Meyerinck (Kapitän) **L** 89 **FSK** ab 12; **nf E** 20.12.1957 **fd** 6 549

DIE TRÄUME VON HIND UND CAMELIA (DREAMS OF HIND AND CAMELIA). Eine Geschichte der Freundschaft zweier jungen Frauen, die als Hausmädchen in einem wohlhabenden Viertel von Kairo arbeiten. Obwohl sie ausgenutzt werden, wollen sie etwas aus ihrem Leben machen und lassen sich trotz mannigfaltiger Schicksalsschläge nicht unterkriegen. Ein humorvoller Film über die Macht der Träume und die Stärke, die aus der Hoffnung erwächst. – Ab 16. ✦ Ägypten 1988 **P** Al Alamiya Hussein al-Kalla **R+B** Mohamed Khan **K** Mohsen Nasr **M** Ammar al-Cherei **S** Nadia Choukri **D** Nagla Fathy, Ahmed Zaki, Aida Riad **L** 106 **E** 3.8.2000 arte

TRÄUME WACHSEN NICHT AUF BÄUMEN (EN LOPPE KAN OGSA GO). Eine dänische Kleinstadt am Meer: Ein heranwachsendes Mädchen, das bei seinem als Landschaftsmaler arbeitenden Vater lebt, kümmert sich aufopferungsvoll um ihre Mitmenschen und Nachbarn. Das besondere an dieser Situation: Rosa ist körperbehindert und hat nur ein Bein. Eine eindrucksvolle Studie, ganz aus dem Blickwinkel des Mädchens erzählt, die durch ihre Einfachheit besticht und die keine sonderlichen Nebenhandlungen braucht, um zu überzeugen. Der sanfte, kinoabgewandte Stil des Films setzt allerdings eine geduldige Zuschauerhaltung voraus. – Sehenswert ab 10. ✦ Dänemark 1996 **P** Nordisk Film/ASA Film Prod. **VA** Matthias-Film **Pd** Henrik Møller-Sørensen **R** Stellan Olsson **B** Erik Clausen **K** Hasse Welin **M** Andy Pape **S** Ghita Beckendorf **D** Christina Brix Christensen (Rosa), Niels Hausgaard (Rosas Vater), Erik Clausen (Rinkjoer), Leif Sylvester (Jørgensen), Anne Margarethe Dahl (Rosas Mutter) **L** 96 **FSK** ab 6 **E** 1999 Kino/10.3.2001 ARD **fd** 33 974

TRÄUME WERDEN WAHR (DREAM TO BELIEVE / FLYING). Eine neu nach Buffalo gezogene College-Schülerin wird von Stiefvater und -schwester tyrannisiert und von den schicken Töchtern aus reichem Hause geschnitten. Nachts übt sie sich in Gymnastik und Turnen und beißt sich durch: bei den Staatsmeisterschaften steht sie ganz oben auf dem Treppchen des Turnteams. Teenager-Märchen vom Reifen und Erwachsenwerden eines nicht vom Glück verwöhnten Mädchens, das sich an naheliegenden Grundmotiven von »Aschenputtel« bis »Flashdance« orientiert; nicht mehr als eine Pflichtübung ohne Patzer. – Ab 14. ✦ USA 1987 **P** Brightstar/Raw **VA** Highlight **Pd** Anthony Kramreither **R** Paul Lynch **B** John Sheppard **K** Percy Young **M** Ollie E. Brown, Joe Curiale **S** Nick Rotundo **D** Olivia D'Abo, Rita Tushingham, Keanu Reeves, Jessica Steen, Sean McCann **L** 97 **FSK** ab 6 **E** April 1989 Video **fd** 27 660

TRÄUME ZERRINNEN WIE SAND (SPLENDOR IN THE GRASS). Ein Millionärssohn und die Tochter eines Kolonialwarenhändlers verlieben sich gegen den Widerstand ihrer Umwelt ineinander. Als eine Schulkameradin eine Affäre mit dem jungen Mann beginnt, stürzt sich das Mädchen in einen Fluß. Sie wird gerettet, jedoch in psychiatrische Behandlung geschickt. Als sich das Paar einige Jahre später wiedersieht, sind sie einander fremd geworden. Der Film schildert den Konflikt zwischen Moralvorstellungen und dem Druck der Umwelt auf junge Leute, die den eigenen Bedürfnissen und Empfindungen leben wollen. Eine im Kansas der 20er Jahre angesiedelte Neuverfilmung von Elia Kazans »Fieber im Blut« (1960), die wenig neue Akzente zu setzen versteht. ✦ USA 1981 **P** NBC/Warner Brothers **R** Richard C. Sarafian **B** Richard C. Sarafian, nach einem Roman von William Inge **D** Melissa Gilbert (Deanie Loomis), Cyril O'Reilly (Bud Stamper), Ned Beatty (Ace Stamper), Michelle Pfeiffer (Ginny Stamper), Eva Marie Saint (Mrs. Loomis), Macon McCalman (Del Loomis), Richard McKenzie (Doc Smiley) **L** 96 **E** 25.3.1986 ZDF

TRÄUME ZU VERKAUFEN (DREAMS THAT MONEY CAN BUY). Der Maler, Filmregisseur und Autor, Dadaist und Dada-Experte Hans Richter appellierte an seine alten Freunde, die Avantgarde von einst wachzuhalten und »an einem großen Filmgedicht mitzuarbeiten«. So wurden unter seiner Federführung die Experimente des surrealistischen Films der 20er Jahre wieder aufgenommen, wurde die Entwicklung der damaligen Avantgarde in ihren verschiedenen Richtungen zu einer Art filmischem Testament zusammengefaßt. Die sieben Arbeiten wurden durch eine Rahmenhandlung verbunden, in der ein Dichter ein Traumbüro eröffnet und jedem, der es wünscht, seinen eigenen Traum verkauft: 1. »Begierde«, ironisiert von Max Ernst; 2. Fernand Légers Satire »Das Mädchen mit dem Serienherzen«; 3. Man Rays Satire »Ruth, Rosen und Revolver«; 4. eine Bewegungsstudie »Scheiben...« von Marcel Duchamp; 5. »Circus«; 6. Ballette: Alexander Calders Puppen und Mobiles; 7. »Narcissus«, die von Hans Richter entworfene Genesis des Traumverkäufer-Dichters. Ein nicht nur für Kunstfreunde interessanter und anregender Film. (Engl.Komm.o.U.) – Sehenswert ab 16. ✦ USA 1944/47 **P** Art of this Century Films **SF** Edda **R** Hans Richter **B** Hans Richter, David Vern, Hans J. Rehfisch, Josef Freeman **K** Arnold Eagle, Werner Brandes, Meyer Rosenblum, Herman Shulman, George Lubalin **M** Louis Applebaum, Paul Hindemith, Darius Milhaud, Edgar Varese, Paul Bowls **D** Max Ernst, Julian Levy, Jo Mason, Arthur Seymour, Ruth Sobotka, Jack Bittner, Dorothy Griffith, John Latouche, Valerie Tite **L** 84 **FSK** ab 16; nf **E** November 1956/4.5.1968 WDR III **fd** 5 760

TRÄUMENDE AUGEN (DREAMING LIPS / A STOLEN LIFE). Eine zart-verhaltene Liebesgeschichte, auf die effektvolle Doppelrolle für Elisabeth Bergner hin konzipiert. Von zwei charakterlich verschiedenen Zwillingsschwestern, die denselben Mann leben, will die gemütstiefe, scheue, nach dem Tod der ehebrecherisch-leichtfertigen deren Leben weiterführen. Sie offenbart sich schließlich dem Geliebten. – Ab 12 möglich. ✦ Schwarz-weiß. Großbritannien 1939 **P** Orion **Kl** Lloyd **Pd** Anthony Havelock-Allan **R** Paul Czinner **B** Margaret Kennedy, George Barraud, nach einem Roman von Karel J. Benes **K** Lee Garmes, Philip Tannura **M** William Walton **D** Elisabeth Bergner (Sylvina/Martina Lawrence), Wilfrid Lawson (Thomas E. Lawrence), Mabel Terry-Lewis (Tante Helen), Michael Redgrave (Alan McKenzie), Richard Ainley (Morgan) **L** 82 **FSK** ab 12; f **E** 19.1.1951/11.5.1951 Kino DDR **fd** 1 331

DAS TRÄUMENDE HERZ (MARIA CHAPDELAINE). Eine junge Frau kommt nach einem mehrjährigen klösterlichen Internatsaufenthalt in ihr abgelegenes Dorf in den kanadischen Wäldern zurück. Sie liebt sowohl einen Städter als auch einen Trapper, als auch ihren bäuerlichen Jugendfreund. Der Trapper, ein Weiberheld und Trinker, kommt im Schneesturm um, und endlich entschließt sie sich, nach dem Tod ihrer Mutter, den Jugendfreund zu heiraten und im Land zu bleiben. Der berühmte, von Gefühlseruptionen durchsetzte Roman von Hémon in einer tränenreichen, voll ins melodramatische Rührkino hineingreifenden Verfilmung. – Ab 14 möglich. ✦ Schwarz-weiß. Frankreich/Großbritannien 1950 **P** Regina/Everest Pictures **Kl** Allianz **R** Marc Allégret **B** Marc Allégret, nach einem Roman von Louis Hémon **K** Armand Thirard **M** Guy Bernard **S** Maurice Rootes **D** Michèle Morgan (Maria Chapdelaine), Françoise Rosay (Laura Chapdelaine), Kieron Moore (Lorenzo Surprenant), Jack Walting (Robert Gagnon), Philippe Lemaire (François Paradis), Nancy Price (Thérèse Surprenant) **L** 87 **FSK** ab 12; f **E** 1952 Kino **fd** 1 645

TRÄUMENDE LIPPEN (A PATCH OF BLUE). Ein in bedrückenden häuslichen Verhältnissen aufgewachsenes blindes Mädchen erfährt unerwartet die Fürsorge eines jungen farbigen Journalisten, der ihm den Weg in ein menschenwürdiges Leben öffnet. Ein zwar behutsam und ohne dramatische Effekte inszeniertes, insgesamt aber allzu klischeebeladenes und sentimentales Melodram, das für die Integration benachteiligter Minderheiten wirbt, aber die Versöhnung gesellschaftlicher Widersprüche auf den Bereich der privaten Gefühle beschränkt. – Ab 14. ✦ Schwarz-weiß. USA 1965 **P** MGM **Kl** MGM **Pd** Pandro S. Berman, Kathryn Hereford **R** Guy Green **B** Guy Green, nach einem Roman von Elizabeth Kata **K** Robert Burks **M** Jerry Goldsmith **S** Rita Roland **D** Sidney Poitier (Gordon Ralfe), Shelley Winters (Rose-Anne D'Arcy), Elizabeth Hartman (Selina D'Arcy), Wallace Ford (Ole Pa), Ivan Dixon (Mark Ralfe), Elizabeth Fraser (Sadie) **L** 105 **FSK** ab 16; f **E** 3.11.1966/27.4.1974 ZDF **fd** 14 006

DER TRÄUMENDE MUND (1932). Von ihrem Mann vernachlässigt, erliegt eine sensible junge Frau der Faszination eines reiferen Freundes und sieht schließlich im Freitod den einzigen Ausweg aus ihrem seelischen Konflikt. Der letzte gemeinsame deutsche Film des 1932 emigrierten Künstler-Ehepaares Elisabeth Bergner und Paul Czinner ist eine einfühlsam inszenierte und gespielte Adaption des mehrfach verfilmten Melodrams von Henry Bernstein, eindrucksvoll vor allem als präzis interpretierte Frauenstudie. (Vgl. auch die Version von Josef von Baky mit demselben Titel sowie »Mélo« von Alain Resnais) – Ab 16. ✦ Schwarz-weiß. Deutschland/Frankreich 1932 **P** Matador-Film/Pathé-Cinéma **Kl** Stiftung Deutsche Kinemathek **Pd** Marcel Hellman **R** Paul Czinner **B** Paul Czinner, nach Motiven des Bühnenstücks »Mélo« von Henry Bernstein **K** Jules Kruger, René Ribault **M** Ludwig van Beethoven, Richard Wagner **S** Erich Schmidt **D** Elisabeth Bergner (Gaby), Rudolf Forster (Michael Marsden), Anton Edthofer (Peter), Margarete Hruby (Christine), Jaro Fürth (Arzt), Peter Kröger (Kind) **L** 90 **E** 14.9.1932/7.3.1971 ZDF

DER TRÄUMENDE MUND (1952). Eine sensible Frau durchleidet ihren Konflikt zwischen der Faszination für einen Violin-Virtuosen und ihrem Gefühl für den erkrankten, jungenhaften Ehemann. Kammerspielhaft inszeniertes Melodram, inszenatorisch wie psychologisch vordergründiger als die gleichnamige Erstverfilmung durch Paul Czinner. Die tragische Ausweglosigkeit der Handlung erschien damals – laut einer Publikumsumfrage – unerwünscht; daraufhin wurde der vom Regisseur gewählte offene Ausgang vom Produzenten nachträglich korrigiert, indem er das schriftliche Selbstbekenntnis der Frau hinzufügen ließ, daß ihr Platz an der Seite des kranken Mannes sei. Dies entsprach angeblich eher der Publikumserwartung beim Film-Liebespaar Schell/Fischer. (Weitere Adaption des Stoffes: »Mélo« von Alain Resnais) – Ab 16. ✦ Schwarz-weiß. BR Deutschland 1952 **P** Fama **Kl** Europa/NWDF **Pd** Dietrich von Theobald **R** Josef von Baky **B** Paul Czinner, Carl Mayer, Johanna Sibelius, nach dem Bühnenstück »Mélo« von Henry Bernstein **K** Konstantin Irmen-Tschet **M** Alois Melichar **S** Alice Ludwig-Rasch **D** Maria Schell (Elisabeth), O.W. Fischer (Peter), Frits van Dongen (Michael), Eva Portmann (Christine), Marga Maasberg (Marie), Günther Jerschke (Sekretär) **L** 90 **FSK** ab 12; f **FBW** w **E** 29.1.1953/13.8.1954 Kino DDR/13.5.1968 DFF 1 **fd** 2 332

DER TRÄUMER →Teen Lover

DER TRÄUMER UND DAS WILDE MÄDCHEN – HETZJAGD DURCH DEUTSCHLAND. (Fernseh-)Krimi um eine ehemalige Kunstturnerin, die aus dem Tresor des Berliner Zollamtes einen Computerchip gestohlen hat, an dem auch die Mafia interessiert ist. ✦ Deutschland 1999 **P** Action Concept Film- und Stuntproduktion/RTL **R** Raoul W. Heimrich, Hermann Joha **B** Nico Chiriatti, Peter Szigeti **D** Sven Martinek (Till Sichert), Yvonne de Bark (Li), Manfred Lehmann (Beck), Marek Wlodarczyk (Loskow), Andreas Schmidt-Schaller (Grave), Anne Bassiner (Amy), Beret Arnold (Kora), Stefan Franz (Bender), Christoph Heinrich (Harry) **L** 92 **E** 14.11.1999 RTL

TRÄUMEREI. Auf biografischen Fakten basierender Musikfilm um Clara Wiecks Liebe zu dem Komponisten Robert Schumann (1810–1856), ihre gegen väterlichen Widerstand geschlossene Ehe, ihren

Konflikt zwischen künstlerischer Aufgabe und Erfüllung in Ehe und Mutterschaft, Schumanns Triumph und tragisches Ende in geistiger Umnachtung. Betont gepflegte Unterhaltung voll edler Gesinnung und schöner Worte über Kunst und Liebe, die nur in theoretischer Konfliktstellung zueinander geraten; nicht zuletzt dank solider Darsteller durchaus seriös und fern von Kitsch. Fertiggestellt im Kriegsjahr 1944, stieß der Film auf Ablehnung bei der NS-Führung, erreichte dann jedoch die Freigabe und fand starke Resonanz bei einer vom Kriegsalltag erschöpften Bevölkerung. – Ab 12. ✦ Schwarz-weiß. Deutschland 1944 **P** Universum-Film **Kl** Murnau-Stiftung/Transit/DFI//Progress **R** Harald Braun **B** Herbert Witt, Harald Braun **K** Robert Baberske **M** Werner Eisbrenner, Robert Schumann, Johannes Brahms, Franz Liszt **S** Carl Friedrich von Puttkamer, Wolfgang Wehrum **D** Hilde Krahl (Clara Schumann), Mathias Wieman (Robert Schumann), Friedrich Kayßler (Friedrich Wieck), Ullrich Haupt (Johannes Brahms), Emil Lohkamp (Franz Liszt) **L** 110 **FSK** ab 6; f (fr. 16; nf) **E** 3.5.1944/6.6.1952 Kino DDR/2.2. 1959 DFF/7.11.1965 ZDF **fd** 1 444

DIE TRAUMFABRIK (THE DREAM MERCHANTS). Die Geschichte der amerikanischen Filmindustrie von der Ära der Nickelodeons vor dem Ersten Weltkrieg über die Gründung der Hollywood-Studios durch die Independents bis zum Beginn des Tonfilms Ende der 20er Jahre, inszeniert als reich ausgestattete zweiteilige Familiensaga. Der Fernsehfilm ist reizvoll in der sorgfältigen Rekonstruktion von Zeitkolorit, dramaturgisch dagegen eher unbefriedigend, da er ohne durchgehenden Spannungsbogen auszukommen versucht. – Ab 14 möglich. ✦ USA 1980 **P** Columbia **R** Vincent Sherman **B** Chester Krumholz, Richard DeRoy, nach dem gleichnamigen Roman von Harold Robbins **K** Gerald Perry Finnerman **M** George Duning **S** Donald Douglas, Dick Van Enger jr. **D** Mark Harmon (Johnny Edge), Vincent Gardenia (Peter Kessler), Morgan Fairchild (Dulcie Warren), Robert Culp (Henry Farnum), José Ferrer (George Pappas) **L** 188 (94+94) **E** 13.1.1985 ZDF

TRAUMFAHRT (SA KYDE PYTUWATE). Ein junger Mathematikstudent steigt plötzlich während einer sehr langweiligen wissenschaftlichen Tagung aus dem Alltagsleben aus, um fernab von diesem bisherigen Leben ganz neu zu beginnen. Eine feinsinnige, skurrile Filmkomödie mit hohem philosophischem Anspruch. – Ab 16. ✦ Scope. Bulgarien 1985 **P** Filmstudio Bojana **Kl** Progress **R** Rangel Waltschanow **B** Georgi Danailow, Rangel Waltschanow **K** Radoslav Spassov **M** Kiril Dontschew **D** Stojan Alexijew, Georgi Kalojantschew, Jossif Syrtschadshiew, Katerina Jewro **L** 90 **E** 21.8.1987 Kino DDR/25.7.1989 DFF 2

DER TRAUMFLIEGER (ANTON). Kinderfilm. Ein Junge, dessen Vater beim Absturz eines Düsenjets ums Leben kam, steigert sich in den Traum hinein, eines Tages zu seinem Vater zu fliegen. Von den Mitschülern gemieden und der Mutter vernachlässigt, findet er in einem Bulldozerfahrer einen Freund. – Ab 10. ✦ Dänemark 1995 **P** Jutlandia Films ApS/Det Danske Filminstitut **Pd** Ib Tardini **R** Aage Rais **B** Aage Rais, Bent Rasmussen **K** Jacob Banke Olesen **M** Hilmar Örn Hilmarsson **S** Ghita Beckendorf **D** Jacob Oliver Krarup (Anton), Sofie Maria Ahlgren (S. D.), Fie Kruse (Mie), Kristian Nyholm Schmidt (Sören), Anni Björn (Antons Mutter) **L** 80 **E** 21.11.1998 ARD

DIE TRAUMFRAU →Zehn – Die Traumfrau

TRAUMFRAU MIT VERSPÄTUNG. Just am Weihnachtsabend verschafft eine unverhoffte Erbschaft einer Frau in den besten Jahren die Möglichkeit, sich von ihrer nicht gerade liebenswerten Familie zu trennen. Sie lässt das Leben als Hausfrau und Mutter hinter sich, genießt das Leben, wird selbständiger und pflegt eine Reihe von Männerbekanntschaften. Der neue Lebenswandel ist der Tochter, die ihr potenzielles Erbe verprasst sieht, ein Dorn im Auge. Turbulente (Fernseh-)Komödie um eine Frau, die trotz Gegenwind zu neuer Lebensfreude findet. – Ab 14 möglich. ✦ Deutschland 2001 **R** Hans-Erich Viet **B** Thomas Brückner, basierend auf einem schwedischen Fernsehfilm von Lars Molin **K** Michael Bertl **M** Christian Bussmann **D** Thekla Carola Wied (Katharina Lenz), Horst Buchholz (Leon), Dieter Montag (Hartmut Lenz), Peter Franke (David), Rudolf Kowalski (Gunther) **L** 89 **E** 9.12.2001 ZDF

TRAUMFRAU – VERZWEIFELT GESUCHT (TWO GUYS TALKIN' ABOUT GIRLS). Komödie um zwei grundverschiedene Freunde – schüchtern der eine, ein berüchtigter Aufreißer der andere –, die um die Gunst eines Mädchens konkurrieren. ✦ USA 1995 **P** Pro Filmworks **R** Steven Pearl **B** Ken Copel **K** Glenn Kershaw **M** Richard Gibbs **S** Mary Jo Markey **D** Dan Cortese (Joey Fortone), Jonathan Silverman (Lenny Kaminski), Allison Smith (Rhonda Glick), Monte Markham (Lester Glick), Kathleen Freeman (Grandma) **L** 90 **E** 20.3.1996 premiere

TRAUMFRAU VOM DIENST (MAID TO ORDER). Eine verzogene Millionärstochter wird durch eine Fee verzaubert und muß als Dienstmädchen arbeiten, um ihre Lektion in Bescheidenheit zu lernen. Ein nach traditionellen Mustern gestaltetes Kinomärchen, das zum Schmunzeln Anlaß gibt, aber eine tiefergehende Botschaft vermissen läßt. (Videotitel: »Die Traumfrau von Beverly Hills«) – Ab 12. ✦ USA 1986 **P** Lorimar Motion Picture **Kl** Ascot **VA** Ascot **Pd** Herb Jaffe, Mort Engelberg **R** Amy Jones **B** Amy Jones, Perry Howze, Randy Howze **K** Shelly Johnson **M** Georges Delerue **S** Sidney Wolinsky **D** Ally Sheedy (Jessie Montgomery), Beverly D'Angelo (Stella), Valerie Perrine (Georgette Starkey), Michael Ontkean (Nick McGuire), Dick Shawn (Stan Starkey) **L** 93 **FSK** ab 6; f **E** 4.2.1988/Juni 1988 Video **fd** 26 677

DIE TRAUMFRAU VON BEVERLY HILLS →Traumfrau vom Dienst

EIN TRAUMHAFTES MISSVERSTÄNDNIS (DON'T GO BREAKING MY HEART / US BEGINS WITH YOU). Eine attraktive Witwe, Mutter zweier kleiner Kinder, verliebt sich in einen Sporttrainer. Das Glück scheint perfekt, doch dann erfährt die Frau, dass sie von ihrem Zahnarzt, der sie in sich verliebt machen wollte, hypnotisiert wurde. Nun weiß sie nicht mehr, ob ihre Gefühle echt sind. Romantische Komödie, die die vertrauten Versatzstücke des Genres zwar neu arrangiert, ihre Vorbilder aber nicht verleugnen kann und viele Szenen zu Klischees gerinnen lässt. Am überzeugendsten ist noch der Gastauftritt von Tom Conti als Psychiater. – Ab 16. ✦ Großbritannien/USA 1998 **P** Curb Entertainment **Pd** Dante Di Loreto, Anthony Edwards, Bill Kenwright **R** Willi Patterson **B** Geoff Morrow **K** Vernon Layton **M** Rolfe Kent **S** Peter Beston **D** Jenny Seagrove (Suzanne Brody), Anthony Edwards (Tony Dorfman), Charles Dance (Frank), Ben Reynolds (Ben), Tom Conti (Dr. Simon Fiedler) **L** 85 **E** 3.5.2000 Vox

DAS TRAUMHAUS. Vier junge Leute sehen ihre idyllisch-alternative Lebensweise in einer alten Berliner Villa durch eine Baulöwin bedroht. Ein Ingenieur eilt ihnen zu Hilfe, indem er das Haus renoviert, wobei freilich die Idylle verlorengeht. Die jungen Leute weichen aufs Land aus. Ein inszenatorisch zwar nicht durchgehend gelungener, insgesamt aber witzig-unterhaltsamer Versuch, zwei deutsche Zeitthemen der frühen 80er Jahre – das alternative Leben und die Bauspekulation – miteinander zu verknüpfen. – Ab 14. ✦ BR Deutschland 1980 **P** Bärenfilm (für Paramount Germany/Regina Ziegler/WDR) **Kl** CIC **Pd+R** Ulrich Schamoni **B** Wolfgang Menge **K** Igor Luther **M** Peter Herbolzheimer **S** Dörte Völz **D** Horst Frank (Conrad Stolberg), Judy Winter (Sybille), Jochen Schroeder (Julius), Leslie Malton (Esther), Kika Mol (Käthe), Jakobine Engel (Jakobine) **L** 113 **FSK** ab 12; f **FBW** w **E** 4.9.1980 **fd** 22 607

TRAUMHAUS (DREAM HOUSE). Ein junger Mann verläßt wegen einer schönen New Yorkerin das heimatliche Georgia und zieht zu ihr in die Großstadt. Die Gegend, in der er ihr gemeinsames Traumhaus bauen will, zählt aber nicht gerade zu den besten der Stadt. So bekommt er es bald mit Straßenbanden und anderen unliebsamen Zeitgenossen zu tun, die die beiden Verliebten nicht in ihrer Nachbarschaft dulden wollen. Doch sie unterschätzen die Hartnäckigkeit des Mannes vom Lande. Eine annehmbare romantische Komödie, die ihren Witz aus dem Zusammenprall den unterschiedlichen städtischen und ländlichen Vorstellungen bezieht. (Titel auch: »Charleys Traumhaus«; »Das Haus meiner Träume«) – Ab 16. ✦ USA 1981 **P** Columbia **Pd** Philip Mandelker, Leonard Hill **R** Joseph Hardy **B** Mike Lloyd Ross **D** John Schneider (Charley Gross), Marilu Henner (Laura), Michael Gross (Julius), Miguel Fernandez (Shark), Remak Ramsey (Henry) **L** 95 **E** 10.6.1994 Kabelkanal

TRAUMHAUS AUF RATEN →House Broken

TRAUMHAUS DER EROTIK. Erotikfilm: Die erotischen Abenteuer einiger Mädchen, die in einem idyllischen Landhaus am Rande der Eifel leben. ✦ Deutschland 1992 **P** Diga **R** Volker Bergholz **D** Britta, Tanja, Christine, Pamela, Cindy **L** 61 **FSK** ab 16 **E** 12.3.1993 SAT 1

TRAUMHAUS DER SÜNDE – TEIL 1 (HOUSE OF SLEEPING BEAUTIES 1). Sexfilm: Der Ehemann einer reichen Verlegerstochter widmet sich ganz seinem Hobby, der Malerei, während seine Frau sich die Zeit mit erotischen Spielen am Pool vertreibt. Eines Tages überrascht er sie mit einer anderen Frau. ✦ USA 1992 **R** Paul Thomas **B** Rick Marx **K** Jane Waters **S** Gus Feldman **D** Savannah, Marc Wallice, Jamie Summers, Tom Byron, Madison (= Madison Stone), Steve Drake **L** 63 **E** 23.12.1993 premiere

TRAUMHAUS FÜR ZWEI (HALF A HOUSE). Bei der Einweihung seines Eigenheims zerstreitet sich ein Ehepaar derart, daß es zur Scheidung kommt. Der Richterspruch zwingt die Ehepartner jedoch, einstweilen weiter unter einem Dach zu leben, was bis zum neuerlichen Happy-End viele Turbulenzen und Verwicklungen mit sich bringt. ✦ USA 1977 **R** Brice Mack **D** Anthony Eisley (Jordan Black), Pat Delaney (Bitsy Black), Francine York, Kaz Garas, Angus Duncan **L** 76 **E** 1.10.1991 Tele 5

TRAUMHOCHZEIT MIT HINDERNISSEN →Das Doppelleben der Kathy McCormick

DIE TRAUMINSEL (1963) (ISLA DE ENSUENO). Zwei junge, finanziell unabhängige Frauen geraten auf einer karibischen Ferieninsel in Liebesverwirrungen um einen Ingenieur, den sie zunächst für einen Hausdiener halten. Harmlos-dummes Lustspiel, angereichert mit landschaftlicher Exotik und kitschigen Gesangsnummern. – Ab 16. ✦ Kolumbien 1963 **P** Columbian National Films **Kl** Ege Film **R** Alexander Kerk **K** E. Gutierrez **M** Frederico Martinez Tudo **D** Regula Ramirez, Yvonne Yamili, J. C. Alcate **L** 89 **FSK** ab 12; nf **E** 1964 Kino

DIE TRAUMINSEL (1981) (DUE GOCCE D'ACQUA SALATA). Ein junger Mann und eine junge Frau überleben einen Flugzeugabsturz und gelangen auf eine einsame Insel. Dort erleben sie ihre erste Liebe und machen Bekanntschaft mit einem unheimlichen Fremden. Banaler, extrem langweiliger Abklatsch des Films »Die blaue Lagune«, der nicht mehr als einige schöne Landschaftsaufnahmen bietet. ✦ Italien 1981 **P** Alex/G.M.P. **Kl** Cinefrance **R+B** John Wilder **K** Luigi Russo **M** Franco Piersanti **D** Sabrina Siani, Fabio Meyer, Mario Pedone **L** 92 **E** 25.12.1982 **fd** 23 791

TRAUMLAGE. Gemeinsam mit seiner Schwester bewirtet ein dickschädliger Bergbauer einen traumhaft gelegenen, aber unrentablen Hof in der Nähe von München. Als er sich dem Plan widersetzt, an Stelle des Hofs Appartmenthäuser bauen zu lassen, schmieden Schwester und Schwager einen raffinierten Plan. Fernsehdrama, das sich vor allem dank überzeugender Schauspieler vom Durchschnittsniveau abhebt. ✦ BR Deutschland 1983 **P** SWF **Pd** Susan Schulte **R** Konrad Sabrautzky **B** Dorothee Dhan **K** Johannes Hollmann **S** Helga Scharf **D** Richard

Haller (= Aristide Massaccesi) (Barthel), Trude Breitschopf (Zeidlerin), Ilse Neubauer (Moni), Hans Hirschmüller (Ludwig), Karin Baal (Frau Fuhrmann), Kurt Raab (Fellner) **L** 102 **E** 19.6.1983 ARD

TRAUMLAND (1982) (DREAMLAND). Eine begabte junge Gospelsängerin aus New Orleans, die bisher nur im Kirchenchor gesungen hat, zieht es nach New York, ins Mekka des Showbiz. Erste Erfahrungen auf dem Weg ins »Traumland« sammelt sie in New Orleans. Eine unabhängige Filmproduktion, deren Reiz in ihrer Authentizität liegt, die die Grenzen zwischen Dokumentation und Fiktion aufhebt. Die Musikalität der Hauptdarstellerin und der Rhythmus der Musik übertragen sich auf den Inszenierungsstil, der dem Zuschauer eine faszinierende, hart umkämpfte Szene näherbringt. (O.m.d.U.) – Ab 16. ✦ USA 1982 **P** Interamerican **R** Oz Scott **B** Nancy Baker, Oz Scott **K** Don Lenzer **M** Henry Butler **S** Nancy Baker, Jay Freund **D** Joanne Crayton (Lady B.J.), Henry Butler, Harold Dejan, Olympia Brass Band **L** (TV) 80 **E** 16.4. 1984 ARD **fd** 24 496

TRAUMLAND (1993). Seit ihrer Kindheit sind der 17jährige Fidschianer Lagani und die 15jährige indischstämmige Niru unzertrennlich. Als die verliebten Jugendlichen beschließen zusammenzuleben, stoßen sie auf die von unerbittlichen gesellschaftlichen Normen gespeiste Ablehnung ihrer Eltern. Dokumentarischer Spielfilm, der in einer tragischen Liebesgeschichte die Zwangsläufigkeit solcher »Romeo-und-Julia-Dramen« in der südpazifischen Inselwelt anprangert, die der historische Zwist der beiden größten Volksgruppen Fidschis bereits mehrfach an den Rand des Bürgerkriegs gebracht hat. (Alternativtitel: »Dreamland of the Moonless Nights«) – Ab 14. ✦ Deutschland 1993 **P** Mana Movie **Kl** Globus **R+B** Ellen Umlauf **K** Horst Schier **M** Jacques Pineau **S** Karl H. Fugunt, Gudrun Brand **D** Ashwini Singh (Niru), Alexander Soqosoqo (Lagani), Rato Manda Rasigatale (Laganis Vater), Ledua Tuivaga (Laganis Mutter), Anandi Lal Amin (Nirus Vater), Nutan Sagar (Nirus Mutter) **L** 95 **E** 10.1.1995 Bayern 3

TRAUMLAND (1995/96) (DRAUMADISIR). Um seine marode Firma zu retten, beschließt ein windiger Geschäftsmann, das Testament seines herzkranken Mitinhabers zu ändern. Das darin begünstigte Kind lebt mit seiner alkoholkranken Mutter und der 20jährigen Halbschwester in ärmlichen Verhältnissen. Der Mann verliebt sich in die lebenslustige 20jährige, will seine Pläne allerdings nicht aufgeben. Der Film stellt Island und die Hauptstadt Reykjavik als ein Eldorado für Glücksritter und Abenteurer dar, die alle auf schnellen Gewinn aus sind. – Ab 16. ✦ Island/ Deutschland 1995/96 **P** Gjola Films/MaJaDe/ZDF/ arte **R+B** Asdis Thoroddsen **K** Halldór Gunnarsson **S** Valdís Óskarsdóttir **D** Silja Hauksdóttir (Steina), Baltasar Kommákur (Gunnar), Ragnhildur Rúriiksdóttir (Vala), Bergthóra Aradóttir (Gugga), Margret Akadóttir (Ragnheidur) **L** 88 **E** 29.11.1996 arte

TRAUMLAND AFRIKA (AN AFRICAN DREAM). Eine junge Engländerin, die Anfang des 20. Jahrhunderts in eine britische Kolonie in Afrika reist, um ihren Verlobten zu heiraten, freundet sich mit einem schwarzen Lehrer an, der sie überredet, schwarze Kinder zu unterrichten. Damit zieht sie sich den Zorn der weißen Kolonialisten zu. Unabhängige Produktion, die in kleinerem Rahmen eine ähnliche Geschichte um persönliche wie politische Emanzipation wie »Jenseits von Afrika« erzählt. (Titel auch: »African Dream«) – Ab 16. ✦ USA 1988 **P** Jonoma **Pd** John Smallcombe, Nodi Murphy **R** John Smallcombe **B** John Smallcombe, Nodi Murphy **K** Paul Beeson **S** Nodi Murphy **D** Kitty Aldridge (Katherine Hastings), John Kanti (Khatana), Dominic Jephcott (Reginald Hastings), John Carson (Harry Endicott), Joy Stewart-Spence (Enid Endicott) **L** 93 **E** 31.7.1991 RTL plus/29.10.1991 premiere

TRAUMLAND DER SEHNSUCHT. Griechenland, seine klassischen Denkmäler und sein traditionelles Volksleben im Mittelpunkt eines dokumentarischen Films, der ganz aus deutscher Touristik-Perspektive betrachtet. Eindrucksvoll die oft hinreißend schönen Bilder. – Ab 8. ✦ Scope. BR Deutschland 1959/60 **P** W.M.S. **Kl** Columbia **Pd+R+B+K** Wolfgang Müller-Sehn **M** Manos Hadzidaki **S** Wolfgang Müller-Sehn **L** 93 **FSK** ab 6; f **FBW** bw **E** 22.8.1961 **fd** 10 297

TRAUMLAND FRANKREICH (UN VRAI PARADIS / VERSAILLES, PALAIS DU SOLEIL / CROISIERE BLEUE / CARTE POSTALE DE PARIS). Vier Kurzfilme verschiedener Produzenten und Regisseure, vereint zu einem Zyklus, der ins Herz Frankreichs, nach Paris, nach Versailles, an die Loire und die Côte d'Azur führt. Begrenzt informativ, durch einen witzig gemeinten Kommentar nicht gerade aufgewertet. (Titel der Episoden: »Schlösser an der Loire«, »Versailles«, »Am Mittelmeer« und »Paris«) – Ab 8 möglich. ✦ Teils schwarz-weiß. Frankreich 1952 **P** Film du Sagittaire/Pafico Société Parisienne des Films/Tadié Cinéma **Kl** Filmkunst **R** Lucette Gaudart, Gilles de Turenne **K** Roger Caron, Pierre Dolley, B. Million, u. a. **M** Francis Chagrin, Eugène Bolla **L** 85 **FSK** ab 6; f **E** 1954 Kino **fd** 3 368

TRAUMLAND GOLDENER WESTEN (L'AMERIQUE VUE PAR UN FRANCAIS). USA-Film des aus dem Umfeld der französischen »Nouvelle Vague« stammenden Dokumentaristen Reichenbach: ein brillant fotografiertes Reise-Kaleidoskop, das die Faszinationskraft des »Traumlandes« ebenso deutlich macht wie seine zerstörerischen und absurden Aspekte. Das Original wurde in der deutschen Verleihfassung stark überarbeitet und mit einem allzu schnoddrig-neckischen Kommentar von F. M. Lang versehen. – Ab 12. ✦ Scope. Frankreich 1958 **P** Pleiade **Kl** NF **R** François Reichenbach **B** Franz M. Lang **K** François Reichenbach **M** Michel Legrand **L** 92 **FSK** ab 6; nf **FBW** w **E** 25.3.1960 **fd** 9 031

TRAUMLOSE JAHRE (ALMATLAN EVEK). Am Schicksal von fünf Arbeitern demonstriert der Film den Kampf der ungarischen Arbeiterklasse in den Jahren von 1916 bis 1945. Trotz einiger beachtlicher schauspielerischer Leistungen im ganzen ohne Wirkung. – Ab 14. ✦ Schwarz-weiß. Ungarn 1959 **P** Hunnia-Filmstúdió **Kl** Progress **R** Félix Máriássy **B** Judit Máriássy **K** György Illés **M** Imre Vincze **D** Eva Ruttkai (Vilma), Géza Tordy (Karesz), Eva Vass (Irén), Gábor Agárdy (Tóth), Mari Töröcsik (Kató) **L** 101 **E** 7.4.1961 Kino DDR

EIN TRAUMMANN AUF DER TITELSEITE (THE MAKING OF A MALE MODEL). Die Chefin einer New Yorker Werbeagentur entdeckt auf einer Ranch einen naiven, gutaussehenden Cowboy und baut ihn zu einem Top-Model für die Titelseiten der Illustrierten auf. Als der junge Mann seine Heimat verläßt und in der Stadt Karriere macht, werden ihm die Schattenseiten seines Berufs bewußt. Eine unansehnlich inszenierte glatte Kolportage aus der Glitzerwelt der Werbung. – Ab 16. ✦ USA 1983 **P** ABC/Warner Bros. **Pd** Aaron Spelling **R** Irving J. Moore **B** A. J. Carothers **K** Richard L. Rawlings **M** Artie Butler **D** Jon-Erik Hexum (Tyler Burnett), Joan Collins (Kay Dillon), Kevin McCarthy (Ward Hawley), Roxie Roker (Madge Davis), Arte Johnson (Marty Simpson), Ted McGinley (Gary Angelo) **L** 91 **E** 7.9.1994 ZDF

DIE TRAUMMASCHINE (OMBRES ET MIRAGES). Mitte der 60-er Jahre entstandener Dokumentarfilm eines in Frankreich lebenden jungen Engländers, der sich mit jungen Frauen aus verschiedenen Ländern beschäftigt, die in Paris gegen die etablierte Gesellschaft ihre Lebensvorstellungen verwirklichen wollen. Der Film bezieht eindeutig Stellung für diese Jugend, die der nach Leistung und Erfolg ausgerichteten Gesellschaft den Rücken gekehrt hat. ✦ Frankreich 1965–67 **R** Moritz de Hadeln **L** 55 **E** 22.11. 1969 BR III

TRAUMMUSIK. Ein ungeduldiger Opernkomponist, der seit dem Studium mit einer rasch erfolgreichen Sopranistin befreundet ist, erzwingt, enttäuscht und mißtrauisch, unter neuem Namen seinen Erfolg mit Schlagerrevuen. Als seine Oper endlich uraufgeführt werden soll, hat er sie bereits zur Revue umgeschrieben. Ziemlich schwülstiger Musikfilm, der eilig ins Doppel-Happy-End der Studienfreunde überschwenkt und nebenher noch dem Tenor Benjamino Gigli in einer Gastrolle Gelegenheiten zu Gesangspartien bietet. – Ab 16. ✦ Schwarz-weiß. Deutschland 1940 **P** Itala **Kl** Fortuna **R** Géza von Bolváry **B** Georg C. Klaren, Richard Billinger, Josef B. Malina **K** Friedl Behn-Grund **M** Peter Kreuder, Riccardo Zandonai, Frank Fux **D** Benjamino Gigli, Marte Harell, Werner Hinz, Albrecht Schoenhals, Lizzi Waldmüller **L** 75 **E** 25.10.1940

TRAUMPAARE (DUETS). Die Lebenswege dreier grundverschiedener Menschen kreuzen sich in einer Karaoke-Bar, haben zunächst keinen Bezug zueinander, finden aber im Lauf der Handlung zu einer immer intensiveren Durchdringung. Eine melancholische Komödie über kleine Fluchten und große Sehnsüchte, konsequent gegen die Stereotypen des Hollywood-Kinos entwickelt, stimmig in der Atmosphäre und stets darauf bedacht, ihre Figuren ernst zu nehmen. Auch darstellerisch überzeugend. – Sehenswert ab 16. ✦ USA 2000 **P** Beacon Films & Pictures/Hollywood Pictures/Seven Arts Pictures **Kl** Concorde **VA** VCL **DVD** VCL **Pd** John Byrum, Kevin Jones, Bruce Paltrow **R** Bruce Paltrow **B** John Byrum **K** Paul Sarossy **M** David Newman **S** Jerry Greenberg **D** Maria Bello (Suzy Loomis), André Braugher (Reggie Kane), Paul Giamatti (Todd Woods), Huey Lewis (Ricky Dean), Gwyneth Paltrow (Liv) **L** 111 **FSK** ab 12; f **E** 31.5.2001/29.11.2001 Video & DVD **fd** 34 867

TRAUMPFERD (LE CHEVAL D'ORGUEIL). Das Leben einer bretonischen Bauernfamilie von 1908 bis 1918. In schön fotografierten Bildern nähert sich Claude Chabrol dem ländlichen Milieu, dem Legendenschatz und der sozialen Situation seiner volkstümlichen Helden, er bleibt dabei jedoch folkloristisch-unverbindlich. Eine überraschende Arbeit im Werk des französischen Regisseurs, der sich bisher als Chronist der dekadenten Bourgeoisie betätigt hatte. ✦ Frankreich 1980 **P** Bela/TF 1 **Pd** Georges de Beauregard **R** Claude Chabrol **B** Claude Chabrol, Daniel Boulanger, nach einem Roman von Pierre-Jakez Hélias **K** Jean Rabier **M** Pierre Jansen **S** Monique Fardoulis **D** Jacques Dufilho (Alain), Bernadette Le Saché (Anne-Marie), Ronan Hubert (Pierre), François Cluzet (Pierre-Alain), Arnel Hubert (das Kind), Paul Le Person (Postbote), Michel Robin **L** 118 **E** 15.10.1982 ARD

DIE TRAUMPRINZEN. Eine junge Anwältin übernimmt die Verteidigung eines Striptease-Tänzers, der eine Frau ermordet haben soll. Sie ist von der Unschuld ihres Mandanten, der auch rasch ihre Gefühle in Wallung bringt, überzeugt und glaubt an ihn, auch als weitere Morde geschehen, die ihn in Tatverdacht bringen. Als die Hintergründe der Verbrechen geklärt sind, kann die Verteidigerin einen spektakulären Freispruch erwirken, doch alle scheinen die Rechnung ohne den wahren Täter gemacht zu haben. (Fernseh-)Thriller, gewirkt nach einer eher stereotypen Geschichte. ✦ Deutschland 2000 **P** RTL **R** Marc Hertel **B** Christine Hartmann **K** Sven Kirsten **D** Julia Bremermann (Sarah Werner), Matthias Schloo (David Kowitz), Manfred Stücklschweiger (Thomas Barth), Angela Roy (Iris Manthey), Michael Habeck (Brugger) **L** 93 **E** 4.10.2000 RTL

DIE TRAUMPRINZESSIN → Little Princess

TRAUMREISE UNTER WEISSEN SEGELN → Flying Clipper – Traumreise unter weißen Segeln

TRAUMREISE ZU DRITT – IN 80 WOCHEN UM DIE WELT. Ein Hamburger Ehepaar auf langer Auto-Weltreise. Kurzweilig-anspruchsloser Reisebericht aus der Tourismus-Perspektive. – Ab 6 möglich. ✦ BR Deutschland 1961–64 **P** Peter H. Backhaus Prod. **Kl** Globus **Pd+R** Peter H. Backhaus **L** 78 **FSK** ab 6; f **FBW** w **E** 5.3.1965

TRAUMREVUE (TRAUMREVUE). Eine kleine Tänzerin will unter dem Namen eines ungarischen Revue-

Stars ihre Karriere beginnen. Der Schwindel fliegt natürlich auf, was allerdings ihrem Aufstieg zum Star keinen Abbruch tut. Anspruchslos unterhaltender Revuefilm mit dem Wiener Eis-Ballett, gestrickt nach altbekannten Mustern, doch immerhin mit beachtlichen tänzerischen Leistungen. – Ab 10 möglich. ✦ Österreich 1959 **P** Donau **Kl** NF **Pd** Eduard Hoesch **R** Eduard von Borsody **B** Kurt E. Walter, Eduard von Borsody **K** Hans H. Theyer **M** Robert Stolz, Heinz Neubrand **S** Hermine Diethelm **D** Waltraut Haas (Lieschen Müller), Teddy Reno (Tonio Pozzi), Susi Nicoletti (Frau Schmitt), Michael Cramer (Walter Reiser), Ingrid Wendl (Ingrid Wendl), Ursula Herking (Anna Reiser), Jo Herbst (Bruno Flitzke) **L** 101 **FSK** ab 6; nf **E** 25.9.1959/30.9.1960 Kino DDR/25.12. 1964 DFF 1 **fd** 8 446

TRAUMROLLEN (SPEAKING PARTS). Sorgfältig konstruierte Geschichte um einen jungen Schauspieler, der wegen seiner großen Ähnlichkeit die erste Hauptrolle, die für den verstorbenen Bruder einer Drehbuchautorin vorgesehen war, übernimmt. Das komplexe Handlungsgeflecht bietet Anlaß zur Reflexion über die Themen Identitätsverlust und Isolation in einer von audiovisuellen Medien beherrschten Gesellschaft. Ein in seiner formalen Radikalität »sperriger« Film, in dem Hoffnungen und Wärme nur als sehnsüchtige Erinnerung Platz finden. ✦ Kanada 1989 **P** Ego Film Arts **Pd+R+B** Atom Egoyan **K** Paul Sarossy **M** Mychael Danna **S** Bruce McDonald **D** Michael McManus (Lance), Arsinée Khanjian (Lisa), Gabrielle Rose (Clara), Tony Nardi (Eddy), David Hemblen (Produzent) **L** 88 **E** 15.5.1991 ZDF **fd** 28 895

TRAUMSCHIFF →Himmel, Scheich und Wolkenbruch

DAS TRAUMSCHIFF. Zwei Berliner Kinder im Alter von 10 und 13 Jahren wehren sich gegen die Heirat ihrer verwitweten Mutter, die in einem Hafen an der Ostsee arbeitet, mit einem Kapitän. Mit seinem unaufdringlichen, pädagogisch geschickten Verhalten erwirbt sich der Mann schließlich das Vertrauen der Kinder. Ein mit leichter Hand sympathisch entwickelter Unterhaltungsfilm, der sich einfühlsam den angeschnittenen Problemen nähert. – Ab 12. ✦ Schwarzweiß. DDR 1956 **P** DEFA **Kl** Progress **Pd** Hans-Joachim Schoeppe **R** Herbert Ballmann **B** Kurt Bortfeldt **K** Walter Fehdmer **M** Hans Hendrik Wehding **S** Christa Wernicke **D** Günther Simon (Kapitän Franz Müller), Gisela Uhlen (Michaela Gast), Charlotte Küter (Großmutter), Erich Franz (Koch Albert), Kurt Ulrich (Steuermann Krüger) **L** 84 **E** 27.4.1956 Kino DDR/7.6.1956 DFF 1

TRAUMSCHLOSS (PALAC). Eine ambitionierte filmische Reflexion über die komplizierten Wege, die die Verwandlung eines bedrückten einfachen Menschen in einen »Machthaber« begleiten. Während eines Unwetters verlassen die Eigentümer fluchtartig ihr Schloß; der Dorfhirte, der sich statt dessen in die prunkvollen Säle verirrt, wird in seiner Fantasie nach und nach zum Gutsherrn, wobei er immer tiefer in sein inneres Leben, seine Sehnsüchte und Wunschträume, aber auch sein Bedürfnis nach Menschenwürde eindringt. ✦ Polen 1980 **P** Zespoly Filmowe/Perspektywa **Pd** Halina Kawecka **R** Tadeusz Junak **B** Tadeusz Junak, nach einem Roman von Wieslaw Mysliwski **K** Ryszard Lenczewski **M** Leszek Orlowicz **S** Janina Niedzwiecka **D** Janusz Michalowski (Jakub), Stanislaw Frackowiak (Gnädiger Herr/Lakai), Danuta Kisiel (Gnädige Frau), Roman Stankiewicz (Vater), Wiktor Sadecki (Bischof), Halina Gryglaszewska (Mutter) **L** 96 (TV 88) **E** 4.3.1993 S 3

TRAUMSCHÖNE NACHT (PLAISIRS DE PARIS). Die in den 50er Jahren in westdeutscher Produktion häufigste Revue-Lustspiel-Mischung wurde mit französischem Verputz zu einer dünnen Liebesgeschichte zwischen armem Komponisten und arrivierter Revuedame angereichert. Dazu kommen einige Entkleidungs- und sonstige »Attraktionen« aus Pariser Nachtlokalen, die sich zu einem horrend platten und einfallslosen Unterhaltungsfilm verbinden. (Die französische Version des Films wurde mit demselben Stab, aber anderen Darstellern gedreht: mit Roland Alexandre, Lucien Baroux, Jean Parédès und Geneviève Page.) ✦ Schwarz-weiß. BR Deutschland/Frankreich 1952 **P** Speva **Kl** Pallas **Pd** Henri Baum **R** Ralph Baum **B** Jacques Companéez, Ralph Baum, nach einer Idee von Jacques Companéez, Dialoge: Louis Martin, deutsche Dialoge: Axel von Ambesser **K** Robert Le Febvre **M** Fred Freed **D** Albert Hehn (Peter), Ingrid Lutz (Violetta), Rudolf Platte (Albert), Hubert von Meyerinck (Maroni, Theaterdirektor), Peter René Körner, Lilo (Lilo) **L** 82 **FSK** ab 18; nf **E** 23.12.1952 **fd** 2 329

TRAUMSPUREN (LES TRACES DE REVE). Porträt des Filmemachers Pierre Perrault, das das Besondere am Kino dieses Vertreters des »cinéma direct« herausarbeitet. Neben dem filmischen Werk, das in Ausschnitten vorgestelllt wird, rückt die Person Perraults immer mehr in den Mittelpunkt, der sich schließlich, wie die Personen seiner eigenen Filme, zu seinen Emotionen, Überzeugungen und Zweifel bekennen muß. (O.m.d.U.) ✦ Kanada 1986 **P** Office National du Film du Canada **SF** Freunde der Deutschen Kinemathek **R+B** Jean-Daniel Lafond **K** Martin Leclerc, Michel Naud, Francois Beauchemin **L** 95

TRAUMSTADT. Ein Münchner Künstlerehepaar erlebt in einer utopischen, von der modernen Zivilisation verschonten Stadt seinen ersehnten Traum von der totalen Freiheit. Jeder darf nach seinen Wünschen und Fähigkeiten leben, was jedoch zum totalen Sittenverfall und schließlich zum Zusammenbruch führt und in eine mörderische Serie von Libertinage, Perversionen und Gewalt mündet. Ein breit angelegtes Filmgemälde mit orgiastischen Fantasmen und mondänen Kunstreizen, das der Vorlage Kubins teils getreu folgt, sie teils umdeutet und mit surrealen Bildeinfällen und glänzend inszenierten Happenings umsetzt. Die Überfrachtung mit Symbolen führt die angestrebte Ambivalenz (das Janusköpfige als Freiheitsbegriff) streckenweise freilich in bloße Konfusion. ✦ BR Deutschland 1973 **P** Independent/Maran **Kl** Constantin **Pd** Heinz Angermeyer **R** Johannes Schaaf **B** Johannes Schaaf, Rosemarie Fendel, Russell Parker, nach dem Roman »Die andere Seite« von Alfred Kubin **K** Gérard Vandenberg, Klaus König **M** Eberhard Schoener **S** Russell Parker, Petra von Oelffen **D** Per Oscarsson (Florian Sand), Rosemarie Fendel (Anna Sand), Eva Maria Meineke (Frau Lampenbogen), Olimpia (Das Mädchen), Alexander May (Dr. Lampenbogen), Helen Vita (Prinzessin), Heinrich Schweiger (Gautsch), Herbert Bötticher (Sir Edward), Ronnie Lee Williams (Herkules Bell), Louis Waldon (Louis), Martin Stepanek (von Brendel), Josef Kemr (Castringius) **L** 124 **FSK** ab 16; nf **FBW** bw **E** 15.11.1973 **fd** 18 599

TRAUMSTATION →Dieses Mädchen ist für alle

TRAUMSTRASSE DER WELT. Dokumentarfilm über die 30.000 Kilometer lange Fahrstrecke, die Ende der 50er Jahre den amerikanischen Kontinent von Nord bis Süd fürs Auto passierbar machen soll. Den ausgebauten Teil von Alaska, Kanada, USA bis ins südliche Mexiko beschreibt eine gut geführte Kamera als eine dichte Folge von touristischen Sehenswürdigkeiten, aufregend schön, jedoch nur auf Effekt hin montiert. – Ab 10. ✦ Scope. BR Deutschland 1958 **P** Hans Domnick **Kl** DFH **R+B+K** Hans Domnick **M** Winfried Zillig **L** 84 **FSK** ab 6; f **FBW** bw **E** 29.8.1958/23.6.1985 RTL plus **fd** 7 243

TRAUMSTRASSE DER WELT, 2. TEIL. Fortsetzung des Reiseberichts über die Straße, die von Alaska bis Feuerland den amerikanischen Kontinent durchzieht. Diesmal werden farbenprächtige Natureindrücke aus Südamerika, erneut nach geläufigem Touristengeschmack, aneinandergereiht. (1968 kamen die beiden »Traumstraßen«-Filme gekürzt und zu einem Film vereinigt unter dem Titel »Panamericana – Traumstraße der Welt« ins Kino.) – Ab 10. ✦ Scope. BR Deutschland 1961 **P** Domnick-Prod. **Kl** Constantin **Pd+R+B+K** Hans Domnick **M** Winfried Zillig **S** Hans Domnick **L** 96 **FSK** ab 6; f **FBW** bw **E** 28.9. 1962/23.6.1985 RTL plus **fd** 11 443

TRAUMSTREUNER. Nach dem Tod seiner Frau verläßt ein 70jähriger Mann sein Heimatdorf in der Schwäbischen Alb, um noch einmal die Ereignisse einer Reise nachzuvollziehen, die ihn vor mehr als 50 Jahren auf der Flucht vor Krieg und Diktatur in die Schweiz führte. Mit ihm reist sein zunächst verständnisloser 19jähriger Enkel, der mit seiner eigenen Suche nach Reife und Identität beschäftigt ist. Intensiv beschreibt der Film das Zusammenkommen der beiden grundverschiedenen Menschen, wobei er zahlreiche Traumbilder als gleichberechtigte Handlungsebene einsetzt. Dabei werden die Grenzen zwischen Gegenwärtigem und Vergangenem sowie bewußt und unterbewußt Erfahrenem fließend und verweisen auf grundsätzliche Strukturen des Daseins. – Sehenswert ab 16. ✦ Deutschland 1994 **P** Michelberger Film/Popularfilm/Süddeutscher Rundfunk **Kl** Leo Hiemer Filmverleih **Pd+R+B** Erwin Michelberger **K** Paul Elmerer, Slawomir Idziak **M** Susanne Hinkelbein **S** Maggie Bauer **D** Bernd Gnann (Cheko/Anton), Johannes Thanheiser (Felix), Gina Maas (Anna/Gustl), Alexander Schröder (Felix als junger Mann), Walter Schultheiß (Karle), Günther Knecht (Chekos Vater) **L** 94 **E** 10.10.1996 **fd** 32 221

TRAUMTAGE (DANI OD SNOVA). Die Liebesgeschichte zwischen einer Studentin und einem jungen Piloten. ✦ Jugoslawien 1979 **P** Centar **R+B** Vlatko Gilic **K** Branko Ivatovic **M** Ksenija Zecevic **D** Vladislava Milosavljevic, Boris Komnenic, Ljiljana Krstic, Svetozar Cvetkovic, Nenena Filipovic **L** 98 **E** 7.2.1982 DFF 2

DIE TRAUMTÄNZER (BREAKING IN). Ein alternder Einbrecher nimmt einen jugendlichen »Lehrling« unter seine Fittiche. Nach anfänglichen Erfolgen droht das Duo an den völlig unterschiedlichen Lebens- und Berufsauffassungen zu scheitern. Für einen letzten Coup rauft man sich noch einmal zusammen. Eine leise Gaunerkomödie, die geschickt Klamauk und Sentimentalitäten vermeidet, insgesamt aber schwung- und witzlos bleibt. Bill Forsyth hat sich allzuweit von all dem entfernt, was seine früheren Filme ausgezeichnet und liebenswert gemacht hat. (Videotitel: »Breaking in«) – Ab 12. ✦ USA 1989 **P** Samuel Goldwyn Company/Act III/Breaking In Productions **Kl** Delta **VA** Starlight **Pd** Harry Gittes **R** Bill Forsyth **B** John Sayles **K** Michael Coulter **M** Michael Gibbs **S** Michael Ellis **D** Burt Reynolds (Ernie), Casey Siemaszko (Mike), Sheila Kelley (Carrie), Lorraine Toussaint (Delphine), Albert Salmi (Johnny Scat), Harry Carey jr. (Shoes), Maury Chaykin (Tucci), Earl Taylor (Withrow), Matt Clark (Jimmy Quinn), Stephen Tobolowsky (Staatsanwalt) **L** 91 **FSK** ab 12; f **E** 16.8.1990/25.6.1991 Video/27.6.1996 ZDF **fd** 28 437

TRAUMTÄNZER (AVANTURA BORIVOJA SURDILOVICA). Einen sogenannten Taugenichts, der zunächst nur seinen Verwandten auf der Tasche liegt und vergeblich auf das leichte Geldverdienen im westlichen Ausland hofft, ereilt schließlich auch die Liebe in Gestalt einer resoluten Sekretärin. Unterhaltsamer, liebenswerter und ein wenig mit kritischen Untertönen versehener Gegenwartsfilm. – Ab 14. ✦ Jugoslawien 1980 **P** Croatia Film/RTV Beograd **Kl** Progress **R** Aleksandar Djordjevic **B** Sinisa Pavic **K** Dorde Nikolic **M** Vojkan Borisavljevic **D** Ljubisa Samardzic, Bora Todorovic, Vesna Cipcic, Miodrag Petrovic-Ckalja, Ruzica Sokic **L** 95 **E** 4.12.1981 Kino DDR

DER TRAUMTÄNZER (1930) →Harold Lloyd – der Traumtänzer

DER TRAUMTÄNZER (1970) →Quackser Fortune hat 'nen Vetter in der Bronx

TRAUMULUS. Verfilmung des naturalistischen Schauspiels (1904) von Arno Holz (1863–1929): In einer Provinzstadt zur Zeit Kaiser Wilhelms II. lebt der idealistische Direktor des Gymnasiums an der Wirklichkeit vorbei. Sein Sohn aus erster Ehe ist ein verbummelter Student, seine zweite Frau leichtfertig, seine Schüler rebellieren heimlich. Den Mißbrauch seiner Güte durchleidet er enttäuscht und verletzt. Nach dem Selbstmord eines Primaners klagt er sich an, blind gewesen zu sein und versagt zu haben. Ein trotz bisweilen arg pathetischer Töne eindrucksvoller Film: sorgfältig inszeniert, bestechend in der Milieu-, Charakter- und Problemzeichnung, hervorragend gespielt. Unvergeßlich: Emil Jannings. – Ab 16. ✦ Schwarz-weiß. Deutschland 1935 **P** Carl-Froelich-Film (für Tobis) **Kl** National **Pd+R** Carl Froelich **B** Robert A. Stemmle, Erich Ebermayer, nach dem gleichnamigen Bühnenstück von Arno Holz und Oskar Jerschke **K** Reimar Kuntze **M** Hansom Milde-Meißner **D** Emil Jannings (Direktor Prof. Niemeyer), Hilde Weissner (Jadwiga, seine Frau), Harald Paulsen (Fritz, sein Sohn), Hildegard Barko (Olga, Dienstmädchen), Paul W. Krüger (Pedell Schimke), Hans Richter (Gymnasiast Graf Franz) **L** 100 **FSK** ab 16; f **E** 23.1.1936/15.1.1972 ZDF

TRAUMVIERTEL (EVNOIKIA TO ONEIPO). Die Bewohner eines Elendsviertels versuchen auf vielfältige Art und Weise, aus ihrer Not herauszukommen. Aber es gelingen weder das »große Geschäft« noch der verzweifelte Diebstahl noch erfüllen sich die Liebeshoffnungen. Aus den Träumen kehrt man in den Alltag zurück. Eine sozialkritisch treffend gezeichnete Milieustudie, die inszenatorisch weniger als thematisch überzeugt. – Ab 14. ✦ Schwarz-weiß. Griechenland 1962 **P** Studio Alfee **Kl** Progress **R** Aleko Alexandrakis **B** Kostas Kotzlas, Tassos Livaditis **K** Dimos Sakellariou **M** Mikis Theodorakis **D** Aleko Alexandrakis (Ricos), Manos Katrakis, Aliki Giorgouli (Stefani), Spyros Moussouris, Ilektra Kalamidou **L** 100 **E** 24.4.1964 Kino DDR

TRAUMWELT IN ÜBERSEE (1. TEIL: AMERIKAS SIEBEN WELTWUNDER). Fotografischer Streifzug zu den gängigen Sehenswürdigkeiten in den USA (New York, Niagarafälle, Las Vegas usw.). Von unterschiedlicher Qualität der Kameraarbeit und weitgehend geringem Informationswert. – Ab 6 möglich. ✦ BR Deutschland 1966 **P** A. Baege-Prod. **Kl** ABC-Sascha-Alexander **Pd+R+B+K+M** Alexander Baege **L** 71 **FSK** ab 6; nf **E** 1967 Kino **fd** 14 629

TRAUMZEIT (TRAUMZEIT). Eine dokumentarische Reise zu den Orotschonen, einem Volksstamm der Ewenken in der sibirischen Taiga, auf der Suche nach ursprünglichem Leben. Der unspektakuläre, feinfühlige Dokumentarfilm thematisiert, indem er immer wieder und manchmal unerwartet verschmitzt die Bedingungen der eigenen Arbeit reflektiert, das Vordringen der Perestroika ebenso wie den Sand im bürokratischen Getriebe und die kindertraum-ähnlichen Vorstellungen des Regisseurs, die sich nicht mehr mit der Realität decken: Die Ewenken sind längst seßhaft geworden, und Schamanen gibt es nur noch in der mündlichen Überlieferung. – Ab 16. ✦ Teils schwarz-weiß. Schweiz 1992 **P** Franz Reichle/Res Balzli/Iswestija/WDR/BR/DRS **Pd** Franz Reichle, Res Balzli **R+B** Franz Reichle **K** Franz Reichle, Peter Liechti **S** Loredana Cristelli, Franz Reichle **L** 75 **E** 15.2.1993 West 3

DIE TRAURIGE NIXE (RUSALKA / RUSSALOTSCHKA). Unterwegs in einer Postkutsche erzählt ein Mann einem Mädchen das Märchen von der Meerjungfrau: Die Nixe verliebt sich in einen Menschen-Prinzen, der aber ihrer Liebe nicht wert ist; schließlich bewahrt sie ein väterlicher Beschützer durch seinen eigenen Tod vor dem Sterben. Ein vielschichtiger, poetischer Märchenfilm, der die Kaltherzigkeit und Habgier der Menschen-Welt anklagt und für Liebe und Verständnis plädiert. Sein Reiz wird durch die kitschige Musik etwas beeinträchtigt. (Fernsehtitel auch: »Die kleine Nixe«; Videotitel: »Die kleine Meerjungfrau«) – Sehenswert ab 8. ✦ Bulgarien/UdSSR 1976 **P** Filmstudio Sofia/Zentrales Studio für Kinder- und Jugendfilme »Maxim Gorki« **Kl** Progress **VA** EuroVideo **R** Wladimir Bytschkow **B** Viktor Witkowitsch, Grigori Jagdfeld, nach dem Märchen »Die kleine Seejungfrau« von Hans Christian Andersen **K** Emil Wagenstein **M** Jewgeni Krylatow **S** G. Sadownikowa **D** Vika Nowikowa (Nixe), Valentin Nikulin (Sulpitius), Galina Artjomowa (Prinzessin), Juri Senkewitsch (Prinz), Galina Woitschek (Wirtin) **L** 76 **FSK** ab 6 **E** 18.11.1977 Kino DDR/12.6.1977 DFF 2/1994 Video **fd** 31 293

DIE TRAURIGSTE GESCHICHTE (THE GOOD SOLDIER). Einmal im Jahr treffen sich zwei befreundete Ehepaare aus höherer Gesellschaftsschicht zur Kur in Bad Nauheim. Hinter den Konventionen ihres Verhältnisses offenbaren sich mit der Zeit komplexe menschliche Beziehungen, geprägt von verborgenen zerstörerischen Leidenschaften. Ein vor allem von der Präsenz der Schauspieler zehrendes Melodram. ✦ Großbritannien 1981 **P** Granada **R** Kevin Billington **B** Julian Mitchell, nach einem Roman von Ford Madox Ford **D** Robin Ellis, Susan Fleetwood, Jeremy Brett, Vickery Turner, Elizabeth Garvie **L** (TV) 105 **E** 22.6.1985 BR

TRAUSCHEIN IN DEN TOD (CHRISTINA). Ein arbeitsloser Ingenieur willigt des Geldes wegen in eine Scheinheirat ein. Die Probleme beginnen, als er sich in seine »Ehefrau« verliebt und versucht, mehr über sie in Erfahrung zu bringen. Er schlittert in eine lebensbedrohliche Angelegenheit, in der die Drogenmafia eine nicht unerhebliche Rolle spielt. Verworrener Kriminalfilm, immerhin mit einigen recht eindrucksvollen visuellen Einfällen. – Ab 16 möglich. ✦ Kanada 1974 **P** New World/International Amusement Corporation **R** Paul Krasny **B** Trevor Wallace **K** Richard C. Glouner **M** Cyril Ornadel **D** Barbara Parkins (Christina/Kay), Peter Haskell (Simon Brice), James McEachin (Donovan), Marlyn Mason (Greta), Barbara Gordon (Mrs. Brice) **L** 98 (DDR 90) **E** 26.12.1985 DFF 2/1.10.1990 Tele 5

TRAUTES HEIM (HOME SWEET HOME). Alte Leute inszenieren eine Revolution gegen ihre autoritäre und pedantische Heimleiterin. Ein Unterhaltung und Sozialkritik geschickt verbindendes Erstlingswerk, ebenso ironisch und heiter im Stil wie originell im Stoff. – Sehenswert ab 16. ✦ Belgien/Frankreich 1973 **P** Pierre/Lamy/Reggane **Pd+R** Benoît Lamy **B** Rudolph Pauli, Benoît Lamy **K** Michel Baudour **M** Walter Heynen **D** Marcel Josz (Jules), Elise Mertens (Anna), Jane Meurisse (Flore), Claude Jade (Claire), Jacques Perrin (Jacques) **L** 90 **E** 1.9.1975 ZDF

DER TRAUZEUGE MEINES MANNES (IL TESTIMONE DELLO SPOSO). Italien am Neujahrstag 1990: Eine junge Frau soll mit einem von ihr ungeliebten Geschäftsmann verheiratet werden und verliebt sich in den Trauzeugen, einen Heimkehrer aus Amerika, der es in der Neuen Welt anscheinend zu Wohlstand gebracht hat. Opulent inszeniertes Ausstattungsmelodram, dessen schwach entwickelte Figuren der Entfaltung des an sich bewegenden Films im Wege stehen. Eine etwas schwächere Arbeit Pupi Avatis. ✦ Italien 1997 **P** Filmauro/ Duea Film **Pd** Luigi De Laurentiis, Aurelio De Laurentiis, Antonio Avati **R+B** Pupi Avati **K** Pasquale Rachini **M** Riz Ortolani **S** Amedeo Salfa **D** Diego Abatantuono (Angelo Beliossi), Ines Sastre (Francesca Babini), Dario Cantarelli (Edgardo Osti), Cinzia Mascoli (Peppina Campeggi), Valeria d'Obici (Olimpia Campeggi Babini) **L** 103 **E** 1.5.2001 Premiere World

TRAVELING MAN (TRAVELING MAN). Ein ausgebrannter Handlungsreisender, der sein ganzes Leben auf der Straße zugebracht hat, bekommt plötzlich einen jungen Mitreisenden zur Seite gestellt. Doch der vermeintliche Lehrling stellt sich als heimlicher Kontrolleur heraus. Realistische Milieustudie, deren ausgefeilte Charakterstudien die bleierne Schwere der Geschichte aber nicht wettmachen können. – Ab 16. ✦ USA 1989 **Pd** Thomas M. Hammel **R** Irvin Kershner **B** David Taylor **K** William Wages **M** Miles Goodman **D** John Lithgow (Ben Cluett), Jonathan Silverman (Billy Fox), John Glover, Margaret Colin, Chynna Phillips **L** 101 **E** 23.11.1991 premiere/31.12.1993 RTL 2

TRAVELLER (TRAVELLER). Ein junger Sinti will seinen Vater auf dem Zigeunerfriedhof in der Nähe von Louisville, Kentucky, beerdigen und findet Anschluß bei der dortigen Roma-Gemeinschaft. Die Versuche, ihn mit den Gaunermethoden vertraut zu machen, gestalten sich allerdings schwierig. Auch sein »Lehrmeister« gerät in Gewissenskonflikte, als er sich in ein Opfer verliebt. In den Hauptrollen gut gespielte Charakterstudie über einen Betrüger, der ehrlich werden will. Etwas irritierend ist allerdings das überraschend gewalttätige Ende. (TV-Titel: Traveller – Die Highway-Zocker) ✦ Australien 1997 **P** MDP Worldwide/Banner **Pd** David Blocker, Mickey Liddell, Bill Paxton, Brian Swardstrom **R** Jack N. Green **B** Jim McGlynn **K** Jack N. Green **M** Andy Paley **S** Michael Ruscio **D** Bill Paxton (Bokky), Mark Wahlberg (Pat O'Hara), Julianna Margulies (Jean), James Gammon (Double D), Luke Askew (Jack Costello), Nikki Deloach (Kate), Danielle Wiener (Shane) **L** 96 **FSK** ab 16 **E** 15.11.1998 SAT 1

TRAVOLTA UND ICH (TRAVOLTA ET MOI). 1978 in Chalons-sur-Marne in der Champagne: Eine 16jährige Bäckerstochter ist unsterblich in John Travolta, den Star ihres Lieblingsfilms »Saturday Night Fever«, verliebt, bis sie einen 17jährigen Schüler kennenlernt, der alles »außer Nietzsche« verachtet. Sie ahnt nicht, daß ihr neuer Schwarm sich nur auf Grund einer Wette mit Freunden an sie herangemacht hat. Ein sehr subtil und einfühlsam gestalteter Film, der sich warmherzig und aufmerksam auf die Empfindungswelt seiner jungen Protagonistin einläßt. Der Film ist zugleich die sechste Episode einer auf neun Teile konzipierten Reihe (vgl. »Der Neue«). – Ab 16 möglich. ✦ Frankreich 1993 **P** IMA/SFP/Sony/La Sept/arte **R** Patricia Mazuy **B** Yves Thomas, Patricia Mazuy **K** Eric Gautier **M** Yarol Poupaud **D** Leslie Azzoulai (Christine), Julien Gerin (Nicolas), Hélène Eichers (Karine), Hélène Hameloot (Anne), Thomas Klotz (Jerôme), Igor Tchiniaev (Igor) **L** 69 **E** 25.11.1994 arte

TRAWKAS ABENTEUER (PRIKLJUTSCHENIJA TRAWKU). Ein fünfjähriger Junge erlebt die Welt auf recht ungewöhnliche Weise. Er geht verloren und begegnet einem Sterngucker und einem Matrosen. Dabei erlebt er allerlei Aufregendes, ehe seine Eltern ihn wieder in die Arme schließen können. – Ab 8. ✦ Scope. UdSSR 1976 **P** Mosfilm **R** Arkadi Kordon **B** Wladimir Golowanow, nach einem Roman von S. Rosanow **K** Alexander Dubinski **M** Alfred Schnittke **D** Pjotr Degtjarew (Trawka), Swetlana Suchowej (Mama), Viktor Piunow (Papa), Andrej Sokolow (Makarow), Leonid Kurawljew (Onkel) **L** 67 **E** 27.11.1977 DFF 2

TRAWLER AUF FREMDEM KURS (KAPITAN NUL). Der neu ernannte Kapitän eines Fischfängers formt die zusammengewürfelte Mannschaft seines Schiffes zu einer Gemeinschaft. Ein solide inszenierter Film, der gegen eine rein materielle Sicht und schematischen Gehorsam Berufsethos und Handlungsweise aus eigener Verantwortung stellt. – Ab 8. ✦ Scope, schwarz-weiß. UdSSR 1965 **P** Filmstudio Riga **Kl** Progress **R** Leonid Leimanis **B** Egon Liw, Leonid Leimanis, nach einem Buch von Egon Liw **K** Mik Swirbulis **M** Indul Kalnyn **D** Eduard Pawuls (Waldis Noll), Ausma Kantane (Sabina), Karl Sebris (Juchan), Gunar Zilinski (Imant), Artur Dimiter (Bause) **L** 88 **E** 4.3.1966 Kino DDR/27.12.1968 DFF 1

TRAXX (TRAXX). Eine Folge mißtönenden Unsinns: Unaufhörlich knallen Pistolen, fliegen Leiber durch splitternde Scheiben, veranstaltet die Tonspur schrillen, ohrenbetäubenden Lärm. Eine italienische Brutal-Komödie in amerikanischen Kulissen, als Zentralfigur des wüst-albernen Geschehens fungiert ein Expolizist, der das Rotlichtviertel der Stadt »vom Abschaum befreit«. Wenn er das Bordell stürmt, Sexbars in die Luft jagt, Kleinkriminelle fängt und hinter den Fenstern der Bürgerhäuser verstohlen Beifall genickt wird, enthüllt der Unfug überdeutlich, wes (rechtsextremen) Geistes Kind er ist. – Wir raten ab.

✦ USA 1987 **P** De Laurentiis Entertainment **VA** VCL/Virgin **Pd** Gary De Vore, Richard McWhorter **R** Jerome Gary **B** Gary De Vore **K** Beppe Maccari **M** Jay Gruska **S** Michael Kahane **D** Shadoe Stevens (Traxx), Priscilla Barnes (Alexandria Gray), Willard Pugh (Deeter), John Hancock (Chief Emmett Decker), Robert Davi (Aldo Palucci) **L** 81 (gek. 79) **FSK** ab 18 (gek.16) **E** 26.7.1989 Video **fd** 27 735

TREASURE (THE TREASURE). Abenteuerlicher Jugendfilm. Während der Sommerferien kommt ein Junge gemeinsam mit seinem besten Freund und seinem Cousin aus der Stadt dem Geheimnis eines alten Leuchtturms auf die Spur: Vor 30 Jahren verschwand unter rätselhaften Umständen der damalige Leuchtturmwärter. (Fernsehtitel auch: »Treasure – Das Geheimnis des Leuchtturms«, »Das Geheimnis des Leuchtturms«) – Ab 12. ✦ USA 1990 **P** Questar **VA** New Vision **Pd** Robert Cording, Ruth Gunther, Doug Larson **R** Robert Cording **B** Robert Cording, James King, David Cohen **K** Ralph Linhardt **M** Mark Mercury **S** Robert Paul **D** John Weisbarth (David), Freddy Rible (Freddy), Frank Jimson (Jonathan) **L** 87 **FSK** ab 6 **E** 6.2.1994 premiere

TRECK NACH MISSOURI →Red River (1988)

TRECK NACH UTAH (BRIGHAM YOUNG – FRONTIERSMAN). Nach dem Lynchtod ihres Gründers Joseph Smith ziehen die Mormonen, um weiteren blutigen Zusammenstößen zu entgehen, aus dem Osten der Vereinigten Staaten 1846 in einem langen Treck über die Rocky Mountains bis nach Utah, wo sie in harten Jahren eine Heimat finden. Der handwerklich solide, streckenweise eindrucksvoll inszenierte Film zeichnet auf melodramatische Weise die Historie nach, wobei er das Schicksal einer Familie in den Mittelpunkt stellt, von der nur der Sohn das Ziel des Trecks erreicht. – Ab 16. ✦ Schwarz-weiß. USA 1940 **P** 20th Century Fox **Pd** Darryl F. Zanuck **R** Henry Hathaway **B** Lamar Trotti, nach einer Story von Louis Bromfield **K** Arthur Miller **M** Alfred Newman **S** Robert Bischoff **D** Tyrone Power (Jonathan Kent), Linda Darnell (Zina Webb), Dean Jagger (Brigham Young), Brian Donlevy (Angus Duncan), Jane Darwell (Eliza Kent), John Carradine (Porter Rockwell), Mary Astor (Mary Ann Young), Vincent Price (Joseph Smith), Jean Rogers (Clara Young), Moroni Olsen (Doc Richards), Stanley Andrews (Hyrum Smith), Russell Simpson (Major), Chief John Big Tree (Big Elk), Dick Rich (Anführer) **L** 105 (Orig.114) **E** 19.2.1977 ZDF

EIN TRECK ZOG WEITER →Und der Treck zog weiter…

TREES LOUNGE (TREES LOUNGE). Situationen aus dem Leben eines Taugenichts in einer Vorort-Bar: Ein beruflich wie privat glückloser Lebenskünstler erkennt erst allmählich den Scherbenhaufen seines Lebens. Eine liebevoll inszenierte Tragikomödie, voller Sympathie für ihre Figuren; das beachtliche Regiedebüt des Hauptdarstellers Steve Buscemi. (Fernsehtitel: »Trees Lounge – Die Bar, in der sich alles dreht«) ✦ USA 1996 **P** Orion/Live Ent. **KI** Arsenal **Pd** Nick Wechsler, Julie Silverman, Kelley Forsyth, Sarah Vogel **R+B** Steve Buscemi **K** Lisa Rinzler **M** Evan Lurie **S** Kate Williams **D** Steve Buscemi (Tommy), Mark Boone jr. (Mike), Chloe Sevigny (= Chloë Sevigny) (Debbie), Michael Buscemi (Raymond), Anthony LaPaglia (Rob), Carol Kane, Mimi Rogers, Seymour Cassel, Samuel L. Jackson, Bronson Dudley (Bill) **L** 95 **E** 23.1.1997/15.2.1998 ARD **fd** 32 351

TREFF IN DER ARBATGASSE (SOKROWISCHTSCHA RESPUBLIKI). Tendenziöser Polit-Krimi. Moskau, Anfang der 20er Jahre: Ein ehemaliger Kunststudent und Mitarbeiter des KGB überführt eine Bande von Kunstfälschern und Schmugglern, zu denen auch ehemalige Kommilitonen von ihm gehören. ✦ Schwarz-weiß. UdSSR 1964 **P** Mosfilm **R** Iwan Prawow **B** Alexej Leontjew, nach dem Roman von Ju. German **K** Pjotr Terpsichorow **M** Wano Muradeli **D** I. Balmussow, Andrej Abrikossow, Iwan Perewersew, Olga Krassina, German Katschin **L** 80 **E** 17.7.1966 DFF 1

DAS TREFFEN. Sieben Männer, die sich im wirklichen Leben nie begegnet sind, treffen sich auf der Leinwand eines Kinos an der portugiesischen Atlantikküste. Sie unterhalten sich in ihren verschiedenen Landessprachen über ihr Leben, ihre Gedanken und Gefühle, ihre unterschiedlichen europäischen Kulturen. Die gemeinsame Erfahrung ist die Nähe zum Tod. ✦ Deutschland 1991 **R** Wolfgang Moser, Heiner Sylvester **L** 90 **E** 5.12.1991 N 3

DAS TREFFEN – DIE MUSIK DER SCHÄFER →Das Treffen – Hayri und Mehmet, zwei musizierende Schäfer

DAS TREFFEN – HAYRI UND MEHMET, ZWEI MUSIZIERENDE SCHÄFER. Ein meisterhafter Oboe-Spieler und ein Hirte, der die Geige nicht minder virtuos beherrscht, feiern ihr Wiedersehen in einem kleinen Dorf im Südwesten der Türkei mit einem rauschenden Fest, das ganz von ihrer Musik beherrscht wird. Dieses narrative Element bildet die Folie für einen Dokumentarfilm, der mit der Kultur der Turkmenen vertraut macht, die gezwungen waren, ihr Nomadenleben in eine behelfsmäßige Sesshaftigkeit umzuwandeln. Zugleich stellt der Film zwei Originale vor, die stellvertretend für diese Kultur stehen. ✦ Deutschland/Türkei 1999 **R** Gulya Mirzoeva, Jérôme Cler **L** 75 **E** 17.3.2000 arte

TREFFEN IN TRAVERS. In einem Schweizer Städtchen trifft 1793 der deutsche Dichter Georg Forster, der nach der Revolution nach Paris gegangen war, mit seiner Frau und ihrem Liebhaber zusammen, um die Scheidung auszuhandeln. Doch noch sind längst nicht alle Bindungen und Beziehungen erloschen. Klassischer Dreieckskonflikt in einer historischen Liebesgeschichte vor dem Hintergrund der Französischen Revolution. Das kammerspielhafte Regiedebüt des Schauspielers Michael Gwisdek, eindrucksvoll vor allem in seinen darstellerischen Leistungen und der atmosphärischen Dichte. – Sehenswert ab 16. ✦ Scope. DDR 1988 **P** DEFA, Gruppe »Babelsberg« **KI** Progress **Pd** Herbert Ehler **R** Michael Gwisdek **B** Michael Gwisdek, Thomas Knauf, nach Motiven einer Erzählung von Fritz Hofmann **K** Claus Neumann **M** Reiner Bredemeyer **S** Evelyn Carow **D** Hermann Beyer (Georg Forster), Corinna Harfouch (Therese Forster), Uwe Kockisch (Ferdinand Huber), Susanne Bormann (Röschen Forster), Lucie Gebhardt (Klärchen Forster), Peter Dommisch (Leonidas, Wirt), Heide Kipp (Marthe, Wirtin), Wolf-Dietrich Köllner (Rougemont, Staatsrat) **L** 105 **E** 27.4.1989 Kino DDR/Oktober 1990/30.8.1991 West 3

EIN TREFFEN MIT RIMBAUD. Eine junge Anhalterin wird von einem alternden Gangster auf seiner Fahrt in den Süden mitgenommen und langsam mit seiner mysteriösen Vergangenheit vertraut. Doch ihre gemeinsame Fahrt endet im Tod. Ein bemerkenswerter Versuch, eine metaphysisch angehauchte Kriminalgeschichte mit den Erzählmustern des Roadmovie zu verbinden. Dramaturgisch und vor allem in den hölzernen Dialogen zwar eher weniger überzeugend, gewinnt der Film vor allem in der Inszenierung der Fahrtszenen. – Ab 16. ✦ BR Deutschland 1986 **P** Panorama/pro-ject/BR **KI** Filmverlag der Autoren **R+B** Ernst-August Zurborn **K** Thomas Mauch **M** Brynmor Llewelyn Jones **S** Raimund Barthelmes **D** Anke Sevenich (Charlotte), Sven Wollter (Heinrich), Hannelore Elsner (Wirtin), Klaus J. Behrendt (Thomas), Walter Kreye (Paul), Ewa Fröling (»Löwin«) **L** 87 **FSK** ab 12; f **FBW** w **E** 19.5.1988 **fd** 26 054

TREFFER. Die Abenteuer und Alltagsgeschichten einer Clique motorradbegeisterter junger Leute, die am Ende das tragische Scheitern ihrer Hoffnungen und bescheidenen Glücksvorstellungen erleben müssen. Eine Milieu- und Charakterstudie, die anders als der sozialkritisch oder künstlerisch ambitionierte deutsche Autorenfilm bewußt an Action-Mustern orientiert und auf die Unterhaltungs- und Identifikationsbedürfnisse eines jungen Publikums abgestimmt ist. Handwerklich versiert, mit glänzend geschriebenen Dialogen und unverkrampft agierenden Darstellern. – Ab 16. ✦ BR Deutschland 1984 **P** Bavaria (für WDR) **KI** Futura **Pd** Michael Hild **R** Dominik Graf **B** Christoph Fromm **K** Helge Weindler **M** David Knopfler (Kinofassung), Stefan Melbinger **S** Rolf Basedow **D** Maximilian Wigger (Albi), Dietmar Bär (Franz), Tayfun Bademsoy (Tayfun), Barbara Rudnik (Conny), Beate Finckh (Mira), Heinrich Schafmeister (Chris) **L** 110 **FSK** ab 16; f **FBW** bw **E** 4.4.1984 ARD/29.6.1984 Kino **fd** 24 643

EIN TREFFLICH RAUH' LAND – BEOBACHTUNGEN IN EINER LANDSCHAFT. Dokumentarfilm über die Schnee-Eifel, ein klimatisch rauher Landstrich entlang der Grenze zu Belgien, und über die Menschen, die dort leben und arbeiten. Er beschreibt den Verlauf eines Jahres in dieser Region, die bis heute zu den ärmsten in der Bundesrepublik Deutschland zählt, beobachtet in bedächtigen Bildern den Wechsel der Jahreszeiten, die Landschaft und die Menschen, die nicht interviewt werden, vielmehr ihre Geschichten erzählen. Ästhetisch reizvoll, inhaltlich informativ, weit entfernt vom üblichen Rhythmus der Bilder des Fernsehens, für das der Film produziert wurde. – Ab 14. ✦ BR Deutschland 1986/87 **P** Dietrich Schubert Prod./WDR **SF** Verleihgenossenschaft **R+B** Dietrich Schubert **K** George-Serge Roman, Dietrich Schubert **S** Carry Breys **L** 87 **E** 12.3.1987 West 3/24.6.1987 Kino

TREFFPUNKT AIMÉE. Kriminalfilm um Igelitpulver-Schiebung nach West-Berlin. Dreh- und Angelpunkt ist ein luxuriöses Nachtlokal im Westen der Stadt, wo sich die Mitglieder des Schieberrings, von denen zwei im Osten Berlins arbeiten, treffen, um aus der Spaltung der Stadt ihr Kapital zu schlagen. Die Tochter des ermittelnden Kriminalrats verstrickt sich in den Fall sowie die methodischen Ermittlungen der Polizisten. Ein spannender, wenn auch mit kleinen inszenatorischen Schönheitsfehlern behafteter Film, um Wirklichkeitsnähe bemüht, ohne tendenziös zu verzeichnen. – Ab 12. ✦ Schwarz-weiß. DDR 1956 **P** DEFA **KI** Progress **Pd** Hans-Joachim Schoeppe **R** Horst Reinecke **B** Gerhard Neumann **K** Erwin Anders **M** Hans Hendrik Wehding **S** Christa Wernicke **D** Renate Küster (Ursula), Günther Simon (Wendt), Rolf Moebius (Dr. Markus), Paul R. Henker (Schubert), Gisela May (Erika), Harald Sawade (Schack), Karl Kendzia (Münz) **L** 75 **E** 5.10.1956 Kino DDR/20.11.1956 DFF 1

TREFFPUNKT BANGKOK (DAY OF RECKONING). Nach Ende des Vietnam-Krieges bleibt ein landeskundiger Amerikaner in Asien und eröffnet ein Reisebüro. Zu seinen Kunden gehört auch ein französischer Drogenschmuggler, der den Amerikaner als Führer einer Expedition in eine entlegene Bergregion Burmas anheuern will. Dabei flammt die schon seit der Zeit des Krieges zwischen den beiden Männern schwelende Feindschaft wieder auf. Actionfilm. (Fernsehtitel: »Abrechnung in Bangkok«) ✦ USA 1994 **Pd** Ronald E. Frazier **R** Brian Grant **B** Stirling Silliphant, Robert Ginty **K** Nic Knowland **M** Garry Schyman **S** Terry Blythe, Andrew London **D** Fred Dryer (Jack O'Brian), Geoffrey Lewis (Matt), Assumpta Serna (Marissa), Gérard Ismaël (Claude), Patrick Bauchau (Rousselle) **L** 92 **E** 27.10.1994 premiere

TREFFPUNKT CENTRAL PARK (COPS AND ROBBERS). Zwei New Yorker Polizisten träumen vom großen Geld und benutzen ihre Berufserfahrung, um mit einem Bankeinbruch den Coup ihres Lebens zu starten. Thriller mit komödiantischen Schnörkeln. Zwar sorgfältig und mit Gefühl für Milieustimmungen inszeniert, gelingt es dem Film letztlich nicht, Krimiunterhaltung und Systemkritik formal sinnvoll miteinander zu verknüpfen. – Ab 16. ✦ USA 1972 **P** United Artists **KI** United Artists **Pd** Elliott Kastner **R** Aram Avakian **B** Donald E. Westlake **K** David Quaid **M** Michel Legrand **D** Cliff Gorman (Tom), Joseph Bologna (Joe), Dick Ward (Paul Jones), Shepperd

Strudwick (Eastpoole), Ellen Holly (Sekretärin) **L** 88 **FSK** ab 16; nf **E** 25.1.1974 **fd** 18 729

TREFFPUNKT FÜR ZWEI PISTOLEN (INVITATION TO A GUNFIGHTER). Ein gefühlloser Revolverheld der Nachbürgerkriegsära empfindet in einer diktatorisch unterdrückten Stadt dank der Standhaftigkeit einer Frau menschliche Regungen und entdeckt sein Gewissen. In das Gewand eines Western gekleidetes Plädoyer für bürgerliche Redlichkeit und die Überwindung rassischer Vorurteile. Inszenatorisch ein wenig spröde und nicht ganz überzeugend. (Alternativtitel: »Duell am Rio Bravo«) – Ab 16. ✦ Scope. USA 1964 **P** The Stanley Kramer Corporation **KI** United Artists **Pd+R** Richard Wilson **B** Richard Wilson, Elizabeth Wilson **K** Joseph MacDonald **M** David Raksin **S** Bob Jones **D** Yul Brynner (Jules Gaspard d'Estaing), Janice Rule (Ruth Adams), George Segal (Matt Weaver), Pat Hingle (Sam Brewster), Brad Dexter (Kenarsie), Alfred Ryder (Doc Barker), Mike Kellin (Tom), Clifford David (Crane Adams), Clifton James (Tuttle), Strother Martin **L** 90 **FSK** ab 12; f (fr. ab 16) **E** 25.12.1964 **fd** 13 215

TREFFPUNKT GENF. Zweiteiliger Fernsehfilm der DEFA: Im ersten Teil nimmt ein Wissenschaftler als Delegierter der DDR an einem Chemikerkongress in Genf teil. Er referiert über ein Schädlingsbekämpfungsmittel, das auch als chemischer Kampfstoff genutzt werden kann. Eine amerikanische Agentin der CIA möchte die Formel von ihm erfahren. Im zweiten Teil entgeht der Wissenschaftler zwei Mordanschlägen und wird von Agenten des Ministeriums für Staatssicherheit zum Wohle des Staates geschützt. »Kundschafterfilm«, der von einer Reihe weiterer ähnlicher Produktionen (»Der Mann aus Kanada«, 1967 und »Projekt Aqua«, 1969) flankiert wird. ✦ Schwarz-weiß. DDR 1967/68 **P** DEFA **Pd** Adolf Fischer **R+B** Rudi Kurz **K** Erich Gusko **M** Wolfgang Hohensee **S** Evelyn Carow **D** Jürgen Frohriep (Major Sander), Vera Oelschlegel (Kate Alan), Martin Hellberg (Prof. Gerlach), Gisela Morgen (Lenchen), Gerd Michael Henneberg (Dr. Münch) **L** 160 **E** 28.,30.1. 1968 DFF 1 (zwei Teile)

TREFFPUNKT HONDURAS (APPOINTMENT IN HONDURAS). Ein in geheimer Mission reisender Anhänger des von einem Diktator gestürzten Präsidenten von Honduras hält sich im Dschungel versteckt. Er stößt auf vier flüchtende Sträflinge, die ein reiches Ehepaar als Geiseln festhalten. Mit zunehmenden Strapazen auf der Bootsfahrt flußaufwärts verstärken sich die Konflikte zur offenen Feindseligkeit. Das im Abenteuerfilm häufig abgehandelte Gruppenverhalten in Überlebenssituationen wird eher flach geschildert. Als routinierte Genregeschichte durchaus reizvolle Unterhaltung. (Fernsehtitel auch: »Durch die Hölle der Piranhas«) – Ab 12. ✦ USA 1953 **P** RKO **KI** RKO **Pd** Benedict Bogeaus **R** Jacques Tourneur **B** Karen de Wolf **K** Joseph Biroc **M** Louis Forbes **D** Glenn Ford (Jim Corbett), Ann Sheridan (Sylvia Sheppard), Zachary Scott (Herry Sheppard), Rodolfo Acosta (Reyes), Jack Elam (Castro) **L** 78 **FSK** ab 12; nf **E** 9.7.1954 **fd** 3 381

TREFFPUNKT HONGKONG (SOLDIER OF FORTUNE). Ein zwielichtiger Kaufmann in Hongkong, seinerzeit aus der US-Army desertiert, nun von den britischen Behörden als Gangster eingeschätzt, hilft einer aus den USA angereisten Frau bei der Befreiung ihres Ehemannes, eines Fotoreporters, der von den Rotchinesen gefangenengenommen wurde, und gewinnt ihre Liebe. Ein spannender Abenteuerfilm mit Starbesetzung und prächtigen CinemaScope-Bildern, der perfekt unterhält. – Ab 14. ✦ Scope. USA 1955 **P** 20th Century Fox **KI** Centfox **Pd** Buddy Adler **R** Edward Dmytryk **B** Ernest K. Gann, nach seinem Roman **K** Leo Tover **M** Hugo Friedhofer **D** Clark Gable (Hank Lee), Susan Hayward (Jane Hoyt), Michael Rennie (Inspektor Merryweather), Alex D'Arcy (René Chevalier), Jack Kruschen (Austin Stocker), Richard Loo (Po-Lin), Arthur Hummel (Hampton Stewart) **L** 95 **FSK** ab 12; nf **E** 12.8.1955 **fd** 4 275

TREFFPUNKT KANALSTRASSE →Geständnis unter vier Augen

TREFFPUNKT KRONEN-BAR (HISTORIAS DEL CRONEN). Eine Clique 20jähriger trifft sich allabendlich in der »Kronen-Bar« in Madrid. Alkohol, Drogen und Anmache geben den Ton an. Gut ist, was querliegt zu ihrer meist gutbürgerlichen Herkunft. Je exzessiver die Eskapaden, je intensiver der Kitzel des Todes, desto lebendiger fühlen sie sich. Die Eltern sind ratlos, kommen für die Schäden auf, kümmern sich aber nicht weiter um die Jugendlichen. Eine bedrängende Studie über den Leerlauf und die scheiternde Sinnsuche junger Spanier, die mit teils exzessiver Härte ein fatalistisches Bild vom Scheitern urbaner Lebensverhältnisse entwirft. ✦ Spanien 1994 **P** Elias Querejeta PC/Claudie Ossard Prod./Alert Film **Pd** Elias Querejeta, Claudie Ossard **R+B** Montxo Armendariz **K** Alfredo Mayo **S** Rosario Sainz de Rozas **D** Juan Diego Botto (Carlos), Jordi Molla (Roberto), Nuria Prims (Amalia), Aitor Merino (Pedro), Armando Del Rio (Manolo), Diana Galvez (Silvia), Inaki Mendez (Miguel) **L** 95 **E** 21.10.1998 hessen 3

TREFFPUNKT LONDON AIRPORT (PERFECT FRIDAY). Die Vorbereitung und Durchführung eines Bankraubs in London: Ein auf seine reichen Kunden neidischer Bankmanager betrügt mit seiner Geliebten und deren Ehemann das eigene Unternehmen um rund 300.000 Pfund, hat am Ende aber doch das Nachsehen. Unterhaltsame Krimikomödie; zwar konventionell und konstruiert, bemerkenswert jedoch durch die mit typisch englischem Humor subtil gezeichneten Hauptfiguren. – Ab 16. ✦ Großbritannien 1970 **P** Sunnymede **KI** Warner-Columbia **Pd** Dimitri De Grunwald **R** Peter Hall **B** Anthony Greville-Bell, C. Scott Forbes, nach einer Erzählung von C. Scott Forbes **K** Alan Hume **M** John Dankworth **S** Rex Pyke **D** Ursula Andress (Lady Britt Dorsett), Stanley Baker (Mr. Graham), David Warner (Lord Nicholas Dorsett), Patience Collier (Kindermädchen), T.P. McKenna (Smith), David Waller (Williams) **L** 94 **FSK** ab 16; f **E** 21.11.1972/20.8.1975 DFF 1 **fd** 18 091

TREFFPUNKT METRO (WSTRETIMSJA W METRO). Geschichte einer Brigade, die 1941 von Moskau nach Leningrad zum Metro-Bau geht und in der schweren Zeit der Blockade unter unsäglichen Schwierigkeiten mithilft, die lebenswichtige Verbindung zum Ladogasee herzustellen. In die Schilderung der zeitgeschichtlichen Ereignisse werden Einzelschicksale einbezogen. Die unentschiedene Konzeption verhindert eine eindrucksvollere Umsetzung des historisch interessanten Themas. – Ab 14. ✦ UdSSR 1986 **P** Lenfilm **KI** Progress **R** Viktor Sokolow **B** Viktor Sokolow, Albina Schulgina **K** Wladimir Djakonow **M** Andrej Petrow **D** Pjotr Weljaminow, Lilita Ozolinja, Nikolai Iwanow, Larissa Gussejewa, Jelena Popowa **L** 131 **E** 8.5.1987 Kino DDR

TREFFPUNKT MITTERNACHT C.I.A. →Die drei Tage des Condors

TREFFPUNKT MOSKAU (TOP SECRET). Ein Klempner, in der britischen Atomversuchsanstalt angestellt, hat ein neuartiges Wasserklosett erfunden. Infolge zufällig vertauschter Aktentaschen wird er als vermeintlicher Geheimnisträger nach Moskau entführt. Eine originelle Politkomödie, die ihren Witz augenzwinkernd an Ost und West verteilt und die Atomgefahren kabarettistisch betrachtet, ohne sie zu verniedlichen. (Fernsehtitel: »Streng geheim«) – Ab 12. ✦ Schwarz-weiß. Großbritannien 1952 **P** Associated British Picture **KI** Europa **Pd** Victor Peck **R** Mario Zampi **B** Jack Davies, Michael Pertwee **K** Stanley Pavey **M** Stanley Black **D** George Cole (George Potts), Nadia Gray (Tania Ivanova), Oskar Homolka (Zekov), Frederick Valk, Eleanor Summerfield, Charles Goldner **L** 87 **FSK** ab 12; nf **E** 13.3.1953/7.10.1958 ARD + DFF 1 **fd** 2 396

TREFFPUNKT PALETTE (THE GILDED CAGE). Ein Captain der US-Abwehr in London jagt für seinen gestrauchelten Bruder einen kaltblütig mordenden Theaterautor und deckt schließlich einen raffiniert verzweigten Gemäldediebstahl auf. Ein routiniert inszenierter Spannungsfilm mit Anleihen beim Agenten- ebenso wie beim Gangstergenre. – Ab 16. ✦ Schwarz-weiß. Großbritannien 1954 **P** Templean **R** John Gilling **B** Brock Williams **K** Monty Berman **M** Stanley Black **D** Alex Nicol, Veronica Hurst, Clifford Evans **L** ca. 80 **E** 6.3.1962 ARD

TREFFPUNKT PARIS (ILS ETAIENT CINQ). Das Schicksal fünf ehemaliger Frontsoldaten und ihrer Kameradschaft im Alltag. Nach Kriegsende kehrten sie nach Paris zurück und richten sich nun ihr Leben neu ein. Ein düsteres Melodram, das nur wenige Perspektiven für die Protagonisten sieht. Eher an der Stimmung als einer überzeugenden Verankerung in der Wirklichkeit interessiert, bleibt der Film an der Oberfläche und fällt allenfalls durch solide Darstellerleistungen auf. – Ab 16. ✦ Schwarz-weiß. Frankreich 1952 **P** Sud-Film/Jeannic-Film **KI** Progress **R** Jack Pinoteau **B** Michel Jourdan **K** Jacques Lemare **M** Georges van Parys **S** Marguerite Beaugé **D** Michel Jourdan (Roger), Jean Gaven (Marcel), Jean Carmet (Jean), Jean-Claude Pascal (Philippe), François Martin (André) **L** 90 **E** 18.2.1955 Kino DDR/25.3. 1962 DFF 1

TREFFPUNKT QUARTIER LATIN →Jugend von heute

TREFFPUNKT RIO (AUX YEUX DU SOUVENIR). Ein Pilot der Air France hatte einmal ein kurzes, heftiges Liebesabenteuer mit einer attraktiven jungen Frau, die er jetzt als Stewardeß wiedertrifft und die nun mit seinem Freund verlobt ist. Zwischen den »Kurzzeitliebenden von einst« erwacht eine neue Leidenschaft, vor deren Intensität sich der Freund in den Indochina-Krieg zurückzieht. Eine noble Dreigroschengeschichte, solide inszeniert und gespielt. Delannoy, zuweilen ein recht gewiefter Actionregisseur, hat eine Beinahe-Luftkatastrophe sehr wirkungsvoll eingebracht. – Ab 14. ✦ Schwarz-weiß. Frankreich 1948 **P** Les Films Gibé **KI** Prisma **R** Jean Delannoy **B** Jean Delannoy, Henri Jeanson, Georges Neveux **K** Robert Le Febvre **M** Georges Auric **D** Michèle Morgan (Claire), Jean Marais (Jacques Forestier), Jean Chevrier (Pierre Aubry), Colette Mars **L** 98 **FSK** ab 12; f **E** 11.1.1952 **fd** 1 517

TREFFPUNKT SALON PARISI →Frauen in Teufels Hand

TREFFPUNKT SÜDAFRIKA (SOUTH AFRICAN ENCOUNTER). Ein Bildreporter, der im Auftrag einer Tourismusfirma Aufnahmen von Südafrika machen soll, reist kreuz und quer durch das Land, wobei er immer wieder einer jungen Touristin (mit Namen Gerlinde von Hohenstein!) und deren Tante begegnet. Aus der Sicht dieser drei Personen blickt der Film ausgiebig auf »Land und Leute«, wobei er jegliche kritischere Sicht mit buntem Postkartenkitsch, mit Kalauern und billigen Gags zukleistert. – Ab 12. ✦ Südafrika 1960 **P** South African Tourist Corporation **KI** Globus **R+B+K** Sven Persson **M** Eric Jupp **L** 61 **FSK** ab 6; f **E** 13.1.1963

TREFFPUNKT TANGER (FINCHE' DURA LA TEMPTESTA / BETA SOM). Kommandanten und Besatzungen zweier feindlicher Schiffe lernen sich 1941 im neutralen Hafen von Tanger kennen und achten. Ein mit einer klischeebeladenen Liebesgeschichte angereicherter spannender Kriegsfilm, der trotz seiner kolportagehaften Züge den Wert gegenseitiger Achtung und Menschlichkeit zum Ausdruck bringt. – Ab 16. ✦ Schwarz-weiß. Italien 1962 **P** Galatea **KI** Inter-Film **Pd** Bruno Vailati **R** Charles Frend, Bruno Vailati **B** Adriano Belli, Augusto Frassinetti, Ca'Zorzi, Bruno Vailati **K** Gabor Pogany **M** Roberto Nicolosi **S** Giancarlo Cappelli **D** Lilli Palmer (Lygia), James Mason (Blayne), Gabriele Ferzetti (Leonardi), Alberto Lupo (Magri), Geoffrey Keen (Hodges), Andrea Checchi, Valeria Fabrizi **L** 103 **FSK** ab 12; f (fr. 16; nf) **E** 10.1.1964 **fd** 12 501

TREFFPUNKT TODESBRÜCKE →Cassandra Crossing

TREFFPUNKT TRIEST (APPUNTAMENTO A TRIESTE).

Triest 1948: Die amerikanische Militärverwaltung der Stadt erhält Hinweise, daß der jugoslawische Marschall Tito vom sowjetischen Geheimdienst KGB umgebracht werden soll. Ein Top-Agent des CIA reist daraufhin nach Zagreb, um Beweise zu sammeln und bringt sich und andere in tödliche Gefahren. Dreiteiliger Spionage-Thriller, dessen spannende Handlung mit einer wechselvollen Liebesgeschichte verknüpft ist. – Ab 16. ✦ Italien 1988 **P** Tiber Cinematografica **Pd** Alfio Sugaroni **R** Bruno Mattei **B** Claudio Fragasso, Rossella Fragasso **M** Stefano Mainetti **D** Tony Musante, Cristiana Borghi, Gianni Cavina, William Berger, Edmund Purdom **L** ca. 270 **E** 7.,8.,9.1.1991 PRO 7 (drei Teile)

DER TREIBER → Junge, mach dein Testament

TREIBGUT (LA DERIVE). Die Geschichte einer jungen Frau in einer französischen Kleinstadt, die aus ihrer kleinbürgerlichen Enge auszubrechen versucht. ✦ Schwarz-weiß. Frankreich 1964 **R+B** Paula Delsol **K** Jean Malige, Raymond Heil **M** Roger Bené, Christian Donnadieu **D** Jacqueline Vandal, Lucien Barjon, André Nader, Paulette Dubost, Jean-François Calvé **L** 73 **E** 22.5.1971 DFF 1

TREIBGUT DER GROSSSTADT. Eine junge Frau jobbt in einem Berliner Hotel, während ihr Mann, ein Werbegrafikstudent, Taxi fährt. Sie haben 3600 DM Schulden. Um die Raten zahlen zu können, willigt die Frau gegen den Willen des Mannes ein, als Animierdame in einer Bar zu arbeiten; sie wird damit ihre Ehe zerstören. Billige Kolportage- und Kitschgeschichte voller falscher Töne. ✦ BR Deutschland 1967 **P** S. & L. **Kl** Pallas **R** Harald Gabriel **B** Jürgen Knop, Harald Gabriel **K** Wolfgang Lührse **D** Rolf Eden, Biggy Freyer, Knut Reschke, Max Teschke, Helen Vita, Rudolf Schündler **L** 84 **FSK** ab 18; nf **E** 14.7.1967 **fd** 14 810

TREIBGUT DER LEIDENSCHAFT (SEA WIFE). Ungereimte Abenteuer im Schlauchboot, auf einer Palmeninsel und auf einem Floß im Kriegsjahr 1942 vor Singapur. Unter vier Schiffbrüchigen befindet sich eine Nonne, die ein junger Brite in Unkenntnis ihres Standes erfolglos umwirbt, während der einzige Mitwisser, ein braver Schwarzer, unter die Haie fällt. Nach der Rettung folgt die vergebliche Suche in London: Die Nonne, nunmehr in Ordenstracht, geht unerkannt ihres Weges. Das Kintopp-Melodram kommt so lahm daher, daß der deutsche Verleihtitel sich zu maßloser Übertreibung veranlaßt sieht. – Ab 14 möglich. ✦ Scope. Großbritannien 1957 **P** Sumar (für 20th Century Fox) **Kl** Centfox **Pd** André Hakim **R** Bob McNaught **B** George K. Burke, nach dem Roman »Das Geheimnis der Meerjungfrau« von J. M. Scott **K** Ted Scaife **M** Kenneth V. Jones, Leonard Salzedo **S** Peter Taylor **D** Richard Burton (Zwieback), Joan Collins (Seenymphe), Basil Sydney (Bulldogge), Cy Grant (Nr. 4), Ronald Squire (Teddy), Joan Hickson (Schreiber) **L** 80 **FSK** ab 12; f **E** 20.8.1957 **fd** 6 142

TREIBGUT DER LIEBE (LA BAIE DU DESIR). Eine begüterte Dame und ihr Geliebter an der Côte d'Azur versuchen, den Mord an dem Ehemann zu vertuschen. Ein mit künstlerischem Anspruch auftretender Film, der seine Unglaubwürdigkeit und mangelnde Spannung durch einige spekulative Einlagen auszugleichen versucht. (Alternativtitel: »Verdammt zur Lust«) ✦ Frankreich 1964 **P** Les Films du Griffon/Alcinter/Unicité **Kl** Brummer **Pd+R** Max Pécas **B** Robert Topart, Max Pécas, Maurice Cury **K** Roger Duculot **M** Georges Garvarentz **S** Nicole Cayatte **D** Sophie Hardy (Coco), Jean Valmont (Marc), Fabienne Dali (Irène), François Dyrek (Fischer) **L** 75 **FSK** ab 18; nf **E** 13.4.1965 **fd** 13 421

TREIBGUT DER NACHT (TESTIGO PARA UN CRIMEN). Ein junger Mann paßt sich einer Gruppe von Gangstern an, um den Mörder seines Bruders aufzuspüren. Er kommt nicht zu seiner Rache, gewinnt dafür aber die Liebe einer Striptease-Tänzerin. Sentimental verbrämter Sex-and-Crime-Film aus Argentinien. ✦ Schwarz-weiß. Argentinien 1964 **P** Emilio Vieyra **Kl** Sonderfilm **Pd+R** Emilio Vieyra **D** Libertad Leblanc, José Maria Langlais **L** 84 **FSK** ab 18; nf **E** 3.5.1966 **fd** 14 111

DAS TREIBHAUS. Verfilmung von Wolfgang Koeppens 1953 erschienenem Roman, der zur Wiederbewaffnung, zur Teilung Deutschlands und zur politischen Moral Stellung nimmt. An Hand der fiktiven Geschichte eines hoffnungsvoll-idealistischen Bundestagsabgeordneten spannt der Spielfilm einen Bogen von der Nachkriegsgeschichte und der Debatte über den deutschen Wehrbeitrag bis zur rhetorischen Bekräftigung des NATO-Doppelbeschlusses durch die Regierung Kohl. Dabei gestaltet er sich als ein Dokument des privaten wie politischen Scheiterns in einer Atmosphäre von Opportunismus und Verrat, als ein hellhöriges Gedächtnis, dessen filmischer Erzählfluß freilich durch allzu platte und belanglose Querverweise zur Gegenwart gestört wird. – Ab 16. ✦ Teils schwarz-weiß. BR Deutschland 1987 **P** Peter Goedel Filmprod./WDR/BR/HR/NDR/SWF/cult film tv **Kl** Filmwelt **SF** Filmwelt **VA** Landeszentrale für pol.Bildung/absolut MEDIEN **Pd+R** Peter Goedel **B** Peter Goedel, nach einem Roman von Wolfgang Koeppen **K** David Slama **M** Richard Wagner **S** Christiane Jahn, Peter Goedel **D** Christian Doermer (Keetenheuve), Laila-Florentine Freer (Elke), Jörg Hube (Frost-Forestier), Hanns Zischler (Mergentheim), Rüdiger Vogler (Erzählerstimme) **L** 99 **FSK** ab 6; f **FBW** bw **E** 22.10.1987 **fd** 26 453

TREIBJAGD (LA COURSE DU LIEVRE A TRAVERS LES CHAMPS / AND HOPE TO DIE). Ein Franzose flüchtet vor der Rache einer Zigeunergruppe bis nach Montreal, wo er an eine Gangsterbande gerät, mit der er schließlich notgedrungen einen Mord- und Raubanschlag unternimmt. Der sensibel und spannend komponierte Kriminalfilm schildert die letzte, fast idyllische Zeit der liebevoll porträtierten Gruppe von Kriminellen vor ihrem gewaltsamen Ende. Ein sehr artifizieller Film, der die Möglichkeiten des Genres mit Raffinesse nutzt. Vorangestellt ist als sinnfälliges Motto ein Zitat von Lewis Carroll: »Wir sind nur gealterte Kinder, die viel Wind machen, ehe sie zur Ruhe kommen.« – Ab 16. ✦ Frankreich 1972 **P** Greenwich **Kl** Centfox **R** René Clément **B** Sébastien Japrisot **K** Edmond Richard **M** Francis Lai **S** Roger Dwyre **D** Jean-Louis Trintignant (Tony), Robert Ryan (Charly), Léa Massari (Sugar), Aldo Ray (Mattone), Jean Gaven (Rizzio), Tisa Farrow (Pepper), Jean Lara **L** 127 **FSK** ab 16; f **FBW** w **E** 16.11.1972 **fd** 18 093

TREIBJAGD AUF EIN LEBEN. Ein junger Arzt rettet eine Chefsekretärin vor gedungenen Mördern und kann sie vom Mordverdacht entlasten. Mittelmäßiger Kriminalfilm, der sich zwar reißerisch gibt, aber den Zuschauern keine Nerven, den Schauspielern kein Talent abverlangt. – Ab 16. ✦ Schwarz-weiß. BR Deutschland 1961 **P** Rapid **Kl** DFG **Pd** Wolfgang Hartwig **R** Ralph Lothar **B** Johannes Kai **K** Georg Krause **M** Christian Bruhn **D** Ingrid Andree (Regine Pausin, Sekretärin), Dietmar Schönherr (Georg Holst, Gerichtsarzt), Silva Simon (Colette Dumont, Tänzerin), Paul Skoff (Charlie), Pero Alexander (Thomas Marek, Manager), Dimitrij Bitenc (Coco) **L** 90 **FSK** ab 16; nf **E** 13.10.1961/31.5.1963 Kino DDR **fd** 10 629

TREIBJAGD AUF LIEBESHEXEN (HELL HOLE). Auf einer abgelegenen Insel werden Killerkommandos ausgebildet. Aus allen Ländern verschleppte Frauen müssen diesen Söldnern zu Willen sein. Mieser Abenteuerfilm, in dem pausenlos getötet, gefoltert und geschändet wird. – Wir raten ab. ✦ USA 1982 **P** Premiere **Kl** Filmhansa **R** Cirio H. Santiago **D** Ingrid Geer, Nan Martin, Kerry Nichols, Beate Williams **L** 82 **FSK** ab 18; nf **E** 10.2.1984 **fd** 24 669

TREIBJAGD IN BITTER CREEK (NIGHTMARE AT BITTER CREEK). Eine Gruppe Urlauber, die zu Pferd die Berge durchstreifen will, gerät in den Hinterhalt skrupelloser Verbrecher, die nach einem Feuergefecht mit der Polizei noch brutaler auf ihre Umwelt reagieren. Nach der ersten Panik beginnen sich die Überfallenen zu wehren. Brutaler Thriller nach dem Auge-um-Auge-Prinzip. ✦ USA 1987 **P** Phoenix **VA** VCL/Virgin **Pd** Scott Swanton **R** Tim Burstall **B** Scott Swanton, Greg McCarty **K** Jack Steyn (= Jacques Steyn) **M** Arthur B. Rubenstein **S** John F. Fink **D** Lindsay Wagner (Nita), Tom Skerritt (Ding), Constance McCashin (Connie), Joanna Cassidy (Allison), Ray Guth (Gil Proctor) **L** 88 **FSK** ab 16 **E** 17.11.1988 Video/19.7.1991 premiere

TREIBJAGD IN DEN WOLKEN (DEADLY ENCOUNTER). Ein Hubschrauber-Pilot und seine Geliebte können sich gegen Gangster, die in den Besitz eines Tagebuches zu gelangen versuchen, durchsetzen und ein gemeinsames Leben beginnen. Mäßig spannender Film nach üblichem Muster, lustlos inszeniert und gespielt. – Ab 16 möglich. ✦ USA 1982 **P** EMI **VA** VCL/Virgin **R** William A. Graham **B** David J. Kinghorn, Robert Boris **K** Frank Holgate **M** Fred Karlin, Michael Hoenig **D** Larry Hagman (Sam), Susan Anspach (Chris), James Gammon (Chuck Wentworth), Michael C. Gwynne, Jack Dunlap **L** 92 **E** Februar 1985 Video **fd** 25 068

TREIBSAND (1949) (THE WALKING HILLS). Im Grenzland zwischen den USA und Mexiko glaubt eine Gruppe von Abenteurern, auf einen verschollenen, im Wüstensand begrabenen Wagentreck gestoßen zu sein, der Goldbarren im Wert von fünf Millionen Dollar transportierte. Unter der Gruppe befindet sich ein Privatdetektiv, der einen unter falschem Namen ebenfalls zur Gruppe gehörenden Rodeo-Reiter verfolgt. Versierter Western mit einer ungewöhnlich komplexen Handlung. – Ab 14 möglich. ✦ USA 1949 **P** Columbia **Pd** Harry Joe Brown **R** John Sturges **B** Alan LeMay **K** Charles Lawton jr. **M** Arthur Morton **S** William A. Lyon **D** Randolph Scott (Jim Carey), Ella Raines (Chris), John Ireland (Frazee), William Bishop (Dave Wilson), Arthur Kennedy (Chalk), Jerome Courtland (Johnny), Edgar Buchanan (Old Willy), Josh White (Josh), Russell Collins (Bibbs), Charles Stevens (Cleve), Houseley Stevenson (King) **L** 70 **E** 3.1.1981 ARD

TREIBSAND (1995) (LES SABLES MOUVANTS). Ein illegal eingereister spanischer Saisonarbeiter erringt in den 50er Jahren in der Carmargue die Anerkennung seines mal despotischen, mal deprimierten Arbeitgebers und arbeitet sich zu seiner rechten Hand empor. Als er die Zwänge erkennt, denen auch sein Boß ausgesetzt ist, entwickelt er Verständnis, doch die Solidarität mit den ausgebeuteten Arbeitern und die Liebe zu einer Frau bringt ihn wieder auf Konfliktkurs. Nach jahrzehntelanger (Zwangs-)Pause der zweite Film von Paul Carpita, der thematisch an seinen bemerkenswerten Erstling »Verabredung am Hafen« anknüpft. – Ab 16. ✦ Frankreich/Großbritannien/Deutschland 1995 **P** Les Films de la Liane/Luna Films/Road Movies/Groupe TSF/NDR/arte **R+B** Paul Carpita **K** Peter Chappel **M** Vladimir Cosma **S** Juliana Sanchez **D** Daniel San Pedro (Manuel), Beppe Clerici (Roger), Ludivine Vaillat (Mado), Aurélia (Mado als Kind), Guy Belaldi (Mouloud) **L** 103 **E** 8.7.1996 arte

TREMBLING BEFORE G-D (TREMBLING BEFORE G-D). Langzeitbeobachtung über Homosexualität im orthodoxen Judentum. Der Film lässt eine Vielzahl Betroffener zu Wort kommen, schildert ihre (Überlebens-)Strategien und die psychologischen Schäden, die durch die öffentlichen Sanktionen der Glaubensgemeinschaft hervorgerufen werden. Ein formal »klassischer« Dokumentarfilm, der beide Seiten zu Wort kommen lässt und so eine scheinbar unüberbrückbare Kluft aufzeigt, die einerseits einen großen Leidensdruck erfahrbar macht, andererseits die Bestrebungen gemäßigter Juden dokumentiert, Reformen anzustreben und das im Talmud begründete Verbot homosexueller Beziehungen nicht zu verabsolutieren. (O.m.d.U.) – Ab 16. ✦ USA/Israel 2001 **P** Simcha Leib Prod. **Kl** Freunde der Deutschen Kinemathek **Pd** Sandi Simcha DuBowski, Marc Smolowotz, Johanna Prenner, James Velaise, Philippa Kowarsky **R** Sandi Simcha DuBowski, Susan Korda

K David Leitner M John Zorn S Susan Korda L 94 E 19.7.2001 fd 34 989

TREMORS – IM LAND DER RAKETENWÜRMER →Im Land der Raketenwürmer

TREMORS 2 – DIE RÜCKKEHR DER RAKETENWÜRMER (TREMORS 2 – AFTERSHOCKS). Erneut sind in Mexiko »Raketenwürmer« aufgetaucht. Zur Bedrohung werden sie allerdings erst, als sie zu lernfähigen Zweibeinern mutieren. Mit Unmengen von Dynamit gelingt es jedoch, ihnen den Garaus zu machen. Filmfortsetzung mit dürftiger Story, aber bemerkenswerten Trickeffekten, deren Schwerpunkt auf dem Spiel mit Ekel und Schocks und in der Verherrlichung von Waffen liegt. ✦ USA 1995 P Stampede VA CIC DVD Universal Home (16:9, 1.78:1, DD2.0 engl./dt.) Pd Nancy Roberts, Christopher de Faria R S.S. Wilson B Brent Maddock, S.S. Wilson K Virgil Harper M Jay Ferguson S Bob Ducsay D Fred Ward (Earl Bassat), Christopher Gartin (Grady Hoover), Helen Shaver (Kate White), Michael Gross (Burt Gummer) L 96 FSK ab 16 E 18.7.1996 Video/ 2.10.2000 DVD fd 32 085

TRENCHCOAT (TRENCHCOAT). Eine angehende Kriminalautorin muß erst einmal etwas erleben, um schreiben zu können. Die Gelegenheit bietet sich, als sie auf Malta in eine multinationale Plutonium-Affäre hineinschlittert. Überdrehte Kriminalkomödie, die die Versatzstücke des Genres geschickt umarrangiert und weitgehend vergnügliche Unterhaltung bietet. Auch in den Nebenrollen überzeugend gespielt, entwickelt sich der Film nicht immer logisch, aber auch damit folgt er den großen Vorbildern der »Schwarzen Serie«, die er parodiert. – Ab 16. ✦ USA 1983 P Mediterranean/Walt Disney Prod. VA Euro-Video Pd Jerry Leider R Michael Tuchner B Jeffrey Price, Peter S. Seaman K Tonino Delli Colli M Charles Fox S Frank J. Urioste D Margot Kidder (Mickey Raymond), Robert Hays (Terry Leonard), David Suchet (Inspektor Stagnos), Gila von Weitershausen (Eva Werner), Daniel Faraldo (Nino Tenucci) L 88 FSK ab 12 E 1.7.1988 Video fd 27 411

TRENCHCOAT IN PARADISE →Ananas und blaue Bohnen

TRENCK, DER PANDUR. Hans Albers in gleich mehreren Parade-Rollen: als junger und alter Held Trenck, vor allem als Pandurenoberst Franz Freiherr von der Trenck (1711–1749), der sich für Österreichs Kaiserin Maria Theresia sogar in Rußland tummelt, zugleich als sein ebenso wackerer Preußenvetter Friedrich. Ein militär- und spionageabenteuerlicher Unterhaltungsfilm in flotter Inszenierung und Darstellung. Der Film geriet freilich derart zum Loblied auf pralles Soldatentum, daß er 1953 erst nach starken Schnitten von der FSK zur Vorführung freigegeben wurde. – Ab 12. ✦ Schwarz-weiß. Deutschland 1940 P Tobis Kl Dafa/Türck Pd Heinrich Jonen, Wilhelm Sperber R Herbert Selpin B Walter Zerlett-Olfenius, nach dem gleichnamigen Theaterstück von O.E. Groh K Franz Koch M Franz Doelle S Friedel Buckow D Hans Albers (Trenck), Käthe Dorsch (Maria Theresia), Sybille Schmitz (Prinzessin Deinartstein), Hilde Weissner (Gräfin St. Croix), Peter Voß (Fürst Khevenhüller), Hans Nielsen (Laudon), Elisabeth Flickenschildt (Natalie Alexandrowa) L 80 FSK ab 12; f E 23.8.1940 fd 3 017

TRENCK, ROMAN EINER GROSSEN LIEBE. Nach Franks 1926 erschienenem Roman, in dem Friedrich II. von Preußen nicht als der Große, sondern als rachsüchtiger Familiendespot tyrannisch und ungerecht handelt. Erzählt wird das tragische Schicksal des Gardeleutnants Friedrich von der Trenck, der sich in des Königs Schwester Amalie verliebt und durch seinen österreichischen Vetter, den Pandurenführer, in Mißkredit gerät, später desertiert und in Magdeburg jahrelang grausam eingekerkert wird. Ein theatralisch-betulicher, sentimentaler Kostümfilm, der die Vorlage verbiegt und autoritär-nationalistische Töne anschlägt. Nach 30jähriger Trennung bekennt sich Trenck beim Wiedersehen mit der Äbtissin Amalie wie sie zum Genius seines Königs, dem er seine Memoiren ergebenst widmet. – Ab 12. ✦ Schwarz-weiß. Deutschland 1932 P Phoebus Kl Rhein-Main R Heinz Paul, Ernst Neunbach B Heinz Paul, Ernst Neubach, nach dem Roman »Trenck, der Roman eines Günstlings« von Bruno Frank K Carl Drews, Georg Bruckbauer, Karl Hasselmann M Hans May D Hans Stüwe, Dorothea Wieck, Olga Tschechowa, Theodor Loos, Paul Hörbiger L 77 FSK ab 12; f E 28.10.1932 fd 643

TRENDSETTERS – JAHRMARKT DER ILLUSIONEN (EMERALD CITY / THE TRENDSETTERS). Um den »Trendsettern« zu entkommen, setzt sich ein erfolgreicher Drehbuchautor von Melbourne nach Sydney ab, kommt dabei aber vom Regen in die Traufe. Nach einer Reihe von Fehlschlägen gelingt es ihm, sich mit den eigentlich verhaßten Yuppies und Zeitgeistern zu arrangieren. Kurzweilige Theaterverfilmung, deren ironische Entlarvung jedoch an der Oberfläche bleibt und die zu nachsichtig mit Erscheinungsformen wie Verlogenheit, Verrat und Vertrauensbruch in Geschäfts- und Liebesbeziehungen umgeht, die als unvermeidlich und normal dargestellt werden. – Ab 16. ✦ Australien 1988 P Limelight/New South Wales Film VA VPS Pd Joan Long R Michael Jenkins B David Williamson, nach seinem Theaterstück K Paul Murphy M Chris Neal S Neil Thumpston D John Hargreaves (Colin), Robyn Nevin (Kate), Chris Haywood (Mike), Nicole Kidman (Helen), Ruth Cracknell (Elaine) L 92 FSK ab 12 E 23.1.1992 Video fd 29 442

TRENNUNG (LA SEPARATION). Das Ende einer Beziehung: Eine Frau hat sich einen neuen Geliebten zugelegt, was ihr Lebensgefährte nicht wahrhaben will. Eine potentielle Versöhnungsreise macht alles noch schlimmer, bis der Mann gewalttätig wird. Ein mit kühler Präzision eingefangenes Beziehungsdrama, das die Perspektiven beider Beteiligten berücksichtigt; darstellerisch hervorragend. ✦ Frankreich 1994 P Renn R Christian Vincent B Dan Franck, Christian Vincent K Denis Lenoir M Johann Sebastian Bach S François Ceppi D Isabelle Huppert (Anne), Daniel Auteuil (Pierre), Jérôme Deschamps (Victor), Karin Viard (Claire), Laurence Lerel (Laurence) L 84 E 23.7.1997 premiere

DIE TRENNUNG (1971) →Das Ereignis mit Polynin

DIE TRENNUNG (1986) (BETWEEN TWO WOMEN). Eine neurotische Opernsängerin zerstört durch ihre übersteigerte Herrsch- und Geltungssucht die Ehe ihres Sohnes, eines aufstrebenden Malers. Nur die Schwiegertochter kommt ihr allmählich näher, pflegt sie nach einem Schlaganfall und trauert schließlich über ihren Tod. Ein psychologisches Kammerspiel, das an papiernen Dialogen, hilflosen Schauspielern und mangelnder inszenatorischer Fantasie krankt. – Ab 16 möglich. ✦ USA 1986 P Jon Avnet Comp. VA Warner Home Pd Carol Schreder, Polly Platt R Jon Avnet B Larry Grusin, Jon Avnet, nach einem Roman von Gillian Martin K Gayne Rescher M Charles Gross S Bill Yahraus D Farrah Fawcett (Valentina), Colleen Dewhurst (Barbara), Michael Nouri (Harry), Bridgette Anderson, Danny Corkill L 91 FSK ab 12 E Februar 1987 Video/12.7.1991 premiere fd 26 093

TRENNUNG – BIS ZUM NÄCHSTEN JAHR. Dokumentarfilm über eine Frau, die trotz vollzogener Trennung immer noch unter ihrem Ehemann leidet, der die gemeinsame Wohnung ebensowenig wie familiäre Rituale aufgeben will. Die Filmemacherinnen begleiteten sie ein Jahr lang bei ihren Besuchen bei Therapeutin und Scheidungsanwältin und registrierten ernüchternde Alltagsszenen einer zerstörten Ehe. ✦ Deutschland 1995 P Berrakkarasu Filmprod./NDR SF Verleih der Filmemacher Pd Sabine Friedrichs R+B Gisela Tuchtenhagen, Sabine Friedrichs K Gisela Tuchtenhagen S Gisela Tuchtenhagen L 59 E 1996

TRENNUNG MIT HINDERNISSEN (SHOOTING ELIZABETH). Ein Amerikaner hat nur einen Wunsch zu seinem 40. Geburtstag: Er möchte seine nervtötende Frau loswerden. Während eines Urlaubs in Spanien will er sie erschießen, doch sie kommt ihm zuvor; sie verschwindet ebenso plötzlich wie spurlos. Erleichtert macht er sich auf den Heimweg, aber zu Hause wartet bereits neues Ungemach auf ihn: Er wird des Mordes an seiner Frau verdächtigt. Makabre Komödie. ✦ USA 1991 R Baz Taylor D Jeff Goldblum (Howard Pigeon), Mimi Rogers (Elizabeth Pigeon), Juan Echanove (Detektiv del Rio), Simon Andrew (Charlie), Christina Higueras (Victoria) L 92 E 9.1. 1994 VOX

TRENNUNGSFIEBER. Die Ehe eines eigentlich glücklich verheirateten Anwaltspaares gerät in die Krise, als der Mann beschließt, aufs Land zu ziehen, während sie ihre gut eingeführte Praxis behalten will. Verstärkt wird der Konflikt, als er eine gemeinsame Freundin in ihrer Scheidungsangelegenheit vertritt, während die Frau das Mandat des Ehemannes übernimmt. Als sich auch noch herausstellt, dass der Rechtsanwalt und seine Mandantin eine Affäre hatten, sind Beruf- und Privatleben nicht mehr zu trennen; die Ehe droht vollends aus den Fugen zu geraten. (Fernseh-)Ehekomödie nach vertrautem Schema und mit der üblichen Konfliktüberfrachtung. – Ab 16. ✦ Deutschland 1999 P Westdeutsche Universum Pd Mario Krebs R Manfred Stelzer B Martina Brand K Frank Grunert M Lutz Kerchowski S Bernd Schriever D Senta Berger (Cr. Carla Severin-Bauer), Günther Maria Halmer (Fritz Bauer), Karl Kranzkowski (Toni Goldhofer), Nele Mueller-Stöfen (Liane Goldhofer), Miranda Toma (Pia Bauer) L 87 E 27.3. 2000 ZDF

TRENTS LETZTER FALL (TRENT'S LAST CASE). Ein auf altmodische Weise unterhaltsamer Kriminalfilm: Der Journalist Philip Trent erhält von seiner Redaktion den Auftrag, einen Exklusivbericht über das mysteriöse Ableben eines bekannten Börsenmaklers zu liefern. Als er alten Verdachtsmomenten nachgeht, muß er schon bald statt von Selbstmord von Mord ausgehen. – Ab 16. ✦ Schwarz-weiß. Großbritannien 1953 P Wilcox-Neagle R Herbert Wilcox B Pamela Bower K Max Greene (= Mutz Greenbaum) M Anthony Collins, Wolfgang Amadeus Mozart D Margaret Lockwood (Margaret Manderson), Michael Wilding (Philip Trent), Orson Welles (Sigsebee Manderson), John McCallum (John Marlowe), Miles Malleson (Burton Cupples) L 93 E 12.10.1969 DFF 1

TREPPAUF – TREPPAB (UPSTAIRS AND DOWNSTAIRS). Mit britischem Humor, der auch den Klamauk nicht verachtet, schildert ein junges Ehepaar seine mißlichen Erfahrungen mit rasch wechselnden Hausgehilfinnen verschiedener Nationalität. Eine unterhaltsame Komödie, die später zu einer Fernsehserie ausgebaut wurde. – Ab 14. ✦ Großbritannien 1959 P J.A. Rank Kl J.A. Rank Pd Betty E. Box R Ralph Thomas B Frank Harvey K Jim Bawden M Philip Green S Alfred Roome D Mylène Demongeot (Ingrid), Michael Craig (Richard), Anne Heywood (Kate), James Robertson Justice (Mansfield), Claudia Cardinale (Maria), Sidney James (Edwards), Joan Sims (Blodwen) L 92 FSK ab 12; nf E 27.5.1960 fd 9 193

DIE TREPPE. Schicksalsskizzen von Mietshausbewohnern, die miteinander durch die Haustreppe verbunden sind, in einem eigenwilligen Milieufilm, der vom Keller mit dem gütigen Opa bis zum Dachboden mit den jungen Liebenden nichts ausläßt. Düstere Verstrickungen, etwa mit der Person eines geilen alten Hausmeisters, verflachen zur Kriminalvariante: Ein Einbrecher wird über die Dächer gejagt und begeht Selbstmord. Der Film verwechselt bisweilen Trübsinn mit Realismus, ist aber als künstlerisch bemühter Nachkriegsversuch einigermaßen bemerkenswert. (Weitere Titel: »Das sündige Haus«, »Verführte Jugend«) – Ab 16. ✦ Schwarz-weiß. BR Deutschland 1950 P Scala Kl Dietz Pd Alfred Braun R Wolfgang Staudte (abgebrochen), Alfred Braun B Ralph Lothar K Georg Bruckbauer M Herbert Trantow S Walter Wischniewsky D Hilde Körber (Frau Weide), Herbert Stass (Willy Weide), Liane Croon

(Annelie Weber), Paul Westermeier (Herr Schwebs), Ursula Krieg (Frau Schwebs), Ralph Lothar (Heinz König) **L** 78 **FSK** ab 16; f **E** 14.9.1950 **fd** 886

TRESPASS (TRESPASS / THE LOOTERS). Zwei Feuerwehrleute aus der Provinz suchen in einem abbruchreifen Haus im Großstadtslum nach einem Schatz und kommen dabei einem schwarzen Drogenhändler und seiner Gang in die Quere. Der Belagerungszustand, der sich im Laufe des Tages zuspitzt, führt in den verschiedenen Parteien zu Uneinigkeiten, ehe er am Ende einen lachenden Dritten sieht. Ein spannungsgeladener Kriminalfilm, der ideenreich mit seinem Schauplatz und dem straffen Zeitrahmen spielt und seine aktionsreiche Geschichte geschickt mit Suspense und komödiantischen Auflockerungen bremst. ✦ USA 1992 **P** Canton/Zemeckis/Gale (für Universal) **KI** UIP **VA** CIC **Pd** Neil Canton **R** Walter Hill **B** Bob Gale, Robert Zemeckis **K** Lloyd Ahern (= Lloyd Ahern II) **M** Ry Cooder **S** Freeman Davies **D** Bill Paxton (Vince), Ice-T (King James), William Sadler (Don), Ice Cube (Savon), Art Evans (Bradlee), De'voreaux White (Lucky) **L** 101 (gek. 84) **FSK** ab 18; f (gek.16) **E** 6.5.1993/22.11.1993 Video/9.11.1994 premiere **fd** 30 221

TREU BIS IN DEN TOD (ANDREA CHENIER / LE SOUFFLE DE LA LIBERTE). Eine Liebesgeschichte vor dem Hintergrund der Französischen Revolution im Jahr 1789, zwischen André Chénier, einem Sekretär aus dem Dritten Stande, und einer Adligen. Konzipiert als wenig überzeugender Kompromiß aus Opern-Tragik und ausgedehnter Zeitschilderung, allenfalls unterhaltsam als Kostümfilm mit zuweilen wendiger Fotografie, gelungenen romantischen Stimmungsbildern und reizvoller Farbgebung. – Ab 14. ✦ Scope. Italien/Frankreich 1955 **P** Lux Films Rom & Paris **KI** Union **Pd** Mario Cecchi Gori **R** Clemente Fracassi **B** Clemente Fracassi, Anna Gobbi, nach der Oper »André Chénier« von Umberto Giordani und dem Libretto von Illica **K** Piero Portalupi **M** Umberto Giordano **S** Mario Bonotti **D** Antonella Lualdi (Maddalena de Coigny), Raf Vallone (Gérard), Michel Auclair (André Chénier), Catherine Valnay (Bersy), Rina Morelli (Cheniers Mutter), Sergio Tofano **L** 100 **FSK** ab 12; f **E** 31.10.1958 **fd** 7 810

TREUE (1954) (GYPSY COLT). Die Freundschaft zwischen einer kleinen Farmerstochter und einem Rapphengst, der nach einem durch Dürre verursachten Notverkauf an einen Rennstall immer wieder in die südwestliche Heimat zurücktrabt, bis er endgültig bleiben darf. Eine Neuauflage des amerikanischen Erfolgsfilms »Heimweh«, nicht mehr ganz so frischunsentimental, jedoch mit schönen Tier- und Landschaftsaufnahmen. In der Gut-Böse-Zeichnung der Charaktere auf kindliches Verständnis bedacht. – Ab 8. ✦ USA 1954 **P** MGM **KI** MGM **Pd** William Grady jr., Sidney Franklin **R** Andrew Marton **B** Martin Berkeley, nach einer Erzählung von Eric Knight **K** Harold Lipstein **M** Rudolph G. Kopp **S** Conrad A. Nervig **D** Donna Corcoran (Meg MacWade), Ward Bond (Frank MacWade), Frances Dee (Em MacWade), Larry Keating (Wade Y. Gerald), Lee Van Cleef (Hank), Bobby Hyatt (Bill), Nacho Galindo (Pancho), Rodolfo Hoyos (Rodolfo), Bobby Dominguez (Tony), Peggy Maley (Pat) **L** 70 **FSK** ab 6; f **FBW** w **E** 7.12.1954/2.7.1972 ZDF/26.10.1985 DFF 2 **fd** 3 765

TREUE (1965) (WERNOST). Ein poesievoller Film, der die Empfindungen eines jungen Soldaten verdeutlicht: sein Verhalten während der Ausbildung, seine scheue Liebe zu einem Mädchen, seine unpathetische Pflichterfüllung. Seine Wirkung bezieht er vornehmlich aus seiner stimmungshaften Bildsprache. ✦ Schwarz-weiß. UdSSR 1965 **P** Spielfilmstudio Odessa **KI** Progress **R** Pjotr Todorowski **B** Bulat Okudshawa, Pjotr Todorowski **K** Wadim Kostromenko, Leonid Burlaka, Wadim Awloschenko **M** Boris Karamyschew **D** Vitali Tschetwerikow (Nikitin), Galina Polskich (Soja), Alexander Potapow (Murga), Jewgeni Jewstignejew (Iwan Terentjewitsch), Antonina Dmitrijewa (Mutter) **L** 78 **E** 17.6.1966 Kino DDR

DIE TREUE DER EVA (SOK HÜSEG SEMMIERT). In lustspielhafter Form wird die Treue einer attraktiven jungen Frau gegenüber ihrem weitaus älteren Ehemann als fragwürdig hingestellt. Ob diese Fragwürdigkeit aus einer Unaufrichtigkeit der Frau abgeleitet wird, für die ihre Treue nur Ausdruck ihrer Eitelkeit ist, oder ob Treue an sich als überholt angesehen wird, bleibt in dem eher oberflächlichen Film unklar. – Ab 16. ✦ Schwarz-weiß. Ungarn 1966 **P** Mafilm **KI** Progress **R** György Palásthy **B** György Palásthy, nach einer Novelle von Miklós Gyárfás **K** Ottó Forgács **M** Ferenc Lovas **D** Teri Tordai, Iván Darvas, Andor Ajtay, Samu Balázs, Dezsö Garas **L** 78 **E** 28.4.1967 Kino DDR/14.12.1968 DFF 1

DIE TREUE EINER MUTTER (WERNOST MATERI). Nach »Das Herz einer Mutter« (1965) wird in bewährter epischer Breite und unter Betonung der emotionalen Elemente die Lebensgeschichte der Mutter Lenins, Maria Alexandrowna Uljanowa, bis hin zu ihrem Tode weitererzählt: wie sie ihren Sohn im Gefängnis besucht und seine revolutionären Ideen unterstützt. – Ab 14. ✦ Schwarz-weiß. UdSSR 1967 **P** Gorki-Studio **R** Mark Donskoi **B** Soja Woskressenskaja, Irina Donskaja **K** Michail Jakowitsch **M** Rafail Chosak **D** Jelena Fadejewa (Mutter, Maria Alexandrowna), Rodion Nachapetow (Wladimir I. Lenin), Tamara Loginowa (Maria), E. Kapustina (Nadeshda Krupskaja), J. Bykow (Gortschilin) **L** 84 **E** 18.4.1969 DFF 1

DIE TREUE EINES HUNDES (STONE FOX). Ein 12jähriger Junge lebt nach dem Tod seiner Eltern auf der Farm des Großvaters in Wyoming. Als der alte Mann, der seinen Enkel mit Liebe und Lebensweisheit erzogen hat, stirbt, treibt der Junge auf sich allein gestellt eine kleine Viehherde zum fernen Händler. Da die Erträge aus dem Viehverkauf nicht ausreichen, bewirbt er sich mit seinem treuen Hund um die Teilnahme bei einem Schlittenhundrennen. In Kanada entstandener, fürs Fernsehen produzierter Abenteuerfilm, gedacht als Familienunterhaltung. – Ab 10 möglich. ✦ USA/Kanada 1987 **P** Hanna-Barbera/Allarcom/Taft **Pd** James Anthony Allard **R** Harvey Hart **B** Walter Halsey Davis **K** Robert Ennis, Richard Leiterman **M** Allyn Ferguson, Peter Matz **S** Doug Forbes **D** Joey Cramer (Willy), Buddy Ebsen (Großvater), Belinda J. Montgomery (Dr. Smith), Jason Michas (Orrin), Joel Dacks (Nase), Gordon Tootoosis (Stone Fox), Nikky Jansen (Sara Foster), Franklin Johnson, Gordon McIntosh (Sam Neill), Sherry Wells (Miss Williams) **L** 95 **E** 24.12.1988 SAT 1

DER TREUE HUSAR. Der Titel des bekannten Kölner Karnevalsliedes dient als Name für einen Männer-Gesangverein, dessen Vorsitzender seiner gestrengen Frau zum Karnevalstreiben entkommen will und dazu seine Stammtischbrüder einlädt. Eine stumpfsinnige Lustspielalbernheit, senil und lüstern. – Ab 16. ✦ Schwarz-weiß. BR Deutschland 1954 **P** Algefa **KI** Ufa **Pd** Friedrich Wilhelm Gaik, Erich Holder **R** Rudolf Schündler **B** Rudolf Dortenwald **K** Fritz Arno Wagner, Karl Loeb **M** Willy Schmidt-Gentner **S** Margarete Steinborn **D** Paul Hörbiger (Eberhard Wacker), Loni Heuser (Ernestine Wacker), Harry Meyen (Fred Wacker), Harald Paulsen (Otto Kersten), Ina Halley (Anita Kersten), Doris Kirchner (Uschi Wagner), Lucie Englisch (Resi Naderer), Roland Kaiser (Kurtchen) **L** 90 **FSK** ab 16; nf **E** 17.4.1954

DER TREUE JOHANNES (MAHULIENA, ZLATA PANNA). Die erheblich abgewandelte Version des Märchens vom Diener Johannes, der einem Königssohn im Frühmittelalter schützend beistehen muß, bis dieser zum Manne gereift ist. Da sich der eigensinnige Prinz in den Kopf gesetzt hat, die »Goldene Jungfrau« Mahalena aus den Fängen des bösen Herrn des Goldes zu befreien, muß Johannes alle Gefahren von dem Liebespaar abwenden. Um ihn zu retten, will sich das Paar schließlich opfern. Mit gespenstisch-gruseligen Einlagen garnierte, schwach gespielte Abenteuerunterhaltung, die zusehends verkrampft, so daß sich der tiefere Gehalt jüngeren Kindern kaum erschließen dürfte. Die Schockeffekte verdecken jede märchenhafte Faszination. (DDR-Titel: »Die goldene Jungfrau«) – Ab 12. ✦ CSSR/BR Deutschland 1986 **P** Filmstudio Bratislava-Koliba/Omnia-Film/ZDF/ORF **KI** Obelisk/Progress **R** Miloslav Luther **B** Miloslav Luther, Martin Porubjak, nach Motiven eines Märchens der Gebrüder Grimm **K** Jan Malír, Vladimír Hollos **M** Michael Kocáb **D** Vladimir Hajdu (Ján), Rémi Martin (Prinz), Maru Valdivielso (Diva), Heinz Moog (König), Lara Naszinski (Mahalena), Jirí Krytinár (Herr des Goldes) **L** 94 **FSK** ab 6; f **E** 1987 Kino/25.12.1988 ZDF/1.12.1989 Kino DDR

TREVOR UND DER PENNER (CHRISTMAS ON DIVISION STREET). Ein Teenager aus gutem Hause befreundet sich zum Mißfallen seiner Eltern mit einem alten Stadtstreicher, in dem er einen Ersatz für seinen unlängst verstorbenen Großvater findet. Nach einem tragischen Ereignis zur Weihnachtszeit lernt nicht nur der Teenager seine Lektion in sozialer Verantwortung. ✦ USA 1991 **P** Guber-Peters/MIC/Morrow **Pd** Tony Allard, Colleen Nystedt **R** George Kaczender **B** Barry Morrow **K** Laszlo George **M** George Blondheim **S** Paul Dixon **D** Hume Cronyn (Cleveland Meriweather), Fred Savage (Trevor Atwood), Badja Djola (Scorpio), Jim Byrnes (Benedetti), Cloyce Morrow (Susan Atwood), Casey Ellison **L** 93 **E** 16.12.1993 premiere

TRIADEN DES KUSSES (LES BAISERS DE SECOURS). Ein mit einer Schauspielerin liierter Filmemacher will die Geschichte ihrer Beziehung verfilmen. Sein Entschluß, den Part der Frau einer anderen Schauspielerin zu übertragen, führt zur Trennung. Ein intellektueller, sehr persönlicher Film, der die Befindlichkeit seiner Hauptpersonen nüchtern analysiert. (O.m.d.U.) – Ab 16. ✦ Frankreich 1989 **P** Les Films de l'Atalante/La Sept/Planete et Compagnie **R+B** Philippe Garrel **K** Jacques Loiseleux **M** Barney Wilen **S** Sophie Coussein **D** Brigitte Sy (Jeanne), Philippe Garrel (Mathieu), Anémone (Minouchette), Maurice Garrel (Mathieus Vater), Yvette Etievant (Mathieus Mutter), Jacques Kebadian (Paul), Valérie Dréville (Josette) **L** 83 **E** 4.9.1995 arte

TRIAL – EIN BULLE SCHLÄGT ZURÜCK (MISTRIAL). Ein Cop, einschlägig bekannt wegen seiner nicht ganz legalen Ermittlungsmethoden, kann einen Polizistenmörder dingfest machen. Da seine Beweise jedoch vor Gericht nicht zugelassen werden, wird der Mörder freigesprochen. Als dem Gesetzeshüter selbst der Prozeß gemacht wird, er hat bei der Festnahme zwei Unschuldige erschossen, dreht er durch und nimmt Geiseln, damit der Polizistenmordprozeß noch einmal aufgerollt wird. Eine eindringliche Mischung aus Psychogramm und Gerichtsdrama in routinierter Inszenierung, die auf der emotionalen Ebene um Verständnis für die Selbstjustiz des Polizisten wirbt. Dies wirkt um so eindrucksvoller, da die Hauptrolle mit beklemmender Brillanz gespielt wird. (Fernsehtitel: »Allein gegen das Recht«) – Ab 16. ✦ USA 1996 **P** Home Box Office/Mistrial **VA** VPS **Pd** Bruce Cohen **R+B** Heywood Gould **K** Paul Sarossy **M** Brad Fiedel **S** Jon Poll **D** Bill Pullman (Steve Donohue), Robert Loggia (Capt. Lou Unger), Blair Underwood (Ltd. C. Hodges), Leo Burmester (Commissionar Russell Crame), Roma Maffia (Laurie Meisinger), James Rebhorn (Mayor Taylor) **L** 88 **FSK** ab 16 **E** 11.11.1997 Video/3.12.1998 Premiere **fd** 32 951

TRIAL RUN (TRIAL RUN). Eine passionierte Langstreckenläuferin übernimmt den Auftrag, eine Fotoserie über Pinguine anzufertigen. In das zunächst behagliche Leben im Strandhaus schleichen sich bald kleine Verunsicherungen ein, und ehe sie sich versieht, ist die Frau in rätselhafte Vorgänge verwickelt, die immer bedrohlichere Züge annehmen. Effektvoll gestalteter Erstlings-Thriller, der mit der Angst vor dem Einbruch des Unfaßbaren in das alltägliche Leben ein kurzweiliges Spiel treibt. – Ab 16 möglich. ✦ Neuseeland 1984 **P** Cinema and Television Productions/The New Zealand Film Commission **VA** Arcon Media **R+B** Melanie Read **K** Allen Guilford **D** Annie Whittle, Judith Gibson, Christopher Broun **L** 86 **FSK** ab 16 **E** 1990 Video

TRIBULATION (TRIBULATION). Nach einem Autounfall wacht ein Polizist, der zuvor nie etwas mit Religion anfangen konnte, in einer völlig veränderten Welt auf, die einer teuflischen Verschwörung anheim zu fallen droht. Er schließt sich der sich formierenden Widerstandsbewegung an. Eine schlicht erdachte Millenniumsfantasie, die ihre einfache Botschaft mit selbstbewusst vorgetragenem christlichem Sendungsbewusstsein erzählt. ✦ USA 2000 **P** Cloud Ten **VA** e-m-s **DVD** e-m-s (FF, DD2.0 engl., DD5.1 dt.) **Pd** Paul Lalonde, Peter Lalonde **R** Andre Van Heerden **B** Paul Lalonde, Peter Lalonde **M** Gary Koftinoff **S** Michael Doherty **D** Gary Busey (Tom Canboro), Howie Mandel (Jason Quincy), Margot Kidder (Eileen Canboro), Nick Mancuso (Franco Macalousso), Leigh Lewis (Helen Hannah) **FSK** ab 16 **E** 21.8. 2001 Video/15.11.2001 DVD

TRIBUN UND VERSCHWÖRER (GLI SCHIAVI PIU FORTI DEL MONDO). Tribun Marcus besiegt den feigen Sklavenmörder Gaius. Pseudohistorisches Serienabenteuer aus dem italienischen Antik-Kino, handelsüblich gefertigt aus den üblichen Schlägereien und viel Heldenpathos. – Ab 14 möglich. ✦ Scope. Italien 1964 **P** Leone Film **KI** MGM **R** Michele Lupo **B** Roberto Gianviti, Michele Lupo **K** Guglielmo Mancori **M** Francesco De Masi **D** Roger Browne, Gordon Mitchell, Scilla Gabel, Giacomo Rossi Stuart, Germano Longo **L** 97 **FSK** ab 12; nf **E** 11.3.1966 **fd** 13 940

DER TRIBUN VON ROM (CORIOLANO – EROE SENZA PATRIA / LA TERREUR DES GLADIATEURS). Feldherr Coriolanus, der Held der römischen Sage aus dem 5. Jahrhundert v. Chr. (der schon Shakespeare zu einem Drama inspirierte und Bertolt Brecht zu einer Bearbeitung herausforderte), als Stoffspender für einen naiven Muskel- und Sandalen-Film italienischen Stils. Inszenatorisch bunt und lärmend, aber ebenso einfallslos und langweilig. (Titel auch: »Die Schlacht der Gladiatoren«) – Ab 14. ✦ Scope. Italien/Frankreich 1963 **P** Dorica/Explorer/Comptoir **KI** Adria **DVD** Marketing (2.35:1, DD2.0 dt.) **Pd** Diego Archimede **R** Giorgio Ferroni **B** Remigio Del Grosso **K** Augusto Tiezzi **M** Carlo Rustichelli **S** Antonietta Zita **D** Gordon Scott (Marcius), Alberto Lupo (Sizinius), Lilla Brignone (Volumnia), Nerio Bernardi (Menenius), Rosalba Neri (Virginia), Philippe Hersant (Cominius) **L** 97 **FSK** ab 12; f **E** 23.10.1964/23.11.1986 DFF 2/? DVD **fd** 13 112

TRICK (TRICK). Ein schüchterner homosexueller Musical-Komponist versucht, sich mit einem Liebesabenteuer über seinen beruflichen Misserfolg und das Single-Dasein hinwegzutrösten. Nachdem die Erfüllung seiner Wünsche zunächst immer wieder unterbrochen wird, verliebt er sich letztlich doch noch in den attraktiven Go-Go-Boy. Romantische Komödie aus dem Homosexuellen-Milieu. Getragen von sympathischen Darstellern, unterhält der Film auf leichte, aber nie flache Art und stellt die gleichgeschlechtlichen Liebesbeziehungen mit großer Selbstverständlichkeit dar. – Ab 16. ✦ USA 1998 **P** Good Machine **KI** Tobis **VA** BMG/pro-fun **DVD** Pro Fun (1.66:1, DS engl./dt.) **Pd** Eric d'Arbelhoff, Jim Fall, Ross Katz, Robert Hawk **R** Jim Fall **B** Jason Schafer **K** Terry Stacey **M** David Friedman **S** Brian A. Kates **D** Christian Campbell (Gabriel), John Paul Pitoc (Mark), Tori Spelling (Katherine), Brad Beyer (Rich), Steve Hayes (Perry) **L** 89 **FSK** ab 12; f **E** 23.9. 1999/16.5.2000 Video/15.6.2001 DVD **fd** 33 852

TRICK-BABY →Geh zur Hölle

DER TRICK MIT DEM GROSSEN GELD →Dollarrausch

TRICK OR TREAT →Ragman

TRICK 17 B. Ein junger Kriminalbeamter in der DDR klärt die Ermordung einer jungen Frau durch einen Offizier der Bundeswehr auf. Politisch zielgerichteter, wenig spannender Kriminalfilm vor dem Hintergrund der deutsch-deutschen Problematik. ✦ Schwarzweiß. DDR 1966 **P** DEFA **Pd** Adolf Fischer **R+B** Hans-Erich Korbschmitt **K** Otto Hanisch **M** Wilhelm Neef **S** Lotti Mehnert, Berta Weigel **D** Karin Ugowski (Anke Trautmann), Reiner Schöne (Dieter Jacobs), Wilfried Pucher (Ralf Körner), Frank Obermann (Peter Reuter), Jutta Wachowiak (Sabine Wolfram) **L** 70 **E** 24.5. 1966 DFF 1

DIE TRICKS DER FRAUEN (TRICKS OF THE TRADE). Als ein scheinbar unbescholtener Finanzmakler und tadelloser Ehemann im Rotlichtbezirk von Hollywood erschossen wird, bricht für die ahnungslose treue Ehefrau eine Welt zusammen. Mit Hilfe eines Callgirls geht sie dem Doppelleben des Verblichenen auf den Grund und stößt auf großangelegte kriminelle Machenschaften. Eine mit einigen witzigen Einfällen unterlegte unterhaltsame Kriminalkomödie, die ihren Reiz in erster Linie aus der gegenseitigen Annäherung der völlig verschiedenen Frauentypen bezieht. – Ab 16. ✦ USA 1988 **P** Leonard Hill Films **VA** VCL/Virgin **Pd** Ron Gilbert, Daniel Cahn, Joel Fields, Brenda Wilson **R** Jack Bender **B** Noreen Stone **K** Paul Onorato **M** Walter Murphy **S** Daniel Cahn **D** Cindy Williams (Catherine), Markie Post (Marla), Scott Paulin (Frank), James Whitmore jr. (Detective), Susan Davis (Therapeutin), Chris Mulkey **L** 91 **FSK** ab 16 **E** 23.3.1990 Video **fd** 28 287

TRICKSER. Ein Bankräuber bricht sich auf der Flucht ein Bein und schleppt sich in ein leerstehendes Haus. Eine Schlagzeugerin, deren Band in dem Haus probt, findet ihn. Bald kommt sie ihm auf die Schliche, und von nun an versucht einer den anderen auszutricksen. Zusätzlicher Ärger droht vom Komplizen und der Geliebten des Räubers, die vergeblich auf ihn warten, sowie den übrigen Bandmitgliedern. Ein auf engstem Raum beschränkter Psychothriller, dessen Grundidee einer zwischen Anziehung und Mißtrauen wankenden Beziehung zweier Fremder zunehmend in Klischees und vordergründigen Effekten erstickt. – Ab 16. ✦ Deutschland 1997 **P** Akzente Film & Fernsehproduktion GmbH **Pd** Hubertus Meyer-Burckhardt **R** Oliver Hirschbiegel **B** Jochen Greve **K** Rainer Klausmann **M** Robert Schulte Hemming **S** Ilse Buchheld **D** Dominique Horwitz (Erik), Eva Hassmann (Lennie), Jochen Nickel (Bingo), Sandra Nedeleff (Clarissa), Roman Knizka (Chris) **L** 90 **E** 8.4. 1998 ARD

TRICKY MONEY IN HOLLYWOOD →Dollarjagd in Hollywood

TRICKY TALES – DAS TRICKFILMPROGRAMM. Ein abendfüllendes Kurzfilmpaket, bei dem es sich sowohl in formalinhaltlicher, als auch in territorialer und chronologischer Hinsicht um Animationsfilme im weitesten Sinne handelt. Neben Beiträgen von wegweisenden Pionieren wie Jan Svankmajer oder Zbigniew Rybczynski sowie verheißungsvollen Talentproben finden sich auch in Form und Inhalt relativ einfach strukturierte Arbeiten. Insgesamt macht die Kompilation neugierig auf das Medium des Kurzfilms, insbesondere des »Trickfilms«, weil die sehr unterschiedlichen Arbeiten verdeutlichen, welch innovatives Potential dem Medium innewohnt. Die einzelnen Kurzfilme: 1. »Die Schöpfung« (Deutschland 1994. Produktion: Studio Film Bilder. 7 Min.); 2. »Switchcraft« (Rußland 1994. Produktion: ZIS. 9 Min.); 3. »Food« (CSFR/England 1992. Produktion: Konnick International/Heart of Europe/Channel 4. 16 Min.); 4. »Repete« (Tschechien 1995. Produktion: Studio v triku. 8 Min.); 5. »A Pook Is Here« (Deutschland 1994. Produktion: Filmakademie Baden-Württemberg. 6 Min.); 6. »Quest« (Deutschland 1996. Produktion: Stellmach. 12 Min.); 7. »Tango« (Polen 1981. Produktion: Studio Malych Form. 8 Min.); 8. »Push Comes To Shove« (USA 1991. 6 Min.); 9. »Gagarin« (Rußland 1993. Produktion: Second Frog Animation Group. 3 Min.); 10. »Wir lebten im Gras« (Deutschland 1995. Produktion: Filmakademie Baden-Württemberg. 15 Min.) Teils O.m.d.U. – Ab 16. ✦ Deutschland 1997 (Zusammenstellung) **P** Kurzfilmagentur Hamburg **KI** Kurzfilmagentur Hamburg **Pd** Manuela Lumb (1), Valery Zizenberg (2), Vadim Sokolov (2), Jaromír Kallista (3), Eccel Beck (5), Thomas Meyer-Hermann (6), Ryszard Okunski (7), Ignacy Gonscerz (7), A. Tatarsky (9), Michael Jungfleisch (10) **R** Thomas Meyer-Hermann (1), Konstantin Bronzit (2), Jan Svankmajer (3), Michaela Pavlátová (4), Philip Hunt (5), Tyron Montgomery (6), Zbigniew Rybczynski (7), Bill Plympton (8), Alexeij Kharitidi (9), Andreas Hykade (10) **B** Thomas Meyer-Hermann (1), Jan Svankmajer (3), Thomas Meyer-Hermann (6), Tyron Montgomery (6) **K** Thomas Meyer-Hermann (1), Ira Ershova (2), Svatopluk Maly (3), Jaroslava Zimová (4), Tyron Montgomery (6), John Donnelly (8), S. Reshetnikov (9), Ala Tantz (10) **M** Joseph Haydn (1), Jirí Chlumecky (4), John Cale (5), Der Spyra (6), Janusz Hajdun (7), Ulrich Reuter (10) **S** Nora Dunaevskaya (2), Marie Zemanová (3), Barbara Sarnocinska (7), Nico Sheers (8), O. Vasilenko (9) **E** 1997 **fd** 32 915

TRIDENT FORCE (TRIDENT FORCE). Ausbildung und Einsatz einer internationalen Truppe zur Liquidation von Terroristen. Der Weltfeind Nr. 1 heißt Abu Hassad, der als arabischer Chef der »Palästinensischen Revolution« eine Mordorganisation leitet. Der beste Kämpfer unter den drei Wochen lang im US-Camp hart trainierten Antiterroristen trennt ihm im Schlußgemetzel mit einem Säbelhieb den Kopf ab. Der wirr erzählte, schundig inszenierte Film gehört zu den Primitivprodukten spekulativer Videoprogramme. Sein Interesse gilt allein langen Schießereien, massenhaftem Sterben, rüden Dialogen. – Wir raten ab. ✦ USA 1987 **P** Anna Films International **VA** Ufa **Pd** Alan R. Escano **R** Richard Smith **B** Siegfried Sepulveda, Rosanno Abelardo **K** Joe Tutanes **M** Gabby Castellano **S** Edgardo Vinarao **D** Anthony Alonzo, Nanna Anderson, Mark Gil, Steven Rogers, Ed Gaerlan **L** 83 **FSK** ab 18 **E** 31.3.1989 Video **fd** 27 762

TRIEBE UND GELÜSTE →Nackt und keß am Königssee

TRIEBE UND GELÜSTE, 2. TEIL →Semmel, Wurst und Birkenwasser

TRIEBE UNTER NACKTER HAUT (ORGY GIRL). Ein dümmlich-primitiver Sexfilm um einige junge Frauen in New York, ihre Problemchen und Begierden. Ohne durchgehende Handlung werden nach einschlägigen Mustern dilettantische Nackt- und Entkleidungsszenen zusammenhanglos aneinandergereiht. ✦ Großbritannien 1968 **P** Leo Kurt **KI** AB **R+B** Robert Canton **K** Mone Odegard **D** Louis Wingate, Jane Austin, Sandra Harris, Gale Farrell **L** 70 **FSK** ab 18; nf **E** 5.9.1969 **fd** 16 378

TRIEBHAFT WIE DIE NACKTE LUST (L' ISOLA DEI SENSI PERDUTI). Auf einer nur von zwei Personen bewohnten Insel bricht durch das Zusammentreffen von Gruppen zufälliger Besucher ein Sexboom aus. Handelsüblicher Sexfilm, einfallslos und zum Gähnen langweilig. Lediglich die Landschaft der Ägäis ist sehenswert. – Wir raten ab. ✦ Italien/Griechenland 1972 **P** Transeuropa/Oskar **KI** Nobis **R** Chris Liambos **B** Kostas Dritsas **K** Bogas Karamandis **M** Dimitri Basili **D** Lisa Lorenzi, Costa Rizzini, Ritza Barchia **L** 86 **FSK** ab 18; nf **E** 3.8.1973 **fd** 18 447

DIE TRIEBHAFTEN (AKUJO). Ein junges Hausmädchen vom Lande kommt in eine ebenso reiche wie morbide Familie in Tokio. Vom Sohn seiner Herrschaft vergewaltigt und geschwängert, muß es erfahren, wozu Menschen fähig sind, deren Verhalten nur von Eigennutz bestimmt wird. Als der Sohn zusammen mit seiner lesbischen Schwester und seiner ehebrecherischen Stiefmutter ihr nach dem Leben trachtet, wird die junge Frau zur Mörderin. Ein naturalistisch harter und unverblümter Film, der sich als Kritik an der oberen Gesellschaft verstehen läßt, wobei kolportagehafte Klischees des japanischen Sittenfilms allzu stark im Vordergrund stehen. ✦ Scope. Japan 1964 **P** Toei **KI** Rank **R** Yusuke Watanabe **B** Kikuma Shimoizaka, Yusuke Watanabe **K** S. Nishikawa **M** C. Watanabe **S** Y. Nagasawa **D** Ken

Mitsuda, Mayumi Ogawa, Tatsuo Umemiya, Mako Midori, Hizuru Takachiho **L** 81 **FSK** ab 18; f **E** 5.10. 1965 **fd** 13 681

DER TRIEBMÖRDER →Das Schloß der blauen Vögel

DER TRIEBTÄTER – EINE STADT IN ANGST (THE MAN NEXT DOOR). Thriller. In einer friedlichen Kleinstadt steigert sich die Angst, als im Nachbarort eine Frau vergewaltigt wird. Die Tatumstände lenken den Verdacht auf einen Neuankömmling, der gerade eine Haftstrafe wegen dreifacher Vergewaltigung verbüßt hat. – Ab 16. ✦ USA 1995 **R** Lamont Johnson **B** Susan Baskin **D** Michael Ontkean (Eli Cooley), Pamela Reed (Wanda Gilmore), Annette O'Toole (Annie Hopkins) **L** 90 **E** 29.11.1995 RTL

TRIGGER EFFECT (TRIGGER EFFECT). Ein Elektrokraftwerk setzt Spannungen frei, die sich auf mehrere Menschen einer Stadt übertragen. Im Mittelpunkt der Handlung steht ein junges Paar mit kleiner Tochter, das fast hilflos ansehen muß, wie sein geordnetes Leben in Chaos und Aggressionen versinkt und Brüche in seiner scheinbar intakten Ehe unter dem Druck der Ereignisse zum Vorschein kommen. Am Ende stellt sich die Frage, unter welcher Belastung der zivilisierte Mensch zur Waffe greift. Ein vielschichtiger Film, der seine bedrohliche Aggressionskette bis zum Endpunkt verfolgt. Er überzeugt durch latente Spannungssteigerung, geschickte Tempo- und Richtungswechsel sowie den stringent entwickelten psychologischen Konflikt der Personen. ✦ USA 1996 **P** Amblin Entertainment **VA** CIC **Pd** Michael Grillo **R+B** David Koepp **K** Tom Sigel **M** James Newton Howard **S** Jill Savitt **D** Kyle MacLachlan (Matthew), Elisabeth Shue (Annie), Dermot Mulroney (Joe), Richard T. Jones (Raymond), Bill Smitrovich (Step), Michael Rooker (Gary) **L** 91 **FSK** ab 12 **E** 16.7.1997 Video **fd** 32 651

TRILLERTRINE. Ein anspruchsvoller Kinderfilm zum 200. Todesjahr von Wolfgang Amadeus Mozart. Mittelpunkt der Abenteuergeschichte ist ein musikalischer Wettstreit um die beste Aufführung von Mozarts Konzert für Klavier und Orchester zwischen Sächsisch-Kurfürstlichem Hoforchester und musizierenden Waisenkindern, die sich in einer Kinderkapelle gegen Armut und Trostlosigkeit solidarisieren. Musik als Muse der Kunst, Möglichkeit der Darbietung, Erlernen und Können ist das eigentliche Thema des Films, seine Geschichte für Kinder maßgeschneiderte Verpackung. Über den Unterhaltungswert hinaus ist für ältere Kinder (etwa ab 12) auch der musikalische Gewinn mit dem Genuß Mozartscher Musik hoch zu veranschlagen. – Ab 8 möglich. ✦ Deutschland 1991 **P** DEFA, Gruppe »Johannisthal«/Regina Ziegler Filmproduktion **Kl** Progress **Pd** Lutz Wittcke, Hartmut Köhler **R** Karl Heinz Lotz **B** Karl Heinz Lotz, Wolf Müller **K** Claus Neumann **M** Andreas Aigmüller, Wolfgang Amadeus Mozart **S** Helga Gentz **D** Maria Ferrens (Trine), Peter Raasch (Fridolin), Rolf Schill (Pfarrer), Klaus Pönitz (Kurfürst), Werner Godemann (Kapellmeister Naumann) **L** 89 **FSK** o. A.; f **FBW** w **E** 13.11.1991 **fd** 29 228

EINE TRILOGIE DES SCHRECKENS →Das Gift des Bösen

TRILOGIE DES SCHWEIGENS. Obertitel für drei Spielfilme des griechischen Regisseurs Theo Angelopoulos: »Reise nach Kythera« (1984), »Der Bienenzüchter« (1986), »Landschaft im Nebel« (1989).

TRILOGIE DES WIEDERSEHENS. Im Sommer 1975 kommt es anläßlich einer Kunstausstellung in einer bundesdeutschen Großstadt zu Auseinandersetzungen, als der Direktor des Kunstvereins, der ein satirisches Porträt des Vorstandes aufhängen ließ, ins Kreuzfeuer der Kritik gerät. Um ein Debakel zu verhindern, bemühen sich die Mitglieder des Kunstvereins um eine neue, »angepaßte« Ordnung der Bilder, wobei persönliche Konflikte und Gefühle sich überlagern. Filmfassung von Botho Strauß' Theaterstück, in dem nicht allein ein satirisches Bild kleinbürgerlicher »Schickeria« gezeichnet, sondern auch menschliche Vereinsamung und Kontaktunfähigkeit herausgearbeitet werden. Peter Stein folgt weitgehend seiner Inszenierung vom Theater am Halleschen Ufer in Berlin und konzentriert sich mit der Kamera auf die Möglichkeiten der räumlichen Einheit und das beeindruckende Spiel der Schauspieler. – Ab 16 möglich. ✦ BR Deutschland 1978 **P** Schaubühne am Halleschen Ufer **SF** atlas **R** Peter Stein **B** Peter Stein, nach einem Theaterstück von Botho Strauß **K** Michael Ballhaus **D** Libgart Schwarz (Susanne), Peter Fritz (Moritz), Otto Mächtlinger (Franz), Edith Clever (Ruth), Tina Engel (Marlies), Gerd Wameling (Answald), Otto Sander (Richard) **L** 128 **E** 25.3.1979 ZDF

TRILOGIE EINES LEBENS (THE TERENCE DAVIES TRILOGY / A FILM TRILOGY). Beinahe zehn Jahre arbeitete Terence Davies an seinem dreiteiligen autobiografisch getönten Erstlingswerk. Formal und inhaltlich gleichermaßen radikal wird die Passionsgeschichte eines Menschen rekonstruiert, dem sich das Leben als einziger Kreuzweg offenbart. Die Existenz des Robert Tucker aus Liverpool ist von frühester Kindheit an geprägt durch Armut und Ausgestoßensein, Einsamkeit und Isolation, Gewalt und Schuld, konservativen Katholizismus und Homosexualität. Ein Film um Leben und Tod, Schmerz und Leiden, geprägt von unerbittlicher Intelligenz und Sensibilität, ohne je der Wehleidigkeit zu verfallen. (Originaltitel der einzelnen Teile: 1. »Children«, 2. »Madonna and Child«, 3. »Death and Transfiguration«) – Sehenswert ab 16. ✦ Schwarz-weiß. Großbritannien 1976/80/83 **P** BFI Production Board/National Film School London **R+B** Terence Davies **K** William Diver **S** Digby Rumsey, Sarah Ellis, Mick Audsley, William Diver **D** Phillip Mawdsley (Robert als 14jähriger), Nick Stringer (Vater), Terry O'Sullivan (Robert Tucker), Sheila Raynor (Mutter), Wilfred Brambell (Der alternde Robert), Val Lilley (Mutter), Robin Hooper (Robert als 23jähriger) **L** 101 (46/30/25) **E** 30.6.1994 3SAT

TRILOGY OF LUST (TRILOGY OF LUST). Eine ehemaliger Mediziner, jetzt Fischhändler in Hongkong, kauft sich eine attraktive Chinesin, die ihm all seine von Gewalt und Ekel bestimmten sexuellen Fantasien erfüllen soll. Die ebenso unerfahrene wie verängstigte Frau verliebt sich in einen jungen Mann, mit dem sie schließlich all jene bis zur Perversion gesteigerten Leidenschaften auslebt, die sie ihrem »Herrn« verweigert. Um ihre tabuverletzende Beziehung zu verheimlichen, schreckt das Paar bald auch nicht mehr vor Mord zurück. Ein extrem drastischer Sex- und Gewaltfilm, der vordergründig für das freie Ausleben von erotischen Fantasien sowohl von Männern als auch von Frauen wirbt, dabei aber lediglich voyeuristische Bedürfnisse befriedigt. – Wir raten ab. ✦ Hongkong 1995 **VA** VPS **Pd** Chua Lam, Julie Riva **R** Julie Riva **B** Julie Riva, Lee Siu Pan **K** Kwan Che Ken, Cheng Chat Ming **S** Cheung Kar Fei **D** Julie Riva (Yen Li), Chan Wai Dick (Lin), So Kwok Chu (Ming), Chan Ai Lam, Lam Chi Fei, Tsang Yim Ting **L** 90 **E** 12.3.1996

TRILOGY OF LUST 2 – PORTRAIT OF A SEX KILLER (TRILOGY OF LUST 2). Eine erfolgreiche Geschäftsfrau streift nachts als Ledervamp durch Hongkong. Ihre jeweiligen Liebhaber befördert sie nach dem Geschlechtsverkehr ins Jenseits. Als eine Angestellte ihr auf die Schliche kommt, ist auch deren Leben verwirkt. Erotik-Thriller, der weniger Augenmerk auf seine Krimihandlung legt als sich auf eine ununterbrochene Abfolge von manchmal drastisch, manchmal unfreiwillig albern in Szene gesetzten Sado-Maso-Praktiken konzentriert. – Wir raten ab. ✦ Hongkong 1996 **VA** VPS **Pd** Chua Lam **R** Jiro Ishimura **B** Julie Riva, Lee Siu-Pan **D** Julie Riva, Tsui Kam Kwong, Chin Kwan, Thomas Freitag **L** 85 **E** 5.12. 1996 Video

TRILOGY OF LUST 3 – BIZARRE RITUALE (TRILOGY OF LUST 3 / BLOODSTONE). Eine junge Frau aus Hongkong schließt sich auf der Suche nach ihrer Schwester in der VR China einem vierköpfigen Filmteam an, das in einer abgelegenen Bergregion einen Dokumentarfilm drehen möchte. Nachdem die Reise von einigen Bluttaten überschattet wurde, machen sie in einem einsamen Hotel eine grauenhafte Entdeckung. Ein sadistischer Arzt hat sich ein Geheimlabor eingerichtet, in dem er mit Gefangenen perverse Sexspiele treibt. Bald sind auch die Gefährten Opfer des Sadisten. Spekulativer Schund, der Sex mit reichlich Gewalt und Blutvergießen mischt. ✦ Hongkong 1996 **P** Golden Harvest **VA** VPS **Pd+R** Ivan Lai **B** Leung Tak Sum **K** Sung Kong **M** Leung Yiu Sun, Mui Siu Kei **S** Cheung Yiu Chung **D** Diana Peng, Mark Cheng, Tomomi Sugiura, Joey Wong **L** 92 **E** 26.6.1997 Video

TRILOGY OF TERROR (TRILOGY OF TERROR). Eine aus drei Filmen bestehende Horror-Anthologie. 1. »The Graveyard Rats«: Nachdem eine Frau mit ihrem Liebhaber ihren Mann umgebracht hat, bekommen die beiden Ärger mit riesigen Ratten, die den Friedhof heimgesucht haben. 2. »Bobby«: Eine Frau beschwört die Mächte der Finsternis, ihr den toten Sohn zurückzugeben. 3. »He Who Kills«: Die kleine Holzstatue eines afrikanischen Kriegers erwacht in einem Institut zu mörderischem Leben. Eine einfallslose Zusammenstellung, die abgenutzte Stereotypen des Genres ohne Rücksicht auf innere Logik verarbeitet und fernsehgerechte Langeweile verbreitet. ✦ USA 1996 **P** Paramount **VA** CIC **Pd** Julian Marks **R** Dan Curtis **B** William F. Nolan, Dan Curtis **K** Elemér Ragályi **M** Robert Cobert **S** Bill Blunden **D** Lysette Anthony, Geraint Wyn Davis, Matt Clark, Blake Heron, Thomas Mitchell **L** 87 **FSK** ab 18 **E** 14.4.1997 Video **fd** 32 606

TRIMM DICH DURCH SEX →Helgalein

TRINI. Die Geschichte des Indianerjungen Trini, der den mexikanischen Befreiungskampf der Bauern (1910–1920) miterlebt und als Kundschafter eine wichtige Aufgabe übernimmt. Spannungsarmer und künstlerisch mittelmäßiger Film, der die literarische Vorlage nur unzureichend umzusetzen versteht. (Westdeutscher Videotitel: »Stirb für Zapata«) – Ab 12. ✦ Scope. DDR 1976 **P** DEFA, Gruppe »Johannisthal« **Kl** Progress **VA** VFL **Pd** Alexander Lösche **R** Walter Beck **B** Margot Beichler, Walter Beck, nach dem gleichnamigen Roman von Ludwig Renn **K** Horst Hardt **M** Günther Fischer **S** Helga Emmrich **D** Gunnar Helm (Trini), Giso Weißbach (Jeronimo), Dimitrina Sawowa (Ambrosia), Gunter Friedrich (Paco), Iwan Tomow (Zapata) **L** 87 **FSK** ab 12 **E** 24.7.1977 Kino DDR/26.11.1978 DFF 1/1987 Video

TRINITY UND BABYFACE (TRINITY & BABYFACE). Zwei ruppige Draufgänger im Wilden Westen geraten in einem mexikanischen Grenzstädtchen an schöne Frauen und brutale Pferdediebe, denen sie als neue Sheriffs des Ortes das Handwerk legen. Der altvertraute Prügelklamauk in der Tradition von Terence Hill und Bud Spencer erlebt seine Auferstehung durch die Vertreter einer neuen Generation: »Alt-Meister« E. B. Clucher sammelt die Nachkommen seiner alten Weggefährten um sich, und die Twens treten nahtlos in die Fußstapfen der Alten: handfeste Blödel- und Prügelunterhaltung nach sattsam vertrauten Mustern. – Ab 14 möglich. ✦ Italien/Spanien/Deutschland 1995 **P** TrinidadMotion Pictures/Rialto **Kl** Central-Film **Pd** Italo Zingarelli **R** E. B. Clucher (= Enzo Barboni) **B** Marco Tullio Barboni **K** Juan Amoros Andreu **M** Stefano Mainetti **S** Antonio Siciliano **D** Heath Kizzier (Trinity), Keith Neubert (Babyface), Yvonne de Bark (Bonita), Ronald Nitschke (Sheriff), Siegfried Rauch (Parker), Renato Scarpa (Pablo) **L** 103 **FSK** ab 12; f **E** 11.4.1996

TRINITY UND BABYFACE – SIE KÖNNEN'S NICHT LASSEN →Trinity und Babyface

TRINITY UND BABYFACE – VIER FÄUSTE GEH'N ZUM TEUFEL →Trinity und Babyface

DAS TRIO. Ein sehr auf sich selbst bezogener homosexueller Taschendieb Mitte 50, der sein »Geschäft« gemeinsam mit seinem Geliebten und seiner erwachsenen Tochter betreibt, muß seine Existenz neu überdenken, als der langjährige Lebenspartner stirbt und der jugendliche Nachfolger in ihrem Trio nicht nur seine eigenen Begehrlichkeiten, sondern auch die der Tochter weckt. Ein zwischen melodramatischem Kammerspiel, Milieubeschreibung, Liebesfilm mit Katzenjammer und komödiantischer Farce angesiedelter Film, der nur in einigen Momenten eine subtile Form für die ungewöhnlichen Liebeswirren findet, überwiegend aber in Unverbindlichkeiten und dramatischer Unentschlossenheit versandet. ✦ Deutschland 1997 **P** Next Film/NDR/ORF **KI** Warner Bros. **VA** Warner Home **DVD** Warner Home (16:9, 1.85:1, DD2.0 dt.) **Pd** Laurens Straub **R** Hermine Huntgeburth **B** Horst Sczerba, Volker Einrauch, Hermine Huntgeburth **K** Martin Kukula **M** Niki Reiser **S** Ingrid Martell **D** Götz George (Zobel), Christian Redl (Karl), Jeanette Hain (Lizzi), Felix Eitner (Rudolf), Angelika Bartsch (Dorothee), Willi Thomczyk (Motorradpolizist) **L** 101 **FSK** ab 12; f **FBW** w **E** 29.1. 1998/31.7.1998 Video/20.9.2001 DVD **fd** 32 964

TRIO DER LUST (BYLETH (IL DEMONE DELL'INCESTO)). Ein junger Adliger wird von seinem in den Flammen des Schlosses umgekommenen lüsternen Vater aus dem Jenseits zu immer neuen Lustmorden gezwungen. Ein mit Aberglauben und Dämonenfurcht spekulierendes Machwerk, das Sex, Horror, Exorzismus, Voyeurismus und ähnliches zu einer abstrusen Geschichte mischt. – Wir raten ab. ✦ Italien 1973 **P** Agata **KI** Arco/Malzahn **R** Leopoldo Savona **B** Norbert Blake, Leopoldo Savona **K** Giovanni Crisci **M** Vassil Kojukaroff **S** Otello Colangeli **D** Mark Damon, Glaudia Gravy, Aldo Bufi Landi, Franco Jamonte, Tony Denton, Fernando Cerulli **L** 80 **FSK** ab 18; f **E** 7.10.1975

TRIO INFERNAL (LE TRIO INFERNAL). Ein ebenso erfolgreicher wie gewissenloser Anwalt betreibt in Marseille, unterstützt von zwei deutschen Schwestern, Versicherungsbetrug großen Ausmaßes, indem er den Frauen Ehemänner verschafft und diese umbringt. Das streckenweise kraß naturalistische Schauerstück ist weit entfernt von Parodie und Satire: ein eiskalt inszeniertes Spiel mit Blut und Ekel, Gewalt und vielfacher Perversion, das nur ansatzweise ein ernstzunehmendes Abbild moderner Lebensformen und Gesellschaftsmechanismen ist. In die Bedeutungsschwere bringt allein die Musik etwas Witz. ✦ BR Deutschland/Frankreich/Italien 1974 **P** TIT/Lira Cinerama/Belstar/Films 66/Fox Europa/Oceania Produzioni Internazionali **KI** Cinerama **VA** VMP **Pd** Wolfdieter von Stein, Raymond Danon, Jacques Dorfmann **R** Francis Girod **B** Francis Girod, Jacques Rouffio, nach einem Roman von Solange Fasquelle **K** Andréas Winding **M** Ennio Morricone **S** Claude Barrois **D** Michel Piccoli (Georges Sarret), Romy Schneider (Philomène), Mascha Gonska (Catherine), Andréa Ferréol (Noémie), Monica Fiorentini (Louise), Jean Rigaux (Villette), Papinou (Luffeaux) **L** 105 (gek. 95/84) **FSK** ab 18; nf (Video 16) **E** 30.8. 1974/1992 Video/17.2.1991 PRO 7 **fd** 19 010

TRIO MIT VIER FÄUSTEN – DIE DREI VON DER RIPTIDE (RIPTIDE). Zwei Privatdetektive, die auf einem Boot am kalifornischen Manhattan Beach wohnen, und ein intelligenter Computer-Tüftler werden zu einem erfolgreichen Team, das den Fall einer gesprengten Yacht klärt. Abendfüllender Pilotfilm einer erfolgreichen Fernsehserie, die uninspiriert Versatzstücke einschlägiger Vorbilder zu einem seelenlosen Gemisch kompiliert. – Ab 12 möglich. ✦ USA 1984 **P** NBC/Paramount/Stephen J. Cannell Prod. **Pd** Stephen J. Cannell **R** Christian I. Nyby II. **B** Stephen J. Cannell, Frank Lupo, John Elias, George R. Rohrs **M** Mike Post, Pete Carpenter **D** Perry King (Cody Allen), Joe Penny (Nick Ryder), Thom Bray (Murray Bozinsky), Anne Francis (Mama Jo), Jack Ging (Lieutnant Quinlan), Gianni Russo (Straightaway) **L** 88 (Orig. 96) **E** 5.4.1990 PRO 7

TRIO PERVERS →Ich schlafe mit meinem Mörder

TRIO – SO IST DAS LEBEN →So ist das Leben (1950)

DER TRIP – DIE NACKTE GITARRE 0,5. Der verwöhnte jungfräuliche Sohn nostalgisch-verklärter 68er-Eltern trifft eines Tages seine ebenfalls noch unberührte »Traumfrau«, die kurz vor der Hochzeit mit einem reichen Erben steht. Unfreiwillig starten sie eine Zeitreise in die 70er Jahre, ehe sie in der Gegenwart endgültig zusammenfinden. Wohl als Parodie auf die Hippie-Flower-Power-Generation und die Schlager der 70er Jahre gedacht, erschlägt die Inszenierung durch ihren Dilettantismus alle Ansätze von Humor. Ein Film, der um den Titel »schlechtester deutscher Film des Jahres« konkurrieren kann. – Ab 16. ✦ Scope. Deutschland 1995 **P** Vision Film **KI** Tobis **VA** VCL **Pd** Hans Weth **R+B** Wolfgang Büld **K** Tomas Erhart **M** Jochen Schmidt-Hambrock **S** Gisela Haller **D** Dieter Thomas Kuhn (Dieter), Esther Schweins (Petra), Beatrice Manowski (Candy), Robert Jarczyk (Hilmar), Herbert Feuerstein (Dieters Vater), Hansi Jochmann (Dieters Mutter) **L** 91 **FSK** ab 12; f **E** 11.1.1996/10.12.1996 Video **fd** 31 769

TRIP IN DIE HÖLLE →Guayana – Kult der Verdammten

TRIP NACH TUNIS. Ein Ärchäologe, der sich zu Ausgrabungen in Nordafrika aufhält, muß sich eines Nachts gewaltsam gegen einen Einbrecher zur Wehr setzen. Das quälende Gefühl, vielleicht jemanden getötet zu haben, läßt ihm keine Ruhe. Er findet jedoch keine äußere Bestätigung dieser Tat. Immer tiefer gerät er in einen Sog von rätselhaften Ereignissen. Ein Kriminalfilm des als Dokumentarist bekannt gewordenen Regisseurs Peter Goedel. ✦ Deutschland 1993 **P** Kick-Film/BR/mdr/ORF **R** Peter Goedel **B** Harald Göckeritz, Peter Goedel, nach dem Roman »Das Zittern des Fälschers« von Patricia Highsmith **K** Igor Luther **M** Thomas Osterhoff **D** David Hunt (Howard Ingham), Karen Sillas (Ina Pallant), John Seitz (Francis J. Adams), Anders Jensen (Ulrich Klaus Günther), Kathryn Darby (Jill Hennessy) **L** 97 **E** 20.11.1993 arte

TRIP TO BOUNTIFUL →A Trip to Bountiful – Reise ins Glück

TRIP TRAP – IN DER FALLE (TRIP TRAP). Fürs englische Fernsehen produziertes Drama um Gewalttätigkeit in der Ehe. Ein Grundschullehrer läßt seine angestauten Frustrationen in gewalttätigem sexuellem Mißbrauch seiner Ehefrau aus. Diese vertuscht alles, bis er auch ihre Freundin mißhandelt. (Titel auch: »Trip Trap«) ✦ Großbritannien 1996 **P** BBC **R** Danny Hiller **B** Lucy Gannon **D** Kevin Whateley (Ian Armstrong), Stella Gonet (Kate Armstrong), Sue Roderick (Maggie), Darren Plews (Tony Armstrong), Sophie Griffiths (Molly Armstrong) **L** 88 **E** 22.1.1998 Bayern 3

TRIP WIRE (TRIPWIRE). Bei einem Einsatz erschießt ein FBI-Beamter den Sohn eines berüchtigten Terroristen. Dieser nimmt Rache, indem er die Frau des Beamten erschießt und dessen Sohn entführt. Ein Jahr später, längst ist der Beamte vom Dienst suspendiert, taucht der Entführte wieder auf – als Mitglied der Terror-Organisation. Der Vater setzt alles auf eine Karte, um seinen »verlorenen« Sohn zurückzugewinnen, kann die entscheidende Auseineindersetzung aber nur mit dessen Hilfe gewinnen. Wirres Action-Spektakel, bei dem sich am Ende Blut als dicker als Wasser erweist. (Alternativtitel: »Einer muß dran glauben«) ✦ USA 1989 **P** Cinetel Films **VA** Ascot **Pd** Lisa M. Hansen **R** James Lemmo **B** William Lustig **K** Igor Sunara **M** Richard Stone **S** Christopher Cibelli **D** David Warner (Josef Szabo), Terence Knox (Jack DeForest), Charlotte Lewis (Annie), Andras Jones (Rick DeForest), Isabella Hofman (Annie), Sy Richardson (Turbo), Marco Rodriguez (El Tigre), Viggo Mortensen (Hans) **L** 87 (gek. 85) **FSK** ab 18 (gek. 16) **E** 27.6.1990 Video

TRIPFALL – DAS TODESTRIO (TRIPFALL). Eine dreiköpfige Familie wird beim Florida-Urlaub von ihren neuen Bekannten gekidnappt. Während Frau und die beiden Kinder verschleppt werden, wird das Familienoberhaupt, ein Geschäftsmann, vom Kopf der Bande auf sein Vermögen taxiert und erhält die Chance, die geforderte Summe zu besorgen. Da das Geld nicht so schnell locker zu machen ist, muss der Familienvater über sich hinaus wachsen. Verhalten inszenierter Low-Budget-Thriller, der die Chiffren des Genres geringfügig variiert und entsprechend geringfügig von Gros abweichende Unterhaltung bietet. Eric Roberts ist einmal mehr in seiner Paraderolle als Vorzeigebösewicht zu sehen. ✦ USA 2000 **P** Artist View/MIT Home Video **VA** e-m-s **DVD** e-m-s (FF P&S, DD5.1 dt.) **Pd** Serge Rodnunsky, Gerald I. Wolff, Jim Rodnunsky **R+B** Serge Rodnunsky **K** Greg Patterson **M** Evan Evans **S** Toby Yates **D** Eric Roberts (Mr. Eddie), John Ritter (Tom Williams), Devin Crannell (Kevin Williams), Rachel Hunter (Gina Williams), Tyler Cole Malinger (Michael Williams) **L** 91 **E** 30.11.2000 Video & DVD

TRIPLE BOGEY ON A PAR FIVE HOLE →Kreuzfahrt vor Manhattan

TRIPLE CROSS (TRIPLE CROSS). Eine karateerfahrene Agentin soll einen wichtigen Computer in ein fernöstliches Land transportieren. Sie besiegt zahllose Gangster, die ihr nach dem Leben trachten, wobei ihr privates Glück auf der Strecke bleibt. Ein einfallslos und unbeholfen inszeniertes, brutales Action-Märchen, das mit den Versatzstücken des Genres nichts anzufangen weiß. ✦ Indonesien/USA 1991 **P** Gope T. Samtani Prod. **VA** Splendid **Pd** Gope T. Samtani **R** Ackyl Anwary **B** Christopher Mitchum **K** H. Asmawi **M** Embie C. Noor **S** Amin Kartaramarja **D** Cynthia Rothrock (Nancy Bolan), Chris Barnes (Mark Garrison), Peter O'Brien (Nick Stewart), Yurek Klyne, Roy Marten **L** 75 **FSK** ab 18 **E** 21.11.1992 Video **fd** 29 587

TRIPLE TROUBLE (IRRECONCILABLE DIFFERENCES). Eine Neunjährige betreibt die Scheidung von ihren Eltern, die über beruflichen und privaten Problemen, Karriere- und Erfolgsstreben ihre Tochter vernachlässigen. Turbulente Komödie, die trotz einiger Klischees gut unterhält und nie ihr ernstes Anliegen aus den Augen verliert. Ein heiteres Plädoyer für eine behütete Kindheit und ein Appell an die Erwachsenen, die Sorgen und Nöte ihrer Kinder ernst zu nehmen und diese als Menschen zu akzeptieren. – Ab 14. ✦ USA 1983 **P** Lantana Films **VA** VCL/Virgin **Pd** Alex Winitsky, Arlene Sellers **R** Charles Shyer **B** Nancy Meyers, Charles Shyer **K** William A. Fraker **M** Paul de Senneville **S** John F. Burnett **D** Ryan O'Neal (Albert Brodsky), Shelley Long (Lucy van Patten Brodsky), Drew Barrymore (Casey Brodsky), Sam Wanamaker (David Kessler), Sharon Stone (Blake Chandler) **L** 108 **FSK** ab 12 **E** 26.7.1988 Video **fd** 27 074

TRIPLECROSS – ANS MESSER GELIEFERT (TRIPLECROSS). Mit Hilfe seines früheren Zellengenossen soll ein Krimineller zu einem Diamantenraub überredet werden, damit die Polizei einen Zugriff hat. Doch die Rechnung des FBI geht nicht auf, da sich der Anstifter des Coups mit der Beute allein aus dem Staub macht. Herkömmlicher (Fernseh-)Kriminalfilm um betrogene Betrüger und die Rache der Geschädigten. ✦ USA 1995 **P** Hallmark **Pd** Tom Kuhn, Julian Marks, Fred Weintraub **R** Jeno Hodi **B** J.A. Rosen **K** Bernard Auroux **M** Larry Brown, Dan Stein **S** Dean Goodhill **D** Patrick Bergin (Jimmy Ray), Michael Paré (Teddy Cooper), Ashley Laurence (Julia), Billy Dee Williams (Oscar), James Hong (alter Chinese) **L** 92 **E** 7.8.2000 Kabel 1

TRIPOLIS (TRIPOLI). Die US-Marine unternimmt im Jahre 1805 eine Strafexpedition gegen arabische Piraten im Mittelmeer. Der Leutnant erobert mit Söldnertruppen eine Festung von Tripolis und erringt die Liebe einer französischen Diplomatentochter, die es ins Araberlager verschlagen hat. In der Abenteuerhandlung sind sämtliche Klischees von Westernheldentum, Fremdenlegionärsromantik und Hurrapatriotismus untergebracht. Dagegen können auch bewährte, in schmucke Kostüme gesteckte Darsteller nicht anspielen. – Ab 14. ✦ USA 1950 **P** Paramount

Kl Paramount **Pd** William H. Pine, William C. Thomas **R** Will Price **B** Winston Miller **K** James Wong Howe **M** Lucien Cailliet **S** Howard E. Smith **D** John Payne (Leutnant O'Bannon), Maureen O'Hara (Gräfin D'Arneau), Howard da Silva (Captain Demetrios), Philip Reed (Hamet Karamanly), Grant Withers (Sergeant Derek) **L** 96 **FSK** ab 12; nf **E** 17.4.1954/10.9.1972 ZDF **fd** 3 290

TRIPTYCHON (TRIPTIKH). Der zehnte Film eines der bedeutendsten Regisseure Usbekistans entwirft am Beispiel von drei Frauenschicksalen ein ebenso überzeugendes wie frappierendes soziales Fresko ohne Schönfärberei, was ihm einige Schwierigkeiten mit der Zensur eingebracht hat. Ausgangspunkt der Erzählung sind die Erinnerungen eines pensionierten Lehrers an drei Frauen und ihren Lebensweg, denen er im Dorfe, wo er unterrichtete, begegnet war. – Ab 16 möglich. ✦ UdSSR 1979 **P** Usbekfilm **R** Ali Chamrajew **B** Rosa Khusnutdinova **K** Juri Klimenko **M** Rumil Wildanow **S** Valentina Olejnik, R. Wartanian **D** Dilaram Kambarowa (Khalima), Gula Taschbajewa (Sanobar), Zukhra Abdurakamanowa (Khaditcha), A. Alimowa (Khalimas Mutter), S. Ziyaoutdinow (Abdoulla), Z. Aguicheva (Sanobars Mutter) **L** 74 **E** 10.1. 1985 DRS

TRISTANA (TRISTANA). Ein standesbewußter Ehrenmann verführt in den frühen 30er Jahren in Toledo sein 40 Jahre jüngeres Mündel und zwingt der von ihm materiell wie gesellschaftlich abhängigen 18-jährigen ein eheähnliches Verhältnis auf. Ihre Flucht mit einem jungen Maler endet erneut bei ihrem Vormund, als sie schwer erkrankt und ihr ein Bein amputiert werden muß. Durch Leid hart geworden, ist nun sie unerbittlich in der Durchsetzung ihres Willens. Zwar geht sie die legale Ehe mit dem Vormund ein, läßt ihn bis zu seinem Tod aber nur Verachtung und Haß spüren. Buñuels einfühlsame und zugleich bittere, sehr komplexe und inszenatorisch virtuose Umgestaltung des Romans von Galdós aus dem Jahr 1892, in der er seziert und diagnostiziert, auf eine Therapie aber verzichtet. Für ihn sind die Personen des Spiels völlig abhängig von der gesellschaftlichen Situation, in der sie sich befinden. Diese geißelt er, jene aber zeichnet er mit Feingefühl und Verständnis, fern jeder Schwarzweißmalerei. Die Auseinandersetzung mit den geistigen Hintergründen kreist um Gerechtigkeit, Freiheit, Liberalismus und Christentum. ✦ Spanien/Italien/Frankreich 1969/70 **P** Epoca/Talia/Selenia/Corona **Kl** Neue Filmkunst Walter Kirchner **SF** Neue Filmkunst Walter Kirchner **Pd** Robert Dorfmann **R** Luis Buñuel **B** Luis Buñuel, Julio Alejandro, nach dem Roman von Benito Pérez Galdós **K** José Fernández Aguayo **S** Pedro del Rey **D** Catherine Deneuve (Tristana), Fernando Rey (Don Lope), Franco Nero (Horacio), Lola Gaos (Saturna), Jesús Fernández (Saturno) **L** 98 **FSK** ab 12; f **E** 6.4.1971 ARD/31.5.1975 Kino **fd** 17 248

TRITT AB, WENN SIE LACHEN (ALWAYS LEAVE THEM LAUGHING). Ein Showfilm über das Showgeschäft, aufbereitet als verrückt-ausgelassene Komödie um die Arbeit eines Komikers auf dem Weg zu Ruhm und Erfolg, die als Mischung von Glamour und Schwerarbeit vorgestellt wird. Milton Berle war zur damaligen Zeit einer der populärsten Stars des jungen Mediums Fernsehen in den USA. (O.m.d.U.) – Ab 14 möglich. ✦ Schwarz-weiß. USA 1949 **P** Warner Bros. **R** Roy Del Ruth **B** Melville Shavelson, Jack Rose **K** Ernest Haller **M** Sammy Cahn **D** Milton Berle, Bert Lahr, Virginia Mayo, Ruth Roman, Alan Hale **L** 116 **E** 24.7.1970 WDR

TRIUMPH DER GERECHTEN. »Ein Neugeborenes riskiert einen Rückblick in den Dreißigjährigen Krieg und altert während des Erzählens in die Zukunft hinein« (Bierbichler). In Anlehnung an Oskar Maria Grafs Erzählung springt der Film zwischen Bildern aus Bayern im Jahr 1633, gegenwärtigen Faschingszügen, bedrohlichen Reden von Intellektuellen und Geistlichen, bis eine Atombombe explodiert und die Menschheit auf die Anfänge jeglichen Lebens zurückkatapultiert. In einer Steinzeithöhle zieht ein Affenmensch das Resumée: Ursprung und Zerstörung haben einander nicht gefunden, der Mensch mußte »liquidiert« werden. ✦ BR Deutschland 1985/87 **P** Bierbichler-Filmprod. **Kl** Filmwelt **Pd** Robert Spitz **R** Josef Bierbichler **B** Josef Bierbichler, nach einer Erzählung von Oskar Maria Graf **K** Jörg Schmidt-Reitwein **M** Rudolf Gregor Knabl, Peter Vogel, Ludwig van Beethoven **S** Christian Virmond **D** Josef Bierbichler (der Affe), Rudi Klaffenböck (Bauer), Alfons Scharf (Bauer), Annamirl Bierbichler (Bäuerin), Edgar Liegl (der Intellektuelle), Oskar Neumann (Geistlicher) **L** 81 **FBW** w **E** 3.3.1988

TRIUMPH DER LIEBE (1947) (TRIUMPH DER LIEBE). Athens Frauen beenden die ständigen Kriege mit Sparta, indem sie sich den Männern verweigern. Nach der Komödie des Aristophanes »Lysistrata« (400 v. Chr.) entstandenes, schwerfällig inszeniertes Operetten-Lustspiel. Der Versuch eines Gegenwartsbezugs ist völlig mißglückt. – Ab 16. ✦ Schwarz-weiß. Österreich 1947 **P** Mundus **Kl** Continental **R** Alfred Stöger **B** Kaspar Loser, nach der Komödie »Lysistrata« von Aristophanes **K** Oskar Schnirch **M** Alois Melichar **D** Judith Holzmeister, O. W. Fischer, Paul Kemp, Hilde Berndt, Inge Konradi **L** 89 **FSK** ab 16; nf **E** 3.6.1949 **fd** 416

TRIUMPH DER LIEBE (1981) (THE PATRICIA NEAL STORY). Verfilmung der authentischen Lebensgeschichte der amerikanischen Schauspielerin Patricia Neal und des englischen Schriftstellers Roald Dahl. Nach einem Schlaganfall bleiben der Bereich der Sprache und die rechte Körperhälfte der Schauspielerin gelähmt; die Ärzte geben ihr keine Chance auf Gesundung. In einem aufreibenden Kampf absolviert Dahl mit seiner Frau bis zur Erschöpfung und Verzweiflung ein Genesungstraining, das unerwartete Erfolge zeigt. Der von zwei hervorragenden Hauptdarstellern geprägte Fernsehfilm dramatisiert die realen Begebenheiten als Beispiel für mögliche Erfolge einer Rekonvaleszenz, bei der Hoffnung, Lebensbejahung, Liebe und Zuneigung eine wesentliche Rolle spielen. Die von Dahl praktizierte Nachbehandlung von Schlaganfällen ist mittlerweile medizinisch anerkannt. – Ab 16. ✦ USA 1981 **R** Anthony Harvey, Anthony Page **B** Robert Anderson, nach dem Buch »Pat and Roald« von Barry Farrell **D** Glenda Jackson (Patricia Neal), Dirk Bogarde (Roald Dahl), Ken Kercheval (Dr. Charles Carton), Jane Merrow (Val Eaton), John Reilly (Barry Farrell), Sydney Penny (Tessa Dahl) **L** 100 **E** 19.4.1988 NDR

TRIUMPH DES GEISTES (TRIUMPH OF THE SPIRIT). Die Dramatisierung der authentischen Erlebnisse eines jüdischen Boxers im KZ Auschwitz-Birkenau. Thessaloniki 1939: Ein junger Amateurboxer, der gerade die Balkan-Meisterschaften im Mittelgewicht gewonnen hat, wird als Jude von der deutschen Besatzungsmacht deportiert. Im Konzentrationslager muß er zum Vergnügen der Wachmannschaften um sein Leben kämpfen. Die am Originalschauplatz enstandenen Bilder und wohlakzentuierte schauspielerische Leistungen verleihen dem Film jene Ernsthaftigkeit und Glaubwürdigkeit, mit der er die perfide Tötungsmaschinerie der Nazis thematisiert. Leider beeinträchtigt die stark manipulativ eingesetzte Musik diese Wirkung, indem sie die Handlung ins Sentimentale zieht. (Titel auch: »Triumph des Geistes – Ein Boxer in der Hölle«) – Ab 16. ✦ USA 1989 **P** Nova/Shimon Arama/Arnold Kopelson/Robert M. Young **Pd** Arnold Kopelson, Shimon Arama **R** Robert M. Young **B** Andrzej Krakowski, Laurence Heath, Robert M. Young, Arthur Coburn, Millard Lampell, nach einer Erzählung von Shimon Arama und Zion Haen **K** Curtis Clark **M** Cliff Eidelman **S** Arthur Coburn **D** Willem Dafoe (Salamo Arouch), Robert Loggia (Vater), Costas Mandylor (Abraam), Wendy Gazelle (Aleka), Edward James Olmos (»Zigeuner«) **L** 120 **E** 6.3.1994 ZDF

DER TRIUMPH DES HERKULES →Der stärkste Mann der Welt (1964)

TRIUMPH DES HERZENS (1945) →Polonaise

TRIUMPH DES HERZENS (1985) (A TIME TO TRIUMPH). Familiendrama nach einem authentischen Fall. Nachdem ihr Ehemann einen Herzinfarkt erlitten hat, muß eine Hausfrau und Mutter von drei Kindern die Familie ernähren. Sie tritt in die Army ein und wird Helikopter-Pilotin. – Ab 14. ✦ USA 1985 **P** Billos/Kauffman Prods. **Pd** Fran Billos, Judy Kauffman **R** Noel Black **B** George Yanok, Lavina Dawson **D** Patty Duke (Concetta Hassan), Joseph Bologna (Chuck Hassan), Julie Bovasso (Momma), Denise B. Mickelbury, Dara Modglin **L** 91 **E** 23.5.1995 RTL 2

TRIUMPH DES MANNES, DEN SIE PFERD NANNTEN (TRIUMPH OF THE MAN CALLED HORSE). Ein weißer Häuptling der Sioux – und nach seinem Tod der Sohn als Nachfolger – versucht, dem Stamm im Kampf gegen verbrecherische weiße Abenteurer Frieden und Gerechtigkeit zu sichern. Der letzte Teil der Trilogie (vgl. »Der Mann, den sie Pferd nannten«, Teile 1 und 2) ist lediglich auf Aktion und Spannung angelegtes Indianerkino mit fragwürdiger Sympathieführung: ein Weißer als Führer- und Erlöserfigur für eine rassische Minderheit. Aufgesetzt wirken vor allem auch die hohlen Friedensparolen. – Ab 14 möglich. ✦ USA 1981 **P** Sandy Howard Prod. **Kl** Ascot/Avis **Pd** Sandy Howard **R** John Hough **B** Ken Blackwell, Carlos Aured **K** John Alcott **M** Georges Garvarentz **S** Roy Watts **D** Richard Harris (John Morgan), Michael Beck (Koda), Ana de Sade (Redwing), Vaughn Armstrong (Cummings), Anne Seymour (Mrs. Elk), Lautaro Murúa (Perkins), Buck Taylor (Bridges), Simón Andreu (Gance), Roger Cudney (Durand), Gerry Gatlin (Winslow), Regino Herrera, Sebastian Ligarde (Mullins) **L** 82 **FSK** ab 12; f **E** 17.3.1983/30.11.1984 Kino DDR **fd** 23 948

DER TRIUMPH DES MUSKETIERS (HARDI, PARDAILLAN). Die Musketiere (entnommen dem Romanklassiker von Alexandre Dumas, dem Älteren) fechten abermals für König und Vaterland, bis ihr weiblicher Gegenspieler, die gefährliche Geliebte des bösen Herzogs de Guise, schon den Folterknechten übergeben, allen Mordplänen abschwört und zur guten Seite überläuft. Ein nach den Regeln der Gattung oberflächlich unterhaltender Abenteuerfilm in Kostümen des 16. Jahrhunderts. (Verleihtitel DDR: »Die neuen Abenteuer des Ritters von Pardaillan«) – Ab 14 möglich. ✦ Scope. Frankreich/Italien 1963 **P** Union Latine/Euro International **Kl** Pallas **Pd** Henri Jaquillard **R** Bernard Borderie **B** André Haguet, Henri André Legrand, Bernard Borderie, nach einem Roman von Michel Zevaco **K** Henri Persin **M** Paul Misraki **S** Christian Gaudin **D** Gérard Barray (Pardaillan), Valérie Lagrange (Bianca Farnaise), Philippe Lemaire (Herzog Karl), Guy Delorme (Maurevart), Caroline Remi (Rousotte), Sophie Hardy (Jeune Femme Route) **L** 97 **FSK** ab 12; nf **E** 21.2.1964/10.11.1967 Kino DDR/2.1.1971 ZDF/21.5.1972 DFF 1 **fd** 12 588

TRIUMPH DES WILLENS. Anfang September 1934, zwei Monate nach der Ermordung des SA-Chefs Röhm, ließ sich Hitler auf dem Parteitag von Nürnberg als unumschränkter Herrscher feiern. Diesen Triumph hielten in seinem Auftrag die Regisseurin Leni Riefenstahl und 36 Kameraleute in einem Dokumentarfilm fest, der seine propagandistische Wirksamkeit vor allem seiner Montagekunst verdankt und der nach dem Krieg von der (vorzugsweise amerikanischen und britischen) Kritik den großen Dokumenten der Kinoästhetik zugeordnet wurde. Den Titel »Triumph des Willens« hatte ihm Hitler selbst gegeben. ✦ Schwarz-weiß. Deutschland 1935 **P** Leni Riefenstahl **R+B** Leni Riefenstahl **K** Sepp Allgeier (fotograf. Leitung) **M** Herbert Windt **L** 114 **E** 1935 Kino/29.9.1974 NDR

TRIUMPH EINER STIMME →Der große Caruso

TRIUMPHBOGEN (ARCH OF TRIUMPH). Emigrantenschicksale kurz vor Ausbruch des Zweiten Weltkrieges in Frankreich: Ein aus Deutschland geflüchteter Chirurg, dessen Frau von den Nazis ermordet wurde, lebt in schäbigen Hotels in Paris. Andere Emigranten helfen ihm, doch seine Vereinsamung wird auch durch die Verbindung mit einer ebenso einsamen Schauspielerin nicht aufgebrochen. Die melodramatische Verfilmung des Romans von Erich Maria Remarque wird getragen von einer fatalistischen Weltsicht. Dabei bleibt der Film trotz vorzüglicher Darstellerleistungen in der Dramatisierung des Handlungsgewebes flach und ohne überzeugendes zeitkritisches Konzept. – Ab 14 möglich. ✦ Schwarzweiß. USA 1948 **P** Enterprise **KI** Constantin **VA** Taurus **Pd** David Lewis **R** Lewis Milestone **B** Lewis Milestone, nach dem gleichnamigen Roman von Erich Maria Remarque **K** Russell Metty **M** Louis Gruenberg **D** Charles Boyer (Dr. Ravic), Ingrid Bergman (Joan Madou), Charles Laughton (Haake), Louis Calhern (Morosow), Stephen Bekassy (Alex), Roman Bohnen (Dr. Weber), Hazel Brooks (Sybil) **L** 100 **FSK** ab 12; f (früher 16) **E** 28.3.1952 **fd** 1 720

TRIUMPHMARSCH (MARCIA TRIONFALE / LA MARCHE TRIOMPHALE). Ein sensibler italienischer Literaturstudent, der dem Militärdienst entrinnen möchte, wird als Rekrut von Kameraden drangsaliert und durch die Härte eines Hauptmanns zum Mustersoldaten umerzogen. Er unterwirft sich und übernimmt die Mentalität seines Vorgesetzten, der ihn, seine Frau und alle Untergebenen mit Methoden der Gewalt »formen« will. Ein ausgezeichnet inszenierter und gespielter gesellschaftskritischer Film, der sein Hauptthema der Persönlichkeitsumbildung durch die polemische Darstellung des Militärmilieus sowie die Ehegeschichte des psychopathischen Offiziers abschwächt. ✦ BR Deutschland/Italien/Frankreich 1975 **P** Lisa/Clesi/Renn **KI** Residenz **Pd** Silvio Clementelli **R** Marco Bellocchio **B** Marco Bellocchio, Sergio Bazzini **K** Franco di Giacomo **M** Nicola Piovani **S** Sergio Montanari **D** Franco Nero (Asciutto), Michele Placido (Passeri), Miou-Miou (Rosanna), Ekkehardt Belle, Patrick Dewaere (Baio), Nino Bignamini **L** 108 (gek. 103) **FSK** ab 18; f (gek. 16) **E** 29.10.1976 **fd** 20 022

TRIXIS WUNDERLAND (TALES OF BEATRIX POTTER). Ein bezaubernder, gänzlich dialogloser Ballettfilm nach den Zeichnungen und Tierfabeln der Engländerin Beatrix Potter (1866–1943). Mit geschmackssicheren Farben und meisterlichen Kostümen, Masken und Dekors wird eine zierlich-poetische Miniaturwelt geschaffen, in der das Londoner Royal Ballet choreografisch erfindungsreich die Tierfiguren tanzt (Choreografie: Frederick Ashton). – Sehenswert ab 6. ✦ Großbritannien 1971 **P** Anglo EMI/G.W.-Films **KI** Warner-Columbia **Pd** Richard Goodwin **R** Reginald Mills **B** Richard Goodwin, Christine Edzard, nach Erzählungen von Beatrix Potter **K** Austin Dempster **M** John Lanchbery **D** Carole Ainsworth, Sally Ashby, Frederick Ashton, Avril Bergen, Wayne Sleep, Julie Wood **L** 89 **FSK** ab 6; f **E** 9.3. 1973 **fd** 18 086

TROCADERO (TROCADERO BLEU CITRON). Ein zehnjähriger Junge, der mit seiner Mutter in Paris lebt und ein begeisterter Skateboard-Fahrer ist, verliebt sich in ein gleichaltriges Mädchen und erobert es, unterstützt durch den kameradschaftlichen Rat der Mutter. Ein schwungvoll und heiter erzähltes modernes Märchen. Seine ausgelassene Utopie befördert die Botschaft, daß Erwachsene Kinder und ihre Fantasie anerkennen und ernst nehmen sollen. – Ab 8. ✦ Frankreich 1978 **P** Madeleine/S.F.P./Productions de la Guéville **VA** Mondial **R+B** Michael Schlock **K** Bernard Laug **M** Alec Costandinos **S** Georges Klotz **D** Anny Duperey (Annie), Lionel Melet (Phil), Bérangère de Lagatinerie (Caroline), Martine Sarcey (Hélène), Henri Garcin (Georges), Frank Fitoussi (Frankie) **L** 90 **E** 25.12.1980 ZDF/1983 Video **fd** 23 992

TROCKENER SOMMER (SUSUZ YAZ). Ein reicher egoistischer Bauer sperrt den Kleinbauern das lebensnotwendige Wasser ab und spannt dem eigenen Bruder die Frau aus. Ein überwiegend plakativer Film, naiv und banal erzählt als eine Art Volksstück. Interessant allenfalls durch die Einblicke in das triste Leben der Menschen in Anatolien. (O.m.d.U.) ✦ Schwarz-weiß. Türkei 1963 **P** Hitit-Film **Pd** Ulvi Dogan **R** Ismail Metin **B** Ismail Metin, Ulvi Dogan, nach einer Geschichte von Necati Cumali **K** Ali Ugur **M** Yamaci **D** Ulvi Dogan (Hassan), Erol Tas (Osman), Hülya Koçyigit (Bahar), Hakki Haktan, Yavuz Yalinkilic, Zeki Tüney **L** 83 **E** 16.6.1982 WDR

DIE TROERINNEN → Troja

TROIKA 67 (RUSSIAN ADVENTURE). Attraktionen aus der Sowjetunion, in amerikanischer Breitwandtechnik (»Kinorama 70mm«) mit drei gekoppelten Kameras aufgenommen. Die UdSSR wird pseudo-dokumentarisch als ein Land der Tänze, der Naturschönheiten und der Kuriositäten vorgestellt. Aussagen über Gesellschaft, Technik, Wissenschaft, Kultur und Politik fehlen in dem unverbindlichen, allein optisch attraktiven Film. – Ab 10. ✦ Scope. USA 1965 **P** United Roadshow **KI** Luna (70mm) **R** Leonid Kristi, Roman Karmen, Salomon Kogan, Boris Dolin, Oleg Lebedew, Wassili Katanjan **K** Nikolai Generalow, Anatoli Kaloschin, Sergej Medynski, Wladimir Woronzow, Ilja Gutman, E. Jeschow, A. Missiwa **M** Alexander Lokschin, Ilja Schweizer, Juri Jefimow **L** 136 **FSK** ab 6; f **E** 1968 Kino **fd** 15 291

TROIS FEMMES → Drei Töchter Evas

TROJA (THE TROJAN WOMEN). Verfilmung der gleichnamigen antiken Tragödie, in der die Frauen der besiegten Trojaner schrittweise mit dem ihnen von den Griechen zugedachten Schicksal konfrontiert werden. Eine werknahe und sorgfältige Inszenierung, die zwar nicht das Übergewicht des gesprochenen Wortes aufhebt, aber zu einer eindrucksvollen Stilisierung gelangt. Dabei wird das rhetorische Pathos ergänzt durch die intensive Sprache der Gesichter sowie die karge, ausgebrannte Landschaft. Euripides' Anklage der Kriegsgreuel zeigt sich so in seiner nach wie vor ungebrochenen Aktualität. (Alternativtitel: »Die Trojanerinnen«; Fernsehen: »Die Troerinnen«) – Sehenswert ab 16. ✦ USA 1971 **P** Josef Shaftel Films **VA** VFL/Sauerland **Pd** Josef Shaftel **R** Michael Cacoyannis **B** Michael Cacoyannis, nach der antiken Tragödie von Euripides **K** Alfio Contini **M** Mikis Theodorakis **S** Russel Woolnough **D** Katharine Hepburn (Hekuba), Vanessa Redgrave (Andromache), Geneviève Bujold (Kassdandra), Irene Papas (Helena), Patrick Magee (Menelaos), Brian Blessed (Talhybios), Alberto Sanz (Astyanax) **L** 108 **FSK** ab 12 **E** 15.11.1974 ZDF **fd** 19 039

DIE TROJANERINNEN → Troja

TROKADERO. In der Hoffnung auf eine unabhängige Existenz richten ein junger Mann und seine Freundin eine Musik- und Liedermacherkneipe auf dem Lande ein. Aber selbst mit Striptease-Einlagen kann das Unternehmen keine Kundschaft anlocken. Die erboste Dorfjugend demoliert die rustikale Freizeit-Oase. Ein modernes Märchen mit teils pfiffigen Gags, die bis ins Tragikomische und Groteske reichen. Die erheiternden Einfälle lassen sich jedoch nicht auf programmfüllende Länge strecken, so daß das Schicksal der traurigen Helden insgesamt kaum fesselt. – Ab 14 möglich. ✦ BR Deutschland/Österreich 1980 **P** Solaris/BR/Satel **KI** Filmverlag der Autoren **Pd** Peter Zenk **R** Klaus Emmerich **B** Jörg Graser **K** Peter Gauhe **M** J. M. Bertl, Ludwig Hirsch **S** Ingrid Broszat **D** Ludwig Hirsch (Theo), Franz Xaver Kroetz (Wendelin), Lisi Mangold (Eva), Werner Asam (Wirtssohn), Beatrice Richter (Stripperin), Uli Steigberg **L** 94 **FSK** ab 12; f **FBW** w **E** 24.4.1981 **fd** 22 932

TROLL (1971) (TROLL). Das sexfreie und daher problemlose Leben eines seit Jahren glücklich verheirateten Paares wird jäh gestört durch den Rat eines Pastors, der hartnäckig auf dem Vollzug der Ehe besteht. Eine übermütig-possenhafte, derb-drastische Verspottung der »Sexualisierung« und der Pornowelle der frühen 70er Jahre sowie ihrer pseudowissenschaftlichen Propagandisten. Der parodistische Elan geht mit zunehmender Dauer weitgehend verloren. ✦ Schweden 1971 **P** Vilgot Sjöman Prod./Schwedisches Kollektiv **KI** Neue Apollo **Pd+R** Vilgot Sjöman **B** Vilgot Sjöman, Solveig Ternström, Börje Ahlstedt, Margaretha Byström, Frej Lindquist **K** Rune Ericson, Ulf Björck **M** Lasse Fanglöf **S** Carl-Olov Skeppstedt **D** Solveig Ternström, Börje Ahlstedt, Margaretha Byström, Ake Carlsson, Sven Björling, Frey Lindgvist **L** 97 **FSK** ab 18; nf **E** 30.6.1972 **fd** 17 895

TROLL (1985) (TROLL). In einem Mietshaus in einer amerikanischen Kleinstadt will ein finsterer Troll die Weltherrschaft durch ein Feen-Universum errichten. Nur ein kleiner Junge durchschaut das Komplott und stemmt sich gemeinsam mit einer ältlichen Dame mit Zauberkräften dem Unheil entgegen. Ein unbefangen-naiver Fantasy-Film, der einigermaßen einfallsreich und mit bösen Spitzen beginnt, dann jedoch zunehmend unter dem schlecht durchdachten, unlogischen Drehbuch leidet. ✦ USA 1985 **P** Altar/Empire **VA** Vestron/Concorde **Pd** Albert Band **R** John Carl Buechler **B** Ed Naha **K** Romano Albani **M** Richard Band **S** Lee Percy **D** Noah Hathaway (Harry Potter jr.), Michael Moriarty (Harry Potter sr.), Shelley Hack (Anne Potter), Jenny Beck (Wendy Potter), Sonny Bono (Peter Dickinson) **L** 83 **FSK** ab 16 **E** 13.2. 1987 Video **fd** 26 688

TROLL 2 (TROLLS II). Im Urlaub hat ein kleiner Junge Visionen von seinem verstorbenen Großvater, der ihn vor einem Ort warnt, an dem Trolle hausen. Als sich die finsteren Gesellen der Familie zuwenden, gelingt es ihm, mit Hilfe des Geistes seines Großvaters den Spuk zu bannen. Die zwischen Fantasy- und Horrorfilm angesiedelte unausgegorene Fortsetzung des unbefangen-naiven »Troll«-Abenteuers von 1985. ✦ USA 1990 **P** Filmirage **VA** Splendid **Pd** David Hils **R** Drago Floyd **B** Clyde Anderson (= Carlos Aured) **D** Michael Stephenson (Joey), Connie McFarland (Holly Waits), George Hardy (Michael Waits), Margo Prey (Diana Waits), Robert Ormsby (Seth) **L** 95 **FSK** ab 16 **E** 3.10.1990 Video/21.8.1995 RTL 2

TROLL 3 (ATOR L'INVINCIBILE / THE HOBGOBLIN / ATOR 3 – THE HOBGOBLIN). Mit dem Schwert des Heiligen Grals bewaffnet, zieht der tapfere Held Ator von Kampf zu Kampf durch eine urzeitliche Welt und besiegt hinterhältige Zwerge, feuerspeiende Drachen und sprechende Raben, bevor er auf der Burg von Hagen und Gunter den Göttern trotzt. Einfältiges Fantasy-Spektakel, das sich aller möglichen und unmöglichen Legenden und Sagen bedient. Seine Erfindungsgabe beschränkt sich auf Spezialeffekte, wobei er in Maske und Tricktechnik durchaus Qualitäten aufweist. (Der Titel ist Etikettenschwindel: Mit dem Fantasy-Film »Troll« hat der Film nur via Synchronisation und Vertriebsreklame zu tun.) ✦ Italien 1990 **P** Filmirage **VA** Splendid **Pd** Donald O'Brien **R** David Hills (= Aristide Massaccesi) **K** Federico Slonisco (= Aristide Massaccesi) **M** Idra Music, Carlo Maria Cordio **S** Kathleen Stratton **D** Eric Allan Kramer (Ator), Margaret Lenzey (Dejamira), Donald O'Brien (Gunter), Dina Marrone (Sunn), Laura Gemser (Grimhilde), Don Semeraro (Grindel/Hagen) **L** 91 (gek. 89) **FSK** ab 18 (gek. 12) **E** 21.11.1991 Video **fd** 29 593

TROLL – DAS SCHWERT DER MACHT → Ator – Herr des Feuers

DAS TROLLKIND – FERIEN AUF SALTKROKAN (TJORVEN OCH SKRALLAN). Das dritte Kinoabenteuer der Kinder auf der schwedischen Schären-Insel wird von der kleinkindlichen Aufgewecktheit des stets fröhlichen, zu harmlosen Streichen aufgelegten Mädchens Skrollan geprägt. Im Wechsel der Jahreszeiten reiht der Astrid-Lindgren-Film heiter und gelöst kleine Ereignisse episodisch aneinander, wobei es vor allem die freundliche, von Respekt und gegenseitigem Verständnis geprägte Stimmung »zwischen den Menschen« ist, die diesem »Klassiker« des Kinderfilms und seiner Lebensutopie zu seinem zeitlos attraktiven Charme verhilft. – Sehenswert ab 6. ✦ Schweden 1965 **P** Artfilm **KI** afm (Erstverleih: Wild Utopia) **Pd** Olle Nordemar **R** Olle Hellbom

B Astrid Lindgren **K** Kalle Bergholm **M** Ulf Björlin **S** Bengt Schöldström **D** Torsten Lilliecrona (Melker Melkersson), Louise Edlind (Malin Melkersson), Stephen Lindholm (Pelle), Maria Johansson (Tjorven), Kristina Jämtmark (Stina), Kajsa Dandenell (Skrollan), Manne Grünberger (Verstermann) **L** 92 **FSK** o. A.; f **E** 7.7.1979 ZDF/31.5.1992 premiere/ 24.9.1998/18.5.2000 Neustart **fd** 34 256

DER TROLLKÖNIG (THE LAST LEPRECHAUN). Zwei Kinder, die den Urlaub bei der zukünftigen Frau ihres Vaters verbringen, entdecken, dass diese eine Hexe ist und das Volk der Trolle vernichten will. Gemeinsam mit deren König versuchen sie, das Schlimmste abzuwenden. Kindertümliche Fantasy-Geschichte vor dem Hintergrund der grünen Insel Irland. ✦ USA 1994 **R** David Lister **B** Paul Matthews **D** Veronica Hamel (Laura Duvann), Jack Scalia (Henry Barridge), David Warner (Simpson), Andrew J. Ferchland (Tommy Barridge), Brittney Boman (Ethel Barridge) **L** (TV) 115 **E** 25.12.1999 RTL 2

TROMBA. Ein morphiumsüchtiger Tiger-Dompteur kehrt nach längerer Abwesenheit zum Zirkus »Krone« zurück. Bei einer rohen Auseinandersetzung mit seiner betrogenen Geliebten zerschellen seine Ampullen; er verliert die hypnotische Macht über seine Tiere, sie zerfleischen ihn. Konventionelles Zirkusmelodram. – Ab 16. ✦ Schwarz-weiß. Deutschland 1949 **P** Camera **Kl** Donau **Pd** Georg Richter **R** Helmut Weiss **B** Elisabeth Zimmermann, Helmut Weiss **K** Werner Krien **M** Adolf Steimel **S** Luise Dreyer-Sachsenberg **D** René Deltgen, Angelika Hauff, Hilde Weissner, Gustav Knuth, Hans Böhme, Gardy Granass, Adrian Hoven **L** 97 **FSK** ab 16; nf **E** 1.7.1949/ 3.3.1950 Kino DDR/29.10.1962 ARD **fd** 353

TROMEO & JULIA (TROMEO & JULIET). Die Kinder zweier rivalisierender New Yorker Banden verlieben sich ineinander und lösen ein Massaker aus, als ihre Liaison bekannt wird. Neuerliche Verfilmung des Shakespeare-Stoffs, diesmal als Horrorfilm, der alle Markenzeichen der federführenden Produktionsfirma trägt. Einschlägige Horrorfilme werden zitiert, Blut fließt in Strömen, nur Gedanken über einen eigenen Ansatz der Geschichte sind nicht verschwendet worden. DVD: Die Extras umfassen u. a. einen Audiokommentar des Regisseurs. ✦ USA 1995 **P** Troma **VA** Troma **DVD** Troma (SE, FF, Mono engl./dt.) **Pd** Michael Herz, Lloyd Kaufman **R** Lloyd Kaufman, James Gunn **B** Lloyd Kaufman, James Gunn, nach Motiven des Bühnenstücks »Romeo und Julia« von William Shakespeare **M** Willie Wisely **S** Frank Reynolds **D** Jane Jensen (Julia), Will Keenan (Tromeo Que), Valentine Miele (Murray Martini), Stephen Blakehart (Benny Que), Maximillian Shaun (Cappy Capulet) **L** 114 **FSK** ab 18 **E** 23.8.1999 Video/3.4.2000 DVD

TROMMELFEUER AUF DEM BALKAN →Die Kolonne des Dr. M.

TROMMELFEUER FÜR VIER FÄUSTE →Whiskey und die Goldgräber

TROMMELFEUER IN KARELIEN →Der unbekannte Soldat

TROMMELN AM MOHAWK (DRUMS ALONG THE MOHAWK). Ein Stück amerikanischer Geschichte aus der Zeit des Revolutionskriegs, als die Amerikaner ihre Unabhängigkeit von der englischen Krone erkämpften: Ein jungverheiratetes Paar zieht vom Staat New York ins Mohawk-Tal. Es ist 1776, die Zeit des Unabhängigkeitskrieges. Als Engländer und Indianer das naheliegende Fort angreifen, muß der Ehemann wie viele andere an die Front. Ein spannend und intensiv inszenierter Western mit ausgezeichneter Kameraführung. – Ab 14. ✦ USA 1939 **P** 20th Century Fox **Kl** Centfox **Pd** Raymond Griffith **R** John Ford **B** Lamar Trotti, Sonya Levien, William Faulkner (ungenannt), nach einer Novelle von Walter D. Edmonds **K** Bert Glennon, Ray Rennahan **M** Alfred Newman **D** Claudette Colbert (Lana Borst Martin), Henry Fonda (Gilbert Martin), Edna May Oliver (Mrs. McKlennan), Eddie Collins (Christian Reall), John Carradine (Caldwell), Doris Bowden (Mary Reall), Jessie Ralph (Mrs. Weaver), Arthur Shields (Pfarrer Rosenkranz), Robert Lowery (John Weaver), Francis Ford (Joe Boleo), Ward Bond (Adam Hartmann), Russell Simpson (Dr. Petry), Chief John Big Tree (Blue Back) **L** 103 **E** 9.12.1949 **fd** 563

TROMMELN DER WILDNIS (SAVAGE DRUMS). Auf einer von konkurrierenden Großmächten belauerten Südseeinsel entbrennt ein Machtkampf zwischen Reaktionären und einer letztlich siegreichen Fortschrittspartei, die sich um einen in den USA erzogenen jungen Fürsten schart. Er führt sein Land einer zivilisierten Zukunft mit Coca-Cola entgegen. Naiver Abenteuerfilm der zweiten Garnitur mit viel Exotik und hymnisch gefeiertem Fortschrittsgeist. – Ab 12 möglich. ✦ Schwarz-weiß. USA 1951 **P** Lippert-Capital **Kl** Phönix/NF **Pd** Robert L. Lippert **R** William Berke **B** Fenton Earnshaw **K** Jack Greenhalgh **M** Darrell Calker **D** Lita Baron, Sabu (Tipo von Numiti), Sid Melton, H. B. Warner, Steven Geray, Bob Easton, Margia Dean **L** 72 **FSK** ab 12; nf **E** 27.6.1953 **fd** 2 624

TROMMELN DES TODES (APACHE DRUMS). Eine historisch belegte Episode aus der letzten Kampfzeit der Apachen, die im Jahr 1879 vom mexikanischen Bergland aus ins texanische Gebiet eines Forts einfallen. Ein verwegener Spieler kommt den Angegriffenen zu Hilfe. Inszenatorisch perfekter Western, der nach verständnisvollen Hinweisen auf die aussichtslose Lage der Indianer zu massiver Spannung innerhalb der gängigen Genremuster übergeht. – Ab 14 möglich. ✦ USA 1950 **P** Universal **Kl** Universal **Pd** Val Lewton **R** Hugo Fregonese **B** David Chandler, Milton Carruth **K** Charles P. Boyle **M** Hans J. Salter **S** Milton Carruth **D** Stephen McNally (Sam Leeds), Willard Parker (Joe Madden), Coleen Gray (Sally Barr), Arthur Shields (Pfarrer Griffis), James Griffith (Lt. Glidden), Armando Silvestre (Pedro), Georgia Backus (Mrs. Keon), Clarence Muse (Jehu), Ruthelma Stevens (Betty Careless), James Best (Bert Keon), Ray Bennett (Mr. Keon) **L** 75 **FSK** ab 12; nf **E** 5.9.1952 **fd** 2 189

TROMMELN DES URWALDS (DRUMS OF DESTINY). Die Kameraausbeute von angeblich zwölf Jahren Tierbeobachtung in Afrika – einer grausamen Welt, in der das »Recht des Stärkeren« als Gesetz gilt. Neben imponierenden dokumentarischen Leistungen auch gestellte und damit verfälschende Szenen, die einfach nur Spannung schüren sollen. – Ab 14. ✦ Südafrika 1960 **P** George Michael/Motion Picture **Kl** NFA **R+B** George Michael **K** George Michael, Tim Spring, John B. Kennard **M** Herold Stephanson **L** 81 **FSK** ab 12; f **E** 24.8.1962 **fd** 11 510

TROMMELN IM TIEFEN SÜDEN (DRUMS IN THE DEEP SOUTH). Ehedem befreundete Kadetten der Offiziersschule Westpoint stehen sich 1865 im Bürgerkrieg in Georgia als feindliche Offiziere beim Kampf um eine Bergstellung gegenüber, von der aus die Südstaatler den Eisenbahn-Nachschub der Yankees lahmlegen. Eine Farmersfrau, die dabei den Jugendfreund wiederfindet, hilft diesem tatkräftig gegen die Nordstaatler und stirbt mit ihm bei der Sprengung des Berges glorreich den Heldentod. Ein schreiend bunter Kriegsabenteuerfilm, pathetisch und sentimental, leidlich spannend. – Ab 14. ✦ USA 1951 **P** King Brothers **Kl** RKO **R** William Cameron Menzies **B** Philip Yordan, Sidney Harmon **K** Lionel Lindon **M** Dimitri Tiomkin **D** James Craig (Hauptmann Claybourne), Barbara Payton (Kathy Summers), Guy Madison (Will Denning), Craig Stevens (Braxton Summers), Barton MacLane **L** 85 **FSK** ab 12; nf **E** 8.12.1953 **fd** 3 210

TROMMELN ÜBER DEM SKLAVENCAMP (VALLEY OF THE DOOMED). Freiwillige sowie politische und kriminelle Gefangene werden auf einer südamerikanischen Plantage wie Tiere gehalten, bis sie bei einem Aufstand blutige Rache nehmen. Verworrener Abenteuerfilm voller gängiger Klischees, der seinen Mangel an Spannung durch Sadismus und Sex zu kompensieren versucht. – Wir raten ab. ✦ USA/Mexiko 1975 **P** Armada/Conacine **Kl** Alemannia **DVD** Astro (FF, Mono dt.) **R+B** René Cardona jr. **D** Mario Almada, Roberto Guzman, Silvia Mariscal, Mariana Lobo, Ricardo Carrion **L** 90 **FSK** ab 16; f **E** 28.10. 1976/2001 DVD **fd** 20 009

EIN TROMMLER IN DER WÜSTE (EIN TROMMLER IN DER WÜSTE). Dokumentarfilm des Schweizer Regisseurs Rolf Lyssy über seinen Bruder Michael, der 1962 seine Heimat verließ und seither mit seiner Familie im Kibbuz Dovrat in der Nähe von Haifa lebt. Lyssy zeigt, wie sein als Zeichner und Trommler künstlerisch tätiger Bruder mit der gesellschaftspolitischen Situation im Kibbuz zurechtkommt. Ohne sich selbst in die Begegnung einzubringen, gelingt es dem Regisseur, in leisen Zwischentönen auch die Isoliertheit des Künstlers darzustellen. ✦ Schweiz 1992 **P** Rolf Lyssy Prod. **Pd+R+B** Rolf Lyssy **K** Otmar Schmid **M** Michael Bar-Am **S** Lilo Gerber **L** 80 **E** Dezember 1992/14.4.1996 3sat

TROMPETEN-ANTON. Fantasievoll und mit melancholischem Humor erzählte Geschichte eines kleinen Jungen, der Musikclown im Zirkus werden möchte. Fernsehfilm für Kinder. – Ab 6. ✦ DDR 1981 **P** DEFA **Pd** Peter Mäbert **R** Wolfgang Hübner **B** Christa Kozik **K** Ralf Neubert **M** Peter Gotthardt **D** Madeleine Lierck (Antons Mutter), Jürgen Heinrich (Antons Vater), Andreas Pfaff (Anton Eisenberg), Michaela Hotz (Pille), Fred Delmare (Herr Schlappke) **L** 58 **E** 26.12.1981 DFF 1

TROMPETEN DER LIEBE →Der Pastor mit der Jazztrompete

TRON (TRON). Die Geschichte eines Programmierers, der in das Programm eines Computers eindringt und ein übermächtiges elektronisches Ungetüm zur Strecke bringt. Der erste US-Spielfilm, der versucht, eine banal-oberflächliche Computerstory in eine adäquate Bildform zu verpacken: Seine technologiefreudige Handlung führt in das Innere eines gewaltigen Rechners, in dem der Krieg der guten Programme gegen die finsteren Schergen des »master control«-Programms (MCP) tobt. Ein grellbuntes Spektakel, das teilweise brillant mit Mitteln der Computeranimation, der herkömmlichen Zeichentricktechnik, eines futuristischen Dekors und verfremdender Lichteffekte operiert. Demonstration und Werbung gleichzeitig für die Möglichkeiten des computergestützten Zeichnens. – Ab 16. ✦ Scope. USA 1981 **P** Walt Disney Prod. **Kl** 20th Century Fox **Pd** Donald Kushner **R+B** Steven Lisberger **K** Bruce Logan **M** Wendy Carlos **S** Jeff Gourson **D** Jeff Bridges (Kevin Flynn/Clu), David Warner (Ed Dillinger/ Sark), Bruce Boxleitner (Alan Bradley/Tron), Barnard Hughes (Walter Cribbs/Dumont), Cindy Morgan (Lora/Yori), Peter Jurasik (Crom), Daniel Shor (Ram), Tony Stephano (Peter/Sarks Leutnant), Sam Schatz (Krieger), Jackson Bostwick (Wächter) **L** 96 **FSK** ab 12; f **FBW** w **E** 9.12.1982 **fd** 23 757

TROOPERS →Todfeinde – Die falsche Entscheidung

TROPENGLUT (GREEN MANSIONS). Die Urwald-Liebesgeschichte zwischen einem venezolanischen Goldsucher und einem geheimnisvollen Waldmädchen in Südamerika. Ein eher langweilender als fesselnder Versuch, Star-Kino, Märchenzauber und handfestes Abenteuer-Kino in Einklang zu bringen. Das Ergebnis ist kurios-schöner Kitsch. – Ab 14 möglich. ✦ Scope. USA 1958 **P** MGM **Kl** MGM **Pd** Edmund Grainger **R** Mel Ferrer **B** Dorothy Kingsley, nach einer Novelle von William Henry Hudson **K** Joseph Ruttenberg **M** Heitor Villa-Lobos, Bronislau Kaper **S** Ferris Webster **D** Audrey Hepburn (Rima), Anthony Perkins (Abel), Lee J. Cobb (Nuflo), Sessue Hayakawa (Runi), Henry Silva (Kua-Ko), Michael Pate (Priester), Nehemiah Persoff (Don Panta) **L** 106 **FSK** ab 12; f **E** 3.9.1959 **fd** 8 419

TROPENKOLLER (COUP DE LUNE). Einen jungen Franzosen verschlägt es Ende der 40er-Jahre in eine kleine lateinamerikanische Stadt, wo er den Managerposten einer Handelsfirma übernehmen soll. Schon bald erliegt er den Reizen seiner Hotelwirtin und wird in mysteriöse Vorgänge verstrickt, als deren früherer Liebhaber stirbt und ein geheimnisvoller Indio erschossen wird. Verfilmung eines psychologischen Romans von Georges Simenon, in der sich die klimatische Schwüle, die Seelenlage ihrer Protagonisten spiegelt. ✦ Frankreich 1999 **P** La Sept/arte/Le Sabre/ICC/In Vitro **R** Edouardo Mignogna **B** François Olivier Rousseau, nach einem Roman von Georges Simenon **K** Marcello Camorino **M** Jean-Marie Sénia **S** Pere Abadal **D** Grégoire Colin (Joseph Timar), Eulalia Ramon (Adèle), Martin Lamotte (Eugène), Isabel Vera (Maria), Israel Achig (Joaquin Franklin) **L** 96 **E** 1.5.2000 arte

TROPENPARADIES →Paradies auf Erden

TROPFEN AUF HEISSE STEINE (GOUTTES D'EAU SUR PIERRES BRULANTES). Tragisch-groteskes Kammerspiel um vier Menschen in einer kleinbürgerlichen Etagenwohnung irgendwo im Deutschland der 70er-Jahre: Ein älterer Mann und sein jugendlicher Geliebter leben sich auseinander; zwei Frauen greifen ins ritualisierte Spiel um Liebe und Unterwerfung, Träume und Illusionen ein, ohne den jungen Mann vom Selbstmord abhalten zu können. Höchst artifizielle, hervorragend gespielte Adaption eines frühen Theaterstücks von Rainer Werner Fassbinder. Dessen stilisierte, teils grelle Künstlichkeit durchdringt der Film fern jeder Larmoyanz, um zur Trauer, Einsamkeit und Identitätslosigkeit der Menschen vorzudringen. – Sehenswert. ✦ Frankreich 2000 **P** Fidélité/Les Films Alain Sarde **Kl** Concorde **Pd** Olivier Delbosc, Marc Missonnier, Alain Sarde, Christine Gozlan **R** François Ozon **B** François Ozon, nach einem Theaterstück von Rainer Werner Fassbinder **K** Jeanne Lapoirie **S** Laurence Bawedin **D** Bernard Giraudeau (Leopold), Malik Zidi (Franz), Ludivine Sagnier (Anna), Anna Thomson (Vera) **L** 85 **FSK** ab 12; f **E** 7.12.2000 **fd** 34 602

EIN TROPFEN IM MEER (KAPLJA W MORJE). Kinderfilm: Die alltäglichen Erlebnisse eines Abc-Schützen. – Ab 6 möglich. ✦ UdSSR 1973 **P** Gorki-Studio **Kl** Progress **R+B** Jakow Segel **K** Wladimir Archangelski **M** Wladimir Jaschkewitz **D** Sascha Maslennikow (Witja), Olja Kissljar (Alla), Valentina Telegina (Großmutter), Liljana Aleschnikowa (Mama), Soja Fjodorowa (Schullleiterin) **L** 67 **E** 18.7. 1980 Kino DDR/31.8.1975 DFF 1

DIE TROPHÄE (TROFEJ). Angesichts einer sprunghaften Zunahme von luxuriösen Eigenheimbauten im ganzen Land werden Kommissionen beauftragt, die Rechtmäßigkeit dieses Privateigentums und die zweifelsfreie Herkunft des Baumaterials zu prüfen. Doch die Suche nach der Wahrheit ist weniger erfolgsträchtig und führt zu großen Konflikten. Thematisch interessanter Gegenwartsfilm, inszenatorisch mit einigen Mängeln behaftet. – Ab 16. ✦ Scope. Jugoslawien 1979 **P** Neoplanta/Zvezda Film Novi Sad **Kl** Progress **R** Karolj Vicek **B** Ferenc Déak, Karolj Vicek **K** Dusan Ninkov **M** Mladen Vranesevic, Predrag Vranesevic **D** Stojan Arandjelovic, Slobodan Dimitrijevic, Jagoda Kalaper-Tajder, Rade Markovic, Dorde Jelisic **L** 96 **E** 26.6.1981 Kino DDR

TROPIAFRIC – GRÜSSE AUS DER WILDNIS. Ein witzig-ironisch gemeinter, streckenweise allzu langatmig geratener Film, der auf die Probleme des Ferntourismus und die europäische Überheblichkeit aufmerksam macht: Ein Deutscher bereist Afrika; seine in einem Kassettenrekorder diktierten oberflächlichen und klischeehaften Kommentare kontrastieren mit der Schönheit der Landschaft und der Faszination des fremden Kontinents, dem mit oberflächlichen Prospekt-Begriffen nicht beizukommen ist. Einer jungen Touristin, die sich ganz auf das Abenteuer Afrika einläßt, gelingt es, mehr Verständnis zu entwickeln. – Ab 16. ✦ BR Deutschland 1982/83 **P** Karol Schneeweiss/WDR **Kl** Kidoga **R+B** Karol Schneeweiss, Maria Fisahn **K** Jörg Jeshel, Karol Schneeweiss, Maria Fisahn **M** Fela Ransam Kuti, Kai Schirmer, Gerd Stein, Richard Wagner **S** David van Berg **D** Catherine K. Nganga, Wilfried Helling, Rosemary Susan Habwire, Annemone Poland, Klaus Wyborny, Jimmy M. Kazungu **L** 89 **FBW** w **E** 7.4.1983/4.2.1985 WDR III

TROPIC WAR (BLOOD MONEY). In Florida treffen ein Abenteurer und eine Prostituierte aufeinander, die das gemeinsame Interesse verbindet, einen Mordfall zu lösen. Bald sind sie in Waffenschiebergeschäfte und Drogenschmuggel verstrickt; die Spur führt in den Dschungel von Costa Rica, wo sie sich mit korrupten Militärs, Drogenbaronen und deren Helfershelfern herumschlagen müssen. Aktionsreicher Abenteuerfilm, dessen politische Ambition, die Finanzierung der Contra-Rebellen aus Drogengeschäften anzuprangern, wirkungslos verpufft. (TV-Titel: »Blutiges Geld«) – Ab 16 möglich. ✦ USA 1988 **P** Trans World Entertainment **VA** VCL/Virgin **Pd** Donald March **R** Jerry Schatzberg **B** Robert Foster **K** Isidore Mankofsky **M** Jan Hammer **S** David Ray **D** Andy Garcia (Clinton Dillard), Ellen Barkin (Nadine Powers), Morgan Freeman (Dorsey Pratt), Michael Lombard (James Conrad), John C. McGinley (Turner), Alan North (Detective Rayburn) **L** 91 **FSK** ab 16 **E** 23.2. 1989 Video/20.4.1991 premiere/21.10.1994 VOX

TROPICAL SNOW (TROPICAL SNOW). Um seinem wirtschaftlich trostlosen Leben zu entkommen, entschließt sich ein junges Paar, Kokain von Bogota nach New York zu schmuggeln. An der Grenze verläßt die Frau der Mut, der Mann fliegt allein und wandert prompt ins Gefängnis. Als sie ihm wenig später, ebenfalls mit geschluckten Kokain-Päcken, folgt, kann ihr Dealer zwar eine Haftentlassung des Mannes arrangieren, doch der stirbt einen qualvollen Tod, als sich die Päckchen in seinem Magen auflösen. Melodramatischer Film um einen Traum vom besseren Leben, angereichert mit Szenen aus dem Drogenalltag. ✦ USA 1988 **P** Paramount **VA** CIC **R+B** Ciro Duran **K** Eduardo Serra **M** Alan Dermarderosian **D** David Carradine (Oskar), Nick Corri (Tavo), Madeleine Stowe (Marina), Mike Fenton **L** 85 **FSK** ab 16 **E** 1988 Video/14.9.1994 PRO 7

TROPISCHE ABENTEUER (1943) (DANGEROUS JOURNEY). Einer der ersten Expeditions-Dokumentar-Berichte des englischen Forschers Armand Denis (spätere Arbeiten gemeinsam mit seiner Frau Michaela). Auf der Suche nach fesselnden Einblicken in exotische Eigenart durchstreift er Afrikas Fauna und beobachtet Kultisch-Mysteriöses, eine Elefantenjagd und eine Kobra-Beschwörung in Südindien und Burma. Formal recht bescheiden. – Ab 14. ✦ Schwarz-weiß. USA 1943 **P** United Artists **Kl** MPEA **R** Armand Denis, Leila Roosevelt **B** Charles de Grandcourt **K** Leroy Phelps **S** Charles Wolfe **L** 90 **E** Oktober 1946 Kino **fd** 276

TROPISCHE ABENTEUER (1952) (TROPIC ZONE). Ein tatkräftiger Nordamerikaner rettet die Bananen-Plantage einer jungen Frau vor einem gewissenlosen Händler. Romantik und Sensationen in einem routinierten Film kleinen Formats. (Späterer Titel: »Tropische Zone«) – Ab 14. ✦ USA 1952 **P** Pine-Thomas Corp. **Kl** Accord **R** Lewis R. Foster **B** Lewis R. Foster, nach einem Roman von Tom Gill **K** Lionel Lindon **M** Lucien Cailliet **D** Ronald Reagan, Rhonda Fleming, Estelita Rodriguez, Noah Beery jr., Grant Withers **L** 94 **FSK** ab 12; nf **E** 21.4.1962/20.2.1995 Pro Sieben **fd** 11 090

TROPISCHE SINNLICHKEIT (LUJURIA TROPICAL). Eine Frau, die sich bisher recht gern von Mann zu Mann reichen ließ, beschließt plötzlich und aus nicht ersichtlichem Grund, ein neues Leben zu beginnen. Pseudo-Drama von geradezu monumentaler Langeweile. ✦ Scope. Argentinien 1964 **P** Sifa **Kl** Sonderfilm **R** Armando Bo **K** Julio Lavera **M** Mario Suarez **D** Isabel Sarli, Armando Bo, Luis Salazar, Pedro Laxalt, Manolo Coego **L** 82 **FSK** ab 18; nf **E** 1.1.1965 **fd** 13 250

TROPISCHE ZONE (1940) (TORRID ZONE). Der amerikanische Verwalter einer Plantage in Lateinamerika wird durch den Besitzer mit schmutzigen Tricks zum Bleiben gezwungen, obwohl er beschlossen hatte, in die USA zurückzugehen. Dem Plantagenbesitzer macht ein Revolutionär zu schaffen, der die Arbeiter auf ihre menschenunwürdige Lage aufmerksam macht. Routiniertes Hollywood-Drama mit einem ungewöhnlichen Sujet; beachtlich vor allem durch das dynamische Spiel von James Cagney. (O.m.d.U.) – Ab 16. ✦ Schwarz-weiß. USA 1940 **P** Warner Bros. **R** William Keighley **B** Richard Macaulay, Jerry Wald **K** James Wong Howe **M** Adolph Deutsch **D** James Cagney (Nick Butler), Pat O'Brien (Case), Ann Sheridan (Lee Donley), Helen Vinson (Gloria Anderson), Andy Devine (Wally Davis) **L** 94 **E** 28.7.1979 BR

TROPISCHE ZONE (1952) →Tropische Abenteuer (1952)

TROST (DERMAN). Eine junge Hebamme wird aus Ankara nach Anatolien versetzt und muß in einem harten Winter unter äußerst schweren Bedingungen ihre Aufgabe erfüllen. Bald ersetzt sie den fehlenden Arzt und wird von den Einheimischen respektvoll »Derman« genannt. Ein ergreifender poetisch-dokumentarischer Film, der auf ebenso behutsame wie kraftvolle Weise vom Zusammenprall zweier Welten und von der Dialektik des zivilisatorischen Fortschritts erzählt. Archaische Lebensformen und aufgeklärtes Denken werden nicht polemisch gegeneinander ausgespielt, sondern in ihrer Eigenständigkeit ernst genommen und mit verständnisvollem Blick in ihren widerspruchsvollen Aspekten erfaßt. Das kritische Engagement des Films bezieht sein Pathos aus intensiver Natur- und Menschenbeobachtung. (O.m.d.U.; TV-Titel DDR: »Gefangen im Eis«) – Sehenswert ab 14. ✦ Türkei 1983 **P** Gülsah Film **Kl** Pandora **R** Serif Gören **B** Ahmet Soner, Osman Sahin, nach einem Roman von Osman Sahin **K** Erdogan Engin **M** Yeni Türkü Gurubu **S** Serif Gören **D** Hülya Koçyigit (Mürüvvet), Tarik Akan (Sehmuz), Talat Bulut (Tahsin), Nur Sürer (Bahar), Sirri Elitas **L** 88 **E** 17.8.1984/17.3.1986 DFF 2 **fd** 24 732

DER TROST VON FREMDEN (THE COMFORT OF STRANGERS). Ein junges englisches Paar, das in Venedig seine erkaltete Leidenschaft auffrischen will, wird in vielfacher Hinsicht das Opfer eines befremdlich-anziehenden Mannes und seiner Frau. Ein Film um Besessenheit in unterschiedlichen Spielarten, der Fragen nach Vernunft nicht beantwortet und zuläßt. Eine ebenso irritierende wie fesselnde Auseinandersetzung mit Schönheit, Sinnlichkeit und ihren Exzessen und mit der Vergänglichkeit. (Fernsehtitel: »Unter Fremden«) ✦ Italien/USA 1989 **P** Erre/Reteitalia/Sovereign Pictures **Kl** 20th Century Fox **VA** RCA/Columbia **Pd** Angelo Rizzoli **R** Paul Schrader **B** Harold Pinter, nach einem Roman von Ian McEwan **K** Dante Spinotti **M** Angelo Badalamenti **S** Bill Pankow **D** Christopher Walken (Robert), Rupert Everett (Colin), Natasha Richardson (Mary), Helen Mirren (Caroline), Manfredi Aliquo (Concierge) **L** 104 **FSK** ab 16; f **E** 1.11.1990/17.9.1991 Video **fd** 28 602

TROSTGASSE 7, EINE KINDHEIT IN WIEN (1934–38). Ein zehnjähriges Mädchen wächst im Wien der 30er-Jahre wohlbehütet auf, von Armut und Arbeitslosigkeit bekommt es wenig mit. Doch ganz allmählich schleicht sich die Realität in sein Leben ein und als in der Schule Verse auf den Retter Adolf Hitler einstudiert werden und eine Freundin Selbstmord begeht, hat das Leben das kleine Kind eingeholt. Ein Zeitbild, das konsequent versucht, die Geschichte aus dem Blickwinkel eines Kindes zu erzählen und so zugleich Zeitgeschichte Kindern verständlich machen will. ✦ Österreich 1992 **R** Anton Reitzenstein **B** Ditta Rudle, nach dem gleichnamigen Roman von Elisabeth Hofer **D** Tessa Höchtl, Sylvia Eisenberger **L** 90 **E** 19.7.1994 ZDF

TROTTA. Ein junger Offizier der k.u.k.-Armee wird nach dem Ersten Weltkrieg durch den Zerfall der Monarchie beruflich und privat aus der Bahn geworfen. Eine atmosphärisch dichte und sehr sensible Verfilmung des Romans »Die Kapuzinergruft« von Joseph Roth. Unmittelbar und ohne Distanz nimmt der Film ganz die Sicht der Hauptfigur ein und schildert über das Absterben einer Epoche hinaus deren Unfähigkeit, diese Entwicklung zu begreifen. (Fernsehtitel ORF: »Trotta – Die Kapuzinergruft«) – Sehenswert ab 16. ✦ BR Deutschland 1971 **P** Independent/Johannes Schaaf Filmprod. **KI** Constantin **Pd** Johannes Schaaf, Heinz Angermeyer **R** Johannes Schaaf **B** Johannes Schaaf, Maximilian Schell, nach Motiven des Romans »Die Kapuzinergruft« von Joseph Roth **K** Wolfgang Treu **M** Eberhard Schoener **S** Dagmar Hirtz **D** András Bálint (Trotta), Rosemarie Fendel (Almarin), Doris Kunstmann (Elisabeth), Elma Bulla (Trottas Mutter), Heinrich Schweiger (Elisabeths Vater), Tomas Mayor (Reisiger) **L** 95 **FSK** ab 16; f **FBW** bw **E** 16.11.1971/20.10.1972 Kino DDR **fd** 17 585

TROTTEL IM WELTALL (THE CREATURE WASN'T NICE). Mißglückter Versuch einer Science-Fiction- und »Alien«-Parodie. Die kleine Mannschaft eines schrottreifen Raumschiffes findet auf einem fremden Planeten ein Stück Masse, das sich an Bord in ein menschenfressendes und zugleich singendes Monster verwandelt. (Späterer Titel: »Naked Space – Trottel im Weltall«) – Ab 16. ✦ USA 1981 **Pd** Mark Haggard **R+B** Bruce Kimmel **K** Denny Lavil **M** David Spear **S** David Blangsted **D** Leslie Nielsen (Captain J. Jamson), Patrick MacNee (Dr. Stark), Cindy Williams (McHugh), Bruce Kimmel (John), Gerrit Graham (Rodzinski) **L** 88 **E** 9.3.1997 RTL 2

EIN TROTTEL KOMMT SELTEN ALLEIN (SOME KIND OF A NUT). Durch den Stich einer Biene vorübergehend an der Rasur gehindert, sieht ein Angestellter sich gezwungen, sich einen Bart wachsen zu lassen. Dadurch sieht der dem Vizepräsident seiner Firma zum Verwechseln ähnlich und wird kurzerhand entlassen. Diese Willkürmaßnahme löst einen Massenprotest aus, seine Freundin setzt alles daran, daß er seinen Job zurückbekommt und auch seine Ex-Frau, vom Wirbel um ihren Mann angelockt, zeigt wieder Interesse. Turbulente, aber kaum erheiternde Komödie, deren Geschichte sich um ein Nichts an Handlung rankt. – Ab 12. ✦ USA 1969 **P** Mirisch/DFI/T.F.T. **Pd** Walter Mirisch **R+B** Garson Kanin **K** Burnett Guffey, Gerald Hirschfeld **M** Johnny Mandel **S** Richard Farrell **D** Dick van Dyke (Fred Amidon), Angie Dickinson (Rachel), Rosemary Forsyth (Pamela), Elliott Reid (Gardner), Zohra Lampert (Bunny) **L** 90 **E** 15.12.1996 RTL 2

DIE TROTTEL VOM TEXAS-GRILL (FULL MOON IN BLUE WATER). Nach dem Verschwinden seiner Frau fällt der Inhaber einer Grillstation in tiefe Lethargie. Immer wieder versucht er, durch das Ansehen alter Filme das verlorene Glück heraufzubeschwören. Einer praktisch-resoluten Frau, die mehr als eine nur geschäftliche Partnerschaft anstrebt, gelingt es schließlich, ihn aus seiner Isolation zu reißen. Die reizvolle Handlung wird von guten Darstellern getragen, leidet aber unter der uninspirierten Kameraarbeit, durch die der positive Gesamteindruck etwas geschmälert wird. (Fernsehtitel: »Vollmond über Blue Water«; »Irgendwo in Texas«, »Vollmondnächte in ›Blue Water‹«) – Ab 16. ✦ USA 1988 **P** Trans World **VA** 21th Century **Pd** Lawrence Turman, David Foster, John Turman **R** Peter Masterson **B** Bill Bozzone **K** Fred Murphy **M** Phil Marshall **S** Jill Savitt **D** Gene Hackman (Floyd), Teri Garr (Louise), Burgess Meredith (Genral), Elias Koteas (Jimmy), Kevin Cooney (Charlie) **L** 91 **FSK** ab 16 **E** 10.1.1991 Video/4.9. 1992 premiere **fd** 28 870

DIE TROTTEL VON DER 3. KOMPANIE → Die tollen Charlots: Die Trottel von der 3. Kompanie

TROTZ ALLEDEM! Biografischer Film über Karl Liebknecht von der Entlassung aus dem Gefängnis im Oktober 1918 an bis zu seiner Ermordung im Januar 1919, anknüpfend an den Film »Solange Leben in mir ist«, der die Jahre 1913 bis 1916 umfasste. Gleichzeitig ein Stück Zeitgeschichte: Die Schilderung der ereignisreichen Wochen um die November-Revolution in Deutschland. Trotz großer Bilder sucht der Film sein Glück vor allem im Dialog, der pathetische Töne weitgehend zurückdrängt. Dennoch eine eher konventionelle, das offizielle Geschichtsbild unterstreichende, wenig hinterfragende Produktion. – Ab 14. ✦ Scope, schwarz-weiß. DDR 1971 **P** DEFA **KI** Progress **VA** Icestorm **Pd** Manfred Renger, Oscar Ludmann **R** Günter Reisch, Hans Kratzert **B** Günter Reisch **K** Jürgen Brauer, Günter Heimann **M** Ernst Hermann-Meyer **S** Monika Schindler **D** Horst Schulze (Karl Liebknecht), Ludmila Kasjanowa (Sophie), Ute Illmann (Vera), Lutz Fremde (Sohn), Albert Hetterle (Paul Schreiner), Erika Dunkelmann (Milda Schreiner), Jutta Hoffmann (Käthe Schreiner), Burkhard Mann (Kulle Schreiner), Zofia Mrozowska (Rosa Luxemburg), Michail Uljanow (Lenin), Harry Hindemith (General von Hohenberg) **L** 124 **E** 14.1.1972 Kino DDR/14.1.1973 DFF 1/29.5.2001 Video

TROTZHEIRAT (SPITE MARRIAGE). Letzte Stummfilm-Komödie von Buster Keaton, in der er die Rolle eines Hosenbüglers spielt, der um die Gunst einer Schauspielerin wirbt. Nach anfänglicher Geringschätzung und Nichtbeachtung heiratet der Star plötzlich den linkischen Verehrer, um einem anderen eins auszuwischen, verläßt ihn aber ebenso schnell wieder. Am Ende allerdings erringt der Ehemann doch noch die Liebe seiner Frau. Nicht ganz auf der Höhe der besten Werke des Komikers, aber immer noch gute Unterhaltung. – Ab 10. ✦ Schwarz-weiß. USA 1929 **P** MGM **R** Edward Sedgwick **B** Richard Schayer, nach Lew Lipton und Ehrnest S. Pagano **S** Frank Sullivan **D** Buster Keaton (Elmer), Dorothy Sebastian (Tribly Drew), Edward Earle (Lionel Denmore), Leila Hyams, William Bechtel **L** 75 **E** 22.10. 1930/12.5.1979 ARD

TROTZIGE HERZEN (ERDE / TROTZIGE HERZEN). Stilechte Verfilmung der 1908 uraufgeführten Bauernkomödie »Erde« des Tirolers Karl Schönherr (1867–1943). Im Mittelpunkt die Gestalt eines listig-knorrigen Altbauern, der seinen für ihn vorzeitig bereitgestellten Sarg in Trümmer schlägt. Anders als das Bühnenstück gönnt der Film der stolzen Tochter das Happy-End mit einem Knecht. Einzigartig in der Hauptrolle: Eduard Köck, der das Ensemble der volkstümlichen Exl-Bühne anführt. (Alternativtitel: »Die Erbin vom Alpenhof«) ✦ Schwarz-weiß. Österreich/Schweiz 1947 **P** Tirol/Omnia **KI** Doris/Athena/Karp **R** Leopold Hainisch **B** Eduard Köck, nach dem Schauspiel »Erde« von Karl Schönherr **K** Richard Angst **M** Willy Schmidt-Gentner **D** Eduard Köck, Ilse Exl, Anna Exl, Ernst Auer, Ludwig Auer, Leonhard Auer **L** 82 **FSK** ab 12; f **E** 23.12.1949 **fd** 610

TROTZIGES DELTA (PRKOSNA DELTA). Die Geschichte einer jungen Frau, die Leib und Leben für den Bau eines Tunnels einsetzt, um damit ihr Dorf und ihre Heimat vor dem immer wiederkehrenden Hochwasser-Katastrophen zu bewahren. Ein interessanter, wirklichkeitsnaher und inszenatorisch gelungener Erstlingsfilm. – Ab 14. ✦ Jugoslawien 1980 **P** Sutjeska Film, Sarajewo **KI** Progress **R+B** Vesna Ljubic **K** Dragan Ressner **M** Vangelis Papathanassiou, Vangelis (= Vangelis Papathanassiou) **D** Gorica Popovic, Ante Vican, Ivan Klemenc, Jadranka Matkovic, Sasa Salenic **L** 98 **E** 19.2.1982 Kino DDR/18.3.1983 DFF 2

DER TROUBADOUR (IL TROVATORE). Die Oper von Verdi als gefilmte Bühnenaufführung, in Inszenierung, Darstellerführung und Bühnenbild unverkennbar theaterhaft, wobei der Einsatz filmischer Mittel spärlich bleibt. Opernfreunde kommen durch die hervorragende Interpretation des Theatro di Roma und der Mailänder Scala voll auf ihre Kosten. In der deutschen Fassung ohne Nachsynchronisation, so daß die Klangfülle des Originals erhalten bleibt und auch das italienische Libretto zur Geltung kommt. – Ab 12. ✦ Schwarz-weiß. Italien 1949 **P** Continentalcine **KI** Döring **R** Carmine Gallone **K** Aldo Giordani **D** Enzo Mascherini, Gino Sinimberghi, Vittoria Collonello, Giana Pederzini **L** 85 **FSK** ab 12; f **E** 23.3.1951 **fd** 1 924

TROUBLE. Film über Musik und über Berlin, im Mittelpunkt eine junge Kanadierin, die in Kreuzberg in einer Rockband singt, und ihr Freund, der in einer politisch aktiven Wohngemeinschaft lebt. Durch die neue Hauptstadtsituation werden aus Abrißhäusern plötzlich wieder begehrte Bauobjekte. Die Wohn- und Arbeitssituation der Musiker und anderer Szene-Leute verschlechtert sich massiv. Mit einem Straßenkonzert will die Band auf ihre Situation aufmerksam machen, doch die Wohngemeinschaft entführt gleich den ganzen Übertragungswagen eines Fernsehsenders. Ein authentisches Stadtteilporträt mit einem hervorragenden Soundtrack. – Ab 16. ✦ Schwarz-weiß. Deutschland 1993 **P** Jürgen Brüning Filmproduktion **R** Penelope Buitenhuis **B** Penelope Buitenhuis, Maureen Kelleher, Ilja Schellschmidt, Olaf Wriedt **K** David Frazee **M** Chris Dietermann, Kai Schoormann, Sievert Johannsen **S** Walther Vögele **D** Yvonne Ducksworth (Jonnie), Jan-Erik Engel (Erik), Gode Benedix (Joscha), Françoise Cactus (Monique), Erdal Yildiz (Hacki) **L** 87 **E** 23.3.1993 ZDF

TROUBLE COPS (CASE CLOSED). Ein junger Polizist stolpert bei den Ermittlungen in einer Mordserie über einen Diamantenraub, der sich vor 15 Jahren ereignete. Beide Verbrechen scheinen miteinander in Verbindung zu stehen, und so zieht er den mittlerweile pensionierten Beamten zu Rate, der damals die Ermittlungen leitete. Sie stoßen auf ein mörderisches Komplott, in dessen Mittelpunkt neun Schlüssel stehen, die der damalige Kopf der Diebesbande in seinen Besitz bringen will. Turbulenter Kriminalfilm mit einer recht verwickelten Geschichte. (Fernsehtitel: »Auch ein Bulle braucht mal Hilfe«) ✦ USA 1987 **P** Houston Motion Pictures **VA** CBS/Fox **Pd** Andrew Gottlieb **R** Dick Lowry **B** Byron Allen, Steve Crider **K** Brian West **D** Charles Durning (Les Gabowsky), Byron Allen (David Brockman), Erica Gimpel (Kathy), Marc Alaimo (Max Doffo), James Greene (Scotti Bagwell), Christopher Neame (Max Dolpho) **L** 90 **FSK** ab 16 **E** 21.11.1988 Video/14.9.1994 ZDF

TROUBLE FÜR DAS FBI → Geheimcode Chaos

TROUBLE IM PENTHOUSE. Ein junger Architekt versucht, mit einer attraktiven Zahnarzthelferin anzubandeln. Da sein Chef über den Diensträumen ein Penthouse gezielt für Seitensprünge am Wochenende einsetzt, kommt es zu den vorhersehbaren Verwicklungen. Dilettantisch inszenierte und fade gespielte Fernsehkomödie, langweilig und klischeegespickt. – Ab 16 möglich. ✦ BR Deutschland 1988 **P** Regina Ziegler Filmprod. **VA** atlas **R** Franz Josef Gottlieb **B** Wolf Gremm **K** Klaus Werner **D** Herbert Herrmann, Susanne Uhlen, Joachim Kemmer, Harald Leipnitz, Elisabeth Volkmann **L** 60 **FSK** ab 12 **E** 13.10.1989 Video **fd** 27 917

TROUBLE IN HOLLYWOOD (DEAD SILENCE ... THE MOVIE / STARDUMB). Ein glückloser Drehbuchautor erhält die Offerte, für 3,5 Mio. Dollar einen Film zu schreiben und zu inszenieren. Einzige Bedingung: Der unnütze Sohn des Geldgebers soll die Hauptrolle spielen. Der Ärger des Autor-Regisseurs resultiert nicht nur aus den mangelhaften Fähigkeiten seines Hauptakteurs, sondern auch aus der Tatsache, daß ihm Mafia-Geld untergeschoben wurde und er nun eine Gangsterbande am Hals hat. Trotzdem wird der Film ein Erfolg. Komödie über das Filmemachen, die zu wenig aus der netten Ausgangsidee macht. Die Regie bleibt schwach, die Darsteller sind bemüht, und die schlichte Direktheit des Buches läßt kaum vergnügliche Unterhaltung aufkommen. – Ab 16. ✦ USA 1989 **P** Rutland House **VA** VPS **Pd** Lynda Lemon, Christopher Keith **R** Harrison Ellenshaw **B** Clete Keith **K** Bryan Duggan **M** Peter Rotter **S** Victor Livingston **D** Clete Keith (Cliff Munroe), Joseph Scott (Howard Feld), Craig Fleming (Tony Rotella), Doris Anne Soyka (Sherri Novak), James Austin (Lazlo) **L** 95 **FSK** ab 12 **E** 18.4.1991 Video **fd** 28 943

TROUBLE IN L.A. → Mit Motorsägen spaßt man nicht

TROUBLE IN MIND (TROUBLE IN MIND). Die Schicksale eines aus dem Gefängnis entlassenen Ex-Polizisten und eines herumvagabundierenden jungen

Paares kreuzen sich im Café der früheren Geliebten des Polizisten in einer imaginären Endzeit-Stadt. Eine atmosphärisch ungewöhnlich dicht inszenierte, hervorragend fotografierte und gespielte Hommage an den »Lonely Guy« des modernen Westerns und die erotisch-laszive und gewalttätige Stimmung des »film noir«. (Videotitel: »Juwelenfieber«) DVD: Auf der Edition befinden sich sowohl die FSK 16- als auch die FSK 18-Fassung. ✦ USA 1985 **P** Island Alive **KI** Filmwelt **VA** VCL/Virgin **DVD** e-m-s (1.66:1, DD2.0 engl./dt.) **Pd** Carolyn Pfeiffer, David Blocker **R+B** Alan Rudolph **K** Toyomichi Kurita **M** Mark Isham **S** Tom Walls **D** Kris Kristofferson (Hawk), Keith Carradine (Coop), Lori Singer (Georgia), Geneviève Bujold (Wanda), Joe Morton (Solo) **L** 111 **FSK** ab 18; f **E** 12.6.1986/September 1986 Video/25.8.2000 DVD **fd** 25 604

TROUBLE IN PARADISE (1987) (SOTTO IL RISTORANTE CHINESE / UNDER THE CHINESE RESTAURANT). Wenige Tage vor der Hochzeit mit seiner Chefin landet ein Mann auf der Flucht vor Gangstern durch den Keller eines Restaurants in einer anderen Zeitebene: Mitten in der Stadt liegt plötzlich ein paradiesischer Strand, der ihn zu einem neuen Leben verführt. Mit den Mitteln des Realfilms verfilmte Comic-strip-Idee mit amüsanten Seitenhieben auf den normierten grauen Alltag; eine überdrehte fantastische Komödie, die aber auch viel Unverbindliches aneinanderreiht. – Ab 16. ✦ Italien 1987 **P** Rete Italia/Bruno Bozzetto Film **VA** Atlas **R** Bruno Bozzetto **B** Bruno Bozzetto, Fabio Comana **K** Agostino Castiglioni **M** Roberto Frattini, Ugo Rossi **S** Roberto Frattini **D** Claudio Botosso (Ivan Rosco), Amanda Sandrelli (Eva), Claudia Lawrence (Mutter), Nancy Brilli (Ursula Brigde), Bernard Blier (Vater) **L** 95 **FSK** ab 12 **E** 18.8.1988 Video **fd** 27 317

TROUBLE IN PARADISE (1989) →Tote Zeugen reden nicht

TROUBLE IN YONKERS (LOST IN YONKERS). Da ihr Vater gegen den Bankrott kämpfen muß, werden zwei Halbwaisen zu ihrer tyrannischen Großmutter verschickt. Dort begegnen sie auch ihrem Onkel und ihrer Tante, die beide durch die Bösartigkeit ihrer Mutter psychische und charakterliche Defekte davongetragen haben. Gemeinsam können sie sich gegen die Frau durchsetzen. Als der Vater schließlich vermögend heimkehrt, ist das Märchen vom »American Dream« perfekt. Die langatmig und ungeschickt eingeführte Personenkonstellation bietet nur dann überzeugende Betrachtungen, wenn sie sich auf die persönliche Entwicklung der geistig zurückgebliebenen Tante konzentriert. – Ab 14. ✦ USA 1993 **P** Rastar **VA** Columbia TriStar **Pd** Ray Stark **R** Martha Coolidge **B** Neil Simon, nach seinem Bühnenstück **K** Johnny E. Jensen **M** Elmer Bernstein **S** Steven Cohen **D** Richard Dreyfuss (Louie), Mercedes Ruehl (Bella), Irene Worth (Großmutter), Brad Stoll (Jay), Mike Damus (Arty) **L** 109 **FSK** ab 6 **E** 8.11.1994 Video **fd** 31 153

TROUBLEMAKER (TROUBLEMAKER). In der luxemburgischen Strafanstalt lernen sich zwei kleine Ganoven kennen, wobei sie ihr gemeinsamer Traum vom »wahren« Gangstertum in den USA verbindet. Nach ihrer Entlassung planen sie gemeinsam einen Banküberfall, stellen sich dabei jedoch recht plump an und müssen ohne Beute das Weite suchen. Die filmische Odyssee zweier versponnener, zum Teil leicht großmäuliger Außenseiter zwischen Knast, trostlosen Arbeitersiedlungen und einer Welt, wie es sie nur in ihren vom Kino gespeisten Träumen und Illusionen gibt; ein Film auch über die Unvereinbarkeit europäischer Wirklichkeit und Hollywood-Traumwelt. – Ab 16. ✦ Luxemburg/BR Deutschland 1987 **P** Visuals-production/Süddeutscher Rundfunk **Pd** Andy Bausch, Armand Strainchamps **R** Andy Bausch **B** Andy Bausch, Michel Treinen **K** Klaus Peter Weber **M** Guy Schmit, Strange Brew, Matthew Dawson, Felix Schaber **S** Monika Salzbacher **D** Thierry van Werveke (Jacques Guddebuer), Ender Frings (Chuck Moreno), Nicole Max (Jenny), Konrad Scheel (Konrad Wackernagel), Jochen Senf (Erwin, die Ratte), Volker Wolff, Marie-Christine Faber **L** 110 **E** 11.10.1988 ARD

DIE TROUBLEMAKER. Zwei ungleiche Brüder machen sich im Wilden Westen auf den Weg zu ihrer Mutter, verfolgen nebenbei einen gesuchten Banditen und begraben schließlich ihre Feindseligkeiten. Der Wiederbelebungsversuch des mit den Hauptdarstellern Hill und Spencer begründeten Genres des Klamaukwesterns; er scheitert an seinem trägen, einfallslosen Drehbuch und seinen hausbackenen Bildern. – Ab 12. ✦ Deutschland 1994 **P** Rialto Film **KI** Tobis **VA** New Vision **Pd** Matthias Wendlandt, Giuseppe Pedersoli **R** Terence Hill (= Mario Girotti) **B** Jess Hill **K** Carlo Tafani **M** Pino Donaggio **S** Eugenio Alabiso **D** Terence Hill (= Mario Girotti) (Travis), Bud Spencer (Moses), Anne Kasprzik (= Anne Kasprik) (Bridget), Eva Hassmann (Melie), Rahda Delamarter (Janie), Jonathan Tucker (Moses jr.), Paloma von Broadley (Jessica), Ruth Buzzi (Maw), Ron Carey (Sheriff Fox), Fritz Sperberg (Deputy Joey), Eva Hassmann (Melie), Boots Southerland (Sam Stone) **L** 104 **FSK** ab 6; f **E** 16.3.1995/25.9.1995 Video **fd** 31 258

TROUBLESHOOT (TROUBLE IN THE CITY OF ANGELS). Los Angeles Ende der 40er Jahre: Ein unbestechlicher Polizei-Sergeant erhält den Auftrag, mit allen Mitteln zu verhindern, daß sich ein Gangstersyndikat aus Chicago in Los Angeles breitmacht und die Kontrolle über Glücksspiel und Prostitution übernimmt. Nach einigen Rückschlägen gelingt die Aufgabe, und auch der Tod einer jungen Frau kann geklärt werden. Routinierter Kriminalfilm. (Alternativtitel: »Ärger in der Stadt der Engel«) ✦ USA 1987 **P** Phillipp Wylly Prod. **VA** Taurus **Pd** Phillipp Wylly **R** Steven Hillard Stern **B** John Rester Zodrow, David J. Kinghorn **K** Denis Lewiston **M** Artie Kane **S** Tharrett Taylor **D** George Peppard (Frank Doakey), Kathryn Harrold (Marilyn Butler), Max Gail (Rusty), Barry Corbin (Mac McCleary), Stella Stevens (Joey Day) **L** 92 **FSK** ab 12 **E** August 1988 Video

TROUBLESHOOTERS – TRAPPED (TROUBLE SHOOTERS – TRAPPED BENEATH THE EARTH). Ein achtstöckiges Wohnhaus stürzt bei einem Beben in eine tiefe Erdspalte. Sofort ist ein Spezialist mit seinem Rettungsteam zur Stelle, und bald darauf auch sein Sohn, der mit neuester Technik Verschüttete orten kann. Während der gefährlichen Rettungsarbeiten kommt es zum handfesten Streit zwischen Vater und Sohn. Dieser Konflikt wird nur oberflächlich und unbeholfen nachgezeichnet. Ein Fernseh-Katastrophenfilm, dem es an Spannung mangelt und der allenfalls durch die geschickte Kameraarbeit beeindruckt. – Ab 16. ✦ USA 1993 **P** Universal **VA** CIC **Pd** Ted Kurdyla **R** Bradford May **B** Michael Pavone, Dave Alan Johnson **K** Eric van Haren Noman **M** Peter Bernstein **S** Ralph E. Winters, Eric S. Strand **D** Kris Kristofferson (Stan Mather), David Newsom (Cody Mather), Leigh McCloskey, Frank McRae, Gary Graham, Caitlin Dulany **L** 89 **FSK** ab 12 **E** 23.2.1994 Video/16.2.1995 premiere **fd** 30 792

TROUBLESOME CREEK – EIN WESTERN DER ANDEREN ART (TROUBLESOME CREEK). Die Geschichte einer Farmersfamilie in Iowa, deren Farm vor der Zwangsversteigerung steht, als die Bank sich weigert, das sich jährlich wiederholende System von Kreditgewährung und Schuldentilgung nach der Ernte fortzuführen. Plötzlich steht die Familie vor dem Nichts. Ein nachdenklich stimmender Dokumentarfilm, der nicht nur die Lage der amerikanischen Bauern, sondern auch europäische Verhältnisse spiegelt. Die Filmemacherin, Tochter des betroffenen Farmers, stellt eine große Nähe zum Thema und den Menschen her, ohne in Sentimentalitäten zu verfallen. – Ab 14. ✦ USA 1996 **R** Jeanne Jordan, Steven Ascher **L** 84 **E** 13.12.1996 arte

TROUPERS – WANDERSCHAUSPIELER (TROUPERS). Dokumentarfilm über das unabhängige amerikanische Theaterensemble »San Francisco Mime Troupe«, das heute zu den wichtigsten Gruppierungen der Welt zählt und auf eine inzwischen 25jährige Geschichte zurückblicken kann. Die Entwicklung der Gruppe ist eng verwickelt mit der Geschichte des politischen Theaters in den USA, und so spiegelt der dokumentarische Rückblick auch die Geschichte des politischen Protests in den USA wieder. Mit ihren Wurzeln in der »Gegen-Kultur« der 60er Jahre ist die Gruppe zu einem nicht minder unterhaltenden und amüsanten Theater gewachsen, das auch heute noch stilprägend Einfluß ausübt. (O.m.d.U.) ✦ USA 1985 **P** Catalyst Media Productions **SF** Theaterfilm **Pd+R+B** Glenn Silber, Claudia Vianello **K** Michael Anderson **M** San Francisco Mime Troupe Jazz Ensemble, Jefferson Starship **S** Mary Bauer **D** San Francisco Mime Troupe Jazz Ensemble **L** 85 **E** 27.11.1986

TRÜBE WASSER (LA RABOUILLEUSE). Ein ehemaliger Oberst, der es zu Ansehen in der napoleonischen Armee gebracht hat, will nach der Verbannung des Kaisers nicht den Bourbonen dienen. Er schlägt sich mit Kuppeleien und Erbschleichereien durchs Leben, ehelicht die reiche Witwe seines Onkels und endet nach einer Fehlspekulation wieder in Armut. Psychologisches Kammerspiel nach einem Roman von Balzac. Die Geschichte eines Mannes, der sich nicht mit den historischen Veränderungen abfinden kann, ist mit Bezügen zur Gegenwart der 50er Jahre ausgestattet. Die zurückhaltende Inszenierung und Eislers moritatenhafte Musik halten den Zuschauer in kritischer Distanz zur Hauptfigur. (Westdeutscher Verleihtitel: »Die im Trüben fischen«) – Ab 16. ✦ Schwarz-weiß. Frankreich/DDR 1960 **P** Pathé/DEFA **KI** Hamburg/Rheinischer/Titania **Pd** Hans Mahlich **R** Louis Daquin **B** Louis Daquin, nach dem Roman »La Rabouilleuse« von Honoré de Balzac **K** Eugen Klagemann, Philippe Brun **M** Hanns Eisler **S** Ursula Rudzki, Claude Nicole **D** Jean-Claude Pascal (Philippe Bridau), Madeleine Robinson (Flore Brazier), Clara Gansard (Mariette), Harry Riebauer (Max Gilet), Erika Pelikowsky (Agathe Bridau), Ekkehard Schall (Joseph Bridau), Gerhard Bienert (Rouget) **L** 109 **FSK** ab 16; f **E** 13.5.1960 Kino DDR/2.12.1960 DFF 1/16.6.1961 Kino BRD **fd** 10 445

TRUBEL IN PANAMA (PANAMA HATTIE). Eine von Matrosen umschwärmte Nachtclubsängerin in Panama verliebt sich in einen Sergeanten der US-Armee, der im Gegensatz zu ihr aus hochfeinen Kreisen stammt. Langweilige Verfilmung eines Broadway-Stücks; die dünne Handlung wird durch billigen Klamauk und Song- und Tanzeinlagen gestreckt, aus denen allein die Cole-Porter-Kompositionen herausstechen. – Ab 14. ✦ Schwarz-weiß. USA 1942 **P** MGM **Pd** Arthur Freed **R** Norman Z. McLeod **B** Jack McGowan, Wilkie Mahoney, nach dem Bühnenstück von Herbert Fields, B.G. de Sylva und Cole Porter **K** George J. Folsey jr. **M** George Stoll (Ltg.), Cole Porter (Songs) **S** Blanche Sewell **D** Ann Sothern (Hattie), Dan Dailey jr. (Dick Bulliett), Red Skelton (Red), Rags Ragland (Rags), Ben Blue (Rowdy), Marsha Hunt (Leila Tree), Virginia O'Brien (Flo Foster), Alan Mowbray (Jay Perkins), Jackie Horner (Geraldine Bulliet), Lena Horne, Roger Moore **L** 76 **E** 26.7.1993 ARD

TRUBEL UM TRIXIE. Ein Spielzeugfabrikant, der eigentlich pleite ist, macht durch die alles rettende Liebe doch noch sein Glück – und Uschi Glas verläßt winkend die Leinwand. Dümmliches Lustspiel in anspruchsloser Inszenierung. – Ab 12 möglich. ✦ BR Deutschland 1972 **P** Lisa **KI** Constantin **R** Franz Josef Gottlieb **B** Fritz Eckhardt, Kurt Nachmann **K** Franz X. Lederle **M** Gerhard Heinz **S** Traude Krappl **D** Uschi Glas (Trixie), Peter Weck (Teddy Wiesinger), Ernst H. Hilbich (Röslein), Fritz Eckhardt (Wiesinger Senior), Jochen Busse, Hans Terofal **L** 92 **FSK** ab 6; nf **E** 19.10.1972 **fd** 18 119

DIE TRÜBEN TASSEN DER STUBE 9 (LA SOLDATESSA ALLE GRANDI MANOVRE). Eine attraktive Ärztin wird beauftragt, das Sexualleben der Soldaten in einer Kaserne zu erforschen. Militärschwank, der seinen Mangel an Einfällen mit derben Dialogen, stupiden Witzen und Sexszenen zu überdecken sucht. – Wir raten ab. ✦ Italien 1978 **P** Devon/Medusa **KI** Apollo/Avis/Exquisit **R** Franco Martinelli **M** Piero Umiliani **D** Edwige Fenech, Gianfranco D'Angelo, Renzo Montagnani, Alvaro Vitali, Michele Gammino **L** 92 (Video 81) **FSK** ab 18; nf (gek. 16) **E** 6.7. 1979 **fd** 22 266

TRÜBER MORGEN (CHMUROJE UTRO). Dritter Film nach Tolstois »Leidensweg«: Nach schweren seelischen Kämpfen inmitten der Revolutionszeit finden sich die Menschen, die äußerlich getrennt waren und sich innerlich voneinander zu entfernen schienen, wieder zusammen im Bekenntnis zum Kommunismus. Trotz einzelner eindrücklicher Szenen verliert der Film in seiner Gesamtwirkung durch das aufdringliche Pathos der Schlußsequenz. (Der Film wurde sowohl in Normalformat als auch in Cinema-Scope gedreht; Titel der beiden ersten Teile: »Die Schwestern« und »Das Jahr Achtzehn«) – Ab 14. ✦ Scope. UdSSR 1959 **P** Mosfilm **KI** Progress **R** Grigori Roschal **B** B. Tschirskow, nach dem dritten Teil »Trüber Morgen« der Romantrilogie »Der Leidensweg« von Alexej Tolstoi **K** Leonid Kosmatow **M** Dmitri Kabalewski **D** Rufina Nifontowa (Katja), N. Wesselowskaja (Dascha), Wadim Medwedew (Telegin), P. Winnikow (Lenin) **L** 109 **E** 18.3.1960 Kino DDR

TRUCK DRIVER (ROAD GAMES). Ein Truck-Fahrer jagt einen Mann, den er für einen Massenmörder hält, quer durch den Süden Australiens. Er wird selbst verdächtigt und beinahe ermordet, ehe er den Täter stellen kann. Trotz einiger Schwächen ein solide inszenierter Psychothriller, der auf vordergründige Schaueffekte ebenso verzichtet wie auf die Klischees des Truckerfilms. – Ab 16. ✦ Scope. Australien 1980 **P** Quest-Films **KI** Residenz **R** Richard Franklin **B** Everett de Roche **K** Vincent Monton **M** Brian May **S** Edward McQueen-Mason **D** Stacy Keach (Pat Quid), Jamie Lee Curtis (Pamela, gen. »Hitch«), Marion Edward (Frita Frugal), Grant Page (Smith/Jones), Bill Stacey (Captain Carefull), Thaddeus Smith (Abbott), Stephen Millichamp (Costello), Alan Hopgood (Lester) **L** 92 **FSK** ab 12; f **E** 27.8.1981 **fd** 23 127

TRUCK ONE (TRUE BLUE). Die »Emergency Service Unit« (ESU) der New Yorker Polizei wird in höchste Alarmbereitschaft versetzt, als libysche Terroristen einen Schulbus mit Diplomatenkindern entführen. Zwar wird das Versteck des Busses bald ausgemacht, doch das Fahrzeug wurde mit Plastik-Sprengstoff gesichert. Als unter den Entführern ein Streit ausbricht, wittern die Männer des Einsatzkommandos ihre letzte Chance. Der um Authentizität bemühte Pilotfilm einer Fernsehserie. (Fernsehtitel: »E. S. U. – Notruf New York: ›Krisen und Katastrophen‹«) ✦ USA 1989 **P** NBC **VA** RCA/Columbia **Pd** Cheryl Quarantiello, Sonny Grosso, Alan Wagner **R** William A. Graham **B** David J. Kinghorn, Christina Krauss, Michael Fisher **K** Frank Prinzi **M** Dominic Troiano **S** David B. Thompson **D** Leo Burmester (Red Tollin), Timothy van Patten (Andy Wojeski), Dick Latessa (Mike Duffy), Beau Starr (Lt. Triplett), Nestor Serrano (Geno Toffinelli), Ally Walker (Jessy Haley), Elya Baskin (Yuri), John Bolger (Bobby Traverso) **L** 93 **FSK** ab 16 **E** 7.8.1990 Video/2.3.1998 Kabel 1

TRUCK STOP (TRUCK STOP WOMAN). Eine Frau, die einen Truck-Terminal betreibt, bezieht ihre eigentlichen Einkünfte aus Überfällen auf Lastwagen, bei denen sie ihre Tochter als Lockvogel einsetzt. Es kommt zu tödlichen Auseinandersetzungen mit den Handlangern eines Gangstersyndikats, ausgelöst durch Liebe und Verrat. Drittklassiger Actionfilm mit massiven Gewaltakzenten; spannungslos und in der Handlung völlig unmotiviert. ✦ Scope. USA 1978 **P** Peter S. Traynor Production **KI** Müller **Pd+R** Mark L. Lester **B** Paul Deason, Mark L. Lester **K** John A. Morrill **M** Big Mack and the Truckstoppers **S** Marvin Walowitz **D** Claudia Jennings, Lieux Dressler, Dennis Fimple, Jennifer Burton, Paul Carr **L** 77 **FSK** ab 16; nf **E** 6.2.1981 **fd** 22 977

TRUCK TURNER →Chikago Poker

TRUCKER (HIGH-BALLIN'). Eine im Fahrwasser von Sam Peckinpahs im selben Jahr produziertem Trucker-Abenteuer »Convoy« entstandene Western-Story, erneut ins Fernfahrermilieu verlegt: Der Held, von seinen Gegenspielern »Cowboy« genannt, bricht den Terror eines Großunternehmers, der noch selbständige Fernfahrer in seine Dienste zwingen will. Anders als sein Vorbild ist der Film unsicher inszeniert, Spannung gewinnt er erst spät; eine routiniert, aber völlig uninspiriert entwickelte Mischung aus Gewalt, Sex, Sentimentalität. (DDR-Titel: »Heißer Asphalt«) – Ab 16. ✦ USA 1978 **P** AIP/The Pando **KI** Filmverlag der Autoren **Pd** Jon Slan, Stanley Chase **R** Peter Carter **B** Paul Edwards, nach einer Erzählung von Richard Robinson und Stephen Schneck **K** René Verzier **M** Paul Hoffert **S** Eric Wrate **D** Peter Fonda (Rane), Jerry Reed (Duke), Helen Shaver (Pickup), Chris Wiggins (King Carroll), David Ferry (Harvey), Chris Langevin (Tanker) **L** 98 **FSK** ab 16; f **FBW** w **E** 25.5.1979/12.3.1982 Kino DDR **fd** 22 053

TRUCKER II (SILENT THUNDER). Ein Vater rächt sich an einer psychopathischen LKW-Fahrerin, die mit ihrem Truck seinen Sohn überrollte und tötete. Ein ganz auf das dramatische Finish hin angelegter Actionfilm, der von Zitaten lebt. – Ab 16. ✦ USA 1993 **P** Saban International **VA** VCL/Carolco **R** Craig R. Baxley **B** Dennis Shryack, Michael Blodgett **D** Stacy Keach (Claude Sams), Lisa Banes (Vi Sams), Sandahl Bergman (Python), Tom Bower (Officer Yates), Thomas Wilson Brown (Paul Sams), Dwier Brown (Red Robin) **L** 87 **FSK** ab 12 **E** 20.9.1993 Video/24.11.1994 RTL 2

TRUCKER MIT HERZ (PAPERBACK HERO). Ein australischer Lastwagenfahrer veröffentlich unter dem Namen einer Freundin populäre Liebesromane. Als einer davon ein Bestseller wird, stürzen sich die Medien auf die vermeintliche Autorin, deren Ehemann davon wenig begeistert ist. ✦ USA/Australien 1998 **P** PolyGram Filmed Entertainment **Pd** Lance W. Reynolds, John Winter, Dani Rogers **R** Anthony Bowman **B** Veronika Jenet, Anthony Bowman, nach einem Roman von Anthony Bowman **K** David Burr **M** Burkhart von Dallwitz **S** Veronika Jenet **D** Hugh Jackman (Jack Willis), Claudia Karvan (Ruby Vale), Angie Milliken (Ziggy Keane), Andrew S. Gilbert (Hamish), Ritchie Singer (Ralph), Bruce Venables (Artie), Tony Barry (Mack) **L** 92 **E** 7.7.2000 tm3

TRUCKIN' BUDDY MCCOY (TRUCKIN' BUDDY MCCOY). Ein junger Gelegenheitsarbeiter fährt mit einem gewonnenen Truck sinn- und haltlos durch die USA, bis er entdeckt, daß sein Lebensziel am Ausgangspunkt seiner Reise liegt. Ein banaler, ausgesprochen langweiliger Film voller Klischees, der keine Entwicklungsgeschichte beschreibt, sondern den Idealen von Freiheit und Abenteuer nachhängt. ✦ USA 1983 **P** Omega International/Investron **VA** VMP **R** Richard De Marco **B** Herbert Du Fine, Rick Blumenthal **K** Misha Suslov (= Mikhail Suslow) **D** Terence Knox, Myra Chason, Miguel Ferrer, Charles Rome Smith, Judy Cushing **L** 85 **FSK** ab 16 **E** 15.12. 1985 Video/16.9.1988 Tele 5 **fd** 25 490

TRUCKS – OUT OF CONTROL (TRUCKS). Ausrangierte Lastwagen machen sich auf einem amerikanischen Schrottplatz selbständig und terrorisieren – bösartig beseelt – die Gäste einer Trucker-Kneipe. Hilfe wird ihnen von anderen Gerätschaften zuteil, doch Vietnam-erprobte Veteranen können nach einigem Blutvergießen die Invasion der Technik stoppen. Thriller nach einer Kurzgeschichte von Stephen King, die der überschätzte »Meister des Horrors« bereits selbst verfilmte (»Rhea M… Es begann ohne Warnung«, 1985). Eine schlampige Aneinanderreihung schlecht geschnittener Szenen, die mehr auf Blut und Brutalitäten setzt und filmische Finesse gänzlich vermissen läßt. ✦ Kanada 1997 **P** Credo Entertainment **VA** Highlight **Pd** Derek Mazur **R** Chris Thomson **B** Brian Taggert, nach einer Kurzgeschichte von Stephen King **K** Robert Draper **M** Michael Richard Plowman **S** Lara Mazur **D** Timothy Busfield (Ray), Brenda Bakke (Hope), Aidan Divine (Trucker Bob), Roman Podhora (Thad), Brendan Fletcher (Logan), Amy Stewart (Abby), Jay Brazeau (Jack), Victor Cowie (George), Sharon Bajer **L** 94 **FSK** ab 16 **E** 30.6.1998 Video **fd** 33 386

TRUE BETRAYAL – TÖDLICHE LÜGEN →Sex Trap – Die Sexfalle

TRUE BLOOD (TRUE BLOOD). Nach zehn Jahren kehrt der einstige Anführer einer Straßengang von den Marines zurück und muß feststellen, daß sein jüngerer Bruder inzwischen zur »Familie« seines einstigen Erzrivalen gehört. Er schützt den Bruder vor der Polizei, indem er den Schuldigen in einem lange zurückliegenden Mordfall verrät. Mit Hilfe einer sensiblen Frau finden die Brüder wieder zueinander. Ein temporeicher, harter Actionfilm, in den Verfolgungsjagden einfallsreich und trotz mancher Ungereimtheiten annehmbar in der Beschreibung des Bruderkonflikts. ✦ USA 1989 **P** Fries Entertainment **VA** Movie House **Pd** Peter Maris **R+B** Frank Kerr **K** Mark Morris **M** Scott Roewe **S** Michael Haight **D** Jeff Fahey (Raymond Trueblood), Chad Lowe (Donny Trueblood), Sherilyn Fenn (Jennifer Scott), James Tolkan (Det. Joseph Hanley), Billy Drago (Billy »Spider« Masters) **L** 96 **FSK** ab 18 **E** 2.5.1991 Video/12.10.1996 RTL 2 **fd** 29 197

TRUE CONFESSIONS →Fesseln der Macht

TRUE HEART →Absturz in der Wildnis (1997)

TRUE IDENTITY (TRUE IDENTITY). Ein arbeitsloser schwarzer Schauspieler gerät auf die Abschußliste der Mafia, weil er zufällig von der Identität eines totgeglaubten Gangsterchefs erfährt. Als Weißer getarnt, sucht er den professionellen Killern zu entkommen. Eine insgesamt recht unsicher inszenierte Gangsterkomödie, die ihr Genre mal ernst nimmt, dann wieder persifliert. Auch das Thema Rassendiskriminierung wird allzu unentschlossen behandelt. (TV-Titel: »Der große Blonde mit dem schwarzen Fuß«; österreichischer TV-Titel: »True Identity – Der große Blonde mit dem schwarzen Fuß«) – Ab 16. ✦ USA 1990 **P** Touchstone/Silver Screen Partners IV **VA** Touchstone **Pd** Carol Baum, Teri Schwartz **R** Charles Lane **B** Andy Breckman **K** Tom Ackerman **M** Marc Marder **S** Kent Beyda **D** Lenny Henry (Miles Pope), Frank Langella (Carver/Luchino), Charles Lane (Duane), J. T. Walsh (Houston), Anne-Marie Johnson (Kristi), James Earl Jones (James Earl Jones) **L** 90 **FSK** ab 12 **E** 18.8.1992 Video/31.12.1994 ARD **fd** 29 792

TRUE LIES (TRUE LIES). Während ein mit allen Wassern gewaschener amerikanischer Geheimagent tagsüber seiner »Arbeit« nachgeht und arabische Atom-Terroristen jagt, tarnt er sich gegenüber Frau und Tochter als braver Handelsvertreter. Durch seine Eifersucht verwickelt er schließlich auch seine in ihrer langweiligen Ehe frustrierte Frau in gefährliche Abenteuer. Ein mit ungeheurem Aufwand gestalteter Actionfilm, der sich über das Genre und seine Effekte lustig machen will, was ihm vor allem mit einer James-Bond-Parodie und einem ins Absurde übersteigerten, technisch abenteuerlich perfekten Ende durchaus gelingt. Dazwischen gibt es aber ebensoviel Routine wie Leerlauf, vor allem auch viele überflüssige Brutalitäten, denen zahllose Klischee-Terroristen zum Opfer fallen. Vorzüglich ist das Spiel der Hauptdarstellerin, die den Wandel zur Abenteurerin glaubhaft macht und mit subtilen Details das sexistische Spiel der männlichen (Agenten-)Welt ironisch unterwandert. ✦ Scope. USA 1993/94 **P** Lightstorm **KI** Jugendfilm **VA** VCL/Carolco **DVD** VCL (2.35:1, DD5.1 dt.) **Pd** James Cameron, Stephanie Austin **R** James Cameron **B** James Cameron, nach Motiven des französischen Spielfilms »La Totale« von Claude Zidi **K** Russell Carpenter **M** Brad Fiedel **S** Conard Buff, Mark Goldblatt, Richard A. Harris **D** Arnold Schwarzenegger (Harry Tasker), Tom Arnold (Gib),

Jamie Lee Curtis (Helen), Bill Paxton (Simon), Tia Carrere (Juno), Eliza Dushku (Dana), Art Malik (Aziz) **L** 141 **FSK** ab 16; f **E** 18.8.1994/5.12.1994 Video/1.12.
1995 premiere/12.10.1998 DVD **fd** 30 923

TRUE ROMANCE (TRUE ROMANCE). Ein in Elvis-Presley- und Kung-Fu-Filme vernarrter Comic-Verkäufer heiratet Hals über Kopf ein Callgirl und tötet dessen Zuhälter. Gemeinsam versuchen sie, das dabei zufällig »erbeutete« Rauschgift zu Geld zu machen. Mafia und Polizei auf den Fersen, spitzt sich die Situation immer mehr zu. Eine mit märchenhaftem Ausgang versehene Zustandsbeschreibung einer desillusionierten »Fast-Food«-Generation, die von der Liebe bis zum Sterben alles möglichst schnell erleben will und dabei selbst an der alltäglichen Gewaltspirale dreht. Die oberflächliche Regie verschenkt viel von der vom Drehbuch vorgegebenen Kompromißlosigkeit, was auch durch manche schauspielerische Kabinettstückchen nicht wettgemacht wird. ✦ Scope. USA 1993 **P** Davis Films/True Romance Prod. **KI** UIP **VA** VMP/Vipro **DVD** VCL (2.35:1, DD5.1 dt.) **Pd** Samuel Hadida, Steve Parry, Bill Unger **R** Tony Scott **B** Quentin Tarantino **K** Jeffrey L. Kimball **M** Hans Zimmer **S** Michael Tronick, Christian Adam Wagner **D** Christian Slater (Clarence Worley), Patricia Arquette (Alabama Whitman), Val Kilmer (le Mentor), Gary Oldman (Draxl Spivey), Brad Pitt (Floyd), Dennis Hopper (Clifford Worley), Christopher Walken (Vincenzo Coccotti) **L** 120 (Video 100) **FSK** ab 18; nf (Video 16) **E** 27.1.1994/26.7. 1994 Video/4.8.1995 premiere/1.3.2000 DVD **fd** 30 632

TRUE STORIES (TRUE STORIES). Ein optisch ehrgeiziger und musikalisch vielfältiger Rockmusik-Film um die Beziehungen zwischen originellen Kleinbürgern in einem Städtchen in Texas. Statt der angestrebten »menschlichen Komödie« mit allgemeingültigen Aussagen ergibt sich wegen der Bezüge auf allzu spezielle psychische und gesellschaftliche Bedingtheiten eine nicht immer leicht verständliche, stets aber intelligent-unterhaltsame Provinzsatire. (O.m.d.U.) – Ab 14. ✦ USA 1986 **P** Warner Bros. **KI** Warner-Columbia **VA** Warner Home **Pd** Gary Kurfirst **R** David Byrne **B** Stephen Tobolowsky, Beth Henley, David Byrne **K** Edward Lachman **M** Talking Heads **S** Caroline Biggerstaff, David Wild, Christina Patoski **D** David Byrne (Erzähler), John Goodman (Louis Fyne), Swoosie Kurtz (Miss Rollings), Spalding Gray (Earl Culver), Annie McEnroe (Kay Culver), Alix Elias (Die niedliche Frau) **L** 89 **FSK** ab 6; f **E** 5.3.1987/ 10.12.1987 Video **fd** 26 035

TRUGBILDER DER LIEBE (MIRASHI LJUBWI). Eine Sklavin schenkt ihrem Herrn den langerwarteten Stammhalter und erkauft sich damit ihre Freiheit. Dem heranwachsenden, künstlerisch begabten Jungen verstümmeln Neider die rechte Hand. Aber auch mit einer Hand wird er versuchen, als Baumeister und Töpfer tätig zu werden. Ein märchenhaft-abenteuerlicher, inszenatorisch eher mäßiger Film von großem Schauwert. – Ab 8. ✦ Scope. UdSSR/Syrien 1987 **P** Kirgisfilm/Tadshikfilm/Ganem Film **KI** Progress **R** Tolomusch Okejew **B** Timur Sulfikarow, Tolomusch Okejew, nach einer orientalischen Legende **K** Nurtai Borbijew **M** Rumil Wildanow **D** Chodshadurdy Narlijew (Mufasal), Farchad Mirsojew (Mani als Kind), Fachratdin Machamatdinow (Mani als junger Mann), Muchamadali Machmadow (Sufunun-Sadr), Assell Eschimbekowa (Altynbübü) **L** 97 **E** 12.8.1988 Kino DDR

TRÜGERISCHE LEIDENSCHAFT (DECEPTION). Eine Pianistin in New York, die sich als mittellose Studentin aushalten ließ, heiratet ihren totgeglaubten Jugendfreund, der als erstklassiger Cellist nach Kriegsende plötzlich auftaucht. Sie verstrickt sich in Lügen und steigert sich in hysterische Ängste, daß der maßlos eifersüchtige, zynische Komponist die Wahrheit aufdecken könnte. Ein melodramatisch aufbereitetes Frauenschicksal, das über alle Unsinnigkeiten der Handlung hinweg von schauspielerischen Glanzleistungen getragen wird; Hollywood-Unterhaltung aus einem Guß. – Ab 14. ✦ Schwarz-weiß. USA 1946 **P** Warner Bros. **Pd** Henry Blanke **R** Irving Rapper **B** John Collier, Joseph Than, nach einem Theaterstück von Louis Verneuil **K** Ernest Haller **M** Erich Wolfgang Korngold, Leo F. Forbstein **S** Alan Crosland jr. **D** Bette Davis (Christine Radcliffe), Claude Rains (Alexander Hollenius), Paul Heinreid (Karel Novak), John Abbott (Bertram Gribble), Benson Fong (Manservant) **L** 111 **E** 9.10.1989 ARD

TRÜGERISCHE LIEBE. Eine Frau im ländlichen Kentucky verliebt sich in einen FBI-Agenten aus Kalifornien, der hofft, sie als Informantin gewinnen zu können. Sie glaubt, daß er eine Veränderung in ihrem eintönigen Leben herbeiführen wird. Als ihre Hoffnungen enttäuscht werden und sie ein Kind erwartet, verschwindet sie nach einem Treffen mit dem Agenten spurlos. Ihre Schwester stellt auf eigene Faust Nachforschungen an. Eine Kriminal-Romanze nach einer wahren Begebenheit, in der Liebe und Leidenschaft politischem Kalkül geopfert werden. – Ab 16. ✦ USA 1996 **R** John Power **B** Alan Sharp **D** Patricia Arquette (Deanne Wilson), Mare Winningham (Dana Wilson), Steven Weber (Agent Jeff Avery), Perry Lang (Earl McNally), Ned Vaughn (Harry Hill) **L** 87 **E** 8.7.1996 ZDF

TRÜGERISCHE LIEBESSPIELE (HRY LASKY SALIVE). Zwei Liebesgeschichten, zum einen aus dem »Decameron« von Boccaccio, zum anderen aus dem »Heptameron« von Margarete von Navarra. »Der Araberhengst« beschreibt, wie ein eitler und geiziger Edelmann die Liebe und Treue seiner schönen Frau aufs Spiel setzt. »Die Ohrgehänge« sind Belohnungen für Schäferstündchen, die anders ausgehen als geplant. Pikante Liebesgeschichten als Spiegel ihrer Zeit (14. und 16. Jahrhundert), inszenatorisch allzu breit angelegt und deshalb eher langatmig als spritzig-unterhaltsam. – Ab 16. ✦ CSSR 1970 **P** Filmstudio Barrandov **KI** Progress **R** Jirí Krejcík **B** Jirí Krejcík, Zdenek Mahler, nach den Büchern »Decameron« von Giovanni Boccaccio und »Heptameron« von Margarete von Navarra **K** Jaromír Sofr **M** Zdenek Liska **D** Milos Kopecky (Messer Francesco), Bozidara Turzonová (Sandra), Jozef Adamovic (Ricciardo), Jirí Sovák (Der Herr), Slávka Dudinová (Die Dame) **L** 111 **E** 9.6.1972 Kino DDR/29.7.1973 DFF 2

TRUMAN – DER MANN, DER GESCHICHTE SCHRIEB (TRUMAN). Biografischer Film über Harry S. Truman, der 1945 im Alter von 60 Jahren zum 33. Präsidenten der USA aufstieg und heute als eines der erfolgreichsten amerikanischen Staatsoberhäupter gilt. Dementsprechend zeichnet ihn der Film als privat wie politisch stets korrekt und konsequent handelnden Mann und stilisiert ihn so zum Inbegriff der Political Correctness. Inszenatorisch einfallslos, durchbricht der Film die Langeweile lediglich durch den bestürzend unkritischen Blick auf die heiklen Themen der damaligen US-Politik (Atom-Bombe, Kalter Krieg, Korea-Krieg, McCarthy-Ära), die als Marginalien abgetan werden. – Ab 12. ✦ USA 1995 **P** HBO **VA** MIC **Pd** Doro Bachrach **R** Frank Pierson **B** Thomas Rickman, nach dem Buch von David McCullough **K** Paul Elliott **M** David Mansfield **D** Gary Sinise (Harry S. Truman), Diana Scarwid (Bess Truman), Richard Dysart (Henry L. Stimson), Colm Feore (Charlie Ross), James Gammon (Sam Rayburn) **L** 134 **FSK** ab 6 **E** 24.6.1996 Video **fd** 32 129

DIE TRUMAN SHOW (THE TRUMAN SHOW). Das Leben des Versicherungsagenten Truman Burbank ist ohne dessen Wissen seit 30 Jahren Gegenstand einer weltweit live übertragenen, äußerst erfolgreichen Fernseh-«Seifenofer«. Satire und Nachdenklichkeit treffen sich in Peter Weirs Film vor dem Hintergrund einer gigantischen »lebensechten« Fernsehkulisse, und der Zuschauer wird zum Voyeur der Voyeure bei Trumans allmählicher Entdeckung einer alternativen Realität. Brillant inszeniert und gespielt, nimmt der Film Medienmanipulation, Konformismus und Kommerzialisierung aufs Korn, scheut aber auch vor existentieller Fragestellungen nicht zurück. (Kinotipp der katholischen Filmkritik) – Sehenswert ab 14. ✦ USA 1998 **P** Paramount **KI** UIP **VA** CIC **DVD** Paramount (16:9, 1.85:1, DD5.1 engl./dt.) **Pd** Scott Rudin, Edward S. Feldman, Adam Schroeder, Andrew Niccol **R** Peter Weir **B** Andrew Niccol **K** Peter Biziou **M** Burkhard Dallwitz (= Burkhart von Dallwitz), Philip Glass **S** Lee Smith, William M. Anderson **D** Jim Carrey (Truman Burbank), Laura Linney (Meryl Burbank/Hannah Gill), Noah Emmerich (Marlon/ Louis Coltrane), Natascha McElhone (Lauren Garland/Sylvia), Holland Taylor (Trumans Mutter), Ed Harris (Christof) **L** 103 **FSK** ab 12; f **FBW** bw **E** 12.11. 1998/12.5.1999 Video/10.4.2000 DVD **fd** 33 417

TRÜMMERJUGEND. Fünf Männer und fünf Frauen, die das Kriegsende 1945 als Kinder oder Jugendliche in Köln erlebten, geben Auskunft über ihre Vergangenheit, die Essenssuche in der zerstörten Stadt, das »Hamstern« auf dem Lande, das Leben in Trümmern. Dabei wird deutlich, dass dieses Leben auch mit einer Spur Abenteuerlichkeit verbunden war, weil die Kinder in fast völliger Freiheit aufwuchsen. Als Klammer zu den einzelnen Aussagen dienen zeitgenössische Fotos des zerstörten Köln. – Ab 14. ✦ Teils schwarz-weiß. Deutschland 2000 **R** Ludwig Metzger **L** 90 **E** 27.8.2000 3sat

TRÜMPI – ANTON BRUHIN, DER MAULTROMMLER (TRÜMPI – ANTON BRUHIN, DER MAULTROMMLER). Dokumentarisches Road Movie über drei Konzertreisen des Schweizer Maultrommelspielers Anton Bruhin, einem Meister seines Fachs. Im Mittelpunkt steht die rhythmische Musik, deren große Vielfalt von traditionellen Weisen bis zu avantgardistischen Konzerten reicht. Ein sinnenfrohes audiovisuelles Essay, das den Künstler über seine Musik definiert und deren völkerverbindende Kraft deutlich ins Bild setzt. – Ab 12. ✦ Schweiz/ Deutschland 1999 **P** Ventura Film/DRS/3sat **KI** Subiaco **Pd** Andres Pfäffli, Iwan P. Schumacher, Andreas Züst **R+B** Iwan P. Schumacher **K** Otmar Schmid **M** Anton Bruhin, u. a. **S** Anja Bombelli **L** 70 **E** 23.11. 2000/27.5.2001 3sat **fd** 34 570

TRUST – BLINDES VERTRAUEN (TRUST). In einer Vorstadt New Yorks finden zwei durch die sozialen Verhältnisse psychisch geschädigte junge Menschen langsam einen Weg zueinander und fassen Vertrauen zum Leben. Ein sozialkritisches Porträt des amerikanischen Kleinbürgertums. Ebenso Romanze wie Komödie und Satire, bietet der glänzend inszenierte, von glaubwürdigen Darstellern getragene Film ein nicht alltägliches Kinoerlebnis. – Sehenswert ab 16. ✦ USA 1991 **P** Zenith Pictures/True Fiction Pictures/Last Moment Prod. **KI** Kinowelt **Pd** Bruce Weiss **R+B** Hal Hartley **K** Michael Spiller **M** Philip Reed, The Great Outdoors **S** Nick Gomez **D** Adrienne Shelly (Maria Coughlin), Martin Donovan (Matthew Slaughter), Merrit Nelson (Jean Coughlin), Edie Falco (Peg), John MacKay (Jim Slaughter), Gary Sauer (Anthony) **L** 93 **FSK** ab 12; f **E** 9.4.1992 **fd** 29 548

TRUST – DER PREIS DES ÜBERLEBENS (ACTS OF BETRAYAL). Das FBI möchte die ehemalige Geliebte eines Mafia-Bosses als Kronzeugin gegen ihn aufbauen. Um Druck auf die noch unwillige Frau auszuüben, läßt man den Gangster in dem Glauben, sie habe ihn bereits verraten. Zu ihrem Schutz wird ein Beamter abgestellt, der bald alle Hände voll zu tun hat. Herkömmlicher, aber spannender Actionfilm mit einer ganzen Serie von Schußwechseln. ✦ USA 1997 **P** Conquistador Entertainment **VA** Starlight **Pd** Avi Nesher, Kathy Jordan **R** Joakim Ersgard **B** Steven Hartov, Patrick Highsmith **K** Jerry Sidell **M** Roger Neill **S** Randy Vandegrift **D** Maria Conchita Alonso (Eva Ramirez), Muse Watson (Trenton Fraser), David Groh (Martin Crispin), Susan Lee Hoffman (Sharon Granite) **L** 88 (gek. 79) **FSK** ab 18 (gek. ab 16) **E** 16.2.1998 Video

TRUST IN ME – DER UNDERCOVER COP (TRUST IN ME). Kriminalfilm. Ein Undercover-Polizist, der Waffenhändlern auf der Spur ist, freundet sich mit dem Anführer einer Motorradgang an. Als dieser erschossen wird, quittiert der Polizist den Dienst – bis der Totgeglaubte wieder auftaucht. ✦ USA 1994 **R** Bill Corcoran **B** Hart Hanson, Matt Macleod **D** Currie Graham (Dylan Gray), Stacy Keach (The Reverend), Sandra Nelson (Cynthia Gray), Ian Tracey (Eddie Kelly), Duncan Fraser (Lyle Volker) **L** 87 **E** 12.4.1997 RTL 2

TRUTH: A STREAM (TRUTHS: A STREAM). Ein mit seinem Leben unzufriedener Mann überredet seine Ex-Freundin zum gemeinsamen Selbstmord. In den Bergen inszenieren sie die Tat als rituelles Erlebnis, werden jedoch durch den Unfalltod der Eltern der Frau ins Leben zurück geholt. Nachdem sie den Nachlass geordnet haben, bauen sie einen Turm, um sich ins Leben einzuschreiben. Die Verwirklichung eines fünf Jahre schlummernden Filmprojekts, das die Poesie des japanischen Kinos auferstehen lassen will, an Bilder von Kurosawa und Ozu anknüpfen möchte und das »Streben nach innerer Unendlichkeit« feiert. ✦ Japan 1999 **P** Art of Wisdom **KI** Freunde der Deutschen Kinemathek **Pd** Akiko Yoshikawa, Masahiro Tsuchihashi **R+B** Masahiro Tsuchihashi **K** Norimasa Nakamotot **M** Masahiro Tsuchihashi, Hiroshi Kuno **D** Yoko Yamashita, Hiroaki Umano, Yoshiichi Kawada, Emi Nakae, Yuko Nakamura **L** 182 **E** 2000 Kino

TRUTH OR CONSEQUENCES – ORT DER WAHRHEIT → Ort der Wahrheit

TRUTHAHNFIEBER (VERNON FLORIDA). Die amerikanischen Filme sind überwiegend in New York oder an der Westküste in Kalifornien angesiedelt. Das riesige Land dazwischen findet allenfalls noch als Kunstzitat im Western statt. Dieser Film beschreibt dieses andere Amerika. Mit einigen wenigen Leuten aus einem Dorf in Florida beschwört er den amerikanischen Traum vom Anderssein. ✦ USA 1981 **P** Errol Morris Production **R+B** Errol Morris **K** Ned Burgess **L** 60 **E** 26.11.1981 ZDF

TRUTZ. Ein Paar Jeans aus dem Westen löst in der DDR der 60er Jahre Konflikte an einer Schule aus. Als zwei Jugendliche die geliebten Hosen trotz des Verbots tragen, droht ihnen der Ausschluß vom Abitur. Nun geraten alle Beziehungen in eine tiefe Krise. Ein Film über politische Beschränktheit und erzieherische Intoleranz während der Ulbricht-Ära. – Ab 16. ✦ Deutschland 1990 **R** Hans-Werner Honert **B** Torsten Enders **K** Jürgen Heimlich **D** Bernd Michael Lade (Trutz), Claudia Stanislau (Brigitte), Volker Ranisch (Stani), Lore Tappe (Direktorin Steiner), Peter Sodann (Hoffmann) **L** 82 **E** 5.11.1994 arte

TRUXA. Eine bildschöne Varieté-Tänzerin auf Gastspiel in Berlin wird zum Mittelpunkt von Eifersucht, Intrigen und Rivalitäten zwischen einem Zauberkünstler und zwei Artisten. Trotz einiger technischer Mängel und antiquiert wirkender »Sensationen« – mit einem Doppelgänger-Drahtseilakt wird das Spannungsnetz geknüpft – eine unterhaltsame Mischung aus Abenteuer- und Varietéfilm. – Ab 14. ✦ Schwarz-weiß. Deutschland 1936 **P** Tobis **KI** Transit (Erstverleih: Europa) **R** Hans H. Zerlett **B** Hans H. Zerlett, nach einem Roman von Heinrich Seiler **K** Friedl Behn-Grund **M** Leo Leux **D** La Jana (Yester), Hannes Stelzer (Husen), Ernst Fritz Fürbringer (Garvin), Peter Elsholtz (Truxa), Mady Rahl, Rudi Godden, Rudolf Klein-Rogge **L** 97 **FSK** ab 12; nf **E** 19.1.1937/2.12.1957 DFF 1/Juli 1961 Kino DDR

TRYST (TRYST). Eine von ihrem Gatten gequälte Ehefrau beschließt, den reichen Ehemann zu ermorden. Als das erste Komplott fehl schlägt, bietet sich eine zweite Chance, als ein junger Mann in das Haus einzieht, der den Reizen der Frau erliegt und für sie die Tat durchführen soll. Etwas verwirrender Thriller, der seine Spannung immerhin bis zum Ende aufrecht erhalten kann. ✦ USA 1994 **P** MCEG Sterling Entertainment **VA** NGP **R** Peter Foldy **D** Barbara Carrera, Louise Fletcher, David Warner **L** 97 **FSK** ab 16 **E** 27.9. 1995 Video

TSA'AMRI – VON EINEM DER AUSZOG, INDIANER ZU WERDEN. Das dokumentarische Porträt eines Mannes, der versucht hat, aus einem Mythos Wirklichkeit werden zu lassen. In Mähren aufgewachsen, ging Adalbert Heide Anfang der 50er Jahre als Missionar nach Südamerika. Seitdem lebt er bei den Xavantes-Indianern im brasilianischen Busch und trägt mittlerweile sogar einen Häuptlingsnamen. – Ab 16. ✦ Deutschland 1991 **P** Eike Schmitz Filmprod. (für ZDF) **Pd** Eike Schmidt **R+B** Eike Schmitz **K** Lars Barthel **D** Adalbert Heide, Resi Licková, Rudolf Neutzner, Pedro Tsipiradi, Bruno Abdzu **L** 70 **E** 29.7. 1991 ZDF

TSAHAL (TSAHAL). Claude Lanzmanns Dokumentarfilm über den Dienst in der Tsahal, der Armee Israels. Vordergründig wird nach dem Verhältnis israelischer Soldaten zu ihrer Armee gefragt, doch die Antworten zeigen, daß Lanzmann stets auch nach einer jüdisch-israelischen Identität forscht. Familiengeschichten, Biografien, die Versuche der Soldaten, ihre Handlungen zu begründen, machen den Film in der Summe zum außergewöhnlichen Dokument eines Volkes, das auch jenseits des aktuellen Friedensprozesses seinen Weg immer noch sucht. (O.m.d.U.) – Sehenswert ab 16. ✦ Frankreich/Deutschland 1991–94 **P** Les Productions Dussart/Les Films Aleph/ France 2 Cinéma/Bavaria/West Film/WDR **Pd** Bertrand Dussart, Philippe Dussart **R+B** Claude Lanzmann **K** Dominique Chapuis, Pierre-Laurent Chenieux, Jean-Michel Humeau **S** Sabine Mamou **L** 316 **FSK** ab 12; f **E** 5.,7.4.1996 West 3 (zwei Teile) **fd** 31 856

TSATSIKI – TINTENFISCHE UND ERSTE KÜSSE (TSATSIKI, MORSAN OCH POLISEN). Ein achtjähriger Junge lebt mit seiner Mutter in Stockholm. Während er in der Schule die erste Liebe erlebt, sich gegen einen aggressiven Mitschüler zur Wehr setzen muss und im Untermieter der Mutter einen Ersatzvater gefunden zu haben glaubt, träumt er unentwegt von einem Treffen mit seinem leiblichen Vater in Griechenland. Als der Wunsch in Erfüllung geht, wartet gleich ein zweifaches Happy End auf ihn. Ein von glaubhaften Darstellern getragener Familienfilm, der von Toleranz, Liebe und Respekt, aber auch von kleinen alltäglichen Nöten und Freuden erzählt, wobei er virtuos die Balance zwischen Realität und märchenhafter Überhöhung hält. – Sehenswert ab 8. ✦ Schweden/Norwegen/Dänemark/Island 1999 **P** Felicia Film/Film i Väst/Norsk Film/Holst Film/ Danmarks Radio/TV 1000 **KI** Arsenal **Pd** Anne Ingvar **R** Ella Lemhagen **B** Ulf Stark, nach den Romanen »Tsatsiki, Tsatsiki« und »Tsatsiki, Tintenfische und erste Küsse« von Moni Brännström **K** Anders Bohman **M** Popsicle, Harilaos Papadakis **S** Bernhard Winkler **D** Samuel Haus (Tobias/Tsatsiki), Alexandra Rapaport (Tina, seine Mutter), Jacob Ericksson (Göran), Georges Nakas (Tsatsikis Vater), Isa Engström (Maria) **L** 94 **FSK** o. A.; f **E** 12.10.2000 **fd** 34 500

TSCHADARI UND BUZ KASCHI – AFGHANISCHE FRAUEN HEUTE. Dokumentarfilm über die Situation afghanischer Frauen während des blutigen Bürgerkrieges in Afghanistan und in pakistanischen Flüchtlingslagern. Der noch vor dem sowjetischen Truppenabzug gedrehte Film wirft ein Licht auf die Leiden der Frauen im Krieg und verdeutlicht ihre schwierige Rolle in einer islamischen Gesellschaft im Umbruch zwischen traditionellem Patriarchat und modernem Selbstverständnis. ✦ BR Deutschland 1989 **P** Circe-Film **R+B** Elke Jonigkeit **K** Dariusz Panas, Elke Jonigkeit **M** Henning Christiansen, Wanda Zeman, Elke Jonigkeit **S** Wanda Zeman, Elke Jonigkeit **L** 99 **FSK** ab 6; f **FBW** w **E** Januar 1990

TSCHAIKOWSKI (TSCHAIKOWSKI). Ein ausufernd langer Monumentalfilm über Tschaikowski (1840–1893). Aufwendig, kitschig und voller gekünstelter Melancholie, entwirft die Biografie auf Kosten der historischen Genauigkeit ein idealisierendes, triviales Starporträt. – Ab 16. ✦ Scope. UdSSR 1968/70 **P** Mosfilm **KI** Progress/Pegasus (auch 70mm) **R** Igor Talankin **B** Budimir Metalnikow, Juri Nagibin, Igor Talankin **K** Alexander Borissow, Juri Kladschenko, Margarita Pilichina **M** Peter Iljitsch Tschaikowski, Dimitri Tiomkin (Ltg.) **D** Innokenti Smoktunowski (Tschaikowski), Antonia Schuranowa (Nadjeshda v. Meck), Jewgeni Leonow (Aljoscha), Alla Demidowa (Julia v. Meck), Wladislaw Strzelczyk (Rubinstein) **L** 160 **FSK** ab 12; f **E** 14.5.1971 Kino DDR/17.9.1971 Kino BRD **fd** 17 622

TSCHAIKOWSKIS TOD. Der Dokumentarfilm gibt Einblicke in die Tschaikowski-Rezeption im gegenwärtigen Rußland und geht den verschiedenen Theorien zu den Todesumständen des Komponisten nach, der 1893 während einer Choleraepidemie in St. Petersburg starb. ✦ Deutschland 1993 **R** Olaf Brühl **L** 60 **E** 21.10.1993 B1

TSCHAIKOWSKY – GENIE UND WAHNSINN (THE MUSIC LOVERS). Die eigenwillige Musiker-Biografie des Exzentrikers Ken Russell, der geheiligte Kulturgüter lustvoll demontiert, indem er Tschaikowskis Schaffensprozeß als Ausdruck einer Sexualneurose deutet und das klassische Ambiente mit greller Pop-Ästhetik konfrontiert. In dem bombastischen Bilderschwulst, angereichert mit so manchen Geschmacklosigkeiten, beschränkt sich der Film weitgehend auf die Darstellung von Tschaikowskis Homosexualität und seiner aus diesem Grund scheiternden Ehe, wobei er der Persönlichkeit und dem Werk des Komponisten allzuviel schuldig bleibt. Respektabel immerhin als Versuch, eine Biografie eher nachzuempfinden als lediglich filmisch nachzustellen. ✦ Scope. Großbritannien 1970 **P** Russfilms **KI** United Artists **Pd+R** Ken Russell **B** Melvyn Bragg, nach dem Roman »Beloved Friend« von Catherine Drinker Bowen und Barbara von Meck **K** Douglas Slocombe **M** Peter Iljitsch Tschaikowski, André Previn (Ltg.) **S** Michael Bradsell **D** Richard Chamberlain (Peter I. Tschaikowski), Glenda Jackson (Nina Mikulowa), Christopher Gable (Graf Chiluwski), Max Adrian (Nikolas Rubenstein), Izabella Telezynska (Frau von Meck), Sabina Maydelle (Sascha), Maureen Pryor **L** 123 **FSK** ab 16; f **E** 26.2.1971 **fd** 17 212

TSCHANG FU – DER TODESHAMMER (FIST OF FURY – PART II). Ein chauvinistischer japanischer Kung-Fu-Jünger versucht, die Kämpfer der unterdrückten Chinesen und ihre Schulen mit brutalen Mitteln auszulöschen. Seriell gefertigter Eastern mit recht brutalen Actionszenen und einem weiteren Bruce-Lee-Epigonen. ✦ Hongkong 1976 **P** Hongkong Alpha Motion Picture **KI** Gloria **VA** IMV **R** Jimmy Shaw **D** Bruce Li (= Ho Chung-Tao), Lo Lieh, Ti Fung, James Nam **L** 97 **FSK** ab 18; nf **E** 13.9.1977/ 1980 Video **fd** 20 497

TSCHAPAJEW (TSCHAPAJEW). Der Weg des legendären Helden Tschapajew von einem draufgängerischen Partisanenführer zum selbstbewußten und disziplinierten Kommandeur der Roten Armee während des Bürgerkriegs von 1919/20. Der Film gehört zu den klassischen Werken der sowjetischen Filmkunst, war einer der größten Erfolge der sowjetischen Filmgeschichte und ist zugleich selbst ein historisches Zeitdokument. Ausgehend von einer betont volkstümlichen Handlung, erfährt die Fabel durch präzise Charakterzeichnungen und die hervorragende Fotografie eine ausgesprochen suggestive Wirkung. – Ab 14. ✦ Schwarz-weiß. UdSSR 1934 **P** Lenfilm **KI** Progress **R** Sergej Wassiljew, Georgi Wassiljew **B** Sergej Wassiljew, Georgi Wassiljew, nach Motiven des gleichnamigen Romans von Dimitri Furmanow **K** Alexander Sigajew, Alexander Xenofontow **M** Gawril Popow **D** Boris A. Babotschkin (Tschapajew), Boris Blinow (Furmanow), Warwara Mjasnikowa (Anna), Leonid Kmit (Petka), Illarion Pewzow (Oberst Borosdin) **L** 97 **E** 15.3.1946/9.2.1958 DFF 1/4.2.1977 Kino DDR

TSCHÄSS (TSCHÄSS). Ein paar Freunde im Zürich des Jahres 1957 versuchen, einen Traum zu realisieren und als Jazzband in Paris Karriere zu machen. Mit einer unverbrauchten, jungen Besetzung zeichnet der Film das Lokalkolorit einer Epoche, die zwischen Aufbruchstimmung (wirtschaftlicher Aufschwung, Mode etc.) und Übervorsicht (Kalter Krieg, Intoleranz gegenüber Minderheiten etc.) lavierte, erstaunlich gut, aber etwas bieder. Der liebenswürdigen Mundart-Komödie ist allerdings anzumerken, daß nicht zuletzt ein knappes Budget stilistisch und formal hemmend wirkte. ✦ Schweiz/Deutschland/Österreich 1994 **P** Catpics/Calypso/Dor **R** Daniel Helfer **B** Christian Madsen, Walter Bertscher **K** Michael Riebl **M** Cyril Böhler, Steven Reich, Mike Segal **D** Pasquale Aleardi, Kaspar Weiss, Marie-Louise Hauser **L** 100 **E** Schweiz

TSCHAU, TSCHAU, BAMBINA (CIAO, CIAO, BAMBINA). Ein reicher Mailänder Fabrikant will seinen leichtsinnigen Sohn, einen Charmeur und Herzensbrecher, standesgemäß verheiraten. Am Ende zahlreicher Verwicklungen landet der junge Mann an der Seite einer grundsatzfesten Sekretärin. Anspruchslos-erheiterndes musikalisches Lustspiel mit sympathischen Darstellern. – Ab 14 möglich. ✦ Schwarz-weiß. Italien 1959 **P** Agliani-Mordini-Prod. **KI** Panorama **Pd** Giorgio Agliani **R** Sergio Grieco **B** Gianni Polidori **K** Mario Montuori **M** Domenico Modugno **D** Elsa Martinelli (Diana), Antonio Cifariello (Riccardo), Riccardo Garrone (Guido), Lorella de Luca (Gloria), Nando Bruno (Proietti), Luigi Pavese (Comm. Branca), Aroldo Tieri (Schaffner) **L** 96 **FSK** ab 12; nf **E** 11.9.1959 **fd** 8 733

TSCHECHOW IN MEINEM LEBEN. Dokumentation über Anton Tschechow und seine Nachkommen im Moskau des Jahres 1983. Die in der Bundesrepublik Deutschland geborene Schauspielerin Vera Tschechowa, Urgroßnichte des Dichters und Schriftstellers sowie Enkelin der Filmschauspielerin Olga Tschechowa, begegnet Familienangehörigen, Literaten und Theaterleuten. Vergangenheit und Gegenwart verbinden sich zu einer poetischen Entdeckungsreise in ein Land, das in den Bereichen künstlerischer Sensibilitäten bis dato nur wenig bekannt war. Vor allem durch die Begegnung mit Zeitzeugen sehr interessant, in der inszenatorischen Aufbereitung zu vielen Konventionen (des Fernseh-Features) verpflichtet. – Ab 16. ✦ BR Deutschland 1984 **P** Atossa/SFB/WDR **SF** Concorde **R+B** Vadim Glowna **K** Martin Schäfer **M** Nicolas Economou **S** Barbara von Weitershausen **D** Vera Tschechowa, Wjatscheslaw Kuprijanow, Maja Turowskaja, Jewgenija M. Tschechowa, Oleg Jefremow **L** 93 **FSK** ab 6; f **E** 13.1.1985/12.8.1985 ARD

TSCHERNOBYL – DIE LETZTE WARNUNG (CHERNOBYL: THE FINAL WARNING). Schwerfälliges Dokumentar-Drama um die Reaktorkatastrophe von Tschernobyl 1986. Auf Vermittlung eines Ölmilliardärs fliegt ein amerikanischer Knochenmark-Spezialist in die UdSSR, um in Zusammenarbeit mit einer russischen Ärztin die Opfer zu behandeln. – Ab 16. ✦ USA 1991 **P** Roger Gimbel Prod. **Pd** Philip Bary **R** Anthony Page **B** Ernest Kinoy **D** Jon Voight (Dr. Robert Gale), Jason Robards (Dr. Armand Hammer), Sammi Davis (Elena Mashenko), Annette Crosbie (Galina Petrovna), Ian McDiarmid (Dr. Vatisenko) **L** 94 **E** 24.9.1995 Kabel 1

TSCHERNOBYL – DIE SCHWELLE (TSCHERNOBYL/POROG). Dokumentarfilm über eine Gruppe russischer Künstler, die sich nach der Katastrophe von Tschernobyl in Podiumsdiskussionen und Protestveranstaltungen für eine grundlegende ökologische und gesellschaftliche Erneuerung der sowjetischen Gesellschaft einsetzt. Berichte betroffener Menschen verdeutlichen die gesundheitlichen, ökologischen und psychischen Folgen der Katastrophe und die Unfähigkeit des bürokratischen Staatsapparates. In der formalen Gestaltung etwas unbeholfen und durch die Fülle der Details streckenweise unübersichtlich, doch insgesamt eine wichtige Reflexion über die Folgen von Tschernobyl, die Trauer ebenso ausdrückt wie den Mut zum Widerstand. – Ab 16. ✦ UdSSR 1986–88 **P** Dowshenko-Studio **KI** Senator **VA** marketing **R** Rollan Sergijenko **B** Ljubow Sirota, Wladimir Schowkoschitnyi **K** Alexander Kowalji, Vera Berdaschkewitsch **M** Michail Russezkoi, Mikael Tariwerdijew **S** Jewgeni Russezkoi **L** 89 **FSK** ab 12; f **E** 8.3.1990/24.6.1991 Video **fd** 28 146

TSCHERWONEZ. Ein sowjetischer Matrose macht sich in Hamburg, bei seinem ersten Aufenthalt im Westen, auf die Suche nach seinem verschollenen Bruder, verfolgt von Landsleuten, deutschen Verfassungsschützern und einem sensationslüsternen Reporter. Der Ungar Altorjay und zwei Mitglieder des experimentellen Squat-Theatre versuchten, eine konventionelle Spannungsgeschichte mit neuen filmischen Formen aufzufrischen, fanden aber nicht die dazu nötige straffe Dramaturgie: ihr Film wirkt wie die konzeptionsarme Aneinanderreihung meist satirisch gedachter Szenen. ✦ Teils schwarz-weiß. BR Deutschland 1982 **P** Abaton/ZDF/Werner Grassmann Prod./Studio 1 **KI** FiFiGe **R** Gabor Altorjay, János Marton, Randi Hoffman **B** Gabor Altorjay **K** Jörg Jeshel **M** The Wirtschaftswunder **D** Sheryl Sutton, Tom Dokoupil, Eva Buchmüller, István Balint, Peter Berg, Angelo Galizia, Peter Halas **L** 97 **E** 6.4.1982 ZDF/1983 Kino **fd** 24 079

TSCHETAN, DER INDIANERJUNGE. Die Geschichte zweier Außenseiter in Montana um 1880: Ein älterer Schäfer befreit einen Indianerjungen, der wegen Viehdiebstahls gehängt werden soll, und versucht, ihn zur Mitarbeit zu drängen. Ganz langsam und trotz vieler Hindernisse kommen sich die beiden näher. Das Regiedebüt von Hark Bohm ist ein in Bayern gedrehter Western, der durch die Qualität seines einfachen, stimmigen Drehbuchs ebenso besticht wie durch die Ruhe und Sorgfalt seiner Inszenierung. – Sehenswert ab 8. ✦ BR Deutschland 1972 **P** Produktion 1 (im Filmverlag der Autoren) **KI** Filmverlag der Autoren **VA** Kinowelt Home **Pd+R+B** Hark Bohm **K** Michael Ballhaus **M** Peer Raben **D** Marquard Bohm (Alaska/Jakob Precht), Dschingis Bowakow (Tschetan, Indianerjunge), Willy Schultes (Ben Johnson), Erich Dolz (Erik Johnson), Bembe Bowakow, Edy Hendorfer (Edy Johnson) **L** 94 **FSK** ab 6; f **FBW** bw **E** 22.6.1973/2.3.1999 Video **fd** 18 220

TSCHINGIS-CHAAN (CHENGJI SIHAN). Aufwendiger historischer Abenteuerfilm über die Gestalt Tschingis-Chaans und die Zeit, da er mit militärischer Gewalt seine Macht aufbaute und die Stämme zum mongolischen Reich einte. (Titel auch: »Dschingis Khan«) – Ab 16. ✦ VR China 1986 **P** Innermongolisches Studio/Jugendfilmstudio Peking **R** Zhan Xianchi **B** Chaok Tunaren, Zhan Xianchi **K** Gan Quan, Mu Lin **M** Mol Jihu **D** Deli Gel (Tschingis-Chaan), Siqin Gaowa (Ke'elun), En Hesen (Wang'Han), Qi Natongtu, Xu Renhua **L** 185 (DDR 195) **E** 31.10.1989 DFF 2/26.12.1992 ORB

TSCHITSCHERIN (TSCHITSCHERIN). Ein biografischer Spielfilm über den ersten Volkskommissar für Auswärtige Angelegenheiten Sowjetrußlands, Georgi Tschitscherin (1872–1936), dessen Name eng mit den Verträgen von Brest-Litowsk, Rapallo und der Konferenz von Genua verbunden ist. ✦ UdSSR 1986 **P** Mosfilm **R** Alexander Sarchi **B** Alexander Sarchi, Wladen Loginow **K** Anatoli Mukassej **M** Irakli Gabeli **D** Leonid Filatow (Tschitscherin), Leonid Bronewoi (Litwinow), Wladimir Samoilow (Lloyd George), Oleg Golubizki (Krassin), Ruben Simonow (Karachan) **L** 70 **E** 6.,9.11.1986 DFF 2 (zwei Teile)

TSCHITTI TSCHITTI BÄNG BÄNG (CHITTY CHITTY BANG BANG). Kurz nach der Jahrhundertwende war ein nun längst eingerostetes Auto Star der großen Rennen, jetzt soll es verschrottet werden. Doch zwei Kinder überreden ihren verwitweten Vater, einen jungen und mittellosen Erfinder, den Oldtimer zu kaufen. Bald ist das Auto repariert und auf Hochglanz poliert, und da der Vater über die Gabe verfügt, mit offenen Augen zu träumen, startet er mit den Kindern zu einer abenteuerlichen Reise mit dem »Wunderauto«, das urplötzlich fliegen, schwimmen und sich vor allem gegen die Intrigen des »bösesten Mannes der Welt« durchsetzen kann. Ein ausufernd fabulierendes Musical-Märchen nach dem dreiteiligen Roman von Ian Fleming (1964/65), das flotte Songs und Schnulzen, hübsche Tanzeinlagen und viel Klamauk zu einem ausgelassenen Vergnügen vereint. (Das Fernsehen strahlte 1996 erstmals die integrale Fassung des Films aus, während die frühe deutsche Kinofassung stark gekürzt war.) – Sehenswert ab 8. ✦ Scope. Großbritannien 1968 **P** Warfield/D.F.I. **KI** United Artists **Pd** Albert R. Broccoli **R** Ken Hughes **B** Roald Dahl, Ken Hughes, nach einem Roman von Ian Fleming **K** Christopher Challis **M** Richard M. Sherman, Robert B. Sherman **S** John Shirley **D** Dick van Dyke (Caractacus Potts), Sally Ann Howes (Truly Scrumptious), Lionel Jeffries (Großvater Potts), Gert Fröbe (Baron Bomburst), Robert Helpmann, Barbara Windsor (Blondine), Benny Hill (Toymaker), James Robertson Justice (Lord Scrumptious), Anna Quayle (Baronin Bomburst), Heather Ripley (Jemina), Adrian Hall (Jeremy), Davy Kaye (Admiral), Alexander Doré (erster Spion), Bernard Spear (zweiter Spion), Stanley Unwin, Peter Arne, Desmond Llewelyn, Victor Maddern **L** 129 (Orig. 144) **FSK** ab 6; nf **E** 14.3.1969/27.12.1996 S 3 (integrale Fassung) **fd** 15 978

TSCHITTY TSCHITTY BÄNG BÄNG → Tschitti Tschitti Bäng Bäng

TSIAMELO – ALLE GUTEN GEISTER (A PLACE OF GODNESS). 1910 entließ Großbritannien Südafrika in die Unabhängigkeit. Für drei Jahre herrschte friedliche Koexistenz zwischen der weißen und der schwarzen Bevölkerung. Als 1913 jedoch das »Gesetz des Eingeborenenlandes« (Native Land Act) verkündet wurde, wurden die schwarzen Grundbesitzer enteignet, womit der Grundstein zur jahrzehntelang bestehenden Politik der Apartheid gelegt wurde. Der Film schwankt zwischen dem Porträt eines schwarzen Führers von 1913 und der Geschichte einer zu seiner Entstehungszeit 84jährigen schwarzen Bäuerin. Dabei bleibt er zu unentschieden, um sein redliches Ziel der Aufklärung zu erreichen. ✦ Großbritannien 1984 **P** Elizabeth Wolpert Prod. **Pd** Elizabeth Wolpert **R** Betty Wolpert **B** Ellen Kuzwayo, Betty Wolpert, Blanche Tsimatsima **M** Paul Berriff, Brian Tilley, Ian Alcock **D** Ellen Kuzwayo, Blanche Tsimatsima **L** 60 **E** 11.7.1984 ZDF

TU DAS NICHT, ANGELIKA (CRITIC'S CHOICE). Ein gefeierter Theaterkritiker gerät in Bedrängnis, als seine eigene Frau ein Bühnenstück schreibt und gegen seinen Widerstand Erfolg damit hat. Die drohende Ehekrise kann im letzten Moment verhindert werden. Mäßig amüsante Bob-Hope-Komödie. – Ab 16. ✦ USA 1962 **P** Warner **KI** Warner **Pd** Frank P. Rosenberg **R** Don Weis **B** Jack Sher, nach einem Bühnenstück von Ira Levin **K** Charles B. Lang **M** George Duning **S** William Ziegler **D** Bob Hope (Parker Ballantine), Lucille Ball (Angela Ballantine), Rip Torn (Dion Kapakos), Marilyn Maxwell (Ivy London), Jessie Royce Landis (Charlotte Orr) **L** 100 **FSK** ab 16; nf **E** 4.10.1963 **fd** 12 293

TU 104 STARTET 6.17 (UDIWITELNOJE WOSKRESSENE / V SEST RANO NA LETISTI). Ein zehnjähriger Prager Junge fliegt als unfreiwilliger blinder Passagier im Flugzeug nach Moskau. Mit einem sowjetischen Pionier verfolgt er im Trubel der Weltfestspiele einen vermeintlichen Agenten und wird am Abend wieder nach Prag zurückgeflogen. Anspruchsloser Film, der in erster Linie einen Eindruck von den Weltfestspielen 1957 geben will. – Ab 8. ✦ Scope. UdSSR/CSR 1958 **KI** Progress **R** Cenek Duba **B** Ota Hofman, Georgi Gulia **M** Anatoli Lepin **D** Tomas Selacek (Pepicek), Wladimir Ssilujanow (Mischa), Mark Bernes (Pilot), Nikolai Krjutschkow (Taxichauffeur), Miroslav Homola (Zauberkünstler) **L** 78 **E** 29.8.1958 Kino DDR/2.11.1958 DFF 1

TU WAS, KANAKE. Zwischen einem Gastarbeiter aus einem fernen östlichen Land und einer drogenabhängigen jungen Frau entwickelt sich eine Beziehung, in deren Verlauf der Mann mit Autorität und Dickköpfigkeit dafür sorgt, daß sie von den Drogen loskommt. Als er verhaftet wird und ihm die Ausweisung droht, setzen beide alles daran, heiraten zu können. Mit viel Wärme schildert der Film das Schicksal seiner sympathischen, aber gänzlich »unheroischen« Helden, wobei er für Toleranz und menschliche Nachsicht wirbt. Inszenatorisch zwar nicht makellos und bisweilen auch etwas temperamentlos, angesichts damaliger wie heutiger Arbeits- und Sozialpolitik in Bezug auf Gastarbeiter aber fast schon »subversiv«. – Ab 16. ✦ BR Deutschland 1983 **P** Cikon **R+B** Nenad Djapic **K** Michael Steinke **D** Suavi Eren (Sammy), Britta Pohland (Ella), Meray Ülgen, Ela Behrends, Damir Vincetic **L** 80 **E** 18.8.1983 ZDF

TUAREG – DIE TÖDLICHE SPUR (TUAREG – IL GUERRIERO DEL DESERTO). Ein stolzer Tuareg-Krieger rächt sich grausam an den Soldaten und ihren Anführern, die die ihm heilige Gastfreundschaft verletzt haben. Inszenatorisch durchschnittliche Brutalo-Ballade mit einigen reizvollen Naturaufnahmen, aber ohne Sinn für den Kulturzusammenhang von altem Nomadentum und neuem Leben in unabhängig gewordenen Staaten Nordafrikas. (Neuer Titel: »Garcel – Der Wüstenkrieger«) – Ab 16 möglich. ✦ Italien/Spanien 1984 **P** San Francisco Film **Kl** Avis **VA** Cinetronic **Pd** Pescriva, Giovanni Bertolucci **R** Enzo G. Castellari (= Enzo Girolami) **B** Alberto Vasquez Figueroa, Enzo G. Castellari (= Enzo Girolami), Vicente Escrivá, Tito Carpi **K** John Cabrera **M** Riz Ortolani **S** Gianfranco Amicucci **D** Mark Harmon, Luis Prendes, Paolo Malco, Aldo Sambrell, Rita Brown, Ennio Girolami **L** 93 **FSK** ab 16; f **E** 14.9.1984 **fd** 24 771

TUCKER (TUCKER: THE MAN AND HIS DREAM). Ein idealisiertes Porträt des amerikanischen Autobauers Preston Tucker, der mit seinem Traum eines ultramodernen, aber preiswerten PKW Ende der 40er Jahre dem Machtkampf mit der Großindustrie unterlag. Ein bekenntnishafter Abgesang auf den unwiederbringlich zu Ende gehenden »amerikanischen Traum« vom erfindungsreichen Selfmademan. In Form einer begeisterten, überlebensgroßen Biografie reflektiert das lebenspralle Porträt Coppolas eigene Träume und Kämpfe gegen die Zwänge der Industrie. – Ab 16. ✦ Scope. USA 1988 **P** Fred Ross/ Fred Fuchs Prod. **Kl** Neue Constantin **Pd** Fred Roos, Fred Fuchs **R** Francis Ford Coppola **B** Arnold Schulman, David Seidler **K** Vittorio Storaro **M** Joe Jackson, Carmine Coppola **S** Priscilla Nedd **D** Jeff Bridges (Preston Tucker), Joan Allen (Vera Tucker), Martin Landau (Abe Karatz), Frederic Forrest (Eddie Dean), Mako (Jimmy Sakuyama), Dean Stockwell (Howard Hughes) **L** 105 **FSK** ab 6; f **FBW** w **E** 17.11.1988 **fd** 27 199

TUDOR, REBELL GEGEN PASCHAS UND BOJAREN (TUDOR VLADIMIRESCU). Monumentalfilm über den rumänischen Volkshelden Tudor, der zu Beginn des 19. Jahrhunderts um die Befreiung seines Volkes von innerer und äußerer Knechtschaft kämpfte. Ein ausufernd langes Heldenepos, das vordergründig aufwendig und wenig differenziert gestaltet wurde. – Ab 14. ✦ Scope, schwarz-weiß. Rumänien 1962 **P** Filmstudio Bucuresti **Kl** Progress **R** Lucian Bratu **B** Mihnea Gheorghiu **K** Costache Ciubotaru **M** Gheorghe Dumitrescu **D** Emanoil Petrut, George Vraca, Lica Gheorghiu, Alexandru Giugaru, Geo Barton **L** 164 **E** 21.8.1964 Kino DDR

TUE RECHT UND SCHEUE NIEMAND. Dokumentarfilm über ein junges Ehepaar, das in die Mühlen der Psychiatrie gerät. ✦ BR Deutschland 1976 **R+B** Roswitha Ziegler, Hieronymus Proske **K** Niels C. Bolbrinker **S** Niels C. Bolbrinker, Hieronymus Proske, Roswitha Ziegler **L** 80 **FBW** bw

TUE RECHT UND SCHEUE NIEMAND – DAS LEBEN DER GERDA SIEPEBRINK. Dokumentarfilm über das Leben einer Frau aus kleinbürgerlichem Milieu zwischen 1922 und 1975. Die Geschichte des Lebens wird sowohl in individuellen als auch in historisch-dokumentarischen Fotos erzählt. ✦ Schwarz-weiß. BR Deutschland 1975 **P** Jutta Brückner Prod. (im Aufrag des ZDF) **SF** Inter Nationes **Pd+R+B** Jutta Brückner **K** Francisco Alcalá-Toca **S** Jutta Brandstaedter **L** 60

TUFF TURF – ZOFF IN L.A. →Love-Fighters

TUGEND LÄUFT AMOK (DYDEN GAR AMOK). Drei großstädtische Ehemänner werden von den Fischern einer kleinen Insel zu einer moralfreieren Lebensauffassung bekehrt. Ein nach einem Boulevard-Roman mit handwerklichem Geschick gedrehtes Lustspiel mit gewollt »schlüpfrigem« Vulgär-Humor im Stil des dänischen Erfolgsfilms »Das tosende Paradies«. ✦ Dänemark 1965 **P** Saga **Kl** Topas **Pd** Ditte Restorff **R** Sven Methling **B** Sven Methling, nach einem Roman von Knud Poulsen **K** Aage Wiltrup **M** Sven Gyldmark **S** Maj Soya **D** John Hahn-Petersen (Edward), Birgitte Federspiel (Ina), Axel Strøbye (N.O. Reichsgerichtsanwalt), Caja Heimann (Karen), Louis Miehe-Renard (Joachim), Bodil Steen (Andrea) **L** 107 **FSK** ab 18; nf **E** 10.2.1967/29.3.1974 DFF 1 **fd** 14 622

DIE TUGEND UND DER TEUFEL (ALENA). Den reichen und angesehensten Waffenschmied eines Ortes sorgen die zahlreichen Verehrer seiner frischgebackenen, attraktiven und weitaus jüngeren Ehefrau. Die Liebhaber fernzuhalten kostet ihn mehr und mehr Kraft. Als sein Landesherr ihn für drei Monate nach Flandern schicken will, um die Kunst des Waffenhandwerks zu vervollkommnen, argwöhnt er, daß auch der Graf unlautere Absichten hegt. Verzweifelt sucht er nach einem Ausweg und schließt letztlich einen Pakt mit dem Teufel. ✦ Schwarz-weiß. CSR 1947 **P** Filmstudio Barrandov **R** Miroslav Cikán **B** J. Z. Novák, Vladimír Tuma, nach dem Roman von Frantisek Kubka **D** Miluse Zoubková (Alena), Vladimír Repa (Tomás), Terezie Brzková (Háta), Vítezslav Vejrazka (Teufel/Ondrej), Jana Romanová (Markéta) **L** 93 **E** 14.4.1975 DFF 1

TUKANA – WER IST VERANTWORTLICH? (TUKANA – HUSAT I ASUA). Ein junger Mann in Papua-Neuguinea verläßt sein Dorf, um in der Stadt zu studieren, findet sich jedoch in der Fremde nicht zurecht. Als er zurückkehrt, wollen ihn seine Eltern durch Heirat seßhaft machen. Erneut sucht er das Weite, arbeitet als Fahrer bei einer Tagebau-Mine und verliebt sich in eine ehemalige Kommilitonin. Als er mit ihr in sein Dorf zurückkehrt, ist bereits die Braut, die seine Eltern ausgesucht haben, eingezogen. Der Film beschreibt die Konfrontation zwischen urzeitlichen Strukturen des ländlichen Neuguinea und der städtischen Kultur. Mit bitterem Humor deckt er die Diskrepanz zwischen Traditionsbewußtsein und den Erfahrungen mit der modernen Welt auf. (O.m.d.U.) ✦ Papua-Neuguinea 1983 **P** Institute of Papua New Guinea Studios **R** Chris Owen, Albert Toro **B** Albert Toro **K** Chris Owen **D** Albert Toro, Regina Talsa, Wenceslas Noruke, Timothy Hamanin, Emily Beani **L** 120 **E** 10.5.1987 BR

TUKUMA (TUKUMA). Ein junger Däne recherchiert in Umanak/Grönland die Umstände des mysteriösen Todes seines Bruders. Nach anfänglicher Zurückhaltung der Einheimischen gelingt es ihm, Fuß zu fassen und einiges über den Charakter seines Bruders und die näheren Umstände seines Todes in Erfahrung zu bringen. ✦ Dänemark 1983 **P** Cronefilm/Dänisches Filminstitut **R** Palle Kjaerulff-Schmidt **B** Palle Kjaerulff-Schmidt, Klaus Rifbjerg, Josef Motzfeld **K** Dirk Brüel, Birger Bohm **M** Fuzzy **D** Thomas Eje (Erik), Naja Rosing Olsen (Sorine), Rasmus Lyberth (Rasmus), Benedikte Schmidt (Elizabeth), Rasmus Thygesen (Otto), Agga Geisler (Anna) **L** (TV) 105 **E** 4.4.1985 DFF 2/2.2.1990 BR

TULIPS (TULIPS). Zwei notorische Selbstmord-Kandidaten, ein lebensunlustiger ehemaliger Astrophysiker Mitte 30 und eine arbeitslose, quirlige Chaotin, verlieben sich ineinander, lernen die Freuden des Lebens kennen und setzen sich gegen einen gedungenen Killer zur Wehr. Eine mit Klamauk und Slapstick angereicherte amüsante, stellenweise sogar tiefsinnig-ironische Komödie über Erscheinungsformen der modernen Gesellschaft. (TV-Titel: »Wie werde ich meinen Mörder los?«) – Ab 16. ✦ Kanada 1981 **P** Tulips Production **VA** Embassy **R** Stan Ferris **B** Fred Sappho **K** François Protat **M** Edelie Karam **D** Gabe Kaplan, Bernadette Peters, Henry Gibson, Al Wasman, Dave Boxer, Harry Hill **L** 92 **E** 1984 Video **fd** 24 886

TULSA (TULSA). Als Tulsa sich zur Ölstadt entwickelt, steigt die ehrgeizige Tochter eines Viehzüchters, deren Vater an der Bohrstelle tödlich verunglückte, mit Hilfe eines Geologen zur rücksichtslosen Chefin auf. Bei einem riesigen Brand der Ölfelder beweist sie dann ihre Tapferkeit. Eine nicht zuletzt dank der vorzüglichen Kameraführung sowie der Montage effektvolle Unterhaltung innerhalb der Konventionen des damaligen Hollywood-Kinos. – Ab 14. ✦ USA 1949 **P** Eagle Gamma **Kl** Omnium **Pd** Walter Wanger **R** Stuart Heisler **B** Frank Nugent, Curtis Kenyon **K** Winton C. Hoch **M** Frank Skinner **S** Terry Morse **D** Susan Hayward (Cherokee Lansing), Robert Preston (Brad Brady), Pedro Armendáriz (Jim Redbird), Lloyd Gough (Bruce Tanner), Chill Wills (Pinky Jimpson), Harry Shannon (Nelse Lansing), Ed Begley (Johnny Brady), Paul Burns (Tooley), Chief Yowlachie (Charlie Lightfood), Lane Chandler (Mr. Kelly), Lola Albright (Candy Williams), Iron Eyes Cody (Indianer), John Dehner, Fred Graham **L** 88 **FSK** ab 12; f **E** 14.7. 1950 **fd** 789

TUMAK, DER HERR DES URWALDS (ONE MILLION B.C. / THE CAVE DWELLERS / CAVE MAN). Der Häuptlingssohn eines erbarmungslosen Felsvolkes lernt, vom Vater verstoßen, das maßvolle Muschelvolk kennen, befreit ein blondes Weibchen und kehrt nach Erdbeben und Vulkanausbruch als milder Herrscher zurück. Ein bizarrer, unter Mitarbeit des Stummfilmpioniers Griffith entstandener Abenteuerfilm, in dem sich – aller wissenschaftlichen Erkenntnis zum Hohn – die Menschen der Steinzeit mit schnaubenden, schwänzeschlagenden Dinosauriern herumschlagen müssen. Amüsante Trickaufnahmen sorgen immerhin für einige Kurzweil. – Ab 12. ✦ Schwarz-weiß. USA 1940 **P** Hal Roach **Kl** Prisma **Pd** Hal Roach **R** Hal Roach, Hal Roach jr., David Wark Griffith (ungenannt) **B** Mickell Novak, George Baker, Joseph Frickert, Grover Jones **K** Norbert Brodine **M** Werner R. Heymann **S** Ray Snyder **D** Victor Mature (Tumak), Carole Landis (Loana), Lon Chaney jr. (Akhoba), John Hubbard (Ohtao), Nigel de Brulier (Peytow) **L** 79 **FSK** ab 12; nf **E** 8.6.1951 **fd** 1 194

TUMBER NARR, HEILIGER TOR. Dokumentarfilm über die Arbeit am Berliner »Theater Thikwà«, einem Projekt des Bundesministeriums für Gesundheit, in dem behinderte Darsteller mit nicht-behinderten professionellen Schauspielern Stücke erarbeiten und aufführen. Sinn ist, die Behinderung nicht zu verschweigen oder sie zu »übersehen«, sondern bewusst in den Alltag zu integrieren. Im Dokumentarfilm enthalten ist ein schwarz-weißer Kurzfilm, der die Mittel des Stummfilms nutzt und von der Gruppe gemeinsam erarbeitet wurde. – Ab 16. ✦ Teils schwarz-weiß. Deutschland 1999 **R+B** Calle Overweg **L** 65 **E** 20.6.1999 3sat

TUN WIR'S ODER NICHT? (ESO). Ein 18-jähriger Putzmann, der darunter leidet, noch »Jungfrau« zu sein, schlüpft in die Rolle eines Fabrikantensohns und hat gleich beim ersten Discobesuch Erfolg, als er eine hübsche Diplomatentochter kennen lernt. Doch auch sie ist nicht, was sie zu sein vorgibt, sondern Kandidatin einer Fernsehshow und hat die Aufgabe, sich vor laufender versteckter Kamera mit einem Millionär zu verloben. Als der Mann Lunte riecht, taucht er zunächst unter, doch dann dreht er den Spieß um. Komödie um spanisches Macho-Gehabe, zugleich Satire auf ein zynisches Mediengeschäft, das die Quote höher schätzt als die Moral. ✦ Spanien 1995 **R** Fernando Colomo **B** José Angel Esteban, Carlos López **K** Javier Salmones **M** Julian

Brenan **D** Daniel Guzman (Domingo/Juan Luis), Diana Galvez (Isabel/Elizabeth), Antonio Molero (Tinin), Saturnino Garcia (Marcial), Paco Maestre (Carmona) **L** 85 **E** 1.1.2001 ARD

TUNGUSKA – DIE KISTEN SIND DA. Experimenteller Spielfilm, der ein Spiel mit Zitaten treibt, das einer ungewohnten, eigenartigen Logik zu folgen scheint. Elemente aus Abenteuer-, Science-Fiction-, Horror- und Liebesfilmen spielen dabei ebenso eine Rolle wie Oskar Fischingers filmisches Spiel mit geometrischen Figuren. Der Titel bezieht sich auf die sibirische Region bei den Tunguska-Flüssen, wo sich Anfang des Jahrhunderts eine bis heute unerklärte Katastrophe ereignete. Ähnlich soll es wohl für diesen Film (mindestens) 80 Theorien geben – was ihn der Gefahr zielloser Beliebigkeit ausliefert. ✦ BR Deutschland 1984 **P** Schlingensief Prod. **SF** Schlingensief (Oberhausen) **Pd+R+B** Christoph Schlingensief **K** Dominikus Probst **M** Christoph Schlingensief, Baba Yoro Diob, Christoph Gerozissis, Matthias Colli **S** Barbara Lamsfuß **D** Irene Fischer (Tina), Matthias Colli (Rolf), Anna Fechter (Ireen Fitzler), Christopher Krieg (Pater Hilf), Alfred Edel (Roy Glas), Norbert Schliewe (Herr Norbert), Volker Bertzky (Tankwart) **L** 75 **E** Oktober 1984/19.1.1985 West 3

TUNICA DOMINI. Dokumentarischer Bericht über die »Wallfahrt zum Heiligen Rock« im Jahr 1959, ergänzt durch Aufnahmen der kulturell und religiös wichtigen Baudenkmäler in der Stadt Trier. – Ab 10. ✦ Schwarz-weiß. BR Deutschland 1960 **P** Baltes **Kl** Saar Film Union **R+B+K** Gustav Baltes **M** Hans Sabel, Paul Schuh, Herbert Schwarte **L** 87 **FSK** ab 6; f **E** 1961 Kino **fd** 9 853

TUNNEL → Höllentrip ins Jenseits

DER TUNNEL (1933) (LE TUNNEL). Die Verfilmung eines seinerzeit berühmten utopischen Romans von Bernhard Kellermann. In großer Besetzung spielt sich die heute noch spannende Geschichte einer Untertunnelung des Atlantiks ab, die ein fanatischer Ingenieur gegen Sabotageakte durchsetzt. Filmhistorisch interessant, in seiner Aussage von allzu pathetischem Fortschrittsoptimismus geprägt. – Ab 12 möglich. ✦ Schwarz-weiß. Deutschland/Frankreich 1933 **P** Bavaria/Vandor-Film **Kl** Unitas (Erstverleih: Filmkunst) **R** Kurt Bernhardt **B** Kurt Bernhardt, Reinhart Steinbicker, nach einem Roman von Bernhard Kellermann **K** Carl Hoffmann **M** Walter Gronostay **S** Gottlieb Madl **D** Paul Hartmann (Mac Allan), Olly von Flint (Mary, seine Frau), Attila Hörbiger (Hobby, sein Freund), Gustaf Gründgens (Präsident Woolf), Ferdinand Marian (Streikredner), Josef Eichheim (Reporter), Will Dohm (Saboteur), Max Weydner (Lloyd), Elga Brink (Ethel Lloyd), Otto Wernicke (Bärmann), Georg Henrich (Vanderstyfft), Max Schreck (Chesterfield), Beppo Brem, Erna Fentsch **L** 77 (Orig. 81) **FSK** ab 12; f **E** 3.11.1933/5.10.1964 DFF 1/19.5.1968 NDR III **fd** 11 476

DER TUNNEL (1966) (TUNELUL / TUNNEL). Das Heldentum sowjetischer und rumänischer Soldaten, die die Sprengung eines strategisch wichtigen Tunnels durch die Deutschen verhindern. Die inhaltliche Aussage wird durch Pathos und eine künstlerisch uneinheitliche Inszenierung beeinträchtigt. – Ab 16. ✦ Scope, schwarz-weiß. Rumänien/UdSSR 1966 **P** Filmstudio Bucuresti/Mosfilm **Kl** Progress **R** Francisc Munteanu **B** Georgi Wladimow, Francisc Munteanu **K** Vasile Oglinda, Serghej Armand **M** George Grigoriu **D** Alexej Loktjew (Denisow), Ion Dichiseanu (Petrescu), Valentina Maljawina (Natascha), Margareta Pislaru (Julia), Florin Piersic (Dutu) **L** 83 **E** 30.12.1966 Kino DDR/22.8.1969 DFF 1

DER TUNNEL (1999). Im September 1962 gruben vier Berliner Studenten von einem Keller im Westteil der Stadt einen Tunnel in den Osten, um auf diese Weise Verwandte und Freunde in die Freiheit zu holen. Der Film verbindet Archivmaterial mit den Aussagen der Beteiligten und fragt nach ihren subjektiven Beweggründen. So wird dem bereits vielfach behandelten Thema eine neue Dimension abgerungen und dem historischen Ereignis eine individuelle Authentizität jenseits der Kalte-Krieg-Thematik verliehen. Der Film wurde 2000 mit dem Grimme-Preis ausgezeichnet. ✦ Deutschland 1999 **Pd** Julia Gerdes, Susan Schulte **R+B** Marcus Vetter **K** Christoph Lerch, Immo Rentz **S** Renate Rebe **L** 89 **E** 6.11.1999 SWR

DER TUNNEL (2000). Berlin 1961: Nach dem Bau der Mauer plant eine Gruppe Westberliner Studenten den Bau eines Tunnels in den Osten, um Verwandte und Freunde in die Freiheit zu holen. Nach mühevoller Arbeit und trotz der Bespitzelung durch die Staatssicherheit der DDR gelingt der tollkühne Plan. Zweiteiliger Fernsehfilm nach tatsächlichen Begebenheiten, der ein legendäres Kapitel deutsch-deutscher Fluchthilfe dramatisiert und die Freiheit als ein unschätzbares Gut darstellt. Ein ebenso überzeugendes wie beklemmendes Zeitporträt, das von guten Darstellern getragen wird und die Mittel des Spannungskinos wirkungsvoll zum Zwecke seiner engagierte Geschichte nutzt. DVD: Die Special Edition (2 DVDs) enthält u.a. einen Audiokommentar des Regisseurs und der Darsteller Heino Ferch und Alexandra Maria Lara, ein Feature mit im Film nicht verwendeten Szenen sowie eine ausführliche Dokumentation zum Film. ✦ Deutschland 2000 **P** Team-Worx/SAT 1/RAI/Telecinco/Kirch Media **VA** BMG **DVD** BMG (SE, 16:9, 2.35:1, DD5.1 dt.) **Pd** Nico Hofmann, Ariane Krampe **R** Roland Suso Richter **B** Johannes W. Betz **K** Martin Langer **M** Harald Kloser, Thomas Wanker **S** Eva Schnare **D** Heino Ferch (Harry Melchior), Sebastian Koch (Matthis Hiller), Mehmet Kurtulus (Vittorio Castanza), Nicolette Krebitz (Friederike Scholz), Felix Eitner (Fred von Klausnitz) **L** 180 Video (94/94 TV) **FSK** ab 12 **E** 21., 22.1.2001 SAT 1/13.8.2001 Video & DVD **fd** 34 833

TUNNEL 28 (TUNNEL 28 / ESCAPE FROM EAST BERLIN). Die Flucht von 28 Ost-Berlinern durch einen Tunnel unter der Mauer. Ein routiniert und spannend entwickelter Unterhaltungsfilm in einer frei erfundenen Handlung vor dem Hintergrund des »Kalten Krieges«. In erster Linie an effektvollen Äußerlichkeiten interessiert, kommen geistige Auseinandersetzung und menschliche Vertiefung des zeithistorisch wichtigen Themas zu kurz. – Ab 12. ✦ Schwarz-weiß. BR Deutschland/USA 1962 **P** Hans-Albin Film/Walter Wood Prod. (für MGM) **Kl** MGM **Pd** Hans Albin, Walter Wood **R** Robert Siodmak **B** Peter Berneis, Gabrielle Upton, Millard Lampell **K** Georg Krause **M** Hans-Martin Majewski **S** Maurice Wright **D** Don Murray (Kurt Schröder), Christine Kaufmann (Erika Jürgens), Werner Klemperer (Brunner), Ingrid van Bergen (Ingeborg Schröder), Edith Schultze-Westrum (Mutter Schröder), Carl Schell (Major Eckhardt), Kai Fischer (Heidi), Bruno Fritz (Onkel Albrecht) **L** 93 **FSK** ab 6; f **FBW** w **E** 22.10. 1962 **fd** 11 551

TUNNEL DER LEBENDEN LEICHEN (DEATH LINE). Während Menschen in einem beim Bau zusammengestürzten U-Bahn-Tunnel unrettbar verschüttet wurden, fließt unlogischerweise zugleich ungehinderter Verkehr zu einem der Bahnhöfe und macht Mord und Kidnapping möglich. Ein abstruser, völlig unlogischer Gruselfilm mit ekelerregenden Details, den auch der bizarre Humor, der die polizeilichen Maßnahmen begleitet, nicht erträglicher macht. ✦ Großbritannien 1972 **P** KL Prod. **Kl** Avis **Pd** Paul Malansky **R** Gary A. Sherman **B** Ceri Jones **K** Alex Thomson **M** Jeremy Rose, Wil Malone **S** Geoffrey Foot **D** Donald Pleasence (Colqhoun), Norman Rossington (Rogers), Christopher Lee (Stratton-Villiers), David Ladd (Alex Campbell), Sharon Gurney (Patricia Wilson), Hugh Armstrong (der Mann) **L** 87 **FSK** ab 18; nf **E** 12.3.1976 **fd** 20 050

TUNNEL NR. 6 (EL TUNEL NR. 6). Durch einen verbrecherischen Anschlag wird ein im Bau befindlicher Tunnel verschüttet. Von den eingeschlossenen Bauarbeitern wird schließlich nur der jüngste gerettet, dem der Ingenieur zuletzt sein eigenes Blut zu trinken gab. Ein Melodram mexikanischer Machart, das sich im dunklen Schacht mehr als Hörspiel denn als Film darstellt. Die Rede geht von Kameradschaft, Opfergesinnung und religiöser Eingebung. ✦ Schwarz-weiß. Mexiko 1954 **P** Acsa Alianza Cinematografica **R** Chano Urueta **B** Chano Urveta, nach einer Idee von Rafale Garcia Traversi **K** Rosalio Solano **D** Victor Manuel Mendoza, Victor Parra, Carmen Montejo, Andres Soler **L** 105 **E** 1955 Kino **fd** 4 151

DIE TUNNELGANGSTER VON BERLIN. Der Kriminalfilm arbeitet einen spektakulären Fall aus dem Sommer 1995 auf: Damals nahmen vier Bankräuber in einer Bank in Berlin-Zehlendorf sechzehn Geiseln, ehe sie mit ihrer Beute durch einen selbst gegrabenen Tunnel entkamen. ✦ Deutschland 1995 **Pd** Wolf Brauner **R** Menahem Golan **B** Paul Nicholas (= Lutz Schaarwächter), Joseph Goldman **D** Oliver Reed (Prof. Norbert Marcus), James Pertwee (Frank Marcus), Michael Zoharetz (Jasmin Abudi), Tina Ruland (Tina, Bankangestellte), Monika Austen (Frau Heimerle, Bankangestellte) **L** 90 **E** 24.3.1996 RTL

DAS TUNNELKIND (DAS TUNNELKIND). Ein 13jähriges Mädchen im österreichisch-tschechoslowakischen Grenzgebiet, das seit dem Tode seines geliebten Vaters die Sprache verweigert, entdeckt einen Tunnel, der unter der schwerbewachten Grenze ins Nachbarland führt. Es lernt schließlich einen tschechischen Landvermesser kennen, zu dem es Vertrauen faßt. Der 1969 spielende Film hat märchenhafte Momente von stiller Intensität, bleibt aber in der Beschreibung der Beziehungskonstellation zwischen Tochter, Vater, Mutter und neuem Stiefvater in Andeutungen haften, die sich nur schwer erschließen dürften. – Ab 14 möglich. ✦ Österreich 1989 **P** Teamfilm **Pd** Wulf Flemming **R** Erhard Riedlsperger **B** Peter Zeitlinger, Erhard Riedlsperger, Walter Wippersberg **K** Peter Zeitlinger **M** Michael Mautner **S** Veronika Putz **D** Silvia Lang (Julia), Josef Griesser (Roman), Volker Fuchs (Alexander), Claudia Martini (Elisa), August Schmölzer (August), Georges Kern (Julias Lehrer) **L** 88 **E** 26.10.1992 ORF 1

TUNNELKRIEG (TUNNEL WARFARE). Während der Kämpfe gegen die Japaner im Jahr 1942 benutzen die Bewohner eines nordchinesischen Dorfes Maos Lehren über den Guerillakrieg als Gebrauchsanweisung, indem sie durch ein selbstgebautes Tunnelsystem die ebenso häßlichen wie dummen Japaner fortlaufend in den Hinterhalt locken. Ein in eine Spielhandlung eingekleideter naiver propagandistischer Lehrfilm aus China, den starkes Pathos, totale Idealisierung der Helden und Karikierung des Gegners kennzeichnen. (Schauspieler- und Stabangaben lagen dem Fernsehen seinerzeit nicht vor.) ✦ Schwarz-weiß. VR China 1965 **L** (TV) 100 **E** 19.8. 1974 ARD

EINE TUNTE ZUM DESSERT. Die melancholische, episodisch aufgefächerte Bestandsaufnahme über einige Menschen und ihre kleinen und größeren Alltagsprobleme, wobei »wirkliches Leben« und dessen Inszenierung ineinanderfließen. Im Mittelpunkt die Mitglieder einer Familie: der Vater, der Ärger in der Fabrik hat und dem die Nachbarinnen nachstellen, die Mutter, die vereinsamt und ihre Frustrationen in »Poesie« kanalisiert, die aufgeweckte Tochter. Hinzu gesellen sich u.a. eine frustrierte Filmemacherin, die keine Filme mehr drehen will, und ein Taxifahrer, bei dem sie Halt sucht. Eine Low-Budget-Arbeit, die mittels der individuellen »Schicksale« Gefühle, Sehnsüchte und menschliche Bedürfnisse formuliert und darüber hinaus Stellung zu sozialen Verhältnissen und Defiziten bezieht. ✦ Deutschland 1991/92 **P** Wolfgang Krenz Prod./NDR **Pd** Wolfgang Krenz **R+B** Dagmar Beiersdorf **K** Christoph Gies **M** Pete Wyoming-Bender, Martine Felton, Albert Kittler **S** Lothar Lambert **D** Lothar Lambert (»Julchen«/Julius), Suzanne Gautier (Nina), Imke Barnstedt (Mascha), Mustafa Iskandarani (Rajab), Martine Felton (»Wolfsbraut«/Dennis), Heidelinde Thran (Heidi) **L** 90 **E** 23.7.1992

DIE TUNTENROLLE. Acht Kurzfilme von völlig verschiedenem Anspruch und in unterschiedlicher formaler Qualität, zusammengestellt zu einem abendfüllenden Programm. Gemeinsam ist ihnen im weitesten Sinn die Thematik: Homosexuelle und Transvestiten stellen sich selbst dar oder inszenieren Geschichten voller Fantasie, Leidenschaft und (mitunter angestrengter) Komik. Die Filme: 1. »Fraia und Ferry« (BRD 1980, 12 Min.), 2. »Beauties without a Cause« (USA 1985, 7 Min.), 3. »Bambi« (D 1991, 6 Min.), 4. »Interior Decorator from Hell« (USA 1988, 16 Min.), 5. »Elevation« (Australien 1989, 11 Min.), 6. »Narziss und Echo« (BRD 1989, 14 Min.), 7. »Dirnenschicksal«, D 1981/91, 10 Min.) und 8. »Die tödliche Ingrid« (D 1991, 8 Min.). ✦ Teils schwarz-weiß. Australien/BR Deutschland/Ungarn/USA 1980–91 **KI** Edition Salzgeber **R** Gerd Mölling (1), Christoph Eichhorn (1,7), David Weissman (2), Björn Koll (3), Sonja Roth (4), Stephen Cummins (5), Michael Brynntrup (6), Thomas Bader (8) **L** 84 **E** 30.4.1992

TUPAC AMARU – STRAHLENDE SCHLANGE (TUPAC AMARU). Tupac Amaru, zu deutsch »die strahlende Schlange«, ist der direkte Nachfahre des letzten Inka-Herrschers; er wurde der Führer eines der größten Indianer-Aufstände in der Kolonialzeit Spanisch-Amerikas. Unter seiner Führung wuchs das Heer der Inkas von 6000 auf 50.000 Mann. Der Film zeigt die historisch verbürgten Ereignisse jener Zeit in einer dramatischen Aufbereitung. ✦ Peru/Kuba 1984 **P** Cinematografica kuntur S.A./ICAIC **R+B** Federico García **K** Rodolfo López **M** Juan Marquez **D** Reynaldo Aronas, Zully Azurin, Enrique Almirante, Helmo Hernández, Pablo Fernández **L** 90 **E** 3.1.1986 DFF 2

TUPAMAROS (TUPAMAROS). Die Geschichte der uruguayischen Befreiungsbewegung »Tupamaro« von ihren Anfängen bis zu ihrer Zerschlagung und Wiederauferstehung nach dem Ende der Diktatur. Angelegt als bemerkenswert lebendige Geschichtslektion, verdeutlicht der sensible Dokumentarfilm die Hintergründe, wobei er aus der Erinnerung sympathischer Zeitzeugen schöpfen kann. Stets hält er die Balance zwischen Geplantem und Nichtplanbarem im filmischen Entstehungsprozeß und beschwört die Erinnerung an die Macht der Utopie sowie an jene Menschen, die unter lebensbedrohlichen Umständen dafür eingetreten sind. (O.m.d.U.) – Sehenswert ab 16. ✦ Schwarz-weiß. Deutschland/Schweiz/Uruguay 1996 **P** Heidi Specogna Filmprod./Tag-Traum/ZDF/Biograph/arte **KI** Ventura **VA** absolut MEDIEN **Pd** Heidi Specogna **R+B** Rainer Hoffmann, Heidi Specogna **K** Rainer Hoffmann **M** Hans Koch **S** Dörte Völz-Mammarella **L** 93 **FBW** bw **E** 28.8.1997 **fd** 32 735

DIE TÜR BLEIBT OFFEN (VRATA OSTAJU OTVORENA). Eine Gruppe Jugendlicher muß für ihre Verbrechen hinter Gittern. Nach ihrer Freilassung nutzen sie die Chance für einen Neuanfang. ✦ Schwarz-weiß. Jugoslawien 1958 **P** Bosna-Film **R** Frantisek Cap **B** Vladimir Paskaljevic, Frantisek Cap **K** Janez Kalinski **M** Borut Lesjak **S** Manja Fuhs **D** Rade Vergoric, Teodora Arsenovic, Milena Dravic, Dusan Janicijevic **L** 92 **E** 29.7.1966 Kino DDR

EINE TÜR FÄLLT ZU (RETURN FROM THE ASHES). Eine aus dem Konzentrationslager heimkehrende jüdische Ärztin findet ihren Mann als Liebhaber der Stieftochter wieder und fällt beinahe einem Mordanschlag zum Opfer. Auf peinliche Weise dient das Schicksal jüdischer Verfolgter dem reißerischen Film als pures Unterhaltungsmaterial. Daß der Film an manchen Stellen unter die Haut geht, verdankt er vor allem der hervorragenden Hauptdarstellerin und ihrer verblüffenden Wandlungsfähigkeit; doch gerade ihre Sensibilität und ihr Einfühlungsvermögen machen es so schwer, eine solche Art von Unterhaltung zu akzeptieren. ✦ Scope. USA 1965 **P** The Mirisch Corporation **KI** United Artists **Pd** J. Lee Thompson, Cecil Challis **R** J. Lee Thompson **B** Julius J. Epstein, nach dem Roman »Der Asche entstiegen« von Hubert Monteilhet **K** Christopher Challis **M** John Dankworth **S** Russell Lloyd **D** Maximilian Schell (Stanislaus Pilgrin), Ingrid Thulin (Dr. Michèle Wolf), Samantha Eggar (Fabienne), Herbert Lom (Dr. Charles Bovard), Talitha Pol (Claudine), Vladek Sheybal (Schach-Club-Manager) **L** 107 **FSK** ab 16; f **E** 12.11.1965 **fd** 13 708

DIE TÜR INS JENSEITS (FROM BEYOND THE GRAVE / THE CREATURES FROM BEYOND THE GRAVE / CREATURES). Der Besitzer eines Antiquitätenladens, der sich als Horrorshop entpuppt, garantiert seinen Kunden mit jedem Kauf eine große Überraschung. Die Überraschung ist in der Tat groß – die Kunden bekommen Alpträume und müssen im Auftrag des übersinnlichen Bösewichts Verbrechen begehen. Episodischer Horrorfilm, der fast alle Muster des Genres benutzt; gut gespielt, aber miserabel inszeniert. ✦ Großbritannien 1974 **P** Amicus **Pd** Max J. Rosenberg, Milton Subotsky **R** Kevin Connor **B** Raymond Christodolou, Robin Clarke, nach Geschichten aus »The Unbidden« von R. Chetwynd-Hayes **K** Alan Hume **M** Douglas Gamley **S** John Ireland **D** Peter Cushing (Der Antiquitätenhändler), David Warner (Edward), Ian Bannen (Lowe), Donald Pleasence (Underwood), Lesley-Anne Down (Rosemary Seaton) **L** 98 **E** 27.9.1996 ZDF

DIE TÜR MIT DEN SIEBEN SCHLÖSSERN. Weiterer Serienkrimi nach Edgar Wallace. Die in gewohnter Weise teils gruselig, teils komisch eingefärbte Mordhandlung läßt sieben Erbschleicher einen verbrecherischen Kampf untereinander führen. Standard-Unterhaltung, in ihren besten Momenten von unfreiwilliger Komik. – Ab 14 möglich. ✦ Schwarz-weiß. BR Deutschland 1962 **P** Rialto **KI** Constantin **VA** Taurus **Pd** Horst Wendlandt **R** Alfred Vohrer **B** Harald G. Petersson, Johannes Kai, nach einem Roman von Edgar Wallace **K** Karl Loeb **M** Peter Thomas **S** Carl-Otto Bartning **D** Heinz Drache (Dick Martin), Hans Nielsen (Mr. Haveloc), Sabina Sesselmann (Sybil Lansdown), Pinkas Braun (Dr. Staletti), Gisela Uhlen (Emily Cody), Klaus Kinski (Pheeny), Siegfried Schürenberg (Sir John), Eddi Arent (Kriminalassistent Holms) **L** 95 **FSK** ab 12; f (fr. 16; nf) **E** 22.6.1962/23.10.1967 ZDF **fd** 11 213

DIE TÜR ZUM BALKON (ETA OPASNAJA DWER NA BALKON). Die stimmungsvolle Geburtstagsfeier eines 18jährigen Jungen, auf der gerade eigene Amateurfilme gezeigt werden, wird jäh unterbrochen, als man erfährt, daß die gefilmten »psychologischen Experimente« zu einem folgenschweren Unglücksfall geführt haben. Ein thematisch bemerkenswerter, künstlerisch freilich noch sehr unfertiger Film. – Ab 14. ✦ Scope. UdSSR 1977 **P** Filmstudio Riga **KI** Progress **R** Dsidra Ritenbergs **B** Bronislawa Parschewskaja, Jan Streic **K** Heinrich Piepson **M** Romuald Kalson **D** Antra Liedskalnina (Anita), Viktor Lorenz (Viktor), Varis Vetra (Roland), Ligita Skuinia (Inga), Peteris Gaudins (Normund) **L** 85 **E** 29.12.1978 Kino DDR

EINE TÜR ZUM HIMMEL (BAAB AL SAMA' MAFTUE / UNE PORTE SUR LE CIEL). Ein Film über die Vereinbarkeit von Selbstbestimmung und Tradition für Frauen im Islam. Eine in Frankreich lebende Marokkanerin kommt in ihre Heimat, um ihren sterbenden Vater zu sehen. Durch eine Freundin entdeckt sie die Traditionen des Islams für sich, worauf sie das Haus des Vaters nach dessen Tod verkauft und zu einem islamischen Frauenhaus ausbaut. Ihr neu gefundener Glaube wird allerdings auf die Probe gestellt, als sie sich verliebt. ✦ Marokko/Frankreich 1988 **R** Farida Ben Lyazid **D** Zakia Tahri, Bashir Skirej **L** 102 **E** 18.4.1997 3sat

TURBO: DER POWER RANGERS FILM (TURBO: A POWER RANGERS MOVIE). Der Plan einer Weltraumpiratin, das Universum mit Hilfe eines unbesiegbaren Vulkan-Monsters zu unterjochen, ruft die Power Rangers auf den Plan, die ihrer menschheitsrettenden Aufgabe nachkommen. Zweite abendfüllende Verfilmung einer kanadischen Fernsehserie, die neben einer aufgesetzt wirkenden Moral und einer ausgestellten Comichaftigkeit nichts als belanglos-harmlose Unterhaltung zu bieten hat. (Titel auch: »Turbo: A Power Rangers Movie«, »Der Turbo Power Rangers Film«) – Ab 14 möglich. ✦ USA 1997 **P** Saban Entertainment/Toei Company **VA** Twentieth Century Fox Home **Pd** Jonathan Tzachor **R** David Winning, Shuki Levy **B** Shuki Levy, Shell Danielson **K** Ilan Rosenberg **M** Shuki Levy **S** Henry Richardson, B.J. Sears **D** Jason David Frank (Tommy Oliver), Steve Cardenas (Rocky DeSantos), Johnny Yong Bosch (Adam Park), Catherine Sutherland (Katherine Hillard), Amy Jo Johnson (Kimberly Hart) **L** 95 **FSK** ab 12 **E** 16.4.1998 Video

EIN TURBO RÄUMT DEN HIGHWAY AUF (CAR CRASH / CARRERA SALVAJE). Ein Rennfahrer und sein Mechaniker müssen sich immer wieder der Tücken und Attacken von Geschäftsgangstern erwehren. Ein trotz vieler Autoverfolgungsjagden und Carcrashs langweiliger, witzloser Actionfilm. – Ab 16 möglich. ✦ Scope. Italien/Spanien/Mexiko 1980 **P** Cleminternazionale/Hesperia/Scorpio **KI** UIP **R** Anthony M. Dawson (= Antonio Margheriti) **B** Pietro Innocenzi **K** Hans Burmann **M** Mario Capuano, Giosy Capuano **D** Joey Travolta (Paul), Vittorio Mezzogiorno (Nick), Ana Obregon (Janice), Ricardo Palacios (Bronsky), John Steiner (Kerby) **L** 88 **FSK** ab 12; f **E** 12.3.1982 **fd** 23 361

DAS TURBOGEILE FERIENCAMP (ODDBALLS). Pubertätsklamotte um zwölfjährige Jungen in einem privaten Feriencamp, wobei es vorwiegend um sexuelle Neugierde und Versuche geht. Lediglich eine Ansammlung dünnblütiger und schmuddeliger Gags von äußerst bescheidenem Unterhaltungswert. – Ab 16 möglich. ✦ USA 1984 **P** Maurice Smith Prod./Rodeo **VA** Lightning **R** Miklos Lente **B** Ed Naha **K** Fred Guthe **M** Ron Harrison, Dave Harrison **D** Foster Brooks, Mike McDonald, Konnie Krome, Milan Cheylov, Donnie Bowes **L** 88 **FSK** ab 16 **E** 24.9.1986 Video **fd** 25 996

DAS TURBOGEILE GUMMIBOOT (UP THE CREEK). Vier verkrachte Studenten der schlechtesten amerikanischen Universität treten im jährlichen Schlauchbootrennen gegen die hochfavorisierten Teams der Edeluniversitäten an. Trotz fauler Tricks und skrupelloser Machenschaften der anderen Teams gewinnen sie den Preis und die Gunst der hübschen Studentinnen. Eine College-Klamotte, die kein einziges Klischee ausläßt; zähflüssig und jederzeit vorhersehbar. (Späterer Kinotitel: »Studentenfutter U.S.A.«; Fernsehtitel auch: »Den letzten schnappen die Fische«) – Ab 16. ✦ USA 1983 **P** Samuel Z. Arkoff/Louis S. Arkoff Prod. (für Orion Pictures) **KI** CCF Cine-Contor/Filmagentur Werner **Pd** Michael Meltzer **R** Robert Butler **B** Jim Kouf, Jeff Sherman, Douglas Grossman **K** James Glennon **M** William Goldstein **S** Bill Butler **D** Tim Matheson (Bob McGraw), Dan Monahan (Max), Stephen Furst (Gonzer), Jeff East (Rex Crandell), Jennifer Runyon (Heather Merriweather), Sandy Helberg (Irwin Blumenthal) **L** 95 **FSK** ab 12; nf **E** 10.8.1984 **fd** 24 709

DER TURBOGEILE SAUNACLUB (HOLLYWOOD HOT TUBS II: EDUCATING CRYSTAL). Mit Hilfe eines Chauffeurs verhindert eine trotzig-agile 22jährige die Hochzeit ihrer Mutter mit einem lüsternen und kriminellen Araber, der es lediglich auf das Familienunternehmen, ein »Well-Pool-Center« abgesehen hat. Primitive und ideenarme Billigkomödie mit rassistischen Untertönen. ✦ USA 1989 **P** Alimar **VA** VCL/Carolco **Pd** Mark Bode, Kenneth Raich **R** Kenneth Raich **B** Brent V. Friedman **K** Areni Milo **M** John Lombardo, Bill Bodine **S** Michael Hoggan **D** Jewel Shepard (Crystal), Remy O'Neill (Pamela), David Tiefen (Gary), Patrick Day (Jason Bizmark), Bart Braverman (»Prinz« Ahmet) **L** 100 **FSK** ab 16 **E** 22.7.1991 Video/21.6.1992 RTL plus **fd** 29 144

DAS TURBOSCHARFE SPANNER-MOTEL (TALKING WALLS). Um Lebens- und Liebeserfahrung zu sammeln, beobachtet ein Student mit allerlei voyeuristischen Methoden Liebespaare. Eines Tages erwischt er seinen Professor, der ein Schäferstündchen mit einer jungen Frau absolviert, auf die es der »Wißbegierige« selbst abgesehen hat. Primitiver Sex-Klamauk. ✦ USA 1984 **P** Drummond Prod. **VA** New World **R+B** Stephen F. Verona **K** Scott Miller **D** Stephen Shellen (Paul Barton), Sybil Danning, Marie Laurin (Jeanne), Sally Kirkland **L** 80 **FSK** ab 18 **E** Dezember 1987 Video

TURBULENCE (TURBULENCE). Ein psychotischer Mörder sorgt bei seiner Beförderung quer über den amerikanischen Kontinent in einem weihnachtlich geschmückten Jumbo-Jet für Mord und Totschlag. Eine ihre Traumata überwindende Stewardess rettet die Situation. Actionfilm mit einer auf Autopilot geschalteten Filmhandlung, deren Katastrophen von einem unvermutet heftigen Anfall pseudo-feministischer Charakterführung in den Schatten gestellt werden. ✦ Scope. USA 1997 **P** Filmways/Rysher Entertainment **KI** Columbia TriStar **VA** Columbia TriStar **DVD** Columbia TriStar Home (16:9, 1.78:1, DD5.1 engl./dt.) **Pd** Martin Ransohoff, David Valdes **R** Robert Butler **B** Jonathan Brett **K** Lloyd Ahern (= Lloyd Ahern II) **M** Shirley Walker **S** John Duffy **D** Ray Liotta (Ryan Weaver), Lauren Holly (Teri Halloran), Hector Elizondo (Stubbs), Brendan Gleeson (Lt. Aldo Hines), Ben Cross (Capt. Sam Bowen), Rachel Ticotin (Rachel Taper) **L** 101 **FSK** ab 16; f **E** 15.5.1997/18.11.1997 Video/5.4.2001 DVD **fd** 32 546

TURBULENCE 2 (TURBULENCE II – FEAR OF FLYING). Nach dem Ausfall des Piloten bringt ein Passagier das Flugzeug sicher zu Boden. Besondere Brisanz erhält seine Aufgabe durch die Tatsache, dass es sich ausgerechnet um die Teilnehmer eines Kurses gegen Flugangst handelt, die einem brutalen Luftpiraten ausgeliefert sind. Der legendäre Fernsehfilm »Flug in Gefahr« (1964) mit Hanns Lothar lässt grüßen, doch die uninspirierte Inszenierung erreicht nie dessen Dichte, sondern mogelt sich mit vielen Ungereimtheiten über die Zeit. Lustlose Darsteller und ein einfallsloses Drehbuch ohne innere Spannung lassen das Interesse an dem manchmal unfreiwillig komischen Films rasch erlahmen. – Ab 16. ✦ USA/Kanada 1999 **P** Trimark Pictures **VA** BMG Video **Pd** Mike Elliott **R** David MacKay **B** Robert Kerchner, Brendan Broderick, Kevin Bernhardt **K** Gordon Verheul **M** Ron Davis **S** Bret Marnell **D** Craig Sheffer (Martin), Jennifer Beals (Jessica), Tom Berenger (Sikes), Jeffrey Nordling (Elliot), Jay Brazeau (Harold) **L** 96 **FSK** ab 16 **E** 26.4.2000 Video **fd** 34 400

TURBULENCE 3 (TURBULENCE 3: HEAVY METAL). Während eine Rock-Band, die satanistische Zutaten in ihre Show einbezieht, von einem Flugzeug aus ein Konzert weltweit per Internet überträgt, wollen wahre Satanisten, die den Flug gebucht haben, das Ereignis zum Fanal für die Wiederkehr des Antichristen nutzen. Der Kopf der Rock-Gruppe und ein Computer-Hacker wehren das Schlimmste ab. Ein thematisch fragwürdiger Actionfilm, der primär nervenkitzelnde Unterhaltung bieten will. Dabei mangelt es ihm aber ebenso an Einfallsreichtum wie an inszenatorischer Dichte. ✦ Kanada 2001 **P** British Columbia Film/OG/Studio Eight **VA** Ufa **DVD** Verleihfassung: BMG (16:9, 1.78:1, DD5.1 dt.) **Pd** Ogden Gavanski **R** Jorge Montesi **B** Wade Ferley **M** John McCarthy **D** Zak Alam (Gabriel Mendoza), Gabrielle Anwar (Kate Hayden), Rick Burgess (Kyle Morgan), Sharon Alexander (Mandy Morgan), Bernie Coulson (Shred) **L** 92 **E** 30.10.2001 Video & DVD

TURBULENTER SOMMER (LITO VILOVITO). Bekanntschaften, Flirts und Erlebnisse junger Männer in einem kleinen Adriastädtchen während der Touristensaison. Der schüchterne Pjero erlebt mit der blonden Schwedin Mary das Glück der ersten echten Liebe. Sorgfältig inszenierte, heiter-besinnliche Unterhaltung. – Ab 14. ✦ Schwarz-weiß. Jugoslawien 1964 **P** Avala **KI** Progress **R** Obrad Gluscevic **B** Obrad Gluscevic, Vanca Kljakovic **K** Aleksandar Petkovic **M** Nikica Kalodjeran **D** Beba Loncar (May), Milena Dravic (Mare), Milutin Micovic (Pjero), Boris Dvornik (Ive), Ljubisa Samardzic (Vice) **L** 85 **E** 12.3.1965 Kino DDR

TURBULENTES EHELEBEN (SUJETA SUJET!). Eine nicht mehr ganz junge sowjetische Standesbeamtin, die seit zwanzig Jahren täglich zahlreichen Heiratswilligen das Glück der Gemeinsamkeit in den schönsten Farben beschreibt, erlebt plötzlich in ihrer eigenen Ehe eine handfeste Krise, der sie zunächst fassungslos, dann aber zunehmend initiativfreudiger und gelöster gegenübersteht. Oberflächliche Unterhaltung, die das Thema Ehekrise in einer Komödie verarbeitet. (Kinotitel DDR: »Mann, bleib auf dem Teppich!«) – Ab 14. ✦ Scope. UdSSR 1979 **P** Mosfilm **KI** Progress **R** Alla Surikowa **B** Emil Braginski **K** Wsewolod Simakow **M** Bogdan Trozjuk **D** Galina Polskich (Marina), Frunse Mkrtschjan (Boris), Leonid Kurawljew (Wolodja), Swetlana Petrosjanz (Natascha), Anna Warpachowskaja (Lisa) **L** 85 **E** 1.1.1981 DFF 2/20.3.1981 Kino DDR

EIN TURBULENTES WOCHENENDE (LES SAISONS DU PLAISIR). Der Patriarch einer Parfümfabrik feiert auf seinem Landsitz seinen 100. Geburtstag. Für die leitenden Angestellten und ihre Familien wird dies zum Anlaß, einen Machtkampf um die Firmennachfolge auszutragen, aber auch ihre sexuellen Nöte und Begierden auszuleben. Schließlich wird die Party von einer radioaktiven Wolke verschlungen. Was als »frivole Komödie« angeboten wird, entpuppt sich als lose Szenenfolge voller Platitüden, hektischem Klamauk und sexueller Geschmacklosigkeiten. ✦ Frankreich 1987 **P** A.F.C./Koala/Canal+ **KI** Highlight **VA** New Vision **R+B** Jean-Pierre Mocky **K** William Lubtchansky **M** Gabriel Yared **S** Jean-Pierre Mocky, Bénédicte Teiger, Joëlle Dufour **D** Charles Vanel (Charles), Denise Grey (Emmanuelle), Richard Bohringer (Adam), Bernadette Lafont (Jeanne), Darry Cowl (Daniel D.), Stéphane Audran (Bernadette), Jean Poiret (Bernard Germain) **L** 86 **FSK** ab 16; f **E** 20.10.1988/April 1989 Video **fd** 27 221

TURBULENZEN. Eine Stewardeß aus Paris erlebt mit einem zwielichtigen Fremden, den sie in einer Bar in Toronto kennenlernte, eine leidenschaftliche Nacht. Bei einer weiteren Verabredung wird der Mann erschossen. Nur flüchtig sieht sie das Gesicht des Täters. Zurück in Paris bemerkt sie, daß sie verfolgt wird. So vertraut sie sich ihrem Mann, einem Co-Piloten bei derselben Fluggesellschaft, bei der auch sie arbeitet, und einer Freundin an. ✦ Frankreich 1992 **R+B** Elisabeth Rappeneau **D** Marthe Keller (Helen), Didier Sandre (Julien), Clémentine Célarié (Constance), Carlo Brandt, François Germond **L** 90 **E** 20.12.1994 H 3

TURBULENZEN – UND ANDERE KATASTROPHEN (PUSHING TIN). Ein charismatischer Fluglotse steigert sich in einen irrationalen Rivalitätskampf hinein, als ein Neuer in sein Team kommt, der im Gegensatz zu ihm die pure Ruhe verkörpert. Misslungener Versuch, männliches Macht- und Hierarchie-Gebahren vor dem Hintergrund einer filmisch unerschlossenen Arbeitswelt ebenso komisch wie kritisch zu durchleuchten. Nach einer grandiosen Eröffnungssequenz verliert sich der Film bald in den Untiefen konventioneller Klischees, gegen die auch die überzeugenden Darsteller machtlos sind. – Ab 16. ✦ Scope. USA 1999 **P** Linson Films **KI** Twentieth Century Fox **VA** Fox Home **Pd** Art Linson **R** Mike Newell **B** Glen Charles, Les Charles **K** Gale Tattersall **M** Anne Dudley **S** Jon Gregory **D** John Cusack (Nick Falzone), Billy Bob Thornton (Russell Bell), Cate Blanchett (Connie Falzone), Angelina Jolie (Mary Bell), Jake Weber (Barry Plotkin) **L** 124 **FSK** ab 6; f **FBW** w **E** 29.6.2000/11.1.2001 Video **fd** 34 226

TÜREN IN DIE VERGANGENHEIT →Revolving Doors

DER TÜRKENKRISTALL. Kinderfilm über drei Jungen, die einen Zauberkristall besitzen und mit seiner Hilfe in die Vergangenheit gelangen. ✦ Schwarz-weiß. CSSR 1966 **R+B** Vladislav Pavlovic **K** Vladimir Jesina, S. Danicek **M** Ilja Zeljenka **D** Zdenko Balaz (Tony), Vladimir Miko (Juro), Pavol Melicharek (Miso), Tibor Bogdan (Professor) **E** 1967 Kino DDR

TÜRKENSCHLACHT IM NEBEL (STEFAN CEL MARE – VASLUI 1475). Historienfilm über den Kampf des Fürsten Stefan von Moldawien um die Freiheit seines Landes gegen Sultan Mohammed II.; Höhepunkt ist die Darstellung der Schlacht bei Vaslui am 10. Januar 1475. Aufwendige Inszenierung, von der nur der Schlußteil – die Schlacht – erwähnenswert ist. (Fortsetzung von »Abenteuer im Zeichen des weißen Pferdes«) – Ab 14. ✦ Scope. Rumänien 1974 **P** Filmstudio Bucuresti **KI** Progress **R** Mircea Dragan **B** Constantin Mitru, Mircea Dragan **K** Mircea Mladin **M** Theodor Grigoriu **D** Gheorghe Cozorici (Fürst Stefan), Gheorghe Dinica, Violeta Andrei (Fürstin), Jurie Darie (Simion), Ana Szeles (Maruschka), Colea Rautu (Soliman) **L** 102 **E** 13.8.1976 Kino DDR

TÜRKISCHE FRÜCHTE (TURKS FRUIT). Ein herumgammelnder junger Bildhauer lernt per Autostop eine abenteuer- und genußsüchtige junge Frau aus bürgerlichen Verhältnissen kennen und heiratet sie gegen den Widerstand der Mutter. Die Ehe geht durch sexuelle Gier bald in die Brüche. Er begegnet seiner Frau als kranker Prostituierten wieder, die an einem Gehirntumor stirbt. Eine nicht unbegabt inszenierte, oft schockierende, streckenweise ekelerregende Mischung aus krassem Sex, genüßlichem Sadismus und Melodramatik, mit verkümmerten Ansätzen zur Satire. – Wir raten ab. ✦ Niederlande 1973 **P** Rob-Houwer-Film **KI** Warner-Columbia **VA** VPS **Pd** Rob Houwer **R** Paul Verhoeven **B** Gerard Soeteman, nach einem Roman von Jan Wolkers **K** Jan de Bont **M** Rogier van Otterloo **S** Jan Bosdriesz **D** Monique van de Ven (Olga), Rutger Hauer (Eric), Wim van den Brink (Vater), Tonny Huurdeman (Mutter), Dolf de Vries (Paul), Hans Boskamp (Baviaan) **L** 107 (Video 95) **FSK** ab 18; nf (Video 16) **FBW** w **E** 16.8.1973 **fd** 18 461

DER TÜRKISCHE SPEER (TÖRÖKFEJES KOPJA). Zwei Kinder gehen in die Berge, um von dort den Kampf gegen die Türken fortzusetzen. – Ab 10. ✦ Ungarn 1973 **P** Hunnia **KI** Progress **R** Eva Zsurzs **B** Emil Kolozsvári Grandpierre, Imre Bencsik, nach dem Roman von Emil Kolozsvári Grandpierre **K** György Czabarka **M** Ferenc Darvas **D** Ferenc Dávid Kiss, Iván Zoltán Vas, Csaba Ivánka, Miklós Szurdi, Márta Fónay **L** 89 **E** 11.4.1975 Kino DDR/3.4.1976 DFF 1

DIE TÜRKISCHEN GURKEN. Ein Scheich vermacht einem Großhändler für Orientfrüchte einen zwölfköpfigen Harem zum Geschäftsjubiläum. Der Händler tarnt die »Ladung« mit attraktiven Damen vor seiner Familie als eine Ladung türkischer Gurken, doch längst mißtrauisch gewordene Ehefrauen schmuggeln sich in das Damen-Arsenal ein. Ein mit viel Schlager-Allerlei gestrecktes Lustspiel auf dem Niveau einer Dorfschmiere. ✦ Teils schwarz-weiß. BR Deutschland 1961 **P** M.C.S./Bavaria **KI** Columbia-Bavaria **Pd** Rudolf Travnicek **R** Rolf Olsen **B** Rolf Olsen, Peter Loos, Gunther Philipp **K** Walter Tuch **M** Werner Scharfenberger **S** Karl Aulitzky **D** Oskar Sima (Oskar Schnabel), Ruth Stephan (Ruthlinde), Gunther Philipp (Siegfried König), Susi Nicoletti (Susanne Schnabel), Hubert von Meyerinck (Rubin y Soliman), Walter Groß (Theo-Maria Neumann), Gabriela (Pony König) **L** 96 **FSK** ab 18; nf **E** 22.3.1962 **fd** 10 984

DER TÜRKISFARBENE BIKINI (HOW SWEET IT IS). Ein amerikanischer Bildreporter begleitet gemeinsam mit seinem halbflüggen Sohn als Assistent eine Gruppe von Teenagern auf einem Trip durch Europa. In der Zwischenzeit muß sich seine Frau im Hause eines Playboys dessen Zudringlichkeiten erwehren. Eine vielversprechend heiter beginnende Komödie im amerikanischen Boulevard-Stil, die dann aber zunehmend in seichtem Klamauk versinkt. – Ab 16. ✦ Scope. USA 1968 **P** National General Prod./Cherokee **KI** Centfox **Pd** Garry Marshall, Jerry Belson **R** Jerry Paris **B** Garry Marshall, Jerry Belson, nach dem Roman »The Girl in the Bikini« von Muriel Resnik **K** Lucien Ballard **M** Patrick Williams **S** Bud Molin **D** James Garner, Debbie Reynolds, Maurice Ronet, Paul Lynde, Terry-Thomas, Marcel Dalio **L** 98 **FSK** ab 12; f (fr.16) **E** 28.2.1969 **fd** 16 013

DIE TÜRKISKETTE (COLLIERUL DE TURCOAZE). Rumänien um die Mitte des 19. Jahrhunderts: Wieder einmal gelingt es der »Gelben Rose« und dem Geheimbund »Gerechtigkeit und Brüderlichkeit«, eine Verschwörung in der Walachei aufzudecken und zwei unschuldige österreichische Gesandte zu befreien. Recht spannendes abenteuerliches Historienspektakel ohne künstlerischen Anspruch. (Vgl. »Die Gelbe Rose lebt gefährlich«, »Die Gelbe Rose und das Geheimnis von Bukarest«, »Der weite Ritt der gelben Rose«) – Ab 14. ✦ Rumänien 1985 **P** Filmstudio Bucuresti **KI** Progress **R** Gheorghe Vitanidis **B** Eugen Barbu, Nicolae Paul Mihail **K** Ion Anton **M** George Grigoriu **D** Florin Piersic (Margelatu, Gelbe Rose), Marga Barbu, Szabolcs Cseh, Alexandru Repan, Ion Besoiu **L** 97 **E** 15.5.1987 Kino DDR/21.1.1989 DFF 2

TURKSIB – DIE STAHLSTRASSE (TURKSIB – STALNOI PUT). Dokumentarfilm über den beschwerlichen Bau einer 1500 Kilometer langen Eisenbahnlinie von Sibirien nach Turkestan. Aus Propagandagründen wurde der Film eher als die Bahnlinie selbst fertiggestellt. Ein Klassiker des Dokumentarfilms, der großen Einfluß auf die britische Dokumentarfilmbewegung ausübte. Der Münchner Komponist Kalle Laar schuf die moderne Musik für den Film, für den nie eine Originalmusik existierte; sie orientiert sich mit ihre minimalistischen Klägen an der Sogwirkung der Bilder. ✦ Schwarz-weiß. UdSSR 1929 **P** Wostokkino **R+B** Viktor A. Turin **K** E. Slawinski, B. Frantzisson **M** Kalle Laar **L** 82 (TV) **E** 12.8.1996 ORB

TURLIS ABENTEUER. Die Geschichte eines Spielzeugmachers und seiner neuen geschnitzten Figur, die ihm immer wieder Kummer bereitet. Kinderfilm mit märchenhaftem Charakter in Anlehnung an den »Pinocchio«-Stoff. Stilistisch reizvoll aufgrund des Zusammenspiels von realen Darstellern mit Marionetten. – Ab 8. ✦ DDR 1966/67 **P** DEFA, Gruppe »Jugend- und Kinderfilm« **KI** Progress **VA** Icestorm **Pd** Heinz Kuschke, Siegfried Kabitzke **R** Walter Beck **B** Margot Beichler, Gudrun Rammler, Walter Beck, nach dem Roman »Pinocchios Abenteuer« von Carlo Collodi **K** Günter Haubold, Wolfgang Braumann **M** Gerhard Wohlgemuth **S** Margrit Brusendorff **D** Martin Flörchinger (Kasimir, Spielzeugmacher), Alfred Müller (Muriel, Eselshändler), Vera Oelschlegel (Mirzilla, eine Füchsin), Peter Pollatschek (Eusebius, ein Kater), Martin Hellberg (Puppentheaterdirektor), Marianne Wünscher (Euphrosina, gute Fee) **L** 75 **FSK** ab 6 **E** 3.11.1967 Kino DDR/1999 Video

TURLOTS TAGEBUCH →La Vie en Rose (Turlots Tagebuch)

DER TURM DER LEBENDEN LEICHEN (TOWER OF EVIL). Auf einer Leuchtturminsel werden Touristen und eine Expedition aus Archäologen, die nach einem Phöniziergrab suchen, von einem Monster grausam hingeschlachtet. Horrorfilm mit Vorliebe für blutige Szenen und Sex, nur streckenweise spannend. (Alternativtitel: »Devil's Tower – Der Schreckensturm der Zombies«) ✦ Großbritannien 1972 **P** Anglo-EMI/Grenadier/Fanfare **KI** Avis **VA** VPS/VMP/Dieter Wahl **R** Jim O'Connolly **B** Jim O'Connolly, George Baxt, nach einem Roman von George Baxt **K** Desmond Dickinson **M** Kenneth V. Jones **S** Henry Richardson **D** Bryant Halliday (= Bryant Haliday), Jill Haworth, Anna Palk, Gay Hamilton, George Coulouris, Mark Edwards **L** 88 **FSK** ab 18; nf **E** 1.5.1974

DER TURM DER LILIEN (HIMEYURI NO TO). Eine japanische Mädchenklasse zieht 1945 als letzte Reserve in den Krieg gegen die USA und wird restlos aufgerieben. Das Drama macht ohne jede Schwarzweißzeichnung die Sinnlosigkeit kriegerischer Auseinandersetzungen einsichtig und entlarvt fragwürdige Heldenideologien. – Ab 16. ✦ Japan 1953 **P** Toei Motion Picture **R** Tadashi Imai **B** Yoko Mizuki **K** Shunichiro Nakao **M** Yuji Kaseki **D** Kyôko Kagawa, Susumu Fujita, Keiko Tsushima, Eiji Okada **L** 125 **E** 16.3.1981 ARD **fd** 22 830

TURM DER LUST (BEAUTY & THE BEAST II). Sexfilm im Märchengewand. ✦ USA 1990 **R+B** Paul Thomas **D** Tracey Adams (Beauty/Königin), John Leslie (The Beast/Königin), Victoria Paris (Sybil), Randy Spears (Desmonde), Jon Dough (Heathcliff), Rachel Ryan (Debrah), Randy West (Jarvis), Sabrina Dawn (Eliza) **L** 89 **E** 12.8.1999 RTL II

DER TURM DER SCHREIENDEN FRAUEN (TORMENTED). Ein Jazz-Pianist hat seine ehemalige Geliebte von der Plattform eines Leuchtturms stürzen lassen. Die eifersüchtige Tote erscheint dem Mörder nun als »Geist«, um seine Heirat mit einer reichen Frau zu verhindern. Eine ebenso dumm erfundene wie primitiv verfilmte Gruselstory, nicht spannend, sondern nur lächerlich. ✦ Schwarz-weiß. USA 1960 **P** Cheviot Prod./Allied Artists **KI** Mercator **R** Bert I. Gordon **B** George Washington **K** Ernest Laszlo **M** Albert Glasser **S** John A. Bushelman **D** Richard Carlson, Susan Gordon, Eugene Sanders, Julie Reding **L** 75 **FSK** ab 16; nf **E** 23.8.1963 **fd** 12 260

TURM DER SÜNDE →Der Turm der sündigen Frauen

DER TURM DER SÜNDIGEN FRAUEN (LA TOUR DES NESLES / LA TORRE DEL IPIACERE). Margarete von Bourbon, Königin von Frankreich und die Frau von Louis X., läßt sich junge Männer in den Turm bringen, frönt ihrer gut funktionierenden Fleischeslust und wirft die »benutzten« Liebhaber, wenigstens nicht lebendig, in die Seine. Ein schauerlicher Historienschinken aus der industriellen Produktion, von Abel Gance für viel Geld und in häßlichen Farben entsetzlich schlampig als Zubrot heruntergekurbelt. (TV-Titel DDR: »Turm der Sünde«) ✦ Frankreich/Italien 1955 **P** Fernand Rivers/Constellazione **KI** Constantin **Pd** Fernand Rivers **R** Abel Gance **B** Abel Gance, Etienne Fuzellier, nach einem Roman von Alexandre Dumas **K** André Thomas **M** Henri Verdun **D** Silvana Pampanini (Königin Margarethe), Pierre Brasseur (Hauptmann Buridan), Paul Guers (Gaultier d'Aulnay), Henry Toja (Philippe d'Aulney), Marcel Raine (Orsini), Christina Grado (Schwester der Königin) **L** 104 **FSK** ab 18; nf **E** 3.2.1956/18.8.1972 DFF 1 **fd** 4 721

DER TURM DER VERBOTENEN LIEBE (LA TOUR DE NESLE). Die Liebes-und-Degen-Abenteuer eines wackeren Capitains, verknüpft mit den Eskapaden der liebestollen Königin Marguerite von Frankreich. Frivole, pseudohistorische Komödie nach Motiven eines Romans von Dumas, der bereits 13 Jahre zuvor wenig erfolgreich von Abel Gance adaptiert wurde (»Der Turm der sündigen Frauen«). ✦ BR Deutschland/Italien/Frankreich 1968 **P** Rapid/Films Cinematografica/EGE **KI** Constantin **Pd** Wolf C. Hartwig **R** François Legrand (= Franz Antel) **B** Kurt Nachmann, nach einem Roman von Alexandre Dumas **K** Oberdan Troiani **M** Mario Migliardi **S** Herbert Taschner **D** Teri Tordai (Königin Marguerite), Jean Piat (Bouridan), Uschi Glas (Blanche du Bois), Véronique Vendell (Jeanne), Marie-Ange Aniès (Catherine), Jörg Pleva (Artemis) **L** 90 **FSK** ab 16; f (fr. 18) **E** 2.9.1968 **fd** 15 711

DER TURM DER VERNICHTUNG →Unga Khan, der Herr von Atlantis (1. Der versunkene Erdteil/2. Der Turm der Vernichtung)

TURM DES SCHRECKENS →Deadly Tower

DER TURM DES TODES (THE CRUEL TOWER). Ein Arbeitsloser schließt sich einem Montagetrupp an, der an Schornsteinen, Stahltürmen und Hochspannungsleitungen gefährliche Reparaturen ausführt. Er verstrickt sich bald in eine Eifersuchts- und Mordgeschichte. Der wüste Schlußkampf in schwindelnder Höhe führt das Ende des Mörders herbei. Eine nicht ungeschickt konstruierte Sensationsunterhaltung mit einem konventionellen Thema, das seinen Reiz aus der ungewöhnlichen Kulisse bezieht. – Ab 16. ✦ Schwarz-weiß. USA 1956 **P** Allied Artists **KI** RKO **Pd** Lindsley Parsons **R** Lew Landers **B** Warren Douglas, nach einem Roman von William B. Hartley **K** Ernest Haller **M** Paul Dunlap **D** John Ericson (Tom), Mari Blanchard (Mary Thompson), Charles McGraw (Stretch), Peter Whitney (Joss), Steve Brodie (Casey), Alan Hale (Rocky) **L** 79 **FSK** ab 16; nf **E** 24.7.1957 **fd** 6 063

TÜRME DES SCHWEIGENS (1952). Ein holländischer Flugkapitän, der bei einer Damenbekanntschaft in Damaskus kein Glück hatte, reist der Frau in die Wüste nach, wo sie ihm ihre leicht kriminelle Vergangenheit und obendrein gesteht, daß sie ein antikes Königsgrab berauben will. Ein mit Orientaufnahmen aus Damaskus, Palmyra und Quasre el Heir verkleideter Abenteuerfilm um zwei verkrachte Existenzen, die der Not der Nachkriegszeit in Deutschland entflohen sind, um sich aus Habgier gegenseitig zu betrügen und zu bekämpfen. Die wenig glaubwürdige Handlung verliert sich in viel philosophischem Gerede und gewinnt Reiz allenfalls durch die imposant fotografierte Kulisse sowie das ausdrucksvolle Spiel Gisela Uhlens. – Ab 14. ✦ Schwarz-weiß. BR Deutschland 1952 **P** Allegro **KI** Ufa **Pd** Jochen Genzow **R** Hans Bertram **B** Walter Ulbrich, Hans Bertram **K** Werner Krien **M** Herbert Trantow **S** Gertrud Hinz-Nischwitz **D** Frits van Dongen (Captain de Vries), Gisela Uhlen (Helen Morrison), Carl Raddatz (Robert Morrison), Hermann Schomberg (Richard Poolmans), Hans Stiebner (Pelli), Hans Hinrich (Colonel Souka) **L** 93 **FSK** ab 12; f **E** 23.10.1952 **fd** 2 143

TÜRME DES SCHWEIGENS (1975) (TOWERS OF SILENCE). Ein experimenteller Spielfilm aus Pakistan, eine poetische, surrealistische Äußerung, die nicht dem erzählenden Kino zuzurechnen ist: Es geht um eine Frau, die über drei Generationen erlebt, wie sich Revolutionäre auflehnen und scheitern. (O.m.d.U.) ✦ Schwarz-weiß. Pakistan 1975 **R+B+K** Jamil Dehlavi **L** 60 **E** 20.11.1976 WDR III

TURN IT UP →Ghetto Superstar

TURNAROUND →Torture

TURNING POINT (TURNING POINT). Vier Jugendliche fliehen aus dem Elternhaus in die Großstadt und gehen dort im Sumpf der Halbwelt (Prostitution, Drogen) beinahe unter. Unfreiwillig komisches Teenager-Melodram von niedrigstem Qualitätsstandard, spekulativ und abgegriffen. (Fernsehtitel: »H – Connection Schnee für Athen«) – Wir raten ab. ✦ Griechenland 1983 **P** George Karayannis & Co. **VA** Gloria **R** Yannis Dalianidis **M** Mikis Theodorakis **D** Lea Reka, Tanos Michalopolilos, Sofia Aliberti **L** 80 **FSK** ab 16 **E** 1986 Video/14.10.1988 Tele 5 **fd** 25 721

TURTLES (TEENAGE MUTANT NINJA TURTLES). Vier zu menschlicher Größe mutierte Schildkröten kämpfen mit viel Mut und noch mehr flotten Sprüchen gegen eine übermächtige New Yorker Gang, die sich aus fehlgeleiteten und »verführten« Jugendlichen rekrutiert. Ein nur wenig einfallsreiches, aber flott inszeniertes Action-Spektakel nach sattsam bekannten filmischen Mustern. Seinen Reiz bezieht es vor allem aus den amüsanten Hauptfiguren, die den martialisch-gewalttätigen Hintergrund mit Witz und Ironie relativieren. Vom leicht anarchistischen Charme der Vorlage ist allerdings kaum etwas übriggeblieben. (Fernsehtitel: »Turtles – Im Kino sind wir echt«) – Ab 12. ✦ USA 1989 **P** 888 Productions (für Golden Harvest/Limelight) **KI** Warner Bros. **VA** Ascot **Pd** Chris Chesser, Kim Dawson, David Chan, Simon Fields **R** Steve Barron **B** Todd W. Langen, Bobby Herbeck, nach Comic-Figuren von Kevin Eastman und Peter Laird **K** John Fenner **M** John Du Prez **S** William Gordean, Sally Menke, James Symons **D** Judith Hoag (April O'Neil), Elias Koteas (Casey Jones), James Saito (»Shredder« Oruku Saki), Michel Turner (Danny Pennington), Raymond Serra (Rosst Sterns), Joch Pais (Raphael), Michelan Sisti (Michelangelo), Leif Tilden (Donatello), David Forman (Leonardo), Michael Turney (Danny Pennington) **L** 91 **FSK** ab 6;

f **E** 13.12.1990/31.7.1991 Video/14.11.1992 premiere **fd** 28 660

TURTLES II – DAS GEHEIMNIS DES OOZE (TEENAGE MUTANT NINJA TURTLES II – THE SECRET OF THE OOZE). Der Widersacher der Turtles taucht unerwartet wieder auf und versucht, sich mit Hilfe einer durch Gift mutierten Kampftruppe für seine Niederlage zu rächen. Die mit großem technischem Aufwand und effektvollen Stunts inszenierte Fortsetzung des Erfolgsfilms »Turtles«, letztlich zu zähflüssig und einfallslos, um über Mittelmaß hinauszukommen. – Ab 16. ✦ USA 1991 **P** Golden Harvest **KI** 20th Century Fox **VA** Fox **Pd** Thomas K. Gray, Kim Dawson, David Chan **R** Michael Pressman **B** Todd W. Langen, nach den Comic-Figuren von Kevin Eastman und Peter Laird **K** Shelly Johnson **M** John Du Prez **S** John Wright, Steve Mirkovich **D** Paige Turco (April O'Neal), Ernie Reyes jr. (Keno), Michelan Sisti (Michelangelo), Leif Tilden (Donatello), Kenn Troum (Raphael), David Warner (Prof. Jordan Perry) **L** 88 **FSK** ab 12; f **E** 18.7.1991/8.1.1992 Video **fd** 29 000

TURTLES III →Ninja Turtles III

TURUMBA (TURUMBA). Ein philippinischer Junge und seine Familie leben von der Herstellung kleiner Pappfiguren, die sie anläßlich des jährlich siebenmal stattfindenden Turumba-Festes, einer traditionsreichen Prozession, verkaufen. Als eine deutsche Händlerin ihren gesamten Bestand aufkauft und immer größere Aufträge aus Deutschland kommen, wird die Familie wohlhabend. Die Veränderungen zwingen den Jungen, persönliche Entscheidungen zu treffen. Eine schlicht erzählte Geschichte über die Abhängigkeit der Menschen in der »Dritten Welt«, den Verlust von Tradition und Werten. (O.m.d.U.) – Ab 14 möglich. ✦ Philippinen 1981/82 **P** Kidlat-Kulog-Production **SF** Matthias **Pd** Karl H. Fugunt **R+B** Kidlat Tahimik **K** Robert Yniguez **M** Mandy Afuang **S** Karl H. Fugunt **L** 87 **FSK** ab 12; f **E** Frühjahr 1984

TUSKEGEE AIRMEN →Die Ehre zu fliegen

TUT MIR LEID WEGEN GESTERN. Eine für ihren zukünftigen Beruf ehrgeizig arbeitende Jurastudentin und ein eher sorgloser Lebenskünstler, beide Mitte 20, sind trotz aller Unterschiede ein Paar. Doch die Zeichen für eine Beziehungskrise häufen sich. Als die junge Frau schwanger wird, trennt sie sich von ihm und sucht Sicherheit bei einem Junganwalt, ohne sie jedoch wirklich zu finden. Auch der junge Lebenskünstler wird sich seiner wahren Gefühle bewußt und kämpft sich zu einer ihm unvertrauten Verantwortlichkeit durch. Sympathische Liebes- und Beziehungskomödie, die durchaus reizvoll auf der altbekannten Klaviatur des Genres zu spielen versteht und vor allem durch das erfrischende Spiel der Darsteller gefällt. – Ab 16. ✦ BR Deutschland 1977 **P** SWF/arte **Pd** Susan Schulte **R** Anna Justice **B** Aglef Püschel **K** Johannes Hollmann **M** Twin Towers **S** Roswitha Gnädig **D** Katja Studt (Julia), Oliver Korittke (Lenny), Florian Lukas (Harri), René Hofschneider (Bernd Colasius), Mariella Ahrens (Marlene) **L** 87 **E** 3.7.1998 arte

TUTTI FRUTTI (CORPO GROSSO). Sexfilm rund um die Produzentin und den Showmaster einer Erotik-Fernsehshow. (Titel auch: »Tutti Frutti – unzensiert«) ✦ Italien 1992 **P** Otar 90 **R** Jim Reynolds **D** Eva Orlowski (Eva), Miss Pomodoro (Lilian), Ron Jeremy (Roberto), Rocco Siffredi (Georgio), Jon Dough (Salvatore) **L** 66 **FSK** ab 18 **E** 19.3.1993 SAT 1

TUTTI FRUTTI IN DER HIGH SCHOOL (HAPPY HIGHSCHOOL). Während die Schuldirektorin die unheilvollen Folgen der Fleischeslust zu bekämpfen versucht, übt sich die Schülerschaft in pubertären Sex-Spielchen. Die einfältige Teenager-Sex-Klamotte aus Argentinien will an den Erfolg amerikanischer »High-School«-Filme anschließen, bringt es aber nur zu einem albernen, dilettantisch inszenierten Abklatsch. In jeder Hinsicht ein Ärgernis. ✦ Argentinien/Italien 1989 **P** Argentina Sono-Film/Filmexport Group **KI** Esplanade **VA** Splendid/Pacific **R** Fernando Siro **K** Nicola Demo **D** Susana Traverso, Guillermo Francella, Monica Guido, Jorge Rossi **L** 81 **FSK** ab 16; nf **E** 6.12.1990/4.4.1991 Video **fd** 28 688

TUTTI FRUTTI – ROCK 'N' ROLL (ROCK 'N' ROLL). »Saturday-Night-Fever« in einer italienischen Kleinstadt: Rodolfo und seine Freundin Ornella nehmen, anfangs mehr aus Langeweile, an Rock-'n'-Roll-Tanzturnieren teil und werden in dieser Sparte Weltmeister. Ein oberflächlicher Tanzfilm, gelegentlich durchaus mitreißend gestaltet, entstanden im Gefolge der Disco-Filmwelle mit »heißen« Rhythmen der 50er Jahre in einer angeblich authentischen Story. – Ab 16. ✦ Italien 1978 **P** Cinemaster **KI** Scotia **R** Vittorio de Sisti **B** Augusto Caminito, Vittorio de Sisti **K** Giovanni Carlo **M** Little Richard, Bill Haley, B.C. Corporation, Daddy Cool **D** Rudolpho Banchelli, Sara Biccica, Wolfgang Soldati, Carlo Monni, Macha Méril **L** 86 **FSK** ab 12; nf **E** 26.1.1979 **fd** 21 093

TUTTI FRUTTI – UNZENSIERT →Tutti Frutti

TUTTI UND DIE NEUE AUS DER 6 A (LOCSOLOKOCSI). Kinderfilm um ein Mädchen, das neu an die Schule kommt und bei den Jungen in seiner Klasse für einige Verwirrung sorgt. – Ab 10. ✦ Ungarn 1973 **P** Filmstúdió Budapest **R** Zsolt Kézdi-Kovács **B** Zsolt Kézdi-Kovács, nach dem Roman von Iván Mándy **K** János Kende **M** János Bródy **D** Péter Lengyel (Tutti), Erika Maretics, András Márkus, Péter Andrássy, Csaba Damenija **L** 80 **E** 23.5.1976 DFF 1/24.6.1993 ORB

TUVALU. In einem surreal anmutenden Niemandsland ist ein heruntergekommenes altes Bad die bedrohte Heimstatt einiger Menschen geworden, die dem Zerfall des Gebäudes, aber auch der Gewissenlosigkeit ihrer korrupten Widersacher Einfallsreichtum und utopische Tatkraft entgegen setzen. Ein detailverliebter, fantasiereicher Bilderkosmos, gespeist aus zahlreichen Wurzeln der Filmgeschichte. Konzipiert als turbulent-poetisches Traumgespinst, wird das moderne Märchen fast ohne Worte erzählt und bereichert durch skurrile Figuren, bizarre Dekors und eine auch in der Farbgebung faszinierende Bildgestaltung. – Sehenswert ab 12. ✦ Scope. Deutschland 1999 **P** Veit Helmer Filmproduktion/Südwestrundfunk/MDR **KI** Buena Vista **Pd+R** Veit Helmer **B** Michaela Beck, Veit Helmer **K** Emil Christow **M** Jürgen Knieper **S** Araksi Mouhibian **D** Denis Lavant (Anton), Chulpan Hamatova (Eva), Philippe Clay (Karl), Terrence Gillespie (Gregor), E.J. Callahan (Inspektor), Djoko Rossich (Gustav), Catalina Murgea (Martha), Todor Georgiev (Polizist) **L** 91 **FSK** o.A.; f **FBW** bw **E** 22.6.2000 **fd** 34 315

TUXEDO WARRIOR (TUXEDO WARRIOR). Kolportage um einen trunksüchtigen Ex-Ingenieur, Frauenhelden und Diamentenschieber am Vorabend des Machtwechsels in Rhodesien. Verlogen, mit fragwürdigen Klischees, drastischen Prügeleien und kaum verhohlenen rassistischen Tendenzen. ✦ Großbritannien 1982 **P** Tuxedo Warrior Entertainment **VA** ITT Contrast **R** Andrew Sinclair **B** Andrew Sinclair, nach einem Roman von Clifford Temlow **K** Walter Lassally **M** Brian Gascoigne **D** John Wymann, Carol Royle, Holly Palance, James Coburn jr., John Terry **L** 89 **E** 1984 Video **fd** 24 593

TV KILLER →Mörderische News

TV-PIRATEN – SENDER FREIES BILK. Ein illegaler Fernsehsender im Düsseldorfer Stadtteil Bilk wird von einer Schutztruppe des Westdeutschen Rundfunks vorübergehend unschädlich gemacht. Keine Auseinandersetzung mit dem öffentlich-rechtlichen Fernsehsystem, sondern eher eine inszenatorisch unbeholfene kleine Komödie für ein alternatives Publikum. Neben einigen wenigen Kabinettstückchen hat sie nur platte Unterhaltung und etliche Peinlichkeiten zu bieten. – Ab 16. ✦ BR Deutschland 1982 **P** Dibs-Film **SF** endfilm **R+B** Rüdiger Daniel **K** Werner Kubny **M** MEK Bilk **S** Christel Maye **D** Angelika Heinz, Gudrun König, Siggi Macha, Paul Hänel, Rüdiger Kuhlbrodt, Britta Sommer **L** 88 **FSK** ab 16; f **FBW** w **E** 4.2.1983 **fd** 23 878

TV-SKY – THE YOUNG GODS US TOUR 92 (TV-SKY – THE YOUNG GODS US TOUR 92). In einer Mischung aus MTV-Reportage und Cinéma-vérité-Stil der 60er Jahre gehaltenes Roadmovie über eine US-Tournee der Schweizer Rockgruppe »The Young Gods«. Das Musikvideo glänzt durch Amerika-Reflexionen der Gruppe, stellt Alltagsszenen und Publikumsreaktionen vor. ✦ Schweiz 1992 **P** Ablaut/TSR **R+B** Jean-Lou Steinmann **K** Riccardo Brunner **M** The Young Gods **S** Jean-Lou Steinmann, Elena de Blonay, Ivo Zanetti **L** 56 **E** Schweiz

T.V. – TOTAL VERRÜCKT (THE RATINGS GAME). Eine ironische (Fernseh-)Komödie, die das tägliche »Quoten-Rennen« zwischen konkurrierenden Fernsehsendern auf die Schippe nimmt. Dank eines befreundeten Statistikers, der an der entscheidenden Stelle arbeitet, erzielt ein drittklassiger Fernsehproduzent mit einem mittelmäßigen Produkt plötzlich traumhafte Einschaltquoten. Überdurchschnittlich inszeniert und gespielt. – Ab 16. ✦ USA 1984 **P** Imagination/New Street **Pd** David Jablin **R** Danny DeVito **B** Jim Mulholland, Michael Barrie **K** Timothy Suhrstedt **M** David Spear **D** Danny DeVito (Vic De Salvo), Rhea Perlman (Francine Kester), Gerrit Graham (Goody De Salvo), Kevin McCarthy (Wes Vandergelder), Huntz Hall (Benny Benson), Jayne Meadows **L** 95 **E** 28.7.1994 PRO 7

TWEETY UND SYLVESTER. Eine Aneinanderreihung von zwölf Zeichentrickfilmen um das Kanarienvögelchen Tweety (im Original Tweetie Pie) und Sylvester, einen im amerikanischen Original mit herrlichem Bronx-Akzent lispelnden Kater, der bei seiner Jagd auf den vermeintlich schwächeren Vogel stets der Unterlegene ist. Seit den 40er Jahren wurden die beiden Protagonisten der berühmten Warner-Cartoons in einfache »Machtspiele«, märchenhafte Darstellungen von Unterdrückern und Unterdrückten, von List und Kraft verwickelt. Die zahlreichen amüsanten Einfälle der Filme kranken an der vergleichsweise wenig anspruchsvollen Zeichentricktechnik. Zusätzlich ermüdet die lieblose Zusammenstellung arg schnell, wobei vor allem die ebenso schnell einsetzende Abstumpfung gegen die in der Trickzeichnung immerhin verfremdeten und stark stilisierten Grausamkeiten einen bitteren Nachgeschmack läßt. – Ab 10. ✦ USA 1950–63 **P** Warner Bros. **KI** Warner-Columbia **R** Friz Freleng **M** Milt Franklyn **L** 81 **FSK** ab 6; f **E** 11.6.1976 **fd** 19 854

12 MONKEYS (TWELVE MONKEYS). Aus dem Jahr 2035 wird einer der wenigen Überlebenden einer weltweiten Virus-Epidemie in die Vergangenheit zurückversetzt, um die Ursachen der Katastrophe ausfindig zu machen, und findet sich dort in einem Irrenhaus wieder. Als eine Art apokalyptischer Fiebertraum voller Anspielungen, aber wenig konkreter Bezüge inszeniert. Das Interesse an der labyrinthischen Story wird durch die Exzentrik der visuellen Gestaltung mehr erstickt als gefördert. DVD: Die Extras umfassen u.a. eine 90-minütige Dokumentation (»Der Hamsterfaktor«) [gilt ab der 3. Auflage]. Die Extras des USA-Imports (Universal 20186) umfassen im Gegensatz zur deutschen DVD u.a. einen Audiokommentar des Regisseurs, allerdings keine Dokumentation. ✦ Scope. USA 1995 **P** Atlas Entertainment **KI** Concorde-Castle Rock/Turner **VA** Concorde (VCL) **DVD** Concorde (1.85:1, DD5.1 dt.) gilt für die 3. Auflage, USA Import: Universal (1.85:1, DD5.1 engl.) **Pd** Charles Roven, Lloyd Phillips **R** Terry Gilliam **B** David Peoples, Janet Peoples, nach einer Anregung durch den Kurzfilm »La Jetée« von Chris Marker **K** Roger Pratt **M** Paul Buckmaster **S** Mick Audsley **D** Bruce Willis (James Cole), Madeleine Stowe (Kathryn Railly), Brad Pitt (Jeffrey Goines), Christopher Plummer (Dr. Goines), Jon Seda (Jose), Joseph Melito (Cole als Junge), Michael Chance (Scarface), Vernon Campbell (Tiny), Fred Strother (L.J. Washington), Frank Gorshin (Dr. Fletcher) **L** 129 **FSK** ab 16; f **FBW** w **E** 21.3.1996/24.9.1996 Video/17.12.1998 DVD **fd** 31 828

TWEN-HITPARADE (IT'S TRAD, DAD!). Eine Sammlung von 25 damals populären Schlagern und Swing-Jazz-Nummern, verklammert von einer belanglosen Handlung um den Bürgermeister einer englischen Kleinstadt, der eine große Show hintertreiben will. Was heute eine flotte, zeitgeschichtlich äußerst reizvolle Kompilation von Songs der frühen 60er ist, die man durchaus als Vorläufer moderner Musik- und Clipfilme verstehen kann, war seinerzeit ein kleiner Skandal: Man kritisierte die »Schrei-Liese« Helen Shapiro, wütete über die »gehirnweichen Schlagertexte« und denunzierte das »Grölen blutloser junger Leute« und ihre Unbeholfenheit. Zu den auftretenden Musikern gehören Chris Barber, Mr. Acker Bilk, Terry Lightfoot, Gene Vincent und Gary U. S. Bonds. – Ab 10 möglich. ✦ Schwarz-weiß. Großbritannien 1961 **P** Amicus **KI** Columbia-Bavaria **Pd** Milton Subotsky **R** Richard Lester **B** Milton Subotsky **K** Gilbert Taylor **M** Norrie Paramor, Ken Thorne **D** Helen Shapiro (Helen), Craig Douglas (Craig), Timothy Pateson (Frank), Felix Felton (Bürgermeister), Frank Thornton (Fernseh-Regisseur), Bruce Lacey (Gärtner) **L** 74 **FSK** ab 6; nf **E** 26.10.1962 **fd** 11 567

TWENTY BUCKS – GELD STINKT NICHT – ODER DOCH? (TWENTY BUCKS). Ein Kaleidoskop der amerikanischen Gesellschaft an Hand der Geschichte eines Geldscheins. In interessanten Sequenzen macht der Film die Verflechtungen und das Nebeneinander verschiedener Welten deutlich, die nur durch das Geld verbunden sind. Zwar geraten manche Porträts wegen ihrer gekünstelten Verknüpfungen zu klischeehaft, als Unterhaltung ist der Film wegen seiner starken Momente und der Denkanstöße bemerkenswert. – Ab 16. ✦ USA 1993 **P** Triton/Big Tomorrow Prod. **VA** Columbia-TriStar **Pd** Karen Murphy **R** Keva Rosenfeld **B** Leslie Bohem, Endre Bohem **K** Emmanuel Lubezki **M** David Robbins **S** Michael Ruscio **D** Linda Hunt (Angeline), George Morfogen (Jack Holiday), Brendan Fraser (Sam Mastrewski), Melora Walters (Stripperin/Bestatterin), Elisabeth Shue (Emily Adams) **L** 88 **FSK** ab 12 **E** 6.9.1994 Video/18.9.1995 premiere **fd** 30 992

24 HOURS TO MIDNIGHT (24 HOURS TO MIDNIGHT). Nach einem tödlichen Attentat auf ihren Mann schwört dessen karateerfahrene Frau blutige Rache. Als Ninja verkleidet tritt sie Nacht für Nacht zum Massaker gegen ein Mafia-Syndikat an. Zwei Zivilpolizisten folgen ahnungslos ihrer blutigen Spur. In einem abstrusen Plot reihen sich unmotivierte und dilettantisch inszenierte Karatekämpfe und Schießereien aneinander. Die dummen Dialoge fügen sich nahtlos in die Geschichte ein. ✦ USA 1991 **P** Sunny **VA** Highlight **Pd** Philip Cable **R+B** Leo Fong **K** Frank Harris **M** Dela Casher **S** Christopher Roth **D** Bernie Pock (Lester McQueen), Myra (Lee Ann Jackson), Cynthia Rothrock (Devon Grady), Stack Pierce (White Powder Chan), Steven Quimby (Stokes) **L** 82 **FSK** ab 18 **E** 20.7.1993 Video **fd** 30 417

TWENTY-ONE (TWENTY-ONE). Das Leben einer 21jährigen Engländerin spielt sich zwischen drei sehr unterschiedlichen Männern ab, bis einer von ihnen an den Folgen seiner Drogensucht stirbt und die junge Frau einen Neuanfang in Amerika sucht. Statt die Identitätskrise und Beziehungsunfähigkeit der Hauptfigur ernst zu nehmen und auszuleuchten, erschöpft sich der Film in einer Folge oberflächlicher Rückblenden, die durch schlechte Schauspielerführung und bisweilen plumpe Inszenierung noch an Reiz verlieren. – Ab 16 möglich. ✦ Großbritannien 1991 **P** Two-One/Curb (für Anglo International) **KI** Jugendfilm **VA** Ufa **Pd** Morgan Mason, John Hardy **R** Don Boyd **B** Zoe Heller, Don Boyd **K** Keith Goddard **M** Michael Berkely, Phil Sawyer **S** David Spiers **D** Patsy Kensit (Katie), Jack Shepherd (Kenneth), Patrick Ryecart (Jack), Maynard Eziashi (Baldie), Rufus Sewell (Bobby) **L** 101 **FSK** ab 16; f **E** 5.12.1991/13.7.1992 Video/17.7.1993 premiere **fd** 29 223

27 MISSING KISSES (27 MISSING KISSES). Eine frühreife 14-Jährige versucht während der Sommerferien, einem 41-jährigen Witwer den Kopf zu verdrehen, weckt jedoch die Begehrlichkeiten von dessen Sohn. Bald findet sie sich im Zentrum eines erotischen Karussels wieder, das eine georgische Kleinstadt in Atem hält. Ein opulenter Liebesreigen voller Fabulierlust und surrealer Bildgewalt, der zwischen subtiler Komödie, derber Komik und tragischen Dimensionen changiert. Ein trotz einiger Längen ausgesprochen charmanter Film. – Ab 16. ✦ Deutschland/Georgien/Frankreich/Dänemark 2000 **P** Egoli Tossell Film Prod./Le Studio Canal+/Moco Films/British Screen/Studio Babelsberg Independents/Wave Pictures **KI** Arthaus **VA** Kinowelt Home **DVD** Kinowelt Home **Pd** Jens Meurer, Oliver Damian, Jill Robertson, Oscar van Heek, Arthur Hofer, Torsten Leschly **R** Nana Djordjadze **B** Irakli Kwirikadse **K** Phedon Papamichael **M** Goran Bregovic **S** Vessela Martschewski **D** Pierre Richard (Kapitän), Nuza Kuchianidze (Sybilla), Jewgeni Sidichin (Alexander), Amalia Mordvinova (Veronika), Shaco Iashvili (Mickey) **L** 96 **FSK** ab 12; f **FBW** bw **E** 14.6.2001/19.2.2002 Video & DVD **fd** 34 905

TWENTYFOURSEVEN (TWENTYFOURSEVEN). Ein unermüdlicher Sozialarbeiter stemmt sich in einer heruntergekommenen englischen Industriestadt gegen die soziale Verwahrlosung der Jugendlichen. Mit der Gründung eines Box-Clubs gelingt es ihm, allgegenwärtige Aggressionen aufzufangen. Doch ausgerechnet der Moment höchsten Triumphes, der erste öffentliche Wettkampf, wendet sich zur Katastrophe. Spielfilmdebüt in der guten Tradition des britischen Sozial-Kinos. Obwohl der Film einige erzählerische Schwächen aufweist, lebt er doch vom hohen Maß seiner sozialen Genauigkeit und stellt auch ästhetisch einen eindrucksvollen Talent-Beweis dar. Kein makelloses Meisterwerk, aber lebendiges Kino, das von der noch immer dynamischen, weil authentischen Filmkultur Großbritanniens spricht. (O.m.d.U.) ✦ Schwarz-weiß. Großbritannien 1997 **P** BBC Film/Scala **KI** Tobis **VA** BMG **Pd** Imogen West **R** Shane Meadows **B** Shane Meadows, Paul Fraser **K** Ashley Rowe **M** Neill MacColl, Boo Hewerdine **S** William Diver **D** Bob Hoskins (Alan Darcy), Jimmy Hynd (Meggy), Mat Hand (Fagash), Danny Nussbaum (Tim), Bruce Jones (Tims Vater), Karl Collins (Stuart), James Hooton (Knighty), Darren Campbell (Daz) **L** 96 **FSK** ab 12; f **E** 30.4.1998/25.6.2001 Video **fd** 33 117

TWICE A MAN (TWICE A MAN). Der Mythos von Hippolytus, der sich den sexuellen Avancen seiner Stiefmutter Phaedra entzieht. Sie läßt ihn töten, der Arzt Ascepius erweckt ihn zum neuen Leben, und der von den Toten Erwachte kann endlich zu seiner – homosexuellen – Identität finden. Ein Experimentalfilm, der den gesamten Gedankenkosmos des Griechen Markopoulos umfaßt. Der altgriechische Mythos wird auf seine Zeitlosigkeit hin betrachtet, der Mensch wird in einen Kontext mit der Kultur gestellt. Durch symbolträchtige Doppel- und Mehrfachbelichtungen wird auf Vergangenheit und Gegenwart zugleich hingewiesen, die ihre Fortsetzung in der Zukunft haben. Die etwas verwirrende Geschichte und hölzerne Darsteller mindern den Gesamteindruck, vieles kann jedoch durch die wunderbare Fotografie wieder aufgefangen werden. ✦ USA 1963 **P** Gregory J. Markopoulos Prod. **Pd+R+B+K** Gregory J. Markopoulos **M** Peter Iljitsch Tschaikowski **S** Gregory J. Markopoulos **D** Paul Klib (Jugend), Albert Torgessen (Freunde), Olympia Dukakis (junge Frau/Kommentatorin), Violet Roditi (alte Frau) **L** 55 **E** 7.2.1993 West 3

TWICE DEAD – WEDER TOT NOCH LEBENDIG (TWICE DEAD). Ein Geschwisterpaar bezieht mit seinen Eltern einen geerbten Altbau, der als Spukhaus gilt. Der Geist eines Filmstars, der sich in den 30er Jahren wegen seiner unglücklichen Liebe zur Großtante der Geschwister das Leben nahm, soll sein Unwesen treiben. Tatsächlich erwacht das Gespenst zu neuem Leben und bringt die Eindringlinge brutal zur Strecke. Als altbackene Spukgeschichte hätte der Stoff für die eine oder andere Gänsehaut sorgen können; da die Regie jedoch den kürzesten Weg von einem grellen Effekt zum nächsten einschlägt, bleiben kaum mehr als abstoßende Gewaltszenen übrig. ✦ USA 1988 **P** T. D. Productions **VA** VCL/Virgin **Pd** Guy J. Louthan, Robert McDonnell **R** Bert L. Dragin **B** Bert L. Dragin, Robert McDonnell **K** Zoran Hochstatter **M** David Bergeaud **S** Patrick Rand **D** Tom Breznahan (Scott), Jill Whitlow (Robin/Myrna), Jonathan Chapin (Crip/Tyler), Christopher Burgard (Silk), Sam Melville (Harry) **L** 83 **FSK** ab 18 **E** April 1989 Video **fd** 27 825

TWICE TOLD TALES →Das Gift des Bösen

TWICE UNDER – KANALRATTEN (TWICE UNDER). Nachdem sein Vater das vierte Opfer eines geisteskranken Mörders wurde, stellt sich ein Amerikaner einem Vietnam-Veteranen, der in der Kanalisation auf seine Opfer lauert. Zwar hat er wenig Chancen gegen den armbrustbewaffneten Killer, doch dann taucht der totgeglaubte Vater auf und gibt dem Sohn Überlebenshilfen. Einmal mehr wird das Vietnam-Trauma für einen unausgegorenen Psychokrimi benutzt. Vor diesem Hintergrund entwickelt sich ein zwar recht spannender, aber äußerst brutaler Reißer, dessen unwahrscheinliches Drehbuch darauf baut, daß man zugunsten der Spannung jeden Unfug in Kauf nimmt. ✦ USA 1987 **P** Overlook Films **VA** Ufa **Pd** Maureen Sweeney **R** Dean Crow **B** Charles Joseph **K** Jon Gerard **M** Skeet Bushor **S** Chris Hodapp **D** Ian Borger (Rick), Ron Spencer (Daggat), Amy Lacy (Cammy), Jack O'Hara (Ed), Charles Cooper (= Carlo Maria Cordio) **L** 84 **FSK** ab 18 **E** 24.4.1989 Video/4.2.1994 Kabelkanal **fd** 27 669

TWILIGHT (THE SERVANTS OF TWILIGHT). Eine junge Frau kämpft mit Hilfe eines Privatdetektivs gegen eine Gruppe fanatischer Sektenmitglieder, die in ihrem Sohn den leibhaftigen Antichrist zu erkennen glauben und ihn deshalb töten wollen. Die auf dem Grundmuster des »Omen«-Films »Damien« basierende Gruselmär beginnt dicht, ist aber schon bald allzu vorhersehbar und verliert sich in recht blutigen Turbulenzen, die eher laut als spannend sind. (Titel auch: »Twilight – Diener der Nacht«) ✦ USA 1990 **P** Gibraltar Entertainment/Trimark **VA** Highlight **Pd** Venetia Stevenson, Jeffrey Obrow **R** Jeffrey Obrow **B** Jeffrey Obrow, Stephen Carpenter, nach einem Roman von Dean A. Koontz **K** Antonio Soriano **M** Jim Mantie **S** Doug Ibold, Earl Ghaffari **D** Bruce Greenwood (Charlie Harrison), Belinda Bauer (Christine Scavello), Grace Zabriskie (Grace Spivey), Richard Bradford (Henry Rankin), Jarrett Lennon (Joey Scavello) **L** 87 **FSK** ab 16 **E** 13.5.1992 Video/7.5.1993 premiere **fd** 29 661

TWILIGHT HIGHWAY (TWILIGHT HIGHWAY). Roadmovie, in dem ein verlassenes Hotel in einer heruntergekommen Industrielandschaft von New Jersey als Anlaufpunkt für einige sehr unterschiedliche Personen dient: eine junge Frau auf der Flucht vor ihrem gewalttätigen Geliebten, eine angehende Sängerin, zwei Männer mit konkreten Zielorten und ein älterer Mann voller düsterer Erinnerungen. ✦ USA 1995 **R** Laurie Taylor-Williams, Merce Williams **D** Sandy Baron (Lenny), D. V. DeVincentis (Jimmy), Laurie Taylor-Williams (Shelby), Gilliam Hernstead (Maryanne), Christian Maelen (Eugene) **L** 85 **E** 4.7.1998 Bayern 3

TWILIGHT LOVE – LIEBE AUS DEM JENSEITS (THE RETURNING). Beim Erholungsurlaub auf dem Land wird ein erfolgreicher Anwalt von merkwürdigen Visionen geplagt. Der Geist der Vormieterin seines Hauses hat ihn beseelt und verwandelt. Am Ende findet der Protagonist, der schon als Kind Begegnungen mit dem Unsichtbaren hatte, tot im Wasser treibend endlich Ruhe. Ein Film über »das Unbegreifliche«, der zusehends ins Lächerliche kippt und sich mit unzureichenden Mitteln um Spannung und Grusel müht. ✦ Neuseeland 1990 **P** Echo Pictures/

New Zealand Film Commission **VA** atlas **Pd** Trishia Downie, David Hannay **R** John Day **B** Arthur Baysting, John Day, Clinton Phillips **K** Kevin Hayward **M** Clive Cockburn **S** Simon Clothier **D** Phillip Gordon (Alan Steadman), Alison Routledge (Jessica), Max Cullen (Priester), Jim Moriarty (George), John Ewart (Steadman sen.) **L** 99 **FSK** ab 16 **E** 20.6.1991 Video/24.4.1995 premiere **fd** 29 150

TWILIGHT MAN (TWILIGHT MAN). Das luxuriöse Leben eines Literaturdozenten findet ein jähes Ende, als ein mysteriöser Fremder seinen vernetzten Computer manipuliert und ihn per Mouse-Click in die Psychiatrie befördert. Nach seiner Entlassung tötet der Fremde die Geliebte des Professors, der seine Unschuld beweisen muß. Ein Thriller, der spekulativ Ängste vor der Technik für seine unwahrscheinliche Geschichte zu nutzen versucht. Da sich statt Spannung nur Verwirrung einstellt, zweckdienliches Tempo mit Hektik verwechselt wird und die beiden Hauptdarsteller unglaubwürdig bleiben, hält sich der Unterhaltungswert in bescheidenem Rahmen. ✦ USA 1996 **P** Harris and Company/Universal **VA** CIC **Pd** Ted Kordyla **R** Craig R. Baxley **B** Paolo F. Fenives, Jim Korris **K** David Connell **M** Gary Chang **S** Scott Smith **D** Tim Matheson (Prof. Jordan Cooper), Dean Stockwell (Hollis Deitz), L. Scott Caldwell (Lou Shannon), Joel Polis (Harper), Yvette Nipar (Elen) **L** 95 **FSK** ab 12 **E** 19.3.1997 Video/9.3.1998 premiere **fd** 32 557

TWILIGHT MYSTERY (FOURTH STORY). Ein Privatdetektiv, der sich auf Vermißtenfälle spezialisiert hat, stößt bei seinen Recherchen auf einen Fall von Identitätsvertuschung und zwielichtiger Vergangenheitsbewältigung, in der auch seine eigene Vergangenheit zum Tragen kommt. Die verwirrend angelegte Story wurde zu einem inszenatorisch gut durchschnittlichen Vexierkrimi aufbereitet. Für die Unglaubwürdigkeit der Handlung entschädigen die soliden Darsteller. – Ab 16. ✦ USA 1990 **P** Viacom **VA** VCL/Carolco **Pd** Frank Königsberg, Larry Sanitzky, Jayne Bieber **R** Ivan Passer **B** Andrew Guerdat **K** Tony Imi **M** William Olvis **S** John F. Burnett **D** Mark Harmon (David Sheppard), Mimi Rogers (Valerie), Paul Gleason (Polizeioffizier), Michael Boatman (Polizeisergeant), Cliff De Young (Darill B. McCoughlin) **L** 86 **FSK** ab 12 **E** 13.4.1992 Video/14.5.1993 premiere **fd** 29 635

TWIN DRAGONS (TWIN DRAGONS). Ein Mechaniker in Hongkong schlüpft auf der Flucht vor Ganoven eher unfreiwillig in die Rolle seines Doppelgängers, eines beliebten Pop-Stars. Dem ist der Tausch nicht unwillkommen, zumal der tölpelhafte Zwilling frischen Wind in die Musik-Szene bringt. Nur die Geliebten der beiden haben bei der finalen Doppelhochzeit Mühe, den richtigen Angetrauten auszumachen. Die von gutmütigem Humor durchzogene Handlung ist nicht mehr als ein Anlaß für akrobatische, unbrutale Kampfszenen, die in choreografischer Raffinesse in Szene gesetzt werden. Vergnüglich sind auch die in Musical-Manier eingestreuten romantischen Pop-Songs. (Titel auch: »Twin Dragons – Das Powerduo«) – Ab 16. ✦ Hongkong 1992 **P** Paragon/Hongkong Film Directors Guild **VA** New Vision **Pd** Teddy Robin **R** Tsui Hark, Ringo Lam **B** Barry Wong, Tsui Hark, Cheung Tung To, Wong Yik **K** Wong Wing Hang, Wong Ngor Tan **M** Lowell Lo **S** Mak Chi Sin **D** Jackie Chan (= Cheng Long) (Boomer), Maggie Cheung (Barbara), Teddy Robin (Tyson), Tsui Hark (Automechaniker), Ringo Lam (Automechaniker) **L** 100 **FSK** ab 16 **E** 12.1.1993 Video/25.8.1995 Pro Sieben **fd** 30 192

TWIN PEAKS – DER FILM (TWIN PEAKS – FIRE WALK WITH ME). Der Kinofilm erzählt die Vorgeschichte der Fernsehserie »Twin Peaks«, die die letzten Tage im Leben des ermordeten Teenagers Laura Palmer beschreibt. Zwar ist auch er angereichert mit Visionen und Horrorvorstellungen, jedoch versucht er zugleich, psychologische Erklärungsmuster darzulegen. Offenbar wird ein Labyrinth struktureller und sexueller Gewalt, das sich hinter der Fassade bürgerlicher Wohlanständigkeit verbirgt. (Vgl. »Das Geheimnis von Twin Peaks«) ✦ USA 1992 **P** Lynch-Frost Prod./Ciby Pictures **KI** Jugendfilm **VA** VCL **DVD** VCL (1.85:1, DD5.1 dt.) **Pd** Gregg Fienberg **R** David Lynch **B** David Lynch, Bob Engels **K** Ron Garcia **M** Angelo Badalamenti **S** Mary Sweeney **D** Sheryl Lee (Laura Palmer), Ray Wise (Leland Palmer), Kyle MacLachlan (Dale Cooper), Moira Kelly (Donna Hayward), Chris Isaak (Chester Desmond), Dana Ashbrook (Bobby Briggs), Kiefer Sutherland (Sam Stanley) **L** 134 **FSK** ab 16; f **E** 20.8.1992/22.3.1993 Video/18.4.1994 premiere/7.4.1999 DVD **fd** 29 749

TWIN PEAKS – DIE SERIE →Das Geheimnis von Twin Peaks

TWIN SISTERS (TWIN SISTERS). Ein Callgirl versucht, in die Rolle ihrer Zwillingsschwester, der sozial engagierten Frau eines Unternehmers, zu schlüpfen, und löst damit ein undurchschaubares Verwechslungsspiel aus. Fürs Fernsehen produzierter Film voller Klischees und Stereotypen; unglaubhaft und reizlos entwickelt. (Titel auch: »Twin Sisters – der Callgirl-Killer«) – Ab 16. ✦ Kanada 1991 **P** Allegro Films/Image **VA** Starlight **Pd** Tom Berry, Franco Battista, Stefan Wodoslawsky **R** Tom Berry **B** David Preston **K** Rodney Gibbons **M** Milan Kymlicka **S** Yves Langlois **D** Stepfanie Kramer (Lynn/Carol), Susan Almgren (Sophie), Frederic Forrest (Inspektor Delvaux), James Brolin (Michael Malory), Richard Zeman (Carson) **L** 88 **FSK** ab 16 **E** 29.7.1992 Video **fd** 29 712

TWIN TOWN – DAS CHAOTEN-KAFF →Twin Town – Pretty Shitty City

TWIN TOWN – PRETTY SHITTY CITY (TWIN TOWN). Zwei ständig bekiffte Zwillinge mit notorischem Hang zum Autoknacken machen die walisische Hafenstadt Swansea unsicher. Als ihr Vater nach einem Arbeitsunfall keine Abfindung erhalten soll, nehmen sie die Angelegenheit in ihre Hand. Britisch-schwarze Anarcho-Komödie, grotesk überzeichnet, mit viel Lust an der Destruktion traditioneller Erzählstrukturen. Das satirische Spiel mit den Zwängen des Provinzlebens gleitet in der zweiten Hälfte jedoch zusehends in eine völlig überzogene Racheorgie ab, die einen zwiespältigen Gesamteindruck hinterläßt. ✦ Großbritannien 1997 **P** Figment Films/Agenda **KI** PolyGram/UIP **VA** PolyGram (Fox) **Pd** Peter McAleese **R** Kevin Allen **B** Kevin Allen, Paul Durden **K** John Mathieson **M** Mark Thomas **S** Oral Norrie Ottey **D** Llyr Ifans (Julian), Rhys Ifans (Jeremy), Rachel Scorgie (Adie), Huw Ceredig (Fatty), Di Botcher (Jean), William Thomas (Bryn Cartwright), Dorien Thomas (Greyo), Dougray Scott (Terry) **L** 99 **FSK** ab 16; f **FBW** w **E** 24.4.1997/15.12.1997 Video/2.11.1998 Premiere **fd** 32 496

TWINKY UND DER AMERIKANER →Der Amerikaner (1969)

TWINS – ZWILLINGE (TWINS). Zwei äußerlich und in ihrer Lebenshaltung extrem verschiedene Zwillinge finden nach mehr als 30 Jahren zusammen. Der eine, ein muskelbepackter Hüne, wuchs in Liebe und Wohlstand auf und sammelte sich ungeheures Wissen, aber keine Spur Lebenspraxis an, der andere, im Waisenhaus aufgewachsen, wurde zum kleinen Ganoven, der von gefährlichen Gaunern verfolgt wird. Gemeinsam gehen sie auf die Suche nach verschiedenen Vätern und derselben Mutter. Mit infantiler Fantasie wurde ein Hollywood-Märchen um den Gegensatz des Paares Schwarzenegger/de Vito zusammengezimmert: ein bescheidenes Lustspielvergnügen mit gelegentlich naivem Charme und einigen gelungenen Einfällen. – Ab 12 möglich. ✦ USA 1988 **P** Universal **KI** UIP **SF** UIP **VA** CIC **DVD** Universal Home (FF, DS engl./dt.) **Pd+R** Ivan Reitman **B** William Davies, William Osborne, Timothy Harris, Herschel Weingrod **K** Andrzej Bartkowiak **M** Georges Delerue **S** Sheldon Kahn, Donn Cambern **D** Arnold Schwarzenegger (Julius Benedict), Danny DeVito (Vincent Benedict), Kelly Preston (Marnie Mason), Chloe Webb (Linda Mason), Bonnie Bartlett (Mary Ann Benedict) **L** 108 **FSK** ab 12; f **E** 23.3.1989/Oktober 1989 Video/20.4.1992 RTL plus/7.5.1999 DVD **fd** 27 465

TWIST (TWIST). Ein ebenso kurzweiliger wie lehrreicher Film über die Geschichte des Twists als Modetanz der frühen 60er Jahre und seine vergnüglichen Auswüchse. In rhythmischen, aber nie hektischen Schnittfolgen werden historische Dokumente und liebevoll nachinszenierte Passagen überzeugend verbunden. (O.m.d.U.) – Sehenswert ab 14. ✦ Teils schwarz-weiß. Kanada 1992 **P** Sphinx/Telefilm Canada/Ontario Film Development/Canada Council Film Board **KI** Kinowelt **Pd+R+B** Ron Mann **K** Robert Fresco **M** Keith Elliot, Nicholas Stirling **S** Robert Kennedy **D** Chubby Checker, Hank Ballard, Joan »Buck« Kiene, Jimmy Peatross, Cholly Atkins, Carole »Skaldaferri« Spada **L** 78 **FSK** o. A.; f **E** 24.6.1993 **fd** 30 296

TWIST AGAIN IN MOSKAU (TWIST AGAIN IN MOSCOU). Der Direktor eines Moskauer Hotels kommt mit dem System, mit dem er sich bestens arrangiert hatte, in Konflikt, als seine Betriebsführung überprüft wird. Zu allem Überfluß wird er noch in eine Affäre um jüdische Dissidenten verwickelt. Eine weitgehend vergnügliche Satire auf den real existierenden Sozialismus mit einigen ernsten Untertönen; reizvoll insbesondere durch das Spiel des Hauptdarstellers. – Ab 14. ✦ Scope. Frankreich 1986 **P** Gaumont/Renn/Camera One/Films A 2 **KI** Delta **VA** Warner Home **Pd** Alain Poiré, Marc Goldstaub **R** Jean-Marie Poiré **B** Martin Lamotte, Christian Clavier, Jean-Marie Poiré **K** Pascal Lebègue **M** Michel Goglat **S** Catherine Kelber **D** Philippe Noiret (Igor Tatajew), Christian Clavier (Juri), Martin Lamotte (Boris Pikow), Marina Vlady (Natascha Tatajew), Bernard Blier (Alexejew), Agnès Soral (Tatiana) **L** 93 **FSK** ab 12; f **FBW** w **E** 26.11.1987/24.3.1988 Video **fd** 26 567

TWIST & SHOUT (TRO, HAB OG KAERLIGHED / TWIST AND SHIUT). Der schwierige Ablösungsprozeß Jugendlicher auf dem Weg zur Selbstwerdung und -verantwortung vor dem Zeithintergrund der frühen 60er Jahre. Ein sympathischer Jugendfilm, der Inhalte und Stimmungen im Konfliktfeld der Generationen sicher beobachtet, dies auch im Blick auf innere Werte. (TV-Titel auch: »Twist and Shout: Rock 'n' Roll und erste Liebe«) – Ab 14. ✦ Dänemark 1984 **P** Per Holst Filmprod./Palle Figtdal/Danish Film Institute/The Children's Film Council/Coproductions Fund of Denmark **KI** Ascot **VA** Ascot **Pd** Ib Tardini **R** Bille August **B** Bille August, Bjarne Reuter **K** Jan Weincke **M** Bo Holten **S** Janus Billeskov Jansen **D** Adam Tonsberg (Björn), Lars Simonsen (Erik), Camilla Soeberg (Anna), Ulrikke Juul Bondo (Kirsten), Thomas Nielsen (Henning) **L** 107 **FSK** ab 12; f **FBW** w **E** 14.5.1987/28.1.1988 Video **fd** 26 120

TWIST ... DASS DIE RÖCKE FLIEGEN (HEY, LET'S TWIST!). Zwei junge Männer geben ihr Studium auf und machen im Restaurant ihres ansonsten ruinierten Vaters den neuen Modetanz Twist populär. Ein Eintagsfilmchen, inszenatorisch und darstellerisch äußerst dürftig. Der Werbeeffekt für den Twist schlägt bei so viel Dilettantismus beinahe in die falsche Richtung um. – Ab 12. ✦ Schwarz-weiß. USA 1961 **P** Harry Romm Prod. (für Paramount) **KI** Paramount **Pd** Harry Romm **R** Greg Garrison **B** Hal Hackady **K** George Jacobson **M** Henry Glover **D** Joey Dee (Joey Dee), Teddy Randazzo (Ricky Dee), Kay Armen (Angie), Jo-Ann Campbell (Piper), Dino Di Luca (Papa), Zohra Lampert (Sharon) **L** 86 **FSK** ab 12; nf **E** 5.1.1962 **fd** 10 806

TWIST OF FAITH (A TWIST OF FAITH). Ein arbeitswütiger Polizist macht Jagd auf einen Serienkiller, dessen Taten offenbar religiös motiviert sind, während seine kleine Tochter mit einer totbringenden Krankheit ringt. Ein achtlos konstruierter Thriller-Plot, der seine spirituelle Fragestellung rasch vernachlässigt, um Genre-Stereotypen über die innere Logik der Handlung obsiegen zu lassen. – Ab 16. ✦

USA 1999 **P** Prophecy Entertainment **VA** Highlight **Pd** Evan Taylor, John A. Curtis **R** Chris Angel **B** Richard Zywothkiewicz **K** Danny Nowak **M** Peter Allen **S** Derek Whelan **D** Andrew McCarthy (Henry Smith), Michael Ironside (Alex Hunt), Jayne Heitmeyer (Beth Smith), Suzy Joachim (Monika Stoeks), Matthew Laurance (Frankovich), Lauren Diewold (Shannon Smith) **L** 90 **FSK** ab 12 **E** 11.10.1999 Video **fd** 33 975

TWISTED (TWISTED). Ein Waise wird in eine Straßengang aufgenommen und sorgt für Spannungen, als er sich in ein Gang-Mitglied verliebt, dass bereits in festen Händen ist. Als er in die Prostitution abzugleiten droht, greift ein Transvestit ein. Im New Yorker Homosexuellen-Milieu angesiedelte vage Adaption des »Oliver Twist«-Stoffes, die sich um eine authentische Schilderung des Milieus bemüht, deren Darsteller mitunter jedoch überfordert wirken. ✦ USA 1996 **VA** pro-fun **R** Seth Michael Donsky **D** David Norona, Keivyn McNeil Graves, Anthony Crivello, William Hickey, Anthony Crivello **L** 100 **E** 4.1.1999 Video

TWISTED OBSESSION (THE MAD MONKEY / EL MONO LOCO). Ein Produzent überredet einen erfolgreichen Drehbuchautor, seinen neuesten Stoff einem unerfahrenen Regisseur zu überlassen. Dieser entwickelt ein unausgegorenes Konzept, doch mit Hilfe seiner jungen Schwester, die er dem Autor »zur Verfügung« stellt, kann er sich dessen Mitarbeit sichern. Als er erfährt, daß Bruder und Schwester auch ein Liebesverhältnis haben, gerät das Leben des Autors außer Kontrolle, sein Aufenthalt in Paris wird zum Alptraum. Ein ambitionierter erotischer Thriller, der an seiner gedanklichen Überfrachtung scheitert und außer einem hervorragenden Hauptdarsteller wenig vorzuweisen hat. ✦ Spanien/Frankreich 1989 **P** Iberoamericana Films/French Prod. **VA** Highlight **Pd** Andrés Vicente Gómez **R** Fernando Trueba **B** Fernando Trueba, Manolo Matji, nach einer Erzählung von Christopher Frank **K** José Luis Alcaine **M** Antoine Duhamel **S** Carmen Frias **D** Jeff Goldblum (Dan Gillis), Miranda Richardson (Marilyn), Anémone (Marianne Gillis), Dexter Fletcher (Malcolm Green), Daniel Ceccaldi (Legrand) **L** 100 **FSK** ab 18 **E** 23.10. 1991 Video/8.6.1996 Kabel 1

TWISTER (TWISTER). Zwei Wissenschaftler begeben sich immer wieder in den Pfad vernichtender Wirbelstürme, um neue Methoden der Wettervorhersage zu erkunden. Ein einzig und allein auf die Überwältigungskraft verblüffend realistischer technischer Effekte abgestellter Thriller, in dem Menschen nur noch Staffage sind. Teuer und hochperfektioniert, aber letztlich auf dem Niveau eines Videospiels. DVD: Die Extras des USA-Imports umfassen im Gegensatz zur deutschen DVD u. a. einen Audiokommentar des Regisseurs und des Special Effects Supervisors Stefan Fangmeier. – Ab 14. ✦ Scope. USA 1996 **P** Universal **KI** UIP **VA** CIC **DVD** Universal Home (16:9, 2.35:1, DD5.1 engl./dt.), USA Import: Warner (16:9, 2.35:1, DD5.1 engl.) **Pd** Kathleen Kennedy, Ian Bryce, Michael Crichton **R** Jan de Bont **B** Michael Crichton, Anne-Marie Martin **K** Jack N. Green **M** Mark Mancina **S** Michael Kahn **D** Helen Hunt (Jo Harding), Bill Paxton (Bill Harding), Cary Elwes (Dr. Jonas Miller), Jami Gertz (Melissa), Lois Smith (Aunt Meg) **L** 113 **FSK** ab 12; f **FBW** w **E** 5.9.1996/ 6.3.1997 Video/7.3.1998 premiere/1.7.1999 DVD **fd** 32 099

TWISTER – KEINE GANZ NORMALE FAMILIE (TWISTER). Szenen aus dem Alltagsleben der Familie Cleveland, mühsam zusammengehalten durch ein Handlungsminimum und absurde Charaktere. In seiner Ansammlung alltäglicher Sinnlosigkeiten wahrscheinlich als Familienfarce und Sozialsatire gedacht, verschenkt der fantasie- und kraftlose Film sein komödiantisches Potential völlig. – Ab 16 möglich. ✦ USA 1988 **P** Vestron **VA** Concorde **Pd** Wieland Schulz-Keil, William J. Quigley, Dan Ireland **R** Michael Almereyda **B** Michael Almereyda, nach einem Roman von Mary Robison **K** Renato Berta **M** Hans Zimmer **S** Roberto Silvi **D** Harry Dean Stanton (Eugene Cleveland), Suzy Amis (Maureen), Crispin Glover (Howdy), Dylan McDermott (Chris), Jenny Wright (Stephanie) **L** 89 **FSK** ab 12 **E** 15.4.1991 Video **fd** 28 933

TWISTER ÜBER FLORIDA – MENSCHEN IN ANGST (TRIUMPH OVER DISASTER: THE HURRICANE ANDREW STORY). Trotz frühzeitiger Warnung schenken die Behörden den Berechnungen eines Meteorologen keine Beachtung und sind unvorbereitet, als der Hurrikan »Andrew« mit 150 Meilen pro Stunde über die Küste Floridas hinwegfegt. Film nach der authentischen Sturmkatastrophe vom 24. August 1992, der Milliardenschäden anrichtete; nach den Gesetzen des Genres dramatisiert und durch Einzelschicksale personalisiert. ✦ USA 1993 **R** Marvin J. Chomsky **B** Casey Kelly **D** Ted Wass (Bryan Norcross), Eileen Heckart (Shelly), Brynn Thayer (Sandra Channing), John Getz (Doug Hulin), Veronica Cartwright (Carla Hulin) **L** 120 **E** 25.4.1998 RTL 2

TWISTERS – DIE NACHT DER WIRBELSTÜRME →Night of the Twisters

TWISTER'S RACHE →Ein Supertruck auf Gangsterjagd

TWISTS OF TERROR – DAS GRAUEN LAUERT ÜBERALL (TWISTS OF TERROR). Horrorfilm in drei Episoden: 1. »Zur falschen Zeit am falschen Ort«: Ein Ehepaar möchte sich gegenseitig beerben und heuert jeweils zwei Killer an. 2. »Die Klinik«: Ein Geschäftsmann sucht aus Angst vor einem bißwütigen Hund Schutz in einer Nervenklinik, die von den Irren, die ihn nicht mehr gehen lassen wollen, beherrscht wird. 3. »Eine todsichere Verabredung«: Eine junge alleinstehende Frau dreht durch, als eine Verabredung sich einmal mehr als Flop erweist. Horror-Häppchen, deren Geschichten keine Geister oder Untote bemühen, sondern mehr oder weniger in der Realität angesiedelt sind. ✦ USA 1997 **P** Paramount **VA** CIC **R** Douglas Jackson **D** Jennifer Rubin (1), Carl Marotte (1), Nick Mancuso (2), Françoise Robertson (3) **L** 87 **FSK** ab 18 **E** 3.11.1997 Video

TWO A PENNY – BIN KEIN MR. NIEMAND (TWO A PENNY). Ein junger egoistischer Kunststudent, der Geld und Wohlleben als höchstes Gut und seine Freundin als Objekt zur Befriedigung seiner Wünsche betrachtet, erfährt durch sie plötzlich, daß es Wichtigeres gibt, und ändert sein Leben. Der Versuch eines religiösen Films (und zugleich ein Reklamefeldzug für den Prediger Billy Graham), der seine Glaubwürdigkeit durch ungenügende psychologische Begründung und modische Effekthascherei verspielt. – Ab 14. ✦ Großbritannien 1967 **P** World Wide Pictures **KI** Entscheidung e.V. **Pd** Frank R. Jacobson **R** James F. Collier **B** Stella Linden **K** Michael Reed **M** Mike Leander **S** Ann Chegwidden, Eugene Pendleton **D** Cliff Richard (Jamie Hopkins), Ann Holloway (Carol Turner), Dora Bryan (Ruby Hopkins), Avril Angers (Mrs. Burry), Peter Barkworth (Vikar), Geoffrey Bayldon (Alec Fitch) **L** 99 **FSK** ab 12; f **E** 6.2.1970 **fd** 16 591

TWO EVIL EYES (DUE OCCHI DIABOLICI). Zwei Episoden nach Kurzgeschichten von Edgar Allan Poe. In »The Facts in the Case of Mr. Valdemar« wird ein sterbender Greis von seinem rachsüchtigen Arzt und der habgierigen Ehefrau hypnotisiert und in der Tiefkühltruhe versteckt. Eines Nachts wankt der Untote die Treppe hinauf, um den Todesschuß zu empfangen. Die zweite Episode variiert »The Black Cat«, Poes wohl berühmteste Kurzgeschichte. Ein Fotograf mauert die Leiche seiner Frau ein und wird von deren Katze als Mörder überführt. Eine Episode, die dramaturgisch wie darstellerisch wenig überzeugt. Die Verlagerung beider Episoden in die Jetztzeit beraubt die routiniert inszenierte Gruselkost ihrer stimmungsvollen Atmosphäre. ✦ Italien 1990 **P** ADC/Gruppo Bema **VA** New Vision **Pd** Achille Manzotti, Dario Argento, George A. Romero **R** George A. Romero (1), Dario Argento (2) **B** George A. Romero (1), Dario Argento (2), Franco Ferrini (2), nach Geschichten von Edgar Allan Poe **K** Peter Reniers **M** Pino Donaggio **S** Pasquale Buba **D** Adrienne Barbeau (Jessica), Ramy Zada (Arzt Robert), G. Marshall (Pike), Bingo O'Malley, Jeff Howell **L** 113 **FSK** ab 16 **E** 9.12.1992 Video **fd** 30 013

TWO GIRLS IN LOVE (THE INCREDIBLY TRUE ADVENTURE OF TWO GIRLS IN LOVE). Zwei Mädchen entdecken ihre Liebe zueinander: die eine aus ärmeren Verhältnissen ist sich ihrer Homosexualität längst bewußt, für die andere aus reichem Hause ist es eine neue Erfahrung. Freunde und Verwandte versuchen, die Beziehung zu beenden. Debütfilm, der das Romeo-und-Julia-Thema auf die lesbische Liebe überträgt, dabei aber ein wenig schematisch vorgeht. Die Regisseurin vermeidet eine glatte Inszenierung, was bisweilen zu Regie-Mängeln führt, aber auch zu einer gewissen Unmittelbarkeit des Geschehens. ✦ USA 1995 **P** Miramax/Smash Pictures **KI** Kinowelt **VA** VCL **Pd** Dolly Hall **R+B** Maria Maggenti **K** Tami Reiker **M** Terry Dame **S** Susan Graef **D** Laurel Holloman (Randy Dean), Nicole Parker (Evie), Maggie Moore (Wendy), Kate Stafford (Rebecca Dean), Sabrina Artel (Vicky), Toby Poser (Lona) **L** 95 **FSK** ab 12; f **E** 8.2.1996/20.8.1996 Video **fd** 31 770

TWO HANDS (TWO HANDS). Der Türsteher eines Strip-Lokals in Sydney nimmt einen Auftrag eines lokalen Gangsterbosses, in dem er seinen Mentor zu erkennen glaubt, an. Da er sich zur gleichen Zeit aber in eine junge Frau verliebt und ohnehin recht unüberlegt handelt, bringt er seine Prioritäten durcheinander und manöviert sich in eine scheinbar ausweglose Lage. Ein weiterer Gangsterfilm im Tarantino-Fahrwasser, der zwischen Horror und Humor oszilliert, seinen Personen jedoch keine vertieften Charaktere verleiht, sondern sich mit Oberflächenreizen begnügt. Das Ergebnis ist temporeiches Actionkino, das durch seine ausgezeichneten Hauptdarsteller, Vertreter zweier australischer Schauspieler-Generationen, funktioniert. DVD: Zusätzlich zum Originalfilm enthält die Edition einen geringfügig verlängerte Version (Director's Cut) sowie den kompletten, separat abrufbaren Soundtrack. – Ab 16. ✦ Australien 1999 **P** Tiberius Films **VA** Sunfilm **DVD** Sun Film (SE, 16:9, 1.85:1, DD5.1 engl./dt.) **Pd** Marian Margoman **R+B** Gregor Jordan **K** Malcolm McCulluch **M** Cezary Skuhiszewski **S** Lee Smith **D** Heath Ledger (Jimmy), Bryan Brown (Pando), Rose Byrne (Alex), Susie Parter (Deirdre), Steven Vidler (The Man) **L** 86 **FSK** ab 16 **E** 30.1.2001 Video/28.2. 2001 DVD **fd** 34 744

TWO IN BLACK BELT (TWO IN BLACK BELT). Ein Karatemeister stellt in Djakarta die Banditen, die seine Mutter und seine Schwester ermordet haben. Mäßiges Fernostprodukt mit den üblichen Kampfeinlagen und Gewaltszenen. ✦ Hongkong 1979 **P** Alex Gouw/H. Gozali **VA** VCL **Pd** Alex Gouw, Hendrick Gozali **R+B** Cheung Sum **K** Fan Tsum Lan **M** Frankie Chan **S** Fan Kung Wing **D** Pomson Yuk, George Rudy, Yayuk Suseno, E. Christina, M. Noya **L** 90 **E** Video

2 IN LOVE WITH NATALIE (RADIO INSIDE). Ein träumerischer junger Mann sucht sich einen Bademeister-Job in Miami, wo er bei seinem erfolgreichen Bruder wohnt. Frustriert von dessen Karrieretrip, entdeckt die Freundin des Bruders ihre Gefühle für den versponnenen Neuankömmling. Melancholische Liebeskomödie um die Kraft des Träumens und die Macht der Gefühle. ✦ USA 1994 **Pd** John Fielder, Joe Caracciolo, Mark Tarlov **R+B** Jeffrey Bell **K** Brian Capener **M** Gilbert Goldstein **S** Jim Clark **D** William McNamara (Matthew), Elisabeth Shue (Natalie), Dylan Walsh (Michael), Peggi McKininley (Vater), Leslie Erganian (Mutter) **L** 87 **E** 4.8.1997 premiere

TWO MOON (A RETURN TO TWO MOON JUNCTION). Nach der Trennung von ihrem Geliebten zieht sich eine junge Frau, die in New York als Topmodel arbeitet, zu ihrer Großmutter in die Südstaaten zurück. Dort verliebt sie sich in einen jungen Bildhauer, der im Ferienhaus der Familie lebt. Schwülstiger Sexfilm, der zwar pausenlos große Gefühle beschwört, in erster Linie jedoch an der Zurschaustellung nackter Haut interessiert ist. Auf Hochglanz poliert, aber ohne Innenleben und Tiefe. (Eine Art Fortsetzung von »Two Moon Junction«) ✦ USA 1994 **P** Trimark Pictures **VA** VCL/Carolco **Pd** Mel Pearl, Don Levin **R** Farhad Mann **B** Dyanne Asimow **K** Frank Byers **M** Joseph Conlan **S** Dianne Ryder-Rennolds **D** Melinda Clarke (Savannah), John Clayton Schafer (Jack), Louise Fletcher (Belle), Yorgo Constantine (Robert), Polly Shannon (Traci) **L** 94 **FSK** ab 12 **E** 1995 Video **fd** 31 700

TWO MOON – IM RAUSCH DER SINNE →Two Moon

TWO MOON JUNCTION (TWO MOON JUNCTION). Zwei Wochen vor der Hochzeit lernt eine verwöhnte junge Frau einen athletisch gebauten Schausteller kennen und erliegt dessen rüpelhaftem Charme. Die Großmutter versucht, das sexuelle Treiben der Enkelin selbst mit Mordabsichten zu unterbinden, aber auch nach der Hochzeit kann diese sich ihrem Liebhaber hingeben. Mit Weichzeichner, endlosen Zeitlupenaufnahmen, schummriger Ausleuchtung und einem gehörigen Maß nackter Haut zusammengekitterter Film; eine mißratene Vorstudie für Zalman Kings nicht minder katastrophalen Film »Wilde Orchidee«. (Eine Art Fortsetzung: »Two Moon«) ✦ USA 1988 **P** The Samuel Goldwyn Company/DDM Film Corpor. **VA** CBS/Fox **Pd** Donald P. Borchers **R** Zalman King **B** Zalman King, MacGregor Douglas **K** Mark Plummer **M** Jonathan Elias **S** Marc Grossman **D** Sherilyn Fenn (April), Richard Tyson (Perry), Louise Fletcher (Ellen), Burl Ives (Sheriff Hawkins), Kristy McNichol (Belle), Martin Hewitt (Patti-Jean) **L** 101 **FSK** ab 16 **E** 13.8.1990 Video/3.11.1995 RTL 2 **fd** 28 501

TWO MOON JUNCTION – FESSELN DER LEIDENSCHAFT →Two Moon Junction

TWO MUCH (TWO MUCH). Ein erfolgloser Maler und Galerist wird von einer reichen, aber ein wenig einfältigen Schönheit zum Mann begehrt, verliebt sich jedoch in deren intellektuelle Zwillingsschwester. Um ihre Liebe zu gewinnen, erfindet er einen Zwillingsbruder und verkehrt in der Villa der Schwestern fortan unter zwei Identitäten. Unterhaltsame Verwechslungskomödie im Stil alter Screwball-Komödien, die nach der temporeichen Einleitung aber nicht mehr viel zu bieten hat und ganz auf Slapstick und Klamauk setzt. (Titel auch: »Two Much – Eine Blondine zuviel«) ✦ Scope. Spanien/USA 1995 **P** Andrés Vicente Gomez Prod./Sogetel/Lola Films/ Fernando Trueba P.C. **KI** Scotia/Buena Vista **VA** Ufa (BMG) **DVD** BMG (FF P&S, DS dt.) **Pd** Andrés Vicente Gómez, Cristina Huete **R** Fernando Trueba **B** Fernando Trueba, David Trueba, nach einem Roman von Donald Westlake **K** José Luis Alcaine **M** Michel Camilo **S** Nena Bernard **D** Melanie Griffith (Betty Kerner), Antonio Banderas (Art/Bart Dodge), Daryl Hannah (Liz Kerner), Danny Aiello (Gene Palletto), Joan Cusack (Gloria Fletcher) **L** 118 **FSK** ab 12; f **E** 2.5.1996/11.11.1996 Video/2.10.2000 DVD **fd** 31 898

TWO OF US (TWO OF US). Fiktive, aber auf realen Fakten gründende Geschichte eines überraschenden Besuches, den Paul McCartney dem zurückgezogenen in New York lebenden John Lennon im Jahr 1976 abgestattet haben soll. Der in den Hauptrollen brillant gespielte Film ist als intensives Kammerspiel inszeniert, das sich ganz auf die Konflikte der Protagonisten konzentriert, die nach vorsichtigem Abtasten zu Momenten der intensiven Kommunikation und Auseinandersetzung finden. Über den konkreten historischen Hintergrund hinaus wird die melancholische Geschichte einer ehemals sehr intensiven Freundschaft erzählt, die unter veränderten Lebensbedingungen und neuen Prioritäten auf der Probe steht. – Sehenswert ab 14. ✦ USA 2000 **P** Viacom **VA** Paramount Home **Pd** Deborah Ann Henderson **R** Michael Lindsay-Hogg **B** Mark Stanfield **K** Miroslaw Baszak **M** David Schwartz **S** Norman Buckley **D** Aidan Quinn (Paul McCartney), Yared Harris (John Lennon), Ric Reid (Talkmaster), Martin Marinuzzi (Chauffeur), Neil Foster (Portier), Joe Bostick (Fahrstuhlführer) **L** 86 **FSK** ab 6 **E** 14.12.2000 Video **fd** 34 749

TWO ONE ZERO – ANOTHER FINAL CUT (COUNTDOWN). Nach der Mordserie an japanischen Einwohnern bedroht ein psychopathischer Bombenbastler eine amerikanische Großstadt mit Terroranschlägen, die in einer groß angekündigten »Weihnachtsapokalypse« gipfeln sollen. Eine Agentin des FBI und eine japanische Kollegin heften sich an seine Fersen. Unausgegorener Thriller, der das Spannungspotential der Geschichte nicht nutzt und die Figuren so flach und konturlos zeichnet, daß sie dem Zuschauer gleichgültig bleiben. (Fernsehtitel: »Countdown: Bombenterror in Seattle«) ✦ USA 1996 **P** Overseas **VA** VPS **Pd** Taka Ichije, Joel Soisson **R+B** Keoni Waxman **K** David Bridges **M** Walter Werzowa **S** Eric Strand **D** Lori Petty (Sara Daniels), Jason London (Chris Murdocu), Yuki Anami (Yoko Suqimura), James LeGros (Michael Killip), Kaoru Hatsuse (Kaori Osami) **L** 86 **FSK** ab 16 **E** 2.5.1997 Video/8.3.1998 premiere **fd** 32 538

TWO SHADES OF BLUE (TWO SHADES OF BLUE). Nach der Ermordung ihres Freundes, eines windigen Geschäftsmanns, wird eine Bestseller-Autorin mit jener Staatsanwältin konfrontiert, die ihrem Geliebten auf den Fersen war. Schaltstelle, in der die verworrenen Fäden entwirrt werden können, ist eine Telefonagentur für Gehörlose. Eine auf große Zufälle hin konstruierte Story, die sich wenig um die Psychologie der Figuren kümmern kann, da neben der Thriller- auch die Erotikfraktion unter den Zuschauern bedient werden soll. Dies führt zu manch unfreiwillig komischer Szene und lässt die Frage zu, warum eine »Oscar«-Preisträgerin (Marlee Maltin) sich für diesen Film hergibt. ✦ USA 1999 **P** Cutting Edge Entertainment **VA** VPS **DVD** VCL (1.66:1, DD5.1 engl./dt.) **Pd** David C. Glasser, Joey Horvitz **R** James D. Deck **B** Ted Williams **K** Adam Kane **M** Walter Werzowa **S** Gabriel Wrye **D** Marlee Matlin (Beth McDaniels), Gary Busey (Jack Reynolds), Eric Roberts (Lavin Stass), Anthony Natale (Todd), Rachel Hunter (Susan Price) **L** 102 **FSK** ab 16 **E** 22.7.1999 Video/15.6. 2000 DVD **fd** 33 952

TWO SMALL BODIES (TWO SMALL BODIES). Experimentelles Zweipersonen-Stück um eine außergewöhnliche Lebenssituation, inszeniert von einer New Yorker Filmregisseurin (»Vortex«, 1982; »Salvation«, 1986) und Video-Künstlerin. Eine in Scheidung lebende Frau bekommt dienstlichen Besuch von einem Detektiv, der sie verdächtigt, ihre beiden verschwundenen Kinder getötet zu haben. Beim Verhör ist er in der Wahl seiner Mittel nicht gerade zimperlich. (Fernsehtitel: »Zwei Körper«) ✦ Deutschland 1993 **P** Daniel Zuta Filmprod./Samsa/ZDF/arte **KI** Eigenverleih **Pd** Daniel Zuta **R** Beth B. **B** Neal Bell, Beth B., nach einem Bühnenstück von Neal Bell **K** Phil Parmet **M** Swans, Michael Gira, Jarboe **S** Andrea Feige, Melody London **D** Fred Ward (Leutnant Brann), Suzy Amis (Eileen Maloney) **L** 88 (TV 80) **E** 21.8.1993 arte/22.5.1995 Kino

TYCOON (TYCOON). Ein werksbesessener Ingenieur und Bauunternehmer baut im Auftrag eines Großindustriellen eine Eisenbahn durch die Anden zur Küste. Er heiratet die Tocher des Auftraggebers, sie trennt sich von ihm, die Gegensätze zwischen den Männern verschärfen sich. Erst nach einer Unwetterkatastrophe bahnt sich allseitige Versöhnung an. Ein wirklichkeitsnah und solide inszenierter Abenteuerfilm mit effektvoller südamerikanischer Berglandschaft bei Brücken- und Tunnelbau, unterhaltsam gespielt. (Die deutsche Verleihfassung ist etwa 33 Minuten kürzer als das Original.) – Ab 14 möglich. ✦ USA 1947 **P** RKO **KI** RKO **VA** Kinowelt Home (Video 6) **R** Richard Wallace **B** Borden Chase, John Twist, nach einem Roman von C. E. Scoggins **K** Harry J. Wild **M** Leigh Harline **D** John Wayne (Johnny Munroe), Laraine Day (Maura), Cedric Hardwicke (Alexander), Judith Anderson (Miss Braithwaite), Anthony Quinn (Ricky), James Pleason **L** 95 (Orig. 128) **FSK** ab 12; nf **E** 4.2.1955/25.7.2000 Video **fd** 3 869

TYCUS – TOD AUS DEM ALL (TYCUS). Als ein zerstörerischer Komet auf die Erde zu rast, errichtet einer der reichsten Männer der Welt eine Nuklear-Basis, damit einige wenige Auserwählte die Katastrophe überleben können. Ein spannungslos und halbgar in Szene gesetzter Science-Fiction-Film auf kümmerlichem Fernseh-Niveau, der keine Atmosphäre erzeugt und dessen schauspielerische Lustlosigkeit beredtes Zeugnis von der Bedeutung der Produktion ablegt. ✦ USA 1998 **P** Tycus Prod. **VA** VPS **Pd** Ashok Amritraj, Andrew Stevens, Elie Samaha **R** John Putch **B** Kevin Goetz, Michael Goetz **K** Ross Berryman **M** Alexander Baker, Clair Marlo **S** David H. Lloyd **D** Dennis Hopper (Dr. Crawford), Peter Onorati (Jake), Finola Hughes (Amy), Chick Vennera (Stan), Blake Clark (Commander), Todd Allen (Menkees) **L** 91 **E** 22.6.1999 Video **fd** 33 996

TYKHO MOON (TYKHO MOON). In einem Staat der Zukunft leben die Menschen in einer von einer Mauer umgebenen zerfallenen Stadt. Der diktatorische Herrscher läßt sich und seiner Clique immer neue Organe liefern, die ewiges Leben ermöglichen sollen. Zu diesem Kreis gehören auf unerklärliche Weise Künstler, eine Hure und ein Reporter, die zugleich die Zerstörung des Staates betreiben. Ein arg verworren konstruierter Film, der ein morbides und graues Zukunftsbild entwirft, die rätselhaften Zusammenhänge aber bis zum Ende im dunkeln läßt. ✦ Frankreich/Deutschland 1996 **P** Salomé/Nova/ Schlemmer **KI** NIL **VA** Filmgalerie 451 **Pd** Maurice Bernart, Christoph Meyer-Weil, Wieland Schulz-Keil **R** Enki Bilal **B** Enki Bilal, Dan Franck **K** Eric Gautier **M** Goran Vejvoda **S** Thierry Derocles **D** Johan Leysen (Anikst), Julie Delpy (Lena), Michel Piccoli (Mac Bee), Richard Bohringer (Glenbarr), Marie Laforêt (Eva), Jean-Louis Trintignant (Arzt) **L** 106 **FSK** ab 12; f **FBW** w **E** 28.11.1996/5.2.1998 Video **fd** 32 218

DER TYP MIT DEM FLOTTEN DING →Party Animal – Der Typ, der jede Bluse sprengt

DER TYP MIT DEM GOLDENEN FIFI (LA PARTE PIU APPETITOSA DEL MASCHIO). Ein Einbrecher entwendet im Auftrag geheime Dokumente über das Liebesleben der Kreter und muß die darin geschilderten Positionen bis zur Erschöpfung unter »wissenschaftlicher« Anleitung erproben. Temperamentlose Soft-Sex-Komödie, in der die wortreich beschworene erotische Fantasie des klassischen Altertums mehr und mehr einer Reihe angestrengter und bizarrer Turnübungen Platz macht. ✦ Italien 1979 **P** P.B.C. **KI** Nobis **R** Peter Hamilton **B** Giovanni Simonelli **K** Giuseppe Tinelli **M** Roberto Pregadio **D** Paolo de Manincor, Rosa Calogero, Renzo Rinaldi, Paoline Teutcher, Rosella Vergari, Cathy Greiner **L** 81 **FSK** ab 18; nf **E** 16.7.1982 **fd** 23 540

DER TYP MIT DEM IRREN BLICK (ZAPPED). Ein Schüler in einem amerikanischen College entdeckt, daß er Gegenstände und auch Menschen durch die Luft fliegen lassen kann, und hilft damit seinen Freunden. Märchenhaftes Lustspiel mit wenigen Gags, läppischen Sex-Einlagen und stellenweise rüdem Jargon. ✦ USA 1982 **P** Apple/Rose (für Avco/ Embassy) **KI** Senator **R** Robert J. Rosenthal **B** Bruce Joel Rubin, Robert J. Rosenthal **K** Daniel Pearl **M** Charles Fox **S** Robert A. Ferretti, Bob Bring **D** Scott Baio (Barney Springboro), Willie Aames (Peyton), Felice Schachter (Bernadette), Heather Thomas (Jane), Scatman Crothers (Dexter Jones), Roger Bowen (Barneys Vater) **L** 98 **FSK** ab 16; nf **E** 27.5. 1983/17.7.1991 premiere **fd** 23 973

DER TYP MIT DEM IRREN BLICK II (ZAPPED AGAIN). Ein College-Student, der Dinge und Menschen kraft seines Blickes durch die Luft fliegen lassen kann, legt dadurch vor allem weibliche Reize bloß. Eine mit Musik »aufgebesserte«, belanglose Neuauflage der gleichnamigen Klamotte aus dem

Jahr 1982. – Ab 16 möglich. ✦ USA 1989 **P** ITC Entertainment Group **KI** Senator **VA** Ascot **Pd** Jeff Apple, Robert J. Rosenthal **R** Doug Campbell **B** Jack Morris, Vince Cheung, Ben Montanio, nach Charakteren von Bruce Rubin und Robert J. Rosenthal. **K** Tom Grubbs **M** Brian Bennett **S** Michael Spence **D** Todd Eric Andrews (Kevin), Kelli Williams (Lucy), Reed Rudy (Wayne), Maria McCann (Amanda), Linda Blair (Miss Mitchell), Karen Black (Hauslehrerin), David Donah (Cecil), Ira Heiden (Elliot) **L** 92 **FSK** ab 12; nf **E** 19.7.1990/26.3.1991 Video/10.8.1993 premiere **fd** 28 454

DER TYP VOM ANDEREN STERN (THE BROTHER FROM ANOTHER PLANET). Ein Außerirdischer in Menschengestalt erlebt eine Reihe von Abenteuern im New Yorker Stadtteil Harlem. Mit sanfter Ironie und mildem Sarkasmus karikiert der Film aus der Perspektive eines Außenseiters den urbanen Alltag einer Großstadt. In einer Serie von Episoden, die Anteilnahme, Witz und realistische Beobachtungsgabe mit treffsicheren Dialogen verbinden, entsteht das skizzenhafte Porträt einer Gesellschaft von Überlebenskünstlern. – Ab 16. ✦ USA 1984 **P** A-Train Films **KI** Impuls **VA** Media **Pd** Peggy Rajski, Maggie Renzi **R+B** John Sayles **K** Ernest Dickerson **M** Mason Daring **S** John Sayles **D** Joe Morton (Brother), Darryl Edwards (Fly), Steve James (Odell), Dee Dee Bridgewater (Malverne), Leonard Jackson (Smokey), John Sayles (Uno), Caroline Aaron (Randy Sue Carter), Bill Cobbs (Walter), Tom Wright (Sam), David Strathairn (Dos), Herbert Newsome (Little Eal) **L** 104 **E** 17.5.1985/März 1987 Video **fd** 25 062

EIN TYP ZUM KÜSSEN →Eine Welt ohne Mitleid

TYPISCH EDDIE. Dokumentarfilm über den Schauspieler und Chansonnier Eddie Constantine, gedreht an den entscheidenden Schauplätzen seines Lebens: in Paris, im Hotel Georges V., auf der Rennbahn, in Harrys New-York-Bar, im Wachsfigurenkabinett und im Bezirkskino, wo die Legende über Eddie Constantine lebendig geblieben ist. (Constantine starb 1993.) – Ab 16. ✦ Teils schwarz-weiß. BR Deutschland 1980 **P** Filmwelt **R** Laurence Gavron **B** Laurence Gavron, Martin Schäfer **K** Martin Schäfer, Martin Gressmann **D** Eddie Constantine, Rüdiger Vogler, Maya Faber-Jansen, Peter Lilienthal, Marcel Moussy **L** 60 **E** 31.12.1980 WDR

TYPISCH FAMILIE! →Un Air de Famille

DER TYRANN (COLUMNO LUI TRAJAN). Die Eroberung und Befestigung der Provinz Dacia durch die Römer im Jahr 104 n. Chr. Ein mit großem Aufwand hergestelltes naives Historiengemälde. (Verleihtitel DDR: »Die Säule des Trajan«) – Ab 14. ✦ Scope. Rumänien/BR Deutschland 1967/68 **P** Studiol Cinematografic Bucarest/CCC Filmkunst **KI** Columbia-Bavaria **Pd** Toma Constantin, Artur Brauner **R** Mircea Dragan **B** Titus Popovici **K** Nicu Stan **M** Theodor Grigoriu **D** Richard Johnson (Tiberius), Antonella Lualdi (Andrada), Ilarion Ciobanu (Gerula), Amedeo Nazzari (Kaiser Trajan), Stefan Ciobotarasu (Einarmiger), Amza Pellea (Decebal) **L** 133 (BRD 93) **FSK** ab 12; f **E** 18.10.1968/13.11.1970 Kino DDR/28.7.1972 DFF 2 **fd** 15 815

TYRANNISCHE LIEBE (LOVE ME OR LEAVE ME). Die Karriere der in den 20er Jahren in den USA populären Schlagersängerin Ruth Etting – vom billigen Tanzlokal in Chicago bis zum Hollywood-Ruhm. Die Story bietet für einen biografischen Musikfilm nichts Besonderes; ungewöhnlich interessant ist jedoch die Charakterstudie eines Impresarios und Gangsters (gespielt von James Cagney), der so in Selbsttäuschung befangen ist, daß er die von ihm gemanagte Frau verliert. (Alternativtitel: »Nachtclub-Affären«) – Ab 14 möglich. ✦ Scope. USA 1955 **P** MGM **KI** MGM **Pd** Joe Pasternak **R** Charles Vidor **B** Daniel Fuchs, Isobel Lennart **K** Arthur E. Arling **M** George Stoll (Ltg.) **S** Ralph E. Winters **D** Doris Day (Ruth Etting), James Cagney (Martin Snyder), Cameron Mitchell (Johnny Alderman), Robert Keith (Bernard V. Loomis), Tom Tully (Frobisher), Harry Bellaver (Georgie), Richard Gaines (Paul Hunter), Peter Leeds (Fred Taylor) **L** 122 **FSK** ab 12; nf **E** 16.3.1956/1.1.1973 ZDF **fd** 4 843

TYSON (TYSON). Die Lebensgeschichte des amerikanischer Box-Stars Mike Tyson bis zu jenem Abend, der den Ex-Weltmeister wegen Vergewaltigung für vier Jahre hinter Gitter bringt. Ein solide inszenierter, durchaus diskutabler Film, der den boxerischen Werdegang Tysons darstellt, ohne die Geschichte des Menschen Tyson zu vernachlässigen. Dabei zeigt er ihn nicht als »Lichtgestalt«, sondern zeichnet die kindliche Unsicherheit des Kraftmenschen als möglichen Schlüssel für seine Tat. – Ab 16. ✦ USA 1994 **P** Warner Bros./Home Box Office **VA** Warner Home **Pd** David Blocker **R** Uli Edel **B** Robert Johnson **K** Jack Conroy **M** Stewart Copeland **S** Seth Flaum **D** George C. Scott (Cus d'Amato), Michael Jai White (Tyson), Paul Winfield (Don King), James Shinning (Bill Cayton), Kristen Wilson (Robin Givens) **L** 105 **FSK** ab 12 **E** 10.11.1995 Video **fd** 31 662

U

U 1 – TAUCHFAHRT DES TODES →Sirene I

U 153 ANTWORTET NICHT (DECOY/MYSTERY SUBMARINE). Die englische Admiralität benutzt im Zweiten Weltkrieg ein verlassenes deutsches U-Boot, um deutsche U-Boot-Aktionen zu verhindern. Unglaubwürdig konstruierter Abenteuer- und Kriegsfilm, der die harte Wirklichkeit des Unterseeboot-Krieges bis zum Werbeeffekt verharmlost. (Alternativtitel: »Die letzte Fahrt von U 153«) – Ab 16. ✦ Schwarz-weiß. Großbritannien 1962 **P** Britannia **KI** Gloria **Pd** Bertram Ostrer **R** C. M. Pennington-Richards **B** Hugh Woodhouse, Bertram Ostrer, Jon Manchip White, nach dem Bühnenstück »Wolf Pack« von Jon Manchip White **K** Stanley Pavey **M** Clifton Parker **S** Bill Lewthwaite **D** Edward Judd (Kapitän Tarlton), James Robertson Justice (Admiral Rainbird), Albert Lieven (Kapitän Neumarck), Laurence Payne (1. Offizier Seaton), Joachim Fuchsberger (Kapitänleutnant Scheffler), Michael Ritterman (Kapitänleutnant Torgau) **L** 93 **FSK** ab 12; f **E** 26.10.1962 **fd** 11 525

U 2 – RATTLE AND HUM (U 2 – RATTLE AND HUM). Filmisches Porträt der populären irischen Rockgruppe »U 2«, das während einer Tournee durch die USA sowie bei Plattenaufnahmen im heimischen Dublin eine Art Bestandsaufnahme des bisherigen Schaffens versucht. Ein über weite Strecken originelles Dokument, das gängige Klischees von Konzertfilm und Videoclip vermeidet, hautnah die Musik einfängt und die »Rockheroen« auf menschliche Maße zurückführt. (O.m.d.U.) – Ab 14. ✦ Teils schwarz-weiß. USA 1988 **P** Paramount/Midnight Films **KI** UIP **VA** CIC **DVD** Paramount (16:9, 1.78:1, DD5.1 engl.) **Pd** Michael Hamlyn **R+B** Phil Joanou **K** Jordan Cronenweth (Farbe), Robert Brinkmann (Schwarz-weiß-Kamera) **M** U 2 **S** Phil Joanou **L** 99 **FSK** ab 12; f **E** 17.11.1988/6.9.2001 DVD **fd** 27 219

U-2000 – ABENTEUER UNTER WASSER →U 2000 – Tauchfahrt des Grauens

U 2000 – TAUCHFAHRT DES GRAUENS (KAITEI GUNKAN). Ein monströses Flug- und Unterwasserboot vernichtet einen versunkenen Kontinent, dessen Höhlenbewohner die Erde erobern wollen. Eine trickreiche Kintopp-Utopie mit eher naiven Gruselabsichten. Die Fantastik des Films verbindet Kindliches und Konfuses zu einer Kasperle-Theater-Zauberei, die Liebhaber des Genres durchaus ansprechen wird. (TV-Titel: »U-2000 – Abenteuer unter Wasser«) – Ab 14 möglich. ✦ Scope. Japan 1964 **P** Toho **KI** Constantin **Pd** Yuko Tanaka **R** Inoshirô Honda **B** Shinichi Sekizawa **K** Hajime Koizumi **M** Akira Ifukube **D** Tadao Takashima (Fotograf), Yoko Fujihama (Tochter des Kapitäns), Yu Fujiki (Kapitän), Ken Uehara (Admiral), Kenji Sawara, Akemi Kita, Akihiko Hirata **L** 87 **FSK** ab 12; nf **E** 12.11.1965 **fd** 13 733

U 23 – HAIE IM PAZIFIK →U 23 – Tödliche Tiefen

U 23 – TÖDLICHE TIEFEN (RUN SILENT, RUN DEEP). 1942: Die gefährliche Patrouillenfahrt eines amerikanischen U-Boots vor der japanischen Küste wird durch Reibereien in der Mannschaft und zwei miteinander rivalisierende Offiziere zusätzlich erschwert, ist jedoch schließlich von Erfolg gekrönt. Leidlich spannender Kriegsfilm, fragwürdig durch seine heroische Tendenz und die Idealisierung eines Heldenbildes. – Ab 16 möglich. ✦ Schwarz-weiß. USA 1958 **P** Hecht/Hill/Lancaster (für United Artists) **KI** United Artists **R** Robert Wise **B** John Gay, nach dem Roman »Tödliche Tiefen« von Edward L. Beach **K** Russell Harlan **M** Franz Waxman **D** Clark Gable (Commander Richardson), Burt Lancaster (Leutnant Bledshoe), Jack Warden (Mueller), Brad Dexter (Cartwright), Don Rickles (Ruby), Nick Cravat **L** 94 **FSK** ab 12; f **E** 22.8.1958 **fd** 7 255

U 4000 – PANIK UNTER DEM OZEAN (IDO ZERO DAISAKUSEN). Der Superwissenschaftler einer auf dem Grund des Pazifiks angesiedelten Friedensstadt rettet mehrere Forscher aus verschiedenen Gefahren und besiegt seinen kriegslüsternen Widersacher. Ein aktionsbetonter Zukunftsfilm mit großem Trickaufwand, naiver Bilderbuchspannung und vielen Lächerlichkeiten. – Ab 14. ✦ Scope. Japan 1969 **P** Toho **KI** Constantin **Pd** Tomoyuki Tanaka **R** Inoshirô Honda **B** Ted Sherdeman, nach seinen Erzählungen »Latitude Zero« **K** Taiichi Kankura **M** Akira Ifukube **S** Ume Takeda **D** Joseph Cotten (Capt. McKenzie), Cesar Romero (Malic), Akira Takarada (Dr. Ken Tashiro), Richard Jaeckel (Perry), Masumi Okada (Dr. Masson), Patricia Medina (Lukrezia), Linda Haynes (Anne Barton), Hikaru Kuroki **L** 94 **FSK** ab 12; nf **E** 3.4.1970 **fd** 16 697

U 47 – KAPITÄNLEUTNANT PRIEN. Kriegsfilm über den deutschen U-Boot-Kommandanten und Ritterkreuzträger Günther Prien vor dem politischen Hintergrund des »Dritten Reichs«. Eine für die Entstehungszeit modische, insgesamt unaufrichtige Mischung aus deutschem Seeheldentum, aufgesetzter Widerstandshaltung und gefühlvoller Antikriegs-Allüre. ✦ Schwarz-weiß. BR Deutschland 1958 **P** Arca **KI** Constantin **Pd** Alfred Bittins **R** Harald Reinl **B** Joachim Bartsch, nach einem Stoff von Udo Wolter **K** Ernst W. Kalinke **M** Norbert Schultze **S** Heinz Haber **D** Dieter Eppler (Kapitänleutnant Prien), Sabina Sesselmann (Ingeborg Prien), Joachim Fuchsberger (Oblt. Birkeneck), Harald Juhnke (Smut), Ute Hallant (Alwine), Olga Tschechowa (Fürstin), Richard Häussler (Befehlshaber der U-Boote), Dieter Borsche (Pfarrer Kille) **L** 89 **FSK** ab 12; f **E** 25.9.1958 **fd** 7 375

U-571 (U-571). Die Mannschaft eines amerikanischen Unterseeboots verliert bei dem Versuch, ein kriegswichtiges Chiffriergerät der deutschen Marine zu erbeuten, ihr Schiff und entert stattdessen das deutsche U-Boot. Aufwendiger Kriegsfilm, der schwach an interessanten Charakteren und stark an explosiven Ereignissen ist. Von altmodischer Ideologie, allein technisch auf modernstem Niveau. – Ab 16. ✦ Scope. USA 2000 **P** Universal Pictures/Canal+ Image International **KI** Highlight **VA** Highlight **Pd** Dino De Laurentiis, Martha De Laurentiis **R** Jonathan Mostow **B** Jonathan Mostow, Sam Montgomery, David Ayer **K** Oliver Wood **M** Richard Marvin **S** Wayne Wahrman **D** Matthew McConaughey (Lt. Andrew Tyler), Bill Paxton (Lt. Commander Mike Dahlgren), Harvey Keitel (Chief Klough), Jon Bon Jovi (Lt. Pete Emmett), Jake Weber (Lt. Hirsch), Dave Power (Tank) **L** 116 **FSK** ab 16; f **E** 14.9.2000/15.3.2001 Video **fd** 34 439

U 577 – ÜBERLEBEN IST IHR ZIEL →Steel Sharks – Überleben ist ihr Ziel

U-BAHN IN DEN HIMMEL (SUBWAY IN THE SKY). Ein amerikanischer Militärarzt, der fälschlicherweise wegen Rauschgiftschiebung gesucht wird, verbirgt sich in der Wohnung einer Berliner Sängerin. Als der wirkliche Bösewicht auftaucht, tötet ihn die Frau. Routiniert inszenierter und gespielter Kriminalfilm ohne sonderliche Höhepunkte. – Ab 16. ✦ Schwarz-weiß. Großbritannien 1958 **P** Sidney-Box-Prod. **KI** Rank **Pd** John Temple-Smith, Patrick Filmer-Sankey **R** Muriel Box **B** Jack Andrews, nach einem Bühnenstück von Ian Main **K** Wilkie Cooper **M** Jeff Davis, Johnny Gregory **S** Jean Barker **D** Van Johnson (Baxter Grant), Hildegard Knef (Lilli Hoffman), Albert Lieven (Karl von Schecht), Cec Linder (Carson), Katherine Kath (Anna Grant), Vivian Matalon (Stefan Grant) **L** 86 **FSK** ab 16; nf **E** 23.10.1959 **fd** 8 621

U-BAHN-INFERNO: TERRORISTEN IM ZUG →Pelham Bay Park

U'BEJANI – EIN BODYGUARD FÜR NASHÖRNER (U'BEJANI). Ein Ex-Polizist aus Los Angeles erhält den Auftrag, in Südafrika als Bodyguard zu arbeiten. Erst vor Ort klärt sich das Missverständnis auf: Er soll keine afrikanische Prinzessin schützen, sondern Nashörner, deren Leben von Wilderern bedroht ist. Die Herausforderung ist um so größer, als er vom Leben im Busch keine Ahnung hat. Vielleicht aber kann durch ein wenig Zauberei Abhilfe geschaffen werden. (Tier-)Abenteuerfilm als Familienunterhaltung, der ein wichtiges Naturschutzproblem aufgreift. – Ab 12. ✦ Südafrika 1997 **Pd** Arthur Payne **R+B** Wayne Crawford **K** Hans Kühle jr. **M** Julian Laxton **S** Victor Betteridge **D** Wayne Crawford (Harry Curtin), Diana Tilden-Davis (Margaret Snow), Bismillah Mdaka (Twodays), William Katt (Pater Bob), Mark Mulder (Graham) **L** 92 **E** 26.12.2001 ProSieben

DIE U-BOOT-AKADEMIE (GOING UNDER). Ein U-Boot-Kapitän haßt Wasser und bekommt in engen Räumen Angstzustände. Deshalb ist er nicht begeistert, als er mit seiner Mannschaft in russische Gewässer auslaufen soll, um einen atomaren Sprengsatz zu bergen. Da sein Boot sich als Wal tarnen kann, interessieren sich neben der russischen Marine auch japanische Walfänger für die Expedition. Tumbe Klamotte; in der Synchronfassung »schwäbeln« gar die russischen Soldaten. (Titel auch: »U-Boot Academy«) – Ab 14 möglich. ✦ USA 1990 **P** Warner Bros. **VA** Warner Home **Pd** Fred Gallo **R** Mark W. Travis **B** Darryl Zarubica, Randolph Davis **K** Victor Hammer **M** David Michael Frank **S** Paul Seydor **D** Bill Pullman (Biff Banner), Wendy Schaal (Jan Michaels), Ned Beatty (Admiral Malice), Chris Demtral (Apple), Robert Vaughn (Wedgewood) **L** 77 **FSK** ab 12 **E** 8.11. 1991 Video **fd** 29 337

U-BOOT IN NOT (GRAY LADY DOWN). Die überlebenden Besatzungsmitglieder eines gesunkenen Atom-U-Bootes werden in einer großangelegten Rettungsaktion der US-Marine geborgen. Ohne Interesse für die psychologische Situation der eingeschlossenen Menschen vordergründig inszenierter Katastrophen-Film, der nicht mehr als die schulbuchmäßige Demonstration eines aufwendigen Rettungssystems der Marine bietet. – Ab 14. ✦ Scope. USA 1977 **P** The Mirisch Prod. (für Universal) **KI** CIC **Pd** Walter Mirisch **R** David Greene **B** James Whittaker, Howard Sackler, Frank P. Rosenberg, nach dem Roman »Event 1000« von David Lavallee **K** Stevan Larner **M** Jerry Fielding **S** Robert Swink **D** Charlton Heston (Paul Blanchard), David Carradine (Gates), Stacy Keach (Bennett), Ned Beatty (Mickey), Ronny Cox (Samuelson), Rosemary Forsyth, Stephen McHattie **L** 111 **FSK** ab 12; f **E** 27.4. 1978 **fd** 20 767

U-BOOT WAYNE IN GEHEIMER MISSION →Einsatz im Pazifik

U-BOOTE GREIFEN AN →X-Boote greifen an

U-KREUZER TIGERHAI (SUBMARINE COMMAND). Ein amerikanischer U-Boot-Offizier leidet unter Schuldgefühlen, weil er sich für den Tod des Kapitäns mitverantwortlich fühlt, und kompensiert diese, indem er sich im Koreakrieg mit besonderer Courage bewährt. Routine-Unterhaltung, die den Krieg als Kulisse für Abenteuerspannung benutzt. – Ab 16 möglich. ✦ Schwarz-weiß. USA 1951 **P** Paramount **KI** Paramount **Pd** Joseph Sistrom **R** John Farrow **B** Jonathan Latimer, nach seiner Erzählung **K** Lionel Lindon **M** David Buttolph **S** Eda Warren **D** William Holden (Commander White), Don Taylor (Peter Morris), Nancy Olson (Carol), William Bendix (C.P. Boyer), Moroni Olsen (Joshua Rice) **L** 68 **FSK** ab 12; f **E** 18.2.1955 **fd** 3 923

U-TURN – KEIN WEG ZURÜCK (U-TURN). Ein kleines derangiertes Wüstenkaff als letzte Station eines vermeintlich Durchreisenden, dessen Autopanne ihn zwingt, sich in den menschlichen Abschaum einzureihen, der diese Müllkippe der Zivilisation bevölkert. Ein furios zusammengestückeltes Porträt aus den Fugen geratener Charaktere, das schamlos Fetzen aus Kino- und Literaturgeschichte ausbeutet und schließlich in dem schon genreüblichen Blutbad endet, ohne Belangvolles mitgeteilt zu haben. ✦ USA 1997 **P** Phoenix Pictures/Illusion Entertainment Group/Clyde Is Hungry Films (für Columbia Pictures) **KI** Columbia TriStar **VA** Columbia TriStar **DVD** Columbia TriStar Home (16:9, 1.85:1, DD5.1 engl./dt.) **Pd** Dan Halsted, Clayton Townsend, Richard Rutowski **R** Oliver Stone **B** John Ridley, nach seinem Roman »Stray Dogs« **K** Robert Richardson **M** Ennio Morricone **S** Hank Corwin, Thomas J. Nordberg **D** Sean Penn (Bobby Cooper), Jennifer Lopez (Grace McKenna), Nick Nolte (Jake McKenna), Powers Boothe (Sheriff Virgil Potter), Claire Danes (Jenny), Joaquin Phoenix (Toby N. Tucker), Jon Voight (blinder Mann), Julie Hagerty (Flo) **L** 125 **FSK** ab 18; nf **E** 23.4.1998/3.11.1998 Video/16.12. 1998 DVD **fd** 33 097

UA'S GROSSE FARBIGE TRICKPARADE. Eine lieblos zusammengestellte Sammlung von elf Trickfilmen, die während der 40er Jahre in den Warner-Studios produziert wurden, vornehmlich mit dem anarchistischen Hasen Bugs Bunny. Filmhistorischer Vorteil: nur der kurze Vorspann ist in deutscher Sprache, die Filme blieben im unsynchronisierten Originaldialog, so daß ihre schrille Turbulenz, freche Raserei und ihr fantasiereich-abstruser Hang zur Blödelei erhalten blieben. Gewiß keine Filme für ein kindliches Publikum, aber ein Spaß für im Genre »Vorgebildete«, die die schlechte Präsentation mit eigenem Wissen ausgleichen können. Die Titel: »Lion's Mouse«, »The Draft Horse«, »The Heckling Hare«, »Acrobatty Bunny«, »Little Red Riding Rabbit«, »Buccaneer Bunny«, »A Wild Hare«, »Harum Scarum«, »Elmer's Cadid Camera«, »Bucks Bunny gets me Boyd«, »Rhapsody Rabbit«. – Ab 10 möglich. ✦ USA 1963 **P** Warner Bros. **KI** United Artists **L** 79 **FSK** ab 6; nf **E** 19.7.1963 **fd** 12 089

ÜBER ALLE MEERE (TEPPYO NO IRAKA). Eine Gruppe japanischer Mönche erhält im Jahr 733 den Auftrag, nach China zu reisen, um dort Lehrmeister für eine Reform des buddhistischen Mönchswesens zu gewinnen. Es beginnt eine äußerst strapaziöse und gefahrvolle Reise, und erst 20 Jahre später gelingt es, den Auftrag zu erfüllen und zurück nach Japan zu segeln. Sehr beschauliches Historiengemälde von bisweilen etwas naiver Abenteuerlichkeit, das der Landschaftsschilderung viel Raum gibt und die religiösen Einflüsse Chinas auf Japan veranschaulicht. – Ab 14 möglich. ✦ VR China/Japan 1979 **R** Kei Kumai **B** Yoshikata Ida **K** Masahisa Himeda **M** Toru Takemitsu **S** Nobuo Ogawa **D** Katsuo Nakamura (Fusho), Masaki Daimon (Yoei), Mitsuo Hamada (Genro), Daigo Kusano (Kaiyu), Mieko Takamine (Yoroshime) **L** 120 (Orig. 155) **E** 4.1.1988 ARD

ÜBER ALLEM LEUCHTET DIE LIEBE →Fürstin Waldenburgs letzte Liebe

ÜBER ALLEN GIPFELN IST RUH' (SU TUTTE LE VETTE E PACE). Archivaufnahmen des Kriegsalltags in den Alpen von 1914 bis 1918. Sowohl die Montage als auch die Bildbearbeitung verleihen dem historischen Dokumentarmaterial individuelle Züge und stellen einen melancholischen Kontrast zwischen der Schönheit der majestätischen Berglandschaft und dem Sterben junger Männer dar. Ein beeindruckender Film über die Sinnlosigkeit des Krieges, dessen Schweigen immer wieder durch eingeblendete Oratorien unterbrochen wird. – Ab 16. ✦ Teils schwarz-weiß. Italien 1998 **R** Yervant Gianikian, Angela Ricci Lucchi **L** 71 **E** 29.9.1999 arte

ÜBER ALLES DIE LIEBE →Münchnerinnen

ÜBER DEM JENSEITS (L' ALDILA). In Louisiana erbt ein Liebespaar ein verfallenes Hotel, in dem vor 54 Jahren alle Gäste ermordet wurden, und fällt zuletzt selbst dem satanischen Treiben der bösen Mächte zum Opfer. Ein okkulter Horrorfilm nach bekannten Vorbildern. Streckenweise ästhetisch ansprechend und stimmungsvoll gestaltet, jedoch wegen seiner platten Zugeständnisse an die faschistischen Handlungsmuster vieler Zombie-Filme und seiner selbstzweckhaften Grausamkeit äußerst zwiespältig. (Alternativtitel: »Die Geisterstadt der Zombies«) DVD: Die Extras enthalten u. a. einen alternativen Vorspann. ✦ Scope. Italien 1980 **P** Fulvia **KI** Alemannia/Arabella **VA** VMP **DVD** Astro (2.35:1, Mono engl./dt.) **Pd** Fabrizio de Angelis **R** Lucio Fulci **B** Lucio Fulci, G. Sachetti, F. Maruggio **K** Sergio Salvati **M** Fabio Frizzi **S** Vincenzo Tomassi **D** Katherine MacColl (Lisa), David Warbeck (John), Sara Keller, Antoine St. John, Veronica Lazar, Lucio Fulci **L** 88 **FSK** ab 18; nf **E** 22.4.1981/2001 DVD **fd** 22 915

ÜBER DEN ABGRUND GENEIGT ... LEBEN UND STERBEN DES JOHANNES R. BECHER. Porträt des Dichters Johannes R. Bechers, des ersten Kultusministers der DDR, dessen wechselvolles Leben das vergangene Jahrhundert spiegelt. Die schillernde Gestalt Bechers, der unter mehreren politischen System und Gesellschaftsordnungen lebte, spaltete zu seinen Lebzeiten die Gemüter. Durch die Einbeziehung von Quellen und Archiven aus der DDR kann nun der Versuch unternommen werden, ein vorurteilsfreies Bild zu entwerfen. Abgerundet wird dies durch Stellungnahmen von Weggefährten und Zeitzeugen, in denen der ängstliche Funktionär ebenso zur Darstellung kommt wie der Bohémien. ✦ Deutschland 2000 **P** ORB/SFB/SWR **Pd** Birgit Mehler, Martina Zöllner, Hans von Brescius **R+B** Jens-Fietje Dwars, Ullrich Kasten **K** Wolfgang Lindig **S** Alexander Görwitz **L** 89 **E** 16.9.2001 hessen 3

ÜBER DEN DÄCHERN VON NIZZA (TO CATCH A THIEF). Ein amerikanischer Meisterdieb, genannt »die Katze«, hat sich an der Riviera zur Ruhe gesetzt. Als er in neuen Verdacht gerät, weil ein »Kollege« seine Methoden kopiert, muß er notgedrungen seinen Nachahmer entlarven und gewinnt dabei Herz und Hand einer schönen Millionenbraut. Zeitlos amüsante, temperament- und geistvolle Kriminalhumoreske, die mit spitzzüngigen Dialogen und einem raffiniert verschlungenen Spannungsknoten vorzüglich unterhält. Erst in der untertitelten Originalfassung, die 1992 erstmals in die Kinos kam, entfaltet der Film all seine Qualitäten und fesselt nicht zuletzt durch die Intensität des Technicolor. (Kino 1992: O.m.d.U.) – Sehenswert ab 14. ✦ USA 1955 **P** Paramount **KI** Amazonas (Erstverleih: Paramount) **Pd+R** Alfred Hitchcock **B** John Michael Hayes, nach einem Roman von David Dodge **K** Robert Burks, W. Wallace Kelley **M** Lyn Murray **S** George Tomasini **D** Cary Grant (John Robie), Grace Kelly (Frances Stevens), Jessie Royce Landis (Mrs. Stevens), Charles Vanel (Bertani), Brigitte Auber (Danielle Foussard), John Williams (Hughson), Jean Martinelli (Foussard) **L** 108 **FSK** ab 12; nf **E** 23.12.1955/13.12. 1969 ZDF/9.7.1992 untertitelte Originalfassung/ 4.6.2001 ZDF rekonstruierte u. farbrestaurierte Urfassung **fd** 4 625

ÜBER DEN GASSEN VON NIZZA (THE MAN WHO UNDERSTOOD WOMEN). Eine Hollywood-Darstellerin heiratet einen berühmten Filmregisseur und verliebt sich im faschingsfrohen Nizza in einen Soldaten. Teils papierene Romantik, teils Kolportage. Selbst Leslie Carons reifes Spiel bessert die fadenscheinige Handlung nicht wesentlich auf. – Ab 16. ✦ Scope. USA 1959 **P** 20th Century Fox **KI** Centfox **Pd+R** Nunnally Johnson **B** Nunnally Johnson, nach dem Roman »The Colors of the Day« von Romain Gary **K** Milton Krasner **M** Robert Emmett Dolan **S** Marjorie Fowler **D** Leslie Caron (Ann), Henry Fonda (Willie), Cesare Danova (Jacques Rainier), Myron McCormick (Preacher), Marcel Dalio (LeMarne), Conrad Nagel (GK) **L** 93 **FSK** ab 16; f **E** 23.10.1959 **fd** 8 571

ÜBER DEN TODESPASS (THE FAR COUNTRY). 1899: Ein einzelgängerischer Abenteurer kämpft für seine Interessen an einem kanadischen Claim gegen einen selbstgerechten, korrupten Richter. Das Leben in einer Gemeinschaft unter extremen Naturgesetzen fordert von dem Abenteurer zunehmend soziales Verantwortungsgefühl und entschlossenes Handeln gegen Verbrecher, die, indem sie die Gemeinschaft bedrohen, auch ihn selbst gefährden. Unterhaltsam inszenierter Western in imposanter Naturkulisse, der sein Thema vielschichtig auffächert, allerdings die Tragweite des Konflikts letztlich allzu kinogerecht vereinfacht. Eindrucksvoll: James Stewart als pragmatischer, mal aufbrausender, mal mißtrauischer und verletztlicher Held. – Ab 14. ✦ USA 1954 **P** Universal **Kl** Universal **Pd** Aaron Rosenberg **R** Anthony Mann **B** Borden Chase **K** William H. Daniels **M** Joseph Gershenson **S** Russell Schoengarth **D** James Stewart (Jeff Webster), Ruth Roman (Ronda Castle), Corinne Calvet (Renée Vallon), Walter Brennan (Ben Tatem), John McIntire (Mr. Gannon), Jay C. Flippen (Rube), Steve Brodie (Ives), Henry Morgan (= Harry Morgan) (Ketchum), Royal Dano (Luke), Gregg Barton (Rounds), Chubby Johnson (Dusty), Jack Elam (Newberry), Kathleen Freeman (Grits), Guy Wilkerson (Tanana Pete), Chuck Roberson (Latigo), John Halloran (Barkeeper), John Doucette (Goldgräber) **L** 97 **FSK** ab 12; nf **E** 21.12.1954 **fd** 3 809

ÜBER DEN WOLKEN →Stürme über dem Montblanc

ÜBER DIE, AN DIE ICH DENKE ... (O TECH, KOWO POMNJU I LJUBLJU). Die Kriegserlebnisse einer Gruppe junger Frauen, die als Freiwillige in der »Roten Armee« dienen und dort als Pionierinnen und Sanitäterinnen einen schweren und gefährlichen Dienst leisten. Weitgehend unpathetischer Film mit überdenkenswerter Handlung und Aussage. (DDR-Fernsehtitel: »Liebevolles Gedenken«) – Ab 16. ✦ Scope. UdSSR 1973 **P** Lenfilm **Kl** Progress **R** Anatoli Wechotko, Natalja Troschtschenko **B** Budimir Metalnikow, nach einem Roman von P. Sawotschikow und S. Samoilow **K** Alexander Tschetschulin **M** S. Solominski **D** Valeri Solotuchin (Wassiljew), Jekaterina Wassiljewa (Sina), Viktoria Fjodorowa (Rita), E. Sabalnikowa (Katja), W. Shuchimowitsch (Nina) **L** 77 **E** 23.8.1974 Kino DDR/7.7.1974 DFF 2

ÜBER DIE BRÜCKE VON BROOKLYN →Over the Brooklyn Bridge

ÜBER DIE GRENZEN. Film im Film: Eigentlich ist ein Film über den Sieger der traditionsreichen »Friedensfahrt« (von Warschau über Berlin nach Prag) geplant, doch während der Dreharbeiten rückt der wahrscheinliche Verlierer dieses Radrennens in den Mittelpunkt des Interesses. Diesem Spielfilmdebüt eines DEFA-Dokumentaristen mangelt es an entschlossener Inszenierung und überzeugender Bildsprache; es wurde im übrigen bald von den geschichtlichen Ereignissen überholt. – Ab 12. ✦ DDR 1989 **P** DEFA, Gruppe »Berlin« **Kl** Progress **Pd** Hans-Erich Busch **R+B** Rainer Ackermann **K** Thomas Plenert, Michael Lösche (Motorrad-Kamera), Peter Grätz (Hubschrauber-Kamera) **M** Wolfram Bodag **S** Ursula Henning **D** Joachim Lätsch (Krewer), Jörg Simonides (Gorski), Carl Heinz Choynski (Micki Miller), John Bode (Steve Baxter), Asad Schwarz (Schultz), Gabriela Osvaldová (Dana), René Bischoff (Emile Louvel), Ralf Lindermann (Ritter) **L** 105 **FSK** ab 12 **E** 17.5.1990

ÜBER DIE LIEBE →De l'Amour

ÜBER GANZ SPANIEN WOLKENLOSER HIMMEL. Nach dem Signal »Über ganz Spanien wolkenloser Himmel« startet die nazideutsche »Legion Condor« ihren Fliegerangriff auf die republikanische Armee in Spanien und verhilft dem faschistischen General Franco zum Sieg über die rechtmäßig gewählte linke Regierung. Der dreiteilige, zwischen Authentizität und Fiktion changierende Fernsehfilm versucht ein Fresko der damaligen Umstände, verweigert sich aber den in der DDR tabuisierten Themen wie der Zerstrittenheit der linken Kräfte. (Vgl. auch die Spanienkriegsfilme »Artur Becker«, »Mich dürstet«, »Wo Du hin gehst ...« und »Fünf Patronenhülsen«) ✦ Schwarz-weiß. DDR 1970/71 **P** DEFA **Pd** Anni von Zieten **R+B** Hans Knötzsch **K** Siegfried Mogel **M** Rolf Zimmermann **S** Vera Nowark, Margrit Brusendorff **D** Heinz Behrens (Dr. Wolfgang Hartlieb), Eberhard Mellies (Felipe Panadero), Monika Gabriel (Doris Illinger), Herbert Köfer (Richard Hartlieb), Dietrich Körner (Canaris) **L** 244 (drei Teile) **E** 30.5., 1.,3.6.1971 DFF

ÜBER GELD, KUNST UND LEIDENSCHAFT. Ein Jahr lang beobachtete der Filmemacher das Pariser Kunsthändlerpaar Marianne und Paul Nahon, dokumentiert ihre Treffen mit den von ihnen betreuten Künstlern und die Kontakte zu Kunstsammlern in aller Welt. Stationen des Films sind Paris, Venedig, New York und Beirut. ✦ Frankreich 1996 **R** Jean-Luc Léon **L** 71 **E** 12.10.1999 arte

ÜBER GÜRTELTIERE, SIMON UND MICH →Simon Birch

ÜBER JEDEN ZWEIFEL ERHABEN →Ohne jeden Zweifel

ÜBER KURZ ODER LANG (BLOW DRY). Die nationale Meisterschaft der Friseure versetzt ein englisches Provinzstädtchen in hellen Aufruhr und führt zu einer Familienzusammenführung der besonderen Art: Zwei einst miteinander verheiratete Meister ihres Fachs, deren Ehe wegen der lesbischen Neigungen der Frau auseinander ging, treffen wieder aufeinander. Melodramatisch durchwirkte Komödie, die leise und grelle Töne nahtlos miteinander zu verbinden versteht und einen reizvollen 80er-Jahre-Glamour verbreitet. Stellenweise entsteht der Eindruck, dass zu viele Geschichten auf einmal erzählt werden sollten, doch die geschickte Konstruktion rettet den Film vor solchen Untiefen. – Ab 16. ✦ Großbritannien/Deutschland/USA 2000 **P** Mirage Enterprises/West/Eleven Films/IMF **Kl** Helkon **VA** Columbia TriStar Home **DVD** Columbia TriStar Home **Pd** Ruth Jackson, William Horberg, David Rubin, Marc Cooper **R** Paddy Breathnach **B** Simon Beaufoy **K** Cian de Buitlear **M** Patrick Doyle **S** Tony Lawson **D** Alan Rickman (Phil Allen), Natasha Richardson (Shelley Allen), Josh Hartnett (Brian Allen), Rachel Griffiths (Sandra), Rachael Leigh Cook (Christina Robertson), Heidi Klum (Jasmine), Bill Nighy (Ray Robertson), Warren Clarke (Tony, Bürgermeister von Keighley) **L** 93 **FSK** ab 6; f **E** 26.7.2001/29.1.2002 Video & DVD **fd** 34 967

ÜBER NACHT. Eine Beschreibung von Fluchtträumen, falschen Freiheitsvorstellungen, scheiternden Versuchen zu menschlicheren Beziehungen. In ruhigen, langen Einstellungen wird die Flucht eines Paares verfolgt, das sich trennt, wieder zusammenfindet, wieder getrennt wird. Der Erstlingsfilm ist eine Folge von Fragmenten, innerhalb derer die Figuren ihrerseits fragmentarische Geschichten erleben und erzählen und nie loskommen von ihrem Ausgangspunkt. Am Ende der Wanderung steht die Illusion, eine Fata Morgana in der Wüste, innere und äußere Auflösung in einem Niemandsland. ✦ BR Deutschland 1972/73 **P** Karin Thome **Kl** Freunde der Deutschen Kinemathek **Pd+R** Karin Thome **B** Karin Thome, nach einer Idee von Max Zihlmann **K** Martin Schäfer, Achim Lenz **M** Werner Penzel, Toni Wohlfahrt, Oase Kebili Orchester **D** Werner Penzel, Karin Thome, Rudolf Thome **L** 85 **E** 9.2.1973

DIE ÜBER-SINNLICHE (QUESTI FANTASMI). Neapolitanisches Lustspiel um ein armes Ehepaar, das einen geheimnisumwitterten Palazzo bewohnt und durch einen in die Frau verliebten Professor in allerlei Mißverständnisse gerät. Recht amüsant, mit leichten Spitzen gegen sozial bedingte Eigentümlichkeiten des südländischen Katholizismus. – Ab 16. ✦ Italien 1967 **P** Champion **Kl** MGM **R** Renato Castellani **B** Renato Castellani, Adriano Baracco, Leo Benvenuti, Piero de Bernardi **K** Tonino Delli Colli **M** Luis Enriquez Bacalov **D** Sophia Loren (Maria), Vittorio Gassman (Pasquale), Mario Adorf (Alfredo, Professor), Margaret Lee, Francesco De Filippo **L** 104 **FSK** ab 16; nf **E** 29.11.1968 **fd** 15 877

ÜBER TAL UND WOLKEN. Redlich gestalteter Bergfilm aus den Alpen mit Dokumentaraufnahmen aus dem Leben der »Bergwacht«, verbunden mit Hinweisen, Ratschlägen, aber auch Warnungen für Freunde der Kletterkunst. Ein »Kulturfilm«, weitgehend unpathetisch und um Sachlichkeit bemüht. – Ab 10. ✦ Schwarz-weiß. BR Deutschland 1955 **P** Wolfgang Gorter Film **Kl** Jugendfilm **Pd+R** Wolfgang Gorter **B** Wolfgang Gorter, Ulrich Link, Jan Alverdes **K** Wolfgang Gorter **M** Giuseppe Becce **D** Hans Schöfmann, Michel Anderl, Hans Kallhammer, E. M. Burkhard, W. Stahmer **L** 71 **FSK** ab 6; f **FBW** w **E** 29.1. 1956 **fd** 4 747

ÜBER UNS DER HIMMEL →... und über uns der Himmel

ÜBER UNS TAGT ES (NAD NAMI SVITA). Die Geschichte eines Bergarbeiters, der einen Kollegen in Mißkredit bringt und sich erst wieder mühselig neues Vertrauen erobern muß. – Ab 14. ✦ Schwarz-weiß. CSR 1952 **P** Tschechoslowakischer Staatsfilm **Kl** Progress **R** Jirí Krejcík **B** Jirí Marek, Jirí Krejcík **K** Vladimír Novotny **M** Jirí Sust **S** Josef Dobrichovsky **D** Adolf Kral (Vondra), Sobeslav Sejk (Divis), Gustav Hilmar (Mls), Bohus Záhorsky (Opa Kubrycht), Jaroslav Vojta (Mandaus) **L** 104 **E** 1.2.1953 DFF 1/8.1. 1954 Kino DDR

ÜBERALL IST ES BESSER, WO WIR NICHT SIND. Der Traum vom »goldenen Westen« erfüllt sich für einen jungen Polen aus Warschau nur teilweise. Auf dem Weg nach Amerika strandet er in West-Berlin. Sowohl die Freiheit als auch die Teilnahme an der Konsumgesellschaft bleiben ihm verwehrt, und auch seine Liebe zu einer Aussiedlerin erfüllt sich erst in Amerika. In stimmungsvollen Bildern inszenierter düsterer Film, der durch seinen unerschütterlichen Glauben an das »kleine Glück« hoffnungsvoll ausklingt. Trotz einiger Klischees ein gelungener »Gegenwartsfilm« mit Momenten poetischer Überhöhung. (Teils O.m.d.U.) – Ab 16. ✦ Schwarz-weiß. BR Deutschland 1989 **P** Daniel Zuta Filmproduktion/ZDF **Kl** Delphi **VA** absolut MEDIEN **Pd** Daniel Zuta **R+B** Michael Klier **K+M** Sophie Maintigneux **S** Bettina Böhler **D** Miroslaw Baka (Jerzy), Marta Klubowicz (Ewa), Michael Krause (Alex Gebel), Josef Zebrowski (Bronek), Anna Pastewka (Anna) **L** 74 **E** 1.8.1989 ZDF/28.12.1989 Kino **fd** 28 148

ÜBERALL LAUERT DER TOD (MAN AFRAID). Ein Pfarrer hat in Notwehr einen jugendlichen Rowdy erschlagen. Nun wird sein eigener kleiner Sohn von dessen fanatisiertem Vater bedroht. Erst nach einer Reihe von Anschlägen gelingt es dem Pastor, den Haß des Verfolgers zu brechen. Mittlere Kriminalspannung im Mäntelchen moralischen Anspruchs. – Ab 16. ✦ Scope, schwarz-weiß. USA 1957 **P** Universal **Kl** Universal **Pd** Gordon Kay **R** Harry Keller **B** Herb Meadow **K** Russell Metty **M** Henry Mancini, Joseph Gershenson (Ltg.) **D** George Nader (David Collins), Phyllis Thaxter (Lisa Collins), Tim Hovey (Mike), Eduard Franz (Carl Simmons), Harold J. Stone **L** 78 **FSK** ab 16; f **E** 29.10.1957 **fd** 6 698

ÜBERALL LEBEN MENSCHEN (VSUDE ZIJI LIDE). Entgegen seinen Wünschen wird ein junger Arzt als Landarzt eingesetzt. Doch in der Sorge für den Menschen erkennt er seine hohe Verantwortung und wählt in der Stunde der Entscheidung den Weg der ärztlichen Pflicht. Ein thematisch wie künstlerisch gleichermaßen interessanter Film. – Ab 14. ✦ Schwarz-weiß. CSSR 1960 **P** Filmstudio Barrandov **Kl** Progress **R** Jirí Hanibal, Stepán Skalsky **B** Jirí Hanibal, Vera Kalábová, Jirí Marek **K** Josef Strecha **M** Evzen Illín (= Eugen Illin) **D** Zdenek Stepánek (Dr. Mrazek), Ivan Palec (Dr. Vodak), Jana Hlavácová (Eva), Jana Stepánková (Olga), Otto Simanek (Lehrer) **L** 95 **E** 24.11.1961 Kino DDR/18.11.1962 DFF 1

ÜBERALL, NUR NICHT HIER (ANYWHERE BUT HERE). Eine Frau Mitte 40 zieht mit ihrer 14-jährigen Tochter nach Beverly Hills, um dort einen Neustart zu wagen. Dem Mädchen fällt es schwer, die Wohlstandsoase als Heimat zu akzeptieren, weshalb es ein unabhängiges Leben zu planen beginnt. Das Porträt einer konfliktreichen Mutter-Tochter-Beziehung, das dank des großartigen Spiels der Darsteller solide unterhält. Dem eigenen Anspruch emotionaler Intensität wird der Film aufgrund eines vordergründigen Drehbuchs allerdings nicht gerecht. – Ab 14. ✦ Scope. USA 1999 **P** Fox 2000 Pictures/Twentieth Century Fox **Kl** Twentieth Century Fox **VA** Fox Home **Pd** Laurence Mark **R** Wayne Wang **B** Alvin Sargent, nach einem Roman von Mona Simpson **K** Roger Deakins **M** Danny Elfman, Lisa Loeb **S** Nicholas C. Smith **D** Susan Sarandon (Adele August), Natalie Portman (Ann August), Eileen Ryan (Lillian), Ray Baker (Ted), John Diehl (Jimmy) **L** 114 **FSK** ab 6; f **FBW** bw **E** 30.3.2000/28.9.2000 Video **fd** 34 170

ÜBERBLICKT MAN DIE JAHRE. Die langjährige Freundschaft zwischen den Leitern zweier großer Industriebetriebe in der DDR und Sowjetunion muss sich unter neuen, komplizierten Bedingungen bewähren. Steriler, leitartikelhafter Fernsehfilm, der von vornherein an der Unmöglichkeit scheitert, kritische Akzente setzen zu dürfen. ✦ DDR 1979/80 **P** DEFA **Pd** Horst Hartwig **R+B** Kurt Veth **K** Erich Gusko **M** Karl-Ernst Sasse **S** Ilse Peters **D** Hartmut Puls (Gronau), Otto Mellies (Anton Weiß), Igor Ledogorow (Korzow), Helmut Straßburger (Margraf), Gerry Wolff (Nenke) **L** 95 **E** 24.2.1981 DFF 1

ÜBERDOSIS SEX (LES PILULES DE L'AMOUR). Drei Freundinnen nehmen an einem medizinischen Versuch teil, doch statt eines neuen Antidepressivums wird ihnen ein Aphrodisiakum verabreicht. Eine Medizin, die natürlich Auswirkungen auf ihr Privatleben hat. Sexfilm, der seine zahlreichen Bettszenen zumindest vordergründig zu erklären versucht. ✦ Frankreich 1999 **R** Antoine Presy **B** Céline Martin **D** Kenia de Senne (Rachel), Céline Bouchard (Beatrice), Myriam Nedellec (Florence), Pierre Mary (Dr. Wagner), Frédérick Malahieude (David) **L** 85 **E** 24.3.2001 Vox

ÜBERDREHT UND DURCHGEKNALLT (PERSONNE NE M'AIME). Eine Reise im Campingbus durch Nordfrankreich führt vier Frauen unterschiedlichen Alters zusammen, von denen jede auf ihre Art mit dem Leben kämpft. Das Road-Movie schildert aus weiblicher Sicht die Tücken der Liebe ebenso wie Mutter-Tochter-Beziehungen, ferner werden emotionale Freuden und Leiden angesprochen. Ein innovatives Filmvergnügen, reizvoll aufgebrochen in den Zeitebenen und bestechend in der stimmigen Farbdramaturgie. – Ab 16. ✦ Frankreich 1993 **P** Bloody Mary/France 2 Cinéma/Cinémanufacture/TSR **Pd** Didier Haudepin **R+B** Marion Vernoux **K** Eric Gautier **M** Arno **S** Patricia Ardouin **D** Bernadette Lafont (Annie), Bulle Ogier (Françoise), Michèle Laroque (Cricri), Maaike Jansen (Dizou), Jean-Pierre Léaud (Lucien) **L** 94 **E** 23.7.1995 N 3

DIE ÜBEREILTE HEIRAT (ELSIETETT HAZASSAG). Aus der Begegnung eines 61jährigen Mannes mit einer 57jährigen Frau, die beide verwitwet sind, erwächst eine tiefe Zuneigung. Entgegen den Vorhaltungen ihrer Kinder, die aus überwiegend egoistischen Gründen gegen eine Heirat sind, schließen die beiden die Ehe. In der dramaturgischen Gestaltung etwas uneinheitlicher Film, doch sympathisch durch sein Anliegen und dessen dezente Interpretation. – Ab 16. ✦ Scope, schwarz-weiß. Ungarn 1968 **P** Mafilm, Stúdió 3 **Kl** Progress **R** Márton Keleti **B** Miklós Gyárfás **K** Tamás Somló **M** Szabolcs Fényes **D** Lajos Básti (József Nádor), Klári Tolnay (Frau Komáromi), László Tahi Tóth (Balázs Nádor), Teri Tordai (seine Frau), Margit Dayka (Frau Balkányi) **L** 78 **E** 11.4.1969 Kino DDR/11.11.1971 DFF 2

ÜBERFALL (ROBBERY). Nüchtern-kühle Verfilmung des legendären englischen Postraubs aus dem Jahr 1963. Die auf die üblichen Krimi-Beigaben verzichtende Inszenierung läßt die Spannung des Geschehens allein aus der präzisen Rekonstruktion des Überfalls erwachsen. Ein nicht uninteressanter Film, der das Verbrechen registriert, dabei aber nicht interpretiert oder Partei ergreift. – Ab 16. ✦ Großbritannien 1967 **P** Oakhurst **Kl** Paramount **Pd** Stanley Baker, Michael Deeley **R** Peter Yates **B** Edward Boyd, Peter Yates, George Markstein **K** Douglas Slocombe **M** Johnny Keating **S** Reginald Beck **D** Stanley Baker (Paul), James Booth (Langdon), Frank Finlay (Robinson), Joanna Pettet (Kate), William Marlowe (Dave), Barry Foster (Frank), George Sewell (Ben) **L** 74 **FSK** ab 12; nf **E** 14.6.1968 **fd** 15 586

DER ÜBERFALL (1962) (DE OVERVAL). Eine Gruppe Widerstandskämpfer befreit aus einem Gefängnis 50 Gefangene, die sich in faschistischer Haft befinden. In sachlich-undramatischem Stil gedrehtes Drama, eindrucksvoll und mit guten schauspielerischen Leistungen. – Ab 14. ✦ Schwarz-weiß. Niederlande 1962 **P** Saphire **Kl** Progress **R+B** Paul Rotha **K** Prosper Dekeukeleire **M** Else van Epen-de Groot **S** Robert Krüger **D** Rob de Vries (Piet Kramer), Yoka Berretty (Mies), Kees Brusse (Inspektor Bakker), H. D. Culeman (Hauptsturmführre Grundmann), Piet Roemer (Eppie Bultsma) **L** 100 **E** 10.4.1964 Kino DDR

DER ÜBERFALL (1980) (WTORSHENIJE). Fünf Tage prägen das Leben eines russischen Grenzoffiziers entscheidend. Während seines Urlaubs verliebt er sich in eine Krankenschwester. Direkt nach diesen unvergeßlichen Tagen müssen beide Abschied nehmen. ✦ UdSSR 1980 **P** Filmstudio Odessa **R** Willen Nowak **B** Stanislaw Goworuchin **K** Viktor Krutin **M** Valeri Subkow **D** Natalja Wawilowa (Lisa), Viktor Fokin (Pawel), Swetlana Nemoljajewa (Schauspielerin), Natalja Charachorina (Schura), Viktor Butow (Nikolai) **L** 91 **E** 20.6.1982 DFF 2

DER ÜBERFALL (2000) (DER ÜBERFALL). Ein geistig eher schlichter Arbeitsloser gerät angesichts der Perspektivlosigkeit seines Lebens in Hysterie und will einen Banküberfall begehen: Seinem Unterfangen hoffnungslos nicht gewachsen, flüchtet er in einen Schneiderladen, wo er den alternden Besitzer und dessen Kunden, einen biederen Spießbürger, als Geiseln nimmt. Souverän gespieltes Kabarettprogramm, in dem sich die Macht- und Ohnmachtsverhältnisse zwischen den drei Männern scheinbar übergangslos ändern. Wie sie rücksichtslos um die eigenen Interessen buhlen und dabei ihre tief verborgenen inneren Befindlichkeiten offen legen, ist ein Paradestück an hintergründiger Menschenbeschreibung, bei der Komik und Tragik eine virtuose Allianz eingehen. – Sehenswert ab 16. ✦ Scope. Österreich 2000 **P** Allegro Film **Kl** Advanced **Pd** Helmut Grasser **R** Florian Flicker **B** Florian Flicker, Susanne Freund **K** Helmut Pirnat **M** Hannes Strobl **S** Monika Willi **D** Roland Düringer (Andreas), Joachim Bissmeier (Boeckel), Josef Hader (Franz), Birgit Doll (Böckls Freundin), Sonja Romei (Maria), Ulrike Beimpold (Gertrude Bacher), Klaus Ortner (Herbert Bacher) **L** 84 **FBW** w **E** 15.11.2001 **fd** 35 137

ÜBERFALL AM RATON-PASS (RATON PASS). Eine habgierige Abenteurerin heiratet den Sohn eines begüterten Ranchers in Neumexiko, betrügt ihn mit einem Geldgeber, bringt ihn um seinen Besitz und erfährt schließlich seine Rache. Anspruchsloser Routinewestern, der die Klischees des Genres allenfalls dadurch durchbricht, daß er eine attraktive Frau als Bösewicht aufbaut. – Ab 16. ✦ Schwarz-weiß. USA 1950 **P** Warner Bros. **Kl** Warner **Pd** Saul Elkins **R** Edwin L. Marin **B** Tom Blackburn, James R. Webb, nach einem Roman von Tom W. Blackburn **K** Wilfred M. Cline **M** Max Steiner **S** Thomas Reilly **D** Dennis Morgan (Marc Challon), Patricia Neal (Ann), Steve Cochran (Van Cleave), Scott Forbes (Prentice), Dorothy Hart (Lena), Basil Ruysdael (Pierre), Louis Jean Heydt (Jim Ponzer), Roland Winters (Sheriff Perigord), James Burke (Hank), Elvira Curci (Tia), Carlos Conde (Germaine), Rodolfo Hoyos (Ben) **L** 84 **FSK** ab 12; nf **E** 27.6.1963 **fd** 12 086

DER ÜBERFALL AUF DEN POSTZUG (O ASSALTO AO TREM PAGADOR). Die durch einen Raubüberfall auf einen Postzug reich gewordenen Bewohner der Armenviertel Rio de Janeiros geraten wegen Uneinigkeit und mangelnder Skrupellosigkeit der Polizei in die Hände oder reiben sich selbst auf. Ein eindringlich gestalteter sozialkritischer Film, der erschütternde Einblicke in das Leben in den »Favelas«, den Elendsvierteln Brasiliens, gestattet. Stellenweise in seinem Naturalismus recht drastisch, nie jedoch spekulativ. – Sehenswert. ✦ Schwarz-weiß. Brasilien 1962 **P** Bifo **Pd** Herbert Richers, Roberto Farias, Arnaldo Zonari **R+B** Roberto Farias **K** Amleto Daissé **M** Remo Usai **D** Eliezer Gomes, Reginaldo Farias, Grande Otelo, Jorge Doria, Atila Iório, Kelé **L** 110 **E** 8.4.1968 ZDF **fd** 15 364

ÜBERFALL AUF DIE ARCTIC QUEEN (HEART OF THE NORTH). Im hohen Norden Kanadas werden Goldgräber und Pelzjäger von Banditen um die Früchte ihrer Arbeit gebracht. Nur dem entschlossenen Eingreifen eines Sergeants verdankt ein zu Unrecht Verdächtigter, den die aufgebrachte Menge lynchen will, sein Leben. Routiniert abgespulter Abenteuerfilm nach abwechslungsreichem, aber herkömmlichem Schema, in der Motivlegung wenig überzeugend. – Ab 16 möglich. ✦ Schwarz-weiß. USA 1938 **P** Warner Bros. **Pd** Bryan Foy **R** Lewis Seiler **B** Lee Katz, Vincent Sherman, nach einem Roman von William Byron Mowery **K** L. William O'Connell, Wilfred M. Cline **S** Louis Hesse **D** Dick Foran (Sgt. Alan Baker), Gloria Dickson (Joyce McMillan), Gale Page (Elizabeth Spaulding), Allen Jenkins (Bill Hardsock), Russell Simpson (Dave McMillan), Patric Knowles (Jim Montgomery), Janet Chapman (Judy Montgomery) **L** 74 **E** 22.6.1963 ARD

ÜBERFALL AUF DIE OLIVE BRANCH (CAPTAIN CAUTION). Ein Mädchen, das von seinem Vater zu Beginn des 19. Jahrhunderts einen Ostasiensegler geerbt hat, beteiligt sich mit diesem am Seekrieg gegen die Engländer. Viel Action und viel Blut in einem soliden, altmodisch verfilmten Seeabenteuer. (Alternativtitel: »Piraten«) ✦ Schwarz-weiß. USA 1940 **P** Hal Roach **Kl** Prisma **Pd** Richard Wallace, Grover Jones **R** Richard Wallace **B** Grover Jones, nach dem Roman von Kenneth Roberts **K** Norbert Brodine **M** Phil Ohman **S** James E. Newcom **D** Victor Mature (Dan Marvin), Louise Platt (Corunna), Bruce Cabot (Slade), Leo Carrillo (Argandeau), Robert Barrat (Captain Dorman) **L** 79 **FSK** ab 12; nf **E** 24.3.1951 **fd** 1 161

ÜBERFALL AUF DIE QUEEN MARY (ASSAULT ON A QUEEN). Ehemalige Marineoffiziere heben ein versenktes deutsches U-Boot und benutzen es für einen Raubüberfall auf den englischen Luxusdampfer »Queen Mary«. Fantasievolle Abenteuerunterhaltung mit kriminalistischer Spannung; herausragend die spannungsreiche Big-Band-Musik von Duke Ellington. – Ab 16. ✦ USA 1965 **P** Seven Arts/Sinatra Enterprises **Kl** Paramount **R** Jack Donohue **B** Rod Serling, nach einem Roman von Jack Finney **K** William H. Daniels **M** Duke Ellington **S** Archie Marshek **D** Frank Sinatra (Mark Brittain), Virna Lisi (Rosa Lucchesi), Tony Franciosa (= Anthony Franciosa) (Vic Rossiter), Errol John (Linc Langley), Alf Kjellin (Eric Loefson) **L** 106 **FSK** ab 12; nf **E** 6.1.1967 **fd** 14 496

ÜBERFALL AUF EXPRESS 44 (THE LAST BANDIT). Zwei als berüchtigtes Banditengespann verfolgte Brüder tauchen 1870 in neuer Umgebung unter. Der eine begleitet als Wachmann einer Eisenbahngesellschaft Goldtransporte und wird bald rückfällig, der andere beginnt ein ehrbares Leben und muß sich im Konflikt mit seinem Bruder bewähren und behaupten. Unterhaltsamer Routine-Western ohne sonderliche inszenatorische Glanzlichter. – Ab 12. ✦ USA 1949 **P** Republic **Kl** Äquator **R** Joseph Kane **B** Thames Williamson, nach L. Ward und J. Natteford **K** Jack Marta **M** R. Dale Butts **D** William Elliott (Jim Plummer), Adrian Booth (Frank Plummer), Andy Devine (Casey Brown), Forrest Tucker, Jack Holt (Mort Pemberton), Minna Gombell (Winnie McPhall), Grant Withers (Ed Bagley), Virginia Brissac (Mutter), Stanley Andrews (Jeff Baldwin), Martin Garralaga (Patrick Moreno), Charles Middleton, Rex Lease, George Chesebro, Hank Bell, Jack O'Shea **L** 79 **FSK** ab 12; nf **E** 6.9.1960 **fd** 9 450

ÜBERFALL AUF FORT YELLOWSTONE (CERCO DE

MUERTE/LA FURIA DEGLI APACHE/EL HOMBRE DE LA DILIGENCIA). Ein korrupter Richter und einige von ihm Verurteilte sind in einem alten Fort den Angriffen aufständischer Indianer ausgesetzt, die nur ein Liebespaar überlebt. Durchschnittswestern mit viel Schmalz und zahlreichen genregemäß drapierten Toten. – Ab 16. ✦ Scope. Spanien/Italien 1963 **P** Alesanco/Cosmopolis/Marbeuf **KI** Pallas **R** Joseph de Lacy (= José Maria Elorrieta) **B** Joseph de Lacy (= José Maria Elorrieta), José Maria Elorrieta, nach einer Erzählung von Edward Goodman **K** Joe Peres **M** Fred Garcia Morcil (= Fernando Garcia Morcillo) **S** Antonio Gimeno **D** Frank Latimore (Steve Lemmon), Dick Gordon (Driscoll), Nancy Torray (Jane), Joe Punter (= Jesús Puente) (Jimmy), Marc Vidal (= Vidal Molina) (Cooper), Pat Slaughter (Poker) **L** 81 **FSK** ab 12; nf **E** 12.5.1964 **fd** 12748

ÜBERFALL AUF HOLLYWOOD → Boomer – Überfall auf Hollywood

ÜBERFALL AUF OGALALLA → Überfall der Ogalalla

ÜBERFALL AUF SILVER CITY (TEXAS GUN FIGHTER). Ein Räuber bricht mit seinen ehemaligen Kumpanen, rettet eher zufällig einen Silbertransport vor dem Zugriff der alten Komplizen und wird dafür zum Sheriff gewählt. Noch einmal scheint er kriminell zu werden, kann sich aber rehabilitieren. Kleiner Uralt-Western mit erheblichen Längen, der allenfalls für Liebhaber interessant ist. Hauptdarsteller Ken Maynard ist ein ehemaliger Rodeostar der Wildwest-Show von Buffalo Bill. – Ab 14. ✦ Schwarz-weiß. USA 1932 **P** Tiffany **KI** Deutschland-Film **Pd** Phil Goldstone **R** Phil Rosen **B** Ben Cohen **K** Jackson Rose **S** Jerry Webb **D** Ken Maynard, Sheila Mannors, Harry Woods, Jim Mason, Bob Fleming, Frank Ellis, Jack Ward, Edgar Lewis **L** 66 **FSK** ab 12; nf **E** 29.2.1952 **fd** 1656

ÜBERFALL DER OGALALLA (WESTERN UNION). Der Bau der ersten transkontinentalen Telegrafenleitung im Jahr 1861 wird durch heftige Auseinandersetzungen mit desertierten Südstaatlern und Überfälle der Indianer behindert. Mit Routine und deutlicher Freude an den gängigen Zutaten des Genres unterhaltsam inszenierter Western, der in Details durchaus die autorielle Handschrift Fritz Langs erkennen läßt: Auf der Erzählebene ist es ein unlösbarer Loyalitätskonflikt, auf der optischen sind es die Korrespondenzen zwischen den Kreuzen von Telegrafenmasten und Gräbern sowie die eigentümliche Enge der Räume und Landschaften, die eigentlich das Genre konterkariert. – Ab 12. ✦ USA 1940 **P** 20th Century Fox **KI** MPEA **Pd** Darryl F. Zanuck, Harry Joe Brown **R** Fritz Lang **B** Robert Carson, nach einem Roman von Zane Grey **K** Edward Cronjager, Allen M. Davey **M** David Buttolph **S** Robert Bischoff **D** Randolph Scott (Vance Shaw), Virginia Gilmore (Sue Creighton), Dean Jagger (Edward Creighton), Robert Young (Richard Blake), Slim Summerville (Herman), John Carradine (Doktor Murdoch), Chill Wills (Homer), Barton MacLane (Jack Slade), Russell Hicks (Gouverneur), Victor Kilian (Charlie), Minor Watson (Pat Grogan), George Chandler (Herb), Chief John Big Tree (Chief Spotted House), Dick Rich (Porky), Charles Middleton (Reiter), Francis Ford **L** 96 **E** 8.11.1949/4.4.1970 ARD **fd** 527

DER ÜBERFALL DER TEUFLISCHEN BESTIEN → Rabid – Der brüllende Tod

ÜBERFALL IM MORGENGRAUEN (QUAND LA VILLE S'EVEILLE). Fotos von einem Überfall auf einen Geldtransporter bringen die Polizei auf die Spur der Täter – und die Gangster auf die des Fotografen. Gangsterfilm voller Klischees und sentimentaler Elemente, die das Verbrechen in einem positiven Licht erscheinen lassen. – Ab 16. ✦ Frankreich 1975 **P** Belles Rives **KI** Progress **VA** USA **R+B** Pierre Grasset **K** Robert Florent **M** Astor Piazzolla **D** Raymond Pellegrin, Marc Porel, Pierre Grasset, Neda Arneric, Louis Velle **L** 87 **E** 15.7.1977 Kino DDR/8.9.1979 DFF 1/1983 Video **fd** 24301

ÜBERFALL IM SHOPPING CENTER → Power Cop

ÜBERFALL IM WANDSCHRANK (MONSTER IN THE CLOSET). Ein Städtchen wird von einem Monster terrorisiert, das aus Wandschränken nach seinen Opfern greift. Einfältiger Versuch einer Grusel-Persiflage, der aus Mangel an zündender Ironie wie eine Kopie des hausbackenen Horrorfilms der 50er Jahre wirkt. (Videotitel: »Ein Krümelmonster ist im Haus«) – Ab 16. ✦ USA 1986 **P** Troma **KI** Hollywood **VA** Ufa **Pd** David Levy, Peter L. Bergquist **R+B** Bob Dahlin **K** Ronald W. McLeish **M** Barrie Guard **S** Raja Gosnell, Stephanie Palinski **D** Donald Grant (Richard Clark), Denise Dubarry (Diane Bennett), Henry Gibson (Prof. Pennyworth), Howard Duff (Father Martin), John Carradine (Joe) **L** 89 **FSK** ab 16; nf (Video 16) **E** 14.4.1988/August 1988 Video **fd** 26764

ÜBERFALL IN DER TEUFELSSCHLUCHT (TEXAS TRAIL). Der strahlende Western-Held Hopalong Cassidy jagt einer Bande von Dieben 500 Wildpferde ab, die für die Armee bestimmt sind. Kurzweilig-triviale Routinekost ohne jeden Anspruch. – Ab 12. ✦ Schwarz-weiß. USA 1937 **P** Harry Sherman Pictures (für Paramount) **KI** Wotan **Pd** Harry Sherman **R** Dave Selman **B** Jack O'Donnell, Harrison Jacobs, Jack Mersereau, nach »Tex« von Clarence E. Mulford **K** Russell Harlan **S** Robert Warwick **D** William Boyd (Hopalong Cassidy), George Hayes (Windy Halliday), Russell Hayden (Lucky Jenkins), Alexander Cross (Black Jack Carson), Judith Allen (Barbara Allen), Robert Kortman (Hawks), Billy King (Boots), Ray »Raphael« Bennett (Brad), Karl Hackett (Maj. McCready), Ben Corbett (Orderly) **L** 75 **FSK** ab 12; nf **E** 1.12.1951 **fd** 1036

ÜBERFALL IN TEXAS (GUN BELT). Ein ehemals berühmt-berüchtigter Bandit, der als Farmer friedlich leben will, verbündet sich mit dem Sheriff gegen seine ehemaligen Komplizen, gegen die Earps und die Clanton Gang, die ihn zu einem Bankraub überreden wollen. Bescheidener Western mit gängiger Schwarz-Weiß-Malerei und den vertrauten Stereotypen. – Ab 12 möglich. ✦ USA 1953 **P** Global (für United Artists) **KI** United Artists **Pd** Edward Small **R** Ray Nazarro **B** Richard Schayer, Jack DeWitt, nach einer Erzählung von Arthur Orloff **K** W. Howard Greene **M** Irving Gertz **S** Grant Whytock **D** George Montgomery (John Ringo), Tab Hunter (Chip Ringo), Helen Westcott (Arlene Reach), John Dehner (Matt), Douglas Kennedy (Dixon), Jack Elam (Kollaway), William Bishop (Ike Clinton), Joe Haworth (Hoke), Willis Bouchey (Endicott), James Millican (Wyatt Earp), Boyd »Red« Morgan (Texas Jack), Chuck Roberson (Oliver) **L** 75 **FSK** ab 12; nf **E** 4.2.1955 **fd** 3641

ÜBERFALL UM DREI (EL ATRACO A LAS TRES). Empört über die Behandlung ihres beliebten Filialleiters, der überraschend abgelöst und durch einen unbeliebten Kollegen ersetzt wurde, beschließen die Angestellten einer Bank, ihre eigene Bank auszurauben. Mäßig unterhaltsames Lustspiel auf bescheidenem Niveau. – Ab 12 möglich. ✦ Schwarz-weiß. Spanien 1969/70 **P** Hesperia **R** José María Forqué **B** Pedro Masó, Vincente Coello **K** Alejandro Ulloa **M** Adolfo Waitzman **S** Pedro del Rey **D** José Luis López Vázquez (Galindo), Casto Sendra (Martinez), Gracita Morales (Enriqueta), José Orjas (Don Felipe), Manuél Diaz Gonzáles (Don Prudendio), Pedro M. Sanchel, Katia Loritz **L** 90 **E** 5.8.1978 ARD

DER ÜBERFALL VON LAS VEGAS → Gangster, Gin und scharfe Hasen

DER ÜBERFLIEGER (JACK BROWN, GENIUS). Ein nach seinem vermeintlichen Selbstmord im Mittelalter ins Fegefeuer verdammter Mönch nistet sich 1000 Jahre später im Gehirn eines schrulligen Erfinders ein, um diesen zur Wiederentwicklung jenes Flugapparates zu überreden, mit dem er in den Tod stürzte. Ein mit einer romantischen Liebesgeschichte und wilden Verfolgungsjagden angereichertes Fantasy-Abenteuer, dessen Anleihen beim Splatter-Genre oft die Grenzen des guten Geschmacks überschreiten. Allenfalls das erfrischende Spiel der Hauptdarsteller läßt die dramaturgischen Ungereimtheiten vergessen. – Ab 16. ✦ Scope. Neuseeland 1995 **P** Wingnut/Senator/The New Zealand Film Commission **KI** Senator **VA** BMG/Ufa **Pd** Jamie Selkirk **R** Tony Hiles **B** Peter Jackson, Frances Walsh, Tony Hiles **K** Allen Guilford **M** Michelle Soullion **S** Jamie Selkirk **D** Timothy Balme (Jack Brown), Nicola Murphy (Eileen), Marton Csokas (Dennis), Edward Campbell (Der Boss), Stuart Devenie (Elmer) **L** 91 **FSK** ab 12; f **E** 11.7.1996/1.4.1997 Video/3.9.1998 Vox **fd** 32030

ÜBERFLÜSSIGE MENSCHEN. Die erste deutsch-sowjetische Co-Produktion verarbeitete elf Novellen von Tschechow, teils werkgetreu, teils motivisch. (Die titelgebende Novelle selbst wurde nicht berücksichtigt.) Im Vorspann heißt es: »Im Innern Rußlands lebten vor dem Kriege die Menschen abgeschlossen von aller Welt. Die ›Segnungen‹ der Zivilisation waren nicht zu ihnen gedrungen. Von solchen Menschen einer russischen Kleinstadt (...) von solchen überflüssigen Menschen erzählt dieser Film.« Eine idyllische Provinzfarce mit tragisch-anrührenden Akzenten, grotesken Übertreibungen und derber Komik, geprägt von versöhnlicher Menschlichkeit. Der lange Zeit verschollen geglaubte Film wurde 1978 im Auftrag des ZDF rekonstruiert und mit neuer Illustrationsmusik unterlegt, die in ihrer musikdramaturgischen Auffassung allzu nostalgisch geraten ist. – Sehenswert ab 16. ✦ Schwarz-weiß. Deutschland/UdSSR 1926 **P** Prometheus **R** Alexander Rasumni **B** Alexander Rasumni, nach elf Novellen von Anton Tschechow **K** Otto Kanturek, Karl Attenberger **M** Werner Schmidt-Boelcke (Neufassung ZDF) **D** Eugen Klöpfer (Andrej K. Sigajew), Camilla von Hollay (Dunja, seine Frau), Heinrich George (Balagula), Albert Steinrück (Bronsa), Werner Krauss (Ortspolizist Suka), Fritz Rasp (Tschirikoff), Vera Pawlowa (Marfa), Bruno Arno (Mendel Rothschild) **L** ca. 120 **E** 2.11.1926/19.8.1979 ZDF **fd** 22116

EIN ÜBERFLÜSSIGES LEBEN (BYT LISCHNIM). Ein 46jähriger wird aus dem Gefängnis entlassen. Obwohl er die Chance hätte, ein neues Leben aufzubauen, kann er sich nicht von Freunden und Verhaltensweisen von gestern trennen. Als der »letzte Coup« mißlingt, nimmt er sich das Leben. Psychologischer Kriminalfilm mit starker innerer und äußerer Spannung. – Ab 14. ✦ Scope, schwarz-weiß. UdSSR 1977 **P** Filmstudio Riga **KI** Progress **R** Alois Brentsch **B** Andris Kolberg **K** Richard Piks **M** Iwar Wigner **D** Witautas Tomkus (Woldis Witters), Woldemar Sandberg (Milizhauptmann), Astrida Kairischa (Irena), Chari Liepinsch (Tex), Uldis Puzitis (Petak) **L** 98 **E** 6.1.1978 Kino DDR

DIE ÜBERFLUTETEN (LOS INUNDADOS). Von einer der regelmäßigen Überschwemmungen aus ihrer Hütte vertrieben, richtet sich eine argentinische Familie in einem ausrangierten Eisenbahnwaggon ein, der ohne ihr Wissen an einen Güterzug gekoppelt wird. Am Endpunkt der unfreiwilligen Reise wird sie von freundlichen Bewohnern der Provinz versorgt; erst die Behörden machen der glücklichen Zeit ein Ende. Der mehrfach preisgekrönte erste Spielfilm des argentinischen Filmemachers, Malers und Dichters Fernando Birri offenbart mit seiner Mischung aus Poesie, Melancholie und Humor den Einfluß des italienischen Neorealismus. (O.m.d.U.) ✦ Schwarz-weiß. Argentinien 1961 **R** Fernando Birri **D** Pirucho Gomez, Lola Palombo, Maria Adelina Vera, Hector Palavecino, Julio Omar Gonzalez **L** 87 **E** 1.10.1993 3sat

DER ÜBERGANG. Drei Männer begeben sich wenige Tage nach dem Putsch in Chile auf den Weg ins Exil. Ihr 13 Tage dauernder Marsch durch unwegsames Gebirge gibt ihnen noch einmal Gelegenheit, ihre politische Haltung zu überdenken und die erlittene Niederlage zu analysieren. Ein thematisch wichtiger, inszenatorisch überzeugender Film eines jungen chilenischen Regisseurs im Exil. – Ab 16. ✦ DDR 1977/78 **P** DEFA, Gruppe »Berlin« **KI** Unidoc/Progress **Pd** Irene Ikker **R+B** Orlando Lübbert

K Jürgen Brauer **M** Ivan Pequeno **S** Christa Helwig **D** Adelaida Arias (Rosa), Oscar Castro (Juan), Hugo Medina (Carlos), Anibal Reyna (Lorenzo), Victor Carvajal (Polizist), Dimiter Keranov (alter Bauer) **L** 97 **E** 8.9.1978 Kino DDR/1979 Kino BRD/18.11.1980 DFF 1

ÜBERGANGSALTER (PERECHODNYJ WOSRAST). Gedanken und Empfindungen von 14jährigen. In episodischer Form werden in psychologisch feinfühliger Weise die Probleme junger Menschen zwischen Kindheit und Erwachsenwerden aufgezeigt. – Ab 14. ✦ Scope, schwarz-weiß. UdSSR 1968 **P** Gorki-Studio **Kl** Progress **R** Richard Wiktorow **B** Alexander Chmelik, nach dem Roman »Das Mädchen und der Vogelflieger« von W. Kisjelow **K** Wadim Korniljew **M** Nikolai Karetnikow **D** Jelena Proklowa (Olga Aleksejewa), Serjosha Makejew (Kolja), Vitali Segeda (Witja), Sascha Barski (Serjosha), Lena Bespalowa (Lena) **L** 89 **E** 28.11.1969 Kino DDR/19.3.1973 DFF 1

DER ÜBERLÄUFER (CROSSING THE FLOOR). Der Innenminister der konservativen englischen Regierung, der sich bei seiner Partei auf verlorenem Posten sieht, wechselt mit fliegenden Fahnen zu New Labour, nachdem er mit deren Chef einen Kabinettsposten ausgemauschelt hat. In mühseliger Kleinarbeit wird der Rechtsausleger auf rhetorischen Parteikurs getrimmt, wobei der feststellen muß, daß auch im Lager der neuen Linken hinter den Kulissen politische Hinterhältigkeit angesagt ist. Eine preisgekrönte politische Satire, der von Insiderkreisen ein hohe Treffsicherheit zugestanden wird. ✦ Großbritannien 1996 **P** BBC **R+B** Guy Jenkin **K** Rob Kitzmann **S** Steve Tempia **D** Tom Wilkinson (David Hanratty), Neil Pearson (Tom Peel), Diana Kent (Alison Hanratty), Helen Baxendale (Ruth Clarke), Douglas Henshall (Clive Colville) **L** 72 **E** 30.4.1998 SF 1

ÜBERLEBEN! (1976) (LOS SUPERVIVIENTES DE LOS ANDES/SURVIVE). Im Oktober 1972 stürzte im Schneegestöber der Anden ein Flugzeug ab. Von den 45 Insassen überlebte knapp die Hälfte. Erst nach Wochen wurden sie gefunden. In ihrer Not hatten sie vom Fleisch der Toten gegessen. Anders als die Romanvorlage, die die authentischen Ereignisse genau und respektvoll nacherzählt, ist der Film eine auf Sensationslust und Schauder zielende Billigproduktion mit schamlosen Ekeleffekten, die in keinem Moment Anteilnahme weckt. ✦ Mexiko 1976 **P** Conacine/Re-Al S. A. **Kl** Constantin **R** René Cardona sr. **B** René Cardona sr., nach dem Roman von Clay Blair jr. **K** Luis Medina **M** Gerald Fried **D** Hugo Stiglitz, Norma Lazareno, Luis Aguilar, Lorenzo de Rodas, Gloria Chavez **L** 86 **FSK** ab 16; f **E** 3.3.1977 **fd** 20 202

ÜBERLEBEN! (1992) (ALIVE). Der Absturz eines Flugzeugs im Hochgebirge der Anden im Oktober 1972 und der Überlebenskampf einer Gruppe von Passagieren als Vorlage für einen Film, der Abenteuerlichkeit und Beschreibung äußerster existentieller Not zu verbinden versucht. Obgleich die drastische Ausmalung der Situation (Absturzkatastrophe, Kannibalismus) allmählich hinter das erkennbare Bemühen um respektvolle Vertiefung zurücktritt, scheitert der Film an der zu geringen Individualisierung der Opfer und der unzureichenden Inspirationskraft der Inszenierung. – Ab 16. ✦ USA 1992 **P** Paramount **Kl** UIP **VA** CIC **Pd** Robert Watts, Kathleen Kennedy, Bruce Cohen **R** Frank Marshall **B** John Patrick Shanley, nach einem Roman von Piers Paul Read **K** Peter James **M** James Newton Howard **S** Michael Kahn, William Goldenberg **D** Ethan Hawke (Nando Parrado), Vincent Spano (Antonio Balbi), Josh Hamilton (Roberto Canessa), Bruce Ramsay (Carlitos Paez), John Haymes Newton (Tintin), David Kriegel (Gustavo Zerbino) **L** 126 **FSK** ab 12; f **FBW** bw **E** 13.5.1993/29.11.1993 Video/2.12.1994 premiere **fd** 30 201

ÜBERLEBEN IM TERROR – ERNST FEDERNS GESCHICHTE. Dokumentarfilm über einen exemplarischen Lebensweg: 1938 wurde der Jude und politische Aktivist Ernst Federn in Wien von den Nazis verhaftet, ins Konzentrationslager Dachau und später nach Buchenwald gebracht. Sieben Jahre war er dort eingesperrt – und hat überlebt. Im Film spricht Ernst Federn, der nach dem Krieg in die USA emigrierte, über den Terror der Nazis, aber auch über den Terror der Gefangenen untereinander, ein Tabu-Thema, das offenbar erst 40 Jahre danach ansprechbar ist. Auf Grund früherer trotzkistischer Aktivitäten gehörte Federn zu jenen politischen Gefangenen, die in Gefahr waren, von der stalinistisch ausgerichteten Mehrheit der politischen Häftlinge »ausgeschaltet« zu werden. Wenn Federn über dieses Tabuthema spricht, wird deutlich, daß sich in einem so teuflischen System, wie es das von der SS geschaffene Konzentrationslager war, der Terror nach innen fortsetzt. (Rösing erweiterte später sein Thema zur Filmtrilogie; vgl. »Was es heißt, ein Exilant zu sein« und »Bis zur Umkehrbank – Hans Keilson erinnert sich«) ✦ Deutschland 1992 **P** Wilhelm Rösing Film Produktion **SF** Verleih der Filmemacher **Pd+R** Wilhelm Rösing **B** Wilhelm Rösing, Marita Barthel-Rösing, Markus J. Adams **K** Peter Röhsler, Wilhelm Rösing **M** Frank Wolff **S** Wilhelm Rösing **L** 95 **FBW** w **E** 12.12. 1992

ÜBERLEBEN IN BELFAST. Das Porträt dreier Frauen – Großmutter, Tochter und Enkelin – in einer katholischen Familie in Belfast, die in einem katholischen Arbeiterviertel, umgeben von protestantischen Wohngebieten wohnen. Durch die genaue Alltagsbeschreibung der Drei erschließen sich politische und soziale Zusammenhänge, die historischen Hintergründe des Bürgerkriegs werden erhellt, und man wird mit der irischen Kultur vertraut gemacht. ✦ Deutschland 1999 **R** Juliane Schuhler **L** 75 **E** 11.3. 2000 Bayern 3

ÜBERLEBEN IN L. A. – ZAHL FÜR MEINEN KÖRPER (THE PRICE OF LOVE). Ein 16-jähriger Jugendlicher leidet unter den immer größere Ausmaße annehmenden Auseinandersetzungen mit seiner Stiefmutter. Als sie ihn aus dem Haus jagt, freundet er sich mit drei Strichjungen an. Bald beginnt auch er sich zu prostituieren. Dramatischer Gegenwartsfilm mit melodramatischen Akzenten über Aspekte des Überlebenskampfs im Moloch der Großstadt Los Angeles. ✦ USA 1995 **P** Gerber Company/PolyGram Filmed Entertainment **Pd** Guy J. Louthan **R** David Burton Morris **B** Ronald Parker **K** John L. Demps jr. **M** Tim Truman **S** Corky Ehlers **D** Peter Facinelli (Brett Cooper), Jay R. Ferguson (Bo/Beau), Laurel Holloman (Roxanne), Steven Martini (Tony), Alexis Cruz (Edilberto), John Posey (Sgt. Albro), Harvey Silver (Puff) **L** 79 **E** 22.8.1999 Kabel 1

ÜBERLEBEN IN MALAYSIA (TURTLE BEACH). Eine Fotoreporterin macht im malayischen Kuala Lumpur eine Reportage über das Schicksal der vietnamesischen Boat People und wird schließlich Zeugin eines unermeßlichen Dramas: Die Einheimischen metzeln die völlig entkräfteten Flüchtlinge gnadenlos nieder. Völlig mißlungene Romanverfilmung, schlecht gespielt, miserabel fotografiert und geschnitten. ✦ Australien 1992 **P** Roadshow Coote & Carroll **Pd** Matt Carroll **R** Stephen Wallace **B** Ann Turner, nach einem Roman von Blanche d'Alpuget **K** Russell Boyd **M** Chris Neal **D** Greta Scacchi (Judith Wilkes), Joan Chen (Lady Minou Hobday), Jack Thompson (Ralph Hamilton), Art Malik (Kanan) **L** 81 **E** 20.7.1995 premiere

ÜBERLEBEN IN NEW YORK. Drei deutsche Frauen aus »normalen« Verhältnissen kommen Anfang der 80er Jahre nach New York und versuchen, im ständigen Kampf mit ihren eigenen Widersprüchlichkeiten und den extremen Gegensätzen der Stadt Fuß zu fassen. Mit den Mitteln des Dokumentarfilms gestaltete Frauenporträts in einer Stadt, die ihre Bewohner wie hypnotisiert in ihren Bann zieht, um ihnen dann nur die Chance des »Überlebens« zu geben. Hervorragend fotografiert. ✦ BR Deutschland 1989 **P** Rosa von Praunheim/WDR **SF** Filmwelt/Atlas **VA** Atlas **Pd+R+B** Rosa von Praunheim **K** Jeff Preiss **M** Roy Campbell **S** Mike Shephard, Rosa von Praunheim **D** Claudia, Anna, Uli **L** 90 **FSK** ab 16; f **FBW** w **E** 16.11.1989/31.5.1998 3Sat **fd** 28 130

ÜBERLEBEN IN PALERMO (RAGAZZI FUORI). Zwei Jahre später inszenierte Fortsetzung von »Für immer Mery«, die die Geschichte der Jugendlichen nach der Entlassung aus dem Gefängnis beschreibt. Sehr viel episodenhafter und uneinheitlicher angelegt als der erste Film, steht sie diesem aber an sozialkritischem Engagement um nichts nach und enthält einige menschlich sehr berührende Momente. (TV-Titel: »In den Straßen von Palermo«; vgl. »Für immer Mery«) – Ab 16 möglich. ✦ Italien 1990 **P** Numero Uno Internationale/RAI Radiotelevisione Italia/Raidue **Kl** Arsenal **Pd** Claudio Bonivento **R** Marco Risi **B** Aurelio Grimaldi, Marco Risi **K** Mauro Marchetti **M** Giancarlo Bigazzi **S** Franco Fraticelli **D** Francesco Benigno (Natale), Alessandro di Sanzo (Mery), Roberto Mariano (Antonio), Alfredi li Bassi (Carmelo), Maurizio Prollo (Claudio) **L** 116 **E** 27.6.1991 **fd** 28 891

DER ÜBERLEBENDE (LE RESCAPE). In einer Abbruchgegend in der Pariser Banlieue hausen drei Algerier französischer Nationalität, Vertreter dreier Generationen. Der Jüngste ist ein drogenabhängiger Taugenichts, dem Ältesten ist wegen seiner pro-französischen Haltung von den Landsleuten die Kehle aufgeschnitten worden. Dazwischen steht ein Streifenpolizist. In lakonischem Reportagestil erzählter Film. (O.m.d.U.) ✦ Frankreich 1987 **R** Okacha Touita **B** Okacha Touita, Miloud Khetib, Philippe Dodet **K** Denis Lenoir **M** Benjamin Raffaelli, Dominique Grimaldi **D** Miloud Khetib, Nadjim Laouriga, Sonia Ammar, Albert Dray, Sid Ali Kouiret **L** 85 **E** 6.5.1991 NDR

DIE ÜBERLEBENDE. Ein Schriftsteller, der über eine internationale Partisanengruppe im Zweiten Weltkrieg schreibt, trifft sich mit einer Zeitzeugin. Gemeinsam mit ihr sucht er die in Polen liegenden Orte des Geschehens auf; für die Frau werden Erinnerungen wach. Fernsehfilm nach der gleichnamigen Novelle von Kurt David. ✦ DDR 1975 **P** DEFA **Pd** Heinz Herrmann **R** Christian Steinke **B** Christian Steinke, nach der gleichnamigen Novelle von Kurt David **K** Lothar Gerber **M** Gerhard Rosenfeld **S** Barbara Simon **D** Barbara Krafftówna (Teresa Gadomska, »Danuta«), Fred Düren (Schriftsteller), Bozena Adamek (Danuta), Erwin Berner (Bernhard), Günter Naumann (Leo) **L** 86 **E** 21.12.1975 DFF 1

DIE ÜBERLEBENDEN (1979) (LOS SOBREVIVIENTES). Trotz der siegreichen Revolution beschließt eine standesstolze kubanische Familie, ihren Stammsitz nicht zu verlassen und das Abflauen der revolutionären Umtriebe abzuwarten. Zunächst erträgt man die Isolation, doch als die Revolution nicht »vergeht« und die Vorräte knapper werden, schlägt die Stimmung um. Die traditionell friedlichen Beziehungen zwischen Herrschaft und Dienern verändern sich, und unmerklich reproduziert sich die Sozialgeschichte der Menschheit in umgekehrter Folge. Am Ende lösen sich alle sozialen Bindungen auf, entstehen Barbarei und Kannibalismus. Satirische Parabel auf die in Kuba herrschende Klasse, die nicht bereit ist, auf ihre Gewohnheiten, Rituale und Privilegien zu verzichten. ✦ Kuba 1979 **P** ICAIC **Kl** con **R** Tomás Gutiérrez Alea **B** Tomás Gutiérrez Alea, Antonio Benitez Rojo **K** Mario García Joya **M** Leo Brouwer **D** Enrique Santiesteban, Reynaldo Miravalles, Germán Pinelli, Ana Viña, Vicente Revuelta **L** 130

DIE ÜBERLEBENDEN (1996). Dokumentarfilm, in dem der Autor/Regisseur teils aus Neugier, teils aus persönlicher Betroffenheit den Spuren dreier ehemaliger Klassenkameraden folgt, die sich nach sehr verschiedenen Lebenswegen das Leben genommen haben. Eine unspektakuläre filmische Rekonstruktion von hoher innerer Spannung, die auf psychologische Spekulationen verzichtet und keine vorschnellen und beruhigenden Erklärungen sucht, stattdessen aber zum Nachdenken führende Verunsicherung auslöst.

(Kinotip der katholischen Filmkritik) – Sehenswert ab 16. ✦ Deutschland 1996 **P** Journal-Film **Kl** Salzgeber & Co. **VA** absolut MEDIEN/Salzgeber **Pd** Klaus Volkenborn **R+B** Andres Veiel **K** Lutz Reitemeier **S** Bernd Euscher **L** 92 **FSK** ab 12; f **E** 19.9.1996/1997 Video **fd** 32 143

DIE ÜBERLEBENDEN DER TOTENSTADT (I SOPRAVVISSUTI DELLA CITTA MORTA). Ein Meisterdieb, ehemaliger Scotland Yard-Polizist, übernimmt den Auftrag, aus einer Grabstätte ein wertvolles Zepter zu entwenden. Einer fanatischen religiösen Sekte angehörende zwielichtige Gestalten und ein gefahrvolles Portal machen das Unternehmen zu einem risikoreichen Abenteuer. Dürftiger Actionfilm mit billigen Tricks und zahlreichen Schlägereien; weder originell noch spannend. (TV-Titel: »Die dunkle Macht des Sonnengottes«, Video: »Jack the Snake – Die dunkle Macht des Sonnengottes«, DDR: »Das Zepter des Sonnengottes«) ✦ Scope. Italien 1983 **P** Flora **Kl** Alemannia//Progress **R** Anthony M. Dawson (= Antonio Margheriti) **B** Giovanni Simonelli **K** Sandro Mancori (= Alessandro Mancori) **M** Aldo Tamborelli **D** David Warbeck (Rick Spear), John Steiner (Dean), Susie Sudlow (Carol), Alan Collins (= Luciano Pigozzi) (Beetle), Antonio Berner (Rupert) **L** 91 (DDR 98) **FSK** ab 12; f **E** 17.8.1984/1.5.1987 Kino DDR/7.8.1988 DFF 1 **fd** 24 737

DIE ÜBERLEBENSKÜNSTLER (THE SURVIVORS). Zwei Arbeitslose werden Augenzeugen eines Überfalls und damit potentielle Opfer des Gangsters. Während der Ältere sich mit dem Ganoven zu arrangieren versucht, absolviert der Jüngere ein Überlebenstraining, weil er seine Ohnmacht durch Waffen wettzumachen versucht. Treffsichere Komödie um das Scheitern des amerikanischen Traums und die Verführbarkeit der Menschen angesichts existentieller Krisensituationen. – Ab 16 möglich. ✦ USA 1983 **P** Columbia **VA** RCA/Columbia **Pd** William Sackheim **R** Michael Ritchie **B** Michael Leeson **K** Billy Williams **M** Paul Chihara **S** Richard A. Harris **D** Walter Matthau (Sonny Paluso), Robin Williams (Donald), Jerry Reed (Jack), James Wainwright (Wes Huntley), Kirsten Vigard (Candice Paluso) **L** 99 **FSK** ab 16 **E** 15.9.1987 Video **fd** 26 505

ÜBERMORGEN, UM MITTERNACHT (POSLESAFTRA, W POLNOTSCH). Mit der Errichtung der Sowjetmacht versiegen in Aserbaidshan auch die Ölquellen für die britischen Konzerne. Bewaffnete Auseinandersetzungen sind die Folge. ✦ Schwarz-weiß. UdSSR 1982 **P** Aserbaidshanfilm **R** Arif Babajew **B** Mamed Awdijew, Ramis Fatalijew, Anatoli Donez **K** Tajub Achundow **M** Chajam Mirsa-Sade **D** Melik Dadaschew (Narimanow), Hassan Mamedow (Alijew), Ernest Romanowski (Garber), Juosas Budraitis (Ptschelinzew), Gennadi Korolkow (Jerschow) **L** 99 **E** 25.8. 1983 DFF 2

ÜBERMUT IM SALZKAMMERGUT. Ein attraktives Mannequin will den vorurteilsbeladenen Bauern im Salzkammergut beweisen, daß es keinem schlimmen Beruf nachgeht. Unerkannt verdingt die Frau sich als Magd auf dem Hof der Familie ihres Bräutigams, eines verstädterten Bauernsohns. Gleichzeitig versucht die Dorfjugend, die verkalkte Eltern-Generation für Jazz und Twist einzunehmen. Alberner Klamaukfilm, holprig und mühevoll als Rahmenhandlung für die Präsentation damals aktueller Filmschlager (von Billy Mo, Gus Backus, Teddy Parker u.a.) zusammengeschustert. – Ab 10. ✦ BR Deutschland 1963 **P** Music House **Kl** Ceres **Pd** Karl Heinz Busse **R+B** Hans Billian **K** Erich Küchler **M** Gerhard Narholz **S** Karl H. Fugunt **D** Helga Sommerfeld (Birgit), Claus Biederstaedt (Rolf), Margitta Scherr (Christine), Hannelore Auer (Doris), Walter Groß (Eckzahn, Gendarm), Elma Karlowa (Anka), Kurt Großkurth (Ruppich) **L** 99 **FSK** ab 6; nf **E** 30.8. 1963 **fd** 12 214

ÜBERNACHTUNG IN TIROL. Verwicklungen und Verwirrungen zwischen einem Arzt-Ehepaar mit Kind und einem Bekannten des Paares mit seiner Geliebten auf einer Autofahrt nach Italien, die sich durch einen Unfall in Tirol jäh zuspitzen. Fürs Fernsehen produziertes Melodram mit Heimatfilm-Touch, das sich mit der psychologischen Verfaßtheit seiner Figuren auseinandersetzen und die bürgerliche Fassade als brüchig ausweisen will, dafür allerdings zu viele Kompromisse in Richtung oberflächlich-trivialer Unterhaltungskost eingeht. – Ab 16. ✦ BR Deutschland 1974 **P** Bioskop/Hessischer Rundfunk **R** Volker Schlöndorff **B** Peter Hamm, Volker Schlöndorff **K** Franz Rath **M** Stanley Myers **D** Margarethe von Trotta (Katja), Reinhard Hauff (Eduard), Rita Scherrer (Anna), Ivry Gitlis (Pavel), Heinrich Schweiger (Strupp), Herbert Achternbusch (Lehrer) **L** 80 **E** 8.10. 1974 ARD

ÜBERPRÜFUNG AUF DEN STRASSEN →Straßenkontrolle

ÜBERRASCHUNGEN IN DER LIEBE (LE SORPRESE DEL AMORE). Zwei heiratswillige junge Männer machen auf der Suche nach ihrer »Traumfrau« die Erfahrung, daß die Liebe voller Überraschungen steckt. Wenig tiefschürfende, aber einigermaßen unterhaltsame Komödie. ✦ Schwarz-weiß. Italien 1959 **P** Tempo/Morino **R** Luigi Comencini **B** Edoardo Anton, Marcello Fondato, Ruggero Maccari, Luigi Comencini **K** Carlo Carlini **M** Gino Negri **D** Dorian Gray (Didi), Sylva Koscina (Marianna), Walter Chiari (Ferdinando), Mario Carotenuto (Dona Maurizio), Franco Fabrizi (Battista) **L** 78 **E** 23.10.1970 DFF 1/ 17.2.1996 mdr

ÜBERS JAHR, WENN DIE KORNBLUMEN BLÜHEN →Jugendliebe

ÜBERSCHWEMMUNG (NEGYEN AZ URBAN). Armeeflieger retten vier Kinder, die mit einem selbstgebauten Floß in einem Überschwemmungsgebiet treiben. Abenteuerlicher Kinderfilm. – Ab 10. ✦ Schwarz-weiß. Ungarn 1961 **P** Filmstúdió Budapest **Kl** Progress **R** György Révész **B** Ferenc Örsi **K** Ottó Forgács **M** András Bágya **D** Géza Nagy (Laci), György Markos (Péter), Erzsébet Makkai (Kati), Károly Bognár (Karcsi), Gábor Mádi Szabó **L** 80 **E** 6.4.1962 Kino DDR

DIE ÜBERSCHWEMMUNG (L'INONDATION). Ein Paar in Petrograd leidet unter Kinderlosigkeit. Als ein Nachbar stirbt und eine 13jährige Waise hinterläßt, beschließen beide, das Kind aufzunehmen. Ein Entschluß mit fatalen Folgen: Bald sind die Waise und der Mann ein Liebespaar. Zunächst versucht die Frau sich zu arrangieren, doch schließlich kommt es zu einem Gewaltakt. Ein sehr düsterer, stimmungsvoller Film, angesiedelt in den 20er Jahren, versehen mit einer symphonischen Musik und von einer exzellenten Hauptdarstellerin getragen. Die ausgezeichnete Kameraarbeit und die exquisiten Farben verstärken die elegische Atmosphäre. (O.m.d.U.) – Ab 16. ✦ Frankreich/Russland 1994 **P** Erato Films/R. Films/ La Sept Cinéma/IMA Films/Les Films du Camélia/ Mosfilm **R** Igor Minaiev **B** Jacques Baynac, Igor Minaiev, nach einem Roman von Evgueni Zamiatine **K** Wladimir Pankow **M** Anatoli Dergatschow **S** Cristiana Tullio-Altan, Noëlle Boisson **D** Isabelle Huppert (Sophia), Boris Newzorow (Trofim), Macha Lipkina (Ganka), Svetlana Krutchkowa (Pélagie), Andrej Toloubeiew (Andrej) **L** 100 **E** 27.11.1996 arte

ÜBERSETZUNG AUS DEM ENGLISCHEN (PEREWOD IS ANGLISKOWO). Ein Praktikant muß als Ersatz für die erkrankte Englischlehrerin einspringen. Das Vertrauensverhältnis, das die ältere Lehrerin zu ihren Schülern über Jahre hinweg aufgebaut hat, muß sich der junge Mann in oft mühevollen Erfahrungen erst erringen. Spielfilm, der sich mit dem Berufsethos des Lehrers auseinandersetzt. ✦ UdSSR 1973 **P** Ekran **R** Irina Selesnewa **B** N. Dolonina, Georgi Polonski **K** Wladimir Oscherow **M** Wladimir Dashkewitsch **D** Maja Bulgakowa (Violetta Lwowna), Georgi Taratorkin (Witali Pawlowitsch), Armen Dshigarchanjan (Lehrer), Valentina Talysina (Lehrerin), A. Klimowa (Lehrerin) **L** 114 **E** 21.3.1974 DFF 2

DIE ÜBERSINNLICHE JAGD NACH DER GLÜHENDEN PYRAMIDE →Vibes – Die übersinnliche Jagd nach der glühenden Pyramide

DAS ÜBERSINNLICHE LANDHAUS (UNE CHAUMIERE ET UN MEURTRE). Ein Komponist, der sich für seine Arbeit nach der Stille eines Landhauses sehnt, ermordet die Väter begüterter Frauen, um sein Ziel zu erreichen. Erst im Zuchthaus findet er endlich Ruhe genug, um seine Komposition zu beenden. Wenig stilsichere Groteske, deren Reiz in einigen treffsicheren Details liegt. Die makabre Note der Geschichte entschärft sich durch die unübersehbare Skurrilität. – Ab 16. ✦ Schwarz-weiß. Frankreich 1963 **P** Hoche/ Général **Kl** Schorcht **R** Pierre Chenal **B** Pierre Chenal, Fred Kassak, nach einem Roman von Fred Kassak **K** Marc Fossard **D** Maria Schell (Agnes), Paul Meurisse (Lionel), Sylvie Bréal (Marie-Jose), Yvonne Clech (Graziella), Claude Mann (Francis), Jacques Dufilho (Dr. Hubelot), Noël Roquevert (Agnes' Vater) **L** 81 **FSK** ab 16; nf **E** 26.11.1963 **fd** 12 408

DIE ÜBERSINNLICHEN ABENTEUER DES MERLIN JONES (THE MISADVENTURES OF MERLIN JONES). Als ein genialer Student einen Apparat entwickelt, der ihn die Gedanken anderer lesen läßt, beginnt für ihn und seine Freundin eine Zeit aufregender Abenteuer. Die Entlarvung eines kriminellen Richters ist der Höhepunkt des turbulenten Treibens. Weitgehend witzlose Komödie, die sich um saubere Familienunterhaltung bemüht. (TV-Titel auch: »Merlin Jones – Der Mann, der zuviel wußte«) – Ab 6. ✦ USA 1964 **P** Disney **Pd** Ron Miller **R** Robert Stevenson **B** Tom August, Helen August **K** Edward Colman **M** Buddy Baker **S** Cotton Warburton **D** Tommy Kirk (Merlin Jones), Annette Funicello (Jennifer), Leon Ames (Richter Holmsby), Stuart Erwin (Captain Loomis), Alan Hewitt (Professor Shattuck), Norman Grabowski (Norman), Connie Gilchrist (Mrs. Gossett), Michael Fox (Kohner), Burt Mustin (Baliff), Dallas McKennon (Detective Hutchins), June Ellis **L** 88 **E** 5.2.1995 RTL

ÜBERWACHUNG (MAI FU). Ein Hafenarbeiter, der zu Überwachungszwecken als Hilfspolizist in einem Wasserturm Dienst tut, wird von seinen Vorgesetzten vergessen und harrt 36 Tage auf seinem Posten aus. Ein inszenatorisch und kameratechnisch konventioneller Film, der in einigen Szenen leise Kritik an der bestehenden Gesellschaftsordnung übt und das Kollektiv zugunsten des einzelnen kritisch hinterfragt. (O.m.d.U.) – Ab 16. ✦ VR China 1996 **P** Xiao Xiang Film Studio **Pd** Wu Yijian **R** Huang Jianxin, Yang Yazhou **B** Sun Yian **K** Yang Wei **M** Zhang Dalong **S** Lei Qin **D** Feng Gong (Ye Minzhu), Teng Rujun (Lao Tian), Jiang Shan (Bai Lin), Niu Zhenhua (Der Weise), Shi Xiaohong (Lin Daowei) **L** 100 **E** 30.9.1998 WDR **fd** 33 355

DIE ÜBERWEISUNG (LA MANDAT). Die manchmal komische, manchmal zermürbend-verzweifelte Odyssee eines Arbeiters, der sich in den Fängen der korrumpierten einheimischen Bürokratie verstrickt. Eine kämpferische filmische Chronik, empfindsam und mit Sinn fürs Malerische inszeniert, geprägt von hoher menschlicher Qualität. (O.m.d.U.; Titel DDR: »Die Postanweisung«.) – Sehenswert ab 14. ✦ Senegal/Frankreich 1968 **P** Ousmane Sembene **R+B** Ousmane Sembene **K** Paul Soulignac **D** Mamadou Guye, Ynousee N'Diaye, Isseu Niang, Serigne N'Diaye Gonzales **L** 85 **E** 1969 Kino DDR/3.11.1973 WDR/7.2.1974 DFF 1

DAS ÜBLICHE (THE USUAL). Unabhängig produzierter Liebesfilm um eine junge Frau, die zwischen zwei verschiedenen Männern und Liebhabern pendelt. Sie zieht von der Farm ihrer Mutter in die Stadt, wo sie in einem Lokal arbeitet. Dort lernt sie einen jungen Mann kennen, der zwar bald nach New York weiterzieht, sich aber immer wieder in ihre Beziehung zu jenem Mann einmischt, der in dem Lokal am Grill arbeitet. Eine eher an der Vermittlung von Alltagserfahrungen als an großen Kino-Posen interessierte Geschichte. (O.m.d.U.; Alternativtitel: »The Usual«) ✦ Schwarz-weiß. USA 1991 **P** Periferia Film **SF** Freunde der Deutschen Kinemathek **Pd** Emily

Stevens, Eric Tretbar, Sarah Auerswald **R+B** Eric Tretbar **K** Jim Zabilla **M** John Crozier **S** Eric Tretbar **D** Lisa Todd (Claire), Steve Epp (Aldo), John Crozier (Spike), Eleanor St. Regis (Claires Mutter), Leonard Engman (Spikes Vater) **L** 80 **E** 1992 Kino/7.9.1993 West 3

DIE ÜBLICHE LIEBE (EL BUEN AMOR). Die Erlebnisse eines studentischen Brautpaares, das heimlich von Madrid nach Toledo gefahren ist, um die zwölf Stunden eines winterlich-trüben Sonntags fern von Familie und Freunden zu verbringen. Der Film ist zugleich eine unauffällige Teilbestandsaufnahme spanischen Volkslebens, fragmentarisches Dokument der Stadt Toledo und Zeugnis der Mentalität moderner spanischer Jugend. Eine kulturpsychologische Studie von bemerkenswerter Frische. ✦ Schwarz-weiß. Spanien 1962 **P** JET **R+B** Francisco Regueiro **K** Juan Julio Baena **M** Miguel Asins Arbó **D** Simón Andreu, Marta del Val **L** 85 **E** 23.12.1967 WDR

DIE ÜBLICHEN VERDÄCHTIGEN (THE USUAL SUSPECTS). Aufwendig in mehreren Rückblenden strukturierter Kriminalfilm, der an Hand der Vernehmung eines Beteiligten die Hintergründe einer blutigen Schießerei mit 27 Toten beschreibt. Mit zahlreichen Anspielungen auf die Filmgeschichte inszeniert, baut er ganz auf stilistische Pointierung und ein überraschendes Ende, in dem das Filmbild als Lüge entlarvt wird. Über der Grundidee gehen die stimmige Gestaltung der Figuren und die Überzeugungskraft der Handlung zumindest phasenweise verloren. DVD: Die Extras umfassen u. a. einen Audiokommentar des Regisseurs. – Ab 16. ✦ USA 1995 **P** PolyGram/Spelling Films/Blue Parrot/Bad Hat Harry **KI** Columbia TriStar **VA** Col.TriStar **DVD** Columbia TriStar Home (16:9, 2.35:1, DD2.0 engl./dt.) **Pd** Bryan Singer, Michael McDonnell **R** Bryan Singer **B** Christopher McQuarrie **K** Newton Thomas Sigel **M+S** John Ottman **D** Stephen Baldwin (Michael McManus), Gabriel Byrne (Dean Keaton), Chazz Palminteri (Dave Kujan), Kevin Spacey (Roger »Verbal« Kint), Pete Postlethwaite (Kobayashi), Kevin Pollak (Todd Hockney) **L** 105 **FSK** ab 16; f **E** 18.1. 1996/8.10.1996 Video/1.2.2001 DVD **fd** 31 715

DIE UFA. Dokumentarfilm über die UFA, insbesondere ihre Bedeutung innerhalb der nationalsozialistischen Propaganda- und Kulturpolitik. Die Spurensuche in Filmen und Archiven ergibt nebenher auch eine Chronik der deutschen Geschichte. In dem Arrangement von zahllosen Filmausschnitten läßt Bitomsky ehemalige Mitarbeiter und Zeitzeugen sowie den UFA-Spezialisten Klaus Kreimeier zu Wort kommen. – Ab 14. ✦ Teils schwarz-weiß. Deutschland 1992 **P** Big Sky/WDR/La Sept **VA** offen (BetaCam SP) **R+B** Hartmut Bitomsky **K** Simon Kleebauer, Arthur Ahrweiler **S** Ingo Ehrlich **L** 88 **E** 10.9.1992 ARD

DIE UFA – MYTHOS UND WIRKLICHKEIT. Dreiteilige Fernsehdokumentation des Dokumentarfilmers und Filmhistorikers Erwin Leiser, der die bis zum Ende des Zweiten Weltkriegs zentrale deutsche Filmproduktionsfirma UFA durch Zitate aus bezeichnenden, teils berühmten, teils vergessenen Filmen charakterisiert. Teil 1: 1917–1932; Teil 2: 1933–1945; Teil 3: nach 1945 bis heute. ✦ Teils schwarz-weiß. Deutschland 1993 **R** Erwin Leiser **L** 3 x 45 **E** 25., 26.12.1993,1.1.1994 B 1

UFA'S DSCHUNGELBUCH – DER FILM (THE JUNGLE BOOK). Die Geschichte des kleinen Mogli, der sich im Dschungel verläuft und fortan von einem Wolfsrudel aufgezogen wird. Zeichentrickversion der bekannten Abenteuererzählung von Rudyard Kipling, die trotz einiger Längen mit ihrem freundlich gestimmten Grundton kindgerechte Unterhaltung bietet. – Ab 8. ✦ Japan 1992 **P** Nippon Animations **VA** Ufa **B** nach dem Roman »Das Dschungelbuch« von Rudyard Kipling **L** 91 **FSK** ab 6 **E** 1993 Video

DAS UFER (BEREG). Ein russischer Schriftsteller begegnet während einer Lesetournee in Hamburg jener Deutschen, die er bei den Kämpfen um Berlin 1945 vor Vergewaltigung schützte und aufrichtig liebte, wodurch er in Konflikte geriet und indirekt seinen Freund beim Einsatz verlor. Die jetzige Buchhändlerin, vereinsamt, hat die neuerliche Begegnung herbeigeführt, doch der Versuch, die alte Liebe zu erneuern, scheitert. Es bleibt das Gefühl starker innerer Verbundenheit über die verschiedenen Lebensschicksale hinaus. Aufwendig inszenierte Auseinandersetzung mit Leiden und Folgen des Zweiten Weltkriegs. In dem Plädoyer für Versöhnung und friedliches Miteinander ernsthaft, hat der Film etwas Gekünsteltes und ist in manchen Szenen zu nonchalant, um vollends zu überzeugen. ✦ UdSSR/BR Deutschland 1985 **P** Mosfilm/Allianz Filmprod./WDR **R** Alexander Alow, Wladimir Naumow **B** Juri Bondarew, Alexander Alow, Wladimir Naumow, nach einem Roman von Juri Bondarjew **K** Valentin Shelesnjakow **M** Alexander Goldstein, A. Lapissow **D** Boris Schtscherbakow (Nikitin), Natalja Belochwostikowa (Emma), Bernhard Wicki (Weber), Wladimir Gostjuchin (Meshenin), Valeri Storoschik (Knashko) **L** 138 **E** 7.7. 1985 ARD

DIE UFER (BEREGA). Eine Zahnärztin und ein Filmvorführer machen sich auf den Weg in die Taiga, um die Menschen dort mit den Segnungen der modernen Medizin und Kultur zu beglücken. Allerdings machen sie dabei selbst ein paar neue Erfahrungen. – Ab 12. ✦ Scope, schwarz-weiß. UdSSR 1973 **P** Mosfilm **R** Jekaterina Staschewskaja **B** Alexander Rekemtschuk **K** Piotr Satunowski **M** Nikita Bogoslowski **D** Valeri Solotuchin (Saschka), Jelena Prudnikowa (Lenotschka), Viktor Titow (Gudoschnikow), Sergej Torkatschewski (Milizionär), Boris Tscherbakow (Petuchow) **L** 82 **E** 23.5.1974 DFF 2

DAS UFER DER FRAUEN OHNE MÄNNER (BEN KHONG CHONG). Ein vietnamesischer Soldat kehrt aus dem Krieg gegen die französische Kolonialmacht (1946–54) in sein Heimatdorf zurück. Neben Bodenreform und Enteignung findet er verbitterte Frauen vor: die Alten haben ihre Männer im Krieg verloren, die Jungen finden keine. Er selbst hat Interesse an zwei Frauen, der Mutter eines gefallenen Soldaten und einer ehemaligen Großgrundbesitzerin. Als der Vietnam-Krieg ausbricht, ist er der einzige gesunde Mann im Dorf. Seine Beziehung zur Witwe scheitert am Neid und Widerstand der anderen Frauen, mit der Großgrundbesitzerin kann er sich aufgrund seines Standes nicht einlassen. Als eine junge Frau das Dorf verlässt, finden sie überraschend zueinander. Drei Jahre später kehrt sie mit einem kleinen Mädchen zurück, erneut kommt es zu Tumulten. Am andern Tag hat sich der Soldat erhängt. Verfilmung eines preisgekrönten Romans, die einen Zeitraum von 20 Jahren überspannt. Der beeindruckend fotografierte Film stellt die unsichtbaren Wunden des Krieges in den Mittelpunkt und versucht, das Innenleben seiner Figuren transparent zu machen. (O.m.d.U.) ✦ Vietnam 2000 **P** Vietnam Feature Films **KI** Freunde der Deutschen Kinemathek **R** Luu Trong Ninh **B** Luu Trong Ninh, nach einem Roman von Duong Huong **K** Nguyen Huu Tuan **M** Do Hong Quan **S** Nguyen Vinh Quoc **D** Thuy Ha (Frau Hanh), Luu Trong Ninh (Herr Van), Minh Chau (Frau Nhan), Nhu Quynh (Frau Hon) **L** 90 **E** 2001

DAS UFER DES LEBENS (DRUGI BRZEG). Ein polnischer Kommunist, der nach Beginn des Zweiten Weltkrieges illegal im Widerstand arbeitet, gerät in Konflikte mit seinem Freund. ✦ Schwarz-weiß. Polen 1962 **P** Filmstudio Lodz **R** Zbigniew Kuzminski **B** Andrzej Szypulski, Zbigniew Kuzminski **K** Karol Chodura **M** Kazimierz Serocki **D** Józef Nowak, Alicja Pawlicka, Franciszek Pieczka, Ludwik Pak **L** 93 **E** 21.7. 1967 DFF 1

UFER IM NEBEL (1941) (OUT OF THE FOG). Zwei alte Männer, ein Flickschneider und ein Koch, entkommen einem erpresserischen Gangster, der ihr gemeinsames Boot und alle ihre Anglerträume zu zerstören droht. Ihre ohnmächtige, bis zum Mordversuch gesteigerte Auflehnung dient als Ausgangspunkt eines atmosphärisch dichten »film noir«-Ablegers, der allerdings ein allzu verschwommenes und beschwichtigendes Loblied auf einfältige, arme Leute anstimmt, die sich mit den ihnen zugefügten Ungerechtigkeiten abfinden. – Ab 14 möglich. ✦ Schwarz-weiß. USA 1941 **P** Warner Bros. **Pd** Hal B. Wallis **R** Anatole Litvak **B** Robert Rossen, Jerry Wald, Richard Macaulay, nach dem Bühnenstück »The Gentle People« von Irwin Shaw **K** James Wong Howe **M** Leo F. Forbstein (Ltg.) **S** Warren Low **D** Ida Lupino (Stella Goodwin), John Garfield (Harold Goff), Thomas Mitchell (Jonah Goodwin), John Qualen (Olaf Johnson), Eddie Albert (George Watkins), George Tobias (Igor Propotkin), Aline MacMahon (Florence Goodwin) **L** 80 **E** 28.12.1963 ARD

UFER IM NEBEL (1985) (BEREGA W TUMANE). 1921/22 muß sich die von den Russen geschlagene konterrevolutionäre Armee General Wrangels nach Warna zurückziehen. Als letzten Ausweg wählt ein weißgardistischer Oberst den Freitod. Revolutionsdrama. – Ab 16. ✦ Scope. UdSSR/Bulgarien 1985 **P** Mosfilm/Bojana/Bulgarisches Armeefilmstudio **R** Juli Karassik **B** Budimir Metalnikow, Angel Wagenstein **K** Plamen Wagenstein **M** Juri Buzko **D** Anatoli Kusnezow (Oberst Jegorjew), Leonid Filatow (Schelapugin), Sergej Jurski (Reily), Irina Kuptschenko (Sharshinskaja), Ljubomir Mladenow (Zar Boris) **L** 130 **E** 19.10.1986 DFF 2

UFO CAFÉ (UFO CAFE). Durch seine Freundschaft mit einem Außerirdischen rettet ein Eisenwarenhändler seine Heimatstadt vor dem Ruin. Das zu einem Restaurant umgebaute alte Raumschiff, das ihm der Besucher aus dem All schenkt, wird zur Attraktion des Ortes. ✦ USA 1990 **P** Corapeake **R** Paul Schneider **B** Beth Polson, Blair Ferguson, nach dem Roman von Beth Polson **K** James Pergola **M** W. G. Snuffy Walden **D** Richard Mulligan (Georges Walters), Beau Bridges (Arnold), James McEachin (Frank), Barbara Barrie (Delores Walters), John Furey (Michael Walters), Betsy Randle (Suzie Walters) **L** 90 **E** 2.6.1992 Tele 5

UFORIA (UFORIA). Ein Ex-Häftling betrügt gemeinsam mit einem Freund aus alten Gefängnistagen die Menschen mit einer »Religionsshow« und flüchtet vor der Polizei mit seiner Geliebten in einem Ufo. An den Haaren herbeigezogene Geschichte, die sich weder mit dem Thema der religiösen Geschäftemacherei noch mit der latenten Ufo-Hysterie und -Sehnsucht der Amerikaner halbwegs ernsthaft auseinandersetzt. – Ab 16 möglich. ✦ USA 1981 **P** Universal **VA** CIC **R+B** John Binder **K** David Myers **M** Richard Baskin **D** Cindy Williams (Arlene), Harry Dean Stanton (Bruder Bud), Fred Ward (Sheldon), Beverly Hope Atkinson, Harry Carey jr., Darrell Larson (Toby) **L** 89 **FSK** ab 12 **E** November 1987 Video **fd** 26 526

UFOS ÜBER WATERLOW. Ein Aufschneider schlägt sich als Ufo-Experte durchs Leben, wobei seine Vorträge durch einen angeblichen Augenzeugen, einen Russen, bestätigt werden. Als der Schwindel auffliegt, verschwinden die beiden in ein entlegenes Dorf, doch die erhoffte Ruhe kehrt nicht ein, da verrückte Zufälle und finstere Gestalten nun ihren Alltag bestimmen. (Fernseh-)Komödie um zwei versponnene Fantasten, die aus ihrer vorgeblichen Stasi-Tätigkeit Kapitel schlagen wollen. – Ab 16. ✦ Deutschland 1999 **R** Zoltan Spirandelli **B** Michael Illner **K** Dieter Deventer **M** Detlef Friedrich Petersen **S** Magdolna Rokob **D** Uwe Steimle (Robert Becker), Thorsten Nindel (Sascha), Andrea Sawatzki (Talula), Nadja Uhl (Hanna), Gina Fischer (Liane) **L** 90 **E** 16.3.2000 ARD

UFOS ZERSTÖREN DIE ERDE (YOSEI GORATH / GORATH). Der Erde droht der Zusammenstoß mit einem Stern. Die Menschen wenden die Katastrophe ab, indem sie die Erde aus ihrer Bahn bringen. Ungereimtes Science-Fiction-Abenteuer, melodramatisch und spannungsarm. (Fernsehtitel auch: »Gorath«) – Ab 14 möglich. ✦ Scope. Japan 1962 **P** Toho **KI** Apollo/Peiper/CH **R** Inoshirô Honda **B** Takeshi Kimura **K** Hajime Koizumi **M** Kan Ishil **D** Ryo Ikebe (Dr. Tazawa), Takashi Shimura (Kesuke Sonoda), Jun

Tazuaki, Akihiko Hirata (Capt. Endo), Yumi Shirakawa **L** 84 **FSK** ab 12; nf **E** 10.7.1975 **fd** 19 378

UGETSU – ERZÄHLUNGEN UNTER DEM REGENMOND (UGETSU MONOGATARI). Während des Regenmondes, der bevorzugten Zeit der Geister, versprechen sich zwei Bauern des 16. Jahrhunderts Gewinn von einem Krieg, der sich als greller Wahn erweist. Sein Grauen steht im krassen Gegensatz zur absoluten Schönheit, die einer der beiden Bauern als Töpfer schafft und als Geliebter eines lebenshungrigen Geistes erfährt. Solche Gegensätze werden in dem legendenartig erzählten, meisterhaft gestalteten Film mit poetischer Distanz, lyrischer Geschmeidigkeit und erstaunlicher Harmonie umschrieben, in Licht und Schatten getaucht, ohne einen einzigen Ton hervorzuheben. Zugleich handelt er von der vielfachen Gefährdung des Menschen in einer materialistischen (Männer-)Welt. Er leitet die sozialen Abhängigkeiten und Machtverhältnisse sowohl gesellschaftlich als auch individuell als Rollenkonflikte zwischen Mann und Frau ab, wobei letztere das schutzlose Opfer ist. (TV-Titel DDR: »Erzählungen unter dem Regenmond«) – Sehenswert ab 16. ✦ Schwarz-weiß. Japan 1953 **P** Daiei **KI** Neue Filmkunst **Pd** Masaichi Nagata **R** Kenji Mizoguchi **B** Matsutaro Kawaguchi, Yoda Yoshikata, nach Erzählungen von Akinari Ueda **K** Kazuo Miyagawa **M** Fumio Hayasaka, Tamekichi Mochizuki **S** Mitsuzo Miyata **D** Machiko Kyô, Masayuki Mori, Kinuyo Tanaka, Mitsuko Mito, Sakae Ozawa, Sugisaku Aoyama **L** 96 **FSK** ab 16; f **FBW** bw **E** 13.11.1959/12.8.1962 ARD/26.4.1981 DFF 2 **fd** 8 657

UGORSKI – DENN SEINEN FREUNDEN GIBT ER'S SCHLAFEND. Dokumentarfilm über den Leningrader Pianisten Anatolij Ugorski, der 1990 mit seiner Familie nach Ost-Berlin kam und in Deutschland einen Neuanfang versuchte. In seiner Heimat hatte der Musiker nicht nur unter jahrelangem Berufsverbot zu leiden, sondern auch unter zunehmendem Antisemitismus. – Ab 12. ✦ Deutschland 1991 **R** Maxim Dessau, Christel Maye, Horst Zeidler **L** 55 **E** 2.12.1991 ZDF

UHF – SENDER MIT BESCHRÄNKTER HOFFNUNG (U.H.F.). Ein beruflich bislang stets versagender Tagträumer kommt in den Besitz eines maroden Fernseh-Lokalsenders, den er gemeinsam mit seinem Freund und einem spinnerten »Showmaster« auch gegen die kriminellen Machenschaften eines Konkurrenten auf Vordermann bringt. Von einem »Filmfreak« mit zahlreichen Filmzitaten angereicherte, turbulente Satire, die das amerikanische Genre-Kino der 80er Jahre ebenso wie die »Seifenopern« des US-Fernsehen durch den Kakao zieht. Manchmal allzu derb und hektisch. ✦ USA 1988 **P** Cinecorp/Imaginary **VA** RCA/Columbia **Pd** Gene Kirkwood, John Hyde **R** Jay Levey **B** Weird Al Yankovic, Jay Levey **K** David Lewis **M** John Du Prez **S** Dennis O'Connor **D** Weird Al Yankovic (George Newman), Kevin McCarthy (R.J. Fletcher), Michael Richards (Stanley Spadowski), David Bowe (Bob), Victoria Jackson (Teri) **L** 93 **FSK** ab 12 **E** 9.10.1990 Video **fd** 28 503

DIE UHR DES KAPITÄN ENRICO (TSCHASSY KAPITANA ENRIKO). Jugendfilm: Ein zehnjähriger Junge findet in den Parkanlagen am Hafen eine Taschenuhr mit einer Widmung. Seine Klassenkameraden nehmen an, daß ein Matrose die Uhr verloren hat, und wollen ihm bei der Suche nach dem Besitzer helfen. Daraus entwickelt sich eine abenteuerliche Jagd nach einem falschen Kapitän durch die Straßen Rigas. – Ab 8 möglich. ✦ Scope. UdSSR 1967 **P** Filmstudio Riga **KI** Progress **R** Janis Streitsch, Erik Lazis **B** Dzidra Rinkule-Zemzare **K** Sigurd Witols **M** Rindgold Ore **D** Aiwar Galwinsch (Tomish), Aguija Infantjewa (Jugita), E. Maisaks (Jack), L. Kriwan (Fridis) **L** 77 **E** 29.5.1970 Kino DDR/6.7.1974 DFF 1/1.1.1987 SAT 1

DIE UHR IST ABGELAUFEN (NIGHT PASSAGE). Die Geschichte zweier feindlicher Brüder, von denen der jüngere Mitglied einer Gangsterbande ist, die Eisenbahnzüge beraubt. Beim jüngsten Überfall wird der ältere Bruder, der den Zug als Bewacher von Lohngeldern begleitet, das Opfer der Bande. In der Endabrechnung stellt sich der jüngere vor den »feindlichen« Bruder, wird tödlich getroffen und büßt damit seine Schuld. Atmosphärisch dichter, mit Humor und Sentimentalität gewürzter Western, der erst zum Schluß in übliche Klischees absinkt. Reizvoll auch die in Herbstgold getauchte Landschaft, die durch das Technirama-Breitwandverfahren ein nahezu plastisches Gesicht erhält. – Ab 14. ✦ USA 1957 **P** Universal **KI** Universal **Pd** Aaron Rosenberg **R** James Neilson **B** Borden Chase **K** William H. Daniels **M** Dimitri Tiomkin **S** Sherman Todd **D** James Stewart (Grant McLaine), Audie Murphy (Utica Kid), Dan Duryea (Whitney Harbin), Dianne Foster (Charlie), Elaine Stewart (Verna Kimball), Brandon De Wilde (Joey Adams), Jay C. Flippen (Ben Kimball), Herbert Anderson (Will renner), Robert J. Wilke (Concho), Hugh Beaumont (Jeff Kurth), Jack Elam (Shotgun), Paul Fix (Mr. Feeney), Olive Carey (Miss Vittles), Donald Curtis (Jubilee), Frank Chase (Trinidad), Henry Wills (Pache), Chuck Roberson (Roan) **L** 89 **FSK** ab 12; nf **E** 20.12.1957/4.12.1971 ARD **fd** 6 573

DIE UHR LÄUFT AB (RANSOM). Der Chef der schwedischen Polizei im Kampf gegen Terroristen, die den britischen Botschafter als Geisel zur Freilassung von Komplizen festhalten, und gegen Flugzeugentführer, die, wie sich herausstellt, im Auftrag der englischen Behörden handeln. Handwerklich solider Actionkrimi, der das aktuelle Thema zu weitläufig-fantastisch und oberflächlich behandelt. – Ab 16. ✦ Großbritannien 1974 **P** Film und Theatre Prod. **KI** Constantin **Pd** Peter Rawley **R** Casper Wrede **B** Raoul Wheeler, Casper Wrede **K** Sven Nykvist **M** Jerry Goldsmith **S** Eric Boyd-Perkins **D** Sean Connery, Ian McShane, John Quentin, Jeffry Wickman, Robert Harris, James Maxwell, Isabel Dean **L** 94 **FSK** ab 16; f **E** 24.4.1975 **fd** 19 277

DER UHRMACHER VON ST. PAUL (L'HORLOGER DE SAINT-PAUL). Die Entwicklung eines Mannes aus bürgerlichen Verhältnissen, der von einer Mordtat seines Sohnes überrascht wird, sie aber allmählich zu verstehen beginnt. Simenon-Verfilmung, die ganz auf Kritik an den Verhältnissen in Frankreich hin angelegt ist. Sorgfältig inszeniert und gespielt, aber allzu dialogbetont, bleibt die politische Argumentation eher theoretisch. (OCIC-Preis 1974 in Berlin; Titel auch: »Der Vollstrecker«) – Ab 16. ✦ Frankreich 1974 **P** Lira **KI** Meteor **R** Bertrand Tavernier **B** Jean Aurenche, Pierre Bost, Bertrand Tavernier, nach einem Roman von Georges Simenon **K** Pierre-William Glenn **M** Philippe Sarde **S** Armand Psenny, Ariane Boeglin **D** Philippe Noiret (Michel Descombes), Jean Rochefort (Kommissar Guiboud), Jacques Denis (Antoine), Julien Bertheau (Edouard), Yves Afonso (Bricard), Sylvain Rougerie (Bernard Descombes), Christine Pascal (Liliane) **L** 105 **E** 7.4.1975 ZDF/27.8.1976 Kino DDR/18.6.1978 DFF 2 **fd** 19 250

UHRWERK ORANGE (A CLOCKWORK ORANGE). Der 15jährige Anführer einer bizarren Jungenclique, die des Nachts mordend und vergewaltigend durch die öden Vororte einer englischen Metropole zieht, gerät in die Mühlen der Polizei und Justiz. Mit der Aussicht auf eine vorzeitige Entlassung unterwirft er sich einer neuartigen Intensiv-Therapie, die ihn von allen Sex- und Gewaltgelüsten heilt. Wieder in Freiheit, erfährt er das Paradoxe seiner »Besserung«: unfähig zur Gegenwehr, erleidet er die Rache seiner früheren Opfer. Bitterböse Filmfarce, die die Vergewaltigung und Mechanisierung des Individuums in einer bis zur Leblosigkeit bürokratisierten und technisierten Zivilisation mit grimmiger Konsequenz analysiert. Ein filmisch brillanter Diskurs über den hysterischen Hedonismus der Konsumkultur, über die perverse Ästhetik der Gewalt und über die Wirkungs- und Manipulationsmöglichkeiten visueller Medien. ✦ Großbritannien 1970/71 **P** Warner Bros./Polaris **KI** Warner-Columbia **VA** Warner Home **DVD** Warner Home (FF, DD5.1 engl./dt.) **Pd+R** Stanley Kubrick **B** Stanley Kubrick, nach einem Roman von Anthony Burgess **K** John Alcott **M** Walter Carlos (= Wendy Carlos) **S** Bill Butler **D** Malcolm McDowell (Alex), Paul Farrell (Landstreicher), Patrick Magee (Mr. Alexander), Michael Bates (Chef-Wachmann), Warren Clarke (Dim), Adrienne Corri (Mrs. Alexander), Carl Duering (Dr. Brodsky) **L** 137 **FSK** ab 16; f **FBW** w **E** 23.3.1972/23.8.2001 Video & DVD **fd** 17 806

UIRÁ, DER INDIANER (UIRA, UM INDO EM BUSCO DE DEUS). Ein Indianer, der den Tod seines ältesten Sohnes nicht verwinden kann, geht mit seiner Familie auf Anraten des Medizinmannes auf die Suche nach dem Paradies, wandert durch den Urwald und trifft auf die ersten Weißen. Durch die Erfahrungen in der Stadt noch mehr bedrückt, beschließt er, nicht mehr zu seinem Stamm zurückzukehren und durch den Tod zu seinem Gott zu kommen. Subtile Beschreibung der durch den Zusammenprall von Eroberern und Ureinwohnern verursachten ungelösten und unlösbaren Probleme. Ein tief trauriger Film, der, ohne ungerecht zu werden, die Ausrottung indianischer Kultur als Katastrophe für die betroffenen Menschen darstellt. ✦ Brasilien 1973 **P** Alter Films/Grupo Filmes **Pd+R** Gustavo Dahl **B** Gustavo Dahl, nach einer Erzählung von Darcy Ribeiro **K** Rogério Noel **M** Gustavo Dahl **D** Erico Vidal (Uirá, der Indianer), Ana Maria Magalhaes (Katai, seine Frau) **L** 90 **E** 4.12.1979 ZDF/11.7.1981 DFF 2

UKAMAU (UKAMAU). Ein junger Indiobauer, dessen Frau von einem Mestizen vergewaltigt und ermordet wurde, wartet geduldig auf den Tag der Rache, die er dann grausam vollzieht. In ruhigem Rhythmus und poetischen Bildern erzählt, liefert der eindrucksvolle, sehr sicher gestaltete Erstlingsfilm ohne polemischen Agitationsstil einen gesellschaftskritischen Beitrag zur sozialen Situation und Spannung seines Landes. – Sehenswert ab 16. ✦ Schwarz-weiß. Bolivien 1966 **P** Castedo-Sanjines Prod. **SF** LFD Rheinland-Pfalz **Pd** Nicanor Jordan Castedo, Jorge Sanjinés **R** Jorge Sanjinés **B** Oscar Soria, Jorge Sanjinés **K** Hugo Rancal **M** Alberto Villalpando **S** Jorge Sanjinés **D** Vincente Verneros (Andres Mayta), Benedicta Mendoza Huanca (Sabina, seine Frau), Nestor Peredo (Rosendo Ramos), Elsa Antequera **L** 70 **E** 13.7.1970 ZDF **fd** 17 810

ULEE'S GOLD (ULEE'S GOLD). Ein Bienenzüchter in den Sümpfen von Florida, der bereits für seine beiden Enkelinnen sorgt, muß seine drogensüchtige Schwiegertochter aufnehmen und mit den Problemen seines inhaftierten Sohnes fertigwerden. Das behutsam unter die Oberfläche dringende Porträt eines einfachen, aufrechten Menschen und seiner Zeitumstände, mit viel Gespür für die kleinen Dinge und verborgenen Gefühle inszeniert und von Peter Fonda bemerkenswert unaufdringlich gespielt. Ein beachtlicher Film abseits aller Hollywood-Klischees. (Kinotip der katholischen Filmkritik) – Sehenswert ab 16. ✦ USA 1997 **P** Nuñez-Gowan/Clinica Estetico **KI** Movienet **VA** Splendid **Pd** Jonathan Demme **R+B** Victor Nuñez **K** Virgil Mirano **M** Charles Engstrom **S** Alberto Garcia **D** Peter Fonda (Ulee Jackson), Patricia Richardson (Connie Hope), Christine Dunford (Helen Jackson), Tom Wood (Jimmy Jackson), Jessica Biel (Casey Jackson), Vanessa Zima (Penny Jackson), Steven Flynn (Eddie Flowers), Dewey Weber (Ferris Dooley), J. Kenneth Campbell (Sheriff Bill Floyd) **L** 112 **FSK** ab 6; f **E** 30.4.1998/30.11.1998 Video **fd** 33 119

ULI DER JUNGE SEEFAHRER → Lockende Gefahr

ULI DER KNECHT (ULI DER KNECHT / UELI DER KNECHT). Verfilmung der klassischen Schweizer Volkserzählung »Wie Uli der Knecht glücklich wird« von Jeremias Gotthelf (1841): Ein leichtsinniger junger Bursche und Schürzenjäger entwickelt sich zum pflichtbewußten Mann, der am Ende eine geliebte

Frau findet und vom Bodenbauern, in dessen Diensten er steht, den Hof erhält. Eine episch breite, besinnlich und humorvoll zugleich konzipierte Heimaterzählung in behutsam verinnerlichter Darstellung. (Deutscher Titel auch: »Junge Jahre der Liebe«; Fortsetzung: »Uli der Pächter«) – Sehenswert ab 12. ✦ Schwarz-weiß. Schweiz 1954 **P** Gloriafilm **Kl** Allianz **Pd** Oscar Düby (= Lazar Wechsler), Max Dora **R** Franz Schnyder **B** Richard Schweizer, nach einem Roman von Jeremias Gotthelf **K** Emil Berna **M** Robert Blum **S** Hans Heinrich Egger, Hermann Haller **D** Hannes Schmidhauser (Uli), Heinrich Gretler (Johannes, Bodenbauer), Elisabeth Schnell (Anneliesi), Gertrud Jauch (Bodenbäuerin), Liselotte Pulver (Vreneli), Emil Hegetschweiler (Joggeli), Hedda Koppé (Glunggenbäuerin) **L** 115 **FSK** ab 12; f **FBW** w **E** 25.12. 1954/2.10.1960 ARD **fd** 3 779

ULI DER PÄCHTER (ULI DER PÄCHTER). Der ehemalige Knecht, der nach innerer Läuterung und Reifung, die Pacht eines reichen Bauernhofes übernommen hat, gerät auf Abwege und findet mit Hilfe Gottes, seiner Frau und eines wahren Freundes zurück. Fortführung der episch breiten Heimaterzählung nach dem Roman von Jeremias Gotthelf, die erneut durch die bemerkenswerte Erfassung der Atmosphäre und die schauspielerischen Leistungen beeindruckt. (Erster Kinotitel: »... und ewig ruft die Heimat«; Fortsetzung von: »Uli der Knecht«) – Sehenswert ab 12. ✦ Schwarz-weiß. Schweiz 1955 **P** Prasensfilm **Kl** Columbia **Pd** Oscar Düby (= Lazar Wechsler) **R** Franz Schnyder **B** Richard Schweizer, Werner Düggelin, Franz Schnyder, nach einem Roman von Jeremias Gotthelf **K** Emil Berna **M** Robert Blum **S** Hans Heinrich Egger, Hermann Haller **D** Hannes Schmidhauser (Uli), Liselotte Pulver (Vreneli, seine Frau), Emil Hegetschweiler (Joggeli), Hedda Koppé (Glunggenbäuerin), Leopold Biberti (Hagelhannes), Marianne Matti (Elisi), Alfred Rasser (Baumwollhändler) **L** 115 **FSK** ab 6; f **E** 13.4.1956 **fd** 4 888

ULI UND MAREI →Der Berghofbauer

ULIISSES. Ein Tag im Leben eines Fotografen im Ruhrgebiet; ein Fotomodell träumt von einer Karriere als Film-Star; ein junger Engländer ist unterwegs, um unsere Welt kennenzulernen. Motive und Handlungsmuster aus Homers »Odyssee« und »Ulysses« von James Joyce sind zu einem eigenwilligen Werk montiert und in erfrischend unverbrauchten Bildern zu einer Irrfahrt durch die 80er Jahre und zu einer Entdeckungsreise durch das Universum der Bilder gestaltet worden, die für Nekes die Geschichte des Films ist. – Ab 16 möglich. ✦ BR Deutschland 1982 **P** Werner Nekes Produktion **Kl** AG Kino **Pd+R** Werner Nekes **B** Werner Nekes, basierend auf der »Odyssee« von Homer, »Ulysses« von James Joyce und »The Warp« von Neil Oram **K** Bernd Upnmoor **M** Anthony Moore, Helge Schneider **S** Werner Nekes **D** Armin Wölfl, Tabea Blumenschein, Russel Derson, Shezad Abbas, Arah Antil, Jim Broadbent, Birger Bustroff **L** 94 **FBW** bw **E** 12.8.1983 **fd** 23 998

ULTIMATE CHASE – DIE LETZTE JAGD (ULTIMATE CHASE / ADRENALIN). In einem Internierungslager fällt ein menschenähnliches Monster über die Gefangenen her, tötet und frißt sie, bis ihm in einem unterirdischen Labyrinth der Garaus gemacht werden kann. Ein kopfloses, spekulatives Machwerk, das den Zerfall des Ostblocks für seine Zwecke ausschlachtet; inszenatorisch und schauspielerisch auf atemberaubend schlechtem Niveau. Nur die Kamera leistet erträgliche Arbeit, ohne jede Chance, den stümperhaften Film retten zu können. (Titel auch: »Die letzte Jagd«) ✦ USA 1996 **P** Largo Entertainment/ Filmwerks **VA** Columbia TriStar **Pd** Tom Karnowski (= Thomas Karnowski) **R+B** Albert Pyun **K** George Mooradian **M** Anthony Riparetti (= Tony Riparetti) **S** Ken Morrissey **D** Christopher Lambert (Lemieux), Natasha Henstridge (Delon), Norbert Weisser (Cuzu), Elizabeth Barondes (Wocek), Xavier Declie (Volker) **L** 89 **FSK** ab 18 **E** 21.5.1997 Video/1.6.1998 premiere **fd** 32 678

DAS ULTIMATUM (TWILIGHT'S LAST GLEAMING). Im Jahr 1981 besetzt ein ehemaliger US-Luftwaffengeneral, der wegen seiner radikalen politischen Ansichten untragbar geworden war, den Kontrollraum einer amerikanischen Atomraketen-Basis. Er fordert vom Präsidenten, sich als Geisel zur Verfügung zu stellen und Dokumente zu veröffentlichen, die die Haltung der Regierung während des Vietnam-Krieges schwer belasten würden. Alles endet im Kugelhagel von Scharfschützen, wobei auch der Präsident umkommt. Spannender Thriller, der aber in der Charakterisierung der Figuren und der machtpolitischen Aspekte vordergründig und kolportagehaft bleibt. (Späterer Titel: »Todeskommando Feuerblitz (Ultimatum)«) – Ab 16. ✦ USA/BR Deutschland 1976 **P** NF Geria I/Lorimar/Bavaria **Kl** CS/Atlas **Pd** Merv Adelson **R** Robert Aldrich **B** Ronald M. Cohen, Edward Hübsch, nach dem Roman »Viper Three« von Walter Wagner **K** Robert Hauser **M** Jerry Goldsmith **S** Michael Luciano **D** Burt Lancaster (Lawrence Dell), Charles Durning (Präsident Stevens), Richard Widmark (Martin MacKenzie), Paul Winfield (Willis Powell), Melvyn Douglas (Zachariah Guthrie), Burt Young (Augie Garvas), Joseph Cotten (Arthur Renfrew) **L** 118 (Orig. 146) **FSK** ab 12; f (früher 16) **E** 28.10. 1977 **fd** 20 531

DAS ULTIMATUM FÜR BOHRTURM L 9 (FLOWING GOLD). Abenteuerfilm um einen jungen Mann, der in Notwehr einen Menschen getötet hat und nach seiner Verhaftung flieht. Interessant und atmosphärisch packend nur in seiner dokumentarischen Erfassung der Ölfelder, im übrigen ein mittelmäßiges Melodram. – Ab 16. ✦ Schwarz-weiß. USA 1940 **P** Warner Bros. **Pd** William Jacobs **R** Alfred E. Green **B** Kenneth Gamet, nach einem Roman von Rex Beach **K** Sid Hickox **M** Adolph Deutsch **S** James Gibbon **D** Pat O'Brien (Hap O'Connor), John Garfield (Johnny Blake), Frances Farmer (Linda Chalmers), Raymond Walburn (Wildcat Chalmers), Cliff Edwards (Hot Rocks), Tom Kennedy (Petunia), Granville Bates (Charles Hammond) **L** 80 **E** 15.8.1964 ARD

DAS ULTIMATUM LÄUFT AB (BLOOD, SWEAT AND FEAR). Ein italienischer Polizeikommissar ermittelt in einer weitverzweigten Rauschgift-Affäre. Um an die Drahtzieher der Organisation zu kommen, läßt er einige kleine Ganoven laufen und mischt sich zum Ärger seiner Vorgesetzten unter die gehobenere Gesellschaftsschicht. Mäßiger Kriminalfilm nach bekannten Mustern. ✦ Italien 1975 **P** Cinema Shares **R** Stelvio Massi **D** Franco Gasparri, Lee J. Cobb, Ely Galleani, Giorgio Albertazzi, Andrea Aureli **L** 90 **E** 8.1.1986 RTL plus

ULTIMAX FORCE →The Connection (1973)

ULTIMO →Eine Frau fürs Leben

ULTRA (ULTRA). Die beiden Anführer einer Gruppe römischer Hooligans reisen mit ihrer Gang zu einem Fußballspiel nach Turin und liefern sich mit den dortigen Fans eine Straßenschlacht, bei der der eine aus Versehen ein Mitglied der eigenen Bande ersticht. Als er zur »Rache« gegen die Turiner aufruft, distanziert sich der zweite Anführer von ihm und der Gewalt. In vielen Bildern stimmige, aber streckenweise zu oberflächliche Auseinandersetzung mit dem Hooligan-Problem, die gesellschaftliche Hintergründe fast völlig außer acht läßt. Eine teilweise rüde Sprache und fehlende Distanz gegenüber einem als »mannhaft« geschilderten Gruppenverhalten fordern Kritikfähigkeit. (TV-Titel: »Blutiger Sonntag«) – Ab 16. ✦ Italien 1990 **P** Numero Uno/RAI II **Kl** Progress **VA** Monopol Pathé/VPS **Pd** Claudio Bonivento **R** Ricky Tognazzi **B** Graziano Diana, Simona Izzo, Giuseppe Manfridi **K** Alessio Gelsini **M** Antonello Venditti **S** Carla Simoncelli **D** Claudio Amendola (Principe), Ricky Memphis (Red), Giuppi Izzo (Cinzia), Fabrizio Vidale (Smilzo), Allessandro Tiberi (Fabio) **L** 91 **FSK** ab 12; f **E** 3.9.1991/3.9.1993 Video/ 13.6.1994 ZDF **fd** 29 770

ULTRA FORCE →Hongkong Cop – Im Namen der Rache

ULTRA FORCE 2 (IN THE LINE OF DUTY – PART II: YES MADAME). Gangster und Polizisten im barbarischen Kampf um einen Mikrofilm, in den auch zwei ebenso kampfgewandte wie skrupellose Polizistinnen verwickelt sind. Beinharter Actionfilm. ✦ Hongkong/ USA 1986 **P** D & B Film **VA** Starlight **Pd** John Sham, Linda Kuk **R** Yuen Kwei **D** John Sham, Michelle Khan (= Michelle Yeoh) (Michelle Young), Mang Hoi, Cynthia Rothrock (Cindy Spencer), Tsui Hark **L** 77 **FSK** ab 18 **E** 25.9.1987 Video **fd** 26 478

ULTRA FORCE 3 (IN THE LINE OF DUTY III). Zweite Fortsetzung der Polizei-Abenteuer um Hongkonger Polizistinnen, die mit wenig legalen, aber äußerst effektiven Mitteln eine internationale Terrororganisation, die bei einer Juwelenausstellung ein Blutbad anrichtet, bekämpfen. Durchaus spannender, aber harter Actionfilm aus der in Hongkong erfolgreichen Reihe. ✦ Hongkong 1988 **P** D & B Films **VA** Splendid **Pd** Dickson Boon **R+B+K** Arthur Wong **D** Cynthia Khan, Hiroshi Fujioka, Stuart Ong, Michiko Nishiwaki **L** 80 **FSK** ab 18 **E** Mai 1989 Video

ULTRA FORCE 4 (TIGER CAGE). Kickboxer und Schnulzensänger Donnie Yen in einem Film aus der »Tiger-Cage«-Actionfilm-Reihe, die nichts mit den hierzulande als »Ultra Force« bzw. »Red Force« bekannten »In-the-Line-of-Duty«- Filmen zu tun hat. ✦ Hongkong 1989 **P** D & B Films **VA** Splendid **Pd** Stephen Shin **R** Yuen Wo-Ping **K** Tomato Chan **M** Don Ashley **D** Simon Yum, Do Do Cheng, Jacky Cheung, Donnie Yen, Vincent Lyn **L** 83 **FSK** ab 18 **E** Oktober 1989 Video

ULTRACOP 2000 (YU ZHOU ZU JI). Im Hongkong der fernen Zukunft helfen zwei Mitglieder einer Drogenfahndungseinheit einem Weltraumpolizisten, der hinter einem Außerirdischen her ist, der die Weltherrschaft anstrebt. Anspruchsloses Spektakel mit pausenloser Action und albernem Humor. ✦ Hongkong 1992 **VA** Madison **R** Philip Ko **D** Cynthia Luster, Ricky Davao, Philip Ko **L** 81 **FSK** ab 16 **E** 15.12.1997 Video

ULTRAVIOLET – IM TAL DES TODES (ULTRAVIOLET). Eine Frau will ihren Mann besuchen, der fernab und verloren eine Station in der Wüste betreut. Doch was als freudige Wiedersehensfeier gedacht war, wird zu einer Reise in die Hölle, weil plötzlich ein weiterer Mann auftaucht, der in dem gleißenden Licht der Wüstensonne Verstand und Hemmungen verloren hat. Die Frau wird sein Opfer, ihr Mann kann ihr nicht helfen. Eine blutrünstige Studie in Psycho-Terror und Gewalt, die ein jähes Ende findet. ✦ USA 1991 **P** Concorde **VA** CIC **Pd** Catherine Cyran **R** Mark Griffiths **B** Gordon Cassidy **K** Gregg Heschong **M** Ed Tomney **S** Kevin Tent **D** Esai Morales (Nicholas Walker), Patricia Healy (Kristin Halsay), Stephen Meadows (Sam Halsay), Sorrells Pickard (Country Singer), Louise Baker (Cathi) **L** 75 **FSK** ab 18 **E** 17.2. 1993 Video **fd** 30 083

ULYSSA →Verspieltes Leben

ULYSSES (ULYSSES). Ein Tag im Leben des Dubliner Juden Leopold Bloom: Seine alltäglichen Verrichtungen, sein Gang durch die Stadt, seine Reflexionen, Assoziationen, Träume und Erinnerungen. Nur in Ansätzen gelungene Verfilmung des ausufernden Romans von James Joyce, dessen komplexe, hintersinnige und detailreiche Sprachakrobatik in eine eher unentschlossene Mischung aus Realismus und dick aufgetragener Symbolik verwandelt wird. Handwerklich zwar außerordentlich professionell, inszenatorisch aber meist akademisch und uninspiriert. Blasphemien und Obszönitäten im Dialog erhalten dabei ein ungerechtfertigtes Übergewicht. ✦ Scope, schwarz-weiß. Großbritannien 1967 **P** Ulysses **Kl** Columbia **Pd+R** Joseph Strick **B** Fred Haines, Joseph Strick, nach dem gleichnamigen Roman von James Joyce **K** Wolfgang Suschitzky **M** Stanley Myers **S** Reginald Mills **D** Milo O'Shea (Leopold Bloom), Barbara Jefford (Molly Bloom), Maurice Roeves (Stephen Dedalus), T. P. McKenna (Buck Mulligan), Anna Manahan (Bella Cohen) **L** 132 **FSK** ab 18; nf **FBW** bw **E** 10.4.1970 **fd** 16 843

ULZANA, DER UNBESIEGTE HÄUPTLING (ULZANA). Mit Hilfe einer Bewässerungsanlage sind die Mimbreno-Apachen 1848 in Arizona autark gegenüber den Hilfslieferungen der Regierung geworden. Weiße Geschäftemacher, die ihre Profite bedroht sehen, sprengen die Anlage. Häuptling Ulzana bricht mit seinem Volk aus dem Reservat aus, um nach Mexiko zu fliehen. Trotz vergleichsweise stimmiger Darstellung der Motive und Ursachen der Indianerkriege im vorigen Jahrhundert kaum mehr als eine romantische Räuberpistole, in der die Indianer die abendländischen Tugenden und die Weißen deren Verfall repräsentieren. In der Gewaltdarstellung zurückhaltend. (Fortsetzung des Films »Apachen«; Titel auch: »Ulzana«, »Der letzte Kampf der Apachen – Ulzana«) – Ab 12. ✦ Scope. DDR 1974 **P** DEFA, Gruppe »Roter Kreis« **KI** Unidoc **SF** cinema aktuell/BAG **VA** Progress **Pd** Dorothea Hildebrandt **R** Gottfried Kolditz **B** Gottfried Kolditz, Gojko Mitic **K** Helmut Bergmann **M** Karl-Ernst Sasse **S** Christa Helwig **D** Gojko Mitic (Ulzana), Renate Blume (Leona), Rolf Hoppe (Captain Burton), Colea Rautu (Nana), Amza Pellea (General Crook), Fred Delmare **L** 95 **FSK** ab 12 **E** 17.5.1974 Kino DDR/13.5.1977 DFF 1/14.11.1976 ZDF/1998 Video **fd** 22 779

UM ANTWORT WIRD GEBETEN (R.S.V.P.). Komödie. Eher spaßeshalber lädt ein junges Paar den Papst zu seiner Hochzeit ein. Wider Erwarten nimmt dessen PR-Manager die Einladung an, weil er darin eine gelunge Werbeaktion wittert. Dann aber zerstreitet sich das Paar und will die Hochzeit abblasen. – Ab 16. ✦ Frankreich/USA/Kanada 1992 **R** Paolo Barzman **D** Patrick Dempsey (Robert Faldo), Kelly Lynch (Catherine Vernet), Gérard Rinaldi (Bernard Touchet), Marion Peterson (Françoise), Simon Eine (Cardinal Koenig) **L** 90 **E** 5.9.1997 Super RTL

UM DES LEBENS WILLEN/DER HÖCHSTE RANG (RADI SHISN NA SEMLJE / WYSOKIJE SWANIJE). Der sowjetische General Schapowalow war bekannt wegen seiner klugen strategischen und taktischen Kriegsführung, mit der er die deutschen Truppen oftmals vor große Probleme stellte. Der Film beleuchtet auch die charakterlichen Qualitäten des Offiziers, die ihn im Verlauf der Kriegsjahre zu einem der bedeutendsten Befehlshaber werden ließen. ✦ Scope. UdSSR 1974 **P** Mosfilm **R** Jewgeni Karelow **B** Juli Dunski, Valeri Frid **K** Anatoli Petrizki **M** Jewgeni Pfitschki **D** Jewgeni Matwejew (General Schapowalow), Valentina Maljawina (Albina), Dmitri Franko (Gaidabur), Armen Dshigarchanjan (Zehowrebow), Horst Preusker (Lenau) **L** 87 **E** 31.10.1974 DFF 2

UM DREI UHR GEHT DIE BOMBE HOCH (VISIONS OF DEATH / VISIONS ...). Ein Universitätsprofessor, der vor seinem geistigen Auge Attentate vorhersieht, gerät zunächst, als er sich der Polizei in Denver offenbart, selbst in Tatverdacht. Erst als durch seine Mithilfe eine Bombe entschärft werden kann, glaubt man ihm und bittet ihn, bei der Suche nach dem Täter zu helfen. Seichter (Fernseh-)Krimi mit parapsychologischen Mätzchen, der gelegentlich allzu hektisch gerät. – Ab 16. ✦ USA 1972 **R** Lee H. Katzin **D** Monte Markham (Mark Jamison Lowell), Telly Savalas (Phil Keegan), Jim Antonio (Ted Kroel), Tim O'Connor (Dr. Bert Hayes), Barbara Anderson (Susan Schaeffer) **L** 73 **E** 8.8.1992 ZDF

UM EINE NASENLÄNGE. Ein berühmter Radrennfahrer gewinnt nach zahlreichen Verwechslungen das Sechstagerennen im Stadion und seine Geliebte, wobei er auch seinen Rivalen, einen verheirateten Mann, aussticht. Mit der üblichen Verwechslungskomik angereicherte anspruchslose Unterhaltung um das Komikergespann Moser/Lingen. – Ab 16. ✦ Schwarz-weiß. BR Deutschland 1949 **P** Berolina **KI** Ufa **Pd** Luggi Waldleitner **R** E. W. Emo **B** Bobby E. Lüthge **K** Kurt Schulz **M** Willy Schmidt-Gentner **S** Hilde Grabow **D** Theo Lingen, Hans Moser, Sonja Ziemann, Rudolf Prack, Ilse Petri, Kurt Seifert, Trude Hesterberg, Hans Richter, Georg Thomalla, Liesl Karlstadt, Gerlach Fiedler **L** 101 **FSK** ab 16; nf **E** 25.10. 1949 **fd** 448

UM EINEN FUSSBREIT LAND (TALPALATNYI FÖLD). Schicksal zweier junger Menschen im Ungarn der Vorkriegsjahre. (Fortsetzung: »Befreites Land«, 1950) – Ab 14. ✦ Schwarz-weiß. Ungarn 1948 **P** Magyar-Film **KI** Progress **R** Frigyes Bán **B** Dramaturgische Arbeitsgemeinschaft der Magyar-Film, nach dem Roman »Hochzeit, Taufe, Wiege« von Pál Szabó **K** Arpád Makkay **M** Sándor Veress **D** Adám Szirtes (Jóska Góz), Agi Mészáros (Marika Juhos), Tibor Molnár (János Tarcali), Arpád Lehotay (Mihály Zsíros Tóth), István Egri (Ferke Zsíros Tóth) **L** 99 **E** 23.2. 1951 Kino DDR

UM HAARESBREITE (THE NARROW MARGIN). Ein hartgesottener Polizist beschützt eine Zeugin der Anklage während einer Eisenbahnfahrt vor Killern, die sie zum Schweigen bringen sollen. Gangsterfilm der B-Klasse. Nicht sehr wahrscheinlich, aber von hoher Spannung, die durch die Atmosphäre und die räumliche Abgeschlossenheit des Eisenbahnzugs effektvoll gesteigert ist. – Ab 16. ✦ Schwarz-weiß. USA 1952 **P** RKO **KI** RKO **Pd** Stanley Rubin **R** Richard Fleischer **B** Earl Felton **K** George E. Diskant **M** Frank Sarver, C. Portman **D** Charles McGraw (Walter Brown), Marie Windsor (Mrs. Neal), Jacqueline White (Ann Sinclair), Queenie Leonard **L** 68 **FSK** ab 16; nf **E** 6.1.1953/5.10.1963 ARD **fd** 2 325

UM HIMMELS WILLEN (FOR HEAVEN'S SAKE). Ein arroganter junger Millionär spendet unfreiwillig eine große Summe für eine Missionsstation und schreitet ein, als er seinen Namen von dem dankbaren Missionar mißbraucht glaubt. Die Liebe zu dessen Missionarstochter bekehrt ihn jedoch zum Guten und motiviert ihn, auch gleich die Unterwelt der Stadt auf den rechten Weg zu bringen. Als Kompendium vieler der besten Sequenzen in Lloyds Gesamtwerk womöglich die bestgeeignete Einführung in das Schaffen dieses herausragenden Komikers. – Sehenswert. ✦ Schwarz-weiß. USA 1926 **P** The Harold Lloyd Corporation **R** Sam Taylor **B** John Grey, Ted Wilde, Clyde Bruckman, Ralph Spence (Zwischentitel) **K** Walter Lundin, Henry Kohler **M** Roland Sonder-Mahnken (Neubearbeitung) **S** Allen McNeil **D** Harold Lloyd (J. Harold Manners), Jobyna Ralston (Hope), Noah Young (Bull Brindle), Jim Mason (Gangster), Paul Weigel (Bruder Paul) **L** (TV) 60 **E** 21.6.1981 ZDF

... UM JEDEN PFENNIG. Dokumentation über die Busfahrer in der Millionenstadt Bogota, in der die Busse, im Besitz privater Transportorganisationen, das Hauptfortbewegungsmittel sind. Die Fahrer sind prozentual an den Einnahmen beteiligt, festes Einkommen existiert nicht. Dies führt zu einem harten Konkurrenzkampf, der auf Kosten jeglichen privaten und familiären Lebens geht, und zu zahlreichen Unfalltoten in einem unübersehbaren Verkehrschaos. Der Film beschreibt die Formen der Ausbeutung der Busfahrer, die repräsentativ für viele Städte der Dritten Welt ist. ✦ Kolumbien 1985 **P** Producciones Cinematográficas uno ltda. **R+B** Ciro Duran, Joyce Duran **L** (TV) 85 **E** 1.5.1985 ZDF

UM JEDEN PREIS (1956) (COMANCHE). Zwei aufrechten und mutigen Männern, einem weißen Scout und einem Mestizen, gelingt es um 1875 in New Mexico, dem Kampf zwischen Weiß und Rot, den ein kriegerischer Comanchen-Häuptling schürt, ein Ende zu machen. Handlungsreicher, thematisch konventioneller Indianerfilm, der ein von romantischen Prärie-Liedern begleitetes Abenteuer nach Schema erzählt. – Ab 12. ✦ Scope. USA 1956 **P** Carl-Krueger-Prod. (für United Artists) **KI** United Artists **Pd** Carl Krueger **R** George Sherman **B** Carl Krueger **K** Jorge Stahl jr. **M** Herschel Burke Gilbert **S** Charles L. Kimball **D** Dana Andrews (Jim Read), Kent Smith (Quanah Parker), Linda Cristal (Margarita), Nestor Paiva (Puffer), Henry Brandon (Schwarze Wolke), John Litel (General Miles), Lowell Gilmore (Ward), Stacy Harris (Downey), Mike Mazurki, Reed Sherman (Franzose) **L** 85 **FSK** ab 12; nf **E** 27.7.1956 **fd** 5 133

UM JEDEN PREIS (1987) (RUN TILL YOU FALL). Mißlungenes Drama um einen erfolglosen Detektiv, der seine von ihm getrennt lebende Frau und ihren kleinen Sohn zurückgewinnen möchte. ✦ USA 1987 **R** Mike Farrell **B** Gary Garrett, Dan Wilcox **D** Jamie Farr (Michael Reuben), Fred Savage (Davy), Shelley Fabares (Kathy), CCH Pounder (Janice), Clyde Kusatsu (Fujimoto) **L** 69 **E** 19.12.1993 RTL 2

UM JEDEN PREIS (1988) (FAVORITE SON). Als ein ehrgeiziger rechtsradikaler Senator bei einem Attentat auf einen nicaraguanischen Offizier verletzt wird, bauen ihn die Medien zum Helden auf, wodurch er für die Strategen des um seine Wiederwahl bangenden Präsidenten attraktiv wird. Ein harter, angesichts seiner beruflichen Erfahrungen zynisch gewordener Polizist und sein junger Kollege decken das politische Ränkespiel auf. Routiniert inszenierter, geschickt verästelter Politthriller mit melodramatischen Akzenten und einigen Spannungssequenzen. Seine harsche Kritik an der amerikanischen Nation sowie ihren politischen Repräsentanten dient allein zur Vorbereitung einer patriotisch-naiven Wahlkampf-Propaganda. (Fernsehtitel: »Günstlinge der Hölle«) ✦ USA 1988 **P** NBC Television/Steve Sohmer Incorporated **VA** Warner Home **Pd** Jonathan Bernstein **R** Jeff Bleckner **B** Steve Sohmer **K** Bradford May **M** John Morris **S** Joe Ann Fogle **D** Robert Loggia, Linda Kozlowski (Sally Crain), Harry Hamlin (Senator Fallon), Nick Mancuso, James Whitmore (Präsident Dan Baker), John Mahoney **L** 249 **FSK** ab 16 **E** 21.7.1989 Video/12.,14.,15.12.1990 ARD (drei Teile) **fd** 27 849

UM JEDEN PREIS (1993). Öko-Thriller. Die Geldgier eines deutschen Chemikers, die skrupellose Geschäftemacherei seines Pharma-Konzerns und der blinde Karrierewahn seines Freundes, eines renommierten Orthopäden, zerstören nicht nur Freundschaften und Beziehungen, sondern stürzen auch unschuldige Menschen in der Dritten Welt ins Unglück. – Ab 16. ✦ Deutschland 1993 **P** Fritz-Wagner-Film/ARD/ORF/arte **Pd** Rita Wagner **R** Kai Wessel **B** Ulli Stephan, nach dem Roman »Fette Jahre« von Bernd Sülzer **K** Achim Poulheim **M** Günther Fischer **S** Surati Seidler **D** Henry Hübchen (Jürgen Kirchhoff), Christian Kohlund (Walter Tomschläger), Daniela Ziegler (Linda Tomschläger), Katja Woywood (Sabine Tomschläger), Udo Schenk (Dohm), Karin Gregorek (Frau Portramer) **L** 95 **E** 29.4.1994 arte

UM KOPF UND KRAGEN (1957) (THE TALL T). Ein einzelgängerischer Farmer erledigt mit List und Zivilcourage einen Banditen und seine beiden Komplizen, die nach einem Postkutschenüberfall Geiseln gefangenhalten, darunter ein frisch verheiratetes Paar, um vom Vater der Braut Lösegeld zu erpressen. Schlüssig konstruierter, dicht und spannend inszenierter, harter Western. – Ab 16. ✦ USA 1957 **P** Scott-Brown-Prod. (für Columbia) **KI** Columbia **Pd** Scott Brown **R** Budd Boetticher **B** Burt Kennedy, nach einer Erzählung von Elmore Leonard **K** Charles Lawton jr. **M** Mischa Bakaleinikoff **S** Al Clark **D** Randolph Scott (Pat Brennan), Richard Boone (Usher), Maureen O'Sullivan (Doretta Mims), Arthur Hunnicutt (Ed Rintoon), Skip Homeier (Billy Jack), Henry Silva (Chink), John Hubbard (Willard Mims), Robert Burton (Tenvoorde), Robert Anderson (Jace), Fred Sherman (Hank Parker), Chris Olsen (Jeff) **L** 78 **FSK** ab 12; nf **E** 16.8.1957/12.8.1967 ARD **fd** 6 124

UM KOPF UND KRAGEN (1978) (HOOPER). Rasanter Actionfilm um einen alternden und physisch schon etwas angeschlagenen Stuntman, der sich von einem jungen Rivalen, der neu ins Geschäft eingestiegen ist, zu immer halsbrecherischen Aktionen herausfordern läßt. Schließlich springt er im Raketenauto über eine eingestürzte Brücke. Eine Art Hommage auf die mutigen Doppelgänger der Filmschauspieler, für die sie gefährliche Actionszenen spielen, stellenweise gewürzt mit turbulentem Slapstick. Der Unterhaltungswert mindert sich durch die bedenkliche Männlichkeitsideologie und die streckenweise allzu reißerische Wirkung. – Ab 16. ✦ USA 1978 **P** Reynolds/Gordon (für Warner Bros.) **Kl** Warner-Columbia **Pd** Burt Reynolds, Lawrence Gordon **R** Hal Needham **B** Thomas Rickman, Bill Kerby **K** Bobby Byrne **M** Bill Justis **S** Donn Cambern **D** Burt Reynolds (Sonny), Jan-Michael Vincent (Ski), Sally Field, Brian Keith, John Marley **L** 99 **FSK** ab 12; f **E** 26.10.1978 **fd** 20 970

UM KOPF UND KRONE (TO PLAY THE KING). Zweiteilige Romanverfilmung um Machtspiele zwischen dem englischen König und seinem Premierminister. Als ein neuer König den Thron besteigt, ist die alleinige Macht des skrupellosen Premierministers gefährdet. Dieser will um jeden Preis verhindern, daß der König ihm die Fäden aus der Hand nimmt und wohlmeinende Pläne für soziale Reformen verwirklichen kann. ✦ Großbritannien 1993 **P** BBC **Pd** Ken Riddington **R** Paul Seed **B** Andrew Davies, nach dem Roman »To Play the King« von Michael Dobbs **K** Ian Punter, Keith Thomas **M** Jim Parker **S** Dave King **D** Ian Richardson (Francis Urquhart), Michael Kitchen (König), Kitty Aldridge (Sarah Harding), Colin Jeavons (Tim Stamper), Rowena King (Chloe Carmichael) **L** 205 (105 & 100) **E** 1.,2.5.1995 S 3

UM LEBEN UND TOD (LAW AND ORDER / THE RENEGADES). Wildwestheld Billy the Kid und sein Freund, das komische Faktotum Fuzzy, retten im ersten Teil eine blinde Frau vor der Eheschließung mit einem Schwindler und befreien danach umständlich und tapfer einen unschuldig Verfolgten aus den Händen einer Verbrecherbande, die eine Stadt tyrannisiert. Handelsübliches Western-Serial um den komischen Western-»Gnom« Fuzzy, entstanden als weiterer Teil der Serie »Der König von Wildwest« (siehe auch dort). Sehr anspruchslose Kost. – Ab 12. ✦ Schwarz-weiß. USA 1943 **P** PRC **Kl** Accord **R** Sherman Scott (= Sam Newfield) **B** Sam Robbins **D** Bill Carson, Al »Fuzzy« St. John **L** 86 **FSK** ab 12; nf **E** 29.11.1958 **fd** 8 887

UM MITTERNACHT (1957) (EJFELKOR). Ungarn, Neujahr 1956/57: Die Liebe zwischen einer Tänzerin und einem Schauspieler zerbricht, als sich die Tänzerin für ein Engagement im Westen entscheidet. Der Schauspieler bleibt in Budapest. Der Film des ungarischen Regisseurs Révész (geboren 1927), ein Jahr nach dem Aufstand 1956 gedreht, ist eher thematisch als formal von Interesse. – Ab 16. ✦ Schwarz-weiß. Ungarn 1957 **P** Hunnia **R** György Révész **B** Iván Boldizsár, György Révész, László Bánk **K** Barnabás Hegyi **M** András Bágya **D** Eva Ruttkai, Miklós Gábor, Zsuzsa Bánki, István Rozsos **L** ca. 90 **E** 23.6.1966 WDR

UM MITTERNACHT (1986) (AUTOUR DE MINUIT / ROUND MIDNIGHT). Ein alternder, vereinsamter und alkoholgefährdeter Jazzmusiker kehrt 1959 nach Paris, der Stätte seiner großen Erfolge, zurück, um noch einmal seine Musik aufleben zu lassen. Durch einen Fan, der sich seiner annimmt, erfährt er jene Zuneigung und Geborgenheit, die er in seiner Musik erträumt, die sich aber nicht festhalten läßt. In meisterhaftem Erzählrhythmus entwickelt der Film behutsam und liebevoll das Porträt eines Musikers. Empfindungen und Leidenschaft, Schönheiten des Augenblicks sowie deren Vergänglichkeit werden in kunstvollen Details zu einem Ausdruck leiser Trauer und doch beständiger Daseinsfreude verdichtet. – Sehenswert ab 16. ✦ Scope. Frankreich/USA 1986 **P** Little Bear/PECF (für Warner Brothers) **Kl** Warner-Columbia **SF** atlas **VA** Warner Home **Pd** Irwin Winkler **R** Bertrand Tavernier **B** David Rayfiel, Bertrand Tavernier **K** Bruno de Keyzer **M** Herbie Hancock, div. Jazztitel **S** Armand Psenny **D** Dexter Gordon (Dale Turner), François Cluzet (Francis Borier), Gabrielle Haker (Berangere), Sandra Reaves-Phillips (Buttercup), Lonette McKee (Darcey Leigh), Philippe Noiret, Martin Scorsese **L** 131 **FSK** ab 12; f **FBW** bw **E** 30.10.1986/9.10.1987 Video **fd** 25 889

UM NEUN KOMMT HARALD. Im Prozeß um einen mysteriösen Giftmord werden verdächtige Indizien gegen die junge Nichte des Opfers entkräftet und der Schuldige überführt. Solider, psychologisch grundierter Krimi. – Ab 12. ✦ Schwarz-weiß. Deutschland 1943 **P** Tobis **Kl** Südwest **R** Carl Boese **B** Harald Bratt, nach einem Manuskript von Herbert Engelsing **K** Igor Oberberg **M** Erich Ernst Buder **D** Irene von Meyendorff, Anneliese Uhlig, Werner Fuetterer, Hans Nielsen, Roma Bahn **L** 95 **FSK** ab 12; f **E** 6.1.1944 **fd** 429

UM 9 UHR GEHT DIE ERDE UNTER (CITY BENEATH THE SEA). Im Jahr 2053 sollen die Goldbestände und das spaltbare Material der von schweren Erdbeben bedrohten Vereinigten Staaten in Sicherheit gebracht werden. Aber Pacifica, einer Stadt auf dem Meeresboden, droht durch einen bevorstehenden Meteoriten-Einschlag und durch die Goldgier einiger Offiziere selbst Gefahr. Naiver Science-Fiction-Film ohne inszenatorische Besonderheiten. Sein geringer Unterhaltungswert basiert auf unfreiwilliger Komik. – Ab 16. ✦ USA 1970 **P** Kent Prod. **Kl** Warner Bros. **R** Irwin Allen **B** John Meredyth Lucas, nach einer Geschichte von Irwin Allen **K** Kenneth Peach **M** Richard Lasalle **S** James Baiotto **D** Stuart Whitman (Admiral Matthews), Robert Wagner (Brett), Rosemary Forsyth (Lia Holmes), Burr DeBenning (Aguila), Robert Colbert (Cmdr. Patterson), Susana Miranda (Elena), Richard Basehart (Präsident), Joseph Cotten (Dr. Ziegler), James Darren (Dr. Talty), Whit Bissell (Prof. Holmes), Larry Pennell (Bill Holmes), Edward G. Robinson jr. **L** 95 **FSK** ab 12; f **E** 16.7.1971 **fd** 17 434

UM NULL UHR SCHNAPPT DIE FALLE ZU. Um das FBI zu erpressen, hat eine Gangsterbande 20 Kanister Nitroglyzerin entwendet, durch deren Explosion ganz New York zerstört werden kann. Agent Jerry Cotton verhindert in letzter Minute die Katastrophe. Trotz inszenatorischer Schwächen ein leidlich spannendes Agentenabenteuer um die populäre Groschenheftgestalt. Voller Unwahrscheinlichkeiten, aber geschickt in der Abwandlung der üblichen Agentenfilm-Klischees. – Ab 16. ✦ Schwarz-weiß. BR Deutschland 1965 **P** Allianz/Constantin **Kl** Constantin **R** Harald Philipp **B** Kurt Nachmann, Fred Denger **K** Helmut Meewes **M** Peter Thomas **D** George Nader (Jerry Cotton), Horst Frank (Larry Link), Richard Münch (Mr. High), Heinz Weiss (Phil Decker), Dominique Wilms (Maureen), Monika Grimm (Helen) **L** 89 (gek. 86) **FSK** ab 16; nf (gek. 12) **E** 4.3.1966/10.8.1974 ARD **fd** 13 899

UM 6 UHR ABENDS NACH KRIEGSENDE (W SCHEST TSCHASOW WTSCHERA POSLE). Musikalische Liebesgeschichte zwischen einer Kindererzieherin und einem Artillerieoffizier, die es tatsächlich zuwege bringen, sich nach Kriegsende zur vereinbarten Zeit am vereinbarten Ort zu treffen. Trotz solider Gesangsleistungen schwach und unbeholfen inszeniert. – Ab 14. ✦ Schwarz-weiß. UdSSR 1944 **P** Mosfilm **Kl** Sojusintorg **R** Iwan Pyrjew **B** Viktor Gussew **K** Valentin Pawlow **M** Tichon Chrennikow **D** Marina Ladynina, Jewgeni V. Samoilow, Iwan Ljubesnow, A. Lyssak, Elena Sawitskaja **L** 101 **E** 1.7.1945

UM SIE WAR DER HAUCH DES TODES (QUEI DISPERATI CHE PUZZANO DI SUDORE E I MORTE / LOS DESPERADOS). Als ihm in einer cholera-verseuchten mexikanischen Stadt die Milch für sein hungerndes Baby verweigert wird, nimmt ein desertierter Sergeant mitsamt einem weiteren Deserteur, einem entsprungenen Klosterbruder und einigen Kriminellen blindwütig Rache an Gerechten und Ungerechten. Ein blutrünstiger, geradezu opernhaft arrangierter und inszenierter Italowestern, der mit so hohlem Pathos daherkommt, daß er unfreiwillig komisch wirkt. Gute Darsteller und die Anspielungen auf soziale Hintergründe können die Schwächen nicht verbergen. ✦ Scope. Italien/Spanien 1969 **P** Leone/Daiano/Atlantida **Kl** Adria **R** Júlio Buchs **B** Ugo Guerra, José Luis Martínez Mollá, Federico de Urrutia, Júlio Buchs **K** Francisco Sempere **M** Gianni Ferrio **S** Daniele Alabiso **D** George Hilton, Ernest Borgnine, Alberto de Mendoza, Leo Anchoriz, Annabella Incontrera, Antonio Pica **L** 89 (Orig. 108) **FSK** ab 18; f **E** 20.11.1970 **fd** 17 078

UM 7 UHR IM CAFÉ »MÄRCHEN« (SPOTKANIE W »BAJCE«). Anläßlich der feierlichen Enthüllung eines Denkmals sehen sich in einer kleinen Stadt an der Weichsel seit längerem getrennte Eheleute wieder. Ein stiller, hervorragend gespielter Film über die Krise einer Beziehung, der unaufdringlich auf eine positive Lösung hinsteuert. – Ab 16. ✦ Schwarz-weiß. Polen 1962 **P** ZRF Rymt **R** Jan Rybkowski **B** Michael Tonecki, Jan Rybkowski **K** Mieczyslaw Jahoda **M** Wojciech Kilar **D** Aleksandra Slaska (Teresa), Gustaw Holoubek (Der Arzt), Andrzej Lapicki (Wiktor), Teresa Izewska (Eva), Magdalena Zawadzka (Junges Mädchen), Maria Wachowiak (Kellnerin) **L** 65 **E** 1.6.1969 ZDF/22.7.1970 DFF 1

UM THRON UND LIEBE (SARAJEWO). Die zwölf Stunden vor dem Attentat von Sarajewo auf das österreichische Thronfolgerpaar im Juli 1914, das zum Ausbruch des Ersten Weltkriegs führte. Der Film hat seine Stärken in der Erfassung des Atmosphärischen und des politischen Klimas im damaligen Europa und ist ernsthaft um psychologische Vertiefung vertieft. Er setzt freilich viel Wissen um die politischen Zusammenhänge voraus, so daß er nicht allein aus sich selbst heraus schlüssig erscheint. – Ab 14 möglich. ✦ Schwarz-weiß. Österreich 1955 **P** Mundus **Kl** Europa **Pd** Alfred Stöger **R** Fritz Kortner **B** Robert Thoeren **K** Heinz Hölscher **M** Winfried Zillig **S** Friederike Wieder, Renate Jelinek **D** Ewald Balser (Erzherzog Ferdinand), Luise Ullrich (Herzogin Sophie), Klaus Kinski (Cabrinovic), Hans Thimig (Rumerskirch), Fritz Eckhardt (Professor), Josef Meinrad (Chauffeur), Hans Olden (Durchlaucht) **L** 95 **FSK** ab 12; f **E** 14.9.1955/20.8.1967 ZDF **fd** 4 324

UM TOD UND LEBEN (U.M.C. / OPERATION HEARTBEAT). Krankenhaus- und Justizdrama um zwei Ärzte, die das Leben ihres Kollegen retten, indem sie ihm das Herz eines gerade verstorbenen Patienten implantieren. Die Ehefrau des Verstorbenen zweifelt an der Einwilligung ihres Mannes in dieser Spende und bringt die Mediziner vor Gericht. Hervorragend besetzter, vergleichsweise aufwendig inszenierter abendfüllender Pilotfilm der in den USA erfolgreichen Fernsehserie »Medical Center«. – Ab 16. ✦ USA 1969 **P** MGM **Pd** A.C. Ward **R** Boris Sagal **B** A.C. Ward **D** Edward G. Robinson (Dr. Forestman), James Daly (Dr. Paul Lockner), Richard Bradford (Dr. Joseph Gannon), Maurice Evans (Dr. George Eastler), Kevin McCarthy (Clifford Coswell) **L** 93 **E** 6.7.1991 RTL plus

UM ZWEI MINUTEN (KARHANOVA PARTA). Verfilmung einer Bühnenkomödie, die sich (als erstes tschechisches Theaterstück) dem Kampf der Arbeiter um höhere Produktivität in den Betrieben annimmt: Probleme bei der Plansollerfüllung führen zu Reibereien zwischen den Arbeitergenerationen. Während die jüngeren durch zusätzliche Schichten zum Musterbetrieb werden wollen, setzen die Älteren auf effizientere Arbeitsprozesse. – Ab 14. ✦ Schwarz-weiß. CSR 1950 **P** Tschechoslowakischer Staatsfilm **Kl** Progress **R** Zdenek Hofbauer **B** I. Hulák, J. Kaplan, nach dem Roman »Brigade Karhan« von Vasek Kana **K** Josef Strecha **M** E. F. Burian **S** Marie Kopecká **D** Frantisek Smolík (Karhan), Jindrich Plachta (Fikesch), S. Szozilová (Fr. Karhan), Jaroslav Mares (Jarka Karhan), E. Karelová (Boscha) **L** 84 **E** 3.10.1952 Kino DDR

UMARMUNG (1960) → Ehe französisch

UMARMUNG (1969) (LE SORELLE / LES DEUX SOEURS). Die lesbische Jugendverbindung zweier Schwestern belastet die Ehe der jüngeren, die später eines überraschenden Todes stirbt. Langatmige Kolportage-Geschichte, angesiedelt im Luxusmilieu. Dem Thema der sexuellen Hörigkeit zeigt sich der Film in keiner Weise gewachsen und bleibt im rein Oberflächlichen und Klischeehaften stecken. ✦ Scope. Italien/Frankreich 1969 **P** Cine Azimut/Corona **Kl** Avis **Pd** Fabrizio Cortese **R** Roberto Malenotti **B** Brunello Rondi, Roberto Malenotti **K** Giulio Albonico **M** Giorgio Gaslini **S** Antonietta Zita **D** Susan

Strasberg, Nathalie Delon, Massimo Girotti, Giancarlo Giannini, Lars Bloch **L** 104 **FSK** ab 16; f **E** 2.4. 1971 **fd** 17 409

UMARMUNG MIT DEM TOD. (Fernseh-)Thriller: Ein Callgirl will aussteigen und eine Boutique eröffnen. Als ein früherer Kunde ihr aber nicht als Bürge für einen Kredit aushilft, will sich die Frau an ihm rächen und eines seiner wertvollen Schiele-Bilder stehlen. Am Abend nach dem Einbruch aber wird sie ermordet aufgefunden. ✦ Deutschland 1997 **P** Nostro Film/SAT 1 **R** Kaspar Heidelbach **B** Karl-Heinz Willschrei **K** Daniel Koppelmann, Andreas Loew **M** Kambiz Giahi **S** Günter Jeschonnek **D** Klaus J. Behrendt (Alexander Stein), Andrea Sawatzki (Sonja), Jürgen Vogel (Peter), Arthur Brauss (Charlie), Christian Berkel (Lefevre), Constantin von Jascheroff (Florian), Ulrich Gebauer (Alfred Herz) **L** 94 **E** 23.3.1999 SAT 1

UMARMUNGEN UND ANDERE SACHEN. Bankraub, Zivilisationsflucht und bayerische Typen als Motive eines satirisch angelegten Films mit einer Liebesgeschichte zu dritt. Richard Lester und französische Komödien zwischen Realismus und Surrealismus dienten offensichtlich als Vorbilder. Was die Autoren wirklich wollten, ist nicht auszumachen. ✦ BR Deutschland 1975 **P** Jochen Richter/Solaris **Kl** Constantin **Pd** Bernd Eichinger **R** Jochen Richter **B** Eike Barmeyer, Jochen Richter **K** Hermann Reichmann **M** Sybille Bayer, Mike Lewis **D** Sydne Rome (Jennifer), Jean-Pierre Léaud (Tom), Anny Duperey (Maria), Alfred Edel (Lämmer), Uschi Lina (Lila), Willi Trenk-Trebitsch (Landpolizist), Ludwig Schmid-Wildy (Großvater) **L** 107 **FSK** ab 12; nf **FBW** w **E** 15.1.1976 **fd** 19 609

UMBERTO D (UMBERTO D). Die Tragödie eines verarmten und einsamen alten Mannes, der glaubt, in der Anonymität und Gleichgültigkeit der Großstadtgesellschaft nicht weiterleben zu können. Sein Selbstmordversuch mißlingt, weil er den einzigen Freund, der ihm geblieben ist, seinen Hund, nicht mit in den Tod nehmen kann. Der realistische, unsentimentale Film verbindet scharfe Gesellschaftskritik mit einer erschütternden, Einsichten mobilisierenden Anklage des modernen Menschen. (O.m.d.U.) – Sehenswert ab 16. ✦ Schwarz-weiß. Italien 1951 **P** Dear **Kl** Pallas **Pd** Giuseppe Amato **R** Vittorio de Sica **B** Cesare Zavattini, Vittorio de Sica **K** G. R. Aldo (= Aldo Graziati) **M** Alessandro Cicognini **D** Carlo Battisti, Maria Pia Casilio, Lina Gennari, Elena Rea, Riccardo Ferri, Ileana Sinova **L** 90 **FSK** ab 16; f **FBW** bw **E** 13.11.1954/3.6.1955 Kino DDR/8.11. 1958 DFF 1/17.6.1959 ARD **fd** 2 596

UMBRELLAS (UMBRELLAS). Dokumentation über die Vorbereitung und von großen Problemen begleitete Realisierung von Christos Projekt »Umbrellas/Joint Project for Japan and USA«, in dem der Verhüllungskünstler drei Wochen lang in ausgewählten Landschaften der beiden Länder 3000 riesige Schirme installierte. (Alternativtitel: »Schirme«) – Ab 12. ✦ USA 1994 **P** Maysles Film **R** Henry Corra, Grahame Weinbren, Albert Maysles **K** Albert Maysles, Robert Richman, Robert Leacock, Gary Stelle, Don Lenzer, Richard Pearce **M** Philip Johnston **S** Grahame Weinbren **L** 81 (Orig. 92) **E** 8.7.1995 arte

UMBRUCH (UMBRUCH). Die Umstellung einer Zeitungsdruckerei vom traditionellen Bleisatz auf Satzherstellung mittels Computern. Mit wacher Aufmerksamkeit und kritischem Blick folgt der Dokumentarist zwei Maschinensetzern und zeigt an ihrem Beispiel auf, wie die neue Technik nicht nur das Berufsbild dieser Menschen, sondern ihr Leben schlechthin verändert. Der Film erfaßt in subtiler Weise sowohl die epochale Veränderung der Technik wie auch deren Einfluß auf den Charakter der Presse. ✦ Schweiz 1987 **P** Schlumpf/Schweizerische Gesellschaft für Volkskunde **Pd+R** Hans-Ulrich Schlumpf **B** Hans-Ulrich Schlumpf, Anne Cuneo, Roger Jendly **K** Pio Corradi **M** Bruno Spoerri **S** Rainer Maria Trinkler **L** 93 **E** Schweiz

UMFANGE MICH, NACHT (YIELD TO THE NIGHT). Eine junge englische Mörderin hält während ihrer letzten Tage in der Todeszelle Rückblick auf ihr Leben und auf die Vorgeschichte ihrer Tat. Bedrückende psychologische Studie, angelehnt an einen authentischen Fall. Der niveauvoll gestaltete Film macht emotional Stimmung gegen die Todesstrafe, überläßt aber die Schlußfolgerung letztlich dem Zuschauer. – Ab 16 möglich. ✦ Schwarz-weiß. Großbritannien 1956 **P** British Pathé **Kl** Union **Pd** Kenneth Harper **R** J. Lee Thompson **B** John Cresswell, Joan Henry, nach einem Roman von Joan Henry **K** Gilbert Taylor **M** Ray Martin **S** Richard Best **D** Diana Dors (Mary Hilton), Yvonne Mitchell (Macfarlane), Michael Craig (Jim Lancaster), Geoffrey Keen (Geistlicher), Athene Seyler (Miss Bligh), Marie Ney (Gefängnisdirektorin), Harry Locke (Fred) **L** 90 **FSK** ab 16; f **FBW** w **E** 2.11.1956/25.3.1968 ZDF **fd** 5 420

UMFRAGE ÜBER LIEBE → Gastmahl der Liebe

DAS UMGEKEHRTE LEBEN (LA VIE L'ENVERS). Ein junger Angestellter lebt zurückgezogen und ohne Interesse für seine Umwelt. Auch die Heirat mit einem Mannequin befreit ihn nicht aus der Isolation, die schließlich paranoide Züge annimmt und zur Einweisung in eine Heilanstalt führt. Subtil gestalteter Erstlingsfilm, der das Verhalten der Hauptfigur mit kühler Brillanz und in zwingenden Montagen einer allgegenwärtigen gesellschaftlichen Entfremdung in Bezug setzt. Seine Verweigerung von Kommunikation erscheint weniger als pathologischer Modellfall, vielmehr als verzweifelte Suche nach schwindenden Freiräumen. ✦ Schwarz-weiß. Frankreich 1964 **P** A.J./Davis/S.E.T.E.C. **R+B** Alain Jessua **K** Jacques Robin **M** Jacques Loussier **D** Charles Denner (Jacques Vallin), Anna Gaylor, Guy Saint-Jean, Nicole Gueden, Jean Yanne **L** 95 **E** 25.3.1968 ARD **fd** 15 334

DER UMLEGER (THE TOWN THAT DREADED SUNDOWN). Ein Psychopath tötet im Frühjahr 1946 im US-Staat Arkansas bei Überfällen auf Liebespaare fünf Menschen. Scheinauthentischer Kriminalfilm, der sich hauptsächlich auf eine ausgekostete Darstellung von Brutalität und Sadismus beschränkt. (Videotitel: »Phantomkiller«) ✦ Scope. USA 1976 **P** American International Pictures **Kl** Gloria **Pd+R** Charles B. Pierce **B** Earl E. Smith **K** Charles B. Pierce **M** Jaime Mendoza-Nava **S** Tom Boutross **D** Ben Johnson (Capt. J. D. Morales), Andrew Prine (Norman Ramsey), Dawn Walls (Helen Reed), Charles B. Pierce (Benson), Jimmy Clem (Sgt. Mal Griffin) **L** 90 **FSK** ab 18; nf **E** 10.3.1978 **fd** 20 717

UMLEITUNG (DETOUR). Ein junger Musiker aus New York gerät durch den plötzlichen Herztod des Fahrers, der ihn als Tramp nach Kalifornien mitgenommen hat, in sich steigernde Schwierigkeiten, als er mit dem Toten die Identität tauscht und fortan als der andere auftritt. Eine junge Frau, die den Toten kannte und ihm zur Gefahr wird, tötet er unbeabsichtigt. Damit hat er sich jeden Rückweg in eine normales Leben abgeschnitten. Ein kleiner, unaufwendig, aber sehr präzise inszenierter Thriller, der in erster Linie von der dichten, sehr düsteren und bedrückenden Atmosphäre lebt. – Ab 16 möglich. ✦ Schwarz-weiß. USA 1946 **P** PRC **Pd** Leon Fromkess **R** Edgar G. Ulmer **B** Martin M. Goldsmith **K** Benjamin H. Kline **M** Leo Erdody **S** George McGuire **D** Tom Neal (Al Roberts), Ann Savage (Vera), Claudia Drake (Sue), Edmund MacDonald (Charles Haskell jr.), Tim Ryan (Restaurantbesitzer), Esther Howard (Hedy), Roger Clark (Dillon), Pat Gleason (Mann), Donald Brodie (Gebrauchtwagenhändler) **L** 65 **E** 12.12.1978 NDR

UMS EIGENE LEBEN → Die schwarze Natter

UMS NACKTE LEBEN (THE GARMENT JUNGLE). Gewerkschafter und Gangster als Kontrahenten im Arbeitskampf bei einem gewerkschaftsfeindlichen Großbetrieb der New Yorker Bekleidungsindustrie. Der gewerkschaftsfreundliche Sohn des wegen eines sich anbahnenden Gesinnungswandels von Erpressern erschossenen Großunternehmers findet schließlich zu einem einvernehmlich-versöhnlichen Ende mit der attraktiven Witwe eines ebenfalls ermordeten Gewerkschaftsfunktionärs. Sozialkritisches Drama, das weder in Dramaturgie noch in der Regie überzeugt. Schlecht formuliertes Leitartikel- und Schlagzeilengerede wird von den Schauspielern teilnahmslos vorgetragen. – Ab 16. ✦ Schwarz-weiß. USA 1957 **P** Columbia **Kl** Columbia **Pd** Harry Kleiner **R** Vincent Sherman **B** Harry Kleiner, nach einer Artikelserie von L. Velie **K** Joseph Biroc **M** Leith Stevens **D** Lee J. Cobb (Vater Mitchell), Kerwin Mathews (Alan Mitchell), Gia Scala (Lee Hackett), Richard Boone (Tulio), Valerie French (Theresa) **L** 87 **FSK** ab 16; f **E** 20.9.1957 **fd** 6 228

DER UMSETZER. Die Geschichte eines alten Mannes, der zusammen mit anderen Mietern aus der gewohnten Berliner Altbauwohnung in ein Neubauviertel »umgesetzt« wird. Am Widerstand des Mannes wird deutlich, wie tief der Eingriff in lebenswichtige Wurzeln eines Menschen sein und wie weit der Druck der »Profitgeier« mit gemeinnützigem Anstrich gehen kann. Ein sehr klar und frisch inszenierter Debütfilm, der seine humane moralische Position nicht auf dem Weg ideologischer Beweisführung vermittelt, sondern unmittelbar am konkreten Geschehen mitteilt. – Sehenswert ab 16. ✦ Schwarz-weiß. BR Deutschland 1976 **P** Trautmann/Lerch **SF** Basis **Pd+R** Benno Trautmann, Brigitte Toni Lerch **B** Benno Trautmann **K** Aribert Weis **M** Wilhelm Dieter Siebert **S** Regine Heuser **D** Klaus Jepsen (Unmsetzer), Charles Hans Vogt (Nachtwächter), Charlott Adami (seine Frau), Peter Schlesinger (Hauswart), Friedhelm Lehmann (Werbefilmregisseur), Hildegard Wensch (Hauswartsfrau), Till Hoffmann (Gerichtsvollzieher) **L** 75 **FBW** bw **E** 3.12.1976 **fd** 20 127

UMSONST IST NUR DER TOD (ONE GOOD TURN). Mischung aus Drama und Thriller. Ein erfolgreicher Unternehmer wird von der Vergangenheit eingeholt, als er dem Mann wiederbegegnet, der ihm vor Jahren das Leben rettete. Doch den Retter umgibt ein düsteres Geheimnis. ✦ USA 1995 **R** Tony Randel **B** Jim Piddock **D** Lenny von Dohlen (Matt Forrest), Suzy Amis (Laura), James Remar (Simon Jury), John Savage **L** ca. 90 **E** 23.5.1996 RTL 2

DIE UMSTANDSHOSE (L'EVENEMENT LE PLUS IMPORTANT DEPUIS QUE L'HOMME A MARCHE SUR LA LUNE / NIENTE DI GRAVE SUO MARITO E INCINTO). Die Beschwerden eines Fahrlehrers werden als Schwangerschaft diagnostiziert. Sein Arzt überzeugt ihn von der »Normalität« seines Zustandes, da er Vorläufer einer durch Umweltbelastungen und Ernährung eingeleiteten evolutionären Entwicklung sei. Die Mode-Industrie zeigt Interesse, und auch seine Geliebte, eine hübsche Friseuse, findet Gefallen am Rollentausch. Fehldiagnose. Demys Komödie entwickelte sich aus einer sehr persönlichen Situation, ist jedoch inszenatorisch allzu behäbig und schlicht, um nachvollziehbar zu werden. Zwar soll die Rollenverteilung ironisiert werden, das Thema wird jedoch durch bloßes Umkehren der Geschlechterrollen verschenkt. (TV-Titel: »Hilfe, mein Mann ist schwanger«; DDR-Titel: »Das bedeutendste Ereignis«) – Ab 14 möglich. ✦ Frankreich/Italien 1972 **P** Lira/Roas **Kl** Progress **VA** PolyGram **R+B** Jacques Demy **K** Andréas Winding **M** Michel Legrand **D** Marcello Mastroianni (Marco Mazetti), Catherine Deneuve (Irène de Fontenoy), Micheline Presle, Alice Sapritch, Marisa Pavan **L** 94 **E** 13.9.1974 Kino DDR/1983 Video/28.10.1986 RTL plus **fd** 23 820

DIE UMSTANDSKRÄMER (LES TORTILLARDS). Eine Familienschmierenbühne wird nach und nach durch Mitglieder einer Insektenpulvererfinderdynastie aufgestockt, nachdem sich der bourgeoise Sohn in ein Mädchen der Schaustellertruppe verliebt hat. Harmlose burleske Komödie. – Ab 14. ✦ Scope, schwarzweiß. Frankreich 1960 **P** Horizons Cinematographiques **Kl** Progress **R** Jean Bastia **B** Pascal Bastia, Jean Bastia, Guy Lionel **K** Jacques Klein **M** Louiguy **S** Suzanne de Troeye **D** Jean Richard (Cesar Beauminet), Annick Tanguy (Fanny), Max Desrau (Großvater), Robert Rollis (Ernest), Nicky Valor (Celine) **L** 95 **E** 24.8.1962 Kino DDR

UMSTURZ NACH PLAN 107 (PEREWOROT PO INSTRUKZII 107). In einem fiktiven Land des Mittleren Ostens putscht – heimlich von den USA unterstützt – ein Offizier gegen die Regierung und errichtet eine Militärdiktatur. Um dieses Tun zu rechtfertigen, soll einer im Internationalen Krankenhaus beschäftigten Ärztin die Rolle einer Hauptagentin zugeschoben werden. Der Plan geht jedoch nicht auf. Stark politisch akzentuiert, aber zu vereinfachend und künstlerisch uneinheitlich. – Ab 14. ✦ Scope. UdSSR 1983 **P** Usbekfilm **KI** Progress **R** Zagid Sabitow, Georgi Bsarow **B** Anatoli Galijew, Eduard Tropinin **D** Sajaram Issajewa, Ulukbek Chamrajew, Leonid Sentschenko, Nabi Rachimow **L** 85 **E** 26.10.1984 Kino DDR

DER UMWEG → Auf Umwegen

UMWEGE DES HERZENS. Nach dem Tod ihrer Schwester, die sie seit 18 Jahren nicht mehr gesehen hatte, fühlt sich eine Frankfurter Karriere-Architektin mitverantwortlich und reist auf das Landgut der Familie, um den Hinterbliebenen zu helfen. Sie stößt zunächst auf Ablehnung, kann aber bald das Vertrauen aller Beteiligten erlangen. Prompt wird sie mit ihrer Vergangenheit konfrontiert, hatte sie doch mit dem Schwager während der ersten Schwangerschaft ihrer Schwester ein Verhältnis. Hanebüchene (Fernseh-)Kolportage über heikle Familienbeziehungen, die das Sujet und seine Verwicklungen auf die genreübliche Spitze treibt. Darstellerisch wie inszenatorisch enttäuschend. – Ab 16. ✦ Deutschland 2001 **R** Christine E. Wiegand **B** Henriette Piper **K** Volker Tittel **M** Karim-Sebastian Elias **D** Sonja Kirchberger, Martin Umbach (Tobias Richter), Jenny Schily (Susanne Grün), Jochen Nickel (Max Grün), Frederic Welter (Boris Grün) **L** 89 **E** 28.11.2001 ARD

DIE UMWEGE DES SCHÖNEN KARL. Ein ehrgeiziger Kellner aus dem Ostseebad Binz vertröstet seine Verlobte, weil er erst einmal in Berlin vorankommen will. Dort begegnet er der verwöhnten Tochter eines reichen Reichstagsabgeordneten, kommt durch sie in vermeintlich beste Gesellschaft, macht Pferdewettschulden und landet versehentlich sogar im Gefängnis. Geläutert kehrt er an den alten Arbeitsplatz und zu seiner Braut zurück. Komödie, in der die Weimarer Republik, wie im Hitler-Staat üblich, als Tummelplatz für korrupte Parteipolitiker karikiert wird. – Ab 12 möglich. ✦ Schwarz-weiß. Deutschland 1937 **P** Tonfilmstudio Carl Froelich **KI** Transit/Murnau-Stiftung/DIF **Pd+R** Carl Froelich **B** Philipp Lothar Mayring, Jacob Geis, Harald Braun, nach einem Roman von Paul Enderling **K** Reimar Kuntze **M** Hansom Milde-Meißner **D** Heinz Rühmann (Karl Kramer), Karin Hardt (Grete), Sybille Schmitz (Lu Donan), Albert Florath (Herr Wernicke), Paul Bildt (Geheimrat Donon), Ernst Legal, Paul Westermeier **L** 101 **FSK** ab 6; f **E** 31.1.1938/1.4.1963 DFF 1/22.2.1987 ARD

UMWEGE ZU DIR. Die Umwege einer edelmütigen Frau führen am Ende doch in die Arme des geliebten Mannes. Liebes- und Gesellschaftsdrama im teils nostalgisch, teils als plumpe Karikatur dargestellten Milieu des österreichischen Adels. 1944 in Prag gedreht, erst nach dem Kriege uraufgeführt. – Ab 14 möglich. ✦ Schwarz-weiß. Deutschland 1944 **P** Wien **KI** Schorcht **R** Hans Thimig **B** Georg Zoch, Hans Thimig **K** Jaroslav Tuzar **M** Anton Profes **D** Marte Harell, Rolf Wanka, Christl Mardayn, Hans Schlenck, Richard Romanowsky **L** 86 **FSK** ab 12; nf **E** 15.6.1951 **fd** 1 677

UMWEGE ZUM GLÜCK (1939). Da sie die Treue ihres Ehemannes anzweifelt, flirtet die Frau eines Musikverlegers mit einem Fremden, kehrt jedoch reumütig zu ihrem Mann zurück, als sich ihr Verdacht als unbegründet erweist. Unglaubwürdiger, schablonenhaft inszenierter Film im Stil eines Frauen- und Eheromans, der in allen Bezügen altbacken wirkt. – Ab 12. ✦ Schwarz-weiß. Deutschland 1939 **P** Georg-Witt-Film (für Ufa) **KI** Transit/Friedrich-Wilhelm-Murnau Gesellschaft **Pd** Georg Witt **R** Fritz Peter Buch **B** Fritz Peter Buch, L. A. C. Müller **K** Werner Krien **M** Werner Bochmann **S** Elisabeth Neumann **D** Ewald Balser (Thomas Bracht), Lil Dagover (Hanna Bracht), Eugen Klöpfer (der General, Hannas Vater), Viktor Staal (Mathias Holberg), Claire Winter (Marianne Schlüter) **L** 94 (Verleih 87) **FSK** ab 6; f **E** 16.5.1939

UMWEGE ZUM GLÜCK (1961) (ARTIST IS KOCHANOWKI). Die Geschichte eines jungen Maurers, der begreifen muß, daß das Glück nur dort zu finden ist, wo seine Arbeitskraft gebraucht und sinnvoll eingesetzt wird. Unbeholfenes Hohelied auf die Arbeit, plump in der lehrhaft vorgetragenen Tendenz. – Ab 10. ✦ Schwarz-weiß. UdSSR 1961 **P** Filmstudio Kiew **KI** Progress **R** Grigori Lipschiz **B** Iwan Stadnjuk **K** Ilja Minkowezki **M** A. Sandler **D** Eduard Bredun (Andrej), Irina Bunina (Marina), Oleg Anofrijew (Mischa), Nina Doroschina (Olessja), Georgi Wizin (Kusma) **L** 71 **E** 20.9.1963 Kino DDR

UMZINGELT (THE MARAUDERS). Ein Siedler verteidigt Haus und Leben gegen Landräuber und wird dabei von einer Frau und deren Kind unterstützt. Nur mäßig spannender, in Buch und Gestaltung durchsichtiger Western. – Ab 16. ✦ USA 1955 **P** MGM **KI** MGM **Pd** Arthur M. Loew jr. **R** Gerald Mayer **B** Jack Leonard, Earl Felton, nach einem Roman von Alan Marcus **K** Harold J. Marzorati **M** Paul Sawtell **S** Russell Selwyn **D** Dan Duryea (Avery), Jeff Richards (Corey Everett), Keenan Wynn (Hook), Jarma Lewis (Hanna Ferber), John Hudson (Roy Rutherford), Harry Shannon (John Rutherford), David Kasday (Albie Ferber), James Anderson (Louis Ferber), Peter Mamakos (Ramos), Mort Mills (Carmack), John Damler (Cooper), Michael Dugan (Sal) **L** 80 **FSK** ab 16; nf **E** 18.5.1956 **fd** 5 047

EIN UMZUG KOMMT SELTEN ALLEIN (THE CHAIN). Ein philosophierender Möbelspediteur und seine drei Kollegen transportieren kreuz und quer durch London das Umzugsgut höchst unterschiedlicher Kunden. Humorig-quirlige Komödie, die flüchtige, aber präzise Einblicke in die unterschiedlichen Gesellschaftsschichten der Millionenstadt und ihre Zuordnung zu bestimmten Stadtvierteln von vornehm bis verrufen gewährt. – Ab 14. ✦ Großbritannien 1985 **P** Quintet Film **Pd** Victor Glynn **R** Jack Gold **B** Jack Rosenthal **K** Wolfgang Suschitzky **M** Stanley Myers **S** Bill Blunden **D** Warren Mitchell (Bamber), Bernard Hill (Nick), Tony Westrope (Paul), Gary Waldhorne (Tornado), Anna Massey (Betty Thorn), Nigel Hawthorne (Mr. Thorn), Herbert Norville (Desmond) **L** (TV) 92 **E** 28.11.1990 ZDF

UN AIR DE FAMILLE (UN AIR DE FAMILLE). Die Feier einer gutsituierten Familie entwickelt sich zu einer chaotischen Bestandsaufnahme, in deren Verlauf Defizite, Wünsche, Hoffnungen und Ängste zutage treten. Das vordergründig heile Miteinander zeigt Risse und Gräben, deren Ursprung in die Kindheit zurückreicht, und die nur in einem schmerzhaften Kommunikationsprozeß überwunden werden können. Eine auf einem Theaterstück basierende traurige Komödie, die die Einheit von Raum und Zeit wahrt und kameratechnisch eindrucksvoll die Seelenlage ihrer Protagonisten spiegelt. Dabei wird nicht nur mit der familiären Vergangenheit abgerechnet, sondern den Personen auch die Hoffnung auf eine bessere Zukunft eingeräumt. (O.m.d.U.) – Sehenswert ab 14. ✦ Scope. Frankreich 1996 **P** Charles Gassot/Téléma/Le Studio Canal+/France 2 Cinéma/Canal+/Cofimage 7 **KI** fsk-Kino Berlin/Prokino **Pd** Charles Gassot, Jacques Hinstin, Patrick Lancelot **R** Cédric Klapisch **B** Agnès Jaoui, Jean-Pierre Bacri, nach einem Bühnenstück von Jean-Pierre Bacri und Agnès Jaoui **K** Benoît Delhomme **M** Philippe Eidel **S** Francine Sandberg **D** Jean-Pierre Bacri (Henri), Agnès Jaoui (Betty), Jean-Pierre Darroussin (Denis), Catherine Frot (Yolanda), Claire Maurier (Mutter), Wladimir Yordanoff (Philippe) **L** 110 **E** 30.7.1998 (Vorstart nur in Berlin) **fd** 33 279

UN AMORE – EINE LIEBESGESCHICHTE (UN AMORE). Zwölf Episoden aus dem 20-jährigen Zusammenleben eines Liebespaares, die die Intensität ihrer Beziehung ebenso wie ihr letztliches Scheitern beschreiben. Ein stilles Drama, das die Wirklichkeit weitgehend ausblendet und sich ganz auf die beiden Protagonisten konzentriert, die intuitiv spüren, füreinander geschaffen zu sein, ihrem Glück jedoch keine Dauer verleihen zu können. Einfühlsam verdichtet der Film Momente, in denen Verliebtheit, Hoffnung, Schmerz und Trennung intensiv zum Ausdruck kommen. (O.m.d.U.) – Sehenswert. ✦ Italien 1999 **P** Arcopinto/RAI **KI** Kairos **Pd** Gianluca Arcopinto **R+B** Gianluca Maria Tavarelli **K** Pietro Sciortino **M** Ezio Bosso **S** Marco Spoletini **D** Lorenza Indovina (Sara), Fabrizio Gifuni (Marco), Luciano Federico (Filippo), Roberta Lena (Veronica), Gianluca Arcopinto (Saras Ehemann), Riccardo Montanara (Detektiv) **L** 105 **E** 7.6.2001 **fd** 34 892

UN' ANIMA DIVISA IN DUE (UN' ANIMA DIVISA IN DUE). Der Film thematisiert die Unmöglichkeit der Beziehung zwischen dem Kaufhausdetektiv Pietro und der Zigeunerin Pabe, die von ihm bei einem Ladendiebstahl ertappt wird. Das Werk zeichnet sich durch seine psychologischen Feinheiten und den knappen, ganz aus dem Bild entwickelten Erzählstil aus. Ein starkes, aber nie sentimentales Gesellschaftsbild des heutigen Italien. ✦ Italien/Schweiz/Frankreich 1993 **P** Aran/PIC/MOD **Pd** Roberto Sessa **R** Silvio Soldini **B** Silvio Soldini, Roberto Tiraboschi **K** Luca Bigazzi **M** Giovanni Venosta **S** Claudio Cormio **D** Fabrizio Bentivoglio (Pietro Di Leo), Maria Bakò (Pabe), Philippine Leroy-Beaulieu (Miriam), Jessica Forde (Hélène), Felice Andreasi (Savino) **L** 127 **E** Schweiz

UN AUTRE ÉTÉ (UN AUTRE ETE). Der Film schildert die ganz gewöhnliche Existenz von zwei jungen Männern, die sich mit dem Verteilen von Werbebroschüren finanziell über Wasser halten und des Abends mit Bekannten in Kneipen und Spielsalons herumhängen. Die Autorin inszeniert zum Stillstand gekommene Bewegung und macht Wiederholungen zu einem beherrschenden Stilmittel. Die das Bild verfremdende Tonspur macht die Authentizität der Kamera zum Konstrukt, was den Realitätsgehalt des Alltags, den der Film zu vermitteln versucht, nicht erträglicher macht. ✦ Schwarz-weiß. Schweiz 1981 **P** Film et vidéo Collectif/Ecublens **Pd+R** Véronique Goël **B** Véronique Goël, Yves Tenret **K** Alain Grandchamp **M** Johann Sebastian Bach, Cyril Azzam **S** Véronique Goël **D** Patrice Bornand, Carlo Brandt, Claude Durand, Jean-François Després, Ackly Khenoun **L** 85 **E** Schweiz

UN HOMME EN FUITE (UN HOMME EN FUITE). Einmal mehr flüchten in einem Schweizer Film zwei Menschen aus einer ihnen unerträglich gewordenen Gesellschaft. Edelstein allerdings ist die Begegnung der beiden artverwandten, aber doch sehr unterschiedlichen Menschen – eines des Mordes verdächtigten Kunstmalers und eines 12jährigen Mädchen, das es zu Hause nicht mehr aushält –, die sich bei ihrer gemeinsamen Identitätssuche aneinander reiben, sich annähern und wieder entfremden, wichtiger als die Fluchtgeschichte. Daß der Film trotz seiner dem Realismus verpflichteten Geschichte und seiner offenen Dramaturgie eine stimmige Geschlossenheit erreicht, ist neben dem vorzüglichen Spiel der beiden Hauptdarsteller auch der einfühlsamen Kameraführung und der klug eingesetzten Musik zu verdanken. ✦ **P** Vidéo-Programs **Pd** Bernard Lorain **R+B** Simon Edelstein **K** Hans Liechti **M** Pierre Jansen **S** Martine Barraqué, Elisabeth Waelchli **D** Roger Jendly (Pierre Duchamps), Malène Sveinbjornsson (Véronique), Jaroslav Vízner (Kommissar Fabien), Florence Giorgetti (Elisabeth) **L** 95 **E** Schweiz

UN SOIR APRÈS LA GUERRE (UN SOIR APRES LA GUERRE). Phnom Penh 1992: Ein aus dem Krieg zurückgekehrter Soldat und eine Prostituierte begegnen sich in der halb zerstörten Hauptstadt des durch die UNO befriedeten Kambodscha. Sie erleben eine Romanze, die der Frau die Kraft gibt, sich ihrer Vergangenheit zu stellen. In einer langen Rückblende erzählt der Film seine Geschichte in einem getragenen Rhythmus und verdichtet dank eindringlicher Darstellerleistungen seine Liebesgeschichte zu einem glaubhaften und eindringlichen Zeichen der Hoffnung. – Sehenswert ab 16. ✦ Frankreich/Kambodscha/Schweiz/Belgien 1998 **P** JBA/Thelma **R** Rithy Panh **B** Rithy Panh, Eve Deboise **K** Christophe Pollock **M** Marc Marder **S** Marie-Christiane Rougerie **D** Chea Lyda Chan, Narith Roeun, Ratha Keo, Sra N'gath Kheav, Savannah Mol **L** 108 **E** 30.6.1999 SF 1/DRS

EIN UNABHÄNGIGES LEBEN (SAMOSTOIATELNAJA JIZN). Fortsetzung des Films »Halte still – stirb – erwache«. Der zweite Teil der Mini-Saga über den Stalinismus im Rußland der 50er Jahre erzählt die Geschichte des jungen Valerka weiter, der seinen Geburtsort verläßt und alle Verbindungen zur Heimat kappt. In der Ferne sucht er Arbeit, lernt nicht nur einen Beruf, sondern auch sich den gesellschaftlichen Gegebenheiten anzupassen und unterzuordnen. Ein metaphorisch angelegter Film, der Erinnerungsbruchstücke bebildert. – Ab 16. ✦ Frankreich/Russland 1991 **P** PXP/PCC/La sept/DAR **Pd** Philippe Godeau **R+B** Vitali Kanevski **K** Wladimir Bryljakow **M** Boris Rytschkow **S** Hélène Gagarine **D** Pawel Nazarow (Valerka), Dinara Droukarowa (Valka), Toshiro Watanabe (Yamamoto), Jelena Popowa (Valerkas Mutter), Liana Ivania (Soifia Arkadiewna) **L** 95 **E** 22.5.1995 arte

UNABOMBER – DIE BESTIE DES TERRORS (UNABOMBER: THE TRUE STORY). Ein Postinspektor fahndet seit Jahren nach einem Briefbombenmörder, der schon mehrere Menschen auf dem Gewissen hat. Als ihm ein FBI-Beamter zur Seite gestellt wird, ergibt sich eine heiße Spur, die allerdings auf die unmittelbare Umgebung des Regierungsbeamten hinweist. (Fernseh-)Drama nach einem authentischen Fall, dem jedoch ein gewisser Dramatisierungsbedarf zugebilligt wurde. ✦ USA 1996 **P** Atlantis/Steve White Entertainment/USA Pic. **Pd** Megan Callaway, Nonny de la Peña **R** Jon Purdy **B** John McGreevey **K** Robert Steadman **M** David Wurst, Eric Wurst **S** Eric Jenkins **D** Robert Hays (David Kaczynski), Dean Stockwell (Ben Jeffries), Tobin Bell (Theodore J. Kaczynski), Victoria Mallory (Linda Kaczynski), Noel De Souza (Juan Sanchez Arreola) **L** 89 **E** 28.8.2000 Kabel 1

DIE UNANSTÄNDIGE FRAU (DE ONFATSOENLIJKE VROUW). Eine glücklich verheiratete 30jährige Frau verfällt den Verlockungen eines unbekannten Mannes, den sie im Haus ihrer verstorbenen Mutter kennenlernt. Aus dem sexuellen Spiel entwickelt sich eine Liebesbeziehung, die ihre Ehe in Frage stellt. Der unspekulativ und in langsamem Rhythmus sorgfältig inszenierte Film versucht, Erotik mit den Elementen des Problemfilms zu verbinden, kann jedoch keine Spannung aufbauen und produziert letztlich nicht mehr als akademische Worthülsen. ✦ Niederlande 1991 **P** Movies Film **KI** Delta **VA** Marketing **Pd** Chris Brouwer, Haig Balian **R** Ben Verbong **B** Marianna Dikker, Jean van de Velde, Ben Verbong, Peter Märthesheimer, Pea Fröhlich **K** Lex Weertwijn **M** Franz Schubert, Anton Dvorák, Nicola Piovani (Dirigent) **D** José Way (Emilia), Coen van Vrijberghe de Coningh (Charles), Huub Stapel (Leon), Marieke van Leeuwen (Simone), Theo de Groot (Marcel), Ayla van Nergena (Anna) **L** 97 (Video 83) **FSK** ab 18; nf (Video 16) **E** 23.5.1991/4.9.1991 Video/25.11.1994 PRO 7 **fd** 28 901

UNANTASTBAR – UNSERE EHRWÜRDIGEN SÖHNE (OUR GUYS: OUTRAGE AT GLEN RIDGE). Eine geistig behinderte junge Frau beschuldigt die Football-Stars der High School ihrer kleinen Heimatstadt, sie vergewaltigt zu haben. Während die Bürger geschlossen zu den jungen Männern stehen, nimmt sich eine unerschrockene Polizistin des Falles an und trägt in mühsamer Kleinarbeit Beweise zusammen. Drama nach einer wahren Begebenheit, in der Hauptrolle hervorragend gespielt. – Ab 16. ✦ USA 1999 **P** Robert Grennwald Prod. **Pd** Philip K. Kleinbart **R** Guy Ferland **B** Paul Brown, nach einem Roman von Bernie Lefkowitz **K** Brian Pearson **M** Nicholas Pike **S** Deborah Zeitman **D** Ally Sheedy (Kelly Brooks), Eric Stoltz (Robert Laurino), Heather Matarazzo (Leslie Farber), Scott Vickaryous (Paul Archer), Michael Tomlinson (Mr. Farber) **L** 90 **E** 12.1.2000 RTL

DIE UNAUSSPRECHLICHE SÜNDE → Grandmother's House

UNBÄNDIGE HEIDUCKEN (HAJDUK). Ungarn Anfang des 17. Jahrhunderts, vor Beginn eines Aufstandes gegen die Besatzungsmacht Österreich. Heiducken versuchen, eine Rinderherde zur Küste zu treiben, wo sie gegen Waffen eingetauscht werden soll. Trotz Überwindung vieler Hindernisse können sie ihr Ziel nicht erreichen. Ein Film, der sich nicht mit bloßer Abenteuerlichkeit begnügt, sondern auch eine sorgfältige Zeichnung des Zeitkolorits anstrebt. Inszenatorisch bleibt er allzu unausgeglichen. – Ab 16. ✦ Ungarn 1974 **P** Filmstúdió Budapest **KI** Progress **R** Ferenc Kardos **B** István Kardos **K** János Kende **M** Levente Szörényi **D** Djoko Rosic (Kapitän Márjás), Doyne Byrd (Prediger), István Avar (türkischer Offizier), Lili Monori (Tochter), Lujza Orosz (Mutter) **L** 80 **E** 17.9.1976 Kino DDR/26.12.1977 DFF 2

UNBÄNDIGES SPANIEN. Engagierter Dokumentarfilm über den spanischen Bürgerkrieg, der Joris Ivens' Klassiker »Spanische Erde« (1937) komplett einbezieht und die weitere Geschichte, von der Rückkehr der Legion Condor nach Berlin bis zur Kooperation der Bundesrepublik mit Spanien, beleuchtet. Zu sehen sind auch berühmte Fotomontagen von John Heartfield. ✦ Schwarz-weiß. DDR 1962 **P** DEFA **KI** Progress **Pd** Gerhard Abraham **R+B** Kurt Stern, Jeanne Stern **K** Christian Lehmann, Peter Hellmich, John Heartfield, Mieczyslaw Berman **M** Hanns Eisler **S** Inge Dochow **L** 86 **E** 19.10.1962 Kino DDR

DIE UNBARMHERZIGE JAGD (HITTING HOME). Nachdem ein halbwüchsiger Junge in Montreal den Folgen eines Verkehrsunfalls erlegen ist, versuchen die getrennt lebenden Eltern mit allen Mitteln, den flüchtigen Fahrer, einen Geschäftsmann aus New York, zur Verantwortung zu ziehen. Sie haben erst Erfolg, als sie eine Entführung seines Sohnes vortäuschen. Psychothriller, der weniger vom grellen Schock als vom verhaltenen Spiel lebt und den Widerstreit von verzweifelter Courage und moralischen Skrupeln, von Feigheit und Gewissensnöten überzeugend herausarbeitet. Er leidet daran, daß die Eskalation der Ereignisse nicht sonderlich fantasievoll inszeniert ist. – Ab 16. ✦ USA 1987 **P** Image Organisation/Telescene Films **VA** Highlight **Pd** Robin Spry, Jamie Brown **R** Robin Spry **B** Douglas Bowie **K** Ron Stannett **M** Jean-Alain Roussel **S** Diann Ilnicki **D** Kerrie Keane (Dinah Middleton), Daniel Pilon (Max Middleton), Saul Rubinek (Owen Hughes), Lynne Griffin (Karen Hughes), Ken Pogue (Sergeant Sullivan) **L** 99 **FSK** ab 12 **E** Mai 1989 Video **fd** 27 731

DIE UNBARMHERZIGE MEUTE (ORIGINAL SINS). Als sein Sohn entführt wird, tritt ein Mann nach Jahren wieder mit seinem Vater in Verbindung, einem mächtigen Mafiaboß, von dem er sich losgesagt hatte. Zunächst glaubt man, eine rivalisierende Mafia-Familie stecke hinter der Entführung, doch am Ende stellt sich heraus, daß der Großvater den eigenen Enkel entführen ließ, um den Sohn wieder an sich zu binden – eine Rechnung, die nicht aufgeht. Dialoglastiger Fernseh-Thriller, von Routinier Ron Satlof ohne sonderliche Höhepunkte in Szene gesetzt. (TV-Titel: »Der Sohn des Paten«) – Ab 16. ✦ USA 1989 **P** New World TV **VA** Highlight **Pd** Ian Sander **R** Ron Satlof **B** Philip F. Messina **K** Steven Fierberg **M** Lalo Schifrin **S** Jerrold L. Ludwig **D** Charlton Heston (Louis Mancini), Ann Jillian (Sharon Richards), Robert Desiderio (John Richards), Lou Liberatore (Chris), Louis Guss (Rossi) **L** 94 **FSK** ab 16 **E** 2.7.1990 Video/21.9.1991 ARD

DIE UNBARMHERZIGEN (NOWHERE TO HIDE). Nach der Ermordung ihres Mannes, eines Majors der Marines, der einem rätselhaften Rüstungsschwindel auf der Spur war, stehen auch seine Frau und der Sohn auf der Abschußliste der Killer. Die Frau, der nun ihre eigene soldatische Ausbildung zugute kommt, deckt das Komplott auf. Ein spannender, streckenweise brutaler Actionfilm, der eine Vielzahl von Genres geschickt mischt. Die militaristische Haltung, mit der ein »weiblicher Rambo« zum ungebrochen heldenhaften Rächer aufgebaut wird, fordert freilich Kritik und Distanzfähigkeit. ✦ USA 1987 **P** Lorimar/New Century **KI** Higlight **VA** Highlight/Atlas **Pd** Andras Hamori **R** Mario Azzopardi **B** Alex Rebar, George Goldsmith **K** Vic Sarin **M** Brad Fiedel **S** Rit Wallis **D** Amy Madigan (Barbara Cutter), Michael Ironside (Ben), John Colicos (General Howard), Robin McEachern (Johnny Cutter), Maury Chaykin **L** 90 **FSK** ab 16; f **E** 28.7.1988/Oktober 1989 Video **fd** 27 409

DIE UNBEFRIEDIGTE (BRUCIA, RAGAZZO, BRUCIA). Eine frustrierte 40jährige Ehefrau reist mit Mann und 12jähriger Tochter ans Meer und findet in der Begegnung mit einem Strand-Casanova sexuelle Erfüllung. Sie begeht Selbstmord, als der Ehemann die Scheidung fordert. Lahme, vor Klischees strotzende Kolportage mit ausgiebig ausgewalzten Intimszenen, die dazu herhalten müssen, körperlichen Sex als Allheilmittel zu propagieren. – Wir raten ab. ✦ Italien 1968 **P** Ferti **KI** Apollo/Filmagentur Süd **VA** UFA-ATB **Pd** Tiziano Longo **R** Fernando Di Leo **B** Antonio Racioppi, Fernando Di Leo **K** Franco Villa **M** Gino Peguri **S** Mario Morra **D** Françoise Prévost, Gianni Macchia, Michel Bardinet, Monica Strebel **L** 85 **FSK** SPIO: X **E** 28.3.1972 **fd** 17 861

DIE UNBEFRIEDIGTEN (LES BONNES FEMMES / DONNE FACILI). Langsam, genau, fast ohne äußere Handlung dringt diese Filmstudie in das Alltagsleben junger Verkäuferinnen ein, um deren seelische Verfassung freizulegen. Der Befund: Langeweile, scheiterndes Verlangen nach Glück, ein möglicher Hoffnungsrest. Ein gleichermaßen von sozialem Empfinden und kühler Mitteilungskunst gekennzeichneter Film, ernsthaft und überzeugend inszeniert, fern von jeder Spekulation. ✦ Schwarz-weiß. Frankreich/Italien 1959 **P** Paris/Panitalia **Pd** Robert Hakim, Raymond Hakim **R** Claude Chabrol **B** Paul Gégauff, Claude Chabrol **K** Henri Decaë **M** Paul Misraki, Pierre Jansen **S** Jacques Gaillard **D** Bernadette Lafont (Jane), Lucille Saint-Simon (Rita), Clotilde Joano (Jacqueline), Stéphane Audran (Ginette), Mario David (André Lapierre), Jean-Louis Maury (Marcel), Dinan (Albert) **L** 90 (Orig. 104) **FSK** ab 16; f **E** 3.6.1960/12.12.1972 WDR III **fd** 9 215

UNBEKANNT VERZOGEN → Ohne Angabe der Adresse

DIE UNBEKANNTE (L'ETRANGERE). Die kurze Liebesromanze eines 40jährigen geschiedenen Schriftstellers und einer schönen Unbekannten, von der er schließlich erfahren muß, daß sie geistesgestört aus einer Anstalt entwichen ist und ihr Kind getötet hat. Mischung aus Melodram und Kriminalfilm, ästhetisch geschönt, mit erheblichen Längen. Ein bißchen Poesie und ein kräftiger Schuß Sex und Kitsch reichen nicht aus, um die Langeweile zu vertreiben. ✦ Frankreich 1967 **P** Paris Cannes **KI** Paramount **R** Sergio Gobbi **B** Sergio Gobbi, Jeanne Cressanges **K** Etienne Becker **M** Romuald **D** Pierre Vaneck (François), Marie-France Boyer (Sylvie), Colette Castel, Philippe Ogouz, Pierre Massimi **L** 84 **FSK** ab 18; f **E** 21.6.1968 **fd** 15 739

DER UNBEKANNTE (1927) → The Unknown

DER UNBEKANNTE (1965) → Nieznany (Der Unbekannte)

DER UNBEKANNTE (1992) → Das unheimliche Haus (1992)

DER UNBEKANNTE DESERTEUR → Varieté + Der unbekannte Deserteur

DER UNBEKANNTE FEIND (THE SOUND BARRIER). Ein Flugzeugfabrikant und Flugpionier riskiert sein Leben, um die Möglichkeit der Überschallgeschwindigkeit zu beweisen. Packende, mit dokumentarischen Stilmitteln (Flugsequenzen) und erstklassigen Darstellern inszenierte Episode aus der Entwicklungsgeschichte britischer Düsenflugzeuge. Hervorragend inszeniert, strahlt der Film menschliche Wärme aus und fesselt vor allem auch durch die glaubwürdige Ausgestaltung der inneren Konflikte um Mut, Risiko und die Grenzen des Wagemuts angesichts familiärer Verpflichtungen. – Sehenswert ab 12. ✦ Schwarz-weiß. Großbritannien 1952 **P** London Films **Kl** Deutsche London **Pd+R** David Lean **B** Terence Rattigan **K** Jack Hildyard **M** Malcolm Arnold **S** Geoffrey Foot **D** Ralph Richardson (John Ridgefield), Ann Todd (Susanne Garthwaite), Nigel Patrick (Tony Garthwaite), John Justin (Philip Peel), Dinah Sheridan (Jonny Peel), Joseph Tomelty (Bill Sparks), Denholm Elliott (Christopher Ridgefield) **L** 110 **FSK** ab 12; f **E** 17.11.1952/10.9.1961 DFF 1 **fd** 2 175

DER UNBEKANNTE GAST (UNKNOWN GUEST). Ein junger Mann, der in Chicago Zeuge eines Mordes geworden ist, flieht vor den Verbrechern in ein abgelegenes Jagdhaus zu Onkel und Tante, die gerade zu ihrem lange vorbereiteten Urlaub aufbrechen wollen. Merkwürdige Ereignisse und das rätselhafte Verhalten des Neffen lassen den Verdacht aufkommen, daß er Onkel und Tante wegen einer hohen Geldsumme getötet hat. Krimi der B-Kategorie, der inszenatorisch reizvoll eine düstere Atmosphäre von Verdächtigungen und Bedrohung erzeugt. (O.m.d.U.) – Ab 16 möglich. ✦ Schwarz-weiß. USA 1943 **P** Monogram Pictures **R** Kurt Neumann **B** Philip Yordan **K** Jackson Rose **M** Dimitri Tiomkin **D** Victor Jory (Chuck), Pamela Blake (Julie), Veda Ann Borg (Helen), Harry Hayden (Nadroy), Emory Parnell (Sheriff), Nora Cecil (Tante Martha), Lee »Lasses« White (Onkel Joe) **L** (TV) 62 **E** 22.9.1984 WDR

DER UNBEKANNTE GELIEBTE (UNDERCURRENT). Eine lange Zeit zurückgezogen mit ihrem Vater in einer amerikanischen Kleinstadt lebende Frau heiratet einen reichen Unternehmer und Erfinder aus besten Kreisen. Schritt um Schritt entdeckt sie das Geheimnis seines totgeschwiegenen Bruders, der wegen angeblichen Diebstahls aus der Familie verstoßen wurde, und verliebt sich in ihn. Ein effektvolles Psycho-Drama, das jedoch zu unentschlossen zwischen Gesellschaftsfilm und Kriminalreißer pendelt; in fast allen Rollen prominent fehlbesetzt. – Ab 16. ✦ Schwarz-weiß. USA 1947 **P** MGM **Kl** MGM **Pd** Pandro S. Berman **R** Vincente Minnelli **B** Edward Chodorov, nach einer Erzählung von Thelma Strabel **K** Karl Freund **M** Herbert Stothart **D** Katharine Hepburn (Ann Hamilton), Robert Taylor (Alan Garroway), Robert Mitchum (Michael Garroway), Edmund Gwenn (Prof. »Dink« Hamilton), Marjorie Main (Lucy), Jayne Meadows (Sylvia Lea Burton), Clinton Sundberg (Mr. Warmsley) **L** 115 **E** 1950 Kino/20.5. 1969 ZDF **fd** 578

DAS UNBEKANNTE GESICHT → Die schwarze Natter

DER UNBEKANNTE MIT DEN GELBEN SCHUHEN (PAGANINI STRIKES AGAIN). Zwei Jungen werden Zeugen eines Juwelenraubes und glauben der Polizei einen Dienst erweisen zu können, indem sie angeben, der Täter habe gelbe Schuhe getragen. Wenig später nehmen sie die Nachforschungen auf eigene Faust auf und müssen feststellen, daß viele Personen in London gelbe Schuhe tragen. Abenteuerlicher Film für Jugendliche. – Ab 14 möglich. ✦ Großbritannien 1973 **R** Gerry O'Hara **D** Philip Bliss, Andrew Rowen, Simon Thompson, Dudley Sutton **L** (TV) 60 **E** 6.9.1985 SAT 1

DER UNBEKANNTE NACHFOLGER (NESNAKOMY NASLEDNIK). Ein Lehrling, der die Arbeit auf der Baustelle nicht so ernst nimmt, wie er sollte, treibt seinen gutmütigen Brigadier, obwohl dieser gut mit den Auszubildenden zurechtkommt, zur Verzweiflung. Als der Vorarbeiter dann noch erfährt, daß ihn mit dem Jungen mehr als ein Lehrvertrag verbindet, gehen die Schwierigkeiten erst recht los. ✦ UdSSR 1975 **P** Lenfilm **R** Gennadi Kasanski, Oleg Daschkewitsch **B** Afanassi Below **K** Nikolai Stroganow **M** Wassili Solowjow-Sedoi **D** Michail Pugowkin (Alexej Kusnezow), Jewgeni Gerassimow (Sergej), Ludmila Schagalowa (Alewtina), Swetlana Akimowa (Sina), Gija Peradse (Tengis) **L** 87 **E** 29.4.1976 DFF 2

DER UNBEKANNTE SÄNGER (LE CHANTEUR INCONNU). Unter mysteriösen Umständen verschwindet ein berühmter Opernsänger bei einer Atlantiküberfahrt. Zehn Jahre später trifft ein fliegender Händler in einem kleinen portugiesischen Küstendorf einen Mann, der eine außergewöhnliche Stimme besitzt. Erst jetzt findet dieser Mann sein Gedächtnis wieder, erinnert sich und macht sich auf die Suche nach demjenigen, der ihn damals aus dem Weg räumen wollte. Der routinierte Film mit leichten kriminalistischen Akzenten ist ganz auf den populären französischen Sänger Tino Rossi abgestellt und funktioniert als solides Star-Vehikel. (Cayatte bediente sich eines Drehbuchs von Diamant-Berger, das bereits 1931 von Victor Tourjansky verfilmt wurde.) – Ab 14 möglich. ✦ Schwarz-weiß. Frankreich 1946 **P** Gray-Films **Kl** IFA **R** André Cayatte **B** Henri Diamant-Berger, Louis Chavance, André Tabet **K** André Thomas **M** Raymond Legrand **D** Tino Rossi (Julien Montel), Lilia Vetti (Renée), Maria Mauban (Luisa), Charles Deschamps (Max Daroult), Raymond Bussières (Juliens Manager), Lucien Nat (Carray), Madeleine Suffel, Jacqueline Demonceau **L** 90 **E** 1947 Kino/28.11.1960 DFF 1 **fd** 162

DIE UNBEKANNTE SCHÖNE (LA FEMME EN BLEU). Ein Musikwissenschaftler in mittleren Jahren begegnet für einen flüchtigen Augenblick der schönsten Frau seines Lebens. Sein Handeln und Denken ist fortan nur noch darauf ausgerichtet, sie wiederzufinden. Mit einer Überdosis Schlaftabletten wird er schließlich seiner Traumfrau nahekommen. Ein graziöser, mit kunstvoller Distanz und unterschwelliger Ironie inszenierter Film, in dem die Grenzen zwischen Realität und Irrealem fließend sind. In den Hauptrollen hervorragend interpretiert. (DDR-Titel: »Die Dame in Blau«.) – Ab 16. ✦ Scope. Frankreich/Italien 1972 **P** Les Films La Boétie/Elefilm/Italian International **Pd** Léo L. Fuchs **R+B** Michel Deville **K** Claude Lecomte **M** Franz Schubert, Béla Bartók, André Girard **S** Raymonde Cuyot **D** Léa Massari (Aurélie), Michel Piccoli (Pierre), Michel Aumont (Edmond), Sabine Glaser (Katrina), Alain Astruc, Simone Simon **L** 95 **E** 18.4.1975 ARD/22.1.1976 DFF 1 **fd** 19 251

DER UNBEKANNTE SOLDAT (TUNTEMATON SOTILAS). Die Winterkämpfe in Finnland während des Zweiten Weltkriegs als Thema eines ausladenden Epos und kompromißlosen Antikriegsfilms, der die Kampfhandlungen mit vorher nicht gesehenem Realismus ins Bild setzt. Seine erschütternde Wirkung erzielt der Film nicht zuletzt daraus, daß er jede dramatische Entwicklung von Einzelschicksalen vermeidet: Es gibt nichts »Privates«, alles tritt vor der Gemeinsamkeit »Krieg« zurück. Eine leidenschaftliche Mahnung wider die Vergeßlichkeit. Für den Einsatz im Ausland wurde der Film um etwa eine Stunde gekürzt, wobei er einen Teil seiner Wirkung deutlich einbüßt. (OCIC-Preis in Berlin 1956 für die Langfassung.) – Sehenswert ab 16. ✦ Schwarz-weiß. Finnland 1956 **P** OY. Suomen Filmiteollisus **Kl** Pallas **Pd** T. J. Särkka **R** Edvin Laine **B** Väinö Linna, Juha Nevalainen, nach dem Roman »Kreuze in Karelien« von Väinö Linna **K** Pentti Unho, Osmo Harkimo, Olavi Tuomi, Antero Ruuhonen **M** Jean Sibelius, Ahti Sonninen **S** Armas Vallasvuo **D** Kosti Klemelä (Leutnant Koskela), Jussi Jurkka (Oberleutnant Lammio), Matti Ranin (Leutnant Kariluoto), Heikki Savolainen (Unteroffizier Hietanen), Veikko Sinisalo (Unteroffizier Lahtinen), Reino Tolvanen (Unteroffizier Rokka) **L** 121 **FSK** ab 16; f **FBW** w **E** 19.10.1956 **fd** 5 384

DER UNBEKANNTE ZEUGE (WORD OF HONOR). Die Anklage gegen einen Bankdirektor, der wegen Kindesmißbrauch vor Gericht steht, droht zusammenzubrechen, weil ein Provinz-Journalist, der den Fall recherchiert, den Namen einer wichtigen Belastungszeugin nicht preisgeben will. Routiniert zwischen Krimi und engagiertem Journalismus-Drama angesiedelter Fernsehfilm mit einem hervorragenden Hauptdarsteller. – Ab 16. ✦ USA 1981 **P** 20th Century Fox/Georgian Bay **Pd** Alex Karras, Susan Clark **R** Mel Damski **B** David Accles, Howard Krantz, I. C. Rapoport **K** Jules Brenner **M** Bruce Langhorne **D** Karl Malden (Mike McNeil), Rue McClanahan (Maggie McNeil), Ron Silver (David Lerner), Alexa Kenin (Beverly Sims), Dan Crane (Roger Clements) **L** 92 **E** 30.6.1992 Kabelkanal

EIN UNBEKANNTER FREUND (TUNTEMATON YSTÄVÄ). Ein mehrfacher Mörder bringt sich in den Besitz der Versicherungssummen seiner Opfer. Die Flucht vor der Polizei verschlägt ihn nach Marokko, wo er von seiner Geliebten, die einen weiteren Mord verhindern will, getötet wird. Kriminalfilm nach gängigen Genremustern. Solide inszeniert, jedoch eher an Oberflächenreizen als an einem Psychogramm seines Protagonisten interessiert. – Ab 14. ✦ Scope. Finnland 1977 **P** Filmi-Jatta Oy and TV/Filmikonsultit Dennis Livson Ky **Kl** Progress **R** Lars G. Thelestam **B** Lars G. Thelestam, Ismo Sajakorpi, Matti-Juhani Karila, nach einem Roman von Mauri Sariola **K** Esko Nevalainen **M** Rauno Lehtinen **D** Kate O'Mara (Karen), Bruno O'Ya (Bruno), Åke Lindman (Susikoski), Anne Pohtamo (Harriet), Risto Mäkelä (Akerblom) **L** 87 **E** 24.10.1980 Kino DDR/23.12.1981 DFF 1/19.3. 1985 HR

EIN UNBEKANNTER RECHNET AB (DIX PETITS NEGRES / TEN LITTLE INDIANS). Dritte Verfilmung (nach denen von René Clair, 1945, und George Pollock, 1965) des berühmten Agatha-Christie-Romans: Ein Unbekannter lädt zehn einander fremde Personen in ein einsames persisches Luxushotel ein. Nur zwei überleben das Wochenende. Die zu sehr auf vordergründige Effekte ausgerichtete Inszenierung beeindruckt lediglich durch schauspielerische Leistungen. Ansonsten fehlt dem makabren Spiel um die Schuld und Sühne von zehn Personen jegliche Atmosphäre und psychologische Dichte. (TV-Titel: »Zehn kleine Negerlein«) – Ab 16. ✦ BR Deutschland/Frankreich/Spanien/Italien 1974 **P** Corona/C.O.M.E.I.S.A./Talia/Coralta **Kl** Gloria **Pd** Alain Dahan **R** Peter Collinson **B** Erich Kröhnke, Enrique Lovet, Peter Welbeck (= Harry Alan Towers), nach dem Roman »Ten Little Niggers« von Agatha Christie **K** Fernando Arribas **M** Carlo Rustichelli **D** Oliver Reed (Hugh Lombard), Richard Attenborough (Cannon), Gert Fröbe (Blore), Charles Aznavour (Raven), Elke Sommer (Vera Clyde), Stéphane Audran (Ilona Bergen), Herbert Lom (Armstrong), Adolfo Celi (General Souié) **L** 92 **FSK** ab 16; f **FBW** w **E** 24.9.1974/7.6. 1983 ZDF/23.5.1987 DFF 1 **fd** 19 012

DER UNBEQUEME WEG. In einer Langzeitbeobachtung, die sich über die Jahre von 1987 bis 1991 erstreckt, stellt der Dokumentarfilm Totalverweigerer vor, die nicht nur den Kriegsdienst mit der Waffe, sondern auch den Zivildienst verweigern. Er begleitet ihre Geschichten über längere Zeit und beobachtet ihre Flucht quer durch die Bundesrepublik Deutschland, Berlin und die ehemalige DDR. ✦ Deutschland 1991 **P** Michael Enger Video & Film Produktion **Pd+R+B** Michael Enger **K** Jürgen Schaum, Michael Enger **M** Gerhard Scherer **S** Jürgen Schaum, Michael Enger **L** 99 **E** 12.11.1991/24.12. 1991 DFF

UNBERECHENBAR (PERFECT FAMILY). Eine junge Witwe mit zwei Kindern verliebt sich in den psychisch angeschlagenen Bruder ihrer neuen Haushälterin und muß allmählich erkennen, daß sie es mit einem schizophrenen und alkoholkranken Mörder zu tun hat. Auf dem seichten Niveau einer amerikanischen Vorabendserie erzählter trivialer Fernsehthriller. – Ab 16. ✦ USA 1992 **P** Wilshire Court (für Paramount Pictures) **VA** CIC **Pd** Robert M. Rolsky **R** E. W. Swackhamer **B** Christian Stoianovich, Phoebe Dorin **K** William Gereghty **M** Nicholas Pike **S** Bernard Gribble **D** Bruce Boxleitner (Alan), Jennifer O'Neill (Maggy), Joanna Cassidy (Schwester Janice), Shin Appleby, Juliana Hansen, Colby Chester (Sheriff Dennis) **L** 89 **FSK** ab 16 **E** 18.8.1993 Video **fd** 30 480

DIE UNBERÜHRBARE. Die letzten Monate von Gisela Elsner, die nach dem Fall der Mauer, ihrer illusionistischen, unkritischen Liebe zum »realen Sozialismus« beraubt, aus dem Leben schied. In schwarzweißen Bildern, die Ausdruck des psychischen Zustands der Hauptfigur sind, wird die Biografie der Dichterin aufgeblättert. Ohne Rückblenden zu benutzen, macht Regisseur Oskar Roehler, der Sohn von Gisela Elsner, die inneren und äußeren politischen Umstände dieser Vita begreifbar. Der Film, in seiner kritisch-zärtlichen Distanz ein Balanceakt, erweist sich in allen Belangen als künstlerisch eindrucksvoll und erregend. Maßgeblichen Anteil daran hat die überragende Hannelore Elsner in der Titelrolle. – Sehenswert ab 16. ✦ Schwarz-weiß. Deutschland 1999 **P** Distant Dreams/Geyer Werke/ZDF **KI** Advanced **VA** e-m-s **DVD** e-m-s (1.66:1, DD5.1 dt.) **Pd** Käte Ehrmann, Ulrich Caspar **R+B** Oskar Roehler **K** Hagen Bogdanski **S** Isabel Meier **D** Hannelore Elsner (Hanna Flanders), Vadim Glowna (Bruno), Tonio Arango (Ronald), Michael Gwisdek (Joachim), Bernd Stempel (Dieter), Jasmin Tabatabai (Meret), Charles Regnier (Hannas Vater), Helga Göring (Hannas Mutter), Lars Rudolph (Viktor), Nina Petri (Grete) **L** 110 **FSK** ab 12; f **FBW** w **E** 20.2.3000/30.10.2000 Video/27.12.2000 DVD/3.10.2001 ZDF **fd** 34 197

UNBESCHOLTEN (VIRTUE). Wegen des Verdachts der Straßenprostitution soll eine junge Frau aus der Stadt gewiesen werden. Sie verliebt sich jedoch in einen Taxifahrer, heiratet ihn und bleibt in New York. So bleibt ihr das Gefängnis erspart, doch der Mann beginnt, seiner Frau zu mißtrauen. Als sie gar unter Mordverdacht gerät, kann er sie erst in letzter Sekunde retten. Routinierte Krimikomödie mit amüsanten Turbulenzen und gut aufgelegten Darstellern. (O.m.d.U.) – Ab 16. ✦ Schwarz-weiß. USA 1932 **P** Columbia Pictures **R** Edward Buzzell **B** Robert Riskin, nach einer Story von Ethel Hill **K** Joseph Walker **D** Carole Lombard (Mae), Pat O'Brien (Jimmy Doyle), Ward Bond (Frank), Willard Robertson (MacKenzie), Shirley Grey (Gert), Jack LaRue (Toots O'Neill), Mayo Methot (Lil) **L** (TV) 65 **E** 8.12.1982 WDR

UNBESCHREIBLICH WEIBLICH →Just Like a Woman

UNBESIEGBAR →Der Stärkere (1983)

DER UNBESIEGBARE (1967) (LAGARDERE I / LE BOSSU). Ein wagemutiger Ritter kämpft im Frankreich des 17. Jahrhunderts, zur Zeit des Interregnums, gegen die gedungene Bande eines Günstlings des französischen Hofes, der durch Mord und Erpressung seine Hausmacht vergrößern will. Farbenprächtiger Mantel- und Degenfilm durchschnittlicher Machart. (Fortsetzung: »Der Buckelige«) – Ab 12. ✦ Frankreich/Italien 1967 **P** ORTF/Les Films Corona/Fono Roma **KI** Gloria **R** Jean-Pierre Decourt **B** Jean-Pierre Decourt, Marcel Jullian, nach einem Roman von Paul Feval sen. und jr. **K** Georges Barsky **M** Jacques Loussier **D** Jean Piat (Lagardère), Nadine Alari (Blanche), Michèle Grellier (Aurora), Jacques Dufilho (Passepoil), Marco Perrin (Cocardasse), Jean-Pierre Darras (Peyrolles), Sacha Pitoëff (Gonzague) **L** 88 **FSK** ab 6; f **E** 1.11.1968 **fd** 15 920

DER UNBESIEGBARE (1985). Ein kampferprobter Kosmonaut und Held gefährlichster Missionen wird zum Mars entsandt, um dort die Macht eines Tyrannen zu brechen, der die Erde bedroht. Fernsehübertragungen informieren die Bewohner der Erde über den Stand der Dinge. Gleichzeitig versuchen zwei gekaufte Mörder, den Helden zu töten. Ein mit Genreklischees aus Krimis und Science-Fiction-Filmen spielender Filmessay, in dem es auch um die Konfrontation zweier medialer »Supermächte« geht: Video- und Kinofilm prallen mit ihrer unterschiedlichen Ästhetik aufeinander. ✦ BR Deutschland 1985 **P** Salinas/ZDF **KI** Salinas **VA** Salinas **Pd** Bernhard Stampfer **R** Gusztáv Hámos **B** Gusztáv Hámos, Astrid Heibach, Juri Kozma, Ed Cantu **K** Wolfgang Knigge **M** Martin Dasske **S** Bernhard Carduck, Esther Dayan-Ulivelli **D** Piero von Arnim (Hurry Cane), Udo Kier (Argon), Kurt von Ruffin (Rath), Hans Peter Hallwachs (Auftragsmörder), Mike Hentz (Auftragsmörder), Linda Himbert (Daisy Bit), Heinz Kammer (Goldenbogen), Lotti Huber (Mme. Orlowska) **L** 85 **E** 24.7.1985 ZDF

DER UNBESIEGBARE – BEST OF THE BEST 2 (BEST OF THE BEST II). Zwei Martial-Arts-Lehrer rächen ihren Freund, der nach einem »Gladiatoren-Kampf« im vergnügungssüchtigen Las Vegas von seinem Gegner hingerichtet wurde. Relativ gut fotografierter Actionfilm, der die vordergründig angeprangerte Lust am blutigen Spektakel ungebrochen befriedigt. (Teil einer Serie; vgl. »Karate Tiger 4 – Best of the Best«, »Best of the Best 3 – No Turning Back«.) – Wir raten ab. ✦ USA 1992 **P** The Movie Group **KI** 20th Century Fox **VA** Ascot **Pd** Peter E. Strauss, Phillip Rhee **R** Robert Radler **B** Max Strom, John Allen Nelson **K** Fred Tammes **M** David Michael Frank **S** Bert Lovitt **D** Eric Roberts (Alex Grady), Phillip Rhee (Ralph Moeller), Christopher Penn (Travis Brickley), Edan Gross (Walter Grady) **L** 98 **FSK** ab 18; nf **E** 26.8.1993/29.12.1993 Video **fd** 30 448

DIE UNBESIEGBARE ERSTE →The Big Red One

DER UNBESIEGBARE GLADIATOR (IL GLADIATORE INVINCIBILE / EL TERRIBLE SHERIFF). Ein zunächst in Verkennung der Tatsachen auf der falschen Seite stehender Gladiator besinnt sich auf Gerechtigkeit und Freiheit und befreit schließlich ein Königreich von der Herrschaft eines Tyrannen. Irgendwo zur Zeit Cäsars angesiedeltes bunt-turbulentes Antikabenteuer, gewohnt trivial im üblichen Rahmen der italienischen Serienfilme gefertigt, immerhin geschickt fotografiert und munter gespielt. – Ab 16. ✦ Scope. Italien/Spanien 1961 **P** Columbus/Atenea **KI** Filmallianz/Avis (Erstverleih: Materna) **Pd** Alberto de Martino **R** Anthony Momplet **B** Francesco de Feo **K** Eloy Mella **M** Carlo Franci **S** Otello Colangeli **D** Richard Harrison (Rezius), Isabelle Corey (Sira), Livio Lorenzon (Itus), Leo Anchoriz (Rabirius), Edoardo Nevola (Vibius), Joseph Marco, Jole Mauro **L** 91 **FSK** ab 16; nf **E** 12.1.1962 **fd** 10 824

DER UNBESIEGBARE SAMURAI (BABY CART AT THE RIVER STYX). Der etwa fünfjährige letzte Sproß einer Samurai-Dynastie wird durch einen riesigen und finsteren Schwertkämpfer vor allen Mordanschlägen von Mitgliedern einer verfeindeten Dynastie geschützt. Blutrünstige, zumindest in der offensichtlich stark gekürzten deutschen Kinofassung streckenweise ins Lächerliche umschlagende Ballade vom letzten Akt einer tödlichen Feindschaft. Was immerhin besticht, ist die der Grausamkeit benachbarte Zartheit, mit der der Schwertkämpfer seinen Schützling umsorgt. Auch die brillante Fotografie fesselt im virtuosen Umgang mit Licht und Schatten. ✦ Scope. Japan 1973 **P** Katsu **KI** Cinema Service **Pd** Shintarô Katsu, Hisaharu Matsubara **R** Kenji Misumi **B** Katsuo Koike, Goyu Kojima **K** Chishi Makiura **M** Hideaki Sakurai **S** Toshio Toniguchi **D** Minoru Ohiki, Kayo Matsuo, Shojo Kobayashi, Tomisaburo Wakayama, Shin Kishida, Katshuei Matsumoto **L** 75 **FSK** Spio X **E** 21.6.1974 **fd** 18 915

DAS UNBESIEGBARE SCHWERT (JIANG HU – BETWEEN LOVE AND GLORY). Ein junger Kung-Fu-Kämpfer soll über ein Reich von acht vereinigten Clans regieren. Zwei Herrscher über die Mächte des Schattenreichs, Zwillingsbrüder, schicken sich an, dieses Reich an sich zu reißen. Der junge Mann und eine »Wolfsfrau« mit übernatürlichen Kräften, in die er sich verliebt, müssen im Kampf von Gut und Böse Stellung beziehen. Ein märchenhaftes Action-Melodram in farbenprächtigen Bildern, üppiger, traumhafter Ausstattung und ausufernder Inszenierung. Seine visuelle Wirkung wird durch die Beschneidung des CinemaScope-Formats gemindert. (TV-Titel: »Jiang Hu: Heldin des Schwertes«) ✦ Scope. Hongkong 1994 **P** Mandarin Films **VA** Splendid **DVD** Splendid/Ascot (FF, DD5.1 dt.) **Pd** Ronny Yu, Clifton Ko (= Ko Chi-Sum) **R** Ronny Yu **B** David Wu, Kei To Lam, Pik-Yin Tang, Ronny Yu **K** Peter Pau **M** Richard Yuen **S** David Wu **D** Leslie Cheung, Brigitte Ching-Xia Lin, Chun Yu, Elaine Lui **L** 85 **FSK** ab 18 **E** 27.7.1995 Video/8.8.1996 Pro Sieben/10.12.2001 DVD **fd** 31 607

DAS UNBESIEGBARE SCHWERT DER SHAOLIN (TO-CHING CHIEN-KO TUAN-CHING TAO / THE SENTIMENTAL SWORDSMAN AND THE RUTHLESS BLADE). Ein wehmütiger Schwertkämpfer muß sich der Verdächtigungen und Intrigen erwehren, jener heimtückische Mörder zu sein, der in Wirklichkeit jedoch sein Bruder ist. Ein sorgfältig komponiertes Kung-Fu-Abenteuer, in dem naiv-romantische Motive dominieren und die Künstlichkeit des Genres fantasiereich genutzt wird. – Ab 16. ✦ Scope. Hongkong 1980 **P** Shaw Brothers **KI** Avis **VA** VCL **R** Chu Yuan **B** I Kuan, nach einem Roman von Ku Lung **K** Huang Chieh **M** Chen Yung-Yu **S** Chiang Hsing Lung **D** Ti Lung (Li Si-Huan), Ching Li, Alexander Fu-Sheng, Erh Tung-Sheng **L** 92 **FSK** ab 16; nf **E** 16.10.1981/16.4.1992 Video **fd** 23 213

DER UNBESIEGBARE SUPERMANN (KOTETSU NO KYOJIN). Ein von den Sternen auf die Erde gekommener Übermensch kämpft, der Menschheit wohlgesinnt, ausdauernd und vor allem unverwundbar gegen Bösewichter, die die Atombombe ganz allein besitzen wollen, und vernichtet schließlich ihre Atomzentrale. Triviale Unterhaltung für ganz schlichte Ansprüche, einfältig und immerhin ohne branchenübliche Roheiten. Der serielle Charakter läßt vermuten, daß es sich hier um »Futter« für eine frühe japanische Fernsehreihe handelt. – Ab 12. ✦ Schwarz-weiß. Japan 1957 **P** Shintoho **KI** Donau **R** Teruo Ishii **B** Ichiro Miyagawa **K** Hiroshi Suzuki **M** Chumei Watanabe **D** Ken Utsui, Minoru Takada, Yunke Ikenchi, Minako Yamada, Kan Hayashi, Reiko Seto, Akira Tamura, Chisako Tahara **L** 87 **FSK** ab 12; nf **E** 28.4.1961 **fd** 10 172

DIE UNBESIEGBAREN (1947) →Die Unbesiegten (1947)

DIE UNBESIEGBAREN (1953). Deutschland im Jahr 1890: Der Kampf der Arbeiterschaft und die Auseinandersetzung in den eigenen Reihen zur Zeit des Sozialistengesetzes von Bismarck. Ein äußerlich aufwendiges, darstellerisch eindringliches Kapitel über die frühe Sozialdemokratie, das dramaturgisch bisweilen schleppend und dozierend daherkommt. Als historisch-biografischer Versuch zur Geschichte der Arbeiterbewegung in Deutschland dennoch sehenswert, nicht zuletzt aus zeithistorischen Gründen: Der Widerstand der SPD gegen Kaiser und Bismarck wird als Legitimation für die Gründung der DDR und die aktuelle SED-Politik genutzt. – Ab 16. ✦ Schwarz-weiß. DDR 1953 **P** DEFA **KI** Progress **VA** Icestorm **Pd** Walter Lehmann **R** Artur Pohl **B** Artur Pohl, Heino Brandes **K** Joachim Hasler **M** Walter Sieber **S** Hildegard Tegener **D** Alice Treff (Frau Schulz), Willy A. Kleinau (Herr Schulz), Tamara Osske (Gertrud Schulz), Werner Peters (Köppke), Kurt Oligmüller (Franz), Karl Paryla (August Bebel), Erwin Geschonneck (Wilhelm Liebknecht) **L** 108 **FSK** o. A. **E** 10.4.1953 Kino DDR/31.8.1953 DFF 1/2000 Video

DIE UNBESIEGBAREN (2000). Ein Leibwächter gerät in den Besitz eines Computerchips, mit dem die Gehirnströme der deutschen Bevölkerung gemessen und deren Gewaltbereitschaft analysiert werden kann. Um der brisanten Erfindung wieder habhaft zu werden, setzt der BND eine kampferprobte Agentin auf den ahnungslosen Mann an. Da ihr eine Weiterentwicklung des Chips transplantiert wurde und sie somit die Gedanken ihres Opfers lesen kann, ist sie ihm immer den entscheidenden Schritt voraus ist. High-Tech-Thriller, der jenseits des pseudowissenschaftlichen Überbaus eine konventionelle (Fernseh-)Geschichte vom Wettlauf gegen die Zeit erzählt. ✦

Deutschland 2000 **P** Westdeutsche Universum-Film **R** Jakob Schäuffelen **B** Rolf Urban, Alexander Rümelin **K** Theo Angell **D** Wotan Wilke Möhring (Nikolaus Kolvin), Karina Krawczyk (Katja), Sylvia Kristel (Elisabeth Lohmann), Natascha Bonnermann (Elsi Winkel), Michael Brandner (Andreas Bruckner) **L** 93 **E** 17.12.2000 RTL

DIE UNBESIEGBAREN DER SHAOLIN (ARTS OF THE SNAKE & CRANE). Während eines jährlichen Treffens werden die acht Großmeister der Shaolin-Klöster ermordet, um jenes machtverleihende Buch zu rauben, in dem eine neue Kampftechnik, die des Kranichs und der Schlange, niedergeschrieben wurde. Ein junger Schüler in dieser Kampfart entlarvt den Mörder. Oberflächlich in der Handlung, spekulativ in seiner Roheit, ist der Film ein typisches Serienprodukt seines Genres. Daß in einigen Szenen dennoch Spannung entsteht, ist den flüssig arrangierten Bewegungsabläufen und der Artistik der Darsteller zu verdanken. ✦ Hongkong 1977 **P** Lo Wei Motion Pictures **KI** A.B. **VA** Splendid/PolyGram **R** Lo Wei **B** Lo Wei, Pan Lei **D** Jackie Chan (= Cheng Long), Lee Yin-Kuo, Kim Chin-Lan **L** 84 (Video 70) **FSK** ab 18; nf (Video 16) **E** 9.11.1978/1990 Video **fd** 20 987

DIE UNBESIEGBAREN DREI (GLI INVINCIBILI TRE). Muskelprotz Ursus entmachtet mit Hilfe zweier Gefährten seinen tyrannischen Doppelgänger und stellt Ordnung und Recht wieder her. Stellenweise durch humorvolle Szenen aufgelockertes Serien-Abenteuer nach bekanntem Schema. – Ab 14 möglich. ✦ Scope. Italien 1964 **P** Cine Italia/International **KI** Adria **Pd** Giuseppe Fatigati **R** Gianfranco Parolini **B** Lionello de Felice, Arnaldo Marrosu, Gianfranco Parolini **K** Francesco Izzarelli **M** Angelo Francesco Lavagnino **S** Edmondo Lozzi **D** Alan Steel (Ursus), Mimmo Palmara (= Domenico Palmara) (Tyrann), Rosalba Neri (Demora), Orchidea de Santis (Alina), Carlo Tamberlani (Idris), Toni Maggio (Karim) **L** 94 **FSK** ab 12; nf **E** 28.12.1965 **fd** 13 827

DIE UNBESIEGBAREN ZWEI (MAGNIFICENT WANDERERS). Drei Herumtreiber mit Kung-Fu-Erfahrung unterstützen einen reichen und einflußreichen Rebellen, der seine Schätze in Sicherheit bringen muß, gegen einen tyrannischen Statthalter. Spielerisch inszenierter Eastern, dessen Themen und Motive um Freundschaft und Ehre kreisen. Die »Bösen« sind zur Karikatur verzerrte Gestalten, denen die »Guten« mit mehr Witz als Härte begegnen. – Ab 16. ✦ Scope. Hongkong 1981 **P** Shaw Brothers **KI** AS-Film **R** Chang Cheh **B** I Kuan, Chang Cheh **D** Alexander Fu-Sheng, David Chiang (= Chiang Tai Wei), Chi Kuan-Chun, Shan Mao, Li Yi-Min **L** 79 **FSK** ab 12; f **E** 5.3.1982 **fd** 22 380

UNBESIEGT (TOP GUN). Um seine Heimatstadt in Wyoming vor einem Banditenüberfall zu warnen, kehrt ein verfemter Revolverheld zurück. Routiniert inszenierter Western. – Ab 14. ✦ Schwarz-weiß. USA 1955 **P** Fame **KI** United Artists **Pd** Edward Small **R** Ray Nazarro **B** Richard Schayer, Steve Fisher **K** Lester White **M** Irving Gertz **S** Dwight Caldwell, Henry Adams **D** Sterling Hayden (Rick Martin), William Bishop (Canby Judd), Karin Booth (Laura Mead), James Millican (Bat Davis), Rod Taylor (Sutter), Regis Toomey (O'Hara), Hugh Sanders (Marsh), John Dehner (Quentin), William Phillips (Hank), Dick Reeves **L** 74 **FSK** ab 12; nf **E** 30.11.1956 **fd** 5 501

DER UNBESIEGTE (1956) → Apus Weg ins Leben – 2. Der Unbesiegbare

DER UNBESIEGTE (1973) → Bruce Lee – Der Unbesiegte

DIE UNBESIEGTEN (1947) (UNCONQUERED). Eine im 18. Jahrhundert in England unschuldig verurteilte und nach Amerika deportierte junge Frau wird von einem heldenhaften Offizier vor Sklaverei und Marterpfahl gerettet. Ein wildbewegter Film aus der Kampfzeit zwischen Pionieren und Indianern, 1763 im French and Indian War, angelegt als großes und teures Western-Spektakel mit grandiosen Landschaftsbildern, das auf naive Weise unterhält. (Fernsehtitel auch: »Die Unbesiegbaren«) – Ab 12. ✦ USA 1947 **P** Paramount **KI** Paramount **Pd+R** Cecil B. DeMille **B** Charles Bennett, Fredric M. Frank, Jesse L. Lasky jr., nach einem Roman von Neil H. Swanson **K** Ray Rennahan **M** Victor Young **S** Anne Bauchens **D** Gary Cooper (Christopher Holden), Paulette Goddard (Abby Hale), Howard da Silva (Martin Garth), Boris Karloff (Guyasuta), Cecil Kellaway (Jeremy love), Ward Bond (John Fraser), Katherine DeMille (Hannah), Henry Wilcoxon (Capt. Steele), Virginia Grey (Diana), Porter Hall (Leach), Mike Mazurki (Dave Bone), Virginia Campbell (Mrs. John Fraser), Alan Napier (Sir William Johnson), Lloyd Bridges (Lt. Hutchins), Paul Burns (Dan McCoy), Jay Silverheels (Indianer), Lex Barker (Offizier), Dorothy Adams (Mrs. Bront), Francis Ford, Iron Eyes Cody, Francis McDonald **L** 147 **FSK** ab 6; f **E** 16.11.1951/11.2. 1976 NDR III **fd** 1 282

DIE UNBESIEGTEN (1969) (THE UNDEFEATED). Zwei ranghohe Bürgerkriegsveteranen, der eine ein Ex-General der Südstaaten-, der andere ein Kommandeur der Nordstaaten-Armee, werden im revolutionswirren Mexiko durch gemeinsam bewältigte Gefahren zu vorurteilsfreien Freunden. Ein aufwendiger, routiniert gestalteter Western mit tendenziös-patriotischen Tönen, restaurativen Vorstellungen von Autorität und einer simplen Verherrlichung von Militarismus. – Ab 16 möglich. ✦ Scope. USA 1969 **P** 20th Century Fox **KI** Centfox **Pd** Robert L. Yacks **R** Andrew V. McLaglen **B** James Lee Barrett **K** William H. Clothier **M** Hugo Montenegro **S** Robert Simpson **D** John Wayne (Colonel John Henry Thomas), Rock Hudson (Colonel James Langdon), Tony Aguilar (General Rojas), Marian McCargo (Anna), Roman Gabriel (Blue Boy), Bruce Cabot (Jeff Newby), Lee Meriwether (Margaret), Merlin Olsen (Big George), Melissa Newman (Charlotte Langdon), Jan-Michael Vincent (Bubby Wilkes), Ben Johnson (Short Grub), Edward Faulkner (Anderson), Harry Carey jr. (Webster), Paul Fix (Gen. Joe Masters), Royal Dano (Major Sanders), Carlos Rivas (Diaz), Pedro Armendáriz jr. (Escalante), James Dobson (Jamison) **L** 112 **FSK** ab 12; f (fr. ab 16) **E** 7.11.1969 **fd** 16 471

UNBESTÄNDIG UND KÜHL. Die Lebensangst wird zur zentralen Bedrohung, als einige Freunde nach Orientierung suchen und sich im Gestrüpp ihrer amourösen Beziehungen verlieren. Die Rückkehr eines jungen Mannes nach Deutschland löst dabei heftigen Liebeswirrwarr aus, bis der Unfalltod einer der Freundinnen eine alarmierende Zäsur setzt. Eine einfühlsame, hervorragend gespielte Zustandsbeschreibung. Kaum einer der Personen um die 30 kommt ohne (Lebens-)Lüge aus, und doch empfindet man Sympathie, ja fast Mitleid für sie, weil sehr subtil, gelegentlich mit komödiantischer Verve jene Bedrohung eingefangen wird, die die lebensängstlichen Personen für sich selbst darstellen. – Ab 16 möglich. ✦ Deutschland 1994 **P** Luna-Film **SF** Atlantic **VA** Universum **Pd** Gudrun Ruzicková-Steiner **R+B** Sandra Nettelbeck **K** Michael Bertl **M** Kevin Brown **D** Natascha Bub (Katharine), Regula Grauwiller (Sara), Andreas Herder (Nick), Jörg Langkau (Felix), Horst-Günther Marx (Robert), Jasmin Tabatabai (Nina) **L** 89 **FSK** ab 12 **E** 24.3.1996 ZDF/1997 Kino

DER UNBESTECHLICHE – EIN COP RECHNET AB (THE PAWN). In seine Heimatstadt zurückgekehrt, muss sich ein wackerer Polizist nicht nur mit der Russen-Mafia, sondern auch mit seinem Bruder herumschlagen. Der ist ebenfalls Polizist, nimmt es mit dem Recht jedoch nicht so genau und kümmert sich um die schwarze »Pensionskasse« seiner Truppe. Als er ermordet wird, kommt der Bruder einem Komplott auf die Spur. Schematisch angelegter Polizeifilm mit fragwürdiger Kalter-Krieg-Mentalität. (Videotitel: »The Pawn – Ein Cop rechnet ab«) ✦ Kanada 1998 **P** York Entertainment **VA** Screen Power **R** Clay Borris **B** Ian A. Robertson **D** Greg Evigan (Ray Harlan), Tony Lo Bianco (Lou Parsons), Rob Stewart (Darcy), Sydney Penny (Megan Stewart), Phillip Simon (Frency) **L** 85 **E** 7.1.2000 Vox/7.12.2000 Video

DIE UNBESTECHLICHEN (1976) (ALL THE PRESIDENT'S MEN). Zwei amerikanische Journalisten, die hartnäckig und gegen starke Widerstände eine zunächst vage Spur verfolgen, decken ein Komplott in höchsten Regierungskreisen auf. Kriminalfilm vor dem Hintergrund des authentischen Watergate-Skandals, der 1974 zum Sturz Nixons führte. Spannend, wenn auch etwas zerdehnt inszeniert, ausgezeichnet gespielt. Obwohl nur wenig über politische Fakten und Journalismus informiert wird, ein Polit-Thriller von hoher Qualität und Dichte. (DDR-Titel: »Alle Männer des Präsidenten«) – Ab 12 möglich. ✦ USA 1976 **P** Wildwood Enterprises **KI** Warner-Columbia **Pd** Walter Coblenz **R** Alan J. Pakula **B** William Goldman, nach einem Buch von Carl Bernstein und Bob Woodward **K** Gordon Willis **M** David Shire **S** Robert L. Wolfe **D** Dustin Hoffman (Carl Bernstein), Robert Redford (Bob Woodward), Jack Warden (Harry Rosenfeld), Martin Balsam (Howard Simons), Hal Holbrook (Deep Throat), Jason Robards (Ben Bradlee), Jane Alexander (Buchhalterin) **L** 132 **FSK** ab 12; f **FBW** bw **E** 30.9.1976/3.2.1978 Kino DDR **fd** 19 971

DIE UNBESTECHLICHEN (1986) → The Untouchables – Die Unbestechlichen

DER UNBEUGSAME (1966) (COOL HAND LUKE). Durch beharrliche Fluchtversuche aus einem Zwangsarbeitslager wird ein Sträfling zum Idol der Mitgefangenen, bis er nach scheinbarer Unterwerfung ihre Achtung verliert. Ein eindrucksvoll inszeniertes und in der Hauptrolle hervorragend gespieltes Drama, das am Beispiel eines Außenseiters den Konflikt zwischen Ordnung und individueller Freiheit abhandelt. Die Möglichkeit, menschliches Verhalten als »Rolle« zu durchleuchten, wird durch die allzu glorifizierende Darstellung menschlichen Behauptungsvermögens und harter Männlichkeit weitgehend verschenkt. ✦ USA 1966 **P** Jalem **KI** Warner Bros. **VA** Warner Home **Pd** Gordon Carroll **R** Stuart Rosenberg **B** Donn Pearce, Frank R. Pierson, nach einem Roman von Donn Pearce **K** Conrad L. Hall **M** Lalo Schifrin **S** Sam O'Steen **D** Paul Newman, George Kennedy, Lou Antonio, Robert Drivas, Jo Van Fleet, J. D. Cannon, Wayne Rogers, Harry Dean Stanton **L** 126 **FSK** ab 16; f **E** 1.12.1967/10.11.1975 ZDF/September 2000 Video **fd** 15 074

DER UNBEUGSAME (1983) (THE NATURAL). Für einen begnadeten, ehrgeizigen Baseballspieler aus dem mittleren Westen der USA beginnt Anfang der 20er Jahre scheinbar eine große Karriere, doch dann wird er von einer neurotischen Frau niedergeschossen. Erst 16 Jahre später landet er bei einem heruntergekommenen Profiverein und führt diesen trotz Intrigen und Hindernissen bis ins Finale der Meisterschaft und wird zum umjubelten Star. Eine typisch amerikanische Aufsteiger-Saga um rasante sportliche Wettkämpfe. Inszeniert als modernes Märchen, huldigt der Film zwar allzu sehr einem Männlichkeitswahn, fesselt aber zugleich durch die Wiederbelebung eines altmodischen Hollywood-Stils. Durch manch grandiose Szene von bis ins Lächerliche überhöhtem Kitsch erhält er einen höchst eigenwilligen, aber unwiderstehlichen Charme. – Ab 12 möglich. ✦ USA 1983 **P** TriStar **KI** Warner-Columbia **DVD** Columbia TriStar Home (1.85:1, DD4.0 engl., DS dt.) **Pd** Mark Johnson **R** Barry Levinson **B** Roger Towne, Phil Dusenberry, nach einem Roman von Bernard Malamud **K** Caleb Deschanel **M** Randy Newman **S** Stu Linder **D** Robert Redford (Roy Hobbs), Robert Duvall (Max Mercy), Glenn Close (Iris Gaines), Kim Basinger (Memo Paris), Barbara Hershey (Harriet Bird), Wilford Brimley (Pop Fisher), Richard Farnsworth (Red Blow) **L** 122 **FSK** ab 6; f **E** 12.10. 1984/3.5.2001 DVD **fd** 24 808

DIE UNBEUGSAMEN (NEPOKORENNYJE). Das Schicksal einer ukrainischen Familie während der deutschen Besatzung. Propagandistisches Kriegsdrama, in der Gewaltdarstellung teilweise sehr drastisch. – Ab 14. ✦ Schwarz-weiß. UdSSR 1945 **P** Kinostudio Kiew **KI** Sovexportfilm **R** Mark Donskoi **B** Boris Gorbatow, Mark Donskoi, nach dem Roman von Gorbatow **K** Boris Monastyrski **M** Lew Schwarz **D** Amwrossi Butschma (Taras), Benjamin Suskind (Aron Dawydowitsch), L. Kartaschowa (Jefrossinija), Daniil Sagal (Stepan), Jelena Ponomarenko (Andrej), W. Slawina (Nastja) **L** 94 **E** 21.5.1948 Kino DDR

DIE UNBEUGSAMEN WILDEN (THE BUTTERFLY REVOLUTION/SUMMER CAMP NIGHTMARE). Schülerrevolte in einem US-Feriencamp. Von der Strenge des alten Lagerleiters frustriert, brechen die Jungen und Mädchen aus der verfügten Ordnung aus, internieren ihre Erzieher und praktizieren bis zum Eintreffen der Polizei die Freiheit. Rasch folgt die Erfahrung, daß die eben besiegte Herrschaft in eine neue, ärgere mündet. Nach verheißungsvoller Einleitung verkommt der Film zur unglaubwürdigen Kolportage; mit der Glaubwürdigkeit der unaufgearbeitet bleibenden Story bleibt alles auf der Strecke, was den oberflächlich inszenierten Film zur fesselnden Unterhaltung hätte formen können. (Weitere Titel: »Im Zeichen des Zorns«; »Butterfly Revolution«; »Zoff im Camp«) ✦ USA 1985 **P** Manson International/Crow **VA** Ufa **Pd** Robert T. Crow, Emilia Lesniak-Crow, Andy Howard **R** Bert L. Dragin **B** Bert L. Dragin, Penelope Spheeris, nach einer Erzählung von William Butler **K** Don Burgess **M** Ted Neeley, Gary Chase **S** Michael Spence **D** Charles Stratton (Franklin Reilly), Harold Pruett (Chris Wayne), Chuck Connors (Mr. Warren), Adam Carl (Donald Poultry), Tom Fridley (John Mason) **L** 85 **FSK** ab 16 **E** 12.2.1990 Video **fd** 28 185

DIE UNBEZÄHMBARE (THE LEGEND OF WALKS FAR WOMAN). Fürs Fernsehen produzierter Western: Eine Frau, die ihren Mann tötete, flieht in die Wildnis und beginnt bei einem Indianerstamm ein neues Leben. Als sich scheinbar alles zum Guten wendet, wiederholt sich ihr Schicksal, und sie muß erneut fliehen. (TV-Titel: »Die neun Tage wandert«) ✦ USA 1979 **VA** VCL/Virgin **R** Mel Damski **B** Evan Hunter, nach einem Roman von Colin Stuart **M** Paul Chihara **D** Raquel Welch (Walks Far Woman), Nick Mancuso (Horses Ghost), Bradford Dillman, George Clutesi, Rudy Ramos, Eloy Phil Casados **L** 111 **E** Mai 1985 Video/11.11.1994 RTL 2

UNBEZÄHMBARE ANGÉLIQUE (INDOMPTABLE ANGELIQUE/L' INDOMABILE ANGELICA). Vierter Teil der Abenteuer der attraktiven Angélique. Wild wuchernde Fantasie bestimmt die Schauplätze, mehr denn je hat Angélique erotische Unbilden zu erleiden. Da ihr totgeglaubter Mann vor dem Haß des Königs flüchtet, sucht sie ihn zu Wasser, muß sich auf einer Galeere der Lüsternheit des Kapitäns erwehren und auf einem Piratenschiff die sexuelle Gewalttätigkeit des Anführers erdulden. Feilgeboten auf einem orientalischen Sklavenmarkt, wird sie wundersamerweise von einem Strohmann ihres Mannes freigekauft. Eine grobschlächtige, einfältige Kolportage aus reißerisch aneinandergereihten Unglaubwürdigkeiten. Der gesellschaftspolitische Hintergrund der Zeit Ludwigs XIV. ist mehr denn je pure Staffage. – Ab 16. ✦ Scope. BR Deutschland/Frankreich/Italien 1967 **P** Divina/Francos/Film Broderie (C.I.C.C.)/Ciné-phonic/Fono Roma **KI** Gloria **R** Bernard Borderie **B** Pascal Jardin, Bernard Borderie, Francis Cosne, nach einem Roman von Anne Golon **K** Henri Persin **M** Michel Magne **S** Christian Gaudin **D** Michèle Mercier (Angélique), Robert Hossein (Joffrey de Peyrac), Bruno Dietrich (Coriano), Roger Pigaut (Escrainville), Christian Rode (Vivonne), Ettore Manni (Jason) **L** 87 (gek. 81) **FSK** ab 16; nf (gek.12;f) **E** 15.12.1967 **fd** 15 171

DIE UNBEZÄHMBARE LENI PEICKERT. Resteverwertung von Teilen, die für »Die Artisten in der Zirkuskuppel: ratlos« gedacht waren, aber keine Verwendung fanden. Mit ihren ehemaligen Mitarbeitern kann Leni Peickert einen subversiven Film in die Abendschau des Fernsehens schmuggeln, doch fällt den Zuschauern bei dem Film nichts Besonderes auf – der Sinn ist verfehlt. Leni und ihre Mitarbeiter werden entlassen. Sie kehren zum Zirkus zurück und entwickeln neue Nummern, die mit Aggression zu tun haben. Leni Peickert funktioniert ihren Zirkus zur Kampfgruppe um. Alexander Kluge breitet sein Material modellhaft und teilweise ohne jede Verknüpfung aus; der Betrachter ist angehalten, es für sich zu ordnen und zu verwerten. ✦ Schwarz-weiß. BR Deutschland 1967/69 **P** Kairos-Film **R+B** Alexander Kluge **K** Günther Hörmann, Thomas Mauch **S** Beate Mainka-Jellinghaus **D** Hannelore Hoger (Leni Peickert), Alfred Edel **L** 60 **E** 29.3.1970 WDR III

DER UNBEZÄHMBARE TIGER. Dokumentarfilm über die Schwierigkeiten des Trainers der Nationalmannschaft aus Kamerun, dem Belgier Henri Depireux, der die Spieler auf die Qualifikation für die Fußballweltmeisterschaft vorbereiten soll. ✦ Belgien 1998 **R** Manu Bonmariage **L** 61 **E** 8.7.1999 arte

DIE UNBEZÄHMBAREN (UNTAMED). Eine eigenwillige junge Frau aus Irland kommt 1847 nach Südafrika und führt dort ein wechselvolles Leben in einem rauhen und gefährlichen Klima. Nach dem Tod ihres Mannes bei einem Massenangriff der Zulus, nach der Zerstörung ihrer Farm durch ein mörderisches Gewitter, nach Jahren des Reichtums in Kapstadt durch einen Diamantenfund und der neuerlichen Verarmung gerät sie einmal mehr zwischen zwei ungleiche Männer: einen Freiheitskämpfer, von dem sie ein Kind hat, und einen Banditenführer. Ein aufwendig, aber zerdehnt inszeniertes Abenteuer-Melodram, das vornehmlich an den vordergründigen Ereignissen interessiert ist und weder als Zeitbild noch als Charakterdrama überzeugt. – Ab 14 möglich. ✦ Scope. USA 1955 **P** 20th Century Fox **KI** Centfox **Pd** Bert E. Friedlob, William A. Bacher **R** Henry King **B** Talbot Jennings, Michael Blankfort, Frank Fenton, nach einem Roman von Helga Moray **K** Leo Tover **M** Franz Waxman **S** Barbara McLean **D** Susan Hayward (Katie O'Neill), Tyrone Power (Paul von Riebeck), Richard Egan (Kurt Hout), Rita Moreno (Julia), Agnes Moorehead (Aggie), John Justin (Shawn Kildare), Brad Dexter (Christian) **L** 110 **FSK** ab 12; nf **E** 29.7.1955 **fd** 4 222

DER UNBEZWINGBARE MÖNCH (THOU SHALL NOT KILL BUT ONCE). Ein junger Mann, dessen Eltern von den Eroberern seiner Heimat ermordet wurden, tritt 1638 in ein Kloster ein, das sich der Übung von Kung-Fu verschrieben hat. Er wird in blutige Auseinandersetzungen hineingezogen und muß harte Prüfungen bestehen, hat am Ende aber Aussicht, Nachfolger des Abtes zu werden. Ein naives fernöstliches Serienprodukt, weniger brutal als genreüblich, in dem reichlich philosophiert und doziert wird. – Ab 16 möglich. ✦ Scope. Hongkong 1978 **P** First Film **KI** Ring/Splendid **R** Yuan Hao Chuen **K** Ching Yun Chuang **M** Chow Liang **D** Chen Sing, Kam Kong, Bruce Chin, Chin Wai Man **L** 85 **FSK** ab 16; f **E** 26.5.1978 **fd** 20 864

DER UNBEZWINGBARE SUPER-CHAN (THE INVINCIBLE SUPER-CHAN). Auf dem Weg, seinen Schwiegervater zu rächen, erwehrt sich ein friedliebender Bauernsohn sämtlicher Krieger des fürstlichen Despoten. Ein sattsam bekanntes Kampfspektakel, das mit übertriebener Genüßlichkeit diverse Tötungsszenen vorführt. Die fast zirkusreifen Kämpfe werden bestenfalls dadurch abgeschwächt, daß Gut und Böse leicht unterscheiden werden, wie dies im Märchen der Fall ist. – Wir raten ab. ✦ Scope. Hongkong 1973 **P** Lih Chin Wah **KI** Warner-Columbia **R** Sun Yang **D** Han Shian Chin, Tan Ven, Yang Yang, Chin Chi **L** 87 **FSK** ab 18; nf **E** 29.11.1973 **fd** 18 596

DIE UNBEZWINGBAREN (AMERICA, AMERICA). Ein großangelegtes Epos von der Unterdrückung der nationalen Minderheit in Armenien durch die Türken, entwickelt an Hand der leidvollen Odyssee eines jungen Griechen aus Anatolien, der Anfang des Jahrhunderts vor der Armut seiner dörflichen Heimat und den Repressionen ins gelobte Traumland Amerika flüchtet. In New York kündigen sich schließlich neue soziale Konflikte an. Kazan verarbeitet autobiografische Erfahrungen und Motive aus der Lebensgeschichte seines Onkels zu einem äußerst einfühlsamen, detailreichen und engagierten Film über die Verlockungen des mythischen Amerika, in dem sich die Wünsche und Utopien der Europäer verkörpern, die gleichwohl den Neuanfang mit schweren Verlusten erkaufen müssen. Die deutsche Kinofassung war stark gekürzt, so daß sich erst in der 1984 erstellten Fernseh-Neubearbeitung in der ursprünglichen Länge das glutvolle Drama um Freiheit und Menschenwürde schlüssig darbot. Der Kulturkanal arte sendete schließlich 1993 die deutsch untertitelte Originalfassung (Titel: »Amerika, Amerika – Die Unbezwingbaren«). – Sehenswert ab 16. ✦ Schwarz-weiß. USA 1963 **P** Athena Enterprises **KI** Warner Bros. **Pd+R** Elia Kazan **B** Elia Kazan, nach seinem Roman **K** Haskell Wexler **M** Manos Hadjidakis **S** Dede Allen **D** Stathis Giallelis (Stavros Topouzoglou), Frank Wolff (Vartan Damadian), Harry Davis (Isaac Topouzoglou), Elena Karam (Vasso Topouzoglou), Estelle Hemsley (Großmutter), Gregory Rozakis (Johaness Gardashian), Lou Antonio (Abdul) **L** 118 (Orig. 177) **FSK** ab 16; f **FBW** bw **E** 30.10.1964/8.9.1969 ZDF/21.11.1984 ZDF (Neuf.)/22.2.93 arte

UNBORN – KIND DES SATANS (THE UNBORN). Ein genialisch böser Wissenschaftler pflanzt seinen Patientinnen zwecks Züchtung einer »Herrenrasse« genmanipulierte Embryonen ein. Ein Ehepaar durchschaut die Motive, doch der Monster-Fötus überlebt eine Abtreibung und tötet – noch an der Mutterbrust – den eigenen Vater. Krude Mischung aus Genre-Versatzstücken, die eher zufällig Personen und Motive auftauchen und verschwinden läßt. Optisch einfallslos und ohne Spannung. ✦ USA 1991 **P** Concorde **VA** RCA/Columbia **Pd+R** Rodman Flender **B** Henry Dominic **K** Wally Pfister **M** Gary Numan, Michael R. Smith **S** Patrick Rand **D** Brooke Adams (Virginia), Jeff Hayenga (Brad), James Karen (Dr. Meyerling), K. Callan (Martha), Jane Cameron (Beth Sanders) **L** 81 **FSK** ab 18 **E** 5.11.1991 Video **fd** 29 296

UNBREAKABLE – UNZERBRECHLICH (UNBREAKABLE). Der Angehörige eines Sicherheitsdienstes überlebt als Einziger ein schweres Zugunglück. Während sein Leben weiter geht, sieht ein Galerist in ihm eine Erlösergestalt, die durch göttliche Fügung unverwundbar sein soll – eine Theorie, die er als Unfug abtut, von der sein kleiner Sohn aber überzeugt ist. Bald häufen sich unerklärliche Vorfälle, und der Mann wird von seiner Vergangenheit eingeholt. Spannende Mischung aus Horror- und Psycho-Thriller-Elementen, die auf die üblichen Inszenierungsmittel der Hollywood-Genres verzichtet und in langen Einstellungen und düsteren Bildern vom inneren Kampf der Hauptfigur erzählt, der sowohl psychologische als auch spirituelle Dimensionen beeinhaltet. – Sehenswert ab 16. ✦ Scope. USA 2000 **P** Touchstone Pictures **KI** Buena Vista International **VA** Buena Vista Home **DVD** Buena Vista (16:9, 2.35:1, DD5.1 engl./dt.) **Pd** Barry Mendel, Sam Mercer, M. Night Shyamalan **R+B** M. Night Shyamalan **K** Eduardo Serra **M** James Newton Howard **S** Dylan Tichenor **D** Bruce Willis (David Dunn), Samuel L. Jackson (Elijah Price), Robin Wright Penn (Audrey Dunn), Spencer Treat Clark (Joseph Dunn), Charlayne Woodard (Elijahs Mutter) **L** 107 **FSK** ab 16; f **E** 28.12.2000/13.6.2001 Video/13.6.2001 DVD **fd** 34 624

UNCAS, DER LETZTE MOHIKANER (THE LAST OF THE MOHICANS). Die letzten zwei Überlebenden des Indianerstammes der Mohikaner und ein weißer Trapper kämpfen im French and Indian War (1754–63) um die amerikanischen Kolonien auf Seiten der Engländer gegen französische Truppen. Diese haben sich mit feindlichen Indianern verbündet. Fürs Fernsehen entstandene Neuverfilmung des klassischen Abenteuerromans. Leidlich unterhaltsam thematisiert sie jenseits der bekannten Aktionen die Kluft zwischen Zivilisation und Wildnis im damaligen Bereich der »Frontier« Nordamerikas. – Ab 14 möglich. ✦ USA 1977 **P** NBC/Schick Sunn Classic **R** James L. Conway **B** Stephen Lord, nach einem Roman von James Fenimore Cooper **K** Henning Schellerup **M** Bob Summers **D** Steve Forrest (Hawkeye), Ned Romero (Chingachgook), Andrew Prine (Major Heyward), Don Shanks (Uncas), Michele Marsh (Cora Morgan), Jane Actman (Jane Morgan) **L** 96 **E** 19.12.1987 ZDF

UNCAS, DER LETZTE SEINES STAMMES (LAST OF THE REDMEN). Während des französisch-indianischen Kriegs: Ein nobler Indianer beschützt eine Gruppe Weißer auf der Reise durch feindliches Gebiet. Unbefriedigender Indianerfilm nach J. F. Coopers »Der letzte Mohikaner«, von dem nur Elemente und die grobe Handlungsstruktur übernommen wurden, ohne daß Glanz und Atmosphäre des Abenteuer-Klassikers konserviert werden konnten. (Alternativer TV-Titel: »Der letzte Mohikaner«) – Ab 12. ✦ USA 1947 **P** Columbia **KI** Columbia **Pd** Sam Katzman **R** George Sherman **B** Herbert Dalmas, George H. Plympton, nach »Der letzte Mohikaner« von James Fenimore Cooper **K** Ray Fernstrom, Ira Morgan **M** Mischa Bakaleinikoff **D** Jon Hall (Major Heyward), Michael O'Shea (Falkenauge), Evelyn Ankers (Alice Munro), Julie Bishop (Cora Munro), Buster Crabbe (Magua), Rick Vallin (Uncas) **L** 75 **FSK** ab 12; nf **E** 17.10.1952/1.5.1995 SAT 1 **fd** 2 244

UNCLE SAM – I WANT YOU DEAD (UNCLE SAM). Der Leichnam eines Vietnam- und Golfkrieg-Veteranen, der bei seinen Einsätzen mehrfach mit Giftgas kontaminiert wurde, wird in sein Heimatstädtchen überführt und kehrt als Zombie ins Leben zurück, um am Unabhängigkeitstag in der Maske des »Uncle Sam« an seinen Feinden grausame Rache zu nehmen. Der 13jährige Neffe, der den Onkel immer bewundert hat, hat eine schwere Entscheidung zu fällen. Kruder Horrorfilm mit Seitenhieben auf Patriotismus; ein Film des einschlägig vorbelasteten Gespanns Lustig/Cohen. ✦ USA 1996 **P** Gable **VA** Concept 2000 (Splendid) **Pd** George G. Braunstein **R** William Lustig **B** Larry Cohen **K** James A. Lebovitz **M** Mark Governor **S** Bob Murawski **D** Bo Hopkins, Timothy Bottoms, Robert Forster, P. J. Soles, William Smith **L** 90 **E** 27.1.1997 Video

UNCUT (UNCUT). Liebesreigen um drei homosexuelle Männer in Kanada: Der Eine schreibt ein Buch zum Thema männliche Beschneidung, das der Zweite, der von seiner Zuneigung zum kanadischen Ministerpräsident Pierre Trudeau geradezu besessen ist, in einem Schreibbüro transkribiert; der Dritte wiederum verführt die beiden anderen, um sie anschließend zu betrügen. ✦ Kanada 1997 **P** Grey Zone **KI** Eigenverleih **Pd+R+B** John Greyson **K** Kim Derko **M** Andrew Zealley **S** Dennis Day **D** Matthew Ferguson (Peter Cort), Michael Achtman (Peter Koosens), Damon d'Oliveira (Peter Denham), Maria Reidstra (Officer), Daniel MacIvor (Newscaster) **L** 92 **E** 14.1.1999

UND ABENDS IN DIE SCALA. Der Aufstieg einer Tingeltangel-Künstlerin zum Revuestar. Halbwegs reizvolle Gesangs- und Tanznummern geben Caterina Valente Gelegenheit, ihr Talent durchaus vorteilhaft zur Schau zu stellen. Eingerahmt werden ihre Auftritte von einer schwerfälligen Liebesgeschichte nach »Schema F«. – Ab 12. ✦ BR Deutschland 1957/58 **P** CCC **KI** Deutsche Film Hansa **Pd** Artur Brauner **R** Erik Ode **B** Maria Matray, Answald Krüger, Robert A. Stemmle, nach einem Stoff von Maria Matray und Answald Krüger **K** Friedl Behn-Grund **M** Heinz Gietz **S** Jutta Hering **D** Caterina Valente (Caterina Duval), Gerhard Riedmann (Robert Mertens), Silvio Francesco (Silvio), Richard Allan (Nico), Hubert von Meyerinck (Alfons Spadolini) **L** 98 **FSK** ab 12; nf **E** 22.2.1958 **fd** 6 783

UND ALLES VERWEHT DER SCHNEE (DOLGIJ PUTY). Ein Stück großbürgerlichen Lebens zur Zarenzeit: Ein Liebespaar wurde getrennt und trifft sich später für Minuten in Sibirien. Der Film, ansprechend fotografiert, bleibt im wehleidigen Unterhaltungston der Jahrhundertwende befangen, und selbst die beabsichtigte Rührung verliert sich in Larmoyanz und Pathos. (DDR-Titel: »Der weite Weg«) – Ab 14. ✦ UdSSR 1956 **P** Mosfilm **KI** DFH **R** Leonid Gaidai, Valentin Newsorow **B** B. Brodskij, Michail Romm, nach Motiven aus Erzählungen von W. G. Korolenko **K** Sergej Polujanow **M** Juri Birjukow **D** Sergej Jakowlew (Wassili Kruglikow), Wladimir Belokurow (Latkin), Kunna Ignatowa (Raissa Fedossejewa), Leonid Gubanow (Dmitri Orestowitsch), N. Kolofidin (Wassilis Vater), Alexander Antonow (Raissas Vater) **L** 77 **FSK** ab 12; f **FBW** w **E** 28.2.1958 DFF 1/10.7.1959 Kino BRD **fd** 8 224

UND ALLES WEGEN MAMA. Die letzte Geldquelle einer Familie versiegt, als die Mutter, die als Putzfrau jobbt, wegen eines Rückenleidens außer Gefecht gesetzt wird. Mit einiger krimineller Energie und viel Glück können Vater und Sohn an das Geld eines Inkasso-Unternehmens kommen. Als der plötzliche Geldregen die Neugier ihres Nachbarn erregt, der Kriminalkommissar ist, gründen sie eine Scheinfirma. Alles wäre gut, wenn die resolute Mutter das Unternehmen nicht auf Vordermann bringen würde und man plötzlich in der Tat arbeiten muss. Abwechslungsreiche Komödie mit »Proleten-Look«, die nahelegt, dass auch heute noch jeder seines Glückes Schmied sein kann. – Ab 16. ✦ Deutschland 1998 **P** Josefine Filmproduktion **Pd** Eckart Lippens **R** Hermine Huntgeburth **B** Volker Einrauch **K** Martin Kukula **M** Rainer Lingk **S** Bettina Böhler **D** Uwe Ochsenknecht (Franz Zucker), Eva Mattes (Hilda Zucker), Frank Gierung (Benny Zucker), Jochen Nickel (Konrad Kaminski), Andrea Sawatzki (Steffi Kaminski) **L** 90 **E** 31.3.1999 ARD

UND ALLES WEGEN MARIETTA. Die junge Marietta erwidert die Liebe eines Mannes nicht, der dennoch nicht aufgibt, sie zu umwerben. Als er sie um ihre Hilfe in beruflichen Angelegenheiten bittet, willigt sie eher belustigt ein. Durch das nähere Beisammensein verliebt sich die Frau doch in ihn, bis sie bemerkt, dass er sie absichtlich getäuscht hat. Heiter-besinnlicher Film des DDR-Fernsehens. ✦ DDR 1981 **P** DEFA **Pd** Walther Kronenthal **R** Eberhard Schäfer **B** Eberhard Schäfer, Wolfgang Pietsch **K** Wolfgang Pietsch **M** Rainer Oleak **S** Anneliese Hinze-Sokolow **D** Viola Schweizer (Marietta Hoppe), Thomas Gumpert (Alexander Baumgart), Petra Strojwasiewicz (Astrid Quandt), Bodo Krämer (Hans Graumüller), Gerda-Luise Thiele (Susanne Leitner) **L** 84 **E** 13.7.1982 DFF 1

... UND AMOR SAGT O.K. DAZU (THE NOTORIOUS DAUGHTER OF FANNY HILL). Die sexuellen Fertigkeiten einer Kokotte ums Jahr 1789 werden mit einschläfernder Monotonie an einem freßsüchtigen Herzog, einem sich an Peitschenhieben labenden »Marquis de Sade«, einem Kühe küssenden Bauernburschen und einer lesbischen Herzogin demonstriert. Ein unsagbar dümmliches Primitivprodukt, optisch relativ zurückhaltend. (Weitere Titel: »Das Pornohaus der Fanny Hill«, »Die lüsterne Tochter der Fanny Hill«) – Wir raten ab. ✦ USA 1967 **P** Sonney Amusement **KI** Avis **R+B** Arthur P. Stootsberry **K** Lee Ganther, Art Radford **M** Chet Moore, Sam Brown **D** Stacy Walker, Tom Duncan, John Andrews, Shaon Carree, Ginger Hale **L** 79 **FSK** ab 18; nf **E** 6.3.1970 **fd** 16 713

... UND ANDERE ERGÜSSE. Dokumentarvideo über die Möglichkeiten und vor allem Gefahren der Gen-Technologie, die in Gesprächen mit Wissenschaftlern in den USA und in der Bundesrepublik Deutschland ermittelt und in Einschüben kommentiert und persifliert werden. Es zeichnet ein erschreckendes Bild von einer Wissenschaft, die sich der Verantwortung ihrer Experimente nicht bewußt ist oder nicht bewußt werden will. ✦ Deutschland 1991 **P** Medienwerkstatt Freiburg **VA** Medienwerkstatt Freiburg **R** Julianne Gissler, Mirjam Quinte **S** Julianne Gissler, Mirjam Quinte **L** 56

UND BEI UNS WAR ES STILL (A U NAS BYLA TISCHINA). Das Schicksal eines achtjährigen Jungen und seiner Familie, die von den Auswirkungen des Zweiten Weltkriegs betroffen sind, obwohl sie im russischen Hinterland fernab von den Frontkämpfen leben. Ihr Schicksal steht für das vieler Frauen und Kinder in den Kriegs- und Nachkriegsjahren. – Ab 14. ✦ Scope. UdSSR 1978 **P** Mosfilm **R** Wladimir Schamschurin **B** Boris Schustrow **K** Igor Melnikow **M** Jewgeni Ptitschkin **D** Aljoscha Tscherstow (Serjosha Murawjow), Tamara Sjomina (Olga Murawjowa), Ljubow Sokolowa (Anna Charitonowa), Rimma Markowa (Klawdia Barabanowa), Jelena Drapeko (Manefa Barabanowa) **L** 83 **E** 3.12.1978 DFF 2

UND DANN KAM BUMBO (I WOT PRISCHOL BUMBO ...). In Petersburg zu Beginn des 20. Jahrhunderts angesiedelter Kinderfilm, der Werte wie Herzlichkeit und Güte beschwört. Obwohl es in einem reichen Haus aufwächst und von allen verwöhnt wird, ist ein sechsjähriges Mädchen schwer erkrankt; auch der Vater, ein prominenter Arzt, weiß nicht, wie er die Tochter heilen soll. Besserung bringt erst ein alter Bekannter, der mit seinen Erzählungen vom Zirkus das Interesse der Kleinen fürs Leben wecken kann. – Ab 6. ✦ Scope. UdSSR 1984 **P** Lenfilm **KI** Progress **R** Nadeshda Koschewerowa **B** Juli Dunski, Valeri Frid, nach Motiven der Erzählungen von Alexander Kuprin **K** Eduard Rosowski **M** Moissej Wainberg **D** Oleg Basilaschwili (Ilja Mitrofanowitsch), Valeri Solotuchin (Kostja), Tatjana Peltzer (Bonne), Swetlana Nemoljajewa (Nika), Sinowi Gerdt (Zirkusdirektor) **L** 79 **E** 24.10.1986 Kino DDR

UND DANN KAM DAS ENDE →Barfuß durch die Hölle – 3. Teil: ... und dann kam das Ende

UND DANN LAUFE ICH BIS ANS ENDE DER WELT (A POBEZIM AZ NA KRAJ SVETA). Ein zwölfjähriges Mädchen, das durch ein angeborenes Hüftleiden gehbehindert ist, ersetzt den Mangel an Freunden und Erlebnissen durch seine Fantasie. Es lebt mit erdachten Gestalten und Geschichten in einer Welt, zu der seine Eltern keinen Zugang finden. Ein eher fantasiearmer Kinderfilm, inhaltlich oberflächlich und unsicher in der Figurenzeichnung. (DDR-Titel: »Und ich laufe bis ans Ende der Welt«) – Ab 10. ✦ CSSR 1979 **P** Slowakisches Filmschaffen Bratislava **SF** BAG **R** Peter Solan **B** Dusan Mitana **K** Stanislav Szomolányi **M** Zdenek Liska **D** Anetka Lakatosová (Majka Nemnicová), Ivan Mistrík (Vater Nemnica), Hana Pastejríková (Mutter Nemnicová), Miriam Vránová (Madla), Martin Zatovic (Maros), Elena Klemová (Janka Adamcíková) **L** 74 **E** 28.11.1980 Kino DDR/20.3.1982 DFF 1/30.,31.8.1983 ARD (zwei Teile)

... UND DANN SAGTE ICH NEIN (... I TOGDA JA SKASAL – NJET ...). Probleme heranwachsender Jugendlicher kurz nach dem Ende des Zweiten Weltkriegs. – Ab 14. ✦ Scope. UdSSR 1973 **P** Gorki-Studio **KI** Progress **R** Pawel Arsenow **B** Rustam Ibragimbekow **K** Michail Jakowitsch **M** Jewgeni Krylatow **D** Rifat Mussin (Elik), Natascha Schengelaja (Nelja), Kolja Lebedew (= Nikolai Lebedew) (Jura), Sergej Sobolew (Arkan), Wowa Dawydow (Chorek) **L** 80 **E** 20.2.1974 Kino DDR

UND DANN STIRBST DU →And then you die

UND DAS AM MONTAGMORGEN. Ein ganz in seinem Beruf aufgehender Bankbeamter hat sein bisheriges Leben satt und möchte nur noch er selbst sein – bis er nach 24 Stunden doch wieder in alte Gleise zurückfällt. Anfangs munter und streckenweise sogar charmant und humorvoll, wird das Star-Lustspiel nach einer (schwächeren) Komödie von Priestley zunehmend einfallsloser und zum Ende platt und klamaukhaft. – Ab 16. ✦ Schwarz-weiß. BR Deutschland 1959 **P** H.R.Sokal-Film/Peter Goldbaum Prod. (für CCC) **KI** NF **Pd** Artur Brauner **R** Luigi Comencini **B** Peter Goldbaum, Franz Höllering, Luigi Comencini, nach dem Theaterstück »The Scandalous Affairs of Mr. Kettle and Mrs. Moon« von John B. Priestley **K** Karl Loeb **M** Hans-Martin Majewski **S** Walter Wischniewsky **D** O. W. Fischer (Alois Kessel), Ulla

Jacobsson (Delia Mond), Robert Graf (Herbert Acker), Vera Tschechowa (Monika), Werner Finck (Prof. Gross), Reinhard Kolldehoff (Müller), Siegfried Schürenberg (von Schmitz) **L** 91 **FSK** ab 16; nf **FBW** w **E** 26.6.1959/25.6.1965 ZDF **fd** 8 259

UND DAS IST ERST DER ANFANG. Eine junge arbeitslose Designerin, die mit ihrer Beziehung zu einem »Workoholic« unzufrieden ist, lernt durch eine falsche Telefonverbindung einen seelenverwandten Unbekannten kennen. Bis zum Happy End legt ihnen das Schicksal diverse Hindernisse in den Weg. Missglückter Versuch einer romantischen Komödie über die wahre Liebe, der an einem dramaturgisch unausgegorenen Drehbuch, einer unkonzentrierten Regie und den wenig überzeugenden Darstellern scheitert; einzig die Fotografie setzt einige stimmungsvolle Akzente. – Ab 14. ✦ Deutschland 2000 **P** Talking Stick Filmproductions/Senator/Schlemmer Film **KI** Senator **VA** EuroVideo **Pd** Christoph Meyer-Weil, Michaela Merten, Alfred Holighaus, Doris Kirch, Christoph Ott **R+B** Pierre Franckh **K** Fred Schuler **M** Schallbau **S** Dagmar Lischius **D** Julia Richter (Anna), René Hofschneider (Michael), Dieter Landuris (Thorsten), Heinrich Schafmeister (Rudolf), Clelia Sarto (Miriam) **L** 94 **FSK** ab 6; f **E** 27.7.2000/15.2.2001 Video **fd** 34 367

UND DAS LEBEN. Erkundungen in brachliegenden Industrielandschaften und halbverlassenen Vorstädten zwischen Marseille und Charleroi, Bruay und Genf. Ein Dokumentarfilm, der Menschen aus krisengeschüttelten Stadtvierteln zu Wort kommen läßt und ihren Lebensplänen und Träumen Ausdruck verleiht. ✦ Frankreich 1991 **R** Denis Gheerbrant **L** 90 **E** 17.4. 1993 arte

UND DAS LEBEN GEHT WEITER (1943) (THE HUMAN COMEDY). Red- und rührselige Verfilmung einer sentimentalen Vorlage von William Saroyan über Familienschicksale in einer US-Kleinstadt während des Zweiten Weltkriegs. Im Mittelpunkt steht ein blutjunger Telegrafist, der eines Tages die Nachricht vom Soldatentod seines älteren Bruders überbringen muß; eine Glanzrolle für Mickey Rooney. – Ab 14 möglich. ✦ Schwarz-weiß. USA 1943 **P** MGM **Pd+R** Clarence Brown **B** Howard Estabrook, nach einem Roman von William Saroyan **K** Harry Stradling **M** Herbert Stothart **S** Conrad A. Nervig **D** Mickey Rooney (Homer Macauley), Frank Morgan (Willie Grogan), James Craig (Tom Spangler), Marsha Hunt (Diana Steed), Fay Bainter (Mrs. Macauley), Ray Collins (Mr. Macauley), Van Johnson (Marcus Macauley) **L** 118 **E** 1946 Kino

UND DAS LEBEN GEHT WEITER (1992) (ZENDEGI EDAME DARAD). 1990 erschütterte ein schweres Erdbeben den Norden Irans. Vier Jahre zuvor hatte der Regisseur des Films in dieser Region den poetischen Kinderfilm »Wo ist das Haus meines Freundes?« gedreht. Er machte sich sofort nach der Katastrophe auf, um nach seinen beiden kleinen Hauptdarstellern zu suchen. Diese Reise durch das Katastrophengebiet und dessen verwüstete Ortschaften inspirierte ihn zu einem semidokumentarischen Spielfilm, in dem ein Vater mit seinem Sohn, der Erwachsene ist Regisseur, nach den beiden Kindern sucht. Entstanden ist ein zutiefst humaner Film, der von der Hoffnung auf ein Morgen lebt und der Natur des Menschen die Zuversicht zuschreibt. Trotz des ernsten Themas ein mitunter heiterer Film, der Mut machen will und durch den liebevollen Umgang der beiden Hauptdarsteller miteinander überzeugt. (O.m.d.U.) – Sehenswert ab 14. ✦ Iran 1992 **P** Institute for Intellectual Development of Children and Young Adults **KI** Pandora **R+B** Abbas Kiarostami **K** Homayun Pievar **M** Antonio Vivaldi **S** Abbas Kiarostami **D** Farhad Kheradmand (Vater), Pooya Pievar (Sohn) **L** 91 **E** 19.11.1992

... UND DAS LEBEN GEHT WEITER (1993) (AND THE BAND PLAYED ON). Die Geschichte der Immunschwäche AIDS bis zum Jahr 1987. Eine über weite Strecken fesselnde Zwischenbilanz, die in ihren Handlungssträngen sowohl medizinische als auch politische und soziale Aspekte der Problematik aufgreift und dabei ebenso mit Fakten und Dokumentarmaterialien informiert wie mit Einzelschicksalen erschüttert. Nur die mitunter klischeehafte Zeichnung einiger Figuren mindert den Wert des mit vielen prominenten Gastauftritten »veredelten« dokumentarischen Spielfilms. – Sehenswert ab 16. ✦ USA 1993 **P** HBO Downtown/Aaron Spelling Prod. **KI** Impuls **VA** VMP **Pd** Midge Sanford, Sarah Pillsbury **R** Roger Spottiswoode **B** Arnold Schulman, nach dem Buch von Randy Shilts **K** Paul Elliott **M** Carter Burwell **S** Lois Freeman-Fox **D** Matthew Modine (Dr. Don Francis), Alan Alda (Dr. Robert Gallo), Patrick Bauchau (Dr. Luc Montagnier), Nathalie Baye (Dr. Françoise Barre), Ian McKellen (Bill Kraus), Saul Rubinek (Dr. Jim Curran), Phil Collins (Eddie Papasano), Richard Gere (Choreograph), Anjelica Huston (Dr. Betsy Reisz), Lily Tomlin (Dr. Selma Dritz) **L** 141 **FSK** ab 12; f **FBW** w **E** 3.2.1994/18.10.1994 Video **fd** 30 627

UND DAS LEBEN IST VOLLER TRÄUME →Wind in der Tasche

UND DAS SOLL DER HIMMEL SEIN? (CAN'T BE HEAVEN). Ein Zwölfjähriger mit familiären Problemen, der die erste große Liebe seines Lebens erlebt, erhält Ratschläge von einem Jazz-Musiker. Da dieser aber bereits seit 60 Jahren tot ist, sind seine Tipps nur eingeschränkt zeitgemäß und führen zu einiger Verwirrung. Dennoch winkt ein Happy End, das auch den Toten, der seine große Liebe noch einmal wiedersieht, seinen Frieden finden lässt. Fantasy-Film über die Macht der Liebe, die für jedes Lebensalter ihre besondere Faszination ausübt. – Ab 14. ✦ USA 1999 **P** Charles O'Brien Prod./Unapix Films **Pd** Ellen Endo-Dizon, Cal Naylor, Charles O'Brien, Deborah Thompson Duda, Joel Zwick **R** Richard Friedman **B** Dario Fagnani **K** Mark Woods **M** Greg Barton, Jeff Marsh **D** Bryan Burke (Danny Perillo), Jamie Williams (Phil), Diane Ladd (Nona Gina), Ralph Macchio (Hubbie Darling), Michael Galeota (Archie) **L** 90 **E** 1.11.2000 Vox

... UND DAS STREBEN NACH GLÜCK (... AND THE PURSUIT OF HAPPINESS). Louis Malle untersucht in seinem zweiten Dokumentarfilm über Amerika die Integrationsfähigkeit des Landes, das noch immer als klassisches Einwandererland gilt, und fragt, ob sich der »Schmelztiegel Amerika« auch heute noch bewährt. Er zeigt Hoffnungen, Erwartungen und Enttäuschungen der Menschen in einem Land, in dem das Recht auf persönliches Glücksstreben in der Verfassung verankert ist, und fördert Widersprüchliches und Exotisches zu Tage. Wie schon in »God's Country« (1979–85) benutzt er die Methode des »Cinema direct«, indem er die Betroffenen vor der Kamera befragt und deren Antworten kommentiert; durch das Spannungsgefälle zwischen Aussage und visuellem Kommentar kommt er der Wahrheit auf die Spur, ohne je rechthaberisch zu erscheinen. – Ab 16. ✦ USA 1986 **P** Chloe Films **R+B+K** Louis Malle **S** Nancy Baker **L** 77 **E** 17.5.1990 ZDF

... UND DEINE LIEBE AUCH. Am Vorabend des Mauerbaus im August 1961 lernt eine Briefträgerin aus der Provinz zwei Stiefbrüder kennen – Taxifahrer in West-Berlin der eine, Elektromonteur in einem volkseigenen Betrieb der andere. Die Schritte zur »Sicherung der Staatsgrenze« am 13. August verhindern die Rückkehr des Taxifahrers in den Westen der Stadt; die Briefträgerin schließt sich dem Monteur an, der an der neu befestigten Grenze Wache steht. Ein politisch-propagandistischer Liebesfilm; die erste DEFA-Produktion, die den Mauerbau thematisierte. Interessant die formalen Bezüge zum Cinéma verité: Dokumentarische Elemente werden geschickt mit einer eher didaktischen Spielhandlung verbunden. Zu »Mauerfilmen« vgl. auch »Sonntagsfahrer«, »Der Kinnhaken« und »Geschichten jener Nacht«. – Ab 14. ✦ Schwarz-weiß. DDR 1962 **P** DEFA, Gruppe »Heinrich Greif« **KI** Progress **Pd** Hans-Joachim Funk **R** Frank Vogel **B** Paul Wiens **K** Günter Ost **M** Hans-Dieter Hosalla **S** Ella Ensink **D** Kati Székely (Eva), Armin Mueller-Stahl (Ulli), Ulrich Thein (Klaus), Katharina Lind (Margot), Alfonso Arau (Alfredo), Maria Besendahl (Wirtin) **L** 92 **E** 27.9. 1962 Kino DDR/13.9.1963 DFF 1

UND DEN HENKER IM NACKEN (VITE PERDUTE). Fünf entflohene Sträflinge erpressen einen Ingenieur und bemächtigen sich dreier junger Frauen als Geiseln, bevor sie sich in blutiger Auseinandersetzung gegenseitig umbringen. Harter Gangsterfilm in der Tradition einschlägiger Hollywood-Vorbilder, routiniert inszeniert und gespielt. ✦ Schwarz-weiß. Italien 1958 **P** Oscar-Film **KI** Deutsche Cosmopol **Pd** Federico Teti **R** Adelchi Bianchi, Roberto Mauri **B** Gianni Puccini, Vittoriano Petrilli, Adelchi Bianchi, Roberto Mauri **K** Aldo Tonti **M** Roberto Nicolosi, Bruno Canfora **D** Virna Lisi (Anna), Jacques Sernas (der »Baron«), Sandra Milo (Giulia), Gabriele Tinti (Carlo), Annie Alberti (Suzy), John Kitzmiller (Luca) **L** 82 **FSK** ab 18; nf **E** 11.3.1960 **fd** 9 195

... UND DEN WEIHNACHTSMANN GIBT'S DOCH (YES VIRGINIA – THERE IS A SANTA CLAUS). Der Familie eines entlassenen irischen Hafenarbeiters droht im New York der Jahrhundertwende der Sturz ins soziale Elend, bis der Vater wie durch ein Wunder wieder Arbeit findet. Zugleich wird ein Journalist, der nach dem Tod von Frau und Kind dem Alkohol verfallen ist, darauf angesetzt, die Kinderfrage nach dem Weihnachtsmann zu beantworten. Sentimentale, einfallslose Weihnachtsunterhaltung, die die soziale Situation zwar halbwegs akzeptabel schildert, aber in nostalgisch schöne Ausstattung bettet. Einige Schlägereien sind für kleinere Kinder zu brutal geraten. – Ab 8. ✦ USA 1991 **P** Paradigm **VA** Concorde **Pd** Duke Fenady **R** Charles Jarrott **B** Val DeCrowl, Andrew J. Fenady **K** John Bartley **M** Charles Bernstein **S** Dann Cahn **D** Richard Thomas (John O'Henleyn), Edward Asner (Chefredakteur), Charles Bronson (Frank P. Church), Massimo Bonetti (Vater Donelli), Tamsin Kelsey **L** 90 **FSK** ab 6 **E** 4.10.1993 Video **fd** 30 596

UND DENNOCH LEBEN SIE (LA CIOCIARA). 1943 flüchtet eine lebenstüchtige junge Witwe mit ihrer Tochter aus Rom in ein Dorf in den Bergen und erlebt dort eine Romanze mit einem jungen Lehrer. Aber auch das ärmliche Dorf wird nicht vom Krieg verschont: Der Lehrer wird von deutschen Truppen ermordet, Mutter und Tochter kehren nach Rom zurück und erleiden dort die Schrecken der letzten Kriegshandlungen. Ein Melodram, das zwischen Neorealismus und Starfilm schwankt. Trotz Zugeständnissen an die Konventionen des Starkinos ist das Thema der durch den Krieg leidenden Menschen eindrucksvoll und überzeugend dargestellt. (1989 unter dem Titel »Cesira – Eine Frau besiegt den Krieg« erneut mit Sophia Loren in der Hauptrolle fürs Fernsehen verfilmt.) ✦ Schwarz-weiß. Italien/Frankreich 1960 **P** Champion/Marceau/SGC **KI** MGM **R** Vittorio de Sica **B** Cesare Zavattini, Vittorio de Sica, nach dem Roman »La Ciociara« von Alberto Moravia **K** Gabor Pogany **M** Armando Trovaioli **D** Sophia Loren (Cesira), Jean-Paul Belmondo (Michele), Raf Vallone (Giovanni), Eleonora Brown (Rosetta), Renato Salvatori (Florindo) **L** 100 **FSK** ab 18; f **FBW** bw **E** 26.10.1961/11.5.1990 DFF 2 **fd** 10 643

... UND DER AMAZONAS SCHWEIGT. Eine junge Frau sucht im Dschungel des Amazonas nach ihrem verschollenen Vater, gerät in gefährliche Abenteuer mit einem dort hausenden Schurken und kehrt schließlich mit einem Landsmann in die Heimat zurück. Primitiver Abenteuerfilm voller Unwahrscheinlichkeiten, der mit billigen Taschenspielertricks vergeblich Spannung erzeugen will. – Ab 16 möglich. ✦ Scope. BR Deutschland 1963 **P** Piran **KI** Piran **Pd** Alfred Bittins **R+B** Franz Eichhorn, Helmuth M. Backhaus **K** Edgar Eichhorn **M** Catulo Cearense **S** Waldemar Noya **D** Barbara Rütting (Susanne), Harald Leipnitz (Pedro), Oswaldo Loureiro (der Grüne

Napoleon), Cyl Farney (Mario), Tereza Rachel (Donna Cecilia), Wilson Grey (der Häßliche) **L** 83 **FSK** ab 12; f (früher 16) **E** 6.12.1963 **fd** 12 428

UND DER HERR SEI UNS GNÄDIG (ALL THE YOUNG MEN). Im koreanischen Kriegswinter 1951 bemüht sich eine amerikanische Vorhut, von Feinden umzingelt, ein kleines Gehöft zu halten, bis die Armee eintrifft. Nach dem Tod des Anführers übernimmt ein schwarzer Sergeant das Kommando, dessen Anordnungen nur widerwillig befolgt werden und der sich vor allem gegenüber einem degradierten Querkopf durchsetzen muß. Thematisch nicht uninteressanter Kriegsfilm, der jedoch die möglichen Auswirkungen von Rassenvorurteilen im Krieg lediglich mit phrasenhaften Allgemeinplätzen behandelt und vorwiegend Schießereien und melancholische Landsererinnerungen aneinanderreiht. – Ab 16. ✦ Schwarzweiß. USA 1959 **P** Hall Bartlett-Jaguar Film **KI** Columbia **Pd+R+B** Hall Bartlett **K** Daniel L. Fapp **M** George Duning **S** Al Clark **D** Alan Ladd (Kincaid), Sidney Poitier (Towler), James Darren (Cotton), Ingemar Johansson (Torgil), Glenn Corbett (Wade), Mort Sahl (Crane) **L** 85 (gekürzt 79) **FSK** ab 16;f (gekürzt 12) **E** 28.10.1960 **fd** 9 648

... UND DER HIMMEL LACHT DAZU (1948) (COME TO THE STABLE). Zwei französische Ordensschwestern kommen nach New England, um ihr Gelübde zu erfüllen, hier ein Krankenhaus zu errichten. Ihr Glaube und ihr Optimismus überwinden alle Schwierigkeiten und bewegen auch anfangs widerstrebende Menschen zur Hilfe. Humor und viel Gefühl in einer liebenswert altmodischen Komödie. – Ab 12. ✦ Schwarz-weiß. USA 1948 **P** 20th Century Fox **KI** 20th Century Fox **R** Henry Koster **B** Oscar Millard, Sally Benson, nach einer Erzählung von Clare Boothe Luce **K** Joseph LaShelle **M** Cyril J. Mockridge **D** Loretta Young (Schwester Margaret), Celeste Holm (Schwester Scolastica), Hugh Marlowe (Robert Mason), Elsa Lanchester (Amelia Potts), Thomas Gomez (Luigi Rossi) **L** 95 **FSK** ab 12; f **E** 3.4.1950 **fd** 519

UND DER HIMMEL LACHT DAZU (1954) (BRUDER MARTIN). Ein Ordensmann mit dem Herzen auf dem rechten Fleck bewährt sich mit Humor und Drastik als Helfer in allen Lebenslagen und Nöten. Bescheidenes österreichisches Volksstück, das in allen Belangen Wünsche offenläßt. (Alternativtitel: »Bruder Martin«) – Ab 14. ✦ Schwarz-weiß. Österreich 1954 **P** Neue Wiener Filmprod./Lux Film **KI** Schorcht **Pd** Ernest Müller, Herbert Gruber **R** Axel von Ambesser **B** Erna Fentsch, nach dem Volksstück »Bruder Martin« von Carl Costa **K** Sepp Ketterer **M** Hans Lang **D** Paul Hörbiger (Bruder Martin), Marianne Koch (Rosl), Carl Wery (Pfarrer von Siebenwiesen), Gerhard Riedmann (Christian), Ellinor Jensen (Lena), Fritz Eckhardt, Jane Tilden, Peter Weck **L** 105 **FSK** ab 12; nf **E** 23.11.1954 **fd** 3 777

... UND DER HIMMEL STEHT STILL (THE INNOCENT). Während in Berlin 1989 der Fall der Mauer bevorsteht, erinnert sich ein Engländer an seinen ersten Aufenthalt in der Stadt: Als junger, unerfahrener Telefontechniker wurde er 1955 vom amerikanischen und englischen Geheimdienst beauftragt, sowjetische Telefonleitungen anzuzapfen, und verliebte sich in eine attraktive Deutsche. Ihre leidenschaftliche Beziehung war durch ein schreckliches Geheimnis – den Tod ihres ungeliebten Mannes – zum Scheitern verurteilt. Ein hervorragend gespieltes Drama über die Relativität von Geheimnissen und Geheimhaltung einerseits, Schuld und Sühne andererseits, das vor allem von der Vielschichtigkeit der hervorragenden Romanvorlage zehrt. (Der Film wurde für den deutschen Kino-Einsatz rigoros um sein Ende gekürzt und damit seiner dramaturgischen Geschlossenheit beraubt.) – Ab 16 möglich. ✦ Deutschland/Großbritannien 1993 **P** Sievernich Film/Lakehart **KI** Jugendfilm **VA** VCL **DVD** CinePlus (FF, DD2.0 dt.) **Pd** Chris Sievernich, Wieland Schulz-Keil, Norma Heyman **R** John Schlesinger **B** Ian McEwan, nach seinem Roman **K** Dietrich Lohmann **M** Gerald Gouriet **S** Richard Marden **D** Isabella Rossellini (Maria), Anthony Hopkins (Bob Glass), Campbell Scott (Leonard Marnham), Ronald Nitschke (Otto), Hart Bochner (Russell), James Grant (McNamee) **L** 115 **FSK** ab 16; f **E** 16.9.1993/21.2.1994 Video/1.10.1995 premiere/ 1.6.2001 DVD **fd** 30 423

UND DER MENSCH LEBT AUF DER ERDE. Geschichten von Bauern, die seit zwanzig Jahren in einer DDR-Genossenschaft zusammenarbeiten. Trotz idyllischer Bilder und eines auf Harmonie bedachten Kommentars entsteht der Eindruck einer partiell fehlgeschlagenen Landwirtschaftspolitik mit Problemen der Abhängigkeit vom Staatsplan, der unheilvollen Trennung von Pflanzen- und Viehzuchtbetrieben und der Gigantomanie in der Viehwirtschaft mit unüberschaubaren Stallungen. 1982/83 gedreht, wurde der Film erst nach dem Sturz Honeckers öffentlich gezeigt. – Ab 12. ✦ DDR 1983 **P** DEFA **Pd** Uwe Kremp, Thomas Pludra **R** Gitta Nickel **B** Wolfgang Schwarze, Gitta Nickel **K** Niko Pawloff **S** Gitta Nickel **L** 77 **E** 17.1. 1990 DFF 2

UND DER REGEN VERWISCHT JEDE SPUR. Die tragisch endende doppelte Liebesgeschichte einer jungen deutschen Schülerin, die kurz vor dem Abitur steht, zu einem französischen Studenten und danach zu einem deutschen Flugschüler in Lübeck. Der erste junge Mann kommt bei einem Unfall ums Leben, der zweite kann seine Schuld an diesem Unfall nicht verwinden und begeht Selbstmord. Der Stoff dieser gefühls- und schicksalsträchtigen Story ist einer Novelle aus dem 19. Jahrhundert entnommen. Doch die äußerlich gelackte, innerlich völlig unbefriedigende dramatische Schnulze hat mit dem Autor Puschkin rein gar nichts gemein. – Ab 16. ✦ BR Deutschland/Frankreich 1972 **P** Roxy/Maya **KI** Constantin **Pd** Luggi Waldleitner **R** Alfred Vohrer **B** Manfred Purzer, nach Motiven einer Novelle von Alexander Puschkin **K** Jerzy Lipman **M** Erich Ferstl **S** Jutta Hering **D** Alain Noury (Alain), Anita Lochner (Christine), Wolfgang Reichmann (Luba), Malte Thorsten (Martin), Eva Christian (Karin), Ruth-Maria Kubitschek (Irene) **L** 98 **FSK** ab 16; f **FBW** w **E** 16.11.1972 **fd** 18 062

... UND DER TOD WARTET SCHON →The Prey

UND DER TRECK ZOG WEITER ... (YOUNG AND FREE). Western um einen Farmerjungen, der entführt wird, dem jedoch die Flucht nach Hause gelingt. Als kurz darauf sein Vater stirbt und er wiederum sein Heim verliert, nimmt ihn eine Indianerin mit zu ihrem Stamm. (Westdeutscher TV-Titel: »Ein Treck zog weiter«) – Ab 14. ✦ USA 1979 **R** Keith Larsen **D** Erik Larsen, Ivy Angustain, Keith Larsen, Carroll McCall **L** 95 (gek. 88) **E** 15.3.1980 DFF 1/4.10.1987 RTL plus

... UND DIE ALPTRÄUME GEHEN WEITER (NIGHT GALLERY). Drei Episoden der amerikanischen Grusel-Fernsehserie »Night Gallery«. Erzählt werden die Geschichten eines mörderischen Erben, der sich jedoch nicht lange an seinem Vermögen freuen kann, einer von Geburt an blinden Frau, die sich das Augenlicht eines armen Schluckers erkauft, und eines SS-Schergen, der in Südamerika untergetaucht ist, seine Enttarnung verhindern will und durch ein Gemälde von seiner Vergangenheit eingeholt wird. Auf den Pilotfilm folgten 28 einstündige und 50 halbstündige Folgen. – Ab 16 möglich. ✦ USA 1969 **P** NBC/Universal **VA** CIC **R** Boris Sagal, Steven Spielberg, Barry Shear **B** Rod Serling **K** Richard Batcheller, William Margulies **M** Billy Goldenberg **D** Ossie Davis, Roddy McDowall, Joan Crawford, Barry Sullivan, Richard Kiley **L** 95 **FSK** ab 16 **E** April 1987 Video

UND DIE ANDEREN FEIERN (LA FETE DES AUTRES). Schicksalsgeschichten von drei Familien in einem Arbeiterviertel von Casablanca; der Alltag ist von Armut und widrigen Umständen geprägt, für Liebe und Hoffnung scheint kein Platz. ✦ Marokko 1995 **Pd+R+B** Hassan Benjelloun **K** Abdelkrim M. Derkaoui **S** Mohamed Meziane **D** Aziz Saadalah (Abdou), Hanan Hillel (Tamou) **L** 102 (TV) **E** 13.8.1996 arte

... UND DIE BIBEL HAT DOCH RECHT. Verfilmung des dokumentarischen Erfolgsbuches von Werner Keller, die in weniger spektakulärer Weise als die Vorlage zu zeigen versucht, daß archäologische Funde und Erkenntnisse nicht im Widerspruch zu biblischen Aussagen stehen. Der Schwerpunkt liegt deutlich auf den bildstarken Teilen der Heiligen Schrift, in der theologischen Deutung hält der Film sich zurück, allerdings ist eine Neigung zum Psychologisieren unverkennbar. Etwas langatmig mit schönen Bildern im Stil eines Kulturfilms inszeniert. – Ab 10. ✦ BR Deutschland 1977 **P** Neue Tele-Contact/TIT **KI** Constantin **R** Harald Reinl **B** Manfred Barthel, nach einem dokumentarischen Buch von Werner Keller **K** Ernst Wild **M** Eberhard Schoener **L** 90 **FSK** ab 6; f **FBW** bw **E** 14.10.1977 **fd** 20 541

UND DIE ELTERN WISSEN NICHTS DAVON (LES PROMESSES DANGEREUSES). Eine Bande Jugendlicher amüsiert sich, vorwiegend auf Kosten anderer, in einer leerstehenden Villa in Sète in Südfrankreich, bis einer der Taugenichtse in einem Anfall von hochmütiger Nächstenliebe sich für die hübsche Tochter eines Stuhlmachers einsetzt und sie sogar heiraten will. Seine Eltern sind dagegen, ihr Vater stirbt, sie bleibt allein, der junge Mann geht zurück nach Paris. Der sich vordergründig ambitioniert gebende Film ist großspurig dialogisiert und spekulativ inszeniert, ohne je eine wirklich glaubwürdige Beziehung zwischen Umwelt und asozialem Verhalten herstellen zu können. – Ab 16 möglich. ✦ Schwarz-weiß. Frankreich 1956 **P** SFP **KI** Argus **Pd** Emil Breysse **R+B** Jean Gourguet **K** Victor Villet **M** José Cana **S** Geneviève Cotier **D** Françoise Vatel, Jean-Paul Vignon, Pierre-Jean Vaillard, Maria Candido, Rellys, Maryse Martin **L** 99 **FSK** ab 16; nf **E** 11.4.1958 **fd** 6 880

UND DIE FRAU ERSCHUF DIE LIEBE (ET LA FEMME CREA L'AMOUR). Ein Pariser Playboy heiratet, obwohl er eine unvermögende Künstlerin liebt, deren reiche Freundin, um sein Sozialprestige zu heben, kehrt aber nach Scheitern der Ehe zu seiner einstigen Geliebten zurück. Abgestandene »Sittenstudie« voller Klischees aus schaler Erotik und Sentimentalität, die dazu herhalten sollen, die Verderbtheit einer gewissen Luxusgesellschaft anzuprangern. Ohne moralische Wertung, aber auch ohne erkennbares inszenatorisches Talent. ✦ Schwarz-weiß. Frankreich 1966 **P** Hoche **KI** Columbia-Bavaria **R** Fabien Collin **B** Philippe Marcay, Fabien Collin, nach einem Roman von Pierre Sabatier **K** Michel Kelber, François Bogard **M** Michel Legrand, Baden Powell, Ray Ventura, Gérard Gustin **D** Olivier Despax, Juliette Villard, Diane Lepvrier, Béatrice Alta-Riba, Claudine Coster, Michel Forain **L** 89 **FSK** ab 18; f **E** 14.7.1967 **fd** 14 842

UND DIE GEIGEN VERSTUMMEN (I SKRZYPCE PRZESTALY GRAC / AND THE VIOLINS STOPPED PLAYING). Zweiteiliges TV-Drama über das Schicksal polnischer Zigeuner unter der deutschen Besatzung im Jahr 1942. Um der drohenden Verhaftung in Warschau zu entgehen, macht sich eine Sippe auf die beschwerliche Flucht über die Tschechoslowakei nach Ungarn. Nach kurzer Zeit werden sie dort von den Deutschen verhaftet und deportiert. Nur wenige überleben das KZ Auschwitz. ✦ Polen/Großbritannien 1988 **P** Cinecitt rzym/Davis Films/Film Polski/ TOR/WFF Lodz **Pd+R** Alexander Ramati **B** Alexander Ramati, nach einem Roman von Alexander Ramati **K** Edward Klosinski **M** Leopold Kozlowski, Zdzislaw Szostak **S** Miroslawa Garlicka **D** Horst Buchholz (Dymitr), Didi Ramati (Wala Mirga), Piotr Polk (Roman Mirga), Maya Ramati (Zoya), Kasia Siwak (Mara), Marne Maitland (Sandu) **L** 205 (zwei Teile) **E** 3.,4.5. 1995 ORF 1

... UND DIE LIEBE LACHT DAZU. Eine hanseatische Bürgertochter findet nach ausgetretenen Schwank-Irrwegen das Eheglück mit einem Wiener Grafen-Neffen. Harmloser Klamauk um nicht minder harmlose (Mentalitäts-)Konflikte zwischen Nord und Süd mit teils verschmitzten, teils plumpen Späßen. –

Ab 14. ✦ BR Deutschland 1957 **P** Maxim **Kl** Prisma **Pd** Fritz Klotzsch **R** Robert A. Stemmle **B** Robert A. Stemmle, nach dem Lustspiel »Schwarzbrot und Kipfel« von Werner von der Schulenburg **K** Heinz Schnackertz **M** Herbert Trantow **S** Klaus M. Eckstein **D** Paul Hörbiger (Graf Ferdinand von Ausberg), Gerhard Riedmann (Stefan, sein Neffe), Gusti Wolf (Pauline, seine Nichte), Oskar Sima (Salvator, Verwalter), Gustav Knuth (Klaus Papendieck), Fita Benkhoff (Luise Papendieck), Eva Probst (Anna-Susanna) **L** 97 **FSK** ab 12; nf **E** 24.5.1957 **fd** 5 911

... UND DIE MUSIK BLÄST DAZU (FANFARE). Ein Musikkapelle und schließlich ein ganzes holländisches Dorf spaltet sich wegen eines Streits zweier Bläser in zwei Parteien, die sich gegenseitig bekämpfen und erst durch die friedliche List ihres Komponisten versöhnt werden. Ein bodenständiger Bauernschwank mit fast dokumentarischem Einschlag bei der liebevoll-genauen Darstellung von Land und Leuten. Niveauvolle Unterhaltung. (DDR-Titel: »Fanfare«) – Sehenswert ab 8. ✦ Schwarz-weiß. Niederlande 1958 **P** Sapphire **Kl** Rank **Pd** Piet van Moock **R** Bert Haanstra **B** Bert Haanstra, Jan Blokker **K** Eddy van der Enden **M** Jan Mul **D** Hans Kaart (Görsen, Wirt), Ineke Brinkman (Mareie, seine Tochter), Bernhard Droog (Kreins, Wirt), Andrea Domburg (Lies, seine Schwester), Johan Valk (Bürgermeister van Ochten), Wim van den Heuvel (Dauwe, Gendarm) **L** 87 **FSK** ab 6; nf **E** 16.9.1960 Kino DDR/ 1.4.1961 Kino BRD/18.4.1964 ZDF **fd** 13 984

UND DIE MUSIK SPIELT DAZU. Ein Junggeselle, der sich dem mißtrauischen Mann seiner Geliebten gegenüber mit einer vorgeblichen Ehefrau tarnt, verstrickt sich so tief in die Situation, daß echte Gefühle sich einstellen und er wirklich heiratet. Lustspiel, das überwiegend von einfältiger Situationskomik und Frivolitäten ohne Witz und Charme zehrt. – Ab 12. ✦ Schwarz-weiß. Deutschland 1943 **P** Deka **Kl** Karp **R** Carl Boese **B** Carl Boese, nach Motiven der Operette »Saison in Salzburg« von Wallner, Feltz und Raymond **K** Otto Baecker **M** Michael Jary **D** Maria Andergast, Vivi Gioi, Hanns Schott-Schöbinger, Georg Alexander, Rudolf Carl **L** 88 **E** 8.6.1943 **fd** 44

... UND DIE NACHT KENNT KEIN ERBARMEN. Um an die Millionen einer jungen, reichen Erbin zu gelangen, läßt ihre habgierige Verwandtschaft sie in eine Heilanstalt einweisen und für unzurechnungsfähig erklären. Schlimme Bösewichter und sich aufopfernde Gute stehen sich in einem aussichtslos erscheinenden Kampf gegenüber. Konsalik-Verfilmung; verlogen, klischeehaft und unfreiwillig komisch. (Späterer Titel: »Entmündigt«) – Ab 16 möglich. ✦ BR Deutschland 1974 **P** Lord **Kl** Nobis **R** Jürgen Goslar **B** Jürgen Goslar, nach dem Roman »Entmündigt« von Heinz G. Konsalik **K** Franz X. Lederle **M** Horst Jankowski, Hennie Bekker **D** Sandra Prinsloo, Wolfgang Kieling, Marius Weyers, Richard Lorring, Don Lamprecht, Shelagh Holliday **L** 91 **FSK** ab 16; f **E** 27.8. 1976 **fd** 19 951

UND DIE NACHT WIRD SCHWEIGEN (BY LOVE POSSESSED). Die zerrütteten Ehen zweier Rechtsanwälte werden wieder gefestigt, als der Sohn des einen Paares wegen angeblicher Vergewaltigung vor Gericht steht. Im herbstlichen New England angesiedelter Film, der die Brüche hinter der Fassade kleinbürgerlicher Wohlanständigkeit aufzeigen will. Psychologisch unglaubwürdig, weitschweifig und dialogreich entwickelt; auch darstellerisch nicht überzeugend. – Ab 16 möglich. ✦ USA 1960 **P** Mirisch/Seven Arts **Kl** United Artists **Pd** Walter Mirisch **R** John Sturges **B** John Dennis, nach einem Roman von James Gould Cozzens **K** Russell Betty **M** Elmer Bernstein **D** Lana Turner (Marjorie Penrose), Efrem Zimbalist jr. (Arthur Winner), Barbara Bel Geddes (Clarissa Winner), Jason Robards (Julius Penrose), George Hamilton (Warren Winner) **L** 116 **FSK** ab 16; f **E** 27.10.1961/ 25.4.1975 ARD **fd** 10 685

UND DIE TOTEN LÄSST MAN RUHEN. Ein Privatdetektiv im westfälischen Münster erhält den Auftrag, in einem 16 Jahre zurück liegenden Todesfall zu ermitteln, der damals als Suizid zu den Akten gelegt wurde. Zunächst betreibt er seine Recherchen eher widerwillig, stößt aber schnell auf Widersprüche und dubiose Verwicklungen »ehrenhafter Bürger«. Erster TV-Krimi um den liebenswert-schüchternen Privatdetektiv Wilsberg, der in Joachim Król seine ideale Verkörperung findet. ✦ Deutschland 1994 **P** ZDF **R** Dorothea Neukirchen **B** Heidi Stroh, Dorothea Neukirchen, nach dem gleichnamigen Roman von Jürgen Kehrer **K** Werner Kubny **M** Jochen Schmidt-Hambrock **D** Joachim Król (Georg Wilsberg), Heinrich Schafmeister (Mani Höch), Katja Studt (Katharina Pobradt), Hans-Martin Stier (Merschmann), Karin Anselm (Wilma Pobradt), René Toussaint (Hans Bebber), Volkmar Kleinert (Kurt Hillerich) **L** 88 **E** 20.2.1995 ZDF

UND DIE TRÄNEN VERGEHEN IM REGEN (TEARS IN THE RAIN). Ein junger englischer Aristokrat verliebt sich in eine hübsche Amerikanerin, ohne zu ahnen, dass sein Vater einst eine Affäre mit der Mutter seiner Auserwählten hatte. Melodram im Seifenopern-Format, inszenatorisch durchschnittlich. ✦ Großbritannien 1989 **P** Atlantic/British Lion **R** Don Sharp **B** Freda Kalsell, Arnaldo Marrosu, Gianfranco Parolini, nach einem Roman von Pamela Wallace **K** Ken Westbury **M** Barrie Guard **D** Sharon Stone (Casey Cantrell), Christopher Cazenove (Michael Bredon), Paul Daneman (Lord Richard Bredon), Anna Massey (Lady Emily), Leigh Lawson (Hamdan Al Dubai) **L** 84 **E** 7.2.1992 ARD

... UND DIE WÄLDER SCHWEIGEN (STARKARE ÄN LAGEN). Ein schwedischer Bauernsohn auf der Flucht vor einer Mordanklage durch Lappland und Norwegen. Wogende Leidenschaften und frömmlerisches Getue in einem schwach durchgeführten Heimat- und Kriminaldrama. ✦ Schwarz-weiß. Schweden 1951 **P** Sandrew-Baumann **Kl** Constantin **R** Arnold Sjöstrand, Bengt Logardt **B** Bengt Logardt, nach dem Roman »Stärker als das Gesetz« von Bernhard Nordhs **K** Rune Ericson **M** Sven Sköld **D** Bengt Logardt (Helge), Margareta Fahlén (Anna), Eric Laurent (Johan Persson), Margit Carlqvist (Mimmi), Yvonne Lombard, Arnold Sjöstrand **L** 88 **FSK** ab 16; f **E** 16.10.1953 **fd** 3 350

UND DIE WÄLDER WERDEN SCHWEIGEN (LE CHANT DU MONDE / OSSESSIONE NUDA). Die Liebe eines Holzfällers zur Tochter eines mächtigen Bauern löst in den Bergen der Provence eine erbitterte Sippenfehde aus. Eine Blut-und-Boden-Saga nach dem Roman von Jean Giono, dessen mythische Stilisierung der archaischen Bauern- und Hirtenwelt unreflektiert übernommen wird. Trotz schöner Bilder herrscht pathetischer Schwulst vor. (Fernsehtitel DDR: »Die Leute vom Fluß«) – Ab 16. ✦ Frankreich/Italien 1965 **P** Orphée/Marceau/Cocinor/Cosmos **Kl** Ceres **R** Marcel Camus **B** Marcel Camus, nach dem Roman »Das Lied der Welt« von Jean Giono **K** Michel Lemoine **M** André Hossein **S** Andrée Feix **D** Hardy Krüger, Marilù Tolo, Charles Vanel, André Lawrence, Ginette Leclerc, Catherine Deneuve, Reinhard Kolldehoff **L** 92 **FSK** ab 16; f **E** 17.11.1967/9.7.1973 DFF 1 **fd** 15 303

UND DIE ZEIT HEILT ALLE WUNDEN (A TIME TO HEAL). Drama um die glücklich verheiratete Mutter einer sechsjährigen Tochter, die durch einen Schlaganfall aus ihrem bisherigen Leben gerissen wird. ✦ USA 1994 **P** NBC International **R** Michael Toshiyuki Uno **B** Cathleen Young **K** Tom Sigel **M** Jay Gruska **D** Nicollette Sheridan (Jenny Barton), Gary Cole (Jay Barton), Mara Wilson (Barbara Barton), Annie Corley (Michelle Rogers), Ken Jenkins (Don Peterson) **L** 83 **E** 22.3.1997 ARD

UND DOCH SIEGT DIE LIEBE →Insel der Sehnsucht

UND DRAUSSEN LAUERT DIE SÜNDE (L' UOMO DI PAGLIA). Ein italienischer Werkmeister bricht aus seiner Ehe aus und geht zu einer jungen Geliebten. Durch seine Unentschlossenheit macht er jedoch sich selbst, das Mädchen und die Familie unglücklich. Ein ernsthaft und glaubwürdig entwickeltes Liebes- und Ehedrama mit einem präzise gezeichneten sozialen Hintergrund. Sentimentale Klischees werden durch die atmosphärische und psychologische Treffsicherheit stets vermieden. (TV-Titel: »Die Versuchung«) – Sehenswert ab 16. ✦ Schwarz-weiß. Italien 1957 **P** Lux/Vides **Kl** Europa **Pd** Franco Cristaldi **R** Pietro Germi **B** Pietro Germi, Alfredo Giannetti, Leo Benvenuti, Piero de Bernardi **K** Leonida Barboni **M** Carlo Rustichelli **S** Dolores Tamburini **D** Pietro Germi (Andreas), Luisa della Noce (Luisa), Franca Bettoja (Rita), Edoardo Nevola (Giulio), Saro Urzi **L** 100 **FSK** ab 16; f **E** 12.6.1959/13.11.1967 ZDF **fd** 8 182

... UND DU MEIN SCHATZ BLEIBST HIER (MUSS I DENN ZUM STÄDTELE HINAUS). Ein mittelloses Studenten-Orchester wird von den Insassen eines Altersheims zum Erfolg geführt. Ein »Lustspiel« ohne Profil. Die banale Handlung dient lediglich als Übergang zwischen den damals aktuellen Schlagern, u.a. von Gus Backus, Udo Jürgens, Trude Herr). (Alternativtitel: »Muß i denn zum Städtele hinaus«) – Ab 12. ✦ Schwarz-weiß. Österreich 1961 **P** Stadthalle-Film **Kl** Constantin **Pd** Franz Antel, Paul Löwinger **R** Franz Antel **B** Kurt Nachmann, Karl Farkas, Rolf Olsen **K** Hans H. Theyer **M** Johannes Fehring **D** Vivi Bach (Helga), Hans von Borsody (Peter Baumann), Oskar Sima (Grossmüller), Trude Herr (Trude), Hans Moser (Haberl), Paul Hörbiger (Berger), Susi Nicoletti (Gräfin von Kokowsky), Anne Marie Kolb (Margot) **L** 100 **FSK** ab 12; nf **E** 6.7.1961/30.10.1964 Kino DDR **fd** 10 334

UND DU MEIN SCHATZ FÄHRST MIT. Eine bis dato unbekannte deutsche Opernsängerin, die einem amerikanischen Multimillionär als Gymnastik-Akrobatin auffiel, wird allen Intrigen zum Trotz Star einer Ausstattungsrevue in New York. Doch weder der Ruhm noch die Heiratsabsichten ihres Mäzens können sie davon abhalten, dem geliebten Chefingenieur zur Heimreise aufs Schiff nachzueilen. Hoffnungslos veralteter Revuefilm, ganz zugeschnitten auf Marika Rökk. Die musikalischen und tänzerischen Einlagen des Films zündeten bereits im Erstaufführungsjahr wenig. – Ab 12. ✦ Schwarz-weiß. Deutschland 1936 **P** Universum **Kl** Döring **DVD** BestBuyMovie (FF, Mono dt.) **R** Georg Jacoby **B** Bobby E. Lüthge, Philipp Lothar Mayring **K** Herbert Körner **M** Franz Doelle **D** Marika Rökk, Hans Söhnker, Oskar Sima, Alfred Abel, Paul Hoffmann **L** 94 **FSK** ab 12; nf **E** 15.1.1937/4.5.1981 DFF 1/30.4.1989 RTL plus/ 19.7.2001 DVD **fd** 1 389

UND DU WIRST DEN HIMMEL SEHEN →Auch du wirst den Himmel sehen

UND EINMAL MUSS HALT SCHLUSS SEIN. Vier Krankenhauspatienten, die alle mit der Diagnose Krebs leben, sprechen über ihre Situation. Dabei zeigt sich, wie unterschiedlich die lebensbedrohende Erkrankung psychisch bewältigt wird. – Ab 16. ✦ BR Deutschland 1986 **P** HFF München **SF** HFF München **R+B+K** Rolf Sterzinger, Uwe Brückner **S** Rolf Sterzinger **L** 60 **FBW** bw **E** 1987 West 3

UND ER NAHM MICH BEI DER HAND (AMONG THE CINDERS). Der Reifeprozeß eines 16jährigen in Neuseeland. Als der einzige Freund des introvertierten Jungen, ein junger Maori, bei einem Jagdausflug tödlich verwundet wird, fühlt er sich mitschuldig an dessen Tod. Zusammen mit seinem verständnisvollen Großvater begibt er sich auf eine abenteuerliche Buschwanderung. Der alte Mann, einer der letzten Pioniere Neuseelands, zeigt ihm die Orte, an denen er seine Jugend verbracht hat, und hilft dem Jungen schließlich, zu sich selbst zu finden. Gut gespielte und inszenierte Romanverfilmung, in Symbolik und Botschaft etwas überdeutlich. – Ab 14. ✦ Neuseeland/BR Deutschland 1983 **P** Pacific/NDR **Pd** John O'Shea **R** Rolf Hädrich **B** Rolf Hädrich, John O'Shea, nach dem Roman »Among the Cinders« von Maurice Shadbolt **K** Rory O'Shea **M** Jan Preston **S** Inge Behrens, John Kiley **D** Paul O'Shea (Nick Flinders),

Derek Hardwick (Hubert), Yvonne Lawley (Beth), Rebecca Gibney (Sally), Amanda Jones (Glenys Appleby), Maurice Shadbolt (Frank), Ricky Duff (Sam Waikai) **L** 90 (Orig. 109) **E** 13.8.1985 WDR

... UND ES FLÜSTERT DIE LIEBE (ES FLÜSTERT DIE LIEBE). Um dem öden Landleben zu entfliehen, fährt ein Graf alljährlich mit einem Freund nach Italien. Statt der angeblichen Pferdekäufe, die er der argwöhnenden Mama als Zweck der Reisen angibt, sind Damenbekanntschaften der eigentliche Grund. Die logisch daraus folgenden Probleme und Verwicklungen sind Anlaß für ein Lustspiel im Gesellschaftsmilieu. (Ursprünglicher Verleihtitel: »Es flüstert die Liebe«) – Ab 12. ✦ Schwarz-weiß. Österreich 1935 **P** Styria-Film **R** Géza von Bolváry **B** Johann von Vaszary, Franz Sobotka **K** Stefan Eiben (= István Eiben) **M** Michael Eisemann, Rudolf Perak **D** Gustav Fröhlich (Peter von Ronai), Elma Bulla (Marion Beriot), Hedwig Bleibtreu (Peters Mutter), Blandine Ebinger (Gaby), Hedda Björnson (Yvonne) **L** 90 **E** 23.12. 1935/12.11.1990 DFF 1

UND ES GAB NUR EINEN ZEUGEN (EYES OF A WITNESS). Der arrogante Vater einer in Kenia forschenden jungen Biologin reist aus Amerika an, als er hört, daß skrupellose Wilderer in der Nähe des Labors seiner Tochter ihr Unwesen treiben. Als er selbst unter Mordverdacht gerät und hingerichtet werden soll, kann ihn nur ein Massai-Junge entlasten. Dieser beobachtete die Tat, fürchtet aber die Rache der Wilderer. Abenteuerlicher Kriminalfilm, entstanden fürs Fernsehen und ganz diesem Medium verhaftet. Weitgehend einfallslos, nur durch einige Landschaftsaufnahmen leidlich interessant. – Ab 16. ✦ Kanada 1990 **P** RHI Entertainment **Pd** Andrew Gottlieb **R** Peter Hunt **B** Charles Robert Carner **K** James Devis **M** Charles Gross **S** Bernard Gribble **D** Jennifer Grey (Christina Baxter), Daniel J. Travanti (Ray Baxter), Carl Lumbly (Thomas Mambulu), Daniel Gerroll (Alan Nicholson), Eriq LaSalle (Mchumbo) **L** 90 **E** 15.6.1992 Tele 5

UND ES KAM DER TAG (I DOJDE DENJAT). Die Erlebnisse und Reflexionen eines jungen Mannes, der bei den Partisanen kämpft. Häufige Rückblenden, harte Schnitte und die Einbeziehung von Symbolen und Gedankenbildern erschweren den Zugang zu einem eigenwilligen Film, der nur in Einzelszenen überzeugen kann. – Ab 16. ✦ Scope. Bulgarien 1973 **P** Spielfilmstudio Sofia **KI** Progress **R** Georgi Djulgerow **B** Wassil Akjow **K** Radoslav Spassov **M** Kipriana Dramewa, Wolfgang Amadeus Mozart, Krzysztof Penderecki, Lubomír Pipkow, Rodion Schtschedrin **D** Plamen Maslarow (Mustafa), Elena Mirtschowska (Weizenhälmchen), Pantelei Pantelejew (der Schwarze), Wyltscho Kamaraschew (Dubiza), Iwan Koshucharow (Phantom), Assen Angelow **L** 87 **E** 22.11.1974 Kino DDR

UND ES SANG DIE NACHTIGALL (AND A NIGHTINGALE SANG). Der bevorstehende Zweite Weltkrieg bringt das Leben einer englischen Arbeiterfamilie durcheinander. Die jüngste Schwester heiratet Hals über Kopf einen Soldaten, die Ältere, Unansehnliche, verliebt sich unglücklich in dessen Kameraden. Die resolute Mutter grämt sich, als der Mann zum Sekretär der kommunistischen Partei gewählt wird, und der rüstige Großvater nutzt das Durcheinander für seine eigenen Pläne. Ein warmherziger Film über Liebe, Freundschaft und Freiheit in schweren Zeiten, erzählt mit viel Gefühl und Einfühlungsvermögen, ohne in die Nähe von Kitsch zu geraten. Eine gehörige Portion Humor trägt zur ausgewogenen Mischung bei. – Ab 16. ✦ Großbritannien 1989 **Pd** Philip Hinchcliffe **R** Robert Knights **B** Jack Rosenthal, nach einem Bühnenstück von C. P. Taylor **K** Norman Langley **S** Chris Wimble **D** Phyllis Logan (Helen), Tom Watt (Norman), Joan Plowright (Mutter), John Woodvine (Vater), Pippa Hinchley (Jocye) **L** 95 **E** 8.12.2000 ARD

UND ES WARD LICHT (1946) (LA SYMPHONIE PASTORALE). Ein protestantischer Schweizer Pastor hat ein blindes und verwahrloses Mädchen in Pflege genommen und wie eine Tochter mit seinen eigenen Kindern aufgezogen. Jahre später verlieben sich der Pastor und sein Sohn in die nach einer Operation wieder sehend gewordene junge Frau, die sich, schwankend zwischen ihrer Liebe zu dem jungen Mann und der Dankbarkeit für den Pastor, schlußendlich das Leben nimmt. Ein bereits durch den schweren, moralisierenden Charakter »vorbelastetes« Melodram, das teilweise an die Grenzen des Erträglichen gerät. In den Hauptrollen zurückhaltend und durchaus glaubwürdig gespielt. – Ab 14 möglich. ✦ Schwarz-weiß. Frankreich 1946 **P** Les Films Gibé **KI** Pallas **R** Jean Delannoy **B** Jean Aurenche, Jean Delannoy, nach einer Novelle von André Gide **K** Armand Thirard **M** Georges Auric **D** Pierre Blanchar (Jean Martin), Michèle Morgan, Line Noro, Suzanne Fauvel, Andrée Clément **L** 95 **E** Frühjahr 1947/24.11. 1957 ARD **fd** 138

UND ES WARD LICHT (1989) (ET LA LUMIERE FUT). Durch den Einbruch der Zivilisation wird das geruhsame Leben eines schwarzafrikanischen Dorfes mit matriarchalischer Gesellschaftsstruktur, in dem paradiesische Zustände herrschen, nachhaltig gestört. Die traditionellen Strukturen zerfallen, Selbstsucht und Besitzgier kehren ein, und am Ende liegt das Dorf in Schutt und Asche. Eine bewußt naive, poetische Parabel über den Raubbau an der Natur und die zerstörerische Kraft der Zivilisation, der Heimat und kulturelle Wurzeln zum Opfer fallen. Eindrucksvoll versinnbildlicht der Film Iosselianis Denk- und Sehmodell, das intelligent, leicht, aber nie zynisch zwischen Dokumentarismus und Slapstick, Volkstheater und Schneidetisch-Konstrukt pendelt. – Sehenswert ab 16. ✦ BR Deutschland/Frankreich/Italien 1989 **P** Direkt Film/Les Films du Triangle/La Sept/RAI Uno **KI** endfilm **Pd** Alain Queffellean, Juraj Chmel, Horst Schier **R+B** Otar Iosseliani **K** Robert Alazraki **M** Nicolas Zourabichvili **S** Otar Iosseliani, Ursula West, Marie-Agnès Blum **D** Saly Badji (Okonoro), Binta Cisse (Mzevze), Sigalon Sagna (Bandinia), Moussa Sagna (Lade), Alpha Sane (Yere), Adbou Sane (Bouloude) **L** 103 **FSK** ab 12; f **E** 5.7.1990 **fd** 28 335

... UND EWIG BLEIBT DIE LIEBE. In der Johannisnacht, unmittelbar vor seiner Hochzeit mit einer Gutsbesitzerstochter, verfällt ein junger Mann erneut seiner leidenschaftlichen Jugendgeliebten, aber diese will seinem Glück nicht im Weg stehen und entsagt. Effektvoll konstruiertes Liebesdrama, das sich wie die Bühnenvorlage unter der naturalistischen Verpackung als dünnblütige Kolportage entpuppt. (Frühere Verfilmung: »Johannisfeuer«, 1939) – Ab 14. ✦ BR Deutschland 1954 **P** Berolina **KI** Constantin **Pd** Kurt Ulrich, Heinz Willeg, Karl Mitschke **R** Wolfgang Liebeneiner **B** Eberhard Keindorff, Johanna Sibelius, nach dem Schauspiel »Johannisfeuer« von Hermann Sudermann **K** Willy Winterstein, Werner M. Lenz **M** Alois Melichar **S** Hermann Leitner **D** Karlheinz Böhm (Georg), Ulla Jacobsson (Marieke), Ingrid Andree (Trude), Magda Schneider (Frau Vogelreuther), Paul Dahlke (Herr Vogelreuther), Günther Lüders, Lucie Englisch **L** 90 **FSK** ab 16; f **FBW** w **E** 13.8.1954 **fd** 3 445

... UND EWIG KNALLEN DIE RÄUBER (UND EWIG KNALLEN DIE RÄUBER). Ein schüchterner Biedermeier-Schneider gründet eine Räuberbande, um sich als Mann zu erweisen; die Konkurrenz echter Räuber und sein eigenes Herz zwingen ihn jedoch immerfort zu guten Taten. Gesangsfreudiger Bilderbuchfilm, dessen parodistische Absichten nicht zum Tragen kommen. – Ab 12. ✦ Österreich 1962 **P** Neue Delta/Art **KI** Columbia-Bavaria **Pd** Carl Szokoll **R** Franz Antel **B** Kurt Nachmann, nach Motiven des Romans »Nikolaus Tschinderle, Räuberhauptmann« von J. F. Perkonig **K** Hanns Matula **M** Johannes Fehring **S** Hermine Diethelm **D** Helmuth Lohner (Tschinderle), Paul Hörbiger (Der nasse Elias), Georg Thomalla (Krummfinger Achilles), Franz Muxeneder (Das kropfete Seppele), Sieghardt Rupp (Georg), Peter Weck (Graf Ildefons), Beba Loncar (Afra), Helga Sommerfeld (Lucina) **L** 103 **FSK** ab 6; nf **E** 19.12. 1962/30.1.1988 DFF 2 **fd** 11 672

... UND EWIG KNARREN DIE BETTEN (SURFTIDE FEMALE FACTORY). Ein Privatdetektiv erhält den Auftrag, die Alleinerbin eines großen Vermögens zu suchen. Die läppische Geschichte dient lediglich als Vorwand für die Aneinanderreihung von banalen Nacktszenen. ✦ USA 1971 **P** Douane Weaver **KI** Apollo/Aktuell **R** Robert Lee Frost **B** Robert Lee Frost, Douane Weaver **K** Andy Jenacz **D** Tom Bourne, Bob Crose, Wayne White **L** 79 **FSK** SPIO: X **E** 12.10. 1973

... UND EWIG LOCKT DAS WEIB → ... und immer lockt das Weib

UND EWIG RAUSCHT DAS MEER → Geheimnisse des Meeres

... UND EWIG RUFT DIE HEIMAT → Uli der Pächter

... UND EWIG SCHLEICHEN DIE ERBEN (SPLITTING HEIRS). Eine lang zurückliegende Verwechslung sorgt für mörderische Intrigen unter echten und unechten Erben, als es um den Besitz einer englischen Herzogsfamilie geht. Wenig subtile, ohne Witz und Überraschungen inszenierte Komödie. – Ab 14. ✦ Großbritannien/USA 1992 **P** Universal/Prominent Features **KI** UIP **VA** CIC **Pd** Simon Bosanquet, Redmond Morris **R** Robert Young **B** Eric Idle **K** Tony Pierce-Roberts **M** Michael Kamen **S** John Jympson **D** Rick Moranis (Henry), Eric Idle (Tommy), Barbara Hershey (Herzogin Lucinda), Catherine Zeta-Jones (Kitty), John Cleese (Shadgrind) **L** 87 **FSK** ab 12; f **E** 9.9.1993/18.4.1994 Video/8.4.1995 premiere **fd** 30 422

... UND EWIG SIEGT DIE LIEBE (HISTORY IS MADE AT NIGHT). Die Frau eines reichen Reedereibesitzers, die in einem Pariser Hotel auf ihre bevorstehende Scheidung wartet, findet erst ihr Glück mit einem charmanten Oberkellner, nachdem sie den Nachstellungen ihres Mannes und einer Schiffskatastrophe entronnen ist. Mit Kriminalistik und Romantik gewürzte, intrigenreiche Tragikomödie. Bis zum im doppelten Sinne katastrophalen Ende ist das komplizierte Handlungsgerüst als gepflegte Unterhaltung aufbereitet. – Ab 16. ✦ Schwarz-weiß. USA 1937 **P** Walter Wagner Pictures **KI** Viktoria **Pd** Walter Wanger **R** Frank Borzage **B** Gene Towne, Graham Baker **K** Gregg Toland **M** Alfred Newman **D** Charles Boyer (Paul Dumond), Jean Arthur (Irene Vail), Leo Carrillo (Cesare), Colin Clive (Bruce Vail), Ivan Lebedeff (Michael), George Meeker (Norton), Lucian Prival (Witness) **L** 93 **FSK** ab 16; f **E** 23.6.1953 **fd** 2 558

UND EWIG SINGEN DIE WÄLDER (UND EWIG SINGEN DIE WÄLDER). Auf dem Höhepunkt seiner wald- und landbeherrschenden Macht gerät ein altes norwegisches Bauerngeschlecht in Konflikt mit einem benachbarten Adelssitz. Der bärennarbige Großbauer verliert seinen Lieblingssohn, der zweite – humanere – Sohn kann die Katastrophe nicht abwenden, die den adeligen Nachbarn um Kind und Besitz und den starrköpfigen Vater um seinen glücklichen Lebensabend bringt. Nach einem letzten, in Reue und Versöhnlichkeit unternommenen Gewaltmarsch durch den Schnee stirbt der Alte an der Wiege seines Enkels. Melodramatische Romanverfilmung in bildwirksamer Gestaltung, die gepflegte Unterhaltung bietet. Hervorragend die Leistung Gert Fröbes als zunächst tyrannischer, dann ob seines blinden Hochmuts vom Schicksal geschlagener Altbauer. – Ab 14. ✦ Österreich 1959 **P** Wiener Mundus **KI** Deutsche Film Hansa **Pd** Alfred Stöger **R** Paul May (= Paul Ostermayr) **B** Kurt Heuser, nach den Romanen von Trygve Gulbransson **K** Elio Carniel **M** Rolf Wilhelm **S** Renate Jelinek **D** Gert Fröbe (der alte Dag), Hansjörg Felmy (Tore), Joachim Hansen (der junge Dag), Carl Lange (Herr von Gall), Anna Smolik (Elisabeth), Hans Nielsen (Major a.D. Barre), Inge Meysel (Jungfer Kruse auf Björndal), Maj-Britt Nilsson **L** 105 **FSK** ab 12; f **E** 15.9.1959/6.12.1968 ZDF **fd** 8 423

... UND FANDEN KEINEN AUSWEG MEHR (SURVIVING). Die Beziehung zwischen einem Teenager und einem depressiven Mädchen, das einen Selbstmordversuch hinter sich hat, führen zu Spannungen mit seinen Eltern. Als das Paar getrennt werden und das Mädchen in ein Internat gesteckt werden soll, wissen die beiden keinen Ausweg und wählen den Freitod. Dadurch brechen auch die Ehen der Eltern auseinander, die Mutter erfährt durch das Vermächtnis ihres Sohnes von der Affäre ihres Mannes, und ihre Eltern müssen sich eingestehen, daß ihre schwierige Tochter das einzige Band zwischen ihnen darstellte. Gutgemeintes, aber melodramatisch arg aufgedonnertes (Fernseh-)Drama. – Ab 16. ✦ USA 1985 **P** ABC/Telepictures **R** Waris Hussein **B** Joyce Eliason **K** Alexander Gruszynski **M** James Horner **D** Ellen Burstyn, Len Cariou, Zach Galligan, Marsha Mason, Molly Ringwald **L** 136 **E** 13.4.1990 SAT 1

UND FINDEN DEREINST WIR UNS WIEDER ... Eine Schülergruppe bricht kurz vor Ende des Zweiten Weltkriegs heimlich aus dem Evakuierungslager in Westfalen auf, um Berlin gegen die Russen zu verteidigen. Ein Film, der die damalige Jugend als Opfer ihrer Erziehung zeigt. Er ist nicht gleichmäßig überzeugend, aber im Vergleich zu anderen zeitkritischen Versuchen achtbar. Zugleich ein Stück historischen Anschauungsunterrichts. – Ab 12. ✦ Schwarz-weiß. Deutschland 1947 **P** Studio 45 **KI** Herzog **Pd** Helmuth Schönnenbeck, Peter Wehrand **R** Hans Müller **B** Ernst Hasselbach, nach einer Novelle von Hertha von Gebhardt **K** Klaus von Rautenfeld **M** Michael Jary **D** Paul Dahlke (Studienrat Bockendahl), Helmut Heyne (Assessor Hoefert), Kurt Langanke (Assessor Paulke), Käthe Haack (Wolfgangs Mutter), Willi Rose (Gefreiter Gehlhorn), Lutz Moik (Wolfgang), Hans Neie (Manfred), Horst Gentzen (Max) **L** 92 **E** 2.12.1947 **fd** 7 309

UND FRAUEN WERDEN WEINEN (AND WOMEN SHALL WEEP). Eine verzweifelte Mutter zeigt ihren auf die schiefe Bahn geratenen Sohn bei der Polizei an, um dessen jüngeren Bruder vor kriminellen Einflüssen zu schützen. Kriminalfilm mit sozialkritischen Ambitionen. (Westdeutscher TV-Titel: »Kein Pardon für Terry«) ✦ Schwarz-weiß. Großbritannien 1959 **P** Sydney Box **KI** Progress **Pd** Norman Williams **R** John Lemont **B** Leigh Vance, John Lemont **K** Brendan J. Stafford **M** Philip Green **D** Max Butterfield (Terry Lumsden), Ruth Dunning (Mrs. Lumsden), Richard O'Sullivan (Godfrey Lumsden), Gillian Vaughan (Brenda Wilkes), Claire Gordon (Sadie MacDougall) **L** 61 **E** 20.10.1961 Kino DDR/8.9.1962 DFF 1/18.9. 1971 ZDF

UND FREIHEIT FÜR ALLE (QUEST FOR JUSTICE). Eine weiße Journalistin engagiert sich Mitte der 50er Jahre in der Bürgerrechtsbewegung der Farbigen gegen den Rassismus in den USA. Obwohl sie in ihrer Existenz bedroht wird, gibt sie schließlich die erste »schwarze« Zeitung des Südens heraus. – Ab 14. ✦ USA 1993 **R** James Keach **B** Rama Laurie Stagner **D** Jane Seymour (Hazel Brannon Smith), D. W. Moffett (Smitty), Richard Kiley (Earl), Lou Walker (Riley), Michelle Joyner (Ann Sinclair) **L** 91 **E** 6.12.1994 RTL 2

... UND FREITAGS IN DIE »GRÜNE HÖLLE«. Beobachtungen in einem Fan-Club des Ost-Berliner Fußballvereins 1. FC Union. Thematisiert wird vor allem das Problem der Gewalt, die sich in Randale vor und in den Stadien und in massiven Zusammenstößen mit der Polizei ausdrückt. Beklemmende Bilder in einer kraftvollen Montage, die bis dahin tabuisierte Bereiche der DDR-Wirklichkeit aufbricht. Noch vor dem Sturz Honeckers gedreht und kurz danach für die Kinos freigegeben. – Ab 14. ✦ DDR 1989 **P** DEFA **KI** Progress **Pd** Rainer Baumert **R** Ernst Cantzler **B** Burghard Drachsel, Ernst Cantzler **K** Michael Lösche **M** Alexander Rompe **L** 41 **E** 9.2.1990 Kino DDR/16.6.1994 ORB

... UND FRIEDEN IHRER SEELE (MY MOTHER'S GHOST). Familiendrama um jenseitigen Seelenfrieden. Als sein neunjähriger Sohn ums Leben kommt, beschließt ein Ehepaar, zusammen mit der Tochter in ein einsames Haus aufs Land zu ziehen. Dort werden sie mit dem Schicksal der ehemaligen Bewohner des Hauses konfrontiert, die ihnen als Geister erscheinen. ✦ Kanada 1996 **P** Credo Entertainment Group/ Buffalo Gal Pictures **Pd** Phyllis Laing, Derek Mazur **R** Elise Swerhone **B** Heather Conkie, nach einem Roman von Margaret Buffie **K** Ian Elkin **M** Rob Bryanto, Jim Folk **S** Kelly Saxberg **D** Elisabeth Rosen (Jess Lach), Gabrielle Rose (Jeannie Lach), Barry Flatman (Rick Lach), Janet Wright (Winny), Barna Moricz (Ben) **L** 91 **E** 13.5.1998 tm 3

... UND FÜHRE UNS NICHT IN VERSUCHUNG. Ein Bahnhofsvorsteher in einem abgelegenen Dorf in den Bergen, der im Krieg und der unmittelbaren Nachkriegszeit viel hat durchmachen müssen, hat ein Zugunglück verschuldet. Durch den Meineid einer jungen Frau, die später seine Geliebte und zweite Ehefrau wird, wird er vor Gericht entlastet, stellt sich aber am Ende freiwillig der Gerechtigkeit. Die Regie verflacht die literarische Vorlage Ödön von Horváths, ein sozialkritisches Gewissensdrama, zum larmoyanten Melodram in der Manier des deutschen »Problemfilms« der 50er Jahre. – Ab 16 möglich. ✦ Schwarz-weiß. BR Deutschland 1957 **P** CCC-Film **KI** Constantin **Pd** Artur Brauner **R** Rolf Hansen **B** Hans Höllering, nach dem Theaterstück »Der jüngste Tag« von Ödön von Horváth **K** Franz Weihmayr **M** Mark Lothar **S** Anna Höllering **D** Johanna Matz (Anna), Heidemarie Hatheyer (Frau Hudetz), Gerhard Riedmann (Herr Hudetz), Rudolf Forster (Herr von Hausen), Annie Rosar (Frau Leimgruber), Willy Rösner (Aigner) **L** 100 **FSK** ab 16; f **E** 31.10.1957 **fd** 6 365

... UND GERECHTIGKEIT FÜR ALLE (... AND JUSTICE FOR ALL). Ein junger Strafverteidiger in Baltimore kämpft gegen Gleichgültigkeit und Korruption der Richter, wobei er miterleben muß, wie zwei seiner Klienten an inhumaner Rechtsprechung zugrunde gehen. Als ein besonders unangenehmer Richter wegen Vergewaltigung und Körperverletzung verhaftet wird, wird er erpreßt und in die Rolle des Verteidigers des Richters gedrängt. In dieser Situation wird er zum bedingungslosen Ankläger des korrupten Systems. Ein ambitionierter Film, der die Utopie von Ethik und hoher Moral über die Wirklichkeit siegen läßt. Der eindrucksvolle Hauptdarsteller überspielt mühelos manche inszenatorische Unebenheit. DVD: Die Extras umfassen u. a. einen Audiokommentar des Regisseurs. – Ab 16. ✦ USA 1979 **P** Malton-Films **KI** Warner-Columbia **DVD** Columbia TriStar Home (16:9, 1.85:1, Mono engl./dt.) **Pd** Norman Jewison, Barry Palmer **R** Norman Jewison **B** Valerie Curtin, Barry Levinson **K** Victor J. Kemper **M** Dave Grusin **S** John F. Burnett **D** Al Pacino (Arthur Kirkland), John Forsythe (Richter Fleming), Jack Warden (Richter Rayford), Christine Lahti (Gail Packer), Lee Strasberg (Grandpa Sam), Jeffrey Tambor (Jay Porter), Sam Levene (Arnie) **L** 119 **FSK** ab 12; f (fr. 16; f) **FBW** w **E** 20.3.1980/21.10.1983 DFF 1/1.2.2001 DVD **fd** 22 394

UND GOTT ERSCHUF DIE FRAU → ... und immer lockt das Weib

UND GOTT SCHUF DIE WIRTSHAUSSÄNGERIN (I BOG STVORI KAFANSKU PEVACIU). Ein von seinen Freunden und Vorgesetzten geschätzter Arbeiter auf einem Staudamm heiratet eine Wirtshaussängerin, die nach ungeschriebenem Gesetz allen, aber keinem einzelnen gehört. Ihre Liebe zerbricht an den immer noch gültigen Traditionen und Moralvorstellungen. Künstlerisch nicht überzeugende Auseinandersetzung mit Problemen und Entwicklungsprozessen im Jugoslawien der frühen 70er Jahre. – Ab 14. ✦ Scope. Jugoslawien 1972 **P** FRZ Beograd **KI** Progress **R** Jovan Zivanovic **B** Bogdan Jovanovic, Jovan Zivanovic, Dusan Perkovic **K** Juan Carlos Fero **D** Vera Cukic (Seka), Bata Zivojinovic (= Velimir Bata Zivojinovic) (Ratko), Lepa Lukic, Zika Milenkovic, Pavle Vujisic **L** 80 **E** 26.9.1975 Kino DDR

... UND HOFFNUNG AUF LIEBE (THE GIFT OF LOVE). Einem herzkranken Mann wird das Herz seines tödlich verunglückten Enkels implantiert. Fortan plagen ihn Schuldgefühle, und auch das Verhältnis zu seiner Tochter, der Mutter des Toten, wird arg in Mitleidenschaft gezogen. Als sich der Mann das Leben nehmen will, trifft er auf eine heranwachsende Ausreißerin, mit der er sich anfreundet und die ihm neuen Lebensmut gibt. Sentimentales Melodram, das weder den Themenkreis um Organspende vertieft noch dem Aspekt des Kindesmissbrauchs gerecht wird. ✦ USA 1994 **P** Family Prod./Marian Rees **Pd** Anne Hopkins **R** Paul Bogart **B** Judith Freeman, Robert W. Lenski **K** Isidore Mankofsky **M** Patrick Williams **S** Susan Browdy **D** Andy Griffith (Phil Doucet), Blair Brown (Helen), Will Friedle (Luke), Olivia Burnette (Louise), Penny Fuller (Leora) **L** 82 **E** 17.8.2000 RTL II

... UND ICH DACHTE, DU MAGST MICH. In einem Ferienlager lernt eine 11jährige einen ein Jahr älteren Jungen kennen und verliebt sich in ihn. Doch dessen Unentschlossenheit und die pragmatische Einstellung der Betreuer, die in erster Linie auf Disziplin und Ordnung achten, lassen die erste zarte Liebe mit einer Enttäuschung enden. Ein Film, der sich für Toleranz gegenüber der Gefühlswelt von Jugendlichen einsetzt, dessen Geschichte jedoch ohne dramatische Höhepunkte und mit vielen gängigen Klischees erzählt wird. – Ab 10. ✦ Scope. DDR 1987 **P** DEFA, Gruppe »Johannisthal« **KI** Progress **Pd** Ralph Retzlaff **R+B** Hannelore Unterberg **K** Michael Göthe **M** Thomas Heyn **S** Renate Bade **D** Ulrike Dräger (Lena), Sören Lißner (Wolfgang), Cindy Scholp (Antonia), Ulrike Knabe (Petra), Sebastian Hattop (Oliver), Peter Kube (Michael), Susanne Lüning (Fräulein Susanne) **L** 64 **E** 31.7.1987 Kino DDR/1.7.1989 DFF 1/24.5. 1990 ZDF

... UND ICH GRÜSSE DIE SCHWALBEN (... A POZDRAVUJI VLASTOVKY). Die letzten 100 Tage im Leben der slowakischen Widerstandskämpferin Maruska Kuderikowa. Nach authentischem Material gestaltet, werden die Gefängniszeit und – in Rückblenden – Situationen der Entwicklung der 22jährigen Studentin beschrieben. Ein ergreifender, ungewöhnlich poesievoller, überzeugend gestalteter Film. – Ab 14. ✦ CSSR 1971 **P** Filmstudio Barrandov **KI** Progress **R+B** Jaromil Jires **K** Jan Curík **M** Lubos Fiser **D** Magda Vásáryová (Maruska), Viera Strnisková (die Mutter), Július Vasek (der Vater), Hana Pastejríková (Jarka), Dagmar Bláhová (Julinka) **L** 90 **E** 11.5.1973 Kino DDR

UND ICH LAUFE BIS ANS ENDE DER WELT → Und dann laufe ich bis ans Ende der Welt

... UND ICH LEHRE EUCH TRÄUMEN – MARK DONSKOI: REALIST UND POET (JA NAUTSCHU WAS METSCHTAT). Ein Porträt des russischen Regisseurs Mark Donskoi. Die konventionelle Collage aus Biografie, Erinnerungen und Filmausschnitten wirkt wenig strukturiert und gerät zur oberflächlichen Künstler-Verehrung. – Ab 14. ✦ Teils schwarz-weiß. UdSSR 1985 **P** Gorki-Studio **KI** Progress **R** Grigori Tschuchrai, Juri Schwyrjow **B** Grigori Tschuchrai, Juri Schwyrjow, Mark Wolozki **K** Wladimir Okunew **L** 86 **E** 24.7.1987 Kino DDR

... UND IHR TRAUM WIRD WAHR (MARGARET BOURKE-WHITE). Pittoreske, aber eher teilnahmslos abgewickelte Biografie der berühmten Fotojournalistin Margaret Bourke-White, die in den 30er Jahren mit ihren gesellschaftskritischen Reportagen in eine Männerdomäne eindrang, privat jedoch weniger Glück hatte: Zwei Ehen mit dem Schriftsteller Erskine Caldwell zerbrachen. Die Hauptdarstellerin kommt dem schwierigen Charakter Bourke-Whites zwischen Genialität und übersteigerter Eitelkeit nur in einigen romantischen Szenen nahe; vor allem in der Arbeit mit der Kamera wirkt ihre Darstellung allzu gekünstelt. (Alternativtitel: »Margaret Bourke-White«) – Ab 14. ✦ USA 1989 **R** Lawrence Schiller **B** Marjorie David, nach der Biografie von Vicki Goldberg **D** Farrah Fawcett (Margaret Bourke-White), Frederic Forrest (Erskine Caldwell), Mitchell Ryan (Patton),

David Huddleston (Bemis), Jay Patterson (Henry Luce) **L** 91 **E** 24.12.1991 Tele 5

... UND IMMER LOCKT DAS WEIB (ET DIEU CREA LA FEMME / PIACE A TROPPI). Eine sinnlich aufreizende Achtzehnjährige in St. Tropez flüchtet sich vor den mit Erziehungsheim drohenden Pflegeeltern in die Ehe, setzt aber auch dann ihre verführerischen Reize anderen Männern gegenüber ein, was beinahe für sie tödlich endet, schließlich aber doch zum Happy-End führt. Der vordergründige Film geht von einer rein materialistischen Auffassung der Liebe aus, ist psychologisch oberflächlich und voller kolportagehafter Effekte. (Videotitel: »Und Gott erschuf die Frau«; 1988 von Vadim unter dem Titel »Adams kesse Rippe« wiederverfilmt.) ✦ Scope. Frankreich 1956 **P** Iéna/Cocinex/U.C.I.L. **KI** Columbia **VA** atlas **Pd** Raoul J. Lévy **R+B** Roger Vadim **K** Armand Thirard **M** Paul Misraki **S** Victoria Spiri Mercanton **D** Brigitte Bardot (Juliette), Curd Jürgens (Eric), Christian Marquand (Antoine), Jean-Louis Trintignant (Michel), Georges Poujouly (Christian), Jane Marken (Mme. Morin) **L** 89 **FSK** ab 12; nf (fr. 18) **E** 8.3.1957/24.11. 1979 DFF 1 **fd** 5 722

UND IMMER LOCKT DIE SÜNDE →Rummelplatz der Liebe

UND IMMER RUFT DAS HERZ (AVARUUSRAKETILLA RAKAUTEEN). Ein ins Weltall geschossener und heil zur Erde zurückgebrachter Wolfshund wird zum Lebensretter und bringt zum guten Ende auch noch ein liebendes Paar zusammen. Die kuriose Handlung ist das einzig Bemerkenswerte in einem ansonsten sentimentalen und banalen Heimatfilm mit Love-Story. (Früherer Titel: »Zurück aus dem Weltall«) – Ab 12. ✦ Schwarz-weiß. BR Deutschland/Finnland 1958 **P** Alfa/Suomen **KI** Defir **Pd** Wolf Brauner **R+B** George Freedland **K** Esko Töyri, Herbert Körner **M** Peter Thomas **D** Ann Savo (Ara), Carl Möhner (Dr. Peter Holm), Paul Dahlke (Aras Vater), Helmut Schmid (Johan), Richard Häussler (Prof. Robert), Ingrid Lutz (Ilona) **L** 83 (früher 85) **FSK** ab 6; f (früher 12) **E** 6.5.1959 **fd** 8 089

UND IN DEN TÖNEN SCHWINGT ERINNERUNG (I W SWUKACH PAMJAT OTSOWETSJA ...). Biografisch-musikalischer Spielfilm über den Komponisten Nikolai Lyssenko (1842–1912), den Begründer der ukrainischen Musikschule. – Ab 14. ✦ UdSSR 1987 **P** Dowshenko-Studio **R** Timofej Lewtschuk **B** Iwan Dratsch, Iwan Mikolaitschuk **K** Eduard Plutschik **M** Wladimir Agranow **D** Fjodor Strigun (Nikolai Lyssenko), Jelena Karadshowa (Olga O'Connor), Andrej Charitonow (Staryzki), Pawel Machota (Lyssenkos Vater), Igor Taradaikin (Lyssenko als Jugendlicher) **L** 86 **E** 11.2.1988 DFF 2

... UND JEDER SUCHT SEIN KÄTZCHEN (CHACUN CHERCHE SON CHAT). Eine junge Frau im Pariser Wohnviertel um die Bastille macht sich auf die Suche nach ihrer verschwundenen Katze. Während sie dabei immer mehr Menschen kennenlernt, wird sie sich immer stärker ihrer bisherigen Vereinsamung bewußt. Eine charmant entwickelte Alltagsbeschreibung, die mit fast ethnografisch anmutender Genauigkeit dem Leben und den Veränderungen im Arrondissement nachspürt. Der Zusammenhalt im Viertel wird auf sehr menschliche Weise als eine Chance zur Kommunikation gedeutet, durch die sich manche Lebenskrise meistern läßt. – Sehenswert ab 16. ✦ Frankreich 1995 **P** Vertigo/France 2 Cinéma/Canal+ **KI** FPV **VA** Arthaus **Pd** Aissa Djabri, Farid Lahoussa, Manuel Munz **R+B** Cédric Klapisch **K** Benoît Delhomme **S** Francine Sandberg **D** Garance Clavel (Chloé), Olivier Py (Michel), Zinedine Soualem (Djamel), Renée Le Calm (Madame Renée) **L** 90 **FSK** ab 6; f **E** 14.11.1996/7.7.1997 Video **fd** 32 231

UND JETZT DAS GANZE NOCHMAL VON VORN (JE SUIS TIMIDE, MAIS JE ME SOIGNE). Ein schüchterner, unbeholfener Kassierer versucht, mit Hilfe eines selbst komplex-behafteten Psychologen Selbstsicherheit zu erlangen, um die Frau seiner Träume zu gewinnen. Mäßig unterhaltsames Lustspiel mit wenigen gelungenen Gags. Ansätze zur Charakterkomik werden durch die klamaukbetonte Inszenierung und Darstellung vertan. (DDR- und alternativer Fernsehtitel: »Ich bin schüchtern, aber in Behandlung«) – Ab 12 möglich. ✦ Frankreich 1978 **P** Albina **KI** Tobis **R** Pierre Richard **B** Pierre Richard, Jean-Jacques Annaud, Alain Godard **K** Claude Agostini **M** Vladimir Cosma **S** Pierre Gillette **D** Pierre Richard (Pierre Renaud), Aldo Maccione (Aldo Ferrari), Mimi Coutelier (Agnès Jansen), Jacques François (M. Henri), Jacques Fabbri, Robert Castel **L** 92 **FSK** ab 6; f **E** 25.1.1980 Kino DDR/17.11.1980 Kino BRD/28.2. 1981 DFF 1 **fd** 21 012

... UND JETZT MIGUEL (AND NOW MIGUEL). Die Erlebnisse eines zwölfjährigen Jungen, Sohn eines Farmers, der ungeduldig darauf drängt, in die Sommerweidegründe der väterlichen Schafherden mitgenommen zu werden. Eine klar aufgebaute, in den Spannungselementen geschickt ausgewogene Abenteuerunterhaltung mit dokumentarischer Genauigkeit. – Sehenswert ab 6. ✦ Scope. USA 1965 **P** Universal Pictures **KI** Universal **Pd** Robert B. Radnitz **R** James B. Clark **B** Ted Sherdeman, Jane Klove, nach einem Roman von Joseph Krumgold **K** Clifford Stine **M** Phillip Lambro **S** Hugh S. Fowler **D** Pat Kardi (Miguel), Guy Stockwell (Perez), Michael Ansara (Blas), Clu Gulager (Johnny), Pilar del Rey (Tomasita), Edmund Hashim (Eli) **L** 95 **FSK** ab 6; f **E** 8.7.1966/9.4. 1994 RTL 2 **fd** 14 376

UND JETZT WIRD SIE SOLDAT (SHE'S IN THE ARMY NOW). Erlebnisse einer Handvoll Mädchen, die sich in der Armee zu Soldaten ausbilden lassen wollen. Als Mischung aus Komödie und Melodram gedachter Pilotfilm zu einer Fernsehserie, der vergeblich den damaligen Kinoerfolg von »Schütze Benjamin« zu strecken versucht. – Ab 16. ✦ USA 1981 **R** Hy Averback **B** Earl W. Wallace **K** William K. Jurgensen **M** Artie Butler **D** Kathleen Quinlan (Cass Donner), Jamie Lee Curtis (Rita Jennings), Susan Blanchard (Virginia Marshall), Melanie Griffith (Sylvie Knoll), Julie Carmen (Yvette Rios) **L** 96 **E** 8.9.1991 Tele 5

UND JIMMY GING ZUM REGENBOGEN. Ein Argentinier stößt bei dem Versuch, in Wien den Mord an seinem Vater aufzuklären, auf dessen ihm unbekannte Identität und verliert im Intrigenspiel verschiedener Geheimdienste schließlich sein Leben. Aufwendig und effektvoll inszenierte Bestseller-Verfilmung, die Probleme der Gegenwart und Vergangenheit als Hintergrund für eine letztlich schwülstig und unglaubwürdig geratene Mischung aus Krimi, Agentenfilm und Schnulze mißbraucht. – Ab 16. ✦ BR Deutschland/Österreich 1970 **P** Roxy/Wien-Film **KI** Inter **Pd** Luggi Waldleitner **R** Alfred Vohrer **B** Manfred Purzer, nach einem Roman von Johannes Mario Simmel **K** Charly Steinberger **M** Erich Ferstl, Jürgen Drews **S** Jutta Hering **D** Alain Noury (Manuel Aranda), Judy Winter (Nora Hill), Horst Frank (Flemming), Ruth Leuwerik (Valerie Steinfeld), Doris Kunstmann (Irene Waldegg) **L** 133 **FSK** ab 12; f (früher 16) **FBW** w **E** 12.3.1971 **fd** 17 276

UND KEINE BLIEB VERSCHONT (QUAND TU LIRAS CETTE LETTRE). Eigentlich wollte Thérèse Karmeliterin werden, doch opfert sie sich, um nach dem Tod der Eltern ihrer jüngeren Schwester Denise beistehen zu können. Diese wird von einem üblen Weiberhelden vergewaltigt, woraufhin ihn Thérèse zwingt, Denise zu heiraten. Er willigt ein, beginnt aber zugleich, seine Verführungskünste an Thérèse zu versuchen. Nach der Heirat will er mit der Mitgift nach Tanger verschwinden, wird jedoch von einem Zug totgefahren. Ein ausgesprochen schlecht erdachtes, unglaubwürdiges Melodram, miserabel inszeniert. Ärgerlich auch die Verzeichnung religiöser Lebensauffassung. (Titel auch: »Liebe?«) ✦ Schwarz-weiß. Frankreich/Italien 1953 **P** Jad/S.G.C./Titanus **Pd** Louis Dubois **R** Jean-Pierre Melville **B** Jacques Deval **K** Henri Alekan **M** Bernard Pfeiffer **S** Marinette Cadix **D** Philippe Lemaire (Max), Juliette Gréco (Thérèse), Yvonne Sanson (Irène), Irene Galter (Denise), Yvonne de Bray (alte Dame im Zug), Jacques Deval (Richter) **L** 94 (Orig. 106) **FSK** ab 18; nf **E** 8.3.1957 **fd** 5 739

... UND KEINE STELLUNG WAR IHR FREMD (SEX AND OFFICE GIRLS). Um seine Mitarbeiter zu geeigneten Texten zu animieren, führt der Chef einer Werbeagentur ihnen Sexfilme vor und veranstaltet eine Gruppensex-Orgie. Formal und geistig primitiver Spekulationsschund. – Wir raten ab. ✦ USA 1972 **P** Manson **KI** Ring/Schmidt **R** Ron Clark **D** Mary Worthington, Kay Brynner, Lee Kori **L** 73 **FSK** SPIO: X **E** 1.6.1973 **fd** 18 497

... UND KEINEN LÄSST SIE SCHLAFEN →Für Männer gefährlich

UND KEINER SCHÄMTE SICH. Ein doppelter Ehebruch droht die Familie eines Regierungsrats zu zerstören. Er hat ein Verhältnis mit seiner Sekretärin, und seine Frau verfällt dem Omnisbusfahrer. Gefühlvoll-veräußerlichte, bisweilen reißerische Kolportage im Illustriertenstil. ✦ Schwarz-weiß. BR Deutschland 1960 **P** Iso **KI** Adria **Pd+R** Hanns Schott-Schöbinger **B** Erich Kröhnke, nach einer Novelle von Joe Tauppe und Rudi Mahr **K** Franz Weihmayr **M** Ernst Brandner **S** Karl Aulitzky **D** Gustav Fröhlich (Dr. Lebrecht), Margret Aust (Magda), Barbara Frey (Monika), Claus Wilcke (Horst), Rudi Moll (Bob), Carla Hagen (Paul) **L** 103 **FSK** ab 18; f **E** 9.6.1960 **fd** 9 264

UND KEINER WEINT MIR NACH. Die Geschichte einer Clique von sechs Freunden, die in einem Münchener Mietshaus in den Jahren zwischen 1924 und 1933 von der Erstkommunion über Liebe, Sex, Lehrzeit, Arbeitslosigkeit und Selbstmord die Höhen und Tiefen des Lebens erfahren. Indem der Film eine Liebesbeziehung in den Mittelpunkt stellt, degradiert er die anderen Personen zu konturlosen Randfiguren. Auch schafft er es nicht, die gesellschaftspolitischen Hintergründe der Zeit sinnfällig in die Geschichte zu integrieren. Schauspielerisch passabel, bietet er nicht mehr als konventionelle Fernsehunterhaltung. – Ab 16. ✦ Deutschland 1995 **P** Lunaris/Perathon/Solaris/Constantin **KI** Constantin **VA** VCL **DVD** CinePlus (FF, DD2.0 dt.) **Pd** Peter Zenk, Joseph Vilsmaier **R** Joseph Vilsmaier **B** Willy Purucker, nach einem Roman von Sigi Sommer **K** Joseph Vilsmaier **M** Karel Svoboda **S** Andreas Althoff **D** Peter Ketnath (Leo), Nina Hoss (Marili), Monika Bujinski (Hanni), Steffen Schroeder (Biwi), Patrick Hinz (Nazi), Andreas Nicki (Bubi) **L** 102 **FSK** ab 12; f **E** 29.2.1996/ 20.8.1996 Video/6.5.1998 premiere/1.6.2001 DVD **fd** 31 812

UND KEINER WEISS WARUM. Dokumentarfilm über zwei von vielen Kindern in Berlin, die man als »Trebegänger« bezeichnet: Sie fehlen regelmäßig in der Schule, übernachten in schmutzigen Kellern, leben vom Betteln oder der Prostitution. ✦ BR Deutschland 1984 **P** Barfuss Filmproduktion **R+B** Martin Mühleis **K** Stefan Motzek, Dieter Matzka **L** 55 **E** 24.10.1984 ZDF

... UND KNALLTEN IHN NIEDER (GUNS OF DIABLO). Zwei Revolverhelden kämpfen auf Leben und Tod um eine schöne Frau. Serienmäßig gefertigter Western vor dem Hintergrund eines Dreiecksverhältnisses, in dem Gesetzlosigkeit und das Recht auf Rache und Schießen unangenehm in den Vordergrund gerückt werden. – Ab 16 möglich. ✦ Schwarz-weiß. USA 1964 **P** MGM **KI** MGM **Pd** Boris Ingster **R** Boris Sagal **B** Berne Giler, nach einem Roman von Robert Lewis Taylor **K** John M. Nickolaus jr. **M** Walter Scharf **S** Harry Coswick **D** Charles Bronson (Linc Murdock), Susan Oliver (Maria Macklin), Kurt Russell (Jaimie McPheeters), Jan Merlin (Rance Macklin), Douglas Fowley (Mr. Knudson), John Fiedler (Ives), Robert Carricart (Mendez), Russ Conway (Dr. McPheeters), Byron Foulger (Hickey), Marguerita Cordova (Florrie) **L** 80 **FSK** ab 16; nf **E** 29.1.1965 **fd** 13 417

... UND LEDIGE MÄDCHEN (SEX AND THE SINGLE GIRL). Der windige Reporter eines Skandalblattes dringt auf der Suche nach einer interessanten Story zu der Autorin des Buches »Sex und ledige Mädchen« vor, indem er in die Rolle eines von Eheproblemen geplagten Freundes schlüpft. Temperamentvolle Hollywoodkomödie mit Frivolklamauk und allerlei amüsanten Gags. ✦ USA 1964 **P** Warner **Kl** Warner **Pd** William T. Orr **R** Richard Quine **B** Joseph Heller, David R. Schwartz, nach einem Buch von Helen Gurley Brown **K** Charles B. Lang **M** Neal Hefti **S** David Wages **D** Tony Curtis (Bob Weston), Natalie Wood (Dr. Helen Brown), Henry Fonda (Frank Broderick), Lauren Bacall (Sylvia Broderick), Mel Ferrer (Rudy DeMeyer) **L** 111 **FSK** ab 18; nf **E** 31.8.1965 **fd** 13 611

... UND MEHRMALS TÄGLICH QUIETSCHEN DIE MATRAZEN. Der Bericht über die Karriere eines Fotomodells wird durch etliche Erzählungen über das sexuelle Treiben seines Bekanntenkreises erweitert. Verlogener Sexfilm. – Wir raten ab. ✦ BR Deutschland 1972 **P** City **Kl** Müller **R+B** Claus Tinney (= Klaus Krause) **K** Benno Bellenbaum **M** Rolf Bauer **D** Natascha Verelle, Karl-Heinz Bauer, Michèle Roersch, Karin Wieland, Siegfried Unruh, Uschi Mikulski **L** 75 **FSK** SPIO: X **E** 23.2.1973 **fd** 18 581

UND MORGEN ... (ET DEMAIN). Die effektvolle, eindringliche Erzählung von einem verarmten jungen Mann, der aus einem kleinen tunesischen Dorf in die Stadt zieht und vergeblich versucht, dort Arbeit zu finden. Ein interessanter und informativer Einblick in das Stadt-Land-Gefälle und die Diskrepanz von Traditionsbewußtsein und Moderne. (O.m.d.U.) – Ab 16. ✦ Schwarz-weiß. Tunesien 1972 **P** Satpec/Aflam Ifriquia **Kl** Freunde der Deutschen Kinemathek **Pd** Hassen Daldoul **R** Ibrahim Babai **B** Abdul Cheikh, Samir Ayadi, Ibrahim Babai, nach einer Vorlage von Abdul Cheikh **K** Abdul Latif Al-Abuni **M** M. Garfi Mohamed **D** Buguma Bu Hada, Muna Nurreldin, Omar Chalfa, Samie Al-Ajadi, Nureldin Al-Kasbawi **L** 92 **E** 1973 Kino/13.4.1977 DFF 2

UND MORGEN ALLES (NO LOVE FOR JOHNNIE). Die Charakterstudie eines Emporkömmlings, der seiner politischen Laufbahn eitel und hemmungslos opfert, was seinen Aufstieg ins Ministerium hindern könnte: Ehe, Liebe, Kameradschaft. Ein präzise inszeniertes, düster-pessimistisches Drama, zugleich ein kritischer Blick in die parlamentarische Praxis. Hervorragend: Peter Finch in der Rolle des ebenso ehrgeizigen wie vitalen jungen Labour-Abgeordneten. ✦ Scope, schwarz-weiß. Großbritannien 1960 **P** Five Star **Kl** Rank **Pd** Betty E. Box **R** Ralph Thomas **B** Nicholas Phipps, Mordecai Richler, nach einem Roman von Wilfred Fienburgh **K** Ernest Steward **M** Malcolm Arnold **S** Alfred Roome **D** Peter Finch (Johnnie Byrne), Stanley Holloway (Fred Andrews), Mary Peach (Pauline West), Donald Pleasence (Roger Renfrew), Billie Whitelaw (Mary), Hugh Burden (Tim Maxwell) **L** 113 **FSK** ab 18; f **FBW** w **E** 5.7.1961/31.10.1970 DFF 1 **fd** 10 300

... UND MORGEN FAHRT IHR ZUR HÖLLE (DALLE ARDENNE ALL'INFERNO). Gegen Ende des Zweiten Weltkriegs bemächtigen sich drei amerikanische Soldaten, die vor der Militärzeit der Chicagoer Unterwelt angehörten, eines holländischen Diamantenschatzes, der sich im Besitz der deutschen Besatzungsmacht befindet. Uneinheitliche Mischung aus Kriegsstück, Krimi und Komödie. Bedenklich erscheint die Ansiedlung dieser bloßen Unterhaltung im Schrecken des Krieges. ✦ Scope. BR Deutschland/Italien/Frankreich 1967 **P** Divina/Fida/Jacques Roitfeld **Kl** Gloria **Pd** Edmondo Amati **R** Alberto de Martino **B** Dino Verde, Vincenzo Flamini, Alberto de Martino **K** Giovanni Bergamini **M** Ennio Morricone, Bruno Nicolai **S** Otello Colangeli **D** Helmuth Schneider (Hassler), Curd Jürgens (von Kleist), Frederick Stafford (Sesam), Daniela Bianchi (Christiana), Michel Constantin (Petrowski), John Ireland (O'Connor), Adolfo Celi (Rolman) **L** 106 **FSK** ab 16; nf **E** 12.7.1968/9.8.1987 SAT 1 **fd** 15 624

UND MORGEN GEHT DIE SONNE WIEDER AUF. (Fernseh-)Drama um eine Ehepaar, das nach der Todgeburt seines ersten Kindes in eine tiefe Krise gerät. ✦ Deutschland 1999 **P** RTL **R** Johannes Fabrick **B** Karin Howard **S** Barbara Hennings **D** Antje Schmidt (Ulrike Sandvoss), Hans-Werner Meyer (Florian Sandvoss), Konstantin Graudus (Fred Baumgarten), Jacqueline Macaulay (Lisa Baumgarten), Jürgen Hentsch (Walter Fürst), Charlotte Schwab (Rosi Fürst), Thomas Laudan (Aco Jovanovic) **L** 96 **FSK** ab 12 **E** 19.1.2000 RTL

... UND MORGEN WAR KRIEG (SAWTRA BILA WOJNA). Eine sowjetische Schulklasse am Vorabend des Zweiten Weltkrieges: Die Schüler leiden unter Denunziantentum, Bespitzelung und Kadergehorsam, haben aber trotz allem die Suche und den Glauben an die Ideale der sozialistischen Lehre noch nicht aufgegeben. Leise inszeniertes Drama, das lange Jahre in den Regalen sowjetischer Zensoren verschwunden war. Das Plädoyer für innere und äußere Freiheit des Menschen ist zwar stellenweise haarscharf am melodramatischen Pathos typischer Sowjet-Produktionen jener Jahre entlang inszeniert, läßt aber neben der explizit politischen Aussage auch menschliche Zwischentöne zur Geltung kommen. (Fernsehtitel: »Morgen war Krieg«) – Sehenswert ab 14. ✦ Teils schwarz-weiß. UdSSR 1986 **P** Gorki-Filmstudio **Kl** Unidoc **SF** Unidoc **R** Juri Karra **B** Boris Wassiljew, nach seiner Erzählung **K** Wadim Semenowitsch **M** Antonio Vivaldi **D** Sergej Nikonenko (Direktor), Nina Ruslanowa (Iskras Mutter), Vera Alentowa (Valendra), Julia Tarchowa (Vika), Wladimir Samanski (Ljuberezki), Irina Tscherednitschenko, Natalja Negoda **L** 100 (DDR 87) **E** 4.11.1988 Kino DDR/25.5.1989 Kino BRD/9.5.1990 DFF 1 **fd** 27 501

UND MORGEN WERD' ICH WEINEN (I'LL CRY TOMORROW). Das Leben der in den 30er Jahren am Broadway erfolgreichen Sängerin Lillian Roth, ihre Probleme mit verschiedenen Ehemännern und das Protokoll ihres – detailliert und abschreckend dargestellten – Alkoholismus. Die nach dem Bekenntnisbuch der Künstlerin gedrehte Filmbiografie ist authentisch, dank Susan Haywards glaubhaftem Spiel erschütternd und als Warnung vor jeder Art von Sucht eindrucksvoll. – Ab 16. ✦ Schwarz-weiß. USA 1955 **P** MGM **Kl** MGM **Pd** Lawrence Weingarten **R** Daniel Mann **B** Helen Deutsch, Jay Richard Kennedy, nach dem Roman »I'll Cry Tomorrow« von Lillian Roth, Mike Connolly und Gerold Frank **K** Arthur E. Arling **M** Alex North **S** Harold F. Kress **D** Susan Hayward (Lillian Roth), Richard Conte (Tony Bardeman), Eddie Albert (Bill McGuire), Jo Van Fleet (Kitty Roth), Don Taylor (Walter), Ray Danton (David Trettman), Margo (Ellen) **L** 115 **FSK** ab 16; f **FBW** w **E** 31.8.1956/19.2.1973 ZDF **fd** 5 239

UND MORGEN WIRD EIN DING GEDREHT (HARRY AND WALTER GO TO NEW YORK). Ein Gentleman-Gauner, der aus Rache an einem Direktor, der ihn ins Gefängnis gebracht hat, dessen Bank ausrauben will, wird von kleinen Amateur-Ganoven düpiert, die ihm beim »Knacken« des neuesten Safemodells zuvorkommen. Gut gespielte Gaunerkomödie, die routinierte Unterhaltung ohne allzu großen Schwung bietet. Der sozialkritische Anspruch verliert sich hinter einigen ironischen Anspielungen. – Ab 14. ✦ USA 1975 **P** Safecracker **Kl** Warner-Columbia **Pd** Harry Gittes, Tony Bill **R** Mark Rydell **B** Robert Kaufman, John Byrum **K** Laszlo Kovacs **M** David Shire **D** James Caan (Harry Dighby), Michael Caine (Adam Worth), Elliott Gould (Walter Hill), Diane Keaton (Lissa Chestnut), Charles Durning (Rufus T. Crisp), Lesley Ann Warren (Gloria Fontaine), Jack Gildorf **L** 111 **FSK** ab 12; nf **E** 17.12.1976 **fd** 20 085

UND NÄCHSTES JAHR AM BALATON. Erlebnisse, Erfahrungen und Eindrücke mehrerer Jugendlicher aus der DDR während einer Urlaubsfahrt ans Schwarze Meer. Unterhaltsam und flott inszeniert, jedoch überkonstruiert und oberflächlich. Die Darstellung der Jugend in der DDR und ihrer Probleme ist glaubhaft, erscheint aber trotz bitterer Motive und Tabubrüche (der DDR-Jugendliche muss sich an der bulgarisch-türkischen Grenze von seiner holländischen Freundin trennen) oft gefällig und geschönt. – Ab 14 möglich. ✦ DDR 1980 **P** DEFA, Gruppe »Babelsberg« **Kl** Progress **Pd** Rolf Martius **R** Herrmann Zschoche **B** Inge Wüste-Heym, nach einer Filmerzählung von Joachim Walther **K** Günter Jaeuthe **M** Günther Fischer **S** Monika Schindler **D** René Rudolph (Jonas), Odette Bereska (Ines), Kareen Schröter (Shireen), Peter Bause (Heinz Moldenschütt), Gudrun Ritter (Irene Moldenschütt), Fred Delmare (Otto Schmiedel) **L** 90 **E** 4.7.1980 Kino DDR/5.12.1981 DFF 1/14.8.1982 ARD **fd** 23 554

UND NICHT ALS EIN FREMDER (NOT AS A STRANGER). Von der Universität bis zur Landpraxis wird der Werdegang eines aus armen Verhältnissen stammenden hochbegabten Arztes erzählt, der nach einem Operationsfehler lernen muß, Perfektionismus und Rechthaberei abzulegen und zu mehr Menschlichkeit und Liebe zu finden. Ein sehr breit angelegtes melodramatisches Lebens- und Charakterbild, das respektvoll und unmißverständlich ärztliches Ethos und Respekt vor dem Menschen betont. Eindrucksvoll gespielt, dicht und spannend inszeniert, baut der Film jedoch seinerseits das positive Bild eines Übermenschen auf, wobei vor allem die kraß patriarchalische Darstellung der Geschlechterrollen die fortschrittlich gemeinte Botschaft torpediert. – Ab 16. ✦ Schwarz-weiß. USA 1955 **P** Stanley Kramer Pictures Corp. **Kl** United Artists **Pd+R** Stanley Kramer **B** Edna Anhalt, Edward Anhalt, nach einem Roman von Morton Thompson **K** Franz Planer **M** George Antheil **S** Frederic Knudtson **D** Olivia de Haviland (Kristina Hedvigson), Robert Mitchum (Lucas Marsh), Frank Sinatra (Alfred Boone), Gloria Grahame (Harriet Lang), Broderick Crawford (Dr. Aarons), Charles Bickford (Dr. Runkleman), Lon Chaney jr. (Job Marsh), Lee Marvin (Brundage) **L** 136 **FSK** ab 16; f **FBW** w **E** 28.10.1955/1957 Kino DDR/23.7.1973 ZDF **fd** 4 492

... UND NICHTS ALS DIE WAHRHEIT. Ein hochverschuldeter Arzt gerät in den Verdacht, seine unheilbar kranke Frau vergiftet zu haben, um in den Besitz ihres Vermögens zu kommen. Die Gerichtsverhandlung bringt Hintergründe ans Licht und beweist die Unschuld des Angeklagten. Handwerklich versierte, psychologisch nicht ganz schlüssige Mischung aus Melodram, Krimi und Gerichtsfilm, die weitgehend spannend unterhält. – Ab 16. ✦ Schwarz-weiß. BR Deutschland 1958 **P** Bavaria **Kl** Bavaria **Pd** Georg Richter **R** Franz Peter Wirth **B** Andrew Solt, Heinz Oskar Wuttig, Leopold Ahlsen, Franz Peter Wirth, nach der Novelle »Der Fall Deruga« von Ricarda Huch **K** Günther Senftleben **M** Werner Eisbrenner **S** Claus von Boro **D** O. W. Fischer (Dr. Stefan Donat), Marianne Koch (Mingo Fabian), Ingrid Andree (Agnes Donat), Friedrich Domin (Dr. Fein, Strafverteidiger), Walter Rilla (Michael Fabian), Paul Verhoeven (Vorsitzender), Heinrich Gretler (Hausmeister) **L** 96 **FSK** ab 12; f **FBW** w **E** 8.8.1958/5.8.1963 ZDF/13.10.1968 DFF 1 **fd** 7 281

UND NOCH FRECH DAZU. Die Rivalitäten zwischen den Mitgliedern einer Motorradbande und eines friedfertigen Jazzclubs in Berlin führen durch Diebstahl, Intrigen und Liebe zu zahlreichen Konflikten. Was als realistischer Film über die »jungen Leute von heute« gedacht war, entpuppt sich als schlecht und nach Klischee konstruierte Halbstarken-Moritat. Einzig interessant: später bekannte Darsteller in ihren frühesten Rollen, vor allem aber die breiten Jazzmusik-Einlagen mit Oscar Pettiford, Benny Bailey, Hans Koller, Albert Mangelsdorff und vielen anderen, die die damalige Blüte des Jazz in Deutschland dokumentieren. – Ab 16. ✦ Schwarz-weiß. BR Deutschland 1959 **P** Universum **Kl** Ufa **Pd** Kurt Hahne **R** Rolf von Sydow **B** Max Colpet, Thomas Keck **K** Ted Kornowicz **M** Ernst Simon **S** Ilse Voigt **D** Helga Schlack (Karin), Horst Janson (Fred), Marianne Borck (Susanne), Michael Verhoeven (Rockie), Barbara Frey (Ingrid), Ilse Pagé (Helga), Klaus Löwitsch (Bulle) **L** 95 **FSK** ab 16; nf **E** 6.1.1960 **fd** 8 833

... UND NOCH NICHT SECHZEHN. Ein angeblicher Bardirektor verkuppelt eine frühreife 15jährige, die auf der Flucht vor dem Fürsorgeheim bei einer Chansonette und ihrer aufgegagten Bande Halt suchte, und erpreßt ihre Verführer. Als sich des Mädchens ein Student annimmt, kommt es zu Rivalitäten und brutalen Gewalttaten. Das Mädchen wird auf einem Verschiebebahnhof vergewaltigt, der Student von einem Güterzug gezielt zerquetscht. Formal primitive, schauspielerisch dilettantische Mischung aus Sex and Crime, garniert mit fade-ordinären Chansons von Helen Vita. ✦ Schwarz-weiß. BR Deutschland 1967 **P** Urania **KI** Avis **Pd** Erwin C. Dietrich **R+B** Peter Baumgartner **K** Andreas Demmer **M** Walter Baumgartner **D** Rosy-Rosy (Rosy), Helen Vita (Helen), Peter Capra, Andy Burton, Isabell Cordo, Alfred Frei **L** 90 **FSK** ab 18; nf **E** 1.3.1968 **fd** 15 335

... UND PAPA WAR DER PASTOR (... AND PAPA WAS THE PREACHER). Eine zehnköpfige Pastorenfamilie wird in eine texanische Kleinstadt versetzt, um der Gemeinde neues Leben einzuhauchen. Jedes einzelne der Familienmitglieder nimmt die ungewohnte Herausforderung an. Episodenhaft entwickelter Jugendfilm, im Mittelpunkt eine liebenswerte Familie, die lustig und warmherzig für Abwechslung in ihrer neuen Umgebung sorgt. – Ab 12. ✦ USA 1986 **R** Steve Feke **D** Robert Pine (Pastor Porter), Georgia Engel (Mrs. Porter), Dean Stockwell (John White), Imogene Coca (»Missy B.«), Melora Hardin (Janette) **L** 90 **E** 7.1.1997 ZDF

»... UND PLÖTZLICH SAHEN WIR DEN HIMMEL«. Dokumentation über »Frauen, die in Uruguay kämpfen ... und die in Deutschland kämpfen«. Die meisten von ihnen haben mit der Waffe gekämpft, und fast alle haben viele Jahre im Gefängnis verbracht. Vor der Kamera schildern die Frauen aus Uruguay plastisch ihren Widerstand und ihr Leiden, wobei Archivbilder aus der Zeit der Militärdiktatur und der Tupamaros zeitgeschichtliche Bezüge und Atmosphäre schaffen. Enttäuschend sind dagegen die Bilder aus Deutschland, wo Monika Berberich, Margit Czenki und Gisela Wiese vor der Kamera standen: In steriler Interview-Pose werden lediglich Worthülsen und Stereotypen aneinandergereiht. Kopfschüttelnd registriert man die trotzige Parteilichkeit des Films, der die Bundesrepublik Deutschland leichthin mit lateinamerikanischen Militärdiktaturen in einen Topf wirft. ✦ Deutschland/Uruguay 1997 **P** Interoceana Video **VA** Medienwerkstatt Freiburg **R** Sandra Barrios, Ana Gato Gato, Katrin Gebhardt-Seele, Erika Harzer, Yessie Macci Torres, Anke Spiess **L** 102 **E** 1997 Video **fd** 32 857

UND PLÖTZLICH WAR WEIHNACHTEN (CHRISTMAS COMES TO WILLOW CREEK). Ein Roadmovie, angesiedelt zwischen Drama und Actionfilm. Zwei ungleiche Brüder übernehmen eine Lastwagenladung Weihnachtsgeschenke, die von Kalifornien in ein kleines Dorf in Alaska überführt werden soll. Mit von der Partie ist der Sohn des einen. Als unterwegs auch noch seine Ex-Frau einsteigt, die jetzt vom Bruder schwanger ist, kommt es zu turbulenten Situationen. – Ab 16. ✦ USA 1987 **P** CBS **Pd** Blue Andre **R** Richard Lang **B** Michael Norell **D** John Schneider (Ray), Tom Wopat (Pete), Kim Delaney (Jessie), Zachary Ansley (Mike), Hoyt Axton (Al) **L** 90 **E** 23.12.1995 RTL 2

... UND PLÖTZLICH WIRD ES DUNKEL IN MEINEM LEBEN. Als eine ebenso erfolgreiche wie glückliche Schmuckdesignerin erkennen muss, dass sie aufgrund eines Tumors erblinden wird, steht sie vor einem Scherbenhaufen. Durch die Hilfe eines Nachbarn kann der geplante Selbstmord abgewendet und die Beziehung zu ihrer sechsjährigen Tochter wieder aufgebaut werden. In einer Blindenschule fasst die junge Frau neuen Lebensmut. Fernseh-Kolportage, die Schicksalsschläge zur quotenträchtigen Unterhaltung aufbauscht. ✦ Deutschland 2000 **R** Matthias Steurer **B** Eva Kummeth, Horst Kummeth **D** Stefanie Schmid (Martina Gutmann), Leslie-Vanessa Lill (Lani Gutmann), Uwe Rathsam (Bernd Nehringer), Andreas Herder (Marc Behling), Pippi Söllner (Britta Holzmeier) **L** 93 **E** 28.11.2001 RTL II

... UND RAUS BIST DU (STIKKFRI). Ein zehnjähriges Mädchen entdeckt, dass sein Vater nicht, wie von der Mutter behauptet, in Paris arbeitet, sondern im nahen Reikjavik mit einer anderen Frau und seinem Baby wohnt. Zusammen mit einer Freundin entführt es das Halbschwesterchen und kann nach einer ereignisreichen Nacht eine versöhnliche Begegnung mit dem Vater herbeiführen. Preisgekrönter Kinderfilm, der dank seiner umsichtigen Dramaturgie auf effekthascherische Momente verzichtet und durch vorzügliche Bildgestaltung und gute darstellerische Leistungen überzeugt. Teils gemütvoll, teils mit erheiternden Partien inszeniert, ist ein kindgerechter Film entstanden, dessen vorbildliche Synchronisation zu loben ist. (Fernsehtitel: »Raus bis du«, »Verschlossenes Herz«) – Sehenswert ab 8. ✦ Island 1997 **P** Icelandic Film Corp./Filmhuset/Rommel **VA** Matthias/FWU **Pd** Fridrik Thór Fridriksson, Ari Kristinsson **R+B** Ari Kristinsson **K** Halldór Gunnarsson **M** Valgeir Gudjónsson **S** Steingrímur Karlsson **D** Bergthóra Aradottir (Hrefna), Freydis Kristoffersdottir (Yrsa), Hlynur Helgi-Hallgrísson (Steini), Halldóra Björnsdóttir (Mutter), Ingvar Sigurdsson (Hilmar) **L** 84 **FSK** o. A. **E** 31.10.1998 Kinderkanal/1999 Video **fd** 34 083

... UND RINGSUM STREIFEN WÖLFE (NE STAWTJE LESCHEMY KAPKANY). Ein Rotarmist wird in Banden eingeschleust, die – acht Jahre nach der Oktoberrevolution – noch immer Sibirien unsicher machen. Er gerät dabei in den Verdacht der Mittäterschaft, kann sich aber schließlich rehabilitieren und seinen Auftrag erfüllen. Revolutionsfilm als abenteuerliche Unterhaltung. (TV-Titel DDR: »Stellt dem Waldgeist keine Fallen«) – Ab 14. ✦ Scope. UdSSR 1981 **P** Gorki-Studio **KI** Progress **R** Wladimir Saruchanow **B** Soja Andrejewa, Wladimir Saruchanow, nach dem Roman »Waldgeist nimmt Verbindung auf« von A. Kerin und A. Tschmychalo **K** Alexej Tschardynin **M** Eduard Chagagortjan **D** Sattar Dikambajew (Sygds), Inogam Adylow (Adnak), Aiturgan Temirowa (Taika), Juri Nasarow (Sarudnew), Utmas Alochodshajew (Matwej) **L** 76 **E** 4.4.1982 DFF 2/23.4.1982 Kino DDR

UND SAMSTAGS NACKT (NUDIST PARADISE). Ein mit einer dünnen Doppelliebesgeschichte auf Programmlänge gebrachter Werbefilm für die »Freikörperkultur«, unbeholfen inszeniert und gespielt. Wäre der Film nicht so langweilig, könnte er Triumphe der – unfreiwilligen – Komik feiern, etwa wenn sich die Teilnehmer einer Verlobungsfeier nackt um den Festtisch versammeln und die Festredner an gewissen Körperstellen malerisch ihre Servietten drapieren. ✦ Scope. Großbritannien 1958 **P** Orb International **KI** Austria **Pd** Nat Miller, Geoffrey Bernerd **R** Charles Saunders **B** Denise Kaye, Leslie Bell **K** Henry Hall **M** Horace Shepherd **D** Anita Love (Joan Stanton), Carl Conway (Mike Malone), Katsy Cashfield (Pat Beatty), Dennis Carnell (Jimmy Ross) **L** 67 **FSK** ab 18; nf **E** 26.3.1965 **fd** 13 409

... UND SANTANA TÖTET SIE ALLE →... und Sartana tötet sie alle

... UND SARTANA TÖTET SIE ALLE (LO IRRITARONO ... E SARTANA FECE PIAZZA PULITA / UN PAR DE ASESSINOS). Um geraubte 100 000 Dollar geprellt, töten zwei Revolverhelden bei der Suche nach dem Geld skrupellos jeden vermeintlichen Rivalen. Sadistischer Italowestern, der in seiner episodenhaften Struktur launige Späße mit schnoddrigen Dialogen und übertriebenen Härten verbindet. ✦ Scope. Italien/Spanien 1970 **P** Tritone/D.I.A. **KI** Columbia **Pd** Norberto Solino **R** Rafael Romero Marchent **B** Joaquin Romero Marchent, Santiago Moncada **K** Guglielmo Mancori **M** Marcello Giombini **S** Antonio Ramirez **D** John Garko (= Gianni Garko) (Santana), William Bogart (Mike), Maria Silva, Andres Mejuto, Raffaele Baldassarre, Carlos Bravo **L** 82 **FSK** ab 18; nf **E** 9.7.1971/25.9.1996 VOX **fd** 17 428

... UND SAVANNAH LÄCHELT →Savannah Smiles

... UND SCOTLAND YARD SCHWEIGT (THE MAN OUTSIDE). Gleich nach seiner Entlassung aus dem amerikanischen Geheimdienst CIA drängt sich einem Agenten unfreiwillig ein neuer Fall auf, den er aus rein persönlichem Interesse aufklärt. Niveauvoller Agentenfilm, der dank unaufdringlicher Regie und guter Schauspieler spannende Unterhaltung bietet. – Ab 16. ✦ Scope. Großbritannien 1966 **P** Trio **KI** Constantin **Pd** William Gell **R** Samuel Gallu **B** Samuel Gallu, Roger Marshall, Julian Bond, nach einem Roman von Gene Stackleborg **K** Gilbert Taylor **M** Stephen Dalby **S** Thom Noble **D** Van Heflin (Bill McLean), Heidelinde Weis (Kay Sebastian), Peter Vaughan (Nikolai Volkov), Charles Gray (Griddon), Paul Maxwell (Murphy), Pinkas Braun (Machek) **L** 99 **FSK** ab 16; f **E** 25.8.1967/2.7.1970 ARD **fd** 14 892

UND SIE ERKANNTEN IHN NICHT →Die Untersuchung (1986)

UND SIE FOLGTEN EINEM STERN (CAMMINA CAMMINA). Nach der Erscheinung eines Kometen macht sich ein Dorfpriester mit einem Teil der Bevölkerung auf die beschwerliche Suche nach dem neugeborenen Erlöser. Sie finden das Kind in einer Ruine. Ein weit ausgreifendes Mysterienspiel, das biblische und legendenhafte Überlieferungen in eine poesievolle, parabelhafte Erzählform von großer Intensität kleidet. Gleichzeitig eine kritische Auseinandersetzung mit theologischen und exegetischen Fragen, in der vitale Lebensfreude gegen erstarrte Formen der Kirche gesetzt wird, nicht ohne einen heiteren, in tiefer Gläubigkeit wurzelnden Humor. Ein auch in seinem langsamen Erzählrhythmus intensiver Film, der zur Auseinandersetzung mit Glaubensfragen anregt. – Sehenswert ab 12. ✦ Italien 1980–83 **P** RAI/Scenario/ZDF **R+B+K** Ermanno Olmi **M** Bruno Nicolai **S** Ermanno Olmi **D** Alberto Fumagalli (Mel), Antonio Cucciarré (Rupo), Eligio Martellacci (Kaipaco), Vittorio Trinciarelli (Jazdegard), Gianpaolo Lombardini (Peroz), Alessandro Muzzupappa (Taope), Stefano Tonelli (Telin) **L** 145 **E** 23.,24.12.1984 ZDF (zwei Teile)

... UND SIE GENIESSEN DIE LIEBE. Ein Krimineller versucht, sich nach seiner Haftentlassung mit Hilfe von Ganoven und liebestollen Frauen durchzuschlagen, wobei er auch Erpressung und Gewalttätigkeit nicht scheut. Die dünne Handlung bietet den Rahmen für eine drastische Abfolge von Sexszenen. Handwerklich eine Spur besser als in dieser Gattung üblich. – Wir raten ab. ✦ BR Deutschland 1976 **P** Continental **KI** Müller **R+B** Johnny Wyder **K** Wolfgang Knigge **D** Remus Beets **L** 93 **FSK** SPIO: X **E** 5.3.1976 **fd** 19 858

... UND SIE SIND NUR KINDER →Denkt bloß nicht, daß wir heulen

... UND SIE SPIELTEN MIT DEM LEBEN →Crossing the Bridge

... UND SIE WAREN JUNG (A BJACHME MLADI). Der Widerstandskampf junger Menschen gegen die deutschen Faschisten. Ein erschütterndes Drama, meisterhaft inszeniert. – Sehenswert ab 16. ✦ Schwarz-weiß. Bulgarien 1961 **P** Spielfilmstudio Sofia **KI** Progress **R** Binka Sheljaskowa **B** Christo Ganew **K** Wassil Holioltschew **M** Simeon Pironkow **D** Dimiter Buinosow (Dimo), Rumjana Karabelowa (Wesska), Ljudmila Tscheschmedshiewa (Rosa), Georgi Georgiew-Gez (Mloden), Emilija Radewa (Nadja) **L** 107 **E** 12.1.1962 Kino DDR/1.2.1963 DFF 1

... UND SIE WAREN NOCH NICHT ERWACHSEN (CHRONIKA PIKIRUJUSCH TSCHEWO BOMBARDIROWSCHTSCHIKA). Die letzten drei Tage im Leben junger Kampfflieger. Ein ergreifender und unpathetischer Film, überzeugend in Kameraführung und Darstellung. – Ab 16. ✦ Scope, schwarz-weiß. UdSSR 1967 **P** Lenfilm **KI** Progress **R** Naum Birman **B** Wladimir Kunin, Naum Birman **K** Alexander Tschirow, Semjon Iwanow **M** Alexander Kolker **D** Gennadi Saifulin, Juri Tolubejew, Lew Wainstein, A. Grabe, P. Tscherbakow **L** 76 **E** 8.11.1968 Kino DDR

... UND SO WAS NENNT SICH LEBEN. Eine verlogene Geschichte um böse Jugendliche und schlechte Eltern in einer deutschen Großstadt. Als der verführte Junge aus reichem Hause erfährt, daß sein Flittchen es auch mit seinem Vater treibt, läßt er sie sterben, weist die lasterhaften Freunde zurecht und springt vom Hochhaus. ✦ Schwarz-weiß. BR Deutschland 1960 **P** Alfa **KI** Constantin **Pd** Artur Brauner **R** Géza von Radványi **B** Willy Clever **K** Richard Angst **M** Martin Böttcher **S** Walter Wischniewsky **D** Karin Baal (Irene Dirks), Michael Hinz (Martin Berger), Elke Sommer (Britta), Wolfgang Lukschy (Herr Berger), Heli Finkenzeller (Frau Berger) **L** 91 **FSK** ab 18; nf **E** 10.1.1961 **fd** 9691

UND SO WAS WILL ERWACHSEN SEIN (DIE WINZERIN VON LANGENLOIS). Ein Gutsverwalter versucht, einer verwitweten Weingutsbesitzerin, die finanzielle Sorgen hat, eine lukrative Heirat zu vermitteln. Doch der auserwählte Bräutigam schickt seinen besten Freund, in den sich die Frau auch prompt verliebt. Anspruchsloses Verwechslungslustspiel mit schönen Landschaftsaufnahmen. (Alternativtitel: »Die Winzerin von Langenlois«) – Ab 12. ✦ Österreich 1957 **P** Helios **KI** Panorama **Pd** Heinz Nitsche **R** Hans H. König **B** Werner Eplinius, Janne Furch, Wolf Neuber **K** Heinz Schnackertz **M** Conny Schumann **S** Josefine Rammerstorfer **D** Herta Staal (Elisabeth Teky), Gunnar Möller (Jörg), Peer Schmidt (Richard Köster), Herta Martin (Yvonne), Susi Nicoletti (Tante Steffi), Paul Hörbiger (Grammelshuber), Karl Skraup (Bindinger) **L** 82 **FSK** ab 6; nf **E** 28.3.1957 **fd** 6505

UND SOWAS MUSS UM ACHT INS BETT. Ein trotteliger Schweizer Studienrat wandelt sich durch die Zuneigung zu einer jungen Sportlehrerin und setzt sich bei Kolleginnen und Schülerinnen durch. Von Banalitäten und ältesten Kalauern zehrendes Lustspiel, das nur in wenigen Augenblicken Witz zustandebringt. – Ab 12. ✦ Schwarz-weiß. BR Deutschland/Österreich 1964 **P** Schlaraffia/Sascha **KI** Constantin **VA** Kinowelt Home **Pd** Herbert Gruber **R** Werner Jacobs **B** Janne Furch, Eckart Hachfeld **K** Sepp Ketterer **M** Johannes Fehring **S** Arnfrid Heyne **D** Peter Alexander (Dr. Eduard Frank), Gitte Haenning (Margret), Ingeborg Schöner (Angelika Weiß), Gunther Philipp (Dr. Artur Schäfer), Loni Heuser (Frau Dr. Diehlmann), Rudolf Vogel (Hofrat Andersen) **L** 95 **FSK** ab 6; nf **E** 15.1.1965/1.9.1974 ZDF/26.6.2001 Video **fd** 13248

... UND SOWAS NENNT SICH DETEKTIV (L'INSAISISABLE FREDERIC). Der anonyme Briefschreiber B.B., der die erfolgreiche Krimiautorin Solange Delmont bezichtigt, einen jugendgefährdenden Einfluß auszuüben, ist in Wirklichkeit ein gewisser Richard Fernay, der ihre Tricks aus ihr herauslocken will. Er verliebt sich in sie, und alles geht bestens aus. Ein kleiner, nur mäßig komischer Film, an dem der Hauptdarsteller das unterhaltsamste Element ist. – Ab 16. ✦ Schwarz-weiß. Frankreich 1945 **P** Pathé Cinéma **KI** Viktoria **R** Richard Pottier **B** Gérard Carlier, Carlo Rim **K** Charlie Bauer **M** Joe Hajos **D** Renée Saint-Cyr (Solange Delmont), Paul Meurisse (B.B./Richard Fernay), Jeanne Fusier-Gir, Pierre Bertin, Denise Grey **L** 96 **FSK** ab 16; nf **E** 1949 **fd** 316

UND TÄGLICH GRÜSST DAS MURMELTIER (GROUNDHOG DAY). Ein zynischer Menschenfeind und Fernseh-»Wetterfrosch« gerät am »Murmeltiertag« in eine Zeitfalle, die ihn den Tag seiner Live-Reportage in einem Provinznest immer wieder erleben läßt. Während Personen und Umgebung sich nicht verändern, sammelt der zunächst verzweifelte, dann resignierende Mann Erfahrungen, die ihn zu einem toleranten Menschen läutern und ihn die Liebe entdecken lassen, woraufhin er erlöst wird. Eine auf einer höchst originellen Idee basierende Komödie, die die tragische Komponente zwar außer acht läßt, dafür aber zahlreiche hübsche Gags bietet. Souveräne Darstellerleistungen gleichen die eher mäßige Inszenierung weitgehend aus. – Ab 12. ✦ USA 1992 **P** Columbia **KI** Columbia TriStar **VA** Columbia TriStar Home **DVD** Columbia TriStar Home (16:9, 1.85:1, DS engl./dt.) **Pd** Trevor Albert, Harold Ramis **R** Harold Ramis **B** Danny Rubin, Harold Ramis, nach einer Story von Danny Rubin **K** John Bailey **M** George Fenton **S** Pembroke J. Herring **D** Bill Murray (Phil Connors), Andie MacDowell (Rita Hanson), Chris Elliott (Lary), Stephen Tobolowsky (Ned Ryerson), Marita Geraghty (Nancy) **L** 101 **FSK** ab 6; f **E** 29.4.1993/9.11.1993 Video/1.11.1994 premiere/1.3.2000 DVD **fd** 30169

UND TÄGLICH GRÜSST DER WEIHNACHTSMANN (CHRISTMAS EVERY DAY). Eine nicht nur im Titel an den Kinoerfolg »Und täglich grüßt das Murmeltier« angelehnte Weihnachtsgeschichte. Ein Junge, der einen höchst unerfreulichen 25. Dezember erlebt, wacht am nächsten Morgen auf und muß erkennen, daß wieder derselbe Tag angebrochen ist. ✦ USA 1996 **R** Larry Peerce **B** Stephen Alix **D** Robert Hays (Henry Jackson), Erik von Detten (Billy Jackson), Bess Armstrong (Molly Jackson), Yvonne Zima (Sarah Jackson), Robert Curtis-Brown (David Jackson) **L** 88 **E** 23.12.1998 ProSieben

... UND TOT BIST DU →And then you die

UND TSCHÜSS IN AMERIKA. Die Abenteuer einer deutschen Freundesclique, die sich vom Handel mit amerikanischen Wohnwagen einen Ausweg aus ihrer permanenten Geldnot erhofft, doch im Land der unbegrenzten Möglichkeiten eine Reihe von Problemen und Gefahren zu bestehen hat. Fernsehfilm; Ableger einer Kultserie, die auf Klamaukhumor setzt. – Ab 14. ✦ Deutschland 1996 **P** RTL **Pd** Wolfgang Schulte **R** Michael Keusch **B** Wolfgang Büld, Paulette Panther **K** Geza Sinkovics **D** Benno Fürmann (Günni Dobrinski), Chrissy Schulz (Silke Klever), Andreas Arnstedt (Zombie), Gesine Cukrowski (Petra Rentrop), Tom Mikulla (Raoul Gölsch) **L** 90 **E** 10.11.1996 RTL

... UND ÜBER UNS DER HIMMEL. Ein aus dem Krieg ins zerstörte Berlin heimgekehrter ehemaliger Kranführer wird auf Grund der Verhältnisse zum Schwarzhändler und Schieber, bis sein Sohn, verwundet, ebenfalls nach Hause kommt. Der Vater findet durch den Sohn wieder auf den rechten Weg. Durch oberflächlichen Optimismus und schwülstige »Wiederaufbau«-Tendenz gekennzeichnet, wirkt der Film streckenweise wirklichkeitsfern, zeigt aber zugleich eindrucksvoll die verheerende Zerstörung Berlins und ist auch in der Beschreibung der Atmosphäre weitgehend treffend. – Ab 16. ✦ Schwarz-weiß. Deutschland 1947 **P** Objektiv **KI** Bavaria **Pd** Richard König **R** Josef von Baky **B** Gerhard Grindel **K** Werner Krien **M** Theo Mackeben **S** Wolfgang Becker **D** Hans Albers (Hans Richter), Ralph Lothar (Fritz), Lotte Koch (Edith Schröder), Paul Edwin Roth (Werner Roth), Annemarie Haase (Frau Burkhardt), Heidi Scharf, Otto Gebühr, Elsa Wagner, Ursula Barlen, Ludwig Linkmann, Reinhold Bernt, Herbert Stass **L** 103 **FSK** ab 16; nf **E** 9.12.1947/6.11.1985 DFF 2 **fd** 60

UND VERGIB MIR MEINE SCHULD →Das Lied von Neapel

UND VOR LUST ZU STERBEN (... ET MOURIR DE PLAISIR / IL SANGUE E LA ROSA). Eine hübsche junge Grafentochter wird vom Geist eines Familienvampirs besessen und attackiert die Verlobte ihres geliebten Vetters. Mit kulinarischer Farbfotografie und preziösen Dekors versehene Mischung aus Gesellschaftsdrama, Horrorfilm und Erotikon, offensichtlich inspiriert von Dreyer, Cocteau und Welles. Die »Poesie des Grauens« kommt allerdings kaum über kunstgewerbliches Epigonentum hinaus. – Ab 16 möglich. ✦ Scope. Italien/Frankreich 1960 **P** EGE/Documento **KI** Paramount **Pd** Raymond Eger **R** Roger Vadim **B** Claude Brulé, Claude Martin, Roger Vadim, Roger Vailland, nach einer Erzählung von Sheridan Le Fanu **K** Claude Renoir **M** Jean Prodromides **S** Victoria Spiri Mercanton **D** Mel Ferrer (Leopoldo de Karnstein), Elsa Martinelli (Georgia Monteverdi), Annette Vadim (Carmilla de Karnstein), R.J. Chauffard (Dr. Velari), Marc Allégret (Monteverdi), Alberto Bonucci (Carlo Ruggieri) **L** 85 **FSK** ab 16; f **E** 27.1.1961 **fd** 9952

UND VOR MIR DIE STERNE – DAS LEBEN DER SCHLAGERSÄNGERIN RENATE KERN. Ein Porträt der deutschen Schlagersängerin Renate Kern, die in der zweiten Hälfte der 60er Jahre große Erfolge mit ihren optimistischen Liedern feierte, den Niedergang ihres Erfolgs jedoch nicht ertragen konnte und 1991 nach langer Depression Selbstmord verübte. An Hand von Archivmaterial und Aussagen von Wegbegleitern entstand eine beeindruckende Biografie, die über das Porträt einer eigentlich schüchternen Frau hinaus die deutsche Schlagerbranche hinterfragt und die übergroß beschworenen Gefühle des Metiers auf kleinbürgerliche Dimensionen schrumpfen läßt. Ein Glücksfall für den Dokumentarfilm. – Sehenswert ab 14. ✦ Teils schwarz-weiß. Deutschland 1998 **P** Filmproduktion Loeken Franke **KI** Salzgeber & Co. **R+B** Ulrike Franke, Michael Loeken **K** Jörg Adams **S** Jean-Marc Lesguillons **L** 86 **E** 16.7.1998 **fd** 33224

UND WÄRE DIE LIEBE NICHT ... (ONE DESIRE). Seiner Vergangenheit überdrüssig, bemüht sich ein Animiermädchen im amerikanischen Westen der Jahrhundertwende um Rückkehr ins bürgerliche Leben. Die Frau nimmt sich zweier fremder Kinder an, verliert durch die Intrige einer reichen Rivalin den geliebten Mann, bis eine Katastrophe doch noch für einen glücklichen Ausgang sorgt. Melodram in sorgfältig rekonstruiertem Zeitmilieu. Die gefühlvolle Schilderung des Liebeskonflikts ist eingebettet in den üblichen Hollywood-Kitsch. – Ab 16. ✦ USA 1955 **P** Universal **KI** Universal **Pd** Ross Hunter **R** Jerry Hopper **B** Lawrence Roman, Robert Blees, nach dem Roman »Tacey Cromwell« von Conrad Richter **K** Maury Gertsman **M** Frank Skinner **D** Anne Baxter (Tacey Cromwell), Rock Hudson (Clint Saunders), Julie Adams (Judith Watrous), Barry Curtis (Nugget Saunders), Natalie Wood (Seely Dowden), Carl Benton Reid **L** 94 **FSK** ab 16; f **E** 9.10.1959 **fd** 8574

UND WASSER BRENNT DOCH (SU DA YANAR). Ein türkischer Filmregisseur kehrt erfolgreich von einem ausländischen Filmfestival zurück und gerät bei dem Versuch, ein Thema für seine neue Produktion zu finden, zunehmend in Verunsicherung. Der Plan zu einem Film über seine Herkunft und die Menschen seiner Heimat scheitert, da er seine Entfremdung von seinem Vaterland schmerzhaft spürt. Seine Situation steigert sich zum Alptraum, bis er schließlich doch wieder zu einem verantwortungsbewußten Handeln zurückfindet. Der formal ambitioniert mit verschiedenen Handlungsebenen spielende Film entwirft ein kritisches Bild der türkischen Realität. Der Regisseur stand vor Gericht, da sein Werk eine Provokation sei und den türkischen Nationalstolz verletze. ✦ BR Deutschland/Türkei 1987 **P** Manfred Durniok/Young Cinema '85/Asya **R** Ali Özgentürk **B** Isil Özgentürk **K** Ertunc Senkay **M** Sarper Özsan **S** Ali Özgentürk **D** Tarik Akan (Regisseur), Natalie Douverne (Freundin), Sahika Tekand (Frau), Fahriye Abla (Großmutter), Hasmet Zeybek (Produzent), Turgut Savas (Vater) **L** 111 **E** 22.10.1990 ZDF

... UND WEITERE OFFIZIELLE PERSÖNLICHKEITEN (... I DRUGIJE OFIZIANLNYJE LIZA). Film über das Zustandekommen eines russisch-amerikanischen Handelsabkommens. Obwohl der Außenhändler wesentlichen Anteil am erfolgreichen Vertragsabschluß hat, gilt die Aufmerksamkeit der Medien ausschließlich den offiziellen Unterzeichnern der Übereinkunft. – Ab 12. ✦ Scope. UdSSR 1976 **P** Lenfilm **R** Semjon Aranowitsch **B** Alexander Gorochow **K** Genrich Marandshan **M** Oleg Karawaitschuk **D** Wjatscheslaw Tichonow (Iwanow), Irina Miroschnitschenko (Inna), Anatoli Gratschew (Tolkunow), Wsewolod Sanajew (Astuchow), Lew Durow (Wyssotin) **L** 88 **E** 7.4.1977 DFF 2

UND WENN DAS LIEBE IST? →Sie wollen nicht, daß wir uns lieben

UND WENN DER GANZE SCHNEE VERBRENNT. Ein

sympathischer Sonnyboy, dessen Freund und ein eifriger Jungdetektiv werden an der jugoslawischen Küste in Liebes- und Kriminalabenteuer auf einem Feriendampfer, auf dem sich auch ein Rauschgifthändler herumtreibt, verwickelt. Denkbar dürftiges Lustspiel voller schmalziger Schlager. Statt angekündigter Leichtigkeit herrscht pure Seichtigkeit vor. (Titel auch: »Zwei blaue Vergißmeinnicht«) – Ab 14. ✦ BR Deutschland 1963 **P** Piran **KI** Piran **R** Helmuth M. Backhaus **B** Gregor Trass **K** Gerhard Krüger **M** Christian Bruhn **S** Anneliese Artelt **D** Rex Gildo (Rolf), Margitta Scherr (Sherry), Chris Howland (Charly Biff), Gitta Winter (Heidi), Gunnar Möller (Ronny), Michael Cramer (Nelken-Frank), Elma Karlowa (Selma) **L** 83 **FSK** ab 6; nf **E** 30.8.1963 **fd** 12 196

... UND WENN DER LETZTE REIFEN PLATZT (A HEART LIKE A WHEEL). Die Lebensgeschichte von Shirley »ChaCha« Muldowney, der (bis 1982) dreimaligen Weltmeisterin im »Top-Fuel-Rennen«, einem Autorennen, bei dem es um Höchstgeschwindigkeiten auf schnurgerader Strecke geht. Geschildert werden ihre sportliche Karriere ebenso wie ihre privaten Rückschläge, die sie durch ihre Rennleidenschaft überwindet, bis sich Berühmtheit und finanzieller Erfolg einstellen. Flott im Stil von Werbespots inszenierte Karriere-Geschichte, mitunter allzu effekthascherisch oder gar penetrant süßlich, wobei alles Problematische ausgespart bleibt. – Ab 16. ✦ USA 1983 **P** Aurora Prod./20th Century Fox **Pd** Charles Rosen, Rich Irvin, James L. Stewart **R** Jonathan Kaplan **B** Ken Friedman **K** Tak Fujimoto **M** Laurence Rosenthal **S** O. Nicholas Brown **D** Bonnie Bedelia (Shirley Muldowney), Beau Bridges (Connie Kalitta), Leo Rossi (Jack Muldowney), Anthony Edwards (John Muldowney), Hoyt Axton (Tex Roque) **L** 103 (Orig. 113) **E** 20.2.1989 ZDF

UND WENN'S AUCH SÜNDE WAR → Cuba Cabana

UND WENN'S NICHT KLAPPT, DANN MACHEN WIR'S NOCHMAL. Der Weg vom Dorf in die Stadt und damit in ein völlig neues Leben ist für eine junge Frau mit Hindernissen gepflastert. Nach einem Autounfall lernt sie einen angeblichen Versicherungsvertreter kennen, mit dem es eine gemeinsame Zukunft zu geben scheint. Kaum vereint, geraten sie in einen Überfall, den sie wie andere Schicksalsschläge überstehen und der ihnen einen Jugendlichen zuführt, der sie bis auf weiteres begleiten wird. Mixtur aus Kolportage und absurder Realitätsbeschreibung, die sich als »Märchen für Zukurzgekommene« versteht; aussdrucksstark nur die beiden Protagonisten, die »keine Chance haben, sie aber nutzen wollen«. ✦ BR Deutschland 1990 **P** Josefine Film **R** Volker Einrauch, Lothar Kurzawa **B** Lothar Kurzawa, Volker Einrauch **K** Bernd Meiners **M** Karsten Günther **D** Anette Daugardt (Lotta), Wolfgang Rüter (Werner), Katharina Matz (Mutter), Niels Kretschmann (Junge), Charlie Rinn (Tankwart), Otto Schnelling (Riese) **L** 80 **E** 18.12.1990 ZDF

... UND WENN'S NUR EINER WÄR ... Erlebnisse gefährdeter Jugendlicher, die nach dem Krieg in einem Jugendheim am Rande der Stadt leben und dort sehr unterschiedliche Erfahrungen mit den Erziehungsmethoden der Lagerleitung machen. Der in einem Westberliner Heim abgesetzte Leiter baut im Osten der Stadt ein neues Lager auf und erhält dort Zulauf von einigen seiner Schützlinge; währenddessen entpuppt sich sein Nachfolger im Westen als ehemaliger SS-Mann. Ein thematisch wichtiger DEFA-Film, der sich auch künstlerisch recht akzeptabel mit damals aktuellen Jugendproblemen auseinandersetzt. – Ab 14. ✦ Schwarz-weiß. Deutschland 1949 **P** DEFA **KI** Sovexportfilm **Pd** Robert Leistenschneider **R** Wolfgang Schleif **B** Wolfgang Schleif, Wolfgang Weyrauch, nach dem Tatsachenroman »Verwahrlost« von Sia di Scazziga **K** E. Wilhelm Fiedler **M** Wolfgang Zeller **S** Hermann Ludwig **D** Edelweiß Malchin (Bettina), Siegfried Dornbusch (Denecke), Axel Monjé (Osterheld), Lutz Moik (Michael), Uwe-Jens Pape (Horst Pacholke), Ralph Siewert (Karli) **L** 74 **E** 18.3.1949 Kino DDR

... UND WENN WIR NICHT WOLLEN ODER WER SANIERT HIER WEN? Dokumentarfilm über Sanierungsprobleme am Chamissoplatz in Berlin-Kreuzberg. Er bringt Meinungsäußerungen von betroffenen Mietern, Politikern, Planern, Architekten und Spekulanten, stellt sich jedoch klar auf die Seite der Mieter. Dokumentiert wird vor allem der Prozeß der Bildung von Hausgemeinschaften und Mieterinitiativen, um so die eigenen Interessen besser wahrnehmen zu können. ✦ Schwarz-weiß. BR Deutschland 1980 **P** Feuervogel **KI** Basis/Freunde der Deutschen Kinemathek **R+B+K** Udo Radek, Lothar Woite **M** Paul Esslinger, Asil Veysel **S** Barbara Möller, Udo Radek **L** 84 **fd** 22 973

UND WER KÜSST MICH? Eine Zeitung veranstaltet einen großen Ball und läßt dabei bekannte Filmstars verlosen, die für eine Nacht dem Gewinner »gehören«. Ein Aufgebot prominenter Film- und Burgtheaterschauspieler im Dienst eines müden, albernen Lustspiels. (Alternativtitel: »Ein Herz und eine Seele«) – Ab 12. ✦ Schwarz-weiß. Österreich 1956 **P** Cosmopol **KI** Allianz **Pd** Herbert Sennewald **R** Max Nosseck **B** Louis Agotay, Karl Farkas, Franz Gribitz, Max Nosseck **K** Georg Bruckbauer **M** Gerhard Bronner, Peter Wehle **S** Hermine Diethelm **D** Hans Moser (Hans Moser), Grethe Weiser (Grethe Weiser), Theo Lingen (Theo Lingen), Johannes Heesters (Johannes Heesters), Gunther Philipp (Gunther Philipp), Wolf Albach-Retty (Chefredakteur Lindner), Paul Hörbiger (Bauer, Zeitungsinhaber), Waltraut Haas (Kitty Lindner) **L** 90 **FSK** ab 12; nf **E** 31.3.1956 **fd** 4 860

UND WIEDER 48. Zwei Studenten wirken nach dem Krieg als Statisten in einem Film über die Revolution von 1848 mit. In der Auseinandersetzung um die damaligen politischen Vorgänge gewinnen sie für die Gegenwart neue Erkenntnisse und Überzeugungen. Ein Versuch des aus dem Moskauer Exil zurückgekehrten Gustav von Wangenheim, dem nihilistischen Geschichtsverständnis junger Leute nach dem Krieg entgegenzuwirken. – Ab 14. ✦ Schwarz-weiß. Deutschland 1948 **P** DEFA **KI** Sovexportfilm **Pd** Kurt Hahne **R+B** Gustav von Wangenheim **K** Bruno Mondi **M** Ernst Roters **S** Lena Neumann **D** Inge von Wangenheim (Else Weber), Ernst Wilhelm Borchert (Heinz Althaus), Viktoria von Ballasko (Betty), Josef Sieber (Architekt Ring), Willi Rose (Gustav Knetsch-Nante), Robert Trösch (Schnitters), Eduard von Winterstein (Vater Althaus), Horst Drinda, Angelika Hurwicz **L** 102 **E** 5.11.1948

UND WIEDER 48 STUNDEN (ANOTHER 48 HOURS). Ein schlampiger, aber rechtschaffener weißer Polizeidetektiv und sein unfreiwilliger farbiger Kumpel, der gerade die letzten Tage einer fünfjährigen Haftstrafe absitzt, lüften das Geheimnis des vor nichts zurückschreckenden Drogenkönigs »Eismann«. Fortsetzung von »Nur 48 Stunden« aus dem Jahr 1982, die nach einem atemberaubenden Start mit eindrucksvollen Kameraeinstellungen und nach anfänglicher ironischer Behandlung des Rassenkonflikts zunehmend enttäuscht. Weitgehend vordergründig, laut und gewalttätig. ✦ Scope. USA 1989 **P** Paramount Pictures **KI** UIP **VA** CIC **Pd** Lawrence Gordon, Eddie Murphy, Robert D. Wachs **R** Walter Hill **B** John Fasano, Larry Gross, Jeb Stuart **K** Matthew F. Leonetti **M** James Horner **S** Freeman Davies, Carmel Davies, Donn Aron **D** Eddie Murphy (Reggie Hammond), Nick Nolte (Jack Cates), Brion James (Ben Kehoe), Kevin Tighe (Blake Wilson), Ed O'Ross (Frank Cruise), David Anthony Marshall (Willie Hickok) **L** 95 (gek. 93) **FSK** ab 18; nf (gek. 16) **E** 18.10.1990/19.6.1991 Video/29.4.1994 SAT 1 **fd** 28 539

UND WIEDER IST FREITAG DER 13. (FRIDAY THE 13TH – PART 3). Ein mysteriöser Mörder treibt auf einer abgelegenen Farm sein Unwesen und tötet zahlreiche Teenager auf bestialische Weise. Ein unappetitliches Horrorgebräu, bei dem allenfalls arg abgebrühte Freunde des Genres sich über selbstironische Einsprengsel amüsieren werden. Der Einfall, die Schreckensstory dreidimensional zum Einsatz zu bringen, setzt nur in wenigen Momenten Effekte und verstärkt eher die alsbald aufkommende Langeweile. ✦ Scope. USA 1982 **P** Jason Prod. (für Paramount) **KI** UIP **Pd** Frank Mancuso jr. **R** Steve Miner **B** Martin Kitrosser, Carol Watson **K** Gerald Feil **M** Harry Manfredini **S** George Hively **D** Richard Brooker (Jason), Dana Kimmell (Chris), Paul Kratka (Rick), Catherine Parks (Vera), Jeff Rogers (Andy), Larry Zerner (Shelly) **L** 95 **FSK** ab 18; nf **E** 13.5.1983 **fd** 24 004

... UND WIEDER MALE ICH WEISSE VÖGEL (DAN CHIM TRO VE). Während es bei seinem Großvater auf dem Lande lebt, lernt ein kleines Mädchen die Traditionen vietnamesischer Volksmalerei kennen und freundet sich mit einem Vogelkundler an. – Ab 8. ✦ Vietnam 1984 **P** Spielfilmstudio Hanoi **R** Nguyen Khanh Du, Anh Thai **B** Vu Le Nai, Nguyen Khanh Du **K** Pham Ngoc Lan **M** Pho Duc Phuong **D** Quynh Anh, Dang Viet Rao, Huy Cong, Kim Lan, Ngoc Thu **L** 70 **E** 2.9.1987 DFF 2

UND WIEDER SPRING' ICH ÜBER PFÜTZEN (UZ ZASE SKACU PRES KALUZE). Ein zehnjähriger Dorfjunge, durch einen Unfall gelähmt, schafft es durch Zähigkeit und Ausdauer, seine Behinderung zu überwinden und seinen größten Wunsch, reiten zu lernen, zu verwirklichen. Aus der Sicht des Jungen fesselnd geschilderter Kinder- und Jugendfilm. Traum, Fantasie und Realität fließen überzeugend ineinander über. Authentisch in Atmosphäre, Typenzeichnung und Darstellung. (Titel auch: »Schon wieder springe ich über Pfützen«, »Ich springe über Pfützen«) – Sehenswert ab 8. ✦ CSSR 1970 **P** Filmstudio Barrandov **SF** Aktion Kuno/LFD Rheinl.-Pfalz **R** Karel Kachyna **B** Karel Kachyna, Ota Hofman, Jan Procházka, nach den Lebenserinnerungen von Alan Marshall **K** Josef Illík **M** Zdenek Liska **D** Vladimír Dlouhy (Adam), Zdena Hadrbolcová (Adams Mutter), Karel Hlusicka (Adams Vater), Vladimír Smeral **L** 89 **FSK** ab 6; f **FBW** bw **E** 1.1.1972 WDR **fd** 17 865

UND WIEDER WIRD ES MORGEN (I SNOWA UTRO). Ein tüchtiger Chirurg verliert durch einen Unglücksfall beide Beine. Freunde reißen ihn aus der Resignation und geben ihm neuen Lebensmut. Schließlich bringt er sogar die Energie auf, seinen Platz am Operationstisch wieder einzunehmen. Ethisch gehaltvolles Drama. – Ab 14. ✦ Scope, schwarz-weiß. UdSSR 1961 **P** Lenfilm **KI** Progress **R** Gennadi Kasanski **B** G. Belenki, L. Malzew **K** M. Schurukow **M** Nadeshda Simonjan **D** Wladimir Samoilow (Sewerzew), Kunna Ignatowa (Rjabinina), B. Ryshuchin (Odinzow), Pjotr Krymow (Komarow), W. Medwedewa (Sewerzewa) **L** 83 **E** 20.4.1962 Kino DDR

UND WIEDER ZUSAMMEN (TRI WSTRETSCHI). In drei Episoden erzählte Erlebnisse von sechs jungen Männern, die aus dem Krieg heimkommen und wieder in das Leben zurückkehren. – Ab 14. ✦ UdSSR 1948 **P** Mosfilm **KI** Sovexportfilm **R** Wsewolod Pudowkin, Alexander Ptuschko, Sergej Jutkewitsch **B** Sergej Jermolinski, Nikolai Pogodin, Michail Bleiman **K** Fjodor Proworow, Igor Gelejn, Arkadi Kolzaty, Jewgeni Andrikanis, W. Mikoscha **M** Nikolai Krjukow **S** M. Kusmina, Tatjana Lichatschowa **D** Tamara Makarowa (Olimpiada Samossejewa), Boris Tschirkow (Nikanor Samossejew), Nikolai Krjutschkow (Maxim Kornew), Klara Lutschko (Bela), Juri Ljubimow (Rudnikow), Julia Borissowa (Oxana) **L** 87 **E** 7.10.1949 Kino DDR

UND ZU LEICHT BEFUNDEN (MORTE DI UN AMICO). Zwei junge römische Nichtstuer, die vom Gelde zweier Prostituierter leben, verfangen sich im Netz der Unmoral und treiben schließlich ins kriminelle Abenteuer eines Raubüberfalls, bei dem der Hilflosere umkommt. Ein betont sozialkritisches Melodram in neorealistischer Tradition, das bei aller formalen Ambition das Thema nicht genügend vertieft. ✦ Schwarz-weiß. Italien 1959 **P** Universalcine **KI** Bavaria **Pd** Sandro Ghenzi **R** Franco Rossi **B** Franco

Riganti, Ugo Guerra, Franco Rossi **K** Toni Secchi **M** Mario Nascimbene **S** Otello Colangeli **D** Gianni Garko (Aldo), Spiros Focas (Bruno), Didi Perego (Lea), Anna Mazzucchelli (Adriana), Angela Luce (Franca), Fanfulla (= Luigi Visconti) (Il Francese), Olimpia Cavalli (Wanda) **L** 86 **FSK** ab 18; f **FBW** w **E** 27.5.1960/15.9.1984 DFF 2 **fd** 9 259

UNDANKBARES HERZ (CORE 'NGRATO). Ein Rechtsanwalt und ein schlichtes Mädchen ohne Menschenkenntnis müssen verschlungene Wege bis zum Happy-End gehen. Künstlich konstruierte Konflikte um eine unstandesgemäße Liebe, mittelmäßig in Szene gesetzt. (Titel auch: »Geliebte des Strafverteidigers«) – Ab 16. ✦ Schwarz-weiß. Italien 1951 **P** Manenti **KI** Victoria **R** Guido Brignone **B** Ivo Perilli, Gaspare Cataldo, Liana Ferri, Guido Brignone **K** Silvano Ippoliti **M** Armando Fragna **D** Carla del Poggio, Frank Latimore, Gabriele Ferzetti, Carletto Sposito, Tina Lattanzi **L** 98 **FSK** ab 12; f **E** 3.7.1953 **fd** 2 490

UNDECLARED WAR (UNDECLARED WAR). Ein Beamter der Polizei von Hongkong und ein CIA-Agent machen gemeinsame Jagd auf einen weltweit operierenden Terroristen. Thriller voller politischer Anspielungen, der nach einem undurchschaubaren Anfang in Mittelmaß versinkt und die üblichen Schießorgien liefert. Bemerkenswert durch die sympathische Zeichnung der Behörden der VR China. ✦ Scope. Hongkong 1990 **P** Cinema Capital **VA** Concorde **Pd+R** Ringo Lam **B** Timothy R. Long, Louis C. Roth **K** Lau Hung-Chuen **M** Noel Quinlan **S** Alan Balsam **D** Vernon Wells (Hannibal), Peter Lapis (Gary Redner), Olivia Hussey (Rebecca), Danny Lee (Inspector Bong), Tommy Wong (Lt. Tang) **L** 100 **FSK** ab 18 **E** 22.1.1992 Video **fd** 29 539

UNDER ARREST (GARWOOD – PRISONER OF WAR). Wenige Tage vor seiner Heimkehr gerät ein amerikanischer Obergefreiter in die Gefangenschaft des Vietcong. Um die Haft zu überleben, läßt er sich zum Schein mit dem Feind ein. Als er nach 13 Jahren entlassen wird und nach Amerika zurückkehrt, wird er vor Gericht gestellt, degradiert und unehrenhaft entlassen, weil er angeblich mit dem Feind kollaborierte. Unspektakulärer Film nach einer wahren Begebenheit, der sich einmal mehr des Vietnam-Themas annimmt. ✦ USA 1990 **P** Fries Entertainment **VA** EuroVideo **Pd** Edward Gold, Renee Emr **R** Georg Stanford Brown **B** John Pielmeier **K** Joseph M. Wilcots **D** Ralph Macchio (PFC Robert Garwood), Martin Sheen (Capt. Ike Eisenbraun), Noah Blake (Russ Grisset), Le Tuan (Mr. Ho), Steve Poke (Hom) **L** 96 **FSK** ab 16 **E** 14.1.1992 Video

UNDER CONTROL (GORGEOUS). Während die Tochter eines taiwanesischen Fischers auf eine obskure Flaschenpost hin versucht, einen erfolgreichen, aber einsamen Großindustriellen von ihrer Liebe zu überzeugen, muss sich dieser gegen einen neidischen Freund und dessen Schlägertrupps wehren. Unterdurchschnittliche Fließbandproduktion voller harmloser Albernheiten. Jackie Chan, Zugpferd und Martial-Arts-Ikone, erreicht nicht annähernd den Standard seiner ansonsten virtuosen Kampfchoreografien. – Ab 12 möglich. ✦ Scope. Hongkong 1999 **P** Raymond Chow-GH Pictures (Golden Harvest) **KI** Twentieth Century Fox **VA** Warner Home/Splendid **DVD** e-m-s (16:9, 2.35:1, DD5.1 engl./dt.) **Pd** Jackie Chan (= Cheng Long) **R** Vincent Kok **B** Vincent Kok, Jackie Chan (= Cheng Long), Andy Law **K** Cheung Man Po **M** Dennie Wong **S** Peter E. Berger **D** Jackie Chan (= Cheng Long) (C. N. Chan), Shu Qi (Bu), Tony Leung (= Tony Leung Chiu-wai) (Albert Lui), Emil Chau (Nywah Lo), Richie Ren (Loongyi), James Bradley Allan (Alan) **L** 99 **FSK** ab 12; f **E** 22.2.2001/28.9.2001 Video & DVD **fd** 34 757

UNDER COVER → Undercover – In Too Deep

UNDER COVER – EIN BULLE WILL RACHE (UNDER COVER). Um den durch die Drogenmafia ermordeten Freund zu rächen, nimmt ein Polizist die Identität eines Schülers an und versucht, über kleine Dealer an die Spitze der Organisation zu gelangen. Gängiger Kriminalfilm mit fragwürdiger Tendenz zur Selbstjustiz. ✦ USA 1987 **P** Cannon **VA** VMP **Pd** Menahem Golan, Yoram Globus **R** John Stockwell **B** John Stockwell, Scott Fields **K** Alexander Gruszynski **M** Todd Rundgren **S** Sharyn L. Ross **D** David Neidorf (Shef Hauser), Jennifer Jason Leigh (Tanille Laroux), Barry Corbin (Sgt. Irvin Lee), David Harris (Lucas Morris), Kathleen Wilhoite (Corrinne), Brad Leland, David Denney **L** 90 **FSK** ab 12 **E** November 1987 Video/23.2.1990 RTL plus

UNDER FIRE (UNDER FIRE). Ein amerikanischer Fotojournalist sieht sich während der letzten Wochen der Somoza-Diktatur in Nicaragua 1979 zu einer moralischen Entscheidung zugunsten der Sandinisten gezwungen. Spannende, inszenatorisch brillante Journalistenstory. Zugleich ein packender Diskurs über moralische Verantwortung des Reporters und Manipulation und Machtmißbrauch der Nachrichtenmedien sowie ein Plädoyer für die Befreiungsbewegungen der Dritten Welt. (DDR-Titel: »Unter Feuer«) – Sehenswert ab 16. ✦ USA 1982 **P** Lion's Gate **KI** Orion im Filmverlag **Pd** Jonathan Taplin **R** Roger Spottiswoode **B** Ron Shelton, Clayton Frohman, nach einer Erzählung von Clayton Frohman **K** John Alcott **M** Jerry Goldsmith **S** John Bloom, Mark Conte **D** Nick Nolte (Russell Price), Gene Hackman (Alex Grazier), Joanna Cassidy (Claire), Jean-Louis Trintignant (Jazy), Ed Harris (Oates), René Enriquez (Präsident Somoza) **L** 128 **FSK** ab 16; f **E** 11.11.1983/12.10.1984 Kino DDR/28.12.1985 DFF 1 **fd** 24 287

UNDER LOCK – HÖLLE HINTER GITTERN (UNDER LOCK). Eine FBI-Agentin wird in ein Frauengefängnis eingeschleust, um einer Inhaftierten ein Notizbuch abzuluchsen, das deren Geliebten, einen Drogenboß, belasten würde. Ein abstrus erzählter, stocksteif und schematisch arrangierter Krimi, der von einem Klischee ins nächste stolpert. ✦ USA 1994 **P** Prototype **VA** Splendid **Pd** Jess Mancilla **R** Henri Charr **B** John B. Pfeifer, Taesung Yim **K** Richard Jones **M** Larry Wolff **S** Taesung Yim **D** Wendi Westbrook (Danielle), Barbara Niven (Tina), Stephanie Ann Smith (Sarah), John Asher (Jerry), K. Phillip Anthony (Carlos Vega) **L** 90 **FSK** ab 16 **E** 23.1.1995 Video **fd** 31 488

UNDER PRESSURE (1990) → Escape under Pressure

UNDER PRESSURE (1997) (BAD DAY ON THE BLOCK). Der »Feuerwehrmann des Jahres«, dessen beherztes Eingreifen ein Baby vor dem Flammentod bewahrte, beginnt, seine brave Nachbarsfamilie mit allen erdenklichen Mitteln zu terrorisieren. Immer mehr fällt er dem Wahnsinn anheim, bis er endlich gestoppt werden kann. Ein belangloser Film, der sich nie um eine psychologische Erklärung für die Vorgänge bemüht und an der Genre-Oberfläche verhaften bleibt. Auch schauspielerisch nicht überzeugend. ✦ USA 1997 **P** Largo Entertainment **VA** VCL **DVD** VCL (FF, DD5.1 dt.) **Pd** Chris Chesser, Alan Beattie **R** Craig R. Baxley **B** Betty Giffen Nowraseth **K** David Connell **M** Gary Chang **S** Sonny Baskin **D** Charlie Sheen (Lyle Travis), Mare Winningham (Catherine Braverton), David Andrews (Reese Braverton), Noah Fleiss (Zach Braverton) **L** 84 **FSK** ab 16 **E** 21.10.1997 Video/7.3.1998 premiere/19.7.1999 DVD **fd** 32 883

UNDER SUSPICION – MÖRDERISCHES SPIEL (UNDER SUSPICION). Vor dem Hintergrund einer Wohltätigkeitsgala in Puerto Rico verhört ein Polizist eine Nacht lang einen Staranwalt. Der Mann, der ein vergewaltigtes Mädchen tot auf der Straße gefunden hatte, wird in den Augen des Polizisten vom Zeugen zum Tatverdächtigen, als er sich immer mehr in Lügen und Halbwahrheiten verstrickt. Remake von Claude Millers »Das Verhör« als subtile Studie über Psychoterror, das trotz Rückblenden, Parallelhandlung und aufgesetzt wirkender technischer Kunstgriffe ein Kammerspiel ist, das von den zwei großartigen Hauptdarstellern lebt. DVD: Die Extras umfassen u. a. ein kurzes Feature, in dem die Umsetzung des Remakes gegenüber dem Original deutlich gemacht wird. Des weiteren wird eine »Special Limited Edition« angeboten, in der auf einer zweiten DVD »als Bonus« das Original »Das Verhör« enthalten ist. – Ab 16. ✦ USA/Frankreich 2000 **P** Revelations Entertainment/TF 1 International **KI** Twentieth Century Fox **VA** Warner Home **DVD** Splendid/Ascot (16:9, 1.78:1, DD5.1 engl./dt.) **Pd** Lori McCreary, Anne-Marie Gillen, Stephen Hopkins **R** Stephen Hopkins **B** Tom Provost, W. Peter Iliff, nach dem Film »Das Verhör« von Claude Miller auf der Grundlage des Romans »Brainwash« von John Wainwright **K** Peter Levy **M** BT **S** John Smith **D** Gene Hackman (Henry Hearst), Morgan Freeman (Captain Victor Benezet), Thomas Jane (Felix Owens), Monica Bellucci (Chantal Hearst), Nydia Caro (Isabella) **L** 110 **FSK** ab 12; f **FBW** bw **E** 3.5.2001/14.12.2001 Video & DVD **fd** 34 830

UNDER THE BOARDWALK (UNDER THE BOARDWALK). Rivalisierende Gruppen wetteifern um die Meisterschaft im Surfen. Banaler Sport- und Abenteuerfilm. ✦ USA 1987 **P** Chanin-Blackwell Prod. **KI** Highlight **Pd** Gregory S. Blackwell, Steven H. Chanin **R** Fritz Kiersch **B** Robert King **K** Don Burgess **M** David Kitay **S** Daniel Gross **D** Keith Coogan (Andy), Danielle von Zerneck (Allie), Richard Joseph Paul (Nick), Steve Monarque (Reef), Roxana Zal (Gitch) **L** 103 **FSK** ab 12 **E** 1988 Video

UNDER THE CHERRY MOON – UNTER DEM KIRSCHMOND (UNDER THE CHERRY MOON). Die Geschichte der Liebesbeziehung zwischen einem mittellosen schwarzen Barpianisten und einer weißen Millionenerbin, die für den Musiker tödlich endet. Geschmäcklerisch fotografiertes, einfallslos inszeniertes Melodram im Stil eines ausufernden Videoclips, das dem Pop-Star Prince in der Personalunion Regisseur/Hauptdarsteller/Komponist lediglich als Plattform für eine eitle Selbstbespiegelung dient. (Fernsehtitel: »Unter dem Kirschmond«) – Ab 16. ✦ Schwarz-weiß. USA 1986 **P** Cavallo/Ruffalo/Fargnoli (für Warner Bros.) **KI** Warner-Columbia **VA** Warner Home **Pd** Robert Cavallo, Joseph Ruffalo, Steven Fargnoli **R** Prince **B** Becky Johnston **K** Michael Ballhaus **M** Prince **S** Eva Gardos, Rebecca Ross **D** Prince (Christopher Tracy), Jerome Benton (Tricky), Steven Berkoff (Mr. Sharon), Kristin Scott Thomas (Mary Sharon), Francesca Annis (Mrs. Wellington), Alexandra Stewart (Mrs. Sharon) **L** 99 **FSK** ab 16; f **E** 28.8.1986/Februar 1987 Video **fd** 25 762

UNDER THE GUN (UNDER THE GUN). Ein aufbrausender und disziplinloser Polizeidetektiv aus St. Louis kommt nach Los Angeles, um den Tod seines Bruders zu klären, und stößt auf das Plutonium-Geschäft eines Waffenschiebers. Sein Leben und das einer Reporterin, die ihm bei den Recherchen behilflich ist, gerät in Gefahr. Reißerischer Actionkrimi voller Härten. (TV-Titel: »Under The Gun – Geschäft mit dem Tod«) ✦ USA 1987 **P** Warren Stein Prod. **VA** USA **R** James Shardellati **B** James Devney, Almer John Davis, James Sbardellati **K** Gary Thieltges **M** John Sterling **D** Vanessa Williams (= Vanessa L. Williams) (Samantha Richards), Sam Jones (Michael Braxton), John Russell (Simon Stone), Rockne Tarkington, Don Stark, Nick Cassavetes (Tony Braxton) **L** 93 **E** 25.4.1988 Video/4.10.1995 RTL 2

UNDER THE GUN 2 (UNDER THE GUN 2). Ein harmloser Wissenschaftler gerät zwischen die Fronten verschiedener Geheimdienste, die der PLO die drei Bestandteile einer Superbombe abjagen wollen. Als seine Familie bei den Auseinandersetzungen getötet wird, greift er handfest ein und stellt sich nach vollbrachter Tat der CIA zur Verfügung. Seriell gefertigter Actionfilm nach gängigem Strickmuster. ✦ USA 1989 **P** Kurt Meisel Prod. **VA** USA **R** John Lloyd **B** John Lloyd, Rod Davies **K** Mars B. Rasca **M** Patrick Wales **S** René Tucker **D** Sam Jones, Blueberry, David Light, Jerry Bever, Erwin Hahn **L** 88 **E** 18.7.1990 Video

UNDER THE SKIN (UNDER THE SKIN). Die Geschichte zweier ungleicher Schwestern, die der Tod der Mutter in eine tiefe Krise stürzt. Während die ältere sich bald fängt, fällt die jüngere in eine emotionale Erstarrung und versucht, ihre Leere durch bewußt eingesetzte Promiskuität zu überwinden. Das beklemmende Psychogramm einer jungen Frau, die an ihrer Trauerarbeit zu zerbrechen droht. Eindrucksvoll bringt der Film durch schroffe Stilmittel die Seelenqualen seiner Protagonistin zum Ausdruck. (O.m.d.U.) ✦ Großbritannien 1997 **P** BFI/Strange Dog Prod. **KI** Kairos **Pd** Kate Ogburn **R+B** Carine Adler **K** Barry Ackroyd **M** Ilona Sekacz **S** Ewa J. Lind **D** Samantha Morton (Iris), Claire Rushbrook (Rose), Rita Tushingham (Mutter), Christine Tremarco (Vron), Stuart Townsend (Tom) **L** 82 **FSK** ab 16; f **E** 10.12. 1998 **fd** 33 439

UNDERCOVER (1990) (THE COMPANY). Ein vermeintlicher Maulwurf in den Reihen der CIA wird vom KGB aktiviert, um in Jalta einen Auftrag durchzuführen. Der vorgebliche Linienwechsel führt zu erheblichen Turbulenzen im beruflichen wie im privaten Bereich, sichert letztlich aber die Kontinuität von »Glasnost« und »Perestroika«. Halbwegs glaubwürdiger Agenten-Thriller vor dem Hintergrund weltweiter Entspannung, der sein Thema eher redselig als blutig entwickelt. (Alternativtitel: »Undercover – Im Fadenkreuz des KGB«) – Ab 16. ✦ USA 1990 **P** Warner Bros. **VA** Warner Home **Pd** Terry Morse **R** Harry Winer **B** William Broyles jr. **K** Thomas Alger Olgeirson **M** Bill Conti **S** David Simmons **D** Anthony John Denison (Dillon), Linda Purl (Kate), John Rhys-Davies (Flinn), John Slattery, Colleen Flynn **L** 87 **FSK** ab 16 **E** 15.3.1991 Video **fd** 28 852

UNDERCOVER (1994) (UNDERCOVER). Vier Polizisten werden in die Holligan-Szene eines Londoner Fußballclubs eingeschleust, um die Hintermänner zu entlarven. Beim Balanceakt zwischen bürgerlicher Identität und vorgetäuschter Rolle gerät ein Ermittler ins Straucheln und gleitet ins rechtsradikale Milieu ab. Ein atmosphärisch und vor allem schauspielerisch überzeugender Film, der aber die Hintergründe fanatischer Begeisterung und latenter Gewaltbereitschaft nicht klärt. ✦ Großbritannien/Deutschland 1994 **P** Sally Hibbin **KI** Ventura **VA** absolut MEDIEN **Pd** Sally Hibbin **R** Philip Davis **B** Vincent O'Connell, nach einer Geschichte von James Bannon **K** Thomas Mauch **M** Will Gregory **S** Inge Behrens **D** Reece Dinsdale (John), Richard Graham (Trevor), Perry Fenwick (Eddie), Philip Glenister (Charlie), Warren Clarke (Bob), Claire Skinner (Marie), Saskia Reeves (Lynda), Sean Pertwee (Martin) **L** 107 **FSK** ab 12; f **E** 17.10.1996/1997 Video **fd** 32 168

UNDERCOVER 2 – OPERATION C-WAFFE (THE COMPANY 2). Zu Beginn der Invasion Kuweits durch Irak im August 1990 operiert im künftigen Kampfgebiet ein Team mutiger Agentinnen und Agenten des amerikanischen Geheimdienstes. Einer von ihnen, der Abstammung nach halb Jude, halb Araber, opfert sich als Fahrer just jenes irakischen Offiziers, der den Einsatz von Chemie-Raketen gegen Israel plant. Patriotisch bewegter Fernsehfilm, der seine Abenteuerfabel im Stil milder Abenteuerlichkeit serviert. Solide fotografiert, klischeehaft gespielt, immerhin ohne die übliche verstimmende Gewalt- und Schießsucht. – Ab 14 möglich. ✦ USA 1990/91 **P** Warner Bros. Television/Paint Rock **VA** Warner Home **Pd** Kevin Droney, David Simmons **R** Michael Fresco **B** Thania St. John, Philip Lindsay, J. L. Hodson **K** Geoffrey Erb **M** Cameron Allan **S** Donald R. Rode, John A. Barton **D** Anthony John Denison (Sam), Linda Purl (Kate), John Rhys-Davies (Flynn), Josef Sommer, Dana Gladstone (Dr. Gutman), G. W. Bailey (Direktor Waugh) **L** 89 **FSK** ab 12 **E** 11.10.1991 Video **fd** 29 399

UNDERCOVER AFFAIR →Killing Stranger

UNDERCOVER BLUES – EIN ABSOLUT COOLES TRIO (UNDERCOVER BLUES). Ein Agenten-Ehepaar auf Baby-Urlaub wird reaktiviert und muß sich mit einer tschechischen Superverbrecherin auseinandersetzen, die hinter einem hochbrisanten Sprengstoff her ist. Eine laute Actionkomödie, die Witz und Pointen dem Tempo opfert. – Ab 16. ✦ USA 1992/93 **P** MGM **KI** UIP **VA** Warner Home **Pd** Mike Lobell **R** Herbert Ross **B** Ian Abrams **K** Donald E. Thorin **M** David Newman **S** Priscilla Nedd-Friendly (= Priscilla Nedd) **D** Kathleen Turner (Jane Blue), Dennis Quaid (Jeff Blue), Fiona Shaw (Novacek), Stanley Tucci (Muerte), Larry Miller (Halsey) **L** 90 **FSK** ab 12; f **FBW** bw **E** 20.1.1994/8.7.1994 Video/4.8. 1995 premiere **fd** 30 630

UNDERCOVER COPS (EXIT TO EDEN). Eine Polizistin und ihr Kollege besuchen als Touristen getarnt eine Insel, die einem Freizeitclub zur Therapie verdrängter sexueller Fantasien dient. Während die beiden nach einem Diamantenschmuggler und seiner mörderischen Gespielin fahnden, müssen sie sich notgedrungen auf das schräge, streng reglementierte Sexclubleben einlassen. Die Krimihandlung dient nur dazu, eine simple Sex-Romanze mit einer trivialen Cop-Komödie zu verbinden. Reizvoll allenfalls durch einen Schuß trockenen Humor und die talentierte Hauptdarstellerin. (Fernsehtitel: »Insel der geheimen Wünsche«) ✦ USA 1994 **P** Savoy Pictures **VA** VCL **Pd** Alexandra Rose, Garry Marshall **R** Garry Marshall **B** Deborah Amelon, Bob Brunner, nach einem Roman von Anne Rice **K** Theo van de Sande **M** Patrick Doyle **S** David Finfer **D** Dana Delany (Lisa), Paul Mercurio (Elliot), Rosie O'Donnell (Sheila), Stuart Wilson (Omar), Iman (Nina), Hector Elizondo (Martin), Dan Aykroyd (Fred Lavery), Sean O'Bryan (Tommy Miller), Stephanie Niznik (Diana) **L** 110 **FSK** ab 16 **E** 21.5.1996 Video **fd** 32 021

UNDERCOVER – GEISELN DES TERRORS (THE HOSTAGE). Ein Agent des britischen Geheimdienstes MI 6, der einen Militärtechniker aus den Händen kurdischer Geiselnehmer befreien soll, verliebt sich in die Schwägerin des Terroristenchefs, dem er das Handwerk legen soll. Dies macht seine Auftraggeber hellhörig, um so mehr, als sie in Erfahrung bringen, daß ihr Agent den politischen Zielen der Organisation nicht mehr ausschließlich ablehnend gegenübersteht. Ein um Moral bemühter Agententhriller, in dessen Mittelpunkt die politische Bewußtwerdung eines Mannes steht, der bislang Befehlen gehorchte und nun zur Eigenverantwortung findet. – Ab 16. ✦ Großbritannien/Spanien 1991 **P** Pinnacle/Tyne Tees TV/Jorge Estrada Mora Prod. **VA** Columbia TriStar **Pd** Tom Kinninmont **R** Robert Young **B** Arthur Hopcraft, nach dem Roman »To Hide« von Ted Allbeury **K** Alex Phillips jr. **M** Richard Harvey **S** Tariq Anwar **D** Sam Neill (Rennie), Talisa Soto (Joanna), Art Malik (Khalim), Christina Higueras (Gabriella), Michael Kitchen (Fredericks), James Fox (Paynter) **L** 96 **FSK** ab 16 **E** 12.10.1993 Video/12.12.1994 ZDF

UNDERCOVER HEAT (UNDERCOVER HEAT). Eine unerfahrene Polizistin schleust sich als Undercover-Agentin in ein Edel-Bordell ein, um den Mord an einer Prostituierten aufzuklären. Dabei findet sie mehr und mehr Gefallen am Sex mit ihren Kunden. Sexfilm, der die Prostitution verharmlost und als ausgefallene Betätigung zum Erleben der eigenen Sexualität beschreibt. (Fernsehtitel: »Im Netz der Sünde« [ORF 1]) – Wir raten ab. ✦ USA 1994 **P** Axis/Davis Joint Venture **VA** Splendid **Pd** Andrew Garroni **R** Alexander Gregory Hippolyte **B** Lalo Wolf **K** Philip Hurn **M** Ashley Irwin **S** Kent Smith **D** Meg Foster (Mrs. V), Athena Massey (Cindy Hanen), Tom Tayback (Sgt. Gold), Anthony Guidera (Hunt), Rena Riffel (Rain) **L** 95 **FSK** ab 18 **E** 29.8.1995 Video **fd** 31 652

UNDERCOVER – IM FADENKREUZ DES KGB →Undercover (1990)

UNDERCOVER – IN TOO DEEP (IN TOO DEEP). Ein junger Polizist in Cincinatti sucht als verdeckter Ermittler die Nähe eines mächtigen Drogendealers und gerät dabei in eine schwere Identitätskrise. Rauer, effektvoll inszenierter Krimi, der die gesellschaftliche Situation der afroamerikanischen Unterschicht als konkreten Hintergrund für das pointiert gespielte individuelle Drama des Protagonisten nutzt. ✦ Scope. USA 1999 **P** Suntaur Entertainment/Dimension Films **KI** Kinowelt **VA** Kinowelt Home **DVD** Kinowelt Home (2.35:1, DD5.1 engl./dt.) **Pd** Paul Aaron, Michael Henry Brown **R** Michael Rymer **B** Paul Aaron, Michael Henry Brown **K** Ellery Ryan **M** Christopher Young **S** Dany Cooper **D** Omar Epps (Jeff Cole/ J. Reid), LL Cool J (Dwayne Gittens, genannt »God«), Stanley Tucci (Preston Boyd), Nia Long (Myra), Pam Grier (= Pamela Grier) (Detective Angela Wilson) **L** 97 **FSK** ab 16; f **E** 6.1.2000/25.7.2000 Video/ 1.8.2000 DVD **fd** 34 048

UNDERCOVER KID →The Undercover Kid

UNDERCOVER MAN →The Undercover Man

UNDERCOVER O. S. S. →92 Grosvenor Street

UNDERCOVER SARAH (DECONSTRUCTION SARAH). Ein erfolgreiche Werbetexterin führt heimlich ein Doppelleben und rockt nachts durch eine Heavy-Metal-Disco. Nach ihrer Ermordung begibt sich ihre beste Freundin auf ihre Spuren und muß die tiefschürfende Erkenntnis machen, daß das Leben und die Menschen nur sehr schwer zu verstehen sind. Ein oberflächlicher, mit konventionellen Mitteln umgesetzter Thriller auf Serien-Niveau, der sich in wohlfeilen Klischees ergeht. (Alternative Fernsehtitel: »Verbotenes Verlangen – Eine Frau spielt mit dem Feuer«/»Vom Sex besessen! – Eine Frau wird Opfer ihrer Lust«) – Ab 16 möglich. ✦ USA 1994 **P** MTE **VA** CIC **Pd** Sally Young, Lee Rose, Carla Singer **R** Craig R. Baxley **B** Lee Rose, Carla Singer **K** Joao Fernandes **M** Tom Scott **S** Jeff Freeman **D** Rachel Ticotin (Elizabeth), Sheila Kelly (Sarah Vincent), A. Martinez (Kenny), David Andrews (Paul), Jenifer Lewis (Betty) **L** 87 **FSK** ab 12 **E** 23.2.1995 Video/ 21.2.1996 premiere **fd** 31 321

UNDERCOVER U. S. A. (MORE WILD WILD WEST). Aus ihrem ruhigen Pensionärsdasein heraus werden zwei Regierungsagenten reaktiviert, um einem größenwahnsinnigen Professor das Handwerk zu legen, der in der Wüste von Nevada mit Atombomben experimentiert, sich unsichtbar machen kann und nach der Weltherrschaft strebt. Reizlose Wiederbelebung der alten Fernsehserie »Wild Wild West«, inhaltlich wie erzähltechnisch auf dürftigem Comic-Strip-Niveau. (Titel auch: »Zwei Agenten kriegen Ärger«) – Ab 14. ✦ USA 1980 **P** CBS Entertainment **VA** CBS/ Fox **Pd** Robert L. Jacks **R** Burt Kennedy **B** William Bowers **K** Chuck Arnold (= Charles G. Arnold) **M** Jeff Alexander **S** Michael McCroskey **D** Robert Conrad (Jim West), Ross Martin (Artemus Gordon), Jonathan Winters (Albert Peradine II), Harry Morgan (Robert T. Malone), René Auberjonois (Cap. Sir Edney) **L** 93 **FSK** ab 12 **E** 23.4.1990 Video **fd** 28 390

UNDERCURRENT (UNDERCURRENT). Ein Ex-Cop und glückloser Nachtclub-Besitzer nimmt den Auftrag an, gegen ein hohes Entgelt eine Affäre mit der Ehefrau eines Baulöwen auf Puerto Rico zu beginnen, damit dieser die anstehende Scheidungsabfindung drücken kann. Er muß jedoch bald feststellen, daß er in Gangster-Kreise geraten ist und das Bauernopfer für ganz anders geartete Interessen abgeben soll. Verhaltener Actionfilm, der dem einschlägig vorbelasteten Hauptdarsteller Lorenzo Lamas schauspielerische Fähigkeiten abnötigt. (Titel auch: »Undercurrent – Ein dreckiges Spiel«) ✦ USA 1997 **P** Fries/ Schultz Film Group **VA** VPS **Pd** Paul Boghosian **R** Frank Kerr **D** Lorenzo Lamas, Brenda Strong, Frank Vincent **L** 94 (geänd. Fassung 88) **FSK** ab 16 (geänd.F.12) **E** 23.6.1998 Video

UNDERGROUND (1976) (UNDERGROUND). Dokumentarfilm über die »Weather Underground Organisation«, eine kleine radikale Studentengruppe, die ab 1970 mit spektakulären Aktionen einen bewaffneten Kampf gegen Obrigkeit und Unterdrückung führte. Fünf »Weathermen« geben vor der Kamera – ohne ihr Gesicht zu zeigen – Auskunft über ihren politischen Werdegang und ihre Ziele. Dazwischengeschnitten sind Archivaufnahmen von Studentenunruhen, Polizeigewalt, Martin Luther King, Ho Chi Minh und anderen. In der Summe entstand ein eindrückliches Bild einer im Untergrund gegen die herrschende Gewalt operierenden Gruppe und zugleich ein interessantes historisches Dokument. (Originalfassung) ✦ Teils schwarz-weiß. USA 1976 **P** Action 27 **SF** Freunde der Deutschen Kinemathek **Pd** Emile de Antonio, Hendrick Wexler **R+B** Emile de Antonio, Mary Lampson **K** Haskell Wexler **M** Bob Dylan, Phil Ochs, Nina Simone, u. a. **S** Emile de Antonio, Mary Lampson **L** 87 **E** 3.12.1984

UNDERGROUND (1988) (UNDERGROUND – AN URBAN NIGHTMARE). Eine junge Reporterin veröffentlicht einen Bericht über eine Mörderbande, die unter Führung eines psychopathischen Killers in der New Yorker U-Bahn ihr Unwesen treibt. Ein zunächst ungläubiger ruppiger Polizist wird bald eines besseren belehrt. Als die Journalistin von der Bande verschleppt wird, startet er einen brutalen Feldzug. Überaus harter Thriller, dessen Hauptantriebskraft einmal mehr Rache ist und der vorhandene Ängste zugunsten der blutrünstigen Story ausbeutet. – Wir raten ab. ✦ USA 1988 **P** Triangle/SVS Films/Bedford **VA** Focus **Pd** Steven Mackler **R** James McCalmont **B** Brian O'Hara, Robert Zimmermann **K** Anghel Deca **M** Taj Mahal **S** Keith Reamer **D** Doc Dougherty (John Willis), Lennie Loftin (Boris Pinscher), B. J. Geordan (Kim Knowles), Ric Siler (Weasel), Joe Bachana (Lawrence) **L** 85 **FSK** ab 18 **E** Februar 1990 Video **fd** 28 356

UNDERGROUND (1995) (UNDERGROUND). 50 Jahre einer Freundschaft in Jugoslawien zwischen einem eher draufgängerischen und einem zum Opportunismus neigenden Mann, die dieselbe Frau lieben. Als sich der eine von den deutschen Okkupanten verstecken muß, bringt ihn der Freund mit anderen in einem Keller unter, verschweigt ihm aber schließlich das Kriegsende. Nach dem Zusammenbruch Jugoslawiens kommt es im slawonischen Bürgerkrieg zur tödlichen Wiederbegegnung. Der ausufernde Film versucht, dem Bruderkrieg im ehemaligen Jugoslawien beizukommen, wobei er von zahlreichen genialen Bildeinfälle lebt. Dennoch gelingt es ihm nicht, ein dramaturgisch abgerundetes Bild zu entwerfen: die visuellen Sensationen und die aberwitzigen, grotesken Wendungen wiegen die oberflächliche Personenzeichnung und die mangelhafte Stoffentwicklung letztlich nicht auf. (Für arte wurde eine fünfstündige, auf zwei sowie auf sechs Teile aufgespaltene Fassung des Films erstellt, in welcher sich die Handlungsfäden leichter entwirren lassen sollen.) ✦ Scope. Frankreich/Deutschland/Ungarn 1995 **P** Ciby 2000/Pandora/Novo **KI** Pandora **VA** Arthaus **Pd** Pierre Spengler, Karl Baumgartner **R** Emir Kusturica **B** Dusan Kovacevic, Emir Kusturica **K** Vilko Filac **M** Goran Bregovic **S** Branca Ceperac **D** Miki Manojlovic (Marko), Lazar Ristovski (Blacky), Mirjana Jokovic (Natalija), Slavko Stimac (Ivan), Ernst Stötzner, Srdan Todorovic, Hark Bohm, Emir Kusturica, Pierre Spengler **L** 170 (TV: 300) **FSK** ab 16; f **E** 23.11.1995/2.9.1996 Video/15.5. 1998 arte **fd** 31 644

UNDERGROUND AND EMIGRANTS. Film von Rosa von Praunheim über die Underground-Szene in New York mit Künstlern und Journalisten, die in Deutschland geboren sind und heute in New York leben und Gesprächspartnern amerikanischer Herkunft. Der Regisseur versteht die (sub-)kulturelle Lebendigkeit und Vielfalt der Metropole als provozierendes Gegenstück zum »todsubventionierten Kulturbetrieb« in der Bundesrepublik (dem sich im übrigen die Finanzierung auch dieses Filmes verdankt). ✦ BR Deutschland 1975/76 **P** Rosa von Praunheim für SFB/Berliner Künstlerprogramm des DAAD/Berliner Festwochen **SF** Atlas **Pd+R+B** Rosa von Praunheim **K** Edvard Lieber, Lloyd Williams, Scott Sorenson, Rosa von Praunheim **S** Edvard Lieber, Rosa von Praunheim **D** Rosa von Praunheim, William S. Burroughs, Fernando Arrabal, Robert Wilson, Yvonne Rainer, Divine, Andy Warhol **L** 89 **E** 25.10.1976 NDR III

UNDERGROUND – DIE VERGELTUNG (UNDERGROUND). Ein Gangstertrio in Gummimasken richtet in einem schwarzen Musik-Club ein Massaker an, das von einem Polizisten, der seine privaten Probleme beiseite stellt, gelöst wird. Absurder Ausgangspunkt des Films: Die Mörder sind eine weiße Disco-Truppe der 70er Jahre, die sich um ihre Tantiemen geprellt fühlt. Schnell vergängliche B- und C-Ware, die sich aller Versatzstücke des Genres bedient; immerhin solide in der Darstellung und mit aufwendig inszenierter Action angereichert. Nachdem dem einsamen Polizisten ein schwarzer Kollege zur Seite gestellt wird, wird mit launigen Dialogen der Rassismus auf die Schippe genommen. ✦ USA 1997 **P** PM Entertainment **VA** VMP/Vipro **Pd** Richard Pepin, Joseph Merhi **R** Cole McCay **B** William Lawlor **K** Ken Blakey **M** John Gonzales **S** Stephen Adrianson, Desmond O'Connor, William Hayward **D** Jeff Fahey (Donnegan), Gregory Scott Cummins (Singer), Willie C. Carpenter (»The Hound«), Michael McFall (Mills), Debbie James (Candy) **L** 89 (gek. 83) **FSK** ab 18 (gek. 16) **E** 12.2.1998 Video **fd** 33 103

UNDERGROUND IN L. A. (SCARRED). Die Erlebnisse einer 16jährigen mit einem schwarzen Baby, die sich als Prostituierte in Los Angeles durchzuschlagen versucht und dem Milieu am Ende mit Hilfe einer Freundin aus demselben Gewerbe entkommt. Durch Buch und Filmtechnik herrscht der Eindruck des Unfertigen und Fragmentarischen vor. Beachtenswert sind die Ansätze zu einer Behandlung der emanzipatorischen Chancen der Hauptfigur. ✦ USA 1983 **P** Rose-Marie Turko/The American Film Institute/ National Endowment for the Arts **VA** EuroVideo **Pd** Mark Borde, Rose-Marie Turko **R+B** Rose-Marie Turko **K** Michael Miner **M** Kim Fields, Paul Marcus **S** Rose-Marie Turko **D** Jennifer Mayo (Ruby), Jackie Berryman (Carla), David Dean (Easy), Rico L. Richardson (Jojo), Debbie Dion (Sandy) **L** 82 **FSK** ab 18 **E** Juni 1986 Video **fd** 25 766

UNDERGROUND WEREWOLF (CELLAR DWELLER). Kruder Horrorfilm: Eine Gruppe begeisterter Kunststudenten bezieht als neues Domizil das Haus eines verstorbenen Kunstprofessors, der durch seine Horror-Comics berühmt wurde. Im Keller des Hauses haust ein Ungeheuer, das sich von Innereien ernährt. ✦ USA 1987 **P** Dove **VA** Empire **Pd** Bob Wynn **R** John Carl Buechler **B** Kit Du Bois **K** Sergio Salvati **M** Carl Dante **S** Barry Zetlin **D** Deborah Mullrowney (Whitney Taylor), Vince Edwards (Meshelski), Brian Robbins (Philip), Jeffrey Combs (Colin Childress), Pamela Bellwood (Amanda) **L** 74 **FSK** ab 18 **E** 28.4.1988 Video

UNDERWORLD (UNDERWORLD). Eine junge Prostituierte wird von einem zombiehaften Wesen entführt, woraufhin ein Gangsterboß ihren ehemaligen Geliebten engagiert, um sie zu suchen. Dieser stößt auf einen verantwortungslosen Arzt, der verunstaltete Wesen erschafft. Ein um ästhetisch konsequente Gestaltung bemühter Horrorfilm um das Motiv der Beziehung zwischen der »Schönen« und dem »Biest«. Nur in wenigen Momenten atmosphärisch dicht und in der Handlung allzu durchsichtig. ✦ USA 1985 **P** Lime Green **VA** Vestron **Pd** Don Hawkins, Kevin Attew **R** George Pavlou **B** Clive Barker, James Chaplin **K** Sydney McCartney **M** Freur **S** Sarah Hayward **D** Denholm Elliott (Savary), Steven Berkoff (Hugo Motherskille), Miranda Richardson (Oriel), Art Malik (Fluke), Nicola Cowper (Nicole) **L** 88 **FSK** ab 18 **E** Juni 1988 Video **fd** 27 139

UNDINE. Eine Nymphe wendet sich einem Landvermesser zu, der sich unwissentlich für die umweltzerstörerischen Pläne seines Bruders einspannen läßt. Zunächst ist die Liebe zwischen Mensch und Nixe zum Scheitern verurteilt, doch als der Berg zerstört und der Bösewicht gestoppt ist, winkt eine gemeinsame Zukunft in einer besseren Welt. Ein in jeder Hinsicht unzureichender Versuch, den romantischen Nixen-Mythos mit den Mitteln des Heimatfilms und einer dümmlichen Öko-Geschichte nachzuerzählen. – Ab 16. ✦ Deutschland/Italien 1991 **P** Raphaela-Film/CTV 72 **KI** Senator **VA** Ufa **Pd** Anja Schmidt-Zäringer, Karl Margraf, Eckhart Schmidt **R** Eckhart Schmidt **B** Eckhart Schmidt, nach einer Erzählung von Friedrich de la Motte-Fouqué **K** Bernd Neubauer **M** Joseph Hölderle, Claude Debussy **S** Raoul Sternberg (=Eckhart Schmidt) **D** Isabelle Pasco (Undine), Christopher Buchholz (Raoul), Ludwig Dornauer (Frank), Constanze Lindner (Andrea), Anouschka Renzi (WheelsAnja) **L** 96 **FSK** ab 12; f **E** 2.4.1992/ 4.1.1993 Video **fd** 29 510

UNDINE 74. Modernisierung des romantischen Märchens von Friedrich de la Motte-Fouqué, in dem das Wasserwesen Undine seinem Geliebten und anderen Menschen auf der Erde zum Verhängnis wird. Trotz Ambitionen in Bild und Dialog ungenügend, mit ärgerlichen Durchbrüchen von Plumpheit und Dilettantismus. ✦ BR Deutschland/Österreich 1974 **P** Caro/TIT/Mina **KI** Cinerama **R** Rolf Thiele **B** Ted Rise, Josef Czech, nach Motiven der Novelle von de la Motte-Fouqué **K** Wolf Wirth **D** Angela von Radloff, Ingo Thouret, Gundy Grand, Heidrun Hamedinger, Kurt Heintel **L** 84 **FSK** ab 18; nf **E** 9.5.1974 **fd** 18 811

UNE CHANCE SUR DEUX → Alle meine Väter

UNE DANSE POUR L'EXIL (UNE DANSE POUR L'EXIL). Der mit staatlichen Beiträgen aus der Schweiz und den USA finanzierte Film hat – in reichlich oberflächlicher Weise – die Problematik von kambodschanischen Flüchtlingen – Mitgliedern der »Troupe de Danse Classique Khmère« – im Exil in den USA zum Thema. Als zweifelhaftes Mittel der Dramatisierung: nachgestellte Sequenzen aus der Kriegszeit aufgrund von US-Archivmaterial. ✦ Teils schwarz-weiß. Schweiz/USA 1984 **P** Apsara/TSR/National Council for the Traditional Arts **R+B** Jean-Daniel Bloesch **K** Kip Durin **M** Abdullah Ibrahim **S** Elisabeth Waelchli **L** 90 **E** Schweiz

UNE SEMAINE SANS RAISON (UNE SEMAINE SANS RAISON). Der in Zusammenarbeit mit Patienten und Personal der psychiatrischen Klinik von Nant und des »Centre psychosocial« von Montreux gedrehte Film will zu einem Dialog zwischen der Öffentlichkeit und dem immer noch mit Tabus belegten Milieu psychiatrischer Heil- und Pflegeanstalten beitragen. Dies ist überzeugend gelungen, da die Dokumentation allgemeingültige Aussagen über die Bedingungen des Menschseins trifft. ✦ Schweiz 1975 **P** Costas Haralambis Prod. **Pd+R** Costas Haralambis **B** Costas Heralambis, Jean-Claude Reber **K** Costas Haralambis **M** Jean-Claude Reber **S** Costas Haralambis, S. Héritier **L** 120 **E** Schweiz

UNEASY RIDER (NATIONALE 7). Ein 50-Jähriger, an Muskelschwund leidender Heiminsasse, der Personal und Mitbewohner mit seinen Launen nervt, findet zu einem ausgeglichenen Leben, als seine Pflegerin bei der Heimleitung seinen Wunsch nach regelmäßigem Kontakt zu einer Prostituierten durchsetzt. Die durch den Einsatz digitaler Videokameras geschickt die Balance zwischen Dokumentarspiel und Komödie haltende Inszenierung versagt sich jeden mitleidigen Blick auf die sexuellen Nöte ihrer Protagonisten und findet dank überzeugender Akteure zur poetisch überhöhten Darstellung eines oft verleugneten Tabu-Themas. (Titel auch: »Straße der Freuden«) – Sehenswert ab 16. ✦ Frankreich 1999 **P** Telecip/La Sept/arte/Centre Nationale de la Cinématographie/ Gimages 3/Canal+ **KI** Arthaus **Pd** Jacques Fansten, Pierre Chevalier **R** Jean-Pierre Sinapi **B** Jean-Pierre Sinapi, Anne-Marie Catois **K** Jean-Paul Meurisse **S** Catherine Schwartz **D** Nadia Kaci (Julie), Olivier Gourmet (René), Lionel Abelanski (Roland), Chantal Neuwirth (Sandrine), Saïd Taghmaoui (Rabah) **L** 95 **FSK** ab 12; f **E** 1.6.2000 arte/29.3.2001 Kino **fd** 34 770

DIE UNENDLICHE FREUDE. Eine dokumentarische Reise durch Italien, die ihr Augenmerk jedoch nicht der Landschaft und Architektur widmet, sondern der »Fernsehkultur«. Die Autorin besucht sieben Personen, in deren Leben Fernsehen eine wichtige

Rolle spielt. ✦ Italien 1996 **R+B** Christiane Mannini **K** Giorgio Camara **L** 81 **E** 22.9.1996 ZDF

DIE UNENDLICHE GESCHICHTE. Ein fantasiebegabter Junge liest von den Abenteuern und Gefahren im Land Phantásien, das vom unfaßbaren Nichts vernichtet zu werden droht. Er erkennt, daß er selbst Teil der Geschichte ist und mit seiner Fantasie das Traumland vor der Hoffnungslosigkeit bewahren kann. Aufwendige Verfilmung der ersten Hälfte des Romans von Michael Ende im Stil eines perfekten modernen Märchens, die zwar dem Anspruch der Vorlage nicht gerecht wird, aber bis auf den mißglückten Schluß als spannende und anrührende Unterhaltung Sympathie verdient. – Sehenswert ab 10. ✦ BR Deutschland 1983 **P** Neue Constantin/Bavaria/WDR **KI** Neue Constantin **DVD** Warner Home (16:9, 2.35:1, DD2.0 engl./dt.) **Pd** Bernd Eichinger **R** Wolfgang Petersen **B** Wolfgang Petersen, Hermann Weigel, nach dem gleichgnamigen Roman von Michael Ende **K** Jost Vacano, Franz Rath **M** Klaus Doldinger **S** Jane Seitz **D** Noah Hathaway (Atréju), Barret Oliver (Bastian), Patricia Hayes (Urgl), Tami Stronach (Die kindliche Kaiserin), Sydney Bromley (Engywook), Tilo Prückner (Nachtalb) **L** 99 **FSK** ab 6; f **FBW** bw **E** 6.4.1984/9.6.1989 Kino DDR/22.11. 2001 DVD **fd** 24 516

DIE UNENDLICHE GESCHICHTE II – AUF DER SUCHE NACH PHANTÁSIEN. Erneut reist ein Junge in das märchenhafte Land Phantásien, wo er unter Einsatz seines Lebens und seiner Erinnerungen den Kampf gegen eine böse Magierin aufnimmt, die die Macht der kindlichen Kaiserin untergraben will, indem sie die Welt der Poesie und der Vorstellungskraft durch die Leere zu zerstören droht. Aufwendig gestalteter Abenteuer- und Fantasyfilm, der im Prinzip auf der zweiten Hälfte des gleichnamigen Erfolgsromans von Michael Ende basiert. Angesichts des prahlerischen Aufgebotes von Effekten und Materialien geht die Poesie des Stoffes verloren, so daß der Film weitgehend unberührt läßt. – Ab 10 möglich. ✦ Scope. BR Deutschland 1989 **P** The Neverending Story Film/Cine Vox **KI** Warner Bros. **VA** Warner Home **Pd** Dieter Geissler **R** George Miller **B** Karin Howard, nach Motiven eines Romans von Michael Ende **K** David Connell **M** Robert Folk **S** Peter Hollywood, Chris Blunden **D** Jonathan Brandis (Bastian), Kenny Morrison (Atreju), Clarissa Burt (Xayide), Alexandra Johnes (die Kindliche Kaiserin), Martin Umbach (Nimbly), John Wesley Shipp (Bastians Vater), Helena Michell (Bastians Mutter) **L** 86 **FSK** ab 6; f **FBW** w **E** 25.10.1990/17.5.1991 Video **fd** 28 571

DIE UNENDLICHE GESCHICHTE III – RETTUNG AUS PHANTÁSIEN. Der Junge Bastian gerät in seiner neuen Schule an eine Bande, die das Buch der »unendlichen Geschichte« stiehlt und sie nach ihrem Gutdünken weiterschreibt. So wird das Fabelreich Phantásien vom Bösen bedroht, einige seiner Bewohner landen gar in der Wirklichkeit. Der abenteuerliche Film bedient sich lediglich einiger Figuren aus Michael Endes Erfolgsroman und stellt sie in den Mittelpunkt einer lärmenden Unterhaltung voller Trickeffekte. Sympathisch machen ihn allenfalls einige liebevoll gezeichnete Randfiguren und -episoden. – Ab 8 möglich. ✦ Deutschland 1993 **P** Cine-Vox/Studio Babelsberg/Dieter Geissler Filmprod. **KI** Warner Bros. **VA** Warner Home **Pd** Dieter Geissler **R** Peter MacDonald **B** Jeff Lieberman, nach Charakteren eines Romans von Michael Ende **K** Robin Vidgeon **M** Peter Wolf **S** Michael Bradsell **D** Jason James Richter (Bastian), Melody Kay (Nicole), Freddie Jones (Bibliothekar Koreander), Julie Cox (Die Kindliche Kaiserin), Jack Black (Slip) **L** 95 **FSK** ab 6; f **E** 27.10.1994/6.4.1995 Video **fd** 31 034

UNENDLICHE MÖGLICHKEITEN (LE QUATUOR DES POSSIBLES). Das Arditti-Quartett studiert Luigi Nonos Streichquartett »Fragmente-Stille, an Diotema« nach Hölderlin-Fragmenten ein. Auf halbem Weg zwischen Dokumentation und Filmgedicht zeichnet der Film die Bemühungen der Musiker nach, dem Werk des zeitgenössischen Komponisten gerecht zu werden. Die Probleme bei der Einstudierung vermischen sich mit den persönlichen und politischen Hintergründen der Komposition zu einem formal anspruchsvollen, intensiven Dokumentarfilm, der selbst ebenso fragmentarisch bleibt wie die Musik Nonos. ✦ Schweiz/Frankreich 1992 **P** Contrechamps/TSR/La Sept/Arcanal/Krystal **R** Edna Politi **B** Alois Johannes Politi, Philippe Albéra **K** Patrice Cologne **M** Luigi Nono **S** Elisabeth Waelchli, Edna Politi **L** 88 **E** 3.11.1993 arte

DER UNENDLICHE WEG. Die lehrhafte Biografie des württembergischen Nationalökonomen Friedrich List (1789–1846), der nach seiner Rückkehr aus den USA seit 1830 für den Eisenbahnbau und die Zollunion kämpfte. Der Film gesellt ihm einen preußischen Offizier als künftigen Schwiegersohn und Verfechter seiner Idee bei. (In Wahrheit nahm List sich aus Verzweiflung über seine Verlassenheit in Kufstein das Leben.) Die NS-Prädikate »Staatspolitisch und künstlerisch besonders wertvoll« honorierten das gefällig retuschierte Geschichtsbild. ✦ Schwarzweiß. Deutschland 1943 **P** Bavaria **KI** Transit/Murnau-Stiftung/Deutsches Institut für Filmkunde **R** Hans Schweikart **B** Walter von Molo, Ernst von Salomon, nach dem Roman »Ein Deutscher ohne Deutschland« von Walter von Molo **K** Franz Koch **M** Oskar Wagner **D** Eugen Klöpfer, Eva Immermann, Hedwig Wangel, Alice Treff, Kurt Müller-Graf **L** 96 **FSK** ab 6; f **E** 24.8.1943

DER UNENTBEHRLICHE SÜNDER (NEOBCHODIMIJAT GRESCHNIK). Ein Rechtsanwalt verteidigt einen jungen Mann, der mißbräuchlich ein Auto benutzte. Das Vertrauen, das er dabei in seinen Klienten setzt, wird nicht enttäuscht. Ein Film, der um Verständnis für die Jugend wirbt und in seiner Absicht durchaus löblich ist, in der inszenatorischen Auflösung aber filmtraumhaft-unrealistisch bleibt. – Ab 14. ✦ Scope. Bulgarien 1971 **P** Spielfilmstudio Sofia **KI** Progress **R** Borislaw Scharaliew **B** Iwan Ostrikow **K** Georgi Russinow **M** Boris Karemschew **D** Kosta Zonew (Assenow), Maja Dragomanska (Emmi), Jawor Miluschew (Bobby) **L** 85 **E** 17.3.1972 Kino DDR/23.2. 1973 DFF 2

DIE UNENTSCHULDIGTE STUNDE (1937) (DIE UNENTSCHULDIGTE STUNDE). Musikalische Ehekomödie um eine Schülerin, die von der Schule verwiesen wird, dies ihren Eltern verheimlichen will und sich krank stellt. Sie verliebt sich in den sie behandelnden Arzt und heiratet ihn, leidet aber schon bald an dem ihr allzu langweiligen Eheleben. So beschließt sie, heimlich ihr Abitur nachzuholen. – Ab 12. ✦ Schwarz-weiß. Deutschland 1937 **P** Emo-Film **R** E. W. Emo **B** Karl Peter Gillmann, nach einer Novelle von Alexander Turmayer **K** Eduard Hoesch **M** Robert Stolz, Paul Hühn **D** Gusti Huber (Käthe), Gusti Wolf, Hans Moser, Theo Lingen, Anton Edthofer, Gertrude Wolle **L** 91 **E** 11.10.1937

DIE UNENTSCHULDIGTE STUNDE (1957) (DIE UNENTSCHULDIGTE STUNDE). Eine Lehrersfrau geht nach Jahren wieder ins Lyzeum, um heimlich ihr Abitur nachzuholen. Das Lustspiel versucht mit wenig Glück und Geschmack, den Erfolgsfilm »Die Feuerzangenbowle« zu kopieren. Die spärliche Komik wird aus (scheinbar) zweideutigen Situationen geschöpft. – Ab 14. ✦ Schwarz-weiß. Österreich 1957 **P** Sascha **KI** Herzog **Pd** Herbert Gruber **R** Willi Forst **B** Kurt Nachmann, Willi Forst, nach einem Bühnenstück von Stefan Bekeffi und Adorjan Stella **K** Günther Anders **M** Heinz Sandauer **S** Herma Sandtner **D** Adrian Hoven (Dr. Hans Weiringk), Erika Remberg (Biggi Jäger), Rudolf Forster (Prof. Dr. Weiringk), Chariklia Baxevanos (Elfriede Dolleschal), Josef Meinrad (Fabian), Alma Seidler (Resi), Ursula Herking (Frau Moritz) **L** 95 **FSK** ab 12; nf **E** 29.8.1957 **fd** 6 122

UNERBITTLICH BIS INS GRAB (SE T' INCONTRO T' AMMAZZO). Zwei Brüder rächen den Tod ihres Vaters und befreien eine Stadt vom Terror einer Bande. Creas erster Western (Teile wurden in seinen späteren Werken wieder verwendet) dürfte sein bester sein, was aber nicht viel bedeutet. Einzig die Schlusspointe dieses unterdurchschnittlichen Werkes kann Originalität für sich beanspruchen. ✦ Scope. Italien 1968 **P** Minerva **Pd** Fernando Norbis **R** Gianni Crea **B** Fabio Piccioni **K** Giovanni Varriano **M** Stelvio Cipriani **S** Sergio Buzi **D** Donal O'Brien, Gordon Mitchell, Mario Brega, Femi Benussi, Dean Stratford (= Dino Strano) **L** 88

DER UNERBITTLICHE (THE ENFORCER). Ein Polizeiinspektor und asketischer Einzelgänger macht trotz Behinderung durch seine Vorgesetzten inmitten des großstädtischen Dschungels eine gefährliche Gruppe junger Anarchisten unschädlich. Allzu brutaler Polizeifilm, der angesichts eines rücksichtslosen Verbrechertums für polizeiliche Brutalität plädiert. Immerhin wird hinter dem Geschehen eine gewisse Gesellschaftskritik deutlich: Die Verbrecher sind seelisch und geistig zerstörte ehemalige Vietnam-Kämpfer, die im Fernen Osten das Töten nicht nur gelernt, sondern auch als lustvoll empfunden haben. Das harte Eingreifen des Gesetzes wird im Sinne eines Gegenschlages als notwendig interpretiert. (TV-Titel auch: »Dirty Harry III – Der Unerbittliche«) ✦ Scope. USA 1976 **P** Malpaso **KI** Warner-Columbia **VA** Warner Home **DVD** Warner Home (16:9, 2.35:1, DD5.1 engl., Mono dt.) **Pd** Robert Daley **R** James Fargo **B** Stirling Silliphant, Dean Riesner, basierend auf den Figuren eines Romans von Harry Julian und R. M. Fink **K** Charles W. Short **M** Jerry Fielding **S** Joel Cox, Ferris Webster **D** Clint Eastwood (Harry Callahan), Harry Guardino (Lt. Bressler), Bradford Dillman (Capt. McKay), John Mitchum (DiGeorgia), Tyne Daly (Kate Moore), De Veren Bookwalter (Bobby) **L** 96 **FSK** ab 16; f **E** 4.3.1977/13.12.2001 DVD **fd** 20 244

UNERBITTLICHE LIEBE (GLI INESORABILI). Die Beilegung einer Erbfeindschaft auf Sizilien. Konventionell inszeniertes, ausladendes Leidenschaftsdrama. (Alternativtitel: »Maffia – Im Banne der Blutrache«, »Mafia«) ✦ Schwarz-weiß. Italien 1950 **P** Fono **KI** Siemfilm **R** Camillo Mastrocinque **B** G. G. Loschiavo, E. Colomba **K** Gabor Pogany **D** Claudine Dupuis, Rossano Brazzi, Charles Vanel, Giovanni Grasso **L** 95 **FSK** ab 12; f **E** 9.11.1951 **fd** 1 574

DER UNERBITTLICHE VOLLSTRECKER (LA POLIZIA STA A GUARDARE). Ein frischernannter Polizeipäsident etabliert sich als entschiedener Verfechter einer harten und unnachgiebigen Linie gegenüber Kriminellen. Seine Haltung gerät ins Wanken, als sein eigener Sohn das Opfer einer Entführung wird. Unspektakulärer aber spannender Polizeifilm mit deutlichen medienkritischen Akzenten. ✦ Italien 1973 **P** Primex **VA** EuroVideo/IMV **R** Roberto Infascelli **B** Augusto Caminito, Roberto Infascelli **K** Riccardo Pallottini **M** Stelvio Cipriani **S** Roberto Perpignani **D** Enrico Maria Salerno (Ankläger Cardone), Lee J. Cobb (Jovine), Jean Sorel (Aloisi), Luciana Paluzzi (Renata Boletti), Claudio Gora (Anwalt Samperi), Laura Belli (Laura Ponti), Gianni Bonagura (Zenomi), Ezio Sancrotti (Catalano), Ignazio Leone, Ennio Balbo (Präfekt) **L** 92 **E** Dezember 1983 Video

DIE UNERBITTLICHEN (1959) (HELL BENT FOR LEATHER). Ein junger Pferdehändler wird irrtümlich des Mordes bezichtigt. Ein Sheriff, der den wirklichen Mörder vergeblich sucht, verhaftet ihn, um die Kopfprämie zu kassieren. Mit Hilfe einer jungen Frau kann der Unschuldige fliehen und muß nun gleichzeitig den wahren Täter finden und sich gegen den Sheriff zur Wehr setzen. Aus altbewährten Requisiten und thematischen Versatzstücken routiniert gezimmerter Western, weitgehend spannend durch die soliden Darsteller und die stimmungsvolle Farbfotografie. – Ab 12. ✦ Scope. USA 1959 **P** Universal **KI** Universal **Pd** Gordon Kay **R** George Sherman **B** Christopher Knopf, nach einem Roman von Ray Hogan **K** Clifford Stine **M** William Lava **D** Audie Murphy (Clay Santell), Felicia Farr (Janet Gifford), Stephen McNally (Harry Deckett), Robert Middleton (Ambrose), Red Fulton (Moon), John Qualen (Old Ben) **L** 81 **FSK** ab 6; nf **E** 30.8.1960 **fd** 9 379

DIE UNERBITTLICHEN (1990) (JOHNNY RYAN). Nach dem Mord an einem wichtigen Zeugen versucht ein Polizeidetektiv einen Mafia-Boß mit unkonventionellen Mitteln zur Stecke zu bringen. Erschwert wird die Aufgabe, als der Ermittler sich in die Geliebte eines Gangsters verliebt. Klischeehafter, in den 40er Jahren angesiedelter Polizeifilm. ✦ USA 1990 **P** Dan Curtis TV Prod. **Pd** Christopher Chulack **R** Robert Collins **B** Mark Rodgers **D** Clancy Brown (Johnny Ryan), Bruce Abbott (Tom Kelly), Teri Austin (Paula Westridge), J. Kenneth Campbell (D. A. Hogan), Paul Rossilli (Steve Lombardi) **L** 100 **E** 18.5.1996 RTL 2

DIE UNERBITTLICHEN DREI (1964) →Abrechnung in Veracruz

DIE UNERBITTLICHEN DREI (1975) (MASTER SAMURAI). Ein amerikanischer, ein chinesischer und ein philippinischer Agent zerschlagen in Manila eine weitverzweigte Verbrecherorganisation für Rauschgifthandel und Bordellwesen. Zwar sind die Aufnahmen einer weithin unbekannten Landschaft nicht ohne Reiz, doch verhindern krasse Brutalitäten ein mögliches Interesse daran. – Wir raten ab. ✦ Scope. Hongkong 1975 **P** Intercontinental **Kl** Avis **R** Cesar Gallardo, Jun Gallardo **D** Christopher Mitchum, Tie Lu, Vee-King, Von Serna **L** 88 **FSK** ab 18; nf **E** 16.7. 1976 **fd** 20 139

DIE UNERBITTLICHEN FÜNF (1966) (I CINQUE DELLA VENDETTA). Fünf Männer rächen den Tod eines heimtückisch ermordeten Freundes und verhelfen seiner Frau zu ihrem Kind und Besitz zurück. Harter Western, in dem Rache und Selbstjustiz die einzigen Handlungsmotive sind. ✦ Italien/Spanien 1966 **P** Miro/Balcazar **Kl** Adria **R** Aldo Florio **B** Alfonso Balcázar, José Antonio De la Loma **K** Víctor Monreal **M** Franco Salina **S** Teresa Alcocer **D** Guy Madison, Mónica Randall, Vidal Molina, Vassili Karamesinis, José Manuel Martín, Giovanni Cianfriglia **L** 97 (gekürzt 91) **FSK** ab 18; nf (gek. 16) **E** 25.8.1967 **fd** 14 865

DIE UNERBITTLICHEN FÜNF (1974) →Die wilden Fünf

DIE UNERBITTLICHEN 7 (WILD FORCE). Sechs bewährte Kämpfer und eine ebenfalls kampferprobte junge Frau sollen einen berühmten Wissenschaftler und seine Forschungsassistentin aus der Gewalt von Terroristen auf den Philippinen befreien. Serieller Abenteuerfilm primitiver Machart. Vom deutschen Videovertrieb nachträglich durch zahlreiche Schnitte »enthärtet«. ✦ USA 1986 **P** Lita Buenaseda/Sunny Lim **VA** Pacific/Splendid **R** Ruben de Guzman **D** Yusuf Salim, Mike Cohen, Robert Talby **L** 84 (gekürzt 66) **FSK** ab 18 (gekürzt 16) **E** 17.12. 1987 Video

UNERFORSCHTES AFRIKA – AUF DER SUCHE NACH LIVINGSTONE (FORBIDDEN TERRITOY: STANLEY'S SEARCH FOR LIVINGSTONE). 1869, auf dem Höhepunkt der Kolonialisierung, verschwindet der englischen Forscher David Livingston spurlos in Zentralafrika. Der amerikanische Journalist Henry Morton Stanley wird ausgeschickt, um seine Fährte aufzunehmen. Eine Geschichtslektion auf Fernseh-Niveau, die, trotz guter Darsteller, nur schwerfällige Unterhaltung zu bieten hat. ✦ USA 1997 **R** Simon Langton **K** David Connell **M** Mark Adler **D** Aidan Quinn (Henry Morton Stanley), Nigel Hawthorne (David Linvingstone), Edward Fox (Markham), Kabir Bedi, Dylan Baker **L** 88 **E** 29.9.2000 Premiere World

UNERFÜLLTE LIEBE (MY BROTHER'S WIFE). Die in ausführlichen Rückblenden erzählte Geschichte der Liebe des »schwarzen Schafs« einer wohlhabenden Bostoner Familie zu seiner Schwägerin. ✦ USA 1989 **P** Adam Prod. **Pd** Joan Stein **R** Jack Bender **B** Percy Granger, nach dem Bühnenstück »Middle Ages« von A. R. Gurney **D** Mel Harris (Eleanor Gilbert-Rusher), John Ritter (Barney Rusher), David Byron (Bill Rusher), Polly Bergen (Myra Gilbert), Dakin Matthews (Charles Rusher) **L** 94 **E** 2.3.1991 premiere

UNERFÜLLTE TRÄUME (1977) (MARY WHITE). Bewegendes, poetisch inszeniertes Drama über eine 17jährige, die 1921 bei einem Reitunfall ums Leben kam. In den Erinnerungen des Vaters, eines Schriftstellers und Zeitungsverlegers, wird das Leben des ungestümen, engagierten Mädchens in seinen wesentlichen Etappen rekonstruiert. – Ab 16. ✦ USA 1977 **P** Radnitz/Mettel **Pd** Robert B. Radnitz **R** Jud Taylor **B** Caryl Ledner **K** Bill Butler **M** Leonard Rosenman **D** Ed Flanders (William Allan White), Fionnula Flanagan (Sally White), Tim Matheson (William L. White), Donald Moffat (Sir James Barrie), Kathleen Beller (Mary White) **L** 102 **E** 17.9.1988 DFF 1/11.10. 1992 ORB

UNERFÜLLTE TRÄUME (1985) (AUSTRALIAN DREAM). Furios, mitunter etwas schrill inszenierte Geschichte über die Unvereinbarkeit von Glücks- und Liebesvorstellungen, in der letztlich die Frau siegt, da sie sich die Kraft des Träumens bewahrt hat, während der Mann sein Glück durch ein Reihenhäuschen, den gepflegten Vorgarten und die Tiefkühltruhe voller Steaks gewährleistet sieht. Eine böse Ehesatire über die Alp- und Wunschträume des australischen Bürgertums, die den sexbesessenen Chauvinisten schonungslos auf die Schippe nimmt. (Neuer Titel: »Ich glaub mich knutscht ein Känguruh«) – Ab 16. ✦ Australien 1985 **P** Filmside **VA** Ufa **Pd** Susan Wild, Jackie McKimmie **R+B** Jackie McKimmie **K** Andrew Lesnie **M** Colin Timms **S** Sara Bennett **D** Noni Hazlehurst (Dorothy Stubbs), Graeme Blundell (Geoffrey Stubbs), John Jarratt (Todd), Barry Rugless (Sir Bruce), Jenny Mansfield (Tracy) **L** 86 **FSK** ab 16 **E** 1988 Video

UNERFÜLLTES VERLANGEN (ROMANCING SARA). Ein Schriftsteller und eine erfolgreiche Produzentin vertreiben sich die Nacht mit dem Erzählen erotischer Geschichten und steigern so das gegenseitige Verlangen. Sexfilm. ✦ USA 1994 **Pd** Nick Zuvic, Larry Unger **R+B** Larry Unger **K** Russell Lyster **M** John Gilmore **S** Steven Rosofsky **D** Bobby Allen (Brad), Taylor Caliban (Sara), John Hunter (Neal), Heather Sweet (Allison), Susie Chidley (Helene) **L** 85 **E** 10.5. 1996 premiere

EINE UNERHÖRTE AFFÄRE →Village Affair

DIE UN-ERHÖRTE FRAU. Eine Sekretärin, ein Ehepaar, ein junger Nervenarzt und eine Tante mit Tochter in einer musikalischen Ehekomödie. Wiederaufbereitung eines Stoffes, den Malasomma ein Jahr vorher unter dem Titel »Non ti conoscu piu« inszeniert hatte. – Ab 12. ✦ Schwarz-weiß. Deutschland 1936 **P** Itala-Film **R** Nunzio Malasomma, Johannes Riemann (Dialogregie) **B** S. S. von Várady **K** Georg Krause **M** Michael Jary **D** Johannes Riemann (Paul Brandt), Fita Benkhoff (Lisa Brandt), Wolfgang Liebeneiner (Dr. Spinelski), Erika von Thellmann (Klothilde Lawrence), Hilde Sessak (Carola) **L** 81 **E** 16.10. 1936/17.9.1962 DFF 1

UNERREICHBAR NAH (LANGT BORTA OCH NÄRA). Die Konfrontation einer jungen Pflegerin und Studentin in einem psychiatrischen Krankenhaus mit den Praktiken traditioneller klinischer Betreuung, dargestellt an der Begegnung mit einem jungen Mutisten. Erstlingsfilm, der sensibel und ernsthaft, aber keineswegs humorlos die vielfältigen Probleme schildert. Neben seiner Kritik an allzu verwissenschaftlichen Methoden zeigt er auch Möglichkeiten zwischenmenschlicher Hilfe auf. – Sehenswert ab 16. ✦ Schweden 1976 **P** Svenska Filminstitut **Pd** Jörn Donner **R** Marianne Ahrne **B** Marianne Ahrne, Bertrand Hurault **K** Hans Welin **M** Lasse Dahlberg **S** Marianne Ahrne **D** Lilga Kovanko (Mania), Robert Farrant (Mutist), Jan Erik Lindqvist (Stenius), Helge Skoog (Jaeger), Annika Kronberg (Annicka), Bodil Mårtensson (Bente) **L** 98 **E** 9.7.1979 ARD **fd** 22 068

DIE UNERREICHBARE. Eine einst gefeierte, immer noch berühmte Schauspielerin lebt »unerreichbar« und zurückgezogen in einer Villa im Berliner Grunewald. Eines Tages dringt ein junger Mann mit einem Trick in ihre freiwillige Isolation vor, und zwischen beiden entwickelt sich ein subtiles Spiel, bei dem beide in verschiedene Rollen schlüpfen, um sich gegenseitig etwas vorzumachen. Bald fließen die Grenzen von Schein und Sein ineinander. Ein auf ein Mininum an Personen begrenztes Kammerspiel, das sich ganz auf die Intensität der Darsteller verläßt, um die Ambivalenz von menschlichen Rollen und Rollenspielen sowie die dahinter verborgenenen Lebensängste zu beschreiben. – Ab 16. ✦ BR Deutschland 1982 **P** Regina Ziegler Filmprod./ZDF/ORF **Pd** Regina Ziegler **R** Krzysztof Zanussi **B** Edward Zebrowski, Krzysztof Zanussi **K** Slawomir Idziak **M** Wojciech Kilar **D** Leslie Caron (Klausia), Daniel Webb (Marek), Leslie Malton (Marianne) **L** 90 **E** 1.8.1982 ZDF

UNERREICHBARE NÄHE. Als die Dokumentarfilmerin Ines ihre depressive Freundin Monika zu sich nimmt, brechen verschwiegene Konflikte auf: Monikas verstorbener Mann hatte eine Geliebte, Ines hat einen unehelichen Sohn in Amerika, den sie ihrem Lebensgefährten verheimlicht. Die Beziehungen zwischen Männern und Frauen komplizieren sich zusehends. Ines verläßt ihren Geliebten, der seine Frustrations- und Eifersuchtsgefühle nicht bewältigen kann. Spielfilmdebüt; ein verhalten inszenierter, aber allzu redseliger Problemfilm aus dem Milieu der materiell gesicherten, gleichwohl von Kommunikationsschwierigkeiten geplagten »mittelständischen« Intelligenz. ✦ BR Deutschland 1983 **P** M.F.G./WDR **Kl** Cosmos **Pd** Inge Richter **R** Dagmar Hirtz **B** Margarethe von Trotta, Dagmar Hirtz **K** Dietrich Lohmann **M** Nicolas Economou **S** Dagmar Hirtz **D** Kathrin Ackermann (Ines), Klaus Grünberg (Andreas), Brigitte Karner (Monika), Loni von Friedl (Sabine), Benjamin Hembus (Beni), Herta Schwarz **L** 93 **FSK** ab 16; f **FBW** w **E** 23.11.1984 **fd** 24 887

UNERSÄTTLICH (INSATIABLE WIVES). Vier Ehepaare treffen sich regelmäßig zu Gesellschaftspielen, die manchmal erotischen Charakter annehmen. US-Erotikfilm. ✦ USA 1999 **R** Mike Sedan **B** K. C. Martin **M** Todd Schroeder **D** Stephanee LaFleur (Donna), Nicholas Yff (Tom), Landon Michaels (Jim), Ahmo Hight (Sandra), Chanda Marie (Marjorie), Mike Meyer (Manny), Lori-Dawn Messuri (Annie), Christopher W. Johnston (Rich), Jerry Johnson (Polizist) **L** 98 **E** 30.5.2001 Pro Sieben

UNERSÄTTLICHE TRIEBE (KINJIRARETA TECHNIQUE). Ein japanischer Boxer gerät durch seelisch bedingte Impotenz und berufliche Mißerfolge in einen Panikzustand, in dem er seine Geliebte, eine Prostituierte, ermordet. Als er bei einer anderen Dirne seine Kraft wiedergefunden hat, wird er durch einen Rivalen getötet. Effektvoll fotografierte Kolportage, die als tragisches Drama drapiert ist, sich aber überwiegend in Bett- und brutalen Kampfszenen erschöpft. ✦ Scope, schwarz-weiß. Japan 1966 **P** NCF/Nihon Cinema **Kl** Mercator **R** Hiroshi Mukai **B** Toshio Godai **K** Shiro Suzuki **M** Minoru Chiba **S** Hiroshi Mukai **D** Shusaku Muto, Kaoru Miya, Kazuko Kano, Yuichi Minato, Kohei Tsuzaki, Shozyu Kimoto **L** 73 **FSK** ab 18; nf **E** 27.10.1967 **fd** 15 134

DIE UNERSÄTTLICHEN (THE CARPETBAGGERS). Der kometenhafte Aufstieg eines skrupellosen Industriellen und Hollywood-Gewaltigen, der sich rücksichtslos gegen alle Widerstände durchsetzt und auch Freundschaft und Liebe bedenkenlos dem Erfolg opfert. Routinierte Bestseller-Verfilmung. Nicht uninteressant in der Milieuzeichnung, doch ohne genügende psychologische Begründung für das Verhalten der Hauptpersonen und zu showmäßig auf einen Publikumserfolg schielend. ✦ USA 1963 **P** Paramount/Embassy **Kl** Paramount **Pd** Joseph E. Levine **R** Edward Dmytryk **B** John Michael Hayes, nach einem Roman von Harold Robbins **K** Joseph MacDonald **M** Elmer Bernstein **S** Frank Bracht **D** George Peppard (Jonas Cord, Jr.), Carroll Baker (Rina), Alan Ladd (Nevada Smith), Bob Cummings (Dan Piercé),

Martha Hyer (Jennie Denton), Elizabeth Ashley (Monica Winthrop), Martin Balsam (Bernard B. Norman), Lew Ayres (McAllister) **L** 152 **FSK** ab 12; f (fr. 18; f) **E** 25.12.1964 **fd** 13 244

DIE UNERSÄTTLICHEN SPIELE DER REICHEN (FELLA). Spekulativer Sexfilm üblichen Zuschnitts. – Wir raten ab. ✦ Frankreich 1980 **P** Stern **KI** Stern **R** Mattin de Blanche **D** Desirée Furlan, Daniele Mettel, Patrice Molin **L** 79 **FSK** SPIO: X **E** 27.8.1982

DIE UNERSÄTTLICHEN VON BEVERLY HILLS (SAY NEVER NO). Ein von den Frauen enttäuschter Werbefotograf lernt in Europa eine attraktive Deutsche kennen, heiratet sie und nimmt sie mit nach Kalifornien. Als sie sich vernachlässigt fühlt und anderweitig ihre sexuellen Bedürfnisse befriedigt, gehen seine Sorgen wieder los. Soft-Version eines harten Pornos, primitiv und beinahe unfreiwillig komisch. – Wir raten ab. ✦ USA 1984 **P** F. J. Lincoln **KI** A.B. **R** Fred J. Lincoln **D** Teresa Orlowski, Joey Silvera, Tiffany Clark, Gabriela Becky Savage **L** 79 **FSK** ab 18; nf **E** 15.7.1987 **fd** 26 324

DIE UNERSCHROCKENEN (THE HELLFIGHTERS). Eine Spezialisten-Mannschaft für Ölquellen-Brände aus Houston, Texas, beendet erfolgreich die gefährlichsten Aufträge, unter anderem auch unter Guerilla-Beschuß in Venezuela. Durch eine schwere Verletzung des Firmeninhabers kommen auch seine verqueren Familienverhältnisse wieder in Ordnung. Routiniert inszenierte Mischung aus Abenteuer- und Problemfilm mit spannenden Szenen, aber auch Längen. Unangenehm fallen einige unterschwellige chauvinistische und patriotische Klänge auf, die die »weltweite Löschgesellschaft« als eine Art »Welt-Polizei« erscheinen lassen und Mut, Tapferkeit und Männlichkeit allzusehr lobpreisen. – Ab 16. ✦ Scope. USA 1968 **P** Universal **KI** Universal **Pd** Robert Arthur **R** Andrew V. McLaglen **B** Clair Huffaker **K** William H. Clothier **M** Leonard Rosenman **S** Folmar Blangsted **D** John Wayne (Chance Buckman), Katharine Ross (Tish Buckman), Jim Hutton (Greg Parker), Vera Miles (Madelyn Buckman), Jay C. Flippen (Jack Lomax), Bruce Cabot (Joe Horn), Edward Faulkner (George Harris) **L** 104 **FSK** ab 16; f **E** 17.1.1969/1.1.1988 RTL plus **fd** 15 944

UNERSCHÜTTERLICHE LIEBE (SHOCKPROOF). Ein Bewährungshelfer verliebt sich in seinen weiblichen Schützling, heiratet die Frau trotz entgegenstehender Dienstvorschriften und unterstützt sie mit teilweise illegalen Methoden beim Versuch, sich von ihrer kriminellen Vergangenheit zu befreien. Streckenweise recht rührseliger Kriminalfilm, der den Konflikt zwischen Pflicht und Gefühl als Stilbruch inszeniert: eine Mischung aus realistischer Polizeireportage und artifiziellem Melodram, in der sich auch die Spannung zwischen persönlicher Handschrift und Zugeständnissen an den amerikanischen »Realismus« der 40er Jahre spiegelt. – Ab 14 möglich. ✦ Schwarz-weiß. USA 1948 **P** Columbia **R** Douglas Sirk **B** Samuel Fuller, Helen Deutsch **K** Charles Lawton **M** George Duning **D** Patricia Knight (Jenny Marsh), John Baragrey (Harry Wesson), Cornel Wilde (Griff Marat), Esther Miniciotti, Howard St. John, Russell Collins, Frank Ferguson **L** 80 **E** 30.11.1973 ARD

DIE UNERTRÄGLICHE LEICHTIGKEIT DES SEINS (THE UNBEARABLE LIGHTNESS OF BEING). Verschiedenartige, vielfach miteinander verschlungene Beziehungen, im Brennpunkt ein Liebes- und Ehedrama, zwischen Prag und Genf zur Zeit des Prager Frühlings und der sowjetischen Okkupation im Jahr 1968. Eine technisch außerordentlich raffinierte, teilweise effektgeladene und sentimental ausgespielte Verfilmung des intelligenten Romans von Milan Kundera über libertine Schwächen und gewaltsame Schwierigkeiten im privaten und politischen Leben unserer Zeit. Zwar verdeutlicht er nur wenig die zwingende Verbindung zwischen Geschichtsschreibung und persönlichem Schicksal, erschließt dafür jedoch mit einfühlsamem Gespür für Orte, Gegenstände und vor allem Körper das Spannungsfeld von Sexualität und Gefühl. ✦ USA 1987 **P** The Saul Zaentz Company **KI** Tobis **VA** CBS/Fox/Warner Home **Pd** Saul Zaentz **R** Philip Kaufman **B** Jean-Claude Carrière, Philip Kaufman, nach dem Roman von Milan Kundera **K** Sven Nykvist **M** Leos Janácek **S** Walter Murch, B. J. Sears **D** Daniel Day-Lewis (Tomas), Juliette Binoche (Teresa), Lena Olin (Sabina), Derek de Lint (Franz), Erland Josephson (Botschafter), Daniel Olbrychski (Innenminister), Donald Moffat (Chirurg) **L** 172 **FSK** ab 16; f **E** 7.4.1988/7.4.1988 Video **fd** 26 799

UNERWARTET UND UNVERHOFFT (NESHDANNO – NEGADANNO). Eine kleine Sparkassenangestellte wird unverhofft Erbin eines märchenhaften Vermögens, das ihr ein Onkel vermacht hat. Alsbald scharen sich unzählige Verehrer um die Frau und bieten allerlei Dienste an. Als Einbrecher ihre Wohnung ausräumen, bleibt nur ein einziger zurück, der Liebe mit Gegenliebe belohnt. ✦ UdSSR 1983 **P** Mosfilm **R** Gennadi Melkonjan **B** Emil Braginski **K** Grigori Belenki **M** Georgi Garanjan **D** Tatjana Dogilewa (Shanna), Juri Bogatyrjew (Rechtsanwalt), Galina Polskich (Verwalterin), Alexander Schirwindt (Antiquar), Sergej Martynow (Künstler) **L** 86 **E** 29.7.1985 DFF 2

DAS UNERWARTETE IST NEBENAN (NEOSBIDANNOJE RJADOM). Bei der Aufklärung eines Kioskdiebstahls werden Verbindungen zu größeren Verbrechen sichtbar. Es gelingt der Miliz, einen langgesuchten Bandenführer ausfindig und unschädlich zu machen. Spannende Unterhaltung in einem solide inszenierten Kriminalfilm. – Ab 16. ✦ Scope, schwarz-weiß. UdSSR 1971 **P** Usbekfilm **KI** Progress **R** Zagid Sabitow **B** Artur Makarow **K** Traiko Eftimowski **M** Bogdan Trozjuk **D** Galina Jazkina (Tina), Baba Annanow (Sanat), Nabi Rachimow (Waissow), T. Tschochenalidse (Sanadse), Chamza Umarow (Sulejmanow) **L** 84 **E** 19.1972 Kino DDR/8.2.1974 DFF 1

DIE UNERWARTETEN TALENTE DER MRS. POLLIFAX (THE UNEXPECTED MRS. POLLIFAX). Eine rüstige Witwe erfüllt sich ihren Lebenstraum und lässt sich als Geheimagentin anwerben. Ihren ersten Einsatz absolviert sie in Marokko. Agentenparodie, die sich auf ein überzeugendes Buch und gute Darsteller beziehen kann. Anspruchslose, aber kurzweilige Unterhaltung. ✦ USA 1999 **P** Corymore/Michele Brustin Prod./Scripps Howard Entertainment **Pd** Richard Brams, Morgan O'Sullivan **R** Anthony Pullen Shaw **B** Robert T. Megginson, nach einem Roman von Dorothy Gilman **K** Peter Sinclair **S** Stan Cole **D** Angela Lansbury (Mrs. Emily Pollifax), Thomas Ian Griffith (Jack Farrell), Ed Bishop (Carstairs), Paul Birchard (Bishop), Michelle Read (Alice) **L** 87 **E** 7.7.2000 Premiere World

UNERWÜNSCHTE GÄSTE (TE PAFTUARIT). Ein bekannter Schriftsteller, der für alte Bräuche wie die Blutrache eintritt, reist in geheimer Mission mit seiner Frau ins nördliche Hochland. Allmählich muß er erkennen, wie wirklichkeitsfern und unlebbar seine hohen Ideale und Moralvorstellungen sind, da sie sich letztlich gegen den Menschen und gegen die Menschlichkeit richten. Eine in ihrer politischen Stellungnahme eindeutige Auseinandersetzung mit einer geschichtlichen Epoche Albaniens, die radikal mit Vergangenem und der Vergangenheit abzurechnen und zu brechen versucht. – Ab 14. ✦ Scope. Albanien 1986 **P** Shqipéria-Film **KI** Progress **R** Kujtim Cashku **B** Ismail Kadare, nach seinem Roman **K** Ilia Terpini **M** Feim Ibrahimi **D** Yangjush Furxhi (Besian Vorpsi), Rajmonda Bulku (Diana), Piro Qirjo (Gjorg), Timo Flloko (Martin Alushi), Reshat Arbana (Mark) **L** 92 **E** 16.12.1988 Kino DDR

DIE UNERWÜNSCHTE ZEUGIN. Eine Art bayerischer Heimatkrimi: Jahre nach dem Tod seines Vaters verliebt sich ein junger Mann aus einer angesehenen Bauernfamilie in jene junge Frau, die seinerzeit nach dem mysteriösen Unglücksfall einen Mordverdacht geäußert hatte. ✦ Deutschland 1996 **R** Maria Theresia Wagner **B** Ines Cording **D** Judith Kernke (Andrea Nennhuber), Veronika Fitz (Rosa Bernreitner), Marcus Mittermeier (Thomas Bernreitner), Christine Neubauer (Franziska Walponer), Julia Kent (Betty Bernreitner), Fred Stillkrauth (Clemens Bernreitner), Cleo Kretschmer (Anna Nennhuber), Maria Peschek (Bärbel Nennhuber) **L** 85 **E** 1.4.1999 Bayern 3

UNFALL IM WELTRAUM (JOURNEY TO THE FAR SIDE OF THE SUN). Der Flug eines Astronauten und eines Wissenschaftlers zu einem neu entdeckten Planeten im Sonnensystem, der sich als genaues spiegelverkehrtes Abbild der Erde erweist, endet in einer Katastrophe. Aufwendig, aber zähflüssig und verworren inszenierter Science-Fiction-Film. Wissenschaftlich naiv und nur mäßig spannend. – Ab 16. ✦ Großbritannien 1969 **P** Universal **Pd** Gerry Anderson, Sylvia Anderson **R** Robert Parrish **B** Gerry Anderson, Donald James, Sylvia Anderson **K** John Read **M** Barry Gray **S** Len Walter **D** Ian Hendry (John Kane), Roy Thinnes (Col. Glenn Ross), Patrick Wymark (Jason Webb), Lynn Loring (Sharon Ross), Loni von Friedl (Lise), Herbert Lom (Dr. Hassler), George Sewell (Mark Neumann), Ed Bishop (David Poulson) **L** 95 **E** 7.1.1971 ARD

UNFALLSTRECKE (POSLIZG). Ein junger Gelegenheitsfotograf, ein egoistischer und gewissenloser Außenseiter, wird zum Kriminellen, um seiner verheirateten Geliebten zu imponieren. Seine Verantwortungslosigkeit hat durch einen Unfall den Tod der jungen Frau zur Folge. Perfekt inszenierter Film, der vor asozialen Verhaltensweisen warnen will, was durch eine unklare inhaltliche Konzeption in Frage gestellt wird. ✦ Scope. Polen 1972 **P** ZRF »Iluzjon« **KI** Progress **R** Jan Lomnicki **B** Jerzy Skolimowski **K** Zygmunt Samosiuk **M** Jerzy Matuszkiewicz **D** Barbara Soltysik (Halina), Jan Englert (Marek), Jerzy Kamas, Bronislaw Pawlik, Halina Golanko **L** 89 **E** 4.1.1974 Kino DDR/10.1.1975 DFF 2

EINE UNFASSBARE ODYSSEE (L'AIR DU TEMPS: ODYSSEE BIDON). Beim Versuch, eine giftige Chemikalie verschwinden zu lassen, heuert der Direktor einer Chemiefabrik irrtümlich den Bruder eines Umweltschützers als Fahrer an, der den Auftrag in der Annahme übernimmt, Tierfutter nach Marseille zu befördern. Der Versuch, den Transport zu stoppen, wird für alle Beteiligten zur schicksalsträchtigen Odyssee. (O.m.d.U.) ✦ Frankreich 1991 **P** FR 3/La Sept-arte/T.v.E./S.V.T. 1/Hamster **R** Don Kent **B** Pierre Colin-Thibert, Jean-Claude Islert **K** Jacques Audrin **M** Bruno Coulais, Bernie Bonvoisin **S** Bernard Morillon **D** Antoine Duléry (Charles-Henry), Christian Charmetant (Bernard), Olivier Martinez (Phil), Florence Thomassin (Christelle), Max Morell (Mr. Luigi) **L** 90 **E** 1.6.1996 arte

UNFASSBARE SÜNDEN (IMMORTAL SINS). Fantastischer Film. Ein amerikanisches Ehepaar lernt während seines Urlaubsaufenthaltes in Spanien eine junge Frau kennen, die offenbar von einem Dämon besessen ist. Sie entzieht dem Mann alle Lebenskraft, doch seine Frau nimmt den Kampf mit der Hexe auf. ✦ USA 1994 **R** Herve Hachuel **B** Thomas M. Cleaver, Beverly Gray **D** Cliff De Young (Michael), Maryam D'Abo (Susan), Shari Shattuck (Diana) **L** 89 **E** 18.1.1994 RTL 2

DIE UNFASSBAREN →John Woo's The Thief

DER UNFISCH (DER UNFISCH). In einem österreichischen Dorf strandet eine Jahrmarktsattraktion – ein präparierter Wal. Im Innern des Tieres walten magisch-amouröse Kräfte, und wer mit seiner Besitzerin schläft, erfährt die Erfüllung eines Herzenswunsches. Ein amüsant unterhaltsames Zaubermärchen, das im Gewand der 50er Jahre von der Unvereinbarkeit losgelöster Begierden handelt, dabei aber selbst den Bezug zur konkreten Wirklichkeit verliert. ✦ Österreich 1996 **P** Terra-Film **KI** Movienet **Pd** Norbert Blecha **R** Robert Dornhelm **B** Michael Köhlmeier **K** Michael Riebl **M** Harald Kloser **S** Klaus Hundsbichler **D** Maria Schrader (Sophie Moor), Eva Herzig (Maria Johler), Andreas Lust (Karl), Georges Kern

(Hundemann), August Schmölzer (Bürgermeister), Rainer Egger (Sekretär), Rudolf Wessely (Pfarrer) **L** 97 **FSK** ab 12; f **E** 26.2.1998 **fd** 33 010

UNFORGETTABLE (UNFORGETTABLE). Ein Gerichtsmediziner, der des Mordes an seiner Frau verdächtigt wird, sucht mit Hilfe eines Erinnerungshormons, das aus der Rückenmarksflüssigkeit gewonnen wird, den wahren Mörder. Bald setzt er damit seine Gesundheit nachhaltig aufs Spiel. Ein nur zu Beginn spannender, durch seinen leicht utopischen Ansatz interessanter Thriller, der die Versatzstücke des Genres jedoch im Laufe der Handlung nicht zu einer überzeugenden Einheit verschmelzen kann. Hektik und eine fahrige Inszenierung sind die Folgen; Mankos, die auch das unnötig brutale Ende nicht wettmachen können. (Fernsehtitel: »Im Augenblick des Todes«) ✦ USA 1996 **P** Spelling Films/Dino De Laurentiis **VA** VMP **Pd** Dino De Laurentiis, Martha De Laurentiis **R** John Dahl **B** Bill Geddie **K** Jeff Jur **M** Christopher Young **S** Eric L. Beason, Scott Chestnut **D** Ray Liotta (David Krane), Linda Fiorentino (Martha Briggs), Peter Coyote (Don Bresler), Christopher McDonald (Stewart Gleik), David Paymer (Curtis Avery), Kim Coates (Eddie Dutton) **L** 112 **FSK** ab 18 **E** 4.3.1997 Video/16.11.1998 ZDF **fd** 32 578

DER UNFREIWILLIGE FALLSCHIRMJÄGER (UNIFORMES ET GRANDES MANOEUVRES). Ein Hotelportier gibt sich für einen Grafen aus. Eine Kammerzofe verliebt sich in ihn, er muß in der Kleidung eines Fallschirmjägers die Flucht ergreifen und an Manövern teilnehmen, die er jedoch heil und glücklich übersteht. Eine armselige Militärklamotte ohne Witz, Einfälle und erkennbare inszenatorische Bemühungen. Selbst Fernandel ist nur ein Schatten seiner selbst. – Ab 12. ✦ Schwarz-weiß. Frankreich 1950 **P** Sirius/Société Française de Cinématographie **Kl** Diehl **Pd** Roger de Broin **R** René Le Henaff **B** Gérard Carlier **K** Pierre Levent **M** Roger Dumas **D** Fernandel (Kürst), Thérèse Dorny (Solange Duroc), Andrex (André Duroc), Paulette Dubost (Alice), Claude Arlan (Marie-Thérèse), Ginette Baudin (Yvonne) **L** 70 **FSK** ab 6; nf **E** 25.12.1953 **fd** 3 019

DER UNFREIWILLIGE RAKETENFLIEGER (A PIED, A CHEVAL ET EN SPOUTNIK). Die Erlebnisse eines französischen Kleinbürgers, der nach einem Autounfall an Gedächtnisschwund leidet, nichtsahnend einem sowjetischen Raketenhund begegnet, das Tier für sein eigenes hält und mit ihm zum Mond fliegt. Eine unterhaltsame Groteske mit amüsanten Seitenhieben auf die sowjetische Aeronautik und die hohe Politik in Ost und West. Nach zwischenzeitlichem Leerlauf zündet der fantastische Humor der ersten Hälfte erst wieder gegen Ende. – Ab 10. ✦ Schwarz-weiß. Frankreich 1958 **P** Vital/Regina/Filmsonor/Cinédis **Kl** NF **Pd** Jean-Jacques Vital **R** Jean Dréville **B** Jean-Jacques Vital, Noël-Noël **K** André Bac **M** Paul Misraki **D** Noël-Noël (Léon Martin), Darry Cowl (Attaché), Denise Grey (Madame Martin), Noël Roquevert (Bürgermeister), Mischa Auer (Professor), Robert Lambard (Polizist), Natalie Nerval (Dina), Pauline Carton (Marie), Francis Blanche (Chazot) **L** 96 **FSK** ab 6; nf **E** 17.4.1959 **fd** 8 088

DIE UNFREIWILLIGE RHEINFAHRT →Eine Rheinfahrt, die ist lustig

DIE UNFREIWILLIGE WELTREISE DER FAMILIE FENOUILLARD (LA FAMILLE FENOUILLARD). Um den Vorwurf mangelnder Weltkenntnis auszuräumen, unternimmt der Bürgermeisterschaftskandidat einer kleinen französischen Stadt eine Reise nach Paris, landet aber durch Mißverständnisse und Zwischenfälle im brasilianischen Urwald. Verfilmung des bekannten Kinderbuchs des französischen Physikers Christophe in recht theaterhafter Inszenierung. Dank vieler witziger Einfälle in Slapstick-Tradition dennoch einfallsreiche und kurzweilige Unterhaltung. – Ab 12. ✦ Schwarz-weiß. Frankreich 1960 **P** Gaumont **R** Yves Robert **B** Jean Ferry, Yves Robert, nach einem Roman von Christophe **K** Raymond Letouzey **M** Gérard Calvi **D** Jean Richard, Sophie Desmarets, Annie Sinigalia, Maria José Ruiz, André Gille **L** 75 **E** 31.12.1967 ZDF **fd** 15 189

DER UNFRIED. Ganghofers 1888 entstandener Roman als ambitionierter Fernsehfilm, der sich bemüht, die Fabel zu »entstauben«: Die uneheliche »Tochter eines Mörders« muß sich nach dem unehrenhaften Begräbnis ihrer Mutter in einer kaltherzigen Bauernwelt unter den Arbeits- und Klassenbedingungen der »real existierenden guten alten Zeit« auf der untersten Stufe der Sozialpyramide durchschlagen. ✦ BR Deutschland 1986 **P** Iduna **R** Rainer Wolffhardt **B** Joachim Hammann, nach einem Roman von Ludwig Ganghofer **K** Carl-Friedrich Koschnick **M** Bert Breit **D** Christine Neubauer (Kuni), Fred Stillkrauth, Gerd Fritz, Gerhard Acktun, Tilo Prückner **L** 97 **E** 25.12.1986 ZDF

DIE UNFÜGSAME (NEPOKORNAJA). Eine junge Usbekin hegt den Verdacht, daß ihr Mann an konterrevolutionären Verbrechen der Basmatschen beteiligt sei. Als sie von ihm als Geschenk die Brosche ihrer ermordeten Freundin erhält, wird ihre Mutmaßung zur Gewißheit. Sie verläßt das heimatliche Dorf. ✦ UdSSR 1981 **P** Usbekfilm **R** Anatoli Kabulow **B** Grigori Marianowski, nach dem Roman »Die Tochter Karakalpakiens« von Tulepbergen Kaipbergenow **K** Dawron Abdullajew **M** Rumil Wildanow **D** Tamara Schakirowa (Dshumagal), Nabi Rachimow (Duisenbaj), Karim Mirchadijew (Turmubet), Saloopa Allamuratowa (Gulbike), Asat Scharipow (Embergenow) **L** 91 **E** 5.12.1982 DFF 2

UNGA KHAN, DER HERR VON ATLANTIS (1. DER VERSUNKENE ERDTEIL / 2. DER TURM DER VERNICHTUNG) (UNDERSEA KINGDOM (SHARAD OF ATLANTIS)). Ein amerikanischer Wissenschaftler erkennt Erdstöße als Kriegserschütterungen im seit Urzeiten im Meer versunkenen Atlantis. Seine Expedition trifft auf ein durch Machtkämpfe zerrüttetes, technisiertes Unterwasserreich. Obgleich verfolgt und bedroht, können die Forscher die USA vor Machthunger und Wunderwaffen eines bösen Herrschers bewahren. Sensationsunterhaltung mit Science-Fiction-Charakter, wenig Logik und dürftigen Spezialeffekten. Die beiden abendfüllenden Filme wurden 1966 aus einer ehemals zwölfteiligen Serie zusammengeschustert. – Ab 12 möglich. ✦ Schwarz-weiß. USA 1936 **P** Republic **Kl** Gloria **R** B. Reeves Eason, Joseph Kane **B** John Rathmell, Maurice Geraghty, Oliver Drake, nach einem Roman von Tracy Knight und John Rathmell **K** William Nobles, Edgar Lyons **M** Harry Grey **D** Ray Corrigan (Crash Corrigan), Lois Silde (Diana), Monte Blue (Khan), William Farnum (Sharad), Boothe Howard (Ditmar), C. Montague Shaw (Prof. Norton), Lon Chaney jr. (Hakur), Smiley Burnette (Briny), Lane Chandler (Darius), Ralph Holmes (Martos), David Horsley (Wachtposten) **L** 79/80 **FSK** ab 12; nf **E** 19., 23.6.1953 (zwei Teile) **fd** 2 536

UNGARISCHE RHAPSODIE (1953) (LES CLOCHES N'ONT PAS SONNEES). Die unglückliche Liebe des Komponisten Franz Liszt zur Prinzessin Caroline Sayn-Wittgenstein. Eine gefühlvolle Romanze mit musikalischen Lichtblicken, frei nach einem Erfolgsroman von Zsolt von Hrsanyi und noch freier nach historischen Tatsachen. (Titel auch: »Franz Liszts große Liebe«) – Ab 14. ✦ BR Deutschland/Frankreich 1953 **P** Oska/Florida **Kl** Union **VA** Taurus **Pd** Toni Schelkopf (= Anton Schelkopf), Georges Bernier **R** André Haguet, Peter Berneis **B** Henri André Legrand, André Haguet **K** Nicolas Hayer **M** Franz Liszt, Jacques Bazire (Bearbeitung) **S** Anneliese Schönnenbeck, Borys Lewin **D** Colette Marchand (Caroline v. Sayn-Wittgenstein), Paul Hubschmid (Franz Liszt), Michel Simon (General v. Sayn-Wittgenstein), Willy Fritsch (Großherzog), Peter Lehmbrock (Richard Wagner), Margot Leonard (Wanda) **L** 95 (Video 82) **FSK** ab 6; f (früher 12) **E** 15.4.1954 **fd** 3 260

UNGARISCHE RHAPSODIE (1979) (MAGYAR RAPSZODIA / ALLEGRO BARBARO). Der Lebensweg eines adligen Gutsbesitzers von einem fest in die Klassenstrukturen eingebundenen Vertreter der herrschenden Oberschicht zum Verbündeten des einfachen Volkes. Ein umfangreiches Opus, konzipiert als die ersten beiden Teile einer geplanten Trilogie zur Geschichte Ungarns von der Jahrhundertwende bis zum Ende des Zweiten Weltkriegs. Am Beispiel einer historisch überlieferten Individualgeschichte gelingt dem Film eindrucksvoll die Verbindung von filmischer Geschichtsschreibung und tiefgründiger Analyse der Hauptfigur. Eine auch formal anspruchsvolle visionäre Reflexion voller hervorragend choreografierter Bilder mit symbolhaften Verschlüsselungen. (Teil 1: »Ungarische Rhapsodie«; Teil 2: »Allegro Barbaro«) – Ab 16. ✦ Ungarn 1979 **P** Mafilm, Dialóg-Stúdió **Kl** Progress **R** Miklós Jancsó **B** Gyula Hernádi, Miklós Jancsó **K** János Kende **M** László Rossa **D** György Cserhalmi (István Zsadányi), Lajos Balázsovits (Gábor Zsadányi), Gábor Koncz (Szeles Tóth), Bertalan Solti (der alte Bakós), Udo Kier (Alexander von Bülow) **L** 171 **E** 12.3.1982 Kino DDR/22.,29.4.1983 DFF 2 (zwei Teile)

UNGARISCHES REQUIEM (MAGYAR REKVIEM). Ungarn 1958: Zwei Jahre nach dem niedergeschlagenen Volksaufstand warten sieben charakterlich völlig verschiedene Freiheitskämpfer in einer Gefängniszelle auf ihre Hinrichtung. Während die Exekutionen, die im Morgengrauen stattfinden sollen, vorbereitet werden, erzählen sie einander ihre Geschichten, von ihren Träumen und Ängsten. Ein aufwendiges Drama, das zwischen märchenhaft-romantischer Poesie und grausamer Gefängnisrealität pendelt, dabei jedoch farblos bleibt und Glaubwürdigkeit vermissen läßt. – Ab 16. ✦ Teils schwarz-weiß. Ungarn/BR Deutschland 1990 **P** Transatlantic Media **R** Károly Makk **B** Mihály Kornis, Károly Makk **D** Hans Christian Blech (Professor), Mathieu Carrière (Major), György Cserhalmi (Seemann), Tibor Gazdag (Laci Lux), Dénes Ujlaki (Präsident WhiteRatte), Károly Eperjes **L** 97 **E** 27.10.1994 3sat

DIE UNGARN (MAGYAROK). Eine Gruppe ungarischer Landarbeiter läßt sich im Winter 1942/43 zur Arbeit auf einem Gut in Deutschland anwerben. Dort erfahren sie die Auswirkung des Krieges und beginnen, ihr besonderes ungarisches Schicksal zu begreifen. – Ab 16. ✦ Ungarn 1978 **P** Mafilm, Dialóg-Stúdió **Kl** Progress **R** Zoltán Fábri **B** Zoltán Fábri, nach einem Roman von József Balázs **K** György Illés **M** György Vukán **D** Gábor Koncz (András Fábián), Eva Pap (Frau Fábián), Bertalan Solti (János Szabó), Noémi Apor (Frau Szabó), Gellért Raksányi (Elek Tar) **L** 110 **E** 6.4.1979 Kino DDR/15.1.1980 DFF 2

UNGARN IN FLAMMEN – TOD ODER FREIHEIT. Eindrucksvoller historischer Dokumentarfilm über den Freiheitskampf der Ungarn bis zum antisowjetischen Aufstand von 1956, ergänzt durch informative Darstellungen der tausendjährigen Geschichte. Ein von Betroffenen gefertigter Film, der politisch und historisch Lücken aufweisen mag, aber durch seine Unmittelbarkeit erschüttert. – Ab 12 möglich. ✦ Schwarz-weiß. BR Deutschland 1957 **P** Karpat **Kl** Union **R** Ferdinand Khittl (ungenannt) **L** 83 **FSK** ab 12; f **FBW** bw **E** 1957 Kino **fd** 5 968

UNGEBÄNDIGT (WOMAN OBSESSED). Eine Farmerswitwe mit siebenjährigem Sohn, die bei einem Waldbrand in Saskatchewan, Kanada, ihren Ehemann verlor, findet einen zuverlässigen Gehilfen und heiratet ihn. Doch der etwas zu starre Mann zieht sich den tödlichen Haß des Kindes zu. Der bedächtig breit inszenierte Film vereinfacht die Konflikte und verzichtet auf eine psychologisch glaubhafte Fundierung zugunsten der in den Vordergrund gerückten, dramatisch zugespitzten Naturkatastrophen. Die schließliche Lösung der Vertrauenskrisen mutet dabei reichlich krampfhaft an. In den Hauptrollen eindrucksvoll gespielt. – Ab 16. ✦ Scope. USA 1959 **P** 20th Century Fox **Kl** Centfox **Pd** Sydney Boehm **R** Henry Hathaway **B** Sydney Boehm, nach einem Roman von John Mantley **K** William C. Mellor **M** Hugo Friedhofer

S Robert Simpson **D** Susan Hayward (Mary Sharron), Stephen Boyd (Fred Carter), Dennis Holmes (Robbie), Barbara Nichols (Mayme Radzevitch), Theodore Bikel (Dr. Gibbs), Ken Scott (Sgt. Le Moyne), James Philbrook (Henri) **L** 104 **FSK** ab 12; f **E** 17.7. 1959 **fd** 8 261

DER UNGEBETENE GAST (1944) →Der unheimliche Gast

DER UNGEBETENE GAST (1980/81). Unterschiedliche Erfahrungen deutscher Emigranten nach ihrer Flucht in die Schweiz. DDR-Fernsehfilm, der das soziale und charakterliche Spektrum sowohl der Exilierten als auch ihrer Gastgeber differenziert darzustellen versucht. Wichtige Figuren sind ein liberalhumanistischer Fabrikant und sein Gegenspieler, ein junger Unternehmer, der Hitlers Politik begrüßt, weil sie ihm ökonomischen Nutzen zu bringen verspricht. ✦ DDR 1980/81 **P** DEFA **Pd** Erich Kühne **R** Peter Wekwerth **B** Peter Wekwerth, Gerhard Bengsch, nach dem Roman »Wenn sie morgen kommen« von Arthur Honegger **K** Horst Hardt **M** Bernd Wefelmeyer **S** Vera Nowark **D** Karol Strasburger (Robert), Angelika Waller (Anna), Werner Dissel (Stutz), Annekathrin Bürger (Elsa Hilber), Alfred Struwe (Hilber) **L** 180 (zwei Teile) **E** 25.,27.12.1981 DFF 1

UNGEBETENE GÄSTE (1959) (NESWANIJE GOSTI). Estnische Abwehragenten bekämpfen feindliche Spione, die in das Land eingedrungen sind. Teilweise spannender Agentenfilm, künstlerisch ohne jeden Anspruch. – Ab 14. ✦ Schwarz-weiß. UdSSR 1959 **P** Estnisches Filmstudio **Kl** Progress **R** Igor Jelzow **B** G. Borowik, A. Nowikow **K** W. Parwel **M** J. Tamberg **D** Rejno Aren (Ernst), C. Warem (Hilda), C. Mandri (Wari), Juri Järvet (Walter), W. Truwe (Fredi) **L** 96 **E** 26.8.1960 Kino DDR/24.3.1961 DFF 1

UNGEBETENE GÄSTE (1975) (NESWANIJE GOSTI). Episodenfilm nach zwei georgischen Kurzgeschichten. Die beiden Bauern Tschirik und Tschikotela leben in ständigem Streit miteinander und werden erst durch ihre beiden Kinder versöhnt. In der zweiten, nicht minder turbulenten Geschichte wird ein ahnungsloser Hausherr durch ein Trinkgelage in seinem Weinkeller aufgeweckt. ✦ UdSSR 1975 **P** Grusia-Film **R** Ramas Chotiwari, Lewan Chotiwari **B** P. Inanischwili, A. Shgenti, nach den Kurzgeschichten »Ungebetene Gäste« von Georgi Leonidse und »Tschirik und Tschikotela« von Schio Aragwispireli **K** L. Hamgalischwili, Nagsar Ruchadse **M** Bidsina Kwernadse, D. Toradse **D** Badri Begalischwili (Tschikotela), Dshamal Tschaganidse (Tschirik), Karlo Sakandelidse (Sakro), Giwi Berikaschwili (Firusa), Kachi Kawsadse (Eliwo) **E** DDR

UNGEDULD DES HERZENS (BEWARE OF PITY). Eine halbseitig gelähmte Baroneß geht in den Tod, als sie entdeckt, daß ein Leutnant der k.u.k.-Monarchie nur aus Mitleid in eine Verlobung mit ihr eingewilligt hat, sie aber vor seinen Kameraden verleugnet. Am Vorabend des Ersten Weltkrieges spielendes Melodram, das den psychologischen Roman von Stefan Zweig in einer allzu glatten Inszenierung wiedergibt. Darstellerisch beachtlich. – Ab 16. ✦ Schwarz-weiß. Großbritannien 1946 **P** Two Cities **Kl** Rank **Pd** W. P. Lipscomb, Maurice Elvey **R** Maurice Elvey **B** W. P. Lipscomb, Elizabeth Baron, Margaret Steen, nach einem Roman von Stefan Zweig **K** Derick Williams **M** Nicholas Brodszky **D** Lilli Palmer (Edith von Kekesfalva), Albert Lieven (Leutnant Anton), Cedric Hardwicke (Dr. Condor), Gladys Cooper (Frau Condor), Linden Travers (Ilona), Ernest Thesiger (Baron von Kekesfalva) **L** 109 **FSK** ab 16; nf **E** 1947 Kino/ 25.12.1985 DFF 2 **fd** 19

DAS UNGEDULDIGE HERZ (THE IMPATIENT HEART). Eine ambitionierte und temperamentvolle Sozialarbeiterin vertieft sich in ihre Arbeit, wobei sie häufig nicht mehr die Grenzen ihres persönlichen Engagements ziehen kann. Auch die Menschen in ihrem Privatleben behandelt sie zunehmend als »Fälle« und verliert allzu schnell die Geduld, sich auf ihre eigenen Gefühle einzulassen. Dramatischer (Fernseh-)Spielfilm, der lebensbejahend und mit realistischem »Idealismus« die Schwierigkeiten einer Frau schildert, Privatleben und Beruf in Balance zu halten und dabei Kopf und Herz in Einklang zu bringen. Genau beobachtet, fesselnd durch die ungeheuer lebendige Darstellung der Hauptdarstellerin. – Sehenswert ab 14. ✦ USA 1971 **P** MCA TV Motion Pictures for Television **Pd** William Sackheim **R** John Badham **B** Alvin Sargent **K** Jacques Marquette **M** David Shire **D** Carrie Snodgress (Grace McCormack), Michael Brandon (Frank Pescadero), Michael Constantine (Murray Kane), Marian Hailey (Nellie Santschi), Hector Elizondo (Mr. Hernandez), Brad Davis (Brewster Crowley) **L** 91 **E** 21.3.1975 ARD **fd** 19 195

DAS UNGEHEUER (TROG). In einer Höhle in der Nähe einer englischen Kleinstadt entdecken Höhlenforscher einen Troglodyten, der die Jahrmillionen überdauert hat. Ehe die Wissenschaft Nutzen aus dem Höhlenbewohner ziehen kann, kommt er durch den Unverstand der Menschen um. Formal belanglose, oft unfreiwillig komische Science-Fiction-Geschichte, die geistig im Darwinismus angesiedelt ist und wie ein Protest gegen die Übermacht von Technik und Zivilisation wirkt. – Ab 14. ✦ Großbritannien 1969 **P** Akkiney Company **Kl** Warner Bros. **Pd** Herman Cohen, Harry Woolveridge **R** Freddie Francis **B** Aben Kandel, nach einer Geschichte von Peter Bryan und John Gilling **K** Desmond Dickinson **M** John Scott (= Hanns Schott-Schöbinger) **S** Oswald Hafenrichter, Michael Redbourn **D** Joan Crawford (Dr. Brockton), Michael Gough (Sam Murdock), David Griffin (Malcolm Travers), Bernard Kay (Inspektor Greenham), Thorley Walters (Magistrat), Joe Cornelius (Ungeheuer Troglodyt), John Hamill (Cliff), Kim Braden (Ann Brockton), Geoffrey Case (Bill), Jack May (Dr. Selbourne) **L** 91 **FSK** ab 12; nf **E** 26.11. 1970 **fd** 17 128

DAS UNGEHEUER AUF SCHLOSS BANTRY (L' ULTIMA PREDA DEL VAMPIRO). Eine Gruppe zweitklassiger Tänzerinnen wird auf einem alten Schloß von einem Vampir bedroht. Nachdem der Unhold im Tageslicht zu Staub zerfällt, steht der Verbindung des Schloßherrn mit einer der jungen Frauen, die einer längst verstorbenen Gräfin ähnelt, nichts mehr im Wege. Grob zusammengestoppelter Gruselfilm, bar jeder Logik. Aufgesetzte Effekte und pseudo-tiefsinnige Gespräche treiben den letzten Funken Verstand aus. ✦ Schwarz-weiß. Italien 1960 **P** Nord Film Italiana **Kl** Zobel **R+B** Piero Regnoli **K** Aldo Greci **M** Aldo Piga **D** Lyla Rocco, Walter Brandi, Maria Giovannini, Corinne Fontaine, Alfredo Rizzo **L** 80 **FSK** ab 16; nf **E** 16.10.1964 **fd** 13 158

DAS UNGEHEUER AUS DER TIEFE →Frankenstein und die Ungeheuer aus dem Meer

DAS UNGEHEUER DER SCHWARZEN LAGUNE →Der Schrecken vom Amazonas

DAS UNGEHEUER IST UNTER UNS (THE CREATURE WALKS AMONG US). Weiterer Aufguß der beiden Gruselfilm-Klassiker »Der Schrecken vom Amazonas« und »Die Rache des Ungeheuers«: Amerikanische Wissenschaftler versuchen, ein in Florida aufgegriffenes zwitterhaftes Meerungeheuer in ein menschenähnliches Wesen zu verwandeln. Dabei geraten sie untereinander aus Eifersucht in tödlichen Streit und vernichten auch ihr Versuchsobjekt. Abenteuerlicher Grusel ohne Logik, Sinn und Verstand, der eher zum Lachen als zum Fürchten reizt. – Ab 16. ✦ Schwarz-weiß. USA 1956 **P** Universal **Kl** Universal **VA** Universal/13th Street **Pd** William Alland **R** John Sherwood **B** Arthur Ross **K** Maury Gertsman **M** Joseph Gershenson **D** Jeff Morrow (Dr. William Barton), Rex Reason (= Rhodes Reason) (Dr. Thomas Morgan), Leigh Snowden (Marcia Barton), Gregg Palmer (Jed Grant), Maurice Manson **L** 79 **FSK** ab 16; nf (Video 12) **E** 31.8.1956 **fd** 5 217

UNGEHEUER OHNE GESICHT (FIEND WITHOUT A FACE). Ein Atomgelehrter produziert durch Atomkraft ernährte Gehirne, die zunächst unsichtbar, dann sichtbar morden, indem sie ihren Opfern das Gehirn aussaugen. Ein inszenatorisch wie gedanklich letztklassiger Horror-Schocker, der reale (Atom-)Ängste gedankenlos ausnutzt und mit für die Entstehungszeit überraschend deutlichen Ekeleffekten drapiert. ✦ Schwarz-weiß. Großbritannien 1957 **P** Producers Associates/Amalgamated **Kl** MGM **Pd** John Croydon **R** Arthur Crabtree **B** Herbert J. Leder **K** Lionel Banes **M** Buxton Orr **S** R. Q. McNaughton **D** Marshall Thompson (Jeff Cummings), Terry Kilburn (Hauptmann Chester), Michael Balfour (Sgt. Kasper), Gil Winfield (Dr. Warren), Shane Cordell (Schwester), Stanley Maxted (Oberst Butler), James Dyrenforth (Mayor Hawkins), Kim Parker (Barbara), Peter Madden (Dr. Bradley), Kerrigan Prescott (Atomingenieur) **L** 74 **FSK** ab 18; nf **E** 20.5.1959 **fd** 8 118

DAS UNGEHEUER VON LOCH NESS (BEHEMOTH THE SEA MONSTER). Während ein Meeresbiologe vor der zunehmenden Atomverseuchung des Planktons warnt, passieren an der südwestenglischen Küste in Cornwall seltsame Dinge: Ein Seeungeheuer taucht in der Themse auf, watschelt alles nieder, sprüht Todesstrahlen aus und wird endlich durch ein radiumhaltiges Torpedo vernichtet. Halb aufregender, halb lächerlicher Gruselfilm, vollgestopft mit pseudowissenschaftlichem Humbug. Inszenatorisch und tricktechnisch auf tiefstem Niveau. – Ab 14 möglich. ✦ Schwarz-weiß. Großbritannien 1958 **P** Artistes Alliance **Kl** NWDF/Unitas **Pd** David Diamond **R** Eugene Lourie, Douglas Hickox **B** Eugene Lourie **K** Ken Hodges **M** Edwin Astley **S** Lee Doig **D** Gene Evans (Steven Karnes), Andre Morell (Prof. Bickford), Leigh Madison (Jean MacDougall), John Turner (Ian Duncan), Jack MacGowran (Dr. Sampson), Maurice Kaufmann (U-Boot-Kommandant), Henri Vidon (Thomas MacDougall), Leonard Sachs (Wissenschaftler) **L** 79 **FSK** ab 12; nf **E** 3.3.1961 **fd** 10 207

DAS UNGEHEUER VON LONDON-CITY. Eine Serie von Dirnenmorden steht in direkter Verbindung mit den »Jack the Ripper«-Aufführungen einer Londoner Gruselbühne. Vorhersehbarer Gruselkrimi mit Ansätzen zur (Selbst-)Persiflage, die jedoch in der unlogischen Handlung untergehen. Belanglose, gelegentlich gar klamottenhafte Unterhaltung. – Ab 16. ✦ Scope, schwarz-weiß. BR Deutschland 1964 **P** CCC-Filmkunst **Kl** Gloria **VA** Polyband **Pd** Artur Brauner **R** Edwin Zbonek **B** Robert A. Stemmle, Bryan Edgar Wallace **K** Siegfried Hold **M** Martin Böttcher **S** Walter Wischniewsky **D** Hansjörg Felmy (Richard Sand), Marianne Koch (Ann Morley), Dietmar Schönherr (Dr. Morel Greely), Hans Nielsen (Dorne), Fritz Tillmann (Sir George), Chariklia Baxevanos (Betty Ball), Kai Fischer (Helen Capstick) **L** 89 **FSK** ab 16; nf (fr. 18) **E** 2.7.1964/1.12.1979 DFF 1 **fd** 12 850

DER UNGEHORSAM (LA DISUBBIDIENZA / LA DESOBEISSANCE). Die Pubertätsgeschichte eines 15jährigen, der in der Zeit des Faschismus in Italien gegen sein opportunistisches Elternhaus revoltiert, in den Untergrund geht und nach dem Zweiten Weltkrieg feststellen muß, daß seine Träume nicht in Erfüllung gehen. Als privates Melodram inszenierte Geschichte ohne Blick für die sich bedingenden privaten und gesellschaftspolitischen Bezüge der Handlung, die einer Novelle von Alberto Moravia entstammt. Ein langatmiger, kitschnaher Film mit einigen schwülen, unfreiwillig komisch wirkenden Sexszenen. ✦ Italien/Frankreich 1981 **P** Nickelodeon/Panthéon/Les Films Molière **Kl** Apollo/Avis **R** Aldo Lado **B** Barbara Alberti, Amedeo Pagani, Aldo Lado, nach einer Novelle von Alberto Moravia **K** Dante Spinotti **M** Ennio Morricone **S** Alberto Gallitti **D** Mario Adorf (Lucas Vater), Stefania Sandrelli (Angela), Teresa Ann Savoy (Edith), Jacques Perrin (Dario), Marie-José Nat (Lucas Mutter), Carl Diemunch (Luca) **L** 94 **FSK** ab 16; f **FBW** w **E** 7.10.1983 Kino DDR/30.12.1983 Kino BRD **fd** 24 236

UNGEKLÄRTE VERHÄLTNISSE (STATE OF AFFAIRS). Berufausbildung, Studium und Partnerwahl haben drei Männer, die seit frühester Jugend die besten Freunde sind, nicht trennen können; nach wie vor haben sie und ihre Frauen regen Kontakt. Aber hinter den gutbürgerlichen Fassaden bahnen sich verhängnisvolle Konflikte an, die den Alltag aller Beteiligten erschüttern werden. – Ab 16. ✦ Großbritannien 1993 **R** Colin Gregg **D** Lesley Manville (Carol), Frances Barber (Pip), Rosalind Bennett (Sue), Adrian Dunbar (Robert), David Threlfall (Alan), Dorian Healey (Steve) **L** 105 **E** 20.6.1995 Vox

UNGEKÜSST (NEVER BEEN KISSED). Eine junge Journalistin kehrt in die High School zurück, um einen Bericht über die Befindlichkeit der amerikanischen Jugend zu schreiben. Dabei wiederholt sich der Albtraum ihrer eigenen Jugend, als sie erneut auf Ablehnung stößt. Amüsante Komödie, die sich konsequent der Erfahrungswelt einer Außenseiterin annimmt und dabei nicht zuletzt durch das mutige Spiel der Hauptdarstellerin überzeugt. – Ab 12. ✦ USA 1999 **P** Flower Films/Bushwood Pictures/Never Been Kissed Prod./Fox 2000 Pictures **KI** Twentieth Century Fox **VA** Fox Home **Pd** Sandy Isaac, Nancy Jovonen **R** Raja Gosnell **B** Abby Kohn, Marc Silverstein **K** Alex Nepomniaschy **M** David Newman **S** Debra Chiate, Marcelo Sansevieri **D** Drew Barrymore (Josie Geller), David Arquette (Rob Geller), Michael Vartan (Sam Coulson), Molly Shannon (Anita), John C. Reilly (Gus), Garry Marshall (Rigfort) **L** 107 **FSK** ab 6; f **FBW** w **E** 18.11.1999/25.5.2000 Video **fd** 33 955

UNGEKÜSST SOLL MAN NICHT SCHLAFEN GEHEN (UNGEKÜSST SOLL MAN NICHT SCHLAFEN GEHEN). Anläßlich eines Wohltätigkeitsballs in Wien soll ein Kuß einer berühmten Filmschauspielerin versteigert werden. Mißverständnisse zwischen dem Manager des Filmstars, einem Schallplattenproduzenten und einem Studenten führen zu allerlei Verwechslungen, während der der Student für einen verkappten Prinzen gehalten wird und beinahe sein Liebesglück zerbricht. Flott und routiniert inszeniertes Verwechslungslustspiel mit viel Singsang und einem damals beliebten Komiker-Aufgebot, das kurzweilige Oberflächen-Unterhaltung bietet. (Alternativtitel: »Liebe, Küsse, Hindernisse«) – Ab 12. ✦ Schwarz-weiß. Österreich 1936 **P** Projektograph **KI** Donau **R** E. W. Emo **B** Fritz Koselka **K** Harry Stradling **M** Robert Stolz **D** Heinz Rühmann (Franz Angerer), Theo Lingen (Toni Miller), Hans Moser (Direktor Wiesinger), Liane Haid (Edda Vivian), Annie Rosar (seine Gattin), Ivan Petrovich **L** 90 **FSK** ab 12; nf **E** 25.8.1936/20.3.1961 DFF 1 **fd** 45

DIE UNGELIEBTE (1945) (ROZINA SEBRANEC). Prag 1612. Die Ehefrau eines angesehenen, reichen Zunftmeisters, der sie gegen alle Standesvorschriften heiratete, liebt einen italienischen Glasbläser, der in seiner Heimat eine standesgemäße Ehe einging. Auf der gemeinsamen Flucht wird sie von ihm erstochen. – Ab 16. ✦ Schwarz-weiß. CSR 1945 **P** Statni filmova vyroba **R** Otakar Vávra **B** Otakar Vávra, nach dem Roman von Zikmund Wintr **K** Jan Roth **M** Jirí Srnka **D** Marie Glázrová, Marie Vásová, Zdenek Stepánek, Frantisek Kreuzmann, Zdenka Baldová **L** 89 **E** 7.8.1978 DFF 1

DIE UNGELIEBTE (1966) →Ich liebe

UNGEMACHTE BETTEN (1976) →Unmade Beds

UNGEMACHTE BETTEN (1997) (UNMADE BEDS). Ein als schwarze Komödie »inszenierter« Dokumentarfilm über Eitelkeiten und Verlangen im Dschungel New Yorks. Der Film stellt vier Menschen – zwei Frauen und zwei Männer – vor und ihre mitunter abstrusen Versuche, ihrer Einsamkeit und ihren ganz persönlichen Problemen zu entfliehen. So versucht eine Frau, ihren chronischen Geldmangel durch die Hochzeit mit einem reichen Mann zu entfliehen, die andere sucht krampfhaft nach einem Partner; Michael versucht seit 15 Jahren, eine Frau durch Kontaktanzeigen kennenzulernen, und Mikey läuft trotz seiner 54 Jahre ausschließlich immer noch nur schönen Frauen nach. Ein Kaleidoskop des nicht nur sexuellen Verlangens, auch ein Film über die Einsamkeit. ✦ USA/Großbritannien/Frankreich 1997 **P** Chelsea Pictures (für HBO/Final Touch/La Sept-arte) **Pd** Steve Wax **R+B** Nicholas Barker **K** William Rexer **S** Paul Binns **D** Brenda Monte (Brenda), Michael de Stefano (Michael), Aimée Copp (Aimée), Mikey Russo (Mikey) **L** 95 **E** 28.6.1998 arte

UNGENAUE ERINNERUNG AN EINE URKUNDE. Ein poetisch-philosophischer, experimenteller Film, der am Beispiel von Landschaftsaufnahmen aus der Probstei, einer norddeutschen Region bei Kiel, sowie in Gesprächen mit dort lebenden Menschen über den Begriff Heimat reflektiert. ✦ Teils schwarz-weiß. BR Deutschland 1984/85 **P** Rigahh Filmprod./Filmhaus Hamburg **SF** Ilona Bruver/Filmhaus Hamburg **Pd+R+B** Ilona Bruver **K** Uwe Reischke **M** Johann Sebastian Bach, Peter Iljitsch Tschaikowski, Ludwig van Beethoven, Antonio Vivaldi, Cardel **S** Ilona Bruver **L** 90 **E** 1985 Kino

DER UNGERATENE SOHN (UN MAUVAIS FILS). Ein junger Mann versucht, nach seiner Rückkehr aus einem amerikanischen Gefängnis in Paris ein neues Leben zu beginnen. In dieser Situation wird er in einen Konflikt mit seinem Vater verstrickt und verliebt sich in eine Drogenabhängige. Geschickt inszeniertes Drama, das eindrucksvoll menschliche Ängste umschreibt. Zwar konventionell und »altmodisch« in der Inszenierung, bewahren die außerordentlichen Darsteller jedoch den Film stets vor schönfärberischer Unverbindlichkeit. (TV-Titel: »Schrei um Vergebung«) – Ab 16 möglich. ✦ Frankreich 1980 **P** Sara/Antenne 2/S.F.P. **Pd** Alain Sarde **R** Claude Sautet **B** Claude Sautet, Daniel Biasini, Jean-Paul Torok **K** Jean Boffety **M** Philippe Sarde **S** Jacqueline Thiédot **D** Patrick Dewaere (Bruno), Yves Robert (René), Brigitte Fossey (Catherine), Jacques Dufilho (Dussart), Claire Maurier (Madeleine) **L** 110 **E** 8.4.1983 ARD **fd** 23 884

DER UNGERECHTE KLAPPERSTORCH →Was war nur mit Senka los?

EIN UNGESCHLIFFENER DIAMANT – DOLORES FULLER UND DAS AMERIKANISCHE SHOWBIZ. Dokumentarfilm über die 70jährige Dolores Fuller, die einst mit Ed Wood verheiratet war, dem »schlechtesten Regisseur aller Zeiten«, und darüber hinaus als Tänzerin und Sängerin sowie als Komponistin für Elvis Presley arbeitete. ✦ Deutschland 1997 **R** Regina Götze **L** 60 **E** 15.2.1998 Bayern 3

UNGESTÜME REISE (MOJ MLADSCHIJ BRAT). Vier Abiturienten – drei Jungen und ein Mädchen – fahren in der Hoffnung an die See, die Welt kennenzulernen und ihre Vorstellungen vom Leben verwirklichen zu können. Sinnvolle Arbeit und die Begegnung mit anderen Menschen veranlassen sie, ihre bisherige Einstellung zu überdenken. Stilistisch uneinheitlicher Film. – Ab 14. ✦ Schwarz-weiß. UdSSR 1962 **P** Mosfilm **KI** Progress **R** Alexander Sarchi **B** Wassili Axjonow, M. Antscharow, Alexander Sarchi **K** Anatoli Petrizki **M** Mikael Tariwerdijew **D** Ljudmila Martschenko, Alexander Sbrujew, Oleg Dal, Andrej Mironow, Oleg Jefremow **L** 104 **E** 27.9.1963 Kino DDR/29.11.1964 DFF 1

UNGESTÜMER SOMMER (SAISON VIOLENTE). Verfilmung eines autobiografisch gefärbten Romans von Emanuel Roblés. Sommer 1927: Die Welt eines 14jährigen verändert sich. Er hat seinen ersten Zusammenstoß mit der Polizei zu überstehen, und als seine Mutter auch noch ihre Arbeit verliert, stehen beide mittellos auf der Straße. Doch angesichts der ersten Liebe, die dem Jungen widerfährt, scheinen diese Probleme abgemildert und lächerlich klein. ✦ Frankreich/Tunesien/Italien 1983 **R** Marcel Moussy **B** nach einem Roman von Emmanuel Roblés **D** Olivier Abecassis (François), Sara Franchetti (François' Mutter), Nathalie Dupont (Veronique) **L** (TV) 87 **E** 27.10.1989 DFF

DIE UNGETREUE (UNFAITHFULLY YOURS). Ein ebenso berühmter wie egozentrischer Dirigent wähnt sich von seiner Ehefrau betrogen. Während er drei Musikwerke eines Konzerts dirigiert, spielt er in seiner Fantasie drei Möglichkeiten der Rache (bis zum Mord) durch, die jeweils an den Banalitäten des Alltags scheitern. Ein unterhaltsames, brillant dargestelltes ironisches Lustspiel – auch wenn die Verflechtung von Farce und Melodram nicht immer restlos gelingt. (Neuverfilmung: »Bitte nicht heute nacht!«, 1984) – Ab 12. ✦ Schwarz-weiß. USA 1948 **P** 20th Century Fox **KI** Centfox **R+B** Preston Sturges **K** Victor Milner **M** Alfred Newman, Gioacchino Rossini, Richard Wagner, Peter Iljitsch Tschaikowski **S** Robert Fritch **D** Rex Harrison (Sir Alfred de Carter), Linda Darnell (Daphne de Carter), Barbara Lawrence (Barbara), Rudy Vallee (August Henschler), Kurt Kreuger (Tony), Lionel Stander, Edgar Kennedy **L** 102 **E** 9.5.1950 **fd** 744

DER UNGETREUE ECKEHART. Ein vertauschter Koffer und ein Einbruch bei einer Schauspielerin geben Anlässe, eine Familie samt Schwiegertöchtern und Bräuten kräftig durcheinanderzuwirbeln. Betagtes Verwechslungslustspiel nach Schema. – Ab 16. ✦ Schwarz-weiß. Deutschland 1940 **P** Algefa **KI** Siegel/Monopol **R** Hubert Marischka **B** Hubert Marischka, Kurt E. Walter, nach dem gleichnamigen Theaterstück von Hans Sturm **K** Eduard Hoesch **M** Ludwig Schmidseder **D** Hans Moser, Lucie Englisch, Ethel Reschke, Theo Lingen, Rudi Godden **L** 88 **FSK** ab 16; nf **E** 25.1.1940/11.11.1963 DFF 1 **fd** 606

UNGEWISS IST DIE ZUKUNFT DER LEIBWÄCHTER. Nachdem ihn seine Frau verlassen hat, versucht ein Beamter des Einwohnermeldeamtes, ein neues Leben zu beginnen. Als er in Verdacht gerät, Pässe gestohlen zu haben, glaubt er, reif für eine neue Identität zu sein. Doch plötzlich tauchen Gangster auf, die ihm das Leben erschweren. Film über Identitätskrise und -findung, der seinem Thema mit den Mitteln einer Genre-Geschichte beizukommen versucht. ✦ BR Deutschland 1989 **R** Volker Einrauch, Lothar Kurzawa **D** Martin Lüttge, Peter Lohmeyer, Andrea Bürgin, Annette Paulmann, Charlie Rinn **L** 75 **E** 22.8. 1989 ZDF

DIE UNGEWISSE LAGE DES PARADIESES. Eine Mittdreißigerin flieht mit achtjähriger Tochter aus ihrer langweiligen Mittelschichtsehe zur etwas abgetakelten Schwester an die Nordsee, die fröhlich mit ihren skurrilen Pensionsgästen im heruntergekommenen Elternhaus haust. Aber die Rückkehr in die Vergangenheit ist mit Enttäuschungen verbunden, und nach einer Zeit wie im Traum geht das normale Leben weiter. Etwas ziellos dahinplätschernder Erstlingsfilm, der das Kind in den Mittelpunkt stellt, ohne sich für einen »Kinderfilm« entscheiden zu wollen. Die hervorragenden Landschaftsaufnahmen im Wandel der Jahreszeiten prägen den Film, ohne daß sie dramaturgisch für einen überzeugenden Entwurf, eine Utopie oder eine nachvollziehbare Sehnsucht genutzt würden. – Ab 16. ✦ Deutschland 1991 **P** Connexion/Vulcano M. **KI** Impuls **Pd** Willi Bär, Rainer Bienger **R+B** Franziska Buch **K** Jürgen Jürges **M** Michaela Dietl **S** Patricia Rommel **D** Sabine Wegner (Marianne), Daniela Schleicher (Anna), Alexander Radszun (Heinz), Werner Schultheiss (»Lulu« Lämmle), Isolde Barth (Isolde Strätter), Barbara Nüsse (Paula) **L** 109 **FSK** ab 12; f **FBW** w **E** 19.11.1992

UNGEWISSE LIEBE (CRAZY FROM THE HEART). Die Lehrerin einer texanischen Kleinstadt hört auf ihre biologische Uhr und bittet ihren Geliebten, sie zu heiraten. Als dieser zögert, lässt sie sich auf ein erotisches Abenteuer mit dem mexikanischen Hausmeister der Schule ein und erlebt ein traumhaftes Wochenende, in dessen Verlauf sie den Liebhaber in Mexiko heiratet. Wieder in der Heimat, steht die Frau unter Erklärungs-Notstand. Eine romantische Komödie mit guten Darstellern, der es jedoch leider an Substanz mangelt, um über die volle Distanz zu unterhalten. ✦ USA 1991 **P** Turner/The DeMann Entertainment **Pd** R.J. Louis **R** Thomas Schlamme **B** Linda Voorhees **K** Stevan Larner **M** Arthur B. Rubinstein **S** Gregory Prange **D** Christine Lahti (Charlotte Bain), Rubén Blades (Ernesto Ontiveros), William Russ (Dewey Whitcomb), Louise Latham (Mae Esther), Tommy Muñiz (Tomas Ontiveros) **L** 98 **E** 16.2. 2001 tm3

UNGEWÖHNLICHE ABENTEUER VON KARIK UND WALJA →Die ungewöhnlichen Abenteuer von Karik und Walja

EINE UNGEWÖHNLICHE AUSSTELLUNG (ARATSCHVEULEBRIVI GAMOPENA). Komödie mit bitteren Untertönen um die Geschichte eines Anti-Helden. Ein junger georgischer Bildhauer versucht vergeblich, seine künstlerischen Ambitionen und Pläne zu verwirklichen; der Zweite Weltkrieg, die Sorge um die Familie und andere materielle Nöte bremsen seinen Höhenflug. So entstehen im Lauf der Zeit kaum Kunstwerke von Rang, sondern eine Vielzahl von Auftragsarbeiten. Trotzdem ist der Bildhauer ein glücklicher Mensch. (O.m.d.U.) ✦ UdSSR 1968 **R** Eldar Schengelaja **B** Rewas Gabriadse **D** Guram Lordkipanidse (Aguli Eristawi), Wasil Tschchaidse (Pipina Eristawi), Valentina Telitschkina (Glafira), Dodo Abaschidse (= Dawid Abaschidse) (Schawleg), Schota Gabelaia (Wolodia) **L** 90 **E** 4.11.1993 S 3

EINE UNGEWÖHNLICHE ENTFÜHRUNG →Emmas Schatten

EINE UNGEWÖHNLICHE FREUNDSCHAFT (ANYA'S BELL). Ein zwölfjähriger Junge mit extremen schulischen Problemen, der sich nur schwer seiner Mutter anvertrauen kann, freundet sich mit einer blinden Afroamerikanerin an, die seine Einsamkeit teilt. Ein realitätsferner Fernsehfilm. der die Gefühlsklaviatur seiner Zuschauer zu aktivieren versucht. ✦ USA 1999 **P** Erratic/Lett-Reese International/Universal **Pd** Ann Kindberg **R** Tom McLoughlin **B** David Alexander **K** Gordon Lonsdale **M** Lee Holdridge **S** Charles Bornstein **D** Della Reese (Anya Hepick), Mason Gamble (Scott Rhymes), Thomas Cavanagh (Patrick Birmingham), Nancy McLoughlin (Lila), Kelly Rowan (Jeanne Rhymes) **L** 86 **E** 2.10.2000 Premiere World

DIE UNGEWÖHNLICHE HOCHZEIT (SVADBA). In einem Kerker Montenegros werden von den einheimischen Tschetniks, die die faschistischen Okkupanten unterstützen, jugoslawische Partisanen gefangengehalten. Der künstlerisch kaum durchschnittliche Kriegsfilm versucht, die geistige Auseinandersetzung der Eingekerkerten mit den verräterischen Landsleuten darzustellen. Eine undifferenzierte Spielweise beeinträchtigt die beabsichtigte Aussage. – Ab 16. ✦ Scope. Jugoslawien/UdSSR 1974 **P** Filmstudio Titograd/Dowshenko-Studio **Kl** Progress **R** Radomir Saranovic **B** Radomir Saranovic, Viktor Gowjada, Milorad Boskovic, nach einem Roman von Mihail Lalic **K** Wadim Iljenko, Pawel Loiko **M** Svjetko Ivanovic **D** Dragomir »Gidra« Bojanic (Tadija Cemerkivc), Vladimir Popovic, Surab Kapianidse, Valentin Nikulin, Mihajlo Janketic **L** 91 **E** 28.2.1975 Kino DDR/16.11. 1976 DFF 2

UNGEWÖHNLICHE KARRIERE (POSZUKIWANY – POSZUKIWANA). Ein Gemälde wird aus einer Galerie gestohlen. Der Verdacht fällt auf einen jungen Kunsthistoriker, der sich nun gezwungen sieht, selbst nach dem Bild zu fahnden. Er verkleidet sich als Dienstmädchen und kommt auf diese Weise in verschiedene verdächtige Haushalte. Am Ende findet er das Bild und kann seine wahre Identität preisgeben. – Ab 14. ✦ Polen 1973 **P** Zespoly Filmowe/Filmstudio Lódz **R** Stanislaw Bareja **B** Stanislaw Bareja, Jacek Fedorowicz **K** Jan Laskowski **M** Jerzy Matuszkiewicz **D** Wojciech Pokora, Jolanta Bohdal, Mieczyslaw Czechowicz, Maria Chwalibóg, Jerzy Dobrowolski **L** 87 **E** 22.11.1974 DFF 2

EINE UNGEWÖHNLICHE KLASSE (NEOBYCEJNA TRIDA). Heiter-nachdenkliche Episoden aus dem letzten Schuljahr einer Abiturientenklasse, uneinheitlich und ohne rechtes Konzept gestaltet. – Ab 12. ✦ Schwarz-weiß. CSSR 1964 **P** Kurzfilmstudio Gottwaldow **Kl** Progress **R** Josef Pinkava **B** Milan Simek, Josef Pinkava, nach einem Roman von Danielle Dusková **K** Jirí Kolín **M** Evzen Illín (= Eugen Illin) **D** Helga Cocková (Drahusa), Natalie Maslovová (Pavlina), Evelyna Steimarová (Katka), Karel Urbánek (Krivka), Vladimír Hlavaty (Broucek) **L** 91 **E** 10.9.1965 Kino DDR

EINE UNGEWÖHNLICHE SEEFAHRT (JERALSCHNY REIS). Ein alter Schleppdampfer gerät auf dem Schwarzen Meer in einen plötzlichen Sturm, wird aber, nachdem die Mannschaft das Schiff verlassen hat, von einem Matrosen allein in den Hafen gebracht. ✦ Scope, schwarz-weiß. UdSSR 1978 **P** Dowshenko-Studio **Kl** Progress **R** Oleg Fialko **B** Valeri Schtscherbina, nach einem Roman von A. S. Nowikow Priboi **K** Viktor Politow **M** W.Silwestrow **D** Witautas Tomkus (Samochin), Nikolai Skorobogatow (Kapitän), Irina Schewtschuk (Jelisaweta Nikolajewna), Alexander Denissow (Schiffsführer) **L** 78 **E** 24.8.1979 Kino DDR/9.10.1981 DFF 1

DER UNGEWÖHNLICHE ZUHÄLTER →Die Nächste bitte!

DIE UNGEWÖHNLICHEN ABENTEUER VON KARIK UND WALJA (NEOBYKNOWENNYJE PRIKLJUTSCHENIJA KARIKA). Ein Geschwisterpaar, dessen Ferientage durch Langeweile bestimmt sind, lernt einen verschrobenen Professor kennen. Von ihm erhält es ein Elixier, das es winzig klein macht. Vielen abenteuerlichen Situationen sind damit Tür und Tor geöffnet. Märchenhafter Kinderfilm, der seinen Witz aus sich verändernden Größenverhältnissen bezieht. – Ab 12. ✦ UdSSR 1988 **R** Valeri Rodtschenko **B** Alexander Alexandrow, nach einer Novello von Jan Larry **K** Oleg Kuchowarenko, Igor Plaxin **M** Viktor Babuschkin **D** Wassili Liwanow (Professor Jenotow), Anja Dikul (Walja), Aljoscha Tscherzow (Karik), Jelena Popowa (Mama), Viktor Michailow (Papa), Olga Wolkowa (Großmutter), Michail Swetin (Schmidt), Leonid Jarmolnik (Franzusow), Wladimir Worobjow (Oberst der Miliz) **L** 88 **E** 2.1.2000 ORB

EIN UNGEWÖHNLICHER GAST (NESHDANNI GOST). Kurz nach Beendigung des Krieges kommt ein Soldat nach Moskau, um die Familie seines gefallenen Kommandeurs aufzusuchen. Er berichtet der Frau von den Heldentaten ihres Mannes und läßt sie damit Anteil am Leben des Verstorbenen nehmen. ✦ UdSSR 1972 **P** Mosfilm **R** Wladimir Monachow **B** Wladimir Shelesnikow, Alexej Leontjew, nach der Novelle von Emmanuil Kasakewitsch **K** Igor Bogdanow **D** Alla Pokrowskaja (Olga), Andrej Mjagkow (Netschajew), Iwan Lapikow (Slepzow), Wolodja Taussen (Jura), Boris Tolmasow (General) **L** 95 **E** 12.4.1973 DFF 2

EIN UNGEWÖHNLICHER SOMMER (NEOBYKNOWENNOJE LETO). Nach dem Krieg in Saratow: Auseinandersetzung mit Revolution und Konterrevolution. Verfilmung des zweiten Teils von Konstantin Fedins Roman: eine inszenatorisch schwache Bebilderung, kulissenhaft, pathetisch, unlebendig. – Ab 16. ✦ UdSSR 1956 **P** Mosfilm **Kl** Progress **R** Wladimir Bassow **B** Alexej Kapler, nach einem Roman von Konstantin Fedin **K** Timofej Lebeschew **M** Michail Siw **D** Viktor Korschunow (Kirill Iswjekow), Rosa Makagonowa (Anotschka), Wladimir Jemeljanow (Ragossin), Juri Jakowlew (Dibitsch), Michail Naswanow (Pastuchow) **L** 98 **E** 18.7.1958 Kino DDR/10.9. 1961 DFF 1

EIN UNGEWÖHNLICHES PAAR →Beziehungsweise andersrum

UNGEWOLLT SCHWANGER →Falsche Entscheidung

DER UNGEZÄHMTE (THE UNTAMED). Das Herz der schönen, widerspenstigen Tochter eines reichen Ranchers schlägt für einen jungen Mann, der sich eine Pferdezucht in den Bergen aufbaut. Als das Paar zusammenzieht, steht es zwischen allen Fronten. Der Rancher, umworben von einem reichen Bankier, verstößt seine Tochter. Die Kleinrancher und Goldsucher im Tal fürchten, daß die Liaison den Konflikt mit den Reichen verschärft. Der Film mixt den Grundkonflikt von Großkapital und Kleineignern mit jenem von Herz und Schmerz. Dabei zeigt die Kamera entschieden mehr Begeisterung für die vielen schönen Pferde und die atemberaubende Berglandschaft. – Ab 12. ✦ USA 1988 **P** Touchstone Pictures **VA** EuroVideo **Pd+R** Geoff Burrowes **B** John Dixon, Geoff Burrowes **K** Keith Wagstaff **M** Bruce Rowland **S** Gary Woodyard **D** Tom Burlinson (Jim Craig), Sigrid Thornton (Jessica Harrison), Brian Dennehy (Harrison), Nicholas Eadie (Alistair Patton), Mark Hembrow (Seb), Bryan Marshall (Hawker), Rhys McConnochie (Patton sr.), Peter Cummins (Jake), Tony Barry (Jacko), Alec Wilson (Priester), Mark Pennell (Collins) **L** 95 **FSK** ab 6 **E** 18.4.1989 Video/ 21.2.1993 RTL plus **fd** 27 547

UNGEZÄHMTE CATHERINE →Madame Sans Gêne

UNGEZÄHMTE EROTIK (SEXY DIARY). Eine von zwei Gangstern erpreßte Filmdiva läßt die Erpresser ermorden und endet durch Gift. Kolportagehafter Sex-and-Crime-Film, grell und plakativ. ✦ Scope. Japan 1965 **P** NCF **Kl** Mercator **R** Shinya Yamamoto **B** Akitaka Kiwata **K** Hideo Itchi **D** Katori Sen, Yuichi Minato, Kenji Ohara **L** 73 **FSK** ab 18; nf **E** 25.5.1967 **fd** 14 727

DIE UNGEZÄHMTEN (1955) →Aus dem Leben einer Ärztin

DIE UNGEZÄHMTEN (1973) (RUNNING WILD). Ein gewinnsüchtiger Rancher wird durch eine Fotografin und zwei Jungen daran gehindert, die letzten Wildpferde eines Reservats auszurotten. Solide, freundlich gutherzige Abenteuerunterhaltung. – Ab 12. ✦ USA 1973 **P** Robert McCahon **R** Robert McCahon (= Adriano Bolzoni) **B** Finley Hunt (= Borislav Mihajlovic), Robert McCahon (= Adriano Bolzoni), Maurice Tombragel **K** Wilmer C. Butler **M** Luchi de Jesus **D** Lloyd Bridges (Jeff Methune), Dina Merrill (Whit Colby), Pat Hingle (Quentin Hogue), Fred Betts (Cap Methune), Gilbert Roland (Chief Tomacity) **L** 103 **E** 27.5.1978 ARD

UNGLAUBLICH – ABER WAHR →Hausfrauen-Report 1. Teil: Hausfrauenreport – unglaublich aber wahr

DIE UNGLAUBLICHE ENTFÜHRUNG DER VERRÜCKTEN MRS. STONE (RUTHLESS PEOPLE). Ein Millionär lehnt die Lösegeldforderung für seine entführte Frau ab, um sich die Mühe zu sparen, sie selbst umbringen zu müssen. Hervorragend aufgebaute und perfekt inszenierte Komödie, in der Gewalttätigkeit und Unmoral als »normales Verhalten« der Gesellschaft dem Gelächter preisgegeben werden. Fragwürdig in der zynischen Haltung und der mitunter allzu drastischen Komik. ✦ USA 1986 **P** Touchstone **Kl** UIP **VA** EuroVideo **Pd** Michael Peyser **R** Jim Abrahams, David Zucker, Jerry Zucker **B** Dale Launer **K** Jan de Bont **M** Michel Colombier, div. Popsongs **S** Arthur Schmidt, Gib Jaffe **D** Danny DeVito (Sam Stone), Bette Midler (Barbara Stone), Judge Reinhold (Ken Kessler), Helen Slater (Sandy Kessler), Anita Morris (Carol), Bill Pullman (Earl), William G. Schilling (Polizeichef), Jonathan Gries (Tony), Art Evans (Lt. Bender), Clarence Felder (Lt. Walters), J. E. Freeman (Schlafzimmer-Mörder) **L** 94 **FSK** ab 16; f **FBW** w **E** 11.12.1986/September 1987 Video/27.1.1990 DFF 2 **fd** 25 911

DIE UNGLAUBLICHE GESCHICHTE DER GLADYS GLOVER (IT SHOULD HAPPEN TO YOU). Eine junge Frau aus der Provinz, die in New York berühmt werden will, erreicht ihr Ziel, indem sie ihren Namen auf eine riesige Reklametafel drucken läßt. Dem Dokumentarfilmregisseur aber, den sie während ihrer Bemühungen kennenlernt, behagt der zunehmende Rummel um seine neue Freundin nicht, und sie trennen sich. Eine charmante und witzige Satire auf das Geschäft mit dem Ruhm, von George Cukor etwas langsam, aber sehr solide inszeniert; zugleich das gelungene Filmdebüt von Jack Lemmon. – Ab 12. ✦ Schwarz-weiß. USA 1954 **P** Columbia **Pd** Fred Kohlmar **R** George Cukor **B** Garson Kanin **K** Charles B. Lang **M** Frederick Hollander (= Friedrich Hollaender) **S** Charles Nelson **D** Judy Holliday (Gladys Glover), Jack Lemmon (Pete Sheppard), Peter Lawford (Evan Adams III), Michael O'Shea (Brod Clinton), Connie Gilchrist (Mrs. Riker) **L** 87 **E** 28.9.1997 Super RTL

DIE UNGLAUBLICHE GESCHICHTE DER MRS. K. (THE INCREDIBLE SHRINKING WOMAN). Eine von

Werbesprüchen gebeutelte amerikanische Hausfrau schrumpft durch die bei ihrem Lebensmittelkonsum ausgelösten chemischen Prozesse auf Fingerhutgröße. Ihr Ehemann und das Fernsehen reagieren mit Vermarktungsideen. Eine Verbrecherbande entführt sie, um mit ihrem Blut das Trinkwasser zu verseuchen. Ein gutmütiger Gorilla und sein Wärter retten sie aus dem Laborgefängnis. In Anlehnung an Jack Arnolds »Die unglaubliche Geschichte des Mr. C.« (1957) gestaltete unterhaltsame Mischung aus Persiflage und Science-Fiction-Film. Streckenweise grimmig witzig und mit deutlichen Seitenhieben auf die synthetische Konsumwelt und die Entseelung des Menschen. – Ab 16. ✦ USA 1981 **P** Lija/Universal **Pd** Hank Moonjean **R** Joel Schumacher **B** Jane Wagner, in Anlehnung an einen Roman von Richard Matheson **K** Bruce Logan **M** Suzanne Ciani **S** Jeff Gourson, Anthony Redman **D** Lily Tomlin (Pat Kramer), Charles Grodin (Vance Kramer), Ned Beatty (Dan Beame), Henry Gibson (Dr. Nortz), Elizabeth Wilson (Dr. Ruth), Mark Blankfield (Rob), Maria Smith (Concepcion), Pamela Bellwood (Sandra Dyson), James McMullan (Lyle Parks) **L** 88 **E** 30.12.1985 ARD

DIE UNGLAUBLICHE GESCHICHTE DES MISTER C. (THE INCREDIBLE SHRINKING MAN). Die in der Tat unglaubliche Geschichte eines Mannes, der unter den Auswirkungen eines radioaktiv verseuchten Nebels immer mehr zusammenschrumpft, bis er kleiner als ein Zündholz ist und in einem Puppenhaus wohnt. Auf der Flucht vor der Katze im Keller beginnt für ihn ein grotesker Kampf ums Überleben. Mit besonderem Aufwand an originellen Tricks gedrehter reizvoller Abenteuerfilm der B-Kategorie, der heute zu den Klassikern des fantastischen Films zählt. In einigen Szenen eher von unfreiwilliger Komik, erweist sich die Fabel durchaus als plausibel und berührt streckenweise in ihren tragischen Akzenten. – Ab 14. ✦ Schwarz-weiß. USA 1957 **P** Universal **KI** Universal **Pd** Albert Zugsmith **R** Jack Arnold **B** Richard Matheson, nach seinem Roman »The Shrinking Man« **K** Ellis W. Carter **M** Joseph Gershenson (Ltg.), Fred Carling, Elliot Lawrence **S** Al Joseph **D** Grant Williams (Robert Scott Carey), Randy Stuart (Louise Carey), Raymond Bailey (Dr. Thomas Silver), Paul Langton (Charlie Carey), April Kent (Clarice), William Schallert (Dr. Arthur Bramson), Frank Scannell (Barker), Helene Marshall (Krankenschwester), Diana Garrin (Krankenschwester) **L** 81 **FSK** ab 12; f **E** 31.5.1957 **fd** 5 959

DIE UNGLAUBLICHE GESCHICHTE VON OLJA UND SCHISCHOK →Oljas Abenteuer mit dem Hausgeist

UNGLAUBLICHE GESCHICHTEN (AMAZING STORIES). Drei Episoden einer von Steven Spielberg initiierten Fernsehserie, die es auf insgesamt 45 Folgen brachte. 1. »The Mission«: Ein Bomberschütze im Zweiten Weltkrieg, der in seiner Bodenkanzel gefangen ist, droht bei einer Notlandung unweigerlich getötet zu werden; doch da wachsen dem Flugzeug magische Zeichentrickräder. 2. »Mummmy, Daddy«: Ein Schauspieler verläßt den Drehort im Moor, wo er als bandagierte Mumie agiert, um zur schwangeren Ehefrau ins Krankenhaus zu eilen, wobei er durch seine Kostümierung Angst und Schrecken verbreitet. 3. »Go to the Head of the Class«: Zwei geplagte Schüler haben durch eine alte Zauberformel ihren sadistischen Lehrer getötet; da sie ihn wiederbeleben wollen, die dazu notwendige Bildvorlage jedoch zerreißt, verfolgt die beiden eine enthauptete Kreatur, die ihren schwatzenden und grimassierenden Kopf an den Haaren schwenkt. Eine insgesamt enttäuschende Mischung aus Grusel- und Abenteuerkino. Nur die zweite Episode erfreut durch den ironischen Umgang mit den Mythen des Horrorfilms. – Ab 16. ✦ USA 1986 **P** Universal City Studios/Amblin Television **KI** UIP **VA** CIC **Pd** David E. Vogel **R** Steven Spielberg (1), William Dear (2), Robert Zemeckis (3) **B** Menno Meyjes (1), Earl Pomerantz (2), Mick Garris (3), Tom McLoughlin (3), Bob Gale (3) **K** John McPherson (1,3), Robert Stevens (2) **M** John Williams (1), Danny Elfman (2), Steve Bartek (2), Alan Silvestri (3) **S** Steven Kemper (1), Joe Ann Fogle (2), Wendy Greene Bricmont (3) **D** Kiefer Sutherland (Static, 1), Casey Siemaszko (Jonathan, 1), Kevin Costner (Captain, 1), Tom Harrison (Mumie, 2), Bronson Pinchot (Regisseur, 2), Pamela Seamon (Regieassistentin, 2), Brian James (Willy Joe, 2), Christopher Lloyd (Beanes, 3), Scott Coffey (Peter, 3), Mary Stuart Masterson (Cynthia, 3) **L** 110 **FSK** ab 16; f **E** 25.6.1987/Dezember 1987 Video **fd** 26 247

UNGLAUBLICHE GESCHICHTEN 2 →Weitere unglaubliche Geschichten

UNGLAUBLICHE GESCHICHTEN 3 →Drei unglaubliche Geschichten

UNGLAUBLICHE GESCHICHTEN 4 (AMAZING STORIES 4). Drei weitere »Unglaubliche Geschichten«. 1. »Family Dog«: In einem Zeichentrickfilm wird das Schicksal eines kleinen Hundes in einer frustrierten amerikanischen Durchschnittsfamilie geschildert. 2. »Dorothy and Ben«: Ein nach Jahrzehnten aus dem Koma erwachender Farbiger nimmt Kontakt zu einem ins »Zwischenreich« der Bewußtlosigkeit entwichenen Mädchen auf. 3. »The Main Attraction«: Ein selbstgefälliger junger Mann wird von seiner Egomanie geheilt, als er durch einen Meteoriten magnetisch und damit zum Gespött der High School wird. Schwach inszenierte Episoden ohne hintergründige Ausgelassenheit. Aus reizvollen thematischen Ansätzen entwickeln sich meist Sentimentalitäten und altbekannte Gags. – Ab 14 möglich. ✦ USA 1986/87 **P** Amblin Television/Universal City Studios **VA** CIC **R** Brad Bird (1), Thomas Carter (2), Matthew Robbins (3) **B** Brad Bird (1,3), Michael De Guzman (2), Mick Garris (3) **K** John McPherson (2) **M** John Williams, Steve Bartek (1), Danny Elfman (1), Georges Delerue(2), Craig Safan (3) **D** Joe Seneca (2), Natalie Gregory (2), Lane Smith (2), John Scott Clough (3), Lisa Jane Persky (3), Richard Bull (3) **L** 71 **FSK** ab 12 **E** August 1988 Video **fd** 27 054

UNGLAUBLICHE GESCHICHTEN 5 (AMAZING STORIES 5). Drei weitere Episoden der Fernsehserie: 1. Ein Junggeselle hat eine Puppe erworben, von der eine mysteriöse magische Faszination ausgeht. Schließlich begegnet er der Frau, die für die Puppe Modell saß. 2. Ein zum Tode Verurteilter wird bei einem Fluchtversuch von einem Stromschlag getroffen. Er stellt fest, daß seine Hände dadurch Wunderdinge vollbringen können. 3. Ein Farmer tyrannisiert seine Familie, bis seine Stieftochter sich ausgerechnet am Erntedankfest zur Wehr setzt. – Ab 14 möglich. ✦ USA 1986 **P** Universal City Studios **VA** CIC **Pd** David E. Vogel **R** Phil Joanou, Mick Garris **D** John Lithgow, Patrick Swayze **L** 70 **FSK** ab 12 **E** Oktober 1988 Video

UNGLAUBLICHE GESCHICHTEN 6 (AMAZING STORIES 7). Vier weitere Episoden der Fernsehserie. 1. »The 21-Inch Sun«: Überraschend macht ein erfolgloser Fernsehautor Karriere, als sich seine Zimmerpflanze als Gag-Autor entpuppt. 2. »Magic Saturday«: Ein todkranker alter Mann darf in den Körper seines Enkels schlüpfen, um ein letztes Mal Basketball zu spielen. 3. »You gotta believe me«: Ein Mann mit »zweitem Gesicht« verhindert ein Flugzeugunglück. 4. »One Amazing Night«: Santa Claus wird von einem ungläubigen Sheriff als Einbrecher verhaftet. Während die zweite Episode mit viel Liebe fürs Detail einen spannenden Spuk entwickelt, spiegeln die übrigen voll kindlicher Fantasie die altbekannten Schatten- und Sonnenseiten Spielbergscher Fantasie. – Ab 14. ✦ USA 1985/86 **P** Amblin Entertainment/Universal **VA** CIC **R** Nick Castle (1), Robert Markowitz (2), Kevin Reynolds (3), Phil Joanou (4) **B** Bruce Kirschbaum (1), Richard Christian Matheson (2), Stu Krieger (3), Joshua Brand (4), John Falsey (4) **K** Robert Stevens (1,2,3), John McPherson (4) **M** Ralph Burns (1,2), Brad Fiedel (3), Thomas Newman (4) **D** Robert Townsend (1), Michael Lerner (1), Craig Richard Nelson (1), M. Emmet Walsh (2), Taliesin Jaffe (2), David Crowley (2), Charles Durning (3), Mary Betten (3), Ebbe Roe Smith (3), Douglas Seale (4), Pat Hingle (4), Gabriel Damon (4) **L** 91 **FSK** ab 12 **E** 1989 Video **fd** 27 407

UNGLAUBLICHE GESCHICHTEN 7 (AMAZING STORIES 6). Drei weitere Episoden der Fernsehserie. 1. »Mirror, Mirror«: Ein Schriftsteller von Horror-Romanen wird das Opfer jener Gestalten, denen er literarisches Leben verlieh. 2. »Blue Man Down«: Ein Polizist, der sich die Schuld am Tod seines Kollegen gibt, findet neues Selbstvertrauen, als er mit dem Geist einer im Dienst getöteten Kollegin auf Streife geht und einen Entführungsfall löst. 3. »Mr. Magic«: Der tragische Fall eines gealterten Magiers, dessen neue Zauberkarten eines Tages ihren Dienst verweigern. Auf dem Höhepunkt seines zweiten Ruhms beschließt er abzutreten. Kurzweilige, freilich wenig inspirierte fantastische Unterhaltung. – Ab 14 möglich. ✦ USA 1985 **P** Universal **VA** CIC **R** Martin Scorsese (1), Paul Michael Glaser (2), Donald Petri (3) **D** Sam Waterston (1), Helen Shaver (1), Max Gail (2), Kate McNeil (2), Chris Nash (2), Sid Caesar (3), Leo Rossi (3) **L** 71 **FSK** ab 12 **E** März 1989 Video

UNGLAUBLICHE GESCHICHTEN 8 (AMAZING STORIES 8). Achte Zusammenstellung der US-Fernsehserie: 1. »The Pumpkin Competition«: Eine Witwe will einmal im Leben den alljährlichen Kürbis-Wettbewerb gewinnen, wird aber durch ihren Geiz um den Erfolg gebracht. 2. »Without Diana«: Nach 40 Jahren taucht ein verschwundenes Mädchen wieder auf und verläßt gemeinsam mit der damals verstorbenen Mutter das Haus, wodurch der Vater die Kraft zum Weiterleben findet. 3. »Fine Tuning«: Drei Freunde erfahren von der bevorstehenden Landung eines Ufos in Hollywood. Die Außerirdischen sind verrückt nach dem Komiker Milton Berle und bieten ihm eine Fernsehshow auf ihrem Planeten an. Harmlos-unterhaltsame »unglaubliche Geschichten«, nicht gruselig, sondern eher fantastisch und manchmal sentimental. – Ab 14 möglich. ✦ USA 1985/86 **P** Universal **VA** CIC **R** Norman Reynolds (1), Lesli Linka Glatter (2), Bob Balaban (3) **B** Peter Z. Orton (1), Mick Garris (2), Steven Spielberg (3) **D** Polly Holliday, June Lockhart, Dianne Hull, Billy Green Bush, Milton Berle **L** 68 **FSK** o. A. **E** Mai 1989 Video

DER UNGLAUBLICHE HULK (THE INCREDIBLE HULK). Ein Wissenschaftler verwandelt sich bei einem Selbstexperiment unter dem Einfluß von Gamma-Strahlen bei Zornausbrüchen in einen grünen Koloß. Leidlich spannende, aber wenig originelle Science-Fiction-Unterhaltung, die ihre wesentlichen Motive aus einem bekannten amerikanischen Comic Strip bezieht. Unkritisch spielt der Film mit der Ambivalenz von Gut und Böse, von Wissenschaft und Fantasie, wobei er allenfalls in seiner unbekümmerten Verquickung altbekannter Kinomythen etwas Reiz gewinnt. Der Film war der Auftakt einer Fernsehserie. – Ab 14. ✦ USA 1978 **P** Universal Pictures **KI** CIC **R** Kenneth Johnson, Sigmund Neufeld jr. **B** Kenneth Johnson, Thomas Szollosi, Richard Christian Matheson, nach einer »Marvel Comics«-Figur von Stan Lee **K** Howard Schwartz, John McPherson **M** Joseph Hernell **D** Bill Bixby (David Banner), Susan Sullivan (Elaine), Jack Colvin (Jack McGee), Lou Ferrigno (Hulk), Susan Batson (Mrs. Maier), Mario Gollo (Mr. Bram), Charles Siebert (Ben), Eric Server (Polizist), J. Jay Saunders (Controller), Ed Peck (Capt. Brandes) **L** 104 **FSK** ab 12; f **E** 19.6.1980 **fd** 22 519

DIE UNGLAUBLICHE KARRIERE →Eine merkwürdige Karriere

DIE UNGLAUBLICHE REISE (THE INCREDIBLE JOURNEY). Die Erlebnisse zweier Hunde und eines Siam-Katers auf dem 500 Kilometer langen Weg von einem Pflegehaus zu ihrem alten Heim quer durch die kanadischen Wälder. Abenteuerliche Familienunterhaltung, fesselnd durch schöne Landschaftsaufnahmen, sympathisch durch das Bemühen, die Tierwelt nicht (allzu sehr) zu vermenschlichen. (Neuverfilmung:

»Zurück nach Hause – Die unglaubliche Reise«) – Sehenswert ab 6. ✦ USA 1963 **P** Walt Disney Prod. **Kl** Walt Disney **Pd** James Algar, Jack Couffer **R** Fletcher Markle **B** James Algar, nach einem Roman von Sheila Burnford **K** Kenneth Peach, Jack Couffer, Lloyd Beebe **M** Oliver Wallace **S** Norman Palmer **D** Emile Genest (John Longridge), John Drainie (Jim Hunter), Sandra Scott (Mrs. Hunter), Ronald Cohoon (Peter Hunter), Marion Finlayson (Elisabeth Hunter), Robert Christie (MacKenzie) **L** 89 **FSK** ab 6; f **FBW** w **E** 8.4. 1966 **fd** 13 692

DIE UNGLAUBLICHE REISE IN EINEM VERRÜCKTEN FLUGZEUG (AIRPLANE / FLYING HIGH). Ein ehemaliger Vietnam-Pilot landet unter abenteuerlichsten Verwicklungen, Turbulenzen und Gefahren eine Verkehrsmaschine, nachdem die Besatzung einer Vergiftung zum Opfer gefallen ist. Die altbekannte Handlung dient lediglich als Vehikel für eine total überdrehte Parodie auf zahllose Hollywood-Filme von »Der weiße Hai« bis zu »Airport«. Von unterschiedlichem Niveau und nicht immer geschmackvoll, in der deutschen Fassung noch stark vergröbert, kann der Film für Kenner dennoch recht vergnüglich sein. DVD: Die Extras umfassen u. a. einen Audiokommentar von Jon Davison, Jim Abrahams, Jerry Zucker und David Zucker. – Ab 14 möglich. ✦ USA 1980 **P** Howard W. Koch Prod. (für Paramount) **Kl** CIC **DVD** Paramount (16:9, 1.78:1, DD5.1 engl., Mono dt.) **Pd** Howard W. Koch **R** Jim Abrahams **B** Jim Abrahams, David Zucker, Jerry Zucker **K** Joseph Biroc **M** Elmer Bernstein **S** Patrick Kennedy **D** Robert Hays (Ted Striker), Julie Hagerty (Elaine), Lloyd Bridges (McCroskey), Robert Stack (Kramer), Lorna Patterson (Randy), Peter Graves (Captain Oveur), Leslie Nielsen (Dr. Rumack) **L** 88 **FSK** ab 12; f **FBW** w **E** 14.11. 1980/19.2.2001 DVD **fd** 22 711

DIE UNGLAUBLICHE REISE IN EINEM VERRÜCKTEN RAUMSCHIFF (AIRPLANE II: THE SEQUEL / FLYING HIGH II: THE SEQUEL). Der wegen seiner Kenntnis von Mißständen ins Irrenhaus gesteckte Testpilot eines Space-Shuttle, das zum ersten Linienflug zum Mond starten soll, kann fliehen und rettet das korrupte Flugunternehmen nach zahlreichen Katastrophen. Fortsetzung der »unglaublichen Reise« mit einer Fülle von Gags, Geschmacksunsicherheiten und Albernheiten. Für Nonsens-Freunde vor allem unterhaltsam durch die Vielzahl von Anspielungen auf Hollywood und das Weiße Haus (samt Präsidenten) in Washington. – Ab 14 möglich. ✦ USA 1982 **P** Howard W. Koch Prod. (für Paramount) **Kl** UIP **DVD** Paramount (16:9, 1.78:1, DD5.1 engl., Mono dt.) **Pd** Howard W. Koch **R+B** Ken Finkleman **K** Joseph Biroc **M** Elmer Bernstein **S** Dennis Virkler, Tina Hirsch **D** Robert Hays (Ted Striker), Julie Hagerty (Elaine), Sonny Bono (Bomber), Lloyd Bridges (McCroskey), Chuck Connors (Sarge), William Shatner (Murdock), Raymond Burr (Richter), Rip Torn (Kruger), Chad Everett (Simon Kurtz), Peter Graves (Capt. Oveur), John Vernon (Dr. Stone) **L** 84 **FSK** ab 6; f **FBW** w **E** 22.4.1983/19.2.2001 DVD **fd** 23 963

DIE UNGLAUBLICHE SARAH (THE INCREDIBLE SARAH). Filmbiografie, die das Leben der berühmten Schauspielerin Sarah Bernhardt bis zu ihrem 35. Lebensjahr nachzeichnet. Statt einer abgerundeten Charakterstudie ein Drama, das zur Hysterie neigt und in seinen Mitteln überzeichnet – von der Regie über die Darstellung der Hauptrolle bis zur musikalischen Untermalung. – Ab 14. ✦ Großbritannien 1976 **P** Reader's Digest **Pd** Helen M. Strauss **R** Richard Fleischer **B** Ruth Wolff **K** Christopher Callis **M** Elmer Bernstein **S** John Jympson **D** Glenda Jackson (Sarah Bernhardt), Daniel Massey (Sardou), Yvonne Mitchell (Mam'selle), Douglas Wilmer (Montigny), David Langton (Duc De Morny) **L** 105 **E** 23.10.1991 DFF

DIE UNGLAUBLICHE UND TRAURIGE GESCHICHTE VON DER UNSCHULDIGEN ERENDIRA UND IHRER HERZLOSEN GROSSMUTTER (ERENDIRA). Eine allegorische Beschreibung von Unterdrückungsmethoden in Lateinamerika, dargestellt in der Geschichte eines Mädchens, das durch seine Großmutter zur Prostitution gezwungen wird, um eine übermäßige Schuld abzutragen, und das nur durch einen Mord seiner Knechtschaft entrinnen kann. Mit üppigem Dekor und optischem Einfallsreichtum gestaltetes phantasmagorisches Gleichnis um Prostitution und Auflehnung, dessen surreale Elemente in der Tradition des »magischen Realismus« nur schwer zu entschlüsseln sind. Kein Märchen, sondern ein farbenreicher Kommentar zur »condition humaine«. ✦ Frankreich/Mexiko/BR Deutschland 1982 **P** Films du Triangle/Cine Qua Non/Regina Ziegler Filmprod./Saskia/Trio **Kl** Atlas **Pd** Alain Queffellean **R** Ruy Guerra **B** Gabriel García Márquez, nach seiner Erzählung **K** Denys Clerval, Roberto Rivera **M** Maurice Lecoeur **S** Kenout Peltier, Jeanne Kef **D** Irene Papas (Großmutter), Claudia Ohana (Erendira), Michel Lonsdale (Onesimo Sanchez), Oliver Wehe (Ulysse), Blanca Guerra (Ulysses Mutter), Ernesto Gomez Cruz (Gemüsehändler) **L** 104 **FSK** ab 16; f **FBW** w **E** 17.2.1984 **fd** 24 467

DIE UNGLAUBLICHEN ABENTEUER DES GURU JAKOB. Zwei Jugendliche auf Arbeits- und Frauensuche verwirren ein bayerisches Dorf, in dem man einen der beiden für einen kapitalkräftigen Guru hält. Ein billiges, oberflächliches Routineprodukt, das aktuelle Schlager mit dem Provinzialismus altbackener Heimatfilme verbindet und ungeniert die Sektenproblematik ausschlachtet. – Ab 16 möglich. ✦ BR Deutschland 1982 **P** KF Kinofilm **Kl** Scotia **R** Franz Marischka **B** Leon Pulwer, Franz Marischka **K** Ernst W. Kalinke **M** Schlager **D** Zachi Noy (Jakob), Tommi Ohrner (Tommy), Sonja Martin, Wolfgang Fierek, Sibylle Rauch, Barbara Valentin, Beppo Brem **L** 92 **FSK** ab 6; f **E** 15.7.1983 **fd** 24 090

DIE UNGLAUBLICHEN ABENTEUER DES HERKULES (LE FATICHE DI ERCOLE). Abenteuerbilderbogen um den historisch belegten Argonautenzug, der als klischeehafter, naiver Traumfabrik-Mythos erscheint. Anspruchslose Unterhaltung zwischen harmlosem Staunen und grotesk-erheiterndem Spaß. – Ab 14. ✦ Scope. Italien 1957 **P** O.S.C.A.R./Galatea **Kl** Constantin **Pd** Feruccio de Martino **R** Pietro Francisci **B** Pietro Francisci, Ennio de Concini, Gaio Frattini **K** Mario Bava **M** Enzo Manzetti **S** Mario Serandrei **D** Steve Reeves (Herkules), Sylva Koscina (Jole), Mimmo Palmara (= Domenico Palmara) (Iphitos), Ivo Garrani (Pehàs), Gianna Maria Canale (Antea), Fabrizio Mioni (Jason) **L** 90 **FSK** ab 12; nf **E** 13.1. 1959 **fd** 7 758

DIE UNGLAUBLICHEN ABENTEUER DES HOCHWOHLLÖBLICHEN RITTERS BRANCA LEONE (L' ARMATA BRANCALEONE). Ein braver, heruntergekommener Ritter der tragikomischen Gestalt, der mit der klappernden Rüstung und dem störrischen Pferd eine Art Don Quijote darstellt, nimmt zur Zeit der Kreuzzüge eine Reihe vermeintlicher Heldentaten in Angriff, die stets als Farce enden. Seine Freunde, eine Handvoll Landstreicher und Halunken, verhindern dabei regelmäßig das Schlimmste. Turbulente Komik, bisweilen derb und klamaukhaft, aber gut gespielt. Stilistisch uneinheitlich, mehr oder weniger ernsthaft in der Rekonstruktion des Mittelalters. – Ab 16. ✦ Italien/Spanien/Frankreich 1965 **P** Favir/Vertice P.C./Les Films Marceau **Kl** Alpha **R** Mario Monicelli **B** Age (= Agenore Incorocci), Furio Scarpelli, Mario Monicelli **K** Carlo Di Palma **M** Carlo Rustichelli **S** Ruggero Mastroianni **D** Vittorio Gassman (Brancaleone da Norcia), Catherine Spaak (Matelda), Folco Lulli (Pecoro), Gian Maria Volonté (Teofilatto), Carlo Pissacane (Habacuc), Barbara Steele (Teodora), Juan C. Carlos (Taccone), Joaquín Díaz (Mangoldo) **L** 113 **FSK** ab 16; nf **FBW** w **E** 28.6.1968 **fd** 15 692

DIE UNGLAUBLICHEN ABENTEUER EINES TAXIFAHRERS (ADVENTURES OF A TAXI DRIVER). Die Erlebnisse eines Londoner Taxifahrers mit liebesbereiten Kundinnen, seinem kriminellen jüngeren Bruder, seiner nörgelnden Mutter und seiner aufdringlichen Braut. Albernes, wenig erheiterndes Lustspiel, das seinen Humor vergeblich in verfänglichen erotischen Situationen sucht. ✦ Großbritannien 1975 **P** Salon **Kl** Pilot **R** Stanley A. Long **B** Suzanne Mercer **D** Barry Evans, Judy Geeson, Adrienne Posta, Diana Dors, Robert Lindsay **L** 89 **FSK** ab 18; nf **E** 24.2.1978 **fd** 20 687

DIE UNGLAUBWÜRDIGEN ABENTEUER DER ITALIENER IN RUSSLAND (NEWOROJATNYE PRIKLJUTSCHENIJA ITALJANZEW W ROSSII). Sechs Italiener reisen nach Leningrad, um dort nach einem Schatz zu suchen, der während der Revolution von einer nach Italien emigrierten Ballerina unter einem Löwenstandbild vergraben wurde. Turbulente Komödie ohne besonderen künstlerischen Ehrgeiz, aber freundlich-unterhaltsam. – Ab 8. ✦ Scope. UdSSR/Italien 1974 **P** Mosfilm/De Laurentiis **Kl** Progress **R** Eldar Rjasanow **B** Emil Braginski, Eldar Rjasanow **K** Michail Bik, Gabriele Pogani **M** Carlo Rustichelli **D** Andrej Mironow (Andrej), Antonia Santilli (Olga), Ninetto Davoli, Jewgeni Jewstignejew, Luigi Ballisti **L** 103 **E** 11.7.1975 Kino DDR/26.12.1974 DFF 2

DAS UNGLEICHE PAAR (QING CHUAN QING). Jahrhundertalte Traditionen kommen ins Wanken, als in einem kleinen chinesischen Bergdorf ein Mädchen bei einem Mann wohnt, ohne ihn zu heiraten. ✦ VR China 1985 **P** Filmstudio Shanghai **R** Huang Zu Mo **B** Zheng Yang Ying **K** Shen Miao-Rong **D** Lü Xiao He, Ya Ya **L** 100 **E** 1.10.1987 DFF 2

UNGLEICHES DUELL →Adieu, Bulle

EIN UNGLEICHES PAAR (THE DRESSER). Ein Tournee-Ensemble schlägt sich während des Zweiten Weltkrieges mit Shakespeare-Aufführungen in der Provinz durch. Während der Vorbereitungen und bei der Aufführung des »King Lear« treten die unterschiedlichen Charaktere dramatisch zu Tage. Eine durch brillante Darstellerleistungen beeindruckende Charakterstudie und eine witzig-ironische Auseinandersetzung mit den Problemen menschlichen Zusammenlebens, die anregt, über vergessene Tugenden wie Treue, Liebe und Demut nachzudenken. – Sehenswert ab 16. ✦ Großbritannien 1983 **P** Goldcrest/World Film Services **Kl** Warner Columbia **Pd+R** Peter Yates **B** Ronald Harwood, nach seinem Bühnenstück **K** Kelvin Pike **M** James Horner **S** Ray Lovejoy **D** Albert Finney (»Sir«), Tom Courtenay (Norman), Edward Fox (Oxenby), Zena Walker (»Her Ladyship«), Eileen Atkins (Madge), Michael Gough (Frank Carrington) **L** 116 **FSK** ab 12; f **FBW** bw **E** 23.3.1984/10.5.1985 Kino DDR **fd** 24 438

DAS UNGLÜCK (DAS UNGLÜCK). Aus der Erinnerung versucht ein Chirurg die Ereignisse auf einer Südfrankreich-Reise zu rekonstruieren, die er mit einer jungen Frau unternahm und die mit einem Unfall endete. Manchmal chronologisch, öfter aber assoziativ werden Szenen der Rückschau aneinandergereiht, die mosaikartig Aufschluß über das Verhältnis des Paares geben. Spannungen, Reaktionen und neurotische Projizierungen treten deutlich zu Tage. ✦ Schweiz/BR Deutschland 1976 **P** Nemo/SRG/NRD **Pd** Georg Janett **R** Georg Radanowicz **B** Georg Radanowicz, Georg Janett, nach der Erzählung »Skizze eines Unglücks« aus dem »Tagebuch 1966–1971« von Max Frisch **K** Hans Liechti **S** Fee Liechti **D** Vera Gantner (Marlis), Wolfgang Forester (Viktor) **L** 75 **E** Schweiz

DER UNGLÜCKSRABE (THE YELLOW CAB MAN). Ein Taxifahrer, der ein schußfestes Glas erfunden hat, wird von verbrecherischen Geschäftsleuten gejagt, die ihm die verheißungsvolle Formel entwenden wollen. Groteske Abenteuer und Situationswitz, zügig inszeniert. – Ab 12. ✦ Schwarz-weiß. USA 1950 **P** MGM **Kl** MGM **Pd** Richard Goldstone **R** Jack Donohue **B** Devery Freeman, Albert Beich **K** Harry Stradling **M** Scott Bradley **S** Albert Akst **D** Red Skelton (Augustus »Red« Pirdy), Gloria de Haven (Ellen Goodrich), Walter Slezak (Dr. Byron Dokstedder), Edward Arnold (Martin Creavy), James Gleason (Mickey

Corkins), Jay C. Flippen (Hugo) **L** 85 **FSK** ab 12; nf **E** 19.2.1952 **fd** 1 565

DER UNGLÜCKSRITTER (OPPORTUNITY KNOCKS). Ein jugendlicher Hochstapler wird bei seinem ersten großen Coup, dem Einbruch in eine Villa, von den Eltern des Besitzers erwischt. Doch die halten ihn für einen Freund des Hauses, und der clevere junge Mann hat den Vater bald dazu gebracht, ihn in seiner Firma anzustellen, wo er mit seinen ungewöhnlichen Methoden Erfolg hat. Als sich der kleine Gauner auch noch verliebt, kommt es zu Turbulenzen. Nach traditionellen Mustern gestrickte Unterhaltung, die durch solide Schauspielerleistungen überzeugt. – Ab 14. ✦ USA 1990 **P** Imagine **VA** VCL/Carolco **Pd** Mark Gordon, Christopher Meledandri **R** Donald Petrie **B** Mitchel Lee Katlin, Nat Bernstein **K** Steven Poster **M** Miles Goodman **S** Marion Rothman **D** Dana Carvey (Eddie), Todd Graff (Lou), Julia Campbell (Annie), Robert Loggia (Milt), Milo O'Shea (Max) **L** 97 **FSK** ab 12 **E** 22.8.1994 Video/22.8.1995 premiere **fd** 30 986

DIE UNGREIFBAREN (I GUAPPI NON SI TOCCANO). Um mehrere Politikermorde aufzuklären, lässt sich ein einstiger FBI-Agent in eine Gangsterfamilie einschleusen. Handwerklich dilettantischer, im Grundton ausgesprochen rüder Gangsterfilm mit teilweise unlogischer Handlungsführung. ✦ Italien 1979 **P** Flaco **VA** SBS **R** Mario Bianchi **B** Claudio Fragasso, Antonio Cucca **K** Maurizio Salvatori **M** Tullio De Piscopo **S** Cesare Bianchini **D** Gabriele Tinti (Tony Lobianco), Richard Harrison (Ferrari), Paola Senatore (Paulette), Pino Mauro, Tommaso Palladino, Enrico Maisto, Marisa Laurito **L** 89 **E** 1997 Video

DAS UNHEIL (LES CLOCHES DE SILESIE). Am kaleidoskopartig entworfenenen deformierten Modell einer Provinzstadt und ihrer Bewohner liefert der Film eine menschliche und gesellschaftliche Zustandsbeschreibung bundesdeutscher Wirklichkeit zu Beginn der 70er Jahre. Die kritischen Realitätsbezüge werden einseitig beleuchtet und durch eine überfrachtete Beweislast jeder anderen Alternative entzogen. Abgesehen von diesen kritischen Einschränkungen gegenüber dem Konzept sind Engagement und filmische Leistung überaus bemerkenswert. – Ab 16. ✦ BR Deutschland/Frankreich 1970 **P** Hallelujah/Artemis/Artistes Associés **KI** United Artists **Pd** Peter Fleischmann, Josef Fijalkowski **R** Peter Fleischmann **B** Peter Fleischmann, Martin Walser **K** Dib Lufti **M** Die Xhols **S** Odile Failliot **D** Vitus Zeplichal (Hille), Reinhard Kolldehoff (Vater), Helga Riedel-Hasselstein (Mutter), Ingmar Zeisberg (Fabrikantenfrau), Werner Hess (Fabrikant), Silke Kulik (Dimuth), Frederique Jeantet (Roswitha) **L** 106 **FSK** ab 12; f **FBW** bw **E** 23.3.1972/7.12.1973 Kino DDR/26.8.1974 ZDF **fd** 17 791

UNHEILBARE WUNDEN (ITELETLENÜL). Dokumentarfilm über Frauen, die in den 50er Jahren in Ungarn wegen ihrer Verwandschaft oder bloßen Bekanntschaft mit mutmaßlich oppositionellen Künstlern, Intellektuellen oder Aristokraten willkürlich verhaftet und interniert wurden. Tamás Almási führte mehr als 40 Jahre später einige der ehemals inhaftierten Frauen zusammen und stellte sie einer ihrer damaligen Aufseherinnen gegenüber. – Ab 14. ✦ Ungarn 1991/92 **R+B** Tamás Almási **L** 77 **E** 28.8.1994 3sat

EINE UNHEILIGE LIEBE. Die heimliche Liebe zwischen einem schneidigen jungen katholischen Pfarrer und einer Kunstlehrerin. Weder interessant noch provokant spult der Film die Geschichte ab, jede Szene ist voraussehbar, ohne daß seine Thesen menschliche Schicksale berühren. Dazu kommt die völlige Fehlbesetzung der Rolle des Pfarrers. So glatt, gefühlsarm und arrogant läßt sich ein Klerikerbild mit der kirchlichen Wirklichkeit heute nicht identifizieren. Der Film trägt zur Auseinandersetzung mit dem Zölibatsproblem kaum etwas bei. Die wichtigen Gegenargumente werden mit Zutaten aus dem Neuen Testament belegt, ohne Berücksichtigung des Kontextes. Was ein spannender Zeitfilm hätte werden können, erweist sich als schlecht inszeniertes Drama. ✦ Deutschland 1993 **P** Sentana/ZDF **Pd+R+B** Michael Verhoeven **K** Axel de Roche **S** Barbara Hennings **D** Timothy Peach (Georg), Heike Falkenberg (Eva), Robert Giggenbach (Franz), Elena Rublack (Monika), Barbara Gallauner (Martha), Alexander May (Bischof) **L** 94 **E** 11.10.1993 ZDF

DIE UNHEILIGE SOPHIA. Zweiteiliger Fernsehfilm. Ein Geschichtslehrer, der jährlich seinen Urlaub in einem kleinen Dorf bei Berlin verbringt, begegnet dort immer wieder Legenden über eine einstige Bewohnerin, von der niemand wusste, woher sie kam, als sie im Frühjahr 1945 im Dorf auftauchte. Sie ließ ihren Bräutigam durch die Rote Armee verhaften, rettete 50 ukrainischen Kriegsgefangenen das Leben, beherrschte Russisch wie ihre Muttersprache und wurde Bürgermeisterin. 1946 heiratete sie ihren vorzeitig aus der Gefangenschaft entlassenen Bräutigam und verschwand noch in der Hochzeitsnacht spurlos. Viele Jahre später recherchiert der Geschichtslehrer die Geschichte der »roten Sophia« und macht erregende Entdeckungen. – Poetisch-lyrische, mit kriminalistischen Elementen versehene Legende, in der Bewusstseinsprozesse unmittelbar nach dem Zweiten Weltkrieg spielerisch skizziert werden. Trotz einiger vorsichtiger Tabubrüche bleibt der Film letztlich aber doch dem gängigen Kanon der DDR-Geschichtsschreibung verpflichtet. – Ab 14. ✦ DDR 1974/75 **P** DEFA **Pd** Bernd Gerwien **R** Manfred Wekwerth **B** Manfred Wekwerth, Eberhard Panitz, nach dem Roman von Panitz **K** Roland Dressel **S** Barbara Simon **D** Renate Richter (Sohphia), Wolf Kaiser (Ernst Lewke), Lisa Macheiner (Frau Scalander), Dieter Mann (Harry Scalander), Arno Wyzniewski (Lehrer Hans Lukath) **L** 213 (zwei Teile) **E** 28.,30.3.1975 DFF 1

EIN UNHEIMLICH STARKER ABGANG →Sonja schafft die Wirklichkeit ab oder ... ein unheimlich starker Abgang

DIE UNHEIMLICH VERRÜCKTE GEISTERSTUNDE (CREEPSHOW). In der Fantasie eines Kindes erwachen Figuren eines Horror-Comics zum Leben und suchen die Menschheit heim. Makabrer Episodenfilm, der Versatzstücke der Trivialkunst parodistisch verarbeitet – bisweilen etwas kraß in den Ausdrucksmitteln und halbherzig im kritischen Ansatz. Ein nur streckenweise unterhaltsamer Film. (Die Videofassung enthält eine zusätzliche Episode; DVD-Titel: »Creepshow«.) ✦ USA 1982 **P** Laurel Entertainment **KI** Neue Constantin **VA** Constantin **Pd** Richard P. Rubinstein **R** George A. Romero **B** Stephen King **K** Michael Gornick **M** John Harrison **S** Michael Spolan, Pasquale Buba, George A. Romero, Paul Hirsch **D** Hal Holbrook (Henry), Adrienne Barbeau (Wilma), Fritz Weaver (Dexter), Carrie Nye (Sylvia), E. G. Marshall (Upson), Stephen King (Jordy), Leslie Nielsen (Upson Pratt), Viveca Lindfors (Tante Bedelia) **L** 94 (Video 112) **FSK** ab 16; nf **E** 29.4.1983/1983 Video **fd** 23 983

DER UNHEIMLICHE. Ein Schriftsteller hat in einem aufsehenerregenden Roman die Tätigkeit einer Banknoten-Fälscherbande mit so erstaunlicher Sachkenntnis beschrieben, daß sich eine solche Organisation gefährdet fühlt. Mit Hilfe posthypnotischer Aufträge bringt ihn der Bandenführer in den ernsten Verdacht eines von ihm selbst begangenen Mordes. Überkonstruierter, aber dank ausgewogener Gestaltung und angemessener Besetzung ein spannender Kriminalfilm im Stil eines psychologischen Kammerspiels. (Früherer Titel: »Die Tat des Anderen«) – Ab 16. ✦ Schwarz-weiß. BR Deutschland 1950 **P** Condor **KI** Falken **Pd** Kurt Hartmann **R** Helmut Weiss **B** Wolf Neumeister, nach dem Roman »Die unheimliche Schachpartie« von Paul van der Hurk **K** Erich Claunigk **M** Lothar Brühne **D** Hans Nielsen (Schriftsteller Mönk), Ilse Steppat, Rolf von Nauckhoff, Hans Magel, Charles Regnier **L** 84 **FSK** ab 16; f **E** 19.1.1951/3.2.1958 ARD und DFF 1 **fd** 1 064

DAS UNHEIMLICHE AUGE (DELIRIUM / LE FOTO DI GIOIA). Die Verlegerin eines Herrenmagazins wird von einem offenkundig psychopathischen Killer bedroht. Da er an sie nicht ohne weiteres herankommt, ermordet er erst einmal ihre Modelle. Harter Horrorfilm voller spekulativer Sex-and-Crime-Szenen. ✦ Italien 1986 **P** Medusa/Devon/Dania **KI** Alemania/Elysee/Nova **VA** New Vision **Pd** Francesco Frantacci **R** Lamberto Bava **B** Gianfranco Clerici, Daniele Stroppa **K** Gianlorenzo Battaglia **M** Simon Boswell **D** Serena Grandi (Gloria), Daria Nicolodi (Evelyn), Katrine Michelsen (Kim), David Brandon (Roberto), Capucine (Flora), Sabrina Salerno (Sabrina) **L** 93 **FSK** ab 18; nf **E** 12.11.1987/24.4.1988 Video

UNHEIMLICHE BEGEGNUNG (OF UNKNOWN ORIGIN). Ein Bankmanager in Seattle jagt und tötet in seinem Haus eine intelligente Ratte. Ein Versuch, die Erzählmuster des Horrorfilms mit dem Psychogramm eines Karrieristen, der sich in eine unangemessene Aggressivität steigert, zu verbinden. Einerseits wirkt der Film zwiespältig durch seine Art der Heroisierung, andererseits ist er gerade wegen dieser Beschreibung eines fast psychopathischen Wahns für ein differenziert denkendes Publikum diskussionswert. ✦ Kanada 1984 **P** Guardian Trust/Canadian Film Development/Famous Players **VA** Warner Home **Pd** Claude Héroux, Pierre David **R** George Pan Cosmatos **B** Brian Taggert, nach einem Roman von Chauncey G. Parker III **K** René Verzier **M** Ken Wannberg **S** Roberto Silvi **D** Peter Weller (Bart Hughes), Jennifer Dale (Lorrie Wells), Lawrence Dane (Eliot Riverton), Louis Del Grande (Clete), Shannon Tweed (Meg Hughes) **L** 85 **FSK** ab 16 **E** Mai 1986 Video **fd** 25 647

UNHEIMLICHE BEGEGNUNG DER DRITTEN ART (CLOSE ENCOUNTERS OF THE THIRD KIND). Einige amerikanische Mittelstandsbürger im mittleren Westen treten in direkten Kontakt mit außerirdischen Wesen. Geschildert werden ihre unterschiedlichen Reaktionen zwischen Unruhe, Neugier, Panik und Faszination, als sie die UFOs entdecken. Ein optisch faszinierendes Science-Fiction-Märchen, ganz aus dem Geiste Walt Disneys, das die Utopie einer von Harmonie und Glückseligkeit erfüllten außerirdischen Welt umschreibt. Der naive Glaube an die Erlösung aus dem All kann kaum als ernsthafte Antwort auf die Probleme des modernen Menschen verstanden werden, aber als filmtechnisches Kabinettstück ist der Film dennoch ein fantasievolles Vergnügen. In seinen besten Momenten wird er zudem zur geistreichen Karikatur einer der technischen Dinge überdrüssigen Erwachsenenwelt. – Sehenswert ab 14. ✦ Scope. USA 1977 **P** Close Encounter (für Columbia Pictures) **KI** Warner-Columbia **Pd** Julia Phillips, Michael Phillips **R+B** Steven Spielberg **K** Vilmos Zsigmond, Douglas Slocombe, William A. Fraker, John A. Alonzo, Laszlo Kovacs **M** John Williams **S** Michael Kahn **D** Richard Dreyfuss (Roy Neary), François Truffaut (Claude Lacombe), Teri Garr (Ronnie Neary), Melinda Dillon (Jillian Guiler), Bob Balaban (David Laughlin), Lance Henriksen (Robert), Cary Guffey (Barry Guiler), Warren Kemmerling (Wild Bill), Adrienne Campbell (Sylvia Neary), Justin Dreyfuss (Toby Neary) **L** 134 **FSK** ab 12; f **FBW** bw **E** 6.3.1978/4.1.1985 Kino DDR **fd** 20 719

UNHEIMLICHE BEGEGNUNG DER DRITTEN ART – DIE NEUE VERSION (CLOSE ENCOUNTERS OF THE THIRD KIND – SPECIAL VERSION). Die neu geschnittene und korrigierte Fassung des märchenhaften Science-Fiction-Epos von der Landung messianischer UFO-Piloten auf der Erde. Spielberg erweitert vor allem die Psychologie der Hauptfigur Neary und verdeutlicht deren Entscheidungskonflikte auf der Suche nach der »Wahrheit«. Ausführlicher auch das Ende: Hier wird der mythisch-sakrale Charakter der Begegnung betont und die in der ersten Fassung bemerkbare Selbstironie zurückgenommen. DVD: Die umfangreiche, filmhistorisch interessante Special Edition (2 DVDs) enthält u. a. die 100-minütige erhellende Dokumentation über den Film und seine

Entstehungsgeschichte sowie ein Feature mit 11 nicht verwendeten Szenen. – Sehenswert ab 14. ✦ Scope. USA 1977/80 **P** Close Encounter (für Columbia Pictures) **Kl** Warner-Columbia **DVD** Columbia TriStar Home (SE, 16:9, 2.35:1, DD5.1 engl./dt., DTS dt.) **Pd** Julia Phillips, Michael Phillips **R+B** Steven Spielberg **K** Vilmos Zsigmond, Douglas Slocombe, William A. Fraker, John A. Alonzo, Laszlo Kovacs **M** John Williams **S** Michael Kahn **D** Richard Dreyfuss (Roy Neary), François Truffaut (Claude Lacombe), Teri Garr (Ronnie Neary), Melinda Dillon (Jillian Guiler), Bob Balaban (David Laughlin), Lance Henriksen (Robert), Cary Guffey (Barry Guiler), Warren Kemmerling (Wild Bill), Justin Dreyfuss (Toby Neary) **L** 132 **FSK** ab 12; f **FBW** bw **E** 13.3.1981/1.6. 2001 DVD **fd** 22 873

DER UNHEIMLICHE BESUCHER (THE NIGHT VISITOR). Ein durch verbrecherische Machenschaften seiner Familie ins Irrenhaus gekommener Bauer rächt sich an den Schuldigen. Die Indizien der Morde belasten seinen Schwager, einen Arzt. Der Polizeiinspektor steht vor einem Rätsel, bis ihm der Zufall zu Hilfe kommt. Vordergründiger Psycho-Krimi, der Charaktere und Situationen stark vereinfacht und auch auf Klischees nicht verzichtet. Schauspielerisch gut. (Videotitel: »Perfekte Rache«) – Ab 16. ✦ USA 1970 **P** Hemisphere **R** Laszlo Benedek **B** Guy Elmes, nach der Erzählung »Salem Came to Supper« von Samuel Roecca **K** Henning Kristiansen **M** Henry Mancini **S** Bill Blunden **D** Max von Sydow (Salem), Liv Ullmann (Esther Jenks), Per Oscarsson (Dr. Anton Jenks), Trevor Howard (Inspektor), Rupert Davies (Clemens) **L** 105 **E** 25.1.1973 ARD/29.3.1986 DFF 1

DAS UNHEIMLICHE ERBE (THIRTEEN GHOSTS). Eine Familie, die das Haus eines »Geisterforschers« erbt, muß sich mit einem Dutzend Gespenster herumschlagen, die »Verstärkung« für ihren Clan suchen. Routiniert inszenierter Horrorfilm der B-Kategorie, der die abstrusen Ereignisse mit einer gewissen Atmosphäre umgibt und sich wohltuenderweise dabei selbst nicht zu ernst nimmt. – Ab 16. ✦ Teils schwarz-weiß. USA 1959 **P** Columbia **Kl** Columbia **Pd+R** William Castle **B** Robb White **K** Joseph Biroc **M** Von Dexter **S** Edwin Bryant **D** Charles Herbert (Buck Zorba), Jo Morrow (Medea Zorba), Martin Milner (Anwalt Rush), Rosemary DeCamp (Hilda Zorba), Donald Woods (Cyrus Zorba), Margaret Hamilton (Elaine Zacharides), John van Dreelen (E. Van Allen) **L** 84 **FSK** ab 16; nf **E** 17.1.1961 **fd** 9 944

EINE UNHEIMLICHE FAMILIE ZUM SCHREIEN →Here come the Munsters

DAS UNHEIMLICHE FENSTER (THE WINDOW). Wegen seiner lebhaften Fantasie und Geschichtenerzählerei findet ein Junge keinen Glauben, als er über einen Mord berichtet, dessen Zeuge er war, was für ihn beinahe den Tod bedeutet. Ein thematisch ungewöhnlicher Kriminalfilm von außergewöhnlicher Dichte und Spannung. Überdurchschnittlich in Kamera und Darstellung. (Weitere Verfilmungen: »Ein Junge schrie Mord«, »Ein tödliches Spiel«) – Sehenswert ab 14. ✦ Schwarz-weiß. USA 1949 **P** RKO **Kl** RKO **Pd** Frederic Ullman **R** Ted Tetzlaff **B** Mel Dinelli, nach einer Kurzgeschichte von Cornell Woolrich **K** William Steiner **M** Roy Webb **D** Barbara Hale (Mrs. Woodry), Bobby Driscoll (Tommy Woodry), Arthur Kennedy (Mr. Woodry), Paul Stewart (Mr. Kellerton), Ruth Roman (Mrs. Kellerton) **L** 73 **FSK** ab 16; f **E** 17.2.1950/ 2.6.1959 ARD **fd** 554

DER UNHEIMLICHE FREMDE (ATTENTION, LES ENFANTS REGARDENT). Durch einen Unglücksfall und das Auftauchen eines vagabundierenden Fremden verändert sich schlagartig das Ferien-Idyll von vier Kindern in einer Luxusvilla an der Côte d'Azur. Aus Angst, Opfer des Fremden zu werden, töten die Kinder den Eindringling. Eine psychologisch nicht hinreichend motivierte Mischung aus Märchen und psychologischer Studie, von der wegen der etwas uneinheitlichen Inszenierung nicht die angestrebte Irritation ausgeht. Diskussionswert ist das zentrale Thema dennoch: die von den Kindern vollzogene Verschmelzung von Fiktion und Wirklichkeit als Reflex auf die Einflußmöglichkeiten von Fernsehen und Fernsehgewalt. – Ab 16. ✦ Frankreich 1977 **P** Adel **Kl** United Artists **Pd** Alain Delon **R** Serge Leroy **B** Christopher Frank, nach einem Roman von Laird Koenig und Peter Dixon **K** Claude Renoir **M** Eric de Marsan **S** François Ceppi **D** Alain Delon (der Fremde), Sophie Renoir (Irlande), Richard Constantini (Dimitri), Tiphaine Leroux (Marlène), Tierry Turchet (Marc (»Boule«)), Françoise Brion **L** 102 **FSK** ab 16; f **E** 13.10.1978 **fd** 20 944

DER UNHEIMLICHE GAST (THE UNINVITED). Ein Geschwisterpaar bezieht das zum Verkauf stehende einsame Haus seiner Familie in Cornwall an der englischen Küste. Als in dem Gebäude eine lange verstorbene Frau als ruheloser Geist Angst und Schrecken verbreitet, stellt sich allmählich heraus, daß es sich dabei um den Geist der eigenen Mutter handelt. Gut gespielter Gruselfilm, der sich in kolportagehafter Manier in Gespensterglauben und -spuk verheddert, dies nicht zuletzt, weil er sich selbst viel zu ernst nimmt. (Fernsehtitel: »Der ungebetene Gast«) – Ab 16. ✦ Schwarz-weiß. USA 1944 **P** Paramount **Kl** Paramount **R** Lewis Allen **B** Dodie Smith, nach dem Roman von Dorothy Macardle **K** Charles B. Lang **M** Victor Young **D** Ray Milland, Ruth Hussey, Gail Russell, Donald Crisp, Cornelia Otis Skinner **L** 98 **FSK** ab 16; nf **E** 23.5.1950/26.1. 1984 WDR **fd** 1 154

DER UNHEIMLICHE GEGNER →In den Klauen der Vergangenheit

EINE UNHEIMLICHE GEISTERNACHT →Creeps – Eine unheimliche Geisternacht

UNHEIMLICHE GESCHICHTEN (1919). Umgeben von einer Rahmenhandlung, die in einem Bücherladen spielt, werden fünf unheimliche Geschichten nach bekannten literarischen Vorlagen aneinandergereiht: »Die Erscheinung« nach Anselma Heine, »Die Hand« nach Robert Liebmann, »Die schwarze Katze« nach E. A. Poe, »Der Selbstmörderklub« nach R. L. Stevenson und »Der Spuk« nach Richard Oswald. Schnörkellos und mit beinahe lakonischer Knappheit bringt der in bester Tradition des expressionistischen Films inszenierte Stummfilm die Ereignisse auf den Punkt. Ein hochinteressantes filmhistorisches Dokument. – Ab 14. ✦ Schwarz-weiß. Deutschland 1919 **P** Richard-Oswald-Film **Pd+R** Richard Oswald **B** Richard Oswald, nach Kurzgeschichten von Anselma Heine, Robert Liebmann, Edgar Alan Poe, Robert L. Stevenson und Richard Oswald **K** Carl Hoffmann **D** Conrad Veidt, Reinhold Schünzel, Anita Berber, Hugo Döblin, Paul Morgan, Georg John **L** 70 **E** Dezember 1919/ 5.3.1971 BR

UNHEIMLICHE GESCHICHTEN (1932). Ein Reporter begibt sich auf eine Verfolgungsjagd voller unheimlicher Gefahren nach einem verrückten Erfinder, der seine Frau erschlagen hat. Aus Erzählungen von E. A. Poe (»Das Geheimnis der schwarzen Katze«) und R. L. Stevenson (»Der Selbstmörderclub«) destillierter, absurder Horror-Kintopp in der Nachfolge von Paul Lenis »Wachsfigurenkabinett«, interessant als beispielshaftes Stück deutscher Filmgeschichte. Nur in bestimmten Segmenten eine Remake von Oswalds eigenem gleichnamigem Stummfilm von 1919. – Ab 16. ✦ Schwarz-weiß. Deutschland 1932 **P** Roto-G.P.-Film **Kl** Dietz **R** Richard Oswald **B** Heinz Goldberg, Eugen Szatmary, nach Kurzgeschichten von Edgar Allan Poe und Robert L. Stevenson **K** Heinrich Gärtner **M** Rolf Marbot, Bert Reisfeld **S** Max Brenner **D** Paul Wegener (der Mörder), Maria Koppenhöfer (die Hoheit im schwarzen Kleild), Blandine Ebinger (junge Dame im Selbstmörderclub), Eugen Klöpfer (Chefarzt der Irrenanstalt), Harald Paulsen (Frank Briggs, Journalist) **L** 89 **FSK** ab 16; nf **E** 7.9. 1932/29.9.1950 Neustart

DAS UNHEIMLICHE HAUS (1941) (LES INCONNUS DANS LA MAISON). Ein Strafverteidiger lebt in einer kleinen Provinzstadt zurückgezogen in seiner Villa. Seine Tochter gehört zu einer Bande Jugendlicher aus den feinen Kreisen, die aus Langeweile Diebstähle begehen. Als für einen Mord in seinem Haus ein Junge angeklagt wird, übernimmt er, seinem Alkoholismus abschwörend, dessen Verteidigung und findet den wirklichen Täter. Eine sozialpsychologische Studie in Form eines Kriminal- und Gerichtsfilms, der sich durch seinen beachtlichen sozialkritischen Tenor auszeichnet. Den Kommentar spricht Pierre Fresnay. 1944, nach der Befreiung Frankreichs, wurde der Film verboten. (Neuverfilmung: »Der Fremde im Haus«) – Ab 16. ✦ Schwarz-weiß. Frankreich 1941 **P** Continental **Kl** Prisma **R** Henri Decoin **B** Henri-Georges Clouzot, nach einem Roman von Georges Simenon **K** Jules Kruger **M** Roland Manuel **D** Raimu (Strafverteidiger Loursat), Juliette Faber (Nicole Loursat), Jean Tissier (Untersuchungsrichter Ducup), Jacques Baumer (Staatsanwalt Rogissart), André Reybas (Emile Manu), Marcel Mouloudji (Ephraim Luska) **L** 95 **E** 18.1.1951/18.12.1956 Kino DDR/19.3.1957 DFF 1 **fd** 1 176

DAS UNHEIMLICHE HAUS (1992) (L'INCONNU DANS LA MAISON). Neuverfilmung eines Kriminalromans von Georges Simenon. Ein Rechtsanwalt, der nach dem Tod seiner Frau im Delirium versank, wird durch einen Todesfall in seinem eigenen Haus aus seiner Lethargie gerissen. Als dort ein junger Mann erschossen aufgefunden wird, der sich als Liebhaber seiner Tochter erweist, macht er sich an die Lösung des Falls. ✦ Frankreich 1992 **P** Annbel/Le Studio Canal+/Les Films Alain Sarde/TF1 **R** Georges Lautner **B** Georges Lautner, Bernard Stora, Jean Lartéguy, nach einem Roman von Georges Simenon **K** Jean-Yves Le Mener **M** Francis Lai **S** Georges Klotz **D** Jean-Paul Belmondo (Jacques Loursat), Christina Réali (Isabelle Loursat), Sébastian Tavel (Manu), Renée Faure (Fine), François Perrot (Kommissar Binet), Geneviève Page (Bernadette), Pierre Vernier (Le Président Tribunal), Jean-Louis Richard (L'Avocat Général), Muriel Belmondo (Rogissart) **L** 97 **E** 23.02. 2001 SuperRTL

DIE UNHEIMLICHE HERBERGE →Die rote Herberge

DER UNHEIMLICHE HERZOG →Adel verpflichtet

DER UNHEIMLICHE HULK VOR GERICHT (TRIAL OF THE INCREDIBLE HULK). Auch nach dem Umzug in eine andere Stadt kommt der Wissenschaftler, der sich bei Zornausbrüchen in den grünen Koloss Hulk verwandelt, nicht von seiner Doppel-Identität los. Als er unter Mordverdacht gerät, lernt er ein weiteres übermenschliches Wesen kennen, das die Kriminalität bekämpft. Fortsetzung einer wenig originellen Filmversion des populären Science-Fiction-Comic, die im Kino als »Der unglaubliche Hulk« eingesetzt wurde. (Vgl. auch »Der Tod des unheimlichen Hulk«) – Ab 16. ✦ USA 1989 **P** Universal **R** Bill Bixby **B** Gerald Di Pego **K** Chuck Colwell **M** Lance Rubin **D** Bill Bixby (Dr. David Banner), Lou Ferrigno (Hulk), Rex Smith (Matt Murdock), Marta DuBois (Ellie Mendez), Nicholas Hormann (Edgar), John Rhys-Davies, Nancy Edwards, Joseph Mascolo (Tendelli), Richard Cummings jr. (Al Pettiman), Nancy Everhard (Christa Klein) **L** 85 **E** 16.8.1991 RTL plus

DER UNHEIMLICHE KOMPLICE (THE SECRET PARTNER). Ein Bankräuber entkommt mit einem Koffer voller Geld. Ein pensionsreifer Kommissar wird vom Jagdfieber gepackt, aber der Hauptverdächtige – ein kleiner linkischer Beamter – kann alle Beweise entkräften. Schließlich kommt es zu einer überraschenden Lösung des Falls. Intelligent konstruierter Kriminalfilm, der ohne viel Aufwand ein hohes Maß an Spannung erreicht und seine Pointe buchstäblich erst in letzter Sekunde preisgibt. – Sehenswert ab 16. ✦ Schwarz-weiß. Großbritannien 1960 **P** Metro-Goldwyn-Mayer British Studios **Kl** MGM **Pd** Michael Relph **R** Basil Dearden **B** David Pursall, Jack Seddon **K** Harry Waxman **M** Philip Green **D** Stewart Granger (John Brent), Haya Harareet (Nicole), Bernard Lee (Dt. Sup. Hanbury), Norman Bird (Ralph Beldon),

Conrad Phillips (Alan Richford), Lee Montague (Dt. Insp. Henderson) **L** 91 **FSK** ab 16; nf **E** 6.10.1961/ 9.11.1968 ARD **fd** 10 634

DAS UNHEIMLICHE LIED (ALLEIN IM DUNKEL) (SEUL DANS LA NUIT / L' ASSASSIN CHANTAIT). In der Bekanntschaft eines berühmten Sängers häufen sich Morde, besonders an jungen Frauen. Jedesmal, wenn eine solche Tat begangen wird, hört man die Stimme des Sängers in der Umgebung des Ortes ein Chanson summen. Nachdem reihum alle verdächtigt worden sind, wird der wirkliche Täter in einem verlassenen Theater gestellt, wohin er sein letztes Opfer bestellt hat. Klassischer, undramatisch-spannender und einfacher Kriminalfilm. – Ab 14 möglich. ✦ Schwarz-weiß. Frankreich 1945 **P** Pathé Cinéma **KI** IFA **R** Christian Stengel **B** Jacqueline Boisyvon, Yves Boisyvon **K** Christian Matras **M** Louiguy, Francis López, Jean Solar **D** Bernard Blier (Pascal), Sophie Desmarets (Thérèse), Jacques Pills (Sartory), Annette Poivre (Mireille), Ginette Baudin (Elyane Roy), Jean Davy (Dalbret) **L** 100 **E** 1949 Kino **fd** 163

DIE UNHEIMLICHE MACHT (THE KEEP). In einer düsteren Festung in den Karpaten kommt es 1941 zur Konfrontation zwischen nationalsozialistischen Soldaten und dem dort eingesperrten absoluten Bösen. Eine mit aufwendigen Trickeffekten verschnittene Schauermär, deren plakative Verquickung von Horror-Genrekino und billigen Kriegsfilm-Klischees Instinktlosigkeit und einen erschreckenden Mangel an (Geschichts-)Bewußtsein offenbart. ✦ Scope. USA 1983 **P** Paramount Pictures **VA** CIC **Pd** Howard W. Koch, Gene Kirkwood **R** Michael Mann **B** Michael Mann, nach einem Roman von F.-P. Wilson **K** Alex Thomson **M** Tangerine Dream **S** Dov Hoenig **D** Scott Glenn (Glaeken Trismegestus), Jürgen Prochnow (Kapitän Klaus Woermann), Alberta Watson (Eva Cuza), Ian McKellen (Dr. Theodore Cuza), Gabriel Byrne (SS-Offizier Kaempffer), Robert Prosky (Priester Fonescu), Morgan Sheppard (Alexandru) **L** 92 **FSK** ab 16 **E** Mai 1985 Video **fd** 25 106

DER UNHEIMLICHE MANNEQUINKILLER (INTO THE DARKNESS). Auf Grund abgrundtiefen Hasses auf seine Mutter, der durch nicht verarbeitete Kindheitserlebnisse entstanden ist, steht ein Mann unter dem Zwang, attraktive Frauen ermorden zu müssen. Billiger Thriller. ✦ USA 1986 **P** Western World **VA** Tristar **R** unbekannt **B** Paul B. Hutchinson **D** Donald Pleasence, Ronald Lacey, Polly Pleasance, John P. Ryan **L** 91 **FSK** ab 16 **E** Video

DER UNHEIMLICHE MÖNCH. Ein als Mönch verkleideter Mörder und Mädchenhändler, der in einem englischen Schloß, in dem ein Mädchenpensionat untergebracht ist, sein Unwesen treibt, wird von Scotland Yard zur Strecke gebracht. Recht geschickt auf Spannung angelegter, mit Humor und Komik gewürzter Krimi aus der Edgar-Wallace-Serie. – Ab 14 möglich. ✦ Schwarz-weiß. BR Deutschland 1965 **P** Rialto **KI** Constantin **Pd** Horst Wendlandt **R** Harald Reinl **B** Joachim Bartsch, Fred Denger, nach einem Roman von Edgar Wallace **K** Ernst W. Kalinke **M** Peter Thomas **S** Jutta Hering **D** Harald Leipnitz (Inspektor Bratt), Karin Dor (Gwendolin), Siegfried Lowitz (Richard), Eddi Arent (Smith), Ilse Steppat (Patricia), Dieter Eppler (William), Siegfried Schürenberg (Sir John), Hartmut Reck (Ronny), Kurt Waitzmann (Cunning), Rudolf Schündler (Alfons Short), Kurd Pieritz (Monsieur d'Arol), Uta Levka (Lola), Dunja Rajter (Dolores), Uschi Glas (Mary) **L** 81 (Orig. 86) **FSK** ab 12; f (fr. 16;nf) **E** 17.12.1965 **fd** 13 770

DER UNHEIMLICHE MÖRDER (SURSIS POUR UN ESPION). Die Polizei sprengt einen raffiniert getarnten Rauschgiftschmugglerring, wobei sich die Bande letztlich durch interne Zwistigkeiten selbst ans Messer liefert. Nach Schablone gefertigter Kriminalfilm mit aufdringlichen reißerisch-brutalen Effekten und einigen dümmlichen Sexeinlagen. ✦ Scope, schwarz-weiß. Frankreich 1964 **P** Sofracine/Paris Inter **KI** Roland **R** Jean Maley **B** Jean Maley, Michel Dubosc **K** Claude Robin **M** Camille Sauvage, Henri Salvador **D** Jean Servais, Dany Robin, Wolfgang Preiss, Agnès Spaak, Véra Belont, Noël Roquevert **L** 80 **FSK** ab 18; nf **E** 7.12.1965 **fd** 14 018

DER UNHEIMLICHE MR. SARDONICUS (MR. SARDONICUS / SARDONICUS). Bei der Schändung des väterlichen Grabes erstarrt das Gesicht eines Mannes zur Totenfratze. Ein Arzt soll ihn davon befreien. Atmosphärisch dichter B-Horrorfilm, der effektvoll filmische Tricks – und auch manche Häßlichkeit – zu bedienen versteht und handfesten Gruselkintopp mit einigen suggestiven Andeutungen verbindet. Eindrucksvoll: Oscar Homolka, der eine intensive Studie als einäugiger Kammerdiener bietet. – Ab 16. ✦ Schwarz-weiß. USA 1961 **P** William-Castle-Prod. (für Columbia) **KI** Columbia-Bavaria **Pd+R** William Castle **B** Ray Russell **K** Burnett Guffey **M** Von Dexter **S** Edwin Bryant **D** Ronald Lewis (Sir Robert Cargrave), Audrey Dalton (Maude Sardonicus), Guy Rolfe (Sardonicus), Oskar Homolka (Krull), Vladimir Sokoloff (Pater), Erika Peters (Elenka) **L** 87 **FSK** ab 16; nf **E** 29.6.1962 **fd** 11 217

DER UNHEIMLICHE RÄCHER (FLAMING LEAD / PHANTOM RANCHER). Neufassung zweier alter Wildwestfilme: »Schrecken der Prärie« und »Der geheimnisvolle Reiter«, 1962 neu zusammengeschnitten zu einem abendfüllenden »Paket«. Pferdediebe werden durch den zurückgekehrten Erben einer Ranch zur Strecke gebracht. Simpler Ken-Maynard-Cowboyfilm voller äußerer Aktionen. – Ab 12. ✦ Schwarz-weiß. USA 1938/43 **P** Colony **KI** Eulen-Film **R** Sam Newfield, Harry Fraser **D** Ken Maynard, Dave O'Brien, Eleanor Stewart **L** 103 **FSK** ab 12; nf **E** 1962 Kino **fd** 11 899

UNHEIMLICHE SCHATTENLICHTER (THE TWILIGHT ZONE – THE MOVIE). Vier Geschichten unterschiedlicher Stilart und Qualität, angesiedelt im Grenzbereich von Fiktion und Realität. Die Idee für den Episodenfilm wurde einer Anfang der 60er Jahre in den USA sehr erfolgreichen Fernsehserie entlehnt, in der jeweils kleine Horror- und Fantasy-Geschichten in Kurzfilme umgesetzt wurden. Allein John Landis verwendete dabei eine Originalgeschichte, die übrigen drei basieren auf den »Twilight Zone«-Geschichten »Kick the Can« (1962), »It's a Good Life« (1961) und »Nightmare at 10 000 Feet« (1963). Angesiedelt zwischen Horror und Märchen, Spannung und Poesie, ist das Amüsement größer als der Schrecken der doch recht harmlosen Gruselgeschichten, von denen die Episode von George Miller die intensivste Wirkung erzielt. – Ab 16. ✦ USA 1982 **P** Warner Bros. **KI** Warner-Columbia **VA** Warner Home **Pd** Frank Marshall, Steven Spielberg, John Landis **R** John Landis (Prolog, 1), Steven Spielberg (2), Joe Dante (3), George Miller (4) **B** John Landis (1), George Clayton Johnson (2), Richard Matheson (2,3,4), Josh Rogan (2) **K** Stevan Larner (1), Allen Daviau (2,4), John Hora (3) **M** Jerry Goldsmith **S** Malcolm Campbell (1), Michael Kahn (2), Tina Hirsch (3), Howard E. Smith (4) **D** Dan Aykroyd (Passagier, Prolog), Albert Brooks (Fahrer, Prolog), Vic Morrow (Bill Connor, 1), Doug McGrath (Larry, 1), Scatman Crothers (Mr. Bloom, 2), Bill Quinn (Mr. Conroy, 2), Kathleen Quinlan (Helen Foley, 3), Jeremy Light (Anthony, 3), John Lithgow (John Valentone, 4), Abbe Lane (Hostess, 4) **L** 101 **FSK** ab 16; f **FBW** w **E** 20.1. 1984

DAS UNHEIMLICHE SCHLOSS →Rigoletto (1993)

DER UNHEIMLICHE UNTERMIETER (MAN IN THE ATTIC). Der Frauenmörder Jack the Ripper wird im viktorianischen London gejagt, wobei für seine Verbrechen mühsam nach psychologischen Motiven gesucht wird. Gruselreißer nach dem bereits von Alfred Hitchcock (1926) und Maurice Elvey (1944) verfilmten Roman von Marie Belloc Lowndes. Inszenatorisch und gedanklich eher mäßig, auffallend durch die reizvoll eingefangene düstere Atmosphäre sowie die Präsenz des Hauptdarstellers. – Ab 16 möglich. ✦ Schwarz-weiß. USA 1953 **P** 20th Century Fox **KI** Centfox **Pd** Leonard Goldstein **R** Hugo Fregonese **B** Robert Presnell jr., Barre Lyndon, nach dem Roman »The Lodger« von Marie Belloc Lowndes **K** Leo Tover **M** Lionel Newman **S** Marjorie Fowler **D** Jack Palance (Slade), Constance Smith (Lily Bonner), Rhys Williams (Wiliam Harley), Byron Palmer (Inspektor Warwick), Frances Bavier (Helen Harley), Tita Phillips (Daisy) **L** 80 **FSK** ab 16; nf **E** 3.9.1954 **fd** 3 536

DIE UNHEIMLICHE VERSEUCHUNG DES DARK RIVER (INCIDENT AT DARK RIVER). Ein Arbeiter, dessen kleine Tochter, nachdem sie an einem Flußufer gespielt hatte, aus ungeklärten Gründen erkrankte und starb, hält die Abwasser-Einleitungen der nahe gelegenen Batterie-Fabrik für die Ursache. Als er ein Abflußrohr entdeckt, das von den Produktionsanlagen direkt in den Fluß mündet, will er seinen Verdacht publik machen, doch er stößt auf eine Mauer des Widerstandes. Ökologischer Thriller, dessen Anklage gegen lebensbedrohliche Umweltverschmutzungen wesentlich prägnanter ausgefallen ist als die Inszenierung auf Fernseh-Niveau. – Ab 16. ✦ USA 1989 **P** Farrell/Minoff **Pd** Marvin Minoff **R** Michael Pressman **B** Albert Ruben **M** Lee Holdridge **D** Mike Farrell (Tim McFall), Tess Harper (Betty), Daniel Beecher (Patrick), Becky Hubrisch (Kathleen), Helen Hunt (Jesse) **L** 100 **E** 1.9.1994 PRO 7

DIE UNHEIMLICHE WANDLUNG DES ALEX ROSCHER. Gangster wollen ein aus dem Bremer Museum gestohlenes Kleinod, den »Spiegel der Helena«, über die alpine Grenze in die Schweiz schmuggeln. Ein auf sie angesetzter Grenzbeamter muß sie (wie sich später herausstellt) auftragsgemäß täuschen: Man soll annehmen, er sei infolge einer dienstlichen Rüge der Trunk- und Spielsucht verfallen, hochverschuldet und infolgedessen erpreßbar geworden. Sein Vater und seine Braut sind irritiert – bis er die Bande unschädlich gemacht hat. Mit Aufnahmen rund um Kitzbühel geschmückt, ist dies ein heimatfilmartiges Kriminalabenteuer für bescheidene Ansprüche. – Ab 12. ✦ Schwarz-weiß. Deutschland 1943 **P** Bavaria **R** Paul May (= Paul Ostermayr) **B** Ernst von Salomon, nach dem gleichnamigen Roman von Curt Corrinth **K** Erich Claunigk **M** Winfried Zillig **D** Annelies Reinhold, Viktoria von Ballasko, Rudolf Prack, Oskar Sima, Ernst Fritz Fürbringer **L** 89 **E** 23.9.1943

DER UNHEIMLICHE ZOTTI (THE SHAGGY DOG). Der experimentierfreudige Sohn eines hundefeindlichen Postboten wird durch einen mysteriösen Zauberring der Borgias in einen zotteligen Hund verwandelt, läßt sich von dem begehrten französischen Nachbarmädchen zum Ärger seines Rivalen liebkosen und deckt nebenher einen Spionagering im Nachbarhaus auf. Ein modernes Märchen, gefällig aufbereitet als abenteuerlich-heiterer Zeitvertreib. – Ab 8. ✦ Schwarz-weiß. USA 1959 **P** Walt Disney Prod. **KI** Rank **Pd** Walt Disney, Bill Walsh **R** Charles T. Barton **B** Bill Walsh, Lillie Hayward, nach einer Erzählung von Felix Salten **K** Edward Colman **M** Paul J. Smith **S** James D. Ballas **D** Fred MacMurray (Herr Daniels), Jean Hagen (Frau Daniels), Cecil Kellaway (Prof. Plumcutt), Tommy Kirk (Willibald Daniels), Annette Funicello (Alice D'Allessio), Tim Considine (Butz Miller) **L** 101 **FSK** ab 6; nf **E** 20.10.1959 **fd** 8 636

DIE UNHEIMLICHEN BESUCHER (THE UNINVITED). Durch Zufall stößt ein Fotograf auf eine Reihe aktenkundiger Todesfälle, deren Opfer jedoch seltsamerweise noch unter den Lebenden weilen. Seine Recherchen ergeben, dass die meisten »Toten« hohe Regierungsämter bekleiden oder sich als Wirtschaftsbosse betätigen. Bald häufen sich Gründe für die Annahme, dass sich Außerirdische durch Doppelgänger der Erde bemächtigen wollen. (Fernseh-) Fantasy-Thriller, der einmal mehr ein vertrautes Science-Fiction-Thema variiert. ✦ Großbritannien 1997 **P** Zenith **Pd** Ruth Boswell **R** Norman Stone **B** Peter Bowker **K** Doug Hallows **M** Martin Hiszho **S** Colin Goudie **D** Douglas Hodge (Steve Blake), Leslie Grantham (Philip Gates), Lia Williams (Melissa Gates), Sylvestra Le Touzel (Joanna Bell), Ian Brimble (John Ferguson) **L** 100 **E** 7.1.2000 Vox

DIE UNHEIMLICHEN FRAUEN. Experimentell-dokumentarischer Film, der das falsche Idealbild von Weiblichkeit aufzudecken versucht, welches Aggressionslosigkeit, Friedfertigkeit und Asexualität assoziiert und als Instrument der Unterdrückung funktioniert. Interessante und informative Aspekte werden mit nicht gerade neuen Ideen verbunden und mit persönlicher Betroffenheit und Wut vorgetragen und kommentiert. Wirkliche weibliche Lust und Kreativität werden dabei nicht erkennbar; die Reduktion der Frau auf das Opfer patriarchalischer Sexualfeindlichkeit ignoriert die Änderungen im weiblichen Verhalten und Selbstbewußtsein der letzten Jahre. ✦ Teils schwarz-weiß. Deutschland 1991 **P** Birgit Hein Film **SF** Freunde der Deutschen Kinemathek **Pd+R+B+K** Birgit Hein **S** Birgit Hein **L** 63 **E** 11.6. 1992

DIE UNHEIMLICHEN HÄNDE DES DR. ORLAK (THE HANDS OF ORLAC / LES MAINS D'ORLAC). Hautteile eines eben Hingerichteten, die auf seine verletzten Hände übertragen werden, geben einem Klavier-Virtuosen die krankhafte Idee ein, er spüre in seinen Fingern einen fremden, kriminellen Willen. Mäßig aufregender Gruselfilm, der das psychologische Moment vergeblich zur Spannungssteigerung einzusetzen versucht. Eine Neuverfilmung eines klassischen Horrormotivs (»Mad Love«, 1935). ✦ Schwarz-weiß. Großbritannien/Frankreich 1960 **P** Pendennis/Sovic **KI** Prisma **Pd** Steven Pallos, Donald Taylor **R** Edmond T. Gréville **B** John Baines, Edmond T. Gréville, nach einem Roman von Maurice Renard **K** Desmond Dickinson **M** Claude Bolling **S** Oswald Hafenrichter **D** Mel Ferrer (Steven Orlak), Lucille Saint-Simon (Louise), Dany Carrel (Li-Lang), Felix Aylmer (Dr. Chochrane), Christopher Lee (Nero), Donald Pleasence (Coates) **L** 94 **FSK** ab 18; nf **E** 3.3.1961 **fd** 10 027

DIE UNHEIMLICHEN WÜNSCHE. Die fantastische Geschichte eines Lederstücks, das seinem Besitzer, einem verarmten Adligen, alle Wünsche erfüllt, sein Leben aber banalisiert und verkürzt. Erst die Liebe eines jungen Mädchens bewegt ihn zum Verzicht auf die Wunschhaut, so daß er sein wahres Glück findet. Die Vorlage von Balzac ist zwar mit inszenatorischem Geschick, aber allzu realistischer Schwarz-Weiß-Malerei verfilmt. – Ab 16. ✦ Schwarz-weiß. Deutschland 1939 **P** Tobis **KI** Tobis **R** Heinz Hilpert **B** Kurt Heuser, in Anlehnung an eine Novelle von Honoré de Balzac **K** Richard Angst **M** Wolfgang Zeller **D** Olga Tschechowa, Käthe Gold, Elisabeth Flickenschildt, Hans Holt, Ewald Balser **L** 98 **E** 6.10.1939/27.11. 1961 DFF 1 **fd** 42

DIE UNHEIMLICHEN ZWEI → Sky Invasion

UNHEIMLICHER BESUCHER (A STRANGER IN TOWN). Fürs Fernsehen produziertes Drama. Unter einem Vorwand nistet sich ein Fremder in das Haus einer jungen Mutter und ihres Babys ein. Während draußen ein Sturm tobt, wird der angebliche Fotograf zunehmend gewalttätiger und behauptet schließlich, die Frau sei nicht die Mutter des Kindes. ✦ USA 1995 **R** Peter Levin **B** Ara Watson **M** Mark Snow **D** Jean Smart (Kay Tarses), Gregory Hines (Barnes), Jeffrey Nordling (Larry), Lucinda Jenney (Jeanine) **L** 89 **E** 17.8.1998 ZDF

UNHEIMLICHER SPIELPLATZ (THE SILENT PLAYGROUND). Ein freundlicher junger Mann verteilt auf einem Spielplatz und vor einem Kino Bonbons an Kinder. Tatsächlich handelt es sich bei den harmlos aussehenden Dragees um Medizin, die der Geisteskranke für seine Mutter abgeholt hat. Als das Unheil entdeckt wird, beginnt für die Polizei und die Eltern der Kinder ein Wettlauf mit dem Tod. Thriller, der seine Intensität weniger durch Genremittel erzielt als durch den präzisen Blick auf die Alltäglichkeiten. ✦ Schwarz-weiß. Großbritannien 1964 **P** Focus/British Lion **R+B** Stanley Goulder **K** Martin Curtis **M** Tristram Cary **D** Roland Curram (Simon Lacey), Bernard Archard (Inspektor Duffy), Jean Anderson (Mrs. Lacey), Ellen McIntosh (Mavis Nugent), John Ronane (Alan Whitfield), Rowena Gregory (Jane Wilson) **L** 75 **E** 22.11.1969 ZDF/27.6.1986 SAT 1

UNHEIMLICHES VERLANGEN (FLAGRANT DESIR). Im Teich eines großen Weingutes wird die Schwägerin des reichen Besitzers tot aufgefunden. Der ermittelnde Kommissar, ein Amerikaner, der für Interpol in Frankreich arbeitet, verstrickt sich immer mehr in das Familiendrama, das hinter dem Mord zum Vorschein kommt. Theatralisch und mit etlichen Längen inszenierter Kriminalfilm, der trotz guter Besetzung ohne Profil bleibt. – Ab 16. ✦ Frankreich/USA 1985 **P** Sofracima/Films A2/Martel Media/Third Eye/Odessa Films **R+B** Claude Faraldo **K** Willy Kurant **M** Gabriel Yared **S** Christopher Holmes, Marie Castro **D** Sam Waterston (Gerry Morrison), Marisa Berenson (Jeanne Barnac), Lauren Hutton (Marlène Bell-Ferguson), Bernard-Pierre Donnadieu (Robert Barnac), Anne Roussel (Eveline Barnac) **L** 105 **E** 21.10.1989 DFF 1/24.12.1992 MDR

EINE UNHIMMLISCHE MISSION (BRIGHT ANGEL). Ein junger Mann aus Montana, der unter der Trennung seiner Eltern zu leiden hat und in eine düstere Zukunft blickt, läßt sich überreden, ein Mädchen nach Wyoming zu begleiten, das seinen Bruder gegen Kaution aus der Haft holen will. Ein realistisches, aber ungeschliffen gestaltetes Roadmovie mit einigen bewegenden Momenten; in der Hauptrolle vorzüglich gespielt. – Ab 16. ✦ USA 1991 **P** NSB/Sovereign/Hemdale **Pd** Paige Simpson, Robert K. MacLean, Sue Baden-Powell **R** Michael Fields **B** Richard Ford, nach seinen Kurzgeschichten »Children« und »Great Falls« **K** Elliot Davis **M** Christopher Young **S** Melody London, Clement Barclay **D** Dermot Mulroney (George), Sam Shepard (Jack), Lili Taylor (Lucy), Valerie Perrine (Alleen), Mary Kay Place (Judy), Burt Young (Art) **L** 89 **E** 26.7.1994 RTL 2

DER UNHOLD (THE OGRE / LE ROI DES AULNES). Ein innerlich Kind gebliebener französischer Automechaniker wird während des Zweiten Weltkrieges als Kriegsgefangener nach Ostpreußen deportiert, wo er in einer NS-Eliteschule zuerst als Knecht beschäftigt ist, dann aber Jungen aus der Umgebung rekrutiert. Ambitionierte, aufwendige Literaturverfilmung, die versucht, die Faszination des nationalsozialistischen Kultes auf ihre mythischen und romantischen Wurzeln hin zu durchleuchten. Ein historisch und politisch um Differenzierung bemühter wuchtiger Bilderbogen, der in seiner Intention allerdings eher verwirrend bleibt. – Ab 16. ✦ Deutschland/Frankreich/Großbritannien 1996 **P** Studio Babelsberg/Renn Prod./Recorded Pictures **KI** Tobis **VA** Ufa (BMG) **DVD** BMG (16:9, 1.85:1, DD5.1 engl./dt.) **Pd** Ingrid Windisch **R** Volker Schlöndorff **B** Jean-Claude Carrière, Volker Schlöndorff, nach dem Roman »Der Erlkönig« von Michel Tournier **K** Bruno de Keyzer **M** Michael Nyman **S** Nicolas Gaster, Peter Przygodda **D** John Malkovich (Abel Tiffauge), Armin Mueller-Stahl (Graf von Kaltenborn), Gottfried John (Oberforstmeister), Marianne Sägebrecht (Frau Netta), Volker Spengler (Reichsmarschall Göring), Heino Ferch (Obersturmbannf. Raufeisen), Dieter Laser (Professor Blättchen) **L** 117 **FSK** ab 12; f **FBW** w **E** 12.9.1996/21.4.1997 Video/22.10.2001 DVD **fd** 32 093

UNHOLY – DÄMONEN DER FINSTERNIS (THE UNHOLY). In einer Kirche in New Orleans haust ein Dämon des Satans. Er hat bereits zwei Priester bestialisch ermordet, als ein junger Geistlicher von seinem Erzbischof den Auftrag erhält, allen Versuchungen und Verführungskünsten des Bösen zu widerstehen und das Monstrum zu besiegen. Ohne jeden Funken Selbstironie, dafür aber mit manchen widerwärtigen Effekten aufbereiteter Spuk, der den religiösen Hintergrund nach den üblichen Gesetzen des Genres mißbraucht und verzerrt. ✦ USA 1988 **P** Team Effort Prod./Limelight Studios **KI** Vestron **VA** Vestron **Pd** Matthew Hayden **R** Camilo Vila **B** Philip Yordan, Fernando Fonseca **K** Henry Vargas **M** Roger Bellon **S** Mark Melnick **D** Ben Cross (Father Michael), Ned Beatty (Lt. Stern), William Russ (Luke), Jill Carroll (Millie), Hal Holbrook (Erzbischof Mosley), Trevor Howard **L** 102 **FSK** ab 18; nf **E** 30.3.1989/November 1989 Video **fd** 27 649

DIE UNI MEINER TRÄUME (HOW TO GET INTO COLLEGE). Eine High-School-Schülerin und ihr Freund wollen am selben College studieren, müssen dabei aber viele Verwirrungen und Rückschläge überwinden. Weitgehend amüsante Komödie, die in satirischen Seitenhieben die Auswüchse des amerikanischen Bildungswesens aufs Korn nimmt. Getrübt wird das Vergnügen durch die bodenlos dumme deutsche Synchronisation. – Ab 14. ✦ USA 1988 **P** 20th Century Fox **VA** CBS/Fox **Pd** Michael Shamberg, Elizabeth Cantillon **R** Savage Steve Holland **B** Terrel Seltzer **K** Robert Elswit **M** Joseph Vitarelli **S** Sonya Sones, Kaja Fehr **D** Corey Parker (Marlon), Lara Flynn Boyle (Jessica), Anthony Edwards (Kip Hammett), Finn Carter (Nina), Charles Rocket (Leo) **L** 83 **FSK** ab 12 **E** April 1990 Video **fd** 28 312

EINE UNI VOLLER AFFEN (MONKEY'S UNCLE). Um zwei schlechte, allenfalls beim Footballsport unersetzliche Studenten auf das Englisch-Examen vorzubereiten, bedient sich ihr Lehrer einer Methode, mit der er bei seinem Schimpansen verblüffende Erfolge feierte. Alberner Klamauk auf beschämendstem Niveau. – Ab 8 möglich. ✦ USA 1965 **P** Walt Disney Prod. **VA** EuroVideo **Pd** Ron Miller **R** Robert Stevenson **B** Tom August, Helen August **K** Edward Colman **M** Buddy Baker **S** Cotton Warburton **D** Tommy Kirk, Annette Funicello, Leon Ames, Frank Feylan, Arthur O'Connell **L** 89 **FSK** o. A. **E** 15.1. 1988 Video **fd** 27 138

UNICO – DAS HÖRNCHEN. Zeichentrickfilm für Kinder, der die Abenteuer eines kleinen weißen Einhorns beschreibt. Von den Göttern um seine Macht, Menschen glücklich zu machen, beneidet, wird das Hörnchen Unico von den Winden in alle Himmelsrichtungen verschlagen – zunächst auf eine abgelegene Insel, wo ganz allein der kleine Teufel der Einsamkeit wohnt. – Ab 6. ✦ Japan 1990 **R** Toshio Hirata **B** Osamu Terzuka, Masaki Tsuji **L** 83 **E** 18.8. 1994 ZDF

UNINVITED (UNINVITED). Horrorfilm. Eine scheinbar harmlose Katze kann aus einem Institut für genetische Forschung entkommen. Das possierliche Tier wird zu einer tödlichen Bedrohung für alle, die mit ihm in Berührung kommen. ✦ USA 1987 **P** Amazing Movies/Heritage Entertainment **VA** Splendid **Pd+R+B** Greydon Clark **K** Nicholas von Sternberg **M** Dan Slider **S** Travis Clark **D** George Kennedy (Mike Harvey), Alex Cord (Walter Graham), Clu Gulager (Albert), Toni Hudson (Rachel), Clare Carey (Bobbie) **L** 86 **FSK** ab 18 **E** 24.10.1988 Video

UNION DEPOT (UNION DEPOT). Auf dem Hauptbahnhof von St. Louis kreuzen sich die Schicksale unterschiedlichster Menschen: Zwei Landstreicher auf der Suche nach Geld und Essen geraten in zahlreiche Verwirrungen; ein Gaunerpärchen macht sich an seine »Arbeit«; die Polizei kontrolliert wegen eines Millionenraubs den ganzen Bahnhof. Eine reizvolle Mischung aus Komödie, Melodram und Kriminalfilm. Für den Bahnhof als Schauplatz wurde eine der bis dahin imposantesten Großkulissen Hollywoods erbaut. (O.m.d.U.) – Ab 14 möglich. ✦ Schwarz-weiß. USA 1932 **P** First National/Warner **R** Alfred E. Green **B** Kenyon Nicholson, Walter DeLeon, John Bright, Kubec Glasmon, nach einem Bühnenstück von Gene Fowler, Douglas Durkin und Joe Laurie **K** Sol Polito **M** Leo F. Forbstein **S** Jack Killifer **D** Douglas Fairbanks jr. (Chic), Joan Blondell (Ruth), Guy Kibbee (Scrap Iron), Alan Hale (Baron), George Rosener (Bernardi), David Landau (Kendall) **L** 85 **E** 13.8.1983 BR

UNION DER SOWJETISCHEN SOZIALISTISCHEN REKORDE. Dokumentarfilm, der aus satirischer Perspektive den gesellschaftlichen und politischen Umbruch in den Ländern der GUS beleuchtet, indem er Menschen beobachtet, die mit großer Beharrlichkeit kuriose Rekorde aufzustellen versuchen: Ein Mann erduldet an einem Pfahl in der Wüste Kälte und Hunger; eine junge Frau will mit den Zähnen ein Flugzeug über die Rollbahn ziehen; ein Autor will unbedingt als literarischer Schnellschreiber anerkannt werden. Bei allen »Leistungen« wird die kuriose Diskrepanz von individuellem Anspruch und dessen Unsinnigkeit sichtbar. – Ab 16. ✦ Russland 1992 **R+B** Boris Kustow, Wladimir Suworow **L** (TV) 60 **E** 12.8.1993 ARD

UNION PACIFIC (UNION PACIFIC). Ein »Troubleshooter« (Friedensstifter) sorgt beim Bau der Union Pacific Eisenbahn (1862–1869) dafür, daß weder Saboteure und Räuber noch Spekulanten, Glücksritter und aufgehetzte Indianer das Unternehmen gefährden, obgleich er dadurch in Loyalitäts- und Liebeskonflikte gerät. Groß angelegter patriotischer Western mit spektakulären Actionszenen; überdurchschnittliche Kinounterhaltung. (Der Film gelangte in einer gekürzten Fassung bereits 1939 als »Die Frau gehört mir« in die Kinos.) – Sehenswert ab 14. ✦ Schwarz-weiß. USA 1939 **P** Paramount **KI** Paramount **Pd+R** Cecil B. DeMille **B** Walter DeLeon, C. Gardner Sullivan, Jesse L. Lasky jr., Jack Cunningham, nach dem Roman »Trouble Shooters« von Thomas Walsh **K** Victor Milner, Dewey Wrigley **M** John Leipold, Sigmund Krumgold, George Antheil **S** Anne Bauchens **D** Joel McCrea (Jeff Butler), Barbara Stanwyck (Mollie Monahan), Akim Tamiroff (Fiesta), Robert Preston (Dick Allen), Lynne Overman (Leach Overmile), Brian Donlevy (Sid Campeau), Robert Barrat (Duke Ring), Anthony Quinn (Jack Cordray), Stanley Ridges (Gen. Casement), Francis McDonald (Gen. Grenville M. Dodge), Evelyn Keyes (Mrs. Calvin), Richard Lane (Sam Reed), William Haade (Dusky Clayton), Regis Toomey (Paddy O'Rourke), Lon Chaney jr. (Dollarhide), Byron Foulger (Andrew Whipple), Max Davidson (Kartenspieler), Monte Blue (Indianer), Buddy Roosevelt (Feuerwehrmann), Chief Thundercloud (Indianer), Iron Eyes Cody (Indianer), Russell Hicks (Sergeant), Stanley Andrews (Dr. Harkness), Lane Chandler, Nestor Paiva, Frank Shannon **L** 135 **FSK** ab 12; f **E** 1939 Kino/1965 Wiederaufführung/ 19.11.1969 ARD **fd** 13 442

UNION SQUARE. Union Square ist eine Stadt im Ausnahmezustand. Bald soll ein Putsch ausbrechen, eine Rebellengruppe im Untergrund entführt unter Leitung einer Frau einen Mann, der ebenso anonym bleibt, wie die Entführung öffentlich verheimlicht wird. Während der Entführte in einem labyrinthischen Keller unter der Stadt gefangengehalten wird, treten Spannungen innerhalb der Gruppe auf. Nach dem Putsch nehmen die Rebellen zunehmend der Gegenseite angepaßte Tarnungen an und setzen sich zum Teil ins Ausland ab – u. a. um die Geschichte der Rebellengruppe in Hollywood zu verfilmen. Ein sich betont doppeldeutig gebender Film um den Verlust von Identitäten, Idealen und Rollen in einer zunehmend aus den Fugen geratenden Welt. ✦ Schwarz-weiß. BR Deutschland 1978/79 **P** Volker Koch-Prod. **SF** Eigenverleih **Pd+R+B+K** Volker Koch **S** Volker Koch **D** Carla Egerer (Julia), Brigitte Oheim, Erica Lindsay, Thomas Kreidler, Arthur Albrecht **L** 96

UNITED TRASH. Abstruse Geschichte um einen in Afrika stationierten deutschen UN-General und eine amerikanische Prostituierte, die einen schwarzen Jungen zur Welt bringt, der als neuer Messias gefeiert wird. Eine mit abstoßenden Sex- und Ekelszenen inszenierte grell-hysterische Groteske; ein Rundumschlag gegen die Mächtigen der Welt, der auch die katholische Kirche und Inhalte der christlichen Religion in den Schmutz zieht. – Wir raten ab. ✦ Deutschland 1995 **P** DEM Film **KI** Senator **VA** Filmgalerie 451 **Pd+R** Christoph Schlingensief **B** Christoph Schlingensief, Oskar Roehler **K** Christoph Schlingensief **M** Biber Gullatz, Eckes Malz, Song von Levias & Wiseman **S** Andrea Schumacher **D** Udo Kier (UN-General Werner Brenner), Kitten Natividad (Martha Brenner), Thomas Chibwe (Peter Panne), Joachim Tomaschewsky (Bischof Pierre) **L** 75 **FSK** ab 18; nf **E** 22.2.1996/5.2.1998 Video **fd** 31 800

UNIVERSAL FIGHTER → Land of the Free – Tödliche Ideale

UNIVERSAL SOLDIER (UNIVERSAL SOLDIER). Ein amerikanischer Soldat und sein sadistischer Todfeind, die im Zweikampf während des Vietnam-Kriegs starben, werden mittels Gen-Technik 23 Jahre später als Elite-Soldaten ohne Gedächtnis und Persönlichkeit wiederbelebt, um Terroristen zu bekämpfen. Handwerklich solider, aber inhaltlich stereotyper und gewalttätiger Actionfilm, der alle einschlägigen Versatzstücke des Genres ohne jede Vertiefung aneinanderreiht. DVD: Die Extras der Kinowelt-DVD umfassen im Gegensatz zu den extralosen VCL-DVDs u. a. einen Audiokommentar des Regisseurs und des Drehbuchautors. ✦ Scope. USA 1992 **P** Indieprod./ Centropolis (für Carolco) **KI** Columbia TriStar **VA** VCL **DVD** VCL (2.35:1, DD5.1 dt.), Kinowelt (16:9, 2.35:1, DD5.1 & DTS engl., DS dt.) **Pd** Alan Shapiro, Craig Baumgarten, Joel B. Michaels **R** Roland Emmerich **B** Roland Emmerich, Christopher Leitch, Dean Devlin, Richard Rothstein **K** Karl Walter Lindenlaub **M** Christopher Franke **S** Michael J. Duthie **D** Jean-Claude Van Damme (Luc), Dolph Lundgren (Scott), Ally Walker (Veronica), Ed O'Ross (Perry), Jerry Orbach (Dr. Gregor), Leon Rippy (Woodward), Tico Wells (Garth), Ralph Moeller (GR76), Gene Davis (Polizist), Drew Snyder (Charles) **L** 103 (gek. 85) **FSK** ab 18; f (gek. 16) (DVD 16 & 18) **E** 29.10. 1992/26.4.1993 Video/Januar 2000 DVD (FSK 18, VCL)/16.4.2000 DVD (FSK 16)/10.4.2001 DVD (FSK 18, Kinowelt) **fd** 29 906

UNIVERSAL SOLDIER 2 (UNIVERSAL SOLDIER 2). Ein in einem Geheimlabor der US-Armee reanimierter Soldat, der sich zunächst den Befehlen seiner Schöpfer unterwirft, rebelliert, als die Begegnung mit seinem Bruder und einer Reporterin die Erinnerung an seine frühere Existenz weckt. Ein unglaublich banaler Actionfilm ohne die geringste innere Logik, dessen Protagonisten von Szene zu Szene ihr Verhalten ändern. Um von den Unzulänglichkeiten der Geschichte abzulenken, ist sie wie ein überlanger Videoclip in Szene gesetzt, doch da der Einsatz dieser Stilmittel ziemlich planlos verläuft, verpuffen sie weitgehend wirkungslos. ✦ USA 1998 **P** Catalyst Entertainment **VA** VCL **DVD** VCL (FF, DD5.1 dt.) **Pd** Robert Wertheimer **R** Jeff Woolnough **B** Peter M. Lenkov **K** Russell Goozee **M** John Castner, Steve Pecile, Ivan Dorochuk, Crunch Recording Group **S** Mike Lee **D** Matt Battaglia (Luc Devereaux), Chandra West (Veronica), Jeff Wincott (Eric Devereaux), Gary Busey (Otto Mazur), Burt Reynolds (Mentor) **L** 93 (gek. 88) **FSK** ab 18 (gek. ab 16) (DVD 16 & 18) **E** 10.4.2000 DVD **fd** 33 769

UNIVERSAL SOLDIER 3 (UNIVERSAL SOLDIER 3: UNFINISHED BUSINESS). Eine halbmenschliche Kampfmaschine und ihre Bekannte können auf der Flucht vor der Polizei Terroristen das Handwerk legen, die ein Hochhaus in ihre Gewalt gebracht haben. Wiederholte (Fernseh-)Fortsetzung einer martialischen Geschichte, die sich in pausenlosen Actioneinlagen ergeht. ✦ USA 1998 **P** Catalyst Entertainment/Durrant Fox Prod./Rigel/Unisol Prod. **VA** VCL **DVD** VCL (FF, DD5.1 dt.) **R** Jeff Woolnough **B** Peter M. Lenkov **D** Matt Battaglia (Luc Devereaux/GR 44), Chandra West (Veronica Reynolds), Jeff Wincott (Sgt. Eric Devereaux/GR 87), Roger Chioran (Charles Clifton), Claudette Roche (Grace/GR 83), John Laing (Martin Daniels) **L** 93 (gek. ab 89) **FSK** ab 18 (ab 16) (DVD 16 & 18) **E** 23.3.1999 Video/19.4.2000 DVD

UNIVERSAL SOLDIER – BLUTIGES GESCHÄFT → Universal Soldier 3

UNIVERSAL SOLDIER – BRÜDER UNTER WAFFEN → Universal Soldier 2

UNIVERSAL SOLDIER – DIE RÜCKKEHR (UNIVERSAL SOLDIER: THE RETURN). Die im Auftrag der US-Armee entwickelten »Universal Soldiers«, reanimierte Soldaten mit übermenschlicher Widerstandskraft, proben unter Leitung eines Super-Computers den Aufstand gegen ihre Schöpfer, als das Projekt eingestellt werden soll. Actionfilm auf niedrigstem Niveau, der es versäumt, sein Publikum mit spektakulären Schauwerten für seine idiotische Story zu entschädigen. ✦ USA 1999 **P** Tristar **KI** Columbia Tristar **VA** Columbia TriStar **DVD** Columbia TriStar Home (16:9, 1.85:1, DD5.1 engl./dt.) **Pd** Craig Baumgarten, Allen Shapiro, Jean-Claude Van Damme **R** Mic Rodgers **B** William Malone, John Fasano **K** Michael A. Benson **M** Don Davis **S** Peck Prior **D** Jean-Claude Van Damme (Luc Devereaux), Michael Jai White (S.E.T.H.), Heidi Schanz (Erin), Xander Berkeley (Dylan Cotner), Bill Goldberg (Romeo) **L** 83 **FSK** ab 16; f (DVD 18) **E** 2.9.1999/22.3.2000 Video & DVD **fd** 33 859

UNIVERSAL TECHNO – DER SOUND, DER AUS DER MASCHINE KOMMT (UNIVERSAL TECHNO). Dokumentation über die Techno-Musik. Der Film reist an die Wirkungsstätten der weltweit bekanntesten DJs und untersucht Techno als Massenphänomen auf dem Grat zwischen Kreativität und Kommerzialisierung. ✦ Frankreich 1996 **P** La Sept Arte/Films A Lou **R** Sylvie Coltrant, Dominique Deluze **L** 63 **E** 21.7. 1998 arte

UNKNOWN TIME (DE TUSSENTIJD). Ein Arzt, der bei seiner unheilbar kranken Frau aktive Sterbehilfe leistete, wartet vergeblich auf deren Nachricht aus der »Zwischenzeit«, in der die Toten zunächst verweilen. Als er Jahre später seine Tat bei einem Freund wiederholt, meldet sich der Tote in der Tat zurück und stürzt die Beteiligten ins Verderben. Zwar entpuppt sich das unheimliche Geschehen als böser Traum, doch der findet seine Fortsetzung in der Realität. Streckenweise gelingt es dem Film zwar, eine düsterbedrohliche Stimmung zu erzeugen, doch wird die Geschichte so umständlich und mit so groben dramaturgischen Mitteln erzählt, daß Spannung selten aufkommt und die Zeit zäh verrinnt. ✦ Niederlande 1993 **P** B.V. Lenox **VA** Highlight **Pd** Chris Brouwer, Haig Balian **R+B** Marianna Dikker **K** Wouter Suyderhoud **M** Loek Dikker **S** Maurits Guépin **D** Amanda Ooms (Marina), Jules Hamel (Victor), Coen Flink (Felix), Eric Corton (Rytsaert), Pleuni Toun (Leonore) **L** 86 **FSK** ab 16 **E** 6.2.1996 Video **fd** 31 825

UNMADE BEDS (UNMADE BEDS). Ein junger Mann lebt in einer reinen Kinowelt, in der New York Paris und er selbst der Held eines Godard-Films ist. Zuletzt findet er auch ein kinoreifes Ende. Eine spielerische Auseinandersetzung mit Motiven und Manierismen des europäischen »Nouvelle-Vague-Films«, die in komischer Verfremdung in der Underground-Szene New Yorks angesiedelt ist. Streckenweise anregend durch den unkonventionellen Zitatcharakter, jedoch eher für ein eingeweihtes cineastisches Publikum. (O.m.d.U.) ✦ USA 1976 **P** Poe Visions **KI** Freunde der Deutschen Kinemathek **Pd+R** Amos Poe **B** Amos Poe, Paul Bray, nach dem Film »Außer Atem« von Jean-Luc Godard **K** Vicente Galindez **M** Ivan Kral **S** Orlando Gallini **D** Duncan Hannah (Little Rico), Deborah Harry (Blondie), Eric Mitchell (Paul), Patti Astor, Robert Gordon **L** 77 **E** 14.2.1982 **fd** 23 522

DIE UNMENSCHLICHE (L'INHUMAINE). Die 1972 restaurierte Fassung eines Art-Déco-Dramas. Die Selbstkontrolle einer egozentrischen, nur für ihre Kunst lebenden Sängerin gerät ins Wanken, als ein schwedischer Ingenieur ihretwegen Selbstmord begeht. Anstoß für den Film gab die Sängerin Georgette Leblanc. – Ab 14. ✦ Schwarz-weiß. Frankreich 1923 **R** Marcel L'Herbier **B** Marcel L'Herbier, Pierre Mac Orlan **K** Georges Specht **M** Darius Milhaud **D** Georgette Leblanc (Claire Lescot), Marcelle Pradot (die Unschuldige), Philippe Hériat (Djorah de Manilha), Jaque-Catelain (Lorsen), Léonid Walter (Kranine) **L** 122 (TV) **E** 1.12.1995 arte

UNMÖGLICH MÖGLICH. UTOPIEN UND VISIONEN VON GESTERN. Dokumentation über Fluch und Segen utopischer Entwürfe, wobei nachgewiesen wird, dass sich manche Träume erst nach vielen Fehlversuchen und Umwegen verwirklichen lassen und es häufig nur die Beharrlichkeit ist, die aus logistischen Sackgassen führt. ✦ Deutschland 2000 **R** Sissy von Westphalen, Jens Becker **L** 68 **E** 4.7.2000 arte

DER UNMÖGLICHE HERR PITT. Ein Taxifahrer in einer nordafrikanischen Hafenstadt wird als Spion verhaftet, bricht aus dem Gefängnis aus und flieht auf eine Luxusjacht, auf der er in gefährliche Situationen gerät. In exotischem Milieu spielendes Kintopp-Abenteuer, etwas verworren, doch ausreichend spannend und amsüant. (Alternativtitel: »Die Nacht der 1000 Sensationen«) – Ab 14. ✦ Schwarz-weiß. Deutschland 1938 **P** Ariel **R** Harry Piel **B** Georg Mühlen-Schulte, Reinhold Meißner, nach dem gleichnamigen Roman von Georg Mühlen-Schulte **K** Karl Puth, Franz von Friedl **M** Ernst Leenen **S** Carl-Otto Bartning **D** Harry Piel (Tom), Hilde Weissner (Lucienne), Willi Schur (Tim), Leopold von Ledebur (Thomas Cay), Julia Serda (Lady Jane) **L** 92 **FSK** ab 12; nf **E** 16.4.1938/24.8.1975 ZDF/20.2. 1984 DFF 1 **fd** 1 297

EINE UNMÖGLICHE LIEBE (EL NIDO). Ein alternder Witwer verfällt einem 13jährigen, bereits zur Frau erwachten Mädchen, widersteht aber seinem Verlangen, es »wie eine Frau zu lieben«. Durch die gesellschaftliche Enge und die starren Moralvorstellungen eines traditionell geprägten spanischen Dorfes endet die harmlose Beziehung in einer Katastrophe. Sensibel und taktvoll gestalteter Film, der die Unmöglichkeit einer Liebesbeziehung vor dem Hintergrund verkrusteter gesellschaftlicher Strukturen schildert und erkennen läßt, welche Kräfte das künftige, neue Spanien formen werden. ✦ Spanien 1980 **P** A-Punto ELSA **R+B** Jaime de Armiñán **K** Teo Escamilla **M** Joseph Haydn **S** José Luis Matesanz **D** Héctor Alterio (Alejandro), Ana Torrent (Goyita), Patricia Adriani (Marisa), Luis Politti (Eladio), Ovidi Montllor (Manuel), Agustin González (Sergeant) **L** (TV) 105 **E** 24.1.1984 ZDF **fd** 24 393

DAS UNMÖGLICHE MÄDCHEN (FRÄULEIN BIMBI). An den Haaren herbeigezogene Verwechslungen erwecken den Anschein, als habe eine junge Frau den Verstand verloren, aber sie beweist, daß sie alle fünf Sinne beieinander hat, indem sie als Sekretärin den Juniorchef ihrer Firma für sich erobert. Armseliges Lustspiel, in dem sich eine Reihe ansehnlicher Komiker weitgehend vergeblich plagt, aus dem witzlosen Drehbuch Funken zu schlagen. (TV-Titel auch: »Fräulein Bimbi«) – Ab 12. ✦ Schwarz-weiß. Österreich 1951 **P** Helios **KI** Continental **Pd** Carl Szokoll **R** Akos von Ratony **B** Werner Riedl **K** Albert Benitz **M** Michael Jary **D** Hannelore Schroth (Fräulein Bimbi), Hans Holt (Thomas), Paul Kemp (Kronbecher), Hermann Thimig (Direktor Thormälen), Hans Olden (Gallinger) **L** 75 (Orig. 90) **FSK** ab 6; f **E** 13.6.1952 **fd** 1 813

DIE UNMÖGLICHE SOPHIE (LES MALHEURS DE SOPHIE). Die Erlebnisse eines ungehorsamen und trotzigen, zu allerlei Streichen aufgelegten Mädchens, das im Jahr 1860 die Ferien mit seinen Eltern auf dem Familienlandsitz verbringt. Nach einem in Frankreich beliebten Kinderbuch der Comtesse de Ségur (1799–1874) inszenierter Film, der versucht, die Atmosphäre einer vergangenen Epoche aufleben zu lassen, dem es aber bei aller demonstrativen Turbulenz an Humor und Lebhaftigkeit mangelt. – Ab 6 möglich. ✦ Frankreich 1980 **P** Franco-American Films/Antenne 2 **R** Jean-Claude Brialy **B** Luc Béraud, nach einem Roman der Comtesse de Ségur **K** Jean-François Robin **M** Jean-Jacques Debout **S** Eva Zora **D** Paprika Bommenel (Sophie), Frédéric Mestre (Paul), Carine Richad (Madeleine), Sandra Gula (Camille), Sophie Deschamps (Madame de Réan), Michel Larivière (Monsier de Réan) **L** 87 **E** 26.7.,2.8. 1984 ZDF (zwei Teile)

UNMORALISCH LEBT MAN BESSER (L'IMMORALE/ BEAUCOUP TROP POUR UN SEUL HOMME). Ein prominenter Geiger lebt zur gleichen Zeit mit mehreren Frauen zusammen und spielt in jeder Familie den treusorgenden Ehemann. Schwankhafte Tragikomödie, in der die verteidigte Ausnahme-Moral Hand in Hand mit einer Karikierung bürgerlicher Konventionen geht. Angereichert mit viel Gefühl und Sentiment, ohne daß kritisches Engagement erkennbar würde. – Ab 16. ✦ Italien/Frankreich 1967 **P** R.P.A./ Delphos/Les Productions Artistes Associés **KI** United Artists **Pd+R** Pietro Germi **B** Alfredo Giannetti, Tullio Pinelli, Carlo Bernari, Pietro Germi **K** Aiace Parolin **M** Carlo Rustichelli **S** Sergio Montanari **D** Ugo Tognazzi (Sergio Masini), Stefania Sandrelli (Marisa Malagugini), Gigi Ballista (Don Michele), Renée Longarini (Giulia Masini), Sergio Fincato (Colasanti), Maria Grazia Carmassi (Adele Baistrocchi) **L** 98 **FSK** ab 12; f (fr. ab 16) **FBW** w **E** 22.12.1967 **fd** 15 186

UNMORALISCH LEBT SICH'S BESSER → Unmoralisch lebt man besser

DIE UNMORALISCHE (L'IMMORALE). Ein Luxus-Callgirl wird von der Bordell-Inhaberin erpreßt, sich von seinem Geliebten zu trennen, verunglückt unmittelbar danach, verliert dadurch vorübergehend das Gedächtnis, kann sich aber mit Tonband-Aufzeichnungen freipressen. Ein Sexfilm, der sich durch den etwas eleganteren Stil vom Gros der Gattung unterscheidet, aber hinter dieser pseudoschicken Werbefilm-Ästhetik nie seine geistige und gedankliche Leere verbergen kann. – Wir raten ab. ✦ Frankreich 1980 **P** Japhila/Gold/Avia **KI** Ascot **R+B** Claude Mulot **K** Roger Fellous **M** Jean-Claude Nachon **S** Gérard Kikoïne **D** Sylvia Lamo, Yves Louffroy, Anna Perini, Anne Fabien, Isabelle Legentil **L** 85 **FSK** ab 18; nf **E** 1.5.1981 **fd** 23 005

UNMORALISCHE BEZIEHUNG (LOVER'S LEAP). Sexfilm. Eine junge Frau stürzt sich in ein Liebesabenteuer mit dem Vater ihres Geliebten. ✦ USA 1995 **P** Playboy **Pd+R** Toby Philips **B** Penny Antine **K** Stephan Schultz **M** Daniel Walker **S** Eric Hooper, Robert Dadashian **D** Carrie Westcott (Johanna), Michael Jay (Nick), Moe Justini (Alex), Craig Stepp (Charlie) **L** 90 **E** 19.4.1996 premiere

UNMORALISCHE ENGEL (LES HEROINES DU MAL). Dreiteiliger Episodenfilm, in dem sich drei Frauen als Opfer ihrer Geschlechterrolle mit tödlicher Gewalt zu befreien versuchen: 1. »Margherita«. Die Mätresse des Malers Raffael rächt sich, indem sie ihn und seinen überalterten Nebenbuhler mit Trüffelkirschen vergiftet. 2. »Marceline«: Eine junge Frau des fin de siècle hält sich ein Kaninchen als Liebhaber, gibt sich einem ihr nachstellenden schwarzen Metzger-Gesellen hin und schneidet den schlafenden Eltern, die das Tier zum Sonntagsbraten machen, die Kehle durch. 3. »Marie«: Eine reiche Ehefrau wird von einem Sex-Ritualisten entführt und von ihrem einzig getreuen Freund, einem Schäferhund, wundersam befreit. Sehr direkt und zynisch schildert der Film sexuelle Leidenschaft als grauslich-brutale Vorstufe orgiastischer, unausweichlich tödlicher Katastrophen. Ein ziemlich peinlicher und völlig entgleister Film in der Nähe fader »Decamerone«-Verschnitte. – Wir raten ab. ✦ Frankreich 1977 **P** Films du Jeudi **KI** Filmverlag der Autoren **VA** VCL **Pd** Pierre Braunberger **R** Walerian Borowczyk **B** Walerian Borowczyk, in der zweiten Episode nach einer Erzählung von André-Pieyre de Mandiargues **K** Bernard Daillencourt **M** Olivier Dassault, Philippe d'Aram **S** Kadich Batiha **D** Marina Pierro (Margherita Luti, 1), François Guétary (Raffael, 1), Jean-Claude Dreyfus (Bankier Bini, 1), Gaëlle Legrand (Marceline, 2), Assane Fall (Petrus, 2), France Rumilly (Madame Chain, 2), Pascale Christophe (Marie, 3), Gérard Ismaël (Gangster, 3), Henri Piegay (Ehemann, 3) **L** 114 **FSK** ab 18; nf **E** 17.8.1979 **fd** 22 152

DIE UNMORALISCHE ERBSCHAFT → Der prämiierte Leberfleck

EINE UNMORALISCHE FRAU → La Perversa – Eine unmoralische Frau

EINE UNMORALISCHE FRAU – COSI FAN TUTTE (COSI FAN TUTTE). Eine scheinbar glücklich verheiratete junge Frau »beichtet« ihrem Ehemann ihre Seitensprünge, was ihn einerseits rasend eifersüchtig macht, andererseits erregt. Hart an der Grenze zur Pornografie angesiedelter »Erotik-Film«, dessen dummes pseudo-philosophisches Geschwätz nur noch von seinem Schlüsselloch-Voyeurismus unterboten wird. (Videotitel: »Cosi fan tutte«) – Wir raten ab. ✦ Italien 1993 **KI** Knipp-Film **VA** VPS **Pd** Giovanni Bertolucci **R** Tinto Brass **B** Bernardino Zapponi, Francesco Costa, Tinto Brass **K** Silvano Ippoliti, Massimo di Venanzo **M** Pino Donaggio **S** Tinto Brass **D** Claudia Koll (Diana), Paolo Lanza (Paolo), Ornella Marcucci (Nadia), Isabella Delana (Antonietta), Renzo Rinaldi (Mr. Silvio) **L** 89 **FSK** ab 18; nf **E** 7.10.1993/20.1. 1994 Video/6.1.1995 premiere **fd** 30 471

UNMORALISCHE GESCHICHTEN (CONTES IMMORAUX). Teils historisch verbürgte Geschichten um krankhafte Eigenliebe, übersteigerte Selbstgefälligkeit und geschlechtlichen Machtmißbrauch, aufgefächert in vier Epsioden aus fünf Jahrhunderten: in zwei Geschichten um infantile Beziehungen (»Die Flut«, »Thérèse Philosophe«), eine weitere um die lesbische Mörderin Gräfin Báthory (»Elisabeth Báthory«) und eine vierte um die Bruderliebe der Lucrezia Borgia (»Lukrezia Borgia«). Der in Teilen pornografienahe Film vermag nur durch die ästhetische Gestaltung zweier Epsioden ein gewisses Interesse zu wecken. Der Rest ist kaum getarnte Exhibition, die auf voyeuristische Bedürfnisse zielt und klischeehaft religiöse Mystik und kirchengeschichtliche Skandale miteinbezieht. – Wir raten ab. ✦ Frankreich 1973 **P** Argos **KI** Constantin **Pd** Anatole Dauman **R** Walerian Borowczyk **B** Walerian Borowczyk, nach Erzählungen von André Pieyse de Mandiargues **K** Bernard Daillencourt, Guy Durban, Michel Zolat, Noël Véry **M** Maurice Le Roux **S** Walerian Borowczyk **D** Lise Danvers (Julie, 1), Fabrice Luchini (André, 1), Charlotte Alexandra (Thérèse, 2), Paloma Picasso (Elisabeth, 3), Pascale Christophe (Istvan, 3), Florence Bellamy (Lukrezia Borgia, 4), Jacopo Berinizi (Papst Alexander VI, 4) **L** 103 **FSK** ab 18; nf **FBW** bw **E** 27.9.1974 **fd** 19 007

DER UNMORALISCHE MR. TEAS (THE IMMORAL MR. TEAS). Nach einer Narkose beim Zahnarzt entwickelt ein ständig mißmutiger Mann die Fähigkeit, bekleidete Frauen nackt zu sehen, und hofft, sein Laster bei einer Psychiaterin kurieren zu können. Gedanklich wie inszenatorisch unsäglicher Debütfilm des als Kultregisseur mißverstandenen Sex-Filmers Russ Meyer, der durch dieses »Nudie« als Begründer der Sexfilm-Welle in den USA gilt. (Alternativtitel: »Mr. Teas und seine heißen Träume«) ✦ USA 1959 **P** PAD-RAM Enterprises **VA** Focus/ Warner Vision Germany **Pd** Peter A. DeCenzie, Russ Meyer **R+B+K** Russ Meyer **M** Edward J. Lasko **S** Russ Meyer **D** William Ellis Teas (Bill Teas), Marilyn Westly (Zahnarzt-Helferin), Ann Peters (Serviererin), Dawn Dennelle (Schönheit am Strand), Michele Roberts (Pychiaterin) **L** 62 **FSK** ab 16 **E** 17.7.1990 RTL plus

UNMORALISCHE NOVIZINNEN (INTERNO DI UN CONVENTO). Sexuelle Fantasien, Ausschweifungen und Morde in einem italienischen Frauenkloster des 19. Jahrhunderts, unter Berufung auf einen Roman von Stendhal. Ein mit drastischen Szenen unverhohlen auf den Voyeur spekulierender filmischer »Sittenspiegel«. Ebenso dümmlich wie plakativ setzt der Film eine Identität von religiöser und erotischer Ekstase voraus und mißbraucht religiöse Bräuche, Bekenntnisse und Kultstätten für einen spekulativen Soft-Porno. – Wir raten ab. ✦ Italien 1977 **P** Trust International **KI** Residenz **R** Walerian Borowczyk **B** Walerian Borowczyk, nach Motiven des Romans »Promenades dans Rome« von Stendhal **K** Luciano Tovoli **M** Sergio Montori **S** Walerian Borowczyk **D** Ligia Branice (Schwester Clara), Howard Ross (=Renato

Rossini) (Rodrigo), Marina Pierro (Schwester Veronica), Gabriella Giacobbe (Äbtissin), Allessandro Partexano (Silva), Loredana Martinez **L** 93 **FSK** ab 18; nf **E** 6.3.1978 **fd** 20 762

EINE UNMORALISCHE VERFÜHRUNG (SEDUCED AND BETRAYED). Ein glücklich verheirateter Handwerker wird von seiner reichen Auftraggeberin verführt, die daraufhin alles daran setzt, ihn ganz für sich zu gewinnen und auch vor Entführung und Mord nicht zurückschreckt. ✦ USA 1995 **R** Felix Enriques Alcalá **B** Cameron Kent **K** Kevin Kelley **D** Susan Lucci (Victoria Sanders), David Charvet (Dan Hiller), Gabrielle Carteris (Cheryl Hiller), John Verea (Gary), Zach Glicksman (Justin Hiller) **L** 87 **E** 27.3.1996 RTL

DIE UNMORALISCHEN (1964) (LE TRIANGLE). Der gewaltsame Tod eines Industrie-Magnaten verursacht unter den Anwärtern um seine Nachfolge einen tödlichen Machtkampf. Spannende Kriminalunterhaltung, hinter der sich eine kritisch akzentuierte Auseinandersetzung mit skrupelloser Machtpolitik ausmachen läßt. – Ab 16 möglich. ✦ Schwarz-weiß. BR Deutschland/Frankreich/Italien 1964 **P** Eichberg/Franco-London/Euro International **Kl** Columbia-Bavaria **R** Pierre Kast **B** Pierre Kast, Alain Aptekman **K** Marcel Grignon **D** Lilli Palmer, Pierre Brasseur, Laurent Terzieff, Paul Hubschmid, Guido Alberti, Sylva Koscina **L** 114 **FSK** ab 16; nf **E** 27.11.1964 **fd** 13 145

DIE UNMORALISCHEN (1968) →Die Unschlagbaren

EIN UNMORALISCHES ANGEBOT (INDECENT PROPOSAL). Ein junges Paar gerät durch die Wirtschaftsflaute in finanzielle Nöte und versucht, in Las Vegas sein Glück zu machen. Dort bietet ein Milliardär dem Paar eine Million Dollar, wenn die Frau eine Nacht mit ihm verbringt. Erst als das Ehepaar sich auf seine Liebe besinnt, findet es wieder zueinander. Ein klischeehaftes Pseudo-Drama, das die Macht des Geldes und seinen Einfluß auf jeden menschlichen Lebensbereich nur als Folie für eine letztlich verlogene Love-Story benutzt. ✦ USA 1992 **P** Paramount **Kl** UIP **VA** CIC **Pd** Sherry Lansing **R** Adrian Lyne **B** Amy Holden Jones (= Amy Jones), nach einem Roman von Jack Engelhard **K** Howard Atherton **M** John Barry **S** Joe Hutshing **D** Demi Moore (Diana), Woody Harrelson (David), Robert Redford (John Gage), Seymour Cassel (Mr. Shakelford), Oliver Platt (Jeremy) **L** 117 **FSK** ab 12; f **FBW** w **E** 20.5.1993/15.12.1993 Video/11.12.1994 premiere **fd** 30 229

UNMORALISCHES BEGEHREN – IM BANNE DER PSYCHOPATHIN (RULES OF OBSESSION / PASSION TO KILL). Ein erfolgreicher Psychiater läßt sich auf eine Affäre mit der frisch angeheirateten Frau seines besten Freundes ein. Als dieser die Wahrheit erfährt, will er sich scheiden lassen, wird jedoch wenig später ermordet aufgefunden. Der Therapeut gerät in Verdacht. Konventioneller Psychothriller, dessen lahme Inszenierung sich eines uninspirierten Drehbuchs annimmt. (Alternativer Fernsehtitel: »Passion to Kill«) ✦ USA 1994 **P** Rysher Entertainment **Pd** Bruce Cohn Curtis **R** Rick King **B** William Delligan **K** Paul Ryan **M** Robert Sprayberry **S** David H. Lloyd **D** Scott Bakula (Dr. Lawson), Chelsea Field (Diana), Sheila Kelley (Beth), John Getz (Jerry), Rex Smith (Ted) **L** 90 **E** 12.11.1997 ORF 1

DIE UNNORMALEN →The Abnormal – Die Unnormalen

UNORDNUNG UND FRÜHES LEID. Die Lebens- und Bewußtseinsnöte in der Familie eines Geschichtsprofessors zur Zeit der politischen und gesellschaftlichen Wirren und Veränderungen in den Inflationsjahren nach dem Ersten Weltkrieg. Eine textlich und darstellerisch niveauvolle, fotografisch sorgfältig und einfallsreich komponierte Verfilmung der Thomas-Mann-Novelle. Die vielschichtige Ironie und Distanzierungskunst Manns wird jedoch allzu direkt übersetzt, und die melancholische Skizze des Zusammenbruchs eines großbürgerlichen Lebensstils erlangt nicht die Wirkung eines überzeitlichen Beispiels. – Ab 16. ✦ BR Deutschland 1976 **P** Franz Seitz/GGB 3 **Kl** Jugendfilm **Pd+R** Franz Seitz **B** Franz Seitz, nach der Novelle von Thomas Mann **K** Wolfgang Treu **M** Hans Pfitzner, Rolf Wilhelm, Friedrich Meyer **S** Adolph Schlyßleder **D** Martin Held (Prf. Abel Cornelius), Ruth Leuwerik (Gerda Cornelius), Sabine von Maydell (Ingrid Cornelius), Frederic Meissner (Bert Cornelius), Sophie Seitz (Leonore), Markus Sieburg (Beisser), Christian Kohlund (Max Hergesell) **L** 86 **FSK** ab 6; f **E** 27.1.1977 **fd** 20 236

UNRASIERT UND FERN DER HEIMAT (WAKE ME WHEN IT'S OVER). Die Soldaten einer amerikanischen Stützpunkteinheit auf einem verlassenen japanischen Eiland besiegen ihre Langeweile, indem sie aus militärischem Strandgut ein attraktives Hotel bauen. Dadurch geraten sie mit der Bürokratie in Konflikt. Stellenweise amüsante, dann wieder sentimentale und arg kitschige Komödie, inszeniert mit viel Routine, aber kaum erkennbaren Ambitionen. – Ab 12 möglich. ✦ Scope. USA 1960 **P** 20th Century Fox **Kl** Centfox **Pd+R** Mervyn LeRoy **B** Richard L. Breen, nach einem Roman von Howard Singer **K** Leon Shamroy **M** Cyril J. Mockridge **S** Aaron Stell **D** Jack Warden (Doc Farrington), Ernie Kovacs (Capt. Charlie Stark), Margo Moore (Lt. Nora McKay), Nobu McCarthy (Ume), Dick Shawn (Gus Brubraker), Don Knotts (Sgt. Warren), Robert Strauss (Sam Weiscoff) **L** 110 **FSK** ab 6; nf **E** 10.6.1960 **fd** 9 232

UNREIF FÜR DIE LIEBE (OTA MINUT NUORENA). Zwei junge Menschen vom Lande in einem Kreis von »Halbstarken« ohne Bindung sollen vor dem Hintergrund moralischer Zügellosigkeit in Helsinki »reine Liebe« demonstrieren. Ein bis hin zu dem Schuß »Blut-und-Boden«-Romantik verlogenes Spekulationsprodukt. ✦ Schwarz-weiß. Finnland 1963 **P** Oy. Suomen Filmiteollisuus **Kl** NWDF-Unitas **R** Åke Lindman **B** Lauri Jaukiainen, Olavi Karu **D** Tarja Nurmi, Esko Salminen, Liana Kaarina **L** 86 **FSK** ab 18; nf **E** 4.9.1964 **fd** 13 068

UNRUHE IM DELTA (ALARMA IN DELTA). Zwei im Donaudelta lebende Jungen erweisen sich als wertvolle Helfer der Miliz. – Ab 6. ✦ Rumänien 1976 **P** Romaniafilm **Kl** Progress **R** Gheorghe Naghi **B** Petre Luscalov, Gheorghe Naghi **K** Ion Anton **M** Dumitru Capoianu **D** Fabian Ferenc, Dan Popescu, Sorin Vasiliu, Emanoil Petrut, Stefan Mihailescu-Braila **L** 74 **E** 15.4.1977 Kino DDR/27.5.1978 DFF 1

UNRUHE IM TAL DER PFERDE (MIEZUL FIERBINTE AL PINII). Ein Agraringenieur beginnt als neuer Direktor eines Staatsgutes einen rigorosen Feldzug gegen Korruption und Schlamperei. Weil sein Eifer auch auf Dauer nicht erlahmt, kann er das Vertrauen der Bauern gewinnen. Die agitatorisch-propagandistische Absicht des Films führt zu überdeutlicher Schwarz-Weiß-Zeichnung. – Ab 14. ✦ Rumänien 1984 **P** Filmstudio Bucuresti **Kl** Progress **R** Alecou Croitoru **B** Vasile Mihai **K** Alexandru Groza **M** Temistocle Popa **D** Vistrian Roman, George Motoi, Octavian Cotescu, Romeo Museteanu, Ion Marinescu **L** 80 **E** 27.9.1985 Kino DDR

UNRUHE IN ST. JANOS (SZENT JANOS FEJEVETELE). Eine junge Lehrerin bemüht sich in einem abgelegenen und rückständigen Dorf, ihre Ideale zu verwirklichen. Die beabsichtigte Aussage wird durch die uneinheitliche Inszenierung beeinträchtigt. – Ab 14. ✦ Schwarz-weiß. Ungarn 1966 **P** Mafilm **Kl** Progress **R** Márk Novák **B** Lajos Galambos, Márk Novák, nach einem Roman von Lajos Galambos **K** Ferenc Szécsényi **M** János Gonda **D** Ilona Béres, István Sztankay, Margit Dayka, Adám Szirtes, Ilona Agárdi **L** 68 **E** 24.2.1967 Kino DDR/31.5.1974 DFF 2

UNRUHE UM BARBARA →Gefahr für Barbara

UNRUHIGE NACHT. Begegnungen und Geschehnisse einer Kriegsnacht, die ein im Gewissen beunruhigter evangelischer Militärpfarrer während des Rußlandfeldzugs bei einem wegen Fahnenflucht zum Tode verurteilten deutschen Soldaten verbringt. Ein ernsthaft angelegter Antikriegsfilm nach der 1949 erschienenen Novelle von Albrecht Goes, der durch Vereinfachungen und inszenatorische Schwächen manches an Aussagekraft einbüßt, aber wegen seiner konsequent-rigorosen Absage an den Krieg diskussionswert ist. – Ab 16. ✦ Schwarz-weiß. BR Deutschland 1958 **P** Realfilm/Carlton/Filmaufbau **Kl** Europa **Pd** Hans Abich, Günther Stapenhorst, Walter Koppel, Gyula Trebitsch **R** Falk Harnack **B** Horst Budjuhn, Albrecht Goes (Mitarbeit), nach der Novelle von Albrecht Goes **K** Friedl Behn-Grund **M** Hans-Martin Majewski **S** Eva Kroll **D** Bernhard Wicki (Kriegspfarrer), Hansjörg Felmy (Baranowski), Ulla Jacobsson (Melanie), Ann Savo (Ljuba), Richard Münch (Kriegsgerichtsrat), Werner Hinz (Oberleutnant Ernst), Erik Schumann (Hauptmann von Arnim), Werner Peters (Major Kartuschke) **L** 101 **FSK** ab 12; f **E** 30.10. 1958/21.8.1971 ZDF **fd** 7 462

UNRUHIGE TÖCHTER. Eine egozentrische Primanerin verführt ihren Lehrer, erfüllt einer vergewaltigten Mitschülerin deren lesbische Wünsche und gewinnt erotische Kontakte zu einem Regisseur, womit sie ihre Filmkarriere einleitet. Mit kühler bildkünstlerischer Ambition und dem üblichen Anklage-Ton (»leitbildlose moderne Jugend«) inszenierte Kolportage nach einem Illustriertenroman, die unverfroren Erfolg und Genuß als einzig erstrebenswert hinstellt. ✦ BR Deutschland/Schweiz 1967 **P** Urania/Afiba **Kl** Avis **Pd** Erwin C. Dietrich **R** Hansjörg Amon **B** Wolfgang Steinhardt, nach einem Illustriertenroman von Ilse Collignon **K** Peter Baumgartner **M** Walter Baumgartner **S** Erika Patrick **D** Brigitte Skay, Jöns Andersson, Bella Neri, Eduard Küber, Ruedi Walter, Inge Burckhardt **L** 89 **FSK** ab 18; nf **E** 18.1.1968 **fd** 15 234

DER UNRUHIGE TOD VON JULIUS UND ETHEL ROSENBERG (THE UNQUIET DEATH OF JULIUS AND ETHEL ROSENBERG). Das Ehepaar Rosenberg, Besitzer eines kleinen Eisenwarengeschäfts in New York und beide engagierte amerikanische linke Juden, wurde Anfang der 50er Jahre wegen Atom-Spionage für die UdSSR angeklagt und nach einem aufsehenerregenden und umstrittenen Prozeß verurteilt. 1953 wurden sie hingerichtet. Ein eindrucksvoller, streckenweise etwas hektisch montierter Dokumentarfilm, der an Hand von Gerichtsakten und der Befragung von Prozeßbeteiligten minutiös den politischen Hintergrund rekonstruiert und die politischen Dimensionen deutlich macht: mitgeprägt wurde der Prozeßausgang durch die beängstigende Kommunismus-Hysterie der aufkommenden McCarthy-Ära. Ein vehementes Plädoyer gegen Staatsallmacht und falschen Patriotismus. (O.m.d.U.) – Sehenswert. ✦ Schwarz-weiß. USA 1976 **P** Alvin H. Goldstein/Bobbie Thornton/National Affairs Center for Television **SF** Freunde der Deutschen Kinemathek **Pd** Alvin H. Goldstein, Bobbie Thornton, Susan Malin **R+B** Alvin H. Goldstein **K** Leland Kenower **S** Jim Furlong, Lisa Jackson **L** 80 **E** 1976 Kino/30.5.1979 H 3

DIE UNRUHIGEN MÄDCHEN (DIE UNRUHIGEN MÄDCHEN). Vier elternlose Freundinnen ziehen nach dem Abitur, unterstützt vom Hausmeister ihrer Schule, gemeinsam in eine Wohnung und suchen Arbeit, um ihr Studium finanzieren zu können. Zwei machen die Bekanntschaft eines leichtfertigen jungen Barons. Eine schießt in ihrer Empörung auf ihn, wird jedoch vor Gericht freigesprochen. Klischeehafte Jungmädchen-Kolportage, aufgelockert durch volkstümliche Komik. Hans Moser ragt durch seine köstliche Charakterkomik heraus. Der letzte in Österreich vor dem Einmarsch der Wehrmacht produzierte Film. (Alternativtitel: »Finale«) – Ab 12. ✦ Schwarz-weiß. Österreich 1938 **P** Intergloria **Kl** Schorcht **R** Géza von Bolváry **B** Ernst Marischka **K** Werner Brandes **M** Franz Doelle **D** Käthe von Nagy, Ilse Werner, Elfriede Datzig, Lucie Englisch, Hans Holt, Theo Lingen, Hans Moser **L** 95 **FSK** ab 12; nf **E** 25.2.1938 **fd** 518

UNRUHIGER WEG (NESPIKOEN PAT). Verbittert durch das fehlerhafte Verhalten leitender Funktionäre seiner LPG tritt ein Bauer aus der Genossenschaft aus. Die Erfolge der LPG jedoch lassen ihn seinen Entschluß als Irrtum erkennen. Langatmig und nach Schablone inszeniert. – Ab 14. ✦ Schwarz-weiß. Bulgarien 1956 **P** Spielfilmstudio Sofia **Kl** Progress **R** Dako Dakowski

B S.Z. Daskalow **K** E. Ratschew **M** Philip Kutew **D** Iwan Bratanow (Mito), Zwetana Nikolowa (Gena), Georgi Georgiew-Gez (Kosak), Michail Dahunow (Dejan), Stefan Sawow (Stamen) **L** 97 **E** 12.10.1956 Kino DDR

UNRUHIGES BLUT (BLANCHE FURY). Viktorianisches Familiendrama um eine ehrgeizige Erzieherin, die einen ungeliebten Grundbesitzer heiratet und durch ihren Ehebruch mit dem Gutsverwalter eine Kette tödlicher Katastrophen heraufbeschwört. Eine schaurig-schöne melodramatische Moritat um Liebe, Haß, Mord und Galgen in farbenprächtiger Dekoration und aufwendigen Kulissen. – Ab 16. ✦ Großbritannien 1948 **P** Cineguild **Kl** Eagle-Lion **Pd** Anthony Havelock-Allan **R** Marc Allégret **B** Audrey Erskine Lindop, Hugh Mills, Cecil McGivern, nach einem Roman von Joseph Shearing **K** Guy Green, Geoffrey Unsworth **M** Clifton Parker **D** Valerie Hobson (Blanche Fury), Stewart Granger (Philip Thorn), Walter Fitzgerald (Simon Fury), Michael Gough (Laurence Fury), Maurice Denham (Major Fraser), Margaret Withers (Mrs. Hawkes), Amy Veness (Mrs. Winterbourne) **L** 98 **FSK** ab 16; nf **E** 1949 Kino **fd** 260

UNRUHIGES MORGENGRAUEN (TREWOSHNY RASSWET). Zwischen der Februar- und der Oktoberrevolution 1917 entbrennt in Moldawien ein erbitterter Kampf um Grund und Boden. Ein Soldat auf Fronturlaub gerät bei seiner Heimkehr mitten in diese Auseinandersetzungen. Da er als gefallen galt, hat sich seine einstige Geliebte einem Gutsbesitzer zugewandt. ✦ Scope. UdSSR 1984 **P** Moldawa-Film **R** Valeriu Gashiu **B** Juli Georgitschuk, Valeriu Gashiu, nach dem Roman »Morgenröte über dem Dnestr« von Konstantin Popowitsch **K** Valentin Belonogow **M** Wassili Goja, Valeri Loginow **D** Valentin Kuku-Bushor (Michail), Swetlana Tulgara (Katerina), Viktor Tschutak (Anton), Valeriu Kalantscha (Scharfinski), Anna Issaikina (Tasja) **L** 85 **E** 12.9.1985 DFF 2

UNS GEFÄLLT DIE WELT. Eine hübsche junge Tänzerin, ihre als Pressefotografin arbeitende Freundin und ihr Freund, ein Friseur, gewinnen ein Auto, mit dessen Hilfe sich Karriere und Erfolg einstellen. Leichtgewichtige Unterhaltung mit Musik, Tanz und einigen halbwegs originellen Regieeinfällen. – Ab 12. ✦ BR Deutschland 1956 **P** Maxim **Kl** Prisma **Pd** Fritz Klotzsch **R** Robert A. Stemmle **B** Gérard Carlier, Robert A. Stemmle **K** Hans Schneeberger **M** Herbert Trantow **S** Klaus M. Eckstein **D** Topsy Küppers (Yelli Ball), Erni Mangold (Lisa), Peer Schmidt (Charly), Kurt Heintel (Philipp Knipperdolling), Inge Meysel (Frau Schneider), Rudolf Vogel (Knipperdolling), Susi Nicoletti (Reseda) **L** 93 **FSK** ab 12; nf **E** 2.11. 1956 **fd** 5 410

UNS GEHT'S JA PRÄCHTIG (MERRILY WE LIVE). Nach einer Autopanne gerät ein Schriftsteller als vermeintlicher Tramp in eine wohlhabende Familie und erhält als Chauffeur eine Chance zur »Resozialisierung«. Handwerklich perfekte, temporeiche Screwball-Komödie, die kurzweilig unterhält. – Sehenswert ab 12. ✦ Schwarz-weiß. USA 1938 **P** MGM **Pd** Hal Roach **R** Norman Z. McLeod **B** Eddie Moran, Jack Jevne **K** Norbert Brodine **M** Marvin Hatley **S** William Terhune **D** Constance Bennett (Jerry Kilbourne), Brian Aherne (Wade Rawlins), Billie Burke (Emily Kilbourne), Clarence Kolb (Mr. Kilbourne), Alan Mowbray (Grosvenor, der Butler) **L** 88 **E** 8.3.1992 SAT 1 **fd** 29 440

UNS KANN KEIN KRUMMES DING ERSCHÜTTERN (CARRY ON CONSTABLE). Einige frischgebackene britische Polizisten können nach entsprechenden Zwischenfällen ihr ramponiertes Ansehen wiederherstellen. Klamottenhafter Schwank, der die üblichen Späße halbwegs unterhaltsam aufbereitet. (Fernsehtitel: »Ist ja irre – diese strammen Polizisten«; »Diese strammen Polizisten«) – Ab 14. ✦ Schwarz-weiß. Großbritannien 1959 **P** Angelo Amalgamated **Kl** Rank **Pd** Peter Rogers **R** Gerald Thomas **B** Norman Hudis **K** Ted Scaife **M** Bruce Montgomery **S** John Shirley **D** Sidney James (Wachtmeister Frank Wilkins), Shirley Eaton (Sally Barry), Kenneth Connor (Polizist Charlie Constable), Charles Hawtrey (Polizist Timothy Gorse), Eric Barker (Inspektor Mills), Leslie Phillips (Polizist Tom Potter) **L** 85 **FSK** ab 12; nf **E** 17.8.1962 **fd** 10 899

UNS KANN KEINER (SOLDATER KAMMERATER RYKKER UD). Manöver-Klamotte auf der untersten Unsinnsstufe: Dänische Rekruten treiben allerlei Schabernack, junge Frauen tanzen und musizieren, ein Manöverfest sorgt für Turbulenzen. Eine Art Fortsetzungsfilm von »Hinein ins Vergnügen«. Nach naivem Kichervergnügen und bejammernswerten Schnulzen bieten die letzten Minuten besten Jazz, u. a. mit den damals in Dänemark beheimateten Musikern Stan Getz und Oscar Pettiford. – Ab 10. ✦ Dänemark 1959 **P** Dansk Svensk **Pd** Henrik Sandberg **R** Sven Methling **B** Bob Ramsing **K** Aage Wiltrup **M** Gustav Winkler, Georg Swensson, Simon Rosenbaum **S** Edith Nielsen **D** Vivi Bach (Inger), Mimi Heinrich (Mette), Ebbe Langberg (Pater Rasmussen), Vera Stricker (Nora Driksen), Annie Birgit Garde (Karen), Camilla Jensen (Camilla) **L** 89 **FSK** ab 6; nf **E** 13.2.1962 **fd** 10 777

UNS KOMMT DAS ALLES SPANISCH VOR →Willkommen, Mr. Marshall

DIE UNSCHLAGBAREN (GLI INTOCCABILI). Aus dem Zuchthaus entlassener Verbrecher raubt eine Spielbank in Las Vegas aus, die einer Mafiaorganisation gehört, und wird zu Tode gejagt. Teilweise gut gespielter, reißerischer Gangsterfilm, aber ohne Distanz zu den ausgiebig geschilderten Gewaltverbrechen und Brutalitäten. (Fernsehtitel: »American Roulette«, »Die Unmoralischen«) ✦ Scope. Italien 1968 **P** Euroatlantica **Kl** MGM **Pd** Marco Vicario (= Renato Marvi), Bino Cicogna **R** Giuliano Montaldo **B** Mino Roli (= Erminio Pontiroli), Giuliano Montaldo **K** Erico Menczer **M** Ennio Morricone **S** Franco Fraticelli **D** John Cassavetes (Hank McCain), Britt Ekland (Irene), Peter Falk (Charlie Adamo), Gabriele Ferzetti, Pierluigi Aprà **L** 119 (TV 90) **FSK** ab 16; nf **E** 30.4. 1971/19.5.1989 SAT 1 **fd** 17 683

DIE UNSCHLAGBAREN ANDERSENS (SUNES FAMILIE). Die Urlaubsvorbereitungen einer chaotischen Familie, die stets mit Geldsorgen zu kämpfen hat, werden vom Liebeskummer der Tochter und der ersten Liebe des Sohnes, der sich in die Tochter der arroganten Nachbarin verguckt hat, überschattet. Zu guter Letzt kann sich die Mutter durchsetzen und mit den Ihren nach Griechenland aufbrechen. Turbulente Unterhaltung für Kinder. – Ab 10. ✦ Dänemark 1997 **Pd** Regner Grasten **R** Hans Kristensen **B** Hans Kristensen, Torvald Lervad, John Stefan Olsen, nach den Büchern von Soren Olsson und Anders Jacobsson **K** Peter Ross **M** Michael Hardinger, Rasmus Schwenger **S** Jørgen Kastrup **D** Claus Bue (Vater), Vibeke Hastrup (Mutter), Per Damgard Hansen (Sune), Sofie Lassen Kahlke (Anna), Rasmus Albeck (Hakon) **L** 95 **E** 10.6.2000 Kinderkanal

DIE UNSCHLAGBAREN SIEBEN (SEVEN MEN'S ARMY). Sieben chinesischen Soldaten, den letzten Überlebenden eines von japanischen Truppen aufgeriebenen Regiments, gelingt es, im Jahr 1933 ein Fort zu nehmen, das sie fünf Tage lang bis zum letzten Mann gegen eine japanische Brigade verteidigen. Ein aufdringliches Durchhalte-Epos, blutrünstig, mit fragwürdiger Moral und unerquicklicher Kung-Fu-Ideologie. ✦ Hongkong 1975 **P** Shaw Brothers **Kl** Constantin **R** Chang Cheh **B** Yi Kuang, Chang Cheh **K** Kung Mu-To **M** Chen Yung-Yu **D** David Chiang (= Chiang Tai Wei), Ti Lung, Chen Kuan-Tai, Alexander Fu-Sheng, Chi Kuan-Chun **L** 81 **FSK** ab 18; nf **E** 9.9.1976 **fd** 19 963

DIE UNSCHLAGBAREN SIEBEN VON LAS VEGAS (SEVEN FROM HEAVEN). Weil ein Schulkind in Drogenabhängigkeit geraten und brutal zusammengeschlagen worden ist, rechnet seine Schwester, unterstützt von weiteren Frauen, mit den Drahtziehern des Rauschgiftgeschäfts ab. Äußerst dürftiger Actionfilm nach dem Strickmuster der Fernsehserie »Drei Engel für Charly«, bei dem sich nur die Frage stellt, was haarsträubender ist: die Gesamtanlage der Story oder jedes Detail der Durchführung. ✦ USA 1978 **P** Arista **Kl** Ring/Alemannia/Nobis **Pd+R** Greydon Clark **B** Greydon Clark, Alvin L. Fast **K** Dean Cundey **M** Gerald Lee **S** Carl Watson **D** Sylvia Anderson (Terry), Kieu Chinh (Keiko), Peter Lawford (Polizeichef), Jack Palance (Farell), Neville Brand, Alan Hale **L** 86 **FSK** ab 16; f **E** 15.1.1982 **fd** 23 529

DIE UNSCHLAGBAREN SUPERNIETEN (VAMPIRE RIDER NINJA QUEEN). Weiße Ninjas liefern ihren schwarzen Rivalen, die die Kontrolle der Hotelbranche an sich bringen wollen, hitzige Gefechte. Mit von der Partie sind drei Telefonistinnen, die zu unfreiwilligen Helfern des Guten werden. Mischung aus hartem Ninja-Film und trivialer Jugend-Komödie. ✦ Hongkong 1987 **P** Filmark **VA** Onyx **R** Bruce Lambert **B** Antonin Gasner **K** Ashley Morgan **D** Martin Dukes, Walter Jackson, Chris Peterson, Agnes Chan **L** 89 **FSK** ab 16 **E** 28.3.1988 Video

UNSCHLAGBARES DOPPEL (SWITCHING GOALS). Zwei zwölfjährige Mädchen, Zwillinge, die kaum jemand auseinander halten kann, nutzen ihre Ähnlichkeit, um in verschiedenen Fußballmannschaften und auf dem Spielfeld für Verwirrung zu sorgen. Ebenso harmlose wie dürftige Komödie, die versucht, mit einer einzigen Idee über die Runden zu kommen. ✦ USA 1999 **P** Dualstar/Walt Disney **Pd** Susan Murdoch **R** David Steinberg **B** David Kukoff, Matt Roshkow **K** David A. Makin **M** Patrick Williams **S** Bud Friedgen **D** Mary-Kate Olsen (Sam Stanton), Ashley Olsen (Emma Stanton), Eric Lutes (Jerry Stanton), Kathryn Greenwood (Denise), Trevor Blumas (Greg Jeffries) **L** 84 **E** 3.7.2000 Premiere World

UNSCHULD (L' INNOCENZA). Eine attraktive junge Lehrerin tritt ihre neue Stelle in einem Dorf am Luganer See an. Der Gemeindevorsteher unternimmt plumpe Annäherungsversuche, die halbwüchsigen Schüler werden sich ihrer aufbrechenden Männlichkeit bewußt und schwärmen für die Frau aus einer anderen Welt. Als zwei von ihnen Nachhilfeunterricht bekommen, breiten sich Gerede und Gerüchte aus, bis die Lehrerin die Flucht ergreifen muß. Detailgenaue Verfilmung einer Novelle des Tessiner Schriftstellers Francesco Chiesa (1871–1973), die hervorragend die irritierend stille herbstliche Atmosphäre sowie die Spannung der Jugendlichen zwischen Traum und Wirklichkeit einfängt: Leider zerfällt der Film zusehends in aneinandergereihte Einzelszenen, deren dramatische Struktur nicht einsichtig wird. ✦ Schweiz 1986 **P** Imago/SSR/RTSI **R** Villi Hermann **B** Angelo Gregorio, Villi Hermann, nach einer Novelle von Francesco Chiesa **K** Hugues Ryffel **M** Graziano Mandozzi **S** Claudio Cormio **D** Enrica Maria Modugno (Lehrerin), Alessandro Haber (Sindaco), Teco Celio (Kapitän), Patrick Tacchella (Luca), Iwan Verda (Titta) **L** 90 **E** 4.5.1989 BR

DIE UNSCHULD →L'Innocente – Die Unschuld

DIE UNSCHULD DER KRÄHEN. Einem arbeitslosen Buchhalter und seiner Frau steht die Kündigung der Wohnung bevor. Nur das Geld, das er seinem ehemaligen Chef geliehen hatte, könnte sie retten. Doch aus Feigheit bricht der Buchhalter lieber bei ihm ein, anstatt ihn darum zu bitten, und gerät daraufhin in eine Spirale von Verbrechen und Gewalt. Düsteres Psychodrama, entstanden fürs Fernsehen nach einer Vorlage des Krimiautors Cornell Woolrich, der bereits brillant ersonnene Vorlagen für Filme von Alfred Hitchcock, Robert Siodmak und François Truffaut lieferte. ✦ Deutschland 1998 **P** Studio Hamburg **Pd** Sabine Timmermann **R** Horst Sczerba **B** Horst Sczerba, nach der Erzählung »Montreal Express« von Cornell Woolrich **K** Martin Kukula **M** Dirk Raulf **S** Marcel Peragine **D** Joachim Król (Georg Finke), Nina Petri (Paula Finke), Dieter Landuris (Taxifahrer), Kai Maertens (Geldverleiher), Lars Rudolph (Gast) **L** 89 **E** 14.8.1998 arte

DIE UNSCHULD DER MOLLY (ILLEGALLY YOURS). Nur sehr unwillig nimmt ein junger Mann seine Geschworenenpflicht wahr. Das ändert sich, als er in der Angeklagten jenes Mädchen wiedererkennt, das er schon als kleiner Junge anhimmelte. Der Unglücksrabe, dem alles mißlingt, was er anfaßt, macht sich auf eigene Faust an die Ermittlungen, und tatsächlich gelingt es ihm, die Unschuld der jungen Frau zu beweisen. Was als Hommage an die Screwball-Komödien gedacht ist, mißlingt, weil die Story sich in ihren eigenen Wirrungen verzettelt und die unsichere Regie über weite Strecken Slapstick mit Klamauk, Wortwitz mit Geschwätzigkeit verwechselt. (Fernsehtitel: »Molly und der Unglücksrabe«) – Ab 14. ✦ USA 1987 **P** De Laurentiis Entertainment Group **VA** Concorde **Pd+R** Peter Bogdanovich **B** M. A. Stewart, Max Dickens **K** Dante Spinotti **M** Phil Marshall, Ken Johnson **S** Richard Fields, Ronald Krehel **D** Rob Lowe (Richard Dice), Colleen Camp (Molly Gilbert), Kenneth Mars (Hal B. Keeler), Ruth Harrison (Linda McEwan), Kim Myers (Suzanne Keeler) **L** 102 **FSK** ab 12 **E** 17.12.1990 Video/12.8. 1995 ZDF **fd** 28 831

DIE UNSCHULD DER MÖRDER →Philadelphia Clan

UNSCHULD IM DOPPELBETT (TURKASEN TENAVA). Ein junger Architekt gerät durch seine Gutmütigkeit in den Verdacht, ein Kind entführt zu haben. Anspruchslos-seichte Kriminalkomödie. – Ab 14. ✦ Schwarz-weiß. Finnland 1962 **P** Oy. Suomen Filmiteollisuus **Kl** Aero **R+B** Aarne Tarkas **K** Kalle Peronkoski **M** Erkki Melakoski **D** Eila Peitsalo, Matti Ranin, Ari Pekta, Leo Jokela **L** 81 **FSK** ab 6; f **E** 1964

UNSCHULD IM KREUZVERHÖR (IL ROSSETTO / JEUX PRECOCES). Ein 14jähriges Mädchen in Rom umschwärmt mit kindlicher Unschuld einen attraktiven jungen Mann, ohne zu wissen, daß er ein Zuhälter und Mörder ist, der sich der Prostituierten, die ihn aushielt, kaltblütig entledigte, als er eine reiche Frau kennenlernte. Das Mädchen wird zu seinem verkörperten schlechten Gewissen, das er loswerden will. Erst nach einem Selbstmordversuch des in eine Erziehungsanstalt eingewiesenen Kindes durchschaut die Polizei seine eingefädelte Intrige. Damianis Erstlingsfilm ist ein raffiniert konstruiertes Kriminaldrama, vorzüglich gespielt, konsequent durchdacht und inszeniert. ✦ Schwarz-weiß. Italien/Frankreich 1959 **P** Europa Cinematografica/Explorer/C.F.P.C. **Kl** Constantin **Pd** Gianni Solitro **R** Damiano Damiani **B** Damiano Damiani, Cesare Zavattini **K** Pier Ludovico Pavoni **M** Giovanni Fusco **D** Pietro Germi (Kommissar Fioresi), Giorgia Moll (Lorella), Pierre Brice (Gino), Laura Vivaldi (Silvana), Bella Darvi (Nora), Ivano Staccioli **L** 93 **FSK** ab 18; f **E** 16.9.1960/16.6.1987 DFF 2 **fd** 9 294

UNSCHULD IN TAUSEND NÖTEN. Die Seitensprünge eines Fabrikdirektors geben Anlaß zu bescheidener Situationskomik und etwas Sentimentalität in einem formal wie thematisch sehr bescheidenen Lustspiel. (Titel auch: »Mädchen aus dem Regenbogen«, »Mädel aus der Konfektion«) – Ab 14. ✦ Schwarz-weiß. BR Deutschland 1951 **P** CCC-Filmkunst/Nehru-Film **Kl** Deutsche Commerz **Pd** Artur Brauner **R** Carl Boese **B** Vineta Bastian-Klinger, Carl Boese **K** Herbert Körner **M** Harald Böhmelt **S** Lisa Thiemann **D** Hannelore Schroth (Eva), Wolf Albach-Retty (Dr. Singer), Rudolf Platte (Hans Lehmann), Oskar Sima (Bergmann), Elena Luber (Ruth), Rolf Weih (Dr. Grützmacher) **L** 90 **FSK** ab 12; nf **E** 26.5.1951 **fd** 1 309

UNSCHULD OHNE SCHUTZ (NEVINOST BEZ ZASTITE). Ein Collage-Film, der sich zusammensetzt aus einer während der deutschen Besatzung von einem serbischen Akrobaten zum Eigenruhm gedrehten Schnulze, zeitgenössischen Dokumentaraufnahmen und Interviews mit den 1967 noch lebenden Beteiligten. Im Mit- und Gegeneinander verschiedener Zeit- und Wirklichkeitsebenen wird spielerisch ein Stück jugoslawischer Zeitgeschichte gestaltet und raffiniert zu einer Art politischer Parabel ausgeweitet. – Sehenswert ab 16. ✦ Teils schwarz-weiß. Jugoslawien 1968 **P** Avala **R+B** Dusan Makavejev **K** Branko Perak **M** Vojislav Kostic **D** Dragoljub Aleksic (Akrobat), Ana Milosavljevic (Waise Nada), Beba Jovánovic (die böse Stiefmutter), Bratoljub Gligorijevic (Petrovic), Ivan Zirkovic (Bruder des Akrobaten) **L** 87 **E** 1.7.1969 ARD **fd** 16 199

DIE UNSCHULD UND DER BÖSEWICHT (THE VILLAIN STILL PURSUED HER). Um sich ihres Besitzes zu bemächtigen, stürzt ein verbrecherischer Anwalt eine junge Familie ins Unglück, indem er den Mann zum Trinken verführt. Dank eines Freundes wird dieser jedoch von seiner Trunksucht geheilt. Ein Menschenfreund, der den Alkohol haßt, und dessen geistesgestörte Schwester helfen überdies, den schurkischen Anwalt unschädlich zu machen. Stil-Elemente des viktorianischen Melodrams nutzend, versucht der mit vielen Kalauern gespickte Film, durch Überhöhungen eine Persiflage auf Rührstückklischees zu erreichen. – Ab 16. ✦ Schwarz-weiß. USA 1940 **P** RKO **R** Edward Kline **B** Elbert Franklin, Ethel La Blanche **K** Lucien Ballard **M** Frank Tours **S** Arthur Hilton **D** Anita Louise, Margaret Hamilton, Alan Mowbray, Richard Cromwell, Buster Keaton **L** 66 **E** 31.1. 1983 ARD

DIE UNSCHULD VOM LANDE (1933). Eine naive, theaterbegeisterte junge Frau aus einem Dorf reist auf der Suche nach einem Theaterdirektor in die Großstadt. Ein bayerischer Filmschwank, der schlichte Lachunterhaltung für den eher derben Geschmack bietet. – Ab 16. ✦ Schwarz-weiß. Deutschland 1933 **P** Aco **Kl** Adler **Pd** Gustav Althoff **R** Carl Boese **B** Walter Wassermann, Walter Schlee **K** Willy Hameister **M** Kurt Schwabach, Willy Engel-Berger **S** Hildegard Grebner **D** Lucie Englisch (Annerl Lechleitner), Ralph Arthur Roberts (Frank Eckelmann), Alexa von Engström (seine Frau Helga), Kurt Vespermann (sein Diener Paul), Oscar Sabo (Rechtsanwalt Dr. Falke) **L** 90 **FSK** ab 16; nf **E** 24.2.1933 **fd** 1 674

DIE UNSCHULD VOM LANDE (1957). Wiederverfilmung des Schwanks von der urwüchsigen und unbedarften Dorfschönen, die in Berlin auf die Bretter drängt, die ihr die Welt bedeuten, wobei sie in aller Unschuld groteske Eheverwicklungen heraufbeschwört. Klamauk von der Stange mit plumpen Zweideutigkeiten, der allenfalls durch Theo Lingens Grotesk-Komik ein wenig Fasson erhält. – Ab 16. ✦ Schwarz-weiß. BR Deutschland 1957 **P** CCC **Kl** Constantin **Pd** Artur Brauner **R** Rudolf Schündler **B** C. A. Barret, Per Schwenzen, Fritz Böttger, Curth Flatow (ungenannt), nach dem Drehbuch von Walter Wassermann und Walter Schnee zum gleichnamigen Film von Carl Boese **K** Werner M. Lenz **M** Klaus Ogermann **S** Kurt Zeunert **D** Theo Lingen (Werner Sturm), Bibi Johns (Bibi Sturm), Rudolf Platte (Diener Paul), Ruth Stephan (Else Meise), Walter Groß (Dr. Bruno Falke), Nadja Regin (Lollo), Franz Muxeneder (Sepp) **L** 89 **FSK** ab 16; nf **E** 6.6.1957 **fd** 5 898

UNSCHULDIG ANGEKLAGT (PRESUMED GUILTY). Ein junger Mann wird Ende der 70er Jahre zu Unrecht eines Raubmords beschuldigt und zu 15 Jahren Zuchthaus verurteilt. Obwohl er seine Unschuld beteuert, glaubt ihm zunächst nicht einmal sein Pflegevater. Doch eines Tages bekommt dieser Anlaß, am amerikanischen Justizsystem zu zweifeln. Jahrelang kämpft er gegen diverse Gerichtsinstanzen, bis er endlich die Wiederaufnahme des Verfahrens und die Rehabilitierung seines Pflegesohnes erreicht. Nach einem authentischen Fall inszeniertes Drama, das unentschlossen zwischen Vater-Sohn-Konflikt und Gerichtsfilm schwankt. Eindeutig ist allerdings die harsche Kritik am Rechtssystem. – Ab 14. ✦ USA 1991 **P** Cosgrove/Meurer **VA** E.A.T. **Pd** Jay Benson **R** Paul Wendkos **B** Cynthia Whitcomb **K** Charles G. Arnold **M** Charles Bernstein **S** Richard Bracken **D** Martin Sheen (Harold Hohne), Caroline Kava (Mary Hohne), James Handy (Gerry Duffy), Rebecca Schull (Beverly Rosen), Brendan Fraser (Bobby McLaughlin) **L** 94 **FSK** ab 12 **E** 21.8.1993 ARD/1996 Video

UNSCHULDIG GEÄCHTET (LA PORTEUSE DE PAIN / LA PORTATRICE DI PANE). Paris 1880: Einer Frau, die unschuldig 20 Jahre wegen Raub, Brandstiftung und Mord im Gefängnis verbracht hat, gelingt es, aus der Haft zu fliehen und ihre Unschuld zu beweisen. Etwas schwerfälliges, aber gut gespieltes Melodram; die Vorlage wurde von Maurice Cloche schon einmal 1950 (»Flucht vor dem Schicksal«) verfilmt. – Ab 16. ✦ Scope. Frankreich/Italien 1962/63 **P** CFF/Euro International **Kl** Progress **Pd** Jean Maumy **R** Maurice Cloche **B** Maurice Cloche, Christian Plume, nach einem Roman von Xavier de Montépin **K** Henri Decaë **M** René Sylviano **S** Gilbert Natot **D** Suzanne Flon (Jeanne), Philippe Noiret (Garaud), Jean Rochefort (Ovide), Jeanne Valerie (Mary), Marie-France Mignal (Lucie) **L** 91 (Orig. 120) **E** 28.5.1965 Kino DDR

UNSCHULDIG GEFANGEN (LUST FOR FREEDOM). Unschuldige Frauen werden unter falschen Beschuldigungen in ein Gefängnis gesteckt, wo sie grausamen Mißhandlungen ausgesetzt sind. Spekulativer Frauengefängnis-Film. – Wir raten ab. ✦ USA 1985 **P** Mesa Film/Troma **VA** RCA/Columbia/Orion **Pd+R** Eric Louzil **B** Craig Kusaba, Duke Howard **K** Ron Chapman **M** John Messari **S** Steve Mann, David Khachatorian **D** William J. Kulzer (Sheriff Cole), Melanie Coll (Jilian Cates), Judi Trevor (Pusker), Howard Knight (Warden Maxwell), Elizabeth Carlisle (Vicky) **L** 89 **FSK** ab 18 **E** 18.1.1988 Video

UNSCHULDIG GEJAGT (NO ESCAPE / CITY ON A HUNT). Ein darstellerisch mittelmäßiger, in der Spannungsdramaturgie unsicherer Thriller. Nachdem ein Mann tot aufgefunden worden ist, sieht sich der abgewrackte Pianist eines Nachtclubs in San Fransisco in die Enge getrieben. Ein Polizeibeamter kann den Mordverdacht von seiner Freundin – die zuletzt mit dem Toten gesehen wurde – auf den Musiker lenken. – Ab 16. ✦ USA 1953 **P** United Artists **Pd** Matt Freed, Hugh MacKenzie **R+B** Charles Bennett **K** Benjamin H. Kline **M** Bert Shefter **S** Roy Livingston **D** Lew Ayres (Tracy), Marjorie Steele (Pat), Sonny Tufts (Simon), Gertrude Michael (Olga), Lewis Martin (Cunning) **L** 76 **E** 5.10.1992 ARD

UNSCHULDIG HINTER GITTERN: DAS SCHICKSAL DER ANNIE GALLAGHER (THE OTHER SIDE OF LOVE). Krimi, dem eine wahre Begebenheit zugrunde liegt. Eine gutgläubige Frau und Mutter dreier Kinder, die für einen ihr unbekannten Mann aus Gefälligkeit den Transport eines Päckchens übernommen hat, wird bald darauf wegen Rauschgiftschmuggels festgenommen und zu 15 Jahren Haft verurteilt. Mit Hilfe einer Sozialarbeiterin entwickelt sich die ehemals naive Frau im Gefängnis zu einer selbstbewußten Persönlichkeit, die um ihre Rechte kämpft und ihre Schuldlosigkeit zu beweisen versucht. (Titel auch: »Die andere Seite der Liebe«) – Ab 14. ✦ USA 1991 **R** Bethany Rooney **B** Selma Thompson, Robert L. Freedman **M** J. A. C. Redford **D** Cheryl Ladd (Annie Gallagher), Jean Smart (Cathy), Diana Muldaur (Frances), Sarah Martineck (Lisa Gallagher), Joshua Harris **L** 90 **E** 9.5.1995 Pro Sieben

UNSCHULDIG MACHT SCHULDIG →Schuldlos schuldig

UNSCHULDIG! SUSAN RENNT →Jailbreak – Auf der Flucht

UNSCHULDIG VERURTEILT (FOR THEM THAT TRESPASS). Ein Schriftsteller in London, der Mitwisser eines Mordes geworden ist, verwertet seine Kenntnisse für ein Theaterstück und läßt schweigend geschehen, daß ein Unschuldiger verurteilt wird. Als das Urteil nach 15 Jahren revidiert wird, ereilt ihn auf der Höhe des Ruhms die gerechte Strafe. Darstellerisch überdurchschnittlicher Kriminalfilm, der trotz einiger Längen spannend und durchaus anspruchsvoll unterhält. – Ab 14 möglich. ✦ Schwarz-weiß. Großbritannien 1949 **P** Associated British Pathé **Kl** Omnium **Pd** Victor Skutezky **R** Alberto Cavalcanti **B** J. Lee Thompson, nach einem Roman von Ernest Raymond **K** Derick Williams **M** Philip Green **D** Richard Todd (Herb Logan), Stephen Murray (Christopher Drew), Rosalin Boulter (Frankie), Patricia Plunkett (Rosie), Michael Laurence (Jim Heal), Joan Dowling **L** 94 **FSK** ab 12; nf **E** 1.12.1949 **fd** 575

UNSCHULDIGE IM AUSLAND. Am Beispiel einer Gruppe amerikanischer Touristen, die in 14 Tagen zehn europäische Länder besucht, nähert sich der Dokumentarfilm kritisch und humorvoll dem Thema »Massentourismus«. Der Titel des Films erinnert nicht von ungefähr an Mark Twains satirischen Reisebericht »Die Arglosen im Ausland«. – Ab 14. ✦ USA 1992 **P** La Sept/arte **R** Les Blank, Miel van Hoogenbemt **L** 80 **E** 15.7.1995 arte

UNSCHULDIGE LÜGEN (INNOCENT LIES). Frankreich kurz vor der Okkupation durch die deutschen Truppen: An der Atlantikküste ermittelt ein englischer Polizist in einem lang zurückliegenden Mordfall und stößt dabei auf Abgründe aus Korruption und Faschismus. Nebenbei kommt er dem inzestuösen Verhältnis eines Geschwisterpaars auf die Spur. Ein verworren entwickelter und inszenierter Film, dessen farblose Darsteller wenig zur Klärung der vielen offenen Fragen beitragen können. ✦ Großbritannien/ Frankreich 1996 **P** PolyGram **VA** Universum **Pd** Simon Perry, Philippe Guez **R** Patrick Dewolf **B** Kerry Crabbe, Patrick Dewolf **K** Patrick Blossier **M** Alexandre Desplat **S** Chris Wimble, Joëlle Hache **D** Stephen Dorff (Jeremy), Gabrielle Anwar (Celia), Adrian Dunbar (Alan Cross), Sophie Aubry (Solange Montfort), Joanna Lumley (Lady Helena Graves), Melvil Poupaud (Louis Bernard) **L** 85 **FSK** ab 16 **E** 12.5.1997 Video/4.12.1997 premiere **fd** 32 703

UNSCHULDIGE MÖRDER (ARTATLAN GYILKOSOK). Zu einem Hollywood-Regisseur, der in Ungarn einen Kriminalfilm dreht, kommen zwei Studenten, um ihm ein Drehbuch anzubieten. Am nächsten Morgen wird der Regisseur ermordet aufgefunden. Das ganze erweist sich als ein makabres Spiel, das am Ende zwei Menschenleben fordert. Auf Überraschungseffekte angelegter Kriminalfilm, dessen Aussage aber durch Uneinheitlichkeit in der Form beeinträchtigt wird. – Ab 16. ✦ Schwarz-weiß. Ungarn 1973 **P** Mafilm **KI** Progress **R** Zoltán Várkonyi **B** Gyula Maár, Péter Zimre **K** Tamás Somló **M** György Vukán **D** László Mensáros (Vallay, Filmregisseur), Péter Huszti (András), László Tahi Tóth (Viktor), Szilvia Sunyovszky, Gyula Benkö **L** 87 **E** 2.8.1974 Kino DDR/31.8.1975 DFF 2

DIE UNSCHULDIGE MÖRDERIN (IN DEFENSE OF MURDER/I KNOW WHAT YOU DID/CRIMES OF PASSION: I KNOW WHAT YOU DID). Eine Rechtsanwältin, die sich mit der erfolgreichen Verteidigung von Vergewaltigern einen fragwürdigen Namen gemacht hat, wird selbst Vergewaltigungsopfer und ersticht ihren Peiniger im Affekt. Sie kann die Leiche zwar verschwinden lassen, weiß jedoch nichts von einem geheimen Zeugen, dessen Erpressungsopfer sie bald wird. Unter zusätzlichen Druck gerät sie, als ausgerechnet ihr Verlobter, ein Detective der Mordkommission, mit den Ermittlungen im Mordfall beauftragt wird. Konfektionierte (Fernseh-)Mischung aus Gerichtsdrama und Psychothriller. ✦ USA 1997 **P** O'Hara-Horowitz Productions **Pd** Tracey Jeffrey **R** Chuck Bowman **B** Tom Gates, Paul Stefaniak **K** Peter Benison **M** Stacy Widelitz **S** Thomas Fries **D** Rosanna Arquette (Stacey Keane), Steve Eckholdt (Richard Younger), Lochlyn Munro (Justin Decker), Teryl Rothery (Dr. Ellen Abrams), Garry Chalk (Sergeant Gabe Sawyer) **L** 85 **E** 6.3.1999 ARD

DIE UNSCHULDIGEN (LES INNOCENTS). Auf der Suche nach ihrem taubstummen Bruder lernt eine junge Frau in Toulon den Sohn eines Orchesterdirigenten kennen, in den sie sich verliebt und der ihr bei der Lösung ihres Problems behilflich sein kann. Die Spur führt zu einem jungen Araber, der mit dem Bruder Kontakt hat. Nun wird sie mit einer ausländerfeindlichen, rechtsradikalen Organisation konfrontiert, für deren Parolen ihr Geliebter mehr als empfänglich ist. Ein ernstzunehmender, ausdrucksstark inszenierter und hervorragend fotografierter Film, der Fremdenhaß und Ausländerfeindlichkeit in Frankreich in einer spannenden Kinogeschichte verarbeitet. – Sehenswert. ✦ Scope. Frankreich 1987 **P** Terzian-Carcassonne Prod. **Pd** Alain Terzian, Philippe Carcassonne **R** André Téchiné **B** André Téchiné, Pascal Benitzer **K** Renato Berta **M** Philippe Sarde **S** Martine Giordano **D** Sandrine Bonnaire (Jeanne), Simon de la Brosse (Stéphane), Abdel Kechiche (Saïd), Jean-Claude Brialy (Klotz), Tanya Lopert (Myriam), Stéphane Onfroy (Alain) **L** 100 **E** 1.4.1990 BR

DIE UNSCHULDIGEN MIT DEN SCHMUTZIGEN HÄNDEN (LES INNOCENTS AUX MAINS SALES/GLI INNOCENTI DALLE MANI SPROCHE). Eine junge Frau beteiligt sich an dem von ihrem Liebhaber ausgeheckten Mordversuch an ihrem 18 Jahre älteren reichen Mann. Der Plan mißlingt durch das geschickte Täuschungsmanöver des Ehemanns und stürzt alle Beteiligten ins Unglück. Anspruchsvoll inszeniertes, mit kriminalistischen Spannungseffekten angereichertes Melodram, das sich der Mittel einer gehobenen Kolportage bedient. Reizvoll, wenn auch gelegentlich allzu sarkastisch, spielt der Film mit unvorhersehbaren Entwicklungen und Tatbestandshypothesen. – Ab 16. ✦ BR Deutschland/Frankreich/ Italien 1974 **P** La Boétie/Terra/Juppiter General **KI** Constantin **R** Claude Chabrol **B** Claude Chabrol, nach einem Roman von Richard Neely **K** Jean Rabier **M** Pierre Jansen **S** Jacques Gaillard **D** Romy Schneider (Julie), Rod Steiger (Louis), Paolo Giusti (Jeff), Hans Christian Blech (Richter), François Perrot (Thorent) **L** 125 **FSK** ab 16; f **E** 23.5.1975/22.10.1976 Kino DDR **fd** 19 319

DIE UNSCHULDIGEN ZAUBERER (NIEWINNI CZARODZIEJE). Ein junger Warschauer Sportarzt, der unstet zwischen Jazz-Musizieren und amourösen Abenteuern dahinlebt, wird durch die nächtliche Zufallsbekanntschaft mit einer anmutig eigenwilligen Studentin zum ersten Male aus der Leere und Gleichgültigkeit seiner Empfindungen gerissen. Eine sensibel nachgezeichnete, darstellerisch und inszenatorisch bemerkenswerte Liebesgeschichte, die weit über Melancholie und Pessimismus hinausführt. Der Aufbruch einer jungen Generation zu einer neuen gesellschaftlichen Ordnung wird zwar nur indirekt thematisiert, aber deutlich führt der Film vor Augen, daß das Vakuum zwischen »Gestern und Morgen« nicht mit dem Katzenjammer der Ratlosigkeit zu füllen ist. – Sehenswert ab 16. ✦ Schwarz-weiß. Polen 1960 **P** ZRF »Kadr« **KI** Okapia **SF** Paikert **R** Andrzej Wajda **B** Jerzy Andrzejewski, Jerzy Skolimowski **K** Krzysztof Winiewicz **M** Krzysztof Komeda (= Krzysztof Trzcinski-Komeda) **S** Wieslawa Otocka, Aurelia Rut **D** Tadeusz Lomnicki (Bazyli/Andrzej), Krystyna Stypulkowska (Pelagia/Magda), Wanda Koczeska (Mirka), Zbigniew Cybulski (Edmund), Roman Polanski (Polo) **L** 85 (Orig. 87) **FSK** ab 16; f **FBW** bw **E** 7.10.1963 ZDF/21.2.1964 Kino BRD/ 17.12.1973 DFF 2 **fd** 12 322

UNSCHULDIGES BLUT (LE SANG DES INNOCENTS). Der Angestellte einer Baufirma nimmt seine Ehefrau auf eine Dienstreise nach Athen mit. Weil er sie auch dort vernachlässigt, entschließt sich die Frau verärgert zu einem Schiffsausflug. Das Schiff explodiert. Der Film dramatisiert tatsächliche Ereignisse: Im Juli 1988 zündeten arabische Terroristen an Bord eines Kreuzfahrtschiffes eine Bombe. – Ab 16. ✦ Frankreich 1993 **R** Miguel Courtois **D** Gérard Dammon (Vincent Millau), Anaïs Jeanneret (Sophie Millau), Luna Sentz (Théonia Kanas), Teco Celio (Constantin Zinacos), Marc de Jonge (französischer Konsul) **L** 90 **E** 21.9.1995 Vox

UNSCHULDSENGEL. Für einen 16-jährigen Jungen aus gutem Hamburger Hause bricht eine Welt zusammen, als sein Vater wegen Mordes an einem jugendlichen Stricher verhaftet wird. Auf der Suche nach der Wahrheit und in der Hoffnung, den Vater entlasten zu können, recherchiert er im einschlägigen Milieu und wird mit einer Szene konfrontiert, die mit seinem bisherigen Leben nichts gemeinsam hat. Früher (Fernseh-)Krimi von Rainer Kaufmann, gespickt mit jungen Darstellern, die fünf Jahre später zu den Stars des deutschen Kinos zählen. – Ab 16. ✦ Deutschland 1994 **Pd** Henrik Meyer **R** Rainer Kaufmann **B** Ben Taylor **K** Klaus Eichhammer **M** Stefan Traub **S** Ursula Mai **D** Christian Näthe (Christoph Hansen), Herbert Knaup (Paul Hansen), Claudia Demarmels (Sigrid Hansen), Jürgen Vogel (Max), Nicolette Krebitz (Katja), Richy Müller (Alex), Moritz Bleibtreu (Thorsten) **L** 89 **E** 14.11.1994 ZDF

UNSER ADMIRAL IST EINE LADY (THE ADMIRAL WAS A LADY). Vier ehemalige GIs suchen nach Arbeit und begegnen einer Frau, deren Verlobter von einer anderen Frau umgarnt wird. Sie müssen den einstigen Ehemann dieser Frau bewegen, seine Frau wiederzuerlangen, damit das andere Paar doch zusammenbleibt. Leidlich unterhaltsame Komödie um Liebes- und Arbeitsprobleme in den USA zur Nachkriegszeit. – Ab 14 möglich. ✦ Schwarz-weiß. USA 1950 **P** United Artists **R** Albert S. Rogell **B** Sidney Salkow, John O'Dea **K** Stanley Cortez, Edward J. Kay **M** Al Stewart, Earl Rose **D** Edmond O'Brien, Wanda Hendrix, Rudy Vallee, Johnny Sands, Steve Brodie **L** 87 **E** 24.10.1986 RTL plus

UNSER BESTER MANN. Otto Vegesack verschlägt es nach Berlin, wo er am liebsten alle Frauenherzen erobern möchte. Doch bald begegnet ihm die große Liebe. Heiterer Fernsehfilm, der sein bescheidenes situationskomisches Potential vor allem aus der etwas vertrottelt gespielten Hauptfigur bezieht. ✦ DDR 1983 **P** DEFA **Pd** Dietmar Richter **R** Eberhard Schäfer **B** Eberhard Schäfer, Wolfgang Pietsch **K** Wolfgang Pietsch **M** Rainer Oleak **S** Anneliese Hinze-Sokolow **D** Heinz Rennhack (Vegesack), Solveig Müller (Dagmar), Petra Strojwasiewicz (Petra), Brigitte Krause (Frau Hielscher), Jürgen Reuter (Winkelmann) **L** 90 **E** 27.11.1983 DFF 1

UNSER BOSS IST EINE DAME (OPERAZIONE SAN GENNARO/OPERATION SAN GENNARO). Eine amerikanische Gaunerbande stiehlt gemeinsam mit neapolitanischen Komplizen und unter Leitung einer raffinierten Frau den wertvollen Votiv-Schatz von San Gennaro in Neapel. Die einen wollen sich bereichern, die anderen angeblich die Sanierung der Slums finanzieren. Amüsante, in einigen religiösen Szenen nicht immer geschmackssichere Gaunerkomödie, die sich wohltuenderweise selbst nicht allzu ernst nimmt. – Ab 14 möglich. ✦ Scope. BR Deutschland/ Italien/Frankreich 1966 **P** Roxy/Ultra/Lyre **KI** Gloria **R** Dino Risi **B** Ennio de Concini, Dino Risi, Adriano Baracco, Nino Manfredi **K** Aldo Tonti **M** Armando Trovaioli **S** Franco Fraticelli **D** Senta Berger (Maggie), Nino Manfredi (Dudu), Mario Adorf (Sciascillo), Claudine Auger (Concettina), Ralf Wolter (Frank), Harry Guardino (Jack), Totò **L** 94 **FSK** ab 12; nf **E** 6.1.1967/29.3.1968 Kino DDR **fd** 14 523

UNSER BURSCHE, DER HERR PROFESSOR (GLI ATTENDENTI). Klamottenhafte Komödie über die diversen Liebeleien der »Burschen« und ihrer militärischen Vorgesetzten, die die handelsübliche Typenauslese betreibt, die vom Muttersöhnchen bis zum Edelcasanova reicht. Unterhaltsam allenfalls durch das Spiel Vittorio de Sicas. – Ab 14 möglich. ✦ Schwarz-weiß. Italien 1961 **P** Cinex/Incei **R** Giorgio Bianchi **B** Marcello Marchesi, Luigi Magni, Stefano Turchi **K** Guglielmo Mancori **M** Armando Trovaioli **D** Dorian Gray, Gino Cervi, Vittorio de Sica, Renato Rascel, Vicky Ludovisi, Didi Perego **L** 108 **E** 29.8. 1964 ARD

UNSER COACH IST DER BESTE (MAN FROM LEFT FIELD). Die jugendlichen Spieler einer unbedeutenden Baseball-Mannschaft in der Provinz, die vom Aufstieg in die örtliche Jugendliga träumen, benennen, um wenigstens eine formelle Voraussetzung zu erfüllen, einen heruntergekommenen Vagabunden als Trainer. Der erweist sich bald als begnadeter Könner, der das Team auf Vordermann bringt – in Wirklichkeit ist er ein berühmter Baseball-Star, der nach dem Tod von Frau und Tochter das Gedächtnis verloren hat. Rührseliges Melodram um Bewährung und

Selbstfindung. – Ab 16. ✦ USA 1993 **R** Burt Reynolds **B** Wayne Allan Rice **K** Nick McLean **M** Bobby Goldsboro **D** Burt Reynolds (Coach Jack), Tino Taylor (Tino), Kauwela Acocella (Beau), Reba McEntire (Nancy Lee), Sean Dunne (Peanut) **L** 92 **E** 22.5.1994 PRO 7

UNSER DOKTOR IST DER BESTE. Ein junger Arzt gerät in den ersten Tagen seiner Arbeit in der Kinderstation einer Privatklinik in mancherlei berufliche und private Schwierigkeiten, meistert sie aber alle. Ein unsympathischer Studienrat erleidet dagegen auf der ganzen Linie Schiffbruch. Dümmlich-sentimentales Klamauk-Lustspiel, das durch primitive »Scherze« zum Lachen reizen will. – Ab 14 möglich. ✦ BR Deutschland 1969 **P** Lisa/Divina **KI** Gloria **DVD** Marketing (1.66:1, Mono dt.) **R** Harald Vock **B** Kurt Nachmann **K** Kurt Junek **M** Werner Twardy **D** Roy Black (Dr. Leonhard Sommer), Helga Anders (Loni Vogt), Georg Thomalla (Waldemar Kosel), Corinna Genest (Oberschwester Hildegard), Joachim Hansen (Professor Janssen), Max Mairich **L** 89 **FSK** ab 6; nf **E** 22.7.1969/15.10.2001 DVD **fd** 16 280

UNSER DORF →Sie fanden eine Heimat

UNSER EHRLICHES BROT (NASCH TSCHESTNYJ CLEB). Geschichte von Sieg und Niederlagen in einem sowjetischen Kolchos. Ein Frühwerk der früher mit sarkastischen Gegenwartsfilmen berühmt gewordenen Regisseurin Kira Muratowa. – Ab 14. ✦ Schwarz-weiß. UdSSR 1964 **P** Spielfilmstudio Odessa **KI** Progress **R** Kira Muratowa, Alexander Muratow **B** I. Bondin **K** Alexander Rybin, Juri Romanowski **M** L. Bakalow, Boris Karamyschew **D** Ljudmila Karausch, P. Ljubeschkin, G. Butowskaja, K. Marintschenko, Ljubow Kaljushnaja, Viktor Miroschnitschenko **L** 94 **E** 3.9.1965 Kino DDR

UNSER EIGENES ICH (OUR VERY OWN). Die seelische Krise einer 18jährigen aus einer intakten bürgerlichen Kleinstadtfamilie, die plötzlich mit der Tatsache konfrontiert wird, daß sie ein Adoptivkind ist und daß ihre leibliche Mutter sie verleugnet. Humoriggefühlsbetonte Unterhaltung, stellenweise zu sentimental und oberflächlich, um zu überzeugen. Sympathisch die lebendige Zeichnung des Kleinstadtmilieus. – Ab 14 möglich. ✦ Schwarz-weiß. USA 1950 **P** Samuel Goldwyn Prod. **KI** Herzog **Pd** Samuel Goldwyn **R** David Miller **B** F. Hugh Herbert **K** Lee Garmes **M** Victor Young **S** Sherman Todd **D** Ann Blyth (Gail), Farley Granger (Chuck), Joan Evans (Joan), Jane Wyatt (Lois Macaulay), Ann Dvorak (Mrs. Lynch) **L** 90 **FSK** ab 12; f **E** 22.12.1950 **fd** 989

UNSER FRÄULEIN DOKTOR. Eine charmante junge Mathematiklehrerin vertritt einen erkrankten Kollegen, der von Frauen in seinem Beruf wenig hält, und überzeugt ihn von ihrer fachlichen Kompetenz ebenso wie von ihren weiblichen Reizen. Erstaunlich zeitlos wirkende Komödie, die ihre Harmlosigkeit durch die flotte Inszenierung vergessen läßt. Vor allem Jenny Jugo überzeugt durch ihr modernes, burschikoses Spiel. – Ab 12. ✦ Schwarz-weiß. Deutschland 1940 **P** Klagemann **KI** Bavaria **R** Erich Engel **B** Fritz Schwiefert, nach einem Originalstoff von F. Schwiefert **K** Massimo Terzano **M** Hans-Otto Borgmann **D** Jenny Jugo (Dr. Elisabeth Hansen), Albert Matterstock (Dr. Karl Klinger), Gustav Waldau (Schuldiener Nießer), Heinz Salfner (Der Direktor), Gunnar Möller **L** 94 **E** 20.12.1940/4.1.1954 DFF 1/10.12.1954 Kino DDR

UNSER FREMDES KIND (CUDZE SZCZESCIE). (Fernseh-)Drama: Das unbeschwerte Leben einer polnischen Familie gerät aus den Fugen, als der achtjährige Sohn bei einem Verkehrsunfall schwer verletzt wird. Erst jetzt stellt sich heraus, dass er gar nicht das leibliche Kind seiner Eltern ist, sondern offenbar bei der Geburt vertauscht wurde. In Dresden finden sie die ebenfalls nichts ahnenden leiblichen Eltern »ihres« Kindes. ✦ Deutschland/Polen 1997 **R** Miroslaw Bork **B** Miroslaw Bork, Hans-Werner Honert **K** Grzegorz Kedzierski **M** Marek Kuczynski **D** Susanne Lüning (Maria Schneider), Oliver Stritzel (Horst Schneider), Danuta Stenka (Anna Kowalski), Maciej Robakiewicz (Pawel Kowalski), Grzegorz Ruda (Oskar Schneider), Pawel Krucz (Tomek Kowalski), Jan Machulski (Großvater), Jürgen Reuter **L** 90 **E** 9.12.1998 ARD

UNSER GESETZ HEISST SOLIDARITÄT. Dokumentarfilm über einen Streik, mit dem sich Bremer Drucker 1977 gegen ihren Verleger zu Wehr setzten. Streng aus der Sicht der Betroffenen gedreht, reflektiert der Film gewerkschaftliches Bewußtsein und die Schwierigkeit innerbetrieblicher Auseinandersetzungen. ✦ Schwarz-weiß. BR Deutschland 1978 **P** Kölner Film- und Video-Gruppe **SF** Unidoc **R+B** Reinhold Böhm, Peter Kleinert **K** Wilfried Kaute, Wolfram Seeger, Yoash Tatari **L** 93

UNSER GRÜNES LAND (ARDENA EL-CHADRA). Der Kampf ausgebeuteter Bauern gegen ihren rücksichtslosen und verbrecherischen Grundherrn. Die berechtigte Gesellschaftskritik wird durch eine künstlerisch äußerst mangelhafte Gestaltung und eine sentimental melodramatische Fabel um ihre Wirkung gebracht. – Ab 14. ✦ Schwarz-weiß. Ägypten 1956 **P** Youssef Johar **KI** Progress **R** Youssef Johar, Ahmed Dia El Din **B** Youssef Johar **K** Victor Antoun **M** Fouad El-Zahiri **D** Magda, Schukri Sarhan, Mahmoud El Melegui **L** 76 **E** 29.4.1966 Kino DDR

UNSER HAUS IN KAMERUN. Die Liebe zwischen dem Sohn eines reichen deutschen Großfarmers, der über seinen Besitz in Afrika unumschränkt wie über einen Kleinstaat herrscht, und einer Hamburgerin mit unehelichem Kind. Mit Mitteln der Pseudo-Dramatik publikumsgefällig erzählte Geschichte, die in einem Kino-Afrika spielt, in dem alle Schwarzen lieb und alle Weißen voller Edelmut mit Hang zur Krankenhausstiftung sind. Insgesamt eine nur schwer zu ertragende Mischung aus patriotischem Glanz und falschem Gefühl. – Ab 16. ✦ BR Deutschland 1961 **P** Rialto **KI** Gloria **Pd** Horst Wendlandt **R** Alfred Vohrer **B** Kurt Heuser **K** Karl Loeb **M** Martin Böttcher **S** Ira Oberberg **D** Johanna von Koczian (Doris Kröger), Horst Frank (Klaas Steensand), Götz George (Georg Ambrock), Hans Söhnker (Willem Ambrock), Berta Drews (Tante Edith), Katrin Schaake (Christine Ambrock), Walter Rilla (Konsul Steensand) **L** 103 **FSK** ab 16; f **E** 21.12.1961 **fd** 10 757

UNSER KIND SOLL LEBEN (TO TOUCH A STAR). Melodram. Im Mittelpunkt: der Wettlauf um das Leben eines Kindes. Nach einem Ortswechsel zeigt der achtjährige Sohn eines Geologen plötzlich dramatische Verhaltensveränderungen: er wird destruktiv, verwirrt und deprimiert. Ursache ist eine seltene Krankheit, die meist tödlich verläuft. Zunächst sind die Eltern wie gelähmt, doch dann rufen sie eine Stiftung ins Leben, mit deren Hilfe ihr Sohn gerettet werden soll. – Ab 14. ✦ Italien 1990 **R** Lodovico Gasparini **D** Dominique Sanda (Linda), Tomas Milian (Tony), Matthew Ousdhal (Bobby), Carmen Scarpitta, Carola Stagnaro **L** 95 **E** 25.11.1996 Vox

UNSER KLEINER ENGEL (IL NOSTRO PICCOLO ANGELO). Die tote sechsjährige Tochter erscheint einer Frau als fröhlicher Engel, der alles daran setzt, die Eltern wieder zusammen zu bringen. Da nur die Frau ihr Kind sehen kann, sind eine Reihe von Verwicklungen vorprogrammiert, die aus dem Ruder laufen, als der »Engel« bemerkt, dass der Vater zu Seitensprüngen neigt und ihnen einen Riegel vorschieben will. Mischung aus Melodram, Familien- und Gespenstergeschichte und einer Prise Horror-Komödie. ✦ Italien/Deutschland/Frankreich 1997 **P** RAI/Tangram/Taurus Film/Anabase **R** Andrea Frazzi, Antonio Frazzi **B** Maria Carmela Cicinnati, Peter Exacoustos **K** Marcello Montarsi **M** Luis Enriquez Bacalov **S** Gianfranco Amicucci **D** Chiara Caselli (Sofia), Jochen Horst (Flavio), Alessia Bruno (Nina), Riccardo Cucciolla (Stranger), Karin Thaler (Mirella) **L** 87 **E** 29.12.1998 B1

UNSER KUMPEL BIGFOOT →Ein Bigfoot unterm Weihnachtsbaum

UNSER KURZES LEBEN. Die Geschichte einer jungen Architektin, die freiwillig das Team ihres berühmten Professors verlässt, um in einer Provinzstadt der DDR ihre städtebaulichen Ideen zu verwirklichen. Mit ihren rigorosen Forderungen an sich selbst und ihrem Anspruch an andere bewegt sie sich zwischen künstlerischen Wunschvorstellungen und gesellschaftlichen Wirklichkeitserfahrungen, ohne vor dem nüchternen Realismus zu kapitulieren. Ein sorgfältig inszenierter Film, der die gesellschaftlichen und menschlichen Probleme glaubwürdig miteinander verbindet, wenngleich er die Konflikte in der literarischen Vorlage auch abschwächt. – Sehenswert ab 16. ✦ DDR 1980 **P** DEFA, Gruppe »Roter Kreis« **KI** Progress **Pd** Horst Hartwig **R** Lothar Warneke **B** Regine Kühn, nach Motiven des Roman »Franziska Linkerhand« von Brigitte Reimann **K** Claus Neumann **M** Gerhard Rosenfeld **S** Erika Lehmphul **D** Simone Frost (Franziska Linkerhand), Gottfried Richter (Trojanowicz), Hermann Beyer (Schafheutlin), Christian Steyer (Jazwauk), Christine Schorn (Gertrud), Dietrich Körner (Prof. Reger) **L** 113 **E** 16.1.1981 Kino DDR/6.7.1982 DFF 1/17.12.1982 ARD

UNSER LAUTES HEIM – DER FILM (THE GROWING PAINS MOVIE). Anlässlich des 30. Hochzeitstages der Eltern trifft sich die in alle Himmelsrichtungen verstreute Malone-Seaver-Familie wieder. Wegen der Arbeitslosigkeit der Tochter, vormals Pressereferentin eines Kongressabgeordneten, will jedoch keine rechte Feierstimmung aufkommen. Unterhaltungsfilm mit Plotmechanismen und Personenarsenal einer erfolgreichen Comedy-Serie. Diese Vorgaben werden allerdings eher uninspiriert eingelöst. – Ab 14. ✦ USA 2000 **P** Warner Bros. **Pd** Alan Thicke **R** Alan Metter **B** David Kendall, Michael Sullivan, nach einer Fernsehserie von Neal Marlens **M** Steve Dorff **D** Alan Thicke (Dr. Jason Seaver), Joanna Kerns (Maggie Malone Seaver), Kirk Cameron (Mike Seaver), Tracey Gold (Carol Ann Seaver), Jeremy Miller (Benjamin Seaver), Ashley Johnson (Chrissy Seaver), Chelsea Noble (Kate MacDonald-Seaver) **L** 84 **E** 8.7.2001 Premiere World

UNSER LEBEN MIT VATER (LIFE WITH FATHER). Verfilmung eines erfolgreichen Broadwaystückes, indem ein selbstherrlicher, von männlichen Herrschaftsansprüchen überzeugter Bankier, der seine Familie mit vier Söhnen wie ein autoritärer Fürst regiert, von seiner charmanten Frau mit List und Liebenswürdigkeit gezähmt wird und sich am Ende, als sie erfährt, daß er noch ein »Heide« ist, der sich den Himmel verscherzt, auch noch taufen läßt. Eine 1883 in New York spielende Milieukomödie, oberflächlich in den religiösen Bezügen, ausgezeichnet gespielt. Als anspruchslose Unterhaltung vergnüglich. – Ab 10. ✦ USA 1947 **P** Warner Bros. **R** Michael Curtiz **B** Donald Ogden Stewart, nach den Meoiren von Clarence Day jr. und einem Bühnenstück von Howard Lindsay und Russel Crouse **K** J. Peverell Marley, William V. Skall **M** Max Steiner **S** George Amy **D** William Powell (Clarence Day), Irene Dunne (Vinnie), Edmund Gwenn (Reverend Lloyd), ZaSu Pitts (Cora), Elizabeth Taylor (Mary), James Lydon (Clarence jun.), Emma Dunn (Margaret) **L** 118 **E** 24.12.1981 ARD

UNSER MANN AUS ISTANBUL (OPERACION ESTAMBUL/L'HOMME D'ISTANBUL/COLPO GROSSO A GALATA BRIDGE). Ein amerikanischer Abenteurer, der in Istanbul eine Spielhölle besitzt, gerät in den Verdacht, an der Entführung eines Atomwissenschaftlers beteiligt zu sein, macht sich aber schließlich selbst auf die Suche nach dem Verschwundenen und gerät an eine nach der Weltherrschaft strebende Geheimorganisation. Handfester Abenteuerfilm im imitierten James-Bond-Stil mit zwielichtiger Heldenfigur und allzu betonten Härten. Nicht ungeschickt in der humoristischen Verfremdung. – Ab 16. ✦ Scope. Spanien/Italien/Frankreich 1964 **P** Isasi/Isasmendi/Mondiale/EDIC **KI** Constantin **Pd** Nat Wachsberger **R** Antonio Isasi **B** Antonio Isasi, Giovanni Simonelli, Luis Comeron, R. Illa **K** Juan Gelpi **M** Georges Garvarentz **S** Juan Palleja **D** Horst Buchholz (Tony), Sylva Koscina (Kenny), Mario Adorf (Bill), Perrette Pradier (Elisabeth), Klaus Kinski (Schenck), Alvaro de Luna (Bogo) **L** 114 **FSK** ab 16; f (früher nf) **E** 1.9.1965/ 8.2.1975 ARD **fd** 13 610

UNSER MANN IM DSCHUNGEL. Ein deutscher Ingenieur, der ein Staudammprojekt in Ecuador überwachen soll, stürzt mit einem Flugzeug im Dschungel ab. Als seine Erfahrungen vom Überlebenstraining im Schwarzwald zu versagen drohen, nimmt sich seiner ein Indio an. Dürftiges Urwald-Abenteuer, in dem kritische Ansätze zum Thema der ökologischen Ausbeutung Südamerikas und seiner Urbevölkerung nur Alibifunktion haben. (Videotitel auch: »Amazonas Mission«) – Ab 16. ✦ BR Deutschland 1985 **P** Provobis/SWF **Kl** Ring-Film **VA** Locus/Vestron **Pd** Rudolf Steiner **R** Rudolf Steiner, Peter Stripp **B** Peter Stripp **K** Helge Weindler **M** Manfred Hübler **S** Sybille Windt **D** Armin Mueller-Stahl (Lutz Kehlmann), Katja Rupé (Sabine Kehlmann), Siemen Rühaak (Pilot Wienert), Samuel Caento Padilla (Juan), Edica Grefa (Yatu) **L** 101 **FSK** ab 12; f **E** 11.6.1987/November 1987 Video/3.8.1988 ARD **fd** 26 491

UNSER MANN IN HAVANNA (OUR MAN IN HAVANA). Graham Greenes satirische Geschichte vom unscheinbaren Staubsaugerhändler, der als britischer Agent im Vor-Castro-Kuba mit erfundenen Berichten über Wunderwaffen »arbeitet« und dadurch wirkliche Gefahren auslöst. Eine hintergründige, mit verhaltener Ironie durchtränkte Verbindung von Komödie, Persiflage, Gesellschaftskritik und Tragödie, darstellerisch auf sehr hohem Niveau. Intelligente Unterhaltung voller Spannung und Spaß. – Sehenswert ab 14. ✦ Scope, schwarz-weiß. Großbritannien 1959 **P** Kingsmead **Kl** Columbia **Pd+R** Carol Reed **B** Graham Greene, nach seinem gleichnamigen Roman **K** Oswald Morris **M** Hermanos Deniz **S** Bert Bates **D** Alec Guinness (James Wormold), Maureen O'Hara (Beatrice Severn), Ernie Kovacs (Captain Segura), Noël Coward (Hawthorne), Burl Ives (Dr. Hasselbacher), Ralph Richardson (»C«), Jo Morrow (Milly) **L** 109 **FSK** ab 12; nf **FBW** w **E** 19.2.1960 **fd** 8 952

UNSER MANN IN RIO (OPERAZIONE PARADISO / KISS THE GIRLS AND MAKE THEM DIE). Ein wahnbesessener brasilianischer Industrieller wird von US-Geheimagenten daran gehindert, eine Rakete zu starten, durch deren Strahlen alle Männer unfruchtbar werden sollen. Mit einer Portion Komik aufgelockertes, technisch aufwendiges Science-Fiction-Abenteuer, das durch einige überraschende Gags und betonte Unglaubwürdigkeiten weitgehend unterhält. – Ab 16. ✦ Italien/USA 1965 **P** Dino de Laurentiis **Kl** Columbia-Bavaria **Pd** Dino De Laurentiis **R** Henry Levin **B** Dino Maiuri **K** Aldo Tonti **M** Mario Nascimbene **S** Ralph Kemplen **D** Michael »Touch« Connors (Kelly), Dorothy Provine (Susan Fleming), Raf Vallone (Mr. Ardonian), Margaret Lee (Grace), Marilù Tolo (Gioia), Terry-Thomas (Lord Aldic/James), Nicoletta Machiavelli (Sylvia), Beverly Adams (Karin), Sandro Dori (Omar), Edith Peters (Maria) **L** 106 **FSK** ab 16; nf **E** 25.11.1966 **fd** 14 408

UNSER MANN VOM SECRET SERVICE (LICENSED TO KILL). Ein englischer Superagent mit der »Lizenz zum Töten« beschützt einen wichtigen Wissenschaftler, der von einer östlichen Gruppe bedroht wird. Als Verulkung einschlägiger James-Bond-Filme gedacht, bedient sich der parodistische Film vergleichbarer drastischer Mittel, ohne seine satirischen Absichten je verdeutlichen zu können. ✦ Großbritannien 1965 **P** Alistair **Kl** Pallas **R** Lindsay Shonteff **B** Lindsay Shonteff, Howard Griffiths **K** Terry Maher **M** Herbert Schapell **S** Ron Pope **D** Tom Adams (Charles Vine), Karel Stepanek (Prof. Jacobsen), Peter Bull (Teckinhoff), Francis de Wolff (Masterman), Veronica Hurst (Assistentin) **L** 88 **FSK** ab 18; nf (früher 18) **E** 22.4.1966 **fd** 14 044

UNSER MANN VON INTERPOL (LE JUDOKA AGENT SECRET / CARNET PER UN MORTO). Eine von einer Frau geführte internationale Bande wird bei dem Versuch, Atomgeheimnisse in die Hand zu bekommen, von einem Interpol-Agenten aufgerieben. Langatmiges Agenten-Abenteuer mit den serienüblichen Zutaten. Die eingestreuten Judo-Einlagen haben eher erheiternden Effekt. – Ab 16 möglich. ✦ Frankreich/ Italien 1966 **P** France Cinéma/Tigielle 33 **Kl** Ceres **R** Pierre Zimmer **B** Pierre Zimmer, Jacques Guymont, Alberto Silvestri, nach einem Roman von Ernie Clerk **K** Gilbert Sarthre **M** Armand Seggian, Roland Vincent **S** Geneviève Vaury **D** Jean-Claude Bercq (Marc), Marilù Tolo (Catherine), Perrette Pradier, Forrest Taylor, Patricia Viterbo, Michel Lonsdale **L** 91 **FSK** ab 16; nf **E** 10.11.1967 **fd** 15 106

UNSER MITTWOCHABEND. Ein Ingenieur im Zwiespalt der Gefühle zwischen der Leidenschaft zu einer Frau mit gescheiterter Ehe und der Zuneigung zu einem Flüchtlingsmädchen. Sentimentale Dreiecksgeschichte ohne Substanz und tiefere Bedeutung. – Ab 16. ✦ Schwarz-weiß. Deutschland 1948 **P** Ondia **Kl** Fortuna **Pd** Erich Zittwitz **R** Werner Illing, Georg Krause **B** Werner Illing **K** Georg Krause **M** Werner Bochmann **S** Fritz Stapenhorst **D** Gerty Soltau (Grita), Karl John (Erik), Hans Nielsen (Georg), Dolores Holve (Henny), Arthur Wiesner (Felice), Charlotte Ritter (Anna), Paul-Albert Krumm (Stanislaus) **L** 90 **FSK** ab 16; nf **E** 3.9.1948/23.11.1948 Ost-Berlin **fd** 121

UNSER NEUER BRUDER (A SUMMER TO REMEMBER). Die Freundschaft zwischen einem tauben Jungen und einem entlaufenen Orang-Utan löst letztlich die familiären Probleme des Jungen und seine Sprachblockade. Kinderfilm mit märchenhaften Zügen, einfühlsam und mit Gespür für kindliches Unterhaltungsbedürfnis inszeniert. (Fernsehtitel: »Der Affe ist los«) – Ab 10. ✦ USA 1984 **P** Interplanetary **VA** CIC **R** Robert Lewis (= Robert Michael Lewis) **B** Robert Lewis (= Robert Michael Lewis), Scott Swanton **K** Stephen W. Gray **M** Charles Fox **D** Sean Justin Gerlis (Toby Wyler), Tess Harper (Jeannie Wyler), James Farentino (Tom Wyler), Bridgette Anderson (Jill Wyler), Burt Young (Fidel Fargo) **L** 91 **FSK** ab 6 **E** Oktober 1985 Video **fd** 25 361

UNSER PANZERZUG (NASCH BRONEPOJESD). Während der kurzen Tauwetter-Periode im Frühjahr 1965, als man sich vom Stalinismus offiziell distanzierte, überdenkt ein Soldat eines Straflagers seine Rolle als Rädchen im perfekt funktionierendem Unterdrückungsmechanismus. Während sein Identitätsverlust mit einer tiefen seelisch-moralischen Krise einhergeht, geben sich die übrigen Mitglieder seines »Panzerzuges« als Zyniker zu erkennen, die an einen Rückfall in die alten Zeiten glauben und wissen, daß sie und ihre speziellen Erfahrungen dann wieder gebraucht werden. ✦ UdSSR 1988 **P** Belarusfilm **Kl** Progress **R** Michail Ptaschuk **B** Jewgeni Grigorjew **K** Juri Jelchow **M** Sergej Kortes **D** Wladimir Gostjuchin, Michail Uljanow, Alexander Filippenko, Valeri Prijomychow, Leonid Newedomski **L** 153 **E** 26.10. 1990 Kino DDR

UNSER PAUKER IST DER BESTE →Münchhausen in Afrika

UNSER PAUKER KANN'S AM BESTEN – IM BETT →Mazurka im Bett

UNSER SPRENGSTOFF WAREN FLUGBLÄTTER. Dokumentarfilm über den kommunistischen Widerstand gegen die nationalsozialistische Gewaltherrschaft der Jahre 1933 bis 1945. Er versucht, die vergleichsweise unbekannte Geschichte der oppositionellen Aktivitäten von Münchner Arbeitern nachzuzeichnen, wobei er vier ehemalige kommunistische Widerstandskämpfer berichten läßt, deren Erzählungen von Dokumentarfotos und Schauplatzimpressionen ergänzt werden. ✦ Schwarz-weiß. BR Deutschland 1980 **P** HFF München **SF** Unidoc **R+B** Lutz Köhlert, Georg Schmidbauer **L** 76 **E** 1981 Kino

UNSER STILLER MANN. Ein neuer Mann kommt in eine hochdekorierte Straßenbaubrigade. Als Großmaul bekannt und wegen seiner eifrigen Wahrheitssuche und Direktheit überall weggelobt, beginnt er hier, aus Trotz den Mund zu halten. Sein konsequentes Schweigen irritiert die Kollegen und verändert den Alltag des Kollektivs. Thematisch interessanter Gegenwartsfilm, der trotz mancher künstlerischer Mängel Probleme der Arbeitswelt unverkrampft und mit Humor behandelt. – Ab 14. ✦ Scope. DDR 1976 **P** DEFA, Gruppe »Babelsberg« **Kl** Progress **Pd** Hans Mahlich **R** Bernhard Stephan **B** Arne Leonhardt, Bernhard Stephan, nach dem gleichnamigen Hörspiel von Arne Leonhardt **K** Hans-Jürgen Kruse **M** Gerhard Rosenfeld, Reinhard Lakomy **S** Brigitte Krex **D** Thomas Wolff (Wenzel Heiseke), Wolfgang Häntsch (Trumpolt), Manfred Karge (Seebär), Bodo Krämer (Naujock), Heinz Hupfer (Helferich), Johannes Wieke (Opa), Katrin Martin (Martina), Nina Hagen (Regina) **L** 91 **E** 13.8.1976 Kino DDR/7.9.1996 ORB

UNSER TÄGLICH BIER. Episoden aus dem Leben einer Köchin in einem Ferienheim des Gewerkschaftsbundes irgendwo in der DDR. Heiterer, betulich inszenierter Fernsehfilm mit einer Paraderolle für die naiv-robuste Komikerin Agnes Kraus. ✦ Schwarzweiß. DDR 1972/73 **P** DEFA **Pd** Kurt Lichterfeldt **R+B** Edgar Kaufmann **K** Horst Klewe **M** Siegfried Wittlich **S** Bärbel Bauersfeld **D** Agnes Kraus (Dora), Katja Paryla (Luise), Dietrich Körner (Rudi), Peter Herden (Harry), Anne-Else Paetzold (Eva) **L** 75 **E** 27.6.1973 DFF 1

UNSER TÄGLICH BROT. Die Schwierigkeiten einer großen Familie in den ersten Monaten der Nachkriegszeit. Eine Lösung bringt die gemeinsame Arbeit beim Aufbau einer Fabrik zum VEB-Betrieb. Eine der ersten Produktionen der damals neugegründeten ostdeutschen DEFA, die vor den Trümmern der zerstörten Stadt den stark tendenziös geprägten Gegensatz von aufbauwilligen Ost-Berliner Arbeitern auf der einen, Schiebern und Prostituierten auf der anderen Seite konstruiert. Während die ideologisch getönten Szenen pathetisch und naiv wirken, überzeugt der Film nachhaltig in Milieu und Atmosphäre und ist ein bemerkenswertes Dokument. – Ab 16. ✦ Schwarz-weiß. DDR 1949 **P** DEFA **Kl** Unidoc **VA** Icestorm **Pd** Fritz Klotzsch **R** Slatan Dudow **B** Slatan Dudow, Hans Joachim Beyer, Ludwig Turek **K** Robert Baberske **M** Hanns Eisler **S** Margarete Steinborn **D** Paul Bildt (Karl Weber), Viktoria von Ballasko (Martha), Inge Landgut (Inge), Harry Hindemith (Ernst), Paul Edwin Roth (Harry), Siegmar Schneider (Peter Struwe), Alfred Balthoff (Bergstetter, Fachingenieur), Angelika Hurwicz (Ilse) **L** 104 **FSK** ab 6 **E** 9.11.1949 Kino DDR/29.8.1955 DFF 1/21.3.1972 WDR III/ 27.10.1998 Video

UNSER TÄGLICHES BROT (OUR DAILY BREAD). Ein kleiner Angestellter, der keinen Job findet, aber wegen mangelnder landwirtschaftlicher Kenntnis auch nichts mit der ihm von einem Onkel geschenkten Farm anfangen kann, nimmt sein Schicksal in die eigenen Hände und baut gemeinsam mit seiner Frau eine neue Existenz auf. Er beteiligt vertriebene Bauern an seinem Besitz und hat nach vielen Schwierigkeiten endlich Erfolg. Ein hervorragend inszeniertes sozialkritisches Drama über Probleme aus der amerikanischen Arbeitswelt, das überzeugend die Ideen der New-Deal-Politik von Präsident Roosevelt umsetzt. Trotz des allzu naiven Optimismus eine bemerkenswertes Plädoyer für Selbstbestimmung und Solidarität. – Sehenswert ab 14. ✦ Schwarz-weiß. USA 1934 **P** King Vidor Prod. **Pd+R** King Vidor **B** King Vidor, Elizabeth Hill, Joseph L. Mankiewicz (Dialoge) **K** Robert Planck **M** Alfred Newman **S** Lloyd Nosler **D** Karen Morley, Tom Keene (= George Duryea), Barbara Pepper, John Qualen, Addison Richards **L** 74 **E** 28.4.1968 NDR

UNSER TORPEDO KOMMT ZURÜCK →Ist ja irre – unser Torpedo kommt zurück

UNSER TORWART SPIELT KLAVIER (SONATA PRO ZRZKU). Eine 13jährige rothaarige Schülerin, die sich auf ihren ersten Klavierkonzert-Auftritt vorbereitet und gleichzeitig noch in einer Fußballmannschaft spielt, kann sich nicht so recht zwischen verschiedenen Vorlieben und Neigungen entscheiden. Dadurch gibt sie sich und ihren Freunden einige Probleme auf. Sympathischer, munterer Kinderfilm. – Ab 10. ✦ CSSR 1980 **P** Filmstudio Gottwaldov **Kl** Progress **R** Vít Olmer **B** Vojtech Vacke, Vít Olmer **K** Juraj Fándli **M** Petr Ulrych **S** Antonín Strojsa **D** Stanislava Coufalová (Petra), Ladislava Kozderková (Mutter), Lubor Tokos (Knitl), Michal Dvorák (Petr), Matej Forman (Honza), Vladimír Vondra (Pavel) **L** 81 **E** 6.8.1982 Kino DDR/3.7.1983 ARD/19.11.1983 DFF 2

UNSER TRAUTES HEIM (GEORGE WASHINGTON SLEPT HERE). Bei der Instandsetzung eines frischerworbenen, aber heruntergekommenen Hauses auf dem Lande verschuldet sich eine Familie aus New York hoffnungslos, bis sich die findige Ehefrau und Mutter das Gerücht zunutze macht, George Washington habe einst in dem Haus geschlafen. Gut gespielte Komödie mit vielen Slapstick-Einlagen; nicht sonderlich tiefschürfend, aber recht unterhaltsam. – Ab 12. ✦ Schwarz-weiß. USA 1942 **P** Warner Bros. **Pd** Jerry Wald **R** William Keighley **B** Everett Freeman, nach einem Bühnenstück von George S. Kaufman und Moss Hart **K** Ernest Haller **M** Adolph Deutsch **S** Ralph Dawson, Don Siegel **D** Jack Benny (Bill Fuller), Ann Sheridan (Connie Fuller), Joyce Reynolds (Madge), William Tracy (Steve), Douglas Croft (Raymond) **L** 93 **E** 3.8.1991 ARD

UNSER TSCHECHISCHES LIEDCHEN (TA NASE PISNICKA CESKA II). Eine in den Jahren 1968 bis 1989 spielende Tragikomödie über eine Zeit, die die Gefühle und die Moral der Menschen auf tragische Weise gezeichnet hat. Ein begabter junger Violinist, zugleich angesehener Leiter eines Streichquartetts und glücklicher Familienvater, gerät ins absurde Räderwerk der Geschichte. Nach hoffnungsvollen Anfängen leidet er zunehmend an den Praktiken einer staatlichen Künstleragentur. Als sein ältester Sohn 1989 während der Demonstrationen gegen das kommunistische Regime den Tod findet, ist das der Endpunkt einer Entwicklung, die aus ihm einen verbitterten und gebrochenen Mann gemacht hat. – Ab 14. ✦ CSFR 1990 **R** Vít Olmer **B** Vít Olmer, Radek John **K** Jan Malír **M** Ondrej Soukup **D** Jan Hartl, Bronislav Poloczek, Lenka Termerová, David Matásek, Ivana Chylková, Jaromír Dulava **L** 95 **E** 8.5.1993 West 3

UNSER WEG IST DER BESTE (LA MEILLEURE FAÇON DE MARCHER). Ein junger Lagerleiter mit verdrängter homophiler Neigung läßt sich in einem Feriencamp von einem Kollegen drangsalieren. Erst das öffentliche Bekenntnis zu seiner Veranlagung befreit ihn von den Komplexen und damit auch von seinem »Gegner«. Ein herber, zuweilen krasser Film, frisch und lebendig gespielt und entwickelt. Er bietet eine intelligente Reflexion über die Beziehungen zwischen zwei Menschen, von denen der eine durch sein Schuldbewußtsein den anderen geradezu in die Rolle des Folterers drängt. ✦ Frankreich 1975 **P** Filmoblic **R** Claude Miller **B** Claude Miller, Luc Béraud **K** Bruno Nuytten **M** Alain Jomy **D** Patrick Dewaere (Marc), Patrick Bouchitey (Philippe), Christine Pascal (Chantal), Claude Piéplu (Direktor), Michel Blanc (Deloux), Marc Chapiteau (Gérard) **L** 90 **E** 14.9.1977 WDR **fd** 20 453

UNSER WILLI IST DER BESTE. Ein pensionierter Finanzbeamter betätigt sich als Vertreter von Haushaltsmaschinen, um armen Verwandten zu helfen. Nach vielen Fehlschlägen, die ihm nicht zuletzt sein gutes Herz beschert, folgt ein glückliches Ende. Ein anspruchsloses, in der Grundhaltung nicht unsympathisches Lustspiel, das keinen noch so alten Scherz ausläßt und trotz Turbulenz müde und lebensfern wirkt. Einziges Glanzlicht: die verdrehte Komik Heinz Erhardts. – Ab 8. ✦ BR Deutschland 1971 **P** Rialto **Kl** Constantin **Pd** Horst Wendlandt **R** Werner Jacobs **B** Rolf Ulrich, Reinhold Brandes **K** Karl Loeb **M** Peter Thomas **S** Alfred Srp **D** Heinz Erhardt (Willi Winzig), Ruth Stephan (Heidelinde), Rudolf Schündler (Mümmelmann), Jutta Speidel (Biggi), Bruno Dietrich (Andreas), Henry Vahl (Opa), Paul Esser (Herr Kaiser), Ruth Rex, Wolfgang Völz **L** 86 **FSK** ab 6; nf **E** 3.9.1971 **fd** 17 486

UNSER WUNDERLAND BEI NACHT. Drei Episoden aus den Schattenzonen des bundesdeutschen »Wirtschaftswunders«: Brutalität und Sentimentalität auf der Hamburger Davidswache (1. »Episode Hamburg«), zwei junge Frauen aus gutem Hause im Münchener Halbstarken-Milieu (2. »Episode München«), korrupte Geschäftsleute im Bett mit Düsseldorfer Callgirls (3. »Episode Düsseldorf«). Beim Striptease einer der Damen »erblindet« die Kamera, während eine Kommentarstimme über die FSK witzelt. Der Versuch, dem harmlosen deutschen Unterhaltungskino jener Jahre einige »realistische« Szenen polemisch entgegenzusetzen, ist nicht weniger bieder und infantil als die »Heile Welt«, die man demaskieren will. ✦ Schwarz-weiß. BR Deutschland 1959 **P** Cinephon **Kl** NF **Pd** Fritz Anton **R** Jürgen Roland (1), Reinhard Elsner (2), Hans Heinrich (3) **B** Wolfgang Menge (1), Reinhard Elsner (2), Ernst Hasselbach (2), Gustav Lehmann (3), nach einem Tatsachenbericht von Stefan Roon aus der Münchner Illustrierten **K** Bruno Mondi **M** Willi Mattes, Klaus-Günter Neumann **S** Liselotte Schumacher **D** Paul Esser (Hauptwachtmeister Siegel, 1), Hilde Sessak (Frau Lührmann, 1), Angelika Meissner (Helga Barufka, 2), Monika Peitsch (Bessy Neuhaus, 2), Cora Roberts (Fräulein Doktor, 3), Steffie Stroux (Gräfin Reichswitz, 3), Friedrich Schönfelder (Generaldirektor Schreiber) **L** 80 **FSK** ab 18; nf **E** 14.8.1959/13.8.1964 DFF 1 **fd** 8 326

UNSER ZUHAUSE (NASCH DOM). Normale Probleme in einer normalen Familie: Die erwachsen gewordenen Söhne stellen sich auf eigene Füße, die Eltern sehen sie voller Sorge gehen und wissen doch, daß sie jetzt nicht mehr für sie sorgen können. Ein empfehlenswertes Alltagsdrama. – Ab 14. ✦ Scope, schwarz-weiß. UdSSR 1965 **P** Mosfilm **Kl** Progress **R** Wassili Pronin **B** Jewgeni Grigorjew **K** Era Saweljewa **M** Nikolai Karetnikow **D** Anatoli Papanow (Vater), Nina Sasonowa (Mutter), Iwan Lapikow (Onkel Koya), Alexej Loktjew (Wolodja), Gennadi Portnikow (Dima) **L** 96 **E** 6.5.1966 Kino DDR/4.10.1972 DFF 2

UNSERE BÖSEN KINDER. Dokumentarfilm über »Straßenkinder«, die Konflikte mit den Eltern von zu Hause fortgetrieben haben und die sich nun bei Krawallen oder im Frauenhaus wiederfinden. Entstanden ist ein Dokument der Beziehungslosigkeit zwischen den Generationen. ✦ Deutschland 1992 **R** Karl Heinz Lotz **B** Karl Heinz Lotz, Egbert Lipowski **K** Jürgen Hoffmann **M** Andreas Aigmüller **L** 83 **E** 4.12.1995 ORB

UNSERE EHEMÄNNER (I NOSTRI MARITI). In drei Episoden (1.»Il Marito di Roberta«, 2.»Il Marito di Olga«, 3. »Il Marito di Attila«) werden unwürdige Eheverhältnisse aufgezeigt. Die möglicherweise beabsichtigte Kritik kommt durch groteske Übersteigerungen und einige allzu derbe Einfälle nicht zur Geltung. Dennoch unterhält der Film weitgehend durch die soliden Darsteller. – Ab 14. ✦ Scope, schwarz-weiß. Italien 1965 **P** Documento/Films Corona **Kl** Progress **R** Luigi Filippo D'Amico (1), Luigi Zampa (2), Dino Risi (3) **B** Rodolfo Sonego (1), Furio Scarpelli (2,3), Mario Monicelli (2), Age (=Agenore Incorocci, 2,3), Stefano Strucchi (3), nach Motiven von Guy de Maupassant (2) **K** Carlo Carlini (1), Roberto Gerardi (2), Marco Scarpelli (3) **M** Armando Trovaioli, Piero Piccioni **S** Adriana Benedetti, Roberto Cinquini, Renato Cinquini **D** Alberto Sordi (Giovanni, 1), Nicoletta Machiavelli (Roberta, 1), Jean-Claude Brialy (Ottavio, 2), Michèle Mercier (Olga, 2), Akim Tamiroff (Cesare, 2), Ugo Tognazzi (Umberto, 3), Liana Orfei (3) **L** 107 **E** 23.8.1968 Kino DDR/15.4.1972 DFF 1/14.4.1996 mdr

UNSERE ELTERN HABEN DEN AUSWEIS »C« (UNSERE ELTERN HABEN DEN AUSWEIS »C«). 1. Teil »Schichtwechsel; 2. Teil »Schulweg zwischen zwei Welten«: In seinem unterschätzten zweiteiligen Dokumentarfilm untersucht Eduard Winiger das Schicksal der Kinder von Fremdarbeitern und die Erfahrungen jener ausländischen Arbeiter, die den Aufenthalt in der Schweiz immer nur als vorübergehend betrachtet haben. Der Film weist ebensosehr die Unterlassungen des Gastlandes wie den verheerenden Einfluß seines Konsumismus auf die Fremdarbeiter nach und setzt sich mit dem Thema Identitätsverlust auseinander. ✦ Schweiz 1982 **P** Film & Vidéo-Collectif **Pd** Eduard Winiger **R** Eduard Winiger, Mia Frölicher **B+K** Eduard Winiger **S** Hannelore Küenzi-Schrammer **L** 66/72 (zwei Teile) **E** Schweiz

UNSERE FAMILIE (A MI CSALADUNK). Dokumentarfilm zur Situation von Kindern und Familien in der Gesellschaft Ungarns in der Mitte der 80er Jahre. Zwar werden die Kinder von berufstätigen Eltern in Kindergärten und -krippen fast den ganzen Tag versorgt, doch sind die Auswirkungen dieser Verhältnisse auf Familien und die gesamte Gesellschaft unübersehbar: Während der materielle Wohlstand ansteigt, nimmt die Zahl der Scheidungen, zerrütteten Familien und der in Heime abgeschobenen Kinder ständig zu. Mit einer pointierten Montage zieht der Film kritische Bilanz. – Ab 14. ✦ Schwarz-weiß. Ungarn 1985 **P** Mafilm Stúdió/Hungarofilm **R+B** József Magyar **K** Tibor Ormos **S** Mária Somló **L** 80 **E** 15.9.1990 ZDF

UNSERE FEINDLICHEN NACHBARN (CANADIAN BACON). Als nach Ende des Kalten Krieges die amerikanischen Politiker angesichts der darbenden Rüstungsindustrie nach neuen Feindbildern suchen, graben sie Vorurteile und Klischees gegen ihre nördlichen Nachbarn aus. Bald stehen sie vor der Tatsache, daß sich die ganze Nation zum Kampf gegen Kanada mobilisiert. Treffsichere Satire auf Leichtgläubigkeit, Verführbarkeit und die artige Folgsamkeit der Medien. Bei aller Einfalt ihrer Rollen brillieren vor allem die lustvoll agierenden Schauspieler. – Ab 16. ✦ USA 1995 **P** Propaganda Films **VA** VCL **Pd** David Brown, Ron Rotholz **R+B** Michael Moore **K** Haskell Wexler **M** Elmer Bernstein, Peter Bernstein **S** Wendey Stanzler, Michael Berenbaum **D** John Candy (Bud Boomer), Alan Alda (Präsident), Rhea Perlman (Honey), Kevin Pollak (Stu Smiley), Rip Torn (General Dick Panzer) **L** 91 **FSK** ab 12 **E** 25.6.1996 Video/18.12.1998 ProSieben **fd** 32 126

UNSERE FREUNDE VON DER BANK. Dokumentarfilm über die Aktivitäten der Weltbank. Am Beispiel der Verwirklichung eines Entwicklungsprojekts für ein afrikanisches Land zeigt der Film die Arbeit der umstrittenen Finanzinstitution aus zwei Blickwinkeln: aus dem der Chefetagen sowie aus dem der Hilfeempfänger. ✦ Frankreich/Großbritannien 1997 **R** Peter Chappell **B** Greg Lanning **L** 84 **E** 26.6.1998 arte

UNSERE FREUNDE VON DER WELT-BANK →Unsere Freunde von der Bank

UNSERE GEISTER SOLLEN LEBEN (AT ZIJI DUCHOVE). Einige Kinder lernen freundliche Gespenster kennen, die in einer Burgruine hausen. Gemeinsam setzen sie durch, daß die Burg zukünftig als Spielplatz genutzt werden kann. Nebenbei wird eine Gespenster-Prinzessin erlöst. Temporeiche und witzige Mischung aus Alltagsabenteuer und Märchen mit ausgezeichneten Tricksequenzen. Zwar wirkt der durch Musical-Elemente angereicherte Film in der Alltagsgeschichte gelegentlich etwas antiquiert, dafür stellt er sich aber konsequent auf der Seite der Kinder, deren Sinn für solidarisches Handeln angesprochen wird. (Titel auch: »Es leben die Geister«) – Ab 8. ✦ CSSR 1976 **P** Filmstudio Barrandov **VA** Loyal/PVT **Pd** Jaromír Lukás **R** Oldrich Lipsky **B** Zdenek Sverák, Oldrich Lipsky **K** Jan Nemecek, Vladimír Novotny (Trickaufnahmen) **M** Jaroslav Uhlír **D** Jirí Sovák (Ritter Brtník), Dana Vávrová (Leontine), Vlastimil Brodsky (Direktor Vávra), Jirí Procházka (Hans), David Vlcek (Adámek) **L** 88 **FSK** o. A. **E** 18.8.1978 DDR/8.12.1979 DFF 2/31.12.1979 ARD/1986 Video **fd** 25 748

UNSERE HEIMAT IST DIE GANZE WELT. Bei einer Revolution in Mittelamerika schließt der achtjährige

Sohn des Staatspräsidenten Freundschaft mit zwei deutschen Waldläufern. Betont auf Jugendwirkung gezirkelter Abenteuerfilm, der den politischen Hintergrund verniedlicht. Allenfalls reizvoll durch die Landschaftsfotografie, setzt der mit den vertrauten Klischees des deutschen Heimatfilms operierende Film zu sehr auf Traumwelt und wirkt streckenweise eher kindisch als kindgerecht. (TV-Titel: »Drei Kerle gehen durch dick und dünn«) – Ab 10. ✦ BR Deutschland/Spanien 1959 **P** Dokumentar- und Color-Film/Aquila **KI** Transit (Erstverleih: Bavaria) **Pd** Heinz Neubert, Jesús Saiz **R** Fernando Palacios **B** Wolf Neumeister, Hans Bertram **K** Ricardo Torres **M** Augusto Alguero **S** Adolph Schlyßleder **D** Pablito Calvo (Juanito), Hans von Borsody (Tom), Georg Thomalla (Paddy), Sabine Bethmann (Carmencita), Pilar Cansino (Luisa), Alfredo Mayo (Oberst Cuesta) **L** 97 **FSK** ab 6; nf **E** 16.3.1960 **fd** 9016

UNSERE HEIMAT IST TÄGLICH WOANDERS →Geliebte Bestie

UNSERE KINDER. Eine dokumentarische Annäherung an jugendliche Randgruppen in der DDR: Skinheads, Grufties, Punks. Der Film verzichtet – teils infolge der schwierigen Arbeitsbedingungen – auf spektakuläre Bilder und konzentriert sich ganz auf Gespräche, in denen das alltägliche Leben, die Haltungen und politischen Ansichten der Jugendlichen beleuchtet werden. Ein sprödes und wortlastiges, aber sehr mutiges Zeugnis der Staatsverdrossenheit und der niederdrückenden Gleichgültigkeit zwischen den Generationen, entstanden im Herbst 1989, unmittelbar vor der politischen Wende. – Ab 14. ✦ DDR 1989 **P** DEFA, Studio für Dokumentarfilme **KI** Progress **Pd** Rainer Baumert **R** Roland Steiner **B** Roland Steiner, Annerose Richter **K** Rainer Schulz, Michael Lösche **S** Angelika Arnold, Johanna Jürschik **L** 87 **E** 1.12.1989 Kino DDR/1.11.1993 ORB

UNSERE KINDER! VERSCHOLLEN IM URLAUB. Als die Tochter einer Rechtsanwältin, die sich mit ihrem Freund auf einer Weltreise befindet, in Venezuela in Schwierigkeiten gerät, macht sich die Mutter mit dem bis dato unbekannten Vater des Freundes auf, um den Kindern aus der Patsche zu helfen. Das ungleiche Paar, das sich anfänglich nicht viel zu sagen hat, kommt sich im Verlauf vieler Abenteuer näher. Turbulente (Fernseh-)Abenteuerkomödie. – Ab 16. ✦ Deutschland 1998 **P** SAT 1 **Pd** Til Erwig, Til Kollberg **R** Sigi Rothemund **B** Sigi Rothemund, Juliane Nitzke **D** Constanze Engelbrecht (Sofie von Stetten), Uwe Kockisch (Andy Riedmüller), Judith Richter (Lena von Stetten), Max von Thun (Paul Riedmüller), Franziska Petri (Steffi) **L** 95 **E** 29.8.2000 SAT 1

UNSERE KLEINE FARM: ALBERTS WILLE (LITTLE HOUSE ON THE PRAIRIE: BACK TO YESTERDAY). Abendfüllender Film der sentimentalen Fernsehserie: Der Adoptivsohn der Familie Ingalls erfährt, daß er unheilbar krank ist und will seine letzten Tage in Walnut Grove verbringen. – Ab 12. ✦ USA 1983 **R** Victor French **B** Vincente Gutierrez **D** Michael Landon (Charles Ingalls), Karen Grassle (Caroline Ingalls), Melissa Sue Anderson (Mary), Melissa Gilbert (Laura Ingalls), Matthew Laborteaux (Albert) **L** 90 **E** 2.2.1998 Kabel 1

UNSERE KLEINE FARM: DAS ENDE VON WALNUT GROVE (LITTLE HOUSE ON THE PRAIRIE: THE LAST FAREWELL). Weiterer abendfüllender Film aus der sentimentalen Fernsehserie. Die Bewohner von Walnut Grove erfahren, daß ihr Land nicht ihnen, sondern einer Landverwertungsgesellschaft gehört, und legen daraufhin ihre Besitztümer in Schutt und Asche. – Ab 12. ✦ USA 1983 **R+B** Michael Landon **D** Melissa Gilbert (Laura), Dean Butler (Almanzo Wilder), Karen Grassle (Caroline), Richard Bull (Mr. Oleson), Victor French (Mr. Edwards) **L** 90 **E** 4.2.1998 Kabel 1

UNSERE KLEINE FARM: VERLETZT IN DER WILDNIS (LITTLE HOUSE ON THE PRAIRIE: THE HUNTERS). Als sich ihr Vater bei einem Jagdausflug schwer verletzt, ist die kleine Laura auf sich gestellt und muß Hilfe holen. Die wird ihr jedoch nur von einem blinden Fallensteller zuteil, mit dem sich das besorgte Kind auf den Weg zum Vater machen muß. Familiengerechter, zuweilen arg gefühlsseliger Film aus der ersten Staffel der Fernsehserie, die nach den Lebenserinnerungen von Laura Ingalls Wilder entstand. – Ab 12. ✦ USA 1974/75 **R** Michael Landon **B** Harold Swanton **M** David Rose **D** Michael Landon (Charles), Karen Grassle (Caroline), Melissa Gilbert (Laura), Melissa Sue Anderson (Mary), Sidney Greenbush (Carrie), Lindsay Greenbush (Carrie) **L** 70 **E** 27.4.1998 Kabel 1

UNSERE KLEINE FARM: WO IST ROSE? (LITTLE HOUSE ON THE PRAIRIE: BLESS ALL THE DEAR CHILDREN). Weiterer abendfüllender Beitrag zur gefühlvollen Serie: Die kleine Tochter eines Ehepaares wird entführt – von einer Mutter, die ihr Kind bei der Geburt verloren hat. – Ab 12. ✦ USA 1983 **R** Victor French **B** Chris Abbott-Fish (= Chris Abbott) **D** Michael Landon (Charles Ingalls), Karen Grassle (Caroline Ingalls), Melissa Sue Anderson (Mary), Melissa Gilbert (Laura Ingalls), Dean Butler (Almanzo Wilder) **L** 90 **E** 3.2.1998 Kabel 1

UNSERE KLEINE STADT (OUR TOWN). Das alltägliche Leben und Lieben, die Sorgen, Probleme und das Sterben in der amerikanischen Kleinstadt Grover's Corners, dargestellt am Schicksal zweier benachbarter Familien. Ein junger Mann verliebt sich in eine junge Frau, heiratet sie, und beide sind einige Jahre glücklich miteinander, bis sie im Kindbett stirbt. Vom bittersüßen Pathos der Vergänglichkeit getragene Verfilmung von Wilders 1938 erstaufgeführtem Theaterstück, die anders als die Bühnenvorlage einige sentimentale Momente aufweist. Ein »kleines Welttheater« in kulissenhafter Umgebung und zuweilen sanft-ironischer Pointierung, liebevoll und einfühlsam inszeniert. – Sehenswert ab 12. ✦ Schwarzweiß. USA 1940 **P** MPEA/Principal Artists **KI** United Artists **Pd** Sol Lesser **R** Sam Wood **B** Thornton Wilder, Frank Craven, Harry Chandlee, nach einem Bühnenstück von Thornton Wilder **K** Bert Glennon **M** Aaron Copland **D** William Holden (George Gibbs), Martha Scott (Emily Webbs), Fay Bainter (Frau Gibbs), Thomas Mitchell (Dr. Gibbs), Beulah Bondi (Frau Webb), Guy Kibbee (Verleger Webb), Frank Craven (Erzähler) **L** 100 **E** Oktober 1947 Kino/21.11.1965 ARD

UNSERE LASSIE (THE MAGIC OF LASSIE). Durch eine Gemeinheit des Nachbarn, der das Weingut einer Farmersfamilie kaufen will, doch beim Großvater auf taube Ohren stößt, muß die geliebte Collie-Hündin dem habgierigen Nachbarn übergeben werden. Der hat keine große Freude an ihr, und schon bald bricht das Tier auf, um nach seinem alten Herrn zu suchen. Tierfilm, dessen an den Haaren herbeigezogene Handlung mäßig unterhält. Der (Fernseh-)Film ist eine seichte Neuverfilmung des Tier-Klassikers »Heimweh«, garniert mit vielen Songs, u. a. gesungen auch von James Stewart. – Ab 10 möglich. ✦ USA 1978 **VA** Taurus **Pd** Bonita Granville, William Beaudine jr. **R** Don Chaffey **B** Jean Holloway, Robert B. Sherman, Richard M. Sherman **M** Richard M. Sherman, Robert B. Sherman **D** James Stewart, Michael Sharrett, Stephanie Zimbalist, Lane Davies, Mickey Rooney, Pernell Roberts, Alice Faye **L** 100 **FSK** ab 6 **E** 1.1.1991 PRO 7

UNSERE LEICHEN LEBEN NOCH. In teils dokumentarischen, teils gespielten Szenen porträtiert der Film fünf Frauen um die 60, die Beispiele für ungebrochene Kraft und Lebenslust im Alter sind: selbstbewußte, schillernde Persönlichkeiten, die ihren privaten Lebensstil herrschender Resignation und Lebensschwäche im Alter entgegensetzen. Ein bewußt amateurhaftes und formloses Gemisch aus Dialog, Pamphlet und Clownerie, das mit einigem Erfolg versucht, festgeschriebene Geschlechterrollen zu verunsichern und Daseinsfreude auch im Alter und jenseits gesellschaftlicher Konventionen zu vermitteln. Dabei ist der streckenweise auch durchaus aggressiv argumentierende Film ebenso angreifbar wie seine Protagonistinnen, weil die wichtige Aussage allzu oft im Sammelsurium der grellen Formalismen unterzugehen droht. ✦ BR Deutschland 1981 **P** Rosa von Praunheim/HR **SF** Basis **VA** Atlas **Pd+R+B** Rosa von Praunheim **K** Stephan Köster **M** Hans Wittstadt **S** Rosa von Praunheim **D** Lotti Huber, Inka Köhler, Luzi Kryn, Maria Christiana Leven, Madlen Lorei, Rosa von Praunheim **L** 90 (Video 94) **FSK** ab 12 (Video) **FBW** bw **E** 18.12.1981/9.5.1983 ARD

UNSERE LIEBE DARF NICHT STERBEN (FAMILY BLUES / HUDSON RIVER BLUES). Eine vier Generationen umfassende Familie trifft sich zu einem Wochenende in Stammhaus am Hudson River, wo es bald zu Auseinandersetzungen kommt. ✦ USA 1997 **R** Nell Cox **B** Jennifer Manocherian, John Manocherian **D** Rya Kihlstedt (Laura), Robert Stanton (Jeff), Polly Draper (Leslie), Jane Krakowski (Diane), Lois Smith (Julia), Mason Adams (Großvater), André Gregory (Will), Jordan Siwek (Teddy), Frederick Weller (Ron), Harry O'Reilly (Bud), David Margulies (Stan) **L** 90 **E** 18.7.2000 tm3

UNSERE LIEBE FRAU. Aus Spiel- und Dokumentarszenen zusammengesetzter Film, der die Geschichte von Altötting und den Sinn der Altöttinger Wallfahrt zur Darstellung bringt. Routiniert und professionell gefertigt und um Seriösität bemüht, gleichzeitig aber auch sehr pathetisch. – Ab 8 möglich. ✦ Schwarzweiß. BR Deutschland 1950 **P** Altöttinger Musikgemeinde e.V. **KI** Altöttinger Musikgemeinde e.V. **R+B** Anton Kutter **K** Josef Kirzeder **M** Ludwig Uttlinger **D** Franziska Kinz (Mutter), Georg Vogelsang (Pilger), Fritz Reif (Kurfürst Maximilian), Walter Holten (Kurfürst Karl Albrecht), Albert Spenger (Graf Tilly), Fred Kallmann (Kaiser Karl V.) **L** 45 **E** 1951 Kino **fd** 1167

UNSERE LIEBE FRAU VON DEN TÜRKEN (NOSTRA SIGNORA DEI TURCHI). Erstlingsfilm eines an der italienischen Oper und an Jean Cocteau orientierten Regisseurs. Hintergrund ist ein Massaker in der italienischen Stadt Otranto, die im 15. Jahrhundert von Türken überfallen wurde. Die Stadt wird zum fantastischen Dekor eines Innen-Dramas, in das sich der Regisseur und Hauptdarsteller immer wieder selbst narzißtisch einbringt, um im Strudel sich trickreich verdoppelnder und verdreifachender Einstellungen und Spiegelungen innere Vorgänge zu visualisieren. Ein schwierig-komplexer Film wie ein Traum im Fieberwahn, anti-rational, voller erotischer und surrealer Fantasmen und Sakrilege. ✦ Italien 1968 **P** Galba Film **Pd+R** Carmelo Bene **B** Carmelo Bene, nach seinem Roman **K** Mario Masini **S** Mauro Contini, Carmelo Bene **D** Lidia Mancinelli, Salvatore Siniscalchi, Carmelo Bene, Anita Masini, Ornella Ferrari, Vincenzo Musso **L** 125 **E** 17.4.1971 WDR III

UNSERE LIEBSTEN GANOVEN – SECHS WEGE ZUM KRIMINELLEN RUHM. Fernsehdokumentation über sechs Kriminelle vom Schlage des Berliner Erpressers »Dagobert«, die in den Medien und der Gunst ihrer Landleute unverhohlen Sympathie genossen. Der Film versucht, den Hintergründen dieser kollektiven Empfindung auf die Spur zu kommen. ✦ Deutschland 2001 **R** Elke Sasse **L** 72 **E** 21.10.2001 arte

UNSERE MÄNNER →1 x 1 der Ehe

UNSERE MÖPSE BEISSEN NICHT →Porno-Möpse beißen nicht

UNSERE PAUKER GEHEN IN DIE LUFT. Der strenge Direktor eines Gymnasiums trifft unverhofft nach 25 Jahren auf seinen stets zu Späßen geneigten Zwillingsbruder, der ausgerechnet in dieser Stadt das Fliegen lernen will. Anspruchsloses Klamauk-Lustspiel, das dürftige Späße und damals populäre deutsche Schlager aneinanderreiht. – Ab 10. ✦ BR Deutschland 1970 **P** Lisa/Divina **KI** Gloria **R** Harald Vock **B** Harald Vock, August Rieger **K** Heinz Hölscher **M** Werner Twardy, Bobby Schmidt, James Last **S** Traude Krappl **D** Wencke Myhre (Petra Thorsten), Georg Thomalla (Oskar/Harry Weber), Peter Weck (Dr. Nolte), Siegfried Schürenberg (Generaldirektor), Chris Roberts (Garry Brandt), Mascha Gonska, Rainer Basedow, Gretl Schörg, Friedrich Schönfelder **L** 97 **FSK** ab 6; nf **E** 25.9.1970 **fd** 17 024

UNSERE STADT →Bombay, unsere Stadt

UNSERE STIMME AUS ERDE, ERINNERUNG UND ZUKUNFT (NUESTRA VOZ DE TIERRA, MEMORIA Y FUTURO). Dokumentarischer Spielfilm, der in einer virtuosen Vermischung von Geschichte und Gegenwart die politische Bewußtseinsbildung und den kulturellen Hintergrund einer Indio-Gemeinde in Kolumbien darstellt. Ideologie und Mythen, Politik und Tradition werden dabei in einen sinnstiftenden, inhaltlich überbordenden Zusammenhang gebracht. Der Film besticht durch seine souveräne filmische Gestaltung, die Agitation und Poesie miteinander »versöhnt«; er zeigt damit einen neuen Weg, die soziale Realität zu analysieren und die Hoffnungen und Werte des Volkes zum Ausdruck zu bringen. (O.m.d.U.; OCIC-Preis 1982 in Berlin; TV-Titel: »Erinnerung an Freiheit«) – Sehenswert ab 16. ✦ Schwarz-weiß. Kolumbien 1981 **P** Rodriguez-Silva/Kubanisches Filminstitut ICAIC **SF** Freunde der Deutschen Kinemathek **Pd+R+B** Marta Rodríguez, Jorge Silva **K** Jorge Silva **M** Jorge Lopez **S** Marta Rodríguez, Jorge Silva, Caita Villalon **D** Fernando Vélez, Eulogio Gurrute, Julian Avirama **L** 100 **E** 1982 Kino/3.3.1995 3sat

UNSERE TANTE IST DAS LETZTE. Ein trotteliger Onkel und eine Nervensäge von Tante bringen eine Familie, deren Umgebung und schließlich halb Venedig durcheinander. Ein an Schwachsinn grenzender Klamauk, von allen guten Geistern verlassen. – Ab 14 möglich. ✦ BR Deutschland 1973 **P** Terra/Allianz **Kl** Constantin **R+B** Rolf Olsen **K** Franz X. Lederle **M** Peter Schirmann **D** Eddi Arent (Otto-Wilhelm Hirsekorn), Gisela Schlüter (Almut Krippenreiter), Ernst H. Hilbich (Luitbert Gimpl), Edith Hancke (Sieglinde Hirsekorn), Willy Millowitsch (Armin Blume), Peter Millowitsch (Rolf) **L** 101 **FSK** ab 6; nf **E** 28.11.1973 **fd** 18 590

UNSERE TOLLEN NICHTEN (UNSERE TOLLEN NICHTEN). Klamotte um eine männliche Damenkapelle, konzipiert als Fortsetzung von »Unsere tollen Tanten«: Die fünf Mitglieder einer arbeitslosen Band müssen aus Geldnöten als »Dolly Sisters« in einem Schweizer Hotel auftreten. Die Verlobte eines von ihnen findet die Maskerade entwürdigend und tut sich mit vier Freundinnen zusammen, um als tolle Neffen aufzukreuzen. Ein an Geistlosigkeit kaum noch zu unterbietender »Spaß«, dessen Abgründe auch nicht durch die dick aufgetragene Selbstironie überbrückt werden können. – Ab 12 möglich. ✦ Österreich 1962 **P** Wiener Stadthalle **Kl** Constantin **Pd** Karl Spiehs, Adolf Eder **R+B** Rolf Olsen **K** Karl Loeb **M** Erwin Halletz **S** Hermine Diethelm **D** Gunther Philipp (Max Rettich), Vivi Bach (Susi), Paul Hörbiger (Eierlein), Kurt Großkurth (Hyacinth Grad), Gus Backus (Gus Sunday), Udo Jürgens (Pitt van Rees), Ruth Stephan (Felicitas), Oskar Sima (Mägerli) **L** 97 **FSK** ab 6; nf **E** 12.2.1963 **fd** 11 783

UNSERE TOLLEN TANTEN (UNSERE TOLLEN TANTEN). Eine Gruppe stellungsloser Musikanten macht, zum Teil in Frauenkleidern, ein Mädchenpensionat und eine Sportschule zum Schauplatz einer matten Klamotte mit einer Fülle von willkürlich eingestreuten Trivial-Schlagern. Einzig der quirlige Vorspann und eine Parodie Gunther Philipps auf »Muskelnahrung« heben sich aus dem geistlosen Retorten-Klamauk hervor. (Als eine Art Fortsetzung entstanden »Unsere tollen Nichten«, »Unsere tollen Tanten in der Südsee«) – Ab 12 möglich. ✦ Österreich 1961 **P** Wiener Stadthalle **Kl** DFG **Pd** Adolf Eder, Rudolf Travnicek **R** Rolf Olsen **B** Rolf Olsen, Gunther Philipp **K** Walter Tuch **M** Erwin Halletz **D** Gunther Philipp (Max), Vivi Bach (Susi Güden), Gus Backus (Gus), Hannelore Bollmann (Inge Eckmann), Trude Herr (Edeltraut, Köchin), Evi Kent (Evi), Bill Ramsey (Bill) **L** 100 **FSK** ab 6; nf **E** 24.11.1961 **fd** 10 717

UNSERE TOLLEN TANTEN IN DER SÜDSEE (UNSERE TOLLEN TANTEN IN DER SÜDSEE). Eine Stimmungskapelle rettet sich durch weibliche Verkleidung vor Kopfjägern. Serienklamotte billigster Sorte. – Ab 16 möglich. ✦ Scope. Österreich 1963 **P** Wiener Stadthalle **Kl** Constantin **R+B** Rolf Olsen **K** Karl Loeb **M** Erwin Halletz **D** Gunther Philipp (Max), Gus Backus (Gus), Ruth Stephan (Felicitas), Barbara Frey (Susi), Trude Herr (Aglaja) **L** 88 **FSK** ab 12; nf **E** 14.2.1964 **fd** 12 257

UNSERE VERRÜCKTE FAMILIE (NASE BLAZNIVA RODINA). Die beiden Töchter einer individualistischen Prager Familie glauben auf Grund bestimmter Indizien an die Scheidungsabsicht der geliebten Eltern. In Wahrheit ist deren Verhalten lediglich in der Erwartung eines Babys begründet. Liebenswürdige, humorvoll verhaltene Komödie. – Ab 8. ✦ Scope, schwarz-weiß. CSSR 1967 **P** Filmstudio Barrandov **Kl** Progress **R** Jan Valásek **B** Jan Procházka **K** Jan Stallich **M** Milos Vacek **D** Jirina Jirásková (Frau Solnicková), Vladimír Mensík (Herr Solnicka), Jirina Sejbalová (Großmutter), Bohumila Houdková (Jana), Jarmila Srbová (Suse) **L** 72 **E** 3.7.1970 Kino DDR/ 24.12.1971 ZDF/1.1.1974 DFF 2

UNSERE VERRÜCKTE FARM (AT SACHEM FARM / HIGHER LOVE / TRADE WINDS). Independent-Komödie um einen erfolglosen Musiker, der noch erfolglosere Geschäftsideen ausheckt. Als er dabei auch den Familienbesitz, eine kleine Farm, aufs Spiel setzen will, stößt er auf den Widerstand seines schrulligen Onkels. ✦ USA 1998 **P** Itasca Pictures/Two Drivers Prod. **Pd** Daniel Grodnik **R+B** John Huddles **K** Mark Vicente **M** Jeff Danna **S** Dennis M. Hill **D** Rufus Sewell (Ross), Minnie Driver (Kendal), Nigel Hawthorne (Onkel Cullen), Amelia Heinle (Laurie), Michael E. Rogers (Paul), Keone Young (Mr. Tang) **L** 105 **E** 2.7.2000 Vox

UNSERE WEGE TRENNEN SICH (NASI SE PUTOVI RAZILAZE). Das Schicksal einiger Studenten in der Zeit des Widerstandskampfes gegen die deutschen Besatzer. Unterhaltung mit wenigen Spannungsmomenten und vielen künstlerischen Schwächen. – Ab 14. ✦ Schwarz-weiß. Jugoslawien 1957 **P** Dubrava-Film, Zagreb **Kl** Progress **R** Simo Simatovic **B** Ivan Sibl **K** Frano Vodopivec **M** Vladimir Kraus Rajteric **D** Bata Grbic (Mirko), Sasa Novak (Vjera), Boris Hrzic (Klancar), Joza Gregorin (Maras), Rudolf Kukic (Zganjer) **L** 90 **E** 5.12.1958 Kino DDR

UNSERE WELT WAR EINE SCHÖNE LÜGE (IMAGINARY CRIMES). Ein Mädchen erlebt, wie sein Vater durch sein verantwortungsloses Verhalten die Existenz der Familie gefährdet. Es lernt, sich trotz der Gefühle für den vom (Selbst-)Betrug lebenden Vater und gegen alle Widerstände einen eigenen Weg in die Zukunft zu erkämpfen. Ohne übermäßige Gefühlsausbrüche zu bemühen, beschreibt der Film (teils in Rückblenden) die schwierige Emanzipation eines Kindes vom Vater. Getragen wird er von einem behutsamen Erzählrhythmus, einem feinen Gespür für die Psychologie der Figuren und von großartigen Darstellern bis in die Nebenrollen. (Videotitel: »Lies and Crimes«) – Sehenswert ab 16. ✦ USA 1994 **P** Morgan Creek **Kl** Warner Bros. **VA** Warner Home **Pd** James G. Robinson **R** Anthony Drazan **B** Kristine Johnson, Davia Nelson, nach einem Roman von Sheila Ballantyne **K** John J. Campbell **M** Stephen Endelman **S** Elizabeth Kling **D** Harvey Keitel (Ray Weiler), Fairuza Balk (Sonya), Kelly Lynch (Valery), Vincent D'Onofrio (Mr. Webster), Elizabeth Moss (Greta) **L** 105 **FSK** ab 6; f **E** 25.5.1995/8.12. 1995 Video **fd** 31 203

DER UNSICHTBARE (1933) (THE INVISIBLE MAN). Ein Chemiker erfindet eine Droge, mit der er sich unsichtbar macht, findet aber nicht die Formel zur Rematerialisierung. Er wird geistesgestört, verfällt Machtgier und Verbrechen. Erst durch raffinierte polizeiliche Ermittlungen kann seinem Treiben ein Ende gesetzt werden. Ein nicht ohne Geschick gefertigter fantastischer Horrorfilm, dessen Witz sich aus heutiger Sicht eher aus dem völlig naiv zur Schau gestellten tricktechnischen Aufwand ergibt. In erster Linie filmhistorisch interessant, zumal dieser »Klassiker« des Genres zu einem Vorbild für zahlreiche weitere »Mad Scientist«-Stoffe wurde. (Mehr oder weniger direkte Fortsetzungen: »Der Unsichtbare kehrt zurück«, »Der Unsichtbare nimmt Rache«, »Der unsichtbare Agent«, »Die unsichtbare Frau«, »Abbott und Costello auf Sherlock Holmes' Spuren«; vgl. auch »Gemini Man«) – Ab 16. ✦ Schwarz-weiß. USA 1933 **P** Universal **Kl** Universum **Pd** Carl Laemmle jr. **R** James Whale **B** R. C. Sherriff, Philip Wylie (ungenannt), nach einem Roman von H. G. Wells **K** Arthur Edeson **M** W. Franke Harling **D** Claude Rains (Jack Griffin), Gloria Stuart (Flora Cranley), Dudley Digges (Chef), William Harrigan (Dr. Kemp), Henry Travers (Dr. Cranley), E. E. Clive (Jaffers), Una O'Connor (Mrs. Hall), Forrester Harvey (Mr. Herbert Hall), Holmes Herbert (Polizeichef), Harry Stubbs (Inspektor Bird), Walter Brennan (Mann mit Fahrrad), John Carradine (Informant) **L** 70 **FSK** ab 16; nf **E** 23.6.1950 **fd** 722

DER UNSICHTBARE (1963). Die Erfindung eines Wissenschaftlers, Lebewesen mit Hilfe einer »radioaktiven Droge« unsichtbar zu machen, wird zur Tarnung für einen skrupellosen Mörder. Ein nie spannender Gruselfilm, der sich verzweifelt um entsprechende Atmosphäre bemüht, aber viel zu wirr erdacht ist und sich obendrein viel zu ernst nimmt. Statt des Scherzes mit dem Makabren vertreibt man den Humor durch Scheinrealität. – Ab 14 möglich. ✦ Schwarz-weiß. BR Deutschland 1963 **P** Aero **Kl** Areo **Pd** Leo Höger **R** Raphael Nussbaum **B** Wladimir Semitjow **K** Michael Marszalek **M** Jean Thomé, Bert Claus **S** Herta Chana **D** Hans von Borsody (Walter Vogel), Christiane Nielsen (Rita Weber), Ellen Schwiers (Helen Roy), Hannes Schmidhauser (Dr. Max Vogel), Ivan Desny (Prof. Lomm), Charles Regnier (Charley Nelson), Herbert Stass (Janke), Ilse Steppat (Dr. Louise Richards), Herbert Fux (Rocco), Josef Menschik (Kramer), Herta Freund (Emma) **L** 94 **FSK** ab 12; nf **E** 2.5.1963 **fd** 11 949

DER UNSICHTBARE (1986/87). Ein Fernsehmoderator erbt eine Tarnkappe und erfährt als Unsichtbarer von der Untreue seiner Frau. Turbulente Komödie, bei der die Qualität des Drehbuchs und das solide Spiel der Darsteller durch die teilweise klamottenhafte Inszenierung beeinträchtigt werden. Reizvoll ist der Film immer dann, wenn aus der Umkehrung realer Erwartungen ein ironisches Spiel mit Seh- und Denkgewohnheiten wird. (Alternativtitel: »Benjamin – Der Unsichtbare«) – Ab 14. ✦ BR Deutschland 1986/87 **P** Luna/Solaris/Neue Constantin/Heidi Genée Filmprod. **Kl** Neue Constantin **VA** Constantin **Pd** Peter Zenk **R** Ulf Miehe **B** Ulf Miehe, Klaus Richter **K** Franz Rath **M** Boris Jojic **S** Barbara von Weitershausen **D** Klaus Wennemann (Peter Benjamin), Barbara Rudnik (Helene), Nena (Jo Schnell), Benedict Freitag (Eduard), Camilla Horn (Mutter), Martin Maria Blau (Redakteur Hagen), Rudolf Schündler (Onkel Josef) **L** 90 **FSK** ab 12; f **E** 8.10.1987/9.4.1988 Video **fd** 26 431

DER UNSICHTBARE AGENT (THE INVISIBLE AGENT). Der Sohn eines als der »Unsichtbare« bekannten Wissenschaftlers kämpft als unsichtbarer Agent in geheimer Mission gegen die Faschisten. Mischung aus Spionage-Thriller, Melodram und überdrehter Farce, die mit den vertrauten Genremustern im Dienst antifaschistischer Propaganda-Arbeit während des Zweiten Weltkrieges aufklären und dabei gleichzeitig unterhalten will. Der Film ist allenfalls unter diesem filmhistorischen Aspekt interessant; das bereits in früheren Filmen variierte Motiv (vgl. »Der Unsichtbare« und Nachfolgefilme) ist ausgelaugt und ohne Inspiration. – Ab 16. ✦ Schwarz-weiß. USA 1942 **P** Universal **Pd** Frank Lloyd **R** Edwin L. Marin **B** Curt Siodmak, nach Motiven von H. G. Wells **K** Lester White **M** Hans J. Salter **S** Edward Curtiss **D** Jon Hall (Frank Raymond/Griffin), Ilona Massey (Maria Sorenson/Goodrich), Peter Lorre (Baron Ikito), Cedric Hardwicke (Conrad Stauffer), J. Edward Bromberg (Oberst Karl Heiser), Albert Bassermann (Arnold Schmidt), John Litel (John Gardiner), Philip van Zandt (SS-Mann), Milburn Stone (dt. Offizier), Lane Chandler, Wolfgang Zilzer (von Porten), Holmes Herbert (Sir Alfred Spencer) **L** 79 **E** 7.8.1986 West 3

DER UNSICHTBARE AUFSTAND (ETAT DE SIEGE / L'AMERICANO (STATO D'ASSEDIO)). In einer komplizierten Aktion entführen uruguayische Stadt-Guerillas (Tupamaros) in Montevideo einflußreiche Diplomaten und den Leiter einer geheimen US-Militärbehörde. Als ihre Forderungen nicht erfüllt werden, erschießen sie den von ihnen als Hauptschuldigen verurteilten Amerikaner. In Anlehnung an den wahren Fall des amerikanischen Staatsbürgers A. Mitrione, der am 10.8.1970 von Tupamaros erschossen wurde, setzt sich der Film engagiert mit der Situation in Lateinamerika, mit den sozialen Mißständen, Korruption und grausamem Polizei-Terror auseinander. Weitgehend differenziert in der Darstellung der Unrechtsprobleme, rechtfertigt er letztlich allzu parteiisch Gewalt als Mittel des Widerstands. Als ambitionierter Beitrag zur politischen Meinungsbildung für eine gerechtere Welt diskussionswert. – Ab 16 möglich. ✦ BR Deutschland/Frankreich/Italien 1972 **P** Valoria/Reggane/Unidis/Dieter Geissler Filmprod. **KI** Constantin **Pd** Jacques Perrin **R** Constantin Costa-Gavras **B** Constantin Costa-Gavras, Franco Solinas **K** Pierre-William Glenn, Silvio Caiozzi **M** Mikis Theodorakis **S** Françoise Bonnot, Ilse Wilken **D** Yves Montand (Philip Michael Santore), O. E. Hasse, Renato Salvatori, Harald Wolff, Jacques Weber, Jean-Luc Bideau, Maurice Teynac **L** 121 **FSK** ab 16; f **FBW** bw **E** 30.12.1972 **fd** 18 264

DAS UNSICHTBARE AUGE (SOMEONE'S WATCHING ME). Eine junge Fernsehregisseurin, die in ein Hochhaus-Apartment in Los Angeles eingezogen ist, wird von einem unbekannten Mann bedroht, der sie durch ein Teleskop beobachtet, ihr Geschenke schickt und offenbar alles daran setzt, sie in den Tod zu treiben. Effektvoll inszenierter, sehr spannender Suspense-Thriller, der einige Hauptmotive aus den Filmen Alfred Hitchcocks übernimmt, ohne freilich dessen Hintergründigkeit zu erreichen. ✦ USA 1978 **P** Warner Bros. TV **VA** Warner Home **R+B** John Carpenter **K** Robert Hauser **M** Harry Sukman **D** Lauren Hutton (Leigh Michaels), Adrienne Barbeau (Sophie), David Birney (Paul Winkless), Charles Cyphers (Hunt), Grainger Hines **L** 95 **FSK** ab 16 **E** 4.10.1980 HR/11.9.1987 Video **fd** 26 470

DAS UNSICHTBARE BATAILLON (NEVIDLJNI BATAILLON). Kinderfilm über die abenteuerlichen Erlebnisse einiger Kinder im jugoslawischen Partisanenkrieg gegen die deutschen Aggressoren. ✦ Schwarz-weiß. Jugoslawien 1968 **P** VIBA-Film, Ljubljana **KI** Progress **R** Jane Kavcic **B** Ivan Ribic, Jane Kavcic, France Stiglic **K** France Cerar **M** Mario Rijavec **D** Miha Baloh, Milan Srdoc, Lojze Rozman, Danilo Bezlaj, Janez Skof **L** 82 **E** 20.9.1968 Kino DDR

DAS UNSICHTBARE BÖSE (THE UNSEEN). Der mißgestaltete und geistig zurückgebliebene Sohn eines älteren Geschwisterpaares, der in den Kellergewölben eines abgelegenen Hotels haust, ermordet die Übernachtungsgäste, die wegen eines Festivals in den kleinen Ort gekommen sind. Schocker, der nicht ungeschickt, aber mit allzu grobschlächtigen Mitteln eine unangenehme, kranke Atmosphäre schafft, in der Sadismus, physischer und psychischer Schmerz, Häßlichkeit und Abnormes als Ausdruck des Tabu-Themas Inzest auf morbide Weise zelebriert werden. – Wir raten ab. ✦ USA 1981 **P** Tribune/World Northal **VA** Screentime/Arcade **Pd** Anthony B. Unger, Don P. Behrns **R** Peter Foleg **B** Michael L. Grace **K** Roberto Quezada, Irv Goodnoff, James Carter (= James L. Carter) **M** Michael J. Lewis **S** Jonathan Braun, Richard C. Meyer **D** Barbara Bach (Jennifer Fast), Sydney Lassick (Ernest Keller), Stephen Furst (Junior), Lelia Goldoni (Virginia Keller), Karen Lamm (Karen Fast), Douglas Barr (Tony Ross) **L** 89 **E** Mai 1986 Video

UNSICHTBARE DÄMONEN → Dracula auf Abwegen

DER UNSICHTBARE DRITTE (NORTH BY NORTHWEST). Ein harmloser New Yorker Werbefachmann wird irrtümlich für einen Spion gehalten, der in Wirklichkeit nur als von der CIA erfundenes Phantom existiert. Der Geheimdienst benutzt seine Ahnungslosigkeit, um die Gegenseite auf eine falsche Spur zu locken. Eine Verfolgungsjagd quer durch den nordamerikanischen Kontinent beginnt, während er unfreiwillig zum Helden wird, einen Gentleman-Agenten zur Strecke bringt und die Frau fürs Leben findet. Ein brillantes Kinostück mit spannungsvollem Suspense, verblüffenden Kehrtwendungen und spielerischen Überraschungen. Hitchcock vereint auf virtuose, zugleich höchst unterhaltsame Weise alle Qualitäten des Thrillers, des Abenteuerkinos und der Kriminalkomödie und bietet ganz nebenbei eine doppelbödig-ironische Anthologie US-amerikanischer Landschaften, Mythen und Denkmäler. DVD: Die Special Edition enthält u. a. einen dt. untertitelten Audiokommentar des Drehbuchautors, eine separate Soundtrackspur sowie eine informative (40-minütige) Dokumentation über den Film. – Sehenswert ab 14. ✦ USA 1959 **P** Alfred Hitchcock Prd. (für MGM) **KI** MGM **VA** MGM/UA Home/Warner Home **DVD** Warner Home (SE, 16:9, 1.85:1, DD5.1 engl., Mono dt.) **Pd** Alfred Hitchcock, Herbert Coleman **R** Alfred Hitchcock **B** Ernest Lehman **K** Robert Burks **M** Bernard Herrmann **S** George Tomasini **D** Cary Grant (Roger O. Thornhill), Eva Marie Saint (Eve Kendall), James Mason (Philip Vandamm), Jessie Royce Landis (Clara Thornhill), Leo G. Carroll (der Professor), Martin Landau (Leonard), Josephine Hutchinson, Edward Platt (Larrabee) **L** 136 **FSK** ab 12; f (fr. 16;nf) **E** 18.12.1959/26.12.1970 ZDF/21.9.1985 DFF 1/22.3.2001 DVD **fd** 8 754

DIE UNSICHTBARE FALLE (THE SPANISH PRISONER). Ein Erfinder wird Opfer einer unüberschaubaren Verkettung von Intrigen und Betrügereien, die ihm den scheinbar sicheren Boden der Realität unter den Füßen entziehen. Eine stilsicher entwickelte Fingerübung in Sachen Betrug, die sich an Vorläufern Hitchcockscher Prägung orientiert und das Stilmittel der falschen Fährte in kaum zu überbietender Weise einsetzt. Die stimmige »Arthouse«-Produktion setzt auf die (Film-)Erfahrung des Publikums und bietet diesem intelligente Unterhaltung. – Ab 16. ✦ USA 1997 **P** Sweetland Films **KI** Arthaus **VA** Arthaus (Kinowelt) **Pd** Jean Doumanian **R** David Mamet, David Mamet **B** David Mamet **K** Gabriel Beristain **M** Carter Burwell **S** Barbara Tulliver **D** Campbell Scott (Joe Ross), Rebecca Pidgeon (Susan Ricci), Ben Gazzara (Klein), Steve Martin (Jimmy Dell), Ricky Ja (George Lang), Felicity Huffman (McCune) **L** 110 **FSK** ab 12; f **E** 22.10.1998/20.4.1999 Video **fd** 33 377

DIE UNSICHTBARE FEE (UNE FEE ... PAS COMME LES AUTRES). Filmmärchen mit dressierten Haustieren, die nach Menschenart ein Miniaturdorf bevölkern. Der Eindruck ist zwiespältig: einerseits lächelt man über manch hübsche Einzelheit, gleichzeitig aber ist man befremdet darüber, wie die Tiere manipuliert werden. Der gleichfalls poesielose Kommentar stammt aus einer gänzlich unkindlichen Mentalität. – Ab 8 möglich. ✦ Frankreich 1956 **P** Del Duca **KI** Bavaria **R+B** Jean Tourane **K** Maurice Fellous **M** Richard Cornu **L** 60 **FSK** ab 6; f **E** 13.3.1958 Kino DDR/Dezember 1958 Kino BRD/25.12.1962 DFF 1 **fd** 7 697

DER UNSICHTBARE FEIND (THE SILENT ENEMY (1930)). Ein vom New Yorker Museum für Naturgeschichte in Auftrag gegebener fiktiver Dokumentarfilm über das Leben der nordamerikanischen Indianer. An Hand der Geschichte einer Rivalität zwischen zwei Häuptlingsanwärtern zeigt der Film mit großer Detailgenauigkeit die Bräuche und Riten eines der schon zur Drehzeit seltenen Stämme, deren ursprüngliche Lebensweise erhalten geblieben ist. Aus heutiger Sicht vorwiegend unter anthropologischem Aspekt interessant. – Ab 12. ✦ Schwarz-weiß. USA 1930 **Pd** Douglas Burden, William C. Chanler **R** H. P. Carver **B** Richard Carver **K** Marcel Le Picard, Frank M. Broda, Horace D. Ashton, William Casel, Otto Durkoltz **M** Massard Kur Zhene **D** Chief Yellow Robe (Chetoga), Chief Long Lance (Baluk) **L** 84 **E** 24.4.1997 ZDF

DIE UNSICHTBARE FRAU (THE INVISIBLE WOMAN). Ein Professor, der mit einer Lösung Menschen unsichtbar machen kann, probiert sie an einem Modell aus, das unter dem Einfluß von Alkohol jedoch unsichtbar bleibt. Banditen stehlen das Serum, ohne es anwenden zu können, weil die Frau und der Professor ihre Mitarbeit verweigern. Mischung aus Horror- und Screwball-Komödie, die die Filme um einen »Mad Scientist«, einen verrückten Wissenschaftler, mit soliden Darstellerleistungen und einigen amüsanten Einfällen parodiert. Weiterer Nachfolgefilm von »Der Unsichtbare«. – Ab 16. ✦ Schwarz-weiß. USA 1940 **P** Universal **Pd** Burt Kelly **R** A. Edward Sutherland **B** Robert Lees, Frederic I. Rinaldo, Gertrude Purcell, nach einer Geschichte von Curt Siodmak und Joe May **K** Elwood Bredell **M** Frank Skinner **S** Frank Gross **D** Virginia Bruce (Kitty Carroll), John Barrymore (Professor Gibbs), John Howard (Dick Russell), Charles Ruggles (George), Oskar Homolka (Blackie Cole), Edward Brophy (Bill), Donald MacBride (Foghorn), Margaret Hamilton (Mrs. Jackson), Shemp Howard (Frankie) **L** 70 **E** 31.7.1986 West 3

DER UNSICHTBARE FREUND. Ein eigenbrötlerischer Elektro-Tüftler wird von einem verstört wirkenden Mann aufgesucht, der ihn bittet, ein Gerät nach einem geheimnisvollen Schaltplan zu bauen. Zögernd willigt er ein und erkennt bald, daß er im Auftrag eines Genies arbeitet. Science-Fiction-Film, der sich mit dem Forschungsgebiet der Bio-Physik auseinandersetzt. ✦ Deutschland 1990 **P** Ray Müller/SWF **Pd+R** Ray Müller **B** Ray Müller, nach einer Kurzgeschichte von Stanislaw Lem **D** Josef Bierbichler (Berger), Volkmar Kleinert (Harden), Andreas Giebel (Menzel), Hans Peter Hallwachs (Prof. Schwarz) **L** 77 **E** 16.11.1992 S 3

DIE UNSICHTBARE FRONT (1956) (THREE BRAVE MEN). Ein kleiner Zivilangestellter der US-Navy wird wegen angeblicher kommunistischer Ansichten als Sicherheitsrisiko vom Dienst suspendiert. Der Film schildert die Konflikte, die sich für ihn und für seine Familie aus dieser Maßnahme ergeben, und die Gerichtsverhandlung, die zu seiner Rehabilitierung führt. Das durchschnittlich inszenierte Drama basiert auf einer mit dem Pulitzerpreis ausgezeichneten Artikelserie und interessiert durch die mäßig kritische Auseinandersetzung mit den McCarthy-Praktiken. – Ab 16. ✦ Scope. USA 1956 **P** 20th Century Fox **KI** Centfox **Pd** Herbert B. Swope jr. **R** Philip Dunne **B** Philip Dunne, nach einer Artikelserie von Anthony Lewis **K** Charles G. Clarke **M** Hans J. Salter **S** David Bretherton **D** Ernest Borgnine (Bernie Goldsmith), Ray Milland (Joe DiMarco), Dean Jagger (Rogers), Virginia Christine (Helen Goldsmith), Edward Andrews (Major Jensen), Frank Lovejoy (Captain Winfield), Nina Foch (Lt. McCoy) **L** 85 **FSK** ab 12; f **E** 5.4.1957 **fd** 5 795

DIE UNSICHTBARE FRONT (1965) (BOIDCHI ANNUN DCHONSON). Die Angehörigen der Sicherheitsorgane decken in Zusammenarbeit mit der Bevölkerung einen Spionagering auf. Politisch eingefärbter Kriminal- und Spionagefilm, inszenatorisch äußerst dürftig. – Ab 12 möglich. ✦ Schwarz-weiß. VR Korea 1965 **KI** Progress **R** Min Den Sik **B** Li Djang Son **K** Chon Wonk **M** Pak En Pchir, Kim En Gju **D** Tscha Ge Rjon (Ma Guk Tscher), Sim En (Leiter d. Sicherheitsabt.), Chan Mun Gap (Pak Ir Nam), Zoy E Sen (Zoy Dek Sir) **L** 75 **E** 14.4.1967 Kino DDR/29.1.1973 DFF 2

UNSICHTBARE GEGNER (1951) (SANTA FE). Ein Mann, der sich nach Beendigung des Bürgerkriegs am Bau der Santa- Fé-Eisenbahn beteiligt, kommt in

Konflikt mit seinen Brüdern, die als Bandenmitglieder Bahnüberfälle ausüben. Inszenatorisch mäßige, sentimentale Verfilmung eines stereotypen Western-Themas mit moralischer Note. – Ab 14. ✦ USA 1951 **P** Scott-Brown Prod. **Kl** Columbia **Pd** Randolph Scott, Harry Joe Brown **R** Irving Pichel **B** Kenneth Gamet **K** Charles Lawton jr. **M** Paul Sawtell **S** Gene Havlick **D** Randolph Scott (Britt Canfield), Janis Carter (Judith Chandler), Jerome Courtland (Terry Canfield), Peter Thompson (Tom Canfield), John Archer (Clint Canfield), Warner Anderson (Dave Baxter), Warner Anderson (Dave Baxter), Roy Roberts (Cole Sanders), Billy House (Luke Plummer), Olin Howlin (= Olin Howland) (Dan Dugan), Jock O'Mahoney (= Jock Mahoney) (Crake), Frank Ferguson (Marshal Bat Masterson), Chief Thundercloud (Häuptling), Paul Burns (Dick Wootton), William Haade, Francis McDonald, James Mason, Guy Wilkerson **L** 90 **FSK** ab 12; nf **E** 2.9.1955 **fd** 4 350

UNSICHTBARE GEGNER (1976) (UNSICHTBARE GEGNER). Als eine Fotografin erfährt, daß sich Außerirdische der Erde bemächtigt haben, um das Bewußtsein der Menschen zu verändern, will sie die Folgen dieser Entwicklung dokumentieren. Sie stellt einen Zuwachs an Zerstörung und Aggressivität fest und versucht, diesen Prozeß aus Mißtrauen der eigenen Wahrnehmung gegenüber durch die objektiven Wahrnehmungsmaschinen Foto- und Videokamera aufzuzeichnen. Mehr bemühter als durchdachter Versuch über den Zerfall von Wahrnehmung und Identität, der sich Formen des Experimentalfilms bedient, um die Problematik von Selbstentfremdung und Fremdbestimmung zu beschreiben. In einigen Details recht drastisch mit geschmacklosen Effekten. ✦ Österreich 1976 **P** Valie Export Prod. **Pd+R** Valie Export (= Waltraut Höllinger) **B** Peter Weibel, Valie Export (= Waltraut Höllinger) **K** Wolfgang Simon **S** Juno Sylva Englander, Valie Export (= Waltraut Höllinger) **D** Susanne Widl, Peter Weibel, Josef Plavec, Monika Helfer-Friedrich, Helke Sander **L** 108 **E** 19.1.1978 ZDF/20.9.1991 3sat

DER UNSICHTBARE KEHRT ZURÜCK (THE INVISIBLE MAN RETURNS). Ein zu Unrecht eines Mordes verdächtigter Wissenschaftler, der ein Unsichtbarkeitsserum erfunden hat, klärt auf eigene Faust das Verbrechen. Fortsetzung des Gruselklassikers »Der Unsichtbare«. Im Mittelpunkt steht ein zwiespältiger »Held«, der in einem halbherzigen Versuch als positive Figur gedeutet werden soll, aber durch seinen Machtrausch und Rachedurst eher ein Verwandter des »Dr. Mabuse« ist. Stellenweise als Horror-Groteske angelegt, überzeugt der kaum hinreichend motivierte Film vor allem durch die pointierte Tricktechnik. – Ab 16. ✦ Schwarz-weiß. USA 1939/40 **P** Universal **Pd** Ken Goldsmith **R** Joe May **B** Curt Siodmak, Lester Cole, Cecil Belfrage, nach dem Roman »The Invisible Man« von H. G. Wells **K** Milton Krasner **M** Hans J. Salter, Frank Skinner **S** Frank Gross **D** Cedric Hardwicke (Richard Cobb), Vincent Price (Geoffrey Radcliffe), Nan Grey (Helen Manson), John Sutton (Dr. Frank Griffin), Cecil Kellaway (Inspektor Sampson), Mary Field (Frau) **L** 81 **E** 24.7. 1986 West 3

UNSICHTBARE KILLER →Terror Within II

DER UNSICHTBARE MENSCH (TSCHELOWEK-NEWIDIMKA). In einem dramatischen Selbstversuch gelingt es einem Wissenschaftler, sich unsichtbar zu machen. Doch damit jagt er den Menschen Angst und Schrecken ein und vereinsamt zusehends. Als ein ehemaliger Freund und Kollege versucht, sich das Geheimnis anzueignen, um damit das große Geschäft zu machen, geht der Wissenschaftler in die Offensive. Er scheitert tragisch, nimmt sein Wissen aber mit in den Tod. Trotz Tricks, Verfolgungsjagden und eines genau gearbeiteten, opulenten Szenenbildes ein eher biederer Versuch, dem klassischen Science-fiction-Roman von H.G. Wells filmisches Leben einzuflößen. – Ab 6. ✦ UdSSR 1985 **P** Mosfilm **Kl** Progress **R** Alexej Sacharow **B** Alexej Sacharow, A. Dmitrijewa, nach dem Roman »Der Unsichtbare« von H. G. Wells **K** Valeri Schuwalow **M** Eduard Artemjew **D** Andrej Charitonow (Griffin), Romualdas Ramanauskas (Dr. Kemp), Natalja Danilowa (Jane), Leonid Kurawljew (Mr. Marvel), Oleg Golubizki (Colonel Adye) **L** 87 **E** 10.4.1987 Kino DDR/20.9.1988 DFF 2

DER UNSICHTBARE MÖRDER (KILLER BY NIGHT). In Los Angeles werden zwei Polizisten Opfer eines Mörders, der mit Diphtherie infiziert ist. Ein Arzt und ein Polizist versuchen gemeinsam, ihn zu stellen und damit weitere Ansteckung zu verhindern. Ein solide inszenierter (Fernseh-)Kriminalfilm, der sich – ohne entsprechenden Hinweis – der Geschichte von Elia Kazans »Unter Geheimbefehl« bedient. – Ab 16. ✦ USA 1971 **P** Cinema Center 100 **R** Bernard McEveety **B** David P. Harmon **K** Robert B. Hauser **M** Quincy Jones **D** Robert Wagner (Dr. Larry Ross), Diane Baker (Dr. Tracey Morrow), Greg Morris (Polizeikapitän Benson), Theodore Bikel (Sergeant Phil Gold), Robert Lansing (Warren Claman), Mercedes McCambridge (Schwester Sarah) **L** 100 **E** 24.10.1982 HR

DAS UNSICHTBARE NETZ (NIGHT PEOPLE). Nachdem sowjetische Agenten in Berlin einen amerikanischen Unteroffizier entführt haben und ihn gegen eigene Spione austauschen wollen, geht der amerikanische Geheimdienst zum Schein auf ihre Forderungen ein. Ein spannender, ansehnlich gespielter Agentenfilm, der eher auf abenteuerliche Unterhaltung als auf politische Zusammenhänge aus ist. – Ab 14. ✦ Scope. USA 1953 **P** 20th Century Fox **Kl** Centfox **Pd+R** Nunnally Johnson **B** Nunnally Johnson, nach einer Novelle von Jed Harris und Thomas Reed **K** Charles G. Clarke **M** Cyril J. Mockridge **D** Gregory Peck (Colonel Van Dyke), Broderick Crawford (Leatherby), Anita Björk (Hoffy), Rita Gam (Miss Cates), Walter Abel (Foster), Peter van Eyck (Petrochino), Marianne Koch (Kethy) **L** 96 **FSK** ab 12; f **E** 7.1.1955 **fd** 3 829

DER UNSICHTBARE NIMMT RACHE (THE INVISIBLE MAN'S REVENGE). Fünfter Teil der Serie um den »Unsichtbaren«: Ein gefährlicher Psychopath, der glaubt, von seinen Freunden betrogen worden zu sein, entdeckt das Geheimnis des unsichtbar machenden Serums. Glanzlose, langatmige Neuauflage der bekannten Mischung aus Horror- und Kriminalfilm, an der allenfalls noch einige tricktechnische Kabinettstücke auffallen. (Vgl. »Der Unsichtbare« und Nachfolgefilme) – Ab 16. ✦ Schwarz-weiß. USA 1944 **P** Universal **Pd+R** Ford Beebe **B** Bertram Millhauser **K** Milton Krasner **M** Hans J. Salter **S** Saul A. Goodkind **D** Jon Hall (Robert Griffin), Alan Curtis (Mark Foster), Evelyn Ankers (Julie Herrick), John Carradine (Dr. Peter Drury), Leon Errol (Herbert Higgins), Gale Sondergaard (Lady Irene Herrick) **L** (TV) 75 **E** 14.8.1986 West 3

DER UNSICHTBARE SCHATTEN (THE FULL TREATMENT / STOP ME BEFORE I KILL!). Ein durch einen Unfall geistesgestörter Rennfahrer, der sich gedrängt fühlt, seine junge Frau zu ermorden, sucht schließlich bei einem Psychiater Heilung. Doch der Arzt nutzt seinen Beruf aus, um seinen Patienten vollends in den Wahnsinn zu treiben, da er dessen Frau »besitzen« will. Effektsicherer Reißer, der nach dichtem Anfang immer abwegiger wird. – Ab 16 möglich. ✦ Scope. Großbritannien 1960 **P** Hilary/Falcon (für Columbia) **Kl** Goldeck **Pd+R** Val Guest **B** Val Guest, Ronald Scott Thorn, nach einem Roman von Ronald Scott Thorn **K** Gilbert Taylor **M** Stanley Black **S** Bill Lenny **D** Claude Dauphin (David Prade), Diane Cilento (Denise Colby), Ronald Lewis (Sam Colby), Françoise Rosay, Bernard Braden **L** 109 **FSK** ab 16; nf **E** 19.4.1963 **fd** 12 060

DER UNSICHTBARE SCHLÄGT ZU (FLASHMAN). Ein englischer Lord hilft in der Maske des Supermanns »Flashman« einem vertrottelten Scotland-Yard-Inspektor, internationale Verbrecher dingfest zu machen. Im Mittelpunkt steht die Jagd nach einem neuentdeckten Serum, das Lebewesen unsichtbar macht. Trivialer Abenteuerfilm in der Tradition einschlägiger Comic-Strip-Vorbilder, der weder als Parodie noch als Science Fiction gelungen ist. Langatmige Unterhaltung der bescheidensten Art. (Titel auch: »Flashman der Unsichtbare«, »Superflashman«) – Ab 14 möglich. ✦ Scope. Italien 1967 **P** Zenith **Kl** Rank **R** J. Lee Donan (= Mino Loy) **B** Ernesto Gastaldi **K** Floriano Trenker **M** Franco Tamponi **S** Eugenio Alabiso **D** Paul Stevens (= Paolo Gozlino), Claudie Lange, John Heston (= Isarco Ravaioli), Micaela Cendali, Jacques Ary, Anne M. Williams **L** 90 **FSK** ab 12; nf **E** 1.3.1968 **fd** 15 330

DER UNSICHTBARE SUPERTYP →Es kracht – es zischt – zu seh'n ist nischt

UNSICHTBARE TAGE ODER DIE LEGENDE VON DEN WEISSEN KROKODILEN. Der dokumentarische Filmessay taucht ein in die Welt großstädtischer Abwasserkanäle und Randzonen, Beobachtungsgeräte und der unsichtbaren Schaltkreise, ohne die das Funktionieren der Städte unmöglich wäre. Die Bilder aus einer menschenleeren, neonerleuchteten Welt werden von der Liebesgeschichte einer Frau kontrapunktiert, die sich zwischen zwei Männern entscheiden muß. Der sehr gut fotografierte Film verliert an Bedeutung durch die Überfülle seines Materials. – Ab 16. ✦ Deutschland 1991 **P** Eva Hiller Filmproduktion/HR **Kl** Wild Okapi **Pd** Jürgen Tröster **R+B** Eva Hiller **K** Thomas Mauch **M** Matthias Raue **S** Stefan Beckers **L** 87 **E** 19.12.1992 arte/4.2. 1993 Kino **fd** 30 076

DER UNSICHTBARE TOD →The Last Tattoo

DER UNSICHTBARE TRIFFT ABBOTT UND COSTELLO →Auf Sherlock Holmes' Spuren

DAS UNSICHTBARE VISIER. 1. Teil: Der römische Weg. Unter dem Pseudonym des ehemaligen SS-Offiziers Achim Detjen erschleicht sich Werner Bredebusch, Offizier des Ministeriums für Staatssicherheit, das Vertrauen von ehemaligen Nazioffizieren, die in Argentinien leben. Sie weihen ihn in ihre Pläne ein. 2. Teil: Das Nest im Urwald. Der französische Journalist Charles André spielt Predebusch alias Detjen geheimes Material über Verabredungen des Exilanten mit Beamten in der Bonner Regierung zu. 3. Teil: Das Wasserschloß: Detjens Einsatz führt nach Bonn. Er übermittelt die Materialien einer Geheimtagung zu Strategien der Bundeswehr an das Ministerium für Staatssicherheit. – Die drei Auftaktfolgen einer an exotischen Schauplätzen inszenierten Agentenfilmreihe des DDR-Fernsehens, die bis in die achtziger Jahre mit zahlreichen weiteren Teilen fortgesetzt wurde. Ein Stasiagent kommt darin regelmäßig alten Nazis und internationalen rechtsgerichteten Komplotten auf die Spur, in die immer auch bundesdeutsche Regierungsstellen verwickelt sind. ✦ DDR 1972/73 **P** DEFA **Pd** Dieter Dormeier **R+B** Peter Hagen **K** Peter Brand **M** Walter Kubiczek **S** Margrit Brusendorff **D** Armin Mueller-Stahl (Achim Detjen), Albert Hetterle (Mitarbeiter des MfS), Günter Grabbert (Mitarbeiter des MfS), Giso Weißbach (Mitarbeiter des MfS), Annekathrin Bürger (Mitarbeiter des MfS) **L** 258 (drei Teile) **E** 23.,25.,26.12.1973 DFF 1

DIE UNSICHTBAREN KRALLEN DES DR. MABUSE. Fortsetzung der Gruselkrimi-Serie um den genialen Verbrecher und skrupellosen Welteroberer Dr. Mabuse, der längst nichts mehr mit der einst von Fritz Lang auf die Leinwand gebrachten dämonischen Gestalt gemein hat. Diesmal wetteifert die Polizei mit dem machtwahnsinnigen Verbrecher um eine Erfindung, die Materie unsichtbar macht. Eine Schock-Klamotte mit dünner Spannung und der üblichen abwegigen und fantasiearmen Handlung. – Ab 16. ✦ Schwarz-weiß. BR Deutschland 1961 **P** CCC **Kl** Constantin **Pd** Artur Brauner **R** Harald Reinl **B** Ladislas Fodor, nach einer Idee von Artur Brauner und einer Figur von Norbert Jacques **K** Ernst W. Kalinke **M** Peter Sandloff **S** Hermann Haller **D** Lex Barker (Joe Como), Karin Dor (Liane Martin), Siegfried Lowitz (Kommissar Brahm), Wolfgang Preiss (Primarius Krone), Werner Peters (Clown Bobo/Droste), Walo Lüönd

(Kriminalbeamter Hase), Rudolf Fernau (Prof. Erasmus), Kurd Pieritz (Dr. Bardorf), Heinz Gies (Optiker) **L** 89 **FSK** ab 12 (fr. ab 16;nf) **E** 30.3.1962/19.9.1966 ZDF **fd** 11 006

EIN UNSICHTBARER GEHT DURCH DIE STADT. Ein Berliner Taxifahrer entdeckt ein in seinem Wagen zurückgebliebenes neuartiges Flugpiloten-Gerät – eine Rüstung, die ihn unsichtbar macht und mit der er Sensationen in der großen weiten Welt erlebt. Am Ende entpuppt sich alles als ein Traum. Utopisches Sensationsabenteuer; zwar spürbar veraltet und wenig ereignisreich, jedoch durch Harry Piels liebenswürdige Darstellung noch immer amüsant. (Alternativtitel: »Mein ist die Welt«) – Ab 14. ✦ Schwarz-weiß. Deutschland 1933 **P** Ariel **Kl** Paikert **Pd+R** Harry Piel **B** Hans Rameau **K** Ewald Daub **M** Fritz Wenneis **S** Alwin Elling **D** Harry Piel (Harry), Lissy Arna (Lissy Verhagen), Fritz Odemar (Fritz), Theo Lingen (Gast), Annemarie Sörensen (Anni Bergmann), Olga Limburg (Frau Bergmann), Gerhard Dammann (Maxe), Eugen Rex (Emil), Ernst Behmer (Gustav), Charly Berger, Gina Falckenberg, Hubert von Meyerinck **L** 106 **FSK** ab 12; nf **E** 29.9.1933/ 5.3.1965 ZDF

DIE UNSTERBLICHE (L'IMMORTELLE/L' IMMORTALE). Die Begegnung eines französischen Professors mit einer geheimnisvollen schönen Frau in Istanbul, inszeniert als verwirrendes Mosaik aus Realitätsfragmenten, Déjà-vus und Fantasie. Erstlingsfilm des Romanciers Robbe-Grillet, der eine archetypische Modellsituation zum Anlaß nimmt, um über den Illusionscharakter der Wahrnehmung und die Macht der Einbildungskraft zu reflektieren. Eine filmisch-literarische Studie, die das intellektuelle Konstruktionsverfahren des »Nouveau Roman« ins Kino zu übertragen versucht. Sie gibt unlösbare Rätsel auf und mag manieristisch erscheinen, ist aber reizvoll und spannend, gerade weil sie sich einer oberflächlichen Eindeutigkeit entzieht. ✦ Schwarz-weiß. Frankreich/Italien 1963 **P** De Laurentiis/Como/Cocinor/Tamara **Pd** Dino De Laurentiis **R+B** Alain Robbe-Grillet **K** Maurice Barry **M** Georges Delerue **S** Bob Wade **D** Françoise Brion, Jacques Doniol-Valcroze, Guido Celano, Catherine Robbe-Grillet **L** 98 **E** 9.3.1968 ARD **fd** 15 351

DAS UNSTERBLICHE ANTLITZ. Leben und Werk des deutschen Malers Anselm Feuerbach (1829–1880), im Mittelpunkt seine Liebe zu dem Modell Nana. Eine vordergründig romantische Filmbiografie, die weder der Persönlichkeit des Künstlers gerecht wird noch das Zeitkolorit deutlich macht. – Ab 16. ✦ Schwarz-weiß. Österreich 1947 **P** Cziffra-Film **Kl** Transit (Erstverleih: Prisma) **Pd** Geza von Cziffra, Carl Hofer **R+B** Geza von Cziffra **K** Ludwig Berger **M** Alois Melichar **D** Marianne Schönauer (Nana Risi), O. W. Fischer (Anselm Feuerbach), Siegfried Breuer (Fürst Catti), Attila Hörbiger (Julius Allgeyer), Helene Thimig (Henriette Feuerbach), Dagny Servaes (Mutter Risi) **L** 86 **FSK** o. A.; f (fr. 16; nf) **E** 2.9.1949/ 30.3.1980 BR **fd** 300

UNSTERBLICHE GELIEBTE. Die tragische Liebesgeschichte einer Pastorenfrau in Holstein, deren Kind ertrinkt, weil es unbeaufsichtigt ist, während sie mit dessen unehelichem Vater, einer romantischen Jugendliebe, ein Stelldichein hat. Larmoyantes Seelendrama nach Theodor Storms Novelle. Harlans wenig erfolgreicher Versuch, nach dem Krieg mit gewohnten Themen ein Comeback zu erzwingen. – Ab 16. ✦ Schwarz-weiß. BR Deutschland 1950 **P** Domnick **Kl** Ufa **R** Veit Harlan **B** Veit Harlan, nach der Novelle »Aquis Submersus« von Theodor Storm **K** Werner Krien **M** Wolfgang Zeller **S** Margarete Steinborn **D** Kristina Söderbaum, Franz Schafheitlin, Eduard Marks, Hans Holt, Hermann Schomberg, Tilo von Berlepsch, Paul Weber **L** 108 **FSK** ab 12; f **E** 31.1. 1951 **fd** 1 083

DAS UNSTERBLICHE HERZ. Das Lebensdrama des nürnbergischen Kunstschlossers Peter Henlein, der unter Einsatz seines Eheglücks und seines Lebens im 16. Jahrhundert die Taschenuhr, das »Nürnbergisch Ei«, erfand. Der Film fesselt durch die eindrucksvolle Darstellung durch Heinrich George. Vor allem ist aber historisch interessant, wobei er einer kritischen Einordnung in den zeitpolitischen Kontext bedarf: Indem er den durch keine menschliche Verantwortung gehemmten erfinderischen Schöpfungsakt verherrlicht, verrät er einen fatalen ideologischen Nachgeschmack des »Dritten Reichs«. – Ab 16. ✦ Schwarz-weiß. Deutschland 1939 **P** Tobis **Kl** Transit/Murnau-Stiftung (Erstverleih: NWDF) **R** Veit Harlan **B** Werner Eplinius, Veit Harlan, nach dem Bühnenstück »Das Nürnbergisch Ei« von Walter Harlan Bruno Mondi **M** Johann Sebastian Bach, Alois Melichar (Ltg.) **S** Marianne Behr **D** Heinrich George (Peter Henlein), Kristina Söderbaum (Ev), Paul Henckels (Güldenbeck), Paul Wegener (Dr. Schedel), Eduard von Winterstein (Richter Sixtus Heith), Auguste Prasch-Grevenberg (Barbara Henlein), Michael Bohnen, Raimund Schelcher, Franz Schafheitlin, Jakob Tiedtke, Ernst Legal, Bernhard Minetti, Josef Dahmen **L** 107 **FSK** ab 16; nf **E** 31.1.1939/ 26.11.1998 Cine Classics **fd** 2 320

DER UNSTERBLICHE KASCHTSCHAI (KASCHTSCHAI BESSMERTNY). Abenteuerlicher Märchenfilm mit stark pädagogischem (und patriotischem) Impetus. ✦ Schwarz-weiß. UdSSR 1945 **P** Sojusdetfilm, Alma-Ata **R** Alexander Rou **B** Wladimir Schweizer **K** Michail Kirillow **D** Georgi Milljar (Kaschtschai), Sergej Stoljarow (Nikita) **E** 3.10.1945

DAS UNSTERBLICHE LIED (DAS UNSTERBLICHE LIED). Die Entstehungsgeschichte des Weihnachtsliedes »Stille Nacht, heilige Nacht« – verknüpft mit einer dörflichen Liebesgeschichte. Sentimentaler Heimatfilm. (Alternativtitel: »Stille Nacht, heilige Nacht«, »Das ewige Lied«) ✦ Schwarz-weiß. Deutschland 1934 **P** Bavaria/Arophon **Kl** Hans Marder **R** Hans Marr **B** Alfred Lampel **K** Hans Schneeberger **M** Robert Ziegler **S** Gottlieb Madl **D** Paul Richter, Hans Marr, Any Hartmann, Max Weydner, Felix Gruber **L** 75 **E** 1.12.1934 **fd** 2 123

DER UNSTERBLICHE LUMP. Ein zum Opernkomponisten aufgestiegener Dorfschullehrer im Österreich vor dem Ersten Weltkrieg vertut sein Talent und wird aus Kummer über die verlorene Geliebte zum Vagabunden. Seichtes Melodram ohne inszenatorisch Bemerkenswertes, das eine Fülle von gefühlsbetonten Ungereimtheiten abseits der Wirklichkeit bietet. (Der Stoff wurde bereits 1930 unter demselben Titel von Gustav Ucicky mit Gustav Fröhlich und Liane Haid adaptiert). – Ab 14 möglich. ✦ Schwarz-weiß. BR Deutschland 1953 **P** Carlton **Kl** Neuer Filmverleih **Pd** Otto Lehmann **R** Arthur Maria Rabenalt **B** Curt J. Braun, nach der Operette Felix Dörmann mit der Musik von Edmund Eysler **K** Ernst W. Kalinke **M** Edmund Eysler, Bert Grund (Ltg.) **S** Lilian Seng **D** Karlheinz Böhm (Johannes Ritter/Petroni), Ingrid Stenn (Luisel Freytag), Heliane Bei (Anna), Hans Olden (Ederle), Paul Esser (Florian), Elise Aulinger (Frau Bürgermeister) **L** 105 **FSK** ab 12; f **E** 25.12. 1953 **fd** 2 972

UNSTERBLICHE MELODIEN (UNSTERBLICHE MELODIEN). Nach dem Tode seiner Frau in den 70er Jahren des 19. Jahrhunderts verliebt sich der »Walzerkönig« Johann Strauß (Sohn) in eine Balletteuse der Wiener Hofoper. Enttäuscht wendet sich die seinerzeit berühmte Operettensängerin Marie Geistinger von ihm ab. Als jedoch seine neue Ehe scheitert, richtet sie den gebrochenen Mann wieder auf. Ein äußerst schwaches Künstler-Melodram, angereichert mit flauen Schlagerliedern, die den Filmtitel Lügen strafen. – Ab 12. ✦ Schwarz-weiß. Österreich 1935 **P** Tassul **Kl** Rota **R** Heinz Paul **B** Hella Moja, Alice Lach **K** Carl Kurzmayer **M** Oskar Stalla **D** Alfred Jerger, Maria Paudler, Lizzi Holzschuh, Leo Slezak, Hans Homma **L** 75 **FSK** ab 12; nf **E** 22.5.1936

DIE UNSTERBLICHEN (NE MURITORII). 13 Soldaten des legendären Fürsten Mihai kehren nach zehnjähriger abenteuerlicher Exilzeit in ihr Land zurück, um das Vermächtnis des verstorbenen Fürsten – die Befreiung des Volkes von den Türken – einzulösen. Historischer Abenteuerfilm, trotz einiger Längen spannend und unterhaltsam. – Ab 8. ✦ Rumänien 1974 **P** Filmstudio Bukaresti **Kl** Progress **R** Sergiu Nicolaescu **B** Titus Popovici **K** Alexandru David **M** Tiberiu Olah, Nicolae Covaci **D** Amza Pellea, Ion Besoiu, Ilarion Ciobanu, Sergiu Nicolaescu, Jean Constantin **L** 109 **E** 16.7.1976 Kino DDR/25.9.1977 DFF 2/ 13.3.1994 West 3

DIE UNSTERBLICHEN TUCKS (TUCK EVERLASTING). Eine vierköpfige Familie, die durch das Wasser eines Lebensquells unsterblich geworden ist, zieht gegen Anfang des Jahrhunderts durch Neuengland und versucht, ihr Geheimnis vor einem Geschäftemacher zu bewahren. Ein stimmungsvoll-fantastischer Film, der mit großer Sensibilität den alten Menschheitstraum nach ewigen irdischen Leben in Frage stellt und zugleich die Kraft des Glaubens an das Unglaubliche als lebensentscheidenden Impuls vermittelt. Ein unterhaltsames, nachdenklich stimmendes Märchenspiel. – Sehenswert ab 10. ✦ USA 1980 **P** Howard Kling Prod. **Pd** Howard Kling **R** Frederick King Keller **B** Stratton Rawson, Fred A. Keller, nach einem Roman von Natalie Babitt **K** Michael G. Mathews **M** Malcolm Dalglish, Grey Larson **D** Margaret Chamberlain (Winnie Foster), Paul Flessa (Jesse Tuck), Fred A. Keller (Angus Tuck), James McGuire (Fremder), Sonia Raimi (Frau Mae), Barbara Harmon (Großmutter) **L** 115 **E** 2.5.1982 ARD **fd** 23 410

UNSTERBLICHER MOZART (UNSTERBLICHER MOZART). Ausschnitte aus einigen in der Wiener Staatsoper aufgeführten hervorragenden Opernwerken von Wolfgang Amadeus Mozart, gespielt von den Wiener Symphonikern unter der Leitung von Rudolf Moralt. Filmisch bescheiden, da ganz konzentriert auf das Abbilden der Aufführungen, musikalisch indes genußreich. Kamera- und tontechnisch ist der Dokumentarfilm überholt, und auch der Ausschnittcharakter läßt wenig Homogenität aufkommen. – Ab 8 möglich. ✦ Schwarz-weiß. Österreich 1954 **P** Wiener Mundus **Kl** Ringfilm/Rheinischer Filmverleih **Pd** Alfred Stöger **R** Alfred Stöger, Oskar Fritz Schuh (Opern-Inszenierung) **K** Sepp Ketterer, Carl Kurzmayer, Hanns Matula, Anton Pucher **M** Wolfgang Amadeus Mozart **D** Wilma Lipp, Emmy Loose, Hilde Güden, Rudolf Christ, Peter Klein **L** 97 **FSK** ab 6; f **FBW** bw **E** 30.11.1954/1955 Kino DDR **fd** 4 223

UNSTERBLICHER VALENTIN. Vier Kurzfilme des genialischen Münchner Volkskomikers Karl Valentin (1882–1948), zusammengestellt zu einem abendfüllenden Programm, das – obgleich die Beiträge nicht gleichwertig sind – eine lohnende Begegnung mit dem Virtuosen des vertrackten Humors und seiner Partnerin Liesl Karlstadt vermittelt. Die Valentinaden haben neben literarischen auch sehr spezifisch filmische Qualitäten; sie handeln von der Tücke des Objekts und von der letztlichen Unmöglichkeit menschlicher Kommunikation. Valentins Komik, niemals ein nur vordergründiges Vergnügen, gilt mit ihrer destruktiven Rigorosität als Vorläufer des Absurden in Theater und Kino. 1. »Der Theaterbesuch« (1934): Als das aufgeregte Ehepaar, dem Theaterkarten geschenkt wurden, endlich mit der Garderobe fertig geworden ist, stellt sich heraus, daß die Karten für einen anderen Tag gelten. 2. »Im Schallplattenladen« (1934): Ein unschlüssiger Kunde löst im Plattenladen ein Chaos aus. 3. »Beim Nervenarzt« (auch: »Kalte Füße«, 1936): Ein hypochondrischer Spintisierer als Opfer ärztlicher Behandlung. 4. »Der Firmling« (1934): Nach der Firmung geht der Vater mit seinem Sohn in ein viel zu vornehmes Gasthaus, wo es zu einem Skandal kommt. – Sehenswert ab 8. ✦ Schwarz-weiß. Deutschland 1934/36 **P** Arnold & Richter/Arya/Ondra-Lamac/Providentia **Kl** Alcron **R** Joe Stöckel (1,4), Hans H. Zerlett (2), Erich Engels (3) **B** Karl Valentin, Liesl Karlstadt **K** Franz Koch (1), E. Wilhelm Fiedler (3) **M** Toni Thomas (1), Niko Perreiter (3) **D** Karl Valentin, Liesl Karlstadt, Elisabeth

Papperlitz (2), Reinhold Bernt (3) **L** 84 **FSK** ab 6; nf **FBW** w **E** 1958 Kino **fd** 7 105

UNSTERBLICHER WALZER (UNSTERBLICHER WALZER). Die Geschichte der Walzer-Dynastie Strauß, die mit den drei Strauß-Brüdern Johann, Josef und Eduard ihren Höhepunkt erlebte. Ein schönfärberisch, aber schwungvoll inszenierter, gut gespielter und mit zahlreichen Strauß-Melodien aufgelockerter Film, der Ernst und Heiterkeit volkstümlich-sentimental mischt. – Ab 12. ✦ Schwarz-weiß. Österreich 1939 **P** Emo-Film **Pd+R** E. W. Emo **B** Friedrich Schreyvogel, nach einer Idee von Karl Köstlin **K** Hans Schneeberger **M** Alois Melichar **D** Paul Hörbiger (Johann Strauß sen.), Dagny Servaes (Anna Strauß), Maria Andergast (Lina Strauß), Friedl Czepa (Regine Endlweber), Gretl Theimer (Emilie Trampusch), Fred Liewehr (Johann Strauß Sohn) **L** 96 **E** 16.10.1939/ 28.5.1962 DFF 1/22.4.1989 PRO 7

UNSTERBLICHES DUELL (DUELLE). Zwischen dem letzten Neumond des Winters und dem ersten Vollmond des Frühlings dürfen die Sonnen- und Mondgötter die Erde betreten und kämpfen um einen magischen Diamanten der nicht ganz Unsterblichen von Paris. Zwischen Agentenstory und Weltraum-Kriminalkomödie, Märchen und Zaubertheater angesiedeltes fantasiereiches Traum-Wirklichkeitsdrama. In der präzise austarierten Inszenierung entfaltet sich das faszinierende Spiel der Fantasie erst, wenn sich der Zuschauer ganz auf die Sogwirkung des Films einläßt. (O.m.d.U.; Fernsehtitel: »Duell«) – Sehenswert ab 14. ✦ Frankreich 1976 **P** Sunchild/Les Productions Jacques Roitfeld/Institut National de l'Audiovisuel **KI** prokino **Pd** Stéphane Tchalgadjieff **R** Jacques Rivette **B** Jacques Rivette, Eduardo de Gregorio, Marilù Parolini **K** William Lubtchansky **M** Jean Wiener **S** Nicole Lubtchansky, Cristiana Tullio-Altan **D** Juliet Berto (Leni), Bulle Ogier (Viva), Jean Babilée (Pierrot), Hermine Karagheuz (Lucie), Nicole Garcia (Jeanne-Elsa), Claire Nadeau (Sylvia Stern) **L** 118 **E** 1.10.1976/15.1.1979 WDR **fd** 20 024

UNSTERBLICHES VERLANGEN (IMMORTAL DESIRE). Über die Jahrhunderte hinweg kreuzen sich immer wieder die Wege eines zeitreisenden Paares, das dabei der einen oder anderen Versuchung widerstehen muß. Sexfilm im Gewand einer Fantasy-Geschichte. – Wir raten ab. ✦ USA 1994 **Pd** Jonathan Moore **R** Philip Christian **B** Philip O'Toole **K** Tom McGrath **M** Saint **S** Philip O'Toole **D** Sarah Jane Hamilton (Anna), Gerald Pike (Gabriel), Debi Diamond, Angela Baron, P. J. Sparxx, Brad Armstrong **L** 77 **E** 18.11. 1994 premiere

UNSTERBLICHES WEIHNACHTSLIED → Das ewige Lied der Liebe

UNTAMAGIRU (UNTAMAGIRU). Okinawa 1969. Noch steht die Insel unter amerikanischer Militärverwaltung. Ein junger Arbeiter flüchtet vor seinem Chef, dessen bestgehütetes Geheimnis er kennt, in den von zauberhaften Wesen bewohnten Untama-Wald. Von dort aus nimmt er als eine Art fernöstlicher Robin Hood den Kampf gegen die verhaßten Amerikaner auf. In unkonventioneller Inszenierung wird nicht nur ein Stück japanischer Geschichte verdeutlicht, sondern zugleich das Denken, die Traditionen und Riten Okinawas vorgestellt. (O.m.d.U.) ✦ Japan 1989 **P** Parco Co. **KI** Freunde der Deutschen Kinemathek **Pd** Junichi Ito, Natsuki Itariu **R+B** Go Takamine (= Tsuyoshi Takamine) **K** Masaki Tamura **M** Koji Ueno **S** Hiroshi Yoshida **D** Kaoru Kobayashi (Untamagiru), Jun Togawa (Chiru), John Sayles (Hochkommissar Kamajisa), Chikako Aoyama (Malley), Susmu Taira (Nishibaru) **L** 120 **E** Oktober 1990

UNTEN AM FLUSS → Watership down

UNTER 18 → Noch minderjährig

UNTER ANDERER SONNE → Licht im Dunkel

UNTER ANKLAGE – DER FALL MCMARTIN (INDICTMENT: THE MCMARTIN-TRIAL). Ein Kindergärtner und seine Familie werden des Kindesmißbrauchs angeklagt. Als ein Staranwalt ihre Verteidigung übernimmt, kann die Unschuld der Angeklagten nachgewiesen werden. Ein Film, der sein eigentliches Spannungspotential, die Wahrheitsfindung, ungenutzt verpuffen läßt, da die Sympathiezeichnung zu einseitig ist. Ärgerlich wird der Film, weil er das Problem des Kindesmißbrauchs als gesellschaftliches Phantom darstellt und das Reizthema als kassenträchtige Mediengeschichte ausschlachtet. ✦ USA 1995 **P** HBO/Ixtlan/Abby Mann/Breakheart Films **VA** MIC/IMV **Pd** Diana Pokorny **R** Mick Jackson **B** Abby Mann, Myrna Mann **K** Rodrigo García **M** Peter Melnick **S** Richard A. Harris **D** James Woods (Danny Davis), Mercedes Ruehl (Lael Rubin), Lolita Davidovich (Kee McFarlane), Shirley Knight (Virginia McMartin), Henry Thomas (Ray Buckey) **L** 134 **FSK** ab 16 **E** 15.4.1996 Video/9.12.1996 Pro Sieben **fd** 32 043

UNTER AUFSICHT (NADZOR). Von ihrer Hochzeitsfeier weg wird eine junge Frau als »Wirtschaftsverbrecherin« verhaftet und zu lebenslanger Freiheitsstrafe verurteilt. Im Gefängnis muß sie sich mit brutalen Aufseherinnen und den Mitgefangenen arrangieren. Erst durch einen Hungerstreik und mehrere Selbstmordversuche erzwingt sie einen Hafturlaub und kann sich endlich um ihre kranke Tochter kümmern, die sie im Gefängnis zur Welt brachte. Der Film versucht, den Alltag in einem polnischen Frauengefängnis im Jahre 1967 zu schildern, wobei er bei der Beschreibung des Sujets zu einigen Stereotypen des Genres greift. Dennoch ist er in seiner Haltung nie ausbeuterisch, versucht vielmehr, den Zustand einer erstarrten und entmenschlichten polnischen Gesellschaft zu reflektieren. ✦ Polen 1985 **R+B** Wieslaw Saniewski **K** Witold Adamek **M** Przemyslaw Gintrowksi **D** Ewa Blaszczyk (Klara), Justyna Sawicka (Justyna), Teresa Sawicka (Beata), Grazyna Szapolowska (Kinga), Ewa Scykulska (Stasia), Gabriela Kownacka (Danusia), Adam Ferency (Adam) **L** (TV) 105 **E** 28.3.1990 S 3

UNTER AUSSCHLUSS DER ÖFFENTLICHKEIT (1937). Kriminalfilm um eine Hochstapler-Affäre, um gefälschte Wechsel und einen Mord in Notwehr. In der Handlung eher romanhaft als realistisch, dennoch weitgehend spannend und atmosphärisch dicht. – Ab 16. ✦ Schwarz-weiß. Deutschland 1937 **P** Euphono **KI** Bavaria **R** Paul Wegener **B** Otto Linnekogel, Helmut Brandis **K** Karl Hasselmann **M** Hans Carste **D** Olga Tschechowa, Ivan Petrovich, Sabine Peters, Alfred Abel, Olga Limburg, Erik Ode **L** 96 **FSK** ab 16; nf **E** 5.8.1937/30.9.1963 DFF 1

UNTER AUSSCHLUSS DER ÖFFENTLICHKEIT (1961). Mit einer schiefliegenden und ohne Einsicht inszenierten Sensationsgeschichte soll ein Angriff gegen den Indizienprozeß geführt werden: Der unerbittliche Staatsanwalt gerät selbst unter Mordverdacht und muß sich mit dem gleichen Bluff retten, der ihn seinen Prozeß verlieren ließ. Ausschließlich an üppiger Kriminal-Fantasie interessiert, ohne Rücksicht auf Logik und Wirklichkeitsbezug. – Ab 16 möglich. ✦ Schwarz-weiß. BR Deutschland 1961 **P** CCC **KI** Bavaria **Pd** Artur Brauner **R+B** Harald Philipp **K** Friedl Behn-Grund **M** Bernhard Eichhorn **S** Lieselotte Johl **D** Marianne Koch (Ingrid Hansen), Peter van Eyck (Robert Kessler), Eva Bartok (Laura Beaumont), Claus Holm (Dr. Werner Rüttgen), Wolfgang Reichmann (Unbekannter), Werner Peters (François Lacroix), Leon Askin (Dr. Leupold), Rudolf Fernau (Delgasso) **L** 100 **FSK** ab 16; nf **E** 6.10.1961/11.12. 1971 ZDF **fd** 10 590

UNTER BARBAREN → Amongst Barbarians

UNTER BESCHUSS (OPEN FIRE). Die (Fernseh-)Verfilmung eines authentischen Kriminalfalls aus dem England der 80er-Jahre: Ein Transvestit mit ungeheurer krimineller Energie hält die Polizei in Atem. Nachdem geschickte Schachzüge seinerseits die Karriere eines Polizeibeamten torpedieren, wird ihm die Liebe zu einem Gelegenheitsmodel, das sich notgedrungen auf die Seite der Polizei schlägt, zum Verhängnis. Ein überzeugend gespielter Kriminalfilm, der sich zum Psychogramm eines einsamen Menschen verdichtet, der auf seine Hilflosigkeit mit Aggression und permanenter Provokation reagiert und kurzfristig zum meistgesuchten Verbrecher Englands wird. ✦ Großbritannien 1994 **VA** 26.7.2000 SWR **Pd** Jeff Pope **R+B** Paul Greengrass **K** Alan Jones **M** Seamus Beaghen, Bruce Smith **S** Clive Maltby **D** Rupert Graves (David Martin), Kate Hardie (Sue Stephens), Douglas Hodge (Det. Peter Finch), Jim Carter (Dte. Young), Susan Tordorff (Susan Fijnch) **L** 105 **E** 25.9.1995 S 3

UNTER BRÜDERN (NO WAY HOME). Nach sechs Jahren wird ein stiller, etwas naiv wirkender Sonderling aus dem Gefängnis entlassen. Sein Bruder, ein kleiner New Yorker Dealer, nimmt ihn gegen den Willen seiner Frau auf, was bald zu Spannungen führt. Quasidokumentarischer Low-Budget-Thriller, hinter dessen Blut- und Gewalteffekten eine atmosphärisch dichte, aufmerksam beobachtete Milieu- und Charakterstudie greifbar wird, in der emotionale und geistige Verkrustungen dadurch überwunden werden, daß Menschen zueinander Vertrauen fassen. ✦ USA 1996 **P** Orenda **KI** TiMe **VA** Toppic (Polyband) **DVD** Polyband (16:9, 1.78:1, DD2.0 engl./dt.) **Pd** Lisa Bruce, Robert Nickson **R+B** Buddy Giovinazzo **K** Claudia Raschke **M** Buddy Giovinazzo, Robin Ford, Jeff Healey **S** Stan Warnow **D** Tim Roth (Joey Larabito), James Russo (Tommy Larabito), Deborah Unger (Lorain Larabito), Bernadette Penotti (Ronnie), Larry Romano (Carter) **L** 99 **FSK** ab 16; f **E** 23.1. 1997/24.7.1997 Video/27.8.2001 DVD **fd** 32 355

UNTER DEM BANNER DER AUFGEHENDEN SONNE (GUNKI – HATAMEKU – MOTONI). Sechsundzwanzig Jahre nach Ende des Zweiten Weltkriegs versucht eine Japanerin das Schicksal ihres Mannes aufzuklären, der als tot oder verschollen gilt. Da die Militärbehörden die Auskunft verweigern, macht sie sich ganz allein auf die Suche nach den ehemaligen Kameraden ihres Mannes, die die ganze Wahrheit kennen müssen. ✦ Schwarz-weiß. Japan 1971 **P** Toho-Films/Shinsei **R** Kinji Fukasaku **B** Kaneto Shindô, Norio Nagata, Kinji Fukasaku **K** Hikaru Hayashi **D** Tetsuro Tamba, Sachiko Hidari, Shinjiro Ebara, Isamu Natsuyagi, Sanae Nakahara **L** 99 **E** 17.10.1974 DFF 1

UNTER DEM BERG. Als er eines Tages von einem Raubüberfall erfährt, kommt ein Uhrmacher auf die Idee, mit zwei alten Freunden die Räuber zu berauben. Die drei hoffen, mit Hilfe der Beute ihren Traum erfüllen zu können: Sie wollen jenen Berg kaufen, auf dem sie sich als Jungen trafen. Der Film gilt als der erste deutsche Spielfilm, der ganz in dem neuen elektronischen Aufzeichnungsverfahren HDTV produziert wurde. ✦ Deutschland 1991 **R+B** Dieter Funk **D** Bernd Tauber, Günter Lamprecht, Kathi Liers, Claudia Amm, Martina Gedeck **L** (TV) 78 **E** 27.12.1991 3SAT

UNTER DEM DACHSFELSEN (POD JEZEVCI SKALOU). Ein alter Förster im Böhmerwald, der seinem Sohn nie verziehen hat, daß er in die Stadt gezogen ist, freundet sich nur langsam mit seinem Enkel an, der sich bei dem Großvater von einer schweren Krankheit erholen soll. Erst als der Junge den Lieblingshund des Försters aus einem Dachsbau befreit, ist das Eis gebrochen. Anspruchslos unterhaltsamer Kinderfilm. (Fortsetzung: »Auf der Spur des Wilderers«) – Ab 8. ✦ CSSR 1978 **P** Filmstudio Barrandov **R** Václav Gajer **B** Václav Gajer, Josef Pohl **K** Rudolf Milic **M** Lubos Fiser **D** Gustáv Valach (Förster Straka), Tomás Holy (Vasek), Jana Brejchová (Vaseks Mutter), Josef Vinklár (Hromotluk), Zdenek Buchvaldek (Förster), Jan Pohan (Antos) **L** 80 **E** 29.6.1979 Kino DDR/ 27.10.1979 ARD/10.1.1981 DFF 1

UNTER DEM HIMMEL VON FLORENZ (LA COSTANZA DELLA RAGIONE). Ein junger Facharbeiter findet zu sich selbst – aus dem anarchistischen, starrköpfigen Eiferer wird durch eine tragisch endende Liebe und den Einfluß eines väterlichen Freundes ein Kommunist, der seine Umwelt besser verstehen lernt. Politisch engagierter, etwas melodramatischer Film, dessen Aussagen jedoch nicht recht überzeugen. – Ab 14. ✦ Scope, schwarz-weiß. Italien/Frankreich 1964 **P** Franco Film/Societé nouvelle de Cinématographie **KI** Progress **R** Pasquale Festa Campanile **B** Fabio Carpi, Pasquale Festa Campanile, nach einem Roman von Vasco Pratolini **K** Ennio Guarnieri **M** Giorgio Zinzi **S** Ruggero Mastroianni **D** Sami Frey (Bruno), Catherine Deneuve (Lori), Enrico Maria Salerno (Milloschi), Norma Bengell (Brunos Mutter), Andrea Cecchi **L** 86 **E** 7.4.1967 Kino DDR

UNTER DEM HIMMEL VON PARIS (SOUS LE CIEL DE PARIS COULE LA SEINE). Ein Tag aus dem Leben der Metropole Paris, mit seinen kleinen und großen Dramen, seinen Hoffnungen und Enttäuschungen, entwickelt in Form sich überkreuzender »Schicksalsläufe«: Ein Medizinstudent, dessen Examen verschoben wurde, rettet einen verletzten Arbeiter; ein von zu Hause ausgerissenes Mädchen kehrt zurück; ein geistesgestörter Bildhauer bringt eine junge Frau aus der Provinz um, die Paris für sich erobern wollte; eine alte Frau, die von unzähligen Katzen umgeben ist, kämpft gegen ihre zunehmende Einsamkeit. Die Geschichten wurden liebevoll und detailbesessen zu einem abwechslungsreichen und unterhaltsamen Film verknüpft. – Sehenswert ab 16. ✦ Schwarz-weiß. Frankreich 1950/51 **P** Regina **KI** Allianz **Pd** Louis de Masure **R** Julien Duvivier **B** René Lefèvre, Julien Duvivier **K** Nicolas Hayer, Noel Martin **M** Jean Wiener **S** André Gaudier **D** Raimond Hermantier (Mathias), Christiane Lenier (Maria-Thérèse), Brigitte Auber (Denise), Jean Brochard (Hermenault), Daniel Yvernel (Georges Forestier), René Blancard (Prof. Berthelin), Pierre Destailles (Michel) **L** 118 **FSK** ab 16; f **FBW** w **E** 21.3.1951/10.6.1963 ARD **fd** 1 179

UNTER DEM JOCH (POD IGOTO). Aus dem Befreiungskampf des bulgarischen Volkes gegen die türkischen Unterdrücker im Jahr 1876. – Ab 14. ✦ Schwarz-weiß. Bulgarien 1952 **P** Spielfilmstudio Sofia **KI** Progress **R** Dako Dakowski **B** Pawel Spassoff, Georgi Kransoff **M** Philip Kutew **D** Miroslaw Mindow (Kralitsch/Ognjanoff), Lili Popiwanowa (Rada), Petko Karlukowski (Borimetschka), Konstantin Kissimow (Koltscho), Wassil Kirkow (Sokoloff) **L** 89 **E** 4.9.1953 Kino DDR

UNTER DEM KIRSCHMOND →Under the Cherry Moon – Unter dem Kirschmond

UNTER DEM KREUZ DES SÜDENS (UNDER SÖDRA KORSET). Die Geschichte zweier Häuptlingssöhne im damals französischen Kongo-Gebiet, die beim Tod des Vaters in einen Streit um die Nachfolge geraten. Der eine wird vom Medizinmann des Stammes am Tode des Vaters für schuldig erklärt und begegnet in der Verbannung der Lehre Christi. Als sein Bruder, der Häuptling wurde, schwer erkrankt, kehrt er zurück, rettet ihn, stirbt aber selbst am Giftpfeil des haßerfüllten Medizinmannes. In einer Mischung aus laienhafter Spielhandlung und dokumentarischem Hintergrund will der Film Schwierigkeiten, Sinn und Zweck der Missionierung beleuchten. – Ab 12. ✦ Schwarz-weiß. Schweden 1952 **P** A.B. Sandrew Ateljeerna **KI** Matthias **SF** Matthias **R+B** Sven Nykvist, Olof Bergström **K** Sven Nykvist **M** Hilding Rosenberg **D** Olof Bergström (Missionar), Manpassi, Muthengi **L** 70 **FSK** ab 12; f **E** 1956 Kino

UNTER DEM MANTEL DER NACHT (JAGTE RAHO). Ein unschuldig Verfolgter erlebt menschliches Versagen und Verbrechen hinter der Fassade von Anständigkeit und Ehrenhaftigkeit. Trotz uneinheitlicher Inszenierung eine eindrucksvolle satirische Tragikomödie, die eindringlich Gesellschaftskritik übt. – Ab 14. ✦ Schwarz-weiß. Indien 1956 **P** Raj Ka Poor **KI** Progress **R+B** Sombhu Mitra, Amit Maitra **K** Tara Dutt **M** Salil Chaudhary **D** Raj Kapoor (Raj), Pradeep Kumar, Sumitra Devi, Smitri Biswas, Pahari Sanyal **L** 110 **E** 11.7.1958 Kino DDR/11.7.1969 DFF 1

UNTER DEM MAULBEERBAUM (ETZ HADOMIM TAFUS). Fortsetzung des Films »Aviyas Sommer«, ebenfalls nach einem autobiografischen Roman der israelischen Schauspielerin Gila Almagor entstanden. Aus dem schüchternen Mädchen des ersten Teils, Tochter einer Überlebenden des Holocaust, ist im Jahre 1953 eine selbstbewußte 15jährige geworden. In einem Lager für Holocaust-Opfer wird sie immer wieder mit Menschen konfrontiert, die die von Leid gekennzeichnete Vergangenheit nicht verarbeiten können. Ein anrührender Film, dessen einfühlsame Regie nicht nur die Schattenseiten des Lebens darstellt, sondern der sich auch Zeit nimmt, ein »normales« Teenagerleben zu beschreiben. – Sehenswert ab 14. ✦ Israel 1994 **P** Eitan Even, Gila Almagor & Ya'acov Agmon **VA** Matthias-Film **Pd** Eitan Evan, Gila Almagor, Yaacov Agmon **R** Eli Cohen **B** Gila Almagor, Eyal Sher, nach dem Roman »Auf dem Hügel unter dem Maulbeerbaum« von Gila Almagor **K** David Gurfinkel **M** Beni Nagari **S** Danny Shik **D** Kaipo Cohen (Aviya), Juliano Mer (Ariel), Gila Almagor (Henya, Aviyas Mutter), Riki Blich (Mira), Ohad Knoller (Yurek), Orli Perl (Yola) **L** 102 **FSK** ab 12 **E** 13.5.1998 Bayern 3 **fd** 33 359

UNTER DEM NORDLICHT (HAVLANDET). Die Geschichte eines 15jährigen Jugendlichen in Norwegen um 1860, der lernen muß, für sich und seine Mutter zu sorgen, nachdem Schwester und Vater bei Unfällen ums Leben gekommen sind. In der Stunde der größten Not besinnt sich der Junge auf die Legende vom Nordlicht, die einzige Hoffnung auf ein menschenwürdiges Leben. Ein wunderschön fotografierter Film, der auf die Kultur und Tradition Norwegens zurückgreift. – Ab 14. ✦ Norwegen 1985 **P** Marcus-film A/S **Pd** Bente Erichsen **R** Lasse Glomm **B** Lasse Glomm, nach dem Roman von Idar Kristiansen **K** Erling Thurmann-Andersen **D** Björn Stein (Heikki), Arja Saijonmaa (Hilma, seine Mutter), Björn Sundquist (Taavi), Sven Wolter (Matti) **L** 83 **E** 27.12.1988 DFF 2/20.11.1994 mdr

UNTER DEM PFLASTER IST DER STRAND. Die sensible, psychologisch fundierte Chronik der Identitätssuche einer Schauspielerin, die die Liebe zu dem Kollegen, mit dem sie zusammenlebt, mit dem ihr notwendig erscheinenden politischen Kampf um die Emanzipation der Frau verbinden möchte. Ein realitätsnaher, halbdokumentarischer Film mit ungewöhnlich intensiven schauspielerischen Leistungen. – Sehenswert ab 16. ✦ Schwarz-weiß. BR Deutschland 1974 **P** Helma Sanders Prod. **KI** AG Kino **Pd+R+B** Helma Sanders **K** Thomas Mauch **D** Grischa Huber (Grischa), Heinrich Giskes (Heinrich), Ursula von Berg, Gesine Strempel, Traute Klier-Siebert, Barbara Finkenstädt, Heinz Hoenig, Günter Lampe **L** 107 **FSK** ab 16; f **E** 14.1.1975 ZDF **fd** 21 027

UNTER DEM PHRYGISCHEN STERN →Eines Menschen Weg

UNTER DEM REGENBOGEN (DANIELLE STEEL'S »CHANGES«). Eine geschiedene erfolgreiche Fernsehjournalistin verliebt sich in einen verwitweten Herzchirurgen mit drei Kindern und muß sich zwischen Karriere und Familienleben entscheiden. Gelacktes Soap-Melodram nach einem Bestseller. ✦ USA 1991 **P** The Cramer Company **Pd** Hugh Benson **R** Charles Jarrott **B** Susan Nanus, nach dem Roman »Changes« von Danielle Steel **K** Chuck Arnold (= Charles G. Arnold) **M** Lee Holdridge **D** Cheryl Ladd (Melanie), Michael Nouri (Peter Hallam), Christopher Gartin (Mark Hallam), Randee Heller (Caroll Kellerman), Charles Frank (Grant Buckley) **L** 91 **E** 13.9.1996 ARD

UNTER DEM SAND (SOUS LE SABLE). Während eine etwa 50-jährige Frau am Strand einschläft, geht ihr Mann schwimmen und kommt nie wieder. Sein Verschwinden bleibt ungeklärt, es gibt keine Leiche. Die Frau kann sich nicht damit abfinden, dass er tot sein soll. Sie sieht ihn immer wieder vor sich, spricht mit ihm und hat große Mühe, sich auf ein Leben ohne ihn einzustellen. Spannende, subtil inszenierte Studie über das Unfassbare, die enge Bindung von Paaren, das Trauern und das Weiterleben nach Schicksalsschlägen, aufgezeigt am Porträt einer Frau. Der Film lebt ganz von seiner grandiosen Hauptdarstellerin, aber auch von der Präzision und Intimität, mit der er sie fast dokumentarisch begleitet. – Sehenswert. ✦ Frankreich 2000 **P** Fidélité Production **KI** Alamode **Pd** Olivier Delbosc, Marc Missonnier **R** François Ozon **B** François Ozon, Emmanuelle Bernheim, Marina de Van, Marcia Romano **K** Jeanne Lapoirie, Antoine Heberle **M** Philippe Rombi **S** Laurence Bawedin **D** Charlotte Rampling (Marie), Bruno Cremer (Jean), Jacques Nolot (Vincent), Alexandra Stewart (Amanda), Pierre Vernier (Gérard) **L** 95 **E** 8.11.2001 **fd** 35 132

UNTER DEM SKALPELL DES TEUFELS →Malastrana

UNTER DEM STERNBILD DER ZWILLINGE →Der Gast aus der Zukunft

UNTER DEM TERROR DER MÖRDER (LLEGARON DOS HOMBRES / DET KOM TVA MÄN). Zwei Mörder nisten sich in einer spanischen Dorfschule ein und erpressen die verängstigten Eltern. Spannungsarmer, pathetischer Gangsterfilm, nach dem Schema besserer Vorbilder angelegt. – Ab 16. ✦ Schwarz-weiß. Spanien/Schweden 1959 **P** Molino/A.B. Terra **KI** Constantin **Pd** Arne Mattson **R** Eusebio F. Ardavin **B** Wolodja Semitjow, Enrique Alarcón (Bearbeitung) **K** Alfredo Fraile **M** Cristobal Halffter **S** José Antonio Rojo **D** Ulla Jacobsson (Laura, Lehrerin), Christian Marquand (Pablo), Francisco Rabal (Hauptmann), Marcel Mouloudji (Angel), Roberto Camardiel (Duval), Francisco Bernal (Villard), Lola Lemos (Frau Villard) **L** 78 **FSK** ab 16; f **E** 18.11.1960 **fd** 9 758

UNTER DEM VULKAN (UNDER THE VOLCANO). Die Geschichte eines ehemaligen britischen Konsuls in Mexiko, den seine Verzweiflung an erlittener psychischer Qual in den Alkoholismus getrieben hat und der an einem einzigen Tag die Vision von Versöhnung und Glück und die Überschreitung der Grenze zur Selbstzerstörung erlebt. Zwar werden Kraft und Intensität der Geschichte spürbar, doch eindimensional und ohne Entwicklung nahegebracht. So wirkt die Verfilmung des berühmten Romans am Ende vereinfacht und nicht konsequent genug, wichtige Details bleiben unklar. Was bleibt, ist dennoch außergewöhnlich: ein konsequent als großes Melodram inszenierter Film, geprägt von der erschütternden Leistung Albert Finneys. – Sehenswert ab 16. ✦ USA 1984 **P** 20th Century Fox **KI** 20th Century Fox **Pd** Moritz Borman, Wieland Schulz-Keil **R** John Huston **B** Guy Gallo, nach einem Roman von Malcolm Lowry **K** Gabriel Figueroa **M** Alex North **S** Roberto Silvi **D** Albert Finney (Geoffrey Firmin), Jacqueline Bisset (Yvonne Firmin), Anthony Andrews (Hugh), Ignacio Lopez Tarso (Dr. Vigil), Katy Jurado (Gregoria), James Villiers (der Engländer), Katy Jurado (Gregoria), James Villiers (Engländer), Dawson Bray (Quincey), Carlos Riquelme (Bustamante), Jim McCarthy (Gringo) **L** 112 **FSK** ab 12; f **FBW** w **E** 26.10.1984 **fd** 24 813

UNTER DEN AUGEN DER HÄSCHER →Es war Nacht in Rom

UNTER DEN AUGEN DER JUSTIZ (IN THE CUSTODY OF STRANGERS). Inszenatorisch überdurchschnittliches, gedanklich ausgefeiltes (Fernseh-)Drama über einen Mittelklasse-Jungen, der wegen Trunkenheit am Steuer für eine Nacht in Haft kommen soll, aus der aber auf Grund widriger Umstände vierzig schreckliche Tage werden. – Ab 16. ✦ USA 1982 **P** ABC/Filmways **Pd** Frank von Zerneck **R** Robert Greenwald **B** Jennifer Miller **M** Matthew McCauley **D** Martin Sheen (Frank Caldwell), Jane Alexander (Sandy Caldwell), Emilio Estevez (Danny Caldwell), Kenneth McMillan (Caruso), Ed Lauter (George Halloran) **L** 89 **E** 12.6.1997 ProSieben

UNTER DEN BRÜCKEN. Zwei junge Binnenschiffer nehmen eine von der Liebe und vom Leben enttäuschte junge Frau an Bord ihres Schleppers und überreden sie, mit auf große Fahrt zu gehen. Beide verlieben sich in ihren reizvollen Passagier, aber ihre Freundschaft hält der Belastungsprobe stand, und nachdem die Wahl gefallen ist, setzen die drei einmütig ihre Reise fort. Eine kleine alltägliche Geschichte mit Poesie, Realismus, viel Atmosphäre und einem Schuß Humor, unprätentiös und präzise inszeniert. In den letzten Tagen des »Dritten Reichs« unter primitiven Bedingungen entstanden, die sensible Kamera macht aus der Not eine Tugend und läßt die karge Landschaft eine tragende Rolle spielen. – Ab 12. ✦ Schwarz-weiß. Deutschland 1944/45 **P** Ufa **Kl** Stiftung Deutsche Kinemathek/Deutsches Institut für Filmkune **Pd** Walter Ulbrich (Ltg.) **R** Helmut Käutner **B** Walter Ulbrich, Helmut Käutner, unter Verwendung des Manuskripts »Unter den Brücken von Paris« von Leo de Laforgue **K** Igor Oberberg **M** Bernhard Eichhorn **S** Wolfgang Wehrum **D** Hannelore Schroth (Anna Altmann), Carl Raddatz (Hendrik Feldkamp), Gustav Knuth (Willi), Ursula Grabley (Vera), Hildegard Knef (Mädchen in Havelsberg), Margarete Haagen (Wirtschafterin), Walter Groß (Mann auf der Brücke) **L** 99 **FSK** ab 12; f **E** 15.9.1950/12.3.1973 ZDF/12.10.1987 DFF 1 **fd** 496

UNTER DEN DÄCHERN VON MONTMARTRE (POD KRISCHAMI NA MONTMARTRE). In der zweiten Hälfte des 19. Jahrhunderts bewohnen drei mittellose Künstler und ein Malermodell in Paris eine alte Mansarde. Als ihnen wieder einmal das Geld ausgegangen ist und der Gerichtsvollzieher vor der Tür steht, hinterläßt ihnen ein egozentrischer Eigenbrötler unerwartet 3.000 Francs. ✦ UdSSR 1976 **P** Lenfilm **R** P. Syrzowa **B** nach dem Roman »Das Veilchen vom Montmartre« von Emmerich Kalman **K** Boris Timkowski **M** Emmerich Kálmán **D** Jewgenia Simonowa, W. Smelkowa, Alexander Kaidanowski, Igor Starygin, W. Nossik **L** 146 **E** 30.6.,7.7.1977 DFF 2 (zwei Teile)

UNTER DEN DÄCHERN VON PARIS (SOUS LES TOITS DE PARIS). Ein Film aus dem Pariser Alltag der »kleinen Leute«, der Straßensänger, leichten Mädchen und Ganoven: Albert liebt die schöne Pola, kommt irrtümlich ins Gefängnis und muß nach seiner Entlassung erkennen, daß sein Freund Louis in der Zwischenzeit Pola aufrichtig lieben gelernt hat. Nach einer heftigen Prügelei verzichtet Albert auf die Schöne. René Clairs erster Tonfilm hat nichts von seinem Reiz verloren. Er verzichtet unter virtuosem Einsatz von Chansons und Geräuschen, Kamerafahrten und -einstellungen auf jeden vordergründigen Realismus und verdichtet die Ereignisse zu einem poetischen Bild- und Ton-»Gemälde«. (O.m.d.U.) – Sehenswert ab 12. ✦ Schwarz-weiß. Frankreich 1930 **P** Tobis **Kl** Neue Filmkunst **R+B** René Clair **K** Georges Périnal **M** Armand Bernard **D** Albert Préjean, Pola Illery, Gaston Modot, Edmond T. Gréville, Bill Bocket, Paul Olivier **L** 90 **FSK** ab 12; f **FBW** bw **E** 15.8.1930/16.5.1960 DFF 1/12.7.1969 WDR III

UNTER DEN DÄCHERN VON ST. PAULI. Diverse Schicksalsskizzen vor dem Hintergrund des Hamburger Amüsierviertels in St. Pauli, das episodisch zu einem 24-Stunden-Kaleidoskop vermengt wurde. Ein Mann erschießt seine als Striptease-Tänzerin tätige Ehefrau; ein Gangster wird das Opfer eines vermeintlichen Feiglings; Schüler spielen ihrem Studienrat eine Prostituierte von der Reeperbahn zu; ein Vater wird zu freizügigerer Lebensauffassung »bekehrt« usw. Ein schmuddeliger Routinefilm, spekulativ auf einschlägige Effekte getrimmt. ✦ BR Deutschland 1969 **P** Reginald Puhl-Filmprod. **Kl** Inter **VA** Video Film Leasing **Pd** Klaus Dudenhöfer, Reginald Puhl **R** Alfred Weidenmann **B** Herbert Reinecker **K** Karl Loeb **M** Peter Thomas **S** Walter von Bonhorst **D** Jean-Claude Pascal, Joseph Offenbach, Werner Peters, Jane Murray, Charles Regnier, Alfred Schieske, Walter Bluhm **L** 88 **FSK** ab 16; nf (fr. 18) **E** 20.3.1970 **fd** 16 701

UNTER DEN LICHTERN VON PARIS (LA TOURNEE DES GRAND-DUCS). Eine Geschichte um den dümmlichen Sohn eines Notars aus der Provinz, der in Paris verloren geht, und den sein Vater, eine giftige Baronin mit ihrer Tochter nebst dem Dorfgeistlichen suchen wollen. Sie treiben sich, mit gespieltem Entsetzen, durch die miesesten Nachtlokale und erleben »Abenteuer«, wie man sich das halt so in der Provinz vorstellt. Ein miserabel inszenierter und gespielter, obendrein haarsträubend synchronisierter Schwank untersten Niveaus, offensichtlich gedacht für Voyeure der 50er Jahre. ✦ Schwarz-weiß. Frankreich 1952 **P** Pécéfilms **Kl** Gallus/Schilling/Rival **R** André Pellence **B** Norbert Carbonnaux, André Pellence **K** Pierre Petit **M** Louiguy **D** Denise Grey (Baronin), Raymond Bussières (Louis), Christian Duvaleix (Gaston), Romeo Carles (Notar), Sophie Sel (Brigitte) **L** 90 **FSK** ab 18; nf **E** 8.7.1955 **fd** 4 043

UNTER DEN MENSCHEN → Unter fremden Menschen

UNTER DEN STERNEN VON CAPRI. Lustspiel um eine weiße Jacht und vier attraktive junge Frauen, die mit ihrer Seetüchtigkeit einem Segelklub imponieren wollen. Ein fünftes »Mädchen« erweist sich als verkleideter Bildreporter, der anstelle seiner Schwester die Reise mitmacht, um beruflich vorwärtszukommen. Zwei von den Frauen kommen schließlich unter die Haube. Leichtgewichtige Unterhaltung um die – angebliche – Gleichberechtigung der Frau, oberflächlich und seicht wie die eingestreuten Schlager von Rudi Schuricke. – Ab 16. ✦ Schwarz-weiß. BR Deutschland 1953 **P** Etsi **Kl** Rank **Pd** Hans Mauersberg, Peter Wehrand **R** Otto Linnekogel **B** Otto Linnekogel, Gregor von Rezzori **K** Klaus Schumann **M** Lothar Brühne **S** Karl Aulitzky **D** Hanna Rucker (Christina), Helmuth Schneider (Vincenz Rainalter), Hans Leibelt (Kapitän Hagedorn), Wera Frydtberg (Nina), Karin Andersen (Uschi), Eva Pflug (Waltraut), Margarete Slezak (Sängerin) **L** 95 **FSK** ab 16; nf **E** 26.11.1953 **fd** 2 982

UNTER DEN TAUSEND LATERNEN → Die Stimme des Anderen

UNTER DENKMALSCHUTZ – ERINNERUNGEN AUS EINEM FRANKFURTER BÜRGERHAUS. Ein ehemaliges Patrizierhaus im Frankfurter Westend, das nach dem Krieg in ein Mietshaus verwandelt wurde, ist der Kosmos der dokumentarischen Erkundungen Fechners. In Gesprächen mit gegenwärtigen wie ehemaligen Mietern erzählt er scheinbar die Geschichte dieses Hauses, in Wirklichkeit aber von der Geschichte dieses Landes. Da ist die Familie des jüdischen Arztes, die während der Nazi-Zeit verfolgt wurde un demigrierte, da ist eine ehemalige Sekretärin der »Frankfurter Zeitung«,und da ist eine Pflanzersfrau aus Indonesien. Sie, ihre Kinder, Freunde, Verwandten und Bekannte erzählen, was sie wann wie in diesem Haus erlebt haben. – Ab 14. ✦ Schwarz-weiß. BR Deutschland 1975 **P** Hessischer Rundfunk **R+B** Eberhard Fechner **K** Manfred Lowack **S** Brigitte Kirsche **L** 91 **E** 4.2.1975

UNTER DER BRÜCKE (DA QIAO XIAN MIAN). Die scheue Liebe zwischen einer jungen Frau, die sich als Flickschneiderin in einem ärmlichen Viertel des heutigen Shanghai durchs Leben schlägt, und einem Mann, der seinen Lebensunterhalt mit Fahrradreparaturen verdient. Die Beziehung wird auf die Probe gestellt, als ihre Umwelt von ihrem kleinen unehelichen Sohn erfährt. Der Film thematisiert die jüngste Vergangenheit Chinas ebenso wie die in der Bevölkerung fortlebenden spießbürgerlichen Moralbegriffe, vor allem aber das Problem der Arbeitslosigkeit. Viele schlagen sich folglich als »freie Unternehmer« durchs Leben, eine Entwicklung, die zumeist als Liberalisierungserscheinung interpretiert wird. Bisweilen etwas auf Rührung angelegt, dennoch ethisch ernsthaft und respektvoll gegenüber dem Wert des einzelnen und seinen seelischen Empfindungen. – Ab 16. ✦ VR China 1984 **P** Shanghai Filmstudio **R** Bai Chen **B** Bai Chen, Ling Qiwei, Zhu Dian, Zheng Binghui **K** Qiu Yiren **M** Liu Yanxi **D** Gong Xue (Qin Nan), Zhang Tielin (Gao Zhihua), Wang Pin (Gaos Mutter), Yin Xin, Qi Meng Shi **L** (TV) 110 **E** 15.10.1985 DFF 2/28.10.1985 ARD

UNTER DER FLAGGE DER FREIBEUTER (LOS BUCANEROS DEL CARIBE). Im 16. Jahrhundert schlägt sich ein edel denkender spanischer Seeräuber, der zunächst im Bunde mit anarchistisch-schurkischen Piraten steht, im wildwogenden Kampf um Maracaibo auf die Seite der Staatsgewalt und entscheidet die Schlacht durch seine Kühnheit und List. Mit offen-naiver Freude an großen Worten und brausendem Fechtgewimmel inszeniertes Piraten-Abenteuer mit technischen Schwächen, aber viel Turbulenz und bunter Bewegtheit. – Ab 12. ✦ Scope. Spanien/Italien 1960 **P** Procusa/Epoca/Associate/International Germania Film **Kl** Constantin **Pd** Alfons Carcasona, Leonard Martin **R** Gene Martin (= Eugenio Martín) **B** Helmut Harun, Gianfranco Parolini, Giovanni Simonelli **K** Martin Leyva **M** Michael Sinz **S** Edith von Seydewitz **D** Hans von Borsody (Albert von Eyck), Brigitte Corey (Altagracia), Helga Liné (Moira), Conrad Handersen (Brasseur), Jany Clair (Isabella), Alois Induni (Hans Blank) **L** 96 **FSK** ab 12; nf **E** 16.6. 1961 **fd** 10 246

UNTER DER FLAGGE DES TIGERS (EL TIGRE DE LOS SIETE MARES / SURCOUF, L'EROE DEI SETTE MARI / SURCOUF, LE TIGRE DE SEPT MERS). Die Piratenstücke des Seeräubers Robert Surcouf (1773–1826): Weil dem mittellosen französischen Leutnant die Liebe zu einer wohlhabenden Schönen verboten wird, beweist er als wagemutiger Freibeuter der Meere seinen Mut. Abenteuerfilm mit viel Schlägereien, Degengeklirr und einer gehörigen Portion Sentimentalität. (Titel auch: »Der Korsar der Kaiserin«, DDR: »Tiger der sieben Meere«) – Ab 14 möglich. ✦ Scope. Spanien/Frankreich/Italien 1966 **P** Balcázar/EDIC/Arco **Kl** Nora **R** Sergio Bergonzelli **B** Georges de la Grandière, Jacques Sévérac, José Antonio De la Loma, Giovanni Simonelli **K** Juan Gelpi **M** Georges Garvarentz **S** Jean Michel Gautier **D** Gérard Barray (Robert Surcouf), Antonella Lualdi (Margaret), Geneviève Casile (Marie-Catherine), Terence Morgan (Lord Blackwood), Monica Randal (Kaiserin Joséphine), Vidal Molina (André Chamblais) **L** 98 **FSK** ab 12; nf **E** 21.7.1967 Kino DDR/1.12.1967 Kino BRD **fd** 15 097

UNTER DER HAUT (BAJO LA PIEL). Ein junger Polizist in einer nordperuanischen Kleinstadt an der Küste leidet unter seiner Abhängigkeit von ebenso dummen wie mächtigen Honoratioren, die hinter der seriösen Fassade ihre korrupten Geschäfte betreiben. Als er im Fall eines mysteriösen Serienkillers ermittelt, der jungen Männern auf rituelle Weise den Kopf abtrennt, wittert er die Chance, sich für die erlittenen Demütigungen zu rächen: Er wird selbst kriminell und will dem Serienmörder seine Taten anlasten. Handfester Thriller mit Anleihen sowohl bei Hitchcock als auch bei Chabrol, inszeniert von einem der wichtigsten jungen Filmemacher Lateinamerikas nach Elementen aus Dostojewskijs »Schuld und Sühne«. ✦ Peru/Deutschland 1996 **P** Tornasol Films/Inca Films/Pandora/ZDF (Kleines Fernsehspiel) **Pd** Gerardo Herrero, Karl Baumgartner, Francisco J. Lombardi (= Francisco José Lombardi) **R** Francisco J. Lombardi (= Francisco José Lombardi) **B** Augusto Cabada, nach Motiven des Romans »Schuld und Sühne« von Fjodr Dostojewskij **K** Teo Delgado **M** Bingen Mendizábal **S** Fernando Pardo **D** Ana Risueño (Marina), José Luis Ruiz Barahona (Percy Corso), Diego Bertie (Gino Leyva), Gianfranco Brero (Prof. Pinto), Jorge Rodriguez Paz (Bürgermeister), Gilberto Torres (Faurra), Jorge Velasquez (Pacheco) **L** 110 **E** 22.2.1998 ZDF

UNTER DER KASTANIE. Das Porträt einer Großfamilie von vier Generationen, die in einer abgeschiedenen Gegend Westdeutschlands von der Landwirtschaft lebt. Geschildert werden die existentiellen Sorgen und Nöte, aber auch die zahlreichen Begegnungen mit anderen Menschen, die für manche Entbehrungen entschädigen. Unterschiedliches Lebensgefühl und verschiedene Lebensformen prägen jede Generation und verweisen auf eine sich wandelnde Gesellschaft mit neuen Ansprüchen, Hoffnungen und Ängsten. Ein Dokumentarfilm über Enge und Möglichkeiten menschlicher Existenz. Der Autor/Regisseur ist Lehrer in einem Nachbardorf. ✦ BR Deutschland 1983 **P** Manfred Rathgeber Filmproduktion **R+B+K** Manfred Rathgeber **M** Jan Garbarek **L** 70 **E** 29.2.1984 ZDF

UNTER DER KNUTE DES ZAREN →Hadschi Murad – Unter der Knute des Zaren

UNTER DER LAST DER BEWEISE (1992) (THE BURDEN OF PROOF). Ein erfolgreicher Strafverteidiger wird in das Geheimnis hineingezogen, das den Selbstmord seiner Frau umgibt. Bei seinen Nachforschungen stößt er auf schockierende Enthüllungen. Mittelmäßiger, überlanger (Fernseh-)Thriller. – Ab 16. ✦ USA 1992 **P** Mike Robe Productions **Pd** John Flynn **R** Mike Robe **B** John Gay, nach einem Roman von Scott Turow **D** Hector Elizondo, Brian Dennehy, Mel Harris, Stefanie Powers, Victoria Principal, Adrienne Barbeau **L** 200 **E** 10.,12.5.1994 RTL 2 (zwei Teile)

UNTER DER LAST DER BEWEISE (1995) (DEGREE OF GUILT). Zweiteiliger Kriminalfilm. Eine unter Mordverdacht geratene TV-Moderatorin beauftragt ihren Ex-Liebhaber und Vater ihres Kindes mit der Verteidigung. Die Ermittlungen bringen bald für sie peinliche Tatsachen ans Licht. ✦ Kanada 1995 **R** Mike Rose **K** Kees Van Ostrum **D** Daphne Zuniga (Mary Corelli), David James Elliott, Nigel Bennett, Ron Lea **L** 90/88 **E** 5.,7.8.1996 Pro Sieben (zwei Teile)

UNTER DER MILCHSTRASSE. Ein um seine Ersparnisse beraubter Student verdingt sich als Schlafwagenschaffner. Auf seinen nächtlichen Reisen durch halb Europa verliert er nicht nur das Gefühl für Raum und Zeit, sondern in einer Zwischenwelt mit eigener Gesetzmäßigkeit auch Naivität und Unschuld. Ein kleines, bemerkenswertes »Low-Budget-Railmovie«, das weniger die rationale als die träumerische Seite des Kinoerlebnisses beschwört und wie ein fiebriger Reflex auf das Leben und auf Lebenserfahrungen erscheint. ✦ Deutschland 1995 **P** Bankrupt Entertainment **KI** Pandora **Pd** April Pussycat **R+B** M. X. Oberg **K** Roger Heereman **M** Astor Piazzolla **S** Mona Bräuer **D** Fabian Busch (Student/Schlafwagenschaffner), Antonio Paradiso (Kollege), Sophie Rois (Juli), Christiane Paul, Vitus Zeplichal, H. P. Hermansen, Detlev Buck **L** 84 **FSK** ab 16; f **E** 27.6.1996 **fd** 31 983

UNTER DER ROTEN ROBE (UNDER THE RED ROBE). Kardinal Richelieu steht im Zentrum von Verrat und Intrigen zur Zeit der Hugenottenkriege Anfang des 17. Jahrhunderts. Er holt einen notorischen Spieler und Draufgänger vom Galgen, damit dieser einen Herzog unschädlich macht, der als Hugenottenführer verdächtigt wird. Ein unterhaltsamer und ereignisreicher »Mantel- und Degen«-Film, der zwar den Elan und die Perfektion der französischen und amerikanischen Vorbilder vermissen läßt, aber durch die Zugabe trockenen-lakonischen Humors besticht. – Ab 14. ✦ Schwarz-weiß. Großbritannien 1937 **P** New World Pictures/20th Century Fox **KI** Europa **Pd** Robert T. Kane **R** Victor Seastrom (= Victor Sjöström) **B** Lajos Biro, Philip Lindsay, J. L. Hodson, Arthur Wimperis, nach einem Roman von Stanley J. Weyman und einem Bühnenstück von Edward Rose **K** Georges Périnal, James Wong Howe **M** Arthur Benjamin, Muir Mathieson (Ltg.) **S** James B. Clark **D** Conrad Veidt (Gil de Berault), Raymond Massey (Kardinal Richelieu), Annabella (Lady Marguerite), Sophie Stewart (Elise, Herzogin von Foix), F. Wyndham Goldie (Edmond, Herzog von Foix), Romney Brent (Marius) **L** 82 **FSK** ab 12; f **E** 9.11.1950

UNTER DER SCHWARZEN FLAGGE DER PIRATEN →Piratenkapitän Mary

UNTER DER SEE (SEAS BENEATH). Verwicklungen zwischen Besatzungsmitgliedern amerikanischer und deutscher Kriegsschiffe im August 1918 auf den Kanarischen Inseln. Ein US-Frachter dient dabei als Lockvogel für deutsche U-Boote, die in eine Falle gelockt werden. Ein eher kurioser als überzeugender Abenteuer-Kriegsfilm; John Ford sagte, daß einige Dinge, auch die Kriegsszenen, gut seien, die Geschichte selbst aber schlecht sei. (O.m.d.U.) – Ab 16. ✦ Schwarz-weiß. USA 1931 **P** William Fox Prod. **Pd** William Fox **R** John Ford **B** Dudley Nichols, nach einer Erzählung von James Parker jr. **K** Joseph August **S** Frank E. Hull **D** George O'Brien (Kommander Bob Kingsley), Marion Lessing (Anna Marie von Steuben), Warren Hymer (Lug Kaufman), William Collier sr. (Mugs O'Flaherty), John Loder (Franz Schilling), Walter C. »Judge« Kelly (Mike »Guns« Costello) **L** 99 **E** 24.6.1976 WDR III

UNTER DER SONNE AFRIKAS: PARADIES IN GEFAHR (SOTTO IL CIELO DELL' AFRICA). Pilotfilm der zweiten »Unter der Sonne Afrikas«-Staffel, in der ein Biologe aus Deutschland in Afrika die Farm seiner Eltern zu einer Safari-Station aus- und auch neue Saatgutkulturen anbaut. Auf der Suche nach Investoren gerät er an einen skrupellosen Geschäftemacher. Anspruchslose Trivialunterhaltung für ausgesucht »exotischer« Kulisse. – Ab 16. ✦ Deutschland/Italien 2000 **R** Ruggero Deodato **B** Piero Bodrato, Claudia Rittore, Luca D'Ascanio, Luca D'Ascanio, Alberto Simone, Massimo Torre **K** Sergio d'Offizi **M** Guido de Angelis, Maurizio de Angelis **D** Carol Alt (Monica Brandt), Rüdiger Joswig (Alexander Brandt), Hans von Borsody (Walter Brandt), Ingeborg Schöner (Lisa Brandt), Olivia Kolbe-Booysen (Sara Marini), John Indi (John Mowanda), Clayton Norcross (Pons), Burt Young (Oland), Jonathan Muthubi (Danny), Debbie Simmons (Elisabeth) **L** 83 **E** 8.6.2001 ARD

UNTER DER SONNE ROMS (SOTTO IL SOLE DI ROMA). Das harte Leben im Armenviertel Roms und seine Versuchungen für die Jugend werden am Beispiel eines jungen Mannes dargestellt, der auf Abwege gerät, aber durch das Opfer seines Vaters und die Liebe eines Mädchens wieder zurückfindet. In ruhigem Erzählfluß im Stil des italienischen Neoverismus mit manchmal etwas billigen Mitteln erzählt, getragen von frischen Laiendarstellern. (Fernsehtitel auch: »Unter der Sonne von Rom«) – Ab 14. ✦ Schwarz-weiß. Italien 1948 **P** Universalcine **R** Renato Castellani **B** Renato Castellani, Fausto Tozzi, Sergio Amidei, Emilio Cecchi, Ettore Maria Margadonna **K** Domenico Scala **M** Nino Rota **D** Oscar Blanco, Liliana Mancini, Francesco Golisano, Ennio Fabeni, Alfredo Locatelli **L** 100 **E** 15.10.1967 BR/16.4.1974 DFF 1

UNTER DER SONNE SATANS →Die Sonne Satans

UNTER DER SONNE VON ROM →Unter der Sonne Roms

UNTER DER STADT (A VAROS ALATT). Konflikte unter Ingenieuren und Arbeitern beim Bau der Budapester U-Bahn Anfang der Fünfziger Jahre. – Ab 14. ✦ Ungarn 1953 **P** Magyarfilm **KI** Progress **R** János Herskó **B** Péter Halász **K** István Pásztor **M** György Ránki **D** Laszló Kemény (Kalman Varadi), Elma Bulla (Frau Varadi), Ferenc Bessenyei (Geza Varadi), István Somló (Peter Forba), Sándor Szabó (Zilahi), Sándor Tompa (Tonronyi) **L** 93 **E** 18.6.1954 Kino DDR

UNTER DER TREPPE (STAIRCASE). Zwei ältere Homosexuelle leben seit vielen Jahren zusammen und führen einen kleinen Friseursalon. Abwechselnd oder gleichzeitig empfinden sie sich als störend oder unentbehrlich. Nach einem Bühnenstück als tragikomische Charakterstudie aufgebauter, schauspielerisch hervorragender Kammerspielfilm. Teils amüsant, teils realistisch, zwar theatermäßig, aber elegant auf hohem Niveau inszeniert. Keine echte Auseinandersetzung mit dem Problem der Homosexualität in den späten 60er Jahren, aber eine bitterkritische, manchmal sarkastische Abrechnung mit Lebenslügen und Eitelkeiten. ✦ Scope. Großbritannien 1968 **P** Stanley Donen Enterprises (für 20th Century Fox) **KI** Centfox **Pd+R** Stanley Donen **B** Charles Dyer, nach seinem Bühnenstück **K** Christopher Challis **M** Dudley Moore **S** Richard Marden **D** Richard Burton (Harry), Rex Harrison (Charlie), Cathleen Nesbitt (Harrys Mutter), Beatrix Lehmann (Charlies Mutter), Stephen Lewis (Jack), Avril Angers, Pat Heywood **L** 97 **FSK** ab 18; nf **FBW** bw **E** 5.9. 1969 **fd** 16 348

UNTER DEUTSCHEN – EINDRÜCKE AUS EINEM FREMDEN LAND. Versuch einer Zustandsbeschreibung der soziokulturellen Lage im wiedervereinigten Deutschland. Der schulmeisterliche Blick aus der Ferne (Paris) fördert bestenfalls Bekanntes zutage, reiht überwiegend Allgemeinplätze aneinander und schürt vertraute Vorurteile. Eine sehr subjektive Meinungsäußerung, die versucht, additativ (Teil-)Wahrheiten zusammenzufügen, dabei jedoch den Blick auf das Ganze verstellt. – Ab 16. ✦ Deutschland 1995 **P** Kick Film und Fernsehproduktion/BR/MDR/premiere/Inter Nationes **KI** Kick **Pd** Jörg Bundschuh **R+B** Georg Stefan Troller **K** Claus Gottschall **M** Thomas Osterhoff **S** Elfie Kreiter, Birgitt Welling **L** 92 **FSK** o. A.; f **E** 19.5.1996 premiere/Herbst 1996 Kino **fd** 32 100

UNTER DIE HAUT. Irgendwo in Brandenburg: Zwischen der Frau eines jungen Pfarrers und einem illegalen russischen Einwanderer, der zu Unrecht des Mordes verdächtigt wird, entbrennt eine leidenschaftliche Affäre. Zunächst kann der Mann auf dem Dachboden versteckt werden, doch als eine Frauenleiche entdeckt wird, wird der Alltag zusehends komplizierter. Eigenproduzierter Thriller mit etwas Erotik und einem Schuß Humor. ✦ Deutschland 1996 **R** Christoph Schrewe **B** Philipp Weinges, Günter Knarr **D** Bojana Golenac (Barbara), Peter Lohmeyer (Henri), Thomas Kretschmann (Santos), Katharina Thalbach (Sophie), Ursula Karruseit (Kommissarin) **L** 95 **E** 25.3.1997 RTL 2

UNTER DRUCK (1988) (CRACK IN THE MIRROR). Ein junger Geschäftsmann wird aus Geldnot zum Gelegenheitsdealer, gerät zusammen mit seiner Geliebten in einen blutigen Bandenkrieg und wird von der Drogen-Mafia zugrundegerichtet. Thriller, der sein Thema voyeuristisch und spekulativ behandelt; miserabel inszeniert und gespielt. (TV-Titel: »Die Kokain-Connection«) ✦ USA 1988 **P** Jubran Group/Rebo High Definition **KI** Scotia **VA** VMP **Pd** Fred Berner, Jubran Jubran **R** Robby Benson **B** Robert Madero **K** Neil Smith **M** Nile Rodgers **S** Alan Miller, Craig McKay **D** Robby Benson (Scott), Tawny Kitaen (Vanessa), Danny Aiello (Charlie Buck), Kevin Gray (Butchie), Cliff Bemis (Dwayne), Sally Kirkland, Judy Tenuta **L** 86 (früher 94) **FSK** ab 16; nf (fr. 18) **E** 9.3. 1989/Juni 1989 Video **fd** 27 464

UNTER DRUCK (1995). Ein erfolgreicher Hörfunkmoderator wird von einer ehrgeizigen Kollegin bedrängt. Sie hat sich in den Kopf gesetzt, ihn zu heiraten und schreckt vor keinem Mittel zurück. Ein für das Fernsehen produzierter Spielfilm aus der Reihe »Die jungen Wilden«. (Videotitel: »Mann unter Druck«) – Ab 16. ✦ Deutschland 1995 **P** RTL **VA** Concorde **R** Peter Pistor **B** Fiona Howe, Gareth Jones **D** Kai Wiesinger (Jan), Nicolette Krebitz (Judith), Natalia Wörner (Nina), Carin C. Tietze (Sandra), Ralph Herforth **L** 84 **FSK** ab 16 **E** 26.10.1995 RTL 2

UNTER EINEM DACH. Dokumentarfilm zum Thema sexuellen Mißbrauchs in der Familie. Exemplarisch porträtiert die Filmemacherin eine Familie am Rande der Wohlstandsgesellschaft, deren alltägliche Nöte durch das tabuisierte Thema noch ins Unerträgliche gesteigert werden. Im Mittelpunkt der fast ethnografischen Studie stehen das Leiden und die Angst der Kinder, aber auch die Sprachlosigkeit der Erwachsenen wird zum Thema erhoben, vielsagendes Schweigen wird zum Strukturelement. Ein sachlicher Film, beseelt von menschlicher Neugier, der einen tief verborgenen Schmerz bei allen Betroffenen zutage fördert. ✦ Deutschland 1995 **P** Happy Endings Film **SF** Freunde der Deutschen Kinemathek **R+B** Gabriele Kotte **K** Michael Chauvistré **S** Michael Chauvistré **L** 53 **E** 1996 Kino

UNTER EINEM HIMMEL (1959) →Monsieur Dupont (1959)

UNTER EINEM HIMMEL (1981) (TAJESHNIJE DIPLOMATI). Auf der Fahrt von Burgas nach Sofia läßt ein Ingenieur seine Arbeit in der sowjetischen autonomen Republik Komi Revue passieren. Dabei treten die sozialen und persönlichen Probleme zutage, die aus der langen Trennung von seiner Frau erwachsen sind. – Ab 14. ✦ UdSSR/Bulgarien 1981 **P** Lenfilm/Spielfilmstudio Sofia **Pd** Rimma Narinjan, Eva Jordanowa **R** Iskander Chamrajew **B** Wladimir Kunin, Iskander Chamrajew **K** Georgi Georgiew **M** Alexander Jossifow **D** Naum Schopow (Naidenow), Wladimir Menschow (Pawlow), Zwetana Manewa (Maria), Natalja Fatejewa (Irina), Soja Kirtschewa (Gina) **L** 76 **E** 22.8.1981 DFF 2

UNTER EINSATZ DES LEBENS (SOUTHSIDE 1:1000). Ein FBI-Agent entlarvt eine Bande von Falschmünzern und deren geheimnisvollen Boß. Wenig originell, aber spannend erzählter Kriminalfilm. – Ab 16. ✦ Schwarz-weiß. USA 1950 **P** Monogram Pictures **KI** Anton E. Dietz-Film **Pd** Maurice King, Frank King **R** Boris Ingster **B** Christian Nyby, Boris Ingster, Leo Townsend **K** Russell Harlan **M** Stuart Frye, Paul Sawtell **D** Don DeFore (John Riggs), Andrea King (Nora Craig), George Tobias (Reggie), Barry Kelley (Evans), Morris Ankrum (Eugene Deane), Robert Osterloh (Albert) **L** 78 **FSK** ab 16; f **E** 16.5.1952 **fd** 1 629

UNTER FALSCHEM VERDACHT (QUAI DES ORFEVRES). Ein Kriminalinspektor, der den Mord an einem alten, reichen Mann aufklären soll, für den man einen jungen Pianisten in Haft genommen hat, merkt sehr bald, daß der Verdächtigte alles daran setzt, seine junge Frau zu entlasten, eine Sängerin, die um jeden Preis Karriere machen will. Schließlich entlarvt er einen bekannten Gangster als Täter. Handwerklich routiniert inszenierter, düsterer Kriminalfilm, der die Charaktere mit einer zynischen und amüsant-morosen Weltsicht ausstattet. Ein sehr schwarzer Film mit einer hinreißenden Leistung des Hauptdarstellers. – Sehenswert ab 16. ✦ Schwarz-weiß. Frankreich 1947 **P** Majestiv **KI** Die Lupe **R** Henri-Georges Clouzot **B** Henri-Georges Clouzot, Jean Ferry, nach dem Roman »Legitime Défense« von Stanislas-André Steeman **K** Armand Thirard **M** Francis López **D** Louis Jouvet, Bernard Blier, Suzy Delair, Pierre Larquey, Simone Renant **L** 105 **FSK** ab 16; nf **FBW** bw **E** 1949/1.4.1958 DFF 1/1983 Neustart Kino **fd** 24 249

UNTER FALSCHER FLAGGE (YANKEE BUCCANEER). Ein tollkühner Kapitän führt sein als Handelstransporter getarntes Kriegsschiff im 18. Jahrhundert siegreich gegen gefährliche Piraten. Durchschnittliches See-Abenteuer mit einigen furiosen Kampfszenen. – Ab 14. ✦ USA 1952 **P** Universal **KI** Universal **Pd** Howard Christie **R** Frederick de Cordova **B** Charles K. Peck jr. **K** Russell Metty **M** Joseph Gershenson **D** Jeff Chandler (Kommandant David Porter), Scott Brady (Ltn. David Farragut), Suzan Ball (Komtesse Donna Margarita), Joseph Calleia (Graf Domingo Del Prado), Rodolfo Acosta (Poulini), George Mathews (Link) **L** 83 **FSK** ab 12; nf **E** 21.8.1953/19.8.1995 West 3 **fd** 2 714

UNTER FEUER → Under Fire

UNTER FRAUEN (VIVE LES FEMMES). Sexkomödie um eine Lehrerin und eine mit ihr befreundete Sekretärin, in deren abwechslungsreichem Leben Männer nicht nur Nebenrollen spielen. Von dem Witz der Reiser-Cartoons bleiben kaum mehr als Vulgaritäten und Geschmacklosigkeiten übrig. ✦ Frankreich 1984 **P** Protecrea/U.G.C./Top No.1/TF 1 **R** Claude Confortes **B** Claude Confortes, J. M. Reiser, nach Cartoons von Reiser **K** Renato Berta **M** Nicolas Errera **S** Martine Barraqué **D** Maurice Risch (Mammouth), Roland Giraud (Bob), Catherine Leprince (Viviane), Michèle Brousse (Ginette), Pauline Lafont (Pauline), Georges Beller (Patrick) **L** 85 **E** 16.1.1992 premiere

UNTER FREIEM HIMMEL (A LA BELLE ETOILE). Ein 16jähriger sehnt sich nach der großen Liebe. Gleich vier Frauen begleiten seine »education sentimentale« und stellen ihn vor eine zunächst unlösbare Aufgabe, bis er begreift, daß er für sein Leben allein verantwortlich ist. Eine leichtgewichtige romantische Liebeskomödie, die nicht nur in der Fabel und durch den Inszenierungsstil filmischen Traditionen folgt (Truffaut, Capra), sondern deren Besetzung schon eine cineastische Hommage darstellt; alle Hauptrollen werden von den Kindern berühmter Filmschaffender dargestellt (Demy, Varda, Deneuve, Mastroianni, Reggiani). – Ab 16. ✦ Scope. Frankreich 1993 **P** F.R.P. Frédéric Robbes Production **Pd** Frédéric Robbes **R+B** Antoine Desrosières **K** Georges Le Chaptois **M** Bojan Zulfikarpasic, Julien Lourau **S** Catherine Bonétat **D** Mathieu Demy (Thomas), Julie Gayet (Hannah), Aurélia Thierrée (Marion), Chiara Mastroianni (Claire), Camila Mora (Rebecca), Melvil Poupaud (Mathieu) **L** 86 **E** 5.9.1995 WDR

UNTER FREMDEM NAMEN (TSCHUSHOE IMJA). Ein Kraftfahrer gerät in den Verdacht, sich vor 20 Jahren den Namen eines heldenhaften Partisanen angeeignet zu haben und schuldig an dessen Tod zu sein. Der Staatsanwalt, dem es nicht um einen Schuldbeweis, sondern um die Wahrheit und eine Rechtfertigung des Verdächtigen geht, deckt die Ursachen und Zusammenhänge der damaligen Ereignisse auf. Ein Kriminal- und Gerichtsfilm vor politischem Hintergrund, inszenatorisch nicht immer überzeugend, bemerkenswert jedoch seine ethische Grundhaltung. – Ab 14 möglich. ✦ Schwarz-weiß. UdSSR 1966 **P** Belarusfilm **KI** Progress **R** Jossif Schulman **B** Michail Bleiman, Arij Wakser, Michail Baran **K** Oleg Awdejew **M** Genrich Wagner **D** Juri Saranzew, Pawel Pankow, E. Taschkow, Alexej Safonow, Wladimir Balaschow **L** 86 **E** 20.1.1967 Kino DDR/10.8.1968 DFF 1

UNTER FREMDEN (THE COMPANY OF STRANGERS). Sieben Frauen zwischen 69 und 88 Jahren stranden nach einer Buspanne gemeinsam mit ihrer farbigen Fahrerin in einer einsamen kanadischen Waldregion. Sie richten sich in einem heruntergekommenen Farmhaus ein und meistern ihre unfreiwillige Isolation nach anfänglichen Sorgen mit Gelassenheit und Fantasie. Eine faszinierende, von hervorragenden (Laien-)Darstellerinnen getragene Mischung aus dokumentarischen Lebensbeschreibungen und deren poetischer Verdichtung; weit mehr als ein Plädoyer, das »Mut aufs Altern« machen will, ist der Film eine meditative Studie über Toleranz und Offenheit, Lebensfreude und Nächstenliebe, geprägt von warmherzigem Humor, aber auch von stiller Trauer. (Lobende Erwähnung der katholischen Jury in Mannheim 1990; Kinotip der Katholischen Filmkritik; Fernsehtitel auch: »Landpartie mit Hindernissen«.) – Sehenswert ab 14. ✦ Kanada 1990 **P** National Film Board of Canada **KI** TiMe **SF** Matthias **Pd** David Wilson **R** Cynthia Scott **B** Gloria Demers, Cynthia Scott, David Wilson, Sally Bochner **K** David De Volpi **M** Marie Bernard **S** David Wilson **D** Alice Diabo (Alice), Constance Garneau (Constance), Winifred Holden (Winifred), Cissy Meddings (Cissy), Mary Meigs (Mary) **L** 101 **E** 30.5.1991/30.8.1993 3sat **fd** 28 902

UNTER FREMDEN MENSCHEN (W LJUDJACH). Zweiter Teil der meisterhaften Maxim-Gorki-Trilogie. Nachdem die Färberei seines Großvaters abgebrannt ist, wird der elternlose Alexej nacheinander Lehrling bei einem Bauzeichner, Geschirrspüler auf einem Wolga-Dampfer und – nach einem Gefängnisaufenthalt wegen Diebstahlsverdacht – Arbeiter in einer Ikonen-Werkstatt. Eine detailgetreue, atmosphärisch eindringliche Beschreibung eines Entwicklungsprozesses, die ohne propagandistische Effekte auskommt. (O.m.d.U.; DDR-Titel: »Unter den Menschen«; Fernsehtitel BRD: »Maxim Gorkis Weg ins Leben. 2. Teil: Unter Menschen«. Die weiteren Teile: »Gorkis Kindheit«, »Meine Universitäten«) – Ab 16. ✦ Schwarz-weiß. UdSSR 1939 **P** Sojusdetfilm **KI** Neue Filmkunst **R** Mark Donskoi **B** Mark Donskoi, I. Grusdjew **K** Pjotr Jermolow **M** Leonid Schwarz **D** Aljoscha Ljarski, Warwara Massalitinowa, Michail Trojanowski, A. Alexejewa, D. Sagal **L** 98 **FSK** ab 6; f **FBW** bw **E** 6.1.1948/20.6.1966 ZDF/31.3.1971 DFF 2

UNTER FREMDEN STERNEN (GOODBYE, MISS 4TH OF JULY / FAREWELL, MISS FREEDOM). Amerika am Vorabend des Ersten Weltkriegs: Eine griechische Einwandererfamilie lernt in Virginia auch die Schattenseiten der USA kennen. Die Neuankömmlinge nehmen einen farbigen Ex-Boxer bei sich auf, was ihnen das Ansehen der Stadt, aber den Zorn des Ku-Klux-Klan einbringt. Bei einer Grippe-Epidemie, der ihre Mutter zum Opfer fällt, bewährt sich die idealistische Tochter der Griechen, bis auch sie sich ansteckt und stirbt. Sentimentale Romanverfilmung, ohne Überzeugungskraft in der Darstellung der Rassenproblematik, blaß im Zeitkolorit. – Ab 14. ✦ USA 1988 **P** Disney **Pd** Josephine Lyons, Peter Miller, Christopher Seiter **R** George Miller **B** Cathy McCormick, nach einem Roman von Christopher G. Janus **K** Neil Roach **M** Mark Snow **S** Jim Gross **D** Louis Gossett jr. (Big John Creed), Chris Sarandon (George Janus), Roxana Zal (Niki), Chantal Contouri (Olympia Janus), Chynna Phillips, Mitchell Anderson **L** 106 **E** 14.6.1994 premiere

UNTER FREUNDEN (AMONGST FRIENDS). Drama um drei verwöhnte Sprößlinge wohlhabender Eltern auf Long Island. Die Freunde schlagen ihre Zeit mit Affären, Drogen und kleinen Gaunereien tot, ehe einer von ihnen für zwei Jahre ins Gefängnis muß. Nach seiner Entlassung zeigt sich auf drastische Weise, daß die Freundschaft von einst zerbrochen ist. – Ab 16. ✦ USA 1991 **R+B** Rob Weiss **K** Michael Bonvillain **M** Mick Jones **D** Joseph Lindsey (Billy), Patrick McGaw (Trevor), Steve Parlavecchio (Andy), Mira Sorvino (Laura), Brett Lambson **L** 82 **E** 18.1.1995 premiere

UNTER GANGSTERN (JE SUIS UN MOUCHARD). Ein verschlossener junger Mann verliebt sich in die Wirtin eines zweifelhaften Lokals und wird durch deren Bruder raffiniert in verbrecherische Geschäfte verwickelt. Eine dünne, auch formal nur mittelmäßige Gangstergeschichte. – Ab 16. ✦ Schwarz-weiß. Frankreich 1952 **P** Sirius **R+B** René Chanas **K** Nikolai Toporkoff **M** Jean Wiener **D** Madeleine Robinson, Paul Meurisse, Dinan **L** 90 **E** 21.7.1969 ZDF

UNTER GEHEIMBEFEHL (PANIC IN THE STREETS). Fieberhaft suchen Polizeibeamte und ein Arzt nach den Mördern eines Mannes, der die Lungenpest hatte. Wenn die Täter und mögliche Kontaktpersonen nicht innerhalb von zwei Tagen gefaßt werden, ist eine Seuchenkatastrophe unausweichlich. Ein dokumentarisch eingefärbter Thriller, mit sicherem Gespür für Milieu und Atmosphäre im Hafenviertel von New Orleans in Szene gesetzt. Trotz einiger Unwahrscheinlichkeiten und Zugeständnisse ans Genre bemerkenswert: nüchtern, spannend, hervorragend gespielt. (»Inoffizielles« Remake: »Der unsichtbare Mörder«) – Ab 14. ✦ Schwarz-weiß. USA 1950 **P** 20th Century Fox **KI** Centfox **R** Elia Kazan **B** Richard Murphy, nach einer Erzählung von Edna und Edward Anhalt **K** Joseph MacDonald **M** Alfred Newman **D** Richard Widmark (Dr. Clinton Reed), Paul Douglas (Hauptmann Warren), Barbara Bel Geddes (Nancy Reed), Jack Palance (Blackie), Zero Mostel **L** 96 **FSK** ab 16; nf **E** 17.2.1951/22.7.1968 ZDF **fd** 1 010

UNTER GEIERN (PARMI LES VAUTOURS / LA DOVE SCENDE IL SOLE). Weiße Siedler werden im Llano Estacado im Grenzgebiet von Neu-Mexiko und Texas von der berüchtigten »Geierbande« überfallen und ermordet, die Schuld an dem Überfall schiebt man den Indianern vom Stamme der Schoschonen zu. Der erfahrene Trapper Old Surehand und Apachen-Häuptling Winnetou nehmen den Kampf auf und legen den Verbrechern trotz zahlreicher Intrigen das Handwerk. Abenteuerliche Karl-May-Verfilmung, nach den üblichen Mustern leidlich spannend und humorvoll inszeniert. Würze ins vertraute Spiel bringt vor allem Stewart Granger durch seine ironisch-distanzierte Darstellung. – Ab 12. ✦ Scope. BR Deutschland/Frankreich/Italien/Jugoslawien 1964

P Rialto/Société Nouvelle de Cinématographie/Atlantis/Jadran **Kl** Constantin **Pd** Horst Wendlandt **R** Alfred Vohrer **B** Eberhard Keindorff, Johanna Sibelius, nach einem Roman von Karl May **K** Karl Loeb **M** Martin Böttcher **S** Hermann Haller **D** Pierre Brice (Winnetou), Stewart Granger (Old Surehand), Götz George (Martin Baumann), Elke Sommer (Annie), Walter Barnes (Baumann), Sieghardt Rupp (Preston), Taddy Fox (Old Wabble), Dunja Rajter (Betsy), Renato Baldini (Leader), Mario Girotti (Baker jr.), Gojko Mitic (Wokadeh) **L** 101 **FSK** ab 12; nf **E** 8.12.1964/1.10.1974 ZDF/23.3.1984 Kino DDR/6.4.1985 DFF **fd** 13 167

UNTER GLATTER HAUT (UN MALEDETTO IMBROGLIO). Bei der Aufklärung zweier Verbrechen, Mord und Diebstahl, entdeckt ein römischer Kommissar unter bürgerlicher Oberfläche ein Labyrinth von Schwäche und Schlechtigkeit. Ein formal zwar unausgewogener und psychologisch nicht ganz glaubwürdiger, dennoch fesselnder Kriminalfilm mit deutlichen moralischen Akzenten. (DDR-Titel: »Was geschah in der Via Merulana?«) – Ab 16. ✦ Schwarz-weiß. Italien 1959 **P** Riama **Kl** Atlas **Pd** Mario Silvestri, Giuseppe Amato **R** Pietro Germi **B** Pietro Germi, Alfredo Giannetti, Ennio de Concini, nach einem Roman von C. E. Gadda **K** Leonida Barboni **M** Carlo Rustichelli **D** Pietro Germi (Kommissar Ingravallo), Claudia Cardinale (Assuntia), Eleonora Rossi-Drago (Liliane Banducci), Claudio Gora (Remo Banducci), Saro Urzi (Kriminalassistent), Franco Fabrizi (Valdarena) **L** 105 **FSK** ab 16; f **FBW** w **E** 3.2.1961 Kino DDR/31.3.1961 Kino BRD/31.10.1964 DFF 1/8.11.1965 ZDF **fd** 10 090

UNTER GLÜHENDER SONNE (1957) (THE VINTAGE). Zwei in Alter und Temperament sehr verschiedene italienische Brüder stiften auf der Flucht vor der Justiz Unruhe und Eifersuchtsdramen, als sie bei der Weinlese in einem südfranzösischen Dorf Unterschlupf finden. Solide unterhaltendes Drama mit vorzüglichen darstellerischen Leistungen. Atmosphärisch durchaus dicht, in der Zeichnung des französischen Lokalkolorits indes allzu stereotyp und unglaubwürdig. – Ab 14 möglich. ✦ Scope. USA 1957 **P** MGM **Kl** MGM **Pd** Edwin H. Knopf, William Kaplan **R** Jeffrey Hayden **B** Michael Blankfort, nach dem Roman »The Vintage« von Ursula Keir **K** Joseph Ruttenberg **M** David Raksin **S** Ben Lewis **D** Pier Angeli (= Anna Maria Pierangeli) (Lucienne), Mel Ferrer (Giancarlo Barandero), John Kerr (Ernesto Barandero), Michèle Morgan (Leomie Morel), Theodore Bikel (Eduardo Uriburri), Leif Erickson (Louis Morel), Jess Hahn (André Morel) **L** 93 **FSK** ab 12; f **E** 21.2.1958

UNTER GLÜHENDER SONNE (1971) (POD PALJASCHTSCHIM SOLZEM). Ein Spezialist für den Anbau von Baumwolle kultiviert gegen den Widerstand der Bauern Gebiete der usbekischen Wüste für die Landwirtschaft. – Ab 12. ✦ Schwarz-weiß. UdSSR 1971 **P** Usbekfilm **R** Albert Chatschaturow **B** Faisulla Chodshajew, Alexander Galitsch **K** Abdurachim Ismailow **M** Rumil Wildanow **D** Nabi Rachimow (Jarmat-ata), Dshawlon Chamrajew (Arslanow), Tigan Redshimelow (Sharif), Amina Umursakowa (Aischa), Sanaato Diwanow (Rassulajew) **L** 85 (gek. 78) **E** 23.6.1973 DFF 2

UNTER GUTEN FREUNDEN (A SMALL CIRCLE OF FRIENDS). Die Freundschaft zwischen zwei jungen Männern und einer Frau in einem College in den 60er Jahren, vor dem Hintergrund des Vietnam-Krieges. Ein Drama, das den Wertewandel in bezug auf Politik, Sexualität und die Rolle der Frau zu verdeutlichen versucht. Den guten Schauspielerleistungen steht eine eher unsichere Regie gegenüber. – Ab 16. ✦ USA 1980 **P** United Artists **Pd** Tim Zinnemann **R** Rob Cohen **B** Ezra Sacks **K** Michael Butler **M** Jim Steinman **S** Randy Roberts **D** Brad Davis (Leo DaVinci), Karen Allen (Jessica), Jameson Parker (Nick Baxter), Shelley Long (Alice), John Friedrich (Haddox) **L** 113 **E** 12.11.1995 RTL 2

UNTER HAIEN (RUE OBERKAMPF). Nicht ganz uneigennützig nimmt eine Betrügerin den Kampf gegen Immobilienhaie auf, die ein altes Pariser Stadtviertel in ihren Besitz bringen wollen. Sie erhält Unterstützung von einem alten Privatdetektiv und der Enkelin einer Hellseherin und kann schließlich den Drahtzieher der Geschäfte entlarven. Ein durchaus realistischer Film, der reale Vorgänge in der französischen Metropole beschreibt, durch die liebevolle Darstellung der »kleinen« Leute, ihrer Lebensstrukturen und ihres Zusammenhalts jedoch eine nicht minder »zauberhafte« Geschichte erzählt. – Ab 16. ✦ Frankreich 1999 **P** La Sept/arte **Pd** Jean Bréhat, Rachid Bouchareb **R** Gilles Adrien **B** Gilles Adrien, Maurice Attia **K** Benoît Chamaillard **S** Roselyne Petit **D** Jeanne Marine (Mathilde), Maurice Garrel (Cambio), Stéphane Caillard (Bambi), Frédéric Deban (Alain Fourneau), Manuela Gourary (Frau Boehl) **L** 90 **E** 11.8.2000 arte

UNTER HAIEN IN HOLLYWOOD → The Buddy Factor – Unter Haien in Hollywood

UNTER HEISSEM HIMMEL. Ein deutscher Kapitän will seinen Freund und Schiffsingenieur zu einer Blindarm-Operation an Land bringen und verliert wegen Verstoßes gegen die Quarantäne-Gesetze sein Patent. Im Hafen von Piräus übernimmt er ein fremdes Schiff mit Fracht und muß unterwegs entdecken, daß ihn Verbrecher zum Waffenschmuggel mißbrauchen. Nach einem Sprengstoffanschlag kommt es zur Panik unter den Passagieren, meist Auswanderern, doch er kann das Schiff retten, sich mit der Braut des toten Freundes an Bord trauen lassen und seine Rehabilitierung erwarten. Ein abenteuerlich gesponnenes Seemannsgarn, ganz zugeschnitten auf den unverwüstlichen Hans Albers. – Ab 12. ✦ Schwarz-weiß. Deutschland 1936 **P** Ufa **Kl** Transit (Erstverleih: NWDF) **R** Gustav Ucicky **B** Gerhard Menzel **K** Fritz Arno Wagner **M** Theo Mackeben **S** Herbert B. Fredersdorf **D** Hans Albers (Kapitän Kellersperg), Lotte Lang (Rosa Ferugas), Aribert Wäscher (Calfa), Eberhard Leithoff (Ingenieur), Alexander Engel (Theaterdirektor) **L** 101 **FSK** ab 12; nf **E** 23.12.1936

UNTER HYPNOSE (DORMEZ, JE LE VEUX!). Eine 18-jährige verträumte junge Frau möchte ihre Umwelt zum intensiven Leben erwecken und versucht dies mittels Hypnose. Dabei gerät sie an einen Hypnotiseur, der alle ihre Ideale zu verkörpern scheint. Sie schließt sich ihm als Assistentin an, doch er treibt ein falsches Spiel mit ihr. Ein Film über den schwierigen Prozess des Erwachsenwerdens, der seine Geschichte einfühlsam und psychologisch stimmig auszuloten versucht. ✦ Frankreich 1998 **P** CDP/arte France Cinéma/CRRAV **Pd** Catherine Dussart **R** Irène Jouannet **B** Irène Jouannet, Gilles Taurand, nach einem Roman von Marie Nimier **K** Sacha Vierny **M** Faton Cahen **S** Dominique Roy **D** Céline Milliat-Baumgartner (Cora), Féodor Atkine (Katz), Jean-Louis Loca (Pedro), François Berléand (Paul/Raymond), Catherine Frot (Marie-Louise (Mutter)) **L** 98 **E** 26.2.2001 arte

UNTER KANNIBALEN → Abbott und Costello unter Kannibalen

UNTER KOLLEGEN. Die 20 Angestellten einer kleinen Firma treffen sich zum Betriebsausflug in einer Straßenbahn, die durch das nächtliche München fährt. Im übervollen Abteilwagen entwickeln sich die geplanten Gesellschaftsspiele zu einer Rache-, Eifersuchts- und Liebesgeschichte und zu einer Intrige, die ihre eigenen Dimensionen annimmt. In einer ständig wechselnden Erzählperspektive sollen alltägliche Gefühle wie unter einem Vergrößerungsglas dargestellt werden. ✦ Deutschland 1991 **P** Hochschule für Film und Fernsehen/NDR/SWF **Kl** HFFM **R+B** Claus-Michael Rohne **K** Wolfgang Aichholzer **S** Antje Bartram **D** Raidar Müller-Elmau (Bertolt Junker), Klaus Konczak (Oswald Mickler), Josephine Weyers (Dagmar Bähnisch), Waki Meier (Ingeborg Posch), Heinz-Dieter Vonau (Bodo Lackner) **L** 66 **E** 14.9.1991 N 3

UNTER MÄNNERN (1980–91). Eine Zusammenstellung von fünf Kurzfilmen des Regisseurs, Autors und Schauspielers Wieland Speck. (1. »David, Montgomery und Ich«, 1980; 2. »Das Geräusch rascher Erlösung«, 1981; 3. »Bei Uns Zuhaus«, 1991; 4. »November«, 1989; 5. »Zimmer 303«, 1991) ✦ BR Deutschland 1980–91 **SF** Edition Salzgeber **VA** absolut MEDIEN/Salzgeber **R** Wieland Speck **M** Eschi Rehm, Mania D, Deutsch-Amerikanische Freundschaft **D** Andreas Bernhardt, Jim Oseland, Zazie de Paris, Erich Brogger, Reiner Hirsekorn, Daniel Bier, Dorothea Moritz, Joséphine Larsen, Andreas Richert, Uwe Wenzel **L** 86 **E** 11.11.1993/1997 Video

UNTER MÄNNERN (1995) (IN THE COMPANY OF MEN). Die britische Filmemacherin Molly Dineen beobachtete acht Monate die Royal Welsh Gards, eine dem Prinzen von Wales unterstellte Einheit, die während der Dreharbeiten in Nordirland stationiert war. Die Dokumentarfilmerin versucht, den Eigenheiten dieses Männerbundes auf den Grund zu gehen, einen Sinn hinter den Ritualen und dem eigenwilligen Selbstverständnis der Offiziere zu sehen. Die anfängliche Distanz der Dokumentaristin und die Zurückhaltung der Soldaten wandeln sich im Laufe der Dreharbeiten zu einem auf gegenseitigem Respekt beruhenden Vertrauensverhältnis, in dessen Verlauf die Männer auch zu ganz privaten und persönlichen Äußerungen bereit sind. So benennt der Kommandant schon die Absurdität der Situation, in der seine 100 Mann hauptsächlich mit dem Schutz von acht Polizisten beschäftigt sind. Ein erhellender Film, voller Ironie und doch geprägt von tiefer Menschlichkeit. – Ab 16. ✦ Großbritannien 1995 **P** RTO/Middlemarch Film **R+B** Molly Dineen **K** Molly Dineen, Sarah Jeans **L** 119 **E** 7.11.1997 WDR

UNTER MEXIKOS SONNE (QUE VIVA MEXICO!). 1932 mußte Eisenstein die Arbeiten zu seinem ehrgeizigen monumentalen Film-Opus über Mexiko nach Differenzen mit amerikanischen Geldgebern abbrechen und ohne das bereits gedrehte Filmmaterial in die Sowjetunion zurückkehren. In einem Prolog, vier Episoden und einem Epilog wollte er den Geist Mexikos einfangen und darstellen, wie die treibenden Kräfte – Leben und Tod, Schönheit und Korruption, Freiheit und Unterdrückung, heidnische Kultur und Christentum – die Geschicke des Landes prägten. Die Episode »Sadunga« schildert Sitten und Gebräuche, »Fiesta« erinnert an die Zeit der Konquistadoren, »Magney« erzählt die tragische Geschichte eines jungen Bauernpaares, »Die Soldatenfrau«, ein unvollendetes Fragment, sollte den revolutionären Kampf der Mexikaner zeigen. Die in den 60er Jahren hierzulande verliehene, von Marie Seton besorgte Zusammenstellung (Originaltitel: »Time In The Sun«) zeigte nur einen kleinen Teil der unmontierten Aufnahmen und vermittelte einen unvollständigen Eindruck von Eisensteins Absichten; hinzu kamen Veränderungen, die das Gesamtbild zusätzlich verzerrten. 1979 erarbeitete Grigori Alexandrow eine »offizielle« russische Version, die eindrucksvoll vermittelt, mit welch erstaunlicher Kraft und Schönheit die Bilder des Films komponiert sind. Der neue Ton prellt den Zuschauer durch Kommentar und Musikdramaturgie jedoch um eine eigene Einsicht, da jedes Bild in seinem Gehalt verdoppelt, erschlagen oder in seichter Musik ertränkt wurde. (DDR-Titel: »Que Viva Mexico«) – Ab 14. ✦ Schwarz-weiß. Mexiko/UdSSR (Fassung 1963: USA/Großbritannien) 1930–32/39 **P** Mosfilm (Fassung 1963: Upton Sinclair/Contemporary) **Kl** Neue Filmkunst (Fassung 1963)/Progress (Fassung 1979) **R** Sergej M. Eisenstein **B** Sergej M. Eisenstein, Grigori Alexandrow (Bearbeitung) **K** Edouard Tissé **M** Ponce Espino (1963), Emine Khatchaturian, Sergej Skaipka, Wladimir Teitline (1979) **S** Marie Seton (1963), Grigori Alexandrow, Esther Tobak, Nikita Orlow (1979) **D** Stanislaw Korenew (Bardin), Alexander Strigalew (Schura), Georgi Stepanenko (Piroshenko), Dmitri Mirgorodski (Arkadjew), Artur Nistschenkin (Kusma) **L** 57 (1979:

89) **FSK** ab 16;f (Altfassung) **FBW** bw **E** 1963 Kino/912.1979 DFF 1/7.11.1980 Kino DDR **fd** 12 425

UNTER MORDVERDACHT (1956) (A WOMAN'S DEVOTION). Ein amerikanisches Künstlerpaar wird auf einer Reise nach Mexiko in einen Mordfall verwickelt. Die Frau muß zusehen, wie ihr Mann infolge eines aus dem Krieg zurückgebliebenen Nervenleidens den Verstand verliert. Nur bescheiden inszenierter Kriminalfilm mit herkömmlichen Spannungselementen. – Ab 16. ✦ USA 1956 **P** Republic **KI** Gloria **R** Paul Henreid **B** Robert Hill **K** Jorge Stahl jr. **M** Les Baxter **D** Ralph Meeker, Janice Rule, Paul Henreid, Rosenda Monteros, Fanny Schiller **L** 88 **FSK** ab 16; nf **E** 11.10.1957 **fd** 6 301

UNTER MORDVERDACHT (1972) (HOME FOR THE HOLIDAYS). Widerwillig folgen vier Töchter der Weihnachtseinladung ihres Vaters, den sie für den Selbstmord ihrer Mutter verantwortlich machen. Nun fürchtet der Mann um sein Leben, da er glaubt, seine zweite Frau wolle ihn vergiften. Die Töchter tun dies angesichts der hingebungsvollen Pflege, die ihre Stiefmutter dem Vater angedeihen läßt, als Hirngespinst ab. Doch als eine von ihnen abreisen will, wird sie ermordet. Spannender Kriminalfilm, dem es, ganz genreimmanent, ausschließlich um die Verrätselung des Falls und seine Aufklärung geht. – Ab 16 möglich. ✦ USA 1972 **P** Spelling-Goldberg Prod. **R** John Llewellyn Moxey **B** Joseph Stefano **D** Walter Brennan, Eleanor Parker, Jessica Walter, Julie Harris, Sally Field **L** 74 **E** 26.10.1989 SAT 1

UNTER NACHBARN (LINJU). Alltagsprobleme der Bewohner eines chinensischen Heims, in dem sie in drangvoller Enge miteinander leben müssen und unter Rivalitätsdruck, Machtmißbrauch und Opportunismus leiden. Ein alter Mann, ehemals Sekretär des Parteikomitees, verhindert dank seiner Güte und Weitsicht, daß ein lange geplantes Wohnungsvorhaben zugunsten von Luxuswohnungen für Parteifunktionäre gestoppt wird. Detailreicher Gegenwartsfilm aus der Volksrepublik China, auch als Alltagsbeschreibung interessant. – Ab 16. ✦ VR China 1981 **P** Jugendfilmstudio der Filmakademie Peking **R** Zheng Dongtian, Xu Gu-ming **B** Ma Ling, Da Jiangfu, Zhu Mei **K** Zhou Kun **S** Zhang Lanfang, Zhao Qihua **D** Feng Hanyuan, Wang Pei, Xu Zhongquan, Li Zhanwen, Wang Chong **L** 105 **E** 24.9.1984 ARD

UNTER NULL (LESS THAN ZERO). Drogensucht und -tod im mondänen Beverly Hills, vorgeführt am Beispiel dreier Freunde: geschleckte Finanzsprößlinge, denen es an elterlicher Liebe und Lebenserfüllung mangelt, so daß sie ihr Leben in Alkohol und Drogen ertränken. Der Film behandelt sein Thema allzu lehrbuchhaft und schwelgt mit Vorliebe in modischgelackten Bildern einer mondänen Welt, die von einer konsumgierigen Schickeria bevölkert wird. Durch allzu viele Klischees eines Lebens in synthetischer Äußerlichkeit büßt er endgültig an Überzeugungskraft ein. – Ab 16 möglich. ✦ USA 1988 **P** Avnet/Kerner (f20th Century Fox) **KI** 20th Century Fox **SF** 20th Century Fox **VA** CBS/Fox **Pd** Jon Avnet, Jordan Kerner **R** Marek Kanievska **B** Harley Peyton, nach einem Roman von Bret Easton Ellis **K** Edward Lachman **M** Thomas Newman **S** Peter E. Berger, Michael Tronick **D** Andrew McCarthy (Clay), Jami Gertz (Blair), Robert Downey jr. (Julian), James Spader (Rip), Tony Bill (Bradford Easton), Nicholas Pryor (Benjamin Wells), Donna Mitchell (Elaine Easton) **L** 95 **FSK** ab 16; f **E** 28.4.1988/Februar 1989 Video **fd** 26 668

UNTER PALMEN AM BLAUEN MEER. Eine schrullige Contessa verbietet im Umkreis ihrer Villa an der Riviera jede Art des Musizierens. Durch ihre Nichte, die sich in einen Sänger verliebt, einen Musiker als Sommergast und eine deutsche Musikband in ihrer Nachbarschaft wird die musikfeindliche Dame »bekehrt«. Dürftiger Unterhaltungsfilm mit viel seichter Schlagermusik, Gastauftritten von Teddy Reno und Helmut Zacharias als sie selbst und der hausbackenen »Botschaft«, daß Musik alle Wunden heilt. – Ab 12. ✦ BR Deutschland 1957 **P** H. D.-Omega **KI** NF **Pd** Wilhelm Gernhardt **R** Hans Deppe **B** Kurt E. Walter **K** Werner M. Lenz **M** Heino Gaze, Heinrich Riethmüller **S** Johanna Meisel **D** Bibi Johns (Kitty Bruhns), Lil Dagover (Contessa), Harald Juhnke (Fredy Glass), Heidemarie Theobald (Nina), Giulia Rubini (Marina), Charles Regnier (Cesare) **L** 104 **FSK** ab 12; nf **E** 16.7.1957 **fd** 6 022

UNTER PIRATENFLAGGE (CAPTAIN BLOOD). Ein unschuldig wegen konspirativer Umtriebe verurteilter englischer Arzt vollbringt tollkühne Heldentaten als Seeräuber in der Karibik. Mit sparsamen Mitteln packend und lebendig inszeniertes romantisches Seeabenteuer vor historischem Hintergrund. Der Film war der erste Schritt zum Star-Ruhm Errol Flynns und leitete eine neue goldene Ära im Piratenfilm ein. – Ab 12. ✦ Schwarz-weiß. USA 1935 **P** Warner Bros. **KI** Warner **Pd** Hal B. Wallis **R** Michael Curtiz **B** Casey Robinson, nach einem Roman von Rafael Sabatini **K** Hal Mohr, Ernest Haller **M** Erich Wolfgang Korngold **S** George Amy **D** Errol Flynn (Dr. Peter Blood), Olivia de Havilland (Arabella Bishop), Basil Rathbone (Capt. Levasseur), Guy Kibbee (Hagthorpe), Henry Stephenson (Lord Willoughby), Lionel Atwill (Col. Bishop) **L** 105 **FSK** ab 12; nf **E** 26.5.1950/19.10. 1975 ARD **fd** 752

UNTER POLITIKERN UND SPIONEN – »KING DAVID HOTEL« – JERUSALEM →King David Hotel, Jerusalem

UNTER POLIZEIAUFSICHT (EN RESIDENCE SURVEILLEE). In einem imaginären afrikanischen Einparteienstaat, der symbolisch für ganz Afrika steht, legt ein Intellektueller seine Doktorarbeit zum Thema »Die politischen Strukturen der traditionellen Macht« vor. Die Arbeit interessiert aus unterschiedlichen Gründen sowohl die illegale Opposition als auch die Regierenden. Erstlingsfilm, der aufzuzeigen versucht, wovon die Destabilisierung eines afrikanischen Regimes, das so häufig durch Staatsstreiche abgelöst wird, abhängen kann. Ein interessierter Film, dem es jedoch an einer aussagekräftigen ästhetischen Form mangelt. (O.m.d.U.) ✦ Senegal 1981 **P** Les Films PSV – Présence Africaine **SF** Freunde der Deutschen Kinemathek **R+B** Paulin Soumanou Vieyra **K** Philippe Cassard **M** Francis Bebey, Georges Anderson (Gesang) **S** Anne Amado **D** Douta Seck (Präsident), Michel Coulon (Weißer Berater), Joseph Sane (Schwarzer Berater), Marie Jeanne Gueye (Direktorin Modehaus), Serigne N'Diaye Gonzales (Ingenieur), Isseu Niang (Offiziersfrau) **L** 112 **E** 1982 Kino

UNTER RÖMISCHEM HIMMEL (LA ROMA DI MORAVIA). Inspiriert von Erzählungen des Schriftstellers Alberto Moravia wird der Alltag eines Paares beschrieben, das am Rande Roms kurz nach dem Ende des Krieges eine vielköpfige Kinderschar zu ernähren hat. – Ab 12. ✦ Schwarz-weiß. Italien 1954 **P** Ponti/De Laurentis/Excelsa **R** Daniele D'Anza **B** Daniele D'Anza, Belisario Randone, nach der Erzählung von Alberto Moravia **K** Marco Scarpelli, Walter Antro **M** Romolo Grano **D** Paolo Ferrari, Maria Fiore, Aroldo Tieri, Glauco Onorato, Franca Mazzoni **L** 82 **E** 24.11.1969 DFF 1

UNTER SCHWARZEM VISIER (THE BLACK KNIGHT). Ein bescheidener Waffenschmied im Gefolge König Artus' wird zum Helden, als er seinen Herrn vor einem Verräter beschützt und gleich scharenweise Sarazenen und Wikinger erschlägt. Sagenhaft-Abenteuerliches aus dem England des frühen Mittelalters, verfilmt in rauher Wildwest-Manier, die ebenso unfreiwillige Heiterkeit hervorruft wie die deutsche Synchronisation. – Ab 14. ✦ USA 1954 **P** Warwick **KI** Columbia **Pd** Irving Allen, Albert R. Broccoli **R** Tay Garnett **B** Alec Coppel **K** John Wilcox **M** John Addison **D** Alan Ladd (John), Patricia Medina (Linet), Harry Andrews (Graf von Yeonil), Anthony Bushell (König Arthur), Andre Morell (Sir Ontzlake), Peter Cushing (Sir Palamides) **L** 87 **FSK** ab 12; f **E** 23.12. 1954 **fd** 3 793

UNTER SCHWARZER FLAGGE (CAPTAIN KIDD). Ende des 17. Jahrhunderts. Vom englischen König William III. beauftragt, den von Piraten bedrohten Handelsschiffen Geleitschutz zu geben, raubt und mordet Kapitän Kidd und wird unter der schwarzen Flagge zum Schrecken der Meere. Am Hofe hilft ihm die Maske des Biedermanns so lange, seine Schandtaten zu verbergen, bis ein Lord inkognito den heuchlerischen Schurken entlarvt. Mit einer Liebesgeschichte verbrämter, inszenatorisch nur durchschnittlicher Abenteuerfilm, ganz zugeschnitten auf den lustvoll spielenden Charles Laughton. – Ab 14. ✦ Schwarz-weiß. USA 1945 **P** Captain Kidd Prod. (für United Artists) **KI** United Artists **Pd** Benedict Bogeaus **R** Rowland V. Lee **B** Norman Reilly Raine **K** Archie Stout **M** Werner Janssen **D** Charles Laughton (Captain Kidd), Randolph Scott (Adam Mercy), Barbara Britton (Lady Anne Falconer), Reginald Owen (Cary Shadwell), John Carradine (Orange Povy), Gilbert Roland (Lorenzo), John Qualen (Bart Blivens) **L** 86 **FSK** ab 12; nf **E** 20.10. 1950 **fd** 1 038

UNTER SCHWARZER SONNE →Eclipse – Begegnungen

UNTER STRENGSTER GEHEIMHALTUNG (PLAGUE/PLAGUE-M 3: THE GEMINI STRAIN). Mutierte Bakterienkulturen sorgen für die weltweite Ausbreitung einer tödlichen Seuche, die erst im letzten Augenblick erfolgreich bekämpft werden kann. Ein thematisch interessanter Katastrophenfilm über die Folgen wissenschaftlicher Forschung und die Verantwortung des Wissenschaftlers. Diese Fragen werden jedoch nur im Ansatz behandelt, so daß sich der nur mäßig spannende Film in Äußerlichkeiten verliert. (Alternativtitel: »Plague – Unter strengster Geheimhaltung«) – Ab 16. ✦ Kanada 1978 **P** Harmony Ridge/Group 1 **KI** Thorn EMI **R+B** Ed Hunt, Barry Pearson **K** Mark Irwin **M** Eric Robertson (= Eric N. Robertson) **D** Daniel Pilon (Bill), Kate Reid (Jessica), Céline Lomez (Lehrerin), Michael J. Reynolds, Brenda Donohue **L** 89 **E** 1984 Video **fd** 24 592

UNTER TÖDLICHER SONNE (CHARLEY-ONE-EYE). Ein schwarzer Soldat, der einen weißen Offizier erschossen hat, desertiert und läßt sich mit einem verkrüppelten Halbblut, das er zunächst wie einen Sklaven behandelt, in einer verlassenen Kirche in der mexikanischen Wüste nieder. Das ansonsten friedfertige Halbblut erschießt einen Kopfgeldjäger, der es für seine Zwecke mißbrauchen will. Der Soldat wird schließlich von Mexikanern gesteinigt. In der Figurenzeichnung reizvoller, jedoch mit Symbolik überfrachteter Western. ✦ USA 1973 **P** David Paradine Films **Pd** James Swann **R** Don Chaffey **B** Keith Leonard **K** Kenneth Talbot **M** John Cameron **S** Mike Campbell **D** Richard Roundtree (Ben), Roy Thinnes (Indian), Nigel Davenport (Kopfgeldjäger), Jill Pearson (Frau des Offiziers), Aldo Sambrell **L** 91 **E** 13.1. 1988 RTL plus

UNTER UNGEKLÄRTEN UMSTÄNDEN (CIRCUMSTANCES UNKNOWN). Ein Goldschmied hat als Kind seine ungeliebte Mutter beim Baden im See ertränkt. Auch als sich solche »Unfälle« wiederholen, glaubt die Polizei nicht an Verbrechen. Erst die junge Frau eines der Ertrunkenen findet die schreckliche Wahrheit heraus. Leidlich spannender, dabei völlig anspruchsloser Fernsehkrimi, der sich in schönen Bildern und gefühliger Musik auf einschlägige Vorbilder beruft, ohne Wert auf psychologische Glaubwürdigkeit zu legen. ✦ USA 1995 **P** Wilshire Court **VA** CIC **Pd** Mary Eilts **R** Robert Lewis (= Robert Michael Lewis) **B** Emily Shoemaker, Thomas Hood, nach einer Erzählung von Jonellen Heckler **K** Bruce Worrall **M** Joseph Conlan **S** Claudia Finkle **D** Judd Nelson (Paul Kinsey), Isabel Glasser (Tina), William R. Moses (Tim), Rhys Huber (Martin), Pat Armstrong (Mimi Trakas) **L** 88 (gek. 83) **FSK** ab 16 (gek. ab 12) **E** 25.10.1995 Video **fd** 31 626

UNTER UNSEREM HIMMEL →Der Weibsteufel (1966)

UNTER VERDACHT (1944) (THE SUSPECT). Ein Mann bringt in einem Verzweiflungsakt seine ihn peinigende Ehefrau um und gerät in die Zwangslage, auch noch einen Erpresser aus dem Weg räumen zu müssen. Sein neues Eheglück mit einer sanfteren Frau ist nur von kurzer Dauer. Ein atmosphärisch dichter psychologischer Kriminalfilm mit hervorragender Gestaltung der Hauptrolle. – Ab 16. ✦ Schwarz-weiß. USA 1944 **P** Universal **KI** Universal **Pd** Islin Auster **R** Robert Siodmak **B** Bertram Milhauser, Arthur T. Horman, nach dem Roman »This Way Out« von James Ronald **K** Paul Ivano **M** Frank Skinner **S** Arthur Hilton **D** Charles Laughton (Philip Marshall), Ella Raines (Mary Grey), Dean Harens (John Marshall), Molly Lamont (Edith Simmons), Henry Daniell (Gilbert Simmons) **L** 85 **FSK** ab 16; nf **E** 9.6.1950 **fd** 683

UNTER VERDACHT (1984) (BEST KEPT SECRETS). (Fernseh-)Drama zum Thema Zivilcourage: Die Frau eines Polizeibeamten entdeckt, daß über sie und ihre Freunde geheime Akten existieren, die für politische Erpressungen benutzt werden. Dieses Wissen stürzt sie in einen Gewissenskonflikt zwischen Ehrlichkeit und Karrieredenken. Durchschnittliche Inszenierung eines interessanten Stoffes. – Ab 16. ✦ USA 1984 **P** ABC **Pd** David Manson **R** Jerrold Freedman **B** April Smith **K** Thomas Del Ruth **M** Gil Melle **D** Patty Duke Astin (= Patty Duke) (Laura Dietz), Frederic Forrest (Blaise Dietz), Peter Coyote (Frank Mitchell), Meg Foster (Shari Mitchell), Albert Salmi (Ed Dietz) **L** 95 **E** 7.10.1991 Tele 5

UNTER VERDACHT (1987) → Suspect – Unter Verdacht

UNTER VERDACHT (1991) (UNDER SUSPICION). Ein auf halblegale Scheidungsfälle spezialisierter Ex-Polizist und Detektiv findet seine Frau und einen seiner Klienten ermordet in einem Hotelzimmer. Selbst von der Polizei verdächtigt, sucht er Beweise für die Schuld der Geliebten des Opfers. Spannender, raffiniert konstruierter Kriminalfilm, der Elemente der »Schwarzen Serie« Hollywoods souverän in die englische Gesellschaft der späten 50er Jahre transponiert und seine düstere Grundstimmung bis zum Schluß steigert. – Sehenswert ab 16. ✦ Scope. Großbritannien/USA 1991 **P** Carnival/Rank/LWT **KI** Columbia TriStar **VA** Columbia TriStar Home **Pd** Brian Eastman **R+B** Simon Moore **K** Vernon Layton **M** Christopher Gunning **S** Tariq Anwar **D** Liam Neeson (Tony Aaron), Laura San Giacomo (Angeline), Kenneth Cranham (Frank), Maggie O'Neill (Hazel Aaron), Alphonsia Emmanuel (Selina), Stephen Moore (Roscoe) **L** 99 **FSK** ab 16; f **E** 9.7.1992/9.2.1993 Video/26.5.1995 RTL **fd** 29 626

UNTER VERSCHWÖRERN (UMMISADUL SOGESE). Korea Ende der 40er Jahre: Ein Kundschafter der Revolutionsarmee wird beauftragt, einen Anschlag amerikanischer Agenten zu vereiteln. – Ab 14. ✦ Scope, schwarz-weiß. VR Korea 1979 **P** Koreanisches Spielfilmstudio **KI** Progress **R** Kim Gir-Ho **B** Min Bjong-Son **K** Tschö Tä-Guk **M** Ra Guk **D** Tschö Dä-Hjon, Dson Bjong-Giju **L** 79 **E** 11.9.1981 Kino DDR

UNTER WASSER KÜSST MAN NICHT (UNTER WASSER KÜSST MAN NICHT). Ein strohdummer Privatdetektiv erhält den Auftrag, die Tochter eines Bankdirektors, die zu einer Taucherexpedition nach Griechenland aufgebrochen ist, zurückzuholen. Eine äußerst dilettantische Mischung aus mißglücktem Kulturfilm, der mit zahlreichen Unterwasseraufnahmen angereichert wurde, und unbeholfenem Lustspiel, das ganz vom grimassierenden Hauptdarsteller bestimmt wird. – Ab 8. ✦ Österreich 1961 **P** Projektograph **KI** Neue Film Allianz **Pd** Gerry Hytha, Erich Heindl **R** Erich Heindl **B** Herbert Prikopa, Rolf Olsen **K** Hans H. Theyer, Walter Tuch, Gerry Hytha, Erich Heindl **M** Gerhard Heinz **D** Gunther Philipp (Lutz Blitz), Evi Kent (Elfie, Tochter des Bankdirekto), Gerry Hytha (Expeditionsleiter), Rolf Olsen (Lagopulos), Herbert Prikopa (Hafenmeister), Silvana Sansoni (Elfie, Expeditionsteilnehmerin) **L** 82 **FSK** ab 6; nf **E** 30.11.1962 **fd** 10 954

UNTER WASSER RUND UM DIE WELT (AROUND THE WORLD UNDER THE SEA). Ein Erdbeben löst überraschende Flutwellen aus. Als Sicherheitsmaßnahme legt ein Forschungsteam rund um die Welt unter Wasser ein Netz von Erdbebenwarngeräten aus. Technisch raffiniert ausgeklügelter utopischer Film, der sich in seiner Wirkung jedoch dadurch selbst beeinträchtigt, daß er sich nicht klar zwischen Zukunfts- und Abenteuergeschichte entscheiden kann. – Ab 12 möglich. ✦ USA 1965 **P** Ivan Tors **KI** MGM **Pd+R** Andrew Marton **B** Arthur Weiss, Art Arthur **K** Clifford Poland, Lamar Boren (Unterwasser) **M** Harry Sukman **S** Warren Adams **D** Lloyd Bridges (Dr. Doug Standish), Shirley Eaton (Dr. Maggie Handford), Brian Kelly (Dr. Craig Mosby), David McCallum (Dr. Phil Volker), Keenan Wynn (Hank Stahl), Marshall Thompson (Dr. Orin Hillyard), Gary Merrill (Dr. Augsut Boren), George Shibata (Prof. Hamaru) **L** 110 **FSK** ab 12; f **E** 5.8.1966/18.11.1973 ZDF/4.1.1985 DFF 1 **fd** 14 192

UNTER WASSER STIRBT MAN NICHT (THE DROWNING POOL). Ein Privatdetektiv gerät bei der Erledigung eines zunächst harmlos erscheinenden Auftrags in einen Dschungel aus Korruption, Erpressung und Mord. Er klärt zwar die Zusammenhänge, muß letztlich aber doch eine Niederlage hinnehmen. Weitgehend textgetreue Verfilmung eines Kriminalromans von Ross MacDonald, dessen Seriengestalt Lew Archer in der Tradition der klassischen »Schnüffler« von Dashiell Hammett und Raymond Chandler steht. Routiniert inszeniert und gespielt, ist die Mischung aus moralisch orientierter Gesellschaftskritik, vorsichtiger Psychologisierung und einer auf Stimmungseffekte bedachten Symbolik eine Spur zu glatt ausgefallen, um wirklich zu fesseln. – Ab 16. ✦ Scope. USA 1975 **P** Coleytown/First Artists (für Warner Bros.) **KI** Warner-Columbia **Pd** Lawrence Turman, David Foster **R** Stuart Rosenberg **B** Tracy Keenan Wynn, Lorenzo Semple jr., Walter Hill, nach einem Roman von Ross MacDonald **K** Gordon Willis **M** Michael Small **D** Paul Newman (Lew Harper), Tony Franciosa (= Anthony Franciosa) (Broussard), Murray Hamilton (Kilbourne), Joanne Woodward (Iris), Gail Strickland (Mavis), Melanie Griffith (Schuyler), Richard Jaeckel (Franks), Linda Haynes (Gretchen) **L** 109 **FSK** ab 12; f (früher 16) **E** 30.4.1976 **fd** 19 772

UNTER WILDEN (SAVAGES). Mitglieder eines primitiven Urwaldstammes geraten durch einen mysteriösen Zeitsprung in eine viktorianische Villa. Sie bedienen sich der vornehmen Kleider der verschwundenen Bewohner und veranstalten eine Dinnerparty, wobei sie im Verlauf einer stürmischen Nacht immer mehr von ihren aufgesetzten zivilisierten Verhaltensweisen verlieren und sich wieder als Wilde offenbaren. Eine satirische Allegorie über Aufstieg und Zerfall der zivilisierten Kultur, esoterisch-versponnen und nicht ohne Längen, jedoch in ihrer Aussage überdenkenswert. ✦ USA 1972 **P** Angelika/Merchant-Ivory-Prod. **Pd** Ismail Merchant, James Ivory **R** James Ivory **B** George Swift Trow, Michael O'Donoghue **K** Walter Lassally **M** Joe Raposo **D** Susan Blakely (Cecily), Anne Francine (Carlotta), Thayer David (Otto Nurder), Margaret Brewster (Lady Cora), Russ Thacker (Andrew), Lewis J. Stadlen (Julian Branch) **L** 107 **E** 16.3.1988 Eins Plus

UNTER WÖLFEN (1973) → Wölfe

UNTER WÖLFEN (1985) (LES LOUPS ENTRE EUX). Die Befreiung eines von Linksextremisten entführten NATO-Generals durch eine Gruppe hochspezialisierter Krimineller und Abenteurer. Langatmiger Abenteuerfilm, der sich vornehmlich in Geheimnistuerei und breiter Ausmalung des Trainings erschöpft. ✦ Frankreich 1985 **P** Compagnie Française de Coproduction Internationale/TF 1 Films **KI** Nova **VA** Starlight **Pd** William Dury **R** José Giovanni **B** José Giovanni, Jean Schmitt, nach ihrem Roman **K** Jean-Francis Gondre **M** Lino Marquese **S** Jacqueline Thiédot **D** Claude Brasseur (Lacier), Bernard-Pierre Donnadieu (De Saintes), Gérard Darmon (La Cavale), Niels Arestrup (Mike), Jean-Hugues Anglade (Richard Avakian) **L** 111 **FSK** ab 16; nf **E** 25.9.1987 Video **fd** 26 445

UNTER ZEHN FLAGGEN (SOTTO DIECI BANDIERE). Kriegsfilm über den deutschen Hilfskreuzer »Atlantis«, der während des Zweiten Weltkriegs lange Zeit die englische Flotte und die Admiralität in London beschäftigte. Perfekt inszeniert und spannungsgeladen, aber in den vielen Naivitäten und der betonten Verneigung vor dem Feind kein zutreffendes Bild der Wehrmacht und des Krieges. – Ab 16. ✦ Schwarz-weiß. Italien 1960 **P** Dino de Laurentiis-Prod. **KI** Ufa **Pd** Luigi De Laurentiis **R** Duilio Coletti **B** Vittoriano Petrilli, Duilio Coletti, Ulrich Mohr, nach dem Roman »Schiff 16« von Bernhard Rogge und Wolfgang Frank **K** Aldo Tonti **M** Nino Rota **S** Jerry Webb **D** Van Heflin (Kapitän Rogge), Charles Laughton (Admiral Russell), Mylène Demongeot (Zizi), Folco Lulli (Paco), John Ericson (Krüger), Eleonora Rossi-Drago (Sarah Braun), Dieter Eppler (Schiffsarzt Hartmann), Helmut Schmid (Offizier) **L** 107 **FSK** ab 12; f **FBW** w **E** 22.7.1960 **fd** 9 295

UNTER ZWEI FLAGGEN (1936) (UNDER TWO FLAGS). Ein schneidiger französischer Fremdenlegionär erlebt in der arabischen Wüste Kampf, Abenteuer und Leidenschaft. Groß angelegtes Abenteuer-Kintopp, das anspruchslos unterhält. – Ab 12. ✦ Schwarz-weiß. USA 1936 **P** 20th Century Fox **KI** 20th Century Fox **Pd** Darryl F. Zanuck, Raymond Griffith **R** Frank Lloyd **B** W. P. Lipscomb, Walter Ferris, nach einem Roman von Quida **K** Ernest Palmer **M** Louis Silvers **S** Ralph Dietrich **D** Ronald Colman (Sergeant Viktor), Claudette Colbert (»Cigarette«), Rosalind Russell (Lady Venetia), Victor McLaglen (Major Doyle), Gregory Ratoff (Iwan), Nigel Bruce (Captain Menzies), John Carradine (Cafard), J. Edward Bromberg (Colonel Ferol) **L** 97 **FSK** ab 12; nf **E** 12.6.1952 **fd** 1 867

UNTER ZWEI FLAGGEN (1954) (THE RAID). Im amerikanischen Bürgerkrieg, Oktober 1864: Einer Gruppe von Offizieren der Südstaaten-Armee gelingt die Flucht aus dem Gefangenenlager. Einer erhält den Auftrag, in Zivilkleidern einen Angriff auf eine Stadt in den Nordstaaten vorzubereiten. Was ein Zeitbild aus dem Sezessionskrieg sein will, entpuppt sich lediglich als ein Kriegsabenteuer, das nur in wenigen Augenblicken fesselt. – Ab 14 möglich. ✦ USA 1954 **P** 20th Century Fox **KI** Centfox **Pd** Robert L. Jacks **R** Hugo Fregonese **B** Sydney Boehm, nach dem Roman »Affair at St. Albans« von Herbert Ravenal Sass **K** Lucien Ballard **M** Roy Webb **S** Robert Golden **D** Anne Bancroft (Katy Bishop), Van Heflin (Major Neal Benton), Richard Boone (Captain Foster), Lee Marvin (Leutnant Keating), Peter Graves (Captain Dwyer), Tommy Rettig (Larry Bishop) **L** 82 **FSK** ab 12; f **E** 5.12.1958 **fd** 7 625

DER UNTERBROCHENE FLUG (PRZERWANY LOT). Bei der unplanmäßigen Zwischenlandung seines Flugzeugs trifft ein Pilot das polnische Bauernmädchen, das er während des Zweiten Weltkrieges geliebt hatte. – Ab 14. ✦ Schwarz-weiß. Polen 1964 **P** Filmstudio Warszawa **R** Leonard Buczkowski **B** Jerzy Janicki, Andrzej Mularczyk **K** Wladyslaw Forbert **M** Krzysztof Trzcinski-Komeda **D** Aleksander Bielawski, Elzbieta Czyzewska, Mieczyslaw Voit **L** 84 **E** 14.5.1966 DFF 1

UNTERBROCHENE MELODIE (INTERRUPTED MELODY). Filmbiografie der australischen Sängerin Marjorie Lawrence, die an spinaler Kinderlähmung erkrankt und mit der Hilfe ihres Ehemanns das Leiden körperlich und seelisch soweit überwindet, daß sie eine zweite Karriere machen kann. Gefühlsbetonte, manchmal allzu sentimentale Unterhaltung, interessant vor allem wegen der hervorragenden Gesangseinlagen. – Ab 12. ✦ Scope. USA 1954 **P** Loew's Incorporated (für Metro-Goldwyn-Mayer) **KI** MGM **Pd** Jack Cummings **R** Curtis Bernhardt (= Kurt Bernhardt) **B** William Ludwig, Sonya Levien, nach der

Lebensgeschichte von Marjorie Lawrence **K** Joseph Ruttenberg, Paul C. Vogel **M** Saul Chaplin, Adolph Deutsch **S** John Dunning **D** Glenn Ford (Dr. Thomas King), Eleanor Parker (Marjorie Lawrence), Roger Moore (Cyril Lawrence), Cecil Kellaway (Bill Lawrence), Peter Leeds (Dr. Ed Ryson), Evelyn Ellis (Clara) **L** 106 **FSK** ab 12; f **FBW** w **E** 28.10.1955 **fd** 4750

DIE UNTERBROCHENE SPUR (DIE UNTERBROCHENE SPUR). Dokumentarfilm über das Flüchtlingselend in der Schweiz während der Hitler-Zeit und über das Elend der Schweiz als Flüchtlingsland, aufgezeigt in Gesprächen mit Flüchtlingen und Helfern von einst und in Aufnahmen von Orten einstigen Geschehens. Eine eindrucksvolle, gut recherchierte Untersuchung, die versucht, das Thema so filmisch wie möglich zu gestalten. Zugunsten dieser Form wird ein scharf definierter politischer Standpunkt aufgegeben, um den porträtierten Menschen und ihren Schicksalen so nahe wie möglich zu kommen. – Sehenswert ab 16. ✦ Schweiz 1981 **P** Filmkollektiv Zürich **Pd** Jürgen L. Karg, Rob Gnant **R+B** Mathias Knauer **K** Rob Gnant **M** Roland Moser **S** Mathias Knauer, Hannelore Küenzi **L** 146 (TV 90) **E** 13.9.1982 H 3

DIE UNTERDRÜCKUNG DER FRAU IST VOR ALLEM AN DEM VERHALTEN DER FRAUEN SELBER ZU ERKENNEN. Experimentalfilm über die Monotonie des gewöhnlichen Lebens: Minutenlang beobachtet die Kamera die aussichtslosen Bemühungen einer (von einem Mann gespielten) Frau, Ordnung in ihren Haushalt zu bekommen. Weniger durch seine gesellschaftskritische These überzeugend, regt der Film durch ästhetische Provokation zur Bewußtmachung eingeschliffener Sehgewohnheiten an. ✦ BR Deutschland 1969 **P** Hellmuth Costard/WDR **SF** Freunde der Deutschen Kinemathek **Pd+R+B+K** Hellmuth Costard **D** Christoph Hemmerling **L** 62 **E** 26.1.1970 ARD

DIE UNTEREN ZEHNTAUSEND (POCKETFUL OF MIRACLES). Bettler und Unterwelt von New York helfen mit, einem Mädchen die Illusion vornehmer Abstammung zu erhalten, damit es einen spanischen Grafen heiraten kann. Eine mit Turbulenz, Laune und Elan inszenierte amüsante Komödie im Hollywood-Märchenstil, die Witz, Charme, Ausgelassenheit und Sentimentalität publikumsattraktiv verbindet. Grandios: zwei Alleingänge von Bette Davis. – Ab 14. ✦ USA 1961 **P** Franton/United Artists **KI** United Artists **Pd** Frank Capra, Glenn Ford, Joseph Sistrom **R** Frank Capra **B** Hal Kanter, Harry Tugend, Jimmy Cannon, nach einer Erzählung von Damon Runyon und einem Drehbuch von Robert Riskin **K** Robert Bronner **M** Walter Scharf, Peter Iljitsch Tschaikowski **S** Frank P. Keller **D** Bette Davis (Annie), Glenn Ford (Dave), Hope Lang (»Queenie«), Arthur O'Connell (Graf Romero), Peter Falk (Joy Boy), Thomas Mitchell (Richter Blake), Edward Everett Horton (Hutchins), Ann-Margret (Louise), Harry »Snub« Pollard (Knuckles) **L** 137 **FSK** ab 12; nf **FBW** w **E** 23.2.1962/18.12.1972 ZDF **fd** 10913

DER UNTERGANG DER COSA NOSTRA (GOTTI). Dreiteiliger Thriller um einen skrupellosen, im Auftreten eleganten Mafia-Boß, der im New Yorker Stadtteil Little Italy als Volksheld gefeiert wird. Erst durch einen Verräter scheint seine Stellung bedroht. ✦ USA 1996 **Pd** David Coatsworth **R** Robert Harmon **B** Steve Shagan **K** Alar Kivilo **M** Mark Isham **S** Zach Staenberg **D** Armand Assante (John Gotti), Anthony Quinn (Neil Dellacroce), William Forsythe (Sammy Gravano), Richard C. Sarafian (Paul Castellano), Frank Vincent (Robert Dibenedetto) **L** 117 **E** 4.1.1998 premiere

DER UNTERGANG DER EMMA. Nachdem ein altes Fährschiff und sein greiser Kapitän durch einen Brückenbau überflüssig geworden sind, wollen zwei 12jährige bei der Renovierung des Schiffes helfen. Ihr Engagement scheitert, als sie sich selbst in Gefahr bringen und den Untergang des Schiffes herbeiführen. Ein humorvoll-engagierter Kinderfilm über den Umgang mit alten Menschen, über Toleranz und Solidarität. Formal mit Schwächen und durch den Mangel an äußeren Aktionen für kleinere Kinder nicht durchgängig interessant. – Ab 8 möglich. ✦ DDR 1973/74 **P** DEFA, Gruppe »Berlin« **KI** Unidoc **Pd** Siegfried Kabitzke **R+B** Helmut Dziuba **K** Günter Heimann **M** Christian Steyer **S** Barbara Simon **D** Uwe Peter Trebs (Mischa), Mathias Holzki (Hartmut), Meike Ulrich (Flasche), Lutz Augustin (Hirte), Michael Jaroschinski (Müller), Erwin Geschonneck (Fährmann Kluge) **L** 74 **FSK** o. A.; f **E** 2.8.1974 Kino DDR/12.8.1978 DFF 1

DER UNTERGANG DER GRAF BISMARCK. Diese Fernsehreportage des Journalisten Wilhelm Bittorf hält die letzten Tage der Zeche »Graf Bismarck« in Gelsenkirchen fest, indem sie eine Gruppe von vier Kumpeln beobachtet. Sie fahren zur letzten Schicht ein, verabschieden sich von den Kollegen, besuchen das Arbeitsamt, um nach neuer Arbeit zu fragen, und sind von der neuen Lage gewaltig irritiert. Eine lakonische Studie, die für einen neuen Realismus im deutschen Fernsehen stand. – Ab 16. ✦ Schwarz-weiß. BR Deutschland 1967 **P** SDR **R+B** Wilhelm Bittorf **K** Michael Busse **S** Karl-Heinz Jakob **L** 45 **E** 15.3. 1967 ARD

DER UNTERGANG DER »ROSALES« (LA ROSALES). Als am 8. Juli 1892 vor der Küste Uruguays das argentinische Kriegsschiff »Rosales« auf Grund lief, überlebten von den 100 Besatzungsmitgliedern nur 19 Offiziere. Eine erste Gerichtsverhandlung konstatierte ihre Unschuld, später erschien der Untergang des Schiffes jedoch in einem anderen Licht. Vor dem obersten Gerichtshof der Marine werden Kapitän und Offiziere der Korvette »La Rosales« daraufhin nochmals vernommen. Ein Film um Gier und Verrat vor historischem Hintergrund. ✦ Argentinien 1983 **P** LDG Films/David Lipszyc **R** Raúl Lipszyc **B** Cernadas Lamadrid, Raúl Lipszyc **K** Ricardo Younis **M** Alberto Favero **D** Héctor Alterio, Alicia Bruzzo, Ricardo Darin, Oscar Martinez, Ulises Dumont **L** 75 **E** 27.6.1986 DFF 2

DER UNTERGANG DER TITANIC (TITANIC). Melodramatischer Film über den spektakulären Untergang des für unsinkbar gehaltenen britischen Schiffs »Titanic«, das 1912 bei einer Rekordfahrt über den Atlantik mit einem Eisberg kollidierte. Er konzentriert sich vor allem auf persönliche Schicksale und Tragödien einiger Passagiere und Besatzungsmitglieder. Anerkennenswert als solide inszeniertes psychologisches Drama – kein früher Katastrophenfilm. – Ab 16. ✦ Schwarz-weiß. USA 1952 **P** 20th Century Fox **KI** Centfox **Pd** Charles Brackett **R** Jean Negulesco **B** Charles Brackett, Walter Reich, Richard L. Breen **K** Joseph MacDonald **M** Sol Kaplan **S** Louis Loeffler **D** Barbara Stanwyck (Mrs. Sturges), Clifton Webb (Richard Sturges), Audrey Dalton (Annette), Robert Wagner (Giff Rogers), Thelma Ritter (Mrs. Young), Brian Aherne (Captain Smith), Richard Basehart (Healey), Allyn Joslyn (Earl Meeker), James Todd (Sandy Comstock), William Johnstone (John Jacob Astor), Barry Bernard (Murdock), Mae Marsh **L** 98 **FSK** ab 16; f **E** 21.8.1953 **fd** 2838

DER UNTERGANG DES AMERIKANISCHEN IMPERIUMS (LE DECLIN DE L'EMPIRE AMERICAIN). Die Gespräche einer Gruppe von Männern und Frauen drehen sich ausschließlich um das andere Geschlecht, wobei Liebe weitgehend mit Sex gleichgesetzt wird, Orientierungslosigkeit und Lebensekel entlarvt werden. Teils zielsicherer und hintergründig-amüsanter, teils grell-verzerrender Filmessay, der den Zerfall der Werte in der modernen Wohlstandsgesellschaft zum Thema hat. Fragwürdig durch seine sarkastische und zynische Grundhaltung und seine blinden Attacken gegen Staat und Gesellschaft. ✦ Kanada 1986 **P** Corporation Image M & M/Office National du Film du Canada/Téléfilm Canada/u. a. **KI** Tobis **VA** Marketing **Pd** René Malo, Roger Frappier **R+B** Denys Arcand **K** Guy Dufaux **M** Georg Friedrich Händel, François Dompierre (Bearbeitung) **S** Monique Fortier **D** Dominique Michel (Dominique), Dorothée Berryman (Louise), Pierre Curzi (Pierre), Rémy Girard (Remy), Louise Portal (Diane), Geneviève Rioux (Danielle) **L** 102 **FSK** ab 18; nf **E** 30.10.1986/ 2.3.1987 Video/15.4.1994 ARD **fd** 25862

DER UNTERGANG DES GELBEN REICHES → Vom Sklaven zum General

DER UNTERGANG DES GOLDENEN WEBSTUHLS. Spielfilm mit Animationssequenzen. Angeregt von einer allegorischen Erzählung, sucht ein Katastrophenforscher die Stätten einer vergangenen, einst blühenden Kultur auf: das Land des »Goldenen Webstuhls«. In dessen Mittelpunkt stand das Weben eines heiligen Teppichs, der den Einwohnern magischen Schutz verlieh. Durch alte Überlieferungen und Nachfahren des Teppichreiches erfährt der Forscher mehr über diese Gesellschaft und ihren Untergang. ✦ Teils schwarz-weiß. Deutschland 1991/92 **P** Lichtblick/ZDF **R** Franz Winzentsen **B** Franz Winzentsen, nach der Erzählung »Der Webstuhl« von Hermann Kasack **K** Bernd Fiedler **M** Jens-Peter Ostendorf **S** Ursula Höf, Dany Apelt **D** Hellmuth Costard (Fabian), Andreas Gülck (Junge), Elisabeth Schwarz (Wirtin), Victoria Trauttmansdorff (Andrea), Fritz Lichtenhahn (Museumsleiter) **L** 92 **E** 20.4.1993 ZDF

DER UNTERGANG DES HAUSES USHER (1927) (LA CHUTE DE LA MAISON USHER). Poes makabre Erzählung in einer Stummfilmversion: Ein schottischer Edelmann bewirkt den Untergang des Stammsitzes, als er seine Frau unwissentlich bei lebendigem Leibe begräbt. ✦ Schwarz-weiß. Frankreich 1927 **P** Jean Epstein **R** Jean Epstein **B** Jean Epstein, nach einer Erzählung von Edgar Allen Poe **K** Lucas **M** Gerhard Gregor (Neubearbeitung) **D** Marguerite Gance, Jean Debucourt, Charles Lamy **L** 65 **E** 25.11. 1967 NDR

DER UNTERGANG DES HAUSES USHER (1960) → Die Verfluchten

DER UNTERGANG DES JAHRHUNDERTS – TESTAMENT L. Z. (ZALAZAK STOLJECA (TESTAMENT L.Z.)). Lordan Zafranovic, einer der bedeutendsten Filmemacher des ehemaligen Jugoslawien, arbeitete sieben Jahre lang an diesem apokalyptischen Montage-Epos über den faschistischen kroatischen Staat der Jahre 1941 bis 1945. Angesichts des Prozesses gegen den ehemaligen Innenminister Kroatiens, Andrija Artukovic, im Jahr 1986 entwickelt er zugleich die Geschichte seines Heimatlandes, wobei er die historischen Bilder der 40er Jahre mit seinen eigenen (Spielfilm-)Bildern aus jener Zeit vergleicht und nach deren Herkunft in seinem eigenen Film-Leben sucht. Schließlich brach der Krieg über den Film herein, Zafranovic mußte fliehen. Der Kreis schließt sich: von den historischen Schüssen in Sarajevo zu den aktuellen Morden in Sarajevo. Ein durch vielfältige dialektische Verschränkungen langsam aufgebauter und ruhig hergeleiteter monomanischer Bildersturm, der zutiefst beeindruckt (O.m.d.U.) ✦ Teils schwarz-weiß. Kroatien/Tschechien/Österreich/ Frankreich 1993 **P** Kroatisches Fernsehen/Tschechisches Fernsehen/Constellation/Sinex **KI** Freunde der Deutschen Kinemathek **R** Lordan Zafranovic **B** Lordan Zafranovic, Vojdrag Bercic **K** Andrija Pivcevic, Branko Jaklin **S** Ivica Drnic, Ljuba Djurkoviceva, Jan Daniel **L** 201 **E** 1994 Kino

DER UNTERGANG DES LEOPARDENREICHES (GLI INVINCIBILI FRATELLI MACISTE). Die Königin eines unterirdischen Reiches, die mit ausgesuchter Grausamkeit über ihre Untertanen herrscht, will einen kurz vor seiner Hochzeit stehenden Erdenprinzen in ihre Gewalt bringen und läßt zu diesem Zwecke seine Braut entführen. Der Prinz und zwei mit ihm befreundete muskelbepackte Brüder zerlegen das unterirdische Schreckensregiment buchstäblich in seine Einzelteile. Unsagbar einfältiger Monumental-Abenteuerfilm mit zahllosen Toten vor billigen Pappkulissen und noch billigerer Mythologie. – Ab 12 möglich. ✦ Italien 1964 **P** I.F.E.S.A. **KI** FAB **R** Roberto Mauri **B** Edoardo Mulargia, Roberto Mauri **K** Romolo Garroni **M** Felice Di Stefano **S** Enzo Alabiso **D** Richard Lloyd, Tony Freeman, Claudie Lange, Anthony Steffen (= Antonio de Teffe), Ursula Davis, Gia Sandri, Steve Lang **L** 85 **FSK** ab 12; nf **E** 24.5.1974 **fd** 18 949

DER UNTERGANG DES RÖMISCHEN REICHES (THE FALL OF THE ROMAN EMPIRE). Der Untergang des Römischen Reiches unter dem grausamen und lebenshungrigen Kaiser Commodus im zweiten Jahrhundert nach Christus. Trotz eines zeitweilig sich kritisch gebenden Kommentars bietet der in Ausstattung und Schauwerten aufwendige Abenteuerfilm die übliche Geschichtsklitterung. Einige leidlich spannende Szenen wiegen die halbherzige Mischung aus pathetischer Redseligkeit und Schlachten-Panoramen nicht auf. – Ab 14 möglich. ✦ Scope. USA 1963 **P** Bronston-Roma **KI** Rank (auch 70mm) **Pd** Samuel Bronston **R** Anthony Mann **B** Ben Barzman, Basilio Franchina, Philip Yordan **K** Robert Krasker **M** Dimitri Tiomkin **S** Robert Lawrence **D** Sophia Loren, Stephen Boyd, Alec Guinness, James Mason, Christopher Plummer, John Ireland, Mel Ferrer, Omar Sharif, Anthony Quale **L** 174 **FSK** ab 12; f **FBW** w **E** 12.6.1964/ 22.1.1971 Kino DDR **fd** 12 801

DER UNTERGANG DES SCHWARZEN KONSULS (GIBEL TSCHERNOWO KONSULA). Die letzten Tage der Gewaltherrschaft des Emirs von Buchara im Jahr 1920, kurz vor Gründung der Republik Usbekistan. – Ab 14. ✦ Scope, schwarz-weiß. UdSSR 1970 **P** Usbekfilm **R** Kamil Jarmatow **B** Michail Melkumow, Kamil Jarmatow **K** Miron Penson **M** Ikram Akbarow **D** Schukur Burchanow (Asnawur), Shukrat Ergaschew (Kamal Ubajdulla), Roman Chomjatow (Frunse), S. Muchamedshanow (Mirso Rachmatullo), Juri Dedowitsch (Trofimow) **L** 77 **E** 15.12.1972 DFF 2

DER UNTERGANG DES SONNENREICHES (THE ROYAL HUNT OF THE SUN). 1532. Der spanische Feldhauptmann Francisco Pizarro und seine goldgierigen Söldner erobern mit Gewalt und Hinterlist Peru, indem sie 2000 unbewaffnete Indios niedermetzeln und schließlich auch den Inka-König Atahualpa töten. Peter Shaffers ambitioniertes religionskritisches Bühnenstück über den Zusammenstoß zweier Kulturen und das Aufeinanderprallen von Christentum und Sonnenkult wurde zugunsten eines aufwendigen Abenteuerfilms weitgehend um seine geistige Auseinandersetzung gebracht. Eindrucksvoll die schauspielerischen Glanznummern, die jenseits der äußerlichen Effekte noch einige Tiefenwirkungen erzielen. (Fernsehtitel DDR: »Die königliche Jagd auf die Sonne«) – Ab 12 möglich. ✦ Scope. Großbritannien/ Spanien 1969 **P** Benmar/Royal **KI** Centfox **Pd** Eugene Frenke, Philip Yordan **R** Irving Lerner **B** Philip Yordan, nach einem Bühnenstück von Peter Shaffer **K** Roger Barlow, Francisco Sempere **M** Marc Wilkinson **S** Peter Parasheles, Bill Lewthwaite, Roy Baker **D** Robert Shaw (Francisco Pizarro), Christopher Plummer (Atahualpa), Nigel Davenport (Hernando de Soto), Michael Craig (Estete), Leonard Whiting (Martin), Andrew Keir (Valverde) **L** 111 **FSK** ab 12; f **FBW** w **E** 15.7.1970/20.1.1988 DFF 2 **fd** 16 693

DER UNTERGANG JAPANS (THE SUBMERSION OF JAPAN). Veränderungen im Erdinnern bewirken riesige See- und Erdbeben; verwüstet versinkt Japan im Meer. Utopischer Katastrophenfilm mit mäßiger Trickkunst und vielen heroischen Sprüchen. (Alternativtitel: »Panik über Tokio«) – Ab 16. ✦ Scope. Japan 1973 **P** Toho **KI** Scotia **R** Shiro Moritani **B** Sakyo Komatsu, nach einem Roman von Shinobu Hashimoto **K** Hiroshi Morai, Daisaku Kimura **M** Masaru Satô **D** Keiju Kobayashi, Hiroshi Fujioka, Ayumi Ishida, Tetsuro Tamba, Shogo Shimada **L** 98 **FSK** ab 16; f **E** 7.11.1974 **fd** 19 078

DER UNTERGANG VON METROPOLIS (IL GIGANTE DI METROPOLIS). Metropolis, Hauptstadt eines sagenhaften Reiches, geht unter, weil ihr Gewalthaber in seiner Vermessenheit die Schöpfung übertrumpfen will. Geistig unterbelichtete Mammut-Unterhaltung. – Ab 14 möglich. ✦ Scope. Italien 1961 **P** Centro Produzione **KI** Ceres **Pd** Decio Salvi **R** Umberto Scarpelli **B** Gino Stafford **K** Mario Sensi **M** Armando Trovaioli **D** Gordon Mitchell (Obro), Roldano Lupi (Yotar), Liana Orfei (Texen), Furio Meniconi (Eron), Omero Gargano (Tarakai), Marietto (Elmos) **L** 91 **FSK** ab 12; nf **E** 14.2.1964 **fd** 12 639

DER UNTERGANG VON POMPEJI (THE LAST DAYS OF POMPEJI). Die Geschichte eines Schmieds, der als Gladiator zur Zeit Christi in Judäa und Pompeji zu Ruhm und Reichtum kommt. Sein Sohn, der Christ geworden ist, wird durch den verheerenden Ausbruch des Vesuvs und das daraus resultierende Erdbeben aus der Arena gerettet, in die er mit anderen Christen zu einem aussichtslosen Kampf geschickt wurde. Ein Historienfilm, der hart an der Grenze zum Kitsch inszeniert ist. Der spektakuläre Vulkanausbruch und der Untergang der Stadt zu seinen Füßen sind mit für damalige Möglichkeiten bemerkenswerten Trickaufnahmen aufbereitet. – Ab 12. ✦ Schwarz-weiß. USA 1935 **P** RKO **KI** RKO **Pd** Merian C. Cooper **R** Ernest B. Schoedsack **B** Ruth Rose, Boris Ingster, nach einem Roman von Lord Bulwer Lytton **K** Eddie Linden jr., J. Roy Hunt **M** Roy Webb **S** Archie Marshek **D** Preston Foster (Marcus), Basil Rathbone (Pontius Pilatus), David Holt (Flavius als Junge), John Wood (Flavius als Mann), Dorothy Wilson (Clodia), Alan Hale (Burbix), Louis Calhern (Präfekt) **L** 95 **FSK** ab 12; f **E** 31.1.1950 **fd** 625

DER UNTERGANG VON TROJA →Die schöne Helena

UNTERGRUND (1966/68) (SUBTERANUL). Konflikte unter den Mitgliedern einer Katastrophenschutzstaffel, für die der Brand auf einem Ölfeld zur Bewährungsprobe wird. – Ab 14. ✦ Schwarz-weiß. Rumänien 1966/68 **P** Filmstudio Bucuresti **R** Virgil Calotescu **B** Ioan Grigorescu **K** Costea Ionescu Tonicu, Raducanu Ateodoresei **M** Theodor Mitache **D** Jurie Darie, Leopoldina Balanuta, Viorica Farkas, Stefan Ciobotarasu, Emil Bota **L** 92 (gek. 88) **E** 14.4.1970 DFF 2

UNTERGRUND (1989). Ein Tiefbau-Ingenieur, dessen Frau vor zehn Jahren unter mysteriösen Umständen verschwand, glaubt sie bei einem Überfall auf eine U-Bahn wiedererkannt zu haben. Als sich auch seine 15jährige Tochter von ihm abwendet, sucht er im Untergrund der Stadt nach beiden und gerät dabei noch mehr in ein verworrenes Lebenslabyrinth. Zum Schluß kippt der Kölner Dom um. Schwacher Film mit einem ebenso schwachen Drehbuch, affektiert in seiner Machart. ✦ BR Deutschland 1989 **P** Tag/ Traum Prod. **R** Gerd Haag **B** Don Reneau, Gerd Haag **K** Arthur Ahrweiler **M** Dierk Hill **S** Jean-Marc Lesguillons **D** Antsche Hetesy (Vesna), Pierre Siegenthaler (Gustav Kaul), Margit Carstensen (Krista/Tina), Charles Brauer (Otto) **L** (TV) 87 **E** 11.7.1989 ZDF

DIE UNTERGRUNDBEWEGUNG VON ASSISI →Der Assisi Untergrund

DAS UNTERGRUNDORCHESTER (HET ONDERGRONDS ORKEST). Dokumentarfilm über das Leben von Musikern, die in der Pariser Metro ihr Geld verdienen, viele von ihnen Exilanten aus von Krieg oder Diktatur gezeichneten Ländern. (Arte strahlte eine stark gekürzte Version des Films aus.) ✦ Niederlande 1997 **P** Pieter van Huystee Film & TV **R** Heddy Honigmann **B** Noshka van der Lely, Heddy Honigmann **K** Eric Guichard **S** Mario Steenbergen **L** 60 (Orig. 108) **E** 22.12.1998 arte

DER UNTERHALTER. Dokumentarfilm über einen Unterhalter und Animator in bayrischen Bierzelten und bei Volksfesten. ✦ Schwarz-weiß. BR Deutschland 1978/79 **P** HFF München **SF** HFF **Pd+R+B+K** Christian Virmond **S** Christian Virmond **D** Günther Fersch **L** 70 **E** 26.10.1979

UNTERIRDISCHES GEHEIMNIS (UNDERJORDENS HEMLIGHET). Wegen einer schweren allergischen Erkrankung kommt ein Zehnjähriger ins Krankenhaus. Mit seinem wenig älteren Zimmergenossen macht er sich daran, das Hospital zu erobern und das notwendige Material für den Bau seines Traums, eines kleinen Luftschiff-Modells, zu »organisieren«. Als der flugtüchtige Zeppelin schließlich in die Ferne startet, entschwinden mit ihm die Lebensgeister des älteren Jungen. Zwischen Traum und Wirklichkeit angesiedelter Versuch, das frühe Ende eines jungen Lebens nicht auf melancholische, sondern abenteuerlich-lustige Weise darzustellen. ✦ Schweden 1990 **P** Sandrews **R+B** Clas Lindberg **K** Andra Lasmanis **D** Max Vitali (Lelle), Oliver Loftéen (Nisse), Gösta Ekman (Carsson), Kristina Törnqvist (Sara), Hannes Wigren (Vater), Gunnel Fred (Mutter) **L** 80 (Orig. 100) **E** 13.12.1994 Hessen 3

UNTERM BIRNBAUM. Nach »Der stumme Gast« von Harald Braun (1945) die zweite Verfilmung von Fontanes Novelle um einen verschuldeten Gastwirt im Oderbruch, der in einem Mord den einzigen Ausweg aus seiner hoffnungslosen wirtschaftlichen Lage sieht. Ganz auf die Darstellung der geistig-sozialen Verhältnisse um 1830 zugeschnitten, erzielt der in Milieu-Zeichnung sorgfältige, in Charakterzeichnung und Stimmungsmalerei eindringliche, dramaturgisch aber etwas spröde, ins Langatmige tendierende Film ein hohes Maß an Intensität. – Ab 16. ✦ Scope. DDR 1973 **P** DEFA, Gruppe »Berlin« **KI** Progress **VA** Icestorm **Pd** Wolfgang Rennebarth **R** Ralf Kirsten **B** Ralf Kirsten, nach der Novelle von Theodor Fontane **K** Wolfgang Braumann **M** André Asriel **S** Ursula Zweig **D** Angelica Domröse (Ursula Hradschek), Erik S. Klein (Abel Hradschek), Hannjo Hasse (Justizrat Vowinkel), Agnes Kraus (Mutter Jeschken), Norbert Christian (Pfarrer Eccelius), Manfred Karge (Bauer Kulicke) **L** 86 **FSK** ab 12 **E** 16.11.1973 Kino DDR/10.5.1975 DFF 1/4.7.1976 ZDF/September 1998 Video

UNTERM DIRNDL WIRD GEJODELT. Die sexuellen Erlebnisse einer in München die Schule besuchenden Bauerntochter. Bayerische Sexposse voller Zoten, Stammtisch- und Kasernenstubenwitzen und genreüblicher Sex-Akrobatik. Ein in jeder Hinsicht letztklassiger Film. – Wir raten ab. ✦ BR Deutschland 1974 **P** AB-Film **KI** AB-Film **Pd+R+B** Alois Brummer **K** Hubertus Hagen **D** Gisela Schwarz, Annemarie Wendel, Franz Muxeneder, Edgar Antiker, Bertram Edelmann **L** 91 **FSK** SPIO: X **E** 29.11.1973 **fd** 18 632

... UNTERM HOLDERBUSCH (HERE WO GO ROUND THE MULBERRY BUSH). Ein 17jähriger, der an sich zu zweifeln beginnt, weil er noch keine Erfahrungen mit Mädchen hat, stürzt sich in diverse amouröse Abenteuer, wird enttäuscht und besinnt sich schließlich auf sein Studium. Mit Popmusik der damaligen Zeit gagreich und relativ flott entwickelte Sex-Satire, die durch heiter-ironische Situationskomik weitgehend unterhält. Als Spiegelbild jugendlichen Verhaltens der späten 60er Jahre verharrt der Film freilich eher an der Oberfläche. (Neuer Titel: »Bienen sind zum Stechen da«) – Ab 16 möglich. ✦ Großbritannien 1967 **P** Giant/Nova Film **KI** United Artists **Pd+R** Clive Donner **B** Hunter Davies, nach seinem Roman **K** Alex Thomson **M** Simon Napier Bell, The Spencer Davies Group **S** Fergus McDonell **D** Barry Evans (Jamie McGregor), Judy Geeson (Mary Gloucester), Angela Scoular (Caroline Beauchamp), Michael Bates, Sheila White (Paula), Denholm Elliott, Moyra Fraser **L** 97 (gekürzt 95) **FSK** ab 18; nf (gek. 16) **E** 2.8.1968 **fd** 15 658

UNTERM HÖSCHEN WIRD GEJODELT →Zwei Rebläuse auf dem Weg zur Loreley

UNTERM LEUCHTTURM DER LIEBE (LA ROSSA). Eine schöne Frau, die einst allen Männern den Kopf verdrehte, kehrt in ein kleines Dorf an der Küste zurück. Eines Tages begegnet sie dem Fischer Salvatore, ihrer einstigen Jugendliebe. – Ab 14. ✦ Schwarz-weiß. Italien 1955 **P** Romana **R** Luigi Capuano **B** L. Gioffi, Luigi Capuano, Mario Volpe **K** Giuseppe La Torre **D** Fulvia Franco, Virna Lisi (Amanda), Aldo Bufi Landi, Franco Ricci, Anna Arena **L** 85 **E** 5.4.1988 DFF 2/28.9.1996 mdr

UNTERM RÖCKCHEN STÖSST DAS BÖCKCHEN.

Ein junger Hersteller von Schaufensterpuppen erweist sich eines Tages als nicht mehr liebestauglich. Um Abhilfe zu schaffen, engagiert seine Frau per Inserat eine junge Geliebte. Ein zotenhaftes »Lustspiel«, das seine Figuren als Kopulationsmarionetten sieht. (Alternativtitel: »Mädchen fürs Wochenende«) – Wir raten ab. ✦ BR Deutschland 1973 **P** TIT **KI** Cinerama **R+B** Hubert Frank **K** Laszlo Nemeth **M** Peter Thomas **D** Dieter Assmann, Eva Gross, Michael Maien, Anne Peters, Alena Penc **L** 75 **FSK** SPIO: X **E** 12.7.1974 **fd** 19 133

UNTERM STRICH (HUSTLING). Eine New Yorker Journalistin recherchiert für eine Artikelserie über die Prostitution um den Times Square. In einer Prostituierten findet sie eine Mitarbeiterin vor Ort, doch hochangesehene Hintermänner des Geschäfts erschweren ihr immer mehr die Nachforschungen. Auf Tatsachen beruhender, fürs Fernsehen entstandener Spielfilm, der durch eine lebendige Inszenierung und gute Darsteller Dokumentation und Fiktion weitgehend aufhebt, ohne jedoch die Problematik über die allseits bekannten Zusammenhänge hinaus zu vertiefen. ✦ USA 1975 **P** ABC/Filmways/Lillian Gallo **R** Joseph Sargent **B** Fay Kenin, nach einem Buch von Gail Sheehy **M** Jerry Fielding **D** Lee Remick (Reporterin), Jill Clayburgh (Prostituierte), Melanie Mayron, Burt Young, Dick O'Neill **L** 88 (Orig. 96) **E** 10.10.1987 ZDF

UNTERM WASSER LIEGT DAS FEUER. Nach dem Auseinanderfallen der Sowjetunion gehören die Erdöl- und Gasfelder im und ums Kaspische(n) Meer nicht mehr der ehemaligen Großmacht, sondern den souverän gewordenen Teilrepubliken als geografischen Anrainerstaaten. Aus Kapitalmangel haben diese die Rechte an ausländische Ölgesellschaften abgetreten und so für eine brisante Situation in der Region gesorgt. Der Dokumentarfilm beschreibt die komplizierte Sachlage und stellt einen Krisenherd vor, in dem schon einige blutige Kriege wegen des »flüssigen Goldes« geführt wurden. ✦ Deutschland 1999 **R** Alexander Bohr, Hans Peter Kochenrath **L** 95 **E** 29.4.1999 arte

DER UNTERMIETER (1966) (SUBLOKATOR). Ein junger Wissenschaftler lebt als einziger Mann in einer fast verfallenen Villa, die sonst nur von sechs Frauen bewohnt wird. Die Frauen treiben ihn so weit, daß er das Haus in die Luft sprengen will. Dabei verletzt er sich und ist ihnen nun erst recht ausgeliefert. Bemerkenswerter Erstlingsspielfilm, der in der ersten Hälfte das psychologische Klima und absonderliche Milieu des Hauses präzise und mit satirischer Schärfe einfängt, danach aber zunehmend in seinem Sinn für die absurden und tragisch-grotesken Seiten der Wirklichkeit verflacht. (O.m.d.U.) – Ab 16. ✦ Schwarz-weiß. Polen 1966 **P** Film Polski, Gruppe »Kamera« **R+B** Janusz Majewski **K** Kurt Weber **M** Andrzej Kurylewicz **D** Jan Machulski (Ludwik), Barbara Ludwizanka (Maria), Magdalena Zawadzka (Magosia), Katarzyna Laniewska (Kasimiera) **L** 80 **E** 1.8.1969 WDR III

DER UNTERMIETER (1977) (THE GOODBYE GIRL). Liebesgeschichte um einen Schauspieler mit exzentrischen Allüren, der als Untermieter bei einer ehemaligen Tänzerin und ihrer neunjährigen Tochter einzieht. Gefühlvolle, etwas steril-routiniert inszenierte Komödie, die mehr bietet als bloße Situationskomik: ihre stärksten Momente hat sie immer dann, wenn sie die Menschen in ihrer Zerbrechlichkeit zeigt. Pointenreich im Dialog, psychologisch stimmig, mit ausgezeichneten darstellerischen Leistungen. – Ab 14. ✦ USA 1977 **P** Rastar **KI** Warner-Columbia **Pd** Ray Stark **R** Herbert Ross **B** Neil Simon **K** David M. Walsh **M** Dave Grusin **S** John F. Burnett **D** Richard Dreyfuss (Elliot Garfield), Marsha Mason (Paula McFadden), Quinn Cummings (Lucy), Paul Benedict (Mark), Theresa Merritt (Mrs. Crosby), Barbara Rhoades **L** 110 **FSK** ab 12; **f** **E** 20.4.1978 **fd** 20 756

UNTERMIETER AUS DEM JENSEITS →Curtain Call

UNTERNEHMEN BARBAROSSA →Der letzte Haufen der 7. Division

UNTERNEHMEN CAPRICORN (CAPRICORN ONE). Um die nationalen Ideale der Amerikaner zu erhalten und gleichzeitig die finanziellen Engpässe im Staatshaushalt zu berücksichtigen, organisiert die NASA einen bemannten Flug zum Mars, der in Wirklichkeit jedoch nur simuliert wird. Als ein Journalist der Sache auf die Spur kommt, startet auf ihn und die versteckten Astronauten eine skrupellose Jagd. Effektvoll inszenierter Thriller in einer Mischung aus Science-Fiction-Film und »Watergate«-Politkrimi, der aber ganz an der Oberfläche des Themas bleibt. Die aktuellen Fragen werden als Aufhänger für immerhin sehr spannende Unterhaltung benutzt. – Ab 16. ✦ Großbritannien/USA 1978 **P** ITC Entertainment/Associated General Films **KI** Neue Constantin **VA** VCL **Pd** Paul N. Lazarus III **R+B** Peter Hyams **K** Bill Butler **M** Jerry Goldsmith **S** James Mitchell **D** Elliott Gould (Caulfield), James Brolin (Charles Brubaker), Karen Black (Judy), Telly Savalas (Albain), Brenda Vaccaro (Mrs. Brubaker), Sam Waterston (Peter Willis), Hal Holbrook (Kelloway), O. J. Simpson (John Walker), David Huddleston (Hollis Peaker), Lee Bryant (Sharon Willis) **L** 123 **FSK** ab 12; **f** **E** 3.8.1978/20.7.1979 Kino DDR **fd** 20 861

UNTERNEHMEN DELTA III →Delta III

UNTERNEHMEN DONNERSCHLAG (GUNG HO!). Training und siegreicher Einsatz einer rigorosen Spezialeinheit der amerikanischen Marine gegen japanische Stützpunkte im Pazifik. Während des Zweiten Weltkriegs zur Stärkung des Verteidigungswillens gedreht, verrät der (auch von amerikanischen Kritikern als chauvinistisch empfundene) Kriegsreißer selbst in der gemilderten deutschen Synchronfassung noch Haß und Unversöhnlichkeit gegenüber den ehemaligen Gegnern. ✦ Schwarz-weiß. USA 1943 **P** W. Wanger Pictures **KI** Lehmacher **Pd** Walter Wanger **R** Ray Enright **B** Lucien Hubbard, nach dem Buch »Gung Ho« von W. S. Le François **K** Milton Krasner **M** Frank Skinner **S** Milton Carruth **D** Randolph Scott, Robert Mitchum, Rod Cameron, Alan Curtis, J. Carroll Naish, Noah Beery jr., Sam Levene **L** 85 **FSK** ab 16; **f** **E** 20.6.1958 **fd** 7 189

UNTERNEHMEN III. KLASSE (OPERATION THIRD FORM). In einer englischen Schule ist die Schulglocke abhanden gekommen – ein historisch wertvolles Stück. Eine Gruppe von Jungen aus der III. Klasse ist dem Dieb auf der Spur. Kinderfilm. ✦ Schwarz-weiß. Großbritannien 1966 **P** Children's Film Foundation **Pd** Hindle Edgar **R** David Eady **B** Michael Barnes **K** Jo Jago **M** Harry Robinson **D** Sydney Bromley (Paddy), Derren Nesbitt (Skinner), George Roderick (Boss), William Sherwood (Admiral), John Moulder-Brown (Dick) **E** 1967 Kino DDR

UNTERNEHMEN EDELWEISS. Eingeschneite deutsche Gebirgsjäger und norwegische Widerstandskämpfer stehen während des Zweiten Weltkriegs nacheinander vor der Entscheidung, ob es ihre menschliche Pflicht ist, sich gegenseitig das Leben zu retten. Die Fragestellung und die versöhnliche Antwort des Films werden durch Selbstgerechtigkeit, Sentimentalität und unaufrichtige Vereinfachung beeinträchtigt. – Ab 16. ✦ Schwarz-weiß. BR Deutschland 1954 **P** H.P. Filmproduktion **KI** Deutsche London **Pd+R** Heinz Paul **B** Hans Gustl Kernmayr, Heinz Paul, nach dem Roman »Der gläserne Berg« von Hans Gustl Kernmayr **K** Franz Weihmayr **M** Norbert Schultze **S** Ludolf Grisebach **D** Joachim Mock (Friedrich Kessler), Albert Hehn (Stefan Hallweger), Alice Graf (Silke Rasmussen), Wolf Petersen (Adalbert), Walter Ladengast (Ignatz Steidle), Jochen Blume (Paul Hübner) **L** 93 **FSK** ab 12; **f** **FBW** **w** **E** 9.11.1954 **fd** 3 694

UNTERNEHMEN ENTEBBE (VICTORY AT ENTEBBE). Die Rettung israelischer Geiseln aus der Hand von Terroristen auf dem ugandischen Flughafen Entebbe im Juli 1976 als Thema eines aufwendig in Szene gesetzten Actionfilms, der politische und psychologische Aufhellungen vorwiegend durch bekannte Unterhaltungsmuster ersetzt. Auch im dokumentarischen Wert nicht überzeugend, verbindet er die Verherrlichung israelischen Kampf- und Duldergeistes mit anklagenden Bezügen zur nationalsozialistischen Judenverfolgung. – Ab 16. ✦ USA 1976 **P** Wolper Pictures (für Warner Bros.) **KI** Warner-Columbia **Pd** David L. Wolper **R** Marvin J. Chomsky **B** Ernest Kinoy **K** Lew Adams **M** Charles Fox **D** Richard Dreyfuss (Netanyahu), Burt Lancaster (Peres), Helmut Berger (Boese), Linda Blair (Chana Vilnofsky), Kirk Douglas (Vilnofsky), Christian Marquand (Dukas), Anthony Hopkins (Yitzak Rabin), Elizabeth Taylor (Edna Vilnofsky), Helen Hayes (Mrs. Wise) **L** 119 **FSK** ab 12; nf **E** 1977 Kino **fd** 20 107

UNTERNEHMEN ERDNUSSBUTTER (THE PEANUT BUTTER SOLUTION). Als ein Junge eine abgebrannte Villa erforscht, stehen ihm erst vor Schreck die Haare zu Berge, und dann verliert er sie über Nacht. Doch die Geister der ehemaligen Hausbewohner verraten ihm das Rezept eines Haarwuchsmittels. Da er zuviel davon nimmt, hören die Haare nicht mehr auf zu wachsen. Da wird er gemeinsam mit anderen Kindern von seinem ehemaligen Kunstlehrer entführt, der aus den Haaren Zauberpinsel herstellen läßt. Ein unterhaltsames, inszenatorisch etwas uneinheitliches modernes Kinder-Märchen, das seine Botschaft vermittelt, ohne zu belehren: Man muß sich seiner Angst stellen, um sie überwinden zu können. – Ab 8 möglich. ✦ Kanada 1986 **P** La Fête/Téléfilm Canada/Société Générale du Cinéma du Québec/Société Radio Canada/C.F.C.F. **KI** atlas **VA** atlas **Pd** Rock Demers, Nicole Demers **R** Michael Rubbo **B** Michael Rubbo, Vojtech Jasny, Andrée Pelletier, Louise Pelletier **K** Thomas Vamos **M** Lewis Furey **S** Jean-Guy Montpetit **D** Matthew Mackay (Michael), Siluck Saysanasy (Conny), Alison Podbrey (Suzie), Michael Hogan (Billy), Michael Maillot (Der Signor) **L** 90 **FSK** ab 6; **f** **E** 5.10.1989/28.2.1990 Video **fd** 27 862

UNTERNEHMEN FEUERGÜRTEL (VOYAGE TO THE BOTTOM OF THE SEA). Lachhafte Gruselgeschichte in zeitnahem Gewand: Ein Atom-U-Boot rettet durch Abschuß einer Rakete die von Feuer umlohte Erde. ✦ Scope. USA 1961 **P** Windsor **KI** Centfox **Pd+R** Irwin Allen **B** Irwin Allen, Charles Bennett **K** Winton C. Hoch **M** Max Reese **S** George Boemler **D** Walter Pidgeon (Admiral Nelson), Robert Sterling (Captain Crane), Joan Fontaine (Dr. Hiller), Peter Lorre (Emery), Frankie Avalon (Chip), Barbara Eden (Cathy Connors), Michael Ansara (Miguel Alavarez), Regis Toomey (Dr. Jamieson), John Litel (Crawford), Mark Slade (Smith) **L** 105 **FSK** ab 12; nf **E** 7.9.1961 **fd** 10 567

UNTERNEHMEN FEUERTOR (LES PORTES DE FEU). Kriegsabenteuer in Afrika: Vier französische Krankenschwestern und ein Arzt werden von einem Kommando der Rommel-Armee gefangengenommen. Bei der gefahrvollen Fahrt durch die Wüste kommt man sich ein wenig näher, was den Arzt allerdings nicht daran hindert, bei nächster Gelegenheit den Deutschen ein Scharmützel zu liefern und die Überlebenden seinerseits gefangenzunehmen. Kriegerische Dutzendware, die weder zur Völkerverständigung noch zur Unterhaltung beiträgt. ✦ Frankreich 1971 **P** Paris France Films **VA** Polyband **R** Claude Bernard-Aubert **B** Roger Delpey **K** Raymond Lemoigne **M** Alain Goraguer **D** Annie Cordy, Dany Carrel, Emmanuelle Riva, Juliet Mills, Georges Aminel, Jacques Brunet **L** 83 **FSK** ab 16 **E** 24.4.1988 Video **fd** 27 354

UNTERNEHMEN GEIGENKASTEN. Zwei zehnjährige Freunde schlüpfen in die Rollen von Sherlock Holmes und Dr. Watson und klären eine Serie von Diebstählen auf. Sorgfältig inszenierter und gut gespielter Kinderkrimi, der Spannung und Humor aus der Alltagswelt der Kinder entwickelt. Ein Plädoyer für Fantasie und Initiative. – Sehenswert ab 8. ✦ DDR 1984 **P** DEFA, Gruppe »Johannisthal« **KI** Unidoc **VA** Icestorm **Pd** Siegfried Kabitzke **R** Gunter Friedrich **B** Anne Goßens **K** Günter Heimann **M** Bernd Wefelmeyer **S** Vera Nowark **D** Alexander Heidenreich (Ole), Dirk Bartsch (Andreas), Peggy Steiner (Marie), Matthias Krohse (Jens), Swetlana Schönfeld (Oles Mutter), Gerd Grasse (Oles Vater) **L** 86 **FSK** o. A. (Video) **E** 8.2.1985 Kino DDR/6.7.1986 DFF 1/29.1.1987 Kino BRD/26.1.1999 Video **fd** 25 904

UNTERNEHMEN KLAPPERSCHLANGE (RATTLERS). Ein Reptilienforscher untersucht gemeinsam mit einer emanzipierten Fotografin rätselhafte Todesfälle. Für den Tod von durch Klapperschlangen übel zugerichteten Opfern ist der unbelehrbare Colonel eines Armeestützpunktes verantwortlich, der ein gefährliches Nervengas versteckte. Ein in den Schockszenen moderater Tierkatastrophenfilm nach gängigen Mustern, der durch die ökologische »Botschaft« weder aktueller noch attraktiver wird. – Ab 16 möglich. ✦ USA 1976 **P** Lorimar **VA** Taurus **Pd** Harry Novak **R** John McCauley **B** Jerry Goldring **K** Irvin Goodnoff (= Irv Goodnoff) **M** Miles Goodman **S** Sandy Glieberman **D** Sam Chew (Dr. Sam Parkinson), Elisabeth Chauvet (Ann), Tony Ballen (Sheriff), Dan Priest (Colonel), Ron Gold (Dr. Delaney) **L** 78 **FSK** ab 16 **E** 31.5.1987 Video **fd** 26 664

UNTERNEHMEN NACKTE SCHÖNHEIT (EUROPA: OPERAZIONE STRIP-TEASE). Eine Aneinanderreihung von Nachtclub-Nummern, aufgenommen in drittklassigen Lokalen bekannter Vergnügungsviertel einiger Weltstädte, notdürftig verbunden durch einen blödelnden Kommentar. Ein »Dokument« der Einfallslosigkeit und billigen Spekulationsgier. – Wir raten ab. ✦ Italien 1965 **P** Atlantis/Aries **KI** Sonderfilm **R+B** Renzo Russo **K** Mario Cimini **M** Armando Sciascia **D** Gianni Agus, Elio Crovetto, C. V. France, N. Rock, J. Perrier **L** 86 **FSK** ab 18; nf **E** 23.12.1966 **fd** 14 472

UNTERNEHMEN OUTLAW. Fernsehversion des Dokumentarfilms »Gestrandete auf hoher See« (siehe dort), um den es bereits in der Herstellungsphase heftige Auseinandersetzungen zwischen Filmemacher und Redakteurin gab. Die im Fernsehen gezeigte Fassung, von deren Montage sich Fritz Poppenberg distanzierte, ist ein konventioneller, teilnehmend beobachtender Dokumentarfilm über die »Outlaws«; die von Poppenberg selbst konzipierte Kinofassung ist ein Film ohne penetrante Besserwisserei, pädagogischen Zeigefinger und desavouierendes Happy-End. – Ab 16. ✦ BR Deutschland 1987/88 **P** Active-Film **R+B+K** Fritz Poppenberg **L** 102 **E** 19.6.1989 ZDF

UNTERNEHMEN PANTHERSPRUNG (FLIGHT NURSE). Während des Korea-Krieges läßt sich eine Krankenschwester der US-Luftwaffe freiwillig an die Front versetzen, um ihrem Verlobten nahe zu sein, lernt aber den Ernst ihres Berufes kennen und entscheidet sich gegen ihn, da sie ihren Platz bei der kämpfenden Truppe sieht. Schmalziger, für den Dienst der Frontkrankenschwester werbender Film, dem Krieg und Dokumentaraufnahmen lediglich als Kulisse dienen. – Ab 16. ✦ Schwarz-weiß. USA 1953 **P** Republic **KI** Gloria **R** Allan Dwan **B** Alan LeMay **K** Reggie Lanning **M** Victor Young **D** Joan Leslie (Leutnant Polly Davis), Forrest Tucker (Hauptmann Bill Eaton), Arthur Franz (Hauptmann Mike Barnes), Jeff Donnell (Leutnant Ann Phillips), Ben Cooper (Soldat Marvin Judd), James Holden (Sergeant Franz Swan) **L** 86 **FSK** ab 12; f **E** 8.8.1958 **fd** 7 669

UNTERNEHMEN PAPPKAMERAD (ON THE DOUBLE). Vor der Invasion 1944 wird ein Amerikaner als unfreiwilliger Doppelgänger eines wichtigen Generals in heitere und gefahrvolle Abenteuer mit der deutschen Abwehr gestürzt. Launiges Lustspiel mit viel Klamauk, ganz zugeschnitten auf den glänzend spielenden Danny Kaye, dessen Sprachwitz die deutsche Synchronisation nie angemessen ist. – Ab 14. ✦ Scope. USA 1960 **P** Dena/Capri **KI** Paramount **Pd** Jack Rose, Dana Capri **R** Melville Shavelson **B** Melville Shavelson, Jack Rose **K** Harry Stradling **M** Leith Stevens **S** Frank Bracht **D** Danny Kaye (Gefr. Williams/General Lawrene), Dana Wynter (Lady Margaret), Diana Dors (Sgt. Bridget Stanhope), Margaret Rutherford (Lady Vivian), Wilfrid Hyde-White (Col. Somerset) **L** 92 **FSK** ab 12; nf **E** 22.12.1961 **fd** 10 775

UNTERNEHMEN PELIKAN (THE ETERNAL SEA). Die Geschichte eines US-Admirals und seiner Karriere, die ihm im Zweiten Weltkrieg den ersehnten Admiralsstreifen und vor Korea die sittliche Überzeugung einbringt, daß er gut daran tut, sich trotz eines Holzbeins auf die Bestückung von Flugzeugträgern mit Düsenjägern zu konzentrieren. Pathetischer, verklärender Wehrertüchtigungsfilm für die Marine-Luftwaffe, der auf unredliche Weise Grauen und Sterben im Krieg überspielt. ✦ Schwarz-weiß. USA 1955 **P** Republic Pictures **KI** Gloria **R** John H. Auer **B** Allen Rivkin, William Wister Haines **K** John L. Russell jr. **M** Elmer Bernstein **D** Sterling Hayden (Rear Admiral Hoskins), Alexis Smith (Sue Hoskins), Dean Jagger (Vice Admiral Semple), Ben Cooper (Zuggy), Virginia Grey (Dorothy Buracker), Douglas Kennedy (Captain Buracker) **L** 98 **FSK** ab 12; f (früher 16) **E** 18.5.1956 **fd** 4 972

UNTERNEHMEN PETTICOAT (OPERATION PETTICOAT). Das amerikanische U-Boot »Tigerhai« soll verschrottet werden. Sein Logbuch führt zurück in die Tage der Jahreswende 1941/42, als nach einem Luftangriff das beschädigte Gefährt weibliche Offiziere an Bord nimmt. Das führt zu Turbulenzen unter den Seebären und schließlich sogar dazu, daß das Boot als Entbindungsheim für schiffbrüchige Frauen herhalten muß. Eine turbulente Komödie mit psychologisch treffsicherem Humor und originellen Einfällen, die jedoch nur dadurch so gut unterhält, daß sie reale Kriegsbilder stilvoll auszuklammern versteht. – Ab 12. ✦ USA 1959 **P** Granart **KI** Universal **VA** Kinowelt Home **Pd** Robert Arthur **R** Blake Edwards **B** Stanley Shapiro, Maurice Richlin **K** Russell Harlan, Clifford Stine **M** David Rose **S** Ted J. Kent, Frank Gross **D** Cary Grant (Admiral Sherman), Tony Curtis (Lt. Nick Holden), Joan O'Brien (Lt. Dolores Crandall), Dina Merrill (Lt. Barbara Dugan), Gene Evans (Molumphrey), Arthur O'Connell (Sam Tostin), Richard Sargent (Stovall) **L** 96 **FSK** ab 6; f (fr. 16; nf) **E** 25.12.1959/September 2000 Video **fd** 8 787

UNTERNEHMEN PFERDESCHWANZ (MCHALE'S NAVY). Kapitän und Mannschaft eines US-Patrouillen-Boots im Pazifik helfen durch Wettgeschäfte einem Waisenhaus auf den Hebriden. Grotesk überzogenes Militärlustspiel voller Gags aus der Klamottenkiste. Fortwährend wird geschnattert, gezappelt, gefallen, gehauen und geblödelt – eine an den Nerven zerrende Unterhaltung. – Ab 14. ✦ USA 1964 **P** Universal **KI** Universal **Pd+R** Edward J. Montagne **B** Frank Gill jr., George H. Brown, nach einem Roman von Si Rose **K** William Margulies **M** Jerry Fielding **S** Sam E. Waxman **D** Ernest Borgnine (Lt. Com. McHale), Joe Flynn (Capt. Binghamton), Tim Conway (Charles Parker), Charles Ballentine (Lester Gruber), Edson Stroll (Virgil Edwards), George Kennedy (Henri LeClerc) **L** 93 **FSK** ab 6; nf **E** 8.5. 1965 **fd** 13 438

UNTERNEHMEN PLANQUADRAT 45 (W KWADRATE 45). Abtrünnige Agenten werden durch staatliche Sicherheitsorgane unschädlich gemacht. Psychologisch unglaubwürdiger und künstlerisch bedeutungsloser Spionagefilm. – Ab 14. ✦ UdSSR 1955 **P** Mosfilm **KI** Progress **R** Juri Wyschinski **B** Emil Braginski **K** A. Simonow, Mark Djatlow **M** Wladimir Jurowski **D** M. Majorow (Oberst Schtscherbakow), B. Bitjukow (Major Jakowlew), J. Kusnezow (Leschtschuk), M. Lifanowa (Irina), Wsewolod Platow (Wolgin) **L** 67 **E** 22.3.1957 Kino DDR/7.6.1957 DFF 1

UNTERNEHMEN ROSEBUD (ROSEBUD). Mitglieder der palästinensischen Terroristengruppe »Schwarzer September« entführen fünf Millionärstöchter von ihrer durchs Mittelmeer kreuzenden Luxusjacht, um Israel zu erpressen. Ein CIA-Agent verhindert den Plan und befreit die Geiseln. Spannungsloser Agenten- und Politthriller voller Klischees. Leichtfertig und tendenziös nimmt der Film den Polit-Terrorismus in Anspruch für nervenkitzelnde Unterhaltung in Verbindung mit parodiehaftem Agentenkintopp. ✦ Scope. USA 1974 **P** Sigma **KI** United Artists **Pd+R** Otto Preminger **B** Erik Lee Preminger, nach einem Roman von Joan Hemingway und Paul Bonnecarrère **K** Lilly Coop **M** Laurent Petitgirard **D** Peter O'Toole (Larry Martin), Richard Attenborough (Sloat), Cliff Gorman (Hamlekh), Claude Dauphin (Fargeau), Isabelle Huppert (Helene), Klaus Löwitsch (Schloß) **L** 126 **FSK** ab 18; nf **E** 25.4.1975 **fd** 19 299

UNTERNEHMEN ROTE TEUFEL (RED BALL EXPRESS). Ein Versorgungsbataillon der US-Army unter Führung eines rauhbeinigen Offiziers macht sich verdient, indem es in einer kritischen Phase der alliierten Invasion nach Frankreich den Nachschub für die Streitkräfte General Pattons sichert. Kriegsabenteuer in Landsknechtsmanier, dank routinierter Inszenierung und solider Darstellung durchaus spannend, aber ohne kritische Distanz zu Kampf und Tod. ✦ Schwarz-weiß. USA 1952 **P** Universal **KI** Universal **Pd** Aaron Rosenberg **R** Budd Boetticher **B** John Michael Hayes **K** Maury Gertsman **M** Joseph Gershenson **D** Jeff Chandler (Lt. Chick Cambell), Alex Nicol (Sgt. Kallek), Judith Braun (Joyce), Charles Drake (Pvt. Partridge), Jacqueline Duval (Antoinette), Sidney Poitier (Porp. Robertson) **L** 81 **FSK** ab 18; nf **E** 22.8.1958 **fd** 7 571

UNTERNEHMEN SCHLAFSACK. Die Köpenickade eines deutschen Hauptmanns im Zweiten Weltkrieg, der die ihm unterstellten Soldaten durch einen hochstaplerisch vorgetäuschten Sonderauftrag von der Ostfront nach Berlin rettet. Der Film hat eine originelle Story, ist sauber, wenn auch etwas zu glatt inszeniert und vermeidet mit Erfolg die allzu große Nähe zum Militärschwank. – Ab 14 möglich. ✦ Schwarz-weiß. BR Deutschland 1955 **P** Gyula-Trebitsch-Prod. (für Real-Film) **KI** J. Arthur Rank **Pd** Walter Koppel, Gyula Trebitsch **R** Arthur Maria Rabenalt **B** Kurt E. Walter, nach einem Roman von Hans Nogly **K** Albert Benitz, Jost Hardenberg **M** Bert Grund **S** Margot von Schlieffen **D** Paul Klinger (Hauptmann Brack), Eva-Ingeborg Scholz (Käthe Forbach), Kurt Meisel (Oberleutnant Taut), Karlheinz Böhm (Kanonier Gravenhorst), Renate Mannhardt (Renate Kern), Bum Krüger (Oberwachtmeister Kern), Gisela Tantau (Nica) **L** 95 **FSK** ab 12; f **FBW** w **E** 23.9.1955 **fd** 4 352

UNTERNEHMEN SEEADLER (OPERATION PACIFIC). Bei einem Spezialauftrag während des Zweiten Weltkriegs rettet ein U-Boot der US-Marine Kinder und Nonnen vor den Japanern, um später die Feinde moralisch gestärkt wirkungsvoll anzugreifen. Damit verstrickt ist die Geschichte des U-Boot-Kommandanten und seiner gescheiterten Ehe, die durch den menschlichen Reifeprozeß und die Erschütterungen des Krieges die Chance zu einer neuen Bewährung erhält. Oberflächlicher Kriegsfilm mit frisch-fröhlichem Draufgängertum, das den Krieg als Spielplatz für Abenteurer verharmlost. In den Sequenzen des U-Boot-Einsatzes packend inszeniert. – Ab 16. ✦ Schwarz-weiß. USA 1952 **P** Warner Bros. **KI** Warner **Pd** Louis F. Edelman **R+B** George Waggner **K** Bert Glennon **M** Max Steiner **D** John Wayne (Duke Gifford), Patricia Neal (Margaret Stuart), Ward Bond (Pop Perry), Scott Forbes (Larry), Phil Carey (Bill Perry), Paul Picerni (Jonesy) **L** 98 **FSK** ab 12; nf **E** 12.6.1953 **fd** 2 635

UNTERNEHMEN STAATSGEWALT (EXECUTIVE ACTION). Dokumentarmaterial und fiktive Szenen verbinden sich in einem Film über den Mord an John F. Kennedy (22. November 1963), der die Verantwortung für das Attentat einer rechtsradikalen Clique zuschiebt. Eine Verschwörergeschichte, die durch ihre historischen Bezüge aufrüttelt, jedoch in ihren kritischen Absichten durch Thriller-Effekte nicht sehr überzeugt. – Ab 16. ✦ USA 1973 **P** National General **R** David Miller **B** Dalton Trumbo, nach einer Erzählung von Donald Freed und Mark Lane **K** Robert Steadman **M** Randy Edelman **S** George Grenville, Irving Lerner **D** Burt Lancaster (Farrington), Robert

Ryan (Foster), Will Geer (Ferguson), Gilbert Green (Paulitz), John Anderson (Halliday) **L** 91 **E** 12.2.1977 ARD/3.2.1980 DFF 2 **fd** 20 134

UNTERNEHMEN TIGERSPRUNG (FLYING TIGERS). Ein egoistischer Staffelkommandant lernt im freiwilligen Einsatz gegen die Japaner in China den Wert von Kameradschaft und Teamgeist schätzen und konkurriert mit einem Freund erfolgreich um die Gunst einer hübschen Krankenschwester. Teils martialische, teils romantische Kriegsabenteuer mit dezidierter anti-japanischer Tendenz. – Ab 14 möglich. ✦ Schwarz-weiß. USA 1942 **P** Republic **KI** Gloria **R** David Miller **B** Kenneth Gamet, Barry Trivers **K** Jack Marta **M** Victor Young **S** Ernest Nims **D** John Wayne (Jim Gordon), John Carroll (Woody Jason), Anna Lee (Broke Elliott), Paul Kelly (Hap), Mae Clarke (Verna Bales), Gordon Jones (Alabama) **L** 90 **FSK** ab 12; f **E** 2.7.1954 **fd** 3 377

UNTERNEHMEN WILDGÄNSE (1978) →Häutet sie lebend (Unternehmen Wildgänse)

UNTERNEHMEN WILDGÄNSE (1982). Eine sechsköpfige Söldnereinheit versucht, hohe Offiziere aus der Gefangenschaft zu befreien, und stellt sich gegen eine ganze Armee. Gewalttätiger Söldnerfilm, nach den Stereotypen des Genres entwickelt. ✦ Philippinen 1982 **VA** Mike Hunter **R** Ko Yung-Nam **D** Vic Wilson, Richard Jeffrey **L** 91 **E** Januar 1985 Video

UNTERNEHMEN X-III/11 →Ich war Montys Double

UNTERNEHMEN XARIFA (UNTERNEHMEN XARIFA). Filmreportage des renommierten Unterwasserfilmers Hans Hass von einer gefährlichen und abenteuerreichen Expedition unter dem Meeresspiegel, die Hass auf seiner zum Forschungsschiff umgebauten 350-Tonnen-Jacht »Xarifa« in die Karibik unternahm. Eine zu ihrer Zeit sehr erfolgreiche Kombination von Sensation und Spannung einerseits und in eindrucksvoller Kameraarbeit festgehaltener Naturkunde-Demonstration andererseits. – Ab 6. ✦ Schweiz/BR Deutschland 1954 **P** Dr. Hans Hass, Internationales Institut für submarine Forschung **KI** Herzog **Pd+R+B** Hans Hass **K** Konstantin Irmen-Tschet, Hans Hass, Jimmy Hodges **M** Arthur Benjamin **S** Peter Graham Scott **L** 90 **FSK** ab 6; f **FBW** w **E** 2.12.1954/11.11.1955 Kino DDR/23.6.1991 3sat **fd** 3 698

UNTERSCHIEDLICHE VORKOMMNISSE →Faits Divers

DAS UNTERSCHLAGENE TESTAMENT →Dick und Doof im Wilden Westen

UNTERSEEBOOT »ORZEL« (ORZEL). Die psychologischen Probleme einer U-Boot-Besatzung, die in der Zeit von September 1939 bis Mai 1940 auf sich allein gestellt gegen die deutsche Marine kämpfen muß. – Ab 16. ✦ Schwarz-weiß. Polen 1958 **P** Filmstudio Lodz **R** Leonard Buczkowski **B** Janusz Meissner, Leonard Buczkowski **K** Seweryn Kruszynski **M** Waldemar Kazanecki **D** Wienczyslaw Glinski (Kapitänleutnant Grabinski), Alexander Sewruk (Kapitän zur See Kozlowski), Jan Machulski (Oberleutnant Pilecki), Roland Glowacki (Oberleutnant Roland), Andrzej Herder (Leutnant Morawski) **L** 104 **E** 24.2.1975 DFF 2

UNTERSUCHUNG (ANKETA). Die Karriere eines jungen Ingenieurs scheint durch seine Tüchtigkeit und seine Beziehungen zur Betriebsleitung gesichert. Der Selbstmordversuch einer beschuldigten Kollegin erinnert ihn jedoch an sein früheres Leben, seine Ideale und an den Verrat, den er beging. Er erkennt, daß seine Stellung zu teuer erkauft wurde. Über der gefälligen realistischen Ausstattung und der Beschreibung von Äußerlichkeiten wird der Kern der Problematik – wieviel gibt man um des Erfolges willen preis? – kaum berührt. – Ab 14. ✦ Schwarz-weiß. Bulgarien 1962 **P** Spielfilmstudio Sofia **KI** Progress **R** Kirill Ilintschew **B** Kirill Ilintschew, Georgi Markow **K** Dimo Kolarow **M** Iwan Marinow **D** Iwan Andonow (Ingenieur Danilow), Assen Milanow (Ingenieur Dankow), Rumjana Karabelowa (Rusha), Wioleta Donewa (Lena), Stefan Petrow (Direktor) **L** 71 **E** 14.2.1964 Kino DDR

DIE UNTERSUCHUNG (1971) (L' INCHIESTA). Ein Journalist versucht, einen vertuschten Gesellschaftsskandal aufzudecken, und geht daran zugrunde. Seine kriminalistische Spannung und Originalität im Detail sowie eine vorzügliche Fotografie machen den Film trotz gelegentlicher Ungereimtheiten interessant. – Ab 16. ✦ Italien/BR Deutschland 1971 **P** RAI/Nexus/Bavaria/WDR **R** Gianni Amico **B** Gianni Amico, Bernardo Bertolucci **K** Angelo Bevilacqua **M** Egisto Macchi **D** Claudio Volonté (= Claudio Camaso) (Journalist), Joel Barcellos (Der junge »Americano«), Anne Wiazemsky (Mysteriöse Dame), Christoph Bantzer (Industrieller), Hans Caninenberg (Professor Antoniutti) **L** 100 **E** 14.2.1971 ARD

DIE UNTERSUCHUNG (1986) (L' INCHIESTA). Etliche Jahre nach der Kreuzigung Christi untersucht ein römischer Abgesandter des Kaisers in Palästina nochmals den Fall des Jesus von Nazareth, um den Glauben an den Auferstandenen endgültig zu widerlegen. Auf seiner Spurensuche geraten seine pragmatischen Theorien jedoch immer stärker ins Wanken: Er sieht sich von der Faszination dieses Glaubens zusehends herausgefordert. Eine Verknüpfung von Elementen des populären Bibelkinos von gestern mit einer Kriminalstory und religiösen Motiven, mittels der Jesus in erster Linie als ein Vorläufer pazifistischer Protestierer dargestellt wird. In kunstlos schlichtem Stil, leicht theatralisch und mit oftmals papiernen Dialogen. (Fernsehtitel: »Und sie erkannten ihn nicht«) – Ab 12. ✦ Italien/BR Deutschland 1986 **P** Italian International Film/Clesi Cinematografica/RAI 1/Sacis/ZDF **VA** Taurus **Pd** Fulvio Lucisano, Silvio Lucisano, Anna Maria Clementelli **R** Damiano Damiani **B** Damiano Damiani, Vittorio Bonicelli **K** Franco di Giacomo **M** Riz Ortolani **S** Enzo Meniconi **D** Keith Carradine (Tauro), Harvey Keitel (Pilatus), Phyllis Logan (Claudia), Angelo Infanti (Trifone), Lina Sastri (Maria Magdalena), John Forgeham (Marcus) **L** 102 **FSK** ab 12 **E** November 1987 Video/1.4.1988 ZDF **fd** 26 535

UNTERSUCHUNG AN MÄDELN (UNTERSUCHUNG AN MÄDELN). Zwei junge Frauen werden eines Mordes beschuldigt, obwohl es keine Leiche gibt. Zwischen die Verhöre sind Rückblenden geschaltet, die nicht nur über das Sexualleben der Angeklagten Auskunft geben, sondern vor allem über die frauenfeindlichen Vorurteile einer dörflichen Gemeinschaft in den 70er-Jahren sowie die Doppelmoral der Männer, denen die Frauen ausgeliefert sind. Ein formal wie inhaltlich ebenso spröder wie interessanter Film, in dem die stets im Halbdunkel bleibenden Bilder und andere Verfremdungseffekte die Off-Stimmen des strengen moralischen Polizeiprotokolls auf satirisch erhellende Weise ad absurdum führen. ✦ Teils schwarz-weiß. Österreich 1999 **P** DOR Film **KI** MOP **Pd** Danny Krausz, Kurt Stocker **R** Peter Payer **B** Wolfgang Beyer, Peter Payer, nach dem gleichnamigen Roman von Albert Drach **K** Andreas Berger **M** Werner Pirchner **S** Britta Nahler **D** Anna Thalbach (Stella Blumauer), Elke Winkens (Esmeralda Nemetz), Max Tidof (Harald Poppinger), Otto Sander (Untersuchungsrichter Meixner), Martin Brambach (Kuno Fichtinger) **L** 90 **E** 5.4.2001 **fd** 34 772

UNTERSUCHUNG AUF DER WERFT (TREI SCRISORI SECRETE). Ein Bezirkssekretär der Kommunistischen Partei, selbst ehemaliger Arbeiter auf der Werft, will an Ort und Stelle den Fall eines entlassenen Meisters prüfen. Es gelingt ihm, den Leitungsorganen und Kollektiven ihre Verantwortung bewußt zu machen und sie zu eigenem Handeln zu bewegen. Der Film verschenkt seine interessante Thematik zum Teil durch ideologische Schwarz-Weiß-Malerei. – Ab 14. ✦ Rumänien 1974 **P** Filmstudio Bucuresti **KI** Progress **R** Virgil Calotescu **B** Platon Pardau **K** Nicu Stan **M** Laurentiu Profeta **D** Cornel Cuman, Mircea Albulescu, Nucu Paunescu, Violeta Andrei, Toma Caragiu **L** 105 **E** 3.10.1975 Kino DDR/11.3.1977 DFF 2

DIE UNTERSUCHUNG HAT ERGEBEN →Tatmotiv unbekannt

DIE UNTERSUCHUNG IST ABGESCHLOSSEN: VERGESSEN SIE ALLES →Das Verfahren ist eingestellt: Vergessen Sie's!

UNTERSUCHUNGSHAFT (DETENUTO IN ATTESA DI GIUDIZIO). Ein Italiener, der es als Bauunternehmer in Schweden zu einem angesehenen Betrieb gebracht hat, will erstmals seit Jahren mit seiner schwedischen Frau und den Kindern Urlaub in seiner Heimat machen. An der Grenze wird er von der Polizei verhaftet und von einem Gefängnis ins nächste geschleppt, bis er schließlich in einem Irrenhaus für Kriminelle landet. Als kranker Mann kehrt er nach Schweden zurück. Charakterstudie eines »kleinen Mannes«, der unschuldig und ahnungslos in eine ausweglose Situation gerät. Eine Tragikomödie, die mit psychologischer Genauigkeit den italienischen Strafvollzug kritisiert. ✦ Scope. Italien 1971 **P** Gianni Hecht Lucari per la Documento Film **Pd** Gianni Hecht Lucari **R** Nanni Loy **B** Sergio Amidei, Emilio Sanna **K** Sergio d'Offizi **M** Carlo Rustichelli **S** Franco Fraticelli **D** Alberto Sordi (Giuseppe), Elga Andersen (Ingrid), Lino Banfi, Andrea Aureli, Giuseppe Anatrelli **L** 102 **E** 11.4.1986 ZDF

DER UNTERTAN. Die faszinierende Charakterstudie eines karrieresüchtigen Opportunisten und Reaktionärs: Der streng erzogene Sohn eines Fabrikanten in einer Kleinstadt macht schon früh die Erfahrung, dass es besser ist, sich jeder Form von Macht zu beugen und ihr zu dienen. Als Korpsstudent wird er zum kaisertreuen Patrioten, der ein Leben in Anpassung und Doppelmoral wählt. Die in der Darstellung hervorragende Verfilmung von Heinrich Manns gleichnamigem Roman ist ein scharfer politischer Angriff auf den alten Preußengeist, die unter dem Deckmantel des historischen Rückblicks jede Art staatlicher Totalität anprangert. Menschen und Situationen sind satirisch überzeichnet, durch raffinierte Montage und Überblendungen werden Kontrastwirkungen mit aufrüttelnder Wirkung erzielt. Tendenziös und uneinheitlich gerät der Film bestenfalls dadurch, dass der karikaturistischen Zeichnung der Reaktionäre eine pathetische Überhöhung der Arbeiter und Sozialdemokraten gegenübersteht. – Ab 14 möglich. ✦ Schwarz-weiß. DDR 1951 **P** DEFA **KI** Unidoc/Progress **VA** Icestorm **Pd** Willi Teichmann **R** Wolfgang Staudte **B** Fritz Staudte, Wolfgang Staudte, nach dem gleichnamigen Roman von Heinrich Mann **K** Robert Baberske **M** Horst Hanns Sieber **S** Johanna Rosinski **D** Werner Peters (Dietrich Heßling), Paul Esser (Regierungspräsident), Sabine Thalbach (Agnes Göpel), Renate Fischer (Guste Daimchen), Hans-Georg Laubenthal (Mahlmann), Friedrich Maurer (Agnes' Vater), Ernst Legal (Pastor Zillich), Erich Nadler, Gertrud Bergmann, Carola Braunbock, Emmy Burg, Eduard von Winterstein, Harry Riebauer **L** 109 (BRD 97) **FSK** ab 12; f (fr. 16) **FBW** bw **E** 31.8.1951 Kino DDR/2.9.1954 DFF 1/8.3.1957 Kino BRD/24.11.1998 Video **fd** 2 502

DAS UNTERWASSERBOOT (SOUTH PACIFIC 1942). Der etwas schwachsinnige Kommandant eines kanadischen Unterseeboots mit skurriler Besatzung will im Zweiten Weltkrieg gegen die japanische Flotte kämpfen, torpediert aber nur ein Passagierschiff, ehe sein Schiff selbst versenkt wird. Versuch einer Parodie soldatischen Heldentums, der an mittelmäßigen Schauspielern, einem wenig durchgefeilten Drehbuch und einer nachlässigen Inszenierung scheitert. (O.m.d.U.) ✦ Kanada 1980 **P** Surfacing **KI** FiFiGe **Pd** Michael Donovan **R+B** Paul Donovan **K** Juan Andrés Valladares, Les Krizsan **M** Marcel Doucet, Peter Jermyn **S** Hussein Mohamad **D** Alan McGillivray, Terry David Despres, Richard Rediere, Lynette Louise, Andréa Zuduban, Lorne Ryan, Jeff Pustil **L** 90 **E** 18.9.1981 **fd** 23 243

UNTERWEGS →Zuhause in einem fremden Land

UNTERWEGS ALS SICHERER ORT. Die bewegende Lebensgeschichte des in Köln lebenden jüdischen Schriftstellers Peter Finkelgruen, der seine Kindheit und Jugend in Shanghai, Prag und Haifa verbrachte. Der Film ist zugleich eine bewegende dokumentarische Studie über das Unbeheimatetsein und die Suche nach den eigenen Wurzeln in einer Welt, die nur zögernd Zuflucht bietet. Finkelgruens Schicksal steht exemplarisch für eine Generation, die auch heute noch im Bewußtsein erlittenen Unrechts leben muß. – Sehenswert ab 14. ✦ Deutschland 1997 **P** Dietrich Schubert Filmprod./ WDR **KI** Real Fiction **Pd** Katharina Schubert **R** Dietrich Schubert **B** Katharina Schubert, Dietrich Schubert **K** Uwe Schäfer **M** Wolfgang Hamm **S** Ingrid Terheggen **L** 92 **FSK** ab 6; f **FBW** bw **E** 11.9.1997 **fd** 32734

UNTERWEGS – BEGEGNUNG MIT IRMTRAUD MORGNER. Porträt der Schriftstellerin Irmtraud Morgner, deren erster Roman (»Rumba auf einen Herbst«) in der DDR verboten wurde. Ihr literarisches Werk wurde nach dem Fall der Mauer veröffentlicht; es wird mit realen Situationen in Bezug gebracht, wobei die Autorin nur auf Fotos in Erscheinung tritt und Zeitzeuginnen die Arbeit des Erinnerns übernehmen. Der Dokumentarfilm versucht, Irmtraud Morgners literarische »Philosophie der Tat« weiterzudenken und an den Zuschauer weiterzugeben. ✦ Schweiz 1995 **P** Carac **SF** Freunde der Deutschen Kinemathek **VA** Salzgeber **Pd** Theres Scherer-Kollbrunner **R+B** Gabriele Schärer **K** Claus Deubel **S** Katrin Barben **L** 52 **E** 1996

UNTERWEGS MIT DEN RUGBY-LIONS. Dokumentarfilm, der Innenansichten des berühmtesten britischen Rugby-Clubs liefert. Anlass ist eine Südafrika-Tournee des Vereins, während der acht Spiele auf dem Programm standen. Der Film dokumentiert die Gewalt dieser Sportart und lässt an Hand von Sitzungen, Training, Spielerauswahl und Konzentrationsübungen hinter die Kulissen blicken. ✦ Großbritannien 1997 **R** Fred Rees, Duncan Humphreys **L** 105 **E** 19.3.1999 arte

UNTERWEGS NACH ATLANTIS. Der deutsche Archäologe Professor Bohmann gerät bei der Suche nach der sagenumwobenen Insel Atlantis Ende des vergangenen Jahrhunderts in gefährliche Abenteuer und überraschende listenreiche Fallen seines Gegenspielers, des englischen Wissenschaftlers Sir Grey, der bereits dieses begehrte Ziel der Altertumsforscher entdeckt haben will. Inszenatorisch uneinheitlich zwischen Abenteuerfilm, Groteske und Tragikomödie pendelnder Film, der weder unterhält noch tiefere Einsichten bereithält. Das Szenarium schrieb der Dichter Günter Kunert. – Ab 16. ✦ Scope. DDR 1976 **P** DEFA, Gruppe »Babelsberg« **KI** Progress **Pd** Manfred Renger **R+B** Siegfried Kühn **K** Claus Neumann **M** Hans-Jürgen Wenzel **S** Helga Krause **D** Carl Heinz Choynski (Prof. Bohmann), Vera Strebrová (Elektra), Rolf Hoppe (Alexander Grey), Fritz Marquardt (Abu Markub), Friedrich Richter (Platon) **L** 80 **E** 29.7.1977 Kino DDR/8.9.1978 DFF 1

UNTERWEGS NACH FEUERLAND. Reisebericht aus Chile. Im Stil etwas trocken, von Interesse vor allem durch eingeblendete Dokumentarfilmszenen aus dem Jahr 1920, die ein Missionar von Feuerland-Indianern aufgenommen hat, einem Volksstamm, der zu den Urweltvölkern zählte und 30 Jahre später ausgerottet war. – Ab 10. ✦ Schwarz-weiß. BR Deutschland 1953/55 **P** Gesellschaft für bildende Filme **KI** Kulturfilmdienst/Imperial **R** Eugen Schuhmacher **B** Gundekar Flierl, Robert Marolini **K** Eugen Schuhmacher, Ronald Martini **M** Joachim Faber **L** 75 **FSK** ab 6; f **FBW** w **E** 10.4.1955 **fd** 7918

UNTERWEGS NACH IMMER UND ÜBERALL. Eine Deutschlandreise, ohne Plan, ohne festes Ziel: Vier Monate lang wollte sich Thomas Schadt Deutschland auf seine Weise erobern, einfach losfahren, die Kamera auf dem Beifahrersitz und das festhalten, was ihm begegnet. Der dokumentarische Film gewinnt durch die an der klassischen Reisefotografie etwa eines Rene Burri orientierte Filmkamera, die der Regisseur selbst führt, an künstlerischer Bedeutung. – Ab 16. ✦ BR Deutschland 1985/86 **P** Odyssee-Film/ NDR **Pd+R+B+K** Thomas Schadt **S** Inge Schneider **L** 77 **E** 11.7.1986 NDR

UNTERWEGS NACH KATANGA (NA PUTU ZA KATANGU). Bilder aus dem Alltag jugoslawischer »Kumpel«. Ein dokumentarisch genauer Gegenwartsfilm, der die gesellschaftlichen Widersprüche des Landes am Schicksal einiger Bergarbeiter beschreibt. – Ab 16. ✦ Jugoslawien 1987 **P** Danas-Film/Bakar **KI** Progress **R** Zivojin Pavlovic **B** Rados Bajic **K** Radoslav Vladic **M** Vartkes Baronijan **D** Svetozar Cvetkovic (Pavle Bezuha), Mirjana Karanovic (Zana), Rados Bajic (Jova), Ljiljana Lasic (Marija), Tone Solar (Ciglic) **L** 103 **E** 2.6.1989 Kino DDR

UNTERWEGS NACH KATHMANDU. Vier junge Menschen brechen aus Überdruß und Unsicherheit in eine ungewisse Zukunftshoffnung auf. Ihre Wanderung nach Kathmandu, der Hauptstadt Nepals, dem Zielpunkt der Hippie- und Haschgeneration, schildert der Film in Reisebildern von außergewöhnlicher Schönheit, hinter deren Qualität das wirre Drehbuch weit zurückbleibt. ✦ BR Deutschland 1970/71 **P** Manfred Durniok Filmprod./ZDF **Pd+R** Manfred Durniok **B** Manfred Durniok, Rudolf Lorenzen, Karin Hanisch **K** Carsten Krüger, Jürgen Wagner, Ted Kornowicz, Peter Boultwood **M** King Crimson, Manfred Hübler, Krzysztof Penderecki, Oskar Sala, Ravi Shankar **D** Konrad Wagner, Reinhard vom Bauer, Sylvia Lee, Stephan Ostertag, Trixi Rief, Ravi Shankar **L** 91 **FSK** ab 16; f **E** 10.11.1971 ZDF **fd** 17646

UNTERWEGS ZU LENIN (NA PUTI LENINU). Der Weg eines jungen Kommunisten zu Lenin, wobei die abenteuerliche Reise nach Moskau äußere Stationen beschreibt, während die inneren aus Rückblenden und ergänzenden Monologen sichtbar werden sollen. Ein durchaus interessantes Zeitdokument, das aber Wissen um geschichtliche Tatbestände voraussetzt und auch von der künstlerischen Form her Ansprüche stellt. – Ab 16. ✦ Scope, schwarz-weiß. DDR/ UdSSR 1969/70 **P** DEFA, Gruppe »Babelsberg« **KI** Progress **R** Günter Reisch **B** Helmut Baierl, Jewgeni Gabrilowitsch, nach dem Erinnerungsbuch von Alfred Kurella **K** Jürgen Brauer, Valeri Wladimirow **M** Karl-Ernst Sasse **S** Monika Schindler **D** Gottfried Richter (Viktor Kleist), Michail Uljanow (Lenin), Helmut Habel (Martin), Lew Krugly (George), Heidemarie Wenzel (Lore) **L** 106 **E** 17.4.1970 Kino DDR/7.11. 1971 DFF 1

UNTERWEGS ZU ROBIN HOOD → Robin Hood Junior (1974)

UNTERWEGS ZUR MORGENRÖTE. Dokumentarfilm über den vietnamesischen Alltag. Die ständig an Rückhalt verlierende kommunistische Regierung versucht, eine kapitalistische Marktwirtschaft unter sozialistischen Vorzeichen einzuführen. Der Film sucht die Menschen und Realitäten hinter den offiziellen Verlautbarungen. ✦ Deutschland 1995 **R** Rolf Bickel **L** 90 **E** 6.1.1996 hessen 3

UNTERWEGS ZUR SONNE (DJECAK JE ISAO ZA SUNCEM). Die Geschichte eines Jungen, der sich, nachdem sein trunksüchtiger Vater gestorben ist, allein durchs Leben schlagen muß. Auf seiner Odyssee durchs Land lernt er ein paar Freunde kennen und erlebt seine erste Liebe. – Ab 6. ✦ Jugoslawien 1982 **P** ZETA **KI** Progress **R** Branimir Bastac **B** Stevan Bulajic **K** Savo Jovanovic **M** Boro Tamindzic **D** Aleksandar Jablan, Dorde Jelisic, Veljko Mandic, Voja Miric, Drago Cumic **L** 76 **E** 9.8.1985 Kino DDR

UNTERWELT (1927) (UNDERWORLD). Ein berüchtigter, wegen Mordes zum Tode verurteilter Gangster bricht aus dem Gefängnis aus, um seine schöne Geliebte der vermeintlichen Untreue zu überführen. Doch die Frau und der heruntergekommene Rechtsanwalt, der sich einst der Gangsterbande anschloß, können ihn von ihrer Loyalität überzeugen. Daraufhin läßt er sich von der Polizei abführen. Früher Gangsterfilm mit melodramatischen Akzenten, in dem erstmals ein Gangster als Ausgestoßener und Verlierer dargestellt wird. Weniger an Härte und Brutalität interessiert als an der Vermittlung von Gefühlen und der Angst vor Vereinsamung, wodurch er auch heute noch äußerst differenziert und fast »modern« wirkt. – Ab 16. ✦ Schwarz-weiß. USA 1927 **P** Paramount **Pd** Hector Turnbull **R** Josef von Sternberg **B** Robert N. Lee, Charles Furthman **K** Bert Glennon **S** E. Lloyd Sheldon **D** Clive Brook (»Rolls Royce«), Evelyn Brent (»Feathers«), George Bancroft (»Bull« Weed), Larry Semon (»Slippy« Lewis), Fred Kohler (»Buck« Mulligan), Jerry Mandy (Paloma) **L** 105 **E** 1.2.1969 West 3

UNTERWELT (1951) (POOL OF LONDON). Ein Handelskapitän und harmloser kleiner Schmuggler wird im Londoner Hafen in Diamantenschiebung und Mord verwickelt. Altmodischer, aber fesselnder Kriminal- und Polizeifilm in überzeugend präsentiertem Milieu. – Ab 14 möglich. ✦ Schwarz-weiß. Großbritannien 1951 **P** Ealing **KI** Rank **Pd** Michael Balcon **R** Basil Dearden **B** Jack Whittingham, John Eldridge **K** Gordon Dines **M** John Addison **S** Peter Tanner **D** Bonar Colleano (Dan MacDonald), Susan Shaw (Pat), Earl Cameron (Johnny), Renée Asherson (Sally), Moira Lister (Maisie) **L** 74 **FSK** ab 12; nf **E** 16.11.1951 **fd** 1525

UNTERWELT (1960) (MURDER, INC. / SHADOW OF FEAR). Halbdokumentarischer Gangsterfilm auf den Spuren eines Schwerverbrechers, der im Jahr 1930 die amerikanische Öffentlichkeit erregte. In der Milieuzeichnung um Echtheit bemüht, aber weitgehend spannungslos. – Ab 16. ✦ Scope, schwarz-weiß. USA 1960 **P** Princess **KI** Centfox **Pd** Burt Balaban, Larry Joachim **R** Burt Balaban, Stuart Rosenberg **B** Irve Tunick, Mel Barr, nach einem Roman von Burton Turkus und Sid Feder **K** Gayne Rescher **M** Frank De Vol **S** Ralph Rosenblum **D** Stuart Whitman (Joey), May Britt (Eadie), Peter Falk (Reles), Henry Morgan (= Harry Morgan) (Turkus), David J. Stewart (Lepke), Simon Oakland (Tobin) **L** 100 **FSK** ab 16; nf **E** 14.10. 1960 **fd** 9620

UNTERWELT VON PARIS (LE TRAQUE / GUNMAN IN THE STREETS). Ein amerikanischer Gangster, der aus dem Zuchthaus ausbricht, wird von seiner Maitresse unterstützt, die den Kommissar an der Nase herumführt . Dabei verliebt sie sich in einen etwas tumben, aber äußerst edelmütigen Journalisten. Ein spannend inszenierter, intensiv fotografierter Film, der eine Menschenjagd mit sentimentalen Hindernissen routiniert, aber recht unbeteiligt aufbereitet. (Der Film wurde in einer französischen und einer amerikanischen Fassung von jeweils verschiedenen Regisseuren inszeniert.) (Alternativtitel: »Sie war ihm hörig«) ✦ Schwarz-weiß. Frankreich/USA 1950 **P** Les Films Sacha Gordine **KI** Neuer Filmverleih **R** Borys Lewin (franz. Fassung), Frank Tuttle (US-Fassung) **B** Jacques Companéez **K** Eugen Schüfftan **M** Joe Hajos **D** Simone Signoret, Fernand Gravey, Dane Clark, Robert Drukey **L** 90 **FSK** ab 16; nf **E** 16.2. 1953 **fd** 2426

DAS UNTIER → Der Verlorene

DAS UNTIER UND DIE SCHÖNE → Es war einmal

UNTIL DEATH (UNTIL DEATH). In der sechsjährigen Lebensgemeinschaft eines Paares kriselt es. Ursache ist der gemeinsam begangene Mord an ihrem Mann, eine nie aufgedeckte Bluttat, die die attraktive Frau nicht zur Ruhe kommen läßt. Da taucht ein Unbekannter auf und vergrößert die Kluft zwischen den beiden. Ein verworrener Film, der unentschlossen zwischen »film noir« und Dreiecksgeschichte pendelt. Da auch die drastischen Schock- und Horroreffekte in keinen vernünftigen Zusammenhang gestellt werden, bleibt der Eindruck eines spekulativen Psychothrillers. (Titel auch: »Back from Hell«) ✦ Italien 1986/87 **P** Rete Italia/Dania/Devon **VA** Skyline **R** Lamberto Bava **B** Dardano Sacchetti, Lamberto Bava **K** Gianlorenzo Battaglia **M** Simon Boswell **D** Gioia Scola, David Brandon, Giuseppe De Sando, Roberto Pedicini, Marco Vivio, Urbano Barberini **L** 93 **FSK** ab 18 **E** 22.11.1988 Video **fd** 27377

UNTREUE (1953) (LE INFIDELI). Düstere Ehebruchs- und Erpressergeschichte, die Kritik an der Scheinmoral »besserer« Kreise in Rom zu üben vorgibt, stilistisch zwischen Neoverismus und Melodramatik schwankend. Ein netter junger Detektiv verpflichtet sich, die untadelige Frau seines vermögenden Klienten scheidungsreif zu machen, indem er sie verführt. Es zeigt sich jedoch, daß da nichts zu verführen ist: die Dame unterhält bereits eine Beziehung mit ihrem Chauffeur. Solide gespielt, wenn auch mehr im Rahmen melodramatischer Kolportage. – Ab 16. ✦ Schwarz-weiß. Italien 1953 **P** Excelsa **KI** Tempo **Pd** Dino De Laurentiis, Carlo Ponti **R** Steno (= Stefano Vanzina), Mario Monicelli **B** Ivo Perilli **K** Aldo Tonti **D** Anna Maria Ferrero (Luisa), Gina Lollobrigida (Lula), Pierre Cressoy (Oswald), May Britt (Liliana), Marina Vlady (Azzali) **L** 100 **FSK** ab 18; f **E** 6.8.1954/ 1.4.1955 Kino DDR/20.5.1955 DFF 1 **fd** 3 476

UNTREUE (1967) (UTRO). Ein älterer verheirateter Mann verliebt sich in eine junge Studentin. Er glaubt, an ihrer Seite ein neues Leben beginnen zu können, kann sich jedoch, als sie ein Kind von ihm erwartet, nicht dazu entschließen, seine gesicherte und bequeme Existenz aufzugeben. Psychologisch vertiefter Film, der seine Problematik in guter künstlerisch angemessener Form behandelt. – Ab 14. ✦ Scope, schwarz-weiß. Dänemark 1967 **P** Astrid Henning-Jensen **KI** Progress **Pd+R** Astrid Henning-Jensen **B** Tove Ditlevsen, Astrid Henning-Jensen **K** Lars Björne **M** Dmitri Schostakowitsch **D** Ebbe Rode (Torben Berg), Lone Hertz (Lene Albrechtsen), Anita Björk (Ingrid), Marie-Luise Goninck, Michael Rosenberg **L** 98 **E** 25.6.1971 Kino DDR

DIE UNTREUE FRAU (LA FEMME INFIDELE / UNA MOGLIA INFEDELE). Ein Pariser Anwalt entdeckt die Untreue seiner Frau, ermordet ihren Liebhaber und führt unter sorgfältigsten Vorkehrungen sein gewohntes Leben weiter, bis er sich widerstandslos von der Polizei verhaften läßt. Melodramatischer Thriller aus dem Milieu des französischen Bürgertums, psychologisch eindringlich mit kühlem analytischem Blick und formaler Strenge inszeniert. Weniger die kriminalistische Handlung steht im Zentrum des Interesses; vielmehr verweisen die an Hitchcock geschulten Spannungselemente auf die deformierte Psyche der Protagonisten hinter der kultivierten Fassade. – Sehenswert ab 16. ✦ Frankreich/Italien 1968 **P** Les Films la Boétie/Cinegaï **KI** Neue Filmkunst **Pd** André Génovès **R+B** Claude Chabrol **K** Jean Rabier **M** Pierre Jansen **S** Jacques Gaillard **D** Stéphane Audran (Hélène Desvallées), Michel Bouquet (Charles Desvallées), Maurice Ronet (Victor Pegala), Michel Duchaussoy (Duval, Polizeioffizier), Guy Marly (Gobet, Polizeioffizier), Donatella Turri, Giovanni Di Napoli **L** 97 **FSK** ab 16; f **E** 4.11.1969 ARD/10.3.1972 Kino **fd** 16 409

DIE UNTREUE GELIEBTE (LA SECONDE VERITE / L' AMANTE INFEDELE). Ein verheirateter Staatsanwalt, der eine heimliche Liebschaft zu einer Medizinstudentin unterhält, gerät in den Verdacht, seinen Nebenbuhler ermordet zu haben. Pseudotragisches Drama mit Seitenhieben auf die bürgerliche Moral. Bis auf die allzu unwahrscheinliche Schlußpointe spannend inszeniert. (DDR-Titel: »Die zweite Wahrheit«) – Ab 16 möglich. ✦ Scope. Frankreich/Italien 1965 **P** Cinématographiques Agnès Delahaye/Valoria/Explorer Film '58 **KI** Gloria **Pd** Agnès Delahaye **R** Christian-Jaque **B** Paul Andréota, Christian-Jaque, nach dem Roman »Un Homme à part entière« von Jean Laborde **K** Pierre Petit **M** Jacques Loussier **S** Jacques Desagneaux **D** Robert Hossein (Pierre Montaud), Michèle Mercier (Nathalie Neuville), Bernard Tiphaine (Vadin), Jean-Claude Rolland (Olivier Lacat), Malka Ribovska (Hélène), Pascale de Boysson (Suzanne) **L** 89 **FSK** ab 16; f **E** 5.8.1966/13.10. 1967 Kino DDR/8.9.1973 DFF 1/14.4.1996 Kabel 1 **fd** 14 187

DIE UNTREUEN (LES INFIDELES). Ein französischer Diplomat in Kairo und ein islamischer Extremist schließen einen Pakt: Letzterer liefert Informationen über auf französischem Boden operierende Terroristen, der Politiker sorgt dafür, daß ein inhaftierter Freund des Arabers freigelassen wird. Während ihrer Verhandlungen kommen sich die beiden völlig konträren Männer näher und erliegen ihrer gegenseitigen Anziehungskraft. Ein Film über politische und kulturelle Gegensätze, über Homosexualität und den Reiz des Abgründigen. ✦ Frankreich 1997 **P** Vertigo/La Sept-arte **R** Randa Chahal Sabbag **B** Pierre Hodgson **K** Rodolphe Pélicier **S** Jennifer Augé **D** Jean-Marc Barr (Farid), Thibault de Montalembert (Charles), Laure Marsac (Juliette), Manuel Munz (Henri), Jean-Michel Savy (Thierry) **L** 86 **E** 21.11.1997 arte

DER UNVERBESSERLICHE (1973) →Ganz unverbesserlich

DER UNVERBESSERLICHE (1975) (L'INCORRIGIBLE). Ein unverbesserlicher Gauner und Don Juan stürzt sich nach seiner Entlassung aus dreimonatiger Haft erneut in fragwürdige Unternehmungen. Eine mit viel Routine überwiegend unterhaltsam inszenierte Komödie, temporeich, mit brillanten Einfällen. Ohne nennenswerten Tiefgang, aber wohltuenderweise auch ohne den Anspruch, allzu ernst genommen zu werden. – Ab 16. ✦ Frankreich 1975 **P** Ariane/Mondex/Cerito **KI** Tobis **VA** Atlas **R** Philippe de Broca **B** Michel Audiard, Philippe de Broca, nach einem Roman von Alex Vaoux **K** Jean Penzer **M** Georges Delerue **D** Jean-Paul Belmondo (Victor Gauthier), Geneviève Bujold (Marie-Charlotte Pontalec), Julien Guiomar (Camille), Véronique Daucier, Charles Gérard (Raoul), Capucine (Hélène), Andréa Ferréol (Tatiana Negolescu) **L** 99 **FSK** ab 16; nf **FBW** w **E** 16.12.1975/20.1.1978 Kino DDR **fd** 19 603

DIE UNVERBESSERLICHE BARBARA. Eine ehemalige Leistungssportlerin sucht aus Liebe zu ihrem Mann an dessen Seite einen neuen Lebensweg. Mit Energie stemmt sie sich gegen Provinzialismus und Mittelmäßigkeit. Sie gibt nicht auf, auch als ihre Ehe zerbricht und sich manche Hoffnungen nicht erfüllen. Gegenwartsfilm, der an der Vielzahl seiner Probleme und der Sprödigkeit von Dramaturgie und Regie weitgehend scheitert. – Ab 16. ✦ Scope. DDR 1976 **P** DEFA, Gruppe »Babelsberg« **KI** Progress **Pd** Wolfgang Rennebarth **R+B** Lothar Warneke **K** Jürgen Lenz **M** Andrzej Korzynski **S** Erika Lehmphul **D** Cox Habbema (Barbara), Peter Aust (Herbert), Hertha Thiele (Schwiegermutter), Werner Godemann (Ferdinand), Eberhard Esche (Ekki), Johanna Schall **L** 109 **E** 11.3.1977 Kino DDR/1.5.1978 DFF 2/ 15.10.1996 ORB

DER UNVERBESSERLICHE LÜGNER (NELSPRAWIMY LGUN). Mit einem liebenswerten Friseurmeister, der von allen als zuverlässiger Mann hochgeschätzt wird, vollzieht sich plötzlich eine merkwürdige Wandlung – er erscheint nicht mehr pünktlich im Salon und erfindet dafür die komischsten Ausreden. ✦ Scope. UdSSR 1973 **P** Mosfilm **R** Wilen Nasarow **B** Maurice Slobodski, Jakow Kostjukowski **K** Mark Djatlow **M** Jan Frenkel **D** Georgi Wizin (Tjutjurin), Inna Makarowa (Sinaida), Nikolai Prokopowitsch (Mymrikow), Wladimir Etusch (Emir), Edita Pjecha (Schauspielerin) **L** 75 **E** 27.10.1974 DFF 2

DIE UNVERBESSERLICHEN DREI (THE HELICOPTER SPIES). Zwei Agenten verhindern, daß eine Geheimwaffe mittels Rakete in den Weltraum geschossen wird. Klischeehafter, trotz aufwendiger Inszenierung nur mäßig spannender Spionagefilm, fürs Kino aufbereitet aus Segmenten der erfolgreichen Fernsehserie »Solo für O.N.K.E.L.«. – Ab 16. ✦ USA 1967 **P** Arena **KI** MGM **Pd** Anthony Spinner **R** Boris Sagal **B** Dean Hargrove **K** Fred J. Koenekamp **M** Richard Shores **D** Robert Vaughn (Napoleon Solo), David McCallum (Ilya Kuryakin), Carol Lynley (Annie), Bradford Dillman (Luther Sebastian), Lola Albright (Azalea), Julie London (Laura Sebastian), Leo G. Carroll (Alexander Waverly) **L** 95 **FSK** ab 16; nf **E** 21.6.1968 **fd** 15 593

DER UNVERDÄCHTIGE (THE UNSUSPECTED). In der Umgebung eines erfolgreichen Radiosprechers, der in seiner Sendung jeweils von tatsächlichen, bisher unaufgeklärten Verbrechen berichtet, verschwinden Menschen oder werden ermordet aufgefunden. Ein geheimnisvoller Fremder bringt zunächst noch mehr Verwirrung in das Geschehen, kann den Fall aber schließlich aufklären. Spannender, effektvoller Krimi aus der »Schwarzen Serie«. – Ab 16. ✦ Schwarz-weiß. USA 1947 **P** Warner Bros. **Pd** Charles Hoffman **R** Michael Curtiz **B** Ranald MacDougall, Bess Meredyth, nach einem Roman von Charlotte Armstrong **K** Elwood Bredell **M** Franz Waxman **S** Frederick Richards **D** Claude Rains (Victor Grandison), Joan Caulfield (Matilda Frazier), Audrey Totter (Althea Keane), Hurd Hatfield (Oliver Keane), Michael North (Steven Francis Howard), Constance Bennett (Jane Moynihan) **L** 103 **E** 7.12.1977 BR

UNVERGÄNGLICHE LEIDENSCHAFT (LJUBOW SEMNAJA). Ein junges Paar, um desen Ehe es nicht gut bestellt ist, zieht in ein neues Haus im Dorf. Jeder dort weiß, daß der Mann mit einer anderen Frau ein Kind hat. Der Ausbruch des Zweiten Weltkriegs verändert das Leben aller, und der Mann muß an die Front, ohne seine persönlichen Verhältnisse geordnet zu haben. Erster Teil einer Romanverfilmung (Fortsetzung: »Schicksal«, 1977). ✦ Scope. UdSSR 1974 **P** Mosfilm **R** Jewgeni Matwejew **B** Jewgeni Matwejew, Valentin Tschernych, nach dem Roman »Schicksal« von Pjotr Proskurin **K** Gennadi Zekawy, Viktor Jakuschew **M** Jewgeni Ptitschkin **D** Jewgeni Matwejew, Sinaida Kirijenko, Olga Ostroumowa, Juri Jakowlew, Valeria Saklunnaja **L** 113 **E** 15.2.1976 DFF 2

UNVERGÄNGLICHES LICHT. Eine aufrichtige und anständige junge Frau versucht sich aus dem moralischen Sumpf Pariser Gesellschaftskreise zu retten und sieht schließlich im Selbstmord den einzigen Ausweg. Verlogener Kolportagefilm, der unglaubwürdig deutsche Sentimentalität und klischeehaftes französisches Milieu verbindet. – Ab 16. ✦ Schwarz-weiß. BR Deutschland 1950/51 **P** Badal **KI** Union **R** Arthur Maria Rabenalt **B** Alexander Lix, Vahagen Vartany **K** Konstantin Irmen-Tschet **M** Ralph Benatzky, Bert Grund **D** Rudolf Forster (Graf Kalinsky), Cornell Borchers (Michèle Printemps), Hilde Hildebrand (Madame de Latour), Volker von Collande (René Garnier), Hans Reiser (Marcel), Nicolaus Ellin (Sascha), Gustav Waldau (Dr. Duval) **L** 93 **FSK** ab 12; f **E** 23.3. 1951 **fd** 1 089

UNVERGESSENE JAHRE (SO WELL REMEMBERED). Eine Bibliothekarin aus heruntergekommener Familie mit Drang zu Höherem heiratet einen Journalisten und angehenden Politiker und ruiniert durch ihren hemmungslosen Ehrgeiz um ein Haar sein und ihres Sohnes Leben. Gut gespielte, ansonsten konventionelle Familiensaga aus einer englischen Industriestadt in der ersten Hälfte des 20. Jahrhunderts. – Ab 16. ✦ Schwarz-weiß. Großbritannien 1946 **P** RKO **KI** Egale-Lion **Pd** Adrian Scott **R** Edward Dmytryk **B** John Paxton, nach einem Roman von James Hilton **K** Freddie Young **M** Hanns Eisler **S** Harry Gerstad **D** John Mills (George Boswell), Martha Scott (Olivia), Trevor Howard (Whiteside), Patricia Roc (Julie), Richard Carlson (Charles), Reginald Tate (Maugin), Beatrice Varley (Annie), Frederick Leister (Channing), Ivor Barnard (Spivey), Julian D'Albie (Wetherall), Juliet Mills (Baby Julie) **L** 114 **FSK** ab 16; nf **E** 1949 Kino

DIE UNVERGESSENE NACHT (DZIS W NOCY UMRZE MIASTO). Ein polnischer KZ-Flüchtling und die Geliebte eines SS-Offiziers werden in Augenblicken voller Todesangst zu einem Paar, das jene Nacht vom 13. auf den 14. Februar 1945 miterlebt, in der Dresden im Luftkrieg untergeht. Ein bemerkenswerter Film, geprägt von Sachlichkeit, Nüchternheit und dem deutlichen Bemühen, Verständigung nicht auf nationalistischer, sondern auch menschlicher und sittlicher Basis zu erreichen. Zwar kann er inszenatorisch nicht annähernd die »Nacht des Grauens« einfangen, fesselt aber neben seiner Thematik durch die bewegende Darstellung. – Sehenswert ab 14. ✦ Schwarz-weiß. Polen 1960 **P** Zespól Realizatorów Filmowych »Rytm« **KI** Nora **R** Jan Rybkowski **B** Leon

Kruczkowski, Jan Rybkowski **K** Boguslaw Lambach **M** Stefan Kisielewski **D** Andrzej Lapicki, Beata Tyszkiewicz, Danuta Szaflarska, Jadwiga Chojnacka, Ignacy Gogolewski, S. Hecht **L** 77 **FSK** ab 12; f **FBW** w **E** 14.11.1961 **fd** 10 701

DIE UNVERGESSLICHE LEHRE (BAI HOC RUHO DOI). Ein ehemaliger südvietnamesischer Hauptmann macht sich nach der Befreiung die Kriegsfolgen zunutze. Für falsche Lebenszeichen von ihren gefallenen Männern erschwindelt er von zahllosen Kriegswitwen große Summen Geld. Mäßig spannender, sehr konventioneller Kriminalfilm. – Ab 14. ✦ Schwarz-weiß. Vietnam 1977 **P** Filmstudio Hanoi/Filmstudio Ho-Chi-Minh-Stadt **KI** Progress **R** Chau Hue **B** Doan Que **K** Quang Chau, Xuan Thanh **M** Hong Dang **D** Van Hoa (Long Van), Ngoc Dau (Le Hoa), Thu Hien (Frau Lanh), Tran Dinh Tho (Funktionär), Dabh Liem (Major der Volkspolizei) **L** 65 **E** 30.11.1979 Kino DDR

DIE UNVERGESSLICHE NACHT (REMEMBER THE NIGHT). Ein gewissenhafter junger Staatsanwalt in New York verliebt sich in eine reumütige Juwelendiebin und besorgt selbst die Kaution für ihre Haftentlassung. Nach einem Besuch bei seinen Angehörigen verzichtet die junge Frau edelmütig auf ihn, um seine Karriere nicht zu gefährden. Mit einiger Weihnachts-Sentimentalität inszenierter, heute nur noch schwer erträglicher Film, der allzu unentschlossen zwischen humoriger Komödie und Melodram schwankt; nur in einigen Details wirklich unterhaltsam. – Ab 14. ✦ Schwarz-weiß. USA 1940 **P** Paramount **Pd+R** Mitchell Leisen **B** Preston Sturges **K** Ted Tetzlaff **M** Frederick Hollander (= Friedrich Hollaender) **S** Doane Harrison **D** Fred MacMurray (John Sargent), Barbara Stanwyck (Lee Leander), Beulah Bondi (Mrs. Sargent), Elizabeth Patterson (Tante Emma), Willard Robertson (Francis X. O'Leary) **L** 86 **E** 6.6.1981 ARD

EINE UNVERGESSLICHE NACHT (LA NOCHE MAS HERMOSA). Komödie um die von Hektik und Nervosität geprägten Ereignisse in einem Probenstudio des Fernsehens. ✦ Spanien 1984 **P** Luis Megino/P.C./S.A. **R** Manuel Gutiérrez Aragón **B** Luis Megino, Manuel Gutiérrez Aragón **K** Carlos Suarez **M** C. Torge, M. Lind, E. Tarr, E. Westenholz **S** José Salcedo **D** José Sacristán (Federico), Victoria Abril (Elena), Bibí Andersen, Fernando Fernán Gómez, Oscar Ladoire **L** 76 **E** 10.4.1987 DFF 2/30.7.1995 mdr

EIN UNVERGESSLICHER MENSCH (IDSCHYLSU OMNYN SARAM). Die Geschichte eines legendären Kundschafters namens »Feuervogel«, der als Unbekannter im koreanischen Befreiungskrieg erfolgreich gegen die südkoreanisch-amerikanische Spionagezentrale tätig war. Durchaus spannend aufbereitet, aber auch sehr pathetisch und vereinfachend. – Ab 14. ✦ Schwarz-weiß. VR Korea 1976 **P** Filmstudio »8. Februar« **KI** Progress **R** Dschong Ki-Mo **B** Kim Tschan-Sik **K** Dscho Dschong-Sik **M** Pak Min-Hjok **D** Dschong Dschä-Jon, Dscho Kjong-Sun, Tschö Tä-Hjon, U In-Hi, Kim Pjong-Dschun **L** 103 **E** 15.6.1979 Kino DDR/27.10.1981 DFF 2

EIN UNVERGESSLICHER SOMMER (UN ETE INOUBLIABLE). Rumänien 1921: Da seine Frau die Avancen eines Generals zurückwies, wird ein Hauptmann mit seiner Familie an die bulgarische Grenze strafversetzt, wo er eine Operation gegen bulgarische Anrainer leiten soll. Seine Frau freundet sich mit den bulgarischen Geiseln an. Der Soldat gerät in einen tiefen Konflikt zwischen Pflichterfüllung und humanistischen Wertvorstellungen. Ein historischer Rückblick, der die ethnischen Konflikte auf den Balkan vergegenwärtigt, wobei die private Konfliktsituation mit der historischen in Korrespondenz gebracht wird. – Ab 16. ✦ Frankreich/Rumänien 1994 **P** MK 2/La Sept Cinéma/Filmstudio des rumänischen Kulturminsteriums **R** Lucian Pintilie **B** Lucian Pintilie, nach einer Novelle von Petru Dimitriu **K** Calin Ghibu **M** Anton Suteu **S** Victorita Nae **D** Kristin Scott Thomas (Marie-Thérèse), Claudiu Bleont (Hauptmann Petre Dimitriu), Olga Tudorache (Madame Vorvoreanu), George Constantin (General Tchilibia), Marcel Iurès (General Ipsilanti) **L** 82 **E** 2.12.1996 arte

EIN UNVERGESSLICHER TAG (NESABRAWIMIJAT DEN). Nach der Niederlage im Endspiel um den Fußballpokal stehen sich Trainer, Betreuer und Spieler einer Sofioter Spitzenmannschaft feindselig gegenüber. Jeder sucht die Ursache beim anderen. Gleichzeitig sollen alte Rechnungen beglichen werden. – Ab 14. ✦ Bulgarien 1975 **P** Spielfilmstudia Sofia/Film Bulgare **R** Petyr Donew **B** Petyr Donew, Nikola Ticholow **K** Krassimir Kostow, Dimityr Sheljaskow **M** Tontscho Russew **D** Stojtscho Masgalow, Natalija Markowa, Nikolai Binew, Kiril Janew, Wladimir Dawtschow, Ognjan Sheljaskow **L** 87 **E** 17.2.1981 DFF 2

UNVERGLEICHLICH SCHÖNES ITALIEN. Dokumentarischer Reisebericht über die Schönheiten Italiens, der allenfalls touristische Glanzlichter bietet, aber Wesen und Eigenart des Landes nie nahekommt. Betont schön fotografiert, oberflächlich und belanglos. – Ab 8. ✦ Schwarz-weiß. BR Deutschland 1955 **P** Kaudel-Film **KI** Ernst Schnöd **L** 70 **FSK** ab 6; f **E** Juni 1955

UNVERHOFFTE GEFÜHLE (UN EMOZIONE IN PIU). Ein alter Mann wird von seiner Familie regelmäßig zur Urlaubszeit in ein Krankenhaus abgeschoben. Dort begegnet er einer Kellnerin, die ebenso isoliert lebt wie er. Als aus ihrer Freundschaft Liebe wird, fliehen sie vor dem Einschreiten ihrer Familien aufs Land. Mit Feingefühl beobachtete Studie zweier Außenseiter, erzählt als tragikomische Farce, die ganz von den beiden hervorragenden Hauptdarstellern getragen wird. ✦ Italien 1979 **P** I.D.I. **R** Francesco Longo **B** Francesco Longo, Giovanni Vento **K** Claudio Meleni **M** Fiorenzo Carpi **S** Cleofe Conversi **D** Francesco di Federico (Giuseppe), Mara Venier (Daniela), Luca Bonicalzi (Domenico), Germano Altomni (Vincenzo), Graziella Cormana (Patrizia) **L** (TV) 81 **E** 29.10.1986 ZDF

UNVERHOFFTE PRÜFUNGEN. Zwei Geschichten in einem Film. Die erste, « Versuchung«, erzählt von der Suche eines Jungen nach dem Besitzer einer Brieftasche, die er gefunden hat. Die zweite, »Konzert für eine Geige«, polemisiert gegen elterlichen Unverstand und überzogenes Anspruchsdenken, das die Kinder zur Unehrlichkeit zwingt. – Ab 10. ✦ Bulgarien 1973 **P** Spielfilmstudio Sofia **R** Iwanka Grabtschewa **B** Brüder Mormarew **K** Jazek Todorow **M** Peter Stupel **D** Dimityr Ganew, Michail Lazarow, Vera Salpliewa, Janko Jankow, Anni Bakalowa **L** 72 **E** 7.10.1975 DFF 1

DIE UNVERSCHÄMTEN (LES MISTONS). Die Liebe zweier junger Menschen nimmt, verursacht durch den unbewußten Neid einiger Kinder, ein tragisches Ende. Zweiter Kurzfilm von Truffaut, der sowohl die Gefühlswelt der Kinder als auch des verliebten Paares und ihre Reaktionen treffend schildert. Subtil inszeniert, voller Poesie. – Sehenswert ab 14. ✦ Schwarz-weiß. Frankreich 1957 **P** Les Fims du Carrosse **R** François Truffaut **B** François Truffaut, nach der Novelle von Maurice Pons **K** Jean Malige **M** Maurice Le Roux **S** Cécile Decugis **D** Bernadette Lafont (Bernadette), Gérard Blain (Gérard), Alain Baldy, Robert Bulle, Henri Demaegdt **L** 23 **E** 19.4.1975 BR

UNVERSÖHNLICHE ERINNERUNGEN. Im spanischen Bürgerkrieg standen sich auf beiden Seiten der Barrikaden Deutsche gegenüber: die einen kämpften in den Internationalen Brigaden, die anderen in den Reihen der Legion Condor. Diese Konstellation ist Ausgangspunkt für den interessanten Dokumentarfilm: Ein Maurer, Ludwig Stillger, stets überzeugter Kommunist, und ein salopper, bornierter General a.D., Henning Stümpell, erinnern sich an die Zeit von 1933 bis 1979 und ihre verschiedenen Positionen in diesen Jahren: an die Weimarer Republik, den Krieg in Spanien, an das Ende Nazi-Diktatur und die Gründungsjahre der Bundesrepublik Deutschland. Der Maurer war immer gegen das Militär, der General erweist sich als politisch instinktlos, damals wie heute. – Ab 16. ✦ BR Deutschland 1979 **P** Journal Film Klaus Volkenborn **SF** Basis **Pd** Klaus Volkenborn **R** Johann Feindt, Karl Siebig, Klaus Volkenborn **B** Klaus Volkenborn **K** Johann Feindt, Karl Siebig, Klaus Volkenborn **M** Andi Brauer **S** Klaus Volkenborn **L** 92 **FBW** bw **E** 13.9.1979 ZDF/1.2.1980 Kino

DIE UNVERSÖHNLICHEN (1964) (NEPRIMIRIMITE). Eine Transportkolonne der bulgarischen Befreiungsarmee bringt im Herbst 1944 unter schwierigsten Bedingungen Versorgungsgüter und Munition an die Front. Der unpathetische Kriegsfilm versucht, einzelne Soldaten zu charakterisieren. – Ab 14. ✦ Schwarz-weiß. Bulgarien 1964 **P** Spielfilmstudio Sofia **KI** Progress **R+B** Janko Jankow **K** Trendafil Sacharijew **M** Alexander Raitschew **D** Iwan Rajew, Duschiza Shegaraz, Sawa Chaschamow, Janko Jankow, Stefan Gezow **L** 79 **E** 26.11.1965 Kino DDR

DIE UNVERSÖHNLICHEN (1966) (REBELDES EN CANADA / CANADA SALVAJE). Der Partisanenkampf französischer Trapper gegen die englischen Kolonialtruppen und Vertreter der Hudson-Bay-Companie: Rache, Entführung und große Schlußschießerei. Mit den üblichen Mitteln an Grausamkeit und ohne Bemühen um Glaubwürdigkeit inszenierter Abenteuerfilm. (Video- und Fernsehtitel auch: »Gnadenlose Killer«) – Ab 16. ✦ Scope. Italien/Spanien 1966 **P** PEA/Coperfilm **KI** Ceres **VA** MCP **R+B** Amando de Ossori **K** Fulvio Testi **M** Carlo Savina **S** Enzo Alabiso, Antonio Jimeno **D** George Martin (= Jorge Martin), Luis Marin, Pamela Tudor, Franco Fantasia, Diana Lorys **L** 84 **FSK** ab 16; f **E** 12.11.1971 **fd** 17 697

UNVERSTANDEN (MISUNDERSTOOD). Ein in Tunesien lebender Geschäftsmann hat Schwierigkeiten, mit seinen beiden Söhnen über den Tod der Mutter zu reden. Die Kommunikationsprobleme führen zu schmerzhaften Mißverständnissen zwischen dem Vater und dem älteren Sohn. Stimmiges, mit fast dokumentarischer Genauigkeit inszeniertes Drama; das Remake einer Romanverfilmung von Luigi Comencini (»Incompreso«, 1966). – Ab 14 möglich. ✦ USA 1983 **P** MGM **Pd** Tarak Ben Ammar **R** Jerry Schatzberg **B** Barra Grant, nach einem Roman von Florence Montgomery **K** Pasqualino de Santis (= Pasquale de Santis) **M** Michael Hoppe **S** Marc Laub **D** Gene Hackman (Ned), Henry Thomas (Andrew), Rip Torn (Will), Huckleberry Fox (Miles), Maureen Kerwin (Kate) **L** 91 **E** 13.5.1995 SAT 1

DIE UNVERSTANDENEN (BLUE JEANS / BLUE DENIM). Elterliche Erziehungsversäumnisse und ihre Folgen werden dargestellt am Beispiel der Pubertätsnöte einer Schülerfreundschaft, die zur frühzeitigen Mutterschaft des Mädchens führt. Im Tonfall einer warnenden und (bedingt) aufklärerischen Beinahe-Tragödie sehr amerikanisch und undifferenziert aufbereitet. Eher ein Dokument der Ratlosigkeit als eine wirklich offene Auseinandersetzung mit den angeschnittenen Problemen. – Ab 16. ✦ Scope, schwarzweiß. USA 1959 **P** 20th Century Fox **KI** Centfox **Pd** Charles Brackett **R** Philip Dunne **B** Edith Sommer, Philip Dunne, nach einem Bühnenstück von James Leo Herlihy und William Noble **K** Leo Tover **M** Bernard Herrmann **S** William Reynolds **D** Carol Lynley (Janet Willard), Brandon De Wilde (Arthur Bartley), Macdonald Carey (Majory Malcolm Bartley), Marsha Hunt (Jessie Bartley), Warren Berlinger (Ernie), Buck Class (Axel Sorenson) **L** 89 **FSK** ab 16; f **E** 30.10.1959 **fd** 8 643

DER UNVERWUNDBARE → Das Geheimnis der roten Blume

DER UNVERWÜSTLICHE → Abenteuer in Rio

DIE UNVOLLENDETE (NEW WINE (THE MELODY MASTER) / ONE ROMANTIC NIGHT). Franz Schubert (1797–1828), von Beethoven in seiner Karriere gefördert, nachdem Schubert ihm seine unvollendete h-Moll-Symphonie vortrug, flieht vor der Militäraushebung nach Ungarn, wo er einer adeligen Dame begegnet, die zur großen, letztlich unerfüllbaren Liebe seines Lebens wird. Eine in Ausstattung und Darstellung stillose Künstlerbiografie, die romantisierende

Episoden ohne jedes Flair aneinanderreiht. – Ab 12. ✦ Schwarz-weiß. USA 1941 **P** Gloria **KI** Transcontinent **Pd** William Szekely **R** Reinhold Schünzel **B** Howard Estabrook, Nicholas Jory **K** John Mescall **M** Franz Schubert **S** James Smith **D** Alan Curtis (Franz Schubert), Ilona Massey (Anna), Albert Bassermann (Beethoven), Binnie Barnes (Gräfin), Sterling Holloway (Buchhalter), Barnett Parker (Herzog) **L** 84 **FSK** ab 12; f **E** 17.3.1950 **fd** 615

EINE UNVOLLENDETE GESCHICHTE (EK ADHURI KAHANI). Indien im Jahr 1929: Ein junger Universitätsabsolvent, der in Kalkutta keine Anstellung findet, findet einen Job in der Buchhaltung einer kleinen Zuckerfabrik in der Provinz. Nachdem er sich bei einem Streik zwischen den Fronten von Arbeitern und Fabrikbesitzer sieht, schlägt er sich auf die Seite seines Arbeitgebers, der ihn dafür belohnt. Dennoch muß er auf Grund der Verärgerung der Dorfbewohner die Provinz verlassen. Ein eindringlich gestalteter, politisch ambitionierter Film, der vor der sorgfältig rekonstruierten sozio-ökonomischen Kulisse Indiens in jenen Jahren eine bewegende, letztlich aber eher hoffnungslose Reflexion über die Dialektik des Daseins ist. (O.m.d.U.) ✦ Schwarz-weiß. Indien 1972 **P** Arun Kaul Prod. **KI** Freunde der Deutschen Kinemathek **Pd** Arun Kaul **R+B** Mrinal Sen **K** K. K. Mahajan **M** Vijay Raghav Rao **D** Utpal Dutt (Ratanlal, Fabrikbesitzer), Sekhar Chatterjee (Nemiar), Vivek Chatterjee (Sanjay, Kassierer), Arati Bhattacharya (das Mädchen) **L** 115 **E** 1973 Kino

UNVOLLENDETE LIEBE (THE VIEW FROM POMPEY'S HEAD). Ein junger New Yorker Anwalt kehrt wegen einer delikaten Rechtsangelegenheit in seine kleine Heimatstadt im Südwesten der USA zurück. Die Wiederbegegnung mit seiner inzwischen verheirateten Jugendfreundin läßt alte Gefühle neu erwachen. Sentimentales Gesellschafts- und Liebesmelodram, dessen wenig pointierte Handlung zäh und breit dahinfließt. – Ab 14. ✦ Scope. USA 1955 **P** 20th Century Fox **KI** Centfox **Pd+R** Philip Dunne **B** Philip Dunne, nach einem Roman von Hamilton Basso **K** Joseph MacDonald **M** Elmer Bernstein **S** Robert Simpson **D** Richard Egan (Anson Page), Dana Wynter (Dinah), Cameron Mitchell (Mickey Higgins), Sidney Blackmer (Garvin Wales), Marjorie Rambeau (Lucy Wales), Dorothy Patrick Davis (Meg) **L** 97 **FSK** ab 12; f (früher 16) **E** 10.2.1956 **fd** 5 456

UNVOLLENDETE PARTITUR FÜR EIN MECHANISCHES KLAVIER (NEOKONTSCHENNAJA PJESSA DJLA MECHANITSCHESKOWO PIANINO). Anläßlich eines sommerlichen Treffens der untätigen, frivolen Provinz-Oberschicht auf der Datscha einer ruinierten Generalswitwe wird sich ein Lehrer bewußt, daß er die Ideale seiner Jugend verraten hat und die Gesellschaft, in der er verkehrt, ebenso langweilig und leer wie unnütz ist. Bittere Komödie, die subtil und mit großer Treue zu Tschechows Vorlage den Zeitgeist einer vergangenen Epoche beschwört. (DDR-Titel: »Unvollendetes Stück für ein mechanisches Klavier«) – Ab 16. ✦ UdSSR 1977 **P** Mosfilm **KI** Progress **R** Nikita Michalkow **B** Alexander Adabaschjan, Nikita Michalkow, nach einem Bühnenstück von Anton Tschechow **K** Pawel Lebeschew **M** Eduard Artemjew **D** Alexander Kaljagin (Michail W. Platonow), Jelena Solowej (Sofja Jegorowna), Antonia Schuranowa (Anna Petrowna Woinizewa), Jewgenia Gluschenko (Sachenka), Juri Bogatyrjew (Sergej P. Woinizew), Nikita Michalkow **L** 102 **E** 11.1.1980 Kino DDR/17.10.1982 DFF 2/25.6.1991 BR

DER UNVOLLENDETE SATZ (141 PERC A BEFEJEZETLEN MONDATBOL). Das Porträt einer zur Oberschicht gehörenden Familie in Ungarn zwischen den beiden Weltkriegen vor dem Hintergrund des Zeitgeschehens unter besonderer Berücksichtigung des Verhältnisses von Proletariat zu Bourgeoisie. Ein formal ambitionierter Film, ausgezeichnet in der Kameraführung und mit hervorragenden schauspielerischen Leistungen. Die anspruchsvolle Gestaltung mit vielen Vor- und Rückblenden und der Wiederholung von Sequenzen setzt ein aufmerksames Publikum voraus. – Ab 16. ✦ Ungarn 1974 **P** Filmstúdió Budapest **KI** Progress **R** Zoltán Fábri **B** Zoltán Fábri, nach dem Roman von Tibor Déry **K** György Illés **M** György Vukán **D** András Bálint (Lörinc Parcen Nagy), Mari Csomós (Evi), Zoltán Latinovits (Professor Wavra), Anikó Sáfár (Désirée), Margit Dayka (Frau Hubka) **L** 138 **E** 20.8.1976 Kino DDR/15.10.1977 DFF 2

UNVOLLENDETES STÜCK FÜR EIN MECHANISCHES KLAVIER →Unvollendete Partitur für ein mechanisches Klavier

DIE UNVOLLKOMMENE DAME (JULIA MISBEHAVES). Eine sehr unkonventionelle Schauspielerin kehrt nach 18jähriger Trennung zur Hochzeitsfeier ihrer Tochter in das Haus ihres seriösen Ehemanns zurück. Als sie erkennt, daß das Mädchen nicht glücklich ist, stellt sie die Weichen für eine passendere Verbindung und erobert das Herz ihres Gatten für sich zurück. Die frivole Farce kommt trotz Starbesetzung und komischer Details nicht recht in Schwung und amüsiert nur mäßig. (TV-Titel auch: »Julia benimmt sich schlecht«) ✦ USA 1948 **P** MGM **KI** MGM **Pd** Everett Riskin **R** Jack Conway **B** William Ludwig, Arthur Wimperis, Harry Ruskin, Gina Kaus, Monckton Hoffe, nach dem Roman »The Nutmeg Tree« von Margery Sharp **K** Joseph Ruttenberg **M** Adolph Deutsch **S** John Dunning **D** Walter Pidgeon (William Sylvester Packett), Greer Garson (Julia Packett), Elizabeth Taylor (Susan Packett), Peter Lawford (Ritchie Lorgan), Cesar Romero (Fred Chenoccio) **L** 99 **E** 1949 Kino/12.4.1996 N 3 **fd** 475

DIE UNVOLLKOMMENE EHE. Eine geschiedene Mutter, von der Ehe allgemein enttäuscht und darum nun für andere als Scheidungsanwältin tätig, möchte die Tochter vor unüberlegter Heirat bewahren. Um sie zu bekehren, spielt ihr das heimlich bereits getraute junge Paar »freie Liebe« vor. Banales Lustspiel auf dem Boden bieder tuender Zweideutigkeit. – Ab 14. ✦ Schwarz-weiß. Österreich 1959 **P** Paula-Wessely-Produktion **KI** Union **Pd** Paula Wessely **R** Robert A. Stemmle **B** Juliane Kay, Robert A. Stemmle **K** Friedl Behn-Grund **M** Peter Igelhoff **S** Paula Dworak, Annemarie Reisetbauer **D** Paula Wessely (Dr. Winifried Lert), Johanna Matz (Susi, ihre Tochter), Dietmar Schönherr (Rolf Beckmayer), Johannes Heesters (Prof. Paul Lert), Fritz Schulz (Ernst Fiala), Gudrun Schmidt (Yelli Ball) **L** 91 **FSK** ab 12; nf **E** 4.9.1959 **fd** 8 373

DIE UNVOLLKOMMENE LIEBE. Ein naives Bauernmädchen aus Süddeutschland und ein Hamburger Ingenieur aus reichem Hause finden nach einer Reihe von Intrigen zum gefühlsseligen Happy-End. Trivialer Unterhaltungsfilm mit den abgedroschenen Einfällen eines Groschenromans. – Ab 12. ✦ Schwarz-weiß. Deutschland 1940 **P** Universum **KI** Central **R** Erich Waschneck **B** Josef Maria Frank **K** Igor Oberberg **M** Hans Carste **S** Walter Wischniewsky **D** Willy Fritsch (Thomas Holk), Liane Haid (Ada Rasmus), Ida Wüst (Frau von Estorff), Gisela Uhlen (Krista), Hans Zesch-Ballot (Dr. von Cremona), Erika von Thellmann **L** 97 **FSK** ab 12; nf **E** 20.9.1940

DIE UNVOLLSTÄNDIGE FINSTERNIS (NEUPLNE ZATMENI). Kurze Zeit nach einem Sturz von einem Kettenkarussell beginnt ein 14jähriges Mädchen zu erblinden. Es wird in ein Blindenheim für Kinder eingewiesen und lernt nach großen Enttäuschungen mit Erwachsenen, die neue Situation zu bewältigen und einen Sinn in seinem veränderten Leben zu suchen. Ein einfühlsames, kritisches, ruhig gezeichnetes Plädoyer für mehr Menschlichkeit in einer Welt, in der Behinderte an den Rand des Lebens gedrängt werden. Eindringlich und ohne sentimentales Mitleid schildert der Film mit außerordentlichem Gespür für das Visuelle die durch die Erblindung verursachte Krise eines heranwachsenden Menschen und seine Auseinandersetzung damit. – Sehenswert ab 10. ✦ CSSR 1982 **P** Filmstudio Barrandov **KI** Progress **R** Jaromil Jires **B** Daniela Fischerová, Jaromil Jires **K** Emil Sirotek **M** Zdenék Pololánik **S** Josef Valusiak **D** Lucie Pátíková (Marta), Oldrich Navrátil (Doktor Mos), Blanka Bohdanová (Krankenschwester), Jana Brezinová (Mutter), Gabriela Bestáková (Martas Schwester) **L** 84 **E** 5.8.1983 Kino DDR/21.7.1986 DFF 2/1.4.1988 West 3

DER UNWIDERSTEHLICHE (1937). Ein charmanter Herzensbrecher verläßt nach einem Streit mit seinem Vater, dem reichen Besitzer einer Seidenweberei, der seinen Sohn für einen Taugenichts hält, seine Heimatstadt Lyon, um in Paris seinen Weg zu machen. Er steigt zum Leiter der Modenschau in einem vornehmen Modesalon auf, wo er sich in eine reiche Kundin verliebt, was zunächst zu Turbulenzen und Mißverständnissen führt. Wirklichkeitsferne Unterhaltung mit viel Musik, aber auch ebensoviel Leerlauf. Immerhin: Der Walzer »Auf der Rue Madeleine in Paris« wurde zum Evergreen. – Ab 12 möglich. ✦ Schwarz-weiß. Deutschland 1937 **P** Tobis-Magna-Filmprod. **KI** Transit **R** Géza von Bolváry **B** Walter Forster, Alexander Lix **K** Werner Brandes **M** Franz Doelle **D** Anny Ondra, Hans Söhnker, Erika von Thellmann, Trude Hesterberg, Mady Rahl **L** 83 **FSK** o. A. f **E** 20.8.1937/14.5.1985 BR

DER UNWIDERSTEHLICHE (1952) (THE CARD). Ein gewitzter junger Mann aus kleinen Verhältnissen macht seinen Weg vom kleinen Büroangestellten zum reichen und angesehenen Bürgermeister einer englischen Industriestadt. Mit viel Routine konventionell inszenierte ironische Komödie mit viel Geschmack für die zahlreichen unterkühlt entwickelten Pointen. In der Hauptrolle ausgezeichnet gespielt. Die im Grunde unübersetzbare Diktion, die entscheidend zur Heiterkeit beiträgt, wurde in der deutschen Fernsehfassung durchaus seriös und behutsam übertragen. – Ab 12. ✦ Schwarz-weiß. Großbritannien 1952 **P** Rank **KI** Neue Filmkunst **R** Ronald Neame **B** Eric Ambler, nach einem Roman von Arnold Bennett **K** Oswald Morris **M** William Alwyn **D** Alec Guinness (Edward Henry Machin), Glynis Johns (Ruth Earp), Petula Clark (Nellie Cotterill), Edward Chapman (Mr. Duncalf), Veronica Turleigh (Mrs. Machin), Valerie Hobson (Gräfin Chell) **L** 88 **FSK** ab 12; nf **FBW** w **E** 31.1.1958 (O.m.d.U.)/14.5.1967 ZDF (synchronisiert) **fd** 5 873

DER UNWIDERSTEHLICHE (1991) (CHANCE OF A LIFETIME). Besinnliche Fernsehproduktion vom Schema »Liebe über Sechzig«: Eine Unternehmerin reiferen Alters, der eine tödliche Krankheit diagnostiziert wurde, findet Frieden in ihrer Abkehr vom »Workaholism« und der Liebe zu ihrem Kurschatten. Als sich die Diagnose als Irrtum erweist, liegt es an ihm, die in den alten Trott Zurückgekehrte erneut für sich zu gewinnen. Der äußerst bieder umgesetzte Appell an mehr Lebensqualität umschifft jedes tiefere Gewässer – etwa das Thema Tod –, um in Seichtigkeit zu stranden. (Fernsehtitel: »Einer kam durch«) – Ab 14. ✦ USA 1991 **P** Fries Entertainment **VA** Highlight **Pd** Lynn Roth **R** Jonathan Sanger **B** Lynn Roth **K** Stephen McNutt **M** David McHugh **S** Toni Morgan **D** Betty White (Evelin Eglin), Leslie Nielsen (Lloyd Dixon), William Windom (Dr. Edelman), Ed Begley jr. **L** 93 **FSK** o. A. **E** 14.4.1992 Video/19.6.1995 Kabel 1 **fd** 29 616

DER UNWIDERSTEHLICHE CHARME DES GELDES (ASSOCIATION DE MALFAITEURS). Zwei erfolgreiche Geschäftsleute geraten bei der Wiedergutmachung eines Scherzes in Diebstahlverdacht und müssen sich mit der Polizei und einem windigen Geschäftemacher auseinandersetzen. Erst durch einen erneuten Diebstahl können sie sich rehabilitieren und die Freundesclique glücklich vereinen. Gaunerkomödie in gediegener Inszenierung, die vom Charme ihrer Hauptdarsteller lebt und das Thema vom betrogenen Betrüger stilsicher abwandelt. – Ab 16. ✦ Frankreich 1986 **P** Films 7/FR 3 Films **KI** Delta **VA** Warner Home **R** Claude Zidi **B** Michel Fabre, Simon Michaël, Claude Zidi **K** Jean-Jacques Tarbès **M** Francis Lai **S** Nicole Saunier **D** François Cluzet (Thierry), Christophe Malavoy (Gérard), Claire Nebout (Claire), Véronique Genest (Monique), Jean-Pierre Bisson (Bernard), Gérard Lecaillon (Francis), Hubert Deschamps (Tonton Gadin) **L** 103 **FSK** ab 12; f **E** 13.8.1987/25.2.1988 Video **fd** 26 297

EINE UNWÜRDIGE FRAU (SHE'S BEEN AWAY). Nach 60 Jahren in einer psychiatrischen Anstalt, in die sie als junges Mädchen in den 20er Jahren kam, weil sie sich keinerlei Konventionen anpassen konnte, kommt eine mehr als 80jährige Greisin in eine erzbritische großbürgerliche Familie zurück und bringt deren Widersprüche zum Vorschein. Im Verlauf eines Ausbruchsversuches entschließt sie sich jedoch, endlich wieder Stellung zum Leben zu beziehen. Ein eindrucksvoller Film über Identitätssuche und Eigensinn mit hervorragenden darstellerischen Leistungen. (Fernsehtitel auch: »Die Ausbrecherinnen«) – Sehenswert ab 16. ✦ Großbritannien 1989 **P** BBC TV/BBC Enterprises **Kl** Pandora **Pd** Kenith Trodd **R** Peter Hall **B** Stephen Poliakoff **K** Philip Bonham-Carter **M** Stephen Edwards **S** Ardan Fisher **D** Peggy Ashcroft (Lillian Huckle), Geraldine James (Harriet Ambrose), James Fox (Hugh Ambrose), Jackson Kyle (Dominic Ambrose), Rosalie Crutchley (Gladys), Rachel Kempson (Matilda), Rebecca Pidgeon (die junge Lillian) **L** 107 **FSK** ab 12; f **E** 19.4.1990 **fd** 28 219

DIE UNWÜRDIGE GREISIN (LA VIEILLE DAME INDIGNE). Nach einem arbeitsreichen Leben ändert eine alte Frau mit dem Tod ihres Mannes ihren Lebensstil und führt zur Verwunderung ihrer Verwandten in aller Freiheit ein vergnügliches Dasein. Nach einer Kurzgeschichte von Bertolt Brecht hervorragend gestalteter Film mit einer außergewöhnlichen Interpretation der Hauptrolle. – Sehenswert ab 16. ✦ Schwarz-weiß. Frankreich 1964 **P** S.P.A.C. **Kl** Neue Filmkunst **R** René Allio **B** René Allio, nach der gleichnamigen Kalendergeschichte von Bert Brecht **K** Denys Clerval **M** Jean Ferrat **D** Sylvie (Madame Berthe), Malka Ribovska, Etienne Bierry, François Maistre, Victor Lanoux, R. Bousquet **L** 92 **FSK** ab 12; f **FBW** bw **E** 28.1.1968 ARD/9.2.1968 Kino DDR/29.4.1972 DFF 1 **fd** 15 259

DIE UNZERTRENNLICHEN (DEAD RINGERS / TWINS). Zwillinge, die gemeinsam und erfolgreich eine Gynäkologen-Praxis betreiben, geraten über die Beziehung zu einer Schauspielerin in eine selbstzerstörerische Identitätskrise. Ein mehr an den psychologischen Abgründen der Geschichte als an vordergründigen Horror-Effekten interessierter Film, der mit einer schrecklichen Vernichtung der angeborenen Abhängigkeit endet. Nach einem authentischen Fall, der sich 1975 in New York ereignete; in der Doppelrolle der ungleichen Zwillingsbrüder brillant gespielt. ✦ Kanada 1988 **P** Mantle Clinic II **Kl** Senator **VA** Starlight **DVD** Polyband (FF, MPEG2.0) **Pd** David Cronenberg, Marc Boyman **R** David Cronenberg **B** David Cronenberg, Norman Snider, nach dem Roman »Twins« von Bari Wood und Jack Geasland **K** Peter Suschitzky **M** Howard Shore **S** Ronald Sanders **D** Jeremy Irons (Beverly/Eliot Mantle), Geneviève Bujold (Claire Niveau), Heidi von Palleske (Cary Weiler), Barbara Gordon (Danuta), Stephen Lack (Anders Wolleck), Shirley Douglas (Laura) **L** 116 **FSK** ab 18 (fr. ab 16; f) (DVD 16) **FBW** w **E** 9.2.1989/28.1.1999 DVD **fd** 27 263

EIN UNZERTRENNLICHES GESPANN (TANDEM). Poetische Tragikomödie über eine ungewöhnliche Männerfreundschaft. Als ein einst gefeierter, immer noch geltungsbedürftiger Radio-Quizmaster abgesetzt werden soll, versucht der ihm trotz aller Demütigungen seit 25 Jahren treu ergebene Assistent, die bittere Wahrheit zu vertuschen. Ein genau beobachtender Film, der mit ironischer Distanz und zugleich zärtlicher Sympathie die symbiotische Beziehung zweier höchst unterschiedlicher Menschen einfängt. – Ab 16. ✦ Frankreich 1987 **P** Cinéa/Hachette Première et Compagnie/Films A2 **Pd** Philippe Carcassonne, René Cleitman **R** Patrice Leconte **B** Patrice Leconte, Patrick Dewolf **K** Denis Lenoir **M** François Bernheim **S** Joëlle Hache **D** Jean Rochefort (Mortez), Gérard Jugnot (Rivetot), Sylvie Granotier (Buchhändlerin), Julie Jézéquel (Serviererin), Jean-Claude Dreyfus (Conseiller), Marie Pillet (Wirtin), Jacques Rousselot (Vaillant) **L** 86 **E** 10.5.1992 ZDF

UNZIPPED (UNZIPPED). Sympathisches filmisches Porträt des amerikanischen Mode-Designers Isaac Mizrahi, das sich weniger für die Mode als für jenes kreative Fluidum interessiert, aus dem heraus sie entsteht. Stilistisch reizvoll und vital, unterhaltsam und informativ auch für weniger am »Modezirkus« interessierte Zuschauer. (Originalfassung) – Ab 14. ✦ Teils schwarz-weiß. USA 1994 **P** Hachette Filipacchi Prod./Elle Magazine (für Miramax) **Kl** Kinowelt **VA** Arthaus **Pd** Michael Alden, Paul DeBenedictis, Keith Estabrook **R+B** Douglas Keeve **K** Ellen Kuras **S** Paula Heredia **D** Isaac Mizrahi, Sandra Bernhard, Naomi Campbell, Cindy Crawford, Linda Evangelista, Ellen Barkin **L** 73 **FSK** ab 6; f **E** 8.8.1996/10.3.1997 Video **fd** 32 051

UP! DRÜBER, DRUNTER, DRAUF → Drüber, drunter und drauf

UP'N COMING (UP'N COMING). Eine begabte junge Sängerin im Vorprogramm stellt eine berühmte Country-Sängerin, die von Alkohol und Drogen gezeichnet ist, mühelos in den Schatten. Deren Eifersucht wächst sich zum Racheplan aus, als sich ihr Manager und ihr Ehemann um die Nachwuchskünstlerin bemühen. Belanglose Sex-and-Crime-Geschichte, offensichtlich die »weiche« Kinoversion eines pornografischen Films. – Wir raten ab. ✦ USA 1987 **P** Miracle Films/Key International Film Prod. **R** Godfrey Daniels **D** Marilyn Chambers, Lisa de Leeuw, Herschel Savage **L** (TV) 70 **E** 18.8.1990 RTL plus

UP RIVER (UP RIVER). Ein junger unerfahrener Mann kehrt der Zivilisation den Rücken zu und siedelt im Westen der USA. Er lernt sich durchzusetzen und bringt schließlich gemeinsam mit einem alten Trapper die Mörder seiner Gefährtin zur Strecke. Inszenatorisch allenfalls durchschnittlicher Western, bemerkenswert durch seine indianerfreundliche Haltung. (Neuer Titel: »Der Rächer«) – Ab 16. ✦ USA 1980 **P** Gold Gey Entertainment **VA** Arcade (Neu: Allround) **R** Carl N. Kitt **B** Don Clark, Susan E. Clark **K** Robert Ennis **M** Yusuf Rahman **D** Morgan Stevens (Jacob Taylor), Jeff Corey (Bagshaw), Dale Wilson (Keeler), John Bear Curtis (Mungal), David Crowley (Jules), Cindy Jensen (Kika-ti), Lance Garrett (Kapitän), Ronnie Lester (Tsutsi) **L** 84 **FSK** ab 12 **E** 1983 Video **fd** 24 060

UP THE DOWN STAIRCASE (DIE TREPPE HINAUF, DIE HINAB FÜHRT) → Gegen den Strom die Treppe hinauf

UPWORLD (UPWORLD). Durch einen »Betriebsunfall« in Verdacht geraten, muß ein Undercover-Agent seine Unschuld beweisen. Der einzige, der diese bezeugen kann, ist ein unterirdisch lebender Gnom, dessen eigentliche Mission es ist, seinen Stammesgenossen Licht und neues Leben zu bringen. Ein komödiantischer Krimi, der zunehmend alberner und törichter wird. Weder originell noch komisch, vielmehr schlampig und amateurhaft inszeniert. (TV-Titel: »Mein Kumpel, der Kobold«) – Ab 14. ✦ USA 1988 **P** Vestron/Lightning/Interscore Communications/Trilogy Entertainment Group **VA** Concorde **Pd** Robert W. Cort, Scott Kroopf, Richard Lewis, Pen Densham **R** Stan Winston **B** Pen Densham, John Watson **K** Bojan Bazelli **M** Richard Gibbs **S** Marcus Manton **D** Anthony Michael Hall (Casey Gallagher), Jerry Orbach (Stan Walton), Claudia Christian (Samantha), Eli Danker (Zadar), Mark Harelik (Kaminsky) **L** 89 **FSK** ab 12 **E** 17.2.1992 Video/18.4.1993 RTL **fd** 29 557

UR-MUSIG (UR-MUSIG). Der in mehrjähriger Arbeit entstandene, kommentarlose Dokumentarfilm bietet eine trotz einiger Längen abwechslungsreiche Reise durch die archaischen (Klang-)Landschaften des Appenzells und der Innerschweiz. In Verbindung mit Landschaftsbildern von seltener Schönheit wird die authentische Volksmusik, die in Tradition, Brauchtum und Arbeitswelt der alpenländischen Hirten wurzelt, zum visuellen und akustischen Erlebnis. ✦ Schweiz 1993 **P** CSR Film **R+B** Roger Gnoan Schläpfer **K** Thomas Krempke, Pio Corradi, Jürg Hassler **S** Jürg Hassler **L** 110 **E** Schweiz

EIN URALTES MÄRCHEN (STARAJA, STARAJA SKASKA). Ein Soldat, der seinen Dienst quittiert hat, findet im Haus einer Hexe einen Schatz. Mit dem Gold und einem Feuerzeug, das zaubern kann, zieht er in die Stadt und erobert nach vielen Abenteuern die Prinzessin. Grotesk überzeichneter Märchenfilm nach Motiven von Hans Christian Andersen (u. a. »Das Feuerzeug«), der ausschließlich in Studiokulissen gedreht wurde und in seiner Mischung aus Spiel, Tanz und Liedeinlagen konsequent einen artifiziellen Charakter betont. – Ab 6. ✦ Scope. UdSSR 1968 **P** Lenfilm **Kl** Progress **R** Nadeshda Koschewerowa **B** Juli Dunski, Valeri Frid, nach Motiven von Hans Christian Andersen **K** Konstantin Ryschow **M** Andrej Petrow **S** W. Mironowa **D** Oleg Dal (Soldat/Puppenspieler), Marina Nejelowa (Prinzessin/Gastwirtstochter), Wladimir Etusch (König/Schankwirt), Georgi Wizin (Zauberer), Vera Titowa (Hexe), Viktor Perewalow (Prinz), Georgi Schtil (Leibwächter) **L** 95 **E** 2.10.1970 Kino DDR/15.9.1973 DFF 1

URAMAI (URAMAI). »Uramai« ist das Porträt eines ziegelroten Hauses in Pregassona, Lugano. Das Haus wurde von Giovanni Doffini und seiner Sippe während mehr als fünfzig Jahren bewohnt. Es ist ihr Haus geworden und doch wieder nicht. Unter einem nichtigen Vorwand kündigt der Besitzer – eine Scheinfirma in Liechtenstein – die Verträge. Die Leute sagen »Uramai«(»was soll man machen«) und gehen. Was ein elegischer Grabgesang hätte werden können, ist ein Stück lustvolles Kino geworden. Mit Witz und Ironie schlägt Doffini der Resignation ein Schnippchen. ✦ Schweiz 1980 **Pd** Giovanni Doffini **R** Etienne Delessert **B** Giovanni Doffini, Delta Gregorio **K** Francesco Chiesa, Romano Cavazzoni **L** 65 **E** Schweiz

URANUS (URANUS). Ein französisches Provinzstädtchen in der unmittelbaren Nachkriegszeit: Die verschiedenen politischen Gruppierungen und Ideologien – Gaullisten, Anhänger der Vichy-Regierung und Widerstandskämpfer – stehen sich unversöhnlich gegenüber. Im Mittelpunkt ein Trunkenbold, der zum Opfer dieser Auseinandersetzungen wird. Als Posse mit satirischem Blick auf eine Gemeinde von Scheinheiligen und Eiferern, Böswilligen und Saubermachern angelegt, bleibt der Film weitgehend positionslos und zehrt vorwiegend von den prall gefüllten Figuren mit »allzu menschlicher Menschlichkeit«. Dabei überzeugt Gérard Depardieu einmal mehr mit ausschließlich physischer Präsenz, während die anderen ins schauspielerische Abseits geraten. – Ab 14 möglich. ✦ Frankreich 1990 **P** Renn/Films A 2/D. D. **Pd** Pierre Grunstein **R** Claude Berri **B** Claude Berri, Arlette Langmann, nach dem gleichnamigen Roman von Marcel Aymé **K** Renato Berta **M** Jean-Claude Petit **S** Hervé de Luze **D** Philippe Noiret (Watrin), Gérard Depardieu (Léopold), Michel Blanc (Gaigneux), Gérard Desarthe (Maxime Loin), Fabrice Luchini (Jourdan), Jean-Pierre Marielle (Archambaud), Michel Galabru (Monglat), Daniel Prévost (Rochard) **L** 100 **E** April 1991/24.4.1994 premiere

URBAN COWBOY (URBAN COWBOY). Ein junger Hilfsarbeiter in der Ölmetropole Houston verbringt seine Abende in einer riesenhaften Saloon-Imitation, wo er sich als Cowboy fühlt, indem er besessen auf einem mechanischen Stier rodeoreitet. Er lernt eine junge Frau kennen, heiratet sie und verliert sie an einen ehemaligen Sträfling, der ihm auch den Platz als bester Reiter streitig macht. Angesichts eines großen Rodeo-Wettbewerbs kommt alles wieder ins Lot. Langatmiges Rührstück mit zahlreichen Country &

Western-Einlagen, bei dem Handlungsort und Songs ebenso Staffage bleiben wie die unkritisch reproduzierten Western-Mythen. – Ab 16. ✦ USA 1980 **P** Paramount **Kl** CIC **Pd** Robert Evans, Irving Azoff **R** James Bridges **B** James Bridges, Aaron Latham **K** Reynaldo Villalobos **M** Ralph Burns (Adaption von Country & Western-Songs) **S** David Rawlins **D** John Travolta (Bud), Debra Winger (Sissy), Scott Glenn (Wes), Madolyn Smith (Pam), Barry Corbin (Onkel Bob), Brooke Alderson (Tante Corinne), Cooper Huckabee (Marshall), James Gammon (Steve Strange), Betty Murphy (Buds Mutter), Ann Travolta, Ed Geldart (Buds Vater) **L** 135 **FSK** ab 16; f **E** 11.9.1980 **fd** 22 617

URBAN GHOST STORY (URBAN GHOST STORY). Eine allein erziehende Mutter in Glasgow wird – neben real existierenden Sorgen um die Familie – von einem Poltergeist heimgesucht. Die Behörden ignorieren ihre Beschwerden zunächst und führen sie auf Drogenmissbrauch zurück, doch schließlich ist Handlungsbedarf angesagt, zumal sich auch die Presse für die Phänomene zu interessieren beginnt. Eine durchaus interessante Variante des Horror-Stoffes, die ein sattsam vertrautes Thema mit der realen Beschreibung schottischer Underdogs zu verbinden versucht. Gute Darsteller werten den subtilen Films auf. ✦ USA 1998 **P** Living Spirit **VA** Highlight **Pd** Chris Jones **R** Geneviève Jolliffe **B** Geneviève Jolliffe, Chris Jones **K** Jon Walker **M** Rupert Gregson-Williams **S** Eddie Hamilton **D** Jason Connery (John Fox), Stephanie Buttle (Kate Fisher), Heather Ann Foster (Lizzie Fisher), James Cosmo (Minister), Elizabeth Berrington (Mrs. Ash) **L** 85 **FSK** ab 16 **E** 8.11. 1999 Video

URBAN WARRIORS (URBAN WARRIORS). Drei Wissenschaftler überleben einen nuklearen Anschlag auf ihre unterirdischen Labors, nur um danach von einer Straßenbande aufgerieben zu werden. Einer überlebt, wird jedoch eingesperrt und kann mit einer Mitgefangenen knapp dem Tod entkommen. Wüste Endzeit-Geschichte, die gängige Versatzstücke unoriginell aneinanderreiht. ✦ Italien 1987 **P** L'Immagine **VA** VPS **R** Joseph Warren (= Giuseppe Vari) **D** Karl Landgren, Alex Vitale, Bjorn Hammer **L** 91 **E** 21.7.1988 Video

UREINWOHNER – IN DER TAIGA GEBOREN (ABORIGEN). Spielfilm um einen naturverbundenen Sibirier, der sich dem modernen Leben verweigert und statt dessen die Schönheiten seiner Heimat genießt. Dabei gerät er aber zunehmend in Widerspruch zu seiner Umwelt und verliert sein Selbstvertrauen. ✦ UdSSR 1988 **R** E. Nikolaeva **L** 127 **E** 30.5.1996 arte

URGA (URGA – TERRITORIA LIUBVI / URGA). Nach einer Autopanne in der Steppenlandschaft der inneren Mongolei findet ein russischer Straßenarbeiter Unterschlupf bei einer Schafzüchter-Familie. Es entwickelt sich eine tiefe Freundschaft zu seinen Gastgebern, deren familiärer Friede durch die Geburten-Quote der Bürokratie auf die Probe gestellt wird. Humorvoll und mit überwältigenden Landschaftsaufnahmen inszenierter Film, der sein Plädoyer gegen kulturellen Zentralismus und Naturzerstörung unaufdringlich mit einer packenden Kinogeschichte verbindet. (Preis der OCIC in Venedig 1991) – Sehenswert ab 16. ✦ Frankreich/UdSSR 1991 **P** Caméra One/Hachette Première/UGC Images/Studio Trits **Kl** Concorde **SF** Matthias **VA** Concorde **Pd** Michel Seydoux **R** Nikita Michalkow **B** Nikita Michalkow, Rustam Ibragimbekow **K** Wilen Kaluta **M** Eduard Artemjew **S** Joëlle Hache **D** Badema (Pagma), Bayertu (Gombo), Wladimir Gostjuchin (Sergej), Larissa Kusnezowa (Marina), Babuschka (Großmutter), Bao Yongyan (Boruma), Wurinile (Bouin) **L** 118 **FSK** ab 6; f **FBW** bw **E** 12.12.1991/13.4.1992 Video/ 26.1.1995 ZDF **fd** 29 251

URGH! A MUSIC WAR (URGH! A MUSIC WAR). Dokumentarischer Musikfilm, der Konzertmitschnitte von 34 angloamerikanischen Gruppen enthält, die zur »New Wave«-Szene jener Jahre zu rechnen sind, wobei das Spektrum freilich auch Reggae- und Hard-rock-Variationen umfaßt. Von der im Filmtitel nahegelegten musikalischen Kriegserklärung kann nicht die Rede sein, auch wenn der Verzicht auf Ruhepunkte zu einem musikalischen Bombardement führt. In Bild- und (Dolby-Stereo-)Tonqualität makellos. – Ab 14. ✦ Großbritannien 1980/81 **P** Michael White Ltd./Lorimar **Kl** Arsenal **Pd** Michael White, Lyndall Hobbs **R** Derek Burbidge **B** Jim Elderton **K** John Metcalfe, Kate Humphreys, Dick Pope, David Scott, John Simmons, Mike Metcalfe, David Anderson, Patrick McCann **M** Police, Gary Numan, Devo, Wall of Voodoo, Toyah Wilcox, Oingo Boingo, Echo & The Bunnymen, XTC, UB 40 **S** Jim Elderton **D** Police, Echo & The Bunnymen, Jools Holland, The Go Go's, Toyah Wilcox **L** 106 **E** 16.4.1982 **fd** 23 521

URLAUB AM SCHWARZEN MEER (VACANTA LA MARE). Die Abenteuer eines Bukarester Studentenorchesters, das sich seinen unvorhergesehenen Aufenthalt in Mamaia erspielen muß. Äußerst dürftiger Unterhaltungsfilm. – Ab 8. ✦ Scope. Rumänien 1962 **P** Filmstudio Bucuresti **Kl** Progress **R** Andrei Călărasu **B** H. Nicolaide, Cezar Grigoriu **K** Andrei Feher **M** George Grigoriu **D** Jurie Darie (Alexander Munt), Alexandru Repan, Melania Cirje, Ileana Sandu, Ana Szeles **L** 77 **E** 23.8.1963 Kino DDR/30.7. 1975 DFF 1

URLAUB AUF EHRENWORT (1937). Im Herbst 1918 bewilligt ein 19jähriger Leutnant als Transportoffizier einer aus Genesenden bestehenden Kompanie auf dem Wege zur Westfront beim sechsstündigen Aufenthalt in Berlin einigen Männern freien Ausgang. Der Bahnhofskommandant hat den Leutnant auf die Gefahr des Desertierens hingewiesen, doch alle Kurzurlauber halten der Versuchung stand: sie kehren wie versprochen zurück, denn das »verdammte Pflichtgefühl« (Dialog) ist übermächtig. Ein emotional geschickt für Wehrwillen und Soldatentugend werbender Film. Er erhielt das Prädikat »Staatspolitisch und künstlerisch besonders wertvoll«; nach 1945 dann ein alliiertes Aufführverbot. ✦ Schwarz-weiß. Deutschland 1937 **P** Ufa **Kl** Transit/F. W. Murnau-Stiftung/Deutsches Institut f. Filmkunde **R** Karl Ritter **B** Charles Klein, Felix Lützkendorf **K** Günther Anders **M** Erich Ernst Buder **S** Gottfried Ritter **D** Ingeborg Theek (Inge), Rolf Moebius (Leutnant Walter Prätorius), Fritz Kampers (Gefreiter Hartmann), Berta Drews (Anna Hartmann), René Deltgen (Grenadier Emil Sasse) **L** 88 (Verleih 86) **FSK** ab 18; f **E** 11.1. 1938

URLAUB AUF EHRENWORT (1955). Eine Einheit deutscher Soldaten ertrotzt sich während des Krieges im Herbst 1944 einen unerlaubten Sonderurlaub in Berlin. Trotz vielfältiger Versuchungen und Konflikte steht jeder von ihnen zu seinem Versprechen, pünktlich wieder zurückzukehren. Neuverfilmung des gleichnamigen Propagandafilms von 1937, verlegt in den Zweiten Weltkrieg, wobei jetzt heftige Worte gegen den Krieg fallen und man sich sehr despektierlich über den »Führer« äußert. Dennoch fehlt dem Film jede zeitkritische Distanz: politisch instinktlos werden die alten Phrasen vom militärischen Gehorsam wiedergegeben. ✦ Schwarz-weiß. BR Deutschland 1955 **P** Algefa **Kl** Bavaria **Pd** Friedrich Wilhelm Gaik, Friedrich Kienzl **R** Wolfgang Liebeneiner **B** Charles Klein, Felix Lützkendorf, nach der gleichnamigen Novelle von Kilian Koll **K** Bruno Timm **M** Hans-Martin Majewski **S** Ilse Voigt **D** Claus Biederstaedt (Leutnant Walter Prätorius), Eva-Ingeborg Scholz (Dr. Inge Richter), Reinhard Kolldehoff (Otto Sasse), Karl John (Köhler), Hans Quest (Gustav Jahnke), Paul Esser (Unteroffizier Bruno Hartmann), Gisela von Collande (Anna Hartmann), Rudolf Vogel, Elfie Pertramer, Helen Vita, Fritz Wagner, Willi Rose, Edelweiß Malchin, Edith Hancke, Helmuth Lohner, Wolfgang Neuss, Maria Sebaldt, Ralf Wolter, Herbert Weißbach **L** 100 **FSK** ab 18; f **E** 30.12.1955 **fd** 4 632

URLAUB AUF LEBEN UND TOD – EINE FAMILIE HÄLT ZUSAMMEN. Ein Ehepaar will mit seiner Tochter im Wohnmobil Urlaub in Frankreich machen. Bei einem Abstecher an einen Badesee nehmen sie zwei Männer mit, die sich als Verbrecher erweisen und die Familie als Geiseln nehmen. Auf äußeren Thrill getrimmter Fernsehkrimi. ✦ Deutschland 1999 **P** Calypso Film **Pd** Werner Possardt, Lutz Weidlich **R** Manuel Siebenmann **B** Monika Simon, Helmut Dettmann **K** Volker Tittel **M** Dominic Roth **S** Galip Iyitanir **D** Christian Redl (Popeye), Frank Stieren (Redford), Burghart Klaußner (Albrecht Seibel), Michaela Merten (Clara Seibel), Michaela Merten, Laura-Charlotte Syniawa **L** 93 **E** 30.3.1999 SAT 1

URLAUB BIS ZUM ANGRIFF – SCHLACHT IM PAZIFIK →Hölle, wo ist dein Schrecken

URLAUB BIS ZUM WECKEN (BATTLE CRY). Drill und Einsatz amerikanischer Marine-Infanteristen im Kriegsjahr 1942/43. Die harte militärische Ausbildung und die Strapazen der brutalen Kämpfe werden episodenhaft unterbrochen von den privaten, meist erotischen Erlebnissen während des Urlaubs. Ein spekulatives, unreflektiertes Kriegsdrama. ✦ Scope. USA 1955 **P** Warner Bros. **Kl** Warner **R** Raoul Walsh **B** Leon Uris, nach seinem Roman **K** Sid Hickox **M** Max Steiner **D** Van Heflin (Major Huxley), Aldo Ray (Andy), Mona Freeman (Kathy), Dorothy Malone (Elaine), Raymond Massey (General Snipes), Nancy Olson (Pat), James Whitmore (Sgt. Mac) **L** 136 **FSK** ab 18; nf **E** 27.5.1955 **fd** 4 096

URLAUB FÜR DIE LIEBE (THE CLOCK / UNDER THE CLOCK). Unter der Uhr von New Yorks Pennsylvania Station begegnen sich eine junge Frau und ein junger Soldat. 48 Stunden später – nach einer Fülle von bemerkenswerten Begegnungen – sind sie verheiratet, doch der Mann muß mit seiner Einheit nach England aufbrechen. Hollywood-Märchen mit bittersüßem Grundton, routiniert inszeniert, hervorragend besetzt. Reizvoll durch die zahlreichen Originalaufnahmen von New York, wohingegen die drohende Kriegsrealität eher verklärt wird. – Ab 14. ✦ Schwarz-weiß. USA 1945 **P** MGM **Pd** Arthur Freed **R** Vincente Minnelli **B** Robert Nathan, Joseph Schrank **K** George J. Folsey jr. **M** George Bassman **S** George White **D** Judy Garland (Alice Mayberry), Robert Walker (Joe Allen), James Gleason (Al Henry), Keenan Wynn (Betrunkener), Marshall Thompson (Bill) **L** 90 **E** 16.7. 1991 EINS PLUS

URLAUB IM FRÜHLING (WESSENNAJA PUTJOWKA). Eine junge, schwerkranke Frau lernt im Urlaub einen Mann kennen, der bisher nur flüchtige Liebesabenteuer eingegangen ist. Doch diese Beziehung verändert sein Leben auch nach der Rückkehr in den Alltag. Liebesfilm. ✦ UdSSR 1979 **P** Filmstudio Riga **R** Boris Brasla **B** Fjodor Knorre **K** Ugis Ege **D** Galina Beloserowa (Liene), Andris Bersinsch (Artur), Valentina Talysina (Antonia), Wsewolod Safonow (Großvater), Valentina Beresuzkaja (Safarowa) **L** 81 **E** 26.6. 1980 DFF 2

URLAUB IM ORIENT – UND NIEMAND HÖRT DEIN SCHREIEN. Hanebüchen erdachter (Fernseh-)Thriller, in dem ein Touristenpaar in Marokko in die Fänge von Organhändlern gerät. ✦ Deutschland 1999 **P** teamWorks **R** Michael Wenning **B** Oliver Simon **D** Felix Eitner (Martin), Floriane Daniel (Nina), Saïd Taghmaoui (Raschid), Julia Jäger (Hannah), Bernd Michael Lade (Dr. Cordes), Peer Jäger (Michael Goodman), Julia Thurnau (Karin), Friedericke Wagner (Eike), Wotan Wilke Möhring (Harry) **L** 90 **E** 17.11. 1999 RTL

URLAUB IN HOLLYWOOD (ANCHORS AWEIGH). Zwei Matrosen auf Landurlaub erleben mit einem kleinen Jungen vier Tage voller übermütiger Abenteuer in Hollywood. Attraktives Filmmusical mit anspruchslos-bescheidener, aber ungekünstelt-sympathischer Handlung, mitreißenden Songs und mehreren choreografischen Leckerbissen, die sich zu einem abwechslungsreichen und humorvollen Ganzen verbinden. Höhepunkt (der stark gekürzten deutschen Fassung) ist jene Märchenszene, in der Gene Kelly mit der aus den »Tom & Jerry«-Trickfilmen berühmten Zeichentrick-Maus Jerry tanzt. – Ab 12. ✦ USA

1944 **P** MGM **KI** MGM **Pd** Joe Pasternak **R** George Sidney **B** Isobel Lennart **K** Robert Planck, Charles P. Boyle **M** George Stoll **S** Adrienne Fazan **D** Frank Sinatra (Clarence Doolittle), Gene Kelly (Joseph Brady), Kathryn Grayson (Susan Abbott), José Iturbi (José Iturbi), Dean Stockwell (Donald Martin), Pamela Britton (Mädchen aus Brooklyn), Leon Ames (Commander) **L** 119 (Orig. 143) **FSK** ab 12; nf **E** 3.1. 1951 **fd** 901

URLAUB MIT ENGEL (DOVOLENA S ANDELEM). Geschehnisse in einem Ferienheim, wo ein dickköpfiger Straßenbahnkontrolleur doch noch Anschluß an die Gemeinschaft findet. Trotz einiger künstlerischer Mängel unbeschwerte Unterhaltung. – Ab 6. ✦ CSR 1952 **P** Tschechoslowakischer Staatsfilm **KI** Progress **R** Borivoj Zeman **B** Josef Neuberg, Frantisek Vlcek, Jaroslav Mottl **K** Jan Stallich **M** Dalibor C. Vackár **S** Josef Dobrichovsky **D** Jaroslav Marvan (Engel), Jana Dítetová (Pavlatová), Josef Pehr (Maschek), Vladimír Ráz (Pavlat), Alena Vránová (Lehrerin) **L** 77 **E** 7.8.1953 Kino DDR/2.10.1954 DFF 1

URLAUB OHNE DICH. Ein junger Mann belügt Frau und Brigade, um mit einer Freundin in Urlaub zu fahren. Mit einem Arbeitskollegen fährt ihm die Ehefrau nach, der Treulose wandelt sich und übt Selbstkritik. Gänzlich missratener Lustspielfilmversuch. – Ab 12. ✦ Scope, schwarz-weiß. DDR 1961 **P** DEFA **KI** Progress **Pd** Adolf Fischer **R** Hans Lucke **B** Hans Lucke, Horst Bieler **K** Günter Marczinkowsky, Karl Drömmer **M** Helmut Nier **S** Ilse Peters **D** Karla Runkehl (Irma Strube), Monika Reeh (Monika), Hans Lucke (Hannes Strube), Horst Kube (Erich), Dietrich Körner (Klaus), Rudolf Ulrich (Heinrich) **L** 72 **E** 14.7.1961 Kino DDR/3.8.1962 DFF 1

URLAUB OHNE JENÖ (A NAGY KEK JELZES). Eine junge Ehefrau, die zum ersten Mal allein in Urlaub fährt, entschließt sich nach anderen Bekanntschaften, ihren Mann zu verlassen und allein zu leben. – Ab 14. ✦ Schwarz-weiß. Ungarn 1969 **P** Mafilm **KI** Progress **R** László Nádasy **B** Zoltán Hegedüs **K** Elemér Ragályi **M** Tihamér Vujicsics **D** Nóra Káldy (Anusi), László Tahi Tóth (Jenö), Zoltán Latinovits (Abay), Iván Darvas (Mócz), Irén Psota (Eurydike) **L** 65 **E** 18.9.1970 Kino DDR

URLAUB VOM HIMMEL (HERE COMES MR. JORDAN). Ein Boxer wird bei einem Flugzeugunglück versehentlich vorzeitig von der Erde abberufen und von höherer Instanz wieder zurückgeschickt. Da sein früherer Körper verbrannt wurde, kann er ihn nicht mehr gebrauchen und probiert die Gestalten verschiedener jüngst Verstorbener aus, bevor er eine passende findet, in der er noch 40 Jahre weiterlebt. Eine taktvolle, originelle und liebenswerte Fantasie-Komödie, die ebenso ausgelassen wie romantisch unterhält. (Neuverfilmung: »Der Himmel soll warten«, 1978) – Ab 10. ✦ Schwarz-weiß. USA 1940 **P** Columbia **KI** MPEA **Pd** Everett Riskin **R** Alexander Hall **B** Seton I. Miller, Sidney Buchman, nach einem Bühnenstück von Harry Segall **K** Joseph Walker **M** Frederick Hollander (= Friedrich Hollaender) **D** Robert Montgomery (Joe), Evelyn Keyes (Bette), Rita Johnson (Julia), Claude Rains (Mr. Jordan), James Gleason (Max Corkle), Edward Everett Horton (Messenger 7013), John Emery (Tonny Abbot) **L** 91 **E** Februar 1946/7.2.1993 DSF **fd** 484

URLAUB VOM THRON (THE KING'S VACATION). Leichtgewichtige Filmromanze. Mitten in einer Revolution wird ein König amtsmüde und begibt sich auf die Suche nach seiner früheren Frau und dem einfachen Leben, das er mit ihr geführt hatte. Er findet sie jedoch von ebenjenem Luxus umgeben, vor dem er geflüchtet war, und kehrt zu seiner jetzigen Ehefrau zurück, die unterdessen in ein Bauernhaus umgezogen ist. – Ab 12. ✦ Schwarz-weiß. USA 1933 **P** Warner Bros. **Pd** Lucien Hubbard **R** John G. Adolfi **B** Ernest Pascal, Maude T. Howell, nach einer Erzählung von Pascal **K** James Van Trees **D** George Arliss (Philip), Florence Arliss (Königin Wilhelmina), Marjorie Gateson (Helen), Dudley Digges (Lord Chamberlain), Dick Powell (John Kent) **L** 60 **E** 17.8.1963 ARD

URLAUBER (LES VACANCIERS). Eine vierköpfige Pariser Familie verbringt ihre Ferien auf dem Lande, wo vor allem die exzentrisch-lebenslustige Tante der Quartiergeber für Aufregung und Abwechslung sorgt. Mattes Lustspiel, das in krampfhaft-grotesker Weise vergeblich um Unterhaltung bemüht ist. – Ab 12. ✦ Frankreich 1973/74 **P** Filmedis **R** Michel Gérard **B** Michel Gérard, Vincent Gauthier **K** Jean Monsigny **M** Daniel Faure **D** Alice Sapritch, Michel Galabru, Paul Préboist, Louison Roblin, Jacqueline Jehanneuf **L** 85 **E** 29.11.1975 DFF 1

DIE URLAUBSFETE (COMMENT DRAGUER TOUTES LES FILLES). Drei Schulfreunde aus Paris suchen bei einem Wochenende in Deauville schnelle Liebesabenteuer. Geistig, formal und geschmacklich gleichermaßen niveauloses Lustspiel. ✦ Frankreich 1981 **P** Hélios/African Queen/Les Films Leitienne/Tem Films **KI** Tivoli **VA** VMP **R** Michel Vocoret **B** Philippe Tao **K** Claude Becognée **M** Roger Candy, Jean Bouchéty **S** Claudio Ventura **D** Jean-Luc Azra (Eric), Yves Thuillier (Alain), Charlotte Walior (Sylvie), Emanuel Karsen (Olivier), Michel Vocoret (Maxime Barrot), Ginette Garcin **L** 85 **FSK** ab 16; nf **E** 4.1. 1985/15.5.1985 Video **fd** 24 926

URLAUBSFLUG AUF DIE INSEL DES GRAUENS (DANGER ISLAND). Nach einem Flugzeugabsturz über dem Südpazifik retten sich die zwölf Überlebenden auf eine Insel, die nur auf den ersten Blick paradiesisch erscheint. Offenbar wurde das Eiland für militärische Experimente mit chemischen Waffen genutzt. Thriller. – Ab 16. ✦ USA 1992 **R** Tommy Lee Wallace **D** June Lockhart (Kate), Joe Lara (Matt), Richard Beymer (Ben), Eddie Velez (Vic), Gary Graham (Rick) **L** 86 **E** 6.1.1994 RTL

URLAUBSGRÜSSE AUS DEM UNTERHÖSCHEN. Zwei junge Burschen bringen den Fremdenverkehr in einem oberbayerischen Dorf in Schwung. Handelsübliches Sexlustspiel; eine Aneinanderreihung von ordinären Bettszenen mit entsprechenden Dialogen. – Wir raten ab. ✦ BR Deutschland 1973 **P** TV 13 **KI** Gloria **VA** VPS **R** Walter Boos **B** Jean Christian Aurive (= August Rieger) **K** Klaus Beckhausen, Werner Kurz **D** Franz Muxeneder, Josef Moosholzer, Gernot Möhner, Jana Sindelar, Eva Gross **L** 77 **FSK** SPIO: X **E** 30.11.1973 **fd** 18 665

URLAUBSREPORT ALLEINSTEHENDER FRAUEN (LA MOGLIE IN VACANZA ... L'AMANTE IN CITTA / LES ZIZIS BALADEURS). Ein Firmendirektor fährt mit Frau und Schwiegermutter in die Ferien. Am Urlaubsort in den Bergen will er sich heimlich mit seiner Geliebten treffen, die sich dann aber mehr für einen seiner Angestellten interessiert. Bescheiden inszenierte »Sittenkomödie«. Einige amüsante Verwechslungsszenen und komische Situationen können den müden Charakter des Films nicht aufwerten. – Ab 16. ✦ Italien/Frankreich 1980 **P** Medusa/Dania/Les Films Jacques Leitienne **VA** VMP **R+B** Sergio Martino **K** Giancarlo Ferrando **M** Detto Mariano **S** Eugenio Alabiso **D** Edwige Fenech (Giulia), Barbara Bouchet (Valeria), Renzo Montagnani (Andrea), Tullio Solenghi (Giovanni), Lino Banfi **L** 93 **FSK** ab 6 **E** Video/29.4.1995 SAT 1

URLAUBSREPORT – WORÜBER REISELEITER NICHT SPRECHEN DÜRFEN. Angestellte eines Reisebüros berichten über Männer und Frauen, die im Urlaub nichts anderes kennen als sexuelles Amüsement, was überdeutlich demonstriert und kommentiert wird. – Wir raten ab. ✦ BR Deutschland 1971 **P** Rapid **KI** Constantin **VA** VPS **R** Ernst Hofbauer **B** Günther Heller **K** Giorgio Tonti **M** Peter Thomas, Fred Strittmatter **S** Herbert Taschner **D** Helen Vita (Gitta Mitterer), Ralf Wolter (Horst Dieter Mitterer), Astrid Frank (Andrea), Max Griesser (Xaver), Karin Götz, Margot Mahler **L** 96 **FSK** ab 18; nf **E** 8.10.1971 **fd** 17 522

URLAUBSSCHEIN NACH PARIS (THE PERFECT FURLOUGH). Urlaubsnöte eines notorischen Armee-Casanovas, der vorsorglich unter Bewachung gestellt ist. Eine mit Witz und Situationskomik inszenierte Komödie, die als pikantes Katz- und Mausspiel angelegt ist, dann mit einem amüsanten Augenzwinkern aufgelöst wird. – Ab 16. ✦ Scope. USA 1958 **P** Universal **KI** Universal **Pd** Robert Arthur **R** Blake Edwards **B** Stanley Shapiro **K** Philip Lathrop **M** Frank Skinner **S** Milton Carruth **D** Tony Curtis (Paul Hodges), Linda Christal (Sandra Roca), Janet Leigh (Vicki Loren), Keenan Wynn (Harvey Franklin), Elaine Stritch (Liz Baker), Marcel Dalio (Henri), Les Tremayne (Col. Leland), Jay Novello (René), King Donovan (Maj. Collins) **L** 94 **FSK** ab 12; nf **E** 16.3.1959/ 13.9.1969 ARD **fd** 7 988

UROTSUKIDOJI II – LEGEND OF THE DEMON WOMB (UROTSUKIDOJI II – LEGEND OF THE DEMON WOMB). Auf einer von Menschen, Dämonen und Tiermenschen bevölkerten Erde versucht der König des Bösen, von niemand geringerem als Adolf Hitler herbeigerufen, die Macht an sich zu reißen. Er schlüpft in den Körper eines jungen Mannes und das Gute auf der Welt wird fortan auf eine harte Probe gestellt. In einem furiosen Rausch aus Bildern, Farben und Tönen bläht der Manga-Film seine kaum nachvollziehbare Saga zu einem Konglomerat aus Grusel-Fantasy, Gewalt und gelegentlich auch Sex auf. Ein formal durchaus hochstehender Zeichentrickfilm, dessen arg triviale Mythenwelt vor allem um des grellen Effekts willen geschaffen wurde. ✦ Japan 1993 **P** Toshio Maeda/West Cape/Central Park Media/Island World **VA** PolyGram/Ascot **Pd** Yasuhito Yamaki **R** Hideki Takayama **B** Noboro Aikawa **M** Masamichi Amano **S** Shigeru Nishiyama **L** 76 **FSK** ab 18 **E** 27.3.1997 Video **fd** 32 707

DIE URSPRÜNGLICHE RUS (RUS ISNATSCHALNAJA). Zweiteiliger Spielfilm über die Herausbildung der großrussischen Nation im 6. Jahrhundert. Der Film versucht aufzuzeigen, daß sich die Traditionen der russischen Kultur, des Ackerbaus, der russischen Militärwissenschaft herausgebildet hatten, lange bevor am Dnjepr die Kiewer Rus entstand. ✦ Scope. UdSSR 1986 **P** Gorki-Studio **R** Gennadi Wassiljew **B** Gennadi Wassiljew, Michail Worfolomejew, nach dem Roman von Valentin Iwanow **K** Alexander Garibjan **M** Alexej Rybnikow **D** Boris Newsorow (Wojwode Wseslaw), Innokenti Smoktunowski (Kaiser Justinian I.), Wladimir Antonik (Ratibor), Ljudmila Tschursina (Aneja), Margarita Terechowa (Kaiserin Theodora) **L** 155 (zwei Teile) **E** 12.,19.3.1987 DFF 2

URSULA. Ein junger Bauernsohn, der sich als Söldner des Papstes verdingt hat, kehrt 1523 in seine Heimat ins Zürcher Oberland zurück, wo eine Wiedertäufer-Bewegung die Menschen in Bann schlägt. In Zürich predigt Ulrich Zwingli die Reformation. Der junge Mann schließt sich ihr an, während seine Jugendliebe, mit der er sich nicht mehr versteht, der Wiedertäufer-Bewegung verfällt. Erst auf dem Schlachtfeld von Kappel, der großen Glaubensauseinandersetzung, finden sie ihr gemeinsames Glück. Fürs Fernsehen gedrehte, aufwendig inszenierte Mischung aus historischem Bericht, Reformationsgeschichte, Kolportage und Brechtschen Verfremdungselementen, ausgebreitet zu einem naturalistischen, in Details recht drastischen Bilderbogen. Interessant als Aktualisierung von Gottfried Kellers Novelle mit Bezügen zur Gegenwart. Nach einmaliger Ausstrahlung in der DDR verboten, Regisseur Egon Günther arbeitete danach ausschließlich in der Bundesrepublik. ✦ Schweiz/DDR 1978 **P** DRS/Ciné-Groupe/DEFA **Pd** Erich Kühne, Emanuel Schilling **R** Egon Günther **B** Helga Schütz, Egon Günther, nach einer Novelle von Gottfried Keller **K** Peter Brand **M** Karl-Ernst Sasse **S** Rita Hiller **D** Suzanne Stoll (Ursula), Jörg Reichlin (Hansli Gyr), Matthias Habich (Zwingli), Jutta Hoffmann (Schnurrenbergerin), Wolf Kaiser (Schnurrenberger) **L** 110 **E** 19.11.1978 DFF 1/ 23.10.1983 HR

URSULA ODER DAS UNWERTE LEBEN. Dokumentarische Studie über Erziehungs- und Bildungsbestrebungen mit geistig und körperlich schwer behinderten Kindern. Im Mittelpunkt die rhythmisch-musikalische Methode von Prof. Mimi Scheiblauer, begleitet vom kühlen, sachlichen, aber stets verständnisvollen Kommentar der Schauspielerin Helene Weigel. Ein bewegendes Dokument der Menschlichkeit, mit erstaunlicher Geduld bei der Beobachtung und gleichzeitig großem künstlerischem Gespür. – Sehenswert ab 16. ✦ Schwarz-weiß. Schweiz 1966 **P** Tele **KI** Richter **R+B** Reni Mertens, Walter Marti **K** Hans-Peter Roth, Rolf Lyssy **S** Rolf Lyssy **L** 85 **FSK** ab 12; f **FBW** bw **E** 11.11.1969 ZDF **fd** 16 282

URSUS, DER REBELLISCHE GLADIATOR →Kampf der Giganten (1962)

URSUS, DER UNBESIEGBARE (URSUS NELLA TERRA DI FUOCO / URSUS DANS LA TERRE DE FEU). Muskelprotz Ursus erkämpft in irgendeinem Fantasieland einer Königstochter Leben und Thron. Pseudohistorischer Abenteuerfilm voller sagenhafter Unwahrscheinlichkeiten, der hauptsächlich auf eine Abfolge gebündelter Rohheiten setzt. Belanglose Primitiv-Unterhaltung. – Ab 16. ✦ Scope. Italien/Frankreich 1963 **P** Cine Italia/Marbeuf **KI** Ceres **R** Giorgio Simonelli **B** Marcello Ciorciolini **K** Luciano Trasatti **M** Carlo Savina **S** Franco Fraticelli **D** Ed Fury (Ursus), Claudia Mori (Diana), Luciana Gilli (Mila), Adriano Micantoni (Hamilcar), Nando Tamberlani (Lero), Giuseppe Addobbati (Lotar) **L** 86 **FSK** ab 12; nf **E** 18.9.1964 **fd** 13 028

URSUS GREIFT EIN →Ursus und die Sklavin des Teufels

URSUS IM REICH DER AMAZONEN (LA REGINA DELLE AMAZZONI). Ursus und seine Gefährten geraten auf eine Amazonen-Insel. Einmal im Jahr werden aus Griechenland Männer auf die Insel geliefert, damit das Geschlecht der Amazonen nicht ausstirbt und die niederen Arbeiten verrichtet werden können. Als Parodie auf die Serienprodukte der »Ursus-Maciste-Herkules-Reihe« gedacht, die jedoch selbst stets eine Parodie ihrer selbst beinhalten, so daß hier angesichts der zweideutigen Anzüglichkeiten kaum Amüsement aufkommt. – Ab 16. ✦ Scope. Italien 1960 **P** Glomer/Galatea **KI** Ceres **Pd** Armando Grottini **R** Vittorio Sala **B** Ennio de Concini, Nino Vittorio Novarese, Duccio Tessari, Gino Mordini, Augusto Frassinetti **K** Adalberto Albertini **M** Roberto Nicolosi **S** Mario Serandrei **D** Rod Taylor (Pirros), Dorian Gray (Antiope), Gianna Maria Canale (Regina), Daniela Rocca (Melitta), Ed Fury (Ursus), Alberto Farnese (Losco), Ignazio Leone (Sofos) **L** 92 **FSK** ab 16; nf **E** 21.12.1962/11.1.1986 DFF 2 **fd** 11 683

URSUS IM TAL DER LÖWEN (URSUS NELLA VALLE DEI LEONI / MACISTE DANS LA VALLEE DES LIONS). Der muskulöse Königsproß Ursus, der als Säugling fast wie Moses gerettet wurde, wächst unter freundlichen Löwen auf. Zum Mann herangewachsen, muß er mit einem grausamen Thronräuber abrechnen. Handelsübliche Antik-Film-Ware mit einem beträchtlichen Aufgebot fantastischer Kulissen, das das Minimum an Anspruch freilich nie wettmachen kann. – Ab 16. ✦ Scope. Italien/Frankreich 1961 **P** Cine Italia/Marbeuf **KI** Ceres **R** Carlo Ludovico Bragaglia **B** Giuseppe Mangione **K** Giovanni Bergamini **M** Riz Ortolani **S** Renato Cinquini **D** Ed Fury (Ursus), Moira Orfei (Diana), Alberto Lupo (Ajak), Mary Marlon (Annia), Gérard Herter **L** 92 **FSK** ab 12; nf **E** 7.9.1962/4.3.1985 ZDF **fd** 11 426

URSUS – RÄCHER DER SKLAVEN (URSUS). Der griechische Muskelheld Ursus begibt sich auf den gewohnten Abenteuerpfad italienischer »Sandalen-Filme«, um eine geraubte junge Frau zu finden und eine andere, die blind ist, glücklich zu machen. Eine Schauermär, umsäuselt mit übertriebenem Pathos. – Ab 16. ✦ Scope. Italien/Spanien 1960 **P** Cine Italia/Atenea **KI** NFA **Pd** Roberto Palaggi **R** Carlo Campogalliani **B** Giuseppe Mangione, Sergio Sollima, Giuliano Carnimeo **K** Eloy Mella **M** Roman Vlad **S** Carlo Fraticelli **D** Ed Fury (Ursus), Cristina Gaioni (Magali), Moira Orfei (Attea), Mario Scaccia (Kymos), Mary Marlon (Doreide), Luis Prendes (Setas) **L** 90 **FSK** ab 16; nf **E** 15.9.1961/18.1.1987 DFF 2 **fd** 10 642

URSUS, SCHRECKEN DER KIRGISEN →Ursus und die Sklavin des Teufels

URSUS UND DIE SKLAVIN DES TEUFELS (URSUS IL TERRORE DEI KIRGHISI). Muskelmann Ursus klärt geheimnisvolle Verbrechen, die Ursachen von Spannungen zwischen asiatischen Bevölkerungsgruppen sind. Verworrenes Serien-Abenteuer von primitivem Zuschnitt. (Kinotitel auch: »Ursus, Schrecken der Kirgisen«; DDR- und Fernsehtitel: »Ursus greift ein«) – Ab 16. ✦ Italien 1964 **P** Adelphia/Ambrosiana **KI** Mercator **R** Anthony M. Dawson (= Antonio Margheriti) **B** Santa Relli **D** Reg Park, Mireille Granelli, Ettore Manni, Furio Meniconi, Maria Teresa Orsini **L** 94 **FSK** ab 12; nf **E** 16.12.1966/24.11.1984 DFF 2 **fd** 17 463

DAS URTEIL (1974) (LE VERDICT / L' ACCUSA E: VIOLENZA CARNALE E OMICIDIO). Die verzweifelte Mutter eines jungen Mannes, dem wegen Vergewaltigung und Mord die Todesstrafe droht, entführt die Frau des Gerichtspräsidenten und erpreßt diesen, auf einen Freispruch hinzuwirken. In Form eines wohlpräparierten Dramas übt der Film mit klaren und einfachen Argumenten vehemente Kritik an der französischen Strafgerichtsbarkeit. Dabei ist er weniger auf Mobilisierung von Gefühlen aus, verläßt aber nie den Rahmen des Illusions- und Starkinos. Eindrucksvoll als dramatische und leidvolle Auseinandersetzung mit zwei starken Persönlichkeiten. – Ab 16. ✦ Scope. Frankreich/Italien 1974 **P** Concordia/P.E.C.F./Champion **KI** Warner-Columbia **R** André Cayatte **B** André Cayatte, Henri Coupon, nach einem Roman von Coupon **K** Jean Badal **M** Louiguy **D** Sophia Loren (Teresa Leoni), Jean Gabin (Leguen), Henri Garcin (Lannelongue), Julien Bertheau (Verlac), Michel Albertini (André Leguen) **L** 98 **FSK** ab 16; f **E** 25.10.1974/25.12.1980 DFF 1 **fd** 19 045

DAS URTEIL (1977) (PRESUDA). Ein jugendlicher Partisan wird von einem Militärgericht wegen Fahnenflucht zum Tode verurteilt, kann sich aber durch außergewöhnlichen Kampfesmut bewähren. Seine Kampfgefährten verweigern schließlich die Vollstreckung des Urteils. Künstlerisch indiskutabler Partisanenfilm mit vielen selbstzweckhaften Brutalitäten. ✦ Scope. Jugoslawien 1977 **P** Vardar Film **KI** Progress **R** Trajce Popov **B** Jovo Kamberski **K** Miso Samoilovski **M** Tomislav Zografski **D** Zarko Radic, Petar Arsovski, Blaguja Corevski, Dragi Kostovski, Djokica Lukarevski **L** 101 **E** 2.2.1979 Kino DDR/13.7.1982 DFF 1

DAS URTEIL (1997). Fernsehthriller um einen lange zurückliegenden Mordfall, in dem ein jüdischer Antiquar als Belastungszeuge aussagen soll. Noch am Flughafen wird er mit einer Version der Geschichte konfrontiert, die von seiner eigenen abweicht. ✦ Deutschland 1997 **P** Premiere/NDR **Pd** Hubertus Meyer-Burckhardt **R** Oliver Hirschbiegel **B** Paul Hengge **K** Rainer Klausmann **S** Inge Behrens **D** Klaus Löwitsch, Matthias Habich **L** 94 **E** 15.12.1997 premiere

DAS URTEIL DES RICHTERS (A CRY FOR JUSTICE). Durch überhastete Ermittlungen und fragwürdige Methoden zweier Polizeisergeanten werden zwei Ganoven für einen Raubüberfall verurteilt, bei dem ein Streifenpolizist schwer verletzt wurde. Jahre später kommt einer der beiden Polizisten den wahren Tätern auf die Spur. Um die Gerechtigkeit durchzusetzen, macht er sich bei seiner Behörde und seinem Kollegen unbeliebt, die den peinlichen Fehler vertuschen wollen. Nicht uninteressanter zeitkritischer Kriminalfilm um die Problematik einer nur an der Erfolgsstatistik orientierten Polizeiarbeit. Inszenatorisch nur kühl-routinierte Fernsehunterhaltung. – Ab 16. ✦ USA 1978 **P** MCA **Pd** David Gerber **R** Bob Kelljan **B** Calvin Clements jr. **K** Emmett Bergholz **M** Richard Shores **S** Arthur Hilton **D** Dennis Weaver (Sergeant Bently), Robert Culp (Sergeant Price), Larry Hagman (Dwight Sheppard), Diana Muldaur (Jessica Bently), Warren Kemmerling (Driscoll), Donald Reid (Don Conrad), Robert Englund (Painter) **L** (TV) 89 **E** 29.4.1985 ZDF

URTEIL EINER NACHT →Die weiße Nacht

DAS URTEIL IST GEFÄLLT →Schwurgericht

URTEIL OHNE GERECHTIGKEIT (BEYOND THE CALL). Drama. Aus der Zeitung erfährt eine Lehrerin, daß ihre ehemalige Jugendliebe zum Tode verurteilt wurde. Als sie ihn besucht, erfährt sie, daß der Verurteilte unter einem Vietnam-Trauma leidet und zur Tatzeit, dem Mord an einem Polizisten, unzurechnungsfähig war. Ihr Mann betrachtet den erwachenden Einsatz seiner Frau derweil mit Mißtrauen. ✦ USA 1996 **Pd** Helen Bartlett (= Helen Buck Bartlett), Tony Bill, Doug Magee **R** Tony Bill **B** Doug Magee **K** Jean Lepine **M** George S. Clinton **S** Axel Hubert **D** Sissy Spacek (Pam O'Brien), David Strathairn (Russell Cates), Arliss Howard (Keith O'Brien), Janet Wright (Fran), Lindsay Murrell (Rebecca) **L** 96 **E** 4.12.1998 premiere

DAS URTEIL – PROZESS IM SCHNELLVERFAHREN (PROCESSO PER DIRETTISSIMA). Nach einem Bombenattentat in Italien werden mehr als 500 linken Kreisen zugerechnete Personen verhaftet, darunter ein Arbeiter, der während des Verhörs durch drei Polizisten stirbt. Eine Starreporterin bezweifelt die offiziellen Angaben und provoziert den Polizeiapparat. Routiniert inszenierter realistischer Kriminalfilm um politische und soziale Konflikte im Italien der frühen 70er Jahre. Entstanden vor dem Hintergrund der hektischen Staatsaktionen gegen Terrorismus, stellt er die Frage nach den Kompetenzbereichen der Polizei. (TV-Titel DDR: »Prozeß im Schnellverfahren«) ✦ Scope. Italien/Frankreich 1974 **P** Compagnia Cinematografica Prima/Paris Inter Prod. **VA** Mike Hunter **R** Lucio de Caro **B** Lucio de Caro, Lina Agostini, Maurizio Monconi, Pietro Porgio **K** Roberto Gerardi **M** Stelvio Cipriani **D** Mario Adorf, Bernard Blier, Gabriele Ferzetti, Ira von Fürstenberg, Michele Placido, Adalberto Maria Merli, Eros Pagni, Zouzou, Franco Angrisano, Omero Antonutti **L** 95 **E** 30.1.1982 DFF 1/1984 Video/17.11.1987 BR

URTEIL VON NÜRNBERG (JUDGEMENT AT NUREMBERG). Episch angelegtes, dialogreiches Drama, das frei nach authentischen Dokumenten Einzelfälle der Nürnberger Kriegsverbrecherprozesse im Jahr 1948 rekonstruiert und um das Problem einer objektiven juristischen Wahrheitsfindung kreist. Vier ehemalige NS-Juristen sind angeklagt, das Recht in den Dienst der nationalsozialistischen Politik gestellt zu haben. Während ihre Vergangenheit enthüllt wird, stehen die alliierten Richter vor einem ähnlichen Problem: Kalter Krieg und Berlin-Krise lassen die früheren Gegner näher zusammenrücken, taktierende Politiker drängen auf milde Urteile. Differenziert argumentierend, konfrontiert der Film unterschiedliche Standpunkte, ohne eine eindeutige Wertung vorzunehmen. Ein Klassiker des Gerichtsfilms mit hervorragenden Darstellern und perfekter Dramaturgie. Die Ausgewogenheit des Drehbuchs und die melodramatischen Zutaten der Regie entschärfen jedoch den brisanten Stoff und verbinden ihn mit den Konventionen des Unterhaltungskinos. (Großer Preis der OCIC 1962) – Sehenswert ab 16. ✦ Schwarz-weiß. USA 1961 **P** Roxlom (für United Artists) **KI** United Artists **Pd+R** Stanley Kramer **B** Abby Mann **K** Ernest Laszlo **M** Ernest Gold **S** Frederic Knudtson **D** Spencer Tracy (Richter Dan Haywood), Burt Lancaster (Ernst Janning), Richard Widmark (Col. Tad Lawson), Marlene Dietrich (Mme. Bertholt), Maximilian Schell (Hans Rolfs), Judy Garland (Irene Hoffmann), Montgomery Clift (Rudolph Petersen), William Shatner (Capt. Harrison Byers), Edward Binns (Sen. Burkette), Werner Klemperer (Emil Hahn), Ray Teal (Richter Ives) **L** 188 **FSK** ab 16; f **FBW** w **E** 14.12.1961/29.11.1963 Kino DDR/16.3.1970 ZDF/30.5.1975 DFF 1 **fd** 10 759

URWALD IN AUFRUHR (JUNGLE MANEATERS). Ein Diamantenfeld ist im Urwald entdeckt worden, so reich an Ausbeute, daß die Weltmarktpreise für Brillanten in den Keller sausen würden. Wilde Eingeborene treten gegen friedliche Urwaldbewohner an, und Dschungel Jim verliert, selbst wenn er mit einem Löwen ringt, kaum seinen Hut. Weiterer Film aus der naiv-kuriosen Abenteuerserie um den Helden Dschungel Jim (vgl. »Dschungel-Jim-Filme«). – Ab 12. ✦ Schwarz-weiß. USA 1954 **P** Columbia **KI** Columbia **Pd** Sam Katzman **R** Lee Sholem **B** Samuel Newman **K** Henry Freulich **M** Mischa Bakaleinikoff **S** Gene Havlick **D** Johnny Weissmuller (Jungle Jim), Karin Booth (Bonnie), Richard Stapley (Bernard), Bernard Hamilton (Zuwaba), Gregory Gay (Latour), Lester Matthews (Kingston) **L** 66 **FSK** ab 12; nf **E** 9.4.1955 **fd** 4 010

URWALDZAUBER (LES CONQUERANTS SOLITAIRES). Ein weißes Ehepaar versucht, in Gabon die »Seele Afrikas« zu entdecken und den Einheimischen zu helfen. Eine schütteres und zähflüssiges Kolonialdrama, das sich allenfalls durch guten Willen und einige sorgfältige Landschaftsbilder auszeichnet, ansonsten aber von fatalen Mißverständnissen des kolonialen Denkens geprägt ist. – Ab 14. ✦ Schwarz-weiß. Frankreich 1949 **P** Seine **KI** Filmkunst **R+B** Claude Vermorel **K** Jean Bourgoin **M** Johann Sebastian Bach **D** Claire Maffèi, Alain Cuny, Geneviève Bray, André Simon **L** 97 **FSK** ab 12; f **E** 29.1.1956

US GO HOME (US GO HOME). Paris 1965: Zwei 15- und 16jährige unzertrennliche Freundinnen, die in einem Vorort leben und aufs Gymnasium gehen, verbindet nicht nur ihre Begeisterung für Pop- und Soulmusik, sondern auch das Interesse für die Jungen ihres Alters. Marlène hat ihre ersten Liebeserfahrungen bereits hinter sich, Martine will sie nun auf einer Party machen. Zweiter Teil einer von renommierten französischen Regisseuren inszenierten TV-Reihe über Nöte und Freuden des Heranwachsens. (Vgl. »Der Neue«) ✦ Frankreich 1994 **P** IMA/La Sept-arte/SFP/Sony Music **R** Claire Denis **B** Claire Denis, Anne Wiazemsky **K** Agnès Godard **S** Dominique Auvray **D** Alice Houri (Martine), Jessica Tharaud (Marlène), Grégoire Colin (Alain), Antoine Chappey (Tramper), Martine Gautier (Mutter) **L** 57 (Orig. 68) **E** 28.10.1994 arte

US-MARSHALL WYATT EARP →Wyatt Earp

USA – SCHMELZTIEGEL DER ILLUSION (1. NEW YORK CITY/2. HEISSER SÜDEN). Ein österreichischer Filmdokumentarist betrachtet seine neue Heimat USA. An Hand zweier konkreter Beispiele – New York und Miami – setzt er sich kritisch mit der Realität im »Land der unbegrenzten Möglichkeiten« auseinander. ✦ **R** Curt Faudon **B** Sidney Zion (1), Jack McClintock (2) **L** 90 **E** 20.1.1993 MDR

USA 2000 (FIREFIGHT). Endzeitstimmung in den USA: Nach einem Atomschlag vegetieren die mutierten Menschen dahin. Plündernde Horden ziehen durch die Lande, denen sich nur vereinzelt eine Gruppe friedliebender, aber wehrhafter Menschen entgegenstellt. Stereotyper Nach-Apokalypse-Film. ✦ USA 1987 **P** San Rafael Pictures **VA** Acron **R** Scott Pfeiffer **D** James Pfeiffer, Janice Carraher **L** 85 (gekürzt 77) **FSK** ab 18 (gekürzt 16) **E** 15.12.1988 Video

USAMBARA – DAS LAND, WO DER GLAUBE BÄUME VERSETZEN SOLL. Dokumentarfilm über die Entstehungsgeschichte einer evangelischen Mission in Tansania, die seit über 100 Jahren existiert. An Hand von Gesprächen, Zitaten und Fotografien geht der Film dem Verhältnis von Kirche und kolonialen Machthabern in einem »Dritte Welt«-Land nach. Deutlich wird ein sich wandelndes Selbstbewußtsein der Afrikaner, die ihre vom Kolonialismus weitgehend zerstörte Kultur wieder zu entdecken versuchen. Eine außergewöhnliche Dokumentation, die auch konkret Stellung zur Frage der Entwicklungshilfe bezieht. – Ab 14. ✦ BR Deutschland 1980 **P** Filmkraft **SF** Verleihgenossenschaft **Pd+R+B** Peter Heller **K** Otmar Schmid **S** Eva Schlensag **L** 71 **E** 17.1. 1981

USEDOM – EIN DEUTSCHES INSELLEBEN. Essayistischer Dokumentarfilm über Usedom, die nordöstlichste Insel Deutschlands. Der Autor versucht, mit seinem Beitrag nicht nur einen Rückblick zu leisten, sondern der Zeit nach der Wiedervereinigung mit ihren deutsch-deutschen Problemen ein Spiegelbild vorzuhalten. – Ab 12. ✦ Deutschland 1992 **R** Heinz Brinkmann **K** Gunther Becher **L** 84 **E** 10.8.1994 MDR

USS CHARLESTON – DIE LETZTE HOFFNUNG DER MENSCHHEIT (ON THE BEACH). Die Erde 2006: Nach einem atomaren Krieg ist die Menschheit weitgehend vernichtet. Nur auf dem australischen Kontinent und in einem U-Boot der US-Navy finden sich wenige Überlebende. Das Fernseh-Remake des Stanley-Kramer-Films »Das letzte Ufer« (1959) schildert die letzten Stunden der Menschheit und wie die Überlebenden sich mit ihrem Schicksal arrangieren, wobei die Inszenierung auf die Mobilisierung großer Emotionen setzt. ✦ USA 2000 **P** Coote Hayes Prod./Edwards-Sullivan Prod./Showtime/Southern Star **Pd** John Edwards, Errol Sullivan **R** Russell Mulcahy **B** John Paxton, David Williamson, Bill Kerby, nach einem Roman von Nevil Shute **K** Martin McGrath **M** Christopher Gordon **S** Mark Perry **D** Armand Assante (Dwight Towers), Rachel Ward (Moira Davidson), Bryan Brown (Julian Osborne), Jacqueline McKenzie (Mary Holmes), Grant Bowler (Peter Holmes) **L** 130/130 (zwei Teile) **E** 28.,29.7.2001 RTL

USS – LEGACY (DEAD FIRE). Das Jahr 2064: An Bord des Raumschiffes USS Legacy arbeitet man fieberhaft daran, die radioaktiv verseuchte Erde wieder bewohnbar zu machen. Diese Pläne müssen hintangestellt werden, als ein teuflischer Verbrecher mit seiner Gang aus der Haft entfliehen kann und versucht, das Raumschiff in seine Gewalt zu bekommen. Ein Team von Wissenschaftlern stellt sich ihnen entgegen. Herkömmlicher Science-Fiction-Film vor düsterer Endzeitkulisse. ✦ Kanada/USA 1996 **P** North American Pictures/Do Or Die **VA** Highlight/Arcade **Pd** Lloyd A. Simandl **R** Robert Lee **B** Christopher Hyde, Andrew McEvoy, Nicholas Racz **K** David Pelletier **M** Peter Allen **S** Richard Benwick **D** Matt Frewer (Max Durbin), C. Thomas Howell (Tucker), Colin Cunningham (Cal Brody), Monika Schnarre (Kendall Black), Rachel Hayward (Alexa Stant) **L** 95 (gek. 91) **FSK** ab 18 (gek. ab 16) **E** 30.9.1997 Video **fd** 32 996

UTAMARO UND SEINE FÜNF FRAUEN (UTAMARO O MEGURO GONIN NO ONNA). In Form des Spielfilms entwickeltes Porträt des japanischen Ukiyo-e-Malers und Holzschnittmeisters Utamaro (1753–1806), der sich von der traditionellen Auftragsmalerei löste und seine Motive und Modelle hauptsächlich im Vergnügungsviertel von Tokio suchte. Verquickt ist sein künstlerischer Werdegang mit den teilweise tragischen Schicksalen einiger Kurtisanen. Ein stilistisch formvollendeter und von tiefem Verständnis für die Situation der Frau und die Bedeutung »freier« Kunst getragener Film, der trotz seines historischen Gewandes zeitlos wirkt. – Sehenswert ab 16. ✦ Schwarz-weiß. Japan 1945 **P** Shochiku **R** Kenji Mizoguchi **B** Yoshikata Yoda, nach einer Erzählung von Kanji Kunieda **K** Minoru Miki **M** Toshio Osawa, Tanezu Mochizuki **S** Shintaro Miyamoto **D** Minosuke Bando (Kitagawa Utamaro), Kotaro Bando (Koide Seinosuke), Eiko Ohara (Yukie), Kinuyo Tanaka (O-Kita), Hiroko Kowasaki (O-Ran), Shotaro Nakamura (Shozaburo) **L** (TV) 95 **E** 9.8.1982 ARD **fd** 23 555

UTOPIA. Fünf Frauen verdingen sich im Bordell eines sadistischen Zuhälters, um sich mit viel Geld Wunschträume der Zukunft zu kaufen. Am Ende bringen sie ihn um, bleiben aber weiterhin unter dem Zwang ihrer Verhältnisse. Eine Milieu-Studie, angelegt als düstere Parabel über das Entstehen von Macht- und Gewaltstrukturen. Die dargestellte Modellsituation wird dabei zur bedeutungsschweren Menschheitstragödie ausgeweitet, was weder psychologisch noch sozial glaubwürdig gelingt. Der Film, der dem Zuschauer drastische Bilder sexueller Verwahrlosung und Perversionen zumutet, überzeugt weder in seiner fatalistischen Grundthese noch in der Verwendung des konkreten sozialen Problemfalls als Material für filmkünstlerische Exkurse. ✦ BR Deutschland 1982 **P** multimedia/ullstein tv/ZDF **KI** Basis **Pd** Renée Gundelach **R** Sohrab Shahid Saless **B** Sohrab Shahid Saless, Manfred Grunert **K** Ramin Reza Molai **M** Rolf Bauer **S** Christel Orthmann **D** Manfred Zapatka (Heinz), Imke Barnstedt (Renate), Gundula Petrovska (Rosi), Gabi Fischer (Susi), Johanna Sophia (Helga), Birgit Anders (Monika) **L** 198 **E** 20.5.1983/28.8.1984 ZDF **fd** 24 796

UTOPIA – DIE KUNST VOM ÜBERLEBEN. Dokumentarische Recherche über den Stand der Zukunftsforschung, die Science-Fiction, 3D-Animation, Werbeclip und Archivbild mischt und den Übergang von den großen, geschlossenen Utopien zu den bescheidenen, »nachbarlichen« Utopien« illustriert. ✦ Deutschland 2000 **R** Heinz Peter Schwerfel **L** 58 **E** 4.7.2000 arte

DIE UTOPIE LEBEN. Dokumentarfilm über die von den Anarchisten in die Wege geleiteten gesellschaftlichen Veränderungen in Spanien während des Bürgerkriegs. 30 Zeitzeugen aus den Reihen der Republikaner berichten über ihre Erfahrungen aus den Jahren 1935 bis 1939. Der Film gibt außerdem einen Überblick über die anarchistische Bewegung seit dem 19. Jahrhundert. ✦ Spanien 1997 **P** TVE **R** Juan Gamero, F. Rios, Mariona Roca, Mitzi Kotnik **L** 95 **E** 20.8.1999 arte

UTTA DANELLA – DER SCHWARZE SPIEGEL. Ein verwitweter Möbelfabrikant, der auf Mallorca eine Firmenfusion plant, wird von einem Callgirl gewarnt, dass er einem Betrug zum Opfer fallen soll. Die beiden verlieben sich ineinander und heiraten, sehr zum Leidwesen der Kinder des Mannes, die um ihren Erbteil bangen und mit einer Menge anderer Probleme zu kämpfen haben. Als der Mann stirbt und die Frau nur knapp einem Mordanschlag entgeht, deckt ein Kommissar schwarze Flecken hinter der heilen Fassade auf. Triviales Melodram mit Krimi-Touch, inszeniert nach einem Bestseller, dessen Autorin stets die feine Gesellschaft in den Mittelpunkt stellt. Konventionelle Fernsehkost. – Ab 16. ✦ Deutschland 2000 **R** Rainer Boldt **B** Rainer Boldt, nach dem gleichnamigen Roman von Utta Danella **K** Peter Ambach **M** Siggi Müller **D** Sonja Kirchberger (Cora Talheim), Peter Bongartz (Karl Ravinski), Marita Marschall (Irene Ravinski), Julia Haacke (Hella Ravinski), Florian Fitz (Felix Ravinski) **L** 88 **E** 10.11.2000 ARD

UTTARA (UTTARA). Als Parabel erzählte Geschichte zweier Bahnwärter, die sich um das Geschehen um sie herum nicht scheren, weil es ihr symbiotisches Zusammenleben stören könnte. Märchenhaft inszeniert, bisweilen langatmig und kunstgewerblich. ✦ Indien 2000 **Pd+R+B** Buddhadeb Dasgupta **K** Asim Bose **M** Biswadeb Dasgupta **S** Raviranjan Maitra **D** Jaya Seal (Uttara), Tapas Pal (Nemai), Shankar Chakraborty (Balaram), R. I. Asad, Tapas Adhikari **L** 99

UTU (UTU). Neuseeland 1870: Der Guerilla-Krieg eines Maori gegen die britische Kolonialmacht scheitert, weil er weniger an strategischen Kriegszielen als an magischen Ritualen orientiert ist. Ein zwischen realistischer Reportage und balladeskem Western schwankender Actionfilm mit etlichen Härten. Wegen seiner zwiespältigen Haltung gegenüber den moralischen und ethischen Problemen eines Krieges und wegen seiner ambivalenten Position zwischen Recht und Unrecht nicht vollständig überzeugend. – Ab 16 möglich. ✦ Neuseeland 1983 **P** Utu Production/The New Zealand Film Commission **KI** Filmwelt **VA** VCL/Virgin **Pd** Geoff Murphy, Keith Aberdein, Don Blakeney **R** Geoff Murphy **B** Geoff Murphy, Keith Aberdein **K** Graeme Cowley **M** John Charles **S** Michael Horton, Ian John **D** Anzac Wallace (The Wheke), Kelly Johnson (Lt. Scott), Bruno Lawrence (Williamson), Tania Bristow (Kuru), Wi Kuki Kaa (Wirumi) **L** 104 **FSK** ab 16; f **E** 21.8.1986/14.12.1986 Video **fd** 25 936

UTZ (UTZ). Das Persönlichkeitsbild eines Barons, der

in Prag als leidenschaftlicher Sammler von Meißener Porzellanfiguren während des sozialistischen Systems einen Lebensinhalt sucht. Eine in kunstvoller Rückblenden-Technik verfaßte Studie über die Stellung von Kunst und Sammlern innerhalb einer von Ideologie und Diktatur beherrschten Zeit sowie über die persönlichkeitsgefährdenden Auswirkungen von Individualismus in exzentrisch ausgelebter Form. (Kinotip der Katholischen Filmkritik) – Sehenswert ab 16. ✦ Großbritannien/Italien/Deutschland 1991 **P** Viva/BBC/Academy/Cine Electra/NDR **KI** Kinowelt **VA** Arthaus **Pd** John Goldschmidt **R** George Sluizer **B** Hugh Whitemore, nach einem Roman von Bruce Chatwin **K** Gérard Vandenberg **M** Nicola Piovani **S** Lin Friedman **D** Armin Mueller-Stahl (Baron Kaspar Joachim von Utz), Brenda Fricker (Marta), Peter Riegert (Marius Fischer), Paul Scofield (Dr. Vaclav Orlik), Miriam Karlin (Großmutter Utz), Christian Mueller-Stahl (Utz mit 18 Jahren) **L** 98 **FSK** ab 6; f **E** 28.1.1993/1.5.1994 Video **fd** 30 025

UX BLUTHUND – TAUCHFAHRT DES SCHRECKENS (AGENT X-2 OPERATION UNDERWATER). Ein Größenwahnsinniger will mit Hilfe skrupelloser Wissenschaftler vom Meeresgrund aus die Welt erobern, wird jedoch durch einige mutige Journalisten unschädlich gemacht. Dramaturgisch und inszenatorisch eher unbeholfenes, dennoch weitgehend spannendes Science-Fiction-Abenteuer. In den Trickszenen durchaus originell, aber in einigen Szenen recht geschmacklos. – Ab 16. ✦ Japan/USA 1968 **P** Masafumi-Soga **KI** Roland/Allianz/Äquator **R** Terence Ford **B** Koichi Othsu **M** Sunsuke Ikuchi **D** Frank Gruber, Steve Queens, Peggy Neal, André Huse, Eric Nilson **L** 84 (gekürzt 69) **FSK** ab 16; nf (gek.12;f) **E** 13.6.1968 **fd** 15 585

UZALA DER KIRGISE (DERZU UZALA). Ein zaristischer Offizier gewinnt im unwegsamen Ussuri-Gebiet einen alten kirgisischen Nomaden als Pfadfinder und Freund. Jahre später, als dieser blind zu werden droht, bittet ihn der Offizier in sein großbürgerliches Haus. Der Nomade glaubt, dort ersticken zu müssen, zieht sich in die Taiga zurück und stirbt. Eine pessimistische Parabel über den Zusammenstoß zweier Kulturen, deren Vertreter sich trotz gegenseitiger Sympathie fremd bleiben. Die eigentliche Heldin aber ist die in betörender Schönheit visuell eingefangene Natur: ihr Rhythmus bestimmt den Film von der Windstille bis zum furiosen Schneesturm. (DDR-Titel: »Dersu Usala«) – Sehenswert ab 14. ✦ UdSSR/Japan 1973–75 **P** Mosfilm/Toho/Nippon **KI** Progress/Unidoc **Pd** Nikolai Shizow, Yoichi Matsue **R** Akira Kurosawa **B** Akira Kurosawa, Juri Nagibin, nach Reiseberichten von Wladimir K. Arsenjew **K** Asakazu Nakai, Yuri Bantman, Fjodor Dobronrawow **M** Isaak Schwarz **S** Akira Kurosawa **D** Juri Solomin (Wladimir Arsenjew), Maxim Munsuk (Dersu Uzala), Swetlana Danilchenko (Arsenjews Frau), Dima Kortichew (ihr Sohn), Sjuimenkul Tschokmorow **L** 142 **FSK** ab 6; f **E** 29.10.1976 Kino DDR/12.11. 1976 Kino BRD/10.6.1976 DFF 2/1.11.1984 ARD **fd** 20 029

UZUMAKI (UZUMAKI). Eine kleine Stadt in Japan wird von einem geheimnisvollen Wind heimgesucht, der die Bewohner paralysiert und sie in einen spiralförmigen Sog zieht, der schon bald seine ersten Opfer fordert. Kontemplativer Horrorfilm, der keine Erklärungen für das plötzlich hereinbrechende Böse bemüht, sondern es als nihilistische Gegebenheit des Alltags darstellt. Trotz einer Reihe drastischer Szenen eine durchaus ernsthafte, formal überzeugende Reflexion. (O.m.d.U.) ✦ Japan 2000 **P** Omega Micott/Starmax/Shogakukan/Space Shower Networks/Tokyo FM/Toei Video **KI** Rapid Eye Movies **Pd** Sumiji Miyake **R** Akihiro Higuchinsky **B** Takao Nitta, Kengo Kaji, Chika Yasuo, nach dem gleichnamigen Manga von Junji Ito **K** Gen Kobayashi **M** Keiichi Suzuki, Tetsuro Kashibuchi **D** Eriko Hatsune (Kirie Goshima), Fhi Fan (Shuichi Saito), Ren Osugi (Toshio Saito, Shuichis Vater), Taro Suwa (Yasuo Goshima, Kiries Vater), Keiko Takahashi (Yukie Saito, Shuichis Mutter), Hinako Saeki (Kyouko Sekino), Mashami Horiuchi (Tamura) **L** 91 **FSK** ab 16; f **E** 13.9. 2001 **fd** 35 030

V

V – DIE AUSSERIRDISCHEN BESUCHER KOMMEN (V – THE FINAL BATTLE). Außerirdische Invasoren bedrohen die Erde, errichten einen faschistischen Weltstaat und können nach vielen Gefechten von Untergrundkämpfern gestoppt werden. Fernsehserie, die die Errichtung eines totalitären Regimes weitgehend überzeugend entwickelt, sich aber bald den Gesetzen konventioneller Spannungsunterhaltung unterordnet. Tricktechnisch auf hohem Niveau, in der Entwicklung der Personen eindimensional; trotz Längen überwiegend spannende, mitunter jedoch übermäßig brutale Unterhaltung. ✦ USA 1983/84 **P** Kenneth Johnson Prod./Warner Bros. Television **VA** Warner Home (Fünf Kassetten) **R** Kenneth Johnson (1,2), Richard T. Heffron (3,4,5) **B** Kenneth Johnson (1,2), Brian Taggert (3,4,5), Peggy Goldman (3), Diane Frolor (4), Faustus Buck (5) **K** John McPherson (1,2), Stevan Larner (3,4,5) **M** John Harnell (1,2), Barry DeVorzon (3), Joseph Conlan (3), Dennis McCarthy (4,5) **D** Marc Singer, Faye Grant, Jane Badler, Richard Herd, David Packer **L** 101/93/87/89/82 **FSK** ab 16 **E** 26.6.1986 Video/ab 3.10.1988 SAT 1 **fd** 25 855

V – DIE AUSSERIRDISCHEN BESUCHER KOMMEN ZURÜCK (DREADNAUGHT / V – DREADNAUGHT). Erneut versuchen krötenähnliche Außerirdische, die Herrschaft über die Erde zu erringen, und erneut stellt sich ihnen ein Häuflein Unentwegter entgegen. Fortsetzung der kommerziell erfolgreichen Fernseh-Serie »V – Die außerirdischen Besucher kommen«. Eine tricktechnisch auf hohem Niveau stehende Science-Fiction-Paraphrase über die Bedrohung der Demokratie und der ethischen Werte durch totalitäre Systeme. Spannungsunterhaltung, die dramaturgisch vergleichsweise bescheiden ausfiel, eindimensional in der Figurenzeichnung, teilweise mit Längen. ✦ USA 1984/85 **P** Warner Bros. **VA** Warner Home (zehn Kassetten) **R** Paul Krasny **D** Jane Badler, Faye Grant, Marc Singer, Michael Ironside, June Chadwick **L** 865 **FSK** ab 16 **E** 1987 Video

V. I. WARSHAWSKI – DETEKTIV IN SEIDENSTRÜMPFEN (V.I. WARSHAWSKI). Eine Privatdetektivin in Chicago und das vorlaute 13jährige Töchterchen eines bei einer Explosion ums Leben gekommenen Ex-Hockey-Spielers enträtseln gemeinsam den Todesfall. Nach witzigem Anfang in müder Routine erstickender Krimi, der einige gute Dialoge und Darsteller an eine lahme Story verschenkt. (Fernsehtitel: »Detektiv in Seidenstrümpfen«) – Ab 14. ✦ USA 1990 **P** Hollywood Pictures/Silver Screen Partners IV **Kl** Warner Bros. **VA** Buena Vista **Pd** Jeffrey Lurie, Doug Claybourne **R** Jeff Kanew **B** Edward Taylor (= Kinji Fukasaku), David Aaron Cohen, Nick Thiel, nach Romanen von Sara Paretsky **K** Jan Kiesser **M** Randy Edelman **S** C. Timothy O'Meara **D** Kathleen Turner (Vic), Jay O. Sanders (Murray), Charles Durning (Lt. Mallory), Angela Goethals (Kat), Nancy Paul (Paige) **L** 89 **FSK** ab 12; f **E** 9.1.1992/4.8.1992 Video **fd** 29 302

DER V-MANN → Die Freunde von Eddie Coyle

VA BANQUE. Drei junge Leute wollen ihre finanzielle Misere durch einen Überfall auf einen Geldtransport beenden. Der Coup gelingt, doch sie werden von einem Augenzeugen erpreßt. Erst nachdem sie ihn außer Landes geschafft haben, wendet sich alles zum Guten. Erstlingsfilm, der Leben und Lebensgefühl junger Leute in der Großstadt zu beschreiben versucht; eine durch ihren weitgehend frischen Zugriff auf eine abgedroschene Thematik sympathische Gauner- und Tagträumer-Komödie, die atmosphärisch reizvoll das Milieu der »Berliner Szene« einfängt, inhaltlich aber nicht dicht genug ist, um zu überzeugen. – Ab 16 möglich. ✦ BR Deutschland 1985 **P** Fuzzi/Roxy **Kl** Tivoli **VA** Ufa **Pd** Manuela Stehr **R+B** Diethard Küster **K** Wolfgang Pilgrim **M** Achim Reichel, Toni Nissl **S** Karl Brandenburg **D** Winfried Glatzeder (Stefan), Grazyna Dylong (Helen), Achim Reichel (Paul), Claus-Dieter Reents (Alfred), Joschka Fischer (Puhdy), Mink DeVille **L** 97 **FSK** ab 12; f **FBW** w **E** 17.4.1986/20.1.1987 Video **fd** 25 603

VABANQUE – 1. ALLES AUF EINE KARTE (VABANK). Ein aus dem Gefängnis entlassener Bankräuber und Safeknacker beginnt ein neues Leben als Jazz-Musiker. Als sein Freund unter seltsamen Umständen Selbstmord begeht und er dahinter jenen Bankier vermutet, der auch ihn ins Gefängnis brachte, heckt er einen raffinierten Racheplan aus. Im Warschau der 30er Jahre angesiedelter intelligenter Kriminalfilm voller Witz und Ironie; ein überraschend professioneller und routinierter Erstlingsfilm, der vergnüglich unterhält. (Titel auch: »Alles auf eine Karte«) – Ab 14. ✦ Polen 1981 **P** Film Polski **Kl** Progress **R+B** Juliusz Machulski **K** Jerzy Lukaszewicz **M** Henryk Kuzniak **D** Jan Machulski (Kwinto), Leonard Pietraszak (Kramer), Witold Pyrkosz (Dunczyk), Jacek Chmielnicki (Moks), Krzysztof Kiersznowski (Nuta), Ewa Szykulska (Marta), Jozef Para (Inspektor Przygoda), Elzbieta Zajacowna (Natalia) **L** (TV) 105 **E** 18.3.1983 Kino DDR/13.7.1985 DFF 1/2.1.1987 BR

VABANQUE – 2. RETOURKUTSCHE (VABANK II – CZYLI RIPOSTA). Ein im Gefängnis sitzender betrügerischer Bankier sinnt auf Rache an einem berühmt-berüchtigten Geldschrankknacker, der ihn durch einen raffinierten Schachzug hinter Gitter gebracht hat. Als ihm die Flucht gelingt, entführt er die Stieftochter des Rivalen und scheint diesen, nachdem er ihn in einen safeartigen Stahlkäfig hat sperren können, getötet zu haben. Doch auf dem Flug in die Schweiz erwartet den Bankier eine Überraschung. Fortsetzung des drei Jahre zuvor entstandenen Erfolgsfilms »Vabanque«, die erneut spannende Unterhaltung bietet. Eine routinierte Gaunerkomödie, intelligent und vergnüglich inszeniert. (DDR-Titel: »Die Retourkutsche«.) – Ab 14. ✦ Polen 1984 **P** Film Polski **Kl** Progress **R+B** Juliusz Machulski **K** Jerzy Lukaszewicz **M** Henryk Kuzniak **D** Jan Machulski (Kwinto), Leonard Pietraszak (Kramer), Witold Pyrkosz (Dunczyk), Jacek Chmielnicki (Moks), Bronislaw Wroclawski (Sztye), Krzysztof Kiersznowski **L** 100 **E** 4.4.1986 Kino DDR/3.1.1987 BR/12.10.1987 DFF 1

VABANQUESPIEL (KONCERT). Zwei aus dem Gefängnis ausgebrochene bewaffnete Häftlinge gelangen nach schweren Verbrechen auf der Flucht vor der Polizei in die Szenerie eines Rockkonzerts auf einer Freilichtbühne. Nach authentischem Material gedrehter, wenig überzeugender und über weite Strecken recht niveauloser Kriminalfilm. – Ab 14. ✦ CSSR 1982 **P** Filmstudio Barrandov **Kl** Progress **R** Jan Schmidt **B** Václav Dusek, Jan Schmidt, Jirí Svejda **K** Jirí Macák **M** Otakar Petrina **D** Petra Janu, Ivan Pokorny, Jaroslav Tomsa, Jelena Sebestová, Vladimír Kratina **L** 73 **E** 12.2.1982 Kino DDR

VACANCES AU PAYS → Ferien in der Heimat

VACLAV HAVEL, EIN BÖHMISCHES MÄRCHEN. Dokumentarfilm über den Weg des Schriftstellers und Dissidenten Havel zum Präsidenten der Tschechischen Republik. Das Porträt zeichnet auch die philosophischen und künstlerischen Gedankengänge Havels nach. ✦ Tschechien 1993 **R** Ivan Fila **M** Jirí Stivín **L** 85 **E** 13.11.1993 arte

DER VAGABUND → Awara – Der Vagabund von Bombay

VAGABUND IN TAUSEND NÖTEN (THE BAWDY ADVENTURES OF TOM JONES). Klamaukhafte, gelegentlich arg zotige Neuverfilmung eines im 18. Jahrhundert spielenden Schelmenromans, der die meist unfreiwilligen Liebesabenteuer eines vermeintlichen Findlings schildert. Nach einer schwachen US-Musicalversion einfallslos inszeniert. – Ab 16. ✦ Großbritannien 1975 **P** Chrombridge **KI** CIC **R** Cliff Owen **B** Jeremy Lloyd, nach einem Musical von Paul MacPherson und Paul Holden sowie einem Roman von Henry Fielding **K** Douglas Slocombe **M** Paul Holden, Ron Grainer **D** Nicky Henson (Tom Jones), Trevor Howard (Gutsherr), Terry-Thomas (Mr. Square), Madeline Smith (Sophia), Joan Collins (Räuberlady) **L** 92 **FSK** ab 12; f **E** 17.6.1976 **fd** 19 843

DER VAGABUND UND DAS KIND →The Kid

DER VAGABUND VON PARIS (MA POMME). Ein Clochard nimmt die Erbschaft eines riesigen Vermögens nur an, damit eine Miterbin, eine attraktive Frau, die das Geld dringend braucht, um heiraten zu können, nicht leer ausgeht. Damit muß er zwar seine liebgewonnenen Gewohnheiten aufgeben, doch seine Theorie, daß Geld allein nicht glücklich macht, erweist sich als richtig. Eine thematisch gewiß nicht neue und auch nicht sonderlich tiefschürfende Komödie, die aber die schauspielerische und gesangliche Attraktivität Maurice Chevaliers und das Talent von Sophie Desmarets geschickt umzusetzen versteht, so daß eine liebenswert-lustige Unterhaltung entstand. – Ab 12. ✦ Schwarz-weiß. Frankreich 1950 **P** Speva **KI** Tempo **R+B** Marc-Gilbert Sauvajon **M** Jean Marion **D** Maurice Chevalier, Sophie Desmarets, Jacques Baumer, Raymond Bussières **L** 100 **FSK** ab 12; f **E** 15.1.1954/4.3.1958 ARD/10.1.1972 DFF 1 **fd** 3 217

DER VAGABUND VON TEXAS (ALONG CAME JONES). Ein harmloser Cowboy gerät durch die Verwechslung mit einem steckbrieflich gesuchten Mörder in Lebensgefahr. Dabei kommt ihm die treffsichere Geliebte eines Banditen, in die er sich verliebt, zur Hilfe. Ein von rauher Komik getragener Western mit einigen parodistischen Ansätzen, die jedoch von den prominenten Hauptdarstellern nicht weitergeführt werden. – Ab 14. ✦ Schwarz-weiß. USA 1945 **P** International Pictures **KI** Atlantik/Türck **Pd** Gary Cooper **R** Stuart Heisler **B** Nunnally Johnson **K** Milton Krasner **M** Charles Maxwell, Arthur Lange, Hugo Friedhofer **S** Thomas Neff **D** Gary Cooper (Melody Jones), Loretta Young (Cherry de Longpré), William Demarest (George Fury), Dan Duryea (Monte Jarrad), Frank Sully (Cherrys Bruder), Russell Simpson (Pop de Longpré), Arthur Loft (Sheriff), Willard Robertson (Luke Packard), Don Costello (Gledhill), Ray Teal (Kriendler), Walter Sande (Ira Waggoner), Lane Chandler (Boone), Paul Burns **L** 87 **FSK** ab 12; nf **E** 30.4.1954/15.10.1962 ARD **fd** 3 280

VAGABUNDEN →Vagabunden der Liebe

VAGABUNDEN DER LIEBE. Nach zehnjähriger Ehe verfällt ein mit einer Kinderärztin verheirateter Arzt einer Schauspielerin, folgt ihr, bis sie ihn mit einem Filmproduzenten betrügt, verschuldet angetrunken den Unfall eines Kindes, das er durch eine Operation rettet, und findet schließlich zu seiner Ehefrau zurück, die ihn in verzeihender Liebe wieder aufnimmt. Inszenatorisch allenfalls mittelmäßiges Melodram, beeindruckend durch die Schauspielkunst von Paula Wessely und Attila Hörbiger. – Ab 14. ✦ Schwarz-weiß. Österreich 1949 **P** Öfa **KI** Bavaria **Pd** Friedrich Erban **R** Rolf Hansen **B** Juliane Kay, Rolf Hansen, Tibor Yost, nach dem Schauspiel »Vagabunden« von Juliane Kay **K** Oskar Schnirch **M** Anton Profes **D** Paula Wessely (Dr. Elisabeth Kamma), Attila Hörbiger (Dr. Peter Kamma), Elfe Gerhart (Gaby Elder), Erik Frey (Dr. Hessler) **L** 108 **FSK** ab 12; f **E** 3.3.1950/9.9.1973 ZDF **fd** 483

VAGABUNDEN-KARAWANE. Die Musikgruppe »Embryo«, in den 70er Jahren eine der wichtigsten und innovativsten deutschen Rock-Bands, auf einer abenteuerlichen achtmonatigen Tournee von Griechenland nach Indien, die sie zu einer intensiven Begegnung mit fremdartigen Kulturen und deren Musik nutzt. Der dokumentarische Film vermittelt in ausdrucksstarken Bildern den fruchtbaren kulturellen Austausch, aber auch die Strapazen der Reise und die politische und gesellschaftliche Realität der jeweiligen Länder. Der Versuch einer Annäherung an andersgeartete, »alternative« und natürliche Lebensformen ist nicht immer nachzuvollziehen und wird gelegentlich allzu vorschnell zum Mythos stilisiert. – Ab 16. ✦ BR Deutschland 1978/79 **P** Teilnehmer »Embryo-Reise« **KI** Gute Laune **R+B+K** Werner Penzel **M** Embryo **D** Embryo, Christian Burchard, Ana Tamanini, Helena von Dantzig, Uve Müllrich **L** 97 **E** 5.1.1981 ZDF/29.5.1981 Kino

VAGABUNDEN WIE WIR (I PICARI / LOS ALEGRES PICAROS). Im Katalanien des ausgehenden 16. Jahrhunderts begegnen sich zwei Vagabunden und verbringen Etappen ihres Lebens gemeinsam – unter anderem als Zuhälter und Gauner, mal auf einer Galeere, mal im Haus eines Aristokraten, mal in den Armen einer schönen Frau. Routiniert entwickelte Moritat, die zwanglos Episoden in der Tradition der Schelmenliteratur aneinanderreiht. Mal amüsant, mal allzu derb, insgesamt ohne tiefere Bedeutung und allenfalls von den Kostümen und Kulissen lebend. – Ab 16 möglich. ✦ Italien/Spanien 1987 **P** Clemi Cinema/Cinemi **KI** Warner Bros. **VA** Warner Home **Pd** Giovanni di Clemente **R** Mario Monicelli **B** Leo Benvenuti, Piero de Bernardi, Suso Cecchi d'Amico, Mario Monicelli **K** Tonino Nardi **M** Lucio Dalla, Mauro Malavasi **S** Ruggero Mastroianni **D** Giancarlo Giannini (Guzman), Enrico Montesano (Lazarillo), Giuliana de Sio (Hure), Vittorio Gassman (Baron), Nino Manfredi (Bettler) **L** 116 **FSK** ab 16; nf **E** 29.6.1989/15.9.1989 Video **fd** 27 992

VAGLIETTI ZUM DRITTEN (VAGLIETTI ZUM DRITTEN). Dokumentarfilm über einen ehemaligen Schweizer Amateurboxmeister im Superschwergewicht, der nach zwei Titelgewinnen durch Doping und Drogen ins Abseits geriet, sechs Jahre später aber sein sportliches wie soziales Comeback versuchte. Fragmentarisches Porträt eines Gescheiterten, das Widersprüche und Brüche seiner wenig medienkonformen Hauptfigur nicht kaschiert. Um der Authentizität willen nimmt er eine gewisse filmische Sprödigkeit in Kauf. (O.m.d.U.) – Ab 16. ✦ Schweiz 1999 **P** Alfredo Knuchel Prod. **KI** Subiaco **Pd+R+B** Alfredo Knuchel **K** Norbert Wiedmer, Peter Guyer **M** Bruno Spoerri **S** Kathrin Plüss **L** 90 **E** 11.1.2001 **fd** 34 316

DIE VAKANZ (VAKANZIJA). Der Tod eines Buchhalters eröffnet das würdelose Spiel um die Neubesetzung der Beamtenstelle. Musikalisches Filmlustspiel als Persiflage auf ein fragwürdiges Beamtentum. ✦ UdSSR 1981 **P** Mosfilm **R** Margarita Mikaeljan **B** Margarita Mikaeljan, nach dem Roman »Ein einträglicher Posten« von Alexander Ostrowski **K** Henri Abramjan **M** Gennadi Gladkow **D** Jekaterina Wassiljewa (Kukuschkina), Margarita Jakowlewa (Polinka), Oleg Tabakow (Akim Jussow), Leonid Kajurow (Shalow), Rolan Bykow (Wischnewski) **L** 74 **E** 27.3.1983 DFF 2

DIE VALACHI-PAPIERE (CARTEGGIO VALACHI / COSA NOSTRA). Eine authentische Dokumentation von Aussagen eines Mafia-Gangsters über Organisation und Einfluß des organisierten Verbrechertums in den USA während der 30er Jahre wird zum Gegenstand eines mit reißerischer Perfektion gearbeiteten Thrillers. Er peilt zwar die Mafia als gesellschaftliches Phänomen an, versäumt aber eine genauere Erklärung ihrer gesellschaftlichen Bedingungsgrundlagen zugunsten eines vordergründigen Aktionsreichtums. ✦ Italien/Frankreich 1972 **P** Dino de Laurentiis/Euro France **KI** CIC **Pd** Dino De Laurentiis **R** Terence Young **B** Stephen Geller, nach einem Dokumentarbericht von Peter Maas **K** Aldo Tonti **M** Riz Ortolani **S** John Dwyre **D** Charles Bronson (Joseph Valachi), Lino Ventura (Vito Genovese), Jill Ireland (Maria Valachi), Joseph Wiseman (Salvatore Maranzano), Walter Chiari (Dominick Petrilli), Amedeo Nazzari (Gaetano Reina), Pupella Maggio, Guido Leontini, Maria Baxa, Fausto Tozzi, Angelo Infanti, Gerald S. O'Loughlin (FBI-Agent Ryan) **L** 125 **FSK** ab 18; nf **E** 1.2.1973 **fd** 18 191

VALBY – DAS GEHEIMNIS IM MOOR (MIRAKLET I VALBY). Drei Freunde unternehmen mittels eines zur Amateurfunkstation umgebauten Wohnwagens unwissentlich eine Zeitreise und landen im finsteren Mittelalter, in dem eine Mönchs-Sekte eine nicht unwesentliche Rolle spielt. Fantasievoller Abenteuerfilm, der unter seine Geschichte die realen Sorgen Jugendlicher mischt. Eine ebenso fesselnde wie anregende Unterhaltung. (TV-Titel: »Das Wunder von Valby«) – Ab 10 möglich. ✦ Dänemark/Schweden 1989 **P** Det Danske Filminstitut/Svenska Filminstitutet **KI** Atlas **VA** Atlas **Pd** Bo Christensen **R** Åke Sandgren **B** Stig Larsson, Åke Sandgren **K** Dan Laustsen **M** Wladek Gulgowski, Roxette **S** Darek Hodor **D** Jakob Kats (Sven), Lina Englund (Petra), Troels Asmussen (Bo), Amalie Alstrup (Hanna), Karen-Lise Mynster (Svens Mutter) **L** 85 **FSK** ab 6; f **E** 4.4.1991/21.4.1992 Video **fd** 28 814

VALDEZ (VALDEZ IS COMING). Ein vermeintlich trotteliger Hilfssheriff aus Mexiko, der in Notwehr einen hinterlistig getäuschten Schwarzen erschossen hat, lehrt den wirklich Schuldigen das Fürchten. In Fotografie und Darstellung überdurchschnittlicher Western mit unnötigen Grausamkeiten. (Fernsehtitel: »Valdez kommt«) ✦ USA 1970 **P** Norlan/Ira Steiner **KI** United Artists **Pd** Ira Steiner **R** Ed Sherin **B** Roland Kibbee, David Rayfiel, nach einem Roman von Elmore Leonard **K** Gabor Pogany **M** Charles Gross **S** James T. Heckert **D** Burt Lancaster (Bob Valdez), Susan Clark (Gay Erin), Jon Cypher (Frank Tanner), Barton Heyman (El Segundo), Frank Silvera (Diego), Richard Jordan (R. L. Davis), Phil Brown (Malson), Ralph Brown (Beaudry), Jose Garcia (Carlos), Roberta Haynes (Polly) **L** 90 **FSK** ab 16; f **E** 4.11.1971 **fd** 17 586

VALENTIN, DER GUTMÜTIGE (VALENTIN DOBROTIVU). Ein Versicherungsangestellter wird von seinen Kollegen ständig gehänselt und geärgert. Eines Tages denken sie sich einen neuen Streich aus, ohne zu ahnen, was geschehen könnte. ✦ Schwarz-weiß. CSR 1942 **R** Martin Fric **B** Karel Stekly, Martin Fric **K** Václav Hanus **M** Josef Stelibsky **D** Oldrich Novy (Valentin), Hana Vitová, Jaroslav Marvan, Theodor Pistek, Zdenka Baldová **L** 102 **E** 15.6.1981 DFF 1

VALENTIN UND VALENTINA (VALENTIN I VALENTINA). Die erste große Liebe zweier Studenten im winterlichen Moskau. Konventionell erzählte Geschichte, rührselig und wenig realitätsnah. – Ab 14. ✦ Scope. UdSSR 1986 **P** Mosfilm **KI** Progress **R** Georgi Natanson **B** Michail Roschtschin, Georgi Natanson, nach dem gleichnamigen Roman von Michail Roschtschin **K** Viktor Jakuschew **M** Jewgeni Doga **D** Marina Sudina (Valentina), Nikolai Stozki (Valentin), Tatjana Doronina (Valentinas Mutter), Nina Ruslanowa (Valentins Mutter), Sinaida Dechtjarjowa (Valentinas Großmutter) **L** 90 **E** 14.8.1986 DFF/30.1.1987 Kino DDR

VALENTINA (VALENTINA). Der Vorplatz einer Teestube in einer abgelegenen Siedlung in der sibirischen Taiga, die auch 1970 noch ohne Eisenbahn und elektrisches Licht auskommen muß, wird einen Tag lang zum Schauplatz der Probleme gegensätzlicher Menschen und ihrer vielschichtigen Meinungen und Haltungen. Im Mittelpunkt steht eine Kellnerin, die von zwei Männern umworben wird, einen dritten liebt, von allen dreien aber an Leib und Seele verletzt wird. Unter Beachtung der Einheit von Ort, Zeit und Raum hält sich der Film eng an die Theatervorlage und konzentriert sich mit großer Finesse auf das innere Drama der Menschen, die in einer Welt gefangen sind, in der Zeit und Leben festgefahren und zum Stillstand gekommen sind. Einfühlung inszeniert, präzise in der Psychologie der gestalteten Schicksale. – Ab 16. ✦ UdSSR 1981 **P** Mosfilm **KI** Progress **R** Gleb Panfilow **B** Gleb Panfilow, nach dem Bühnenstück »Letzten Sommer in Tschulimsk« von

Alexander Wampilow **K** Leonid Kalaschnikow **M** Wadim Bibergan **S** P. Skatschkowa **D** Rodion Nachapetow (Schamanow), Inna Tschurikowa (Anna), Dascha Michailowa (Valentina), Juri Grebenschtschikow (Afanassi), Sergej Koltakow (Pawel) **L** 97 **E** 10.9.1982 Kino DDR/22.1.1983 DFF 2/10.9.1989 West 3

VALENTINE'S DAY (VALENTINE'S DAY). Ein Polizei-Detective wird durch einen Mafia-Mord aus seiner Routine gerissen, sieht sich aber plötzlich mit einem Fall konfrontiert, in den sowohl seine Ex-Frau als auch seine neue Geliebte, die Kronzeugin seiner Ermittlungen, verwickelt scheinen. Ein verwickelt inszenierter Thriller mit gelungenen Überraschungen, der sein darstellerisches Potential jedoch nicht zu Gunsten seiner Geschichte nutzen kann und nicht mehr als solide Krimi-Unterhaltung bietet. ✦ USA 1998 **P** Lions Gate **VA** VPS **Pd** Lewis Chesler **R** Duane Clark **B** Norman Snider **K** François Protat **M** Lawrence Shragge **S** David Ostry **D** Mario Van Peebles (Jack Valentine), Rae Dawn Chong (Sally Clare), Randy Quaid (Phil Kelly), Zerha Leverman (Alma Anson (Marian Hamilton)), Stewart Bick (Michael Nocera) **L** 90 **FSK** ab 16 **E** 21.12.1998 Video

VALENTINE'S LETZTER EINSATZ →Valentine's Day

VALENTINO (VALENTINO). Das Leben des berühmten Stummfilm-Stars Rudolph Valentino (1895–1926) in einer sehr subjektiven, ausschweifend fantasievollen Darstellung. Ein überwiegend spannungsarmer Film mit pseudodokumentarischem Flair, der mit den Fakten äußerst frei umspringt. Glaubhaft echt ist nur das Dekor der 20er Jahre; gut fotografiert und in einigen (Frauen-)Rollen überzeugend gespielt. ✦ USA 1976 **P** Chartoff/Winkler Prod. **KI** United Artists **Pd** Robert Chartoff, Irwin Winkler **R** Ken Russell **B** Ken Russell, Mardik Martin **K** Peter Suschitzky **M** Stanley Black, Ferde Grofe **S** Stuart Baird **D** Rudolf Nurejew (Rudolf Valentino), Leslie Caron (Nazimova), Michelle Phillips (Natascha Rambova), Carol Kane (Fattys Freundin), Seymour Cassel (George Ullman) **L** 127 **FSK** ab 16; f **FBW** w **E** 22.12.1977 **fd** 20 610

VALENTINO – DURCH DIE BETTEN HOLLYWOODS (RUDY). Für sein Genre relativ aufwendig inszenierter, gleichwohl handelsüblich spekulativ und dünn ausgefallener Erotikfilm über die Karriere des Rudolph Valentino als Liebhaber, die seinem Aufstieg zum Stummfilmstar noch vorausging. ✦ USA 1997 **R** Joe d'Amato (= Aristide Massaccesi) **B** Robert Lyon **D** Hakan Grouther (Rudolph Valentino), Kaitlyn Ashley (Alice Lang), Roxanne Hall, Gina Rome, Nico Treasures **L** 90 **E** 1.8.1998 vox

VALENTINO – LIEBLING DER FRAUEN (VALENTINO – THE LOVERS AND TIMES OF RUDOLF VALENTINO). Filmische Biografie des Stummfilm-Stars Rudolfo Valentino (1895–1926), der als Frauenliebling in eine Skandalaffäre gerät. Mit großem äußerem Aufwand, aber dramaturgisch enttäuschend inszeniert, süßlich-sentimental, ohne Erhellung des zeitgeschichtlichen Phänomens, daß sich nach dem frühen Tod Valentinos in den USA ein extrem hysterischer Starkult herausgebildet hat. – Ab 16. ✦ USA 1951 **P** Edward Small **KI** Columbia **R** Lewis Allen **B** George Bruce **K** Harry Stradling **M** Heinz Roemheld **D** Eleanor Parker, Anthony Dexter, Richard Carlson, Joseph Calleia, Patricia Medina **L** 105 **FSK** ab 12; f **E** 13.10.1951 **fd** 1 465

VALENTINS SÜNDENFALL (VALENTINS SÜNDENFALL). Aus Rache wegen der unverschämten Behandlung durch einen jungen Gutsbesitzer verdingen sich zwei schwergewichtige Großbauern-Töchter als Schweinemagd und Roßknecht auf dessen Hof und fangen sich schließlich jeweils einen Mann ein. Derb-ungeschlachter Bauernschwank der österreichischen Löwinger-Bühne; inszenatorisch von biederster Machart, auch schauspielerisch auf unterstem Niveau. – Ab 16. ✦ Schwarz-weiß. Österreich 1951 **P** Schönbrunn **KI** Doris Karp **Pd** Ernest Müller **R** Paul Löwinger, August Rieger **B** Gretl Löwinger, Karl Leitner, August Rieger, nach einem gleichnamigen Bühnenstück von Gretl Löwinger **K** Carl Kurzmayer **M** Gerhard Bronner **D** Josef Egger, Sepp Rist, Paul Löwinger, Gretl Löwinger, Liesl Löwinger **L** 90 **FSK** ab 12; nf **E** 30.11.1951 **fd** 1 623

VALERI TSCHKALOW (VALERI TSCHKALOW). Geschichte über das Leben eines sowjetischen Fliegers, der Wagemut und Kühnheit in den Dienst der Sache stellt. – Ab 14. ✦ Schwarz-weiß. UdSSR 1941 **P** Lenfilm **KI** Sojusintorgkino **R** Michail Kalatosow **B** G. Badidukow, D. Tarassow **K** A. Ginzburg **M** W. Puschkow **D** Michail Gelowani (J. W. Stalin), S. Meshinski (G.K. Ordshonikidse), Wladimir Belokurow (V. P. Tschkalow), W. Wanin (Pal Paltsch), K. Tarassowa (Olga) **L** 101 **E** 20.11.1945

VALI. Amerikanischer Dokumentarfilm über Vali Myers, in den 50er-Jahren eine bekannte Erscheinung unter den Malern der Pariser Rive Gauche. ✦ Schwarz-weiß. USA 1967 **R** Sheldon Rocklin **B** Rudi Rappold, Vali Myers **L** 60 **E** 5.10.1969 BR III

VALKENVANIA (NOTHING BUT TROUBLE). Der Richter in einem abgelegenen Nest in New Jersey und seine Familie terrorisieren mit martialischen Strafen Verkehrssünder – vornehmlich New Yorker Bankiers. Als ein smarter junger Mann nebst Freundin und Yuppie-Pärchen in seinen Einflußbereich gerät, eskalieren die Ereignisse. Überdrehte Genre-Mischung mit ein wenig Sozialsatire, kindlichem Klamauk und schwarzem Humor, der die klare Linie fehlt. Ein enttäuschender Regie-Versuch des Komikers Dan Aykroyd. (TV-Titel auch: »Valkenvania – Die wunderbare Welt des Wahnsinns«) – Ab 14. ✦ USA 1990 **P** Warner Bros. **VA** Warner Home **Pd** Robert K. Weiss **R+B** Dan Aykroyd **K** Dean Cundey **M** Michael Kamen **S** Malcolm Campbell, James Symons **D** Chevy Chase (Chris), Dan Aykroyd (J. P. Reeves/Bobo), John Candy (Dennis/Eldona), Demi Moore (Diane), Valri Bromfield (Miss Purdah) **L** 89 **FSK** ab 12 **E** 28.2.1992 Video **fd** 29 757

VALLÉE DE JOUX – CHRONIQUE DU JURA VAUDOIS (VALLEE DE JOUX – CHRONIQUE DU JURA VAUDOIS). Das Porträt des Vallée de Joux geht der Frage nach, wie weit sich die in den letzten Jahrzehnten erfolgte Urbanisierung durch die Uhrenindustrie mit dem zu weiten Teilen noch unverbauten, idyllischen Charakter dieses Hochtals im Waadtländer Jura übereinbringen ließ. ✦ Schweiz 1972 **P** Mayerat/Film Joux **Pd+R+B** Jean Mayerat **K** Willy Rohrbach, Jean Mayerat, Eduard Winiger **M** George Falquet **L** 90 **E** Schweiz

VALLEY GIRL (VALLEY GIRL). Eine High-School-Schülerin aus kleinbürgerlicher Familie muß sich zwischen einem Jungen aus der etablierten Gesellschaft und einem unkonventionellen Außenseiter entscheiden. Hollywood-B-Picture ohne Substanz; die Löcher der dünnen Handlung werden mit lauter Musik und Schlägereien gestopft. (Fernsehtitel auch: »Valley Girl – Das Mädchen und der heiße Typ«) – Ab 16 möglich. ✦ USA 1982 **P** Valley-9000 **KI** Scotia **VA** CBS/Fox **Pd** Wayne Crawford, Andrew Lane **R** Martha Coolidge **B** Wayne Crawford, Andrew Lane **K** Frederick Elmes **M** Scott Wilk, Marc Levinthal **S** Eva Garos **D** Nicolas Cage (Randy), Deborah Foreman (Julie), Elizabeth Daily (Loryn), Frederic Forrest (Steve), Colleen Camp (Sarah), Michael Bowen (Tommy), Cameron Dye (Fred) **L** 90 **FSK** ab 16; f **E** 8.3.1985/Mai 1985 Video/14.4.1987 RTL plus **fd** 25 015

VALMONT (VALMONT). Die auf einem klassischen Briefroman basierende Geschichte zweier Adliger im vorrevolutionären Frankreich. Eine Marquise und ein als Frauenheld verrufener Vicomte spielen nach Belieben mit den Gefühlen ihrer Umgebung. Ihre Ränke und Intrigen richten sich gegen sie selbst, als sich der Vicomte wirklich verliebt. Ein üppig ausstaffierter Bilderbogen aus einer dekadenten Gesellschaft, lebhafter und zugänglicher, aber auch etwas oberflächlicher als die Interpretation desselben Stoffes durch Stephen Frears' »Gefährliche Liebschaften«. (Eine weitere Verfilmung des Stoffes entstand ebenfalls als »Gefährliche Liebschaften« 1959 durch Roger Vadim). ✦ Scope. Frankreich/Großbritannien 1989 **P** Orion Pictures/Claude Berri-Renn Prod./Timothy Burrill Prod. **KI** Tobis **Pd** Paul Rassam, Michael Hausman **R** Milos Forman **B** Jean-Claude Carrière, nach einem Theaterstück von Choderlos de Laclos **K** Miroslav Ondrícek **M** Christopher Palmer, Neville Marriner (Ltg.) **S** Alan Heim, Nena Danevic **D** Colin Firth (Vicomte de Valmont), Annette Bening (Marquise de Merteuil), Meg Tilly (Madame de Tourvel), Fairuza Balk (Cecile de Volanges), Sian Phillips (Madame de Volanges), Jeffrey Jones (Monsieur Gercourt), Henry Thomas (Chevalier Danceny) **L** 137 **FSK** ab 16; f **E** 14.12.1989 Kino **fd** 27 962

VALPARAISO EXPRESS (VALPARAISO EXPRESS). Ein scheinbar echtes Brillant-Collier wechselt mehrfach den Besitzer, bis sich ein Gentleman-Dieb und eine von der Polizei verfolgte Hochstaplerin nach Gefahren und Mißverständnissen vor der Mordabsicht einer Gangsterbande als Ehepaar in einen kleinen Fischerhafen retten. Derbe Kriminalkolportage ohne jeden Anspruch, interessant allenfalls als Beispiel für den kommerziellen Unterhaltungsfilm Argentiniens in jenen Jahren. ✦ Argentinien 1953 **P** Cinematographica Cinco **R** Daniel Tinayre **K** Umberto Peruzzi **M** Victor Schlichter **D** Mirtha Legrand, Alberto Closas, Gloria Guzman, Florinda Ferrario, Tomas Simari **L** 135 **E** 1954 Kino **fd** 3 399

VAMP (VAMP). Auf der Suche nach einer Stripteasetänzerin für ihre Semester-Einweihungsfeier geraten drei Studenten in einen Nachtclub, dessen Personal aus Vampiren besteht. Während zwei den Untoten anheimfallen, gelingt es dem dritten, die Vampire zu »erlösen« und heil davonzukommen. Hauptsächlich auf teils äußerst drastische Spezial-Effekte setzender konventioneller Horrorfilm, dem nur in einigen Szenen humorvoll-schaurige Genre-Variationen gelingen. ✦ USA 1986 **P** New World **KI** Metropol **VA** Highlight **DVD** One World Entertainment (FF, Mono dt.) **Pd** Donald P. Borchers **R+B** Richard Wenk **K** Elliot Davis **M** Jonathan Elias **S** Marc Grossman **D** Chris Makepeace (Keith), Robert Rusler (A. J.), Grace Jones (Katrina), Gedde Watanabe (Duncan), Sandy Baron (Vic) **L** 82 **FSK** ab 18; nf (DVD 16) **E** 15.1.1987/Mai 1987 Video/12.10.2000 DVD **fd** 26 007

DER VAMP IM SCHLAFROCK. Die erfolgreiche Autorin historischer Liebesromane rekapituliert ihr Leben und stellt erhebliche Differenzen zwischen ihrem Leben als Frau und Mutter und ihrer literarischen Fantasie fest. Als die Ehe ihrer resoluten Freundin überraschend geschieden wird und der eigene Mann seltsame Verhaltensweisen an den Tag legt, beschließt die Endvierzigerin, dass es Zeit ist, sich einen Liebhaber zuzulegen. Komödie um Irrungen und Wirrungen in Alltag und Liebe, die von der Konfrontation zwischen Alltagswirklichkeit und der zuckersüßen Welt von Kitschromanen lebt. ✦ Deutschland 2000 **R** Berno Kürten **B** Jürgen Wolff, nach einem Roman von Dagmar Hansen **K** Konstantin Kröning **M** Stefan Traub **D** Gudrun Landgrebe (Ellen Schweizer), Eleonore Weisgerber (Ulrike), Walter Kreye (Donald Schweizer), Kaya Kürten (Hella Schweizer), Benno Frevert (Lukas Schweizer), Nicole Heesters (Marta Bosch) **L** 87 **E** 7.9.2001 ARD

DER VAMPIR AUS DEM ALL (NOT OF THIS EARTH). Ein außerirdischer Vampir soll untersuchen, ob das Blut der Menschen das Fortbestehen seiner eigenen Rasse gewährleisten kann. Eine Krankenschwester, die die Bluttransfusionen des Fremden überwacht, kommt ihm auf die Spur. Doch auch außerirdische Vampire sind mit herkömmlichen Mitteln nicht umzubringen. Eine schrille, aber blutarme Gruselkomödie, die die erotische Komponente des Vampir-Subgenres jeder Subtilität beraubt und nackte Tatsachen schafft. Der Vampir ist auf den Hund gekommen, der »Blut« sagt, aber »Fleisch« meint. (Remake des Klassikers »Gesandter des Grauens«, 1957.) ✦ USA 1988 **P** Miracle Pictures **VA** IMV **Pd** Jim Wynorski, Murray Miller **R** Jim Wynorski **B** R. J. Robertson, Jim

Wynorski **K** Zoran Hochstatter **M** Chuck Cirino **S** Kevin Tent **D** Traci Lords (Nadine Story), Ralph Arthur Roberts (Der Alien), Lenny Juliano (Jeremy), Roger Lodge (Harry), Ace Mask (Dr. Rochelle), Michael Delano (Staubsaugerverkäufer), Rebecca Perle **L** 76 **FSK** ab 16 **E** 18.4.1989 Video **fd** 27 640

DER VAMPIR AUS DEM FERAT →Der Autovampir

VAMPIR DER LEIDENSCHAFT (EMBRACE THE DARKNESS). Während ein männlicher Vampir gelangweilt den Tod herbei sehnt, geht seine Gefährtin in ihrer Berufung als Untote auf. Das ändert sich, als er sich in eine Performance-Künstlerin verliebt, der er zunächst sein Schicksal ersparen will. Doch kann er nicht gegen seine Natur handeln und macht auch die Geliebte zur Vampirin. Ein Vampirfilm, der die sexuelle Komponente des Subgenres ziemlich wörtlich nimmt und seine Handlung mit einer Reihe von Sexszenen vorwärts treibt. ✦ USA 1998 **P** Mystique Films **Pd** Nicole Visram **R** Kelley Cauthen **B** Rick Bitzelberger **K** Maximo Munzi **M** Nicolas Rivera **S** Ira Garden **D** Kevin Spirtas (Galen), Madison Clark (Jennifer), Angelia High (Miranda), Brad Bartram (Ryan), Colleen McDermott (Shelby) **L** 105 **E** 14.3. 2001 ProSieben

EIN VAMPIR IM PARADIES (UN VAMPIRE AU PARADIS). Auf der Flucht vor der Polizei versetzt ein Mann aus Nordafrika, der sich für einen Vampir hält, die Bürger von Clichy in helle Aufregung. Trotz gewisser Schwerfälligkeiten eine humorvolle Komödie, die rassistische Vorurteile aufs Korn nimmt. ✦ Frankreich 1991 **P** Les Films Auramax/Canal+/CNC **R+B** Abdelkrim Bahloul **K** Jean-Francis Gondre **S** Pierre Didier **D** Laure Marsac (Nathalie Belfond), Bruno Cremer (M. Belfond), Brigitte Fossey (Mme Belfond), Farid Chopel (Nosfer Arbi) **L** 87 (Orig. 100) **E** 10.3.1996 Nord 3

DER VAMPIR, MEIN NAGETIER (I MARRIED A VAMPIRE). Eine von den Männern enttäuschte Frau wendet sich einem Vampir zu und beschließt die Heirat. Billig gefertigte Gruselkomödie, mit der sich das auf Ekeleffekte spezialisierte »Troma«-Studio an breitenwirksamerer Unterhaltung versuchte. ✦ **P** Troma **VA** RCA/Columbia **R+B** Jay Raskin **K** Oren Rudavsky **D** Rachel Golden, Brendan Hickey **L** 89 **FSK** ab 12 **E** November 1987 Video

VAMPIR PARTY →Vampire Knights

DER VAMPIR VON NOTRE-DAME (I VAMPIRI). Eine steinalte Schloßherrin verlangt liebesgierig nach einem Verjüngungselexier, das ein Chirurg aus dem Blut von in Paris ermordeten jungen Frauen herstellt. Derartig verjüngt, stellt sie einem Reporter nach, von dessen Vater sie bereits einmal abgewiesen wurde. Primitiv gebastelter Gruselfilm, der weder aus der makabren Handlung noch aus den sich daraus ergebenden Versatzstücken des Genres irgendein Kapital zu schlagen versteht. ✦ Schwarz-weiß. Italien 1957 **P** Athena/Titanus **KI** Prisma **Pd** Ermanno Donati, Luigi Carpentieri **R** Riccardo Freda **B** Piero Regnoli, Riccardo Freda **K** Mario Bava **M** Roman Vlad **D** Gianna Maria Canale (Herzogin Du Grand/Giselle), Wandisa Guida (Loretta Robert), Dario Michaelis (Pierre Lantin), Antoine Balpêtré (Dr. Du Grand), Paul Muller (Joseph Seignoret), Carlo D'Angelo, Charles Fawcett **L** 78 **FSK** ab 16; nf **E** 28.11.1958 **fd** 7 619

DER VAMPIR VON SCHLOSS FRANKENSTEIN (EL VAMPIRO DE LA AUTOPISTA). Ein junger Schloßerbe entlarvt den Urheber einer rätselhaften Mordserie: seinen als Vampir umherspukenden Ahnen. Belangloser Horrorfilm, modisch »angereichert« mit Striptease und halbpornografischen Einlagen. ✦ Scope. Spanien 1970 **P** Cinefilms **KI** Kora **R+B** José Luis Madrid **K** Francis Madur **M** Angel Arteaga **S** Gaby Penalva **D** Waldemar Wohlfahrt, Patricia Loran, Barta Barri, Ada Tauler, Luis Induni **L** 81 **FSK** ab 18; nf **E** 7.1.1971 **fd** 17 228

VAMPIRA (VAMPIRA / OLD DRACULA). Ein Vampir, der durch die Öffnung seines Schlosses für Touristengruppen immer neue Opfer anlockt, sieht die Chance zur Wiederbelebung seiner Geliebten gekommen, als er sein Anwesen an das »Playboy«-Magazin vermietet. Nachdem er bei einer Reihe junger Damen eine Bluttransfusion in die Wege geleitet hat, staunt er nicht schlecht, als sich seine Geliebte als Schwarze aus ihrem Sarg erhebt. Gruselkomödie mit englischem Humor, die mit allzu vielen Albernheiten aufwartet und allenfalls bescheiden unterhält. ✦ Großbritannien 1974 **P** World Film Services/AIP **VA** Thorn EMI **R** Clive Donner **B** Jeremy Lloyd **K** Anthony B. Richmond **M** David Whitaker **D** David Niven, Teresa Graves, Peter Baylis, Jennie Linden, Nicky Henson **L** 85 **FSK** ab 16 **E** März 1986 Video

DIE VAMPIRE (LES VAMPIRES). Zehnteilige Stummfilmserie mit fantastischen Elementen, im Mittelpunkt eine vielköpfige, skrupellose Verbrecherorganisation, die mit Raub, Entführung und Mord die bürgerliche Welt aus den Angeln zu heben versucht. Den »Vampiren« stellen sich ein ebenso unerschrockener wie intelligenter junger Journalist und sein komischer Freund entgegen. Louis Feuillade, der zuvor die Erfolgsserie »Fantomas« schuf, wendet sich mit dieser amüsanten und spannenden Krimi-Serie, in der nichts ist, wie es aussieht, und Schein und Sein weit auseinanderklaffen, wieder dem Typus des Superverbrechers zu. In der Kameraführung zunächst noch konventionell und statisch, werden die letzten Episoden deutlich dramatischer und sind mit Gespür für Tempo und Spannung inszeniert. Der WDR rekonstruierte eine Version, die dem Original wahrscheinlich wieder sehr nahekommt; besonders beeindruckend die neue Filmmusik, die mit effektvollen Klangbildern sicher die Balance zwischen Distanz und Anteilnahme hält. – Ab 14. ✦ Schwarz-weiß. Frankreich 1915/16 **P** Gaumont **R+B** Louis Feuillade **K** Guérin **M** Wolfgang Hamm (Neukomposition) **D** Edouard Mathé (Philippe Guérande, Redakteur des »Mondial«), Marcel Levesque (Mazamette), Jean Ayme (Großmeister der Vampire), Musidora (Irma Vep), Gaston Michel (Benjamin), Stacia Napierkowska (Marfa Koutiloff, Tänzerin), Delphine Renot (Guérandes Mutter), Fernand Hermann (Juan-José Moréno), Renée Carl (Andalusierin), Louis Leubas (Satanas, Großmeister der Vampire), Bréon (Sekretär von Satanas), Bréon (Vénénos, Chemiker), Louise Lagrange (Jane Brémontier) **L** 350 **E** 19.,25.6.,3., 10.,17.,24.,31.7.,7.8.1990 West 3

DIE VAMPIRE DES DR. DRACULA (LA MARCA DEL HOMBRE LOBO). Die Grabschändung eines Zigeuners erweckt einen fluchbeladenen toten Adligen zu neuem Dasein als Werwolf, worauf in einem verfallenen Klostergemäuer eine heftige Beißerei zwischen Vampiren und Werwölfen beginnt. Mit technischem Aufwand in Szene gesetzter Horrorfilm, inszenatorisch wirr und unbeholfen, ohne Gespür für die Stilelemente des Genres. ✦ Spanien 1967 **P** Maxper P.C. **KI** Alpha **R** Enrique L. Equiluz **B** Enrique L. Equiluz, Jacinto Molina Alvarez (= Jacinto Molina) **K** Emilio Foriscot **M** Angel Arteaga **D** Paul Naschy (= Jacinto Molina), Dianik Zurakowska, Manuel Manazaneque, Diane Kanopka **L** 95 **FSK** ab 16; nf **E** 7.2.1969 **fd** 15 990

VAMPIRE GEGEN HERAKLES (ERCOLE AL CENTRO DELLA TERRA). Die Abenteuer des Kraftprotzes Herakles und seines Freundes Theseus in der Unterwelt. Naiver Serienfilm, bildnerisch zwar etwas über dem Durchschnitt, insgesamt aber bietet sich die übliche Muskelschau, versetzt mit ein paar Gruselszenen. – Ab 16. ✦ Scope. Italien 1961 **P** SPA **KI** Rolei **R** Mario Bava **B** Alessandro Continenza, Mario Bava, Duccio Tessari **K** Mario Bava **M** Armando Trovaioli **D** Reg Park (Herakles), Leonora Ruffo (Deianira), Giorgio Ardisson (Theseus), Franco Giacobini (Telemach), Marisa Belli (Aretusa) **L** 83 **FSK** ab 12; nf **E** 27.4.1962 **fd** 11 194

VAMPIRE IN BROOKLYN (VAMPIRE IN BROOKLYN). Ein Vampir mit exquisitem Geschmack verläßt seine Inselresidenz in der Karibik und stürzt sich ins New Yorker Nachtleben, wobei eine hübsche Polizistin seine ganze Aufmerksamkeit erregt. Typenhaft angelegte Parodie auf Horrorfilme in Anlehnung an die »Nosferatu«-Filmerzählung, die durchaus einigen Witz zu bieten hat und durch doppelsinnige Sprüche unterhält. ✦ USA 1995 **P** Paramount **VA** CIC **Pd** Mark Lipsky, Eddie Murphy **R** Wes Craven **B** Michael Lucker, Charlie Murphy, Chris Parker **K** Mark Irwin **M** J. Peter Robinson **S** Patrick Lussier **D** Eddie Murphy (Maximillian/Preacher Pauly/Guido), Angela Bassett (Rita), Allen Payne (Justice), Kadeem Hardison (Julius Jones), John Witherspoon (Silas) **L** 98 **FSK** ab 16 **E** 19.2.1997/15.3.1998 premiere **fd** 32 418

VAMPIRE IN NEW YORK →Def By Temptation

VAMPIRE JOURNALS (VAMPIRE JOURNALS). Eine weitere Variante des Vampir-Mythos, die erneut den sexuellen Kontext dieses Subgenres unterstreicht. Nur ist diesmal der Vampir eine Art osteuropäischer Mafiaboß und sein Widersacher ein Underground-Hippie; das Objekt der Begierde eine amerikanische Pianistin. Doch diese ungewöhnliche Personenkonstellation wird nicht genutzt, zu früh bleibt die Geschichte in den Fängen des zusammengeschusterten Plots hängen, da helfen auch die auftrumpfende Horrorfilm-Musik und die hölzernen Dialoge nicht weiter. Unterm Strich: ein blutleerer Vampirfilm. ✦ USA 1997 **P** Full Moon Studios **VA** VPS **Pd** Vlad Paunescu **R+B** Ted Nicolaou **K** Adolfo Bartoli **M** Richard Konsinski **S** Gregory Sanders **D** Jonathan Morris (Ash), Kirsten Cerre (Sofia), David Gunn (Zachary) **L** 78 **FSK** ab 18 **E** 14.8.1997 Video **fd** 32 941

VAMPIRE KNIGHTS (VAMPIRE KNIGHTS). Drei moderne weibliche Vampire verbringen eine eher blutige Nacht mit drei jungen Männern. Der jüngste darf erste Erfahrungen in der Jagd auf Blutsauger machen und sich schließlich in Liebe vereint mit der kleinsten Tochter Transsylvaniens wiederfinden, die noch zu unschuldig ist, um schon kraftvoll zubeißen zu können. Auf jugendliches Publikum zugeschnittener Genre-Ulk ohne jeden materiellen und geistigen Aufwand. (Neuer Videotitel: »Vampir Party«.) ✦ USA 1987 **P** Mezcal **VA** Ufa **R+B** Daniel M. Peterson **K** Thomas L. Callaway **M** Peter Melnick **D** Ken Abraham, Billy Frank, Robin Rochelle (= Robin Stille), Thomas Kingsley, Ann Michaels **L** 83 **E** März 1989 Video **fd** 27 761

VAMPIRELLA (VAMPIRELLA). Der Friede auf einem Vampir-Planeten, in dessen Flüssen Blut statt Wasser fließt, wird empfindlich gestört, als einige Vertreter der blutsaugeden Zunft dazu übergehen, ihre Artgenossen zu meucheln. Zum Tode verurteilt fliehen sie Richtung Erde, verfolgt von der Tochter des ermordeten Präsidenten der Vampir-Föderation, die auf Rache aus ist. Ein verworrener Film, inszeniert in der Hoffnung, Kult-Status zu erreichen, doch weder Ironie, Fantasie oder Inszenierung reichen dazu aus. Was bleibt ist die für das Genre typische Vermischung von Erotik und Todessehnsucht, die in den enganliegenden schwarzen Lack-Kostümen ihren Ausdruck finden soll. Daß das Kostüm der Hauptdarstellerin rot und besonders knapp ausgefallen ist, spricht in diesem Zusammenhang Bände. ✦ USA 1996 **P** Sunset Films International **VA** Starlight/Marketing **Pd** Paul Hertzberg, Jim Wynorski, Angela Baynes **R** Jim Wynorski **B** Gary Gerani **K** Andrea V. Rossotto **M** Joel Goldsmith **S** Richard Gentner **D** Talisa Soto (Vampirella), Roger Daltrey (Vlad), Richard Joseph Paul (Adam Van Helsing), Brian Bloom (Demos), Corinna Harney (Sallah), John Landis **L** 83 **FSK** ab 16 **E** 8.6.1998 Video **fd** 33 270

VAMPIRE'S KISS (VAMPIRE'S KISS). Ein Buch-Manager verwandelt sich durch den Biß einer verführerischen Frau zum Vampir und wird daraufhin von Bösartigkeit und unstillbarem Blutdurst gepeinigt. Erst als er selbst schuldig wird, findet er Erlösung. Variante des Vampir-Genres, die Vampirismus als krankhafte Liebessehnsucht interpretiert und sich auf die lustvolle Demontage ihres unglücklichen Helden konzentriert. In der Gratwanderung zwischen Traum und Wirklichkeit jedoch zu unentschlossen angelegt. (Titel auch: »Vampire's kiss – Ein beißendes Vergnügen«) ✦ USA 1988 **P** Hemdale/Magellan **KI** Apollo **VA** RCA/Columbia **Pd** Barry Shills, Barbara Zitwer **R** Robert Bierman **B** Joseph Minion **K** Stefan Czapsky **M** Colin Towns, Angus Newton **D** Nicolas Cage (Peter Loew), Maria Conchita Alonso (Alva Restrepo), Jennifer Beals (Rachel), Elizabeth Ashley (Dr. Glazer), Kasi Lemmons (Jackie) **L** 96 **FSK** ab 16; f **E** 24.8. 1989/10.4.1990 Video **fd** 27 842

VAMPIRO (EL VAMPIRO). Die Nichte einer Scheintoten entgeht mit knapper Not zwei Blutsaugern in Menschengestalt. Belanglose Variante des bekannten Gruselthemas, technisch wie darstellerisch auf niedrigstem Niveau. ✦ Schwarz-weiß. Mexiko 1958 **P** Salazar **KI** Westfalen **R** Fernando Mendez **B** Ramon Obon **K** Rosalio Solano **M** Gustavo César Carrion **D** Ariadne Welter, Abel Salazar, Carmen Montejo, José Luis Jimenez **L** 83 **FSK** ab 16; nf **E** 2.1.1960 **fd** 8 940

VAMPYR →Vampyr – Der Traum des Allan Gray

VAMPYR – DER TRAUM DES ALLAN GRAY (VAMPYR OU L'ETRANGE AVENTURE DE DAVID GREY). Ein junger Mann, ausgestattet mit seherischen Gaben, gerät ins Reich der Vampire und befreit die Tochter eines Schloßherrn aus der Gewalt des Bösen. Dreyers erster Tonfilm ist ein Klassiker des Horror-Genres und zugleich eines der Meisterwerke des europäischen Vorkriegskinos. Durch die subtile Lichtregie und kaum merkliche Akzentverschiebungen entsteht ein Klima unfaßbarer Bedrohung, in dem sich Traum und Wirklichkeit in ständigem Wechsel durchdringen. Auf raffinierte Weise entzieht sich der Film sowohl den expressionistischen Normen des Fantastischen als auch der naturalistisch-künstlichen Darstellung des Grauens. Seine ureigene Fantastik erfordert ein besonderes filmisches Einfühlungsvermögen. (Titel auch: »Vampyr«, »Die seltsame Geschichte des David Gray«, »Der Traum des Allan Gray«) DVD: Eine deutsche DVD lag bei Redaktionsschluss nicht vor. – Sehenswert ab 14. ✦ Schwarz-weiß. Frankreich/Deutschland 1932 **P** Tobis Klangfilm **DVD** USA Import: Image Entertainment (FF, Mono dt.). **Pd+R** Carl Theodor Dreyer **B** Christien Jul, Carl Theodor Dreyer, nach einem Kapitel aus einem Roman von Sheridan Le Fanu **K** Rudolph Maté, Louis Née **M** Wolfgang Zeller **D** Julian West (Allan Gray), Maurice Schutz (Schloßherr), Rena Mandel (Gisèle), Henriette Gérard (Vampir), Sybille Schmitz (Léone), Jan Hieronimko, Albert Bras **L** 83 (TV 68) **E** 6.5.1932/13.10.1968 ARD

VAMPYR VON SOHO (STREET OF SHADOW). Der körperbehinderte Hausdiener eines Nachtlokals, in dem er unter der geringschätzigen Behandlung leidet, ermordet aus verschmähter Liebe eine begehrte Schönheit. Nachdem Scotland Yard zunächst auf eine falsche Fährte geraten ist, kann er doch noch überführt werden. Abgeschmackter Kriminalfilm, der auf klischeehaften Nervenkitzel setzt und jegliche Ansätze zur psychologischen Vertiefung vermissen läßt. ✦ Schwarz-weiß. Großbritannien 1953 **P** Anglo-Amalgan/Merton Park Studios **KI** Döring **R** Richard Vernon **B** Richard Vernon, nach einem Roman von L. Meynell **K** Phil Grindrod **M** Eric Spear **D** Cesar Romero, Kay Kendall, Simone Silva, Edward Underdown, Victor Maddern **L** 83 **FSK** ab 18; nf **E** 21.1. 1955 **fd** 3 848

VAMPYROS LESBOS – ERBIN DES DRACULA (VAMPIROS LESBOS / EL SIGNO DEL VAMPIRO). Eine Nachtclubtänzerin und Erbin des blutsaugenden Grafen Dracula will eine junge Rechtsanwältin in die Geheimnisse des Vampirismus einweihen, wird jedoch von dieser getötet. Kunstgewerblich aufgeblähter Horrorfilm, der Genreelemente mit lesbischer Erotik verbinden will. Ebenso öde wie spekulativ. ✦ BR Deutschland/Spanien 1970/71 **P** Telecine/Fenix **KI** Cinerama **Pd** Artur Brauner **R+B** Jésus Franco Manera **K** Manuel Merino **M** Manfred Hübler, Sigi Schwab **S** Clarissa Ambach **D** Susann Korda (= Soledad Miranda) (Gräfin Nadine), Dennis Price, Ewa Stroemberg (Lucy), Heidrun Kussin, Paul Müller **L** 89 **FSK** ab 18; nf **E** 15.7.1971

VAN DE VELDE: DAS LEBEN ZU ZWEIT – DIE SEXUALITÄT IN DER EHE →Das Leben zu zweit – Die Sexualität in der Ehe

VAN DER VALK UND DAS MÄDCHEN. Der niederländische Kommissar Van der Valk muß sich mit dem gewaltsamen Tod eines Schmugglers auseinandersetzen. Seine Recherchen führen ihn in den eigenen Bekanntenkreis, als ein Gemälde aus dem Besitz des Ermordeten bei einer alten Bekannten auftaucht. Abendfüllende Episode einer Fernseh-Serie. – Ab 16 möglich. ✦ BR Deutschland 1972 **P** Iduna Film **KI** (Obelisk) **R** Peter Zadek **B** nach einem Roman von Nicolas Freeling **D** Frank Finlay (Van der Valk), Françoise Prévost, Cyd Hayman **L** 108 (TV 97) **FSK** ab 16; f **E** 1.12.1989 PRO 7

VAN GOGH (VAN GOGH). Die von großer Darstellungskunst und impressionistisch-subtiler Fotografie bestimmte Schilderung der letzten zwei Monate im Leben Vincent van Goghs von Ende Mai bis Ende Juli 1890 im nordfranzösischen Auvers-sur-Oise. In Verknüpfung von van Goghs Innendrama und äußerer Schicksalsform mit der wesensverwandten Zerrissenheitstragödie seines Bruders Theo wie auch im Lebensaufriß prägnanter Nebenfiguren offenbaren sich Leid und Erlösungsbedürftigkeit als Grundlagen menschlicher Existenz. (O.m.d.U.) – Sehenswert ab 16. ✦ Frankreich 1991 **P** Erato/Studio Canal+/Films A 2/Les Films du Livradois **KI** NEF **Pd** Sylvie Danton, Daniel Toscan du Plantier **R+B** Maurice Pialat **K** Emmanuel Machuel, Gilles Henri, Jacques Loiseleux **M** Arthur Honegger **S** Yann Dedet, Nathalie Hubert **D** Jacques Dutronc (Van Gogh), Alexandra London (Marguerite Gachet), Gérard Séty (Gachet), Bernard Le Coq (Theo), Corinne Bourdon (Jo), Elsa Zylberstein (Cathy) **L** 159 **FSK** ab 12; f **E** 28.5.1992 **fd** 29 599

VANESSA. Eine streng erzogene Klosterschülerin wird von einer reichen Erbschaft nach Hongkong geführt und entdeckt dort, daß sie eine Bordellkette geerbt hat. Nachdem sie zahlreiche Sexualakte beobachtet, zwei Vergewaltigungsversuche überstanden und lesbische Spiele ausprobiert hat, kehrt sie angewidert nach Europa zurück. Geschmäcklerisch-aufwendig ausgestatteter und fotografierter Sexfilm, inhaltsleer und spekulativ. – Wir raten ab. ✦ BR Deutschland 1976 **P** Lisa **KI** Gloria **R** Hubert Frank **B** Joos de Ridder **K** Franz X. Lederle **D** Olivia Pascal, Anton Diffring, Uschi Zech, Günter Clemens, Eva Eden **L** 90 **FSK** ab 18; nf **E** 1977 Kino **fd** 19 931

VANESSA – LIEBESSPIELE ONLINE (DESIRS SUR TOILE). Eine junge Frau, die glaubt, in Paris das große Glück gefunden zu haben, muss erkennen, dass ihr Liebhaber mit falschen Karten spielt, kein erfolgreicher Geschäftsmann ist und ihre von ihm initiierten lesbischen Spiele mit der verlockenden Nachbarin im Internet vermarket werden. Eine Freundin versucht, ihr aus der Patsche zu helfen. Sexfilm, der sich einmal mehr nicht in Gedankenfülle verliert, sondern die alte Geschichte mit einem virtuellen Beiwerk präsentiert. ✦ Frankreich 1999 **R** Thierry Petit **B** Céline Guyot **D** Linda Tahir (Vanessa), Rachel Guenot (Jane), Franck Laure Messaoudi (Christian), Benoît Clerc (Michel), Cécile Fleury (Mireille) **L** 90 **E** 3.3.2001 Vox

VANILLEEIS UND PETTINGCOATS (REVENGE OF THE CHEERLEADERS). Billige Sexkomödie um College-Schülerinnen, die sich um Humor bemüht, doch in allen Belangen letztklassig bleibt. ✦ USA 1976 **P** Corinth Films **VA** Rainbow **Pd** Richard Lerner, Nathaniel Dorsky **R** Richard Lerner **B** Ted Greenwald, Nathaniel Dorsky, Ace Baandage **K** Nathaniel Dorsky **M** John Sterling **S** Richard Brummer, Joseph Ancore jr. **D** Eddra Gale (Celia), Regina Gleason (Mrs. Watson), Jerry Woods (Gail), Rainbeaux Smith (Heather), Helen Lang (Leslie) **L** 83 **FSK** ab 16 **E** 27.10. 1986 Video

VANINA VANINI. In einer Sommernacht des Jahres 1824 feiert man in einem Palast in Rom ein glänzendes Fest. Ungekrönte Ballkönigin ist die junge Römerin Vanina. Zur gleichen Stunde flieht der eingekerkerte Carbonaro Pietro Missirilli aus der Engelsburg. Die beiden jungen Leute begegnen einander, verlieben sich und versuchen die Kluft zwischen den zwei Welten, denen sie angehören, zu überbrücken. Fernsehfilm. ✦ Schwarz-weiß. DDR 1963 **P** DEFA **Pd** Martin Sonnabend **R** Helmut Schiemann **B** Helmut Schiemann, Günter Eisinger, nach dem gleichnamigen Roman von Stendhal **K** Günter Eisinger **M** Günter Hauk **S** Hildegard Tegener **D** Annekathrin Bürger (Vanina Vanini), Reimar Johannes Baur (Pietro Missirilli), Erika Pelikowsky (Gräfin Vitteleschi), Peter Sturm (Fürst Vanini), Alfred Struwe (Fürst Savelli) **L** 113 **E** 25.12.1963 DFF 1

VANISHING SON II: IM FEUER DES DRACHEN →Der Sohn der untergehenden Sonne: Im Teufelskreis des Ku-Klux-Klan

VANISHING SON, SOHN DER UNTERGEHENDEN SONNE – BRUDERKRIEG →Der Sohn der untergehenden Sonne: Der Bruderkrieg

VANISHING SON, SOHN DER UNTERGEHENDEN SONNE: IM TEUFELSKREIS DES KU-KLUX-KLAN →Der Sohn der untergehenden Sonne: Im Teufelskreis des Ku-Klux-Klan

VANISHING SON, SOHN DER UNTERGEHENDEN SONNE – ÜBERLEBEN IN L.A. →Der Sohn der untergehenden Sonne: Überleben in L.A.

VANYA – 42. STRASSE (VANYA ON 42ND STREET). Die filmische Festschreibung eines Theaterexperiments, das der New Yorker Theater-Exzentriker André Gregory seit vier Jahren zelebriert: den Durchlauf zu Anton Tschechows »Onkel Wanja« vor einer erlesenen Zuschauerschar. Ein Stück über ein verschwendetes Leben, voller Weltschmerz, angesiedelt in der Tiefe der russischen Seele. Überragende Darsteller, ein kluges filmisches Konzept und eine exzellente Kameraarbeit machen den Film zu einem Erlebnis, auf das die Zuschauer sich allerdings einlassen müssen. – Sehenswert ab 14. ✦ USA/Großbritannien 1994 **P** The Vanya Company (für Mayfair/Channel 4/ Sony Pictures Classics) **KI** Concorde **VA** Concorde **Pd** Fred Berner **R** Louis Malle, André Gregory (Bühnenregie) **B** David Mamet, nach dem Bühnenstück »Onkel Wanja« von Anton Tschechow **K** Declan Quinn **M** Joshua Redman **S** Nancy Baker **D** Wallace Shawn (Vanja), Brooke Smith (Sonya), Julianne Moore (Yelena), George Gaynes (Prof. Alexander Ceraria-kov), Lynn Cohen (Mutter), Larry Pine (Dr. Astrov), André Gregory (André Gregory), Louis Malle (Louis Malle) **L** 120 **FSK** ab 6; f **FBW** w **E** 13.4.1995 **fd** 31 303

VARI – EINE INDISCHE WALLFAHRT. Alljährlich brechen Hunderttausende von Pilgern zu einer Wallfahrt nach Pandharpur auf, um ihrem Gott Pandurang, einer Inkarnation Krishnas, zu huldigen. Während dieser Zeit durchbrechen die Pilger (= Varkari) das starre Kastensystem der indischen Gesellschaft und können ihren Alltagssorgen entfliehen. Auf der transzendentalen Ebene einigt die Pilger der Wunsch, geistige und religiöse Kräfte zu sammeln. Der Film dokumentiert die bis ins 13. Jahrhundert zurückgehende Wallfahrt und versucht, in einer Mischung aus Spannung, Kunst und Wissenschaft ein poetisches Bild dieses Phänomens zu zeichnen. Er wendet sich gegen die stereotypen Indienbilder und will die Lebensfreude und die philosophischen Einsichten der Menschen ergründen. – Ab 14. ✦ BR Deutschland 1990 **P** Adanos Film/WDR/SWF **SF** Freunde der Deutschen Kinemathek **Pd+R** Henning Stegmüller **B** Henning Stegmüller, Günther D. Sontheimer **K** Henning Stegmüller **S** Henning Stegmüller **L** 91 (TV 60) **E** 13.4.1991 BR

VARIATIONEN DER LIEBE I (UR KRLEKENS SPRAK). Schwedischer Beitrag zur Aufklärungswelle im Kino der späten 60er Jahre: Vier Sachverständige – ein Sexualforscher-Ehepaar, ein Gynäkologe, eine Psychologin – unterhalten sich über Sex, Petting und Onanie und die verschiedenen Positionen des Geschlechtsverkehrs. Der Film bietet wenig Informationen, aber viele der bekannten Spekulationen und ist ebenso dilettantisch wie kraß. – Wir raten ab. ✦ Schweden 1969 **P** Swedish Film Investment **KI** Cinema-Service **R** Torgny Wickman **B** Torgny Wickman, Inge Ivarson, Maj-Britt Bergström-Walan **K** Lars Björne **M** Mats Olsson **L** 71 **FSK** ab 18; f **E** 5.9.1969 **fd** 16 349

VARIATIONEN DER LIEBE II (MERA UR KÄRLEKENS SPRAK). Fortführung des gleichnamigen Films von 1969, diesmal zu den Themenkreisen »Homosexualität«, »Geschlechtskrankheiten«, »Sexualität bei Körperbehinderten«, »Sexualität und Drogen« und »Pornografie«, die (schein-)wissenschaftlich aufbereitet werden. Konnte man dem ersten Film in Ansätzen eine gewisse Ernsthaftigkeit zugestehen, so ist die Fortsetzung (noch) weniger ernsthaft und merklich spekulativer. – Wir raten ab. ✦ Schweden 1970 **P** Swedish Film Production Investment **KI** Cinema Service **Pd** Inge Ivarson **R** Torgny Wickman **B** Torgny Wickman, Inge Ivarson, Maj-Britt Bergström-Walan, Inge Hegeler, Sten Hegeler **K** Lars Björne **M** Mats Olsson **L** 78 **FSK** ab 18; nf **E** 18.9.1970 **fd** 17 021

VARIATIONEN DER PORNOGRAPHIE (MILLIONAIRE'S WOMEN). Die »Arbeitsweisen« von sechs miteinander befreundeten jungen Frauen in einem bordellartigen Nachtlokal. Eine darstellerisch wie inszenatorisch primitive Aneinanderreihung von Szenen lesbischer, sadistischer und masochistischer Spielart, die die Frau als unpersönliches, absolut austauschbares Sexualobjekt darstellt. – Wir raten ab. ✦ USA 1970 **P** Peter Duncan Fox **KI** Anka/Madsack/Filmagentur Pfaff/Äquator **R+B** Peter Duncan Fox **K** Robert Rubin **M** The Bang Bang Boys **D** Lisa Taylor, Dee Nelson, Barbara Lancaster, Vera Burton, Bill Clark **L** 81 **FSK** ab 18; nf **E** 30.4.1971 **fd** 17 294

VARIETÉ (1925). Ein heruntergekommener Artist und Schaubudenbesitzer verläßt wegen einer exotischen Schönheit seine Frau und wird zum Mörder, als er sich selbst betrogen sieht. Optisch virtuos gestaltetes Stummfilm-Kammerspiel im Stil des »neuen, objektiven und neutralen Realismus«. – Ab 14 möglich. ✦ Schwarz-weiß. Deutschland 1925 **P** Universum-Film **KI** Stiftung Deutsche Kinemathek **Pd** Erich Pommer **R** E.A. Dupont **B** E.A. Dupont, nach Motiven eines Romans von Felix Holländer **K** Karl Freund **M** Archivmaterial, Werner Schmidt-Boelcke (Bearbeitung) **D** Emil Jannings (»Boß« Huller), Maly Delschaft (Hullers Frau), Lya de Putti (Berta-Marie), Warwick Ward (Artinelli), Georg John (Matrose), Kurt Gerron (Hafenarbeiter) **L** 108 **E** 16.11.1925/5.9.1976 ZDF

VARIETÉ (1935). Auseinandersetzungen innerhalb eines Artistentrios, das am Trapez arbeitet. Neue Programmpunkte wollen zusammengestellt, private Probleme gelöst werden. Der Film wurde als deutsche Version der französischen Originalfassung in Paris hergestellt und am 7. September 1939 in Hinblick auf den bevorstehenden Krieg mit Frankreich wieder verboten. ✦ Schwarz-weiß. Deutschland/Frankreich 1935 **P** Bavaria/Vandor **R** Nikolas Farkas, Jacob Geis **B** Nikolas Farkas, Rolf E. Vanloo **K** Viktor Armenise **M** Hans Carste **D** Hans Albers, Annabella, Attila Hörbiger, Karl Etlinger, Ernst Rotmund **L** 85 **E** 20.9.1935/13.8.1962 DFF 1

VARIETÉ + DER UNBEKANNTE DESERTEUR. Ein Kurzfilm-Doppelprogramm des Babelsberger Regie-Absolventen Thomas Frick. Während in »Varieté« ein unbedarfter Nachtclub-Besucher auf Anregung des dämonischen Magiers die eigene Frau zersägt, erhält in »Der unbekannte Deserteur« der Befehlsverweigerer durch seinen Kompaniechef eine Überlebenschance, indem er seinerseits einen Rekruten erschießt. Trotz dramaturgischer Unzulänglichkeiten ein beeindruckender Talentbeweis. – Ab 16. ✦ Deutschland 1992 **P** Hochschule für Film u. Fernsehen »Konrad Wolf«/DFF/Cut Out **KI** Avance **Pd** Thomas Zickler **R+B** Thomas Frick **K** Gero Steffen **M** Henry Mex **S** Anke Weigel **D** Herbert Olschok (Mann, 1), Steffi Kühnert (Frau, 1), Volker Prechtel (Magier, 1), Ralf Junge (Deserteur, 2), Marco Bahr (Soldat, 2), Udo Kier (Der Alte, 2) **L** 27/40 **E** 9.6.1994 **fd** 30 852

VARIETÉ-PRINZESSIN (WABASH AVENUE). Zur Zeit der Weltausstellung in Chikago im Jahr 1892 wetteifern ein Nachtlokalbesitzer und sein Nebenbuhler mit faulen Tricks um die Gunst einer Varieté-Tänzerin. Wenig amüsanter Revuefilm mit flauer Synchronisation der Gesangsnummern; eine entäuschende Neuverfilmung des Films »Coney Island«, der in den USA sehr erfolgreich war, hierzulande aber nicht in die Kinos kam. – Ab 16. ✦ USA 1950 **P** 20th Century Fox **KI** Centfox **Pd** William Perlberg **R** Henry Koster **B** Harry Tugend, Charles Lederer **K** Arthur E. Arling **M** Mack Gordon, Josef Myrow **S** Robert Simpson **D** Betty Grable (Ruby Summers), Victor Mature (Andy Clark), Phil Harris (Mike), Reginald Gardiner (Eddie), James Barton (Hogan) **L** 93 **FSK** ab 16; nf **E** 7.3.1952 **fd** 1 595

VARIETY (VARIETY). Eine junge Frau übernimmt eine Gelegenheitsarbeit als Kassiererin in einem New Yorker Sex-Shop, wodurch sie in einen Konflikt gerät, weil sie lernen muß, ihre feministische Überzeugung mit den ihr bisher unbekannten Lebensumständen zu koordinieren. Als sie weniger aus erotischem Interesse als aus Wissensdrang einen Kunden beobachtet, droht sie sich zwischen Voyeurismus und Faszination zu verlieren. Ein sehr stiller, sich in langsamem Rhythmus entwickelnder Film, der reizvoll zwischen Wirklichkeit und Fantasie pendelt und mit behutsamen ironischen Akzenten ebenso irritiert wie erhellt. ✦ USA/Großbritannien/BR Deutschland 1983 **P** Variety Motion Pictures/New York Stage Council of the Arts/Channel Four/ZDF **Pd** Renée Shafransky, Arnold Abelson **R** Bette Gordon **B** Kathy Acker, Bette Gordon **K** John Foster, Tom DiCillo **M** John Lurie **S** Ila von Hasperg **D** Sandy McLeod (Christine), Will Patton (Mark), Richard Davidson (Louie), Nan Goldin (Nan), Luis Guzman (José) **L** 97 **E** 4.1.1984 ZDF

VARSITY BLUES (VARSITY BLUES). Durch einen Traumpass findet ein eigentlich zu intelligenter Football-Spieler seine Anbindung zu diesem Sport und zu Spielverständnis, kann sich gegen seinen autoritären Trainer durchsetzen und dem Spiel eine menschlichere Wende geben. Ein nur scheinbar sportkritischer Film, der zwar Kontrapunkte zur herrschenden Ideologie setzt, dann aber die Position wechselt, um die altbekannte Geschichte vom Jungen zu erzählen, der sich seiner Bewährungsprobe stellt. Mit Ausnahme von Jon Voight als skrupellosem Trainer gruppieren sich eher blasse Schauspieler um das lustlose Spiel. – Ab 14 möglich. ✦ USA 1999 **P** Paramount/MTV Films/Marquee Tollin/Robbins **VA** CIC (Paramount Home) **DVD** Paramount (16:9, 1.85:1, DD2.0 engl./dt.) **Pd** Tova Laiter, Brian Robbins, Michael Tollin **R** Brian Robbins **B** John Gatins, W. Peter Iliff **K** Chuck Cohen **M** Mark Isham **S** Ned Bastille **D** James van der Beek (Jonathan Moxon), Jon Voight (Coach Bud Kilmer), Paul Walker (Lance Harbor), Ron Lester (Billy Bob), Scott Caan (Tweeder), Richard Lineback (Joe Harbor), Ali Larter (Darcy), Amy Smart (Julie Harbor) **L** 100 **FSK** ab 12 **E** 20.4.2000 Video/7.9.2000 DVD **fd** 34 292

VASALLEN DES SATANS →Salvation

VASSILIS ALEXAKIS (VASSILIS ALEXAKIS). Ein Einblick in die literarische Werkstatt des griechischen Schriftstellers Vassilis Alexakis, der in Paris und Athen lebt und in den beiden Sprachen publiziert. Der Dokumentarfilm weitet sich zu einer Reflexion über Muttersprache und Mehrsprachigkeit, lässt seine Hauptperson in Erinnerungen schwelgen und stellt ein kaum bekanntes Griechenland vor. Ein leiser Film, der die Odyssee eines Schriftsteller illustriert, der seinen nächsten Roman in zentralafrikanischen Sango-Dialekt schreiben will. ✦ Frankreich 2001 **P** arte **R** Variety Moszynski **L** 80 **E** 16.11.2001 arte

VATANYOLU – DIE HEIMREISE. Eine türkische Familie, die aus der Bundesrepublik Deutschland in die Türkei zurückkehren will, bleibt nach einem Unfall mit dem Wagen am Waldrand liegen und richtet sich dort häuslich ein. Überzeugende Filmkomödie, die ihren Reiz aus der liebevollen Zeichnung der typenhaften Charaktere und der Komik des Unerwarteten gewinnt, die mit lapidarer Selbstverständlichkeit präsentiert wird. – Sehenswert ab 14. ✦ BR Deutschland 1988 **P** Frankfurter Filmwerkstatt/Pro-ject/E/R Film/HR **KI** Filmverlag der Autoren **Pd** Michael Smeaton **R+B** Enis Günay, Rasim Konyar **K** Egon Werdin **M** Timur Selcuk **S** Beate Gottschall **D** Yaman Okay (Yusuf), Füsun Sen (Havva), Yavuz Kalan (Temel), Baris Cetinkaya (Ömer), Jale Arikan (Selvi), Yalcin Güzelce (Hassan), Andrej Diamantstein (Dieter) **L** 94 **FSK** ab 6; f **FBW** w **E** 25.5.1989/18.10.1990 HR **fd** 27 475

VATEL (VATEL). Frankreich 1671: François Vatel, Haushofmeister des hochverschuldeten Prinzen von Conde, richtet für den Hofstaat Ludwigs XIV. ein dreitägiges Fest aus, um seinem Herrn zu helfen, die Gunst des Sonnenkönigs zu erringen und den drohenden Bankrott abzuwenden. Als er sich unstandesgemäß in die Mätresse des Königs verliebt und vom Prinzen an den Hof von Versailles abgeschoben wird, erkennt er die Ausweglosigkeit seiner Lage. Ein in opulenten Bildern entwickeltes, hervorragend gespieltes Historiendrama, das über die sensible Liebesgeschichte hinaus das brisante Verhältnis zwischen Aristokratie und Volk beleuchtet, ohne die sinnenfrohe Grundstimmung mit gesellschaftspolitischen Diskursen zu überfrachten. – Sehenswert ab 14. ✦ Scope. Frankreich 2000 **P** Gaumont/Légende Enterprises **KI** Tobis StudioCanal **VA** BMG **DVD** BMG (16:9, 2.35:1, DD5.1 dt.) **Pd** Roland Joffé, Alain Goldman **R** Roland Joffé **B** Jeanne Labrune, Tom Stoppard **K** Robert Fraisse **M** Ennio Morricone **S** Noëlle Boisson **D** Gérard Depardieu (François Vatel), Uma Thurman (Anne de Montausier), Tim Roth (Marquis de Lauzun), Julian Glover (Prinz de Condé), Julian Sands (Ludwig XIV.) **L** 103 **FSK** ab 12; f **FBW** bw **E** 31.5.2001/27.11.2001 Video & DVD **fd** 34 868

VATER (APA). Das Leben eines Jungen, der in früher Kindheit seinen Vater verloren hat, wird von der Erinnerung an den Vater als makellosen Helden bestimmt. Erst während seiner Studienzeit vermag der junge Mann sein Vaterbild der Wirklichkeit entsprechend zu korrigieren. Eine bemerkenswerte psychologische Studie, formal eigenwillig und intelligent, interessant in seiner politischen Verankerung. (DDR-Titel: »Vater – Tagebuch eines Glaubens«) – Ab 16. ✦ Schwarz-weiß. Ungarn 1966 **P** Mafilm **R+B** István Szabó **K** János Kende **M** János Gonda **D** Miklós Gábor (Takós Vater), Klári Tolnay, András Bálint (Takó), Dani Erdélyi (Takó als Kind), Kati Sólyom **L** 85 **E** 7.10.1968 ZDF/8.9.1978 DFF 1 **fd** 15 829

EIN VATER AUF DER FLUCHT (RUNAWAY FATHER). Familiendrama. Eine von ihrem Ehemann verlassene Frau bemüht sich, während sie nach dem vermißten Familienvater sucht, ihre drei Kinder aufzuziehen, und kann schließlich in einem Präzedenzfall vor Gericht finanzielle Unterstützung erstreiten. ✦ USA 1991 **P** Polone Co./Bonaparte Prods./Lee Levinson Prod. **Pd** Lee Levinson, Carroll Newman **R** John Nicolella **B** Stephanie Liss, nach einem Buch von Richard Rashke **D** Donna Mills (Pat), Jack Scalia (Tom), Chris Mulkey (Richard Froeming), Jenny Lewis (Marcia), Chick Vennera (Frank De La Grana) **L** 94 **E** 3.2.1996 Super RTL

VATER BRAUCHT EINE FRAU. Ein junger Witwer, Leiter der Frauenabteilung im Arbeitsamt, hängt sehr an seinen vier Kindern. Da er keine Hausangestellte dazu bewegen kann, die Rasselbande länger als vier Wochen zu betreuen, suchen die Kinder per Inserat eine Frau für ihren Vater. Nach manchen Verwicklungen führt er tatsächlich die Richtige zum Traualtar. Heitere Familienkomödie, freundlich und humorig, nicht sehr tiefschürfend, aber geprägt von menschlicher Wärme. – Ab 12. ✦ Schwarz-weiß. BR Deutschland 1952 **P** NDF **KI** Bavaria **Pd** Georg Richter **R** Harald Braun **B** Herbert Reinecker, Christian Bock, Herbert Witt **K** Richard Angst **M** Franz Grothe **S** Claus von Boro **D** Dieter Borsche (Dr. Hans Neumeister), Angelika Voelkner (= Angelika Meissner), Urs Hess (Philipp), Migg Hess (Martin), Bruni Löbel (Lotti Hellwig), Ruth Leuwerik (Susanne Meister), Oliver Grimm (Tom) **L** 98 **FSK** ab 12; f **E** 17.10.1952/ 13.7.1963 ZDF **fd** 2 106

VATER DER BRAUT (1950) (FATHER OF THE BRIDE). Der Entschluß seiner Tochter zu heiraten, stellt einen amerikanischen Rechtsanwalt vor schwierige Probleme und bereitet ihm viele Sorgen. Humorvoll übermütige Komödie, von den Hauptdarstellern glänzend gespielt. (Fortsetzung: »Ein Geschenk des Himmels«, 1951; 1991 entstand ein gleichnamiges Remake; Tele 5 strahlte am 26.3. 1992 erstmals eine colorierte Fassung des Films aus.) – Ab 12. ✦ Schwarz-weiß. USA 1950 **P** MGM **Kl** MGM **Pd** Pandro S. Berman **R** Vincente Minnelli **B** Frances Goodrich, Albert Hackett, nach einem Roman von Edward Streeter **K** John Alton **M** Adolph Deutsch **S** Ferris Webster **D** Spencer Tracy (Stanley T. Banks), Elizabeth Taylor (Kay Banks), Joan Bennett (Ellie Banks), Don Taylor (Buckley Dunstan), Billie Burke (Doris Dunstan) **L** 94 **FSK** ab 12; nf **E** 10.4. 1951/25.12.1969 ZDF **fd** 1 136

VATER DER BRAUT (1991) (FATHER OF THE BRIDE). Neuverfilmung der klassischen Hollywood-Komödie um einen Vater, der durch die Vorbereitungen für die Heirat seiner abgöttisch geliebten Tochter in turbulente Verwicklungen gestürzt wird. Amüsanter Familienfilm mit einer Paraderolle für Starkomiker Steve Martin. Die durch neue Gags aufpolierte Komödie bleibt dem Geist der 50er Jahre in der Verklärung der heilen Familienwelt und der Hochzeit treu. (Fortsetzung: »Ein Geschenk des Himmels – Vater der Braut 2«) – Ab 8. ✦ USA 1991 **P** Sandollar/Touchstone **Kl** Warner Bros. **VA** Touchstone **DVD** Buena Vista (FF P&S, DS engl., DD2.0 dt.) **Pd** Nancy Meyers, Carol Baum, Howard Rosenman **R** Charles Shyer **B** Nancy Meyers, Charles Shyer, nach einem Originaldrehbuch von Frances Goodrich und Albert Hackett und einem Roman von Edward Streeter **K** John Lindley **M** Alan Silvestri **S** Richard Marks **D** Steve Martin (George Banks), Diane Keaton (Nina), Kimberly Williams (Annie), George Newbern (Brian MacKenzie), Kieran Culkin (Matty), Martin Short (Franck Eggelhoffer) **L** 105 **FSK** ab 6; f **E** 16.4.1992/ 23.10.1992 Video/23.10.1998 DVD **fd** 29 509

DER VATER DER KÖNIGIN (OJCIEC KROLOWEJ). Intrigen am polnischen Königshof im 17. Jahrhundert, im Mittelpunkt der Vater der Königin sowie rivalisierende Franzosen und Österreicher. Ein aufwendig ausgestatteter historischer Abenteuerfilm, der mit komödiantischem Augenzwinkern die Heroen früherer Epochen aufspießt. Humorvoll, farbenprächtig-dekorativ, vielleicht etwas schwerfälliger als vergleichbare französische Unterhaltungsfilme. – Ab 10. ✦ Scope. Polen 1979 **P** Zespoly Filmowe, Zespoly »Kadr« **Kl** Progress **R** Wojciech Solarz **B** Jerzy Stefan Stawinski **K** Stefan Matyjaszkiewicz **M** Maciej Malecki **D** Anna Seniuk (Königin Maria Kazimiera), Mariusz Dmochowski (König Jan III. Sobieski), Ignacy Machowski (Marquis D'Arquien), Jan Englert (Chevalier de Charentes), Dorota Pomykala (Helena Pogoruelska) **L** 110 **E** 14.1.1983 Kino DDR/29.3. 1985 DFF 1

VÄTER DER TAUSEND SONNEN. Faktenreicher Dokumentarfilm über den berühmten »Atomspion« Klaus Fuchs. Der Physiker war 1933 in die USA emigriert, wirkte am amerikanisch-englischen Atomwaffenprogramm mit und gab in den 40er Jahren sein Wissen an die Sowjetunion weiter. Fuchs wurde 1949 enttarnt, kam in englische Haft und galt in der Sowjetunion als »persona non grata«. In der DDR, wo er nach der Haftentlassung seine Wahlheimat fand, wurde seine Geschichte Jahrzehnte totgeschwiegen. Erst nach dem Tod des Kernphysikers (1911–1988) konnte der Regisseur sein zwei Jahrzehnte lang geplantes Filmprojekt verwirklichen. – Ab 16. ✦ Teils schwarz-weiß. DDR 1989 **P** DEFA, Gruppe »Chronik« **Kl** Progress **Pd** Klaus Dörrer **R+B** Joachim Hellwig **K** Wolfgang Dietzel, Gunther Scholz (Videoaufnahmen), Klaus Schulz **M** Brigitte Unterdörfer **S** Dieter Körner **L** 94 **E** 12.1.1990 Kino DDR

DIE VÄTER DES NARDINO. Ein eben verstorbener sizilianischer Bürgermeister findet keine Ruhe, weil er vor 30 Jahren seinen besten Freund verraten hat. Eine poetische, liebevoll in Rückblenden erzählte Geschichte einer Männerfreundschaft, die mit einer Mischung aus neorealistischen und surrealen Elementen die Kraft der Versöhnung beschwört. Neben einem unspektakulären Porträt mediterraner Mentalität berührt der Film vor allem durch seinen unbefangenen Umgang mit Sterben und Tod. – Ab 16. ✦ BR Deutschland 1988 **P** Solofilm/Duofilm/BR **Kl** WAL-Film **Pd** Thomas Wommer, Wolf Gaudlitz **R+B** Wolf Gaudlitz **K** Claus Langer **M** Sergio Mirabelli **S** Alexander Rupp **D** Turi Ferro (Virgilio), Hilmar Thate (Pasquale), Massimo Bonetti (der junge Virgilio), Peter von Strombeck (der junge Pasquale), Andréa Ferréol (Concetta) **L** 94 **E** 10.4.1991 BR/2.11.1995 Kino **fd** 31 692

DER VATER DES SOLDATEN → Vater eines Soldaten

VATER DIRIGIERT (FOUR DAUGHTERS). Die vier Töchter eines Musikprofessors in einer amerikanischen Kleinstadt wollen nicht heiraten, doch eine nach der anderen ändert ihre Meinung, als sie den jeweils »Richtigen« kennenlernt. Stimmungsvoll fotografierte und einfühlsam gespielte Komödie, die den konventionellen »Seifenoper«-Stoff mit Eleganz und leicht ironischen Dialogen flott aufpoliert. – Ab 10. ✦ Schwarz-weiß. USA 1938 **P** Warner Brothers **Pd** Hal B. Wallis **R** Michael Curtiz **B** Julius J. Epstein, Lenore Coffee, nach dem Roman »Sister Act« von Fannie Hurst **K** Ernest Haller **M** Max Steiner **S** Ralph Dawson **D** Priscilla Lane (Ann Lemp), Rosemary Lane (Kay Lemp), Claude Rains (Adam Lemp), John Garfield (Mickey Borden), May Robson (Tante Etta), Lola Lane **L** 90 **E** 3.6.1963 ARD

VATER EINES SOLDATEN (OTJEZ SOLDATA). Ein Weinbauer verläßt sein Dorf in Georgien, um seinen nahe der Front im Lazarett liegenden Sohn zu besuchen. Dabei erlebt er Rückzug und Vormarsch der Sowjet-Armee im Zweiten Weltkrieg. Mit konventionellen Mitteln gestalteter, darstellerisch eindringlicher Film von humanitärer Gesinnung. (DDR-Titel: »Der Vater des Soldaten«) – Ab 16. ✦ Schwarz-weiß. UdSSR 1964 **P** Grusiafilm **Kl** Pegasus **R** Reso Tscheidse **B** Suliko Shgenti **K** Ljew Suchow, Artschil Filipaschwili **M** Sulchan Zinzadse **D** Sergo Sakariadse, W. Priwalzew, A. Nasarow, Alexander Lebedew **L** 89 **FSK** ab 16; f **E** 5.11.1965 Kino DDR/25.3. 1966 Kino BRD/23.2.1968 DFF 1 **fd** 13 954

VATER GESUCHT (HLEDA SE TATA). Auf der Suche nach dem Vater eines Kindes entpuppt sich der neue Kraftfahrer eines Säuglingsheims als Meisterdetektiv, der am Ende seiner Ermittlungen vom ungeahnten Ergebnis selbst überrascht ist. Gefällige Unterhaltung mit einigen netten Einfällen, aber ohne besondere Ansprüche. – Ab 14. ✦ Schwarz-weiß. CSSR 1961 **P** Filmstudio Barrandov **Kl** Progress **R** Frantisek Daniel **B** Bohumíla Peychlová, Frantisek Daniel **K** Alois Jirácek **M** Wiliam Bukovy **D** Vladimír Mensík (Standa Hurych), Gabriela Vránová (Magda), Felix le Breux (der Arzt), Josef Kemr (Houdek), Marcela Martinková (Eva) **L** 86 **E** 29.6.1962 Kino DDR/ 31.5.1963 DFF 1

VATER GIBT NICHT AUF (HARRIS DOWN UNDER). Konventionelles (Fernseh-)Melodram. Ein amerikanischer Rancher kehrt nach langer Trennung zu seiner Frau zurück, die in Australien eine Pferdezucht betreibt und vor dem Ruin steht. Als sie von Pferdedieben getötet wird, macht er sich auf die Suche nach den Mördern. ✦ USA/Australien 1987 **R** Russ Mayberry **D** Lee Majors (Reed Harris), Rebecca Gilling (Sharon McDowell-Harris), Martin Vaughan (Ginger McDowall), William Wallace (Brian Harris), Bruce Hughes (Danny Harris) **L** 98 **E** 29.5.1992 ARD

EIN VATER IM ALLEINGANG. Nachdem seine Tochter mit einem unbekannten Giftgas kontaminiert und in ein künstliches Koma versetzt wurde, stellt der Vater, ein Sportreporter, eigene Recherchen an, um eine Probe des Gases zu besorgen, damit ein Gegenmittel entwickelt werden kann. Die Spur führt nach Marokko, doch eine mächtige Organisation versucht, die Bemühungen des Vaters zu unterbinden. Kriminalkolportage, die ein vermeintlich heikles Thema zum Zweck sich selbst reproduzierender Fernsehunterhaltung ausschlachtet. ✦ Deutschland 1999 **P** Calypso Film (für SAT 1) **Pd** Werner Possardt **R** Diethard Küster **B** Zsolt Bács, Frank Isenthal **K** Theo Angell **M** Toni Nissl **S** Dana Beauvais (= Daniela Beauvais) **D** Mark Keller (Philipp Kolberg), Isabella Parkinson (Isabell), Ulrich Faulhaber (Prof. Maybach), Marie-Lou Sellem (Cora Ohlkamp), Ramin Yazdani (Abu Farrat), Jennifer Ostermann **L** 97 **E** 14.9.1999 SAT 1

VATER IST NICHT VERHEIRATET (THE COURTSHIP OF EDDIE'S FATHER). Ein Junge führt seinem verwitweten Vater mit Geschick die richtige Frau zu. Kurzweiliger Familienfilm, gemischt aus Heiterkeit, Rührung, altklugem Kindergerede und genreüblichen Unwahrscheinlichkeiten. – Ab 10. ✦ Scope. USA 1961 **P** Euterpe/Venice **Kl** MGM **R** Vincente Minnelli **B** John Gay, nach einem Roman von Mark Toby **K** Milton Krasner **M** George Stoll **D** Glenn Ford (Tom Corbett), Shirley Jones (Elizabeth Marten), Stella Stevens (Dollye Daly), Ron Howard, Dina Merrill (Rita Behrens), Roberta Sherwood **L** 118 **FSK** ab 6; nf **E** 2.8.1963/17.11.1973 ZDF **fd** 12 138

EIN VATER KOMMT SELTEN ALLEIN (UN PERE ET PASSE). Ein elfjähriges Mädchen lädt drei frühere Liebhaber ihrer abwesenden Mutter ein, um herauszubekommen, wer ihr Vater ist. In die dadurch ausgelösten Verwicklungen werden auch ein Hausfreund und der Arbeitgeber der Mutter einbezogen. Eine leichte Komödie mit überkonstruierter Handlung; gute Darsteller machen jedoch einiges wett. – Ab 16. ✦ Frankreich 1987 **P** Ca Films/Les Films Antenne 2/SGGC **Pd** Jean-Bernard Fetoux **R** Sébastien Grall **B** Alex Varoux, Sébastien Grall, Patrick Braoudé **K** Manuel Teran **M** Pierre Papadiamandis **S** Jacques Comets **D** Véronique Genest (Marianne), Pénélope Schellenberg (Camille), Eddy Mitchell (Nikos), Guy Marchand (Jacques), Christian Charmetant (Cyril) **L** 83 **E** 29.9.1991 premiere/8.6.1992 ZDF

VATER KONDELIK UND BRÄUTIGAM VEJVARA (OTEC KONDELIC A ZENICH VEJVARA). Die 18jährige Tochter eines Malermeisters hat sich beim Tanzstundenball in einen Angestellten ihres Vaters verliebt. Der will eine gemeinsame Wanderung zur Burg Karlstein nutzen, um die Sympathie seines zukünftigen Schwiegervaters zu gewinnen. Doch seine Vermieterin würde lieber ihre Tochter an seiner Seite sehen. ✦ Schwarz-weiß. CSR 1937 **P** Koruna **R** Miroslav J. Krhansky **B** Karel Melisek, Miroslav J. Krhansky, nach dem gleichnamigen Roman von Ignát Herrmann **K** Karel Degl **M** Josef Dobes, A. Radlice **D** Theodor Pistek, Antonie Nedosinská, Eva Gérová, Jirí Dohnal, Sasa Rasilov **L** 100 **E** 18.7.1985 DFF 2

VATER KRATZT DIE KURVE (DROP-OUT FATHER). Weitgehend unterhaltsame (Fernseh-)Komödie, die nach vielversprechendem Beginn aber allzu schnell abbaut. Weil der Kreativ-Direktor einer Werbefirma seine bürgerliche Existenz satt hat, gibt er Beruf und Familienleben auf und zieht mit seiner jüngsten Tochter ins New Yorker Künstlerviertel SoHo. – Ab 16. ✦ USA 1982 **P** CBS **Pd** Bob Shanks, Ann Shanks **R** Don Taylor **B** Bob Shanks **K** Gerald Perry Finnerman **M** Peter Matz **D** Dick van Dyke (Ed McCall), Mariette Hartley (Katherine McCall), George Coe, William Daniels, Monte Markham **L** 91 **E** 10.9.1992 Tele 5

VATER, LIEBER VATER (VATER, LIEBER VATER). Im idyllischen Eigenheim am Bodensee mißbraucht ein unbescholtener Bürger fortgesetzt seine Tochter. Die

Frau, schwach und übertrieben harmoniebedürftig, übersieht die offensichtlichen Zeichen und unterläßt es, ihrem Kind zu helfen. Als die Tochter ausbricht und ihren italienischen Freund heiraten will, eskalieren die Ereignisse. Das blutige Finale stellt aber nicht die einzige Schwäche des Films dar: Weil die Figuren nirgends über Rollenstereotypen hinaus gediehen sind, werden die Abgründe unter einer solchen Familienkonstellation nie wirklich sichtbar. ✦ Schweiz 1994 **P** CARAC **R** Leopold Huber **B** Leopold Huber, Hansjörg Schneider, Milan Dor, nach dem Roman »Zug nach Süden« von Leopold Huber **K** Christian Reitz **M** Peter von Siebenthal, Christian Brantschen **D** Dagny Gioulami (Elsbeth), Laszlo Imre Kish (Vater), Astrid Keller (Mutter), Michel Adatte (Valentino), Hilde Ziegler, Marie-Thérèse Maeder **L** 90 **E** Schweiz

VATER MACHT KARRIERE (VATER MACHT KARRIERE). Ein Schneidermeister wird ahnungslos und unfreiwillig Ministerpräsident eines kuriosen Kleinstaats – aber nur bis zu seiner verunglückten Antrittsrede vor den Abgeordneten. Primitiver Blödelschwank, der versucht, die parlamentarische Demokratie zu karikieren. – Ab 16. ✦ Schwarz-weiß. BR Deutschland/Österreich 1956 **P** Süddeutsche/Bergland **Kl** Kopp **R** Carl Boese **B** Karl Farkas, Franz M. Schilder **K** Georg Krause **M** Herbert Jarczyk **S** Eva Kroll **D** Theo Lingen (Titus Hasenklein), Lucie Englisch (Emma), Brigitte Rau (Margot Hasenklein), Joachim Fuchsberger (Harry Greif), Frank Holms (Alex von Schendell) **L** 87 **FSK** ab 12; nf **E** 26.2.1957 **fd** 5 631

EIN VATER MIT FEHLERN. Kinderfilm. Die temperamentvolle 12jährige Alice und ihr Klassenkamerad Mick, ein wortkarger Aborigines-Junge, begegnen sich eines Tages an unvermuteter Stelle: mitten in der unwegsamen Wüste Nordaustraliens, fernab ihrer Heimatstadt Darwin. Beide sind von zu Hause ausgerissen, Mick wegen der Schule, Alice wegen ihres Vaters. Als sie erkennen, daß sie sich hoffnungslos verlaufen haben, setzen sie ihren Weg gemeinsam fort. – Ab 10. ✦ Australien 1988 **R** Jackie McKimmie **B** Michael Aitkens, Jackie McKimmie, nach einer Vorlage von Ingo Langner **D** Bennendine Woods (Alice), Donald Dale (Mick), Madeleine Blackwell (Sue), John Jarratt (Jack) **L** 100 **E** 7.1.1994 ARD

VATER MIT KLEINEN FEHLERN →Der Kidnapper (1993)

VATER MUTTER MÖRDERKIND. Kurz vor der Wiedervereinigung Deutschlands wird ein ehemaliger westdeutscher Terrorist verhaftet, der mit Unterstützung der Stasi in der DDR untergetaucht war. Seine Frau und der 13jährige Adoptivsohn ahnten nichts von seiner Vergangenheit. Der Junge ist bald hin- und hergerissen zwischen der Solidarität mit seiner Mutter und dem Bedürfnis, seinen bewunderten Stiefvater zu befreien. Ein fiktives Schicksal aus dem Blickwinkel eines Teenagers betrachtet, das die Widersprüche der noch im Übergang befindlichen deutsch-deutschen Vereinigung thematisiert. – Ab 16. ✦ Deutschland 1992 **P** Neue Filmproduktion tv **R** Heiner Carow **B** Ulrich Plenzdorf **K** Martin Schlesinger **M** Stefan Carow **D** Sebastian Reznicek (Karl), Franziska Troegner (Uschi), Klaus J. Behrendt (Julius), Werner Eichhorn (Überlaut), Alexander Radszun (Schuster) **L** 94 **E** 1.2.1993 ZDF

VATER, MUTTER UND NEUN KINDER. Der vermeintliche Seitensprung eines Bäckermeisters bringt Turbulenzen in das ansonsten harmonische Familienleben und trübt die Vorfreude auf die nahende Silberhochzeit. Volkstümliche Famlienunterhaltung, in der Darstellung des heiteren Familienalltags gefühlvoll inszeniert, nur mäßig witzig. Heinz Erhardt setzt einige komödiantisch reizvolle Akzente. – Ab 14 möglich. ✦ Schwarz-weiß. BR Deutschland 1958 **P** DFH **Kl** DFH **R** Erich Engels **B** Erich Engels, Wolf Neumeister **K** Albert Benitz **M** Heino Gaze **S** Martha Dübber **D** Heinz Erhardt (Friedrich Schiller), Camilla Spira (Martha Schiller), Monika Ahrens (Lene), Corny Collins (Thea), Erik Schumann, Renate Küster (Regine), Ernst Reinhold (Karl) **L** 95 **FSK** ab 12; nf **E** 19.12.1958/16.3.1969 ZDF **fd** 7 672

VATER NACH MASS (MOJ TATA NA ODREDENDO VREME). Ein 14jähriger Junge, der bei seiner Mutter lebt, sucht für sie einen Ehepartner und für sich einen Vater. Nach etlichen Verwicklungen und Verwirrungen bringt er schließlich seinen Kandidaten durch. Komödie, die heiter-kritisch Alltagsprobleme vorstellt. – Ab 8. ✦ Scope. Jugoslawien 1982 **P** Avala/Croatia **Kl** Progress **R** Milan Jelic **B** Predrag Perisic **K** Dorde Nikolic **M** Vojislav Kostic **D** Ljubisa Samardzic, Milena Dravic, Boris Dvornik, Bata Zivojinovic (= Velimir Bata Zivojinovic), Nikola Kojo **L** 88 **E** 19.10.1984 Kino DDR/27.8.1987 DFF 1

VATER NICHT ERWÜNSCHT (GOGGLE EYES). Turbulente Familien-Komödie. Eine Frau, die seit ihrer Scheidung allein mit ihren zwei Töchtern lebt und sich dem Umweltschutz gewidmet hat, verliebt sich trotz aller Vorsätze in einen Mann, was den Kindern gar nicht behagt. Mit allen Mitteln versuchen sie, die Beziehung zu untergraben. – Ab 14. ✦ Großbritannien 1993 **R** Carol Wiseman **B** Deborah Moggach, nach einem Roman von Anne Fine **D** Honeysuckle Weeks (Kitty), Alun Armstrong (Gerald), Lesley Manville (Rosie), Victoria Shalet (Jude), Thora Hird (Mrs. Harrington) **L** 96 **E** 22.11.1998 Super RTL

VATER SEIN – DAGEGEN SEHR (1937) (LE MIOCHE). Ein Pariser Junglehrer, der ein Findelkind aufziehen will und es mitnimmt, als er seine erste Stelle in einem Mädchenpensionat antritt, löst dadurch allerlei Turbulenzen aus, bis er für seine Gutmütigkeit belohnt wird. Gefällige Komödie. ✦ Schwarz-weiß. Frankreich 1937 **P** Aguiar/Gray **R** Léonide Moguy **B** Jean Gitonuit **K** Philippe Agostini, Michel Kelber, Louis Page **D** Lucien Baroux, Gabrielle Dorziat, Madeleine Robinson, Pauline Carton, Jean Périer **L** 92 **E** August 1946

VATER SEIN DAGEGEN SEHR (1957). Ein Schriftsteller mit Quartier im Wehrturm einer fränkischen Kleinstadt entscheidet sich zunächst gegen seine Verlobte, weil er die beiden Kinder seiner verstorbenen Schwester bei sich behalten will. Sentimentale Unterhaltung, ganz zugeschnitten auf den Hauptdarsteller Heinz Rühmann, der dem oberflächlichen Stoff etwas Profil gibt. – Ab 10. ✦ BR Deutschland 1957 **P** Berolina **Kl** DFH **VA** Taurus **R** Kurt Meisel **B** Hans Jacoby, nach dem gleichnamigen Roman von Horst Biernath **K** Kurt Hasse **M** Michael Jary **S** Wolfgang Wehrum **D** Heinz Rühmann (Lutz Ventura), Marianne Koch (Margot Sonnemann), Hans Leibelt (Pfarrer Miessbach), Maren-Inken Bielenberg (Traudl), Rolf Pinegger (Rudi), Paul Esser (Friedrich Roeckel), Agnes Windeck (Fürsorgerin), Edith Schollwer (Ottilie Roeckel) **L** 95 **FSK** ab 6; f **E** 1957 Kino/19.9.1970 ZDF/19.6.1988 DFF 2 **fd** 6 232

... VATER SEIN DAGEGEN SEHR (1979) (JAG ÄR MED BARN). Die »Beethoven-Atmung« – dreimal kurz und einmal lang – sowie das fachgerechte Windeln beschäftigen einen werdenden Vater. Humorvoll zeigt Regisseur Lasse Hallström, wie sich ein junger Mann auf das bevorstehende Ereignis vorbereitet. ✦ Schweden 1979 **P** Svensk **R+B** Lasse Hallström **K** Roland Lundin **M** Bengt Palmers **D** Magnus Härenstam, Anki Lidén, Micha Gabay, Lis Nilheim, Gösta Engström **L** 90 **E** 17.12.1985 DFF 1

VATER SEINER STROLCHE →Das sind Kerle

VATER SERGEJ (OTEZ SERGIJ). Die Geschichte des Fürsten Stepan Kassatzki, eines Günstlings Zar Nikolaus I., der wegen einer Liebesenttäuschung seinen Dienst quittiert und in ein Kloster geht. Doch auch als Mönch und später als wundertätiger Einsiedler findet er nicht die innere Ruhe und den ersehnten Frieden und beschließt, sich der Krankenpflege in Sibirien zu widmen. Traditionelle Literaturverfilmung, die das Innenleben eines gequälten Menschen veranschaulichen will. Gut gespielt und in prächtigen Dekors in Szene gesetzt, gleitet der Film, entgegen seinen Intentionen, mitunter ins Melodramatische. – Ab 16. ✦ UdSSR 1978 **P** Mosfilm **Kl** Progress **R** Igor Talankin **B** Igor Talankin, nach einer Erzählung von Leo Tolstoi **K** Georgi Rerberg **M** Alfred Schnittke **D** Sergej Bondartschuk (Vater Sergej), Valentina Titowa (Mary Korotkowa), Wladislaw Strzelczyk (Nikolaus I.), Nikolai Grizenko (General), Boris Iwanow (Abt) **L** 98 **E** 2.11.1979 Kino DDR/4.1./19.7. 1981 DFF 2 (zwei Teile)

EIN VATER SIEHT ROT. Nach der Vergewaltigung ihres zehnjährigen Sohnes bricht die heile Welt einer Mittelstandsfamilie auseinander. Während die Eltern mit Entsetzen und Ohnmacht reagieren, zieht sich das Kind immer mehr zurück. Der Täter kann zwar ermittelt werden, doch als er nur zu einer Bewährungsstrafe verurteilt wird, schwört der Vater Rache. Der Wunsch nach Sühne treibt ihn beruflich in den Ruin und entzweit die Familie vollends. Einmal mehr Kindesmissbrauch als Primetime-Fernseh-Unterhaltung; gut besetzt, doch nicht frei von reißerischen Elementen. ✦ Deutschland 1997 **P** SAT 1 **Pd** Christoph Benkelmann **R** Lothar Bellag **B** Akiko Hitomi **K** Henning Zick **M** Norbert Jürgen Schneider **S** Elke Niemietzek-Garmincke (= Elke Niemietzek) **D** Ulrich Tukur (Matthias Heller), Nina Hoger (Dagmar Heller), Dietmar Bär (Jens Kettner), David Schelle (Leo Heller), Astrid Meyer-Gossler (Oma Grefe) **L** 94 **E** 7.10. 1997 SAT 1

VATER, SOHN UND HEILIGER KRIEG (PITRA, PUTRA AUR DHARAMYUDDHA). Ein ambitionierter Dokumentarfilm, der aus einer Fülle von Eigen- und Fremdmaterial eine ebenso verstörende wie provokative Auseinandersetzung mit der Bedeutung von Gewalt in Indien seit seiner Unabhängigkeit wagt. Szenen von Massenveranstalten, despotischen Rednern und fanatisierten Zuhörern, Bilder von erschütternden Ausschreitungen zwischen Hindus und Moslems, die sich Straßenschlachten liefern, verbinden sich mit Interviews und Aussagen zu einer Art »Theorie der Gewalt«. (O.m.d.U.; der Film besteht aus den zwei gleich langen Teilen »Trial by Fire« und »Hero Pharmacy«.) ✦ Indien 1994 **P** Patwardhan Prod. **SF** Freunde der Deutschen Kinemathek **Pd+R+B+K** Anand Patwardhan **M** Vinay Mahajan, Nav Nirman **S** Anand Patwardhan **L** 120 **E** 1995 Kino

VATER – TAGEBUCH EINES GLAUBENS →Vater

VÄTER UND GROSSVÄTER →Eine Frau für den Großvater

DER VATER UND SEIN SOHN (FU ZI QING / FATHER AND SON). Weil der Vater im Büro wegen fehlender Fremdsprachenkenntnisse keine Aufstiegsmöglichkeiten hat, versucht er alles, um seinem Sohn eine vernünftige Ausbildung zu bieten. Dieser jedoch interessiert sich mehr fürs Kino und gibt sein ganzes Geld dafür aus. Autobiografisch gefärbtes Debüt eines ehemaligen Fernsehregisseurs. Der frühe Film der »neuen Welle« in Hongkong besticht durch die Sanftheit und Nachsicht seiner Inszenierung, ohne dabei in Schönfärberei zu verfallen, etwa in bezug auf die Lebens- und Arbeitswirklichkeit der Kronkolonie. ✦ Hongkong 1981 **P** Feng Huang Motion Picture **R** Allen Fong (= Fang Yuping) **B** Chan Chui, Cheung Kin-Ting, Lee Bik-Wa **K** Huang Shan (= Patrick Wong) **M** Yu Lun, Violet Lam **S** Sammy Chow **D** Shi Lei (Luo), Zhou Hong (Frau Luo), Lu Yu-Tian (Luo Xia-Jing als Kind), Zheng Yu-Ke (Luo Jia-Xing als Jugendlicher), Rong Hui-Wen (Tai) **L** 95 **E** 7.6.1982 ARD **fd** 23 491

VATER UND SEINE VIER (FAR TIL FIRE). Alltagsbilder aus der Welt eines dänischen Bürgers. Erzählt werden keine »handfesten« Geschichten, vielmehr gruppieren sich die Szenen um den redlichen Kassierer mit seinen vier Kindern zu einem behäbigen Familienbild. Ein Film der kleinen, unaufwendigen Form, sympathisch durch seine schlichte Heiterkeit, seinen Optimismus sowie die liebenswert eingefangene Kleinstadtstimmung. – Ab 10. ✦ Schwarzweiß. Dänemark 1953 **P** ASA **Kl** Goldeck **R** Alice O'Fredericks **B** Lis Byrdal, nach Engholm und Hast **K** Rudolf Frederiksen **M** Sven Gyldmark **D** Birgitte

Bruun, Ole Neumann, Ib Schonberg, Rudi Hansen, Otto Moller Jensen **L** 89 **FSK** ab 6; nf **E** 21.8.1959 **fd** 7 956

VATER UND SOHN (1979) (OTEZ I SYN). Ein ganzes Dorf zieht mit Hütten und Vieh auf einem riesigen Floß flußabwärts in die Taiga und gerät mit einem reichen Kulaken in Widerstreit. ✦ UdSSR 1979 **P** Mosfilm **R** Wladimir Krasnopolski, Valeri Uskow **B** Alexander Iwanow, Wladimir Krasnopolski, Valeri Uskow, nach einem Roman von Georgi Markow **K** Pjotr Jemeljanow, Wladimir Minajew **M** Leonid Afanasjew **D** Sergej Martynow (Wedernikow), Wadim Spiridonow (Bastrykow), Ljudmila Chitjajewa (Ustinja), Andrej Smoljakow (Alexej), Iwan Lapikow (Großvater Matwej) **L** 178 **E** 7.,14.9.1980 DFF 2 (zwei Teile)

VATER UND SOHN (1982/83). Der Dokumentarfilmregisseur Thomas Mitscherlich setzt sich mit seinem Vater, dem 1982 verstorbenen Psychoanalytiker Alexander Mitscherlich, auseinander. Über die Darstellung der Vater-Sohn-Problematik hinaus ein Versuch zur Auseinandersetzung mit der gesellschaftlichen Entwicklung der Bundesrepublik Deutschland. Eine nicht immer taktvoll, manchmal auch aggressiv wirkende, in der Summe aber ernsthafte und von großer Zuneigung geprägte Auseinandersetzung, die Spielszenen, experimentelle und konventionelle Dokumentarszenen mischt. – Ab 16. ✦ Teils schwarzweiß. BR Deutschland 1982/83 **P** Xenon/ZDF **SF** Barfuß **Pd** Hans-Christian Hess **R+B** Thomas Mitscherlich **K** Michael Busse, Thomas Mauch **M** Igor Strawinsky, Claude Debussy **S** Stefanie Möbius **D** Gert Heinz (Der Vater), Alexander Mitscherlich, Thomas Mitscherlich, Dan Hussmann (Der Sohn), Wilfried Grimpe (Der Lehrer), Helke Sander (Eine Frau) **L** 85 **FSK** ab 6; f **FBW** w **E** 17.5.1984/23.5.1984 ZDF

VÄTER UND SÖHNE (1956) (PADRI E FIGLI). Meisterhaft gestaltete Alltagskomödie: In locker aufgereihten Episoden aus fünf Personenkreisen – viermal das Vater-Sohn-Thema in zwei sich verflechtenden Handlungsabläufen variierend – präsentieren sich Freuden und Nöte mit großen und kleinen Kindern, vom geplagten kinderreichen Zoo-Giraffenwärter bis zum elegant windigen Schneidermeister. Ein kunstvoll inszeniertes Geflecht aus wirklichkeitsnahen Situationen, die mit Klugheit, List und Vernunft ausgestanden werden. – Sehenswert ab 12. ✦ Schwarzweiß. Italien 1956 **P** Royal/Lyrica **Kl** Bavaria **R** Mario Monicelli **B** Furio Scarpelli, Age (= Agenore Incorocci), Luigi Emmanuele, Mario Monicelli, Leo Benvenuti **K** Leonida Barboni **M** Alessandro Cicognini **D** Vittorio de Sica (Vincenzo Corallo), Marcello Mastroianni (Cesare Marchetti), Antonella Lualdi (Giulia Blasi), Marisa Merlini (Ines Santarelli), Franco Interlenghi (Guido Blasi) **L** 97 **FSK** ab 12; nf **FBW** bw **E** 29.5.1958/7.2.1958 Kino DDR/18.5.1964 ZDF **fd** 6 710

VÄTER UND SÖHNE (1977). Weitgehend oberflächliche Inszenierung des Turgenjew-Romans über zwei junge »Nihilisten« im Russland des Jahres 1859, dessen Darstellung des Generationenkonflikts bis heute wenig an Aktualität eingebüßt hat. ✦ BR Deutschland 1977 **R** Claus Peter Witt **B** Manfred Bieler, nach dem gleichnamigen Roman von Iwan Turgenjew **D** Dieter Laser (Basarow), Sigmar Solbach (Arkadi), Paul Edwin Roth (Nikolai), Karl Michael Vogler (Pawel), Christine Wodetzky (Odinzowa), Sabina Trooger (Katja) **L** 104 **E** 26.3.1978 ARD

VATER UNSER (PADRE NUESTRO). Mit Erlaubnis des Papstes kehrt ein todkranker spanischer Kardinal in seine Heimat Kastilien zurück, wo er vor seinem Tod seine Angelegenheiten ordnen und für manche »Missetat« Vergebung finden will. Er bemüht sich um Klärung mit seiner Familie, seiner früheren Geliebten, seiner als Prostituierte lebenden unehelichen Tochter sowie einer Enkelin, provoziert jedoch nur Unruhe und Komplikationen. Eine schwarze Komödie in der antiklerikalen, kritischen Tradition Luis Buñuels, die dessen formales und geistiges Niveau trotz vorzüglicher Darsteller nie erreicht und viel Gerede, aber wenig Essenz produziert. ✦ Spanien 1984 **P** Classic Film **R** Francisco Regueiro **B** Francisco Regueiro, Angel Fernández Santos **K** Juan Amorós **S** Pedro del Rey **D** Fernando Rey, Francisco Rabal, Victoria Abril, Emma Penella, Amelia de la Torre, Lina Canalejas **L** 102 **E** 9.12.1987 West 3

VATER, UNSER BESTES STÜCK. Ein Pädagogikprofessor und seine verständnisvolle Frau versuchen, mit den Problemen ihrer vier heranwachsenden Kinder fertig zu werden. Ihr Konzept des Vertrauens bewährt sich bei turbulenten Zwischenfällen während einer Italienreise. Uneinheitlich und sprunghaft inszenierte Komödie, sympathisch vor allem durch die Spielfreude der Darsteller, die den Figuren und den Konflikten Konturen verleihen. – Ab 12. ✦ Schwarzweiß. BR Deutschland 1957 **P** Bavaria **Kl** Transit/Murnau-Stiftung (Erstverleih Schorcht) **Pd** Franz Wagner (Ltg.) **R** Günther Lüders **B** Eberhard Keindorff, Johanna Sibelius, nach einem Roman von Hans Nicklisch **K** Bruno Stephan **M** Ulrich Sommerlatte **S** Adolph Schlyßleder **D** Ewald Balser (Wilhelm Keller), Adelheid Seeck (Friedel, seine Frau), Piet Clausen (Andreas), Christian Doermer (Friedrich), Heidi Brühl (Bixi), Roland Kaiser (Thomas), Peter Weck (Franz Fuchs) **L** 94 **FSK** ab 12; nf **FBW** w **E** 18.7. 1957/10.8.1963 ZDF **fd** 6 043

EIN VATER UNTER VERDACHT → Familienmord – Ein Vater unter Verdacht

VATER UNTER VERDACHT (TESTIMONY OF A CHILD). Drama um einen Vater, der verdächtigt wird, seine beiden Kinder sexuell mißbraucht zu haben. Die Eltern verlieren daraufhin das Sorgerecht. Trotz der sich mehrenden Indizien gegen den Vater hält seine Frau zunächst zu ihm. ✦ Großbritannien 1989 **R** Peter Smith **B** Lucy Gannon **K** Remi Adefarasin **D** Jill Baker (Jill Taylor), John Bowe (Paul Taylor), Jonathan Leigh (Mark Taylor), Victoria Shalet (Rosie Taylor), Jeff Rawle (Chris Draper) **L** 63 **E** 28.2.1997 arte

VATER WERDEN ... (MUSHIKI). Ein Bergmann, der seine Braut wegen vermeintlicher Untreue verlassen hat, bekennt sich – schweren Herzens – nach deren Tod zu seiner halbwüchsigen Tochter und nimmt diese samt ihren zwei »Brüdern« mit in den Norden. Ein mit moralischen Problemen und Ansprüchen angereicherter Film, der empfehlenswerte Unterhaltung bietet. (TV-Titel DDR: »Männer«) – Ab 10. ✦ UdSSR 1981 **P** Mosfilm **Kl** Progress **R** Iskra Babitsch **B** Iskra Babitsch, Valentin Michailow **K** Sergej Saizew **M** Wladimir Komarow **D** Pjotr Glebow (Vater), Vera Alchowskaja (Mutter), Alexander Michailow (Pawel), Irina Iwanowa (Polina), Michail Busyljow-Krezo (Stjopa) **L** 95 **E** 24.9.1982 Kino DDR/17.2.1983 DFF 2

VATER WERDEN IST DOCH SCHWER (LES CIGOGNES N'EN FONT QU' A LEUR TETE). Ein Ehepaar mit erwachsener Tochter (aus der ersten Ehe der Frau) wünscht sich ein zweites Kind. Da dies jedoch laut Hausarzt nicht mehr möglich ist, wird mit allen möglichen Mitteln versucht, ein Kind zu adoptieren, was zu etlichen Komplikationen führt. Dramatische Komödie mit interessanten thematischen Ansätzen, die letztlich aber nur oberflächlich unterhält, da sie sich in den Untiefen des Genres verliert. – Ab 16. ✦ Frankreich 1988 **P** Hugo Films/Labbe Films/AAA/TF 1 **R+B** Didier Kaminka **K** Martial Thury **S** Pierre Gillette **D** Marlène Jobert (Marie), Patrick Chesnais (Jérémie), Claude Rich (Sam), Virginia Demians (Valerie), Zabou (Helene Parnet), Ariane Lorent (Joanna), Roland Giraud (Michel Anselme) **L** 82 **E** 6.6.1997 Vox

VATER WERDEN IST NICHT SCHWER (ROOM FOR ONE MORE / THE EASY WAY). Die Geschichte eines kinderlieben Ehepaares aus dem amerikanischen Mittelstand, das neben drei eigenen Kindern noch zwei schwer erziehbare Waisen adoptiert. Attraktive Mischung aus warmherziger Komödie und besinnlichem Drama, mit viel Gespür für menschliche Zwischentöne inszeniert. – Ab 12. ✦ Schwarz-weiß. USA 1952 **P** Warner Bros. **Kl** Warner **Pd** Henry Blanke **R** Norman Taurog **B** Jack Rose, Melville Shavelson, nach dem Roman von Anna Perrott Rose **K** Robert Burks **M** Max Steiner **S** Alan Crosland jr. **D** Cary Grant (»Poppy« Rose), Betsy Drake (Anna Rose), Lurene Tuttle (Miss Kenyon), Randy Stuart (Mrs. Foreman), Iris Mann (Jane), John Ridgely (Harry Foreman), Irving Bacon (Bürgermeister) **L** 92 **FSK** ab 6; f **E** 26.6.1953 **fd** 2 608

VATER WIDER WILLEN (19??). Serbien zu Beginn des 20. Jahrhunderts: Ein junger Lyriker, der seine Feder zu sehr gegen die k.u.k. Monarchie gespitzt hat, muß für einige Zeit untertauchen. Ein Freund versteckt ihn unter falschem Namen im elterlichen Gutsherrenhaus, wo bereits eine glühende Verehrerin auf den Dichter wartet. Doch der fälschlich angenommene Name bringt den jungen Dichter in viele Schwierigkeiten. ✦ **R** Soja Jovanovic **B** , nach einem Roman von Branislav Nusic **D** Dragolub Guta Dobricanin, Ana Krasojevic, Ljuba Tadic, Mihajlo Paskaljevic **L** 69 **E** 24.9.1976 DFF

VATER WIDER WILLEN (1956) (QUATRE PAS DANS LES NUAGES / SOUS LE CIEL DE PROVENCE / ERA DI VENERDI 17). Ein Handelsvertreter, dessen Frau von erlesener Eifersucht ist, trifft während einer Reise ein Bauernmädchen, das von einem Verführer ein Kind erwartet und sich nicht mehr nach Hause traut. Vorübergehend fungiert er als Ehemann, um die Eltern der jungen Frau zu besänftigen. Als diese sich als liebenswerte Menschen herausstellen, denkt er an seine Ehehölle zurück und möchte seine neue Rolle gar nicht abgeben. Schließlich aber führt er eine allgemeine Versöhnung herbei und kehrt zu seiner Frau zurück. Sympathisch erzählte Komödie, liebevoll und warmherzig, geprägt vom gutaufgelegten Hauptdarsteller. (Erstverfilmung: »Lüge einer Sommernacht«) – Ab 16. ✦ Frankreich/Italien 1956 **P** Cité/Giuseppe Amato (für Columbia) **Kl** Columbia **Pd** Giuseppe Amato **R** Mario Soldati **B** Cesare Zavattini, Piero Tellini, Aldo de Benedetti **K** Nicolas Hayer **M** Paul Misraki **S** Jacqueline Bredillon **D** Fernandel (Paul Verdier), Andrex (Frédéric), Alberto Sordi (Mario), Tina Pica (Tante Camilla), Giulia Rubini (Maria), Leda Gloria (Lucia, Marias Mutter) **L** 99 **FSK** ab 16; f **E** 26.4.1957 **fd** 5 847

VATER WIDER WILLEN (1971) (CONGRATULATIONS, IT'S A BOY). Ein lebenslustiger Junggeselle findet eines Tages einen 16jährigen Burschen in seiner Wohnung, der behauptet, sein Sohn zu sein. Nachforschungen des plötzlich zum Vater Ernannten bestätigen den Sachverhalt. Damit beginnen für den leichtlebigen Junggesellen Schwierigkeiten. Konfektionsmäßig gefertigter (Fernseh-)Film von genreüblicher Unterhaltsamkeit. – Ab 16. ✦ USA 1971 **P** Aaron Spelling **R** William A. Graham **B** Stanley Z. Cherry **K** Arch R. Dalzell **M** Basil Poledouris, Richard Baskin **D** Bill Bixby, Diane Baker, Darrell Larson, Jack Albertson, Ann Sothern **L** 73 **E** 3.9.1976 ARD

VATER WIDER WILLEN (2000) (A FATHER'S CHOICE). Ein Cowboy, der von einem Comeback als Rodeoreiter träumt, muss die Verantwortung für seine beiden halbwüchsigen Töchter übernehmen, als seine Ex-Frau ermordet wird. Nicht nur der Vater tut sich mit der neuen Aufgabe schwer, auch die Mädchen, ausgesprochene Stadtkinder, müssen sich erst an das schlichte Landleben gewöhnen. Gefühlvolle Unterhaltung über das Zusammenwachsen einer Familie, die seltsamer Weise den Tod der Mutter und das damit verbundene Verbrechen weitgehend unbehandelt lässt. ✦ USA 2000 **P** Bernard Sofronski Prod./Nasser Entertainment **Pd** Eda Lishman, Jack Nasser, Joseph Nasser, Bernard Sofronski **R** Christopher Cain **B** Richard Leder **K** William Wages **M** Steve Dorff **S** Michael Brown **D** Peter Strauss (Charlie »Mac« McClain), Mary McDonnell (Susan Shaw), Michelle Trachtenberg (Kelly McClain), Yvonne Zima (Chris McClain), Susan Hogan (Gayle Miller) **L** 89 **E** 1.2.2001 Premiere World

VATER WIDER WILLEN 1.–3. TEIL. Dreiteilige Komödie. Turbulenzen im Hause einer Paläontologin mit drei Töchtern, einer erwachsenen und zwei minderjährigen. Für die Zeit einer Expeditionsreise der Mutter, soll der Ex-Mann und Vater der Kinder sich um sie kümmern. Die neuen Pflichten lassen das Privatleben des Stardirigenten nicht unbeeinträchtigt. – Ab 14. ✦ Deutschland 1995 **R** Peter F. Bringmann **B** Herbert Lichtenfeld **K** Frank Brühne **M** Norbert Jürgen Schneider **D** Christian Quadflieg (Max Oldendorf), Suzanne von Borsody (Ingrid Bach), Ulrike Panse (Beatrice), Silvie Gerold (Marlene), Anna Schmidt (Gitti) **L** 84/89/85 **E** 27./28./29.12. 1995 ARD (drei Teile)

VATER, WIR WOLLEN HEIRATEN (RAGAZZE D'OGGI). Belanglos-heitere Komödie um die Töchter eines verwitweten Handelsreisenden, die ihre Tante möglichst vermögend verheiraten will. Die Suche nach den passenden Ehemännern gestaltet sich indes recht wechselvoll. Eine sentimentale, kleine Komödie mit guten Darstellerleistungen und ohne besonderen Anspruch. – Ab 12. ✦ Scope. Italien/Frankreich 1955 **P** Centaure/Excelsa/Omnium **Pd** Carlo Ponti **R+B** Luigi Zampa **K** Enzo Serafin **M** Marcello Abbado **D** Marisa Allasio (Anna), Mike Bongiorno, Lili Cerasoli, Françoise Rosay, Paolo Stoppa **L** 98 (TV 75) **E** 28.4.1972 DFF 1/4.3.1993 ORB

EIN VATER ZU WEIHNACHTEN. Handelsübliche, dank gut aufgelegter Darsteller aber recht unterhaltsame (Fernseh-)Komödie um eine alleinerziehende Journalistin, die ihrer neunjährigen Tochter seit Jahren vorgaukelt, dass ihr Vater als Polarforscher am Nordpol arbeite. Diesmal besteht das Kind allerdings darauf, Weihnachten auch mit ihm zu feiern. So organisiert die Mutter heimlich einen Kollegen, der als »Ersatzvater« einspringt, bis plötzlich der richtige Vater vor der Tür steht. – Ab 14 möglich. ✦ Deutschland 2000 **R** Thomas Louis Pröve **B** Carolin Hecht, Jochen Pahl **M** Uwe Schäfer **D** Hannes Jaenicke (Robert), Inka Friedrich (Julia), Heio von Stetten (Volker), Nina Gummich (Taffy), Catrin Striebeck (Agnes), Teresa Harder (Dorothee) **L** 95 **E** 6.12.2001 ProSieben

EIN VATER ZUM VERLIEBEN. Ein frustrierter Berliner Geschäftsmann wird durch den Scherz seiner Tochter von der fixen Idee infiziert, auf Mallorca eine Tochter zu haben. In der Tat hatte er in seiner Sturm-und-Drang-Zeit eine Affäre mit einer Reiseleiterin, die mittlerweile auf der Balearen-Insel ein Landhotel betreibt. Er zieht sich auf die Insel zurück, um inkognito seine Angelegenheit zu klären, und wird durch seine Familie, die nach und nach sein Feriendomizil heimsucht, gezwungen, sich mit seiner Vergangenheit auseinanderzusetzen. Romantische Komödie für ein Publikum im mittleren Alter, die auf Tempo, schlagfertige Dialoge und das romantische mallorquinische Innenland setzt. ✦ Deutschland 2001 **R** Sigi Rothemund **B** Leo P. Ard, Birgit Grosz **K** Claus Peter Hildenbrand **M** Michael Hofmann de Boer **D** Dieter Pfaff (Richard Brosche), Rita Russek (Claudia Brosche), Johanna Klante (Ina Brosche), Simone Thomalla (Hanna), Camilla Renschke (Antonia) **L** 88 **E** 5.10.2001 ARD

EIN VATER ZUVIEL (FATHER'S DAY). Eine Mutter, die ihren ausgerissenen Sohn sucht, wendet sich in ihrer Verzweiflung an zwei ehemalige Liebhaber und macht beiden weis, der Vater zu sein. Zufällig erfahren der melancholische Poet und der erfolgreiche Anwalt voneinander, und sind beide überzeugt, der Vater zu sein. Der Junge aber zeigt sich nicht bereit, nach Hause zu kommen. Remake der französischen Komödie »Zwei irre Spaßvögel« (1983), das ganz auf die beiden Starkomiker Williams und Crystal zugeschnitten ist. Eine nur in wenigen Momenten einfallsreiche und witzige, über weite Strecken zähe Komödie. – Ab 14. ✦ USA 1997 **P** Warner Bros. **KI** Warner Bros. **VA** Warner Home **Pd** Joel Silver **R** Ivan Reitman **B** Lowell Ganz, Babaloo Mandel, nach dem Drehbuch zu dem Film »Zwei irre Spaßvögel« (1983) von Francis Veber **K** Stephen H. Burum **M** James Newton Howard **S** Sheldon Kahn, Wendy Greene Bricmont **D** Robin Williams (Dale Putley), Billy Crystal (Jack Lawrence), Julia Louis-Dreyfus (Carrie Lawrence), Nastassja Kinski (Collette Andrews), Charlie Hofheimer (Scott Andrews) **L** 99 **FSK** ab 6; f **FBW** w **E** 18.9.1997/20.3.1998 Video **fd** 32 737

VÄTERCHEN FROST →Abenteuer im Zauberwald (1964)

VATERFREUDEN (I DO). In seinem letzten Kurzfilm verkörpert Harold Lloyd einen jungverheirateten Ehemann, der mit den Kindern des Schwagers seine liebe Not hat und zusätzlich durch das Gerücht, ein Sträfling sei ausgebrochen, in Aufregung versetzt wird. Turbulente und gagreiche Unterhaltung. ✦ Schwarz-weiß. USA 1921 **P** Associated Exhibitors **R** Fred Newmeyer, Sam Taylor **B** Sam Taylor, H. M. Walker (Zwischentitel) **M** Ernst August Quelle (Neubearbeitung) **D** Harold Lloyd (Der junge Mann), Mildred Davis (Das Mädchen), Noah Young (Der Aufgeregte), Jackie Morgan (Der Störenfried), Jackie Edwards (Der Plagegeist) **L** 40 **E** 3.2.1980 ZDF

DAS VATERHAUS (OTTSCHIJ DOM). Die Geschichte des Wandels eines von seinen reichen Pflegeeltern verwöhnten jungen Mädchens, das in einer Kolchosbäuerin seine totgeglaubte Mutter wiederfindet, zu einem ernsthaften und arbeitswilligen Menschen. Ein ohne vordergründige Klischees gestalteter Film, der jedoch nicht mehr als erbauliche Unterhaltung zu bieten hat. – Ab 14. ✦ Schwarz-weiß. UdSSR 1959 **P** Gorki-Studio **KI** Progress **R** Lew Kulidshanow **B** Boris Metalnikow **K** Pjotr Katajew **M** Juri Birjukow **D** Ljudmila Martschenko (Tanja), Vera Kusnezowa (Natalja Awdejewna), N. Nowljanski (Großvater), Valentin Subkow (Sergej Iwanowitsch), Nonna Mordjukowa (Stepanida) **L** 95 **E** 5.2.1960 Kino DDR/27.5.1960 DFF 1

VATERLAND (1937) →Spaniens Herz/Vaterland

VATERLAND (1986) (FATHERLAND). Ein Liedermacher, dem in der DDR die Aufenthaltsgenehmigung entzogen wurde, weil seine Lieder nicht der politischen Staatslinie entsprechen, kommt nach West-Berlin, wo er die westlichen Geschäftspraktiken kennenlernt. Er erfährt von einem alten, in England lebenden Künstler und vermutet in ihm seinen Vater, der 30 Jahre zuvor ebenfalls sein Vaterland verließ. Sozialkritischer dramatischer Film über ein zweigeteiltes Land, Grenzen und vermeintliche Freiheiten; zugleich eine Suche nach einem Vater und einem Vaterland, bei der sich die Geschichten zweier Personen zwar kreuzen, sich aber nur selten durchdringen. Zwar ein wenig didaktisch geraten, dennoch ein bemerkenswerter Beitrag zur deutsch-deutschen Geschichte, der die Ambivalenz der Schuldfrage zwischen Macht und Ohnmacht andeutet. – Ab 16 möglich. ✦ BR Deutschland 1986 **P** Tele-München/ZDF/Kestrel II/Channel Four **R** Ken Loach **B** Trevor Griffiths **K** Chris Menges **M** Gerulf Pannach, Christian Kunert **D** Gerulf Pannach, Fabienne Rose, Sigfrit Steiner, Robert Dietl, Hans Peter Hallwachs **L** 110 **E** 17.6.1988 ZDF

VATERLAND (1992). Ein Algerier, der über den sozialistischen Jugendaustausch in die DDR gekommen ist, hat Schwierigkeiten mit dem vom Staat reglementierten Alltag und landet schließlich in der Psychiatrie. Nach dem Fall der Mauer entlassen, steht er vor dem Nichts: Seine Ehefrau hat die Scheidung eingereicht und will ihm sogar den Kontakt mit seinem zweijährigen Sohn verbieten. Kurzerhand entführt er den Jungen und macht sich auf eine ziellose Reise. ✦ Deutschland 1992 **P** Trans-Film **R+B** Uli M. Schüppel **K** Ciro Cappellari **M** Alexander Hacke, Mick Harvey **S** Inge Schneider **D** Oliver Picot (Kadir), Christin König (Heidrun, seine Frau), Thomas Werrlich (Franz, Glasfabrikarbeiter), Dieter Dost (Vorarbeiter), Miroslaw Baka (Wojtek, Matrose) **L** 89 **E** 10.11.1992 ZDF

VATERLAND (1994) (FATHERLAND). Verfilmung des umstrittenen Bestsellers von Robert Harris (1992), der davon ausgeht, daß Hitler den Zweiten Weltkrieg gewonnen und das »groß-germanische« Reich befriedet hat. 1965, als ein Treffen zwischen Hitler und Kennedy bevorsteht, gerät ein Berliner Kriminalist, SS-Mitglied und Obersturmbandführer, in eine Mordserie, der mehrere Parteigrößen zum Opfer fallen. Er entdeckt, daß es sich bei den Opfern um Mitglieder der Wannsee-Konferenz handelt, bei der die »Endlösung der Judenfrage« beschlossen wurde, und gerät selbst in Abseits. Trotz guter Darsteller ein eindimensionaler, sprunghaft und kompromißlerisch inszenierter Film, der die bedrohliche Atmosphäre der Vorlage, das System der allgegenwärtigen Überwachung, nicht zu vermitteln weiß. Eine schwache Geschichtsspekulation, die vor allem darunter leidet, daß die Wirklichkeit viel grauenhafter geworden wäre. ✦ USA 1994 **P** HBO **VA** Warner Home **Pd** Frederick Muller, Ilene Kahn **R** Christopher Menaul **B** Stanley Weiser, Ron Hutchinson, nach einem Roman von Robert Harris **K** Peter Sova **S** Tariq Anwar **D** Rutger Hauer (Xaver Marck), Miranda Richardson (Charlie), Peter Vaughan (Nebe), Michael Kitchen (Jaeger), John Woodvine (Lutter), John Shrapnel (General Globus) **L** 106 **FSK** ab 16 **E** 27.1. 1995 Video/17.5.1996 Pro Sieben **fd** 31 402

VATERLIEBE (MARK I LOVE YOU). Bei einem Autounfall verliert ein Arbeitsloser Frau und Tochter. Den Sohn bringt er daraufhin bei den Großeltern unter; als er ihn zurückholen will, sträuben sich diese, und es kommt zum Prozeß. Melodram um Vaterliebe, die letztlich der Stimem des Blutes folgt. ✦ USA 1980 **R** Gunnar Hellström **K** Thomas Del Ruth **D** Justin Dana (Mark Painter), Kevin Dobson (Hal Painter), Cassie Yates (Marylyn), James Whitmore, Dana Elcar **L** 92 **E** 6.12.1997 ORF 2

VATERS LAND. Polemischer Dokumentarfilm, der eine überwiegend verbal geführte Attacke gegen Vaterland, Vaterrecht und Religion führt, die für Peter Krieg Begriffe eines Herrschaftssystems sind, mit denen die Bürger nützlich, gefügig gemacht und ihnen fremdbestimmte Werte aufoktroyiert werden sollen. Dabei erscheint Kriegs filmischer Feldzug doktrinärer als manche Doktrin, die er attackieren will. Was bleibt, ist ein satirischer Rundumschlag, der bewußt Anstoß erregen will: eine Ansammlung von Schlagworten gegen Staat und Kirche, die ein diffuses Feindbild aufbaut, und ein irrationaler Horrortrip eines persönlich Betroffenen. ✦ BR Deutschland 1986 **P** Barfuß **KI** Barfuß **SF** Barfuß **Pd+R+B+K** Peter Krieg **M** Thomas Wilbrandt, Antonio Vivaldi **S** Peter Krieg **D** Nicola Mae **L** 80 **FSK** ab 16; nf **FBW** bw **E** 12.10.1986/19.6.1987 West 3

VATERS REICH (LES TERRES FROIDES). Ein arbeitsloser junger Mann algerischer Abstammung zieht von Paris nach Grenoble und findet eine Anstellung als Lagerarbeiter. Der eigentliche Zweck seines Aufenthalts ist jedoch, den unbekannten Vater aufzuspüren, den er in seinem neuen Chef erkannt zu haben glaubt. Als er ihn auf diese Vermutung hin anspricht, erlebt einer eine böse Abfuhr. Düsteres Familiendrama, das Integration, sexuelle Identität und Probleme der Arbeitswelt anspricht. ✦ Frankreich 1999 **P** La Sept/arte/AGAT Films **R** Sébastien Lifshitz **B** Sébastien Lifshitz, Stéphane Bouquet **K** Pascal Poucet **S** Yann Dedet **D** Yasmine Belmadi (Djamel), Bernard Verley (Monsieur Chambiasse), Sébastien Lifshitz (Laurent), Valérie Donzelli (Isabelle), Florence Giorgetti (Madame Chamblasse) **L** 63 **E** 15.3. 2000 arte

VATERSORGEN (GRINGALET). Der uneheliche Sohn eines Industriellen, der mit seiner Familie, darunter seinem widerwärtig-verzogenen »richtigen« Sohn, in einer protzigen Villa lebt, bringt es im Leben dank seiner Engelsgeduld zu etwas, ohne zunächst zu wissen, wer sein Vater ist. Als er diesen und »seine« Familie schließlich doch kennenlernt, zeigt er ihnen, was Herzensgüte ist. Eine thematisch wie inszenatorisch einfältige Schmonzette voller Klischees und

Verlogenheiten. – Ab 12 möglich. ✦ Schwarz-weiß. Frankreich 1946 **P** Pathé **KI** Imex **R** André Berthomieu **B** André Berthomieu, nach einem Bühnenstück von Paul Vandenberghe **K** Fred Langenfeld **M** René Cloërec **D** Charles Vanel (Ravaut), Paul Vandenberghe (Gringalet), Christiane Sertilange (Minouche), Jimmy Gaillard (Philippe), Suzy Carrier (Josette) **L** 93 **E** 1948 Kino **fd** 499

VATERTAG (1955). Die männlichen Mitglieder eines Kegelklubs wollen in einem »Lustigkeitswettbewerb« als weibliches Ballett auftreten. Ihre Ehefrauen mißverstehen die geheimen Vorbereitungen zu dem Vatertagsausflug. Ein anspruchsloser Unterhaltungsfilm ohne jeden Funken Humor, der sich in banalen Situationsgrotesken und Witzblattfiguren verliert. – Ab 16. ✦ Schwarz-weiß. BR Deutschland 1955 **P** Fono **KI** Europa **Pd** Hans Wolff, Werner Ludwig **R** Hans Richter **B** Fritz Böttger, Hans Wolff **K** Walter Partsch **M** Michael Jary **S** Alice Ludwig-Rasch **D** Grethe Weiser (Thea Brause), Paul Westermeier (Paul Brause), Maria Sebaldt (Gerti Brause), Ernst Waldow (von Streitwitz), Günther Lüders (Franz Novotny), Camilla Spira (Berta Helbig) **L** 82 **FSK** ab 12; nf **E** 6.7.1955 **fd** 4 218

VATERTAG (1992) (STEPFATHER III). Nach einer plastischen Operation taucht der geisteskranke Mörder erneut auf und findet in Kalifornien in der alleinerziehenden Mutter eines gehbehinderten Jungen rasch eine heiratswillige Frau. Mit allen Mitteln versucht er, »Familienglück« zu formen und seine Idealvorstellungen mit Gewalt durchzusetzen. Als sich Widerstand regt, hegt der Mann, der schon zwei Familien umbrachte, erneut Mordgedanken. Ein spannender, mitunter recht blutiger Horrorthriller, der geschickt auf seinen beiden Vorgängern aufbaut (»The Stepfather«; »Stepfather II«) und wütende Attacken gegen die »heiligen Kühe« der Familie und des bürgerlichen Glücks reitet. Bei aller Spannung wird auch eine Spur grimmigen Humors spürbar. (TV-Titel: »Stepfather III – Vatertag«) ✦ USA 1992 **P** ITC **VA** Starlight **Pd** Guy Magar, Paul Moen **R** Guy Magar **B** Guy Magar, Marc B. Ray, nach dem Roman »The Payoff« von Ronald T. Owen **K** Alan Caso **M** Pat Regan **S** Patrick Gregston **D** Robert Wightman (Keith Grant), Priscilla Barnes (Christine Davis), David Tom (Andy Davis), Season Hubley (Jennifer Ashley), John Ingle (Pater Brennan) **L** 105 (gek. 102) **FSK** ab 18 (gek. ab 16) **E** 2.9.1992 Video **fd** 30 394

VATI, KAUF UNS EIN HÜNDCHEN → Eine verrückte Familie (1964)

VATI MACHT DUMMHEITEN. Zwei Nachbarskinder durchkreuzen die Pläne zweier Hochstapler und bereiten dadurch die Hochzeit zwischen dem verwitweten Vater des Mädchens, einem steinreichen Generaldirektor, und der Mutter des Jungen vor, die sich als Zeitungsbotin ernährt. Läppisch und ärmlich gestaltete Unterhaltung. – Ab 8. ✦ Schwarz-weiß. BR Deutschland 1953 **P** Häußler **KI** Titania **Pd** Kurt Moos **R** Johannes Häußler **B** Walter F. Fichelscher **K** Siegfried Weimann, Horst W. Paul **M** Richard Stauch **D** Otto Gebühr, Camilla Horn, Herbert Hübner, Claus Geißler, Florentine von Castell **L** 87 **FSK** ab 6; f **E** 2.12.1953 **fd** 2 921

DER VATIKAN (THE VATICAN). Aus der nüchternen Sicht eines (nicht-katholischen) Dokumentaristen wird über den kleinen Staat auf dem vatikanischen Hügel in Rom unter dem Pontifikat Pius' XII. berichtet. – Ab 12 möglich. ✦ USA 1950/51 **P** Phönix **KI** Columbia **R** Neeter O'Leari, Giuliano Tomei **K** Bernard Knowles **M** Alberico Vitalini **L** 40 **FSK** ab 12; f **fd** 1 550

DAS VATIKAN-KOMPLOTT (MORTE IN VATICANO / THE VATICAN CONSPIRACY). Wegen seiner radikalen Ansichten ist der neue Papst Andreani nicht nur Teilen der Wirtschaft ein Dorn im Auge, auch auf seiten der Kirche betrachtet man ihn mit gemischten Gefühlen. Als Rom von einer Mordserie erschüttert wird, zu deren Drahtziehern auch der Papst gehören soll, vergiftet ihn ein ehemaliger Vertrauter. Spekulativer Kriminalfilm, der die Gerüchte um den plötzlichen Tod von Papst Johannes Paul I. für seine Geschichte ausschlachtet. – Ab 16. ✦ Italien/Spanien 1982 **P** Film International/Izaro Films **VA** ELFRA **R** Marcello Aliprandi **B** Pedro Mario Herrero, Enzo Gallo, Marcello Aliprandi, nach dem Roman von Maurice Serral und Max Savigny **K** Alejandro Ulloa **M** Pino Donaggio **S** Jean-Marc Vasseur, Antonio Siciliano **D** Terence Stamp, Fabrizio Bentivoglio, Paola Molina, José Luis López Vázquez, Gabriele Ferzetti **L** 86 **FSK** ab 16 **E** 17.6.1992 Tele 5

DIE VATIKAN-VERSCHWÖRUNG → Russicum

VAUDEVILLE (VAUDEVILLE). Eine Sittenkomödie, amüsant und melancholisch zugleich, die mit einer klassischen Kino-Konstellation spielt: Eine langjährige Ehefrau, die noch einmal die große Liebe erleben will, trennt sich von ihrem Mann. Dieser tauscht im sehnlichen Wunsch nach amourösen Abenteuern die Rolle mit seinem Freund, einem berüchtigten Schürzenjäger, der wiederum Ordnung in sein Leben bringen will. Der Rollentausch bringt für die Männer weniger die Erfüllung ihrer Träume als große Probleme mit sich. (O.m.d.U.) ✦ Schwarz-weiß. Frankreich 1985 **P** Les Films du Chantier **Pd+R+B** Jean Marboeuf **K** Gérard Simon **M** Sylvain Kassap **S** Anne-France Lebrun **D** Marie-Christine Barrault (Madeleine), Guy Marchand (Gaston), Roland Giraud (Victor), Jean-Marc Thibault (Pierrot), Annie Jouzier (Yvette) **L** 85 **E** 28.6.1993 arte

VEGAS (VEGAS). Ein Privatdetektiv aus Las Vegas will in San Francisco die Ermordung eines befreundeten Polizisten klären, stößt jedoch auch bei den Kollegen des Toten auf erheblichen Widerstand. Nur seiner Hartnäckigkeit ist es zu verdanken, daß er trotz der Schwierigkeiten bald eine heiße Spur hat. Einer von mehreren abendfüllenden Filmen einer 50teiligen Fernsehserie, die sich eng an die klassischen Vorbilder des Privatdetektiv-Films anlehnt; etwas härter als vergleichbare Fernsehproduktionen. (Fernsehtitel: »Vegas: Der Golden Gate Cop-Killer«, »Vega$«) ✦ USA 1978 **P** ABC/Aaron Spelling Prod. **R** Cliff Bole **B** Robert Earll, Judy Burns **D** Robert Urich (Dan Tanna), Bart Braverman (Binzer), Phyllis Davis (Beatrice), Greg Morris (Lt. Nelson), Peter Richard Richman (Sam Ullman) **L** ca. 90 **E** 13.4.1990 PRO 7

VEGAS: AUFTRAG OHNE HONORAR (VEGAS). Ein Privatdetektiv in Las Vegas soll im Auftrag der Eltern eine 18jährige ausfindig machen, die von zu Hause fortlief und einem Zuhälter in die Hände gefallen ist. Bald macht der hartnäckige »Schnüffler« die junge Frau ausfindig, aber sie und der Zuhälter werden ermordet. Hinter der Affäre offenbart sich ein gefährlicher Fall um illegale Kreditgeschäfte. Weiterer abendfüllender Krimi aus einer 50teiligen Fernsehserie, die sich eng an die klassischen Vorbilder des Privatdetektiv-Films anlehnt; spannend, aber etwas härter als vergleichbare Fernsehkost. ✦ USA 1978 **P** ABC/Aaron Spelling Prod. **R** Richard Lang **B** Michael Mann **K** Arch R. Dalzell **M** Dominic Frontiere **D** Robert Urich (Dan Tanna), Bart Braverman (Binzer), Elyssa Leeds (Marilyn), Tony Curtis (Roth), Michael Lerned (Nate Destefano) **L** 74 **E** 5.8.1989 PRO 7

VEGAS: DER GOLDEN GATE COP-KILLER → Vegas

VEGAS GAMES → Ein Wochenende in Las Vegas

VEGAS: GEHIRNWÄSCHE AUF HAWAII (VEGAS: ALOHA, YOU'RE DEAD). Ein Privatdetektiv aus Las Vegas wird entführt und nach Hawaii verschleppt, wo ihn der skrupellose Chef eines großen Wirtschaftsimperiums einer Gehirnwäsche unterzieht, damit er als willenloses Werkzeug einen Mord begeht. Doch der Detektiv beweist mentale Stärke und startet ein gefährliches Doppelspiel. Routinierter Kriminalfilm, im weitesten Sinne in der Tradition von Raymond Chandlers »Marlowe«-Figur. Einer von mehreren Pilotfilmen zu einer 50teiligen Fernsehserie. ✦ USA 1978 **P** ABC/Aaron Spelling Prod. **R** Don Chaffey **B** Herman Groves **M** Artie Kane **D** Robert Urich (Dan Tanna), Bart Braverman (Binzer), Phyllis Davis (Beatrice), Lorne Greene (Remick), Pernell Roberts (Dr. Logan) **L** 90 **E** 13.8.1992 PRO 7

VEGAS HEAT (BEYOND DESIRE). Ein 37jähriger Mann, der 20 Jahre für einen Mord, den er nicht begangen hatte, im Gefängnis war, macht sich nach seiner Entlassung auf die Suche nach dem wahren Täter. Ein in der Glitzerwelt von Las Vegas angesiedelter banaler Krimi ohne jeden Reiz und mit peinlichen Versuchen in Sachen Komik. (Titel auch: »Vegas Heat – Gefährliche Liebe«) – Ab 16 möglich. ✦ USA 1994 **P** Beyond Pictures **VA** VPS **Pd** Frank Cinelli **R** Dominique Othenin-Girard **B** Dale Trevillion **K** Sven Kirsten **M** Mark Holden **S** Daniel Duncan **D** William Forsythe (Ray), Kari Wuhrer (Rita), Leo Rossi (Frank), Sharon Farrell (Shirley), Billy Bastiani (Leo), Dennis Hayden (Lt. Davis) **L** 84 **FSK** ab 16 **E** 13.7. 1995 Video **fd** 31 542

VEGAS VICE (VEGAS VICE). Thriller um einen Serienkiller, der es auf Prostituierte abgesehen hat und druckfrische 100-Dollar-Noten auf die Wunden seiner Opfer auflegt. Der ermittelnde Polizist erhält Beistand von zwei völlig unerfahrenen Kollegen, darunter eine attraktive junge Frau. ✦ USA 1994 **Pd+R** Joey Travolta **B** Joey Travolta, Rich Dillon **K** F. Smith Martin **M** Jeff Lass **S** Richard Cowan **D** Sam Jones (Joe), Shannon Tweed (Andrea), James Gammon (Bronski), Branscombe Richmond (Tony), Miguel Nunez (Bugs) **L** 82 **E** 9.4.1998 premiere

VEIL OF BLOOD → Der Fluch der schwarzen Schwestern

DIE VEILCHEN DER KAISERIN (VIOLETTES IMPERIALES). Kaiserin Eugenie setzt sich sehr für eine einfache Künstlerin aus dem Volke ein, die sie als kleine Zigeunerin in Sevilla kennengelernt hat. Diese verliebt sich am Hof von Paris in einen Offizier, will ihn aber wegen ihrer Herkunft nicht heiraten. Erst als sie die Kaiserin bei einem Attentatsversuch rettet, kommt das Glück zustande. In Biedermeier-(Gevacolor-)Farben schwelgende Operetten-Verfilmung, laut Verleih ein Film »einer großen Liebe aus glücklicheren Tagen«, der sich aber als schwülstiges Rührstück ohne Tiefe erweist. – Ab 14 möglich. ✦ Frankreich 1952 **P** Les Films Modernes **KI** Panorama **R** Richard Pottier **B** Henri Roussel, Marc-Gilbert Sauvajon (Neubearbeitung, Dialoge) **K** Christian Matras **M** Francis López **D** Luis Mariano (Juan de Ayala), Carmen Sevilla (Violetta), Simone Valère (Eugénie de Montijo), Louis Arbessier (Napoléon III.), Marie Sabouret (Hofdame), Colette Régis (Madame de Montijo) **L** 98 **FSK** ab 12; f **E** 1954 Kino **fd** 3 058

DAS VEILCHEN VOM POTSDAMER PLATZ. Berliner Hinterhof-Idylle nach dem Ersten Weltkrieg: Ein naiv-gewitztes mittelloses Blumenmädchen versucht, den alten Droschkengaul seines Großvaters vor der »Verwertung« beim Metzger zu retten. In Anlehnung an den Stil Charlie Chaplins entwickelt sich ein humorvolles Spiel, das bisweilen rührselig ist, aber nie ins Plump-Sentimentale abgleitet. Hervorragend gespielt, vor allem von der 1947 früh verstorbenen Hauptdarstellerin Rotraut Richter. – Ab 14. ✦ Schwarz-weiß. Deutschland 1936 **P** Lothar Stark-Film **KI** Stiftung Deutsche Kinemathek **Pd** Otto Lehmann **R** J.A. Hübler-Kahla **B** Bobby E. Lüthge, Otto Ernst Hesse, Helena von Fortenbach **K** Georg Muschner, Paul Rischke **M** Jim Cowler **D** Rotraut Richter (Mariechen Bindedraht), Paul W. Krüger (Vater Pietsch), Margarete Kupfer (Mutter Pietsch), Else Elster (Rosa), Fritz Kampers (Otto Schnöcker), Hans Richter (Fritz) **L** 90 (TV 80) **FSK** ab 12; f **E** 16.11. 1936/20.8.1965 ZDF **fd** 7 052

VELABA RUFT (NOR THE MOON BY NIGHT). Im Krüger-Nationalpark in Kenia spielender Afrika-Film, der zu schönen Farbaufnahmen von Landschaft und Tieren die übliche Liebesgeschichte und eine Folge abenteuerlicher Übertreibungen bietet. Ausgelöst wird die Handlung durch die Ankunft einer britischen Krankenpflegerin und den Ausbruch einer Elefantenherde. Handwerklich sorgfältig, in der Darstellung zurückhaltend. (Titel auch: »Gnadenloser Dschungel«) – Ab 14. ✦ Großbritannien 1958 **P** Rank **KI** Rank **Pd** John Stafford **R** Ken Annakin **B** Guy Elmes

K Harry Waxman **M** James Bernard **S** Alfred Roome **D** Belinda Lee (Alice Lang), Michael Craig (Rusty Miller), Patrick McGoohan (Andrew Miller), Anna Gaylor (Thea Boryslawski), Eric Pohlmann (Boryslawski), Pamela Sterling (Mrs. Boryslawski), Lionel Ngakane (Nimrod), Joan Brickhill (Harriett Carver) **L** 93 **FSK** ab 12; nf **E** 17.4.1959/7.5.1970 ZDF **fd** 7 999

VELOCITY TRAP (VELOCITY TRAP). Postkutschenraub im Weltall: Nach klassischen Western-Mustern angelegte Science-Fiction-Geschichte, in der ein strafversetzter Polizist des Jahres 2149 einen intergalaktischen Geldtransport im Alleingang gegen eine Bande rücksichtsloser Weltraumpiraten verteidigen muss. Ein simpler Plot mit konfusen und mittelmäßigen Action-Einlagen. Die schauspielerischen Leistungen konkurrieren mit den billigen Kulissen und durchschaubaren Filmtricks um die größte Peinlichkeit. ✦ USA 1997 **P** Unified Film Organization/Velocity Trasp **VA** Universum **DVD** e-m-s (FF, DS engl., DD5.1 dt.) **Pd** Christian McIntire, Ken Olandt, Phillip J. Roth **R** Phillip J. Roth **B** Patrick Phillips, Phillip J. Roth **K** Philip D. Schwartz **M** Richard McHugh, Mike Slamer **S** Christian McIntire **D** Olivier Gruner (Ray Stokes), Alicia Coppola (Beth Sheffield), Ken Olandt (Nick), Jorja Fox (Pallas), Bruce Weitz (Captain Fenner) **L** 86 **FSK** ab 16 **E** 22.2.1999 Video/14.11.1999 DVD **fd** 33 919

VELVET DREAMS (VELVET DREAMS). Eine Schriftstellerin verfällt einem sexbesessenen Spieler. Sexfilm mit Krimi-Elementen. (Alternativtitel: »Träume aus Samt und Seide«) ✦ Italien 1989 **R** Vincenzo Salviani **D** Kathy Shower (Laura), Brett Halsey (Paul), Alicia Moro (Anna) **L** 80 **E** 10.8.1996 SAT 1

VELVET DREAMS – WENN TRÄUME TÖDLICH ENDEN (HIDDEN RAGE). Ein Psychopath terrorisiert drei Frauen und vergeht sich an ihnen, bis er das Opfer zweier scharfer Wachhunde wird. Bisweilen spannender, jedoch spekulativer Thriller voller Gewalttätigkeit. In der deutschen Fassung wird Leukämie als Tatmotiv genannt, doch wahrscheinlicher ist die Immunschwäche AIDS der eigentliche Hintergrund des Films, dessen Frauenbild leicht geschürzte, verführerische Jugend vorgaukelt, die Vergewaltigungen provoziert. – Wir raten ab. ✦ USA 1988 **P** Vertigo Pictures **VA** Ascot **Pd** Jonathan Braun, Deborah Shelton **R** Shuki Levy **B** Shuki Levy, Joe Hailey, Bob Barron **K** Frank Byers, Michael G. Mathews **M** Shuki Levy **S** Jonathan Braun **D** Deborah Shelton (Liz), Lyman Ward (Steve), Tom Dugan (Brandon), Clarence Williams III (White), Geoffrey Rioas **L** 97 **FSK** ab 18 **E** Dezember 1988 Video **fd** 27 401

VELVET GOLDMINE (VELVET GOLDMINE). Ein Reporter macht sich 1984 auf die Suche nach einer vor zehn Jahren untergetauchten Pop-Ikone. Bei seinen Recherchen trifft er dessen Ex-Frau und einen früheren Geliebten, aus deren Erinnerungen sich langsam ein Porträt des Verschwundenen zusammensetzt. Ein hauptsächlich nostalgischer Rückblick auf die kurze Glam-Rock-Ära mit ihrem provokativen Bekenntnis zur Bisexualität, dessen Tonspur überzeugender ist als seine optische Aufbereitung und dem die Gegenüberstellung zwischen liberaler Vergangenheit und repressiver Gegenwart zum Lippenbekenntnis verkommt. Als »getürktes« Zeitdokument dennoch von einigem Reiz. – Ab 16. ✦ Großbritannien 1998 **P** Zenith/Killer Films/Single Cell Pictures **Kl** Tobis **VA** Ufa/BMG **Pd** Christine Vachon, Olivia Stewart **R+B** Todd Haynes **K** Maryse Alberti **M** Carter Burwell **S** James Lyons **D** Jonathan Rhys-Myers (Brian Slade), Ewan McGregor (Curt Wild), Toni Collette (Mandy Slade), Christian Bale (Arthur Stuart), Eddie Izzard (Jerry Divine) **L** 123 **FSK** ab 12; f **E** 26.11.1998/7.6.1999 Video **fd** 33 431

VENDETTA (1949) (NON C'E PACE TRA GLI ULIVI). Ein aus dem Zweiten Weltkrieg in sein Heimatdorf in der kargen Ciociaria (Apenninen) heimkehrender Schafhirt kämpft gegen einen Grundeigentümer. Dieser nahm den Eltern des Hirten die Schafe weg, vergewaltigte dessen Schwester und bedrängte dessen Braut. Zunächst unterliegt der Hirte und landet im Gefängnis, zuletzt aber behält er die Oberhand. Ausdrucksstarker neoveristischer Film, bemerkenswert im Bildaufbau, hervorragend in den Szenen mit Laiendarstellern. Einige Heimatfilmklischees schmälern jedoch die Glaubwürdigkeit der sozialkritischen Studie. (Fernsehtitel: »Kein Frieden unter den Olivenbäumen«; DDR: »Es gibt keinen Frieden unter den Oliven«) – Ab 16. ✦ Schwarz-weiß. Italien 1949 **P** Lux **Kl** Mercator **Pd** Vittorio Forges Davanzati **R+B** Giuseppe de Santis **K** Piero Portalupi **M** Goffredo Petrassi **D** Raf Vallone (Francesco Dominici), Folco Lulli (Agostino Bonfiglio), Maria Grazia Francia (Maria Grazia), Lucia Bosé (Lucia), Dante Maggio (Salvatore) **L** 101 **FSK** ab 12; f **E** 20.8.1951/1952 Kino DDR/26.7.1968 DFF 1 **fd** 1 316

VENDETTA (1988) →Haute Tension: Vendetta

VENDETTA (1999) (VENDETTA). New Orleans am Ende des 19. Jahrhunderts: Unter den angeworbenen italienischen Hafenarbeitern kommt es zu gewalttätigen Auseinandersetzungen, als sie erfahren, unter welchen Umständen ihre Arbeitskraft von zwei Landsleuten im »gelobten Land« feilgeboten wurde. Eine auf authentischen Vorfällen beruhende Geschichte, verdichtet zu einem Gerichtsdrama, in dessen Verlauf die Frage nach Stellenwerten der Arbeitskraft und der Menschenwürde geklärt werden soll. ✦ USA 1999 **P** HBO **Pd** Gary Lucchesi **R** Nicholas Meyer **B** Richard Gambino, Timothy Prager **M** John Altman **D** Christopher Walken (James Huston), Bruce Davison (Thomas Semmes), Luke Askew (William Parkerson), Clancy Brown (Chief Hennessy), Alessandro Colla (Gaspare Marchesi) **L** 113 **E** 12.5. 2000 Premiere World

VENDETTA – BLUTRACHE IN ALBANIEN. Dokumentarfilm über das Gesetz der Blutrache, das in manchen Gegenden Albaniens noch immer Gültigkeit hat. Dabei wird deutlich, daß der Mann, der die Ermordung seines Sohnes rächen muß, eigentlich kein Blut vergießen will. Ihm genügt zu wissen, daß die gegnerische Sippe auf Angst vor ihm wirtschaftlich zugrunde geht und psychologisch zermürbt wird. ✦ Deutschland/Polen/Schweden 1995 **R** Jerzy Sladkowski **L** 90 **E** 2.2.1996 arte

VENDETTA, DIE RACHE DES BRUDERS (IL CAPITANO NERO). Konventioneller, nach stereotypen Mustern des Genres abgespulter Mantel- und Degenfilm um eine Blutrache im mittelalterlichen Venedig. Ein junger Mann rächt die Schändung seiner Schwester und die Morde an seinen Brüdern durch eine einst befreundete Familie. Ein nur mäßig unterhaltsamer Kostümfilm. – Ab 12 möglich. ✦ Schwarz-weiß. Italien 1951 **P** Sofradis **R** Alberto Pozzetti, Giorgio Ansoldi **B** Corrado Capparuccia, Alberto Consiglio, Virgilio Sabel **K** Carlo Montuori **M** Raffaele Gervasio **D** Marina Berti, Steve Barclay, Mario Ferrari, Marisa Merlini, Paul Muller **L** 90 **E** 19.11.1983 DFF 1/8.9.1992 ORB

VENEDIG – ALS HÄTTEN WIR GETRÄUMT... Ein morgendlicher Spaziergang durch Venedig, der abseits touristischer Pfade in das Stadtviertel Dorsoduro führt und mit den Bewohnern der Lagunenstadt vertraut macht. Ein weitgehend gelungener Dokumentarfilm, dessen Reiz gerade darin liegt, dass er das Alltagsgesicht einer »Traumstadt« vorstellt und zum Erkunden und Genießen einlädt. Der Film wurde mit Steadycam in fast einer einzigen Einstellung gedreht und strahlt viel Ruhe und Gelassenheit aus, um so störender sind Fragen, die die Autoren aus dem Off an die Bewohner richten, da sie in ihrer Schlichtheit kaum zu überbieten sind. ✦ Deutschland 2000 **Pd** Wolfgang Ettlich **R+B** Wolfgang Ettlich, Hans-Albrecht Lusznat **K** Hans-Albrecht Lusznat **S** Henry Hauck **L** 90 **E** 18.11.2001 arte

VENEDIG – DIE INSEL DER GLÜCKSELIGEN AM RANDE DES UNTERGANGS. Die alte Lagunenstadt in der nördlichen Adria versinkt alljährlich ein weiteres Stück im Meer. Die Industrien zerstören die in Stein gehauenen Zeugen großer Vergangenheit. Fern von Ansichtskartenromantik spürt der bewußt persönlich gehaltene Dokumentarfilm dem Verfall nach und vermittelt einfühlsam ein Bild dieser Stadt, ihrer Bewohner und Nöte. – Sehenswert ab 12. ✦ BR Deutschland 1977 **P** Christian Rischert/Bayerischer Rundfunk **Kl** Team-Film **R+B** Christian Rischert **K** Michael Ballhaus **M** Luigi Nono, Andrea Gabrieli, Hector Berlioz **L** 100 **FSK** ab 6; f **E** 29.12.1978 **fd** 21 081

VENEDIG SEHEN – UND ERBEN... (THE HONEY POT). Ein angeblich reicher Lebemann aus Venedig spielt gegenüber den in Erwartung einer Erbschaft in sein Haus geeilten drei reichen Ex-Geliebten den Todkranken, um sich ein Alibi für einen Mord zu verschaffen, der den drohenden Bankrott abwenden soll. Das geplante perfekte Verbrechen mißlingt. In Anlehnung an Johnsons Bühnenstück vom betrogenen Betrüger elegant inszenierte, vorzüglich gespielte Kriminalkomödie. Geistreiche und spannende Unterhaltung von subtiler Hintergründigkeit. – Ab 16. ✦ USA 1965 **P** Famous Artists **Kl** United Artists **Pd** Charles K. Feldman **R** Joseph L. Mankiewicz **B** Joseph L. Mankiewicz, nach Motiven eines Theaterstücks von Ben Johnson **K** Gianni di Venanzo **M** John Addison **S** David Bretherton **D** Rex Harrison (Cecil Fox), Susan Hayward (Mrs. Sheridan), Cliff Robertson (William McFly), Capucine (Prinzessin Dominique), Edie Adams (Merle McGill), Maggie Smith (Sarah Watkins), Adolfo Celi (Inspeltor Rizzi) **L** 131 **FSK** ab 12; f **FBW** w **E** 29.9.1967 **fd** 14 967

DIE VENEZIANERIN →Fieber im Herzen

VENEZIANISCHE VERFÜHRUNG (PASSION IN VENICE). Die Mitarbeiterin eines amerikanischen Textilkonzerns wird zwecks Industriespionage nach Venedig geschickt und sieht sich schon bald mit Konkurrenten konfrontiert, die ihre Geschäftsinteressen amourösen Abenteuern unterordnen. Sie verliebt sich in einen Mitarbeiter der Konkurrenzfirma und vertraut sich ihm an. Sexfilm vor malerischer Kulisse. ✦ USA 1995 **R** Cameron Grant, Joe d'Amato (= Aristide Massaccesi) **B** Cameron Grant, Elvis Bertram **K** Cameron Grant **M** Scott Barden, Matty Spindel, Sleepy Guy **D** Juli Ashton, Deborah Wells, Sean Michaels, Mark Davis, Anita Blond **L** 83 **E** 11.10.1996 premiere

VENEZUELA BEI NACHT (TROPICO DI NOTTE). »Dokumentarische« Aneinanderreihung von überwiegend mittelmäßigen Revueszenen aus Nachtlokalen von Caracas, gelegentlich unterbrochen durch Landschafts- und Folklore-Szenen. ✦ Scope. Italien 1961 **P** IDC **Kl** Rolei **R** Renzo Russo **K** Mario Bernardo **M** Carlo Innocenzi **D** Marisa Barbara, Wilbert Bradley **L** 75 **FSK** ab 18; nf **E** 21.12.1962 **fd** 11 641

VENGO (VENGO). In einem kleinen Dorf im Süden Spaniens ertränkt ein Zigeuner den Schmerz über den Tod seiner kleinen Tochter in Musik, Tanz und mit ausgelassenen Festen. Um seinen behinderten Neffen vor der Blutrache zu retten, bezahlt er die Schuld mit seinem eigenen Leben. Das rudimentäre Handlungsgerüst zieht sich lediglich als roter Faden durch eine Bild und Ton gewordene Hommage an den Flamenco-Tanz, die ein »fremdes« Lebensgefühl auf geradezu sinnliche Weise erfahrbar macht. – Sehenswert ab 14. ✦ Scope. Frankreich/Spanien 2000 **P** Princes Films/Arte France Cinéma/Astrolabio Producciones **Kl** X-Verleih **Pd** Nathalie Duran **R** Tony Gatlif **B** Tony Gatlif, David Trueba **K** Thierry Pouget **S** Pauline Dairou **D** Antonio Canales (Caco), Orestes Villasan Rodriguez (Diego), Bobote (Antonio), Juan Luis Corrientes (Tres), Antonio Perez Dechent (Alejandro) **L** 90 **FSK** ab 12; f **FBW** w **E** 12.7.2001 **fd** 34 944

VENICE BEACH GIRLS (BEACH HOUSE). Drei College-Neulinge in Los Angeles mieten sich zusammen mit einer älteren Kommilitonin ein Strandhaus. Rasch wird das Studium von Parties, Nichtstun und Liebeleien abgelöst, Drogenkonsum sorgt für zusätzliche Abwechslung. Begriffe der klassischen Filmkritik wie Dramaturgie, Stil und Schauspielkunst sind auf diese farblose Campus-Komödie nicht anwendbar. Statt dessen reihen sich derart peinliche Witze und Klischees aneinander, daß der Zuschauer stellvertretend für die Macher Scham empfindet. – Ab 12. ✦ USA 1994 **P** Sullivan Park Prod. **VA** VCL **Pd** Edward Sharpless, Leigh Slawner **R** Leigh Slawner **B** Brett Merryman **K** Billy Beaird **M** Christopher Lennertz **S** Jeff Appelbaum **D** Dalton James, Brooke Langton, Robert Feeney, Dan Shor, Josie Davis **L** 101 **FSK** ab 6 **E** 24.6.1997 Video **fd** 32 662

VENICE/VENICE (VENICE/VENICE). Ein amerikanischer »Independent«-Regisseur bekommt überraschend die Chance, seinen neuen Film beim Filmfestival von Venedig vorzustellen. Dort lernt er bei einem Interview-Termin eine attraktive französische Filmjournalistin kennen. Im Lauf ihrer Gespräche beginnen die beiden, sich füreinander zu interessieren. Nach dem Festival reist die Frau ins kalifornische Venice, um den Filmemacher wiederzusehen. Eine Variation über Film und Wirklichkeit, die vielen Persönlichkeiten aus der Welt des Films Gelegenheit zu Kurzauftritten bietet. (O.m.d.U.) – Ab 16. ✦ USA 1992 **P** Rainbow **Pd** Judith Wolinsky **R+B** Henry Jaglom **K** Hanania Baer **M** Marshall Barer, David Colin Ross **S** Henry Jaglom **D** Henry Jaglom (Dean), Nelly Alard (Jeanne), Melissa Leo (Peggy), Suzanne Bertish (Carlotta), Daphna Kastner (Eve), David Duchovny (Dylan) **L** 104 **E** 16.9.1994 arte

VENUS AM STRAND (THE GIRL FROM JONES BEACH). Ein Modezeichner, emigrierter Tscheche, findet für eine geplante Revue nach vielen vergeblichen Anläufen endlich die Frau, die seinen Idealvorstellungen entspricht, und verliebt sich in sie. Die hübsche Mathematiklehrerin will aber nicht nur ihrer Figur wegen geliebt werden, und so stehen dem Happy-End noch einige Schwierigkeiten im Wege. Amüsante Komödie mit witzigen Dialogen und guter Kameraarbeit, die unbeschwert, wenn auch nicht tiefschürfend unterhält. – Ab 14 möglich. ✦ Schwarz-weiß. USA 1949 **P** Warner Bros. **KI** Warner **Pd** Alex Gottlieb **R** Peter Godfrey **B** I. A. L. Diamond, nach einer Erzählung von Allen Boretz **K** Carl Guthrie **M** David Buttolph **S** Rudi Fehr **D** Ronald Reagan (Bob Randolph/Venerik), Virginia Mayo (Ruth Wilson), Eddie Bracken (Chuck Donovan), Dona Drake (Connie Martin), Helen Westcott (Miss Brooks) **L** 78 **FSK** ab 12; nf **E** 7.11.1950 Kino **fd** 1 056

VENUS DER PIRATEN (LA VENERE DEI PIRATI). Zwischen Schurken und Totenkopf-Flagge spielende Abenteuergeschichte aus dem mittelalterlichen Italien, im Mittelpunkt eine attraktive Kapitänstochter, die mit ihrem Vater unter die Seeräuber geht, um der Tyrannei eines Herzogs handgreiflicher begegnen zu können. Volksaufstand, Scheinverrat und Herzogstod sind weitere Etappen eines grellbunten, laienhaft gespielten, seriell gefertigten Films, der noch nicht einmal anspruchsloser Schaulust genügt. (Alternativtitel: »Die Kurtisane der Piraten«) – Ab 14. ✦ Scope. Italien 1960 **P** Max **KI** ABC **R** Mario Costa **B** Nino Stresa, Ottavio Poggi (Bearbeitung) **K** Raffaele Masciocchi **D** Gianna Maria Canale (Sandra), Massimo Serato (Santacroce), Scilla Gabel (Isabella), Livio Lorenzon (Jana), Paul Muller (Herzog Zulian) **L** 77 **FSK** ab 12; nf **E** 24.3.1961/30.12.1983 DFF 2 **fd** 10 115

VENUS IM AUTO (TOUS LES CHEMINS MENENT A ROME). Ein biederer, etwas unbeholfener Landvermesser reist nach Rom, um dort an einem Kongreß teilzunehmen. Während der Fahrt begegnet er einem kapriziösen weiblichen Filmstar, der inkognito nach Rom will. In seiner Einfalt glaubt der Landvermesser, die attraktive Frau sei auf der Flucht vor Gangstern, bis sich in Rom alles auflöst. Groteske Situationskomödie, an den Haaren herbeigezogen, dümmlich und ohne Witz. Wenn es gar nicht mehr weitergeht, setzt der Film auf schöne Landschaftsbilder. – Ab 14. ✦ Schwarz-weiß. Frankreich 1948 **P** Speva **KI** Schorcht **R** Jean Boyer **B** Jacques Sigurd **K** Christian Matras **M** Paul Misraki **D** Micheline Presle (Laura), Gérard Philipe (Gabriel Régase), Marcelle Arnold, Albert Remy, Marion Delbo **L** 89 **FSK** ab 12; nf **E** 25.8.1950 **fd** 883

VENUS IM PELZ (1968). Die Krankheitsgeschichte eines masochistisch veranlagten reichen Müßiggängers, der unter den Zwängen eines Kindheitserlebnisses steht. In einem mannstollen Fotomodell findet er eine Partnerin, die die Rolle der Sadistin übernimmt. Der Prozeß der Selbstzerstörung endet im Wahnsinn. Modisch verkitschte Sexschnulze nach Sacher-Masochs Bestseller der erotischen Literatur, der von sexueller Unterwürfigkeit, Erniedrigungen und Sadismen handelt. In der psychologischen Zeichnung an Trivialität kaum mehr zu überbieten. Auch der sich anspruchsvoll gebende Dialog kann nicht über den verlogenen Charakter des verquälten Films hinwegtäuschen. ✦ Scope. BR Deutschland/Schweiz 1968 **P** Roxy/Vip **KI** Constantin **Pd** Luggi Waldleitner, Alberto Pugliese **R** Max Dillman (= Massimo Dallamano) **B** Inge Hilger, nach einem Roman von Leopold Sacher-Masoch **K** Sergio d'Offizi **M** Gianfranco Reverberi **S** Hans Zeiler **D** Laura Antonelli (Wanda), Régis Vallée (Severin), Renate Kasché (Gracia), Mady Rahl (Helga), Josil Raquel (Carmen), Werner Pochath (Angler) **L** 86 **FSK** ab 18; nf **E** 26.11.1969 **fd** 16 496

VENUS IM PELZ (1994) (VENUS IN FURS). Eine thematisch werkgetreue Adaption von Sacher-Masochs Roman über die masochistische Initiation eines jungen Adeligen, der seine Geliebte zur Domina erzieht, bevor ein anderer an ihre Stelle tritt und sie ihn verläßt. In strenger Schwarz-Weiß-Fotografie entwickelt der Film bildliche Tableaus, die dem beschriebenen Ritual entsprechen und den Stellenwert der Fantasie für den Masochismus herausstellen. Gelegentlich schießt der kulturhistorische Kommentar dabei übers Ziel hinaus. (Engl.m.d.U.) ✦ Schwarz-weiß. Niederlande 1994 **P** Moskito Film **KI** Wild Utopia **VA** absolut MEDIEN **Pd** Victor Nieuwenhuijs **R** Maartje Seyferth, Victor Nieuwenhuijs **B** Maartje Seyferth, Victor Nieuwenhuijs, Ian Kerkhof, nach dem gleichnamigen Roman von Leopold Sacher-Masoch **K** Victor Nieuwenhuijs **M** Gustav Mahler, Edvard Grieg, Peter Iljitsch Tschaikowski **S** Herbert van Drongelen, Maartje Seyferth **D** Anne van der Ven (Wanda), Andre Arend van Noord (Severin) **L** 70 **E** 1996/Mai 2000 Video **fd** 31 763

VENUS MACHT SEITENSPRÜNGE (ONE TOUCH OF VENUS). Der schüchterne Dekorateur eines Warenhauses küßt eine Marmor-Statue der Göttin Venus, die daraufhin zum Leben erwacht. Als vermeintlicher Dieb der Statue wird er eingesperrt und findet erst Ruhe vor der genußsüchtigen Venus, als die Götter sie zurückrufen und ihm eine erdgeborene Schönheit zuweisen. Eine seltsame Kreuzung aus Musical, Groteskfilm und Kammerspiel, die kurzweilige, aber nicht sonderlich inspirierte Unterhaltung nach dem populären Broadway-Musical bietet. – Ab 14. ✦ Schwarz-weiß. USA 1947 **P** Universal **KI** (Universal) **Pd** Lester Cowan **R** William A. Seiter **B** Frank Tashlin, Harry Kurnitz, nach dem Musical »The Tented Venus« von Kurt Weill, S. J. Perelman und Ogden Nash **K** Franz Planer **M** Kurt Weill **S** Otto Ludwig **D** Ava Gardner (Venus/Venus Jones), Robert Walker (Eddie Hatch), Dick Haymes (Joe), Eve Arden (Molly Grant), Olga San Juan (Gloria) **L** 81 **FSK** ab 12; nf **E** 8.5.1950 **fd** 1 173

VENUS-PASSAGE → Das tosende Mädchenpensionat

VENUS & MARS. Das Ableben des ehemaligen Trainers einer dörflichen Schulfußballmannschaft bringt vier junge Frauen aus aller Welt zurück in die schwäbische Provinz, wo es nicht nur Abschied zu nehmen gilt, sondern wo auch die Suche nach der großen Liebe einsetzt. Ein bemüht beschwingter, aber allzu hausbacken inszenierter Film voller Belanglosigkeiten und Leerlauf. – Ab 16. ✦ Deutschland 2001 **P** Atlantis Film/Mitteldeutsches Filmkontor **KI** Buena Vista **VA** Buena Vista **Pd** Bernd F. Lunkewitz, Emmo Lempert, Uwe Schott **R** Harry Mastrogeorge **B** Ben Taylor **K** Martin Fuhrer **M** Nathan Barr **D** Lynn Redgrave (Emily Vogel), Daniela Lunkewitz (Kay Vogel), Ryan Hurst (Roberto), Fay Masterson (Celeste), Julia Sawalha (Marie), Julie Bowen (Lisa), Michael Weatherly (Cody), Hella von Sinnen (Bertha) **L** 93 **FSK** ab 6; f **FBW** w **E** 15.3.2001/20.9.2001 Video **fd** 34 763

DIE VENUS VERLIEBT SICH (DUCHESS OF IDAHO). Die Sekretärin eines Industriellen und ihre Freundin, Star eines Wasserballetts, verwickeln sich in Sun Valley aus Liebe in ein Spiel aus Intrige und Eifersüchtelei. Unterhaltsamer Revuefilm ohne tieferen Anspruch, aber mit einigen beschwingten Musik- und Tanzeinlagen um den einstigen Schwimmstar Esther Williams. – Ab 14. ✦ USA 1950 **P** MGM **KI** MGM **R** Robert Z. Leonard **B** Dorothy Cooper **K** Charles Schoenbaum **M** George Stoll **D** Esther Williams, Van Johnson, John Lund, Paula Raymond, Red Skelton **L** 99 **FSK** ab 12; nf **E** 3.10.1952 **fd** 2 181

DIE VENUS VOM TIVOLI → Zwiespalt des Herzens

VENUSBERG. Sieben junge Frauen treffen sich in der Ferienvilla eines Frauenarztes auf schneebedecktem Hügel, um auf einen Mann zu warten, der dann aber nicht kommt. Der fast handlungslose Film versucht, in der entkonventionalisierten Situation gleichgeschlechtlicher Einsamkeit »das wahre Ich« der Frau zu enthüllen. Dabei bedient er sich einer gleichermaßen modisch verquollenen und anstößigen Dialog- und Bildsprache und konstruiert das fragwürdige Bild der Frau als ausschließlich von sexueller Begierde getriebenes Wesen. Ein bei aller unfreiwilligen Lächerlichkeit ärgerlicher Film. ✦ Schwarz-weiß. BR Deutschland 1963 **P** Franz Seitz Prod. **KI** Nora **Pd** Franz Seitz **R+B** Rolf Thiele **K** Wolf Wirth **M** Rolf Wilhelm **S** Ingeborg Taschner **D** Marisa Mell (Florentine), Nicole Badal (Pony), Christine Granberg (Lola), Monica Flodquist (Christine), Ina Duscha (Inge), Jane Axell (Ruth) **L** 88 **FSK** ab 18; nf **E** 26.4.1963 **fd** 11 930

DIE VENUSFALLE. Ein junger Arzt begibt sich aus Angst vor einer festen Beziehung und der gemeinsamen Zukunft mit einer attraktiven Frau auf die Suche nach der Verwirklichung seiner Wunschträume. Tatsächlich entdeckt er die »perfekte« Frau seiner geheimen Fantasien, was zu Rollen- und Beziehungsänderungen führt. Eine raffiniert inszenierte Mischung aus ironisch distanziertem Spiel mit trivialen und theatralischen Handlungsmustern und zynischen Kommentaren zu männlichen Wunschvorstellungen und -fantasien; gleichzeitig nicht mehr als eine eiskalte Versuchsanordnung, die sich vor der Benennung wahrer Empfindungen und konkreter Lebensbezüge drückt. ✦ BR Deutschland 1988 **P** Robert van Ackeren Filmprod./M+P Film/Pro-ject/ZDF **KI** Filmverlag der Autoren **VA** Starlight **Pd** Robert van Ackeren, Theo Hinz **R** Robert van Ackeren **B** Robert van Ackeren, Catharina Zwerenz **K** Jürgen Jürges **M** Peer Raben **S** Clarissa Ambach **D** Horst-Günther Marx (Max), Myriem Roussel (Marie), Sonja Kirchberger (Coco), Hanns Zischler (Kurt), Rolf Zacher (Dr. Steiner) **L** 103 **FSK** ab 16; f **FBW** w **E** 8.9.1988/März 1989 Video **fd** 27 089

DER VENUSMÖRDER. Eine Hauptkommisssarin, privat und beruflich in der Krise, ermittelt erfolglos im Fall zweier Frauenmorde. Als ein verhasster Kollege den Fall zu lösen scheint, stürzt sie noch weiter in die Krise, und der Fall scheint abgeschlossen, als der Verdächtige Selbstmord begeht. Doch dann ist erneut eine Frau verschwunden, und die Polizistin muss feststellen, dass alle drei Opfer Patientinnen ihres neuen Bekannten, eines Schönheitschirurgs, waren. Sich betont spektakulär gebender (Fernseh-)Psychothriller mit den üblichen Anleihen bei erfolgreichen Kinovorbildern. Dank des soliden Spiels der Hauptdarsteller immerhin von gewisser Intensität. ✦ Deutschland 1996 **P** Calypso (für RTL) **Pd** Werner Possardt **R** Dominique Othenin-Girard **B** Christos Yiannopoulos **K** Sven Kirsten **M** Jürgen Ecke **S** Carsten Orlt, Guido Krajewski **D** Katja Flint (Laura

Grimm), Hannes Jaenicke (Dr. Stern), Ralph Herforth (Hauptkommissar Strack), April Hailer (Lis), Karin Anselm (Oberkommissarin Hellmann) **L** 90 **E** 23.10. 1996 RTL

VENUSPETER (VENUS PETER). Ein schottisches Fischerdorf Ende der 40er Jahre: Ein neunjähriger Junge, dessen Vater kurz nach der Geburt den aussterbenden Ort verlassen hat, lebt mit Mutter und Tanten bei den Großeltern. Er träumt von der Rückkehr des Vaters und davon, wie der Großvater zur See zu fahren. In semi-dokumentarischem Stil gefilmte Kindheitserinnerung voller Poesie und Wahrhaftigkeit, die Erwachsene in die Zeit ihrer Kindheit zurückversetzt und jüngere Kinobesucher einfühlsam mit existentiellen Fragen vertraut macht. (Alternativtitel: »Ein Boot, ein Junge und das Meer«) – Sehenswert ab 12. ✦ Großbritannien 1989 **P** British Film Institut/Channel Four/Scottish Film Prod. Fund/Orkney Islands Council/British Screen **KI** Impuls **VA** Starlight **Pd** Christopher Young **R** Ian Sellar **B** Christopher Rush, Ian Sellar **K** Gabriel Beristain **M** Jonathan Dove **S** David Spiers **D** Gordon R. Strachan (Peter), Ray McAnally (Großvater), Sinéad Cusack (Miss Balsilbie), Caroline Paterson (Mutter), Peter Caffrey (Vater) **L** 94 **FSK** ab 12; f **E** 28.8.1991 Video **fd** 28 718

VERA (1986 BRASILIEN) (VERA). Eine sensible Brasilianerin verbringt ihre Jugend in einem Waisenhaus. Sie entwickelt eine maskuline Persönlichkeit und beginnt, andere Mädchen zu unterdrücken. Als sie das Heim verläßt, lernt sie eine unabhängig lebende Frau mit einem vierjährigen Kind kennen, zu der sie ein zunehmend intimeres Verhältnis entwickelt. Da sie sich immer radikaler als Mann versteht und sich entsprechend kleidet und verhält, häufen sich Konflikte, die in die Isolation führen. Ein von den Darstellern lebender stiller, einfühlsamer Erstlingsfilm, der den zentralen Rollenkonflikt anspruchsvoll auffächert. Es geht dabei weniger um Homosexualität als um die Schwierigkeit, ohne Maskeraden Gefühle zeigen zu können. (O.m.d.U.) ✦ Brasilien 1986 **P** Nexus Cinema é Vidéo/Embrafilme-Empresa/Quanta Centro de Produçoes Cinematográficas **KI** Con **Pd** Sergio Toledo, Ilia Warchawchik, Ana Maria Warchawchik, Celso Lafer **R+B** Sergio Toledo **K** Rodolfo Sanchez **M** Arrigo Barnabé **S** Tercio G. da Mota **D** Ana Beatriz Nogueira (Vera), Raul Cortez (Prof. Trauberg), Aida Leiner (Clara), Cida Almeida (Paizao), Carlos Kroeber (Direktor Waisenhaus), Adriana Abujamra (Telma) **L** 92 **E** 11.5.1989

VERA (1986 UDSSR) (VERA). Die junge Vera ist Tochter eines angesehenen Rechtsanwalts. Wie viele junge Menschen will auch sie Widerstand gegen das Regime des Zaren leisten. ✦ Scope. UdSSR 1986 **P** Gorki-Studio **R** Igor Mussatow **B** Solomon Rosen **K** Sergej Filippow **M** Tengis Berekaschwili **D** Sergej Martynow (Nikolai), Marina Russakowa (Vera Protassowa), Igor Kwascha (Kulagin), Nikolai Wolkow (Sergej Wassiljewitsch), Wjatscheslaw Bogatschew (Nikita) **L** 85 **E** 5.3.1987 DFF 2

VERA BAXTER → Baxter, Vera Baxter

VERA CRUZ (VERA CRUZ). Zwei Abenteurer und Glücksritter beteiligen sich zur Zeit des mexikanischen Kaiserreichs (1866) an der Jagd nach einem Goldschatz. In einem Netz aus Verrat, Intrigen und gegenseitigem Hintergehen begründet sich schließlich die Freundschaft der beiden unterschiedlichen Männer. Ein aufwendig angelegter, hervorragend fotografierter und sorgfältig inszenierter Western. Die gängigen Muster dieses Genres werden immer wieder aufgebrochen, womit sich der Film zu einer stellenweise bitteren Studie über die menschliche Selbstsucht verdichtet. Hervorragend gespielt. – Ab 16. ✦ Scope. USA 1954 **P** Hecht-Lancaster Prod./Artists Association (für United Artists) **KI** United Artists **DVD** Fox Home (16:9, 1.85:1, Mono engl./dt.) **Pd** James Hill **R** Robert Aldrich **B** Roland Kibbee, James R. Webb, nach einer Erzählung von Borden Chase **K** Ernest Laszlo **M** Hugo Friedhofer **S** Alan Crosland jr. **D** Gary Cooper (Benjamin Trane), Burt Lancaster (Joe Erin), Denise Darcel (Gräfin Marie Duvarre), Cesar Romero (Marquis de Labordère), George Macready (Kaiser Maximilian), Sarita Montiel (Nina), Ernest Borgnine (Donnegan), Henry Brandon (Danette), Charles Bronson (Pittsburgh), Morris Ankrum (General Aguilar), James McCallion (Little-Bit), Jack Lambert (Charlie), Jack Elam (Tex), Charles Horvath (Reno), Juan Garcia (Pedro) **L** 94 **FSK** ab 12; nf **E** 13.5.1955/13.12.1975 ARD/23.8.2001 DVD **fd** 4 077

VERA ROMEYKE IST NICHT TRAGBAR. Auseinandersetzungen über die Unterrichtsmethoden einer engagierten Lehrerin spalten Lehrerkollegium und Schulpflegschaft in zwei Lager, was dazu führt, daß die Lehrerin versetzt wird. Weniger logisch als emotional argumentierender Film, der sich vor dem Hintergrund der Diskussion um den »Radikalenerlaß« (ab 1972) in der Bundesrepublik Deutschland gegen staatlichen Machtmißbrauch wendet. In die Situationsbilder fließt die Beschreibung von Repressionsmechanismen, aber auch der Versuch zur Rechtfertigung und zur versachlichenden Diskussion ein, was den Film zu einem grundsätzlich diskussionswerten »Lehrfilm« über das Problem des Berufsverbots macht. Darüber hinaus ist er rückblickend eines der wenigen deutschen »Spielfilm-Dokumente« zu einem Stück brisanter Tagespolitik. – Ab 14 möglich. ✦ BR Deutschland 1976 **P** Basis **KI** Basis **Pd** Claus Schmidt **R** Max Willutzki **B** Renke Korn, Max Willutzki **K** Dietrich Lohmann, Jörg Jeshel **M** Wilhelm Dieter Siebert **S** Inga Sauer **D** Rita Engelmann (Vera Romeyke), Herbert Chwoika (Andi Wittkamp), Ina Halley (Frau Gaub), Dieter Eppler (Herr Gaub), Gerd Burckhard (Kretschmar), Karl H. Müller (Siebold) **L** 104 **FBW** bw **E** 22.4.1976/19.11.1976 Kino DDR/26.5.1977 DFF 1 **fd** 20 263

VERABREDUNG AM HAFEN (LE RENDEZ-VOUS DES QUAIS). Eine Liebes- und Streik-Geschichte vor dem historischen Hintergrund des zu Ende gehenden Indochina- und beginnenden Algerien-Krieges. In Marseille verlieben sich ein Docker und eine Fabrikarbeiterin ineinander. Währenddessen laufen im Hafen Waffen- und Armeetransporte nach Asien aus, Schiffe mit den Gefallenen und Verwundeten treffen ein. Die Hafenarbeiter beginnen zu streiken. Der mit Unterstützung der kommunistischen Gewerkschaft gedrehte und von Darstellern aus dem Milieu gespielte Film wurde unmittelbar nach seiner Uraufführung beschlagnahmt. Erst 33 Jahre später tauchte noch eine Kopie auf. Ein außergewöhnliches Dokument, bemerkenswert in seiner Mischung aus Politik und Poesie. (O.m.d.U.) – Sehenswert ab 16. ✦ Schwarz-weiß. Frankreich 1953–55 **P** CGT **R+B+K** Paul Carpita **M** Jean Wiener **D** Roger Manunta (Jean Fournier), André Maufray (Robert Fournier), Jeanine Moretti (Marcelle), Albert Mannac (Der Verräter), Louisette Cavolino (Louisette) **L** 78 **E** 31.8.1991 N 3

VERABREDUNG IN BEIRUT (BEYROUTH LA RENCONTRE / BEYROUTOU EL LIKA / ALLIKA). Ein Moslem aus West-Beirut und eine Christin aus Ost-Beirut sind durch den Bürgerkrieg im Libanon getrennt. Ihre Gedanken über ihre Beziehung sowie über die politische Situation sprechen sie auf Tonband, um sich so auszutauschen. Eine Übergabe der Bänder findet aber nicht statt. Eine zwischen manierierter Filmkunst und eindringlicher Dokumentation schwankende Bestandsaufnahme eines zermürbenden Bürgerkriegs, bei der teilsweise strapaziös lange Monologe mit realistischen Alltagsbildern aus dem Beirut jener Jahre wechseln. ✦ Libanon/Tunesien/Belgien 1981 **P** Etablissement Arabe de Production Cinématographique/Satpec/Ciné libre **R** Borhane Alaouié **B** Ahmed Beydoun **K** Charlie Van Damme, Alexis Grivas **S** Eliane du Bois **D** Haithem el Amine (Haïdar), Nadine Acoury (Zeina), Najoua Haydar (Zamzam), Houcem Sabbah (Mustafa), Renée Dick (Zeinas Mutter) **L** 125 **E** 3.1.1983 ARD **fd** 23 783

VERABREDUNG MIT DEM TOD (A DATE WITH DEATH). Ein ziellos herumstreunender Vagabund wird in einer kleinen Stadt für einen ermittelnden Polizisten gehalten und löst tatsächlich auch dessen Fall. Inszenatorisch mäßiger Abenteuer- und Kriminalfilm, technisch bemerkenswert allenfalls durch das »Psychorama«-Verfahren, mit dem – ohne sonderlichen Erfolg – versucht wurde, zwischen den Bildern untergebrachte unterschwellige Suggestionen auf das Publikum wirken zu lassen. – Ab 16 möglich. ✦ Schwarz-weiß. USA 1959 **P** Pacific International **KI** Austria **Pd** William S. Edwards **R** Harold Daniels **B** Robert C. Dennis **K** Carl Guthrie **M** Darrell Calker **D** Liz Renay (Paula Warren), Gerald Mohr (Mike Mason), Harry Lauter (George Caddell), George Clarke (Joe Emanuel), Stephanie Farnay (Edith Dale) **L** 77 (Orig. 81) **FSK** ab 16; nf **E** 21.6.1962 **fd** 11 203

VERABREDUNG MIT DEM ZUFALL (RENDEZ-VOUS PAR HASARD). Der filmische Essay rekonstruiert die Geschichte des Films »Verabredung am Hafen«, der kurz nach seiner Premiere 1955 verboten und beschlagnahmt wurde. Nachdem 1988 eine weitere Kopie entdeckt und erneut ins Kino gebracht wurde, gilt die Produktion inzwischen als Bindeglied zwischen italienischem Neorealismus und französischer Nouvelle Vague. – Ab 16. ✦ Teils schwarz-weiß. Frankreich/Deutschland 1991 **R+B** Jochen Wolf **K** Henning Hude **L** 70 **E** 4.9.1991 N 3

VERABREDUNG MIT EINEM ENGEL (DATE WITH AN ANGEL). Ein todgeweihter junger Mann verliebt sich in einen verletzten Engel, der in seinem Swimming Pool notlandet. Nach Verwicklungen und haarsträubenden Ereignissen hat der Himmel ein Einsehen: Er schenkt dem Mann das Leben und dem liebenden Engel eine irdische Gestalt. Fantasy-Komödie, die mit einer Reihe von trivialisierten religiösen Darstellungen aufwartet. Bis auf wenige witzige Momente einfallslos inszeniert und ohne Charme und Heiterkeit. – Ab 14 möglich. ✦ USA 1987 **P** De Laurentiis Entertainment **KI** Vestron **VA** Vestron/Concorde **Pd** Martha Schumacher **R+B** Tom McLoughlin **K** Alex Thomson **M** Randy Kerber **S** Marshall Harvey **D** Michael E. Knight (Jim Sanders), Phoebe Cates (Patty Winston), Emmanuelle Béart (Engel), David Dukes (Ed Winston), Phil Brock (George) **L** 105 **FSK** ab 12; f **E** 27.4.1989/18.12.1989 Video **fd** 27 563

VERABREDUNG MIT EINEM KILLER (APPOINTMENT FOR A KILLING). Thriller. Ein unschuldig wegen Mordes verurteilter Sträfling überfällt nach seiner Flucht aus dem Polizeigewahrsam ein junges Ehepaar. Aus seiner Entscheidung, die beiden als Geiseln mit sich zu nehmen, ergibt sich eine Dreier-Konstellation, in der es binnen kurzem zu Leidenschaft, Verrat und Gier kommt. ✦ USA 1993 **R** William A. Graham **D** Corbin Bernsen (Stan Benderman), Markie Post (Joyce Benderman), Kelsey Grammer (Ron McNally), Don Swayze (Duke Curran), Jeanne Cooper (Renate), Suzanne Barnes (Gloria Shaw) **L** 88 **E** 27.1.1995 RTL

VERABREDUNG ZUM MORD → Lethal Obsession

DIE VERACHTUNG (LE MEPRIS / IL DISPREZZO). Die Ehe eines Drehbuchautors zerbricht bei den Arbeiten zu einem Film über die Irrfahrten des Odysseus, weil seine Frau glaubt, er wolle sie an den Produzenten abtreten, um die eigene Position zu sichern. Godards Film über das Filmemachen und die Welt des Films, komponiert in auffälliger Farbdramaturgie: Braun, Gelb und Grün dominieren bei den Außenaufnahmen, Rot, Blau und Weiß in den Innenräumen. Ein auf der Handlungsebene schlichter, beinahe belangloser Film, der seinen inszenatorischen Reichtum aber in einer Vielzahl von Zitaten und Anspielungen, Dopplungen und Brechungen offenbart und damit zu einem faszinierenden Dokument unermüdlicher (Selbst-)Reflexion wird. (Auch O.m.d.U.) ✦ Scope. Frankreich/Italien 1963 **P** Rome Paris/Georges de Beauregard/Concordia/Champion **KI** prokino **Pd** Georges de Beauregard, Carlo Ponti **R** Jean-Luc Godard **B** Jean-Luc Godard, nach einem Roman von Alberto Moravia **K** Raoul Coutard **M** Georges Delerue

S Agnès Guillemot, Lila Lakshamanan **D** Brigitte Bardot (Camille Javal), Jack Palance (Jeremy Prokosch), Michel Piccoli (Paul Javal), Giorgia Moll (Francesca Vanini), Fritz Lang (Fritz Lang) **L** 95 **FSK** ab 16; f **FBW** w **E** 22.1.1965/4.6.1987 Neustart **fd** 13 279

DIE VERACHTUNG IST NICHT VON DAUER (LE MEPRIS N'AURA QU'UN TEMPS). Ein politischer Dokumentarfilm, der die Betroffenen selbst zu Wort kommen läßt: Von Arbeitslosigkeit bedrohte Bauarbeiter in Quebec sprechen über ihre Arbeitsbedingungen. ✦ Schwarz-weiß. Kanada 1970 **P** Société Générale Cinématographique/Conseil Central de Montréal **SF** Freunde der Deutschen Kinemathek **R** Arthur Lamothe **K** Guy Borremans **L** 95 **E** 1973 Kino

VERAS ERZIEHUNG (ANGI VERA). Eine 18jährige Waise wird im Ungarn des Jahres 1948, nachdem sie Mißstände in einem Krankenhaus angeprangert hat, auf eine Parteischule geschickt. Dort macht sie unter dem Einfluß einer älteren Journalistin eine Entwicklung zur Anpassung durch. Eine bitterböse Geschichte vom »Erwachsenwerden«, in warmen Farben und einem gelassenen Rhythmus erzählt. Da die Motivation der Hauptfigur nie eindeutig geklärt wird, wird der Zuschauer zur eigenen Stellungnahme herausgefordert. (Fernsehtitel auch: »Angi Vera«) – Sehenswert. ✦ Ungarn 1979 **P** Mafilm/Objektív Filmstúdió **KI** Progress **R** Pál Gábor **B** Pál Gábor, nach einem Roman von Endre Vészi **K** Lajos Koltai **M** György Selmeczi **S** Eva Kármentö **D** Veronika Pap (Vera Angi), Erzsi Pásztor (Anna Tarján), Tamás Dunai (István André), Eva Szabó (Mária Muskát), László Halász **L** 96 **E** 7.3.1980 Kino DDR/25.8.1981 ZDF **fd** 23 118

VÉRAZ (VERAZ). Ein Junge mit einer großen Leidenschaft für Computerspiele flieht, als ihn sein Vater in ein Internat stecken will, in die Pyrenäen. Dort lernt er einen alten Holzfäller kennen, der aus Amerika stammt und sich ganz auf das Leben in und mit der Natur eingelassen hat, besonders mit den Bären. Aber seine Feindschaft mit den örtlichen Wilderern wird dem Einsiedler zum Verhängnis. Ein in der Anlage gutgemeintes Melodram um Menschlichkeit und Liebe zur Natur, das aber auf Grund der halbherzigen, bisweilen mangelhaften Inszenierung und der die Aussage der Bilder oft verdoppelnden Dialoge mißlingt. Allein Kirk Douglas brilliert in der Hauptrolle. – Ab 16. ✦ Frankreich/Spanien/Italien 1990 **R** Xavier Castano **B** Noël Sisinni, François Delaroyère, Xavier Castano **K** Dominique Chapuis **M** Franck Langolff, Bernard Chatenet **D** Kirk Douglas (Quentin), Jean-Michel Portal (Théo), Marie Fugain (Mirentchu), Richard Bohringer (Théos Vater), Imanol Arias (Parco), Roger Souza (Bertou) **E** 30.1.1997 arte

VERBANNT (THE TEMPTER / IL SORRISO DEL GRANDE TENTATORE). Ein junger Schriftsteller gerät in ein römisches Hospiz für Touristen, wo eine Schwester Oberin streng über einige politisch und moralisch schuldig gewordene Menschen gebietet. Durch seine spontane menschliche Anteilnahme bringt er ihre Herrschaft ins Wanken. Mit der Schilderung eines sadomasochistischen religiösen Klimas, in dem Gewissensterror und Schuldgefühle die Menschen zerstören, versucht der Film, die »repressive Macht« der katholischen Kirche aufzuzeigen, bleibt jedoch in Oberflächlichkeiten stecken, da er allzu willkürlich mit Begriffen wie Liebe, Glaube, Gewissen, Freiheit und Moral umspringt. (DDR-Titel: »Das Lächeln des großen Verführers«) ✦ Großbritannien/Italien 1973 **P** Lifeguard/Euro International Film **KI** Progress **VA** Ufa **R** Damiano Damiani **B** Damiano Damiani, Fabrizio Onofri, Audrey Nohra **K** Mario Vulpiani **M** Ennio Morricone **D** Glenda Jackson (Schwester Geraldine), Claudio Cassinelli (Rodolfo), Lisa Harrow (Emily), Adolfo Celi (Vater Borelly), Arnoldo Fo (Monsignore Badensky), Duilio Del Prete **L** 110 (DDR 120) **FSK** ab 16 **E** 16.11.1973 Kino DDR/4.4.1987 DFF 1/1988 Video/25.6.1991 DFF **fd** 26 785

VERBANNT IN DIE HÖLLE (FOR THE TERMS OF HIS NATURAL LIFE). Unschuldig wegen des Mordes an seinem Vater verurteilt, wird ein Mann auf eine Gefängnisinsel verbannt. An Bord des Schiffes soll eine Gefangenenmeuterei angezettelt werden, die er jedoch verhindern kann. Dies bringt ihm den Haß der Mitgefangenen und – wegen einer Denunziation – zusätzliche Strafen ein. Am Ziel ist der Leidensweg keineswegs zu Ende. Zweiteiliger Spielfilm, der Versatzstücke des Abenteuerfilms und des Melodrams zu mischen versucht. (Alternativtitel: »Lebenslänglich«) – Ab 16. ✦ Australien 1982 **R** Rob Stewart **B** Patricia Payne, Wilton Schiller **D** Colin Friels (Rufus Dawes), Rod Mullinar (Lieutenant Frere), Robert Coleby (John Rex), Susan Lyons (Sarah Purfoy), Penelope Stewart (Sylvia Vickers), Anthony Perkins (Reverend North) **L** 115/122 **E** 23./24.8.1995 RTL 2 (zwei Teile)

DER VERBANNTE (THE EXILE). Ein im 17. Jahrhundert spielender, leichtgewichtiger Kostümfilm, der die Abenteuer des von Cromwells Leuten auch im holländischen Exil verfolgten Königssohns Charles Stuart schildert. Douglas Fairbanks jr. findet jeglichen Raum, Szenen, die seines Vaters Stummfilme berühmt machten, neu aufleben zu lassen. Der Mantel- und Degenfilm verbindet sich hier mit Ophüls' Thema von der Liebe, die in Widerstreit mit den Konventionen gerät. Eine amüsante Kombination von »Fairbanks-« und »Ophüls-Touch«, die mit beiden Stilen reizvoll jongliert. – Ab 16. ✦ Schwarz-weiß. USA 1947 **P** Universal **KI** Universal **Pd** Douglas Fairbanks jr. **R** Max Ophüls **B** Douglas Fairbanks jr., nach dem Roman »His Majesty, the King« von Cosmo Hamilton **K** Frank F. Planer (= Franz Planer) **M** Frank Skinner **S** Ted J. Kent **D** Maria Montez (die Gräfin), Paula Croset (Katie), Henry Daniell (Col. Ingram), Nigel Bruce (Sir Edward Hyde), Robert Coote (Pinner) **L** 93 **FSK** ab 12; f **E** 1951 Kino **fd** 1 519

DER VERBANNTE VON PONZA →Die Insel (1934)

VERBIETEN VERBOTEN. Tragikomischer Episodenfilm über die Unterhaltungs- und Sex-Szene West-Berlins. Die Kurzfilme, die in zwei Szenen um eine Peep-Show eingebettet sind, beschäftigen sich mit Leidenschaften, Psychosen, Einsamkeit und Tod, wobei die burleske Grundhaltung der Filme zum Ende hin ins Makabre umschlägt, da die Angst vor AIDS dem unbekümmerten Treiben Grenzen gesetzt hat. ✦ BR Deutschland 1987 **P** Lothar Lambert Prod. **Pd+R+B** Lothar Lambert **K** Albert Kittler, Lothar Lambert **S** Lothar Lambert **D** Dagmar Beiersdorf, Lothar Lambert, Dorothea Moritz, Dennis Buczma, Ingrid Caven **L** 60 **E** 7.10.1990 N 3

DIE VERBINDUNGSTÜR →Das Durchgangszimmer

DIE VERBLENDETEN (1952) (SECRET PEOPLE). Nach dem politisch motivierten Mord an ihrem Vater, einem italienischen Schriftsteller, werden dessen Töchter, 18 und zehn Jahre alt, im Jahr 1930 nach London in Sicherheit gebracht. Sieben Jahre später begegnet die ältere der beiden einem ehemaligen Freund, der sie zwingt, ihm bei einem Bombenanschlag zu helfen. Das Attentat, das dem Diktator gelten soll, der auch für den Tod des Vaters verantwortlich ist, mißlingt, aber ein Unschuldiger wird getötet. In dem nach Jahren wiederaufgeführten Politkrimi ist Audrey Hepburn in ihrer ersten größeren Rolle zu sehen. ✦ Schwarz-weiß. Großbritannien 1952 **P** Ealing **Pd** Sidney Cole **R** Thorold Dickinson **B** Thorold Dickinson, Wolfgang Wilhelm, Christianna Brand **K** Gordon Dines **M** Roberto Gerhard **S** Peter Tanner **D** Serge Reggiani (Louis), Audrey Hepburn (Nora Brent), Charles Goldner (Anselmo), Megs Jenkins (Penny), Valentina Cortese (Maria Brent), Angela Fouldes (Nora als Kind), Irene Worth (Miss Jackson), Reginald Tate (Insp. Eliot) **L** 96 **E** 23.1.1997 tm3

DIE VERBLENDETEN (1955) (BLAENDVAERK). Ein ahnungsloser junger Mann gerät durch parteipolitische Kämpfe in Lebensgefahr. Mehr aus Liebe zu einem Kindermädchen als aus Überzeugung für die klassenkämpferischen »Ideale« einer extremistischen Vereinigung wird er zum ahnungslosen Mitläufer, der schließlich in einer Aktentasche eine Bombe an Bord eines Munitionsschiffes schafft und erst in letzter Sekunde vor drohendem Unheil bewahrt wird. Eine Kolportage mit tendenziös-verschwommenem, unreflektiert antikommunistischem Einschlag. Miserabel fotografiert und gespielt, kümmerlich inszeniert. ✦ Schwarz-weiß. Dänemark 1955 **P** Flamingo **KI** Panorama **Pd+R** Johan Jacobsen **B** Erik Fiehn **K** Kield Arnholtz **M** Erik Fiehn **S** Rosa Warwas **D** Mimi Heinrich (Elvi), Henrik Wiehe (Börge), Poul Reichhardt (Marinus), Kjeld Petersen (Werner Schultz), Poul Müller (Otto), Asbjörn Andersen (Dr. Kerner) **L** 82 **FSK** ab 16; f **E** 15.11.1957 **fd** 6 411

DIE VERBLENDETEN (1994) (DAZZLE / JUDITH KRANTZ'S DAZZLE). Zweiteiliges Fernsehdrama um eine junge Fotografin, die nach einer Liebesenttäuschung und dem Unfalltod ihres Vaters die elterliche Ranch in Orange County gegen in der Wahl ihrer Methoden nicht besonders zimperliche Kaufinteressenten verteidigen muß. (Österreichischer Fernsehtitel: »Im Blitzlicht der Gefühle«) – Ab 16. ✦ USA 1994 **R** Richard A. Colla **B** Laurence Heath **D** Lisa Hartman Black (Jazz Kilkullen), Cliff Robertson (Mike), James Farentino (Rosemont), Dixie Carter (Lydie), Bruce Greenwood (Casey) **L** 90/90 **E** 20., 21.5.1996 VOX (zwei Teile)

DIE VERBLENDUNG (OLSNIENIE). Ein Gorale, dessen Heimatgut einem Staudamm weichen mußte, kommt in ein Kaschubendorf. Auf der Suche nach einer Unterkunft lernt er eine junge Witwe kennen. Aus anfänglicher Sympathie entwickelt sich zwischen beiden allmählich eine starke Zuneigung. Aber nach alter Überlieferung ist die Frau bereits einem anderen versprochen. So beharren die Dorfbewohner auf den alten Traditionen und verhalten sich dem Neuen gegenüber abweisend. ✦ Schwarz-weiß. Polen 1976 **P** PRF Zespoly Filmowe/Zespol Profil **R** Jan Budkiewicz **B** Juri Nagibin **K** Waclaw Dybowski **M** Adam Slawinski **D** Jan Nowicki (Jan Gasienncia), Anna Nehrebecka (Helena), Józef Korzeniowski (Skowronek), Kazimierz Browiec (Wladyslaw), Anna Jaracz (Olesia) **L** 89 **E** 23.10.1979 DFF 2

DER VERBLÜFFTE KÖNIG (EL REY PASMADO / LE ROI EBAHI). Im Spanien des Jahres 1620: Der frisch vermählte König erwacht neben einer Prostituierten und erblickt zum erstenmal eine nackte Frau. Prompt gelüstet es ihn, auch seine Gemahlin unbekleidet zu sehen: der Monarch entdeckt die Sünde zu einer Zeit, da die Tagespolitik seine volle Aufmerksamkeit verlangt, und löst damit einen heftigen Streit unter den Theologen aus. Eine Schelmenkomödie, die Heuchelei und moralischen Fanatismus lächerlich machen will, aber über weite Strecken Rhythmus und Tempo vermissen läßt. (O.m.d.U.) ✦ Spanien/Frankreich/Portugal 1991 **P** Aiete Films/Arion/Infor filmes/TVE/La Sept-arte **R** Imanol Uribe **B** Juan Potau, Gonzalo Torrente Malvido, nach dem Roman »Crónica de un rey pasmado« von Gonzalo Ballester **K** Hans Burmann **M** José Nieto **S** Teresa Font **D** Joaquim Almeida (Pére Almeida), Laura Del Sol (Marfisa), Gabino Diego (der König), María Barranco (Lucrecia), Juan Diego (Villaescusa) **L** 104 **E** 27.2.1995 arte

DER VERBORGENE BERG (MUNTELE ASCUNS). Ein 18jähriger, der bei seinem Vater aufgewachsen ist, verläßt seine gewohnte Umgebung, um auf einer Baustelle schnelles Geld zu verdienen. Mit Hilfe seiner Kollegen macht er jedoch eine Ausbildung und wird auch in seiner Persönlichkeit reifer. ✦ Rumänien 1974 **P** Filmstudio Bucuresti **R** Andrei Catalin Baleanu **B** Mihai Creanga **K** Nicolae Margineanu **M** Mihai Berindei **D** George Constantin, Dana Comnea, Horatiiu Malaele, Octavian Cotescu, Tamara Cretulescu **L** 76 **E** 16.2.1977 DFF 2

DIE VERBORGENE BURG (CETATEA ASCUNSA). Eine Schülergruppe wird im Gebirge von einem

Schneesturm überrascht. Nach Zuflucht in einer Hütte bringt ihnen eine Lawine neue Gefahren, führt sie aber auch zum Eingang einer verborgenen Burg, in der viele Überraschungen warten. Annehmbare, abenteuerliche Unterhaltung. – Ab 10. ✦ Rumänien 1987 **P** Filmstudio Bucuresti **KI** Progress **R** Adrian Petringenaru **B** Constantin Chirita, Adrian Petringenaru **K** Alexandru Groza **M** Cornelia Tautu **D** Razvan Baciu, Alina Dumitrescu, Horatiu Medvesan, Andrei Guran, Robert Enescu **L** 71 **E** 10.11.1989 Kino DDR

DIE VERBORGENE FESTUNG (KAKUSHI TORIDE NO SAN-AKUNIN). Zwei arme Bauern helfen zur Sengoku-Zeit, eine Prinzessin durch feindliches Gebiet zu schleusen. Immer wieder versuchen sie vergeblich, auf ihre Art von den Kriegen ihrer Feudalherren zu profitieren, bevor sie schließlich zu Würde und Stolz finden. Ein in Gestalt eines unterhaltsamen und aktionsreichen historischen Abenteuermärchens entwickeltes poetisch-realistisches Gleichnis über die menschliche Lust auf Ruhm und Macht. Die teils spektakulären, teils komödiantischen Szenen dienen als dramatischer Faden für vorzüglich gezeichnete Charakter-, Milieu- und Landschaftsstudien. – Sehenswert ab 16. ✦ Scope, schwarz-weiß. Japan 1958 **P** Toho **Pd** Masumi Fujimoto, Akira Kurosawa **R** Akira Kurosawa **B** Akira Kurosawa, Ryuzo Kikushima, Hideo Oguni, Shinobu Hashimoto **K** Kazuo Yamasaki **M** Masaru Satô **S** Akira Kurosawa **D** Toshirô Mifune (General Rokurota Makabe), Takashi Shimura (General Izumi Nagakura), Misa Uehara (Prinzessin Yukihime), Minoru Chiaki (Tahei), Susumu Fujita (General Tadokoro) **L** 120 **E** 18.5.1968 ARD/16.9.1976 DFF 1 **fd** 15 444

VERBORGENE GEFÜHLE (ELEMENTS OF DESIRE). Sex-Abenteuer zwischen einer frustrierten Ehefrau, ihrem Mann und dessen Geliebter. ✦ USA 1994 **R+B+K** Cameron Grant **S** Cameron Grant **D** Julia Ann, Celeste, Shayla Laveaux, Deidre Holland, P.J. Sparxx **L** 61 **E** 10.11.1995 premiere

VERBORGENE LEIDENSCHAFT (HIDDEN OBSESSIONS). Erotikfilm um eine Autorin erotischer Geschichten, die ihr Sexleben in Europa aufzufrischen gedenkt. ✦ USA 1993 **R** Andrew Blake **B** Raven Touchstone **K** Andrew Blake **M** Richard Hardalstein **D** Janine Lindemulder, Heather Hart, P.J. Sparxx, Paula Price **L** 60 **E** 18.7.1997 premiere

VERBORGENE SEITEN (TICHIE STRANICY). In erdigen, an alte Daguerreotypen erinnernden Bildern und mit einer von Gustav Mahlers »Kindertotenliedern« dominierten Toncollage beschwört der Film eine Vision des Verfalls und Untergangs. Motive russischer Literatur des 19. Jahrhunderts, vornehmlich aus Dostojewskis »Schuld und Sühne«, dienen als Eckpunkte innerhalb einer eher assoziativ angelegten Filmsprache. Konsequent gegen gängige Kino-Konventionen inszeniert, haftet dem bemerkenswerten Film jedoch mitunter ein Zuviel an Leidensbewußtsein an, das nicht ganz frei von Koketterie ist. (O.m.d.U.) ✦ Teils schwarz-weiß. Russland/Deutschland 1993 **P** North Foundation/Eskofilm/Zero **KI** Salzgeber **Pd** Wladimir Fotiew **R** Alexander Sokurow **B** Alexander Sokurow, nach Motiven russischer Prosa des 19. Jahrhunderts **K** Alexander Burow **M** Gustav Mahler (»Kindertotenlieder«) **S** Leda Semjonowa **D** Alexander Tscherednik (Held), Elizaweta Korolewa (Mädchen), Sergej Barkowskij (Beamter) **L** 77 **FSK** ab 12; f **E** 26.1.1995 **fd** 31 160

DER VERBORGENE STERN (MEGHE DHAKA TARA). Nach der Teilung Bengalens 1947 flieht eine Familie nach Kalkutta. Statt sich in der Emigration gegenseitig zu stützen, beuten alle Familienmitglieder rücksichtslos die opferbereite Tochter aus, bis diese krank wird. Mit dem Fatalismus einer griechischen Tragödie strebt der stilistisch geradlinig und konsequent inszenierte, in der Detailbeschreibung präzise und von einer einfühlsamen Musik getragene Film eines renommierten indischen Regisseurs seinem verhängnisvollen Ende entgegen. (O.m.d.U.) – Ab 14 möglich. ✦ Schwarz-weiß. Indien 1960 **P** Chitrakalpa **R** Ritwik Ghatak **B** Ritwik Ghatak, nach einem Roman von Shaktipada Rajguru **K** Dinen Gupta **M** Jyotirindra Moitra **S** Ramesh Joshi **D** Suprija Choudhury (Nita), Anil Chattopadhyaya (Shankar), Bijon Bhattacharya (der Vater), Gita De (die Mutter), Niranjan Ray (Sanat) **L** 121 **E** 6.8.1996 West 3

DIE VERBORGENEN (CLANDESTINS). Sechs Flüchtlinge aus Nordafrika und Osteuropa erhoffen sich von ihrer illegalen Einreise in Kanada eine bessere Zukunft. Eingeschlossen in einen Schiffscontainer wagen sie die ungewisse Überfahrt, die lebensbedrohlich wird, als das Schiff eine Motorpanne hat, sich die Reise verlängert und die Lebensmittel zur Neige gehen. Zunächst beginnt ein Kampf jeder gegen jeden, doch dann besinnen sie sich auf die Solidarität. Ein weitgehend überzeugender Erstlingsfilm, der freilich Schwächen in der Charakterzeichnung aufweist und die politische Dimension der Geschichte zugunsten der Schilderung der strapaziösen Überfahrt vernachlässigt. – Ab 16. ✦ Frankreich/Schweiz/Kanada 1997 **P** Les Films de la Cassine/Dune (Frankreich), Dschoint Ventschr (Schweiz), Productions du Regard (Kanada), Morgane Films (Belgien) **Pd** Eve Vercel, Robert Nador, Chantal Bernheim **R+B** Denis Chouinard, Nicolas Wadimoff **K** Sylvain Brault **M** Bill Laswell **S** Christian Marcotte **D** Ovidiu Balan (Sandu), Anton Kouznetsov (Roman), Moussa Maaskri (Walid), Simona Maicanescu (Dora), Hanane Rahman (Halima) **L** 95

VERBORGENES FEUER (FIRELIGHT). Eine junge Frau, die einem Adligen als Leihmutter diente, tritt sieben Jahre später die Stelle als Gouvernante für die eigene Tochter an. Dabei wird deutlich, daß das als reine Geschäftsbeziehung ausgelobte Verhältnis weit mehr emotionale Spuren hinterlassen hat, als sich die Beteiligten eingestehen wollten. Ein gediegen inszeniertes, nach klassischen Mustern konstruiertes Liebesdrama mit prägnant gezeichneten Charakteren, das ein schlüssiges Gesellschaftsbild des 19. Jahrhunderts entwirft. Das aufwühlende Geschehen wird in ruhigen Bildern und gedeckten Farben wiedergegeben. – Ab 14. ✦ USA 1997 **P** Hollywood Pictures **KI** Buena Vista **VA** Buena Vista **Pd** Brian Eastman **R+B** William Nicholson **K** Nic Morris **M** Christopher Gunning **S** Chris Wimble **D** Sophie Marceau (Elisabeth Laurier), Stephen Dillane (Charles Godwin), Kevin Anderson (John Taylor), Lia Williams (Constance), Dominique Belcourt (Louisa) **L** 103 **FSK** ab 12; f **FBW** bw **E** 13.8.1998/25.2.1999 Video **fd** 33 254

VERBOTEN (1956) (PROIBITO / DU SANG DANS LE SOLEIL). Das Gesetz der Blutrache lastet auf den Bewohnern eines kleinen sardinischen Dorfes. Haß und Gewalt der Familien der Barras und der Corraines werden von Generation zu Generation weitergegeben, bis ein Priester, der lange in der Fremde lebte, versucht, diese Kette zu durchbrechen. Ein interessanter und glaubwürdig inszenierter Film, der seine Problematik zu einem optimistischen Ausgang bringt. – Ab 16. ✦ Scope. Italien/Frankreich 1956 **P** Documento/UGC-Cormoran **R** Mario Monicelli **B** Suso Cecchi d'Amico, Mario Monicelli, Giuseppe Mangione, nach dem Roman »La Madre« von Grazila Deledda **K** Aldo Tonti **M** Nino Rota **D** Mel Ferrer (Don Paolo Sorvinos), Germaine Kerjean (seine Mutter), Léa Massari (Agnese Barras), Henri Vilbert (Nicodemo Barras), Amedeo Nazzari (Constantino Correine) **L** 91 **E** 7.9.1984 DFF 2

VERBOTEN (1969) (MARCY). Zwei Ehepaare, zwei lesbische Frauen und ein Junggeselle üben in nordischer Wald- und Seenlandschaft reihum ihre sexuelle Befriedigung. Ein nahezu ausschließlich auf die spekulative Zurschaustellung sexueller Libertinage bedachter Schundfilm. (Der im Vorspann noch angegebene Verleihtitel »Heiße Stuten« wurde in Deutschland von der FSK nicht freigegeben.) – Wir raten ab. ✦ USA 1969 **P** De Luxe **KI** Cinema Service **R+B** Joseph W. Sarno **K** Bruce Sparks **L** 81 **FSK** ab 18; nf **E** 28.3.1970 **fd** 16 747

DER VERBOTENE BAUM (THE MANGO TREE). Ein durch Behinderung und die übertriebene Fürsorge seiner Mutter zum Außenseiter gestempelter 12jähriger Junge nutzt die Abwesenheit der Mutter, um zu beweisen, daß er mehr kann, als man ihm zutraut. Er erklettert einen hohen Baum und genießt seinen Triumph. Für Kinder konzipierter Spielfilm, angesiedelt im Australien des Jahres 1917. (TV-Titel DDR: »Der Mangobaum«) – Ab 10. ✦ Australien 1978 **P** Prisces Production **R** Kevin Dobson **B** Michael Paté, nach dem Roman »Der Mangobaum« von Ronald KcKie **K** Brian Probyn **M** Marc Wilkinson **D** Geraldine Fitzgerald (Großmutter Carr), Robert Helpmann (Professor), Christopher Pate (Jamie Carr), Gloria Dawn (Pearl), Gerard Kennedy (Prediger Jones) **L** 90 **E** 11.2.1979 ARD/11.5.1985 DFF 1

VERBOTENE BILDER. Fortsetzung der »Bilder des täglichen Wahnsinns«, mit denen Wilhelm und Birgit Hein bereits in »Love Stinks« provozierten. Im Zentrum steht die männliche Seite im Kampf der Geschlechter: eine sexuelle Besessenheit, die Aggressivität, Haß und Faszination umfaßt. Traum und Wirklichkeit, Erinnerungen und Fantasien verbinden sich zu einer unlöslichen filmischen Erlebnisschicht. Ein extrem subjektiver, radikaler Experimentalfilm, der ähnlich wie der im Zentrum stehende Mann Ekel-, Hemm- und Verbotsschwellen überschreitet. Ein allenfalls einem »special interest«-Publikum zuzumutender Film. ✦ BR Deutschland 1984/85 **P** Wilhelm und Birgit Hein **SF** Wilhelm und Birgit Hein **Pd+R+B+K** Wilhelm Hein, Birgit Hein **M** Robyn Schulkowsky **S** Wilhelm Hein, Birgit Hein **D** Wilhelm Hein, Birgit Hein, Thomas Feldmann, Karola Gramann, David Hallerbach **L** 90 **E** April 1986 Kino

DIE VERBOTENE CARMEN → Die Liebe vom Zigeuner stammt

DER VERBOTENE CHRISTUS (IL CRISTO PROIBITO). Ein Spätheimkehrer aus russischer Kriegsgefangenschaft sinnt in seinem etruskischen Heimatdorf auf Rache. Sein jüngerer Bruder war vor Jahren von einem Dorfbewohner denunziert worden. Ein unschuldiger Dorftischler opfert sich dem Rächer, der erst jetzt die Wahrheit erfährt und den wahren Schuldigen verschont. Ein eindringlich gestalteter Film zum Thema Sühneopfer und Sühnetod, der aber neben vielen eindrucksvollen Szenen auch manch Gestelltes und intellektuelles Posieren bei unklarer Gedankenführung (über die Wiederholung des sühnenden Erlösertodes Christi) aufweist. Dennoch ein äußerst respektables Werk. – Ab 16. ✦ Schwarz-weiß. Italien 1951 **P** Excelsa **KI** Karp **R+B** Curzio Malaparte **K** Gabor Pogany **M** Curzio Malaparte **D** Raf Vallone (Bruno), Elena Varzi (Nella), Alain Cuny (Meister Antonio), Gino Cervi (Eremit), Rina Morelli (Brunos Mutter), Philippe Lemaire (Pinin) **L** 110 **FSK** ab 16; f **E** 10.4.1952 **fd** 2 576

VERBOTENE EXPERIMENTE (PORTION D'ETERNITE). Ein Ehepaar verunglückt bei einem Autounfall tödlich. Die Ehefrau war mit Vierlingen schwanger; drei der Kinder werden gerettet und in embryonalem Zustand lebensfähig eingefroren. Der Vater des Ehemanns kämpft daraufhin mit Hilfe einer Anwältin darum, die Embryos sterben zu lassen. Das Drama zeigt die Gefahren auf, die wissenschaftliche Forschung, wirtschaftliche Interessen und staatliche Gesetzgebung heraufbeschwören, wenn sie sich nicht von einer humanen und ethischen Grundhaltung leiten lassen. Ein überzeugendes Drama, hervorragend in Kamerarbeit und schauspielerischen Leistungen. – Ab 16. ✦ Kanada 1989 **P** Prima Films **R+B** Robert Favreau **D** Danielle Proulx, Marc Messier, Patricia Nolin, Paul Savoie, Gilles Pelletier **L** 92 **E** 31.10.1995 RTL 2

VERBOTENE FRACHT (FORBIDDEN CARGO). Ein mutiger britischer Zollbeamter kommt einer international operierenden Bande von Rauschgiftschmugglern auf die Schliche. Handwerklich solide inszenierte, recht spannende Kriminalunterhaltung ohne tieferen Anspruch. (Westdeutscher Titel: »Heiße

Fracht nach London«) – Ab 16. ✦ Schwarz-weiß. Großbritannien 1954 **P** London Independent **KI** Progress **R** Harold French **B** Sydney Box **K** Reginald H. Morris **S** Anne V. Coates **D** Nigel Patrick (Michael Kenyon), Elizabeth Sellars (Rita Compton), Terence Morgan (Roger Compton), Jack Warner (Alec White), Greta Gynt (Madame Simonetta) **L** 85 **E** 19.4.1957 Kino DDR/19.8.1961 DFF 1/8.2.1969 ARD

DIE VERBOTENE FRAGE (THE FORBIDDEN QUEST). Mischung aus inszenierter Abenteuergeschichte und Dokumentarfilm mit authentischem Filmmaterial von den Südpol-Expeditionen der 30er Jahre, das der Filmhistoriker Delpeut im niederländischen Filmmuseum fand. Die erhaltenen Filme der Scott- und Amundsen-Kameramänner Frank Hurley und Herbert Ponting dienen dem Protagonisten der fiktiven, 1941 in Irland spielenden Rahmengeschichte zum Beweis seiner Teilnahme an geheimen Missionen ins ewige Eis, die nur er allein überlebt haben will. (O.m.d.U.; Späterer Titel: »Die verbotene Suche«) – Ab 16. ✦ Teils schwarz-weiß. Niederlande 1993 **P** Ariel Film **Pd** Suzanne van Voorst **R+B** Peter Delpeut **K** Stef Tijdink **M** Loek Dikker **S** Menno Boerema **D** Roy Ward (Interviewer), Joseph O'Conor (J.C. Sullivan) **L** 70 **E** 21.11.1994 WDR

DIE VERBOTENE FRAU (1993) →Deadly Sins

DIE VERBOTENE FRAU (1996) (LA FEMME DEFENDUE). Ein verheirateter Mann in den besten Jahren begehrt eine junge Frau. Zunächst widersteht sie seinen Avancen, dann willigt sie ein, eine Nacht mit ihm zu verbringen. Es entwickelt sich eine leidenschaftliche Affäre, die zur Zerreißprobe wird, als sie nicht mehr nur begehrtes Objekt sein, sondern in ihrer Bedürftigkeit und Einsamkeit angenommen werden will. Das Protokoll eines Seitensprungs, das sich ganz auf das Objekt der Begierde, die Frau, konzentriert. Selten wurde eine subjektive Kamera im Film so konsequent und elegant angewandt: Der Mann ist nur in wenigen Spiegelszenen zu sehen. Durch diese Verknappung des Blickfelds überträgt sich dessen Blick auf den des Zuschauers, der die Frau und ihre Verhaltensweise quasi mit eigenen Augen wahrnimmt. ✦ Frankreich 1996 **P** Les productions Lazennec/Les Films du Trésor/Lazennec Bretagne/La Sept Cinéma/Canal+ **Pd** Michel Guilloux **R** Philippe Harel **B** Eric Assous **K** Gilles Henry **S** Bénédicte Teiger **D** Isabelle Carré (Muriel), Philippe Harel (François), Nathalie Conio (François' Sekretärin), Sophie Niedergang (François' Frau), Julien Niedergang (François' Sohn) **L** 100 **E** 12.6.2000 arte

VERBOTENE FRAUEN – VERBOTENE NÄCHTE (SEXY AD ALTA TENSIONE / SEXY PROIBITO). Öde Aneinanderreihung von Striptease-Szenen aus vorgeblich erstklasssigen Nachtlokalen. Die deutsche Version sollte durch Kommentare des Berliner Kabaretts »Die Stachelschweine« an Originalität und Komik gewinnen (Motto: »Erlaubt ist, was gefällt!«), verliert sich jedoch in peinlichen Kalauern ohne jede Hintergründigkeit. ✦ Scope. Italien 1962/63 **P** Nuovo Mondo/Gino Mordini Prod. **KI** Constantin **Pd** Gino Mordini **R** Osvaldo Civirani, Vinicio Marinucci, P.V. Oskar de Fina **K** Osvaldo Civirani, Luigi Filippo Carta, Silvio Fraschetti, Franco di Giacomo, Augusto de Giovanni **M** Lallo Gori (= Coriolano Gori), Marcello Giombini, Armando Sciascia **L** 78 **FSK** ab 18; nf **E** 26.2.1965 **fd** 13 301

VERBOTENE FRUCHT (1952) (LE FRUIT DEFENDU). Ein erneut verheirateter Kleinstadtarzt macht eine Eintänzerin zu seiner Geliebten und für die Mitbewohner zu seiner Sprechstundengehilfin. Von Zweifeln geplagt, will er schließlich seine Ehe aufgeben, doch als er sich seiner Ehefrau anvertraut, verzeiht sie ihm verständnisvoll. Präzise inszeniertes Drama im Kleinstadtmilieu, das vor allem von der hervorragenden Gestaltung der Hauptrolle lebt. Ohne zu beschönigen, entwirft der Film eine psychologisch bemerkenswert stimmige Studie um Lebenslügen und -untauglichkeit, um Schuld und mögliche Vergebung. ✦ Schwarz-weiß. Frankreich 1952 **P** Gray/Arca **KI** NF **R** Henri Verneuil **B** Jacques Companéez, Jean Manse, Henri Verneuil, nach einem Roman von Georges Simenon **K** Henri Alekan **M** Paul Durand **D** Fernandel (Dr. Pellegrin), Françoise Arnoul (Martine), Claude Nollier (Armande), Sylvie (Mutter Pellegrin), René Génin (Marchandeau) **L** 95 **FSK** ab 18; f **E** 29.6.1953 **fd** 2 614

VERBOTENE FRUCHT (1984) (TIGIPIO, UMA QUESTAO DE AMOR E HONRA). Zu Beginn dieses Jahrhunderts kommt ein junger Ingenieur wegen eines Regierungsprojekts in einen abgeschiedenen Landstrich Brasiliens. Als er sich in die Tochter eines verarmten Herrn verliebt, verschafft er dem Mann Arbeit, um sich ungehindert der jungen Frau anähern zu können. ✦ Brasilien 1984 **P** Animatographo/Embrafilme **R** Pedro Jorge de Castro **B** Pedro Jorge de Castro, Carlos Alberto Ratton, Ana Maria Balogh, nach einem Roman von Herman Lima **K** Miguel Freire **S** José Tavares de Barros **D** José Dumont, B. de Paiva, Regina Dourado, Joao Falcao, Ricardo Guilherme **L** 80 **E** 8.9.1987 DFF 2/14.8.1991 DFF

VERBOTENE FRÜCHTE (IRREPARABLE DAMAGE). Erotikfilm um eine Frau zwischen Vater und Sohn und andere Wirrungen. ✦ Italien 1996 **R** Joe d'Amato (= Aristide Massaccesi), D'Salvi **B** Robert Lyon **K** Federico Slonisko (= Aristide Massaccesi) **D** Alex Dane, Valentino, Cleopatra Gary, Mark Davis **L** 82 **E** 13.6.1997 premiere

VERBOTENE FRÜCHTE DER EROTIK (EXPONERAD). Eine Schülerin wird von einem Fotografen mit kompromittierenden Fotos erpreßt und bekommt deswegen Schwierigkeiten mit ihrem Freund, der sich dann aber wieder mit ihr aussöhnt. Öder Sexfilm mit sadistischem Einschlag, in dem sich Dummheit, Dilettantismus und Spekulation die Waage halten. – Wir raten ab. ✦ Schweden 1971 **KI** A.B. **R** Gustav Wiklund **D** Christina Lindberg, Björn Adelly, Heinz Hopf, Brigitta Molin, Janne Carlsson **L** 85 **FSK** Spio:X **E** 1975 Kino

VERBOTENE GEFÜHLE →Der Abbé und die Liebe

VERBOTENE HILFE. In einer Welt der totalen Überwachung, in der alle nichtkonformen Bürger als »Elemente« abtransportiert werden und sich die »normalen« Bürger mit Angst und Mißtrauen begegnen, wird ein Zeitungsredakteur, der sich stets an die strengen Vorschriften hielt, mit einer prekären Situation konfrontiert: Seine sorgenlose Sicherheit wird durch ein junges Ehepaar mit Kind bedroht, das zu den »Elementen« zählt und ihn für kurze Zeit um Aufnahme bittet. Erstlingsfilm über eine beängstigende mögliche Zukunft, in der eine Orwellsche Atmosphäre herrscht. ✦ BR Deutschland 1984 **P** Salinas **R+B** Liliane Targownik **K** Klaus Eichhammer **M** Norbert Jürgen Schneider **D** Gerhard Zemann (Zent), Jan Biczycki (Calm), Marianne Lindner (Frau Schulz), Martin Umbach (Martin), Claudia Matussek (Maria), Pamela Kerler (Kind), Otto Friebel (Arzt), Helga Tölle (Arzthelferin), Heide Ackermann (Freundin), Dominique Horwitz (junger Mann) **L** 80 **E** 9.5. 1984 ZDF

VERBOTENE JAGD (TROJE I LAS). In einem Moment der Schwäche begeht ein bis dahin pflichtbewußter Förster eine strafbare Handlung. Ein Zeuge seiner Tat erpreßt ihn bis zur Hingabe seiner Frau. Trotz des banalen Themas ein handwerklich überzeugender Film mit guten Darstellern. – Ab 14. ✦ Scope, schwarz-weiß. Polen 1963 **P** ZRF »Syrena« **KI** Progress **R** Stanislaw Wohl **B** Andrzej Szczypiorski **K** Antoni Wojtowicz **M** Edward Pallasz **D** Jan Swiderski (Förster Romczak), Anna Ciepielewska (Hanna, seine Frau), Boguslaw Sochnacki (Maniek) **L** 84 **E** 1.11. 1963 Kino DDR

VERBOTENE KLÄNGE – MUSIK UNTER DEM HAKENKREUZ. Filmische Recherche über die nationalsozialistische »Säuberungskampagne«, die im Bereich der Musik bei den Reichmusiktagen 1938 ihren Höhepunkt fand. Der Film dokumentiert, was aus den Künstlern und ihrer Kunst wurde, läßt Zeitzeugen über die innere und äußere Emigration berichten und liefert Beispiele nationalsozialistisch sanktionierter Musik. Allzu wortlastig im Stil fader Fernseh-Features inszeniert, liefert er zwar umfangreiche Fakten, läßt jedoch keinen methodischen Ansatzpunkt erkennen; das Aussparen der Unterhaltungsmusik ist dabei sein größtes Manko. – Ab 12 möglich. ✦ Teils schwarz-weiß. BR Deutschland 1989 **P** Max Film/Wolfgang Pfeiffer Filmproduktion/WDR **SF** ex picturis **VA** absolut MEDIEN/Salzgeber **Pd** Wolfgang Pfeiffer **R** Norbert Bunge, Christine Fischer-Defoy **B** Christine Fischer-Defoy **K** Norbert Bunge, Klaus Schrader **S** Norbert Bunge **L** 83 **FSK** o. A.; f **FBW** bw **E** 23.5.1991/1997 Video **fd** 28 905

VERBOTENE LEIDENSCHAFT (1963/64) (AKAI SATSUI). Eine junge Frau wird während der Abwesenheit ihres Mannes von einem Einbrecher vergewaltigt und bleibt dem gewalttätigen Mann solange hörig, bis dieser mehr oder weniger zufällig ums Leben kommt. Erst dadurch löst sich der Konflikt, der sie zu zerreißen droht. Die mit naturalistischer Schonungslosigkeit entwickelte Studie einer Frau, die in einem repressiven und pervertierten Familienverband gefangen ist. Der melodramatisch akzentuierte Film ist einer der Klassiker der »neuen Welle« des japanischen Kinos der 60er Jahre und in seiner Radikalität eine erschütternde Reflexion über die Grenzen von Hingabe, Sexualität und Tod. In der drastisch gekürzten deutschen Verleihfassung ist nur noch ein wirrer Torso übriggeblieben, der mit den aus ihrem Zusammenhang gerissenen Sexszenen spekuliert. ✦ Scope, schwarz-weiß. Japan 1963/64 **P** Nikkatsu **KI** Inter **Pd** Masayuki Takagi **R** Shôhei Imamura **B** Keiji Hasebe, Shôhei Imamura, nach einem Roman von Shinji Fujiwara **K** Shinsaku Himeda **M** Toshiro Mayuzumi **S** Matsuo Tanji **D** Masumi Harukawa (Sadako Takahashi), Akira Nishimura (Riichi Takahashi), Shigeru Tsuyuguchi (Hiraoko), Ikuko Kusunoki (Yoshiko Masuda), Haruo Itoga (Yasuo Tamura), Ranko Akagi **L** 107 (Orig. 150) **FSK** ab 18; nf **E** 1.3.1968

VERBOTENE LEIDENSCHAFT (1995) (THE AFFAIR – TRUE STORY). Gegen Ende des Zweiten Weltkrieges verliebt sich eine verheiratete Engländerin in einen schwarzen US-Offizier. Als ihr Ehemann die Liebenden ertappt, kann er seine Frau dazu bringen, den Geliebten als Vergewaltiger anzuprangern und beschwört eine Katastrophe herauf. Melodram vor historischem Hintergrund, das bigotte Lebenspläne und Vorurteile zum Thema hat. ✦ USA 1995 **P** Black Tuesday/HBO **Pd** John Smithson, David M. Thompson **R** Paul Seed **B** Pablo Fenjves, Bryan Goluboff **K** Ivan Strasburg **M** Christopher Gunning **S** John Stothart **D** Courtney B. Vance (Travis), Kerry Fox (Maggie), Leland Gantt (Barrett), Bill Nunn (Sergeant Rivers), Ned Beatty (Colonel Banning) **L** 100 **E** 21.6. 1997 ORF 1

EINE VERBOTENE LIEBE (UN AMOUR INTERDITE). Als sein kleiner Sohn an der Pest stirbt, nimmt im späten 18. Jahrhundert ein reicher römischer Bankier einen heimatlosen Straßenjungen auf, der den Familiennamen weitertragen soll. Der seinem Ziehvater in Dankbarkeit zugeneigte Junge wächst im ruhigen Familienhaus heran, bis er, groß geworden, des Müßigganges müde wird. Als er den Reizen der Stiefmutter erliegt, kommt es zur Katastrophe, die Familie wird zerstört. Thematisch zwischen »Ödipus« und »Les Diaboliques« angesiedeltes Melodram, das die Vorlage Kleists mit schönen Bildern, aber hölzernen, pseudo-literarischen Dialogen entwickelt; ein ebenso schmuck- wie farbloser Film. ✦ Frankreich/Kanada/USA 1983 **P** Garance/FR3/Laffont et Cie/RTZ/J. Rouff Enterprises **R** Jean-Pierre Dougnac **B** Jean-Pierre Dougnac, nach der Novelle »Der Findling« von Heinrich von Kleist **K** Romano Albani **M** Luis Enriquez Bacalov **D** Brigitte Fossey (Elvira), Fernando Rey (Piachi), Saverio Marconi (Nicolo), Agostina Belli (Xaviera), Emmanuelle Béart (Constanze) **L** 90 **E** 1.4.1988 DFF 2/25.10.1990 Tele 5

VERBOTENE LIEBE (1944) (OROLIGT BLOD). Ein Arzt liebt seine junge Schwägerin. Seiner Frau kann er den tödlichen Unfall seines kleinen Sohnes nicht verzeihen. Sie nimmt Gift und erblindet, wird geheilt, bricht in Wahnsinn aus und rast mit dem Auto in den Tod. Eine wüst erdachte Kolportagegeschichte, primitiv im Dialog, inszenatorisch durchaus routiniert. ✦ Finnland 1944 **P** Oy Polaris **KI** Continental **R** Teuvo Tulio **M** Frédéric Chopin **D** Hans Straat, Regina Linnanheimo, Harriet Philipsson, Lolan Wasström, Matti Nylund **L** 84 **FSK** ab 18; nf **E** 9.3.1951 **fd** 1 187

VERBOTENE LIEBE (1990). Die Liebe zwischen einer 13jährigen und einem fünf Jahre älteren Jungen behauptet sich letztlich gegen alle Widerstände. Die Variation des »Romeo und Julia«-Sujets kommt zwar ohne die üblichen Klischees aus, verliert aber an Konturen, weil zuviel in die Geschichte verfrachtet ist und sich die Inszenierung als zu hölzern erweist. – Ab 16. ✦ Scope. DDR 1990 **P** DEFA, Gruppe »Berlin« **KI** Progress **Pd** Uwe Kraft **R** Helmut Dziuba **B** Helmut Dziuba, nach der Erzählung »Der Sündenfall« von Helmut H. Schulz **K** Helmut Bergmann **M** Christian Steyer **S** Monika Schindler **D** Julia Brendler (Barbara), Hans-Peter Dahm (Georg Kalisch), Gudrun Ritter (Lehrerin Laube), Karin Gregorek (Mutter Kalisch), Peter Sodann (Barbaras Vater), Dietrich Körner (Direktor), Gert Gütschow (Staatsanwalt) **L** 91 **E** 20.4.1990 Kino DDR/2.6.1991 DFF

DIE VERBOTENE LIEBE DES SAMURAI →Gonza, der Lanzenkämpfer

VERBOTENE LUST (IL FIORE DELL'AMORE). Ein nach fünf Jahren aus dem Gefängnis entlassener junger Mann beginnt ein Liebesverhältnis mit der attraktiven Ehefrau seines Bruders und wird in ein mörderisches Spiel um Intrigen und Verrat verwickelt, wobei er am Ende als der Verlierer dasteht. Trivialer Erotik-Thriller aus der Produktionsmaschinerie von Joe d'Amato, der sich vage einiger Motive von »Wenn der Postmann zweimal klingelt« bedient. ✦ Italien 1990 **R** Joe d'Amato (= Aristide Massaccesi) **B** Daniel Steel, Sergio Arriotti **D** Kristine Rose (Linda), Robert La Brosse (Jeff), Kristine Frischhertz (Jamie), Jack Ciolino (Gordon) **L** 88 **E** 23.8.1999 RTL 2

VERBOTENE LUST IM SPERRBEZIRK. Pseudodokumentarische Szenen aus einer »Peep-Show«, kombiniert mit Aussagen der dort tätigen Frauen. Eigentliches Anliegen des Billigfilms sind wohl die unmotiviert einmontierten Sexszenen, die ähnlich erbärmlich ausgefallen sind wie der Rest des Films. (Titel auch: »Die Mädchen aus der Peep-Show«; Video: »Midnightgirl«) – Wir raten ab. ✦ BR Deutschland 1983 **P** DW/PGF **KI** PGF **R** Percy Parker (= Adrian Hoven) **B** P. Pistek, Fischer **K** Reinhard Öfele **M** Paradise Studio **D** Eleonore Melzer, Carmen Lenz, Marianne Weckerle **L** 77 **FSK** SPIO: X **E** 21.10. 1983

VERBOTENE NÄCHTE (FORBIDDEN NIGHTS). 1979: Eine amerikanische Literaturdozentin an der Universität der chinesischen Stadt Hunan verliebt sich in einen Studenten und Wortführer der Demokratie-Bewegung. Nachdem ihre brisante Beziehung von staatlicher Stelle mit einer Heiratserlaubnis sanktioniert worden ist, reist das Paar in die USA aus. Daß dieser Schritt dem jungen Chinesen das Leben gerettet hat, wird zehn Jahre später klar, als die chinesische Opposition auf dem Platz des Himmlischen Friedens niedergeknüppelt wird. Liebesdrama nach einer autobiografischen Artikelserie. – Ab 16. ✦ USA 1990 **P** Tristine Rainer Prod. **Pd** Charles Jennings **R** Waris Hussein **B** Tristine Rainer, nach Artikeln von Judith Shapiro **D** Melissa Gilbert (Judith Shapiro), Robin Shou (Liang Hong), Victor Wong (Ho), Twi Ma (Li Dao), Beulah Quo (Yin) **L** 89 **E** 22.9.1995 ZDF

DAS VERBOTENE PARADIES. Ein alter Arzt besänftigt einen aufgebrachten Vater, indem er ihm seine Jugenderlebnisse erzählt. Die in einer Rückblende auflebende prüde Bademode der Jahrhundertwende kontrastiert dabei mit den textilfreien Campingfreuden der Nachkriegszeit. Ein inszenatorisch wie inhaltlich primitiver Film, auf törichte Weise spekulativ und schlampig. Was aus heutiger Sicht unbeabsichtigt erheiternd wirkt, ist zugleich ein bemerkenswerter Einblick in ein Kapitel früher bundesdeutscher »Sittengeschichte«. Damals wurde der Film 14mal der Freiwilligen Selbstkontrolle (FSK) zur Prüfung vorgelegt und erst nach der Entfernung »aufdringlicher Nudismuspropaganda« freigegeben. ✦ BR Deutschland 1955/58 **P** Allgemeine Film Union **KI** Atlantic **Pd** Artur Brauner **R** Maximilian Meyer **B** H.G. Bondy **K** Werner M. Lenz **M** Martin Böttcher **S** Annemarie Rokoss **D** Wolfgang Lukschy (Prof. Wetterstein), Ingeborg Schöner (Elsa Krailing), Jan Hendriks (Dr. Theo Krailing), Walter Breuer (Thomas Sund), Lutz Moik (Karl Wetterstein) **L** 80 **FSK** ab 18; nf **E** 17.10.1958 **fd** 7 481

VERBOTENE SEXUALITÄT. Pseudowissenschaftlich kommentierte Abnormitäten-Show, die vorgeblich für Toleranz gegenüber Sadismus, Sodomie und Fetischismus werben will, aber nicht mehr ist als ein dilettantisch zusammengeklebtes Schundprodukt, das die betroffenen Menschen süffisant diskriminiert. – Wir raten ab. ✦ BR Deutschland 1970 **P** Sigma-VIII/K. Hoffmann **KI** Cinema Service **R** Dieter von Soden **K+M** Dieter von Soden **S** Jürgen Wolter **L** 83 **FSK** ab 18; nf **E** 22.5.1970 **fd** 16 828

VERBOTENE SPIELE (JEUX INTERDITS). Ein fünfjähriges Mädchen, dessen Eltern beim Einmarsch der Deutschen in Frankreich 1940 umgekommen sind, wird von einer Bauernfamilie aufgenommen. Es freundet sich mit den anderen Kindern an, besonders mit dem elfjährigen Sohn der Pflegeeltern. Die Dorfkinder »spielen« die Ereignisse, die sie umgeben: Sie spielen »Krieg« und »Friedhof«. Nach der Befreiung wird das Mädchen vom Roten Kreuz betreut und versucht, seinen Spielkameraden wiederzufinden. Ein erschütternder Film, der in der Stilisierung und Idealisierung einer »heilen« Kinderwelt schonungslos die Grausamkeit und Gedankenlosigkeit des alltäglichen Lebens aufzeigt. Zugleich beklagt er eindringlich den Verlust der Unschuld durch den Krieg und denunziert vehement pseudoreligiöses Verhalten. – Ab 14 möglich. ✦ Schwarz-weiß. Frankreich 1952 **P** Silver **KI** Deutsche Cosmopol **Pd** Robert Dorfmann **R** René Clément **B** Jean Aurenche, Pierre Bost, René Clément, nach dem Roman von François Bayer **K** Robert Juillard, Jacques Robin **M** Narciso Yepes **S** Roger Dwyre **D** Brigitte Fossey (Paulette), Georges Poujouly (Michel), Lucien Hubert (Vater Dollé), Suzanne Courtal (Mutter Dollé), Jacques Marin (Georges Dollé), Laurence Badie (Berthé Dollé), Amédée (Francis Gouard) **L** 85 **FSK** ab 12; f **E** 21.7.1953/13.1.1959 ARD/20.10.1977 DFF 2 **fd** 2 703

VERBOTENE SPIELE AUF DER SCHULBANK. Eine rothaarige Oberstufen-Nymphe bringt nicht allein Mitschüler in Verwirrung, sondern mehr noch den Lehrkörper, bis sie vom Direktor an eine andere Schule verfrachtet wird, wobei auch er ihren Reizen erliegt. Ein dümmlich inszenierter Spekulationsfilm. ✦ BR Deutschland 1980 **P** Apollo **KI** Apollo/Avis **R** Kenneth Howard (= Jürgen Enz) **D** Verena Lessing, Mario Pollak, Soraya Atighi (Nora), Elke Iro **L** 72 **FSK** ab 18; nf **E** 31.7.1980 **fd** 22 635

VERBOTENE STRASSE (VICTIMAS DEL PECADO). Eine Tänzerin aus einem südamerikanischen Nepplokal nimmt sich edelmütig des ausgesetzten Kindes einer Prostituierten an, verliert deshalb aber ihre Stellung und muß den Lebensunterhalt auch als Straßendirne verdienen. Ein routiniert inszeniertes, hervorragend fotografiertes Sitten-Melodram, aus hiesiger Sicht allzu rührselig und plakativ-pathetisch. ✦ Schwarz-weiß. Mexiko 1950 **P** Calderon Films **KI** Südwest **R** Emilio Fernández **B** Emilio Fernández, Gabriel Figueroa **K** Ignacio Romero **M** Perez Prado, Antonio Diaz Conde **D** Ninon Sevilla (Violetta), Rodolfo Acosta (Rodolfo), Tito Junco (Santiago), Rita Montaner (Rita), Margarita Ceballos (Rosa), Arturo Soto Rangel (Gonzales) **L** 82 **FSK** ab 18; nf **E** 8.8.1952 **fd** 2 102

DIE VERBOTENE SUCHE →Die verbotene Frage

DER VERBOTENE TANZ (LAMBADA! THE FORBIDDEN DANCE / LAMBADA! THE FORBIDDEN DANCE). Von einer profitgierigen Gesellschaft aus dem Amazonas-Delta vertrieben, kommt eine Eingeborenen-Prinzessin samt Medizinmann nach Los Angeles, um den Boß der Firma zur Vernunft zu bringen. Aus Mangel an Bargeld muß sie sich als Dienstmädchen verdingen und ihre Lambada-Tanzkünste in einem Animier-Schuppen vergeuden, bevor sie ein blonder Prinz befreit, man einen Tanzwettbewerb gewinnt und den Waldmörder im Fernsehen anprangern kann. Disco rettet den Regenwald – so dumm kann Kino sein. Die dünne und zerdehnte Handlung rankt sich um uninspiriert choreografierte Tanzeinlagen. – Ab 16. ✦ USA 1989 **P** 21st Century/Menahem Golan Prod. **KI** Ascot/Saarfilm **VA** 21st Century **Pd** Richard L. Albert, Marc S. Fischer **R** Greydon Clark **B** Roy Langsdon, John Platt, Joseph Goldman, nach einer Erzählung von Joseph Goldman **K** R. Michael Stringer **M** Vladimir Horunzhy, Kaoma, Kid Creole & The Coconuts **S** Robert Edwards, Earl Watson **D** Laura Herring (Nisa), Jeff James (Jason), Richard Lynch (Benjamin Maxwell), Sid Haig (Joe), Barbara Brighton (Ashley) **L** 97 **FSK** ab 12; f **E** 31.5.1990/15.9. 1990 Video **fd** 28 599

VERBOTENE TRÄUME – KLASSISCHE EROTICA AUS OPAS KINO 1920–1940. Zusammenschnitt von acht stummen pornografischen Kurzfilmen und einem Zeichentrickfilm aus den Jahren zwischen 1920 und 1940. Unterlegt mit klassischer Musik von Händel bis Bizet, vermittelt das Spekulationsprodukt, in dem endlose Kopulationsszenen und Sado-Masochismen einander ablösen, nichts von filmgeschichtlicher Bedeutung. – Wir raten ab. ✦ Schwarzweiß. BR Deutschland 1985 **P** Atlas **KI** Atlas **R** Gerd Klein (Zusammenstellung) **M** Helge Schneider, Edvard Grieg, Georges Bizet, u. a. **S** Dorothee Daringhaus **L** 87 **E** 2.8.1985 **fd** 25 221

VERBOTENE VERSUCHUNG – DER VATER UND DAS KINDERMÄDCHEN →Teuflische Versuchung

VERBOTENE WELT (SPOTS IN THE SUN). Teils interessante, überwiegend aber sensationshaschende Informationen über Japan und seine Bewohner in einem dokumentarischen Film, der auch manche Scheußlichkeiten nach »Mondo«-Manier zeigt. Die in elf Episoden ausgebreiteten Einblicke in »verbotene Bezirke des Lebens« sind unterm Strich allzu spekulativ und voyeuristisch geraten. ✦ Scope. Japan 1964 **P** Shibata/Shintoho **KI** Mercator **R** Nobuo Nakagawa, Kiyoshi Komori, Tsukasa Takahashi, Kichinosuke Yoshida **M** Hideo Olawa **L** 94 **FSK** ab 18; f **E** 1967 Kino **fd** 14 634

VERBOTENE ZÄRTLICHKEITEN (1971) (IO CRISTIANA STUDENTESSA DEGLI SCANDALI). Revoltierende Studenten wollen die Autorität des von ihnen als zu konservativ angesehenen Professors untergraben. Doch die Studentin, die ihn kompromittieren soll, verliebt sich in ihn. Dümmlicher Sexfilm. – Wir raten ab. ✦ Scope. Italien 1971 **P** Sara **KI** Apollo/Aktuell/Ring **R+B** Sergio Bergonzelli **K** Antonio Maccoppi **M** Carlo Savina **S** Sergio Bergonzelli **D** Malisa Longo, Glenn Saxson, Patricia Reed, Antonella Murgia, Gregory Gandolfo **L** 83 **FSK** ab 18; nf **E** 24.10.1975 **fd** 20 062

VERBOTENE ZÄRTLICHKEITEN (1982) (L'EDUCATION ANGLAISE). Eine naive Waise wird von ihrem Vormund in ein Internat gesteckt. Eine neue Erzieherin entpuppt sich als Mann und als der Geliebte der Rektorin, die auf diese Weise den gesuchten Mörder vor der Polizei versteckt. Schließlich fliegt das obskure Internat auf, der geflüchtete Mörder kommt bei der zur »Domina« im Hause ihres Vormundes avancierten Waise unter. Ein gedanklich wie inszenatorisch billiger Sexfilm, der sich zäh dahinschleppt. – Wir raten ab. ✦ Frankreich 1982 **P** Tanagra **KI** Ring/Splendid **R+B** Jean-Claude Roy **K** Robert Millie **M** Philippe Brejean **S** Zoé Durouchoux **D** Jean Antolinos, Véronique Catanzaro, Jean-Claude Dreyfus, Obaya Roberts, Bernard Mousson **L** 82 **FSK** ab 18; nf **E** 25.5.1984 **fd** 24 750

DAS VERBOTENE ZIMMER. (Fernseh-)Liebesfilm um ein Paar, das gegen den Widerstand und die Intrigen seiner Familien einen gemeinsamen Weg sucht. ✦ Deutschland 1998 **P** ZDF **Pd** Christoph Getrost **R** Michael Steinke **B** Marlis Ewald **K** Heinz Dieter Sasse **M** Hans Günther Wagener **S** Barbara Bialas **D** Jeanette Arndt (Lizzy von Kappel), Timothy Peach (Robert Krumholz), Michael Roll (Martin Wesch), Antje Hagen (Johanna von Kappel), Hans Clarin (Ernst von Kappel), Ruth-Maria Kubitschek (Mathilda Krumholz), Dieter Eppler (Kurt Krumholz) **L** 87 **E** 6.6.1999 ZDF

VERBOTENE ZONE. Ein Team von Journalisten kommt den illegalen Machenschaften eines Industrie-Unternehmens auf die Spur, das in den Handel mit atomwaffenfähigem Material verstrickt ist. Als es eines nachts in den Betrieb eindringt, um Beweise zu sichern, wird es vom Werkschutz gestellt. Um einer strafrechtlichen Verfolgung zu entgehen, wird ein Kompromiß ausgehandelt, dessen Weitungen niemand einschätzen kann. Ein Öko-Thriller vor durchaus denkbarem Hintergrund. ✦ Deutschland 1995 **P** Westdeutsche Universum-Film/ZDF/arte **R** Markus Fischer **B** Gareth Jones **K** Jörg Schmidt-Reitwein **M** Markus Fritzsche **D** Barbara Auer (Larissa Brunner), Ernst Sigrist (Juan Schumacher), Christian Tasche (Wim), Ueli Jäggi (Jochen Mettmann), Lauretta Hickman (Marion), Dieter Pfaff (Keller) **L** 88 **E** 25.8.1995 arte/23.10.1995 ZDF

DIE VERBOTENEN SPIELE DER GRÄFIN DOLINGEN VON GRATZ (LES JEUX DE LA COMTESSE DOLINGEN DE GRATZ). Drei auf den ersten Blick unabhängige Geschichten, die sich jedoch durchdringen, überlappen und bedingen. Erzählt werden die Geschichten eines Mannes, der aus heiterem Himmel kriminell wird, die unerfüllte Liebe eines Mädchens zu einem Fremden und das Schicksal einer vernachlässigten Ehefrau. Ein an literarischen Bezügen reicher Film, in dessen Mittelpunkt die erotischen Fantasien von Frauen stehen. ✦ Frankreich 1981 **P** Les Films du Nautile/Prospectacle **R+B** Catherine Binet **K** William Lubtchansky **M** Carlos d'Alessio **S** Boris Viard **D** Carol Kane (Louise), Michael Lonsdale (= Michel Lonsdale) (Bertrand), Roberto Plate, Robert Stephens, Katia Wastchenko **L** 110 **E** 30.10.1996 arte

VERBOTENER STRAND (PLAYA PROHIBIDA). Irgendwo an der mexikanischen Küste: Weite Teile des Waldes, der Steilküste und des Strandes gehören den Brüdern Varón. Als dort die Leiche eines Mannes gefunden wird, kommen alte Zweifel an der Rechtmäßigkeit des riesigen Besitzes wieder auf. ✦ Schwarz-weiß. Mexiko 1958 **R** Julian Solar **B** Juan Antonio Bardem, Julian Solar **K** Alex Phillips **D** Rossana Podestà, Carlos Lopez Moctezuma, Marco Vicario (= Renato Marvi), Fernando Rey, Alfredo Mayo **L** 73 **E** 22.8.1970 DFF 1

VERBOTENES DECAMERONE →Hattu Keuschheitsgürtel muttu knabbern

VERBOTENES VERLANGEN – EINE FRAU SPIELT MIT DEM FEUER →Undercover Sarah

VERBOTENES VERLANGEN – ICH LIEBE MEINEN SCHÜLER. (Fernseh-)Melodram um eine arrivierte, glücklich verheiratete Lehrerin, die sich in einen ihrer Schüler verliebt und von ihm schwanger wird. ✦ Deutschland 1999 **P** Nostro Film/SAT 1 **R** Zoltan Spirandelli **B** Scarlett Kleint, Michael Illner **K** Daniel Koppelkamm **M** Wolf Wolff **D** Marion Mitterhammer (Katharina Kröger), Matthias Schweighöfer (Ben Simon), Stefan Reck (Ulrich Kröger), Laura-Charlotte Syniawa (Jule Kröger), Timur Saglar (Felix Kröger), Jochen Senf (Hanno Marquardt), Barbara Focke (Direktorin Neurath) **L** 93 **E** 18.1.2000 SAT 1

VERBRANNTE BEWEISE (BURNT EVIDENCE). Ein angeblicher Mord aus Eifersucht stellt sich am Ende als Unfall mit tödlichem Ausgang heraus. Durchschnittlicher Krimi mit viel Sentiment, aber wenig Spannung. (Westdeutscher TV-Titel: »Verbrannter Beweis«) – Ab 14. ✦ Schwarz-weiß. Großbritannien 1954 **P** Monarch/ACT Films **Kl** Progress **Pd** Ronald Kinnoch **R** Daniel Birt **B** Ted Willis, nach einer Erzählung von Percy Hoskins **K** Jo Jago **D** Jane Hilton (Diana Taylor), Duncan Lamont (Jack Taylor), Donald Gray (Jimmy Thompson), Meredith Edwards (Bob Edwards), Cyril Smith (Alf Quinney) **L** 61 **E** 13.7. 1962 Kino DDR/15.2.1970 ZDF

VERBRANNTE ERDE (1984) (CEASE FIRE). In einer komplizierten Rückblende entwickelt sich die Geschichte eines glühenden französischen Patrioten, der vom journalistischen zum militärischen Engagement wechselt. Actionfilm, dessen technische Brillanz vom austauschbaren Gut/Böse-Schema ablenkt; Das Handeln ist emotional motiviert, nicht aber politisch. ✦ USA 1984 **P** E.L.F./Double Helix/ Overseas Filmgroup **VA** Ufa **Pd** William Graefe **R** David Nutter **B** George Fernandez, nach seinem Theaterstück **K** Henning Schellerup **M** Gary Fry **S** Julio Chavez **D** Don Johnson (Tim Murphy), Lisa Blount (Paula Murphy), Robert F. Lyons (Luke), Richard Chaves (Badman), Chris Noel (Wendy) **L** 94 **FSK** ab 16 **E** 20.5.1987 Video **fd** 26 359

VERBRANNTE ERDE (1992) (TERRE BRULEE). Vor dem Hintergrund der Bauernproteste im Norden Frankreichs kämpft ein junger Landwirt angesichts der miserablen wirtschaftlichen Verhältnisse ums Überleben. Als sein Freund aus Jugendtagen, einst ein großspuriger Wortführer, ins Dorf zurückkehrt, hofft der zurückgezogen und allein lebende junge Bauer auf Unterstützung. Allmählich aber schwindet unter seinen Füßen der Boden seiner Existenz. Fürs Fernsehen produzierter Spielfilm, der aktuelle politische Gegebenheiten mit einer düsteren Bestandsaufnahme der Lebensverhältnisse und erzählerischen Elementen des »film noir« verbindet. (O.m.d.U.) ✦ Frankreich 1992 **P** F. Comme Fiction/La Sept/France 3 **R** Chantal Picault **B** Alain Riondet **K** Gilberto Azevedo **M** René Aubry **S** Alain Caron **D** Thierry Frémont (Yves), Sandrine Dumas (Josy), Patrick Catalifo (Raymond), Fred Ulysse (Vater), Marie Pillet (Mutter) **L** 87 **E** 20.11.1992 arte

DIE VERBRANNTE SEELE (JANDYM). Das Leben zweier Brüder in Turkmenistan zur Zeit der Sowjet-Macht. Während der eine die Regierung mit aller Macht unterstützt, plagen den anderen Zweifel, und er versucht, seinem Leben einen übergeordneten Sinn zu geben. Vor seinem Tod im Lager lässt er sein Leben noch einmal Revue passieren. Eine Auseinandersetzung mit der Stalin-Ära, inszeniert nicht als realistische Abrechnung, sondern immer wieder gebrochen durch Visionen und Metaphern, die die Frage nach dem persönlichen Glück des Menschen aufwerfen. ✦ Turkmenistan 1995 **R** Najram Abdullajew, Lora Stepabskaja **B** Bajram Abdullajew, Lora Stepabskaja **K** Vladimir Sporyshow **M** Aman agadzikow **D** Aman agadzikow (Sadik), Ogulajan Nyazberdijewa (Jaschemal), Artyk Dzhallijew (Neker), Leonid Maizel (Jakob) **L** 75 **E** 21.4.2000 arte

VERBRANNTER BEWEIS →Verbrannte Beweise

VERBRANNTES LAND (THE LAST FRONTIER). Eine Kalifornierin mit Tochter und Sohn betreibt, nachdem ihr australischer Ehemann bei einem Flugzeugunglück ums Leben gekommen ist, gegen massive Angriffe aus seinem Familienclan die gemeinsame verarmte Farm weiter. Fürs Fernsehen entstandenes Familiendrama in öder Landschaft, das mit immer neuen dramaturgischen Kniffen am Leben erhalten wird. (Fernsehtitel: »Der Ruf des Herzens«) – Ab 14. ✦ Australien 1986 **P** Taft Hardy Group **VA** Taurus (Zwei Kassetten) **R** Simon Wincer **B** Michael Laurence **K** Ian Baker **M** Brian May **D** Kate Evanson, Linda Evans, Jack Thompson, Jason Robards, Judy Morris **L** 177 **FSK** ab 12 **E** Oktober 1987 Video/23.,30.11., 7.,14.12.1988 ZDF **fd** 26 449

VERBRECHEN (CRIMEN). Ein junger Dorfarzt wird des Mordes an seiner Wirtin angeklagt. ✦ Schwarz-weiß. Spanien 1967 **P** I.F.I. **R** Miguel Lluch **B** José Luis Lucas, José Gallardo, Ignacio F. Iquino **K** Víctor Monreal, J.P. de Rozas **M** Enrique Escobar **D** Julián Mateos (Carlos), Victor Valverde (Don Cesar), Fernando Sancho (Untersuchungsrichter), Margarita Lozano (Doña Emilia), José Montez (Tomás) **L** 84 **E** 8.6.1968 DFF 1

DAS VERBRECHEN (1974) (DELITTO D'AMORE). Ein neorealistisches Melodram, das die Liebesgeschichte zwischen einem norditalienischen Fabrikarbeiter, der anarchistischer Gewerkschaftler ist, und einem mit seiner Familie aus Sizilien ausgewanderten Mädchen mit sozialkritischer Polemik verbindet. Sensibel und mit stillem Humor werden die einander diametral entgegengesetzten Verhaltensweisen und Lebensauffassungen herausgearbeitet. Ein unterhaltsamer Film, der zu politischer Nachdenklichkeit anhält, indem er primär emotional berührt. (Westdeutscher Fernsehtitel: »Ein Verbrechen aus wahrer Liebe«; DDR: »Verbrechen aus Liebe«) – Ab 14. ✦ Italien 1974 **P** Documento **Kl** Progress **R** Luigi Comencini **B** Luigi Comencini, Ugo Pirro **K** Luigi Kuveiller **M** Carlo Rustichelli **D** Stefania Sandrelli, Giuliano Gemma, Brizio Montinaro, Renato Scarpa, Cesira Abbiati **L** 105 **E** 27.11.1976 ARD/27.1.1978 Kino DDR/8.3.1980 DFF 1 **fd** 20 026

DAS VERBRECHEN (1990) →Rost

VERBRECHEN AM WINDBERG (VETRNA HORA). Ein geheimnisvoller Mord in einem abgelegenen Felsengebiet erfährt nach abenteuerlichen Wendungen seine Aufklärung. Spannender Kriminalfilm. – Ab 14. ✦ Schwarz-weiß. CSR 1955 **P** Tschechoslowakischer Staatsfilm **Kl** Progress **R** Jirí Sequens **B** Milos Velínsky, Jirí Sequens **K** Rudolf Milic **M** Milos Vacek **S** Jan Chaloupek **D** Josef Vinklár (Tonda), Stanislav Fiser (Ctirad), Zdenek Braunschläger (Vojta), Radovan Lukavsky (Ingenieur), Rudolf Deyl jr. (Stein) **L** 94 **E** 17.8.1956 Kino DDR

VERBRECHEN AN DER ADRIA (POSALJI COVEKA U POLA DVA). Kriminalfilm über verschiedene Verbrechen, die im Touristenmilieu an der Adriaküste geschehen. Die jugoslawische Polizei zerschlägt in ihrem Kampf ganze Verbrecherbanden. ✦ Schwarz-weiß. Jugoslawien 1966 **R** Dragan Ivkov **B** Milan Nikolic, Dusan Janicijevic **K** Aleksandar Petkovic **M** Dorijan Setina **S** Vuksan Lukovac, Bojana Subota **D** Dusan Janicijevic (Mirko), Bata Zivojinovic (= Velimir Bata Zivojinovic), Slobodan Perovic (Aldo), Dusica Zegarac, Hermina Pipinic, Relja Basic, Janez Vrhovec **L** 76 **E** 1967 Kino DDR

VERBRECHEN AUS LIEBE (1952) →Mina de Vanghel

VERBRECHEN AUS LIEBE (1961) (LE CRIME NE PAIE PAS / IL DELITTO NON PAGA). Vier Epsioden um exzentrische Kriminalfälle. 1. »Die Maske«: Im venezianischen Winter 1450 wird eine schöne Herzogin zur von Rache und Eifersucht getriebenen Mörderin ihres Geliebten. 2. »Der Prozeß Jeanne Hugues«: Die Schilderung des authentischen Prozesses gegen den Dichter Clovis Hugues, der 1878 als Fürsprecher des Pariser Commune-Aufstandes Opfer juristischer und amouröser Intrigen wird. 3. »Der perfekte Mord«: Durch das raffinierte Ränkespiel einer attraktiven verheirateten Frau werden im Jahr 1913 drei Männer zu Mördern, bevor sie selbst durch einen Giftmord ums Leben kommt. 4. »Whisky und Eis«: Ein Mann, der diese drei Episoden im Kino verfolgt hat, verläßt den Vorführraum und wird auf der Straße bei einem Autounfall getötet. Später stellt sich heraus, daß damit die von ihm geplante Ermordung seiner Frau verhindert wurde. Der nach einer Comic-Strip-Serie des »France Soir« entstandene Film verknüpft routiniert und oft originell die pointierte Dramaturgie des Boulevard-Theaters mit einer raffiniert verschachtelten Erzählstruktur. Bemerkenswert ausgestattet, bietet er elegante Unterhaltung, die freilich nur in der zweiten Episode einigen Tiefgang erreicht. (Alternativtitel: »Der perfekte Mord«)

– Ab 16. ✦ Scope. Frankreich/Italien 1961 **P** Transworld/G.E.F./Paris-Elysée/Cosmos **Kl** Pallas **R** Gérard Oury **B** Gérard Oury, Jean-Charles Tacchella, Paul Gordeaux, Jean Aurenche (1), Pierre Bost (1), Henri Jeanson (2), René Wheeler (2), Pierre Boileau (3), Thomas Narcejac (3), Frédéric Dard (4) **K** Christian Matras **M** Georges Delerue **S** Raymond Lamy **D** Edwige Feuillère (Doña Lucrezia), Gabriele Ferzetti (Ritter), Michèle Morgan (Jeanne Hugues), Philippe Noiret (Clovis Hugues), Annie Girardot (Gabrielle Fenayrou), Pierre Brasseur (Martin Fenayrou), Danielle Darrieux (Lucienne Marsais), Richard Todd (Colonel Roberts) **L** 143 (DDR 100) **FSK** ab 16; f **E** 19.7.1962/17.10.1964 DFF 1 **fd** 11 252

VERBRECHEN AUS LIEBE (1974) →Das Verbrechen (1974)

EIN VERBRECHEN AUS WAHRER LIEBE →Verbrechen

DAS VERBRECHEN DER BROTFRAU →Flucht vor dem Schicksal

DAS VERBRECHEN DES GIOVANNI EPISCOPO (IL DELITTO DI GIOVANNI EPISCOPO). Ein kleinbürgerlicher Archivar gerät unter den Einfluß eines skrupellosen Ganoven, wird seinetwegen zum Betrüger und heiratet, nachdem der zweifelhafte Freund vor der Polizei geflohen ist, dessen verlassene Geliebte. Er tötet den Zurückgekommenen, als er ihm die Frau nehmen will. Verfilmung einer Novelle von D'Annunzio, die die melodramatische Geschichte zur sozialen Anklage ausweitet. Psychologisch nicht ganz glaubwürdig, treffend in der Milieuschilderung. – Ab 16. ✦ Schwarz-weiß. Italien 1947 **P** Lux/Pao **Kl** NF **R** Alberto Lattuada **B** Suso Cecchi d'Amico, Aldo Fabrizi, Federico Fellini, Piero Tellini, Alberto Lattuada, nach einem Roman von Gabriele d'Annunzio **K** Aldo Tonti **M** Felice Lattuada, Nino Rota **D** Aldo Fabrizi (Giovanni Episcopo), Yvonne Sanson (Ginevra Episcopo), Roldano Lupi (Giulio Wanzer), Alberto Sordi, Nando Bruno **L** 90 **E** 1964 Kino/19.7.1969 ZDF

DAS VERBRECHEN DES HERRN LANGE (LE CRIME DE MONSIEUR LANGE). Ein Schriftsteller von Abenteuer-Romanen erschießt seinen skrupellosen und zynischen, auch privat charakterlosen Verleger – ein Verbrechen, das allgemeine Sympathie findet. Gemeinsam mit seiner Geliebten gelingt dem »Helden« die Flucht über die Grenze. Renoir beschwört in seinem frühen Meisterwerk den Zusammenhalt der »arbeitenden Klasse« (die Verlagsangestellten schließen sich, nachdem ihr Chef aus der Verantwortung geflohen ist, zu einer Kooperative zusammen), ohne dabei in platte Klassenkampf-Klischees zu verfallen. Eine originelle, treffsichere Tragikomödie mit reizvollen Szenen aus dem französischen Arbeiter- und Kleinbürgermilieu jener Jahre. – Sehenswert ab 16. ✦ Schwarz-weiß. Frankreich 1935 **P** Obéron **R** Jean Renoir **B** Jacques Prévert, Jean Renoir **K** Jean Bachelet **M** Jean Wiener, Joseph Kosma **S** Marguerite Renoir **D** René Lefèvre (Amédée Lange), Jules Berry (Batala), Odette Florelle (Valentine), Nadia Sibirskaia (Estelle), Sylvia Bataille (Edith), Henri Guisol (der Sohn Meuniers) **L** (TV) 70 **E** 1.6.1968 WDR **fd** 15 505

DAS VERBRECHEN DES MONSIEUR STIL (LE CRIME DE MONSIEUR STIL). Nordafrika gegen Ende der Kolonialzeit: Ein französischer Geschäftsmann schließt mit einer ihm weitgehend unbekannten Frau einen Gesellschaftsvertrag. Sie heiraten pro forma, damit sein Ansehen in den Augen der afrikanischen Geschäftspartner steigt, ihr ist der gesellschaftliche Aufstieg zugesichert. Als sie sich in einen Afrikaner verliebt, heckt er einen teuflischen Plan aus. Verfilmung einer Erzählung von Georges Simenon über die Abgründe im scheinbar wohlgeordneten Bürgerleben. – Ab 16. ✦ Frankreich 1995 **P** La Sept/arte/Le Sabre/Southern Star Organisation **R** Claire Devers **B** Claire Devers, Alain Adues, nach einer Erzählung von Georges Simenon **K** Buster Reynolds **S** Marie Castro **D** Jeanne Balibar (Charlotte), Bernard Verley (Stil), Jean-Michel Martial (Dialo), Michael Richard (Bédavent), Peter Sepuma (Hi) **L** 99 **E** 6.10.1995 arte

DAS VERBRECHEN DES OVIDE PLOUFFE (LE CRIME D'OVIDE PLOUFFE). Ein unbescholtener Schmuckhändler, der mit seiner Sekretärin eine platonische Beziehung unterhält, gerät in Mordverdacht, als seine Frau bei einem Flugzeugunglück ums Leben kommt. Eine von guten Darstellern getragene Tragikomödie, angesiedelt im Quebec der 50er-Jahre, die die Familiengeschichte nutzt, um ein Sittenbild des französischsprachigen Kanada der damaligen Zeit zu entwerfen. – Ab 16. ✦ Frankreich/Kanada 1983 **P** Filmax/Antenne 2 **R** Denys Arcand **B** Denys Arcand, Roger Lémelin **K** François Protat **M** Olivier Dassault **S** Monique Fortier **D** Gabriel Arcand (Ovide Plouffe), Anne Létourneau (Rita Toulouse), Jean Carmet (Pacifique Berthet), Véronique Jannot (Marie), Juliette Huot (Mutter Plouffe) **L** 100 **E** 27.5.1999 arte

DIE VERBRECHEN DES PROFESSOR CAPELLARI. Ein Kriminologe an der Uni München, der sich als Hobbydetektiv versucht, wird in seiner Freizeit am Starnberger See mit dem Mord an einer jungen Frau konfrontiert, die als Sekretärin in einer Frischzellen-Klinik gearbeitet hat. Fürs Fernsehen entstandener konventioneller Kriminalfilm. ✦ Deutschland 1997 **P** Modern Media/ZDF **Pd** Uwe Schott, Stefan Schulz-Dornburg **R** Hans-Christoph Blumenberg **B** Hans-Christoph Blumenberg, Ralph Werner **K** Ulrich Jensche **M** Stefan Traub **S** Florentine Bruck, Nicole Ziegler-Vladarski **D** Friedrich von Thun (Viktor Capellari), Ulrike Folkerts (Isabella Becker), Sissi Perlinger (Lilo Nordegg), Irm Hermann (Hermine Feichtbauer), Karl Schönböck (Johannes Capellari sen.) **L** 90 **E** 9.5.1998 ORF 2

DAS VERBRECHEN DES WEIHNACHTSMANNES →Mord am Weihnachtsabend

DAS VERBRECHEN DES ZE BIGORNA (O CRIME DO ZE BIGORNA). Ein von einem Grundbesitzer in einer Kleinstadt für seine Geliebte gekaufter Ehemann findet allein als Leiter der örtlichen Musikkapelle Anerkennung. Als man seine Frau und den Grundbesitzer ermordet auffindet, wird er der Tat beschuldigt. Er gesteht, doch in Wirklichkeit ist ein politischer Rivale des Grundbesitzers der Mörder, während die Bevölkerung den angeblich für seine Ehre Einstehenden umjubelt. Der politische Drahtzieher hat sein Ziel erreicht. Die Handlung des sich von der Komödie zur Tragödie entwickelnden Films spielt Anfang der 30er Jahre, als die »Alte Republik« in Brasilien zerfiel. Die Hauptfigur steht als Symbol für ein Volk, das genauso manipulierbar ist und die Hintergründe der Politik nicht durchschaut. Formal ohne Brillanz, ganz auf den Inhalt konzentriert. ✦ Brasilien 1977 **P** I.C.B. **R** Anselmo Duarte **B** Lauro Cesar Muniz **K** Osvaldo de Oliveira **M** Edu Lobo **D** Lima Duarte, Steno Garcia, Lady Francisco, Otávio Augusto, Jofre Soares **L** 90 **E** 6.5.1980 ZDF/29.8.1981 DFF 2

VERBRECHEN IM OP (L'AVVOCATO DELLE DONNE I). Eine engagierte Rechtsanwältin übernimmt den Fall einer jungen Frau, der versehentlich die Gebärmutter entfernt wurde. Der angesehene Professor, der für diesen Kunstfehler verantwortlich ist, bestreitet seine Schuld, kann einen Starverteidiger und Entlastungszeugen aufbieten. Dennoch kämpft die Anwältin gemeinsam mit einem neuen Staatsanwalt um Gerechtigkeit, die sich im letzten Augenblick durch die Courage eines Assistenzarztes einstellt. Auftakt einer sechsteiligen (Fernseh-)Gerichtsserie (»Für Liebe und Gerechtigkeit«), im Mittelpunkt eine römische Anwältin, die sich auf die Verteidigung von Frauen spezialisiert hat. – Ab 16. ✦ Italien/Deutschland 1996 **R** Andrea Frazzi, Antonio Frazzi **B** Patrizia Fassio, Domenico Matteucci **K** Franco Lecca **M** Luis Bacalov **D** Mariangela Melato (Irene Salvi), Rüdiger Joswig (Sandro Gruber), Mareike Carrière (Giulia), Carolina Salome (Alice), Lorenzo Gioielli (Fausto) **L** 85 **E** 15.11.2000 ARD

VERBRECHEN IM TAGESLICHT (BROTT I SOL). Bei seinen vereinzelten Besuchen in einem kleinen Sommerhaus wird ein Mann von furchtbaren Erinnerungen an die Vergangenheit gequält, in der sich nach einer ausgelassenen Feier ein Mord ereignete. ✦ Schwarz-weiß. Schweden 1947 **P** Sandrew **R** Göran Gentele **B** Loulou Forsell, Göran Gentele **K** Sten Dahlgren **M** Charles Wildman **D** Birger Malmsten (Harry), Gunnel Broström (Marguerite), Margareta Fahlén (Eva), Ulf Palme (Rickard), Jan Molander (Georg) **L** 79 **E** 17.1.1970 DFF 1

VERBRECHEN IN ABIDJAN (A MURDER IN ABIDJAN). Beobachtung bei der Kriminalpolizei in Abidjan: Mit Genehmigung des ermittelnden Kommissars heftete sich das Kamerateam drei Monate an seine Fersen, dokumentierte die Arbeit der Polizei, die Gewaltanwendung, die Einschüchterung der Verdächtigen und die menschenunwürdigen Haftbedingungen. Ein erschütternder Bericht, der Zeugnis ablegen will und einzig der Authentizität verpflichtet ist. ✦ Frankreich 1998 **R+B** Mosco Boucault **S** Jean Pierre Bloch **L** 89 **E** 10.10.2000 arte

VERBRECHEN IN DER MÄDCHENSCHULE (ZLOCIN V DIVCI SKOLE). Drei Kriminalepisoden (»Tod auf dem Gipfel«, »Wie badet eine Frau?«, »Verbrechen in der Mädchenschule«), in denen Kriminalkommissar Boruvka seinen Scharfsinn beweisen kann. Unterschiedlich in der Gestaltung; sachlich, witzig, komisch, aber immer ansprechend und spannend. Unterhaltsam für Krimi-Freunde, die auch mitdenken wollen. – Ab 14. ✦ Schwarz-weiß. CSSR 1965 **P** Filmstudio Barrandov **Kl** Progress **R** Ivo Novák, Ladislav Rychman, Jirí Menzel **B** Josef Skvorecky, Ivo Novák, Ladislav Rychman, Jirí Menzel **K** Rudolf Stahl, Josef Hanus, Rudolf Milic **M** Zdenek Liska, Jirí Malásek, Jirí Bazant, Jirí Susel **D** Petr Kostka, Jana Gyrová, Frantisek Miska, Karla Chadimová, Pavla Marsálková **L** 103 **E** 30.9.1966 Kino DDR

VERBRECHEN NACH SCHULSCHLUSS (1959). Konfektionsstück aus der in den 50er Jahren im deutschen Kino modischen Welle der »Halbstarken«-Filme, der die dafür üblichen Zutaten möglichst kraß und angereichert mit gebremstem »Sex« serviert. Ein Jugendlicher aus gutem Hause wird kriminell, weil die Eltern versagen und die Lehrer feige sind. Er führt ein frisch-fröhliches Lotterleben, bis er ins Gefängnis kommt, doch am Gefängnistor wird das ihn liebende Mädchen auf ihn warten. ✦ Schwarz-weiß. BR Deutschland 1959 **P** Ultra **Kl** Europa **Pd** Josef Wolf **R** Alfred Vohrer **B** Harald G. Petersson, nach einem Tatsachenroman von Walter Ebert **K** Kurt Hasse **M** Ernst Simon **S** Ira Oberberg, Wolfgang Krüger (= Günter Reisch) **D** Christian Wolff (Fabian König), Corny Collins (Viola von Eikelberg), Heidi Brühl (Ulla Anders), Peter van Eyck (Dr. Knittel, Gefängnisarzt), Walter Clemens (Horst Bregulla), Hans Nielsen (Dr. Senftenberg), Richard Münch (König, Oberst a.D.) **L** 106 **FSK** ab 18; nf **E** 24.6.1959 **fd** 8 216

VERBRECHEN NACH SCHULSCHLUSS (1975). Aus drei Episoden zusammengesetzter Bericht über Verbrechen, an denen Schüler beteiligt sind: Eine desinteressierte Mitschülerin wird mit Nacktfotos drangsaliert; eine vorgetäuschte Entführung soll einen Mord aus Eifersucht ermöglichen; Rocker toben sich im Stil der »Hell's Angels« aus. Thematisch und formal modisch-schick zugerichtet, aber bedeutungslos. ✦ BR Deutschland 1975 **P** TV 13/Terra **Kl** Constantin **R** Alfred Vohrer **B** Werner P. Zibaso, Georg Hurdalek, nach einer Kurzgeschichte von Herbert Reinecker **K** Charly Steinberger **D** Felix Franchy (Hannes Melzer), Evelyne Kraft (Sabine), Sascha Hehn (Franz), Teri Tordai (Tina), Malte Thorsten (Alex) **L** 84 **FSK** ab 18; nf **E** 23.5.1975 **fd** 19 344

VERBRECHEN OHNE LEIDENSCHAFT (CRIME WITHOUT PASSION). Ein Staranwalt wird von seiner Geliebten unter Druck gesetzt, die Verbindung mit einer alten Freundin, einer Tänzerin, aufzugeben. Er zieht sich vermeintlich geschickt aus der Affäre, indem er durch einen Trick die Tänzerin mit ihrem ehemaligen Geliebten ertappt, was ihm die Möglichkeit gibt, mit der »Untreuen« zu brechen. Als sie dies nicht hinnimmt und der Anwalt obendrein glaubt, er hätte sie getötet, verstrickt er sich ausweglos in seinem selbstgeknüpften Netz und landet hinter Gittern. Bemerkenswert gestalteter Kriminalfilm: eines der thematisch und formal interessantesten Beispiele des »film noir«. ✦ Schwarz-weiß. USA 1934 **P** Paramount **R+B** Ben Hecht, Charles MacArthur **K** Lee Garmes **D** Claude Rains (Lee Gentry), Margo (Carmen Browne), Whitney Bourne (Kathy Costello), Stanley Ridges (Eddie White), Leslie Adams (O'Brien), Ben Hecht (Reporter 1), Charles MacArthur (Reporter 2) **L** 70 **E** 16.6.1980 WDR

VERBRECHEN OHNE SCHULD (BLACKMAILED). Eine ältere Frau verstrickt sich als Fürsorgerin in eine Erpresser-Affäre und tötet den Erpresser nach einer erregten Auseinandersetzung. Seine Opfer beschwören sie, zu schweigen, damit ihre Verfehlungen nicht ans Tageslicht kommen. Klar konzipierter, gut gespielter Kriminalfilm, der thematisch allerdings nicht tief ausgelotet ist. (DDR-Titel: »Erpressung«) – Ab 16 möglich. ✦ Schwarz-weiß. Großbritannien 1950 **P** H.H. Films **Kl** Rank **R** Marc Allégret **B** Hugh Mills, Roger Vadim, nach der Novelle »Mrs. Christopher« von Elizabeth Myers **K** George Stretton **M** John Wooldridge **D** Mai Zetterling, Dirk Bogarde, Shirley Wright, Harold Huth **L** 85 **FSK** ab 12; f **E** 26.10.1951/18.11.1960 Kino DDR/19.8.1968 DFF 1 **fd** 1 300

VERBRECHEN UND ANDERE KLEINIGKEITEN (CRIMES AND MISDEMEANORS). Die ernste Geschichte eines verheirateten erfolgreichen Augenarztes, der seine lästig gewordene Geliebte umbringen läßt, wird verknüpft mit der Komödie um einen Dokumentarfilmer, der ein filmisches Porträt seines ungeliebten, erfolgreichen Schwagers drehen soll, der ihm am Ende auch noch die geliebte Frau wegschnappt. Die Synthese von leichter Komödie und ernster Handlung mit einer philosophisch-religiösen Reflexion über die Existenz Gottes, die Frage der Schuld, Liebe, Glück und Verantwortung ist überzeugend gelungen. Ein Meisterwerk voller Ironie, Trauer und Bitterkeit. – Sehenswert ab 16. ✦ USA 1989 **P** Orion Pictures **Kl** 20th Century Fox **SF** 20th Century Fox **VA** RCA/Columbia **Pd** Robert Greenhut **R+B** Woody Allen **K** Sven Nykvist **M** Johann Sebastian Bach, Irving Berlin, Cole Porter, Franz Schubert **S** Susan E. Morse **D** Woody Allen (Cliff Stern), Martin Landau (Judah Rosenthal), Anjelica Huston (Dolores Paley), Alan Alda (Lester), Mia Farrow (Halley Reed), Claire Bloom (Miriam Rosenthal), Jerry Orbach (Jack Rosenthal), Sam Waterston (Ben), Stephanie Roth (Sharon Rosenthal), Jenny Nichols (Jenny), Joanna Gleason (Wendy Stern), Martin Bergmann (Lewis Levy), Caroline Aaron (Barbara), Victor Argo (Polizist) **L** 105 **FSK** ab 12; f **FBW** w **E** 1.3.1990/2.10.1990 Video/20.1.1993 ARD **fd** 28 169

VERBRECHERISCHE HÄNDE (EN LA PALMA DE TU MANO). Ein Hellseher profitiert vom Aberglauben der Menschen. Er erpreßt eine Frau, die ihren Mann ermordete, wird ihr dann aber hörig, bringt ihren Liebhaber um und bricht vor der Leiche seiner einstigen Geliebten, die aus Kummer Selbstmord beging, zusammen. Grelle Kolportage, interessant allenfalls als hierzulande selten zu sehendes Beispiel für das mexikanische Kommerzkino der 50er Jahre. ✦ Schwarz-weiß. Mexiko 1955 **P** Mier y Brooks **Kl** Austria **R** Roberto Gavaldon **K** Alex Phillips **D** Arturo de Cordova, Leticia Palma, Carmen Montejo, Ramon Gay **L** 85 **FSK** ab 16; f **E** 25.7.1958 **fd** 7 330

VERBRECHERISCHE HERZEN (CRIMES OF THE HEART). Drei Schwestern mit unterschiedlichen Lebenserfahrungen und -erwartungen treffen sich im Haus ihrer verstorbenen Eltern und verbringen einige Tage zwischen ausgelassener Wiedersehensfreude, turbulenten Auseinandersetzungen, hysterischen Ausbrüchen und gegenseitigen Hilfeversuchen. Ein einfühlsam inszeniertes, schauspielerisch brillantes Kammerspiel, das präzise den Ton zwischen Komödie und Tragödie trifft und sich zu einem eindrucksvollen Plädoyer gegenseitigen Verstehens und bewußt übernommener Verantwortung verdichtet. – Sehenswert ab 16. ✦ USA 1986 **P** De Laurentiis Entertainment Group **Kl** 20th Century Fox **VA** Vestron **Pd** Freddie Fields **R** Bruce Beresford **B** Beth Henley, nach ihrem Bühnenstück **K** Dante Spinotti **M** Georges Delerue **S** Anne Goursaud **D** Diane Keaton (Lenny Magrath), Jessica Lange (Me Magrath), Sissy Spacek (Babe Magrath), Sam Shepard (Sam Shepard), Tess Harper (Chick Boyle), David Carpenter (Barnette Lloyd), Jean Willard (Lucille Botrelle) **L** 105 **FSK** ab 12; f **FBW** w **E** 10.9.1987/Juni 1988 Video/26.2. 1992 PRO 7 **fd** 26 371

DAS VERBRECHERISCHE LEBEN DES ARCHIBALDO DE LA CRUZ (ENSAYO DE UN CRIMEN / LA VIDA CRIMINALE DE ARCHIBALDO DE LA CRUZ). Der gutbürgerliche Archibaldo wird von einem Kindheitstraum verfolgt, in dem eine Spieldose magische Kraft über Leben und Tod besaß. Der spätere Umgang mit dem zufällig wiederentdeckten Spielzeug verursacht lustvolle Versuche mit dessen angeblicher Kraft, die sich ohne direktes Zutun Archibaldos am Tod von vier Frauen erweist. Von der Spieldose befreit wird er erst durch seine Heirat, die ihn auch seinen psychopathischen Neigungen entkommen läßt. Eine »antibürgerliche Mordsatire«, angereichert durch Elemente der Psychoanalyse. Buñuels vieldeutige Kultur- und Gesellschaftskritik offenbart sich hinter der mehrbödigen Groteske erst, wenn man die zahlreichen Symbole zu entschlüsseln vermag. – Ab 16 möglich. ✦ Schwarz-weiß. Mexiko 1955 **P** Alianza Cinematografica **Kl** Die Lupe **Pd** Alfonso Patiño Gómez **R** Luis Buñuel **B** Luis Buñuel, Eduardo Ugarte Pages, nach einem Roman von Rudolfo Usigli **K** Augustin Jiménez **M** Jorge Pérez **S** Jorge Bustos **D** Ernesto Alonso (Archibaldo de la Cruz), Miroslava Stern (Lavinia), Rita Macedo (Patricia Terrazas), Ariadne Welter (Carlota), Andrea Palma **L** 90 **FSK** ab 16; nf **E** 30.6.1961/8.1.1968 ZDF **fd** 10 356

VERBRECHERZENTRALE SIDNEY STREET (THE SIEGE OF SIDNEY STREET). Die Londoner Polizei führt im Jahr 1911 einen erbitterten Kampf gegen raubende und mordende russische Anarchisten. Nach »wahren Begebenheiten« spannend inszenierter Kriminalfilm, der aus dem historischen Hintergrund freilich nur wenig Kapital schlägt. Eine ideologische Erklärung für das verbrecherische Treiben der Gangster wird ausgespart. – Ab 16. ✦ Schwarz-weiß. Großbritannien 1960 **P** Mid-Century **Kl** Austria **Pd+R** Robert S. Baker, Monty Berman **B** Jimmy Sangster, Alexander Baron **K** Robert S. Baker, Monty Berman **M** Stanley Black **D** Donald Sinden (Mannering), Nicole Berger (Sara), Kieron Moore (Yoska), Peter Wyngarde (Peter), Leonard Sachs (Svaars), Tutte Lemkow (Dmitrieff) **L** 87 **FSK** ab 16; nf **E** 27.9.1963 **fd** 12 328

VERBRECHERZENTRALE TOTENKOPF (THE BIG TIP-OFF). Ein Lokalreporter verwertet Telefontips aus der Unterwelt für seine Sensationsberichte. Allmählich kommt er dahinter, daß er von einem Gangster, der scheinheilig kirchliche Wohltätigkeitsbazare managt, für eine solche Veranstaltung mißbraucht wird. Nach dessen Tod kann er sich nur durch einen Zufall vom schweren Tatverdacht befreien. Reißerischer Kriminalfilm ohne sonderliche Atmosphäre, der allen Fragen nach journalistischer Verantwortung ausweicht. (Titel auch: »Ein Fall für Johnny Denton«) – Ab 16 möglich. ✦ Schwarz-weiß. USA 1955 **P** W.F. Broidy Prod. **Kl** Lehmacher **Pd** William F. Broidy **R** Frank McDonald **B** Steve Fisher **K** John Martin **M** Edward J. Kay **D** Richard Conte (Johnny Denton), Bruce Bennett (Bob Gilmore), Constance Smith (Penny Conroy), Cathy Downs (Schwester Joan) **L** 72 **FSK** ab 16; nf **E** 2.8.1957 **fd** 6 088

VERBUNDENE AUGEN (BEKÖTÖTT SZEMMEL). Ein zum Tode verurteilter ungarischer Soldat wird von dem ihm Beistand leistenden Kaplan angehalten, zu einem als Wundertäter verehrten Heiligen zu beten. Tatsächlich entkommt der Todeskandidat durch Zufall dem Erschießungskommando, was die militärische Führung als Wunder ausgibt. Offiziere und kirchliche Vorgesetzte halten den Kaplan an, die Wundergläubigkeit der Soldaten zu bestärken. Weil er dem nicht entsprechen kann, wird der junge Priester in eine Nervenklinik eingesperrt, wo er zu guter Letzt – wunschgemäß – zusammenbricht. Kovács' Film ist eine Auseinandersetzung mit der Frage, inwieweit die Manipulation des Menschen moralisch vertretbar ist. Sorgfältig inszeniert, überzeugend in der Darstellung. (Westdeutscher TV-Titel: »Den Tod vor Augen«) ✦ Schwarz-weiß. Ungarn 1974 **P** Mafilm **R** András Kovács **B** András Kovács, nach Motiven eines Romans von Gábor Thurzó **K** Ferenc Szécsényi **D** András Kozák (Kaplan), József Madaras (Balog), Sándor Horváth (Priester), János Koltai (Arzt), István Avar (Bischof) **L** 84 (BRD 77) **E** 1.5.1976 DFF 2/ 24.9.1976 ZDF **fd** 19 930

DER VERDACHT. Auf Grund eines vagen Fluchtverdachts drohen die Liebe und das Leben zweier junger Menschen in der DDR zu zerbrechen. Erst als sich die Frau nach einem Selbstmordversuch ihres Geliebten zu ihm bekennt, siegen die Liebe und das Individuum; ihre Karriere ist allerdings zerstört. Rechtschaffen, aber allzu langatmig angelegter Versuch der Vergangenheitsbewältigung, der zwar von guten Darstellern getragen wird, dessen Drehbuch und filmische Umsetzung jedoch vieles zu wünschen übrig lassen. – Ab 16. ✦ Scope. Deutschland 1991 **P** DEFA, Gruppe »Berlin«/WDR **Kl** Progress **Pd** Volkmar Leweck **R** Frank Beyer **B** Ulrich Plenzdorf, nach der Erzählung »Unvollendete Geschichte« von Volker Braun **K** Peter Ziesche **M** Günther Fischer **S** Lotti Mehnert **D** Christiane Heinrich (Karin), Nikolaus Gröbe (Frank), Michael Gwisdek (Karins Vater), Christine Schorn (Karins Mutter), Marie-Anne Fliegel (Franks Mutter) **L** 97 **FSK** ab 12; f **FBW** bw **E** 10.10.1991/2.3.1994 ARD **fd** 29 155

VERDACHT (1941) (SUSPICION). Die naiv-gutgläubige Tochter eines Generals heiratet gegen den Willen der Eltern einen sprunghaften, verschwenderischen und etwas verlogenen Playboy. Durch einige Indizien argwöhnisch geworden, gelangt sie fälschlicherweise immer mehr zu der Überzeugung, daß er ein Mörder sei und auch sie umbringen wolle. Ein leiser, in der Spannungssteigerung hervorragend komponierter Thriller im Stil eines Kammerspiels, der zwischen Melodram und ironischem Augenzwinkern pendelt und geschickt mit der Ambivalenz von Schein und Sein operiert. – Sehenswert ab 16. ✦ Schwarz-weiß. USA 1941 **P** RKO **Kl** Die Lupe **VA** Kinowelt Home **Pd** Harry E. Edington **R** Alfred Hitchcock **B** Samson Raphaelson, Joan Harrison, Alma Reville, nach dem Roman »Before the Fact« von Frances Iles (= Anthony Berkeley Cox) **K** Harry Stradling **M** Franz Waxman **S** William Hamilton **D** Cary Grant (Johnny Aysgarth), Joan Fontaine (Lina McLaidlaw), Cedric Hardwicke (Gen. McLaidlaw), Nigel Bruce (Beaky Thwaite), May Whitty (Mrs. McLaidlaw) **L** 98 **FSK** ab 16; nf **E** Dezember 1946/ 18.10.1965 ZDF/3.7.1972 DFF 1 16.1.2001 Video **fd** 10 672

VERDACHT (1973) (PODEZRENI). Ein in Prag akkreditierter westlicher Diplomat wird ermordet. Seine Frau, in Prag geboren, schaltet gegen den Willen der Vorgesetzten ihres Mannes die tschechoslowakische Polizei ein und kann einen anderen westlichen Diplomaten, einen ehemaligen KZ-Aufseher, als Täter überführen. Kriminalfilm voller Unwahrscheinlichkeiten und Unzulänglichkeiten. Durch die inszenatorischen Schwächen wird die politische Aussage bis zur Wirkungslosigkeit verwässert. – Ab 16. ✦ Schwarz-weiß. CSSR 1973 **P** Filmstudio Barrandov **Kl** Progress **R** Jirí Krejcík **B** Pavel Dejl, Jirí Krejcík **K** Jan Kalis **M** Zdenek Liska **D** Jarmila Kostová (Klara Bornova), Václav Voska (Frances Gill), Ladislav

Chudík (Harald Born), Radoslav Brzobohaty (Kapitän Chrastek), Jirí Adamíra (Dr. Philip Milner) **L** 107 **E** 7.2.1975 Kino DDR/17.8.1976 DFF 2

VERDACHT (1982) (GIWAKU). Die Gattin eines japanischen Großindustriellen steht unter dem Verdacht, ihren Mann ermordet zu haben. Ihr vorheriger Lebenswandel und das scheinbar klare Tatmotiv machen es der jungen, ehrgeizigen Pflichtverteidigerin schwer, ihre Mandantin zu verteidigen. Ein künstlerisch ansprechender, spannender und teilweise auch anspruchsvoller Kriminalfilm. – Ab 14. ✦ Scope. Japan 1982 **P** Shochiku-Kiri **KI** Progress **R** Yoshitaro Nomura **B** Seicho Matsumoto **K** Takashi Kawamata **M** Yasushi Akutagawa **D** Kaori Momoi (Kumako), Shima Iwashita (Rechtsanwältin Ritsuko), Noboru Nakaya (Kumakos Ehemann), Tetsuro Matsumura (Rechtsanwalt Harayama), Tetsuro Tamba (Rechtsanwalt Okamuro) **L** 127 **E** 15.2.1985 Kino DDR

VERDACHT AUF EINEN TOTEN. Der Leiter eines Gestüts wird ermordet aufgefunden. Es besteht der Verdacht, dass er Spionage betrieben hat. Ein Student – dessen Vormund der Ermordete war – versucht auf eigene Faust, den Fall zu lösen, um den Toten zu rehabilitieren. Doch er muss erkennen, dass er durch sein eigenmächtiges Vorgehen die Arbeit der Sicherheitsorgane erschwert. Unsicher inszenierter Film mit wenigen Spannungseffekten. ✦ Scope, schwarzweiß. DDR 1969 **P** DEFA, Gruppe »Johannisthal« **KI** Progress **Pd** Walter Ehle **R** Rainer Bär **B** Günter Kaltofen, Rainer Bär **K** Helmut Grewald **M** Karl-Ernst Sasse **S** Helga Gentz **D** Alfred Rücker (Thomas), Uta Schorn (Renate), Leon Niemczyk (Dr. Roth), Günther Simon (Major Klausnitzer), Dieter Wien (Oberleutnant Dolling), Kaspar Eichel (Leutnant Matz), Brigitte Krause (Margot Dege) **L** 73 **E** 7.11.1969 Kino DDR

VERDACHT AUF LIEBE (THE UNBELIEVABLE TRUTH). Nach 15 Jahren Haft kehrt ein junger Mann in seine Heimatstadt zurück. Er findet Arbeit als Automechaniker und verliebt sich in die Tochter des Chefs. Mit wenig Aufwand, aber viel Witz inszenierte, in ihren Stilmitteln manchmal unorthodoxe Low-Budget-Produktion, die ein Karussell der Irrungen und Wirrungen in Bewegung setzt und sich über den allgemeinen Unsinn des Lebens mokiert. (O.m.d.U.) – Ab 16. ✦ USA 1989 **P** Actions Productions **KI** Kinowelt **Pd** Bruce Weiss, Hal Hartley **R+B** Hal Hartley **K** Michael Spiller **M** Jim Coleman **S** Hal Hartley **D** Adrienne Shelly (Audry Hugo), Robert Burke (Josh Hutton), Christopher Cooke (Victor Hugo), Julia McNeal (Pearl), Gary Sauer (Emmet) **L** 91 **E** 14.2.1991/6.12.1993 3sat **fd** 28 773

VERDACHT AUF MORD (TAKING CARE / PRESCRIPTION FOR MURDER). Eine Krankenschwester gerät in den Verdacht, den Tod dreier Mütter verschuldet zu haben, für deren Versorgung sie verantwortlich war. Wider besseres Wissen wird sie von der Klinikverwaltung nicht entlastet. Kriminalfilm im Krankenhausmilieu. ✦ Kanada 1987 **P** Telltales **Pd** Pasia Schonberg **R** Clarke Mackey **B** Rebecca Schechter **K** Keith Hlady **M** Jane Fair **S** Terese Hannigan **D** Kate Lynch (Angie), Janet Amos (Marie), Saul Rubinek (Carl), Allan Royal (Dr. Barton), Sean McCann (Ed) **L** 85 **E** 11.2.1993 mdr

VERDACHT AUF URSULA. Ein Sägewerksbesitzer verschwindet spurlos während der Reise in die Stadt, wo er Grundstücksgeschäfte erledigen wollte. Später wird seine Leiche im Waldgebiet eines Gutshofes gefunden, den er zu kaufen beabsichtigt hatte. Im Zuge der Aufklärung durch die Polizei fällt ein Verdacht auch auf die Pflegetochter des Erschossenen. Als der Mörder entdeckt ist, kann der Erbe der Sägewerke die Rehabilitierte in die Arme schließen. Sentimentale Mischung aus Kriminal-, Gesellschafts- und Liebesfilm. – Ab 14. ✦ Schwarz-weiß. Deutschland 1939 **P** Bavaria **KI** Ass/Knevels/Trnasit **R** Karl Heinz Martin **B** Roland Schacht, nach dem Roman »Ursula schwebt vorüber« von Walter Harich **K** Georg Bruckbauer **M** Werner Bochmann **D** Luli Hohenberg, Anneliese Uhlig, Viktor Staal, Heinz von Cleve, Fritz Kampers, Grethe Weiser **L** 80 **FSK** ab 6; f (fr. 12; f) **E** 26.10.1939/16.11.1987 DFF 1

EINE VERDÄCHTIGE PERSON (SUMNJIVO LICE). Ein einfaches Bauernmädchen entlarvt mit einfachen Mitteln den Hochmut und das Karrierestreben königlicher Beamter. ✦ Schwarz-weiß. Jugoslawien 1954 **P** Avala **R** Soja Jovanovic, Predrag Dinulovic **B** nach dem Roman von Branislav Nusic **K** Nenad Jovicic **M** Borivoje Simic, Vojislav Simic **D** Bata Paskaljevic (Jerotije), Rade Markovic (Zika), Mica Tomic (Tasa) **L** 73 **E** 15.9.1971 DFF 2

DIE VERDÄCHTIGEN (LES SUSPECTS / LA POLIZIA INDAGA: SIAMO TUTTI). Eine junge Amerikanerin wird in der Provence ermordet aufgefunden – nach vier Wochen Frankreich-Aufenthalt, währenddessen sie durch das Land getrampt ist, vom Norden bis zur Côte d'Azur. Krimi, der seine dürftige Geschichte ohne Ambitionen erzählt. Darstellerisch solide. ✦ Frankreich/Italien 1974 **P** Cité/Télécip/Concordia/O.R.T F./Champion **R** Michel Wyn **B** Paul Andréota, Michel Wyn, Michael Sales, nach einem Roman von Paul Andréota **K** Didier Tarot **M** François de Roubaix **D** Mimsy Farmer (Candice Strasberg), Paul Meurisse (Laurent Kirschner), Michel Bouquet (Staatsanwalt Delarue), Bruno Cremer (Kommissar Bonetti), Michel Lonsdale (Richter Souffries), Giampiero Albertini, Luigi Pistilli, Edmund Purdom **L** 85 **E** 3.7.1976 ZDF

VERDÄCHTIGER EHEURLAUB →Die verschwundene Miniatur (1954)

VERDAMMNIS (KARHOZAT). Als sich ein gesellschaftlicher Außenseiter in eine Barsängerin verliebt und ihren Ehemann aus dem Feld zu schlagen versucht, wird er nur um so stärker in seine Isolation zurückgeworfen. Der formal interessante Film versucht, die Ausweglosigkeit seiner Hauptfigur auf verschiedensten Gestaltungsebenen zu reflektieren. ✦ Ungarn 1988 **R** Béla Tarr **B** László Krasznahorkai, Béla Tarr **K** Gábor Medvigy **M** Mihály Vig **D** Miklós B. Székely, Vali Kerekes, Gyula Pauer, Hédi Temessy, György Cserhalmi **L** (TV) 110 **E** 12.1.1989 BR

VERDAMMT BIS IN DEN TOD →Das fünfte Gebot

VERDAMMT DIE JUNGEN SÜNDER NICHT (MORGEN BEGINNT DAS LEBEN). Ein »Warnfilm« über die Probleme von Jugendlichen, behäbig inszeniert im Stil der Zeit: Von zwei Mädchen aus gegensätzlichen Milieus kehrt die sozial Gefährdete um, während die Gutbürgerliche länger braucht, bis sie klug wird. Gutgemeint, aber klischeehaft und oberflächlich. – Ab 16. ✦ Schwarz-weiß. Österreich 1961 **P** Schönbrunn **KI** Constantin **Pd** Ernest Müller **R** Hermann Leitner **B** Wolfgang Schnitzler, August Rieger, Hermann Leitner **K** Václav Vich **M** Herbert Trantow **S** Paula Dworak **D** Cordula Trantow (Sylvia Reimers), Corny Collins (Ruth Jüttner), Walter Wilz (Walter Dobel), Rainer Brandt (Pitt), Werner Hinz (Oskar Jüttner), Magda Schneider (Vera Jüttner) **L** 84 **FSK** ab 16; f **E** 24.10.1961 **fd** 10 644

VERDAMMT, DIE ZOMBIES KOMMEN (RETURN OF THE LIVING DEAD). Eine Chemikalie verwandelt Leichen in Zombies, die auf die Menschheit losgehen und letztlich nicht überwältigt werden. Banales Grusel- und Horrorstück mit oberflächlich-komischen Elementen und einschlägigen Spezialeffekten. (Videotitel: »The Return of the Living Dead«) – Wir raten ab. ✦ USA 1984 **P** Hemdale Leisure/20th Century Fox **KI** Metropol **VA** VPS **Pd** Tom Fox **R+B** Dan O'Bannon **K** Jules Brenner **M** Matt Clifford **S** Robert Gordon **D** James Karen (Frank), Don Calfa (Ernie), Thom Mathews (Freddy), Beverly Randolph (Tina), Clu Gulager (Burt) **L** 89 (DVD 93) **FSK** ab 18; nf **E** 20.3.1986/Oktober 1986 Video **fd** 25 570

EIN VERDAMMT GUTES LEBEN. Ein filmhistorisch fesselnder Dokumentarfilm: Ein Gespräch mit dem amerikanischen Regisseur Howard Hawks knapp sechs Wochen vor dessen Tod (am 26.12.1977). Der Altmeister erzählt lebhaft aus seinem Leben und von seinen Filmen. DVD: Auf DVD erschien der Film als Beigabe zum Film »Leoparden küßt man nicht« von Howard Hawks. – Ab 14. ✦ Schwarz-weiß. BR Deutschland 1977/78 **P** Sunset Mark **DVD** Kinowelt Home **R+B** Hans-Christoph Blumenberg **K** Bodo Kessler **D** Howard Hawks **L** 58 **E** 15.4.1978 BR

EINE VERDAMMT HEISSE WARE →Hot Paint – Eine verdammt heiße Ware

... VERDAMMT, ICH BIN ERWACHSEN. Ein 14jähriger Junge, der durch Übermut einen Waldbrand verschuldet hat, wird damit, ebenso wie mit anderen Problemen, nicht fertig und zieht sich in eine private Welt aus Träumen und Illusionen zurück. Erst durch die Freundschaft mit dem Bauarbeiter Jule und durch seinen Lehrer öffnet er sich wieder. Thematisch interessanter Jugendfilm um Pubertätsprobleme und soziale Verhaltensweisen, der in seiner direkten und unkomplizierten Art für sich einnimmt und damit manche inszenatorischen Mängel vergessen lässt. – Ab 14. ✦ DDR 1974 **P** DEFA, Gruppe »Berlin« **KI** Progress **SF** BAG/Landesfilmdienste **Pd** Irene Ikker **R** Rolf Losansky **B** Günther Mehnert, Rolf Losansky, nach dem Roman »Der Riese im Paradies« von Joachim Novotny **K** Peter Süring **M** Peter Gotthardt **S** Ursula Zweig **D** Ralf Schlösser (Kurbel), Frank Wuttig (Piepe Jatzmauk), Lilo Josefowitz (Gudrun), Angelika Herrmann (Daniela), Detlef Höpfner (Der lange Barthel), Dieter Franke (Lehrer Konzak), Jürgen Reuter (Jule Bucht) **L** 93 **E** 20.9.1974 Kino DDR/30.4.1976 DFF 1

VERDAMMT, ICH WILL DICH (STILL BREATHING). Ein Bildhauer träumt von seiner Traumfrau und macht sich auf den Weg von Texas nach Kalifornien, um sie zu suchen. In einer Bar lernt er die Dame seines Herzens kennen, die jedoch in erster Linie an seinem Geld interessiert zu sein scheint. Es bedarf mehrerer Anläufe, um die zynische junge Frau zu erobern und ihre Liebe zu entfachen. Romantische Komödie im Stile von »Schlaflos in Seattle«, die in Amerika begeistert aufgenommen wurde und durch gute Inszenierung, sympathische Darsteller und die Musik auf sich aufmerksam machte. – Ab 14 möglich. ✦ USA 1998 **P** Zap Pic./Seattle Pacific **Pd** Marshall Persinger, James F. Robinson **R+B** James F. Robinson **K** John Thomas **M** Paul Mills **S** Sean Albertson **D** Brendan Fraser (Fletcher McBracken), Joanna Going (Rosalyn Willoughby), Celeste Holm (Ida), Ann Magnuson (Elaine), Lou Rawls (The Tree Man) **L** 105 **E** 16.10.1999 SAT 1

VERDAMMT IM EIS (SPOILER). Nach mehreren Fluchtversuchen wird ein unschuldig verurteilter Strafgefangener in der nahen Zukunft eingefroren, damit er den Vollzugsbehörden keinen Ärger mehr bereiten kann. Science-Fiction-Actionfilm, gestaltet nach einem unausgegorenen Buch und mit leicht überforderten Darstellern in Szene gesetzt. ✦ USA 1997 **P** Ed Ancoats Inc. **Pd** Barnet Bain, Amy Gibbons **R** Cameron Von Daake (= Luca Bercovici), Jeff Burr **B** Michael Kalesniko **K** Philip Lee **M** Marco Marinangeli **S** Amanda Kirpaul **D** Gary Daniels (Roger Mason), Meg Foster, Bryan Genesse, Jeffrey Combs (dsl), Nicholas Sadler, Steven Schub **L** 92 **E** 26.10.1999 Premiere World

VERDAMMT IN ALLE EITELKEIT. Eine Jüdin, die Theresienstadt überlebte und ihr ganzes Wiedergutmachungsgeld sparte, um einmal wie Greta Garbo auf der Leinwand zu erscheinen, lernt einen Wiener Filmemacher kennen und wird mit ihm handelseinig. Allerdings ist der Mann ein Aufschneider mit einer miesen Videoausrüstung und ohne besondere Erfahrung. Dennoch zieht seine Kamera die unterschiedlichsten Leute an, die vor ihr ihrem Exhibitionismus frönen. Schrille Komödie um Eitelkeiten und Selbstdarstellung im Filmmilieu, die ihren eigenwilligen Charme aus der Präsenz von Selbstdarstellern entwickelt, die ihre Rollen nie ganz ausfüllen können. ✦ Deutschland 1999 **P** Lola-Films **KI** Eigenverleih **Pd+R+B+K** Lothar Lambert **M** Albert Kittler, George Zikidis **D** Carl Andersen (Carol Andersch), Eva Ebner (Sylvia Heidemann), Stefan Stricker (Juwelia), Erika

Rabau (Elvira), Baduri (Mohammed) **L** 80 **E** 1.9.2000 3sat/25.1.2001

VERDAMMT IN ALLE EWIGKEIT (FROM HERE TO ETERNITY). Die vielfach ausgezeichnete Bestseller-Verfilmung des Romans von James Jones – einer der besten »Männerfilme« Hollywoods. Im Mittelpunkt steht die Geschichte des Soldaten Prewitt, der sich aus Protest vom Musikkorps zur Infanterie hat versetzen lassen. Dort verweigert er seinen Einsatz in der Boxstaffel und wird daraufhin auf Befehl des Capitains grausam schikaniert. Die Schilderung von Auswüchsen im Garnisonsleben endet mit dem Angriff der Japaner auf Pearl Harbor. Eindrucksvoll vor allem die psychologisch scharf herausgearbeiteten Charaktere und die guten Darsteller. DVD: Die Extras umfassen u. a. einen Audiokommentar von Tim Zinnemann und Alvin Sargent. – Ab 16. ✦ Schwarz-weiß. USA 1953 **P** Columbia **KI** Warner-Columbia **DVD** Columbia TriStar Home (FF, Mono engl./dt.) **Pd** Buddy Adler **R** Fred Zinnemann **B** Daniel Taradash, nach einem Roman von James Jones **K** Burnett Guffey **M** Morris W. Stoloff **S** William A. Lyon **D** Burt Lancaster (Sgt. Milton Warden), Montgomery Clift (Robert E. Lee Prewitt), Frank Sinatra (Angelo Maggio), Deborah Kerr (Karen Holmes), Donna Reed (Lorene), Philip Ober (Hauptmann Dana Holmes), Mickey Shaughnessy (Sgt. Leva), Ernest Borgnine (Sgt. »Fatso« Judson), Jack Warden (Corp. Buckley) **L** 115 **FSK** ab 16; f **E** 6.2.1954/6.11.2001 DVD **fd** 3 155

VERDAMMT IN GRÜNER HÖLLE (TERROR IN THE JUNGLE). Ein Junge, der sich auf dem Weg zu seiner Mutter befand, überlebt als einziger den Absturz eines Flugzeugs im peruanischen Urwald. Er wird von Eingeborenen gefangengenommen, die ihn für eine Gottheit halten, kann aber mit Hilfe einer Raubkatze fliehen. In jeder Hinsicht armselige Mischung aus Katastrophen- und Abenteuerfilm. (Fernsehtitel: »Flug 413 nach Rio meldet sich nicht«) ✦ USA 1968 **P** Torres Pictures/Crown/Paragon Films **VA** IHV/Allround **Pd** Enrique Torres Tudela **R** Tom De Simone, Andy Janzack, Alex Graton **B** Enrique Torres Tudela, Richard Ogilvie **K** Andy Janzack, Lewis Quinn **M** Les Baxter, Stan Hofman **S** Alberto Soria, Tom Mosca **D** Jimmy Angle (Henry Clayton jr.), Robert Burns, Fawn Silver, Joan Addis, Ivan Stephen **L** 89 **FSK** ab 16 **E** 7.9.1985 RTL plus/Mai 1986 Video

EIN VERDAMMT NETTER JUNGE (THE ALL-AMERICAN BOY). Konfuses, lächerliches Drama um einen Amateurboxer aus der Kleinstadt, der sich jahrelang um jede Verantwortung drückt und am Ende sowohl im Ring wie auch im Privatleben auf der Verliererseite steht. – Ab 16. ✦ USA 1973 **P** Warner **Pd** Joseph T. Naar, Saul J. Krugman **R+B** Charles Eastman **K** Philip Lathrop **S** Christopher Holmes **D** Jon Voight (Vic), E.J. Peaker (Janelle), Ned Glass (Arty), Anne Archer (Drenna), Art Metrano (Jay David) **L** 118 **E** 9.2.1996 ZDF

VERDAMMT NOCHMAL! WO BLEIBT DIE FREIHEIT? (SOWETO GREEN). Nach seiner Ausbildung kehrt ein schwarzer Südafrikaner mit seiner afroamerikanischen Frau in die Heimat zurück. Unterwegs treffen sie auf einen weißen Landsmann, der von seinen Eltern, einem Buren und der politisch korrekten Mutter, empfangen wird. Während das schwarze Paar sich zu den Slums von Soweto aufmacht, um dort mit seinem Projekt, der Begrünung des Armenviertels, zu beginnen, hat die weiße Industriellenfamilie noch einige Probleme zu lösen, bevor sich aller Interessen ergänzen. Eine alle südafrikanischen Bevölkerungs- und Interessensgruppen umfassende Satire, die sich mit den Schwächen von Mandelas neuem Südafrika auseinandersetzt. ✦ Südafrika 1994 **R** David Lister **B** Mfundi Vundla **D** John Kani (Curtis), Cobus Rossouw (Vossie), Casper de Vries (Adrian), Zukile Gqobose (Looksmart), L. Scott Caldwell (Cora) **L** 86 **E** 21.11.1997 Super RTL

VERDAMMT NOCHMAL! ... WO BLEIBT DIE ZÄRTLICHKEIT? (ET LA TENDRESSE? ... BORDEL!...). Drei Paare, nach Typen geordnet, im Mittelpunkt einer satirischen Komödie, die Formen des Sexualverhaltens karikiert: die »Phallokraten«, die »Zärtlichen« und die »Romantischen«. Der zwischen Humor und Ernst schwankende Erstlingsfilm leidet an sehr unterschiedlichen Stilen und Einfällen: leiser Humor und verständnisvolle Ironie auf der einen, krasse geschmackliche Entgleisungen auf der anderen Seite. ✦ Frankreich 1978 **P** Chloé/Foch **KI** Jugendfilm **Pd** Jean-Pierre Fougea **R+B** Patrick Schulmann **K** Jacques Assuerus **M** Patrick Schulmann **S** Aline Freess **D** Jean-Luc Bideau (François), Marie-Catherine Conti (Carole), Bernard Giraudeau (Luc), Evelyne Dress (Eva), Régis Porte (Léo), Anne-Marie Philipe (Julie) **L** 99 **FSK** ab 16; nf **E** 28.2.1980 **fd** 22 379

VERDAMMT NOCHMAL! ... WO BLEIBT DIE ZÄRTLICHKEIT? TEIL 2 (ZIG ZAG STORY / ET LA TENDRESSE... BORDEL! NO. 2). Die von Spannungen getrübte Beziehung zwischen einem farbenblinden Grafiker und einer karrierebewußten Rundfunkmoderatorin im Mittelpunkt einer als konfus beschriebenen Welt. Groteske Klamotte um Liebesleid und Sexbesessenheit, angelegt als filmischer Comic-Strip, der trotz einiger gelungener Slapstick-Einlagen an seiner überwiegend flachen Komik sowie einigen geschmacklichen Entgleisungen krankt. (TV-Titel auch: »Verdammt nochmal! ... Wo bleibt die Lust?«) ✦ Frankreich 1983 **P** Chloé/Parano/Sphinx **KI** Alhambra **VA** Ufa-Video **Pd** Jean-Pierre Fougea **R+B** Patrick Schulmann **K** Gilberto Azevedo **M** Patrick Schulmann **S** Aline Asseo **D** Diane Bellego (Cat), Christian François (Gil), Fabrice Luchini (Bob), Ronny Coutteure (Romo), Philippe Khorsand (Inspektor) **L** 99 **FSK** ab 16; f **E** 22.5.1986 **fd** 25 622

VERDAMMT OHNE GNADE (THE LAW VS. BILLY THE KID). Billy Bonney (the Kid) erschießt im Zweikampf seinen Gegner, flüchtet mit einem Freund über die Grenze, findet ein neue Heimat und eine geliebte Frau, wird jedoch von einem Nebenbuhler wegen des Notwehraktes als Mörder verfolgt. Um nicht selbst getötet zu werden, reiht er nun Mord an Mord, schlägt eine großzügige Chance, sich aburteilen und dann begnadigen zu lassen, aus und stirbt bei einem neuerlichen Fluchtversuch. Solide fotografierter, routiniert entwickelter B-Western um die legendäre Westerngestalt, die verklärt wird als jemand, der Gutes will und Böses schafft. – Ab 16. ✦ USA 1954 **P** Columbia **KI** Goldeck **Pd** Sam Katzman **R** William Castle **B** John T. Williams **K** Henry Freulich **M** Mischa Bakaleinikoff **S** Aaron Stell **D** Scott Brady (Billy the Kid), Betta St. John (Nita Maxwell), James Griffith (Pat Garrett), Alan Hale jr. (Bob Ollinger), Paul Cavanagh (John H. Tunstall), William Phillips (Charlie Bowdre), Benny Rubin (Arnold Dodge), Steve Darrell (Tom Watkins), William Tannen (Dave Rudabaugh), Richard Cutting (Pete Maxwell), Martin Garralaga (Niguel Bolanos), Frank Sully (Jack Poe), William Fawcett (Parsons) **L** 72 **FSK** ab 16; nf **E** 29.9.1961 **fd** 10 733

VERDAMMT SIND SIE ALLE (SOME CAME RUNNING). Ein amerikanischer Kriegsheimkehrer und gescheiterter Schriftsteller kann in seiner Heimatstadt nicht mehr Fuß fassen: Ein Außenseiter in der zerrütteten Familie seines Bruders, wendet er sich einem Berufsspieler und einer Provinz-Prostituierten zu; seine Liebe zu einer Literaturdozentin bleibt glücklos. Ein düsteres Verlierer-Porträt nach einem Roman von James Jones; sorgfältig in Inszenierung und Charakterzeichnung, geprägt von einer rat- und hoffnungslosen Gesellschaftskritik sowie von bitterer Anteilnahme. – Ab 16 möglich. ✦ Scope. USA 1958 **P** Loew/Sol C. Siegel **KI** MGM **Pd** Sol C. Siegel **R** Vincente Minnelli **B** John Patrick, Arthur Sheekman, nach einem Roman von James Jones **K** William H. Daniels **M** Elmer Bernstein, James van Heusen **S** Adrienne Fazan **D** Frank Sinatra (Dave Hirsh), Dean Martin (Bama Dillert), Shirley MacLaine (Ginny Moorhead), Martha Hyer (Gwen French), Arthur Kennedy (Frank Hirsh) **L** 136 **FSK** ab 16; f **FBW** w **E** 3.9.1959/30.1.1985 DFF 2 **fd** 8 393

VERDAMMT SÜSSE WELT →Verdammte, süße Welt

VERDAMMT, VERKOMMEN, VERLOREN (THE LOSERS). Hippies und Rocker gehen als Hilfssoldaten nach Vietnam und verursachen infolge ihrer anarchistischen Eigenart eine Katastrophe. Zum Schluß räumen sie in tollwütiger Raserei ein Gefangenenlager des Vietcong aus. Ein Antikriegs- und Abenteuerfilm, der auf eine effektvolle, aber zynisch anmutende Symbiose von Liebesromanze und barbarischer Schlachterei hinausläuft. ✦ USA 1970 **P** Fanfare **KI** Roland u. a. **Pd** Joe Solomon **R** Jack Starrett **B** Alan Caillou **K** Nonong Rasca **M** Stu Phillips **S** James Moore, Richard Brockway **D** Bernie Hamilton, Adam Roarke, William Smith, Ana Korita, Eugene Cornelius **L** 96 **FSK** ab 18; f **E** 29.10.1971 **fd** 17 636

VERDAMMT ZU LEBEN – VERDAMMT ZU STERBEN (I QUATTRO DELL'APOCALISSE). Die Geschichte eines Spielers, eines Trinkers, eines Irren und einer Dirne, die mit Hilfe des Sheriffs eine Säuberung der Stadt durch maskierte Bürgermilizen überleben, aber dennoch mit dem Tod konfrontiert werden. Verworrener Italowestern ohne Spannung. ✦ Italien 1975 **P** Coralta **KI** Adria **R** Lucio Fulci **B** Ennio de Concini **K** Sergio Salvati **M** Franco Bixio, Fabio Frizzi, Vincenzo Tempera **D** Fabio Testi, Michael J. Pollard, Tomas Milian, Lynne Frederick, Harry Baird **L** 87 (Orig. 103) **FSK** ab 16; f **E** 15.4.1977 **fd** 20 313

VERDAMMT ZUM SCHAFOTT (UNE ROBE NOIR POUR UN TUER). Eine Anwältin und ein vor seiner Hinrichtung entflohener Häftling können trotz vieler Widrigkeiten die Hintergründe eines Polizistenmordes aufdecken, doch gelingt es ihnen nicht, die Öffentlichkeit über ein weitverzweigtes Netz von Korruption zu informieren. Spannender Kriminalfilm, dessen pessimistische Sozialkritik etwas aufgesetzt erscheint. Durch die hervorragende schauspielerische Vertiefung bietet der Film jedoch aktionsgeladene Unterhaltung. (Fernsehtitel: »Eine schwarze Robe für den Mörder«.) – Ab 16. ✦ Frankreich 1980 **P** U.P.C.T./Selta/FR 3 **KI** Progress **VA** Vegas **Pd** Gabriel Boustani **R** José Giovanni **B** José Giovanni, Monique Lange **K** Jean-Paul Schwartz **M** Olivier Dassault **S** Henri Lanoë **D** Annie Girardot (Florence Nat), Claude Brasseur (Simon Risler), Bruno Cremer (Alain Rivière), Jacques Perrin (Lebesque), Jean de Coninck (Reynolds) **L** 104 **E** 28.1.1983 Kino DDR/2.10.1984 DFF 1/1985 Video/13.2.1987 ZDF **fd** 24 910

VERDAMMT ZUM SCHWEIGEN (THE COURT-MARTIAL OF BILLY MITCHELL / ONE MAN MUTINY). Ein mit sicherem Sinn für Spannung inszenierter Tatsachenbericht aus der US-Militärgeschichte. Der für Modernisierung der Luftwaffe kämpfende General Billy Mitchell, der bereits im Jahr 1925 den Vernichtungsschlag der Japaner bei Pearl Harbour voraussagt, wird wegen überscharfer Kritik vors Militärgericht gestellt und zum Obersten degradiert. Getragen von guten Darstellern, rutscht der Film gelegentlich zu sehr ins Reißerische ab; manche Phrasen über Gewissen und Gehorsam dürften zu Lasten der Synchronisation gehen. (Videotitel: »Der Flieger«) – Ab 14 möglich. ✦ Scope. USA 1955 **P** United States Pictures **KI** Warner Bros. **VA** Taurus **Pd** Milton Sperling **R** Otto Preminger **B** Milton Sperling, Emmet Lavery **K** Sam Leavitt **M** Dimitri Tiomkin **S** Folmar Blangsted **D** Gary Cooper (Billy Mitchell), Rod Steiger (Major Guillion), Ralph Bellamy (Frank Reid), Elizabeth Montgomery (Margaret Lansdowne), Charles Bickford (General Guthrie), Fred Clark (Col. Moreland), James Daly (Colonel White), Jack Lord (Zach Lansdowne), Peter Graves (Captain Elliott), Herbert Heyes (General John Pershing), Darren McGavin (Russ Peters), Ian Wolfe (Präsident Coolidge) **L** 100 **FSK** ab 12; f **E** 13.7.1956/November 1988 Video **fd** 5 093

VERDAMMT ZUR EINSAMKEIT (L'IMPURE). Paris vor dem Zweiten Weltkrieg: Ein junges Model, das seinem Geliebten, einem verheirateten englischen Lord, einen Knaben gebiert, infiziert sich an Lepra und flieht aus Scham außer Landes. Nach einigen (Liebes-)Irrungen verschlägt es die Frau auf eine Missions- und Lepra-Station auf den Fidji-Inseln, wo sie erneut Männerherzen in Wallungen versetzt. Durch eine liebenswerte Ordensschwester wird nach einigen Tumulten jedoch ihre Wandlung zur Nonne eingeleitet. Verfilmung eines Kolportageromans, die sich ungehemmt in sentimentalem Kitsch und unglaubwürdigen Schicksalswendungen ergeht. ✦ Frankreich 1992 **R** Paul Vecchiali **B** Jacques Espagne, Paul Vecchiali, nach einem Roman von Guy des Cars **K** Raúl Pérez Ureta, Henri Decomps **M** Roland Vincent **D** Marianne Basler (Chantal), Agnese Nano (Marie-Ange), Françoise Lebrun (Lady Witney), Ian Stuart Ireland (Lord Witney), Agnès Seelinger (Lucienne) **L** 87 **E** 1./8.3.1999 SF 2 (zwei Teile)

VERDAMMT ZUR LUST (1964) → Treibgut der Liebe

VERDAMMT ZUR LUST (1968) (SCARP OF MIST). Erpressung und Betrug im Milieu eines Modehauses dienen als dürftiger Aufhänger für banale Partnertausch- und Sexspiele. ✦ USA 1968 **P** Sarno **Kl** AB **R+B** Joseph W. Sarno **K** Bruce Sparks **D** Sheila Britt, Cleo Nova, Judson Moreau, Nadja Sibirskaia, Maurice Baquet **L** 75 **FSK** ab 18; nf **E** 6.6.1969 **fd** 16 250

VERDAMMT ZUR SÜNDE. Ein aus dem Osten vertriebener Gespannführer wird nach Kriegsende mit seiner Familie in einer alten Burg untergebracht, die als provisorisches Flüchtlingslager dient. Die menschenunwürdigen Existenzbedingungen zerstören den Lebensmut und die Autorität des Vaters und treiben die Kinder in Prostitution und Kriminalität. Ein drastisch ausgemaltes Sittenbild, dessen bittere Schilderung deutscher Nachkriegswirren zum oberflächlichen Spektakel verkommt; allenfalls schauspielerisch bemerkenswert. (Späterer Titel: »Die Festung«) ✦ Schwarz-weiß. BR Deutschland 1964 **P** Eichberg/Team **Kl** Nora **Pd** Eberhard Klagemann **R** Alfred Weidenmann **B** Eberhard Keindorff, Johanna Sibelius, nach dem Roman »Die Festung« von Henry Jaeger **K** Enzo Serafin **M** Gert Wilden **D** Martin Held (Hugo Starosta), Tilla Durieux (Großmutter), Else Knott (Eliese), Christa Linder (Mi Mo), Michael Ande (Albert), Sieghardt Rupp (Hermann), Heidelinde Weis (Edeltraut) **L** 104 **FSK** ab 18; nf **E** 25.9.1964/ 10.9.1970 ARD **fd** 13 091

DER VERDAMMTE DER INSELN (THE OUTCAST OF THE ISLANDS). In der indonesischen Inselwelt angesiedelte Geschichte eines Engländers, der in Singapur mit seinen Betrügereien gescheitert ist. Als er aus Leidenschaft zu einer schönen Häuptlingstochter seinen Gönner, einen Kapitän und Handelsherrn, hintergeht, wird er mit der Eingeborenen auf ein trostloses Eiland verbannt. Psychologisch vertiefte, kompositorisch meisterhafte Verfilmung eines frühen Romans von Joseph Conrad. – Sehenswert ab 16. ✦ Schwarz-weiß. Großbritannien 1951 **P** London **Kl** London **Pd+R** Carol Reed **B** William Fairchild, nach dem Roman von Joseph Conrad **K** Ted Scaife, John Wilcox **M** Brian Easdale **S** Bert Bates **D** Ralph Richardson (Captain Lingard), Trevor Howard (Peter Willens), Robert Morley (Mr. Almayer), Kerima (Aissa), George Coulouris (Babalatchi) **L** 100 **FSK** ab 16; f **FBW** w **E** 15.11.1951 **fd** 1 477

VERDAMMTE DES SÜDENS (CONVICTS). 1902 am Golf von Texas: Ein 13jähriger, der von zu Hause ausgerissen ist, verdingt sich auf einer Plantage. In der schwierigen Zeit mit dem verrückten alten Plantagenbesitzer und den ausgebeuteten schwarzen Feldarbeitern macht er den Schritt in die rauhe Welt der Erwachsenen. Elegie über das vorzeitige Ende einer Kindheit mit realistischen Dialogen und überdurchschnittlichen Schauspielleistungen, virtuos in Szene gesetzt. – Ab 14. ✦ USA 1991 **P** Management Company Entertainment Group/Sterling **Pd** Jonathan D. Krane, Sterling Van Wagenen **R** Peter Masterson **B** Horton Foote, nach seinem Bühnenstück **K** Toyomichi Kurita **M** Peter Melnick **S** Jill Savitt **D** Lukas Haas (Horace Robedeaux), Robert Duvall (Soll Gautier), James Earl Jones (Ben), Starletta Dupois (Martha), Carlin Glynn (Asa), Calvin Levels (Leroy) **L** 92 **E** 6.9. 1994 VOX

VERDAMMTE, HEILIGE STADT (ROMA VIOLENTA). Ein erfolgreicher, auch illegale Methoden nicht scheuender Kriminalkommissar in Rom gerät mit seinen Vorgesetzten in Konflikt, wird suspendiert und führt die Verbrecherjagd als Leiter einer Bürgerwehr weiter. Brutaler Reißer, der in übler Weise Selbstjustiz rechtfertigt. (Videotitel: »Gewalt rast durch die Stadt«) – Wir raten ab. ✦ Italien 1975 **P** Flamina **Kl** Scotia **VA** VPS **R** Franco Martinelli **B** Vincenzo Mannino **K** Fausto Zuccoli **M** Guido de Angelis, Maurizio de Angelis **D** Maurizio Merli, Richard Conte, Ray Lovelock, John Steiner, Daniela Giordano **L** 89 **FSK** ab 18; nf **E** 28.5.1976 **fd** 19 805

VERDAMMTE HELDEN (I DON'T GIVE A DAMN / LO SAM ZAYIN). Ein querschnittgelähmter junger Kriegsveteran in Israel läßt seine Verzweiflung wütend an seiner fürsorglichen Umwelt aus, bis er merkt, daß er sich damit immer weiter isoliert. Zwischen krassem Realismus, Weinerlichkeit und Sentimentalität schwankender Film über die Situation der Kriegsopfer, der das gesellschaftliche Umfeld zugunsten der privaten Problemgeschichte vernachlässigt. Dramaturgisch schlampig entwickelt und immer wieder durch folkloristisches Beiwerk zerdehnt, entsteht zusehends eine Durchhalteparole für das israelische Volk. ✦ Israel 1987 **P** Roll Film **VA** VPS **Pd** Yair Pradelsky, Israel Ringel **R** Shmuel Imberman **B** Hanan Peled, nach einem Roman von Dan Ben-Amotz **K** Nitcho Leon Nissim **M** Beni Nagari **S** Atara Horenshtein **D** Ika Zohar (Rafi), Anat Waxman (Nira), Liora Grossman (Maya), Shmuel Vilogny (Eli), Shlomo Tarshish (Amhon) **L** 89 **FSK** ab 16 **E** 28.2. 1990 Video **fd** 28 289

VERDAMMTE HINTER GITTERN (BEHIND THE HIGH WALL). Ein älterer Anstaltsbeamter, der die Leitung einer Strafanstalt nur vorläufig innehat, veruntreut aus Liebe zu seiner gelähmten Frau gefundenes Geld und kann nur durch das Eingeständnis seiner Verfehlung einen unschuldig zum Tode verurteilten Tankstellengehilfen retten. Ein zwar recht konstruiertes Melodram, das den zentralen Gewissenskonflikt vor allem dank solider schauspielerischer Leistungen, aber durchaus glaubhaft zu machen versteht und wohltuenderweise auf veräußerlichenden Nervenkitzel verzichtet. – Ab 16. ✦ Schwarz-weiß. USA 1956 **P** Universal **Kl** Universal **Pd** Stanley Rubin **R** Abner Biberman **B** Harold Jack Bloom **K** Maury Gertsman **M** Joseph Gershenson **D** Tom Tully (Frank Carmichael), Sylvia Sidney (Hilda), Betty Lynn (Anne MacGregor), John Gavin (Johnny Hutchins), John Spleenor **L** 87 **FSK** ab 16; f **E** 1956 Kino **fd** 5 429

VERDAMMTE SEELEN (OSSADENITE DUSCHI). Die Begegnung einer jungen, reichen Engländerin und eines spanischen Jesuitenpaters vor dem Hintergrund des Bürgerkriegs in Spanien 1936. Ein bemerkenswertes Melodram, das vor allem die gesellschaftliche Dimension der Geschichte eindrucksvoll erfaßt. Trotz einzelner kritischer Einwände hinsichtlich der Interpretation kirchlicher Positionen diskussionswert. – Ab 16. ✦ Bulgarien 1975 **P** Spielfilmstudo Sofia/Bulgarisches Fernsehen **Kl** Progress **R** Walju Radew **B** Walju Radew, nach dem gleichnamigen Roman von Dimityr Dimow **K** Christo Totew **M** Mitko Schterew **D** Edith Salai (Fanny Horn), Jan Englert (Pater Ricardo Heredia), Wyltscho Kamaraschew, Swatopluk Matiasch, Rumen Kostadinow **L** 137 **E** 11.3.1977 Kino DDR/6.1.1979 DFF 2

VERDAMMTE, SÜSSE WELT (INSIDE DAISY CLOVER). Der Versuch eines ehrgeizigen Filmmanagers, eine singende 15jährige zum großen Star zu machen, scheitert an der Erkenntnis des Mädchens, daß es für das Geschäft des »Förderers« mißbraucht werden sollte. Eine kritische Selbstspiegelung der amerikanischen Filmindustrie, die aber teils ins Rührselige, teils ins Kitschige abrutscht und ihre Aussage durch Überspitzung schwächt. In der Hauptrolle hervorragend gespielt. – Ab 16. ✦ Scope. USA 1965 **P** Pakula-Mulligan Prod. **Kl** Warner Bros. **Pd** Alan J. Pakula **R** Robert Mulligan **B** Gavin Lambert, nach seinem Roman **K** Charles B. Lang **M** André Previn **D** Natalie Wood (Daisy), Christopher Plummer (Raymond Swan), Robert Redford (Wade Lewis), Roddy McDowall (Baines), Ruth Gordon (Daisys Mutter), Katharine Bard (Melora Swan) **L** 101 (Orig. 128) **FSK** ab 12; f **E** 5.8.1966 **fd** 14 241

DIE VERDAMMTEN (1934) (LES MISERABLES). Zweiteilige Verfilmung (1. »Ewige Fesseln«, 2. »Heimatlos«) des Romans von Victor Hugo: Ein ehemaliger Strafverbannter kann sich unter neuem Namen eine bürgerliche Existenz aufbauen, scheitert aber schließlich an den Nachstellungen der Polizei. Ein in eindrucksvollen Kulissen angesiedeltes Melodram, das besonderen Wert auf die sozialkritischen Aspekte der Vorlage legt. – Ab 16. ✦ Schwarz-weiß. Frankreich 1934 **P** Pathé **Kl** Viktoria **R** Raymond Bernard **B** André Lang, nach einem Roman von Victor Hugo **K** Jules Krager **M** Arthur Honegger **D** Harry Baur (Jean Valjean), Charles Vanel, Josseline Gael, Marguerite Moreno, Jean Servais, Odette Florelle (Fantine) **L** 88/87 **FSK** ab 16; nf **E** 24.6.1949 **fd** 3 680

DIE VERDAMMTEN (1968) (LA CADUTA DEGLI DEI / THE DAMNED). Der Verfall einer deutschen Industriellenfamilie, die sich durch die Zusammenarbeit mit den Nationalsozialisten sanieren will, damit ihren Abstieg jedoch beschleunigt. Viscontis erster Teil seiner »Deutschen Trilogie« ist der Versuch, im Gewand eines opernhaften Melodrams Verbindungen zwischen moralischer Dekadenz, sexueller Neurose, schöngeistiger Todessehnsucht, narzißtischer Selbstbezogenheit und politischem Opportunismus aufzuzeigen. Stellenweise gelingt die Analyse faschistoiden Bewußtseins eindrucksvoll, insgesamt aber schwächt die Inszenierung allzuoft die historische Brisanz des Stoffes durch ihre dekorative Weitschweifigkeit und artifizielle Stilisierung. ✦ Italien/BR Deutschland 1968 **P** Pegaso/Praesidens/ Italnoleggio/Eichberg **Kl** Warner Bros.-Seven Arts **Pd** Alfredo Levy, Ever Haggiag **R** Luchino Visconti **B** Luchino Visconti, Nicola Badalucco, Enrico Medioli **K** Armando Nannuzzi, Pasquale de Santis **M** Maurice Jarre **S** Ruggero Mastroianni **D** Helmut Berger (Martin von Essenbeck), Dirk Bogarde (Friedrich Bruckmann), Ingrid Thulin (Sophie von Essenbeck), Helmut Griem (Aschenbach), Reinhard Kolldehoff (Konstantin von Essenbeck), Charlotte Rampling (Elisabeth Thallmann), Florinda Bolkan (Olga) **L** 154 **FSK** ab 16; f **FBW** bw **E** 27.1.1970 **fd** 16 587

DIE VERDAMMTEN DER BLAUEN BERGE (TABLE BAY). Ein Privatdetektiv soll das Leben eines Kupfermillionärs schützen, erfährt jedoch, daß dieser einen Mord auf dem Gewissen hat. Spannungsvolles, aber reichlich unwahrscheinliches Abenteuer mit einigen Grausamkeiten; vor imposanter Naturkulisse bemerkenswert fotografiert. – Ab 16. ✦ Scope. Großbritannien 1964 **P** Towers of London **Kl** Constantin **Pd** Harry Alan Towers **R** Robert Lynn **B** Peter Yeldham, nach einem Roman von Peter Weldbeck **K** Nicolas Roeg **M** Johnny Douglas **S** John Trumper **D** Lex Barker (Steve Martin), Ann Smyrner (Helga), Ronald Fraser (Inspektor Lean), Dietmar Schönherr (Paul), Walter Rilla (Wexler), Gustel Gundelach (Kramer) **L** 81 **FSK** ab 12; nf **E** 10.7.1964 **fd** 12 842

DIE VERDAMMTEN DER KALAHARI (SANDS OF THE KALAHARI). Fünf Männer und eine Frau kämpfen nach einer Flugzeugbruchlandung in der Wüste Kalahari ums Überleben, wobei sich einer der Männer als brutaler Psychopath erweist, der die übrigen terrorisiert. An der Oberfläche spannender Abenteuerfilm, dem es aber an Glaubwürdigkeit und dramaturgischer Geschicklichkeit mangelt. In einigen Passagen allzu reißerisch. – Ab 16 möglich. ✦ Scope. Großbritannien 1965 **P** Pendennis Pictures **Kl** Paramount **Pd** Cyril Raker Endfield, Stanley Baker **R** Cyril

Raker Endfield **B** Cyril Raker Endfield, nach einem Roman von William Mulvihill **K** Erwin Hillier **M** John Dankworth **S** John Jympson **D** Stanley Baker (Bain), Stuart Whitman (O'Brien), Susannah York (Grace), Harry Andrews (Hammerfield), Theodore Bikel (Bondarahkai) **L** 119 **FSK** ab 16; f **E** 27.5.1966 **fd** 14 090

DIE VERDAMMTEN DER MEERE (BILLY BUDD). Verfilmung von Melvilles symbolischem Kurzroman: Der junge Matrose Billy Budd erschlägt 1797 auf einem englischen Kriegsschiff im Affekt einen schurkischen Offizier und wird dafür nach dem Kriegsgesetz hingerichtet, obwohl jedermann für ihn spricht. Ohne den Rang der Vorlage zu erreichen, entwickelt sich doch ein überdurchschnittlicher Abenteuerfilm von hoher darstellerischer und inszenatorischer Intensität, der den Blick über das historische Abenteuer hinaus auf die Problematik von Recht und Gerechtigkeit, Schuld und Unschuld lenkt. – Sehenswert ab 14. ✦ Scope, schwarz-weiß. Großbritannien 1961 **P** Anglo-Allied Pictures **Kl** Rank **Pd** Ronald Lubin, Peter Ustinov **R** Peter Ustinov **B** Peter Ustinov, Robert Rossen, DeWitt Bodeen, nach einer Erzählung von Herman Melville und einem Bühnenstück von Robert Chapman und Louis O. Coxe **K** Robert Krasker **M** Anthony Hopkins **S** Jack Harris **D** Terence Stamp (Billy Budd), Peter Ustinov (Kapitän Fairfax Vere), Robert Ryan (John Claggart), Paul Rogers (Philip Seymour), Ronald Lewis (Jenkins), Melvyn Douglas (Der Däne) **L** 117 **FSK** ab 12; f **FBW** w **E** 16.11.1962 **fd** 11 597

DIE VERDAMMTEN DER SIERRA →Der Tag der Verdammten (Wem Gott vergibt)

DIE VERDAMMTEN DES KRIEGES (CASUALTIES OF WAR). Soldaten eines amerikanischen Spähtrupps entführen während eines Patrouillengangs eine vietnamesische Zivilistin, vergewaltigen und töten sie. Ein junger Gefreiter, der sich an dem Verbrechen nicht beteiligt, es aber auch nicht verhindern kann, setzt sich gegen den Korpsgeist des Militärs durch und bringt die Täter vor ein Kriegsgericht, wo sie zu langen Freiheitsstrafen verurteilt werden. Die teils beklemmende, teils reißerische Aufbereitung eines authentischen Falls aus dem Vietnam-Krieg. Der Film appelliert mehr an die Gefühle als an den Verstand und unterläuft dadurch mögliche kritische Absichten. ✦ Scope. USA 1989 **P** Art Linson Prod. (für Columbia) **Kl** Columbia TriStar **VA** RCA/Columbia **Pd** Art Linson, Fred Caruso **R** Brian de Palma **B** David Rabe, nach einem Buch von Daniel Lang **K** Stephen H. Burum **M** Ennio Morricone **S** Bill Pankow **D** Michael J. Fox (Eriksson), Sean Penn (Meserve), Don Harvey (Clark), Thuy Thu Le (Oahn), John Leguizamo (Diaz), Erik King (Brown), John Reilly (= John C. Reilly) (Hatcher) **L** 113 **FSK** ab 16; f **E** 1.2.1990/11.9.1990 Video/3.6.1993 SAT 1 **fd** 28 134

DIE VERDAMMTEN DIESER ERDE (I DANNATI DELLA TERRA). Eine Auseinandersetzung mit den Problemen der Dritten Welt, mit der Wechselbeziehung von Gewalt und Gegen-Gewalt in einem recht wortlastigen Erstlingsfilm, der Spielszenen und Dokumentaraufnahmen, nüchternen Realismus und Allegorie mischt. Ein italienischer Filmregisseur versucht, das unvollendete Werk eines verstorbenen afrikanischen Freundes fertigzustellen. Über die Notizen des Toten, in persönlichen Erinnerungen und im Gespräch mit der Witwe sucht er einen Zugang zu der Denkweise des Freundes, stellt aber bald fest, wie schwer es ihm fällt, sich in die Mentalität eines jungen Afrikaners hineinzuversetzen. (O.m.d.U.) ✦ Scope. Italien 1969 **P** Ager Film **R** Valentino Orsini **B** Alberto Filippi, Valentino Orsini **K** Giuseppe Pinori **M** Benedetto Ghiglia **S** Paolo Lucignani **D** Frank Wolff (Fausto), Marilù Tolo (Adriana), Serigne N'Diaye Gonzales (Abramo), Carlo Cecchi (Ingardo), Marina Malfatti (Luciana) **L** 90 **E** 10.3.1970 ZDF

DIE VERDAMMTEN PISTOLEN VON DALLAS (LE MALEDETTE PISTOLE DI DALLAS / LAS MALDITAS PISTOLAS DE DALLAS). Ein angesehener junger Mann befreit eine Stadt in Texas vom Terror einer brutalen Gangsterbande. Dürftiger Euro-Western mit langweiligen Schlägereien. ✦ Scope. Italien/Spanien/Frankreich 1964 **P** Tellus/Coper/Paris Inter/Francinor **Kl** Inter **R** José Maria Zabalza **B** Luigi Emmanuele **K** Edmondo Affronti **M** Gioacchino Angelo **D** Fred Beir, Evi Marandi, Jesús Puente, Luigi Ciavaro, Dyana De Saint **L** 92 **FSK** ab 18; nf **E** 15.8.1967 **fd** 15 248

DIE VERDAMMTEN VOM RIO GRANDE (JUANA GALLO). Heldenpathos und Schlachtengetümmel um die legendäre mexikanische Freiheitskämpferin Juana Gallo. Ein leichenreicher Revolutionsfilm in mangelhafter Gestaltung, der den historischen und politischen Hintergrund weder vermitteln kann noch dies überhaupt will. ✦ Mexiko 1961 **P** Zacarias **Kl** Wolf **R+B** Miguel Zacarias **K** Gabriel Figueroa **M** Manuel Esperón **D** Maria Félix, Jorge Mistral, Luis Aguilar, Ignacio Lopez Tarso, Christiane Martel **L** 82 **FSK** ab 16; nf **E** 25.6.1965 **fd** 14 034

DIE VERDAMMTEN VON RADHAPURA →Radhapura – Endstation der Verdammten

DIE VERDAMMTEN WILDEN (LES MAUDITS SAUVAGES). Am Beispiel eines Indianermädchens, das von einem Weißen verführt wird, schildert der Film die Ausrottung der Indianer in Kanada. Der Film schlägt einen Bogen von 1630 bis 1970, aktualisiert die Vergangenheit, um gemeingültige Formeln zu finden. Durch lange Einstellungen, immer wiederkehrende Motive und irritierende Momente soll das »Kino der Illusion« unterlaufen werden. – Ab 16. ✦ Kanada 1971 **R+B** Jean-Pierre Lefebvre **K** Jean-Claude Lebrecque **D** Pierre Dufresne, Rachel Cailhier, Nicole Filion, Luc Granger **L** 110 **E** 9.12.1973 BR III

DIE VERDECKTE KARTE (FACE DOWN). Ein an die Filme der »Schwarzen Serie« angelehnter Thriller, in dem eine offenbar verwirrte Frau einen Privatdetektiv um Hilfe bittet, da sie sich verfolgt fühlt. Kurz darauf wird der Partner des Detektivs ermordet. Als er sich daraufhin entschließt, den Fall zu übernehmen, sieht er sich mit einem anderen ehemaligen Partner bei der Polizei konfrontiert, der einst für seine Entlassung sorgte. ✦ USA 1997 **Pd** Roni Weisberg **R+B** Thom Eberhardt **K** John Holosko **M** Gunther Schuller, Joe Lavano **S** Carl Graham **D** Joe Mantegna (Signorelli), Peter Riegert (Lt. Coop Cooper), Kelli Maroney (Meredith Lake), Adam Ant (Derek Fry) **L** 107 **E** 3.12.1998 premiere

VERDI, EIN LEBEN IN MELODIEN (GIUSEPPE VERDI). Episoden aus dem Leben des berühmten Komponisten Giuseppe Verdi (1813–1901), erzählt als große Rückblende von seinem Sterbebett aus. Untröstlich über den frühen Tod seiner Frau findet er durch eine gefeierte Sängerin, die dann seine zweite Frau wird, zu neuem Lebensmut. Der zusammenhanglos inszenierte Film wird der Persönlichkeit Verdis kaum gerecht, bietet aber immerhin durch seine Auswahl effektvoller Opernszenen aus allen Schaffensperioden Verdis gute Unterhaltung. (DDR-Titel: »Giuseppe Verdi«) – Ab 14 möglich. ✦ Italien 1954 **P** Pat-Film **Kl** Schorcht **Pd** Maleno Malenotti **R** Raffaello Matarazzo **B** Leo Benvenuti, Liana Ferri, Mario Monicelli, Piero Pierotti, Giovanna Soria, Raffaello Matarazzo **K** Tino Santoni **M** Giuseppe Verdi, Renzo Rossellini **D** Pierre Cressoy (Giuseppe Verdi), Anna Maria Ferrero (Margherita Barezzi), Gaby André (Giuseppina Strepponi), Irene Genna (Sängerin), Tito Gobbi **L** 105 **FSK** ab 6; f **E** 20.5.1955/23.10.1959 Kino DDR/10.4.1960 DFF 1 **fd** 3 875

DIE VERDORBENEN MÄDCHEN VOM MARS →Bad Girls From Mars – Die verdorbenen Mädchen vom Mars

VERDORBENES BLUT →Böses Blut (1993)

EIN VERDORBENES WOCHENENDE →Ein Scheiß-Wochenende

VERDUNKELUNG IN TALLINN (TALLINNAN PIMEYS/DARKNESS IN TALLINN). Gesellschaftskritische Gangsterkomödie über die Machenschaften der Mafia in dem erst kürzlich wieder unabhängig gewordenen baltischen Kleinstaat Estland. Als der estnische Staatsschatz, 1940 beim Einmarsch der deutschen Wehrmacht nach Paris gebracht, ins Land zurückgebracht wird, wittert die Mafia die Chance, sich des Goldschatzes zu bemächtigen. Mit der erzwungenen Hilfe eines entführten Elektrikers soll Tallinn durch einen herbeigeführten Stromausfall verdunkelt werden, um den großen Coup zu ermöglichen. (O.m.d.U.) – Ab 14. ✦ Teils schwarz-weiß. Finnland/USA/Estland/Schweden 1993 **P** Filmzolfo/Upstream/Filmlance/Filmteknik/Exit **Pd** Lasse Saarinen **R** Ilkka Järvilaturi **B** Paul Kolsby **K** Rein Kotov **M** Mader **S** Christopher Tellefsen **D** Juri Järvet (Anton), Ivo Uukkivi (Toivo), Milena Gulbe (Maria), Enn Klooren, Tonu Kark **L** 99 **E** 7.7.1994 arte

DER VEREHRER (INVASION OF PRIVACY). Kriminalfilm. Die Verehrung eines jungen Ex-Häftlings für eine Journalistin nimmt, als sie nicht erwidert wird, psychopathische Züge an. Er beginnt ein Verhältnis mit der Tochter und ermordet einen Vorgesetzten, der seine Angebetete sexuell belästigt. ✦ USA 1992 **R+B** Kevin Meyer **M** Alan Dermarderosian **D** Robby Benson (Alex), Jennifer O'Neill (Hillary Wayne), Lydie Denier (Vicky), Ian Ogilvy (Brian), Patricia Barry (Schauspiellehrerin) **L** 92 **E** 6.2.1995 Pro Sieben

DIE VEREINBARUNG (THE SETTLEMENT). Zwei arbeitslose Männer schlagen sich mit Schauboxkämpfen auf Jahrmärkten im Australien der 50er Jahre mühsam durchs Leben. Gemeinsam mit einer heimatlosen jungen Frau beziehen sie eine Hütte in einem Dorf, womit sie den Argwohn der Bewohner auf sich ziehen und einen Skandal entfachen. In epischer Breite, mit schönen Landschaftsaufnahmen und genauer Milieuschilderung entwickelte Geschichte, deren dramatische Höhepunkte jedoch blaß bleiben. – Ab 16. ✦ Australien 1983 **P** Robert Bruning Prod. **R** Howard Rubie **B** Ted Roberts **K** Ernest Clark **M** Sven Libaek **D** Bill Kerr, John Jarratt, Lorna Lesley, Tony Barry, Katy Wild **L** (TV) 90 **E** 25.10.1985 DFF 2/1.12.1987 BR

DIE VEREINTE FAMILIE IN ERWARTUNG VON HALLEWYNS RÜCKKEHR (LA FAMILIA UNIDA ESPERANDO LA ILEGADA DE HALLEWYN). Die Selbstzerstörung einer großbürgerlichen Familie, die allmählich an die Grenzen ihrer Möglichkeiten gelangt, indem sie die von ihr repräsentierte Ideologie enthüllt. Ein bizarrer, geheimnisvoller Film, der, um den Zerfall der sozialen Ordnung zu verdeutlichen, Elemente aus dem Straßentheater und aus dem Horrorfilm ebenso zu Hilfe nimmt wie Versatzstücke des Schwarzen Humors; eine mit geringen Mitteln hergestellte Provokation, welche die Unterwelt der etablierten Kultur mit den Archetypen der Kino-Welt zusammenführt. Trotz aller intuitiven Spontaneität und der frappierenden Intelligenz vielfältiger Szenen erscheint die Konzeption jedoch zu verworren, um gültige Eindrücke in die kulturelle und politische Situation Argentiniens zu vermitteln. (Spanisch mit englischen Untertiteln) ✦ Schwarz-weiß. Argentinien 1972 **P** Miguel Bejo **SF** Freunde der Deutschen Kinemathek **Pd+R** Miguel Bejo **B** Vicente Battista, Roman Garcia Azcarate, Osvaldo de la Vega, Miguel Bejo **K** Carlos Sorin **M** Jorge Lopez Ruiz **D** Osvaldo de la Vega, Alberto Ferreiro, Edgardo Cozarinsky, Maria Elena Moby **L** 97 **E** 1972 Kino

DAS VERFAHREN IST EINGESTELLT: VERGESSEN SIE'S! (L' ISTRUTTORIA E'CHIUSA: DIMENTICHI / TANTE SBARRE). Wegen eines Verkehrsdelikts in Untersuchungshaft genommen, erfährt ein Architekt im Gefängnis den Terror und die Macht der Mafia, der er letzten Endes unterliegt. Polit-Thriller, der ein durch und durch korruptes Staatswesen anprangert, die gesellschaftskritischen Aspekte jedoch zugunsten der Schilderung eines Einzelschicksals vernachlässigt. (DDR-Titel: »Die Untersuchung ist abgeschlossen: Vergessen Sie alles«) – Ab 16. ✦ Italien 1971 **P** Fair **Kl** Progress **Pd** Mario Cecchi Gori **R** Damiano Damiani **B** Dino Maiuri, Massimo De

Rita, Damiano Damiani, nach einem Roman von Leros Pittoni **K** Claudio Ragona **M** Ennio Morricone **S** Antonio Siciliano **D** Franco Nero (Vanzi), Georges Wilson (Campoloni), John Steiner (Piro), Riccardo Cucciolla (Pesenti), Ferruccio De Ceresa (Biliotti), Antonio Casale, Claudio Nicastro (Rosa), Santo Simone (Armando) **L** 106 **E** 18.5.1973 Kino DDR/ 2.1.1975 DFF 1/15.6.1977 ZDF **fd** 20 337

VERFEHLTE LEIDENSCHAFT – BRAHMS, DIE FRAUEN UND DIE MUSIK. Der Dokumentarfilm zum 100. Todestag des Komponisten Johannes Brahms (1833–97) legt einen Schwerpunkt auf dessen unglückliche Liebe zu Clara Schumann, die, so die These, immer wieder in das musikalische Schaffen einfloß. ✦ Deutschland 1997 **R** Tony Palmer **L** 89 **E** 8.10.1997 arte

VERFEHLUNG. Die Liebe zu einem Hamburger Hafenarbeiter führt für eine Reinmachefrau in einem Dorf der DDR 1988/89 zu einer Tragödie durch Repressalien des Staates. Ein inszenatorisch wie darstellerisch hervorragend entwickeltes Schicksalsbild aus der Zeit kurz vor dem Ende der DDR. In eindringlicher Form werden die vergiftenden Eingriffe des Regimes in die Beziehungen der Menschen untereinander dargestellt und die menschenverachtenden Lebensbedingungen eines »real existierenden Sozialismus'« aufgedeckt. – Ab 16. ✦ Deutschland 1991 **P** DEFA, Gruppe »Babelsberg«/Von Vietinghoff Filmprod. **Kl** Progress **Pd** Horst Hartwig **R** Heiner Carow **B** Wolfram Witt, nach einer Erzählung von Werner Heiduczek **K** Martin Schlesinger **M** Stefan Carow **S** Evelyn Carow **D** Angelica Domröse (Elisabeth), Gottfried John (Jacob), Jörg Gudzuhn (Reimelt), Dagmar Manzel (Regina), Katja Paryla (Lilo) **L** 104 **FSK** ab 12; f **FBW** w **E** 19.3.1992 **fd** 29 462

DIE VERFEHLUNG →Verfehlung

VERFEINDET BIS AUFS BLUT (OUR FAMILY HONOR). Ein junger Mann in New York verliebt sich in eine attraktive Frau, ohne zu wissen, daß sie aus einer standesstolzen Familie irischer Abstammung kommt, in der der Polizeidienst Familientradition ist. Er selbst stammt aus einer großen Familie des organisierten Verbrechens in der Stadt. Anspruchsloser Unterhaltungsfilm mit naiv-märchenhaften Akzenten als Variante des Romeo-und-Julia-Themas; der Pilotfilm einer in den USA erfolglosen 13teiligen Fernsehserie. – Ab 16. ✦ USA 1985 **P** ABC/Lorimar **R** Robert Butler **B** John Tanner, Arthur Bernard Lewis, Richard Freiman **D** Eli Wallach, Kenneth McMillan, Daphne Ashbrook, Tom Mason, Michael Madsen **L** 96 (TV 89) **E** 28.7.1989 SAT 1

VERFEMT (THE KID FROM TEXAS). Eine der zahlreichen Western-Biografien des legendären Outlaws William H. Bonney (1858–1881), genannt »Billy the Kid«, von seiner Begegnung mit dem Rancher Tunstall bis zu seinem Ende. Ein durchschnittlicher Western, der den Revolverhelden mit naivem Gerechtigkeitssinn ausstattet und zum Märtyrer stilisiert. – Ab 16. ✦ USA 1949/50 **P** Universal **Kl** Universal **Pd** Paul Short **R** Kurt Neumann **B** Robert Hardy Andrews, Karl Kamb, nach einem Roman von Robert Hardy Andrews **K** Charles Van Enger **M** Milton Schwarzwald **S** Frank Gross **D** Audie Murphy (Billy the Kid), Gale Storm (Irene Kain), Albert Dekker (Alexander Kain), Shepperd Strudwick (Jameson), Will Geer (O'Fallon), William Talman (Minniger), Martin Garralaga (Morales), Robert Barrat (General Lew Wallace), Walter Sande (Crowe), Frank Wilcox (Sheriff Pat Garrett), Dennis Hoey (Maj. Harper), Ray Teal (Sheriff Rand), Don Haggerty (Morgan), Harold Goodwin (Matt Curtis) **L** 79 **FSK** ab 16; nf **E** 19.4. 1951/4.1.1969 ARD **fd** 1 177

DIE VERFEMTE (LES NAUFRAGEURS). Um sich einen Platz in der Gemeinschaft zu erobern, verursacht eine geächtete junge Frau das Stranden eines Schiffes an den Klippen der rauhen Küste einer bretonischen Insel im Atlantik. Die halbverhungerten Bewohner fallen über die Überlebenden her, nur einer kann entkommen. Die »Verfemte« versteckt ihn aus Liebe, schwört damit aber nur eine weitere Katastrophe herauf. Folkloristisch angehauchtes Schicksalsdrama um Aberglauben, Seeräuberromantik und eine tragische Liebe im 19. Jahrhundert. Inszenatorisch eindrucksvoll, überfrachtet und unklar in der Problemstellung, regt der Film immerhin Fragen nach Schuld und Sühne an. ✦ Scope, schwarz-weiß. Frankreich 1958 **P** Vega/Finistère/Sirius **Kl** Pallas **Pd** Georges Bernier **R** Charles Brabant **B** Guenael A. Bolloré, Roland Laudenbach, Charles Brabant **K** Ghislain Cloquet, Jacques Fogel, Paul Rodier **M** René Cloërec **S** Huguette Brabant **D** Carl Schell (Gilles), Dany Carrel (Louise), Henri Vidal (Yann), Charles Vanel (Marnez), Renée Cosima (Moira), Jean d'Yd (Pfarrer) **L** 86 **FSK** ab 16; f **E** 6.3.1959 **fd** 8 197

VERFEMTE FRAUEN (MARCHANDES D'ILLUSIONS). Im Pariser Prostituierten-Viertel im Quartier des Halles versucht eine junge, gutherzige Missionarin im Auftrag einer Art »Zivilorden«, in Not geratenen Straßenmädchen zu helfen. Zwei von ihnen sind in einen Mordfall verwickelt, und eine der beiden kann sie auf den rechten Weg zurückführen. Die »Bekehrte« heiratet und findet so einen Vater für ihr Kind. Ein gutgemeinter, weitestgehend auf spekulative Darstellung verzichtender Film in kolportagehaft-mangelhafter Inszenierung: Nichts stimmt, und die Larmoyanz des Drehbuchs wird überdeutlich. ✦ Schwarz-weiß. Frankreich 1954 **P** Vascos/Mondial **Kl** Pallas **R** Raoul André **B** Raymond Caillava **K** Roger Fellous **M** Daniel Lesur **D** Gisèle Pascal (Maria-Thérèse), Louise Carletti (Marcelle), Nicole Courcel (Maria), Philippe Lemaire (Pierre), Raymond Pellegrin (René), Gina Manès (Mathilde) **L** 93 **FSK** ab 18; nf **E** 29.10.1954 **fd** 3 711

VERFLIXT HALLELUJA →Die Söhne der Dreieinigkeit

VERFLIXT NOCHMAL ... WER HAT? DER HAT! (O BEN DOTATO). Ein von zwei Frauen aus der Oberschicht Sao Paulos als Hausmann engagierter Sexprotz vom Lande wird in der Stadt von einer Luxushausfrau zur nächsten gereicht. Erst die Zudringlichkeit seiner Chefin treibt ihn aufs Land zurück. Einfältig-dilettantische Sexkomödie aus Brasilien: Reichtum, Schick und barbusige Frauen dienen allein zur Verkleisterung sozialer Konflikte. – Wir raten ab. ✦ Brasilien 1979 **P** José Miziara **Kl** CFC-Contact **R** José Miziara **K** Osvaldo de Oliveira **M** Alberto Ferris **D** Tom O'Reel, Michaela Mantani, Marion D'Ellis, Consuelo Leandro, Guilherme Correa **L** 89 **FSK** ab 18; nf **E** 3.7.1980 **fd** 22 573

VERFLIXT VERSTRICKT (CARLY'S WEB). Kriminalfilm: Eine Angestellte der Beschwerdestelle des amerikanischen Justizministeriums will einer Indianerfamilie behilflich sein, die eine von der Regierung versprochene Bohnenlieferung nicht erhalten hat. Doch bei dem vermeintlichen Bagatellfall sticht sie in ein Wespennest: sie stößt auf ein Komplott, in das ein Senator und ein Staatsanwalt vertrickt sind. ✦ USA 1987 **P** MTM **Pd** Gareth Davies **R** Kevin Inch **B** Brad Kern **D** Daphne Ashbrook (Carly Foxe), Cyril O'Reilly (Frankie Bell), Peter Billingsley (Guido Krantz jr.), Bert Rosario (Hector Figueroa), Jennifer Dale (Celeste Hedley) **L** 95 **E** 17.8.1993 RTL 2

DAS VERFLIXTE BABYJAHR – NIE WIEDER SEX?! (Fernseh-)Komödie um einen Mann und eine Frau, die beide ein »Babyjahr« genommen haben. Als sich ihre Wege kreuzen, büßen der Nachwuchs und auch der jeweilige Partner an Bedeutung ein. ✦ Deutschland 1998 **P** Objectiv Film (für RTL) **Pd** Katharina M. Trebitsch, Kirsten Ellerbrake **R** Markus Bräutigam **B** Beate Langmaack **K** Kay Gauditz **M** Chris Walden **D** Susanna Simon (Lisa Landauer), Andreas Herder (Carsten Landauer), Ina Weisse (Sophia Braun), Tim Bergmann (Peter Blohm), Loretta Pflaum (Britta Klunter), Gilbert von Sohlern (Herr Grimm) **L** 94 **E** 5.5.1999 RTL

DAS VERFLIXTE ERSTE MAL (GETTING IT RIGHT). Ein bildungsbeflissener 31jähriger Damenfriseur aus einem Londoner Vorort überwindet seine Berührungsängste zum weiblichen Geschlecht und findet den Weg in die Ehe. Besinnliche, an frühen Vorbildern des trockenen britischen Humors orientierte romantische Milieukomödie mit exzellenter schauspielerischer Profilierung. – Sehenswert ab 16. ✦ USA 1988 **P** M.C.E.G./CA. **VA** M.C.E.G. Virgin Vision **Pd** Jonathan D. Krane, Randal Kleiser **R** Randal Kleiser **B** Elizabeth Jane Howard, nach ihrem Roman **K** Clive Tickner **M** Colin Towns **S** Chris Kelly **D** Jesse Birdsall (Gavin), Lynn Redgrave (Joan), Helena Bonham Carter (Minerva), Jane Horrocks (Jenny), John Gielgud (Lord) **L** 98 **FSK** ab 12 **E** 23.4.1991 Video **fd** 29 060

DIE VERFLIXTE GASTFREUNDSCHAFT →Buster Keaton – Verflixte Gastfreundschaft

DER VERFLIXTE GROSSVATER (LE SACRE GRAND-PERE). Ein junges Ehepaar, das auf Grund einer Liebschaft des Mannes getrennt lebt, erhält von seinem Großvater eine Einladung auf dessen Landsitz. Beide Partner versuchen, dem Alten eine intakte Ehe vorzuspielen. Der Großvater aber, der die Zusammenhänge erkennt, hilft ihnen, ihre Ehe wieder zu festigen. Formal bemerkenswerter Film, dessen positive Gesamtaussage durch fragwürdige Momente etwas beeinträchtigt wird. – Ab 14. ✦ Frankreich 1968 **P** Champs Elysées Production/Isabelle Films **Kl** Progress **R** Jacques Poitrenaud **B** Albert Cossery, Jacques Poitrenaud, Maria Suire, nach einem Roman von Catherine Paysan **K** Jean-Marc Ripert **M** Serge Gainsbourg **D** Michel Simon (Großvater Jéricho), Marie Dubois (Marie), Yves Lefebvre (Jacques), Thalie Fruges (Agathe), Serge Gainsbourg (Rémy) **L** 90 **E** 13.6.1969 Kino DDR

VERFLIXTE RANGEN (DE POKKERS UNGER). Der neue Hauswart einer Kopenhagener Mietskaserne gewinnt durch den Abbau unnötiger Verbote und dank sinnvoller Freizeitbeschäftigung das Vertrauen der durch seinen verhaßten Vorgänger aufsässig gestimmten Kinder. Als er unter Diebstahlverdacht im Gefängnis landet, setzen sich die Kinder für ihn ein und übergeben die wirklichen Diebe der Polizei. Humorvolle Unterhaltung, vorzüglich in Bild und Regie, vor allem jedoch in den Kinderszenen derart ungekünstelt frisch wie vergleichsweise allenfalls Kästners »Emil und die Detektive« in der ersten Verfilmung. – Sehenswert ab 8. ✦ Schwarz-weiß. Dänemark 1949 **P** Nordisk **Kl** Transatlantic/Karp/Titania **R** Astrid Henning-Jensen, Bjarne Henning-Jensen **B** Flemming-Lynge, nach einem Bühnenstück von Estrid Ott **K** Paul Gram, Annelise Reenberg **M** Hermann d'Köppel **D** Henry Nielsen, Preben Neergaard, Tove Maas, Sigrid Horne-Rasmussen, Hjalmar Bendtsen **L** 90 **FSK** ab 6; f **FBW** w **E** 28.5.1954 Kino DDR/15.1.1956 Kino BRD/5.4.1959 DFF 1 **fd** 4 645

DAS VERFLIXTE 7. JAHR (THE SEVEN YEAR ITCH). Die Versuchungen und frivolen Fantasien eines Verlagskaufmannes in Manhattan, dessen Frau und Kind in Urlaub gefahren sind. Die attraktive junge Nachbarin will sich nur gänzlich sorglos in der Wohnung des älteren Strohwitwers von der Hitze erholen, animiert ihn jedoch zu erotischen Wunschvorstellungen, die zu filmischer Wirklichkeit werden. Auf humorvolle und witzig-persiflierende Art dargestellt, gelegentlich etwas allzu geschwätzig; mit einer Glanzrolle für Marilyn Monroe. – Ab 14. ✦ Scope. USA 1955 **P** Feldman Group (für 20th Century Fox) **Kl** Centfox **Pd** Charles K. Feldman, Billy Wilder **R** Billy Wilder **B** Billy Wilder, George Axelrod, nach dem gleichnamigen Bühnenstück von Georg Axelrod **K** Milton Krasner **M** Alfred Newman **S** Hugh S. Fowler **D** Marilyn Monroe (das Mädchen), Tom Ewell (Richard Sherman), Evelyn Keyes (Helen Sherman), Sonny Tufts (Tom McKenzie), Robert Strauss (Kruhulik) **L** 105 **FSK** ab 12; f **E** 9.9.1955/14.2.1972 ZDF/ 2.1.1983 DFF 1 **fd** 4 149

VERFLIXTES FLEISCH (A MARVADA CARNE). Ein brasilianischer Mischling verläßt die ländliche Region, in der er aufwuchs, um in der Stadt seinen

Traum zu erfüllen: endlich Fleisch essen. Er heiratet in der vergeblichen Hoffnung auf einen Preisbullen als Mitgift, erlebt weitere Enttäuschungen in Sao Paolo und gelangt nach der Beteiligung an einem Überfall endlich in den Genuß der ersehnten Freuden. Eine bewußt naiv gehaltene Fabel, die sich aus Erzählungen und Mythen Brasiliens speist und in die schlichte Erzählung folkloristische Elemente einfließen läßt; eine sympathische Erstlingsarbeit mit eigenwilligem Charme, die im eigenen Land weitgehend unterschätzt wurde. – Ab 16. ✦ Brasilien 1985 **P** Claudio Jahns Prod. **Pd** Claudio Jahns **R** André Klotzel **B** André Klotzel, Carlos Alberto **K** Pedro Farkas **M** Rogerio Duprat **D** Adilson Barros, Fernanda Torres, Dionisio Azevedo, Geny Prado, Lucelia Machiaveli **L** (TV) 72 **E** 23.6.1988 BR

VERFLIXTES MISSGESCHICK! In Menschengestalt wandert das Missgeschick von einem zum anderen. Ist sein »Opfer« erst ruiniert, betreibt es seinen »Weiterverkauf«, um jemand anderen ins Unglück zu stürzen. Schließlich wird es von einem armen, aber gewitzten Bauernburschen überlistet. In Episoden erzählte, originell ausstaffierte, dennoch kaum packende Märchenverfilmung. – Ab 8 möglich. ✦ DDR 1989 **P** DEFA, Gruppe »Berlin« **Kl** Progress **Pd** Volkmar Leweck **R** Hannelore Unterberg **B** Hannelore Unterberg, Michael Göthe, Wolf Müller, nach Motiven eines Märchens von Samuil Marschak **K** Michael Göthe **M** Karl-Ernst Sasse **S** Thea Richter **D** Carmen-Maja Antoni (Mißgeschick), Stefan Saborowski (Michael), Kurt Böwe (Habermoos), Horst Rehberg (Holzfäller), Roman Kaminski (König) **L** 68 **E** 7.7. 1989 Kino DDR/25.1.1991 ARD

VERFLUCHT BIS ZUM JÜNGSTEN TAG (THE MOLLY MAGUIRES). 1876 gelingt es der Polizei, einen Spitzel in eine Geheimorganisation in Pennsylvania einzuschleusen, die um bessere Arbeitsbedingungen für irische Bergleute kämpft. Trotz Kenntnis ihrer Situation und Verständnis für ihre Lage verrät er die Kameraden. Packend inszeniertes Drama um Recht und Unrecht, Schuld und Sühne, episch breit, aber mit einigen recht harten Szenen inszeniert. Der Film ist zwar mehr an der spannenden kriminalistischen Handlung als seinen kritischen Möglichkeiten interessiert, vermittelt aber dennoch einiges vom sozialen Hintergrund. – Ab 16. ✦ Scope. USA 1969 **P** Tamm **Kl** Cinema International **VA** CIC **Pd** Martin Ritt, Walter Bernstein **R** Martin Ritt **B** Walter Bernstein, nach einem Roman von Arthur H. Lewis **K** James Wong Howe **M** Henry Mancini **S** Frank Bracht **D** Sean Connery, Richard Harris, Samantha Eggar, Frank Finlay, Art Lund **L** 105 (Video 119) **FSK** ab 16; f **E** 21.8.1970 **fd** 16 952

VERFLUCHT DIES AMERIKA. Fünf aus Bayern ausgewiesene Außenseiter bleiben auch im amerikanischen Westen des Jahres 1885 herumgestoßene Randfiguren, die die schmutzigsten Arbeiten annehmen müssen und nicht in die Gesellschaft integriert werden. Sie werden als Handlanger bei einem Banküberfall in Verbrechen verwickelt und erschossen. Mit Humor und parodistischer Künstlichkeit gestalteter »Gegen-Western«, der mit bekannten Genremotiven spielt, um ein anti-romantisches Gegenbild zu entwerfen. Das reizvolle Thema leidet an der zunehmend konfuseren Inszenierung, die auch die aktuellen zeitkritischen Einschübe nicht sinnvoll einzubinden versteht. ✦ BR Deutschland/Spanien 1973 **P** Produktion 1 im Filmverlag der Autoren/Elias Querejeta P.C. **Kl** Filmverleih der Autoren **R** Volker Vogeler **B** Volker Vogeler, Ulf Miehe, Bernardo Fernández **K** Luis Cuadrado **M** Luis de Pablo **D** Geraldine Chaplin (Kate Elder), William Berger (Doc Holliday), Arthur Brauss (Bastian), Sigi Graue (Beter), Francisco Algora (Anderl), Fred Stillkrauth (Petrus) **L** 92 **FSK** ab 16; f **E** 7.9.1973 **fd** 18 455

VERFLUCHT IN ALLE EWIGKEIT →Der blauäugige Bandit

VERFLUCHT SEI DER TAG (UNE GUEULE COMME LA MIENNE). Ein zur Résistance gehörender Journalist findet im besetzten Paris durch die Frau eines kollaborierenden Kollegen sein Ende. Sie verführt ihn, erschießt ihren Mann und hält mit seinen Artikeln einen Studenten aus. Eine roh gezimmerte Kolportage-Geschichte, grell und überdeutlich bis zur Spekulation. ✦ Schwarz-weiß. Frankreich 1959 **P** Rivers/Modiano **Kl** DFG **R+B** Frédéric Dard **K** Walter Wottitz **M** Anid Hossein **D** Claire Maurier, Paul Guers, Jacques Duby, Olivier Hussenot, Howard Vernon **L** 88 **FSK** ab 16; nf **E** 20.1.1961 **fd** 10 099

VERFLUCHT SEI, WAS STARK MACHT (THE LORDS OF DISCIPLINE). Ein Kadett einer Militärakademie kämpft gegen einen Geheimbund, der unliebsame Neuankömmlinge wie den ersten Schwarzen mit sadistischen Terror- und Foltermethoden zu vertreiben versucht. Der in den 60er Jahren angesiedelte Film lebt von oberflächlichen Reizmomenten, stellt aber das zweifelhafte System nie in Frage. (Kinotitel: »Marines«) ✦ USA 1983 **P** Paramount **Kl** A.B. **VA** CIC **Pd** Herb Jaffe, Gabriel Katzka **R** Franc Roddam **B** Thomas Pope, Lloyd Fonvielle, nach einem Roman von Pat Conroy **K** Brian Tufano **M** Howard Blake **S** Michael Ellis **D** David Keith (Will McClean), Robert Prosky (Colonel »Bear« Berrineau), G. D. Spradlin (General Durrell), Michael Biehn (Alexander), Barbara Babcock (Abigail) **L** 104 (Video 98) **FSK** ab 16; f (Video 18) **E** Januar 1986 Video/30.7.1987 **fd** 25 549

VERFLUCHT SEI, WER DIE AUGEN SCHLIESST – VÖLKERMORD IN RUANDA. Dokumentation, die das Streben dreier Augenzeugen des Völkermords von Ruanda darstellt, entgegen der leeren Versprechungen der Staatengemeinschaft die Wahrheit über die Geschehnisse ans Licht zu holen. ✦ Frankreich 1995 **R** Frédéric Laffont **L** 80 **E** 22.1.1998 arte

VERFLUCHT SIND SIE ALLE (THE KLANSMAN). Der rücksichtslose Kampf zwischen Weißen und Schwarzen in einem abgelegenen Ort in Alabama, im Mittelpunkt ein Sheriff, der es mit Rassisten aus dem Umfeld des Ku-Klux-Klans zu tun bekommt, die von einem reichen Großgrundbesitzer unterstützt werden. Drastische Zuspitzung amerikanischer Rassenkonflikte, die die Problematik realistisch erfaßt, den Handlungsablauf aber stellenweise unglaubwürdig und mit unnötig ausgespielter Brutalität überzieht. Der thematische Ernst bleibt dem Film, auch durch die vorzügliche Interpretation, trotzdem erhalten. (Neuer Kinotitel: »Atoka«.) ✦ USA 1974 **P** The Klansman Prod. (Alexander-Shiffren/Paramount) **Kl** Gloria **Pd** William Alexander, Bill Schiffrin **R** Terence Young **B** Millard Kaufman, Samuel Fuller, nach einem Roman von William Bradford Huie **K** Lloyd Ahern **M** Larry Shaw, Forrest Hamilton **S** Gene Milford **D** Lee Marvin (Sheriff Bascomb), Richard Burton (Breck Stancill), Cameron Mitchell (Deputy Butt Cut Bates), O. J. Simpson (Garth), Linda Evans (Nancy Poteet), Lola Falana (Loretta Sykes) **L** 111 (gek. 104) **FSK** ab 18; f **E** 25.10.1974 **fd** 19 042

VERFLUCHT UND VERGESSEN (LA MORT D'UN TUEUR / CONCERTO PER UN ASSASSINO). Ein aus dem Gefängnis entlassener Gangster spürt einem ehemaligen Kumpan nach, der ihn verraten haben muß. Ein formal interessanter, stimmungsvoll und dicht inszenierter Kriminalfilm, der freilich allzu distanzlos mit seinem melancholischen Helden und dessen Abscheu vor der bürgerlichen Ordnung kokettiert. ✦ Frankreich/Italien 1963 **P** Copernic/Filmerc **Kl** Rank **R** Robert Hossein **B** Louis Martin, Claude Desailly **K** Jean Boffety **M** André Hossein **S** Marie-Sophie Dubus **D** Robert Hossein, Marie-France Pisier, Robert Dalban, Simon Andrew, Jean Lefebvre, Lila Kedrova **L** 78 (Orig. 90) **FSK** ab 18; nf **E** 6.8.1965 **fd** 13 544

VERFLUCHT, VERDAMMT UND HALLELUJA (... E POI LO CHIAMARONO IL MAGNIFICO / EL MAGNIFICO). Der Sohn eines verkrachten englischen Lords wird als Nachfolger seines Vaters Mitglied eines Ganovenquartetts. Weitgehend vergnügliche Westernparodie, deren Unterhaltungswert durch einige Längen und den rüden deutschen Dialog etwas beeinträchtigt wird. (DDR-Titel: »Ein Gentleman im Wilden Westen«) – Ab 16. ✦ Scope. Italien/Frankreich 1972 **P** P.E.A./Artistes Associes **Kl** United Artists **Pd** Alberto Grimaldi **R+B** E.B. Clucher (= Enzo Barboni) **K** Aldo Giordani **M** Guido de Angelis, Maurizio de Angelis **S** Eugenio Alabiso **D** Terence Hill (= Mario Girotti) (Sir Thomas More), Gregory Walcott (Bull), Harry Carey jr. (Holy Joe), Yanti Somer (Candida), Dominic Barto (Monkey), Riccardo Pizzuti (Morten Clayton), Enzo Fiermonte **L** 126 **FSK** ab 12; nf **E** 28.9.1972/6.12.1974 Kino DDR **fd** 17 997

DAS VERFLUCHTE HAUS (UN TRANQUILLO POSTO DI CAMPAGNA). Ein erfolgreicher Maler zieht sich in ein Haus auf dem Lande zurück, in dem vor dem Zweiten Weltkrieg ein Mord gegangen wurde. Der Film beschreibt die Krise eines Mannes, der zunehmend Schwierigkeiten hat, zwischen Wahn und Wirklichkeit zu unterscheiden. In kunstvollen Farben inszeniert und zwischen Pop-Milieu und schwarzem Humor angesiedelt, vermag der Thriller nicht ganz zu überzeugen, da seine Bildsprache nur schwer zu entschlüsseln ist. ✦ Italien/Frankreich 1969 **P** PEA/Les Productions Artistes Associes **Pd** Alberto Grimaldi **R** Elio Petri **B** Elio Petri, Luciano Vincenzoni **K** Luigi Kuveiller **M** Ennio Morricone **S** Ruggero Mastroianni **D** Franco Nero (Leonardo), Vanessa Redgrave (Flavia), Georges Géret, Gabriella Grimaldi, Madeleine Damien, Rita Calderoni **L** 114 **E** 14.1.1996 RTL 2

VERFLUCHTE LIEBE (LOVE AND CURSES ... AND ALL THAT JAZZ). Thriller. Eine Psychologin und ihr Mann übernehmen den Fall einer jungen Frau, die ohne jede Erinnerung durch die Straßen irrt. Als sie herausfinden, daß es sich bei ihrer Mandantin um dieselbe Frau handelt, die wenige Wochen vorher verwirrt und verängstigt in den Sümpfen von Louisiana aufgegriffen wurde und kurz darauf gestorben sein soll, geraten sie in größte Gefahr. – Ab 16. ✦ USA 1991 **P** Delmac **Pd** Albert J. Salzer **R** Gerald McRaney **B** Richard C. Okie, Rob Gilmer **K** Paul Lohmann **M** Steve Tyrell **D** Delta Burke (Desirée Rivette Faulkner), Gerald McRaney (Dr. »Doc« Faulkner), Elizabeth Ashley, Tony Todd, Harold Sylvester **L** (TV) 100 **E** 14.12.1992 Tele 5

DER VERFLUCHTE PLANET →Planet des Grauens (1956)

DIE VERFLUCHTEN (HOUSE OF USHER). Sir Roderick Usher erleidet die Rache seiner debilen Schwester, die er bei lebendigem Leibe einsargen ließ. Adaption der berühmten Erzählung von E. A. Poe; erster Film einer Serie von Poe-Verfilmungen, die Corman zwischen 1960 und 1964 inszenierte (u. a. »Das Pendel des Todes«, »Lebendig begraben«, »Der Rabe«). Der Film legt wenig Wert auf eine werkgetreue Umsetzung, konzentriert sich vielmehr auf ästhetisch ausgefeilte, schaurig-schöne Gruseleffekte, die ihren Reiz vor allem dem Zusammenwirken vor Farbe, Dekor und exzentrischen Schauspielerauftritten verdanken. (Titel auch: »Der Untergang des Hauses Usher«) – Ab 16. ✦ Scope. USA 1960 **P** AIP **Kl** Goldeck **Pd+R** Roger Corman **B** Richard Matheson, nach einer Erzählung von Edgar Allan Poe **K** Floyd Crosby **M** Les Baxter **S** Anthony Carras **D** Vincent Price (Roderick Usher), Mark Damon (Philip Winthrop), Myrna Fahey (Madeline Usher), Harry Ellerbe (Bristol), Bill Borzage (Geist), Mike Jordan (Geist), Ruth Oklander (Geist) **L** 78 **FSK** ab 16; nf **E** 21.9.1961 **fd** 10 569

DIE VERFLUCHTEN DER PAMPAS (PAMPA SALVAJE / SAVAGE PAMPAS). Um die Desertion argentinischer Soldaten in der Pampa abzustoppen, sollen Frauen auf ein Fort gebracht werden. Kämpfe zwischen Soldaten und Deserteuren erschweren den ohnehin heiklen Transport. Brutaler, oberflächlicher Abenteuerfilm, der die angeschnittenen Probleme vergröbert und entstellt. ✦ Scope. Spanien/Argentinien/USA 1965 **P** J. Prades/Dasa/S. Bronston **Kl** Nora **Pd** Jaime Prades **R** Hugo Fregonese **B** Hugo

Fregonese, John Melson, nach dem Roman »Pampa Barbara« von Ulises Petit de Murat und Homero Manzi **K** Manuel Beranguer **M** Waldo De Los Rios **S** Juan Serra **D** Robert Taylor (Captain Martin), Ron Randell (Padron), Marc Lawrence (Sergeant Barril), Rosenda Monteros (Rucu), Ty Hardin (Carreras), Felicia Roc (Camila), Angel Del Pozo (Lt. del Rio), Mario Lozano (Santiago), Enrique Avila (Petizo), Charles Fawcett (El Gato), Julio Pena (Chicha), José Nieto (Gen. Chavez), Jorge Rigaud (alter Mann), Isabel Pisano (Lucy) **L** 121 **FSK** ab 18; nf **E** 29.7.1966 **fd** 14 206

VERFLUCHTER MIST (THE PRIDE OF JESSE HALLAM). Ein des Lesens und Schreibens unkundiger verwitweter Bauer, der seinen Hof verkauft hat, um die Operation seiner Tochter zu bezahlen, sieht sich in der Stadt mannigfaltigen Schwierigkeiten gegenüber. Eine ebenso einfühlsame wie unterhaltende Beschreibung der Probleme eines Analphabeten. Wegen der hohen Qualität von Buch, Regie und Darstellern ein interessanter und sympathischer Beitrag zu einem ernsten Thema. (Fernsehtitel: »Hut ab vor Mister Hallam«) – Ab 14. ✦ USA 1980 **P** CBS Telepictures/Konigsberg Prod. **VA** VCL/Virgin **Pd** Sam Manners **R** Gary Nelson **B** Suzanne Clauser **K** Gayne Rescher **M** Johnny Cash **S** Tony De Zarraga **D** Johnny Cash (Jesse Hallam), Brenda Vaccaro (Marion Galucci), Eli Wallach (Sal Galucci), Ben Marley (Ted Hallam), Crystal Smith (Jenny Hallam) **L** 96 **E** 28.3. 1986 ZDF/März 1986 Video **fd** 25 641

VERFLUCHTER WHISKY → Bloody Whiskey

VERFLUCHTES AMSTERDAM (AMSTERDAMNED). Eine unheimliche Mordserie schreckt die Amsterdamer Bevölkerung. Ein psychopathischer Täter mordet als Taucher sinnlos in den Grachten der holländischen Metropole. Kriminalreißer, der mit einigem Tempo die Versatzstücke des Genres aufbereitet, aber wegen der Brutalität einzelner Szenen und des aufgesetzten, billig-psychologisierenden Schlusses fragwürdig ist. ✦ Niederlande 1987 **P** First Floor Pictures **KI** Scotia-Cannon **VA** Cannon/VMP **DVD** EuroVideo (1.66:1, DD2.0 dt.) **Pd** Laurens Geels, Dick Maas **R+B** Dick Maas **K** Marc Felperlaan **M** Dick Maas **S** Hans van Dongen **D** Huub Stapel (Eric Vissner), Monique van de Ven (Laura), Serge-Henri Valcke (Vermeer), Tanneke Hartzuicker (Potter), Wim Zomer (John) **L** 105 **FSK** ab 16; f **E** 16.6.1988/Oktober 1988 Video/2.2.1990 Kino DDR/27.7.2000 DVD **fd** 26 929

VERFLUCHTES LAND (THE SHEPHERD OF THE HILLS). Ein Farmerssohn in Missouri ist vom Haß auf seinen Vater besessen, der vor vielen Jahren die Familie verließ und damit den vorzeitigen Tod der Mutter verursachte. Die Rachegefühle des jungen Mannes legen sich erst, als ein Fremder, der eines Tages auftaucht und ihn vor einem Verbrechen bewahrt, sich als der zurückgekehrte Vater zu erkennen gibt. Routiniert inszeniertes Western-Drama mit soliden Darstellern, das packend unterhält. – Ab 12. ✦ USA 1941 **P** Paramount **Pd** Jack Moss **R** Henry Hathaway **B** Grover Jones, Stuart Anthony, nach einem Roman von Harold Bell Wright **K** Charles B. Lang **M** Gerard Carbonara **S** Ellsworth Hoagland **D** John Wayne (Matt Matthews jr.), Betty Field (Sammy Lane), James Barton (Matt Matthews sr.), Harry Carey (Daniel Howitt), Beulah Bondi (Mollie Matthews), Ward Bond (Wash Gibbs), James Barton (Old Matt), Marjorie Main (Granny Becky), John Qualen (Coot Royal), Tom Fadden (Jim Lane), Dorothy Adams (Elvy Royal) **L** 98 **E** 7.6.1991 ARD

DIE VERFOLGER (THE TRACKERS). Ein rassistischer Rancher in Texas sieht sich auf die Hilfe eines schwarzen Marshals angewiesen, als seine Ranch von Banditen überfallen und seine Tochter entführt wird. Während der tagelangen Verfolgung beginnt der Rancher, den Marshal zu respektieren. Sie befreien die Entführte, sehen sich aber neuen Schwierigkeiten gegenüber. Durchschnittlicher Routine-Western ohne sonderliche Höhepunkte. – Ab 14 möglich. ✦ USA 1971 **P** Spelling **R** Earl Bellamy **B** Gerald Gaiser **K** Tim Southcott **D** Sammy Davis jr., Ernest Borgnine, Julie Adams **L** 72 **E** 27.2.1976 ARD/24.7.1982 DFF 1

VERFOLGT (1946) (PURSUED). Um 1900: Der Adoptivsohn eines Farmers, der stets das unausgesprochene Gefühl hatte, nicht richtig zur Familie zu gehören, wird nach einem unglücklichen Schußwechsel von der eigenen Familie als Mörder gejagt. Von Hollywood-Routinier Walsh perfekt inszenierter, ungewöhnlicher »psychologischer« Western mit Elementen des »film noir«, der für die Entwicklung des Genres bedeutsam wurde. (TV-Titel auch: »Späte Rache«) – Ab 14. ✦ Schwarz-weiß. USA 1946 **P** United States Pictures/Warner Bros. **VA** Kinowelt Home **Pd** Milton Sperling **R** Raoul Walsh **B** Niven Busch **K** James Wong Howe **M** Max Steiner **S** Christian Nyby **D** Teresa Wright (Thorley), Robert Mitchum (Jeb Rand), Judith Anderson (Mrs. Callum), Dean Jagger (Grant Callum), John Rodney (Adam Callum), Alan Hale (Jake Dingle), Harry Carey jr. (Prentice McComber), Clifton Young (Sergeant), Ian Wolfe (Coroner, ungenannt), John Rodney (Adam Callum), Ernest Severn (Jeb mit 11 Jahren), Charles Bates (Adam mit 11 Jahren), Peggy Miller (Thorley mit 10 Jahren), Lane Chandler, Tom Fadden (ungenannt), Ray Teal (Armeekapitän, ungenannt), Edward Waller (ungenannt), Crane Whitley (ungenannt) **L** 101 **FSK** ab 12 (Video) **E** 1947/3.9.1973 ARD/15.8.2000 Video **fd** 18 433

VERFOLGT (1951) (TOMORROW IS ANOTHER DAY). Um die Mutter zu schützen, hat ein 13jähriger seinen trunksüchtigen Vater erschossen. Nach 18 Jahren wird er aus dem Zuchthaus entlassen und wirbt um ein Taxigirl, das ihn in eine vermeintliche Mordaffäre (die sich als Notwehr erweist) verstrickt. Sie heiraten, fliehen und tauchen bis zum Erweis der Unschuld als Salatpflücker in Kalifornien unter. Nicht immer glaubhaftes Drama, das inszenatorisch weniger überzeugt als darstellerisch. – Ab 16. ✦ Schwarz-weiß. USA 1951 **P** Warner Bros. **KI** Warner Bros. **Pd** Henry Blanke **R** Felix Feist **B** Art Cohn, Guy Endore, nach einer Erzählung von Guy Endore **K** Robert Burks **M** Daniele Amfitheatrof **D** Ruth Roman (Catherine), Steve Cochran (Bill Clarke), Lurene Tuttle (Mrs. Dawson), Ray Teal (Mr. Dawson), Morris Ankrum, John Kellogg (Monroe) **L** 89 **FSK** ab 12; f **E** 15.4.1960 **fd** 9 271

VERFOLGT BIS IN DEN TOD (BLOOD FEUD). Als Chefberater eines Senatsausschusses gegen das organisierte Verbrechen sagt Robert Kennedy dem mächtigen Boß der Transportarbeitergewerkschaft Jimmy Hoffa den Kampf an. Erst als sein Bruder Präsident der Vereinigten Staaten und er selbst Justizminister wird, ist seine jahrelange Arbeit vom Erfolg gekrönt: er kann Hoffa der Korruption und der Bestechung überführen. Dramatisierung eines authentischen Justizfalles, dessen Fakten jedoch zugunsten einer fernsehgerechten Aufarbeitung von der Fiktion überlagert werden. – Ab 16 möglich. ✦ USA 1983 **P** 20th Century Fox/Glickman-Selznick Prod. **R** Mike Newell **B** Robert Boris **K** Robert L. Morrison **M** Fred Steiner **D** Cotter Smith (Robert Kennedy), Robert Blake (James Hoffa), Brian Dennehy, Ernest Borgnine (J. Edgar Hoover), Danny Aiello, José Ferrer **L** 192 **E** 27.,28.9.1990 PRO 7 (zwei Teile)

VERFOLGT! MÄDCHENJAGD AUF DER AUTOBAHN. Eine junge Frau auf dem Weg zur Hochzeitsfeier ihrer Schwester im Schwarzwald wird von einem geheimnisvollen Fremden verfolgt und flüchtet, als sie eingeholt wird, voller Panik in den Wald. Mit knapper Not entkommt sie einer Vergewaltigung, und als sie zu ihrem Wagen zurückkommt muß sie entsetzt feststellen, daß ihr treuer Hund umgebracht wurde. In die Enge gedrängt, geht sie zur Offensive über. Plakativer Psychothriller mit dünner, bereits oftmals erzählter Geschichte, in dem das vermeintliche Opfer über sich hinauswächst. ✦ Deutschland 1998 **R** Kaspar Heidelbach **B** Douglas Scott-Hessler **D** Liane Forestieri (Anna Lehmann), Tim Bergmann (Christoph Staerk), Mariella Ahrens (Eva Lehmann), Daniel Fehlow (Stefan), Christian Kahrmann (Tramper) **L** 90 **E** 24.10.1998 RTL

VERFOLGT UND GEJAGT (THE BEATE KLARSFELD STORY). Ein »Lebensbild« der deutschen Antinazi-Aktivistin Beate Klarsfeld mit der Schilderung ihrer spektakulären Aktionen gegen Politiker, Juristen und ehemalige Gestapo-Chefs zwischen 1968 und 1986. Dargestellt aus der Sicht und mit den Erzählmethoden flüchtiger amerikanischer Fernsehspiele, bleibt der Film für hiesige Zuschauer arm an Informationen, dafür aber reich an Kuriositäten. – Ab 16. ✦ Frankreich 1986 **P** Films Ariane/SFP/TF 1/Brent Walker TV/Silver Chalice/Orion-TV **KI** Tivoli **VA** Highlight **Pd** William Kayden **R** Michael Lindsay-Hogg **B** Frédéric Hunter **K** Dick Bush **M** Richard Harley **S** Bill Blunden **D** Farrah Fawcett (Beate Klarsfeld), Tom Conti (Serge Klarsfeld), Geraldine Page (Itta Halaunbrenner), Hélène Vallier (Raissa Klarsfeld), Catherine Allégret (Simone Lagrange) **L** 100 **FSK** ab 12; f **E** 26.11.1987/Mai 1988 Video **fd** 26 537

VERFOLGT UND VERDÄCHTIGT (STIHAN A PODEZRELY). Ein Ingenieur fühlt sich für den Tod seiner jüngeren, ihm untreuen Frau verantwortlich und flieht. Die Polizei verfolgt den mutmaßlichen Mörder, muß dann aber erfahren, daß der Mann unschuldig ist. In letzter Minute gelingt es, das Leben des verzweifelten, unwissenden Flüchtlings zu retten. Ohne sonderliche Spannung entwickelter Kriminalfilm. – Ab 16. ✦ CSSR 1978 **P** Filmstudio Barrandov **KI** Progress **R** Zbynek Brynych **B** Karel Valtera **K** Jirí Tarantík **M** Ladislav Staidl **D** Jirí Adamíra (Ingenieur Trojan), Ilja Prachar (Kommissar Hardt), Regina Rázlová (Frau Trojanová), Jirí Lábus (Sicherheitsbeamter), Milan Riehs (Kalenda) **L** 87 **E** 8.8.1980 Kino DDR/27.12.1982 DFF 1

VERFOLGT UND VERGESSEN. Video-Dokumentation über die Vernichtung der Zigeuner in Auschwitz und ihre bis in die Gegenwart unter verschiedenen Vorzeichen andauernde Verfolgung. Beschrieben werden die Erfahrungen eines Volkes, von dem nur eine Minderheit überlebte und das auch heute noch Diskriminierungen ausgesetzt ist. – Ab 16. ✦ Teils schwarz-weiß. BR Deutschland 1985 **P** Medienwerkstatt Franken/Radio Bremen **VA** Medienwerkstatt/Landeszentrale **R+B+K** Medienwerkstatt Franken **M** Christian Kusche **L** 62 **E** 6.11.1986 Duisburger Filmwoche/17.2.1987 NDR

DIE VERFOLGTE BRAUT → Cornelia tut das nicht

VERFOLGTE WEGE. Im Jahr 1946 findet ein durch die traumatischen Erlebnisse verstörter Kriegsheimkehrer Anstellung auf einem einsamen Kleinstadtbahnhof. Er verliebt sich in eine attraktive Feldarbeiterin und beteiligt sich an Diebstählen von Lebensmittelpaketen, was beides zu starken Belastungsproben führt. Mit aufmerksamem Blick für Details beschreibt der Erstlingsfilm die inneren und äußeren Konflikte der Menschen, wobei er weniger historische Vergangenheit »bewältigt« als einfühlsam die Empfindungen, Entbehrungen und Sehnsüchte der Personen einfängt. – Ab 16. ✦ BR Deutschland 1989 **P** Vulcano M. **KI** Kinowelt **Pd** Christian Faust **R+B** Uwe Janson **K** Egon Werdin **M** Michaela Dietl **S** Patricia Rommel **D** Peter Cieslinski (Hermann), Barbara Auer (Marie), Michael Dick (Karl), Tilo Prückner (Heindl), Adolf Laimböck (Friedrich) **L** 106 **FSK** ab 12; f **FBW** bw **E** 3.5.1990/16.9.1992 ARD **fd** 28 277

DIE VERFOLGUNG (POSCIG). Eine Agentengruppe richtet ihre Anschläge gegen ein Pferdezuchtinstitut. Die verdächtige junge Tierärztin findet eine Spur. Es gelingt den Sicherheitsorganen, in einer Verfolgungsjagd die Täter zu stellen. Abenteuerliche Unterhaltung in durchschnittlicher Gestaltung und mit guten Tieraufnahmen. – Ab 14. ✦ Polen 1954 **P** Filmstudio Lodz/WFF Nr. 1 **KI** Progress **R** Stanislaw Urbanowicz **B** Jan Rojewski **K** Adolf Krzemienski **D** Barbara Marszel (Bronka), Urszula Schweitzer (Zosia), Stanislaw Zaczyk (Stefan), Zygmunt Kestowicz (Michalak) **L** 89 **E** 28.1.1955 Kino DDR/4.3.1955 DFF 1

VERFOLGUNG (1974) (PERSECUTION / THE TERROR OF SHEBA / SHEBA). Eine in England lebende verkrüppelte Amerikanerin terrorisiert in ihrer Selbstbezogenheit und Verbitterung ihren Sohn, wozu sie ihre Katzen einsetzt. Als der Herangewachsene durch die Boshaftigkeit der Mutter die geliebte Frau und ihr gemeinsames Kind verliert, gerät er an den Rand des Wahnsinns. Erst als er das Geheimnis ihrer wahren Geschichte und damit die Mutter als Mörderin entlarvt, tötet er sie, indem er sie wie einst eine der Katzen in Milch ertränkt. Ein abstruses, an den Haaren herbei gezogenes Psycho-Melodram, das vor allem an den abwegigen Drehbucheinfällen krankt. ✦ Großbritannien 1974 **P** Tyburn/Fanfare **VA** Thorn EMI **R** Don Chaffey **B** Robert B. Hutton (= Robert Hutton), Rosemary Wootten, Frederick Warner **K** Kenneth Talbot **M** Paul Ferris **D** Lana Turner (Carrie Masters), Trevor Howard (Paul Bellamy), Ralph Bates (David Masters), Olga Georges-Picot (Monique Kalfon), Suzan Farmer (Janie Masters), Mark Weavers (David) **L** 91 **FSK** ab 16 **E** August 1986 Video

VERFOLGUNG (1983) (PROGON). Bei den Kämpfen gegen die deutschen Besatzungstruppen wird ein junger Partisan schwer verwundet. Seine Braut versucht, mit ihm vor den Exekutionskommandos der SS zu fliehen. Als dies mißlingt, wählt sie für beide den Freitod. Liebesgeschichte, die auf Überhöhung ausgerichtet ist und den deutschen Gegenspielern die Rolle von erbarmungslosen Mördern zuweist. Trotz ergreifender Szenen bleibt der Film zwiespältig in seiner Wirkung. – Ab 14. ✦ Scope. Jugoslawien 1983 **P** Neoplanta/Centar Film **KI** Progress **R** Predrag Golubovic **B** Predrag Golubovic, Milivoje Milivojevic **K** Milenko Jeremic **M** Kornelije Kovac **D** Dragana Varagic (Ana), Zarko Lausevic (Mirko), Bata Zivojinovic (= Velimir Bata Zivojinovic), Dragomir Pesic, Sima Janicijevic **L** 97 **E** 3.8.1984 Kino DDR

VERFOLGUNG IN DER STEPPE (POGONJA W STEPI). Kasachstan in der Zeit des Bürgerkriegs. Ein Rotarmist erhält den Auftrag, einen Bandenführer, der die Bevölkerung terrorisiert und den Aufbau der Sowjetmacht stört, unschädlich zu machen, was nach anfänglichen Mißerfolgen gelingt. Ein spannender Abenteuerfilm nach bekanntem (auch politischem) Grundmuster und mit gewissem exotischem Reiz, reißerisch aufgezogen und mit unnötigen Härten. ✦ UdSSR 1979 **P** Kasachfilm **KI** Progress **R** Abdulla Karsakbajew **B** Anatoli Stepanow **K** Michail Aranyschew **D** Doschan Sholshaksynow (Chamit), Galja Dusmanowa (Aigerim), Uldis Lieldidsh (Krumin), Amirbek Tschokubajew (Kudre) **L** 91 **E** 30.7. 1982 Kino DDR/17.8.1980 DFF 2

DIE VERFOLGUNG UND ERMORDUNG JEAN PAUL MARATS DARGESTELLT DURCH DIE SCHAUSPIELGRUPPE DES HOSPIZES ZU (THE PERSECUTION AND THE ASSASSINATION OF JEAN PAUL MARAT AS PERFORMED BY THE INMATES OF THE AYSLUM OF CH). Peter Weiss' Bühnenstück in einer kongenialen Filmfassung: Die imaginäre Begegnung zweier Figuren der Weltgeschichte in der modellhaften Umgebung eines Irrenhauses. Während der französische Revolutionär Marat und der moralische Anarchist de Sade über Formen und Wirkungsweise staatlicher und individueller Gewalt diskutieren, werden ihre Thesen von einem vielstimmigen Chor historischer Reminiszenzen, politischer Theorien und philosophischer Exkurse kommentiert. Aus dem mehrfach gebrochenen Spektrum unterschiedlicher Perspektiven entsteht ein ebenso intensives wie düsteres Bild des Abendlandes nach der bürgerlichen Revolution von 1789. ✦ Großbritannien 1966 **P** Marat Sade/Two Art (United Artists) **KI** United Artists **Pd** Michael Birkett **R** Peter Brook **B** Peter Weiss, Geoffrey Skelton, Adrian Mitchell, nach einem Theaterstück von Peter Weiss **K** David Watkin **M** Richard Peaslee **S** Tom Priestley **D** Patrick Magee (Marquis de Sade), Ian Richardson (Jean-Paul Marat), Glenda Jackson (Charlotte Corday), Clifford Rose (Coulmier), Brenda Kempner (Mrs. Coulmier), Ruth Baker (Tochter Coulmier) **L** 121 **FSK** ab 16; f **FBW** bw **E** 28.4.1967 **fd** 14 698

VERFOLGUNGSJAGD (GONKA S PRESLEDOWANIJEM). Ein Fernfahrer findet einen Toten und glaubt das Opfer eines Jagdunfalls vor sich zu haben. Doch die Polizei vermutet andere Hintergründe. ✦ Scope. UdSSR 1979 **P** Studio Swerdlowsk **R** Oleg Woronzow **B** Anatoli Galijew **K** Boris Schapiro **D** Michail Golubowitsch (Stephan Tschekmenew), Ljudmila Tschursina (Klawdia), Ljubow Virolainen (Schubina), Nikolai Pankow (Siromacha) **L** 89 **E** 17.5.1981 DFF 2

VERFOLGUNGSJAGD UM MITTERNACHT. Thriller. Eine junge Frau, die in ihrer Hochzeitsnacht von einem Trauzeugen vergewaltigt wurde und ihren von der Tat nur amüsierten Mann getötet hat, lebt unbehelligt, aber seither kontaktscheu, als Verkaufsmanagerin. Eines Tages lernt sie einen scheinbar vertrauenswürdigen Mann kennen, der sie aber nur benutzen will. Schließlich werden beide in einen Einbruch und einen Mord verwickelt. ✦ BR Deutschland/Spanien/Frankreich 1972 **VA** Transatlantic **R** Karl Heinz Zeitler **B** Richard Ferrer **D** Lee Remick (Eleanor), Michael Hinz (Corey), Ingrid Garbo (Shirley), Ivan Desny (Markley), Danièle Delorme (Lilian) **L** 74 (gek. 72) **FSK** gek. ab 12 **E** 3.9.1997 RTL 2

DIE VERFÜHRBAREN. Eine Landarbeitertochter liebt einen Fischersohn. Beide könnten glücklich zusammenleben. Doch dann begegnet die junge Frau Zwillingen, die ihr das Leben in der Großstadt Berlin in den schillerndsten Farben schildern. Sie geht nach Berlin und gerät als Bardame in ein Nachtlokal. Ein Kreis von Verlockung, Verführung und Verbrechen umgibt sie. Eine um Authentizität wie um Unterhaltsamkeit bemühte Literaturverfilmung fürs DDR-Fernsehen vor dem Hintergrund der Krisenjahre der Weimarer Republik. ✦ DDR 1977 **P** DEFA **Pd** Martin Sonnabend **R** Helmut Schiemann **B** Helmut Schiemann, nach dem Roman »Ein ernstes Leben« von Heinrich Mann **K** Hans-Jürgen Kruse **M** Peter Gotthardt **S** Ilse Peters **D** Stina Ekblad (Marie Lehning), Erwin Berner (Ingo Merten), Uwe Steinbruch (Kurt Meier), Simone von Zglinicki (Vicke Bäuerlein), Gisela May (Adele Fuchs) **L** 134 **E** 26.12.1977 DFF 1

VERFÜHREN WILL GELERNT SEIN ... (RATTLE OF A SIMPLE MAN). Ein aufschneiderischer Möchtegern-Casanova in Manchester verliert bei einer Wette sein Motorrad an einen Fußballfreund, weil er eine Nacht mit einer Prostituierten zusammen war, ohne ihr näherzutreten. Frivole Tragikomödie, die im Kern die Möglichkeit zu einer ernsthaften sozialkritischen Charakter- und Sozialstudie besitzt, diese aber an eine allzu plakative Inszenierung verschenkt. ✦ Schwarz-weiß. Großbritannien 1964 **P** Martello **KI** Goldeck **Pd** William Gell **R** Muriel Box **B** Charles Dyer, nach seinem Bühnenstück **K** Reginald Wyer **M** Stanley Black **D** Harry H. Corbett, Diane Cilento, Michael Medwin, Charles Dyer, Thora Hird **L** 96 **FSK** ab 18; nf **E** 3.12.1965 **fd** 13 757

DIE VERFÜHRER → Sunday Lovers

DER VERFÜHRER (L'ENCHANTEUR). Eine jungen Mathemathik-Studentin aus Grenoble fühlt sich in ihrem Leben nicht zuhause. Da begegnet sie einem Fremden, der sie aus ihrer Verlorenheit befreien könnte. Doch selbst im Taumel der großen Gefühle beschleichen sie Zweifel, ob das alles nicht nur auf einer Täuschung beruht. Eindringliches Frauenporträt, präzise inszeniert, mit einer exzellenten Kamera und einer gezielten Musikdramaturgie. ✦ Frankreich 2000 **P** Sunday Morning Productions/ARTE **Pd** Nathalie Mesuret **R+B** Bénédicte Brunet **K** Nathalie Durand **M** Naked **S** Emmanuelle Castro **D** Estelle Perron (Mathilde), Pierre Baux (Durand), Francine Bergé (Suzanne), Frédéric Gorny (Oliver), Emmanuelle Lafon (Florence), Philippe Brunet (René), Diane Pierens (Francoise), Sarah Roussel (Clémence) **L** 100 **E** 10.11.2000 arte

DER VERFÜHRER LÄSST SCHÖN GRÜSSEN (ALFIE). Einen Vorstadt-Casanova packt nach zahlreichen Abenteuern der moralische Katzenjammer. Eine unausgewogene Mischung aus zynischem Witz und bitterem Ernst, die sich um die Themen Liebe, Ehebruch und Abtreibung dreht. Zwar kurzweilig und flott inszeniert, auch beachtlich gespielt und mit einer attraktiven Musik versehen, krankt der Film an seinen plumpen Dialogen und dem moralinsauren Schluß. ✦ Scope. Großbritannien 1965 **P** Sheldrake/Paramount **KI** Paramount **Pd+R** Lewis Gilbert **B** Bill Naughton, nach seinem Theaterstück **K** Otto Heller **M** Sonny Rollins **S** Thelma Connell **D** Michael Caine (Alfie), Shelley Winters (Ruby), Millicent Martin (Siddie), Julia Foster (Gilda), Jane Asher (Annie), Shirley Ann Field (Carla), Vivien Merchant, Denholm Elliott **L** 113 **FSK** ab 18; nf **E** 2.9.1966 **fd** 14 207

DER VERFÜHRER ODER DAS FRÜHLINGSERLEBNIS EINES BANKDIREKTORS (FRÖKEN APRIL). Ein Bankdirektor führt einer jungen Ballett-Tänzerin zuliebe ein Doppelleben, indem er sich als Chorsänger an die Oper engagieren läßt. Anspruchslosgemütvolles Lustspiel im Künstler- und Luxusmilieu, das an deutsche Konfektionsunterhaltung der 30er Jahre erinnert. – Ab 16. ✦ Schweden 1958 **P** AB Europa **KI** Topas **R+B** Göran Gentele **K** Karl-Erik Alberts **M** Harry Arnold, Joy Ardon **D** Gunnar Björnstrand (Marcus Arwidson), Lena Söderblom (Maj Bergman/ »April«), Jarl Kulle (Osvald Berg), Hjördis Petterson (Frau Berg), Gaby Stenberg (Vera), Douglas Hage (Chorleiter) **L** 98 **FSK** ab 16; nf **E** 25.12.1963 **fd** 12 477

DIE VERFÜHRERIN (UNE RAVISSANTE IDIOTE / UNA ADORABILE IDIOTA). Spionagekomödie um ein Dokument der NATO-Flotte, verbunden mit einer quirligen Liebesgeschichte. Einfallsreiche, von Gags, Klamauk und Parodien lebende Unterhaltung. – Ab 16. ✦ Schwarz-weiß. Frankreich/Italien 1963 **P** Belles Rives/Flora **KI** Gloria **R** Edouard Molinaro **B** Edouard Molinaro, Georges Tabet, André Tabet, nach einem Roman von Charles Exbrayat **K** Andréas Winding **M** Michel Legrand **D** Brigitte Bardot, Anthony Perkins, Grégoire Aslan, André Luguet, Denise Provence **L** 102 **FSK** ab 16; nf **E** 26.5.1964 **fd** 12 773

VERFÜHRERINNEN-REPORT. Ein junger Mann setzt alle Mittel ein, um seine widerstrebende Freundin zu verführen. Sie folgt ihm endlich ins Zimmer, als sie eine »heiße« Live-Show gesehen hat. Billiger Sexfilm; von »Report« keine Spur. – Wir raten ab. ✦ BR Deutschland 1972 **P** Repa **KI** Apollo/Aktuell **R+B** Hans Billian **K** Charlie Bundt **M** Rolf Bauer **S** Ilse Wannsee **D** Britt Corvin (Monika), Kurt Meinicke (Thomas), Gaby Borck, Angelika Frank, Anna Kristina **L** 84 **FSK** SPIO: X **E** 6.10.1972 **fd** 18 059

VERFÜHRERISCHE FALLE (TABLE FOR ONE). Die frustrierte junge Ehefrau eines Pharmavertreters entwickelt während dessen häufiger Abwesenheit massive Eifersuchtssymptome, die sie dazu bringen, ihm tödliche Fallen zu stellen. Doch er kann ihr Mißtrauen immer wieder entkräften. Sie ahnt nicht, dass ihr Mann ein notorischer Bigamist ist, der sie bald für seine Karriere opfern will. Doch das mit einem Nachbarn ausgeheckte (Liebes-)Komplott erweist sich bald als nicht steuerbar. Mischung aus Psychodrama und Thriller, deren einziger Aktivposten seine Hauptdarstellerin ist, die gegen ein wenig überzeugendes Buch anzuspielen hat. ✦ USA 1998 **P** T41 **Pd** Clark Peterson, Noel A. Zanitsch **R+B** Ron Senkowski **K** Christopher Walling **M** Evan Evans **S** Howard Heard **D** Rebecca De Mornay (Ruth), Michael Rooker (Matt), Mark Rolston (Tom), Lisa Zane (Ariana), Shareen Mitchell (Betty) **L** 103 **E** 14.5.2001 ZDF

VERFÜHRERISCHE GESCHICHTEN (WOMEN & MEN: STORIES OF SEDUCTION). Fürs Fernsehen produzierter, anspruchsvoll inszenierter und gespielter Episoden-Film nach drei berühmten Kurzgeschichten, die auf unterschiedliche Weise von leidenschaftlichen Paar-Beziehungen handeln. 1. »Der Mann im Brooks Brothers Hemd« (»The Man in the

Brooks Brothers Shirt«) von Mary McCarthy handelt von einer scharfzüngigen Intellektuellen, die während einer Zugreise eine kurze Liaison mit einem Geschäftsmann erlebt, dem sie sich eigentlich überlegen wähnt; 2. »Dämmerung vor dem Feuerwerk« (»Dust before Fireworks«) von Dorothy Parker ist eine bitter-komische Geschichte um einen charmanten Gigolo im New York der 20er Jahre, der einen Abend mit seiner Geliebten verbringen will und dabei ununterbrochen von Anrufen anderer Frauen gestört wird; 3. »Hügel wie weiße Elefanten« (»Hills like white Elephants«) von Ernest Hemingway erzählt von einem amerikanischen Schriftsteller in Spanien, der seine Beziehung mit einer attraktiven Frau aufs Spiel setzt, als er sie zu einer Abtreibung überreden will. (Alternativtitel: »Women and Men – Verführerische Geschichten«; »Die Liebe, das Leben und alles andere«) ✦ USA 1990 **Pd** David Brown **R** Frederic Raphael, (1), Ken Russell (2), Tony Richardson (3) **B** Frederic Raphael (1), Valerie Curtin (2), Joan Didion (3), John Gregory Dunne (3), nach Kurzgeschichten von Mary McCarthy (1), Dorothy Parker (2) und Ernest Hemingway (3) **K** Ernest Day (1), Billy Williams (2), Steve Yaconelli (3) **M** Marvin Hamlisch **D** Beau Bridges (Breen, 1), Elizabeth McGovern (Vicki, 1), Peter Weller (Hobie, 2), Molly Ringwald (Kit, 2), James Woods (Robert, 3), Melanie Griffith (Hadley, 3) **L** 80 **E** 28.8.1993 arte

VERFÜHRERISCHE GESCHICHTEN 2 (WOMEN & MEN: IN LOVE THERE ARE NO RULES). Hochkarätig besetzter Episodenfilm mit anspruchsvollen Adaptionen dreier kurzer »Liebes-«Geschichten von berühmten amerikanischen Autoren: 1. Zurück nach Kansas City: Der Kampf eines Boxers als Prüfstein einer Sportler-Ehe (nach »Return to Kansas City« von Irwin Shaw). 2. Ein häusliches Dilemma: Das verleugnete Alkoholproblem einer Frau gefährdet ihre Ehe und ihre Kinder (nach »A Domestic Dilemma« von Carson McCullers). 3. Mara: Ein amerikanischer Exilschriftsteller verbringt eine Nacht mit einer Pariser Prostituierten (nach »Mara« von Henry Miller). (Alternativtitel: »Die Liebe, das Leben und alles andere«) ✦ USA 1991 **Pd** David Brown (1,2), Jonathan Demme (3) **R** Walter Bernstein (1), Kristi Zea (2), Mike Figgis (3) **B** Walter Bernstein (1), Bob Brescio (2), Mike Figgis (3) **M** Mike Figgis (3), Suzanne Vega (2) **D** Matt Dillon (Eddie Megeffin, 1), Kyra Sedgwick (Arlene Megeffin, 1), Ray Liotta (Martin Meadows, 2), Andie MacDowell (Emily Meadows, 2), Scott Glenn (Henry, 3), Juliette Binoche (Mara, 3) **L** 82 **E** 2.1.1995 arte

VERFÜHRERISCHE VERSUCHUNG (THE SWAP II). Zwei Ehepaare geben sich mit wachsender Begeisterung dem Partnertausch hin. Softporno. – Wir raten ab. ✦ USA 1994 **R** Paul Thomas **B** Ariel Hart **K** Jack Remy **D** Lené, Marc Wallice, Leena, Jon Dough, Dyanna Lauren, Tony Tedeschi **L** 81 **E** 21.10.1994 premiere

VERFÜHRERISCHE VERWANDLUNG (CHAMELEONS). Sexfilm. Eine junge Frau, stets auf der Suche nach flüchtigen erotischen Begegnungen, trifft auf ein außerirdisches Paar, das Menschengestalt angenommen hat. Mit der Verwandlung in Erdenbewohner lernen die Außerirdischen auch deren Gefühle kennen – zum Beispiel die Eifersucht. ✦ USA 1992 **R+B** John Leslie **K** Jack Remy **M** Bill Heid **S** John Leslie **D** Deidre Holland (Casey), Ashlyn Gere (= Kim McKamy), P.J. Sparxx, Rocco Siffredi, Fawn Miller **L** 88 **E** 17.6.1994 premiere

VERFÜHRERISCHER MOND (TEMPTRESS MOON / FENG YUE). In den 20er Jahren steht eine mächtige Familie vor den Toren Shanghais vor dem Verfall. Während die alten Machtstrukturen nach der chinesischen Revolution unbrauchbar sind, lähmen Dekadenz und Opiumsucht die Nachkommen. In einem komplexen Geflecht von Leidenschaft, Intrigen und Korruption werden die Hauptfiguren gleichzeitig zu Spielbällen und Saboteuren in den Auseinandersetzungen zwischen alter und neuer Welt. Ein effektvoll inszenierter Film über den Verlust der Unschuld, der in vielen Momenten Parallelen zur Gegenwart zieht. – Ab 16. ✦ VR China 1996 **P** Tomson Films **KI** Pandora **VA** Arthaus **Pd** Tong Cunlin, Hsu Feng **R** Chen Kaige **B** Shu Kei, nach einer Geschichte von Chen Kaige und Wang Anyi **K** Christopher Doyle **M** Zhao Jiping **S** Pei Xiaonan **D** Leslie Cheung (Yu Zhongliang), Gong Li (Pang Ruyi), Kevin Lin (Pang Duanwu), He Saifei (Yu Xiuyi), Zhang Shi (Li Niangjiu), Lin Lianqun (Pang An), Xie Tian (Bandenboß) **L** 115 **FSK** ab 12; f **E** 29.5.1997/3.11.1997 Video/14.4.1998 premiere **fd** 32 551

VERFÜHRERISCHER SOMMER (SOMEONE ELSE). Weil sie sich von ihrer Beziehung gelangweilt fühlen, verbringen zwei Ehepartner einige Tage getrennt voneinander. Sie entdecken, daß ihre erotischen Abenteuer während dieser Zeit wieder neuen Schwung in ihre Ehe bringen. Erotikfilm. (Videotitel: »Someone Else – Verführerischer Sommer«) ✦ USA 1992 **VA** Allround **R** Michael Craig **B** Mark Weiss **K** Brett Webster **M** Double Vision **S** Eric Edwards **D** Ashlyn Gere (= Kim McKamy), Randy West, Danielle Rogers, Randy Spears **L** 82 (Video 59) **FSK** ab 18 **E** 15.10. 1993 premiere/1995 Video

VERFÜHRERISCHES FLÜSTERN (WHISPERED LIES). Sexfilm. Der Geist einer schönen Frau, die vor 150 Jahren von ihrem eifersüchtigen Ehemann getötet wurde, spukt im Gemäuer ihres ehemaligen Wohnsitzes herum und verführt die dort anwesenden Gäste einer Party zu sexuellen Begegnungen. ✦ USA 1994 **R** Jean-Pierre Ferrand, Peter Davy **B** Edward Marks, Jean-Pierre Ferrand **K** Jack Remy **D** Leena, Keisha, Rebecca Bardoux, Mike Horner, Colt Steele, Isis Nile **L** 90 **E** 20.1.1995 premiere

VERFÜHRT (NOT WANTED). Eine junge Frau wird von ihrem Geliebten, einem Pianisten, verlassen. Nach der Geburt ihres Kindes im Heim steht sie vor dem Dilemma, sich von dem Baby trennen zu müssen oder mit ihm zu verhungern. Nach dramatischen Zwischenfällen – wegen Kindesraubs kommt sie vor Gericht – findet sie zu einem ehrlichen Mann. Ein engagierter Problemfilm, der die seelische und materielle Not der ledigen Mutter durchleuchtet; gut gespielt und inszeniert. – Ab 16. ✦ Schwarz-weiß. USA 1949 **P** Emerald **KI** Transcontinent **Pd** Ida Lupino **R** Elmer Clifton **B** Ida Lupino, Paul Jarrico **K** Henry Freulich **M** Leith Stevens **S** William Ziegler **D** Sally Forrest, Leo Penn, Keefe Brasselle, Dorothy Adams, Wheaton Chambers **L** 85 **FSK** ab 16; f **E** 2.6.1950 **fd** 646

VERFÜHRT – EINE GEFÄHRLICHE AFFÄRE. (Fernseh-)Thriller um eine verschwundene Frau in Berlin, die von ihrer Schwester gesucht wird. Die Spur führt dabei in einen »Chatroom« im Internet, in dem sich die Vermisste unter dem Code-Namen »Demi Moore« provokantem Sexgeflüster hingab. ✦ Deutschland 1998 **P** SAT 1 **R** Michael Karen **B** Nathalie Scharf, Nick Baker-Monteys **M** Siggi Mueller **D** Katja Woywood (Sonia), Peter Sattmann (Tilmann), Benjamin Sadler (Josef), Zsolt Bács (Max), Ragna Pitoll (Karin) **L** 96 **E** 2.3.1999 SAT 1

VERFÜHRT IN BANGKOK (NONG MIA). Die junge Frau eines armen Flußschiffers in Thailand träumt von einem glamourösen Leben in der Metropole Bangkok. Eines Tages stiehlt sie sich davon, gerät aber in die Hände eines Mädchenhändlers. Melodramatischer Film, der eine präzise Milieustudie liefert und dennoch seinen Unterhaltungsaspekt nicht vernachlässigt. ✦ Thailand 1990 **R** Chatri Chalerm Yukol **B** Anusorn Mongkolkarn **K** Anupap Buachan **D** Chatchai Plengpanich (Saeng), Passorn Boonyakiat (Plang), Pattamawan Khaomoonkhadee (Tabtim), Suradej Kaewthamai (Det), Komsan Pongsutham (Sukon) **L** 107 **E** 15.6.1997 ZDF

VERFÜHRT – SCHULDIG ODER NICHT SCHULDIG? (GROSS MISCONDUCT). Eine Schülerin, die den sexuellen Mißbrauch durch ihren eigenen Vater verdrängt hat, verliebt sich in ihren Lehrer. Als sich der verheiratete Mann gegen ihre Verführungsversuche sträubt, beschuldigt sie ihn der Vergewaltigung. Vor Gericht kann der Lehrer nur mit Mühe seine Unschuld beweisen und die Verhältnisse klären. Das schwerfällig inszenierte Dialogstück zerfällt in zwei Teile. Die erste Hälfte konzentriert sich auf die geschönt fotografierten Verführungsversuche der Schülerin, der zweite Teil mündet in ein solide inszeniertes Gerichtsdrama, das letztlich jedoch nicht mehr bietet als spannungsreiche Konfektionsware. – Ab 16. ✦ Australien 1993 **P** Beyond/Pro-Films **VA** Warner Home **Pd** David Honnay, Richard Sheffield-MacClure **R** George Miller **B** Lance Peters, Gerard Maguire **K** David Connell **M** Bruce Rowland **S** Henry Dangar **D** Jimmy Smits (Justin), Naomi Waats (Jennifer), Sarah Chatwick (Laura), Tara Judah (Nancy), Adrian Wright (Kenneth) **L** 96 **FSK** ab 16 **E** 16.9.1994 Video/20.8.1996 RTL 2 **fd** 31 085

VERFÜHRT VOM EIGENEN MANN (IL LAUREATO). Durch einen Seitensprung versucht ein Frau, wieder das Interesse ihres Mannes auf sich zu ziehen. Der Trick funktioniert, doch der Nebenbuhler lässt sich gar nicht so leicht abwimmeln. Sexfilm des italienischen Erotik- und Porno-Regisseurs Joe D'Amato. ✦ Italien 1998 **R** Joe d'Amato (= Aristide Massaccesi) **B** Donna Dane **K** Fred Slonisko **S** Kathleen Stratton **D** Olivia del Rio, Antonella dal Lago, Stefany Silver, Robert Rosenberg, Mike Foster **L** 60 **E** 1.7.1999 premiere

VERFÜHRTE HÄNDE. Ein begabter Kunstmaler gerät in die Gewalt eines verbrecherischen Arztes und muß unter Drogeneinfluß berühmte Gemälde kopieren. Ein seinerzeit aufsehenerregender Fall um einen Amsterdamer Bilderfälscher namens van Megeren dient als Vorlage für ein betulich inszeniertes Kriminalstück mit Liebesgeschichte und allseits gefälligem Ausgang. – Ab 14 möglich. ✦ Schwarz-weiß. Deutschland 1949 **P** Pontus **KI** Hamburg/Karp/Imex/Central **Pd+R+B** Fritz Kirchhoff **K** Ekkehard Kyrath **M** Hans-Otto Borgmann **S** Elisabeth Neumann **D** Vasa Hochmann, Karin Himboldt, Viktor Staal, Helmuth Rudolph, Albrecht Schoenhals, Albert Florath **L** 91 **E** 8.4.1949

VERFÜHRTE JUGEND → Die Treppe

DER VERFÜHRTE MANN (A LITTLE SEX). Die Frau eines leicht entflammbaren Herzensbrechers erteilt dem Untreuen eine Lektion, indem sie Gleiches mit Gleichem vergilt. Parodistisch angelegte Komödie ohne Originalität und Witz. (Alternativtitel: »Der Aufreißer«) ✦ USA 1982 **P** MTM Enterprises **KI** Senator **R** Bruce Paltrow **B** Robert DeLaurentis **K** Ralf D. Bode **M** Georges Delerue **D** Tim Matheson (Michael Donovan), Kate Capshaw (Katherine), Edward Herrmann (Tommy), Joan Copeland (Walter), John Clover **L** 95 **FSK** ab 16; f **E** 3.6.1983 **fd** 24 071

DER VERFÜHRTE MANN – L'HOMME BLESSÉ (L' HOMME BLESSE). Ein 18jähriger lernt im Homosexuellen-Milieu des Bahnhofs einer französischen Provinzstadt einen älteren Strichjungen kennen und verliebt sich unsterblich in ihn. Durch die Gefühlskälte des ihn umgebenden Milieus wandelt er sich vom neugierigen Romantiker zum verhärteten und verzweifelten Menschen. Die Beziehung endet ausweglos in einem Mord. Eine in atmosphärisch dichten Bildern erzählte bedrückende Milieu-Studie mit trostloser Grundstimmung. Inszenatorisch etwas zerdehnt, aber hervorragend gespielt und bei aller Deutlichkeit in der Schilderung des Stricher- und Spanner-Milieus nie spekulativ. (Kino O.m.d.U.) ✦ Frankreich 1983 **P** Partners/Renn/Oliane/Azur/FR 3 **KI** endfilm **R** Patrice Chéreau **B** Hervé Guibert, Patrice Chéreau **K** Renato Berta **M** Albert Ayler **S** Denise de Casabianca **D** Jean-Hugues Anglade (Henri), Vittorio Mezzogiorno (Jean), Roland Bertin (Bosmans), Lisa Kreuzer (Elisabeth), Armin Mueller-Stahl (Vater), Annick Alane (Mutter), Claude Berri (der Kunde) **L** 109 **E** 2.8.1985/24.7.1992 3Sat (Synchronfassung) **fd** 25 260

DER VERFÜHRTE – MEIN MANN LIEBT EINEN ANDEREN → Jagd auf den Plastiktüten-Mörder

DIE VERFÜHRTEN (FARLIG UNGDOM). Routiniert inszenierter und gespielter Film, der Schlaglichter auf straffällige Jugendliche in Kopenhagen wirft. Eine düstere, gelegentlich allzu grell ausgemalte Milieustudie, die von Umwelteinflüssen und Elternversagen als der Ursache für Verbrechen und Promiskuität ausgeht. ✦ Schwarz-weiß. Dänemark 1953 **P** ASA-Kongens Lyngny **KI** DFH **R** Lau Lauritzen **B** Johannes Allen **K** Rudolf Frederiksen **M** Sven Gyldmark **D** Ib Mossin (Egon), Birgitte Bruun (Alice), Per Lauesgard (Karl), Ole Wisborg (Manchester), Kirsten Werner (Eva), Klaus Nielsen (Einar) **L** 90 **FSK** ab 18; f **E** 15.10.1954 **fd** 3 739

VERFÜHRUNG →Jane Austens Verführung

DIE VERFÜHRUNG (1973) →Verführung einer Sizilianerin

DIE VERFÜHRUNG (1976) (ODE TO BILLY JOE). Eine Kleinstadt im Mississippi-Delta des Jahres 1953: Zwei Teenager verlieben sich, doch während die 15-jährige Bobbie Lee die Sache eher schwärmerisch angeht, hat der 18-jährige Billy Joe handfeste sexuelle Interessen. Das strenge Elternhaus des Mädchens unterbindet die Beziehung, und eines Nachts macht der Junge im Rausch eine homosexuelle Erfahrung, die er nicht verkraftet. Andertags geht er in den Tod. Bebilderung eines Songs von Bobbie Gentry (1967), im dem sich die bigotte Südstaatenatmosphäre stimmungsvoll spiegelt; getragen wird das Melodram von sympathischen jungen Darstellern. ✦ USA 1976 **P** Warner Bros. **Pd** Max Baer jr., Roger Camras **R** Max Baer jr. **B** Herman Raucher **K** Michel Hugo **M** Michel Legrand, Alan Bergman, Marilyn Bergman, Bobbie Gentry **S** Frank Morriss **D** Robby Benson (Billy Joe McAllister), Glynnis O'Connor (Bobbie Lee Hartley), Joan Hotchkis (Anna »Mama« Hartley), Sandy McPeak (Glenn »Papa« Hartley), James Best (Dewey Barksdale) **L** 105 **E** 31.8.2001 Super RTL

DIE VERFÜHRUNG (1980) (LA SEDUCCION). Während der Revolutionswirren im Mexiko der 20er Jahre lockt eine rachsüchtige Witwe mit junger Tochter mehrere Regierungssoldaten in eine tödliche Falle der aufständischen Bauern-Banditen. Als sich die Tochter in einen liebenswerten Offizier verliebt, gerät sie in einen tragischen Konflikt und opfert sich für den Geliebten. In freier Anlehnung an Kleists Novelle »Die Verlobung von St. Domingo« konventionell abgespultes Melodram. Weitgehend flach und bisweilen unnötig grausam, ohne den Hintergrund der angedeuteten Agrar-Reform auch nur in Konturen zu verdeutlichen. ✦ Mexiko 1980 **P** Conacine **R** Arturo Ripstein **B** Arturo Ripstein, Carlos Castanón, frei nach einer Novelle von Heinrich von Kleist **K** Alex Phillips jr. **M** Leonardo Velazquez **S** Rafael Ceballos **D** Katy Jurado (Isabel), Virdiana Alatriste (Mariana), Gonzalo Vega (Felipe), Noe Murayama (Romulo), César Sobrevals **L** (TV) 81 **E** 30.6.1988 ZDF

DIE VERFÜHRUNG (1984) →Seduced

VERFÜHRUNG AM MEER (OSTRVA). Eine tyrannische Mutter bedient sich der Verführungskünste einer attraktiven deutschen Studentin, um ihren von der Welt enttäuschten Sohn, einen Hochschuldozenten, von seinem dalmatinischen Robinson-Leben auf einer winzigen Adria-Insel abzubringen und in die Zivilisation zurückzulocken. Eine miserabel gespielte und schlecht inszenierte Kolportage-Geschichte, deren Ansätze zu spekulativer »Erotik« unfreiwillige Heiterkeit erzeugen könnten, wenn der Film nicht so extrem langweilig wäre. ✦ Schwarz-weiß. BR Deutschland/Jugoslawien 1963 **P** Alfa/Avala **KI** Inter-Film **Pd** Artur Brauner **R** Jovan Zivanovic **B** Jug Grizelj, Rolf Schulz **K** Stefan Miskovic **M** Darko Kraljic **S** Jelena Bjenjas **D** Peter van Eyck (Peter), Elke Sommer (Eva), Blazenka Katalinic, Tori Jankovic, Edith Schulze-Westrum **L** 80 **FSK** ab 18; nf **E** 16.8.1963/16.7.1986 DFF 2 **fd** 12 164

VERFÜHRUNG AUF DER SCHULBANK. Eine Mathematik-Lehrerin und mannstolle Exhibitionistin mit masochistischen Neigungen provoziert die jungen Männer ihrer Klasse, so daß sie einem erpresserischen Studenten in die Hände fällt. Von einem Verehrer wird sie in psychiatrische Behandlung gebracht. Spekulationsprodukt, das pubertäre Sexual-Fantasien mit perversem Einschlag zur Schau stellt. Dilettantisch inszeniert, gespielt von quälend unbegabten Darstellern. (Videotitel: »Die heißen Träume auf der Schulbank«) – Wir raten ab. ✦ BR Deutschland 1979 **P** Apollo **KI** Apollo/Aktuell **R** Kenneth Howard (= Jürgen Enz) **D** Helen Thomas, Susi van der Velde, Erik Nielsen **L** 87 **FSK** ab 18; nf **E** 14.9.1979 **fd** 22 665

VERFÜHRUNG AUF FRANZÖSISCH (COMMENT LES SEDUIRE). Ein alternder Playboy präsentiert Liebesabenteuer von fünf Paaren. Episodenfilm, der im Aufbau Ophüls' »Der Reigen« nachzuahmen versucht, in der Gestaltung aber an dilettantisches Amateurtheater erinnert. Ebenso langweilig wie spekulativ. ✦ Schwarz-weiß. Frankreich 1967 **P** Les Films d'Octobre **KI** Austria **Pd+R** Jean-Claude Roy **B** Jean-Claude Roy, Jean-Paul Richard **K** Jacques Lacourie **M** Cisco el Rubio **D** Jacques Bernard, Sylvie Coste, Geneviève Saint-Laurent, Viviane Landford, P. Greber **L** 75 **FSK** ab 18; nf **E** 26.4.1968 **fd** 15 477

VERFÜHRUNG AUF ITALIENISCH (SEDOTTA A ABBANDONATA / SEDUITE ET ABANDONNEE). Ein Sizilianer verführt die jüngere Schwester seiner Braut, weigert sich aber, die schwangere »Entehrte« zu heiraten. Die fatale Begründung: sie sei nicht mehr unberührt. Erst über den Umweg über eine inszenierte Entführung kann er in die Ehe »geschleust« werden. Turbulente sozialkritische Komödie, die die doppelbödige sizilianische Auffassung von Familienehre aufs Korn nimmt, deren Leidtragende die ledige Mutter ist. Hinter der manchmal allzu klamaukhaften Oberfläche bleibt stets der bittere Ernst der Geschichte erkennbar. (DDR-Titel: »Verführung auf sizilianisch«) ✦ Schwarz-weiß. Italien/Frankreich 1963 **P** Ultra/Lux/Vides **KI** Centfox **Pd** Franco Cristaldi **R** Pietro Germi **B** Pietro Germi, Luciano Vincenzoni, Furio Scarpelli, Age (= Agenore Incorocci) **K** Aiace Parolin **M** Carlo Rustichelli **S** Roberto Cinquini **D** Stefania Sandrelli (Agnes Ascalone), Saro Urzi (Vincenzo Ascalone), Umberto Spadaro (Rechtsanwalt Ascalone), Aldo Puglisi (Peppino Califano), Lando Buzzanca (Antonio Ascalone), Paola Biggio (Mathilde Ascalone) **L** 118 **FSK** ab 18; nf **FBW** w **E** 2.10.1964/26.8.1966 Kino DDR **fd** 13 057

VERFÜHRUNG AUF SIZILIANISCH →Verführung auf italienisch

VERFÜHRUNG AUS DEM REICH DER TOTEN (1) →A Chinese Ghost Story

VERFÜHRUNG AUS DEM REICH DER TOTEN (2) →A Chinese Ghost Story II

VERFÜHRUNG AUS RACHE (SELVAGGIA). Italienischer Sexfilm mit Thriller-Elementen – eine weitere einschlägig interessierte Arbeit des vielbeschäftigten Porno- und Erotik-Regisseurs d'Amato. ✦ Italien 1997 **R** Joe d'Amato (= Aristide Massaccesi) **B** Rod Burton **K** Federico Slonisko (= Aristide Massaccesi) **M** Benny Cellini **S** Diana Starr **D** Selen, Kelly Trump, Gina Rome, Hakan Serbs, Warren Scott, Claudio Kleen **L** 71 **E** 2.8.1999 premiere

VERFÜHRUNG DER SIRENEN (SIRENS). Ein englischer Geistlicher kommt mit seiner Frau nach Australien, wo er einem Maler ins Gewissen reden soll, der sich in seinen Bildern gegen kirchliche Moralvorstellungen wendet. Im Umfeld des Künstlers und seiner Modelle entdeckt besonders die Frau Körperbewußtsein und Sinnlichkeit. Im Stil einer erotischen Komödie und nicht frei von klischeehaften Bildern konfrontiert der Film – basierend auf der Figur des australischen Künstlers Norman Lindsay – auf nonchalante Weise den englischen Zivilisations- mit dem australischen Naturmenschen. Stellenweise wirken die Verwicklungen banal und übermäßig konstruiert. – Ab 16. ✦ Australien/Großbritannien 1993 **P** Miramax/Samson/British Screen **KI** Buena Vista **VA** Touchstone **Pd** Sue Milliken, Sarah Radclyffe **R+B** John Duigan **K** Geoff Burton **M** Rachel Portman **S** Humphrey Dixon **D** Hugh Grant (Anthony Campion), Tara Fitzgerald (Estella), Sam Neill (Lindsay), Elle Macpherson (Sheela), Portia de Rossi (Giddy), Kate Fisher (Pru), Pamela Rabe (Rose Lindsay) **L** 95 **FSK** ab 12; f **FBW** w **E** 15.9.1994/25.5.1995 Video/14.4.1996 premiere **fd** 30 962

DIE VERFÜHRUNG DES JOE TYNAN (THE SEDUCTION OF JOE TYNAN). Ein junger, dynamischer US-Senator arbeitet sich durch Intrigen und Machtkämpfe bis zur Präsidentschaftskandidatur seiner Partei. Ein zeitweiliges Liebesverhältnis sowie die berufliche Inanspruchnahme führen zu Konflikten in der Familie, doch im letzten Augenblick kann der brüchige Haussegen gerettet werden. Ein wirkungsvoll besetztes, aber oberflächliches Polit-Melodram, das einiges vom gesellschaftlichen und politischen Klima in den USA unter Präsident Carter spiegelt: bieder-konservatives Sinnieren übers »Menschlich-Allzumenschliche«, wo sich Politik und Privates treffen. Geradezu peinlich ist die abschließende Apotheose auf den amerikanischen Wahl-Zirkus. – Ab 16. ✦ USA 1979 **P** Universal **KI** CIC **Pd** Martin Bregman **R** Jerry Schatzberg **B** Alan Alda **K** Adam Holender **M** Bill Conti **S** Evan Lottman **D** Alan Alda (Joe Tynan), Barbara Harris (Ellie Tynan), Meryl Streep (Karen), Melvyn Douglas (Birney), Rip Torn (Senator Kittner), Charles Kimbrough (Frances) **L** 107 **FSK** ab 12; f **E** 13.6.1980 **fd** 22 510

VERFÜHRUNG: DIE GRAUSAME FRAU. Sehr freie Verfilmung des Romans »Venus im Pelz« (1870): Ein masochistisch veranlagtes Trio, zwei Frauen und ein Mann, zelebriert lustvoll seine Perversionen und arrangiert bizarre Bühnenshows. Der Film kokettiert auf modisch-aufgesetzte und alberne Weise mit gesellschaftlichen Tabus und versteckt seine Aussagelosigkeit hinter Künstlichkeit und Manierismus. Über den Zusammenhang von Masochismus und Emanzipation, ein in der Frauenbewegung der 80er Jahre vieldiskutiertes Thema, sagt der Film letztlich nichts aus. ✦ BR Deutschland 1985 **P** Hyäne I/II **KI** endfilm **VA** Media **Pd** Renée Gundelach, Madeleine Backhaus **R** Elfi Mikesch, Monika Treut **B** Elfi Mikesch, Monika Treut, nach Motiven eines Romans von Leopold Ritter von Sacher-Masoch **K** Elfi Mikesch, Monika Treut (Video), Ulrike Zimmermann (Video) **M** Marran Gosov **S** Renate Merck **D** Mechthild Grossmann (Wanda), Udo Kier (Gregor), Sheila McLaughlin (Justine), Carola Regnier (Caren), Peter Weibel (Herr Mährsch) **L** 84 **E** 30.1.1986/September 1986 Video **fd** 25 465

VERFÜHRUNG – DREIMAL ANDERS (SEDUCTION – THREE TALES FROM THE INNER SANCTUM). (Fernseh-)Episodenfilm über Seitensprünge und die Verführungskünste von Frauen. 1. Eine Frau spielt Mann und Geliebten gegeneinander aus, damit der Weg für ihre wahre Liebe frei wird. 2. Eine Frau hilft ihrem Geliebten, einem Maler, der vom Tod seiner Mutter gequält wird, mit erotischen Wachsfiguren aus der Schaffenskrise. 3. Ein erotisches Computerprogramm lässt die Liebe eines gestressten Maklers zu seiner Frau neu entflammen. Alle weiblichen Hauptrollen werden von Victoria Principal gespielt, die den Film auch produzierte. ✦ USA 1992 **P** Hearst Entertainment/Victoria Principal Prod. **Pd** Carroll Newman **R** Michael Ray Rhodes **B** Barry Brown, Robert Glass, Steven Whitney **M** James Di Pasquale **S** Michael A. Hoey **D** Victoria Principal (Joan/Lisa/Patricia/Sylvia), John Terry (Tom/Nathan/Kenneth), Andreas Katsulas (Frank), Benny Wills (Nathan jr.), Susan Diol **L** 91 **E** 4.11.2000 tm3

VERFÜHRUNG EINER MINDERJÄHRIGEN (INDECENT SEDUCTION). Drama nach einem Zeitungsbericht. Eine 14jährige Schülerin, die für ihren Biologielehrer schwärmt, findet bei ihm jene Zuwendung, die ihr zu Hause nicht zuteil wird. Doch der Lehrer, ein verheirateter Familienvater, verführt sie und muß ins Gefängnis. Daraufhin wird das Mädchen von seinen Mitschülern geächtet. ✦ USA 1996 **R** Alan

Metzger **B** Diana Gould **K** Geoffrey Erb **M** James McVay **D** Gary Cole (Coach Nash), Mary Kay Place (Betty Ann Dustin), Nicholle Tom (Amy Dustin), Alyson Hannigan (Kelly), Sara Rue (Kimberley) **L** 85 **E** 5.12.1998 ARD

VERFÜHRUNG EINER NONNE (LA NOVIZIA). Während sein Onkel im Sterben liegt, vergnügt sich der Neffe in dessen Haus mit allerlei Gelegenheitsfreundinnen. Als er sich in die schöne Krankenschwester, eine blutjunge Novizin, verliebt, entsagt er dem Treiben und sie dem Klosterleben zwecks Happy-End. Eine dünne, abgeschmackte und mit falschem Sentiment aufgedonnerte Soft-Sex-Schnulze. ✦ Italien 1975 **P** Bipa **KI** Apollo/Alemannia/Barberina **R** P.G. Ferretti **D** Gloria Guida, Gino Milli, Femi Benussi **L** 71 **FSK** ab 18; nf **E** 16.5.1980 **fd** 23759

VERFÜHRUNG EINER SIZILIANERIN (LA SEDUZIONE). Ein Sizilianer kommt nach Jahren in Paris in die Heimat zurück, um sein Erbe zu verkaufen. Er trifft eine Geliebte aus seiner Jugendzeit, verfällt den Reizen ihrer Tochter sowie einer weiteren Halbwüchsigen, woraufhin ihn die Jugendfreundin erschießt. Ein langatmiger Film, vordergründig und uneinsichtig in der Motivation. Vorrangig geht es ihm nur um die Darstellung der Verführungskünste eines narzißtisch veranlagten weiblichen Geschlechts. (TV-Titel DDR: »Die Verführung«) ✦ Italien 1973 **P** Daunia **KI** Gloria **R** Fernando Di Leo **M** Luis Enriquez Bacalov **D** Lisa Gastoni, Maurice Ronet, Jenny Tamburi, Graziella Galvani, Barbara Marzano **L** 85 **FSK** ab 18; nf **E** 2.9.1977/25.4.1983 DFF 1/6.1.1990 RTL plus **fd** 20503

DIE VERFÜHRUNG EINES JUNGEN MÄDCHENS →Nötigung eines sehr jungen Mädchens

VERFÜHRUNG HINTER KLOSTERMAUERN (YOU SENG / TEMPTATION OF A MONK). China im Jahr 626: Als sein Prinz ermordet wird, flieht ein General in ein Kloster, wo er mit seiner großen Liebe Schutz zu finden hofft. Doch sein Widersacher spürt ihn auf und ermordet die Frau. Die neuerliche Flucht führt den Befehlshaber in ein anderes Kloster, in dem sich bald eine Frau einstellt, die der Toten zum Verwechseln ähnlich sieht. Sie verführt den General, eigentlich ist sie jedoch eine auf ihn angesetzte Mörderin. Martial-Arts-Drama, angesiedelt in der Zeit der Tang-Dynastie, das an der oberflächlichen Personenentwicklung krankt. Unterhaltsam primär für eingefleischte Freunde des Genres. ✦ Hongkong 1993 **P** Golden Harvest **Pd** Teddy Robin Kwan **R** Clara Law **B** Eddie Ling-Ching Fong, Lillian Lee **K** Andrew Lesnie **M** Tats Lau **S** Jill Bilcock **D** Wu Hsin-kuo (General Shi Yan-sheng), Zhang Fengyi (General Huo Da), Joan Chen (Prinzessin Scarlet/Violet), Lisa Lu (Shis Mutter), Michael Lee (Mönchen) **L** 112 **E** 26.7.2000 tm3

VERFÜHRUNG IM KLASSENZIMMER →Schön ist die Jugendzeit

VERFÜHRUNG IN BLOND (LA TRICHEUSE). Der schüchterne Sohn eines Medizinprofessors verliebt sich in eine Prostituierte und wird von deren Zuhälter erpreßt. Ein dilettantisches Machwerk mit angeklebter dicker Moral. (Alternativtitel: »Zwischen Lust und Hörigkeit«) ✦ Belgien 1960 **P** Procipel **KI** Hoffmann **R+B** E.G. de Meyst **K** Jo van Burg **M** Marcel Mortier **D** Françoise Deldick, Gil Vidal, Robert Lussac, Francine Charlier, Jacques Dumesnil **L** 76 **FSK** ab 18; nf **E** 19.5.1964 **fd** 12820

VERFÜHRUNG IN DER PAUSE (COLLEGE GIRLS). An einem amerikanischen College vergnügen sich die Studenten des libertinen Biologie- und Sexualkunde-Professors auf Parties mit Mädchen und Rauschgift. Sexfilm primitiven Zuschnitts. – Wir raten ab. ✦ USA 1968 **P** Apostolof **KI** Nobis/Anka **Pd** A.C. Stephen (= Stephen C. Apostolof) **R** Robert Wood **B** Bruce Mitchell **K** Robert Maxwell **D** Randy Lee, Robert Maxwell, Linda Styles, Forman Shane, Sean O'Hara **L** 72 **FSK** ab 18; nf **E** 17.11.1972 **fd** 18232

VERFÜHRUNG IN SEIDE (DECEPTION). Ein Taschendieb beschließt, eine geraubte Brieftasche seinem Besitzer zurückzubringen. Dort läßt er sich bereitwillig mit einem Dessous-Designer verwechseln und hat so ausreichend Auswahl an hübschen Models. Halbseidener Sexfilm. ✦ USA 1991 **Pd+R** Michael Craig **B** Mark Weiss **K** Will Lee **M** Larry Cross **S** Eric Edwards **D** Deidre Holland, Danielle Rogers, K.C. Williams, Teri Driver, Jon Dough, Randy Spears, Randy West **L** 74 **E** 16.7.1993 premiere

VERFÜHRUNG MAL DREI (DE SI JOLIES SORCIERES). Drei charmante junge Frauen, die über magische Fähigkeiten verfügen, schließen untereinander eine Wette ab, wer als erste einen Fotografen in ihr Bett bekommt, der sich für sie nicht zu interessieren scheint. Französischer Erotikfilm. ✦ Frankreich 2000 **R+B** Etienne Dhaene **D** Julie Bercot (Jeanne), Edwin Kruger (Patrick), Salomé Cox (Marion) **E** 26.5.2001 Vox

DIE VERFÜHRUNG – SEDUCED →Seduced

VERFÜHRUNG WIDER WILLEN (LE CALVAIRE D'UN JEUNE HOMME IMPECCABLE). Ein Friseurgehilfe ist stets knapp bei Kasse. Um diese aufzubessern, bieten ihm Freunde die Komplizenschaft bei einer geplanten Gaunerei an. Sein Part besteht in der Verführung der Haushälterin des vermögenden Opfers, bei dem es die Bande auf ein wertvolles Gemälde abgesehen hat. ✦ Frankreich 1980 **P** TF1/ Maintenon Films **R** Victor Vicas **B** Jean Chatenet **K** Gilbert Sarthre **M** Claude Bolling **D** Daniel Auteuil, Pierre Bertin, André Gille, Michel Vitold, Beate Kopp **L** 90 **E** 14.1.1990 DFF 2

VERFÜHRUNG ZUM MORD (SEDUCED BY MADNESS). Eine Lehrerin wird von ihrem Mann verlassen und entwickelt einen krankhaften Hass auf ihn. Um an seine Lebensversicherung zu kommen, beschließt sie, ihn ermorden zu lassen. Sie verführt einen ihrer Schüler und verspricht ihm 20000 Dollar, nutzt ihren Einfluß auf ihn aus und bringt ihn dazu mit zwei Freuden, den Mann umzubringen. Zweiteiliger Psychothriller nach einer wahren Begebenheit, der in der Hauptrolle überzeugend gespielt ist. ✦ USA 1996 **Pd** Brooke Kennedy **R** John D. Patterson **B** Carmen Culver **K** Thomas Burstyn **M** Craig Safan **S** Michael Kewley, Terry Stokes **D** Peter Coyote (Ruben Borchardt), Leslie Hope (Claire), Christian Campbell (Doug Vest), Hedy Burress (Brook Borchardt), Ann-Margret (Diane Borchardt) **L** 85/86 **E** 31.1.1997 ARD

VERFÜHRUNGEN →De l'Amour

VERGANGENE TAGE (MINUWSCHIJE DNJI). Zwei junge Menschen im Usbekistan der Jahrhundertwende begegnen sich und empfinden eine tiefe Liebe zueinander. Doch da sie unterschiedlichen Ständen angehören, steht der Ehren- und Sittenkodex ihrer Zeit der Beziehung im Wege. ✦ UdSSR 1969 **P** Usbekfilm **R** Juldasch Agsamow **B** Sabir Muchamedow, nach dem Roman von Abdulla Kaldyri **K** Michail Krasnjanski, Anwar Mukaramow **M** Manassi Lewijew **D** Ulams Alichodshajew (Atabek), Gultschechra Dhamilowa (Kumjutsch), Abbas Bakirow (Chodshi), Marjam Jakubowa (Usbek-aim), Rasak Chamrajew (Kutidor) **L** 100 **E** 26.5.1973 DFF 2

VERGANGENHEIT (CZAS PRZESZLY). Ein Attentat auf einen SS-Offizier ist verraten worden und mißlingt. Drei Attentäter werden hingerichtet. Dem vierten wird die Möglichkeit zur Flucht gegeben, um auf die Spur der anderen Widerstandskämpfer zu kommen. Der Plan scheitert, aber an dem jungen Polen bleibt bis in die Gegenwart der Verdacht haften, ein Verräter zu sein. Während er in seiner Existenz vernichtet ist, werden in Westdeutschland die des vielfachen Mordes angeklagten SS-Offiziere freigesprochen. Ein thematisch fesselnder Film mit eindringlichen Schauspielerleistungen, der das angestrebt hohe Niveau der Inszenierung nicht immer halten kann. Ein Film auch über das Versagen, der seine Charaktere jedoch nicht radikal verurteilt, sondern in den Zeitumständen nach Erklärungen sucht. – Ab 14. ✦ Schwarz-weiß. Polen 1961 **P** Film Polski **KI** Progress **R** Leonard Buczkowski **B** Leonard Buczkowski, Andrzej Szczypiorski, nach einem Roman von Andrzej Szcypkowski **K** Antoni Nurzynski **M** Adam Walacinski **D** Adam Hanuszkiewicz (Fram), Gustaw Holoubek (von Steinhagen), Henryk Bak (Weber), Alina Janowska (Frams Verlobte), Tadeusz Lomnicki **L** 86 **E** 19.7. 1963 Kino DDR/21.7.1964 DFF 1

DIE VERGANGENHEIT DER SENATORIN (STILL-WATCH). Schwerfälliger (Fernseh-)Thriller nach einem Bestseller-Roman. Eine Fernsehjournalistin ist nach Washington gekommen, um eine Reportage über eine Senatorin zu machen, die beste Chancen hat, Vize-Präsidentin der USA zu werden. Während ihrer Recherchen findet sie jedoch plötzlich die Wahrheit über den Tod ihrer Eltern heraus. ✦ USA 1987 **P** Stillwatch/CBS **Pd** Terry Morse **R** Rod Holcomb **B** Laird Koenig, David Peckinpah, nach einem Roman von Mary Higgins Clark **M** Gil Melle **D** Lynda Carter (Patricia Traymore), Angie Dickinson (Abigail Winslow), Don Murray (Sam Kingsley), Barry Primus (Toby Wilson), Louise Latham (Lila Thatcher) **L** 93 **E** 23.8.1992 PRO 7

VERGANGENHEIT UND GEGENWART (O PASSADO E O PRESENTE). Da sie ihren ersten Mann nicht vergessen kann, wird die zweite Ehe einer jungen und reichen Frau zur sinnlosen Beziehung. Sie treibt ihren Mann zum Selbstmord. Als sich der Zwillingsbruder des ersten Mannes als der Totgeglaubte entarnt, nehmen beide die Beziehung wieder auf; doch die Frau empfindet sie als Leere, da sie nun ihren zweiten Mann nicht vergessen kann. Ein spöttischsatirischer Abgesang auf die verlogenen Konventionen der portugiesischen Bourgeoisie, die durch glänzende Äußerlichkeiten jegliches Gefühl verspielt hat. Eine intelligente Variation zum Thema Liebe, in strenger Bildhaftigkeit außergewöhnlich komponiert. (O.m.d.U.) – Ab 16. ✦ Portugal 1972 **P** De Oliveira/ Centro Português de Cinema **KI** Freunde der Deutschen Kinemathek **Pd+R** Manoel de Oliveira **B** Manoel de Oliveira, nach einem Theaterstück von Vincente Sanchez **K** Acácio de Almeida **M** João Paes (Beratung), Felix Mendelssohn Bartholdy **S** Manoel de Oliveira **D** Maria de Saisset (Vanda), Manuela de Freitas (Nohemia), Barbara Vieira (Angelika), Albert Inácio (Ricardo/Daniel), Pedro Pinheiro (Firmino), António Machado (Mauricius) **L** 115 **E** 6.5.1981 S 3

DER VERGÄNGLICHE RUHM DER HERRSCHAFT →Non oder Der vergängliche Ruhm der Herrschaft

VERGÄNGLICHER RUHM: DIE MONKEES STORY (DAYDREAM BELIEVERS: THE MONKEES STORY). Aufstieg und Fall der Beat-Gruppe »The Monkees«, der ersten Retortenband der Welt, die Mitte der 60er-Jahre für den Fernsehsender NBC gegründet und – musikalisch eher unbeleckt – mit einer Beat-Comedy-Show auf Sendung ging. Der Erfolg der Nichtmusiker war überwältigend, blieb allerdings aus, als die »Monkees« Ambitionen entwickelten, wirklich Musik zu machen. Ein faktenreiches Gruppen-Biopic, das in seiner Detailfülle ebenso enthüllende wie witzige Einblicke in die Welt des Showbiz und ihrer Vermarktungsstrategien liefert. ✦ Kanada/USA 2000 **P** Pebblehut/Rhino **Pd** Susan Murdoch **R** Neill Fearnley **B** Ron McGee **K** David A. Makin **M** Jimi Hendrix **D** George Stanchev (Davy Jones), Jeff Geddis (Mike Nesmith), Aaron Lohr (Micky Dolenz), L.B. Fisher (Peter Tork), Colin Ferguson (Van Foreman) **L** 90 **E** 29.4.2001 Vox

DIE VERGÄNGLICHKEIT DES LICHTS →Das Licht des Quittenbaums

VERGEBEN, ABER NICHT VERGESSEN. Dokumentarfilm, der sich dem Schicksal der Zwangsarbeiter für die Rüstungsindustrie des »Dritten Reichs« widmet. Holländische und russische Zwangsarbeiter berichten über Ausbeutung, Entbehrungen und Mißhandlungen bei der Waffenfirma Mauser in Oberndorf. Gegen viele Widerstände hat es die ortsansässige Gruppe der Naturfreundejugend unternommen, dieses Kapitel deutscher Vergangenheit in ihrer Gemeinde aufzuhellen. – Ab 16. ✦ BR Deutschland 1987 **P** Wolfgang Landgraeber Filmproduktion/Naturfreundejugend Württemberg **Kl** Verleih der Filmemacher **Pd+R+B** Wolfgang Landgraeber **K** Klaus Lautenbacher **S** Thomas Balkenhol **L** 62 **E** 7.3.1987/17.10.1993 S 3

DIE VERGEBUNG. Zwei Jahre nach der Wende: Ein Ehepaar verdächtigt den Schwager als ehemaligen Stasi-Offizier, für die Verhöre des Mannes verantwortlich zu sein. Als Versicherungsvertreter hat es der Ex-Offizier im »neuen« Deutschland geschafft, während das Paar zu den Opfern der Vereinigung zählt und die Tochter zudem unter den chemischen Altlasten der DDR zu leiden hat. Bei einer Familienfeier eskalieren die Ereignisse, doch die wahren Opfer sind nicht die Eltern, sondern die Kinder haben die Zeche zu zahlen. Ein düsteres Bild des wiedervereinigten Deutschland, das die Frage nach Tätern und Opfern stellt und feststellt, daß sich die Machtverhältnisse auch nach der Wende nicht verändert haben. ✦ Deutschland 1994 **P** Ostfilm **Kl** Verleih der Filmemacher **R** Andreas Höntsch **B** Carmen Blazejewski **K** Johann Feindt **D** Lena Stolze (die Frau), Sylvester Groth (der Mann), Erik Roßbander (der Schwager), Beate Fischer (die Schwester), Susanne Düllmann (die Oma), Mandy Mahrenholz (das Mädchen) **L** 95 **E** 1997/30.1.1998 WDR

DIE VERGELTER (ARMED RESPONSE). Ein Kneipenbesitzer mit Vietnam-Vergangenheit und sein Vater beginnen einen ebenso blutigen wie brutalen Rachefeldzug gegen eine japanische Gangsterorganisation, als Mitglieder ihrer Familien deren Machenschaft zum Opfer fallen. Geschwätziger »Selbstjustiz«-Film mit äußerst brutalen Gewalt- und Folterszenen, dessen Verquickung mit dem Vietnam-Thema der Ausrottung der als asiatische Bestien dargestellten Verbrecher politische Dimensionen eröffnet. – Wir raten ab. ✦ USA 1986 **P** Cinetel Films **Kl** Metropol **VA** VPS **Pd** Paul Hertzberg **R** Fred Olen Ray **B** T. L. Lankford, Paul Hertzberg, Fred Olen Ray **K** Paul Elliott **M** Tom Chase, Steve Rucker **S** Miriam L. Preissel **D** David Carradine (Jim Roth), Lee Van Cleef (Burt Roth), Mako (Akira Tanaka), Lois Hamilton (Sara Roth), Ross Hagen (Cory Thorton), Brent Huff (Tommy Roth), Laurene Landon (Deborah Silverstein), Dick Miller (Steve) **L** 85 **FSK** ab 18; nf **E** 2.1.1987 **fd** 25 991

DIE VERGELTUNG (1935) → Tom Mix, der Wunderreiter: 1. Teil: Der Feuervogel/2. Teil: Die Vergeltung

DIE VERGELTUNG (1966) (EGY MAGYAR NABOB – ZOLTAN KARPATHY). Fortsetzung des Streites um das Erbe der Familie Karpathy. Über Verleumdung, Hinterlist und gerissenheit triumphieren schließlich doch der rechtmäßige Erbe und seine Freunde. Sittenbild der ungarischen Aristokratie um 1840. (Erster Teil: »Die Fehde der Geier«) – Ab 14. ✦ Scope. Ungarn 1966 **P** Mafilm **Kl** Progress **R** Zoltán Várkonyi **B** János Erdödy, nach dem Roman »Die letzten Nábobs« von Mór Jókai **K** István Hildebrand **M** Ferenc Farkas **D** István Kovács (Zoltán Kárpáthy), Zoltán Latinovits (Rudolf Szentirmay), Lajos Básti (Miklós Wesselényi), Zoltán Várkonyi (Maszlaczky), Eva Ruttkai (Flóra) **L** 81 **E** 28.7.1967 Kino DDR/2.11.1969 DFF 2

VERGELTUNG AM TEUFELSPASS → Vergeltung am Teufelssee

VERGELTUNG AM TEUFELSSEE (THE SECRET OF CONVICT LAKE). Fünf entwichene Sträflinge bedrängen um 1870 die Frauen in einem von den Männern vorübergehend verlassenen einsamen Dorf in Kalifornien. Nur einer von ihnen, einst unschuldig verurteilt, überlebt, als die Männer heimkehren und ihre Familien verteidigen. Routiniert entwickelter dramatischer Western mit soliden Darstellerleistungen. (Alternativtitel: »Vergeltung am Teufelspaß«) – Ab 16. ✦ Schwarz-weiß. USA 1951 **P** 20th Century Fox **Kl** Centfox **Pd** Frank P. Rosenberg **R** Michael Gordon **B** Oscar Paul, nach einer Erzählung von Anna Hunger und Jack Pollexfen **K** Leo Tover **M** Sol Kaplan **S** James B. Clark **D** Glenn Ford (Canfield), Gene Tierney (Marcia Stoddard), Ethel Barrymore (Granny), Zachary Scott (Greer), Ann Dvorak (Rachel), Cyril Cusack (Limey), Barbara Bates (Barbara Purcell), Helen Westcott (Susan haggerty), Ruth Donnelly (Mary), Harry Carter (Rudy), Ray Teal (Sheriff), Tom London (Jerry) **L** 80 **FSK** ab 16; nf **E** 7.8.1953 **fd** 2 804

VERGELTUNG AM WICHITA-PASS (GLI EROI DI FORT WORTH). Im amerikanischen Bürgerkrieg versucht eine versprengte Gruppe von Südstaatlern vergeblich, sich mit Hilfe der Apachen aus der Umklammerung durch die Truppen der Nordstaaten zu befreien. Verworrener Italowestern mit einigen Härten. ✦ Scope. Italien 1964 **P** Cineproduzione Emo Bistolfi **Kl** Piran **Pd** Silver Bem **R** Herbert Martin (= Alberto de Martino) **B** Silver Bem **K** Eloy Mella **M** Carlo Rustichelli **D** Edmund Purdom (Sugar), Paul Piaget (Sam Allison), Priscilla Steele (Nelly), Aurora Julia (Amanda), Umberto Raho, Eduardo Fajardo **L** 96 **FSK** ab 16; f **E** 21.5.1965 **fd** 13 453

VERGELTUNG DER RECHTLOSEN → Chopper Squad

DIE VERGELTUNG DES AFFENKÖNIGS (TIANGUO ENZHOU). Ju-Lung, der seine Eltern bei einer Volkserhebung verloren hat, wird von seinem Onkel zu einem Meister des Kung-Fu geschult. Eines Tages begibt er sich auf die Suche nach den Mördern seiner Eltern. ✦ VR China 1985 **P** Filmstudio Xiao Xiang **R** Zhou Kangyu **B** Wang Zixin, Wang Jinbao **K** Zou Shengtong **M** Shi Fu, Yi Rongzhi **D** An Yaping, Chen Kang, Fang Jian, Narumi Lintai **L** (TV) 90 **E** 3.1.1989 DFF 2/16.11.1992 MDR

DIE VERGELTUNG DES ROTEN KORSAREN (IL FIGLIO DEL CORSARO ROSSO). Ein ebenso rechtschaffener wie verwegener Pirat befreit seine Halbschwester aus den Händen einiger Übeltäter, die einen Schatz der Indios in ihren Besitz bringen wollen. Farbenfroher Abenteuerfilm mit positiven Filmhelden und nobler Gesinnung, der abwechslungsreiche, romantische Unterhaltung ohne Tiefgang bietet. – Ab 12. ✦ Italien 1959 **P** Donati/Carpentieri **Kl** Materna **Pd** Ermanno Donati, Luigi Carpentieri **R** Primo Zeglio **B** Fede Arnaud, Primo Zeglio, nach einem Roman von Emilio Salgari **K** Carlo Carlini **M** Roman Vlad **S** Roberto Cinquini **D** Lex Barker (Enrico), Sylvia Lopez (Carmen), Vira Silenti (Neala), Luigi Visconti (Gouverneur), Vicky Lagos (Paquita), Saro Urzi (Mendoza) **L** 96 **FSK** ab 12; f **E** 20.5.1960 **fd** 9 165

VERGELTUNG IN CATANO (TIERRA DE FUEGO / LAND OF FIRE). Banditen provozieren und terrorisieren ein Wildweststädtchen so lange, bis dem Sheriff nach vielen Bluttaten endlich die Geduld reißt und er das große Aufräumen beginnt. Harter Euro-Western nach gängigen Klischees, ohne jede psychologische Vertiefung. ✦ Scope. BR Deutschland/Spanien/Großbritannien 1965 **P** Creole/Balcazar/Crescendo **Kl** Nora **Pd** Ronald Rietti **R** Mark Stevens, Jaime Jesus Balcazar **B** Mark Stevens, Irving Dennis, Alfonso Balcázar, José Antonio De la Loma, nach einer Erzählung von Mark Stevens **K** Francisco Marin **M** Silvestre Enzo **S** Steven Collins **D** Mark Stevens (Sherfiff Jess Kinley), Mario Adorf (Abel Dragna), Marianne Koch (Anna-Lisa), Frank Oliveras (Luke), Antonio Iranzo (Charlie), Vivien Dodds (Lily), Oscar Pellicer (Twitch) **L** 87 **FSK** ab 16; nf **E** 1.10.1965 **fd** 13 751

VERGELTUNG OHNE GNADE (ONE FOOT IN HELL). Ein ehemaliger Farmer und Offizier der Südstaaten verliert seine schwangere Frau wegen der Gleichgültigkeit der Bürger einer kleinen Stadt. Man wählt ihn aus Schuldbewußtsein zum Sheriff. Nun beginnt er, sich als heimlicher Mörder zu rächen. Konventioneller, streckenweise langweiliger Western, zwiespältig wegen des unsinnigen Rachethemas. – Ab 16 möglich. ✦ Scope. USA 1960 **P** 20th Century Fox **Kl** Centfox **Pd** Sydney Boehm **R** James B. Clark **B** Aaron Spelling, Sydney Boehm, nach einer Erzählung von Aaron Spelling **K** William C. Mellor **M** Dominic Frontiere **S** Eda Warren **D** Alan Ladd (Mitch Barrett), Don Murray (Dan Keats), Dan O'Herlihy (Harry Ivers), Dolores Michaels (Julie Reynolds), Barry Coe (Stu Christian), Larry Gates (Doc Seltzer), Karl Swenson (Sheriff Olson), John Alexander (Sam Giller), Rachel Stephens (Ellie Barrett), Henry Norell (George Caldwell), Harry Carter (Mark Dobbs) **L** 89 **FSK** ab 16; nf **E** 14.10.1960 **fd** 9 545

VERGESSEN SIE LIZA CURTIS (RUMOUR). Eine Prostituierte bietet einem Boulevardjournalisten brisantes Material über Politiker an. Vor der Übergabe wird sie ermordet. Der Reporter findet ihren Mörder und deckt eine Korruptionsaffäre auf. Ein arg konstruierter, aber spannender Thriller. – Ab 16. ✦ Großbritannien 1974 **P** Thames **Pd+R+B** Mike Hodges **K** Dusty Miller **D** Michael Coles, Ronald Clarke, Mark Baxter, Joyce Blair, Kevin Brennan **L** 76 **E** 18.5.1977 DFF 1

VERGESSEN SIE'S. Ein Hamburger Taxifahrer glaubt, eine Leiche in einer Mülltonne entdeckt zu haben. Da niemand von dem Vorfall Notiz zu nehmen scheint, stellt er eigene Nachforschungen an. Er gelangt zu einer zentralen Müllverbrennungsanlage und muß feststellen, daß der gesamte Hausmüll datentechnisch erfaßt wird. Sein Wissen bringt ihn in eine bedrohliche Lage, die durch den begründeten Verdacht verstärkt wird, daß er seinen Sohn entführt haben soll. Erstlingsspielfilm, der das Thema einer Überwachungsgesellschaft mit Genremitteln in leicht futuristischem Milieu zu entwickeln versucht. ✦ BR Deutschland 1988 **P** C. Cay Wesnigk Film/ZDF **Pd** Michael Esser **R+B** C. Cay Wesnigk **K** Bernd Meiners **M** Thomas Bauer **S** Christoph Janetzko **D** Edgar Marcus (Thomas Novak), Bernd Blasen (Karl Fischer), Necati Sahin (Ali Chrysosto), Sabine Hennemann (Frauke Novak), Werner Berndt (Direktor Britt), Ulla Wiedemann (Beate Fischer) **L** 80 **FSK** ab 6; f **FBW** w **E** 6.9.1988 ZDF

DER VERGESSENE FREUND (LOMA – SABYTY DRUG). In einem abgelegenen Bergdorf wächst ein kleiner Welpe, um den sich niemand kümmert, zu einem stattlichen Bernhardiner heran. – Ab 8. ✦ UdSSR 1983 **P** Grusiafilm **Kl** Progress **R** Bidsina Ratschwelischwili **B** Giwi Butchusi, Bidsina Ratschwelischwili **K** Igor Kreps **M** Jakow Bobochidse **D** Wassil Kachniaschwili, Lewan Pilpani, Grigol Zitaischwili, M. Waschadse, J. Kebadse **L** 66 **E** 12.4.1985 Kino DDR/2.8.1986 DFF 1

DER VERGESSENE FÜHRER: AUFSTIEG UND FALL DES MEDIENZAREN ALFRED HUGENBERG. Dokumentarfilm über Alfred Hugenberg (1865–1951), der zur Zeit der Weimarer Republik zur einflußreichsten Persönlichkeit im Medienbereich aufstieg. Als sogenannter Medienimperator und Führer der ultrakonservativen Deutschnationalen Volkspartei war er einer der ersten, der sich der Bedeutung der Massenmedien und ihrer Macht bewußt wurde und sie einsetzte. Mit seinen Aktivitäten bei Zeitungen, Verlagen und Nachrichtenagenturen war er wesentlich daran beteiligt, daß Adolf Hitler 1933 der Weg zur Macht geebnet wurde. Der Film rekonstruiert Hugenbergs Wirken an Hand von dokumentarischen Aufnahmen und Interviews. (Teil 1: »Das Kartell der Patrioten«; Teil 2: »Wettlauf in das Dritte Reich«) – Ab 16. ✦ Teils schwarz-weiß. BR Deutschland 1982 **P** Filmkraft Peter Heller **Kl** Verleihgen. der Filmemacher/BAG **VA** absolut MEDIEN **R+B** Peter Heller **K** Peter Heller, Klaus Lautenbacher, Franz König **M** Jan Fryderyk **S** Raimund Barthelmes **L** 146 (62/84) **E** 6.10.1982/Herbst 1999 Video

DAS VERGESSENE HERZ → Wenn die Sonne wieder scheint

DIE VERGESSENE INSEL (PASCALI'S ISLAND). Auf einer kleinen griechischen Insel unter türkischer Militärherrschaft im Jahr 1908 verliert sich ein pflichteifriger, im Laufe der Jahre enttäuschter und nach einem Lebenssinn suchender kleiner Spitzel in einem Strudel von Ereignissen. Sein berechtigtes Mißtrauen gegenüber einem Engländer stürzt alle in eine Katastrophe. Als schillerndes Märchen angelegter Film über eine Zeit im Umbruch, in der die Sehnsucht des einzelnen nach Freundschaft und Anerkennung tragischerweise unberücksichtigt bleibt; durch die Kunst des Hauptdarstellers zu einer außergewöhnlichen Charakterstudie verdichtet. (Videotitel: »Pascali – Die vergessene Insel«.) – Ab 16. ✦ Großbritannien 1987 **P** Initial Pictures/Avenue Entertainment **KI** Concorde **VA** VCL/Virgin **Pd** Eric Fellner **R** James Dearden **B** James Dearden, nach einem Roman von Barry Unsworth **K** Roger Deakins **M** Loek Dikker **S** Edward Marnier **D** Ben Kingsley (Basil Pascali), Charles Dance (Anthony Bowles), Helen Mirren (Lydia Neuman), Nadim Sawalha (Pasha), Stefan Gryff (Izzet Effendi) **L** 103 **FSK** ab 12; f **FBW** bw **E** 11.8.1988/25.4.1989 Video **fd** 26 992

DER VERGESSENE KENNEDY (YOUNG JOE – THE FORGOTTEN KENNEDY). Die letzten Jahre von Joseph Kennedy jr., dem ältesten der Kennedy-Söhne, dessen Traum, als erster Katholik Präsident der USA zu werden, nicht in Erfüllung ging. 1941 an die Kriegsfront in Europa versetzt, kam er einige Zeit später im Einsatz ums Leben. Fernsehbiografie, wenig unterhaltsam und kaum aufschlußreich. – Ab 16. ✦ USA 1977 **P** ABC **Pd** Bill McCutchen **R** Richard T. Heffron **B** M. Charles Cohen, nach einem Buch von Hank Searls **K** Stevan Larner **M** John Barry **D** Peter Strauss (Joseph Kennedy jr.), Barbara Parkins (Vanessa Hunt), Stephen Elliott (Joseph Kennedy sr.), Darleen Carr (Kathleen Kennedy), Gloria Stroock (Rose Kennedy) **L** 96 **E** 13.12.1991 Tele 5

DAS VERGESSENE KOMMANDO →The Forgotten

DAS VERGESSENE LAGER – KONZENTRATIONSLAGER HAMBURG-NEUENGAMME. Dokumentarfilm über das Konzentrationslager Hamburg-Neuengamme, in dem 55.000 Menschen ums Leben kamen. Die Insassen des Lagers mußten für die deutsche Rüstungsindustrie Zulieferarbeiten verrichten. Der Film rekonstruiert die Verzahnung von Industrie und Machtmißbrauch durch die Nationalsozialisten in Augenzeugenberichten und Interviews. – Ab 16. ✦ BR Deutschland 1982 **P** Jacobs & Schaefer **KI** Zentral-Film **R+B+K** Bernd Jacobs, Thomas Schaefer **M** Reinhard Heinrichs, Thomas Rieckmann **L** 81 **FSK** ab 6; f **E** 1982 Kino

DAS VERGESSENE LEBEN. Eine alte Frau wird ohne Papiere in die Psychiatrie eingeliefert, wo sie beharrlich schweigt. Ein Pfleger nimmt sich ihrer an und versucht, ihr Geheimnis zu lüften, wobei er über die Liebe zur Musik eine gemeinsame Brücke findet. Behutsamer Film in der Tradition des poetischen Realismus, in dem es um Menschen im Abseits und das Verhältnis von Jungen und Alten geht. ✦ Deutschland 1997 **P** Fritz Wagner Film/WDR/ARTE **R** Claudia Prietzel **B** Claudia Prietzel, Ruth Thoma **K** Florian Ballhaus **M** Christoph Oertel **D** Florian Lukas (Axel), Inge Meysel (Sophia), Katrin Saß (Dr. Roth), Sebastian Münster (Bruno), Nina Vorbrodt (Andrea) **L** 90 **E** 21.7.2000 arte

VERGESSENE MELODIE FÜR FLÖTE (SABYTAJA MELODIJA DLJA FLEJTY). Nach dem Konservatorium avancierte ein junger Mann zum Kulturfunktionär, von dessen Entscheidungen die Schicksale von Berufskünstlern und Laien-Kollektiven abhängen. In Wirklichkeit vertut er seine Zeit jedoch in sinnlosen Sitzungen, und sein Aktivismus dient in erster Linie dazu, den eigenen Posten zu sichern. Eines Tages verliebt er sich Hals über Kopf; sein Leben bekommt eine entscheidende Wende. Liebesgeschichte, die in Form der Satire die Defizite von Perestroika und Glasnost anprangert. – Ab 16. ✦ UdSSR 1987 **P** Mosfilm **KI** Progress **R** Eldar Rjasanow **B** Emil Braginski, Eldar Rjasanow **K** Wadim Alissow **M** Andrej Petrow **D** Leonid Filatow (Filimonow), Tatjana Dogilewa (Lida), Irina Kuptschenko (Lena), Wsewolod Sanajew (Jaroslaw Stepanowitsch), Olga Wolkowa (Surowa) **L** 137 **E** 26.10.1990 Kino DDR

VERGESSENE SCHRECKEN (FORBIDDEN MEMORIES). Drama um einen zwölfjährigen Jungen, der dazu verdammt wird, die Ferien bei seinen drei verschrobenen alten Tanten zu verbringen. Während zwei von ihnen unter einem schweren Trauma leiden, freundet sich der Junge mit der dritten, ungleich infantileren Tante an. ✦ USA 1995 **Pd** Jack Lorenz **R** Bob Clark **B** Tim Cagney **K** Stephen M. Katz **M** Paul Zaza **S** Stan Cole **D** Mary Tyler Moore (Jessica), Linda Lavin (Earline), Shirley Knight (Sally Ann), Paul Winfield (Horace), Nathan Watt (Freddie Everett) **L** 87 **FSK** ab 12 **E** 28.9.1997 premiere

VERGESSENE SOUVENIRS →Es geschah in Paris (1950)

DIE VERGESSENE STADT, BUTTE MONTANA. Porträt der ehemaligen Bergwerksstadt Butte, Montana, die nach Schließung der Zechen in Vergessenheit geraten ist und dem einstigen Wohlstand nachtrauert. Ein melancholischer Dokumentarfilm, der große Geschichte und kleine Geschichten gleichberechtigt behandelt und facettenreich den Einstzustand mit dem desolaten Heute abgleicht. Zugleich das Dokument einer Freundschaft über Generationen hinweg. – Ab 16. ✦ Teils schwarz-weiß. Deutschland 1992 **P** Odyssee/Kuratorium Junger Deutscher Film/Filmstiftung NRW/WDR **KI** Wild Okapi **Pd+R+B** Thomas Schadt **K** Thomas Schadt, Thomas Keller, Donatello Dubini **M** Peter Kowald, Conrad Bauer, Akira Sakata, Jeanne Lee **S** Christel Maye **L** 87 **E** 2.8. 1993 West 3/3.3.1994 Kino **fd** 30 734

VERGESSENE STUNDE (BLACK ANGEL). Ein Alkoholiker versucht vergeblich, seine Frau, die sich einem anderen zugewandt hat, zurückzugewinnen. Als sie ermordet aufgefunden wird, wird ihr Geliebter für die Tat verurteilt. Zusammen mit dessen Frau macht sich der Trinker auf die Suche nach dem Mörder und erkennt während eines Alkoholexzesses, daß seine Erinnerung ausgesetzt und er selbst die Tat begangen hat. Atmosphärisch und darstellerisch origineller B-Krimi in der Tradition der »Schwarzen Serie«, der zusätzlichen Reiz aus der ungewöhnlichen Vorlage bezieht. (Fernsehtitel: »Schwarzer Engel«) – Ab 16. ✦ Schwarz-weiß. USA 1946 **P** Universal **KI** Universal **Pd** Tom Knight, Roy William Neill **R** Roy William Neill **B** Roy Chanslor, nach einem Roman von Cornell Woolrich **K** Paul Ivano **M** Frank Skinner **S** Saul A. Goodkind **D** Dan Duryea (Martin Blair), June Vincent (Catherine), Peter Lorre (Marko), John Phillips (Kirk Bennett), Broderick Crawford (Captain Flood) **L** 80 **FSK** ab 12; nf **E** 2.6.1950 **fd** 754

DAS VERGESSENE TAL (1970) (THE LAST VALLEY). Durch einen Appell an Vernunft und Einsicht bewahrt ein ortsfremder Lehrer während des Dreißigjährigen Krieges ein Dorf in den Stubaier Alpen vor Plünderung und Brandschatzung. Mischung aus Horror-, Kitsch-, Heimat- und Kostümfilm; ein überlanges, aufwendiges, auch in den schauspielerischen Leistungen enttäuschendes Hollywood-Spektakel. ✦ Scope. USA 1970 **P** ABC Pictures **KI** Centfox **VA** Polyband (Neuauflage ab 16) **Pd+R** James Clavell **B** James Clavell, nach einem Roman von J. B. Pick **K** John Wilcox **M** John Barry **S** John Bloom **D** Michael Caine (Captain), Omar Sharif (Vogel), Per Oscarsson (Pater Sebastian), Nigel Davenport (Gruber), Florinda Bolkan (Erica) **L** 126 **FSK** ab 18; f **E** 12.3.1971/28.12.1989 DFF 1 **fd** 17 258

DAS VERGESSENE TAL (1990). Ein Geologe stößt bei Arbeiten für einen neuen Eisenbahntunnel auf ein verstecktes Tal, das auf keiner Karte verzeichnet ist. Die Bewohner sind Juden, die vor 50 Jahren hierhin flüchteten und dem Eindringling zunächst mit Mißtrauen begegnen. Nach gutem Start versinkt der Film, wie sein Held, in düsteren Tiefen, mit lachhaften Schauspielerleistungen und Laientheater-Dramaturgie. – Ab 16 möglich. ✦ Schweiz/BR Deutschland 1990 **P** SRG/DRS/NDR **R** Clemens Klopfenstein **B** François Cartier, Clemens Klopfenstein **K** Peter Wullschleger, Alex Boren, Rolf Steiner **M** Benedikt Jeger, Hans Georg Koch **S** Wendula Roudnicka, Maeve Farias **D** Roland Schäfer (Peter Meissner), Corinna Kirchhoff (Sarah), Silvia Reize (Dr. Yvonne Gerber), Erwin Kohlund (Ulrich Z'Graggen), Trude Breitschopf (Salomé) **L** 90 **E** 12.11.1991 N 3

DER VERGESSENE TOTE →Columbo: Die vergessene Tote

DAS VERGESSENE VOLK (VESTIGE OF HONOR). Zehn Jahre nach Ende des Vietnam-Kriegs erfährt ein Amerikaner, daß sein asiatischer Kriegsfreund noch lebt und mit 200 Angehörigen seines Bergvolks in einem thailändischen Flüchtlingslager festgehalten wird. Ein Jahr lang kämpft er daheim gegen das Vergessen, ehe es ihm und einigen versprengten Veteranen gelingt, die Gefangenen aus dem streng bewachten Lager zu befreien. Ein Film zum Thema Vietnam, weniger über das »vergessene Volk« als über den Persönlichkeitsverlust eines Durchschnittsamerikaners. Trotz des abschließenden Heldenliedes auf den einfachen Soldaten ein zwar vereinfachender, aber bemerkenswert kritischer Beitrag zur US-Politik und ein teils brisantes Plädoyer für die menschliche Gemeinschaft. – Ab 16. ✦ USA 1990 **P** Spanish Trail/Envoy Prod. (für Universal) **VA** CIC **Pd** Daniel Wigutow, Charles E. Sellier jr. **R** Jerry London **B** Steve Brown **K** Billy Dickson **M** Dana Kaproff **S** Michael Brown **D** Gerald McRaney (Donald Scott), Michael Gross (Chuck Phelan), Season Hubley (Marilyn Scott), Kenny Lao (Bryn Scott), Jason Scott Lee (Ha-Kuhn) **L** 89 **FSK** ab 12 **E** 7.8.1991 Video/31.3.1996 RTL 2 **fd** 29 217

VERGESSENE WELT: JURASSIC PARK (THE LOST WORLD). Die Fortsetzung von »Jurassic Park« (1993) entführt auf eine weitere Pazifikinsel, die von Dinosauriern aller Arten bevölkert ist. Eine Jagdexpedition löst die Wut der zunächst friedfertigen Urweltmonstren aus und bringt damit sich und ein Team von Wissenschaftlern an den Rand des Todes. Motive aus zahllosen Vorbildern der Filmgeschichte fügen sich zu einem technisch erstaunlich realisierten Film der großen und grellen Effekte zusammen, der zirzensische Unterhaltung liefert. Etliche Szenen sind für Kinder zu schreckhaft und belastend. DVD: Die umfangreiche, originell konzipierte Special Edition enthält ein Feature mit enfallenen Szenen, eine immense Fülle an Kurz-Features über einzelne Aspekte des Films, eine erschöpfende Sammlung an Storyboards sowie eine nur via PC zugängliche DVD-Rom-Partition mit interaktiven Möglichkeiten, die Produktionsprozesse des Films zu erschließen. – Ab 14. ✦ USA 1996/97 **P** Amblin (für Universal) **KI** UIP **VA** CIC **DVD** Universal (SE, 16:9, 1.85:1, DD5.1 engl./dt.) **Pd** Gerald R. Molen, Colin Wilson **R** Steven Spielberg **B** David Koepp, nach einem Roman von Michael Crichton **K** Janusz Kaminski **M** John Williams **S** Michael Kahn **D** Jeff Goldblum (Ian Malcolm), Julianne Moore (Sarah Harding), Pete Postlethwaite (Roland Tembo), Arliss Howard (Peter Ludlow), Richard Attenborough (John Hammond), Vince Vaughn (Nick van Owen) **L** 129 **FSK** ab 12; f **E** 7.8.1997/9.2.1998 Video/10.10. 2000 DVD **fd** 32 664

DIE VERGESSENEN (1950) (LOS OLVIDADOS). Die ungeschminkte Schilderung der Schattenseiten der Großstadt Mexiko City, wo zerlumpte, verwilderte Kinder zu Verbrechern oder zu ärmlichen, am Rande der Zivilisation dahinvegetierenden Existenzen heranwachsen. Erzieherische und soziale Fragen werden zwar berührt, sind jedoch nicht Hauptinteresse Buñuels, der auf künstlerisch hohem Niveau ein beklemmendes Stück Wirklichkeit abbildet. Aus dem in seinem hautnahen Realismus betroffen machenden Film ist die These ableitbar, daß sich die moralischen Verhältnisse nur ändern lassen, wenn die sozialen Bedingungen verbessert werden. (Alternativtitel: »Los Olvidados«) – Sehenswert ab 16. ✦ Schwarz-weiß. Mexiko 1950 **P** Ultramar **KI** Neue Filmkunst **SF** atlas **Pd** Oscar Dancigers **R** Luis Buñuel **B** Luis Buñuel, Luis Alcoriza, Max Aub (Mitarbeit), Pedro de Urdimalas (Mitarbeit) **K** Gabriel Figueroa **M** Rodolfo Halffter, Gustavo Pittaluga (Themen) **S** Carlos Savage **D** Alfonso Mejia (Pedro), Roberto Cobo (El Jaibo), Stella Inda (Marta, Pedros Mutter), Miguel Inclán (Don Carmelo, der Blinde), Alma

Delia Fuentes (Meche), Héctor López Portillo (Richter) **L** 80 **FSK** ab 16; f **E** 13.11.1953/8.3.1965 ZDF **fd** 2916

DIE VERGESSENEN (1988) (TO HEAL A NATION). Ein amerikanischer Vietnam-Veteran setzt alles daran, in der Prachtstraße von Washington ein Denkmal für die gefallenen amerikanischen Soldaten zu errichten, das der Aussöhnung dienen soll. Ein verlogener Film mit unerträglicher Installation des Helden- und Märtyrermythos, der den verlorenen Krieg in einen moralischen Sieg umzuwandeln versucht. – Ab 14 möglich. ✦ USA 1988 **P** Daniuel Films **VA** VCL/Virgin **Pd** Robert M. Sertner **R** Michael Pressman **B** Lionel Chetwynd, nach einem Buch von Jan C. Scruggs und Joel L. Swerdlow **K** Denis Lewiston **M** Laurence Rosenthal **S** Gregory Prange, Millie Moore **D** Eric Roberts (Jan C. Scruggs), Glynnis O'Connor (Becky Scruggs), Marshall Colt (Jack Wheeler), Scott Paulin (Bob Doubek), Lee Purcell **L** 95 **FSK** ab 6 **E** 23.3.1990 Video **fd** 28 290

DIE VERGESSENEN KINDER. Szenische Dokumentation. In früheren Jahrhunderten, als große Wanderungen auf der Suche nach Arbeit stattfanden, waren davon auch Kinder betroffen. Insbesondere aus den armen Bergbauerndörfern Tirols wanderten Züge 6- bis 14jähriger Kinder im Frühjahr über die Pässe, um sich vor allem in Oberschwaben bei Bauern zu verdingen. Für sie gab es den festen Begriff »Schwabenkinder«. Auf Grund der Auseinandersetzung über die Schulpflicht wurde 1891 ein Verein zum Wohle der »Schwabenkinder« gegründet, der die Regeln der Kinderarbeit überwachte. Mit dem Ausbruch des Ersten Weltkriegs endete der jährliche Zug der »Schwabenkinder«. ✦ BR Deutschland 1981 **P** Badlands-Film **R** Kurt K. Hieber **B** Kurt K. Hieber, Karin Süss, nach Motiven eines Romans von Otto Uhlig **K** Thomas Schwan **M** J. M. Bertl **D** Gerhard Gamper, Reinhard Gamper, Stephan Weber, Bergbauernkinder aus St. Martin am Kofl, ehemalige »Schwabenkinder« **L** (TV) 100 **E** 14.1.1982 ZDF

DER VERGESSLICHE HEXENMEISTER (O ZAPOMNETLIVEM CERNOKNEZNIKOVI). Nach dem Besuch in einem Filmstudio, wo gerade ein Märchenfilm gedreht wurde, stellt sich ein Mädchen in seiner unbändigen Fantasie einen Magier vor, der, weil er dauernd die Zaubersprüche verwechselt, für einiges Chaos im Studio sorgt. Trotz einiger gelungener Effekte ein enttäuschender Kinderfilm, der aus seinen Möglichkeiten zu wenig macht. – Ab 6. ✦ CSFR 1991 **P** Filmstudio Barrandov **R** Hynek Bocan **B** Jirí Just, Hynek Bocan **K** Martin Benoni **M** Jaroslav Uhlír **S** Dalibor Lipsky **D** Karel Hermánek, Klárka Jandová, Jakub Marek, Jaroslav Smid **L** 95 **E** 11.10.1992 ORB

VERGESST DIE KINDER NICHT! (WE ARE THE CHILDREN). Drama um eine Entwicklungshelferin in Äthiopien, die angesichts von Nahrungsknappheit und einer nahenden Bürgerkriegs-Front über Leben und Tod ihrer Schützlinge entscheiden muß. ✦ Großbritannien 1986 **R** Robert M. Young **B** Michael De Guzman **D** Ally Sheedy (Annie Keeze), Ted Danson (Duffing Lynch), Judith Ivey (Brenda Haze) **L** 92 **E** 12.4.1997 TM 3

VERGESST DIE LIEBE NICHT (DO YOU REMEMBER LOVE?). Eine erfolgreiche College-Professorin stellt im Alter von 49 Jahren fest, daß ihr Gedächtnis zunehmend schlechter wird. Zunächst überspielt sie diese Störungen, doch als sie immer schlimmer werden, entschließt sie sich, einen Arzt zu Rate zu ziehen. Dieser diagnostiziert die Anfänge der Alzheimer-Krankheit, die zu fortschreitender unheilbarer Senilität führen wird. Gefühlvoll aufbereitetes (Fernseh-)Drama, das sich immerhin durch intensive Darstellerleistungen auszeichnet. – Ab 16. ✦ USA 1985 **P** CBS/Dave Bell Prod. **R** Jeff Bleckner **B** Vickie Patik **K** Bradford May **M** David Shire **D** Joanne Woodward (Barbara Wyatt Hollis), Richard Kiley (George), Geraldine Fitzgerald (Lorraine), Jim Metzler, Jordan Charney **L** 97 **E** 27.10.1990 PRO 7

VERGESST ES NIE, WIE ES BEGANN – ERNST BUSCH 1927–1948. Dokumentarfilm über das Leben des Schauspielers und Sängers Ernst Busch, der sich mit dem von Konrad Wolf initiierten und teilweise montierten großen Film »Busch singt« nicht vergleichen kann. – Ab 16. ✦ BR Deutschland 1978 **P** dffb/ZDF **SF** dffb **R** Karl Siebig, Heide Breitel, Johann Feindt, Klaus Volkenborn **K** Johann Feindt, Karl Siebig **S** Karl Siebig, Heide Breitel, Johann Feindt, Klaus Volkenborn **L** 60 **E** 22.6.1978

VERGESST MIR MEINE TRAUDEL NICHT. Ein junges Mädchen, das aus einem Erziehungsheim ausgerissen ist, findet in Berlin Unterschlupf bei einem Lehrer und einem Volkspolizisten und bringt beide in arge Verlegenheit. Am Ende stellt sich heraus, das seine Mutter im KZ ums Leben kam. – Eine unterhaltsame, partiell melancholische Komödie mit ansehnlichen schauspielerischen Leistungen und atmosphärischen Bildern vom Berlin der fünfziger Jahre, aber auch mit Stilbrüchen und künstlerischen Mängeln. Beachtenswert und für die DEFA ungewöhnlich einige optische Zitate aus Marilyn-Monroe-Filmen, die nicht zuletzt auf die Lockerung der Zensur nach 1956 hinweisen. – Ab 14. ✦ Schwarzweiß. DDR 1957 **P** DEFA **KI** Progress **VA** Icestorm **Pd** Hans-Joachim Schoeppe **R** Kurt Maetzig **B** Kurt Maetzig, Kuba (= Kurt Barthel) **K** Erwin Anders **M** Hans Hendrik Wehding **S** Ilse Peters **D** Eva-Maria Hagen (Traudel Gerber), Günther Haack (Wolfgang Auer), Horst Kube (Hannes Wunderlich), Erna Sellmer (Frau Palotta), Maria Besendahl (Portierfrau), Günther Simon (Kommissar) **L** 86 **E** 15.11.1957 Kino DDR/17.1.1958 DFF 1/3.1.1994 ORB/31.1.2001 Video

VERGESST MOZART. Weil Mozarts Tod mysteriös erscheint, versammelt der Chef der kaiserlichen Geheimpolizei im Sterbezimmer eine Reihe von Personen, die schuld an seinem Tod sein könnten. Das Verhör ergibt, daß Mozart am Unverständnis der höfischen Welt für seine Musik und an seinem ausschweifenden Leben zugrunde gegangen ist. Ein Historienfilm in der Nachfolge des Welterfolgs »Amadeus«; inszenatorisch auf grelle Effekte ausgerichtet, löst er seinen Anspruch in Darstellung und Musik nur in Ansätzen ein. – Ab 16 möglich. ✦ BR Deutschland 1984 **P** OKO-Film **KI** Cine-Vox **VA** Vestron **R** Slavo Luther (= Miloslav Luther) **B** Zev Mahler **K** Joseph Simocic **M** Wolfgang Amadeus Mozart **S** Peter Przygodda, Alfréd Bencic, Ingrid Wolff **D** Armin Mueller-Stahl (Pergen), Max Tidof (Mozart), Catarina Raacke (Konstanze), Wolfgang Preiss (Van Schwieten), Uwe Ochsenknecht (Schikaneder), Winfried Glatzeder (Salierei), Jan Biczycki (Diener) **L** 92 **FSK** ab 12; f **FBW** bw **E** 12.9.1985/Dezember 1987 Video/ 2.10.1988 BR **fd** 25 286

VERGEWALTIGT (1948) →Frau in Notwehr

VERGEWALTIGT (1953) (VIOLATED). Die Mordserie eines Fotografen, der seinen Opfern die Haare abzuschneiden und die Leichen mit der Schere zu zerstückeln pflegt. In Buch und Regie primitiver Thriller. Da sich zwei Nachtlokal-Tänzerinnen unter den »Auserwählten« befinden, wird der Film zur plumpspekulativen »Sittengeschichte« ausgedehnt. (Alternativtitel: »033 jagt Mädchenhändler«) ✦ Schwarzweiß. USA 1953 **P** Palace Pictures **KI** Passat/Westfalen **R** Walter Strate **B** W. P. Mishkin **K** Pat Rich **M** Willy Mottola **D** Wim Holland, Lili Dawn, Sally Peters, Charles Oday **L** 73 **FSK** ab 18; nf **E** 10.7.1959 **fd** 8 299

VERGEWALTIGT (1976). Eine brutal vergewaltigte junge Frau wird schwanger, gerät in eine Sexparty, auf der »routinierte« Vergewaltiger mit ihren Erfolgen protzen, und läßt illegal abtreiben. Verlogener Sexfilm, der unterschwellig die bestürzende Ansicht propagiert, daß Notzucht kein Verbrechen, sondern (höchstens) ein Kavaliersdelikt sei. – Wir raten ab. ✦ Schweiz 1976 **P** Eurocine **KI** Avis/Ascot **R** Pierre Chevalier **D** Ursula Karnat (= Uschi Karnat), Esther Moser, Ueli Falk, Roman Huber **L** 61 **FSK** SPIO: X **E** 1976 Kino **fd** 20 167

VERGEWALTIGT (1979) →Per Anhalter in den Tod

VERGEWALTIGT (1992) (CONTRO OGNI VOLONTA). Bei den Recherchen zu einem sensiblen Thema begegnet eine engagierte Journalistin einem ehemaligen Schulkameraden wieder. Der aufdringliche Mann beginnt sofort, sie zu umwerben, muß aber eine brüske Zurückweisung einstecken. Am nächsten Tag wird sie in der Tiefgarage eines Wohnhauses von einem maskierten Mann vergewaltigt. Trotz des traumatischen Erlebnisses strengt das Opfer einen nervenaufreibenden Prozeß an und kämpft gegen die Vorurteile, die Gleichgültigkeit und die Ignoranz einer Kultur, die Vergewaltigung praktisch als Kavaliersdelikt behandelt. ✦ Italien 1992 **R** Pino Passalacqua **B** Daniele Carnacina, Patrizia Fassio, Massimiliano Governi, Pino Passalacqua **D** Elena Sofia Ricci (Francesca), Giulio Scarpati (Lorenzo), Héctor Alterio (Professor Ferrari), Fabio Poggiali (Marco Rossi), Isabel Russinova (Daniela) **L** 88/85 **E** 29., 30.4.1994 ZDF

VERGEWALTIGT ...! DIE ANGST DES OPFERS (SINS OF SILENCE). (Fernseh-)Film nach einer wahren Begebenheit über den Kampf mutiger Frauen gegen eine bigotte Gemeinde. Eine von dem Sohn eines einflußreichen Gemeindemitglieds vergewaltigte Siebzehnjährige weigert sich, die Tat zur Anklage zu bringen. Einer ehemaligen Nonne gelingt es, ihr Vertrauen zu erringen; gemeinsam gehen sie vor Gericht. Dabei steht jedoch auch das unseriöse Vorleben der Klägerin zur Debatte. (Alternativer TV-Titel: »Geschändet...! – Die Angst des Opfers«) – Ab 16. ✦ USA 1996 **Pd** Daniel H. Blatt, Cynthia Sikes, Susan Murdoch **R** Sam Pillsbury **B** Shelley Evans **K** James Bartle **D** Lindsay Wagner (Molly McKinley), Holly Marie Combs (Sophia DiMatteo), Cynthia Sikes (Cynthia Hayes), Victor Argo (Nick DiMatteo), Brian Kerwin (Staatsanwalt Joey Finn) **L** 86 **E** 22.1.1997 RTL

VERGEWALTIGT – DIE WAHRHEIT UND ANDERE LÜGEN. Plakatives (Fernseh-)Drama: Eine Ärztin beschuldigt zwei ihrer Kollegen der Vergewaltigung. Im Prozeß wendet sich das Blatt zunächst gegen sie, als die Videoaufzeichnung der Tat verschwindet und ihr bewegtes Liebesleben aufgedeckt wird. ✦ Deutschland 1996 **R** Martin Enlen **B** Ecki Zietrich **M** Dieter Schleip **D** Jan Josef Liefers (Leonard Benjamin), Barbara Auer (Maria Jonasson), Herbert Knaup (Dr. Charles de Winter), Frank Röth (Dr. Jordan), Katja Studt (Lisa Engelmann), Edgar M. Böhlke (Ruby), Bettina Kupfer (Marion de Winter) **L** 94 **E** 3.2.1997 Pro Sieben

VERGEWALTIGT – EINE FRAU SCHLÄGT ZURÜCK. Ambitioniertes (Fernseh-)Drama. Als einziges von drei Opfern desselben Vergewaltigers sinnt eine Frau auf Rache. Als sie ihn in eine Falle lockt, kommt er ums Leben, daraufhin erstattet dessen Witwe Anzeige – das Opfer wird zur Angeklagten. ✦ Deutschland 1997 **P** Relevant/RTL **Pd** Heike Wiehle-Timm **R** Martin Enlen **B** Andrew Findlay, Ullrich Hortense (dt. Fassung) **K** Klaus Merkel **M** Dieter Schleip **S** Monika Abspacher **D** Iris Berben (Christine Wagner), Katja Studt (Tanya Becker), Antje Schmidt (Maria Holtz), August Schmölzer (Lutz Weber), Petra Kleinert (Gabriele Kroll) **L** 90 **E** 8.4.1998 RTL

VERGEWALTIGT – EINE STADT UNTER ANKLAGE (SHAME). Eine junge Anwältin strandet wegen einer Motorradpanne in einen Provinzstädtchen in Oregon. Dort lernt sie zwei Opfer einer Vergewaltigung kennen, die aus Angst vor Repressalien schweigen. Sie versucht, deren Widerstand zu organisieren und sticht damit in ein Wespennest, da alle Bewohner der Stadt die Verbrechen zu vertuschen versuchen. Drohungen und Gewalttaten sind die Folge. Neuverfilmung eines australischen Films, der an die Zivilcourage des einzelnen appelliert. – Ab 16. ✦ USA 1992 **P** Lifetime/Viacom **Pd** Joseph Plager, Michele MacLaren **R** Dan Lerner **B** Rebecca Soladay **M** David McHugh **D** Amanda Donohoe (Diana Cadell), Dean Stockwell (Tim Curtis), Fairuza Balk (Lizzie Curtis), Dan Gauthier (Danny), Lee Garlington (Tina), Larry

Brandenburg (Captain Cuddy) **L** 94 **E** 21.8.1995 Pro Sieben

VERGEWALTIGT HINTER GITTERN (JACKSON COUNTY JAIL). Eine von jugendlichen Anhaltern beraubte junge Frau wird zur Feststellung ihrer Personalien inhaftiert und von einem Hilfssheriff vergewaltigt. Sie erschlägt ihn und versucht, mit einem ebenfalls eingesperrten Gewaltverbrecher unterzutauchen. Streckenweise reißerischer Kriminalfilm mit überzeugender Gestaltung der Hauptrollen. Manchmal allzu konstruiert, aber sehr spannend inszeniert, illustriert er die stufenweise Steigerung der Gewalt in einer immer unmenschlicher und korrupter werdenden Gesellschaft. (Fernsehtitel auch: »Gefangen in Jackson County«.) ✦ USA 1975 **P** New World **KI** United Artists **Pd** Jeff Begun **R** Michael Miller **B** Donald Stewart **K** Bruce Logan **M** Loren Newkirk **S** Caroline Ferriol **D** Yvette Mimieux (Dinah), Tommy Lee Jones (Coley Blake), Robert Carradine (Bobby), Frederic Cook, Severn Darden (Dempsey), Britt Leach **L** 84 **FSK** ab 18; nf **E** 6.5.1977 **fd** 20 314

VERGEWALTIGT IN KETTEN (A CAVALLO DELLA TIGRE). Die tragikomische Geschichte eines wegen Irreführung der Behörden ins Zuchthaus gekommenen Trottels, der von allen ausgenutzt wird. Zwischen Lustspiel und Thriller angesiedelter, eher in Details gefälliger Film, der in Rückblenden erzählt wird und sich passagenweise sozialkritisch gibt. (TV-Titel: »Der Ritt auf dem Tiger«) – Ab 16 möglich. ✦ Schwarz-weiß. Italien 1961 **P** Film 5/Titanus **KI** Brummer **Pd** Alfredo Bini **R** Luigi Comencini **B** Luigi Comencini, Mario Monicelli, Age (= Agenore Incorocci), Furio Scarpelli **K** Aldo Scavarda **M** Piero Umiliani **D** Nino Manfredi (Giacinto), Mario Adorf (Tranche-Boeuf), Gian Maria Volonté (Papaleo), Raymond Bussières (die Ratte), Valeria Moriconi (Frau Rossi) **L** 105 **FSK** ab 16; f **E** 20.5.1966/4.9.1972 ZDF **fd** 14 105

VERGEWALTIGT – JUNG UND SCHULDIG (THE LIAR'S CLUB). Dramatische Auseinandersetzungen innerhalb einer Clique von Jugendlichen, nachdem ein Mädchen einen bisherigen Liebhaber beschuldigt, sie vergewaltigt zu haben. Als das Mädchen bei einem Handgemenge zu Tode kommt, schaltet sich die Polizei ein. – Ab 16. ✦ USA 1993 **R** Jeffrey Porter **B** Jeff Yonis **D** Wil Wheaton (David), Brian Krause (Pat), Michael Cudlitz (Jimbo), Soleil Moon Frye (Gigi), Jennifer Burns (Kim) **L** 95 **E** 12.5.1995 RTL

DIE VERGEWALTIGUNG →Bluthunde

DIE VERGEWALTIGUNG DES RICHARD BECK →Rape

VERGIB MIR, DENN ICH LIEBE UNSEREN SOHN (MY STEPSON, MY LOVER). (Fernseh-)Drama um eine Krankenschwester, die nach der Heirat mit einem älteren Millionär feststellen muss, dass sie sich einen Tyrannen als Ehemann eingehandelt hat. Trost findet sie bei dessen Sohn aus erster Ehe. ✦ USA 1997 **Pd** Robert Girolami, Barry Weitz **R** Mary Lambert **B** Ron Cutler **K** Brian Capener **M** Joseph Conlan **S** Sharyn L. Ross **D** Rachel Ward (Katherine Cory), Joshua Morrow (Eric Cory), Terry O'Quinn (Richard Cory), Marion Guyot (Mrs. Stuart), Tonea Steward (Delia), Alfred Wiggins (Talbot) **L** 86 **E** 9.11.1999 Super RTL

VERGIB MIR MADONNA (NOI PECCATORI / NOUS LES COUPABLES). Eine edelmütige, als Barsängerin auftretende Krankenschwester, ein nicht mehr an Gott glaubender Heimkehrer, eine Liebeserklärung beim Pontifikalhochamt, eine Wunderheilung der durch Unfall Gelähmten vor einem Madonnabild, das den Atheisten in die Knie zwingt – all dies sind Handlungsfäden in einem trivialen, mit religiösen Requisiten peinlich vollgestopften Kintopp-Liebesroman. – Ab 16. ✦ Schwarz-weiß. Frankreich/Italien 1952 **P** Titanus/Gamma **KI** Union **R** Guido Brignone **B** Guido Brignone, Alessandro de Stefani, Carlo Musso **K** Mario Montuori **M** Renzo Rossellini **S** Mario Serandrei **D** Steve Barclay (Stefano), Yvonne Sanson (Lucia), Carletto Sposito (Francesco), Marc Lawrence (Emilio di Facio), Tamara Less (Fausta) **L** 90 **FSK** ab 12; f **E** 30.10.1953 **fd** 2 871

VERGIFTET ODER ARBEITSLOS? Ein kritischer, Partei ergreifender (Fernseh-)Film, der auf unkonventionelle Weise das Verhältnis von Chemie-Industrie und Landwirtschaft mediendidaktisch aufbereitet und dabei Mißstände und unkontrollierbare Eingriffe in den Naturkreislauf aufdeckt. Er wurde zum Politikum, als im Fernsehen lediglich eine stark gekürzte Fassung ausgestrahlt und eine anschließende Auswertung durch andere Medien (Video, 16mm) nach Protesten der Chemie-Industrie in Frage gestellt wurde. Schließlich kam eine Fassung in den Verleih, die durch einen 15minütigen Kommentar des Regisseurs eingeleitet wird und deren Ton an bestimmten Stellen gelöscht werden mußte, während an anderen eine Richtigstellung der Industrie eingespielt wurde. In dieser Version illustriert der Film nachdrücklich die Interessenkollision. – Ab 14 möglich. ✦ BR Deutschland 1982 **P** ZDF **SF** Atlas **VA** Atlas **R+B+K** Bernward Wember **S** Bernward Wember **D** Gustl Bayrhammer, Eva Mattes, Willy Harlander **L** 97 (TV 60) **E** 21.7.1982 ZDF/11.11.1983 Kino

VERGISS AMERIKA. Drei Freunde in einer ostdeutschen Kleinstadt versuchen, ihren persönlichen Traum vom Leben zu verwirklichen, können sich aber von ihrer provinziellen Herkunft nie so ganz lösen und kehren immer wieder zum Ausgangspunkt ihrer Lebensexkursion zurück. Eine stimmungsvolle Ost-West-Studie, erzählt ohne erhobenen Zeigefinger. Sie besticht vor allem durch die brillante Regieleistung und das überzeugende Spiel der Hauptdarsteller. – Sehenswert ab 14. ✦ Deutschland 2000 **P** AVISTA/WDR **KI** Filmverlag der Autoren/Arthaus **VA** Arthaus (KHE) **DVD** Kinowelt Home (16:9, 1.85:1, DS dt.) **Pd** Herbert Rimbach, Alena Rimbach **R** Vanessa Jopp **B** Maggie Peren **K** Judith Kaufmann **M** Michael Beckmann **S** Martina Matuschewski **D** Marek Harloff (David), Roman Knizka (Benno), Franziska Petri (Anna), Rita Feldmeier (Frau Ludoff), Andreas Schmidt-Schaller (Herr Ludoff), Gerhardt Printschitsch (Herr Lindner), Margitta Lüder-Preil (Lina) **L** 90 **FSK** ab 12; f **FBW** w **E** 9.11.2000/27.7.2001 Video/18.9.2001 DVD **fd** 34 546

VERGISS BEIM SEX DIE LIEBE NICHT →Schulmädchen-Report 13.Teil: Vergiß beim Sex die Liebe nicht

VERGISS DEINE SORGEN →Dick und Doof – Die Teufelsbrüder (1932)

VERGISS DEINEN NAMEN NICHT (POMNI IMJA SWOJE). Die authentische Geschichte einer russischen Mutter, die im Konzentrationslager Auschwitz von ihrem dreijährigen Sohn getrennt wird und diesen erst nach 25 Jahren, von einer polnischen Frau erzogen, wiederfindet. Ein manchmal etwas pathetisch-sentimental geratener, insgesamt aber eindrucksvoller Film, der Lebenskraft, menschliche Größe und die Tiefe menschlichen Leidens einer Mutter spürbar werden läßt. – Ab 16. ✦ UdSSR/Polen 1974 **P** Mosfilm/Gruppe »Iluzjon« **KI** Progress **R** Sergej Kolossow **B** Ernest Bryll, Sergej Kolossow, Janusz Krasinski **K** Boguslaw Lambach **M** Andrzej Kozinski **D** Ryszarda Chanin, Ljudmila Kassatkina, Ljudmila Iwanowa, Tadeusz Borowski, Lilja Dawidowitsch **L** 100 **E** 15.5.1975 DFF 2/31.10.1975 Kino DDR

VERGISS DIE FEUER NICHT →Toms Fantasies

VERGISS DIE LIEBE NICHT. Vom Ehemann und den drei beinahe erwachsenen Kindern aus Gewohnheit unaufmerksam behandelt, nimmt eine Hausfrau und Mutter kurzerhand Urlaub von sich und der Familie. Alle Beteiligten finden mit neuen Einsichten in den gemeinsamen Alltag zurück. Heiter-besinnliche Ehekomödie, im Milieu etwas zu glatt poliert und bisweilen zu bewußt exemplarisch, jedoch lebendig und einleuchtend dargestellt. – Ab 12. ✦ Schwarz-weiß. BR Deutschland 1953 **P** Standard **KI** NWDF **Pd** Franz Tapper, Helmut Ungerland **R** Paul Verhoeven **B** Juliane Kay **K** Franz Weihmayr **M** Alois Melichar, Franz Schubert (Melodien), Wolfgang Amadeus Mozart (Melodien), Franz Liszt (Melodien) **S** Klaus Dudenhöfer **D** Luise Ullrich (Anna Kienzel), Paul Dahlke (Dr. Franz Kienzel), Will Quadflieg (Paul Cornelius), Charlott Daudert (Nora Pizzini), Carl-Heinz Schroth (Nino Pizzini), Hans Stiebner **L** 100 **FSK** ab 12; f **FBW** bw **E** 2.4.1953/9.7.1954 Kino DDR **fd** 2 447

VERGISS ES, WENN DU KANNST (AKO MOSCHESCH, SABRAWI). Eine Gruppe Studentinnen kommt zum Arbeitseinsatz in ein kleines abgelegenes Dorf. Die jungen Frauen bringen mit ihrem selbstbewußten und charmanten Auftreten die Männerwelt des Ortes durcheinander. Freundlich unverbindliche Unterhaltung. – Ab 10. ✦ Scope. Bulgarien 1988 **P** Filmstudio Bojana **KI** Progress **R** Nikolai Bossilkow **B** Ilja Kostow **K** Zantscho Zantschew **M** Angel Michailow **D** Iwan Grigorow, Wesselin Zanew, Jordan Bikow, Andrej Andrejew, Julieta Ralewa **L** 84 **E** 18.8.1989 Kino DDR

VERGISS MEIN NICHT (1935). Von einem Schiffsoffizier auf der Überfahrt nach New York enttäuscht, heiratet eine Privatsekretärin einen verwitweten Konzertsänger mit niedlichem Söhnchen. Als der frühere Geliebte wieder auftaucht, entscheidet sie sich im Widerstreit der Gefühle für das Kind und ihre Ehe. Rührseliges Melodram voller Kitsch und Klischees. Der erste Film mit dem berühmten Opernsänger Benjamino Gigli. – Ab 16. ✦ Schwarz-weiß. Deutschland 1935 **P** Itala **KI** Viktoria **R** Augusto Genina **B** Ernst Marischka **K** Herbert Körner, Bruno Timm, Kurt Neubert, Georg Bruckbauer **M** Alois Melichar **D** Benjamino Gigli, Magda Schneider, Kurt Vespermann, Franz W. Schröder-Schrom, Siegfried Schürenberg **L** 104 **FSK** ab 16; nf **E** 24.10.1935/20.4.1959 DFF 1

VERGISS MEIN NICHT (1958) (VENTO DI PRIMAVERA). Eine junge deutsche Firmensekretärin in Rom verliebt sich in ihren Vorgesetzten und wird seine mit einer Luxuswohnung bedachte Geliebte. Als die Beziehung platzt, will die Enttäuschte vergessen und heiratet einen italienischen Tenor, um dessen Kind eine liebevolle Mutter zu sein. Eines Tages trifft sie den früheren Geliebten wieder, schwankt, bleibt aber ihrer Mutteraufgabe treu. Abgewandelte Neuauflage des gleichnamigen Rührstücks aus dem Jahr 1935. Ein bis zur Verlogenheit kitschiger und gefühlsseliger Film, wirklichkeitsfern, inszenatorisch zweitklassig. (Alternativtitel: »Ohne dich kann ich nicht leben«) – Ab 14 möglich. ✦ BR Deutschland/Italien 1958 **P** Trio/Cine-Italia **KI** Gloria **R** Arthur Maria Rabenalt **B** Gina Falkenberg, Aldo de Benedetti **K** Oskar Schnirch **M** Willi Mattes **S** Gertrud Hinz-Nischwitz **D** Sabine Bethmann (Elisabeth Klinger), Erich Winn (Rudolf Ahrens), Ferruccio Tagliavini (Aldo Morani), Massimo Giuliani (Dino Morani), Rudolf Vogel (Friedrich) **L** 103 **FSK** ab 6; f **E** 24.10.1958 **fd** 7 463

VERGISS MICH! (OUBLIE-MOI). Eine junge Frau verläßt den Mann, der sie liebt, und wendet sich einem anderen zu, der nichts von ihr wissen will. Eine ebenso triste wie intensive Beziehungsstudie, die mit sparsamen Mitteln hergestellt wurde. Vor einer klaustrophobischen Kulisse, in düsteren Räumen und einer Stadt mit verhangenem Himmel wird die Stagnation der Figuren, ihr vergebliches Bestreben, der Einsamkeit zu entfliehen, intensivst spürbar. (O.m.d.U.) ✦ Frankreich 1994 **P** Les Films Alain Sarde **KI** FPV **Pd** Alain Sarde **R+B** Noémie Lvovsky **K** Jean-Marc Fabre **M** Andrew Dickson **S** Jennifer Augé **D** Valéria Bruni-Tedeschi (Nathalie), Emmanuelle Devos (Christelle), Laurent Grévill (Eric), Emmanuel Salinger (Antoine), Philippe Torreton (Fabrice), Olivier Pinalie (Denis) **L** 95 **E** 16.4.1997 Bayern 3

VERGISS NICHT: BAHNSTATION LUGOWAJA (NJE SABUD: ... STANZIJA LUGOWAJA). Während des Zweiten Weltkrieges lernt ein junger Offizier eine evakuierte junge Frau kennen. Aus der Freundschaft wird tiefe Zuneigung, als er sich nach schrecklichem Geschehen der Verstörten annimmt. Ihre Liebe ist stark genug, den Krieg zu überdauern. Eine Liebesromanze mit nachdenkenswerten Aussagen. – Ab 16. ✦ Scope, schwarz-weiß. UdSSR 1967 **P** Lenfilm **KI** Progress **R** Nikita Kurichin, Leonid Menaker **B** Jossif Olschanski, Nina Rudnewa **K** Alexander Tschirow **M** J. Waisburd **D** Georgi Jumatow (Georgi Rjabow), Alla Tschernowa (Ljussa), Valentina Wladimirowa (Agafonowa) **L** 82 **E** 29.12.1967 Kino DDR/20.6.1969 DFF 1

VERGISS NICHT, DASS DU STERBEN MUSST (N'OUBLIE PAS QUE TU VAS MOURIR). Ein Student der Kunstgeschichte wird durch die Diagnose, daß er HIV-positiv ist, aus der Bahn geworfen. Er läßt sich treiben und führt ein exzessives, selbstzerstörerisches Leben, bis er in Italien mit seinen früheren Lebensinhalten konfrontiert wird. Ein diskussionswerter Film, der aber in seinen gesellschaftlichen Bezügen in Schieflage gerät und durch seine vielen Symbole und manche eher abgenutzte Assoziationen übers Ziel hinausschießt. (O.m.d.U.) ✦ Frankreich 1995 **P** Why Not Prod./AFCL/La Sept Cinéma/Peripheria **R** Xavier Beauvois **B** Xavier Beauvois, Anne-Marie Sauzeau, Emmanuel Salinger, Zoubir Tligui **K** Caroline Champetier, Julie Hirsch, Laurent Hincelin **M** John Cale **S** Agnès Guillemot **D** Xavier Beauvois (Benoît), Roschdy Zem (Omar), Chiara Mastroianni (Claudia), Bulle Ogier (Benoîts Mutter), Emmanuel Salinger **L** 118 **E** 9.2.1998 arte **fd** 32 986

VERGISS NICHT, DEINE FRAU ZU KÜSSEN (ELS ... DIN NAESTE!). Ein berühmter Sex-Schriftsteller bringt Unruhe in ein abgelegenes Dorf und führt die Bewohner nach linkischen Versuchen der Ausschweifung zurück zum moralischen Lebenswandel. Thematisch wie inszenatorisch mißlungene Satire auf den Sexrummel der 60er Jahre, die selbst unübersehbar mit dem Thema kokettiert. ✦ BR Deutschland/Dänemark 1967 **P** nfg/Merry **KI** Nora **Pd** Henrik Sandberg, Gottfried Wegeleben **R** Egil Kolstö **B** Willy Breinholst, Egil Kolstö, nach einem Roman von Willy Breinholst **K** Henning Bendtsen **M** Sigurd Jansen **D** Walter Giller (Sven), Ghita Nörby (Brit, seine Frau), Christina Schollin (Solveig), Vivi Bach (Lieselotte), Dirch Passer (Ola), Axel Strøbye (Kolstöl) **L** 90 **FSK** ab 18; nf **E** 1.12.1967 **fd** 15 069

VERGISS ODER STIRB (RUN A CROOKED MILE). Auf der Spur eines Währungsschwindels in höchsten Kreisen wird ein Londoner Lehrer auf ungewöhnliche Weise unschädlich gemacht: Er befindet sich plötzlich mit fremdem Namen als reicher und dazu verheirateter Mann in einer Schweizer Klinik. Doch er gibt nicht auf und kommt dem Komplott auf die Spur. Spannender Krimi in der Tradition Hitchcocks, mit Witz und unterschwelliger Ironie unterhaltsam erzählt. – Ab 14. ✦ Großbritannien 1969 **P** Universal **Pd** Ian Lewis **R** Gene Levitt **B** Trevor Wallace **K** Arthur Grant **M** Mike Leander **S** Bert Rule **D** Louis Jourdan, Mary Tyler Moore, Wilfrid Hyde-White, Stanley Holloway, Alexander Knox **L** 95 **E** 13.5.1971 ARD/15.11. 1975 DFF 1

VERGISS PARIS →Forget Paris

VERGISS SARAJEVO NICHT. Durch eine zufällige Begegnung werden die Erinnerungen zweier Menschen an ihre Zeit in Sarajevo wach: einer hohen Regierungsbeamtin und eines ehemaligen Angehörigen der UN-Truppe, dessen bosnische Geliebte im Bürgerkrieg ums Leben kam. ✦ Frankreich 1996 **R** Arnaud Sélignac **B** Bruno Dega **L** 100 **E** 10.10.1997 B 1

VERGISS VENEDIG (DIMENTICARE VENEZIA / OUBLIER VENISE). Freunde und Verwandte aus drei Generationen kommen auf einem Landgut zusammen. Ihr Plan einer gemeinsamen Reise nach Venedig wird zur Reise in die Erinnerungen und die Kindheit, eine Zeit, die keine der Personen bewältigt hat. Nach dem Tod ihrer Bezugsperson, einer einstigen Opernsängerin, die ihr Leben und das ihrer Lieben ganz in Nostalgie getaucht hat, wird aus der Flucht ins Gestern ein desillusioniertes Erwachen im Heute. Ein nicht leicht zu entschlüsselnder, symbolhafter Film über Alter und Kindheit, Schuld und Verantwortung, Liebe und Vereinsamung. In einem feinziselierten Bild voller Wehmut und Sinnlichkeit reflektiert er über die Vergänglichkeit des Lebens und den Verlust von Werten in schönen Scheinwelten. ✦ Italien/Frankreich 1979 **P** Rizzoli/Action **KI** Concorde **R** Franco Brusati **B** Franco Brusati, Jaja Fiastri **K** Romano Albani **M** Benedetto Ghiglia **S** Ruggero Mastroianni **D** Erland Josephson (Nicky), Mariangela Melato (Anna), Eleonora Giorgi (Claudia), David Pontremoli (Picchio), Hella Petri (Marta), Fred Personne, Anne Caudry **L** 108 **E** 4.2.1983/9.12.1988 West 3 **fd** 23 826

VERGISS WAS GESTERN WAR (LEAVE YESTERDAY BEHIND). Ein junger Athlet, der durch einen schweren Unfall zum Krüppel wird, findet in der Liebe zu einer Dressurreiterin neuen Lebensmut. Routiniert inszenierte, aber langatmige (Fernseh-)Love Story, die ihre durchsichtige Geschichte über Gebühr strapaziert. – Ab 14 möglich. ✦ USA 1978 **P** ABC **R** Richard Michaels **B** Paul Harrison **K** Ric Waite **M** Fred Karlin **D** John Ritter (Paul Stallings), Carrie Fisher (Marny Clarkson), Buddy Ebsen (Doe), Ed Nelson (Mr. Clarkson), Carmen Zapata (Connie) **L** 97 **E** 29.9. 1991 Tele 5

VERGISS, WENN DU KANNST. Die Ehefrau eines durch Strahlenversuche zeugungsunfähig gewordenen Professors tröstet sich in Italien mit einem Norweger, der sie schwängert. Der Edelmut aller Beteiligten gipfelt später im Zusammenleben des Ehepaars und der Herausgabe des dreijährigen Kindes an den leiblichen Vater. Ein pseudomoralisches Melodram, das sich edel und verständnisvoll gibt, stets aber an der Oberfläche bleibt. – Ab 16 möglich. ✦ Schwarz-weiß. BR Deutschland/Österreich 1956 **P** Süddeutsche Film-Prod./Bergland **KI** Kopp **Pd** Adam Napoleon Schneider **R** Hans H. König **B** Jochen Kuhlmey, Irmgard Wurmbrand, nach dem Roman »Ein weiter Weg« von Irmgard Wurmbrand **K** Konstantin Irmen-Tschet, Gerhard Peters **M** Herbert Jarczyk **S** Gottlieb Madl **D** Winnie Markus (Brigitta Sudeny), Gustav Fröhlich (Prof. Dr. Georg Sudeny), Bengt Lindström (Alexander Brennt), Hans Nielsen (Bastian Weghart), Hanna Rucker (Jutta Prigen), Margarete Haagen (Suse) **L** 90 **FSK** ab 16; f **E** 10.8. 1956 **fd** 5 161

VERGLICHEN MIT FRÜHER (VERGLICHEN MIT FRÜHER). Unmittelbar den Tatsachen folgend, schildert das Porträt einer Behinderten Vorgeschichte und Folgen eines Verkehrsunfalls, der sich vor sieben Jahren ereignet hat. Das Unglück bewirkte im Leben der Mitfahrerin dramatische Veränderungen; querschnittsgelähmt verließ sie das Hospital, eine Schwerbehinderte, die jetzt auf die Hilfe ihrer Umgebung angewiesen war. Doch sie änderte ihre persönlichen Lebenspläne (Eigenheim, Mann, Kinder, Reisen) nicht. Der Film stieß zwar auf Kritik der Behindertenverbände, korrigierte aber auch das Klischee des Behinderten als »Ewig-Zu-kurz-Gekommenen«. ✦ Schweiz 1976 **P** Nemo **R+B** Iwan P. Schumacher **K** Sebastian C. Schroeder **S** Fredi M. Murer **L** 59 **E** Schweiz

DIE VERGNÜGUNGSSEITE →Die Vergnügungsspalte

DIE VERGNÜGUNGSSPALTE. Ein junge Frau, der der väterliche Bauernhof zu eng wird, geht in die Stadt und arbeitet sich durch viele Betten und Heuhaufen in Europa und Afrika bis ins italienische Ehebett. Sex-Lustspiel von üblich dummem Zuschnitt. (Titel auch: »Die Vergnügungsseite«.) – Wir raten ab. ✦ BR Deutschland 1969 **P** Gopa **KI** Filmagentur Süd/Aktuell **R+B** H. G. Schier **K** Gunter Otto **M** Peter Weiner **D** Adele Cauler, Carlo Backes, Michaela Martin, Dithe Faul, Werner Cartano **L** 73 **FSK** ab 18; nf **E** 26.3.1971 **fd** 17 321

VERHANDLUNGSSACHE (THE NEGOTIATOR). Ein »Negotiator« der Chicagoer Polizei, der bei Geiselnahmen für die psychologische Entschärfung der Situation zuständig ist, wird selbst zum Geiselnehmer, als korrupte Kollegen versuchen, ihm einen Mord anzuhängen. Spannender Thriller, der zwar unter seinen allzu bombastischen visuellen Effekten leidet, aber dank des ausgezeichneten Spiels der Hauptdarsteller solide unterhält. – Ab 16. ✦ Scope. USA 1998 **P** Regency Enterprises/Taurus Film/Mandeville Films/New Regency **KI** Twentieth Century Fox **VA** Fox Home **DVD** Fox Home (16:9, 2.35:1, DD5.1 engl./dt.) **Pd** David Hoberman, Arnon Milchan **R** F. Gary Gray **B** James DeMonaco, Kevin Fox **K** Russell Carpenter **M** Graeme Revell **S** Christian Wagner **D** Samuel L. Jackson (Danny Roman), Kevin Spacey (Chris Sabian), David Morse (Adam Beck), Ron Rifkin (Grant Frost), John Spencer (Al Travis) **L** 134 **FSK** ab 16; f **FBW** w **E** 30.9.1999/6.4.2000 Video/ 25.5.2000 DVD **fd** 33 884

DAS VERHÄNGNIS →Die Verurteilung (1976)

VERHÄNGNIS (DAMAGE). Ein 50jähriger englischer Politiker verliebt sich in die Freundin seines Sohnes, die sich durch diese Beziehung von einem traumatischen Jugenderlebnis befreien möchte. Die bedingungslose Hingabe der beiden beschwört eine Katastrophe und den völligen Zerfall aller sozialen Strukturen des Mannes herauf. Ein »amoralischer« Film voller erotischer Spannung, der stimmig die Stationen eines Untergangs beschreibt. Hervorragende Darsteller und eine gediegene Ausstattung, die in Korrespondenz zur Handlung steht, heben den Film über das Niveau vergleichbarer Filme hinaus. ✦ Frankreich/Großbritannien 1992 **P** NEF/Skreba/ Channel 4/Canal+/European Co-Prod. Fund **KI** NEF 2 **VA** VCL **DVD** VCL (1.66:1, DD5.1 dt.) **Pd+R** Louis Malle **B** David Hare, nach dem Roman von Josephine Hart **K** Peter Biziou **M** Zbigniew Preisner **S** John Bloom **D** Jeremy Irons (Stephen Fleming), Juliette Binoche (Anna Barton), Miranda Richardson (Ingrid Fleming), Rupert Graves (Martyn Fleming), Leslie Caron (Elisabeth Prideaux), Ian Bannen (Edward Lloyd), Peter Stormare (Peter Wetzler), Gemma Clarke (Sally), Julian Fellowes (Donald Lyndsay), David Thewlis, Tony Doyle (Premierminister) **L** 111 **FSK** ab 16; f **FBW** bw **E** 14.1.1993/28.6.1993 Video/23.6.1999 DVD **fd** 29 975

VERHÄNGNIS AUF BESTELLUNG (DESTINY TO ORDER). Ein Krimi-Autor erhält den Hilferuf seiner weiblichen Romanfigur: er soll den Roman umschreiben, da sie nicht ermordet werden möchte. Der Autor verliert die Kontrolle über sein literarisches Werk und wird selbst zu einer Romanfigur, während er vom Bösewicht der Handlung umgeschrieben wird. Am Ende scheint sein eigener Tod beschlossene Sache – doch dann wacht er aus einer langen Ohnmacht auf. Thematisch reizvolle Kriminalkomödie, die Realität und Fantasie vermischt. – Ab 16. ✦ USA 1988 **P** Atlantis Films/JPK Films **VA** Concorde **Pd** Seaton McLean, Jonathan Goodwill, John Kramer **R+B** Jim Purdy **K** Ludek Bogner **M** Dave Gray **S** Ion Webster, Tom Webster **D** Stephen Quimette (J. D. Baird), Alberta Watson (Thalia), Victoria Snow (Anne), Michael Ironside (Kenrick), Victoria Snow (Melissa) **L** 93 **FSK** ab 16 **E** 29.10.1990 Video/ 3.12.1992 Tele 5

DAS VERHÄNGNIS DER LIEBE (AMOR DE PERDICAO). Die tragische, Ende des 18. Jahrhunderts spielende Liebesgeschichte zwischen einem Studenten und einer jungen Frau, die wegen der Feindschaft ihrer Familien getrennt bleiben. Nur durch Briefe können sie Verbindung halten. Da der junge Mann im Streit einen Rivalen getötet hat, wird er verbannt und stirbt, wie zuvor die Geliebte, am Schmerz der Trennung. Wortgetreue Verfilmung eines 1861 erschienenen Romans von strenger Schönheit. Die erzählerischen und visuellen Codes des Films spiegeln die Atmosphäre und Zwänge einer konservativen Gesellschaft, die der Liebe keinen Spielraum geben. Der langsame epische Erzählstil verlangt Geduld und Einfühlungsvermögen. (O.m.d.U.) – Sehenswert ab 16. ✦ Portugal 1978 **P** Instituto Português de Cinema/Centro Português de Cinema/Cinequipa/Radiotelevisao Portuguesa/Tobis Portuguesa/Fundaçao Calouste Gulbenkian **Kl** Freunde der Deutschen Kinemathek **Pd** Henrique Espirito Santo, Marcilio Krieger, Antonio Lagrifa **R** Manoel de Oliveira **B** Manoel de Oliveira, nach einem Roman von Camilo Castelo Branco **K** Manuel Costa e Silva **M** João Paes, Georg Friedrich Händel **S** Solveig Nordlund **D** António Sequeira Lopes (Simao), Cristina Hauser (Teresa), Elsa Wallencamp (Mariana), António Costa (Joao da Cruz), Ricardo Pais (Balthazar), Ruy Furtado (Domingos Botelho) **L** 260 **E** 28.2. 1980/27.5.1981 S 3

VERHÄNGNIS/FATE. Zwei heimatlose Menschen, ein Straßenmusikant und eine Frau, durchleben einen nächtlichen Alptraum, angereichert mit Alkohol- und Gewaltexzessen. Bar jeder Hoffnung auf ein friedliches Miteinander erleben sie den heranbrechenden Morgen als menschliches Strandgut. Ein äußerst streng gestalteter, thematisch wie formale bemerkenswerter Film, der den Zuschauer durch die Darstellung extremer Emotionen herausfordert. In der symmetrisch aufgebauten Geschichte wird das Drama von Menschen deutlich, die durch Leid ihre Sprache verloren haben. ✦ Deutschland 1994 **P** dffb **Kl** Salzgeber & Co. **VA** absolut MEDIEN/Salzgeber **R+B+K** Fred Kelemen **M** Valerij Fedorenko **S** Fred Kelemen **D** Sanja Spengler, Valerij Fedorenko **L** 79 **E** 8.2.1996/10.10.1996 West 3/1997 Video **fd** 31 748

EINE VERHÄNGNISVOLLE AFFÄRE (FATAL ATTRACTION). Die kurzlebige Affäre eines glücklich verheirateten jungen Rechtsanwalts mit einer attraktiven Verlagslektorin eskaliert zu quälenden Auseinandersetzungen, als die Frau ein Kind erwartet und weitergehende Zuwendung fordert, die er nicht zu leisten vermag. Dies führt schließlich zur tödlichen Konfrontation. Was als psychologisch differenziert gezeichnete Studie um Verantwortung und Schuld beginnt, schlägt in einen dicht konstruierten Thriller um, der seine Spannungseffekte an einigen Punkten überstrapaziert und in Gefahr gerät, das ernsthafte Thema zu vordergründig aufzulösen. Dennoch ein packender Unterhaltungsfilm. ✦ USA 1987 **P** Paramount **Kl** UIP **SF** UIP **VA** CIC **Pd** Sherry Lansing, Stanley R. Jaffe **R** Adrian Lyne **B** James Dearden **K** Howard Atherton **M** Maurice Jarre **S** Michael Kahn, Peter E. Berger **D** Michael Douglas (Dan Gallagher), Glenn Close (Alex Forrest), Anne Archer (Beth Gallagher), Ellen Hamilton Latzen (Ellen Gallagher), Stuart Pankin (Jimmy) **L** 119 **FSK** ab 16; f **FBW** w **E** 4.2.1988/Dezember 1988 Video/17.4.1991 PRO 7 **fd** 26 616

VERHÄNGNISVOLLE BEGEGNUNG (NEVER EVER). Ein wohlhabender englischer Kaufmann, der allein in Paris lebt, weil seine Frau die Franzosen nicht ausstehen kann, verliebt sich in eine schöne junge Frau. Als er sich scheiden lassen will unternimmt seine Frau einen Selbstmordversuch, um ihn an sich zu binden. Er gibt zwar das Versprechen, kann es aber natürlich nicht halten. Liebesdrama, das weitgehend unberührt läßt, weil die Emotionen blutleer und aufgesetzt wirken. Spannungslos und ohne dramaturgisches Geschick in Szene gesetzt, läßt der massive Gefühlsappell auch deswegen kalt, weil die handelnden Personen kein Profil und kaum psychologische Glaubwürdigkeit gewinnen. – Ab 14. ✦ USA/Großbritannien 1996 **P** Walkabout Mates/Trimark **VA** Warner Home **Pd** Karen Koch **R+B** Charles Finch **K** Monty Rowen **M** Peter John Vettese **S** Chris Joyce **D** Sandrine Bonnaire (Katherine), Charles Finch (Thomas), Jane March (Amanda), Jean Rochefort (Gérard), James Fox (Arthur) **L** 91 **FSK** ab 12 **E** 12.12.1997 Video/2.1.1999 Premiere **fd** 32 945

VERHÄNGNISVOLLE BEGIERDE (DEADLY DESIRE). Ein privater Sicherheitsbeauftragter hat ein Verhältnis mit der Frau seines reichen Auftraggebers. Als er diesen versehentlich tötet – so glaubt er zumindest –, taucht die Geliebte mit dem Geld unter, und der Partner des Toten verlangt den verschwundenen Firmenanteil. Auf Costa Rica findet er das Ehepaar putzmunter vor und erkennt, daß er als dessen Spielball mißbraucht wurde. Fernseh-Krimi mit einer stark konstruierten Handlung, der sich weitgehend über die Dialoge zu erklären versucht. – Ab 16. ✦ USA 1990 **P** Paramount **VA** CIC **Pd** Vanessa Greene **R** Charles Correll **B** Jerry Ludwig, Tobi Ludwig **D** Jack Scalia, Kathryn Harrold, Will Patton, Joe Santos, Douglas Rowe **L** 89 **FSK** ab 16 **E** 26.6.1991 Video/9.7.1995 Kabel 1

VERHÄNGNISVOLLE BEZIEHUNG (SCORING). Sexfilm. In der Affäre zwischen einem Filmkomponisten und der Hauptdarstellerin eines Thrillers vermischen sich allmählich Realität und Film-Fiktion. ✦ USA 1995 **R** Toby Philips **B** Penny Antine **K** Stephan Schultz **M** Daniel Walker **D** Mark Porro (Eric Lazlo), Michelle Brin (Della), Dixie Jayne Beck (Abbey), Doug Jeffrey (Stoney) **L** 105 **E** 7.6.1996 premiere

DER VERHÄNGNISVOLLE BRIEF (THE LETTER). Verfilmung einer Kurzgeschichte von Somerset Maugham, nach der William Wyler bereits 1940 einen Film gestaltete (»Das Geheimnis von Malampur«). In Singapur beginnt die vernachlässigte Frau eines Plantagenverwalters eine Affäre mit einem verheirateten Engländer. Sie erschießt ihn, als er sie verlassen will, und wird vor Gericht gestellt. Schauspielerisch bemerkenswertes Frauenschicksal und Liebesdrama. ✦ USA 1981 **P** ABC/Warner/Hajeno **Pd** George Eckstein **R** John Erman **B** Lawrence B. Marcus, nach einer Kurzgeschichte von Somerset Maugham **D** Lee Remick (Leslie Crosby), Ronald Pickup (Howard Joyce), Jack Thompson (Robert Crosbie), Ian McShane (Geoff Hammond), Soon-Teck Oh (Ong Chi) **L** 90 **E** 21.12.1989 3sat

EINE VERHÄNGNISVOLLE ERFINDUNG (14 GOING ON 30). Weil ein 14jähriger unsterblich in seine Lehrerin verliebt ist, schlüpft er in die Erfindung seines Freundes, einer Art »Schnellen Brüter«, und reift zum 30jährigen Mann heran. In dieser Rolle wird er Schulleiter, revolutioniert die Lehrmethoden und becirct die schöne Lehrerin; leider muß er nach Tagen zurück in die Jugend. Ein Glück, daß die Maschine auch erwachsene Frauen zu Backfischen zurückentwickelt. Ein Pennäler-Traum wird zu einer lieben und netten Komödie verarbeitet – frei von Klamauk, aber auch von Tiefgang. – Ab 14 möglich. ✦ USA 1988 **P** Walt Disney Prod. **VA** EuroVideo **Pd** Susan B. Landau **R** Paul Schneider **B** Richard Jeffries **K** Fred J. Koenekamp **M** Lee Holdridge **D** Steve Eckholdt, Daphne Ashbrook (Miss Noble), Adam Carl (Lloyd), Gabey Olds (Danny), Patrick Duffy, Harry Morgan, Dick Van Patten, Loretta Swit, Rick Rossovich **L** 82 **FSK** ab 6 **E** 22.11.1988 Video/30.1.1994 RTL **fd** 27 415

DAS VERHÄNGNISVOLLE FOTO →Erpreßt – Das geheimnisvolle Foto

VERHÄNGNISVOLLE FRACHT (THE NAVY VS. THE NIGHT MONSTERS / THE NIGHT CRAWLERS). Nach dem Absturz eines Transportflugzeugs auf einem Marinestützpunkt, bei dem die Besatzung getötet wird, ist die aus außerirdischen Organismen bestehende Ladung verschwunden. Fortan sind die Menschen der Marinebasis ihres Lebens nicht mehr sicher. Billiger Science-Fiction-Film von unfreiwilliger Komik. – Ab 16 möglich. ✦ USA 1966 **P** Real Art **Pd** George Edwards **R** Michael A. Hoey **B** Michael A. Hoey, nach einem Roman von Murray Leinster **K** Stanley Cortez **M** Gordon Zahler **S** George White **D** Mamie van Doren, Anthony Eisley, Pamela Mason, Billy Gray, Bobby Van, Walter Sande (Dr. Arthur Beecham), Phillip Terry (Spalding), Edward Faulkner, Russ Bender **L** 90 **E** 24.1.1986 RTL plus

VERHÄNGNISVOLLE FREUNDSCHAFT (1978) (L'ADOPTION). Die unkonventionellen Überzeugungen und Lebensphilosophien eines Künstler-Ehepaars werden auf die Probe gestellt, als es einen jungen Erwachsenen bei sich aufnimmt. Zurückhaltendes Psycho-Drama um eine Dreierbeziehung mit tödlichem Ausgang. ✦ Frankreich 1978 **P** Reggane/FR 3/Les Films du Triangle/Michel Arthur Prod. **Pd** Jacques Perrin **R** Marc Grunebaum **B** Marc Grunebaum, Bernard Stora, Peter Krall, Magdeleine Dailloux **K** Luciano Tovoli **M** Michel Portal **S** Kenout Peltier **D** Geraldine Chaplin (Catherine), Jacques Perrin (Jacques), Patrick Norbert (Etienne), Gérard Lorin (Durieux), May Chartrettes (Großmutter) **L** (TV) 94 **E** 4.7.1991 ZDF

VERHÄNGNISVOLLE FREUNDSCHAFT (1988) (THRILLED TO DEATH). Ein erfolgloser Autor niveauloser Krimis geht einem Agenten auf den Leim, der ihm eine große Zukunft in Hollywood verspricht. Dieser erweist sich als Gauner, der einen großen Drogendeal durchzieht und den arglosen Schriftsteller in seine Mordintrigen einspannt. Primitiver Krimi voller Ungereimtheiten; auf niedrigstem Niveau und offensichtlich nur »erdacht«, um einen Rahmen für unmotivierte Nacktszenen zu haben. ✦ USA 1988 **P** Platinum Pictures **VA** Ufa **R** Chuck Vincent **B** Craig Horrall **K** Larry Revene **M** Joey Mennona **S** James Davalos, Chuck Vincent **D** Blake Bahner (Cliff Jackson), Rebecca Lynn (Elaine Jackson), Richard Maris (Darryl Christie), Christine Moore (Nan Christie), Harvey Siegel (Val) **L** 89 (gek. 83) **FSK** ab 18 (gek. 16) **E** 12.2.1990 Video **fd** 28 182

VERHÄNGNISVOLLE JAGDPARTIE (DÖDSKLOCKAN). Ein Verkehrsunfall lässt die feucht-fröhliche Stimmung einer Jagdpartie im Schweden der 60er-Jahre in eine Atmosphäre des Misstrauens umschlagen. Plötzlich kann sich die eingeschworene Männergesellschaft nicht mehr über ihre Riten definieren, sondern muss unter dem Druck von Polizei und Öffentlichkeit Loyalität gegenüber den einzelnen Mitgliedern der Gruppe bekunden. Ein preisgekrönter Fernseh-Thriller, der soziales Verhalten und soziale Verantwortung durchleuchten will und von überzeugenden Darstellern getragen wird. ✦ Schweden/Dänemark/Finnland 1999 **P** SVT Drama/Danmarks Radio/Finnish Broadcasting Company/Nordiska TV **R** Daniel Alfredson **B** Jonas Frykberg, nach einem Roman von Kerstin Ekman **K** Olof Johnson **S** Louise Brattberg **D** Anders Ekborg (Mans Westling), Tova Magnusson-Norling (Eva Westling), Jakob Hazell (Göran), Micke Enerdal (Hasse), Keve Hjelm (Gustaf Akerman) **L** 98 **E** 20.9.2001 arte

VERHÄNGNISVOLLE LEIDENSCHAFT (1980) (RAPE AND MARRIAGE: THE RIDEOUT CASE). 1978 wird vor einem Gericht in Oregon ein Fall von Vergewaltigung in der Ehe verhandelt, nachdem eine Ehefrau ihren Mann auf Anraten einer Beratungsstelle eher unwillig wegen sexueller Nötigung angezeigt hat. Der Angeklagte wird freigesprochen. Ein Film über ein ebenso wichtiges wie heikles Thema, das in der öffentlichen Diskussion weitgehend tabuisiert ist; inszeniert als halbdokumentarisches Fernseh-Drama nach einem authentischen Fall. (Alternativtitel: »Gewalt und Liebe«) ✦ USA 1980 **P** CBS/Stonehenge/Blue Greene/Lorimar **VA** VCL/Virgin **Pd** Blue Andre, Vanessa Greene **R** Peter Levin **B** Hesper Anderson **K** Robert Caramico **M** Gil Melle **S** Howard Terrill **D** Mickey Rourke (John Rideout), Linda Hamilton (Greta Rideout), Rip Torn (Charles Burt), Eugene Roche (Gary Gortmaker), Conchata Ferrell (Helen) **L** 92 **FSK** ab 16 **E** 24.5.1988 Video

VERHÄNGNISVOLLE LEIDENSCHAFT (1990) →Vernichtende Leidenschaft

VERHÄNGNISVOLLE LEIDENSCHAFT (1991) (VICTIM OF LOVE). Eine erfolgreiche Psychologin muß feststellen, daß ihr neuer Liebhaber, ein gutaussehender Witwer, für das seelische Leid einer selbstmordgefährdeten jungen Patientin verantwortlich ist. Bald darauf gerät ihr eigenes Leben in Gefahr. Thriller. ✦ USA 1991 **P** Nevermore **Pd** Leslie Waldman, Bernie Goldman, Gary W. Goldstein **R** Jerry London **B** James J. Desmarais, Alison Rosenfeld Desmarais, Timothy Kring **K** Billy Dickson **M** Richard Stone **S** Michael Brown **D** JoBeth Williams (Tess Parker),

Virginia Madsen (Carla), Pierce Brosnan (Paul Tomlinson) **L** 88 **E** 3.2.1994 RTL

VERHÄNGNISVOLLE LEIDENSCHAFT (1993) →Verabredung mit einem Killer

VERHÄNGNISVOLLE LEIDENSCHAFT (1999) (SIN IN THE CITY / SCANDAL – PART VII). Eine erfolgreicher Immobilienmakler stolpert durch eine Reihe von Skandalen: Einen Prozess wegen sexueller Nötigung kann er zwar für sich entscheiden, doch als nach einer Affäre mit einer Polizistin Nacktfotos der Beiden auftauchen und sich der Mann auch noch in ein Callgirl verliebt, drohen ihm die Probleme über den Kopf zu wachsen. Sexfilm mit bemüht konstruierter Handlung. ✦ USA 1999 **Pd** Peter Diamond, Terrence Haslam **R** Mindy De Baise **B** Sebastien Chartier, Mindy De Baise **M** Efrem Bergman, David Criden **S** Monica San Vicente **D** Jarod Carey (Tim Lercy), Michelle Hall (Valerie Morgan), Amber Newman (Sandy), Hal Hutton (Erick Muller), Jay Steward (Jay) **L** 84 **E** 19.12.2001 ProSieben

VERHÄNGNISVOLLE LIEBE (1987) (STRANGE INTERLUDE). Eine junge Frau verfällt in schwere Depressionen, als ihr Verlobter und bald darauf auch ihr Vater stirbt. Auch die Ehe mit einem guten Freund bringt ihr kein Glück: nach einer Abtreibung beginnt sie ein Verhältnis mit ihrem Arzt. Fernsehdrama in Anlehnung an ein Bühnenstück O'Neills, das bereits 1932 erfolgreich mit Norma Shearer und Clark Gable verfilmt wurde. – Ab 16. ✦ USA 1987 **R** Herbert Wise **B** Robert Enders, nach einem Theaterstück von Eugene O'Neill **D** Glenda Jackson, David Dukes, Ken Howard, Rosemary Harris, José Ferrer **L** 65 **E** 6.5.1991 Tele 5

VERHÄNGNISVOLLE LIEBE (1992) (FATAL LOVE / SOMETHING TO LIVE FOR: THE ALISON GERTZ STORY). Nach Tatsachen gestaltetes Drama um eine 22jährige Frau, die an AIDS erkrankt. Mit Unterstützung ihrer Familie bekämpft sie nicht nur die Auswirkungen der Immunschwäche, sondern auch die Ignoranz, mit der ihre Umwelt ihr begegnet. – Ab 16. ✦ USA 1992 **P** Grossbart/Barnett Prod. **R** Tom McLoughlin **B** Deborah Joy LeVine **D** Molly Ringwald (Ali), Lee Grant (Carol), Martin Landau (Jerry), Perry King (Mark), Peter Gregory (Michael) **L** 88 **E** 14.5. 1995 SAT 1

VERHÄNGNISVOLLE MUTTERLIEBE →Im Schatten des Schreckens

EINE VERHÄNGNISVOLLE NACHT (FUNERARIA FUNERA-RIO / FUNERARTA). Kriminalfilm. Ein angesehener Anwalt in Rio de Janeiro tötet seine Ehefrau und deren Geliebten. Zwar kann er die Polizei durch ein perfekt ausgetüfteltes Alibi täuschen, doch da melden sich Gangster, um ihn zu erpressen. Als sie seinen 14jährigen Sohn entführen, gerät er in eine ausweglose Situation. ✦ Brasilien/Frankreich 1987 **P** Hamster **VA** Scala **Pd** Patrick Moine, Flavio R. Tambellini **R** Murilo Salles **D** Paulo Jose (Jorge), José de Abreu (Fontana), Marieta Severo (Sonia), José Lewgoy (Amado), Paolo Goulart (Velozo), Ursula do Canto (Vera Lucia) **L** 75 **FSK** ab 16 **E** 21.6. 1989 RTL plus/Januar 1990 Video

VERHÄNGNISVOLLE RACHE (OBSESSION DE VENGANZA). Bei einem Busüberfall wird die Frau eines Rechtsanwalts vergewaltigt und mit seinem Sohn erschossen. Er versucht im Alleingang, den Täter zur Strecke zu bringen, wobei er drei Menschen tötet. Eine als schwach und korrupt gezeichnete Justiz dient zur Rechtfertigung seiner Handlungsweise. Ein um Differenzierung bemühter Selbstjustizfilm, der das Rechtsverständnis Jugendlicher unter Umständen jedoch belastet. ✦ Argentinien 1986 **P** Guillermo A. Glaria Producciones **VA** Ufa **R+B** Emilio Vieyra **K** Rinaldo Picca **D** Arturo Bonin, Alicia Zanca, Elvia Andreoli, Tony Vilas **L** 78 **FSK** ab 16 **E** März 1989 Video **fd** 27 460

VERHÄNGNISVOLLE REISE →Sherlock Holmes gefährlichster Auftrag

VERHÄNGNISVOLLE SPUREN (1953) (INFERNO). Bei einem Wüstenausflug verunglückt ein Millionär. Er wird mit gebrochenem Bein von seiner Frau und deren Liebhaber in Mordabsicht liegengelassen, schlägt sich aber durch und entgeht dem Verdursten. Spannend inszenierter Abenteuerfilm mit soliden Darstellern, dessen konsequent entwickelte psychologische Motivierung erst gegen Ende allzu sehr ins Reißerische abgleitet. (Der Film wurde im 3-D-Verfahren gedreht, doch die plastischen Effekte waren eher aufgesetzt und dienten nicht als dramaturgisch begründete Akzente.) – Ab 16. ✦ USA 1953 **P** 20th Century Fox **Kl** Centfox **Pd** William Bloom **R** Roy Ward Baker **B** Francis Cockrell **K** Lucien Ballard **M** Paul Sawtell **S** Robert Simpson **D** Robert Ryan (Carson), Rhonda Fleming (Geraldine Carson), William Lundigan (Joseph Duncan), Larry Keating (Emory), Henry Hull (Sam Elby), Carl Betz (Mika Platt) **L** 89 **FSK** ab 16; nf **E** 21.12.1954 **fd** 3 750

VERHÄNGNISVOLLE SPUREN (1954) (NA KONCI MESTA). Bei Aufbauarbeiten wird in den Kellerräumen eines zerstörten Hauses eine Uhr gefunden, die dem vor zwanzig Jahren spurlos verschwundenen Hausbesitzer gehörte. In mühevoller Kleinarbeit deckt die Kriminalpolizei die Umstände auf, unter denen die Leiche des Hauseigentümers damals im Keller verscharrt wurde. Spannungslose Unterhaltung mit stark gesellschaftskritischer Tendenz. – Ab 14. ✦ Schwarz-weiß. CSR 1954 **P** Spielfilmstudio Prag **Kl** Progress **R** Miroslav Cikán **B** Eduard Fiker **K** Julius Vegricht **M** Jirí Fiala **D** Rudolf Hrusínsky, Oldrich Lukes, Vlasta Vlasáková, Bohus Záhorsky, Vítezslav Vejrazka **L** 80 **E** 19.12.1958 Kino DDR/ 17.6.1961 DFF 1

EINE VERHÄNGNISVOLLE VERBINDUNG (BODY CHEMISTRY). Die Affäre zwischen zwei Psychologen, beide Experten für Sexualforschung, nimmt bedrohliche Züge an, als die Frau sich mehr und mehr ins Lebens ihres verheirateten Geliebten drängen will. Je heftiger sie ihre Forderungen stellt, um so mehr zieht sich der Mann zurück. Am Ende entladen sich die angestauten Leidenschaften in Gewaltakten. Ein effektvoll inszenierter Erotik-Thriller, den gute Darsteller und eine ausgeklügelte Kameraarbeit vor dem Abdriften in die Untiefen des Genres bewahren. ✦ USA 1989 **P** Pacific **VA** RCA/Columbia **Pd** Alida Camp **R** Kristine Peterson **B** Jackson Barr **K** Phedon Papamichael **M** Terry Plumeri **S** Nina M. Gilberti **D** Marc Singer (Dr. Tom Redding), Lisa Pescia (Dr. Claire Archer), Mary Crosby (Marlee), David Kagen (Freddie), H. Bradley Barneson (Jason) **L** 80 **FSK** ab 18 **E** 5.3.1991 Video

EINE VERHÄNGNISVOLLE VERBINDUNG 2 (BODY CHEMISTRY 2 – VOICE OF A STRANGER). Ein Ex-Polizist, der ein gestörtes Verhältnis zu Frauen hat und ihnen gegenüber seine Sexualität aggressiv auslebt, leidet zugleich darunter und unter seinen Gewaltfantasien. Er wendet sich an eine Rundfunk-Psychologin, muß jedoch feststellen, daß sie an den gleichen Obsessionen leidet. Blutiger Psychothriller, der genußvoll ein perfides Spiel mit sadomasochistischen Elementen zelebriert, das sich in einer Welt der Hoffnungslosigkeit verliert. – Wir raten ab. ✦ USA 1991 **P** Concorde-New Horizons **VA** Columbia TriStar **Pd** Alida Camp **R** Adam Simon **B** Jackson Barr, Christopher Wooden **K** Richard Michalak **M** Nigel Holton **S** Richard Gentner **D** Gregory Harrison (Dan), Lisa Pescia (Claire), Morton Downey jr. (Big Chuck), Robin Riker (Brenda), Clint Howard (Larabee) **L** 80 **FSK** ab 18 **E** 15.12.1992 Video **fd** 29 995

VERHÄNGNISVOLLE WETTE (GENTLEMAN'S BET). Thriller um ein erotisches Katz-und-Maus-Spiel. Eine Wette unter Freunden mit fatalen Folgen: Ein Mann setzt auf die Treue seiner Frau und hat das Nachsehen. Als er den Spieß herumdrehen will, hat er weniger Erfolg. Wenig später wird die standhafte Frau ermordet aufgefunden. Hintergrund ist ein abgekartetes Spiel zwischen der untreuen Ehefrau und ihrem Verführer. (Titel auch: »Eine heiße Wette«) ✦ USA 1995 **P** Playboy **Pd** Hans C. Ritter **R** Carlo Gustaff **B** Eric Mandelbaum **K** Geza Sinkovics **M** Patrick Scott **S** Carol Oblath **D** Neith Hunter (Lauren Barnard), Michael Phenicie (Paul Barnard), Betsy Monroe (Jodie), Jack Turturici (Chris Lowry) **L** 97 **E** 13.12.1996 premiere

EIN VERHÄNGNISVOLLER FEHLER (ROKOWAJA OSCHIBKA). Vergeblich versucht eine junge Herumtreiberin, sich in das von Trauer umflorte Verhältnis zwischen einem aus Afghanistan heimgekehrten Soldaten und einer Krankenschwester zu drängen. Ihre Orientierungslosigkeit ändert sich auch nicht, als die Mutter, die sie wegen eines Mannes verließ, zurückkehrt und voller Reue ein neues, gemeinsames Leben beginnen will. Ein Film, der die Hoffnungslosigkeit einer ganzen Generation spiegelt, die, heimatlos, ihr Heil in steter Flucht sucht. Zugleich eine bedrückende Studie über die Gier nach Macht, die die Beziehungen unter den Menschen beeinflußt. Sie verweist auf die Strukturen einer menschenunfreundlichen Gesellschaft, die noch immer von den Nachwehen des Stalinismus' konditioniert wird. ✦ UdSSR 1988 **R** Nikita Schubow **B** Michail Roschtschin, Nikita Schubow **D** Larissa Pawlowa, Natalija Androssik, Olga Agejewa, Ljubow Rudenko, Boris Schewtschenko **L** (TV) 90 **E** 13.12.1989 S 3

EIN VERHÄNGNISVOLLER SEITENSPRUNG →Küsse und Lügen

VERHÄNGNISVOLLES ERBE (FATAL INVERSION). Thriller. In der Nähe eines alten englischen Herrenhauses werden die Skelette einer Frau und eines Babys gefunden. Die Ermittlungen führen zurück ins Jahr 1979, als eine Gruppe Jugendlicher dort einen Sommer verlebte, der von Liebesabenteuern sowie von Alkohol und Drogen beherrscht wurde. ✦ Großbritannien 1990 **R** Tim Fywell **B** Barbara Vine, Sandy Welch, nach dem Roman »A Fatal Inversion« von Ruth Rendell (alias Barbara Vine) **D** Douglas Hodge (Adam), Jeremy Northam (Rufus), Saira Todd (Zosie), Julia Ford (Vivien), Gordon Warnecke (Shiva) **E** 25.10.1998 RTL 2

VERHÄNGNISVOLLES SPIEL (CONTRACT FOR MURDER). Zweiteiliger (Fernseh-)Kriminalfilm. Als eine junge Lehrerin Opfer eines heimtückischen Mordanschlags wird, gerät auch ihr verheirateter Geliebter in Tatverdacht. Zur Überraschung des ermittelnden Detektivs hält die Frau des Verdächtigen zu ihm, obwohl sie von seinen vielen Seitensprüngen weiß. Bei seinen Ermittlungen gerät der Polizeibeamte immer mehr in ein verwirrendes Beziehungsgeflecht mit mehreren Unbekannten. – Ab 16. ✦ USA 1992 **VA** E.A.T. **R** Marvin J. Chomsky **B** Jennifer Miller **K** Isidore Mankofsky **M** Mark Snow **D** Cybill Shepherd (Faith Felsey), Ken Olin (Jay Jensen), Christopher McDonald (Terry Kelsey), G.D. Spradlin (Walter Jefferson), Dylan Walsh (Jesse Graham) **L** 87/88 **FSK** ab 12 **E** 26.,28.10.1994 ARD (zwei Teile)/1995 Video

VERHASSTES BLUT (BLOOD CLAN). Gruselthriller nach einem historischen Fall. 1895 wird eine schottische Familie hingerichtet, deren mörderischem, kannibalistischem Kult mehr als 1000 Menschen zum Opfer gefallen waren. Das einzige überlebende Familienmitglied, die vierjährige Katy, wird von einer kanadischen Familie adoptiert. Als 13 Jahre später ihre neue kanadische Heimatstadt von einer Mordserie heimgesucht wird, gerät die junge Frau sofort unter Verdacht. – Ab 16. ✦ Kanada 1991 **R** Charles Wilkinson **B** Glynis Whiting **D** Michele Little (Katy Bane), Robert Wisden (Stuart Ross), Gordon Pinsent (William McKay), Anne Mansfield (Margaret McKay), Jacqueline Dandeneau (Mary McKay) **L** 85 **E** 31.10.1995 RTL 2

DAS VERHEIMLICHTE KIND (L' ENFANT SECRET). Während einer Abendgesellschaft lernen sich ein junger Mann und eine Theaterschauspielerin kennen und lieben. Es entwickelt sich eine tiefe, ernsthafte Beziehung, in der auch der kleine Sohn der Frau eine entscheidende Rolle spielt. Nach zahlreichen Enttäuschungen und Schicksalsschlägen, vorübergehender Trennung und neuem Zusammenfinden enden die Ereignisse mit der begründeten Hoffnung auf den Bestand der Liebe. Ein skizzenhaft entworfenes, sprödes und formalisiertes Spiel voller Intellektualismus, dessen Bilder von angeblicher Zärtlichkeit eingefroren und versponnen erscheinen. In seiner Thematik – Erziehung der Gefühle, Schwierigkeit des Erwachsenwerdens, Verzweiflung durch Einsamkeit und Gemeinsamkeit – dennoch interessant. ✦ Frankreich 1982 **P** Philippe Garrel G.I.E. **KI** Freunde der Deutschen Kinemathek **Pd+R+B** Philippe Garrel **K** Pascal Laperrousaz **M** Faton Cahen **S** Philippe Garrel **D** Anne Wiazemsky (Elie), Henri de Maublanc (Jean-Baptiste), Xuan Lindenmayer, Ellie Maderos, Edwige Gruss, Cécile Le Bailly **L** 95 **E** 1983 Kino

VERHEIRATET MIT EINEM MÄDCHENMÖRDER (FATAL VOWS: THE ALEXANDRA O'HARA STORY / TO SLEEP WITH DANGER). Nach anfänglichem Zögern willigt eine junge alleinerziehende Mutter in die Heirat mit einem Mann ein, der scheinbar einen idealen Familienvater abgibt. Er entpuppt sich jedoch schon bald als Despot, und als er in Zusammenhang mit einer Mordserie an jungen Frauen gebracht wird, versucht die Mutter, ihr Kind und sich in Sicherheit zu bringen. Nun zeigt der Mann sein wahres Gesicht und versucht, den Willen der Frau mit allen Mitteln zu brechen. Psychothriller nach einer wahren Begebenheit, der die Thematik der erfolgreichen »Stepfather«-Serie variiert. (TV-Titel: »Der Kuß des Skorpions«) ✦ USA 1994 **R** John Power **B** Danielle Hill **D** Cynthia Gibb (Alexandra O'Hara), John Stamos (Nick Pagan), Ben Gazzara (Papa), David Faustino (Joe), Sean McCann (Shapiro) **L** 87 **E** 28.6.1997 RTL

VERHEIRATET MIT EINEM STAR (JATSZANI KELL / LILY IN LOVE). Ein Mann kann sich eine Rolle in dem neuen Film seiner Frau, einer Drehbuchautorin, nur dadurch erschleichen, daß er sich in einen italienischen jugendlichen Liebhaber verwandelt. Ein Spiel mit Verwechslungen und Täuschungen, das mit einer Versöhnung des Ehepaares endet. Gut gespielte Boulevard-Komödie, witzig und unterhaltsam. (Videotitel: »Lily in Love«) – Ab 16. ✦ Ungarn/USA 1984 **P** Mafilm, Dialóg-Stúdió/Robert Halmi Inc. **KI** Progress **VA** Embassy **R** Károly Makk **B** Frank Cucci **K** John Lindley, Tamás Andor **M** Szabolcs Fényes **D** Christopher Plummer (Fitzroy Wynn/Terranova), Maggie Smith (Lily Wynn), Elke Sommer (Alicia Braun), Adolph Green (Jerry Silber), Sándor Szabó (Theodor) **L** 105 **E** 4.10.1985 Kino DDR/1985 Video/1.1.1987 DFF 1 **fd** 25 230

VERHEIRATET MIT EINEM TOTEN (J'AI EPOUSE UNE OMBRE). Einer jungen Frau wird nach einem Zugunglück die Identität einer anderen förmlich aufgezwungen. Nach anfänglichem Zögern freundet sie sich mit der neuen Rolle an und zieht zu ihren vermeintlichen Schwiegereltern. Die todkranke Schwiegermutter klammert sich trotz aufkeimender Zweifel an ihre letzte Lebenslüge. Die Lage spitzt sich erst zu, als der richtige Ehemann plötzlich wieder auftaucht. Psychothriller mit interessanter Ausgangslage, dessen anfängliche Intensität und Spannung zunehmend einem Kammerspiel weicht, das nicht mehr völlig überzeugen kann. Dennoch eine reizvolle »moderne« Adaption des raffinierten »Schwarze Serie«-Thrillers von Cornell Woolrich. – Ab 16 möglich. ✦ Frankreich 1982 **P** Sara Films/T.F.1 **R** Robin Davis **B** Patrick Laurent, Robin Davis, nach einem Roman von William Irish (= Cornell Woolrich) **K** Bernard Zitzermann **M** Philippe Sarde **S** Marie Castro Vasquez **D** Nathalie Baye (Hélène/Patricia), Francis Huster (Pierre), Richard Bohringer (Frank), Madeleine Robinson (Léna), Guy Tréjan (M. Meynard), Victoria Abril (Fifo), Véronique Genest (Patricia) **L** 110 **E** 6.4.1991 DFF

VERHEIRATET MIT EINER BESTIE: VOM GLÜCK VERRATEN →Vom Glück verraten

VERHEIRATET MIT ZWEI FRAUEN (DOUBLE STANDARD). Melodram um einen erfolgreichen Anwalt, der sich in seine Sekretärin verliebt. Als diese schwanger wird, geht er mit ihr eine Scheinehe ein – bis ein Unlück geschieht. ✦ USA 1987 **R** Louis Rudolph **D** Robert Foxworth (Leonard Harik), Michele Greene (Virginia Brimer), Pamela Bellwood (Joan Harik), Christianne Hirt (Sharon), James Kee (David) **L** 96 **E** 10.5.1997 ZDF

VERHEIRATET NACH FRANKREICH (JAROSLAWNA, KOROLJEWA FRANZII). Anna, die jüngste Tochter des Rus-Fürsten Jaroslaw des Weisen von Kiew, eines der mächtigsten Herrscher Europas, soll 1048 mit einem ihr unbekannten französischen König vermählt werden. Auf der langen Reise ins Frankenland wird die junge Frau mit Gefahren und Konflikten konfrontiert, vor allem dadurch, daß ihr langjähriger Lehrer, ein Mönch, ihr seine Liebe gesteht und sie sich zwischen Staatsräson und Liebe entscheiden muß. Aufwendig ausgestatteter, aber langatmiger historischer Spielfilm, inhaltlich dürftig, in der psychologischen Profilierung der Figuren oberflächlich. (Fernsehtitel DDR: »Jaroslawna, Königin von Frankreich«) – Ab 16. ✦ Scope. UdSSR 1977 **P** Lenfilm **KI** Progress (70mm) **R** Igor Maslennikow **B** Wladimir Waluzki **K** Valeri Fedossow **M** Wladimir Dashkewitsch **D** Kirill Lawrow (Jaroslaw), Jelena Korenewa (Anna), Viktor Jewgrafow (Daniil), Hanka Mikucz (Janka), Nikolai Karatschenzow (Slat) **L** 99 **E** 4.4.1980 Kino DDR/19.10.1980 DFF 2/10.1.1988 RTL plus

EINE VERHEIRATETE FRAU (UNE FEMME MARIEE). 24 Stunden aus dem Leben einer verheirateten Frau: Sie trifft sich mit ihrem Liebhaber, holt ihren Mann vom Flugplatz ab, verbringt den Abend mit ihm, erfährt vom Arzt, daß sie wieder schwanger ist, und bringt den Liebhaber nach Orly. In diesen »Fragmenten eines 1964 gedrehten Films« (Godard) geht es darum, die Welt im Sinn der Semiotik als Sprache bewußt zu machen, als ein Zeichensystem, das es zu entschlüsseln gilt. Bilder, Wörter, Musik und Geräusche werden scheinbar willkürlich kombiniert, verweisen aber auf die im Alltag kaum bewußt wahrnehmbaren Manipulationen, die menschliches Verhalten steuern. Interessant, daß Godard schon hier Beethovens Streichquartette einsetzt, denen er später einen ganzen Film widmet: »Vorname Carmen«. ✦ Scope, schwarz-weiß. Frankreich 1964 **P** Anouchka/Orsay **KI** Columbia-Bavaria **R+B** Jean-Luc Godard **K** Raoul Coutard **M** Ludwig van Beethoven **D** Macha Méril (Charlotte), Bernard Noel (ihr Liebhaber), Philippe Leroy (ihr Mann), Roger Leenhardt, Rita Maiden **L** 95 **FSK** ab 18; nf **FBW** w **E** 17.9.1965/25.11.1974 ARD **fd** 13 622

DER VERHEIRATETE JUNGGESELLE (SHENATY CHOLOSTJAK). Liebesgeschichte zwischen einem Busfahrer und einer Studentin, die familiäre Probleme hat. Flotte musikalische Komödie mit satirischen Anklängen. – Ab 14. ✦ UdSSR 1982 **P** Gorki-Studio **KI** Progress **R** Wladimir Rogowoi **B** Anatoli Schaikewitsch **K** Alexander Mass **M** Alexander Shurbin **D** Larissa Udowitschenko (Tamara), Juri Grigorjew (Sergej), Baadur Zuladse (Guram), Irina Mursajewa (Anna Christoforowna), Michail Pugowkin (Bulawin) **L** 88 **E** 14.7.1983 DFF 2/23.3.1984 Kino DDR

VERHEIRATETE MÄNNER ... NEIN DANKE! →The World is Full of Married Men

EIN VERHEIRATETES PAAR (A MARRIED COUPLE / COUPLE MARRIE). Der Versuch, eine Durchschnittsehe in einer Langzeitbeobachtung möglichst authentisch vorzuführen – am Beispiel eines 42jährigen Angestellten, seiner 30jährigen Frau und des dreijährigen Sohnes, die das zweite Kind erwarten. ✦ Kanada 1968 **P** Acquarius **Pd+R+B** Allan Winston King **K** Richard Leiterman **M** Zaiman Yanovsky **D** Antoinette Edwards, Bogart Edwards **L** 93 **E** 18.10.1971 ARD

DAS VERHEISSENE PARADIES (NEBESSA OBETOWANNIJE). Poetisch-melancholische Satire, die eine Bestandsaufnahme der sowjetischen »Perestroika«-Ära versucht, wobei Wortwitz und brillante Darsteller dominieren. Moskau 1991: Auf einer Müllkippe am Stadtrand der russischen Hauptstadt sind 43 Menschen ohne jegliche Zukunftsperspektive gestrandet. Nur einer versucht, ihnen Mut zu machen; ein Mann, der von allen »der Präsident« genannt wird, erzählt ihnen von seiner Begegnung mit Außerirdischen, die, wenn blauer Schnee fällt, wiederkommen werden, um die Seelen der Verlorenen mit auf ihren Planeten zu nehmen. ✦ UdSSR 1991 **Pd** Michael S. Murphy, Joel Soisson **R+B** Eldar Rjasanow **D** Lija Achedshakowa (Fima), Olga Wolkowa (Katja), Valentin Gaft (Präsident), Leonid Bronewoi (Banzai), Oleg Basilaschwili (Fedja), Swetlana Nemoljajewa (Agla-ja) **L** 120 **E** 6.11.1994 ZDF

VERHEXT (JINXED). Ein Berufsspieler setzt einen Croupier psychologisch derart unter Druck, daß dieser am Spieltisch ständig gegen ihn verliert. Der Croupier wehrt sich und behält die Oberhand, doch die Frau des Spielers schlüpft schließlich in die Rolle ihres Mannes, um den Croupier weiterhin auszubeuten. Krimiunterhaltung im Spielermilieu; trotz Längen und Brüchen als krasse Karikatur einer ausbeuterischen, rein profitorientierten Gesellschaft reizvoll. – Ab 16. ✦ USA 1982 **P** United Artists **VA** Warner Home **Pd** Herb Jaffe **R** Don Siegel **B** Bert Blessing, David Newman **K** Vilmos Zsigmond **M** Bruce Roberts, Miles Goodman **S** Douglas Stewart **D** Bette Midler (Bonita Friml), Ken Wahl (Willie Brodax), Rip Torn (Harold Benson), Jack Elam (Otto), Val Avery (Milt Hawkins), Benson Fong (Mr. Wing) **L** 98 **FSK** ab 16 **E** 13.2.1987 Video/8.7.1988 ARD **fd** 26 106

VERHEXT NOCHMAL! (LOVE AT STAKE / BURNIN' LOVE). Weil wegen des Auswanderungsstroms das Land um Salem knapp und teuer wird, erfinden einige puritanische Führer ein lukratives Immobiliengeschäft. Sie lassen unschuldige Frauen als Hexen verurteilen, konfiszieren den Grundbesitz ihrer Familien und verkaufen ihn zu Höchstpreisen an Neuankömmlinge. Was eine markige Satire auf puritanische Sittenstrenge, Scheinheiligkeit, Profitgier und den »amerikanischen Traum« hätte werden können, entpuppt sich als derbe und peinliche Klamotte, deren Humor konsequent unter der Gürtellinie angesiedelt ist. ✦ USA 1988 **P** Hemdale **VA** RCA/Columbia **Pd** Michael Gruskoff **R** John Moffitt **B** Terry Sweeney, Lanier Laney **K** Mark Irwin **M** Charles Fox, Tom Rizzo **S** Danford B. Greene **D** Patrick Cassidy (Miles), Bud Cort (Babcock), David Graf (Nathaniel), Stuart Pankin (Richter Samuel John), Barbara Carrera (Faith) **L** 83 **FSK** ab 16 **E** 2.10.1990 Video **fd** 28 478

EINE VERHEXTE AFFÄRE (BLACK MAGIC). Ein junger Mann bekommt in seinen schlaflosen Nächten Besuch vom Geist seines ungeliebten, einige Wochen zuvor verstorbenen Cousins und verliebt sich in dessen attraktive Geliebte. Der Geist warnt ihn vor ihren Hexenkünsten, doch obwohl sich die Zeichen Schwarzer Magie häufen, sieht er sich in seiner Liebe bestätigt. Erst spät klärt sich das Rätsel um den Tod des Cousins, wobei ein dritter Geist eine Rolle spielt. Überraschungslose schwarze Komödie, die fleißig Handlungsfäden auslegt, ohne sie weiterzuspinnen. Amüsant sind allenfalls einige Randnotizen aus der amerikanischen Provinz. – Ab 16. ✦ USA 1991 **P** MTE (für Universal City Studios) **VA** CIC **Pd** Harvey Frand **R+B** Daniel Taplitz **K** Peter Fernberger **M** Cliff Martinez **S** David Byron Lloyd **D** Rachel Ward (Lilian), Judge Reinhold (Alex), Brion James, Wendy Makkena, Richard Whitting **L** 93 **FSK** ab 16 **E** 4.11.1992 Video **fd** 29 957

DAS VERHEXTE FISCHERDORF. Der arbeitsbesessene Werbeleiter eines volkseigenen Betriebes hat kein Verständnis für Erholung und Urlaubsfreuden. Als er jedoch seinen an die Ostsee verreisten Kollegen nachfährt, um auch dort mit ihnen zu arbeiten, wird er nach heiteren Verwicklungen bekehrt. Anspruchslose, aber frisch inszenierte musikalische Komödie aus dem Arbeitsleben der DDR. – Ab 10. ✦ Schwarz-weiß. DDR 1962 **P** DEFA, Gruppe »konkret«

Kl Progress **Pd** Anni von Zieten **R** Siegfried Hartmann **B** Hans Peter, Siegfried Hartmann, Bernd Braun, nach der gleichnamigen Filmerzählung von Hans Peter **K** Hans Heinrich **M** Karl Schinsky **S** Hildegard Conrad **D** Horst Drinda (Mauritius »Mauts« Halbermann), Lutz Jahoda (Teddy), Brigitte Krause (Lore Fiedler), Gerd E. Schäfer (Patzig), Gustav Müller (Direktor Brödel), Mathilde Danegger (Mutter Fiedler) **L** 77 **E** 27.7.1962 Kino DDR/28.6.1963 DFF 1/13.6.1994 MDR

DAS VERHEXTE HAUS (LA CASA STREGATA). Für ein junges Paar kommt es erst nach der Hochzeit zur erhofften Liebesnacht, da es nur auf diese Weise Liebesleute, die vor 1000 Jahren lebten und mit denen es ohne seinen Willen verbunden ist, erlösen kann. Turbulente Komödie mit vielen – nicht immer geschmackvollen – Einfällen. Vordergründig und anzüglich. – Ab 16. ✦ Italien 1982 **P** Mario und Vittorio Cecchi Gori **Kl** Progress **R** Bruno Corbucci **B** Mario Amendola, Bruno Corbucci, Enrico Oldoini **K** Ennio Guarnieri **M** Detto Mariano **D** Renato Pozzetto, Gloria Guida, Lia Zoppelli, Angelo Pellegrino, Vittorio Ripamonti **L** 96 **E** 8.2.1985 Kino DDR/22.2. 1986 DFF 1

VERHEXTE LUDER (HIDDEN BEAUTIES). Drei Frauen, denen ein englischer Lord 1898 gleichzeitig die Heirat versprach, und die daraufhin von dessen eifersüchtiger Haushälterin mittels Magie in einen Tiefschlaf versetzt wurden, erwachen 100 Jahre später, als ein amerikanisches Geschwisterpaar seine Erbschaft, den Besitz des Lords, antreten will. Nach dem Erwachen ist die Grundlage für sexuelle Wechselspiele gegeben. Erotikfilm in teilweise opulenter Ausstattung. ✦ USA 1998 **P** Surrender **Pd** Don Pascual **R** Sam Silver **B** Earl Kenton **K** Gary Graver **M** Wayne Scott Joness **D** Michelle Hall (Judy), Kirk Enochs (Eddie), Carol Catalina Larranaga (Francine), Jon-Damon Charles (Chip), Nikki Fritz (Natasha) **L** 78 **E** 13.6.2001 ProSieben

DAS VERHÖR (1976/77). Im Februar 1945 erhält ein Leutnant unweit von Stolp in Pommern den Auftrag, das Gebiet unmittelbar hinter den vorstoßenden russischen Truppen nach deutschen Soldaten oder verdächtigen Personen zu durchkämmen. Verstreute Gepäckstücke, ein totes Pferd und eine Kutsche erregen die Aufmerksamkeit des Spähtrupps. Schließlich wird ein flüchtender Mann gestellt, der zwei wertvolle Koffer mit sich führt. Eine lange Nacht des Verhörs beginnt, um das Geheimnis des Deutschen zu ergründen. Fernsehfilm, der wieder einmal die Wurzeln der Freundschaft zwischen Russen und Deutschen nach dem Zweiten Weltkrieg beschwört und dabei problematische Aspekte weitgehend ausklammert. ✦ Schwarz-weiß. DDR 1976/77 **P** DEFA **Pd** Uwe Klimek, Manfred Renger **R** Joachim Kunert **B** Joachim Kunert, nach der Erzählung »Der erste Frühling« von Karl Georg Egel und Oscar Kurganow **K** Hans-Jürgen Sasse **M** Wolfgang Thiel **S** Brigitte Krex **D** Jürgen Reuter (Heinze), Oleg Jefremow (Komarow), Gabriele Heinz (Gabriele), Horst Schulze (von Kessel), Wsewolod Safonow (Oberst) **L** 71 **E** 21.8.1977 DFF 1

DAS VERHÖR (1981) (GARDE A VUE). Ein angesehener Notar wird im Laufe einer polizeilichen Vernehmung vom ursprünglichen Zeugen immer mehr zum Tatverdächtigen, dem die Vergewaltigung und Ermordung zweier achtjähriger Mädchen vorgeworfen wird. Ein zufälliger Fund führt zu einer unerwarteten Wendung. Spannendes Kammerspiel um Identität und Differenz von juristischer und moralischer Schuld, das seinen Rang vor allem aus dem glänzenden darstellerischen Vermögen der Protagonisten gewinnt. (Neuverfilmung: »Under Suspicion – Mörderisches Spiel«) DVD: Nur »als Bonus« der »Special Limited Edition« des Films »Under Suspicion – Mörderisches Spiel« erhältlich. – Ab 16 möglich. ✦ Frankreich 1981 **P** Les Films Ariane/TF 1 **Kl** Concorde **VA** atlas **DVD** Splendid/Ascot (1.66:1, Mono dt.) **Pd** Georges Dancigers, Alexandre Mnouchkine **R** Claude Miller **B** Claude Miller, Jean Herman, Michel Audiard, nach einem Roman von John Wainright **K** Bruno Nuytten **M** Georges Delerue **S** Albert Jurgenson **D** Lino Ventura (Inspektor Gallien), Michel Serrault (Martinaud), Romy Schneider (Chantal), Guy Marchand (Inspektor Belmont), Elsa Lunghini (Camille), Jean-Claude Penchenat (Hauptkommissar) **L** 88 **FSK** ab 12; f **E** 18.2.1982/2.9.1983 Kino DDR/ 25.12.1984 DFF 2/31.12.2001 DVD **fd** 23 303

VERHÖR EINER FRAU (PRZESLUCHANIE). Eine 30jährige Sängerin wird 1951 von der polnischen Sicherheitspolizei unter dem Verdacht antikommunistischer Agitation verhaftet und ist im Gefängnis monatelangen psychischen und physischen Torturen ausgeliefert. Eine harte Anklage gegen den Stalinismus und seine Terror-Methoden, dargestellt in erschütternden Bildern der Folterungen. Der Film, der zeigen will, wie Menschenwürde auch unter extremsten Bedingungen zu überleben vermag, wurde in Polen verboten und erst 1990 in Cannes aufgeführt. Obwohl gelegentlich bis ins Unerträgliche übersteigert, verliert er sich nie in selbstzweckhaften Exzessen. Vielmehr setzt er Gefühlsaufwallungen, kurzes Glücksempfinden und verschüttete Spuren von Humanität in Augenblicken von Gebrochenheit als Hoffnungszeichen. ✦ Polen 1982 **P** Filmgruppe »X«/Dokumentarfilmstudio Warschau **R** Ryszard Bugajski **B** Ryszard Bugajski, Janusz Dymek **K** Jacek Petrycki **M** Danuta Zankowska-Marucha, Jerzy Satanowski, Jacek Janszarski **S** Kataryna Maciejko **D** Krystyna Janda (Tonia), Janusz Gajos (Major Zawada), Adam Ferency (Lt. Morawski), Anna Romantowska (Mira), Agnieszka Holland (Witkowska) **L** (TV) 111 **E** 2.8.1990 ZDF

VERHÖR UM MITTERNACHT → Parkstraße 13

VERHÜLLTER REICHSTAG → Dem deutschen Volke

DIE VERIRRTEN (GLI SBANDATI). Eine Liebesgeschichte vor dem Hintergrund der Kriegsereignisse in Italien mit dem erfolglosen Versuch junger Menschen, in einer Zeit des Umbruchs zu sich selbst zu finden: Im Herbst 1943 scheitert ein unter dem Einfluß seiner rückständigen Mutter stehender junger Graf sowohl in seiner Liebe als auch in seiner sozialen Aufgabe. Ein formal nicht überzeugendes düsteres Zeitgemälde, das aber durch einige atmosphärische Dichte menschlich beeindruckt. ✦ Schwarz-weiß. Italien 1955 **P** Trionfalcine **R** Francesco Maselli **B** Aggeo Savioli, Prando Visconti (= Eriprando Visconti), Francesco Masselli **K** Gianni di Venanzo **D** Isa Miranda, Jean-Pierre Mocky, Lucia Bosé, Antonio de Teffe, Leonardo Botta **L** 75 **E** 20.9. 1969 ARD

DIE VERJÜNGUNGSKUR (DIE VERJÜNGUNGSKUR). Ein Bauer spielt seiner resoluten Frau einen Streich, indem er scheinbar verjüngt von einer in der Zeitung angepriesenen Behandlung aus der Stadt zurückkehrt, in Wirklichkeit aber den jungen Neffen seine Rolle übernehmen läßt. Verwechslungsschwank nach gängigen Mustern, aber für die Entstehungszeit mit einigen recht zotigen Dialogen. (Alternativtitel: »Nach Regen folgt Sonne«) – Ab 16. ✦ Schwarz-weiß. Österreich 1948 **P** Savoy **Kl** Herzog **Pd** Heinrich Haas **R+B** Harald Röbbeling **K** Walter Riml **M** Frank Fox **D** Josef Egger, Lotte Lang, Hermann Erhardt, Olga von Togni **L** 80 **FSK** ab 16; nf **E** 14.7.1950 **fd** 822

VERKAUFT BIS IN DEN TOD (RICHU). Als Sängerin und Kurtisane führt die junge Lulu ein luxuriöses Leben. Erst ein Jugendfreund und ein junges Mädchen führen der Frau ihre wirkliche Situation vor Augen. ✦ VR China 1986 **P** Filmstudio Shanghai **R** Yu Benzheng **B** Cao Yu, Wan Fang, nach dem Roman »Sonnenaufgang« von Cao Yu **K** Zhu Yongde **D** Fang Shu (Chen Bailu), Wang Shihuai (Fang Dasheng), Wang Futang (Pan Yueting), Yan Xiang (Li Shi), Wang Fuli (Cui Xi) **L** 115 **E** 4.3.1989 DFF 2

VERKAUFT UND GEDEMÜTIGT (FIGHTING FOR MY DAUGHTER). Eine 16jährige Schülerin, die Schwierigkeiten in der Schule und mit ihrer Mutter hat, lernt falsche Freunde kennen und gerät auf die schiefe Bahn. – Ab 16. ✦ USA 1994 **R** Peter Levin **B** Eric Blakeney **D** Lindsay Wagner (Kate Kerner), Renée Humphrey (Jesse), Piper Laurie (Edna), Deidre O'Connell (Peggy), Chad Lowe (Eric), Kirk Baltz (Russell) **L** 86 **E** 11.9.1995 Pro Sieben

VERKAUFT UND VERRATEN (THE SELLOUT). Ein Zeitungsredakteur in einer Provinzstadt erfährt am eigenen Leibe die Methoden eines korrupten Sheriffs und seiner Spießgesellen aus dem Nachbardistrikt. Als er schwere Rechtsverstöße entdeckt, soll dem Sheriff der Prozeß gemacht werden, doch der Redakteur macht als Kronzeuge einen Rückzieher. Erst bei der Verhandlung wird deutlich, wie es zu seiner Einschüchterung kam. Trocken gespieltes, weitgehend spannend inszeniertes Kriminalmelodram, das brutale Gangstermethoden als Bedrohung einer freiheitlichen Demokratie anprangert. – Ab 16. ✦ Schwarz-weiß. USA 1952 **P** MGM **R** Gerald Mayer **B** Charles Palmer **K** Paul C. Vogel **M** David Buttolph **D** Walter Pidgeon (Haven D. Allridge), John Hodiak (Chick Johnson), Audrey Totter (Cleo Bethel), Paula Raymond (Peggy Stauton), Karl Malden (Buck Maxwell) **L** 82 **E** 13.4.1987 NDR

DIE VERKAUFTE BRAUT (1932). In einer böhmischen Kleinstadt sollen die Tochter des Bürgermeisters und ein reicher, aber naiv-dümmlicher Bauernsohn miteinander verheiratet werden. Die Braut aber verliebt sich in einen durchreisenden Postkutscher, und der Bräutigam wirft ein Auge auf die Tochter eines Zirkusbesitzers. In leichter Akzentverschiebung adaptierte Version von Smetanas gleichnamiger komischer Oper, die in erster Linie vom virtuosen Einsatz der Kamera, der Natürlichkeit der Szenerie, der ironischen Würze und den komödiantischen Auftritten Karl Valentins lebt. Von großem Reiz auch die gelungene Umsetzung der Musik in filmische Bildkompositionen. – Sehenswert ab 6. ✦ Schwarz-weiß. Deutschland 1932 **P** Reichsliga-Film **Kl** Neue Filmkunst **Pd** Karl Ritter **R** Max Ophüls **B** Curt Alexander, nach der komischen Oper von Friedrich Smetana **K** Reimar Kuntze, Franz Koch, Herbert Illig, Otto Wirsching **M** Theo Mackeben **S** Paul Ostermayr **D** Jarmila Novotna (Marie), Willi Domgraf-Faßbaender (Hans), Liesl Karlstadt (Frau Brummer), Karl Valentin (Brummer, Zirkusdirektor), Paul Kemp (Wenzel), Annemarie Soerensen (Esmeralda), Max Schreck (Indianer), Therese Giehse (Ansagerin), Max Nadler (Bürgermeister) **L** 76 **FSK** ab 6; f **FBW** w **E** 18.8.1932/16.7.1962 DFF 1/30.3.1970 BR **fd** 18 050

DIE VERKAUFTE BRAUT (1975) (PRODANA NEVESTA). Geschichte der von äußeren Einflüssen bedrohten Liebe zwischen zwei jungen Dorfbewohnern. Mit großem Aufwand inszeniert, dennoch sehr konventionell anmutende Verfilmung der weltbekannten gleichnamigen Oper. – Ab 14. ✦ CSSR/BR Deutschland 1975 **P** Filmstudio Barrandov/Bavaria **Kl** Progress **R** Václav Kaslík **B** Václav Kaslík, nach der gleichnamigen Oper von Bedrich Smnetana **K** Charly Steinberger **D** Petr Skarke (Hans), Vanda Svarcová (Marie), Cestmír Randa (Kecal), Václav Sloup (Vasek), Bedrich Prokos (Krusina) **L** 115 **E** 25.1.1985 Kino DDR

DER VERKAUFTE GROSSVATER (1942). Bauernschwank mit allerlei Schwindelmanövern, auf die ein Erbschleicher hereinfällt, nachdem man ihm weisgemacht hat, daß der Großvater einer Bauernfamilie insgeheim sehr vermögend sei. Plump inszenierte Unterhaltung auch auf inhaltlich mäßigem Niveau. Auf die Entstehungszeit verweist eine Szene, in der lustspielhaft die bevölkerungspolitische Tendenz des NS-Staates vertreten wird. – Ab 16. ✦ Schwarz-weiß. Deutschland 1942 **P** Bavaria **Kl** DFV **R** Joe Stöckel **B** Philipp Lothar Mayring, Joe Stöckel **K** Heinz Schnackertz **M** Toni Thoms **D** Josef Eichheim (Der Großvater), Oskar Sima (Haslinger), Winnie Markus (Ev), Elise Aulinger (Frau Haslinger), Carl Wery (Kreithofer) **L** 101 **FSK** ab 16; nf **E** 26.3.1942/ 14.1.1955 Kino DDR/23.5.1955 DFF 1 **fd** 1 715

DER VERKAUFTE GROSSVATER (1961). Ein listiger Erbschleicher aus der Stadt gerät an ein Opfer, das ihm an Weitsicht überlegen ist. Neuverfilmung des bayerischen Dorfschwanks von 1942. Die Handlung wurde weitgehend durch Schlagereinlagen ersetzt, die handwerkliche Leistung paßt sich dem inhaltlichen Niveau des plumpen Lustspiels nahtlos an. – Ab 12. ✦ Scope. BR Deutschland 1961 **P** Franz Seitz Filmprod. **Kl** Constantin **Pd** Franz Seitz **R** Hans Albin **B** Ilse Lotz-Dupont **K** Heinz Schnackertz **D** Hans Moser (Großvater Nikodemus Köberl), Hubert von Meyerinck (Direktor Friedrich Wilhelm Dünkelberg), Vivi Bach (Ev), Beppo Brem, Harald Juhnke (Krause) **L** 98 **FSK** ab 6; nf **E** 23.3.1962/18.2.1971 ARD **fd** 10 969

VERKAUFTE SEELE (VERKAUFTE SEELE). TV-Drama. Eine Frau findet nach dem Unfalltod ihres Sohnes seelische Unterstützung bei einer Sekte, der sie bereits nach wenigen Tagen einen großen Teil ihres Vermögens überträgt. Ihr Mann versucht, juristisch gegen die Gemeinschaft vorzugehen, und sieht sich daraufhin massiven Gegenangriffen ausgesetzt. ✦ Österreich 1995 **P** Neue Studio Film **Pd** Peter Pochlatko **R** Anton Reitzenstein **B** Thomas Baum **K** Gerhard Hierzer **M** Andi Baum **S** Michou Hutter **D** Dietrich Siegl (Michael Dilek), Elisabeth Augustin (Anita Dilek), Alexander Strobele (Benny), Alma Auly (Lydia), Fritz Karl (Helmut) **E** 20.5.1995 ORF 2

DIE VERKAUFTE UNSCHULD (MISERIA E NOBILTA). Zwei arme Familien mimen für einen jungen Adligen, der eine Tänzerin heiraten möchte, die vornehme Verwandtschaft und stiften dabei viel Verwirrung. Eine im Neapel des 19. Jahrhunderts angesiedelte Komödie mit satirischen Untertönen nach einem italienischen Volksstück. Filmisch wenig geschlossen, überzeugt der Film durch komödiantische Glanznummern der Schauspieler. Interessant auch durch die Farbgebung (»Ferrianacolor«), durch die an Theaterdarstellungen aus dem vorigen Jahrhundert angeknüpft wird. (Fernsehtitel: »Arme Leute, reiche Leute«.) – Ab 16. ✦ Italien 1954 **P** Excelsa **Kl** Rank **R** Mario Mattoli **B** Mario Mattoli, Ruggero Maccari, nach einem Bühnenstück von Eduardo Scarpetta **K** Karl Struss, Luciano Trasatti **M** Pippo Barzizza **D** Sophia Loren (Gemma), Totò (Felice Sciosciammocca), Dolores Palumbo (Donna Luisella), Franco Pastorino (Eugenio), Enzo Turco (Pasquale), Vera Nando (Kammerzofe) **L** 94 **FSK** ab 6; nf **E** 24.5.1968/2.11.1983 DFF 2/14.1.1988 BR

VERKAUFTES LEBEN (BUTTERBOX BABIES). Nach authentischen Begebenheiten: die dramatische Geschichte eines Ehepaares, das im Zweiten Weltkrieg in Neuschottland ein Entbindungsheim für ledige Mütter gründet. Ein Engagement, das in der kleinen konservativen Gemeinde zum Gegenstand heftiger Debatten wird. – Ab 16. ✦ Kanada 1994 **R** Don McBrearty **B** Raymond Storey **D** Susan Clark (Lila Young), Michael Riley (Russell Cameron), Peter MacNeill (William Young), Catherine Fitch (Iris), Cedric Smith (Dr. Frank Davis) **L** 89 **E** 30.1.1996 RTL 2

VERKEHRSPROBLEME (MISCHIEF). Pubertätsnöte, erste Liebe und Enttäuschung eines heranwachsenden Schülers, der sich – unterstützt von einem Nachbarsjungen – schließlich zum selbstbewußten jungen Mann entwickelt. Leicht nostalgisch eingefärbter Rückblick auf die fünfziger Jahre in den USA, der etwas unentschlossen zwischen unverbindlichem Klamauk und der Thematisierung von Problemen schwankt. (Fernsehtitel: »Immer Ärger mit der Liebe«, »Voll der Streß vom ersten Date«) ✦ USA 1984 **P** 20th Century Fox **Kl** CBS/Fox **Pd** Sam Manners, Michael Nolin **R** Mel Damski **B** Noel Black **K** Donald E. Thorin **M** Barry DeVorzon **S** Nick Browen **D** Doug McKeon (Jonathan), Catherine Mary Stewart (Bunny), Kelly Preston (Marilyn), Chris Nash (Gene), Jami Gertz (Rosalie), D.W. Brown (Kenny) **L** 93 (gek. 87) **FSK** ab 16 (gek. 12) **E** März 1986 Video/24.12.1993 SAT 1 **fd** 25 704

DER VERKEHRTE SHERLOCK HOLMES (THEY MIGHT BE GIANTS). Verwitweter ehemaliger Anwalt und Richter kämpft in der Rolle des verehrten Detektivs Sherlock Holmes gegen das Unrecht. Seine Umgebung zweifelt an seiner Zurechnungsfähigkeit, doch Dr. Watson, Nervenärztin in einer Klinik, verweigert die Unterschrift zu seiner Entmündigung. Er findet Mitstreiter, aber zuletzt bleibt er wieder allein. Hintergründige, humorvolle Komödie. – Ab 16. ✦ USA 1971 **P** Newman-Foreman Company **R** Anthony Harvey **B** James Goldman, nach seinem Theaterstück **K** Victor J. Kemper **M** John Barry **D** George C. Scott (Justin Playfair), Joanne Woodward (Dr. Watson), Jack Gilford (Peabody), Lester Rawlins (Blevins), Rue McClanahan (Daisy), Ronald Weyand (Dr. Strauss) **L** 98 **E** 8.9.1974 ARD

VERKEHRTE WELT (NEBYWALSCHTSCHINA). Himmel und Hölle werden beschworen, Geister und Kobolde erscheinen, jemand versucht einen Jungbrunnen zu errichten. Ein Märchenfilm voller unglaublicher und fantastischer Ereignisse. ✦ Scope. UdSSR 1983 **P** Lenfilm **R+B** Sergej Owtscharow **K** Valeri Fedossow **M** Igor Mazijewski **D** Alexander Kusnezow (Nesnam), Alexej I. Buldakow (Soldat), Sergej Bechterew (Bobyl), Igor Iwanow, Margarita Malwejewa **L** 84 **E** 21.10.1984 DFF 2

DAS VERKLUNGENE LIED. Die Tochter einfacher Fischer, die nur singen kann, wächst in freier Natur heran. Sie heiratet einen ehemaligen Schulkameraden, doch als sich herausstellt, daß er nicht wirklich in ihre Welt gehört, beginnt für die junge Frau eine Zeit des Leidens. Schließlich kehrt sie mit ihrem Kind zu den Eltern zurück. Modisch-modernes russisches Märchen mit einem Undine-Motiv, das durch die Schönheit seiner Bilder auffällt, insgesamt aber eher stilunsicher ist und in der Bezugnahme auf alte Mythen und Legenden nahe am Kitsch vorbeibalanciert. – Ab 14. ✦ UdSSR 1981 **R** L. Aksjonowa **B** Radij Kuschnerowitsch, Rodion Nachapetow **K** Wladimir Brusin **M** Sergej Bonewitsch **D** Vera Glagolewa, Andrej Smoljakow, Tatjana Charotonowa, Nikolai Grinko, Steffanja Starjuta **L** (TV) 70 **E** 15.10.1985 ZDF

VERKLUNGENE MELODIE. Bei der Notlandung in der afrikanischen Wüste lernt eine angehende Schaupielerin einen Industriellen kennen. Nach der Rettung erkennt sie, daß ihre Liebe unerwidert bleibt; sie reist aus Berlin ab. Jahre später in New York begegnet die inzwischen Verheiratete dem einstigen Geliebten, der nunmehr sein Versäumnis bereut. Sie widersteht seiner Werbung ihrem Kind und ihrem Ehemann zuliebe. Von einem schmachtenden Song begleitetes Melodram, vollgestopft mit Talmi-Eleganz und -Gefühlen. – Ab 14. ✦ Schwarz-weiß. Deutschland 1938 **P** Ufa **Kl** Kristall **VA** Ufa **R** Viktor Tourjansky **B** Emil Burri **K** Günther Rittau, Ekkehard Kyrath **M** Lothar Brühne **S** Walter Fredersdorf **D** Brigitte Horney (Barbara Lorenz), Willy Birgel (Thomas Gront), Carl Raddatz (Werner Gront), Vera von Langen (Olga), Hans Brausewetter (Steffken) **L** 98 **FSK** ab 12; f **E** 25.2.1938

VERKLUNGENES WIEN (VERKLUNGENES WIEN). Wiener Lieder und sacharinsüße Romantik aus der Kaiserstadt im Jahr 1912: Die plötzlich verarmten Kinder eines Fabrikanten, der Konkurs vortäuscht, legen ihren Leichtsinn ab und sorgen selbst für ihren Lebensunterhalt. Anspruchslose Unterhaltung. – Ab 16. ✦ Schwarz-weiß. Österreich 1951 **P** Erma **Kl** Deutsche London **R+B** Ernst Marischka **K** Hans Schneeberger, Sepp Ketterer **M** Ralph Benatzky, Bruno Uher **D** Paul Hörbiger, Marianne Schönauer, Ernst Stankowski, Wolf Albach-Retty, Fritz Imhoff **L** 101 **FSK** ab 16; nf **E** 29.8.1951 **fd** 1 332

DIE VERKOMMENEN (MORIANERNA). In einer morbiden Familie schikaniert der Senior-Chef die übrigen Mitglieder, während diese ihn betrügen, sei es durch Unterschlagung, sei es durch den Ehebruch seiner Frau. Gleichzeitig unterhält auch der alte Herr Beziehungen zum attraktiven Dienstmädchen. Schließlich kommt es zu einem Mord. Arge »Sex-and-Crime«-Kolportage, die trotz hervorragender Darsteller und guter Kameraarbeit nicht überzeugt. Am Drehbuch beteiligt war der später gemeinsam mit seiner Frau Maj Sjöwall zu Ruhm gelangte Krimiautor Per Wahlöö. ✦ Schwarz-weiß. Schweden 1965 **P** Bison **Kl** Nora **R** Arne Mattson **B** Per Wahlöö, Arne Mattson, nach einem Roman von Jan Ekström **K** Max Wilén **D** Anders Henrikson (Verner Vade), Eva Dahlbeck (Anna Vade), Heinz Hopf (Boris), Ella Henrikson (Monica), Valter Norman (Jonas), Elsa Prawitz (Agda) **L** 96 **FSK** ab 18; nf **E** 6.5.1966 **fd** 14 065

DIE VERKÜNDIGUNG (L'ANNONCE FAITE A MARIE). Verfilmung von Claudels geistlichem Mysterienspiel um die Liebe des leprakranken Kathedralbaumeisters von Reims Pierre de Craon zu Violaine, Tochter eines Großgrundbesitzers, die der Vater einem anderen zugesprochen hat. Durch seinen Kuß wird er von Schuld und Krankheit geheilt, während sie sich ansteckt und von Lepra verzehrt wird. Die in einem fiktiven, überzeitlichen Mittelalter angesiedelte Fabel entwickelt sich in kompromißloser, betont konstruierter Langsamkeit sowie einem rezitativen Sprachduktus von extremer poetischer Künstlichkeit. Ein ebenso persönlicher wie ambitionierter filmischer Entwurf, der über die Fabel hinaus stets auch tiefere Dimensionen menschlichen Daseins anspricht. (Preis der Ökumenischen Jury in Berlin 1992; Verleihtitel: »Mariä Verkündigung«; O.m.d.U.) – Sehenswert. ✦ Frankreich/Kanada 1991 **P** Desmichelle Prod./La Sept/Sofica Lumière/Pax Films **Kl** Freunde der Deutschen Kinemathek **Pd** Hugues Desmichelle, Frédéric Robbes, Jean-Marc Félio, Mychel Arsenault **R** Alain Cuny **B** Alain Cuny, nach einem Bühnenstück von Paul Claudel **K** Caroline Champetier de Ribes, Denys Clerval, Serge Dalmas **M** François-Bernard Mâche **S** Françoise Berger-Garnault **D** Roberto Benavente (Pierre de Craon), Christelle Challab (Mara Vercors), Alain Cuny (Anne Vercors), Ulrika Jonsson (Violaine Vercors), Jean des Ligneris (Jacques Hury), Cécile Potot (Elisabeth Vercors) **L** 91 **E** 1992 Kino/14.10.1996 arte **fd** 32 177

DAS VERLANGEN (PSYCHE 59). Der Konflikt eines Mannes in reiferen Jahren zwischen seiner erblindeten Frau und seiner verführerischen jüngeren Schwägerin. Überspanntes psychoanalytisch angelegtes Kammerspiel aus dem Milieu der Reichen. Nur mäßig inszeniert und gespielt, hart an der Grenze zur gefühlskitschigen Neurosen-Groteske. ✦ Großbritannien 1963 **P** Troy-Schenck (für Columbia) **Kl** Columbia-Bavaria **Pd** Phillip Hazelton **R** Alexander Singer **B** Julian Halevy, nach einem Roman von Françoise de Ligneris **K** Walter Lassally **M** Kenneth V. Jones **S** Max Benedict **D** Patricia Neal (Alison), Curd Jürgens (Eric Crawford), Samantha Eggar (Robin), Ian Bannen (Paul), Beatrix Lehmann (Mrs. Crawford), Elspeth March (Madame Valadier) **L** 94 **FSK** ab 18; f **E** 2.10.1964 **fd** 13 129

VERLANGEN NACH LIEBE (INTIMATE ENCOUNTERS). Ein seit 15 Jahren verheiratetes Ehepaar führt nach außen hin eine glückliche Ehe. Als die sich vernachlässigt fühlende Frau wieder die Universität besucht, läßt sie sich jedoch auf Affären mit anderen Männern ein. Fürs Fernsehen entstandenes Filmdrama. ✦ USA 1986 **R** Ivan Nagy **D** Donna Mills (Julie Atkins), James Brolin (Nick Atkins), Veronica Cartwright (Emily), Cicely Tyson (Dr. Dalton), Gary Bayer (Gordon) **L** 90 **E** 8.10.1988 SAT 1

DIE VERLÄNGERTE ZEIT (PRODLOUZENY CAS). Als ein ergrauter Universitätsprofessor für Kunstgeschichte nach einer Magenoperation erfährt, daß er an Krebs leidet, wird er zunächst aus der Bahn geworfen, stellt dann jedoch seine Lebensgewohnheiten radikal um, heiratet seine weitaus jüngere Geliebte und entwickelt nie gekannte Aktivitäten. Eine vorerst erfolgreiche medizinische Behandlung gibt getroffenen Entscheidungen eine neue Dimension und stellt ihn vor neue Aufgaben. Eine melancholische Komödie über Liebe, Altern und Tod, die zahlreiche wichtige Fragen anschneidet, ohne sie jedoch zu vertiefen; das lohnenswerte Thema wird in dem besinnlich-unterhaltsamen, gut gespielten Film nur an der Oberfläche berührt. – Ab 14. ✦ CSSR 1984 **P** Filmstudio Barrandov **Kl** Progress **R** Jaromil Jires **B** Marta Kadlecíková, Jaromil Jires **K** Jaroslav Kucera **M** Zdenék Pololánik, Wolfgang Amadeus Mozart **D** Milos Kopecky (Professor Svozil), Tatána Fischerová (Alena), Petr Cepek (Antos), Ota Sklencka (Fort), Jana Dítetová (Fortová) **L** 88 **E** 6.5.1986 Kino DDR/ 29.12.1987 DFF 2/21.3.1988 ARD

VERLASS MICH NICHT (L'HOMME QUI REVIENT DE LOIN). Ein junger Schloßherr und Fabrikbesitzer beschließt unerwartet, in die Fremde zu reisen. Während seiner Abwesenheit glaubt die Frau eines Notars, die den Schloßbesitzer liebt, eine Stimme zu vernehmen, die ihr mitteilt, daß der geliebte Mann tot sei. Bei den Nachforschungen stellt sich heraus, daß er im Streit mit seinem Cousin verletzt wurde und sich der Cousin für einen Mörder hält. Düster-quälerische Schauergeschichte mit einem ungewöhnlich erdachten Thema, dessen filmische Bearbeitung aber allzu unentschieden zwischen ernstgemeinter Mystifikation und ungewollter Parodie schwankt. – Ab 16. ✦ Schwarz-weiß. Frankreich 1949 **P** L.P.C. **Kl** Emka **R** Jean Castanier **B** Louis Chavance, nach einem Roman von Gaston Leroux **K** George Milton **M** Yves Baudrier **D** Annabella (Marthe), Paul Bernard (André de la Borsière), Maria Casarès **L** 82 **FSK** ab 16; nf **E** 7.4.1950 **fd** 670

VERLASS MICH NICHT, DADDY! (THOSE SHE LEFT BEHIND). Nach dem Tod seiner Frau bei der Geburt eines Kindes muß ein junger Familienvater versuchen, mit diesem Schicksalsschlag und seiner neuen Rolle als alleinerziehender Vater fertigzuwerden. Trotz Unterstützung durch seine Schwiegermutter, ein Kindermädchen und eine Freundin hält er den seelischen Druck nicht aus und spielt mit dem Gedanken, sein Baby zur Adoption freizugeben. Durchschnittlich inszeniertes, sehr rührseliges Familiendrama des US-Fernsehens mit guten Darstellern. – Ab 16. ✦ USA 1989 **P** NBC **Pd** R.W. Goodwin **R** Waris Hussein **B** Michael O'Hara **D** Gary Cole (Scott Grimes), Joanna Kerns (Diane Pappas), Mary Page Keller (Sue Grimes), Colleen Dewhurst (Margaret Page), Maryedith Burrell (Ann Hobson) **L** 95 **E** 16.11.1995 Kabel 1

VERLASS MICH NIEMALS WIEDER (ESCAPE ME NEVER). Eine junge Witwe, die allein für ihr krankes Kind sorgen muß, ist unglücklich verliebt in einen Komponisten, der sie zunächst heiratet, aber wegen der reichen Verlobten seines erfolgreichen Bruders verlassen will. Melodram, das nur in einem zu überzeugen weiß: der schauspielerischen Glanzleistung Elisabeth Bergners. – Ab 16. ✦ Schwarz-weiß. Großbritannien 1935 **P** B and D **R** Paul Czinner **B** Robert Cullen, Carl Zuckmayer, nach einem Theaterstück von Margaret Kennedy **K** Georges Périnal, Sepp Allgeier **M** Archivmaterial **S** David Lean **D** Elisabeth Bergner, Hugh Sinclair, Griffith Jones, Leon Quartermaine, Penelope Dudley-Ward **L** 95 **E** 24.8.1982 ZDF

VERLASSEN SIE BITTE IHREN MANN (VERLASSEN SIE BITTE IHREN MANN). Komödie um die Frau eines Politikers, die aus ihrer Ehe ausbricht und als mittellose Fotografin im winterlichen Salzburg ihr Durchkommen sucht. Die wortwitzige Emanzipationsgeschichte lebt vom Charme und der Präsenz ihrer Hauptdarstellerin, verfängt sich aber im Gestrüpp überbordender Klischees. Einige schöne Einfälle können die Oberflächlichkeit nicht ausgleichen. – Ab 14 möglich. ✦ Österreich 1993 **P** MR-Film/ Star-Film **Kl** Scotia **VA** Ufa **Pd** Kurt J. Mrkwicka **R** Reinhard Schwabenitzky **B** Knut Boeser **K** Gérard Vandenberg **M** Arthur Lauber, Andy Radovan **S** Ingrid Koller **D** Elfi Eschke (Henriette), Helmut Griem (Pertussini), Michael Scheidl (Thomas), Rudolf Buczolich (Golzmann), Uschi Wolff (Theresa) **L** 100 **FSK** ab 12; f **E** 17.3.1994/16.1.1995 Video **fd** 30738

DIE VERLASSENE FRAU (LA FEMME ABANDONNEE). Fernsehverfilmung einer autobiografisch inspirierten Balzac-Novelle. Ein junger Adliger fühlt sich zu einer älteren, den gesellschaftlichen Konventionen trotzenden Frau hingezogen. Zwischen beiden entwickelt sich eine Beziehung, deren Leidenschaft trotz der Trennung und einer Vernunftehe des Mannes nicht nachlässt und schließlich in eine Tragödie mündet. ✦ Frankreich/Deutschland 1992 **P** Progéfi/FR 3/TaurusFilm **Pd** Christine Gouze-Rénal **R** Edouard Molinaro **B** Madeleine Chapsal, Edouard Molinaro, frei nach einer Novelle von Honoré de Balzac **K** Michael Epp **M** Vladimir Cosma **S** Annick Rousset-Rouard **D** Charlotte Rampling (Fanny), Christopher Thompson (Louis), Manfred Andrae (Gaetan), Vanessa Wagner (Caroline), Yann Colette (Gaspart), Niels Arestrup (Oskar) **L** 85 **E** 2.6.1993 ORF 1

DER VERLASSENE HOF (EL RENCOR DE LA TIERRA). Nach der Bodenreform von 1930 bricht auf der Hacienda »El Refugio« zwischen dem früheren Besitzer und seinen Arbeitern, die teilweise Landeigentümer geworden sind, bitterer Haß aus. Die Spannungen entladen sich im Kreis seiner Familie. Mexikanische »Blut und Boden«-Romanze, die expressiv ausgespielte melodramatische Momente mit dem politisch-agitatorischen Hintergrund zu verknüpfen versucht. Soziale Gegensätze, Naturkatastrophen, unerfüllbare Liebe und andere Handlungselemente werden bis zur Beliebigkeit aufgehäuft, so daß der Film in die Nähe einer Kolportage gerät. (Titel auch: »Groll der Erde«) ✦ Schwarz-weiß. Mexiko 1950 **P** Loewenthal Prod. **Kl** unbekannt **Pd** Rodolfo Loewenthal **R** Alfredo B. Crevenna **B** Edmundo Baez, Egon Eis **K** Ignacio Torres **M** Raúl Lavista **D** Carlos Lopez Moctezuma (Don Anselmo), Rita Macedo (Analena), Isabela Corona (Gabrielle), Roberto Cañedo (José), Miguel Inclán (Téofilo), Manuel Donde (der Idiot) **L** ca. 90 **E** 1952 Kino

DIE VERLASSENEN KINDER (THE ABANDONED CHILDREN). Das tägliche Leben einer kleinen Bande obdachloser Kinder, die durch die Straßen einer kolumbianischen Stadt streunen. Der Dokumentarfilm beschreibt den Scharfsinn, die Würde und den Geist der Freundschaft, mittels derer die Kinder überleben. (Spanisches Original mit englischen Untertiteln) ✦ USA 1974 **P** Danny Lyon **SF** Freunde der Deutschen Kinemathek **Pd+R+B+K** Danny Lyon **M** Ivan Darias (Lieder) **S** A.C. Paul Justman **L** 63

DAS VERLEGENHEITSKIND → Schütt' die Sorgen in ein Gläschen Wein

DER VERLEGER. Die Erfolgsgeschichte eines Mannes, der nach dem Zweiten Weltkrieg von den Alliierten eine Zeitungslizenz erhält und verbissen sein Verlagsimperium aufbaut. Im Mittelpunkt stehen auch sein Einsatz für die Wiedervereinigung, der im Kalten Krieg der 50er-Jahre zum Scheitern verurteilt ist, und seine Auseinandersetzung mit den revoltierenden Studenten der 60er-Jahre, die in seiner Boulevard-Zeitung ein rechtes Kampfblatt zur Beeinflussung und Verdummung der Arbeiterschaft sehen. Aufwändig produzierter Fernseh-Zweiteiler, dessen Protagonist unschwer als Axel Cäsar Springer zu erkennen ist. Der Film bemüht sich um eine facettenreiche Zeichnung der ebenso schillernden wie umstrittenen Persönlichkeit und spart auch die vielen Affären des Verlegers nicht aus. ✦ Deutschland 2001 **P** Ziegler Film (für NDR/WDR) **Pd** Regina Ziegler **R+B** Bernd Böhlich **K** Eberhard Geick **M** Tamás Kahane **S** Karola Mittelstädt **D** Heiner Lauterbach (Verleger), Susanna Simon (Luise), Sylvester Groth (Christian Kracht), Anica Dobra (Monika), Jürgen Hentsch (Hans Zehrer), Lisa Martinek (Angela) **L** 180 (90&90) (zwei Teile) **E** 9.,10.10.2001 ARD

VERLETZTE GEFÜHLE (REFLECTIONS). Zwei sehr unterschiedliche Frauen üben auf einen Mann, der als Gast einige Zeit auf einem Landgut verbringt, eine unwiderstehliche Anziehungskraft aus. ✦ Großbritannien 1983 **P** Court House Films/Channel 4 **R** Kevin Billington **B** John Banville **K** Mike Molloy **M** Rachel Portman **D** Gabriel Byrne (William Masters), Donal McCann (Edward Lawless), Fionnula Flanagan (Charlotte Lawless), Harriet Walter (Ottilie Grainnger), Gerard Cummins (Michael Lawless) **L** 90 **E** 29.6.1986 DFF 2

DAS VERLETZTE LÄCHELN. Ein umschwärmtes Fotomodell wird Opfer eines Unfalls und dabei im Gesicht schwer verletzt. Ihr Selbstbewußtsein schwindet, die Freunde sind hilflos. Da taucht ein Stadtgärtner auf, der bisher wenig Glück im Leben hatte, sich aber hartnäckig zum fürsorglichen Freund entwickelt. (Fernseh-)Drama des überwiegend als Dokumentarfilmer bekannt gewordenen Andreas Gruber. ✦ Deutschland 1996 **R+B** Andreas Gruber **D** Natja Brunckhorst (Marlene), Rainer Egger (Richard), Andrea Wolf (Vera), Suzanne Geyer (Marlenes Mutter), Klaus Zmorek (Udo) **L** 90 **E** 21.1.1997 ZDF

VERLETZTE STILLE (RTANJENAJA TSCHINA). Das Schicksal zweier Brüder vor dem Hintergrund der politischen Ereignisse in Litauen nach dem Ende des Krieges. Während der eine versucht, seine Neutralität zwischen den Fronten zu bewahren, bezieht der andere Stellung. Beide verlieren auf tragische Weise ihr Leben. Die interessante Aufarbeitung eines zeitgeschichtlichen Geschehens; künstlerisch über dem Niveau üblicher Revolutionsfilme stehend. – Ab 14. ✦ Scope. UdSSR 1980 **P** Filmstudio Vilnius **Kl** Progress **R** Algimantas Kundelis **B** Juozas Pozera **K** Aloyzas Jancoras **M** J. Andrejevas **D** Witautas Tomkus (Vincas Salna), Peteris Gaudins (Stasys Salna), Egle Gabrenaite (Agne), Irena Liutikaite (Marija), Stasis Petronaitis (»Hagebutte«) **L** 84 **E** 5.3.1982 Kino DDR

DIE VERLEUGNUNG (1984) (THE DISAVOWAL). Die Schüler einer Filmhochschule wollen einen Film über einen erfolgreichen naiven Maler herstellen. Da der sich nie in der Öffentlichkeit zeigt, tauchen bald Fragen nach seiner Identität und dem Wahrheitsgehalt seiner Bilder auf. Ein Versuch des in Frankreich lebenden anerkannten Filmtheoretikers Burch, sich mit der Funktion der Lüge im Kulturbetrieb und mit Naivität und Professionalität – auch beim Filmemachen – auseinanderzusetzen. (O.m.d.U.) ✦ Großbritannien/BR Deutschland 1984 **P** Arbor International/ZDF **R+B** Noël Burch **K** Erika Stevenson **D** David Barry, Gillian Martell, Muriel Barker **L** 55 **E** 22.8. 1984 ZDF

DIE VERLEUGNUNG (1992). Das Porträt einer 30-jährigen Frau, die traumatische Kindheitserlebnisse durch die Aufspaltung ihrer Persönlichkeit überlebte. Ohne in eine psychologische Insider-Terminologie zu verfallen oder dem voyeuristischen Blick zu frönen, werden fünf Persönlichkeiten vorgestellt, die dazu beitragen, das Überleben des Individuums zu sichern. ✦ Niederlande 1992 **R** Tom Verheull **L** 60 **E** 30.3.2000 arte

DIE VERLEUMDER → Der Mann mit dem goldenen Schlüssel

VERLEUMDUNG (LES RISQUES DU METIER). Ein Kleinstadtlehrer wird von Schülerinnen bezichtigt, sich ihnen unsittlich genähert zu haben, und kann nur mit Mühe seine Unschuld beweisen. Ein engagierter Film, der die Fragwürdigkeit pubertär bedingter Zeugenaussagen und Beschuldigungen illustrieren will und zugleich die Willkür und Subjektivität der Justiz anprangert. In einer soliden, aber an der Spannungsoberfläche bleibenden und konventionellen Inszenierung wird das Thema mit Takt, gelegentlich aber auch mit allzu deutlich erhobenem Zeigefinger behandelt. Erste Filmrolle des belgischen Sängers, Schauspielers und Regisseurs Jacques Brel (1929–1978). (DDR-Titel: »Berufsrisiko«) – Ab 16. ✦ Frankreich 1967 **P** Société Nouvelle des Etablissements Gaumont **Kl** Progress/Centfox **R** André Cayatte **B** André Cayatte, Armand Jammot, nach einem Roman von Simone und Jean Cornec **K** Christian Matras **M** Jacques Brel, François Rauber **S** Hélène Plemiannikov **D** Jacques Brel, Emmanuelle Riva, René Dary, Jacques Harden, Christine Fabrega

L 95 **FSK** ab 12; f **FBW** w **E** 20.9.1968 Kino DDR/9.5.1969 Kino BRD **fd** 16 143

VERLIEB' DICH NICHT IN SIZILIEN →Frühlingsmärchen (1934)

VERLIEBT (SZERELEM ELSÖ VERIG). Geschichten aus dem Alltag ungarischer Schüler, die ihre ersten Erfahrungen mit der Liebe machen. – Ab 14. ✦ Ungarn 1986 **P** Mafilm, Dialóg-Stúdió **KI** Progress **R** György Dobray, Péter Horváth **B** György Dobray, Péter Horváth, nach einem Roman von Péter Horváth **K** Tamás Andor **M** László Dés **D** Ari Bery (Füge), Marianna Szilágyi (Agota), Erzsi Galambos (Füges Mutter), Dénes Ujlaki (Füges Vater), Ilona Kállay (Agotas Mutter) **L** 92 **E** 21.8.1987 Kino DDR/7.11.1990 DFF 1

VERLIEBT IN CHOPIN (IMPROMPTU). Frankreich im Jahr 1836. Die für einen freien Umgang mit gesellschaftlichen Konventionen berühmt-berüchtigte Schriftstellerin George Sand verliebt sich in den scheuen und gegenüber dem Lebensstil der Bohème skeptischen Komponisten Frédéric Chopin. Die grundverschiedenen Charaktere und die Intrigen einer gemeinsamen Freundin legen dem Happy-End einige Steine in den Weg. Intelligente, schwungvoll-romantische Komödie, die von einem exzellenten Drehbuch und überzeugenden Darstellern getragen wird. – Sehenswert ab 16. ✦ Großbritannien/Frankreich 1991 **P** Sovereign Pictures/Governor Prod./Les Films Ariane **KI** 20th Century Fox **VA** RCA/Columbia **Pd** Stuart Oken, Daniel A. Sherkow **R** James Lapine **B** Sarah Kernochan **K** Bruno de Keyzer **M** John Strauss, Frédéric Chopin **S** Michael Ellis **D** Judy Davis (George Sand), Hugh Grant (Frédéric Chopin), Mandy Patinkin (Alfred de Musset), Bernadette Peters (Marie d'Agoult), Julian Sands (Franz Liszt), Emma Thompson **L** 107 **FSK** ab 6; f **FBW** w **E** 12.9.1991/24.3.1992 Video/27.12.1996 3sat **fd** 29 111

VERLIEBT IN DIE GEFAHR (YEAR OF THE GUN). Ein junger amerikanischer Autor bringt 1978 sich und eine ehrgeizige Fotografin in Lebensgefahr, weil er in einem Roman-Manuskript unwissentlich die unmittelbar bevorstehende Entführung des italienischen Ministerpräsidenten Aldo Moro vorwegnimmt. Spannend inszenierter Politthriller, jedoch flach in der Figurenzeichnung und naiv-gedankenlos in seinen politischen Implikationen. (Verkürzungen im erzählerischen Rhythmus können damit zusammenhängen, daß die Originalfassung des Films 167 Minuten betrug.) – Ab 16. ✦ USA 1990/91 **P** Edward R. Pressman Film **KI** Columbia TriStar **VA** Columbia TriStar Home **Pd** Edward R. Pressman **R** John Frankenheimer **B** David Ambrose, nach dem Roman von Michael Newshaw **K** Blasco Giurato **M** Bill Conti **S** Lee Percy **D** Andrew McCarthy (David Raybourne), Valeria Golino (Lia Spinelli), Sharon Stone (Alison King), John Pankow (Italo Bianchi), Mattia Sbragia (Giovanni), George Murcell, Roberto Posse, Carla Cassola **L** 112 **FSK** ab 16; f **E** 24.9.1992/9.3.1993 Video **fd** 29 801

VERLIEBT IN EINE KÖNIGIN (JOHN AND JULIE). Eine sechsjährige Schülerin und ein zwölfjähriger Internatszögling reisen auf eigene Faust 150 Meilen nach London, um beim Krönungsfest »ihre« Königin Elisabeth zu sehen. Heiter beschwingte Erlebnisskizzen mit vielen köstlich komischen Charaktertypen, selbstironisch und humorvoll erzählt. – Sehenswert ab 6. ✦ Großbritannien 1955 **P** Group 3/LTD. **KI** Kopp **R+B** William Fairchild **K** Arthur Grant **M** Philip Green **D** Colin Gibson, Lesley Dudley, Noelle Middleton, Moira Lister, Wilfrid Hyde-White **L** 82 **FSK** ab 6; f **E** 20.1.1957/23.3.1963 ARD **fd** 5 533

VERLIEBT IN EINE UNBEKANNTE. Aus einem mehrtägigen Koma nach einem Unfall erwacht, leidet ein junger Mann an Gedächtnisverlust und glaubt, mit einer Ausländerin verheiratet zu sein, die ihn nie besucht. Nachdem er in einer Rehabilitationsklinik eingewiesen wurde, schaltet die Unfallfahrerin, die italienische Krankenschwester, die ihn gesund pflegte, ihre Versicherung ein. Doch die macht die junge Frau regresspflichtig. In ihrer Not besucht sie den Kranken, und beide entdecken ihre Zuneigung zueinander. Sie entdeckt aber auch, dass der Mann simuliert. Leichtgewichtige Liebeskomödie, mit der der Regisseur sein bevorzugtes Sujet fortsetzt. – Ab 14 möglich. ✦ Deutschland 1999 **P** Network Movie/ZDF **Pd** Selma Brenner, Reinhold Elschot **R** Gabriel Barylli **B** Thomas Kirdorf **K** Achim Poulheim **M** Dieter Schleip **D** Heio von Stetten (Leon), Cecilia Kunz (Lucia), Gesche Tebbenhoff (Conny), Jürgen Tarrach (Ecki), Michael Sideris (Michi) **L** 90 **E** 6.12.1999 ZDF

VERLIEBT IN EINEN FRAUENSCHÄNDER? (THE STRANGER BESIDE ME). Psychothriller. Kurz nach der Hochzeit muß eine junge Frau feststellen, daß ihr Mann ein Sexualverbrecher ist. Während der Schwangerschaft der Frau kann er seine Neigungen unterdrücken, als das Kind jedoch zur Welt kommt, schlägt der Sexualverbrecher wieder zu. – Ab 16. ✦ USA 1995 **R** Sandor Stern **B** Bruce Miller **K** Ronald M. Lautore **M** David Mansfield **D** Tiffani-Amber Thiessen (Jennifer Moore), Eric Close (Chris Gallagher), Gerald McRaney (Dave Morgan), Sonya Hensley (Sandy), James Quarter (Nick) **L** 92 **E** 16.12.1995 Pro Sieben

VERLIEBT IN EINEN FREMDEN (LOVE WITH THE PROPER STRANGER). Eine junge Verkäuferin und ein kaum älterer Musiker, beide Kinder italienischer Einwanderer, lassen sich auf ein eher flüchtiges Liebesabenteuer ein. Als die Frau schwanger wird, schreckt er im letzten Augenblick vor der Abtreibung zurück. Um aber ihr Ja-Wort zur Ehe zu erreichen, muß er alle Register seines Einfallsreichtums ziehen. Der teils ernsthaft, teils humorig inszenierte Film erzählt seine gewiß nicht sonderlich originelle Geschichte mit einer ungewöhnlichen Liebe zum Thema und zum Detail. – Sehenswert ab 16. ✦ Schwarz-weiß. USA 1963 **P** Boardwalk-Rona/Paramount **KI** Paramount **Pd** Alan J. Pakula **R** Robert Mulligan **B** Arnold Schulman **K** Milton Krasner **M** Elmer Bernstein **S** Aaron Stell **D** Natalie Wood (Angie Rossini), Steve McQueen (Rocky Papasano), Herschel Bernardi (Dominick Rossini), Tom Bosley (Anthony Colombo), Edie Adams (Barbie) **L** 100 **FSK** ab 16; f **E** 7.4.1964/13.5.1966 Kino DDR/15.2.1975 ZDF **fd** 12 719

VERLIEBT IN EINEN JÜNGEREN MANN (LOVE IN ANOTHER TOWN). Nachdem sie von ihrem Mann verlassen wurde, zieht sich eine Frau in den besten Jahren in ihren Heimatort zurück. Dort lernt sie einen zwölf Jahre jüngeren Mann kennen und lieben, der allerdings mit seiner Jugendliebe verheiratet ist. Dennoch gehen die Beiden eine Beziehung ein, die allerdings unter keinem guten Stern steht. Als die Frau des Geliebten an Krebs erkrankt, beschließt er, ihr zur Seite zu stehen. (Fernseh-)Melodram nach den üblichen Herz-Schmerz-Konventionen. ✦ USA 1997 **P** Adelson Entertainment/Tracey Alexander Prod. **Pd** Barbara Kelly **R** Lorraine Senna Ferrara **B** H. Haden Yelin, nach einen Roman von Barbara Taylor Bradford **K** Ron Stannett **M** Lawrence Shragge **S** Lenka Svab **D** Victoria Principal (Maggie Sorrell), Adrian Pasdar (Jake Cantrell), Mary Kay Place (Sam), Terence Knox (Mike), Finn Carter (Amy) **L** 88 **E** 16.5.2000 Super RTL

VERLIEBT IN EINEN KILLER →Krieg der Bosse

VERLIEBT IN HEIDELBERG →Jazz und Jux in Heidelberg

VERLIEBT IN KOPENHAGEN (FORELSKET I KOBENHAVN). Vier arbeitslose Jazz-Musiker finden die Chance ihres Lebens, indem sie die Eröffnungspremiere eines Vergnügungslokals retten. Ein unaufwendig inszenierter Unterhaltungsfilm, konstruiert um den damaligen Schlager-Star Siv Malmkvist. – Ab 10 möglich. ✦ Dänemark 1960 **P** Nordisk **KI** Goldeck/Progress **R** Finn Henriksen **B** Finn Henriksen, Henning Bahs **K** Poul Pedersen **M** Bent Fabricius Bjerre **D** Siv Malmkvist (Maj), Henning Moritzen (Jan), Mimi Heinrich (Marlene), Ove Sprogøe (Corny), Preben Mahrt (Direktor Steinert) **L** 99 **FSK** ab 6; nf **E** 6.1.1961/30.6.1961 Kino DDR **fd** 10 087

VERLIEBT IN ÖSTERREICH (VERLIEBT IN ÖSTERREICH). Dokumentarfilm über Österreichs Landschaft, Menschen und Kulturschätze. Die teilweise hervorragenden Farbaufnahmen sind oft wahllos, schlecht geschnitten aneinandergefügt und mit einem schwülstigen Kommentar versehen. – Ab 10. ✦ Scope. Österreich 1967 **P** Salzburg-Film **KI** Columbia-Bavaria **R+B+K** Wolfgang Müller-Sehn **M** Robert Stolz **L** 99 **FSK** ab 6; f **fd** 15 072

VERLIEBT IN PARIS (TO PARIS WITH LOVE). Ein schottischer Witwer und sein 20jähriger Sohn versuchen während ihres gemeinsamen Frühlingsurlaubs in Paris, für jeweils den anderen eine Partnerin zu finden. Doch das Liebesglück läßt sich mit den auserkorenen zwei Französinnen nicht manipulieren. Charmante Komödie mit leichthändig gesetzten Pointen; hervorragend gespielt. (Titel auch: »Nach Paris der Liebe wegen«.) – Ab 16. ✦ Großbritannien 1964 **P** Two Cities Films **Pd** Antony Darnborough **R** Robert Hamer **B** Robert Buckner **K** Reginald Wyer **M** Edwin Astley **S** Anne V. Coates **D** Alec Guinness (Edgar), Odile Versois (Lizette), Vernon Gray (Jon), Jacques François (Victor), Austin Trevor (Leon), Elina Labourdette (Sylvia) **L** 80 **FSK** ab 16; nf **E** 8.5.1959/11.12.1982 DFF 1/13.7.1988 SAT 1 **fd** 5 812

VERLIEBT IN SALLY (HOME FRIES). Eine von einem wesentlich älteren Mann schwangere Bedienung eines Schnellrestaurants verliebt sich in den Sohn des Kindesvaters. Natürlich nicht ohne Probleme: Denn die beiden Söhne des Mannes, angehende Helicopter-Flieger, haben ihren untreuen Vater durch einen Geräuschangriff umgebracht und fürchten nun die Enttarnung, der der andere Bruder durch die Ermordung der neuen Geliebten entgegenwirken will. Eine spielfreudige und durch viele Schlenker gekennzeichnete schwarze Komödie, die unbeschwerten Spaß bereitet und sich durch ihre unterschwellige Boshaftigkeit vom Gros des US-Mainstreams wohltuend absetzt. – Ab 16. ✦ USA 1998 **P** Home Freis Prod. **VA** Warner Home **Pd** Mark Johnson, Lawrence Kasdan, Barry Levinson, Charles Newirth **R** Dean Parisot **B** Vince Gilligan **K** Jerzy Zielinski **M** Rachel Portman **S** Nicholas C. Smith **D** Drew Barrymore (Sally), Catherine O'Hara (Mrs. Lever), Luke Wilson (Dorian), Jake Busey (Angus), Shelley Duvall (Mrs. Jackson) **L** 90 **FSK** ab 12 **E** 8.10.1999 Video

VERLIEBT IN SCHARFE KURVEN (IL SORPASSO / LE FANFARON). Während einer zweitägigen Autofahrt entlang der tyrrhenischen Küste prallen die gegensätzlichen Charaktere und Lebensauffassungen eines leichtfertigen Nichtstuers und eines scheuen Studenten aufeinander. Der auf einen heiteren Grundton gestimmte, vorzüglich besetzte und mit souveräner Leichtigkeit inszenierte Film weckt durch seine nüchtern-exakte Beobachtung von Situationen und Verhaltensweisen eine zunächst unerwartete Nachdenklichkeit. ✦ Schwarz-weiß. Italien/Frankreich 1962 **P** Fair/Incei/Cinétel **KI** Gloria **Pd** Mario Cecchi Gori **R** Dino Risi **B** Dino Risi, Ettore Scola, Ruggero Maccari **K** Alfio Contini **M** Riz Ortolani **S** Maurizio Lucidi **D** Vittorio Gassman (Bruno), Catherine Spaak (seine Tochter), Jean-Louis Trintignant (Roberto), Claudio Gora (Verlobter der Tochter), Luciana Angiolillo (Brunos Frau) **L** 105 **FSK** ab 18; nf **E** 18.10.1963 **fd** 12 665

VERLIEBT UND VORBESTRAFT. Eine Praktikantin bringt zunächst eine ganze Baubrigade durcheinander, doch nach manchen Schwierigkeiten erfüllt der Trupp seine Aufgabe, und auch der spätere Verlobte kann auf den rechten Weg gebracht werden. – Trotz mancher Einfallsarmut des Buches frisch und locker inszenierter Liebesfilm, der in seinem improvisiert wirkenden Gestus sichtlich mit den frühen Arbeiten der tschechischen »Neuen Welle« korrespondiert. Kinodebüt von Regisseur Stranka, der zuvor an der Prager Filmhochschule studiert hatte. – Ab 14. ✦ Schwarz-weiß. DDR 1962/63 **P** DEFA, Gruppe »60«

Kl Progress **Pd** Heinz Kuschke **R** Erwin Stranka **B** Martha Ludwig, Heinz Kahlau **K** Erich Gusko **M** Georg Katzer **S** Lena Neumann, Bärbel Weigel **D** Doris Abeßer (Hannelore), Horst Jonischkan (Hanne), Herbert Köfer (Jacko), Erhard Köster (Paul), Siegfried Kilian (Richard), Günter Junghans (Ali) **L** 93 **E** 8.11.1963 Kino DDR/23.10.1964 DFF 1/21.9.1996 ORB

VERLIEBT, VERLOBT, VERHEIRATET (1950) (PEGGY). Um ihre heimliche Heirat mit einem Footballspieler vor ihrem Vater, einem College-Professor im Ruhestand, zu verbergen, nimmt eine junge Frau an der Wahl zur Schönheitskönigin des Ortes teil, die für Unverheiratete reserviert ist. Reichlich dünnblütige, aber unterhaltsame Komödie mit zahlreichen Dokumentarteilen über das »Tournament of Roses« 1950 in Pasadena mit anschließendem Footballspiel. – Ab 14. ✦ USA 1950 **P** Universal Pictures **R** Frederick de Cordova **B** George W. George, George F. Slavin **K** Russell Metty **M** Joseph Gershenson **D** Diana Lynn (Peggy Brookfield), Charles Coburn (Prof. Brookfield), Rock Hudson (Johhny Higgings), Charlotte Greenwood (Mrs. Emelia Fielding), Barbara Lawrence (Susan Brookfield) **L** 77 **E** 19.8.1990 ARD

VERLIEBT, VERLOBT, VERHEIRATET (1957) →Viktor und Viktoria (1957)

VERLIEBT, VERLOBT, VERHEIRATET (1987) (FAMILY / REUNION DE FAMILLE). Ein glückloser Erfinder freut sich auf den 75. Geburtstag seines Großvaters, da er nun endlich seine Verlobte der Familie vorstellen kann. Doch die löst kurz vor dem Flug nach Toronto die Verbindung auf. Im Flugzeug lernt der Mann eine junge Frau kennen, die auf dem Weg nach Japan ist, in seiner Heimatstadt jedoch einen Zwischenstopp einplant. Als die Familie des Mannes auf dem Flughafen erscheint, ist der Verwechslung Tür und Tor geöffnet, zumal die Zufallsbekanntschaft bereitwillig mitmacht. Komödie um ein turbulentes Wochenende und eine neue Liebe. ✦ Kanada 1987 **R** Vic Sarin **B** Avrum Jacobsen **D** David Eisner (Benjie), Rebecca Jenkins (Caitlin), Henry Beckman (Leo), Linda Sorenson (Bea), Paul Soles (Morris) **L** 92 **E** 9.12.1989 DFF/28.6.1997 tm3

VERLIEBT, VERRÜCKT UND NICHT VERHEIRATET (ONE GOOD TURN). Der tolpatschig-einfältige, aber herzensgute Hausdiener eines englischen Waisenheims setzt sich im Kampf gegen die zahlreichen Tücken des Objekts selbstlos für das Wohl der Kinder ein und rettet das Heim schließlich vor dem Verkauf. Gefällige, bisweilen etwas ziellose Komödie, die sich vorrangig auf Slapstick und die groteske Komik von Norman Wisdom verläßt, immerhin aber einige burleske Höhepunkte aufweist. (TV-Titel: »Was man aus Liebe tut«) – Ab 8. ✦ Schwarz-weiß. Großbritannien 1954 **P** Two Cities Films **Kl** Rank **Pd** Maurice Cowan **R** John Paddy Carstairs **B** Maurice Cowan, John Paddy Carstairs, Ted Willis, nach der Erzählung von Dorothy Whipple, Sid Colin und Talbot Rothwell **K** Jack Cox **M** John Addison **S** Geoffrey Foot **D** Norman Wisdom (Norman), Joan Rice (Iris), Shirley Abicair (Mary), Thora Hird (Cook), William Russel (Alec) **L** 86 **FSK** ab 6; nf **E** 11.5.1956/28.7.1985 DFF 2 **fd** 4 950

VERLIEBT, VERRÜCKT, VERHEIRATET →Verliebt, verlobt, verheiratet (1987)

VERLIEBT, VERTAUSCHT, VERHEIRATET (PON UN HOMBRE EN TU VIDA). Ein Macho, der Trainer einer Erstliga-Fußballmannschaft ist, und die Sängerin einer Popgruppe haben nichts gemeinsam außer der Fähgkeit der Seelenwanderung. Eines Tages tauschen sie durch einen unglücklichen Zufall ihre Seelen, was zunächst für einiges Chaos sorgt, sie dann aber ihre bisherige Identität überdenken läßt. ✦ Spanien 1995 **Pd** César Nenítez **R** Eva Lesmes **B** Eva Lesmes, Luis Marias, Joaquin Oristrell **K** Juan Amorós **M** José Manuel Pagan **S** Guillermo Represa **D** Cristina Marcos (Belinda), Toni Cantó (Juan Antonio), Pere Ponce (Eduardo), Anabel Alonso (Agatha), Javier Cámara (Miguel) **L** 84 **E** 20.3.1997 premiere

VERLIEBT, VERWÖHNT UND ABGEBRANNT →Object of Beauty

DIE VERLIEBTE (1946) (ENAMORADA). Ein mexikanischer Revolutionsgeneral verliebt sich in Maria Dolores, die ihm jedoch die kalte Schulter zeigt. Erst als sich eine zartfühlende Seele hinter der ungehobelten Erscheinung zu erkennen gibt, regt sich ihr Interesse. Als der General abzieht, schließt sich die junge Frau dem Troß an. Melodramatischer Liebes- und Revolutionsfilm, in dem die hervorragende Kameraarbeit und die gute Darstellung in keinem Verhältnis zu dem oberflächlichen Drehbuch steht, das bestenfalls durch grobe Vereinfachung psychologischer Vorgänge auffällt. (Fernsehtitel: »Die Fackel der Liebe«) – Ab 16 möglich. ✦ Schwarz-weiß. Mexiko 1946 **P** Panamerican SA **R** Emilio Fernández **B** Iñigo de Martino, Emilio Fernández **M** Eduardo Hernandez Moncada **D** Maria Félix, Pedro Armendáriz, Fernando Fernández, Miguel Inclán **L** 95 **E** 16.6.1951/28.1.1990 West 3

DIE VERLIEBTE (1987) (L'AMOUREUSE). In einem Ort in der Normandie warten neun Mädchen auf ihre Freunde, um das Wochenende mit ihnen zu verbringen. Basierend auf dieser einfachen Idee hat Jacques Doillon mit neun Schauspiel-Schülerinnen ein gewagtes Filmprojekt realisiert: ohne vorgegebenes Drehbuch, mit Dialogen, die von Tag zu Tag fortgeschrieben wurden, und unter Verwendung persönlicher Erfahrungen entstand in sechs Wochen ein außergewöhnlich intensiver Film, bei dem die Mitwirkenden sich ständig intensiv miteinander auseinandersetzen mußten. – Sehenswert. ✦ Frankreich 1987 **P** La Sept/FR 3-Cinéma 16/Nanterre Amandiers/Lola Films/C.N.C. **R** Jacques Doillon **B** Jacques Doillon, Jean-François Goyet **K** Caroline Champetier **M** Les Rita Mitsouko **S** Marie Robert **D** Marianne Cuaul (Marie), Valéria Bruni-Tedeschi (Vanessa), Laura Benson (Laurence), Hélène de Saint Père (Hermine), Eva Ionesco (Elsa), Isabelle Renauld (Irène) **L** 90 **E** 16.11.1991 BR

VERLIEBTE FERIEN IN TIROL. Ein nervöser Großstädter verlebt mit seiner Familie den Urlaub nicht nach Plan in Afrika, sondern infolge widriger Umstände auf einem Tiroler Bauernhof. Naive Mischung aus Lustspiel und sentimentalem Heimatfilm, deren ironische Absichten in Ansätzen steckenbleiben. – Ab 10 möglich. ✦ BR Deutschland 1971 **P** Divina **Kl** Gloria **R** Harald Reinl **B** Kurt Nachmann, Klaus E. R. von Schwarze **K** Ernst W. Kalinke **M** Martin Böttcher **S** Jutta Neumann **D** Uschi Glas (Karin Rothe), Hans-Jürgen Bäumler (Stefan Hellwig), Georg Thomalla (Christian Meier), Rudolf Prack (Dr. Madesperger), Beppo Brem (Schmied-Michel) **L** 82 **FSK** ab 6; f **E** 1.10.1971 **fd** 17 543

DIE VERLIEBTE FIRMA. Die Dreharbeiten einer Berliner Filmproduktion im bayerischen Wintersportort Wiesendorf werden durch die beiden Hauptdarsteller, ein zanksüchtiges Ehepaar, verzögert. Obendrein verpatzt eine skifahrende blonde Postangestellte zufällig einen Drehtag. Auf der nun einsetzenden Verliebtheitswelle schwimmt sie nach Berlin, um dort beim Film anzukommen. Ophüls' erster abendfüllender Spielfilm ist ein elegant-witziges Lustspiel, das die Usancen der Filmbranche ironisch belächelt. – Ab 14 möglich. ✦ Schwarz-weiß. Deutschland 1932 **P** Deutsches Lichtspiel-Syndicat (D.L.S.) **Kl** Stiftung Deutsche Kinemathek **R** Max Ophüls **B** Fritz Zeckendorf, nach einer Idee von Ernst Marischka und Bruno Granichstaedten **K** Karl Puth **M** Bruno Granichstaedten, Grete Walter, Ernst Hauke (Ltg.) **S** Else Baum **D** Anny Ahlers (Peggy Barling), Gustav Fröhlich (Werner Loring jr.), Lien Deyers (Grete Krummbichler), Ernst Verebes (Heinrich Pulver), José Wedorn (Leo Lamberti), Hubert von Meyerinck (Fritz Willner) **L** 73 (Verleih 65) **E** 22.2.1932

VERLIEBTE HABEN'S SCHWER (TUTTI INNAMORATI). Ein verwitweter Ingenieur mit Kind und sein leichtfertiger Freund finden über charakterliche unöd soziale Gegensätze hinweg die richtigen Lebensgefährtinnen. Mäßig erheiternde Liebeskomödie, die sich trotz unverkennbarer Wirklichkeitsverbundenheit des volkstümlichen Milieus allzu gekünstelt bedient. Hervorragend freilich die Schauspieler. – Ab 16. ✦ Schwarz-weiß. Italien/Frankreich 1958 **P** Royal/France **R** Giuseppe Orlandini **B** Pasquale Festa Campanile, Massimo Franciosa, Franco Rossi **K** Armando Nannuzzi **M** Alessandro Cicognini **D** Marcello Mastroianni, Jacqueline Sassard, Gabriele Ferzetti, Marisa Merlini **L** 100 **E** 1.4.1962 ARD

VERLIEBTE JUNGS (1987) →Eis am Stiel, 7. Teil – Verliebte Jungs

VERLIEBTE JUNGS (2001) (RENT A BABY). Zwei 20-Jährige, die einen Job in einem Biergarten annehmen, sind Feuer und Flamme, als sie erfahren, dass unter den Kollegen ein alljähriger Wettbewerb durchgeführt wird, dessen Sieger jener Kellner wird, der am Ende der Saison die meisten amourösen Abenteuer vorzuweisen hat. Vor sich hin pubertierende Teenie-Komödie mit einer Handvoll unbekannter Jungdarsteller. ✦ Deutschland/Südafrika 2001 **P** ProSieben **Pd** Sytze van der Laan **R** Christoph Schrewe **B** Don Bohlinger, James Dutcher **K** Matthias Neumann **S** Mona Bräuer **D** Axel Stein (Willi), Idil Üner (Ayse), Alexandra Neldel (Tine), Tom Wlaschiha (Oliver), Christian Näthe (Michael) **L** 90 **E** 10.5.2001 ProSieben

VERLIEBTE LEUTE (VERLIEBTE LEUTE). Drei Junggesellen gehen mit VW-Kübelwagen und Wohnanhänger auf Ferienreise. Nach Lustspielverwechslungen zwischen Wörthersee und Glocknergebiet stellen sich die passenden Bräute ein. Ein mit Schlagern gestreckter Unterhaltungsfilm, anspruchs- und belanglos. – Ab 12. ✦ Schwarz-weiß. Österreich 1954 **P** Neusser/Hope **Kl** Constantin **Pd** Erich von Neusser, Franz Hoffmann **R** Franz Antel **B** Herbert Reinecker, Hanns-Karl Kubiak **K** Hans H. Theyer **M** Lotar Olias **S** Arnfrid Heyne **D** Hannelore Bollmann, Peter Pasetti, Peter Alexander, Rudolf Platte, Elma Karlowa **L** 100 **FSK** ab 12; nf **E** 27.1.1955/16.8.1961 DFF 1 **fd** 3 881

DIE VERLIEBTE LÜGNERIN (KLAMCZUCHA). Eine junge Frau von der Küste verliebt sich in einen Schauspielschüler aus Poznan. Ihr Bemühen um ihn scheint zunächst ergebnislos zu sein, doch schließlich gelingt ihr der Durchbruch. Inzwischen ist sie aber stark und selbständig genug geworden, um auch einem zweiten Verehrer Chancen zu geben. Wenig überzeugender Jugendfilm, dessen Aufbau zu konstruiert wirkt. – Ab 8. ✦ Polen 1981 **P** Zespoly Filmowe/Zespoly »Tor« **Kl** Progress **R** Anna Sokolowska **B** Malgorzata Musierowicz, Anna Sokolowska **K** Jacek Korcelli **M** Jerzy Matuszkiewicz **D** Malgorzata Wachecka (Aniela), Czregorz Matysik (Pawel), Marek Wójcicki (Robert), Ewa Borowik (Tosia), Irena Kownas (Stellv. Direktor) **L** 102 **E** 25.2.1983 Kino DDR/29.8.1984 DFF 1

DER VERLIEBTE MOZART (MOZART IN LOVE). Mozarts Verhältnis zu den drei Weber-Schwestern. Mit Hilfe von Mozarts Arien erforscht der Film die Gefühle seiner Figuren, ohne in den Fehler üblicher Künstlerbiografien zu verfallen, die Kunst aus dem Leben erklären zu wollen. »Sein« Mozart sublimiert keine Erfahrungen zu Musik; umgekehrt hilft ihm die Musik nicht über Erfahrungen hinweg: Kunst nicht als Lebensersatz, vielmehr als ein Aspekt des Lebens. Rücksicht auf ästhetische und kulturelle Traditionen Europas nimmt dieser unabhängig produzierte Film dabei nicht. (O.m.d.U.) ✦ USA 1975 **P** Mark Rappaport **Pd+R+B** Mark Rappaport **K** Jack Newman, Peter Rubin, Peter Aaron **M** Wolfgang Amadeus Mozart, Hector Berlioz, Christoph Willibald Gluck, Jule Stein, Leo Robin **D** Rich La Bonte (Mozart), Margot Breier (Constanze), Sasha Nanus (Sophie), Sissy Smith (Louisa) **L** 95 **E** 20.2.1978 WDR

DER VERLIEBTE PRÜGELKNABE (THE ALMIGHTY EXTRA). Ein Filmkomparse in Hongkong schlägt sich als Stuntman und Kleindarsteller in Kung-Fu-Filmen durch, um seine Träume von Hochzeit und besserer

Zukunft realisieren zu können. Weitgehend amüsante Parodie auf das Genre der Kung-Fu-Filme auf der Spur von Kinji Fukasakus »Kulissenhelden«. Darüber hinaus ein aufschlußreicher Einblick in fernöstlichen Unterhaltungsgeschmack. – Ab 14 möglich. ✦ Hongkong 1980 **P** Sin Tong Prod. **Pd** Sin Tong **R** Zhang Xin-Yan **B** Wu Tsang-Chou **K** Chou Pai-Ling **M** Tsao Tieng **S** Li Yu-Huai, Ku Chih-Hui **D** Fan Ping (Tong), Liu Xueh-Wua (Zhen), Ping Fan (Regisseur), Li Tziang (Tongs Mutter), Sun Chih-Chun (Held) **L** (TV) 99 **E** 18.6.1988 ZDF

VERLIEBTE UNSCHULD (TERESA VENERDI). Ein leichtlebiger Kinderarzt, der aus Geldverlegenheit im Waisenhaus arbeitet, wird durch eine verliebte 18jährige seine Freundinnen und seine Gläubiger los. Charmante, zwischen Ironie und Tragikomik pendelnde Komödie, geprägt von Gesellschaftskritik und nachsichtigem Optimismus. Elemente des neorealistischen Stils werden bereits vorweggenommen. – Ab 16. ✦ Schwarz-weiß. Italien 1941 **P** AIC Europa-Film **Kl** Döring **R+B** Vittorio de Sica **K** Vincenzo Seratrice **M** Renzo Rossellini **D** Vittorio de Sica (Pietro Vignali), Adriana Benetti (Teresa), Anna Magnani (Loletta), Irasema Dilian (Lilly), Guglielmo Barnabò (Kommerzienrat) **L** 88 **E** 1953 Kino (Reprise)/15.3.1982 BR/13.1.1983 DFF 2 **fd** 2 741

DIE VERLIEBTE WOLKE (KARA SEVDALI BULUT / CLOUD IN LOVE). Ein Plädoyer gegen die Vernichtung des Menschen durch den Menschen, entwickelt am Beispiel einer Familie in Istanbul, die durch den Militärputsch zerbricht. Die Mutter wird von der Militärpolizei verschleppt; als sie zurückkehrt, ist sie an Leib und Seele gebrochen und zudem – Folge einer Vergewaltigung im Gefängnis – schwanger. Der Film wurde erst nach langer Verzögerung im März 1989 von den türkischen Behörden freigegeben; Negativ und erste Kopie waren nach der Fertigstellung von der Polizei beschlagnahmt worden. (O.m.d.U.) ✦ Türkei/Schweden 1988/89 **P** Kinomozaik **R+B+K** Muammer Özer **M** Ahmet Güvenc **S** Muammer Özer **D** Zuhal Olcay, Haluk Bilginer, Sahika Tekand, Sonat Bilgin, Bülent Oran, Gökhan Mette **L** (TV) 95 **E** 4.7. 1992 N 3

DIE VERLIEBTEN (1955) (GLI INNAMORATI). Liebesverwirrungen unter jungen Leuten, die in einem römischen Volksviertel aufgewachsen sind. Neoveristische Filmkomödie mit besinnlichen Momenten und heiterer Milieubeobachtung. ✦ Schwarzweiß. Italien 1955 **P** Alessandri Jacovoni **R** Mauro Bolognini **B** Pasquale Festa Campanile, Massimo Franciosa **K** Massimo Sallusti **M** Carlo Innocenzi **D** Antonella Lualdi, Franco Interlenghi, Gino Cervi, Cosetta Greco, Sergio Raimondi **L** ca. 80 **E** 11.8. 1959 ARD

DIE VERLIEBTEN (1969) (WLJUBLENNYJE). Drei Freunde erleben in ihrer Liebe Glück, Schmerz und Enttäuschung. Für jeden aber bedeutet sie eine Stufe im Prozeß des Reiferwerdens. Einfühlsame Charakterzeichnungen, bemerkenswert inszeniert. – Ab 14. ✦ Scope, schwarz-weiß. UdSSR 1969 **P** Usbekfilm **Kl** Progress **R** Eljor Ischmuchamedow **B** Odelscha Agischew **K** Hassan Tutunow **M** Bogdan Trozjuk **S** T. Jegorytschewa **D** Rodion Nachapetow (Rodin), Anastassija Wertinskaja (Tanja), Rustam Sagdullajew (Rustam), G. Apanajewa, K. Chatschaturjan **L** 80 **E** 8.1.1971 Kino DDR/14.7.1972 DFF 1

DIE VERLIEBTEN (1987). Das Liebesverhältnis zwischen einer Fernsehjournalistin und einem Komponisten, der in Jugoslawien nach der Nazi-Vergangenheit seines Vaters sucht, endet durch einen tödlichen Unfall. Im Kern eine diskussionswerte Auseinandersetzung um Geschlechterrollen, Suche nach Heimat und Bewältigung von Vergangenheit, die sich durch Manierismen und enttäuschende Darstellerleistungen aber um ihre Wirkung bringt. ✦ BR Deutschland/Jugoslawien 1987 **P** Von Vietinghoff/Art Film 80/Zeta Film **Kl** Brokers Release **Pd** Joachim von Vietinghoff, Aleksandar Stojanovic **R+B** Jeanine Meerapfel **K** Predrag Popovic **M** Jürgen Knieper **S** Ursula West **D** Barbara Sukowa (Katharina), Horst-Günther Marx (Peter), Bata Zivojinovic (= Velimir Bata Zivojinovic) (Onkel Savo), Rade Serbedzija (Dusan), Ljiljana Kontic (Mutter) **L** 95

VERLIEBTER SOMMER →Verliebte Leute

VERLIERER. Zwei Brüder geraten in den Krieg zwischen zwei rivalisierenden Straßenbanden im Ruhrgebiet. Der ältere, Anführer einer der Banden, stirbt schließlich an einem Messerstich. Film über die Ziellosigkeit einer orientierungslosen Generation, über gesellschaftliche Außenseiter, die ihre Gefühle nur noch in Haß, Gewalt und Brutalität ausdrücken können. – Ab 16. ✦ BR Deutschland 1986 **P** ZDF **R+B** Bernd Schadewald **K** Wolfgang Dickmann **S** Karsten Hoffmann **D** Mario Irrek (Mücke), Ralf Richter (Richy), Yüksel Bicici (Erdal), Aram Basyurt (Hassan), Dieter Mill, Campino **L** 85 **E** 20.1.1987 ZDF

DIE VERLOBTE. Eine Kommunistin muss die Jahre von 1934 bis 1944 hinter den Mauern eines nationalsozialistischen Frauenzuchthauses verbringen, was sie nur durch die Hoffnung auf eine Zukunft, die Liebe zu ihrem in Freiheit lebenden Verlobten und durch Mitgefühl und Solidarität mit den anderen Häftlingen durchsteht. Die ergreifende »Passionsgeschichte« einer schutzlosen, aber mutigen, schwachen und doch unbeugsamen Frau im Räderwerk des Strafvollzugs im Dritten Reich. Überzeugend sowohl als heroisierender Frauenfilm wie auch als Zuchthausfilm und Liebesgeschichte, vor allem aber auch als filmisch bemerkenswerte Erforschung von Gefühlswelten. Herausragend die schauspielerische Leistung der Hauptdarstellerin. – Sehenswert ab 14. ✦ Teils schwarz-weiß. DDR 1979/80 **P** DEFA/Fernsehen der DDR **Kl** Progress/Unidoc **Pd** Hans-Erich Busch **R** Günther Rücker, Günter Reisch **B** Günther Rücker, nach einer Romantrilogie von Eva Lippold **K** Jürgen Brauer **M** Karl-Ernst Sasse **S** Erika Lehmphul **D** Jutta Wachowiak (Hella Lindau), Regimantas Adomaitis (Hermann Reimers), Ewa Zietek (Hilde), Hans-Joachim Hegewald (Hensch), Inge Keller (Irene), Käthe Reichel (Olser), Rolf Ludwig (Gefängnisarzt) **L** 112 **E** 5.9.1980 Kino DDR/10.4.1981 DFF/ 12.6.1981 Kino BRD/14.11.1984 NDR **fd** 23 197

VERLOBTE LEUTE →Das Dementi

DIE VERLOBTEN (1941) (I PROMESSI SPOSI). Die in den 30er Jahren des 17. Jahrhunderts in Oberitalien angesiedelte Geschichte eines jungen Paares, das erst nach der Überwindung zahlreicher Hindernisse – unter anderem der Intervention eines Tyrannen, vor dem es flüchten muß – eine Ehe eingehen kann. Eindrucksvoll inszenierte Verfilmung des breitangelegten Romans von Alessandro Manzoni vor dem Hintergrund einer von Krieg, Hungersnot und Pest heimgesuchten Zeit. Mit einigen Schwächen in der gelegentlich allzu aufdringlichen Schauspielführung. – Ab 16. ✦ Schwarz-weiß. Italien 1941 **P** Lux **R** Mario Camerini **B** nach einem Roman von Alessandro Manzoni **D** Gino Cervain, Dina Sassoli, Enrico Glori, Luis Hurtado, Carlo Ninchi **L** (TV) 115 **E** 17.9.1986 S 3

DIE VERLOBTEN (1962) (I FIDANZATI). Das Leben eines schon lange miteinander verlobten jungen Paares in Mailand droht in Gewöhnung und gegenseitiger Entfremdung zu erstarren. Als der Mann, ein Arbeiter, nach Sizilien versetzt wird, bewirkt die neue Erfahrung einer zunächst fremden Kulturwelt einen Lernprozeß, der beide wieder zusammenführt. Ein feinfühlig, mit meisterhafter poetischer Leichtigkeit inszeniertes Bild italienischen Alltags, das weit über die privaten Aspekte der schlichten Geschichte hinausgeht. Der Blick richtet sich vor allem auf die durch das wirtschaftliche Nord-Süd-Gefälle in Italien bestehenden sozialen Probleme. (OCIC-Preis in Cannes 1963.) – Sehenswert ab 16. ✦ Scope, schwarz-weiß. Italien 1962 **P** Titanus **Pd** Goffredo Lombardo **R+B** Ermanno Olmi **K** Lamberto Caimi **M** Gianni Ferrio **S** Carla Colombo **D** Anna Canzi, Carlo Cabrini **L** 76 **E** 4.3.1968 ZDF **fd** 11 997

DIE VERLOBTEN DES TODES (I FIDANZATI DELLA MORTE). Ein wankelmütiger Motorradrennfahrer kehrt nach privaten und beruflichen Ausrutschern zu seiner Ehefrau zurück. Als seine Beifahrerin verhilft sie ihm zum Sieg, so daß er auf einer Neukonstruktion des Schwiegervaters den »Preis von Monza« erringt. Der gut, in den Rennszenen sogar hervorragend fotografierte Film will Kritik an der Kommerzialisierung des Sports üben, tut dies allerdings allzu flüchtig. Er leidet zudem an seiner verfehlten Besetzung und den Klischees des Drehbuchs. – Ab 14 möglich. ✦ Scope. Italien 1956 **P** Sirius **Kl** Deutsche Cosmopol **Pd** Giuseppe Driussi **R** Romolo Marcellini **B** Gino de Sanctis, Nicola Ferrari, Franco Solinas, Jacques Rémy **K** Aldo Giordani **M** Angelo Francesco Lavagnino **S** Eraldo da Roma **D** Hans Albers (Lorenzo), Margit Nünke (Giovanna), Rik Battaglia (Carlo), Sylva Koscina (Lucia), Gustavo Rojo (Piero), Carlo Ninchi (Parisi) **L** 93 **FSK** ab 12; nf **E** 26.7.1957 **fd** 6 140

VERLOBUNG AM WOLFGANGSEE (VERLOBUNG AM WOLFGANGSEE). Ein erfolgreicher Schriftsteller und seine Frau erklären ihren Kindern, den Zwillingssöhnen und der 18jährigen Tochter, daß sie nicht aus ihrer Ehe stammen. Mit einem Schlag zerbricht die bisherige Harmonie im schloßartigen Haus, kann jedoch dank der Menschenkenntnis des Schriftstellers bald wieder hergestellt werden. Oberflächliche Unterhaltungskomödie, die die angedeuteten Konflikte leichthändig und elegant zu umschiffen weiß. (Neuverfilmung des Films »Sophienlund«, 1943) – Ab 14 möglich. ✦ Österreich 1956 **P** ÖFA/Schönbrunn-Film **Kl** NF **Pd** Ernest Müller **R** Helmut Weiss **B** Helmut Weiss, Fritz Peter Buch, nach einem Theaterstück von Helmut Weiß und Fritz von Woedtke **K** Walter Tuch **M** Hans Lang **S** Ilse Wilken **D** Wolf Albach-Retty (Erik Eckberg), Maria Andergast (Sigrid), Michael Cramer (Knut), Michael Heltau (Michael), Ingrid Andree (Gabriele), Melanie Horeschowsky (Selma) **L** 90 **FSK** ab 12; f **E** 25.10.1956/15.10.1961 ARD **fd** 5 388

VERLOBUNG AN DER MOSEL →Moselfahrt aus Liebeskummer

VERLOBUNG AUF DER DURCHREISE (JARNI VODY). Eine junge russische Adlige verliebt sich auf der Rückkehr von einer Italien-Reise in Frankfurt in einen attraktiven Italiener Gemma. Er verrät diese Liebe, als er der Faszination einer selbstbewußten, nach eigenen Maßstäben lebenden Landsmännin erliegt. Routiniert inszenierte Literaturverfilmung nach Turgenjew, die ein interessantes Bild von Zeit und Menschen um 1850 entwirft. – Ab 16. ✦ Scope. CSSR 1968 **P** Filmstudio Barrandov **Kl** Progress **R** Václav Krska **B** Václav Krska, nach der Novelle »Frühlingswogen« von I.S. Turgenjew **K** Josef Illík **M** Jarmil Burghauser **D** Vít Olmer (Dimitri P. Sanin), Alzbeta Strkulová (Gemma), Kveta Fialová (Maria Nikolajewna), Marie Glázrová (Gemmas Mutter), Ludek Munzar (Karl Klüber) **L** 93 **E** 18.2.1969 Kino DDR/ 17.7.1971 DFF 2

DIE VERLOBUNG DES MONSIEUR HIRE (MONSIEUR HIRE). Ein von allen geschnittener häßlicher und eigenbrötlerischer Mann verliebt sich in eine junge Frau, die er allabendlich von seinem Fenster aus in ihrer Wohnung beobachtet. Er glaubt, das Wissen um ihr düsteres Geheimnis für seine Zwecke nutzen zu können. Ein trister Film über ein erstarrtes Leben, undurchsichtige Gefühle und trügerische Hoffnungen, der geschickt die Sympathie der Zuschauer lenkt. Durch die überzeugende filmische Umsetzung des Stoffes und die überragende Interpretation entwickelt sich eine intensive Lektion über die Ambivalenz von Gut und Böse. – Sehenswert ab 16. ✦ Scope. Frankreich 1989 **P** Hachette Première et Cie/Cinéa/FR 3/Europe 1 **Kl** NEF 2 **VA** atlas **Pd** Philippe Carcassonne, René Cleitman **R** Patrice Leconte **B** Patrice Leconte, Patrick Dewolf, nach einem Roman von Georges Simenon **K** Denis Lenoir **M** Michael Nyman **S** Joëlle Hache **D** Michel Blanc (Monsieur Hire), Sandrine Bonnaire (Alice), Luc

Thuillier (Emile), André Wilms (Polizeiinspektor) **L** 91 **FSK** ab 12; f **FBW** bw **E** 28.9.1989/28.2.1990 Video/6.4.1992 ZDF **fd** 27 841

VERLOBUNG IN HOLLERBUSCH. Ein angehender Diplomlandwirt besinnt sich auf seine Kindheit und Jugendjahre. Geboren und aufgewachsen im Dorf Hollerbusch, erlebte er dort den Krieg, verlor seine Mutter durch Typhus und arbeitete später in der Landwirtschaft. Fernsehfilm, der auf zeittypische Art um die Glättung von Konflikten bemüht ist. ✦ DDR 1979 **P** DEFA **Pd** Gerrit List **R** Klaus Gendries **B** Klaus Gendries, Klaus Jörn, nach dem gleichnamigen Roman von Joachim Wohlgemuth **K** Günter Marczinkowsky **M** Günther Fischer **S** Karin Kusche **D** Erwin Geschonneck (Ernst/Walter), Jaroslav Moucka (Max Korn), Bernd Stempel (Ewald Wagemühl), Hildegard Walter (Catharina Wagemühl), Volkmar Kleinert (Professor Schulz) **L** 92 **E** 30.10.1979 DFF1

VERLOBUNG MIT DEM TOD (THE SMILING GHOST). Ein als Lockvogel engagierter junger Mann entlarvt unbekümmert das mörderische Schloßgespenst, das allen Bewerbern um die schöne Schloßherrin nach dem Leben trachtet. Klamaukhafte Parodie auf Gruselkrimis. In seinen Mitteln wenig wählerisch, wartet der Film, immerhin, mit einer überraschenden Schlußpointe auf. – Ab 14 möglich. ✦ Schwarz-weiß. USA 1941 **P** Warner **Pd** Edmund Grainger **R** Lewis Seiler **B** Kenneth Gamet, Stuart Palmer **K** Arthur Todd **S** Jack Killifer **D** Wayne Morris, Alexis Smith, Brenda Marshall, Alan Hale, Willie Best **L** 75 **E** 11.5. 1963 ARD

VERLOCKENDE FALLE (ENTRAPMENT). Eine junge, attraktive Versicherungsagentin heftet sich an die Spuren eines gealterten Meisterdiebs und Kunstsammlers, um ihn zu überführen, macht aber letztlich aus wachsender Zuneigung und aus finanziellen Motiven gemeinsame Sache mit ihm. Weitgehend altmodisch aufbereitetes Gaunerstück, bei dem sich die Inszenierung auf die minuziöse Schilderung der spektakulären Einbrüche sowie die Charaktere des ungleichen Duos konzentriert. Dabei lässt die Handlung jede für das Genre nötige Spannung vermissen, während es der Liebesgeschichte an Differenziertheit und Ironie fehlt. – Ab 14. ✦ Scope. USA 1998 **P** Twentieth Century Fox **Kl** 20th Century Fox **VA** Fox Home **DVD** Medaria Home (16:9, 2.35:1; DD5.1 engl./dt.) **Pd** Sean Connery, Michael Hertzberg, Rhonda Tollefson **R** Jon Amiel **B** Ronald Bass, William Broyles jr. **K** Phil Meheux **M** Christopher Young **S** Terry Rawlings **D** Sean Connery (Mac), Catherine Zeta-Jones (Gin), Ving Rhames (Thibadeaux), Will Patton (Cruz), Maury Chaykin (Conrad Greene), Kevin McNally (Haas) **L** 113 **FSK** ab 12; f **FBW** bw **E** 27.5.1999/18.11.1999 Video/2.6.2000 DVD **fd** 33 690

DIE VERLOCKUNG. Anfang der 60er Jahre haben zwei Wiener Lehrlinge hochfliegende Urlaubspläne, aber auch Probleme mit Nichtigkeiten des Alltags, mit Liebeskummer und Gewerkschaftsjugend. Erinnerung an die Zeit der 60er Jahre, ausgezeichnet fotografiert, jedoch offensichtlich klischeehaft; Sensibilität und Ausdruckskraft fehlen weitgehend. – Ab 16. ✦ Österreich 1987 **P** Dr. Heinz Scheiderbauer/ORF/ ZDF **Pd** Heinz Scheiderbauer **R** Dieter Berner **B** Peter Turrini, Rudi Palla **K** Frank Brühne **M** Matthias Rüegg **S** Ingrid Koller **D** Levin Kress (Rudi Blaha), Fritz Karl (Manfred), Sabine Gautier (Gitti), Therese Jaggersberger (Brigitte Bardot), Dominic Raacke (Fritz Anders), Tina Engel (Frau Prießnitz), Hans Brenner (Herr Prießnitz) **L** 86 **E** 23.4.1989 ZDF

VERLOCKUNG (1960) (SVENSKA FLICKOR I PARIS). Drei mittellose junge Frauen geraten innerhalb eines Schicksalstages in Stockholm ins unerbittliche Räderwerk der Großstadt: die eine kann soeben noch in die Provinz entrinnen, die zweite, ein um den Lohn geprelltes Kindermädchen, bleibt in einem Tanzlokal hängen, die dritte, eine Studentin, sinkt übers Aktmodell-Stehen zur Prostituierten ab. Eine handlungsarme, inszenatorisch klägliche Zusammenstellung von »Schicksalsskizzen«, die sich fotografisch ambitioniert gibt, aber viel mehr an den eingestreuten Nacktszenen interessiert ist. (Alternativtitel: »Eine Schwedin in Paris«) ✦ Schwarz-weiß. Schweden 1960 **P** Ann Burman/Anders Aspegren **Kl** Iltis **R+B** Barbro Boman **K** Peter Weiss **M** Martial Solal **D** Anita Lindoff, Ulla Blomstrand, Gösta Alm, Maud Elfvsjö **L** 77 **FSK** ab 18; nf **E** 10.3.1961 **fd** 10 037

VERLOCKUNG (1977) (KISERTES). Das Schicksal eines jungen Mannes, der in den 30er Jahren als Page in einem Budapester Luxushotel vom großen sozialen Aufstieg träumt, um so der Armut und dem Elend seines Elternhauses zu entrinnen. Unbefriedigende Mischung aus zeitgeschichtlicher Studie und sehr vordergründigen, nostalgisch-sentimentalen Interpretationsversuchen. – Ab 16. ✦ Ungarn 1977 **P** Hunnia/Ungarisches Fernsehen **Kl** Progress **R** Károly Esztergályos **B** Erika Szántó, Károly Esztergályos, nach dem gleichnamigen Roman von János Székely **K** Miklós Bíró **M** Emil Petrovics **D** Géza D. Hegedüs (Béla Rózsa), Erika Bodnár (Bélas Mutter), Valentin Gaft (Bélas Vater), Anna Nehrebecka (die gnädige Frau), Mari Kiss (das Mädchen) **L** 77 **E** 7.4.1978 Kino DDR/14.6.1980 DFF 2

VERLOCKUNG DER LIEBE (SONATA DE ESTIO). Um eine unglückliche Liebschaft zu vergessen, schifft sich der Marquese von Bradomin nach Mexiko ein, wo er die Erbschaft seines Onkels antreten soll. An Bord der »Dalila« trifft er auf eine anziehende Frau, und ein neues amouröses Abenteuer bahnt sich an. ✦ Spanien 1982 **P** Estela Films/TVE **R** Fernando Méndez Leite **B** Enrique Llovet, nach dem Roman von Ramon des Valle-Inclan **K** Manuel Merino **D** Manuel Sierra, Amparo Muñoz, Maria Asquerino, Pep Munne, Fernando Hilbeck **L** 90 **E** 4.5.1986 DFF 2

DIE VERLOCKUNG DES CHAOS (LA SEDUCCION DEL CAOS). Ein Schauspieler soll seine Geliebte und einen Freund getötet haben, die alle gemeinsam an einer Fernsehserie namens »Des Kaisers neue Kleider« gearbeitet haben. Im Zuge der Nachforschungen verwischen die Grenzen zwischen Wirklichkeit und Fiktion. Dementsprechend versucht der Regisseur des Films, verschiedene Darstellungsebenen miteinander zu verweben: Inszenierung und Improvisation, Film und Video, neue und Archiv-Aufnahmen; ein freies Spiel mit Zufälligkeiten, eben mit dem Chaos. ✦ Spanien 1991 **P** La Linterna Magica/TVE **R** Basilio Martin Patino **B** Pablo Martin Pascual, Basilio Martin Patino **K** Augusto Babuena **S** Fernando Pablo López **D** Adolfo Marsillach, Kiti Manver, Rosalla Dans, Ricardo Solfa, Maria Galiana **L** 100 **E** 18.3.1998 arte

DER VERLOGENE AKT. Die Frau eines Hamburger Konzernpräsidenten bekommt von ihrem Mann ein Kind – es ist dunkelhäutig! Der Präsident, untröstlich, läßt die Scheidung arrangieren. Reporter wittern eine tolle Schlagzeile. Mit ihrem Baby allein gelassen, verzweifelt die Frau an ihrer scheinheiligen Umgebung und der niederträchtigen Journaille, steckt ihre Dachkammer in Brand und kommt ums Leben. Ein an den Regeln der Illustrierten-Dramatik orientiertes »Gesellschaftsdrama«, sentimental und oberflächlich, mit geschönter Milieuzeichnung und sozialem Augenaufschlag. ✦ BR Deutschland/Italien 1969 **P** Horst Manfred Adloff/Italian International **Kl** Cinerama **R** Rolf von Sydow **B** Rolf von Sydow, Horst Manfred Adloff, Hans-Jürgen Tögel **K** Franco Delli Colli **M** Hans Posegga **D** Gabriele Buch (Elisabeth), Günther Schramm, Michael Hinz, Ursula Oberst, Elisabeth Fanti (= Elisabetta Fanti) **L** 85 **FSK** ab 18; f **E** 4.12.1969 **fd** 16 495

VERLOREN IM SCHNEESTURM – EINE FAMILIE KÄMPFT UMS ÜBERLEBEN (SNOWBOUND). Ein nach einem authentischen Vorfall entstandenes Familiendrama über ein junges Ehepaar, das auf einer Autofahrt mit seinem Baby in ein winterliches Unwetter gerät. Als das Fahrzeug in der Schneewüste steckenbleibt, muß die Familie ihren Weg zu Fuß fortsetzen. Nach acht Tagen ziellosen Umherirrens macht sich der Mann allein auf, um Hilfe zu holen, während Frau und Kind in einer Höhle zurückbleiben. – Ab 16. ✦ USA 1993 **R** Christian Duguay **D** Neil Patrick Harris (Jim Stolpa), Kelli Williams (Jennifer Stolpa), Susan Clark (Muriel), Michael Gross (Kevin), Andrew Airlie (Dr. Bonaldi) **L** 89 **E** 28.12.1994 RTL

VERLOREN IN ALASKA (RUGGED GOLD). Abenteuerliche Familienunterhaltung mit melodramatischen Elementen. Ein Goldsucher heiratet eine Witwe und zieht mit ihr und ihrem kleinen Sohn in die Wildnis Alaskas. Dem Kind behagen der neue Vater und die ungewohnte Umgebung überhaupt nicht. Als es fortläuft und der Mann auf die Suche geht, ist die hochschwangere Frau auf sich alleine gestellt. – Ab 12 möglich. ✦ Kanada 1994 **R** Michael Anderson **D** Jill Eikenberry (Martha Martin), Art Hindle (Don Martin), Ari Magder (Lloyd Martin), Graham Greene (Samuel Smith) **L** 89 **E** 6.7.1996 Super RTL

VERLOREN UND VERDAMMT (THE SUN ALSO RISES). Nach dem Ersten Weltkrieg ist Paris Tummelplatz für eine Clique lebenshungriger Amerikaner, unter ihnen ein impotenter Journalist und seine Geliebte. Ihre komplizierte Liebesgeschichte erreicht ihren Höhepunkt, als man zur Fiesta nach Pamplona reist und die Frau sich in einen jungen Stierkämpfer verliebt. Innerhalb der Gruppe steigert sich die Spannung, es kommt zum Bruch. Schwerfällige, allenfalls fotografisch überzeugende Fernseh-Adaption von Hemingways »Fiesta« über das Lebensgefühl und den Lebensrausch einer »verlorenen Generation«; Henry Kings Kino-Adaption (»Zwischen Madrid und Paris«, 1957) geriet weitaus dichter. – Ab 16. ✦ USA 1984 **P** NBC/20th Century Fox **R** James Goldstone **B** Robert L. Joseph, nach einem Roman von Ernest Hemingway **K** Jacques Robin **M** Billy Goldenberg **D** Jane Seymour, Hart Bochner, Robert Carradine, Zeljko Ivanek, Leonard Nimoy **L** 192 **E** 13.,14.11.1990 PRO 7 (zwei Teile)

VERLOREN UND WIEDERGEFUNDEN (KASHDY METSCHTAJET O SOBAKE). Der alleinerziehende Vater eines siebenjährigen Mädchens heiratet wieder. Seiner eifersüchtigen Tochter fällt es nicht leicht, das neue Familienmitglied zu akzeptieren. Als der Hund des Mädchens wegläuft, verläßt es heimlich die Wohnung und findet beim Nachbarjungen Hilfe. – Ab 8. ✦ Scope. UdSSR 1975 **P** Gorki-Studio **R** Igor Jassulowitsch **B** Wladimir Shelesnikow **K** Wladimir Archangelski **M** Eduard Artemjew **D** Jelena Prudnikowa, Albert Filosow **L** 62 **E** 4.9.1977 DFF 2

VERLOREN UNTER LEBENDEN →Autodiebe

VERLOREN, VERLOREN, VERLOREN (LOST, LOST, LOST). Jonas Mekas, 1922 in Litauen geboren, kam 1949 in die USA. Er gründete die »New American Cinema Group« als Alternative zum Hollywood-Kino. In diesem Film beschreibt er seine ersten Jahre in der Neuen Welt (1949 bis 1963). Er beginnt mit der Ankunft in New York und berichtet von den verzweifelten Versuchen, hier Wurzeln zu schlagen. Sehenswert als Dokument des unabhängigen amerikanischen Avantgarde-Films. ✦ Teils schwarz-weiß. USA 1976 **P** New American Cinema Group **R+B+K** Jonas Mekas **L** 164 **E** 3.,24.10.1981 WDR (zwei Teile)

DER VERLORENE. Ein Arzt wird 1943 wegen kriegswichtiger Forschungsarbeiten von der Gestapo daran gehindert, den Totschlag an seiner Braut zu sühnen, den er im Affekt beging, als er erkannte, daß sie gegen ihn intrigierte und ihn ausspionierte. Da seine Tat von den Machthabern vertuscht wird, leidet er zunehmend unter Zwangsvorstellungen und wird zum triebhaften Mörder, der erst nach Kriegsende seine Schuld »begleichen« kann: Er erschießt den ehemaligen Nazi-Beamten und begeht Selbstmord. Ungeachtet einiger Schwächen in der Verzahnung der Geschichte und der psychopathologischen Zeichnung ein atmosphärisch sehr dicht und quälend eindringlich gestalteter, hervorragend gespielter Film, der in der deutschen Nachkriegsproduktion seinesgleichen sucht und lange Zeit verkannt blieb. – Sehenswert. ✦ Schwarz-weiß. BR Deutschland 1951 **P** Arnold Pressburger Filmproduktion **KI** National **Pd** Arnold Pressburger **R** Peter Lorre **B** Peter Lorre, Benno Vigny, Axel Eggebrecht, nach einer Idee von Egon Jameson **K** Václav Vich **M** Willy Schmidt-Gentner **S** Carl-Otto Bartning **D** Peter Lorre (Dr. Karl Rothe), Karl John (Hoesch/Nowak), Renate Mannhardt (Inge Hermann), Johanna Hofer (Frau Hermann), Eva-Ingeborg Scholz (Ursula Weber) **L** 98 **E** 7.9.1951/8.6.1964 ZDF **fd** 1 277

DIE VERLORENE EHRE DER KATHARINA BLUM. Eine junge Frau wird durch die kurze Bekanntschaft mit einem angeblichen Anarchisten zum wehrlosen Opfer von Polizei, Justiz und Sensationspresse. Der handwerklich routinierte Film bezieht sich – wie Bölls Buch – auf aktuelle Streitfragen im Zusammenhang mit der Terrorismus-Debatte der 70er Jahre: Verfilzung staatlicher Institutionen mit privater wirtschaftlicher Macht; Möglichkeiten der Manipulation auflagenstarker Boulevard-Zeitungen im Dienste politischer Restauration; Machtlosigkeit des einzelnen gegenüber einer zur Massenhysterie angeheizten öffentlichen Meinung. Der Verzicht auf Differenzierung, die traktathafte Vereinfachung der Handlung, die Überzeichnung der Figuren sowie der polemische Inszenierungsstil ergänzen sich zu einer effektvollen Inszenierung, die zur Diskussion herausfordert. – Ab 16. ✦ BR Deutschland 1975 **P** Bioskop/Paramount-Orion **KI** CIC **Pd** Willi Benninger, Eberhard Junkersdorf **R** Volker Schlöndorff **B** Volker Schlöndorff, Margarethe von Trotta, nach einer Erzählung von Heinrich Böll **K** Jost Vacano **M** Hans Werner Henze **S** Peter Przygodda **D** Angela Winkler (Katharina Blum), Mario Adorf (Kommissar), Dieter Laser (Werner Tötges), Heinz Bennent (Blorna), Rolf Becker (Staatsanwalt Hach), Jürgen Prochnow (Ludwig), Hannelore Hoger (Trude Blorna), Karl-Heinz Vosgerau (Alois Sträubleder) **L** 106 **FSK** ab 16; f **E** 10.10.1975/20.8.1976 Kino DDR **fd** 19 524

DER VERLORENE ENGEL. Ein Tag im Leben des Bildhauers und Grafikers Ernst Barlach. Erschüttert durch den Diebstahl seines »Schwebenden Engels« aus dem Dom zu Güstrow durch die Nazis, versucht der verfemte und vereinsamte Künstler, sich über den Sinn seines Schaffens und sein Verhältnis zu seiner Zeit klar zu werden. Eine in Spiel, expressiver Kamera und Regie bemerkenswerte Momentaufnahme einer Künstlerbiografie, verdichtet zur gleichnishaften Reflexion über das Verhältnis von Kunst und Macht. (Der Film war 1966 dem 11. Plenum des ZK der SED zum Opfer gefallen und kam erst 1971 in einer verstümmelten Fassung in die Kinos der DDR. Getilgt wurden zum Beispiel die eingebauten Lieder von Wolf Biermann.) – Ab 14. ✦ Schwarz-weiß. DDR 1965/66/70 **P** DEFA **KI** Progress **Pd** Werner Liebscher **R** Ralf Kirsten **B** Ralf Kirsten, Joachim Nestler, Manfred Freitag, nach der Novelle »Das schlimme Jahr« von Franz Fühmann **K** Claus Neumann **M** André Asriel **S** Evelyn Carow, Ursula Zweig **D** Fred Düren (Ernst Barlach), Erika Pelikowsky (Frau Barlach), Agnes Kraus (Alte Frau), Erik S. Klein (Kutscher), Walter Lendrich (Taxifahrer) **L** 59 **E** 23.4.1971 Kino DDR/27.4.1975 DFF 2/24.10.1993 MDR

VERLORENE FLÜGEL. Durch die Begegnung mit einer alten Frau, die die verfallene Villa, in der sie mutterseelenallein lebt, verlassen muss, rührt der 14-jährige vermeintliche Sohn eines Fährmanns an ein Geheimnis aus der Vergangenheit, das ihn ebenso betrifft wie die alte Dame. Er macht sich auf die Suche nach seiner verstorben geglaubten Mutter. Die behutsam erzählte Begegnung zweier Menschen aus verschiedenen Generationen, erzählt vor dem Hintergrund der Umbrüche und Spannungen der unmittelbaren Wendezeit. ✦ Deutschland 1999 **P** Edgar Reitz Film/Kopp-Film/Sic! **Pd** Wolfgang Scholz, Rhoma Ranna **R+B** Wolfgang Scholz **K** Hans Fischer **M** Axel Frank Singer **S** Wolfgang Scholz **D** Gudrun Okras (Johanna Haupt), Peter Franke (Färmann), Roy Helbig (Benja), Christel Peters (Annelie), Ursula Geyer-Hoppe (Dorle) **L** 82 **E** 19.10.2001 mdr

VERLORENE FRAUEN →Frauengefängnis (1950)

DAS VERLORENE GESICHT. Ein angeblich im Stuttgart der 20er Jahre geschehener Fall von Bewußtseinsspaltung: Nach einem Autounfall verwandelt sich eine Frau innerlich und äußerlich in eine Tibetanerin. In Rückblenden zu unübersichtlich angelegt, findet der eigenwillig-geheimnistuerische Film aus seinem Rätselgeflecht von Telepathie und Hypnose nicht mehr recht heraus. – Ab 16. ✦ Schwarz-weiß. Deutschland 1948 **P** NDF **KI** Schorcht/Schorcht **R** Kurt Hoffmann **B** Harald Braun, Rolf Reissmann **K** Franz Koch **M** Lothar Brühne **S** Adolph Schlyßleder **D** Marianne Hoppe (Johanna Stegen/Luscha), Gustav Fröhlich (Dr. Thomas Martin), Richard Häussler (Robert Lorm), Hermine Körner (Frau von Aldenhoff), Paul Dahlke (Axel Witt) **L** 98 **E** 18.11.1948 **fd** 185

DAS VERLORENE GLÜCK (LES CONDAMNES). Nach 20 Jahren glücklicher Ehe verliebt sich eine Frau in einen jungen Mann, beichtet dies ihrem Gatten, der sich nicht scheiden lassen will, sondern den Rivalen zum Direktor seiner Fondation macht. Als der Ehemann an einer Vergiftung stirbt, verläßt der Geliebte die Frau, weil er sie verantwortlich glaubt. Doch das Testament zeigt, daß sich der Ehemann selbst mit kleinen Dosen Arsen umbrachte, um die Liebenden anzuschuldigen. Eine mit zynischer Raffinesse inszenierte psychologische Ehestudie. Teilweise überdreht und allzu theatralisch, bezieht sie ihre Spannung aus den überzeugenden Charakterzeichnungen. – Ab 16 möglich. ✦ Schwarz-weiß. Frankreich 1947 **P** Ariane/Sirius **KI** Cosmopol **R** Georges Lacombe **B** Solange Térac, nach einem Bühnenstück von M.G.Sauvignon **K** Jacques Lemare **M** René Chérec **D** Pierre Fresnay (Jean Séverac), Roger Pigaut (Dr. Auburtin), Yvonne Printemps (Hélène Séverac) **L** 100 **FSK** ab 16; f **E** 10.1.1950

VERLORENE HEIMAT. Der Film dokumentiert den Integrationsprozeß einer achtköpfigen Aussiedlerfamilie aus Kasachstan in Deutschland. Ohne Kommentar zeigt der Autor die Erfahrungen und Eindrücke der Familienmitglieder, ihre Probleme mit der Sprache, die Suche nach Arbeit und Wohnung, ihren Weg von der Ankunft im Allgäu bis zu ihrer neuen Heimat in Augsburg. ✦ Deutschland 1991 **R** Bernd Bajog **L** 90 **E** 30.5.1991 Bayern 3

VERLORENE HELDEN (ORDINARY HEROES). Ein junger Mann, der im Vietnam-Krieg sein Augenlicht eingebüßt hat, findet nur sehr schwer in sein früheres Leben und zu seiner Freundin zurück. Ein wohltuend unpathetisches Drama mit versöhnlichem Ausklang, das sich mehr für den persönlichen Konflikt als für den historischen Hintergrund interessiert und für Menschlichkeit plädiert. (Alternativtitel: »Ein ganz normaler Held«) – Ab 16. ✦ USA 1986 **P** Crow/Ordinary Guy **VA** Vestron **R** Peter H. Cooper **B** Ira Barmak **K** Hal Trussell **M** Perry Botkin jr. **D** Richard Dean Anderson, Valerie Bertinelli, Doris Roberts, Jesse D. Goins, Matthew Laurence **L** 88 **FSK** ab 12 **E** November 1989 Video **fd** 27 924

DER VERLORENE HORIZONT (LOST HORIZON). Ein UN-Diplomat wird mit seinen Begleitern in ein paradiesisches, von Güte, Harmonie und Frieden erfülltes Tal im Himalaja-Gebirge entführt, um Nachfolger des dortigen Hohen Lamas, eines uralten belgischen Mönches, zu werden. Nach Frank Capras Version (1937) die zweite Verfilmung von Hiltons Roman. Die zwischen realistischer und märchenhaft-symbolischer Form schwankende Schilderung einer Utopie wirkt durch die unbeholfene Gestaltung und die zusammenhanglos eingebauten Musical-Nummern rührselig-kitschig. Fragwürdig auch die einfältige Darlegung ethischer Prinzipien, die in Flucht vor der Verantwortung, in Bequemlichkeit und Mittelmäßigkeit münden. – Ab 16. ✦ Scope. USA 1972 **P** Columbia **KI** Warner-Columbia **R** Charles Jarrott **B** Larry Kramer, nach einem Roman von James Hilton **K** Robert Surtees **M** Burt Bacharach **D** Peter Finch (Richard Conway), Liv Ullmann (Catherine), George Kennedy (Sam Cornelius), Charles Boyer (Der hohe Lama), Sally Kellerman (Sally Hughes), Olivia Hussey (Maria) **L** 134 **FSK** ab 12; f **E** 14.9.1973 **fd** 18 480

VERLORENE JAHRE (1989) (RETOUR A MALAVEIL). Thriller. Nachdem er für einen Mord, den er nicht beging, zwölf Jahre Haft verbüßt hat, kehrt ein Mann in seinen Heimatort zurück, um den Täter zu finden. Seine Nachforschungen fördern tragische, längst vergessene Ereignisse aus dem Weltkrieg zutage, die nur auf den ersten Blick nichts mit seiner eigenen Geschichte zu tun haben. (TV-Titel auch: »Hochspannung: Verlorene Jahre«) ✦ Frankreich 1989 **R** Jacques Ertaud **B** nach einem Roman von Joseph Peyrè **D** Frédéric Pierrot, Jean Franval, Françoise Christophe, Françoise Fabian **L** 95 **E** 31.7.1992 MDR

VERLORENE JAHRE (1992) (HOSTAGES). »Dokudrama« über die Geschichte der sechs westlichen Geiseln, die Mitte der 80er Jahre im Libanon von der fundamentalistischen Gruppe Hisbollah gefangengehalten wurden. – Ab 16. ✦ Großbritannien/USA 1992 **P** Granada TV/HBO **R** David Wheatley **D** Colin Firth (John McCarthy), Ciaran Hinds (Brian Keenan), Harry Dean Stanton (Frank Reed), Jay O. Sanders (Terry Anderson), Josef Sommer (Tom Sutherland) **L** 105 **E** 28.2.1993 VOX

VERLORENE JUGEND (GIOVENTU PERDUTA). Ein effektvoll realistische Reportage und Kriminalfilm verbindendes Zeitbild der italienischen Nachkriegszeit über junge Leute aus studentischen Kreisen, die das im Krieg erlernte Schießen und Töten nicht mehr lassen können. Im Mittelpunkt steht der Sohn eines Hochschulprofessors, der als Bandenführer zum Mörder wird. Pietro Germi, ein moralkritischer Vertreter des Neorealismus, stellt die Verhältnisse ungeschminkt nach, ohne eine Lösung anbieten zu wollen; er überläßt es dem Zuschauer, das Dargestellte zu bewerten und einzuordnen. (Ins Kino kam 1950 eine stark gekürzte Fassung, in Originallänge war der Film nur im Fernsehen zu sehen. Alternativtitel: »Strandgut der Sünde«) – Ab 16. ✦ Schwarz-weiß. Italien 1948 **P** Lux **KI** Falken/Stern **Pd** Baccio Bandini **R** Pietro Germi **B** Mario Monicelli, Pietro Germi **K** Carlo Montuori, Mario Montuori **M** Carlo Rustichelli **D** Carla del Poggio, Massimo Girotti, Jacques Sernas, Diana Borghese, Franca Maresa **L** 60 (Orig. 82) **FSK** ab 16; nf **E** 13.13.1950/13.5.1986 S 3 **fd** 568

VERLORENE KINDER. Ein neuer Lehrer in einer norddeutschen Kleinstadt bemerkt, dass das Gemeinwesen von einer Gruppe Schüler regelrecht terrorisiert wird. Da niemand der Erwachsenen einschreitet, wird der Lehrer aktiv, aber erst, als eine Reporterin über die Misstände berichtet, schreiten die Behörden ein und stellen die Jugendlichen vor Gericht. Engagierter Fernsehfilm des gelernten Juristen Nobert Kückelmann, der sich der Verwahrlosung von Jugendlichen annimmt und ihre Ursachen in der überwiegend materialistischen Orientierung der Elterngeneration sucht. Störend ist der belehrende Charakter des Films, der als Diskussionsgrundlage durchaus nützlich ist, sich seinem vielschichtigen Thema jedoch zu eindimensional nähert. – Ab 14. ✦ Deutschland 2000 **P** FFAT (für WDR) **VA** KJF **Pd** Joachim von Mengershausen **R** Norbert Kückelmann **B** Norbert Kückelmann, Dagmar Kekulé, Thomas Petz **K** Rainer Gutjahr **M** Markus Urchs **S** Gudrun Jäger **D** Robert Giggenbach (Lehrer Steiner), Marcus Michalski (Andreas), Tobias Riefer (Martin), Dennis Grabosch (Werner), Karsten Linde (Knuffel) **L** 90 **FSK** ab 12 **E** 18.10.2000 ARD/2001 Video **fd** 34 956

DER VERLORENE KONTINENT (IL CONTINENTE PERDUTO). Expeditionsfilm mit faszinierenden Aufnahmen vom Sunda-Archipel. Zugleich ein ethnographischer Bericht, der sich ausführlich, aber eher feuilletonistisch und unkritisch mit den Gebräuchen der Insulaner, vor allem auch den religiösen, befaßt. In seiner Art der Auseinandersetzung mit fremden

Kulturen und Völkern ist der Film aus heutiger Sicht schlichtweg veraltet. – Ab 14 möglich. ✦ Scope. Italien 1954/55 **P** Astra Cinematografica **KI** DFH **R** Leonardo Bonzi, Mario Graveri **B** Leonardo Bonzi **K** Giovanni Raffaldi, Franco Bernetti **M** Angelo Francesco Lavagnino **S** Mario Serandrei **L** 85 **FSK** ab 12; f **FBW** bw **E** 11.11.1955 **fd** 4 224

VERLORENE KÖRPER →Corps Perdus – Verlorene Körper

VERLORENE LANDSCHAFT. Ein westdeutscher Politiker begegnet seinen auf dem Gebiet der ehemaligen DDR lebenden Eltern, die er längst gestorben glaubte, und muß sich mit seiner behüteten Kindheit, die er in Isolation verlebte, auseinandersetzen. Ein faszinierender Film, der mühelos die verschiedenen Zeitebenen verbindet und formal wie inhaltlich keinen Vergleich zu scheuen hat. – Sehenswert ab 16. ✦ Teils schwarz-weiß. Deutschland 1992 **P** von Viettinghoff Filmprod. **KI** Unidoc **Pd** Joachim von Vietinghoff **R+B** Andreas Kleinert **K** Sebastian Richter **M** Brynmor Llewelyn Jones **S** Helga Gentz **D** Roland Schäfer (Elias), Leo Wittrien (Elias, 8jährig), Frank Stieren (Elias, 20jährig), Friederike Kammer (Mutter, jung), Sylvester Groth (Vater, jung), Christine Gloger (Mutter, alt), Christoph Engel (Vater, alt) **L** 106 **FBW** w **E** 6.12.1992 ZDF/28.10.1993 Kino **fd** 30 487

DIE VERLORENE LEGION (ORAZI E CURIAZI). Die Sage von den drei altrömischen Patriziersöhnen, den Horatiern, die in der Auseinandersetzung zwischen Rom und Albalonga (7. Jahrhundert v. Chr.) Roms Machtanspruch im Einzelkampf vertraten. In Gestaltung und Darstellung bestenfalls durchschnittlicher Historienfilm. – Ab 14. ✦ Scope. Italien 1961 **P** Lux-Tiberia **KI** Accord **R** Ferdinando Baldi **B** Carlo Lizzani, Ennio de Concini, Giuliano Montaldo **K** Amerigo Gengarelli **M** Angelo Francesco Lavagnino **D** Alan Ladd (Horatius), Franca Bettoja, Franco Fabrizi, Robert Keith, Jacques Sernas **L** 88 **FSK** ab 12; nf **E** 17.1.1964/5.10.1986 DFF 2 **fd** 12 530

VERLORENE LIEBE (1954) (HERR ARNES PENNINGAR). Neuverfilmung des Romans »Herrn Arnes Schatz« von Selma Lagerlöf über die unheilvolle Liebe einer jungen Frau zu dem Mörder ihrer Ziehschwester. Eine schaurig-sentimentale Moritat, ansatzweise im Stil einer mittelalterlichen Chronik gearbeitet. Molander war bereits 1919 am Drehbuch zu dem berühmten Stummfilm von Mauritz Stiller beteiligt, der weitaus eindrucksvoller den Einbruch des Jenseitigen in die reale Welt einfing. – Ab 16. ✦ Schweden 1954 **P** Svensk-Film **KI** Constantin **Pd** Allan Ekelund **R** Gustaf Molander **B** Gustaf Molander, Jan Fridegaard, nach einem Roman von Selma Lagerlöf **K** Åke Dahlquist **D** Ulla Jacobsson (Elsalill), Ulf Palme (Sir Archi), Bibi Andersson (Berghild), Carl-Hugo Calander (Sir Reginald), Bengt Eklund (Sir Philipp), Hugo Björne (Herr Arne) **L** 86 **FSK** ab 12; f **E** 25.2.1955 **fd** 3 916

VERLORENE LIEBE (1976) (EAST OF ELEFANT ROCK). Im Jahr 1948 wird in einer englischen Kolonie in Südostasien ein Gouverneur von seiner Ehefrau wegen seiner Verhältnisse mit anderen Frauen erschossen. Schlecht inszenierter, melodramatisch aufbereiteter Kriminalfilm vor dem Hintergrund eines überholten Kolonialismus. (Titel auch: »Die Tragödie am Elephant Rock«.) ✦ Großbritannien 1976 **P** Boyd's Company/Kendon **R+B** Don Boyd **K** Keith Goddard **M** Peter Skellern **D** Judi Bowker, Jeremy Kemp, John Hurt, Christopher Cazenove, Anton Rodgers **L** 92 **E** 17.8.1989 PRO 7

VERLORENE LIEBESMÜH' (LOVE'S LABOUR'S LOST). Verfilmung des gleichnamigen Theaterstücks von William Shakespeare, die auf die zeitgenössischen Anspielungen verzichtet und die Handlung um die Errichtung eines wissenschaftlichen Utopias in die erste Hälfte des 20. Jahrhunderts verlegt. Zugleich wird das Stück durch die Verwendung vieler Gesangs- und Tanznummern in den Rang eines eleganten Musicals erhoben, was die Zeitlosigkeit der Liebesgeschichte noch unterstreicht. – Sehenswert ab 14. ✦ Scope. Großbritannien/USA 2000 **P** Lost Films/Le Studio Canal+/Shakespeare Film Company/Miramax/Arts Council of England/Pathé Pictures **KI** Prokino **VA** Highlight (PHE) **DVD** Highlight (16:9, 2.35:1, DD5.1 dt.) **Pd** David Barron, Kenneth Branagh **R** Kenneth Branagh **B** Kenneth Branagh, nach dem Bühnenstück »Love's Labour's Lost« von William Shakespeare **K** Alex Thomson **M** Patrick Doyle **S** Neil Farrell, Dan Farrell **D** Kenneth Branagh (Biron), Alessandro Nivola (König von Navarra), Alicia Silverstone (Prinzessin von Frankreich), Natascha McElhone (Rosaline), Matthew Lillard (Longaville), Adrian Lester (Dumain), Emily Mortimer (Katharine), Carmen Ejogo (Maria), Timothy Spall (Don Armado) **L** 93 **FSK** ab 6; f **E** 25.5.2000/11.1.2001 Video/11.1.2001 DVD **fd** 34 282

DAS VERLORENE LOCH (LA RUSNA PEARSA). Ein junger Mann kommt in sein Bündner Heimatdorf zurück, übernimmt nach dem Tod seines Vaters dessen Amt als Pfarrer und beginnt, Predigt und Gottesdienst mit heidnisch-mythischen Elementen zu mischen, was den Zorn und die Rachsucht des auf der Seite des materialistischen »Fortschritts« stehenden Dorfgewaltigen weckt. Der skurril-kuriose Film über den Konflikt zwischen alten Traditionen und modernem Zeitgeist vermag mit seinem holprig-polternden, stellenweise wirren Volkstheaterstil und den Chargen nicht zu überzeugen. ✦ Schweiz/Deutschland 1993 **P** O Limaia/DFFB/WDR/DRS **R+B** Dino Simonett, Stina Werenfels **K** Felix von Muralt **M** Alex Kirschner **S** Barbara Koller **D** Gian Battista von Tscharner, Claudia Carigiet, Tonia Zindel, Dino Simonett, Michali Stathis **L** 78 **E** Schweiz

VERLORENE MELODIE (VERLORENE MELODIE). Eine stellungslose Schauspielerin und eine launische Revue-Sängerin bemühen sich um einen Komponisten, der – im Traum von Johann Strauß bekehrt – zu seiner Melodik zurückfindet. Ohne erkennbaren Ehrgeiz inszenierte Dutzendware, leidlich unterhaltsam. – Ab 8. ✦ Österreich 1952 **P** Nova **KI** Union/Progress **Pd** Julius A. Vesely **R** Eduard von Borsody **B** Eduard von Borsody, Johannes Mario Simmel **K** Helmuth Ashley **M** Willy Schmidt-Gentner **D** Elfie Mayerhofer, Robert Lindner, Evelyn Künneke, Annie Rosar, Hermann Ehrhardt **L** 86 **E** 27.6.1952 DDR **fd** 2 028

DAS VERLORENE PARADIES (1939) (LE PARADIS PERDU). Sentimental melacholisches Schicksals-Melodram: Ein Maler heiratet in Paris vor Ausbruch des Ersten Weltkrieges eine Modistin, die bei der Geburt der Tochter stirbt. Aus dem Krieg heimgekehrt, hofft er später an der Riviera mittels seiner inzwischen herangewachsenen Tochter ein verlorenes Glück wiederzufinden. ✦ Schwarz-weiß. Frankreich 1939 **P** Sofradis-Tarice **R** Abel Gance **B** Joseph Than, Steve Passeur **K** Christian Matras **M** Hans May **D** Fernand Gravey, Micheline Presle, Elvire Popesco, Monique Rolland, Gérard Landry **L** 103 **E** April 1946

DAS VERLORENE PARADIES (1963) (ELVESZETT PARADICSOM). Ein zu schnell berühmt gewordener Gehirnchirurg verschuldet durch einen verbotenen Eingriff den Tod der Frau seines Freundes, mit der er ein Verhältnis hatte. Die beharrliche Zuneigung seiner blutjungen Cousine im Vaterhause auf dem Lande macht ihn sühnebereit und wieder lebenswillig. Bemerkenswertes Drama, das zwar mitunter verschwommen ästhetisierend und gefühlsexplosiv wirkt, jedoch in der Inszenierung der Liebesgeschichte von behutsamer und aufrichtiger Sensibilität ist. ✦ Ungarn 1963 **P** Hunnia **R** Károly Makk **B** Emerich Sarkadi, Károly Makk **K** Ferenc Szécsényi **M** Szabolcs Fényes **D** Mari Töröcsik, György Pálos, Antal Páger, Andreas Abrus, Géza Bérczy **L** 91 **E** 29.3.1965 ZDF

DAS VERLORENE PARADIES: DIE KINDERMORDE IN ROBIN HOOD HILLS (PARADISE LOST: THE CHILD MURDERS AT ROBIN HOOD HILLS). Ein ebenso engagierter wie ergreifender Dokumentarfilm, der im Stil des »cinéma vérité« die Geschichte des wohl berüchtigsten Mordfalls in der Geschichte des US-Bundesstaates Arkansas aufbereitet. In einer Kleinstadt waren die drei verstümmelten Leichen von drei achtjährigen Jungen aufgefunden worden. Als Mörder verhaftete die Polizei einen Monat später drei einheimische Teenager zwischen 16 und 18 Jahren, die beschuldigt wurden, im Rahmen eines satanischen Rituals die kleinen Jungen getötet zu haben. Der Schock in der Bevölkerung saß tief, die Verurteilung der vermeintlichen Täter war nur eine Formsache. Dennoch häuften sich die Fragen nach der Überzeugungskraft der wenigen echten Beweise, nach den Widersprüchen und Ungenauigkeiten der vorliegenden Geständnisse. Der Film rekonstruiert akribisch die Ereignisse, versammelt die Fakten vom Drama im Gerichtssaal bis zu heimlichen Interviews im Gefängnis, porträtiert die leidgeprüften Familien und untersucht die stets mitschwingenden diffusen Vorstellungen von »Gut« und »Böse«, Recht und Gerechtigkeit. (O.m.d.U.) ✦ USA 1995 **P** Creative Thinking International **SF** Freunde der Deutschen Kinemathek **Pd** Sheila Nevins **R+B** Joe Berlinger, Bruce Sinofsky **K** Robert Richman **M** Metallica **S** Joe Berlinger, Bruce Sinofsky, M. Watanabe Milmore **L** 150 **E** 1996 Kino

DIE VERLORENE REPUBLIK (LA REPUBLICA PERDIDA). Ein aus zeitgenössischen Wochenschauen und Fotografien sorgfältig zusammengesetzter Dokumentarfilm über die wechselvolle Geschichte Argentiniens vom Sturz des ersten demokratisch gewählten Präsidenten im September 1930, als die damals erst zwölf Jahre alte Republik erstmals »verloren« ging, bis zur letzten Machtübernahme des Militärs am 24. März 1976. Die beeindruckende, in ihrer immensen Materialfülle hierzulande nicht immer leicht verständliche Arbeit erregte in Argentinien die Gemüter und fand in wenigen Wochen mehr als eine Million Besucher. Das Fernsehen sendete eine nach eigenem Bekunden »leicht gekürzte Fassung«, bei der immerhin über 50 Minuten fehlen. – Ab 16. ✦ Teils schwarz-weiß. Argentinien 1983 **P** Noran und Enrique Vanoli **KI** Freunde der Deutschen Kinemathek **R** Miguel Pérez **B** Luis Gregorich, nach einer Idee von Enrique Vanoli **K** Filiberto Mugnani, Jorge Pinasco, Alfredo Suarez **M** Luis Maria Serra **L** 146 (TV 90) **E** 5.7.1985 S 3

DIE VERLORENE ROSE (THE STRIPPER / A WOMAN IN JULY). Eine untalentierte junge Frau, die eigentlich Filmstar werden wollte, nun aber als Showgirl und Striptease-Tänzerin arbeitet, gerät in Konflikt zwischen ihrem Manager und einem pubertären Tankstellenarbeiter. Am Ende weist sie beide ab, um nicht länger willenloses Geschöpf sie mißhandelnder Männer zu sein und ein selbständiges Leben zu führen. Psychologische Studie, die zwar in letzter Konsequenz nicht schlüssig genug erscheint, im steten Wechsel von stilisierter Theaterwelt und realistischer Wiedergabe von Wirklichkeit aber die feinfühlige Persönlichkeitsstudie eines Menschen zwischen Wunschträumen und später (Selbst-)Erkenntnis bietet. – Ab 16 möglich. ✦ Scope. USA 1962 **P** Jerry Wald Prod. (für 20th Century Fox) **KI** Centfox **Pd** Jerry Wald **R** Franklin J. Schaffner **B** Meade Roberts, nach dem Bühnenstück »A Loss of Roses« von William Inge **K** Ellsworth Fredricks **M** Jerry Goldsmith **S** Robert Simpson **D** Joanne Woodward (Lila), Richard Beymer (Kenny), Claire Trevor (Helen), Carol Lynley (Miriam), Robert Webber, Gypsy Rose Lee (Olga) **L** 94 **FSK** ab 16; f **E** 14.6.1963 **fd** 11 980

VERLORENE SIEGER (THAT CHAMPIONSHIP SEASON). Die fünf Mitglieder einer ehemals erfolgreichen High-School-Basketball-Mannschaft treffen sich nach 20 Jahren bei ihrem Trainer wieder und geben sich ihren Erinnerungen hin. Dabei treten auch Konflikte der verklärten Vergangenheit zu Tage, und es gilt, den einen oder anderen Streit zu schlichten. Weitere Verfilmung des erfolgreichen Bühnenstücks von Jason Miller, die mit überzeugenden Darstellern amerikanische Träume hinterfragt, ohne dem Stoff neue Aspekte abzugewinnen. – Ab 16. ✦ USA 1999

P MGM **Pd** Steve Greener, Jeremiah Samuels **R** Paul Sorvino **B** Jason Miller, nach seinem Bühnenstück **K** Bruce Surtees **M** Larry Blank **S** Leo Trombetta **D** Vincent D'Onofrio (Phil Romano), Terry Kinney (James Daly), Tony Shalhoub (George Sitkoeski), Gary Sinise (Tom Daley), Paul Sorvino (Trainer), Joe Bays (Polizist) **L** 130 **E** 2.1.2001 Premiere World

DER VERLORENE SOHN. Das Heimweh eines Auswanderers in New York treibt ihn zur Rückkehr in die Südtiroler Heimat. Ein mit Landschaftsaufnahmen aus den Dolomiten garnierter Heimatfilm, dessen überzeugende Kameraarbeit die majestätische Bergwelt mit den Häuserschluchten New Yorks kontrastiert und die Verlorenheit des einzelnen augenfällig macht. – Ab 10. ✦ Schwarz-weiß. Deutschland 1934 **P** Deutsche Universal-Film **KI** Kopp/Unitas **R** Luis Trenker **B** Luis Trenker, Arnold Ulitz, Reinhart Steinbicker, nach einem Roman von Luis Trenker **K** Albert Benitz, Reimar Kuntze **M** Giuseppe Becce **D** Luis Trenker (Tonio), Maria Andergast (Barbl), Bertl Schultes (Barbls Vater), Marian Marsh (Lilian), Eduard Köck (Vater Feuersinger) **L** 80 **FSK** ab 12; f **E** 6.9. 1934 **fd** 2700

VERLORENE SÖHNE – LOST SONS → Lost Sons

DER VERLORENE SOLDAT (VOOR EEN VERLOREN SOLDAAT). Die Erlebnisse eines 13jährigen Jungen aus Amsterdam, der das Ende des Zweiten Weltkriegs in der friesischen Provinz verbringt. Nach Beendigung der Besatzungszeit erlebt er eine homosexuelle Beziehung zu einem kanadischen Soldaten, woraus sich eine traumatische Last ergibt, die ihn noch 40 Jahre später prägt. Die Verfilmung eines autobiografischen Romans des niederländischen Choreografen Rudi van Dantzig, die mehr in idyllisch-verklärender Rückschau verharrt und damit der Vorlage nur in Teilaspekten gerecht wird. (O.m.d.U.) ✦ Niederlande 1993 **P** Sigma **KI** Magnus **VA** pro-fun **Pd** Matthijs van Heijningen **R** Roeland Kerbosch **B** Roeland Kerbosch, Don Bloch, nach einem Roman von Rudi van Dantzig **K** Nils Post **D** Andrew Kelly, Maarten Smit, Jeroen Krabbé, Freark Gratema, Elsje de Wijn, Gees Linnebank **L** 90 **FSK** ab 12 **E** 20.10. 1994

DER VERLORENE SOMMER (PROPALO LETO). Ferienabenteuer zweier Jungen, die ständig miteinander verwechselt werden. – Ab 6. ✦ Scope, schwarzweiß. UdSSR 1963 **P** Mosfilm **KI** Progress **R** Rolan Bykow, Nikita Orlow **B** Awenir Sak, Issaj Kusnezow **K** Gennadi Zekawy, Viktor Jakuschew **M** Boris Tschaikowski **D** Wolodja Jewstafjew, Serjosha Gudko, Soja Fjodorowa, Antonina Dmitrijewa, Ljudmila Tschernyschowa **L** 77 **E** 9.10.1964 Kino DDR

DIE VERLORENE SPUR (ZTRACHENA STOPA). Der Kampf zwischen Grenzsoldaten und einem Agenten. Im Zuge des Geschehens entwickelt sich ein verträumter junger Mensch zum kämpferischen Soldaten. Ein Film voller Klischees und ohne künstlerische Ansprüche, lediglich die genaue Schilderung der zwischenmenschlichen Beziehungen stimmt ein wenig versöhnlich. – Ab 14. ✦ CSR 1956 **P** Tschechoslowakischer Armeefilm **KI** Progress **R** Karel Kachyna **B** Jirí Benes **K** Jaroslav Kucera **M** Milos Vacek **D** Zdenek Díte (Leutnant Ruzicka), Josef Bek (Leutnant Janda), Milos Nedbal (Major), Eduard Cupák (Pavel Kríz), Vladimir Hruby (Linhart) **L** 82 **E** 22.3. 1957 Kino DDR/3.5.1957 DFF 1

DIE VERLORENE TOCHTER. Ein nach authentischen Ereignissen entstandenes zweiteiliges Drama. Ein Geschäftsmann macht sich in der Schweiz und in Kanada auf die Suche nach seiner Tochter, als er von dem Massenselbstmord unter Mitgliedern der Sonnentempler-Sekte erfährt, der sie angehört. Überlange Standardunterhaltung mit den vertrauten dramatischen Effekten, auffällig allenfalls durch einige schauspielerische Leistungen. – Ab 16. ✦ Deutschland/Schweiz/Kanada 1997 **R** Roger Cardinal **B** Peter Palliser **D** Richard Chamberlain (Andrew McCracken), Helmut Griem (Rolf Sutter), Susanna Simon (Catherine Leder), Christoph M. Ohrt (Bernard Sicard), Michael Mendl (Inspector Lauber) **L** 188 (94 & 94) **E** 11./12.3.1997 SAT 1 (zwei Teile)

VERLORENE TRÄUME (THE HEIDI CHRONICLES). Stationen aus dem Leben einer Amerikanerin, von den 60er Jahren bis heute, vom Studium bis zum Kampf um Emanzipation. ✦ USA 1996 **R** Paul Bogart **B** Wendy Wasserstein **K** Isidore Mankofsky **M** David Shire **S** Stan Cole **D** Jamie Lee Curtis (Heidi Holland), Tom Hulce (Peter Patrone), Kim Cattrall (Susan Johnston), Peter Friedman (Scoop Rosenbaum) **L** 90 **E** 3.3.1997 arte

VERLORENE UNSCHULD – EIN JUSTIZHANDEL (1994) → Innocence Lost – The Verdict

VERLORENE UNSCHULD – EIN JUSTIZHANDEL (1997) → Innocence lost: The Plea

DER VERLORENE WALD (PADUREA PIERDUTA). Zwei Brüder lieben dieselbe junge Frau. Der jüngere kämpft als Einzelgänger gegen die Faschisten, der ältere versucht, sich von den Ereignissen fernzuhalten. Während der Hochzeitsfeier mit dem älteren Bruder flieht die Frau mit dem anderen in den Wald und damit in den Tod. Ein nicht überzeugender Versuch, privates Schicksal mit politischem Hintergrund zu verknüpfen, der durch übersteigerte Dramatik vollends unglaubwürdig wird. – Ab 16. ✦ Scope. Rumänien 1971 **P** Filmstudio Bucuresti **KI** Progress **R** Andrei Blaier **B** Mihnea Gheorghiu **K** Nicu Stan **M** Radu Serban **D** Ilarion Ciobanu, Cornel Patrichi, Leni Pintea-Homeag, Adriana Ionescu, Cornel Coman **L** 99 **E** 3.8.1973 Kino DDR/23.10.1974 DFF 2

DIE VERLORENE WELT (1992) (THE LOST WORLD). Ein exzentrischer Wissenschaftler im 19. Jahrhundert will die Existenz von Dinosauriern auf einem Hochplateau in Afrika nachweisen. Gemeinsam mit seinem Erzrivalen, der diese These widerlegen will, einem Journalisten und einer attraktiven Fotografin beginnt eine gefährliche Reise. Eine vornehmlich an den modischen Handlungselementen einschlägiger Abenteuerfilme interessierte Neuverfilmung des reizvollen Romans von Sir Arthur Conan Doyle, dessen »Challenger«-Figur unübersehbar mit Doyles berühmtem Detektiv Sherlock Holmes verwandt ist, stets aber in dessen (literarischem) Schatten stand. – Ab 16. ✦ USA 1992 **P** Harmony Gold **VA** Taurus **R** Timothy Bond **B** Peter Welbeck (= Harry Alan Towers), Harry Alan Towers, nach einem Roman von Arthur Conan Doyle **M** Lawrence Shragge **D** John Rhys-Davies (Prof. Challenger), David Warner (Summerlee), Eric McCormack (Edward Malone), Nathania Stanford (Malu), Darren Peter Mercer (Jim) **L** 99 **FSK** ab 12 **E** 5.9.1993 PRO 7/1993 Video

DIE VERLORENE WELT (1998) (SIR ARTHUR CONAN DOYLE'S LOST WORLD). Fantasy-Pilotfilm zu einer neuerlichen (Fernseh-)Adaption des abenteuerlichen Romans von Sir Arthur Conan Doyle: Eine britische Expedition sucht im Amazonas-Gebiet nach der »verlorenen Welt« und stößt auf ein Bergplateau, wo die Urzeit »konserviert« wurde. Zwischen furchteinflößenden Tieren und unentdeckten Kulturvölkern bewegen sich gutaussehende Abenteurer und noch besser aussehende Frauen, um mit dürftigen Dialogen die Zeit zwischen den computer-gesteuerten Spezialeffekten zu überbrücken. Allenfalls für Fans naiv unterhaltsam. – Ab 14. ✦ Kanada 1998 **DVD** CinePlus (FF, DS dt.) **R** Richard Franklin **B** Jim Henshaw, nach dem Roman »The Lost World« von Sir Arthur Conan Doyle **D** Peter McCauley (Dr. Challenger), William De Vry (John Malone), Jennifer O'Dell (Veronica), Rachel Blakely, William Snow (Lord John Roxton) **L** 92 (DVD 94) **FSK** ab 12 **E** 6.11. 1999 ProSieben/1.9.2001 DVD

DAS VERLORENE WOCHENENDE (THE LOST WEEKEND). Zwei Tage im Leben eines trunksüchtigen Schriftstellers in New York, sein zunehmender Verfall, der auch von seiner Verlobten nicht aufzuhalten ist, bis in die Qualen des Deliriums. Eine mit großer Eindringlichkeit packend gestaltete Alkoholiker-Studie, atmosphärisch dicht, überzeugend dargestellt, kompromißlos realistisch, bis auf den konstruiert positiven, von der Produktion erzwungenen Schluß. – Sehenswert ab 16. ✦ Schwarz-weiß. USA 1945 **P** Paramount **KI** Paramount **Pd** Charles Brackett **R** Billy Wilder **B** Charles Brackett, Billy Wilder, nach dem Roman von Charles R. Jackson **K** John Seitz **M** Miklos Rozsa **S** Doane Harrison **D** Ray Milland (Don Birnam), Jane Wyman (Helen St. James), Phillip Terry (Wick Birnam), Howard da Silva (Nat, Barten-der), Doris Dowling (Gloria) **L** 99 **E** Februar 1948/ 7.9.1964 ZDF **fd** 65

VERLORENE ZEIT. Filmisches Porträt des SED-Politikers Anton Ackermann, der sich 1973 das Leben nahm, als er auf die Krebsstation eingeliefert werden sollte. Erzählt wird die bis dato totgeschwiegene Geschichte des politischen Widerspruchs innerhalb der Kommunisten der DDR. Ackermann, der sich einen anderen Sozialismus vorstellte als den, der schließlich von Ulbricht verwirklicht wurde, protestierte gegen den falschen Kurs eher zaghaft, ließ sich immer wieder in die Parteidisziplin einbinden oder wurde ob seiner leisen Kritik kaltgestellt. Der Dokumentarfilm besticht durch seinen eleganten Umgang mit zeitgenössischem Material, das er nicht nur zu einem Bilderbogen des Lebens von Ackermann, sondern zugleich zu einem der DDR-Geschichte montiert. – Ab 16. ✦ Deutschland 1991 **P** DEFA, Studio für Dokumentarfilme **R** Günter Jordan **B** Günter Jordan, Sylvia Neumann **K** Jürgen Partzsch **S** Ursula Bredow **L** 60 **E** 1991 Kino

DIE VERLORENE ZEIT (1979) (LE CHEMIN PERDU). Ein Altkommunist und pensionierter Uhrmacher ersetzt seinen beiden Enkelkindern, was ihnen die durch Geldsorgen und eine komplexbehaftete Ehe belasteten Eltern nicht geben können. Sein Tod löst rundum Krisen aus und läßt vor allem seine kleine Enkelin den Schritt vom Kindes- zum Erwachsenendasein tun. Sehr komplex und geprägt von starkem politischem Engagement, stellt der Film politische Vergangenheit und Gegenwartsangst und Zukunftshoffnungen dar. Eine thematisch reiche und differenzierte, wenngleich in einzelnen Aspekten herausfordernde Schilderung der Beziehungen zwischen den Generationen. ✦ Schweiz/Frankreich/Belgien 1979 **P** Saga/Abilene/Cactus/F3/MK 2 **R** Patricia Moraz **B** Patricia Moraz, Serge Schoukine **K** Sacha Vierny **M** Patrick Moraz **S** Thierry Derocles **D** Charles Vanel (Léon Schwarz), Delphine Seyrig (Mathilde Schwarz), Magali Noël (Maria), Clarisse Barrère (Cécile Schwarz), Charles Dudoignon (Pierre Schwarz) **L** 107 **E** 7.12.1981 ARD **fd** 23219

DIE VERLORENE ZEIT (1996/97) (ASHES OF TIME). Ein Strafgefangener erhält wegen guter Führung nach zehn Jahren die Möglichkeit, drei Tage in der Freiheit zu verbringen. Danach muss er wieder in seine Zelle zurück. Auf seinem beschwerlichen Weg in sein Heimatdorf hoch in den Bergen legen sich ihm jedoch immer wieder Hindernisse in den Weg. Leiser, behutsamer Film voller subtiler Dramatik, der eine Reise durch Raum und Zeit unternimmt und kurz die modernen Lebensverhältnisse in Korea streift. (O.m.d.U.) ✦ Südkorea 1996/97 **R** Hong-Yong Kim **B** Ock-Young Kim **K** Soo-Nam Kim **M** Kyung-Sic Choi **S** Man-Woong Han **D** Young-Gi Kim (Soon-Woo), Ae-Ran Jung (Mutter), Sung-Bo Shim (Sohn) **L** 85 **E** 22.2.1999 arte

DIE VERLORENEN (1955) (THE COBWEB). Konflikte in einer elegant eingerichteten psychiatrischen Privatklinik zwischen einem jungen Arzt, seiner hysterischen Frau, dem labilen Chefarzt und der verbitterten Anstaltsleiterin. Hervorragend gespielter, spannender und stellenweise dramatisch zugespitzter Problemfilm, der trotz seiner gestalterischen Vorzüge nicht verbergen kann, daß es ihm an Glaubwürdigkeit und Überzeugungskraft mangelt. – Ab 16. ✦ Scope. USA 1955 **P** MGM **KI** MGM **Pd** John Houseman **R** Vincente Minnelli **B** John Paxton, William Gibson, nach einem Roman von William Gibson **K** George J. Folsey jr. **M** Leonard Rosenman **S** Harold F. Kress **D** Richard Widmark (Dr. Stewart McIver), Lauren Bacall

(Meg Faversen Rinehart), Charles Boyer (Dr. Douglas N. Devanal), Gloria Grahame (Karen McIver), Lillian Gish (Victoria Inch), John Kerr (Steven W. Holte), Susan Strasberg (Sue Brett), Oscar Levant (Mr. Capp), Tommy Rettig (Mark McIver) **L** 124 **FSK** ab 16; f **E** 24.2.1956 **fd** 4 863

DIE VERLORENEN (1993) (MISFITS TO YUPPIES). Abschließender Teil einer dokumentarischen Trilogie über eine Gruppe von Menschen am Rande des schwedischen Wohlfahrtstaates, die der renommierte Dokumentarfilmer Jarl 1968 mit »Dom kallar oss mods« (»Die nennen uns Mods«) begann und 1979 mit »Et andständigt liv« (»Ein anständiges Leben«) fortführte. Nach der Rebellion im ersten und der Betäubung der Rebellion durch Heroin und Narkotika im zweiten Teil, folgt nunmehr das Überleben der Protagonisten in der Konsumgesellschaft: die inzwischen erwachsenen Personen haben sich mit der Gesellschaft arrangiert. – Ab 16. ✦ Schweden 1993 **R** Stefan Jarl **L** 86 **E** 11.3.1995 arte

EIN VERLORENER HAUFEN →Schnellboote vor Bataan

VERLORENES LAND →Kansas-Komplott

VERLORENES LEBEN. Die Geschichte eines jungen Mannes, der sich im Auftrag eines Kriminalkommissars die Freundschaft eines polnischen Gärtners erschleicht, um ihn dazu zu bringen, einen Sexualmord zu gestehen. Die Reue über sein Verhalten und der Zweifel an der Echtheit des Geständnisses führen den Mann zum Priesterberuf. Eindrucksvoll im Bild und hervorragend in der Zeichnung der Charaktere, läßt der Film im Hintergrund das geistige Klima des Dritten Reichs spüren. – Sehenswert ab 14. ✦ BR Deutschland 1975 **P** Ottokar Runze Filmprod. **KI** Filmverlag der Autoren **Pd+R** Ottokar Runze **B** Peter Hirche **K** Michael Epp **M** Hans-Martin Majewski **S** Marlies Dux **D** Gerhard Olschewski (Siegfried Cioska), Marius Müller-Westernhagen (Wenzel von Sigorski), Gert Haucke (Kommissar Weber), Richard Beek (Dr. Joachim), Willmut Borell (von Werdenfels), Jürgen Feindt (Tramp (Stummfilm)), Peter Schulze-Rohr (Staatsanwalt) **L** 91 **FSK** ab 12; f **FBW** bw **E** 12.3.1976/30.9.1983 ARD **fd** 19 754

VERLORENES PARADIES (THE OTHER SIDE OF PARADISE). Historisches Drama. Nach seinem Kampf gegen englische Faschisten verläßt ein engagierter junger Arzt das heimatliche England und findet auf einer Südseeinsel Zuflucht, wo er ein Krankenhaus plant. Als er sich in die Tochter des Königs verliebt und sie seine Liebe erwidert, brechen auf der idyllischen Insel dramatische Rassenkonflikte aus. – Ab 16. ✦ Großbritannien 1992 **R** Renny Rye **D** Jason Connery (Chris Masters), Josephine Byrnes (Paula Reid), Vivien Tan (Aleena), Richard Wilson (Doc Reid), Terence Bayler (Col. Fawcett), Hywel Bennett (Edward Purvis) **L** 95 **E** 26.8.1994 VOX

VERLORENES RENNEN (VERLORENES RENNEN). Dreiecks-Liebesgeschichte zwischen zwei Trabrennfahrern und einer Modezeichnerin, die 1937 in Paris beginnt, sich im Zweiten Weltkrieg abenteuerlich fortsetzt und nach Kriegsende auf einem Gut bei Wien abschließt. Eine süßliche Tränenballade voller unechter Gefühle. Unglaubwürdig und klischeehaft. (Alternativtitel: »Du darfst mich nicht verlassen«) – Ab 12 möglich. ✦ Schwarz-weiß. Deutschland/Österreich 1948 **P** Berna/Donau **KI** Falken/Müller/Stern **Pd** Eduard Hoesch **R** Max Neufeld **B** Curt J. Braun **K** Willi Sohm, Hannes Staudinger **M** Frank Fox **S** Rosmarie Voltin **D** Elfe Gerhart (Constanze Harrer), O.W. Fischer (Robert Rimmel), Curd Jürgens (George Miller), Anni Hartmann, Rudolf Brix **L** 100 **FSK** ab 12; f **E** 20.12.1948 **fd** 681

VERLORENES SPIEL (1949) (EAST SIDE, WEST SIDE). Die Ehe eines New Yorker Geschäftsmanns, der zeitweilig den Reizen einer anderen Frau erliegt, scheitert nach einer Mordaffäre endgültig: seine Frau gibt ihm den Laufpaß. Gepflegt gespieltes Gesellschaftsdrama in elegantem Milieu. Die Inszenierung kommt recht vielsagend daher, bleibt aber überwiegend oberflächlich. – Ab 16. ✦ Schwarz-weiß. USA 1949 **P** MGM **KI** MGM **Pd** Voldemar Vetluguin **R** Mervyn LeRoy **B** Isobel Lennart, nach einem Roman Marcia Davenport **K** Charles Rosher **M** Miklos Rozsa **S** Harold F. Kress **D** Barbara Stanwyck (Jessie Bourne), James Mason (Brandon Bourne), Van Heflin (Mark Dwyer), Ava Gardner (Isabel), Cyd Charisse (Rosa) **L** 109 **FSK** ab 16; nf **E** 13.5.1952 **fd** 1 817

VERLORENES SPIEL (1957) (CLARA ET LES MECHANTS). Ein intellektuell »dressiertes« Kind, Tochter eines Milliardärs, bändigt vier tölpelhafte Verbrecher, die es entführen und umzubringen trachten. Gaunergroteske, angereichert mit paradoxem, wenig erheiterndem Situationswitz. – Ab 14. ✦ Schwarz-weiß. Frankreich 1957 **P** Estella/Rivers **R** Raoul André **B** Albert Husson, nach einem Roman von Paul Vialar **D** Minou Drouet, Pierre Destailles, Jacques Morel **L** ca. 90 **E** 27.9.1960 ARD

DAS VERMÄCHTNIS (1946) (THE GREEN YEARS). Nach dem Tod seiner Eltern in Irland wird ein katholischer Junge zu presbyterianischen Verwandten nach Schottland verschlagen und reift dort, nur von einem kauzigen Urgroßvater geliebt, zu einem seiner Glaubensüberzeugung treu bleibenden Mann. Bemerkenswerte, gelegentlich etwas umständlich entwickelte Verfilmung des Entwicklungsromans von J. A. Cronin; unaufdringlich anrührend, dezent sozialkritisch, liebenswürdig (jedoch mangelhaft synchronisiert). – Ab 14. ✦ Schwarz-weiß. USA 1946 **P** MGM **KI** MGM **Pd** Leon Gordon **R** Victor Saville **B** Robert Ardrey, Sonya Levien, nach einem Roman von J.A.Cronin **K** George J. Folsey jr. **M** Herbert Stothart **D** Dean Stockwell, Tom Drake, Charles Coburn, Beverly Tyler, Hume Cronyn **L** 120 **E** November 1948 **fd** 87

DAS VERMÄCHTNIS (1975) →Legacy – das Vermächtnis

DAS VERMÄCHTNIS DER NINJA (NINJA STRIKE). Ein Box-Champion liefert sich, von seinem Chef dazu erpreßt, in Korea einen gnadenlosen Kampf mit sechs japanischen Ninja, die hinter sechs Ketten her sind, die den Code für ein Schweizer Nummernkonto liefern. Triviale Action-Geschichte um Verrat und Loyalität. ✦ Hongkong 1985 **P** First Film Prod. **VA** Pacific **R** Yeung Chuen-Bon **D** Bruce Chen, Jim Brooks, Bruce Pok, Martin Lee **L** 92 **FSK** ab 18 **E** 19.8.1987 Video

DAS VERMÄCHTNIS DER SHAOLIN (THE DISCIPLES OF SHAOLIN). Zur Friedfertigkeit erzogen, können vier Schüler eines Shaolin-Tempels ihre Kriegskünste erproben, als ein ausgestoßener Schüler ihren Tempel gewaltsam heimsucht. Trivialer Eastern nach den üblichen Standards des Genres. ✦ Hongkong 1983 **P** Golden Harvest **VA** Highlight **R** Hua Shan **B** Cheung Choy-Chee **K** Cheung Yau-Chin, Khan Lin **D** Fan Don-You, Chau Yiu-Yiu, Lee Yuk-Chung, Fan She-Yen **L** 96 **FSK** ab 18 **E** 5.11.1987 Video

DAS VERMÄCHTNIS DER SÜNDE (LEGACY OF SIN: THE WILLIAM COIT STORY). Ein erwachsener Mann erfährt, dass sein früh verstorbener Vater ermordet wurde und seine Mutter unter Tatverdacht stand. Als er in ihrem Leben eine Häufung ähnlicher Fälle entdeckt, beginnt er, auf eigene Faust zu recherchieren. (Fernseh-)Krimi, basierend auf einer wahren Begebenheit. ✦ USA 1995 **P** Citadel Entertainment/Mark Sennet Productions **Pd** Angelo Corrao, Michael O. Gallant **R** Steven Schachter **B** Ronald Parker **K** Bryan England **M** Marty Davich **S** Angelo Corrao **D** Neil Patrick Harris (William Coit), Bonnie Bedelia (Jill Coit), Brante DeMorneau (Freundin), Gary Graham (Mike Backus), Bruce Gray (Ed Holm), Joyce Gray (Polizistin), Christine Avila (Tante Alma) **L** 87 **E** 7.5.1999 RTL2

VERMÄCHTNIS DES BÖSEN (LEGACY OF EVIL). Abstruser Psychothriller. Der neue Ehemann einer zweifachen Mutter wird mehr und mehr von Alpträumen heimgesucht. Ein Hypnotiseur kommt dem Phänomen auf den Grund: Der Vater des Mannes war von einem Dämon besessen und hat die Familie mißhandelt. ✦ USA 1995 **R** Michael Kennedy **B** Ronald Parker **D** Stephen Lang (Michael), Sheila McCarthy (Jenny), Michael Riley (Dr. Nick Galler), Roger Rees (Hypnotiseur), Phylicia Rashad (Dr. Marion Hale) **L** 105 **E** 14.10.1997 RTL 2

VERMÄCHTNIS DES GRAUENS →Die phantastische Geisternacht (1992)

DAS VERMÄCHTNIS DES INDIANERS →Windwalker

DAS VERMÄCHTNIS DES INKA (VIVA GRINGO). Sehr freie, unbedarfte Verfilmung eines weniger bekannten Romans von Karl May, der eine verworren-fantastische Abenteuergeschichte aus Peru erzählt. Die Suche nach dem sagenhaften Inkaschatz führt zu etlichen blutigen Auseinandersetzungen, ehe sich der Inkaprinz für den Frieden opfert. – Ab 16. ✦ BR Deutschland/Italien/Spanien 1965 **P** Franz Marischka/Pea/Orbita **KI** Nora **VA** Kinowelt Home **R** Georg Marischka **B** Georg Marischka, Winfried Groth, Franz Marischka, nach einem Roman von Karl May **K** Siegfried Hold **M** Riz Ortolani **D** Guy Madison (Jaguar), Rik Battaglia (Perillo), Geula Nuni (Graziella), William Rothlein (Haukaropora), Fernando Rey (Präsident Castillo), Walter Giller (Fritzohen), Heinz Erhardt (Prof. Morgenstern), Chris Howland (Don Parmesan), Ingeborg Schöner (Mme. Ruiz) **L** 100 **FSK** ab 12; nf **E** 9.4.1966/21.1.1999 Video **fd** 13 976

DAS VERMÄCHTNIS DES MARQUIS VON S. →Ich und die Kaiserin

DAS VERMÄCHTNIS DES PROFESSORS BONDI (A BUCKET OF BLOOD). Der kranke Künstler, der seinerzeit Leichen mit Wachs zu überziehen pflegte (»Das Kabinett des Professors Bondi«, 1953), hat einen Sohn hinterlassen. Schwach von Verstand, versieht er Kellnerdienste in einem Existentialistenkeller, bis es ihn ebenfalls auf die Jagd nach Modellen treibt. Als er die in Lehm gehüllten »Kunst«-Opfer öffentlich ausstellt und in den »Skulpturen« die Leichen zum Vorschein kommen, erhängt er sich. Niveauloser Gruselfilm, der sich weit vom ersten »Bondi«-Film entfernt hat; nicht die mindeste Gestaltungsmühe ist zu erkennen. ✦ Schwarz-weiß. USA 1959 **P** Alta Vista/AIP **KI** Mercator **Pd+R** Roger Corman **B** Charles B. Griffith **K** Jacques Marquette **M** Fred Katz **S** Anthony Carras **D** Dick Miller (Walter), Julian Burton (Brock), Barboura Morris (Carla), Antony Carbone (Leonard), Ed Nelson (Art Lacroix) **L** 75 **FSK** ab 18; nf **E** 16.2.1962 **fd** 10 895

DAS VERMÄCHTNIS DES PROFESSORS DOWELL (SAWESCHTSCHANIJE PROFESSORA DOUELJA). Ein karrierebesessener Wissenschaftler will den Kopf eines Menschen auf den Körper eines anderen verpflanzen. Gleichzeitig stellt sich die Frage, wie sich der abgetrennte und am Leben erhaltene andere Kopf verhalten wird. Ein utopischer Film, der keine vordergründige Spannung aufbauen, sondern zum Nachdenken über die ethisch-moralischen Dimensionen medizinischer Experimente anregen will. – Ab 14. ✦ UdSSR 1984 **P** Lenfilm **KI** Progress **R** Leonid Menaker **B** Leonid Menaker, Igor Winogradski, nach einem Roman von Alexander Beljajew **K** Wladimir Kowsel **M** Sergej Banewitsch **D** Olgert Kroders (Prof. Dowell), Igor Wassiljew (Dr. Korn), Valentina Titowa (Mary Lawrence), Natalja Saiko (Angela/Monique/Eva), Alexej Bobrow (Arthur), Nikolai Lawrow (Baxter), Alexander Porochowschtschikow (Gould), K. Romanow (Richardson), B. Zymba (Willy) **L** 90 **E** 28.6.1985 Kino DDR

DIE VERMÄHLUNG IHRER ELTERN GEBEN BEKANNT (THE PARENT TRAP). Erich Kästners Roman »Das doppelte Lottchen« in einer veräußerlichten, amerikanisierten Disney-Verfilmung: Das getrennte Zwillingspaar, das sich in einem Feriencamp kennengelernt hat und die geschiedenen Eltern wieder vereinigt, wird von der begabten Hauptdarstellerin in einer Doppelrollle sympathisch gespielt. Gemütvolle Familienunterhaltung, die jedoch mit der deutschen Version von 1950 nicht konkurrieren kann und im übrigen für einen Kinderfilm zu lang geraten ist. (Weitere Verfilmungen: »Das doppelte Lottchen«, 1950, »Charlie & Louise – Das doppelte Lottchen«, 1993, »Eins und eins macht vier«, 1995) – Ab 8. ✦ USA 1960 **P** Walt Disney **KI** Rank **Pd** Walt Disney, George Golitzin **R** David Swift **B** David Swift, nach einem Roman von Erich Kästner **K** Lucien Ballard **M** Paul J. Smith **S** Philip W. Anderson **D** Hayley Mills (Hedi/Susi), Maureen O'Hara (Maggie McKendrick), Brian Keith (Mitch Evers), Una Merkel (Verbena), Charles Ruggles (Charles), Leo G. Carroll (Dr. Mosby) **L** 128 **FSK** ab 6; f **FBW** w **E** 5.10.1962 **fd** 11 484

EIN VERMIETER ZUM KNUTSCHEN (THE SUPER). Ein Miethai schenkt seinem Sohn ein besonders verkommenes Mietshaus, damit dieser das Abkassieren üben kann. Doch die Mieter haben das Wohnungsamt eingeschaltet. Zum Hausarrest in der eigenen Bruchbude verdonnert, wandelt sich der Nachwuchskapitalist zum sozialen Wohltäter. Eine in der Grundidee originelle Komödie, die sich neben einigen verkrampft »unkonventionellen« Kamerabewegungen auf den heftig grimassierenden Hauptdarsteller verläßt. (Früherer Titel: »Man nannte ihn Super«) – Ab 14. ✦ USA 1991 **P** Largo **VA** Fox **Pd** Charles Gordon **R** Rod Daniel **B** Sam Simon **K** Bruce Surtees **M** Miles Goodman **S** Jack Hofstra **D** Joe Pesci (Louie Kritsky), Vincent Gardenia (Big Lou Kritsky), Madolyn Smith Osborne (Naomi Bensinger), Stacey Travis (Heather), Rubén Blades (Marlon) **L** 86 **FSK** ab 6 **E** 11.1.1993 Video/2.4.1995 PRO 7 **fd** 30 152

VERMISCHTE NACHRICHTEN. Alexander Kluge leert einmal mehr seinen Zettelkasten: In Anspielung auf die letzte Seite einer Tageszeitung erzählt er kleine und kleinste kuriose Geschichten mit Schlaglicht-Charakter – vom angeblichen Kannibalismus deutscher Soldaten in den Kellern von Stalingrad 1943 über den Zusammenschnitt des Stummfilms »Die (wunderbare) Lüge der Nina Petrowna« von 1929 bis zur Geschichte vom »Schein-Ehemann« einer Prostituierten mit Liebeskummer. Gelegentlich unterhaltsam, aber weit entfernt von der Qualität von Kluges »großen« Filmen und in den Spielfilmteilen reichlich ungelenk – ein »Küchenfilm« unter Meisterstücken. – Ab 16. ✦ Teils schwarz-weiß. BR Deutschland 1985/86 **P** Kairos-Film/ZDF **KI** Filmverlag der Autoren **R+B** Alexander Kluge **K** Werner Lüring, Thomas Mauch **S** Jane Seitz, Beate Mainka-Jellinghaus **D** Marita Breuer (Die Unruhige), Rosel Zech (Erfolgstyp), Sabine Wegner (Afrikanerin), André Jung (Kellner Max), Sabina Trooger (Ansagerin) **L** 101 **FSK** ab 16; f **FBW** w **E** 13.11.1986/9.1.1989 ZDF

VERMISST (MISSING). Chile im Jahr des Pinochet-Putsches 1973. Ein junger, in Santiago lebender Nordamerikaner ist plötzlich unauffindbar. Seine Frau und sein aus New York anreisender Vater betreiben Nachforschungen, in deren Verlauf die amerikanische Verstrickung in den Putsch immer deutlicher wird. Nach tatsächlichen Ereignissen gestalteter Film. Die Authentizität der vermeintlich privaten Geschichte wird geschickt zur schrittweisen Enttarnung der menschenverachtenden Grundhaltung (militär-)diktatorischer Regime benutzt. – Sehenswert ab 16. ✦ USA 1981 **P** Universal **KI** UIP **Pd** Edward Lewis, Mildred Lewis **R** Constantin Costa-Gavras **B** Donald Stewart, Constantin Costa-Gavras, nach einem Roman von Thomas Hauser **K** Ricardo Aronovich **M** Vangelis (= Vangelis Papathanassiou) **S** Françoise Bonnot **D** Jack Lemmon (Ed Horman), Sissy Spacek (Beth Horman), Melanie Mayron (Terry Simon), John Shea (Charles Horman), Charles Cioffi (Ray Tower), David Clennon (Konsul Phil Putnam), Joe Regalbuto (Frank Teruggi), Janice Rule (Kate Newman) **L** 122 **FSK** ab 12 (fr. ab 16; f) **FBW** bw **E** 13.8.1982/9.9.1983 DDR **fd** 23 566

VERMISST – EIN TEUFLISCHES SPIEL (SAM CHURCHILL: SEARCH FOR A HOMELESS MAN). Als seine Nichte wegen Drogenbesitz in Schwierigkeiten gerät, übernimmt der Freund eines in die Jahren gekommenen Surfers, ein glückloser Anwalt, die Verteidigung. Im Gegenzug soll der Wassersportler nach einem verschwundenen Mann suchen, dem vorgeblichen Freund einer Klientin. Die Suche gestaltet sich schwieriger als erwartet, und als der Hobby-Detektiv nicht locker lässt, stößt er in ein kriminelles Wespennest. Herkömmlicher Krimi mit den Modethemen der späten 90er-Jahre: Serienmörder und Kinderpornohandel. ✦ USA 1998 **R+B** Stephen Traxler **D** John Schneider (Sam Churchill), Robyn Lively (Laura Enders), Alex Rocco (Bert Geiger), Rudy Ramos (Ochoa), Del Zamora (Rudy Aiello) **L** 90 **E** 20.5.2000 Vox

VERMISST IM BERMUDA-DREIECK (BEYOND THE BERMUDA TRIANGLE). Ein Geschäftsmann macht sich auf die Suche nach einem befreundeten Ehepaar, das auf mysteriöse Weise spurlos im berüchtigten Bermuda-Dreieck verschwand. Schon bald gibt es das nächste Opfer zu beklagen. Unausgegorener (Fernseh-)Film mit melodramatischen Akzenten, der erfolglos im Fahrwasser der umsatzträchtigen Katastrophenfilme der 70er Jahre sein Heil sucht. – Ab 16. ✦ USA 1975 **P** Playboy Prod. **R** William A. Graham **B** Charles A. McDaniel **D** Fred MacMurray (Harry), Sam Groom (Jed), Donna Mills (Claudia), Suzanne Reed (Jill), Dana Plato (Wendy) **L** 74 **E** 14.11.1989 Tele 5

VERMISST UND ERMORDET →Missing and Killed

VERMISSTE KINDER (MISSING CHILDREN: A MOTHER'S STORY). Familienmelodram. Als eine überforderte Mutter ihre drei Kinder vorübergehend ins Fürsorgeheim gibt, muß sie feststellen, daß man dort mit den Zöglingen lukrative Geschäfte mit adoptionswilligen Ehepaaren plant. Unterstützt von einer engagierten Anwältin nimmt sie den Kampf um ihr Sorgerecht auf. (Titel auch: »Baby Thieves – Geraubte Kinder«) – Ab 14. ✦ USA 1982 **P** CBS/ Warner/Kayden-Gleason **Pd** Jay Benson **R** Dick Lowry **B** Nancy Sackett, Jim Lawrence **D** Mare Winningham (Katie), Polly Holliday (Mary Gertrude), Kate Capshaw (Elaine), Peter Scolari (Woody), John Anderson (Willard), Scatman Crothers (Mose) **L** 96 **E** 25.4.1995 RTL 2

DIE VERMISSTE PATROUILLE →Die letzte Patrouille (1934)

DER VERMISSTE SPÄHTRUPP →Die letzte Patrouille (1934)

EIN VERMÖGEN IN ROSAROT (LE DIAMANT DE SALISBURY). Drei junge Männer wollen um jeden Preis ins Gefängnis kommen, um einen sagenhaften Diamanten zu finden, der dort versteckt sein soll. Aber die Ausführung des dazu geeigneten Delikts erweist sich als unerwartet schwierig. Kriminalkomödie. – Ab 16. ✦ Frankreich 1986 **R** Christiane Spiero **D** Philippe Noel, Christian Pereira, Zabou **L** 80 **E** 9.3.1993 ORB

VERNASCHT! (WHIPPED!). Drei junge New Yorker brüsten sich mit ihren mehr oder weniger gelungenen Verführungsversuchen, fallen jedoch letztlich ihrem Hang zum Opfer, leichtfertige Eroberungen machen zu wollen. Eine geschwätzige Geschlechterkomödie, die sich in verbalen Tabubrüchen gefällt, bei aller vermeintlichen Offenheit jedoch ausgesprochen prüde ist. Da keine Sympathieträger geboten werden, wird sie rasch zur Strapaze. ✦ USA 2000 **P** Destination Films/HI-REZ-Films **KI** 20th Century Fox **VA** Universal **DVD** Universal Home (16:9, 1.85:1, DD5.1 engl./dt.) **Pd** Peter M. Cohen, Zorie Barber, Andrew R. Shakman **R+B** Peter M. Cohen **K** Peter B. Kowalski **M** Michael Montes **S** Tom McArdle **D** Amanda Peet (Mia), Brian van Holt (Brad), Judah Domke (Eric), Zorie Barber (Zeke), Jonathan Abrahams (Jonathan), Callie Thorne (Liz) **L** 83 **FSK** ab 16; f **E** 28.12.2000/23.8.2001 Video/23.8.2001 DVD **fd** 34 626

VERNE MILLER – STAATSFEIND NR. 1 (GANGLAND / VERNE MILLER). Aufstieg und Fall des ehemaligen Gesetzeshüters Verne Miller, der ab 1925 zum »Todesengel« des Gangsterkönigs Al Capone aufsteigt und von diesem erst fallengelassen wird, als er in Kansas City ein Blutbad anrichtet. Mit Dokumentaraufnahmen vom Kampf der Polizei gegen das amerikanische Bandenwesen angereichert, erreicht der unentschlossen inszenierte Film nie die Qualität eines Zeitdokuments. Wohltuend immerhin die Zurückhaltung in den Gewaltszenen. – Ab 16 möglich. ✦ USA 1987 **P** UAA Films/Alive Films **VA** VPS **Pd** Ann Brooke Ashley **R+B** Rod Hewitt **K** Misha Suslov (= Mikhail Suslow) **M** Thomas Chase, Steve Rucker **S** John O'Connor **D** Scott Glenn (Verne Miller), Barbara Stock (Vi), Thomas G. Waites (Al Capone), Lucinda Jenney (Bobby), Sonny Carl Davis (Frank »Baldy« Nash) **L** 88 **FSK** ab 16 **E** 21.7.1988 Video **fd** 27 101

VERNEHMUNG DER ZEUGEN. Ein Junge tötet auf dem Dorfplatz mit mehreren Messerstichen seinen Schulkameraden. Mit der Frage nach den Motiven und Hintergründen wird der Zuschauer zum Dialogpartner gemacht. Einem authentischen Kriminalfall nachgezeichneter, anspruchsvoller Kriminalfilm, der zur Auseinandersetzung zwingt, wobei die Härte des Geschehens durch einige romantisierende Szenen und eine zu glatte Besatzung gemildert wird. – Ab 16. ✦ DDR 1986/87 **P** DEFA, Gruppe »Roter Kreis« **KI** Progress **Pd** Uwe Kraft **R** Gunther Scholz **B** Gunther Scholz, nach der gleichnamigen Erzählung von Inge Meyer **K** Claus Neumann **M** Friedbert Wissmann **S** Christine Schöne **D** René Steinke (Maximilian), Mario Gericke (Rainer), Anne Kasprzik (= Anne Kasprik) (Viola), Christine Schorn (Beate Klapproth), Franz Viehmann (Gunnar Strach), Gudrun Okras (Oma Lotte) **L** 76 **E** 26.3.1987 Kino DDR/10.8.1989 DFF 1/29.7.1996 mdr

VERNEIGE DICH VOR DEM FEUER (POKLONIS OGNJU). Ein Film, der über die Anfänge der Kollektivierung in Kirgisien berichtet. Eine junge Frau, zur Vorsitzenden des Kolchos gewählt, muß sich mit Traditionen und Vorurteilen, mit Verleumdungen und Sabotage auseinandersetzen. Sie wird ermordet, als ihre Feinde keine andere Möglichkeit mehr sehen, sie und die neuen Machthaber zu überwinden. Eindringlich inszeniert, thematisch aufschlußreich. – Ab 16. ✦ Schwarz-weiß. UdSSR 1971 **P** Kirgisfilm **KI** Progress **R** Tolomusch Okejew **B** Nassirdin Baitemirow, Gennadi Orlow, Tolomusch Okejew **K** Kadyrshan Kadyralijew **M** Taschtan Ermatow **D** Tattububu Tursunbajewa (Ukruja Salijewa), I. Ryskulow (Koldosch), Sabira Kumuschalijewa (Bubukan), Sjuimenkul Tschokmorow (Utur-Usta), Bolot Bejschenalijew (Asisow) **L** 89 **E** 9.11.1973 Kino DDR/7.11. 1975 DFF 1

VERNETZT – JOHNNY MNEMONIC (JOHNNY MNEMONIC). Science-Fiction um einen Datenkurier mit implantiertem Speicherchip im Gehirn. Der letzte Auftrag bringt ihn zwischen die Fronten im Kampf der Megakonzerne, Yakuza und »guten« Untergrund-Kämpfer. Ein eklektischer, passagenweise harter Thriller im Cyberspace-Ambiente mit ungewöhnlicher Besetzung, einem Künstler-Regisseur und beeindruckenden Special-Effects. Aus Versatzstücken des Genres und mit eindimensionaler B-Movie-Dramaturgie versehen, aber spannend und durch seine Mixtur schon wieder originell. (Auf Video & DVD erschien eine etwas längere, ungeschnittene Fassung des Films.) – Ab 16. ✦ USA/Kanada 1995 **P** Alliance (für Tristar Pictures) **KI** Columbia TriStar **VA** Columbia TriStar **DVD** Columbia TriStar Home (16:9, 1.85:1, DD5.1 engl./dt.) **Pd** Don Carmody **R** Robert Longo **B** William Gibson, nach seiner Kurzgeschichte **K** François Protat **M** Brad Fiedel **S** Ronald Sanders **D** Keanu Reeves (Johnny Mnemonic), Dina Meyer (Jane), Ice-T (J-Bone), Takeshi Kitano (Takahashi), Dolph Lundgren (Street Precher), Henry Rollins (Spider), Barbara Sukowa (Anna K.), Udo Kier (Ralfi), Denis Akiyama (Shinji), Tracy Tweed (Prett) **L** 96 (Video 91) **FSK** ab 16; f (Video & DVD 18) **E** 12.10. 1995/7.5.1996 Video/5.4.2000 DVD **fd** 31 594

VERNICHTENDE LEIDENSCHAFT (PROVOCAZIONE

FATALE). Kaum in seinem Urlaubshotel angekommen, verfällt ein allein reisender Mann dem Charme dreier Frauen. Am meisten reizt ihn die junge Tochter der Hotelbesitzerin, die ihn nach Strich und Faden verführt. Geschmäcklerisch inszenierter Softsex-Film. ✦ Italien 1990 **P** P.A.G. Film **VA** Highlight **Pd** Nini Grassia, Raffaele Ranieri **R** Raffaele Ranieri, Nini Grassia **B** Nini Grassia **K** Luigi Ciccarese **M** Aldo Tamborelli, Nini Grassia **S** Roberto Colangeli **D** Carlo Mucari, Anna Maria Clementi, Deborah Cali, Saverio Vallone, Lucia Mortato **L** 89 (gek. 74) **FSK** ab 18 (gek. ab 16) **E** 18.11.1992 Video

DIE VERNICHTUNG DES DSCHINGIS KHAN (URSUS NELL' INFERNO DI GENGIS KHAN / MACISTE NELL' INFERNO DI GENGIS KHAN). Ein »unüberwindlicher« Held befreit im 12. Jahrhundert eine polnische Königstochter aus den Händen der Mongolen und hat damit erheblichen Anteil an der Niederlage des Heers von Dschingis Khan. Belangloser Abenteuerfilm aus der italienischen Trivialserie der »Muskel-und-Sandalen-Filme«. – Ab 14 möglich. ✦ Scope. Italien 1964 **P** Jonia **KI** Adria **Pd** Ferdinando Felicioni **R** Domenico Paolella **B** Domenico Paolella, Alessandro Ferrau, Luciano Martino **K** Raffaele Masciocchi **M** Giuseppe Piccillo **S** Otello Colangeli **D** Mark Forest (Marko), José Greci (Arminia), Gloria Milland (Arias), Ken Clarke (Kubilai), Roldano Lupi (Dschingis Khan) **L** 81 **FSK** ab 12; nf **E** 26.2.1965 **fd** 13 316

VERNICHTUNGSKOMMANDO. Kriegerische Episode aus dem Zweiten Weltkrieg. Die griechische Armee wird 1940 durch die italienische Invasion überrascht. ✦ Griechenland 1981 **VA** Mike Hunter **R** Dimis Dadiras **D** Kostas Prekas **L** 90 **E** April 1985 Video

VERONICA (VERONICA). Ein fünfjähriges Mädchen aus dem Kinderheim träumt oft von den Geschichten, die den Kindern die lustige Smaranda erzählt. – Ab 8. ✦ Rumänien 1972 **P** Filmstudio Bucuresti **KI** Progress **R** Elisabeta Bostan **B** Vasilica Istrate, Elisabeta Bostan **K** Julius Druckmann **M** Temistocle Popa **D** Lulu Mihalescu (Veronica), Margareta Pislaru (Smaranda), Dem Radulescu, Vasilica Tastaman (Fuchs), Angela Moldovan (Füchsin) **L** 93 **E** 29.11. 1974 Kino DDR/11.6.1977 DFF 1

VERONICA CLARE: GESCHÄFTE MIT DEM TOD (VERONICA CLARE: AFFAIRS WITH DEATH). Die Abenteuer einer Jazzclub-Besitzerin, die insgeheim als Detektivin arbeitet. ✦ USA 1992 **R** Frederick King Keller, Jeffrey Bloom **B** Jeffrey Bloom, Jane Atkins **D** Laura Robinson (Veronica Clare), Tony Plana, Christina Pickles, Robert Ruth, Robert Sutton **L** 89 **E** 9.10.1995 RTL 2

VERONICA CLARE: GRAUSAME HERZEN (VERONICA CLARE: SLOW VIOLENCE). Film aus einer vierteiligen Krimi-Reihe. Die Jazzclubbesitzerin und Detektivin Veronica Clare wird mit dem angeblichen Selbstmord einer Bekannten konfrontiert. ✦ USA 1992 **R** Leon Ichaso, Deborah Dalton **B** Nancy Bond, Jeffrey Bloom, Frank Megna **D** Laura Robinson (Veronica Clare), Tony Plana, Christina Pickles, Robert Ruth, Robert Sutton **L** 89 **E** 21.2.1998 RTL 2

VERONICA CLARE: TÖDLICHE NÄCHSTENLIEBE (VERONICA CLARE: NAKES HEARTS). Film einer Krimireihe um eine Jazzclubbesitzerin mit Detektivlizenz. Diese verliebt sich in den Leiter eines Drogendezernats, der unter dem Verdacht der Unterschlagung steht. ✦ USA 1992 **R** Amy Goldstein, Nina Shengold **B** Jeffrey Bloom, Nina Shengold **D** Laura Robinson (Veronica Clare), Tony Plana (Nicky Swarchek), Christina Pickles (Kelsey Horne), Robert Ruth (Sergeant Swede), Robert Sutton (Rocko) **L** 88 **E** 6.3. 1998 RTL 2

VERONICA CLARE: TÖDLICHES VERGESSEN (VERONICA CLARE: DEADLY MINDS). Serienkrimi um eine Jazzclub-Besitzerin mit Detektivlizenz. Diesmal muß sie die Identität einer Frau enthüllen, die ihr Gedächtnis verloren hat, und außerdem einen vermißten Mann aufspüren, der seinerseits behauptet, seine Frau leide unter Wahnvorstellungen. ✦ USA 1992 **R** Frederick King Keller, Scott Citron **B** Jeffrey Bloom, Jane Atkins **D** Laura Robinson (Veronica Clare), Tony Plana (Nicky Swarchek), Christina Pickles (Kelsey Horne), Robert Ruth (Sergeant Swede), Robert Sutton (Rocko) **L** 91 **E** 14.2.1998 RTL 2

VERONICA 2030 (VERONICA 2030). Ein Callgirl des Jahres 2030, das gegen die strengen Regierungsauflagen verstößt, wird in die Vergangenheit strafversetzt und findet sich 1999 als Model für Dessous-Kataloge wieder. Auch in der »guten alten Zeit« findet sich Gelegenheit für allerlei erotische Abenteuer, doch dann kommt die Zeitreisende einer Geschäftsfrau in die Quere, die sie entführt und zu Sexspielen mit ihrem Fahrer zwingt. Futuristisch angehauchter Sexfilm, der seine konfektionierte Geschichte mit Humor anzureichern versucht. ✦ USA 1998 **P** Surrender Cinema **R** Gary Graver **K** Gary Graver **M** Wayne Scott Joness **D** Julia Anne Tavella (Veronica), Bo Clancey (Harry Horner), Everett Rodd (Dan Silver), Sandy Wasko (Billy Jo), Wendy Kaye (Bobby Jo) **L** 79 **E** 27.6.2001 Pro Sieben

VERONICAS RÜCKKEHR (VERONICA SE INTOARCE). Die Abenteuer eines fünfjährigen Mädchens im Reich der Ameisenkönigin. – Ab 6. ✦ Rumänien 1973 **P** Filmstudio Bucuresti **KI** Progress **R** Elisabeta Bostan **B** Vasilica Istrate, Elisabeta Bostan **K** Julius Druckmann **M** Temistocle Popa **D** Lulu Mihalescu (Veronica), Margareta Pislaru (Smaranda/Fee/Königin), Angela Moldovan (Füchsin), George Mihaita (Grillenmännchen Amadeus) **L** 81 **E** 17.1.1975 Kino DDR/17.4.1976 DFF 1

VERONIKA, DIE MAGD → Was das Herz befiehlt

VERONIKAS RÜCKKEHR (WOSWRASCHTSCHENIJE VERONIKI). Die Geschichte der jungen Veronika, die nach dem Studium ihre Heimatstadt Kiew verläßt, um in einer Kolchose im Neulandgebiet ihre erste Anstellung als Ärztin anzutreten. ✦ Schwarz-weiß. UdSSR 1964 **P** Filmstudio Kiew **R** Igor Bolgarin, Wadim Iljenko **B** Igor Bolgarin, S. Naumow **K** Wadim Iljenko **M** L. Grabowski **D** M. Dobrowolskaja, S. Chitrow, Wassili Liwanow, Nikolai Timofejew, Jewgeni Teterin **L** 91 **E** 19.3.1965 DFF 1

VERPFIFFEN (A MATTER OF WHO). Ein Pockenfall in London gibt einem Beamten der Weltgesundheitsorganisation Gelegenheit, seine detektivischen Fähigkeiten auch an einigen ölsuchenden Betrügern zu erproben. Originell gespielter Kriminalfilm mit einigen Lustspielakzenten. – Ab 14. ✦ Schwarz-weiß. Großbritannien 1961 **P** Foray **KI** MGM **R** Don Chaffey **B** Milton Holmes, nach einem Roman von Patricia Lee und Paul Dickson **K** Erwin Hillier **M** Edwin Astley **D** Terry-Thomas (Bannister), Alex Nicol (Kennedy), Sonja Ziemann (Michele), Richard Briers (Jamieson), Clive Morton (Hatfield), Vincent Ball (Dr. Blake) **L** 89 **FSK** ab 12; nf **E** 30.3.1962 **fd** 11 020

DIE VERPFUSCHTE HOCHZEITSNACHT. Die Hochzeitsreise zweier jungverheirateter Paare wird schon während der Bahnfahrt und später in einem abgelegenen Berghotel durch die hysterische Schwiegermutter empfindlich gestört. Auf publikumswirksamen Klamauk angelegter Verwechslungsschwank ohne jeden Anspruch. – Ab 16. ✦ Schwarz-weiß. BR Deutschland 1957 **P** Corona **KI** DFH **Pd** Hans Raspotnik **R** Wolfgang Schleif **B** Paul H. Rameau **K** Erich Claunigk **M** Peter Igelhoff **S** Hermann Ludwig **D** Grethe Weiser (Mama), Doris Kirchner (Lilli), Claus Biederstaedt (Peter), Renate Ewert (Ida), Dietmar Schönherr (Alexander), Rudolf Vogel (Berthold), Balduin Baas (Schaffner) **L** 87 **FSK** ab 16; nf **E** 26.4. 1957/24.2.1973 ZDF **fd** 5 863

VERRAT (TRADITA). Spionage-Melodram aus dem Raum Südtirol im Ersten Weltkrieg: Die lange gesuchte Spitze von Saboteuren diesseits der österreichischen Front findet sich in den eigenen Reihen. Herkömmlich gestaltet, weithin bar jedes menschlichen Interesses und nicht einmal spannend. – Ab 14 möglich. ✦ Schwarz-weiß. Italien 1954 **P** Flora **KI** Union **R** Mario Bonnard **B** Nino Vittorio Novarese, Mario Bonnard **K** Sergio Bergamini **M** Jules Dacar **D** Brigitte Bardot, Lucia Bosé, Pierre Cressoy, Camillo Pilotto **L** 90 **FSK** ab 12; f **E** 8.11.1957 **fd** 6 680

DER VERRAT (1936) → Der Held der Prärie

DER VERRAT (1981) (LÖPERJENTEN). Zwei Siebenjährige erleben die Verwirrungen während der Nachkriegsjahre in einer norwegischen Hafenstadt, als ein hektischer Wiederaufbau beginnt, Kriegsprozesse an der Tagesordnung sind und die wirtschaftliche und kulturelle Dominanz der USA Auswirkungen zeigt. Die Kinder erfahren in ihren Familien wenig Zuneigung und Liebe, dafür um so mehr die gleichgültige und gedankenlose Einstellung der Erwachsenen untereinander. Ein erfrischend und sensibel gestaltetes Zeitporträt; die Lebensverhältnisse werden genau und stimmungsvoll eingefangen, wobei kritisch vermerkt wird, welch trauriges Rüstzeug Kindern zum Erwachsenwerden mitgegeben wird. (O.m.d.U.) – Ab 16. ✦ Norwegen 1981 **P** A/S As Film **KI** Freunde der Deutschen Kinemathek **Pd** Peter Böe, Hilde Berg **R** Vibeke Løkkeberg **B** Vibeke Løkkeberg, Terje Kristiansen **K** Paul René Roestad **M** Edvard Grieg **S** Edith Toerg **D** Nina Knapskog (Kamilla), Kenneth Johansen (Svein), Helge Jordal (Sverre), Vibeke Løkkeberg (Lise), Karin Zetlitz Haerem (Sölvi), Renie Torleifsson Klievdal (Siri) **L** 108 **E** 16.4.1982

DER VERRAT (1982) → La Balance – Der Verrat

DER VERRAT (1988) (PETOS). Detailgetreue Rekonstruktion eines aufsehenerregenden Postraubs, bei dem vier Männer im Jahr 1950 in Helsinki zwei Millionen Finnmark erbeuteten. Trotz engagierter Darstellerleistungen mangelt es dem Film am angestrebten »Bonnie & Clyde«-Flair und einem überzeugenden Finale. – Ab 16. ✦ Finnland 1988 **P** National-Filmi Oy **R** Taavi Kassila **B** Taavi Kassila, nach einem Roman von Jussi Kylätasku **K** Henrik Paersch **D** Paavo Pentikäinen, Harri Hyttinen, Pekka Räty, Erkki Saarela, Jarkko Rantanen **L** 85 **E** 14.5.1991 H 3

VERRAT AM KHYBER-PASS (KHYBER PATROL). Der Sonderauftrag eines britischen Captains gegen von Russen unterstützte Aufrührer an der Grenze Afghanistans (1890). Naiver Abenteuerfilm, der die »Exotik« der Landschaft wie in einem Western einsetzt. Inszenatorisch und inhaltlich allenfalls Durchschnitt. – Ab 14. ✦ USA 1954 **P** United Artists **KI** United Artists **R** Seymour Friedman **B** Jack DeWitt **K** Charles Van Enger **M** I. Gortz **D** Richard Egan (Cameron), Dawn Addams (Diana), Raymond Burr (Ahmed), Patric Knowles (Lt. Kennerly), Paul Cavanaugh (General Melville), Donald Randolph (Ishak Khan) **L** 71 **FSK** ab 12; nf **E** 1.7.1955 **fd** 4 157

VERRAT AN DER LIEBE (JUST BETWEEN FRIENDS). Zwei Frauen unterschiedlichen Temperaments knüpfen eine enge Freundschaft, die Probleme aufwirft, als sich herausstellt, daß der Ehemann der einen der Geliebte der anderen ist. Triviale Mischung aus Situationskomödie und Soap Opera, die aus dem Spiel der Hauptdarstellerin einen gewissen Unterhaltungswert gewinnt. – Ab 16. ✦ USA 1986 **P** Orion Pic. **VA** RCA/Columbia **Pd** Edward Teets **R+B** Allan Burns **K** Jordan Cronenweth **M** Patrick Williams **S** Anne Goursaud **D** Mary Tyler Moore (Holly Davis), Christine Lahti (Sandy Dunlap), Ted Danson (Chip Davis), Sam Waterston (Harry Crandall), Susan Rinell (Kim Davis) **L** 106 **FSK** ab 16 **E** 14.7.1987 Video **fd** 26 442

VERRAT AN DEUTSCHLAND (DER FALL DR. SORGE). Der Fall des von den Japanern 1944 als Sowjet-Spion hingerichteten Korrespondenten der »Frankfurter Zeitung«, Dr. Richard Sorge, in einer sachlich unzuverlässigen Kinoversion. Klischeehaft inszeniert, mit Pseudo-Tiefsinn durchsetzt und obendrein auch noch langweilig. – Ab 16. ✦ Schwarz-weiß. BR Deutschland 1954 **P** Divina **KI** Gloria **Pd** Eberhard Meichsner, Walter Traut **R** Veit Harlan **B** Veit Harlan, Thomas Harlan **K** Georg Bruckbauer **M** Franz Grothe **S** Walter von Bonhorst **D** Kristina Söderbaum (Katharina von Weber), Paul Müller (Dr. Richard Sorge), Waleri Inkischinoff (Osaki), Herbert Hübner (Botschafter), Hermann Speelmans (Max Klausen), Blandine Ebinger (Anna) **L** 107 **FSK** ab 16; f **E** 12.1.1955 **fd** 3 872

VERRAT AN JULIE ROY (BETRAYAL). Nach ihrer Scheidung leidet eine lesbische Frau unter Einsamkeit und Depressionen. Der Therapeut, dem sie sich anvertraut, führt sie in eine sexuelle Abhängigkeit, aus der sie sich nur mit Hilfe zweier Anwälte, die den heiklen Prozeß führen, lösen kann. (Fernseh-)Drama nach einer wahren Begebenheit, das nicht mehr als einschläfernde Unterhaltung bietet. – Ab 16. ✦ USA 1978 **P** NBC/EMI **R** Paul Wendkos **B** Jerrold Freeman, Joanna Crawford, nach einem Roman von Lucy Freeman und Julie Roy **K** Gayne Rescher **M** Paul Chihara **D** Lesley Ann Warren (Julie Roy), Rip Torn (Dr. Hartogs), Richard Masur (Loren Plotkin), Ron Silver (Bob Cohen), Bibi Besch (Pat) **L** 100 **E** 14.2. 1991 Tele 5

VERRAT AUF BEFEHL (THE COUNTERFEIT TRAITOR). Ein schwedischer Ölindustrieller schlägt sich im Zweiten Weltkrieg angeblich auf die Seite des Hitler-Regimes, spioniert in Wirklichkeit aber für die Alliierten. Nach einer tragischen Liebesaffäre mit seiner Kontaktperson in Berlin, einer Offiziersgattin, kann er unter dramatischen Umständen aus Deutschland fliehen. Obgleich auf Tatsachen beruhend, besonders im zweiten Teil mehr turbulentes Abenteuer als Zeitschicksal. – Ab 16. ✦ USA 1960 **P** Perlsea **KI** Paramount **Pd** William Perlberg **R** George Seaton **B** George Seaton, nach dem Buch von Alexander Klein **K** Jean Bourgoin **M** Alfred Newman **S** Hans Ebel, Alma Macrorie **D** William Holden (Eric Erickson), Lilli Palmer (Marianne Möllendorf), Wolfgang Preiss (Nordhoff), Hugh Griffith (Collins), Holger Hagen (Carl Bradley), Carl Raddatz (Otto Holtz) **L** 138 **FSK** ab 12 (fr. 16) **E** 19.10.1962 **fd** 11 545

VERRAT AUF DER »ASUNCION« →Der Korsar des Königs

VERRAT – BETRAYAL. Dokumentarfilm, der den Fall des Stasi-Spitzels Sascha Anderson aufrollt, der bis zu einer Enttarnung als Dissident galt. Der Film entwirrt Schicht für Schicht das Netz aus Lügen und Geheimnissen, bis der traurige Kern eines Menschen zum Vorschein kommt, der Zeit seines Lebens nach Anerkennung hungerte. ✦ Schweden 1994 **R** Frederik von Krusenstjerna **B** Frederik von Krusenstjerna, Björn Cederberg **L** 50 **E** 25.10.1999 ORB

DER VERRAT DES SURAT KHAN (THE CHARGE OF THE LIGHT BRIGADE). Abenteuer- und Kriegsfilm vor dem Hintergrund des Krimkriegs 1854: Treibjagd, die Freundschaft zwischen einem englischen Offizier und einem indischen Fürsten, politische Intrigen und Verrat, Liebe und Entsagung und heiße Kämpfe. Auch die längere Fernsehfassung (Titel: »Die Attacke der leichten Brigade«) bleibt noch hinter dem Original (125 Min.) zurück. Zwar tritt die Anlehnung an das berühmte Gedicht von Alfred Tennyson (1809–1892) von den »Noble Six Hundred« deutlicher hervor, aber an der pathetischen Glorifizierung des Heldentods auf dem Schlachtfeld ändert sich dadurch nichts. Was immerhin bleibt, ist ein fulminanter Abenteuerfilm mit einem eindrucksvoll präsenten Star: Errol Flynn. – Ab 16. ✦ Schwarz-weiß. USA 1936 **P** Warner Bros. **KI** Warner **Pd** Hal B. Wallis **R** Michael Curtiz **B** Michael Jacoby, Rowland Leigh **K** Sol Polito **M** Max Steiner **S** George Amy **D** Errol Flynn (Maj. Geoffrey Vickers), Olivia de Havilland (Elsa Campbell), Patric Knowles (Capt. Perry Vickers), Nigel Bruce (Sir Benjamin Warrenton), David Niven (Capt. James Randall), Henry Stephenson (Sir Charles Macefield), Donald Crisp (Col. Campbell) **L** 85 (TV 100) **FSK** ab 16; nf **E** 24.10.1950/14.10.1989 ZDF (Neufassung) **fd** 1 053

VERRAT – DIE ABENTEUER DES BUFALLO BILL →Der Held der Prärie

VERRAT IM DSCHUNGEL (THE REAL GLORY). Während terroristischer Aufstände auf der Philippinen-Insel Mindanao um die Jahrhundertwende geht ein amerikanischer Militärarzt gegen sturen Kadavergehorsam und die Unvernunft der Schutztruppe an und stellt die Ordnung wieder her. Ein aktionsreicher, publikumswirksamer Abenteuerfilm von Format, dem auch eine süßliche Liebesgeschichte am Rande nichts von der tempogeladenen Spannung nimmt. – Ab 14. ✦ Schwarz-weiß. USA 1939 **P** Samuel Goldwyn Prod. **KI** Herzog **Pd** Samuel Goldwyn, Robert Riskin **R** Henry Hathaway **B** Robert R. Persnell, nach einem Roman von Charles L. Clifford **K** Rudolph Maté **M** Alfred Newman **D** Gary Cooper, David Niven, Andrea Leeds, Reginald Owen, Broderick Crawford **L** 96 **FSK** ab 12; nf **E** 23.8.1951 **fd** 1 322

VERRAT IM FORT BRAVO (ESCAPE FROM FORT BRAVO). Während des Bürgerkriegs brechen in Arizona gefangene Südstaatler mit Hilfe einer Frau aus einem Fort aus. Einige werden von einem Hauptmann der Nordstaatler eingefangen, die anderen im Gebiet der Mescalero-Indianer fast völlig aufgerieben. Sorgfältig inszenierter, spannender Western, der die Klischees des Genres weitgehend meidet; ausgezeichnet gespielt und vorzüglich fotografiert. – Ab 14. ✦ USA 1953 **P** MGM **KI** MGM **Pd** Nicholas Nayfack **R** John Sturges **B** Frank Fenton, nach einer Erzählung von Phillip Rock und Michael Pate **K** Robert Surtees **M** Jeff Alexander **S** George Boemler **D** William Holden (Hauptmann Roper), Eleanor Parker (Carla Forester), John Forsythe (Hauptmann John Marsh), William Demarest (Campbell), William Campbell (Cabot Young), John Lupton (Bailey), Richard Anderson (Leutnant Beecher), Polly Bergen (Alice Owens), Carl Benton Reid (Col. Owens), Alex Montoya (Chavez), Fred Graham (Jones), Charles Stevens (Eilota), Glenn Strange (Sgt. Compton), Harry Cheshire (Kaplan) **L** 98 **FSK** ab 12; nf **E** 3.9. 1954 **fd** 3 585

VERRAT IM KASTELL →Der furchtlose Rebell

VERRAT IN BELFAST (THE OUTSIDER). Junger Amerikaner irischer Abstammung schließt sich 1973 der IRA an, um gegen die Briten zu kämpfen, wie es sein von ihm bewunderter Großvater tat. Er wird zum Spielball rivalisierender Gruppierungen und erkennt die Ausweglosigkeit der rücksichtslosen Auseinandersetzungen. Auf dem Sterbebett gesteht ihm der Großvater, daß er, des Kämpfens müde, zum Informanten der Briten wurde. Dicht inszenierter Film, der sich auf einfühlsame und unparteiliche Weise mit der Bürgerkriegssituation in Irland auseinandersetzt. Weit mehr als ein Stück Zeitgeschichte, ist er ein eindringlicher Appell für die Menschenrechte und eine Aufforderung, zweifelhaftem Engagement im Namen von scheinbaren Idealen zu mißtrauen. – Sehenswert. ✦ USA/Großbritannien 1979 **P** Cinematic Arts B.V. **R** Tony Luraschi **B** Tony Luraschi, nach dem Roman »The Heritage of Michael Flaherty« von Colin Leinster **K** Ricardo Aronovich **M** Ken Thorne **S** Catherine Kelber **D** Craig Wasson (Michael Flaherty), Sterling Hayden (Großvater), Patricia Quinn (Siobhan), Niall O'Brien (Emmett), T. P. McKenna (Russell), Niall Toibin (Farmer) **L** (TV) 121 **E** 22.6. 1985 ZDF

VERRAT IN BLOND →Familienmord – Ein Vater unter Verdacht

VERRAT IN CAMP 127 (DANGER WITHIN / BREAKOUT). Während des Zweiten Weltkriegs fliehen britische Kriegsgefangene in Norditalien aus einem Lager. Die Flucht der 400 Offiziere und die Frage nach dem Verräter wird im Rahmen spannender und den Wert der Kameradschaft preisender Unterhaltung routiniert in Szene gesetzt. – Ab 14. ✦ Schwarz-weiß. Großbritannien 1958 **P** British Lion/Continental **KI** Hermes **Pd** Colin Lesslie **R** Don Chaffey **B** Bryan Forbes, Frank Harvey, nach dem Roman von Michael Gilbert **K** Arthur Grant **D** Richard Todd (Lt. Col. David Baird), Bernard Lee (Lt. Col. Huxley), Michael Wilding (Maj. Charles Marquand), Dennis Price (Capt. Rupert Callender), Richard Attenborough (Capt. Bunter Phillips) **L** 80 **FSK** ab 12; f **E** 18.11.1960/19.8.1967 ZDF **fd** 9 807

VERRAT IN DEN EIGENEN REIHEN (LEK). Ein junger Amsterdamer Polizist, dessen Karriere stagniert, stellt über einen kleinkriminellen Jugendfreund, den er als Informanten aufbaut, Kontakt zum Drogenmilieu her. Seine Informationen sichern ihm zunächst das Wohlwollen seiner Vorgesetzten, doch als ein wirklich großer Zugriff misslingt und er vom Dienst suspendiert wird, keimt in ihm der Verdacht auf, dass seine Dienste missbraucht wurden und einige seiner Kollegen auf der Gehaltsliste des Drogenbosses stehen. Routiniert inszenierter Polizei-Thriller mit einigen Härten, der sich an amerikanischen Vorbildern orientiert. ✦ Niederlande 2000 **P** All Yours Film **Pd** Rolf Koot, Jean van de Velde **R** Jean van de Velde **B** Jean van de Velde, Simon de Waal, nach einem Roman von Jan van Daalen **K** Jules van den Steenhoven **M** Fons Merkies **S** Herman P. Koerts **D** Cas Jansen (Eddy), Ricky Koole (Ria), Victor Löw (Jack), Thomas Acda (Franco), Gijs Scholten van Aschat (Ferdinand de Wit) **L** 101 **E** 24.11.2001 ARD

VERRAT IN DER BUCHT (AMBUSH BAY). Ein neun Mann starker amerikanischer Stoßtrupp, der 1944 mit einem Sonderauftrag auf einer von Japanern besetzten Philippinen-Insel landet, wird nach erbitterten Dschungelkämpfen bis auf den unerfahrenen Funker aufgerieben. Harter und spannender Kriegsfilm nach den üblichen Mustern des Genres, geprägt von einem ebenso fragwürdigen wie rücksichtslosen Feindbild. ✦ USA 1965 **P** Courageous/Schenck-Zabel Prod. **KI** United Artists **Pd** Aubrey Schenck, Hal Klein **R** Ron Winston **B** Marve Feinberg, Ib Melchior **K** Emmanuel Rojas **M** Richard Lasalle **D** Hugh O'Brian (First Sgt. Steve Corey), Mickey Rooney (Sgt. Ernest Wartell), James Mitchum (Pfc. James Grenier), Pete Masterson (Sgt. Williamson Maccone), Harry Lauter (Cpl. Alvin Ross), Greg Amsterdam (Cpl. Stanley Parrish) **L** 109 **FSK** ab 16; f **E** 10.5.1966 **fd** 14 036

VERRATEN (1954) (BETRAYED). Eine junge Frau, die der Kollaboration mit den Nazis verdächtigt wird, erhält eine Chance, sich zu rehabilitieren: Sie wird im besetzten Holland als Untergrundagentin eingesetzt. Unglaubwürdige, abenteuerliche Spionagegeschichte, deren dramatisches Finale mit der Landung alliierter Fallschirmjäger bei Arnheim 1944 zusammenfällt. – Ab 16. ✦ USA 1954 **P** MGM **KI** MGM **Pd+R** Gottfried Reinhardt **B** Ronald Millar, George Froeschel **K** Freddie Young **M** Walter Goehr **S** John Dunning, Raymond Poulton **D** Clark Gable (Col. Pieter Deventer), Lana Turner (Carla van Oven), Victor Mature (Cachenez), Louis Calhern (Gen. Ten Eyck), O. E. Hasse (Col. Helmut Dietrich) **L** 107 **FSK** ab 12; f **E** 4.10.1957 **fd** 6 313

VERRATEN (1986) (BETRAYED BY INNOCENCE). Melodramatische Geschichte eines Mannes, der nach dem Flüggewerden seiner Tochter in eine Krise gerät und sich in eine 16jährige verliebt. ✦ USA 1986 **P** Inter Planetary Prod. **VA** CIC **Pd** Sherman Oaks **R** Elliot Silverstein **B** Ken August, Stanford Whitmore **K** Stephen W. Cray **D** Barry Bostwick, Lee Purcell, Christen Kauffman, Paul Sorvino **L** 90 **FSK** ab 16 **E** Juni 1987 Video

VERRATEN (1987) (BETRAYED). Eine Agentin des FBI soll sich über einen scheinbar gutbürgerlichen Farmer an eine rechtsradikale Terrororganisation heranarbeiten, gerät aber durch ihre Gefühle in innere Konflikte. Konstruierter, klischeehafter Politthriller, der Elemente aus Actionfilm und Melodram bemüht, anstatt seinen Figuren und ihrem Milieu glaubhafte Konturen zu verleihen. – Ab 16 möglich. ✦ USA 1987 **P** Sundown Prod. (für United Artists) **KI** UIP **SF** UIP **VA** Warner Home **Pd** Irwin Winkler **R** Constantin Costa-Gavras **B** Joe Eszterhas **K** Patrick Blossier **M** Bill Conti **S** Joëlle van Effenterre **D** Debra Winger (Cathy Weaver/Katie Phillips), Tom Berenger (Gary Simmons), John Heard (Michael Carnes), Betsy Blair (Gladys Simmons), John Mahoney (Shorty) **L** 126 **FSK** ab 16; f **FBW** bw **E** 9.3.1989/10.11.1989 Video **fd** 27 451

VERRATEN – EINE FRAU AUF DER FLUCHT (SWEET DECEPTION). Die Frau eines Rechtsanwalts wird verdächtigt, ihren Ehemann ermordet zu haben, und verurteilt. Auf dem Transport ins Gefängnis gelingt ihr die Flucht; sie taucht unter und versucht mit Hilfe des Partners des Ermordeten, ihre Unschuld zu beweisen. Sie ahnt nicht, dass sie das Opfer einer Intrige ist, die um veruntreute Gelder in Millionenhöhe gesponnen wird. Kriminalfilm um falsche und wahre Freunde sowie den Kampf einer Frau um Gerechtigkeit. ✦ USA 1998 **P** Flashpoint **R** Timothy Bond **B** Joelle Harris **K** Les Erskine **M** Ken Williams **D** Joanna Pacula (Risa Gallagher), Robert Stewart (Det. Molloy), Jack Scalia (Brett Newcomb), Peter Lacroix (Fin Gallagher), Lisa Schrage (Eva Newcomb) **L** 88 **E** 29.7.2000 ARD

VERRATEN IN VIETNAM (KIA – EYE OF THE EAGLE II). Zweifrontenkrieg in Vietnam: Ein G.I. hat nicht nur gegen den Vietcong im Dschungel, sondern auch gegen einen kriminellen US-Geheimdienstoffizier in Saigon zu kämpfen. Trotz seiner stofflichen Besonderheit kein militärkritisches Gewissensdrama, sondern handelsübliches Vietnam-Kino, dessen denunziatorisches Potential seiner oberflächlich-abenteuerlichen Inszenierung zum Opfer fällt. ✦ USA 1988 **P** Concorde **VA** RCA/Columbia **Pd** Catherine Santiago **R** Carl Franklin **B** Carl Franklin, Dan Gagliasso **K** Christopher Jones Lobo **M** Justin Lord **S** Edgar Viner **D** Todd Field (Anthony Glenn), Andy Wood (Major Sorenson), Ken Jacobsen (Scratch), Ronald Lawrence (Dino Renaldo), Shirley Tesoro (Mai) **L** 75 **FSK** ab 16 **E** Februar 1989 Video **fd** 27 520

VERRATEN UND MISSBRAUCHT (UNDER THE INFLUENCE – BETRAYAL OF TRUST). Melodramatische Mischung aus Arzt- und Gerichtsfilm. Eine Sängerin bekommt von ihrem Psychiater während der Therapie regelmäßig Drogen verabreicht – angeblich, um ihr Unterbewußtes freizulegen. Als eines Tages die Wirkung der Drogen zu früh nachläßt, merkt sie, daß sie von ihrem Arzt vergewaltigt wird. Zahlreiche Anwälte lehnen es ab, sie in einem Prozeß zu vertreten. Schließlich steht ihr ein Staatsanwalt bei. Als die Ärztekammer auf den Fall aufmerksam wird, gibt der Psychiater seine Approbation zurück. Doch die Frau will Genugtuung. – Ab 16. ✦ USA 1993 **R** George Kaczender **D** Judith Light (Barbara), Judd Hirsch (Dr. Masserman), John Getz (Kurt), Holland Taylor (Mary), Betty Buckley (Jan) **L** 89 **E** 10.4. 1996 SAT 1

VERRATEN UND VERKAUFT (1956) (QUINCANNON, FRONTIER SCOUT). Ein Offizier der US-Kavallerie sprengt ein Waffenarsenal im Lager der mit Whisky übertölpelten Cheyenne-Indianer. Fehlbesetzter mäßiger Western, der sich das genüßliche Abschießen von Gegnern angelegen sein läßt. – Ab 16. ✦ USA 1956 **P** Bel-Air **KI** United Artists **Pd** Aubrey Schenck **R** Lesley Selander **B** John C. Higgins, Don Martin **K** Joseph Biroc **M** Les Baxter **S** John F. Schreyer **D** Tony Martin (Linus Quincannon), Peggie Castle (Maylene Mason), John Bromfield (Leutnant Burke), John Smith (Leutnant Hostedder), Morris Ankrum (Colonel Conover), Ron Randell (Captain Bell), John Doucette (Sgt. Calvin), Peter Mamakos, Edmund Hashim **L** 77 **FSK** ab 12; nf **E** 10.5.1957/20.10.1996 RTL 2 **fd** 5 878

VERRATEN UND VERKAUFT (1974) (SWOI SREDI TSCHUCHICH, TSCHUSNOI SREDI SWOICH). Rußland 1917: Um Moskau vor einer Hungersnot zu retten, sammelt das tscherkessische Gebietskomitee Geld und Schmuck zum Ankauf von Nahrungsmitteln aus dem Ausland. Während des Transports in die Hauptstadt wird der gepanzerte Zug zunächst von Weißgardisten, wenig später von Banditen überfallen. Die wertvolle Ladung verschwindet, und ein Rotarmist gerät in den Verdacht, ein Verräter zu sein. Er flieht und versucht auf eigene Faust, seine Unschuld zu beweisen. Abenteuerlicher Revolutionsfilm, eindrucksvoll inszeniert im Stil eines ereignisreichen Western. (Verleihtitel DDR: »Fremd unter seinesgleichen«) – Ab 16. ✦ UdSSR 1974 **P** Mosfilm **KI** FiFiGe **SF** Zentral **R** Nikita Michalkow **B** Eduard Wolodarski, Nikita Michalkow **K** Pawel Lebeschew **M** Eduard Artemjew **D** Juri Bogatyrjew, Anatoli Solonizyn, Sergej Schakurow, Nikita Michalkow, Alexander Porochowschtschikow, Nikolai Pastuchow **L** 95 **E** 15.8.1975 Kino DDR/18.12.1977 DFF 1/4.6. 1987 Kino BRD

VERRATEN UND VERKAUFT (1985, F) (LA BASTON). Ein Geldschrankknacker, der seit Jahren straffrei blieb, läßt sich für einen neuen Job engagieren, um die Herzoperation seines kleinen Sohnes bezahlen zu können. Zu spät bemerkt er, daß er als Bauernopfer seines Auftraggebers auserkoren war. Eine am amerikanischen Kriminalfilm der 50er Jahre orientierte Produktion, die weitgehend spannende Unterhaltung bietet. – Ab 16. ✦ Frankreich 1985 **P** Les Productions du Daunou/Sherwood/FR 3/Artistique Caumertin **Pd** Denise Petitdidier **R** Jean-Claude Missiaen **B** Jacques Labib, Jean-Claude Missiaen **K** Jean-Claude Vicquery **M** Hubert Rostaing, Yvan Jullien **S** Armand Psenny **D** Robin Renucci (René Levasseur), Véronique Genest (Denise Levasseur), Gérard Desarthe (Luc), Michel Constantin (Raoul), Patrick Depeyrat (Francis) **L** 92 **E** 22.11.1991 premiere

VERRATEN UND VERKAUFT (1985, USA) →Local 323

VERRATEN UND VERKAUFT (1994) (CAPTIVE HEART: THE JAMES MINK STORY). Toronto 1850: Ein erfolgreicher schwarzer Geschäftsmann glaubt, in einem Pferdehändler aus New York den passenden Mann für seine Tochter gefunden zu haben. Doch kurz nach der Trauung zeigt der Mann sein wahres Gesicht. Er vergewaltigt seine Frau und verkauft sie in den Vereinigten Staaten auf dem Sklavenmarkt. Als die Eltern vom Schicksal ihrer Tochter erfahren, machen sie sich auf die Suche nach ihr. ✦ USA/ Kanada 1994 **P** Jaylar/CanWest **Pd** Wendy Grean, Bryon White **R** Bruce Pittman **B** Bryon White, Brian Bird, John Wierick **K** Michael Storey **M** Neil Smolar **S** Michael Todd **D** Louis Gossett jr. (Jams Mink), Rachael Crawford (Mary Mink), Kate Nelligan (Elizabeth Mink), Peter Outerbridge (William Johnson), Ruby Dee (Indigo) **L** 91 **E** 29.7.2001 Super RTL

VERRATENE FRAUEN (BETRAYED WOMEN). Drei Frauen lernen sich in einem Frauengefängnis kennen, in dem sie der Willkür brutaler Aufseher und nicht minder zimperlicher Gefangener ausgeliefert sind. Nachdem der Versuch, die Öffentlichkeit auf die unhaltbaren Zustände aufmerksam zu machen, scheitert, brechen die drei gemeinsam aus. Die Flucht durch Wildnis und Sümpfe endet in einer aussichtslosen Lage. Ein billig und schnell produzierter Abenteuerfilm, der sich vornehmlich für die äußeren Aktionen interessiert. – Ab 16. ✦ Schwarz-weiß. USA 1955 **P** Allied Artists **Pd** William F. Broidy **R** Edward L. Cahn **B** Steve Fisher **K** John Martin **M** Edward J. Kay **S** Ace Herman, Chandler House **D** Carole Mathews (Kate Morrison), Beverly Michaels (Honey Blake), Peggy Knudsen (Nora Collins), Tom Drake (Jeff Darrow), Sara Haden (Darcy) **L** 70 **E** 28.4.1983 WDR

VERRATENE FREUNDSCHAFT – EIN MANN WIRD ZUR GEFAHR. Nach dem Tod seiner schwangeren Frau, den die Polizei als Unfall verbucht, zieht sich ein verdienter BKA-Mitarbeiter, der fest an Mord glaubt, vom Beruf und von seinem befreundeten Kollegen zurück. Als dieser im Mordfall eines Investment-Bankers ermittelt, entdeckt er, dass nur sein Ex-Kollege der Täter sein kann. Die weiteren Ermittlungen fördern einen millionenschweren Betrug zu Tage und die Erkenntnis, dass der Ex-Kollege den Tod seiner Frau, die von den Geschäften wusste, an die Hintermännern rächen will. Konventioneller (Fernseh-) Thriller um Rache und eine Männerfreundschaft, die auf eine Bewährungsprobe gestellt wird. ✦ Deutschland 1999 **P** SAT 1 **R** Kaspar Heidelbach **B** Ulli Stephan **D** Klaus J. Behrendt (Ulf Danner), Tim Bergmann (Tony Tremp), Dieter Mann (Dockard), Denise Virieux (Rola Stewart), Regula Grauwiller (Monika Danner) **L** 92 **E** 1.6.1999 SAT 1

VERRATENE LIEBE (DONNA D'ONORE 2 / VENDETTA II: THE NEW MAFIA). Fortsetzung des Mafia-Dreiteilers »Eine Frau von Ehre« (1990, Regie: Stuart Margolin). Ein amerikanischer Reporter untersucht in Sizilien und New York die Hintergründe des Privatkrieges zwischen zwei italo-amerikanischen Mafia-Familien. ✦ Italien/USA 1993 **P** Rete Italia/Titanus/Filmline International **Pd** Nicolas Clermont, Guido Lombardo **R** Ralph L. Thomas **B** Sergio Donati, Brian L. Ross **K** Guy Dufaux **M** Stefano Mainetti **S** Yves Langlois **D** Carol Alt (Nancy Pertinance), Eli Wallach (Frank Latella), Michael Ontkean (Hank Parnell), Burt Young (Vincent Dominici), Justin Louis (Frank jr.), Miguel Fernandes (Nearco Latella), Anthony DeSando (Albert Lamanna), Lisa Jakub (Anna) **L** zus. 270 **E** 15.,16.,20.12.1994 ORF 1

VERRÄTER. Propagandafilm zur »Volksaufklärung« über die Gefahren der militärischen Spionage als »Bedrohung der Lebensgrundlage jedes Volksgenossen, dessen Wohl von der Wehrhaftigkeit seines Volkes abhängt« (Carl Ritter). Drei Agenten einer fremden Macht treten in Aktion. Der eine listet dem verschuldeten Konstrukteur eines Metallwerks die Pläne für einen Rohöl-Vergaser ab, der zweite schleicht sich als Monteur in ein Flugzeugwerk ein, um den neuen Sturzkampfbomber zu stehlen, der dritte bearbeitet einen Panzersoldaten, der durch ein mutiges Bekenntnis vor seinen Vorgesetzten zur Aufdeckung des Spionagenetzes beiträgt. Der Film wurde 1936 als beispielhaft volksbildend mit allen Prädikaten des Hitler-Staates ausgezeichnet und zusätzlich auf der »Biennale« in Venedig 1938 belobigt. Nach 1945 Vorführungsverbot der Alliierten Militärregierungen. Aus heutiger Sicht ist die politische und ideologische Folie des dramaturgisch interessanten und durchaus spannenden Films vergleichsweise recht dünn. ✦ Schwarz-weiß. Deutschland 1936 **P** Ufa **KI** Transit/Murnau-Stiftung **R** Karl Ritter **B** Leonhard Fürst, nach einer Idee von Walter Herzlieb und Hans Wagner **K** Günther Anders, Heinz von Jaworsky **M** Harold M. Kirchstein **S** Gottfried Ritter **D** Lida Baarová (Marion), Willy Birgel (Agent Morris), Irene von Meyendorff (Hilde Körner), Theodor Loos (Dr. Auer), Rudolf Fernau (Fritz Brockau) **L** 92 **FSK** ab 18; f **E** 9.9.1936

DER VERRÄTER (1935) (THE INFORMER). Ein naiver, hünenhafter Mann verrät während der irischen Freiheitskämpfe (1922) seinen Freund für 20 Pfund an die Engländer und versucht dann vergeblich, seiner Feme-Exekution zu entkommen. Frühes Meisterwerk von John Ford mit einer Glanzrolle für Victor McLaglen, das trotz stilistisch veralteter Mittel immer noch beeindruckt. – Ab 16. ✦ Schwarz-weiß. USA 1935 **P** RKO **Pd** Cliff Reid **R** John Ford **B** Dudley Nichols, nach dem Roman von Liam O'Flaherty. **K** Joseph August **M** Max Steiner **S** George Hively **D** Victor McLaglen (Gypo Nolan), Heather Angel (Mary McPhilip), Preston Foster (Dan Gallagher), Margot Grahame (Katie Madden), Una O'Connor (Mrs. McPhilip), Wallace Ford (Frankie McPhillip), J. M. Kerrigan (Terry), Joseph Sawyer (Bartley Mulholland), Donald Meek (Pat Mulligan), D'Arcy Corrigan (Blinder), Francis Ford (»Richter« Flynn), Robert Parrish (Soldat) **L** 91 **FSK** ab 12; f **E** 23.6.1950/21.9. 1962 ARD **fd** 839

DIE VERRÄTER (1963) (THE TRAITORS). Auf den Spuren eines Spionagerings, dem der Zugang zu einem geheimen Forschungszentrum gelungen ist, zögert die englische Abwehr die Verhaftung eines Mittelsmannes hinaus, um mit einem Schlag auch die Hintermänner zu fassen. Realistisch angelegter Spionagefilm, kritischer in seiner Haltung und inszenatorisch auf höherem Niveau als vergleichbare Genrefilme. ✦ Schwarz-weiß. Großbritannien 1963 **P** Universal **Pd** Jim O'Connolly **R** Robert Tronson **B** J. Levy, Jim O'Connolly **K** Michael Reed **M** Johnny Douglas **S** Peter Boita **D** Patrick Allen (John Lane),

James Maxwell (Ray Ellis), Ewan Roberts (Col. Burlinson), Zena Walker (Annette Lane), Jacqueline Ellis (Mary) **L** 68 **E** 4.2.1967 ZDF

DIE VERRÄTER (1973) (LOS TRAIDORES). Das (fiktive) Porträt eines argentinischen Gewerkschaftsfunktionärs, der seit langem nicht mehr an den Sieg der Arbeiterklasse glaubt und sich in Geheimabsprachen mit dem Regime arrangiert hat. Parallel dazu zeigt der Film Formen der Selbstorganisation auf, die die Arbeiterschaft in die Lage versetzen, sich gegen die politischen und militärischen Strukturen im Lande zu behaupten. (O.m.d.U.) ✦ Argentinien 1973 **P** Cine de la base **SF** Freunde der Deutschen Kinemathek **Pd+R+B+K+M** Cine de la base **D** Cine de la base **L** 120 **E** 1974 Kino

DER VERRÄTER (1974) →Allonsanfan

DER VERRÄTER (1995). In einer thüringischen Kleinstadt wird ein bosnischer Asylbewerber zu Tode geprügelt. Ein labiler 18jähriger Zeuge, der Anschluß an die beschuldigte Jugendbande sucht, entlastet die Täter vor Gericht. Nach einer Reihe von Enttäuschungen findet er Unterstützung durch den neuen Freund seiner Mutter, einen Polizisten. – Ab 16. ✦ Deutschland 1995 **R+B** Diethard Klante **K** Franz Rath **M** Uli Harmssen **D** Frank Giering (Paul), Peter Lohmeyer (Hans Lauscha), Renate Krößner (Christl), Stefan Kowalski (Steffen), Peter Fitz (Richter) **L** 88 **E** 27.3.1995 ZDF

DER VERRÄTER DES HERRN – JUDAS ISCHARIOT (EL BESO DE JUDAS). Der filmische Versuch, den Verrat Judas' psychologisch zu begründen. Dabei verfährt der Film überaus frei mit dem Bericht der Heiligen Schrift und bedient sich eines theatralischen Stils, der über Äußerlichkeiten kaum hinausgelangt. (Neuer Titel: »Einer wird mich verraten«) – Ab 14 möglich. ✦ Schwarz-weiß. Spanien 1953 **P** Aspa **Kl** Müller **Pd** Vicente Escrivá **R** Rafael Gil **B** Pedro L. Ramírez **K** Alfredo Fraile **M** Cristobal Halffter **D** Rafael Rivelles (Judas), Francisco Rabal (Licinius), Gérard Tichy (Pilatus), Luis Hurtado (Kaiphas), Gabriel Alcover (Jesus), Manuel Monroy (Petrus) **L** 94 **FSK** ab 6; f **E** 6.4.1962 **fd** 11 718

VERRÄTER IM NETZ (PATE ODDELENI). Eine im amerikanischen Auftrag arbeitende Gruppe von Agenten und Saboteuren wird mit ihrem Verbindungsmann ausgehoben. Spannender Spionage-Abwehrfilm, der formal über dem Durchschnitt seiner Gattung rangiert. – Ab 14. ✦ Schwarz-weiß. CSSR 1960 **P** Filmstudio Barrandov **Kl** Progress **R** Jindrich Polák **B** Václav Sklenár, Ludek Stanek, Jindrich Polák **K** Jan Curík **M** Evzen Illín (= Eugen Illin) **S** Josef Dobrichovsky **D** Jirí Vrstála (Karlík), Radovan Lukavsky (Ing. Simek), Nadezda Gajerová (Marta Simková), Jaroslav Rozsival (Mrázek), Jaroslav Mares (Leutnant Jonás) **L** 102 **E** 10.11.1961 Kino DDR/2.11.1962 DFF 1

VERRÄTER STERBEN LANGSAM (ACT OF BETRAYAL). Ein IRA-Aussteiger, der während eines Prozesses wichtige Belfaster Hintermänner identifiziert hat, will mit seiner Familie in Australien untertauchen. Doch der Familienfrieden ist nachhaltig gestört: Der Sohn verzeiht seinem Vater den Verrat nicht, die Frau wendet sich einem anderen Mann zu, und auch der Ex-IRA-Anhänger beginnt eine Affäre. Zu allem Überfluss wird er enttarnt, und ein Killer macht sich auf den Weg nach Australien. (Fernseh-) Politthriller um die Machenschaften der IRA, die die ungeschriebenen Gesetze ihrer Untergrundorganisation mit allen Mitteln aufrecht erhalten will. ✦ Australien 1988 **P** TVS Television **Pd** Michael Chaplin, Nick Evans **R** Lawrence Gordon Clark **B** Michael Chaplin, Nick Evans **K** Breffin Byrne, Peter Hendry **M** Bruce Smeaton **D** Patrick Bergin (Michael McGurk), Lisa Harrow (Eileen McGurk), Krister Greer (Sean McGurk), Deborra-Lee Furness (Kathy), Elliott Gould (Callaghan) **L** 202 (101 & 101) **E** 1993/14.11.2000 tm3

VERRÄTER UNTER UNS (MONEY, WOMEN AND GUNS). Ein Detektiv wird beauftragt, die sechs Erben eines erschossenen Goldsuchers ausfindig zu machen. Was an der gemächlich fortschreitenden Western-Story unterhält, sind die charakteristisch beleuchteten Lebensausschnitte verschiedener einsiedlerischer Typen. Ein Abenteuerfilm knapp über dem gewohnten Durchschnitt. – Ab 14. ✦ Scope. USA 1958 **P** Universal **Kl** Universal **Pd** Howie Horwitz **R** Richard Bartlett **B** Montgomery Pittman **K** Philip Lathrop **M** Joseph Gershenson **D** Jock Mahoney (Ward Hogan), Kim Hunter (Mary Kingman), Tim Hovey (Davey Kingman), Gene Evans (Sheriff Crowley), Jeffrey Stone (Johnny), William Campbell (Clint Gunston), Tom Drake (Jess Ryerson), Lon Chaney jr. (Art Birdwell), James Gleason (Henry Devers), Judy Meredith (Sally Gunston), Richard Devon, Ian MacDonald (Nibbs), Don Megowan (John Briggs) **L** 79 **FSK** ab 12; nf **E** 2.4.1959/9.7.1995 West 3 **fd** 8 036

EINE VERRÄTERISCHE AFFÄRE →Forbidden Woman

DAS VERRÄTERISCHE AUGE (BERLINO – APPUNTAMENTO PER LE SPIE). Ausgerechnet dem Chef des US-Geheimdienstes präparieren die Sowjets, ohne sein Wissen, eine Mikrokamera in die Pupille. So kommt es, daß sie den Amerikanern auf der Jagd nach den berühmten Formeln des toten Laserstrahl-Erfinders immer einen Schritt voraus sind. Auch die Chinesen sind mit von der Partie. Sie alle jagen eine Frau, die die Formeln auf ihrer Kopfhaut eintätowiert mit sich trägt. Temperamentvoll-freche Persiflage auf Agentenfilme und Kalte-Krieg-Hysterie, witzig überdreht inszeniert. Stilwidrig: Die Räuber- und Gendarmszenen an der Berliner Mauer und der Grenze zu den »Untermenschen« des Ostens. – Ab 16 möglich. ✦ Italien 1965 **P** Italian International/Publi Italia **Kl** Rank **Pd** Fulvio Lucisano, Lucio Marcuzzo **R** Vittorio Sala **B** Adriano Baracco, Romano Ferrara, Adriano Bolzoni **K** Fausto Zuccoli **M** Riz Ortolani **S** Renato Cinquini, Roberto Cinquini **D** Brett Halsey (Bert Morris), Anna Maria Pierangeli (Paula), Gastone Moschin (Boris), Tania Beryll, Dana Andrews (Colonel Lancaster), Alessandro Sperli, Renato Baldini, Mario Valdemarin **L** 88 **FSK** ab 16; nf **E** 23.6.1967 **fd** 14 778

VERRÄTERISCHE BILDER (FREEZE FRAME). Kriminalfilm. Die junge Reporterin eines Highschool-Fernsehsenders jagt zusammen mit einem Rocker und einem leicht vertrottelten Genie einen kriminellen Biotechnik-Geschäftsmann mit Ambitionen auf das Amt des Gouverneurs. – Ab 16. ✦ USA 1992 **R+B** William Bindley **D** Shannen Doherty (Lindsay Crott), Charles Haid (Dr. Scott), Robyn Douglass (Victoria Case), Seth Michaels (Harris Reinhardt), Ryan Lambert (Tripp), Adam Carl (Brandon) **L** 78 **E** 27.4.1995 RTL 2

DIE VERRÄTERISCHE STIMME →Bittere Frucht der Liebe

EIN VERRÄTERISCHES GESICHT →Hetzjagd (1967)

VERRÄTERISCHES SCHWEIGEN (BETRAYAL OF SILENCE). Thriller. Die junge Assistentin des Bezirksstaatsanwalts übernimmt die Ermittlungen, als in einem Vorstadtmotel ein 16jähriges Mädchen fast zu Tode geprügelt aufgefunden wird. Die Spur führt in ein Heim für schwer erziehbare Teenager; dort verweigern aber sowohl Mitarbeiter als auch Insassen jede Auskunft. (Späterer Fernsehtitel: »Das Geheimnis von Holden House«) – Ab 16. ✦ USA 1989 **R** Jeff Woolnough **D** Meg Foster (Julie), Joanne Vannicola (Karen), Alex Carter (Michael), Marc Strange (Thomas), Michael J. Reynolds (Barrington), Laura Press (Thelma) **L** 90 **E** 11.4.1994 VOX

DAS VERRÄTERTOR (TRAITOR'S GATE). Fantastisches Krimi-Abenteuer um den minutiös durchgeführten Raub der englischen Kronjuwelen aus dem Londoner Tower. In der Spannung weitgehend flach, gefertigt nach stereotypen Mustern der Edgar-Wallace-Serie. – Ab 14. ✦ Schwarz-weiß. BR Deutschland/Großbritannien 1964 **P** Rialto/Summit **Kl** Constantin **VA** Kinowelt Home **Pd** Ted Lloyd **R** Freddie Francis **B** John Sanson, nach einem Roman von Edgar Wallace **K** Denys Coop, Ray Hearne **M** Peter Thomas **S** Oswald Hafenrichter **D** Albert Lieven (Trayne), Margot Trooger (Dinah Pauling), Klaus Kinski (Kinski), Gary Raymond (Graham/Lt. Lee-Carnaby), Catharina von Schell (Hope Joyner) **L** 87 **FSK** ab 12; nf **E** 18.12.1964/25.6.1974 ZDF/22.10.1977 DFF 1/22.2.2000 Video **fd** 13 194

VERREGNETER JULI (DESZCZOWY LIPIEC). Um Ruhe vor ihrem Mann zu haben, fährt Anna alleine in die Ferien. Sie nutzt ihre Freiheit zu amourösen Abenteuern, entscheidet sich aber schließlich doch für ihren Mann. ✦ Polen 1957 **P** Film Polski **R** Leonard Buczkowski **D** Urszula Modrzynska, Ryszard Barycz, Jan Kurnakowicz, Andrzej Szczepkowski, Barbara Krafftówna **L** 80 **E** 25.6.1961 DFF 1

EIN VERREGNETER SONNTAG (ESÖS VASARNAP). Mehrere junge Frauen machen ihre Erfahrungen mit dem anderen Geschlecht: Die Erlebnisse einer höheren Schulklasse, von der Enttäuschung des allzu großzügigen Fotomodells angefangen bis zum vorläufigen Ende einer ersten Liebe. Im Stil nicht ganz einheitlich, aber in der Grundhaltung und Tendenz durchaus seriös und diskussionswert. ✦ Schwarz-weiß. Ungarn 1962 **P** Hunnia **Kl** Progress **R** Márton Keleti **B** Zsuzsa Pongrácz **K** Tibor Vagyóczky **M** Szabolcs Fényes **D** Károly Mécs (Pali), Gyöngyi Polónyi (Agi), Antal Páger (Vater), Juci Komlós (Lehrerin), Teri Tordai (Olga) **L** 93 **E** 14.6.1963 Kino DDR/3.7.1964 DFF 1

VERRIEGELTE ZEIT. Die 1984 von der Stasi wegen eines Ausreiseantrages verhaftete und zu einem Jahr Haft verurteilte Regisseurin Sibylle Schönemann kehrte 1990 in ihre Heimat zurück und besuchte noch einmal die Stationen ihres Leidensweges. Dabei entstand eine von persönlicher Betroffenheit geprägte Dokumentation, die gleichwohl nie der Versuchung erliegt, die »Täter« zu denunzieren, die allerdings keine Anzeichen von Reue zeigen. Ein erschreckendes Lehrstück über die verpaßte Möglichkeit der Aufarbeitung menschlichen Versagens. – Ab 16. ✦ Schwarz-weiß. BR Deutschland 1990 **P** Alert/DEFA/SFB **Kl** ex picturis **Pd** Bernd Burkhardt, Alfred Hürmer **R+B** Sibylle Schönemann **K** Thomas Plenert **M** Thomas Kahane **S** Gudrun Steinbrück **L** 93 **FSK** o. A.; f **FBW** bw **E** 4.4.1991/7.11.1991 ARD **fd** 28 855

DIE VERROHUNG DES FRANZ BLUM. Ein junger Versicherungsangestellter, der eine Bank überfiel und dafür zu fünf Jahren Gefängnis verurteilt wurde, erlebt die dort herrschende Hierarchie der Gewalt und lernt, sich ihrer zu bedienen. Eine parabelhaft angelegte Geschichte einer erzwungenen sozialen Anpassung: Franz Blum erlebt die Welt hinter Gittern als Modell einer auf gegenseitiger Unterdrückung und Ausbeutung basierenden Gesellschaft. Autor und Darsteller Burkhard Driest verarbeitet eigene Erfahrungen und gibt dem Film eine Aura der Unmittelbarkeit und Authentizität, die über gelegentliche Überzeichnungen hinwegsehen läßt. Hervorragend gespielt und dicht inszeniert. – Ab 16. ✦ BR Deutschland 1973 **P** Bioskop **Kl** Filmverlag der Autoren **Pd** Eberhard Junkersdorf **R** Reinhard Hauff **B** Burkhard Driest **K** Wolfgang-Peter Hassenstein **M** Mike Lewis **S** Jane Sperr **D** Jürgen Prochnow (Franz Blum), Eike Gallwitz (Bielich), Burkhard Driest (Kuul), Tilo Prückner (Zick Zack), Karl-Heinz Merz (G'O'H), Gert Haucke (Engelweich) **L** 104 **FSK** ab 16; f **E** 9.8.1974 **fd** 19 174

VERRUCHT UND VERDAMMT →El Cerco – Verrucht und verdammt

DIE VERRUCHTE LADY (THE WICKED LADY). Das Leben einer englischen Lady im 17. Jahrhundert, die aus Langeweile und Abenteuerlust auf Raubzüge geht, einen Spießgesellen kennen und lieben lernt und ihr Doppelleben schließlich mit dem Tod bezahlt. Opulenter Ausstattungsfilm, der sowohl ein Abenteuerfilm in der Tradition der Mantel-und-Degen-Filme sein will als auch eine Persiflage des Genres – beides ist gründlich mißlungen. – Ab 16 möglich. ✦ Großbritannien 1982 **P** Cannon **Kl** Warner-Columbia **Pd** Menahem Golan **R** Michael Winner **B** Leslie Arliss, Michael Winner, nach dem Roman von Magdalenen King-Hall **K** Jack Cardiff **M** Tony Banks **S** Arnold Crust (= Michael Winner) **D** Faye Dunaway (Lady Barbara Skelton), Alan Bates (Captain Jerry Jackson), John Gielgud (Hogarth), Denholm Elliott (Sir Ralph Skelton), Prunella Scales (Lady Kingsclere), Oliver Tobias (Kit Locksby) **L** 99 **FSK** ab 12; f **E** 19.8.1983/22.3.1985 Kino DDR **fd** 24 158

VERRUCHTES PARADIES (PUT NA JUG). Eine serbische Dorfschönheit heiratet nach dem Willen ihrer Mutter einen argentinischen Geschäftsmann, die Ehe ist zum Scheitern verurteilt, weil nie wahre Gefühle im Spiel waren. Ein Film, der in satirischer Form die Bemühungen aufs Korn nimmt, in einem osteuropäischen Land die private Existenz zu retten. – Ab 14. ✦ Jugoslawien/Argentinien/Großbritannien 1988 **P** Art Film 80/Jorge Estrada Mora Prod./Smart Egg **KI** Progress **R** Juan Bautista Stagnaro **B** Juan Bautista Stagnaro, Beda Docampo Feijóo **K** Karpo Acimovic-Godina **M** Zoran Simjanovic **D** Mirjana Jokovic, Adrian Ghio, Zarko Lausevic, Mira Furlan, Osvaldo Santoro **L** 106 **E** 27.7.1990 Kino DDR

VERRÜCKT AUF VIDEO →Tapeheads – Verrückt auf Video

VERRÜCKT BLEIBEN, VERLIEBT BLEIBEN. Das Porträt eines 30jährigen Mannes, der seine Kindheit und Jugend in psychiatrischen Einrichtungen verbrachte, nun in einer betreuten Wohngemeinschaft lebt und versucht, sich seine Welt durch U-Bahnen und Fantasie-Bauten anzueignen. Der Dokumentarfilm bleibt in den Grenzen dieser Welt befangen und thematisiert nicht die Schwierigkeiten des »Entrückten« mit der Welt der »Normalen«. Diese Beschränkung erschwert das Verständnis, zumal keine direkte Kommunikation stattfindet, und der Blick in die mentale Welt des Betroffenen durch Aussparung seiner äußeren Lebenswelt getrübt wird. – Ab 16 möglich. ✦ Deutschland 1997 **P** Mediopolis/WDR **KI** Salzgeber **VA** absolut MEDIEN/Salzgeber **Pd** Annedore von Donnop **R+B+K** Elfi Mikesch **M** Lazlo Waszlavik, Roland Steckel **S** Heide Breitel **L** 89 **FSK** ab 12; f **FBW** bw **E** 17.7.1997/23.3.1998 Video/6.10.1998 WDR **fd** 32 666

EIN VERRÜCKT GENIALER COUP (QUICK CHANGE). Ein Bankräuber-Trio, eine Frau und zwei Männer, verlassen durch einen genialen Trick unerkannt den Tatort, geraten aber auf ihrem Weg zum rettenden Flughafen in allerlei widrige Umstände. Bis auf den Eingangs- und Schlußgag wenig originelle Komödie; routiniert, aber uninspiriert inszeniert und auch schauspielerisch enttäuschend. (Videotitel: »Quick Change – Ein verrückt genialer Coup«) – Ab 14. ✦ USA 1990 **P** Devoted **KI** Warner Bros. **VA** Warner Home **Pd** Robert Greenhut, Bill Murray **R** Howard Franklin, Bill Murray **B** Howard Franklin, nach dem Roman von Jay Cronley **K** Michael Chapman **M** Randy Edelman **S** Alan Heim **D** Bill Murray (Grimm), Geena Davis (Phyllis), Randy Quaid (Loomis), Jason Robards (Rotzinger), Philip Bosco (Busfahrer) **L** 92 **FSK** ab 6; f **E** 17.1.1991/11.10.1991 Video **fd** 28 691

VERRÜCKT IN ALABAMA (CRAZY IN ALABAMA). Ein 14-jähriger gerät 1965 in Alabama in Nöte, weil er seine Tante vor dem Gefängnis bewahren kann, wenn er in einem Prozess verschweigt, dass der Ortssheriff den Tod eines jungen Schwarzen verschuldete. Die Tante hatte ihren Mann vergiftet, um in Hollywood ihr Glück zu versuchen. Schillernde, mäßig schwarze Komödie, die mühsam die zwei unterschiedlichen Erzählstränge verbindet, ohne deren Zusammenhang, den Kampf um persönliche wie soziale Freiheit, plausibel zu machen. Zwar amüsant, aber auch ambivalent, weil sich die ernsten Untertöne nicht mit den grotesken Zügen vertragen. – Ab 16. ✦ Scope. USA 1999 **P** Green Moon/Meir Teper Prod. **KI** Columbia TriStar **VA** Columbia TriStar Home **Pd** Meir Teper, Linda Goldstein Knowlton, Debra Hill, Diane Sillan Isaacs **R** Antonio Banderas **B** Mark Childress, nach seinem gleichnamigen Roman **K** Julio Macat **M** Mark Snow **S** Maysie Hoy, Robert C. Jones **D** Melanie Griffith (Lucille), Lucas Black (Peejoe), David Morse (Dove Bullis), Cathy Moriarty (Earlene Bullis), Meat Loaf Aday (Sheriff John Doggett), Rod Steiger (Richter Mead), Robert Wagner (Harry Hall), Elizabeth Perkins (Joan Blake), John Beasley (Nehemiah Jackson) **L** 112 **FSK** ab 12; f **E** 18.11.1999/24.10. 2000 Video **fd** 33 959

VERRÜCKT NACH EINEM KUSS (CRAZY FOR A KISS). Tragikomödie um einen aufsässigen 15jährigen Jungen, dessen Eltern ihn in eine berüchtigte Anstalt stecken, wo sich der Junge mit einigen Verrückten sowie seiner erwachenden Sexualität herumschlagen muß. Der Film beruht auf den Jugenderlebnissen des Komikers Mike McShane. ✦ Großbritannien 1995 **Pd** Clive Brill **R** Chris Bould **B** Gregory Snegoff **K** John de Borman **M** Philip Pope **S** Craig Dwyer **D** Shaun Weiss, Mike McShane, Robert Burke, Grace Zabriskie, Bud Cort **L** 90 **E** 15.5.1997 SF/DRS

VERRÜCKT NACH IHR (FOLLE D'ELLE). Eine erfolgreiche Finanzberaterin, die sich gerade von ihrem untreuen Mann getrennt hat, nimmt einen vermeintlich homosexuellen Mann zur Untermiete auf, da sie heterosexuelle Männer nicht mehr in ihre Nähe lassen will. Der neue Mitbewohner spielt seine Rolle allerdings nur und hat sich längst in die attraktive Frau verliebt. Verwicklungsreiche Liebeskomödie um die Diskrepanz von Schein und Sein. ✦ Frankreich 1998 **P** Les Films de la Suane **Pd** Lise Fayolle, Philippe Rousselet **R** Jérôme Cornuau **B** Guy-Pierre Bennet, Franc Caggiano, Mary Logan **K** Jean-Claude Thibault **S** Brian Schmitt **D** Ophélie Winter (Lisa), Jean-Marc Barr (Marc), Raquel Welch (Jacqueline), Philippe Duquesne (Victor), Frédérique Bouraly (Alex) **L** 80 **E** 17.9.2000 Vox

VERRÜCKT – NACH LIEBE (1993) (LES GENS NORMAUX N'ONT RIEN D'EXCEPTIONNEL). Von ihrem Freund verlassen, verliert eine 25jährige Frau etwas die Kontrolle über ihr Leben. Sie wird als Notfall auf einer psychiatrischen Station eingeliefert, wo sie sich einrichtet, um sich »auszuruhen«. In der Folgezeit beginnt sie mit erstaunlicher Energie und Ausdauer, Brücken von »drinnen« nach »draußen« zu schlagen, und bringt damit den gewohnten Tagesablauf in der Klinik durcheinander. Bemerkenswertes Regiedebüt, spontan und subtil inszeniert und gespielt; ein Film über die Verwirrung und Rückgewinnung der Gefühle – vor allem der Liebe. ✦ Frankreich 1993 **P** Gemini/B.C.Films/BVF **R** Laurence Ferreira-Barbosa **B** Laurence Ferreira-Barbosa, Santiago Amigorena, Jackie Berroyer, Cédric Kahn **K** Antoine Heberle **M** Cesaria Evora, Cuco Valoy, Melvil Poupaud **S** Emmanuelle Castro **D** Valéria Bruni-Tedeschi (Martine), Melvil Poupaud (Germain), Marc Citti (Pierre), Claire Laroche (Anne), Frédéric Diefenthal (Jean), Serge Hazanavicius (François) **L** 103 **E** 7.10. 1996 arte

VERRÜCKT NACH LIEBE (1998) (LA VIE NE ME FAIT PAS PEUR). Aix-en-Provence im Jahr 1974: Vier Mädchen bilden eine unzertrennliche Clique. Sämtliche Probleme, die sie in ihren zumeist zerrütteten Familien oder in der Schule haben, vertrauen sie einander an. Der erste Schritt zum Erwachsenwerden besteht darin, daß sich jede einen Freund sucht. Frisch und kraftvoll inszenierte Jugendgeschichte. (Preis der Ökumenischen Jury in Locarno 1999) ✦ Frankreich 1998 **P** La Sept-Arte/Arena Films **Pd** Bruno Pesery **R** Noémie Lvovsky **B** Florence Seyvos, Noémie Lvovsky **K** Agnès Godard, Bertrand Chatry **S** Michel Klochendler **D** Magalie Woch (Emilie), Ingrid Molinier (Inès), Julie-Marie Parmentier (Stella), Camille Rousselet (Marion), Jean-Luc Bideau (Emilies Vater), Valéria Bruni-Tedeschi (Emilies Mutter) **L** 88 **E** 12.6.1998 arte

VERRÜCKT NACH MARY (THERE'S SOMETHING ABOUT MARY). 13 Jahre, nachdem ein College-Absolvent das erste »Date« mit seiner Angebeteten durch ein groteskes Mißgeschick vermasselt hat, beauftragt er einen Detektiv, ihren Aufenthaltsort herauszufinden. Dieser aber verliebt sich ebenfalls in die junge Frau und setzt alles daran, sie für sich zu gewinnen. »Postmoderne« romantische Komödie, die typische Komik-Situationen durch eine Reihe grober Geschmacklosigkeiten auf eine extreme Spitze treibt und dabei auch vor zynischen Späßen auf Kosten von Minderheiten nicht zurückschreckt. DVD: Die Extras umfassen u. a. einen Audiokommentar der beiden Regisseure. ✦ USA 1998 **P** 20th Century Fox **KI** 20th Century Fox **VA** Fox Home **DVD** Fox Home (16:9, 1.85:1, DD5.1 engl./dt.) **Pd** Frank Beddor, Michael Steinberg, Charles B. Wessler, Bradley Thomas **R** Peter Farrelly, Bobby Farrelly **B** Edward Decter, John J. Strauss, Peter Farrelly, Bobby Farrelly **K** Mark Irwin **M** Jonathan Richman **S** Christopher Greenbury **D** Cameron Diaz (Mary), Matt Dillon (Healy), Ben Stiller (Ted), Lee Evans (Tucker), Chris Elliott (Dom), Lin Shaye (Magda) **L** 119 **FSK** ab 12; f **FBW** w **E** 29.10. 1998/29.4.1999 Video/21.10.1999 DVD **fd** 33 393

VERRÜCKT/SCHÖN (CRAZY/BEAUTIFUL). Ein amerikanisches Traumgirl mit Cheerleader-Ambitionen, das trotz seiner privilegierten Herkunft mit einer Reihe von Problemen belastet ist, und ein Football-Spieler aus dem Latino-Milieu verlieben sich und steuern einigen Widerständen zum Trotz einem Happy End entgegen. Beziehungskomödie mit glaubwürdiger Milieuzeichnung, die ihre Probleme jedoch nur halbherzig angeht und sich letztlich als konfliktscheues Vehikel für seine weibliche Hauptdarstellerin entpuppt. – Ab 14. ✦ USA 2001 **P** Touchstone **KI** Buena Vista **VA** Buena Vista **DVD** Buena Vista **Pd** Mary Jane Ufland, Harry Ufland, Rachel Pfeffer **R** John Stockwell **B** Phil Hay, Matt Manfredi **K** Shane Hurlbut **M** Paul Haslinger **S** Melissa Kent **D** Kirsten Dunst (Nicole), Jay Hernandez (Carlos), Bruce Davison (Tom Oakley), Herman Osorio (Luis), Miguel Castro (Eddie), Tommy de la Cruz (Victor) **L** 99 **FSK** ab 12; f **E** 25.10.2001/28.2.2002 Video & DVD **fd** 35 108

VERRÜCKT UND GEFÄHRLICH (THE LAST DAYS OF MAN ON EARTH / THE FINAL PROGRAMME). Ein ambitionierter Wissenschaftler will eine neue Rasse erschaffen, die die Weltherrschaft an sich reißen könnte, wenn sie in den Besitz der Unsterblichkeit gelangt. Er kreiert einen neuen »Messias«, der sich als affenartiges Monster erweist. Konfuse Mischung aus Science-Fiction- und Horrorfilm, die die mittelmäßige Geschichte durch Sex und Gewalt aufwerten will. ✦ Großbritannien 1975 **P** Goodtimes Enterprises/Gladiole/New World Pictures **R** Robert Fuest **B** Robert Fuest, nach einem Roman von Michael Moorcock **K** Norman Warwick **M** Paul Beaver, Bernard Krause, Gerry Mulligan **D** Jon Finch (Jerry Cornelius), Jenny Runacre (Miss Brunner), Patrick Magee (Dr. Baxter), Sterling Hayden (Major Lindberg), Hugh Griffith (Prof. Hira), Harry Andrews (John), Graham Crowden (Dr. Smiles), Julie Ege (Miss Dazzle) **L** 89 **E** 22.11.1989 RTL plus

VERRÜCKT UND ZUGENÄHT. In einem fidelen Gefängnis, das von den Insassen beziehungsreich »Sonnenburg« genannt wird, wird die Beförderung des Direktors zum Regierungsrat in Frage gestellt, als ein Ganove ausbricht. Albernes Klamauk-Lustspiel mit Schlagern, sinnlosen Gags und Gunther Philipp in einer Doppelrolle. – Ab 14. ✦ BR Deutschland 1962 **P** Astra **KI** Rolei **Pd** Adolf Rosen **R** Rolf Olsen **B** Fritz Böttger, Rolf Olsen **K** Walter Tuch **M** Gert Wilden **S** Karl Aulitzky **D** Rudolf Platte (Direktor Gernewein), Gunther Philipp (Valentin/Ferdinand), Karl Lieffen (Kralle Kaktus), Vivi Bach (Nichte Loni), Peter Kraus (Harry Jensen), Ursula Herking (Kriemhild Wehrkamp) **L** 104 **FSK** ab 12; nf **E** 22.6. 1962 **fd** 11 226

VERRÜCKT VOR LIEBE (CRAZY IN LOVE). Die kriminologisch engagierte Frau eines erfolgreichen Anwalts, der von der familieneigenen Insel vor der Küste Seattles täglich zur Arbeit aufs Festland pendelt, gerät wegen familiärer Probleme und aus panischer Angst, ihre Ehe könne wie die ihrer Eltern an Untreue zerbrechen, außer Tritt. Gut besetztes Familiendrama mit komödiantischen Akzenten. – Ab 16. ✦ USA 1992 **P** Ohlmeyer Communications **Pd** Karen Danaher Dorr, Joan Stein **R** Martha Coolidge **B** Gerald Ayres, nach einem Roman von Luanne Rice **K** Johnny E. Jensen **M** Cynthia Millar **D** Holly Hunter (Georgie Swift), Frances McDormand (Clare), Gena Rowlands (Honora), Bill Pullman (Nick), Julian Sands (Marc), Herta Ware (Pem) **L** 89 **E** 22.9.1994 premiere

DER VERRÜCKTE (LE FOU). Das Porträt eines älteren Angestellten, der aus Gesundheitsgründen seine Arbeit einstellen muß, seine Ersparnisse bei einem Investment-Fonds verliert und sich durch Einbrüche wieder Geld zu verschaffen versucht. Eindringlicher Erstlings-Spielfilm, der sich mit der Mentalität und den Verhältnissen in der Schweiz auseinandersetzt und in diskreter, subtiler Art zu kritischem Nachdenken anregt. – Sehenswert ab 16. ✦ Schweiz 1970 **P** Le Groupe 5/Télévision Suisse/Septima **Pd** Giovanni Müller **R+B** Claude Goretta **K** Jean Zeller, Eduard Winiger **M** Guy Bovet **D** François Simon (George Plond), Camille Fournier (Jeanne Plond), Arnold Walter (Alain Burnier), Pierre Walker (Direktor), André Neury (Polizeiinspektor) **L** 85 **E** 8.2.1974 ZDF **fd** 18 676

DER VERRÜCKTE APOTHEKER (LES ZIZIS EN FOLIE). Eine verwitwete Schloßherrin soll nur dann in den Besitz ihres Erbes kommen, wenn sie Nachkommenschaft nachweisen kann und die Moral ihrer Bediensteten unangreifbar ist. Da aber jeder mit jedem ein Verhältnis hat, scheint die Sache aussichtslos – bis der Dorfapotheker alles ins Lot bringt. Ein mit ständigen Wiederholungen auf Kinolänge gequältes Sexlustspiel, das seine Einfallslosigkeit hinter Kalauern und Soft-Porno-Einlagen versteckt. – Wir raten ab. ✦ Frankreich 1978 **P** F.F.C.M. **Kl** Avis **R** Patrick Aubin **K** Pierre Robès **M** Guy Sandeur **D** Jean-Louis Vattier, Nadia Santes, Diana Christie, Jöelle Lequement, Danièle Troger **L** 66 **FSK** ab 18; nf **E** 21.12.1979 **fd** 22 979

DER VERRÜCKTE AUS LABOR 4 →Der Verrückte von Labor 4

DAS VERRÜCKTE CALIFORNIA-HOTEL (CALIFORNIA SUITE). Die Erlebnisse und Auseinandersetzungen von fünf Paaren in einem kalifornischen Luxushotel. Während zwei schwarze Arzt-Ehepaare als Tennis-Rivalen und ein Provinzler unter Seitensprungverdacht eher konventionellen Lustspiel-Klamauk bieten, klingen in den beiden anderen Episoden kammerspielhafte Dialog-Nuancen an, die das Niveau einer geistreichen Boulevardkomödie erreichen: In der einen streiten ein geschiedener Autor und eine sehr emanzipierte Publizistin, in der anderen geht es um die Querelen einer englischen Schauspielerin, die vergeblich auf den »Oscar« wartet, mit ihrem hilfsbereiten Ehemann, einem angeblich bisexuellen Antiquitätenhändler. Insgesamt mehr als nur grobflächige Unterhaltung. – Ab 16. ✦ Scope. USA 1978 **P** Rastar **Kl** Warner-Columbia **Pd** Ray Stark **R** Herbert Ross **B** Neil Simon, nach seinem Theaterstück **K** David M. Walsh **M** Claude Bolling **S** Michael A. Stevenson **D** Alan Alda (Bill Warren), Jane Fonda (Hannah Warren), Michael Caine (Sidney Cochran), Bill Cosby (Dr. Willis Panama), Maggie Smith (Diana Barrie), Walter Matthau (Marvin Michaels), Elaine May (Millie Michaels) **L** 102 **FSK** ab 12; f **E** 22.3. 1979/18.7.1980 Kino DDR/26.6.1982 DFF 1 **fd** 21 183

EINE VERRÜCKTE FAMILIE (1957) →Heute blau und morgen blau

EINE VERRÜCKTE FAMILIE (1964) (TATO, SEZEN STENE). Die Familie eines Journalisten kann sich bei einem Ferienaufenthalt auf dem Lande vor geschenkten und zugelaufenen Hunden kaum retten. Oberflächlich konstruierter Kinderfilm, einfallslos gestaltet, streckenweise klamaukhaft. (DDR-Titel: »Vati, kauf uns ein Hündchen«) – Ab 8 möglich. ✦ CSSR 1964 **P** Filmstudio Barrandov **Kl** Miekus **R** Milan Vosmík **B** Jan Ryska, Milan Vosmík, Miroslav Hornicek **K** Jan Novák **M** Svatopluk Havelka **S** Miroslav Hájek **D** Miroslav Hornicek, Jirina Sejbalová, Jarmila Smejkalová, Rudolf Repík, Jaroslav Marvan **L** 66 **FSK** ab 6; f **E** 27.11.1964 Kino DDR/4.6.1972 Kino BRD **fd** 19 882

EINE VERRÜCKTE FAMILIE (1971) (LA MANDARINE). Familie Boulard führt in Paris ein kleines Hotel. Die temperamentvolle Mutter hält nicht nur im Hotel alle Fäden in der Hand, sie interessiert sich auch über das Berufliche hinaus für die männlichen Hotelgäste. Eines Tages erregt ein junger Engländer ihr Wohlwollen. Doch auch der weibliche Boulard-Nachwuchs scheint sich für den Mann zu interessieren. Eine von guten Darstellern getragene frivole Satire auf das französische Bürgertum. – Ab 16. ✦ Frankreich/Italien 1971 **P** Franco London Film S.A. **R** Edouard Molinaro **B** Christine de Rivoyre, Edouard Molinaro, nach dem Roman von Christine de Rivoyre **K** Claude Lecomte **M** Claude Bolling **D** Annie Girardot, Philippe Noiret, Madeleine Renaud, Jean-Claude Dauphin, Murray Head **L** 90 **E** 4.10.1986 DFF 2

EINE VERRÜCKTE HOCHZEIT →Wer hat den Schenkel von Jupiter geklaut?

DAS VERRÜCKTE HOLLYWOOD →Verrücktes Hollywood

DIE VERRÜCKTE KANONE (FAMILY PLAN). Ein kinderlieber Alter organisiert einen Campingausflug für Waisenkinder und kann nebenbei erreichen, daß die Erbin der Ferienanlage ihre Verlobung mit ihrem geldgierigen Freund löst und zu ihrem Ex-Freund, einem verständnisvollen Betreuer, zurückkehrt. In die Handlung eingewoben die Geschichte zweier Halbwaisen, die in der nahen Stadt ihre unbekannte Mutter suchen. Familienfreundliche, kurzweilige Komödie, die auf versöhnliche Unterhaltung setzt. Zwar sind nicht alle Gags gelungen und die komödiantische Munition ist rasch verschossen, doch ein schönes Familienmärchen bietet der Film allemal. – Ab 8 möglich. ✦ USA 1997 **P** Viacom Prod. **VA** Ascot **DVD** Splendid/Ascot (FF, DD2.0 engl./dt.) **Pd** Paul Bernbaum **R** Fred Gerber **B** Paul Bernbaum **K** John Fleckenstein **M** Lee Holdridge **S** David Rawlins **D** Leslie Nielsen (Harry Haber), Judge Reinhold (Jeffrey Shayes), Eddie Bowz (Matt Nolan), Zachary Browne (Eli Mackenzie), Trevor Morgan (Alec Mackenzie), Emily Procter (Julie Robins) **L** 92 **FSK** o. A. **E** 20.3.1998 Video/3.10.1998 premiere/31.7.2000 DVD **fd** 33 247

EINE VERRÜCKTE LIEBE (L'AMOUR FOU). Ein alkoholsüchtiger Schriftsteller, der aus der Nervenheilanstalt geflohen ist, in die er eingewiesen wurde, nachdem er angeblich ein kleines Mädchen im Zustand der Volltrunkenheit überfahren hatte, trifft auf eine zwölfjährige Waise, die allein auf einem Bauernhof lebt. Die beiden richten sich zusammen ein, der Mann entwickelt väterliche Gefühle, während das Mädchen sich in ihn verliebt. Eines Tages erzählt er dem Kind seine Geschichte und wie er von seiner Frau hereingelegt wurde. Als der Mann nicht auf die Verführungskünste des Mädchens reagiert, entwickelt dieses einen wenig kindgerechten Plan. Melodram, mit dem Regisseur Vadim seinem Hauptmotiv, der Kindfrau, einmal mehr treu bleibt. ✦ Frankreich/Italien 1993 **P** Anabase/France 2/M6 Metropole/RAI **R+B** Roger Vadim **D** Marie-Christine Barrault (Louise), Andrea Occhipinti (Sacha Modieri), Laetitia Legrix (Amélie), Henri Virlogeux (Le Curé), Jean-Michel Leray (Pierre) **L** 135 **E** 24.1.2001 RTL 2

DIE VERRÜCKTE LIEBESKLINIK (WHAT'S UP, SUPERDOC). Softsex-Komödie um einen geplagten Arzt, der durch Samenspenden Vater von 837 außerordentlich begabten Kindern geworden ist, die alle männlichen Geschlechts sind. Obwohl Frauen sich um ihn reißen, will er aus diffusen moralischen Gründen nicht weiterhin als Zuchthengst antreten. Selbst innerhalb seines Genres von in jeder Hinsicht minderwertiger Qualität. – Wir raten ab. ✦ Großbritannien 1979 **P** Blackwater **Kl** Ascot/Avis **R+B** Derek Ford **K** Geoffrey Glover **M** Frank Bahl, Paul Fishman **S** David Campling **D** Harry H. Corbett, Christopher Mitchell, Julia Goodman, Angela Grant, Bill Pertwee, Chic Murray **L** 85 (gek. 73) **FSK** ab 18; nf (gek. 16) **E** 3.7.1981 **fd** 24 112

VERRÜCKTE MAMA (CRAZY MAMA). Mutter, Frau und Tochter eines während der Depressionszeit (1932) bei der Verteidigung seines Besitzes erschossenen Farmers ziehen nach 25 Jahren aus, um sich ihr Recht mit Gewalt zu holen. Unterwegs zur alten Heimat in Arkansas schließen sich verschiedene Menschen der Gruppe an. Sie halten sich mit Überfällen und vorgetäuschter Entführung über Wasser. Am Ort angekommen, stellen sie fest, daß die Farm der Ausbreitung der Stadt zum Opfer gefallen ist. Eine Mischung aus Tragödie, Groteske, Satire und Komödie, die allzu distanzlos die heile Welt der 50er Jahre aufs Korn nimmt. Das mit permanent dröhnender Musik unterlegte Roadmovie erweist sich als ein Stück ziemlich aggressiver Nostalgie. (Videotitel: »Bad Girls Blues«) ✦ USA 1975 **P** New World Pictures **VA** VCL/Virgin **Pd** Roger Corman **R** Jonathan Demme **B** Robert Thom **K** Bruce Logan **M** div. Rocksongs **D** Cloris Leachman (Melba Stokes), Stuart Whitman (Big Jim Bob Trotter), Ann Sothern (Sheba Stokes), Linda Purl (Ceryl Stokes), Donny Most (Shawn), Sally Kirkland (Ella Mae Trotter) **L** 75 **FSK** ab 16 **E** 19.8.1977 ZDF

DER VERRÜCKTE MIT DEM GEIGENKASTEN (THE MAN WITH ONE RED SHOE). Ein verträumter Geigenvirtuose wird zum Mittelpunkt turbulenter Agententätigkeiten, da man ihn zum Top-Spion aufbaut. Er übersteht alle Gefahren unbeschadet und lernt sogar die Frau seines Lebens, eine Agentin, kennen. Behäbiges, nur leidlich amüsantes Remake der französischen Erfolgskomödie »Der große Blonde mit dem schwarzen Schuh« (1972). – Ab 14 möglich. ✦ USA 1985 **P** 20th Century Fox **VA** CBS/Fox **Pd** Victor Drai **R** Stan Dragoti **B** Robert Klane, nach einem Film von Yves Robert **K** Richard H. Kline **M** Thomas Newman **D** Tom Hanks (Richard), Dabney Coleman (Cooper), Lori Singer (Maddy), Charles Durning (Ross), Carrie Fisher (Paula) **L** 89 **FSK** ab 12 **E** Mai 1987 Video

VERRÜCKTE MUSIKANTEN (MORE SILLY SYMPHONIES). Zehn kurze Zeichentrickfilme aus der in den 30er Jahren produzierten Serie »Silly Symphonies«, in der die Musik als stilprägendes Grundelement verwandt wird. Die manchmal allzu süßlichen, in ihrer betonten Märchenhaftigkeit naiven Geschichten sind durch die Vielzahl turbulenter Einfälle zeitlos unterhaltsam und auch filmhistorisch interessant. – Ab 8 möglich. ✦ Schwarz-weiß. USA 1986/32–38/ **P** Walt Disney **VA** Walt Disney Home Video **R** Burt Gillett, David D. Hand, Ben Sharpsteen, Hugh Harman, Rudy Ising, Walt Disney, Wilfred Jackson **L** 83 **E** 1987 Video **fd** 26 070

VERRÜCKTE NACHT (ZWARIOWANA NOC). Drei Widerstandskämpfer im faschistisch besetzten Polen, die die Verbindung zu ihrer Einheit verloren haben, verbringen eine Nacht in einem alten Schloß, dessen Besitzerin ausgefahren ist. Dort kommt es zur Begegnung mit einer verschrobenen, schwerhörigen Großmutter, einem wortkargen, merkwürdigen Hausdiener und mit dem fünfjährigen Sproß der Familie nebst Gouvernante. ✦ Schwarz-weiß. Polen 1967 **P** ZRF »Ilusjon«/Studio Lódz **R** Zbigniew Kuzminski **B** Zdzislaw Skowronski, nach dem Roman von Natalia Rolleczek **K** Wieslaw Pyda **M** Adam Walacinski **D** Maria Gella, Barbara Ludwizanka, Krystyna Chmielewska, Hanna Malkowska, Bogdan Baer **L** 69 **E** 31.10.1969 DFF 1

DAS VERRÜCKTE NACHTGESPENST →Das Nachtgespenst

DAS VERRÜCKTE POLIZEIREVIER →Politess im Sitten-Stress

DER VERRÜCKTE PROFESSOR (1962) (THE NUTTY

PROFESSOR). Ein komplexbehafteter Chemie-Professor kann sich, um von den Damen anerkannt zu werden, mit einer Wunderdroge in einen kraftstrotzenden Mann verwandeln, begreift dann aber seinen Irrweg und bekennt sich zu sich selbst. Klamaukfilm mit Jerry Lewis in einer Doppelrolle, die das »Dr. Jekyll und Mr. Hyde«-Thema aufgreift. Weitaus sinnvoller in der Handlung und deren Auflösung als vorangegangene Komödien von Lewis, wird auf weitgehend amüsante Weise nicht nur das Horrorkino jener Jahre, sondern auch der Typ des »American Boy« glossiert. – Ab 14. ✦ USA 1962 **P** Jerry Lewis Prod. **Kl** Paramount **Pd** Jerry Lewis, Ernest D. Glucksman **R** Jerry Lewis **B** Jerry Lewis, Bill Richmond **K** W. Wallace Kelley **M** Walter Scharf **S** John Woodcock **D** Jerry Lewis (Prof. Kelp/Buddy Love), Stella Stevens (Stella Purdy), Del Moore (Dr. Warfield), Kathleen Freeman (Miss Lemmon), Howard Morris (Vater Kelp), Elvia Allman (Mutter Kelp) **L** 107 **FSK** ab 12; nf **E** 23.8.1963 **fd** 12 223

DER VERRÜCKTE PROFESSOR (1995) (THE NUTTY PROFESSOR). Ein übergewichtiger Chemieprofessor probiert im Selbstversuch eine Substanz aus, die ihm schlagartig zu einer perfekten Figur verhilft, wenn auch jeweils nur für wenige Stunden. Der Gewichtsverlust aber führt dazu, daß aus dem netten Professor ein großmäuliger Aufreißer wird. Das Remake eines Jerry-Lewis-Films (»Der verrückte Professor«, 1962), zugleich eine Variation des Dr. Jekyll/Mr. Hyde-Motivs läßt dem Hauptdarsteller Eddie Murphy allzu viel Spielraum für eine eitle Selbstdarstellung. Nur die Momente, in denen er als dicker Professor und ebensolcher Familienmitglieder brilliert, bieten Unterhaltungswert, auch dank schlagfertiger Dialoge. (Fortsetzung: »Familie Klumps und der verrückte Professor«) – Ab 12 möglich. ✦ USA 1995 **P** Imagine Entertainment (für Universal) **Kl** UIP **VA** CIC **DVD** Universal Home (16:9, 1.85:1, DD5.1 engl., DS dt.) **Pd** Brian Grazer, Russell Simmons, James D. Brubaker **R** Tom Shadyac **B** David Sheffield, Barry W. Blaustein, Tom Shadyac, Steve Oedekerk, basierend auf einem Filmdrehbuch von Jerry Lewis und Bill Richmond **K** Julio Macat **M** David Newman **S** Don Zimmerman **D** Eddie Murphy (Sherman Klump u. a.), Jada Pinkett (Carla Purty), James Coburn (Harlan Hartley), Larry Miller (Dean Richmond), Dave Chappelle (Reggie Warrington) **L** 95 **FSK** ab 12; f **FBW** w **E** 17.10.1996/12.8.1999 DVD **fd** 32 169

EINE VERRÜCKTE REISE DURCH DIE NACHT (THE NIGHT BEFORE). Ohne Erinnerung an den Vorabend wacht ein junger Mann in einem üblen Teil der Stadt auf. Allmählich kehrt sein Gedächtnis zurück. Auf dem Weg zum Schulball kam er mit seiner Freundin, der Tochter eines Polizei-Captains, »unter die Räder«. Nachdem man ihm Drogen verabreichte, verkaufte er die junge Frau an einen Zuhälter. Nun muß er alles daransetzen, sie unversehrt bei ihrem strengen Vater abzuliefern. Abenteuerliche Teenager-Komödie, die an Scorseses »Die Zeit nach Mitternacht« (1985) erinnert, jedoch viel harmloser und versöhnlicher daherkommt. – Ab 16. ✦ USA 1987 **P** Kings Road **VA** Warner Home **DVD** e-m-s (1.78:1, Mono engl./dt.) **Pd** Martin Hornstein **R** Thom Eberhardt **B** Gregory Scherick, Thom Eberhardt **K** Ron Garcia **D** Keanu Reeves (Winston Connelly), Lori Loughlin (Tara Mitchell), Theresa Saldana (Rhonda), Trinidad Silva (Tito), Suzanne Snyder (Lisa) **L** 86 **FSK** ab 12 **E** 18.5.1990 Video/25.10.2001 DVD

VERRÜCKTE SEEFAHRT (MARE MATTO / LA MER A BOIRE). Die Bewohner einer billigen Pension in Genua werden für Arbeit, Abenteuer und Liebe angeheuert: Angefangen bei einem jungen Sizilianer, der sechs Schwestern unter die Haube bringen muß, bis zu einem alten Seebären, der dauernd Dummheiten macht. Populär besetzte Komödie aus dem italienischen Volksleben, die die Ereignisse leidlich unterhaltsam mit turbulenter Drastik ausspielt. – Ab 16. ✦ Schwarz-weiß. Italien/Frankreich 1963 **P** Ariane/Lux Vides/Filmsonor/Gaumont **R** Renato Castellani **B** Renato Castellani, Leo Benvenuti, Piero Bernardi **K** Toni Secchi **M** Nino Rota **D** Gina Lollobrigida (Margherita), Jean-Paul Belmondo (der Livornese), Tomas Milian (Efisio), Odoardo Spadaro (Drudo Parenti), Noël Roquevert, Piero Morgia **L** 110 **E** 5.1.1970 ZDF

DAS VERRÜCKTE STRANDHOTEL. Ein Touristencamp in Kenia ist Schauplatz der sexbesessenen Aktivitäten weißer Urlauber. Der Hauptclou besteht im Rollentausch von Paaren, der mit haarsträubender Dummheit inszeniert und auf primitivstem Schwankniveau durchgespielt wird. Die Einheimischen und ihre Kulttänze werden als Attraktionskulisse schamlos mißbraucht. Die drittrangige Besetzung ist dem Film angemessen. (Neuer Titel: »Dirndljagd am Kilimandscharo«) ✦ BR Deutschland 1983 **P** Lisa/Rapid **Kl** Tivoli **DVD** Marketing (1.66:1, Mono dt.) **R** Franz Marischka **B** Erich Tomek, Franz Marischka **K** Fritz Baader **M** Gerhard Heinz **S** Claudia Wutz **D** Wolfgang Jansen (Harry Weber), Bea Fiedler (Melanie), Angelika Böck (Julia), Karl Dall (J. R. Pfefferkorn), Wolfgang Fierek (Toni), Dolly Dollar (Agathe) **L** 85 **FSK** ab 16; nf **E** 12.8.1983/17.1.2002 DVD **fd** 24 107

VERRÜCKTE TAGE (LUDI DANI). Die Geschichte einer Wette um den größeren Reichtum zwischen zwei Bewohnern eines dalmatinischen Dorfes, die seit 15 Jahren in Deutschland arbeiten. Zunächst angelegt als parodistisch verfremdete Parabel, in der die Entstellung des Alltags durch die Gastarbeiter thematisiert wird, gerät der kroatische Film im zweiten Teil zum trivialen Melodram. ✦ Scope. Jugoslawien 1977 **P** Jadran/Kroatia **Kl** Progress **R+B** Nicola Babic **K** Andrija Pivcevic **M** Branislav Zivkovic **D** Zvonko Lepetic, Ilija Ivezic, Spaso Papac, Perica Martinovic, Bozidar Boban **L** 96 **E** 18.6.1979 ARD/3.8.1979 Kino DDR **fd** 22 057

DAS VERRÜCKTE TESTAMENT →Alles weg'n dem Hund

DER VERRÜCKTE VON LABOR 4 (LE FOU DU LABO 4). Ein gutmütiger, jedoch keineswegs einfältiger Professor entdeckt ein Gas, das Glücksempfinden, und ein weiteres, das Trauer hervorruft. Agenten entführen ihn, seine Geliebte und den Vater. Doch der Wissenschaftler weiß sich aus jeder Lage zu befreien. Etwas einfältiges Lustspiel um die Unantastbarkeit des reinen, stets das Gute wollenden Toren. Das Gut-Böse-Schema wird nur selten ironisiert. (Video-Titel: »Der Verrückte aus Labor 4«.) – Ab 14. ✦ Scope. Frankreich 1967 **P** Gaumont **Kl** Mike Hunter/Mondial **R** Jacques Besnard **B** Jacques Besnard, Jean Halain, nach einem Roman von René Cambon **K** Raymond Lemoigne **M** Bernard Gérard **S** Gilbert Natot **D** Jean Lefebvre, Maria Latour, Bernard Blier, Pierre Brasseur, Michel Serrault **L** 85 **E** 11.10.1968 Kino DDR/29.7.1972 DFF 1/Video 1983 **fd** 24 232

VERRÜCKTE ZEITEN (MEN DON'T LEAVE). Nach dem Tod ihres Mannes mit Schulden belastet, zieht eine Hausfrau mit ihren beiden Söhnen nach Baltimore in eine kleine Mietwohnung und sucht sich einen Job, der bald mehr Ärger als Geld einbringt. Ihr erster Sohn wird Gelegenheitsdieb, um die Familienkasse aufzubessern. Erst seine Flucht zurück in die heimatliche Provinz reißt die Frau aus ihrer Lethargie. Weniger in Worten als in Bildern erzählte Familiengeschichte, die leise Töne bevorzugt und geschickt die Balance zwischen Heiterkeit und Sentiment hält. Perfektes Gefühlskino. – Ab 14. ✦ USA 1988 **P** The Geffen Film Company **VA** Warner Home **Pd** Jon Avnet **R** Paul Brickman **B** Barbara Benedek, Paul Brickman, nach Motiven des Films »Doch das Leben geht weiter« (1981) von Moshe Mizrahi **K** Bruce Surtees **M** Thomas Newman **S** Richard Chew **D** Jessica Lange (Beth Macauley), Chris O'Donnell (Chris Macauley), Joan Cusack (Jody), Arliss Howard (Charles Simon), Kathy Bates (Lisa Coleman) **L** 110 **fd** ab 6 **E** 12.7.1991 Video/7.7.1998 Kabel 1 **fd** 29 214

DER VERRÜCKTE ZWEITE FRÜHLING →Middle Age Crazy

DIE VERRÜCKTEN ABENTEUER DES ROBIN HOOD (THE ZANY ADVENTURES OF ROBIN HOOD). Neuverfilmung der Geschichte von Robin Hood, der gegen den Thronräuber Prinz John und dessen Mannen antreten muß, um dem rechtmäßigen König Richard Löwenherz, der sich in der Gefangenschaft Leopolds von Österreich befindet, zu seinem Recht zu verhelfen. Im England des 12. Jahrhunderts angesiedelter Abenteuerfilm mit mühseligen komischen Akzenten, in dem vor allem die Darsteller weit unter Wert verkauft werden. – Ab 14. ✦ USA 1983 **P** CBS/Charles Fries/Bobka **R** Ray Austin **B** Robert Kaufman **K** Jack Hildyard **M** Stanley Myers **D** George Segal, Morgan Fairchild, Janet Suzman, Roddy McDowall, Roy Kinnear **L** 96 **E** 20.6.1987 RTL plus

DIE VERRÜCKTEN ABENTEUER EINES PLAYBOYS (I WAS A MAIL ORDER BRIDE). Eine Journalistin annonciert als Heiratswillige, um Material für einen Artikel über »Versandhausbräute« zu erhalten. Es meldet sich ein Mann im Namen seines Freundes. Die beiderseitig unter falschen Voraussetzungen begonnene Liebesgeschichte endet nach einem Gerichtstermin vor dem Traualter. Ohne Witz und zündende Idee erzählte langweilige Geschichte im Stil eines »Groschenromans«. – Ab 16. ✦ USA 1982 **P** MGM/UA Televison **VA** IMV **Pd** Michael Jaffe, Ervin Zavada, Andrew Hill **R** Marvin J. Chomsky **B** Stephen Zito **K** Don H. Birnkrant **M** John Addison **S** James T. Heckert **D** Ted Wass (Robert Fitzgerald), Kenneth Kimmins (Joe Kimbel), Karen Morrow (Eve Wister), Holland Taylor (Dottie Birmingham), Sam Wanamaker (Frank Tosconi) **L** 92 **FSK** ab 12 **E** 28.1.1988 Video **fd** 26 747

DIE VERRÜCKTEN ABENTEUER VON CLEVER UND SMART (EL AMARIO DEL TIEMPO). Eine animationstechnisch dilettantische und dramaturgisch chaotische Umsetzung einer Comic-Serie auf die Leinwand: Zwei trottelige Detektive werden von einem Professor als Testpersonen und Hüter für seine Zeitmaschine benutzt. Selbst für Comic-Fans eine Zumutung. (Videotitel: »Fred & Jeff«) – Ab 14 möglich. ✦ Spanien 1984 **P** Estudios Vara **Kl** Jugendfilm **VA** All **R** Rafael Vara **B** Rafael Vara, nach einer Comic-Strip-Serie von Francisco Ináñez **M** Rafael Ibarbia, Ramon Feminia **L** 81 **FSK** ab 12; f **E** 14.6.1985/17.12.1987 Video/4.2.1989 RTL plus **fd** 25 131

DIE VERRÜCKTEN JAHRE DES TWIST (LES FOLLES ANNEES DU TWIST). In einem algerischen Dorf schlagen sich zwei 20jährige durchs Leben und suchen in politisch instabiler Zeit nach Orientierungspunkten. Episoden aus der Zeit des algerischen Unabhängigkeitskrieges zwischen 1960 und 1962, einer Zeit der politischen Unruhen, aber auch der gutgelaunten Twist-Musik. Der Film bemüht sich um eine »inoffizielle« Sichtweise des algerischen Alltags, wobei er burleske Töne anschlägt, sich jedoch vergeblich um eine heitere Note bemüht. Insgesamt ein künstlerisch unentschlossenes Flickwerk ohne Rhythmus und Eigenständigkeit. – Ab 16. ✦ Algerien/Frankreich 1983 **P** Oncic/Fennec **R+B** Mahmoud Zemmouri **K** Labri Lakhdar Hamina **M** Richard Anthony **D** Mustapha El Anka, Malik Lakhdar Hamina, Fawzi B. Saichi, Richard Bohringer, Marina Moncade **L** 90 **E** 26.9.1987 S 3

DIE VERRÜCKTEN NACHBARN (NEIGHBOURS). Ein chaotisches Pärchen bricht in die langweilige Idylle eines Bürgers ein und bringt mit hinterhältigen und makabren Scherzen sein Weltbild derart durcheinander, daß er sich zuletzt dessen irrem Treiben anschließt. Weitgehend gefällige absurde Komödie, die jedoch zu unverbindlich bleibt, um als Satire bestehen zu können. – Ab 16. ✦ USA 1981 **P** Columbia **Kl** Warner-Columbia **Pd** Richard D. Zanuck, David Brown **R** John G. Avildsen **B** Larry Gelbart, nach einem Roman von Thomas Berger **K** Gerald Hirschfeld **M** Bill Conti **S** Jane Kurson **D** John Belushi (Earl Keese), Kathryn Walker (Enid Keese), Cathy Moriarty (Ramona), Dan Aykroyd (Vic), Igors Gavon (Chic),

Lauren-Marie Taylor (Elaine Keese) **L** 95 **FSK** ab 12; f **E** 25.3.1982 **fd** 23 399

DIE VERRÜCKTEN REICHEN (FOLIES BOURGEOISES). Die Lebensläufe einer Clique der High-Society, die, in starrem Prestige-Denken und Materialismus befangen, das persönliche Glück dem schnöden Mammon opfert. Ein unterhaltsamer filmischer Bilderbogen, in dem Claude Chabrol die Dekadenz einer bourgeoisen Gesellschaft als elegante Komödie inszeniert. Dabei gerät er des öfteren in die Nähe jener belanglosen Seichtheit, die er karikieren will. – Ab 16. ✦ BR Deutschland/Frankreich/Italien 1975/76 **P** CCC Filmkunst/Barnabé/Gloria **Pd** Ilya Salkind, Pierre Spengler **R** Claude Chabrol **B** Claude Chabrol, Norman Enfield, nach dem Roman »Le Malheur fou« von Lucie Faure **K** Jean Rabier **M** Manuel de Sica, Alexander N. Skrjabin (Motive), Wolfgang Amadeus Mozart (Motive) **S** Monique Fardoulis **D** Stéphane Audran (Clarie Brandeis), Bruce Dern (William Brandeis), Jean-Pierre Cassel (Jacques Lalouet), Ann-Margret (Charlie Minerva), Sydne Rome (Nathalie), Maria Schell (Gretel), Sybil Danning (Sekretärin), Charles Aznavour (Dr. Lartigue), Curd Jürgens (Juwelier), Tomas Milian (Detektiv) **L** 106 (OL 107) **FSK** ab 16; f **E** 26.8.1976 **fd** 19 972

VERRÜCKTER FREMDER →Gadjo Dilo – Geliebter Fremder

EIN VERRÜCKTER LEICHENSCHMAUS (PASSED AWAY). Das Oberhaupt einer irisch-amerikanischen Sippe stirbt an Herzversagen. Zur Totenwache kommen seine vier erwachsenen Kinder zurück ins Elternhaus. Der Anlaß der Zusammenkunft stürzt sie alle in eine Krise. Bevor der Sarg des Clan-Chefs im Boden versinkt, sind ihre Probleme jedoch gelöst. Einigermaßen witzig ist diese Komödie nur dann, wenn der bizarre Totenkult der amerikanischen Gesellschaft auf die Schippe genommen wird. Ansonsten reichen Handlung und Charakterisierung der Personen nicht über das Niveau einer Fernseh-Seifenoper hinaus. – Ab 14. ✦ USA 1992 **P** Hollywood Pictures **VA** Hollywood/Buena Vista **Pd** Larry Brezner, Timothy Marx **R+B** Charlie Peters **K** Arthur Albert **M** Richard Gibbs **S** Harry Keramidas **D** Bob Hoskins (Johnny), William Petersen (Frank), Pamela Reed (Terry), Tim Curry (Bob Slater), Jack Warden (Jack Scanlan) **L** 93 **FSK** ab 6 **E** 27.5.1993 Video/4.6.1994 premiere **fd** 30 393

VERRÜCKTER MITTWOCH (MAD WEDNESDAY / THE SIN OF HAROLD DIBBLEBOCK). 20 Jahre nach seinem großen Erfolg auf dem Footballfeld wird Harold, inzwischen ein schüchterner Archivar, von seiner Firma entlassen. Er ertränkt seinen Kummer in Alkohol und erwirbt im Vollrausch einen Zirkus, der ihm absurde Probleme schafft. Preston Sturges' Hommage an und mit Harold Lloyd erschließt sich wegen vieler Sequenzen, die Lloyds Humor diametral entgegengesetzt sind, dem Laien leichter als dem Freund von Lloyds Werk, dürfte aber als weitgehend geglückte Groteske von jedermann mit großem Vergnügen goutiert werden können. Auf jeden Fall hat kaum eine Komikerkarriere ein besseres Finale gefunden. (Nach zunächst enttäuschender Resonanz im Jahre 1947 wurde der Film in den USA drei Jahre später in einer 12 Minuten kürzeren und umgetitelten Version neu verliehen.) ✦ Schwarz-weiß. USA 1947/50 **P** RKO **Pd** Preston Sturges, Howard Hughes **R+B** Preston Sturges **K** Robert Pittack **M** Werner R. Heymann, Harry Rosenthal **S** Thomas Neff **D** Harold Lloyd (Harold Dibblebock), Frances Ramsden (Miss Otis), Jimmy Conlin (Wormy), Raymond Walburn (E. J. Waggleberry), Rudy Vallee (Banker Sargeant), Edgar Kennedy (Jake, der Barmann) **L** 75/89 **FSK** ab 12; nf **E** 10.8.1951 (Kurzfassung)/15.10.1983 ARD (Langfassung)

VERRÜCKTER MOND (CRAZY MOON). Eine willensstarke und lebensfreudige Taubstumme gibt einem neurotischen jungen Mann Lebenshilfe. Konventionell gestaltetes Melodram, das im Verein mit ironisch-kritischen Beschreibungen von modernem Familien- und Jugendleben gefühlvoll für tätige Nächstenliebe und Achtung vor Behinderten plädiert. – Ab 16. ✦ Kanada 1986 **P** Allegro Films **KI** Vestron **VA** Vestron/Concorde **Pd** Tom Berry, Stefan Wodoslawsky **R** Allan Eastman **B** Tom Berry, Stefan Wodoslawsky **K** Savas Kalogeras **M** Lou Forestieri **S** Franco Battista **D** Kiefer Sutherland (Brooks), Vanessa Vaughan (Anne), Peter Spence (Cleveland), Ken Pogue (Alec), Eve Napier (Mimi) **L** 89 **FSK** ab 12; f **E** 29.6.1989/18.12.1989 Video **fd** 27 712

VERRÜCKTER SOMMER (FRENESIA DELL'ESTATE). Vor dem Hintergrund des hektischen Treibens am Strand von Viareggio gelangen vier Liebesaffären zum guten und ein geschäftliches Unternehmen zum weniger glücklichen Ende. Solide gespielte und inszenierte lebhafte Komödie, die ihre Effekte weniger aus parodistischer Aufspießung von Zeiterscheinungen als aus pointierter Anspielung auf Sex bezieht. (Fernsehtitel DDR: »Verwirrungen des Sommers«.) ✦ Schwarz-weiß. Italien/Frankreich 1963 **P** GE.S.I./Federiz/Agiman **KI** Cine-Union **R** Luigi Zampa **B** Age (= Agenore Incorocci), Furio Scarpelli, Leo Benvenuti, Piero de Bernardi, Mario Monicelli **K** Marcello Gatti **M** Gianni Ferrio **S** Eraldo da Roma **D** Vittorio Gassman (Mario), Sandra Milo (Yvonne), Michèle Mercier, Philippe Leroy (Manolo), Gabriella Giorgelli **L** 110 **FSK** ab 18; nf **E** 13.7.1965/14.6.1985 DFF 2

VERRÜCKTER URLAUB →Wenn Louis eine Reise tut

VERRÜCKTES AFRIKA (AFRICA SCREAMS). Abbott und Costello haben in Afrika eine Menge Abenteuer mit Löwen, Alligatoren, Kannibalen und weißen Schurken zu bestehen. Recht unterhaltsame Filmgroteske. – Ab 12. ✦ Schwarz-weiß. USA 1949 **P** United Artists **KI** United Artists **Pd** Edward Nassour **R** Charles T. Barton **B** Earl Baldwin **K** Charles Van Enger **M** Walter Schumann **S** Frank Gross **D** Bud Abbott (Buzz Johnson), Lou Costello (Stanley Livingston), Hillary Brooke (Diana Emerson), Max Baer (Boots), Buddy Baer **L** 79 **FSK** ab 12; nf **E** 18.8.1950

EIN VERRÜCKTES FREUDENHAUS (KEEP IT UP, JACK!). Ein junger Schauspieler und Verwandlungskünstler erbt das Bordell seiner Tante und führt es in ihrer Maske weiter. Primitiver Klamauk. – Wir raten ab. ✦ Großbritannien 1973 **P** Blackwater **KI** Nobis **R** Derek Ford **B** Derek Ford, Alan Selwyn **K** Geoffrey Glover **M** Terry Ward **D** Mark Jones (Jack James), Sue Longhurst (Virginia), Maggi Burton (Fleur), Paul Whitsun-Jones (Fairbrother) **L** 88 **FSK** ab 18; nf **E** 25.11.1977 **fd** 20 675

VERRÜCKTES HOLLYWOOD (MALICE IN WONDERLAND). Zwei ehemalige Freundinnen, die in Hollywood als Schauspielerinnen Karriere machen wollten, wurden durch ihren Werdegang zu beruflichen Rivalinnen. Als mächtige Klatschkolumnistinnen, die über die Hollywood-Stars herrschen, weil sie Gunst und Mißgunst des Publikums nach Belieben lenken können, begegnen sie sich bei einem Essen wieder. Film über eine fiktive Begegnung zwischen Hedda Hopper und Louella »Lollypop« Parsons. Ein amüsanter Einblick in ein relativ unbekanntes Kapitel Hollywoods, in dem viele Stars zitiert werden. Die beiden Hauptdarstellerinnen spielen jedoch unter Wert und verleihen den »Dinosauriern« des Hollywood-Klatsches kaum Konturen. (Westdeutscher TV-Titel: »Das verrückte Hollywood«) – Ab 16. ✦ USA 1985 **P** CBS/ITC **Pd** Jay Benson **R** Gus Trikonis **B** Jacqueline Feather, David Seidler, nach einem Roman von George Eels **K** Philip Lathrop **M** Charles Bernstein **S** Allan Jacobs, Rebecca Ross **D** Elizabeth Taylor, Jane Alexander, Richard Dysart, Joyce Van Patten, Jon Cypher **L** 90 **E** 28.12.1986 DFF 2/15.3.1988 RTL plus

EIN VERRÜCKTES HUHN (TENDRE POULET). Komödie um eine liebenswert verrückte Kriminalkommissarin, die Mühe hat, Beruf und Liebe unter einen Hut zu bringen. Nicht frei von platten Versatzstücken eines traditionellen Komödien- und Krimi-Repertoires, gewinnt der Film vor allem durch die Leistung der Hauptdarstellerin und die handwerkliche Sorgfalt eine ansehnliche Unterhaltungsqualität. (Fortsetzung: »Wer hat den Schenkel von Jupiter geklaut?«) – Ab 16. ✦ Frankreich 1977 **P** Les Films Ariane/Mondex **KI** Neue Constantin **Pd** Alexandre Mnouchkine **R** Philippe de Broca **B** Philippe de Broca, Michel Audiard, nach einem Roman von J. P. Rouland und Claude Olivier **K** Jean-Paul Schwartz **M** Georges Delerue **S** Françoise Javet **D** Annie Girardot (Lise Tanquerelle), Philippe Noiret (Antoine Lemercier), Catherine Alric (Christine Vallier), Hubert Deschamps (Charmille), Paulette Dubost (Mutter), Raymond Gérome, Guy Marchand (Beretti), Simone Renant (Suzanne), Georges Wilson (Alexandre Mignonac), Armelle Pourriche (Catherine Tanquerelle) **L** 107 **FSK** ab 16; f **E** 11.8.1977/5.10.1979 Kino DDR/4.6.1988 DFF 1 **fd** 20 759

EIN VERRÜCKTES PAAR – ALT VERKRACHT UND FRISCH VERLIEBT (GRUMPY OLD MEN). Zwei streitlustige alte Männer aktivieren ihr Repertoire kleiner und großer Bösartigkeiten, als ins Nachbarhaus eine kokette 50jährige einzieht. Jack Lemmon und Walter Matthau frischen den bärbeißigen Humor ihres Films »Ein seltsames Paar« auf. Doch der im Dialog nicht gerade zimperliche Film zieht sich zu sehr in die Länge, und seine Komik nutzt sich zu früh ab, als daß die gute Darstellung die enttäuschende Story ausgleichen könnte. – Ab 14. ✦ USA 1993 **P** John Davis/Lancaster Gate **KI** Warner **VA** Warner **Pd** Richard C. Berman, John Davis **R** Donald Petrie **B** Mark Steven Johnson **K** Johnny E. Jensen **M** Alan Silvestri **S** Bonnie Koehler **D** Jack Lemmon (John), Walter Matthau (Max), Ann-Margret (Ariel), Burgess Meredith (Großvater), Daryl Hannah (Melanie), Kevin Pollak (Jacob) **L** 103 **FSK** ab 6; f **FBW** w **E** 5.5.1994/14.10.1994 Video/7.10.1995 premiere **fd** 30 756

EIN VERRÜCKTES PAAR – DER DRITTE FRÜHLING →Der dritte Frühling – Freunde, Feinde, Fisch & Frauen

EIN VERRÜCKTES PAAR – FREUNDE, FEINDE, FISCH UND FRAUEN →Der dritte Frühling – Freunde, Feinde, Fisch & Frauen

DIE VERRÜCKTESTE ARMEE DER WELT (L'ESERCITO PUI PAZZO DEL MONDO). Eine Geiselnahme in einer Kaserne führt zu allerlei Turbulenzen unter Rekruten und Vorgesetzten. Überdrehte Klamotte mit einigen witzigen Einfällen und vielen derben Wortspäßchen auf Kosten der Homosexuellen. – Wir raten ab. ✦ Italien 1981 **P** Universalvideo/Film 2 **KI** Filmagentur Graf/Herta Elsner **R** Marino Girolami **B** Gino Capone **K** Federico Zanni **M** Abrano Allione, Epsa Pirazzoli **D** Pino Caruso, Adriana Russo, Massimo Boldi, Simona Girolami, Gino Cappone **L** 81 **FSK** ab 16; f **E** 24.6.1983 **fd** 24 335

DAS VERRÜCKTESTE AUTO DER WELT. Deutscher Ableger der Walt-Disney-Familienfilme um das Wunderauto Dudu, das dieses Mal durch seine Eigenwilligkeit zwei Nonnen zum Sieg in einer Rallye verhilft. Flaue, geschmacksunsichere Unterhaltung mit Massenkarambolagen. (Vgl. »Ein Käfer geht aufs Ganze«, »Ein Käfer gibt Vollgas«, »Ein Käfer auf Extratour«) – Ab 10 möglich. ✦ BR Deutschland 1974 **P** Barbara **KI** Constantin **Pd** Kurt Hammer **R+B** Rudolf Zehetgruber **K** Rüdiger Meichsner **M** Gerhard Heinz **S** Brigitte Thoms **D** Robert Mark (Jimmy Bondi), Sal Borgese (Aldo), Kathrin Oginski (Schwester Johanna), Evelyne Kraft (Schwester Engelmunda), Walter Giller (Jean-Pierre) **L** 93 **FSK** ab 6; nf **FBW** w **E** 14.3.1975 **fd** 19 253

DIE VERRÜCKTESTE RALLYE DER WELT (THE GUMBALL RALLY). Eine Gruppe gelangweilter reicher junger Leute foppt durch ein Autorennen von New York nach Long Beach ein riesiges Polizeiaufgebot. Technisch aufwendiges, mit Klischees und billigen Effekten aufgepulvertes Spektakel. ✦ Scope. USA 1977 **P** First Artists **KI** Warner-Columbia **Pd+R** Chuck Bail **B** Leon Capetanos **K** Richard C. Glouner **M** Dominic Frontiere **S** Gordon Scott, Stuart H. Pappe, Maury Winetrobe **D** Michael Sarrazin (Michael Bannon), Norman Burton (Roscoe), Gary

Busey (Gibson), John Durren (Preston), Susan Flannery (Alice), Tim McIntire (Smith), Raul Julia (Franco) **L** 108 **FSK** ab 12; nf **E** 29.7.1977 **fd** 20 419

DAS VERRÜCKTESTE U-BOOT DER WELT (IL SOMMERGIBILE PIU' PAZZO DEL MONDO / CRAZY NAVY). Anspruchslose Militärklamotte. Die italienischen Komiker Bombolo und Canavale werden irrtümlich zu einem Marine-Manöver eingezogen und stiften an Bord eines U-Bootes heillose Verwirrung. – Ab 16. ✦ Italien 1978/79 **VA** Mike Hunter **R** Mariano Laurenti **B** Gino Capone, Francesco Milizia **D** Bombolo (= Franco Lechner), Enzo Cannavale, Giorgio Ariani, Anna Maria Rizzoli, Roberto Caporali, Saverio Vallone **L** 88 **FSK** ab 16 **E** Januar 1985 Video

DIE VERRÜCKTESTEN 90 MINUTEN VOR CHRISTI GEBURT (DEUX HEURES MOINS LE QUART AVANT JESUS-CHRIST). Als der homosexuelle Cäsar in seiner nordafrikanischen Kolonie zu Besuch weilt, um Cleopatra zu treffen, plant sein Statthalter mit Hilfe von Ben Hur ein Attentat auf ihn. Ben Hur aber erweist sich als Cleopatras verschollener Bruder, und die Geschichte nimmt einen glücklichen Ausgang. Der von Anachronismen strotzende Versuch einer Zeitsatire verfängt sich schon bald in den billigen Scherzen einer Homosexuellen-Plotte. Die peinlich kalauernde Synchronisation treibt dem Film auch noch den letzten Witz aus. – Ab 16. ✦ Scope. Frankreich/Tunesien 1982 **P** Renn/Carthago **KI** Tobis **Pd** Claude Berri, Tarak Ben Ammar **R+B** Jean Yanne **K** Mario Vulpiani **M** Jean Yanne, Raymond Alessandrini **S** Hervé de Luze **D** Jean Yanne (Paulus), Coluche (= Michel Colucci) (Ben Hur Marcel), Michel Serrault (César), Mimi Coutelier (Cleopatra), Françoise Fabian (Laetitia), Michel Auclair (Demetrius), Darry Cowl (Faucuius) **L** 98 **FSK** ab 6; f **E** 18.2.1983 **fd** 23 853

DER VERRUFENE BERG (MONTE MIRACOLO). Ein Ingenieur aus dem Aostatal, zugleich ein leidenschaftlicher Bergsteiger und Skiläufer, muß sich gegen den Neffen eines Bauunternehmers durchsetzen, um seinen Plan eines Staudamm-Baus zu verwirklichen. Abenteuerlicher Bergfilm mit attraktiven Landschaftsaufnahmen. Darüber hinaus hat er freilich nur wenig zu bieten: konventionelle, bisweilen auch unbeholfene Unterhaltung. (1948 stellte Trenker unter Verwendung zusätzlicher Szenen eine Neufassung mit dem Titel »Im Banne des Monte Miracolo« her.) – Ab 12 möglich. ✦ Schwarz-weiß. Österreich/Italien 1943 **P** Cines **R** Luis Trenker **B** Luis Trenker, Guglielmo Usellini, Pier Luigi Melani **K** Umberto della Valle **M** Giuseppe Becce **S** Gino Talamo **D** Luis Trenker, Umberto Sacripanti, Dora Bini, Carla de Gara, Ernst Sabatini **L** 90 **E** 23.10.1983 BR

VERRUFENE STRASSE (JUNGLE STREET). Ein krimineller »Halbstarker« aus dem Londoner Westend knackt mit einem aus dem Gefängnis entlassenen Freund den Safe eines Striptease-Klubs, um mit dem Geld vor der Polizei zu fliehen, die ihm wegen Raubmords auf den Fersen ist. Klischeehafter Krimifilm in unterdurchschnittlicher Gestaltung. ✦ Schwarz-weiß. Großbritannien 1961 **P** Theatrecraft **KI** Mercator **R** Charles Saunders **B** Alexander Doré **D** David McCallum, Kenneth Cope, Jill Ireland, Brian Weske, John Chandos **L** 82 **FSK** ab 18; nf **E** 22.3.1963 **fd** 11 924

DIE VERRUFENE STRASSE (BADNAM BASTI). Die filmische Analyse der Beziehung zweier Personen, die sich ihr Bedürfnis füreinander nur schwer eingestehen und unter den Komplikationen, die diese selbstzerstörerische Haltung mit sich bringt, leiden. Ein innovativer Erstlingsfilm, der seinem Thema mit einer ungewöhnlichen Montagetechnik neue Aspekte abzuringen versucht. (O.m.e.U.) ✦ Schwarz-weiß. Indien 1971 **P** Prem Kapoor **KI** Freunde der Deutschen Kinemathek **Pd+R** Prem Kapoor **B** Prem Kapoor, nach einem Roman von Kamleshwar **K** R.M. Rao **M** Vijay Raghav Rao **D** Nitin Sethi, Nandita Takhur, Nandlal Sharma, Amar Kakad **L** 100 **E** 1974 Kino

DIE VERRUFENEN (1925). Die Geschichte eines aus dem Gefängnis entlassenen Ingenieurs, der zunächst überall auf Ablehnung stößt. Erst durch die Unterstützung einer Prostituierten kann er dem drohenden Untergang entgehen und sich seinen Platz in der Gesellschaft erarbeiten. Ein deutscher Stummfilm, der das Genre der »Zille-Filme« einleitete. Das Milieu der Berliner Unterschicht wird in redlicher Absicht vorgestellt, wobei die Regie um die Schaffung einer authentischen Atmosphäre bemüht ist. – Ab 14 möglich. ✦ Schwarz-weiß. Deutschland 1925 **P** National-Film **R** Gerhard Lamprecht **B** Luise Heilborn-Körbitz, Gerhard Lamprecht **K** Karl Hasselmann **D** Aud Egede Nissen, Bernhard Goetzke, Mady Christians, Arthur Bergen, Frigga Braut **L** 85 **E** 16.10.1987 DFF 2

DIE VERRUFENEN (1954) (DONNE PROIBITE). Mit allerlei dramatischen und sentimentalen Zutaten aufgebauschtes Melodram um vier Prostituierte, die sich nach bürgerlicher Sicherheit sehnen. Nur eine von ihnen findet Arbeit und Mutterglück, die übrigen werden in schicksalhafte Ereignisse von tragischem Ausmaß verwickelt. Sich edelmütig gebende Kolportagegeschichte, trotz hervorragender Besetzung ebenso rührselig wie unglaubwürdig. ✦ Schwarz-weiß. Italien 1954 **P** Amato/Cinedis **KI** Austria **R** Giuseppe Amato **B** Giuseppe Mangione, Giuseppe de Santis, Elio Petri, Gianni Puccini, Bruno Paolinelli, Cesare Zavattini, Giero Angeli, Gigliola Falluto **K** Anchise Brizzi **M** Renzo Rossellini **S** Gabriele Varriale **D** Linda Darnell (Lola), Valentina Cortese (Vally), Lea Padovani (Franca), Giulietta Masina (Rosita), Anthony Quinn (Francesco), Carlo Dapporto **L** 85 **FSK** ab 18; nf **E** 4.11.1955 **fd** 4 512

EIN VERSAGER SCHLÄGT ZURÜCK →Ratataplan – Ein Versager schlägt zurück

VERSAILLES – KÖNIGE UND FRAUEN (SI VERSAILLES M'ETAIT CONTE). Groß angelegter historischer Film um die Geschichte des berühmten Schlosses in Versailles von seinen Anfängen bis 1918. Zugleich ein Abriß königlicher Schicksale in drei Jahrhunderten, wobei die Regie in erster Linie an amourösen Intrigen und Verwicklungen interessiert ist. Trotz eines Massenaufgebots an historischen Persönlichkeiten, galanter optischer Arrangements, namhafter Schauspieler und einigen ironischen Seitenhieben gewinnt das unterhaltsame Spektakel keine feste Basis und ist mitunter zu langatmig. Nachdem in den hiesigen Kinos nur eine gekürzte Fassung gezeigt wurde, strahlte das Fernsehen den vollständigen Film 1985 in einer neuen Synchronfassung aus (»Wenn Versailles erzählen könnte«). – Ab 16. ✦ Frankreich 1953 **P** C.L.M./Cocinor **KI** Pallas **R+B** Sacha Guitry **K** Pierre Montazel **M** Jean Françaix **D** Jean Marais (Ludwig XV.), Micheline Presle (Madame Pompadour), Sacha Guitry (Ludwig XIV.), Georges Marchal (Ludwig XIV. als junger Mann), Michel Auclair (Jacques Damiens), Orson Welles (Benjamin Franklin), Claudette Colbert (Madame de Montespan), Gérard Philipe (einer der 3 Musketiere), Edith Piaf (Mädchen aus dem Volke), Jean-Louis Barrault (Fénelon), Bourvil (Wächter), Gino Cervi (Cagliostro), Howard Vernon **L** 138 (TV 160) **FSK** ab 12; f **E** 20.8.1954/26.,27.5.1985 BR (zwei Teile)

DIE VERSAUTE HOCHZEITSNACHT →Liebesgrüße aus der Lederhose IV

VERSCHENKTES GLÜCK (TRI VETERANI). Märchenfilm über die verführerischen Kräfte von Geld und Macht: Drei ehemalige Soldaten ziehen nach dem Dreißigjährigen Krieg orientierungslos durch die Lande. Als eines Nachts drei Kobolde erscheinen und ihnen unter anderem einen Zauberzylinder schenken, mit dem sie sich alles außer Geld wünschen können, könnte für die drei ein ruhiges Leben in Wohlstand beginnen; doch am Ende stehen sie mit leeren Händen da. Hintergründiges, einfallsreich inszeniertes Märchen voller Poesie, das sich in seiner Aussage eher älteren Kindern erschließen dürfte. (Westdeutscher Fernsehtitel: »Die Prinzessin mit der langen Nase«) – Ab 8 möglich. ✦ CSSR 1983 **P** Filmstudio Barrandov **KI** Progress **VA** IMV **R** Oldrich Lipsky **B** Zdenek Sverák, Oldrich Lipsky, nach einem Märchen von Jan Werich **K** Jirí Macák **M** Jaroslav Uhlír **D** Rudolf Hrusínsky (Pankrác), Josef Somr (Servác), Petr Cepek (Bimbác), Julius Sabinsky (Pikola), Vida Skalska (Bosana), Milan Lasica (Zöllner) **L** 96 **FSK** ab 6 **E** 5.4.1985 Kino DDR/28.7.1985 HR/NDR/West 3/17.2.87 DFF2

VERSCHIEDENE EREIGNISSE →Faits Divers

DIE VERSCHIEDENEN GESICHTER DES SERGEJ MICHAILOWITSCH EISENSTEIN. Dokumentation, die sowohl der sehr unterschiedlichen Rezeption Eisensteins nachgeht – als stalinistischer Konformist oder als Genie der Moderne – als auch den Widersprüchen in Leben und Werk des Regisseurs. Von der frühen Protektion des Filmemachers durch die Freimaurer über seinen politischen Opportunismus bis hin zur latent unterdrückten Homosexualität liefert das hervorragende Essay eine längst überfällige, differenzierte Analyse von Eisensteins Werkbiografie. Gerade durch das Greifbarmachen seines Scheiterns gewinnt der »Übervater« der filmischen Moderne dabei eine menschliche Dimension. – Sehenswert ab 16. ✦ Teils schwarz-weiß. Deutschland 1997 **P** SelbstFilm (für ZDF/arte) **VA** SelbstFilm (Berlin) **R** Oksana Bulgakowa, Dietmar Hochmuth **B** Oksana Bulgakowa, Dietmar Hochhuth **K** Dieter Chill, Wladimir Gretschischkin **M** Isaak Dunajewski, Hanns Eisler, Arvo Pärt, u.a. **S** Dorothea Brühl **L** 59 **E** 21.1.1998 arte

DER VERSCHLAG (HERZCHEN) (L'ENCLOS). Um ein Exempel seiner Härte zu statuieren, sperrt im Frühjahr 1944 der Kommandant eines Konzentrationslagers einen deutschen Gefangenen und einen jüdischen Franzosen für eine Nacht in einen Verschlag zusammen: Am nächsten Morgen dürfe nur einer am Leben sein, der dann die Freiheit erhalten solle. Während die geheime Lagerleitung der Häftlinge nach einem Weg sucht, den Deutschen zu befreien, stehen sich die beiden im Verschlag gegenüber. Aus Mißtrauen, Angst und Lebensgier entwickelt sich die Erkenntnis, daß sie über ihre Henker triumphieren können. Der außergewöhnliche Erstlingsfilm erzählt die Fabel in strenger Form, die die KZ-Existenz zur Schreckensvision einer grauenvollen Kafka-Welt werden läßt. Ein eindringlicher, vorzüglich gespielter Film. – Sehenswert. ✦ Schwarz-weiß. Frankreich/Jugoslawien 1961 **P** Clavis/Unidex/Triglav **KI** BAG **R** Armand Gatti **B** Armand Gatti, Pierre Joffroy **K** Robert Juillard **M** René Sarrazin **D** Hans Christian Blech, Jean Negroni, Herbert Wochinz, Maks Furjean, Tamara Wochniz **L** 95 (Orig. 102) **FBW** bw **E** 7.4.1982 NDR

DIE VERSCHLEIERTE MAJA. Die müde Geschichte einer Tänzerin in einem deutschen Revuefilm, der unter anderem ein amerikanisches Wasser-Ballett zu imitieren sucht. – Ab 14. ✦ Schwarz-weiß. BR Deutschland 1951 **P** Pontus **KI** Deutsche Cosmopol **R+B** Geza von Cziffra **K** Georg Bruckbauer **M** Michael Jary **S** Alice Ludwig **D** Maria Litto, Willy Fritsch, Grethe Weiser, Rudolf Platte, Käthe Haack **L** 96 **FSK** ab 12; nf **E** 31.8.1951 **fd** 1 312

VERSCHLEPPT ANS ENDE DER WELT. Dokumentarfilm über Frauen, die zwischen Januar und April 1945 vom ehemaligen sowjetischen Geheimdienst NKWD nach Sibirien deportiert wurden. Von den mehreren tausend verschleppten Zivilistinnen, die in sibirischen Lagern die deutsche Kriegsschuld abarbeiten sollten, kehrten mehr als ein Drittel nicht zurück. Begleitet von drei Überlebenden der damaligen Deportationen zeichnet die Autorin das Schicksal dieser Frauen nach. ✦ Deutschland 1993 **R+B** Freya Klier **L** 65 **E** 1.5.1994 West 3

VERSCHLEPPT – LASS' MEINEN SOHN NICHT STERBEN (HAVE YOU SEEN MY SON). Dramatischer Thriller. Eine Mutter schickt ihren kleinen Sohn auf einen Ausflug zu ihrem geschiedenen Mann. Doch von dort kehrt er nicht zurück: Der Mann und dessen Mutter haben den Jungen nach Mexiko verschleppt. ✦ USA 1996 **R** Paul Schneider **B** Vivienne Radkoff **D** Lisa Hartman (Lael), William Russ (Van), Anne Francis (Catherine), Alex Doduk (Ace), Scott Hylands (Solomon) **L** 91 **E** 5.1.1999 ProSieben

VERSCHLEPPTE MÄDCHEN →Port Afrika

DIE VERSCHLEPPTEN →Die Sklavinnen

VERSCHLOSSENE HEIMAT – PROKOFJEWS SOWJETISCHES TAGEBUCH, 1927. Nach zehnjährigem Exil kehrt der russische Komponist Serge Prokofjew 1927 in seine Heimat zurück und bekommt den stalinistischen Terror am eigenen Leib zu spüren, da seine Musik nicht mit den Prinzipien des sozialistischen Realismus vereinbar ist. Über seine Leidenszeit führt er akribisch Buch. Die filmische Biografie beginnt mit der Rückkehr nach Russland und wendet sich dann mehr und mehr der Vergangenheit zu. ✦ Deutschland/Österreich 1999 **P** WDR **R+B** Oliver Becker **D** Julian Jurin (Prokofjew), Xenia Rappoport (Lino Prokofjew) **L** 58 **E** 3.11.1999 arte

VERSCHLOSSENE LIPPEN (MUMU). Die Leidensgeschichte eines taubstummen Landarbeiters, der nach Moskau gebracht wird. Bei seiner neuen Herrschaft in der Hauptstadt beginnt für ihn ein wahres Martyrium. Melodram mit stark gefühlsbetonter Ausmalung der menschenunwürdigen Verhältnisse zur Zeit der Feudalherrschaft. Ein melancholisch angehauchtes Rührstücks nach Turgenjew, das ein Loblied auf das einfache Volk als die einzig guten Menschen anstimmt. – Ab 16. ✦ Schwarz-weiß. UdSSR 1959 **P** Mosfilm **Kl** Rheinischer Filmverleih/Titania **R** Anatoli Bobrowski, Jewgeni Teterin **B** C. Chersonski, nach der Erzählung »Mumu« von Iwan Sergejewitsch Turgenjew **K** Konstantin Petritschenko **M** Alexej Murawljow **D** Afanassi Kotschetkow (Gerassim), E. Polewizkaja (Herrin), Iwan Ryshow (Gawrila), Nina Grebeschkowa (Tatjana), I. Besjajew (Kapiton), Leonid Kmit (Stepan) **L** 71 **FSK** ab 6; f **E** 16.10.1959 Kino DDR/21.7.1961 Kino BRD/10.3.1968 ZDF **fd** 10 370

DIE VERSCHLOSSENE TÜR (THE SHUTTERED ROOM). Eine jungverheiratete Frau kehrt gemeinsam mit ihrem Mann aus New York an ihren Geburtsort auf einer irischen Insel zurück und gerät dort in den Bann eines unheimlichen Geschehens: In einer alten Mühle haust ein todbringendes Wesen, zusätzlich sehen sich die Fremden durch eine Bande junger »Halbstarker« bedroht. Effektvoll inszenierter und fotografierter Horror-Thriller mit einigen übertrieben deutlichen Schockszenen. ✦ Großbritannien 1966 **P** Troy-Schenck Prod. **Kl** Warner **Pd** Phillip Hazelton **R** David Greene **B** D. B. Ledrov, Nathaniel Tanchuck, nach einem Roman von H. P. Lovecraft und August Derleth **K** Ken Hodges **M** Basil Kirchin **S** Brian Smedley-Aston **D** Gig Young (Mike Kelton), Carol Lynley (Susannah Kelton), Oliver Reed (Ethan), Flora Robson (Tante Agatha), William Devlin (Zebulon), Bernard Kay (Tait) **L** 100 **FSK** ab 18; nf **E** 5.12.1967 **fd** 15 200

VERSCHLOSSENES HERZ →... und raus bist Du

VERSCHOLLEN →Cast Away – Verschollen

VERSCHOLLEN – ABENTEUER IN AFRIKA →Lost in Africa

VERSCHOLLEN – ALLEIN AUF DER PIRATENINSEL →Allein auf der Pirateninsel

VERSCHOLLEN AM COLD RIVER (COLD RIVER). Als zwei Jugendliche bei einem Abenteuerurlaub in einem Nationalpark der USA ihren Vater verlieren und auf sich selbst gestellt sind, müssen sie sich in der menschenleeren Wildnis behaupten. Dies wird durch einen entflohenen Sträfling erschwert. Konstruierter Abenteuerfilm um die schönen und die grausamen Seiten der ursprünglichen Natur; allenfalls durch die Landschaftsaufnahmen interessant. – Ab 16. ✦ USA 1982 **P** Cold River Pictures **Pd+R** Fred G. Sullivan **B** Fred G. Sullivan, nach einem Roman von William Judson **K** Bill Godsey **M** Michael Gibson **S** John Carter **D** Suzanne Weber (Lizzy Allison), Pat Petersen (Tim Hood), Richard Jaeckel (Mike Allison, ihr Vater), Robert Earl Jones (Trapper), Brad Sullivan (Reuben Knat) **L** 94 **E** 15.12.1987 ZDF

VERSCHOLLEN AUF HOHER SEE (LOST). Überlebensdrama nach einer authentischen Begebenheit aus dem Jahr 1973. Im Sturm kentert ein Segelschiff auf der Fahrt von Vancouver nach Costa Rica. Während die Rettungsmannschaften nach dem Wrack suchen, beginnt für die dreiköpfige Besatzung – zwei Männer und eine Frau – ein Überlebenskampf, der mehr als zwei Monate andauern wird – eingeschlossen in einer kleinen Luftblase unter dem Rumpf des Bootes. – Ab 16. ✦ Kanada 1985 **R+B** Peter Rowe **M** Micky Erbe, Maribeth Solomon **D** Kenneth Walsh (Jim), Helen Shaver (Linda), Michael Hogan (Bob), Linda Goranson (Wilma), Charles Joliffe (Nick) **L** 92 **E** 21.6.1995 Pro Sieben

VERSCHOLLEN IM BERMUDA-DREIECK (AIRPORT '77). Verbrecher bringen ein luxuriöses »Jumbo«-Flugzeug auf dem Weg nach Florida in ihre Gewalt, um es auf einer einsamen Insel auszurauben. Es kollidiert jedoch im Sturm im Bermuda-Dreieck mit einer Bohrinsel und versinkt im Meer. Nach »Airport« und »Airport '75« der dritte Katastrophen-Film der Erfolgsserie. In der Darstellung der psychologischen Ausnahmesituation der Passagiere nach üblichem Schema, im zweiten Teil, den minuziös ablaufenden Rettungsmaßnahmen, realistisch und fesselnd. (Alternativer TV-Titel: »Airport 77 – Verschollen im Bermuda-Dreieck«) – Ab 14. ✦ USA 1976 **P** Universal **Kl** CIC **Pd** William Frye **R** Jerry Jameson **B** Michael Scheff, David Spector **K** Philip Lathrop **M** John Cacavas **S** J. Terry Williams, Robert Watts **D** Jack Lemmon (Gallagher), Olivia de Havilland (Emily Livingston), James Stewart (Philip Stevens), Joseph Cotten (Nicholas St. Downs III), Christopher Lee (Martin Wallace), Lee Grant (Karen Wallace), Brenda Vaccaro (Eve Clayton), Darren McGavin (Buchek), Robert Foxworth (Chambers), Robert Hooks (Eddie), George Kennedy (Patroni), Kathleen Quinlan (Julie), Monte Markham (Bankier), Gil Gerard (Frank Powers), M. Emmet Walsh (Dr. Williams) **L** 114 **FSK** ab 12; f **E** 11.8.1977 **fd** 20 452

VERSCHOLLEN IM DSCHUNGEL (LAGGIU NELLA GIUNGLA). Abenteuerfilm. Nach einem Busunglück findet sich eine Touristengruppe mitten in Italien in einem geheimnisvollen Dschungel wieder; wilde Tiere, eine undurchdringliche Pflanzenwelt und ein Drahtzieher im Hintergrund verstricken sie in rätselhafte Abenteuer. ✦ Italien 1986 **P** Instituto Luce Italneggio Cinematografico/Rai Uno/Karol Film **R** Stefano Reali **K** Silvano Ippoliti **M** Carlo Savina **D** Robert Powell, Tony Vogel, Andréa Ferréol, Van Johnson, Renato Scarpa **L** 90 **E** 26.5.1989 DFF 2/4.4.1993 ORB

VERSCHOLLEN IM HAREM (HARUM SCARUM / HARUM HOLIDAY). Der Star eines Abenteuerfilms wird von einer arabischen Verschwörergruppe entführt und zum Fürstenmord erpreßt. Statt seinen Auftrag zu erfüllen, rettet er Herrscher und Scheichtum. Musikfilm, bei dem die kitschige Handlung nur der Rahmen für Schlager von Elvis Presley ist. – Ab 14. ✦ USA 1965 **P** Four Leaf **Kl** MGM **Pd** Sam Katzman **R** Gene Nelson **B** Gerald Drayson Adams **K** Fred Jackman **M** Fred Karger **S** Ben Lewis **D** Elvis Presley (Johnny Tyronne), Mary Ann Mobley (Prinzessin Shalimar), Fran Jeffries (Aishah), Michael Ansara (Prinz Dragna), Theo Marcuse (Sinan), Jay Novello (Zacha) **L** 86 **FSK** ab 12; nf **E** 8.7.1966 **fd** 14 361

VERSCHOLLEN IM PACKEIS – DAS ANTARKTIS-ABENTEUER DES SIR ERNEST SHACKLETON (ENDURANCE: SHACKLETON'S LEGENDARY ANTARCTIC EXPEDITION). Im August 1914 brach Sir Ernest Shackleton mit 27 Männern an Bord seines Schiffes »Endurance« zur Antarktis auf, um diese zu Fuß zu durchqueren und das Land für England zu fordern. Kurz vor Erreichen des Ziels wurde das Schiff im Packeis eingeschlossen und zerbrach. Die Männer überlebten auf immer kleiner werdenden Eisschollen und erreichten eine Insel, von der aus Shackleton mit fünf Gefährten losreiste, um Hilfe zu holen. Alle erreichten ihre Heimat lebend. Der Fotograf der Expedition (Frank Hurley) dokumentierte das Abenteuer auf Fotos und 35mm-Material. Anhand dieser Aufzeichnungen entstand ein ausgesprochen spannender Dokumentarfilm, der stimmungsvolle Bilder der Originalschauplätze des historischen Dramas mit dem faszinierenden historischen Material verbindet. – Sehenswert ab 12. ✦ USA/Großbritannien/Deutschland/Schweden 2000 **P** Channel Four/Discovery Channel/Morgan Stanley Dean Witter/Nova Film/SVT/Telepool/The American Museum of Natural History/White Mountain Films **Pd** George Butler, Louise Rosen **R** George Butler **B** Caroline Alexander, Joseph Dorman **K** Sandi Sissel **M** Michael Small **S** Josh Waletzky **L** 90 **E** 30.12.2000 arte

VERSCHOLLEN IM PAZIFIK (LOST FLIGHT). Während eines Fluges nach Australien muß eine Passagiermaschine im Pazifik notwassern. Die Überlebenden retten sich auf eine unbewohnte Insel und hoffen auf Rettung. Es kommt zu Spannungen und Machtkämpfen, die durch einige weibliche Passagiere noch geschürt werden. Fürs Fernsehen entstandener dramatischer Katastrophen- und Überlebensfilm, der reizvolle Landschaftsaufnahmen mit stereotypen Versatzstücken des Genres verbindet; im Verlauf der Ereignisse immer klischeehafter und seltsam ausgedörrt, auch schauspielerisch ohne Profil. – Ab 16. ✦ USA 1969 **P** Universal **R** Leonard Horn **B** Dean Riesner **K** James Crabe **M** Dominic Frontiere **S** Douglas Stewart, Jack W. Schoengarth, Larry D. Lester **D** Lloyd Bridges (Steve Bannerman), Anne Francis (Gina Talbot), Ralph Meeker (Glen Walkup), Andrew Prine (Jonesy), Bobby Van (Eddie Randolph) **L** 105 **E** 5.4.1987 ARD

VERSCHOLLEN IM SCHNEE (UEMURA NAOMI MONOGATARI). Filmbiografie des berühmten japanischen Bergsteigers und Pioniers Naomi Uemura, der viele der welthöchsten Berge bestieg und allein auf dem Landweg den Nordpol erreichte, bevor er im Winter 1984 in Alaska sein Leben verlor. Der Film beruht auf Erinnerungsberichten Uemuras, der hier als heldenhafter, dabei etwas schlichter Einzelgänger gezeichnet wird. – Ab 14 möglich. ✦ Japan 1986 **P** Dentsu/Mainichi Broadcast **Pd** Juichi Tanaka, Haruyuki Takahashi, Hiroshi Takayama **R** Junya Sato **B** Yoshiki Iwama, Junya Sato, nach Büchern von Naomi Uemura **K** Hiroyuki Namiki, Etsuo Akutsu **M** Kunihiko Murai, William Ackerman **D** Toshiyuki Nishida (Naomi Uemura), Chieko Baishô (Naomis Frau), Masato Furuoya, Go Wakabayashi, Muga Takewaki **L** 125 **E** 24.6.1988 DFF 2/10.12.1991 DFF

VERSCHOLLEN IM WELTRAUM (MAROONED). An einem bemannten Raumschiff versagt das Triebwerk für den Rückflug, worauf von der Erde aus eine dramatische Rettungsaktion gestartet wird. Technisch raffinierter, spannender Abenteuerfilm mit Science-Fiction-Einschlag. Verblüffend wirklichkeitsnah gestaltet, jedoch mit deutlichen Schwächen in der Zeichnung der Charaktere. – Ab 16. ✦ Scope. USA 1969 **P** Frankovich **Kl** Columbia (auch 70mm) **Pd+R** John Sturges **B** Mayo Simon, nach einem Roman von Martin Caidin **K** Daniel L. Fapp **S** Walter Thompson **D** Gregory Peck (Charles Keith), Richard Crenna (Jim Pruett), David Janssen (Ted Dougherty), James Franciscus (Clayton Stone), Gene Hackman (Buzz Lloyd), Lee Grant (Celia Pruett), Nancy Kovack (Teresa Stone), Mariette Hartley (Betty Lloyd), Scott Brady (Public Affairs Officer), George Gaynes (Leiter), Mauritz Hugo (Hardy) **L** 133 **FSK** ab 12; f **E** 27.2.1970 **fd** 16 644

VERSCHOLLEN IM ZEITLOCH →Die Langoliers

VERSCHOLLEN IN DER TIEFE →Sub Down – Das Portland-Inferno

VERSCHOLLEN IN DER WEISSEN HÖLLE →Angel Flight Down

VERSCHOLLEN IN JAPAN (19??). Die Geschichte eines amerikanischen Bruderpaares, das zu Beginn des Zweiten Weltkrieges gemeinsam an die Front im Pazifik geschickt wird, wo es sich in den Wirren des

Krieges gegen Japan bald aus den Augen verliert. ✦ **R** Russ Mayberry **D** Peter Martell, Jerry Goulda, Michael Petrovic **L** (TV) 75 **E** 6.8.1985 RTL plus

VERSCHOLLEN IN JAPAN (1957) (ESCAPADE IN JAPAN). Ein siebenjähriger amerikanischer Junge flüchtet gemeinsam mit seinem japanischen Spielgefährten auf Grund eines Mißverständnisses ins Landesinnere. Ihre abenteuerliche Odyssee und die verzweifelte Suche nach den Kindern bieten Gelegenheit zu farbenprächtigen Ausflügen in die japanische Landschaft. Bemerkenswert die völkerverbindende Haltung des abenteuerlichen Familienfilms. – Sehenswert ab 8. ✦ Scope. USA 1957 **P** RKO **KI** Rank **Pd** Arthur Lubin, Winston Miller **R** Arthur Lubin **B** Winston Miller **K** William E. Snyder **M** Max Steiner **S** Otto Ludwig **D** Teresa Wright (Mary Saunders), Cameron Mitchell (Dick Saunders), Jon Provost (Tony Saunders), Roger Nakagawa (Hiko), Philip Ober (Lt. Hargrave), Kuniko Miyake (Michiko) **L** 94 **FSK** ab 6; f **E** 5.6.1959 **fd** 8 278

VERSCHOLLEN IN NEW YORK (BUREAU OF MISSING PERSONS). Ein New Yorker Polizeidetektiv, der vom Raubdezernat zum Amt für vermißte Personen versetzt wurde und den Job nicht ernst nimmt, gerät durch eine attraktive Frau, die ihren vermißten Mann suchen läßt, in einen verworrenen Mordfall. Kriminalfilm mit komödiantischen Elementen und überraschender Auflösung, der vor allem durch das Spiel der beiden Hauptdarsteller an Unterhaltungswert gewinnt. – Ab 16. ✦ Schwarz-weiß. USA 1933 **P** Film Nation/Warner Brothers **Pd** Henry Blanke **R** Roy Del Ruth **B** Robert Presnell, nach einem Bericht von John H. Ayres und Carol Bird **K** Barney McGill **S** James Gibbon **D** Pat O'Brien (Butch Saunders), Bette Davis (Norma), Lewis Stone (Captain Webb), Alan Dinehart (Therme Roberts), Glenda Farrell (Belle), Allen Jenkins (Joe Musik), Ruth Donnelly (Pete) **L** 75 **E** 23.8.1990 EINS PLUS

DIE VERSCHOLLENE EXPEDITION (PROPPAWSCHAJA EKSPEDIZIJA). Das Schicksal einer Expedition, die in den Wirren der Nachkriegsjahre (1918) auf der Suche nach Gold an den Ardybasch nach Sibirien zieht. Abenteuerlicher Revolutionsfilm, konzipiert als Familienunterhaltung. – Ab 10 möglich. ✦ Scope. UdSSR 1975 **P** Gorki-Studio **KI** Progress **R** Wenjamin Dorman **B** Awenir Sak, Issaj Kusnezow **K** Wadim Korniljew **M** Mikael Tariwerdijew **D** Nikolai Grinko (Smelkow), Wachtang Kikabidse (Kommissar Arsen), Jewgenia Simonowa (Tassja), Alexander Kaidanowski (Simin), Boris Smortschkow (Kumanin) **L** 129 **E** 8./11.4.76 DFF 2/6.5.1977 Kino DDR

DAS VERSCHOLLENE INKA-GOLD (OMUL DE AUR). Routiniert-gepflegte (Fernseh-)Verfilmung einer Abenteuergeschichte von Jack London. Ein arbeitsloser Ingenieur, der sich als Lokführer bei einer Ölgesellschaft in einem Anden-Staat durchschlägt, hört von einem sagenumwobenen Inka-Schatz und setzt alles daran, das Gold zu finden. – Ab 14. ✦ BR Deutschland/Rumänien 1977 **P** Tele-München/Romania-Film **R** Wolfgang Staudte **B** Walter Ulbrich, nach der Kurzgeschichte »The Hussy« von Jack London **K** Alexandru David **M** Hans Posegga **S** Adolph Schlyßleder **D** Vadim Glowna (Brian Jones), Ruby Manila (Ina), Amza Pellea (Yakata), Maria Meriko (Teresa), Alexander Allerson (Ben Collins) **L** 98 **E** 6.5.1978 ZDF/20.2.1994 Kabelkanal

EINE VERSCHÜTTETE QUELLE (SKRYPTY PRAMRU). Ein berühmter Bildschnitzer arbeitet im slowakischen Ort Levoca an einem prunkvollen Altar für den Dom seiner Stadt. Er stellt ein junges Talent, das in Italien gelernt hat, als Gesellen ein. Der junge Künstler wird so in die Kreise der Reichen eingeführt und gerät bald in Konflikt mit den rückständigen Bürgern des ausgehenden Mittelalters. ✦ Scope. CSSR 1973 **P** Filmstudio Bratislava **R** Vladimír Bahna **B** Jozef Tallo, nach dem Roman von Ludo Zúbek **K** Frantisek Lukes **M** Ján Zimmer **D** Ctibor Filcik, Stefan Kvietik, Magda Vásáryová, Karol Machata, Kveta Fialová **L** 94 **E** 28.3.1975 DFF 1

DER VERSCHWENDER (1936) (SPENDTHRIFT). Ein reicher junger Mann ist zwar Besitzer großer Ländereien und wertvoller Zuchtpferde, besitzt aber wegen seiner Gutmütigkeit Freunden gegenüber kein Bargeld. Er gerät in arge Schwierigkeiten, als seine Stute nach ihrem Rennsieg disqualifiziert wird. Gezwungen, Geld zu verdienen, entwickelt er sich zum erfolgreichen Sportkommentator. Amüsante Komödie in routinierter Inszenierung um die naiv-noble Erkenntnis, daß Geld allein noch keinen »ganzen Mann« macht. – Ab 14. ✦ USA 1936 **P** Paramount **R** Raoul Walsh **B** Raoul Walsh, Bert Hanlon **K** Leon Shamroy **M** Boris Morros **D** Henry Fonda, Pat Paterson, Mary Brian, George Barbier, Edward Brophy **L** 75 **E** 26.7.1977 BR

DER VERSCHWENDER (1952). Der Leichtsinn eines Schloßherrn und die Treue eines ehemaligen Dieners führen zu Turbulenzen mit abschließendem Happy-End. Von ausgezeichneten Darstellern des Wiener Burgtheaters geprägte Verfilmung des für die Bühne als Zaubermärchen geschriebenen Volksstücks (erstaufgeführt 1834) von Ferdinand Raimund. Eine naiv-unterhaltsame Mischung aus besinnlichem Humor, Komik und feenhaftem Glanz, bemerkenswert musikalisch untermalt. – Ab 10 möglich. ✦ Österreich 1952 **P** Dillenz **KI** Deutsche Commerz **Pd** Rudolf Dillenz **R** Leopold Hainisch **B** Emanuel von Richter, nach dem gleichnamigen Volksstück von Ferdinand Raimund **K** Oskar Schnirch **M** Alfred Uhl, Konradin Kreutzer (Originalkompositionen) **D** Josef Meinrad (Valentin), Attila Hörbiger (Herr von Flottwell), Senta Wengraf (Amalie), Maria Andergast (Rosa), Hanni Schall (Fee Cheristane), Heinz Moog (Kammerdiener Wolf) **L** 96 **FSK** ab 6; f **E** 18.2.1953 **fd** 2 395

DIE VERSCHWENDETE MILLION →Die verzauberten Dollars

VERSCHWENDETES LEBEN (KETTEVALT MENNEYEZET). Im Ungarn zur Zeit des Stalinismus kümmert sich eine ehrenamtlich als Sozialarbeiterin tätige Textilarbeiterin um die drei minderjährigen Kinder eines Ingenieurs, der als politisch Unzuverlässiger immer wieder auf Montage geschickt wird. Zwischen ihr und dem Ingenieur entwickelt sich ein Liebesverhältnis. Sie gibt ihre Arbeitsstelle auf, erntet aber nur Undank. Als sich die politischen Verhältnisse ändern und er einen angesehenen Posten erhält, läßt er sie im Stich. Ein überaus kultivierter, qualitativ hochstehender Film über ein Frauenschicksal, der realistische und psychologische, sozialkritische und elegische Momente glaubhaft verbindet. – Sehenswert. ✦ Ungarn 1981 **P** Mafilm **R** Pál Gábor **B** Endre Vészi **K** Miklós Jancsó jr. **M** György Selmeczi **D** Juli Básti, Jan Nowicki, Edit Abrahám, Péter Abel jr., Emese Simorjay **L** 102 **E** 23.3.1983 BR

DIE VERSCHWIEGENE (LA DISCRETE). Ein von der Liebe enttäuschter junger Schriftsteller beschließt, sich an den Frauen zu rächen. Unter Anleitung seines Verlegers plant er, eine ihm Unbekannte zu verführen, zu verlassen und gleichzeitig einen Tagebuchroman über diese »Eroberung« zu schreiben. Die Intrige aber entgleitet seiner Kontrolle, als er sich in die junge Frau verliebt. Trotz dramaturgischer Unsicherheiten gegen Ende ein gelungener Debütfilm, der durch Sprachwitz, ökonomische Inszenierung und sympathische Darsteller überzeugt. – Ab 16. ✦ Frankreich 1990 **P** Productions Lazennec/Sara/FR 3 **KI** Kinowelt **Pd** Alain Rocca, Adeline Lécaillier **R** Christian Vincent **B** Christian Vincent, Jean-Pierre Roussin **K** Romain Winding **M** Jay Gottlieb **S** François Ceppi **D** Fabrice Luchini (Antoine), Judith Henry (Catherine), Maurice Garrel (Jean), Marie Bunel (Solange), François Toumarkine (Manu) **L** 95 **FSK** ab 6; f **FBW** w **E** 18.4.1991 **fd** 28 841

VERSCHWIEGENE SPIELE (NATTLEK). Ein junger Adliger heilt sich von krankhafter Mutterbindung, indem er die Stätte seiner frustrierten Kindheit in die Luft sprengt und sich von der verlotterten Gesellschaft lossagt, der er entstammt. Drastisch ausgemaltes, mit Bergmanscher Symbolik überladenes Sitten- und Gesellschaftsbild, das die Dekadenz der schwedischen Oberschicht wütend attackiert. Trotz Überzeichnungen eine bemerkenswerte Talentprobe. ✦ Schwarz-weiß. Schweden 1966 **P** AB Sandrews **KI** Constantin **Pd** Göran Lindgren **R** Mai Zetterling **B** Mai Zetterling, David Hughes, nach einem Roman von Mai Zetterling **K** Rune Ericson **M** Jan Johansson, Georg Riedel **S** Paul Davies **D** Ingrid Thulin (Irene), Keve Hjelm (Jan), Lena Brundin (Marianne), Jörgen Lindström (Jan, 12jährig), Naima Wifstrand, Monica Zetterlund **L** 97 **FSK** ab 18; f **E** 24.8.1967 **fd** 14 906

VERSCHWINDE VON HIER. Ein zur Oma abgeschobener Junge bekommt erst mit sechs Jahren ein Gefühl für Familie, als ihn seine Mutter zu sich holt. Bald entwickelt er eine abgöttische Liebe zu seinem Ersatzvater, einem Kleinganoven, der ins Gefängnis muss. Da er glaubt, der schwachen Mutter das Familienoberhaupt ersetzen zu müssen, sieht er sich mit Situationen konfrontiert, die ihn überfordern und zur Katastrophe führen. Bildwirksam und konsequent fängt der Film ebenso die rebellische Renitenz des Jungen wie diesen große Lebenslust und -freude ein und vermittelt ein Gespür für die irritierend widersprüchlichen Wesenszüge der Figuren, die widerborstig wie Stacheln in der Seele des Betrachters eindringen und eine gedankliche Langzeitwirkung haben. – Sehenswert ab 16. ✦ Deutschland 1999 **P** Maran Film/SWR **Pd** Michael Held **R+B** Franziska Buch **K** Hannes Hubach **S** Patricia Rommel **D** Gruschenka Stevens (Janna Weber), Simon Glöckelhofer (Lukas Weber, 14 Jahre), Martin Feifel (Janosch Tauschinski), Michael Brandner (Harry König), Jonathan Beck (Lukas Weber, 6 Jahre) **L** 89 **E** 29.1. 2000 arte

DAS VERSCHWINDEN DES ETTORE MAJORANA. Der 32jährige italienische Physiker Ettore Majorana schifft sich Ende März 1938 auf dem Postdampfer Neapel-Palermo ein und verschwindet spurlos. Nachforschungen bleiben ohne Ergebnis und geben Spekulationen über Wahnsinn, Selbstmord oder Entführung Nahrung. Hatte Majorana die Kernspaltung mit ihren schrecklichen Folgen geahnt und Konsequenzen gezogen? Interessanter, technisch nicht ganz perfekter Dokumentarfilm, der an Hand von Zeugenaussagen Majoranas Lebensweg nachzeichnet, der wissenschaftsethischen Problematik des Falles jedoch nur teilweise gerecht wird. – Ab 16. ✦ Teils schwarz-weiß. Schweiz/BR Deutschland 1986 **P** Fosco und Donatello Dubini/WDR **SF** Der andere Blick **Pd+R+B** Fosco Dubini, Donatello Dubini **K** Donatello Dubini, Andreas Tucholski **M** Heiner Goebbels **S** Fosco Dubini, Donatello Dubini **D** Hanns Zischler (Sprecher) **L** 95 **FBW** bw **E** 14.1.1986/28.11. 1986 West 3

VERSCHWOREN AUF LEBEN UND TOD →Blood in, Blood out – Verschworen auf Leben und Tod

DIE VERSCHWORENEN (LES MORDUS). Ein junger Sträfling flieht während eines Transports und findet Aufnahme und Arbeit bei einer Kolonne von Erdölsuchern. Das Erlebnis der Kameradschaft und die Liebe einer jungen Frau läutern ihn. Konventionell gestalteter, durch die Handlungssprünge konstruiert wirkender Film, dessen Kritik am veralteten französischen Justizapparat, der auf Milieubedingungen keine Rücksicht nimmt, oberflächlich bleibt. Einnehmend der Gedanke der Verantwortung für den Nächsten, dem man zuerst Vertrauen entgegenbringen muß. (DDR-Titel: »Eine Chance für Pierre Bernard«.) – Ab 16. ✦ Schwarz-weiß. Frankreich 1959 **P** Floralies/Jason/Jad **KI** Union **Pd** André Labrousse **R** René Jolivet **B** René Jolivet, Lise Bodard **K** Michel Kelber **M** Sacha Distel **D** Sacha Distel (Jean-Pierre), Danick Patisson (die kleine Postbeamtin), Bernadette Lafont (die Verführerin), Bernard Andrieu, Richard Winckler **L** 95 **FSK** ab 12; f **E** 22.7.1960/4.5.1973 DFF 2 **fd** 9 311

DIE VERSCHWORENEN KINDER (LES ENFANTS DU PLACARD). Ein junger Mann, seiner großbürgerlichen Familie entfremdet, und seine durch Heirat in ihre Klasse fest eingegliederte Schwester leben in einer durch inzestuöses Verlangen bestimmten Beziehung, in der sie die gemeinsame Schuld am Selbstmord der Mutter miteinander verbindet. Der formal strenge Film (mit deutlichen Anklängen an den Stil Robert Bressons) stellt die Geschichte von den verbotenen Leidenschaften betont unterkühlt und frei von moralischen Wertungen dar, schränkt seine Bedeutsamkeit jedoch durch die Konzentration auf den allzu privaten Einzelfall beträchtlich ein. ✦ Frankreich 1977 **P** G.M.F./Sunchild/I.N.A. **KI** prokino **R+B** Benoît Jacquot **K** Pierre Lhomme **M** Robert Schumann **S** Fanette Simonet **D** Brigitte Fossey (Juliette), Lou Castel (Nicolas), Jean Sorel (Berly), Georges Marchal (Le Pere), Isabelle Weingarten (Laure), Christian Rist (Julien) **L** 106 **E** 14.12.1979 **fd** 20 872

DIE VERSCHWORENEN VON TUNIS (AL FAIR). Film über drei Helden des Freiheitskampfes gegen die französische Kolonialmacht im Jahr 1954: verhaftete Mitkämpfer werden befreit, ein Kollaborateur wird hingerichtet und ein Öltank in die Luft gesprengt. Diese gefährlichen Aktionen gelingen, aber alle drei Kämpfer verlieren ihr Leben. Nationales Heldenlied, durch formale Mängel und Pathos im Gesamteindruck beeinträchtigt. – Ab 14. ✦ Schwarz-weiß. Tunesien 1967 **P** Films Omar Khlifi-Kheredinne **KI** Progress **R+B** Omar Khlifi **K** Izzedine Ben Ammar **D** Ahmed Hamza, Habib Chaari, Tahar Haonas, Jamila Ourabi, Mongi Ben Yaiche **L** 87 **E** 19.6.1970 Kino DDR

VERSCHWÖRER (1941) (MARCO VISCONTI). Adelsverschwörung im Mailand des 15. Jahrhunderts. Der mächtige Marco Visconti überläßt kurz vor seinem Tode edelmütig einem Vetter, auf den er eifersüchtig war, die Tochter seiner Jugendgeliebten. Kostümfeste, Massenszenen, Ritterturnier: Ein einfältiger historischer Abenteuerfilm. – Ab 14. ✦ Schwarz-weiß. Italien 1941 **P** Cif **KI** Döring **R** Mario Bonnard **K** Mario Albertelli **D** Carlo Ninchi, Mariella Lotti, Roberto Villa, Alberto Capozzi **L** 81 **FSK** ab 12; f **E** 24.11.1950 Wiederaufführung **fd** 1 268

VERSCHWÖRER (1950) (CONSPIRATOR). Ein im Zweiten Weltkrieg hochdekorierter britischer Offizier, der schon seit Jugendtagen für eine von den Sowjets initiierte Geheimorganisation arbeitet, wird von der Partei totgeschrieben, als er den Befehl, seine störende Frau zu beseitigen, nicht ausführt. Er begeht Selbstmord. Mißlungener Politthriller vor dem Hintergrund des in den USA wachsenden Anti-Kommunismus. Was den Gardeoffizier aus alter Familie zum Kommunismus und zum Verrat führt, bleibt – von Phrasen abgesehen – offen, und somit fehlt den soliden schauspielerischen Leistungen jeder psychologische Boden. – Ab 16. ✦ Schwarz-weiß. USA 1950 **P** MGM **KI** MGM **Pd** Arthur Hornblow jr. **R** Victor Saville **B** Sally Benson, nach einem Roman von Humphrey Slater **K** Freddie Young **M** John Wooldridge **D** Robert Taylor (Major Michael Curragh), Elizabeth Taylor (Melinda Greyton), Robert Flemyng (Captain Hugh Ladholme), Harold Warrender (Colonel Hammerbrook), Marie Ney **L** 86 **FSK** ab 12; f **E** 29.5.1959 **fd** 8 126

DIE VERSCHWÖRUNG (1973) →Zeuge einer Verschwörung

DIE VERSCHWÖRUNG (1974) →Einer allein (1974)

DIE VERSCHWÖRUNG (1985) →Special Police

VERSCHWÖRUNG AUF DEM MEERESBODEN (DEEP SEA CONSPIRACY). Russische Agenten wollen eine neu entwickelte Substanz für Computerwaffensysteme mit Hilfe eines Schwertwals schmuggeln, den eine Meeresbiologin für ihre Arbeit dressiert hat. Die Wissenschaftlerin setzt sich gegen die Spionage-Aktion zur Wehr. – Ab 14. ✦ Kanada 1990 **R** Michael Brun **D** Patty Talbot (Kate), Peter Snider (Chris), Michael J. Reynolds (Dr. Cambridge), Tony Robinow (Scanlon), John Dunsworth (Mark) **L** 92 **E** 7.3.1993 SAT 1

VERSCHWÖRUNG AUF FORT CLARK (WAR ARROW). Ein Kavallerie-Major im Sonderauftrag setzt sich in Texas (vor 1850) gegen einen rechthaberischen Fortkommandanten durch, beendet mit Hilfe der Seminolen die Überfälle aufständischer Kiowa-Indianer und findet zum Happy-End die Witwe eines Verräters. Mit Routine, aber deutlich nach Schablone gefertigter Durchschnittswestern. – Ab 16. ✦ USA 1953 **P** Universal **KI** Universal **Pd** John W. Rogers **R** George Sherman **B** John Michael Hayes **K** William H. Daniels **M** Joseph Gershenson **S** Frank Gross **D** Jeff Chandler (Maj. Howell Brady), Maureen O'Hara (Elaine Corwin), Suzan Ball (Avis), Charles Drake (Sgt. Luke Schermerhorn), John McIntire (Col. Jackson Meade), Noah Beery jr. (Sgt. Augustus Wilks), Henry Brandon (Maygro), Dennis Weaver (Pino), Jay Silverheels (Satanta), James Bannon (Capt. Roger Corwin) **L** 77 **FSK** ab 12; nf **E** 2.7.1954 **fd** 3 373

VERSCHWÖRUNG DER ANGST →Conspiracy of Fear

VERSCHWÖRUNG DER FRAUEN (DROWNING BY NUMBERS). Drei Frauen aus drei Generationen ertränken ihre Ehemänner und verbünden sich mit dem Leichenbeschauer, um die Morde zu vertuschen. In grandiosen Farb- und Lichtkompositionen als Abfolge makaber-surrealer Spiele von eigensinniger Logik inszenierter Film, der zahllose Ideen-Assoziationen entfesselt. Ohne sich auf eine faßbare Aussage festzulegen, erweckt der Film mitunter den Eindruck des Prätentiösen und nur vorgetäuschter Tiefe. Die makaber-fatalistische Schlußkonsequenz, die jeglichen Wertegehalt des menschlichen Daseins in Frage zu stellen scheint, fordert zur Diskussion und zum Widerspruch heraus. ✦ Großbritannien 1988 **P** Film Four International/Elsevier Vendex/Allarts **KI** Pandora **VA** Arthaus **Pd** Kees Kasander, Denis Wigman **R+B** Peter Greenaway **K** Sacha Vierny **M** Michael Nyman **S** John Wilson **D** Joan Plowright (Cissie Colpitts 1), Juliet Stevenson (Cissie Colpitts 2), Joely Nicholson (Cissie Colpitts 3), Bernard Hill (Henry Madgett), Trevor Cooper (Hardy) **L** 118 **FSK** ab 16; f **E** 17.11.1988/4.4.1990 ZDF/20.2.1995 Video **fd** 27 222

VERSCHWÖRUNG DER HERZEN (CONSPIRACY OF HEARTS). Widerstand im besetzten Italien: Nonnen organisieren in den wirren Verhältnissen von 1943 die Flucht von Kindern aus einem Gefangenenlager der Nazis. Die deutsche Oberin wird schließlich mit zwei weiteren Ordensschwestern vor die Gewehre eines italienischen Erschießungskommandos gezerrt. Doch die Soldaten richten ihre Waffen gegen den befehlgebenden deutschen Offizier. Der realistisch gemeinte Film ist geprägt von Sentimentalitäten, Verzeichnungen und romantisierenden Unwahrscheinlichkeiten. Die religiösen Elemente triefen von Pathos oder heroisierender Salon-Dramatik. Der Film setzt auf Rührung und nicht auf Aufklärung. – Ab 16. ✦ Schwarz-weiß. Großbritannien 1960 **P** Rank **KI** Rank **Pd** Betty E. Box **R** Ralph Thomas **B** Robert Presnell jr. **K** Ernest Steward **M** Angelo Francesco Lavagnino, Muir Mathieson (Ltg.) **S** Alfred Roome **D** Lilli Palmer (Mutter Katharina), Albert Lieven (Oberst Holsten), Yvonne Mitchell (Schwester Gerta), Sylvia Syms (Schwester Mitya), Ronald Lewis (Major Spoletti), Peter Arne (Lt. Schmidt) **L** 108 **FSK** ab 16; f **FBW** bw **E** 29.7.1960 **fd** 9 341

VERSCHWÖRUNG DER KINDER (SUR LA TERRE COMME AU CIEL). Eine selbstbewußte spanische Fernsehjournalistin in Belgien erwartet ein Kind und erkennt im Lauf ihrer Schwangerschaft, daß sich ihr Baby, aber auch alle anderen noch ungeborenen Kinder weigern, auf eine Welt zu kommen, die von Lieblosigkeit und Gleichgültigkeit beherrscht wird. Ein sehr persönlicher Film, der sich zu einer bewegenden Suche nach Lebenssinn verdichtet, wobei er gesellschaftlichen Mißständen mit dem utopischen Entwurf begegnet, daß Liebe, Fürsorge und Verantwortungsbereitschaft nicht nur den einzelnen, sondern auch die Welt verändern können. (Kinotip der katholischen Filmkritik.) – Sehenswert ab 16. ✦ Belgien/Spanien/Frankreich 1991 **P** Man's Films/Avanti/Sabre TV/Tchin Tchin **KI** Arsenal **Pd+R** Marion Hänsel **B** Marion Hänsel, Paul Le **K** Joseph M. Civit (= José María Civit) **M** Takashi Kako **S** Susana Rossberg **D** Carmen Maura (Maria), Didier Bezace (Tom), Samuel Mussen (Jeremy), Jean-Pierre Cassel (Redakteur), André Delvaux (Professor) **L** 80 **E** 4.3.1993 **fd** 30 077

VERSCHWÖRUNG DER LECKERMÄULER (A FEAST AT MIDNIGHT). Jugendkomödie um Schulfrust und Kochlust. Ein zehnjähriger Junge, der von seinem Vater zum Feinschmecker erzogen wurde, gründet in seinem ungeliebten Internat einen Gourmetclub, der nachts die feinsten Gerichte zubereitet, um die schlechte Schulküche und die unerträgliche Atmosphäre zu kompensieren. Seine Bemühungen bringen ihm nicht nur Freunde ein. – Ab 12. ✦ Großbritannien/Japan/USA 1995 **R** Justin Hardy **B** Justin Hardy, Yoshi Nishio **D** John Hurley (Cabbie), Freddie Findlay (Magnus), Christopher Lee (Raptor/Viktor E. Longfellow), Sebastian Fernandez-Armesto (Oberoi), Robert Hardy (Schulleiter) **L** 102 **E** 28.12.1996 RTL 2

VERSCHWÖRUNG DER PATRIOTEN (THE SHAMROCK CONSPIRACY). Ein pensionierter Scotland-Yard-Ermittler reist nach New York, um sich von seiner dort lebenden Tochter zu verabschieden, bevor er in Australien seinen Ruhestand als Schafzüchter beginnt. Dort wird er jedoch mit dem Lebensgefährten seiner Tochter, einem Ex-Cop, der inzwischen für die Presseabteilung der Polizei arbeitet, in einen komplizierten Kriminalfall verwickelt. – Ab 16. ✦ USA 1994 **R** James Frawley **B** Michael Gleason **M** Ken Harrison **D** Edward Woodward (Ted Harrison), Jeffrey Nordling (Frank Jeffries), Elizabeth Hurley (Cecilia Harrison), Mike Starr (Tierney), Molly Price (Myrtle) **L** 91 **E** 24.4.1995 Pro Sieben

VERSCHWÖRUNG DES BÖSEN (WHEN THE BOUGH BREAKS). Ein Kinderpsychologe in Los Angeles unterstützt einen befreundeten Polizei-Detektiv bei den Ermittlungen in einem Doppelmord, in denen ein siebenjähriges Mädchen als Zeuge dienen könnte. Dabei kommt er einer auch für ihn lebensbedrohenden Verschwörung zum Mißbrauch von Kindern auf die Spur. Fürs Fernsehen entstandener Kriminalfilm, dessen nervenaufreibende Schlußvariante etwaige Aufklärungs- und Warnfunktionen übersteigt. Bei allen seriösen Absichten, sich einem brisanten gesellschaftlichen Thema zu nähern, allzu vordergründig und zu sehr an marktgängigem Nervenkitzel orientiert. ✦ USA 1986 **P** TDF/Taft Entertainment **R** Waris Hussein **B** Philip Penningroth, nach einem Roman von Jonathan Kellerman **K** James Crabe **M** Paul Chihara **D** Ted Danson (Dr. Alex Delaware), Richard Masur (Milo Sturges), Rachel Ticotin (Raquel Santos), Kim Miyori (Kim Hickle), James Noble (Dr. Warren Towle) **L** (TV) 96 **E** 5.8.1989 ARD

VERSCHWÖRUNG DES SCHWEIGENS (CONSPIRACY OF SILENCE). Fernsehfilm nach einer wahren Begebenheit. Im November 1971 wird in einer kanadischen Provinzstadt ein Indianermädchen brutal ermordet. Obwohl jeder die Täter kennt – vier junge Weiße –, werden sie durch das Schweigen der Bürger jahrelang gedeckt. Erst 16 Jahre später beginnt ein Polizeibeamter, sich erneut für den Fall zu interessieren. ✦ Kanada 1991 **R** Francis Mankiewicz **B** Suzette Couture, nach einem Tatsachenbericht von Lisa Priest **K** Glen MacPherson **M** Yves Laferrière **D** Michelle St. John (Helen Betty Osborne), Maury Chaykin (D' Arcy Bancroft), Stephen Ouimette (Officer Przybylski), Michael Mahonen (Lee Colgan), Jonathan Potts (Jim Houghton) **L** 95/90 **E** 20.,22.10. 1992 ORF 1 (zwei Teile)

VERSCHWÖRUNG GEGEN DEN WEIHNACHTSMANN (THE CHRISTMAS TAKEOVER). Ein amerikanischer Spielzeughersteller ist seiner Konkurrenz immer um eine Nasenlänge voraus, da er einen Spion im Betrieb des Weihnachtsmannes hat. Als durch eine Panne der Kontakt abreißt, muss der

Unternehmer, der eigentlich nichts von Weihnachten hält, selbst zum Nordpol fahren und sieht sich mit einem beispiellosen Chaos konfrontiert. Er versucht, Weihnachten für seinen Betrieb zu retten, und begreift, dass das Glück seiner Familie und aller Kinder der Welt auf dem Spiel steht. Mit typisch amerikanischer Naivität vorgetragene Weihnachtsgeschichte, die in ihrer Grundstruktur ein wenig die »Scrooge«-Geschichte von Charles Dickens anklingen lässt. – Ab 14. ✦ USA 1999 **Pd** Carroll Newman, Robert J. Wilson **R** Michael Scott **B** Mark Valenti **K** John Fleckenstein **M** Philip Giffin **S** John Gilbert **D** Harry Hamlin (Tyler Madison), Megan Gallagher (Rlyse Madison), Curtis Blanck (Danny Madison), William Hootkins (Weihnachtsmann), Roy Dotrice (Ambrose Booth) **L** 85 **E** 23.12.2001 ARD

VERSCHWÖRUNG GEGEN TOD UND HÖLLE (AMANTI IN FUGA). Klischeehaft abenteuerliches Liebesmelodram mit der pseudohistorisch zurechtgestutzten Geschichte des italienischen Komponisten Allesandro Stradella (1642–1682), der aus Eifersucht oder Rache ermordet wurde. Kostümfilm voller Pathos und Kitsch. – Ab 14 möglich. ✦ Schwarz-weiß. Italien 1946 **P** Manenti **KI** Carl Cürten **R** Giacomo Gentilomo **B** Gaspare Cataldo, F. Saranzi, Giacomo Gentilomo **K** Anchise Brizzi **M** Ezio Carabella **D** Annette Bach, Gino Becchi, Carlo Ninchi, Gualtiero Tumiati, Wanda Capodaglio **L** 88 **FSK** ab 12; f **E** 30.10.1954 **fd** 3725

VERSCHWÖRUNG IM DUNKELN (A CHE PUNTO E LA NOTTE). Zweiteilige Verfilmung eines ebenso humorvollen wie subtilen Kriminalromans von Fruttero/Lucentini. Ein kurz vor der Pensionierung stehender Kommissar gerät bei der Untersuchung des Mordanschlages auf einen radikalen Prediger in ein Gewirr geheimnisvoller Spuren. ✦ Italien 1993 **P** RAI **R** Nanni Loy **B** Franco Marotta, Laura Toscano, Nanni Loy, nach dem Roman »Wie weit ist die Nacht?« von Carlo Fruttero und Franco Lucentini **K** Claudio Cirillo **M** Nicola Piovani **S** Franco Fraticelli **D** Marcello Mastroianni (Kommissar Santamaria), Marie Laforêt (Chantal Guidi), Max von Sydow (di Torino), Angela Finocchiaro (Luigina Pietrabono), Alessandro Haber (Ingenieur Vicini), Leo Gullotta (Priotti), Gabriella Giorgelli, Karl Landgren, Emmanuelle Riva, Yvonne Scio, Ennio Fantastichini **L** 100/107 (zwei Teile) **E** 5., 7.4.1996 ZDF

VERSCHWÖRUNG IM NACHTEXPRESS (THE TALL TARGET). Ein New Yorker Polizei-Sergeant mit Spezialauftrag kommt 1861 auf der Bahnreise nach Washington hinter Attentatspläne gegen Präsident Lincoln und gerät beim Wettlauf gegen die Zeit in lebensgefährliche Bedrängnisse. Spannender, flott inszenierter Abenteuerfilm vor dem Hintergrund eines konkreten Kapitels der amerikanischen Geschichte. Stimmungen vor dem Ausbruch des Sezessionskrieges mögen in ihrer Sichtweise durch die Entstehungszeit des Films geprägt sein, doch von seinem Unterhaltungswert hat er nichts eingebüßt. – Ab 14 möglich. ✦ Schwarz-weiß. USA 1951 **P** MGM **Pd** Richard Goldstone **R** Anthony Mann **B** George Worthing Yates, Art Cohn, Joseph Losey, nach einer Geschichte von G. W. Yates und Geoffrey Homes (= Daniel Mainwaring) **K** Paul C. Vogel **S** Newell P. Kimlin **D** Dick Powell (John Kennedy), Paula Raymond (Ginny Beaufort), Adolphe Menjou (Col. Caleb Jeffers), Marshall Thompson (Lance Beaufort), Leif Erickson (Fremder), Ruby Dee (Rachel), Will Geer (Homer Crowley), Florence Bates (Mrs. Charlotte Alsop), Victor Kilian (John K. Gannon), Barbara Billingsley (junge Mutter), Regis Toomey (Tim Rielly), Dan Foster **L** 78 **E** 26.11.1988 West 3

VERSCHWÖRUNG IM NORDEXPRESS (STRANGERS ON A TRAIN). Während einer Bahnfahrt wird ein Tennisstar von einem Fremden angesprochen, der ihm ein merkwürdiges Geschäft vorschlägt: Er will die scheidungsunwillige Frau des Sportlers töten, der Champion soll dafür seinen verhaßten Vater töten. Nachdem er ungefragt »seinen« Teil des Mordplans ausgeführt hat, setzt er den vermeintlichen Partner unter Druck. Eine Lektion in Sachen »Suspense« und ein Versuch über heimliche Mordgelüste und deren Belastung für das Gewissen; spannend inszeniert und voller »nebenbei« angerissener moralischer Problemstellungen wie Schuld und Angst. (Titel auch: »Der Fremde im Zug«.) – Sehenswert ab 16. ✦ Schwarz-weiß. USA 1951 **P** Warner Brothers **KI** Warner Columbia **VA** Warner Home (Video ab 12) **Pd+R** Alfred Hitchcock **B** Raymond Chandler, Czenzi Ormonde, Whitfield Cook, nach einem Roman von Patricia Highsmith **K** Robert Burks **M** Dimitri Tiomkin **S** William Ziegler **D** Farley Granger (Guy Haines), Robert Walker (Bruno Antony), Ruth Roman (Anne Morton), Leo G. Carroll (Senator Morton), Patricia Hitchcock (Barbara Morton), Laura Elliot (Miriam), Marion Lorne (Mrs. Antony) **L** 92 **FSK** ab 16; nf **E** 1.2.1952/29.9.1969 ZDF/3.10.1981 DFF 1 **fd** 25626

DIE VERSCHWÖRUNG IM SCHATTEN (SHADOW CONSPIRACY). Der persönliche Assistent des amerikanischen Präsidenten kommt einer Verschwörung auf die Spur, deren Drahtzieher im Weißen Haus sitzt. Ehe er die Zusammenhänge durchschauen kann, sitzt ihm ein Killer im Nacken, der ihn tagelang durch Washington jagt. Routinehafter Politthriller, der mit dem Schrecken lückenloser Überwachung spielt, es aber nicht versteht, aus der Verbindung von Technikbegeisterung und ihrer gedankenleeren Instrumentalisierung kritisches Kapital zu schlagen. – Ab 16. ✦ Scope. USA 1996 **P** Cinergi **KI** Constantin **VA** Constantin (VCL) **DVD** VCL (16:9, 1.85:1, DD5.1 dt.) **Pd** Terry Collis **R** George Pan Cosmatos **B** Adi Hasak, Ric Gibbs **K** Buzz Feitshans IV **M** Bruce Broughton **S** Robert A. Ferretti **D** Charlie Sheen (Bobby Bishop), Linda Hamilton (Amanda Givens), Donald Sutherland (Jakob Conrad), Stephen Lang (Killer), Sam Waterston (Präsident), Ben Gazzara (Saxon) **L** 102 **FSK** ab 12; f **E** 3.7.1997/27.1.1998 Video/3.12.1998 DVD **fd** 32549

VERSCHWÖRUNG IN ALGIER (DRAMMA NELLA CASBAH). Verschiedene Interessenten jagen ohne Scheu vor Morden nach dem im Zweiten Weltkrieg verschwundenen französischen Staatsgoldschatz, zu dem eine Schallplatte den Weg weist. Ein mit einem Polizeiagenten verwechselter, unfreiwillig beteiligter amerikanischer Tourist geht als Sieger ins Happy-End. Verworrener Krimi-Abenteuerfilm, nur durchschnittlich inszeniert und allzu deutlich nach einschlägigen Vorbildern (»Casablanca«) schielend. – Ab 14. ✦ Schwarz-weiß. Italien 1954 **P** Cosmopolis **KI** Antlantic **R+B** Edoardo Anton **K** Mario Albertelli **M** Renzo Rossellini **D** George Raft, Gianna Maria Canale, Massimo Serato, Irene Papas, Guido Celano, Mino Doro **L** 84 **FSK** ab 12; nf **E** 8.3.1957 **fd** 5717

VERSCHWÖRUNG IN AMSTERDAM →Der Tiger aus Taipeh

VERSCHWÖRUNG IN BLACK OAK (BLACK OAK CONSPIRACY). Ein in Hollywood arbeitender Stuntman kehrt auf das Telegramm eines Freundes hin in seinen Heimatort zurück, findet seine Mutter im Krankenhaus und entdeckt, daß eine verbrecherische Clique mit dem Sheriff an der Spitze die durch Aktivitäten der Minengesellschaft erkrankten Menschen um ihr Vermögen bringt. Er kann seine Mutter nicht mehr retten, entgeht aber einem Mordanschlag und macht den Gangstermethoden ein Ende. Eine Mischung aus Kriminal- und Gangsterfilm mit melodramatischem Einschlag. ✦ USA 1976 **P** New World Pictures **Pd** Jesse Vint, Tom Clark **R** Bob Kelljan **B** Hugh Smith, Jesse Vint **K** Chris Ludwig **M** Don Peake **S** Sam Shaw **D** Jesse Vint (Jingo Johnson), Karen Carlson (Lucy Metcalf), Albert Salmi (Sheriff Grimes), Seymour Cassel (Homer Metcalf), Douglas Fowley (Bryan Hancock) **L** 85 **E** 25.3.1981 WDR

DIE VERSCHWÖRUNG IN DER BOTSCHAFT (SAGOWOR PASLOW). St. Petersburg 1918: Die russischen Sicherheitsbehörden decken eine ausländische Verschwörung auf. ✦ Scope, schwarz-weiß. UdSSR 1965 **P** Filmstudio Riga/Lenfilm/Studio Prag **R** Nikolai Rosanzew **B** Nikolai Rosanzew, G. Kurpnek, Michail Makljarski **K** M. Klein, Albert Ossipow **M** M. Sarin **D** Uldis Dumpis, Wadim Medwedew, Igor Klass, Rita Gladunko **L** 89 **E** 26.8.1967 DFF 1

VERSCHWÖRUNG IN L.A. (CHAMELEONS). Zwei junge Frauen versuchen den mysteriösen Tod ihres exzentrischen Großvaters, eines Zeitschriftenmagnaten, aufzuklären und kommen dabei seinem Doppelleben auf die Spur. Kriminalkomödie; Pilotfilm zu einer Fernsehserie. ✦ USA 1989 **P** Glen A. Larson Prods. **Pd** Steven Stafford, Janet Curtis-Larson **R** Glen A. Larson **D** Crystal Bernard (Shelly), Marcus Gilbert (Ryan Delaney), Mary Bergmann (Jessica), Stewart Granger (Jason Carr), John Standing (Henry) **L** 85 **E** 23.2.1996 RTL 2

VERSCHWÖRUNG IN WLADIWOSTOK (SERGEJ LASO). Film über Sergej Laso, der sich als zaristischer Offizier der Revolution anschloß und zu einem bedeutenden Führer im Bürgerkrieg und im Kampf gegen die Interventen wurde. 1920 wurde Laso von Weißgardisten und Japanern ermordet. In episodenhafter Form werden die wesentlichsten Etappen seines Lebens nachgezeichnet. Trotz einiger pathetischer Züge beeindruckender Film. – Ab 14. ✦ Scope, schwarz-weiß. UdSSR 1968 **P** Moldau-Film **KI** Progress **R** Alexander Gordon **B** Georgi Malartschuk **K** Wadim Jakowlew **D** Regimantas Adomaitis (Sergej Laso), Alexandra Sawjalowa (Olga), Sinaida Slawina (Anna), Wsewolod Jakut (Miklowan), Ion Ungurjan (Kamarowski) **L** 87 **E** 3.4.1970 Kino DDR

DIE VERSCHWÖRUNG VON ASSISI →Der Assisi Untergrund

VERSCHWUNDEN (ISTSCHESNOWENIJE). Ein Chemiestudent widmet sich in seiner Freizeit der Altertumskunde. Sein Großvater berichtet ihm von einem Archäologen, seinem einstigen Schüler, der kurz vor Ausbruch des Zweiten Weltkriegs einen kostbaren Schatz der Skythen entdeckt hat. Der Gelehrte fiel jedoch an der Front, und der Verbleib seines Fundes ist unbekannt. Vom Forscherdrang angesteckt, fährt der Student mit einigen Freunden in seinen Ferien nach Mittelasien, um auf Spurensuche zu gehen. ✦ UdSSR 1978 **P** Gorki-Studio **R** Wenjamin Dorman **B** Issaj Kusnezow **K** Wadim Korniljew **M** Alexej Rybnikow **D** Alexej Mokroussow (Rodik Damarkin), Jewgeni Gerassimow (Maxim Schabanaow), Jelena Koslitina (Nadja Tworogowa), Alexander Wdowin (Viktor), Ljudmila Saweljewa (Dascha) **L** 95 **E** 8.4.1979 DFF 2

DIE VERSCHWUNDENE ARMEE. Dokumentarfilm über die Geschichte der Nationalen Volksarmee der DDR von ihrer Gründung bis zur Auflösung im Jahr 1990. Ehemalige Offiziere kommen zu Wort, verwendet wurde auch bis dato unveröffentlichtes Archivmaterial des »Armeefilmstudios« der DDR. (Titel auch: »Die verschwundene Armee – Drei Kapitel über die NVA der DDR«) ✦ Teils schwarz-weiß. Deutschland 1997 **R** Jürgen Eike, Werner Brüssau **L** 100 **E** 2.10.1997 N3

DIE VERSCHWUNDENE FRAU (DIE VERSCHWUNDENE FRAU). Ein übereifriger Justizgehilfe vermutet hinter einem Brief, der ihm zufällig in die Hände fällt, ein Verbrechen und setzt mit seiner kriminal-detektivischen Energie ein unüberschaubares Verwirrspiel in Gang. Ein flüchtig abgedrehter Schwank, amüsant allenfalls durch die Darstellung Hans Mosers. – Ab 12. ✦ Schwarz-weiß. Österreich 1937 **P** Oskar Glück **KI** Siegel/Monopol **R** E.W. Emo **B** Aldo von Pinelli, Hans Gustl Kernmayr, nach einem Roman von Max Dürr **K** Eduard Hoesch **M** Heinz Sandauer **D** Lucie Englisch (Frau Bartel), Paul Kemp (Ferdinand Bartel), Hans Moser (Vieröckl), Trude Marlen (Dr. Herwig), Jupp Hussels **L** 85 **FSK** ab 12; nf **E** 8.11.1937

DIE VERSCHWUNDENE GRENZE. Dokumentarisches Essay über den ehemaligen Grenzstreifen in und um Berlin sowie der Menschen, die auf beiden Seiten lebten. ✦ Deutschland 1999 **P** filmisches Berlin **Pd+R** Thomas Kutschker **K** Thomas Kutschker

S Thomas Kutschker, Monika Weber **L** 81 **E** 29.11. 1999 ZDF

DIE VERSCHWUNDENE MINIATUR (1954). Kriminalkomödie über den Transport eines kostbaren Kunstwerks, einer Miniatur, von Kopenhagen nach Hannover. Etwas langatmig inszeniert, lebt der Film von der herausragenden Leistung Paul Westermeiers, vor allem aber von Erich Kästners köstlichen Beobachtungen bürgerlichen Alltags und menschlicher Schwächen. Insgesamt eine fröhliche Unterhaltung. – Ab 12. ✦ Schwarz-weiß. BR Deutschland 1954 **P** Carlton **KI** Europa **Pd** Klaus Stapenhorst **R** Carl-Heinz Schroth **B** Erich Kästner, nach seiner gleichnamigen Erzählung **K** Ekkehard Kyrath **M** Hans-Martin Majewski **D** Paola Loew (Irene Trübner), Ralph Lothar (Rudolf Struve, der Falsche), Paul Westermeier (Fleischermeister Külz), Paul Bildt (Steinhövel), Lina Carstens (Frau Külz), Hubert von Meyerinck (Tänzer), Liesl Karlstadt **L** 87 **FSK** ab 12; nf **E** 25.12.1954 **fd** 3 825

DIE VERSCHWUNDENE MINIATUR (1990). Fleischermeister Oskar Külz aus Berlin verbringt 1929 seinen Urlaub in Kopenhagen. Dort bittet ihn eine reizende junge Dame, eine Miniatur für sie nach Deutschland mitzunehmen. So ist er plötzlich in die Jagd nach dem gestohlenen Kunstwerk von Hans Holbein dem Jüngeren verwickelt. Kriminalistisch-ironischer Fernsehfilm nach dem gleichnamigen Roman von Erich Kästner, der vor allem durch die überragende Schauspielkunst von Kurt Böwe besticht. ✦ DDR 1990 **P** DEFA **Pd** Lutz Wittcke **R** Vera Loebner **B** Friedemann Schreiter, nach dem gleichnamigen Roman von Erich Kästner **K** Peter Brand **M** Uwe Hilprecht **S** Karin Kusche **D** Kurt Böwe (Oskar Külz), Ursula Karusseit (Emilie Külz), Susanne Lüning (Irene), Carl Martin Spengler (Seiler), Reimar Johannes Baur (Storm) **L** 96 **E** 17.4.1991 ARD

DIE VERSCHWUNDENE PRINZESSIN (JAK SI ZASLOUZIT PRINCEZNU). Poetischer Märchenfilm um eine Prinzessin, die von einem Zauberer entführt wird. Gleichzeitig bekommt ein armer Fischer wie durch ein Wunder drei Söhne. Als sie eines Tages auf den König treffen, der ihnen von der verschwundenen Prinzessin erzählt, macht sich der jüngste von ihnen auf die Suche. – Ab 10. ✦ Tschechien 1994 **P** Prague Prod. **VA** Polyband **R** Jan Schmidt **K** Frantisek Uldrich **M** Ivan Hlas **D** Lenka Jelinkova (Verunka), Pavel Reznicék (Miroslav), Jaromír Dulava (König/Zauberer), Zdenék Dusek (Fischer), Jirí Langmajer (Nejchytrejsi), Karel Dobry (Nejsilnejsi), Jirí Menzel (Maler) **L** 80 **FSK** o. A. **E** 12.4.1998 Kinderkanal

DER VERSCHWUNDENE SCHMUCK (THE WOLVERCOTE TONGUE). Der mysteriöse Tod einer reichen amerikanischen Touristin bedeutet Arbeit für Inspektor Morse. Bei seinen Nachforschungen stellt er nicht nur fest, daß wertvoller Schmuck, der einem Museum gestiftet werden sollte, gestohlen wurde, sondern stößt auch auf ein auffallend merkwürdiges Verhalten innerhalb der amerikanischen Reisegruppe. Kriminalfilm nach einem Erfolgsroman von Colin Dexter. – Ab 16. ✦ Großbritannien 1987 **R** Alastair Reid **B** nach einem Kriminalroman von Colin Dexter **D** John Thaw (Inspektor Morse), Kevin Whately (Sergeant Lewis) **L** 85 **E** 23.2.1993 ORB

DER VERSCHWUNDENE SOHN (L'ENFANT PERDU). Ein Mann, der nach dem Zweiten Weltkrieg nach Jahren in deutscher Kriegsgefangenschaft in seine französische Heimat zurückkehrt, muss erfahren, dass seine Frau bei einem Bombenangriff ums Leben gekommen und der kleine Sohn seitdem verschwunden ist. In einem Waisenhaus glaubt er, ihn wieder gefunden zu haben, und will ihn mit seiner Verlobten adoptieren. Da taucht der wirkliche Sohn auf, und der Mann muss erkennen, dass das Kind bei einer Pflegefamilie längst sein Glück gefunden hat. Für den Waisenjungen, der auf eine Familie hoffte, bricht eine schwere Zeit an. Drama, das Fragen nach leiblicher Elternschaft und einer übernommenen Verantwortung stellt, die sich durch Fürsorge und tief empfundene Liebe ergibt. ✦ Frankreich 1997 **R** Christian Faure **B** Jacques Nahum, Sylvie Simon **D** Robin Renucci (Pierre), Anne Jacquemin (Rose), Jim Redler (André), Anny Duperey (Adrienne), Jean-Paul Dubois (Abt) **L** 92 **E** 2.11.2000 Bayern 3

DIE VERSCHWUNDENE STADT DRESDEN. Aus alten Filmen zusammengestellte Dokumentation über die Schönheiten Dresdens vor der Zerstörung im Februar 1945, zugleich ein kulturhistorischer Rückblick auf die Bedeutung der Stadt. – Ab 10. ✦ Schwarz-weiß. BR Deutschland 1955 **P** Boehner **KI** Jugendfilm **Pd+R+B** C.A. Engel **K** Fritz Lehmann, Karl Schröder, Kurt Gewissen, Walter Conz **M** Horst Dempwolff, Fritz Wenneis, Werner Eisbrenner **L** 50 **FSK** ab 6; f **FBW** w **E** 13.2.1955 **fd** 4 016

DER VERSCHWUNDENE ZEUGE (PROPASHA SWIDETELJA). Die Aufklärung eines Mordes an einem Wissenschaftler in der ostsibirischen Taiga. Konventioneller Unterhaltungskrimi vor reizvollem landschaftlichem Hintergrund. – Ab 8. ✦ Scope. UdSSR 1971 **P** Mosfilm **KI** Progress **R** Wladimir Nasarow **B** Boris Moshajew **K** Wladimir Nikolajew **M** Gennadi Gladkow **D** Valeri Solotuchin (Serjoschkin), Maxim Munsuk (Tyche), Marta Soriktujewa (Inga), Artjom Inosemzew (Sujew), Ljudmila Maxakowa (Nastja) **L** 87 **E** 4.8.1972 Kino DDR/4.1.1974 DFF 1

DIE VERSCHWUNDENEN → Die offizielle Geschichte

DER VERSICHERUNGSBEAMTE DR. K (THE INSURANCE MAN). Ein junger Arbeiter stellt auf seinem Körper einen sich ausbreitenden Fleck fest. Im Labyrinth einer riesigen Behörde sucht er nach einem Dr. Kafka, dessen gutgemeinte Hilfe sich jedoch als neue gesundheitliche Katastrophe herausstellt. Eine an Motive von Franz Kafkas Erzählungen angelehnte kuriose Lebensgeschichte; geschildert im Rückblick des Arbeiters, stellt sie das Dasein als absurdes, unüberschaubares Spiel aus unkontrollierbaren Elementen dar. ✦ Großbritannien 1986 **R** Richard Eyre **B** Alan Bennett **K** Nat Crosby **M** Ilona Sekacz **D** Trevor Peacock, Robert Hines, Alan MacNaughtan, Diana Rayworth, Daniel Day-Lewis **L** (TV) 75 **E** 19.10.1987 West 3

DIE VERSIEGELTE ERDE (THE SEALED SOIL). Die Geschichte eines 18jährigen Mädchens, das in ärmlichen Verhältnissen in einem Dorf am Rande einer neuen Stadt lebt. In ruhigen Bildern zeigt der Film, wie die junge Frau unter dem wachsenden Druck westlicher Einflüsse, die nicht mit ihrem Alltagsleben in Einklang zu bringen sind, zu zerbrechen droht. Ein stiller Film, der auf Kamerabewegungen weitgehend verzichtet und die meisten Übergänge durch Überblendungen herstellt. ✦ Iran 1976 **P** Marva Nabili **SF** Freunde der Deutschen Kinemathek **Pd+R+B** Marva Nabili **K** Barbod Taheri **D** Flora Shabavis **L** 90 **E** 1978 Kino

DIE VERSION DES OBERST SORIN → Einbruch am Mittag

VERSÖHNUNG ZU WEIHNACHTEN (A CHRISTMAS REUNION). Nach dem Unfalltod seiner Eltern kommt der kleine Jimmy beim ungeliebten Großvater unter. Er entzieht sich den lieblosen Verhältnissen und lernt auf der Flucht den (irischen) Weihnachtsmann kennen, der ihm eine Geschichte erzählt, die sich vor 50 Jahren zugetragen hat. Es geht um das uneheliche Kind eines Adligen, das als Zigeuner aufwächst und nur mit Mühe die Anerkennung und Liebe seines leiblichen Großvaters erlangt. Eine ambitionierte Weihnachtsgeschichte im Gewand eines viktorianischen Melodrams, leidenschaftslos gespielt und in Szene gesetzt. Ein Film, der jüngere Zuschauer überfordert und älteren kaum gedankliche Anreize bietet. – Ab 14. ✦ Großbritannien 1993 **P** Y Wennol/Peakviewing **Pd** Carol Byrne Jones **R** David Hemmings **B** Angharad Jones, Paul Matthews, nach einem Roman von T. Llew Jones **K** Barry Stone **S** Trevor Keates **D** Edward Woodward (Colonel Phillips/Großvater), James Coburn (Weihnachtsmann), Meredith Edwards (Alf), Gweryd Gwyndaf (Jimmy/Tim), Penelope Michaels (Sarah Boswell) **L** 92 **E** 26.12.1996 Super RTL

VERSPÄTUNG IN MARIENBORN (LE TRAIN DE BERLIN EST ARRETE / UN TRENO E FERMO A BERLINO). Ein junger Mann springt kurz vor der Zonengrenze auf einen amerikanischen Militärzug auf, um aus der DDR zu fliehen. Die Sowjets haben Wind davon bekommen, halten den Zug fest und umstellen ihn. Unter den Reisenden bilden sich rasch zwei Parteien, deren zahlenmäßig stärkere aus egoistischen Motiven die Auslieferung des Flüchtlings verlangt. Einer der wenigen Versuche im westdeutschen Film, das deutsch-deutsche Spannungsverhältnis zu DDR-Zeiten zu thematisieren. Das interessante Drehbuch wurde als Zeitfilm mit überwiegend abenteuerlicher Akzentsetzung umgesetzt, wobei das kritische Engagement im Unverbindlichen stecken bleibt. In der Rückschau dennoch ein bemerkenswerter Film. – Ab 16. ✦ Schwarz-weiß. BR Deutschland/Frankreich/Italien 1963 **P** Oppenheimer/Hoche/Mediterranée **KI** Gloria **Pd** Hans Oppenheimer **R** Rolf Hädrich **B** Will Tremper **K** Roger Fellous **M** Peter Thomas, Claude Vasori **S** Margot Jahn **D** José Ferrer (Cowan), Sean Flynn (Lt. Novak), Hans Joachim Schmiedel (Ost-Flüchtling), Nicole Courcel (Kathy), Jess Hahn (Serg. Torre), Art Brauss (= Arthur Brauss) (MP) **L** 94 **FSK** ab 12; f **E** 6.9.1963 **fd** 12 083

VERSPIELTE HEIMAT. Ein SPD-Journalist erkennt bei einem Landsmannschaftstreffen den Mörder seines Vaters, einen ehemaligen sudetendeutschen Henlein-Füher, wieder. Sein Versuch, ihn zur Rechenschaft zu ziehen, scheitert an den politischen Verhältnissen in der Bundesrepublik. Ein thematisch interessanter, von Drehbuch und Regie aber unterdurchschnittlicher Spielfilm, dessen politische Zielsetzung zu laienhaft und grobschlächtig formuliert wird. – Ab 14. ✦ Scope, schwarz-weiß. DDR 1970 **P** DEFA, Gruppe »Roter Kreis« **KI** Progress **Pd** Hans Mahlich **R** Claus Dobberke **B** Gert Billing, Wolfgang Ebeling, nach dem gleichnamigen Roman von Franz Popp **K** Hans-Jürgen Sasse **M** Günter Hauk **S** Brigitte Krex **D** Piotr Pawlowski (Karl Waldner), Wanda Koczeska (Erika Waldner), Peter Borgelt (Herbert Bendlin), Martin Trettau (Lukas), Hans Teuscher (Hauser), Horst Preusker (Meißner) **L** 85 **E** 19.2.1971 Kino DDR

VERSPIELTE NÄCHTE. Eine junge Griechin besucht nach dem Tod ihres Vaters ihre in Deutschland lebende ältere Schwester, die der Spielsucht verfallen ist. Während die eine ihre problematische Vaterbeziehung bewältigt und die andere ihre Lebenslüge überwindet, finden beide zu neuem Selbstbewußtsein. Ein Stück dialogüberfrachtetes Betroffenheitskino, das nur in wenigen Augenblicken wirkliches Interesse für die Personen und ihre Probleme weckt und nach einem kinoreifen Beginn in der inszenatorischen Beliebigkeit von Fernsehspielen versinkt. Auch schauspielerisch nicht durchgehend überzeugend. – Ab 16. ✦ Deutschland/Griechenland 1997 **P** Jost Hering/ZDF/Greek Film **KI** Basis **Pd** Jost Hering **R** Angeliki Antoniou **B** Kriton Kalaitzides, Angeliki Antoniou **K** Pio Corradi, Sebastian Richter **M** Dimitris Papadimitriou, P. Koukouvelis **S** Catherine Steghens **D** Vicky Vilioti (Maria), Jasmin Tabatabai (Helena), Sharon Brauner (Eva), Frank Stieren (Roberto), André Hennicke (Michel) **L** 89 **FSK** ab 16; f **FBW** bw **E** 13.11.1997 **fd** 32 821

VERSPIELTES LEBEN. Eine Frau verliert im Ersten Weltkrieg ihren Mann und verfällt einem Liebhaber zweifelhafter Herkunft. Als sie aus diesem Abenteuer zu sich selbst zurückfindet, hat sie den Kontakt zu ihrem Sohn verloren. Freiwillig beendet sie ihr verspieltes Leben. Das in den Nachkriegsjahren vieldiskutierte Filmdrama fragt nach der Verbindlichkeit der Religion für das private und öffentliche Leben. Ein Film, der nach einer verbindlichen Antwort sucht, auch wenn er dabei nicht immer stil- und argumentationssicher ist. (Titel auch: »Ulyssa«) – Ab 16. ✦ Schwarz-weiß. BR Deutschland 1949 **P** Camera

KI Donau **R** Kurt Meisel **B** Gerd Ammeis **K** Konstantin Irmen-Tschet **M** Mark Lothar **S** Adolph Schlyßleder **D** Brigitte Horney, Axel von Ambesser, Kurt Meisel, Kurt Waitzmann, Edith Schultze-Westrum **L** 85 **FSK** ab 16; f **E** 27.9.1949/25.1.1964 ARD **fd** 430

DAS VERSPRECHEN (1969) →Ein Sommer in Frankreich

DAS VERSPRECHEN (1979) (LA PROMESSA). Kriminalfilm nach einem Roman von Friedrich Dürrenmatt, in der ein Kriminalkommissar den Mord an einem kleinen Mädchen aufzuklären versucht. Dies gelingt erst, nachdem sich der Haupttatverdächtige, ein Hausierer, in seiner Zelle das Leben genommen hat. Farbiges Remake des Klassikers »Es geschah am hellichten Tag« (1958), das in deutschsprachigen Ländern nur im Fernsehen zu sehen war. ✦ Scope. Italien/Schweiz/BR Deutschland 1979 **P** RAI/Chiara Film Internazionali **R** Alberto Negrin **B** Gianfranco Calligarich, nach einem Roman von Friedrich Dürrenmatt **K** Giulio Albonico **M** Egisto Macchi **S** Paolo Boccio **D** Rossano Brazzi, Raymond Pellegrin, Macha Méril, Francesco Carnelutti, Bruno Corazzari, Gisella Burinato **L** 98 **E** 15.8.1981 DFF 1/29.5.1982 B 2

DAS VERSPRECHEN (1994) (LES ANNEES DU MUR). Bei einem Fluchtversuch im Herbst 1961 bleibt ein junger Mann im Osten Berlins zurück, während die Frau, die er liebt, den Westen der Stadt erreicht. In den folgenden 28 Jahren sehen sich die Liebenden nur wenige Male. Beim Fall der Mauer im November 1989 sind sie eigentlich nur noch durch ihre Erinnerungen miteinander verbunden. Ein eindringlich gespieltes »politisches Melodram«, das das Scheitern einer Liebe mit einer zeitgeschichtlichen Bestandsaufnahme des geteilten Deutschlands verbindet. In einigen Szenen zwar übertrieben konstruiert und gelegentlich vereinfachend in seinen allzu griffigen Geschichtsbildern, beeindruckt der Film insgesamt aber durch sein Bemühen, über die Gefühle der Menschen zu vermitteln, wie sehr sich politische und private Ereignisse durchdringen. (Kinotip der katholischen Filmkritik) – Sehenswert ab 14. ✦ Deutschland/Frankreich 1994 **P** Bioskop/WDR/Studio Babelsberg/Odessa/Les Productions J.M.H. **KI** Concorde **VA** Concorde (VCL) **Pd** Eberhard Junkersdorf **R** Margarethe von Trotta **B** Peter Schneider, Margarethe von Trotta **K** Franz Rath **M** Jürgen Knieper **S** Suzanne Baron **D** Corinna Harfouch (Sophie), Meret Becker (Sophie als junge Frau), August Zirner (Konrad), Anian Zollner (Konrad als junger Mann), Jean-Yves Gautier (Gerard), Eva Mattes (Barbara), Susanne Ugé (Barbara als junge Frau), Tina Engel (Sophies Tante), Otto Sander (Prof. Lorenz), Hark Bohm (Müller) **L** 115 **FSK** ab 6; f **FBW** bw **E** 16.2.1995/18.3.1997 Video **fd** 31 206

DAS VERSPRECHEN (1996) →La Promesse

DAS VERSPRECHEN (2001) (THE PLEDGE). Ein alternder Polizist verbeißt sich kurz vor seiner Pensionierung in einen Fall von besonderer Grausamkeit: Ein kleines Mädchen wurde brutal ermordet, und er verspricht der verzweifelten Mutter bei seinem Seelenheil, den Täter zu überführen. Doch je länger die Suche dauert, um so mehr rückt der Fahnder selbst als Opfer in den Mittelpunkt seiner eigenen seelischen Verstrickungen. In der Hauptrolle hervorragend gespielte, vor allem jenseits der konventionellen Kriminalhandlung intensiv und vielschichtig inszenierte Schuld-und-Sühne-Geschichte um einen Mann, der an der Last eines uneinlösbaren Versprechens zerbricht. (Kinotipp der katholischen Filmkritik) – Sehenswert ab 16. ✦ Scope. USA 2001 **P** Franchise Pictures/Clyde Is Hungry Films **KI** Warner Bros. **Pd** Michael Fitzgerald, Sean Penn, Elie Samaha **R** Sean Penn **B** Jerzy Kromolowski, Mary Olsen-Kromolowski, nach dem Roman »Das Versprechen« von Friedrich Dürrenmatt **K** Chris Menges **M** Hans Zimmer, Klaus Badelt **S** Jay Cassidy **D** Jack Nicholson (Jerry Black), Robin Wright Penn (Lori), Pauline Roberts (Chrissy), Aaron Eckhart (Stan Krolak), Sam Shepard (Eric Pollack), Vanessa Redgrave (Analise Hansen), Michael O'Keefe (Duane Larsen), Benicio Del Toro (Toby Jay Wadenah), Mickey Rourke (Jim Olstad), Harry Dean Stanton (Floyd Cage), Helen Mirren (Ärztin) **L** 123 **FSK** ab 12; f **FBW** w **E** 11.10.2001 **fd** 35 093

DAS VERSPRECHEN DES ELMER JACKSON (AFTER THE PROMISE). Amerika während der Depressionszeit im Jahr 1935: Als seine Frau stirbt, ist ein Zimmermann fest entschlossen, seine vier Söhne allein aufzuziehen, doch die Wohlfahrtsbehörde nimmt ihm die Kinder weg. Als er sie aus dem Heim entführt, wird er vor Gericht gestellt und dazu verurteilt, seine Kinder bis zu deren Volljährigkeit nicht mehr sehen zu dürfen. Nach anfänglicher Fassungslosigkeit nimmt er den Kampf gegen die Bürokratie auf. Bewegendes (Fernseh-)Drama um die Bindung eines Vaters zu seinen Söhnen mit einer guten Leistung seines Hauptdarstellers. – Ab 16. ✦ USA 1987 **P** New Line Cinema **Pd** Tamara Asseyev **R** David Greene **B** Robert W. Lenski **K** René Verzier **M** Ralph Burns **S** Parkie Singh **D** Mark Harmon (Elmer Jackson), Rosemary Dunsmore (Florence Jackson), Diana Scarwid (Anna), Donnelly Rhodes (Dr. Northfield), Linda Darlow (Wohlfahrtsbeamtin) **L** 89 **E** 8.10.2000 tm3

DAS VERSPRECHEN EINER UNBEKANNTEN (PROMESSE A L'INCONNUE). Ein Erfolgsschriftsteller, der in einem kleinen Berghotel auf Eingebungen hofft, verliebt sich in eine schöne Unbekannte, deren Ehemann ein polizeilich gesuchter Betrüger ist. Daraus entwickelt sich ein Eifersuchtsdrama mit heftigen Auseinandersetzungen. Elegisches Liebesmelodram mit arg konstruierter Handlung. (O.m.d.U.) – Ab 16. ✦ Schwarz-weiß. Frankreich 1942 **P** Cesar Bolivar **R** André Berthomieu **B** Marc-Gilbert Sauvajon **M** Georges Derveaux **D** Charles Vanel, Claude Dauphin, Madeleine Robinson, Pierre Brasseur **L** ca. 90 **E** Januar 1946

DAS VERSPRECHEN EINES VATERS (AFTER THE PROMISE). Effektvolles Drama nach einem authentischen Fall aus der Zeit der Depression: Nachdem einem verwitweten Zimmermann das Sorgerecht für seine vier Söhne entzogen worden ist, beginnt für den Handwerker ein jahrelanger Kampf gegen die Bürokratie. – Ab 14. ✦ USA 1987 **P** Tamara Asseyev Prods. **Pd** Tamara Asseyev **R** David Greene **B** Robert W. Lenski **D** Mark Harmon (Elmer Jackson), Rosemary Dunsmore (Florence), Diana Scarwid (Anna), Donnelly Rhodes (Dr. Northfield), Linda Darlow (Wohlfahrtsbeamtin) **L** 90 (Orig. 100) **E** 17.3.1996 Kabel 1

VERSPRECHEN IN DER DÄMMERUNG (PROMISE AT DAWN / LA PROMESSE DE L'AUBE). Verfilmung des in Rußland, Polen und Frankreich spielenden autobiografischen Romans von Romain Gary, dessen Mutter aus dem Jungen um jeden Preis ein Genie machen wollte. Der melodramatischen Schilderung einer übertriebenen Mutterliebe fehlt weitgehend die ironische Distanz, sie gerät in die Nähe sentimentalen Kintopps. – Ab 16. ✦ USA/Frankreich 1970 **P** Avco Embassy/Nathalie **Pd+R** Jules Dassin **B** Jules Dassin, nach einem Roman von Romain Gary und einem Bühnenstück von Samuel Taylor **K** Jean Badal **M** Georges Delerue **S** Robert Lawrence **D** Melina Mercouri (Nina Kacewa), Assaf Dayan (Romain, 25 Jahre), Didier Haudepin (Romain, 15 Jahre), François Raffaul (Romain, 9 Jahre), Fernand Gravey (Jean-Michel Serusier) **L** 102 **E** 27.9.1976 ZDF **fd** 19 932

VERSPRICH IHR ALLES (PROMISE HER ANYTHING). Eine junge Witwe findet nach allerlei Verwicklungen in New York für ihren kleinen Sohn den Stiefvater und für sich den Mann. Turbulente, wirklichkeitsferne Hollywood-Komödie, mehr albern als witzig. – Ab 16. ✦ USA 1965 **P** Seven Arts **KI** Paramount **Pd** Stanley Rubin **R** Arthur Hiller **B** William Peter Blatty **K** Douglas Slocombe **M** Lyn Murray **S** John Shirley **D** Warren Beatty (Harley Rummel), Leslie Caron (Michele O'Brien), Bob Cummings (Dr. Peter Brock), Hermione Gingold (Mrs. Luce), Lionel Stander (Sam), Asa Maynor (Rusty), Keenan Wynn (Ange) **L** 97 **FSK** ab 12; nf **E** 10.5.1966 **fd** 14 035

VERSPRICH MIR, DASS ES DEN HIMMEL GIBT. Ein junges Paar muss sein Leben völlig umkrempeln, als die Frau an Krebs erkrankt. Nachdem eine Chemotherapie fehlgeschlagen ist, beschließt sie, die letzten Monate ihres Lebens bewusst zu genießen. In dieser Situation trifft der Mann seine Jugendliebe wieder, und es kommt zu Spannungen zwischen dem Paar. Die ehemalige Geliebte räumt zwar das Feld, doch alle merken, dass sie füreinander bestimmt sind. Auf Mallorca versucht man, sich zu Dritt zu arrangieren. Verquastes Melodram, verbunden mit einer überkonstruierten Liebesgeschichte. In der Hauptrolle zwar mit Vehemenz gespielt, verpufft die Brisanz des Themas allzu bald in Klischees und falschen Sentiments. – Ab 16 möglich. ✦ Deutschland 1999 **P** RTL **VA** Warner Vision **R** Martin Enlen **B** Andy T. Hoetzel, Ina Siefert **K** Gerhard Schirlo **D** Sandra Speichert (Cora), Mehmet Kurtulus (Louis), Sonsee Ahray (= Sonsee Ahray Floetmann) (Stella), Boris Aljinovic (Max), Elisabeth Trissenaar (Johanna) **L** 94 **FSK** ab 12 **E** 24.11.1999 RTL

VERSPRICH MIR NICHTS. Die Frau eines jungen, noch unentdeckten Malers gibt aus Geldnöten die Bilder ihres Ehemannes bei einem Kunsthändler, der sich in sie verliebt, als ihre eigenen aus und erreicht damit Erfolg und Ansehen. Die unvermeidliche Aufdeckung des Schwindels kann sie nur vorübergehend gefährden. Wolfgang Liebeneiners Regiedebüt; eine eigenwillig-versponnene, überaus charmant gespielte Ehekomödie. – Ab 12. ✦ Schwarz-weiß. Deutschland 1937 **P** Meteor-Film **KI** Transit/Murnau-Stiftung/DIF **VA** Ufa **R** Wolfgang Liebeneiner **B** Thea von Harbou, Bernd Hofmann, nach einem Bühnenstück von Charlotte Rißmann **K** Friedl Behn-Grund **M** Georg Haentzschel **D** Luise Ullrich (Monika), Viktor de Kowa (Martin Pratt), Heinrich George (Kunsthändler Felder), Will Dohm (Konsul Brenkow), Charlott Daudert (Vera Brenkow), Hubert von Meyerinck (Dr. Elk) **L** 104 **FSK** ab 6; f **E** 20.8.1937/22.8.1960 DFF 1/20.3.1988 BR

VERSPROCHEN IST VERSPROCHEN (JINGLE ALL THE WAY). Ein tüchtiger Geschäftsmann versucht, sich bei seinem kleinen Sohn für seine mangelnde Zuwendung zu entschuldigen, indem er verspricht, ihm die begehrte Turbo-Man-Figur zu Weihnachten zu schenken. Doch das Spielzeug ist längst ausverkauft, und die absurde Jagd danach beginnt. Der Regisseur verläßt sich ganz auf die Wirkung einzelner Szenen, nutzt das komische Potential der Figuren aber nicht. Das Resultat ist eine ebenso biedere wie langweilige Komödie. – Ab 12. ✦ USA 1996 **P** 1492 Pictures **KI** 20th Century Fox **VA** Fox **DVD** Fox Home (16:9, 1.85:1, DD5.1 engl./dt.) **Pd** Chris Columbus, Mark Radcliff, Michael Barnathan **R** Brian Levant **B** Randy Kornfield **K** Victor J. Kemper **M** David Newman **S** Kent Beyda, Wilton Henderson **D** Arnold Schwarzenegger (Howard Langston), Jake Lloyd (Jamie), Phil Hartman (Ted Maltin), James Belushi (der Weihnachtsmann), Sinbad (Myron Larabee) **L** 89 **FSK** ab 6; f **E** 5.12.1996/6.11.1997 Video/7.11.1998 Premiere/23.11.2000 DVD **fd** 32 292

DAS VERSPROCHENE LAND →Das gelobte Land (1973)

DAS VERSTECK (1956) →Am Rande der Unterwelt

DAS VERSTECK (1976/77). Ein nach 14 Jahren Ehe geschiedener Mann versucht durch einen Trick, seine Frau zurückzugewinnen, was aber an seiner unveränderten spießbürgerlichen Haltung scheitert. Um gerechte Abwägung der Standpunkte bemühter, psychologisch einfühlsamer Film, der seine moderne Beziehungsgeschichte auf dem Hintergrund der gesellschaftlichen Verhältnisse in der DDR erzählt. Fesselnd vor allem durch das lebendige Spiel und die hintergründige Ironie. Wegen der Ausreise von Manfred Krug in die BRD wurde der Film fast zwei Jahre verboten und dann nur mit wenigen Kopien gestartet. – Ab 14 möglich. ✦ DDR 1976/77 **P** DEFA, Gruppe »Johannisthal« **KI** Filmverlag der Autoren/Progress **VA** Icestorm **Pd** Rolf Martius **R** Frank Beyer **B** Jurek Becker **K** Jürgen Brauer **M** Günther Fischer **S** Rita Hiller **D** Jutta Hoffmann (Wanda), Manfred Krug (Max), Dieter Mann (Bibow), Alfred Müller (Ludorf), Marita Böhme (Gertrud), Martin Trettau (Volkspolizist) **L** 98 **FSK** ab 12; f **E** 6.11.1978 Kino DDR/24.8.1979 Kino BRD/5.8.1980 DFF 1/27.10.1998 Video **fd** 22 155

DAS VERSTECK AUF DEM MEERESGRUND (AKWALANGI NA DNJE). Kinder entdecken in einem Badeort Agenten, die als Froschmänner eingeschleust werden sollen. – Ab 6. ✦ Scope. UdSSR 1966 **P** Dowshenko-Studio **KI** Progress **R+B** Jewgeni Scherstobitow **K** D. Wakuljuk, Nikolai Shurawljow **M** Ason Fattach **D** Sascha Barsow, Tanja Kljujewa, Rafik Sabirow, Wolodja Bedunkewitsch, Oleg Bykow **L** 87 **E** 18.8.1967 Kino DDR

VERSTECKSPIEL (MACHBOIM). Palästina kurz vor der Gründung des Staates Israel: Eine von Gewalt und Vorurteilen beherrschte Atmosphäre zerstört die freundschaftliche Beziehung zwischen einem Zwölfjährigen und seinem Nachhilfelehrer, den er und seine Freunde fälschlicherweise für einen Spion halten. Genau beobachtender, ohne Effekthascherei inszenierter Film, atmosphärisch außergewöhnlich dicht. – Ab 16. ✦ Israel 1980 **P** The Lonely Spy **R** Dan Wolman **B** Dan Wolman, A. Kon, N. Ben Yehuda **K** Ilan Rosenberg **M** Amnon Wolman **S** Shoshana Wolman **D** Gila Almagor, Chaim Hadaya, Benyamin Armon, Doron Tavori, Efrat Lavie **L** 87 **E** 15.2.1982 ARD **fd** 23 314

DAS VERSTECKSPIEL (1975) (PIEDRA LIBRE). Ein junges Mädchen erlebt den Verfall einer großbürgerlichen Familie, in die es nach dem Tod der Eltern aufgenommen worden ist. Eine aggressive Beschreibung des argentinischen Bürgertums: Eine bittere Satire, die als Auseinandersetzung mit dem Peronismus zu interpretieren ist. ✦ Argentinien 1975 **P** M.B.C. **R** Leopoldo Torre Nilsson **B** Beatriz Guido, Rodolfo Mórtola, Leopoldo Torre Nilsson **K** Anibal Di Salvo **M** Roberto Lar **D** Marilina Ross, Juan José Camero, Mecha Ortiz, Luisina Brando, Enrique Alonso **L** 95 **E** 5.10.1977 BR/HR/NDR/WDR

DAS VERSTECKSPIEL (1995) (HIDEAWAY). Ein reanimierter Antiquitätenhändler wird von brutalen Visionen heimgesucht, in denen junge Frauen grausam ermordet werden. Die Angst um seine Tochter läßt ihn auf die Spur seines dunklen Gegenspielers kommen. Spannender Horror-Thriller aus dem Reich der Fantasy, der aus der Bilder- und Ideenwelt modischer Esoterik-Strömungen schöpft, seinem inhaltlichen Potential aber in keiner Weise gerecht wird. Fragen nach den ethischen Implikationen moderner Medizin oder eine wirkliche Thematisierung des Todes unterbleiben. ✦ Scope. USA 1995 **P** S/Q **KI** Columbia Tristar **VA** Col.TriStar **DVD** Columbia TriStar Home (16:9, 2.35:1, DD5.1 engl./dt.) **Pd** Jerry Baerwitz (= Jerry A. Baerwitz), Agatha Hanczakowski, Gimel Everett **R** Brett Leonard **B** Andrew Kevin Walker, Neal Jimenez, nach einem Roman von Dean R. Koontz **K** Gale Tattersall **M** Trevor Jones **S** B. J. Sears **D** Jeff Goldblum (Hatch Harrison), Christine Lahti (Lindsey), Alicia Silverstone (Regina), Jeremy Sisto (Vassago), Alfred Molina (Dr. Jonas Nyebern), Rae Dawn Chong (Rose Orwetto) **L** 111 **FSK** ab 16; f **E** 6.6.1996/10.1.1997 Video/2.1.1998 premiere/1.9.1999 DVD **fd** 31 955

VERSTECKT (FORBIDDEN). Eine junge preußische Gräfin verliebt sich während der Nazi-Zeit in einen jüdischen Verleger und Schriftsteller und versteckt ihn schließlich bis zum Kriegsende in ihrer Wohnung. Auf tatsächlichen Ereignissen beruhender, publikumswirksam inszenierter Film, der an einem Einzelschicksal ein Stück Zeitgeschichte und mitmenschlicher Hilfe für Verfolgte anschaulich macht. Darüber hinaus von beträchtlichem Informationswert; von den Hauptdarstellern überzeugend gespielt. – Ab 16. ✦ BR Deutschland/USA 1984 **P** Jodack-Decade/Forstater/Clasart/Anthea/Stella **KI** Concorde **VA** VCL/Virgin **R** Anthony Page **B** Leonard Gross, Michael Hastings **K** Wolfgang Treu **M** Tangerine Dream **S** Thomas Schwalm **D** Jacqueline Bisset (Gräfin Nina von Halder), Jürgen Prochnow (Fritz Friedländer), Irene Worth (Ruth Friedländer), Amanda Channings (Lucie), Peter Vaughan (Major Stauffel), Avis Bunage (Frau Schmidt), Malcolm Kaye (Max Baum) **L** 114 **FSK** ab 12; f **FBW** bw **E** 12.9.1985/31.5.1986 Video **fd** 25 313

VERSTECKTE FALLEN. Das beschauliche, aber fragwürdige Glück eines Ehepaares in der DDR, das sich in eine Datscha auf dem Land zurückgezogen hat, bricht zusammen, als sich zwei Heimkinder bei der Familie einnisten und die Grundfesten der vermeintlichen Idylle erschüttern. Was ein spannender Kinder-Krimi hätte werden können, gerät in der verkrampften Inszenierung zur Aneinanderreihung von Bilderbuch-Klischees, die dem gesellschaftskritischen Anspruch in keiner Weise gerecht werden. – Ab 14 möglich. ✦ DDR 1990 **P** DEFA, Gruppe »Johannisthal« **KI** Progress **Pd** Rolf Martius **R** Rainer Behrend **B** Maja Wiens, Andreas Klich **K** Eliane Rehor, Jürgen Kruse **M** Peter Rabenalt **S** Renate Schäfer **D** Arianne Borbach (Claudia Rattey), Hans-Uwe Bauer (Georg Rattey), Nico Wohllebe (Frank Dobalt), Davia Dannenberg (Simone Dobalt), Hendrik Woithe (Oliver Rattey), Doris Thalmer **L** 85 **FSK** ab 6; f **E** 6.2.1991/20.4.1992 ARD **fd** 28 747

VERSTECKTE LEIDENSCHAFT – CAMOMILLE (CAMOMILLE). Ein einfältiger und stotternder, von seiner Mutter unterdrückter junger Bäckergehilfe begegnet einem aus besseren Lebensbedingungen entwichenen drogensüchtigen Mädchen. Trotz meistens gegensätzlichem Verhalten überwinden sie seine Unfreiheit und ihren Lebensüberdruß. Spröde, märchenhaft verfremdete Milieugeschichte mit schwach konstruierter sozialer Anklage, die eher an den Rändern durch die ironisch-romantische Erzählweise mit interessanten Beobachtungen subtile menschliche und auch formale Qualitäten gewinnt. (TV-Titel auch: »Camonille – Versteckte Leidenschaft«) ✦ Frankreich 1987 **P** K.G. Productions **KI** prokino **VA** VCL/Virgin **Pd** Michèle Ray-Gavras **R+B** Mehdi Charef **K** Patrick Blossier **M** Tony Coe **S** Luc Barnier **D** Philippine Leroy-Beaulieu (Camille), Rémi Martin (Martin), Monique Chaumette (Martins Mutter), Guy Saint-Jean (Martins Vater), Albert Delpy (Metzger), Michel Peyrelon (Jo) **L** 82 **FSK** ab 16; f **E** 16.3.1989/28.9.1989 Video **fd** 27 473

VERSTECKTE LIEBE. Ein deutscher Aussteiger wird durch zwei Kinder aus der Isolation seines kretischen Exils geführt und muß feststellen, daß er sich zu dem elfjährigen Mädchen erotisch hingezogen fühlt. Mit kargen Bildern arbeitender Schwarz-Weiß-Film über die Probleme Verlust von Kommunikation und Kinderliebe (Päderastie). Zwar zurückhaltend inszeniert, doch durch die betonte Ausgrenzung ethischer Wertungen zwiespältig. ✦ Schwarz-weiß. BR Deutschland 1987 **P** Gottfried Junker/Pro-ject/BR **KI** Filmverlag der Autoren **Pd+R+B** Gottfried Junker **K** Egon Werdin **M** Chris Heyne **S** Peter R. Adam **D** Peter Cieslinski (der Fremde), Dimitra Spanou (das Mädchen), Jorgos Balasis (Junge), Nikos Pektidou (Junge), Nektaria Nikolakakis (Kellnerin) **L** 79 **FSK** ab 6; f **FBW** w **E** 26.3.1987/22.7.1988 BR **fd** 26 092

VERSTECKTES ZIEL (BRASS TARGET). Der Tod des amerikanischen Generals Patton im Deutschland des Jahres 1945 erfährt eine neue Version als ein gerissenes, von langer Hand vorbereitetes Attentat durch einen Profikiller. Als Drahtzieher entpuppen sich hohe amerikanische Offiziere, die den General darin hindern wollten, einen bis heute mysteriösen Raub der Goldreserven der Deutschen Reichsbank im August 1945 zu klären. Kein authentisches Zeitbild, sondern ein romanhafter, spannender Thriller, der sich die Geschichte so zurechtlegt, wie er sie für seine eigene Logik braucht. Handwerklich und schauspielerisch sorgfältig. – Ab 16. ✦ Scope. USA 1978 **P** MGM **KI** CIC **Pd** Betty Adams, A. Lewis **R** John Hough **B** Alvin Boretz, nach einem Roman von Frederick Nolan **K** Tony Imi **M** Laurence Rosenthal **S** David Lane **D** Sophia Loren (Mara), John Cassavetes (Joe DeLucca), Patrick McGoohan (Mike McCauley), George Kennedy (George S. Patton), Robert Vaughn (Donald Rogers), Max von Sydow (Shelley/Webber), Sigfrit Steiner (Herr Schroeder), Heinz Bennent (Kasten) **L** 111 **FSK** ab 16; f **E** 9.3.1979 **fd** 21 148

DER VERSTEINERTE WALD (1935) (THE PETRIFIED FOREST). Ein gescheiterter Schriftsteller hat in Frankreich seine Frau verlassen und trampt ziellos durch die Wüste von Arizona. In einer Raststätte lernt er eine Serviererin kennen, die seine Liebe zur Kunst teilt und aus ihrem Milieu ausbrechen möchte. Bei einem Überfall durch Banditen läßt er sich erschießen, um der jungen Frau mit der ihr vermachten Lebensversicherungssumme die Reise nach Europa zu ermöglichen. Ein glänzend besetztes, handwerklich solides Melodram, bei dem edle Gefühle und Ideale Hand in Hand mit einer verquollen pessimistischen Pseudophilosophie gehen: Das Suchen des Literaten nach dem Tod wird nicht als verkappter Selbstmord, sondern als noble Tat dargestellt. – Ab 16 möglich. ✦ Schwarz-weiß. USA 1935 **P** Warner Bros. **Pd** Henry Blanke **R** Archie Mayo **B** Charles Kenyon, Delmer Daves, nach dem Stück von Robert E. Sherwood **K** Sol Polito **M** Bernhard Kaun **S** Owen Marks **D** Leslie Howard (Alan Squier), Bette Davis (Gabrielle Maple), Geneviève Tobin (Mrs. Chisholm), Dick Foran (Boze Hertzlinger), Humphrey Bogart (Duke Mantee) **L** 83 **E** 19.5.1965 ARD

DER VERSTEINERTE WALD (1965) →Il Tesoro

DIE VERSTOSSENE (AUS DEM INTIMEN TAGEBUCH EINER HALBJUNGFRAU) (FÖRSTA STEGEN). Eine noch minderjährige junge Frau entwickelt sich in der Kälte und Feindseligkeit ihrer Umgebung zur Kleinstadthure. Ein angeblich sozial engagierter Film, der sich in kunstgewerblicher Machart eher von spekulativen als psychologischen oder kritischen Interessen leiten läßt. ✦ Schweden 1968 **P** Swedish Film **KI** Cinerama **R** Torgny Wickman **K** Max Wilén **M** Mats Olsson **D** Solveig Andersson, Hans Wahlgren, Barbo Hjort **L** 89 **FSK** ab 18; nf **E** 21.11.1969 **fd** 16 465

VERSTRICKT IN VERGANGENES. 1945 wurde ein Offizier der bulgarischen Armee zu einer Gefängnisstrafe verurteilt, weil er Mordbefehle und Exekutionen von Partisanen geduldet hatte. Nach seiner Haftverbüßung arbeitet er als Kraftfahrer. Jahre später erfährt er, daß sein Name in den Memoiren einer ehemaligen Partisanin auftaucht und erschießt die Frau. In einem langwierigen Prozeß wird ihm die Tat nachgewiesen. ✦ **R** Nikolai Rudarow **B** Swoboda Bytscharowa **K** Plamen Wagenstein **M** Kiril Zibulka **D** Assen Angelow, Stefan Iliew, Zwetana Manewa, Anton Karastojanow, Elena Dimitrowa **L** 87 **E** 16.8.1977 DFF 2

VERSTRICKUNG (ON THE NIGHT OF THE FIRE). Ein sorgenvoller Friseur nutzt einen Zufall zum Diebstahl eines Bündels nagelneuer Pfundnoten und verfängt sich dadurch im Netz eines erpresserischen Wucherers, den er umbringt. In seinem von einem Großbrand bedrohten Viertel gemieden; weil sich allerlei Verdachtsmomente gegen ihn ansammeln, will er auswandern, sucht aber nach dem tödlichen Autounfall seiner Frau in aussichtsloser Lage selbst den Tod. Fatalistisches Kriminaldrama in düsterer Atmosphäre. – Ab 16. ✦ Schwarz-weiß. Großbritannien 1939 **P** GFD **Pd** Josef Somlo **R** Brian Desmond Hurst **B** Brian Desmond Hurst, Terence Young, Patrick Kirwan, nach dem Roman »On the Night of the Fire« von Frederick Laurence **K** Günther Krampf, Erwin Hillier **M** Miklos Rozsa **D** Ralph Richardson, Diana Wynyard, Henry Oscar, Romney Brent, Mary Clare **L** 94 **E** Mai 1946

VERSUCH'S DOCH MAL MIT MEINER FRAU (LUV). Ein in Liebe und Beruf erfolgloser junger Mann wird von einem Freund von seinen Selbstmordgedanken abgebracht. Als Gegenleistung heiratet er dessen zunächst scheidungsunwillige Frau, damit der Lebensretter seine Geliebte heiraten kann. Komödie mit wenigen ironischen Ansätzen, die in der schwerfälligen Inszenierung und in albernem Klamauk untergehen. ✦ Scope. USA 1967 **P** Martin Manulis/Jalem **KI** Columbia-Bavaria **Pd** Gordon Carroll, Martin Manulis **R** Clive Donner **B** Elliott Baker, nach einem Bühnenstück von Murray Schisgal **K** Ernest Laszlo **M** Gerry Mulligan **S** Harold F. Kress **D** Jack Lemmon (Harry Berlin), Peter Falk (Milt Manville), Elaine May (Ellen), Nina Wayne (Linda), Eddie Mayehoff (Richter Goodhart), Paul Hartman (Doyle) **L** 96 **FSK** ab 18; nf **E** 13.10.1967 **fd** 15 017

VERSUCH'S MAL AUF FRANZÖSISCH (FRENCH DRESSING). Um Leben ins langweilige englische Seebad Gormleigh-on-Sea zu bringen, organisiert ein junger Mann ein Filmfestival. Die als Stargast geladene französische Sexbombe sorgt jedoch für mehr Turbulenzen als erwartet. Ken Russells Spielfilmdebüt ist eine vergnügliche, aber nicht sonderlich tiefschürfende Persiflage auf Sex- und Werberummel, die ihren Reiz aus den formalen Verweisen auf die Keystone-Cop-Comedies der Stummfilmzeit, auf Buster Keaton und Jacques Tati bezieht. – Ab 16. ✦ Schwarz-weiß. Großbritannien 1963 **P** ABP/Kenwood Prod. **Pd** Kenneth Harper **R** Ken Russell **B** Peter Myers, Ronald Cass, Peter Britt **K** Ken Higgins **M** Georges Delerue **S** Jack Slade **D** James Booth (Jim), Roy Kinnear (Henry), Marisa Mell (Françoise Fayol), Alita Naughton (Judy), Bryan Pringle (Bürgermeister), Robert Robinson (Robert Robinson) **L** 82 **E** 3.7. 1992 Kabelkanal

VERSUCH'S MIT DER LIEBE (NEPODDAJUSCHTSCHIJESJA). Die gescheiterten und gelungenen Versuche einer jungen Komsomolzin, zwei Taugenichtse zu brauchbaren Menschen und Arbeitern zu erziehen. Sehr bescheidene Unterhaltung, die nur mühsam über die Runden kommt. – Ab 12. ✦ Schwarz-weiß. UdSSR 1959 **P** Mosfilm **KI** Progress **R** Juri Tschuljukin **B** Tatjana Sytina **K** Konstantin Browin **M** A. Spadawekkia, Kirill Moltschanow **D** Nadeshda Rumjanzewa (Nadja Berestowa), Alexej Koshewnikow (Vitja Gromobojew), W. Koslow (Wolodja Jakowlew), W. Karpowa (Rosa Katkowa) **L** 78 **E** 4.12.1959 Kino DDR/19.11.1961 DFF 1

DER VERSUCH ZU LEBEN. Eine engagierte und einfühlsam gefilmte Dokumentation über die Unfallstation eines Großstadt-Krankenhauses, der es ohne belehrende Kommentierung gelingt, die Diskrepanz zwischen Anspruch und Wirklichkeit aufzudecken. Ein beispielhaftes Plädoyer für die fragwürdigem Fortschritt geopferte Menschlichkeit. – Sehenswert ab 16. ✦ BR Deutschland 1983 **P** dffb **SF** Unidoc **R+B** Johann Feindt **K** Karl Siebig **M** Richard Wester **S** Johann Feindt **L** 90 **FBW** bw **E** 5.10.1983/6.4.1985 Neustart **fd** 25 079

VERSUCHSMASCHINE CB 5 (THE MAN IN THE SKY). Ein Testpilot rettet das für seine Firma existenzwichtige, defekt gewordene Transportflugzeug nach ernsthafter Abwägung, ob er die riskante Notlandung statt eines Fallschirmabsprungs gegenüber seiner Familie verantworten darf. Nüchtern inszeniertes Fliegerabenteuer, lebensnah und fesselnd. – Sehenswert ab 12. ✦ Schwarz-weiß. Großbritannien 1956 **P** Ealing **KI** MGM **SF** CIC **Pd** Michael Balcon **R** Charles Crichton **B** William Rose, John Eldridge **K** Douglas Slocombe **M** Gerard Schurmann **S** Peter Tanner **D** Jack Hawkins (John Mitchell), Elizabeth Sellars (Mary Mitchell), Walter Fitzgerald (Conway), Jeremy Bodkin (Nicholas Mitchell), Eddie Byrne (Ashmore) **L** 87 **FSK** ab 12; f **E** 6.12.1957/15.5.1969 ARD **fd** 6 537

VERSUCHUNG. Ein alternder verheirateter Bildhauer gerät in Konflikte, als er wiederholt in Leidenschaft zu seiner einstigen Meisterschülerin entbrennt und dies ernüchtert als Impuls für neue Kreativität begreift. Dilettantisch inszeniertes Künstlermelodram, wirr und orientierungslos. – Ab 16. ✦ Schwarz-weiß. BR Deutschland 1955 **P** Amandus/Arca **KI** NF **Pd** Willy Egger, Ernest Roberts **R+B** Josef Friedrich Fuchs **K** Walter Partsch **M** Bojan Adamic **S** Klaus Dudenhöfer **D** Ewald Balser (Prof. Marko Brand), Renate Mannhardt (Yvonne Gaubert), Irene von Meyendorff (Sabine Brand), Erik Frey (André Bernis), Walter Regelsberger (Nik), Ilse Peternell (Anni) **L** 80 **FSK** ab 16; f **E** 8.11.1955 **fd** 4 555

DIE VERSUCHUNG (1946) → Wenn der Himmel versagt

DIE VERSUCHUNG (1957) → Und draußen lauert die Sünde

DIE VERSUCHUNG (1981). Eine junge Polin folgt ihrem Mann, einem Schweizer Industriemanager, in dessen Heimat. Die gefühlsstarke und sensible Frau merkt aber bald, daß sie in diesem großbürgerlichunterkühlten, in Konventionen erstarrten Milieu eine Fremde bleiben wird. Psychologisches Drama um den Bruch zwischen Ost und West, exemplarisch abgehandelt an einem modellhaften Einzelfall, wobei die Probleme und Ungereimtheiten der freien Welt mit dem Blick des Außenstehenden analysiert werden. Hervorragend gespielt, mangelt es dem thematisch hochinteressanten Film deutlich an dramaturgischer Spannung. – Ab 16 möglich. ✦ BR Deutschland 1981 **P** WDR **Pd** Hartwig Schmidt **R+B** Krzysztof Zanussi **K** Slawomir Idziak **M** Wojciech Kilar **S** Liesgret Schmitt-Klink **D** Maja Komorowska (Martha), Helmut Griem (Ludwig), Eva Maria Meineke (Johanna), Rolf Becker (Stefan), Ellen Frank (Mutter), Mathieu Carrière (Psychiater) **L** 103 **E** 13.1.1982 WDR **fd** 23 264

VERSUCHUNG AM SEE (KUU ON VAARALLINEAN). Ein männerjagendes Mannequin verdreht einem jungen Mechaniker derart den Kopf, daß er tödlich verunglückt, worauf der ältere, verheiratete Liebhaber dessen Leiche vergräbt. Ein pseudomoralisches Melodram mit spekulativem Anstrich, schlecht inszeniert und miserabel gespielt. ✦ Schwarz-weiß. Finnland 1961 **P** Suomen **KI** Opal/Film-Allianz **R+B** Toivo Särkkä **K** Olavi Toumi **M** Einar Englund **D** Liana Kaarina (Elga), Toivo Mäkelä (Sten Lehtoja), Esko Salminen (Reino), Eero Roine (Reinos Vater), Rose-Marie Precht (Maja), Åke Lindman (Ortspolizist) **L** 98 **FSK** ab 18; nf **E** 27.7.1962 **fd** 11 303

VERSUCHUNG AUF 809 (DON'T BOTHER TO KNOCK). Ein kaltschnäuziger Pilot wird von seiner Braut verlassen und bahnt ein Liebesabenteuer mit einer im Hotel als Babysitter tätigen Blondine an. Als er bemerkt, daß er es mit einer ungeheilt aus der Anstalt entlassenen Geisteskranken zu tun hat, kümmert er sich selbstlos um sie und gewinnt dadurch die Liebe seiner Braut zurück. Darstellerisch und inszenatorisch solides Psychodrama, das aber allzu stark vereinfacht, um zu überzeugen. – Ab 16. ✦ Schwarz-weiß. USA 1952 **P** 20th Century Fox **KI** Centfox **Pd** Julian Blaustein **R** Roy Ward Baker **B** Daniel Taradash, nach einer Erzählung von Charlotte Armstrong **K** Lucien Ballard **M** Lionel Newman **S** George Gittens **D** Richard Widmark (Jed Towers), Marilyn Monroe (Nell), Anne Bancroft (Lyn Leslie), Donna Corcoran (Bunny), Joanne Cagney (Rochelle), Elisha Cook jr. (Eddie), Jim Backus (Peter Jones) **L** 77 **FSK** ab 16; f **E** 6.3.1953 **fd** 2 445

VERSUCHUNG AUF DER SCHULBANK (SPARE THE ROAD). Erziehungsprobleme in einer düsteren Vorstadtschule von London. Im Mittelpunkt steht ein idealistischer Lehrer, der auf die bei seinen Kollegen übliche Prügelmethode verzichtet. Ein in seinem sozialen Anspruch engagierter Film, der formal dem Thema nur bedingt gerecht wird, zumal er gelegentlich ins Reißerische abgleitet. – Ab 16 möglich. ✦ Schwarz-weiß. Großbritannien 1960 **P** Weyland Films **KI** Gloria **Pd** Victor Lyndon **R** Leslie Norman **B** John Cresswell, nach einem Roman von Michael Croft **K** Paul Beeson **M** Laurie Johnson **S** Gordon Stone **D** Max Bygraves (John Saunders), Donald Pleasence (Mr. Jenkins), Geoffrey Keen (Mr. Gregory), Betty McDowall (Miss Collins), Richard O'Sullivan (Harkness), Claire Marshall (Margaret) **L** 93 **FSK** ab 16; f **E** 31.8.1962 **fd** 11 401

DIE VERSUCHUNG – DER PRIESTER UND DAS MÄDCHEN. Ein in die Krise geratener Diakon und eine von ihrem Freund betrogene junge Frau lernen sich auf der Insel Amrum kennen, wo beide ihr Leben zu ordnen versuchen. Beide fühlen sich zueinander hingezogen, wobei der angehende Priester seine Berufung verschweigt. Als die junge Frau schwanger wird, wird die Situation noch komplizierter. TV-Melodram. ✦ Deutschland 1995 **P** SAT 1 **Pd** Peter Freund **R** Udo Witte **B** Peter Freund, Anita Mally **D** Muriel Baumeister (Katja Simon), Johannes Brandrup (Christian Röhmer), Benedict Freitag (Thomas Vermeulen), Traugott Buhre (Pfarrer Landgraf), Barbara Werz (Heike Schuhmann), Eva Maria Bauer (Elli Lauritzen) **L** 90 **E** 5.3.1995 SAT 1

DIE VERSUCHUNG DES ZUFALLS (LES FRISSONS DU HASARD). Fünfteilige Dokumentation über das Glücksspiel und seine Ambivalenz zwischen dem Traum vom Reichtum und dem Risiko des Ruins. Untersucht werden fünf Schauplätze des Glücksspiels: die »Loterie Suisse Romande« in der Schweiz, ein Casino in Arizona, eine Gruppe Spielsüchtiger in Madrid, Lotterien in Georgien und in Tunesien. ✦ Schweiz 1997 **R** Alex Mayenfisch, Stéphane Goel, Fernand Melgar, Frédéric Gonseth, Jean-François Amiguet **L** 77 **E** 1.10.1998 arte

DIE VERSUCHUNG HEISST JENNY (LOS PIANOS MECANICOS / LES PIANOS MECANIQUES / AMORI DI UNA CALDA ESTATE). Ein Pariser Kunstkritiker macht Urlaub in einer Villa an der Costa Brava, die ihm sein Mäzen, ein amerikanischer Millionär, zur Verfügung stellt. Zwischen gescheiterten Intellektuellen, neurotischen Künstlern und gelangweilten Neureichen kommt es zu erotischen Wechselspielen, wobei Ratlosigkeit und Sinnleere zutage treten. Eine fragwürdige Studie der Dekadenz: eher resignativ als kritisch und eher larmoyant als engagiert, gelingt es dem Film nicht, die politisch-sozialen Implikationen der Geschichte deutlich zu machen. Die Inszenierung überschreitet nur selten die Grenzen der touristischen Postkarten-Perspektive und der gehobenen Kolportage. ✦ Spanien/Frankreich/Italien 1964 **P** Cesareo Gonzales/Films Borderie/Precitel/Terra/Francos/Standard/King/Explorer **KI** Gloria **R** Juan Antonio Bardem **B** Juan Antonio Bardem, nach dem Roman »Les pianos mécaniques« von Henri François Rey **K** Gabor Pogany **M** Georges Delerue **S** Juan Antonio Bardem **D** Melina Mercouri (Jenny), James Mason (Pascal Regnier), Hardy Krüger (Vincent Moreuil), Maurice Teynac (Reginald), Keiko Kishi (Nora), Didier Haudepin (Daniel) **L** 96 **FSK** ab 18; f **E** 29.7.1966/21.1.1979 DFF 2 **fd** 14 188

VERSUCHUNG IM SOMMERWIND. Mit drei Freunden als Aufpasser will ein berühmter Chirurg die Treue seine attraktiven Frau absichern, da er sie selbst nicht auf einer Mittelmeer-Kreuzfahrt begleiten kann. Sie rächt sich, indem sie jedem eine Liebhaberrolle zuspielt. Anspruchslose Komödie, die mit der ehelichen Untreue kokettiert. Zu stark auf Effekte bedacht und allzu konstruiert, um den ironischen Pointen komödiantische Wirkung zu verleihen. Bemerkenswert allenfalls durch die Begegnung mit Helmut Käutner in der Hauptrolle. – AB 16 möglich. ✦ BR Deutschland 1972 **P** Rolf-Kauka-Film **KI** Constantin **Pd** Franz Seitz **R** Rolf Thiele **B** Georg Laforet (= Franz Seitz) **K** Peter Reimer **M** Peter Thomas **S** Jutta Neumann, Gisela Haller **D** Helmut Käutner (Prof. Dr. Dr. Bomhard), Yvonne Furneaux (Claudia, seine Frau), Christiane Hörbiger (Renate), Paul Hubschmid (Karl-Maria), Peter Vogel (Federico), Friedhelm Lehmann (Bernhard), Charlotte Kerr (Dame) **L** 81 **FSK** ab 16; nf **E** 1973 Kino **fd** 18 342

VERSUCHUNG IN LIEBE (UN TENTATIVO SENTIMENTALE / AMOURS SANS LENDEMAIN). Ein wohlhabender Architekt und eine verheiratete Frau versuchen, aus ihrer Zufallsbekanntschaft eine dauerhafte Beziehung zu machen, scheitern aber an ihrer unbewältigten Vergangenheit und an unvereinbaren Glücksvorstellungen. Gepflegtes Drama, das in der Inszenierung epigonal (Anleihen bei Antonioni und Fellini), in den Dialogen literarisch verquast ist. Durchaus dezent in der Zeichnung der Charakterstudien, aber letztlich oberflächlich. ✦ Schwarz-weiß. Italien/Frankreich 1963 **P** Franca/Federiz/France Cinéma **Kl** Cine-Union **R** Pasquale Festa Campanile, Massimo Franciosa **B** Elio Bartolini, Luigi Magni, Pasquale Festa Campanile, Massimo Franciosa **K** Ennio Guarnieri **M** Piero Piccioni **S** Ruggero Mastroianni **D** Françoise Prévost, Jean-Marc Bory, Leticia Roman, Gabriele Ferzetti, Giulio Bosetti, Barbara Steele, Theresa Orsini **L** 91 **FSK** ab 18; f **E** 9.4.1965 **fd** 13 473

DIE VERSUCHUNG – TENDER LOVING CARE (TENDER LOVING CARE). Nachdem ein junges Ehepaar seine Tochter bei einem Autounfall verloren hat, findet der Mann scheinbar wieder ins normale Leben zurück, während die Frau in einen katatonischen Zustand verfällt. Er zieht eine Therapeutin zu Rate, die seiner Frau wieder in die Realität zurückhelfen soll, fängt aber rasch an, an den Methoden der Ärztin zu zweifeln. Ein konsequent aus dem Blickwinkel des Mannes erzählter Film, der seinem Zuschauer nur langsam die seelischen Abgründe seiner Personen erschließt und subtile Andeutungen und eine beängstigende Atmosphäre simplen Schock-Effekten vorzieht. Ein angenehmens Seherlebnis mit interessanten Abweichungen von den Normen des Psychothrillers, an dessen Ende jeder schöne Schein in Frage gestellt wird. ✦ USA 1997 **P** Trilobyte/Aftermath **VA** VMP (Kinowelt) **Pd** Rob Landers **R** David Wheeler **B** David Wheeler, nach einem Roman von Andrew Neiderman **K** Calvin Kennedy **M** John Welsman **S** Marie Walling **D** Michael Esposito (Michael Overton), Beth Tegarden (Kathryn Randolph), Brandy Carson (Mrs. Greenstreet), John Hurt (Dr. Turner), Marie Caldare (Allison Overton) **L** 114 **FSK** ab 16 **E** 26.3.1999 Video **fd** 33 746

DIE VERSUCHUNGEN DES MIMI →Mimi, in seiner Ehre gekränkt

DER VERSUNKENE ERDTEIL →Unga Khan, der Herr von Atlantis (1. Der versunkene Erdteil / 2. Der Turm der Vernichtung)

DAS VERSUNKENE IMPERIUM (HRAFNINN FLYGUR / KORPEN FLYGER). Ein junger Ire kommt nach Island, um sich an zwei norwegischen Wikingern zu rächen, die vor zwanzig Jahren während eines Beutezuges seine Eltern töteten und seine Schwester verschleppten. Vor großartiger Naturkulisse angesiedelter Abenteuerfilm nach einer alten isländischen Saga, der sich zahlreicher filmischer Vorbilder, vor allem Motiven des Italo-Westerns, bedient. Ein auch in der Berücksichtigung ethnischer Authentizität reizvoller Film, der freilich erst spät die blutrünstigen Ereignisse kritisch hinterfragt. (Neuer Videotitel: »Hakan, der Barbar«; TV-Titel: »Odins Raben«) ✦ Island/Schweden 1983/84 **P** F.I.L.M./Viking/Svenska Filminstitutet **VA** VCL/Virgin **Pd** Bo Jonsson **R+B** Hrafn Gunnlaugsson **K** Tony Forsberg, Stefan Hencz **M** Hans-Erik Philip, Sigvaldi Kaldalóns **S** Hrafn Gunnlaugsson **D** Jakob Thor Einarsson (Gest), Edda Björgvinsdóttir (Gests Schwester), Helgi Skúlason (Thor), Egill Olafsson (Thors Bruder), Flosi Olafsson (Erik), Sveinn M. Eidsson (Wächter) **L** 97 **FSK** ab 12 **E** 28.9.1985 DFF 2/10.5.1988 Video **fd** 27 006

VERSUNKENE WELT (THE LOST WORLD). Finanziert von einer Tageszeitung, bricht ein angesehener Wissenschaftler auf, um seine Thesen von der Existenz prähistorischen Lebens auf einem Hochplateau im Amazonas-Gebiet zu beweisen. Seine Expedition ins Quellgebiet des Flusses stößt auf Ichtyosaurier, Steinzeit-Menschen und Diamanten. Die abenteuerlich-fantastische Geschichte Arthur Conan Doyles wurde in die Gegenwart verlegt und büßt damit sowohl an Charme als auch den Reiz wissenschaftlicher Naivität ein. Was bleibt, ist ein weitgehend unglaubwürdiger und oft unfreiwillig erheiternder Abenteuerfilm mit allen Klischees des Genres. – Ab 12 möglich. ✦ Scope. USA 1960 **P** 20th Century Fox/Saratoga **Kl** Centfox **Pd+R** Irwin Allen **B** Irwin Allen, Charles Bennett, nach einem Roman von Arthur Conan Doyle **K** Winton C. Hoch **M** Paul Sawtell, Bert Shefter **S** Hugh S. Fowler **D** Claude Rains (Prof. Challenger), Michael Rennie (Lord Roxton), Jill St. John (Jennifer Holmes), Richard Haydn (Professor Summerlee), David Hedison (Ed Malone), Fernando Lamas (Gomez), Ray Stricklyn (David), Ian Wolfe (Burton White) **L** 96 **FSK** ab 12; nf **E** 14.10.1960 **fd** 9 533

VERSUNKENEN GÖTTERN AUF DER SPUR. Dokumentation über die Suche nach einem vor der Küste Somalias versunkenen Schiff, das mit wertvollen südostasiatischen Statuen beladen sein soll. Angesichts des Bürgerkriegs im Somalia des Jahres 1995 wurden die Schatzsucher von Milizionären bewacht. ✦ Frankreich 1996 **R** Karel Prokop **L** 92 **E** 1.2.1998 arte

VERSUNKENER MORGEN (MANHA SUBMERSA). Ein 12jähriger Bauernjunge wird von einer Großgrundbesitzerin auf ein Priesterseminar geschickt. Hier wird er weniger zum Dienst am Menschen erzogen, als durch Unterdrückungsmechanismen abgerichtet. Als einzige Fluchtmöglichkeit erscheint ihm schließlich die den Ausschluß provozierende Selbstverstümmelung. Eine vehemente Auseinandersetzung mit dem Geist und den Methoden im Portugal des Diktators Salazar: genau in der Beschreibung der Atmosphäre, festgehalten in sehr melancholischen Bildern. ✦ Portugal 1980 **P** Lauro António Prod. **Pd+R** Lauro António **B** Lauro António, nach einem Roman von Vergilio Ferreira **K** Elso Roque **M** Giuseppe Verdi **S** Lauro António **D** Eunice Muñoz, Vergilio Ferreira, Joaquim Manuel Dias, Adelaide Joao, Bruno Vasconcelos Beltrao **L** 127 **E** 2.8.1982 ARD **fd** 23 546

DIE VERTAGTE HOCHZEITSNACHT. Mit einem Doktor frisch verheiratet, bricht die Tochter eines Futtermittel-Grossisten die Hochzeitsreise in Venedig ab, um sich scheiden zu lassen, weil sie eheliche Untreue mutmaßt. Anspruchsloses Verwechslungslustspiel, das seinen Witz aus dümmlich-zweideutigen Anspielungen zu beziehen versucht. ✦ Schwarz-weiß. BR Deutschland 1953 **P** Ariston **Kl** NF **Pd** Franz Seitz, Jochen Genzow **R** Karl Georg Külb **B** Karl Georg Külb, nach dem Schwank »Vertagte Nacht« von Arnold und Bach **K** Ernst W. Kalinke **M** Friedrich Meyer **S** Walter Fredersdorf, Gertrud Dreyer **D** Theo Lingen (Dr. Reinhold Zibelius), Steffie Strouk (Gabriele Zibelius), Hans Leibelt (Emil Dobermann), Margot Hielscher (Susi Dobermann), Viktor Staal (Karlheinz Reiling), Paul Westermeier (Schellhase), Käthe Haack (Ide Dobermann) **L** 85 **FSK** ab 18; nf **E** 2.7.1953 **fd** 2 601

VERTAUSCHTE BRAUT →Liebe und Trompetenblasen

DIE VERTAUSCHTE KÖNIGIN. Märchenfilm über eine hartherzige Königin, die ihre Untertanen schikaniert, bis ihr ein Kanonier und der Bänkelsänger-Hofnarr mit Hilfe der beherzten Frau des Schmiedes, die ihr sehr ähnlich sieht, eine Lektion erteilen. Brav gespielte, konventionelle Variation des uralten Märchenmotivs vom armen Doppelgänger, der mit guten Charaktereigenschaften ausgestattet ist. – Ab 10. ✦ Scope. DDR 1983 **P** DEFA, Gruppe »Babelsberg« **Kl** Progress **VA** Icestorm **Pd** Erich Albrecht **R+B** Dieter Scharfenberg **K** Jürgen Kruse **M** Christian Steyer **S** Christa Helwig **D** Ursula Karusseit (Königin/Schmiedin), Kurt Böwe (Schmied), Klaus Piontek (Hofmarschall), Christian Steyer (Bartholomäus), Andreas Pannach (Jörg) **L** 74 **E** 11.5.1984 Kino DDR/14.2.1987 DFF 1/19.8.1988 ARD/27.3.2001 Video

DIE VERTAUSCHTEN EHEMÄNNER →Wer küßt wen?

VERTAUSCHTES GLÜCK (THE GREAT LIE). Ein Pilot, der zwischen zwei Frauen steht und sich eher per Zufall für eine der beiden als Ehefrau entscheidet, stürzt bei einem Flug über dem brasilianischen Dschungel ab. Seine Witwe überredet daraufhin seine Geliebte, die ein Kind von dem Vermißten erwartet, dieses für sie auszutragen. Als der Pilot eines Tages zurückkehrt, verschweigt seine Frau ihm die Herkunft des Kindes, während die Geliebte angesichts des Familienglücks neidisch wird und versucht, den Mann für sich zu gewinnen. Ein verzwicktes Melodram, das trotz seiner unglaubwürdigen Handlung dank einer soliden Regie und des hervorragenden Spiels der beiden Hauptdarstellerinnen annehmbar unterhält. – Ab 14. ✦ Schwarz-weiß. USA 1941 **P** Warner Bros. **Pd** Hal B. Wallis **R** Edmund Goulding **B** Lenore Coffee, nach dem Roman »January Heigths« von Polan Blanks **K** Tony Gaudio **M** Max Steiner **S** Ralph Dawson **D** Bette Davis (Maggie Patterson), George Brent (Pete Van Allen), Mary Astor (Sandra Kovak), Lucile Watson (Tante Ada), Hattie McDaniel (Violet), Grant Mitchell (Joshua Mason), Jerome Cowan (Jack Thompson) **L** 107 **E** 7.4.1998 ARD

VERTAUSCHTES LEBEN. Die Verwechslung zweier Säuglinge in einer Bombennacht des Zweiten Weltkriegs stürzt 18 Jahre später, als beide Mädchen heiratsfähig sind, die jeweilige Familie in Kummer und Konflikte. Der berühmte Pianist muß jetzt begreifen, warum seine »Tochter« unmusikalisch ist, während die Tochter der verwitweten kleinen Strickwarenhändlerin, an eben jener Musikhochschule studiert, an der er, der Professor, unterrichtet. Ein Film mit den Charakteren deutscher Frauenromane von vorgestern, der alle tieferreichenden Probleme umschifft. – Ab 16. ✦ Schwarz-weiß. BR Deutschland 1961 **P** Divina **Kl** Gloria **Pd** Eberhard Meichsner **R** Helmut Weiss **B** Maria von der Osten-Sacken, Helmut Weiss **K** Franz Weihmayr **M** Peter Mösser **S** Werner Preuss **D** Karin Baal (Brigitte Bertram), Barbara Frey (Katharina Lindner), Rudolf Prack (Alexander Bertram), Carola Höhn (Maria Bertram), Camilla Spira (Luise Lindner), Gerhart Lippert (Nikolaus Dahlem), Kalle Gaffkus (Otto Klemm) **L** 92 **FSK** ab 12; f **E** 19.5.1961 **fd** 10 238

VERTEIDIGER DES WELTALLS (DEFENDERS OF SPACE). Drei Zeichentrick-Episoden der Weltraumabenteuer um die »Masters of the Future«: 1.) »Angriff auf Orora«; 2.) »Die Rettung der Überlebenden«; 3.) »Die Entscheidungsschlacht«. Anspruchsloseste Science-Fiction-Kost auf unterstem Niveau. – Ab 14 möglich. ✦ USA 1988 **VA** Allround **L** 77 **FSK** ab 12 **E** Video

DER VERTEIDIGER HAT DAS WORT. Ein berühmter verwitweter Strafverteidiger wird zum Kriminalisten, um den des Mordes an einer Tänzerin verdächtigten künftigen Schwiegersohn, einen geschiedenen Juwelier, zu entlasten, gegen den sämtliche Indizien sprechen. Nach herkömmlichem Rezept konstruierter Kriminalfilm, psychologisch streckenweise unglaubwürdig, doch fesselnd durch die hervorragende Darstellung von Heinrich George in der Titelrolle. – Ab 14. ✦ Schwarz-weiß. Deutschland 1944 **P** Tobis **Kl** NWDF **R** Werner Klingler **B** Harald G. Petersson, nach einer Idee von Edgar Kahn **K** Georg Bruckbauer **M** Willi Mattes **D** Heinrich George, Rudolf Fernau, Carla Rust, Margit Symo, Karl Schönböck **L** 89 **FSK** ab 12; f **E** 6.4.1944/1.8.1960 DFF 1/31.3.1975 ZDF **fd** 813

DIE VERTEILUNG VON BLEI (THE DISTRIBUTION OF LEAD). Downtown-Manhattan: Eine selbsternannte Gruppe von Revolutionären, die eine Börsenmaklerfirma unter ihre Kontrolle gebracht hat, hält Schuldverschreibungen in Höhe von 2,5 Mio. Dollar in ihren Händen. Sie will untertauchen, bis das Geld liquide ist, wird aber plötzlich von Heckenschützen überfallen. Während des nächtlichen Belagerungszustandes versucht jedes Gruppenmitglied, sein eigenes Süppchen zu kochen, und auch das vermeintliche Opfer hat es, wie sich zeigt, faustdick hinter den Ohren.

Schwarze Komödie, die die Konsequenzen von Geldgier aufzeigt und ihre Protagonisten mit der von ihnen propagierten Gewalt konfrontiert. (O.m.d.U.) – Ab 16. ✦ USA 1988 **P** Libin Prod. **Pd+R+B** Charles Libin **K** Paul Cameron **M** John Zorn **S** Charles Libin **D** Katharine Ross (Maude), Pouran Esrafily (Paula), Ely Rowe (Fred), Ghasem Ebrahimian (Gus), Derek Lynch (Albert) **L** 75 **E** 20.8.1992 West 3

VERTEUFELT (THE TORMENTED / EERIE MIDNIGHT HORROR SHOW). Eine Kunststudentin entwendet eine Heiligenstatue aus einer Kirche. Das Grauen beginnt, als diese zum Leben erwacht und sich als die sexbesessene Reinkarnation des Teufels entpuppt. Abstoßender Horrorfilm. ✦ Italien 1979 **P** Tiberia/21st Century **VA** Screentime **R** Mario Gariazzo **D** Stella Carnacina, Chris Avram (= Cristea Avram), Lucretia Love, Ivan Rassimov, Gabriele Tinti **L** 79 **E** Mai 1985 Video

VERTICAL LIMIT (VERTICAL LIMIT). Nach einem tragisch verlaufenden Kletterabenteuer, bei dem der Vater den Tod fand, trennen sich die Wege zweier Geschwister. Erst Jahre später sehen sie sich anlässlich der Besteigung des K2 wieder. Bei einem erneuten Bergunglück hat der Bruder Gelegenheit, sich zu rehabilitieren und die Schwester zu retten. Ein fotografisch eindrucksvolles Bergsteigerdrama, dessen Konfliktpotenzial sich den Dimensionen einer antiken Tragödie annähert. Die spektakulären Bilder überdecken freilich das menschliche Drama, zumal die Charaktere nur ungenügend entwickelt sind. DVD: Die umfangreichen Extras umfassen u. a. einen dt. untertitelten Audiokommentar des Regisseurs und des Produzenten Lloyd Phillips. Als US-Import ist ebenfalls eine DTS-Version erhältlich. – Ab 14. ✦ USA 2000 **P** Mountain High Prod./Columbia **KI** ColumbiaTriStar **VA** Columbia TriStar Home **DVD** Columbia TriStar Home (16:9, 1.85:1, DD5.1 engl./dt.) **Pd** Lloyd Phillips, Martin Campbell, Robert King **R** Martin Campbell **B** Terry Hayes, Robert King **K** David Tattersall **M** James Newton Howard **S** Thom Noble **D** Chris O'Donnell (Peter Garrett), Bill Paxton (Elliot Vaughn), Robin Tunney (Annie Garrett), Scott Glenn (Montgomery Wick), Izabella Scorupco (Monique Aubertine), Temuera Morrison (Major Rasul), Nicholas Lea (Tom McLaren) **L** 124 **FSK** ab 12; f **E** 25.1.2001/24.7.2001 Video & DVD **fd** 34 677

VERTIGO – AUS DEM REICH DER TOTEN (VERTIGO). Ein wegen Höhenangst aus dem Polizeidienst ausgeschiedener Detektiv verliebt sich in die neurotische Frau eines Schulfreundes, die er überwachen soll. Als sie sich von einem Kirchturm stürzt, fühlt er sich an ihrem Tode schuldig. Später begegnet er einer Doppelgängerin der Toten und muß schließlich feststellen, daß er einem Täuschungsmanöver zum Opfer gefallen ist. Hinter der perfekten, herausragend gespielten Kriminalgeschichte offenbart sich ein brillantes psychologisches Seelendrama, in dem es um Liebe geht, aber auch darum, wie Liebe durch die Obsessionen der Fantasie verhindert wird: ein Mann liebt seine Vorstellung einer Frau und versucht, sie danach zu gestalten. In der außergewöhnlichen Spannungsdramaturgie werden die Schichten und Widersprüche des inneren Seelenlebens der Hauptfigur subtil aufgedeckt. (Früherer Titel: »Aus dem Reich der Toten«) DVD: Die Special Edition beinhaltet u. a. einen Audiokommentar des Produzenten Herbert Coleman sowie der beiden Filmrestaurateure Robert A. Harris und James C. Katz. – Sehenswert ab 14. ✦ Scope. USA 1958 **P** Paramount **KI** UIP (Erstverleih: Paramount) **VA** Universal **DVD** Universal Home (SE 16:9, 1.85:1, DD5.1 engl., DS dt.) **Pd+R** Alfred Hitchcock **B** Alec Coppel, Samuel Taylor, nach dem Roman »D'Entre Les Morts« von Pierre Boileau und Thomas Narcejac **K** Robert Burks **M** Bernard Herrmann **S** George Tomasini **D** James Stewart (John »Scottie« Ferguson), Kim Novak (»Madeleine Elster«/Judy B.), Tom Helmore (Gavin Elster), Barbara Bel Geddes (Midge Wood), Konstantin Shayne (Pop Liebl) **L** 128 **FSK** ab 12; f (fr. 16; nf) **FBW** w **E** 3.2.1959/Neustart 1984/21.5.1966 ARD/30.12. 1989 DFF 1/13.8.1999 Video/2.5.2000 DVD **fd** 7 835

DER VERTRAG (CONTRATTO). Ein im Auftrag der drei italienischen Metallarbeitergewerkschaften hergestellter Film über die Arbeitskämpfe im »heißen Herbst« 1969. Der Film beschreibt nicht nur die Ereignisse, sondern appelliert, die Kämpfe fortzuführen. ✦ Schwarz-weiß. Italien 1970 **P** Unitelefilm **SF** Freunde der Deutschen Kinemathek **R** Ugo Gregoretti **L** 87 **E** 1973 Kino

VERTRAG MIT MEINEM KILLER →I Hired A Contract Killer

VERTRAG MIT MEINEM MÖRDER →I Hired A Contract Killer

VERTRAUE KEINEM FREMDEN (NEVER TAKE SWEETS FROM A STRANGER). Der Kriminalfall eines einflußreichen Greises, Sägewerksbesitzer in einem kanadischen Provinznest, der krankhaft veranlagt und eine Gefahr für Kinder ist. Erst eine Mordtat führt die Einweisung des Triebtäters in eine Anstalt herbei. Auf Warnung im Sinne des Titels bedacht, ist der Film doch eher an der Sensation interessiert, was seine Qualitäten merklich mindert. Sehr suggestiv: Shakespeare-Darsteller Aylmer als Sittlichkeitsverbrecher. (DDR-Titel: »Nimm nichts Süßes von Fremden«) – Ab 16 möglich. ✦ Scope, schwarz-weiß. Großbritannien 1959 **P** Hammer **KI** Columbia **R** Cyril Frankel **B** John Hunter, nach einem Roman von Roger Garis **K** Freddie Francis **M** Elizabeth Lutyens **S** James Needs **D** Gwen Watford (Sally), Patrick Allen (Peter), Felix Aylmer (Olderberry Senior), Niall MacGinnis (Verteidiger), Alison Leggatt (Martha), Bill Nagy (Oldenberry Junior) **L** 81 **FSK** ab 16; f **FBW** w **E** 27.1.1961/1.2.1963 Kino DDR/10.8. 1968 ARD **fd** 9 938

VERTRAUEN (1976) (DOWERIJE). 31.12.1917: Vertreter der finnischen Regierung treffen in Petrograd am Sitz des Rates der Volkskommissare der RSFSR ein, um von der Sowjetregierung die Anerkennung der vollständigen Unabhängigkeit Finnlands zu erbitten. Dokumentarisch genaue, interessante und anspruchsvolle Darstellung eines für beide Länder wichtigen Kapitels ihrer Geschichte. Bemerkenswerte schauspielerische Leistung des Lenin-Darstellers Kirill Lawrow. – Ab 16. ✦ UdSSR/Finnland 1976 **P** Lenfilm/Fennada-Film **KI** Progress **R** Viktor Tregubowitsch, Edvin Laine **B** Michail Schatrow, Wladen Loginow **K** Dmitri Meschijew **M** Georgi Swiridow **D** Kirill Lawrow (W. I. Lenin), Wladimir Tatossow (Swerdlow), Igor Dmitrijew (Bontsch-Brujewitsch), Margarita Terechowa (Kollontai), Antonia Schuranowa (Rosa Luxemburg) **L** 93 **E** 21.4.1977 DFF 2/17.5. 1977 Kino DDR

VERTRAUEN (1979) →Zimmer ohne Ausgang

VERTRAUEN IST ALLES. Der Direktor eines Landhotels will seine verwöhnte Tochter an den Ernst des Lebens heran führen und setzt sie als Zimmermädchen im eigenen Betrieb ein. Gleichzeitig wird ein Aufpasser engagiert, der der jungen Frau auf die Finger schauen soll. Beide sind sich auf Anhieb unsympathisch, was die große Liebe jedoch nicht verhindern kann. Seichte Liebeskomödie. ✦ Deutschland 1999 **P** ZDF **Pd** Dietrich Kluge **R** Berno Kürten **B** Berno Kürten, Dietrich Kluge **K** Michael Wiesweg **M** Ludwig Eckmann **S** Bettina Böhler **D** Alexandra Maria Lara (Jennifer), Xaver Hutter (Mike), Peter Simonischek (Dr. Ernst Blankenburg), Gerd Wameling (Harry Sommer), Saskia Vester (Karin Kern) **L** 87 **E** 14.2.2000 ZDF/26.9.2001 ORF 2

VERTRAUENSBRUCH (ABUS DE CONFIANCE). Eine mittellose 22jährige Jurastudentin gibt sich als uneheliche Tochter eines berühmten und wohlhabenden Schriftstellers aus und wird als Pflegetochter in dessen Familie aufgenommen, bis seine Frau Nachforschungen über die Vergangenheit der jungen Frau anstellt. Bürgerliches Melodram mit differenziert gezeichneten Frauenfiguren, das melodramatische Elemente mit realistischen Szenen verwebt. – Ab 14. ✦ Schwarz-weiß. Frankreich 1937 **P** U.S.I.F./Berscholz **R** Henri Decoin **B** Pierre Wolff, Jean Boyer, Henri Decoin **K** Léonce-Henry Burel **M** Georges van Parys **D** Danielle Darrieux, Charles Vanel, Valentine Tessier, Yvette Lebon, Jean Worms **L** 91 **E** 15.12. 1988 S 3

VERTRÄUMTE TAGE (L'AIGUILLE ROUGE). Während des Urlaubs in den Bergen gibt sich die psychotische Ehefrau eines um sie besorgten Wirtschaftlers einem Bergsteiger hin, der jedoch, vom Blitz getroffen, abstürzt. Mit religiöser Dekoration ausstaffiertes Melodram nach Vicky Baums Novelle. Banale Unterhaltung voller kitschiger Verniedlichungen. Der Film wurde in einer französischen und in einer deutschen Fassung gedreht. – Ab 16. ✦ Schwarz-weiß. BR Deutschland/Frankreich 1950 **P** Alcina **KI** NF **Pd** Marcel Bertrau, Fritz Fuhrmann, Günther Pischeder **R** Emil E. Reinert (frz. Version), Franz Zimmermann (dt. Version) **B** Johannes Mario Simmel (dt. Version), Erich Kröhnke (dt. Version), Henri André Legrand (frz. Version), André Haguet (frz. Version), nach der Novelle »Das Joch« von Vicky Baum **K** Bertl Höcht (dt. Version), André Bac (frz. Version) **M** Joe Hayos **D** Aglaja Schmid, O. W. Fischer, Axel von Ambesser, Josef Sieber, Claude Marys, Michel Auclair, Michèle Philippe, Jean Marchat, René Génin **L** 78 **FSK** ab 16; f **E** 17.8.1951 **fd** 1 323

VERTRAUTER FEIND (THE DEVIL'S OWN). Ein berüchtigter IRA-Kämpfer will in Amerika Raketen für den Kampf gegen die Briten besorgen. Unter falschem Namen wohnt er bei der ahnungslosen Familie eines Polizisten. Dann aber kommt der rechtschaffene Polizist hinter die Pläne des neuen Freundes. Der Bürgerkrieg in Nordirland dient als Folie für einen mittelmäßigen Thriller, bleibt dabei unreflektiert und verliert zusehends an Bedeutung; die Figur des IRA-Kämpfers wird zum Helden stilisiert und scheint allein von persönlicher Rache getrieben. Der Film ist mehr an der unmöglichen Freundschaft zwischen Terrorist und Polizist interessiert, die er aber psychologisch nicht schlüssig darstellt. – Ab 16. ✦ Scope. USA 1996 **P** The Devil's Own Prod. (für Columbia TriStar) **KI** Columbia TriStar **VA** Columbia TriStar **DVD** Columbia TriStar Home (16:9, 2.35:1, DD5.1 engl./dt.) **Pd** Lawrence Gordon, Robert F. Colesberry **R** Alan J. Pakula **B** Kevin Jarre, Robert Mark Kamen **K** Gordon Willis **S** Tom Rolf **D** Harrison Ford (Sergeant Tom O'Meara), Brad Pitt (Frankie McGuire/Rory Devaney), Ruben Blades (Sergeant Edwin Diaz), Treat Williams (Billy Burke), Natascha McElhone (Megan Thompson) **L** 111 **FSK** ab 12; f **E** 27.3.1997/7.10.1997 Video/2.10.1998 Premiere/ 29.9.1998 DVD **fd** 32 469

VERTRAUTER FREMDER (A PERFECT STRANGER). Schnulzen-Verfilmung nach einem Bestseller. Die wesentlich jüngere Frau eines vom Tode gezeichneten Millionärs lernt einen Anwalt kennen und lieben. Eine Affäre ohne Zukunft, da sie sich nie von ihrem Mann trennen wird. Als dieser davon erfährt, begeht er Selbstmord, nicht ohne vorher einen klärenden Brief verfaßt zu haben. Bevor der Brief gefunden wird und neues Liebesglück winken kann, muß noch manche Träne vergossen werden. – Ab 16 möglich. ✦ USA 1994 **R** Michael Miller **B** Gordon McClellan, nach einem Roman von Danielle Steel **D** Robert Urich (Alex Hale), Stacy Haiduk (Raphaella Phillips), Darren McGavin (John Henry), Holly Marie Combs (Amanda), Susan Sullivan (Marion Ross) **L** 88 **E** 10.7.1996 ZDF

VERTRAUTER KILLER (JACK REED: ONE OF OUR OWN). Solider Fernsehthriller um den bereits als Seriengestalt etablierten Polizei-Sergeanten Jack Reed aus Chicago (vgl. auch »Jack Reed: Gnadenlose Jagd«). Der couragierte Polizist stößt bei Ermittlungen in einem Mordfall auf eine Spur, die in Politikerkreise führt, und wird schließlich selbst des Mordes verdächtigt. ✦ USA 1995 **R** Brian Dennehy **B** Brian Dennehy, Bill Phillips **K** Ron Orieux **M** Lee Holdridge **D** Brian Dennehy (Jack Reed), Charles S. Dutton

(Charles Silvera), Susan Ruttan (Arlene Reed) **L** 87 **FSK** ab 16 **E** 1.9.1995

DIE VERTREIBUNG AUS DEM PARADIES. Die Geschichte eines Kleindarstellers, der aus Rom nach München zurückkehrt, nach dem Tod seiner Mutter vergeblich einen Job sucht, bei einer Schwindlerin arbeitet und in die Cinecittà, die italienische Filmstadt, zurückkehrt. Episodisch angelegter, mit leichter Hand inszenierter Film, verwebt aus Momenten des Melodrams, der Satire und der Kriminalkomödie. Eine vielschichtige Auseinandersetzung mit Mythen und Kinoklischees, die zugleich die Rolle des Schauspielers in der Filmindustrie hinterfragt. ✦ BR Deutschland 1976 **P** Visual **KI** Filmverlag der Autoren **VA** 451 Video **Pd** Elke Haltaufderheide **R+B** Niklaus Schilling **K** Ingo Hamer **M** Gaetano Donizetti, Giuseppe Verdi **S** Niklaus Schilling **D** Herb Andress (Andy Paulisch/gen. Pauls), Elke Haltaufderheide (Astrid Paulisch), Jochen Busse (Berens), Andrea Rau (Evi), Ksenija Protic (Gräfin), Herbert Fux (Kameramann), Elisabeth Bertram (Mutter) **L** 119 **FSK** ab 16; f **FBW** w **E** 28.10.1977/18.3.1997 Video **fd** 20 566

VERTRETERINNEN-REPORT →Liebe zwischen Tür und Angel (Vertreterinnen-Report)

DER VERUNTREUTE HIMMEL. Eine fromme böhmische Dienstmagd unterstützt unter großen Opfern ihren Neffen, damit dieser Theologie studieren und Priester werden kann – nicht ganz uneigennützig, da sie sich durch ihn fortwährende Fürsprache im Himmel und ihr Seelenheil erhofft. Nach Jahren muß sie erkennen, daß sie einen geldgierigen Taugenichts förderte, wodurch ihr allerdings auch klar wird, daß man sein Heil nicht erkaufen kann. Die Tiefe des feinsinnigen religiösen Romans von Franz Werfel kommt in dieser volkstümlichen Verfilmung nur bruchstückhaft zum Ausdruck; das Thema selbst, die Unsinnigkeit von Erlösungsversuchen aus eigener Initiative, und die bewegende Darstellung der Hauptfigur machen den Film dennoch bemerkenswert. – Sehenswert ab 10. ✦ BR Deutschland 1958 **P** Rhombus **KI** Ufa **Pd** Georg M. Reuther **R** Ernst Marischka **B** Ernst Marischka, nach einem Roman von Franz Werfel und einem Bühnenstück von Leslie Bush-Fekete und Mary Helen Fay **K** Bruno Mondi **M** Anton Profes **D** Annie Rosar (Teta Linek), Viktor de Kowa (Theo), Hans Holt (Kaplan Seydel), Vilma Degischer (Livia Argan), Kai Fischer (Mascha), Rudolf Vogel (Reiseleiter Kompert), Kurt Meisel (Mojmir), Jane Tilden (Frau Fleißig) **L** 105 **FSK** ab 6; f **FBW** w **E** 2.10.1958 **fd** 7 351

VERURTEILT (CONVICTED). In einem amerikanischen Gefängnis wird ein Denunziant ermordet. Ein unschuldig verurteilter und deshalb verbitterter Häftling, der die Tochter des Direktors liebt, kennt den Täter, gerät durch dieses Wissen aber in einen tiefen Loyalitätskonflikt. Erst als der Täter einen weiteren Mord verübt, stellt er sich auf die Seite der Gerechtigkeit. Melodramatischer Gefängnisfilm, der trotz ansehnlicher Darsteller nicht mehr ist als ein Routineprodukt. (Neuer Titel: »Das graue Tor zur Hölle«.) – Ab 16. ✦ Schwarz-weiß. USA 1950 **P** Columbia **KI** Columbia **Pd** Jerry Bresler **R** Henry Levin **B** William Bowers, Fred Niblo jr., Seton I. Miller, nach einem Bühnenstück von Martin Flavin **K** Burnett Guffey **M** George Duning, Morris W. Stoloff **S** Al Clark **D** Glenn Ford (Joe Hufford), Broderick Crawford (George Knowland), Millard Mitchell (Malloby), Carl Benton Reid (Capt. Douglas), Frank Faylen (Ponti), Will Geer (Mapes), Martha Stewart (Bertie Williams) **L** 91 **FSK** ab 12; f **E** 23.11.1951 **fd** 1 462

VERURTEILT ANNA LESCHEK. Eine arbeitslose Vierzigjährige begeht mit ihrer 13jährigen Tochter einen Banküberfall. Beide werden kurz nach der Tat verhaftet. Als Pflichtverteidiger wird ihnen ein alkoholkranker Rechtsanwalt zugewiesen. Der Mann nimmt seine Aufgabe ernst und bald gelingt es ihm, das Vertrauen seiner Mandantin zu gewinnen. Er recherchiert die Vorgeschichten der Tat und wird mit einer Reihe von »Schicksalsschlägen« konfrontiert. – Ab 16. ✦ Deutschland 1991 **R** Bernd Schadewald **D** Ulrike Kriener (Anna Leschek), Sandy Schmitz (Ines Leschek), Willi Herren (Frank Leschek), Angelina Donst (Sylvia Leschek), Michael Prelle (Willi Leschek) **L** 95 **E** 11.4.1995 3sat

VERURTEILT: DIE GESCHICHTE EINER MUTTER →Sturz ins Dunkel: Die Geschichte einer Mutter

VERURTEILT ZUM TODE (DEATH PENALTY). Ein 15jähriger Puertoricaner tötet im Streit zwei Gleichaltrige und wird vor Gericht gestellt. Nur mit Mühe können eine ambitionierte Psychologin und ein Anwalt verhindern, daß das Verfahren durch Intrigen eines Untersuchungsbeamten, der die bevorstehenden Wahlen zu seinen Gunsten ausnutzen will, beeinflußt wird. Dennoch wird der sozial unterprivilegierte Junge zum Tode verurteilt. Erst Jahre später, nach langem Aufenthalt in der Todeszelle und Jahren des inneren Reifens, wird er begnadigt. Problemfilm zum Thema Todesstrafe in den USA, veranschaulicht am Schicksal eines jungen, erst langsam zu sich findenden Todeskandidaten. ✦ USA 1979 **P** Brockway Prod. **Pd** Herbert Brodkin **R** Waris Hussein **B** Edward Adler **K** Tony Imi **S** Craig McKay **D** David Labiosa (Carlos Rivera), Colleen Dewhurst (Elaine Lipton), Dana Elcar (John Mulligan), Joe Morton (William Terry), Ted Ross (Woody) **L** (TV) 93 **E** 15.1.1988 ZDF

DER VERURTEILTE (SKAZANY). Gerichtsverhandlung wegen unterlassener Hilfeleistung: Ein Mann Mitte Dreißig ist angeklagt, keinen Arzt benachrichtigt zu haben, als sein schwerkranker Bruder bewußt eine Überdosis schmerzlindernder Mittel genommen hat. Auseinandersetzung mit dem Thema Recht des einzelnen auf Leben und Tod. Problemfilm, der weniger von seiner (durchschnittlichen) Gestaltung als vielmehr von seiner ethischen Fragestellung anspricht. – Ab 14. ✦ Scope. Polen 1975 **P** Zespoly Filmowe, Zespol »Kadr« **KI** Progress **R+B** Andrzej Trzos-Rastawiecki **K** Zygmunt Samosiuk **M** Johann Sebastian Bach **D** Wojciech Pszoniak (Ryszard), Zdzislaw Kozien (Zygmunt), Zygmunt Hübner (Staatsanwalt), Piotr Pawlowski (Richter), Zbigniew Zapasiewicz (Verteidiger) **L** 86 **E** 30.9.1977 Kino DDR

DAS VERURTEILTE DORF. Auf Befehl der amerikanischen Militärbehörden soll Anfang der 50er Jahre ein fränkisches Dorf geräumt werden, damit dort ein Militärflugplatz gebaut werden kann. Weder die deutsche Landesregierung noch der Bischof wollen sich für die verzweifelten Bauern einsetzen, aber unter der Führung eines friedliebenden Russland-Heimkehrers gelingt es dem solidarischen Widerstand der Bauern und Arbeiter aus der benachbarten Stadt sowie der Dorfbewohner, einschließlich Pfarrer und Bürgermeister, die Amerikaner zur Aufgabe zu zwingen. Die mit inszenatorischem Geschick gestaltete Geschichte einer späten Vertreibung und einer frühen Protestaktion wird zu einem lupenreinen Propagandafilm genutzt: Der volksnahe Pfarrer steht gegen den dem Kapitalismus verfallenen Bischof, das aufrechte Volk gegen die kriecherische Regierung. Ein Film aus dem Kalten Krieg, der eine antikapitalistische und antiamerikanische Volksfront im deutschen Westen heraufbeschwört und Aufschluss über die Machart und Wirkungsweise von Demagogie liefern kann. Zeitgeschichtlich hoch interessant. ✦ Schwarz-weiß. DDR 1951 **P** DEFA **KI** Progress **Pd** Adolf Fischer **R** Martin Hellberg **B** Jeanne Stern, Kurt Stern **K** Karl Plintzner, Joachim Hasler **M** Ernst Roters **S** Johanna Rosinski **D** Helga Göring (Käthe Vollmer), Günther Simon (Heinz Weimann), Eduard von Winterstein (Dorfpfarrer), Albert Garbe (Bürgermeister), Marga Legal (Witwe Rühling), Albert Doerner (Fritz Vollmer) **L** 107 **E** 15.2.1952 Kino DDR/14.3.1953 DFF 1

VERURTEILTE LIEBE (ZODIA FECIOAREI). Ambitioniertes Drama: In einem Dorf wird eine Hochzeit vorbereitet. Die Brautleute müssen jedoch erfahren, daß sie Geschwister sind, denn beide haben denselben Vater. In ihrer Verzweiflung suchen die jungen Menschen den Tod. ✦ Scope. Rumänien 1966 **P** Filmstudio Bucuresti **KI** Progress **R** Manole Marcus **B** Mihnea Gheorghiu **K** Sandu Intorsureanu **M** Tiberiu Olah **D** Gilda Marinescu (Sabina), Cristea Avram (Lut), Ioana Bulcá (Midia), Mircea Basta (Tekir), Ana Szeles (Dita) **L** 89 **E** 29.3.1968 Kino DDR/4.8.1972 DFF 2

DIE VERURTEILTEN (THE SHAWSHANK REDEMPTION). Gewalt und Korruption in einem Gefängnis setzen ein unschuldig Verurteilter und ein Mitgefangener Kameradschaft und Hoffnung entgegen. In betulichem Rhythmus führt der Film die Eintönigkeit und die Härte des Lebens hinter Gittern vor. 19 Jahre vergehen ohne spürbare Wandlungen der Figuren, ohne äußere Effekte, aber auch ohne prägnante Zuspitzungen jenseits der üblichen Konfrontationen. Ein durch seine unspektakuläre Erzählweise beachtlicher Film; in der Konzentration auf die Schlußpointe aber über weite Strecken zu lässig. (Videotitel: »Stephen King – Die Verurteilten«) – Ab 16 möglich. ✦ USA 1994 **P** Castle Rock Entertainment **KI** CI **VA** VMP **DVD** VCL/Laser Paradise (16:9, 1.66:1, DD2.1 engl., DD5.1 dt.) **Pd** Niki Marvin **R** Frank Darabont **B** Frank Darabont, nach einer Erzählung von Stephen King **K** Roger Deakins **M** Thomas Newman **S** Richard Francis-Bruce **D** Tim Robbins (Andy Dufresne), Morgan Freeman (Ellis Boyd »Red« Redding), Bob Gunton (Gefängnisdirektor), William Sadler (Heywood), Clancy Brown (Captain Hadley) **L** 142 **FSK** ab 12; f **E** 9.3.1995/4.10.1995 Video/3.10.1996 premiere/16.9.1999 DVD **fd** 31 221

DIE VERURTEILUNG (1976) (OSINDA). Ein rumänischer Bauer kehrt nach zehnjähriger Zwangsarbeit kurz nach dem Ersten Weltkrieg in sein Heimatdorf zurück, wo er erfahren muß, daß sein Land von seiner Frau verkauft wurde. Außer einer jungen Frau, die ihn liebt, begegnen ihm alle mit Mißtrauen und Ablehnung. Unschuldig eines Mordes verdächtigt, flieht er mit ihr, aber sie stirbt ihm unter den Händen. Stilistisch durch die Gemälde des rumänischen Malers Octav Bancila beeinflußter Film, der die Passion eines einfachen Menschen überzeugend und glaubwürdig erzählt; im Schlußteil durch eine starke symbolhafte Überhöhung zur fast biblischen Tragödie stilisiert. (DDR-Titel: »Das Verhängnis«) – Ab 16. ✦ Rumänien 1976 **P** Dimitru Fernoaga Filmhaus Nr. 5 **KI** Progress **R** Sergiu Nicolaescu **B** Sergiu Nicolaescu, A. Salamanian **K** Alexandru David **M** Tiberiu Olah **D** Amza Pellea, Ioana Pavelescu, Ernest Maftei, Gheorghe Dinica, Sergiu Nicolaescu **L** 115 **E** 12.8. 1977 Kino DDR/30.12.1979 ZDF/23.8.1982 DFF 2

DIE VERURTEILUNG (1990) (LA CONDANNA). Eine in einem Museum eingeschlossene junge Frau wird von einem Unbekannten zum Sex gezwungen. Der Fremde, ein Architekt, wird später wegen Vergewaltigung zu einer Haftstrafe verurteilt, verteidigt sich vor Gericht jedoch mit Hinweisen auf das eigenwillige Sexualleben des weiblichen Geschlechts. Ein verquaster Film, der pseudophilosophisch verbrämt reaktionäre Ideen zur Diskussion stellt und sich in die infame These versteigt, daß Frauen in der Tiefe ihrer Seele eine Vergewaltigung ersehnen, um endlich ihrer eigenen Sehnsüchte und Geheimnisse teilhaftig zu werden. ✦ Italien 1990 **P** Banfilm/Cactus film/ Cineuropa 92/Istituto Luce **Pd** Michele Placido, Pietro Valsecchi **R** Marco Bellocchio **B** Massimo Fagioli, Marco Bellocchio **K** Giuseppe Lanci **M** Carlo Crivelli **S** Mirco Garrone **D** Vittorio Mezzogiorno (Architekt), Andrzej Seweryn (Staatsanwalt Malatesta), Claire Nebout (Sandra), Grazyna Szapolowska (Monica), Paolo Graziosi (Richter) **L** 85 **E** 21.6.1992 B 3

DIE VERWAHRLOSTEN (CRNI BISERI). In einem Erziehungsheim, das im Nebentrakt eines Klosters auf einer Adria-Insel untergebracht ist, gewinnt der neue Verwalter das Vertrauen der kriminellen Jugendlichen und führt sie zu produktiver Arbeit. Zu schön, um wahr zu wirken: ein optimistischer Problemfilm, der sich um naturalistische Darstellung bemüht, ohne überzeugende Perspektiven aufzuzeigen. – Ab

16. ✦ Schwarz-weiß. Jugoslawien 1958 **P** Bosna **KI** United Artists **R** Svetomir Janic **B** Jug Grizelj **K** Eduard Bogdanic **M** Bojan Adamic **D** Severin Bjelic (Der neue Direktor), Mihajlo Viktorovic (Lehrer Spiro), Milan Ajvaz (Barba Tone), Franjo Tuma (Mutilo), Bata Miladinovic (Lehrer Vaso), Drakce Popovic (Inspektor Ozegovic) **L** 98 **FSK** ab 12; f **E** 21.6.1960 **fd** 9 291

DIE VERWANDLUNG DER WELT IN MUSIK. Dokumentation von Werner Herzog über die »Werkstatt Bayreuth« und die dortigen Aktivitäten in den Monaten vor der Eröffnung der Wagner-Festspiele. Der Film versucht, hör- und sichtbaren Aufschluß über die zahllosen Vorbereitungen zu geben, die vor der ersten Premiere getroffen werden müssen. – Ab 16. ✦ Deutschland 1994 **R** Werner Herzog **L** 90 **E** 23.7. 1994 arte

VERWANDLUNGEN. »Verwandlungen« entstand 1980/81, als der bei den staatlichen Organen ungeliebte Maler und Filmemacher Böttcher Probleme mit seiner langjährigen Produktionsstätte hatte, dem DEFA-Dokumentarfilmstudio. Die drei Teile des Film (»Frau am Klavichord«, »Potters Stier«, »Venus nach Giorgione«) zeigen, wie jeweils ein Postkartenmotiv nach und nach übermalt und zwischendurch auf Häuserwände und herumstehende Jugendliche projiziert wird. Dazu Alltagsgeräusche und Musikerinnerungen. Im Stile eines Underground-Films wird mit geringem Aufwand und großer Raffinesse der Zustand der Eingrenzung festgehalten und überschritten. – Ab 14. ✦ DDR 1980/81 **P** DEFA, Studio für Dokumentarfilme **Pd** Sibylle Pahl **R+B** Jürgen Böttcher **K** Thomas Plenert **S** Jürgen Böttcher **L** (TV) 55 **E** 1981 Kino DDR/18.6.1991 N 3

VERWANDLUNGSSPIELE DES FRÜHLINGS (WESSENNIJE PEREWJORTYSCHI). Die überzeugende Darstellung der Gedanken und Gefühle eines 13-jährigen Jungen in seiner ersten bewußten Auseinandersetzung mit ethischen und philosophischen Grundproblemen. Ein kritischer, poetisch und psychologisch feinfühliger Film. (Alternativtitel: »Reifezeit im Frühling«, »Die Wandlungen eines Dreizehnjährigen«) – Ab 14. ✦ Scope. UdSSR 1974 **P** Lenfilm **KI** Progress **R** Grigori Aronow **B** Wladimir Tendriakow, nach seinem Roman **K** Valeri Fedossow, M. Pokrowski **M** Nadeshda Simonjan **D** Roman Madjanow (Djuschka), Larissa Malewannaja (Djuschkas Mutter), Nikolai Penkow (Djuschkas Vater), Lew Durow (Nikita Bogatow), Nikolai Grinko (Wassili Wassiljewitsch), Dima Sarubin (Minka) **L** 91 **E** 13.2.1976 Kino DDR/28.3.1976 DFF 2

VERWANDTE (RELATIVES). Am 80. Geburtstag des Großvaters vollzieht sich das gewohnte Familienritual: Die Verwandtschaft trifft sich im Landhaus des alten Herrn und hat schon bald – im Zuge der Feier und der angeregten Unterhaltungen – den eigentlichen Sinn der Zusammenkunft vergessen. Unspektakuläre Tragikomödie, die zum Nachdenken anregt, wegen ihrer theaterhaften Inszenierung jedoch auch einige Längen vorweist. – Ab 14. ✦ Australien 1985 **P** Archer Films **Pd** Henri Safran, Basil Appleby **R+B** Anthony Bowman **K** Tom Cowan **M** Norman Kaye **D** Bill Kerr (Großvater), Ray Barrett (Geoffrey), Alyson Best (Clare), Brett Climo (Ross), Marian Dworakowski (Alex) **L** 90 **E** 22.7.1988 DFF 2/18.6.1992 MDR

VERWANDTE SEELEN – HERR W UND HERR W → Herr W und Herr W

VERWANDTE SIND AUCH MENSCHEN. Zum fünften Mal wird der Millionär Ambrosius Brown in Chigaco von Gangstern überfallen und gilt wieder einmal als verschollen. Daß er in Wirklichkeit incognito in Europa unterwegs ist, ahnen die Verwandten nicht, die sich schon um das Erbteil zu streiten beginnen. – Ab 14. ✦ Schwarz-weiß. Deutschland 1939 **P** Tobis **R** Hans Deppe **B** Peter Hagen, nach dem gleichnamigen Roman von E. Förster (= Eberhard Keindorff, Erich Kästner) **K** Georg Krause **M** Fritz Wenneis **D** Hermann Braun, Else von Möllendorff, Heinz Salfner, Ernst Dumcke, Renée Stobrawa **L** 75 **E** 19.1. 1940/19.10.1987 DFF 1

VERWANDTE UND BEKANNTE. Dreiteiliger Fernsehfilm über die Geschichte einer Hamburger Arbeiterfamilie in der ersten Hälfte des 20. Jahrhunderts. Politisch und künstlerisch nach konventionellem Muster. (Teil 1: »Sparverein Maienblüte«, Teil 2: »Das Erlebnis des Johann Hardekopf«, Teil 3: »Die Erkenntnis des Johann Hardekopf«) ✦ DDR 1971 **P** DEFA **Pd** Adolf Fischer **R** Georg Leopold **B** Georg Leopold, nach dem Roman »Die Väter« von Willi Bredel **K** Helmut Grewald **M** Siegfried Matthus **S** Anneliese Hinze-Sokolow **D** Gerhard Bienert (Johann Hardekopf), Ursula Braun (Pauline Hardekopf), Roland Knappe (Carl Brenten), Gudrun Wendler (Frieda Brenten), Herbert Köfer (Gustav Stürck) **L** 239 **E** 17.,20.,24.10.1971 DFF 1 (drei Teile)

VERWANDTSCHAFT (RODNJA). Der erste Besuch einer alten Bäuerin bei ihrer in der Stadt verheirateten Tochter ist von Enttäuschungen und zufälligen Bekanntschaften geprägt. Sie versucht vergeblich, die zerrüttete Ehe ihrer Tochter zu retten, und auch die aufsässige, fernsehsüchtige Enkelin stellt sie vor Probleme. Ein satirisch überhöhter Film, der die Diskrepanz zwischen Fortschritt und Tradition aufs Korn nimmt, aber auch die »Errungenschaften« des Sozialismus sowie die Jagd nach materiellem Wohlstand und leichten Erfolgen, die mit einer Verarmung der Kommunikation einhergeht. Bewußt grell und hektisch gestaltet; formal nicht durchgehend überzeugend, aber durch die Darstellerleistungen eindrucksvoll. – Ab 14. ✦ UdSSR 1982 **P** Mosfilm **KI** Progress **R** Nikita Michalkow **B** Viktor Mereshko **K** Pawel Lebeschew **M** Eduard Artemjew **S** Eleonora Praksina **D** Nonna Mordjukowa (Marija Konowalowa), Swetlana Krjutschkowa (Nina), Andrej Petrow (Ljapin), Iwan Bortnik (Wowtschik), Juri Bogatyrjew (Stassik) **L** 95 **E** 30.3.1984 Kino DDR/17.8.1988 ZDF

VERWECHSELTE LIEBE (ELCSERELT SZERELEM). Die Geschichte einer ungarischen Familie, in der sich der noch jung fühlende Vater unentwegt in die amourösen Abenteuer seines Sohnes einmischt. Konturloser, naiver Gegenwartsfilm. – Ab 16. ✦ Ungarn 1983 **P** Mokép/Ungarisches Fernsehen **KI** Progress **R** Sándor Szalkai **B** István Kállai, Sándor Szalkai **K** László Szalay **M** György Kovács **D** István Avar (Vater Pusztai), Mariann Moór (Mutter Pusztai), István Pathó (Sohn Zsolti), Géza Tordy (Dr. Zsámbéki), Eva Janisch (Kriszti) **L** 87 **E** 21.9.1984 Kino DDR/24.1.1986 DFF 2

VERWECHSELTE PARTNER (CHANGE PARTNERS). Die Frau eines Alkoholikers hilft ihrem Freund, dessen Frau und den eigenen Ehemann umzubringen. ✦ Schwarz-weiß. Großbritannien 1963 **P** Merton Park **Pd** Jack Greenwood **R** Robert Lynn **B** Donald Giltinan, nach einem Kriminalroman von Edgar Wallace **K** James Wilson **M** Bernard Ebbinghouse **D** Zena Walker (Anna Arkwright), Anthony Dawson (Ben Arkwright), Basil Henson (Ricky Gallen), Jane Barrett (Betty Gallen), Pamela Ann Davy (Jean) **L** 62 **E** 16.3.1972 DFF 1

DER VERWEGENE (WILL PENNY). Auf der Suche nach Arbeit wird ein alternder Cowboy von Viehdieben gefährlich verletzt. Er schlägt sich zu einer Blockhütte im Gebirge durch, wo ihn eine junge Frau gesundpflegt. Der knapp 50jährige entdeckt seine Liebe zu ihr, fühlt sich aber zu alt für eine Ehe und reitet still davon. Ein ohne jede Effekthascherei episch breit entwickelter Western. Realitätsnah, detailgetreu und psychologisch genau schildert er den Alltag des schäbigen Viehtreiberlebens fesselnd und frei von Romantik. Charlton Heston gestaltet in der Titelrolle das präzise Porträt eines unheroischen Cowboys. – Ab 16. ✦ USA 1967 **P** Paramount Pictures **KI** Paramount **Pd** Fred Engel, Walter Seltzer **R+B** Tom Gries **K** Lucien Ballard **M** David Raksin **S** Warren Low **D** Charlton Heston (Will Penny), Joan Hackett (Catherine Allen), Donald Pleasence (»Prediger« Quint), Lee Majors (Blue), Bruce Dern (Rafe Quint), Ben Johnson (Alex), Slim Pickens (Ike Wallerstein), Clifton James (Catron), Roy Jenson (Boetius Sullivan), William Schallert (Dr. Fraker), Matt Clark (Romulus), Robert Luster (Shem Bodine) **L** 110 **FSK** ab 16; f **E** 9.4.1968/26.2.1979 ZDF **fd** 15 404

VERWEGENE GEGNER (RIDE, VAQUERO!). Nach dem Sezessionskrieg in Texas sucht ein mexikanischer Banditenführer seinen »Bruder«, der sich aus Liebe zu einer Farmersfrau auf die Seite der Siedler gestellt hat. Sie erschießen sich gegenseitig. Realistischer Western, der durch die großartige schauspielerische Leistung Anthony Quinns aus dem Rahmen fällt. (Alternativtitel: »Terror der Gesetzlosen«) – Ab 16. ✦ USA 1953 **P** MGM **KI** MGM **Pd** Stephen Ames **R** John Farrow **B** Frank Fenton **K** Robert Surtees **M** Bronislau Kaper **S** Harold F. Kress **D** Robert Taylor (Rio Esqueda), Ava Gardner (Cordelia Cameron), Howard Keel (King Cameron), Anthony Quinn (José Esqueda), Kurt Kasznar (Pater Antonio), Ted de Corsia (Sheriff), Jack Elam (Barton), Walter Baldwin (Adam Smith), Frank McGrath (Pete), Charles Stevens (Vaquero), Rex Lease (Deputy), Tom Greenway (Deputy), Monte Blue (Barkeeper), Stanley Andrews (General Sheridan) **L** 90 **FSK** ab 12; nf **E** 12.3.1954/ 3.11.1985 DFF 2 **fd** 3 181

VERWEGENE HUNDE (OCEANS OF FIRE). Durchschnittlicher Abenteuerfilm um eine Gruppe von Sträflingen, die als Taucher den gefährlichen Auftrag bekommen haben, das Gelände eines küstennahen Ölfeldes unter Wasser zu erschließen. Die ohnehin gespannte Atmosphäre wird zusätzlich durch eine Regisseurin belastet, die im Auftrag des Ölkonzerns einen imagefördernden Dokumentarfilm drehen soll. (TV-Titel: »Ozean in Flammen«, »Bohrinsel in Flammen«) ✦ USA 1986 **P** Catalina Prod. Group **VA** Highlight **Pd** Franklin R. Levy, Matthew Rushton **R** Steve Carver **B** Walter Halsey Davis **K** Tony Imi **M** Patrick Williams **D** David Carradine (J.C. Bush), Billy Dee Williams (Jim McKinley), Gregory Harrison (Ben Laforche), Cynthia Sikes (Helen Kyger), Tony Burton (Clay) **L** 90 **FSK** ab 16 **E** Mai 1987 Video

VERWEGENE LANDUNG (MEN OF THE FIGHTING LADY). Abenteuer und Konflikte von Kampffliegern bei ihrem täglichen Einsatz im Koreakrieg. Ein sentimental-verlogener Kriegsfilm ohne jedes Problembewußtsein gegenüber kriegerischer Gewaltanwendung. Statt dessen interessiert er sich für die Beschreibung technischer Vorgänge auf einem US-Flugzeugträger und der Landung eines erblindeten Piloten, wobei er zugegebenermaßen dramatisches Geschick und dementsprechend Spannnung entwickelt. – Ab 16 möglich. ✦ USA 1954 **P** MGM **KI** MGM **Pd** Henry Berman **R** Andrew Marton **B** Art Cohn, nach Erzählungen von James A. Michener und Comdr. Harry A. Burns **K** George J. Folsey jr. **M** Miklos Rozsa **S** Gene Ruggiero **D** Van Johnson (Oberleutnant Thayer), Walter Pidgeon (Fliegerarzt Dr. Dowling), Louis Calhern (James A. Michener), Dewey Martin (Fähnrich Schechter), Keenan Wynn (Major Dodson), Frank Lovejoy (Major Grayson) **L** 80 **FSK** ab 12; f **E** 15.4.1955 **fd** 4 058

VERWEGENE MÄNNER IM SATTEL (THE LAST ROUND-UP). Mesa City 1947: Ein betrügerischer Bankier will einen Farmer um sein Land bringen. Der rauf- und schießtüchtige Held bekämpft ihn und setzt sich dabei auch für die Umsiedlung verdrängter Indianer ein. Gängiger Routine-Western um den »singenden Cowboy« Gene Autry. Die Handlung folgt den Gesetzen des Genres, ist aber in die Entstehungszeit des Film verlegt: Autry vertritt sein Vorhaben gar vom Fernsehbildschirm aus. Ein mit Rühreffekten, komischen Anachronismen und gemütvollen Liedern gespickter »Heimatfilm«. – Ab 12. ✦ Schwarz-weiß. USA 1947 **P** Gene Autry Prod. (für Columbia) **KI** Columbia **Pd** Gene Autry **R** John English **B** Jack Townley, Earle Snell **K** William Bradford **M** Mischa Bakaleinikoff **S** Aaron Stell **D** Gene Autry (Gene Autry), Jean Heather (Carol), Ralph Morgan

(Mason), Carol Thurston (Matt Mason), Marc Daniels (Mike), Bobby Blake (= Robert Blake) (Jeff Henry), Russ Vincent (Jeff Henry), Trevor Bardette (Indianerhäuptling), John Halloran (Taylor), Roy Gordon (Smith), Jay Silverheels (Sam Luther), Dale Van Sickel, Bud Osborne, Iron Eyes Cody, Alex Montoya **L** 75 **FSK** ab 12; f **E** 5.3.1953 **fd** 2 363

VERWEGENE MUSIKANTEN →Meine 16 Söhne

DIE VERWEGENEN SIEBEN (UNCOMMON VALOR). Ein amerikanischer Colonel befreit mit sechs Haudegen vier Soldaten, die seit Ende des Vietnamkrieges in Laos gefangengehalten wurden. Mit viel militärischem Pathos inszenierte Neuauflage der Ideologie von amerikanischer »Do-it-yourself«-Strategie; bedenklich durch latenten Rassismus und politische Ignoranz. ✦ USA 1983 **P** Paramount **KI** UIP **Pd** John Milius, Buzz Feitshans **R** Ted Kotcheff **B** Joe Gayton **K** Stephen H. Burum **M** James Horner **S** Mark Melnick **D** Gene Hackman (Colonel Rhodes), Robert Stack (MacGregor), Fred Ward (Wilkes), Reb Brown (Plastic), Randall »Tex« Cobb (Cirrhose) **L** 105 **FSK** ab 16; f **E** 23.3.1984 **fd** 24 490

DIE VERWEGENEN VIER →Piraten von Madagaskar

VERWEHTE SPUREN. Während der Weltausstellung in Paris 1867 verschwindet auf geheimnisvolle Weise eine Kanadierin. Ihre Tochter begibt sich auf eine verzweifelte Suche nach ihr, erfährt aber erst spät die Wahrheit über die Verschwundene. Konventionell gestalteter, aber recht spannender Unterhaltungsfilm mit dramatischen Akzenten, etwas wortlastig nach einem Hörspiel gestaltet. – Ab 16. ✦ Schwarz-weiß. Deutschland 1938 **P** Majestic **KI** Panorama **VA** Ufa **Pd** Bruno Lopinski (Ltg.) **R** Veit Harlan **B** Thea von Harbou, Felix Lützkendorf, Veit Harlan, nach dem gleichnamigen Hörspiel von Hans Rothe **K** Bruno Mondi **M** Hans-Otto Borgmann **S** Marianne Behr **D** Kristina Söderbaum (Séraphine), Frits van Dongen (Dr. Morot), Friedrich Kayßler (Polizeipräfekt), Heinrich Schroth (Graf Duval), Charlotte Schulz (Madeleine Lawrence), Hans Halden (Fragonard) **L** 81 **FSK** ab 16; nf **E** 26.8.1938 **fd** 1 690

DIE VERWEIGERUNG (LA PROVINCIALE). Eine junge Frau aus der Provinz sucht in Paris Arbeit und begegnet dabei vorwiegend Männern, die ihre Situation auszunützen versuchen. Auf stille, beharrliche Art behauptet sie sich gegen alle Zumutungen und kehrt schließlich wieder in ihre Heimat zurück. Ein in seiner einfachen Gestaltung schönes und ermutigendes Frauenporträt, das ein sehr skeptisches Bild der Großstadtgesellschaft zeichnet und ihr die Provinz und die Einwurzelung des Menschen in einer ihn tragenden Gemeinschaft gegenüberstellt. Von den beiden Hauptdarstellern zu einer subtilen Charakterstudie verdichtet. – Sehenswert ab 16. ✦ Frankreich/Schweiz 1980 **P** Phénix/Gaumont/FR 3/SSR **KI** Concorde **Pd** Yves Peyrot, Raymond Pousaz **R** Claude Goretta **B** Claude Goretta, Jacques Kirschner, Rosine Rochette **K** Philippe Rousselot, Dominique Brenguier **M** Arié Dzierlatka **S** Joëlle van Effenterre, Xavier Castano **D** Nathalie Baye (Christine), Bruno Ganz (Remy), Angela Winkler (Claire), Patrick Chesnais (Pascal), Pierre Vernier (Publizist), Dominique Paturel (Ralph), Roland Monod (Bernier) **L** 111 **FSK** ab 12; f **FBW** bw **E** 8.5.1981/27.8.1982 Kino DDR/13.3.1984 DFF 1 **fd** 22 803

VERWEILE, OH ZAUBER ... (PRODLIS, PRODLIS, OTSCHAROWANJE). An der Schwelle zum Rentnerdasein fragt ein Mann nach dem Sinn seines Lebens und nach dem Recht, auch gegen den Willen seiner Tochter noch eine Bekanntschaft zu einer alleinstehenden Frau aufzubauen. Ein sympathischer und interessanter Film, der jedoch sehr schwerfällig umgesetzt wurde und außer seinem guten Hauptdarsteller wenig zu bieten hat. (Kino-Titel DDR: »Bleib, Zauber, bleibe«) – Ab 14. ✦ Scope. UdSSR 1985 **P** Filmstudio Swerdlowsk **KI** Progress **R** Jaropolk Lapschin **B** Alexander Tscherwinski, nach dem Roman »Kikimora« von W. Peruanskaja **K** Sergej Gwarilow **M** Juri Lewitin **D** Ija Sawwina (Anna Scharygina), Oleg Jefremow (Anton Skworzow), Alla Jewdokimowa (Tatjana), Leonid Kulagin (Professor), Marina Jakowlewa (Ljuba) **L** 85 **E** 23.5.1985 DFF 2/31.10.1986 Kino DDR

VERWIRRENDE LEIDENSCHAFT (UNE JEUNE FILLE SI CHARMANTE). Zweiter Teil einer dreiteiligen Sexfilm-Reihe: Ein Pariser Architekt verliebt sich nach zahlreichen von seiner Frau tolerierten Affären ernstlich in seine neue Sekretärin, woraufhin sich die Ehefrau dem Bruder ihres Mannes zuwendet. ✦ Frankreich 1993 **R** Patrice Wolff **B** Servais Mont, Stéphane Ardant **K** Norbert Marfaing-Sintes **M** Guy Skornik **D** Pierre Laplace (Vincent), Cécile Fleury (Anna), Sabine Tingry (Lou), Hervé Boucher (Sam) **L** 83 **E** 3.6.1994 premiere

VERWIRRENDE LIEBE (KÄRLEKEN). Ein 38jähriger, seit zehn Jahren verheirateter Hochschulassistent verliebt sich in die Lehrerin seines Sohnes und gerät in ihm unlösbar scheinende moralische Konflikte. Schwankend zwischen Verstand und Gefühl, suchen die Beteiligten in respektvollem Miteinander eine Lösung. Während gemeinsamer Sommerferien kommen sich zwar die beiden Frauen näher, und die Ehefrau findet sogar neue Lebensimpulse, aber das Modell der Dreisamkeit erweist sich als trügerisch. In der Tradition psychologisierender Ehedramen (Bergman, Donner) umkreist der Film auf zumeist dezente und feinfühlige, gelegentlich freilich allzu redselige Weise die Komplexität von Beziehungen und Gefühlen in der Auflösung tradierter Rollen. Der distanzierte Blick betont den modellhaften Charakter der Geschichte. ✦ Schweden 1980 **P** Svenska Filminstitutet **R** Theodor Kallifatides **B** Theodor Kallifatides, Jeanette Donner, nach einem Roman von Theodor Kallifatides **K** Bille August **M** Monica Dominique **S** Sylvia Ingemarsson **D** Per Ragnar (Johannes), Lena Olin (Lena), Anna Godenius (Li), Erland Josephson (Andreas), Erik Tamm (Markku) **L** 76 **E** 21.8.1987 ZDF

VERWIRRSPIEL AUF SOLOMON GUNDY (BURIED ON SUNDAY). Komödie. Als ein russisches Atom-U-Boot an der Küste von Solomon Gundy strandet, sollen der kleinen neufundländischen Insel die Fischereirechte aberkannt werden. Mit Hilfe einer als Hexe verschrieenen Frau wehren sich die Bürger, indem sie das U-Boot annektieren, eine Unabhängige Republik ausrufen und einen Kleinkrieg gegen die ferne Zentralregierung starten. – Ab 14. ✦ Kanada 1992 **Pd** Michael Donovan, Steve de Nure **R** Paul Donovan **B** Bill Fleming, Paul Donovan **K** Les Kriszan **M** Marty Simon **S** Stephan Fanfara **D** Maury Chaykin (Dexter Lexcanon), Paul Gross (Augustus Knickle), Denise Virieux (Noelle Desnoyers), Henry Czerny, Jeff Leder **L** 90 **E** 13.3.1995 premiere

VERWIRRUNG (1961) (IL DISORDINE / LE DESORDRE). Einem Kleinbürger, der so neidvoll wie fügsam vom Leben der Oberklasse träumt, soll die Lektion zuteil werden, daß er und seinesgleichen nichts zu erhoffen haben von Leuten, die längst selbst auf gesellschaftlich morschem Boden stehen und ihre Frustrationen nur mühsam vertuschen können: Mit den Nachtseiten des »Süßen Lebens« konfrontiert, wird er die Fragwürdigkeit seiner Illusionen gleichwohl nicht begreifen. Ein episodisch angelegtes Lehrstück, das dramaturgisch und inszenatorisch hinter seinem kritisch-aufklärerischen Vorwurf zurückbleibt: der Film beschreibt lediglich, was zu analysieren wäre. ✦ Schwarz-weiß. Italien/Frankreich 1961 **P** Titanus/S.N.P.C./Pathé **KI** Columbia-Bavaria **R** Franco Brusati **B** Franco Brusati, Francesco Ghedini **K** Leonida Barboni **M** Mario Nascimbene **D** Louis Jourdan (Tom), Curd Jürgens (der Vater), Susan Strasberg (Isabella), Renato Salvatori (Mario), Antonella Lualdi (Mali), Alida Valli (die Mutter), Sami Frey (Carlo), Tomas Milian (Bruno) **L** 97 **FSK** ab 18; nf **FBW** w **E** 1.3.1963 **fd** 12 041

VERWIRRUNG (1987) (SUO WEI / DISLOCATION). Ein Wissenschaftler, der vor lauter Sitzungen und Versammlungen kaum noch zu seiner Arbeit kommt, konstruiert einen ihm täuschend ähnlichen Roboter, der ihn bei jeder Veranstaltung vertritt. Das zunehmende Eigenleben des Doppelgängers führt aber zu ungeahnten Problemen. Utopische Komödie zum Thema Bürokratie. In der Aussage zutreffend, in der Gestaltung sehr stilisiert, bietet der steril wirkende Film anspruchsvolle Unterhaltung für ein Minderheitenpublikum. – Ab 16. ✦ Scope. VR China 1987 **P** Xi'an-Filmstudio **KI** Progress **R** Huang Jianxin **B** Huang Xin, Zhang Min **K** Wang Xinsheng **M** Wei Rong **D** Liu Zifeng, Yang Kun, Mou Hong, Sun Freihu **L** 88 **E** 16.6.1989 Kino DDR

VERWIRRUNG DER GEFÜHLE (1978) (SMATENJE TSCHUWSTW). Dem Schulabschluß folgt ein langer, heißer Sommer. Auch für Wolodja wird bald ein neuer Lebensabschnitt beginnen. Doch momentan gilt seine ganze Aufmerksamkeit der ein Jahr älteren Nadja, die seine Gefühle jedoch nicht erwidert. ✦ UdSSR 1978 **P** Gorki-Studio **R** Pawel Arsenow **B** Alexander Wolodin **K** Michail Jakowitsch **M** Jewgeni Krylatow **D** Jelena Proklowa (Nadja), Sergej Nagorny (Wolodja), Ija Sawwina (Nina Dmitrewna), Alexander Kaljagin (Viktor Semjonowitsch), Arina Alejnikowa (Lehrerin) **L** 78 **E** 15.10.1978 DFF 2

VERWIRRUNG DER GEFÜHLE (1981) (LA CONFUSION DES SENTIMENTS). Ein Student kommt in eine Kleinstadt und bezieht eine Wohnung in einem Haus, in dem auch sein Professor wohnt. Er ist sehr angetan von seinem Lehrer, mit dem er viel zusammen ist, doch es gibt auch dunkle Stunden in der Beziehung der beiden. ✦ Frankreich/BR Deutschland 1981 **P** Progefi/Taurus-Film **R** Etienne Périer **B** Etienne Périer, Dominique Fabre, nach dem gleichnamigen Roman von Stefan Zweig **K** Jean Charvein **M** Gustav Mahler **D** Michel Piccoli, Gila von Weitershausen, Pierre Malet, Heinz Weiss, Andreas von Studnitz **L** 90 **E** 14.11.1987 DFF 2

VERWIRRUNG DER LIEBE. Ein Medizinstudent und eine Kunststudentin einerseits, ein Maurer und eine Angestellte andererseits lieben sich wechselweise bis zum Happy-End vorm Standesamt. Teils schleppend, teils sinnlich und flott inszeniertes Lustspiel um Liebeskonflikte unter jungen Leuten in Ost-Berlin, das mit einigen (eher prüde dargebotenen) erotischen Freizügigkeiten kokettiert. Von DDR-Funktionären aufgrund seiner (ironisch gemeinten) Darstellung der Unmöglichkeit von Liebesbeziehungen zwischen Arbeitern und Studenten abgelehnt, wurde der Film dennoch ein Publikumserfolg. – Ab 14 möglich. ✦ DDR 1958/59 **P** DEFA **KI** Progress **Pd** Adolf Fischer **R+B** Slatan Dudow **K** Helmut Bergmann **M** Wolfgang Hohensee **S** Christa Wernicke **D** Annekathrin Bürger (Sonja), Angelica Domröse (Siegi), Willi Schrade (Dieter), Stefan Lisewski (Edy), Hannes Fischer (Prof. Kienbaum), Arno Wyzniewski **L** 105 **E** 13.11.1959 Kino DDR/24.6.1960 DFF 1

VERWIRRUNGEN DES SOMMERS →Verrückter Sommer

VERWIRRUNGEN UM TOPSI →Der schräge Otto

VERWÖHNTE KINDER (DES ENFANTS GATES). Ein selbstzufriedener Filmregisseur und Drehbuchautor will sich für einige Monate in ein Appartement zurückziehen, um ein Drehbuch zu Ende zu schreiben. Er gerät aber mitten in eine Auseinandersetzung zwischen Mietern und Vermieter, in deren Verlauf er die seiner Rolle als Intellektueller gemäße Distanz verliert und einen Platz in der Gemeinschaft der Mieter findet. Witzig-unterhaltsame Mischung aus sozialkritischem Lehrstück und Komödie, in der die letztere die Oberhand behält. – Ab 16. ✦ Frankreich 1977 **P** Gaumont/Sara/Films 66/Little Bear **Pd+R** Bertrand Tavernier **B** Christine Pascal, Bertrand Tavernier, Charlotte Dubreuil **K** Alain Levent **M** Philippe Sarde **S** Armand Psenny **D** Michel Piccoli (Bernard), Christine Pascal (Anne), Arlette Bonnard (Catherine), Michel Aumont (Pierre), Gérard Jugnot (Bonfils), Georges Riquier (Mouchot) **L** 113 **E** 15.10.1979 ARD **fd** 22 182

EIN VERWÖHNTES BIEST (THE GIRL WHO HAD EVERYTHING). Melodram, Remake von »A Free Soul« (1931). Als seine verwöhnte Tochter sich in den Syndikatsboß verliebt, den er nur widerwillig vor einem Untersuchungsausschuß verteidigt hat, sagt ein renommierter Anwalt dem Gangster den Kampf an. ✦ Schwarz-weiß. USA 1952 **P** MGM **Pd** Armand Deutsch **R** Richard Thorpe **B** Art Cohn, nach dem Roman »A free Soul« von Adela Rogers St. John **K** Paul C. Vogel **M** André Previn **S** Ben Lewis **D** Elizabeth Taylor (Jean Latimer), Fernando Lamas (Victor Y. Ramondi), William Powell (Steve Latimer), Gig Young (Vance Court), James Whitmore (Charles »Chico« Menlow) **L** 67 **E** 8.3.1993 ARD

DIE VERWUNDBAREN (DIE VERWUNDBAREN). Einigen Jugendlichen genügen die Genüsse ihres ziellosen Lebens nicht mehr. Als nervenkitzelnden Höhepunkt ihrer Exzesse feiern sie eine Sexparty auf einem Friedhof. Problemfilm aus dem Umfeld des »jungen österreichischen Films« jener Jahre, der nach einem Bruch mit den bestehenden Erzähltraditionen suchte. Die »rebellisch« daherkommenden Schockmomente sind zwar als veräußerlichter Kontrapunkt zur tiefenpsychologischen Zeichnung der Jugendlichen zu verstehen, doch die gewollt »modernen« Kameraspielereien erweisen sich weniger als innovativ denn als billige Effekte, die zur Unglaubwürgkeit des Films beitragen. ✦ Schwarz-weiß. Österreich 1965 **P** Neton-Film **KI** Austria **Pd** Karl Neton **R+B** Leo Tichat **K** Alex Puluj **M** Erich Kleinschuster **D** Kim Dimon (Timo), Christiane Prober (Lo), Frank Debray (Bobby), Herbert Fux (Butler), Johanna Fürst (Lili), Leo Tichat (Julian) **L** 76 **FSK** ab 18; nf **E** 10.3.1967 **fd** 14 620

DIE VERWUNDUNG. Der Sohn eines begüterten Geschäftsmannes aus Managua lebt nur für sein Musikstudium. Sein Interesse an der politischen Situation seiner Heimat erwacht erst, als er sich in eine junge Frau verliebt, die sich im Widerstand gegen Somoza engagiert. So beginnt auch er, die Sandinisten zu unterstützen, und wird dabei verwundet. Ein Krankenhausaufenthalt in der DDR veranlasst ihn, über sein bisheriges Leben nachzudenken und den Traum von einer Pianistenkarriere aufzugeben. Fernsehfilm nach einem Szenarium von Antonio Skármeta, der engagiert, wenn auch didaktisch zu aktuellen Ereignissen in Mittelamerika Stellung bezieht. ✦ DDR 1984/85 **P** DEFA **Pd** Uwe Klimek **R+B** Jurij Kramer **K** Jürgen Heimlich **M** Roberto Rivera, Gruppo Tiempo-nuevo **S** Brigitte Koppe **D** Plamen Sachow (Leonel), Radoswet Tschukoansky (José), Dimiter Porjasow (Chavez), Emira Abas Abdul (Maira), Hansjürgen Hürrig (Dr. Falkheim) **L** 87 **E** 6.10.1985 DFF 1

DER VERWUNSCHENE PRINZ →Ferien auf Saltkrokan – Der verwunschene Prinz

VERY BAD THINGS (VERY BAD THINGS). Als am Vorabend der Hochzeit bei einer »Junggesellenparty« eine Prostituierte zu Tode kommt, wollen fünf Freunde ihre Leiche verschwinden lassen, was sich als schwieriger als erwartet erweist. Am Ende der Vertuschungstaktik sind sechs Tote zu beklagen. Der Versuch einer rabenschwarzen Satire auf den »American way of life« scheitert am Zynismus der Vorlage sowie an blutigen Details, die den schwarzen Humor schnell in den Hintergrund drängen. Auch das ansehnliche Schauspieler-Ensemble kann den Film nicht retten. ✦ USA 1998 **P** Interscope Communications Prod./Initial Entertainment Group/Ballpark Prod. **KI** Splendid **VA** Ascot (geänderte Fassung ab 16) **DVD** Splendid/Ascot (FF, DD2.1 engl., DD5.1 dt.) **Pd** Michael Schiffer, Diane Nabatoff, Cindy Cowan **R+B** Peter Berg **K** David Hennings **M** Stewart Copeland **S** Dan Lebental **D** Christian Slater (Robert Boyd), Cameron Diaz (Laura Garrety), Daniel Stern (Adam Berkow), Jeanne Tripplehorn (Lois Berkow), Jon Favreau (Kyle Fisher), Jeremy Piven (Michael Berkow) **L** 100 (geänd. Fassung 91) **FSK** ab 18; f (DVD 16&18) **E** 13.5.1999/24.9.1999 Video/25.11.1999 DVD **fd** 33 702

VERZAUBERT. Dokumentation über Homosexuelle im Hamburg der 40er und 50er Jahre. Eine interessante, gelegentlich allzu widerspruchslose Aufbereitung, die die Gespräche mit älteren Homosexuellen historisch und thematisch organisiert und dadurch die Erfahrungen des einzelnen bündelt und verallgemeinerbar macht. Gleichzeitig eine Auseinandersetzung mit gesellschaftlichen Sexualnormen und Rollen-Definitionen. ✦ Deutschland 1992 **P** Trigon Film/Filmkollektiv »Verzaubert« **KI** Edition Salzgeber **SF** Edition Salzgeber **VA** East-West-Visions **Pd** Michael Sombetzki **R+B** Dorothee von Diepenbroick, Jörg Föckele, Jens Golombek, Dirk Hauska, Sylke Jehna, Claudia Kaltenbach, Ulrich Prehn, Johanna Reutter, Katrin Schmersahl **K** Vera von Wilcken **S** Martina Elbert **L** 92 **FSK** ab 16; f **E** 30.9.1993/November 1994 Video **fd** 29 998

DIE VERZAUBERTE ANICKA. Märchenfilm. Als sich der König nicht in ihre leibliche, sondern in die Stieftochter verliebt, verzaubert die Hexe das Mädchen in ein Schaf. Nur der verliebte König kann den Bann brechen. Bis zum guten Ende haben die beiden Mädchen auf der Flucht vor der Zauberin noch einige gefährliche Abenteuer zu bestehen. – Ab 10. ✦ Tschechien 1993 **P** Czech Television **VA** IMV – Vertrieb Internationaler Medien GmbH **R** Ales V. Horal **D** Jana Brejchová (Stiefmutter), Linda Rybová (Anicka), Kristina Jelinková (Katka), Jan Chinsky (König) **L** 85 **FSK** o. A. (Video) **E** 23.12.1995 B 1

DIE VERZAUBERTE DESNA (SATSCHAROWANNAJA DESNA). Autobiografisch gefärbter Film nach einer literarischen Vorlage von Alexander Dowshenko, der der Schönheit der Ukraine verpflichtet ist. Dabei stehen Lebensfreude neben den grauenhaften Kriegsverwüstungen, poetische Überhöhung neben realistischer Annäherung. Ein stimmungsvolles Gemälde, dessen glänzend inszenierten Einzelheiten sich nicht nahtlos zu einem Ganzen fügen. Der Film wurde nach Dowshenkos Tod von seiner Ehefrau inszeniert. – Ab 14. ✦ Scope. UdSSR 1964 **P** Mosfilm/Filmstudio Kiew **KI** Progress **R** Julia Solnzewa **B** Julia Solnzewa, nach einer Vorlage von Alexander Dowshenko **K** Alexej Temerin **M** Gawril Popow **D** Jewgeni V. Samoilow (Schriftsteller), Wowa Gontscharow (Saschko), E. Bondarjenko (Vater), Sinaida Kirijenko (Mutter), Boris Andrejew (Platon) **L** 80 **E** 7.5.1965 Kino DDR

DER VERZAUBERTE EICHENWALD (DUMBRAVA MINUNATA). Ein fünfjähriges Mädchen lebt nach dem Tod seiner Mutter bei den Großeltern in den Wäldern. Als eines Tages der Vater und seine Stiefmutter das Kind wieder zurück in die Stadt holen, kann es sich in der lieblosen Umgebung nicht eingewöhnen und läuft fort. Ob es sich dabei um eine wirkliche und lediglich erträumte Flucht handelt, bleibt offen; jedenfalls kommt das Mädchen in einen verzauberten Eichenwald und begegnet mit seinem Hund, der plötzlich sprechen kann, Feen, Waldgeistern und Prinzen. Ein poesievoller Kinderfilm über eine für Kinder lieblose reale Welt und die heilende Kraft der Fantasie. – Ab 8. ✦ Rumänien 1981 **P** Filmstudio Bucuresti **KI** Progress **R** Gheorghe Naghi **B** Draga Olteanu-Matei, nach einem Roman von Mihail Sadoveanu **K** George Voicu **M** Cornelia Tautu **D** Diana Musca (Lisa), Ernest Maftei, Elena Dragoi, Florina Cercel, Matei Alexandru **L** 77 **E** 16.10.1981 Kino DDR/12.5.1983 DFF 1/15.8.1986 RTL plus

DER VERZAUBERTE EINBRECHER →Friedrich und der verzauberte Einbrecher

VERZAUBERTE INSELN (SATSCHAROWANNIJE OSTROWA). Dokumentarischer Bericht über eine Expedition zur Erforschung seltener oder vom Aussterben bedrohter, zum Teil noch urweltlicher Tierarten in Indonesien, Neuseeland, Australien und auf den Kurilen. Konventionell und langatmig inszeniert, ist der Film formal enttäuschend und allenfalls durch seine (inzwischen teilweise veralteten) Informationen interessant. – Ab 8. ✦ UdSSR 1964 **P** Studio für populärwissenschaftliche Filme **KI** Pegasus **R+B** Alexander Sguridi **K** Nina Juruschkina, Wladimir Pustowalow, A. Wagin **M** Bogdan Trozjuk **L** 78 **FSK** ab 6; f **FBW** w **E** 8.4.1966 Kino DDR/1966 Kino BRD **fd** 14 404

DER VERZAUBERTE KÖNIGSSOHN. Nur eine von drei Schwestern kann sich dazu überwinden, einem häßlichen Wassermann das eheliche Ja-Wort zu geben, um damit den kranken Vater zu retten. Durch soviel Liebesbeweis löst sich der Fluch von dem Wassermann, der sich als ein verzauberter Königssohn erweist. Naiv-bunte Märchenverfilmung mit einigen hübschen tricktechnischen Einfällen. Nach heutigen Kriterien freilich allzu angestaubt und veraltet. – Ab 8. ✦ Schwarz-weiß. BR Deutschland 1953 **P** Herbert-Kebelmann-Film **KI** Jugendfilm **R** Franz Fiedler **B** Ruth Hoffmann, nach dem Märchen »Die drei Schwestern« von Heinrich Seidel **K** Herbert Kebelmann **M** Friedrich Schröder **D** Paul Mederow, Heike Balzer, Nina von Vederain, Emmy Armster, Siegfried Dornbusch, Ernst Legal **L** 74 **FSK** ab 6; f **E** 6.12.1953

DIE VERZAUBERTE LEINWAND (LA VELA INCANTATA). Ende der 20er Jahre ziehen zwei Brüder mit ihrem Wanderkino durch die Kleinstädte und Dörfer der Po-Ebene. Während sich der ältere der beiden nach einem ruhigen Leben sehnt, eine Vernunftehe eingeht und die neuen faschistischen Machthaber toleriert, rebelliert der jüngere gegen Ungerechtigkeit, Intoleranz und bürgerliche Doppelmoral. Eine einfühlsam erzählte, in suggestive Bilder gekleidete Geschichte über einen Menschen, der sich im Spannungsfeld von Illusion und Realität seiner menschlichen und politischen Aufgaben bewußt wird. – Ab 16 möglich. ✦ Italien 1982 **P** Antea/RAI TV 2 **Pd** Enzo Porcelli **R** Gianfranco Mingozzi **B** Gianfranco Mingozzi, Lucia Drudi Demby, Tommaso Chiaretti **K** Luigi Verga **M** Nicola Piovani **S** Alfredo Muschietti **D** Massimo Ranieri (Angelo), Monica Guerritore (Anna), Lina Sastri (Nives), Remo Remotti (Andrea), William Berger (Giovanni) **L** (TV) 120 **E** 1.2.1988 ARD

DIE VERZAUBERTE MARIE (MARJA-ISKUZNIZA). Sowjetischer Kinderfilm nach einem Märchen: Der Wassergeist hat die geschickte Marie entführt und hält sie in seinem Reich gefangen. Ihr kleiner Sohn Wanja macht sich auf die Suche nach seiner Mutter. Er überwindet alle Gefahren im Zauberwald und gewinnt einen tapferen Soldaten zum Freund. Zusammen dringen sie bis zu seiner Mutter vor, aber bevor sie befreit werden kann, müssen noch einige Prüfungen bestanden werden. – Ab 8. ✦ UdSSR 1960 **P** Gorki-Studio **KI** Progress **R** Alexander Rou **B** Jewgeni Schwarz **K** Dmitri Surenski **M** Andrej Wolkonski **D** Nelli Myschkowa (die geschickte Marie), Witja Perewalow (= Viktor Perewalow) (Iwanuschka), Michail Kusnezow (der Soldat), Olja Chatschapuridse (Alanuschka), Anatoli Kubazki (der Wassergeist) **L** 75 **E** 23.12.1960 Kino DDR/26.10.1984 Kino DDR (WA)/1.4.1994 ORB

DIE VERZAUBERTE PRINZESSIN. Der arme Hassan sucht verzweifelt die schöne Prinzessin, die von einem Zauberer in einen Rubin hineingehext worden ist. Für seine Entstehungszeit relativ lebendig geratenes Orient-Märchen für Kinder. – Ab 8. ✦ Schwarz-weiß. Deutschland 1939 **P** Zengerling **KI** Jugendfilm **R** Alf Zengerling **B** Alf Zengerling, nach Hebbels »Der Rubin« **D** Olaf Bach, Hermann Wagner **L** 55 **FSK** ab 6; f **E** 1940 (Neustart 1953) **fd** 1 776

DAS VERZAUBERTE SCHLOSS. Ein freundlicher Ritter, der für seine Tapferkeit vom König mit einem Schloss bedacht wurde, muss erfahren, dass der neue Besitz verwunschen ist und die Ländereien zudem einem grausamen Verwalter unterstehen. Gegen ihn nimmt er den Kampf mit den hilfsbereiten Bauern auf, während ihm die Liebe einer jungen Frau die Kraft gibt, gegen den Fluch des Schlosses anzukämpfen. Märchenfilm um Güte und Hilfsbereitschaft. – Ab 10 möglich. ✦ Tschechien 1999 **R** Jirí Chlumsky **B** Jana Pacuerova **D** Lukás Vaculik (Johannes), Eva Leimbergerová (Anna), Milan Bahul (Rudolf), Nela Boudová (Maria), Pavel Kriz (Buckliger/Bettler) **L** 85 **E** 28.10.2001 Kinderkanal

DER VERZAUBERTE TAG. Unterschiedliche Liebeserlebnisse zweier Verkäuferinnen vom Bahnhofskiosk einer Kleinstadt: Die auf Wunsch ihrer Mutter mit einem tyrannischen Bürovorsteher verlobte Christine erliegt dem Zauber eines Malerprofessors; auf Umwegen findet der nicht bindungsunwillige Mann zu ihr zurück. Derweil begnügt sich die oberflächlichere Annie mit amourösem Amüsement. Der eigenwillig-extravagant inszenierte Film erregte das Mißfallen des Reichsfilmintendanten Dr. Hippler wegen der emanzipatorisch angelegten Frauenrollen im Kontrast zum dubiosen Partnerschaftsverhalten der Männer. Nach mehrfacher Vorlage wurde er im Oktober 1944 verboten. Aus heutiger Sicht ist die romantisch-melodramatische Geschichte eine der interessantesten Produktionen der 40er Jahre. – Ab 16. ✦ Schwarz-weiß. Deutschland 1943/44 **P** Terra-Filmkunst **KI** Stiftung Deutsche Kinemathek (Erstverleih: Super) **Pd** Viktor von Struve **R** Peter Pewas **B** Renate Uhl, Peter Pewas, nach der Erzählung »Die Augen« von Franz Nabl **K** Georg Krause **M** Wolfgang Zeller **S** Ira Bugajenko-Oberberg **D** Winnie Markus (Christine Schweiger), Hans Stüwe (Prof. Albrecht Götz), Ernst Waldow (Rudolf Krummholz), Eva Maria Meineke (Anni), Hans Brausewetter (Wasner), Carola Toelle (Frau Schweiger) **L** 77 (Orig. 99) **E** 9.1.1952/8.7.1982 NDR **fd** 927

DER VERZAUBERTE WALD (1927) (SWENIGORA (SAKOLDOWANNOJE MESTO)). Die sozialistische Revolution ist für den Enkel eines ukrainischen Greises, der symbolhaft die Schätze seines Volkes hütet, der wahre Schatz auf dem Weg in ein glücklicheres Leben. Zunächst muß jedoch der Revolution gegen konterrevolutionäre Banden zum Sieg verholfen werden. Ein Filmgedicht mit überwältigenden Bildern, das mit großer Kunstfertigkeit die Gratwanderung zwischen Realismus und Symbolismus meistert und sich ganz in den Dienst des Fortschritts, den es zu feiern gilt, stellt. ✦ Schwarz-weiß. UdSSR 1927 **P** WUFKU **KI** Freunde der Deutschen Kinemathek **R** Alexander Dowshenko **B** Michail Johanson, Jurtik **K** B. Saweljew **D** Nikolai Nademski (Großvater/General), Semjon Swaschenko (Timoschka, Rotarmist), Alexander Podoroshnyj (Pawlo, Bandit), G. Astafjew, I. Seljuk **L** 86 **E** 1974 Kino

DER VERZAUBERTE WALD (1957) (L' INCANTO DELLA FORESTA). In einem dreijährigen Puzzle entstandener, heiter gestimmter Naturfilm, dessen »Hauptdarsteller« ein junger Waschbär ist. Mit Teleobjekt, Zeitraffer und viel Geduld nimmt die Kamera die Sichtweise des Tieres ein, das bei seinen ersten Alleingängen Pflanzen und andere Tiere entdeckt. Ein naiver und gewiß tierkundlich wenig lehrreicher Film, der aber durch seine anrührende Lebensfreude und ungebrochene Heiterkeit für sich einnimmt. – Ab 6. ✦ Italien 1957 **P** Slogan **KI** Argus/Rheinischer **R** Alberto Ancillotto **L** 82 **E** 1958 Kino/25.12.1988 DFF 2 **fd** 7 157

VERZAUBERTE WEIHNACHT – A HOLIDAY FOR LOVE → Eingeschneite Herzen – Ein romantisches Weihnachtsmärchen

VERZAUBERTE WEIHNACHTEN (THE CHRISTMAS LIST). Eine vom Leben benachteiligte Parfümverkäuferin stellt eine Liste ihrer Wünsche zusammen. Als ihre beste Freundin diese kurzerhand in einen Briefkasten für den Weihnachtsmann wirft, überschlagen sich die Ereignisse. Es scheint, als sollten alle Wünsche in Erfüllung gehen, und am Horizont taucht sogar der Traummann auf. Turbulente Weihnachtskomödie mit gut aufgelegten Darstellern, die der einfachen Geschichte keinen tieferen Sinn verleihen, aber unbeschwert unterhalten. – Ab 14. ✦ USA 1997 **Pd** James Shavick **R** Charles Jarrott **B** Marie Weiss **K** Henry Chan **M** Brahm Wenger **S** Mark Lemmon, Gary L. Smith **D** Mimi Rogers (Melody Parris), Rob Stewart (David Schyler), Stella Stevens (Natalie Parris), Bill Switzer (Danny Schyler), Jano Frandsen (George Lamb) **L** 88 **E** 24.12.2000 ARD

DIE VERZAUBERTEN BRÜDER. Die Liebe einer Mutter erlöst drei Kinder, die von einer verschlagenen Hexe in deren Zauberwald in Tiere verwandelt wurden. Fantastischer Kinderfilm nach einem Bühnenstück von Jewgeni Schwarz mit zahlreichen Märchenmotiven. – Ab 10. ✦ DDR 1988 **P** DEFA-Fernsehen **R** Dieter Bellmann **B** Katharina Steinke, Manfred Richter, nach einem Bühnenstück von Jewgeni Schwarz **S** Frank J. Urioste **D** Renate Geißler (Mutter), Ursula Werner (Hexe), Peter Reinhardt (Bär), Silvia Mißbach (Katze), Dirk Wäger (Hund) **L** (TV) 75 **E** 16.12.1990 RTL plus

DIE VERZAUBERTEN DOLLARS (AZ ELVARAZSOLT DOLLAR). Ein unkonventioneller Budapester Polizeileutnant, der lieber seine Fäuste gebraucht als die Dienstvorschriften einhält, ermittelt gegen eine Geldfälscherbande. Als er wegen seiner Methoden vom Dienst suspendiert wird, ermittelt er auf eigene Faust, wobei er auch ein sechsjähriges Mädchen retten muß, das die Verbrecher entführt haben. Ungarischer Kriminalfilm nach westlichen Mustern, vor allem in Anlehnung an Bud-Spencer- oder Tony-Maroni-Unterhaltungsware. (Alternativer Titel: »Die verschwendete Million«) ✦ Ungarn 1986 **P** Mafilm **KI** Progress **R+B** István Bujtor **K** György Illés, László Baranyai **M** Károly Frenreisz **D** István Bujtor (Leutnant Ötvös), András Kern (Dr. Kardos), Barbara Kristály (Topolino), István Avar (Dienststellenleiter), László Kozák (Purci) **L** 90 **E** 19.6.1987 Kino DDR/29.7.1988 RTL plus

VERZAUBERTER APRIL (ENCHANTED APRIL). Angeregt durch ein Inserat beschließt eine eher verschreckte, fügsame Frau eines Londoner Anwalts, auch gegen den Widerspruch ihres Mannes Urlaub in Italien zu machen. Sie sucht und findet eine Gefährtin und zwecks Mietminderung zwei weitere Damen, die nach Veränderung suchen. Die Ferien in der Idylle bewirken für alle Harmonie und neue Lebensfreude. Romantischer Film, der Abstand vom Alltag, Naturnähe und Muße als Weg zu sich selbst beschreibt. Nuancenreich, mit hintergründigem Humor inszeniert und ausgezeichnet gespielt. – Ab 14. ✦ Großbritannien 1992 **P** BBC Theatrical Films/Miramax/Greenpoint **KI** Ascot **VA** Warner **Pd** Ann Scott **R** Mike Newell **B** Peter Barnes, nach einem Roman von Elizabeth von Arnim **K** Rex Maidment **M** Richard Rodney Bennett **S** Dick Allen **D** Miranda Richardson (Rose Arbuthnot), Josie Lawrence (Lottie Wilkins), Joan Plowright (Mrs. Fisher), Polly Walker (Lady Caroline Dester), Alfred Molina (Mellerish Wilkins) **L** 93 **FSK** ab 6; f **E** 8.4.1993/29.9.1994 Video **fd** 30 141

VERZEHRENDE FLAMME (BUISSON ARDENT). Die unmögliche und unglückliche Liebe zwischen einer Tochter aus wohlhabendem Haus und dem gleichaltrigen Sohn des Dienstmädchens, die schon als Kinder unzertrennlich waren. Als die beiden sich nach langer Trennung wiedersehen, ist die junge Frau mit einem anderen verlobt, den die Eifersucht zu einer Verzweiflungstat treibt. Liebesdrama, das ein altbekanntes Motiv ohne Inspiration variiert; darstellerisch wenig überzeugend, aber reizvoll fotografiert. – Ab 16. ✦ Frankreich 1987 **P** Scopitone/La Maison de la Culture du Havre/Les Films de l'Atalante/la Sept **R** Laurent Perrin **B** Benoît Jacquot **K** Dominique Le Rigoleur **M** Jorge Arriagada **S** Alice Lary **D** Jessica Forde (Julie), Jean-Claude Adelin (Jean), Alice de Poncheville (Caroline), Simon de la Brosse (Henri), Anne Brochet (Elisabeth) **L** 90 **E** 24.6.1989 DFF 2/13.11.1994 mdr

VERZEIH! (PROSTI). Eine Frau Anfang Dreißig wird durch die Untreue ihres Mannes aus ihrer Selbstsicherheit und der selbstverständlichen Lebensweise gerissen. Sie erlebt die Oberflächlichkeit und Ichbezogenheit ihrer Umwelt, die Fragwürdigkeit von Freundschaften und muß nach einer Vergewaltigung nach neuen Maßstäben für ihr Leben suchen. Ein nachdenklich stimmender Film, der zu einer Diskussion über moralische Wertvorstellungen und ethische Normen anregen möchte. In der formalen Gestaltung des inhaltlich gelungenen Films sind jedoch einige Mängel zu beklagen. ✦ Scope. UdSSR 1987 **P** Lenfilm **KI** Progress **R** Ernest Jassan **B** Viktor Mereshko **K** Iwan Bagajew **M** Wadim Bibergan **D** Natalja Andrejtschenko, Igor Kostolewski, Viktor Mereshko, Alissa Frejndlich, Alexandra Jakowlewa **L** 81 **E** 18.3.1988 Kino DDR

VERZEIH MIR! (PERDONA MI). Kolportagenahes Melodram unter Genueser Werftarbeitern: In der Sorge um den mordverdächtigen Bruder setzt sich eine Näherin dem Anschein ehelicher Untreue aus und gefährdet dadurch ihr Familienglück. Reißerisch sentimental, aber im Milieu und in den Kinderszenen realitätsbezogen. – Ab 16. ✦ Schwarz-weiß. Italien 1953 **P** Rizzoli/Royal **KI** Deutsche Cosmopol **Pd** Carlo José Bassoli **R** Mario Costa **B** Mario Costa, Anton Giulio Majano, Alessandro de Stefani, Mario Monicelli **K** Mario Bava **M** Carlo Rustichelli **D** Antonella Lualdi (Anna), Raf Vallone (Marco), Tamara Lees (Vera), Emma Baron (Annas Mutter), Augusto Penella (Luigi), Patrizia Remiddi (Carla) **L** 95 **FSK** ab 16; f **E** 9.7.1954/22.9.1969 Kino DDR **fd** 3 755

VERZEIHT, DASS ICH EIN MENSCH BIN. Fürs Fernsehen gedrehtes Porträt des deutschen Dichters und Arztes Friedrich Wolf aus der Sicht seiner sieben Kinder: Lukas, der mit seiner Schwester nach Amerika auswanderte, Markus, der Chef des DDR-Geheimdienstes wurde, sein Bruder Konrad, der in Babelsberg Spielfilme inszenierte, Lena, die in Moskau blieb, Katrin, die es immer wieder nach Kuba zieht, und Thomas, der als Kernphysiker in Hamburg arbeitet. Ein Film, der den Weltverbesserer Friedrich Wolf mit intimer Kenntnis und kritischem Respekt beschreibt und den Versuch unternimmt, sein soziales und künstlerisches Programm einzuordnen. – Ab 16. ✦ DDR 1988 **P** DEFA, Studio für Dokumentarfilme **KI** Progress **Pd** Kerstin Lindenberg, Charlotte Galow, Klaus Dörrer **R** Lew Hohmann **B** Christiane Mückenberger, Klaus Wischnewski, Lew Hohmann **K** Werner Kohlert **M** Ulrich Thiem **S** Karin Wudtke **L** 90 **E** 19.12.1988 DFF 1/1.3.1989 Kino DDR

VERZEIHUNG, HABE ICH SIE GEWECKT? Eine telefonisch angeknüpfte Liebesbeziehung entwickelt sich bis zur zufälligen Entdeckung, dass beide Partner im gleichen Büro arbeiten. Heiterer Fernsehfilm auf durchschnittlichem Niveau. ✦ DDR 1986/87 **P** DEFA **Pd** Erich Albrecht **R** Hans-Joachim Hildebrandt **B** Hans-Joachim Hildebrandt, nach der Novelle »Ich, du, er und das Telefon« von Anar **K** Günter Eisinger **M** Günter Juwé **S** Anneliese Hinze-Sokolow **D** Uwe Zerbe (Hans Bertram), Katrin Martin (Christa Nowack), Juliane Korén (Anita Richter), Frank Schenk (Frank Richter), Hanna Mönig (Kollegin) **L** 87 **E** 19.1.1988 DFF 1

»... VERZEIHUNG, ICH LEBE« (PRZESRASZAM, ZE ZYJE). Fünf jüdische Überlebende des Holocausts aus einer polnischen Kleinstadt berichten von ihrem Leben, das unter recht normalen Vorzeichen begann, sich jedoch unter der Bürde eines latenten Antisemitismus entwickeln musste. Ohne die erschütternden Bilder der Vernichtungslager einzubeziehen, legt der Film Zeugnis vom jüdischen Leben im 20. Jahrhundert ab und überzeugt durch seine klare, lineare Struktur. Den Protagonisten ist es zu verdanken, dass der Film nicht von Bitterkeit geprägt ist, sondern dass in die Erinnerungen an vergangenes Leid auch der Wunsch nach Versöhnung einfließt. – Ab 16. ✦ Deutschland/Polen 2000 **P** halbtotal filmproduktion/HR/Appel Film/Ulrich Rydzewskis Filmproduktion/Canal+ Polska **SF** Basis **Pd** Esther Schapira **R** Andrzej Klamt **B** Andrzej Klamt, Marek Pelc **K** Vladimir Majdandzic **M** Ulrich Rydzewski **S** Zygmunt Dus, Ewa Dus **L** 81 **E** 20.4.2000 **fd** 34 553

VERZEIHUNG, SEHEN SIE FUSSBALL? Episodenfilm um Ereignisse am Abend des Endspiels zur Fußball-Weltmeisterschaft 1982 in einem Berliner Hochhaus. Fünf heitere und ernste Alltagsszenen in einem inszenatorisch mäßigen Film ohne Witz und Tempo, der ganz von seinen hervorragenden Schauspielern getragen wird. – Ab 14. ✦ Scope. DDR 1982/83 **P** DEFA, Gruppe »Babelsberg« **Kl** Progress **Pd** Volkmar Leweck **R** Gunther Scholz **B** Gunther Scholz, Günter Haubold, nach Erzählungen von Carlos Cerda, Edgar Külow, Helga Schubert, Renate Holland-Moritz und Katrin Lange **K** Günter Haubold **M** Helmut Frommhold, Rainer Neumann **S** Bärbel Bauersfeld **D** Corinna Harfouch (Michaela), Jörg Fabian (Thomas), Leticia Garrido (Carmen), Oscar Castro (Andres), Jutta Wachowiak (Dr. Kobermann), Alfred Struwe, Hermann Beyer (Kneutzsch), Christine Schorn (Frau), Reimar Johannes Baur (Flötist) **L** 85 **E** 8.4.1983 Kino DDR/ 5.7.1985 DFF 2

VERZEIHUNG, SIND SIE DER MÖRDER? →Eine Leiche zum Dessert

VERZEIHUNG, WIRD HIER GESCHLAGEN? (PRZEPRASZAM, CZY TU BIJA?). Ein Warschauer Unterweltler wird durch einen von der Polizei eingeschleusten Spitzel verraten. Der Spielfilm eines Dokumentaristen, ein für das Kino der sozialistischen Staaten ungewöhnlicher Gangsterkrimi, wendet sich – obwohl vor allem als Komödie angelegt – auch kritisch gegen eine Ordnung, die selbst um den Preis moralischer Integrität aufrechterhalten wird. (Westdeutscher TV-Titel: »Pardon, wird hier geprügelt?«) – Ab 16. ✦ Polen 1976 **P** Silesia **Kl** Progress **R+B** Marek Piwowski **K** Witold Stock **M** Piotr Figiel **D** Jerzy Kulej, Zdzislaw Rychter, Ryszard Faron, Mariusz Dmochowski, Jan Szczepanski **L** 85 **E** 2.6.1978 Kino DDR/9.10.1978 ARD **fd** 20 912

VERZEIHUNG, WOLLEN WIR HEIRATEN? →Liebe zu einem Fremden

VERZWEIFELTE ENTSCHEIDUNG (HER DESPERATE CHOICE). Drama nach einer wahren Begebenheit. Um ihre Tochter vor den sexuellen Übergriffen ihres Mannes zu schützen, an den sie gerade das Sorgerecht verloren hat, flieht eine Mutter mit ihrem Kind. Fortan wird sie wegen Kidnappings gesucht und taucht unter. Eine Untergrundorganisation hilft ihr dabei. ✦ USA 1996 **R** Michael Scott **B** Vivienne Radkoff **K** Tony Imi **D** Faith Ford (Jody), Kyle Secor (Jim), Hanna Hall (Samantha), Philip Williams (Frank), Nigel Bennett (Raskin), Lynne Cormack (Grace) **L** 88 **E** 11.8.1997 ZDF

VERZWEIFELTE FRAUEN (THE DESPERATE WOMEN). Ein Zeitungsverleger, dessen Tochter das Opfer eines Abtreibungspfuschers wurde, setzt Reporter und Redakteurin zu einem Aufklärungsfeldzug an. Der außerhalb des großen Produktionsapparates von Hollywood entstandene Film bemüht sich redlich und seriös, vor der Abtreibung und ihren Folgen zu warnen. Doch sein Engagement verpufft angesichts der extrem unbeholfenen Machart, und er verausgabt seinen Eifer bei der kinoüblichen Hetzjagd auf Verbrecher. – Ab 16. ✦ Schwarz-weiß. USA 1955 **P** Topas **Kl** City/Transatlantic **Pd** Samuel Newman, Louis B. Appleton jr. **R** Louis B. Appleton jr. **B** Samuel Newman **K** Russ Meyer **M** Melvyn Lenard **S** Albert Shaff **D** Anne Appleton (Mona), Douglas Howard (Eddie), Paul Hahn (Dr. Martin), Ben Daniels (Captain Dawson), Samuel Newman (Kovacs), Maria Girard (Flo Brown) **L** 66 **FSK** ab 16; nf **E** 21.2.1958 **fd** 6 732

VERZWEIFELTE MENSCHEN (DESPERATE CHARACTERS). Ein etwa 40jähriges kinderloses Ehepaar der oberen Mittelklasse wird durch alltägliche Begebenheiten – Streit mit einem Freund, Biß einer tollwutverdächtigen Katze, Einbruch in sein Sommerhaus – an sich selbst und seinem Leben irre und kann dem Gefühl der Bedrohung nicht entfliehen. Ein vor allem in der Darstellung eindringlicher, inszenatorisch nicht ganz überzeugender Erstlingsfilm, der die psychische Verfassung zweier Menschen beschreibt, die erkennen, daß sie sich nicht vor der von Auseinandersetzungen und Gewalt bestimmten Wirklichkeit zurückziehen können. – Ab 16. ✦ USA 1970 **P** ITC/T.D.J. **R** Frank D. Gilroy **B** Frank D. Gilroy, nach einem Roman von Paula Fox **K** Urs Furrer **M** Lee Konitz, Jim Hall, Ron Carter **D** Shirley MacLaine, Kenneth Mars, Gerald S. O'Loughlin, Sada Thompson, Jack Somack **L** 85 **E** 15.1.1973 ZDF

VERZWEIFELTE WUT (A FAMILY TORN APART / SUDDEN FURY). Ein in der Nachbarschaft wegen ihrer Frömmigkeit und Nächstenliebe angesehenes Ehepaar wird ermordet. In Verdacht gerät eines der drei Adoptivkinder der Familie, das wegen seines aggressiven Verhaltens in der Pubertät in eine Besserungsanstalt gegeben wurde und immer wieder gedroht hatte, die Adoptiveltern zu töten. Ein befreundeter Anwalt versucht, dem Jugendlichen beizustehen. In langen Gesprächen über das Familienleben enthüllt sich ihm schließlich ein tragisches Bild. ✦ USA 1993 **R** Craig R. Baxley **B** Matthew Bombeck **D** Neil Patrick Harris (Brian Hannigan), John M. Jackson (Joe Hannigan), Linda Kelsey (Maureen Hannigan), Johnny Galecki (Daniel Hannigan), Gregory Harrison (Tom Kelley) **L** 89 **E** 6.7.1994 SAT 1

VERZWEIFLUNG – LIEBE BIS UNTER DIE HAUT. In einem Mietshaus begegnen sich ein Mann und eine Frau, die beide eben erst eingezogen sind. Aus einer vermeintlich rein sexuellen Liaison entwickelt sich bald eine Nähe, die allerdings unter dem Schweigen der zutiefst verzweifelten Frau leidet, die kein Wort über ihre Vergangenheit verliert, in der sie große Schuld auf sich lud. Leises, eindringliches Drama über Einsamkeit, Isolation und Schuld, das auf schattenreiche Hell-Dunkel-Kontraste und atmosphärische Verschiebungen setzt und sich bei der Entfaltung der geschickt konstruierten Erzählung auf überzeugende Darsteller verlassen kann. ✦ Schwarz-weiß. Deutschland 2000 **P** Jost Hering Filmproduktion/ZDF **Kl** Basis **R+B** Marcus Lauterbach **K** Roland Dressel **M** Klaus Doldinger **S** Monika Schindler **D** Nina Petri (Ulrike), Sylvester Groth (Sigs), Andrea Sawatzki (Anna), Christine Schorn (Mutter von Ulrike), Dieter Schaad (Vater von Sigs), Kathrin Waligura, David Scheel, Jenny Gröllmann, Christian Berkel **L** 74 **E** 12.10.2000/18.12.2000 ZDF **fd** 34 497

VERZWEIFLUNGSSCHREI AUS DER KINDERKLINIK (A CHILD'S CRY FOR HELP). Drama. Nachdem ein fünfjähriger Junge mehrfach an Infektionen erkrankte, kommt eine Kinderärztin der Verdacht, daß die Mutter des Jungen die Krankheiten absichtlich herbeiführt, um Aufmerksamkeit für sich selbst zu gewinnen. – Ab 16. ✦ USA 1994 **R** Sandor Stern **B** Sandor Stern, Jan Jaffe Kahn **M** Joseph DoLuca **D** Veronica Hamel (Paula Spencer), Pam Dawber (Monica Shaw), Zachary Charles (= Zachary B. Charles) (Eric Shaw), Jeff Williams (Dr. Alec Jefferson), Daniel Hugh-Kelly (Donald Prescott) **L** 92 **E** 19.9.1995 Pro Sieben

EIN VERZWICKTER MONTAG (LUNDI). Die Identitätssuche eines jungen Mannes, der nach dem totalen Verlust seines Gedächtnisses und ergebnisloser Spurensuche nach seiner Vergangenheit in einer abenteuerlichen Situation eine neue Lebenschance und -gefährtin findet. Anmutig und unterhaltsam inszeniert. – Ab 16. ✦ Frankreich 1979 **P** FR 3 **R** Edmond Séchan **B** Jean-Claude Carrière **K** Guy Delattre **M** Georges Delerue **S** Bernadette Martin **D** Bernard Le Coq (Er), Françoise Dorner (Jean), Pierre Etaix (Kellner) **L** 79 **E** 30.3.1987 ZDF **fd** 26 125

DER VETERAN (I JO, PAPA!). Ein spanischer Kaufmann, der vor 40 Jahren auf der Seite der Nationalisten am Bürgerkrieg teilgenommen hat, will auf einer Reise zu den Stätten der Auseinandersetzung auch für seine Familie erfahrbar machen, was ihn immer noch bewegt. Doch die Reise verläuft anders, als er es gewünscht hat. Seine ältere Tochter verläßt die Familie. Auch seine Frau und die Achtjährige können seine Gefühle nicht verstehen. Der Film setzt sich aufschlußreich mit dem das Verhältnis zwischen den Generationen belastenden Bürgerkrieg auseinander. Ein bemerkenswerter Beitrag zur spanischen Vergangenheitsbewältigung. – Ab 16 möglich. ✦ Spanien 1976 **P** Incine Compañia Industrial **R** Jaime de Armiñán **B** Juan Tébar, Jaime de Armiñán **K** Manuel Beranguer **M** José Nieto **D** Antonio Ferrandis (Enrique), Ana Belén (Pilar), Amparo Soler Leal (Alicia), José Maria Flotats (Carlos), Eduardo Calvo, Fernando Fernán Gómez (Julio), Carmen Armiñán (Carmen) **L** 95 **E** 1.8.1978 ZDF

DIE VETERINÄRSCHULE – WO MENSCHEN UND TIERE FREUNDE SIND. Durch die Krebserkrankung ihres Katers lernt die Regisseurin die Veterinärhochschule von Alfort kennen. Die hat sich nicht nur der medizinischen Technologie verschrieben, sondern erforscht ganzheitliche Beziehungen zwischen Mensch und Tier. Stoff für einen poesievollen Dokumentarfilm, der sich aus Momentaufnahmen aus der Praxis, Traumbildern, Gesprächen und der Dokumentation des Heilungsprozesses der Katze »Ice Cream« zusammensetzt. ✦ Frankreich 2000 **R** Marianne Gosset **L** 90 **E** 16.3.2001 arte

DER VETTER AUS DINGSDA (1934). Ein Wanderbursche kommt spät abends in ein Gasthaus, wo er von der Tochter des Hauses, die sich einen liebenswerten Spaß erlaubt, wie ein Kavalier bewirtet wird. Am nächsten Tag halten die Eltern den Gast für den heimgekehrten Vetter aus Indien, ohne daß er den Irrtum aufklären kann. Als der tatsächliche Vetter auftaucht, wird er gar als Betrüger erkannt, und nur die Liebe kann Rettung in die verzwickte Situation bringen. Heiter-betuliche Operetten-Verfilmung, die mit den bekannten Melodien, aber auch einem gewissen Gespür für filmischen Rhythmus stimmungsvoll unterhält. – Ab 12. ✦ Schwarz-weiß. Deutschland 1934 **P** Victor-Klein-Film **Kl** Anton E. Dietz **Pd** Victor Klein **R** Georg Zoch **B** Georg Zoch, nach der gleichnamigen Operette von Eduard Künneke **K** Bruno Mondi **M** Eduard Künneke, Franz Marszalek **D** Lien Deyers, Lizzi Holzschuh, Walter von Lennep, Rudolf Platte, Paul Heidemann, Jakob Tiedtke **L** 75 **FSK** ab 12; nf **E** 11.9.1934 **fd** 17 320

DER VETTER AUS DINGSDA (1953). Ein Wandergeselle verliebt sich in die soeben volljährig gewordene Tochter eines verschuldeten Gutsbesitzers und kann, als vermeintlicher Vetter aus batavia, das Gut mit Hilfe seiner reichen Schwester vor dem Ruin bewahren. Der wirkliche Vetter, ein nicht minder reicher Diamantenkönig, verliebt sich obendrein in die Schwester. Nach Motiven der Künneke-Operette anspruchslos gestaltete Komödie mit den üblichen Versatzstücken des Heimatfilms. Gefällige, musikalisch aufmerksam arrangierte Unterhaltung. – Ab 10. ✦ Schwarz-weiß. BR Deutschland 1953 **P** Central-Europa **Kl** Prisma **Pd** Helmuth Volmer, Waldemar Frank **R** Karl Anton **B** Karl Anton, Franz M. Schilder, Hal Haller, nach der gleichnamigen Operette von Eduard Künneke (mit den Texten von Hermann Haller und Rideamus) **K** Fritz Arno Wagner, Karl Loeb **M** Eduard Künneke, Alfred Strasser (Ltg.) **S** Walter von Bonhorst **D** Vera Molnar (Julia de Weert), Gerhard Riedmann (Hans, ein Wanderbursche), Grethe Weiser (Wilhelmine, »Tante Wimpel«), Joachim Brennecke (Roderich de Weert), Irene von Meyendorff (Irmgard von Ottenberg), Hans Richter (August Kuhbrot), Gunther Philipp (Dr. jur. Egon Krumm) **L** 95 **FSK** ab 6; nf **E** 26.11.1953/24.2.1963 ARD/9.5. 1988 DFF 1

VIA APPIA. Nachdem ihm klar wird, daß er sich mit dem AIDS-Virus infiziert hat, versucht ein junger Homosexueller, in Begleitung eines Filmemachers in Brasilien nach dem Ursprung seiner Ansteckung zu fahnden und die ihm noch verbleibende Lebensspanne im Film festzuhalten. Versuch, die Geschichte eines AIDS-Kranken zu zeichnen und darüber hinaus die filmische Darstellung des Themas AIDS zu reflektieren. ✦ BR Deutschland 1989 **P** Friedländer **VA** Jochen Hick **R+B** Jochen Hick **K** P.C. Neumann **M** Charly Schöppner **S** Claudia Vogeler **D** Peter Senner (Frank), Guilherme de Padua (José), Yves Jansen (Regisseur) **L** 89 **FSK** ab 16 **E** 28.3.1989 ZDF

VIA MALA (1943/44). Ein verlotterter Sägemüller hat seine Tochter für Schnaps verhökert und wird tot aufgefunden. John Knittels in den 30er Jahren erschienener Roman wurde zur bloßen Krimi-Kolportage verdünnt. 1944 in Tirol fertiggestellt, wurde der allenfalls darstellerisch bemerkenswerte Film von der NS-Zensur im Februar 1945 zur Vorführung im Reichsgebiet nicht mehr freigegeben, weil er für deutsche Zuschauer in schwerster Kriegszeit zu unerquicklich sei. – Ab 16. ✦ Schwarz-weiß. Deutschland 1943/44 **P** Ufa **KI** Atlantic/Türck **R** Josef von Baky **B** Thea von Harbou, nach Motiven des gleichnamigen Romans von John Knittel **K** Carl Hoffmann **M** Georg Haentzschel **S** Wolfgang Becker **D** Karin Hardt (Silvelie), Viktor Staal (Andreas von Richenau), Carl Wery (Jonas Lauretz), Hildegard Grethe (Frau Lauretz), Hilde Körber (Hanna) **L** 93 **FSK** ab 16; nf **E** 16.1.1948/19.3.1973 DFF 1 **fd** 480

VIA MALA (1961). Wiederverfilmung des Romans vom gottlosen Sägemüller, der seiner Familie das Leben derart zur Hölle macht, daß er umgebracht werden muß. Glatt inszeniertes Heimatfilm-Drama, das an einem Extremfall Sympathien für einen Mord zu wecken versucht. – Ab 16. ✦ BR Deutschland 1961 **P** CCC **KI** Gloria **Pd** Artur Brauner **R** Paul May (= Paul Ostermayr) **B** Karl Heuser, Paul Martin, nach dem gleichnamigen Roman von John Knittel **K** Richard Angst **M** Rolf Wilhelm **S** Walter Wischniewsky **D** Gert Fröbe (Jonas Lauretz), Joachim Hansen (Andreas von Richenau), Christine Kaufmann (Sylvia Lauretz), Anita Höfer (Hanna Lauretz), Christian Wolff (Niklas Lauretz) **L** 96 **FSK** ab 12; f (fr. ab 16) **E** 8.9.1961/28.11.1966 ZDF/19.3.1973 DFF 1 **fd** 10 498

VIA MALA (1983–85). Fernsehadaption des Romans von John Knittel. Der alte Sägemüller Jonas Lauretz macht seiner Familie das Leben auf dem heruntergewirtschafteten Anwesen in den Schweizer Bergen derart unerträglich, daß sein Sohn beschließt, ihn zu ermorden. Die gesamte Familie wird durch das Verbrechen in Mitschuld verstrickt, und jeder wird auf seine Weise zur Rechenschaft gezogen. Sorgfältig ausgestatteter und gut gespielter Heimatfilm von epischem Ausmaß, der von Beginn an auf das tragische Ende zusteuert. – Ab 16 möglich. ✦ BR Deutschland/Österreich/Frankreich/Italien 1983–85 **P** Iduna/MR-Film/ZDF/ORF/T.F.1/RAI 1 **VA** Taurus (Drei Kassetten) **Pd** Kurt J. Mrkwicka **R** Tom Toelle **B** Jörg Graser, nach einem Roman von John Knittel **K** Igor Luther **M** Ennio Morricone **S** Marie Homolkova **D** Mario Adorf (Jonas Lauretz), Maruschka Detmers (Silvie), Milena Vukotic (Sophie), Dominique Pinon (Niklaus), Sissy Höfferer (Hanna), Juraj Kukura (Andreas von Richenau), Fritz Eckhardt (Bonatsch), Bert Fortell **L** 285 (Video 275) **FSK** ab 12 **E** 1.,2.,3.9.1985 ZDF (drei Teile)/September 1989 Video

VIA MONTENAPOLEONE (VIA MONTENAPOLEONE). In der Modemetropole Mailand begegnet sich alles, was in der Branche Rang und Namen hat oder noch bekommen möchte. Das Model, die Fotografin, die Werbemanagerin; für sie alle hat die Karriere Vorrang vor privaten Problemen und Entwicklungen. Seifenoper im Luxusmilieu. – Ab 16. ✦ Italien 1987 **P** C.G. Silver Film/Video 80/Reteitalia **Pd** Mario Cecchi Gori, Vittorio Cecchi Gori **R** Carlo Vanzina **B** Carlo Vanzina, Enrico Vanzina, Jaja Fiastri **K** Luigi Kuveiller **M** Beppe Cantarelli **S** Ruggero Mastroianni **D** Renée Simonsen, Carol Alt, Luca Barbareschi, Corinne Clery, Fabrizio Bentivoglio, Marisa Berenson, Valentina Cortese **L** 104 **E** 8.6.1993 premiere

VIBES – DIE ÜBERSINNLICHE JAGD NACH DER GLÜHENDEN PYRAMIDE (VIBES). Eine überdrehte, naive Blondine und der vorsichtige Kurator des New Yorker Museums verfügen über übersinnliche Fähigkeiten. Bei der Suche nach dem Geheimnis einer verborgenen Inka-Stadt werden sie in turbulente Abenteuer verwickelt. Trotz attraktiv besetzter Hauptrollen und einiger gelungener Gags eine allzu konfus entwickelte Komödie mit unverkennbaren Längen. – Ab 14 möglich. (Titel auch: »Vibes – Die Jagd nach der glühenden Pyramide«) ✦ USA 1987 **P** Imagine Entertainment **KI** Columbia **VA** RCA/Columbia **Pd** Deborah Blum, Tony Ganz **R** Ken Kwapis **B** Lowell Ganz, Babaloo Mandel **K** John Bailey **M** James Horner **S** Carol Littleton **D** Cyndi Lauper (Sylvia Pickel), Jeff Goldblum (Nick Deezy), Peter Falk (Harry Buscafusco), Julian Sands (Dr. Harrison Steele), Googy Gress (Ingo Swedlin) **L** 99 **FSK** ab 12; f **E** 13.10.1988 **fd** 27168

VIBRATIONS (VIBRATIONS). Ein junger Musiker verliert bei einem brutalen Überfall beide Hände. Er verfällt in Depressionen und dem Alkohol. Als junge Leute aus der Techno-Szene sich seiner annehmen, wendet sich sein Schicksal erneut. Schließlich kann er sogar bei einem Konzert auftreten und erkennt in den Mitgliedern des Sicherheitsdienstes seine ehemaligen Peiniger. Nun sinnt der Musiker auf eine ganz besondere Rache. Ohne sich um Motivationen seiner Figuren zu kümmern, räumt der zäh und sprunghaft inszenierte Film der Techno-Musik breiten Raum ein. (Fernsehtitel: »Techno-Star mit Handicap«) – Ab 14. ✦ USA 1994 **P** Tanglewood **VA** VPS **Pd** John Dunning, Dan Lieberstein **R+B** Michael Paseornek **K** Mike Sloris **M** Bob Christianson **S** Pamela Scott Arnold **D** James Marshall (T.J.), Christina Applegate (Anamika), Faye Grant (Zina), Paige Turco (Lisa), Scott Cohen (Simeon) **L** 100 **FSK** ab 12 **E** 1994 Video **fd** 31 336

VICE ACADEMY (VICE ACADEMY). Die Absolventinnen einer Polizeischule haben in der praktischen Ausbildung einen Porno-Produzenten und einen Prostituierten-Ring zu bekämpfen. Das Milieu dieser Billig-Produktion, die einschlägige Vorbilder zu kopieren versucht, fordert schmuddelige Drehbucheinfälle geradezu heraus, doch auch sie können der Langeweile des Films nicht Einhalt gebieten. ✦ USA 1988 **P** Rick Sloane Prod. **VA** Highlight **Pd+R+B** Rick Sloane **K** Stephen Ashley Blake **M** Alan De Marderosian **S** Rick Sloane **D** Linnea Quigley (Didi), Karen Russell (Shawnee), Ginger Lynn Allen (Holly), Ken Abraham (Dwayne), Jayne Hamil (Miss Devonshire) **L** 90 **FSK** ab 16 **E** 23.12.1991 Video **fd** 29 443

VICE ACADEMY 2 →Hot Cops

VICE GIRLS – MIT KÖPFCHEN UND KURVEN (VICE GIRLS). Erotik-Thriller über Polizeiermittlungen im Milieu der »Snuff«-Filme, die die Ermordung junger Mädchen zeigen. ✦ USA 1995 **R** Richard Gabai **B** Michael A. Baldwin **M** Larry Berliner, Michael Morrell **D** Lana Clarkson (Jan »Coop« Cooper), Liat Goodson (Edith Block), Kimberley Roberts (Mindy Turner), Bart Muller (Russo), Warren Draper (Captain Chandler) **L** 83 **E** 30.4.1997 ProSieben

VICIOUS CIRCLES (VICIOUS CIRCLES). Ein amerikanisches Dessous-Model verdingt sich in einem französischen Callgirl-Ring für die besten Kreise, nachdem ihr Halbbruder, zu dem sie mehr als geschwisterliche Liebe empfindet, wegen Drogenhandels im Gefängnis gelandet ist. Zunächst laufen die Geschäfte gut, doch dann gerät sie an einen sadistischen Millionär. Dümmlicher Sexfilm, der nur deswegen Beachtung verdingt, weil er einen Tiefpunkt in der Karriere des Schauspielers Ben Gazzara markiert. ✦ USA 1998 **P** Trimark **Pd** Jonathan Karlsen **R+B** Alexander Whitelaw **M** Robert Lockhart **S** Jon Costelloe **D** Paul Hipp (Dylan), Jerome Davis (Asher), Carolyn Lowery (Andy), Nicholas Calderbank (McKenzie), Marianne Borgo (Madame), Ben Gazzara (March) **L** 90 **E** 24.1.2001 ProSieben

VICIOUS KISS – WILDE KÜSSE (VICIOUS KISS). Psychothriller. Eine Witwe lernt einen Mann kennen, der ihrem verstorbenen Ehemann zum Verwechseln ähnlich sieht. Um ihn für sich zu gewinnen, müssen einige Personen, darunter seine Verlobte, aus dem Weg geräumt werden. ✦ USA 1996 **R** Donald Farmer **D** Danny Fendley (Jason), Margaux Hemingway (Lisa), Monique Parent (Angela) **L** 110 **E** 22.3.1997 RTL 2

VICKY'S ALPTRAUM →Vicky's Nightmare

VICKY'S NIGHTMARE. Routiniert inszenierter (Fernseh-)Thriller. Nach einem mißglückten Banküberfall wird eine junge Mutter, die sich mit der Beute das Sorgerecht für ihren Sohn zurückkaufen wollte, von zwei Bankangestellten erpreßt und zu einer Kindesentführung gezwungen. (Alternativer Fernsehtitel: »Vicky's Alptraum«) ✦ Deutschland 1997 **R** Peter Keglevic **B** Georg Geiger **K** Hans-Günther Bücking **D** Katja Flint (Vicky Biel), Christoph Waltz (Johnny), Nina Kronjäger (Anka), Natalia Wörner (Karla Schneider), Christian Berkel (John Nadolny) **L** 95 **E** 5.7.1997 premiere

VICTIM ... EIN OPFER NIMMT RACHE (USA VIOLATION Y VENGANZA). Die Frau eines Ganoven, die in die Machenschaften ihres Gatten mit einem skrupellosen Gangster verwickelt wird, wird entführt. Dennoch gelingt es ihr, die beiden gegeneinander auszuspielen, und am Ende als Gewinnerin des Coups dazustehen. Niveauloser, in allen Belangen kläglicher Kriminalfilm, der sich in einigen drastischen Grausamkeiten gefällt. – Wir raten ab. ✦ Spanien/BR Deutschland 1982 **P** Tormes Cine Contact/Mannchen Film Prod. **VA** IVE **Pd** Heinz Neubert **R+B** José Luis Merino **K** Manuel Mateos **S** Bella Maria da Costa **D** Pilar Alcón (Suzanne), Werner Pochath (Moore), Luc Littleros **L** 95 **FSK** ab 16 **E** Video

VICTIM OF DESIRE (VICTIM OF DESIRE). Eine junge Staatsanwältin hat wegen anonymer Drohanrufe ihre Adresse gewechselt. Als ihr Geliebter spurlos verschwindet und sie in einem abgelegenen Waldhaus ohne Beschützer ist, engagiert sie zu diesem Zwecke einen Fremden. Der entpuppt sich als brutaler Psychopath, der erst im letzten Moment überwältigt werden kann. Der hirnrissige Versuch eines Thrillers, der sich in der reizlosen Aneinanderreihung simpler Effekte erschöpft, ohne Spannung und Atmosphäre aufbauen zu können. (Titel auch: »Victim of Desire – Im Bann des Psychopathen«) – Ab 16. ✦ USA 1995 **P** Baby Dica Prod. **VA** Warner Home **Pd** Rocky Jones **R** Nicholas Celozzi **B** Jessica Schutte **K** Pete Biagi **S** Nicholas Celozzi, Daniel Steger **D** Kimberly Ashlyn Gere (= Kim McKamy) (Alison), Tom Reilly (James Paul), Karen Hough (Amanda), Alexa Wolkoff (Kim), Nicholas Celozzi (Max), Nick Celozzi sen. (Polizist) **L** 78 **FSK** ab 16 **E** 24.10.1997 Video **fd** 32 884

VICTIMLESS CRIMES →Eiskalt (1975)

VICTIMS – EINE FRAU NIMMT RACHE (THE VICTIMS). Eine von einem gefährlichen Sittlichkeitsverbrecher vergewaltigte junge Frau nimmt das Gesetz in die eigenen Hände, als der Täter auf Grund eines juristischen Formfehlers freigesprochen werden muß. Auf sich gestellt, führt sie unter Gefahren ihre Beweissicherungsaktion zu Ende. In der Darstellung von Gewalt und Gegengewalt zurückhaltender, ohne grelle Effekte auskommender Fernsehfilm zum Thema Selbstjustiz, der seine Wirkung vor allem durch die gute Besetzung erzielt und erst zum Ende eine überflüssige Konzession ans Genre macht. ✦ USA 1981 **P** Warner Bros. Television **VA** Warner Home **R** Jerrold Freedman **B** William Wood, Conrad Bromberg **K** Robert Steadman **M** Lalo Schifrin **D** Kate Nelligan, Ken Howard, Howard Hesseman, Madge Sinclair, Jonelle Allen **L** 92 **FSK** ab 16 **E** 21.1.1988 Video **fd** 26 783

VICTOR CHARLIE RUFT LIMA SIERRA (THE FRENCH ATLANTIC AFFAIR). Überlanges Actiondrama in den konventionellen dramaturgischen Bahnen vergleichbarer Fernsehkost. Ein fanatischer Sektenführer bringt ein französisches Luxusschiff mit zahlreichen Passagieren in seine Gewalt und verlangt 70 Millionen Dollar Lösegeld. – Ab 16. ✦ USA 1979 **R+B** Douglas Heyes **K** Ralph Woolsey **M** John Addison **D** Telly Savalas (Craig Dunleavy), Louis Jourdan (Kapitan Girodt), Chad Everett (Harold Columbine), Michelle Phillips (Jennie Barber), Horst Buchholz (Dr. Chabot) **L** ca. 180 **E** 15.,22.,29.8.1997 ARD (drei Teile)

VICTOR – DER SCHUTZENGEL. Ein erfolgreicher Anwalt und glücklicher Familienvater kommt bei einem Tandem-Sprung mit dem Fallschirm mit seiner

Frau ums Leben. Sein Sohn weiß, dass es Mord war: Er hat gesehen, wie der Fallschirm ausgetauscht wurde. In Gestalt eines Versicherungsvertreters kehrt der Tote auf die Erde zurück, um seinen Sohn zu schützen, der nun bei seiner Tante lebt. Obwohl sie ihn nicht wiedererkennen, haben beide Menschen volles Vertrauen zu dem gutmütigen Fremden. (Fernseh-)Variante des modernen Engelmärchens, in dem ein Toter noch seine irdischen Geschäfte erledigen und seinen Mörder zur Rechenschaft ziehen kann. ✦ Deutschland 2000 **R** Michael Keusch **B** Kai-Uwe Hasenheit **D** Jochen Horst (Victor Petri), Cay Helmich (Laura Petri), Patrick Baehr (David Petri), Benjamin Sadler (Lars), Janine Kunze (Maria) **L** 92 **E** 11.10.2000 SAT 1

VICTOR KLEMPERER – MEIN LEBEN IST SO SÜNDHAFT LANG. An Hand der Tagebuch-Aufzeichnungen des Romanisten Victor Klemperer wird dessen Leben und Leiden während der Nazi-Herrschaft dokumentiert. Der Film beschränkt sich auf die Jahre 1943 bis 1945 in Dresden und konzentriert sich ganz auf die Sprachgewalt des Autors. Interviews mit Zeitzeugen, eine dichte historische Atmosphäre, seltenes Filmmaterial aus dieser Zeit und ein knapper Kommentar runden die Dokumentation ab. – Ab 14. ✦ Teils schwarz-weiß. Deutschland 1998 **P** SFB **R** Ullrich Kasten, Wolfgang Kohlhaase **L** 89 **E** 7.4.1999 arte

VICTOR L. (VICTOR L.). Ausgelöst durch den Tod seiner Frau, begibt sich ein Bildhauer auf eine Wanderschaft, die ihn mit den eigenen Erinnerungen und mit dem Kreislauf der Natur konfrontiert. Auf einer Farm findet er kurze Rast, kann sich jedoch nicht zum Bleiben entschließen. Erst als er sich von dem letzten Erinnerungsstück an seine Frau trennt, ist er für ein neues Leben bereit. – Ab 16 möglich. ✦ Australien 1988 **R** Drago Hari **D** Norman Kaye, Helen Scott, Peter Gwynne, Barbara Boyle **L** (TV) 60 **E** 22.9.1990 N 3

VICTOR/VICTORIA (VICTOR/VICTORIA). Eine erfolglose Sängerin gibt vor, ein Mann zu sein, der vorgibt, eine Frau zu sein, und macht damit in Paris Karriere als Nachtclub-Star. Mit Hilfe eines Freundes bringt sie selbst ihre kriselnde Liebesbeziehung in Ordnung. Remake eines UFA-Films von 1933. Eine stilsichere, elegante und geistreiche Komödie um Verwirrungen der Liebe und sexuelle Identität. Die romantische Farce lebt von hervorragenden Darstellern, gelungenen Slapstick-Einlagen und einer perfekten Choreografie der Tanz- und Gesangsnummern. (DDR-Fernsehtitel: »Viktor und Viktoria«) – Sehenswert ab 16. ✦ Scope. USA/Großbritannien 1982 **P** Ladbroke/Peerford **KI** UIP **VA** MGM/UA Home **Pd** Blake Edwards, Tony Adams **R** Blake Edwards **B** Blake Edwards, nach dem Film »Viktor und Viktoria« von Reinhold Schünzel **K** Dick Bush **M** Henry Mancini **S** Ralph E. Winters **D** Julie Andrews (Victor/Victoria), James Garner (Mr. King), Robert Preston (Toddy), Lesley Ann Warren (Norma), Alex Karras (Squash), John Rhys-Davies (Cassell), Graham Stark (Kellner) **L** 134 **FSK** ab 12; f **E** 7.1.1983/ 23.1.1987 DFF 1 **fd** 23 805

VICTOR WUNDERBAR. Ein junger Rollstuhlfahrer, der auf einem Volksfest ein Surfbrett gewinnt, nutzt dies zur Kontaktaufnahme mit seiner Umwelt. Im Verlauf eines Sommers, der ihn auch nach Lourdes führt, lernt er einiges über die Liebe und über »Wunder«. Komödie, die einen liebevollen, gleichwohl satirischen Umgang mit Behinderten versucht. Wolfram Deutschmanns dritte filmische Auseinandersetzung mit der Problematik nach »Lieber arm dran als Arm ab« (1981) und »Der Zappler« (1982). – Ab 16. ✦ BR Deutschland 1986 **P** Kick-Film/ZDF **R+B** Wolfram Deutschmann **K** Fritz Poppenberg **D** Werner Müller, Nadja Engelbrecht, Beate Tober, Ursula Gerstel, Jean-Luc Tintfiche **L** 84 **E** 4.11.1986 ZDF

VICTORIA (VICTORIA). Die Geschichte einer unerfüllten Liebe zwischen einem Müllerssohn und der Tochter eines Herrenhofbesitzers, die auf Grund ihrer unterschiedlichen Herkunft nicht zusammenkommen können. Uninspirierte, fantasiearme Literaturverfilmung. Mögliche Ansätze zur Sozialkritik werden zugunsten einer oberflächlich romantisierten Dreiecksproblematik vernachlässigt. – Ab 16. ✦ BR Deutschland/Schweden 1977/78/79 **P** Corona/Bo Widerberg/ZDF **KI** Filmverlag der Autoren **Pd** Alexander Grüter, Bo Widerberg **R** Bo Widerberg **B** Bo Widerberg, nach dem Roman von Knut Hamsun **K** Hanno Fuchs **M** Giuseppe Verdi, Wolfgang Amadeus Mozart **S** Bo Widerberg **D** Michaela Jolin (Victoria), Stephan Schwartz (Johannes), Pia Skagermark (Camilla), Christiane Hörbiger (Victorias Mutter), Hans Christian Blech (Lehrer Larsen) **L** 106 **FSK** ab 12; f **FBW** w **E** 7.9.1979 **fd** 22 159

VICTORY (VICTORY). Ein zurückgezogen auf einer nur von Eingeborenen bewohnten Insel lebender Eigenbrötler befreit eine junge Frau aus einem als Damenkapelle getarnten Wanderbordell. Ihre sich langsam entwickelnde Liebe wird jäh zerstört, als drei finstere Gestalten auftauchen, die die Frau zurückholen wollen. Verfilmung eines um 1913 in der malaiischen Inselwelt spielenden Abenteuerromans von Joseph Conrad, die weder als episches Abenteuer noch als psychologisches Kammerspiel mit (Psycho-)Thriller-Anklängen überzeugt. Auch das routiniert spielende Star-Ensemble hilft dem Film nicht über seine gepflegte Langeweile hinweg. – Ab 16. ✦ Scope. Großbritannien/Frankreich/Deutschland 1994 **P** Recorded Pict./UGC Images/Studio Babelsberg/Extrafilm **KI** Jugendfilm **VA** VPS **Pd** Simon Bosanquet **R** Mark Peploe **B** Mark Peploe, Frederick Seidel, nach dem gleichnamigen Roman von Joseph Conrad. **K** Bruno de Keyzer **M** Nikolaus Glowna **S** Tony Lawson **D** Willem Dafoe (Axel Heyst), Sam Neill (Mr. Jones), Irène Jacob (Alma), Rufus Sewell (Martin Ricardo), Jean Yanne (Schomberg) **L** 98 **FSK** ab 12; f **E** 31.7. 1997/29.1.1998 Video **fd** 32 668

VIDAS SECAS – NACH EDEN IST ES WEIT (VIDAS SECAS). Ein Viehhirt flieht gemeinsam mit seiner Frau, seinen beiden Kindern und einer Hündin vor der Trockenheit, die den Hungertod bedeutet, durch den sommerlichen Sertâo im brasilianischen Nordosten. Im Dienst eines Herdenbesitzers fristet er ein miserables Leben, bis neue Dürre die Familie wieder forttreibt. Ein Film voller Aufrichtigkeit und Spontaneität, der eindringlich die Lebensnot einer brasilianischen Bevölkerungsgruppe einfängt. Ein wichtiger Film im Rahmen des »Cinema Nôvo« Brasiliens. (Preis der OCIC 1964 in Cannes.) – Sehenswert ab 16. ✦ Schwarz-weiß. Brasilien 1963 **P** Barreto/ Richers/Trelles **SF** LFD Rheinland-Pfalz **Pd** Herbert Richers, Luiz Carlos Barreto, D. Trelles **R** Nelson Pereira dos Santos **B** Nelson Pereira dos Santos, nach dem gleichnamigen Roman von Graciliano Ramos **K** Luiz Carlos Barreto, José Rosa **M** Jonas C. Haefeli **D** Atila Iório, Maria Ribeiro, Orlando Macedo, Jofre Soares **L** 105 **E** 13.3.1967 ZDF **fd** 14 608

VIDEO BLUES (VIDEO BLUES). Eine Geschichte um Liebe und Leidenschaft, erzählt unter Einbeziehung von Video- und S-8-Aufnahmen: Zwei Brüder, von denen der eine vor Jahren nach Paris verschwand, der andere mit seiner Familie in Budapest lebt, nehmen über »Video-Briefe« Kontakt zueinander auf. Erinnerungen werden wach, Leidenschaften beschworen, und schnell wird deutlich, daß beide dieselbe Frau lieben. Bald übernimmt das Videoband eine »Rolle«, greift ins Leben ein und wird zum Mörder. Eine reizvolle Gratwanderung zwischen Realität und Lüge, echten und manipulierten Aufnahmen, die die psychologisch geschickt ausbalancierte Geschichte zum spannenden Krimi werden lassen. Die übertrieben anmutende Zuspitzung – ein perfektionistisch inszenierter Selbstmord am Ende – mag man als Kunstgriff gerne nachsehen. – Ab 16. ✦ Ungarn 1992 **P** Hunnia/Option Images/La Sept/ZDF **R** Arpád Sopsits **B** Arpád Sopsits, Sándor Fábry, László Garaczi **K** Sándor Kardos **M** László Melis **S** Katalin Kabdebó **D** Lajos Ottó Horváth (Gábor), Judit Danyi (Judit), Attila Epres (János), Myriam Mézières (Eva), Eszter Szakács (Mutter) **L** 100 **E** 9.2.1993 ZDF

VIDEO 50. Das Experimental-Video des Theaterkünstlers Robert Wilson faßt 50 Filme zusammen, die jeweils nur aus einer einzigen Einstellung von einer halben Minute Länge bestehen. Manche Filme sind in sich geschlossen, andere werden später fortgesetzt: kleine Dramen, kurze Geschichten, Porträts, Stilleben und Landschaftsbilder, optisch ungewöhnlich, auf anspruchsvolle Weise sehr unterhaltsam. – Ab 16. ✦ Schweiz/BR Deutschland 1978 **P** film & video collectif (für ZDF) **R** Robert Wilson **B** Robert Wilson, Richard Gallo, Jim New **K** Renato Berta **M** Allan Lloyd **D** Lucinda Childs, Philippe Chemin, Philippe Silvain, Laura Condominas, Robert Wilson **L** 51 **E** 20.7.1978 ZDF

VIDEO-LIEBE (KASSETTENLIEBE). Sorgen und Nöte eines Heiratsvermittlers, in dessen Partnerwahl-Institut sich die Wege einiger Mittdreißiger kreuzen, die als Heiratswillige mittels Videokassetten vermittelt werden. Seine eigene Liebesbeziehung verläuft währenddessen auch nicht ganz problemlos. Unspektakuläre Alltagskomödie mit einigen feinen Zwischentönen und ironischen Seitenhieben auf die geheimen Wünsche und Lebensvorstellungen Schweizer Kleinbürger. Während die Spielhandlung eher schleppend und unverbindlich bleibt, setzt vor allem der Kabarettist Emil Steinberger einige heitere Akzente. – Ab 14 möglich. ✦ Schweiz 1981 **P** T & C Film/Rolf Lyssy Prod. **KI** Neue Constantin **Pd+R** Rolf Lyssy **B** Rolf Lyssy, Georg Janett, Emil Steinberger **K** Fritz E. Maeder, Alex Jent **M** Jonas C. Haefeli **S** Georg Janett **D** Emil Steinberger (Felix Stamm), Franziska Oehme (Regula Koller), Hilde Ziegler (Kundin), Christina Amun (Fräulein Schildknecht), Michael Gempart (Sicherheitsbeamter), Buddy Elias (Dr. Wicki), Wolfram Berger (Taxifahrer) **L** 98 **FSK** ab 6; f **E** 2.4.1982 **fd** 23 415

VIDEO VIXENS (VIDEO VIXENS). Aus Protest gegen die Freizügigkeit des Fernsehens versucht ein Produzent, eine Show herzustellen, die alles bisher Gesendete in den Schatten stellt. Spekulativer Film der »Troma«-Werkstatt, der im Gewand einer Klamotte derbe Peinlichkeiten aneinanderreiht. ✦ USA 1983 **P** Troma **VA** RCA/Columbia **R** Ronald Sullivan **B** Joel Gross **K** Arthur D. Marks **D** Robyn Hilton, Sandy Dempsey, Cheryl Smith **L** 79 **FSK** ab 18 **E** November 1987 Video

VIDEODROME (VIDEODROME). Der Präsident einer Kabelfernsehgesellschaft stößt auf ein Videoprogramm, das Halluzinationen erzeugt, den Sinn für Realität und Illusion verschwinden läßt und zu einem Gehirntumor anwächst. In der Folge verwandelt er sich in eine lebende Videokassette. Horror- und Science-Fiction-Thriller mit Ekel- und Schockbildern, der als grimmige schwarze Komödie moderne Medien-Technologien weiterdenkt. Im Gesamtwerk des Regisseurs David Cronenberg markiert der Film den Wendepunkt zur Phase des subtileren Horrors. ✦ Kanada 1982 **P** Filmplan International II/Universal **VA** CIC **Pd** Claude Héroux **R+B** David Cronenberg **K** Mark Irwin **M** Howard Shore **S** Ronald Sanders **D** James Woods (Max Renn), Deborah Harry (Nicki Brand), Sonja Smith (Bianca O'Blivian), Peter Dvorsky (Harlan), Les Carlson (Barry Convex), Jack Creley (Brian O'Blivion), Lynne Gorman (Masha), Julie Khoner (Bridey) **L** 84 **FSK** ab 18 **E** 1.7.1985 Video **fd** 25 213

VIDEOGRAMME EINER REVOLUTION. Dokumentarfilm, montiert aus mehreren hundert Stunden Bildmaterial zur Revolution in Rumänien, die in den letzten Dezember-Tagen des Jahres 1989 zum Sturz Ceaucescus führte. Er demonstriert einerseits die Strategien der alltäglichen televisionären Inszenierung von Macht und rückt andererseits den Stellenwert des Fernsehens in der rumänischen Revolution in ein anderes Licht, als es die offiziellen Bilder bislang zeigten. Eine anspruchsvolle medienkritische Auseinandersetzung mit dem Informationsgehalt von

(Fernseh-)Bildern, deren Untersuchung zur Wirklichkeit zurückführt. – Sehenswert. ✦ Deutschland 1991 **P** Harun Farocki/Bremer Institut Film/Fernsehen **SF** Basis/Harun Farocki **Pd+R+B** Harun Farocki, Andrej Ujica **S** Egon Bunne **L** 107 **FBW** w **E** 6.5.1993/23.12. 1994 3sat **fd** 30 294

DER VIDEOPIONIER. Dokumentarischer Film über zehn Jahre Entwicklung einer Berliner Mieterinitiative, die gegründet wurde, um den sogenannten »Kiez« am Klausener Platz vor Stadtsanierungsplänen zu retten. Dokumentiert werden auch Veränderungen von Ansichten und politischen Begriffen – und die Entwicklung des neuen Mediums Video: von frühen verwaschenen Aufzeichnungen bis zu formalen Experimenten, die in Relation zur inhaltlichen Thematik stehen. ✦ BR Deutschland 1983 **P** Michaela Bücher/Hartmut Jahn/ZDF **KI** Gerd Conradt, Berlin **R+B** Gerd Conradt **K** Gerd Conradt u. a., Tom Preis (1983) **M** Frédéric Rzewski **L** 60 **E** 18.1.1984 ZDF

DER VIDEOPIRAT. Nachdem sein Bruder ermordet wurde, recherchiert ein kraftstrotzender junger Mann die Hintergründe des Verbrechens und legt dem Boß einer Videopiraten- und Rauschgift-Mafia, die eine internationale (Schein-)Firma betreibt, das Handwerk. Erstlingsfilm, der sein Thema der »Videopiraterie« an einen ebenso hölzern wie bemüht inszenierten Drogen-Krimi verschenkt. Eher lächerlich als spannend. (Alternativtitel: »In den Krallen des Syndikats«) ✦ BR Deutschland 1985 **P** Cosmos **KI** Montana **VA** CBS/Fox **R** Harald Alexander **B** Harald Alexander, Michael A. Berger, nach einem Roman von Werner Krumbiegel und Harald Alexander **K** Dietmar Garsoffky **M** Detlef Wiese **S** Ina Rasche **D** Nicolas Shopp (Helmut Huthmacher), Maja Maranow (Annette Caspari), Werner Krumbiegel (Robert Falk), Frank Trunz (Kommissar Beck), Thomas Meissner (Inspektor Seidel), Wilfried Cremer (Ken Schädel), Ralph Willmann (Gundolph Thom) **L** 95 **FSK** ab 16; f **E** 14.11.1985/April 1986 Video **fd** 25 385

VIDEOPOLY (VIDEOPOLY ODER DUPONTS VERSCHWINDEN). Allabendlich erliegt ein Bankangestellter einem faszinierenden Spiel: vor dem Fernseher tritt er in Kontakt mit verborgenen Mächten, die ihm eine Karriere durch computergesteuerte Programme vorgaukeln. Die Erfinder dieser Art von Unterhaltung wollen durch Manipulation einen neuen Menschen schaffen, der mittels Computer berechenbar bleibt. Dem minderjährigen Sohn des Bankangestellten gelingt es, in die Programme der Wissenschaftler einzudringen. Ein verwirrender Versuch über die Manipulation durch Computer und Medien, der weniger durch seine »Botschaft« als durch die tricktechnischen Spielereien fesselt. (TV-Titel DDR: »Videopoly oder Duponts Verschwinden«) – Ab 16. ✦ Schweiz 1985 **P** Condor/DRS/NDR **VA** Limar **Pd** Peter-Christian Fueter **R+B** Walter Deuber, Peter Stierlin **K** Edwin Horak, Marc Schlatter, Daniel Lehmann **M** Jonas C. Haefeli **S** Rudolf Gyhr **D** Arnfried Lerche (Wolfgang Dupont), Eva Rieck (Anne Dupont), Hans Korte (Dr. Moorckz), Elisabeth Volkmann (Dr. Schumann), Edi Piccin (Patrick Dupont) **L** 87 **FSK** ab 12 **E** 3.6.1992 Video/23.12.1919 DFF 1 **fd** 30 108

VIDEOSURFER (JIM'S GIFT). Fantasy-Komödie für ein jugendliches Publikum. Zwei Freunde auf der Suche nach ihrem verschwundenen Hund erstehen auf einem Flohmarkt einen spottbilligen Videorekorder. Bald kommen sie hinter dessen Geheimnis: das Gerät verfügt über magische Kräfte und läßt die Vergangenheit noch einmal auferstehen. Mit Hilfe der Maschine finden sie auch den Hund, aber als sie die Vorspultaste betätigen, geraten sie in große Schwierigkeiten. – Ab 12. ✦ Großbritannien 1996 **R** Bob Keen **B** Tony Clarke **D** Luciano Romano (Jim Totteridge), Robert Llewellyn (der Fremde), Chris Jury (Mr. Totteridge), Jennifer Calvert (Mrs. Totteridge), Ann Gosling (Karen) **L** 100 **E** 9.11.1996 RTL 2

DIE VIDIOTEN (JOYSTICK). Eine sittenstrenger Vater will eine Videospielhölle schließen lassen, da sie seiner Meinung nach den jugendlichen Besuchern zum Zwecke sexueller Eskapaden dient. Die Jugendlichen denken gar nicht daran, sich ihr Domizil fortnehmen zu lassen. Jugendfilm um den Kult der Video-Freizeitindustrie. ✦ USA 1986 **P** Greydon Clark Prod./V.M.P. A Limited Partnership **VA** Rainbow **R** Greydon Clark **B** Al Gomez, Mickey Epps, Curtis Burch **K** Nicholas von Sternberg **M** Ray Knehnetzky, Legion **S** Larry Bock **D** Joe Don Baker (Joseph), Leif Green (Eugene), Jim Greenleaf (Jonathan), Scott McGinnis (Jefferson), Jonathan Gries (King) **L** 87 **FSK** ab 18 **E** 26.11.1986 Video

VIECHEREIEN. Die Witwe eines Tierarztes sorgt sich um die Ausbildung ihres Neffen, der die verwaiste Praxis übernehmen soll, jedoch wenig Ambitionen zeigt. Komödie um eine schrullige, resolute Frau und ihre nicht alltäglichen Sorgen. Ganz auf die Schauspielkunst von Agnes Kraus mit ihrer grotesk langsamen Denkungsart und dem einprägsamen Berliner Tonfall zugeschnitten. – Ab 12. ✦ DDR 1977 **P** DFF **Pd** Heinz Herrmann **R** Otto Holub **B** Otto Holub, Werner Bernhardy **K** Siegfried Mogel **M** Rudi Werion **D** Agnes Kraus (Alma Krause), Fred Mahr (Dr. Kröpelin), Wolfgang Penz (Heinz Rascher), Marta Raslová (Jana), Fred Delmare (Hahnemann) **L** 79 **E** 30.5. 1977 DFF/23.11.1996 mdr

DER VIEHDOKTOR VON OCHSENHEIM →Hurra, ein toller Onkel wird Papa

VIEHJUD LEVI (VIEHJUD LEVI). Im Jahr 1933 verändert sich das Leben in einer abgelegenen bäuerlichen Region des Schwarzwalds dramatisch, als mit den Bahnarbeitern aus der Stadt auch die nationalsozialistische Ideologie Einkehr hält. Rat- und verständnislos geraten die Menschen in deren Abhängigkeit, wobei ein bislang von allen geachteter jüdischer Viehhändler nicht nur zur Zielscheibe des rassistischen Hasses, sondern auch aller erlittenen Enttäuschungen und Niederlagen wird. Hervorragend gespielte und inszenierte Adaption des Theaterstücks von Thomas Strittmatter, die subtil und intensiv herausarbeitet, wie sich unter dem äußeren Druck der Ereignisse moralische und menschliche Werte relativieren. (Kinotipp der katholischen Filmkritik) – Sehenswert ab 16. ✦ Deutschland/Schweiz/Österreich 1999 **P** zero film/Dschoint Ventschr/Lotus/ DRS/SWR/arte **KI** Arsenal **VA** Arthaus (Kinowelt Home) **Pd** Martin Hagemann, Erich Lackner, Susan Schulte, Werner Schweizer, Susann Wach-Rósza **R** Didi Danquart **B** Didi Danquart, Martina Döcker, nach dem gleichnamigen Theaterstück von Thomas Strittmatter **K** Johann Feindt **M** Cornelius Schwehr **S** Katja Dringenberg **D** Bruno Cathomas (Benjamin Levi), Caroline Ebner (Lisbeth Horger), Bernd Michael Lade (Paul Braxmaier), Martina Gedeck (Fräulein Neuner), Ulrich Noethen (Ingenieur Fabian Kohler), Eva Mattes (Kresenz Horger), Gerhard Olschewski (Andreas Horger) **L** 94 **FSK** ab 6; f **FBW** w **E** 30.9.1999/11.4. 2000 Video **fd** 33 890

VIEL ÄRGER UM DICK (THE TROUBLE WITH DICK). Ein abgehalfteter Science-Fiction-Autor kommt im Hause einer alten Freundin unter und versucht sich an einem neuen Roman. Doch Schreibstörungen und zwei weitere Untermieterinnen, die ihre Fühler nach ihm ausstrecken, blockieren einen neuerlichen literarischen Wurf. Ein Sammelsurium verschiedenster Elemente, in dem vergeblich versucht wird, zwei unausgereifte Geschichten – die reale des Schriftstellers und die Handlung des von ihm begonnenen Romans – auf eine gemeinsame Spielfilmlänge zu strecken. – Ab 16 möglich. ✦ USA 1986 **P** Fever Dream **VA** Concorde **Pd** Gary Walkow, Robert Augur, Leslie Robins **R+B** Gary Walkow **K** Daryl Studebaker **M** Roger Bourland **S** G. A. Walkowshky **D** Tom Villard (Dick Kendrid), Susan Dey (Diane), Elaine Giftos (Sheila), Elizabeth Gorcey (Haley), David Clennon (Lars) **L** 82 **FSK** ab 16 **E** 19.8.1991 Video **fd** 29 341

VIEL ERFOLG IN DER TAIGA (SHELAJU USPECHA). Ein Ökologe aus Moskau geht als Leiter eines Forschungslabors in die Taiga. Er findet heraus, daß die Laichplätze der Fische durch das Flözen von Holz gefährdet sind. ✦ Scope. UdSSR 1980 **P** Mosfilm **R** Alexander Kossarew **B** Oleg Pogodin **K** Viktor Listopadow, Igor Melnikow **D** Gennadi Korolkow (Petr), Irina Korotkowa (Katja), Iwan Lapikow (Mochow), Daniil Netrebin (Bosych) **L** 87 **E** 2.7.1981 DFF 2

VIEL GLÜCK, ANI (BUDI STSCHASTLIWA, ANI!). Von seinen Kollegen der Balkan-Air erhält der sowjetische Pilot Andrej Petrowitsch eine Rundreise geschenkt. Ani, seine Reisebegleiterin, führt ihn statt dessen in abgelegene Dörfer, wo er die Menschen kennenlernen kann. ✦ Bulgarien 1961 **R** Wladimir Jantschew **D** Newena Kokanowa, Wassili Merkurjew, Kosta Zonew **L** 75 **E** 7.12.1962 DFF 1

VIEL GLÜCK, EDDIE (BONNE CHANCE, CHARLIE!). Ein reicher Gestütsbesitzer und ehemaliger Résistancekämpfer begibt sich auf Bitten eines Freundes auf die Spur eines ehemaligen KZ-Arztes, den er nach der Begegnung mit emigrierten Nazis in Athen als rassistisch verblendeten Archäologen auf einer Insel aufspürt und erschießt. Unterkühlt entwickelte Kriminalgeschichte mit »film noir«-Anleihen, die ihren politischen Hintergrund einer trivialen Rachestory opfert, die zudem noch mit einer jämmerlich zusammenhanglosen Liebesgeschichte gestreckt wurde. (Alternativtitel auch: »Eddie – gib ihm Saures«) – Ab 16. ✦ Scope, schwarz-weiß. Frankreich 1961 **P** Belmont **KI** Nora **R** Jean-Louis Richard **B** Jacques Houbard, Jean-Louis Richard **K** Michel Kelber **M** Edgar Bischoff **S** Françoise Javet **D** Eddie Constantine (Charlie), Albert Préjean (Cardin), Carla Marlier (Florence), Robert Moor (Berthier), Claude Vernier (Muller), Yvon Lec (Henrioud) **L** 87 **FSK** ab 16; nf **E** 25.5.1962 **fd** 11 151

VIEL GLÜCK, MEINE HERREN (UDATSCHI WAM, GOSPODA). Ein Ex-Soldat der in Ostdeutschland stationierten Sowjetarmee versucht trotz der widrigen Verhältnisse, in St. Petersburg Fuß zu fassen. Als kommunistischer Patriot fällt es ihm nicht leicht, sich an kapitalistischen Spielregeln zu orientieren, doch er setzt alles daran, sich und seinem Land zum Aufschwung zu verhelfen. Komödie, die die marode Situation Rußlands in Erinnerung bringt, gleichzeitig jedoch auf den Tatendrang der Menschen setzt. – Ab 16. ✦ Russland 1992 **R** Wladimir Bortko **B** Arkadi Inin, Wladimir Bortko **D** Nikolai Karatschenzow (Wladimir), Andrejs Zhagars (Oleg), Darja Michajlowa (Olga) **L** 95 **E** 15.2.1995 WDR

VIEL KOHLE IM KOFFER (STUCK WITH EACH OTHER). Konventionelle Kriminalkomödie. Eine günstige Gelegenheit verleitet die Sekretärin und den Vertreter eines Schmuckverkaufsbüros dazu, den Safe ihres Chefs auszurauben. Der Hoffnung auf ein sorgenfreies Leben stehen allerdings zwei Ganoven im Wege, denen der Verblichene noch Geld schuldete. – Ab 16. ✦ USA 1989 **P** Nexus **Pd** Edward Gold **R** Georg Stanford Brown **B** Harold Jack Bloom, Howard Albrecht **K** Michael D. Margulies **M** Mark Snow **D** Tyne Daly (Sylvia), Richard Crenna (Bert), Roscoe Lee Browne (Calhern), Michael J. Pollard (Smitty), Bubba Smith (Augie) **L** 90 **E** 12.11.1991 ZDF

VIEL LÄRM UM MAXIM (MAKSIM PEREPELIZA). Ein Luftikus und Aufschneider wird durch die straffe Zucht in der Armee nach mancherlei Streichen zum wahrheitsliebenden und zuverlässigen Menschen. Annehmbare Komödie, die die »erzieherische« Wirkung des Armeelebens hervorhebt. – Ab 6. ✦ Schwarz-weiß. UdSSR 1955 **P** Lenfilm **KI** Progress **R** Anatoli Granik **B** Iwan Stadnjuk **K** Dmitri Meschijew, A. Syssojew **M** Wassili Solowjow-Sedoi **D** Leonid Bykow (Maxim Perepeliza), N. Jakowtschenko (Kondrat), Alexander Borissow (Marko), G. Ossipenko (Opanas), Georgi Wizin (Opa Mussij) **L** 90 **E** 12.4. 1957 Kino DDR/2.8.1957 DFF 1

VIEL LÄRM UM NICHTS (1964). Textgetreue Verfilmung des gleichnamigen Bühnenwerks von William Shakespeare. Eine brave Adaption nach der eigenen Bühneninszenierung des Regisseurs, deren Kamera ebenso konventionell bleibt wie die (bunte) Farbgestaltung. Überzeugend wird der Film immer dann, wenn er sich auf die ironisch funkelnden Dialoge der Vorlage konzentriert und seine (Bühnen-) Schauspieler ihr Talent unter Beweis stellen können. – Ab 12. ✦ DDR 1964 **P** DEFA **KI** Progress **VA** Icestorm **Pd** Adolf Fischer **R** Martin Hellberg **B** Martin Hellberg, nach der gleichnamigen Komödie von William Shakespeare **K** Erwin Anders **M** Wilhelm Neef **S** Ursula Rudzki **D** Christel Bodenstein (Beatrice), Rolf Ludwig (Benedikt), Wilfried Ortmann (Don Pedro), Martin Flörchinger (Leonato), Gerhard Rachold (Don Juan), Arno Wyzniewski (Claudio), Willi Schwabe (Pater Franziskus), Gerhard Bienert (Holzapfel) **L** 102 (97 Video) **FSK** ab 6 (Video) **E** 24.4.1964 Kino DDR/ 10.8.1996 ORB/26.1.1999 Video **fd** 33 768

VIEL LÄRM UM NICHTS (1983) (LJUBOWJU SA LJUBOW). Russische Filmadaption des gleichnamigen Lustspiels von William Shakespeare. ✦ UdSSR 1983 **P** Mosfilm **R** Tatjana Beresonzewa **B** Tatjana Beresonzewa, Jelena Lokatschewskaja, nach dem Stück von William Shakespeare **K** Igor Gelejn, Wladimir Stepanow **M** Tichon Chrennikow **D** Sergej Martynow (Don Pedro), Aristarch Liwanow (Don Juan), Georgi Georgiu (Leonato), Larissa Udowitschenko (Beatrice), Algis Arlauskas (Claudio) **L** 84 **E** 9.2. 1984 DFF 2

VIEL LÄRM UM NICHTS (1993) →William Shakespeares Viel Lärm um nichts

VIEL LÄRM UM NIXI. Eine junge Frau, Tochter aus wohlsituierter Familie, lügt ihrem Vater vor, sie könne den Verlobten nicht heiraten, weil sie von einem anderen ein Kind erwarte. Ein neuer Liebhaber fängt schließlich die Widerspenstige ein. Einfallsarmes, aber amüsant gespieltes Lustspiel: Unterhaltung fürs deutsche Soldatenkino. – Ab 12. ✦ Schwarz-weiß. Deutschland 1942 **P** Klagemann **KI** Südwest **R** Erich Engel **B** Hans Hömberg **K** Reimar Kuntze **M** Giuseppe Becce **D** Jenny Jugo, Albert Matterstock, Hans Leibelt, Heinz Salfner, Otto Gebühr **L** 105 **E** 19.2.1942

VIEL LÄRM UM OTHELLO (OTELLO GYULAHAZAN). Der Versuch eines jungen Oberspielleiters, den Spielplan eines Provinztheaters niveauvoller zu gestalten. Anspruchslose, aber sympathische Unterhaltung. – Ab 16. ✦ Schwarz-weiß. Ungarn 1966 **P** Mafilm **KI** Progress **R** Eva Zsurzs **B** Károly Litvány, Mária Katona, nach einer Erzählung von Béla Gádor **K** György Czabarka **D** Lajos Básti (Barnaki), Mari Töröcsik (Viola), Kamill Feleki (Tornyos), Tivadar Bilicsi (Vermes), Zsuzsa Zolnay (Olga Sass) **L** 90 **E** 13.10.1967 Kino DDR/25.4.1969 DFF 1

VIEL RAUCH UM NICHTS (UP IN SMOKE). »Drogenkomödie« um zwei ausgeflippte Typen in Los Angeles, die auf allen möglichen und unmöglichen Wegen versuchen, an Haschisch und LSD zu kommen. Ihren Witz beziehen die Gags ausschließlich aus der Drogenszene. Banale und nur mäßig unterhaltsame Kinokost, ganz zugeschnitten auf das Blödelduo Cheech & Chong. ✦ Scope. USA 1979 **P** Paramount **KI** CIC **Pd** Lou Adler, Lou Lombardo **R** Lou Adler **B** Tommy Chong, Richard »Cheech« Marin **K** Gene Polito **M** Danny Kortchmar, Waddy Wachtel **S** Scott Conrad **D** Richard »Cheech« Marin (Pedro), Thomas Chong (Man), Strother Martin, Stacy Keach (Sergeant Stedenko), Edie Adams, Tom Skerritt **L** 86 **FSK** ab 18; nf **E** 17.5.1979 **fd** 22 037

VIEL VERGNÜGEN (HOLIDAY CAMP). Die Erlebnisse einer Familie in einem englischen Ferienlager. Mitunter vergnügliche, oft aber allzu klischeehafte Komödie, angelegt als belangloses Unterhaltungsmosaik. – Ab 12. ✦ Schwarz-weiß. Großbritannien 1947 **P** Gainsborough **KI** Rank **Pd** Sydney Box **R** Ken Annakin **B** Muriel Box, Sydney Box, Ted Willis, Peter Rogers, Mabel Constanduros, Denis Constanduros **K** Jack Cox **M** Alstone **D** Flora Robson, Dennis Price, Jack Warner, Kathleen Harrison, Hazel Court **L** 96 **E** Juli 1948 **fd** 101

VIEL-WEIBEREI →Das Dementi

VIEL WIRBEL UM DIE KUSCHELMONSTER (THE PET SHOP). In einem abgelegenen Wüstenstädtchen kommen zeitgleich mit einer Familie zwei Außerirdische an, die mit Hilfe possierlicher Mini-Monster Kinder anlocken, um sie auf ihren Heimatplaneten zu entführen. Ein alles andere als kindgerecht, dafür um so kindischer geratener Unterhaltungsfilm, in der Handlung entnervend schlicht, in der Darstellung hart an der Schmerzgrenze. Einige mittelprächtige Spezialeffekte sollen den Mangel an Fantasie und Einfallsreichtum wettmachen. – Ab 10 möglich. ✦ USA 1994 **P** Moonbeam Entertainment **VA** CIC **Pd** Albert Band, Peter von Sholly, Debra Dion **R** Hope Perello **B** Mark Goldstein, Greg Suddeth, Brent V. Friedman **K** Karen Grossman **M** Reg Powell **S** Lauren Schaffer **D** Terry Kiser (Joe Yeagher), Leigh Ann Orsi (Dena), Spencer Vrooman (Mike), Jane Morris (Mrs. Zimm), Jeff Michalski (Mr. Zimm), David Wagner (Charlie Yeagher) **L** 85 **FSK** ab 6 **E** 16.1.1995 Video **fd** 31 239

VIEL ZU SCHÖN, UM FÜR IMMER ZU GEHEN →Viel zu schön, um zu sterben

VIEL ZU SCHÖN, UM ZU STERBEN (DEATH OF A CHEERLEADER). Eine neue Schülerin aus ärmlichen Verhältnissen versucht, sich mit einer privilegierten Klassenkameradin anzufreunden. Nur allmählich merkt sie, daß hinter der hübschen Fassade der Wunschfreundin eine häßliche Seele steckt. Als sie die Erniedrigungen nicht mehr ertragen kann, ersticht sie das Mädchen im Affekt. Im Rückblenden erzähltes Psychodrama. (Fernsehtitel: »Tod eines Cheerleaders«) – Ab 16. ✦ USA 1994 **R** William A. Graham **B** Dan Bronson **D** Kellie Martin (Angela Delvecchio), Tori Spelling (Stacy Lockwood), Valerie Harper (Mrs. Delvecchio), Terry O'Quinn (Ed Saxe), James Avery (Agent Gilwood), Eugene Roche (Priester) **L** 88 **E** 26.4.1995 RTL

... VIEL ZU VIEL VERSCHWIEGEN. Dokumentarfilm über die Rolle lesbischer Frauen in der DDR, wo trotz relativ liberaler Rechtsprechung und einer theoretischen Gleichstellung von Mann und Frau der Umgang mit homosexuellen Bürgern nicht von Ungezwungenheit, sondern Verschwiegenheit geprägt war. In Gesprächen mit zwölf lesbischen Frauen versucht der Film, Aufklärung zu vermitteln, verschenkt jedoch durch seine mangelhafte Konzeption viel an Relevanz. ✦ Deutschland 1992 **P** Ressel-Wree Videoproduktion **KI** Edition Salzgeber **Pd** Harald Ressel **R+B** Annette von Zitzewitz, Chris Karstaedt **K** Günter Breßler **M** Maike Nowak **S** Barbara Krüger, Andreas Grüttner **L** 78 **E** 3.12.1992 **fd** 29 999

VIELE GESICHTER HAT DER TOD (THE BING BANG GANG). Männliches und weibliches Verbrecherduo machen gemeinsame Sache und enden in einem blutigen, von einem mexikanischen Gangster inszenierten Massaker, an dem sich zuletzt auch die Gesetzeshüter beteiligen. Schundfilm mit genüßlicher Demonstration verschiedener Todesarten sowie primitiv arrangierten, breit ausgespielten Sexszenen. – Wir raten ab. ✦ USA 1970 **P** E.S.I. **KI** Transfilm **VA** Sunrise **Pd+R+B** Joe van Guylder **K** Robert Maxwell **M** Allan Alper **D** Jae Miller, Michael Kirkwood, Revel Quinn, Mark Griffin, Bambi Allen **L** 82 **FSK** ab 18; nf **E** 9.7.1971 **fd** 17 426

VIELE GESICHTER HAT DIE LIEBE (LE ORIENTALI). In sechs kleinen Spielhandlungen will der Episodenfilm, einer Mode des Reisefilms der 50er Jahre folgend, Aspekte der fortschreitenden Emanzipation der Frau in verschiedenen Ländern – in Ägypten, Nepal, Thailand, Hongkong und Japan – nachgehen. Ein nichtssagender Film, dokumentarisch wie künstlerisch belanglos, lediglich an vorgeblich exotischen Reizen interessiert. (DDR-Titel: »Orientalinnen«) ✦ Scope. Italien 1959 **P** Galatea **KI** DFH **Pd** Fernanda Ventimiglia **R+B** Romolo Marcellini **K** Sergio Bergamini **M** Carlo Rustichelli **S** Mario Serandrei **D** Nagwa Fouad (Nagua (Kairo)), Lakshmi (Lakshmi (Nepal)), Dipar (Kumar (Nepal)), Dowklee (Surin (Bangkok)), Kannikar (Suwarni (Bangkok)), Chiang Yin (Lin (Hongkong)), Akiko Wakabayashi (Sadako (Japan)), Kunio Otzuka (Shintaro (Japan)) **L** 98 **FSK** ab 18; nf **E** 2.12.1960/28.11.1969 Kino DDR/12.1.1974 DFF 2 **fd** 9 787

VIELE KAMEN VORBEI. Ein Lustmordversuch am Rande der Autobahn wird abschreckend und warnend in drei Versionen gezeigt: aus der Sicht des Sexualverbrechers, seines Opfers, einer 15jährigen Anhalterin, und eines Kriminalkommissars. Aus dem redseligen, wenig überzeugenden Drehbuch formte die Regie mit Einstellungen von bizarrer Schönheit und suggestiver Aussagekraft, hervorragender Kameraarbeit und vorzüglicher Musik einen der formal interessantesten deutschen Nachkriegsfilme. – Ab 16. ✦ Schwarz-weiß. BR Deutschland 1955 **P** Occident **KI** RKO **Pd** Joachim Glaser **R** Peter Pewas **B** Gerhard T. Buchholz **K** Klaus von Rautenfeld **M** Peter Sandloff **S** Wolfgang Flaum **D** Harald Maresch (Reschke), Frances Martin (Sabine), Christian Doermer (Jochen), Heinz Schimmelpfennig (Morath), Hans Hermann Schaufuß (Herr Kirchner), Jane Tilden (Frau Kirchner) **L** 85 **FSK** ab 16; f **E** 4.5.1956 **fd** 4 959

VIELE SIND BERUFEN (CAREER). Das Drama einer Schauspielerkarriere vor hochgetürmten Hindernissen: Ein junger Mann hungert sich in New York durch, spielt in einem kläglichen Studio und hat endlich Erfolg, als eine ihn liebende Managerin den Weg dazu ebnet. Kamera und Darstellung versuchen, der leicht düster gezeichneten Welt der Akteure soviel Leben wie möglich abzugewinnen. Interessant ist indes vor allem die Beschreibung der sozialen Situation. – Ab 16. ✦ Scope, schwarz-weiß. USA 1959 **P** Hal B. Wallis Prod. (für Paramount) **KI** Paramount **Pd** Hal B. Wallis **R** Joseph Anthony **B** James Lee, nach seinem Bühnenstück **K** Joseph LaShelle **M** Franz Waxman **S** Warren Low **D** Dean Martin (Maury Novak), Anthony Franciosa (Sam Lawson), Shirley MacLaine (Sharon Kensington), Carolyn Jones (Shirley Drake), Joan Blackman (Barbara), Robert Middleton (Robert Kensington) **L** 106 **FSK** ab 16; f **FBW** w **E** 4.11.1960 **fd** 9 693

DIE VIELEN ABENTEUER VON WINNIE PUUH (THE MANY ADVENTURES OF WINNIE THE POOH). Der listig-beschränkte Teddy-Bär aus der Feder des englischen Schriftstellers A. A. Milne in einer Kompilation von drei frei erfundenen Zeichentrickabenteuern älteren Datums: »Winnie Puuh und der Honigbaum« (1966), »Winnie Puuh und das Hundewetter« (1968), »Winnie Puuh und Tigger dazu« (1974). Eine bemerkenswerte Zeichentrickproduktion voller Charme und Witz getragen von einer menschenfreundlichen Philosophie, in deren Mittelpunkt Freundschaft, Aufrichtigkeit, Zuneigung und Ehrlichkeit stehen. Kinder werden an diesen fantasievollen Abenteuern viel Freude haben erwachsenen Zuschauern wird nicht nur eine Wiederbegegnung mit der eigenen Kindheit beschert, sondern sie werden auch die liebevolle Animation zu schätzen wissen. – Sehenswert ab 6. ✦ USA 1977 **P** Walt Disney Productions **VA** Buena Vista Home **Pd** Wolfgang Reitherman **R** Wolfgang Reitherman (1,2), John Lounsbury (3) **B** Larry Clemmons, Ralph Wright, Xavier Atencio, Ken Anderson, Vance Gerry, Dick Lucas, Winston Hibler, Julius Svendsen, nach den Erzählungen von Alan Alexander Milne **M** Richard M. Sherman, Robert B. Sherman **S** Tom Acosta, James Melton **L** 71 **FSK** o. A. **E** 17.12.1998 Video **fd** 33 620

DIE VIELEN TODE DER LOUISE JAMISON (GUILTY CONSCIENCE). Ein erfolgreicher Anwalt, der durch seine bevorstehende Scheidung finanziell ruiniert würde, will seine Frau ermorden. In seiner Fantasie spielt er verschiedene Möglichkeiten des perfekten Mords durch, die ihm allesamt nicht sicher genug erscheinen. Währenddessen schmiedet seine Frau eigene Mordgedanken. Makabrer Thriller. ✦ USA 1985 **P** Levinson-Link **Pd** Robert A. Papazian **R** David Greene **B** Richard Levinson, William Link **K** Stevan Larner **M** Billy Godenberg **D** Anthony Hopkins, Blythe Danner, Swoosie Kurtz, Donegan Smith, Wiley Harker, Ruth Manning **L** 90 **E** 19.6.1992 premiere

DIE VIELFALT DES MENSCHEN (NINGEN MOYO). Die komplizierte Liebesgeschichte um Männer (ein Lehrer, ein Geschäftsmann und ein Gangster) und Frauen (eine frühere Prostituierte und eine Sekretärin), die sich aus Gedankenlosigkeit, Mutwillen und Zufall immer wieder verlieren. Ein mit zurückhaltender Strenge entwickeltes Melodram, mit dem der spätere große Stilist des japanischen Kinos eine bemerkenswerte frühe Probe seines Könnens abgibt. (O.m.d.U.) ✦ Schwarz-weiß. Japan 1949 **P** Sozosha **R** Kon Ichikawa **B** Nattô Wada **K** Joji Ohara **D** Ken Uehara, Yoshiko Yamaguchi, Chiaki Tsukioko **L** (TV) 90 **E** 24.6.1972 WDR III

VIELGELIEBTES STERNCHEN. Schwierigkeiten eines jungen Ehepaars: Krach, Trennung und Versöhnung. Eine in Drehbuch, Regie und Darstellung gleichermaßen schwache Fortsetzung der Fernsehkomödie »Papas neue Freundin«. Der dritte Teil »Oh, diese Jugend« wurde ebenfalls ins Kino übernommen. – Ab 14. ✦ Schwarz-weiß. DDR 1961 **P** DEFA **KI** Progress **Pd** Willi Teichmann **R** Rudi Kurz **B** Hermann Rodigast **K** Hartwig Strobel **M** Walter Ulfig **S** Thea Richter **D** Angelica Domröse (Irene Bach), Claus Jurichs (Klaus Bach), Helga Raumer (Margarete Bach), Peter Herden (Franz Bach), Friedrich Richter (Prof. Körner) **L** 95 **E** 2.3.1962 Kino DDR/ 25.12.1961 DFF 1/24.6.1995 ORB

VIELLEICHT BIN ICH EIN DON QUICHOTTE – WINFRIED JUNGE UND DIE KINDER VON GOLZOW. Porträt des Dokumentarfilmers Winfried Junge, der 1961 – zunächst im staatlichen Auftrag der DDR – damit begann, Schüler einer Dorfschule im Oderbruch zu beobachten. Die Filme, die seit 1961 auf diese Weise entstanden sind (»Lebensläufe« u. a.), fügen sich inzwischen zur Entwicklungschronik einer Generation von Menschen zusammen; die Fortsetzung dieser Arbeit ist jedoch zunehmend Hindernissen ausgesetzt. – Ab 14. ✦ Deutschland 1995 **R** Randi Crott, Peter Sommer **L** 60 **E** 1.11.1995 West 3

VIENNA ART ORCHESTRA ON TOUR →An Echo from Europe – Vienna Art Orchestra on Tour 97

VIER ABENTEUER VON REINETTE UND MIRABELLE (QUATRE AVENTURES DE REINETTE ET MIRABELLE). Vier Episoden um ein Mädchen vom Lande und eines aus der Stadt. Es geht um einfache moralische Fragen und solche der Wahrnehmung. Ein sehr gelöster, lockerer Film in der Tradition französischer Theaterkomödien, schwungvoll, aber fast unmerklich inszeniert vom letzten »Ethnologen« unter den zeitgenössischen Filmemachern. Ein leichtes und humorvolles, bisweilen auch nachdenklich machendes Werk über das Lebensgefühl und die moralische Kraft unserer Zeit. Trotz seiner nicht einfachen Problemstellung überaus unterhaltsam. (O.m.d.U.) – Sehenswert ab 12. ✦ Frankreich 1986 **P** Les Films du Losange/C.E.R. **KI** prokino **R+B** Eric Rohmer **K** Sophie Maintigneux **M** Ronan Girre, Jean-Louis Valero **S** Maria-Luisa Garcia **D** Jessica Forde (Mirabelle), Joëlle Miquel (Reinette), Philippe Laudenbach (Kellner), Marie Rivière (Gaunerin), Fabrice Luchini (Galerist), Yasmine Haury (Kleptomanin) **L** 99 **FSK** ab 12; f **E** 5.11.1987/31.10.1988 ARD (deutsche Fassung) **fd** 26510

VIER AKKORDE FÜR EIN HALLELUJA →Die toten Hosen – Drei Akkorde für ein Halleluja

DIE VIER APOKALYPTISCHEN REITER (THE FOUR HORSEMEN OF THE APOCALYPSE). Der Untergang einer argentinischen Familie mit deutschem und französischem Zweig: Die Enkel des lebensfrohen Großvaters, der die apokalyptischen Reiter als erster beschwört und das Schicksal seiner in den Bruderkrieg gerissenen Familie gleichsam voraussieht, werden im Bombenhagel sterben – der eine in der SS, der andere als Kämpfer in der Résistance. Ein in Gefühlen schwelgendes Melodram, das die Handlung des zugrundeliegenden Romans vom Ersten in den Zweiten Weltkrieg transportiert und zugleich die Kritik der Vorlage an den Deutschen stark abschwächt. Ansehnlich besetzt, verliert sich der überladene Film allzu häufig in unrealistischen Kriegsimpressionen. – Ab 16. ✦ Scope. USA 1961 **P** MGM **KI** MGM **Pd** Julian Blaustein **R** Vincente Minnelli **B** Robert Ardrey, John Gay, nach einem Roman von Vicente Blasco-Ibañez **K** Milton Krasner **M** André Previn **D** Glenn Ford (Julio Desnoyers), Charles Boyer (Marcello Desnoyers), Ingrid Thulin (Marguerite Laurier), Paul Lukas (Karl von Harthorst), Karlheinz Böhm (Heinrich von Harthorst), Lee J. Cobb (Madariaga), Paul Henreid (Etienne Laurier), Yvette Mimieux (ChiChi) **L** 152 **FSK** ab 16; f **E** 7.9.1962 **fd** 11412

VIER ASSE HAUEN AUF DIE PAUKE →Sunday Lovers

VIER AUF DER FLUCHT (GONE ARE THE DAYES). Als Kronzeugen im Prozeß gegen Mitglieder der Mafia wird eine brave Familie von Killern gejagt. Selbst auf einem Kreuzfahrtschiff findet sie keine Ruhe. Kriminalkomödie aus der Disney-Werkstatt, die Unterhaltung für die ganze Familie bietet. – Ab 10. ✦ USA 1984 **P** Disney **R** Gabrielle Beaumont **B** Bill Bleich, Jim Brecher **K** Richard N. Hannah **M** Jerrold Immel **D** Harvey Korman (Charlie Mitchell), Susan Anspach (Phyllis Daye), Robert Hogan (Harry Daye), Nate Esformes (Papa Delgado), Joe Cortese (Frank Delgado) **L** 86 **E** 29.4.1995 ARD

VIER AUF VOLLEN TOUREN (LES CHARLOTS EN DELIRE). Ein Firmendirektor entläßt aus Solidarität mit der an Konjunkturflaute leidenden Ersatzteil-Industrie alle Angestellten, wird damit aber selbst arbeitslos und findet sich auf der Straße wieder. Mehr durch Zufall wird er mit seinem ehemaligen Personalchef sowie einem Angestellten zum glücklichen Gewinner in einem Spielcasino, bevor sie ein Vertreter für Fernsehapparate in eine Entführungs- und Diebstahlaffäre verwickelt. Billig-Klamotte um die in Frankreich berühmte Filmkomiker-Gruppe »Charlots«; die Handlung ist lediglich Auslöser für eine Folge platter Gags. – Ab 14 möglich. ✦ Frankreich 1979 **P** N.G.A./Choucroute International **R** Alain Basnier **B** Pierre Uytterhoeven, Alain Basnier **K** Jacques Lefrançois **M** Eric Charden **S** Jean-Pierre Martin **D** Gérard Rinaldi, Jean-Guy Fechner, Gérard Filipelli, Jean Sarrus, Henri Guybet (Anwalt u. a.) **L** 90 (TV 81) **E** 4.9.1993 RTL 2

VIER AUS TEXAS →Vier tolle Jungs der Prärie

VIER BLEIBEN AUF DER STRECKE (THE GOOD DIE YOUNG). Vier junge unbescholtene Männer, ehemalige Kriegsteilnehmer, die in Geldnot geraten sind, unternehmen gemeinsam in London einen Raubüberfall. Eine kriminalpsychologische Studie mit genauer Charakterzeichnung. Aus dem Zusammenfließen der verschiedenen Berufs- und Eheschicksale ergibt sich ein bewegendes, hervorragend gespieltes Drama, das über die ohnehin fesselnde Kriminalgeschichte hinauswirkt. – Ab 16. ✦ Schwarz-weiß. Großbritannien 1954 **P** Remus **KI** Deutsche London Film **Pd** Jack Clayton **R** Lewis Gilbert **B** Vernon Harris, Lewis Gilbert, nach einem Roman von Richard Macauley **K** Jack Asher **M** Georges Auric **S** Ralph Kemplen **D** Laurence Harvey (Ralph), Gloria Grahame (Denise), Richard Basehart (Jo), Joan Collins (Marie), John Ireland (Eddie), Stanley Baker (Max), Robert Morley (Sir Ravenscourt) **L** 90 **FSK** ab 16; f **E** 10.6.1955/14.8.1961 ARD **fd** 4120

VIER CLOWNS (FOUR CLOWNS). Eine wirre Zusammenstellung mit Stan Laurel & Oliver Hardy, Charley Chase und Buster Keaton in Szenenausschnitten aus der Spätzeit des Slapstick-Stummfilms. Die unmotivierte Auswahl beeinträchtigt den Spaß an den zahlreichen heiteren Einfällen erheblich, so daß allenfalls Lust auf die kompletten Werke der Slapstick-Stars aufkommt. – Ab 8. ✦ Schwarz-weiß. USA 1969 **P** Robert Youngson Prod. **KI** Centfox **Pd+R+B** Robert Youngson (Zusammenstellung) **M** Manny Alban **L** 96 **FSK** ab 6; nf **E** 18.6.1970

DER 4-D-MANN (THE 4-D-MAN / THE MASTER OF TERROR). Ein Wissenschaftler benutzt seine Erfindung, mittels elektrisch verstärkter Gehirnimpulse Wände durchschreiten zu können, für blutige Untaten. Trivialer Horrorfilm ohne sonderlichen Reiz. Nichtsdestotrotz genießt er Kultstatus und inspirierte Tobe Hooper bei seinem Film »Life Force« (1985). – Ab 16. ✦ USA 1959 **P** Fairview **KI** Warner Bros. **Pd** Jack H. Harris **R** Irvin S. Yeaworth jr. **B** Theodore Simonson, Cy Chermak **K** Thomas E. Spalding **M** Ralph Carmichael **S** William B. Murphy **D** Robert Lansing (Dr. Scott Nelson), Lee Meriwether (Linda Davis), James Congdon (Tony Nelson), Robert Strauss (Roy Parker), Patty Duke (Marjorie Sullivan), Edgar Stehli (Carson), Jasper Deeter (Mr. Welles), Guy Raymond (Fred), Dean Newman (Dr. Schwartz) **L** 84 **FSK** ab 16; nf **E** 31.8.1961 **fd** 10479

DAS VIER-D-MONSTER →Der 4-D-Mann

DIE VIER DIMENSIONEN DER LUST →Rosemaries Liebesreport in drei Dimensionen

4 DINOS IN NEW YORK (WE'RE BACK! A DINOSAUR'S STORY). Vier Dinosaurier werden von einem freundlichen Wissenschaftler zum Vergnügen der Kinder in die Gegenwart versetzt. Dessen finsterer Gegenspieler, ein grausamer Zauberkünstler, beutet sie für seine Zwecke aus, aber schließlich triumphiert doch das Gute über den Schrecken. Ein sorgfältig animierter Zeichentrickfilm, der das Medium wirkungsvoll einsetzt und seine Helden liebenswert zum Leben erweckt. Allerdings lebt er auch von dem Schrecken, den er zu attackieren vorgibt – also nichts für kleinere Kinder. – Ab 10. ✦ USA 1993 **P** Universal **KI** UIP **VA** CIC **Pd** Steve Hickner **R** Dick Zondag, Ralph Zondag, Phil Nibbelink, Simon Wells **B** John Patrick Shanley, nach einem Buch von Hudson Talbott **M** James Horner **S** Sim Evan-Jones, Nick Fletcher **L** 71 **FSK** ab 6; f **E** 23.6.1994/7.2.1995 Video/11.2.1996 premiere **fd** 30848

DIE VIER ELEMENTE (OS QUATRO ELEMENTOS). Eine insgesamt vierteilige Filmreihe, die das portugiesische Fernsehen gemeinsam mit »arte« produzierte: Vier portugiesische Regisseure nähern sich auf sehr unterschiedliche Weise dem Thema der »vier Elemente« an. Keiner der Filmemacher ließ sich dabei von der Fernsehästhetik leiten, vielmehr entstanden vier kleine Meisterwerke der portugiesischen Filmkunst, die in ihrer Heimat vor der Fernsehausstrahlung auch im Kino zu sehen waren. Titel der einzelnen Filme (siehe dort): »Die Erde – Das Ende der Welt«, »Das Feuer – Das Herz in beiden Händen«, »Die Luft – Mein Geburtstag«, »Das Wasser – Der letzte Kopfsprung«

VIER FÄUSTE FÜR EIN HALLELUJA (CONTINUAVANO A CHIAMARLO TRINITÀ). Zwei grundverschiedene, allenfalls in ihrer Gutmütigkeit gleiche Brüder ziehen aus, um Viehdiebstahl und Postkutschenüberfall zu lernen, nutzen jedoch ihre Schlagfertigkeit, um Armen aus der Patsche und Ganoven ins Gefängnis zu helfen. Episodenartig aufgebaute Parodie des Duos Hill/Spencer auf den Italowestern, angereichert mit einer Fülle von Gags. Nicht gerade intelligent, aber kurzweilig und unterhaltsam. (DDR-Titel: »Der Kleine und der müde Joe«.) – Ab 16. ✦ Scope. Italien 1971 **P** West **KI** Tobis (Erstverleih: Adria) **DVD** e-m-s (16:9, 2.20:1, Mono dt.) **Pd** Italo Zingarelli **R+B** E. B. Clucher (= Enzo Barboni) **K** Aldo Giordani **M** Guido de Angelis, Maurizio de Angelis **S** Antonio Siciliano **D** Terence Hill (= Mario Girotti) (»Müder Joe«), Bud Spencer (»der Kleine«), Yanti Somer (Siedlerstochter), Harry Carey jr. (Vater), Jessica Dublin (Mutter), Enzo Tarascio (Sheriff), Dana Ghia, Pupo De Luca (Pater), Emilio Delle Piane, Enzo Fiermonte, Tony Norton **L** 127 **FSK** ab 12; nf **E** 25.2.1972/23.11.1973 Kino DDR/20.12.1988 DFF 1/26.4.2001 DVD **fd** 17729

VIER FÄUSTE GEGEN RIO (DOUBLE TROUBLE). Das komisch-rauhbeinige Abenteurerpaar Spencer/Hill in einer Doppelrolle: Reiche brasilianische Adlige wollen das Geschäft ihres Lebens machen und müssen sich dabei gegen eine Gangsterbande zur Wehr setzen. Ihre Rollen werden derweil von zwei rauflustigen Draufgängern übernommen, die ihnen zum Verwechseln ähnlich sehen. Nur mäßig unterhaltsamer Serienaufguß, meist vorhersehbar und im üblichen Prügelklamauk ertrinkend. – Ab 14. ✦ USA 1984 **P** Trans-Cinema/TV Elpico **Kl** Scotia **R** E.B. Clucher (= Enzo Barboni) **B** Marco Tullio Barboni **K** Silvano Ippoliti **M** Franco Micalizzi **S** Paul F. Costello, Philip Edwards **D** Terence Hill (= Mario Girotti) (Eliot Vance/Sebastiano Coimbra), Bud Spencer (Greg Wonder/Antonio Coimbra), April Glougth (Olympia), Harold Bergman, C.V. Wood jr. **L** 104 **FSK** ab 12; nf **E** 19.10.1984 **fd** 24 806

VIER FÄUSTE – HART WIE DIAMANTEN (IL VANGELO SECONDO SIMONE E MATTEO). Zwei hungernde Freunde werden als vermeintliche Missionare in ein Diamantenschmuggel-Abenteuer verwickelt und behaupten sich mit Schlägereien und Tricks. Prügelklamauk mit geschmacklosen Verulkungen katholischer Riten und einigen Rohheiten, der sich weitgehend als Plagiat des Films »Zwei Missionare« entpuppt. ✦ Scope. Italien 1975 **P** P.A.C. **Kl** Adria **R** Giuliano Carmineo **B** Giuliano Carmineo, Pier Luigi Alberti **K** Sebastiano Celeste **M** Juniper **S** Amedeo Giomini **D** Michael Coby (= Antonio Cantafora), Paul Smith, Dominic Barto, Jacques Herlin, Giuseppe Maffioli, Emilio Messina **L** 97 **FSK** ab 12; nf **E** 12.3. 1976 **fd** 19 725

VIER FÄUSTE RÄUMEN AUF →Vier Fäuste – hart wie Diamanten

VIER FÄUSTE SCHLAGEN WIEDER ZU (CARAMBOLA). Ein pfiffiger Billardspieler und Meisterschütze sowie sein bärenstarker, cholerischer Kumpan räumen unter Waffenschmugglern auf. Mißglückter Versuch einer Parodie auf die Spencer/Hill-Western, die ihrerseits schon Parodien sind. Eine dümmliche und langweilende Folge von stupiden Schlägereien und flauen Gags. – Ab 14 möglich. ✦ Scope. Italien 1974 **P** B.R.C./Aetos **Kl** Adria **R** Ferdinando Baldi **B** Mino Roli (= Erminio Pontiroli), Nico Ducci, Ferdinando Baldi **K** Aiace Parolin **M** Franco Bixio, Vincenzo Tempera **S** Antonietta Zita **D** Paul Smith (Len), Michael Coby (= Antonio Cantafora) (Coby), Horst Frank (Glideson), William Bogart (Howard), Pino Ferrara (Professor), Luciano Catenacci **L** 94 **FSK** ab 12; nf **E** 21.2.1975 **fd** 19 219

VIER FÄUSTE UND EIN HEISSER OFEN (CARAMBOLA FILOTTO ... TUTTI IN BUCA). Die Jagd von Armee und Gangsterbande auf ein maschinengewehrbestücktes Motorrad mit Beiwagen, das zwei clevere Gauner einem trottelhaften Colonel entwendet haben. Kläglicher Klamaukfilm mit pausenlosen Prügeleien als fader Aufguß einschlägiger Serienkost. – Ab 14 möglich. ✦ Scope. Italien 1975 **P** Aetos **Kl** Adria **R** Ferdinando Baldi **B** Mino Roli (= Erminio Pontiroli), Nico Ducci, Ferdinando Baldi **K** Aiace Parolin **M** Franco Bixio, Vince Tempera (= Vincenzo Tempera) **S** Antonietta Zita **D** Paul Smith (Butch), Michael Coby (= Antonio Cantafora) (Toby), Piero Lulli (Colonel), Glauco Onorato (Sheriff), Gabriella Andreini (Peabody), Ray O'Connor (= Remo Capitani) **L** 84 **FSK** ab 12; nf **E** 1975 Kino **fd** 19 371

VIER FÄUSTE WIE EIN DONNERSCHLAG (THE FIGHTING FOOL). In einem geheimnisvollen Kampfspeer, den sich zwei Freunde haben abluchsen lassen, waren Diamanten verborgen. Um ihn zurückzuerobern, erlernen die beiden neue Kung-Fu-Techniken und gewinnen den entscheidenden Endkampf. In Chinas Vergangenheit angesiedelter Actionfilm mit Klamaukeinlagen, der in seiner Choreografie vergleichsweise einfallsreich ist. Die brutale Grundhaltung wird dadurch allerdings nur wenig entschärft. ✦ Scope. Hongkong 1981 **P** Shaw Brothers **Kl** Avis/Apollo **VA** VPS **Pd** Run Run Shaw **R** Yuan Hao Chuen **B** Wong Ching **K** Li Hsin-Yeh, Ao Chih-Chun **M** Eddie Wang **S** Chiang Hsing Lung, Fang Pao-Hua **D** Meng Yuan Wen, Chian Huang, Kuan Feng, Wang Sha, Pan Ping-Chang **L** 83 **FSK** ab 16; nf **E** 21.5.1982/23.1. 1992 Video **fd** 23 506

VIER FEDERN (THE FOUR FEATHERS). Ein wegen Austritts aus der Armee auch von seiner Braut wegen Feigheit gedemütigter britischer Offizier vollbringt während des Mahdi-Aufstands im Sudan (1898) größere Mutbeweise als seine Verächter. Aufwendig inszenierter Abenteuerfilm mit publikumswirksamen Massenszenen im Schlachtgetümmel. Die distanzlose Verherrlichung von soldatischem Ethos erscheint heute ziemlich naiv. – Ab 14 möglich. ✦ Großbritannien 1939 **P** London Films **Kl** Deutsche London **Pd** Alexander Korda **R** Zoltan Korda **B** R.C. Sherriff, nach einem Roman von A.E.W. Mason **K** Georges Périnal, Osmond Borradaile **M** Miklos Rozsa **D** John Clements (Harry Faversham), Ralph Richardson (Captain Durrance), C. Aubrey Smith (General Burroughs), June Duprez (Edna Burroughs), Jack Allen (Lt. Willoughby), Allan Jeayes (General Faversham) **L** 107 **FSK** ab 12; f (fr. 16) **E** 1.9.1950/31.12.1975 ZDF **fd** 965

VIER FLIEGEN AUF GRAUEM SAMT (QUATTRO MOSCHE DI VELLUTO GRIGIO / QUATRE MOUCHE DE VELOURS GRIS). Ein junger Schlagzeuger wird durch Drohungen und Morde an den Rand des Nervenzusammenbruchs getrieben. Reichlich konstruierter Psychokrimi von mäßiger Spannung, der den Einbruch des Grauens in ein scheinbar heiles bürgerliches Leben darstellen möchte, sich aber in groben Unwahrscheinlichkeiten verliert. ✦ Scope. Italien/Frankreich 1971 **P** Seda Spettacoli/Marianne **Kl** CIC **Pd** Salvatore Argento **R** Dario Argento **B** Dario Argento, Luigi Cozzi, Mario Foglietto **K** Franco di Giacomo **M** Ennio Morricone **S** Françoise Bonnot **D** Michael Brandon (Robert Tobias), Mimsy Farmer (Nina Tobias), Jean-Pierre Marielle (Arosio), Francine Racette (Dalia), Bud Spencer (Godfrey), Aldo Bufi Landi **L** 103 **FSK** ab 18; nf **E** 19.5.1972 **fd** 17 866

VIER FRAUEN →Nobody's Woman

VIER FRAUEN IM SUMPF (SWAMP WOMEN / SWAMP DIAMONDS / CRUEL SWAMP). Im Sumpfgebiet von Louisiana streiten sich aus dem Gefängnis ausgebrochene weibliche Gangster, deren Männer als Verbrecher endeten, wegen eines mitgeführten Gefangenen und der versteckten Diamantenbeute. Unter ihnen ist eine verkappte Polizeiagentin, die für das Happy-End reserviert ist. Grell inszenierte Mischung aus Abenteuer- und Kriminalfilm, für wenig Geld als triviales B-Picture ohne tieferen Anspruch abgedreht. ✦ USA 1955 **P** Woolner Brothers/Favorite Films of California **Kl** Austria **Pd** Bernard Woolner **R** Roger Corman **B** David Stern **K** Frederick E. West **M** Willis »Bill« Holman **D** Marie Windsor (Josie), Carole Mathews (Lee), Beverly Garland (Vera), Jill Jarmyn (Billie), Michael »Touch« Connors (Bob), Susan Cummings **L** 71 **FSK** ab 18; nf **E** 5.10.1956 **fd** 5 316

VIER FRAUEN IN DER NACHT →Mord auf dem Dachgarten

VIER FRAUEN SIND EINFACH ZUVIEL. In seiner Familie, die – angefangen von der jüngeren Schwester, über Mutter, Großmutter bis hin zur Urgroßmutter – nur aus Frauen besteht, fühlt sich ein 14jähriger mit seinen Schulproblemen und vor allem seinem Liebeskummer nicht an der richtigen Adresse. So »steigt er aus« und fährt aus der Stadt zu seinem Vater, der sich auf einen einsamen Bergbauernhof in Tirol zurückgezogen hat. Doch nach und nach trudelt dort auch der ganze Rest der Familie ein, und mit der Ruhe ist es vorbei. Fernseh-Komödie über die Wechselfälle in einer skurrilen Wiener Familie. ✦ Deutschland 1992 **P** NDF **R** Hartmut Griesmayr **B** Christine Nöstlinger **K** Jörg Seidl **D** Gusti Wolf (Doppel-Oma), Louise Martini (Lore-Mu), Nicolin Kunz (Liesi-Ma), Dietrich Siegl (Hubert), Benedikt Gmeiner (Tommi) **L** 89 **E** 20.5.1993 ZDF

VIER FRAUEN UND EIN MORD (MURDER MOST FOUL). Die schrullige Amateurdetektivin Miss Marple verhindert als Schöffin einen Justizirrtum und klärt den Mord auf eigene Faust. Entspannte Kriminalunterhaltung nach Agatha Christie, die vergnüglich zwischen Gruselgeschichte, Lustspiel und Krimi wandelt. – Ab 14. ✦ Scope, schwarz-weiß. Großbritannien 1963 **P** MGM **Kl** MGM **VA** Warner Home **Pd** Ben Arbeid, Lawrence P. Bachmann **R** George Pollock **B** David Pursall, Jack Seddon, nach einem Roman von Agatha Christie **K** Desmond Dickinson **M** Ron Goodwin **S** Ernest Walter **D** Margaret Rutherford (Miss Marple), Ron Moody (Driffold Cosgood), Megs Jenkins (Mrs. Thomas), Charles Tingwell (Inspektor Craddock), Stringer Davis (Mr. Stringer), James Bolam (Bill Hanson) **L** 90 **FSK** ab 12; nf **E** 4.6. 1965/28.2.1970 ZDF/14.12.1984 DFF 2/Dezember 2000 Video **fd** 13 484

VIER FRAUENSCHICKSALE →Wienerinnen im Schatten der Großstadt

VIER FREUNDE (FOUR FRIENDS / GEORGIA'S FRIENDS). Die aus der Perspektive eines jugoslawischen Amerika-Einwanderers geschilderten Schicksale dreier junger Männer und des von ihnen geliebten Mädchens (zwischen 1959 und 1970) geben als einfühlsame Charakterstudie, als Liebesgeschichte und als Initiations- und Entwicklungsstudie einen bitteren und humorvollen Kommentar des amerikanischen Traums von Glück, Erfolg und Integration in die Gesellschaft. Hervorragende schauspielerische Leistungen, visuelle Metaphern, Musikdramaturgie und perspektivische Erzählstruktur machen aus dem thematisch außerordentlich vielschichtigen Film ein Meisterwerk. (Videotitel: »Der amerikanische Traum«) – Sehenswert ab 14. ✦ USA 1981 **P** Filmways/Florin/Geria **Kl** Centfox **VA** VCL/Virgin **R** Arthur Penn **B** Steve Tesich **K** Ghislain Cloquet **M** Elizabeth Swados **S** Barry Malkin, Marc Laub **D** Craig Wasson (Danilo Prozor), Jodi Thelen (Georgia Miles), Jim Metzler (Tom Donaldson), Michael Huddleston (David Levine), Julia Murray (Adrienne Carnahan), Reed Birney **L** 115 **FSK** ab 12; f **FBW** bw **E** 25.3.1982/26.1.1988 Video **fd** 23 342

VIER FRÖHLICHE RABAUKEN (SOTTO A CHI TOCCA!). Vier rauflustige Draufgänger entreißen einem Burgherrn einen Goldschatz und retten eine von unfreiwilliger Heirat bedrohte junge Frau. Komisch konzipierter Rüpelfilm im althergebrachten Italo-Stil. – Ab 14. ✦ Scope. Italien 1972 **P** I.F.C./Futuramik **Kl** Constantin **Pd** Livio Maffei **R** Frank Kramer (= Gianfranco Parolini) **B** Renato Izzo, Gianfranco Parolini **K** Sandro Mancori (= Alessandro Mancori) **M** Sante Maria Romitelli **S** Rino Aventario **D** Dean Reed, Pedro Sanchez, Nick Jordan, Sal Borgese, Fany Sakantanis, Mario Brega **L** 99 **FSK** ab 12; nf **E** 31.5.1973 **fd** 18 373

VIER FÜR EIN AVE MARIA (I QUATTRO DELL' AVE MARIA). Ein Gauner wird von einem anderen Gauner auf weitere Gauner angesetzt, wobei der erste eine alte Rechnung begleicht, der zweite mitsamt einigen Komplizen getötet wird und die anderen auch nicht leer ausgehen. Ein nicht durchgehend gelungener Versuch, den Italowestern unter Beibehaltung ihm wesenseigener Stilelemente komisch aufzuladen und zu parodieren. Immerhin weitgehend unterhaltsam. ✦ Scope. Italien 1968 **P** Crono/Financiaria/San Marco **Kl** Paramount **R+B** Giuseppe Colizzi **K** Marcello Masciocchi **M** Carlo Rustichelli **S** Marcello Malvestiti **D** Eli Wallach (Cacopoulos), Terence Hill (= Mario Girotti) (Cat Stevens), Bud Spencer (Hutch Bessy), Brock Peters (Thomas), Kevin McCarthy (Drake), Steffen Zacharias (Harold), Livio Lorenzon (Paco), Tiffany Hoyfeld (Thomas' Frau), Armando Bandini (Bankbeamter), Remo Capitani (Congaceiro) **L** 116 (fr. 124; Orig. 137) **FSK** ab 12; nf (fr. 18) **E** 3.10. 1969 **fd** 16 451

VIER FÜR TEXAS (FOUR FOR TEXAS). Zwei zwielichtige Abenteurer überlisten einander, verbünden sich aber schließlich gegen einen noch übleren Schurken. Western-Persiflage mit Witz und Starbesetzung, bisweilen makaber-ironisch, jedoch nicht rundum vergnüglich inszeniert. – Ab 16. ✦ USA 1963 **P** The Sam Company/Warner Bros. **Kl** Warner **Pd+R** Robert Aldrich **B** Teddi Sherman, Robert Aldrich **K** Ernest Laszlo **M** Nelson Riddle **S** Michael

Luciano **D** Frank Sinatra (Zack Thomas), Dean Martin (Joe Jarrett), Anita Ekberg (Elya Carlson), Ursula Andress (Maxine Richter), Charles Bronson (Matson), Victor Buono (Harvey Burden), Edric Connor (Prinz George), Nick Dennis (Angel), Richard Jaeckel (Mancini), Mike Mazurki (Chad), Jack Elam (Dobie), Jonathan Hale (Renee), Jack Lambert (Monk), Ellen Corby, Bob Steele **L** 115 **FSK** ab 12; f (fr. 16; nf) **E** 14.2.1964/6.12.1975 ARD/14.3.1990 DFF 2 **fd** 12 595

VIER GEGEN TOD UND TEUFEL →Satisfaction (1981)

DIE VIER GEIER DER SIERRA NEVADA (I QUATTRO INESORABILI). Durch die Machenschaften von vier gefürchteten Banditen des Mordes bezichtigt, wird ein Ranger in letzter Minute vor der Hinrichtung bewahrt und bestraft die wahren Täter. Harter, aber nicht selbstzweckhaft brutaler Euro-Western, dem es vor allem an Atmosphäre mangelt. – Ab 16. ✦ Scope. Italien/Spanien 1965 **P** Pea/Aitor **Kl** Avis **Pd** Pietro Nofri **R** Primo Zeglio **B** Manoel Sebares de Caso, Federico de Urrutia, Marcello Fondato, Primo Zeglio **K** Miguel F. Mila **M** Marcello Giombini **S** Daniele Alabiso **D** Adam West (Sam Garrett), Robert Hundar, Red Ross, Roberto Camardiel, Ralph Baldwyn (= Raffaele Baldassarre), John Bartha, Dina Loy, Howard Ross (= Renato Rossini), János Barta **L** 92 **FSK** ab 16; nf **E** 14.4.1967 **fd** 14 705

4 GESCHICHTEN ÜBER 5 TOTE. Mit bemerkenswerter Offen- und Unvoreingenommenheit nähert sich der Film dem Tabuthema »Tod und Sterben«, wobei er mit der märchenhaften Ankunft von soeben Verstorbenen in einer Art Himmel vier Episoden verklammert. Die Neuankömmlinge in diesem »Himmel« können durch ein Fernrohr ihrer eigenen Beerdigung zuschauen und dabei die tiefe Trauer, manche Heuchelei, aber auch so manche ausgesprochen amüsante Ungeschicklichkeit der Lebenden verfolgen. Trauer und Komik werden auf mal irritierende, mal Widerspruch herausfordernde, dann wieder zutiefst anrührende Weise in einen letztlich tröstlichen Zusammenhang gebracht. – Ab 14 möglich. ✦ Schwarz-weiß. Deutschland 1997 **P** Büchel-Filmproduktion/NDR **Kl** Silver Cine **VA** absolut MEDIEN **Pd+R+B** Lars Büchel **K** Andreas Zickgraf, Niels Theodor Boscher (3) **M** Max Koczy **S** Betina Vogelsang **D** Thira Walke (Carla), Sibylle Brunner (Wolke), Andreas Kunze (Otto Bude), Franziska Mense-Moritz (Brunhilde Bude), Horst Vernunft (Hans-Herbert Bredens), Anne Marks-Rocke (Lilli), Hannes Thannheiser (Sören) **L** 100 **FSK** ab 6; f **FBW** bw **E** 16.4.1998 **fd** 33 093

VIER GESCHWISTER HALTEN ZUSAMMEN (HOMECOMING). Vier Geschwister, die von ihrer Mutter in einem Einkaufszentrum verlassen worden sind, schlagen sich zu ihrer Großmutter durch und erreichen, zunächst für eine Nacht bleiben zu dürfen. Da es ihnen im Haus der schrulligen Frau gefällt, beschließen sie, sich jeden Tag nützlich zu machen und so immer bis zum nächsten Morgen bleiben zu dürfen. Bald ist der unangemeldete Besuch der Großmutter ans Herz gewachsen. Gutmütige Familienkomödie, die der Hauptdarstellerin die Möglichkeit einräumt, alle Register ihres schauspielerischen Könnens zu ziehen. ✦ USA 1996 **P** Merko **Pd** Jack Baran **R** Mark Jean **B** Christopher Carlson, Mark Jean, nach dem Roman »Homecoming« von Cynthia Voigt **K** Toyomichi Kurita **M** W. G. Snuffy Walden **S** Nancy Richardson **D** Anne Bancroft (Abigail), Kimberlee Peterson (Dicey), Trever O'Brien (James), Hanna R. Hall (= Hanna Hall) (Maybeth), William Greenblatt (Sammy) **L** 97 **E** 25.3.2001 Super RTL

DIE VIER GESELLEN. Entgegen den Vorurteilen ihres einstigen Lehrers setzen sich vier Werbegraphikerinnen durch und gewinnen den Wettbewerbspreis einer Zigarettenfabrik, stellen dann aber ihre Geschäftsinteressen fürs private Happy-End zurück. Gefällig-unterhaltsame Vorkriegskomödie. Ingrid Bergman, noch am Anfang ihrer Laufbahn, spielt ihre einzige Rolle in einer deutschen Produktion. (Späterer Verleihtitel: »Ja, ja, die Liebe«) – Ab 14. ✦ Schwarz-weiß. Deutschland 1938 **P** Froelich-Studio **Kl** Herzog **R** Carl Froelich **B** Jochen Huth, nach seinem gleichnamigen Theaterstück **K** Reimar Kuntze **M** Hansom Milde-Meißner **D** Ingrid Bergman, Sabine Peters, Carsta Löck, Ursula Herking, Hans Söhnker **L** 96 **FSK** ab 12; f **E** 1.10.1938/1951 Kino DDR/2.1.1962 DFF 1/29.9.1974 ZDF **fd** 1 255

DIE 4 GESETZLOSEN →Die Stadt der toten Seelen

VIER GESICHTER EINER STADT (CHUQUIAGO). Ein Indiojunge, der Sohn eines Bauarbeiters, ein Beamter und eine Studentin aus reichem Hause, alle in La Paz, sind die Handlungsträger von vier Episoden, in denen der Film den hoffnungslosen Zerfall des bolivianischen Sozialgefüges anklagt und Widersprüche, Entfremdungserscheinungen und Identitätskrisen aufzeigt. Dabei verwehrt es die Wahl der Episodenform, Personen und Probleme vielschichtiger zu behandeln; vieles wird nur angerissen und erschließt sich erst einem informierten und mitdenkenden Zuschauer. Als Versuch, unter den Bedingungen der Banzer-Zensur das kritische Kino Boliviens wiederzubeleben, gleichwohl bedeutsam. – Ab 14. ✦ Bolivien 1976 **P** Ukamau **SF** BAG **R** Antonio Eguino **B** Oscar Soria **K** Antonio Eguino, Julio Lencina, Juan Miranda **M** Alberto Villalpando **S** Deborah Shaffer, Suzanne Fenn **D** Nestor Yujra (Isico), Edmundo Villarrod (Johnny), David Santalla (Carlos), Tatiana Aponte (Patricia), Alejandra Quispe (Mama Candicha), Jesusa Mangudo (Frutera) **L** 87 **E** 22.3. 1982 ARD **fd** 23 350

VIER GNADENLOSE RÄCHER (CRIPPLED AVENGERS). Mit grausamer Härte herrscht ein Gouverneur über seine Provinz, bis eines Tages vier Kämpfer auftreten und den Tyrannen zur Strecke bringen. Kein Meisterwerk; die Artistik der Darsteller ist beachtlich, mildert jedoch keineswegs die Härte des Films. – Wir raten ab. ✦ Scope. Hongkong 1979 **P** Shaw Brothers **Kl** Residenz **VA** Gloria **R** Chang Cheh **D** Chen Kuan-Tai, Lu Feng, Kuo Chue, Lo Meng **L** 90 **FSK** ab 18; nf **E** 17.8.1979 **fd** 22 195

VIER HALLELUJA FÜR DYNAMIT-JOE (JOE DINAMITE). Ein blonder Westernheld bringt mit Glück und einer Ladung Dynamit einen Goldtransport in die richtigen Hände. Trivialer Italo-Serienwestern mit einigen parodistischen Zügen. (Fernsehtitel auch: »Dynamit-Joe«) – Ab 16. ✦ Scope. Italien 1969 **P** Seven **Kl** Gleim **R** Anthony M. Dawson (= Antonio Margheriti) **B** Maria Del Carmen Martinez Roman **K** Manuel Merino **M** Carlo Savina **D** Rik van Nutter, Merci Castro, Halina Zalewska, Alfonso Rojas, Renato Baldini **L** 90 **FSK** ab 12; nf **E** 30.11.1972 **fd** 18 113

DIE VIER HALUNKEN DER KÖNIGIN (1934) →Die vier Musketiere

DIE VIER HALUNKEN DER KÖNIGIN (1974) →Die vier Musketiere – Die Rache der Mylady

VIER HEISSE TAGE (THE HEATWAVE LASTED FOUR DAYS). Ein Fernsehreporter fotografiert bei einer Reportage über den Badebetrieb während einer Hitzewelle in Montreal zufällig einen flüchtenden Gangster und glaubt, ihn erpressen zu können. Nachdem der Gangster den Ahnungslosen zu einer Beihilfe zum Mord mißbraucht hat, wird er immer tiefer in eine gefährliche Affäre hineingezogen. Kriminalfilm, der sich von heiter-komödiantischer Beschreibung einer Alltagssituation zum düsteren und dramatischen Gangsterstück entwickelt. ✦ Kanada 1974 **P** National Filmboard of Canada **Pd+R** Doug Jackson **B** Doug Jackson, Milo Sperber, David Hargreaves **K** Douglas Kiefer **M** Ben Low **D** Gordon Pinsent (Cliff Reynolds), Joan Blackman (seine Frau), Lawrence Dane (Jerry Cuozzo), Alexandra Stewart (Barbara Lawrence) **L** 72 **E** 22.4.1984 ARD

VIER HERZEN (SERDZA TSCHETYRECH). In einem Militärlager, in dem Moskauer Wissenschaftler wißbegierige Rotarmisten unterrichten, kommt es zu Eifersüchteleien und Verwechslungen zwischen einer Dozentin und ihrer jüngeren Schwester, einem Armeeleutnant und einem strebsamen Biologen. Eine etwas einfältige, bis zum doppelten Happy-End allerdings burlesk und munter inszenierte Filmromanze, die nach Ende des Zweiten Weltkriegs für das deutsche Publikum in Ost und West die erste überraschende Begegnung mit einer sowjetischen Komödie darstellte. – Ab 14. ✦ Schwarz-weiß. UdSSR 1941 **P** Mosfilm **Kl** Sojusintorgkino **R** Konstantin Judin **B** Alexej Faiko, Anatoli Granberg **K** Nikolai Wlassow **M** J. Mimotin **D** Valentina Serowa (Galina Muraschewa), Ludmilla Zelikowskaja (Schura), Jewgeni V. Samoilow (Koltschin), P. Springfeld (Sawarzew), L. Dimitrijewskaja (Mutter Muraschewa) **L** 92 **E** 5.10.1945

VIER HERZEN IN ROM (RACCONTI ROMANI). Vier junge Männer ohne Arbeit versuchen, mit allerlei fantasievollen Tricks, aber ohne großen Erfolg, Geld zu ergaunern. Vorzüglich inszenierte Komödie, die auf scheinbar mühelos heitere und unmittelbare Art italienisches Lebensgefühl bekundet. Eine herzerfrischende, eindrucksvolle Milieustudie. – Sehenswert ab 16. ✦ Scope. Italien 1955 **P** J.C.S./Cormoran **Kl** Gloria **Pd** Bianca Lattuada **R** Gianni Franciolini **B** Sergio Amidei, Age (= Agenore Incorocci), Furio Scarpelli, Francesco Rosi, nach dem Roman »Racconti Romani« von Alberto Moravia **K** Mario Mantuori **M** Mario Nascimbene **S** Adriana Novelli **D** Vittorio de Sica (Mazoni Pavalla), Silvana Pampanini (Maria), Totò (Professor Semplini), Antonio Cifariello, Franco Fabrizi (Alvaro), Maria Pia Casilio **L** 90 **FSK** ab 12; nf **E** 8.6.1956/7.6.1957 Kino DDR/17.8.1983 DFF 2 **fd** 5 006

VIER HIMMLISCHE FREUNDE (HEART AND SOULS). Vier Freunde, die bei einem Busunglück ums Leben kommen, werden Schutzengel bei einem Baby, das im Augenblick ihres Todes im anderen Unfallfahrzeug das Licht der Welt erblickte. 30 Jahre später dürfen die vier Geister, die viel zu früh abberufen wurden, erneut auf die Welt, um ihr Leben zum Abschluß zu bringen. Bei dieser Gelegenheit verhelfen sie ihrem Schutzbefohlenen zur großen Liebe. Geisterkomödie mit den altbekannten Zutaten; das holprige Drehbuch und die uninspirierte Inszenierung ersticken das Vergnügen schon im Keim. – Ab 14. ✦ USA 1993 **P** Alphaville/Stampede **VA** CIC **Pd** Nancy Roberts, Sean Daniel **R** Ron Underwood **B** Brent Maddock, S.S. Wilson, Gregory Hansen, Erik Hansen **K** Michael Watkins **M** Marc Shaiman **S** O. Nicholas Brown **D** Robert Downey jr. (Thomas), Charles Grodin (Harrison), Alfre Woodard (Penny), Kyra Sedgwick (Julia), Tom Sizemore (Milo) **L** 99 **FSK** ab 6 **E** 13.6. 1994 Video/9.6.1995 premiere **fd** 30 862

VIER HOCHZEITEN UND EIN TODESFALL (FOUR WEDDINGS AND A FUNERAL). Eine Londoner Freundesclique der gehobeneren Gesellschaft findet sich auf vier Hochzeiten ein und muß dazwischen von einem der ihren bei einer Beerdigung Abschied nehmen. Einer verliebt sich in eine attraktive Amerikanerin und verliert sie fast durch seine Unentschlossenheit. Eine in viele kleine und größere Episoden aufgefächerte Komödie mit zahlreichen komischen Einfällen, aber auch anrührend besinnlichen Momenten, in denen die Rat- und Ziellosigkeit der Personen liebevoll beschrieben wird. Ein intelligenter Unterhaltungsfilm, verdichtet zu einem sinnesfrohen Lebenskosmos. (Auch O.m.d.U.) – Sehenswert ab 14. ✦ Großbritannien 1993 **P** Working Title (für Polygram/ Channel Four) **Kl** Impuls **VA** VMP **DVD** VCL (16:9, 1.85:1, DD5.1 dt.) **Pd** Duncan Kenworthy **R** Mike Newell **B** Richard Curtis **K** Philip Sindall **M** Richard Rodney Bennett **S** Ian MacBeth **D** Hugh Grant (Charles), Andie MacDowell (Carrie), Kristin Scott Thomas (Fiona), Simon Callow (Gareth), James Fleet (Tom), Anna Chancellor (Henrietta), Charlotte Coleman (Scarlett), Charles Bower (David), John Hannah (Matthew), Rowan Atkinson (Pater Gerald) **L** 117 **FSK** ab 6; f **FBW** bw **E** 11.8.1994/7.2.1995 Video/3.3. 1996 premiere/29.7.1998 DVD **fd** 30 917

VIER HOMEBOYS UNTERWEGS →Hangin' Out – 4 Homeboys unterwegs

DIE VIER IM JEEP. Im noch besetzten Wien nach dem Zweiten Weltkrieg fahnden die Sowjets nach der Frau eines aus russischer Kriegsgefangenenschaft geflohenen Österreichers. Eine internationale Militärpatrouille ist sich unschlüssig, ob und wie ihr geholfen werden kann. Schließlich drückt auch der beteiligte Rotarmist ein Auge zu. Ein hervorragend inszenierter, fesselnd erzählter Film, getragen von der unpathetisch vertretenen Überzeugung, daß eine menschliche Verständigung zwischen Ost und West möglich und wünschbar ist. Der historische Handlungsrahmen verleiht ihm überdies einen bemerkenswerten dokumentarischen Aspekt. – Sehenswert ab 12. ✦ Schwarz-weiß. Schweiz 1951 **P** Praesens **Kl** Stern/Falken/Nietzsche **Pd** Lazar Wechsler **R** Leopold Lindtberg **B** Richard Schweizer **K** Emil Berna **M** Robert Blum **S** Hermann Haller **D** Ralph Meeker (William Long), Yoseph Yadin (Wassilij Voroschenko), Viveca Lindfors (Franziska Idinger), Michael Medwin (Harry Stuart), Hans Putz (Karl Idinger), Albert Dinan (Marcel Pasture), Harry Hess (Haptmann Hammon) **L** 100 **FSK** ab 12; f **E** 8.6.1951/13.12.1957 ARD **fd** 1 233

VIER IM RASENDEN SARG (RACE WITH THE DEVIL). Zwei befreundete Ehepaare geraten auf ihrer Ferienfahrt in den Bannkreis eines okkulten Geheimbundes und werden zu Tode gehetzt. Unglaubwürdige Mischung aus Action- und Horrorfilm, psychologisch simpel, kaum spannend. – Ab 16 möglich. ✦ USA 1974 **P** Saber **Kl** Fox/MGM **R** Jack Starrett **B** Lee Frost, Wes Bishop **K** Robert Jessup **M** Leonard Rosenman **D** Peter Fonda (Roger), Warren Oates (Frank), Loretta Swit (Alice), Lara Parker (Kelly), R.G. Armstrong (Sheriff) **L** 88 **FSK** ab 16; nf **E** 28.11.1975 **fd** 19 589

VIER IM ROTEN KREIS (LE CERCLE ROUGE / I SENZA NOME). Ein entlassener und ein entsprungener Gauner sowie ein ehemaliger Polizist inszenieren gemeinsam einen raffinierten Einbruch und enden in einer Falle der Polizei. Kühler, formal ausgefeilter Kriminalfilm, der parabelhaft die verhängnisvolle Macht des Schicksals zum Thema hat. – Sehenswert ab 16. ✦ Frankreich/Italien 1970 **P** Corona/Selenia **Pd** Robert Dorfmann **R+B** Jean-Pierre Melville **K** Henri Decaë **M** Eric de Marsan **S** Jean-Pierre Melville, Marie-Sophie Dubus **D** Alain Delon (Corey), Bourvil (Kommissar Mattëi), Yves Montand (Jansen), Gian Maria Volonté (Vogel), François Périer (Santi), André Ekyan (Rico), Paul Crauchet, Paul Amiot, Pierre Collet **L** 140 (Orig. 150) **FSK** ab 16; f **FBW** w **E** 16.9.1971/23.12.1974 DFF 1/30.11.1979 ZDF **fd** 17 472

VIER IRRE TYPEN – WIR SCHAFFEN ALLE, UNS SCHAFFT KEINER (BREAKING AWAY). Der Sieg von vier Arbeitersöhnen bei einem Radrennen über das College-Team einer amerikanischen Kleinstadt eröffnet ihnen neue individuelle und soziale Perspektiven. Eine witzig und spannend dargestellte Geschichte um jugendliches Denken und Fühlen, die etwas zu harmonisierend angelegt ist und den Sportsieg mit der Lösung aller Probleme gleichsetzt, aber durch Atmosphäre und Schauspieler überzeugt. – Sehenswert ab 16. ✦ USA 1979 **P** 20th Century Fox **Kl** 20th Century Fox **Pd+R** Peter Yates **B** Steve Tesich **K** Matthew F. Leonetti **M** Patrick Williams **D** Dennis Christopher (Dave), Dennis Quaid (Mike), Daniel Stern (Cyril), Jackie Earle Haley (Moocher), Paul Dooley (Vater), Barbara Barrie (Mutter), Robyn Douglass (Katherine), Hart Bochner **L** 101 **FSK** ab 6; f **E** 7.3.1980 **fd** 22 374

VIER JAHRESZEITEN (1980) (FOUR SEASONS). Drei befreundete amerikanische Ehepaare mittleren Alters machen viermal im Jahr gemeinsam Urlaub. Doch zunehmend brechen zwischen ihnen Unehrlichkeit, Beziehungslosigkeit und Hysterie auf. Am Ende erkennen sie jedoch den Wert der Freundschaft. Ein etwas krampfhaft um gehobenes Niveau bemühter Film, zwar sorgfältig inszeniert, aber unbedeutend und langweilig. – Ab 16. ✦ USA 1980 **P** Universal **Kl** CIC **R+B** Alan Alda **K** Victor J. Kemper **M** Antonio Vivaldi **S** Michael Economou **D** Alan Alda (Jack Burroughs), Carol Burnett (Kate), Len Cariou (Nick Callan), Sandy Dennis (Anne), Rita Moreno (Claudia), Jack Weston (Danny Zimmer) **L** 108 **FSK** ab 12; f **E** 22.1.1982 **fd** 23 309

VIER JAHRESZEITEN (1990). Dokumentarfilm über einen jungen Bauern, der in der Nähe von Erding in Bayern seinen Hof von herkömmlicher auf biologische Anbauweise umgestellt hat. Als er den Hof seiner Eltern übernehmen soll, kommt es zu Spannungen und Konflikten zwischen den Generationen, die auch den unterschiedlichen »Kampf« um Identität sowie das Verhältnis zu Tradition und Heimat spiegeln. – Ab 14. ✦ Deutschland 1990 **P** Bernd Bajog Filmprod./BR **SF** Verleih der Filmemacher **Pd+R+B** Bernd Bajog **K** Bernd Bajog, Roland Bode **S** Bernd Bajog **L** 84 **E** 1991 Kino

VIER JUNGE DETEKTIVE →Die Freunde meiner Frau

VIER KAPITEL EINES JUNGEN LEBENS (TSCHETYRJE STRANIZY ODNOJ MOLODOJ SHISNI). Ein junger Mann verläßt sein Heimatdorf, um sich weiterzubilden und um sein Land und dessen Menschen kennenzulernen. Ernste und heitere Erlebnisse formen seinen Charakter, und trotz mancher Enttäuschung bewahrt er sich seinen Glauben an das Gute im Menschen. Durch Thema und Verschiedenartigkeit des Milieus interessant. – Ab 16. ✦ Scope, schwarz-weiß. UdSSR 1967 **P** Lenfilm **Kl** Progress **R** Resow Esadse **B** Vera Panowa **K** Ernst Jakowlew **M** Isaak Schwarz **D** Boris Rudnew (Sascha), Natalja Welitschko (Lisa), Boris Sawizki (Viktor), Alexandra Sawjalowa (Polina) **L** 82 **E** 3.10.1969 Kino DDR/4.6. 1971 DFF 1

VIER KIDS GEGEN DIE UNTERWELT →Das Schaukelpferd

VIER KLEINE MÄDCHEN (FOUR LITTLE GIRLS). Am Morgen des 15. September 1963 erschüttert eine Explosion die Baptistenkirche in Birmingham, Alabama. Vier Mädchen im Alter zwischen elf und 14 Jahren kommen dabei ums Leben. Erst 15 Jahre später wird ein Ku-Klux-Klan-Rädelsführer des Verbrechens angeklagt und verurteilt. Der engagierte Dokumentarfilm beschreibt die Spuren, die der hinterhältige Anschlag auf dem Höhepunkt der Bürgerrechtsbewegung in der amerikanischen Gesellschaft hinterließ, und läßt Betroffene ebenso zu Wort kommen wie Politiker und Bürgerrechtler. Spike Lee widmet sich in seinem ersten Dokumentarfilm einmal mehr der afro-amerikanischen Bürgerrechtsbewegung und thematisiert die Schwierigkeiten der Integration. – Ab 16. ✦ USA 1997 **P** 40 Acres and a Mule Filmworks/Home Box Office (HBO) **Pd** Spike Lee, Samuel D. Pollard **R+B** Spike Lee **K** Ellen Kuras **M** Terence Blanchard **S** Samuel D. Pollard **L** 102 **E** 25.4. 1998 Südwest 3

VIER KRIEGEN DIE KURVE →Funny Fat Farm

VIER LEICHEN AUF ABWEGEN (A SLIGHT CASE OF MURDER). Nach Aufhebung der Prohibition beschließt ein Gangsterboß, sich Achtung als ehrbarer Bürger zu verschaffen. Die Liebe seiner Tochter zu einem jungen Mann aus besseren Kreisen bringt ihn noch einmal in Zwiespalt und Schwierigkeiten, da der zukünftige Schwiegersohn sich entschließt, Polizist zu werden. Erheiternde Gangsterfilm-Parodie mit dem brillanten E. G. Robinson im Mittelpunkt. – Ab 14. ✦ Schwarz-weiß. USA 1938 **P** Warner Bros. **Pd** Samuel Bischoff **R** Lloyd Bacon **B** Earl Baldwin, Joseph Schrank, nach einem Bühnenstück von Damon Runyon und Howard Lindsay **K** Sid Hickox **M** M. K. Jerome, Jack Scholl **D** Edward G. Robinson (Remy Marco), Jane Bryan (Mary), Willard Parker (Dick Whitewood), Ruth Donnelly, Allen Jenkins **L** 85 **E** 15.10.1979 BR

VIER LIEBEN DICH (MULTIPLICITY). Um seinen beruflichen und familiären Anforderungen gerecht werden zu können, läßt ein gestreßter Familienvater gentechnisch mehrere Kopien seiner Person erzeugen, was Freizeit, aber auch Chaos in sein Leben bringt. Der drohende Verlust von Ehefrau und Job führt zu einer Lösung ohne Doppelgänger. Eine in der digitalen Technik erstaunlich mangelhafte Komödie. Das moderne Problem der Überforderung erfährt nur wenig tiefgehende Durchdringung. – Ab 14. ✦ Scope. USA 1995 **P** Boss Film/Columbia Pictures **Kl** Columbia TriStar **VA** Columbia TriStar **DVD** Columbia TriStar Home (16:9, 2.35:1, DD5.1 engl./dt.) **Pd** Trevor Albert, Harold Ramis **R** Harold Ramis **B** Chris Miller, Mary Hale, Lowell Ganz, Babaloo Mandel, nach einer Kurzgeschichte von Chris Miller **K** Laszlo Kovacs **M** George Fenton **S** Craig Herring, Pembroke J. Herring **D** Michael Keaton (Doug Kinney), Andie MacDowell (Laura Kinney), Harris Yulin (Dr. Leeds), Richard Masur (Del King), Eugene Levy (Vic), Ann Cusack (Noreen) **L** 117 **FSK** ab 6; f **E** 31.10.1996/6.5. 1997 Video/31.5.1998 premiere/8.11.1998 DVD **fd** 32 191

VIER MÄDCHEN IN PEKING. Drei Jahre dauernde Langzeitbeobachtung über vier junge Frauen, die ihre ländliche Gegend verlassen haben und ein winziges Zimmer in Peking bewohnen, um Geld für die Hochzeit ihrer Brüder zu verdienen. Der dokumentarische Film stellt Fragen nach der Schicksalhaftigkeit des Lebens, zeigt aber auch das Glück der jungen Frauen, die in der Großstadt ihre Freiheit genießen. ✦ VR China 1997 **R** Li Hong **L** 88 **E** 21.10.1999 arte

VIER MÄDELS AUS DER WACHAU. Ein eheliches und ein uneheliches weibliches Zwillingspaar werden vom geschäftstüchtigen Bürgermeister eines Fremdenverkehrsortes in der Wachau als Touristenattraktion ausgebeutet. Lustspiel im Heimatfilm-Milieu, das die Möglichkeiten des Stoffes kaum nutzt und zusehends zur Schnulze abfällt; nur Hans Moser in der Rolle des Hausdieners weiß einigermaßen zu überzeugen. – Ab 14 möglich. ✦ Österreich 1957 **P** Cosmos **Kl** NF **Pd** Heinz Pollak **R** Franz Antel **B** Rolf Olsen, Kurt Nachmann **K** Hans H. Theyer **M** Lotar Olias **S** Arnfrid Heyne **D** Isa Günther (Christl), Jutta Günther (Gretl), Alice Kessler (Franzi), Ellen Kessler (Hanni), Oskar Sima (Scherzinger), Hans Moser **L** 100 **FSK** ab 12; nf **E** 2.8.1957 **fd** 6 083

VIER MÄNNER AM RANDE DES NERVENZUSAMMENBRUCHS (NEVILLE'S ISLAND). Vier Männer mittleren Alters, allesamt Manager, werden von ihrem Unternehmen auf ein Wochenendseminar geschickt, um ihren Teamgeist zu stärken. Dabei erleiden sie allerdings Schiffbruch und landen auf einer einsamen Insel. Adaption eines satirischen Theaterstücks. ✦ Großbritannien 1998 **P** Primetime TV/Yorkshire TY **R** Terry Johnson **B** Tim Firth, nach dem Theaterstück »Neville's Island« **K** Paul Wheeler **M** Barrington Pheloung **D** Timothy Spall (Gordon), David Bamber (Angus), Martin Clunes (Roy), Jeff Rawle (Neville), Simon Ashley (Outbound Bernie), Sylvia Syms (Mrs. Champness) **L** 86 **E** 25.05.2001 N 3

VIER MÄNNER UND EIN KAMEL →Nägel mit Köpfen

VIER MEERJUNGFRAUEN. Als die verwitwete Besitzerin eines Ostsee-Restaurants beschließt, wieder zu heiraten, reisen ihre drei erwachsenen Töchter, die jeweils ihr eigenes Beziehungspäckchen zu tragen haben, aus allen Himmelsrichtungen an, um auf ihre Mutter einzuwirken. Ein handfester Familienstreit ist die Folge. Erst als die Mutter zum Traualtar tritt, finden die vier Frauen wieder zusammen. Turbulente Komödie über Lebensentwürfe, Erwachsen- und Älterwerden. Im Zentrum steht ein Generationskonflikt, der Eltern eine wertkonservative Haltung aufzwingt, und die Verwirrung der Kinder, wenn die Eltern im Alter neue Lebenspläne schmieden, die nicht mit den Vorstellungen der »erwachsenen« Kinder im Einklang stehen. ✦ Deutschland 2001 **P** Network Movie/ZDF/arte **R** René Heisig **B** Meike Toelstede **K** Hans Grimmelmann **M** Peter W. Schmitt **D** Hannelore Hoger (Maren), Jürgen Schornagel (Friedrich), Marie Hörbiger (Merle), Nina Hoger (Muriel), Susanne Schäfer (May-Brit), August Zirner (Harald) **L** 86 **E** 31.8.2001 arte

DIE 4-MILLIONEN-DOLLAR-JAGD (MILLION DOLLAR MYSTERY / MONEY MANIA). Eine geldgierige Meute und zwei FBI-Agenten sind auf der Suche nach einer großen Geldsumme, die ihnen jedesmal aus den Fingern gleitet. Berechenbarer Kriminalfilm, der sich damit begnügt, Zitate aus der Filmgeschichte als überwiegend faden Aufguß zu präsentieren. (DDR-Titel: »Geldgier«) – Ab 12. ✦ USA 1987 **P** De Laurentiis Entertainment **Kl** Progress **VA** Vestron **Pd** Stephen F. Kesten **R** Richard Fleischer **B** Tim Metcalfe, Miguel Tejada-Flores, Rudy DeLuca **K** Jack Cardiff **M** Al Gorgoni **S** John W. Wheeler **D** Eddie Deezen (Rollie), Wendy Sherman (Lollie), Mona Lyden (Barbara Briggs), Pam Matteson (Dotty), Rick Overton (Stuart Briggs) **L** 90 **FSK** ab 6 **E** 29.1.1990 Video/11.5.1990 Kino DDR **fd** 28 137

DIE VIER MUSKETIERE. Während des Ersten Weltkrieges und in der Nachkriegszeit spielender Soldatenschwank. Die Aufführung des Films wurde nach dem Zweiten Weltkrieg von den Alliierten Militärregierungen für Deutschland verboten. – Ab 14. ✦ Schwarz-weiß. Deutschland 1934 **P** Terra-Film **Kl** Transit/Murnau-Stiftung **R** Heinz Paul **B** Sigmund Graff, Hella Moja, Heinz Paul, nach einem Theaterstück von Sigmund Graff **K** Bruno Timm **M** Herbert Windt **D** Hans Brausewetter, Fritz Kampers, Paul Westermeier, Erhard Siedel, Hermann Speelmans **L** 119 **FSK** ab 12; f **E** 27.4.1934

DIE VIER MUSKETIERE DER KÖNIGIN →Die vier Musketiere – Die Rache der Mylady

DIE VIER MUSKETIERE – DIE RACHE DER MYLADY (THE FOUR MUSKETEERS / THE REVENGE OF MILADY). Fortsetzung der Musketier-Abenteuer am Hofe Ludwig XIII. nach Alexandre Dumas (vgl. »Die drei Musketiere«, 1973). Lady Winter, eine Hauptfigur im Ränkespiel des Kardinals Richelieu, zettelt Mord, Rache und chaotische Verwirrung an und entwickelt sich zur zentralen Gestalt tragischer und dramatischer Verwicklungen. Der in kostbarer Ausstattung schwelgende Abenteuerfilm nimmt erneut durch ausgeklügelte komödiantische Momente für sich ein, wenngleich er etwas härter, weniger parodistisch und stilistisch nicht so geschlossen wirkt wie der erste Teil. (DDR-Titel: »Die vier Musketiere der Königin«) – Ab 16. ✦ Scope. Panama/Spanien 1974 **P** Trust/T.I.T. **Kl** Cinerama **Pd** Alexander Salkind **R** Richard Lester **B** George MacDonald Fraser, nach Motiven eines Romans von Alexandre Dumas **K** David Watkin **M** Lalo Schifrin **S** John Victor Smith (= John Victor-Smith) **D** Oliver Reed (Athos), Raquel Welch (Constance Bonacieux), Richard Chamberlain (Aramis), Michael York (d'Artagnan), Frank Finlay (Porthos), Christopher Lee (Rochfort), Geraldine Chaplin (Königin Anne), Faye Dunaway (Milady), Charlton Heston (Richelieu), Jean-Pierre Cassel (Louis XIII.) **L** 102 **FSK** ab 12; nf (fr. 18) **E** 31.10. 1974/16.4.1976 Kino DDR/16.6.1991 premiere **fd** 19 074

VIER NÄCHTE EINES TRÄUMERS (QUATRE NUITS D'UN REVEUR). Ein junger Maler verhindert den Selbstmord einer jungen Frau, die drei Nächte vergeblich auf die Rückkehr ihres Geliebten gewartet hat. Obwohl bald eine tiefe Zuneigung zwischen beiden entsteht, kehrt die Frau unmittelbar zu ihrem Liebhaber zurück, als dieser schließlich doch noch kommt. Bressons Essay über die Liebe ist ein Film von äußerst intellektueller Klarheit und gleichzeitig von hohem künstlerischen Rang. Indem Bresson psychische Realität als physische Realität akzeptiert, macht er die Ideen hinter den Erscheinungen sichtbar und öffnet dem Kino neue Dimensionen. – Sehenswert. ✦ Frankreich/Italien 1970 **P** Victoria/Albina/I Film dell'Orso **SF** atlas **Pd** Gian Vittorio Baldi **R** Robert Bresson **B** Robert Bresson, nach dem Roman »Weiße Nächte« von F. M. Dostojewski **K** Pierre Lhomme, Ghislain Cloquet **M** Michel Magne, Gruppe »Batuki«, Christopher Hayward, Louis Guitar, F. R. David **S** Raymond Lamy **D** Isabelle Weingarten (Marthe), Guillaume des Forêts (Jacques), Maurice Monnoyer (der Untermieter), Jérôme Massart (der Besucher), Patrick Jouanné (der Gangster) **L** 82 **E** 1.2.1972 ARD **fd** 19 442

VIER PASTORENTÖCHTER (GARDEN OF VENUS). Seichter Unterhaltungsfilm um eine hübsche Mutter und ihre vier erwachsenen Töchter, die in einer amerikanischen Westernstadt für Unruhe und Aufregung sorgen. ✦ USA 1985 **P** Esme **VA** Allround **R** Ray Fellows **K** Fred Uppland **D** Chuck Connors, John Treland, Michael Conrad, Jorge Rivero **L** 80 **FSK** ab 16

VIER PERLEN →Fünf Perlen

VIER PERSONEN IM KREIS (CTYRI V KRUHU). Die Aufklärung eines als Selbstmord getarnten Mordes an einem Wissenschaftler, bei dem die Verdächtigen im Kreis der nächsten Angehörigen zu finden sind. Kriminalfilm mit erheblichen dramaturgischen Schwächen, wobei westliche Wirtschaftsspione einmal mehr als Bösewichter herhalten müssen. – Ab 14. ✦ Schwarz-weiß. CSSR 1967 **P** Filmstudio Barrandov **Kl** Progress **R+B** Milos Makovec **K** Bedrich Batka, Milos Vacek **M** Milos Vacek **D** Otomar Krejca (Dr. Emil Donát), Jan Tríska (Michael Donát), Marie Tomásová (Jitka), Karel Höger (Hauptmann Kudrna), Vera Uzelacová (Lydia) **L** 94 **E** 1.7.1977 Kino DDR

VIER PFEIFEN OPIUM (THE QUIET AMERICAN). Ein idealistischer Amerikaner, Angestellter einer Mission für Wirtschaftshilfe, gerät in Saigon zwischen die Fronten des Indochinakrieges. Sein Rivale in der Liebe zu einer Vietnamesin, ein englischer Journalist, verrät ihn an kommunistische Vietminh, die ihn umbringen. Routiniert inszenierter Abenteuerfilm mit kriminalistischen Akzenten, der jedoch nie die Tiefgründigkeit der Romanvorlage von Graham Greene (»Ein stiller Amerikaner«) erreicht. – Ab 16. ✦ Schwarz-weiß. USA 1957 **P** Figaro **Kl** United Artists **R** Joseph L. Mankiewicz **B** Joseph L. Mankiewicz, nach einem Roman von Graham Greene **K** Robert Krasker **M** Mario Nascimbene **D** Audie Murphy (der Amerikaner), Michael Redgrave (Fowler), Claude Dauphin (Inspektor Vigot), Giorgia Moll (Phuong), Kerima (Miss Hei), Bruce Cabot (Bill Granger), Fred Sadoff (Dominguez) **L** 105 **FSK** ab 12; f **E** 31.10.1958 **fd** 7 520

VIER RECHNEN AB (THE FOUR INVINCIBLES). Nach dem Tod eines Clanführers wird dessen rechtmäßiger Nachfolger von einem Konkurrenten zum Krüppel geschlagen. Mit drei anderen Behinderten, deren Gebrechen ebenfalls der Clan verursacht hat, erledigt der Betrogene schließlich die Bande. Eastern, in dem Skrupellosigkeit, Menschenverachtung und außergewöhnlich brutale Kämpfe dominieren. – Wir raten ab. ✦ Scope. Hongkong 1979 **P** First Films **Kl** Ring **R** Hua Jen **D** Hon Kwok-Tsai, Ku Feng, Tai Xi-Yen, Tu Shao-Ming **L** 80 **FSK** ab 18; nf **E** 16.5.1980 **fd** 22 889

DIE VIER SCHÄDEL DES JONATHAN DRAKE (THE FOUR SKULLS OF JONATHAN DRAKE). Eine abscheuliche Gruselgeschichte: Ein Medizinmann – bestehend aus dem Leib eines Indianers, auf dem der Kopf eines vor 180 Jahren ermordeten Weißen steckt – rächt sich an den Nachkommen einer britischen Familie, deren Ahnen einst einen südamerikanischen Indianerstamm ausgerottet haben. Ebenso widerlich wie lächerlich. – Ab 16 möglich. ✦ Schwarz-weiß. USA 1959 **P** Vogue **Kl** United Artists **Pd** Robert E. Kent **R** Edward L. Cahn **B** Orville H. Hampton **K** Maury Gertsman **M** Paul Dulap **S** Edward Mann **D** Eduard Franz (Jonathan Drake), Valerie French (Alison), Henry Daniell (Dr. Zurich), Grant Richards (Detektiv Rowan), Paul Cavanaugh (Kenneth Drake), Howard Wendell (Dr. Bradford) **L** 72 **FSK** ab 16; nf **E** 5.8.1960 **fd** 9 382

VIER SCHLITZAUGEN RECHNEN AB →Vier rechnen ab

VIER SCHLÜSSEL. Ein intelligenter, eiskalt berechnender Verbrecher, äußerlich ein Mann mit ausgezeichneten Manieren, hat sich vorgenommen, am Wochenende mit seinen Leuten, von denen jeder ein Spezialist seines Fachs ist, dreieinhalb Millionen aus dem Banktresor zu entwenden, und zwar mit Hilfe der vier Tresorschlüssel. Wie diese Schlüssel dann beschafft werden, ist beste Generalstabsarbeit. Spannende Kriminalunterhaltung im dicht-reportagehaften Stil. – Ab 16. ✦ Schwarz-weiß. BR Deutschland 1965 **P** Hanns Eckelkamp Filmprod. **Kl** Atlas **R** Jürgen Roland **B** Max Pierre Schaeffer, Thomas Keck, nach einem Roman von Max Pierre Schaeffer **K** Wolfgang Treu, Richard Schüler **M** Konrad Elfers **S** Susanne Paschen **D** Günther Ungeheuer, Hanns Lothar, Walter Rilla, Hellmut Lange, Ellen Schwiers **L** 107 **FSK** ab 16; nf **FBW** w **E** 14.1.1966/30.7.1970 ARD **fd** 13 806

VIER SCHNELLE COLTS (FOUR FAST GUNS). Der Sheriff eines Wildweststädtchens mit Namen Purgatory muß bei der Beseitigung von Banditen, die ihn töten wollen, auch seinen Bruder erschießen. Ein mit düsteren Scheinkonflikten über Gebühr belasteter B-Western; wirr und ohne erkennbare Ambitionen abgedreht. – Ab 16. ✦ Scope, schwarz-weiß. USA 1959 **P** Phoenix **Kl** Universal **Pd+R** William J. Hole jr. **B** James Edmiston, Dallas Gaultois **K** John M. Nickolaus jr. **M** Alec Compinsky **S** Reg Brown, Harold Wooley, Henry F. Salerno **D** James Craig (Sabin), Martha Vickers (Mary), Edgar Buchanan (Dipper), Brett Halsey (Johnny Naco), Paul Richards (Hoag), Blu Wright (Farmer Brown), Richard Martin (Quijano), John Swift (Zodie), Paul Raymond (Barkeeper) **L** 74 **FSK** ab 16; nf **E** 10.4.1964 **fd** 12 804

VIER SCHRÄGE VÖGEL (THE HOT ROCK). Im Auftrag eines afrikanischen UNO-Diplomaten holt ein Gaunerquartett einen kostbaren Diamanten aus einem New Yorker Museum, woraufhin ihnen der Stein wieder abhanden kommt. Parodistische Gaunerkomödie nach »Topkapi«-Art, solide inszeniert und fotografiert, insgesamt aber eher uneinheitlich und mit deutlichen Längen. (Alternativtitel: »Zwei dufte Typen«) – Ab 16. ✦ Scope. USA 1971 **P** Landers-Roberts **Kl** Centfox **Pd** Hal Landers, Bobby Roberts **R** Peter Yates **B** William Goldman, nach einem Roman von Donald E. Westlake **K** Edward R. Brown **M** Quincy Jones **S** Frank P. Keller, Fred W. Berger **D** Robert Redford (John Archibald Dortmunder), George Segal (Andrew Kelp), Ron Leibman (Murch), Paul Sand (Alan Greenberg), Moses Gunn (Dr. Amusa), William Redfield (Inspektor Hoover), Topo Swope (Sis), Charlotte Rae (Ma Murch) **L** 101 **FSK** ab 16; nf **FBW** bw **E** 27.4.1972 **fd** 17 842

VIER SCHRITTE IN DIE WOLKEN →Lüge einer Sommernacht

VIER SCHWESTERN (LITTLE WOMEN). Die Geschichte von Jo March, älteste von vier Schwestern, die sich vom viktorianischen Heim und Herd losreißt, um Schriftstellerin zu werden. Sentimentale Verfilmung des gleichnamigen Jugendklassikers von Louisa May Alcott. Cukor hat dem Entwicklungsroman mit Geschick und Feingefühl die schmalzigsten Töne genommen; vor allem die Schauspielkunst Katharine Hepburns bricht der gelegentlichen Biederkeit die Spitze. – Ab 14. ✦ Schwarz-weiß. USA 1933 **P** RKO **Pd** Kenneth Macgowan **R** George Cukor **B** Sarah Y. Mason, Victor Heerman, nach einem Roman von Louisa May Alcott **K** Henry Gerrard **M** Max Steiner **S** Jack Kitchin **D** Katharine Hepburn (Jo), Joan Bennett (Amy), Paul Lukas (Prof. Fritz Bhaer), Edna May Oliver (Tante March), Jean Parker (Beth), Frances Dee (Meg), Henry Stephenson (Mr. Laurence) **L** 110 **E** 16.1.1935/24.12.1980 BR

DIE VIER SÖHNE DER KATIE ELDER (THE SONS OF KATIE ELDER). Die vier ungleichen Söhne eines Rancher-Ehepaares spüren nach dem Tod ihrer Mutter den Mörder des Vaters auf und üben Rache. Aufwendig und kraftvoll inszenierter Western. Während die Hauptcharaktere differenziert gezeichnet sind, schwankt die Beurteilung von Selbstjustiz und Faustrecht unentschlossen zwischen Glorifizierung und Verurteilung. – Ab 16. ✦ Scope. USA 1965 **P** Hal B. Wallis **Kl** Paramount **Pd** Hal B. Wallis **R** Henry Hathaway **B** William H. Wright, Allan Weiss, Harry Essex **K** Lucien Ballard **M** Elmer Bernstein **S** Warren Low **D** John Wayne (John Elder), Dean Martin (Tom Elder), Michael Anderson jr. (Bud Elder), Earl Holliman (Matt Elder), Martha Hyer (Mary Gordon), Jeremy Slate (Benn Latta), George Kennedy (Curley), Dennis Hopper (Dave Hastings), James Gregory (Morgan Hastings), Paul Fix (Sheriff Billy Wilson), Sheldon Allman (Richter Harry Evers), John Litel (Priester), John Doucette (Hyselman) **L** 122 **FSK** ab 12; f (früher 16) **FBW** w **E** 4.1.1966/30.3.1970 ZDF **fd** 13 803

VIER STAHLHARTE FÄUSTE (THE VATAL FLYING GUILLOTINE). Die Mutter des Helden stirbt, der Vater ist verschollen. Der Sohn muß ihn schließlich im Schlußduell töten, denn er ist der Herr des Tales, der mit der »fliegenden Guillotine« zu kämpfen versteht und um den sich beide Parteien bemühen. Serien-Eastern, der sich mit der »fliegende Guillotine« eines der bizzarsten Tötungsinstrumente des Genres bedient, der Einfallsreichtum des Films beschränkt sich allerdings auf die Vorführung dieser Waffe. – Wir raten ab. ✦ Scope. **P** Chen Chi Yuan **KI** A. B. **VA** Ufa **R** Ray Lui **B** Xu Shen-Yu, Raymond Lui **D** Fi Lung, Chen Hsing, Wang Chia Ta **L** 81 **FSK** ab 18; nf **E** 15.6.1979 **fd** 22 249

VIER TAGE ANGST (LITTLE BOY LOST). Das Verschwinden eines vierjährigen Jungen, der sich beim Schafehüten in einem Waldgebiet verirrt, löst eine großangelegte Suchaktion aus, die erst nach vier Tagen ein glückliches Ende findet. Melodramatischer Film, entstanden nach einer wahren Begebenheit. – Ab 10 möglich. ✦ Australien 1978 **P** Summit Films **Pd** Alan Spires **R+B** Terry Bourke **K** Ray Henman **D** John Hargreaves (Norman »Jacko« Walls), Lorna Lesley (Dorrie Walls), Tony Barry (Constable Jack O'Dea), Nathan Dawes (Stephen Walls), James Elliott (Harry Tickle) **L** 88 **E** 5.6.1982 ZDF

VIER TAGE IM NOVEMBER (FOUR DAYS IN NOVEMBER). Dokumentarfilm über die Ermordung des US-Präsidenten John F. Kennedy am 22.11.1963, zusammengestellt aus bekanntem und unbekanntem Bildmaterial. Beeindruckend durch die konsequente formale Leistung. – Ab 10. ✦ USA 1963 **P** Wolper **KI** United Artists **R** Mel Stuart **L** 122 **FSK** ab 6; f **FBW** w **E** 22.11.1964 **fd** 13 139

VIER TAGE IM SEPTEMBER (O QUE E ISSO, COMPANHEIRO? / FOUR DAYS IN SEPTEMBER). Der Guerillakampf einiger ebenso engagierter wie naiver Studenten gegen die Macht von Zensur und Militärdiktatur im Brasilien der späten 60er-Jahre. Differenziert, leise und behutsam rekonstruiert der ambitionierte Film die Entführung des amerikanischen Botschafters am 4. September 1969 in Rio de Janeiro, wobei er die Fronten zwischen »Tätern« und »Opfern« aushöhlt und die Empfindungen, Hoffnungen und Träume aller Beteiligten nachvollziehbar macht, bevor es zur Konfrontation mit der Staatsmacht kommt, die alle Illusionen zunichte macht. – Sehenswert ab 16. ✦ Brasilien/USA 1996 **P** Producoes Cinematográficas LC Barreto/Sony Corporation of America/Columbia Pictures **Pd** Lucy Barreto, Mary Ann Braubach **R** Bruno Barreto **B** Leopoldo Serran, nach einem Roman von Fernando Gabeira **K** Felix Monti **M** Stewart Copeland **S** Isabelle Rathery **D** Alan Arkin (Charles Burke Elbrick), Pedro Cardoso (Fernando Gabeira/Paulo), Fernanda Torres (Maria), Luiz Fernando Guimaraes (Marcao), Claudia Abreu (Rene), Nelson Dantas (Toledo) **L** 109 **E** 4.8.1999 premiere

VIER TAGE IN DER HÖLLE →Die abgetrennte Hand

DIE VIER TAGE VON NEAPEL (LE QUATTRO GIORNATE DI NAPOLI). Die effektvolle Schilderung eines mehrtägigen Aufstandes der neapolitanischen Bevölkerung im Jahr 1943, durch den angeblich die deutsche Truppe zum Abzug aus der Stadt gezwungen wurde. Der seinerzeit umstrittene, von der FSK erst in dritter Instanz freigegebene antifaschistische Film beginnt als sorgfältig aufgebautes Kriegsbild und endet als undifferenziertes Partisanenkino. ✦ Schwarz-weiß. Italien 1962 **P** Titanus **KI** MGM **R** Nanni Loy **B** Pasquale Festa Campanile, Massimo Franciosa, Carlo Benari, Nanni Loy **K** Marcello Gatti **M** Carlo Rustichelli **S** Ruggero Mastroianni **D** Georges Wilson (Schuldirektor), Léa Massari (Maria), Aldo Giuffrè (Pitrella), Gian Maria Volonté (Kapitän Stimolo), Regina Bianchi (Concetta), Jean Sorel (Livornese), Charles Belmont (Sentinel) **L** 114 **FSK** ab 16; f **FBW** w **E** 20.12.1963/2.10.1964 Kino DDR **fd** 12 534

VIER TEUFELSKERLE (CAMPA CAROGNA ... LA TAGLIA CRESCE / CHARGE). Drei US-Kavalleristen und ein Mohammedaner heben ein mexikanisches Waffenlager aus. Witz- und geistloser Italowestern. – Ab 16 möglich. ✦ Italien/Spanien 1973 **P** Horse/Plata **KI** Adria **R** Giuseppe Rosati **B** Giuseppe Rosati, Enrique Llovet, Carlo Veo **K** Godofredo Pacheco **M** Nico Fidenco **S** Robert Colan **D** Gianni Garko (Korano), Stephen Boyd (Chadwell), Howard Ross (= Renato Rossini) (Younger), Simón Andreu (Angelo Sanchez), Harry Baird (Washington Smith), Theresa Gompers (Miss Adams), Daniele Vargas (Gen. Mueller), Guido Lollobrigida, Alfredo Mayo **L** 85 **FSK** ab 16; nf **E** 18.4.1974 **fd** 18 854

VIER TÖCHTER RÄUMEN AUF (DAUGHTERS COURAGEOUS). Ein etwas ramponierter Weltenbummler, der seine Familie vor 20 Jahren im Stich ließ, erwirbt sich bei der plötzlichen Heimkehr nach Kalifornien die Zuneigung der ihn anfangs ablehnenden vier großen Töchter, verzichtet aber auf ein spätes Familienglück, um der Wiederheirat seiner geschiedenen Frau mit einem Geschäftsmann nicht im Weg zu stehen. Temperamentvolle Komödie, die trotz gelegentlicher Schwatzhaftigkeit sympathisch unterhält. – Ab 12. ✦ Schwarz-weiß. USA 1939 **P** Warner **Pd** Hal B. Wallis **R** Michael Curtiz **B** Julius J. Epstein, Philip G. Epstein, nach dem Stück »Fly Away Home« von Irving White und Dorothy Bennett. **K** James Wong Howe **M** Max Steiner **S** Ralph Dawson **D** Priscilla Lane (Buff Masters), Rosemary Lane (Tinka Masters), John Garfield (Gabriel Lopez), Claude Rains (Jim Masters), Jeffrey Lynn (Johnny Heming) **L** 107 **E** 26.1.1965 ARD

VIER TOLLE JUNGS DER PRÄRIE (PRAERIENS SKAPPE DRENGE). Ein zum Sheriff beförderter Raufbold bekämpft mit seinen drei Freunden einen korrupten Farmer und seine Bande, die ihrem rechtmäßigen Besitzer seine Goldader streitig machen. Mißglückter Versuch, den Italowestern zu parodieren. Lediglich grobgezimmerter Klamauk. (Titel auch: »Hilfssheriff Billy pfeift kein Halleluja« und »Vier aus Texas«) – Ab 14 möglich. ✦ Dänemark 1970 **P** Merry-Film **KI** W. Schneider **Pd** Henrik Sandberg **R+B** Carl Ottosen **K** Claus Loof **M** Sven Gyldmark **S** Edith Nisted **D** Dirch Passer (Biggy), Willy Rathnov (Sam), Paul Hagen (Shorty), Preben Kaas (Ben), Sisse Reingaard (Kathy Ericson), Karl Stegger (Hank Ericson) **L** 85 **FSK** ab 12; nf **E** 10.9.1971/6.6.1976 DFF 1 **fd** 17 489

VIER TREPPEN RECHTS. Zwei alleinstehende Wohnungssuchende geben sich als Ehepaar aus, um eine Mietwohnung zu ergattern. Das im letzten Kriegsjahr abgedrehte (aber erst sechs Jahre danach erstaufgeführte) Lustspiel folgt dem bekannten Schema von Verliebtheit und Eifersucht, ohne dabei mehr als wirklichkeitsferne Anspruchslosigkeit zu bieten. (Alternativtitel: »Zimmer zu vermieten«) – Ab 12. ✦ Schwarz-weiß. Deutschland 1944 **P** Ufa **KI** Stern **R** Kurt Werther **B** Gerhard Metzner, nach einer Idee von Joachim Kuhlmay **K** Eduard Hoesch **M** Werner Eisbrenner **D** Karin Hardt (Marianne Müller), Paul Klinger (Dr. Jürgen Wenter), Gustav Waldau (Herr von Döring), Clementia Egies (Dagmar Prinz), Maria Rubach (Hilde) **L** 84 **FSK** ab 12; nf **E** 21.7.1950 **fd** 973

VIER TREUE PFOTEN (POCO ... LITTLE DOG LOST / POCO – THE ADVENTURES OF A LITTLE DOG LOST). Nach einem Autounfall, bei dem die am Steuer sitzende Mutter und ihre 12jährige Tochter schwer verletzt wurden, irrt ihr kleiner Hund, der dem Krankenwagen folgen wollte, verloren durch eine wilde Wüsten- und Berglandschaft. Nach allerlei Gefahren und dank hilfsbereiter Menschen läuft er endlich wieder seiner untröstlichen jungen Herrin zu. Ein anrührendes Hundemärchen vor abwechslungsreicher Kulisse, aufpoliert mit einigen Schaueffekten, ohne allzu überspannt zu sein. – Ab 6 möglich. ✦ USA 1978 **P** Cinema Shares International **R** Dwight Brooks **B** William E. Carville **M** Tom McIntosh **D** Chill Wills, Michelle Ashburn, Clint Ritchie, Sherry Bain, John Steadman, Isabelle McKlousky, Dran Hamilton **L** 88 **E** 12.8.1988 ZDF

VIER UHR NACHMITTAGS →Liebe, Freiheit und Verrat

DIE VIER UM DIE FRAU →Kämpfende Herzen (Die Vier um die Frau)

VIER VERRÜCKTE IM STADION →Die tollen Charlots – Vier Verrückte im Stadion

VIER VÖGEL AM GALGEN (THE SPIKES GANG). Die ernüchternden Erlebnisse dreier junger Männer, die von den väterlichen Farmen fliehen, sich einem Bankräuber anschließen und mit ihrem Lehrmeister umkommen. Bemerkenswerter Western mit einem beeindruckenden Lee Marvin in der Rolle des alternden Räubers. ✦ USA 1973 **P** Mirish (für United Artists) **KI** United Artists **Pd** Walter Mirisch **R** Richard Fleischer **B** Irving Ravetch, Harriet Frank jr. **K** Brian West **M** Fred Karlin **S** Ralph E. Winters, Frank J. Urioste **D** Lee Marvin (Harry Spikes), Gary Grimes (Will Young), Ron Howard (Les Richter), Charles Martin Smith (Tod Mayhew), Arthur Hunnicutt (Kid White), Noah Beery jr. (Jack Bassett), Marc Smith (Abel Young), Don Fellows (Cowboy), Robert Beatty (Sheriff), Ralph Brown, Ricardo Palacios (Doktor), David Thomson (Sheriff) **L** 96 **FSK** ab 16; f **E** 11.4. 1974 **fd** 18 792

DIE VIER VOM AMAZONAS (SULLIVAN'S EMPIRE). Die drei Söhne eines im Amazonasgebiet zu Reichtum gelangten Nordamerikaners reisen auf die Nachricht vom Flugzeugabsturz ihres Vaters hin auf die Dschungelranch. Nach allerlei Abenteuern gelingt es, den in die Hand von Guerilleros gefallenen Vater zu befreien. Realistisch inszenierter Abenteuerfilm, der ein unkritisches Loblied auf die Härte und Tüchtigkeit von Amerikanern anstimmt, die sich auch in einer feindlichen Umwelt unangefochten zu behaupten wissen. Dabei werden alle angesprochenen sozialen Probleme ignoriert. ✦ USA 1966 **P** Universal **KI** Universal **R** Harvey Hart, Thomas Carr **B** Frank Chase **K** Hal McAlpin **M** Lalo Schifrin **S** Robert F. Shugrue **D** Martin Milner, Clu Gulager, Arch Johnson, Karen Jensen, Bernie Hamilton, Linden Chiles **L** 85 **FSK** ab 16; nf **E** 1.12.1967 **fd** 15 068

DIE VIER VON DER MOANA →Die Männer der Moana

DIE VIER WAHRHEITEN (LES QUATRE VERITES). Vier Episoden, die die volkstümlichen Fabeln des Jean de La Fontaine in die Gegenwart verlegen. Amüsant und vor allem in der letzten Epiosde brillant inszeniert und gespielt. (Titel der Episoden: »Der Tod und der Holzfäller«, »Der Rabe und der Fuchs«, »Der Hase und die Schildkröte«, »Die beiden Tauben«) ✦ Frankreich/Italien/Spanien 1962 **P** Madeleine/Franco-London/Hispamer/Ajace **R** Luis García Berlanga (1), Hervé Bromberger (2), Alessandro Blasetti (3), René Clair (4) **B** Rafael Azcona (1), E. Torre della Fuente (1), Hervé Bromberger (2), Frédéric Grendel (2), Alessandro Blasetti (3), Suso Cecchi d'Amico (3), René Clair (4), nach Jean de La Fontaine **K** Armand Thirard, Jacques Mercanton **M** Georges Garvarentz, Charles Aznavour **D** Hardy Krüger (1), Anna Karina (2), Jean Poiret (2), Michel Serrault (2), Monica Vitti (3), Sylva Koscina (3), Rossano Brazzi (3), Charles Aznavour (4), Leslie Caron (4) **L** 109 **E** 19.10.1974 DFF 1

DER 4 1/2 BILLIONEN DOLLAR VERTRAG (THE HOLCROFT CONVENANT). Einem Architekten wird unverhofft die Erbschaft seines Vaters, eines ehemaligen Nazi-Generals, übertragen. Er soll das riesige Vermögen für karitative Zwecke verwenden, gerät jedoch in Schwierigkeiten, als ihm die zwei Söhne des Adjutanten seines Vaters zur Seite gestellt werden: sie entpuppen sich als Neo-Nazis, die das Geld für den Aufbau einer Terrororganisation verwenden wollen. Handwerklich professionell inszenierte Agentengeschichte, der vordergründige, gelegentlich spekulative Spannung wichtiger ist als Glaubwürdigkeit und Charakterzeichnung. – Ab 16 möglich. ✦ Großbritannien 1985 **P** Thorn EMI International **VA** Cannon Screen **Pd** Edie Landau **R** John Frankenheimer **B** George Axelrod, Edward Anhalt, nach einem Roman von Robert Ludlum **K** Gerry Fisher **M** Stanislas **S** Ralph Sheldon **D** Michael Caine (Noel Holcroft), Anthony Andrews (Johann von Tiebolt), Victoria Tennant (Helden von Tiebolt), Lilli Palmer (Althene Holcroft), Mario Adorf (Erich Kessler), Michael Lonsdale (= Michel Lonsdale) (Ernst Manfredi) **L** 107 **FSK** ab 16 **E** 19.12.1986 Video/24.2. 1989 RTL plus

DIE VIERERBANDE (LA BANDE DES QUATRE). Vier attraktive Schauspielerinnen werden durch die ebenso anregende wie anstrengende Ausbildung, durch eine Mitschülerin, die sich in einen Kriminellen verliebt zu haben scheint, sowie durch einen rätselhaften Mann, der unter mysteriösen Umständen ihre Nähe sucht, in vielfach verschachtelte »Affären« um das Theater und die Liebe verwickelt. Ein fern aller Konventionen filmischen Erzählens angesiedeltes Vexierspiel, dessen Vielfalt und Faszination sich erst durch die kreative Anstrengung des Zuschauers erschließen. Unter dieser Voraussetzung eine spannende und subtile Meditation über Fantasie und die »Macht« von Sprache und Bildern. (O.m.d.U.) – Sehenswert. ✦ Frankreich/Schweiz 1988 **P** Pierre Grise Prod./La Sept/Ministère de la Culture + Commmunication/Sofica/Limbo/Département Fédéral **KI** prokino **Pd** Pierre Grise **R** Jacques Rivette **B** Jacques Rivette, Pascal Bonitzer, Christine Laurent **K** Caroline Champetier **M** Claudio Monteverdi **S** Catherine Quesemand **D** Laurence Côte (Claude), Fejria Deliba (Anna), Nathalie Richard (Cécile), Bernadette Giraud (Joyce), Bulle Ogier (Constance) **L** 160 **E** 15.6.1989/18.3.1990 West 3 (synchronisiert) **fd** 27 866

DIE VIERGETEILTE STADT →Es begann mit einem Kuß

400 MILLIONEN (THE 400 MILLION). Der Dokumentarfilm schildert den chinesisch-japanischen Krieg. Er gilt als Musterbeispiel für den Propagandafilm der 30er Jahre. ✦ Schwarz-weiß. USA 1939 **R+B** Joris Ivens **M** Hanns Eisler **L** 55 **E** 14.12.1969 BR III

498, THIRD AVENUE. Porträt des Tänzers und Choreografen Merce Cunningham und seiner Tanztruppe, die sich der Avantgarde verschrieben hat. Der Film beschreibt den Tanz als Arbeit und Anstrengung, aber auch als Quelle der Inspiration, der Freude und Fantasie. Die Dokumentation wird durch Überlegungen zur existentiellen Situation der einzelnen Tänzer, ihrer Sorgen und Zukunftsperspektiven abgerundet. ✦ Schwarz-weiß. BR Deutschland 1967 **P** NDR **SF** Stiftung Deutsche Kinemathek **R** Klaus Wildenhahn **B** Klaus Wildenhahn, Herbert Selk **K** Rudolf Körösi **L** 83

491 (491). Die schockierende Schilderung eines verfehlten Erziehungstests in Stockholm, konzipiert (nach dem Roman eines ehemaligen Fürsorgezöglings) als Angriff auf Methoden der Sozialfürsorge im Wohlfahrtsstaat Schweden. Unter schwacher Aufsicht werden sechs Jungen von der progressiven Jugendbehörde in einer Mietwohnung untergebracht. Ein Jugendamtsleiter nähert sich den herumstreunenden Jungen homosexuell; der Heimleiter drischt humanistisch-religiöse Phrasen; ein Pfarrer macht ihnen klar: »490 mal wird euch vergeben, aber beim 491. Mal holt euch der Teufel.« Dennoch geschieht die 491. Sünde: Die Jungen fallen über ein »leichtes Mädchen« her, das sie bei sich wohnen lassen, und hetzen in sodomistischer Weise einen Schäferhund auf sie. Ein äußerst drastischer Film, bei dem die Grenze zwischen aufklärerischem Schock und selbstzweckhafter Zurschaustellung schwer auszumachen ist. Die abgemilderte und umgeformte deutsche Verleihfassung verweist auf einen zumindest im zweiten Teil unglaubhaft-tendenziösen Spekulationsfilm. ✦ Schweden 1963 **P** Svensk Filmindustri/ Wiking Film **KI** Schorcht **Pd** Lars-Owe Carlberg **R** Vilgot Sjöman **B** Vilgot Sjöman, Lars Görling, nach einem Roman von Lars Görling **K** Gunnar Fischer, Rolf Holmquist **M** Georg Riedel **S** Lennart Wallén **D** Lena Nyman (Steva), Lars Lind (Krister), Leif Nymark (Nisse), Frank Lundström (Inspektor), Åke Grönberg (Pastor), Jan Blomberg (Testaren), Mona Andersson (Kajsa) **L** 88 **FSK** ab 18; nf **E** 28.8.1964 **fd** 12 961

444 TAGE – AMERIKA IN GEISELHAFT (IRAN: DAYS OF CRISIS). Am 4. November 1979 besetzen iranische »Revolutionstruppen« die amerikanische Botschaft in Teheran in nehmen 53 Menschen als Geiseln. 14 Monate lang wird über das Schicksal dieser Menschen verhandelt; eine amerikanische Militäraktion endet im Chaos. Der zweiteilige Fernsehfilm versucht, an Einzelschicksalen festgemacht, die Hintergründe dieser Krise zu beleuchten, beschreibt das Terrorregime und die Abdankung des Schah und die Machtübernahme durch die fundamentalistischen Revolutionstruppen unter der Führung des Ayatollah Khomeiny. – Ab 16. ✦ USA/ Frankreich 1991 **P** Atlantique/Turner Consolidated/ Antenne 2/SFP **Pd** Tim Sanders **R** Kevin Connor **B** Tim Wells, Reg Gadney **D** Arliss Howard (John Limbert), Alice Krige (Parveneh Limbert), Jeff Fahey (Hamilton Jordan), Ronald Guttman (Hossein), Valérie Kaprisky (Zaleh), George Grizzard, Tony Goldwyn **L** 190 (zwei Teile) **E** 1.,8.11.1993 NDR

DER VIERTE BRÄUTIGAM (TSCHETWERTY SHENICH). Ein alter Mann verweigert seine Zustimmung zur Hochzeit seines Enkels. So müssen dessen drei Geschwister allein heiraten, obwohl doch die Zeremonie für vier Brautpaare geplant war. Erst über die Musik können die Liebenden das Herz des Großvaters erweichen und schließlich doch noch vor den Traualtar treten. ✦ UdSSR 1973 **P** Grusiafilm **R** Nikolai Sanischwili **B+K** Gija Badridse, Nikolai Sanischwili **M** Omar Sicharulidse **D** Georgi Kawtaradse (Guram), Tinatin Wardanaschwili (Nelli), Konstantin Dauschwili (Kirile), Duduchana Zerodse (Domna), Giwi Tochadse (Diomid) **L** 77 **E** 1.8.1974 DFF 2

DAS VIERTE GEBOT (1950) (DAS VIERTE GEBOT). Der Besitzer eines einst florierenden Handwerksbetriebes, der durch die Industrialisierung zunehmend in wirtschaftliche Not gerät, treibt seine Familie aus falschem Stolz in eine Tragödie, deren Opfer vor allem die Tochter ist, die zur Prostituierten absteigt. Am Beispiel des vierten Gebots will der nach dem Volksstück von Ludwig Anzengruber (1877) entstandene Film verdeutlichen, daß nicht nur den Kindern, sondern auch den Eltern sittliche Gebote auferlegt sind. Entstanden ist ein »Schicksalsfilm«, der unter dem Pathos seines bühnenmäßigen Demonstrationsstils leidet. (Alternativtitel: »Der Weg abwärts«, »Die Kupplerin«) – Ab 16. ✦ Schwarz-weiß. Österreich 1950 **P** Donau-Berna **KI** Union **Pd** Eduard Hoesch **R** Eduard von Borsody **B** Eduard von Borsody, Friedrich Schreyvogel, nach dem gleichnamigen Volksstück von Ludwig Anzengruber **K** Hans Schneeberger, Sepp Ketterer **M** Wolfgang Ruß-Bovelino **D** Attila Hörbiger, Dagny Servaes, Hans Putz, Annie Rosar, Inge Egger **L** 100 **FSK** ab 16; nf **E** 7.4.1950 **fd** 731

DAS VIERTE GEBOT (1992) (HONOR THY MOTHER). In einem Villenvorort wird ein Ehepaar im Schlaf von einem Einbrecher überrascht. Die Polizei verdächtigt den verwöhnten Sohn des Hauses, der in zwielichtigem Milieu verkehrt. Eine vordergründige Geschichte über die Abgründe hinter gutbürgerlichen Fassaden, die die Probleme allenfalls anreißt. Die Psychologie bleibt oberflächlich-verschwommen, am Ende finden sich mehr Fragen als Antworten. (TV-Titel auch: »Mord in der Familie«) ✦ USA 1992 **P** Universal Studios **VA** CIC **Pd** Harvey Frand **R** David Greene **B** Richard Delong Adams, Robert L. Freedman, nach dem Roman »Blood Games« von Jerry Bledsoe **K** Stevan Larner **M** Peter Manning Robinson **S** Paul Dixon **D** Sharon Gless (Bonnie van Stein), William McNamara (Chris Pritchard), Paul Scherrer (Neal), Christian Hoff (Moog), Jonathan Ward (Brew) **L** 90 (gek. 85) **FSK** ab 16 (gek. ab 12) **E** 19.5.1993 Video **fd** 30 287

DER VIERTE KOMMT NICHT. Nach einer angeblich wahren Begebenheit aus Schweden: Ein Großindustrieller wird als Mörder eines Bankbeamten entlarvt, nachdem er sich selbst an der Aufklärung beteiligte; er springt aus seinem Flugzeug. Auffällig bei einem deutschen Film der NS-Zeit, der ein scheinbar perfektes Verbrechen darstellt: Die Lösung des Falles wird – damals ganz unüblich – ganz in die Privatsphäre verlegt. – Ab 16. ✦ Schwarz-weiß. Deutschland 1939 **P** Tobis **KI** Tobis **R** Max W. Kimmich **B** Max W. Kimmich, Charles Klein **K** Fritz Arno Wagner **M** Otto Konradt **D** Dorothea Wieck, Elisabeth Wendt, Werner Hinz, Ferdinand Marian, Ernst Stimmel **L** 90 **E** 9.3.1939/16.3.1964 DFF 1

DER VIERTE KÖNIG (DER VIERTE KÖNIG). Die Geschichte eines kleinen russischen Königs, der den Heiligen Drei Königen nach Bethlehem zur Krippe folgen möchte, aber unterwegs immer wieder durch die Not der Menschen, denen er begegnet, aufgehalten wird. Verfilmung der von der Puppenbühne Monika Demenga/Hans Wirth als Schattenspiel aufgeführten Legende. Heinz Rebers Musik untermalt die in harmonischem Rhythmus fließende Erzählung. Im Zusammenspiel mit Schatten, Licht und Formen erweist sich die hohe Qualität des kleinen Films. ✦ Schweiz 1983 **P** Cinov **Pd** Dölf Rindlisbacher **R** Peter von Gunten **B** Monika Demenga, Hans Wirth, Peter von Gunten, nach der gleichnamigen Novelle von Edzard Schaper **K** Peter von Gunten **M** Heinz Reber **L** 53 **E** Schweiz

DIE 4. MACHT →In den Schuhen des Fischers

DER VIERTE MANN (1952) (KANSAS CITY CONFIDENTIAL). Ein fälschlich verdächtigter Kraftfahrer hilft einen Bankraub aufklären, zu dem ein Ex-Polizist drei Berufsverbrecher erpreßt. Er allein überlebt fürs Happy-End mit der Tochter des Hauptschuldigen. Inszenatorisch mäßiger Gangsterfilm mit einigen Rohheiten, der als »Spiegel menschlicher Verworfenheit« angepriesen wurde, diesem reißerischen Anspruch aber nie gerecht wird. ✦ Schwarz-weiß. USA 1952 **P** United Artists **KI** United Artists **Pd** Edward Small **R** Phil Karlson **B** George Bruce, Harry Essex, nach einer Story von Harold R. Greene und Rowland Brown **K** George E. Diskant **M** Paul Sawtell **D** John Payne (Joe Rolfe), Coleen Gray (Helen Foster), Preston Foster (Timothy Foster), Jack Elam (Peter Harris), Lee Van Cleef (Tony Romano), Neville Brand (Boyd Kane) **L** 90 **FSK** ab 18; nf **E** 29.12.1953/ 27.2.1971 ARD **fd** 30 280

DER VIERTE MANN (1983) (DE VIERDE MAN). Ein niederländischer Schriftsteller mit üppiger Fantasie lernt einen bereits dreimal verheirateten und verwitweten Vamp kennen. Durch Fantasien und Visionen alarmiert, will er den neuen Freund der Frau vor dem Tod retten. Dieser verunglückt aber ohne ihr Zutun, und der Schriftsteller landet in einer Klinik. Eine formal nicht uninteressante visuelle Spielerei über Sinn und Schein, die mit morbid-erotischen und prätentiös-blasphemischen Motiven in vieldeutiger Spekulation mündet. – Wir raten ab. ✦ Niederlande 1983 **P** Verenigde Nederlandsche Filmcompagnie **KI** prokino **VA** VCL/Virgin **Pd** Rob Houwer **R** Paul Verhoeven **B** Gerard Soeteman, nach einem Roman von Gerard Reve **K** Jan de Bont **M** Loek Dikker **S** Ine Schenkkan **D** Jeroen Krabbé (Gerard Reve), Renée Soutendijk (Christine Halsslag), Thom Hoffman (Herman), Dolf de Vries (Dr. de Vries), Geert de Jong (Ria), Hans Veerman (Leichenbestatter), Caroline de Beus

(Adrienne) **L** 103 **FSK** ab 18; nf **E** 29.3.1985/Oktober 1985 Video/31.1.1989 RTL plus **fd** 25 007

DAS VIERTE PROTOKOLL (THE FOURTH PROTOCOL). Um das NATO-Bündnis zu entzweien, soll ein KGB-Agent mit Hilfe einer eingeschmuggelten Mini-Atombombe einen US-Atomwaffenstützpunkt sprengen. In einem Wettlauf mit der Zeit kann ein britischer Geheimdienstler das Desaster verhindern, woran auch die »besonnenen« Kräfte auf sowjetischer Seite nicht unbeteiligt sind. Eine Bestseller-Verfilmung, die die Vorlage zur simplen, konventionell inszenierten Action- und Agentenstory verflacht. Klassische Zutaten des Genres – Bedrohung, Verdacht und »strukturelle Gewalt« – werden lediglich beschworen, nicht aber ins Bild gesetzt. – Ab 16. ✦ Großbritannien 1986 **P** Fourth Protocol Films (für Rank) **KI** Cine Plus **VA** USA/Polyband **Pd** Timothy Burrill **R** John Mackenzie **B** Frederick Forsyth, nach seinem Roman **K** Phil Meheux **M** Lalo Schifrin **S** Graham Walker **D** Michael Caine (John Preston), Pierce Brosnan (Major Petrofsky), Joanna Cassidy (Irina Vassilieva), Ned Beatty (General Borisov), Betsy Brantley (Eileen MacWhirter), Ian Richardson (Sir Nigel Irvine), Alan North (General Goworshin) **L** 120 **FSK** ab 16; f **FBW** w **E** 10.9.1987/17.12.1987 Video **fd** 26 368

DER VIERTE SEKTOR. Eine Beobachtung des Arbeitsmarktes, auf dem der Sicherheitsservice eine immer noch boomende Branche darstellt. Anlass des Films ist eine Umschulung Arbeitsloser zu Sicherheitsexperten, wobei zur Kenntnis genommen werden muss, dass dieser Arbeitsmarkt einen neuen Arbeitnehmertypus formt, der flexibel und multifunktional einsetzbar ist, damit aber auch austauschbar wird. Paradoxerweise wird dadurch unter den Arbeitnehmern im Sicherheitssektor selbst die Angst geschürt. ✦ Deutschland 1999 **R** Martin Zawadzki **L** 70 **E** 19.12.1999 3sat

DER VIERTE WUNSCH (THE FOURTH WISH). Problemfilm über das heikle Thema des frühen Todes, der auch Jugendliche ansprechen will. Als ein alleinerziehender Vater erfährt, daß sein 12jähriger Sohn unheilbar an Leukämie erkrankt ist und nur noch wenige Monate zu leben hat, versucht er mit Selbstdisziplin und Humor, dem Jungen die verbleibende Zeit so angenehm wie möglich zu machen. – Ab 14 möglich. ✦ Australien 1976 **P** South Australian Film Corporation **R** Don Chaffey **B** Michael Craig **K** Geoff Burton **M** Tristram Cary **D** John Meillon (Casey), Robert Bettles (Sean), Michael Craig (Dr. Richardson), Anne Haddy (Dr. Kirk), Robyn Nevin (Connie), Brian Anderson (Wally) **L** 99 **E** 20.4.1984 ZDF

DIE VIERTE ZEIT. Filmessay nach Motiven des erotischen Romans »Venus im Pelz« von Sacher-Masoch: Um immer geliebt zu werden, unterwirft sich ein Mann seiner Frau als Sklave, beschwört damit jedoch ein ungleiches Verhältnis, das nicht von Dauer sein kann. Die mit Pathos stilisierte Handlung wird mit aktuellen Interviews kontrastiert, in denen Männer und Frauen von ihren Erfahrungen mit Kontaktanzeigen in Tageszeitungen berichten. ✦ BR Deutschland 1984 **P** Berliner Filmladen (für ZDF) **R** Klaus André **B** Klaus André, nach Motiven eines Romans von Leopold von Sacher-Masoch **K** Hans-Jörg Reinel **M** Herbert Försch-Tenge **D** Bernhard Minetti (der Schauspieler), Ulrich Gebauer (Severin), Katharina Hill (Wanda), Anna-Verena Vogel (Haydée) **L** 80 **E** 25.4.1984 ZDF

VIERUNDZWANZIG AUGEN (NIJUSHI NO HITOMI). Eine Lehrerin hat durch ihre liebevolle und aufrechte Menschlichkeit im Verlauf von fast drei Jahrzehnten, in Friedens- und Kriegszeiten, harte Prüfungen zu bestehen, bleibt aber unbesiegt. Ein inszenatorisch wie inhaltlich außergewöhnliches Frauenporträt, ausgezeichneet mit dem Preis der japanischen Filmkritik als bester Film des Jahres 1954. Im Kino war der Film hierzulande nur im Rahmen von japanischen Filmwochen (Original mit englisch-französischen Untertiteln) zu sehen. ✦ Schwarz-weiß. Japan 1954 **P** Shochiku **R** Keisuke Kinoshita **B** Keisuke Kinoshita, nach dem gleichnamigen Roman von Sakae Tsuboi **K** Hiroshi Kusuda **D** Hideko Takamine, Yumeji Tsukioka, Toshiko Kobayashi, Kuniko Ikawa, Takahiro Tamura **L** 90 **E** 12.2.1957/15.12.1962 ARD (synchronisiert) **fd** 5 772

24–25 KEHRT NICHT ZURÜCK (»24–25« NE WOSWRASTSCHAJETSJA). Aus einer Rigaer Versuchsklinik wird ein lebenswichtiges Präparat gestohlen. Der Hauptverdächtige, ein Arzt, ist der Geliebte einer jungen Frau, die als Leutnant der Kriminalpolizei mit der Lösung des Falles beauftragt ist. Versuch eines psychologisch vertieften Unterhaltungsfilms. – Ab 16. ✦ Scope, schwarz-weiß. UdSSR 1968 **P** Filmstudio Riga **KI** Progress **R** Alois Brentsch **B** G. Zirulis, A. Immermanis, Michail Bleiman **K** Genrich Pilipson **M** Romuald Grinblat **D** Shanna Bolotowa (Mara), Alexander Beljawski (Imant Herbert), Gunar Zilinski (Purwitis), Eduard Pawuls (Meshulis), Karl Sebris (Major Grigast) **L** 87 **E** 27.3.1970 Kino DDR/8.10.1971 DFF 1

24 STUNDEN ANGST →24 Stunden gejagt

24 STUNDEN AUS DEM LEBEN EINER FRAU (1931). Eine französische Baronin reiferen Alters verliebt sich zur Zeit des Ersten Weltkrieges in einen jungen Österreicher, einen nichtsnutzigen Spieler und Deserteur, und macht sich in ihren Kreisen lächerlich. Frühe Verfilmung der berühmten Novelle von Stefan Zweig, angesiedelt im mondänen Spielermilieu von Monte Carlo. Die Inszenierung betont die psychologischen Wirrnisse der von Henny Porten eindrucksvoll verkörperten Baronin. – Ab 16. ✦ Schwarz-weiß. Deutschland 1931 **P** Henny Porten-Film/Nero-Film **KI** Stiftung Deutsche Kinemathek **Pd** Henny Porten, Wilhelm von Kaufmann, Seymour Nebenzahl **R** Robert Land **B** Harry Kahn, Friedrich Raff, nach einer Novelle von Stefan Zweig **K** Otto Kanturek (Atelier), Friedl Behn-Grund (Außenaufnahmen) **S** Martha Dübber **D** Henny Porten (Helga Vanroh), Walter Rilla (Sascha Lonay), Friedrich Kayßler (Prof. Merk), Margo Lion (Frau Köhler), Hermine Sterler (Erika) **L** 76 **E** 12.10.1931 Kino/1.10.1986 S 3

24 STUNDEN AUS DEM LEBEN EINER FRAU (1967). Die kurze Liebesromanze zwischen einer Französin reifen Alters und einem jungen österreichischen Deserteur zur Zeit des Ersten Weltkriegs. Elegante Verfilmung einer Novelle von Stefan Zweig. Fotografisch und darstellerisch hervorragend, gelingt die von melancholischer Poesie beherrschte Zeichnung einer untergehenden Epoche. – Ab 16. ✦ BR Deutschland/Frankreich 1967 **P** Roxy/Progrefi **KI** Inter **VA** Kinowelt Home **R** Dominique Delouche **B** Johanna Sibelius, Eberhard Keindorff, Dominique Delouche, Paul Hengge, Albert Valentin, nach einer Novelle von Stefan Zweig **K** Walter Wottitz **M** Jean Podromides, Johannes Brahms (Motive) **D** Danielle Darrieux, Robert Hoffmann, Romina Power **L** 84 **FSK** ab 16; f **E** 7.6.1968/7.11.2000 Video **fd** 15 547

24 STUNDEN BIS ZUR HÖLLE (COAST OF SKELETONS). Ein amerikanischer Colonel außer Diensten schart professionelle Abenteurer um sich, um mit dieser Privatarmee und mit Hilfe der Revolutionstruppen seinen Sohn aus den Fängen des Regimes in Angola zu befreien. Prominent besetzter Actionfilm, nach Fernsehmustern inszeniert; eine mißratene Mischung aus harten Kampfszenen und komödiantischen Verharmlosungen, garniert mit den üblichen Versatzstücken des Söldner- und Kriegsfilms. ✦ USA 1987 **P** IFC/The Walanar Group & Breton Film **KI** Filmagentur Werner **VA** IHV **Pd** Harry Alan Towers **R** John »Bud« Cardos **B** Nadia Caillou **K** Hanro Möhr **M** Colin Shapiro, Darry Bekker **D** Ernest Borgnine (William Smith), Oliver Reed (Simpson), Leon Isaac Kennedy (Chuck), Herbert Lom (Elia), Robert Vaughn (Schneider) **L** 93 **FSK** ab 18; nf **E** 14.4.1988/8.8.1988 Video **fd** 26 831

24 STUNDEN GEJAGT (BROTHERS IN ARMS). Zwei ungleiche Brüder müssen sich in den Rocky Mountains mit dem irren Clan eines dem religiösen Wahn verfallenen Predigers auseinandersetzen und bereiten dessen bestialischer Grausamkeit ein Ende. Ohne jeden filmischen Stil abgespulter abstoßender Action-Film, der wahllos und unkontrolliert vermeintliche Männerfantasien darstellt. – Wir raten ab. ✦ USA 1988 **P** Vision International **VA** VCL/Constantin **Pd** Mark Gordon, Christopher Meledandri **R** George Jay Bloom III **B** D. Shone Kirkpatrick, Steve Fisher **K** Kim Haun **M** Alan Howarth **S** Chuck Weiss **D** Todd Allen (Joey), Charles Grant (Dallas), Jack Starrett (Vater), Dedee Pfeiffer (Stevie), Mitch Pileggi (Caleb) **L** 90 **FSK** ab 18 **E** 25.4.1991 Video **fd** 29 343

24 STUNDEN IN SEINER GEWALT (DESPERATE HOURS). Ein entflohener Gangster terrorisiert eine mittelständische Familie in ihrem Haus. Überflüssige Wiederverfilmung von William Wylers »An einem Tag wie jeder andere« (1955), wenig überzeugend in die imposante Bergwelt Utahs verlegt und mit aufgebauschten Randaktionen und pompöser Inszenierung aus dem Gleichgewicht gebracht. (Videotitel: »Desperate Hours – 24 Stunden in seiner Gewalt«) – Ab 16. ✦ USA 1990 **P** De Laurentiis **KI** Tobis **VA** VCL **Pd** Dino De Laurentiis, Michael Cimino **R** Michael Cimino **B** Lawrence Konner, Mark Rosenthal, Joseph Hayes, nach einem Roman, Bühnenstück und Originaldrehbuch von Joseph Hayes **K** Doug Milsome **M** David Mansfield **S** Peter Hunt **D** Mickey Rourke (Michael Bosworth), Anthony Hopkins (Tim Cornell), Mimi Rogers (Nora Cornell), Lindsay Crouse (Brenda Chandler), Kelly Lynch (Nancy Breyers) **L** ca. 105 **FSK** ab 16; f **E** 31.1.1991/27.5.1991 Video **fd** 28 713

24 STUNDEN REGEN (24 TSCHASA DASHD). In einem öden bulgarischen Grenzort wird eine Zirkustruppe von dem dort herrschenden Polizeioffizier aufgehalten und in einen Gasthof eingewiesen. Von der Begegnung mit der attraktiven Zirkusleiterin verspricht sich der Hauptmann Abwechslung für den Abend. Doch auch der schüchterne Dorflehrer fühlt sich zu dieser Frau hingezogen und stellt sich schließlich dem Offizier entgegen. Oberflächliche, in den 30er Jahren angesiedelte Liebesgeschichte. – Ab 16. ✦ Bulgarien 1982 **P** Studio Bojana **KI** Progress **R** Wladislaw Ikonomow **B** Nikola Ticholow, Wladislaw Ikonomow **K** Krum Krumow **M** Kiril Zibulka **D** Ewa Szykulska, Stefan Mawrodiew, Stefan Danailow, Kiril Wariski, Weljo Goranov **L** 86 **E** 25.11.1983 Kino DDR/23.1.1985 DFF 1

DER 24. STOCK. Dokumentarfilm über ein Frankfurter Hochhaus und die Lebenssituation seiner Bewohner – vorwiegend alleinstehende ältere Frauen. Eine gutgemeinte, aber wenig erhellende Reportage, die Aussagen beliebig aneinanderreiht und es kaum versteht, Sinnzusammenhänge zwischen Bild und Ton herzustellen. So bleibt der Erkenntnis- und Informationswert des überlangen Films gering; Langeweile überdeckt bald das Interesse. Aufsehen erregte der Film seinerzeit, da das Fernsehen von der Ausstrahlung des zweiten Teils absah. ✦ Teils schwarz-weiß. BR Deutschland 1977 **P** Rosa von Praunheim/HR (1. Teil)/WDR (2. Teil) **SF** Filmwelt **Pd+R+B** Rosa von Praunheim **K** Rosa von Praunheim, Bert Schmidt **M** Hector Berlioz **S** Rosa von Praunheim, Bert Schmidt **L** 89 (1.)/83 (2.) **E** 29.12.1977 HR (1.); 12.6.1978 Kino; 12.8.1979 WDR (1., 2.) **fd** 20 992

VIERZEHN JAHRE SING-SING (I WALK ALONE). Ein entlassener Sträfling wird von seinem ehemaligen Komplizen, der einen Nachtclub betreibt, um den Anteil an der gemeinsamen Beute betrogen. In Rückblenden entwickelter spannender Gangsterfilm, der in Milieu und Atmosphäre im Stil der »Schwarzen Serie« pessimistisch eine Freundschaft und ihr Ende schildert. Der erste gemeinsame Film von Kirk Douglas und Burt Lancaster. – Ab 16. ✦ Schwarzweiß. USA 1947 **P** Paramount **KI** Paramount **R** Byron Haskin **B** Charles Schnee, nach dem Bühnenstück »Beggars are coming to Town« von Theodore Reeves **K** Leo Tover **M** Victor Young **D** Burt Lancaster, Kirk

Douglas, Lizabeth Scott, Wendell Corey, Kristine Miller **L** 93 **FSK** ab 16; nf **E** 29.2.1952 **fd** 1 673

VIERZEHN MENSCHENLEBEN (ELETJEL). Die Schilderung eines Bergwerksunglücks: 14 Menschen, unter ihnen eine Frau, müssen sich, eingeschlossen in einen Stollen, bewähren, bis Hilfe von außen kommt. Ein eindrucksvoller dramatischer Film. – Ab 14. ✦ Schwarz-weiß. Ungarn 1954 **P** Magyar-Film **KI** Progress **R** Zoltán Fábri **B** Tibor Tardos **K** Barnabás Hegyi **M** György Ránki **S** Ferencné Szécsényi **D** Béla Barsi (János Ambrus), Imre Sinkovits (Pista Borsa), Bertalan Solti (István Borsa sr.), Sándor Szabó (Deák), Károly Kovács (Cseke) **L** 103 **E** 25.3.1955 Kino DDR/5.4.1955 DFF 1

VIERZEHN STUNDEN (FOURTEEN HOURS). Die Rettung eines jungen Selbstmordkandidaten vom 15. Stockwerk eines Hotels in New York. Die äußeren Ereignisse der 14 Stunden dauernden Rettungsaktion dienen dem atmosphärisch dichten, überzeugend dargestellten Film auch als Zeitraum für die psychoanalytische Auffächerung des angeblich authentischen Falles. – Ab 14 möglich. ✦ Schwarz-weiß. USA 1951 **P** 20th Century Fox **KI** Centfox **Pd** Sol C. Siegel **R** Henry Hathaway **B** John Paxton, nach einer Erzählung von Joel Sayre **K** Joseph MacDonald **M** Alfred Newman **D** Richard Basehart (Robert Cosick), Paul Douglas (Dunnigan), Barbara Bel Geddes (Virginia), Debra Paget (Ruth), Agnes Moorehead (Mrs. Cosick), Grace Kelly (Mrs. Fuller), Howard da Silva (Leutnant Moksar), Jeffrey Hunter (Danny) **L** 92 **FSK** ab 12; f (früher 16) **E** 4.3.1952/22.7.1972 ARD **fd** 1 578

VIERZEHN TAGE IM MAI (FOURTEEN DAYS IN MAY). Dokumentarfilm über die letzten 14 Tage im Leben eines als Mörder zum Tode verurteilten schwarzen jungen Mannes, der am 20. Mai 1987 in der Gaskammer des Parchman-Gefängnisses im amerikanischen Bundesstaat Mississippi hingerichtet wurde. Ein ungewöhnliches, ambitioniertes Plädoyer gegen die Todesstrafe; Paul Hamann (geb. 1948) wurde bekannt durch seine engagierten Filme über die Konflikte in Nordirland, wobei er stets auf der Seite der Opfer sinnloser Zerstörung und Vernichtung steht. ✦ Großbritannien 1987 **P** Paul Hamann/BBC **R+B** Paul Hamann **L** (TV) 90 **E** 16.11. 1988 NDR

14 TAGE LEBENSLÄNGLICH. Ein ebenso ehrgeiziger wie arroganter Junganwalt tritt aus Publizitätsgründen eine 14tägige Haftstrafe an, wird dann aber durch die Intrigen seines Geschäftspartners zu zwei weiteren Jahren Haft verurteilt. In dieser Zeit ändert sich unter dem Druck der Gefängniswirklichkeit sein ganzes Wesen; zugleich wird er zum Mittler zwischen dem wegen Raubmordes einsitzenden »Knast-König« und dessen ehemaligem Komplizen, deren Flucht er planen soll. Ein atmosphärisch stimmiger »Knast-Thriller«, einfallsreich und dynamisch inszeniert. Bis in kleinste Nebenrolle präzise besetzt, braucht sich der spannende Genrefilm trotz immer deutlicher werdender dramaturgischer Ungereimtheiten nicht vor großen (Hollywood-)Vorbildern zu verstecken. – Ab 16 möglich. ✦ Scope. Deutschland 1996 **P** Helkon Media/Degeto **KI** Nil Film **VA** VMP (Kinowelt Home) **DVD** Kinowelt Home (16:9, 1.85:1, DS dt.) **Pd** Werner Koenig **R** Roland Suso Richter **B** Holger Karsten Schmidt **K** Martin Langer **M** Ulrich Reuter, Christoph Gracian Schubert, Nana, A.K. S.W.I.F.T. **S** Peter R. Adam **D** Kai Wiesinger (Konrad von Seidlitz), Michael Mendl (Czernetzky), Katharina Meinecke (Annika Hofer), Axel Pape (Häring), Sylvia Leifheit (Cornelia), Jürgen Schornagel (Kaschinski), Axel Milberg (Kleinschmidt) **L** 105 **FSK** ab 16; f **FBW** w **E** 3.4.1997/30.9.1997 Video/16.7.1999 DVD **fd** 32 462

1492 – DIE EROBERUNG DES PARADIESES (1492 – THE CONQUEST OF PARADISE). Naive Verfilmung der beiden Entdeckungsreisen von Christoph Columbus, die keinen Anspruch auf geschichtliche Wirklichkeit erhebt, sondern ihre Hauptfigur als tragisch scheiternden Helden stilisiert. Trotz überwältigender Bilder ein enttäuschendes Historiengemälde; weder bewegend noch spannend, sondern langatmig inszeniert. – Ab 16. ✦ Scope. USA 1992 **P** Legende **KI** Concorde **VA** Concorde **DVD** Concorde (16:9, 2.35:1, DD5.1 engl./dt.) **Pd** Ridley Scott, Alain Goldman **R** Ridley Scott **B** Roselyne Bosch **K** Adrian Biddle **M** Vangelis (= Vangelis Papathanassiou) **S** William M. Anderson, Françoise Bonnot **D** Gérard Depardieu (Christoph Columbus), Sigourney Weaver (Isabella I. von Kastilien), Armand Assante (Sanchez), Fernando Rey (Antonio de Marchena), Angela Molina (Beatriz), Michael Wincott (Adrian de Moxica), Tchéky Karyo (Martin Alonso Pinzón) **L** 155 **FSK** ab 16; f **FBW** w **E** 15.10.1992/13.4.1993 Video/2.5. 1994 premiere/5.9.2001 DVD **fd** 29 850

DER VIERZEHNTE JULI (QUATORZE JUILLET). Auf einem Fest zum Nationalfeiertag gesteht der Taxifahrer Jean der Nachbarstochter Anna seine Liebe. Doch seine frühere Geliebte, die in Ganovenkreisen verkehrt, gewinnt ihn wieder zurück. Er beteiligt sich an einem Einbruch ins Café, in dem Anna nach dem Tod ihrer Mutter Spülhilfe geworden ist. Ein Jahr später, abermals am 14. Juli, begegnen sich Jean und Anna erneut, und jetzt besiegeln sie ihr Glück. René Clair verzaubert mit einer poesievollen Beschreibung vom Paris der kleinen Leute und des Ganovenmilieus. Ein sentimental-ironisches Meisterstück. – Sehenswert ab 12. ✦ Schwarz-weiß. Frankreich 1932 **P** Films Sonores Tobis **KI** Ifa **Pd+R+B** René Clair **K** Georges Périnal, Louis Page **M** Maurice Jaubert **S** René Le Henaff **D** Annabella (Anna), Georges Rigaud (Jean), Raymond Cordy (Taxifahrer), Pola Illery (Pola), Raymond Aimos (Charles) **L** 98 **E** Februar 1933/1953 Wiederaufführung/13.7.1964 ZDF

VIERZIG DRAUFGÄNGER (FOLLOW ME, BOYS!). Ein Mann kommt 1930 als Werkstudent in eine Kleinstadt, wo er einer hübschen jungen Frau zuliebe eine Pfadfindergruppe gründet, um die »gefährdete Jugend« von der Straße zu holen. Auch 20 Jahre später zieht er noch auf Wanderschaft oder ins Lager, hat einen besonders vertrotzten Jungen bei sich aufgenommen und erhält endlich die Belohnungen für seine lebenslangen Aktivitäten. Seichte Familienunterhaltung voller Schönfärberei, die Jugendprobleme fast bis zur Verlogenheit optimistisch verzeichnet. – Ab 6 möglich. ✦ USA 1966 **P** Walt Disney Prod. **KI** MGM **R** Norman Tokar **B** Louis Pelletier, nach einem Roman von MacKinley Kantor **K** Clifford Stine **M** George Bruns **S** Robert Stafford **D** Fred MacMurray (Lemuel Siddins), Vera Miles (Vida Downey), Charles Ruggles (John Everett Hughes), Lillian Gish (Hetty Seibert), Elliott Reid (Ralph Hastings), Kurt Russell (Whitey), Luana Patten (Nora White) **L** 107 **FSK** ab 6; f **E** 1.11.1968/13.10.1996 RTL **fd** 15 838

VIERZIG GEWEHRE (FORTY GUNS). Tombstone/Arizona 1880: Ein von der Regierung beauftragter Marshal bricht mit Gewalt und Liebe die gesetzlose Herrschaft einer reichen Rancherin. Sam Fuller verknüpft eine verwirrende Fülle von Handlungsfäden, Teilkonflikten und verblüffenden Szenen und Ideen miteinander, wobei der zentrale Konflikt von archaischer Sinnbildlichkeit ist: Gesetz und Ordnung kollidieren mit den Prinzipien des Kapitalismus und der freien Marktwirtschaft; Stärke und Macht werden entweder durch die Waffe oder durch Korruption vertreten. Eine interessante Western-Variante, gedanklich nicht immer überzeugend, hervorragend fotografiert. – Ab 16 möglich. ✦ Scope, schwarz-weiß. USA 1957 **P** Globe Enterprises/20th Century Fox **KI** Centfox **Pd+R+B** Samuel Fuller **K** Joseph Biroc **M** Harry Sukman **S** Gene Fowler jr. **D** Barbara Stanwyck (Jessica Drummond), Barry Sullivan (Griff Bonnell), Dean Jagger (Ned Logan), John Ericson (Brockie Drummond), Gene Barry (Wes Bonnell), Robert Dix (Chico Bonnell), Jack »Jidge« Carroll (Barney Cashman), Gerald Milton (Shotgun Spangler), Eve Brent (Louvenia Spangler), Ziva Rodann (Rio), Hank Worden (John Chisum), Chuck Hayward (Charlie Savage), Sandra Wirth (Chicos Freundin), Eddie Parks (Sexton) **L** 79 **FSK** ab 16; nf **E** 5.12.1958/19.9.1970 ARD **fd** 7 579

40 GRAD IM SCHATTEN →Pfeilschnelle Pferde – pfiffige Diebe

VIERZIG JAHRE NACH GRANADA (A UN DIOS DESCONOCIDO). Ein in einem Nachtklub in Madrid tätiger homosexueller Artist verliert seinen Geliebten an eine Frau. Seit seiner Kindheit in Granada ist er von dem Dichter Garcia Lorca fasziniert. Der alternde Mann geht zurück nach Granada, wo er vor 40 Jahren den Mord an Lorca mit angesehen hat. In der Begegnung mit alten Bekannten wird seine Vergangenheit lebendig, und er erkennt, daß Einsamkeit sein Schicksal bleiben wird. Behutsam und sensibel gezeichnetes Porträt eines Mannes, dessen Homosexualität ihn zum Außenseiter der Gesellschaft gemacht hat. Die individuellen und gesellschaftlichen Bezüge sind ohne scharfe Konturen gezeichnet, die Hauptfigur wird hervorragend dargestellt. Durch seine lyrisch-versponnene Art und viele Anspielungen ist der Film eine anspruchsvolle Konfrontation spanischer Vergangenheit mit der Nach-Franco-Zeit. (OCIC-Preis in San Sebastiàn 1977.) ✦ Spanien 1977 **P** Elias Querejeta **R** Jaime Chavarrí **B** Elias Querejeta, Jaime Chavarrí **K** Teo Escamilla **M** Luis de Pablo **D** Héctor Alterio (José Garcia), Margarita Mas (Soledad), Angela Molina (Soledad als junges Mädchen), Xabier Elorriaga (Miguel), María Rosa Salgado (Adela), Rosa Valenty (Clara), Mercedes San Pietro (Mercedes) **L** 110 **E** 17.7.1979 ZDF

VIERZIG KARAT (FORTY CARATS). Eine attraktive 40jährige findet in einem fast 20 Jahre jüngeren Mann, den sie auf einer griechischen Insel kennenlernt, die Liebe ihres Lebens. Das Paar entschließt sich unter Überwindung konventioneller Rücksichten zur Heirat. Vordergründige Glamour-Unterhaltung, die kaum noch etwas von der Spritzigkeit der zugrundeliegenden Broadway-Komödie erkennen läßt. Nur dank hervorragender Schauspieler versandet die farbenfrohe Komödie nicht vollends in der Oberflächlichkeit eines Salonstücks. – Ab 16. ✦ USA 1972 **P** Columbia **KI** Warner-Columbia **Pd** Mike J. Frankovich **R** Milton Katselas **B** Leonard Gershe, nach einem Bühnenstück von Pierre Barillet und Jean-Pierre Gredy, bearbeitet von Jay Presson Allen **K** Charles B. Lang **M** Michel Legrand **S** David Blewitt **D** Liv Ullmann (Ann Stanley), Edward Albert (Peter Letham), Gene Kelly (Billy Boylan), Binnie Barnes (Maud Ericson), Deborah Raffin (Trina Stanley), Billy Green Bush (J. D. Rogers) **L** 108 **FSK** ab 12; f **E** 16.1. 1974 **fd** 18 849

40 MILLIONEN DOLLAR →Schatz in der Tiefe

40 MILLIONEN SUCHEN EINEN MANN (LOVE IS A BALL). Ein Heiratsvermittler will an der Cote d'Azur unter exzentrischen Reichen eine Ehe zwischen einem Großherzog und einer Dollar-Prinzessin stiften. Diese kommt zwar nicht zustande, dafür aber werden die Partner anderweitig glücklich. Anspruchslosheitere, etwas redselige und nicht sehr originelle Komödie. – Ab 14. ✦ Scope. USA 1962 **P** Oxford/ Gold Medal **KI** United Artists **Pd** Martin Poll **R** David Swift **B** David Swift, Tom Waldman, Frank Waldman, nach dem Roman »The Grand Duke and Mr. Pimm« von Lindsay Hardy **K** Edmond Séchan **M** Michel Legrand **S** Tom McAdoo, Catherine Kelber **D** Glenn Ford (John Davis), Charles Boyer (Etienne Pimm), Hope Lange (Millie Mehaffey), Ulla Jacobsson (Janine), Telly Savalas (Dr. Gump) **L** 112 **FSK** ab 12; nf **FBW** w **E** 14.5.1963/27.5.1972 ZDF/28.8.1976 DFF 1/25.11.92 ARD **fd** 11 973

VIERZIG NÄCHTE VOLL TÜCKE UND SEX (LA CIGARRA NO ES UN BICHO). In ein Stundenhotel hat ein Matrose die Pocken eingeschleppt. Eine 40tägige Quarantäne fesselt sechs Paare ans Haus. Man dekouvriert sich: Der stoische Industrielle und sein Fotomodell; die mannstolle Studienrätin und ihr Bauchredner; der senile Konzertgeiger und sein

Hausmädchen; Redakteur und Sekretärin; zwei Verlobte; ein Ehepaar; der Kranke und seine Dirne. Ein gesellschaftskritisch bemäntelter Kolportagefilm, der peinlich platt mit Frivolität spielt, ohne erkennbar in tiefere Hintergründe zu loten. ✦ Argentinien 1963 **P** Tinayre-Borrás **Kl** Pallas **R** Daniel Tinayre **B** Eduardo Borrás, nach einem Roman von Dante Sierra **K** Alberto Etchebehere **M** Lucio Milena **D** Maria Antinea (Ehefrau), Amelia Bence (Prostiutierte), Elsa Daniel (Braut), Mirtha Legrand (Intelektuelle), Malvina Pastorino (Lehrerin), José Cibrian (Industrieller), Narcisco Ibanez Menta (Bauchredner) **L** 90 **FSK** ab 18; nf **E** 10.4.1964 **fd** 12 672

40 qm DEUTSCHLAND. Ein türkischer Gastarbeiter in Hamburg hält seine junge Frau in der Isolation einer trübseligen Hinterhauswohnung gefangen, um sich in der kalten Welt Deutschlands ein Stück Heimat zu bewahren. Dabei merkt er nicht, daß die Traditionen seiner Väter hierzulande nicht unbeschädigt bleiben und seine Frau daran zugrunde gehen kann. Ein erschütterndes Psychogramm seelischer Not und Verzweiflung durch den Verlust menschlicher und kultureller Einbindung in nationale Traditionen und Sitten, einfühlsam inszeniert und gespielt. – Sehenswert ab 16. ✦ BR Deutschland 1985 **P** Tevfik Baser/Studio Hamburg **Kl** Filmverlag der Autoren **SF** atlas **VA** atlas/Filmverlag Homevideo/Kinowelt Home **Pd** Frank Winterstein **R+B** Tevfik Baser **K** Izzet Akay **M** Claus Bantzer **S** Renate Merck **D** Özay Fecht (Turna), Yaman Okay (Dursun), Demir Gökgöl (Hodja), Mustafa Gülpinar, Grit Mackentanz **L** 80 **FSK** ab 16; f **FBW** bw **E** 31.7.1986/3.3.1988 ZDF/24.6.1988 Kino DDR/22.6.1990 DFF 2/1.6.1997 Video **fd** 25 729

VIERZIG WAGEN WESTWÄRTS (THE HALLELUJAH TRAIL). Ein Treck mit 40 Wagen voller Whisky und Champagner ist im Jahr 1867 auf dem Weg von Julesburg nach Denver. In unwirtlicher Gegend kommt es zu turbulenten Verfolgungen durch gleich zwei Kavallerie-Einheiten, engagierte alkoholfeindliche Frauenrechtlerinnen und schnapslüsterne Indianer. Ein handfester, oft etwas langatmiger Western, der durch solide Schauspielerleistungen und zahlreiche erheiternde parodistische Züge abwechslungsreich unterhält. (Fotografiert im nur im Kino eindrucksvollen »Ultra-Panavision«-Cinerama-Verfahren; die amerikanische Originalfassung betrug 167 Minuten.) – Ab 12 möglich. ✦ Scope. USA 1964 **P** The Mirisch Corporation/Kappa (für United Artists) **Kl** United Artists (70mm) **Pd+R** John Sturges **B** John Gay, nach einem Roman von Bill Gulick **K** Robert Surtees **M** Elmer Bernstein **S** Ferris Webster **D** Burt Lancaster (Oberst Gearhart), Lee Remick (Cora Massingale), Jim Hutton (Captain Slater), Pamela Tiffin (Louise Gearhart), Brian Keith (Frank Wallingham), Donald Pleasence (Orakel Jones), Martin Landau (Häuptling Krummer Rücken), John Anderson (Sgt. Buell), Tom Stern (Kevin O'Flaherty), Robert J. Wilke (Häuptling), Dub Taylor (Clayton Howell), Marshall Reed (Carter), Whit Bissell (Hobbs), Val Avery (Barkeeper) **L** 134 (Orig. 167) **FSK** ab 6; nf **FBW** w **E** 21.12.1965/10.2.1975 ZDF **fd** 13 808

VIETNAM ADIEU (INTIMATE STRANGERS). Die unerwartete Rückkehr einer amerikanischen Krankenschwester aus zehnjähriger Kriegsgefangenschaft in Vietnam bewirkt nachhaltige Veränderungen im Leben der jungen Frau und ihres Mannes. Ein ansprechend erzähltes, gefühlsbetontes Melodram. (Alternativtitel: »Im Käfig des Grauens«) – Ab 16. ✦ USA 1985 **P** Nederlander TV & Film Prod./Lorimar-Telepictures **VA** Taurus **Pd** Kenneth Utt **R** Robert Ellis Miller **B** Norman McLeod Morrill **K** Larry Pizer **M** Barry DeVorzon **S** Norman Gay **D** Teri Garr (Sally Bierston), Stacy Keach (Jeff Bierston), Cathy Lee Crosby (Shauna Davies), Priscilla Lopez (Wanda Orozco), Justin Deas (Brad Bierston) **L** 91 **FSK** ab 12 **E** 15.5.1988 Video **fd** 27 010

VIETNAM, AUSGANGSPUNKT (POINT DE DEPART). 25 Jahre, nachdem er in Nordvietnam den Film »People's War« gedreht hat, kehrte der Dokumentarfilmer Robert Kramer zurück nach Hanoi, um sich auf die Spuren seiner damaligen Arbeit zu begeben. Anspruchsvoller Filmessay, der Vergangenheit und Gegenwart mischt, Erinnerungen auffrischt sowie Hoffnungen und Befürchtungen zur Sprache bringt. (Fernsehtitel: »Ausgangspunkt«; O.m.d.U.) ✦ Frankreich 1993 **P** Les Films d'Ici **Kl** Freunde der Deutschen Kinemathek **R+B+K** Robert Kramer **S** Christine Benoît **L** 90 **E** 4.12.1993 arte

VIETNAM NACH DEM BOMBENHAGEL. Eine kritische Bestandsaufnahme: Ein Amerikaner besucht Vietnam und dokumentiert die Langzeitwirkung, die 72 Millionen Kilo des Entlaubungs- und Kontaktgiftes »Agent Orange« und 26 Millionen Bomben auch heute noch für Land und Leute haben. ✦ USA 1993 **R** J. Edward Milner **L** 93 **E** 11.2.1995 arte

VIETNAM – TOD AUF RATEN →My Father, My Son

VIETNAM-VETERANEN: SOLDIERS IN HIDING (SOLDIERS IN HIDING). 1989 mit dem »Oscar« für den besten Dokumentarfilm ausgezeichneter Bericht über Vietnam-Veteranen, die sich nach ihrer Rückkehr nicht wieder in die amerikanische Gesellschaft integrieren konnten. Stattdessen zogen sie das Versteck in einem selbstgewählten Exil, beispielsweise in den Wäldern des Staates Washington, der Zivilisation vor und versuchten, oft erfolglos, ihre traumatischen Erfahrungen allein zu bewältigen. ✦ USA 1984 **R** Malcolm Clarke **L** 51 **E** 21.6.1994 Bayern 3

VIETNAM – VIETNAM (VIETNAM – VIETNAM). Paul Gmür, Weltreisender aus Luzern, zeigt in seinem Dokumentarfilm vor allem Südvietnam abseits des Krieges. Zwar geht er in einem ersten Teil dem gigantischen Ausmaß der US-Kriegsmaschinerie nach, doch zeigt er lediglich Manöverbilder. Die beiden folgenden Teile über Saigon und über die südvietnamesischen Landprovinzen sind dann völlig »kriegsentleert«. Kenner des Landes hielten schon bei der Erstaufführung des Films fest, daß auch die friedliche Seite bei weitem nicht so friedlich sei, wie sie Gmürs Aufnahmen zeigten. ✦ Schwarz-weiß. Schweiz 1969 **P** Gmür Prod. **Pd+R+B+K** Paul Gmür **S** Paul Gmür **L** 91 **E** Schweiz

VIETNAM WARRIOR (FATAL COMMANDO). Ein amerikanischer Agent kämpft im Dschungel von Vietnam sowohl gegen einen abtrünnigen US-General als auch gegen die übermächtige vietnamesische Armee. Sein Hauptwidersacher ist jedoch ein Offizier des KGB, bei dem alle Fäden zusammenlaufen. Billiges Plagiat eines schon dutzendfach kopierten Themas im Stil von »Rambo II«. ✦ USA/Philippinen 1988 **P** Tomas Tang Prod. **VA** Carrera **Pd** Tomas Tang **R** Victor Sears **D** Mark Tyler, Chester Howe **L** 85 **FSK** ab 18 **E** September 1989 Video

VIG (VIG / MONEY KINGS). Ein alternder Buchmacher, dessen Geschäfte längst nicht mehr gut laufen, wird aus seinem Trott gerissen, als sein Boss ihm dem Neffen als neuen Partner vor die Nase setzt. Kriminalfilm mit mangelhafter Entwicklung der Handlung, der auch im leichenreichen Finale kein Heil findet. Unterhaltsam wird er allenfalls durch den gut aufgelegten Hauptdarsteller Peter Falk. ✦ USA 1997 **P** Cinepix/Angry Mob/Lions Gate **VA** Marketeam **Pd** F. Miguel Valenti, Lauren McLaughlin **R** Graham Theakston **B** Paul Hapenny **K** Sarah Cawley **M** Colin Towns **S** Alan Jones **D** Peter Falk (Vinnie), Lauren Holly (Marybeth), Timothy Hutton (Frankie), Freddie Prinze (Tony), Tyne Daly (Ellen) **L** 96 **FSK** ab 16 **E** 2000 Video

VIGIL (VIGIL). Nach dem Tode seines Vaters entladen sich die Sorgen und Ängste eines 12jährigen Mädchens in Visionen und Angstträumen. Eingebettet in Landschaftsaufnahmen aus einem abgelegenen Tal in Neuseeland, deren suggestive Bildkraft zum Brennpunkt der Empfindungen des Mädchens wird, entwickelt sich eine sensible Reflexion über innere und äußere Lebensvoraussetzungen. Der anspruchsvolle Film ist für ein aufmerksames Publikum sehenswert. (Fernsehtitel: »Vigil – Zeit der Stürme«) ✦ Neuseeland 1984 **P** First Blood-Last Rites-New Zealand Film Commission **Kl** Futura **Pd** John Maynard **R** Vincent Ward **B** Vincent Ward, Graeme Tetley **K** Alun Bollinger **M** Jack Body **S** Simon Reece **D** Penelope Stewart (Elizabeth), Frank Whitten (Ethan), Bill Kerr (Birdie), Fiona Kay (Toss), Gordon Shields **L** 90 **FSK** ab 16; f **E** 7.2.1984 **fd** 24 830

VIGILANTE FORCE – DAS GESETZ SIND WIR (VIGILANTE FORCE). Mord und Totschlag in einer kleinen Stadt, die durch ein Ölfeld zu schnell gewachsen ist. Eine Schutztruppe erweist sich als Verbrecherbande und muß durch eine Bürgerwehr unschädlich gemacht werden. Flacher Actionfilm mit zweifelhafter Selbstjustiz-Ideologie und billigen Klischees. (TV-Titel: »Das Gesetz sind wir«) ✦ USA 1976 **P** United Artists **VA** Warner Home **DVD** VCL (2.35:1, DD2.0 dt.) **Pd** Gene Corman **R+B** George Armitage **K** William Cronjager **M** Gerald Fried **S** Morton Tubor **D** Kris Kristofferson (Aaron Arnold), Jan-Michael Vincent (Ben Arnold), Victoria Principal (Linda), Bernadette Peters (Dee), Brad Dexter (Bürgermeister) **L** 86 **FSK** ab 18 **E** Mai 1987 Video/24.9.1994 VOX/12.10.2000 DVD **fd** 26 327

VIKTOR UND VIKTORIA (1933). Für einen auf jeden Pfennig angewiesenen Varieté-Künstler, der auf einer Vorstadtbühne als Damen-Imitator »Viktoria« auftritt und plötzlich stockheiser ist, springt, als Mann verkleidet, eine mittellose Operetten-Sängerin ein. Ihr Auftritt wird ein Riesenerfolg. Später, auf Auslandstournee in London, hat die Sängerin alle Mühe, ihre Männerrolle durchzustehen. Mit Charme und Spielwitz inszeniertes Musical, das zu den kultiviertesten Unterhaltungsfilmen der UFA nach 1933 gehört; ein einfallsreiches, satirisch gefärbtes Spiel um Verhaltensnormen und Geschlechterrollenklischees. – Sehenswert ab 14. ✦ Schwarz-weiß. Deutschland 1933 **P** Universum **Kl** Stiftung Deutsche Kinemathek **Pd** Alfred Zeisler **R+B** Reinhold Schünzel **K** Konstantin Irmen-Tschet **M** Franz Doelle **S** Arnfrid Heyne **D** Hermann Thimig (Viktor Hempel), Renate Müller (Susanne Lohr), Adolf Wohlbrück (Robert), Fritz Odemar (Douglas), Hilde Hildebrand (Ellinor), Aribert Wäscher (F. A. Punkertin) **L** 101 **E** 23.12.1933/6.1.1958 DFF 1/13.9.1970 ZDF

VIKTOR UND VIKTORIA (1957). Neuverfilmung der gleichnamigen Erfolgskomödie von Reinhold Schünzel: Eine stellungslose Schauspielerin gibt sich als Mann aus, um in Varieté-Nummern als »Damenimitator« auftreten zu können. Der Film bezieht seinen Unterhaltungswert vor allem aus dem erfrischenden Spiel der Hauptdarstellerin sowie der für deutsche Maßstäbe abwechslungsreichen Choreografie. Trotz einiger Längen ein Revue- und Verwechslungsspiel über dem Durchschnitt. (Fernsehtitel: »Verliebt, verlobt, verheiratet«; weiteres Remake: »Victor/Victoria«) – Ab 14. ✦ BR Deutschland 1957 **P** Central-Europa **Kl** Prisma **Pd** Waldemar Franck **R** Karl Anton **B** Curt J. Braun, nach der Originalidee von Reinhold Schünzel **K** Willy Winterstein **M** Heino Gaze **S** Annemarie Rokoss **D** Johanna von Koczian (Erika Lehr), Georg Thomalla (Viktor Hempel), Johannes Heesters (Jean Perrot), Annie Cordy (Titine), Boy Gobert (Lacoste), Werner Finck (Hinz), Carola Höhn (Marquise de Sevigné) **L** 108 **FSK** ab 16; nf **E** 16.4.1957/7.8.1961 ARD **fd** 5 831

VIKTOR UND VIKTORIA (1982) →Victor/Victoria

VIKTOR VOGEL – COMMERCIAL MAN. Mit einigen Hochstapeleien schwindelt sich ein junger Nichtsnutz an die Spitze eines angesehenen Frankfurter Werbeunternehmens, ohne die leiseste Ahnung von der Materie zu haben. Hektisch inszenierte Komödie, die kein echtes Interesse an ihrem Milieu entwickelt, sondern lediglich ausgelutschte Klischees aneinander reiht. Humor ist ebenso Mangelware wie überzeugende schauspielerische Leistungen. DVD: Die Extras umfassen u. a. ein Feature mit nicht verwendeten Szenen, einem alternativen Filmanfang und einem alternativen Filmende. – Ab 14. ✦ Deutschland 2000 **P** von Vietinghoff Filmproduktion **Kl** Columbia TriStar **VA** Columbia TriStar Home **DVD** Columbia

TriStar Home (1.85:1, DD5.1 dt.) **Pd** Joachim von Vietinghoff **R+B** Lars Kraume **K** Andreas Doub **M** Robert Meyer **S** Benjamin Hembus **D** Alexander Scheer (Viktor Vogel), Götz George (Eddie Kaminsky), Chulpan Khamatova (Rosa), Vadim Glowna (Werner Stahl), Maria Schrader (Johanna von Schulenberg), Julien Lambroschini (Heckel), Nele Mueller-Stöfen (Michelle) **L** 108 **FSK** ab 6; f **E** 12.4.2001/9.10.2001 Video & DVD **fd** 34 799

VIKTORIA (1935). Die in Norwegen um die Jahrhundertwende angesiedelte tragische Liebesgeschichte zwischen einem verarmten Schloßfräulein und einem Müllerssohn, der ein berühmter Dichter wird, während die zum Verzicht getriebene Geliebte dahinsiecht. Frühe Verfilmung des Romans von Knut Hamsun, die sich allzu ängstlich an eine wörtliche Umsetzung klammert. Ganz auf die intensive Darstellungskunst des Liebespaars konzentriert, doch letztlich nicht mehr als ein ambitioniertes Rührstück um unüberwindbare Standesunterschiede. Die erste Regiearbeit des Kameramannes Carl Hoffmann. – Ab 16. ✦ Schwarz-weiß. Deutschland 1935 **P** Minerva-Tonfilm **R** Carl Hoffmann **B** Robert A. Stemmle, nach einem Roman von Knut Hamsun **K** Günther Anders **M** Theo Mackeben **D** Luise Ullrich (Viktoria), Mathias Wieman (Johannes), Alfred Abel (Schloßherr), Erna Morena (Schloßherrin), Theodor Loos (Kammerherr), Hellmuth Hoffmann (Ditlef) **L** 91 **E** 27.11.1935/18.11.1963 DFF 1/29.12.1988 BR

VIKTORIA (1988) (WIKTORIA). An gesellschaftliche Konventionen gebunden, weist Viktoria den Heiratsantrag des Müllersohns Johannes ab. Erst der Unfall ihres Verlobten erinnert sie an die alte Liebe. ✦ UdSSR 1988 **P** Filmstudio Riga **R** Olgert Dunkers **B** Dagnia Sigmonte, nach einem Roman von Knut Hamsun **M** Dawis Simanis **D** Maja Apine (Viktoria), Janis Rainis (Johannes), Tatjana Kusnezowa (Camilla), Gunar Zilinski, Rudolf Allabert **L** 92 **E** 29.6.1989 DFF 2

VIKTORIA UND IHR HUSAR. Unter zeitentsprechender Abwandlung des Librettos eine nochmalige Verfilmung der Operette von Paul Abraham: Aus dem kommunistischen Ungarn emigrierte Husaren umrahmen bei rauschendem Pusztafest in Hamburg die Wiedersehensgeschichte zwischen einem Ex-Rittmeister und seiner vom Küchenmädchen zum Broadway-Star avancierten Vorkriegsliebe. Seichte Traumfabrikkost mit deutlichen Schwächen in der musikalischen Bearbeitung. – Ab 12. ✦ BR Deutschland 1954 **P** Allfram/Sonor **KI** Allianz/Transit **Pd** Frank Clifford **R** Rudolf Schündler **B** Egon Eis, Franz Marischka, nach der gleichnamigen Operette von Paul Abraham **K** Ernst W. Kalinke **M** Paul Abraham, Mischa Spoliansky **S** Friedel Buckow-Schier **D** Eva Bartok (Viktoria, Broadwaystar), Frank Felder (= Friedrich Schönfelder) (Sandor, Graf Koltay), Rudolf Forster (Fitzroy), Georg Thomalla (Janczi), Leonard Steckel (Bela Tibor, Weinhändler), Grethe Weiser (Ursula Knepke), Gretl Fröhlich (Julischka Tibor) **L** 95 **FSK** ab 6; nf **E** 3.9.1954 **fd** 3 532

VILARINHO DAS FURNAS (VILARINHO DAS FURNAS). Während 18 Monaten in einem portugiesischen Bergdorf, das kurz vor seiner Zerstörung steht, gedrehter Dokumentarfilm: Das Dorf muß »dem Fortschritt«, d. h. dem Wasser eines modernen Stausees weichen. Der Bruch mit Tradition und Kultur, das Verhalten der Menschen, das Klima, in dem die letzte Prozession und die letzte Ernte erfolgen, werden in einem Stil erfaßt, der vor allem transparent machen und aufklären will. Einerseits verzichtet der Film auf Ästhetisierung und Dramatisierung, andererseits weigert er sich, den Stoff selbst zu kommentieren und als Argument zu benutzen. Durch diese Offenheit der Struktur weist die eindrucksvolle Bestandsaufnahme als wertvolles Soziogramm weit über sich hinaus. (O.m.d.U.) – Sehenswert. ✦ Schwarz-weiß. Portugal 1971 **P** Antonio Campos **SF** Freunde der Deutschen Kinemathek **Pd+R** Antonio Campos **B** Antonio Campos, nach den Recherchen des Ethnologen Jorge Dias **K** Antonio Campos **L** 70 **E** 1974 Kino

DIE VILLA (UP AT THE VILLA). Eine attraktive junge englische Witwe steht im faschistischen Italien des Jahres 1938 unvermittelt zwischen drei Männern, einem »Empire erbauenden« Karrieristen, einem romantischen Jüngling und einem amerikanischen Schürzenjäger. Aus Somerset Maughams spannender Gesellschaftssatire wurde eine stimmungsvolle Romanze in schwieriger Zeit. Ein rüpelhafter Playboy wird zum Retter einer selbstbewussten Frau stilisiert, die aus einer trostlosen Situation vermittels Ehe einen Ausweg sucht. Allzu bemüht und vordergründig setzt der Film politische Versatzstücke ins Bild, um das Verhalten der Protagonisten zu untermauern. – Ab 16. ✦ Großbritannien/USA 2000 **P** Internedia Films/Mirage/October Films/Universal Pictures **KI** UIP **VA** Universal **Pd** Geoff Stier, David Brown **R** Philip Haas **B** Belinda Haas, nach einer Erzählung von W. Somerset Maugham **K** Maurizio Calvesi **M** Pino Donaggio **S** Belinda Haas **D** Kristin Scott Thomas (Mary Panton), Sean Penn (Rowley Flint), Anne Bancroft (Prinzessin San Ferdinando), James Fox (Sir Edgar Swift), Jeremy Davies (Karl Richter) **L** 116 **FSK** ab 12; f **E** 22.2.2001 Video **fd** 34 305

VILLA AIR BEL – VARIAN FRY IN MARSEILLE 1940/41. Dokumentarfilm über Leben und Arbeit des amerikanischen Journalisten Varian Fry, der als Abgesandter des amerikanischen »Emergency Rescue Committee« ab 1940 in Marseille eine illegale Fluchthilfeorganisation aufbaute, die von den Nationalsozialisten verfolgte Künstler unterstützte. Fry wurde bereits ein Jahr später verhaftet und des Landes verwiesen, hatte aber in der Zeit seiner Tätigkeit mehr als 2000 Regime-Gegner gerettet, darunter so berühmte Persönlichkeiten wie Marc Chagall, Lion Feuchtwanger, Golo und Heinrich Mann, Franz Werfel. Der Film geht vom geheimen Zentrum dieser Arbeit, der Villa Air Bel, aus und kombiniert Interviews und Zitate ohne kommentierende Erläuterungen. – Ab 16. ✦ Teils schwarz-weiß. BR Deutschland 1987 **P** Kick Film/BR **SF** NEF **R+B** Jörg Bundschuh **K** Jörg Schmidt-Reitwein **M** Holm Keller **S** Clara Fabry **L** 89 **FBW** w **E** 9.6.1988/9.4.1990 ARD

DIE VILLA DER UNERSÄTTLICHEN (INTRIGUE). Sexfilm über eine ehemalige Prostituierte, die mit drei jungen Männern in einer luxuriösen Villa lebt. ✦ Italien 1988 **R** Alex Damiano **D** Valentine Demy (Eva), Alex Freyberger (Camillo), David D'Ingeo (Sam), Alessandro Scotti (Giacomo), Maurice Poli (Antiquitätenhändler) **L** 94 **E** 23.1.1993 SAT 1

VILLA LILLY ODER DER BIERKÖNIG → Adolphus Busch – Fragmente eines amerikanischen Traums

VILLA MIT 100 PS (THE LONG LONG TRAILER). Die Hochzeitsreise eines jungen Ehepaars mit einem 13 Meter langen Wohnwagen nebst Straßenkreuzer führt zu allerlei vergnüglichen Verwicklungen. Schwungvolle Hollywood-Komödie mit zivilisationskritischen Seitenhieben. Obwohl das heitere Temperament nicht bis zum Ende durchgehalten wird, ein unbeschwerter Film, der sympathisch unterhält. – Ab 12. ✦ USA 1953 **P** MGM **KI** MGM **Pd** Pandro S. Berman **R** Vincente Minnelli **B** Albert Hackett, Frances Goodrich, nach einem Roman von Clinton Twiss **K** Robert Surtees **M** Adolph Deutsch **D** Lucille Ball (Daisy Collini), Desi Arnaz (Nicholas Carlos Collini), Marjorie Main (Frau Heitmann), Keenan Wynn (Polizist), Gladys Hurlbut (Frau Bolton), Moroni Olsen (Herr Tewitt) **L** 96 **FSK** ab 6; nf **E** 17.11.1954 **fd** 3 742

VILLA ORCHIDEE (VILA ORHIDEJA). Ein junger Schriftsteller kehrt an die Stätten seiner Kindheit zurück. Die Erinnerung an seine erste Liebe bringt ihn in erhebliche Schwierigkeiten, die Grenzen zwischen Sein und Schein verwischen sich und beschwören eine Krise für ihn herauf. Mystisch-melodramatische Unterhaltung mit Krimi-Motiven. – Ab 16. ✦ Scope. Jugoslawien 1988 **P** Crotaia/Art Film 80/Smart Egg **KI** Progress **R** Kreso Golik **B** Ruza Jurkovic, Kreso Golik, nach Motiven aus »Blackmail« von Alfred Hitchcock **K** Davorin Gecl **M** Zivan Cvitkovic **D** Rene Medvesek, Gordana Gadzic, Gala Videnovic, Zlatko Crnkovic, Neva Rosic **L** 94 **E** 8.6.1990 Kino DDR

VILLA PORNO (IN LOVE WITH DEATH). Erbschaft und lesbische Liebe veranlassen ein Hausmädchen zu vier Morden. Ein ganz und gar belangloser Film, weder Krimi noch Sexkino. Der deutsche Titel bezieht sich wohl auf BHs, die einige Male abgenommen werden. ✦ Belgien 1969 **P** Sandy **KI** Neue Fortuna/Anka/Madsack/Sonderfilm/Filmagentur Süd **R** Guido J. Nijs **B** Jeanine Costa **K** Guy J. Nys **M** De Wolfe **D** Ona Hills, Diane Dee, Guy Bonny, Caremans Brenard **L** 77 **FSK** ab 18; nf **E** 26.9.1969 **fd** 16 387

VILLAGE AFFAIR (A VILLAGE AFFAIR). Liebesdrama. Ein Ehepaar zieht in die britische Provinz und lernt dort eine charmante junge Frau kennen. Während der Mann sie zu umwerben beginnt, ahnt er nicht, daß sie es auf seine Ehefrau abgesehen hat. (Fernsehtitel: »Eine unerhörte Affäre«; Schweiz: »Affäre im Sommer«) ✦ Großbritannien 1994 **R** Moira Armstrong **B** Alma Cullen **D** Sophie Ward (Alice Jordan), Kerry Fox (Clodagh Unwin), Nathaniel Parker (Martin Jordan), Michael Gough (Sir Ralph Unwin), Claire Bloom (Cecily Jordan) **L** 101 **E** 13.6.1997 tm3

VINCENT (VINCENT / VINCENT: THE LIFE AND DEATH OF VINCENT VAN GOGH). Außergewöhnliche Hommage zum 100. Todestag des Malers Vincent van Gogh (1853–1890), die sich ausschließlich auf die Briefe an seinen Bruder Theo stützt und in Verbindung mit dem reichen Bildermaterial ein eindringliches Porträt des Künstlers entwirft. – Ab 14. ✦ Australien 1988 **Pd** Markus G. Kaeppeli **R+B** Paul Cox **L** 95 **E** 2.3.1999 arte

VINCENT, DER HOLLÄNDER (VINCENT THE DUTCHMAN). Dokumentarische Reflexion über den niederländischen Maler Vincent van Gogh, sein Leben mit Gauguin, seine Isolation, seinen Selbstmord. Der gesprochene Text ist authentisch und wurde den Briefen van Goghs an seinen Bruder entnommen. Ein intelligentes, einfühlsames Werk. ✦ Großbritannien 1971 **R+B** Mai Zetterling **L** 65 **E** 17.6.1973 SW III

VINCENT, FRANÇOIS, PAUL UND DIE ANDEREN (VINCENT, FRANCOIS, PAUL ET LES AUTRES). In einem Kreis befreundeter Familien suchen drei alternde Männer gleichzeitig mit Krisen geschäftlicher, ehelicher oder persönlicher Art fertig zu werden. Ein subtiles Gruppenporträt aus dem französischen Kleinbürgermilieu, in dem inszenatorisch und darstellerisch hervorragend das Auf und Ab der Schicksale ineinandergeflochten werden. Trotz vieler angeschnittener Probleme lotet der Film zwar nicht allzu tief, unterhält aber auf nachdenklich stimmende Weise als unaufdringliches, mitunter leise ironisches Moralstück außerordentlich gut. – Sehenswert ab 16. ✦ Frankreich/Italien 1974 **P** Lira/President **KI** Fox-MGM **R** Claude Sautet **B** Jean-Loup Dabadie, Claude Néron, Claude Sautet, nach einem Roman von Claude Néron **K** Jean Boffety **M** Philippe Sarde **D** Yves Montand (Vincent), Michel Piccoli (François), Serge Reggiani (Paul), Gérard Depardieu (Jean), Stéphane Audran (Catherine), Marie Dubois, Antonella Lualdi **L** 117 **FSK** ab 16; f **E** 25.4.1975/17.6.1977 Kino DDR/9.6.1981 DFF 1 **fd** 19 257

VINCENT UND ICH (VINCENT ET MOI / VINCENT AND ME). Eine 13jährige talentierte Malerin, deren großes Vorbild van Gogh ist, wird von einem vermeintlichen Förderer, der eine ihrer Zeichnungen als unbekannte Arbeit des Meisters verkauft, hereingelegt. Sie setzt alles daran, den Betrug aufzudecken und die Zeichnung zurückzuholen. Mit großem Einfühlungsvermögen inszenierter Kinderfilm, der einfallsreich und streckenweise witzig auf das Unterhaltungsbedürfnis seines Publikums eingeht. Natürlich agierende Darsteller, pointierter Schnitt und eine gute Kameraarbeit runden die spannende Kriminalgeschichte ab. (11. Teil der Kinderfilmserie »Tales for All«) – Sehenswert ab 6. ✦ Kanada 1990 **P** Les Productions La Fête/Astral/Super Ecran/Radio Canada **VA** Atlas **Pd** Rock Demers, Daniel Louis, Claude

Nedjar **R+B** Michael Rubbo **K** Andreas Poulsson **M** Pierick Houdy **S** André Corriveau **D** Nina Petronzio (Jo), Christopher Forrest (Felix), Paul Klerk (Joris), Tchéky Karyo (van Gogh), Anna-Maria Giannotti (Gran) **L** 96 **FSK** ab 6 **E** 16.8.1991 Video **fd** 29115

VINCENT UND THEO (VINCENT & THEO). Stationen aus den letzten zehn Lebensjahren Vincent van Goghs (1853–1890), geprägt von seinen bis zu Schmerz, Verzweiflung und geistiger Verwirrung führenden Kämpfen um eine adäquate Ausdrucksform für seine innere Wahrnehmung der Welt, der Landschaften, Menschen und Dinge. Sie spiegeln sich im extrem entgegengesetzten Lebensmodell seines Bruders Theo, der in bürgerlichen Kreisen nach Selbstbestimmung sucht, aber in seiner Verzweiflung und seinem Scheitern eng mit Vincent verbunden ist. Keine eindimensionale Künstlerbiografie, sondern eine anspruchsvolle, ebenso verstörende wie faszinierende Auseinandersetzung mit der Wirklichkeit sowie der Wahrheit des künstlerischen Abbildes. – Sehenswert ab 16. ✦ Großbritannien/Italien/Niederlande/Frankreich 1989 **P** Central Films/Belbo/Telepool/RAI Uno/Sofica Valor/Vara/La Sept **KI** NEF 2 **Pd** Ludi Boeken **R** Robert Altman **B** Julian Mitchell **K** Jean Lepine **M** Gabriel Yared **S** François Coispeau, Geraldine Peroni **D** Tim Roth (Vincent van Gogh), Paul Rhys (Theodore van Gogh), Adrian Brine (Onkel Cent), Jean-François Perrier (Leon Bouscod), Vincent Vallier (René Valadon), Jip Wijngaarden (Sien Hoornik), Johanna Ter Steege (Jo Bonger), Jean-Pierre Cassel (Dr. Paul Gachet) **L** 139 **FSK** ab 12; f **FBW** w **E** 3.5.1990/18.11.1990 ARD **fd** 28295

VINCENT VAN GOGH – DER WEG NACH COURRIÈRES. Film über die weithin unbekannten Anfänge des Wirkens von Vincent van Gogh, gestaltet auf der Grundlage von van Goghs Briefen an seinen Bruder Theo. Geschildert werden drei Stationen in van Goghs Leben: sein Dasein als Laienprediger unter den Bergleuten der Borinage in Belgien, sein Aufenthalt in der holländischen Moorprovinz Drenthe und sein Leben als Außenseiter im Elternhaus in Nuenen. Der hervorragend fotografierte, etwas akademisch und steril wirkende Film will gleichzeitig die Person van Goghs und sein künstlerisches Schaffen reflektieren und setzt Briefe, Bilder, Landschaften und Musik konsequent, aber berechenbar in Beziehung zueinander. (Alternativtitel: »Der Weg nach Courrières«) – Ab 14 möglich. ✦ BR Deutschland 1987–89 **P** Christoph Hübner Filmprod./WDR **KI** Unidoc **SF** Unidoc **VA** Unidoc **Pd** Christoph Hübner **R+B** Christoph Hübner, Gabriele Voss **K** Werner Kubny, Christoph Hübner **M** Olivier Messiaen **S** Gabriele Voss **L** 93 **FSK** o. A.; f **FBW** w **E** 19.10.1989/9.6.1990 West 3

VINCENT VAN GOGH – EIN LEBEN IN LEIDENSCHAFT (LUST FOR LIFE). Eine Filmbiografie des holländischen Malers Vincent van Gogh (1853–1890), die sich sorgfältig und mit Respekt an die bekannten Tatsachen in seinem Leben hält. Auf hohem Unterhaltungsniveau stellt sie den Zusammenhang zwischen seinem menschlichen Schicksal und künstlerischen Werk dar, ohne sein schöpferisches Geheimnis deuten zu können. Vorzüglich gespielt. (DDR-Titel: »Ein Leben in Leidenschaft«) – Sehenswert ab 14. ✦ Scope. USA 1956 **P** MGM **KI** MGM **Pd** John Houseman **R** Vincente Minnelli **B** Norman Corwin, nach dem Roman von Irving Stone **K** Freddie Young, Russell Harlan **M** Miklos Rozsa **S** Adrienne Fazan **D** Kirk Douglas (Vincent Van Gogh), Anthony Quinn (Paul Gauguin), Everett Sloane (Dr. Gachet), James Donald (Theo van Gogh), Pamela Brown (Christine), Niall MacGinnis (Roulin), Eric Pohlmann (Colbert) **L** 123 **FSK** ab 12; f **FBW** w **E** 25.4.1957/7.12.1962 Kino DDR/30.3.1972 ARD/23.6.1985 DFF 1 **fd** 5870

VINCENZO FLORIDIA ODER DIE LETZTE ROSE VON NOTO. Das Porträt einer Generation noch junger Sizilianer, die sich in der Fremde dazu entschieden haben, trotz mangelnder Perspektiven in ihre Heimat zurückzukehren. In unspektakulären Alltagsbeobachtungen beschreibt der Dokumentarfilm das Leben und die Gedanken sensibler Menschen in der faszinierend schönen sizilianischen Landschaft; er berichtet aufmerksam und in vielen Details von Werten, die das Leben in Sizilien lebenswert machen. – Ab 14. ✦ Deutschland/Italien 1995 **P** Benjamin Geissler Filmprod. **KI** Benjamin Geissler Filmprod. **Pd+R+B** Benjamin Geißler **K** Giancarlo Pancaldi, Benjamin Geißler **S** Benjamin Geißler **L** 70 **E** 1996 **fd** 31832

VINEYARD (VINEYARD). Ein geheimnisumwitterter Wissenschaftler lädt Teenager auf seinen Besitz auf einer Trauminsel ein. Dort versucht er, die Jugendlichen der schwarzen Magie zuzuführen. Einer der Besucher durchschaut die Absichten und will seine Freundin dem unheilvollen Einfluß des Magiers entreißen. Primitiv-sexistischer Schocker nach dem Prinzip der »Zehn kleinen Negerlein«. ✦ USA 1988 **P** Northstar **VA** New Vision **Pd** Harry Mok, Jim Vilona **R** Bill Rice **B** Harry Mok, James Hong **K** John Dirlam **D** James Hong, Karen Witter, Michael Wong, Charyl Madson **L** 90 **FSK** ab 18 **E** Februar 1990 Video

VINH'S GESCHICHTE. Dokumentarfilm. Ein junger Mann, Sohn eines amerikanischen Soldaten und einer Vietnamesin, kommt im Rahmen eines Repatriierungsprogramms für amerikanisch-asiatische Mischlingskinder ins »Land der unbegrenzten Möglichkeiten«. Da er sich hier überhaupt nicht zurechtfindet, verwandelt sich der »amerikanische Traum« für ihn schnell in einen Alptraum. ✦ **R** Kelko Tsuno **L** 85 **E** 3.12.1993 arte

VINO SANTO – ES LEBE DIE LIEBE, ES LEBE DER WEIN. Die Planung einer angesehenen Wiener Steuerberater-Dynastie gerät aus den Fugen, als der in Italien lebende Großvater der ausgelobten Firmenerbin einen Herzanfall erleidet und den Wunsch äußert, noch einmal ein Fest mit allen Familienangehörigen feiern zu wollen. Was die anreisende Verwandtschaft nicht ahnt: Er will sein Weingut der angehenden Steuerfachfrau vererben. Komödie um den Zwiespalt zwischen gutbürgerlicher Ordnung und südländischem Laisser-faire sowie um eine junge Frau, die der Liebe wegen schon längst eigene Wege jenseits der Familientradition eingeschlagen hat. ✦ Deutschland/Österreich/Italien 1999 **P** BR/ORF/Satel **R** Xaver Schwarzenberger **B** Ulli Schwarzenberger (= Ulrike Schwarzenberger) **K** Xaver Schwarzenberger **M** Peer Raben **D** Anna Galiena (Serafina), Friedrich von Thun (Georg Alterburger), Helen Zellweger (Giola Altenburger), Gisela Schneeberger (Helene), Raf Vallone (Nonno), Alida Valli (Sveva) **L** 90 **E** 15.8.2001 ARD

VIOLA UND SEBASTIAN. Shakespeares »Was ihr wollt«, gewaltsam in die Gegenwart und auf norddeutsche Verhältnisse übertragen. Ottokar Runzes Kinodebüt scheitert bei dem Versuch, einen alten Stoff der Weltliteratur mit albernen Gags und schmalziger Schlagermusik dem modernen Geschmack anzupassen. – Ab 16. ✦ BR Deutschland 1971 **P** Guertler & Runze **KI** Centfox **R** Ottokar Runze **B** Ottokar Runze, nach der Komödie »Was ihr wollt« von William Shakespeare **K** Horst Schier **M** Frank Duval **S** Alfred Srp **D** Karin Hübner, Frank Glaubrecht, Inken Sommer, Michael J. Boyle, Heinz Theo Branding **L** 93 **FSK** ab 12; f **FBW** w **E** 28.12.1972

VIOLANTA (1941/42). Gebirgsbauernfilm um ein armes Mädchen, dem nach einer großen Enttäuschung doch noch Liebe und Ehe zuteil werden. Von ihrer Vergangenheit eingeholt, muß sich die junge Frau den Nachstellungen des ehemaligen Geliebten erwehren. Klischeehafter Heimatfilm, der nur in wenigen Szenen überzeugt. – Ab 14 möglich. ✦ Schwarz-weiß. Deutschland 1941/422 **P** Ufa **KI** Ufa **R** Paul Ostermayr **B** Emanuel von Richter, Paul Ostermayr, nach der Novelle »Der Schatten« von Ernst Zahn **K** Ekkehard Kyrath **M** Winfried Zillig **D** Annelies Reinhold (Violanta), Richard Häussler (Marianne Renner), Hans Schlenck (Andreas Renner), Karl Skraup (Vater Zureiss), Hedwig Wangel (Frau Zureiss) **L** 100 **FSK** ab 16; nf **E** 8.5.1942

VIOLANTA (1977) (VIOLANTA). Die Rückkehr eines jungen Mannes in sein Heimattal zur Hochzeit seiner Halbschwester stürzt beide in eine Verwirrung der Gefühle und führt zur Aufdeckung schuldhafter Verstrickung der Richterin Violanta, Mutter und Stiefmutter der jungen Menschen. Die in eine zeitlos-mythische Gebirgswelt transportierte Geschichte ist, bei aller Treue zur Vorlage, eine eigenschöpferische Verfilmung von C.F. Meyers Novelle »Die Richterin«, die in dem komplexen Film eine zusätzliche Dimension des Düsteren und Magischen erhalten hat. – Sehenswert. ✦ Schweiz 1977 **P** Condor/Artco **Pd** Peter-Christian Fueter, Jordan Bojilov, Eric Franck **R** Daniel Schmid **B** Wolf Wondratschek, Daniel Schmid, nach der Novelle »Die Richterin« von Conrad Ferdinand Meyer **K** Renato Berta **M** Peer Raben **S** Ila von Hasperg **D** Lucia Bosé (Violanta), Lou Castel (Silver), Maria Schneider (Laura), Ingrid Caven (Alma), Gérard Depardieu (Fortunat), François Simon (Simon) **L** 95 **E** 23.12.1979 DFF 2/16.12.1980 ZDF **fd** 22712

VIOLATION – DIE OHNMACHT DES OPFERS (MRS. R'S DAUGHTER). Die Vergewaltigung einer jungen Frau ist für die ermittelnden Polizisten nicht mehr als ein Routineeinsatz. Erst ihre Mutter, die auf eigene Faust ermittelt und den Täter aufspüren kann, setzt den Prozeß in Gang und kann die Verurteilung des Täters erwirken. Während des Prozesses wird das Opfer jedoch immer wieder peinlichen und entwürdigenden Situationen ausgesetzt. Fürs Fernsehen entstandener Film, der versucht, die Problematik von Vergewaltigungsprozessen transparent zu machen, wobei er sich einer spekulativen Aufbereitung weitgehend enthält. ✦ USA 1979 **P** NBC International/Dan Curtis Prod. **VA** All **R** Dan Curtis **B** George Rubino **K** Paul Lohmann **M** Robert Cobert **S** Bernard Gribble **D** Cloris Leachman (Ruth Randall), Season Hubley (Ellie Priutt), Donald Moffat (Frank Randall), John McIntire (Paul Underwood), Ron Rifkin (Joseph Baron) **L** 93 **FSK** ab 16 **E** Januar 1987 Video

VIOLENT COP (SONO OTOKO, KYOBO NI TSUKI). Ein Polizist mit Leib und Seele, abgeklärt bis zur Kaltblütigkeit, folgt einem in seinem Berufsstand selten gewordenen, weil unbestechlichen Ethos. Seine Lebensmaximen erfahren jedoch durch die Vermischung der Grenzen zwischen Gut und Böse, zwischen Berufs- und Privatleben ihre unerbittliche Demontage. Zum Außenseiter geworden, bleibt ihm nur ein letztes Aufbäumen gegen einen übermächtigen, allgegenwärtigen Feind. Ein stilistisch und inhaltlich beeindruckender Erstlingsfilm des künstlerischen Universalisten Kitano, der intelligent mit den Handlungsmomenten des Genres spielt und die mediengeschulte Erwartungshaltung des Zuschauers mal bestätigt, mal wirkungsvoll ins Leere laufen läßt. (O.m.d.U.) ✦ Japan 1989 **P** Bandai Visual/Shochiku-Fuji **KI** Rapid Eye Movies **VA** Adrenafilm (VMP) **Pd** Kazuyoshi Okuyama, Hsiao Nabeshima, Takio Yoshida, Shozo Ichiyama **R** Takeshi Kitano **B** Hisashi Nozawa **K** Yasushi Sasakibara **M** Daisaku Kume, Erik Satie **S** Nobutake Kamiya **D** Takeshi Kitano (Azuma), Haku Ryu (Kiyohiro), Maiko Kawakami (Akari, Schwester von Azuma), Shiro Sano (Yoshinari), Makoto Ashikawa (Kikuchi) **L** 103 **E** 21.5.1998/23.10.1998 Video **fd** 33144

VIOLENT ZONE (VIOLENT ZONE). Eine Söldnereinheit bricht auf, um einen gefangenen Amerikaner aus den Händen des Vietcong zu befreien. Ihr Auftraggeber treibt ein falsches Spiel mit den Männern. Vietnam-Abenteuer nach Schablone. ✦ USA 1988 **P** John Garwood Prod. **VA** Ufa **R** John Garwood **B** John A. Bushelman, David Pritchard **K** Robert Estrada **D** John Jay Douglas (Steve Ryker), Christopher Weeks (Charles Townsend), Chard Hayward (Norman McKloskey), Cynthia Killion (Linda Blomberg), David Pritchard (Rick O'Brien) **L** 87 **FSK** ab 16 **E** 1990 Video/29.10.1992 SAT 1

VIOLETTE NOZIÈRE (VIOLETTE NOZIERE). Eine

18jährige, die sich in den 30er Jahren heimlich als Prostituierte betätigt, vergiftet schließlich ihre Eltern, um dem engen Milieu zu entkommen und ohne Beschränkungen ihren eigenen Wünschen leben zu können. Freie Verfilmung eines historischen Kriminalfalles. Virtuos inszeniert und gespielt, doch vordergründig in der Beschreibung des Kleinbürgermilieus und oberflächlich in der Charakterzeichnung, so daß der Film nicht mehr als ein unverbindliches Melodram ist, das obendrein den Hang zur opportunistischen Spekulation aufweist. ✦ Frankreich/Kanada 1977/78 **P** Filmel/FR 3/Cinevideo 5 **KI** AG Kino **Pd** Eugène Lépicier, Denis Héroux **R** Claude Chabrol **B** Odile Barski, Hervé Bromberger, Frédéric Grendel, nach dem Roman von Jean-Marie Fitère **K** Jean Rabier **M** Pierre Jansen **S** Yves Langlois **D** Isabelle Huppert (Violette Nozière), Stéphane Audran (Germaine Nozière), Jean Carmet (Baptiste Nozière), Lisa Langlois (Maddy), Dominique Zardi (Junge im Kaffee), Jean-François Garreaud (Jean Dabin), Bernadette Lafont (Mitgefangene) **L** 123 **E** 22.11.1978/10.11.1979 ARD

VIOLETTE UND FRANÇOIS (VIOLETTE ET FRANÇOIS). Die Gemeinschaft eines sorglosen jungen Paares mit Kleinkind, das seinen Lebensunterhalt durch Diebstahl finanziert, zerbricht, als sich der Mann trotz der Skrupel seiner Gefährtin weiter als Kaufhausdieb betätigt. Eine sentimental-melancholische Liebesgeschichte um die Suche nach spielerischen und spannenden Lebensformen; erfrischend gespielt und durchaus amüsant, insgesamt aber zu unverbindlich, um tiefer zu loten. (Fernsehtitel: »Früchtchen mit Sahne«) – Ab 16. ✦ Frankreich 1976 **P** Président/FR 3 **KI** Nobis **R** Jacques Rouffio **B** Jean-Loup Dabadie **K** Andréas Winding **M** Philippe Sarde **S** Geneviève Winding **D** Isabelle Adjani (Violette), Jacques Dutronc (François), Serge Reggiani (François' Vater), Léa Massari (François' Mutter), Françoise Arnoul (Violettes Mutter), Catherine Lachens (Carla), Sophie Daumier (Paula) **L** 99 **FSK** ab 16; f **E** 11.11.1977 **fd** 20 565

DER VIOLONIST (LE JOUEUR DE VIOLON). Ein Violonist beschließt eines Tages, in der Pariser Metro zu musizieren. Tagelang spielt er gegen die Hektik und Gleichgültigkeit der Menschen an. Als er eines Tages Bachs »Chaconne, Partita d-Moll für Violine solo« anstimmt, scheint die Musik die Menschen zu verzaubern und die Welt ein wenig zu verändern. Eine Liebeserklärung an das Leben und eine Beschwörung der Macht der Musik, die vielleicht in der Lage ist, zur Errettung der Welt beizutragen. – Ab 14. ✦ Belgien/Frankreich/Deutschland 1994 **P** PDG and Partners/Hachette Première & Cie/La Sept Cinéma/CEC Rhone-Alpes/Fidibus **R** Charlie Van Damme **B** Charlie Van Damme, François Dupeyron, Jean-François Goyet, nach einem Roman von André Hodeir **K** Walther van den Ende **M** Vladimir Mendelssohn, Ludwig van Beethoven, Johann Sebastian Bach **S** Emmanuelle Castro **D** Richard Berry (Armand), François Berléand (Charles), Ines de Medeiros (Lydia), Geno Lechner (Ariane), John Dobrynine (Daraud) **L** 95 **E** 10.1.1997 arte

VIP – MEIN BRUDER, DER SUPERMANN (VIP – MIO FRATELLO SUPERUOMO). Die fantastische Geschichte eines unüberwindlichen Supermanns und dessen »mickrigen« kleinen Bruders »Minivip«, der an einem Minderwertigkeitskomplex leidet. Während einer vom Psychiater verordneten Schiffsreise gerät der Winzling an eine Milliardärin, die die Menschheit in willenlose Kunden ihrer Kaufhäuser verwandeln will, und rettet die Welt vor dem kapitalistischen Terror. Zeichentrickfilm, der lustvoll parodierend einschlägige Comic Strips, Science-Fiction- und Agentenfilme auf den Arm nimmt und zugleich mit poetisch-humorvollem Zugriff den allgegenwärtigen Werberummel attackiert. – Sehenswert ab 12. ✦ Italien 1969 **P** Bruno Bozzetto **KI** Neue Filmkunst **Pd+R** Bruno Bozzetto **B** Bruno Bozzetto, Attilio Giovannini, Guido Manuli **K** Franco Martelli, Giuseppe Laganá **M** Franco Godi **S** Luciano Marzetti, Giancarlo Rossi **L** 81 **FSK** ab 12; nf **E** 16.5.1971 ARD/3.11.1972 Kino

DIE VIPER (ROMA A MANO ARMATA). Ein hartgesottener Kommissar geht im Alleingang gegen eine römische Gangsterbande vor. Auch durch eine Versetzung in den Innendienst ist er nicht zu stoppen. Ruppiger Kriminalfilm des einschlägig »vorbelasteten« Genre-Regisseurs Umberto Lenzi. ✦ Italien 1976 **VA** VPS **R** Umberto Lenzi **K** Federico Zanni **D** Maurizio Merli, Tomas Milian, Arthur Kennedy **L** 89 **E** 12.3.1985 Video/10.7.1987 RTL plus

VIPER (1987) →Codename Viper (1987)

VIPER (1993) (VIPER – PILOT). Verbrecherjagd im 21. Jahrhundert: Die Polizei setzt ein neues High-Tech-Auto ein und versucht, den besten Fahrer der Unterwelt für ihr Projekt zu gewinnen. Nachdem der einer Gehirnwäsche unterzogen wurde, muß sich der Mann für eine Partei entscheiden. Pilotfilm einer Actionserie. – Ab 16. ✦ USA 1993 **R** Danny Bilson **B** Paul DeMeo **M** Eddie Jobson **D** James MacCaffrey (Michael Payton/Joe Astor), Dorian Harewood (Wilkes), Joe Nipote (Frankie), Jason Carter (Conner), Sydney Walsh (Elizabeth) **L** 91 **E** 2.2.1995 Pro Sieben

VIPER – EIN EX-COP RÄUMT AUF (VIPER). Ein Anwalt unterschlägt einer Gangsterbande fünf Millionen Dollar und sieht sich bald deren Nachstellungen ausgesetzt. Er überredet seinen Bruder zum Eingreifen, einen ehemaligen Polizisten, der schon einmal wegen eines Vergehens des Anwalts ins Gefängnis gegangen ist. Rüder Karate- und Kugelhagel-Film mit überholten Figuren-Klischees, der sich durch besondere Brutalitäten hervorzutun versucht. ✦ USA 1993 **P** MDP Unlimited/Spark Film **VA** NGP **Pd** Alan Amiel **R** Tibor Takacs **B** Neil Ruttenberg **K** Bernard Salzman **M** Joel Goldsmith, Alex Wilkinson **S** Steve Nielson, Stephen Eckelberry **D** Lorenzo Lamas (Travis Blackstone), Hank Cheyne (Franklin Blackstone), Kimberley Kates (Lindee), Joe Son (Chang), Frankie Thorn (Rhonda) **L** 85 **FSK** ab 18 **E** 16.1.1995 Video/13.5.1996 RTL 2 **fd** 31 259

VIPER: GEHIRNWÄSCHE →Viper (1993)

VIREALITÄTEN – GIBT ES EIN LEBEN NACH DER WIRKLICHKEIT. Dokumentation über das Phänomen der zunehmenden Vermischung von virtueller und realer Welt, genannt Virealität. Der Film zeigt Anwendungen und Analysen und läßt Wissenschaftler und Autoren wie William Gibson und Stanislaw Lem zu Wort kommen. ✦ Deutschland 1998 **R** Heinz Peter Schwerfel **L** 70 **E** 12.5.1998 arte

VIRGIN DREAMS →Sex, Love and Happiness

VIRGIN HIGH (VIRGIN HIGH). Um ihre Tochter vor schlechten Einflüssen zu schützen, stecken die Eltern den Teenager in ein streng katholisches Mädcheninternat. Natürlich weiß deren Freund Mittel und Wege, um sich Einlaß zu verschaffen – notfalls auch als Priester. Hauchdünne Teenager-Klamotte, die ihre wenigen Gags schon am Anfang verpulvert und dann nur noch die übliche Klischees abliefert. ✦ USA 1990 **P** Check Entertainment **VA** Starlight **Pd+R** Richard Gabai **B** Jeff Neill, Richard Gabai **K** Howard Wexler **M** Larry Berliner, Michael Morrell **S** John Shepphird **D** Burt Ward (Dick Murphy), Linnea Quigley (Kathleen), Tracy Dali (Christy Murphy), Richard Gabai (Jerry), Kent Burden (Theo) **L** 86 **FSK** ab 16 **E** 31.7.1991 Video

VIRGIN QUEEN (THE VIRGIN QUEEN OF ST. FRANCIS HIGH). Ein Schüler an einer kanadischen High-School hat sich in eine attraktive Mitschülerin verliebt. Diese aber gilt als äußerst tugendhaft und möchte ihre Jungfräulichkeit mit in die Ehe nehmen. Auf Grund einer Wette versucht er, die Moral der Angebeteten zu untergraben, doch sie kanalisiert seine Energien um und wandelt seine Lust in Freundschaft. Teenager-Sexkomödie ohne Sex. Miserabel inszeniert, versehen mit einer unerträglichen musikalischen Dauerberieselung. – Ab 16. ✦ Kanada/USA 1987 **P** Crown International Pic./Pioneer Pic./American Artists **VA** Ascot **R+B** Francesco Lucente **K** Joseph Bitonti, Kevin Alexander **M** Danny Lowe, Brad Steckel, Brian Island **S** Francesco Lucente **D** Joseph R. Straface (Mike), Stacy Christensen (Diane), J.T. Wotton (Charles), Anna-Lisa Iapaolo (Judy), Lee Barringer (Randy) **L** 86 **FSK** ab 16 **E** 1990 Video

VIRGIN WITCH (VIRGIN WITCH). Zwei naive Mädchen vom Lande, die in London Karriere als Mannequins machen wollen, geraten in die Fänge einer lesbischen Modell-Agentin und über sie in ein luxuriöses Landhaus, in dem einst Hexen ihre Treffen abhielten. Gruselfilm um Hexensabbat und magische Kräfte, gestreckt durch einige Sexszenen. Erwähnenswert allenfalls die leidlich routinierte Kameraarbeit. ✦ Großbritannien 1971 **P** Euro London **R** Ray Austin **B** Klaus Vogel **K** Gerald Moss **M** Ted Dicks **D** Patricia Haines, Neil Hallett, Anne Michelle, Vicki Michelle, Keith Buckley, James Chase **L** 87 **E** 11.4.1992 RTL plus

VIRGINIA AUF MÄNNERFANG (WOMAN CHASES MAN). Ein völlig abgebrannte, seit langem ungebunden lebende Architektin macht sich an einen älteren Multimillionär heran, der jedoch wegen seiner Spleenigkeit von seinem Sohn abhängig ist, der das Millionenvermögen allein verwaltet. Um dem Sohn das Geld aus der Tasche zu ziehen, verbündet sie sich mit dem ständig planenden Vater, der zur Zeit ein Wohnparkprojekt verfolgt, verliert jedoch schließlich ihr Herz an den Sohn. Im Ansatz eine typische Screwball-Komödie mit allerlei Spaß am Exzentrischen, die durchaus vergnüglich unterhält, ohne im Timing und bei den Pointen an die besten Filme der Gattung heranreichen zu können. – Ab 14. ✦ Schwarz-weiß. USA 1937 **P** Samuel Goldwyn **Pd** Samuel Goldwyn **R** John G. Blystone **B** Joseph Anthony, Manuel Seff, David Hertz **K** Gregg Toland **M** Alfred Newman **D** Miriam Hopkins (Virginia Travis), Joel McCrea (Kenneth Nolan), Broderick Crawford (Hunk), Charles Winninger (B.J. Nolan), Erik Rhodes (Henri Saffron), Leona Maricle (Nina Tennyson), Ella Logan (Judy) **L** 70 **E** 23.5.1976 ZDF

VIRGINIA GRÜTTER – MÁS FUERTE QUE EL DOLOR – STÄRKER ALS DER SCHMERZ. Porträt der Lateinamerikanerin Virginia Grütter, die als Theaterregisseurin (mit Vorliebe für Bert Brecht) und als Journalistin und Schriftstellerin arbeitete. Sie schrieb über Politik, Kunst und Kultur, veröffentlichte Gedichte und zwei Romane. Ihr Lebensweg führte sie nach Kuba, Chile, Nicaragua und in die DDR. Der Film setzt die Biografie wie ein Puzzle zusammen und verbindet Momentaufnahmen mit Texten und Liedern zu einer sehr persönlichen Annäherung an eine Frau, die stets bemüht war, die gesellschaftlichen, aber auch ihre eigenen Grenzen zu sprengen. Dies ist auch mit seelischen Schmerzen und Verletzungen verbunden gewesen. ✦ Deutschland 1995 **P** StoehrMedien/SWF **SF** Verleih der Filmemacher **Pd+R+B** Quinka F. Stoehr **K** Rudolf Körösi **S** Gisela Tuchtenhagen **L** 76 **FBW** bw **E** 1996

VIRGINIA – VERFÜHRT ZUR LIEBE (VIRGINIA). Eine mittellose Schauspielerin aus Berlin erhält in der Provence einen Job als Vorleserin bei einem blinden Schriftsteller. Dessen Frau findet an der attraktiven Angestellten Gefallen, und einem erotischen Reigen sind fortan keine Hindernisse gesetzt. Sexfilm, dessen Handlung sich als »Schule des Lebens« ausgibt. ✦ Frankreich 1990 **P** Aigle **R** François About **D** Brigitte Magerin (Virgina), Jacques Delahaye (Alex), Caroline Siemens (Diane), Sonia Lina (Daisy), Jean-Denis Burgo (Georges), François Romain (Luc), Caroline DelaGrange (Melle Moreau) **L** 80 **FSK** ab 16 **E** 29.1.1994 SAT 1

VIRIDIANA (VIRIDIANA). Die desillusionierende Schilderung des Weges einer jungen spanischen Novizin, die nach dem Selbstmord ihres Onkels auf das Kloster verzichtet und dadurch karitativ wirkt, daß sie das Landgut ihres Onkels zu einem Asyl für Notleidende macht. Eine kurze Abwesenheit der jungen Frau nutzen die Armen zu orgienhafter Zerstörung.

Nur knapp kann die Zurückgekehrte einer Vergewaltigung entgehen. Sozial- und religionskritischer Film von großer formaler wie thematischer Kraft, mit dem Buñuel heiligmäßige christliche Lebensbemühung durch die ebenso radikale Konfrontation mit Unmoral, Bosheit und sozialem Elend auf die Probe stellt. Die in zahlreichen zwielichtigen Symbolen ausgedrückte Polemik gegen die christliche Botschaft ist freilich nicht leicht zu entschlüsseln. (Die frühe deutsche Kinofassung ließ mehrere Einstellungen vermissen, die der Verleih als religiös verletzend empfand; sie wurden erst in der vom ZDF gesendeten Kopie wieder eingefügt.) ✦ Schwarz-weiß. Spanien/Mexiko 1961 **P** UNICI/Film 59 **KI** Die Lupe **Pd** Gustavo Alatriste **R** Luis Buñuel **B** Luis Buñuel, Julio Alejandro **K** José Fernández Aguayo **M** Georg Friedrich Händel, Wolfgang Amadeus Mozart **S** Pedro del Rey **D** Francisco Rabal (Jorge), Silvia Pinal (Viridiana), Fernando Rey (Don Jaime), Margarita Lozano (Ramona), Victoria Zinny (Lucía), Teresita Rabal (Rita) **L** 88 (Orig. 90) **FSK** ab 18; f **FBW** w **E** 27.4.1962/2.3.1968 BR III/9.3.1970 ZDF **fd** 11 029

VIRINEA (WIRINEJA). Das Schicksal einer Frau, die sich selbst sucht. Die vitale und kluge Virinea findet in ihrer Umgebung weder Verständnis noch Möglichkeiten zur Entfaltung ihrer Fähigkeiten. Erst die Bekanntschaft mit den Bolschewiki eröffnet ihr neue Wege. Sie stirbt durch die Kugel der Weißegardisten. Formal ansprechendes, politisch allzu tendenziöses Drama. – Ab 16. ✦ Schwarz-weiß. UdSSR 1968 **P** Lenfilm **KI** Progress **R** Wladimir Fetin **B** Albina Schulgina, nach dem gleichnamigen Roman von Lydia Seifullina **K** Jewgeni Schapiro **M** Wassili Solowjow-Sedoi **D** Ljudmila Tschursina (Virinea), Anatoli Papanow (Maraga), Wjatscheslaw Newinny (Pawel Suslow), Valentina Wladimirowa (Anisja), Nadeshda Fedossowa (Mokeicha) **L** 101 **E** 6.3.1970 Kino DDR/29.10.1971 DFF 1

VIRTUAL DESIRE (VIRTUAL DESIRE). Handelsüblicher Erotikfilm. Als die Frau eines Ex-Baseballspielers ermordet aufgefunden wird, gerät dieser in Verdacht, glaubt seinerseits aber unter seinen zahlreichen Affären die Täterin zu finden. ✦ USA 1995 **P** Top Pop **VA** Highlight **R** Noble Henri (= Jim Wynorski) **B** Pete Hale **D** Julie Strain (Sascha), Michael Meyer (Brad Collins), Gail Harris (Wendy), Marcia Gray (»Die Fremde«), Tammy Parks (Susan) **L** 90 **FSK** ab 18 **E** 16.5.1998 Vox

VIRTUAL GIRL (VIRTUAL GIRL). Ein verheirateter Programmierer wird engagiert, um ein interaktives Cyber-Sexprogramm zu optimieren. Verheimlicht wird ihm, dass zwei der Software-Entwickler an einem Stromstoß gestorben sind. Je mehr sich der Mann auf seine virtuelle Sexsklavin einlässt, um so mehr wird sein Leben manipuliert und das seiner Frau bedroht. Thriller mit Softsex-Einlagen, der versucht, das voyeurhaft kreierte chauvinistische Frauenbild zu hinterfragen und trotz einfacher filmischer Mittel für einige Spannung gut ist. – Ab 16. ✦ USA 1998 **P** American Film Partners **VA** Ufa/BMG **Pd** Bradley Fuller **R** Richard Gabai **B** L. A. Maddox, Richard Gabai **K** Theo Angell **M** Larry Berliner, Michael Morell **S** John Shepphird **D** Charly Curtis (Virtuality/Cynthia Lee), Richard Gabai (Fred Renfield), Max Dixon (John Lewis), Warren Draper (Charlie Simms), Scott Larsen (Raynes) **L** 84 **FSK** ab 16 **E** 15.3.1999 Video **fd** 33 747

VIRTUAL NIGHTMARE – DU KANNST NICHT ENTKOMMEN (VIRTUAL NIGHTMARE). Ein Werbefachmann beginnt an seinem Verstand zu Zweifeln, als sich in seinem Alltag seltsame Dinge und Erscheinungen mehren und er die Leiche eines Kollegen entdeckt, der eigentlich nach Hawaii versetzt werden sollte, von wo aus er E-Mails verschickt. Mit Hilfe einer Bibliothekarin erkennt er, dass seine Welt eine Computersimulation ist. Durchaus witziger und geschickt konstruierter Fernsehfilm, der Versatzstücke anderer Filme nutzt, um mit recht einfachen Mitteln seine virtuelle Realität aufzubauen. Dabei besteht der Reiz im Zusammenprall zweier unterschiedlicher Welten und Charaktere: die des Mannes als Produkt des Medienzeitalters und die der Frau, die die Geisteswelt versinnbildlicht. – Ab 16. ✦ Australien 2000 **P** Coote Hayes Prod. **VA** Paramount Home **Pd** Darryl Sheen **R** Michael Pattinson **B** Dan Mazur, David Tausik **K** Ben Nott **M** Garry McDonald, Lawrence Stone **S** Suzanne Angel **D** Michael Muhney (Dale), Tasma Walton (Wendy), John Noble (Dad), Bob Hornery (Stan), Mitchell Butel (Miller) **L** 86 **FSK** ab 16 **E** 8.2.2001 Video **fd** 34 847

VIRTUAL NIGHTMARE – OPEN YOUR EYES (ABRE LOS OJOS). Ein junger Herzensbrecher, dessen Gesicht nach einem Autounfall entstellt ist, wird nach einer Gesichtsoperation von Albträumen heimgesucht, in deren Verlauf er seine Geliebte tötet. Im Gefängnis erzählt er einem Psychiater seine Geschichte und erinnert sich an den Chef einer dubiosen Firma, der ihm ein virtuelles ewiges Leben nach den Tod versprach. Erst später wird ihm gewahr, dass er Selbstmord beging und er sich seine Existenz nur erträumt. Ein intelligent verrätselter Film, der eine bittere Zukunftsvision entwirft, in der Virtualität an Stelle der Realität tritt und programmierte Wünsche das Dasein ersetzen. Ein ebenso spannender wie verunsichernder Film in Form eines Psychothrillers, der ein hintergründiges Spiel mit Schein und Sein treibt. ✦ Spanien/Frankreich/Italien 1997 **P** Las Produciones del Escorpión/Les Films Alain Sarde/Lucky Red/Sogetel/Sogepaq/Canal+ España/Eurimages **VA** VCL **Pd** José Luis Cuerda, Fernando Bovaira **R** Alejandro Amenábar **B** Alejandro Amenábar, Matéo Gil **K** Hans Burmann **M** Alejandro Amenábar, Mariano Marin **S** Elena Sainz de Rozas (= María Elena Sáenz de Rozas) **D** Eduardo Noriega (Cesar), Penélope Cruz (Sofia), Fele Martinez (Pelayo), Najwa Nimri (Nuria), Cheta Lera (Antonio) **L** 115 **E** 28.6.2001 Video **fd** 35 014

VIRTUAL OBSESSION (VIRTUAL OBSESSION). Ein Wissenschaftler, der einen Supercomputer entwickelt, bekommt Probleme mit seiner Assistentin, einer sterbenskranken Programmiererin, die ihr Bewusstsein ins Programm der Maschine einspeichert. Eine vorherige Liebesaffäre zwischen den Beiden trägt nicht unbedingt zur Entspannung des Konflikts bei, zumal die Frau versucht, ganz Salt Lake City mit ihrem Programm zu terrorisieren. Unausgegorener Science-Fiction-Film, der in keiner Sekunde zu überzeugen versteht und bestenfalls durch seine einfältigen Dialoge aus dem Rahmen fällt. ✦ USA 1998 **P** Hallmark/Stephanie Germain Prod./Von Zerneck-Sertner Films **Pd** Mick Garris, Randy Sutter, Ted Babcock, David C. Thomas **R** Mick Garris **B** Preston Sturges jr., Mick Garris, nach einem Roman von Peter James **K** Shelly Johnson **M** Nicholas Pike **S** Patrick McMahon **D** Peter Gallagher (Joe), Mimi Rogers (Karen), Jake Lloyd (Jack), Andy Comeau (Tom), Lee Garlington **L** 130 **E** 6.8.2000 Premiere World

VIRTUAL SEX (VIRTUAL SEX). Sexfilm, in dem zunächst ein Gerät für die erotische Stimulanz zweier Frauen und eines Mannes sorgt. Wenig später gesellt sich eine verführerische Frau zu dem Trio. ✦ USA 1993 **R+B** Nicholas Orleans **K** Johnny English **M** Wesley Evans **D** Kelly O'Dell, Tiffany Minx, Tina Tedeschi, Deborah Wells **L** 85 **E** 25.8.1995 premiere

VIRTUAL SEXUALITY – CYBER-LOVE PER CLICK (VIRTUAL SEXUALITY). Durch ein Computer-Malheur klont sich eine Heranwachsende selbst als Junge und verliebt sich in ihren männlichen Gegenpart. Dabei übersieht die sich nach Liebe sehnende Jugendliche, dass mit ihrem Freund in der wahren Welt zwar nicht der Partner ihrer Träume, aber ein durchaus akzeptabler Gefährte an ihrer Seite steht. Teenager-Komödie mit einigen Verwicklungen und Verwirrungen, die ihren kompliziert klingenden Plot recht schlicht auflöst und sich auf dem Niveau annehmbarer Unterhaltung mit einer versöhnlichen Moral eingerichtet hat. – Ab 14. ✦ USA 1999 **P** Tri-Star **VA** Columbia Tristar Home **DVD** Columbia TriStar Home (16:9, 1.85:1, DD5.1 engl./dt.) **Pd** Christopher Figg **R** Nick Hurran **B** Nick Fisher, nach einem Roman von Chloe Rayban **K** Brian Tufano **M** Rupert Gregson-Williams **S** John Richards **D** Laura Fraser (Justine), Rupert Penry-Jones (Jake), Luke de Lacey (Chas), Kieran O'Brien (Alex), Marcelle Duprey (Fran) **L** 89 **FSK** ab 12 **E** 26.9.2000 Video & DVD **fd** 34 614

VIRTUAL VAMPIRE. Ein Mann behauptet, er hätte psychokinetische Fähigkeiten, die sich auf einer Fotofläche oder einem Fernsehbildschirm abbilden ließen. Damit weckt er das Interesse eines Psychologen, der seine ahnungslose Geliebte in die Versuchsreihe einbezieht. Der Mann verliebt sich in die junge Frau und verfällt einer medialen Form des Vampirismus, den scheinbar nur sein Selbstmord beenden kann. Ein thematisch durchaus reizvoller Film, der zu einem immer bizarreren Spiel mit »Para-Bildern« mutiert, innerhalb der sich der Mensch ebenso auflöst wie im »Chat-Window« eines Computers. Immer nebulöser, letztlich arg verquast bebildert er das »unwirkliche Gefühl«, dass sich der menschliche Körper auf Grund immer schnellerer (Zeit-)Reisen auflöst und zu einem vampiristischen Dasein jenseits der Wirklichkeit verdammt ist. ✦ Deutschland 1998 **P** Luxus Film **Pd+R+B** Michael Busch **K** Marcus Winterbauer **M** Cem Oral, Air Liquide **S** Ute Schall **D** Inga Busch (May), Armin Dallapiccola (Merz), René Hofschneider (Dr. Andres), Rüdiger Kuhlbrodt (Dr. August) **L** 92 **E** 22.3.1999 ZDF

VIRTUAL WEAPON (POTENZA VIRTUALE / VIRTUALLY YOURS). Ein Polizist, der bei einer Explosion getötet wurde, kann als sprechendes Hologramm seine Gangsterjagden fortsetzen, da zuvor seine Daten in einen Computer eingegeben wurden. Ein Billig-Film, der durch das Modethema virtuelle Realität, handfesten Klamauk, zahllose Prügeleien und den vermeintlichen Star Terence Hill auf ein gewisses Zuschauerpotential schielt, seine Existenzberechtigung jedoch zu keiner Zeit belegen kann. Eine schwer erträgliche Synthesizer-Musik macht sogar das Hören zur Qual. – Ab 12. ✦ USA/Italien 1996 **P** Trans-Cine Film/Paloma/Derby Cinematografica **VA** Ufa/BMG **Pd** Valerie Wolkoff, Eduardo Margheriti **R** Anthony M. Dawson (= Antonio Margheriti) **B** Ferdie Pacheo, Jess Hill **K** Carlo Tafani **M** Carmelo La Bionda, Michelangelo La Bionda **S** Eugenio Alabiso **D** Terence Hill (= Mario Girotti) (Skims), Marvelous Marvin Hagler (Mike), Giselle Blondet (Chelo), Jennifer Martinez (Lily), Tommy Lane (Captain Shepard) **L** 89 **FSK** ab 6; f **E** 25.8.1997 Video/1999 Wiederaufführung **fd** 34 032

VIRTUOSITY (VIRTUOSITY). Ein ehemaliger Polizeidetektiv wird auf die Vernichtung eines computererzeugten Killers angesetzt, der die genetischen Eigenschaften von 183 Massenmördern in sich vereint. Die tricktechnische Mischung aus visueller und echter Realität dient als Vorwand für exzessive Gewaltakte, die zynisch mit gewaltfördernden Ereignissen und Lokalitäten der Gegenwart getarnt werden, in Wahrheit aber nur dem vordergründigen spekulativen Effekt dienen. (Titel auch: »Virtuosity – Das Gesetz braucht ein neues Programm«) – Wir raten ab. ✦ Scope. USA 1995 **P** Paramount **VA** CIC **DVD** Paramount (16:9, 2.35:1, DD5.1 engl./dt.) **Pd** Howard W. Koch jr. **R** Brett Leonard **B** Eric Bernt **K** Gale Tattersall **M** Christopher Young **S** B.J. Sears, Rob Kobrin **D** Denzel Washington (Parker Barnes), Kelly Lynch (Madison Carter), Russell Crowe (Sid 6.7), Stephen Spinella (Lindenmeyer), William Forsythe (William Cochran), Louise Fletcher (Elizabeth Deane), Kevin J. O'Connor (Clyde Reilly), Christopher Murray (Matthew Grimes), Heidi Schanz (Sheila 3.2), Traci Lords (Sängerin) **L** 97 (DVD 101) **FSK** ab 18 (DVD SPIO-JK) **E** 27.6.1996 Video/3.5.2001 DVD **fd** 32 016

VIRUS (1980) →Overkill – Durch die Hölle zur Ewigkeit

VIRUS (1997) (CONTAGIOUS). Ein mittelamerikanischer Drogenkurier schleppt eine besonders aggressive Choleraform in die USA ein. Während eine Seuchenspezialistin Sofortmaßnahmen ergreift, macht sich eine Drogenfahnderin auf die Suche nach dem ebenfalls verseuchten Kokain. Die Lage spitzt sich dramatisch zu, als die Wissenschaftlerin entdeckt, daß ihr Mann, der auf dem Weg zu einem entlegenen Feriencamp ist, ebenfalls erkrankt ist. Fernsehfilm im Gefolge von »Outbreak«, der eine Vielzahl von Motiven in seine durchsichtige Story packt, um interessant zu bleiben. ✦ USA 1997 **P** Wilshire Court **VA** CIC **Pd** Mary Eilts **R** Joe Napolitano **B** Sandy Kroopf **K** Andreas Poulsson **M** Stephen Graziano **S** Tim Tommasino **D** Elizabeth Pena (Det. Louisa Rojas), Ken Pogue (George Ryburn), Brendan Fletcher (Georg), Tom Wopat (Sam), Lindsay Wagner (Dr. Hannah Cole) **L** 87 **FSK** ab 12 **E** 16.7.1997 Video/ 2.6.1998 premiere

VIRUS (1998) (VIRUS). Eine auf Energie beruhende Lebensform nistet sich in den Computern eines russischen Forschungsschiffes ein, tötet die Besatzung und benutzt ihre Opfer als »Ersatzteillager«, um blutrünstige Roboter herzustellen. Erst die Crew eines Bergungsschiffes macht nach zahlreichen Verlusten dem Grauen ein Ende. Ganz auf grausame Spezial-Effekte bauender Science-Fiction-Horror-Film, dessen comic-artige Charaktere keinerlei Anteilnahme aufkommen lassen und der seine Spannung vergeblich in aufdringlicher Musik und vorhersehbaren Verfolgungsjagden sucht. DVD: Die Special Edition beinhaltet u. a. einen Audiokommentar des Regisseurs sowie ein Feature mit nicht verwendeten Szenen. ✦ Scope. USA 1998 **P** Universal Pictures **KI** UIP **VA** Concorde (VCL) **DVD** Concorde (SE, 16:9, 2.21:1, DD5.1 engl./dt.) **Pd** Gale Anne Hurd, Todd Moyer, Dennis E. Jones, Bud Smith **R** John Bruno **B** Chuck Pfarrer, Dennis Feldman, nach der Comic-Buchserie »Virus« von Chuck Pfarrer **K** David Eggby **M** Joel McNeely **S** Scott Smith **D** Jamie Lee Curtis (Kit Foster), William Baldwin (Steve Baker), Donald Sutherland (Cpt. Everton), Joanna Pacula (Nadia), Marshall Bell (J.W. Woods jr.), Sherman Augustus (Richie) **L** 99 **FSK** ab 16; f **E** 20.5.1999/23.11.1999 Video/3.5.2000 DVD **fd** 33 679

VIRUS ATTACK (THE PROTECTOR). Handelsüblicher Actionfilm um einen Auftragskiller, der sich bei der Suche nach einem verschwundenen Feind mit einem tödlichen Virus infiziert. Ihm bleiben 48 Stunden, um den Hersteller des Virus zu finden, der mit dem Gegenmittel viel Geld verdienen will. ✦ USA 1995 **R** Jack Gill **B** Jack Gill, Stuart Beattie, Andrea Buck, Duncan McLachlan **D** Matt McColm (Jeff Conway), Ron Perlman (Dr. Ramsay), Clint Howard (Hutch), Morgan Brittany (Morgan), Annabel Schofield (Marisa), Carol Alt (FBI-Agent), Jack Gill (Dr. Stanly Erhardt), John Rhys-Davies (Rasheed) **L** 89 **E** 21.7. 2000 ProSieben

VIRUS C.I.A. – IN FEINDLICHER ABSICHT (HOSTILE INTENT). Ein Informatik-Experte hat ein Programm entwickelt, mit dem Computer perfekt gegen Zugriffe von außen abgesichert werden können. Das FBI, das die Software in seinen Besitz bringen will, nutzt das Wochenend-Vergnügen des Programmierers, der an einem Kriegsspiel für Erwachsene teilnimmt, in dem sich die gegnerischen Parteien mit Farbpatronen beschießen. Rasch wird aus dem Spiel blutiger Ernst. Ein ohne ironische Distanz vorgetragener Thriller, der weder die Charaktere noch ihre Handlungen reflektiert und Möchtegern-»Rambos« zu Helden mutieren läßt. Der lieblos konstruierte Plot, der manchen Unfug aufweist, hat auch für Freunde einfältiger Action-Kost wenig zu bieten. ✦ USA 1997 **P** Le Monde Entertainment/Chesler/Perlmutter **VA** Starlight **Pd** Julian Grant **R** Jonathan Heap **B** Manny Coto **K** Gerald R. Goozee **M** Christophe Beck **S** Paul Day (= Paul G. Day) **D** Rob Lowe (Cleary), Sofia Shinas (Gina), John Savage (Bear), Ronn Sarosiak (Gordon), Rino Romano (Press) **L** 88 **FSK** ab 18 **E** 16.3.1998 Video **fd** 33 105

EIN VIRUS KENNT KEINE MORAL. In grellen Bildern setzt sich Rosa von Praunheim, Apologet der Homosexuellenbewegung hierzulande, laut und zynisch mit einem ernsten Thema auseinander. Die gefahrenvolle, unheilbare Krankheit AIDS dient ihm als Aufhänger für eine meisteneils geschmacklose Satire, die politischen Anspruch erhebt, ihn aber nicht einlöst. – Wir raten ab. ✦ BR Deutschland 1985/86 **P** Rosa von Praunheim Filmprod. **KI** Filmwelt **VA** VCL/Virgin **Pd** Renée Gundelach **R+B** Rosa von Praunheim **K** Elfi Mikesch **M** Marran Gosov **S** Michael Schäfer **D** Dieter Dicken (Christian), Maria Hasenäcker (Dr. Blut), Christian Kesten (Student), Eva Kurz (Reporterin), Rosa von Praunheim (Rüdiger), Thilo von Trotha (Mutter) **L** 82 **E** 16.1.1986/Juli 1986 Video **fd** 25 525

VIRUS X – DER ATEM DES TODES. Thriller um ein tödliches Virus, das in einem Krankenhaus um sich greift. Ein Urlauber, der den Virus eingeschleppt hat, muß operiert werden. Dabei infiziert ausgerechnet der neue Geliebte der zuständigen Virologin ihren Noch-Ehemann mit eben jenem Virus. Als die Nachricht vom Killervirus an die Öffentlichkeit gerät, bricht Panik aus. ✦ Deutschland 1997 **R** Lutz Konermann **B** Uta Berlet, Hermann Kirchmann **D** Leslie Malton (Dr. Simone Stenzel), Peter Sattmann (Dr. Robert Stenzel), Anna Brüggemann (Maria Stenzel), Udo Wachtveitl (Dr. Paul Kohlberg), Despina Pajanou (Anna Schneider) **L** 95 **E** 3.11.1998 SAT 1

VIRUS X – DIE TÖDLICHE FALLE (CARRIERS). Science-Fiction-Thriller. Ein aus Afrika eingeschleppter Virus löst in den USA eine Epidemie aus. Eine Seuchenexpertin stößt bei ihren Ermittlungen in Gabun auf Experimente des US-Militärs mit biologischen Waffen und gerät ins Visier des skrupellosen Projektleiters. ✦ USA 1997 **R** Alan Metzger **B** Joyce Heft Brotman, nach einem Roman von Patrick Lynch **K** Geoffrey Erb **M** Ernest Troost **D** Judith Light (Carmen Travis), Philip Bosco (Colonel John Bailey), Bill Nunn (Captain David Arends), Collin Wilcox Paxton (Martha), Nicholas Pryor (Frank Sanborn) **L** 89 **E** 21.8.1998 ARD

VIS-À-VIS (LES SCELERATS). Der Unfalltod ihres Kindes, für den ihr Mann verantwortlich ist, stürzt eine reiche Frau in ausweglose Verzweiflung. Trunksucht, Untreue und Selbstmord vollenden ihr Schicksal. Düsteres Seelendrama, das die seelischen Vorgänge des in Haßliebe miteinander verknüpften Ehepaares allzu verworren bebildert und sich zudem in einigen veräußerlichenden Effekten verliert. ✦ Schwarzweiß. Frankreich 1960 **P** Marceau/Cocinor/Prod. Francis Lopez **KI** UIP (Erstverleih: Bavaria) **Pd** Francis López **R** Robert Hossein **B** Frédéric Dard, Robert Hossein, nach einem Roman von Frédéric Dard **K** Jacques Robin **M** André Hossein **D** Robert Hossein (Jess), Michèle Morgan (Thelma), Perrette Pradier (Louise), Olivier Hussenot (Vater), Jacqueline Morane (Mutter) **L** 92 **FSK** ab 18; nf **E** 23.12.1960 **fd** 9 868

VISA FÜR OCANTROS. Auf den Premierminister eines fiktiven Staates wird ein Attentat verübt, hinter dem die CIA steckt. Zur gleichen Zeit hält sich ein Ingenieur aus der DDR in dem Entwicklungsland auf, um die Endmontage einer Druckerei zu leiten. Er wird in den Putschversuch verstrickt und steht vor der Entscheidung, das Land zur eigenen Sicherheit zu verlassen oder zu bleiben. Abenteuerfilm fürs DDR-Fernsehen, der die exotische Kulisse für eine spannende, wenngleich holzschnittartig angelegte Dramaturgie nutzt. ✦ DDR 1974 **P** DEFA **Pd** Willi Teichmann **R+B** Kurt Jung-Alsen **K** Helmut Bergmann **M** Helmut Nier **S** Christa Helwig **D** Alfred Müller (Martin Katrup), Gojko Mitic (Maha), Barbara Brylska (Jagoda), Angel Stojanow (Dr. Ostschenko), Wolfgang Dehler (Förster) **L** 151 (zwei Teile) **E** 25.12. 1974 DFF 1

VISION AM SEE. Rührselige Konflikte um eine Baronesse, eine Tänzerin und einen Bildhauer, der im Schloßpark eine nackte Nymphe wahrgenommen zu haben meint und ihr wiederbegegnen will. Die Regie gewann dem verstiegenen Stoff wenigstens ein paar formale Reize ab. – Ab 16. ✦ Schwarz-weiß. Ungarn 1942 **P** Mária Hausz-Prod. **KI** Carmi **Pd** Mária Hausz **R** László Kalmár **K** István Eiben **M** Szabolcs Fényes **D** Paul Jávor, Lili Berky, György Solthy, Klári Tolnay, Erzsébet Simor, Eva Libertiny **L** 87 **FSK** ab 16; nf **E** September 1942 **fd** 351

VISION DER DUNKELHEIT (BAD DREAMS). Eine junge Frau, die in den 70er Jahren den Massenselbstmord einer Jugendsekte überlebt hat, wird 13 Jahre später von schrecklichen Erscheinungen heimgesucht und von einem jungen Psychiater gerettet. Der technisch routiniert inszenierte Film verschenkt die im Stoff angelegten Möglichkeiten und steuert statt dessen auf nervenaufreibende, geschmacklose Blut- und Ekelszenen zu. – Wir raten ab. ✦ USA 1988 **P** No Frills Film **KI** 20th Century Fox **VA** CBS/Fox **Pd** Gale Anne Hurd **R** Andrew Fleming **B** Andrew Fleming, Steven E. de Souza **K** Alexander Gruszynski **M** Jay Ferguson **S** Jeff Freeman **D** Jennifer Rubin (Cynthia), Bruce Abbott (Dr. Alex Karmen), Richard Lynch (Harris), Dean Cameron (Ralph), Harris Yulin (Dr. Berrisford), Susan Barnes (Connie) **L** 84 **FSK** ab 18; f **E** 25.8.1988/März 1989 Video **fd** 27 070

VISIONEN AUS LICHT – DIE GESCHICHTE DER KAMERAFÜHRUNG (VISIONS OF LIGHT). Dokumentarfilm über Geschichte und Bedeutung der Filmkamera. Perspektive, Licht und Führung der Kamera werden vom Betrachter oft nur unbewußt wahrgenommen, obwohl das visuelle Handwerk der Kameraleute die Atmosphäre eines Films entscheidend prägt. Gezeigt werden Apparate von der Handkamera bis zur riesigen 70mm-Maschine, exemplarische Filmausschnitte und Interviews mit 27 prominenten Kameraleuten. ✦ Teils schwarz-weiß. USA/Japan 1992 **P** NHK/Japan Broadcasting Corp./American Film Institute **Pd** Stuart Samuels, Arnold Glassman **R** Stuart Samuels, Arnold Glassman, Todd McCarthy **B** Todd McCarthy **K** Nancy Schreiber **S** Arnold Glassman **D** Nestor Almendros, John A. Alonzo, John Bailey, Michael Ballhaus, Sven Nykvist, u. a. **L** 90 **E** 13.4.1994 premiere

VISIONEN DER ANGST! DIE FRAU MIT DEM ZWEITEN GESICHT (MURDER IN MIND / A DEADLY VISION). Thriller. Eine junge Frau glaubt, in ihren Alpträumen, in denen Frauen auf grausame Weise umgebracht werden, wahre Ereignisse zu sehen. Nur ein junger Polizeidetektiv glaubt ihr und verhaftet einen Verdächtigen. (Alternativer TV-Titel: »Love Kills«) ✦ USA 1996 **R** Bill L. Norton **B** Dan Greenburg **D** Kristin Davis (Babette Watson), Peter Boyle (Salvatore DaVinci), Matthew Settle (Max Segal), Ellen Burstyn (Yvette Watson), James McDaniel (Tony Natale) **L** 90 **E** 16.7.1997 RTL

VISIONEN DES SCHRECKENS (MURDEROUS VISION). Dank eines Mediums kommt ein Polizeileutnant einem Serienkiller auf die Spur, dem wahnsinnigen Schüler eines Chirurgen, der die Häute seiner Opfer sammelt. Spekulativer Thriller in Nachfolge von »Das Schweigen der Lämmer«. ✦ USA 1990 **P** Paramount **VA** CIC **Pd** Johanna Persons **R** Gary A. Sherman **B** Paul Joseph Gulino **K** Alex Nepomniaschy **D** Bruce Boxleitner, Laura Johnson, Joseph D'Angerio, Glenn Plummer, Beau Starr **L** 89 **FSK** ab 16 **E** 18.9.1991 Video

VISIONEN VON MORD →Leben am Abgrund

VISIONS OF DEATH (AFTER ALICE). Nachdem ihn seine Frau verlassen hat, entdeckt ein Polizist, der im Großstadtsumpf unterzugehen droht, dass er medial begabt ist und durch die Berührung der Gegenstände von Mordopfern den Tathergang rekonstruieren und die Spur des Täters aufnehmen kann. Mit seiner Hilfe kann ein Serienkiller dingfest gemacht werden. Kriminalfilm mit Esoterik-Anklängen, der einmal mehr einen Profiler in den Mittelpunkt stellt. Die nicht unbedingt originelle Geschichte kommt immerhin ohne übertriebene Brutalitäten aus und legt Wert auf den sorgfältigen Aufbau einer zwielichtigen Stimmung. – Ab 16. ✦ Deutschland/Großbritannien/Kanada 1999 **P** After Alice Filmprod./Promark Entertainment/Videal **VA** VCL **DVD** CinePlus (FF, DS dt.) **Pd** Tina Stern, André Paquette, Tom Kinninmont **R** Paul Marcus **B** Jeff Miller **K** Brian Pearson **M** Michael Hoenig **S** Kate Evans, Liz Webber **D** Kiefer Sutherland (Mickey Hayden), Henry Czerny (Harvey), Polly Walker (Dr. Vera Swann), Gary Hudson (John Hatter), Stephen Quimette (Gideon Wood) **L** 97 **FSK** ab 16 **E** 20.2. 2001 Video/1.8.2001 DVD **fd** 34 784

VISITOR – DIE FLUCHT AUS DEM ALL (THE VISITOR). Nach dem Abschuss seines Ufos gelingt einem Piloten die Flucht. An Hand von Fingerabdrücken kann der Außerirdische als ein vor Jahren verschollener US-Pilot identifiziert werden. Er findet Unterschlupf bei einer Frau mit Kind und kann mittels seiner Hacker-Fähigkeiten in den Zentralcomputer des Pentagon eindringen, um seine Mission zu erfüllen. Pilotfilm einer in den USA erfolgreichen Science-Fiction-Fernsehserie. Einer ihrer »Executive Producers« ist der deutsche Regisseur Roland Emmerich, dessen Themenvorlieben sich deutlich wiederfinden. Zu den Regisseuren der Serie gehören u. a. Allan Arkush, Tony Bill, Donna Deitch, Frederick King Keller und Timothy Van Patten. – Ab 16. ✦ USA 1997 **P** Centropolis Television/20th Century Fox Television **Pd** Norman Morrill, Scott White, Monica White **R** Kevin Kerslake **K** John S. Bartley **M** David Arnold, Kevin Kiner **S** Peter S. Elliot, Frederick Peterson, Noel Rogers, Ron Rosen **D** John Corbett (»Visitor« Adam MacArthur), Grand L. Bush (Douglas Wilcox), Steve Railsback (James Vise), Leon Rippy (Nicholas LaRue), John Storey (Craig Van Patten) **L** 86 **E** 18.3.1999 ProSieben

VISITOR Q (VISITOR Q). Das Leben einer inzestiös und in Hassliebe verstrickten japanischen Familie verändert sich durch einen mysteriösen Fremden, der sich als ungebetener Gast einquartiert und durch seinen sexuellen Einfluss auf die Mutter einen Wandel einleitet. Vielschichtige Reflexion über die Gewaltstruktur des Alltagsdenkens. Bestimmt von drastischen Tabubrüchen, gleitet der ebenso komplexe wie beunruhigende Film letztlich nie ins Selbstzweckhafte. Hoffnung wie Erlösung finden sich am Ende nur in der Abkehr vom Realismus sowie in der Überhöhung der Genrebilder. (O.m.d.U.) ✦ Japan 2000 **P** CineRocket Company **KI** Rapid Eye Movies **Pd** Susumu Nakajima, Reiko Arakawa **R** Takashi Miike **B** Era **K** Hideo Yamamoto **M** Koji Endo **D** Kenichi Endo, Shungiku Uchida, Kazushi Watanabe, Shoko Nakahara **L** 87 **FSK** ab 18; f **E** 6.9.2001 **fd** 35 027

VISITORS (THE VISITORS / BESOEKARNA). Zu den beruflichen Schwierigkeiten eines Werbefachmanns gesellen sich private, als in seinem neuen Haus mysteriöse Dinge vorgehen und vom Speicher eine unheimliche Bedrohung ausgeht. Nachdem ein Geisterjäger sein Leben lassen mußte, geht er den Dingen selbst auf den Grund. Horrorfilm, dem es mehr um Grusel-Atmosphäre als um das spekulative Vergießen von Filmblut geht. (Fernsehtitel: »The Visitors – Besucher im Haus«) ✦ USA/Schweden 1988 **P** MVM **VA** VPS **Pd** Hakan Ersgard **R** Joakim Ersgard **B** Patrik Ersgard, Joakim Ersgard **K** Hans-Ake Lerin **M** Peter Wallin **S** Martin Jordan **D** Kjell Bergqvist (Frank), Lena Endre (Sara), Joana Berglund (Lotta), Jonas Olsson (Peter), Johannes Brost (Allan) **L** 98 **FSK** ab 16 **E** 21.6.1990 Video/21.2.1993 PRO 7

VISITORS – BESUCHER AUS EINER ANDEREN WELT (ROSWELL). Ein Geheimdienstoffizier erinnert sich nach 30 Jahren an den Absturz eines UFOs im Jahr 1947, ein Ereignis, das die Behörden damals vertuscht hatten. Der Film verzichtet auf oberflächliche Dramatik zugunsten von retrospektiver Distanz, um eine Aura von Authentizität zu erzeugen. Doch der Einsatz pseudo-dokumentarischer Bilder bleibt wahllos, so daß der Film weder als philosophischer Diskurs noch als Dramatisierung eines »historischen Zwischenfalls« überzeugt. – Ab 14. ✦ Teils schwarz-weiß. USA 1994 **P** Showtime **VA** Concorde (VCL) **Pd** Ilene Kahn, Jeremy Kagan **R** Jeremy Kagan **B** Arthur Kopit, nach einem Buch von Kevin D. Randle und Donald R. Schmitt **K** Steven Poster **M** Elliot Goldenthal **S** David Holden **D** Kyle MacLachlan (Jesse Marcel), Martin Sheen (Townsend), Dwight Yoakam (Mac Brazel), Xander Berkely (Sherman Carson), Bob Gunton (Frank Joyce), Kim Greist (Vy Marcel), Peter MacNicol (Lewis Rickett), John M. Jackson (Colonel Blanchard), Charles Martin Smith (Sheriff Wilcox), Nick Searcy, J. D. Daniels, Eugene Roche, Lisa Waltz, Charles Hallahan, Ray McKinnon, Doug Wert **L** 87 **FSK** ab 6 **E** 23.1.1996 Video **fd** 31 924

VISUM FÜR DIE HÖLLE (BLACK GUNN). Militante Schwarze finanzieren ihren Kampf gegen die Weißen durch Raubüberfälle. Dabei fallen ihnen belastendes Material über Politiker in die Hände, was zu einem mörderischen Kampf zwischen Schwarz und Weiß führt. Brutaler, streckenweise spannender Actionfilm, der Rassenpolitik mit umgekehrten Vorzeichen darstellt. Seine schwachen Versuche zur Sozialkritik wirken aufgesetzt. ✦ USA 1972 **P** Champion **KI** Warner-Columbia **Pd** John Heyman, Norman Priggen **R** Robert Hartford-Davis **B** Franklin Coen **K** Richard H. Kline **M** Tony Osborne **S** David De Wilde **D** Jim Brown (Gunn), Martin Landau (Capelli), Brenda Sykes (Judith), Luciana Paluzzi (Toni), Herbert Jefferson jr. (Scott Gunn) **L** 97 **FSK** ab 18; nf **E** 27.4.1973 **fd** 18 294

VISUM NACH NIRGENDWO (VISA PUR NULLE PART). Ein Staatsstreich in seiner lateinamerikanischen Heimat zwingt einen ruhigen, unauffälligen Mann, ins Exil zu gehen, während das Schicksal seiner Frau im Ungewissen liegt. Seiner Identität beraubt, kreuz und quer durch Europa getrieben, lernt er die Angst in jeglicher Form kennen. ✦ Schweiz 1985 **P** Télévision Suisse Romande **R** Alain Bloch **B** Claude Smadja, Alain Bloch, Alain Quercy **K** Jacques Mahrer **M** Pierre Collet **S** Naget Ben Slimane **D** Jean-François Balmer, Caroline Sihol, Sylvie Fennec, Teco Celio, François Germond **L** 85 **E** 28.7.1996 SF/DRS

VITELLONI (DIE MÜSSIGGÄNGER) (I VITELLONI / LES INUTILES). Fünf herumbummelnde Nichtstuer in einer italienischen Kleinstadt verschwatzen die Tage und schlagen sich die Nächte um die Ohren. Auf ihre Weise leisten sie damit passiven Widerstand in einer erstarrten kleinbürgerlichen Welt. Die von Fellinis eigenen Jugenderinnerungen geprägte Kleinstadtsatire ist eine meisterliche Studie voller subtiler Gags, die den italienischen Neorealismus um eine neue Dimension bereicherte. Der menschliche Alltag und der Leerlauf im Leben der »fünf großen Kälber« (Vitelloni) wird poetisch, melancholisch, tragikomisch, zuweilen auch satirisch, stets aber liebevoll ironisiert und entlarvt. – Sehenswert ab 16. ✦ Schwarz-weiß. Italien/Frankreich 1953 **P** Peg/Cité **KI** Pallas **R** Federico Fellini **B** Federico Fellini, M. Morise, René Barjavel **K** Luciano Trasatti, Carlo Carlini, Otello Martelli **M** Nino Rota **S** Rolando Benedetti **D** Franco Fabrizi (Fausto), Alberto Sordi (Alberto), Franco Interlenghi (Moraldo), Leopoldo Trieste (Leopoldo), Lida Baarová (Signora Giulia), Claude Farell (= Paulette von Suchan), Riccardo Fellini (Riccardo) **L** 102 **FSK** ab 16; f **FBW** bw **E** 15.6. 1956/15.9.1959 ARD **fd** 5 035

VITO UND DIE ANDEREN (VITO E GLI ALTRI). Dramatisierung der authentischen Geschichte eines 12jährigen neapolitanischen Jugendlichen, der zum Kriminellen und Killer wird, während sein Vater wegen der Ermordung der Mutter und des Bruders inhaftiert ist. Eine realistische Zustandsbeschreibung einer verwahrlosten Generation. ✦ Italien 1991 **P** La Soc/Coop/Dioniso **Pd** Giorgio Scoppa **R+B** Antonio Capuano **K** Antonio Baldoni **S** Valentina Migliaccio **D** Nando Triola (Vito), Giovanni Bruno, Mario Lenti, Pina Leone, Giuseppina Fusco, Antonio Iaccarono, Antonio Farak **L** 85 **E** 28.11.1993 West 3

VITROLLES: DIE STRATEGIE DER »FRONT NATIONAL« (VITROLLES STORY). Dokumentarfilm über das südfranzösische Städtchen Vitrolles, eine Hochburg der rechtsradikalen Front National (FN), die von dem Ehepaar Mégret regiert wird. Die FN sieht Vitrolles als Versuchsfeld auf dem Weg zur nationalen Macht, und Bruno Mégret ist bestrebt, Jean-Marie Le Pen den Parteivorsitz abzunehmen. ✦ Frankreich 1998 **P** La Sept Arte/Les Films du lendemain **R** Guy Konopnicki, Thierry Vincent Delestrade **L** 75 **E** 7.5.1998 arte

VITTORIO, DER HERZENSBRECHER →Der Herzensbrecher (1983)

VIVA AFRIKA →Eine Fontäne für Susanna

VIVA CANGACEIRO (O' CANGACEIRO). 1930 im Innern Brasiliens: Ein beim Überfall durch Regierungstruppen davongekommener Gesetzloser (Cangaceiro) läßt sich mit seiner Bande zur Zusammenarbeit mit der Regierung überreden, tötet die gegnerischen Cangaceiros und, als er merkt, daß er betrogen wurde, auch den Gouverneur. Balladenhafter Abenteuerfilm, der mit seinem sentimentalen Pathos die soziale und politische Lage Lateinamerikas vereinfacht und Vorurteile gegen soziale Veränderungen bestärkt. – Ab 16. ✦ Scope. Italien/Spanien 1969 **P** Tritone/Medusa/D.I.A. **KI** Columbia **R** Giovanni Fago **B** Bernardino Zapponi, José Luis Jerez **K** Alejandro Ulloa **M** Riz Ortolani **S** Eugenio Alabiso **D** Tomas Milian, Ugo Pagliari, Eduardo Fajardo, Howard Ross (= Renato Rossini), Alfredo Santa Cruz, Quinto Gambi **L** 104 **FSK** ab 16; nf **E** 23.6.1970 **fd** 16 850

VIVA CASTRO! (VIVA CASTRO!). Ein zwischen Farce und Tragödie angesiedelter Film, in dem sich der Regisseur und Autor an seine Jugend erinnert. Das Leben eines Jungen Mitte der 60er Jahre in einer russischen Kleinstadt wird bestimmt von ersten Liebesgefühlen und politischer Verfolgung, die den Vater zur Flucht zwingt und die Mutter an seiner Stelle ins Lager bringt. Während sich die Stadt auf den Besuch des kubanischen Revolutionsführers Fidel Castro vorbereitet, versucht der Junge verzweifelt, ein Wiedersehen zwischen dem todkrank zurückgekehrten Vater und der internierten Mutter herbeizuführen. – Ab 16. ✦ Russland/USA 1993 **R+B** Boris Frumin **K** Sergej Jurisdizki **M** Viktor Lebedew **D** Pavel Sharkow, Julia Sobolewskaja, Sergej Dontsow **L** 78 **E** 14.5.1995 N 3

VIVA! – DAS SCHRILLSTE AUS DER KURZFILMSZENE. Belangloser, von einer allzusehr um Originalität bemühten Rahmenhandlung eingefaßter Zusammenschnitt bundesdeutscher Kurzfilme. Vom Zeichentrickfilm bis hin zum Porträt sind zwar verschiedene Spielarten vertreten, die sich durch ihre Gewichtung auf einen eher unterhaltsamen Charakter, aber nicht zu einem repräsentativen Querschnitt verbinden. (Mit Kurzfilmen von Bettina Bayerl, Thomas Betschi, Thomas Meyer-Herrmann, Thomas Bohn, Rainer Schwinge, Joachim Kreck, Ingeborg Meyer, Bertram von Boxberg, Jochen Ehmann, Wolfgang Büld, Jacky Niebisch.) – Ab 16. ✦ Teils schwarz-weiß. BR Deutschland 1986/87 **P** Stichling und Bohn **KI** Impuls **VA** VCL/Virgin **Pd** Thomas Bohn, Detlef W. Stichling **R+B** Thomas Bohn **K** Adam Foster **M** Benny Schnier **S** Corina Dietz **D** Udo Weinberger (Pastor), Kai H. Tilgen (junger Mann), Bea Reszat (Mädchen), Hendrik Höfer (Sprayer), Martin Zieglmeier (Killer), Louis Pichler, Georg Graf **L** 80 **FSK** ab 6; f **E** 4.6.1987/15.12.1987 Video **fd** 26 273

VIVA DJANGO →Django und die Bande der Gehenkten

VIVA ITALIA (1959) (PORTRAIT OF GINA). Dokumentarischer Kurzfilm über Italien und die Schauspielerin Gina Lollobrigida. Bereits 1959 fürs amerikanische Fernsehen gedreht, galt der Film als verschollen; er wurde erst 1986 wiedergefunden. ✦ Schwarz-weiß. USA 1959 **P** ABC **Pd** Leonard H. Goldenson **R+B** Orson Welles **D** Orson Welles, Gina Lollobrigida, Vittorio de Sica, Rossano Brazzi **L** 28 **E** 5.12. 1993 3sat

VIVA ITALIA (1977) (I NUOVI MOSTRI). Drei Regisseure versuchen mit dieser episodischen Komödie, die politische und gesellschaftliche Situation ihres Landes in den 70er Jahren satirisch zu erfassen. Ihr Mut zur kritischen Konsequenz bleibt gering, bisweilen auch ihr Geschmack. Vier Kurzgeschichten, immerhin, treffen grimmig: Ein Autofahrer tötet ohne Zögern eine Anhalterin, die sich aus Notwehr gegen seine Zudringlichkeit als Terroristin ausgegeben hat; eine Greisin wird von ihrem Sohn brutal und verlogen in ein schauerliches Altersheim deportiert; ein Ehemann läßt die singende Gemahlin verunglücken, um aus ihr noch mehr Geld herausschlagen zu können; ein kleines Mädchen wird von den Eltern an einen Pornoproduzenten verhökert. Kabarettistischer gerieten die Attacken auf Vertreter der italienischen Kirche, etwa auf einen Kardinal, der mit salbungsvollen Worten eine Protestversammlung routiniert zur Wonnekundgebung umfunktioniert. ✦ Italien 1977 **P** Dean Film **Kl** Filmverlag der Autoren **R** Dino Risi, Ettore Scola, Mario Monicelli **B** Agenore Incorocci, Furio Scarpelli, Ruggero Maccari, Bernardino Zapponi **K** Tonino Delli Colli **M** Armando Trovaioli **S** Alberto Gallitti **D** Vittorio Gassman (Kardinal/Ehemann/Kellner), Ugo Tognazzi (Fiorellas Ehemann/Koch), Ornella Muti (Anhalterin/Stewardess), Eros Pagni (Vertreter/Vater), Alberto Sordi (Belmonte/Franchi/Komödiant), Orietta Berta (Fiorella), Yorgo Voyagis **L** 111 **FSK** ab 12; f **FBW** bw **E** 4.5.1979 **fd** 22 012

VIVA KNIEVEL – DER TOD SPRINGT MIT (VIVA KNIEVEL!). Der Hasardeur und spektakuläre Motorrad-Springer Evel Knievel spielt sich selbst und bringt gemeinsam mit seinem Mechaniker eine Rauschgiftbande zur Strecke. Die Krimihandlung ist verbunden mit einer rührseligen Vater-Kind- und einer albernen Liebesgeschichte. Die nur mäßig spannende Geschichte enttäuscht auch in den Actionszenen. – Ab 16. ✦ Scope. USA 1976 **P** Irwin Allen Prod. **Kl** Warner-Columbia **Pd** Stan Hough **R** Gordon Douglas **B** Norman Katkov, Antonio Santillan **K** Fred Jackman **M** Charles Bernstein **S** Harold F. Kress **D** Evel Knievel (Evel Knievel), Gene Kelly (Will Atkins), Lauren Hutton (Kate Morgan), Marjoe Gortner (Jessie Hammond), Cameron Mitchell (Barton), Red Buttons (Ben Andrews), Leslie Nielsen (Stanley Millard), Frank Gifford (Frank Gifford), Dabney Coleman (Ralph Thompson) **L** 104 **FSK** ab 12; f **E** 12.8.1977 **fd** 20 435

VIVA L'ITALIA (1960) (VIVA L'ITALIA). Rossellini beschreibt die Kämpfe zur Einigung Italiens und vor allem die Aktivitäten Garibaldis im Jahre 1860, wobei er bestrebt ist, den Ereignissen jedes falsche Pathos zu nehmen. Eine Auftragsproduktion der Regierung zu den Hundertjahrfeiern. ✦ Scope. Italien 1960 **P** Cineriz/Tempo/Galatea **R** Roberto Rossellini **B** Sergio Amidei, Diego Fabbri, Antonio Petrucci, Antonello Trombadori, Roberto Rossellini, nach einer Geschichte von Sergio Amidei, Luigi Chiarini und Carlo Alianello **K** Luciano Trasatti **M** Renzo Rossellini **D** Renzo Ricci (Guiseppe Garibaldi), Paolo Stoppa (Nino Bixio), Franco Interlenghi (Bandi), Giovanna Ralli (Rosa), Tina Louisa (französische Jornalistin) **L** 125 (Orig. 139) **E** 11.12.1978 WDR

VIVA L'ITALIA (1994). Nach langjähriger Abwesenheit kehrt ein Neapolitaner unter veränderten politischen Vorzeichen in seine Heimat zurück. Berlusconis Forza Italia ist an der Macht, in seinem Schlepptau besetzen die Faschisten wichtige Ämter. Nach einer kurzen Phase der Hoffnung auf einen Neubeginn machen sich Sprachlosigkeit und Apathie breit, da das Volk erst jetzt die möglichen Folgen des Regierungswechsels begreift. Ein Dokumentarfilm, der persönliche Betroffenheit zum Ausdruck bringen und zur politischen Diskussion anregen will. Nicht von ungefähr trägt er den gleichen Titel wie Rossellinis Dokumentarfilm von 1960, der im Regierungsauftrag anläßlich der 100-Jahr-Feiern des Staates erstellt worden war. ✦ Frankreich/Italien/Deutschland 1994 **R+B** Leonardo Di Costanzo **L** 60 **E** 11.10.1994 ZDF

VIVA LA MUERTE – ES LEBE DER TOD (VIVA LA MUERTE). Leben und Fantasien eines zwölfjährigen Spaniers, dessen Mutter den kommunistenfreundlichen Ehemann und Vater an die Franco-Truppen verraten hat. Ein auf einer realen und einer traumhaft-imaginären Ebene spielender Film des Dramatikers Fernando Arrabal: Bilder voller Schrecken und Blut, Makabrem und Monströsem. Mit seiner irren Fantastik setzt das autobiografisch getönte Werk das Verständnis spanischer Mentalität (und starke Nerven) voraus. ✦ Frankreich/Tunesien 1970 **P** Isabelle/S.A.T.P.E.C. **Kl** Avis **R** Fernando Arrabal **B** Fernando Arrabal, Claudine Lagrive, nach dem Roman »Baal Babylone« von Fernando Arrabal **K** Jean-Marc Ripert **M** Jean-Yves Bosseur **S** Laurence Leininger, Pierre Calvet **D** Anouk Ferjac, Nuria Espert, Mahdi Chaouch, Ivan Henriques, Jazia Klibi **L** 93 **FSK** ab 18; f **E** 1.10. 1971 **fd** 1 753

VIVA LA VIE – ES LEBE DAS LEBEN (VIVA LA VIE). Ein Mann und eine Frau, die sich nicht kennen, verschwinden mehrmals gleichzeitig und kehren wieder, ohne daß sie sich an das, was passiert ist, erinnern können. Eine ambitionierte Produktion zwischen Traumspiel und Science Fiction, die ständig neue »falsche Fährten« anbietet: Entführung oder Erpressung, Seitensprung oder Verschleppung durch Außerirdische. In der reizvoll doppelbödigen Erzählweise liegt gleichzeitig das Manko des Films: die Vielzahl ständig neuer Geschichten führt stellenweise zu selbstzweckhaftem Leerlauf. – Ab 16. ✦ Frankreich 1984 **P** Films 13/UGC/Top No.1 **R** Claude Lelouch **B** Claude Lelouch, Jérôme Tonnerre **K** Bernard Lutic **M** Didier Barbelivien **S** Hugues Darmois **D** Michel Piccoli (Michel), Charlotte Rampling (Catherine Perrin), Jean-Louis Trintignant (François Perrin), Anouk Aimée (Anouk), Charles Aznavour (Edouard Takvorian), Raymond Pellegrin (Kommissar Barret) **L** 107 **E** 12.5.1994 ARD

VIVA LAS VEGAS (1955) (MEET ME IN LAS VEGAS). Vor dem Hintergrund der amerikanischen Spielerstadt Las Vegas finden ein spielbesessener Farmer und eine ernsthafte Ballerina zusammen. Ein vergnüglicher Revuefilm in abwechslungsreicher Kulisse, der perfekte Unterhaltung für Freunde des Genres bietet. Besonderen Reiz bieten die attraktiv choreografierten Ballette »Schlafende Schönheit« und »Proben-Ballett« sowie die Auftritte berühmter Swing-Musiker wie The Four Aces, The Slate Brothers, Lena Horne und Frankie Lane in überwiegend von Pete Rugolo arrangierten Musiknummern. (Fernsehtitel: »Mir gehört Las Vegas«) – Ab 12. ✦ Scope. USA 1955 **P** MGM **Kl** (MGM) **Pd** Joe Pasternak **R** Roy Rowland **B** Isobel Lennart **K** Robert Bronner **M** Nicholas Brodszky, George Stoll (Ltg.) **S** Albert Akst **D** Dan Dailey (Jack Osborn), Cyd Charisse (Maria Corvier), Agnes Moorehead (Frau Osborn), Lili Darvas (Sari Hatvany), Jim Backus (Tom Culdane), Oskar Karlweis (Lotzi), Liliane Montevecchi (Lilli) **L** 113 **FSK** ab 12; nf **E** 18.12.1956 **fd** 5 545

VIVA LAS VEGAS (1963) →Tolle Nächte in Las Vegas

VIVA LAS VEGAS – HOPPLA, WIR KOMMEN! (VEGAS VACATION). Eine amerikanische Familie macht Urlaub in Las Vegas. Während der Vater der Spielleidenschaft verfällt, erleben die Ehefrau und die jugendlichen Kinder unterschiedliche Abenteuer. Eine geist- und witzlose Komödie, die den Personen, den Ereignissen und dem Schauplatz Las Vegas dasselbe Desinteresse entgegenbringt. – Ab 12. ✦ USA 1997 **P** Warner Bros. **Kl** Warner Bros. **VA** Warner Home **Pd** Jerry Weintraub **R** Stephen Kessler **B** Elisa Bell **K** William A. Fraker **M** Joel McNeely **S** Seth Flaum **D** Chevy Chase (Clark Griswold), Beverly D'Angelo (Ellen Griswold), Ethan Embry (Rusty Griswold), Marisol Nichols (Audrey Griswold) **L** 94 **FSK** ab 6; f **E** 22.5.1997/28.11.1997 Video/4.12.1998 Premiere **fd** 32 597

VIVA MARIA! (VIVA MARIA!). Bei einer Revolution irgendwo in Lateinamerika führen nach dem Tod des Anführers die beiden Striptease-Tänzerinnen eines Wanderzirkus den Aufstand zum siegreichen Ende. Eine mit enormem Aufwand in Szene gesetzte Persiflage auf den Abenteuerfilm, die sich unbekümmert zwischen blutigem Ernst und grotesker Komik, hollywoodgerechtem Spektakel und verschrobenen Effekten im Stil der »Nouvelle Vague« bewegt. Hervorragend inszeniert und hochkarätig besetzt, gegen Ende allzu holzhammerhaft in der Verwendung christlicher Symbolik. – Ab 16 möglich. ✦ Scope. Frankreich/Italien 1965 **P** Nouvelles Editions de Films/Prod. Artistes Associés/Vides **Kl** UIP **Pd** Oscar Dancigers, Louis Malle **R** Louis Malle **B** Louis Malle, Jean-Claude Carrière **K** Henri Decaë **M** Georges Delerue **S** Kenout Peltier, Suzanne Baron **D** Jeanne Moreau (Maria I), Brigitte Bardot (Maria II), George Hamilton (Florès), Gregor von Rezzori (Diogène), Paulette Dubost (Madame Diogène), Claudio Brook (Rodolfo), Carlos Lopez Moctezuma (Rodriguez), Poldo Bendandi (Werther), Jonathan Eden (Juanito) **L** 118 **FSK** ab 16; nf **FBW** w **E** 27.1.1966/21.9.1975 ARD **fd** 13 847

VIVA MAX (VIVA MAX). Ein mexikanischer General im Stil eines »Operetten-Don-Quichotte« marschiert mit einer armseligen Kompanie in die USA ein, um das 1836 verlorene Fort Alamo zurückzuerobern. Das absurde Unternehmen löst tolle Reaktionen bei Polizei, Nationalgarde und Militär aus und endet mit dem siegreichen Rückzug der Mexikaner. Parodie auf romantisierende Heldenabenteuer mit satirischen Spitzen gegen amerikanische Eigenheiten. Eine witzige und geistreiche, erst gegen Schluß ein wenig schleppende Unterhaltung. – Ab 12 möglich. ✦ USA 1969 **P** Mark Carliner Prod. **Kl** Centfox **Pd** Mark Carliner **R** Jerry Paris **B** Elliott Baker, nach einem Roman von James Lehrer **K** Henri Persin **M** Hugo Montenegro, Ralph Dino, John Sembello **S** Bud Molin, David Berlatsky **D** Peter Ustinov (General de Santos), Pamela Tiffin (Paula Whitland), Jonathan Winters (General Billy Joe Hallson), John Astin (Sergeant Valdez), Keenan Wynn (General LeComber) **L** 95 **FSK** ab 6; f **E** 4.5.1973 **fd** 17 830

VIVA MEXIKO! →Die Rebellenbraut

VIVA PANCHO VILLA (VIVA PANCHO VILLA). Die Figur des mexikanischen Revolutionärs Pancho Villa dient als Vorwand für ein 1916 angesiedeltes folkloristisches Historiengemälde, inszeniert im Stil eines Italowestern. Die politischen Beweggründe bleiben im Hintergrund, um die Massenschießereien nicht zu »belasten«. (Videotitel: »Pancho Villa«; ursprünglich vorgesehener Kinotitel: »Drei Halleluja für vier heiße Colts«) ✦ Spanien/Großbritannien 1971 **P** Granada Films **Kl** Scotia **VA** VPS **Pd** Bernard Gordon **R** Gene Martin (= Eugenio Martín) **B** Julian Halevy **K** Alejandro Ulloa **M** Anton Garcia Abril **S** Leigh G. Tallas (= Irving Lerner) **D** Telly Savalas (Pancho Villa), Clint Walker (Scotty), Anne Francis (Flo), José Maria Prada, Angel Del Pozo (Lt. Eager), Chuck Connors (Colonel Wilcox), Antonio Casas (General Goyo), Luis Davila (McDermott), Walter Coy (General Pershing) **L** 88 **FSK** ab 16 **E** 13.10.1972/14.4. 1987 Video

VIVA PORTUGAL (VIVA PORTUGAL). Eine Chronik des Jahres »Eins« der portugiesischen Revolution. Die Dokumentation ist ein exzellentes Beispiel für parteiischen Filmjournalismus, verstößt dabei aber nicht gegen das Gebot intellektueller Redlichkeit. Der Film enthält ein bedeutendes Dokument: die Fernsehaufzeichnung des Putschversuches vom 11. Mai 1975, die deutlich macht, wie der Reporter durch seine Anwesenheit und ständigen Fragen Politik mitgestaltet. – Sehenswert. ✦ Scope. Portugal/BR Deutschland 1975 **P** Infoscope Film **Kl** Bali Kino (Manfred Salzgeber) **R+B** Christiane Gerhards, Malte Rauch, Serge July, Samuel Schirmbeck **K** Peer Oliphant, Martin Bosboom **S** Birgit Bosboom **L** 107

VIVA ZAPATA! (VIVA ZAPATA). Der Aufstieg des

mexikanischen Volkshelden Emiliano Zapata (1911) vom revolutionären Bauern zum Präsidenten der Republik und seine Ermordung im Jahr 1919. Ein herausragend inszenierter, bewegend gespielter historischer Abenteuerfilm. Eindrucksvoll werden die Ereignisse zu einer Reflexion über verhängnisvollen Kreislauf der Revolution und die Veränderungen, die der Besitz der Macht im Menschen hervorrufen kann, verdichtet. – Sehenswert ab 16. ✦ Schwarz-weiß. USA 1951 **P** 20th Century Fox **KI** Centfox **Pd** Darryl F. Zanuck **R** Elia Kazan **B** John Steinbeck, nach dem Roman von John Steinbeck **K** Joseph MacDonald **M** Alex North, Alfred Newman (Ltg.) **S** Barbara McLean **D** Marlon Brando (Emiliano Zapata), Jean Peters (Josefa), Anthony Quinn (Eufemio), Joseph Wiseman (Fernando), Arnold Moss (Don Nacio), Harold Gordon (Madero), Alan Reed (Pancho Villa), Lou Gilbert (Pablo), Frank Silvera (Huerta), Frank de Kova (Col. Guarjarado), Joseph Granby (Gen. Fuentes) **L** 104 (Orig. 113) **FSK** ab 12; f (fr. 16) **FBW** bw **E** 22.8.1952/28.12.1974 ARD/13.4.1995 ZDF **fd** 1 976

VIVALDI (ROUGE VENISE / ROSSO VENEZIANO). Nicht der Komponist Antonio Vivaldi, sondern der Dichter Carlo Goldoni ist Hauptfigur dieses im Venedig von 1735 spielenden Films, in dem es um drei mysteriöse Mordfälle geht. Opulent ausgestattet, mit einigen komödiantischen Elementen, versteht es der Film durchaus, seine Krimihandlung unterhaltsam mit kulturellem Hintergrund und Musik zu verbinden, ohne dabei freilich künstlerisch bedeutsam zu werden. (Videotitel: »Rosso Veneziano – Eine mörderische Affäre«; TV-Titel: »Vivaldi – Skandalöse Abenteuer«) – Ab 14. ✦ Frankreich/Italien 1988 **P** Cléa/Président/Reteitalia/Scena **KI** Apollo **Pd** Augusto Caminito, Adolphe Viezzi, Jacques-Eric Strauss, Henri Cassa **R** Etienne Périer **B** Matthew Pollack, nach einem Roman von Georges Garone **K** Marcello Gatti **M** Antonio Vivaldi **S** Noëlle Balenci **D** Vincent Spano (Goldoni), Wojciech Pszoniak (Vivaldi), Isabel Russinova (Nicoletta), Massimo Dapporto (Tiepolo), Victor Lanoux (Großinquisitor), Andréa Ferréol (Prinzessin Ortense), Etienne Périer (Doge) **L** 110 **FSK** ab 12; f **E** 17.5.1990/13.6.1991 Video **fd** 28 483

VIVAT FRANZISKUS (O SANTO MILAGROSO). Der Kleinkrieg zwischen katholischen und evangelischen Dorfgeistlichen in Brasilien wird durch gemeinsames Interesse und die Sorge um die ihnen Anvertrauten beendet. Inszenatorisch äußerst schlichte und naiv anmutende Komödie, die alle Möglichkeiten zur Satire verschenkt und sich mit billigen Lustspieleffekten aus dem pseudoreligiösen Bereich begnügt. – Ab 14. ✦ Brasilien 1965 **P** Cinedistri **KI** neue filmform **R** Carlos Coimbra **B** Lauro Cesar Muniz **K** Konstantin Tkaczenko **M** Gabriel Migliori **D** Dionisio Azevedo, Leonardo Vilar, Vanja Orico, Geraldo d'Elrey **L** 86 **FSK** ab 6; nf **E** 1.9.1967

VIVE L'AMOUR – ES LEBE DIE LIEBE (AIQING WANSUI). Drei Menschen, zwei Männer und eine Frau, treffen in einem anonymen Wohnobjekt in einer Großstadt aufeinander. Nachdem sie lange durch endlose Gänge, leere Räume und verwaiste Zimmer geirrt sind, begegnen sie sich, wissen jedoch kaum etwas miteinander anzufangen. Eine in die Länge gezogene Studie über Ziellosigkeit und Unbeheimatetsein, die Lebensgefühl zu spiegeln vorgibt. Die bewußt wortkarge Inszenierung, formal allenfalls mittelmäßig, endet in einem Slapstickfinale. – Ab 16. ✦ Taiwan 1994 **Pd** Hsu Li-Kong **R** Tsai Ming-Liang **B** Tsai Ming-Liang, Jang Pi-Yang, Tsai Ki-Jun **K** Liao Pen-Jung **S** Sung Shin-Cheng **D** Yang Kuei-Mei (May), Chen Chao-Jung (Ah-Jung), Lee Kang-Sheng (Hsiao-Kang) **L** 118 **E** 19.11.1996 WDR

VIVE LA MORT (VIVE LA MORT). In ironisch-spöttischen Sequenzen wird die Irrfahrt zweier junger Menschen erzählt, die von zu Hause ausgerissen sind. In immer neue schweizerische Zusammenhänge (Schweizerkreuz, Folklore, Militär, Vereinsmeierei u.a.m.) stellt der Regisseur seine Personen, immer unverständlicher wird diese Welt von Mythen und Usancen. Schließlich ersticht der junge Mann den Vater seiner Freundin und den eigenen, die für die verhaßten Traditionen und Zwänge stehen. Von der Grammatik der »Filmväter« ist nicht mehr viel zu spüren, von dem, was »die Väter« im Alltagsleben beschäftigt, ebensowenig. ✦ Schweiz 1968 **P** Freddy Landry Prod./Milos Films **Pd** Freddy Landry, Micheline Landry **R** Francis Reusser **B** Francis Reusser, Patricia Moraz **K** Renato Berta **M** Patrick Moraz **S** Francis Reusser **D** Françoise Prouvost (Virginie), Edouard Niermans (Paul), André Schmidt, Erika Denzler, Jean Mars **L** 85 **E** Schweiz

VIVE LA PROVENCE – EIN JAHR IN ESPIGOULE (LES QUATRE SAISONS D'ESPIGOULE). Ein Jahr im Leben eines Dorfs in der südfranzösischen Provence. Der inszenierte Dokumentarfilm stellt Sonderlinge und Besonderheiten vor, denunziert seine Protagonisten jedoch in keinem Augenblick, sondern stellt sie in den Mittelpunkt einer menschlichen Komödie, die das Leben, die Menschen und ihre Traditionen feiert. Ein in allen Belangen überzeugender Film, zudem von großem Unterhaltungswert. (O.m.d.U.) – Sehenswert ab 14. ✦ Frankreich 1999 **P** Lardux/Cedolozo/VBC **KI** Kairos **Pd** Christian Pfohl, Christian Philibert **R** Christian Philibert **B** Christian Philibert, Hervé Philibert **K** Christian Pfohl **M** Michel Korb **S** Stéphane Elmadjian **L** 96 **FSK** o. A.; f **E** 13.7.2000 **fd** 34 345

VIVERO LETTER – DER FLUCH DES SCHATZES (THE VIVERO LETTER). Ein braver US-Bürger reist nach Costa Rica, um die Ermordung seines Bruders zu rächen. Er wird in die Suche nach einem Maya-Schatz verwickelt, hinter dem nicht nur eine italienische Archäologin, sondern auch ein zwielichtiger Kunstsammler her ist. Altbackener Abenteuerfilm, der alle Klischees des Genres bemüht, letztlich aber nur Leerlauf produziert. ✦ USA 1998 **P** Promark Entertainment Group/Videal **VA** VPS **Pd** Raffaello Monteverde **R** H. Gordon Boos **B** Denne Bart Petitlerc, Arthur Sellers, nach einem Roman von Desmond Bagley **K** Fabrizio Lucci **M** Paul Rabjohns **S** Steve Nevius **D** Robert Patrick (James Wheeler), Chiara Caselli (Caterina Cararra), Fred Ward (Andrew Fallon), John Verea (Paoul Gato), Daniela Alviani (Milena Brave), Tom Poster (Ray Wheeler) **L** 93 (gek. 92) **FSK** ab 16 (gek. ab 12) **E** 18.5.1999 Video **fd** 34 107

VIVRE ICI (VIVRE ICI). Ein biederer Angestellter wird einen Moment lang in seiner gesicherten Existenz irritiert. Während er seinen Vater, dem vom Leben nicht mehr geblieben ist als eine Kiste mit Fotos und Fragmenten von Erinnerungen, ins Altersheim bringt; während er zu Hause und im Büro den rechtschaffenen Ernährer abgibt, erlebt er mit einer Griechin die Ahnung anderen Glücks. Claude Goretta findet mit diesem fürs Westschweizer Fernsehen produzierten Film zu seiner unverwechselbaren Handschrift: lange, ruhige Einstellungen, Momente konzentrierten Innehaltens im Erzählen und eine starke Musikalität der Kamerabewegungen gehören dazu. ✦ Schwarz-weiß. Schweiz 1968 **P** SSR **R** Claude Goretta **B** Claude Goretta, Maurice Garrel **K** Roger Bimpage **M** Guy Bovet **S** Eliane Heimo **D** Maurice Garrel (Pierre Vaucher), Anne Perez (Marguerite Yannakis), Sabine Thée (Claudia Yannakis), Laurence Mercier (Helène Vaucher), Gabriel Liardet **L** 89 **E** Schweiz

VIXEN → Ohne Gnade – Schätzchen

VIXEN – OHNE GNADE SCHÄTZCHEN → Ohne Gnade – Schätzchen

VIZONTELE (VIZONTELE). In ein osttürkisches Dorf des Jahres 1974 wird ein Wagen mit einem Fernseher und einer Antenne geschickt. Doch die Dorfbewohner können mit dem unbekannten Stück Fortschritt nicht umgehen. Mischung aus Burleske und Melodram, gekennzeichnet von einem erstaunlich rauen Umgangston der Figuren untereinander, beigemischten melodramatischen Tönen sowie absurden Handlungselementen. In der Türkei ein Erfolg, für westliche Zuschauer thematisch interessant, aber wohl eher nur bedingt unterhaltsam. (O.m.d.U.) – Ab 12. ✦ Türkei 2001 **P** BKM Film **KI** Warner Bros. **Pd** Necati Akpinar **R** Yilmaz Erdogan, Ömer Faruk Sorak **B** Yilmaz Erdogan **K** Ömer Faruk Sorak **M** Kardes Türküler **S** Mustafa Preseva **D** Demet Akbag, Yilmaz Erdogan, Altan Erkekli, Cem Yilmaz, Zeynep Tokus, Cezmi Baskin, Sebnem Sönmez, Salih Kalyon **L** 110 **FSK** ab 6; f **E** 27.9.2001 **fd** 35 087

DIE VÖGEL (THE BIRDS). Vögel bedrohen in zunehmender Anzahl und wachsender Wildheit die Einwohner eines kalifornischen Küstenstädtchens. Über das Thema der Novelle von Daphne du Maurier hinaus wurde die Fabel zu einer hintergründigen Vision von Weltuntergangsstimmung ausgeweitet. Alfred Hitchcock setzte die Story in ebenso erregende wie beklemmende Bildfolgen um. – Ab 16. ✦ USA 1963 **P** Universal **KI** Universal **VA** Universal **Pd+R** Alfred Hitchcock **B** Evan Hunter, nach der Erzählung von Daphne du Maurier **K** Robert Burks **M** Bernard Herrmann (Beratung), Remi Gassmann (elektronischer Ton), Oskar Sala (elektronischer Ton) **S** George Tomasini **D** Rod Taylor (Mitch Brenner), Tippi Hedren (Melanie Daniels), Jessica Tandy (Lydia Brenner), Suzanne Pleshette (Annie Hayworth), Veronica Cartwright (Cathy Brenner) **L** 119 **FSK** ab 16; nf **E** 20.9.1963/13.8.1999 Video **fd** 11 963

DIE VÖGEL II: DIE RÜCKKEHR (THE BIRDS II: LAND'S END). Auf der Folie von Hitchcocks Klassiker »Die Vögel« wird die Geschichte ein weiteres Mal erzählt: Ein junges Paar in der Ehekrise hat sich mit seinen beiden Töchtern in ein einsames Haus auf einer verlassenen Insel eingemietet, wo es alsbald von den Seevögeln attackiert wird. Ob das familiäre Eifersuchtsdrama mit den Attacken in psychologischer Ursächlichkeit zusammenhängt, bleibt ungeklärt. Eine in Kameraführung und Darstellung banale Aktualisierung, die in ihrer naturalistischen Verflachung von Story und Bildsprache nie überzeugt. (Der Regisseurname »Alan Smithee« ist auch hier lediglich ein Konstrukt: Hinter diesem Pseudonym verbirgt sich, wie in Hollywood üblich, der wahre Regisseur, wenn er sich im nachhinein von »seinem« Film distanziert.) – Ab 16 möglich. ✦ USA 1993 **P** MTE **VA** CIC **Pd** Ted Kurdyla **R** Alan Smithee **B** Ken Wheat, Jim Wheat, Robert Eisele **K** Bruce Surtees **M** Ron Ramin **S** Maryann Brandon **D** Brad Johnson (Ted), Chelsea Field (May), James Naughton (Frank), Jan Rubes (Karl), Tippi Hedren (Helen) **L** 83 **FSK** ab 16 **E** 23.8.1994 Video/25.9.1995 premiere **fd** 31 068

EIN VOGEL AUF DEM DRAHTSEIL (BIRD ON A WIRE). Nach 15 Jahren mit stets wechselnden Identitäten wird ein ehemaliger Kronzeuge des FBI nicht nur von jenen Killern aufgespürt, gegen die er ausgesagt, sondern auch seine ehemalige Geliebte entdeckt ihn durch Zufall wieder. Während der rasanten Flucht quer durch die Vereinigten Staaten flammt die alte Liebe erneut auf. Perfekt inszenierte Action-Komödie, die innerhalb des sattsam vertrauten Genres immer wieder kleine Überraschungen zu bieten hat und auf spielerische Weise darlegt, daß nicht nur die Frau im rauhen Leben »ihren Mann« zu stehen hat, sondern sich auch der Mann dem Leben stellen muß. – Ab 14 möglich. ✦ Scope. USA 1989 **P** Interscope Communications (für Universal) **KI** UIP **VA** CIC **DVD** Universal Home (16:9, 2.35:1, DS engl./dt.) **Pd** Rob Cohen **R** John Badham **B** David Seltzer, Louis Venosta, Eric Lerner **K** Robert Primes **M** Hans Zimmer **S** Frank Morriss, Dallas Puett **D** Mel Gibson (Rick Jamin), Goldie Hawn (Marianne Graves), David Carradine (Eugene Sorenson), Bill Duke (Albert Diggs), Stephen Tobolowsky (Joy Weyburn), Joan Severance (Rachel Vamey), Harry Caesar (Marvin) **L** 111 **FSK** ab 12; f **FBW** w **E** 6.9.1990/15.5.1991 Video/3.7.2000 DVD **fd** 28 532

VÖGEL KEHREN ZURÜCK (PTIZI DOLITAT). Ein Zigeunerjunge, der ganz in der Tradition seiner Sippe aufgewachsen ist, trifft in einem Vogelschutzgebiet mit zwei Vogelkundlern zusammen, die ihn in ihre

Forschungsstation aufnehmen. Bald sind er und die Tochter eines der beiden Wissenschaftler unzertrennlich, auch wenn es dem Zigeunerjungen nicht leicht fällt, sich in das neue Leben einzugewöhnen. Mit zahlreichen Tieraufnahmen aus einem der schönsten Vogelschutzgebiete Bulgariens bebilderter Film für Jugendliche. – Ab 12. ✦ Bulgarien 1971 **P** Spielfilmstudio Sofia **KI** Progress **R** Sachari Shandow, Nikolai Popow **B** Petyr Slawinski, nach seiner gleichnamigen Erzählung **K** Iwan Bossew **M** Alexandyr Brysizow **D** Jordan Mitew (Opri), Nelli Topalowa (Yanka), Viktor Danschenko (Ivailo), Boris Iwanow (Onkel Bonko) **L** 85 **E** 1.12.1972 Kino DDR/5.7.1975 DFF 1/28.5.1985 ZDF

VÖGEL STERBEN IN PERU (LES OISEAUX VONT MOURIR AU PEROU / BIRDS IN PERU). Das vergebliche Bemühen einer an Nymphomanie leidenden jungen Frau, ihr Triebleben zu beherrschen. Erstlingsfilm des französischen Schriftstellers Romain Gary, der das heikle Thema nicht in erster Linie als klinischen Fall ausleuchtet, sondern die Frau und ihre Veranlagung in Beziehung zur Umwelt setzt, dabei aber jegliche ethische Wertung ausspart. Der gut fotografierte und gespielte Film krankt an seiner allzu überdeutlichen Symbolik. ✦ Frankreich 1967 **P** Universal France **KI** Universal **Pd** Jacques Natteau **R** Romain Gary **B** Romain Gary, nach seiner Kurzgeschichte **K** Christian Matras **M** Kenton Coe **S** Denise Charvein, Raymonde Guyot **D** Jean Seberg (Adriana), Maurice Ronet (Rainier), Pierre Brasseur (Ehemann), Danielle Darrieux (Fernande), Jean-Pierre Kalfon (Chauffeur) **L** 94 **FSK** ab 18; f **E** 22.8.1968 **fd** 15 683

VÖGEL UNSERER HOFFNUNG (PTIZY NASCHICH NADESHDA). Das Leben eines jungen Kameramanns verläuft unbeschwert und sorglos. Er genießt es, von zwei Frauen geliebt zu werden. Für keine kann er sich entscheiden. Sein Leben ändert sich erst, als er beide verliert. ✦ Scope. UdSSR 1976 **P** Usbekfilm **R** Eljor Ischmuchamedow **B** Eljor Ischmuchamedow, Rudolf Tjurin **K** Dawron Slimow **M** Jewgeni Schirjajew **D** Juri Kamornyi (Amur), Natalja Saiko (Lija), Irina Petschernikowa (Dina), Nurgasy Sydygalijew (Timur), Bachtijar Ichtijarow (Kadrilschtschik) **L** 77 **E** 24.7.1977 DFF 2

VÖGEL, WAISEN, NARREN (VTACKOVIA, SIROTY A BLAZNI / LES TOISEAUX, LES ORPHELINS ET LES FOUS). Die Geschichte zweier junger Männer, die sich gegen das Erwachsenwerden wehren und in die Welt der Fantasie fliehen wollen. Dabei werden sie durch die Liebe zu einer jungen Frau hartnäckig behindert. Ein formal bemerkenswerter Film, der Vision und Wirklichkeit miteinander verschränkt. Hinter den Ereignissen läßt sich ein mit psychologischer und psychoanalytischer Spitzfindigkeit, aber auch einer gewissen Resignation betriebener allegorischer Kommentar zur politischen und sozialen Ordnung der damaligen CSSR lesen. – Ab 16. ✦ CSSR/Frankreich 1969 **P** Filmstudio Bratislava/Comofilm **R** Juraj Jakubisko **B** Karel Sidon, Juraj Jakubisko **K** Igor Luther **M** Zdenek Liska **S** Bob Wade **D** Jirí Sykora, Philippe Avron, Magda Vásáryová, Milan Beran, Françoise Goldite **L** 83 **E** 17.8.1971 ZDF

VÖGELEIN, WO STEHT DEIN BETT? (UNE FEMME LIBRE). Die Liebesabenteuer zweier Freundinnen, verbunden mit der Frage, ob es besser sei zu heiraten oder ungebunden zu bleiben. Geistig wie inszenatorisch öder Sexfilm. (Titel auch: »Liebesspiele von 1–33«) – Wir raten ab. ✦ Frankreich/Italien 1969 **P** Pierson/I.C.A.R. **KI** Filmagentur Süd/Apollo/AKtuell-Film **R** Claude Pierson **B** Claude Pierson, Huguette Boisvert **K** Jean-Jacques Tarbès **D** Christine Davray, Juliette Villard, Bernard Verley, Roger Hanin, Mauro Parenti **L** 91 **FSK** ab 18; nf **E** 20.7.1971 **fd** 17 811

VOGELFREI (1949) (COLORADO TERRITORY). Ein flüchtiger Straßenräuber (um 1870) wird nach weiteren Mordtaten von einem Mädchen verraten und in einer Felshöhle eingekesselt, wo er zusammen mit einer ihn liebenden Halbindianerin unter den Kugeln der Verfolger stirbt. Routiniert inszenierter Starwestern mit romantischer Glorifizierung eines Verbrechers. – Ab 16. ✦ Schwarz-weiß. USA 1949 **P** Warner Bros. **KI** Warner **Pd** Anthony Veiller **R** Raoul Walsh **B** John Twist, Edmund H. North **K** Sid Hickox **M** David Buttolph, James Mitchell **S** Owen Marks **D** Joel McCrea (Wes McQueen), Virginia Mayo (Colorado Carson), Dorothy Malone (Julie Ann), Henry Hull (Winslow), John Archer (Reno Blake), James Mitchell (Duke Harris), Morris Ankrum (Marshall), Basil Ruysdael (Dave Rickard), Frank Puglia (Bruder Thomas), Ian Wolfe (Wallace), Victor Kilian (Sheriff) **L** 92 **FSK** ab 16; nf **E** 22.6.1950 **fd** 817

VOGELFREI (1982) (HAJDUK). Nach sechs Jahren Kriegsdienst müssen sich zwei scheinbar unzertrennliche Freunde voneinander verabschieden. Während der eine zum Gendarmerie-Hauptmann ernannt wird, rebelliert der andere gegen das bestehende Unrecht und wird zum Gesetzesbrecher und Geächteten. Als unerbittliche Feinde werden sich die beiden Männer noch einmal gegenüberstehen. Spannend, aber recht vordergründig inszeniertes Abenteuer- und Kriegsspektakel mit einigen gewalttätigen Momenten. – Ab 16. ✦ Scope. Jugoslawien 1982 **P** Danas-Film **KI** Progress **R** Aleksandar Petrovic **B** Danko Popovic **K** Tomislav Pinter **M** Vojislav Kostic **D** Svetozar Cvetkovic (Iwan Kondic), Branislaw Lecic (Hauptmann Topolac), Danica Maksimovic (Jelena), Pavle Vujisic (Urosevic) **L** 96 **E** 4.2.1983 Kino DDR/31.8.1984 DFF 2

VOGELFREI (1985) (SANS TOI NI LOI). In strenger formaler Behandlung schildert der Film einige Etappen auf dem Weg einer vagabundierenden jungen Frau durch das winterliche Südfrankreich. Trotz der quasidokumentarischen Betrachtungsweise des mit dem Erfrierungstod endenden Lebens der Frau vermittelt die distanziert erzählte Geschichte ein hohes Maß an Betroffenheit und regt die Frage nach dem Sinn des menschlichen Daseins unter gegenwärtigen zivilisatorischen und natürlichen Lebensbedingungen nachhaltig an. (Preis der OCIC, Venedig 1985) – Sehenswert ab 16. ✦ Frankreich 1985 **P** Ciné-Tamaris/Films A2 **KI** Concorde **VA** VPS **Pd+R+B** Agnès Varda **K** Patrick Blossier **M** Joanna Bruzdowicz **S** Agnès Varda, Patricia Mazuy **D** Sandrine Bonnaire (Mona), Macha Méril (Madame Landier), Stéphane Freiss (Jean-Pierre), Laurence Cortadellas (Eliane), Martha Jarnias (Tante Lydie) **L** 107 **FSK** ab 12; f **FBW** bw **E** 24.4.1986/5.8.1987 ZDF/24.3.1988 Video **fd** 25 543

DER VOGELHÄNDLER (1953). Verfilmung der Zeller-Operette, deren Libretto sich mit allerlei Verwechslungen und mit Liebesgeplänkel am Hofe eines Kurfürsten im 18. Jahrhundert begnügt: Damit ein Vogelhändler seine Herzallerliebste, die bei der Post arbeitet, endlich heiraten kann, will sie ihm einen Posten bei Hofe verschaffen, wobei sie in den falschen Verdacht gerät, ein Abenteuer mit dem Fürsten, einem schlimmen Schürzenjäger, eingegangen zu sein. Die sich daraus ergebenden Komplikationen sind weitgehend amüsant in klangvoll-gemütliche Unterhaltungsware verpackt. – Ab 12. ✦ BR Deutschland 1953 **P** Berolina **KI** Allianz/Progress **Pd** Kurt Ulrich, Heinz Willeg **R** Arthur Maria Rabenalt **B** Curt J. Braun, nach dem Operettenlibretto von M. West und L. Held und der gleichnamigen Operette von Carl Zeller **K** Willy Winterstein **M** Carl Zeller, Bert Grund (Ltg.) **S** Friedel Schier-Buckow **D** Ilse Werner (Fürstin Marie-Louise), Eva Probst (Christel von der Post), Erni Mangold (Hofdame Ernestine), Wolf Albach-Retty (Fürst Ysenheim-Erbach), Gerhard Riedmann (Vogelhändler Adam), Günther Lüders (Hofsekretär Weps), Siegfried Breuer (Marquis de Tréville) **L** 92 **FSK** ab 12; nf **FBW** w **E** 26.11.1953/14.5.1954 Kino DDR/10.12.1977 ARD/25.12.1989 DFF 2 **fd** 2 782

DER VOGELHÄNDLER (1962). Weitere Verfilmung der Operette von Carl Zeller um einen Kurfürsten, der seine Frau beschwindelt, um einmal unbeschwert von Verantwortung leben zu können, während der Vogelhändler Adam eifersüchtig seine Geliebte Christel von der Post eines Techtelmechtels mit dem Fürsten verdächtigt. Die Vorlage wurde durch klamaukhafte Zutaten zu einem schlagerreichen Verwechslungslustspiel degradiert, das in Inszenierung und Darstellung kaum Mittelmaß erreicht. – Ab 12. ✦ Scope. BR Deutschland 1962 **P** Divina **KI** Gloria **VA** Kinowelt Home **Pd** Eberhard Meichsner **R** Geza von Cziffra **B** Geza von Cziffra, nach einer Operette von Carl Zeller in freier Bearbeitung durch Hagen Galatis und Kurt Feltz **K** Willy Winterstein **M** Carl Zeller, Hagen Galatis, Kurt Feltz **S** Werner Preuss **D** Conny Froboess (= Cornelia Froboess) (Christel), Peter Weck (Graf Stanislaus), Maria Sebaldt (Kurfürstin Marie-Louise), Albert Rueprecht (Adam), Georg Thomalla (Kurfürst August), Ruth Stephan (Kammerzofe), Rudolf Vogel (Graf Weps), Oskar Sima (Bürgermeister Speck) **L** 87 **FSK** ab 6; nf **E** 3.8.1962/29.5.2001 Video **fd** 11 310

VOGELSCHEUCHE (TSCHUTSCHELO). Wegen ihres kauzigen Großvaters, der als Bildersammler sein Haus vollstopft, wird eine 13jährige Schülerin in einer Provinzstadt bei Moskau von ihren Mitschülern gehänselt. Noch mehr muß sie erleiden, als sie einen Mitschüler, den sie als Freund behalten möchte, durch eine Selbstbezichtigung schützt. Ein jugendpsychologisch vorzüglich beobachteter Film mit einem langen, ruhigen Erzählfluß. Erschütternd sind die beinahe pogromartigen Terroraktionen der Mitschüler, die bisweilen einen breiten Raum einnehmen. – Sehenswert ab 16. ✦ Scope. UdSSR 1983 **P** Mosfilm **KI** Progress **SF** KJFZ/Matthias **R** Rolan Bykow **B** Rolan Bykow, Wladimir Shelesnikow, nach Motiven einer Erzählung von Wladimir Schelesnikow **K** Anatoli Mukassej **M** Sofia Gubaidulina **S** L. Jeljan **D** Kristina Orbakaite (Lena), Juri Nikulin (Großvater), Jelena Sanajewa (Lehrerin), Mitja Jegorow (David), Pascha Sanajew (Wassiljew) **L** 127 **E** 25.9.1987 Kino DDR/16.11.1988 ZDF

VÖGLEIN, VÖGLEIN AN DER WAND (LE GRAND CEREMONIAL). Das Drama eines jungen Mannes, der durch seine neurotische Mutterbindung unfähig zur Liebe ist und sein Zärtlichkeitsbedürfnis nur in Form sadomasochistischer Perversionen artikulieren kann. Erst das Zusammensein mit einem geduldigen Mädchen befreit ihn vom Einfluß der Mutter und bewirkt einen langsamen Heilungsprozeß. Verfilmung des Bühnenstücks von Arrabal (dt. »Die Nacht der Puppen«) als grelle Pop-Farce mit pseudo avantgardistischen Stilbrüchen und spekulativen Horrorfilm-Effekten, die eher spekulativ und selbstzweckhaft als analytisch erhellend ist. ✦ Frankreich 1968 **P** Alcinter **KI** Cinema Service **Pd** Max Pécas **R** Pierre-Alain Jolivet **B** Pierre-Alain Jolivet, Serge Ganze, nach einem Bühnenstück von Fernando Arrabal **K** Bernard Daillencourt **M** Jack Arel **S** Mirella Mauberna **D** Ginette Leclerc, Michel Tureau, Marcela Saint Aman, Jean-Daniel Ehrmann, Fernando Arrabal, Roger Lumont **L** 87 **FSK** ab 18; f **E** 11.4.1969 **fd** 16 100

VOICES – EINE WELT OHNE TON →Eine Welt ohne Ton

VOILÀ – EINE SCHÖNE FAMILIE (ALORS VOILA). Nachdem er seine einzige Tochter in zweiter Ehe glücklich verheiratet weiß und dem Sohn einen Lastwagen besorgt hat, zieht sich ein Patriarch, der seine Familie mit straffer Hand regierte, von ihr und seinen dubiosen Geschäften zurück und begibt sich mit seiner abgöttisch geliebten elfjährigen Enkelin auf eine lange Reise. Der erste Film des Schauspielers Michel Piccoli, der von einer traumwandlerisch geschaffenen Atmosphäre zwischen Wirklichkeit und Surrealität lebt. Hervorragende Darsteller und ein überwältigender Ideenreichtum tragen zum Gelingen des Traumspiels bei. – Sehenswert ab 16. ✦ Frankreich/Deutschland 1997 **P** Gémini Films **Pd** Paulo Branco **R** Michel Piccoli **B** Michel Piccoli, Thomas Cheysson **K** Laurent Machuel **M** Arno **S** Emmanuelle Castro **D** Maurice Garrel (Constantin), Audrey Guillaume (Mireille), Dominique Blanc (Rose), Roland

Amstutz (René), Bernard Bloch (Marcel) **L** 92 **E** 29.5.1999 WDR

VOKZAL – BAHNHOF BREST. Geschichte und Geschichten vom Bahnhof Brest an der Grenze zwischen Polen und Weißrußland, 1941 Ausgangspunkt des Krieges der Nationalsozialisten gegen die Sowjetunion. Eine beklemmende, mit Archivmaterial angereicherte Studie, die mit teils skurrilen, teils bewegenden Momentaufnahmen vom Zerfall einer Gesellschaft berichtet. Privates und Historie werden geschickt zu einem faszinierenden Kaleidoskop verwebt. (Russisch m.d.U.; Fernseh- und Videotitel: »Bahnhof Brest«) – Sehenswert ab 16. ✦ Schwarz-weiß. Deutschland 1994 **P** Ö-Film Löprich-Schlösser/WDR **KI** Salzgeber & Co. **VA** absolut MEDIEN **Pd** Frank Löprich, Katrin Schlösser **R+B** Gerd Kroske **K** Dieter Chill **S** Karin Schöning **L** 90 **E** 20.4.1995/ 13.5.1996 West 3/Februar 2000 Video **fd** 31 306

VOL-AU-VENT (VOL-AU-VENT). Drei Einbrecher geraten auf der Flucht in die Vorbereitungen einer Hochzeit. Turbulente Verwechslungskomödie, deren Titel sich auf eine verschluckte Blätterteig-Pastete (vol-au-vent) bezieht. ✦ Großbritannien 1996 **R+B** John McKenzie **D** Dennis Waterman (Pete/Kevin), Julia McKenzie (Audrey), Lisa Coleman (Christine), Joanne Engelsman (Samantha), John McKenzie (Mark), Brian Mitchell (Dave/De Alan), Nick Byley (Smokes/Alan), Joanna Wyatt (Allison) **L** 80 **E** 3.6. 1999 Vox

VOLCANO (VOLCANO). Ein Krisenexperte und seine Tochter werden in die Folgen eines Vulkanausbruchs mitten in Los Angeles verwickelt. Ein hochgradig technisierter Katastrophenfilm, der für Kenner der Szene auch mit ironischen Schlaglichtern auf die Hybris der kalifornischen Metropole brilliert. Mangels einer tragfähigen Story, die die Charaktere zu Kinorobotern degradiert, nutzen sich die Spezialeffekte jedoch schneller ab, als der Laufzeit des Films lieb sein kann. (Videotitel auch: »Volcano – Berg in Flammen«) – Ab 14. ✦ USA 1997 **P** Shuler/Donner & Donner/Moritz Original **KI** 20th Century Fox **VA** Fox Home (ungeschnittene Fassung)/ Atlanta **DVD** Fox Home (16:9, 1.85:1, DD5.1 engl./ dt.) **Pd** Neal H. Moritz, Andrew Davis **R** Mick Jackson **B** Jerome Armstrong, Billy Ray, Barbara Benedek **K** Bill Brown, Theo van de Sande **M** Alan Silvestri **S** Michael Tronick, Don Brochu **D** Tommy Lee Jones (Mike Roark), Anne Heche (Dr. Amy Barnes), Gaby Hoffman (Kelly Roark), Don Cheadle (Emmit Reese), Keith David (Lt. Ed Fox) **L** 104 **FSK** ab 12; f (Video & DVD 16) **FBW** w **E** 2.10.1997/9.4.1998 Video/ 16.2.2000 DVD **fd** 32 765

VOLCANO – BERG IN FLAMMEN →Volcano

DAS VOLK DER SCHWARZEN BERGE (ZIVJETTI ZAINAT / NAPEREKOR WSEMU). Montenegro im 18. Jahrhundert: Bischof Peter I., kirchliches und weltliches Oberhaupt zugleich, kämpft leidenschaftlich und opferbereit um die Einheit und Unabhängigkeit seines in sich zerstrittenen Volkes. Ein anspruchsvoller, formal eigenwilliger Geschichtsfilm. – Ab 16. ✦ Jugoslawien/UdSSR 1972 **P** Filmstudio Titograd/ Dowshenko-Studio **KI** Progress **R** Juri Iljenko **B** Nikola Vavic **K** Wilen Kaljuta **M** Boro Tamindzic **D** Vladimir Popovic (Bischof Peter I.), Larissa Kadotschnikowa (Bojana), Iwan Mikolaitschuk (Joko), Dara Djuraskovic (Bojanas Mutter), Boris Chmelnizki (Nikanor) **L** 78 **E** 21.11.1975 Kino DDR/25.12.1976 DFF 2 **fd** 27 661

DAS VOLK DER SCHWARZEN ZELTE →Gras

EIN VOLK IM ALLEINGANG. Ein in Frankreich lebender korsischer Fernsehregisseur kehrt auf seine Heimatinsel zurück und erkundet Land und Menschen. Im Mittelpunkt des Dokumentarfilms steht der Künstler Toni Casalonga, der als eine der Hauptfiguren der Bewegung für die kulturelle Wiederbelebung Korsikas gilt. (O.m.d.U.) ✦ Frankreich 1994 **R+B** Ange Casta **L** 122 **E** 29.6.1995 arte

DAS VOLK STIRBT NIE (EL PUEBLO NUNCA MUERE). Eine filmische Version von Klaus Hubers Komposition »Erniedrigt – geknechtet – verlassen – verachtet«. Ausgehend von Texten von Ernesto Cardenal, Florian Knobloch, Carolina Maria de Jesus und George Jackson wird ein oratorisches, musikalisch außerordentlich faszinierendes und innovatives Werk geschaffen, das um die Themen Unterdrückung und Ausbeutung des Menschen kreist. Mehr oder weniger deutlich sind dabei die Bezüge zur aktuellen Situation in Lateinamerika. Der Film selbst, in dessen Zentrum eine Aufführung in Donaueschingen steht, will nicht Musik illustrieren, sondern zum besseren Hinhören und zur Auseinandersetzung mit der Situation in Lateinamerika anregen. ✦ Schweiz 1984 **P** Filmkollektiv **Pd+R** Mathias Knauer **B** Mathias Knauer, Klaus Huber **K** Rob Gnant **M** Klaus Huber **S** Mathias Knauer, Georg Janett **L** 63 **E** Schweiz

DAS VOLK UND SEINE GEWEHRE (LE PEUPLE ET SES FUSILS). Ein im Kollektiv hergestellter »politisch engagierter« und dementsprechend parteiischer Dokumentarfilm über den Kampf der »Patriotischen Front« in Laos. Laut Joris Ivens haben er und seine Mitarbeiter versucht zu zeigen, »worin im einzelnen die Arbeit der Massen in den befreiten Zonen eines Landes besteht, das sich im Kampf gegen den Imperialismus befindet«. Laos stellt sich für die Filmemacher dabei als ein »zweites Vietnam« dar; zwar spielt sich der Volkskrieg in anderen Phasen und Entwicklungsstufen ab, folgt aber denselben Prinzipien und der gleichen globalen Strategie. (O.m.d.U.) ✦ Schwarz-weiß. Frankreich 1969 **P** Capi **SF** Freunde der Deutschen Kinemathek **R+B** Joris Ivens, Marceline Loridan, Jean-Pierre Sergent, Emmanuelle Castro, Suzanne Fenn, Antoine Bonfanti, Bernard Ortion, Anne Rullier **L** 90

VÖLKERMORD – NOTIZEN ÜBER DAS MEZQUITAL (ETNLOCIDIO – NOTAS SOBRE EL MEZQUITAL). Das Mezquital ist eine beinahe wüstenartige Zone 100 km nördlich von Mexiko City, in dem ca. 300.000 Indios des Stammes der Otomis leben. Die Industrialisierung kommt nur wenigen zugute, während die Mehrheit in immer größere Not gerät. Der auf jeden Effekt verzichtende, trocken-spröde Film nimmt deutlich Partei für die Indios, wobei er seiner guten Absicht dadurch etwas schadet, daß er die Gegenseite nicht zu Wort kommen läßt. (O.m.d.U.) ✦ Mexiko/Kanada 1976 **P** Cine Difusion SEP/Office National du Film du Canada **SF** Freunde der Deutschen Kinemathek **R** Paul Leduc **B** Roger Bartra, Paul Leduc **K** Georges Dufaux, Angel Goded **L** 127 **E** 6.5. 1978 WDR

EIN VOLKSFEIND. Ein Kassenarzt in einem Fabriknest kann in seinem Heimatort, der dank der von ihm vor Jahren entdeckten Heilquelle Kurbad geworden ist, endlich Badearzt werden. Als er feststellt, daß die Heilquelle durch Abwässer vergiftet ist, muß er gegen seinen Bruder, den Bürgermeister, und eine kompakte liberale Majorität ankämpfen. Seine scheinbar endgültige Niederlage verwandelt sich durch das Eingreifen des Ministeriums in einen Triumph. Der Film illustriert die NS-Parole »Gemeinnutz geht vor Eigennutz«; dabei wurde Ibsens gesellschaftskritisches Theaterstück von 1883 in einer aktualisierten Form dermaßen verbogen, daß selbst die Vitalität Heinrich Georges mitgeschädigt wird. NS-Prädikat: »Künstlerisch wertvoll«. Nach 1945 aliiertes Vorführverbot. ✦ Schwarz-weiß. Deutschland 1937 **P** F.D.F. (Fabrikation Deutscher Filme) **KI** Transit-Film/F.W.-Murnau-Gesellschaft **R** Hans Steinhoff **B** Erich Ebermayer, Hans Steinhoff, nach dem gleichnamigen Schauspiel von Henrik Ibsen **K** Karl Puth **M** Clemens Schmalstich **D** Heinrich George (Dr. Stockmann), Herbert Hübner, Franziska Kinz, Carsta Löck, Hans Richter **L** 101 **FSK** ab 6; f **E** 26.10. 1937

DAS VOLKSHAUS VON VICTOR HORTA. Bericht über das »Maison du Peuple« in Brüssel – erbaut 1885–90 in der Blütezeit des belgischen Jugendstils –, das als herausragendes Werk des Architekten Victor Horta zu den bedeutendsten Werken der Weltarchitektur gehörte. Das Volkshaus, das alle Zeiten überdauern sollte, wurde 1963 von der krisengeschüttelten Genossenschaft verkauft, 1965 verfolgte der Abriß. Heute erinnern nur noch einige Exponate und unzählige Fotos an die architektonische Vision. Der Film versucht, das Haus auferstehen zu lassen und stellt mittels dreidimensionaler Computertechnik das Gebäude in alter Pracht vor. – Ab 14. ✦ Belgien 1996 **P** RTBF **R** André Darteville **L** 76 **E** 21.11. 1996 arte

DIE VOLKSSCHULE (OBECNA SKOLA). Eine Schulklasse von Zehnjährigen gilt im Prag der Jahre 1945/46 als besonders schwierig. Als Nachfolger der resignierten Lehrerin übernimmt Herr Hnizdo die Erziehung per Rohrstock. Die Jungen sind fasziniert vom charismatischen Auftreten des neuen Lehrers, der sich als Antifaschist, Frauenheld und Geschichtenerzähler hervortut. Für einige Zeit sonnt er sich im Gefühl des Respektiertwerdens, wovon die Väter der Kinder nur träumen. Ironisch-versponnener Rückblick auf die Kindheit, der sich einfühlsam die Sichtweise eines Zehnjährigen zu eigen macht; zugleich ein interessanter Beitrag zum Thema Autorität und Verführbarkeit. – Ab 12. ✦ CSFR 1991 **P** Filmstudio Barrandov, Gruppe« Vydra-Dudová« **R** Jan Sverák **B** Zdenek Sverák **K** Jaroslav Brabec **M** Jirí Svoboda **S** Alois Fisarek **D** Jan Tríska (Hnízdo), Zdenek Sverák (Soucek), Rudolf Hrusínsky (Schuldirektor), Libuse Safránková (Soucková), Václav Jakoubek (Eda), Radoslav Budác (Tonda), Karel Kachyna (Schulinspektor), Jirí Menzel (Arzt) **L** 104 **E** 11.12.1992 ARD

VOLL AUF DER KIPPE. (Fernseh-)Komödie um einen fanatischen Anti-Raucher, der sich in eine Raucherin verliebt und in einen Kriminalfall um Zigarettenschmuggel verwickelt wird. ✦ Deutschland 1999 **P** RTL **R** Wolfgang Büld **B** Peter Pursche **D** Mike Krüger (Nico Reimer), Rolf Zacher (Claas), Katharina Schubert (Sonja), Robert Victor Minich (Onno), Angelika Bartsch (Rita), Rifka Lodeizen (Trixie), Heiner Bremer **L** 90 **E** 11.6.1999 RTL

VOLL AUF DER ROLLE. Berliner Schüler proben mit ihrem Lehrer das Stück »Stern ohne Himmel«, das von Jugendlichen handelt, die kurz vor Kriegsende einen jüdischen Jungen in einem Kellerversteck entdecken. Während ihn ein fanatischer Hitlerjunge der Gestapo ausliefern will, entschließen sich die anderen zu helfen. Ein Schüler, der neofaschistischen Sprüchen nicht abgeneigt ist, übernimmt die Rolle des Hitlerjungen und will einen Türken in die Rolle des Judenjungen drängen. Während der Proben entwickelt sich ein gruppendynamischer Prozeß, in dessen Verlauf die Grenzen zwischen Spiel und Realität verwischen. Eine ganz auf die Abbildung der Bühneninszenierung des Berliner Grips-Theaters konzentrierter Film, der am historischen Stoff Parallelen zur bundesdeutschen Wirklichkeit herstellen will. – Ab 12. ✦ BR Deutschland 1985 **P** Grips-Theater/Kinder- und Jugendfilmzentrum **SF** atlas **R** Claudia Schröder, Detlef Gumm, Hans-Georg Ullrich **B** Leonie Ossowski **K** Carl-Friedrich Koschnick **S** Olla Höf (= Ursula Höf) **D** Guntbert Warens, Ilona Schulz, Yalcin Güzelce, Rüdiger Wandel, Stefan Fredrich **L** 90

VOLL AUF RISIKO (PLAYING TO WIN: A MOMENT OF TRUTH MOVIE). Eine junge High-School-Absolventin aus einfachen Verhältnissen verfällt der Spielsucht. Um ihre Schulden auszugleichen, verstrickt sie sich in Lügen und gleitet in die Kriminalität ab. Realistisch inszeniertes Sozialdrama. ✦ USA 1998 **P** O'Hara-Horowitz Prod. **Pd** Tracey Jeffrey **R** James A. Contner **B** Sibly Gardner **K** Peter Benison **M** Stacy Widelitz **D** Shelley Fabares (Nancy Erickson), Lisa Dean Ryan (Dana Erickson), Malcolm Stewart (Paul Levin), David Lascher (Marshall Kearns), Melissa Barker-Sauer (Janice), Kirby Morrow (Ryan), Kimberley Warnat (Kristi Erickson), Robert Moloney (Artie), Gordon Currie (Frank), Terry David Mulligan (Mr. Kearns) **L** 85 **E** 8.9.2000 ARD

VOLL DAS LEBEN – REALITY BITES (REALITY BI-

TES). Vier amerikanische Jungakademiker suchen nach dem College ihren Platz in Beruf und Gesellschaft. Hohen Ansprüchen und Hoffnungen stehen eine rauhe Wirklichkeit und wenig freie Jobs gegenüber. Der Film reißt verschiedene Verhaltensweisen von Protagonisten der »Generation X« an: jener jungen und »konsumfreudigen« Menschen, die in den 70er Jahren geboren wurden und nach einer soliden Ausbildung ohne große Hoffnung auf sozialen und beruflichen Aufstieg in Skeptizismus und Nihilismus verfallen, sich zugleich aber clever und mediengewandt »verkaufen« können. Der thematisch interessante Film beschreibt durchaus treffend die Lippenbekenntnisse seiner Protagonisten sowie ihr (nicht gerade neues) Liebesleid, verliert sich jedoch in skurrilen Szenen. Die oberflächliche Dramaturgie scheitert zwangsläufig im Niemandsland zwischen Komödie und Problemfilm. – Ab 16. ✦ USA 1993 **P** Universal **KI** UIP **VA** CIC **Pd** Danny DeVito, Michael Shamberg **R** Ben Stiller **B** Helen Childress **K** Emmanuel Lubezki **M** Karl Wallinger **S** Lisa Churgin (= Lisa Zeno Churgin) **D** Winona Ryder (Lelaina Pierce), Ethan Hawke (Troy Dyer), Janeane Garofalo (Vickie Miner), Steve Zahn (Sammy Gray), Ben Stiller (Michael Grates) **L** 98 **FSK** ab 12; f **FBW** w **E** 18.8.1994/22.3.1995 Video/10.3.1996 premiere **fd** 30 922

VOLL DER STRESS VORM ERSTEN DATE →Verkehrsprobleme

VOLL ERWISCHT – UND DOCH DANEBEN →Mystery Act

VOLL IN ACTION →Breaker, Breaker

VOLL NORMAAAL. Eine Woche im Leben eines »Prolo« in Köln-Kalk – zwischen Reparaturwerkstatt und Getränkemarkt, Billigvideos und Dackelzüchtern, Pornostars und Muskelpaketen. Das Filmdebüt des kabarettistischen Kleinkünstlers Gerhardt sorgt für einen Tiefpunkt des deutschen Films: ein Nichts an Handlung wird mit Geschmacklosigkeiten vollgestopft. Insgesamt eine Beleidigung des vernunftbegabten Zuschauers; die galoppierende Verblödung wird nicht karikiert, sondern gefeiert. – Wir raten ab. ✦ Deutschland 1994 **P** Hartmut John Filmprod./ZDF **KI** Neue Constantin **VA** VCL/Carolco **DVD** VCL (1.66:1, DD5.1 dt.) **Pd** Bernd Eichinger, Peter Zenk **R** Ralf Huettner **B** Tom Gerhardt **K** Diethard Prengel **M** Jörg Evers **S** Gisela Haller **D** Tom Gerhardt (Tommie, Dieter, Heinz), Hilmi Sözer (Mario), Veronica Ferres (Carmen), Renate Dissel (Lisbeth), Gruschenka Stevens, Uwe Fellensiek **L** 91 **FSK** ab 12; nf **E** 11.11.1994/22.6.1995 Video/31.5.1996 SAT 1/29.4.1999 DVD **fd** 31 072

VOLLBLUT →Land in Sicht

VOLLDAMPF VORAUS (1931) →Pat und Patachon: Volldampf voraus

VOLLDAMPF VORAUS (1967) (CALA NAPRZOD). Ein Seemann erzählt die Abenteuer auf seiner letzten großen Fahrt: wie sein Leben mehr als einmal auf dem Spiel stand, eine Gräfin ihn auf ihr merkwürdiges Schloß entführte und wie er in Casablanca in einen Harem geriet. Abenteuerliches »Seemannsgarn«, ganz zugeschnitten auf die Ausstrahlung seines jungen Stars. ✦ Schwarz-weiß. Polen 1967 **P** ZRF »Kadr« **R** Stanislaw Lenartowicz **B** Ewa Sumanska, Stanislaw Lenartowicz **K** Tadeusz Wiezan, Jerzy Stawicki **M** Wojciech Kilar **D** Zbigniew Cybulski, Teresa Tuszynska, Zdzislaw Maklakiewicz, Krzysztof Litwin **L** 89 **E** 21.2.1969 DFF 1

VOLLENDUNG DER LIEBESTECHNIK. Ein Arztehepaar erteilt abwechselnd sexuelle Informationen, die grafisch und szenisch erläutert werden. Ein Pfarrer, als alt-katholisch ausgewiesen, schließt sich den Ausführungen an. Ein »Aufklärungsfilm«, der ethische, sexualmoralische und -pädagogische Aspekte vereinfacht und zwischen Polemik und vorurteilsfreier Auseinandersetzung nicht zu trennen weiß. In der Darstellung der Geschlechtsakte ebenso dilettantisch wie langweilig. – Wir raten ab. ✦ BR Deutschland 1970 **P** DGF **KI** Cinerama **VA** Toppic **R+B** Udo Neuschäfer **K** Atze Glanert **M** Jürgen Drews, Rico Lombardi **L** 79 **FSK** ab 18; nf **E** 4.9.1970 **fd** 16 959

VOLLER WUNDER IST DAS LEBEN (A KID FOR TWO FARTHINGS). Das Leben der einfachen Leute im Judenviertel im Londoner Osten, dem Trödlerdistrikt der Pettycoat Lane, wandelt sich zum Besseren, als ein kleiner Junge eine Ziege mit einem verkrüppelten Horn ersteht und in ihr das wundertätige Einhorn der britischen Volkssage sieht. Sein fester Glaube läßt viele der kleinen Wünsche seiner Mitmenschen in Erfüllung gehen. Inhaltlich überfrachtet, fesselt der Film durch seine verspielte, märchenhafte Geschichte und die treffende Milieu- und Charakterzeichnung. Etwas störend: der scharfe Kontrast mit einigen harten Catcher-Szenen. – Sehenswert ab 14. ✦ Großbritannien 1955 **P** London **KI** DLF **Pd+R** Carol Reed **B** Wolf Mankowitz, nach seinem Roman **K** Edward Scaife **M** Benjamin Frankel **S** A.S. Bates **D** Jonathan Ashmore (Joe), Celia Johnson (Joanna), David Kossoff (Kandinsky), Vera Day (Mimi), Diana Dors (Sonja), Joe Robinson (Sam) **L** 93 **FSK** ab 12; f **E** 20.1.1956 **fd** 4 700

VÖLLEREI ODER INSELFEST (TODSÜNDE 4) (VÖLLEREI ODER INSELFEST (TODSÜNDE 4)). Auf einer kleinen Insel in einem Schweizer See plant eine Gruppe von Zeltlern zum Ausklang der Saison ein Abschlußfest. Dieses findet jedoch trotz mehrerer Anläufe nicht statt. In ironisch-sarkastischer Form (und mit von den Autoren psychologisch wenig ausgeformten Figuren) wird gezeigt, daß Völlerei oder die Unfähigkeit zur Völlerei nicht nur mit Essen und Trinken, sondern auch mit menschlicher Beziehung zu tun hat. Dem Prototyp des Schweizers mit seinem so gar nicht hedonistischen Naturell bleibt die Gnade der Völlerei in Sebastian C. Schroeders von handfester Situationskomik durchzogenem Film versagt. ✦ Schweiz 1980 **P** Nemo (für DRS) **Pd** Alexander J. Seiler **R** Sebastian C. Schroeder **B** Gerold Späth, Sebastian C. Schroeder **K** Hans Liechti **S** Fee Liechti **D** Oskar Hoby (Sonntagsmaler), Franz Matter (Felix Hess), Julia Vonderlinn (Annemarie Hess), Veit Späth (Pascal Hess), Nathalie Billeter (Silvia Hess) **L** 59 **E** Schweiz

VOLLES HERZ UND LEERE TASCHEN (E LA DONNA CREO L'UOMO). Ein vom Glück bevorzugter junger Deutscher nutzt in Rom seine Chancen bei Frauen für geschäftliche Erfolge aus, bis er, wieder arm geworden, die echte Liebe findet. Der Versuch einer augenzwinkernden Moralkomödie, die jedoch bei bemerkenswertem äußerem Aufwand nicht mehr als Gefühlskitsch und hausbackene Erotik bietet. ✦ BR Deutschland/Italien 1963 **P** Loewant/Geos/Sincar **KI** Columbia-Bavaria **Pd** Franz Antel **R** Camillo Mastrocinque **B** Franz Antel, Kurt Nachmann, Edoardo Anton **K** Riccardo Pallottini **M** Ennio Morricone **S** Adolph Schlyßleder **D** Thomas Fritsch (Rik), Alexandra Stewart (Laura), Gino Cervi (Botta), Françoise Rosay (Borgia), Senta Berger (Jane), Linda Christian (Ambrogia Minelli), Massimo Serato (Chefredakteur) **L** 99 **FSK** ab 18; nf **E** 27.2.1964 **fd** 12 589

VOLLGAS (I CAMIONISTI). Da eine attraktive Tankwärtin berechtigte Zweifel an der Treue ihres Geliebten hat, der als Lastwagenfahrer viel unterwegs ist, macht sie den Führerschein und folgt ihm kreuz und quer durch Italien. Zotige Sexkomödie voller Derbheiten. (Alternativtitel: »Sex on Wheels«) ✦ Italien/Spanien 1982 **P** Otaria Films/Medusa Distribuzione/Diasa Producciones Cinematograficas **VA** VPS **R** Flavio Mogherini **B** Gianfranco Clerici, Vincenzo Mannino **K** Raúl Pérez Cubero **M** Riz Ortolani **S** Ruggero Mastroianni **D** Daniela Poggi, Gigi Sammarchi, Andrea Roncato, Giorgio Bracardi, Luciana Torina **L** 81 **FSK** ab 16 **E** August 1987 Video

VÖLLIG DURCHGEDREHT (THE CRACKER FACTORY). Eine alkoholkranke, unter Depressionen leidende Hausfrau und Mutter dreier Kinder wird nach einem Selbstmordversuch in eine psychiatrische Klinik eingeliefert. In einer Mitpatientin findet sie eine Freundin, und beide lernen auch die komischen Seiten ihres Klinikaufenthalts kennen. Ein mit viel Gefühl und Humor inszeniertes Melodram, das ausführlich auf die Therapie der »Anynomen Alkoholiker« hinweist. Getragen wird der Film von der ausgezeichneten Hauptdarstellerin – Ab 16. ✦ USA 1980 **P** ABC/EMI **Pd** Richard Shapiro, Roger Gimbel **R** Burt Brinckerhoff **B** Richard Shapiro, nach einem Roman von Joyce Rebeta-Burditt **K** Michael Hugo **M** Billy Goldenberg **D** Natalie Wood (Cassie), Peter Haskell (Charlie), Perry King (Dr. Alexander), Vivian Blaine (Mutter), Juliet Mills (Schwester), Shelley Long **L** 96 **E** 27.10.1995 ZDF

VÖLLIG FALSCH VERBUNDEN! (BOY, DID I GET A WRONG NUMBER!). Ein Makler und Familienvater macht durch eine falsche Telefonverbindung die Bekanntschaft mit einem dem Filmbetrieb entflohenen Sex-Star. Durch mißverständliche Situationen gerät er bald darauf in den Verdacht, den Star ermordet zu haben. Dürftige Groteskkomödie, deren satirische Ansätze in Klamauk untergehen. – Ab 14 möglich. ✦ USA 1965 **P** Edward Small Prod. (für United Artists) **KI** United Artists **Pd** Edward Small **R** George Marshall, George Beck **B** Burt Styler, Albert E. Lewin, George Kennett **K** Lionel Lindon **M** Richard Lasalle, »By« Dunham **S** Grant Whytock **D** Bob Hope (Tom Meade), Elke Sommer (Didi), Phyllis Diller (Lily), Marjorie Lord (Martha Meade), Cesare Danova (Pepe), Kelly Thordsen (Schwartz) **L** 99 **FSK** ab 6; nf **E** 3.3.1967 **fd** 14 678

DAS VÖLLIG IRRE KLASSENZIMMER (PIERINO CONTRO TUTTI). Ein Lausbube provoziert mit frechen Streichen, Späßen und Witzen Eltern, Lehrer und andere Erwachsene und zieht alle durch den Kakao. Groteskkomödie ohne durchgehende Handlung. Die gespielten Witze und Kalauer vorwiegend aus dem Sexual- und Fäkalbereich reizen nur zum ganz geringen Teil zum Lachen. ✦ Italien 1981 **P** Filmes International/Medusa/Dania **VA** Geiselgasteig **R** Marino Girolami **B** Gianfranco Clerici **K** Federico Zanni **M** Berto Pisano **D** Alvaro Vitali, Michela Miti, Marisa Merlini, Enzo Liberti, Riccardo Billi **L** 80 **FSK** ab 16 **E** Oktober 1985 Video **fd** 25 373

EINE VOLLKOMMEN ERLOGENE GESCHICHTE. Ursprünglich fürs DDR-Fernsehen gedrehter, turbulenter Kinderfilm, der später auch im Kino eingesetzt wurde: Zwei Kinder verstricken sich immer mehr in allerlei Lügengespinste und entscheiden sich schließlich für die Wahrheit. – Ab 8. ✦ DDR 1977 **P** DFF **KI** Progress **Pd** Wolfgang Jürs **R** Gunter Friedrich **B** Peter Ensikat **K** Ralf Neubert **M** Bernd Wefelmeyer **S** Barbara Kelm **D** Susanne Junewitz (Caroline), Olaf Ernst (Tobias), Brigitte Peters (Mutter), Ekkehard Hahn (Vater), Lieselott Baumgarten (Großmutter) **L** 72 **E** 31.12.1977 DFF 1/15.8.1980 Kino DDR

DIE VOLLKOMMENE EHE. In vier Spielfilmepisoden (»Richtige Partnerwahl«, »Psychologische Verhaltensformen«, »Familienplanung«, »Eheliche Sexualität«) werden kulturfilmhaft Grundthemen des sexualpädagogischen Buches des Frauenarztes und Sexologen Theodor Hendrik van de Velde (1873–1937) illustriert. Den vorgegebenen Anspruch, über richtige Partnerwahl, psychologisches und sexuelles Verhalten in der Ehe sowie Nachkommenschaftsbestimmung überzeugende Auskünfte beizutragen, erfüllt der oft unfreiwillig komische, bildlich und musikalisch unzumutbar versüßlichte Film in keiner Weise. (Vgl. auch »Das Leben zu zweit – Die Sexualität in der Ehe«) ✦ BR Deutschland 1968 **P** Rialto **KI** Constantin **R** Franz Josef Gottlieb **B** Franz Seitz **K** Klaus König **M** Peter Thomas **D** Rainer Brandt, Günther Stoll, Ingrid Back, Eva Christian, Frank Nossack, Harald Dietl **L** 89 **FSK** ab 18; f **E** 1968 Kino **fd** 15 635

VOLLMACHT FÜR JACK CLIFTON (AGENTE 077 DALL 'ORIENTE CON FURORE / FUREUR SUR LE BOSPHORE). Ein amerikanischer Geheimagent verhindert die unbefugte Nutzung einer Geheimwaffe durch eine nahöstliche Agenten-Organisation. Triviales Spionageabenteuer nach James-Bond-Manier mit einigen »Sex-and-Crime«-Einlagen. Schlecht gespielt, drittklassig erdacht und inszeniert. ✦ Scope. Italien/Frankreich/Spanien 1965 **P** Fida/Jacques Roitfeld/Epoca **KI** Pallas **R** Terence Hathaway (= Sergio Grieco) **B** Arpad De Riso, Nino Scolaro, Alessandro Continenza, Leonardo Martin **K** Juan Julio Baena **M** Piero Piccioni **S** Enzo Alfonsi **D** Ken Clark (Jack Clifton), Margaret Lee, Philippe Hersent (Heston, Europa-Chef CIA), Fabienne Dali, Evi Marandi, Fernando Sancho **L** 103 **FSK** ab 18; nf **E** 22.10.1965 **fd** 13 678

VOLLMACHT ZUM MORD (PERMISSION TO KILL). Ein von westlichen Ländern eingesetzter Geheimagent versucht mit erpresserischen und anderen verbrecherischen Mitteln, einen arabischen Exil-Politiker von seiner Rückkehr abzuhalten. Kriminalfilm über die Machenschaften der Geheimdienste, der in pseudo-kritischen Ansätzen steckenbleibt. Handwerklich routiniert, aber ohne Höhepunkte und mit widersprüchlicher Moral. – Ab 16. ✦ Scope. Österreich/Großbritannien 1975 **P** Sascha-Film/Warner Communications **KI** Warner-Columbia **R** Cyril Frankel **B** Robin Estridge, nach seinem gleichnamigen Roman **K** Freddie Young **M** Richard Rodney Bennett **D** Ava Gardner (Katina Peterson), Dirk Bogarde (Curtis), Bekim Fjehmiu (Alexandre Diakim), Timothy Dalton (Charles Lord), Nicole Calfan (Melissa), Frederic Forrest (Scott Allison), Olivier Schott (François) **L** 96 (gek. 91) **FSK** ab 16; f (gek. 12) **E** 5.2.1976 **fd** 19 640

VOLLMOND (VOLLMOND / PLEINE LUNE). In einer Vollmondnacht verschwinden zwölf Kinder aus allen Landesteilen der Schweiz. In einem Brief an die Eltern fordern sie »Wir wollen die Erde auf Erden« und stellen den Eltern eine Frist bis zur nächsten Vollmondnacht. Die utopische Parabel versucht eine Bestandsaufnahme der Schweizer Gesellschaft und des Zustands der Welt am Ende des Jahrtausends. In nüchternem Erzählstil, der von lakonischem Humor und poetischen Elementen durchsetzt ist, entwickelt der Film seine Variation des Rattenfänger- und Arche-Noah-Motivs. Trotz gelungener Momente kann er letztlich aber nicht überzeugen, weil er mit Figuren und Themen allzu überfrachtet ist. – Ab 12. ✦ Schweiz/Deutschland/Frankreich 1998 **P** T&C/Pandora/Arena **KI** Pegasos **Pd** Marcel Hoehn, Karl Baumgartner, Raimond Goebel, Bruno Pesery **R+B** Fredi M. Murer **K** Pio Corradi **M** Mario Beretta **S** Loredana Cristelli **D** Hanspeter Müller (Anatol Wasser), Lilo Baur (Irene Escher), Benedict Freitag (Max Escher), Mariebelle Kuhn (Emmi), Joseph Scheidegger (Oskar Fürst), Sara Capretti (Yvonne Botta), Tondi Dzvokora (Omm) **L** 124 **FSK** ab 6; f **E** 23.9.1999 **fd** 33 855

VOLLMOND IN NEW YORK (FULL MOON IN NEW YORK / YAN TSOI NAU YEUK). Die Geschichte dreier Chinesinnen in New York, Emigrantinnen aus Taiwan, China und Hongkong. Alle drei haben Anpassungsschwierigkeiten: die eine leidet unter der Verständnislosigkeit ihres Ehemanns, eines assimilierten Chinesen; die andere ist unfähig, eine Beziehung mit einem Amerikaner einzugehen; die dritte, eine geschäftstüchtige Frau aus Hongkong, lebt allein und lehnt alle Bewerber ab. Ein thematisch interessanter Einblick in die kulturellen Verwirrungen, die aus den verschiedenen Entwicklungen Chinas erwachsen und zur schwierigen Suche nach Identität führen. Reizvoll auch die sympathischen Darstellerinnen, die aber in einer allzu gefälligen, zeitweise betont gestylten Inszenierung nicht allzu sehr in die Tiefe zu loten vermögen. (O.m.d.U.) – Ab 16. ✦ USA/Hongkong 1989 **P** Shiobu **Pd** Henry Fong **R** Stanley Kwan **B** Zhong Acheng, Yan Tai On Ping **K** Bill Wong **M** Chang-Hung Yi **S** Steve Wong, Chow Cheung Kan **D** Sylvia Chang (= Zhang Ai-Jia) (Wang Hsiung Ping), Maggie Cheung (Li Feng Jiao), Sichingowa (Chao Hong) **L** 85 **E** 14.12.1993 West 3

VOLLMOND ÜBER BLUE WATER →Die Trottel vom Texas-Grill

VOLLMONDNÄCHTE (LES NUITS DE LA PLEINE LUNE). Eine junge Frau mietet eine Wohnung in Paris, weil sie die Forderung ihres Geliebten nach einer ausschließlichen Bindung nicht akzeptieren will. Das Arrangement bewirkt, daß sie den Freund und sich selbst verliert. Eine geistreiche und intelligente Auseinandersetzung mit fundamentalen Fragen des menschlichen Zusammenlebens. Der von Sympathie für seine Personen getragene, inszenatorisch nur scheinbar leichte Film besticht gleichermaßen in Stil, Tonlage, Erzählrhythmus und Sujet. – Sehenswert ab 16. ✦ Frankreich 1984 **P** M. Menegoz/Les Films du Losange/Les Films Ariane **KI** Concorde **Pd** Margaret Ménégoz **R+B** Eric Rohmer **K** Renato Berta **M** Elli et Jacno **S** Cécile Decugis **D** Pascale Ogier (Louise), Tchéky Karyo (Rémi), Fabrice Luchini (Octave), Virginie Thévenet (Camille), Christian Vadim (Bastien), László Szabó (der Maler), Lisa Garneri (Tina) **L** 102 **FSK** ab 12; f **FBW** bw **E** 26.4.1985/16.10.1987 ARD **fd** 24 987

VOLLMONDNÄCHTE IN »BLUE WATER« →Die Trottel vom Texas-Grill

VOLLNARKOSE. (Fernseh-)Drama aus dem Ärzte- und Krankenhausmilieu: Eine Anästhesistin beginnt zunächst erfolgreich ihre neue Arbeit am Dresdener Transplantationszentrum, stößt aber auf eine Mauer des Schweigens und der Ablehnung, als sie die Alkoholprobleme des renommierten Star-Chirurgen der Klinik thematisiert. – Ab 16. ✦ Deutschland 1997 **Pd** Hans-Werner Honert **R** Bodo Fürneisen **B** Peter Probst, Johannes Rotter **K** Dieter Chill **D** Klausjürgen Wussow (Prof. Gerhard Harrer), Suzanne von Borsody (Dr. Katrin Klein), Julia Jäger (Anja Matthes), Tim Bergmann (Dr. Marco Schöne), Rainer Strecker (David Matthes), Gudrun Ritter (Schwester Birte), Gunter Schoß (Dr. Bernd Radke) **L** 90 **E** 26.11.1997 ARD

VOLLSCHLANK. Übergewichtigkeit ist eine der Hauptvolkskrankheiten in den USA. Der Dokumentarfilm setzt sich unter diesem Aspekt mit dem Land der »Low-und-no-Fat«-Produkte auseinander, lässt Betroffene zu Wort kommen, die über ihre Erfahrungen mit Diätprodukten berichten, beschreibt vollschlanke Erfolgsstories und spart auch das Leid dicker Menschen nicht aus, die unter ihrem Körper und ihren Mitmenschen zu leiden haben. ✦ USA 1998 **R** Wolfgang Hastert **L** 60 **E** 3.1.1999 arte

DER VOLLSTRECKER (1969) (THE EXECUTIONER). Ein Agent, der Verrat an der Spitze des Geheimdienstes wittert und sich von seinen Vorgesetzten nicht verstanden fühlt, handelt auf eigene Faust und muß bald einsehen, daß er furchtbare Fehler gemacht hat. Er wird dennoch befördert, weil seine Aktionen in das Konzept der Geheimdienstspitze passen. Psychologisch differenzierter Agentenfilm, durchgehend spannend. – Ab 16. ✦ Scope. Großbritannien 1969 **P** American Films **KI** Columbia **Pd** Charles H. Schneer **R** Sam Wanamaker **B** Jack Pulman, nach einem Roman von Gordon McDonell **K** Denys Coop **M** Ron Goodwin **S** Roy Watts, Clive A. Smith **D** George Peppard (John Shay), Joan Collins (Sarah Booth), Oskar Homolka (Racovsky), Judy Geeson (Polly Bendel), Nigel Patrick (Colonel Scott), Charles Gray (Vaughan Jones) **L** 111 **FSK** ab 16; f **E** 21.8.1970 **fd** 16 927

DER VOLLSTRECKER (1974) →Der Uhrmacher von St. Paul

DER VOLLSTRECKER (1993) (FONG SAI-YUK TSUKTSAP). Der Sohn eines zunächst inkognito arbeitenden Widerstandskämpfers macht seinem Vater wenig Ehre. Er macht die Gegend unsicher, treibt sich herum, zettelt Schlägereien an und soll bald die Tochter des Bürgermeisters heiraten. Doch dann verschärft sich der politische Konflikt, Vater und Sohn finden zum Schulterschluß, und die Dorfbewohner praktizieren endlich Solidarität. Ein aufwendig produzierter historischer Kung-Fu-Film, der die Balance zwischen Spannung und Humor sucht. (Späterer Titel: »Fong Sai-Yuk – Der Vollstrecker«) ✦ Hongkong 1993 **VA** Splendid **R** Corey Yuen (= Yuen Kwei) **D** Jet Lee (Fong Sai-Yuk), Josephine Hsiao (Fongs Mutter), Adam Cheng (Chan Ka Lok), Sibelle Hu (Tiger Lus Frau) **L** 100 **FSK** ab 16 **E** 25.7.1994 Video

DIE VOLLSTRECKER DER NINJA. Ein Einzelkämpfer legt sich mit einer Ninja-Sippe an, die seine Geliebte entführt hat, und liefert den Gangstern einen blutigen Kleinkrieg. Billiger Actionfilm voller Härten, dessen Hauptdarsteller wie ein weiteres Plagiat des Eastern-Stars Bruce Lee daherkommt. ✦ Hongkong 1984 **VA** Mike Hunter **R** Godfrey Ho **D** Dragon Lee, Wong Cheng-Li **L** 88 **E** April 1985 Video

DER VOLLSTRECKER – KILLER OHNE GNADE →Blutzoll

DER VOLLTREFFER (THE SURE THING). Zwei College-Studenten aus dem Osten, die Urlaub in Kalifornien machen wollen und die Reise zufällig gemeinsam unternehmen, finden zueinander, als sich am Ziel ihrer Wünsche die erträumten Partner als unzulänglich erweisen. Mit vielen Musiknummern untermalt und flott inszeniert, appelliert der Film auf recht prüde und gelegentlich auch scheinheilige Weise daran, Träume an ihrer Verwirklichbarkeit zu orientieren, ohne zu resignieren. Eine Mischung aus Screwball- und Teenager-Sex-Komödie mit moralischem Anspruch auf Sauberkeit. – Ab 14 möglich. ✦ USA 1984 **P** Monument Pic. **KI** Filmverlag der Autoren **VA** Embassy/E. M. S. **Pd** Roger Birnbaum, Andrew Scheinman **R** Rob Reiner **B** Jonathan Roberts, Steven L. Bloom **K** Robert Elswit **M** Tom Scott **S** Robert Leighton **D** John Cusack (Walter Gibson), Daphne Zuniga (Alison Bradbury), Anthony Edwards (Lance), Viveca Lindfors (Prof. Taub), Nicollette Sheridan (»Volltreffer«), Tim Robbins (Gary Cooper), Fran Ryan (Louise) **L** 95 **FSK** ab 12; f **E** 5.7.1985/August 1986 Video/19.6.1987 ARD **fd** 25 176

VOLLTREFFER →The Big Hit

VOLLTREFFER INS GLÜCK (LUCKY JIM). Ein junger Universitätsdozent soll die Amtseinführung des neuen Rektors vorbereiten und eine Rede zum Thema »Glückliches England« halten. Da er sich bei all seinen Verrichtungen alles andere als geschickt anstellt und sich zudem noch in recht komplizierte Liebesangelegenheiten verstrickt, endet die Feier im Chaos, und der Dozent muß seine Uni verlassen. Doch zumindest in der Liebe lacht ihm am Ende das Glück. Turbulentes Groteskluststpiel mit hinlänglich amüsanter Situationskomik; zuweilen erinnert der Film an Harold Lloyds Klassiker »The Freshman«. – Ab 12. ✦ Schwarz-weiß. Großbritannien 1957 **P** Charter/Kingsley International **Pd** Roy Boulting **R** John Boulting **B** Jeffrey Dell, Patrick Campbell, nach einem Roman von Kingsley Amis **K** Max Greene (= Mutz Greenbaum) **M** John Addison **S** Max Benedict **D** Ian Carmichael (Jim Dixon), Terry-Thomas (Bertrand Welch), Hugh Griffith (Prof. Welch), Sharon Acker (Christine Callaghan), Jean Anderson (Mrs. Welch) **L** 95 **E** 15.10.1989 ZDF

DIE VOLLTROTTEL →Ein Stall voll süßer Bubis

VOLPONE (VOLPONE). Verfilmung von Jonsons »Volpone or The Fox«, der sowohl erfolgreichsten als wohl auch besten Komödie des Shakespeare-Zeitgenossen, angesiedelt im luxuriös-lasterhaften Venedig des 16. Jahrhunderts: Der betrügerische Geschäftemacher Volpone lernt im Gefängnis den zynischen Parasiten Mosca kennen, mit dem er einen diabolischen Plan ausheckt, um sich an seinen Gläubigern zu rächen. Dabei hat Volpone nicht damit gerechnet, daß er von Mosca als dem noch größeren Betrüger übers Ohr gehauen wird. Die inszenatorisch geschickte Umsetzung des höchst vergnüglichen Theaterspektakels um die Geldgier der Menschen und ihren Zynismus wirkt aus heutiger Hinsicht etwas veraltet, fesselt aber immer noch durch das Dekor, glänzende Dialoge und superbe komödiantische Schauspielerleistungen. (DDR-Titel: »Der betrogene Betrüger«.) – Ab 14. ✦ Schwarz-weiß. Frankreich 1938/40 **P** Ile de France **KI** Concordia **Pd** A. Hertz **R** Maurice Tourneur **B** Jules Romains, Maurice Tourneur, nach einem Bühnenstück von Ben Jonson **K** Armand Thirard **M** Marcel Delannoy **D** Harry Baur,

Louis Jouvet, Jacqueline Delubac, Fernand Ledoux, Charles Dullin **L** 94 **E** 1940 Kino/13.5.1955 Kino DDR **fd** 2 240

VOLTAR, DER UNBESIEGBARE (VOLTAR THE INVINCIBLE). Voltar, ein zur Kampfmaschine aufgerüsteter Roboter, stellt sich dem Kampf gegen das Böse und rettet die Erde. Simple Zeichentrick-Geschichte nach üblichen Science-Fiction-Mustern. – Ab 14 möglich. ✦ USA 1985 **P** Movie Tech Studios **VA** Video Live **R** Ewing M. Brown **B** John Tacara **L** 61 **FSK** ab 12 **E** Video

VOM ANDEREN STERN. Eine komplizierte Liebesgeschichte in einer Zukunft, in der kaum noch Wohnungen existieren und die Menschen über verlassene Straßen ziehen, durch die jegliche Natur zubetoniert wurde. Als eine junge schwangere Frau einen fremdartigen Vogel kauft und durch ihn eigenartige kreative Gedanken entwickelt, reagiert ihr Freund mit Eifersucht. Da der Vogel, der von einem fremden Planeten kommt, auf das irdische pflanzliche Wachstum ungeahnte Auswirkungen zeigt, kommt es zu Katastrophen. Studiofilm, der eine Kurzgeschichte aus Australien auf mögliche zukünftige Verhältnisse in der Bundesrepublik Deutschland überträgt. ✦ BR Deutschland 1982 **P** C + H Film **R** Petra Haffter **B** Petra Haffter, nach einer Kurzgeschichte von Peter Carey **K** Karl Kases **D** Julia Lindig (Lilly), Claude Oliver Rudolph (Herrmann), Volker Spengler (Motelmanager), Andreas Wellano (Vogelhändler), Otto Schnelling (Imbißbudenmann), Gudula Lorez (Tramperin), Bob Dorsay (Schrotthändler) **L** (TV) 80 **E** 13.10.1983 ZDF

VOM AUSSTERBEN EINES CHINESISCHEN DORFES. Ein zwischen Fiktion und Realität angesiedelter Dokumentarfilm über die Dürre in Zentralchina im Jahr 1995, bei der zum wiederholten Male alle Pflanzenkulturen eines Dorfes vernichtet wurden. Der Film beschreibt verschiedene Schicksale der Dorfbewohner, die mehr oder weniger existentiell von der Wasserknappheit betroffen sind. ✦ VR China 1996 **R** Wang Xiaoping **L** 61 **E** 14.7.1998 arte

VOM BLITZ GETROFFEN (1977) (DOPPIO DELITTO / ENQUETE A L'ITALIENNE). Für einen erfolglosen, verklemmten römischen Kriminalkommissar Mitte Fünfzig wird die Aufklärung eines Mordes an einem Grafen in einem römischen Palazzo zur Bewährungsprobe. In dem alten Gemäuer wohnen verschiedene skurrile Figuren, die ihn in seltsame Erlebnisse verwickeln, bis er wider Erwarten der Gerechtigkeit zum Sieg verhilft. Abgesehen von einigen amüsanten Momenten eine müde Typen-Komödie mit zerdehnten Einfällen und geschwätzigen Dialogen. (Fernsehtitel auch: »Doppelmord in Rom«.) – Ab 16 möglich. ✦ Italien/Frankreich 1977 **P** Primex/P. E. C. F. **R** Steno (= Stefano Vanzina) **B** Steno (= Stefano Vanzina), Age (= Agenore Incorocci), Furio Scarpelli, nach einem Roman von Ugo Moretti **K** Luigi Kuveiller **M** Riz Ortolani **S** Antonio Siciliano **D** Marcello Mastroianni (Bruno Baldassare), Ursula Andress (Prinzessin Dell'Orso), Peter Ustinov (Harry Hellman), Agostina Belli (Teresa), Jean-Claude Brialy (Van Nijlen), Gianfranco Barra (Cantalmessa) **L** 108 **E** 20.7. 1989 SAT 1

VOM BLITZ GETROFFEN (1985) (COLPI DI FULMINE). Komödie um eine »unmögliche Romanze«: Ein träumerischer Mann verliert wegen seiner Versponnenheiten seine Frau und seinen Job im Büro eines Devisenmaklers. Verstört flüchtet er zu einem Freund nach Venedig und freundet sich dort mit dessen elfjähriger Tochter an. Als das Mädchen ihm eines Tages offenbart, daß es sich in ihn verliebt hat, fällt er aus allen Wolken. ✦ Italien 1985 **P** Numero Uno Cinematografica **R** Marco Risi **B** Marco Risi, Massimo Franciosa **K** Beppe Maccari **M** Manuel de Sica **D** Jerry Cala (Carlo), Ricky Tognazzi (Massimo), Vanessa Gravina (Julia), Elisabetta Giovannini **L** (TV) 92 **E** 25.11.1992 ARD

VOM BÖSEN BERÜHRT – DER SCHÄNDER HINTER DER MASKE (TOUCHED BY EVIL). Psychothriller. Nach einer Vergewaltigung zieht sich eine junge Frau, die sich kurz zuvor hat scheiden lassen, ganz in ihr Haus zurück. Erst als sie einen Geschäftsmann kennenlernt, scheint sich das Blatt zu wenden. Doch die Polizei verdächtigt ihn, der Schänder zu sein. ✦ USA 1996 **R** James A. Contner **B** Philip Penningroth **D** Adrian Pasdar (Jerry Braskin), Paula Abdul (Ellen Collier), Tracy Nelson (Clara), Susan Ruttan (Madge), Charlayne Woodard (Adrienne Duvall) **L** 115 **E** 10.12.1998 RTL 2

VOM BÖSEN GEBLENDET (BLINDED BY THE LIGHT). Um seinen Sohn dem Einfluß einer Sekte zu entreißen, will ein Elternpaar dessen Schwester als Lockvogel einsetzen. Erst als diese beinahe selbst Opfer der Manipulationen wird, willigt sie ein. Schwungvoll erzähltes Drama mit routinierten darstellerischen Leistungen, das gleichwohl kaum Überraschendes bietet. – Ab 16. ✦ USA 1980 **Pd** Roderick Paul **R** John A. Alonzo **M** Jonathan Tunick **S** John C. Horger **D** Kristy McNichol, Jimmy McNichol, Anne Jackson, Michael McGuire, Jenny O'Hara **L** 89 **E** 31.1.1998 ORF 2

VOM DÄMON GETRIEBEN →Königsmark

VOM DEUTSCHEN RAND. Sommer 1998: Der Filmemacher macht sich von Niederdorla, dem geografischen Mittelpunkt Deutschlands, auf an die Grenze und bereist die 3758 Kilometer lange Strecke. Bei seinen Stationen spürt er Besonderheiten auf, befragt Bewohner nach ihren Sorgen und Zukunftshoffnungen, lässt sich auf kuriose Menschen und ernsthafte Alltagsbeobachtungen ein. Eine Art deutsches Bilderbuch, das im Zuge der Europäisierung Besonderheiten, aber auch Gemeinsamkeiten spiegelt. ✦ Deutschland 1998 **R+B** Volker Köster **K** Jutta Doberstein **L** 135 **E** 11.10.1999 ZDF

VOM DRITTEN KEINE SPUR (THE BIG NIGHT). Die Versuchungen eines jungen Mannes, der eine geraubte Geldsumme findet und sich im Rahmen einer Verfolgungs- und Liebesgeschichte überwindet. Solider Kriminalfilm mit psychologischem Einschlag. – Ab 16. ✦ Schwarz-weiß. USA 1959 **P** Mayfair **Kl** Paramount **Pd** Vern Alves **R** Sidney Salkow **B** Ric Hardman **K** William Whitley **M** Richard Lasalle **S** Dwight Caldwell **D** Randy Sparks (Frank), Venetia Stevenson (Ellie), Dick Foran (Ed), Dick Contino (Carl Farrow), Jesse White (Wegg), Frank Ferguson (Dave) **L** 73 **FSK** ab 12; f **E** 11.11.1960/19.7.1975 ZDF **fd** 9 683

VOM EIGENEN VATER ENTFÜHRT (TRAIL OF TEARS). Drama um zwei Frauen, deren Kinder von den eigenen Vätern entführt wurden und die sich, weil das FBI noch keine Spur gefunden hat, schließlich selbst auf die Suche machen. ✦ USA 1995 **R** Donald Wrye **B** Matthew Bombeck **D** Katey Segal (Annie Cook), Pam Dawber (Cheryl Harris), Jeffrey Nordling (Michael Harris), William Russ (David Cook), Eileen Brennan (Betty Cook) **L** 88 **E** 12.8. 1996 ZDF

VOM ENDE DER ZEIT. Dokumentation über zwei Familien, die sich einen privaten Atombunker bauen ließen und ihn dann testeten. ✦ BR Deutschland 1983 **P** NANUK-Film/RB **R+B** Christian Weisenborn, Michael Wulfes **K** Michael Wulfes, Christian Weisenborn, Jörg Schifferer, Dieter Matzka, Franz Weich **S** Pauline Pauli **L** 85

VOM FBI GEJAGT (MANHANDLED). Ein Ex-Polizist und jetziger Privatdetektiv erfährt von einem Kriminalschriftsteller, der unter der Zwangsvorstellung leidet, daß er seine Frau mit einer Parfümflasche erschlagen und sich ihres hochversicherten Schmucks bemächtigt habe. Als die Frau tatsächlich ermordet wird und der Detektiv den Psychiater des Autors als Täter entlarvt, zieht er selbst die Fäden und begeht seinerseits einen Mord, um sich zu bereichern und eine Unschuldige zu belasten. Routinierter Kriminalfilm mit Anflügen von Humor und wohltemperierter Spannung, aber einer allzu verworren konstruierten Handlung. – Ab 16. ✦ Schwarz-weiß. USA 1948 **P** Pine-Thomas (für Paramount) **Kl** Accord **R** Lewis R. Foster **B** Lewis R. Foster, Whitman Chambers, nach einem Roman von L. S. Goldsmith **K** Ernest Laszlo **D** Dorothy Lamour, Sterling Hayden, Dan Duryea, Irene Harvey, Philip Reed **L** 96 **FSK** ab 16; nf **E** 13.7.1962 **fd** 11 302

VOM FEST UND DEN GÄSTEN (O SLAVNOSTI A HOSTECH). Eine Picknickgesellschaft wird von einigen zwielichtigen Männern terrorisiert. Plötzlich taucht ein bärtiger Mann auf, der die Drangsaliererei beendet und alle zu einer Geburtstagsfeier im Grünen einlädt. Als der Bärtige und sein Faktotum bemerken, daß ein Mann die Einladung ausgeschlagen und sich davongemacht hat, bläst man zur Jagd auf den Außenseiter, und alle sind bereit mitzulaufen. Ein brillant verschlüsselter Parabelfilm, dessen komisch-dramatische Attacke auf eine totalitäre Bürokratie und Untertanengeist durchaus als Polemik gegen das System verstanden wurde: der Film wurde erst im Verlauf des »Prager Frühlings« freigegeben. (O.m.d.U.) – Ab 16. ✦ Schwarz-weiß. CSSR 1966 **P** Filmstudio Barrandov **R** Jan Nemec **B** Ester Krumbachová, Jan Nemec **K** Jaromír Sofr **M** Karel Mares **D** Ivan Vyskocil (Gastgeber), Jan Klusák (Rudolph), Jirí Nemec (Joseph), Zdenka Skvorecká (Eva), Pavel Bosek (Frantisek), Helena Pejsková **L** 70 **E** 24.11.1968 NDR

VOM FLIEGEN UND ANDEREN TRÄUMEN (THE THEORY OF FLIGHT). Von seiner Geliebten verlassen, zieht sich ein Mann zurück, um sich einzig seinem Traum der Konstruktion einer Flugmaschine zu widmen. Die Begegnung mit einer gelähmten Frau, die nur noch kurze Zeit zu leben hat, wird zur Herausforderung und zum Anlass, erstmals selbst Verantwortung zu übernehmen. Die junge Frau bittet ihn, ihr bei der Erfüllung ihres Herzenswunsches zu helfen, einmal mit einem Mann zu schlafen. Eine brillant geschriebene und gespielte Tragikomödie, der das Kunststück gelingt, über den Sinn von Leben, Sterben und Krankheit zu reflektieren, ohne je in Rührseligkeit zu verfallen. Leider trüben Schwächen der Inszenierung den gelungenen Gesamteindruck. – Ab 14. ✦ Großbritannien 1998 **P** Distant Horizon/BBC Films **Kl** Tobis **VA** Ufa/BMG **Pd** Helena Spring, Ruth Caleb **R** Paul Greengrass **B** Richard Hawkins **K** Ivan Strasburg **S** Mark Day **D** Helena Bonham Carter (Jane), Kenneth Branagh (Richard), Gemma Jones (Anna), Sue Jones-Davies (Catherine), Holly Aird (Julie), Ray Stevenson (Gigolo) **L** 102 **FSK** ab 12; f **E** 22.4.1999/1.11.1999 Video **fd** 33 626

VOM FLUSS – RIVER COLORS. Ein impressionistisches Filmgedicht, das dokumentarische Aufnahmen aus dem thailändischen Ort Nonthabiuri, seiner Bewohner und ihrer Häuser sowie der Flüsse und Kanäle als bedeutende Lebensadern zu einem assoziativen Bildergeflecht verbindet. Gegenstände des täglichen Lebens, Handgriffe und Gesichter werden als bedeutungstragende Details herausgehoben. Aus diesen Bildern, den synchronen Original-Tönen sowie den Klängen der Filmkomposition entsteht eine Film-Ton-Montage, die sich kontemplativ der Thematik nähert. ✦ Deutschland 1994 **P** Christoph Janetzko Prod. **SF** Freunde der Deutschen Kinemathek **Pd+R+B+K** Christoph Janetzko **M** Makin Fung Bing Fai **S** Christoph Janetzko **L** 62 **E** 1995 Kino

VOM GESETZ ENTWÜRDIGT →Heißes Pflaster New Orleans

VOM GLETSCHER ZUM MEER. Dokumentarischer Film über »Quelle, Lauf und Ziel des Rheins« mit dem Schwergewicht auf Graubünden und Holland. Ein oberlehrerhafter, pseudodichterischer Film voller technischer und textlicher Mängel, der im Kino wenig verloren hat. – Ab 8 möglich. ✦ Schweiz 1961 **P** Calanda **SF** Calanda **R+B** Hans Schwendimann, M. Kosel (Auswahl) **K** Hans Schwendimann **M** M. Kosel **S** Hans Schwendimann, M. Kosel **L** 91 **FSK** ab 6; f **E** 1961 Kino

VOM GLÜCK VERRATEN (CRIMES OF PASSION: ESCAPE FROM TERROR). Psycho-Thriller. Die Ehe mit ihrem krankhaft eifersüchtigen Chef wird für eine junge Frau schnell zur Hölle auf Erden. Selbst nach der Scheidung ist sie und ihre neugeborene Tochter den Nachstellungen des gewalttätigen Psychopathen ausgesetzt. ✦ USA 1994 **R** Michael Scott **B** Camilla Carr, Walter Klenhard **D** Adam Storke (Paul Stamper), Maria Pitillo (Teresa), Brad Dourif (Deputy Sheriff Douglas), Tony Becker (Chris), Steven Hartley **L** 87 **E** 10.9.1996 RTL 2

VOM GOLD UND VOM VERGESSEN (D'OR ET D'OUBLI). Kriminalfilm um eine Genfer Privatdetektivin, die einen mysteriösen Flugzeugabsturz untersucht und dabei auf ein dunkles Kapitel Schweizer Geschichte vor dem Zweiten Weltkrieg stößt. ✦ Schweiz 1998 **P** Ciné Manufacture/TSR **R** Yvan Butler **B** Anne Cuneo **K** Denis Jutzeler **M** Michel Wintsch **S** Eliane Guignet **D** Anne Richard (Marie Machiavelli), Philippe Manthey (Inspektor Léon), Pinkas Braun (David Blumenstein), Jean Vigny (Albert Tissot) **L** 76 **E** 29.9.1998 arte

VOM HASS BESESSEN (CROSS OF FIRE). Halbdokumentarischer Fernsehfilm über den Aufstieg des Ku-Klux-Klan in den 20er Jahren, im Mittelpunkt D. C. Stephenson, der den rassistischen Geheimbund im US-Bundesstaat Indiana führte und ihm durch wohltätige Aktionen einiges Ansehen in der Bevölkerung verschaffte. Ein packender Film, solide gespielt und über dem Durchschnitt üblicher Fernsehkost. – Ab 16. ✦ USA 1989 **Pd** Joel Fields **R** Paul Wendkos **B** Robert Crais **K** Ronald M. Lautore **M** Bill Goldstein **D** John Heard (D.C. Stephenson), Mel Harris (Madge Oberholtzer), George Dzundza (Boyd Gurley), Lloyd Bridges (Eph Inman), David Morse (Clell Henry) **L** 90/90 **E** 13.1.1994 RTL 2 (zwei Teile)

VOM HIMMEL DAS BLAUE. Eine vorübergehend erblindete Afrikanerin quartiert sich bei ihrem in Deutschland lebenden Bruder ein. Der arbeitet längst als Stripper, will seine Schwester jedoch in dem Glauben lassen, er studiere weiterhin Medizin. Um diese Lüge aufrecht zu erhalten, engagiert er einen Image-Berater, der als professioneller Lügner die Scheinwelt aufrecht zu halten versteht. Wirklich kompliziert wird die Lage erst, als sich der junge Deutsche, der sich als Schwarzer ausgibt, in die Blinde verliebt. Romantische Komödie um Schein und Sein, die Macht der Lüge und die Kraft der Liebe. ✦ Deutschland 1999 **R** Jörn Hintzer **B** Henning Köhn **K** Johannes Imdahl **M** Iwan Harlan **S** Alfons Schröter **D** Bernd Michael Lade, Joana Adu-Giamfi, Andy Zingsem, Martin Armknecht, Katharina Schüttler **L** 90 **E** 20.1.2001 WDR

VOM HIMMEL GEFALLEN. In einer osteuropäischen Diktatur wird im Garten der US-amerikanischen Botschaft ein Baby ausgesetzt; die Asylgewährung verursacht ein diplomatisches Tauziehen. Flott und einfallsreich unterhaltende, inszenatorisch freilich etwas biedere Komödie, die das Menschlich-Verbindende über die gegensätzlichen politischen Systeme hinaushebt. – Ab 12. ✦ Schwarz-weiß. BR Deutschland 1955 **P** Trans-Rhein **Kl** Columbia **Pd** Stuart Schulberg, Gilbert de Goldschmidt, Hans Tost, Charles Münzel **R** John Brahm **B** Philip Reisman jr., Dwight Taylor, nach einer Idee von Geza von Radvanyi. Dt. Dialoge: Wolfgang Wagemut, Ingeborg Grunewald **K** Ted Kornowicz **M** Bernhard Kaun **S** Georges Klotz **D** Joseph Cotten (John Adams), Eva Bartok (Sonja), Niall MacGinnis (Sidney), René Deltgen (Kovac), Gert Fröbe (Olaf), Bruni Löbel (Lilli), Don Hamner (Coppenbarger), Ursula Herking (Frau Debrov) **L** 85 **FSK** ab 12; nf **FBW** w **E** 8.4.1955/22.7. 1963 ZDF **fd** 4011

VOM KÜSSEN UND VOM FLIEGEN. Deutschland 1954: Während für die beiden »normalen« Söhne eines Sargbeschläge-Fabrikanten der Ernst des Lebens beginnt, der in der Übernahme der väterlichen Firma gipfelt, die jener bekommt, der zuerst Frau und Kind vorweisen kann, kann der geistig etwas zurückgebliebene älteste Sohn der Familie weiterhin vom Fliegen träumen. Eine heiter-melancholische Familiegeschichte, eingebettet in den wirtschaftlichen Aufschwung Westdeutschlands, gediegen inszeniert und detailverliebt ausgestattet. – Ab 16. ✦ Deutschland 2000 **R+B** Hartmut Schoen **D** Hans Teuscher (Daniel Finkbeiner), Felix Eitner (Fritz Finkbeiner), Johann von Bülow (Erwin Finkbeiner), George Lenz (Kurt Finkbeiner), Susanne Lothar (Petra Maier) **L** 88 **E** 22.11.2000 3sat

VOM LANDPFARRER ZUM PAPST (GLI UOMINI NON GUARDANO IL CIELO). Dem Werk und der Persönlichkeit Pius' X. gewidmet. Bei ansprechender Schlichtheit nicht frei von Schwächen, jedoch in allem eine würdige Annäherung an die innere Größe des 1954 heiliggesprochenen Papstes und sein leidenschaftliches, vom Ersten Weltkrieg überschattetes Bekenntnis zum Völkerfrieden. Dokumentarisch sorgfältig die Wiedergabe historischer Fakten, insbesondere die informative Nachbildung der Vorgänge bei der Papstwahl 1903. – Ab 8. ✦ Schwarz-weiß. Italien 1952 **P** Cinelia **Kl** Atlantik **R** Umberto Scarpelli **B** G. de Mori, E. Bacchien **K** Romolo Garroni **M** Marciniti **D** Henri Vidon, Enrico Widen, Isa Miranda, Tullio Carminati, Andrew Finley Dunn **L** 75 **FSK** ab 6; f **E** 12.11.1954 **fd** 3690

VOM LEHRER BEDRÄNGT – MISSBRAUCH AN DER SCHULE (MOMENT OF TRUTH: DECEIVED BY TRUST). (Fernseh-)Thriller nach einer wahren Begebenheit. Eine Schülerin an einer Highschool vertraut sich einer Sozialarbeiterin an, nachdem sie vom angesehenen Rektor der Schule sexuell mißbraucht worden ist. Die Sozialarbeiterin geht dem Vorwurf nach, stößt aber auf eine Mauer des Schweigens. Erst als das Mädchen die Schule wechselt, melden sich weitere Opfer des Rektors zu Wort. ✦ USA 1995 **R** Chuck Bowman **B** Dan Levine, Jayne Martin **D** Michael Gross (Dr. Gordon Powell), Shannon Fill (Cindy), Conor O'Farrell (Kerns), Lisa Gorlitzky (Teri Lindstrom), Stepfanie Kramer (Sarah Ann Collins) **L** 120 **E** 13.9.1998 RTL 2

VOM MÄDCHEN ZUR FRAU (VOM MÄDCHEN ZUR FRAU). Anhand »einschlägiger Schicksale« und eines populärwissenschaftlichen Vortrags sollen junge Frauen vor den möglichen Folgen eines zu leichtfertigen Verhaltens (sexuelle »Fehltritte«, Abtreibung etc.) gewarnt werden. Von der FSK in eine freigabefähig erscheinende Form gebracht, schwimmt der miserabel inszenierte, in seiner Spielhandlung entwaffnend dumme Film auf der Sexualaufklärungswelle der Nachkriegsjahre. – Ab 16 möglich. ✦ Schwarz-weiß. Österreich 1949 **P** Vita **Kl** Jugend/Imperial **R** Alfred Renel **B** E. Valentinitsch **K** Fritz Friedl **M** Hans Péro **D** Steffie Hübel, Erika Spandl, Herta Balig, Susanne Sinek, Hanni Trenker **L** 66 **FSK** ab 16; nf **E** 17.2.1950 **fd** 642

VOM MOND GEFALLEN (SPADLA S MESICE). Eine junge Chemikerin, die im Zoo arbeitet, modernisiert gegen den Widerstand des Genossenschaftsvorsitzenden die Arbeit im Viehstall und verdreht den Männer zugleich den Kopf. Alltags- und Liebesgeschichte. ✦ CSSR 1960 **P** Filmstudio Barrandov **R** Zdenek Podskalsky **D** Vlastimil Brodsky, Jirí Sovák, Heda Skrdlantová, Vlasta Chramostová, Zdenek Rehor **L** 73 **E** 14.9.1962 DFF 1

VOM MÖRDER UND SEINER FRAU. Eine alleinstehende 38jährige Buchhändlerin mit massiven Kontaktstörungen steigert sich in die wahnhafte Liebe zu einem Mann, der wegen Mord und Raubüberfall angeklagt ist. Als sie ihm zum erstenmal gegenübersteht, existiert er bereits nur noch als Projektion ihrer Vorstellungen und Sehnsüchte. ✦ Deutschland 1993 **P** Filmproduktion Thomas Mauch **Pd** Thomas Mauch **R** Wolfgang B. Heine **B** Wolfgang B. Heine, Andreas Mücke **K** Thomas Mauch **S** Wolfgang B. Heine, Oliver Weiß **D** Krista Posch (Heidi), Klaus Schindler (Horst), Sabine Warning (Ingrid), Heike Hanold (Sigrid), Matthias Fuchs (Moritz) **L** 90 **E** 23.11.1993 ZDF

VOM POL ZUM ÄQUATOR. Aus dem Filmmaterial des Kameramannes Luca Comerio, der unter dem italienischen König sowie im späteren Faschismus nationalistische Dokumentarfilme drehte und dabei zu beachtlichen Ergebnissen kam, entnahmen die Filmautoren Sequenzen über die Zeit vor dem Ersten Weltkrieg und setzten sie zu einem eigenwilligen experimentellen Werk zusammen. Die ungebrochene Suggestivkraft von Comerios Bildern wird durch den Verzicht auf kritischen Kommentar manifest, gleichzeitig dient die bildliche Verfremdung des Ausgangsmaterials zur Distanzierung von den Inhalten, die ungehemmt dem Militarismus und Kolonialismus huldigen. Ein faszinierender und lehrreicher Film über Macht und Mißbrauch von Bildern. – Ab 16. ✦ Italien/Deutschland 1996 **Pd** Yervant Gianikian, Angela Ricci Lucchi **R** Yervant Gianikian **B** Angela Ricci Lucchi **M** Keith Ullrich, Charles Anderson **L** 98 **E** 21.4.1997 ZDF

VOM RETTER MISSBRAUCHT (CASUALTIES). Eine Frau, die von ihrem Ehemann, einem kontrollsüchtigen Polizisten, tyrannisiert wird, lernt bei einem Kochkurs einen sympathischen Mann kennen und vertraut sich ihm an. Ihr Mann unterstellt ihr eine Affäre und schlägt sie krankenhausreif, woraufhin sie sich wieder an ihren neuen Freund wendet. Der beschließt, den Ehemann zu ermorden, und schreitet zur Tat. Doch auch jetzt ist ein Ende des Schreckens nicht absehbar. Ein dramatisch auf die Spitze getriebenes Frauenschicksal, im Mittelpunkt die Machtfantasien der Männer. ✦ USA 1996 **Pd** Gary Preisler, Tony Markes **R** Alex Graves **B** Gary Preisler, Alex Graves **K** Anette Haellmigk **M** Steven Bramson **S** Daniel Lawrence **D** Caroline Goodall (Annie Summers), Mark Harmon (Tommy), Michael Beach (Clark), Jon Gries (Bill), John Diehl **L** 82 **E** 18.11.1997 premiere

VOM SATAN GESCHWÄNGERT → Wer hat mein Baby gestohlen?

VOM SATAN GEZEUGT → Wer bist Du? (1974)

VOM SCHICKSAL VERWEHT. Im Kampf gegen die Malaria auf einer Antillen-Insel bringt ein weißer Arzt aufständische Eingeborene mit List und Güte dazu, sich impfen zu lassen. Dafür helfen sie mit, den auf ihm lastenden Mordverdacht zu zerstreuen. Von einer Liebesgeschichte am Rande flankierter Abenteuerfilm mit dröhnenden Urwaldtrommeln, vergifteten Pfeilen und bemalten Komparsen, hergestellt in den römischen Cinecittà-Ateliers. Ein in seiner unbedarften Banalität fast schon wieder erheiternder Film. – Ab 12. ✦ Schwarz-weiß. Deutschland 1942 **P** F.D.F. **Kl** Schorcht **R** Nunzio Malasomma **B** Harald G. Petersson, Rolf E. Vanloo, nach dem Bühnenstück »Dschungel« von Josef Maria Frank **K** Georg Krause **M** Werner Bochmann **D** Sybille Schmitz, Albrecht Schoenhals, Rudolf Fernau, Hermann Speelmans, Heinz Salfner **L** 95 **FSK** ab 12; nf **E** 24.7.1942 **fd** 6

VOM SCHNEEWITTCHEN → Schneewittchen und die 7. Klasse

VOM SCHULFREUND VERGEWALTIGT – EIN TEENAGER KLAGT AN → Mißbrauchte Träume

VOM SEX BESESSEN! → Undercover Sarah

VOM SEX BESESSEN! – EINE FRAU WIRD OPFER IHRER LUST → Undercover Sarah

VOM SINGENDEN, KLINGENDEN BÄUMCHEN → Das singende klingende Bäumchen

VOM SKLAVEN ZUM GENERAL (DSCHUNG LO LI TAU DIJANG TJIUN). Revolutionsepos, das einen historischen Zeitabschnitt Chinas nachzeichnet: vom Sturz der Mandschu-Dynastie 1911 über den Bürgerkrieg bis zur Gründung der Volksrepublik im Jahr 1949, dargestellt am Leben und Schicksal des ehemaligen Sklaven und späteren berühmten Generals Luo Xiao. (Titel auch: »China in Flammen«.) ✦ VR China 1979 **P** Filmstudio Shanghai **VA** Starlight/American **R** Wang Yan **B** Liang Xin **K** Shen Xilin **M** Filmsymphonieorchester Shanghai **D** Yang Zaibao, Zhan Jinling, Feng Chunchao **L** 172 **E** 28.10.,4.11. 1981 BR (zwei Teile)

VOM SÜNDIGEN POETEN (THE BAD LORD BYRON). Kurz vor seinem Tode sieht sich der sterbenskranke Lord Byron in seiner Fantasie vor einem Gericht, das darüber entscheiden soll, ob er in den Himmel kommt. In Rückblenden ziehen die kleinen und größeren Sünden seines Lebens vorbei. Kostüm-Drama ohne allzu überzeugende inszenatorische Kraft. Das Sittenbild des 19. Jahrhunderts im Spiegel des berühmten Poeten und Frauenhelden verliert in der allzu statischen Verdichtung nach Klischees. – Ab 16. ✦ Schwarz-weiß. Großbritannien 1949 **P** Rank/Triton/GFD **Pd** Sydney Box **R** David MacDonald **B** Terence Young, Anthony Thorne, Peter Quenell, Lawrence Kitchen, Paul Holt **K** Stephen Dade, David Harcourt **M** Cedric Thorpe Davie **S** James Needs **D** Dennis Price (Lord Byron), Mai Zetterling (Teresa Guiccioli), Joan Greenwood (Lady Caroline Lamb), Linden Travers (Augusta Leigh), Sonia Holm (Arabella Milbank) **L** 85 **E** 20.9.1985 DFF 2/24.6.1992 ORB

VOM TAPFEREN SCHMIED (O STATECNEM KOVARI). Ein junger Schmied zieht gemeinsam mit zwei Kameraden fröhlich in die Welt. Sie kommen ins Land der Traurigkeit, wo das Singen verboten ist, weil die drei Töchter des Königs spurlos verschwunden sind. Nach vielen Abenteuern finden sie die Prinzessinnen, können sie retten und erhalten ihren gerechten Lohn. Solide inszenierter Märchenfilm. (Schweizer Fernsehtitel: »Der tapfere Schmied«) – Ab 8. ✦ CSSR 1983 **P** Filmstudio Gottwaldov **Kl** Progress **VA** Arcade **R** Petr Svéda **B** Jaroslav Petrík, Bohumil Steiner, nach dem Märchen »Der tapfere Mikes« von Bozena Nemcová **K** Jirí Kolín **M** Petr Ulrych **D** Pavel Kríz (Mikesch), Jirí Knot (Matej), Ján Króner jr. (Ondra), Martina Gasparovicová (Prinzessin I), Tatána Cechovská (Prinzessin II) **L** 84 **FSK** o. A. **E** 21.9.1984 Kino DDR/20.11.1985 ARD/21.12.1985 DFF 1

VOM TÄTER FEHLT JEDE SPUR (SCOTLAND YARD INSPECTOR). Ein amerikanischer Journalist in London entlarvt als Zufallsdetektiv eine Gangsterbande, die das Auto als Mordwaffe benutzt, und gewinnt die Schwester eines der Opfer zur Frau. Reißerischer Kriminalfilm der B-Kategorie, arg konstruiert und nur wenig spannend. – Ab 16. ✦ Schwarz-weiß. USA 1952 **P** Lippert Prod. **Kl** Matador **R** Sam Newfield **K** James Harvey **D** Cesar Romero, Lois Maxwell, Bernadette O'Farrell, Mary Mackenzie, Geoffrey Keen **L** 77 **FSK** ab 16; nf **E** 10.9.1953 **fd** 3 563

VOM TERROR ZUR DEMOKRATIE. Dokumentation über die jüngere Geschichte des Sudetenlandes, dessen Anschluß an das Dritte Reich einer der Auslöser des Zweiten Weltkrieges war. Der Film zeigt die geschichtliche Entwicklung, die Vertreibung der deutschstämmigen Bevölkerung nach dem Krieg und die Propagandaschlachten zur Zeit des Kalten Krieges. Er zeigt aber auch das langsame Zusammenwachsen nach dem Auseinanderbrechen des Ostblocks. ✦ Deutschland 1997 **R** Jochen Wolf **L** 75 **E** 8.1.1998 arte

VOM TEUFEL GEJAGT. Ein Nervenspezialist, der ein Mittel zur Schockbehandlung erfand, wird nach halb erfolgreichem Selbstversuch irre und endet als Verbrecher. Spannungslose Kolportage mit pseudowissenschaftlichem Anstrich. – Ab 16. ✦ Schwarz-weiß. BR Deutschland 1950 **P** Witt **Kl** Bavaria **Pd** Georg Witt **R** Viktor Tourjansky **B** Emil Burry, Viktor Tourjansky, nach einer Idee von Viktor de Fast **K** Franz Koch, Josef Illig **M** Franz Grothe **D** Hans Albers (Dr. Blank), Willy Birgel (Dr. Fingal), Maria Holst (Dr. Cora Berndsen), Lil Dagover (Frau Dakar), Otto Wernicke (Harr Dakar), Heidemarie Hatheyer (Maria Hendrix), Heinrich Gretler (Paul Hendrix) **L** 100 **FSK** ab 16; f **E** 24.10.1950 **fd** 948

VOM TEUFEL GERITTEN (SADDLE THE WIND). Die krankhafte Schießwut eines zügellosen jungen Ranchers geht so weit, daß sein älterer Bruder ihn zur Strecke bringen muß. Doch der Verwundete tötet sich selbst, um dem Bruder den Fangschuß zu ersparen. Ein seiner falschen Heroisierung wegen zwiespältiger Western, formal überdurchschnittlich, hervorragend gespielt. – Ab 16. ✦ Scope. USA 1957 **P** MGM **Kl** MGM **Pd** Armand Deutsch **R** Robert Parrish **B** Rod Serling, Thomas Thompson **K** George J. Folsey jr. **M** Jeff Alexander **S** John McSweeney jr. **D** Robert Taylor (Steve Sinclair), John Cassavetes (Tony Sinclair), Julie London (Joan Blake), Donald Crisp (Deneen), Royal Dano (Clay Ellison), Charles McGraw (Larry Venables), Richard Erdman (Dallas Hansen), Douglas Spencer (Hamp Scribner), Ray Teal (Brick Larsen), Jay Adler (Hank) **L** 85 **FSK** ab 12; nf **E** 12.9.1958 **fd** 7 328

VOM TEUFEL GEZEICHNET (THE SNAKE WOMAN). Ein Wissenschaftler behandelt seine Frau mit Schlangengift. Sie gebiert ein kaltblütiges Mädchen, das später zahlreiche Dorfbewohner mit dem Biß einer Königskobra tötet. In englischer Moorlandschaft gegen Ende des 19. Jahrhunderts angesiedelt, versieht der Film seine horrorhaft-absurde Handlung mit einem sonderbar ernstgenommenen Aberglauben, der von einer Hebamme ausgeht. Inszenatorisch belanglos, mischt der Film reizlos legendenhaftes Pathos mit Kriminalrealistik. – Ab 16. ✦ Schwarz-weiß. Großbritannien 1960 **P** Caralan **Kl** United Artists **Pd** George Fowler **R** Sidney J. Furie **B** Orville H. Hampton **K** Stephen Dade **M** Buxton Orr **S** Anthony Gibbs **D** John McCarthy (Charles Prentice), Susan Travers (Atheris), Geoffrey Danton (Colonel Wynborn), Arnold Marle (Dr. Murton), Elsie Wagstaff (Aggie), John Cazabon (Dr. Adderson) **L** 67 **FSK** ab 16; nf **E** 23.6.1961 **fd** 10 292

VOM TEUFEL VERFÜHRT (THE RAWHIDE YEARS). Fälschlich des Mordes verdächtigt, sprengt ein Pokerspieler eine Bande von Flußpiraten und Falschspielern auf dem Mississippi (um 1870). Western-Abenteuer nach Schablone, aber mit Routine und erkennbarer Lust an der trivialen Abenteuerlichkeit der Ereignisse entwickelt. – Ab 14. ✦ USA 1955 **P** Universal **Kl** Universal **Pd** Stanley Rubin **R** Rudolph Maté **B** Earl Felton, nach einem Roman von Norman A. Fox **K** Irving Glassberg **M** Joseph Gershenson **S** Russell Schoengarth **D** Tony Curtis (Ben Matthews), Arthur Kennedy (Rick Harper), Colleen Miller (Joan), Peter van Eyck (Boucher), Donald Randolph (Carrico), William Demarest (Brand Comfort), William Gargan (Marshal Sommers), Minor Watson (Matt Comfort), Robert Wilke (= Robert J. Wilke) (Neal), Trevor Bardette (Captain), Chubby Johnson (Gif Lessing), James Anderson (Wade), Don Beddoe (Frank Porter), Malcolm Atterbury, Rex Lease (Kartenspieler) **L** 85 **FSK** ab 12; nf **E** 13.4.1956/5.8.1981 HR/NDR/WDR **fd** 4 499

VOM TOD BEGLEITET (GENTE D'ONORE). Um der Polizei zu entgehen und ins Ausland zu kommen, durchqueren sechs Männer, die im Dienst der Mafia stehen, Sizilien und finden dabei nacheinander auf seltsame Weise den Tod. Ein dramatisch akzentuierter Abenteuerfilm, konzipiert nach dem Motto »Die Mafia verschlingt ihre eigenen Kinder«. Durch seine naive Oberflächlichkeit und zahlreiche Konzessionen an den Publikumsgeschmack wird er seinem Thema nie gerecht. ✦ Scope. Italien 1968 **P** Sagittario Film **R** Folco Lulli **B** Tito Carpi, Folco Lulli **K** Riccardo Pallottini **M** Lallo Gori (= Coriolano Gori) **S** Luciano Cavalieri **D** Folco Lulli, Saro Urzi, Rosemarie Dexter, Piero Lulli, Leopoldo Trieste, Ella Karin **L** 89 **E** 2.8.1988 DFF 2

VOM ÜBERSTEHEN DER STÜRME. In einem Wohnblock im Ruhrgebiet haben die Nachbarn die ursprünglich als Garagenplätze vorgesehenen Flächen für Kaninchenställe genutzt. 400 Tiere werden dort gehalten. Die Nachbarn, welche die Kaninchen züchten und pflegen, kommen aus verschiedenen Generationen und unterschiedlichen Berufen. Das gemeinsame Hobby und die Sorge für den Unterhalt der Tiere haben sie zu einer Großfamilie werden lassen, die der Dokumentarfilm etwas idyllisch, aber auch in »Verhaltensprotokollen von großer Eindringlichkeit« (FBW) abbildet. – Ab 12. ✦ BR Deutschland 1980 **P** Känguruh-Film/ZDF **SF** Känguruh-Film **R+B** Detlef Gumm, Hans-Georg Ullrich **K** Hans-Georg Ullrich **M** Arpad Bondy **S** Ursula Höf **L** 90 **FBW** bw **E** 23.1.1981/12.3.1981 ZDF

VOM VATER MISSBRAUCHT? →Ohne Zeugen (1990)

VOM WINDE VERWEHT (GONE WITH THE WIND). Die aufwendige und sorgfältig inszenierte Monumentalverfilmung des Bestsellers von Margaret Mitchell, die zu einem der größten Kassenerfolge und zugleich zu einem Stück Mythos der Kinogeschichte wurde. Im Mittelpunkt des breit angelegten Epos steht das Schicksal einer ebenso schönen wie selbstsüchtigen Frau, die zur Zeit des amerikanischen Sezessionskrieges (1861/65) rücksichtslos ihre Interessen verfolgt und über der Sorge um die Erhaltung ihres Elterngutes jedes Maß verliert. Trotz mancher bloß äußerlicher Effekte fasziniert der Film immer noch durch hervorragende schauspielerische Leistungen und die fesselnde Schilderung von Schicksalen vor dem Hintergrund der Bürgerkriegswirren. (Störend bleibt die für spätere Kinoauswertungen und vor allem Fernsehausstrahlungen vorgenommene Breitleinwand-Bearbeitung, die den bildkompositorischen Eindruck schmälert.) – Sehenswert ab 12. ✦ USA 1939 **P** MGM/David O. Selznick-International-Prod. **Kl** UIP (Erstverleih: MGM, auch 70mm) **VA** MGM/UA Home **Pd** David O. Selznick **R** Victor Fleming **B** Sidney Howard, nach dem gleichnamigen Roman von Margaret Mitchell **K** Ernest Haller, Ray Rennahan **M** Max Steiner **S** Hal C. Kern, James E. Newcom **D** Vivien Leigh (Scarlett O'Hara), Clark Gable (Rhett Butler), Olivia de Havilland (Melanie Hamilton), Leslie Howard (Ashley Wilkes), Thomas Mitchell (Gerald O'Hara), Hattie McDaniel (Mammy), Barbara O'Neil (Ellen O'Hara), Evelyn Keyes (Suellen O'Hara), Ann Rutherford (Carmen O'Hara), George Reeves (Brent Tarleton), Fred Crane (Stuart Tarleton), Oscar Polk (Prok), Butterfly McQueen (Prissy), Victor Jory (Jonas Wilkerson, Aufseher), Everett Brown (Big Sam, Vorarbeiter), Howard Hickman (John Wilkes), Alicia Rhett (India Wilkes), Rand Brooks (Charles Hamilton), Carroll Nye (Frank Kennedy) **L** 230 **FSK** ab 12; f **FBW** w **E** 15.1.1953 **fd** 2 293

VOM WOLF UND DEN PFIFFIGEN GEISSLEIN (MAMA). Das bekannte Märchen vom Wolf und den sieben Geißlein, aufbereitet als aufwendiges Film-Musical in einer Co-Produktion. – Ab 8. ✦ Scope. Rumänien/UdSSR/Frankreich 1977 **P** Filmstudio Bucuresti/Mosfilm/Ralux-Film **Kl** Progress **R** Elisabeta Bostan **B** Juri Entni, Vasilike Estrade, nach Motiven des Märchen der Gebrüder Grimm **K** Ion Marinescu, Konstantin Petritschenko **M** Temistocle Popa, Gerard Bourgeois **D** Ljudmila Gurtschenko (Ziegenmutter), Saweli Kramarow (Wolf), Michail Bojarski, Oleg Popow, Iulu Mihesan **L** 86 **E** 6.7.1979 Kino DDR

VOM ZAREN BIS ZU STALIN. Ein sich ausdrücklich als »historische dokumentarische Bild-Reportage« verstehender Film über die russische Revolution von 1917, ihre Vorgeschichte und ihre Entwicklung bis zu den neuen sowjetischen Diktatoren, die den Gang der Ereignisse für ein totalitäres Regime nutzten. Dank zahlreicher Aufnahmen aus Privatarchiven, aus bis dahin unbekannten Wochenschauen (von 1905 an) und aus Privatfilmen vom Leben am Zarenhof entsteht ein lebensunmittelbarer, fesselnder Eindruck der Entwicklungen. Der um sachliche Informationen bemühte Kommentar neigt zu einigen Vergröberungen und Vereinfachungen und enthebt den Zuschauer nicht der kritischen Einschätzung der geschichtlichen Zusammenhänge. – Ab 12. ✦ Schwarz-weiß. BR Deutschland 1961 **P** Aero **Kl** Aero **R+B** Raphael Nussbaum, Peter Rosinski **M** Gottfried Madjera **L** 86 **FSK** ab 12; f **FBW** bw **E** 18.5.1962 **fd** 11 150

VOM ZUSEHEN BEIM STERBEN. Drei Menschen unterschiedlicher Herkunft verbringen gemeinsam einen Abend vor dem Fernsehgerät. In Erwartung wirklichkeitsferner, entspannender Unterhaltung werden sie mit dem Schicksal vietnamesischer »Boat People« konfrontiert. Erstlingsfilm, der stilisierte Spielszenen, Dokumentarbilder und Fernseh-Einspielungen verbindet. Er versteht sich als Appell zum Engagement und als Aufruf zur Hilfe, verschenkt jedoch dieses wichtige Anliegen durch wichtigtuerisch und unausgegoren vorgetragene Thesen, die sich in ihrem vorgeblichen Mitleid(en) um jede glaubwürdige Aussage bringen. – Ab 16. ✦ BR Deutschland 1985 **P** HFFM/Radio Bremen **Kl** HFFM **R+B** Dorothee Schön, Hubertus Burckhardt-Meyer **L** (TV) 95 **E** 18.8.1985 ARD

VON AGENTEN GEJAGT (JOURNEY INTO FEAR). Ein auf Schiffsgeschütze spezialisierter amerikanischer Ingenieur wird in Istanbul von Nazi-Agenten verfolgt, die er trotz der Unterstützung durch den türkischen Geheimdienst nicht abschütteln kann. Erst bei der abschließenden Kletterpartie an der Fassade seines Hotels behält er die Oberhand. Mit abenteuerlichem Nervenkitzel ausstaffierter, hochdramatisch und atmosphärisch dicht entwickelter Agentenfilm; ein Musterbeispiel dafür, wie im Hollywood-Film die Nazi-Agenten (wie später die Japaner) als Bösewichte aus dem Bilderbuch typisiert wurden. – Ab 14 möglich. ✦ Schwarz-weiß. USA 1942 **P** Mercury/RKO **VA** Taurus/Kinowelt Home **Pd** Orson Welles **R** Norman Foster **B** Joseph Cotten, Orson Welles, nach einem Roman von Eric Ambler **K** Karl Struss **M** Constantin Bakaleinikoff, Roy Webb **S** Mark Robson **D** Joseph Cotten (Graham), Dolores del Rio (Josette), Jack Moss (Banat), Orson Welles (Haki), Ruth Warrick (Stephanie), Agnes Moorehead (Mme. Mathews) **L** 69 **FSK** ab 12 (Video) **E** 25.3.1972 ARD/7.11.2000 Video **fd** 34 660

VON ALLEN GEISTERN BESESSEN! (REPOSSESSED). Der Teufel ergreift Besitz von einer Frau, die er bereits 1973 in seiner Gewalt hatte, bis er von einem glaubensstarken Pater exorziert wurde. Es kommt zum erneuten Duell zwischen wackerem »Gottesmann« und Teufel, diesmal ausgetragen vor den Fernsehkameras einer »Bibel-Show«. Wüste Parodie auf die »Exorzismus«-Filme sowie auf scheinheilig salbadernde amerikanische Fernseh-Prediger, die in einer wilden Mischung aus Gags, Plattheiten und manchen Geschmacksunsicherheiten Ziel und Rhythmus verliert, wobei die Synchronisation dem Film den ohnehin geringen Unterhaltungswert regelrecht »austreibt«. – Ab 16 möglich. ✦ USA 1990 **P** Carolco/First Class/New Line Cinema **Kl** Scotia **VA** Cannon/VMP **Pd** Joe Wizan, Steve Wizan **R+B** Bob Logan **K** Michael D. Margulies **M** Charles Fox **S** Jeff Freeman **D** Leslie Nielsen (Pater Mayii), Linda Blair (Nancy Aglet), Anthony Starke (Pater Luke Brophy), Ned Beatty (Ernest Weller), Lana Schwab (Fanny Weller) **L** 84 **FSK** ab 12; nf **E** 16.5.1991/7.10.1991 Video **fd** 28 931

VON ALLEN GELIEBT. Die Frau eines Arztes, zugleich Chefin eines Modesalons mit zwei Töchtern, erkennt in dem Verlobten der älteren den einstigen Jugendgeliebten. Wie der Mann einst die Mutter verließ, verläßt ihn nun die Tochter. Eine farblos und flach inszenierte Gesellschaftskomödie im Stil der Marlitt-Romane. – Ab 14. ✦ Schwarz-weiß. BR Deutschland 1957 **P** Hansa **Kl** DFH **Pd** Max Koslowski **R** Paul Verhoeven **B** Hannelore Holtz, Paul Verhoeven **K** Ekkehard Kyrath **M** Herbert Jarczyk **S** Lena Neumann **D** Magda Schneider (Lotte Fürst), Hans Nielsen (Dr. Johannes Fürst), Johannes Heesters (Rudolf Avenarius), Ann Smyrner (Corinna), Chariklia Baxevanos (Renate), Tilla Durieux (Frau Avenarius), Ivan Desny (Roger Marbeau), Alice Treff (Fräulein Tröger) **L** 100 **FSK** ab 12; f **E** 22.10.1957 **fd** 6 369

VON ALLEN HUNDEN DES KRIEGES GEHETZT (LA PORTA DEL CANNONE). Agentenabenteuer aus der Zeit des Zweiten Weltkrieges: Ein faschistischer Offizier soll den in Wien lebenden Chef einer tschechischen Behörde umbringen. Er macht die Bekanntschaft einer Frau, die sich als tschechische Agentin entpuppt und ihn in Prag, wo er den Gesuchten zu finden hofft, überführen und ausliefern will. Wirr konstruiert und schlecht montiert, erwähnenswert allenfalls die solide Kameraarbeit. – Ab 16 möglich. ✦ Scope. Italien/Jugoslawien 1969 **P** Inter Europa Cinematografica/Pradi-Triglav **VA** VMP/Elfra **R** Leopoldo Savona **B** Piero Regnoli, Leopoldo Savona, Giuliano Friz, Agostino Raff, nach einem Roman von Giuliano Friz **M** Carlo Rustichelli **D** Gianna Serra, John Garko (= Gianni Garko), Irina Demick, Horst Frank **L** 96 **FSK** ab 12; f **E** 16.8.1986 RTL plus

VON ALLEN HUNDEN GEHETZT (1957) (GUNSIGHT RIDGE). Die Verfolgungsjagd zwischen einem getarnten Spezialbeauftragten und einem ebenfalls getarnten Raubmörder bis hin zum traditionellen Pistolen-Duell auf Felsenklippen. Konventioneller Routine-Western ohne sonderliche Spannung, aber mit einem sympathischen Hauptdarsteller und einigen schönen Landschaftsaufnahmen. – Ab 14. ✦ Schwarz-weiß. USA 1957 **P** United Artists **Kl** United Artists **Pd** Robert Bassler, Clarence Eurist **R** Francis D. Lyon **B** Talbot Jennings, Elizabeth Jennings **K** Ernest Laszlo **M** David Raksin **S** Ellsworth Hoagland, Robert Golden **D** Joel McCrea (Mike), Mark Stevens (Velvet), Joan Weldon (Molly), Darlene Fields (Rosa), Addison Richards (Sheriff Jones), Carolyn Craig (Mädchen), Robert Griffin (= Jésus Franco Manera) (Babcock), Slim Pickens (Hank Moss), I. Stanford Jolley (Daggett), George Chandler (Gus Withers), Martin Garralaga (Ramon), Jody McCrea **L** 85 **FSK** ab 12; nf **E** 16.1.1959 **fd** 7 761

VON ALLEN HUNDEN GEHETZT (1975) (THE SELL OUT). Der amerikanische und der sowjetische Geheimdienst machen in Jerusalem Jagd auf einen Doppelspion, der bei seinem Freund, einem Ex-Agenten, Schutz sucht. Vordergründiger, brutaler Reißer mit unglaubwürdiger Milieuzeichnung, der vorgibt, Geheimdienstpraktiken zu entlarven. ✦ Großbritannien/Israel 1975 **P** Israfilm Motion Pictures/Berkey-Pathé-Humphries **Kl** Warner-Columbia **Pd** Josef Shaftel **R** Peter Collinson **B** Murray Smith, Jud Kinberg **K** Arthur Ibbetson **M** Mike Green, Colin Frechter **S** Raymond Poulton **D** Richard Widmark (Sam Lukas), Oliver Reed (Gabriel Lee), Gayle Hunnicutt (Deborah), Sam Wanamaker (Sickles), Vladek Sheybal (Dutchman), Ori Levy (Benjamin), Assaf Dayan **L** 101 **FSK** ab 16; f **E** 14.5.1976 **fd** 19 825

VON ANGESICHT ZU ANGESICHT (1967) (FACCIA A FACCIA). Ein lungenkranker junger Geschichtsprofessor, der zunächst jegliche Gewalt verabscheut, findet unter dem Einfluß eines wilden Banditenführers Geschmack an der ihn zunehmend faszinierenden Macht und wandelt sich zum machttrunkenen Banditen. Der zu seinem Freund gewordene Bandenführer wendet sich indes allmählich vom gewalttätigen Leben ab. Ein thematisch ungewöhnlicher, psychologisch vergleichsweise glaubwürdiger Italowestern über die Faszination der Gewalt. Sympathisch: Tomas Milian in der Rolle des Banditen, der sein Schießeisen an den Nagel hängen wird. (TV-Titel: »Halleluja, der Teufel läßt euch grüßen«) ✦ Scope. Italien/Spanien 1967 **P** PEA/Gonzales **Kl** Alpha **Pd** Alberto Grimaldi, Arturo Gonzalez **R** Sergio Sollima **B** Sergio Donati, Sergio Sollima **K** Rafael Pacheco **M** Ennio Morricone **S** Eugenio Alabiso **D** Gian Maria Volonté (Brad Fletcher), Tomas Milian (Beau Bennet), William Berger (Siringo), Lydia Alfonsi (Belle), Jolanda Modio (Maria), Carole André (Annie) **L** 112 **FSK** ab 18; f **FBW** w **E** 19.7.1968/15.5.1986 RTL plus **fd** 15 649

VON ANGESICHT ZU ANGESICHT (1975) (ANSIKTE MOT ANSIKTE / FACE TO FACE). Eine scheinbar unternehmungslustige und lebensfrohe Ärztin der Psychiatrie gerät bei längerer Abwesenheit ihres Mannes während eines Aufenthalts im Hause ihrer Großeltern in persönliche und berufliche Depressionen, so daß sie einen Selbstmordversuch unternimmt. Ein vielfältige Konfliktsituationen anrührendes Drama über das plötzliche Zerbrechen einer vermeintlich gesicherten Existenz sowie über die Liebe und die Hoffnung, die ein sinnvolles Leben erst ermöglichen. Bergmans schonungslos-differenziertes und geduldiges Analysieren der Vorgeschichte des Zusammenbruchs trägt unübersehbar selbsttherapeutische Züge und verliert immer da an Überzeugungskraft, wo es in die Nähe einer allzu nervösen Selbstbespiegelung gerät. ✦ Schweden 1975 **P** Cinematograph AB/De Laurentiis **Kl** Tobis **Pd** Dino De Laurentiis, Ingmar Bergman **R+B** Ingmar Bergman **K** Sven Nykvist **M** Wolfgang Amadeus Mozart **S** Siv Lundgren **D** Liv Ullmann (Dr. Jenny Isaksson), Erland Josephson (Dr. Tomas Jacobi), Sven Lindberg (Jennys Gatte), Gunnar Björnstrand (Großvater), Aino Taube (Großmutter), Sif Ruud (Elisabeth Wankel) **L** 135 **FSK** ab 16; nf **FBW** bw **E** 20.5.1976 **fd** 19 817

VON AUGENBLICK ZU AUGENBLICK (MOMENT BY MOMENT). Eine geschiedene reiche Vierzigjährige gibt dem hartnäckigen Werben ihres jugendlichen Verehrers nach, den sie zufällig am Strand von Malibu kennengelernt hat. Nicht zuletzt wegen des großen Altersunterschiedes gestaltet sich die Beziehung des Paares schwierig. Eine schlecht erdachte und inszenierte Liebesgeschichte, die zwar das sattsam bekannte Klischee über die Attraktivität älterer Männer für jüngere Frauen umkehrt, aber unter einem auffällig konstruierten Drehbuch und papierenen Dialogen leidet. – Ab 16. ✦ Scope. USA 1978 **P** Universal **Pd** Robert Stigwood **R+B** Jane Wagner **K** Philip Lathrop **M** Lee Holdridge **S** John F. Burnett **D** Lily Tomlin (Trisha), John Travolta (Strip), Andra Akers (Naomi), Bert Kramer (Stu), Shelley R. Bonus (Peg), Debra Feuer (Stacie) **L** 105 **E** 6.11.1994 RTL 2

VON BANDITEN BEFREIT → Lassy La Roc, der Mann der Peitsche, 4. Teil – Von Banditen befreit

VON BANDITEN ÜBERFALLEN (ALIAS THE BAD MAN). Trivial-anspruchsloser Western aus der Frühzeit des Tonfilms. Ken Maynard – neben Tom Mix einer der großen Stummfilm-Cowboys in 300 Filmen – galoppiert, schießt und liebt nach bewährter Manier: Als Polizeireiter auf dem Wunderpferd Tarzan macht er eine Mörderbande unschädlich. – Ab 12 möglich. ✦ Schwarz-weiß. USA 1931 **P** Tiffany **Kl** Viktoria **Pd** Phil Goldstone **R** Phil Rosen **B** Earle Snell, nach einer Story von Ford Beebe **K** Arthur Reed **S** Martin G. Cohn **D** Ken Maynard, Virginia Browne Faire, Charles King, Lee McKee, Robert Homans, Frank Mayo **L** 62 **FSK** ab 12; nf **E** 3.7.1951 **fd** 1 911

VON BEGIERDE GETRIEBEN (LES VEUFS). Ein in Paris lebender amerikanischer Schriftsteller verliebt sich in ein attraktives Fotomodell. Als sein anonym eingereichter erster Roman ein Erfolg wird, scheint das Glück perfekt, doch dann entdeckt der Mann, daß seine Geliebte auch für Pornofotos posiert. Als der Fotograf durch einen Unglücksfall ums Leben kommt, wird der Autor zum Spielball eines mächtigen Drahtziehers. Langatmig entwickelter Kriminalfilm, dessen Darsteller sich zwar redlich mühen, ihren stereotypen Charakteren jedoch kaum Leben einhauchen können. ✦ Frankreich/Kanada 1993 **P** Les Films Annabelle/Eiffel Prod. **Pd+R** Max Fischer **B** Max Fischer, Michel Tureau, nach einem Roman von Pierre Boileau und Thomas Narcejac **K** Ennio Guarnieri **M** Jean-François Fabiano **S** Marie-Sophie Dubus **D** Judd Nelson (David), Laurence Treil (Annabelle), Pierce Brosnan (Garavan), Roy Dupuis (Max), Lorenzo Caccialanza (Mark Meryle) **L** 94 **E** 29.12.1995 Pro Sieben

VON BOOTEN, FISCHEN UND PFERDEN (THE BIG CATCH). Abenteuerlicher Jugendfilm. Durch den unfreiwilligen Umgang mit einem neuen Spielgefährten, einem eingebildeten Gymnasiasten und Sohn des Geschäftsfreundes seines Vaters, entfremdet sich der Sohn eines schottischen Fischers immer mehr von seinen Kameraden, die schließlich ohne ihn zur Sommerinsel fahren, um eines der dort lebenden wilden Ponys zu fangen. – Ab 14. ✦ Schwarz-weiß. Großbritannien 1968 **P** Children's Film Foundation **Pd** Laurence Henson, Edward McConnell **R** Laurence Henson **B** Laurence Henson, Charles Gormley **M** Frank Spedding **D** David Gallacher (Ewan Cameron), Ronald Sinclair (Lindsay Murray), James Copeland (Mr. Cameron), Simon

Orr (Ian), Andrew Byatt (Anderson) **L** 55 **E** 1.6.1972 ZDF

VON BÜCHERN UND MENSCHEN. DIOGENES – EIN VERLAGSPORTRÄT. 1953 gründete der Buchhändler Daniel Keel zusammen mit Zeichnern wie Ronald Searle, Loriot, Sempé und Tomi Ungerer in Zürich den Verlag Diogenes. Erst später kristallisierte sich ein literarisches Programm heraus, das heute zu den führenden in Europa zählt. Der dokumentarische Fernsehfilm zeichnet die Verlagsgeschichte nach und stellt in der Person Keels ein Stück lebende Literaturgeschichte vor. – Ab 14. ✦ Schweiz 1998 **P** SF DRS/3sat **Pd** Luis Bolliger **R+B** Rosemarie Pfluger **K** Angelo Scudeletti, Adrian Zschokke **S** Nina Brunst **L** 60 **E** 24.3.2000 3sat

VON BULLEN AUFS KREUZ GELEGT (AN INNOCENT MAN). Ein von zwei korrupten Polizisten zusammengeschossener und dann des Drogenbesitzes bezichtigter unbescholtener Bürger landet unschuldig im Gefängnis, wo er selbst ungestraft zum Mörder wird. Nach seiner vorzeitigen Entlassung rächt er sich an den beiden Cops. Im Fernseh-Serien-Stil inszenierte Spannungsgeschichte, die sich wenig um die Charaktere ihrer Figuren kümmert und ganz auf äußere Aktion setzt. Das schauspielerische Unvermögen des Hauptdarstellers verstärkt noch die Oberflächlichkeit von Buch und Regie. – Ab 16 möglich. ✦ USA 1989 **P** Interscope (für Touchstone Pictures/Silver Screen Partners IV) **Kl** Warner Bros. **VA** Buena Vista Home **Pd** Ted Field, Robert W. Cort **R** Peter Yates **B** Larry Brothers **K** William A. Fraker **M** Howard Shore **S** Stephen A. Rotter, William S. Scharf **D** Tom Selleck (Jimmie Rainwood), F. Murray Abraham (Virgil Cane), Laila Robins (Kate Rainwood), David Rasche (Mike Parnell), Richard Young (Danny Scalise), Badja Djola (John Fitzgerald) **L** 113 **FSK** ab 16; f **E** 26.4.1990/18.9.1990 Video **fd** 28 215

VON CORLEONE NACH BROOKLYN (DA CORLEONE A BROOKLYN). Ein von Sizilien in die USA geflüchteter Mafia-Boß soll durch eine Gegenüberstellung identifiziert werden. Die Verbrecherorganisation will den Kronzeugen aus dem Weg räumen, erreicht ihr Ziel jedoch nicht. Wenig ernsthafte, allzu konstruierte Auseinandersetzung mit dem Thema Mafia. Ohne spürbare gesellschaftkritische Absicht und moralische Aussagen über Menschlichkeit, Recht und Gesetz reiht der Film veräußerlichte Spannungsmomente aneinander. ✦ Italien 1980 **Kl** Progress **VA** VPS **R** Umberto Lenzi **B** Umberto Lenzi, Vincenzo Mannino **K** Guglielmo Mancori **M** Franco Micalizzi **D** Maurizio Merli (Giorgio Berni), Mario Merola (Michele Barresi), Van Johnson (Salvatore Scalia), Laura Belli **L** 97 **E** 29.1.1982 Kino DDR/23.4.1983 DFF 1/1.8.1985 BR/Video 1986 **fd** 25 337

VON COWBOYS GEJAGT (SNOWFIRE). Die zehnjährige Tochter eines Farmers läßt heimlich einen wilden weißen Hengst wieder frei und besucht ihn in der Wildnis. Zu Hause berichtet das Mädchen, daß das Tier mit ihr gesprochen habe und ihm seine Familie zeigen wolle. Als das Mädchen verunglückt, rettet es das Pferd, indem es seine Verfolger auf sich aufmerksam macht. Anschließend begibt es sich freiwillig in erneute Gefangenschaft, um bei seiner kleinen Freundin zu bleiben. Märchenhafter Abenteuerfilm für Jugendliche, der geschickt zwischen Wirklichkeit und Fantasie pendelt und auf zurückhaltende Weise den reichen Gefühlshaushalt des Kindes veranschaulicht. – Ab 8 möglich. ✦ USA 1958 **P** Allied Artists **Kl** Jugendfilm **Pd** Dorrell McGowan, Stuart McGowan **R** Stuart McGowan **B** Dorrell McGowan, Stuart McGowan **K** Brydon Baker **M** Eve Newman **S** Arthur H. Nadel, Jerry Young **D** Don McGowan (Mike McGowan), Molly McGowan (Molly), Claire Kelly (Carol Hampton), John Cason (= Bob Cason) (Buff Stoner), Michael Vallon (Poco), Melody McGowan (Melody) **L** 74 **FSK** ab 6; f **E** 13.11.1959 **fd** 8 683

VON DER ANDEREN SEITE DES REGENBOGENS (Z TAMTEJ STRONY TECZY). Eine in ihrem Beruf angesehene und erfolgreiche Ärztin muß sich zwischen ihrer Neigung zu einem älteren wohlsituierten Rechtsanwalt und der Liebe zu einem jungen, aber mittellosen Fotografen entscheiden. Sie wählt die gesicherte Existenz. – Ab 16. ✦ Scope. Polen 1972 **P** Filmstudio Wroclaw **Kl** Progress **R+B** Andrzej Jerzy Piotrowski **K** Andrzej Ramlau **M** Wlodzimierz Nahorny **D** Aleksandra Zawieruszanka (Teresa), Jan Machulski (Jan), Jerzy Goralczyk (Tomek), Mariola Kukula (Ania), Barbara Bargielowska **L** 88 **E** 15.2.1974 Kino DDR/24.6.1975 DFF 1

VON DER ERMITTLUNG AUSGESCHLOSSEN (CANGREJO I). Der kleine Sohn eines wohlhabenden Paares wird entführt und ermordet, obwohl die Eltern auf die Lösegeldforderung der Kidnapper eingehen. Der ermittelnde Kommissar muß die Untersuchung abgeben, als die Eltern der mutmaßlichen Täter, junge Drogenabhängige aus der High Society von Caracas, bei den Behörden intervenieren. Gesellschaftskritischer Kriminalfilm. ✦ Venezuela 1982 **P** Arnaldo Limansky **R** Román Chalbaud **B** Juan Carlos Gené, nach einem Roman von Fermin Marmol León **K** Cesar Bolivar **D** Miguelángel Landa (Inspektor Martinez), America Alonso, Carlos Marquez, Domingo Del Castillo, Rafael Briceno **L** 95 **E** 7.6.1988 DFF 1/28.1.1994 ORB

VON DER HAND IN DEN MUND (FROM HAND TO MOUTH). Harold Lloyd, der mittellose Held des Films, führt ein Hundeleben in den Slums, gerät durch Zufall Ganoven in die Quere, wird von der Polizei gejagt und findet sich plötzlich auf der Seite von Gangstern, die ein junges Mädchen einer reichen Erbschaft wegen entführen. Als er seinen Irrtum bemerkt, schafft er Ordnung. Lloyds Ausflug in Chaplins Terrain hält zwar dem Vergleich mit dem Vorbild nicht stand, bietet aber dennoch genug zum Lachen. ✦ Schwarz-weiß. USA 1919 **P** Rolin **R** Alfred Goulding **B** H.M. Walker (Zwischentitel) **K** Walter Lundin **D** Harold Lloyd, Mildred Davis, Harry »Snub« Pollard, Peggy Courtwright **L** 35 **E** 9.3.1980 ZDF

VON DER LIEBE BESIEGT (SCHICKSAL AM MATTERHORN). Ein Ingenieur aus Zürich, dem nach dem Einsturz seiner Brückenkonstruktion der Tod von 43 Menschen zur Last gelegt wird, will in den Bergen Selbstmord begehen. Die Liebe einer Landarzttochter hält ihn davon ab, ein Hubschrauber rettet ihn aus Bergnot, nachdem ihn ein eifersüchtiger Jungbergführer aus dem Weg räumen wollte. Hochgebirgsdrama voller unglaubwürdiger menschlicher Konflikte. Allenfalls die prächtig ins Bild gerückte Zermatter Gebirgswelt ist erwähnenswert. – Ab 12. ✦ BR Deutschland 1956 **P** Meteor **Kl** Transit-Film (Erstverleih: Prisma) **Pd** Heinrich Jonen **R** Luis Trenker **B** Kurt Heuser, nach dem Roman »Schicksal am Matterhorn« von Luis Trenker **K** Ernst W. Kalinke **M** Hans-Otto Borgmann **S** Walter Wischniewsky **D** Marianne Hold (Angela), Luis Trenker (Zurwalden), Wolfgang Preiss (Mario Clar), Fritz Tillmann (Seduc), Robert Freytag (Beni), Armin Schweizer (Landarzt) **L** 93 **FSK** ab 12; f **E** 20.12.1956/31.12.1981 ARD **fd** 5 512

VON DER LIEBE LEBEN (ZIVJETI OD LJUBAVI). Eine Studentin unterbricht ihr Studium, um ihrem Mann den Abschluß seiner Prüfung zu ermöglichen. Damit nimmt sie Trennung und andere Ungelegenheiten auf sich. Als sie erkennt, daß er in seiner Schwäche Zeit und Liebe vertan hat, läßt sie sich von ihm scheiden. Moderne Liebesgeschichte mit Einblick in Milieu und damaligen »Zeitgeist«. – Ab 16. ✦ Scope. Jugoslawien 1973 **P** Croatia **Kl** Progress **R+B** Kreso Golik **K** Ivica Rajkovic **M** Zivan Cvitkovic **D** Vlasta Knezovic (Minja), Rade Serbedzija (Davor), Boris Dvornik (Medan), Franjo Majetic (Doktor), Alenka Rancic (Ana) **L** 99 **E** 27.9.1974 Kino DDR/30.1.1976 DFF 1

VON DER LIEBE ZERRISSEN (TORN BETWEEN TWO LOVERS). Eine attraktive, glücklich verheiratete Frau verliebt sich unversehens in einen erfolgreichen Architekten. Für ihre zwiespältigen Gefühle gibt es keine Klärung. Melodramatische Liebes- und Ehegeschichte in der für viele US-Fernsehproduktionen typischen vereinfachenden Darstellung menschlicher und gesellschaftlicher Probleme. – Ab 16. ✦ USA 1979 **P** Alan Landsburg Prod. **Pd** Alan Landsburg **R** Delbert Mann **B** Doris Silberton **K** Robert Saad **M** Peter Yarrow, Philip Jarrell, Jan Fraser **D** Lee Remick (Diane Conti), George Peppard (Paul Rasmussen), Joseph Bologna (Ted Conti), Giorgio Tozzi (Joseph Conti), Murphy Cross (Nina) **L** (TV) 95 **E** 3.8.1984 ARD

VON DER LUST BESESSEN (LA FILLE DE MES REVES). Ein junger Mann, der eigentlich vom Glück gesegnet ist, macht die Bekanntschaft einer verführerischen Krankenschwester und erliegt ihren Reizen. Die Hörigkeit setzt seine berufliche Karriere, die Verlobung und die Gesundheit aufs Spiel. Erotischer Film über die Gefahren einer unkontrollierbaren Obsession. ✦ Frankreich 1999 **R** Gilles Parmentier **D** Linda Paris (Sarah), Philippe Lejeune (Philippe), Kenia de Stenne (Carine), Pierre May (Jean-Michel), Natalia (Isabelle) **L** 85 **E** 10.3.2001 Vox

VON DER POLIZEI GEHETZT (CRIME WAVE / THE CITY IS DARK). Ein ehrlicher und glücklich verheirateter Ex-Gangster wird von ehemaligen Kumpanen nach einem blutigen und mißglückten Überfall erpreßt, sie zu verstecken und bei einem Bankraub zu begleiten. Der fast ausschließlich bei Nacht spielende, dichte und spannende Kriminalfilm ist so düster und pessimistisch, daß das abrupte Happy-End nur als Zugeständnis an die Zensurbehörde einleuchtet. Von Inhalt und Form her ein Vertreter der »Schwarzen Serie«, fehlen dem gut gespielten Film allerdings eine überzeugende zentrale Figur und eine durchgehende Perspektive. – Ab 16 möglich. ✦ Schwarz-weiß. USA 1953 **P** Warner Bros. **Kl** Warner **Pd** Bryan Foy **R** André De Toth **B** Crane Wilbur, Bernard Gordon, Richard Wormser **K** Bert Glennon **M** David Buttolph **S** Thomas Reilly **D** Sterling Hayden (Det. Sgt. Sims), Gene Nelson (Steve Lacey), Phyllis Kirk (Ellen), Ted de Corsia (»Doc« Penny), Charles Buchinsky (= Charles Bronson), James Bell (Hastings), Jay Novello (Daniel O'Keefe) **L** 73 **FSK** ab 16; nf **E** 28.5.1954 **fd** 3 323

VON DER SCHÖNEN ZARENTOCHTER UND DEN SIEBEN RECKEN →Herbstglocken

VON DER SONNE GEBLENDET (LE SOLEIL DANS L'OEIL). Eine junge und attraktive Dänin läuft auf Korsika zunächst einem stürmischen Jüngling, dann ihrem eifersüchtigen Geliebten nach. Kunstgewerbliche Kolportagegeschichte, bemüht und voller banalitäten. Ein Beleg dafür, daß nicht alle Filme der »Nouvelle vague« innovativ und künstlerisch überzeugend sind. Sympathisch die frischen Hauptdarsteller. ✦ Scope. Frankreich 1961 **P** Reggane/Borderie/C.I.C.C. **Kl** Nora **R** Jacques Bourdon **B** Dominique Aury, Eric Schlumberger, Jacques Bourdon, nach einem Roman von Michèle Perrein **K** Lucien Joulin **M** Maurice Jarre **S** Denise Natot **D** Anna Karina (Dagmar), Georges Descrières (Denis), Jacques Perrin (Frédéric), Nadine Alari, Charles Blavette **L** 87 **FSK** ab 18; f **E** 13.7.1962 **fd** 11 972

VON DER TERRASSE (FROM THE TERRACE). Ein junger Industriellensohn opfert widerstrebend seine Ehe der Karriere, wirft aber zuletzt alles von sich, um einer anderen Frau zu folgen. Gut gespielte Verfilmung eines Gesellschaftsromans mit Scheinkonflikten und falschem Gefühlsaufwand. Die zentralen Gewissensprobleme werden mit hektischer Betriebsamkeit und verzerrenden melodramatischen Effekten inszeniert. ✦ Scope. USA 1960 **P** Linebrook (für 20th Century Fox) **Kl** Centfox **Pd+R** Mark Robson **B** Ernest Lehman, nach einem Roman von John O'Hara **K** Leo Tover **M** Elmer Bernstein **S** Dorothy Spencer **D** Paul Newman (Alfred Eaton), Joanne Woodward (Mary St. John), Myrna Loy (Martha Eaton), Ina Balin (Natalie), Ralph Dunn (Jones), Leon Ames (Samuel Eaton) **L** 135 **FSK** ab 18; f **E** 9.9.1960 **fd** 9 476

VON DER VERGANGENHEIT EINGEHOLT →Blackout-Fighter

VON DER VERZAUBERTEN SCHLANGE. Märchenfilm. Durch eine böse Hexe wurde ein Prinz in eine Schlange verzaubert. Nur einmal im Jahr erlangt er seine menschliche Gestalt zurück. Da begegnet er einem jungen Mädchen, dessen Liebe den Fluch brechen könnte. – Ab 10. ✦ CSSR 1983 **R** Vlasta Janeckova **D** Jana Paulova, Petr Stepanek, Jana Paulova **L** 60 **E** 31.5.1998 Kinderkanal

VON DER WELT VERDAMMT →Die von der »Liebe« leben

VON DER WOLKE ZUM WIDERSTAND (DALLA NUBA ALLA RESTENZA / FROM THE CLOUD TO RESISTANCE / DE LA NUEE A LA RESISTENCE). Politische Reflexion über zwei Novellen von Cesare Pavese, die in 27 Gesprächen Themen und Figuren der griechischen Mythologie aufgreifen. Straub wählte sechs von ihnen aus, in denen es um das Auftauchen der Götter in der frühgeschichtlichen Welt der griechischen Bauern, Hirten und Jäger geht, aber auch um das Schicksal eines Bauern, der Italien zu Beginn des Faschismus verläßt, nach Amerika auswandert und Jahre später als erfolgreicher Mann zurückkehrt. Ein hermetischer, Geduld und ausdauerndes Denkvermögen erfordernder Film. ✦ Italien/BR Deutschland/Großbritannien/Frankreich 1978 **P** Huillet-Straub/RAI-Rete 2/Janus/Artifical Eye/Italnoleggio/Institut National de l'Audiovisuel **KI** Enthusiasmus e.V. **R** Danièle Huillet, Jean-Marie Straub **B** Jean-Marie Straub, Danièle Huillet, nach Texten von Cesare Pavese **K** Saverio Diamanti, Giovanni Canfarelli **M** Johann Sebastian Bach **S** Jean-Marie Straub, Danièle Huillet **D** Olimpia Carlisi (Wolke Nephele), Guido Lombardi (Ixion), Gino Felici (Hippolocus), Walter Pardini (Ödipus) **L** 104 **E** 25.5.1979/11.1.1982 WDR

VON DER ZENSUR VERBOTEN (SENSATION GENERATION). Die sexuellen Abenteuer zweier College-Studentinnen während ihrer Ferien enden nach Mord und Orgie tragisch. Ein sinnlos zusammengeschusterter, äußerst dürftiger Spekulationsfilm. – Wir raten ab. ✦ USA 1970 **P** Gulf United **KI** Transfilm **R** Richard Kanter, Rex Sampson **D** Shari Mann, Chris Mathis, Dave Freidman, Sherry King, Mickie Thomas **L** 74 **FSK** SPIO: X **E** 1.10.1971 **fd** 17 594

VON DJANGO – MIT DEN BESTEN EMPFEHLUNGEN (UNO DOPO L'ALTRO). Ein einsamer Westerner klärt einen Banküberfall, bei dem sein Bruder erschossen wurde, und tötet der Reihe nach die Beteiligten. Primitiver Italo-Western, der Gewalt und Mord als bloße Unterhaltung anbietet. Die Handlung ist Nebensache: Das Töten auf vielfache Art steht im Vordergrund. ✦ Scope. Italien/Spanien 1968 **P** Euroatlantica/Midega **KI** Adria **R** Nick Howard (= Nick Nostro) **B** Nick Howard (= Nick Nostro), Simon O'Neill (= Giovanni Simonelli), Carlo E. Rodriguez **K** Mario Pacheco **M** Fred Bongusto, Berto Pisano **D** Richard Harrison, Pamela Tudor, Paul Stevens (= Paolo Gozlino), Jolanda Modio **L** 93 **FSK** ab 18; nf **E** 5.12.1969 **fd** 16 494

VON EIFERSUCHT BESESSEN (BEYOND BETRAYAL). Thriller um einen Sadisten, der seine Ehefrau jagt, die ihn aus Angst verlassen hat. In ihrer Not fordert sie ihren Verfolger schließlich zu einem mörderischen Spiel heraus. – Ab 16. ✦ USA 1994 **R** Carl Schenkel **B** Shelley Evans **M** Joanna George **D** Susan Dey (Emma/Joanna), Richard Dean Anderson (Bradley), Dennis Boutsikaris (Sam), Michael O'Neill (Ray) **L** 92 **E** 31.7.1995 Pro Sieben

VON EINEM, DER AUSZOG, DAS LÜGEN ZU LASSEN (FANTASJERY). Episoden aus dem Alltag einiger Kinder einer kleinen Stadt am Meer. – Ab 6. ✦ Schwarz-weiß. UdSSR 1965 **P** Gorki-Studio **KI** Progress **R** I. Marinow **B** Nikolai Nossow **K** Boris Monastyrski **M** Anatoli Lepin **D** Joscha Owtschukow-Suworow (Jascha), Serjosha Ryshow (Serjosha), Oleg Zuprikow (Stassik), Oleg Chrennikow (Mischutka), Lena Nowikowa (Lenka) **L** 65 **E** 7.6.1968 Kino DDR

VON EINEM, DER AUSZOG, DIE LIEBE ZU FINDEN (SHIWJOT TAKOJ PARENJ). Die Erlebnisse und Enttäuschungen eines jungen Mannes, der eine Frau fürs Leben sucht, durch seine Ungeschicklichkeiten aber dabei Pech hat. Komödiantisch gefärbte Unterhaltung. – Ab 16. ✦ Schwarz-weiß. UdSSR 1964 **P** Gorki-Studio **KI** Progress **R** Wassili Schukschin **B** Wassili Schukschin, nach seinem Erzählzyklus »Die aus Katunien«. **K** Valeri Ginsburg **M** Pawel Tschekalow **D** Leonid Kurawljew (Paschka Kolokolnikow), Lydia Alexandrowa (Nastja), Larissa Burkowa (Katja), Nina Sassonowa (Anisja), Bella Achmadulina (Journalistin) **L** 101 **E** 17.12.1965 Kino DDR/23.6.1967 DFF 1

VON EINEM, DER AUSZOG ... INS RUHRGEBIET. Auf der Grundlage von Dokumentarmaterial und synthetischen Klängen der Musikgruppe »Kraftwerk« stellt der Film eine subjektive Sichtweise des Ruhrgebiets mit seinen Industrieanlagen, Straßen, Fabriken und Arbeitsräumen zusammen. Dabei wird die Wirklichkeit weniger dokumentarisch erfaßt, als vielmehr in einem symphonischen Bilderfluß verarbeitet. Durch die Beliebigkeit der Bilderauswahl wird der Film belanglos. – Ab 16. ✦ BR Deutschland 1987 **P** Christoph Böll/ZDF **R+B** Christoph Böll **K** Bernd Mosblech **M** Kraftwerk **L** 60 **E** 29.9.1987 ZDF

VON EINST BIS JETZT →Sturmfahrt nach Alaska

VON ETWAS ANDEREM (O NECEM JINEM). Das alltägliche Leben zweier verheirateter Frauen, einer Hausfrau in einer Kleinfamilie und einer Leistungssportlerin, wird sachlich, mit geradezu dokumentarischer Strenge kontrastiert. Der nach ästhetischen Prinzipien geordnete Kontrast erlaubt allgemeine Rückschlüsse auf die Situation der modernen Frau, doch diese Interpretation überläßt der Film dem Zuschauer. ✦ Schwarz-weiß. CSSR 1963 **P** Tschechoslowakischer Staatsfilm **R+B** Vera Chytilová **K** Jan Curík **M** Jirí Slitr **D** Eva Bosáková, Vera Uzelacová, Josef Langmiler, Jirí Kodet, Milivoj Uzelac **L** 90 **E** 5.8.1968 ZDF **fd** 15 805

VON GANGSTERN GEJAGT (FUGITIVE FAMILY). Der Kronzeuge in einem Prozeß gegen ein mächtiges Verbrechersyndikat muß aus Sicherheitsgründen zusammen mit seiner Familie in eine fremde Stadt ziehen und eine neue Identität annehmen. Als die Gangster ihn dennoch aufspüren, hat er sich gegen eine anrückende Killertruppe zur Wehr zu setzen. Die interessante Ausgangssituation des solide inszenierten Films verliert an Reiz durch die naiven Dialoge und das unpassende Ende. ✦ USA 1980 **P** CBS/Aubrey-Hamner **VA** PolyGram **Pd** Ronald Lyon **R** Paul Krasny **B** Tony Kayden, James G. Hirsch **K** Robert Hauser **M** Morton Stevens **D** Richard Crenna (Brian Roberts), Diane Baker (Ellen Roberts), Mel Ferrer (Anthony Durano), Eli Wallach (Olan Vacio), Don Murray (Peter Richie), Ronny Cox (Mike Sylvester), Robin Dearden (Nancy Roberts) **L** 87 **E** Video 1985 **fd** 24 033

VON GENERATION ZU GENERATION (PRODLENIJE RODA). Drei Restauratoren erleben bei ihrer Arbeit in einem zerfallenden Kloster, wie in der Vergangenheit mit Kulturschätzen und der Umwelt umgegangen wurde. ✦ UdSSR 1988 **P** Lenfilm **KI** Progress **R** Igor Maslennikow **B** Sergej Alexejew, Wladimir Waluzki **K** Valeri Mjulgaut **M** Wladimir Dashkewitsch **D** Jelena Safonowa (Restauratorin), Igor Agejew (Bylin), Valeri Prijomychow (Restaurator), Konstantin Worobjow (Rytschkow), Fjodor Odinokow **L** 86 **E** 16.2.1990 Kino DDR

VON GOTT VERLASSENE MENSCHEN. Dokumentarfilm. Eine Reise durch das Zweistromland von Euphrat und Tigris, von der Mündung der Flüsse bis zu deren Quelle in der Türkei, wird zum Anlaß für eine Untersuchung der antiken Mythen aus dieser Region sowie der heutigen Konflikte. ✦ Frankreich 1997 **R** Baudoin Koenig, Marie-Michèle Martinet **L** 90 **E** 13.2.1998 arte

VON GRUND AUF WÄR' ICH EIN MENSCH ZUM LEBEN (VON GRUND AUF WÄR' ICH EIN MENSCH ZUM LEBEN). Das Video konzentriert sich auf Jugend, Erziehung, Elternhaus und Sucht eines wohl typisch schweizerischen, wohlstandsverwahrlosten Junkies aus Luzern. Der Umgang der Eltern und Großeltern mit der Sucht ihres Sprößlings ist ebenso Thema wie dessen Schicksal selbst. Ein wichtiger, einfühlsamer Beitrag zur Drogendiskussion, weil er diese von der gesellschaftlichen auf eine ganz persönliche Ebene der Betroffenen verlagert. ✦ Schweiz 1992 **P** Jäger Prod. **Pd+R+B+K** Stefan Jäger **S** Marion Friedrich **L** 61 (gek. 45) **E** 29.11.1995 3sat

VON HASS BESESSEN →Vom Haß besessen

VON HAUT ZU HAUT. Auf Grund einer geheimnisvollen Verbindung erleben Zwillingsschwestern alles gemeinsam, von sexuellen Beziehungen bis zum Mord. Unerquickliche Mischung aus Kitsch, Sex und Grusel mit pseudowissenschaftlichem Geschwafel über Telepathie. – Wir raten ab. ✦ Scope. BR Deutschland 1969 **P** Film-Börse **KI** Alpha **VA** Arcade/Transatlantic (gek.) **R** John Scott (= Hanns Schott-Schöbinger) **B** M.W. Garden, Arnulf Mann **K** Hanns Matula **M** Hans Hammerschmid **S** Barbara Riekel **D** Dagmar Lassander, Beate Zimmermann, Rudolf Forster, András Fricsay, Sophia Kammara **L** 73 (gek. 67) **FSK** ab 18; nf (gek. 16) **E** 23.1.1970 **fd** 16 573

VON HEUTE AUF MORGEN. Die Filmfassung einer kaum je aufgeführten einaktigen Oper von Arnold Schönberg aus dem Jahr 1929. Im Mittelpunkt steht ein Ehepaar, das sich nach einem gemeinsamen Abend mit zwei Bekannten von deren moderner und ungebundener Lebensweise beeindrucken läßt, darüber in Streit gerät, sich dann aber besinnt. Nach »Einleitung zu Arnold Schönbergs Begleitmusik zu einer Lichtspielszene« (1972) und »Moses und Aaron« (1974) die dritte Verfilmung einer Schönberg-Oper durch Straub/Huillet. Die Inszenierung wurde live mit Sängern und Orchester in einem Sendesaal des Hessischen Rundfunks aufgenommen. Mit sparsamen Mitteln, aber umso präziser sind die Szenen auf die jeweilige Musik und die Seelenlage der Figuren abgestimmt und setzen dadurch das Thema der Oper – die Vergänglichkeit der Moden, die der Stetigkeit des liebevollen Miteinanders gegenübersteht – geschickt um. Eine moderne Opernverfilmung mit Modellcharakter. ✦ Deutschland/Frankreich 1997 **KI** Filmmuseum München/Deutsches Filmmuseum Frankfurt **R** Jean-Marie Straub, Danièle Huillet, Danièle Huillet **B** Jean-Marie Straub, nach der gleichnamigen Oper von Arnold Schönberg **K** William Lubtschansky **M** Arnold Schönberg **D** Richard Salter (Mann), Christine Whittlesey (Frau), Claudia Barainsky (Freundin), Ryszard Karczykowski (Sänger), Annabella Hahn (Kind) **L** 62 **E** 7.1.1998 hessen 3

VON HÖLLE ZU HÖLLE (FROM HELL TO HELL). Ein polnisches Baby jüdischer Abstammung überlebt die NS-Zeit, weil es bei der Deportation seiner Eltern von einem kinderlosen Ehepaar »adoptiert« wird. Als diese Krieg und KZ überleben und ihr Kind zurückfordern, kommt es zu schweren Konflikten, die in einen Pogrom münden. Freie Fiktionalisierung der Ereignisse in Kielce, wo im Sommer 1946 insgesamt 42 Überlebende aus den Konzentrationslagern ermordet wurden. Unreflektiertes, schablonenhaftes Drama, das dem historischen Geschehen inszenatorisch zu keinem Augenblick gerecht wird und plakative Oberflächlichkeit mit filmischer Argumentation verwechselt. ✦ Weißrussland/Deutschland 1996 **P** CCC Filmkunst/Belarus Film **KI** Progress **Pd** Artur Brauner **R** Dmitri Astrachan **B** Oleg Danilov, Art Bernd (= Artur Brauner) **K** Yuri Vorontsov **M** Alexander Pantykin **S** Wjeta Koljadenko **D** Anja Kling (Helena), Gennadi Svir (Hendrik), Valeria Valeyeva (Fela), Alla Shafer (Anna), Gennadi Svir (Andrzej), Yacov Bodo (Max Marcus), Mai Danzig (Dr. Richter), Vladimir Kabalin (Baschnak) **L** ca. 90 **E** 28.9.2000 **fd** 34 471

VON KATZEN UND KATERN (THE BIG HANGOVER). Ein angehender Anwalt ist wegen einer Alkoholallergie auf einer Feierlichkeit bereits nach einem Drink betrunken. Noch wird er aber von seinen neuen

Arbeitgebern mit Wohlwollen betrachtet. Erst als er ihnen voller Idealismus Heuchelei vorwirft, entzweit er sich mit ihnen und eröffnet ein eigenes Büro, in dem er sich ausschließlich den Problemen der kleinen Leute widmet. Ein thematisch merkwürdiger, für Hollywood ungewöhnlicher kleiner Film des »Oscar«-Gewinners Krasna, der seinen Reiz vor allem den bis in die Nebenrollen gut aufgelegten Darstellern verdankt. – Ab 14 möglich. ✦ Schwarz-weiß. USA 1950 **P** MGM **Pd+R+B** Norman Krasna **K** George Folsey **M** Adolph Deutsch **S** Frederick Y. Smith **D** Van Johnson (David Maldon), Elizabeth Taylor (Mary Belney), Leon Ames (Carl Bellcap), Edgar Buchanan (Fred Mahoney), Gene Lockhart (Charles Parkford) **L** 78 **E** 22.5.1998 hessen 3

VON KILLERN GEJAGT → Die offene Rechnung

VON KUGELN ZERFETZT (PHANTOM STAGECOACH). Rauhe Banditen, auf reiche Beute hoffend, bekommen die Rache des Rechts zu spüren. Müder Western. – Ab 12. ✦ Schwarz-weiß. USA 1956 **P** Columbia **KI** Goldeck (angekündigt) **Pd** Wallace MacDonald **R** Ray Nazarro **B** David Lang **K** Henry Freulich **M** Mischa Bakaleinikoff **S** Edwin Bryant **D** William Bishop (Glen Hayden), Kathleen Crowley (Fran Maroon), Richard Webb (Tom Bradley), Hugh Sanders (Martin Maroon), John Doucette (Harry Farrow) **L** 69 **fd** 9 461

VON KÜSTE ZU KÜSTE (COAST TO COAST). Ein mittelloser Lastwagenfahrer liest eine junge Frau auf, die aus der Nervenheilanstalt entlaufen ist, in die sie auf Betreiben ihres Mannes eingesperrt wurde. Die Erlebnisse der beiden während der Fahrt von der amerikanischen Ostküste nach Kalifornien dienen als Aufhänger für einen hektischen Klamaukfilm, der trotz einiger tiefergehender Momente die übliche Fernfahrer-Romantik beschwört und mehr Langeweile als Heiterkeit verbreitet. (TV-Titel: »Wilde Flucht nach Kalifornien«) – Ab 16 möglich. ✦ USA 1980 **P** Paramount Pictures **VA** CIC **Pd** Steve Tisch, Jon Avnet **R** Joseph Sargent **B** Stanley Weiser **K** Mario Tosi **M** Charles Bernstein **S** George Jay Nicholson **D** Dyan Cannon (Madie), Robert Blake (Charlie), Quinn Redeker (Benjamin), Michael Lerner (Dr. Frell), Maxine Stuart (Sam) **L** 90 **FSK** ab 16 **E** März 1986 Video/20.1.1987 ARD/8.4.1990 DFF 2 **fd** 25 528

VON LIEBE LEBEN → Er Moretto – Von Liebe leben

VON LIEBE REDEN WIR SPÄTER. Um die Fremdenpolizei zu täuschen, geht ein geschiedener Schriftsteller aus Gefälligkeit eine Scheinehe mit einer staatenlosen Friseuse ein, die es ihrerseits auf einen noch verehelichten Schönheitschirurgen abgesehen hatte. Ideenarmes Lustspiel, das die Urfassung des Stoffes, einen Illustrierten-Roman, noch weit unterschreitet. ✦ Schwarz-weiß. BR Deutschland 1952/53 **P** Apollo **KI** Deutsche London **Pd** Willie Hoffmann-Andersen, Helmuth Volmer **R** Karl Anton **B** Werner P. Zibaso, Karl Anton, nach dem gleichnamigen Roman von Frank F. Braun **K** Georg Krause **M** Willy Schmidt-Gentner **S** Martha Dübber **D** Gustav Fröhlich (Jonny Pitter), Maria Holst (Angela Bell), Liselotte Pulver (Bianca März), Fita Benkhoff (Margot Hollmann), Willy Fritsch (Prof. Hollmann), Peter Mosbacher (Will Brodersen), Wolfgang Neuss (Detektiv Pingel), Paul Hörbiger (Geschäftsführer), Hubert von Meyerinck (Wilmar) **L** 97 **FSK** ab 18; nf **E** 5.3.1953 **fd** 2 383

VON LIEBE UND SCHATTEN (OF LOVE AND SHADOWS / DE AMOR Y DE SOMBRA). Eine aus bürgerlichen Verhältnissen stammende Journalistin wird durch die Liebe zu einem Fotoreporter mit der politischen Wirklichkeit der Militärdiktatur in Chile konfrontiert und macht sich gemeinsam mit ihm auf die Suche nach Folteropfern. Ihre Recherchen alarmieren zwar die internationale Presse, aber nach einem fast tödlichen Attentat auf sie fliehen beide ins Exil. Die unentschieden zwischen Love-Story und Polit-Thriller inszenierte Verfilmung eines autobiografisch gefärbten Bestsellers von Isabel Allende. Durch den diffusen Erzählrhythmus, die langweilig cadrierten Bilder und die allzu klischeehaft gezeichneten Figuren weckt der Film kaum Interesse. – Ab 16. ✦ Argentinien/Spanien 1994 **P** Aleph/Tesauro **KI** Impuls/CI-Vertriebsgemeinschaft **VA** Vipro/VMP **Pd** Richard Goodwin, Paul Mayersohn, Betty Kaplan, Paula Franchini **R** Betty Kaplan **B** Donald Freed, nach dem Roman von Isabel Allende **K** Felix Monti **M** José Nieto **S** Kathryn Ilimoff, Bill Butler **D** Jennifer Connelly (Irene Beltran), Antonio Banderas (Francisco), Stefania Sandrelli (Beatriz), Diego Wallraff (Jose), Camilo Gallardo (Gustavo Morante) **L** 110 **FSK** ab 12; f **E** 6.10.1994/21.3.1995 Video/3.4.1996 premiere **fd** 30 996

VON LUFT UND LIEBE (VOLERE VOLARE). Unter dem Druck der Liebe wandelt sich ein schüchterner Vertoner von Zeichentrickfilmen nach und nach in eine Trickfilmfigur, die dann auch zu einer sexuellen Beziehung bereit ist. Lärmende Komödie, die durch ihre verquere Haltung zur Sexualität auffällt. Aus dem Versuch, Real- und Trickszenen zu mischen, schlagen nur wenige Funken, sodass allenfalls die ausgefallen-heiteren Hauptfiguren und einige einfallsreiche Bild- und Tongags für gelegentliches Vergnügen sorgen. – Ab 16. ✦ Italien 1990 **P** Bambú/Pentafilm **KI** prokino **VA** VCL/Carolco **Pd** Ernesto di Sarro, Mario Cecchi Gori, Vittorio Cecchi Gori **R+B** Maurizio Nichetti, Guido Manuli **K** Mario Battistoni **M** Manuel de Sica **S** Rita Rossi, Anna Missoni **D** Maurizio Nichetti (Maurizio), Angela Finocchiaro (Martina), Mariella Valentini (Loredana), Patrizio Roversi (Patrizio), Renato Scarpa (Angestellter), Massimo Sarchielli (Koch) **L** 95 (Video 83) **FSK** ab 12; f **E** 19.3.1992 **fd** 29 406

VON MANN ZU MANN (1967) (DA UOMO A UOMO / DEATH RIDES A HORSE). 15 Jahre nach der Ermordung seiner Familie rächt sich ein Überlebender an den Banditen, wobei ihm ein betrogener Betrüger zur Seite steht. Routiniert inszenierter Italowestern, der trotz des versöhnlichen Endes wegen der Verherrlichung der Rache zwiespältig bleibt. (Neuer Titel: »Die Rechnung wird mit Blei bezahlt«) ✦ Scope. Italien 1967 **P** Sancro **KI** United Artists **Pd** Alfonso Sansone, Enrico Chroscicki **R** Giulio Petroni **B** Luciano Vincenzoni **K** Carlo Carlini **M** Ennio Morricone **S** Eraldo da Roma **D** Lee Van Cleef (Ryan), John Phillip Law (Bill), Luigi Pistilli (Wolcott), Anthony Dawson (Manina), José Torres (Pedro), Carla Cassola (Betsy) **L** 116 **FSK** ab 18; nf **E** 8.3.1968 **fd** 15 328

VON MANN ZU MANN (1984) (DE HOMBRE A HOMBRE). Ein Junge, der sich zu Hause als Störenfried fühlt, und ein alter verwitweter und emeritierter Literaturprofessor, den seine Familie ins Altersheim abschieben will, reißen aus ihrem jeweiligen Lebenszusammenhang aus. Zufällig wählen sie dasselbe Madrider Kaufhaus als Versteck, und als sie sich begegnen, beschließen sie, gemeinsam Madrid zu »erobern«. Ein dank inszenatorischer Routine und Charme überzeugender Film für Kinder, der vor allem von der Spielfreude des so unterschiedlichen Freundespaars zehrt. – Ab 8. ✦ Spanien 1984 **P** Romi Films **SF** atlas **Pd** Rosa Garcia **R** Ramón Fernández **B** Joaquin Oristrell **K** José Garciá Galisteo **M** Manuel Pacho **S** Rafael de la Cueva **D** Fernando Fernán Gómez (Silvestre), Jorge Noguera (Carlitos), Manuel Tejada (Carlos), María Luisa San José (Adela), Charo Soriano (Regina), Julián Navarro (Baby) **L** 90

VON MAO ZU MOZART – ISAAC STERN IN CHINA (FROM MAO TO MOZART – ISAAC STERN IN CHINA). Reportage über eine dreiwöchige Tournee des Geigers Isaac Stern 1979 in China und seine Begegnungen mit kleinen und großen Musikern. Wie dieser Künstler, durch Generationen und Kulturen von Chinesen getrennt, über die Musik unmittelbar Kontakt findet, sich verständigen und etwas von der Seele der abendländischen Musik vermitteln kann, ist ein großes Erlebnis. Der Film ist zugleich ein packendes Dokument einer funktionierenden Kommunikation zwischen fremden Menschen, Völkern und Kulturen. – Sehenswert ab 12. ✦ USA 1980 **P** Harmony Film Group **KI** Filmverlag der Autoren **Pd** Murray Lerner, Walter Scheuer **R+B** Murray Lerner **K** Murray Lerner, Nic Knowland, Nick Doob, David Bridges, Robert Achs **M** Johann Sebastian Bach, Ludwig van Beethoven, Wolfgang Amadeus Mozart, u. a. **S** Thomas Haneke **L** 84 **FSK** ab 6; f **FBW** bw **E** 12.11.1982 **fd** 23 232

VON MÄUSEN UND MENSCHEN (1939) (OF MICE AND MEN). Ein bärenstarker, schwachsinniger Landarbeiter zerstört durch eine unfreiwillige Untat den Traum, zusammen mit seinem unzertrennlichen Freund eine kleine eigene Farm zu besitzen. Inszenatorisch kraftvolle, eindrucksvoll gespielte Verfilmung des tragischen Romans von John Steinbeck, die bittere Sozialkritik übt und vor allem die seelische Verelendung des Agrarproletariats beschreibt. Emphatisch werden Solidarität und Hilfe gefordert und die Folgen einer egozentrischen Gesellschaftsordnung, die sich an den materiell und geistig Schwächeren vergreift, aufgezeigt. – Sehenswert ab 16. ✦ Schwarz-weiß. USA 1939 **P** Hal Roach Prod. (für United Artists) **Pd+R** Lewis Milestone **B** Eugene Solow, nach einem Roman von John Steinbeck **K** Norbert Brodine **M** Aaron Copland **D** Burgess Meredith, Lon Chaney jr., Betty Field, Charles Bickford, Roman Bohnen **L** 107 **E** 11.4.1964 ARD **fd** 12 690

VON MÄUSEN UND MENSCHEN (1992) (OF MICE AND MEN). Neuverfilmung des gleichnamigen Romans von John Steinbeck. Erzählt wird die Geschichte zweier Landarbeiter während der Depression in den USA. Durch die Bärenkräfte des geistig Zurückgebliebenen kommt es immer wieder zu Konflikten, die schließlich in einer Katastrophe enden. Ein gefühlvoller Film, der anrührt und fasziniert, ohne je kitschig zu werden. In der eher schlicht entwickelten Handlung kann er sich vor allem auf einen hervorragenden Hauptdarsteller verlassen. – Ab 16. ✦ USA 1992 **P** MGM **KI** UIP **VA** Warner Home **Pd** Russell Smith, Gary Sinise **R** Gary Sinise **B** Horton Foote, nach einem Roman von John Steinbeck **K** Kenneth MacMillan **M** Mark Isham **S** Robert L. Sinise **D** John Malkovich (Lennie), Gary Sinise (George), Ray Walston (Candy), Casey Siemaszko (Curley), Sherilyn Fenn (Curleys Frau), John Terry (Slim) **L** 115 **FSK** ab 12; f **E** 29.10.1992/23.7.1993 Video **fd** 29 881

VON MAYERLING BIS SARAJEWO (DE MAYERLING A SARAJEVO). Die letzten Jahre Franz Ferdinands von Österreich, nach historischen Fakten frei erzählt von dem Tage an, wo er als Neffe des Kaisers Thronfolger wird, bis zu seiner Ermordung in Sarajewo. Die absolute Liebe wird für Franz Ferdinand und die Gräfin Chotek von der Weltpolitik überschattet. Stilistisch weniger ausgereift und formal weniger brillant als andere Filme des Regisseurs. – Ab 14. ✦ Schwarz-weiß. Frankreich 1939 **P** B.U.P. Française **R** Max Ophüls **B** Curt Alexander, Carl Zuckmayer, Jacques Nathanson, Marcelle Maurette **K** Curt Courant, Otto Heller, Eugen Schüfftan (Überwachung) **M** Oscar Straus **S** Jean Oser, Myriam **D** Edwige Feuillère (Gräfin Sophie), John Lodge (Erzherzog Franz Ferdinand), Jean Worms (Kaiser Franz Joseph), Aimé Clariond, Gabrielle Dorziat (Erzherzogin Maria Theresia), Marcel André, Colette Régis **L** 89 **E** 28.10.1979 ZDF

VON MENSCH ZU MENSCH (D'HOMME A HOMMES). Die Lebensgeschichte von Henri Dunant (1828–1910), dem Gründer des Internationalen Roten Kreuzes. Dunant erlebt bei der Schlacht von Solferino (1859) im französisch-sardinischen Krieg gegen Österreich die Leiden der Verwundeten und hilft mit seinem Freund Coquillet aus. Die reiche Elsa Kastner unterstützt ihn, eine Hilfsorganisation, das Rote Kreuz, zu gründen. Dunant wird immer von seinen Gläubigern verfolgt und erfährt 1901 in Paris, wo er verarmt und vereinsamt lebt, daß ihm der Friedensnobelpreis verliehen worden ist, den er wiederum dem Roten Kreuz stiftet. Trotz einiger sentimentaler Längen und inszenatorischer Schwachsteller die eindrucksvolle, überzeugende Darstellung eines exemplarischen Lebens, in der Hauptrolle großartig gespielt. – Ab 12. ✦ Schwarz-weiß. Frankreich 1948 **P** U.O.N./R.A.C. **Kl** Prisma **Pd** P. Albert **R** Christian-Jaque **B** Charles Spaak, Christian-Jaque **K** Christian Matras **M** Joseph Kosma **D** Jean-Louis Barrault (Henri Dunant), Bernard Blier (Coquillet), Berthe Bovy (Mutter Dunants), Carmen Boni (Comtesse Tamberlani), Hélène Perdrière (Elsa Kastner), Louis Seigner (Routorbe) **L** 102 **FSK** ab 12; nf **E** 1948/1.5. 1964 Kino DDR **fd** 289

VON MIR AUS AUCH MIT LIEBE (IL PRINCIPE FUSTO). Komödiantisch akzentuiertes »Sittenbild« über das süße Leben verderbter römischer Adelskreise im Gegenüber zur Rechtschaffenheit armer junger Leute: Der Anführer einer Halbstarken-Bande wird in den Schurkenstreich eines jungen Grafen verwickelt. Moralkritik im klischeenahen Kinoformat, formal durchaus ambitioniert, gedanklich und inszenatorisch aber unausgereift. ✦ Schwarz-weiß. Italien 1959 **P** M.A. Produzione Cinematografica **Kl** DFG **Pd+R** Maurizio Arena **B** Gian Domenico Giagni, Maurizio Arena, Mari, Furio Scarpelli **K** Massimo Sallusti **M** Maurizio Arena **D** Maurizio Arena (Ettore), Lorella de Luca (Angela), Michèle Girardon (Susan), Cathia Caro (Lucia), Noel Trevarthen (Bubi), Ivo del Bianco (Raimondo) **L** 83 **FSK** ab 18; nf **E** 21.7.1961 **fd** 10 372

VON MITTAG BIS MORGENGRAUEN (DELTÖL HAJNALIG). Drei Truppenführer werden vor schwierige Entscheidungen gestellt. Sie gehen unterschiedliche Wege, die jedoch alle in den Tod führen. Ein Film um das Ende der Ungarischen Räterepublik (1919). Statt der inneren Dramatik nimmt der Film Zuflucht in Äußerlichkeiten und Klischeevorstellungen. – Ab 16. ✦ Schwarz-weiß. Ungarn 1964 **P** Hunnia **Kl** Progress **R** Tamás Rényi **B** Zoltán Fábián **K** Miklós Herczenik **M** István Láng **D** Erika Szegedi (Magda), Miklós Szakáts (Vajda), Gábor Koncz (István), István Bujtor (Lovász) **L** 72 **E** 4.2.1966 Kino DDR

VON MÖRDERISCHER ART (THE KILLING KIND). Ein junges Bandenmitglied wird von seinen Kumpanen gezwungen, bei einer Vergewaltigung mitzumachen. Da das Opfer ihn allein beschuldigt, wird er als einziger zu einer Gefängnisstrafe verurteilt. Was zunächst in seinen Träumen wirre Visionen sind, nimmt schließlich blutige Gestalt an: Er rächt sich an all jenen, denen er die Schuld an seiner Situation gibt. Makabrer Horrorfilm, der in einer fragwürdigen Stilisierung die Themen Liebe und Tod mit gängigen Genre-Elementen verbindet und letztlich zum Ergebnis manch anderer Trivialfilme kommt: Sex und Gewalt. (Alternativtitel: »Mordlust«) ✦ USA 1973 **P** Media Trend/George Edwards Prod. **R** Curtis Harrington **B** Tony Crechales, George Edwards **K** Mario Tosi **M** Andrew Belling **D** Ann Sothern, John Savage, Ruth Roman, Luana Anders, Cindy Williams **L** 92 **E** 20.10.1984 WDR

VON MORGEN – BIS ZUM ABENDROT (OT SARI DO SARI). Zum alljährlichen Treffen der Veteranen des Zweiten Weltkriegs kommt ein Kolchosmechaniker zu spät. Da alle schon gegangen sind, erzählt er einem jungen Paar von seinen Erlebnissen und seinen Mitkämpfern. ✦ Scope. UdSSR 1975 **P** Mosfilm **R** Gawril Jegiasarow **B** Lew Tschumitschew, Gawril Jegiasarow **K** Piotr Satunowski, Valeri Schuwalow **M** Valentin Lewaschow **D** Nikolai Pastuchow (Fjodor Roshnow), Shanna Prochorenko (Nadja), Boris Tokarew (Motja), Igor Ledogorow (Stukowski), Jelena Sawelnikowa (Walja) **L** 98 **E** 12.2.1978 DFF 2

VON MÜTTERN, MÄUSEN UND HEILIGEN. »Mäuse« nennt man in Pakistan Kinder, die unter pränataler Mikrozephalie leiden. Die Ergebnisse sind ein deformierter schmaler »Mäusekopf« und geringe Lebenserwartung. Diese Kinder werden als »heilige Kinder Gottes« zu organisierten Bettelaktionen eingesetzt. Die Regisseurin versucht, den Schleier um dieses lukrative Geschäft, um das sich Legenden und ungeheuerliche Vermutungen ranken, zu lüften. Sie stößt bei ihren Recherchen auf eine Reihe von Widersprüchen. (O.m.d.U.) ✦ Pakistan/Deutschland 1993 **R+B** Sabiha Sumar **K** M. Claire Pijman **D** Samiya K. Mumtaz, Hafeeza, Mohammad Feroze **L** 69 **E** 17.10. 1994 ZDF

VON NEUEM BEGINNEN (ZACIT ZNOVA). Der Film beschreibt den harten und unbequemen Alltag junger Menschen auf einer Großbaustelle, erzählt von ihren Wünschen und Leidenschaften, zeigt die Probleme, ohne fertige Lösungen anzubieten. ✦ Schwarz-weiß. CSSR 1963 **P** Filmstudio Barrandov **R** Miroslav Hubácek **B** Vladislav Delong, Otto Zelenka, Miroslav Hubácek, nach einer Erzählung von Pavel Tobiás **K** Alois Jirácek **M** Frantisek Stajgr, Jirí Slitr **D** Slavo Záhradník (Jan), Milena Dvorská (Alena), Rudolf Jelínek (Josef), Dusan Lenci (Michal), Jana Brezková (Lída), Ladislav Krivácek (Milan), Ladislav Trojan (Petr), Vladimír Mensík (Mechl) **L** 83 **E** 2.4. 1965 DFF 1

VON PANZERN ÜBERROLLT (DARBY'S RANGERS). Aufstellung und Ausbildung einer Elite-Truppe der amerikanischen Armee und ihr Beitrag zum Sieg der Alliierten in Nordafrika und Italien. Inszenatorisch schwacher Kriegsfilm, der auf unangenehm-aufdringliche Weise Landserhumor, harte Gefechtsbilder, Begeisterungsmusik und die offenbar dazugehörigen Liebesaffären zu einem ungenießbaren Gebräu mischt. ✦ Schwarz-weiß. USA 1957 **P** Warner Bros. **Kl** Warner **Pd** Martin Rackin **R** William A. Wellman **B** Guy Trosper, nach einem Buch von Major James Altieri **K** William H. Clothier **M** Max Steiner **S** Owen Marks **D** James Garner (Maj. William Garby), Etchika Choureau (Angelina de Lotta), Jack Warden (MSgt. Saul Rosen), Edward Byrnes (Lt. Arnold Dittman), Venetia Stevenson (Peggy McTavish), Stuart Whitman (»Hank« Bishop) **L** 104 (Orig. 120) **FSK** ab 18; f **E** 23.5.1958 **fd** 7 002

VON POLIZISTEN TERRORISIERT (PAYBACK). Eine Frau wird Zeugin eines brutalen Übergriffes von Polizisten auf einen Mann, der vor ihrem Restaurant geparkt hatte. Sie strengt eine Untersuchung innerhalb der Polizei an und wird daraufhin von den drei Schlägern terrorisiert. ✦ USA 1996 **R** Ken Cameron **B** Dennis Nemec **D** Mary Tyler Moore (Kathryn Stanfill), Edward Asner (Jack Patkanis), Denis Arndt (Neil), Frederic Lane (Brian Kaleen), Adam Scott (Adam) **L** 85 **E** 24.7.1997 Vox

VON RACHE BESESSEN (FALL IN TO DARKNESS). Psycho-Thriller um eine musikbegabte Schülerin, die sich zunächst nur für ihre Klavierleidenschaft interessiert, und zwei reiche Schüler, Bruder und Schwester, mit denen sie sich schließlich anfreundet. Die Freundschaft schlägt durch den Unfalltod des Jungen in eine tödliche Feindschaft der Schwester gegenüber der Freundin um, wodurch eine Kette von Katastrophen ausgelöst wird. ✦ USA 1996 **R** Mark Sobel **B** J.B. White **D** Jonathan Brandis (Chad), Tatyana Ali (Sharon McKay), Charlotte Ross (Anne Price), Paul Scherrer (Paul), Sean Murray (Jerry) **L** 85 **E** 1.4.1997 Vox

VON RACHE GETRIEBEN (THE HALLIDAY BRAND). Psychologisierende Mischung aus Western und Familiendrama, im Mittelpunkt der langjährige Konflikt eines autoritären und hartherzigen Sheriffs mit seinem ältesten, ihm gegenüber zunächst loyalen Sohn. Erst als der indianerfeindliche Patriarch ein Halbblut, das seine Tochter liebt, der Lynchjustiz ausliefert, bricht der Sohn mit ihm und versucht mit aller Gewalt, den Vater zur Aufgabe seines Amtes zu zwingen. Obwohl den Gesetzen des Genres verhaftet, bietet der ambitioniert gestaltete und gut fotografierte Film eine nachdenklich stimmende Auseinandersetzung mit Generationskonflikten und dem Problem der Autorität. – Ab 16. ✦ Schwarz-weiß. USA 1956 **P** Collier Young Prod. (für United Artists) **Kl** United Artists **Pd** Collier Young **R** Joseph H. Lewis **B** George W. George, George F. Slavin **K** Ray Rennahan **M** Stanley Wilson **S** Stuart O'Brien **D** Joseph Cotten (Daniel Halliday), Viveca Lindfors (Aleta), Ward Bond (Sheriff Halliday), Betsy Blair (Martha Halliday), Bill Williams (Clay Halliday), Jay C. Flippen (Chad Burris), Christopher Dark (jivaro), Jeanette Nolan (Nante), Glenn Strange, John Dierkes, John Halloran **L** 78 **FSK** ab 12; f **E** 14.2.1958 **fd** 6 714

VON RÄUBERN, KAVALIEREN UND HARMONISCHEN MENSCHEN (DOMANI ACCADRA). Zwei Viehhirten geraten in die Wirren der Revolution von 1848. Während der eine sich einer sozialistischen Kommune anschließt, wird der andere von einer adligen Familie aufgenommen, die versucht, aus ihm einen »Mann von Welt« zu machen. Als die beiden Gefährten sich wiedersehen, ziehen sie mit den anderen Revolutionären nach Mailand. Ein burleskes, in schönen Bildern inszeniertes Spielfilmdebüt, das die Irritationen einer Zeit verdeutlichen will, in der Vergangenheit und Zukunft aufeinanderprallen. Mit Absurditäten gespickt, insgesamt aber nur selten amüsant. – Ab 16. ✦ Italien 1988 **P** Sacher/So.Fin.A **Pd** Nanni Moretti, Angelo Barbagallo **R** Daniele Luchetti **B** Daniele Luchetti, Franco Bernini, Angelo Pasquini **K** Franco di Giacomo **M** Nicola Piovani **S** Angelo Nicolini **D** Paolo Hendel (Lupo), Giovanni Guidelli (Edo), Angela Finocchiaro (Lady Rowena), Agnese Nano (Allegra), Ciccio Ingrassia (Gianloreto), Nanni Moretti (Matteo) **L** 95 **E** 25.6.1991 PRO 7

VON RICHTERN UND ANDEREN SYMPATHISANTEN. Engagierte Dokumentation über die Beschäftigung ehemaliger NS-Richter in der bundesdeutschen Justiz. Der Film verfolgt einige exemplarische Biografien und sucht mit den ehemaligen »furchtbaren Juristen« ins Gespräch zu kommen, was spektakulär scheitert. – Ab 16. ✦ Teils schwarz-weiß. BR Deutschland 1982 **P** Axel Engstfeld Produktion **Kl** Basis **VA** absolut MEDIEN **Pd+R** Axel Engstfeld **B** Gisela Keuerleber, Axel Engstfeld **K** Bernd Mosblech, Klaus Overhoff **M** Tangerine Dream, Klaus Schulze **S** Lijane Lübcke **L** 62 **FSK** ab 6; f **E** 1.10.1982/Mai 2000 Video **fd** 23 512

VON ROSA BIS GELB (DEL ROSA… AL AMARILLO). Spielfilmdebüt eines früheren Karikaturisten, das von zwei nicht ganz alltäglichen Liebesgeschichten erzählt und mit beißendem Witz die Ignoranz der Gesellschaft aufs Korn nimmt. In der ersten Episode verliebt sich ein Zwölfjähriger in ein streng behütetes dreizehnjähriges Mädchen, muß aber schließlich erkennen, daß er mit der Liebe besser noch wartet. Die zweite Episode handelt von der Zuneigung zweier alter Menschen in einem streng nach Geschlechtern getrennten Heim. Nach einem Dienstgang in die Stadt schmiedet der überwältigte 85jährige Fluchtpläne. ✦ Schwarz-weiß. Spanien 1963 **P** Impala/Eco **Pd** Manuel Summers, Francisco Lara **R+B** Manuel Summers **K** Francisco Fraile **M** Antonio Pérez Olea **S** Antonio Gimeno **D** Christina Galbo (Margarita), Pedro Diez del Corral (Guillermo), Lina Onesti (Josefa), José V. Cerrudo (Valentin) **L** 90 **E** 1.11.1971 ZDF

VON SCHULD GETRIEBEN (SAINT MAYBE). Nachdem er auf Grund falscher Anschuldigungen seinen Bruder und die Schwägerin in den Tod getrieben hat, erhält ein von Schuldgefühlen geplagter junger Mann durch die Begegnung mit der Religion eine zweite Chance und lernt, Verantwortung zu übernehmen. Er zieht sich zurück, nimmt die verwaisten Kinder des Bruders bei sich auf und findet nach Jahren der Läuterung endlich sein Glück. Thematisch reizvolles Melodram um Schuld und Sühne, gedreht nach einem Roman von Anne Tyler; das versöhnliche Ende wirkt ein wenig aufgesetzt. – Ab 16. ✦ USA 1998 **P** Hallmark Hall of Fame Productions **Pd** Brent Shields **R** Michael Pressman **B** Robert W. Lenski, nach einem Roman von Anne Tyler **K** Shelly Johnson **M** Ernest Troost **S** Jim Oliver **D** Blythe Danner (Bee), Edward Herrmann (Doug), Thomas McCarthy (Ian Bledsoe), Mary-Louise Parker (Lucy Bledsoe), Jeffrey Nordling (Danny), Melina Kanakaredes (Rita) **L** 94 **E** 4.5.1999 premiere

VON SEHNSUCHT VERZEHRT (OBSESSIVE LOVE). Eine Angestellte in einem Reisebüro, die für den Star einer Seifenoper schwärmt, verlässt ihr gewohntes

Umfeld, um dem Mann ihrer Träume nahe zu sein. Sie erregt tatsächlich seine Aufmerksamkeit und verleitet ihn zu einer Affäre. Ehe sich der Mann versieht, ist sein Leben aus den Fugen und seine Ehe in Gefahr, da sich die Leidenschaft der Geliebten in Besessenheit verwandelt. Thriller mit den üblichen Klischees, der vom energiegeladenen Spiel seiner Hauptdarstellerin getragen wird. ✦ USA 1984 **P** Dinman Company **Pd** Robert M. Sertner, Yvette Mimieux **R** Steven Hillard Stern **B** Iris Friedman, Yvette Mimieux, Petru Popescu **K** Fred J. Koenekamp **S** Daniel Hanley, Mike Hill **D** Yvette Mimieux (Linda Foster), Simon MacCorkindale (Glenn Stevens), Constance McCashin (Jackie Stevens), Kin Shriner (Garreth), Jill Jacobson (Dee-Dee) **L** 91 **E** 23.2.2000 Vox

VON SENSATIONEN GEHETZT (LES DENTS LONGUES). Ein Journalist fängt seine Laufbahn ganz klein in Lyon an. Er lernt eine attraktive Frau kennen, doch seine Karrierepläne treiben ihn nach Paris, wo er es mit seinem Ehrgeiz schnell zu etwas bringt. Die Frau, die er inzwischen geheiratet hat, begreift langsam, daß die Zeitung immer zwischen ihnen stehen wird, und unterstützt ihren Mann. Erstlingsfilm, der das realistische psychologische Drama eines Emporkömmlings effektvoll und spannend entwickelt. Die Handlung ist fesselnd, der Rhythmus ausgezeichnet, die Darstellung durch ihre Zurückhaltung und Wahrheit packend. – Ab 16. ✦ Schwarz-weiß. Frankreich 1952 **P** Roitfeld/Sirius **Kl** Brunswick **Pd** Jacques Roitfeld **R** Daniel Gélin **B** Michel Audiard, Marcel Camus, Daniel Gélin, Jacques Robert, nach einem Roman von Jacques Robert **K** Robert Juillard **M** Paul Misraki **D** Daniel Gélin (Louis Commandeur), Danièle Delorme (Eva), Louis Seigner, Jean Debucourt, Olivier Hussenot, Jean Chevrier **L** 108 **FSK** ab 16; f **E** 15.5.1958 **fd** 7 040

VON SONNABEND BIS MONTAG (SZOMBATTOL HETFÖIG). Die Liebe junger Menschen bewährt sich trotz Schwierigkeiten und Intrigen. Ein Unterhaltungsfilm ohne jeden inszenatorischen Glanz. – Ab 14. ✦ Schwarz-weiß. Ungarn 1959 **P** Hunnia **Kl** Progress **R** Gyula Mészáros **B** Zoltán Hegedüs **K** János Tóth **M** János Gyulai-Gaál **D** Eva Vass (Joli), József Lang (Feri), Mariann Moór (Anna), Zsigmond Fülöp (Laci), Irén Sütö (Viktória) **L** 76 **E** 3.6.1960 Kino DDR/27.1.1961 DFF 1

VON STADT ZU STADT (THE WAGONS ROLL AT NIGHT). Der Boß eines kombinierten Zirkus- und Vergnügungsparks bezahlt seine skrupellose Eifersucht, mit der er seine wohlbehütete Schwester dem Löwendompteur zu entziehen versucht, mit dem Tode im Käfig. Routiniert inszenierte Unterhaltung mit soliden Darstellerleistungen. Freundliche Komik lindert ein wenig die melodramatischen Konflikte. – Ab 16. ✦ Schwarz-weiß. USA 1941 **P** Warner Bros./ Film Nation **R** Ray Enright **B** Fred Niblo jr., Barry Trivers, nach dem Roman »Kid Galahad« von Francis Wallace **K** Sid Hickox **M** Heinz Roemheld **S** Frederick Richards **D** Humphrey Bogart (Nick Coster), Eddie Albert (Matt Varney), Sylvia Sidney (Flo Lorraine), Joan Leslie (Mary Coster), Sig Rumann (Hoffmann, der Große) **L** 84 **E** 26.1.1963 ZDF

VON STÄHLERNEN FÄUSTEN ZERFETZT →Kung Fu Fighters – Von stählernen Fäusten zerfetzt

VON SUPERMAN ZU SPIDERMAN – DIE ABENTEUER DER COMICHELDEN. Dokumentarfilm, der die Entwicklung amerikanischer Comic-Helden beschreibt, deren Charaktere als Übermenschen sich in der Zeit zwischen der Weltwirtschaftskrise und dem Zweiten Weltkrieg ausformten und die als Propagandamittel zur Festigung amerikanischer Werte ihren (Rettungs-)Dienst antraten. Der Film beschreibt die mannigfaltigen Veränderungen innerhalb des Genres, stellt seine Helden und ihre Zeichner vor und verweist auf die gigantische Industrie, die mittlerweile mit der Verbreitung der modernen Mythen befasst ist. ✦ Frankreich 2001 **R** Michel Viotte **L** 98 **E** 23.12.2001 arte

VON TAG ZU TAG. Ein experimenteller Spielfilm, der den Tagesablauf eines Ersatzdienstleistenden in einem Heim für geistig behinderte Jugendliche filmisch aufbereitet. ✦ Schwarz-weiß. BR Deutschland 1978/79 **P** Hochschule für Bildende Künste Hamburg **SF** Ulrich Stein **Pd+R+B** Ulrich Stein **K** Bernd Meiners **M** Archivmaterial **S** Ulrich Stein **D** Ulrich Stein, Heinrich Giskes, Herbert Grönemeyer, Hiroshi Furodute **L** 110 **E** 9.10.1979

VON TIGERN, MAULWÜRFEN UND ROBOTERN →Schnell, billig und außer Kontrolle

VON UNSCHULD UND RACHE (SHATTERED DREAMS). Ein Wachmann, der in Notwehr den Mörder seiner Frau erschoss und dem zahlreiche Diebstähle zur Last gelegt werden, wird auf Bewährung aus dem Gefängnis entlassen. Er möchte mit seinem achtjährigen Sohn ein neues Leben beginnen, muss jedoch die Sozialarbeiterin davon überzeugen, dass er für das Kind sorgen kann. Er weiß nicht, dass ihm ein Polizist auf Schritt und Tritt folgt, der sich nichts sehnlicher wünscht, als ihn wieder hinter Gitter zu bringen. Krimi, der sich mit Fragen nach Schuld und Vorurteilen einen thematischen Überbau zu schaffen versucht. ✦ USA 1997 **R** Sean Donahue **B** Sean Donahue, Janis Lonnquist **D** Sean Donahue (Mel), Monica Beeman (Denise), Anthony Ferguson (Kevin), Erik Estrada (Detective Frederick), Patrick Donahue (David) **L** 87 **E** 26.11.1999 tm3

VON VENEDIG NACH WIEN (VON VENEDIG NACH WIEN). Bericht einer Reise mit Autobus und Motorroller von der Adria bis zur Donau mit etappenweise eingefügten Kartenskizzen. Reisefilm, der noch stolz auf seine Bewegungsfreude sein konnte. – Ab 14. ✦ Schwarz-weiß. Österreich 1954 **P** Kulturfilm **Kl** Jugendfilm **Pd+R+B** Max Zehenthofer **K** Hubert Isepp, Harald Kicher, Friedrich Lindner **M** Erich Markaritzer **L** 79 **FSK** ab 6; f **E** 7.3.1954 **fd** 5 665

VON WEGEN. Ein glückloser Vertreter, der im ehemaligen Grenzgebiet zur DDR unterwegs ist, trifft dort immer wieder auf einen schweigsamen Mönch. Die beiden sehr verschiedenen Männer helfen sich mehrmals gegenseitig aus der Bredouille und freunden sich allmählich an. Experimenteller Film mit wirrer Handlung und undeutlichem philosophischem Hintergrund. ✦ Teils schwarz-weiß. Deutschland 1991 **P** Christoph Doering Filmprod./ZDF **Kl** Eigenverleih **Pd+R** Christoph Doering **B** Christoph Doering, Hartmut Fittkau, Alexander von Oertzen **K** Christoph Doering **M** Ralf Baron, Jan T. Schade **S** Christoph Doering **D** Bernd Raucamp (Alfred Korn, der Vertreter), Alexander von Oertzen (Der Mönch), Kathy Strecke (Frau Hirsch), Gela Leiberg (Yvonne), Michael Kletter (Barkeeper) **L** 72 **E** 30.7.1991 ZDF/ November 1991 Kino

VON WEGEN »SCHICKSAL«. Der Emanzipationsprozeß einer 48jährigen, die sich nach 20 Jahren von ihrem Mann, der sie schlug und drangsalierte, scheiden läßt. Der Dokumentarfilm hält fest, wie sie die nach der Scheidung auseinanderdriftende Familie zu einigen versucht, und dokumentiert, wie sich die Kinder gegen ihre Mutter wehren. Umstritten war die Parteinahme der Filmemacherin für ihre Protagonistin, die selbst in den Auseinandersetzungen mit dem jüngsten Sohn Konstantin keine Ausnahme kannte. Durch die Radikalität dieser Position gelingen Einblicke in familiäre Strukturen, wie sie bislang noch nicht auf Film festgehalten wurden. – Ab 16. ✦ Schwarz-weiß. BR Deutschland 1979 **P** Literarisches Colloquium Berlin/dffb/ZDF **SF** Basis **Pd** Ursula Ludwig **R** Helga Reidemeister **B** Helga Reidemeister, Irene Rakowitz **K** Axel Brandt, Susanne Beyerle, Thomas Tanner **M** Neil Diamond, Mikis Theodorakis, Frantisek Smetana **S** Elisabeth Förster **L** 117 **FBW** bw **E** 25.2.1979/29.3.1979 ZDF

VON WÖLFEN GEHETZT →Whiskey und die Goldgräber

VON WÖLFEN GEHETZT – DAS WILDE ABENTEUER →Whiskey und die Goldgräber

VON ZEIT ZU ZEIT (VON ZEIT ZU ZEIT). Der Film reflektiert Bedingungen und Möglichkeiten, Bilder zu erfinden und Geschichten zu erzählen. In einem Verwirrspiel verflicht er drei Ebenen ineinander: Passagen aus einem eben abgedrehten Krimi, die Verarbeitung dieses Materials am Schneidetisch und die Herstellung eines Auftragsfilms über einen Rasenmäher. Das Ergebnis ist nicht nur die Infragestellung des allmächtigen Autors, sondern auch eine mit verblüffender Selbstironie inszenierte Studie über die Werte, Inhalte, das Eigenleben und die Macht von Bildern. ✦ Schwarz-weiß. Schweiz 1989 **P** Kyros **Pd** Frank Hofer **R+B** Clemens Steiger, Jörg Helbling **K** Clemens Steiger **M** Andy Frei **S** Fee Liechti **D** Andreas Löffel (Stefan), Laszlo Imre Kish (Wolf), Ingold Wildenauer (Zgraggen), Manuela Trapp (Frau), Martin Inglin (Martin) **L** 76 **E** Schweiz

VON ZWÖLF BIS MITTAG. Kammerspielartiger Film, in dem eine Hausbesetzerin wegen Landfriedensbruch in Untersuchungshaft sitzt. In einem langen Gespräch vermag ihre Mutter den ermittelnden Kommissar so sehr zu irritieren, daß die Tochter (vorerst) fliehen kann. ✦ Schwarz-weiß. BR Deutschland 1986 **P** Tara/ZDF **Kl** Basis **R+B** Barbara Kappen **K** Wolfgang Knigge **M** Günther Fischer **S** Stefan Beckers **D** Helma Fehrmann (Anneliese), Reinhard Firchow (Schellenbach), Nina Hoger (Sarah), Friedrich Wollweber (Leo), Hans Peter Korff (Rechtsanwalt) **L** 89 **E** 28.10.1986 ZDF/Dezember 1986 Kino

VOODOO (VOODOO). Nach seiner Einschreibung auf dem College schlüpft ein junger Student bei einer dubiosen Verbindung unter. Rasch merkt er, daß deren Mitglieder einem satanischen Voodoo-Kult huldigen, als dessen nächstes Opfer er auserkoren ist. Um sein Leben zu retten, muß der junge Mann dem Spuk ein Ende bereiten. Horrorfilm nach der herkömmlichen Rezeptur, der geradlinig seinem Ende entgegeneilt. ✦ USA 1995 **P** Image Organization **VA** Starlight **Pd** Pierre David, Robert E. Baruc **R** Rene Eram **B** Brian DiMuccio, Dino Vindeni **K** Dan Gillham **M** Keith Bilderbeck **D** Corey Feldman (Andy Chadway), Sarah Douglas, Jack Nance (= John Nance) (Lewis Phelps), Joel J. Edwards (Cassien Marsh), Diana Nadeau (Rebecca) **L** 89 (gek. 86) **FSK** ab 18 (gek. 16) **E** 29.11.1995 Video/12.7.1996 premiere

VOODOO BLOOD (VOODOO DAWN). Ein Voodoo-Zauberer, der aus Leichenteilen Zombies zusammensetzt und zum Leben erweckt, versetzt Haiti in Angst und Schrecken. Einige junge Amerikaner wollen seinem Treiben Einhalt gebieten und machen sich auf die Suche nach einer guten Zauberin, wobei sie von der Zombie-Armee erheblich behindert werden. Primitiver Horrorfilm. ✦ USA 1990 **P** Steven Mackler Prod./ADN **VA** EuroVideo **Pd** Steven Mackler **R** Steven Fierberg **B** John Russo, Thomas Rendon, Jeffrey Delman **K** James McClamont **D** Raymond St. Jacques (Claude), Theresa Merritt (Madame Daslay), Tony Todd (Makoute), Gina Gershon (Tina) **L** 80 **FSK** ab 18 **E** 17.9.1991 Video

VOODOO CHILD (THE DUNWICH HORROR). Eine junge Frau nimmt die Einladung eines geheimnisumwitterten Mannes in seine Villa an und wird dort Opfer diabolischer Riten, die sie in Trance über sich ergehen lassen muß. Horrorfilm nach Lovecraft, oberflächlich inszeniert und durch die Ungeschicklichkeit der Darsteller lächerlich. ✦ USA 1969 **P** American International Pictures **VA** VCL/Virgin **Pd** James H. Nicholson, Roger Corman **R** Daniel Haller **B** Curtis Lee Hanson, Henry Rosenbaum, Ronald Silkosky, nach einem Roman von H. P. Lovecraft **K** Richard C. Glouner **M** Les Baxter **S** Fred R. Feitshans jr. **D** Sandra Dee (Nancy Walker), Dean Stockwell (Wilbur Whateley), Ed Begley (Dr. Henry Armitage), Lloyd Bochner (Dr. Cory), Jack Pierce (Reege) **L** 84 **FSK** ab 16 **E** 10.12.1987 Video

DER VOODOO FLUCH (SCARED STIFF). Ein Psychiater bezieht mit Ehefrau und Sohn ein altes Landhaus, das mit einem Fluch belastet ist, den sich vor über 100 Jahren ein grausamer Sklavenhändler einhandelte. Der Psychiater wird diesem zunehmend ähnlicher und bedroht seine Familie, bis das Böse mit Hilfe eines Talismans besiegt wird. Dramaturgisch wirrer Voodoo-Grusel, einfallslos und mit lächerlich aufgesetzten Dialogen. Die miserable Synchronisation setzt dem Film die Krone auf. ✦ USA 1986 **P** The Freemont Group **VA** CBS/Fox **Pd** Daniel F. Bacaner **R** Richard Friedman **B** Mark Frost, Daniel F. Bacaner, Richard Friedman **K** Yuri Denysenko **M** The Barber Brothers **S** Nick Gerard Stagliano **D** Mary Page Keller (Kate Christopher), Andrew Stevens (David Young), David Ramsey (George Masterson), Josh Segal (Jason), William M. Hindman (Dr. Brightman) **L** 81 **FSK** ab 18 **E** 5.11.1990 Video **fd** 28 600

VOODOO KILLER (HOUSE OF SECRETS). Die herzkranke Besitzerin eines Sanatoriums in New Orleans beschließt, ihren grausamen Ehemann zu ermorden. Hilfe wird ihr ausgerechnet von dessen Geliebter zuteil. Doch plötzlich ist die Leiche verschwunden, und die Frauen sind ihres Lebens nicht mehr sicher. Auch eine Voodoo-Priesterin kann sie nicht zuverlässig schützen. Psychothriller vor dem reizvollen Hintergrund der Stadt New Orleans, unterlegt mit stimmungsvoller Cajun-Musik. ✦ USA 1993 **P** Multimedia Motion Pic./Steve Krantz Prod. **Pd** Walter Coblenz, Andrew Laskos **R** Mimi Leder **B** Andrew Laskos, nach einem Roman von Pierre Boileau und Thomas Narcejac **K** Thomas Del Ruth **M** Anthony Marinelli, Waylon Thibodeau (Cajun-Musik) **S** Jacque Elaine Toberen **D** Melissa Gilbert (Marion Ravinel), Bruce Boxleitner (Dr. Frank Ravinel), Kate Vernon (Laura Morrell), Michael Boatman (Sergeant Joe Dubois), Cicely Tyson (Evangelijne) **L** 93 **E** 14.10.2000 RTL II

VOR ALLER AUGEN. Im Mittelpunkt des Experimentalfilms steht die Videoüberwachungsanlage im Internationalen Congreß Centrum Berlin. Das Bildmaterial, das die 36 Kameras liefern, macht das ICC zu einem riesigen Schauplatz von potentiellen Taten, die Menschen zu Opfern und Tätern. Die Montage des Materials veranschaulicht überdies die maschinelle Gleichgültigkeit der Bildproduktion. ✦ Deutschland 1991 **R+B** Heiner Mühlenbrock **L** (TV) 60 **E** 15.12.1991 West 3

VOR BLONDINEN WIRD GEWARNT (PLATINUM BLONDE). Einfallsreich inszenierte Screwball-Komödie um einen »Aschenbrödel-Mann«: Ein Reporter heiratet eine Tochter aus wohlhabendem High-Society-Hause, erkennt aber bald, daß er in der Ehe wie ein Vogel im goldenen Käfig gehalten wird. Bald wendet er sich einer Kollegin zu, die ihn schon immer geliebt hat. Heiter-hintergründige Unterhaltung in typischer Frank-Capra-Manier: anti-autoritär und sophisticated, aber auch anti-intellektuell bis patriotisch, hält der Film die Fahne des Individuums gegen eine ihm feindlich gesonnene Umwelt hoch. – Ab 14 möglich. ✦ Schwarz-weiß. USA 1931 **P** Columbia **Pd** Harry Cohn **R** Frank Capra **B** Robert Riskin, Jo Swerling, Dorothy Howell, nach einer Erzählung von Harry E. Chandlee und Doug Churchill **K** Joseph Walker **S** Gene Milford **D** Robert Williams (Stew Smith), Jean Harlow (Anne Schuyler), Loretta Young (Gallagher), Louise Closser Hale (Mrs. Schuyler), Edmund Breese (Conroy), Donald Dillaway (Michael Schuyler), Reginald Owen (Dexter Grayson) **L** 90 **E** 3.8.1979 ARD/9.12.1983 DFF 1 **fd** 22 097

VOR DEM ABGRUND (AL CHAEWAL DAK / A THIN LINE). In Tel Aviv verfällt die Frau eines Fotohändlers mit kleinem Ladengeschäft in schwere Depressionen, was besonders die zehnjährige Tochter irritiert, während sich die ältere Tochter abwendet und lieber in einem Kibbuz lebt. Schauspielerisch anspruchsvolle Darstellung nicht nur des Leidensweges einer psychisch erkrankten Frau, sondern zugleich des Leidensdrucks für die Familie. Der in erster Linie aus dem Blickwinkel des Kindes geschilderte Film stimmt traurig und ratlos. Politische Ereignisse spiegelt er nur indirekt im Verhalten der Protagonisten. ✦ Israel 1980 **P** Gideon Amir/Avi Kleinberger Prod. **Pd** Avi Kleinberger, Gideon Amir **R+B** Michal Bat-Adam **K** Nurith Aviv **M** Alex Kagan **S** Zion Avrahamian **D** Gila Almagor (Pola), Liat Panski (Nilli), Alex Peleg (Nillis Vater) **L** (TV) 80 **E** 19.12.1988 ARD

VOR DEM MORGENGRAUEN (JAGO HUA SAVERA). Enttäuschung und endliche Resignation pakistanischer Fischer angesichts der offenkundigen Ausbeutung durch einen Pächter. Der erste überhaupt in Pakistan gedrehte Spielfilm ist keine unverbindliche Unterhaltungsware, vielmehr der engagierte Versuch, sich bewußt für eine kritische Darstellung der gesellschaftlichen Situation einzusetzen. Insofern ist er eine minuziöse Bestandsaufnahme sozialer Zustände, die in erster Linie der Aufklärung pakistanischer Zuschauer dienen soll. Der ruhige Erzählfluß, der sparsame Dialog und die karge Mimik der Darsteller erzeugen aber eine latente innere Spannung, die den Film auch für hiesige Sehgewohnheiten interessant macht. – Ab 16. ✦ Schwarz-weiß. Pakistan 1959 **P** Century **R+B** Aaejay Kardar **K** Walter Lassally **M** Timir Baran **D** Tripti Mitra (Mala), Zurain Rakshi (Fischer Mian), Anees Ama (Kasim), Kazi Khaliq (Lal Nian), Maina Latif (Ganju) **L** 87 **E** 1.5.1969 ARD **fd** 16 088

VOR DEM NACHHINEIN (BEFORE HINDSIGHT). Eine Filmdokumentation über die Rolle der englischen Filmwochenschau, die untersucht, wie die politische Entwicklung in Deutschland nach 1933 verarbeitet wurde. Zahlreiche Ausschnitte aus den Wochenschauen »Pathé News«, »British Movietone News«, »Gaumont-British News« und »British Paramount News« sowie Gespräche mit Zeitzeugen belegen die ausweichende Haltung der britischen Agenturen, die die offizielle Meinung ohne eigenen Standpunkt vermittelten. Eine interessante Dokumentation, nicht nur von filmhistorischer Bedeutung. (O.m.d.U.) – Ab 16. ✦ Teils schwarz-weiß. Großbritannien 1977 **P** Metropolis Pictures/The British Film Institute **SF** Freunde der Deutschen Kinemathek **Pd** Elizabeth Taylor-Mead **R+B** Jonathan Lewis **K** Roger Deakins **S** Jonathan Lewis **L** 78 **E** 1978 Kino

VOR DEM NEUEN TAG (CLASH BY NIGHT). Eine Frau aus der Provinz, die erfolglos in den Großstädten ihr Glück gesucht hat, kehrt in ihren Heimatort an der kalifornischen Küste zurück und heiratet einen biederen Fischer. Vorübergehend verfällt sie der Leidenschaft zu einem Freund ihres Mannes, bis sie sich schließlich zu ihrem eingeschränkten Lebenskreis bekennt. Ein routiniert inszeniertes Melodram mit einer souverän spielenden Hauptdarstellerin. Bemerkenswert ist vor allem die Wahl des Schauplatzes: Fritz Lang fängt die Arbeitswelt des von der Fischerei lebenden Dorfes mit fast dokumentarischer Atmosphäre ein und schafft damit zugleich aber glaubwürdiges Gerüst für die Handlung. – Ab 16. ✦ Schwarz-weiß. USA 1952 **P** Wald-Krasna Prod. (für RKO) **KI** RKO **Pd** Harriet Parsons, Jerry Wald **R** Fritz Lang **B** Alfred Hayes, nach dem Bühnenstück »Clash by Night« von Clifford Odets **K** Nicholas Musuraca **M** Roy Webb **D** Barbara Stanwyck (Mae Doyle), Paul Douglas (Jerry D'Amato), Robert Ryan (Earl Pfeiffer), Marilyn Monroe (Peggy), J. Carroll Naish (Onkel Vince), Keith Andes (Joe Doyle) **L** 105 **FSK** ab 16; f **E** 31.10.1952/16.9.1972 ARD **fd** 2 174

VOR DEM NICKELODEON – DAS FRÜHE KINO VON EDWIN PORTER (BEFORE THE NICKELODEON – THE EARLY CINEMA OF EDWIN PORTER). Dokumentarfilm über ein Stück Frühgeschichte des Kinos: An Hand von Filmausschnitten und historischen Dokumentationen folgt er den Spuren des Filmpioniers Edwin S. Porter von 1896 bis 1906. Einen verbindenden Kommentar zur wechselhaften Karriere Porters spricht Blanche Sweet – zu jener Zeit (auch durch die Filme von David Wark Griffith) einer der ersten Filmstars. (O.m.d.U.) – Ab 16. ✦ Schwarz-weiß. USA 1982 **P** New York-Hollywood Feature Film Co./Film For Thought **KI** Freunde der Deutschen Kinemathek **Pd** Steve Brier **R** Charles Musser **B** Warren Leight, Charles Musser **K** Rob Issen **L** 60

VOR DEM REGEN (BEFORE THE RAIN). Ausgehend von den ethnischen Konflikten auf dem Balkan, werden drei in Albanien, England und Mazedonien angesiedelte Episoden zu einer blutigen Tragödie um einen Kriegsberichterstatter verbunden. Zwar sichtlich konstruiert und gelegentlich unsicher in der Dosierung der Effekte, bezieht der dennoch bemerkenswerte Erstlingsfilm eindeutig Stellung gegen Gewalt als Mittel der Konfliktlösung. Er zeugt ebenso vom erzählerischen wie vom inszenatorischen Talent seines jungen Regisseurs. (O.m.d.U.) – Sehenswert. ✦ Großbritannien/Frankreich/Mazedonien 1994 **P** Ami/Noé/Vardar **KI** Pandora **VA** Arthaus **Pd** Judy Counihan, Cedomir Kolar, Samuel Taylor, Cat Villiers **R+B** Milcho Manchevski **K** Manuel Teran **M** Anastasia **S** Nicolas Gaster **D** Katrin Cartlidge (Anne), Rade Serbedzija (Aleksander), Grégoire Colin (Kiril), Labina Mitevska (Zamira), Jay Villiers (Nick) **L** 113 **FSK** ab 12; f **E** 28.9.1995/28.5.1996 premiere/4.3.1996 Video **fd** 31 531

VOR DEM STURM (NA POROGE BURI). Der Weg eines jungen Mannes vom kleinen unterdrückten Angestellten zum Kämpfer für die Freiheit Lettlands. – Ab 14. ✦ Schwarz-weiß. UdSSR 1960 **P** Filmstudio Riga **KI** Progress **R** Roland Kalnins, Varis Krumins **B** Konstantin Issajew, nach dem Roman »Sturm« von V. Lacis **K** Maris Rudsitis **M** M. Zarins **D** Voldemar Zandbergs (Zuburs), Vija Artmane (Mara Vilde), R. Mustaps (Silenieks), V. Akuraters (Pramnieks), J. Grantin (Pavulans) **L** 100 **E** 1.11.1963 Kino DDR

VOR DEM UMBRUCH – MORD (DEAD LUCKY). Was als journalistische Jagd nach einer Sensationsstory für den Starreporter eines englischen Wochenblattes beginnt, endet in der dramatischen Suche nach einem Mörder. Blasse, nur flüchtig spannende Unterhaltungsware ohne sonderliche Überraschungseffekte. – Ab 16. ✦ Schwarz-weiß. Großbritannien 1960 **P** British Lion/ACT Films **Pd** Ralph Bond, Robert Dunbar **R** Montgomery Tully **B** Sidney Nelson, Maurice Harrison **K** Peter Hennessy **M** William Davies **D** Vincent Ball (Mike Billings), Betty McDowall (Jenny Drew), John Le Mesurier (Insp. Corcoran), Brian Worth (Lucky Lewis), Alfred Burke (Knocker Parsons) **L** 60 **E** 3.8.1968 ARD

VOR DEN AUGEN DER WELT (RUBY AND OSWALD / FOUR DAYS IN DALLAS). Mit Dokumentarbildern versehener (Fernseh-)Spielfilm über die Ereignisse vor und nach der Ermordung John F. Kennedys in Dallas am 22. November 1963. Im Mittelpunkt stehen der Attentäter Lee Harvey Oswald und dessen Mörder Jack Ruby, die beide als Einzeltäter dargestellt werden. Da der Film nicht auf die groben Widersprüche und Zweifel an der Alleintäterschaft Oswalds eingeht und dabei in eine typologische Einseitigkeit verfällt, wenig erhellend und aus heutiger Sicht überholt. ✦ USA 1977 **P** CBS/Alan Landsburg Prod. **R** Mel Stuart **B** John McGreevey, Michael McGreevey **K** Matthew F. Leonetti **D** Michael Lerner (Ruby), Frederic Forrest (Oswald), Doris Robert (Eva), Lou Frizzell (Captain Fritz), Gordon Jump, Lanna Saunders (Marina Oswald) **L** 140 **E** 21.11.1983 ZDF

VOR DEN TOREN DER STADT (PORTILE ALABASTRE ALE ORASULUI). 1944: Eine rumänische Flak-Einheit, die bisher zum Schutz eines deutschen Militärflugplatzes bei Bukarest eingesetzt war, nimmt nach dem Machtwechsel im Land den Kampf gegen die Faschisten auf und bewahrt unter großen Verlusten die Hauptstadt vor der Bombardierung. Patriotischer Kriegsfilm, der sein Augenmerk vorwiegend auf Einzelschicksale lenkt. ✦ Rumänien 1974 **P** Filmstudio Bucuresti **KI** Progress **R** Mircea Muresan **B** Marin Preda **K** Gheorghe Viorel Todan **M** Doru Stanculescu **D** Romeo Pop, Costel Constantin, Dumitru Furdui, Ion Caramitru, Dan Nutu **L** 98 **E** 14.2.1975 Kino DDR/ 17.12.1976 DFF 1

VOR DEN VÄTERN STERBEN DIE SÖHNE. Zwei junge Männer in der DDR versuchen den Ausbruch aus bürgerlichen Normen und machen sich mit einem Moped auf die Suche nach Freiheit und Frauen.

Ein Film, der Lebensgefühl und politische Situation Jugendlicher in der DDR Anfang der 80er Jahre wiedergeben will. ✦ Schwarz-weiß. BR Deutschland 1981 **P** Ullstein AV-Prod./ZDF **R** Claudia Holldack **B** Eva Mieke, Claudia Holldack, nach einer Erzählung von Thomas Brasch **K** Dieter Wedekind, Michael Bartlett **D** Klaus Pohl (Robert), Peter Seum (Harry), Eva Mattes (Sophie), Margit Symo **L** 83 **FBW** w **E** 16.6.1981 ZDF

VOR DER HOCHZEIT. Eine 24jährige Frau in Berlin, Tochter türkischer Eltern, wünscht sich sehnlichst, einen Mann zu heiraten, den sie liebt, kollidiert damit aber mit dem Weltbild ihrer strenggläubigen Eltern. Sie wollen ihrer Tochter einen Mann aus ihrer alevitischen Glaubensgemeinschaft zuführen. Der Dokumentarfilm beobachtet das Dilemma der Familie und reflektiert über die Freiheit des einzelnen, über Moral, Politik, Religion und die Bedeutung von Liebe. ✦ Deutschland 1996 **R+B+K** Antonia Lerch **L** 85 **E** 30.6.1996 ZDF

VOR DER MATURA (PRED MATURITOU). Während des Ausflugs einer Abiturklasse in Prag kommt es zur Auseinandersetzung zwischen einem Schüler und dem Lehrer der Klasse. Wie dramatisch diese Situation sich zuspitzen wird, vermag an diesem Tag noch keiner der Beteiligten zu erahnen. ✦ Schwarz-weiß. CSR 1932 **R** Vladislav Vancura, Svatopluk Innemann **B** Josef Neuberg **K** Otto Heller **D** Jindrich Plachta (Professor Klec), Frantisek Smolík (Professor Donát), Antonín Novotny (Schüler Jan Simon), Miroslav Svoboda (Schüler Karel Kafka), Gustav Hilmar (Kafkas Vater) **L** 94 **E** 7.4.1983 DFF 1

VOR DER REVOLUTION (PRIMA DELLA RIVOLUZIONE). Ein gutsituierter Student aus Parma versucht letztlich vergeblich, die Konventionen und Normen seiner Klasse zu durchbrechen und an einer grundlegenden Erneuerung der Gesellschaft mitzuwirken. Er wird Mitglied der kommunistischen Partei und läßt sich auf eine leidenschaftliche Affäre mit seiner jungen Tante ein. Ein vielschichtiger, verspielt avantgardistischer Film, der poetisch und soziografisch subtil das authentische Bild des kleinstädtischen Italien der 60er Jahre entwirft. Die überwiegend undramatische und lyrische Erzählweise unterstreicht zugleich den auch heute noch fesselnden dokumentarischen Charakter des Films: er gibt Einblick und Aufschluß über eine Epoche, die Stimmungslage einer Generation, ihre Bemühungen und ihre Resignation. – Sehenswert. ✦ Schwarz-weiß. Italien 1963/64 **P** Iride Cinematografica **R** Bernardo Bertolucci **B** Bernardo Bertolucci, Gianni Amico **K** Aldo Scavarda **M** Gino Paoli, Ennio Morricone **S** Roberto Perpignani **D** Adriana Asti (Gina), Francesco Barilli (Fabrizio), Allen Midgette (Agostino), Morando Morandini (Cesare), Christina Pariset (Clelia) **L** 115 **E** 2.7.1968 ARD **fd** 15 534

VOR DER SCHLACHT (AVANT LA BATAILLE). Dokumentarische Collage aus realistischen Ereignissen, die das Geschehen und die Stimmung in Polen im Herbst 1981 einfangen. Im Mittelpunkt steht der Schauspieler Simon Zaleski, der im Anschluß an die Unruhen im März 1968 Polen verließ und seitdem in Belgien lebt. Angesichts der aufblühenden neuen Hoffnung in Polen fuhr Zaleski im Herbst 1981 in die Heimat. Er begegnete Arbeitern, Künstlern und Arbeiterführern, und er spürt die elektrisierte Stimmung zwischen Zuversicht und Hoffnung auf Reformen einerseits, der Angst vor Repressionen und der Resignation andererseits. Während der im Oktober/November 1981 gedrehte Film keine Antwort finden konnte, gab die Wirklichkeit kaum einen Monat später die Antwort: am 13. Dezember wurde in Polen das Kriegsrecht verhängt. ✦ Belgien 1981 **P** Polit-film/Polnische Kinematografie **R+B** Janusz Kijowski **K** Patrice Payen **M** Fabien Audooren **S** Dominique van Goolen **D** Simon Zaleski, Seweryn Blumsztajn, Marek Edelmann, Tadeusz Konwicki, Jacek Kuron **L** 100 **E** 11.1.1983 ZDF

VOR DER SINTFLUT (AVANT LE DELUGE). Der Ausbruch des Koreakriegs (1950) stürzt eine Gruppe Jugendlicher in Verzweiflung. Sie sehen die Ratlosigkeit ihrer Eltern, welcher sozialen Schicht sie auch angehören, und beschließen, auf eine Südseeinsel auszuwandern. Dafür begehen sie einen Einbruch, bei dem einer einen Nachtwächter erschießt. Als ein anderer in Verdacht gerät, wollen sie ihn durch eine Mutprobe testen, wobei sie ihn in der Badewanne ertränken. Sie werden gefaßt und zu Zwangsarbeit verurteilt. Ein eindringlicher und engagierter Film, dessen Handlung in die Klammer eines Prozesses eingebunden ist, womit er die Verantwortlichkeit der Eltern, die voller Vorurteile und Nachlässigkeiten sind, nachzeichnet: Antisemitismus, Arroganz, kleinkarierter Hochmut machen sie schuldig. Die Thesen mögen (filmwirksam bedingt) vereinfachend sein, sind aber überzeugend und spannend dramatisiert. – Ab 16 möglich. ✦ Schwarz-weiß. Frankreich/Italien 1953 **P** UGC/Documento **KI** Pallas **Pd** François Carron **R** André Cayatte **B** André Cayatte, Charles Spaak **K** Jean Bourgoin **M** Georges van Parys **D** Bernard Blier (Noblet), Antoine Balpêtré (Dutoit), Isa Miranda (Frau Boussard), Line Noro (Frau Arnaud), Jacques Castelot (de Montesson), Marina Vlady (Lilian Noblet), Jacques Fayet (Richard Dutoit) **L** 140 **FSK** ab 16; f **E** 17.11.1955/22.3.1961 ARD/22.5.1985 DFF 2 **fd** 3 600

VOR EINBRUCH DER NACHT (JUSTE AVANT LA NUIT). Ein Pariser Publicity-Manager wird nach dem Mord an seiner Geliebten von Gewissensbissen und Sühnebedürfnis gepeinigt. Ein gelegentlich etwas konstruierter, aber mit psychologischer Finesse inszenierter Film, der eindrucksvoll zerstörerische Aspekte einer nur halb vollzogenen Emanzipation von bürgerlich-christlichen Moralvorstellungen behandelt. – Sehenswert. ✦ Frankreich/Italien 1971 **P** Les Films La Boëtie/Columbia/Cinegaï **KI** Atlas **Pd** André Génovès **R** Claude Chabrol **B** Claude Chabrol, nach dem Roman »The Thin Line« von Edward Atiyah **K** Jean Rabier **M** Pierre Jansen **S** Jacques Gaillard **D** Michel Bouquet (Charles Masson), Stéphane Audran (Hélène Masson), François Périer (François Tellier), Jean Carmet (Jeannot), Dominique Zardi (Prince), Henri Attal (Inspektor Cavanna) **L** 106 **E** 5.9.1972 ARD/Mai 1974 Kino **fd** 17 954

VOR GERICHT WEGEN VERGEWALTIGUNG →Ein Prozeß wegen Vergewaltigung

VOR GOTT UND DEN MENSCHEN. Der gefühlvoll ausgespielte Fall einer Doppelehe: Die Frau eines Rechtsanwalts gerät durch die überraschende Rückkehr ihres als tot gemeldeten ersten Mannes vor eine Entscheidung, die zugunsten des blinden Anwalts ausfällt. Ein gepflegter »Tatsachenbericht«, der mangels künstlerischer und geistiger Vertiefung seinem Thema nie gerecht wird. ✦ Schwarz-weiß. BR Deutschland 1955 **P** Capitol **KI** Prisma **Pd** Dietrich von Theobald **R** Erich Engel **B** Kurt Heuser, Hans Werner Richter, nach einer Filmnovelle von Heinrich Oberländer **K** Friedl Behn-Grund **M** Hans-Otto Borgmann **S** Carl-Otto Bartning **D** Viktor de Kowa (Martin), Antje Weisgerber (Maria), Hans Söhnker (Georg), Käthe Braun (Katharina), Emmy Burg (Anna Mechala), Werner Peters (Anton Mechala) **L** 90 **FSK** ab 16; f **FBW** w **E** 27.9.1955/22.9.1962 ARD **fd** 4 407

VOR HAUSFREUNDEN WIRD GEWARNT (THE GRASS IS GREENER). In die museale Pracht eines englischen Landsitzes dringt ein burschikoser, millionenschwerer Amerikaner ein und verdreht mit saloppem Charme der leicht ehemüden Dame des Hauses den Kopf. Der verlassene Ehemann lädt den »Hausfreund« aufs Schloß ein und zwingt ihn somit, die untreue Gattin mitzubringen. Mit lässigen Gentleman-Manieren bekämpfen sich die beiden Männer, bis sich der Gefühlskrieg in einem Duell mit fingiertem Ausgang entlädt. Eine lockere Dialog-Komödie aus dem Milieu hochfeudaler Landaristokratie, charmant serviert und elegant gespielt. Der beste Witz findet sich in den Nebensächlichkeiten, die dem Film Würze und Skurrilität verleihen. – Ab 16. ✦ Scope. Großbritannien 1960 **P** Grandon **KI** Universal **VA** Kinowelt Home **Pd+R** Stanley Donen **B** Hugh Williams, Margaret Williams, nach ihrem Bühnenstück **K** Christopher Challis **M** Noël Coward **S** James B. Clark **D** Cary Grant (Victor Rhyall), Deborah Kerr (Hilary Rhyall), Robert Mitchum (Charles Delacro), Jean Simmons (Hattie Durant), Moray Watson (Trevor Sellers) **L** 104 **FSK** ab 16; nf **E** 7.4.1961/5.11.1967 ARD/6.3.1988 DFF 1/16.5.2000 Video **fd** 10 144

VOR 100 JAHREN FING ES AN. In einer Mischung aus Spiel- und Dokumentarszenen hergestellter Industriefilm über die Entwicklung des Fahrzeugmotors von Otto bis Opel. Durchaus instruktiv und anschaulich, zugleich aber unbeirrt fortschrittsgläubig, so daß man über den Zeitgeist der Wirtschaftswunderjahre hinaus deutlich die werbende Absicht des (Co-)Produzenten und Vertreibers spürt. – Ab 8 möglich. ✦ BR Deutschland 1955 **P** Institut für Wissenschaftliche Filme/BV-Aral **KI** BV-Aral **R** Erich Menzel **B** A. Artur Kuhnert, nach einer Idee von Eugen Diesel **K** Gerhard Müller **M** Friedrich Wilckens **D** Wolfgang Liebeneiner, Rolf von Nauckhoff, Hans Cossy, Walter Uttendörfer, Helmuth M. Backhaus, Claus Clausen, Hans Schalla **L** 102 **FSK** ab 6; f **E** 22.2.1956 **fd** 4 836

VOR JUNGFRAUEN WIRD GEWARNT. Die Mitglieder des Jungfernbundes »Weg vom Manne« und des Junggesellenvereins »Weg vom Weibe« lernen einander in haarsträubend konstruierten Situationen kennen und heiraten schließlich ausnahmslos. Ein dilettantischer Unterhaltungsblödsinn, schwachsinnig und niveaulos. – Ab 16. ✦ Schwarz-weiß. Österreich 1961 **P** E.L.Wagner-Film **KI** Donau/Goldeck **Pd** Herbert Heidmann **R** Otto Ambros **B** Daniela Holl, Otto Ambros **K** Hanns König **M** Hans Zeisner **D** Gunther Philipp, Heinz Conrads, Gustl Gstettenbaur, Gretl Schörg **L** 88 **FSK** ab 16; nf **E** 17.8.1962 **fd** 10 627

VOR LAUTER FEIGHEIT GIBT ES KEIN ERBARMEN →Hasenjagd

VOR LEICHEN WIRD NICHT GEWARNT →Gauner mit weißer Weste

... VOR MIR DIE STERNE →Und vor mir die Sterne – Das Leben der Schlagersängerin Renate Kern

VOR MORGENGRAUEN (JUST BEFORE DAWN). Warnungen mißachtend, gerät eine Gruppe junger Camper im Bergland von Oregon in eine von abweisenden Waldmenschen bevölkerte einsame Gegend, wo bald darauf einige von ihnen einem mordenden debilen Zwillingspaar zum Opfer fallen. Ein mit Gewalt und Schocks durchsetzter Horrorfilm aus einer amerikanischen Mystery-Serie, die 1943 von dem Hörspiel »Crime Doctor« angeregt wurde. Miserabel gespielte Billigkost, gewalttätig und spekulativ. (Videotitel: »Blutige Dämmerung«.) ✦ USA 1980 **P** Oakland **KI** Apollo/Avis **VA** ITT Contrast **Pd** Joseph Middleton, David Sheldon **R** Jeff Lieberman **B** Mark Arywitz, Gregg Irving **K** Joel King **M** Brad Fiedel **S** Robert Q. Lovett **D** George Kennedy (Roy), Gregg Henry (Warren), Mike Kellin (Ty), Deborah Benson (Constance), Chris Lemmon (Jonathan), Ralph Seymour (Daniel) **L** 81 **FSK** ab 16; nf **E** September 1982 Video/12.8.1983 Kino

VOR SALONLÖWEN WIRD GEWARNT (LES LIONS SONT LACHES / I LEONI SCATENATI). Die hindernisreichen erotischen Abenteuer einer scheidungssüchtigen Provinzlerin in den Salons von Paris als Gegenstand eines ebenso provinzlerischen Palavers über die morbide große Gesellschaft. Eine Konversationskomödie nach dem Roman »Mal seh'n, ob die Männer noch Löwen sind« mit prominenten Darstellern konventionell inszeniert. ✦ Scope, schwarz-weiß. Frankreich/Italien 1961 **P** Franco-London/Gaumont/S.P.E.C./Vidès **KI** Gloria **Pd** Irénée Leriche **R** Henri Verneuil **B** France Roche, nach einem Roman von Nicole **K** Christian Matras **M** Georges Garvarentz **S** Borys Lewin **D** Danielle Darrieux (Marie Laure), Jean-Claude Brialy (Didier), Michèle Morgan (Cécile), Claudia Cardinale (Albertine), Lino Ventura

(Dr. Challenberg) **L** 98 **FSK** ab 18; nf **E** 13.7.1962 **fd** 11 276

VOR SONNENUNTERGANG. Ein alternder, vereinsamter Großindustrieller, Seniorchef eines Automobilkonzerns, löst durch seine Liebe zu einer unscheinbaren jungen Sekretärin Empörung bei seinen Kindern aus, was zu heftigen Familienkonflikten führt. In die 50er Jahre verlegte Verfilmung von Hauptmanns Bühnenstück, konventionell und mit theatralischen Stilmitteln inszeniert. In der Charakterzeichnung wenig differenziert, ist der symbolbeladene Film allenfalls im Schauspielerischen beachtlich, obschon auch dort streckenweise aufgesetzte Bedeutungsschwere vorherrscht. – Ab 14 möglich. ✦ Schwarz-weiß. BR Deutschland 1956 **P** CCC **KI** Schorcht **Pd** Artur Brauner **R** Gottfried Reinhardt **B** Jochen Huth, nach dem gleichnamigen Theaterstück von Gerhart Hauptmann **K** Kurt Hasse **M** Werner Eisbrenner **S** Kurt Zeunert **D** Hans Albers (Generaldirektor Clausen), Annemarie Düringer (Inken Peters), Martin Held (Erich Klamroth), Claus Biederstaedt (Egbert Clausen), Hannelore Schroth (Ottilie Klamroth) **L** 103 **FSK** ab 12; f **E** 6.7.1956 **fd** 5 048

VOR TAGESANBRUCH (LE POINT DU JOUR). Die Alltagsprobleme von Bergarbeiterfamilien in Nordfrankreich. Ihr Leben wird bestimmt von Sorgen und Nöten um die Erhaltung des Arbeitsplatzes und die Ernährung der Familien. Ein atmosphärisch hervorragend gestaltetes Werk von außergewöhnlicher humaner Gesinnung. Auch darstellerisch überzeugend. – Sehenswert ab 14. ✦ Schwarz-weiß. Frankreich 1949 **P** Ciné-France **R** Louis Daquin **B** Vladimir Pozner, Louis Daquin **K** André Bac, Pierre Lebon **M** Jean Wiener **D** Jean Desailly (Lazaque, Ingenieur), René Lefèvre (der alte Ingenieur), Marie-Hélène Dasté, Pierre Français, Michel Piccoli **L** 99 **E** 29.3.1968 DFF 1

VOR TRANSSEXUELLEN WIRD GEWARNT. Dokumentation über Transsexuelle, die sich in den USA erstmals zu einer Bürgerrechtsbewegung zusammengeschlossen haben, um soziale Gleichbehandlung einzufordern. Von Praunheim porträtiert einige von ihnen. ✦ Deutschland 1996 **R** Rosa von Praunheim **L** 60 **E** 8.2.1998 arte

VOR UNS DIE HÖLLE (TEN SECONDS TO HELL). Sechs ehemalige deutsche Soldaten, sehr unterschiedliche Charaktere, nehmen ein Angebot der britischen Besatzung an und wirken nach Kriegsende in Berlin als Bombenräumkommando. Die Hälfte ihres Gehaltes soll der letzte Überlebende erhalten. Ein sorgfältig und spannenend inszenierter Abenteuerfilm, beeindruckend in der Schilderung einer »schicksalhaft« zusammengewürfelten Gruppe von Männern, die nicht in der Lage sind, aus ihrem selbstmörderischen Job auszusteigen. ✦ Schwarz-weiß. USA 1959 **P** Seven Arts/Hammer **KI** United Artists **Pd** Michael Carreras **R** Robert Aldrich **B** Robert Aldrich, Teddi Sherman, nach einem Roman von L.P. Bachmann **K** Ernest Laszlo **M** Kenneth V. Jones **S** Harry Richardson, James Needs **D** Jack Palance (Körtner), Jeff Chandler (Wirtz), Martine Carol (Margot), Robert Cornthwaite (Löffler), Dave Willock (Tillig), Wesley Addy (Sulke), Jimmy Goodwin (Globke) **L** 94 **FSK** ab 16; f **E** 16.6.1959 **fd** 8 192

VOR UNS LIEGT DAS LEBEN. Die melodramatische Geschichte eines Kapitäns, der erst die Existenz der Familie auf eine solide Grundlage stellt, ehe er sein Vorhaben verwirklicht, seinen durch Bombentreffer auf Grund gelegten Hochseeschlepper neu erstehen zu lassen. Durch die produktionstechnischen Defizite inszenatorisch eher schlicht, besitzt der Film aber eine durchaus bemerkenswerte naturalistische Atmosphäre. Die Themen sind typisch für die ersten Nachkriegsjahre: Hunger, Tauschgeschäfte, Mangel an allem und jedem, schließlich aber doch Hoffnung und Aufbau. (Neuer Titel: »Die Fünf vom Titan«) – Ab 12. ✦ Schwarz-weiß. Deutschland 1948 **P** Stella **KI** Jugend/Hamburg **Pd** Hans Toost **R** Günther Rittau **B** Günther Rittau, Horst Alexander von der Heyde, nach Motiven von A. Nicolas **K** Ernst W. Kalinke **M** Gerhard Winkler **S** Gertrud Hinz-Nischwitz **D** Hermann Speelmans (Kapitän Harms), Helga Zülch (Renate, seine Frau), Michael Günther (Peter, deren Sohn), Carl Kuhlmann (Petersen, Renates Vater), Werner Völger (Hinnerk), Josef Sieber (Onnen) **L** 93 **E** 17.12.1948/20.9.1949 Kino DDR **fd** 203

VOR VERSCHLOSSENEN TÜREN (KNOCK ON ANY DOOR). Milieueinflüsse in den Slums einer amerikanischen Großstadt und sadistische Methoden in der Besserungsanstalt treiben einen jungen Mann bis zum Mord an einem Polizisten. Ein Anwalt verteidigt ihn nicht nur, sondern klagt auch die Gesellschaft an, die den Jugendlichen formte und erst zum Angeklagten machte. Rays Auseinandersetzung mit dem Thema Jugenddelinquenz ist engagiert und sozialkritisch in den Gerichtsszenen, wenngleich oberflächlicher als in der Romanvorlage. Der Film überzeugt eher durch seine darstellerische Qualität, weniger aber durch seine Theorie über das Verbrechen. – Ab 16. ✦ Schwarz-weiß. USA 1949 **P** Columbia **KI** Columbia **Pd** Robert Lord **R** Nicholas Ray **B** Daniel Taradash, John Monks jr., nach dem Roman »Viele finden nicht zurück« von Willard Motley **K** Burnett Guffey **M** George Antheil **S** Viola Lawrence **D** Humphrey Bogart (Andrew Morton), John Derek (Nick Romano), George Macready (Distriktanwalt Kerman), Allene Roberts (Emma), Susan Perry (Adele), Mickey Knox (Vito), Barry Kelley (Richter Drake) **L** 100 **FSK** ab 12; f **E** 12.11.1954/22.10.1966 ARD/10.7.1971 DFF 1 **fd** 3 737

VOR VERSCHLOSSENER TÜR (PERED SAKRYTOI DWERJU). Ein junger Mann macht sich nach dem Gesetz strafbar, als er mit seiner unbeherrschten Art, schnell zuzuschlagen, einer jungen Frau jene notwendige Hilfe gewährt, die ihr die Umwelt durch Gleichgültigkeit und moralisches Versagen verweigert. Ein formal gelungener, thematisch interessanter Gegenwartsfilm aus Aserbaidschan, der die Handlung zu einer humorvollen Alltags- und Situationsbeschreibung verdichtet. – Ab 14. ✦ UdSSR 1982 **P** Aserbaidshanfilm **KI** Progress **R** Rassim Obschagow **B** Rustam Ibragimbekow **K** Rafik Kambarow **M** Ermin Sabit Ogly **D** Rodion Nachapetow (Murad), Nassiba Sejnalowa (Sejnab), Alexander Kaljagin (Baschdamiro), D. Kjasimow (Nuri), G. Ismailow (Ali) **L** 88 **E** 3.6.1983 Kino DDR

VOR 12000 JAHREN (VAR FORNTID / OLD TID). Wegen Materialmangels als (zweiteiliger) stummer Schmalfilm produzierte Dokumentation, die an Hand prähistorischer Funde das Leben der Stein-, Bronze- und Eiszeitmenschen zu rekonstruieren sucht. Auch kulturhistorisch ohne Wert. – Ab 10. ✦ Schwarz-weiß. Dänemark 1943 **P** Preben Frank Prod. **KI** Lübecker Filmverleih **Pd+R** Preben Frank **K** Preben Frank **L** 55 **FSK** ab 6; f **FBW** w **E** Mai 1955 **fd** 4 072

VORABEND (NAKANUNJE / W NAWTSCHERIETO). Bulgarien und Rußland in den 70er Jahren des 19. Jahrhunderts: Elena Stahschowa aus einer reichen russischen Familie verliebt sich in den bulgarischen Emigranten Insarow. Sie heiratet ihn gegen den Willen der Eltern und folgt ihm nach Bulgarien, wo ein Aufstand gegen die türkische Herrschaft geplant ist. Er stirbt auf dem Weg. Elena sorgt für seine Beisetzung in Bulgarien. Eine Liebestragödie vor historischem Hintergrund. ✦ Schwarz-weiß. UdSSR/Bulgarien 1959 **KI** Progress **R** Wladimir Petrow **B** Wladimir Petrow, Orlin Wasiljew, nach dem gleichnamigen Roman von Igor Turgenjew **K** Wilo Radow **M** Aram Chatschaturjan **S** Rosa Dimitrato **D** Ljubomir Kabaktschijew (Insarow), Irina Milopolska (Elena), Boris Liwanow (Nikolaj Stachow), Olga Andronowska (Ana Stachowa), Wsewolod Safonow (Bersenjew) **L** 80 **E** 1962 Kino DDR/22.3.1963 DFF 1

VORAHNUNG (PREDTUCHA). Die Liebe einer charakterstarken jungen Frau aus adligem Hause zu einem bulgarischen Revolutionär. Episch-breite, stimmungsvoll-pathetische Literaturverfilmung. – Ab 16. ✦ Schwarz-weiß. CSR 1947 **P** Tschechoslowakisches Studio für Spielfilme **KI** Sovexportfilm **R** Otakar Vávra **B** Otakar Vávra, nach dem gleichnamigen Roman von Marie Pujmanová **K** Jan Stallich **M** Jirí Srnka **D** Natasa Tanská (Jamila Jelinek), Marie Brozová (Frau Jelinek), Rudolf Hrusínsky (Toufar), Frantisek Smolík (Prof. Jelinek), Jan Mares (Karel) **L** 87 **E** 16.12.1949 Kino DDR/20.9.1976 DFF 1

DER VORAUSSICHTLICH LETZTE STREICH DER OLSENBANDE (OLSEN-BANDENS SIDSTE BEDRIFTER). Ein weiteres Serien-Kinoabenteuer mit der trotteligen Olsenbande, die ihrer kriminellen Energie einmal mehr selbst im Wege steht. Anspruchslose Unterhaltung in der Tradition der Serie (vgl. »Die Olsen-Bande...«). – Ab 14. ✦ Scope. Dänemark 1976 **P** Nordisk **R** Erik Balling **B** Erik Balling, Henning Bahs **K** Henning Kristiansen **M** Bent Fabricius Bjerre **D** Ove Sprogøe (Egon Olsen), Morten Grunwald (Benny), Poul Bundgaard (Kjeld), Kirsten Walther, Jes Holtsö **L** 87 **E** 25.12.1977 DFF 1

VORBESTRAFT (MINDEN SZERDAN). Die Geschichte einer ungewöhnlichen Bekanntschaft zwischen einem vorbestraften Jugendlichen und einem Arbeiter-Veteranen. Oberflächlich und wenig überzeugend. – Ab 16. ✦ Ungarn 1979 **P** Dialog-Studio **KI** Progress **R** Lívia Gyarmathy **B** Gyula Marosi, Lívia Gyarmathy **K** Ferenc Papp **D** János Bán (der Junge), Miklós Markovics (der alte Mann), Judit Meszléri (Ibolya, die Tochter), Tibor Szilágyi (der Schwiegersohn) **L** 95 **E** 5.12.1980 Kino DDR/31.10.1982 DFF 2

VORFALL IM PLANQUADRAT 36–80 (SLUTSCHAI W KWADRATE 36–80). Im Manövergebiet sowjetischer Seestreitkräfte kommt es auf einem amerikanischen Atom-U-Boot zu einer Havarie, die nicht behoben werden kann. Sowjetische Rettungsangebote werden sabotiert und zurückgewiesen. Als computergesteuerte Flügelraketen außer Kontrolle geraten, tritt eine friedensbedrohende Situation ein, die im letzten Moment geklärt werden kann. Ein Kriegsfilm von gewisser formaler Spannung, gedanklich aber allzu plakativer Schwarz-weiß-Zeichnung. (Kinotitel: »Zwischenfall im Planquadrat 36–80«) – Ab 16. ✦ UdSSR 1982 **P** Mosfilm **KI** Progress **R** Michail Tumanischwili **B** Jewgeni Mesjazew **K** Boris Bondarenko **M** Viktor Babuschkin **D** Boris Schtscherbakow (Wolk), Michal Volontir (Skiba), Anatoli Kusnezow (Generalmajor Pawlow), Wladimir Sedow (Admiral Spirin), Omar Wolmer (Admiral Rink) **L** 73 **E** 5.2.1983 DFF 1/24.2.1984 Kino DDR

VORGARTEN ZUR HÖLLE (THE GOLDEN TRIANGLE). Handlungsarmer, unbeholfener Film um Opiumschmuggel im Dreiländer-Eck Laos, Burma, Thailand. Die Mahnung vor der Gefahr des Rauschgifts steht im Gegensatz zu den ausgiebig vorgeführten gewaltsamen Auseinandersetzungen der um die Opium-Ernte streitenden Parteien. ✦ Scope. Hongkong 1981 **KI** Allround/Avis **VA** CBS/Fox **R** Awuma-Rome Bunnag **M** Kangwan Chollakol **L** 90 **E** 1985 Kino/März 1985 Video **fd** 24 920

VORHANG AUF! (THE BAND WAGON). Ein ehemaliger Hollywood-Tanzstar kommt nach New York, um eine neue Revue herauszubringen, gerät aber an den falschen Regisseur, und die Show wird zu einem Reinfall. Die Tänzer lassen sich jedoch nicht entmutigen und schaffen mit einem alten Routinier den großen Erfolg. Hervorragend inszeniertes Musical, dessen stereotype Handlung lediglich dazu dient, die hinreißenden Tanz- und Gesangsnummern zu verbinden. In Form, Farbe und Bewegung gleichermaßen ein Genuß, getragen von ironischen und parodistischen (Unter-)Tönen. Der Film ist heiter und ausgelassen, zugleich aber durchaus fähig, über sich selbst und sein Genre zu reflektieren. Höhepunkt: die jazzige Schlußnummer »Girl Hunt«, eine hinreißende Parodie auf den »film noir« und den harten Privatdetektiv à la Mickey Spillane. (Miserabel ist in der deutschen Kinofassung die Übersetzung der Songs.) – Sehenswert ab 12. ✦ USA 1953 **P** MGM **KI** MGM **Pd** Arthur Freed **R** Vincente Minnelli **B** Betty Comden, Adolph Green **K** Harry Jackson **M** Adolph Deutsch

S Albert Akst **D** Fred Astaire (Tony Hunter), Cyd Charisse (Gaby Berard), Oscar Levant (Lester Marton), Nanette Fabray (Lily Marton), Jack Buchanan (Jeffrey Cordova), James Mitchell (Paul Byrd) **L** 113 **FSK** ab 12; nf **E** 21.5.1954/5.7.1985 DFF 1 **fd** 3 322

VORHANG AUF FÜR JUDY (EVERYBODY SING). Zwei gesangs- und tanzbegabte Schwestern aus einer bühnenverrückten Familie erobern zusammen mit einem Dienerpaar die Broadway-Bühnen. Die gute Besetzung kann sich nicht gegen das schwache Drehbuch des Musicals durchsetzen. ✦ Schwarz-weiß. USA 1938 **P** MGM **Pd** Harry Rapf **R** Edwin L. Marin **B** Florence Ryerson, Edgar Allan Woolf **K** Joseph Ruttenberg **M** William Axt (Ltg.), Gus Kahn (Songs), Bronislau Kaper (Songs), Walter Jurmann (Songs), Bert Kalmar (Songs), Harry Ruby (Songs), Ned Washington (Songs) **S** William S. Gray **D** Allan Jones (Ricky Saboni), Fanny Brice (Olga Chekaloff), Judy Garland (Judy Bellaire), Reginald Owen (Hillary Bellaire), Billie Burke (Diana Bellaire) **L** 92 **E** 21.7. 1996 West 3

DER VORHANG FÄLLT. Eine Opernsängerin wird in dem Moment erschossen, als die Bühnenaufführung einen »blinden« Schuß fordert. Etwas veralteter, aber routiniert inszenierter und noch weitgehend spannender Kriminalfilm mit einigen erheiternden Akzenten. – Ab 12. ✦ Schwarz-weiß. Deutschland 1939 **P** Ufa **Kl** Döring **R** Georg Jacoby **B** Georg Zoch, nach dem Bühnenstück »Schuß im Rampenlicht« von Paul von Hurck **K** Günther Rittau, Ekkehard Kyrath **M** Franz Grothe **S** Erich Kobler **D** Anneliese Uhlig (Alice Souchy), Hilde Sessak (Vera Findteis), Elfie Mayerhofer (Inge Blohm), Gustav Knuth (Dr. Cornelsen), Rudolf Fernau (Axel Rodegger), Rolf Moebius **L** 95 **FSK** ab 12; nf **E** 13.7.1939 **fd** 2 077

DER VORHANG GEHT AUF (KONZERT MASTEROW ISKUSSTW). Konzertfilm mit Ausschnitten aus Opern- und Ballett-Inszenierungen des Leningrader Kirow-Theaters: »Iwan Sussanin«, »Pique Dame«, »Raimonda«, »Gajaneh«. ✦ UdSSR 1952 **P** Lenfilm-Studio, Leningrad **R** Alexander Iwanowski, Herbert Rappaport **K** Sergej Iwanow **L** 92 **E** 7.11.1952 Kino DDR

VORHOF ZUM PARADIES (PARADISE ALLEY). Unter den miesen Lebensverhältnissen in den New Yorker Slums des Jahres 1946 wird ein Eiszusteller von seinen Brüdern zum Ringerstar aufgebaut, womit sich endlich ihre Träume vom großen Glück und Geld verwirklichen. Ein oberflächliches Aufsteiger-Märchen im stimmungsvollen Ambiente, das die üblichen Zutaten und Sentimentalitäten reproduziert. Eine kritische Distanz zum Ringsport in seiner brutalsten Ausprägung fehlt völlig: der Film begnügt sich damit, dessen Auswüchse als Belustigungsmittel anzubieten. Charakterzeichnung, parodistische Ansätze und schauspielerische Differenzierung bleiben auf der Strecke. (Titel der gekürzten Fassung: »Cosmo – Auf dem Weg nach oben«, »The Fight in Paradise Alley«) – Ab 16 möglich. ✦ USA 1978 **P** Force Ten **Kl** Ring-Film/Agentur Werner (Erstverleih: CIC) **Pd** Ronald A. Suppa, John F. Roach **R+B** Sylvester Stallone **K** Laszlo Kovacs **M** Bill Conti **S** Eve Newman **D** Sylvester Stallone (Cosmo Carboni), Armand Assante (Lenny Carboni), Lee Canalito (Victor Carboni), Anne Archer (Annie), Kevin Conway (Stitch), Frank McRae (Big Glory), Tom Waits (Mumbles) **L** 109 (gek. 90) **FSK** ab 18; nf (gek. 16; f) **E** 8.3. 1979/14.8.1981 Kino DDR **fd** 21 143

DIE VORLADUNG (1967) (UTOSZEZON). Das in einer kunstvollen Synthese aus Vergangenheitsbewältigung und makabrem Scherz entworfene Bild von der haftenden Schuld des Menschen und zugleich eine Mahnung für die Zukunft: Aus dem »witzigen« Einfall von vier alten Müßiggängern, ihrem Freund eine Vorladung zur Staatspolizei zukommen zu lassen, wird harter Ernst. ✦ Ungarn 1967 **P** Mafilm **R** Zoltán Fábri **B** Péter Szász **K** György Illés **M** Szabolcs Fényes **D** Antal Páger, Klári Tolnay, János Zach, Lajos Básti, Noémi Apor **L** 118 **E** 19.11.1969 ARD **fd** 16 499

DIE VORLADUNG (1978) (FEEDBACK). Ein Mann erhält per Post eine Vorladung vor Gericht. Dies ist das erste einer Reihe irritierender Ereignisse, durch die er in eine feindselige, undurchschaubare Welt gerät, in der rechtliche Schritte an kafkaeske Zustände erinnern. Das Drehbuch dieses Erstlingsfilms entstand während jener vier Jahre, die der Regisseur, Autor und Hauptdarsteller ohne Gerichtsverhandlung in einem syrischen Gefängnis verbrachte. Später paßte er das Buch der New Yorker Umgebung an. (O.m.d.U.) ✦ USA 1978 **P** Feedback **Pd+R+B** Bill Doukas **K** Oliver Wood **M** Jake Stern **S** Carol Haywood **D** Bill Doukas (Rick Dawson), Denise Gordon (Eve), Nancy Whitney (Betty), Olie Armstead (Briefträger), Myriam Gibril (Gabrielle), Bob Brady (Beobachter) **L** 90 **E** 31.3.1982 WDR

DAS VORLEBEN DER SYLVIA WEST →Sylvia (1964)

DIE VORLESERIN (LA LECTRICE). Eine junge Frau versetzt sich beim Lesen und Vorlesen eines Buches in die Rolle jener Vorleserin, von der das Buch handelt. So erlebt sie in ihrer Fantasie die seltsamsten Begegnungen mit einem illustren Kundenkreis. Ein zwischen Realität und Traum angesiedeltes, einfallsreich inszeniertes Vexierspiel, das durch die virtuose Verknüpfung verschiedener Handlungsebenen sowie das überzeugende Spiel der Hauptdarstellerin fesselt. Im eleganten Ineinanderfließen von Vorstellungskraft, Erotik und Voyeurismus umschreibt der Film verschiedene Formen der Lust am Sehen und (Zu-)Hören, bleibt dabei stets verspielt, manchmal aber auch etwas beliebig. ✦ Frankreich 1988 **P** Eléfilm/A.A.A./T.S.F./Ciné 5 **Kl** Pandora **VA** Starlight **Pd** Rosalinde Deville **R** Michel Deville **B** Rosalinde Deville, Michel Deville, nach einem Roman von Raymond Jean **K** Max Pantéra, Dominique Le Rigoleur **M** Ludwig van Beethoven **S** Raymonde Guyot **D** Miou-Miou (Constance/Marie), Christian Ruché (Jean/Philippe), Sylvie Laporte (Françoise), Michel Raskine, Brigitte Catillon **L** 99 **FSK** ab 16; f **E** 9.2. 1989/April 1990 Video/19.9.1990 ZDF **fd** 27 417

DER VORLETZTE AKT. Eine dem Gedenken an 15.000 jüdische Kinder im Konzentrationslager Theresienstadt gewidmete Dokumentation mit Spielfilm-Einlage der Kinderoper »Brundibar«, die die Kinder in der »Stadt des Führers« von 1943 ab 50mal gespielt haben. Eindrucksvoll und erschütternd. – Ab 16. ✦ Schwarz-weiß. BR Deutschland 1965 **P** Cineropa **R+B** Walter Krüttner **K** Alois Nozycká **M** Hans Krása (nach der Kinderoper »Brundibar«) **L** 70 **FSK** ab 12; f **FBW** bw **E** 1965 Kino/14.3.1970 TV **fd** 14 322

DAS VORLETZTE DUELL →Zwei Schlitzohren rechnen ab

DER VORMUND UND SEIN DICHTER – ROBERT WALSER. Dokumentarspiel über die ungewöhnliche Freundschaft zwischen dem in den Jahren 1933 bis 1956 in der Heil- und Pflegeanstalt Herisau lebenden Schriftsteller Robert Walser und dem Zürcher Kritiker und Mäzen Carl Seelig. Während die Anstaltsszenen an Originalschauplätzen gedreht sind und einen streng dokumentarischen Charakter haben, gibt es für die Szenen zwischen den beiden Männern keine exakten Vorlagen; hier verdichtet sich der Film zu einer Vermutung über die Freundschaft. – Ab 16. ✦ BR Deutschland 1979 **R** Percy Adlon **D** Rolf Illig (Robert Walser), Horst Raspe (Vormund Carl Seelig) **L** 90 **E** 10.2.1990 EINS PLUS

VORNAME AMADEUS →Mozart – Aufzeichnungen einer Jugend

VORNAME CARMEN (PRENOM CARMEN). Ein Banküberfall, ein Entführungsversuch, ein alternder Regisseur, der wieder ins Geschäft kommen will, Musiker, die Beethovens Streichquartette proben, dazu einige Zitate aus »Carmen«. Indem Godard mit Bild, Ton und Musik experimentiert sowie narrative Elemente mit nicht-narrativen verbindet, erforscht er die Möglichkeiten des Mediums und erweist die Beschränktheit des traditionellen Erzählkinos à la Hollywood. Tiefsinn und Burleske, Ruhe und Action, optische und akustische Eindrücke: Gegensätzliches ist in einer außerordentlich kunstvollen Komposition, die eine Vielzahl von Deutungsansätzen herausfordert, gebändigt. ✦ Frankreich 1983 **P** Sara/JLG/ Films A 2 **Kl** Concorde **Pd** Bernard Bouix, Alain Sarde (Gesamtleitung) **R** Jean-Luc Godard **B** Anne-Marie Miéville **K** Raoul Coutard **M** Ludwig van Beethoven, Tom Waits **S** Jean-Luc Godard **D** Maruschka Detmers (Carmen X), Jacques Bonnaffé (Joseph), Myriem Roussel (Myriem), Christophe Odent (Chef), Jean-Luc Godard (Onkel Jean), Hippolyte Girardot (Fred) **L** 85 **FSK** ab 18; nf **E** 13.7.1984 **fd** 24 672

VORPOSTEN (PLACOWKA). Ein galizischer Bauer hat durch die polnischen Bauernaufstände Mitte des 19. Jahrhunderts Land erworben. Das von der Krone jedoch nachlässig behandelte Galizien zieht deutsche »Koloniengründer« an. Fest entschlossen, die neu erworbenen Rechte zu verteidigen, nimmt der Bauer den Kampf auf. ✦ Polen 1979 **P** Zespoly Filmowe **R** Zygmunt Skonieczny **B** Konrad Frejdlich, Zygmunt Skonieczny, nach dem Roman »Placówka« von Boleslaw Prus **K** Stefan Matyjaszkiewicz **M** Adam Walacinski **D** Franciszek Pieczka (Józef Slimak), Teresa Lipowska (Jagna), Andrzej Kozak (Maciek), Wlodzimierz Twardowski (Jedrek), Janina Grzegorczyk (Magda) **L** 89 **E** 29.1.1984 DFF 2

VORPOSTEN IN WILDWEST (TWO FLAGS WEST). Im amerikanischen Bürgerkrieg erläßt der General der Nordstaaten-Armee einen Aufruf an die Gefangenen aus den Südstaaten, sich freiwillig zum gemeinsamen Kampf gegen aufständische Indianer zu melden. Der Lohn sei die Freiheit. Das feindselige Verhalten der bisherigen Gegner und jetzigen Verbündeten führt zu Zerwürfnissen, so daß die Südstaatler aus dem indianerbedrohten Fort flüchten, schließlich aber kameradschaftlich zurückkehren. Inszenatorisch und darstellerisch überdurchschnittlicher, hervorragend fotografierter Western, der sich aus einem psychologisch glaubwürdigen Gewissenskonflikt konsequent entwickelt. – Ab 14. ✦ Schwarz-weiß. USA 1950 **P** 20th Century Fox **Kl** Centfox **Pd** Casey Robinson **R** Robert Wise **B** Casey Robinson, nach einem Roman von Frank S. Nugent und Curtis Kenyon **K** Leon Chamroy **M** Hugo Friedhofer **S** Louis Loeffler **D** Joseph Cotten (Col. Clay Tucker), Linda Darnell (Elena Kenniston), Jeff Chandler (Kenniston), Cornel Wilde (Capt. Mark Bradford), Dale Robertson (Lem), Noah Beery jr. (Cy Davis), Jay C. Flippen (Sgt. Terrence Duey), Arthur Hunnicutt (Sgt. Pickens), Jack Lee (Courier), Robert Adler (Hank), Harry Carter (Lt. Reynolds), Roy Gordon (Capt. Stanley), Stanley Andrews (Col. Hoffman) **L** 86 **FSK** ab 12; nf **E** 12.9.1952 **fd** 1 883

VORSEHUNG (PERZEZNACZENIE). Das tragische Schicksal eines polnischen Literaten aus dem vorigen Jahrhundert. ✦ Polen 1983 **P** Zespoly Filmowe, Gruppe »Tor« **Kl** Progress **R+B** Jacek Koprowicz **K** Jerzy Zielinski **M** Zdzislaw Szostak **D** Mariusz Benoit (K. Przerwa-Tetmajer), Michal Bajor (sein Sohn), Anna Dymna (Hanna P.), Katarzyna Figura (Laura), Elzbieta Karkoszka (Gouvernante) **L** 98 **E** 21.2.1986 Kino DDR/19.11.1988 DFF 2

VORSICHT ARZT →Paper Mask – Vorsicht Arzt

VORSICHT, AUTODIEB! (BEREGIS AWTOMOBILJA). Ein Versicherungsagent pflegt nachts Autos von Leuten zu stehlen, die korrupt sind oder ihre Mitmenschen betrügen. Er verkauft sie und schickt den Erlös an Kinderheime. Mit Humor und Selbstironie entwickelter Film, in der Hauptrolle überzeugend gespielt. (DDR-Titel: »Autoaffären«) – Ab 8. ✦ Schwarz-weiß. UdSSR 1966 **P** Mosfilm **Kl** Pegasus/Progress **R** Eldar Rjasanow **B** Emil Braginski, Eldar Rjasanow **K** Anatoli Mukassej, Wladimir Nachabzew **M** Andrej Petrow **D** Oleg Jefremow (Podberjosowikow), Innokenti Smoktunowski (Detotschkin), Olga Arossewa (Ljuba), Ljubow Dobrshanskaja (Detotschkins Mutter), Andrej Mironow (Dima Semizwetow) **L** 92 **FSK** ab 6; f **E** 3.2.1967 Kino DDR/14.7. 1967 Kino BRD/6.12.1968 DFF 1 **fd** 14 789

VORSICHT GESPENSTER! (HOLD THAT GHOST / OH, CHARLIE). Abbott und Costello arbeiten als Aushilfskellner in einem Nachtlokal und erben von einem Gangster ein abgelegenes Haus. Dort ist zwar ein Geldschatz versteckt, doch es wimmelt auch von vermeintlichen Gespenstern. Harmlos-überdrehte Unterhaltung des Komiker-Gespanns. – Ab 12. ✦ Schwarz-weiß. USA 1941 **P** Universal **KI** Universal **Pd** Alex Gottlieb **R** Arthur Lubin **B** Robert Lees, Frederic I. Rinaldo, John Grant **K** Elwood Bredell, Joseph Valentine **M** Hans J. Salter **S** Philip Cahn **D** Bud Abbott (Chuck Murray), Lou Costello (Ferdinand Jones), Joan Davis (Camille Brewster), Evelyn Ankers (Norma Lind), Richard Carlson (Dr. Jackson) **L** 85 **FSK** ab 12; nf **E** 25.9.1951 **fd** 1329

VORSICHT, HOCHSPANNUNG! →Brain Check – Das andere ich

VORSICHT, LEUTE – KAMERA! (FUNNY PEOPLE) (FUNNY PEOPLE). Aneinandergereihte Szenen, in denen angeblich willkürlich ausgesuchte Personen angeblich unwissentlich als Kameraobjekte für offensichtlich unsinnige Arbeiten, Gefälligkeiten und als Statisten eingesetzt werden. Entnervend langweilig und stupide. – Ab 16. ✦ Südafrika 1977 **P** Mimosa **KI** CFC-Contact **R+B** Jamie Uys **K** Buster Reynolds, Jamie Uys **S** Jamie Uys **L** 91 **FSK** ab 6; nf **E** 29.6.1979 **fd** 22 096

VORSICHT! LINKE VÖGEL →Nägel mit Köpfen

VORSICHT, MEINE DAMEN! (MEFIEZ-VOUS, MESDAMES). Ein von seiner Geliebten zu einem Vermögensdelikt verleiteter Rechtsanwalt versucht sich nach seiner Entlassung aus dem Gefängnis als Heiratsschwindler. Schließlich landet er in den Armen einer Hotelwirtin und wird redlicher Zuckerbäcker in einer Konditorei. Liebenswürdig-ironisches Lustspiel, dessen gelegentlich leicht makabre Episoden vor allem durch die komödiantische Leistung der Darsteller gut unterhalten. – Ab 16. ✦ Schwarz-weiß. Frankreich/Italien 1963 **P** Artistique/Gaumont/Zebra **KI** Schorcht **Pd** Cyril Grize **R** André Hunebelle **B** Jean Halain, nach einem Roman von Ange Bastiani **K** Raymond Lemoigne **M** Michel Magne **S** Jean Feyte **D** Paul Meurisse (Charles), Michèle Morgan (Gisèle), Danielle Darrieux (Hedwige), Sandra Milo (Madame Henriette), Martine Sarcey (Colette), Yves Renier (Christian), Gaby Sylvia (Florence) **L** 81 **FSK** ab 16; nf **E** 24.7.1964/25.5.1969 DFF 1 **fd** 12 899

VORSICHT, MISTER DODD. Ein Studienrat bringt wider Willen und eher beiläufig einen Spionageboß mit Weltfriedens-Tick nach allerlei Verwechslungen zur Strecke. Langatmige, nur mäßig spannende Kriminalkomödie nach britischen Vorbildern, die einen gewissen Reiz aus einer Doppelrolle für Heinz Rühmann bezieht. – Ab 12. ✦ BR Deutschland 1963 **P** Divina **KI** Gloria **Pd** Utz Utermann, Claus Hardt **R** Günter Gräwert **B** Utz Utermann, Claus Hardt **K** Erich Claunigk **M** Franz Grothe **S** Elisabeth Imholte **D** Heinz Rühmann (Mr. Dodd/Mr. Marmion), Maria Sebaldt (Miss Parker), Ernst Fritz Fürbringer (Sir Gerald Blythe), Mario Adorf (Buddy Herman), Robert Graf (Toni, Kellner), Horst Keitel (Purdie), Anton Diffring (Howard) **L** 97 **FSK** ab 6; nf **E** 14.2.1964/24.2.1968 ZDF **fd** 12 578

VORSICHT NACHBARN (MY SUMMER STORY / IT RUNS IN THE FAMILY). Ein humorvoll, gelassen und mit ironischer Distanz erzählter Rückblick auf die Kindheit eines kleinen Jungen in den 30er Jahren in Indiana. Erzählt wird von kleinen Alltagskonflikten der Familie, dem skurrilen Kleinkrieg mit den Nachbarn, dem ersten Ausflug mit dem Vater, einem Besuch der Weltausstellung in Chicago. Formal bescheiden, besticht der unterhaltsame Film durch die liebevolle Schilderung alltäglicher Erlebnisse und die Sympathie für seine Figuren. (Fernsehtitel: »Zur Hölle mit den Nachbarn«) – Ab 8. ✦ USA 1993 **P** MGM **VA** Warner Home **Pd** René Dupont **R** Bob Clark **B** Jean Shepherd, Leigh Brown, Bob Clark, nach zwei Romanen von Jean Shepherd **K** Stephen M. Katz **M** Paul Zaza **S** Stan Cole **D** Charles Grodin (der Vater), Kieran Culkin (Ralph Parker), Mary Steenburgen (die Mutter), Christian Culkin (Randy Parker), Al Mancini (Zudoc) **L** 82 **FSK** ab 6 **E** 9.6.1995 Video/7.7.1996 premiere **fd** 31 734

VORSICHT, OMA! (OSTOROSHNO BABUSCHKA!). Den gemeinsamen Anstrengungen alter Bürgerkriegsveteranen und der Jugend gelingt es, das Kulturhaus vor der Frist fertigzustellen. Auch die erste Liebe der jungen Leiterin findet nach vielen Schwierigkeiten Erfüllung. Eine inszenatorisch schlichte Komödie, allenfalls interessant durch Einblicke in den verwalteten Kultur-Alltag in der UdSSR. – Ab 10. ✦ UdSSR 1961 **P** Lenfilm **KI** Progress **R** Nadeshda Koschewerowa **B** Konstantin Issajew **K** Semjon Iwanow **M** Wassili Solowjow-Sedoi **D** Faina Ranewskaja (Oma), Ariadna Schengelaja (Lena), J. Panitsch (Wassja), L. Markelija (Njura), Leonid Bykow (Ljoscha) **L** 86 **E** 23.3.1962 Kino DDR/31.12.1962 DFF 1

VORSICHT, SCHLANGEN! (BEREGIS, ZMEJ!). Ein entlegener kleiner Ort in Usbekistan wird zum Schauplatz mehrerer Morde. Die Untersuchungen erweisen sich als kompliziert, da der Fall überregionale Bedeutung erhält und die Ermittlungen auf verschiedenen Ebenen laufen. Mäßig spannender, schwerfällig inszenierter Kriminalfilm mit eher banaler Handlung. Bemerkenswert allenfalls die Mitarbeit Andrej Tarkowskijs am Drehbuch. – Ab 16. ✦ Scope. UdSSR 1979 **P** Usbekfilm **KI** Progress **R** Zagid Sabitow **B** Andrej Tarkowskij, Zagid Sabitow **K** Timur Kajumow **M** Rumil Wildanow **D** Pulat Saidkassymow (Hauptmann Nijasow), Juri Pussyrjew (Major Schtscherbakow), Chamza Umarow (Kudrat Mirsajew), Tigan Redshimelow (Schraf Nijasow), Aida Junussowa (Chatima) **L** 106 **E** 2.4.1982 Kino DDR/24.1.1984 DFF 2

VORSICHT SCHULE! Dokumentation über das Schulsystem in Frankreich, das vom Prinzip her als das beste System der Welt angesehen werden kann: Ohne Berücksichtigung religiöser, kultureller oder sozialer Zugehörigkeiten sollen Schülerinnen und Schüler nach einem konseqenten System gleicher Lehrprogramme und Prüfungen Wissen und Kenntnisse sowie soziale Fähigkeiten und Kompetenzen vermittelt bekommen. Der Film spricht mit Lehrern und Schülern, Soziologen, Historikern und Pädagogen und fragt nach der tatsächlichen Beschaffenheit des aktuellen staatlichen Schulsystems. ✦ Frankreich 2001 **R+B** Vincent Glenn, Eric Guéret **L** 76 **E** 24.5.2001 arte

VORSICHT – SPRECHENDER HUND! (TIGER). Ein kleiner Junge wünscht sich sehnlichst einen Hund, was ihm seine mit insgesamt vier Kindern stark belasteten Eltern schweren Herzens verweigern müssen. Als er eines Tages ein verlassenes Hundebaby findet, von dem sich obendrein noch herausstellt, dass es sprechen kann, versteckt er das Tier. Doch sein Geheimnis wird entdeckt, der kleine Hund sogar entführt. Als Familienunterhaltung konzipierter Tier-Abenteuerfilm mit fantastischem Einschlag. ✦ USA 1997 **R+B** Serge Rodnunsky **M** Lisa Anne Miller, Mark Northam **D** Dana Plato, Miles O'Keefe, Timothy Bottoms, Michael Wiss, Micah Jones, Josiah Neil, Melissa Schuman **L** ca. 90 **E** 4.6.2001 RTL II

VORSICHT, WASSILJOK! (OSTOROSHNO – WASSILJOK!). Ein knapp sechsjähriger, ebenso eigenwilliger wie fantasievoller Junge kommt in eine sogenannte 0. Klasse. Zunächst kann er dieser Art Unterricht nichts abgewinnen, bringt jedoch bald sein außerordentliches technisches Interesse mit ein. Ein betont pädagogisch angelegter Kinderfilm, der wohl eher Erwachsene anspricht. – Ab 10 möglich. ✦ UdSSR 1986 **P** Gorki-Studio **KI** Progress **R** Eduard Gawrilow **B** Olga Sidelnikowa **K** Inna Sarafjan **M** Anna Ikramowa **D** Ilja Tjurin (Wassiljok), Georgi Burkow, Oleg Jefremow, Jelena Borsowa, Sergej Prochanow **L** 64 **E** 5.2.1988 Kino DDR

VORSICHT: ZERBRECHLICH! (HAUT BAS FRAGILE). Eine Frau versucht nach langem Koma, sich wieder im Leben zurechtzufinden. Eine Bibliothekarin sucht in einem Chanson nach ihrer Identität, und eine dritte junge Frau schlägt sich mit einfallsreichen Lügen durchs Leben. Ein poetisches Musical, federleicht und dennoch hoch stilisiert, das seine Figuren in eine spielerische Verbindung treten läßt, und zugleich eine Hommage an die Individualität und Zerbrechlichkeit des einzelnen. (O.m.d.U.) – Sehenswert. ✦ Frankreich 1995 **P** Pierre Grise Prod. **KI** FPV (Filmwelt/prokino) **Pd** Martine Marignac **R** Jacques Rivette **B** Pascal Bonitzer, Christine Laurent, Jacques Rivette, Laurence Côte, Marianne Denicourt, Nathalie Richard **K** Christophe Pollock **M** François Bréant **S** Nicole Lubtchansky **D** Marianne Denicourt (Louise), Nathalie Richard (Ninon), Laurence Côte (Ida), Anna Karina (Sarah), André Marcon (Roland), Bruno Todeschini (Lucien) **L** 169 **E** 16.5.1996/4.1.1997 WDR **fd** 32 172

VORSPIEL. Ein junger Dekorateur-Lehrling in einem Warenhaus verliebt sich Hals über Kopf in die kunstbeflissene Tochter eines Museologen. Um der Angebeteten zu gefallen und ihr seine Liebe zu offenbaren, sinnt er auf Außergewöhnliches, bis sich beim Zitieren Kleistscher Verse seine Seelenverwandtschaft zu ihr bestätigt. Alltagskomödie mit pointierten Dialogen, soliden schauspielerischen Leistungen und einer spielerisch-sensiblen Annäherung an die Wirklichkeit. Ein unterhaltsamer Film, auch wenn es ihm etwas an Ideenreichtum und Tiefe mangelt. – Ab 16. ✦ DDR 1987 **P** DEFA, Gruppe »Roter Kreis« **KI** Progress **Pd** Uwe Kraft **R** Peter Kahane **B** Thomas Knauf, Peter Kahane **K** Andreas Köfer **M** Tamás Kahane, Karl-Ernst Sasse **S** Ilse Peters **D** Hendrik Duryn (Tom), Susanne Hoß (Corinna), Antje Straßburger (Floh), Hermann Beyer (Dr. Lange), Ahmed Mesgarha (Major) **L** 92 **E** 6.11.1987 Kino DDR/15.8.1989 DFF 2/5.9.1988 BR

VORSTADTDRAMA (DINCOLO DE BARIERA). Bukarest 1925. Natassja und ihr Verlobter müssen sich gegen die tätlichen Angriffe des Schmieds Wulpaschin zur Wehr setzen. ✦ Schwarz-weiß. Rumänien 1965 **P** Filmstudio Bucursti **R** Francisc Munteanu **B** Francisc Munteanu, nach dem Roman »Fräulein Natasia« von G. M. Zamfirescu **K** Vasile Oglinda **M** George Grigoriu **D** Ion Dichiseanu, Anca Ionescu, Silviu Stanculescu, Leni Pintea, Marylu Poolman **L** 70 **E** 13.7.1968 DFF 1

VORSTADTFRAUEN – LUSTGEFÜHLE AM VORMITTAG (SUBURBAN WIVES). Eine junge Reporterin präsentiert acht Episoden um die sexuellen Ambitionen »grüner Witwen«. Verlogener Report, ebenso kläglich in der Gestaltung wie spekulativ. – Wir raten ab. ✦ Großbritannien 1971 **P** Blackwater **KI** R.C.S. **Pd** Morton Lewis **R+B** Derek Ford **K** Bill Holland, Roy Poynter **M** Terry Warr **S** Terry Keefe **D** Eva Whishaw, Maggie Wright, Peter May, Barry Linehan, Nicola Austin **L** 89 **FSK** SPIO: X **E** 5.5.1972

DIE VORSTADTKROKODILE. Ein Junge, der an den Rollstuhl gefesselt ist, will unbedingt Mitglied in der Kinderbande der »Krokodile« werden. Zunächst wird er von den anderen Kindern abgelehnt, und erst als er bei einer Mutprobe einem anderen das Leben rettet, wird er aufgenommen. Bald kommen die Kinder einer Diebesbande auf die Schliche. Frisch und frech inszenierter Abenteuerfilm für Kinder, der vor allem von den hervorragenden Laienschauspielern lebt, die entscheidend zur Authentizität des Milieus beitragen. Die geschickt eingesetzte Musik und pfiffige Ideen sorgen für beste Unterhaltung mit Niveau. – Sehenswert ab 8. ✦ BR Deutschland 1978 **P** Westdeutscher Rundfunk **KI** Institut für Film und Bild/Kinder- und Jugendfilmzentrum/BAG **VA** Matthias **R** Wolfgang Becker **B** Max von der Grün, nach seinem Roman **K** Richard Kettelhake **D** Birgit Kommans (Kurt Wolfermann), Rita Ramchers (Maria Weissmann), Wolfgang Sieling (Olaf Weissmann), Thomas Bohnen (Hannes Burgsmüller), Thomas Müller (Peter Stratmann) **L** 88 **FSK** ab 6; f **E** 25.12.1977 ARD/März 1999 Video

VORSTADTVARIETÉ (VORSTADTVARIETE). Im Wien

des Jahres 1913 steht eine aus Varieté-Kreisen stammende junge Frau vor der Hochzeit mit einem Bauzeichner; dieser muß zum Militär einrücken und schickt seine Braut aufs Land, damit sie sich nicht zur Bühne verlocken lasse. Sie tut es dann doch und gerät durch eine Offiziersliebschaft derart in Verwirrung, daß sie Selbstmord begeht. Dieser Schluß des milieudicht und differenziert inszenierten Melodrams wurde von Presse und Publikum vehement abgelehnt; es wurde ein zweiter Filmschluß mit der Rettung der Verzweifelten nachgeliefert, so daß in dieser Version nur noch ein bittersüßes Allerwelts-Melodram mit hervorragenden Schauspielern und guter Fotografie übrigblieb. (In der Verleihkopie ist die zweite Fassung des Schlusses mitenthalten.) – Ab 14 möglich. ✦ Schwarz-weiß. Österreich 1934 **P** Styria-Film **Kl** Filmmuseum Berlin-Deutsche Kinemathek **Pd** Ernst Neubach **R** Werner Hochbaum **B** Werner Hochbaum, Ernst Neubach, Hans Forga, nach einem Bühnenstück von Felix Salten (ungenannt) **K** Eduard Hoesch **M** Anton Profes **S** Ludolf Grisebach **D** Luise Ullrich (Mizzi Ebeseder), Mathias Wieman (Josef Kernthaler), Olly Gebauer (Volkssängerin), Oskar Sima (Franz Ebeseder), Hans Moser (Vater Ebeseder), Lina Woiwode (Mutter Ebeseder) **L** 93 (Verleih 96) **FSK** ab 6; nf **E** 17.1.1935/18.2.1987 S 3

VORSTADTVIERTEL (CARTIERUL VESELIEI). Im Frühjahr 1942 wächst in den Arbeiter-Vororten Bukarests der Widerstand gegen den Krieg. Ein Anführer der Arbeiter kann sich bei seiner illegalen Arbeit auf seine Tochter verlassen, während sein 14jähriger Sohn sich auf die Seite der Faschisten stellt und sogar zum Verrat an seinem Vater bereit ist. Ein eher propagandistischer historischer Film, der über die engagierte Position gegen das faschistische Unrechtsregime hinaus für die kommunistische Staatsführung wirbt. ✦ Rumänien 1965 **P** Filmstudio Bukarest **R** Mircea Muresan **B** Teodor Mazilu **K** George Cornea **M** Radu Serban **D** Octavian Cotescu, Mihaela Mihai, Toma Caragiu, Gina Patrichi, Dan Nutu **L** 69 **E** 16.12.1975 DFF 2

VORSTOSS NACH PAITITI. Dokumentarfilm über die Anden-Amazonas-Bolivien-Expedition von Hans Ertl, die sich 1954/55 auf Spurensuche nach den Inka-Ruinen im bolivianischen Urwald begab. Populär-spannend und unterhaltsam aufbereitet, ist der Film – bis auf den zu gekünstelten Schluß: eine Spielszene mit Flucht vor einem Zeltbrand – zugleich durchaus informativ. – Ab 8 möglich. ✦ BR Deutschland/Bolivien 1955 **P** Hans Ertl-Prod. **Kl** NF **Pd+R+B** Hans Ertl **K** Hans Ertl, Monika Ertl **M** Albert Fischer **L** 95 **FSK** ab 6; f **FBW** w **E** 20.6.1956 **fd** 5 036

VORSTOSS ZUR ORINGA (DESANT NA ORINGU). Eine junge Frau aus Moskau kommt in die tiefverschneite Taiga, um einen tödlichen Arbeitsunfall beim Bau der Eisenbahn aufzuklären. Ein Erdbeben verschüttet die Zugänge und bindet die Frau an den Ort. ✦ Scope. UdSSR 1979 **P** Lenfilm **R** Michail Jerschow **B** German Balujew, Samson Poljakow **K** Nikolai Pokopzew **D** Taso Toloraja (Giwi), Valeri Olschanski (Kaschtanow), Tatjana Wassiljewa (Grigorjewa), Timofej Spiwak (Iwanow), Igor Gorbatschow (Chodottschinski) **L** 91 **E** 20.7.1980 DFF 2

DER VORTEIL (AWANTASCH / AVANTAGE). Das Schicksal eines Taschendiebs, der den Fluchtversuch von Mithäftlingen verrät, um dem Gefängnis zu entkommen, dadurch die geliebte Frau verliert und schließlich den Tod findet. Ein episch breit angelegtes, in kunstvoll aufgebauten Rückblenden entwickeltes, komödiantisch akzentuiertes Drama, das den Lebensweg des aktiven und impulsiven Mannes eindrucksvoll nachzeichnet. Ein Film, der Geduld und Einfühlungsvermögen erfordert, aber lohnenswerte Einblicke in einen Lebens- und Problembereich Bulgariens gibt. Die Einsicht, daß Menschlich-Allzumenschliches die Errichtung des Paradieses auf Erden – auch die politisch-ideologisch befohlene – immerzu verhindert, ist als gesellschaftliche Parabel bemerkenswert. (Fernsehtitel DDR: »Avantage«.) ✦ Bulgarien 1977 **P** Bulgarische Kinematografie/Spielfilmstudio Sofia **R** Georgi Djulgerow **B** Roussi Chanev, Georgi Djulgerow, nach der Novelle »Ein öffentlicher Ankläger« von Petko Sdrawkow **K** Radoslav Spassov **M** Boshidar Petkow **D** Roussi Chanev (Lazar Kassabov), Maria Statulowa (Rumjana), Weljo Goranov (Palikamara), Radosweta Wassilewa (Tanya), Plamen Dontschew (Major Gerchev), Dimityr Ganew (Lyubo) **L** 142 (DDR 95) **E** 23.12.1980 DFF 2/21.9.1982 ZDF

VORTEX (VORTEX). Eine Detektivstory im Stil der New Yorker New-Wave-Avantgarde: Eine Privatdetektivin versucht, die Machenschaften eines Konzerns aufzudecken. Ihr Gegner ist der an seinem Aufstieg arbeitende Chauffeur des Konzernchefs. Zäh in der Dramaturgie, mit banal-primitiver Geschichte, erweist sich der Film nur als modisch-glattes Oberflächenereignis. ✦ USA 1982 **P** B Movies **Kl** Freunde der Deutschen Kinemathek **Pd** Jonathan Auerbach, Vittoria Tarlow **R+B** Beth B., Scott B. **K** Steven Fierberg **M** Adele Bertei, Richard Edson, Lydia Lunch, Die Bs **S** Beth B., Scott B. **D** James Russo (Anthony Demmer), Lydia Lunch (Angel Powers), Bill Rice (Frederick Fields), Ann Magnuson (Pamela Fleming), Brent Collins (Peter), Bill Corsair (John Allen) **L** 90 **E** 1983 Kino **fd** 24 073

VORÜBERGEHEND VERSTORBEN. Eine Hamburger Rechtsanwältin glaubt an ihren Karrieresprung, als ein Geschäftsmann aus Venezuela über ihre Kanzlei seine Warentermingeschäfte in Millionenhöhe abwickeln will. Zunächst laufen die Geschäfte zufriedenstellend, und die beiden Geschäftspartner kommen sich auch privat näher, doch dann tauchen die ersten Ungereimtheiten auf. Die Mafia tritt auf den Plan, und bald ist der erste Tote zu beklagen. (Fernseh-)Kriminalfilm nach einem authentischen Fall, der geschickt mit falschen Fährten arbeitet und die wahren Hintergründe bis zuletzt verschleiert. – Ab 16. ✦ Deutschland 1997 **P** Polyphon **Pd** Jürgen Bock **R** Sigi Rothemund **B** Ulli Stephan, Norbert Klugmann, Peter Mathews, nach einem Roman von Norbert Klugmann **K** Dragan Rogulj **M** Michael Hofman de Boer **S** Barbara Büscher-Grimm **D** Karoline Eichhorn (Luise Rubato), Rufus Beck (Schubert), Hans-Michael Rehberg (Prof. Werner Almquist), Walter Kreye (Kommissar Engel), Michael Reale (Enrique Delacorta) **L** 89 **E** 9.4.1999 arte

VORUNTERSUCHUNG. Ein Student, der bei einer Prostituierten wohnt, aber die Schwester eines Kommilitonen, Tochter eines Landgerichtsrats, liebt, gibt nach einem Streit dem Freund, der Frieden stiften will, die Schlüssel zur Wohnung der Prostituierten. Kurz darauf wird diese ermordet. Verdächtig ist der Student, da alle Indizien gegen ihn sprechen. Er schweigt. Als schließlich die Schlüssel zur Wohnung gefunden werden, sieht sich der mit der Untersuchung beauftragte Landgerichtsrat seinem Sohn als Verdächtigem gegenüber. Der nach einem Bühnenstück des damals bekannten Strafverteidigers Max Alsberg, der später während der Nazizeit zusammen mit seiner Frau Selbstmord beging, inszenierte Film zeichnet sich durch atmosphärische Dichte und die Suggestionskraft von Licht und Schatten aus. 1935 wurde der Film des Emigranten Siodmak von der Filmprüfstelle der Nazis wieder verboten. ✦ Schwarz-weiß. Deutschland 1931 **P** Ufa **Kl** Stiftung Deutsche Kinemathek **Pd** Erich Pommer **R** Robert Siodmak **B** Robert Liebmann, Hans Müller, Robert Siodmak, nach einem Theaterstück von Max Alsberg und Ernst Hesse **K** Konstantin Irmen-Tschet (ungenannt), Otto Baecker **S** Viktor Gertler **D** Albert Bassermann (Dr. Konrad Bienert), Gustav Fröhlich (Fritz Bernt), Hans Brausewetter (Walter Bienert), Charlotte Ander (Gerda), Edith Meinhard (Mella Ziehr), Annie Markart (Erna Kabisch), Oskar Sima (Karl Zülke), Julius Falkenstein (Anatol Scherr) **L** 95 (Verleih 90) **E** 20.4.1931/26.8.1982 HR/NDR/WDR/14.4.1987 DFF 2

VORWAHLKAMPF (PRIMARY). Ein berühmter Dokumentarfilm, der den Vorwahlkampf von John F. Kennedy und Hubert Humphrey um die Präsidentschaftskandidatur der Demokratischen Partei im Jahre 1960 hautnah verfolgt. »Primary« wurde der erste große Erfolg des »Direct Cinema« und gilt wegen seiner besonders virtuosen Handkameratechnik und seines Prinzips der ununterbrochenen Aufnahme als Klassiker. (Der Film wurde im Fernsehen teils O.m.d.U., teils in Originalfassung mit deutschem Kommentar gesendet.) – Ab 14. ✦ Schwarz-weiß. USA 1960 **P** Drew Associates **R+B+K** Richard Leacock, Robert Drew, D. A. Pennebaker, Albert Maysles, Terence Macartney-Filgate **L** (TV) 51 **E** 24.11.1988 BR

VORWÄRTS (NO PINCHA). Ein ebenso engagierter wie parteiischer Dokumentarfilm über den nationalen Befreiungskrieg in Guinea Anfang der 70er Jahre. Umrahmt von zwei Teilen eines Interviews mit dem Generalsekretär der P.A.I.G.C. (Afrikanische Partei für die Unabhängigkeit Guineas und der Kapverdischen Inseln), wird der Kampf des Volkes gegen den portugiesischen Kolonialismus geschildert, der sich wiederum auf die bewaffneten Aktionen, aber auch die ökonomischen, sozialen und kulturellen Aktivitäten der P.A.I.G.C. stützt. (O.m.d.U.) ✦ Schwarz-weiß. Frankreich 1970 **P** Cindep **SF** Freunde der Deutschen Kinemathek **R+B+K** Tobias Engel, René Lefort, Gilbert Igel **L** 70 **E** 1971

VORWÄRTS, ARMEE GOTTES! (YUKI YUKITE SHINGUN). In nachgestellten Szenen beschreibt der Film die verzweifelte Wahrheitssuche des 62jährigen Kriegsveteranen Kenzo Okuzaki, der seit seiner Heimkehr gegen Kaiser und Obrigkeit rebelliert, Kriegsverbrechen aufklärte und Fälle von Kannibalismus ans Licht der Öffentlichkeit zerrte. Dabei ist für ihn der Tenno als der Oberkommandant der japanischen Armee der wahrhaft Schuldige. Ein erschreckendes Dokument jüngster japanischer Vergangenheit und zugleich das eindrucksvolle Porträt eines verzweifelten Wahrheitssuchers, der im Ringen um die Versöhnung mit den gefallenen und geschändeten Soldaten selbst Schuld auf sich geladen hat. (O.m.d.U.) – Ab 16. ✦ Schwarz-weiß. Japan 1987 **P** Shisso **SF** Freunde der Deutschen Kinemathek **R+B+K** Kazuo Hara **S** Atsushi Nabeshima **L** 134 **E** 1987 Kino

VORWIEGEND HEITER (IT'S ALWAYS FAIR WEATHER). Nach dem Zweiten Weltkrieg feiern drei Soldaten ihr Überleben in ihrer früheren New Yorker Stammbar und vereinbaren, nach zehn Jahren am selben Ort wieder zusammenzutreffen. Als sie sich am 11. Oktober 1955 wiedersehen, stellen sie fest, daß sie nichts mehr verbindet. Eine junge Frau aus der Werbebranche, die mit den dreien eine Live-Show machen will, sorgt dafür, daß das Treffen dann doch nicht ganz sang- und klanglos verläuft. Technisch brillanter, eleganter und witziger, doch streckenweise sehr amerikanischer Musik- und Tanzfilm. – Ab 14. ✦ Scope. USA 1955 **P** MGM **Kl** MGM **Pd** Arthur Freed **R** Gene Kelly, Stanley Donen **B** Betty Comden, Adolph Green **K** Robert Bronnen **M** André Previn **S** Adrienne Fazan **D** Gene Kelly (Ted Riley), Dan Dailey (Douglas Hallerton), Michael Kidd (Angelo Valentino), Cyd Charisse (Dorothy), Dolores Gray (Madeline Bradville), David Burns (Tim), Jay C. Flippen (Charles Z. Culloran), Hal March (Rocky Lazar), Steve Mitchell (Kid Mariacchi), Paul Moxie (Mr. Fielding) **L** 102 **FSK** ab 12; nf **E** 27.4.1956/23.12.1974 ARD **fd** 4 938

VORZEITIGER SOMMER (PREDCASNE LETO). Ein Film zur Problematik früher Mutterschaft am Beispiel einer 17jährigen, die während der Abiturvorbereitungen auch für ihr Kind sorgen muß und manche Schwierigkeiten mit Freund und Umwelt hat. Interessant, aber etwas zu brav und gefühlsbetont; auch in der Charakterisierung der Person und in der Situationsbeschreibung nicht immer überzeugend. – Ab 14. ✦ CSSR 1982 **P** Filmstudio Bratislava **Kl** Progress **R** Otakar Krivánek **B** Eva Krivánková **K** Oskar Sághy **M** Harry Macourek **D** Zuzana Skopálová (Jana), Ida Rapaicová (Mutter), Jan Gallovic (Martin), Ivan Rajniak (Dr. Valenta), Zuzana Jezerska (Mathematik-Lehrerin) **L** 86 **E** 11.11.1983 Kino DDR

VOUS OUBLIEREZ. VOUS OUBLIEREZ. (VOUS OUBLIEREZ. VOUS OUBLIEREZ. / QUE C'EST VOUS VOUS OUBLIEREZ). Die Kamera beobachtet den Arbeitsablauf eines Schauspielschülers und verdichtet den Prozeß zu einer experimentellen Auseinandersetzung mit den Themen Video und Theater. ✦ Schweiz 1987 **P** Hassler/Guerlais/Maison de la Culture de Bourges/Ecole Atelier Théatral National **R** Jürg Hassler, Jean-Philippe Guerlais **B** Jean-Philippe Guerlais, Jürg Hassler **K** Jürg Hassler **M** Pablo Casals Favre **S** Jean-Philippe Guerlais, Jürg Hassler **L** 99 **E** Schweiz

VOYAGE (VOYAGE). Die Bootspartie zweier Paare im Mittelmeer wird unversehens zum Alptraum, als die Mitreisenden ihr wahres Gesicht zeigen: sie wollen die Gastgeber beseitigen und deren Identität annehmen. Ein auch in der psychologischen Fundierung plumper Versuch, das ungleich spannendere Vorbild »Todesstille« zu kopieren. (TV-Titel: »Kreuzfahrt ins Jenseits«) ✦ USA 1993 **P** Davis/USA/Quinta Communications **VA** Highlight/New Vision **Pd** Tarak Ben Ammar, Peby Guisez, Merrill Karpf, John Davis **R** John Mackenzie **B** Mark Montgomery **K** Clive Tickner **M** Carl Davis **S** Graham Walker **D** Rutger Hauer (Morgan Norwell), Eric Roberts (Gil Freeland), Karen Allen (Catherine »Kit« Norwell), Connie Nielsen (Ronnie Freeland) **L** 90 **FSK** ab 16 **E** 10.1.1994 Video/ 29.4.1995 ARD **fd** 30 612

DER VOYEUR (1976) (YANEURA NO SANPO-SHA). Im Jahr 1923 beobachtet ein junger Lebemann in Tokio heimlich durch ein System von Gucklöchern das ausschweifende Treiben seiner Hausnachbarn. Damit stachelt er die Lust einer jungen Frau an, die unter seinen Blicken zur mehrfachen Mörderin wird, einzig um die Besessenheit des voyeuristischen Beobachters zu steigern. Ein alberner Sexfilm, der durch vermeintliche metaphysische Tiefe aufgewertet werden soll, sich aber in verquasten Andeutungen und lächerlichen Effekten erschöpft. ✦ Scope, teils schwarz-weiß. Japan 1976 **P** Nikkatsu **Kl** Kinowelt **VA** Screen Entertainment **Pd** Yoshiteru Yûki, Ichiji Hiroshi **R** Noboru Tanaka **B** Akio Ido, nach einem Roman von Edogawa Ranpo **K** Masaru Mori **D** Junko Miyashita (Kiyomiya Minako), Ishibashi Renji (Goda Saburo), Sho Hiroshi (Kiyomiya Koichiro), Watanabe Tokuko (Tomita Miyuki), Yashiro Yasuji (Endo) **L** 76 **FSK** ab 18 **E** 19.7.1991 **fd** 29 011

VOYEUR (1994) →Tinto Brass Voyeur

DER VOYEUR (1995) →The Voyeur

DER VOYEUR (1999). Am Lago Maggiore verliebt sich ein deutscher Geschäftsmann in die Frau seines italienischen Partners. Sie scheint seine Liebe zu erwidern, aber wenig später dämmert dem Mann, dass er Opfer einer teuflischen Intrige ist. An Originalschauplätzen gedrehter Thriller, dessen Plot nur wenig originell ist. ✦ Deutschland 1999 **R** Roman Kuhn **B** Stefan Cantz, Wolf Reiser **M** Tobias Neumann, Martin Probst **D** Götz Otto (Curt Rinneberg), Claudia Mehnert (Lara Riva), Axel Milberg (Gabriel Riva), Jack Recknitz (Morris Hunter), Anita Höfer (Gretchen Hunter) **L** 115 **E** 26.11.1999 ProSieben

VOYEUR (1999) (VOYEUR). Ein junger Mann sieht das Video einer Industriellentochter und setzt fortan alles daran, um die Schöne kennenzulernen. Er schwindelt ihr vor, das Opfer einer Erpressung zu sein, bei der ihre Videos eine entscheidene Rolle spielen. Trivialer Erotikfilm mit magerer kriminalistischer Handlung. ✦ USA 1999 **R+B** Michael Goi **S** Joanna Jimenez **D** Shauna O'Brien (Gina Porter), Lorissa McComas (Melroses Freundin), Sage Kirkpatrick (Kris Foster) **L** 87 **E** 22.9.2000 Kabel 1

VOYEUR.COM (VOYEUR.COM). Drei geschäftstüchtige Freunde kommen auf die Idee, ein leerstehendes Haus in Los Angeles anzumieten und mit Videokameras auszustatten. Diese sollen Bilder von Callgirls und ihren Freiern liefern, die im Internet gewinnbringend angeboten werden sollen. Dumm ist nur, dass ein Serienkiller einen Strich durch die Rechnung macht und sich bald die Leichen der Prostituierten ansammeln. Absonderlicher Serienkiller-Film, dem rasch die Ideen und das Geld ausgehen, sodass er sich auf preiswerter zu produzierende Sexszenen beschränkt. ✦ USA 2000 **VA** e-m-s **Pd** Serge Rodnunsky **R+B** Miles Feldman **S** John P. Garry, Serge Rodnunsky **D** Tawnya Richardson (Ricci), Travis Shakespeare (Alex), Keri-Anne Telford (Jennifer), Vanessa Nachtmann (Heidi), Laurie Searle (Sarah) **L** 94 **E** 17.7.2001 Video

DER VOYEUR – VON EINEM SPANNER VERFOLGT (SOMEONE IS WATCHING). Eine Frau, die mit ihrem sechsjährigen Sohn in ein Haus in der Vorstadt einzieht, weiß nicht, dass dort eine Frau ermordet wurde. Zunächst sieht sie sich mit einem Voyeur konfrontiert, doch nachdem dieser Selbstmord begeht, reißen die mysteriösen Vorfälle nicht ab. Bald nimmt der Sohn seltsame Erscheinungen wahr. Konventioneller, aber weitgehend spannender Psychothriller mit einer beeindruckenden Hauptdarstellerin. ✦ USA 1999 **Pd** Pierre David **R** Douglas Jackson **B** Charles Klausmeyer, Mark Kinsey Stephenson **K** Bruno Philip **M** Richard Bowers **D** Stefanie Powers (Michelle Dupre), Mickey Toft (Cory Dupre), Margot Kidder (Sally Beckert), Martin Neufeld (Bobby »BJ« Culley), Barry Flatman (Charles Jensen), Stewart Bick (Joe Carvelli) **L** 85 **E** 29.4.2000 Vox

VOYOU – DER GAUNER (LE VOYOU / VOYOU (LA CANAGLIA)). Die in komplizierter Rückblendentechnik erzählte Geschichte einer penibel geplanten und durchgeführten Kindesentführung. Ein nicht unsympathischer Berufsverbrecher verlangt von einer Großbank eine Million Dollar Lösegeld und stellt während der Verhandlungen fest, wie glänzend er sich mit seinem Opfer, einem fünfjährigen Jungen, versteht. Erfrischend gespielte Krimi-Komödie mit einem hervorragenden Hauptdarsteller. Die eleganten formalen Spielereien können auf Dauer aber nicht die Banalität der Handlungs- und Typenklischees verdecken. (Alternativtitel: »Der Clou von Paris«; DDR: »Voyou oder ein Strolch in Paris«) – Ab 16. ✦ Frankreich/Italien 1970 **P** Les Films Ariane/Films 13/Artistes Associés/Prod. Europee Associate **Kl** United Artists **R** Claude Lelouch **B** Claude Lelouch, Claude Pinoteau, Pierre Uytterhoeven **K** Jean Collomb **M** Francis Lai **S** Marie-Claude Lacambre **D** Jean-Louis Trintignant (Simon »le Suisse«), Charles Denner (Monsieur Gallois), Danièle Delorme (Janine), Christine Lelouch (Martine), Luciano Pigozzi, Yves Robert (Polizeiinspektor), Sacha Distel (Sacha Distel) **L** 120 **FSK** ab 16; f **FBW** bw **E** 5.3.1971/23.6.1972 Kino DDR/23.9.1974 ZDF/20.12.1975 DFF 1 **fd** 17 235

VOYOU, VOYOU (VOYOU VOYOU). Zwei Jugendliche, ein 14jähriger und seine Freundin, vertreiben sich die Zeit mit Autodiebstählen. Sie versetzen die Stadt Genf in Panik, weil sie zum Zeitvertreib mit den gestohlenen Autos ohne Rücksicht auf Verluste durch die Gegend rasen. Schließlich kommen sie durch einen Unfall ums Leben. Ein zynischer Film, der das ernste Thema dazu mißbraucht, um Reklame für teure Markenartikel zu machen. Außer der Platitüde, daß sich Eltern mehr um ihre Kinder kümmern sollen, hat der Film nichts zu sagen. (Titel auch: »Autoklau & Co. KG«) ✦ Schweiz 1984 **P** Har **VA** CBS/Fox **R+B+K** Henry Rappaz **M** Thierry Fervant **D** Sabryne, Marc von Rotz, Annick Rey, Stephanie Kocherhans, Carole Elguir **L** 82 **FSK** ab 16 **E** Februar 1986 Video **fd** 25 482

VRINGSVEEDELER TRIPTYCHON. Das dokumentarische »Tryptichon« setzt sich aus drei Filmen zusammen: 1. »Im Reiche des Schokoladenkönigs«, 2. »Rievkooche-Madonna«, 3. »Joseph und die Gerechtigkeit«. Der erste Film ist ein Bericht über den Karneval der einfachen Leute in Köln im Frühjahr 1979, der am Tag vor dem Rosenmontag seinen Höhepunkt in den »Schull- und Veedelszög« hat. Hier regieren eher Spaß und Spontaneität als Prunk und Organisation. Im zweiten Teil stehen die Frauen im Mittelpunkt, die mit der Weiberfastnacht ihr eigenes Karnevalsfest haben, während im dritten Kapitel von einem alten und vereinsamten Mann berichtet wird, der nur für einen Karnevalswagen lebt, den er jährlich baut und mit dem er als bejubelter Held durch das Viertel zieht. – Ab 14. ✦ BR Deutschland 1980 **P** WDR/Helma Sanders-Brahms **Pd+R+B** Helma Sanders-Brahms **K** Frieder Wagner **S** Ilse Lerch, Helma Sanders-Brahms **L** 45/50/60 **E** 18., 25.2.,4.3.1981 ARD (drei Teile)

VROOM! – AB IN DIE FREIHEIT (VROOM). Mit einem mühevoll restaurierten Oldtimer flüchten zwei junge Männer und eine ältere Frau vor ihren Problemen und dem eintönigen Leben ihrer nordenglischen Heimatstadt. Der Traum von der Freiheit währt jedoch nur kurze Zeit. Ohne Geld, aber mit der Hoffnung auf eine bessere Zukunft kehrt das Trio nach Hause zurück. Ambitioniertes, aber nur in Teilen geglücktes Regiedebüt. – Ab 16. ✦ Großbritannien 1988 **P** Motion Picture/Film Four **Pd** Paul Lister, Raymond Day **R** Beeban Kidron **B** Jim Cartwright **K** Gale Tattersall **M** Adam Kidron, Michael McEvoy **S** Stephen Singleton **D** Diana Quick (Susan), Clive Owen (Jake), David Thewlis (Ringe), Melanie Kilburn (Kate), Rosalind Bennett (Lyn) **L** 84 **E** 28.9.1991 Tele 5

VUK – AUS DEM LEBEN EINES FUCHSES →Wuk, der Fuchs

VUK – DER KLEINE FUCHS →Wuk, der Fuchs

VULCANO (VULCANO). Ein sizilianisches Dorfmädchen kehrt aus Neapel als Dirne heim und bewahrt die jüngere Schwester vor einem ähnlichen Schicksal. Trotz seiner Nähe zur Kolportage ein eindrucksvolles Melodram mit poetischer Note, geschickt konstruiert, eindrucksvoll durch die glänzende schauspielerische Leistung von Anna Magnani. – Ab 16. ✦ Schwarz-weiß. Italien 1949 **P** Panaria Film/ Artisti Associati **Kl** Donau **Pd** William Dieterle, Francesco Alliata **R** William Dieterle **B** Piero Tellini, Victor Stoloff **K** Arturo Gallea **M** Enzo Masetti **S** Giancarlo Cappelli **D** Anna Magnani (Maddalena Natoli), Rossano Brazzi (Donato), Geraldine Brooks (Maria, Maddalenas Schwester), Eduardo Ciannelli (Giulio), Enzo Staiola (Nino), Rinaldo Ambrogi (Don Antonio), Lucia Belfadel (Carmela) **L** 101 **FSK** ab 16; f **FBW** w **E** 18.1.1951/12.2.1954 Kino DDR **fd** 1 018

VULCANO – SCHLACHT DER TITANEN →Vulcanus, der Titan

VULCANUS, DER TITAN (VULCANO, FIGLIO DI GIOVE). Mars und Vulcanus, die sich um Venus streiten, tragen ihre Differenzen in Kriegen und Raufhändeln auf der Erde aus. Ein mißlungener Versuch, mit den Mitteln des italienischen »Antik-Films« die griechischen Göttersagen zu persiflieren. Eher platt und gelegentlich mehr ordinär als unterhaltsam. (Titel auch: »Vulkanus, der Titan«, »Vulcano – Schlacht der Titanen«.) – Ab 14. ✦ Scope. Italien 1961 **P** Juno **Kl** CFC-Contact (Erstverleih: Pallas) **Pd** Spartaco Antonucci **R** Emimmo Salvi **B** Ambrogio Molteni, Gino Stafford, Benito Ilforte, Emimmo Salvi **K** Mario Parapetti **M** Marcello Giombini **S** Otello Colangeli **D** Gordon Mitchell (Pluto), Bella Cortez (Etna), Annie Gorassini (Venus), Furio Meniconi (Jupiter), Rod Flash Ilush (Vulcanus) **L** 78 **FSK** ab 12; f (fr. 16; nf) **E** 4.10.1963 **fd** 12 281

DER VULKAN. Der auf dem gleichnamigen Roman von Klaus Mann basierende Film schildert deutsche Emigrantenschicksale im Paris aus der Mitte der 30er-Jahre, in deren Mittelpunkt eine deutsche Chansonette steht. Mit Freunden baut sie einen Schwarzsender auf, agiert mit politischen Liedern gegen den Faschismus und gerät in die Fänge der Gestapo. Formal konventionelle Literaturverfilmung, die sehr authentisch das Zeitkolorit rekonstruiert und ihre politischen Botschaften nicht mit dem pädagogischen Zeigefinger unterstreicht, sondern durch die überzeugend gestalteten und gespielten Charaktere vermittelt. – Ab 14. ✦ Deutschland/Frankreich 1998 **P** Ottokar Runze/Lichtblick/ZDF/Maht/Canal+ **Kl** Arsenal **Pd** Ottokar Runze, Antoine de Clermont-Tonnerre, Helga Bähr, Frank Heide, Christoph Holch **R** Ottokar Runze **B** Rebecca Hughes, Ursula Grützmacher-Tabori, Ottokar Runze, nach dem gleichnamigen Roman von Klaus Mann **K** Michael Epp **M** Dmitri Schostakowitsch, Friedrich Hollaender, Hanns Eisler, Bob Lenox **S** Rebecca Runze **D** Nina Hoss (Marion von Kammer), Meret Becker (Tilly von Kammer), Christian Nickel (Martin Korella), Sylvester Groth (Hans Hollmann), Stefan Kurt (Walter Konradi), Udo Samel (Professor Benjamin Abel), Katharina Thalbach (Mutter Schwalbe) **L** 103 **FSK** ab 12; f **FBW** bw **E** 21.10.1999 **fd** 33 905

VULKAN – BERG IN FLAMMEN (VOLCANO – FIRE ON THE MOUNTAIN). Die Honoratioren eines Wintersportortes wollen den Prognosen eines Geologen keinen Glauben schenken, der einen baldigen Vulkanausbruch des Hausberges voraussagt. Als das Undenkbare dennoch eintritt, ist der Schrecken genremäßig groß. Versuch eines Katastrophenfilms, der alle Stereotypen nutzt, um dennoch hinter allen Vorbildern zurück zu bleiben; eine Enttäuschung in allen Belangen. – Ab 16. ✦ USA 1997 **P** Trimark **VA** Atlanta **R** Graeme Campbell **B** Craig Spector, Steven Womack **D** Dan Cortese (Peter Slater), Cynthia Gibb (Kelly Adams), Brian Kerwin (Buck Adams), Don Davis (Bürgermeister), Lynda Boyd (Maureen) **L** 95 **FSK** ab 12 **E** 29.9.1997 Vox/1.9.2000 Video

VULKAN DER HÖLLISCHEN TRIEBE. Eine Party als Tätigkeitsfeld und Treffpunkt für äußerlich ehrbare Gangster und Prostituierte, die durch Erpressung und Raubüberfall zu Geld kommen wollen. Hilflos-spekulativer Sexkrimi, lachhaft und dilettantisch. – Wir raten ab. ✦ Scope. BR Deutschland 1967 **P** Vass & Fischer **Kl** Brummer **R+B** Peter Hauser **K** Franz Vass **M** Thomas Birth **D** Nora Richardson, Matthias Pernes, Georg Böjer, Annemarie Dick, Albert Hehn **L** 89 **FSK** ab 18; nf **E** 26.1.1968 **fd** 15 255

VULKAN IM BLUT (LE SANG A LA TETE). Ein Geschäftsmann, der vor 30 Jahren als Dockarbeiter angefangen hat, ist jetzt eine bedeutende Persönlichkeit in La Rochelle: Er hat seinen Platz in der Kirche, seine Stimme im Stadtparlament, eine Villa, eine Gouvernante für die Kinder. Eines Tages muß er feststellen, daß ihn seine Frau verlassen hat. Er macht sich auf eine erniedrigende Suche nach ihr, wobei ihm der Haß der anderen, die ihm seinen Erfolg mißgönnen, offen entgegenschlägt. Mit der alten Hartnäckigkeit und Brutalität räumt er alle Hindernisse aus dem Weg. Eine ganz auf den glänzend spielenden Jean Gabin zugeschnittene, psychologisch fein nuancierte Studie, die zwar nur die Oberfläche der angerissenen Problematik streift, aber spannend-intensiv unterhält. ✦ Schwarz-weiß. Frankreich 1956 **P** Les Films Fernand Rivers/André Contard et Cie. Eclectiques **Kl** NF **Pd** Maurice Saurel **R** Gilles Grangier **B** Gilles Grangier, Michel Audiard, nach dem Roman »Les Fils Cardinaud« von Georges Simenon **K** André Thomas **M** Henri Verdun **S** Paul Cayatte **D** Jean Gabin (François Cardinaud), Paul Frankeur (Drouin), Claude Sylvain (Raymonde), Renée Faure (Mademoiselle), Monique Melinand (Marthe), José Quaglio (Mimile) **L** 84 **FSK** ab 18; f **E** 12.7.1957 **fd** 6 037

VULKANUS, DER TITAN →Vulcanus, der Titan

DIE VULKANWERFT IM METALLERSTREIK 1974. Dokumentarfilm über den von der IG Metall organisierten Streik im Unterwesergebiet 1974 aus der Sicht der Arbeiter der Bremer Vulkanwerft. ✦ BR Deutschland 1974/75 **P** Kooperationsbereich Universität/Arbeiterkammer Bremen **R+B+K** Günther Hörmann **S** Annerose Koop **L** 96

DER VW-KOMPLEX. Dokumentarischer Film über die Geschichte des Automobilkonzerns Volkswagen, verknüpft mit Aspekten aus der Geschichte der Stadt Wolfsburg. Weniger an den sozialpolitischen Aspekten des Themas interessiert, reflektiert er in bewußt assoziativer Kommentierung über den Konzern, die Fabrikhallen, die Menschen und Maschinen. Im Zusammenspiel aus den klug aufgenommenen Bildern und dem hintersinnigen Kommentar ergibt sich eine ebenso komplexe wie spannende Auseinandersetzung mit der industriellen Arbeit und der Schwierigkeit ihrer Abbildbarkeit. – Ab 16. ✦ BR Deutschland 1989 **P** Big Sky/FAS-Film/WDR III/La Sept **Kl** ex picturis **R+B** Hartmut Bitomsky **K** Axel Block **S** Hartmut Bitomsky **L** 90 **FBW** w **E** 20.7.1989 EINS PLUS/ 19.4.1990 Kino **fd** 28 550

W

W.A.R. (WOMEN AGAINST RAPE) (W.A.R. (WOMEN AGAINST RAPE)). Da die Polizei sich als machtlos gegen die steigende Zahl von Vergewaltigungen erweist, gründen Frauen in einer amerikanischen Großstadt eine Selbsthilfegruppe. Die Rate nimmt rapide ab, doch plötzlich schießt ein Bezirksstaatsanwalt quer, der die Frauen in die Illegalität drängen will. Keine ernsthafte Auseinandersetzung mit dem Thema Vergewaltigung, obwohl Vor- und Abspann dies suggerieren wollen. ✦ USA 1986 **P** Transworld Entertainment **VA** Splendid **R+B** Raphael Nussbaum **K** Christopher Lynch **M** Jack Cookerly, Nicholas Carras **S** Christopher Reeve **D** Frank Stallone (Walter Taggert), Donna Denton (Helen Shaw), Terry Moore (Mrs. McCormick), Peter Lapis (Jim Buchanan), Martin Landau (Richter Shaw) **L** 89 **FSK** ab 18 **E** November 1987 Video

W – DER TOD HAT NUR EINEN BUCHSTABEN →Wahnsinn – Der Tod hat nur einen Buchstaben

W.G. BELINSKI (BELINSKI). Ein historisch-biografischer Film über den russischen Philosophen, Kunst- und Literaturkritiker Wissarion G. Belinski (1811–1848). ✦ Schwarz-weiß. UdSSR 1951 **P** Lenfilm **R** Grigori Kosinzew **B** Juri German, Grigori Kosinzew **K** Anatoli Moskwin **M** Dmitri Schostakowitsch **D** Sergej Kirdlow (Belinski), Alexander Borissow (Herzen), Georgi Wizin (Gogol), Juri Tolubejew (Schepkin), Michail Afanasjew (Lermontow) **L** 95 **E** 25.10.1979 DFF 2

W. – LE JEUNE WERTHER (LE JEUNE WERTHER). Der Selbstmord eines 14jährigen schreckt seine Mitschüler auf: Hatten die Eltern schuld, die Lehrer oder gar sie selbst? Der beste Freund des Toten versucht, dessen unglücklicher Liebe zu einem Mädchen auf den Grund zu gehen. Er erlebt am eigenen Leib Leidenschaft, Hoffnung und Enttäuschung. Eine blendend gespielte, sensible Studie der Gefühlswelt Heranwachsender, die sich grundsätzlichen Fragen von Leben und Tod, Liebe und Freundschaft stellt. Trotz mitunter stark stilisierter Dialoge jederzeit glaubwürdig und fesselnd. (Preis der OCIC Berlin 1993; Kinotip der Katholischen Filmkritik; Fernsehtitel: »Der junge Werther«) – Sehenswert ab 16. ✦ Frankreich 1992 **P** Les Films Alain Sarde **KI** TiMe **VA** Filmgalerie 451 **Pd** Hervé Duhamel **R+B** Jacques Doillon **K** Christophe Pollock **M** Philippe Sarde **S** Jacques Doillon **D** Ismaël Jolé-Ménébhi (Ismaël), Mirabelle Rousseau (Mirabelle), Thomas Brémond (Théo), Miren Capello (Miren), Faye Anastasia (Faye) **L** 94 **FSK** ab 12; f **FBW** bw **E** 30.9.1993/23.6.1994 Video/29.8.1995 West 3 **fd** 30 447

DIE WAAGE DES KAISERS (HOREA). Kaiser Joseph II. ist beunruhigt über den Bauernaufstand von 1784 in Transsilvanien. Mit List und Gewalt soll die Rebellion zerschlagen werden. Zu diesem Zweck wird Graf Jancovich zum kaiserlich-königlichen Kommissar ernannt, der den Landadel in seinen Privilegien beschneiden und den Bauern scheinbare Erleichterungen versprechen soll. Aber der Kaiser treibt ein doppeltes Spiel. ✦ Rumänien 1984 **P** Romaniafilm **R** Mircea Muresan **B** Titus Popovici **K** Amedeo Spataru **M** Tiberiu Olah **D** Ovidiu Iuliu Moldovan, Serban Ionescu, Dan Sandulescu, Radu Beligan, Mircea Albulescu **L** 90 **E** 17.6.1986 DFF 2

WAAHNSINN – DER WACKERSDORF-FILM. Konzertmitschnitt einer Rock-Veranstaltung (26./27. Juli 1986) gegen den Bau der Wiederaufbereitungsanlage in Wackersdorf. Der Film vereinigt die deutsche Pop-Prominenz und verbindet die größtenteils mitreißende Musik mit suggestiven Bildfolgen. Nicht Aufklärung, sondern Emotionalisierung ist beabsichtigt. Ein einseitiger Film, aber ein eindrucksvolles Dokument des Widerstandes gegen die Atomindustrie in den 80er Jahren. – Ab 14. ✦ BR Deutschland 1986 **P** Delta **KI** Delta **SF** atlas **Pd** Uwe Heitkamp, Christian Wagner **R+B** Christian Wagner, Helge Cramer, Uwe Heitkamp, Michael Herl **K** Klaus Esser, Peter-Jürgen Gersonde, Fritz Moser, Loretta Walz, Manfred Ridders, Heinz Schaefer, Detlev Sackenheim, Gernot Nietschke, Michael Noppens, Werner Steins **M** BAP, Herbert Grönemeyer, Wolfgang Ambros, Anne Haigis, Udo Lindenberg, Wolf Maahn, Purple Schulz, Rio Reiser **S** Günther Steins, Eva Will **L** 94 **FSK** ab 12; f **E** 18.12.1986 **fd** 25 985

WAATI (WAATI). Die Tochter eines schwarzen Landarbeiters wehrt sich gegen die Willkür des südafrikanischen Apartheid-Regimes und muß ihre Heimat fluchtartig verlassen. Als Nelson Mandela freigelassen wird, wagt sie die Rückkehr nach Südafrika, muß jedoch feststellen, daß sich in den langen Jahren ihrer Abwesenheit nichts verändert hat. Ein engagierter Film, der beispielhaft die Heimatlosigkeit des schwarzafrikanischen Kontinents spiegelt und zugleich zeigt, daß die Zeit (»Waati«) nicht alle Wunden heilt. (Titel auch: »Waati – Die Zeit«) – Ab 14. ✦ Südafrika/Elfenbeinküste/Mali 1993 **P** Cissé Fulimu/Errato/Renn/Cathago Films/La Sept/Diproci/MIN **R+B** Souleymane Cissé **K** Vincenzo Marano, Jean-Jacques Bouhon, Georgi Rerberg, Alexi Radionow **S** Andrée Daventure **D** Linéo Tsolo (Nandi), Sidi Yaya Cissé (Solofa), Eric Meyeni (Nandis Vater), Nakedi Ribane (Nandis Mutter), Vusi Kunene (Fährmann) **L** 140 **E** 16.12.1996 N 3

WACH AUF LIEBE (DESPABILATE AMOR). Ein argentinischer Journalist, der im Laufe seines Lebens an Elan verloren hat, wird nach 25 Jahren von einem ehemaligen Schulkameraden eingeladen und trifft seine damalige »Flamme« wieder. Mehrfach prämierte Hommage an alte und neue Utopien, die den Wechselwirkungen von persönlichen Wünschen und politischem Engagement nachspürt und eine Bilanz der ideologischen Veränderungen in Argentinien während der letzten 30 Jahre zieht. (O.m.d.U.) ✦ Argentinien 1996 **R+B** Eliseo Subiela **K** Daniel Rodriguez **M** Martin Blanchedi **S** Marcela Sáenz **D** Dario Grandinetti (Ernesto), Soledad Silveyra (Ana), Juan Leyrado (Ricardo), Marilyn Solaya (Vera), Emilia Mazer (Silvia), Joaquin Bonet (Sebastián) **L** 95 **E** 25.02.1999 SF1/DRS

DIE WACHE (1989) (KARAUL). Eine Wachmannschaft des Innenministeriums begleitet einen Gefängniszug mit Strafgefangenen nach Sibirien. Die Kälte und Unmenschlichkeit, mit der die Häftlinge behandelt werden, setzt sich in den Reihen der Soldaten fort. Ein junger Rekrut, Opfer der Demütigungen seiner Gefährten, hält dem Druck nicht mehr stand und läuft Amok. Ein unglaublich düsterer Einblick in die damalige Befindlichkeit der ehemaligen Sowjetunion; rigoros auf die klaustrophobische Enge der Eisenbahnabteile hin inszeniert. Die brillante Kameraarbeit des Films unterstreicht diesen Eindruck. – Ab 16. ✦ Teils schwarz-weiß. UdSSR 1989 **P** Lenfilm (Produktionsgruppe »Ladoga«) **R** Alexander Rogoschkin **B** Ivan Loschtschilin **K** Valeri Martinow **S** Tamara Denisova **D** Alexej I. Buldakow (Paromow), Sergej Kuprijanow (Andrej Iveren), Alexej V. Mozrun (Mazur), Alexej Polujan, Alexander Smirnow (Chlustow), Taras Denissenko (Kortschenjuk) **L** 96 **E** 14.2.1993 N 3

DIE WACHE (1992) (LA SENTINELLE). Ein 25jähriger Diplomatensohn verläßt Deutschland, um in Paris Medizin zu studieren. Während der Reise im Zug beschimpft ihn völlig unvermittelt ein Fremder, verschwindet dann so plötzlich wie er aufgetaucht ist, hinterläßt jedoch ein makabres Paket im Koffer des jungen Reisenden: den nach Indianerart präparierten Kopf eines Mannes. Angewidert und fasziniert zugleich, begibt sich der Student auf die Suche nach den Hintergründen und stößt auf die Spuren eines gescheiterten Schwarzhandels, bei dem die intellektuelle Spitze der ehemaligen UdSSR außer Landes gebracht werden sollte. Eine »Spionagechronik«, die reale politische Ereignisse zum Anlaß für eine irritierende fiktive Geschichte mit ironischen Seitenhieben nimmt. Ein vielschichtiger, vielfältig ausdifferenzierter Diskurs über »Kino und Leben«, zugleich die faszinierende Talentprobe eines jungen Regisseurs. (O.m.d.U.) – Sehenswert. ✦ Frankreich 1992 **P** Why not/2001 Audiovisuel/La Sept Cinéma/Films A 2 **Pd** F. de Bartillat, A. Napp **R** Arnaud Desplechin **B** Arnaud Desplechin, Pascale Ferran, Emmanuel Salinger, Noémie Lvovsky **K** Caroline Champetier **M** Marc Sommer **S** François Gédigier **D** Emmanuel Salinger (Mathias Barillet), Thibault de Montalembert (Jean-Jacques), Jean-Louis Richard (Bleicher), Marianne Denicourt (Marie), Jean-Luc Boutté (Varins), Valérie Dréville (Nathalie) **L** 140 **E** 30.5.1994 arte

WACHGEKÜSST (1996) (HARLEQUIN ROMANCES: THE AWAKENING). Auf der Suche nach einem verschwundenen Untermieter kommen sich die Vermieterin und der ermittelnde Privatdetektiv näher. Mischung aus romantischer Liebesgeschichte und Thriller, die nur bescheidenen Ansprüchen genügt. ✦ USA 1996 **P** Alliance **Pd** Norman Denver **R** George Bloomfield **B** Maria Nation, nach einem Roman von Norman Denver **K** Manfred Guthe **M** Amin Bhatia **S** Susan Shipton **D** Cynthia Geary (Sara), David Beecroft (Flynn), Sheila McCarthy (Nancy), Maurice Godin (Nigel), David Ferry (Benny) **L** 81 **E** 27.12.1997 ORF 2

WACHGEKÜSST (1998) (LIVING OUT LOUD). Durch einen leidenschaftlichen Kuss, der auf einem Missverständnis beruht, schöpft eine verlassene Arztfrau neuen Lebensmut. Sie freundet sich mit einem Fahrstuhlführer an, der nach dem Tod seiner Tochter ebenfalls in einer Lebenskrise steckt. Für eine gemeinsame Zukunft sind die Standesunterschiede freilich zu groß. Wortlastige Komödie, die an Billy Wilders »Das Appartement« (1960) erinnert, ohne dessen Dialogwitz zu erreichen. Durchaus vorhandene Ansätze zu einer genauen Charakterstudie verharren an der Oberfläche, nicht zuletzt weil das Drehbuch den Personen zu wenig Raum zur Entfaltung bietet. – Ab 14 möglich. ✦ Scope. USA 1998 **P** Jersey Films **Kl** Kinowelt **VA** Ufa/BMG **Pd** Danny DeVito, Michael Shamberg, Stacey Sher **R+B** Richard LaGravenese **K** John Bailey **M** George Fenton **S** Jon Gregory, Lynzee Klingman **D** Holly Hunter (Judith), Danny DeVito (Pat), Queen Latifah (Liz), Martin Donovan (Bob), Elias Koteas (der Fremde) **L** 100 **FSK** ab 12; f **E** 4.2.1999/9.8.1999 Video **fd** 33 529

DER WACHSBLUMENSTRAUSS (MURDER AT THE GALLOP). Beim Sammeln von Almosen für die Liga zur Betreuung bekehrter Verbrecher gerät Miss Marple an einen Todesfall – das plötzliche Hinscheiden eines vermögenden Sonderlings. Sofort erwacht ihr Detektivinstinkt. Den letzten Beweis zur Überführung des Mörders erhofft sie sich schließlich von einer Falle, die sie selbst in Lebensgefahr, den Täter aber an den Galgen bringen wird. – Ab 16. ✦ Schwarz-weiß. Großbritannien 1963 **P** MGM **Kl** MGM **VA** Warner Home **Pd** George H. Brown **R** George Pollock **B** David Pursall, James P. Cavanagh, Jack Seddon, nach einem Roman von Agatha Christie **K** Arthur Ibbetson **M** Ron Goodwin **S** Bert Rule **D** Margaret Rutherford (Miss Marple), Robert Morley (Hector Enderby), Flora Robson (Miss Gilchrist), Charles Tingwell (Det. Insp. Craddock), Stringer Davis (Mr. Stringer), Duncan Lamont (Hillman), James Villiers (Michael Shane) **L** 81 **FSK** ab 12; nf **FBW** w **E** 19.12.1963/14.2.1970 ZDF/28.12.1984 DFF 2/Dezember 2000 Video **fd** 12 467

WACHSFIGURENKABINETT →Das Geheimnis des Wachsfigurenkabinetts

DAS WACHSFIGURENKABINETT. In der Rahmenhandlung erfindet ein junger Poet romantische Geschichten zu den Jahrmarktsfiguren von Harun al Raschid, Iwan dem Schrecklichen und Jack the Ripper. Die Wachsnachbildungen werden in fantastischen Episoden lebendig, deren Spektrum von der düster-expressionistischen Schauerballade bis zur burlesken Farce reicht. Ein deutscher Stummfilmklassiker unter der Regie des Malers und Filmarchitekten Paul Leni, dessen spielerische Verbindung von komischen und unheimlichen Effekten stilbildend für das amerikanische Horror-Comedy-Genre wirkte. – Ab 14. ✦ Schwarz-weiß. Deutschland 1924 **P** Neptun Film AG (für UFA) **Kl** Filmkundliches Archiv **R** Paul Leni, Henrik Galeen **B** Henrik Galeen **K** Helmar Lerski **M** Ernst Stern **D** Wilhelm Dieterle (= William Dieterle) (Dichter/Assad/Bräutigam), John Gottowt (Kabinettbesitzer), Emil Jannings (Harun al Raschid), Olga Belajeff (Tochter/Maimune/Braut), Conrad Veidt (Iwan, der Schreckliche) **L** 64 **E** 13.11.1924/6.3.1967 HR III **fd** 15 331

DAS WACHSFIGURENKABINETT DES GRAUENS (NIGHTMARE IN WAX/CRIMES IN THE WAX MUSEUM). Der Inhaber eines Wachsfigurenkabinetts rächt sich an allen späteren Freunden seiner Angebeteten, indem er sie durch ein Serum lähmt und seinem Museum einverleibt. Spannungsloser, dümmlicher Gruselfilm. ✦ USA 1969 **P** A&E/Paragon/Crown **Kl** Roland/Film-Allianz/Dietz **Pd** Herbert Sussan, Martin B. Cohen **R** Bud Townsend **B** Rex Carlton **K** Glen Smith **M** Igo Kantor **S** Leonard Kwit **D** Cameron Mitchell (Vincent), Anne Helm (Marie), Scott Brady (Detektiv Haskell), Berry Kroeger (Max Black), Victoria Carrol (Carissa) **L** 95 **FSK** ab 18; nf **E** 11.12.1970

DIE WACHT AM RHEIN →Watch on the Rhine

DER WÄCHTER (THE GUARDIAN). Nachdem ein Mieter von jugendlichen Einbrechern erschossen worden ist, engagieren die Bewohner eines Apartmenthauses einen professionellen Bewacher, der zunehmend selbst als Bedrohung erscheint. In der Behandlung der Geschichte oberflächlich, beschränkt sich der Film auf die Erzeugung einer Atmosphäre von Angst und Bedrohung. ✦ USA 1984 **P** Lorimar **Kl** VCL **VA** VCL/Virgin **Pd** Robert Cooper **R** David Greene **B** Richard Levinson, William Link **K** Richard Ciupka **M** Jonathan Goldsmith **S** Edward M. Abroms **D** Martin Sheen (Charles Hyatt), Louis Gossett jr. (John Mack), Arthur Hill (Phil Julian), Tandy Cronyn (Lynn Hyatt), Simon Reynolds **L** 93 **E** 15.9.1986 Video/11.10.1991 premiere **fd** 25 906

WÄCHTER DES NEBELS (ROJET E MJEGULLES). In der Provinz Kosovo lebenden Albanern wird von den serbischen Machthabern das Leben zur Hölle gemacht. Sie geraten aus harmlosen Anlässen in eine tragische Verkettung von Verdächtigungen, Unterstellungen und Beschuldigungen und werden schließlich zur Denunziation und Selbstverleugnung gezwungen. Aus Rücksicht auf die Zensur weder zeitlich noch lokal festgelegt, beschreibt der Film in beeindruckenden Metaphern den Schrecken totaler Bedrohung und den Zerfall der Privatsphäre. Durch mangelnde Stilsicherheit, übermäßige Derbheiten und plumpe Drastik gefährdet der symbolträchtige Film allerdings seine Aussage. (O.m.eng.U.) ✦ Jugoslawien 1990 **P** Kosovafilm/Prishtine **Kl** Progress **Pd** Isa Qosja, Azem Shkrelj **R** Isa Qosja **B** Isa Qosja, Fadil Hysaj, nach Motiven eines Romanfragments von Rexhep Qosja **K** Menduh Nushi **M** Gjon Gjevelekaj **S** Zlatko Pusic **D** Xhevat Qoraj, Qun Lajqi, Enver Petrovci, Ismajl Ymeri, Florije Siarina **L** 93 **E** Mai 1991/10.4.1992 ORF 2 **fd** 28 998

DER WÄCHTER MURTAZA. Ein ehemaliger Polizist sorgt in der Nachtschicht einer Baumwollspinnerei für Ordnung. Da er autoritätshörig bis zur Selbstaufgabe ist, leiden die Arbeiter unter seiner Knute, was ihn nur noch mehr verhärtet. Bald wendet er seine Prinzipien auch zu Hause an und merkt nicht, wie das Leben um ihn herum allmählich abstirbt. Als er seine Tochter während der Arbeitszeit schlafend antrifft und sie zu Tode prügelt, wird er suspendiert. Aber er rappelt sich wieder hoch: stur und borniert wie eh und je. Satirisch beginnende, tragisch endende Parabel über das falsch verstandene Pflichtbewußtsein des kleinen Mannes; scharf beobachtet, treffend inszeniert. ✦ BR Deutschland/Frankreich 1985 **P** Asya/Hans Peter Meier Prod./ZDF/Centre National de la Cinématographie **R** Ali Özgentürk **B** Isil Özgentürk, Ali Özgentürk, nach einem Roman von Orhan Kemal **K** Ertunc Senkay **M** Sarper Öszan **D** Müjdat Gezen (Murtaza), Güler Ökten (Murtazas Frau), Damla Akarsu (Emine), Nesslihan Gün (Cemile), Halil Ergün (Der Direktor) **L** 90 **E** 10.4.1986 ZDF

WACHTMEISTER IN NÖTEN (NENI SIROTEK JAKO STROTEK). Aus Liebe zu einer hübschen Sekretärin läßt sich ein Dorfpolizist an seinem dienstfreien Wochenende eine Horde elternloser Rabauken aufschwatzen. Die ausgelassene Kinderschar stellt den jungen Ordnungshüter vor einige Probleme. Turbulente Komödie. ✦ CSSR 1986 **P** Filmstudio Barrandov **R** Stanislav Strnad **B** Venuse Sekyrová **K** Jirí Tarantík **M** Ladislav Staidl **D** Ondrej Havelka, Vlastimil Brodsky, Josef Bláha, R. Bohacová, Alena Kreuzmanová **L** 80 **E** 14.12.1988 DFF 1/25.10.1993 ORB

WACHTMEISTER STUDER →Kriminalkommissar Studer

WACHTMEISTER ZUMBÜHL (WACHTMEISTER ZUMBÜHL). Die Geschichte eines Polizisten, der seinen Sohn mit unerschütterlicher Besserwisserei in ein Verbrechen treibt. Ein gelungener Versuch, die in einem engen, wortkargen Provinzmilieu der 60er Jahre spielende Geschichte vor allem in Bildern und mit gezielt eingesetzten Stilmitteln zu erzählen. Neben der differenziert gezeichneten Hauptfigur fallen die eindimensionalen Nebenfiguren merklich ab; einige psychologische Unstimmigkeiten trüben zusätzlich den Gesamteindruck. (Späterer Titel: »Der Polizist«) ✦ Schweiz/Deutschland 1994 **P** Nordwest/Triluna/Sera/ZDF/DRS/Teleclub **VA** Impuls **Pd** Rudolf Santschi **R+B** Urs Odermatt **K** Rainer Klausmann **M** Norbert Jürgen Schneider **S** Ingrid Broszat **D** Michael Gwisdek, Anica Dobra, Jürgen Vogel, Rolf Hoppe, Norbert Schwientek **L** 101 **FSK** ab 12 **E** Schweiz/1995 Video

WACKO – DA WACKELT DIE BUDE (WACKO). In der Halloween-Nacht macht ein wahnsinniger Killer eine ausgeflippte High-School unsicher. Da trifft es sich gut, daß auch der verrückte Detektiv zur Stelle ist, der dem Mörder seit 13 Jahren auf der Spur ist. Anspruchslos-banale Persiflage auf amerikanische Horrorfilme und die ungehemmte Serien-Manie. ✦ USA 1982 **P** Jensen Farley Pic. **VA** VPS **Pd+R** Greydon Clark **B** Dana Olsen, Michael Spound, M. James Kouf jr., David Greenwalt **K** Nicholas von Sternberg **M** Arthur Kempel **S** Earl Watson, Curtis Burch **D** Joe Don Baker (Harbinger), Stella Stevens (Marg Graves), George Kennedy (Dr. Graves), Julia Duffy (Mary Graves), Scott McGinnis (Norman) **L** 83 **FSK** ab 16 **E** 18.2.1988 Video

WADI (WADI 1981–1991). 1981 beobachtete der in Haifa geborene Filmemacher Amos Gitai drei Familien in einem Tal in Israel, im Osten Haifas. Das Wadi (Tal) Rushmia war ein Schmelztiegel verschiedenster Sprachen, Kulturen und Mentalitäten, geprägt durch seine unterschiedlichen Einwohner – jüdische Überlebende des Holocaust, palästinensische Flüchtlinge, marokkanische Juden und schließlich russische Juden –, die ihre jeweils eigenen Spuren hinterließen. 1991 kehrte Gitai in das Tal zurück und begegnete erneut den zehn Jahre zuvor porträtierten Menschen. Der Blick auf ihre Schicksale wird dabei zum Sinnbild für die Veränderungen in dieser Region, bezeugt aber auch das immer noch praktizierbare Zusammenleben in dieser konkreten Alltagsrealität. (O.m.d.U.) ✦ Frankreich/Israel/Großbritannien 1981/91 **P** Agav/La Sept/Channel Four **Pd** Laurent Truchot **R+B** Amos Gitai **K** Yaakov Saporta (1981), Joseph Wein (1981), Nurith Aviv (1991) **S** Solveig

Nordlund (1981, Anna Ruiz (1991) **L** 97 **E** 28.8.1993 arte

WADI, GRAND CANYON. Der dritte Teil der Wadi-Trilogie von Amos Gitai, der die Veränderungen in einem kleinen Tal in der Nähe Haifas spiegelt. War die Gegend in den 80er-Jahren noch ein sicheres Siedlungsgebiet, das vielen Menschen – auch Palästinensern – eine neue Heimat bot, so ist sie heute völlig verwüstet und gilt als Notstandsgebiet. Der Dokumentarfilm zeigt einen Landstrich, der als Metapher für den scheinbar nicht enden wollenden Nahost-Konflikt angesehen werden kann. ✦ Frankreich 2001 **P** arte **R** Amos Gitai **L** 89 **E** 12.11.2001 arte

WAFFE DES TEUFELS (LE TOUBIB). 1993: Europa ist Schauplatz eines mit allen technischen Raffinessen geführten Krieges. Ein Arzt, der sich in zynische Kaltschnäuzigkeit geflüchtet hat, findet durch seine Liebe zu einer Krankenschwester Hoffnung und Glauben. Formal reizloser Film mit streckenweise stockender Handlung. Trotz schreckenerregender Bilder und wohlgemeinter Denkanstöße setzt er sich nicht ernsthaft genug mit der Problematik auseinander, sondern bleibt romantisierend-harmlos an der Oberfläche. ✦ Frankreich 1979 **P** Adel/Antenne 2/ Films 21 **VA** Constantin **Pd+R** Pierre Granier-Deferre **B** Pierre Granier-Deferre, Pascal Jardin, nach einem Roman von Jean Freustié **K** Claude Renoir **M** Philippe Sarde **S** Jean Ravel **D** Alain Delon (Jean-Marie Dupree), Véronique Jannot (Harmonie), Bernard Giraudeau, Michel Auclair, Catherine Lachens, Francine Bergé **L** 95 **E** Oktober 1982 Video **fd** 24 146

DIE WAFFE, DIE STUNDE, DAS MOTIV (L' ARMA, L'ORA, IL MOVENTE). Der Mord an dem gütigen Pater Don Giorgio gibt Kommissar Boito Rätsel auf. Noch bevor das Motiv erkennbar wird, geschieht ein weiterer Mord in der Umgebung des Paters. ✦ Italien 1972 **P** Julia Film **R+B** Francesco Mazzei **K** Giovanni Ciarlo **M** Francesco De Masi **S** Alberto Gallitti **D** Renzo Montagnani, Bedi Moratti, Eva Czemeris, Salvatore Puntillo, Claudia Gravy **L** 100 **E** 28.7.1984 DFF 1

DIE WAFFEN DER FRAUEN (WORKING GIRL). Die kleine Sekretärin einer New Yorker Börsenmakler-Firma rächt sich an ihrer Vorgesetzten, indem sie während deren Abwesenheit einen großen Deal ins Rollen bringt. Ein hintergründiges soziales Märchen aus der von Männern dominierten Finanzwelt New Yorks, das in Regie und Darstellerleistung an klassische Komödienvorbilder erinnert. – Ab 14. ✦ USA 1988 **P** 20th Century Fox **KI** 20th Century Fox **SF** 20th Century Fox **VA** CBS/Fox **Pd** Douglas Wick **R** Mike Nichols **B** Kevin Wade **K** Michael Ballhaus **M** Carly Simon **S** Sam O'Steen **D** Harrison Ford (Jack Trainer), Sigourney Weaver (Katherine Parker), Melanie Griffith (Tess McGill), Alec Baldwin (Mick Dugan), Joan Cusack (Cyn) **L** 113 **FSK** ab 12; f **FBW** w **E** 9.3.1989/ November 1989 Video **fd** 27 389

WAFFEN DES ZORNS → Blutiges Öl

WAFFEN EINER HURE → Die Tricks der Frauen

WAFFEN FÜR SAN SALVADOR (GLI AVVENTURIERI DEI TROPICI). Illegaler Waffenhandel und Bruderhaß liefern den Stoff für einen mit mäßiger Spannung und verwaschenen Auffassungen von Ehre, Recht und Redlichkeit ausgestatteten Abenteuerfilm. ✦ Schwarz-weiß. Italien 1959 **P** Indra **KI** Nora **R+B** Sergio Bergonzelli **K** Alberto Fusi **M** Aldo Piga **D** Gianna Maria Canale (Iana), Frank Latimore (Frank), Saro Urzi (Fernand), John Kitzmiller (Garcia), Victoria Feby (Kingu) **L** 85 **FSK** ab 16; nf **E** 17.8.1962 **fd** 11 422

WAFFENBRÜDER (L'UNION SACREE). Zwei Polizisten in Paris – der eine Jude, der andere arabischer Herkunft – bilden unfreiwillig ein Team in der Drogenfahndung, raufen sich jedoch zusammen, um gemeinsam gegen die Terroranschläge blindwütiger islamischer Fundamentalisten vorzugehen. Teilweise harter, gut gespielter Polizeifilm, der aktuelle Themen der französischen Realität als Aufhänger für seine Story nimmt, aber oberflächlich und letztlich chauvinistisch behandelt. Eher ein brüchiger Versuch, amerikanisches Actionkino zu imitieren, als ein eigenständiger Beitrag zum »film policier«. ✦ Frankreich 1988 **P** Alexandre Films/S.G.G.C./FR 3 Films **KI** prokino **VA** Ascot **Pd+R** Alexandre Arcady **B** Daniel Saint-Hamont, Alexandre Arcady, Pierre Aknine **K** Robert Alazraki **M** Jean-Jacques Goldman, Roland Romanelli **S** Joëlle van Effenterre **D** Richard Berry (Karim Hamida), Patrick Bruel (Simon Atlan), Corinne Dacla (Lisa), Claude Brasseur (Revers), Bruno Cremer (Kommissar Joulin), Said Amadis (Radjani), Marthe Villalonga (Blanche Atlan) **L** 110 **FSK** ab 18; f **E** 2.8.1990/21.2.1991 Video **fd** 28 438

DER WAFFENSCHMIED VOM URAL (DEMIDOWY). Historisch-biografischer Film über die Demidows, die Herren des Uraler Eisens, die über Dutzende von Hüttenwerken und Waffenfabriken herrschten. ✦ Scope. UdSSR 1982 **P** Studio Swerdlowsk **R** Jaropolk Lapschin **B** Wladimir Akimow, Eduard Wolodarski **K** Anatoli Lesnikow **M** Juri Lewitin **D** Jewgeni Jewstignejew (Nikita Demidow), Wadim Spiridonow (Akinfi Demidow), Alexander Lasarew (Peter I.), Ljubow Polechina (Jewdikija), Leonid Kurawljew (Menschikow) **L** 156 **E** 10.,17.5.1984 DFF 2 (zwei Teile)

WAFFENSCHMUGGEL IN LOUISIANA (OLD LOUISIANA / LOUISIANA GAL). Kleiner Western zur Zeit der spanischen Kolonialherrschaft westlich des Mississippi (bis 1803): Ein guter Trapper besiegt den üblen Tabakhändler und erringt die Tochter des schwächlichen Gouverneurs. Der Film zeigt die damals noch unter ihrem bürgerlichen Namen Rita Cansino spielende Rita Hayworth in einer ihrer ersten Filmrollen. – Ab 12. ✦ Schwarz-weiß. USA 1937 **P** Crescent/ Grand Prize **KI** Germania **Pd** E. B. Derr **R** Irvin Willat **B** Mary Ireland **M** Abe Meyer **S** Donald Barratt **D** Robert Fiske (Gilmore), Ray »Raphael« Bennett (Flint), Allan Cavan (Präsident Thomas Jefferson), Tom Keene (= George Duryea) (John Colfax), Rita Cansino (= Rita Hayworth) (Angela Gonzales) **L** 62 **FSK** ab 12; nf **E** 11.2.1955 **fd** 3 888

WAFFENSCHMUGGLER VON KENYA (SUNDOWN). Als arabische Händlerin getarnt, hilft eine englische Agentin den Truppen und dem Zivilkommissar in Britisch-Ostafrika während des Zweiten Weltkriegs, einen Aufstand der Eingeborenen zu verhindern. Naiver Abenteuerfilm mit einigen guten Landschaftsaufnahmen. – Ab 14. ✦ Schwarz-weiß. USA 1941 **P** United Artists **KI** Constantin **Pd** Daniel Keefe **R** Henry Hathaway **B** Barre Lyndon, Charles G. Booth **K** Charles B. Lang **M** Miklos Rozsa **S** Dorothy Spencer **D** Gene Tierney (Zia), George Sanders (Captain Bill Crawford), Bruce Cabot (Major Coombes), Harry Carey (Dewey), Joseph Calleia (Pallini), Cedric Hardwicke (Bischof Coombes), Reginald Gardiner (Lt. Turner), Carl Esmond (= Willy Eichberger) (Kuypens), Marc Lawrence (Hammud), Woody Strode (Stammespolizist) **L** 84 **FSK** ab 12; f **E** 26.1.1951 **fd** 1 091

DER WAFFENSTILLSTAND (LA TREGUA). Ein seit zwanzig Jahren verwitweter Bürovorsteher und Vater von drei erwachsenen Kindern verliebt sich in eine 23jährige Angestellte, die seine Zuneigung erwidert, doch scheuen beide aus gesellschaftlichen Rücksichten vor einer Heirat zurück und halten ihre Verbindung geheim. Nach kurzer Zeit erkrankt die junge Frau und stirbt. Der sehr gefühlsbetonte Erstlingsfilm verliert durch seine häufig aufdringlich wirkende Form an Überzeugungskraft. ✦ Argentinien 1974 **P** Tamames/Zemborain **R** Sergio Renan **K** Juan Carlos De Sanzo **M** Julián Plaza **D** Héctor Alterio, Ana Maria Picchio, Ditto Oscar Martinez **L** 105 **E** 28.8. 1976 ARD

WAG THE DOG – WENN DER SCHWANZ MIT DEM HUND WEDELT (WAG THE DOG). Um von einer Sexaffäre des amerikanischen Präsidenten abzulenken, inszeniert ein dubioser Berater mit Hilfe eines Filmproduzenten elf Tage vor der erhofften Wiederwahl einen Krieg mit Albanien, der die Medien auf Trab hält und von den eigentlichen Problemen ablenkt. Eine sehr vergnügliche schwarze Komödie, die sich mit der Macht der Medien und der Manipulierbarkeit der Öffentlichkeit auseinandersetzt, deren fiktionaler Gehalt von der Realität eingeholt wurde. Getragen von guten Darstellern, regt der Film zum Nachdenken über die Machtmechanismen der Gegenwart und eine noch stärker mediengesteuerte Zukunft an. (Titel auch: »Wag the dog – Ein hundsgemeiner Trick«) DVD: Die Extras des USA-Imports umfassen im Gegensatz zur deutschen DVD u. a. einen Audiokommentar des Regisseurs und des Hauptdartstellers Dustin Hoffman. – Sehenswert ab 16. ✦ USA 1997 **P** Tribeca/Baltimore Pictures/Punch **KI** Concorde **VA** Concorde (VCL) **DVD** Concorde (16:9, 1.85:1, DD5.1 engl./dt.), USA Import: New Line Studios (16:9, 1.85:1, DD5.1 engl.) **Pd** Robert De Niro, Jane Rosenthal, Barry Levinson **R** Barry Levinson **B** David Mamet, Hilary Henkin, nach einem Roman von Larry Beinhart **K** Robert Richardson **M** Mark Knopfler, Willie Nelson **S** Stu Linder **D** Robert De Niro (Conrad Brean), Dustin Hoffman (Stanley Motss), Anne Heche (Winifred Ames), Woody Harrelson (Sgt. William Schuman), Denis Leary (Fad King) **L** 97 **FSK** ab 12; f **FBW** bw **E** 26.3.1998/10.11.1998 Video/14.4.1999 DVD **fd** 33 055

WAGEN NACH WIEN (KOCAR DO VIDNE). Kurz vor Ende des Zweiten Weltkriegs erhängen Deutsche in der Tschechoslowakei einen Bauern als angeblichen Plünderer. Seine junge Frau will sich dafür an zwei versprengten Landsern rächen, die sie mit ihrem Pferdewagen in deren österreichische Heimat fahren soll, bringt es aber nicht fertig, sie zu töten. Einer der beiden Soldaten, verwundet, stirbt während der Fahrt; Partisanen erschießen den zweiten, mißhandeln die Frau und vergewaltigen sie als vermeintliche Nazi-Hure. Der in der tschechischen »Tauwetter«-Zeit entstandene Film von Procházka/Kachyna bricht Klischees von Recht und Unrecht auf und ist eine aufrüttelnde Mahnung zur Menschlichkeit. Wegen der ungewohnt kritischen Darstellung der Partisanen und der sympathischen Zeichnung eines deutschen Soldaten löste er in der CSSR heftige Diskussionen aus. 1966 erhielt er in Karlsbad einen Hauptpreis des Festivals, nach der sowjetischen Invasion (1968) wurde er verboten. – Sehenswert ab 16. ✦ Schwarz-weiß. CSSR 1966 **P** Filmstudio Barrandov **R** Karel Kachyna **B** Jan Procházka, Karel Kachyna **K** Josef Illík **M** Jan Novák **D** Iva Janzurová (Die junge Frau), Jaromír Hanzlík (Der junge Soldat), Ludek Munzar (Der Verwundete), Jaroslav Moucka, Vladimír Ptácek **L** 115 (gek. 75) **E** 3.7.1967 ZDF **fd** 14 834

WAGEN 54 BITTE MELDEN! (CAR 54 – WHERE ARE YOU). Der Müßiggang eines Streifenpolizisten ist jäh beendet, als ihm ein neuer Kollege zugewiesen wird, ein unerfahrener Primus von der Polizeiakademie. Richtig gefährlich wird es, als ihnen ihr Chef einen Kronzeugen in den Kofferraum legt, den sie vor der Mafia beschützen sollen. Die alberne Polizeiklamotte basiert auf einer US-Comedy-Serie aus den 60er Jahren. Doch über die schlecht erzählten Witze, einfallslosen Gags und platten Blödeleien können bestenfalls die drittklassigen Darsteller lachen. – Ab 14. ✦ USA 1991 **P** Orion **VA** Columbia TriStar **Pd** Robert H. Solo **R** Bill Fishman **B** Erik Tarloff **K** Rodney Sharters **M** Bernie Worrell, Pray For Rain **S** Alan Balsam, Earl Watson **D** David Johansen (Toody), John C. McGinley (Francis), Fran Drescher (Velma Velour), Nipsey Russell (Captain), Rosie O'Donnell (Lucille) **L** 85 **FSK** ab 12 **E** 7.6.1994 Video/20.6. 1995 premiere **fd** 30 905

WAGHALSIGE KURVEN (OZORNYJE POWOROTY). Ein Film um eine Motorradclique, der Kritik an unsportlicher Haltung und mangelndem Gemeinschaftssinn übt. Anspruchslose, nette Unterhaltung mit komödiantischen Tönen. – Ab 10. ✦ Scope, schwarz-weiß. UdSSR 1959 **P** Filmstudio Tallinn **KI** Progress **R** Julius Kun, Ewe Kiwi **B** D. Normet, S. Stern **K** Edgar Schtyrzkober **M** Gennadi Podelski **D** T. Luik (Waike/

Maret), Rejno Aren (Raiwo), P. Schmakow (Heino), Ewe Kiwi (Ewi), J. Orgulas (Ants) **L** 92 **E** 28.4.1961 Kino DDR

WAGNIS DER LIEBE (A HAZARD OF HEARTS). Eine attraktive Frau, die ein junger Lord im Glücksspiel gewann, kommt hinter das Geheimnis von Schloß Mandrake, in dem die Mutter des Lords eine grausame Regentschaft führt. Als die Schloßherrin wieder einmal in Geldnöten steckt, will sie die junge Frau verkaufen, was zum Konflikt mit dem Sohn führt, der sich in seinen »Spielgewinn« verliebt hat. Bestseller-Verfilmung um Liebe, Haß, Verrat und Intrigen im England des ausgehenden Mittelalters, die trotz hochkarätiger Besetzung ihre kolportagehafte Herkunft nicht verleugnen kann. – Ab 12. ✦ USA/Großbritannien/BR Deutschland/Österreich 1987 **P** Grade/ Gainsborough/BBC/ZDF/ORF **VA** Taurus **R** John Hough **B** Terence Feely, nach dem Roman von Barbara Cartland **K** Frank Watts **M** Laurie Johnson **S** Robert Dearberg **D** Diana Rigg (Lady Harriet), Helena Bonham Carter (Serena), Marcus Gilbert (Lord Vulcan, Jr.), Christopher Plummer (Giles Staverly), Stewart Granger (Lord Vulcan, Sr.), Fiona Fullerton (Lady Isabel) **L** 90 **FSK** ab 6 **E** 30.3.1988 Video/4.8.1990 DFF 2/8.7.1994 ZDF

DAS WAGNIS DES ARNOLD JANSSEN. Die Bemühungen des Priesters Arnold Janssen, eine Ausbildungsstätte für angehende China-Missionare während der Zeit des Kulturkampfs in Deutschland (1874/75) und damit die Steyler-Mission (SVD) zu gründen. Die filmische Umsetzung des interessanten kirchen- und missionsgeschichtlichen Themas leidet erheblich an der Konzentration auf Janssens kleinlich wirkende Auseinandersetzungen mit Priestern und Bischöfen und der fehlenden Darstellung des politischen und kulturellen Hintergrundes. – Ab 12. ✦ BR Deutschland 1982 **P** Provobis/Steyler-Mission **KI** Chronos **R+B** Henri Walter **K** Vladimir Koci, Martin Meyer **M** Claus Bantzer **S** Bim Hansen, Drahomira Cicek **D** Nikolas Lansky (Pater Arnold Janssen), Guido Gagliardi (Raimondi), Rolf Becker (Bischof Brinkmann), Manfred Tümmler (von Essen), Arnold Marquis **L** 89 **FSK** ab 6; f **E** 4.3.1983 **fd** 23 936

WAGNIS IM EWIGEN EIS →Sagarmatha – Wagnis im ewigen Eis

WAGONS EAST! (WAGONS EAST!). Eine Gruppe pioniermüder Menschen ist den Wilden Westen leid und will zurück an die Ostküste. Da die Eisenbahngesellschaft nur Regierungsgelder erhält, wenn die Bevölkerung im Westen ständig zunimmt, heuert sie einen Killer an, der die Rückzugswilligen dezimieren soll. Der glücklose Mann wird von einer Kavallerie-Einheit abgelöst, die dem Treck ein Standard-Massaker »verspricht«. Eine originelle, böse Persiflage auf amerikanische Tugenden, den Pioniermythos und Westernmotive, die durch einfallsreiche Gags, originelle Figuren und viel schwarzen Humor vergnügliche Unterhaltung bietet. (Titel auch: »Wagons East – Der Schrecken vom Rio Grande«) – Ab 12. ✦ USA 1994 **P** Outlaw **VA** VCL **Pd** Gary M. Goodman, Barry Rosen, Robert Newmyer, Jeffrey Silver **R** Peter Markle **B** Matthew Carlson **K** Frank Tidy **M** Michael Small **S** Scott Conrad **D** John Candy (James Harlow), Richard Lewis (Phil Taylor), John C. McGinley (Julian), Ellen Greene (Belle), Robert Picardo (Ben Wheeler) **L** 104 **FSK** ab 6 **E** 19.12.1995 Video **fd** 31 749

DIE WAHL (1986). Angesichts der Not im Dorf bricht eine Familie auf und verkauft Esel und Wagen in der Stadt, um anderswo ihr Glück zu versuchen. Ein ruhiger und intimer Film, der sich mit universellen menschlichen Problemen auseinandersetzt, das Thema der wirtschaftlichen Entwicklung jedoch nur am Rande berührt und sich auf die Schönheit des ländlichen Afrika und die Ausdruckskraft seiner Bewohner konzentriert. ✦ Burkina Faso 1986 **R** Idrissa Ouédraogo **L** 75 **E** 20.7.1995 arte

DIE WAHL (1990) (DIE WAHL). Die Regierungsratswahlen 1986 im Kanton Bern (Schweiz): Nach 140 Jahren bürgerlicher Mehrheit gibt das Stimmvolk einer rot-grünen Koalition die Chance. Dabei erhält erstmals eine Frau Einsitz in der Berner Exekutive: Leni Robert von der Freien Liste. Vier Jahre später, bei der erneuten Wahl, siegt die Tradition, und die Herren übernehmen wieder das Zepter. Indem Tobias Wyss der Erziehungsdirektorin Leni Robert im letzten Jahr ihrer Amtszeit durch die politischen Institutionen und den Wahlkampf folgt, entsteht ein ernüchterndes Bild der Männerdomänen, deren Rituale und der vielgepriesenen schweizerischen Demokratie insgesamt. Der Film liefert weniger das Porträt einer engagierten Politikerin als die Momentaufnahme einer apolitischen Gesellschaft. ✦ Schweiz 1990 **P** Wyss Prod. **Pd+R** Tobias Wyss **B** Tobias Wyss, Heinz Däpp **K** Thomas Albrecht **S** Lilo Gerber **L** 97 **E** Schweiz

WAHL DER WAFFEN (LE CHOIX DES ARMES). Ein entflohener Sträfling trifft auf einen ehemaligen Ganoven, der sich mittlerweile zum gesetzestreuen Bürger gewandelt hat, und löst damit eine Kette von dramatischen Ereignissen aus, die zum Tod der Frau des einstigen Gangsters und schließlich auch des Verbrechers führen. Der Ehemann, der zwischen dem Verlangen nach Rache und Solidarität mit dem Gejagten schwankt, verzichtet schließlich auf seine Rache. Harter, effektsicherer Gangsterfilm mit humaner Botschaft und vorzüglicher Besetzung, spannend und auf hohem Niveau inszeniert. ✦ Frankreich 1981 **P** Sara/Parafrance/Radio Monte Carlo/Antenne 2 **KI** Concorde **R** Alain Corneau **B** Alain Corneau, Michel Grisolia **K** Pierre-William Glenn **M** Philippe Sarde **S** Thierry Derocles **D** Yves Montand (Noël), Gérard Depardieu (Mickey), Catherine Deneuve (Nicole), Michel Galabru (Bonnardot), Gérard Lanvin (Sarlat) **L** 135 **FSK** ab 16; f **FBW** bw **E** 30.10.1981 **fd** 23 176

WAHL DES ZIELS (WYBOR ZELI). Im Wettlauf mit anderen Staaten entwickelt der sowjetische Physiker Igor Wassiljewitsch Kurtschatow die sowjetische Atombombe. Der Versuch, eine wissenschaftliche Leistung in historische und politische Zusammenhänge zu bringen. – Ab 16. ✦ Scope. UdSSR 1975 **P** Mosfilm **KI** Progress **R** Igor Talankin **B** Daniil Granin **K** Naum Ardaschnikow **M** Alfred Schnittke **D** Sergej Bondartschuk (Kurtschatow), Georgi Shonow (Subawin), Nikolai Wolkow (Joffe), Irina Skobzewa (Marina Dimitrijewna), Nikolai Burljajew (Fedja) **L** 146 **E** 13.5. 1976 DFF 2/10.9.1976 Kino DDR

WÄHLE DAS LEBEN. Ein mit authentischem Bildmaterial gestalteter Dokumentarfilm, der am Beispiel Hiroshimas die erschreckenden Auswirkungen der Nuklearwaffen zeigt. Ein nüchterner, unpathetischer Appell zur Ächtung der Atombombe. – Ab 14. ✦ Schwarz-weiß. Schweiz/Schweden/Österreich 1963 **P** Deutsch/Leiser **Pd** Hans Deutsch, Erwin Leiser **R+B** Erwin Leiser **K** Jean-Marc Ripert, Hiroshi Segawa, Otto Ritter **M** Robert Blum **L** 55 **E** Schweiz

DIE WAHLKÄMPFER (DIE WAHLKÄMPFER). Dokumentarfilm über die Freiheitliche Partei Österreichs (FPÖ), ihren Vorsitzenden Jörg Haider und über Funktionäre und Anhänger der Rechtspartei im liberalen Gewand. Im Reportagestil wird der Versuch unternommen, sich der FPÖ und ihrem Gedankengut von den Rändern her zu nähern, wobei die Aussagen der Gesprächspartner letztlich ebenso wirkungs- und voraussetzungslos bleiben wie das Konzept des Films. Macht und Strategien der Partei werden aus den dargelegten Fakten nicht ableitbar. – Ab 16. ✦ Österreich 1992 **P** Allegro-Film **KI** Unidoc **SF** Unidoc **VA** Unidoc **Pd+R** Helmut Grasser **B** Helmut Grasser, Hubert Canaval **K** Peter Zeitlinger, Othmar Schmiderer **S** Hubert Canaval **L** 118 **E** Juni 1994/Neustart 11.11.1999 **fd** 30 829

DER WAHLK(R)AMPF (LEFT, RIGHT AND CENTRE). Im Fernsehen auftretender Arktisforscher wird von seinem geschäftstüchtigen Lord-Onkel zum konservativen Kandidaten für die Nachwahl in einer englischen Kleinstadt nominiert. Dort verliebt er sich in die sozialistische Gegenkandidatin. Satirische Groteske, die ihre Seitenhiebe nach allen Seiten gleichmäßig, allerdings nicht immer geschmackvoll austeilt. – Ab 14 möglich. ✦ Schwarz-weiß. Großbritannien 1959 **P** British Lion/Launder & Gilliat **Pd+R** Sidney Gilliat, Frank Launder **B** Sidney Gilliat, Val Valentine **K** Gerald Gibbs **M** Humphrey Searle **S** Geoffrey Foot **D** Ian Carmichael (Robert Wilcot), Patricia Bredin (Stella Stoker), Richard Wattis (Harding-Pratt), Alastair Sim (Lord Wilcot), Eric Barker (Bert Glimmer) **L** 95 **E** 25.9.1961 ARD

DIE WAHLVERWANDTSCHAFTEN (LES AFFINITES ELECTIVES). Chabrols recht textgetreue, aber auch recht belanglose Fernseh-Adaption des Altersromans von Goethe – Gäste bringen das beschauliche Leben eines Ehepaares auf dessen Landgut durcheinander: Eduard fühlt sich zu Charlottes Nichte Ottilie hingezogen, Charlotte wiederum zum Hauptmann, dem Freund ihres Mannes. ✦ Frankreich/BR Deutschland/CSSR 1981 **P** Galaxy Film/Telecip/Studio Barrandov/FR 3 **Pd** Philippe Kenny, Hans Gottschalk, Jochen Graubner **R** Claude Chabrol **B** Roger Grenier, nach dem Roman von Johann Wolfgang von Goethe **K** Jean Rabier **M** Pierre Jansen **S** Monique Fardoulis **D** Helmut Griem (Eduard), Stéphane Audran (Charlotte), Michael Degen (Hauptmann), Pascale Reynaud (Ottilie), Josef Langmiler (Mittler) **L** 118 **E** 4.4. 1982 ARD

WAHLVERWANDTSCHAFTEN (1971). Tschechoslowakische Dokumentation über den »Prager Frühling«. Sie beginnt mit dem Sturz Novotnys und endet mit der Wahl Svobodas zum Staatspräsidenten. Genau beobachtet, überzeugend, eindringlich. Zur Information über die Ereignisse des Frühjahres 1968 – besonders auch nach dem Scheitern der tschechischen Reformer – bedeutsam. (O.m.d.U.) – Sehenswert ab 16. ✦ CSSR 1971 **R** Karel Vachek, Petr Brada **L** 70 **E** 23.8.1971 ARD

WAHLVERWANDTSCHAFTEN (1974). Ernsthaft um Werktreue bemühter DEFA-Film nach Goethes in der Zeit der Napoleonischen Kriege spielendem Roman. Ein Ehepaar sieht sich mit intensiven Gefühlen für zwei andere Menschen konfrontiert, wodurch die vier Personen in einen schweren Konflikt zwischen sittlicher Übereinkunft und subjektiver Leidenschaft geraten. Im historischen Dekor und im Dialog verfehlt der Film die Problematik der Vorlage; Verkürzungen und Straffungen führen bisweilen zur Unverständlichkeit des Ablaufs. Was bei Goethe als Zusammenprall von Sitten- und Naturgesetz dargestellt ist, erscheint im Film als ein Infragestellen von Norm, Moral und Ethik der bürgerlichen Ehe. Für Literaturfreunde dennoch ein bemerkenswerter Beitrag. – Sehenswert ab 14. ✦ Scope. DDR 1974 **P** DEFA, Gruppe »Roter Kreis« **KI** Progress **VA** Icestorm **Pd** Bernd Gerwien **R** Siegfried Kühn **B** Regine Kühn, Siegfried Kühn, nach dem gleichnamigen Roman von Johann Wolfgang Goethe **K** Claus Neumann **M** Karl-Ernst Sasse **S** Renate Bade, Helga Krause **D** Beata Tyszkiewicz (Charlotte), Hilmar Thate (Eduard), Magda Vásáryová (Ottilie), Gerry Wolff (Hauptmann), Horst Schulze (Mittler), Christine Schorn (Baronesse) **L** 103 **FSK** ab 6 (Video) **E** 27.8. 1974 Kino DDR/17.7.1976 DFF 2/13.4.1978 WDR/ 29.6.1999 Video

WAHLVERWANDTSCHAFTEN (1996) (LE AFFINITA ELETTIVE / LES AFFINITES ELECTIVES). Neuerliche Adaption von Goethes großem Romanwerk über die Geometrie der Liebe. Angesiedelt in der Toskana zu Beginn des 19. Jahrhunderts, sind vier Personen so sehr mit sich selbst und ihren Gefühlen beschäftigt, daß sie weder ihre Umwelt noch die gesellschaftlichen Erschütterungen ihrer Zeit wahrnehmen. Doch ihre Suche nach maximaler Harmonie ist zum Scheitern verurteilt. Ein in seiner ebenso kalten wie hochartifiziellen Form nur schwer zu ertragendes filmisches Experiment mit menschlichen Gefühlen, das nur in wenigen Momenten einen Hauch von Wärme spüren läßt. Überwiegend vermittelt der analytische

Blick das ernüchternde Dokument geistiger Leere. – Ab 16 möglich. ✦ Italien/Frankreich 1996 **P** Film Tre/Gierre/RAI/Florida **KI** Filmwelt-Prokino **VA** Arthaus **Pd** Grazia Volpi **R** Paolo Taviani, Vittorio Taviani **B** Paolo Taviani, Vittorio Taviani, nach dem Roman von Johann Wolfgang v. Goethe **K** Giuseppe Lanci **M** Carlo Crivelli **S** Roberto Perpignani **D** Isabelle Huppert (Carlotta), Jean-Hugues Anglade (Edoardo), Fabrizio Bentivoglio (Ottore), Massimo Popolizio (Marchese), Laura Marinoni (Marchesa) **L** 98 **FSK** ab 12; f **E** 23.1.1997/1.9.1997 Video/23.4.1998 premiere **fd** 32 358

WAHN DER SÜSSEN JUGEND (THE SMASHING BIRD I USED TO KNOW/SCHOOL FOR UNCLAIMED GIRLS). Eine junge Frau, die sich für den Tod ihres Vaters verantwortlich fühlt, wird in ein Heim eingewiesen, als sie den Liebhaber ihrer Mutter, der sich an ihr vergehen wollte, schwer verletzt. Auch nach ihrer Entlassung findet sie keine Ruhe. Psychologisches Drama als sanfte Variante des Frauengefängnisfilms; von überzeugenden Darstellern getragen. – Ab 16. ✦ Großbritannien 1969 **R** Robert Hartford-Davis **B** John Peacock **D** Madeleine Hinde (Nicki Johnson), Renée Asherson (Anne Johnson), Dennis Waterman (Peter), Patrick Mower (Harry Spenton), Faith Brook (Dr. Sands), Janina Faye (Susan), David Lodge (Richard Johnson) **L** 95 **E** 30.4.1995 RTL 2

WAHN DES HERZENS (TREE OF HANDS). Eigentlich wollte eine Autorin auf dem Erfolg ihres ersten Buches ihr Glück aufbauen. Doch das große Haus in London steht verwaist, als ihr kleiner Sohn, dem sie ein Leben in Harmonie bereiten wollte, stirbt. Zusätzliche Probleme stellen sich durch ihre boshafte Mutter ein, die eines Tages ein Kind entführt und mit nach Hause bringt. Die Anwesenheit des fremden Jungen lindert ein wenig den Schmerz über den Verlust des eigenen Kindes, aber die Entführung macht die reiche Autorin erpreßbar. Ziemlich sentimentale Fernseh-Kolportage. – Ab 16. ✦ USA 1988 **R** Giles Foster **B** Gordon Williams **K** Kenneth MacMillan **D** Helen Shaver (Benet Archdale), Lauren Bacall (Marsha Archdale), Peter Firth, Paul McGann (Barry), Kate Hardie (Carol) **L** (TV) 90 **E** 12.11.1990 Tele 5

WAHNFRIED (RICHARD ET COSIMA). Anekdotisch aneinandergereihte Szenen aus dem Liebes- und Eheleben von Richard und Cosima Wagner, die sich in stilisierten Gesprächen und Gebärden feiern und loben, streiten und provozieren, um die »Tauglichkeit« ihrer Beziehung zu erproben. Ein sich weder um historische Einordnung noch um das authentische Einbeziehen des musikalischen Schaffens Wagners kümmernde Beschreibung ihres Innenlebens; eine Gratwanderung zwischen kunstvoll-künstlicher (Selbst-)Darstellung und Entlarvung des Banalen. In einer nicht immer überzeugenden Verquickung von Drama und Komödie wird eine Paarbeziehung beschrieben, die oftmals gleichzeitig lächerlich und anrührend wirkt. (Fernsehtitel auch: »Richard und Cosima«) – Ab 16. ✦ BR Deutschland/Frankreich 1986 **P** Pro-ject/SWF/Star **KI** Filmverlag der Autoren **Pd** René Letzgus, Dietrich Mack **R** Peter Patzak **B** Reinhard Baumgart, nach seinem gleichnamigen Roman **K** Anton Peschke **M** Richard Wagner, Franz Liszt **S** Michou Hutter, Nicole Schmied, Bettina Papou **D** Otto Sander (Richard Wagner), Tatja Seibt (Cosima Wagner), Fabienne Babe (Judith Mendes-Gauthier), Peter Matic (Hans von Bülow), Anton Diffring (Franz Liszt) **L** 112 (TV 180) **FSK** ab 12; f **FBW** bw **E** 11.6.1987 (Kinofassung)/26.,27.12.1987 EINS PLUS **fd** 26 245

WAHNSINN BIS ZUM UNTERGANG (KAMIKAZE (PART I: PEARL HARBOR – HIROSHIMA)). Ein aus amerikanischem und japanischem Archivmaterial mit nahezu reißerischer Technik erstellter Dokumentarfilm über Geschichte und Ablauf des Zweiten Weltkriegs auf dem fernöstlichen Schauplatz, von Pearl Harbor bis Hiroshima. Formal beeindruckend und in der Faktenvermittlung wie -deutung aufschlußreich. Der französische Autor geht davon aus, daß die Atombombe auf Hiroshima kriegsbeendend und mithin notwendig gewesen sei. ✦ Schwarz-weiß. Frankreich 1960 **P** Le Film d'Art/Irya/CBS Europe **KI** Constantin **Pd+R** Perry Wolff **K** USN Photographic Center, Signal Corps der US Army, Library of Congress, Acagi Film, Japan, Mismoto Film, Japan, USAF Central Film Depository **M** Norman Dello Joio **S** Françoise Diot **L** 84 **FSK** ab 12; f **FBW** w **E** 26.8.1960 **fd** 9 473

WAHNSINN, DAS GANZE LEBEN IST WAHNSINN. Eine 16jährige Schülerin berichtet in ihrem Tagebuch von ihren Träumen und Sehnsüchten, vor allem von ihrer Beziehung zu einem Mann. Dieses Gefühl nimmt sie, mehr unbewußt, zum Anlaß für Tagträume und die Flucht vor ganz konkreten Problemen wie Berufssuche und Rollenkonflikte. Der Film läßt sich völlig auf die Gefühle und Gedanken seiner Hauptdarstellerin ein und reproduziert deren Träume von einer heilen Welt mit entsprechend kitschigen Bildern. Ein in sich stimmiges Porträt, das zur Auseinandersetzung mit den Problemen Jugendlicher beiträgt. – Ab 16. ✦ BR Deutschland 1978 **P** C & H/ZDF **SF** Basis **Pd** Richard Claus, Petra Haffter **R** Petra Haffter **B** Petra Haffter, Richard Claus, nach dem Tagebuch von Karin Q. **K** Richard Claus **M** Artischock **S** Richard Claus **D** Germaine Radinger (Karin Q.), Ronny Tanner (Robert), Andrea Schurig (Evelyn), Ludwig Kaschke (Richard), Ellen Esser (Karins Mutter) **L** 88 **FSK** ab 16; f **E** 28.6.1979 ZDF

WAHNSINN – DER TOD HAT NUR EINEN BUCHSTABEN (W – TERROR IS A ONE LETTER WORD / I WANT HER DEAD). Psychothriller um ein geheimnisvolles Doppelleben: Eine zum zweitenmal verheiratete Frau sieht sich kurz hintereinander mehreren Beinahe-Unfällen ausgesetzt, bei denen der Buchstabe »W« eine wesentliche Rolle spielt. Dies ist der Anfangsbuchstabe des Namens ihres ersten Ehemannes, der wegen eines Mordes, den er nicht begangen hat, im Gefängnis sitzt. Allmählich wird die unter Gedächtnisverlust leidende Frau von ihrer Vergangenheit eingeholt. (TV-Titel: »W – Der Tod hat nur einen Buchstaben«) ✦ USA 1974 **P** Cinerama/Bing Crosby Prod. **VA** Vestron **Pd** Mel Ferrer **R** Richard Quine **B** Gerald Di Pego, James Kelly **K** Gerald Hirschfeld **M** Johnny Mandel **S** Gene Milford **D** Twiggy (Katie Lewis), Michael Witney (Ben Lewis), Eugene Roche (Charles Jasper), Dirk Benedict (William Caulder), John Vernon (Arnie Felson) **L** 92 **FSK** ab 16 **E** Juli 1985 Video

DER WAHNSINN DER / UND DIE / REVOLUTION (LA FOLLIA (D)E(L)LA RIVOLUZIONE). Videomitschnitt einer internationalen Psychoanalyse-Tagung zum Thema Wahnsinn, die am 2. Dezember 1976 in Mailand stattfand. Das Material will die verschiedenen Ansätze dieser Wissenschaft darstellen und verzichtet bewußt auf das kinematografische Gestaltungsmittel der Montage, um das Augenmerk auf die Sprache und die Ausdrucksweise der Redner zu lenken. Die Reportage wurde auf Video aufgenommen und später auf 16mm-Film kopiert. ✦ Schwarz-weiß. Italien 1977 **P** BA-SI-CA **SF** Freunde der Deutschen Kinemathek **R+B+K** Franco Barbero, Claudio Caligari **L** 73 **E** 1978 Kino

DER WAHNSINN DES DR. CLIVE (OBSESSION / THE HIDDEN ROOM). Ein begabter Arzt will sich an seiner untreuen Frau rächen und ihren letzten Liebhaber durch ein perfektes Verbrechen beseitigen: Er hält ihn in einem Londoner Trümmerviertel monatelang gefangen, bis er genügend Säure für die geplante spurlose Beseitigung des Liebhabers in einer Wanne angesammelt hat. Ein Hund bringt schließlich die Rettung. Trotz bemühter Regie und Darstellung ein unglaubhaft überzogener Thriller. – Ab 16. ✦ Schwarz-weiß. Großbritannien 1949 **P** Independent/General Film/Rank/Eagle Lion **KI** Eagle Lion **Pd** N.A. Bronsten **R** Edward Dmytryk **B** Alec Coppel, nach seinem Theaterstück »A Man About a Dog« **K** C. Pennington-Richards **M** Nino Rota **S** Lito Carruthers **D** Robert Newton (Dr. Clive Riordan), Sally Gray (Storm Riordan), Phil Brown (Bill Kronin), Naunton Wayne (Superintendent Finsbury) **L** 95 **FSK** ab 16; nf **E** 4.8.1950 **fd** 851

WAHNSINN OHNE HANDICAP (CADDYSHACK). Klamaukhafte Komödie über eine Gruppe von exzentrischen Typen, die einen Golfplatz bevölkern. Ohne nennenswerte Handlung mischt der Film Elemente des Nonsens-Humors mit Zügen der Teenager-Komödie zu einer nur gelegentlich amüsanten Unterhaltung. (Alternative Fernsehtitel: »Caddyshack«, »Caddyshack – Wahnsinn ohne Handicap«, »Caddyshack – Terror auf dem Golfplatz«) – Ab 16. ✦ USA 1980 **P** Orion/Warner Bros. **VA** Warner Home **DVD** Warner Home (16:9, 1.85:1, Mono engl./dt.) **Pd** Douglas Kenney **R** Harold Ramis **B** Brian Doyle-Murray, Harold Ramis, Douglas Kenney **K** Stevan Larner **M** Johnny Mandel, Kenny Loggins **S** William Carruth **D** Chevy Chase (Ty), Rodney Dangerfield (Al), Bill Murray (Carl), Ted Knight (Judge), Michael O'Keefe (Danny) **L** 94 **FSK** ab 16 **E** Juni 1987 Video/30.6.1999 DVD **fd** 26 469

DIE WAHNSINNIG TRAURIGE PRINZESSIN (SILENE SMUTNA PRINCEZNA). Märchenfilm um die Liebe einer Prinzessin zu ihrem Prinzen. – Ab 6. ✦ CSSR 1967 **P** Filmstudio Barrandov **KI** Progress **VA** IMV **R** Borivoj Zeman **B** Frantisek Vlcek, Borivoj Zeman **K** Frantisek Valert **M** Jan Hammer jr. **D** Helena Vondráchová (Prinzessin), Václav Neckár (Prinz), Jaroslav Marvan (König Heinrich), Bohus Záhorsky (König Leberecht) **L** 73 **FSK** o. A. **E** 5.12.1969 Kino DDR/27.12.1977 DFF 1

DER WAHNSINNIGE ZAUBERKÜNSTLER (THE MAD MAGICIAN). Ein Zauberkünstler und Meister der Verwandlung bringt in einem Wutanfall seinen ehemaligen Chef um und schlüpft in dessen Identität. Weitere Morde und Verkleidungen schließen sich an, da der Mörder seine Tat verschleiern will. Ein Detektiv entkommt dank seiner Verlobten im letzten Moment einem Anschlag. Naive Gruselunterhaltung mit Seriencharakter, die an Vincent Price' überraschenden Erfolg mit »Das Kabinett des Professor Bondi« anknüpfen wollte und wie jener ursprünglich in 3-D produziert wurde. ✦ Schwarz-weiß. USA 1954 **P** Columbia **Pd** Bryan Foy **R** John Brahm **B** Crane Wilbur **K** Bert Glennon **M** Emil Newman, Arthur Lange **S** Grant Whytock **D** Vincent Price (Gallico), Donald Randolph (Ross Ormond), Eva Gabor (Claire), Patrick O'Neal (Bruce Allen), Mary Murphy (Karen Lee) **L** 72 **E** 23.3.1982 NDR

WAHNSINNS-TRIP (CLASS OF NUKE'EM HIGH PART II: SUBHUMANOID MELTDOWN). Im Keller eines Atomkraftwerkes in New Jersey züchten Professoren eine Rasse weiblicher »Subhumanoiden«, die den Studentinnen eines nahen Colleges zum Verwechseln ähnlich sehen, einen zweiten Mund in ihrem Nabel haben und jeden Augenblick von der »Zellschmelze« befallen werden können. Dies ist die Ausgangsidee für eine »Komödie« voller Sex und Horror der scheußlichsten Art, die einen Generalangriff auf die Grenzen des Geschmacks darstellt. (Fortsetzung des Films »Die Klasse 1994«) – Wir raten ab. ✦ USA 1990 **P** Troma/Pink Flower **VA** VPS **DVD** Troma (FF, Mono engl./dt.) **Pd** Lloyd Kaufman, Michael Herz, David Greenspan **R** Eric Louzil **B** Lloyd Kaufman, Carl Morano, Matt Unger **K** Ron Chapman **M** Bob Mithoff **S** Gordon »The Axe« Grinberg **D** Brick Bronski (Reporter Roger Smith), Lisa Gaye (Prof. Holt), Leesa Rowland (Victoria), Scott Resnick (Deonora), Shelby Shephard (Prof. Jones) **L** 92 (gek. 85) **FSK** ab 18 (gek. 16) (DVD 18) **E** 4.7.1991 Video/Dezember 2000 DVD **fd** 29 020

EINE WAHNSINNSEHE. Die Geschichte einer in den Endsechzigern geschlossenen Ehe zwischen einer gutbürgerlichen Revoluzzerin und einem Polizisten. Die Frau ist ständig auf dem Selbstverwirklichungstrip, den er dann, immer einen Schritt zu spät, nachäfft. Eine Ansammlung mehr oder weniger witziger Episoden, die eher Typen karikieren als Charaktere entwickeln; inszenatorisch ohne Fehl und Tadel, aber ganz den »Gesetzen« der Fernsehdramaturgie verhaftet. – Ab 16. ✦ BR Deutschland 1990 **P** Olga Film/ZDF **Pd** Helmut Rasp, Harald Kügler **R** Sönke Wortmann **B** Karlheinz Freynik **K** Rolf Paulerberg **M** Rolf G. Wehmeier **S** Wolfgang Raabe **D** Barbara Auer (Jana), Thomas Heinze (Till), Heinrich Schafmeister (Strubel), Katharina Müller-Elmau (Sabine), Jan Biczycki (Edgar Vierling), Barbara Lass (= Barbara Kwiatkowska) (Herta Vierling), Thomas Schulte-Michels (Professor März), Ulrike Kriener (Claudia März), Joachim Król **L** 97 **E** 12.11.1990 ZDF

EINE WAHNSINNSFAMILIE (PARENTHOOD). Probleme, Katastrophen, skurrile und traurige Vorfälle in einer amerikanischen Durchschnittsfamilie, inszeniert als flotte Komödie, die zwischen boshaftem Witz und nachsichtiger, menschenfreundlicher Komik schwankt. Die Institution der Familie und das Verhältnis zwischen Eltern und Kindern werden zwar problematisiert, aber nicht prinzipiell in Frage gestellt, so daß der versöhnliche Gestus dominiert. Kurzweilige Hollywood-Unterhaltung, die stellenweise zum Nachdenken anregt. – Ab 16. ✦ USA 1989 **P** Imagine Films (für Universal) **KI** UIP **VA** CIC **DVD** Universal Home (FF P&S, DS engl./dt.) **Pd** Brian Grazer **R** Ron Howard **B** Lowell Ganz, Babaloo Mandel **K** Donald McAlpine **M** Randy Newman **S** Michael Hill, Daniel Hanley **D** Steve Martin (Gil), Mary Steenburgen (Karen), Dianne Wiest (Helen), Jason Robards (Frank), Rick Moranis (Nathan), Tom Hulce (Lary) **L** 124 **FSK** ab 12; f **FBW** bw **E** 7.6.1990/3.1.1991 Video/4.1.1992 premiere/1.2.2000 DVD **fd** 28 362

WAHNSINNSJAGD UM MITTERNACHT → Midnight Madness

WAHNSINNSNACHT (A CRAN). Eine betrogene Ehefrau streift mit einem fremden jungen Mann eine Nacht lang durch Paris, besucht schäbige Vorstadt-Bistros, albert am Seine-Ufer herum. Ein unspektakuläres Porträt zweier einsamer Menschen, vorzugsweise in Halbtotalen und Nahaufnahmen fotografiert und souverän inszeniert als Gratwanderung zwischen Beziehungsdrama und Komödie. (O.m.d.U.) ✦ Frankreich 1994 **P** Odessa/La Sept Cinéma **R+B** Solange Martin **K** Antoine Roch, Jean-René Duveau, Nicholas Quicheteau **M** Laurent Petitgand **S** Camille Cotte, Valérie Arlaud, Emmanuelle Poinsot, Luc Golfin **D** Clémentine Célarié (Clara), Bruno Todeschini (Robert), Sotigui Kouyaté (»le pompiste«), Andrée Damant (Marie-Rose), Asil Raïs (Hotelrezeptionist) **L** 88 **E** 12.1.1998 arte **fd** 32 939

DAS WAHRE ENDE DES GROSSEN KRIEGES (PRAWDZIWY KONIEC WIELKIEJ WOJNY). Ein aus dem Konzentrationslager heimgekehrter Architekt findet nicht mehr in die Welt des normalen Alltags zurück: Von Erinnerungen an die Schrecken der Haftzeit heimgesucht und von seiner Umwelt unverstanden, nimmt er sich das Leben. Ein düsteres Kammerspiel, in seinem radikalen Verzicht auf hoffnungsfrohe Ausblicke und in seiner hermetischen, spätexpressionistischen Düsternis neben Wajdas »Asche und Diamant« das exemplarische Werk des polnischen Films der 50er Jahre. – Sehenswert. ✦ Polen 1957 **P** Film Polski **R** Jerzy Kawalerowicz **B** Jerzy Zawiejski, Jerzy Kawalerowicz, nach einer Novelle von Jerzy Zawiejski **K** Jerzy Lipman **M** Adam Walacinski **D** Lucyna Winnicka, Roland Glowacki, Janina Sokolowska **L** 85 **E** 31.12.1966 WDR

WAHRE FREUNDE (THE GUYS). Ein mit der Diagnose Lungenkrebs konfrontierter Nichtraucher bemüht sich erfolgreich, vor seinem Tod das Leben seiner Freunde zu ordnen und seinen kettenrauchenden Kollegen von der Sucht zu befreien. Eine merkwürdige Mischung aus melancholischer Komödie und Problemfilm, dessen Appell zu ungebrochenem Optimismus angesichts des Todes die eigentlichen Probleme zugunsten verlogener Unterhaltung vernachlässigt. – Ab 14 möglich. ✦ USA 1990 **P** Glenn Jordan Prod. **VA** CIC **Pd+R** Glenn Jordan **B** William Link **K** Steve Yaconelli **M** David Shire **S** Eric Sears **D** James Woods (Walter), John Lithgow (Artie), Joanna Gleason, Eve Gordon, Alan Rosenberg **L** 92 **FSK** ab 12 **E** 8.5.1991 Video/12.5.1992 premiere **fd** 29 236

EINE WAHRE GESCHICHTE (NEPRIDUMANNAJA ISTORIJA). Eine junge Ehe zerbricht an der unterschiedlichen Auffassung der Partner – Mann und Frau sind Montagearbeiter – über das Verhältnis von beruflicher und familiärer Verantwortung. Ein uninteressanter Film, der seinem Thema keinen entsprechenden Rahmen zu geben vermag. – Ab 14. ✦ Schwarz-weiß. UdSSR 1964 **P** Mosfilm **KI** Progress **R** Wladimir Gerassimow **B** Ilja Swerjew, Juli Dunski, Valeri Frid, nach dem Roman »Was der Mensch braucht« von Ilja Swerjew **K** Galina Pyschkowa **M** Alexej Murawljow **D** Shanna Prochorenko (Warja), G. Epifanzew (Anatoli), Leonid Kurawljew (Kostja), Vitali Doronin (Stepan), Valentina Beresuzkaja (Schura) **L** 92 **E** 4.12.1964 Kino DDR

DIE WAHRE GESCHICHTE DER MENENDEZ-BRÜDER (MENENDEZ: A KILLING IN BEVERLY HILLS). Zweiteiliger Film über ein Brüderpaar, das im August 1989 aus ungeklärten Motiven seine Eltern in Beverly Hills ermordete. (Schweizer Fernsehtitel: »Familiendrama in Beverly Hills: Die Menendez-Brüder«) ✦ USA 1994 **R** Larry Elikann **B** Philip Rosenberg **D** Edward James Olmos (Jose Menendez), Beverly D'Angelo (Kitty Menendez), Damian Chapa (Lyle Menendez), Travis Fine (Erik Menendez), Julio Oscar Mechoso (Lieutenant Ramon Arguello) **L** 88/97 **E** 26.,28.7.1995 RTL (zwei Teile)

DIE WAHRE GESCHICHTE DES FRANK MANNATA → Die Wahrheit über Frank Mannata

DIE WAHRE GESCHICHTE DES SPIT MACPHEE. Ein zehnjähriger Waisenjunge legt sich mit den Bewohnern einer australischen Kleinstadt an, weil er selbst bestimmen will, wer nach dem Tod seines Großvaters seine Eltern werden. Kinderfilm um einen selbstbewussten Jungen. ✦ Australien 1988 **R** Marcus Cole **D** Phillip Hancock (Spit MacPhee), John Mills (Fyfe MacPhee), Rebecca Smart (Sadie Tree), Elspeth Ballantyne (Grace Tree), John Bach (Jack Tree) **L** 90 **E** 31.10.2000 Bayern 3

EINE WAHRE GESCHICHTE – THE STRAIGHT STORY (THE STRAIGHT STORY). Weil er nicht mehr Auto fahren kann und auch von niemandem gefahren werden möchte, setzt sich ein 73-jähriger Mann auf seinen Rasenmäher, um die lange Reise von Iowa nach Wisconsin zurückzulegen. Nach zehn Jahre währendem Streit will er sich dort mit seinem Bruder versöhnen, der einen Herzanfall erlitten hat. Auf seiner Fahrt durch die Provinz begegnet er unterschiedlichen Schicksalen, vor allem aber großer Menschlichkeit und Hilfsbereitschaft. Nach einem bisherigen Kinowerk, das von gesellschaftlichem und psychologischem Horror handelt, entwirft David Lynch hier die Utopie einer von Nächstenliebe gekennzeichneten Welt, inszeniert mit großem Geschick und einer trotz gedehntem Tempo faszinierenden Erzählweise. Nur manchmal scheint sich die düstere Gegenwelt zu Wort zu melden, die jedoch gegen die innere Ruhe und Lebensweisheit der Hauptfigur nichts ausrichten kann. – Sehenswert ab 12. ✦ Scope. USA 1999 **P** Picture Factory/Les Films Alain Sarde/Le Studio Canal+ **KI** Senator **VA** BMG **DVD** BMG (16:9, 2.35:1, DD5.1 engl./dt.) **Pd** Alain Sarde, Mary Sweeney, Neal Edelstein **R** David Lynch **B** John Roach, Mary Sweeney **K** Freddie Francis **M** Angelo Badalamenti **S** Mary Sweeney **D** Richard Farnsworth (Alvin Straight), Sissy Spacek (Rose), Harry Dean Stanton (Lyle), Jane Galloway Heitz (Dorothy), Joseph A.Carpenter (Bud) **L** 111 **FSK** o. A.; f **E** 2.12.1999/27.6.2000 Video/18.12. 2000 DVD **fd** 33 981

DIE WAHRE GESCHICHTE VON AH Q (AH Q ZHEN ZHUAN). Die Geschichte eines vom Leben arg gebeutelten chinesischen Handlangers, der in den Revolutionswirren von 1911 zum Plünderer und mit dem Tode bestraft wird. Eine interessante Studie eines unwerten Menschen innerhalb einer nur auf Besitz und Reichtum ausgerichteten Gesellschaft. Die Verfilmung eines Romans von Lu Xun, die einiges zur geschichtlichen Situation Chinas nach der Kulturrevolution aussagt, deren gemächlicher Erzählrhythmus sich jedoch westlichen Sehgewohnheiten widersetzt. – Ab 14. ✦ Scope. VR China 1984 **P** Filmstudio Shanghai **KI** Progress **R** Chen Fan **B** Chen Baichen, nach einem Roman von Lu Xun **K** Chen Zhengxiang **D** Yan Shun Kai, Li Wei, Wang Su Ya **L** 113 **E** 4.7.1986 Kino DDR/8.4.1988 DFF 2

DIE WAHRE GESCHICHTE VON MÄNNERN UND FRAUEN. Fünf Frauen wollen sich nach gescheiterten Männer-Beziehungen selbst therapieren, indem sie sich Abstinenz auferlegen und nach dem »neuen Mann« suchen. Doch ihre verlassenen »alten« Männer sowie ein als Hausmann angestellter »moderner« Verführer sorgen für unerwartete Bewegungen und Verwirrungen. Episodisch aufgefächerter Liebesreigen um schwache Männer und etwas weniger schwache Frauen. Hinter ironisch gestochenen Dialogen und schick gestylten Bildern offenbart sich eine überwiegend schale Nummern-Revue ohne tiefere Dimensionen. ✦ Deutschland 1991 **P** Original-Version Filmprod./Pro-jekt **KI** Futura/Filmverlag der Autoren **VA** Starlight **Pd+R** Robert van Ackeren **B** Robert van Ackeren, Catharina Zwerenz **K** Jürgen Jürges **M** Peer Raben, Markus Lonardoni **S** Christel Suckow **D** Sonja Kirchberger (Eva), Gudrun Gabriel (Charlotte), Andréa Ferréol (Karla), Halina Laska (Mascha), Beate Jensen (Gudrun) **L** 92 **FSK** ab 16; f **E** 20.8.1992/24.2.1993 Video **fd** 29 748

DER WAHRE JAKOB. Ein Dorfbürgermeister, der zu Hause Moral heucheln muß, nähert sich in der Stadt einer Revuetänzerin, die sich als seine Stieftochter entpuppt. Ein müder Schwank voller Zweideutigkeiten. – Ab 16 möglich. ✦ Schwarz-weiß. BR Deutschland 1960 **P** Corona/UFA **KI** UFH **Pd** Alexander Grüter **R** Rudolf Schündler **B** Gustav Kampendonk, nach dem gleichnamigen Lustspiel von Arnold und Bach **K** Bruno Mondi **M** Peter Igelhoff **S** Ilse Voigt, Elisabeth Pewny **D** Willy Millowitsch (Peter Struwe), Renate Ewert (Yvette), Jane Tilden (Frau Struwe), Eike Pulwer (Lotte Struwe), Hans von Borsody (Fred) **L** 88 **FSK** ab 16; nf **E** 11.8.1960/14.2.1972 ZDF **fd** 9 333

DAS WAHRE LEBEN DER ALICE IM WONDERLAND (DREAMCHILD). Die 80jährige Alice Heargraves, für die einst Lewis Carroll das berühmte Kinderbuch »Alice in Wonderland« schrieb, soll in New York an Stelle des verstorbenen Autors einen ihm verliehenen Ehrendoktorhut entgegennehmen. Im verwirrenden Medienrummel um ihre Person droht sie den Überblick zu verlieren. Derart mit der Vergangenheit konfrontiert, erlebt sie in ihrer Erinnerung nochmals die Begegnungen mit Carroll und der fantastischen Welt des Wunderlandes. In einer Mischung aus Realität und Fantasie, Real- und Puppentrickfilm (Puppen von Jim Henson) inszeniert, die die bekannte Geschichte teils mit ungewöhnlichem Blickwinkel und bissiger Zeichnung porträtiert. – Ab 14. ✦ Großbritannien 1985 **P** Universal **R** Gavin Millar **B** Dennis Potter **K** Billy Williams **M** Stanley Myers **D** Coral Browne (Alice Heargraves), Ian Holm (Lewis Carroll), Peter Gallagher, Amelia Shankley (Alice Lidell), Caris Corfman **L** 94 **E** 18.8.1990 RTL plus

DAS WAHRE LEBEN DES FÜRSTEN DRACULA (VLAD TEPES). Die Geschichte des im 15. Jahrhundert regierenden, wegen seiner Grausamkeit berüchtigten walachischen Fürsten Vlad. Ein unterhaltsamer historischer Abenteuerfilm, der Authentisches und Erdachtes zu einem monumentalen Kinospektakel aufbereitet. – Ab 14. ✦ Scope. Rumänien 1979 **P** Filmstudio Bucuresti **KI** Progress **R** Dori Nastase **B** Mircea Mohor **K** Aurel Kostrakievici **M** Tiberiu Olah **D** Stefan Sileanu, Ernest Maftei, Emanoil Petrut, Teofil Valcu, Alexandru Repan **L** 138 **E** 14.3.1980 Kino DDR/27.1. 1981 DFF 1

DAS WAHRE LEBEN (IM BÜRO) (LA VRAIE VIE (DANS LES BUREAUX)). Dokumentarfilm über die Realität der 40-Stunden-Woche, über das zermürbende tägliche Einerlei der Bürotätigkeiten von Frauen, das im öffentlichen Gespräch keinen Platz findet. ✦ **R** Jean-Louis Comolli **L** 78 **E** 8.5.1993 arte

EINE WAHRE LIEBE (CATCH ME A DREAM). Tier-Spielfilm, in dem es um einen Geparden geht, den Spielkameraden des 10jährigen Sohnes eines Wildhüters in Afrika. Eines Tages fangen Großwildjäger die Raubkatze. Obwohl der Vater beteuert, mit dem Verschwinden des Tieres nichts zu tun zu haben, ist das Verhältnis zwischen Vater und Sohn gestört. Der Junge kommt auf ein College in Johannesburg. Bei einem Zirkusbesuch entdeckt er plötzlich seinen Geparden. Mit einer Freundin befreit er das Tier und bringt es in die Heimat zurück. – Ab 10. ✦ Südafrika 1978 **P** Ben Vlok/Cavalier **R** Tim Spring **B** C. F. Beyers Boshoff **K** Ivo Pellegrini **M** Ina Leuvennink, Ino Leuvennink **D** Mark Hopley (Robbie), Karen de Kock (Jenny), Bess Finney (Miss Baker), Denis Smith (Mr. Mentz), Dale Cutts (Robbie's Vater) **L** (TV) 85 **E** 28.3. 1981 ZDF

WAHRE LIEBE (1989) (TRUE LOVE). Ein amüsanter Debütfilm einer New Yorker Filmhochschul-Absolventin. Die warmherzige Komödie nimmt die »wahre«, wenig romantische Liebe eines jungen Paares aufs Korn. Die Probleme dieser Beziehung, des Alltags im italo-amerikanischen Viertel und des Erwachsenwerdens geben den Hintergrund für liebevoll gezeichnete und überzeugend gespielte Charaktere ab. – Ab 16. ✦ USA 1989 **P** Forward **Pd** Richard Guay, Shelley Houis **R** Nancy Savoca **B** Nancy Savoca, Richard Guay **K** Lisa Rinzler **S** John Tintori **D** Annabella Sciorra (Donna), Ron Eldard (Michael), Star Jasper (J. C.), Aida Turturro (Grace), Roger Rignack (Dom), Michael J. Wolfe (Brian) **L** 104 **E** 23.1.1994 ZDF

WAHRE LIEBE (1990) (WAHRE LIEBE). Die kurze, zufällige Begegnung zwischen einem Computergrafiker und einer Musikmanagerin, die jedoch bald wieder vom Alltag eingeholt werden und sich in ihren bestehenden Beziehungen arrangieren. Ein nur mäßiges Filmvergnügen ohne Witz und Ironie. ✦ Österreich/ Deutschland 1990 **P** Wega/Julian R. Film **Pd** Veit Heiduschka **R** Kitty Kino (= Kitty Gschöpf) **B** Reinhard Meirer, Kitty Kino (= Kitty Gschöpf) **K** Walter Kindler **M** Freddy Gigele **S** Ingrid Koller **D** August Zirner (Karl), Wookie Mayer (Roxane), Helmut Zierl (Erwin), Sabine Berg (Barbara), Anita Kolbert (Terry) **L** 95 **E** 5.5.1992 ORF 1

WAHRE MÄNNER (REAL MEN). Ein souveräner Top-Agent des CIA und sein unfreiwilliger Verbündeter, ein ängstlicher Durchschnittsbürger, geraten in haarsträubende Abenteuer mit feindlichen Agenten, die ein Treffen mit Außerirdischen verhindern wollen. Überdrehte Komödie, die in einer überbordenden Fülle von manchmal intelligenten, manchmal schrill-albernen Gags die amerikanische Kultur und deren Güter aufs Korn nimmt. Vor allem für Freunde überdrehten Humors eine kurzweilige, herzerfrischend verrückte Unterhaltung. (Titel auch: »Real Men – Wahre Männer«, »Wahre Männer – Dümmer geht's immer«) – Ab 16. ✦ USA 1987 **P** MGM/UA Communications **KI** FiFiGe **VA** Warner Home **Pd** Martin Bregman **R+B** Dennis Feldman **K** John A. Alonzo **M** Miles Goodman **S** Malcolm Campbell, Glenn Farr **D** James Belushi (Nick Pirandello), John Ritter (Bob Wilson), Barbara Barrie (Mom), Bill Morey (Cunard), Isa Anderson (Dolly), Gail Berle (Sherry), Mark Harrier (Bradshaw), Matthew Brooks (Bob jr.) **L** 89 **FSK** ab 16; nf **E** 15.9.1988/Mai 1989 Video/6.7.1991 premiere **fd** 27 956

DER WAHRE MENSCH (POWEST O NASTOJASCHTSCHEM TSCHELOWEKE). Ein im Zweiten Weltkrieg abgeschossener Flieger schleppt sich schwerverwundet durch die deutschen Linien zurück. Nach der Amputation beider Beine findet er dank der energischen Unterstützung eines Kommissars neuen Lebensmut und kann bald wieder fliegen. Ein theaterhaft-starr inszenierter Film, dialoglastig und pathetisch. – Ab 14. ✦ Schwarz-weiß. UdSSR 1948 **P** Mosfilm **KI** Sovexportfilm **R** Alexander Stolper **B** Maria Smirnowa **K** Mark Magidson **M** Nikolai Krjukow **D** Pawel Kadotschnikow (Alexej Meressjew), Nikolai Ochlopkow (Kommissar Worobjew), Alexej Diki (Wassilij Wassiljewitsch), Wassili Merkurjew (Stepan Iwanowitsch), Ludmilla Zelikowskaja (Sinotschka) **L** 81 **E** 20.5.1949/19.2.1953 DFF 1

DIE WAHRE SAGE DES KLUGEN BAUERN →Das wahrhaftige Wort des klugen Bauern

DAS WAHRE SEXUALLEBEN DER BELGIER (LA VIE SEXUELLE DES BELGES 1950–1978). Ein junger Belgier versucht in den »sexuell befreiten« 60er und 70er Jahren, durch wechselhafte Liebschaften seine triste Kindheit zu vergessen, doch seine Affären werden stets von Katzenjammer begleitet. Jan Bucquoy, das »enfant terrible« der belgischen Kulturszene, hält seiner Generation einen bewußt verzerrenden Spiegel vor, in dem sich politische und gesellschaftliche Entwicklungen und Hoffnungen als unwirkliche Wunschfantasien brechen. Die spröde inszenierte Tragikomödie stellt eine Welt ohne Wünsche und Wärme vor, ohne Rückzugsmöglichkeiten in die Idylle; auf die Spitze getrieben ehrlich. ✦ Belgien 1994 **P** Transatlantic **KI** Atlas **Pd+R+B** Jan Bucquoy **K** Michel Baudour **M** Francis de Smet **S** Matyas Veress **D** Jean-Henri Compère (Jan Bucquoy), Noé Francq (Jan als Kind), Isabelle Legros (Noella Bucquoy, Mutter), Sophie Schneider (Thérèse, Jans Frau), Jacques Druaux (Jérôme Bucquoy, Vater) **L** 84 **FSK** ab 16; f **E** 23.3.1995/27.3.1996 premiere **fd** 31 248

DIE WAHREN BOSSE – EIN TEUFLISCHES IMPERIUM (THE EVIL EMPIRE / MOBSTERS). Der Aufstieg des Gangsterbosses Lucky Luciano, der 1917 mit einem weiteren Italiener und zwei Juden beginnt, die Halbwelt New Yorks systematisch unter seine Kontrolle zu bringen. 1931 ist er auf der Höhe seiner Macht; er gilt als der Erfinder des organisierten Verbrechens. Ein unterhaltsamer Gangsterfilm, der auf den Wiedererkennungseffekt von aneinandergereihten Genre-Bausteinen setzt. Dabei stellt er die Gangster nicht als reale Personen, sondern mythisch überhöht dar. (TV-Titel auch: »Das teuflische Imperium«) ✦ USA 1991 **P** Universal **KI** UIP **VA** CIC **Pd** Steve Roth **R** Michael Karbelnikoff **B** Michael Mahern, Nicholas Kazan **K** Lajos Koltai **M** Michael Small **S** Scott Smith, Joe D'Augustine **D** Christian Slater (Charlie »Lucky« Luciano), Rodney Eastman (Joey), Costas Mandylor (Frank Costello), Richard Grieco (Bugsy Siegel), Patrick Dempsey (Meyer Lansky) **L** 121 (gek. 113) **FSK** ab 18; nf (gek. 16) **E** 12.12.1991/2.7.1992 Video/23.7.1993 premiere **fd** 29 252

DIE WAHREN HELDEN (SAMARITIAN: THE MITCH SNYDER STORY). Routiniert produziertes Fernsehdrama. Ein Vietnam-Veteran setzt sich für die Obdachlosen in Washington ein. Als er an der Bürokratie zu scheitern droht, beginnt er einen Hungerstreik. ✦ USA 1986 **R** Richard T. Heffron **B** Clifford Campion **D** Martin Sheen (Mitch), Cicely Tyson (Muriel), Roxanne Hart (Carol Fennelly), Joe Senaca (Reverend St. Keys), Stan Shaw (Harold Moss) **L** 92 **E** 31.1.1998 RTL 2

WÄHREND DU SCHLIEFST ... (WHILE YOU WERE SLEEPING). Eine junge Chicagoer Bahnangestellte rettet am Weihnachtstag das Leben des Mannes, in den sie heimlich verliebt ist. Als sie für seine Verlobte gehalten wird, klärt sie die Verwechslung nicht auf, sondern wird als Schwiegertochter in spe in dessen Familie integriert. Eine amüsante Verwechslungs- und Liebeskomödie, die ganz vom bezaubernden Spiel ihrer Hauptdarstellerin lebt. Einen zwiespältigen Eindruck hinterläßt die völlig unkritisch vermitteltete Familienideologie des Films. – Ab 14. ✦ USA 1995 **P** Hollywood Pictures/Caravan Pictures **KI** Buena Vista **VA** Buena Vista **DVD** Buena Vista (1.85:1, DD2.0 engl./dt.) **Pd** Roger Birnbaum, Joe Roth **R** Jon Turteltaub **B** Daniel G. Sullivan, Fredric Lebow **K** Phedon Papamichael **M** Randy Edelman **S** Bruce Green **D** Sandra Bullock (Lucy), Bill Pullman (Jack Callaghan), Peter Gallagher (Peter Callaghan), Jack Warden (Saul), Michael Rispoli (Joe Jr. Fusco), Peter Boyle (Ox), Glynis Johns (Elsie) **L** 103 **FSK** o. A.; f **FBW** bw **E** 27.7.1995/8.2.1996 Video/ 1.1.99 SF 1/25.9.1998 DVD **fd** 31 453

WÄHREND EINER NACHT (DURING ONE NIGHT). Weil er als Soldat der Zerstörung des Lebens dienen muß, leidet ein junger US-Bomberpilot an Impotenz. Weder eine Prostituierte noch das Mitleid empfindende Wirtshausmädchen vermögen ihn erotisch zu stimulieren. Die Heilung bleibt einem Militärpfarrer vorbehalten, der den wegen Desertionsabsicht gefangenen Mann mit einer Schocktherapie heilt. Sich ernsthaft gebendes Psychodrama; spekulativ und unsinnig hingeschludert. ✦ Schwarz-weiß. Großbritannien 1960 **P** Galaworld **KI** Andorra **Pd** Kenneth Rive, Sidney J. Furie **R+B** Sidney J. Furie **K** Norman Warwick **M** William McGuffie **S** Anthony Gibbs **D** Don Borisenko (David), Susan Hampshire (Jean), Sean Sullivan (Major), Joy Webster (Prostituierte) **L** 84 **FSK** ab 18; nf **E** 27.2.1962 **fd** 11 363

EIN WAHRER HELD (HERO AT LARGE). Ein stellungsloser junger Schauspieler, der für eine Filmreklame einen Comic-Helden mimt, zieht durch entsprechende tatsächliche »Heldentaten«, die er zufällig vollbringt, die Aufmerksamkeit und Hoffnung von ganz New York auf sich. Ein in seiner Anhäufung von unglaubwürdigem Edelmut naiver Film, dessen Plädoyer für mehr Menschlichkeit und Zivilcourage durch krasses Unvermögen der Inszenierung weitgehend verpufft. (TV-Titel: »Captain Adventure: Ein wahrer Held«; Videotitel: »Manhattan Hero«) – Ab 14 möglich. ✦ USA 1979 **P** MGM **KI** CIC **Pd** Stephen Friedman **R** Martin Davidson **B** A. J. Carothers **K** David M. Walsh **M** Patrick Williams **S** Sidney Levin, David Garfield **D** John Ritter (Steve Nichols), Anne Archer (J. Marsh), Bert Convy (Walter Reeves), Kevin McCarthy (Calvin Donnelly), Harry Bellaver (Eddie) **L** 98 **FSK** ab 12; f **E** 5.6.1980 **fd** 22 503

EIN WAHRER JÜNGER SEINES HERRN (SAVING GRACE). Literaturverfilmung. Der jugendlich-tatkräftige Papst Leo XIV. verläßt eines Tages inkognito den Vatikan, um den Bewohnern eines bei einem Erdbeben zerstörten Dorfes unerkannt beim Wiederaufbau ihrer Gemeinde zu helfen. Mehr an menschlichen Werten als an religiösen Aspekten orientiert, überzeugt die einfache, aber gut erzählte Parabel nicht zuletzt dank der hervorragenden Darstellerriege. – Ab 16. ✦ USA 1986 **P** Embassy/Columbia **Pd** Herbert F. Solow **R** Robert M. Young **B** David S. Ward, Richard Kramer, nach dem Roman von Celia Gittelson **K** Reynaldo Villalobos **M** William Goldstein **S** Michael Kelly, Peter Zinner **D** Tom Conti (Papst Leo XIV.), Angelo Evans (Giuliano), Fernando Rey (Kardinal Stefano Biondi), Edward James Olmos (Ciolino), Erland Josephson (Francesco Ghezzi), Giancarlo Giannini (Abalardi) **L** 112 **E** 26.3.1994 RTL 2

EIN WAHRES VERBRECHEN (TRUE CRIME). Ein alternder Reporter und Frauenheld, der einmal bessere Tage gekannt hat, rollt in den letzten Stunden vor der Hinrichtung eines Farbigen die Beweiskette noch einmal auf, die sechs Jahre zuvor zu dessen Verurteilung geführt hat. Mehr an einer melancholischen Selbstdarstellung als an einer argumentativen Auseinandersetzung mit der Todesstrafe interessiert, belässt Clint Eastwood die schleppende Handlung allzu sehr im unentschiedenen Bereich zwischen Krimi, moralischer Ehegeschichte und sozialem Kommentar. – Ab 16. ✦ USA 1999 **P** Zanuck Company/Malpaso-Produktion **KI** Warner Bros. **VA** Warner Home **DVD** Warner Home (16:9, 1.85:1, DD5.1 engl./dt.) **Pd** Clint Eastwood, Richard D. Zanuck, Lili Fini Zanuck, Stephen Schiff **R** Clint Eastwood **B** Larry Gross, Paul Brickman, nach einem Roman von Andrew Klavan **K** Jack N. Green **M** Lennie Niehaus **S** Joel Cox **D** Clint Eastwood (Steve Everett), Isaiah Washington (Frank Beachum), Denis Leary (Bob Findley), Lisa Gay Hamilton (Bonnie Beachum), James Woods

(Alan Mann), Bernard Hill (Luther Plunkitt), Diane Venora (Barbara Everett), Sydney Tamiia Poitier (Jane March) **L** 127 **FSK** ab 12; f **FBW** bw **E** 29.4.1999/ 29.10.1999 Video/29.10.1999DVD **fd** 33 651

DAS WAHRHAFTIGE WORT DES KLUGEN BAUERN. Beschreibung des Aufeinanderprallens zweier Welten und der Folgen eines als Fortschritt angepriesenen Bauwerks: Für die ägyptischen Bauern im Gebiet des Nils waren die mit Beginn des Sommers eintretenden Überschwemmungen des Flusses Ausdruck einer jahrhundertealten Gegebenheit, die Fundamente ihrer Kultur und ihres Glaubens widerspiegeln; Fruchtbarkeit und Tod waren zwei Gesichter eines im Gleichgewicht stehenden Denkens. Dieses Gleichgewicht wurde mit dem Bau des Assuan-Staudamms zerstört. Mit eigenständiger poetischer Kraft weitet der Film seine dokumentarische Erzählform zugunsten eines subjektiven, rhythmischen Bilderflusses, der die Zerstörung des ökologischen Gleichgewichts in vielerlei Aspekten spiegelt. (TV-Titel auch: »Die wahre Sage des klugen Bauern«) – Ab 16. ✦ BR Deutschland 1982–85 **P** Barfuss Film/ ZDF **SF** Matthias/Barfuss/EFEZ **R** A-Wahed Askar **B** A-Wahed Askar, Gerd Rossin (dt. Bearbeitung) **K** A-Wahed Askar **S** Elke Granke **L** 140 **E** 18.9.1985 ZDF/25.12.1987 Kino

DIE WAHRHEIT (LA VERITE / LA VERITA). Ein mit akademisch-kühler Sorgfalt gezeichneter Mordprozeß beleuchtet die innere Unfähigkeit von Richter, Ankläger und Verteidiger, die Wahrheit im Lebensbild einer abgeglittenen jungen Frau zu sehen. Ein intensiv gestalteter, schauspielerisch eindrucksvoller Film, der freilich bei der Aufdeckung der psychologisch-geistigen Ursachen für gesellschaftliche und individuelle Verirrungen auf eine eigene ethische Grundhaltung verzichtet. ✦ Schwarz-weiß. Frankreich/Italien 1960 **P** Han/C.E.I.A.P. **KI** Columbia **Pd** Raoul J. Lévy **R** Henri-Georges Clouzot **B** Henri-Georges Clouzot, Jérôme Géronimi **K** Armand Thirard **M** Ludwig van Beethoven, Igor Strawinsky **S** Albert Jurgenson **D** Brigitte Bardot (Dominique Marceau), Marie-José Nat (Annie Marceau), Sami Frey (Gilbert Tellier), Charles Vanel (Maître Guerin, Verteidiger), Louis Seigner (Gerichtspräsident) **L** 128 **FSK** ab 18; f **FBW** w **E** 21.12.1960/22.11.1969 ARD/20.3.1970 Kino DDR/17.6.1973 DFF 1

DIE WAHRHEIT DES LEUTNANT KLIMOW (PRAWDA LEJTENANTA KLIMOWA). Die Bewährung eines jungen Offiziers, der wegen Unbeherrschtheit degradiert und strafversetzt wurde. Ein psychologisch oberflächlicher Film, der sich über weite Strecken in der spannungsgeladenen Darstellung des Lebens bei der Marine ergeht. – Ab 12. ✦ UdSSR 1981 **P** Lenfilm **KI** Progress **R** Oleg Daschkewitsch **B** Leonid Krejn **K** Boris Timkowski **M** Wladen Tschistjakow **D** Andrej Rostozki (Klimow), Juri Kamornyi (Stepanow), Pawel Iwanow (Sabelin), Petr Schelochow (Tschernowenko), Irina Gussewa (Irina) **L** 90 **E** 18.2.1983 Kino DDR/25.7.1982 DFF 2

DIE WAHRHEIT FÜHRT ZUM TOD →Exitus

DIE WAHRHEIT HINTER DEN KULISSEN →Tödliche Lüge

DIE WAHRHEIT LIEGT IN ROSTOCK (THE TRUTH LIES IN ROSTOCK). Dokumentarfilm über die Brandnächte von Rostock, bei denen im August 1992 eine gewalttätige Menge die Asylbewerber-Zentrale und das Wohnheim für vietnamesische Vertragsarbeiter attackierte. Weder Polizei noch Politiker konnten die Eskalation der Fremdenfeindlichkeit verhindern. Zwei britische Filmjournalisten montierten aus eigenen Aufnahmen und dem Material eingeschlossener Jugendlicher diese Dokumentation. ✦ Großbritannien 1993 **R** Mark Saunders, Siobhan Cleary **L** 79 **E** 21.8.1994 3sat

WAHRHEIT ODER SCHWINDEL? (WAHRHEIT ODER SCHWINDEL?). Wissenschaftlich nicht genügend fundierter und in seiner Machart ziemlich trockener Aufklärungsfilm über Wahrsagerei, Handlesen und andere Erscheinungen des Aberglaubens. (Alternativtitel: »Geister aus dem Totenreich«) – Ab 12 möglich. ✦ Schwarz-weiß. Schweiz 1950 **P** Pro/ C. A. Schlaepfer **KI** E. Schnöd **R** Viktor Staub **L** 95 **FSK** ab 12; f **E** 1959 Kino **fd** 8 179

DIE WAHRHEIT ÜBER FRANK MANNATA (LA VERA STORIA DI FRANK MANNATA / VIVA AMERICA). Ein Neuankömmling aus Italien arbeitet sich im Chicago der Prohibitionszeit mit skrupellosen Mitteln zum gefürchteten Gangster hoch. Banaler Gangsterfilm nach Vorbildern der »Schwarzen Serie«. (Alternativtitel: »Die wahre Geschichte des Frank Mannata«) – Ab 16. ✦ Italien/Spanien 1969 **P** Nike Cinematografica **R** Javier Seto **B** Luigi Mondello **K** Emilio Foriscot **M** Gianfranco Reverberi **S** Antonio Jimeno **D** Jeffrey Hunter (Frank Mannata), Margaret Lee (Lucia Barrett), Gogo Rojo (Rossella), William Bogart, Anna Maria Pierangeli **L** 90 **E** 22.8.1983 DFF 2/30.9. 1991 Tele 5

DIE WAHRHEIT ÜBER ROSEMARIE. Das Leben der Luxusdirne Nitribitt (»Das Mädchen Rosemarie«) in einer zweiten Verfilmung. Zunächst als Skandalstück angekündigt, dann in »gereinigter« Fassung mit einem moralisierenden Akzent versehen, unterliegt die spekulative Absicht der Produktion keinem Zweifel. (Alternativtitel: »Glanz und Elend einer Verlorenen«) ✦ Schwarz-weiß. BR Deutschland 1959 **P** Rapid/Fritko **KI** NFA **Pd** Dieter Fritko, Wolfgang Hartwig **R** Rudolf Jugert **B** Joachim Bartsch **K** Georg Krause **M** Willi Mattes **S** Herbert Taschner **D** Belinda Lee (Rosemarie Nitribitt), Walter Rilla (Woltikoff), Paul Dahlke (Reimer), Jan Hendriks (Salzmann), Hans Nielsen (Bernbeil) **L** 95 (früher 101) **FSK** ab 12; f (früh. 18; nf) **E** 23.10.1959 **fd** 8 545

DIE WAHRHEIT ÜBER UNSERE EHE (LA VERITE SUR BEBE DONGE). Ein rastloser Großindustrieller und Weiberheld heiratet eine junge Frau, um von seiner reichen Tante in Ruhe gelassen zu werden. Als er zehn Jahre später, von seiner Frau vergiftet, in einem Krankenhaus mit dem Tod ringt, läßt er die Jahre seiner Ehe, seine skrupellose Rücksichtslosigkeit gegenüber der Ehefrau, seine ständigen Betrügereien und sein verpfuschtes Leben im Detail an sich vorbeiziehen. Er möchte, daß seine Frau ihm vergebe, daß er die Chance habe, seine Fehler gutzumachen; doch er stirbt. Die Frau erwartet gelassen den Untersuchungsrichter. Decoins Verfilmung des sehr spannenden und psychologisch ausgefeilten Romans von Georges Simenon erschüttert in ihrer konsequenten Mitleidlosigkeit und besticht durch den visuellen Ideenreichtum und die beiden hervorragenden Hauptdarsteller. – Sehenswert. ✦ Schwarz-weiß. Frankreich 1951 **P** Union Générale Cinématographique **KI** Pallas **R** Henri Decoin **B** Maurice Auberge, nach dem Roman von Georges Simenon **K** Léonce-Henry Burel **M** Jean-Jacques Grunenwald **D** Danielle Darrieux (Elisabeth »Bebe« Donge), Jean Gabin (François Donge), Daniel Lecourtois (Georges Donge), Claude Génia (Jeanne Donge), Gabrielle Dorziat (Mme. D'Ortemont) **L** 110 **FSK** ab 16; f **E** 7.11. 1952/15.9.1982 DFF 2 **fd** 1 978

DIE WAHRHEITSKOMMISSION (LA COMMISSION DE LA VERITE). 1994 leiteten die ersten demokratischen Wahlen in Südafrika das Ende des Apartheid-Regimes ein. Eine der ersten Amtshandlungen des neuen Präsidenten Mandela war die Einsetzung einer »Wahrheitskommission«, die zwar keine juristischen Kompetenzen hatte, aber der nationalen Aussöhnung und der kollektiven Aufarbeitung dienen sollte. Der preisgekrönte Dokumentarfilm beschreibt die Arbeit dieser einzigartigen Einrichtung, schildert Erfolge, Schwierigkeiten und Rückschläge auf dem Weg in eine Menschenrechtskultur. – Ab 16. ✦ Frankreich/ Belgien 1999 **P** Archipel 33/La Sept-arte/Entre Chien et Loup/Wallonie Image/Lichtpunkt **R** André van In **L** 138 **E** 25.5.1999 arte

WAIDGENOSSEN. Dokumentarfilm, der die Jagd und ihre für Außenstehende mitunter schwer nachzuvollziehenden Rituale vorstellt. Da fast alle führenden deutschen Politiker dieser Leidenschaft frönen, geht der Film der Frage nach, ob sich in Jagdgesellschaften bestimmte archaische Machtstrukturen erhalten haben, die einst das Überleben der Sippe sicherten. Archivmaterial mit Jagdaufnahmen von Kaiser Wilhelm II., Hermann Göring und Erich Honecker sollen die geschichtlichen Bezüge zwischen Jagd und Macht(-position) herstellen. ✦ Deutschland 1993 **P** MedienOperative Berlin **R** Pim Richter **B** Pim Richter, Karl Farber **K** Karl Farber **S** Matthias Behrens, Pim Richter **L** 77 **E** 7.9.1993 ZDF

WAIDMANNSHEIL IM DIRNDLROCK →Waidmannsheil im Spitzenhöschen

WAIDMANNSHEIL IM SPITZENHÖSCHEN. Um sein Schloß nicht zu verlieren, geht ein bankrotter Graf auf den Vorschlag eines Mädchens ein, dort eine Jagdschule zu errichten. Die ersten Kursteilnehmer sind jedoch vorrangig an Sex interessiert. Ein drittklassiger, extrem langweiliger Softsexfilm. (Alternativtitel: »Süße Biester – Flotte Jungs«, »Waidmannsheil im Dirndlrock«) ✦ BR Deutschland 1982 **P** Isaria/Zupan **KI** Kora **VA** Sunrise/AVU **R** Kenneth Howard (= Jürgen Enz) **K** Günter Lemmer **D** Sandra Atia, Eleonore Melzer, Mario Pollack, Günther Amann **L** 87 (Video 60) **FSK** ab 18; ab 16 nf **E** 1.10.1982 **fd** 23 837

DIE WAISE VON LOWOOD (JANE EYRE). Romantischer Thriller aus viktorianischer Zeit in Yorkshire, nach dem Roman »Jane Eyre« von Charlotte Brontë (1816–55), die – ihrer Zeit vorauseilend – auf die Unterdrückung der Frau hinweisen wollte. Nach harter Jugend im Waisenhaus wird eine junge Frau Erzieherin auf einem Herrensitz. Am Tage ihrer Hochzeit mit dem Schloßherrn wird offenbar, daß dieser noch verheiratet ist und seine unheilbar geisteskranke Gattin verborgen hält. Eine vorzüglich gespielte, in düstere Atmosphäre getauchte Moritat. – Ab 16. ✦ Schwarz-weiß. USA 1944 **P** 20th Century Fox **Pd** William Goetz **R** Robert Stevenson **B** Aldous Huxley, Robert Stevenson, John Houseman, nach - einem Roman von Charlotte Brontë **K** George Barnes **M** Bernard Herrmann **S** Walter Thompson **D** Joan Fontaine (Jane Eyre), Orson Welles (Edward Rochester), Margaret O'Brien (Adele), Henry Daniell (Brockelhurst), John Sutton (Dr. Rivers) **L** 98 **E** Juli 1947 Kino **fd** 75

WAIT TILL DAWN (LITTLE BOY BLUE). Ein psychisch kranker Vietnam-Veteran zwingt seinen fast erwachsenen Sohn, der sich liebevoll um seine beiden jüngeren Brüder kümmmert, wiederholt mit vorgehaltener Waffe, mit der eigenen Frau zu schlafen. Als der junge Mann endlich den Mut aufbringt, sich zu rächen, eröffnet ihm der Vater, daß er der Erzeuger seiner Brüder ist. Auf einem klugen Buch aufgebauter Psychothriller, der die Ausmaße einer Tragödie annimmt. Durch den Wechsel von leisen, stimmungsvollen Szenen mit ungeheuer harten und brutalen Sequenzen, erreicht der Film eine Sogwirkung, der man sich schwer entziehen kann. Ein schockierender Beitrag zum Thema des sexuellen Mißbrauchs, der eine seelisch zerstörte Familie in den Mittelpunkt stellt und deren Leid nicht ausbeutet, sondern die seelischen Deformationen sichtbar machen will. (Titel auch: »Wait Till Dawn – Warte bis es Dunkel wird«) ✦ USA 1997 **P** Jazz Pic. **VA** Ascot **DVD** Splendid/Ascot (FF, DD2.0 engl./dt.) **Pd** Amedeo Ursini **R** Antonio Tibaldi **B** Michael Boston **K** Ron Hagen **M** Stewart Copeland **D** Ryan Phillippe (Jimmy West), John Savage (Ray West), Nastassja Kinski (Kate West), Jenny Lewis (Traci Connor), Shirley Knight (Doris Knight) **L** 112 **FSK** ab 16 **E** 13.11.1998 Video/29.3.1999 DVD

WAITING TO EXHALE – WARTEN AUF MR. RIGHT (WAITING TO EXHALE). Vier Frauen aus der schwarzen Oberschicht sind beruflich erfolgreich und privat frustriert, bis sich schließlich zumindest für einige »Mr. Right« einfindet – der würdige Mann an ihrer Seite. In gediegenem Ambiente und betont warmen Farben geschmäcklerisch in Szene gesetztes Gesellschaftsdrama. Erzählt in beliebiger Episodenstruktur, erstarrt der Film in Langeweile und kalkuliertem

Glanz. – Ab 16. ✦ Scope. USA 1995 **P** 20th Century Fox **Kl** Fox **VA** Fox **Pd** Ezra Swerdlow, Deborah Schindler **R** Forest Whitaker **B** Ronald Bass, Terry McMillian, nach einem Roman von Terry McMillian **K** Toyomichi Kurita **M** Keneth »Babyface« Edwards **S** Richard Chew **D** Whitney Houston (Savannah), Angela Bassett (Bernadine), Loretta Devine (Gloria), Lela Rochon (Robin), Gregory Hines (Marvin) **L** 123 **FSK** ab 12; f **E** 25.1.1996/31.10.1996 Video **fd** 31 745

DER WAL AUS DEM WELTALL (A CLOSE ENCOUNTER WITH KEIKO). Fantasy-Komödie. Eine außerirdische Familie kommt auf die Erde, um ihren Wal abzuholen, den sie vor Jahren dort zurückgelassen hat. In einem Vergnügungspark trifft sie auf irdische Doppelgänger, was für allerlei Verwirrung sorgt. – Ab 14. ✦ Mexiko 1990 **R** René Cardona III **D** Hugo Stiglitz, Susana Dosamantes, Roberto Ballesteros, Cesar Bono, Carlos East **L** 84 **E** 5.4.1996 RTL

DER WALD (LES). Ein einfältiger Gymnasiast ist der Auserwählte für eine alternde Gutsherrin. Auch zwei herumziehende Schauspieler und ein unglückliches Liebespaar gehören in den grotesken Reigen dieser Komödie. ✦ UdSSR 1987 **P** Lenfilm **R** Wladimir Motyl **B** Wladimir Motyl, nach Motiven des gleichnamigen Theaterstücks von A. N. Ostrowski **K** Wladimir Iljin **M** Alexander Shurbin **D** Ludmilla Zelikowskaja (Gurmyahskaja), Boris Plotnikow (Gennadi), W. Kirilitschew (Arkadi), Stanislaw Sadalski (Bulanow), Jelena Borsowa (Axjuscha) **L** 90 **E** 16.11.1990 DFF 2

WALD (WALD). »Wald« ist eigentlich kein Dokumentarfilm sondern eine reflexive Assoziationskette zum Thema Wald. An Natur- und Heimkunde erinnernde Bilder mischen sich mit den schrillen Fetzen einer Burleske. Der Regisseur begegnet dem Wald mit einem Text von Robert Walser vor Augen und der Musik Schuberts im Ohr. So entsteht eine eigentümliche Hommage an den Schweizer Wald, an die stillen Plätze, an denen sich die Menschen zurückzuziehen pflegen, sich ihren Träumen, Leiden, Freuden, Arbeiten oder Hobbys zuwendend. ✦ Schweiz 1989 **P** Reinhart-Kappeler Prod. **Pd** George Reinhart, Friedrich Kappeler **R+B** Friedrich Kappeler **K** Pio Corradi, Friedrich Kappeler, Simone Kuhn-Kappeler **M** Franz Schubert **S** Mirjam Krakenberger **D** Mathias Gnädinger, Gabriele Rothmüller, Andreas Stadler **L** 80 **E** Schweiz

DER WALD DER GEHENKTEN (PADUREA SPINZURATILOR). Ein rumänischer Artillerieoffizier erhält im Ersten Weltkrieg den Befehl, renitente Zivilisten hinzurichten; seine Weigerung und sein anschließender Fluchtversuch bringen ihm den Tod. Ein düsteres Gewissensdrama, das in ein eindrucksvolles, breit ausgemaltes Zeitpanorama eingebunden wurde. – Ab 16. ✦ Scope, schwarz-weiß. Rumänien 1965 **P** Filmstudio Bucuresti **Kl** Progress **R** Liviu Ciulei **B** Titus Popovici, nach dem gleichnamigen Roman von Liviu Rebreanu **K** Ovidiu Gologan **M** Theodor Grigoriu **S** Dan Naum, Jolanda Mintulescu **D** Victor Rebengiuc (Oberleutnant Bologa), Liviu Ciulei (Hauptmann Klapka), Ana Szeles (Ilona), Stefan Ciobotarasu (Petre), György Kovács **L** 164 (BRD 115) **E** 20.8.1965 Kino DDR/15.11.1971 ZDF/23.8.1972 DFF 2

WALD DER GLÜCKSELIGKEIT (FOREST OF BLISS). Betrachtungen aus Benares, der heiligen Stadt Indiens, in der die Toten der gläubigen Hindus verbrannt werden und man ihre Asche dem Ganges übergibt. Der auf Kommentierungen, Dialoge und Untertitel verzichtende Film beschreibt einen ganzen Tag und soll ein authentisches, überhöhtes und konzentriertes Bild vermitteln, das den Betrachter mit Leid, religiöser Leidenschaft, aber auch mit dem Glück im alltäglichen Leben von Benares konfrontiert. Wie alle Werke des Dokumentarfilmers Gardner setzt sich auch dieser Film auf eindrucksvolle Weise mit Tod, den Toten und dem Umgang der Lebenden mit dem Tod auseinander. – Sehenswert ab 16. ✦ USA 1986 **P** Film Study Center (Harvard University) **R+B** Robert Gardner **K** Robert Gardner, Ned Johnston **L** 90 **E** 8.10.1990 West 3

WALD DES GRAUENS (IN THE WOODS). Zwei Feuerwehrmänner, die Abstand von ihren privaten Problemen gewinnen wollen, graben während einer Jagdpartie im Wald den Schädel eines Monsters aus, das nach ihrer Rückkehr in die Zivilisation zum Leben erwacht und Berge von Leichen produziert. Tumber Horrorfilm mit lächerlichen Effekten und sagenhaft schlechten (Amateur-)Schauspielern; mit Fahrwasser von »Blair Witch Project« erleidet er kläglich Schiffbruch. ✦ USA 1999 **P** Dead Alive Pic. **VA** Screen Power **Pd** DJ Perry **R** Lynn Drzick **M** Julie Magsig **D** DJ Perry (Alex Kerwood), Aimee Tenaglia (Helen Kerwood), Jim Greulich (Wayne Higley), Stuart MacDonald, Buck Schirner **L** 90 **FSK** ab 18 **E** 16.10.2000 Video

DER WALD VON KATYN. 1941 wurden in einem Wald bei Katyn 4500 polnische Offiziere von der russischen Armee ermordet. Erst 50 Jahre später gestand die Sowjetunion die Verantwortung für dieses Massaker ein. Dokumentarfilm, der vorher entstand und, gestützt auf Archivbilder und Zeugenaussagen, in der Erinnerung der Beteiligten schürft sowie mit den Kindern und Ehefrauen der Opfer den Ort des Geschehens aufsucht. ✦ Polen 1990 **R** Andrzej Wajda, Marcel Lozinski **L** 53 **E** 4.6.1992 arte

WALDAPFEL (ANTTI PUUHAARA). Filmballade nach dem großen finnischen Epos »Kalevala«: Reales und Märchenhaftes vermischt sich in der Geschichte um einen Bären, der die Gerechtigkeit verkörpert und als unsterblicher Mythos den Film durchstreift. ✦ Finnland 1977 **R** Heikki Partanen **D** Markku Blomqvist, Pertti Hilkamo, Maritta Viitamäki **L** 95 **E** 24.10.1980 DFF 2

WALDBANDE (MUSHSKOJE LETO). Ende der 40er Jahre des 20. Jahrhunderts sammeln sich in den Wäldern und Sümpfen Litauens nationalistisch gesinnte Banden, die durch Brandstiftung und Mord die aufbauwillige Bevölkerung terrorisieren. Schließlich gelingt es der Gegenseite, die Bande des »Mönchs« durch das Einschleusen eines eigenen Mannes zu unterwandern. ✦ Schwarz-weiß. UdSSR 1970 **P** Lituwa-Film **R** Marionas Gedris **B** Alexander Jurowski, Saulus Schaltjanis **K** Algimantas Mozkus **M** Waldis Josapaitis **D** Juosas Budraitis (Sigmas/Algis), Atanas Schurna (»Mönch«), Bronius Babkauskas (Dr. Abarjus), Waiwa Meinelite (Aldona), Regimantas Adomaitis (Agustinas) **L** 82 **E** 17.5.1975 DFF 1

DER WALDBAUERNBUB. EINE WEIHNACHTSGESCHICHTE (DER WALDBAUERNBUB. EINE WEIHNACHTSGESCHICHTE). Ein Film nach Erlebnissen des späteren Heimatdichters Peter Rosegger: Der Schriftsteller erzählt während einer Pferdeschlittenfahrt am Heiligen Abend von seiner Kindheit als Waldbauernbub. (Späterer TV-Titel: »Der Waldbauernbub – Weihnachten in der Waldheimat«) – Ab 10. ✦ Österreich 1983 **R** Hermann Leitner **B** Lida Winiewicz **D** Harald Gauster (Peter als Kind), Martin Löschberger (Peter als Student), Florentin Groll (Hans v. Reininghaus), Renate Holm (Frau v. Reininghaus), Horst Klaus (Waldbauer) **L** 86 **E** 24.12.1983 ZDF

DER WALDHAUPTMANN (AZ ERDŐ KAPITANYA). Der Gangster Zéro sorgt für große Aufregung auf dem Polizeirevier. Sein alter Rivale, der listige Inspektor »Kapitän«, stellt dem Ganoven eine Falle. Leidlich unterhaltsamer Zeichentrick-Krimi aus den Budapester Studios, der wenig originell den Tier-Klischeefiguren des Hollywood-Kinos angepaßt ist. (Videotitel: »Der Kapitän des Waldes«) – Ab 10. ✦ Ungarn 1990 **P** Pannónia **Kl** Progress **R** Attila Dargay **B** József Nepp, Attila Dargay **K** Irén Henrik **M** Zsolt Pethő **L** 78 **E** 13.7.1990/21.9.1990 ARD

DER WALDHÜTER → Isegrim

WALDRAUSCH (1939). Unter klimatisch ungünstigen Bedingungen baut ein Ingenieur einen gigantischen Wildwasserstaudamm in der Nähe seines bayrischen Heimatorts, wobei er seiner als Herzogin unglücklich verheirateten Jugendfreundin begegnet. Bis auf die sentimentale Liebesepisode eine angemessen schlicht-solide Verfilmung des Romans von Ludwig Ganghofer, produziert in den letzten Wochen vor Kriegsbeginn. – Ab 12. ✦ Schwarz-weiß. Deutschland 1939 **P** Tonlicht-Film/UFA **Kl** Kopp **Pd** Peter Ostermayr **R** Paul Ostermayr **B** Karl Peter Gillmann, Peter Ostermayr, nach dem gleichnamigen Roman von Ludwig Ganghofer **K** Hugo von Kaweczynski **M** Herbert Windt **S** Erika Engelbrecht **D** Paul Richter (Ambros Lutz), Hansi Knoteck (Beda), Erika Dannhoff (Herzogin), Hedwig Bleibtreu (Frau Lutz), Carl Günther (Herzog) **L** 80 **FSK** ab 12; f **E** 20.10. 1939 **fd** 1 065

WALDRAUSCH (1962) (WALDRAUSCH). Die Entfesselung menschlicher Leidenschaften und Schwächen während der Bauarbeiten an einem Staudamm. Ganghofer-Wiederverfilmung in Kostümen der 60er Jahre; trotz realistischer Einzelheiten sentimental und verlogen. – Ab 16. ✦ Österreich 1962 **P** Sascha **Kl** Gloria **Pd** Herbert Gruber **R** Paul May (= Paul Ostermayr) **B** Erna Fentsch, nach dem Roman von Ludwig Ganghofer **K** Elio Carniel **M** Johannes Fehring **D** Marianne Hold (Beda), Gerhard Riedmann (Ambros Lutz), Ingeborg Schöner (Annette von Larenburg), Sieghardt Rupp (Crispin Sagenbacher), Paul Hartmann (der alte Stuiber) **L** 93 **FSK** ab 12; f **E** 17.8.1962 **fd** 11 334

WALDRAUSCH (1977). Neuverfilmung des bekannten Ganghofer-Romans um den Bau eines Staudamms im bayrischen Alpengebiet. Die in der Zeit vor dem Ersten Weltkrieg spielende Handlung ist mit modischen Gastarbeiterproblemen versehen, doch reicht es nur zur Heimatschnulze mit bescheidenen Elementen des Katastrophenfilms. – Ab 12. ✦ Scope. BR Deutschland 1977 **P** CTV 72/Terra/Constantin **Kl** Constantin **Pd+R+B** Horst Hächler **K** Ernst W. Kalinke **M** Ernst Brandner **D** Alexander Stephan (Ambros Lutz), Uschi Glas (Fürstin), Bernhard Helfrich (Toni), Siegfried Rauch (Krispin), Kristina Nel (Beda), Adrian Hoven (Angelo) **L** 101 **FSK** ab 6; f **E** 7.9.1977 **fd** 20 492

WALDWINTER (1936). Eine junge Ehefrau flieht aus Enttäuschung über ihren Mann auf ein entlegenes Schloß und lernt dort zwei andere Männer kennen. Vor winterlicher Kulisse kommt es zu einem Eifersuchtsdrama. Volkstümliches Rührstück mit altbackenen melodramatischen Effekten. – Ab 16 möglich. ✦ Schwarz-weiß. Deutschland 1936 **P** UFA **R** Fritz Peter Buch **B** Fritz Peter Buch, Curt J. Braun, nach dem gleichnamigen Roman von Paul Keller **K** Günther Rittau, Otto Baecker **M** Hans Ebert **S** Walter Fredersdorf **D** Hansi Knoteck (Marianne von Soden), Viktor Staal (Walter Peters), Ingeborg Hertel (Ingeborg), Hans Zech-Ballot (Dr. Fritz Heidecke), Eduard von Winterstein (Förster) **L** 91 **E** 14.7.1936/ 17.11.1986 DFF 1

WALDWINTER (1956). Eine im Zweiten Weltkrieg aus Schlesien geflohene Adelsfamilie macht sich im Bayerischen Wald an den Aufbau einer neuen Existenz, die aber durch die weltmännischen Ambitionen des Erben gefährdet ist, bis dieser seine Aufgabe und seine wahre Liebe erkennt. Modernisierte Neuverfilmung von Paul Kellers schlesischem Roman, die trotz handwerklicher Routine in Schablonen und Sentimentalitäten steckenbleibt. – Ab 14. ✦ BR Deutschland 1956 **P** Apollo **Kl** Deutsche London **Pd** Fritz Hoppe **R** Wolfgang Liebeneiner **B** Frank Dimen, Werner P. Zibaso, nach Motiven des Romans von Paul Keller **K** Bruno Mondi **M** Peter Igelhoff **S** Martha Dübber **D** Rudolf Forster (Baron Malte), Helene Thimig (Baronin Henny), Claus Holm (Martin), Sabine Bethmann (Marianne), Susanne Cramer (Inge Sternitzke) **L** 97 **E** 30.3.1956 **fd** 4 868

WALE IM AUGUST (THE WHALES OF AUGUST). Die Haßliebesbeziehung zweier Schwestern, die seit 60 Jahren jeden Sommer in einem Haus am Meer zusammen verbringen: die eine ein ewiger Backfisch, die andere eine verbitterte, böse Lady. Ein Film über das Altern und die Haltung dazu, und eine Hommage an fast 100 Jahre Kino, verkörpert in Lillian Gish und Bette Davis, deren Ausstrahlung den Film beherrscht. – Sehenswert ab 16. ✦ USA 1987 **P** Alive Films/Circle Associates **Pd** Carolyn Pfeiffer, Mike Kaplan **R** Lindsay Anderson **B** David Berry, nach seinem Theaterstück **K** Mike Fash **M** Alan Price **S** Nicolas Gaster **D** Lillian Gish (Sarah Webber), Bette Davis (Libby Strong), Vincent Price (Mr. Maranov), Ann Sothern (Tisha Doughty), Harry Carey jr. (Joshua Brackett), Frank Grimes (Mr. Beckwith) **L** 95 **E** 15.4. 1990 ZDF **fd** 28 223

WALHALLA (VALHALLA). Sich an der nordischen Sagenwelt orientierender Zeichentrickfilm, in dessen Mittelpunkt ein Geschwisterpaar und ein verfressener Gnom stehen, die an der Seite der Götter Thor und Loki zahlreiche Abenteuer zu bestehen haben. Eine dünne, einfältige Geschichte, die weder erzählerische noch visuelle Reize hat; über weite Strecken langweilend. Die Rolle des Odin spricht – auch in der deutschen Fassung – Christopher Lee. – Ab 10 möglich. ✦ Dänemark 1984–86 **P** Swan (für Screen International) **Kl** Filmwelt **VA** Vestron **Pd+R** Peter Madsen **B** Peter Madsen, Henning Kure **K** Kim Annweiler (Animation), Hans Perk (Animation), Stefan Fjeldmark (Animation) **M** Ron Goodwin, Bent Hesselmann, Jussi Olsen, Borge Ring **L** 75 **FSK** ab 6; f **FBW** w **E** 12.11.1987/Mai 1988 Video **fd** 26 461

WALK PROUD (WALK PROUD / GANG). Ein vaterloser mexikanischer Junge, der sich nur in seiner Streetgang mit kriminellen Jugendlichen wohlfühlt, kommt durch seine Liebe zu einem gleichaltrigen Mädchen aus »besseren Kreisen« dazu, sein Leben zu überdenken. Schwungvoll in Szene gesetzte, teils recht harte und mit typisch amerikanischer Moral erzählte Geschichte der Wandlung eines Kleinganoven, die in der Beschreibung sozialer Phänomene weitgehend an der Oberfläche bleibt. ✦ USA 1979 **P** Universal **VA** CIC **Pd** Lawrence Turman **R** Robert Collins **B** Evan Hunter **K** Bobby Byrne **M** Don Peake, Robby Benson **S** Douglas Stewart **D** Robby Benson (Emilio), Sarah Holcomb (Sarah), Henry Darrow (Mike), Pepe Serna (Caesar), Lawrence Pressman (Henry Lassiter) **L** 94 **FSK** ab 18 **E** November 1989 Video **fd** 28 181

WALK THE WALK (WALK THE WALK). Während ein schwarzer Läufer im russischen Odessa nach neuen Erfahrungen sucht und seine Tochter auf Entdeckungsreise durch Europa zieht, bleibt die Mutter in Südfrankreich und widmet sich der Erforschung von Mikro-Organismen. Ein sehr bedächtig inszenierter Film, der durch ungewöhnliche Perspektiven Alltägliches zu erhellen versucht. Der äußerst wortkarge Film, der die Einflüsse des Dokumentarfilms nie leugnet, läßt dem Zuschauer durch seine stringente Bildsprache Zeit, die Zusammenhänge zwischen den einzelnen Geschichten zu entdecken. ✦ Frankreich/ Schweiz 1995 **P** Avventura/Vega/TSR **R+B** Robert Kramer **K** Richard Copans, Katell Djian, Blaise Bauquis, Robert Kramer **M** Barre Phillips **S** Christine Benoit, Béatrice Wick, Keja Kramer, Robert Kramer **D** Jacques Martial (Abel), Laure Duthilleul (Nellie), Betsabée Haas (Raye), Jacqueline Bronner (Heilerin), Aline Pailler (Parlamentsmitglied) **L** 114 **E** 21.10. 1998 SF 1/DRS

WALKABOUT (WALKABOUT). Zwei Geschwister irren in der australischen Wüste umher, nachdem ihr Vater ums Leben gekommen ist. Dabei stoßen sie auf einen jungen Aborigine, der sich auf seinem dreimonatigen »Walkabout«, einem Initiationsritus, befindet. Nicolas Roegs erste Regiearbeit ist eine empfindsame, aus heutiger Sicht leicht holzschnittartige Zivilisationskritik, zugleich eine suggestive Komposition aus expressiven Bildern und originellen Klängen, angesiedelt in einem quasi-mythischen Raum von Faszination und Bedrohung menschlichen Lebens. (O.m.d.U.; Titel auch: »Der Traum vom Leben«) – Ab 16. ✦ Australien 1971 **P** Si Litvinoff Films **Kl** MFA **Pd** Si Litvinoff, Max L. Raab **R** Nicolas Roeg **B** Edward Bond, nach einem Roman von James Vance Marshall **K** Nicolas Roeg **M** John Barry, Karl Heinz Stockhausen (Auszüge aus »Hymnen«), Billy Mitchell (Songs), Rod Stewart (Songs), Warren Marley (Songs) **S** Anthony Gibbs, Alan Pattillo **D** Jenny Agutter (das Mädchen), Lucien John (der Bruder), John Meillon (der Vater), Peter Carver (No Hoper), David Gulpilil (der Eingeborene) **L** 100 **E** 27.4.1983 NDR/20.8.1998 **fd** 33 274

WALKER (WALKER). Die historisch verbürgte Karriere eines amerikanischen Abenteurers, der mit einem Trupp von Freischärlern 1855 nach Nicaragua zog und dort kurzzeitig sogar Präsident wurde. Die zwischen grotesk-absurden und burlesk-operettenhaften Elementen angesiedelte Inszenierung versucht, Parallelen zur US-amerikanischen Nicaragua-Politik der 80er Jahre aufzuzeigen. Eine grelle Politsatire mit zahlreichen gewollten Brüchen und anachronistischen Anspielungen, die ihre beabsichtigte Wirkung durch die plakative Machart unterläuft. ✦ USA 1987 **P** Universal **Kl** UIP **VA** CIC **Pd** Angel Flores Marini, Lorenzo O'Brien **R** Alex Cox **B** Rudolph Wurlitzer **K** David Bridges **M** Joe Strummer **S** Carlos Puente, Alex Cox **D** Ed Harris (William Walker), Richard Masur (Ephraim Squier), René Auberjonois (Major Henningson), Marlee Matlin (Ellen Martin), Peter Boyle (Cornelius Vanderbilt) **L** 102 **FSK** ab 18; f **E** 3.3.1988/Oktober 1988 Video/20.8.1994 RTL 2 **fd** 26 705

WALKER, TEXAS RANGER: SCHWARZE SPINNE (WALKER, TEXAS RANGER). Pilotfilm einer 25teiligen Serie über einen Texas Ranger. Assistiert von einem jungen schwarzen Kollegen, löst er knifflige Fälle mit unorthodoxen Methoden. In der Auftaktfolge geht es um eine Reihe von Banküberfällen und eine junge Frau, die von den Gangstern bedroht wird, weil sie als Zeugin aussagen will. – Ab 14. ✦ USA 1994 **P** CBS **R** Virgil W. Vogel **D** Chuck Norris (Emmet Walker), Gailard Sartain (C. D. Parker), Clarence Gilyard jr. (Daniel Trivette), Sheree J. Wilson (Leona »Lee« Campbell) **L** 110 **E** 16.4.1995 RTL 2

WALKING AND TALKING (WALKING AND TALKING). Die lebenslange Freundschaft zweier 30jähriger Frauen wird auf eine harte Bewährungsprobe gestellt, als eine von ihnen zu heiraten beschließt, während die andere völlig ohne Pläne in den Tag hineinlebt. Eine melancholische Beziehungskomödie, die dem Genre zwar keine neuen Dimensionen eröffnet, jedoch in einigen Nebenhandlungen anrührt und das Thema des Films zu verdichten versteht. – Ab 14. ✦ Großbritannien 1996 **P** Good Machine/Zenith/Channel Four/Team/Pandora/Mikado/Electric **Kl** Pandora **Pd** Ted Hope, James Schamus **R+B** Nicole Holofcener **K** Michael Spiller **M** Billy Bragg **S** Alisa Lepselter **D** Catherine Keener (Amelia), Anne Heche (Laura), Todd Field (Frank), Liev Schreiber (Andrew), Kevin Corrigan (Bill) **L** 90 **E** 23.1.1997 **fd** 32 347

WALKING THUNDER (WALKING THUNDER). Abenteuerfilm: Eine Siedlerfamilie erlebt um 1850 in den Rocky Mountains den ersten Winter und lernt dabei, sich der unbezwingbaren Natur anzupassen. (Fernsehtitel: »Auf der Spur des großen Bären«) – Ab 12. ✦ USA 1994 **VA** Splendid **R** Craig Clyde **D** John Denver (John McKay), Irene Miracle (Emma McKay), David Tom (Jacob McKay), Kevin R. Connors (Toby McKay), James Read (Abner Murdock) **L** 94 **FSK** ab 6 **E** 1995 Video/3.2.1996 VOX

WALKMAN BLUES. Alltägliches aus dem Leben eines jungen Mannes, der seit einiger Zeit in Berlin lebt. Er hört Musik aus dem Kopfhörer, arbeitet auf dem Fleischgroßmarkt, stiehlt nachts Kohlen für seinen Ofen und begegnet schließlich einem Mädchen, das ihn bald wieder allein läßt. Ein essayistischer Film ohne Dialoge, der sich der alltäglichen Wirklichkeit nicht mittels einer durchkomponierten Geschichte nähern will, vielmehr die Grenzen zwischen Fiktion und Dokumentation ineinanderfließen läßt und dabei einen sinnlichen, kontemplativen Darstellungsstil findet. – Ab 16. ✦ BR Deutschland 1985 **P** Basis/ ZDF/Channel Four **SF** Basis **Pd** Clara Burckner **R+B** Alfred Behrens **K** Claus Deubel, Martin Theo Krieger **M** Kraftwerk, Peter Radzuhn, Heikko Deutschmann, Marius del Mestre, Ludus, Blurt **S** Gabriele Herms, Heide Heisuck **D** Heikko Deutschmann, Jenifer Capraru, Madeleine Daevers, Jörg Dörning, Sema Engin **L** 90 **FBW** w **E** Januar 1986/4.2.1986 ZDF

WALKOVER (WALKOWER). Ein vom Militär zurückgekehrter junger Mann, der sein Studium aufgegeben hat, nimmt die ihm angebotene Stellung in einer Fabrik nicht an. Statt dessen boxt er auf Nachwuchsturnieren, doch auch das scheint seinen Vorstellungen nicht zu entsprechen. Wie in seinem Erstlingswerk »Besondere Kennzeichen: Keine« beschäftigt sich der Pole Skolimowski auch in diesem Film mit dem Schicksal eines sich selbst und dem Leben gegenüber ratlosen jungen Menschen. Die karge, nüchterne Schilderung läßt gesellschaftliche Tatbestände als Ursache für das individuelle Drama sichtbar werden. Ein in Inhalt und Form gleichermaßen interessanter Film. – Sehenswert. ✦ Schwarz-weiß. Polen 1965 **P** Syrena Film Polski **R+B** Jerzy Skolimowski **K** Antoni Nurzynski **M** Andrzej Trzaskowski **S** Barbara Kryczmonik **D** Jerzy Skolimowski (Andrzej Leszczyc), Aleksandra Zawieruszanka (Teresa), Krzysztof Chamiec (Kombinatsdirektor), Andrzej Herder (Pawlak), Henryk Kluba (Rogala) **L** 75 **FSK** ab 16; f **E** 18.8.1969 ZDF

WALL STREET (WALL STREET). Ein kleiner Börsenmakler kann der Versuchung nicht widerstehen, auch über die Grenzen der Legalität hinaus Handlanger eines erfolgreichen Wall-Street-Spekulanten zu werden. Ein mit schauspielerischen Glanzpunkten aufwartender Film über die moralische Verkommenheit skrupelloser Spekulanten an der New Yorker Börse, der vor allem an einer aufgeputschten, überraschungslosen Story leidet, aber auch durch unsensible, gelegentlich allzu kraftprotzerische Machart skeptisch stimmt. DVD: Die Extras umfassen u. a. einen Audiokommentar des Regisseurs. – Ab 16. ✦ USA 1987 **P** 20th Century Fox/American Entertainment Partners **Kl** 20th Century Fox **SF** 20th Century Fox **VA** CBS/Fox **DVD** Fox Home (16:9, 1.85:1, DD5.1 engl., DD4.0 dt.) **Pd** Edward R. Pressman **R** Oliver Stone **B** Oliver Stone, Stanley Weiser **K** Robert Richardson **M** Stewart Copeland **S** Claire Simpson **D** Charlie Sheen (Bud Fox), Michael Douglas (Gordon Gekko), Martin Sheen (Carl Fox), Daryl Hannah (Darien Taylor), Terence Stamp (Sir Larry Wildman) **L** 126 **FSK** ab 12; f **FBW** w **E** 18.2.1988/Dezember 1988 Video/19.4.2001 DVD **fd** 26 649

WALL STREET BLONDIE – DER SKANDAL (STOCKS AND BLONDS). Eine Studentin der Wirtschaftswissenschaften kommt den Machenschaften einer skrupellosen Frau auf die Spur, die sich die Aktienmehrheit einer Versicherungsgesellschaft ergaunerte, indem sie sich die männlichen Aktionäre gefügig macht und sie erpreßt. Die Mitwisserin wird »gekauft«, indem sie einen Posten im Aufsichtsrat erhält. Erbärmlich inszenierter und gespielter Film, der sich von einer Sexszene zur nächsten hangelt und unterschwellig die frauenfeindliche Haltung suggeriert, daß der berufliche Erfolg von Frauen überwiegend über das Bett erreichbar ist. ✦ USA 1984 **P** G.H. Prod. **VA** Vestron **R** Arthur Greenstands **K** Steve Kaman, Sven Nuco **D** Leigh Wood, Veronica Hart, Jaime Kantor, Dick Beil **L** 79 **FSK** ab 18 **E** Mai 1988 Video **fd** 26 952

WALLACE & GROMIT (THE AARDMAN COLLECTION). Sieben Animations- und Plastilinfilme der englischen Produktionsfirma »Aardman Animations«; eine Zusammenstellung meist preisgekrönter Kurzfilme, deren unbändige Fabulierlust die Freude der Macher an ihrem Metier vermittelt und die dem Zuschauer ein unbeschwertes Kinovergnügen bereitet. Höhepunkt des überaus witzigen Films: der Action-Krimi »The Wrong Trousers«, dessen Rasanz dem Genre neue Möglichkeiten eröffnet und der den Puppentrickfilm um Elemente des traditionellen Erzählkinos bereichert. (Titel der Episoden: 1.»Sledgehammer«; 2.»A Grand Day Out«; 3.»Rex the Runt – Dinosaurs«; 4.»Creature Comforts«; 5.»Adam«; 6.»Rex the Runt – Dreams«; 7. »The Wrong Trousers«; O.m.d.U.) – Sehenswert ab 12. ✦ Großbritannien 1986–93 **P** Aardman Aminations **KI** MFA/Danube **VA** Ufa **R** Stephen Johnson (1), Nick Park (2,4,7), Richard Goleszowski (3,6), Peter Lord (5) **L** 76 **FSK** o. A.; f **E** 29.9.1994/20.3.1995 Video **fd** 31 035

WALLACE & GROMIT TOTAL – DAS MUSS KNETEN! (THE COMPLETE WALLACE & GROMIT MOVIE). Zusammenstellung der drei Animationskurzfilme um die Plastillin-Figuren Wallace und Gromit, die zuvor bereits in anderen Kompilationen ihren Kinoeinsatz erlebten. Der biedere englische Durchschnittsbürger und geniale Erfinder Wallace und sein stoisch-gewitzter Hund Gromit reisen zum Mond, um den dortigen Käse zu probieren, fangen einen Pinguin, der sich als Juwelendieb herausgestellt hat, und klären einen Diebstahl von Schafen, in den eine von Wallace heimlich geliebte Inhaberin eines Wollgeschäfts »verstrickt« ist. Liebevolle Karrikaturen und atemberaubend gestaltete Parodien auf Kinogenres verbinden sich zu einer hochamüsanten Unterhaltung mit überraschend vielen anrührenden Momenten. – Sehenswert ab 10. ✦ Großbritannien 1997 **P** Aardman Animations **KI** MFA **Pd+R+B** Nick Park **K** David Alexander Riddett **M** Julian Nott **L** 84 **E** 5.6.1997 **fd** 32 591

WALLACE & GROMIT – UNTER SCHAFEN (THE AARDMAN COLLECTION 2). Ein Plastilin-Filmpaket mit neuen Kurzfilmen der englischen Produktionsfirma Aardman Animations. Im Mittelpunkt steht die Geschichte »A Close Shave«, in der Wallace und Gromit in eine Schaf-Serienkiller-Story verwickelt werden. Rasante und sehr humorvolle Trickfilmunterhaltung, die liebevoll bekannte Filme zitiert. Durch die durchgehend düstere Grundstimmung der Geschichten ist die Sammlung für kleinere Kinder vielleicht etwas erschreckend. (Episoden: 1. »A Close Shave«; 2. »The Title Sequence«; 3. »What's Pig«; 4. »Early Bird«; 5. »Heat Electric!«; 6. »Not Without My Handback«; 7. »My Baby Just Cares For Me«; 8.»War Story«; 9.»Pop«) DVD: Neben dem Langfilm »Unter Schafen« befinden sich auf der DVD noch die beiden Kurzfilme »Alles Käse« und »Die Techno-Hose«. – Sehenswert ab 10. ✦ Großbritannien 1995 **P** Aardman Animations **KI** MFA/Endfilm **DVD** Universal Home (FF, DD2.0 engl./dt.) **Pd** Peter Lord, David Sproxton, Michael Rose, Carla Shelley **R** Nick Park (1,5), Luis Cook (2), David Alexander Riddett (2), Peter Lord (3,4,5,7,8), David Sproxton (4), Boris Kossmehl (6), Sam Fell (9) **B** Nick Park (1), Bob Baker (1), Luis Cook (2), Dave Alexander Ridett (2), Peter Lord (3,4,7), David Sproxton (4), Boris Kossmehl (6), Sam Fell (9) **K** David Alexander Riddett (1) **M** Julian Nott (1) **L** 79 **FSK** ab 6; f **E** 7.7.1996/5.4. 2001 DVD **fd** 31 817

WALLENBERG → Raoul Wallenberg

WALLERS LETZTER GANG. Ein letztes Mal schreitet der Streckengeher Waller seine Gleise ab, und während seiner Arbeit steigen Erinnerungen an seinen Lebensweg auf. Am Ende des Tages wird der alte Mann seinen Weg in die Unendlichkeit fortsetzen. Ein leiser, meditativer Film, der an einem Einzelschicksal Erinnerungen an die Vergangenheit von Menschen und einer Region beschwört. – Sehenswert ab 14. ✦ Teils schwarz-weiß. BR Deutschland 1988 **P** Christian Wagner Filmprod./BR **KI** Arsenal **Pd+R** Christian Wagner **B** Christian Wagner, nach einem Roman von Gerhard Köpf **K** Thomas Mauch **M** Florian Ernst Müller **S** Norbert Herzner **D** Rolf Illig (der alte Waller), Herbert Knaup (der junge Waller), Sibylle Canonica (Rosina), Crescentia Dünßer (Angelika Heindl), Franz Boehm (Stumpf) **L** 100 **FSK** ab 6; f **FBW** w **E** 13.4.1989 **fd** 27 530

WALLI, DIE EISFRAU. Ein ebenso begnadeter wie hochverschuldeter junger Professor entführte seine größte Entdeckung, eine prähistorische weibliche Mumie, die er in einer Gletscherspalte im Wallis fand. Doch statt problemlos an das erhoffte Lösegeld zu kommen, löst er einigen Wirbel aus und kommt in Konflikt mit seiner seit langem angehimmelten Traumfrau, die sich an der Fahndung beteiligt. In Anlehnung an den Fund des »Ötztal-Mannes« entstandene Komödie, die einmal mehr der Figur des vom Leben überforderten Wissenschaftlers ein Denkmal setzt. ✦ Deutschland 1998 **P** ZDF **R** Wilhelm Engelhardt **B** Thomas Kirchdorf **K** Thomas Mauch **M** Jörg Pfeil, Wolfram de Marco **D** Stefan Kurt (Janosch Berner), Claudia Wilde (Cora Thaler), Heinz Schenk (Wurzel), Irm Hermann (Vermieterin), Tilo Prückner (Zange) **L** 87 **E** 30.3.1998 ZDF

DER WALLNERBUB (DAS JAHR DES HERRN). Die Erlebnisse eines im Armenhaus aufwachsenden vaterlosen Dorfjungen mit seiner Umgebung, insbesondere mit dem Pfarrhaus, bis zu seiner Firmung und der Bindung an die Mutter in der Stadt. Der in seiner Art ungewöhnliche Film, der Verständnis und Liebe für das barocke Lebensgefühl Österreichs voraussetzt, gefällt durch das lebendig erfaßte Dorfmilieu und jugendpsychologische Feinheiten. (Alternativtitel: »Kraft der Liebe«, »Das Jahr des Herrn«) – Ab 12. ✦ Schwarz-weiß. Österreich 1950 **P** Mundus **KI** Union **Pd** Walter Tjaden **R** Alfred Stöger **B** Karl Heinrich Waggerl, Ulrich Bettac, nach dem Roman »Das Jahr des Herrn« von Karl Heinrich Waggerl **K** Sepp Ketterer **M** Franz Salmhofer **D** Karl Haberfellner (David), Käthe Gold (Ilse Babka), Ewald Balser (Pfarrer), Josef Meinrad (Karl), Otto Kerry (Kaplan) **L** 100 **FSK** ab 12; f **E** 12.12.1950 **fd** 1 022

WALLS – MAUERN DER GEWALT (WALLS). Drei Häftlinge nehmen einige Sozialarbeiter als Geiseln und verlangen ein Flugzeug zur Flucht ins Ausland. Eine Rückblende zeigt die Ursachen der Verzweiflungstat. Um Glaubwürdigkeit bemühter Film, der durch eine möglichst realistische Schilderung der Verhältnisse in einem amerikanischen Gefängnis für Reformen plädiert, aber lediglich Klischees reproduziert und sich somit um die Wirkung bringt. ✦ Kanada 1986 **P** Jericho Films **VA** Atlas **Pd+R** Tom Shandel **B** Christian Bruyère **K** Douglas McKay **M** J. Douglas Dodd, Michael Oczko **S** Barbara Evans **D** Winston Rekert (Danny Baker), Alan Scarfe (Ron Simmons), Andrée Pelletier (Joan Tramblay), John Wright (Curt Willis), John Lord (Louis Martin) **L** 88 **FSK** ab 16 **E** 26.2.1988 Video **fd** 26 781

WALLSTREET. Dokumentation über den einflußreichsten Finanzmarkt der Welt, die Wall Street in Manhattan. Der Film stellt beispielhaft einige der rund 250 000 Menschen vor, die hier arbeiten, und untersucht das Verhältnis zum Objekt ihrer Begierde: dem Geld. In geschickter Parallelmontage verfolgt er den Arbeitstag eines Devisen- und eines Aktienhändlers sowie einer Fernseh-Börsenberichterstatterin und vermittelt dabei spannende Einblicke in die erstaunlich profane Welt des Geldgeschäfts. – Ab 16. ✦ Deutschland 1997 **P** SWF **Pd+R+B+K** Thomas Schadt **L** 90 **E** 23.11.1997 ARD

WALLSTREET WOMAN (HIGH FINANCE WOMAN / LA SIGNORA DI WALL STREET). Die Börseninformationen, die sie sich bei ihren häufig wechselnden Liebhabern holt, ermöglichen einer attraktiven Frau steilen Aufstieg an der Wall Street. Als sie sich in den Sohn eines »abgelegten« Liebhabers verliebt, will sein Vater sie zwingen, die Beziehung abzubrechen; als er kurze Zeit später zu Tode kommt, gerät sie in Verdacht. Dramaturgisch und technisch dürftige Mischung aus Liebes- und Börsen-Thriller mit zum Teil rüden Dialogen und dem üblichen Schuß Sex-and-Crime. (Alternativtitel: »Blue Money«) – Ab 16 möglich. ✦ Italien/Großbritannien 1989 **P** Filmirage/ London Weekend Television **VA** Ascot **R** Joe d'Amato (= Aristide Massaccesi) **B** Daniel Davis **K** Federico Slonisco (= Aristide Massaccesi) **M** Piero Montanari **S** Kathleen Stratton **D** Tara Buckman (Brenda), Charlie Edwards (Alex), Dan Smith (Mr. Wilson), Paul van Gent (Sonny), Julia Howard (Joan) **L** 89 **FSK** ab 16 **E** 10.12.1990 Video

WALLY SPARKS – KÖNIG DES SCHLECHTEN GESCHMACKS (MEET WALLY SPARKS). Ein alternder Fernsehmoderator, der mit Zoten und skurrilen Studiogästen auf Quotenjagd geht, macht dem konservativen Gouverneur von Georgia, der in den Senat gewählt werden möchte, das Leben schwer, als er sich in dessen Wahlkampf einmischt. Eine weitgehend humorlose Komödie mit derben Späßen und ebensolchen Dialogen, die nicht mehr als das Bild eines überflüssigen Routineprodukts erfüllt. Der unsympathisch gezeichnete Charakter des Hauptdarstellers trägt nicht dazu bei, den Gesamteindruck positiv aufzuwerten. – Ab 16. ✦ USA 1996 **P** Largo Entertainment/Trimark Pic. **VA** Warner Home **Pd** Leslie Greif **R** Peter Baldwin **B** Harry Basil, Rodney Dangerfield **K** Richard Kline **M** Michel Colombier **S** Raul Davalos **D** Rodney Dangerfield (Wally Sparks), Debi Mazar (Sally Gallo), David Ogden Stiers (Governor Preston), Cindy Williams (Emily Preston), Burt Reynolds (Lenny Spencer) **L** 100 **FSK** ab 12 **E** 17.9.1998 Video **fd** 33 208

WALMORD (A WHALE FOR THE KILLING). Ein kanadischer Architekt kämpft um das Leben eines Buckelwals, den die sich von der Regierung vernachlässigt fühlenden Bewohner eines einsamen Dorfes auf Neufundland töten wollen. Eine schlicht erzählte Geschichte vor der großartigen Naturkulisse Neufundlands, verdichtet zu einem bemerkenswerten Plädoyer für ein bewußtes, aufrechtes Leben. (Fernsehtitel: »Der Fremde und der Wal«; Videotitel auch: »Eine tödliche Falle«) – Sehenswert ab 12. ✦ Kanada 1980 **P** Hugh Hefner Playboy/Beowulf **VA** PolyGram/Allround (gekürzt) **Pd** Robert Lovenheim **R** Richard T. Heffron **B** Lionel Chetwynd, nach einer Novelle von Farley Mowat **K** Michael Chavalier **M** Stephen A. Hope **D** Peter Strauss (Charles Landon), Dee Wallace (= Dee Wallace Stone) (Janet Landon), Richard Widmark (Tom Goodenough), Bruce McGill (Glenn), Kathryn Walker, Ken James, David Ferry **L** 105/78 (TV 125) **FSK** ab 12 **E** 1982 Video/16.,17., 18.8.1983 ZDF (drei Teile) **fd** 23 539

WALPURGISNACHT (VALBORGSMASSOAFTON). Eine Sekretärin, die ihren Chef hoffnungslos liebt, wird Zeuge seiner Ehekrise: Er glaubt, ein Kind könnte die Ehe retten, doch als seine Frau ungewollt schwanger wird, lässt sie eine Abtreibung vornehmen. Die Sache kommt ans Licht, und das Ehepaar wird erpressbar. Als es bei der Geldübergabe zu einem Handgemenge kommt, erschießt die Frau den Erpresser. Wenn das Melodram auch aus heutiger Sicht hoffnungslos veraltet erscheint, so löste seine Abtreibungsthematik zur damaligen Zeit doch heftige Diskussionen aus. Ein früher Film mit Ingrid Bergman, die ihr Talent hier kaum entfalten konnte. ✦ Schwarz-weiß. Schweden 1935 **P** Svenska Filmindustri **R** Gustaf Edgren **B** Gustaf Edgren, Oscar Rydqvist **K** Martin Bodin **M** Eric Bengtson **S** Oscar Rosander **D** Ingrid Bergman (Lena Bergström), Karin Kavli (Clary Borg), Victor Sjöström (Frederik Bergström), Erik Berglund (Gustav Palm), Sture Lagerwall (Svenson) **L** 75 **E** 8.1.2001 arte

DIE WALSCHE (DIE WALSCHE). Eine deutschsprachige Südtirolerin lebt und arbeitet mit einem Italiener zusammen und erfährt dabei Schwierigkeiten und Konflikte, die in der kulturell verschiedenen Herkunft der beiden wurzeln. Als sie zur Beerdigung ihres Vaters in ihr Heimatdorf zurückkehrt, begegnen ihr die Bewohner mit Argwohn und Ablehnung, so daß sie sich als Fremde fühlt. Sie wird zur Verfemten und Verräterin, eben zur »Walschen« (eine abschätzige Bezeichnung für Italienerin). Der Film plädiert für die Gleichberechtigung unterschiedlicher Bevölkerungsgruppen, argumentiert zunächst jedoch allzu undifferenziert und klischeehaft; erst in der zweiten Hälfte findet er zu dichteren und tiefer lotenden Szenen. – Ab 16. ✦ BR Deutschland/Österreich/ Schweiz 1986 **P** Voissfilm/ZDF/ORF/SRG **Pd** Peter

Voiss **R** Werner Masten **B** Joseph Zoderer, Werner Masten, nach einem Roman von Joseph Zoderer **K** Klaus Eichhammer **M** Muzzi Loffredo **S** Michael Breining **D** Marie Colbin (Olga), Lino Capolicchio (Silvano), Johannes Thanheiser (Vater), Martin Abram (Florian), Remo Remotti (Michele) **L** 95 **E** 23.12. 1986 ZDF

WÄLSUNGENBLUT. Die Liebe eines kaiserlichen Leutnants zu einer arroganten Adligen, die mit ihrem Bruder in einer inzestuösen Verbindung lebt. Schwüle Erotik und genüßlich zelebrierte Dekadenz in einem Film nach Motiven der Novelle von Thomas Mann. Der geschmäcklerisch inszenierte Versuch einer Persiflage über den Verfall einer degenerierten Gesellschaftsschicht zeugt vom Unverständnis der subtilen Vorlage. ✦ BR Deutschland 1964 **P** Seitz-Filmprod. **KI** Columbia-Bavaria **Pd** Franz Seitz **R** Rolf Thiele **B** Georg Laforet (= Franz Seitz), Erika Mann, nach einer Novelle von Thomas Mann **K** Wolf Wirth **M** Richard Wagner **S** Ingeborg Taschner **D** Rudolf Forster (Graf Arnstatt), Margot Hielscher (Gräfin Isabella), Michael Maien (Siegmund), Gerd Baltus (Beckerath), Elena Nathanael (Sieglind) **L** 86 **FSK** ab 18; nf **FBW** bw **E** 21.1.1965 **fd** 13 255

WALT DISNEY: ABENTEUER DER NATUR (THE BEST OF WALT DISNEY'S TRUE LIFE ADVENTURES). Zusammenschnitt aus Szenen, die Walt Disney für seine in den 50er Jahren ins Leben gerufene, preisgekrönte Tierfilmreihe »True Life Adventures« produzierte. Unter anderem sind der Überlebenskampf einer Tarantel und eines Raubvogels sowie die Daseinsabenteuer von Erdhörnchen, Löwen, Elefanten und Krokodilen zu sehen. – Ab 8. ✦ USA 1975 **P** Walt Disney Company **L** 85 **E** 1.11.1996 Super RTL

WALT DISNEY – DIE FASZINATION SEINER FILME (THE ART OF WALT DISNEY). Dokumentation über die Herstellung von Zeichentrickfilmen im Disney-Studio und über die Geschichte von Walt Disney, dem Erfinder vieler berühmt gewordener Figuren, etwa Mickey Mouse oder Donald Duck. ✦ USA 1988 **R** Alan Benson **L** 104 **E** 12.9.1993 premiere

WALT DISNEY – DIE FLUCHT DER PUMAS →Die Flucht des Pumas

WALT DISNEYS DER GLÖCKNER VON NOTRE DAME →Der Glöckner von Notre Dame (1996)

WALT DISNEYS GEHEIMNIS. Die Gerüchte, dass Walt Disney, der Gründer des berühmten Filmstudios, nicht Kind seiner Eltern, sondern angenommener Sohn der spanischen Haushälterin ist, halten sich hartnäckig. Der Autor versucht, ihnen auf den Grund zu gehen, und spürt der komplizierten Persönlichkeitsstruktur Disneys nach, der zeitlebens von Ängsten und Selbstzweifeln geplagt wurde. ✦ Deutschland 1998 **P** BR **R** Bernd Dost **L** 70 **E** 13.4. 2001 hessen 3

WALT DISNEYS GESCHICHTE VOM HÖLZERNEN BENGELE →Pinocchio (1940)

WALT DISNEYS LUSTIGE MICKY-MAUS-REVUE (WALT DISNEYS FAVOURITES). Elf farbige Zeichentrickfilme in einer unterhaltsamen Zusammenstellung, die die Hauptdarsteller der Animationswerkstatt in einem bunten Reigen vereint: »Donalds Tagebuch«/»Donald's Diary«; »Väter sind auch Menschen«/»Fathers are People«; »Goliath II«/»Goliath II«; »Auf krummen Wegen«/»Hooked Bear«; »Plutos Souvenir«/»Pueblo Pluto«; »Torero wider Willen«/»For whom the Bulls Toll«; »Micky und Pluto auf Jagd«/»Racoon Dawg«; »Micky, der Meisterdirigent«/»Symphony Hours«; »Gestörte Mittagsruhe«/»Pluto Junior«; »Donalds Brautwerber«/»Donald's Double Trouble«; Mickys Anglerlatein«/»The Simple Things«. – Ab 8. ✦ USA 1942–59 **P** Walt Disney **KI** Disney **Pd** Walt Disney **L** 81 **FSK** ab 6; nf **FBW** w **E** 17.7.1964

WALT DISNEYS MICKY-MAUS-PARADE 1963. Elf gelungene Zeichentrickfilme Walt Disneys mit den bekannten Stars Mickey Mouse, Donald Duck und Pluto: »Micky geht zum Tanzen«/»Mickey's Delayed Date«; »Abenteuer auf Wasserski«/»Aquamania«; »A- und B-Hörchen auf Verbrecherjagd«/»The Lone Chipmunks«; Plutos Geburtstagsfeier«/Pluto's Party«; »Donalds Apfelfarm«/»Donald Applecore«; »Hänschen Apfelkern« und Die emsige Biene« (zwei Episoden aus »Melody Time«); Plutos Weihnachtsbaum«/»Pluto's Christmas Tree«; Goofeys Urlaubsfahrt«/»Two Weeks Vacation«; »Donald als Erzieher«/»Spare the Rod«; »Plutonia«/Plutonia«. – Ab 8. ✦ USA 1947–61 **P** Walt Disney **KI** Rank **Pd** Walt Disney **L** 80 **FSK** ab 6; nf **FBW** w **E** 5.7.1963 **fd** 12 097

WALTER (WALTER). Erster Teil der Lebensgeschichte eines geistig Behinderten, der in den frühen 60er-Jahren bei seinen Eltern aufwächst, dank der Hilfe seiner Mutter lesen und schreiben lernt und einen Arbeitsplatz als Lager-Reiniger findet. Nachdem seine Eltern gestorben sind, wird er von der Fürsorge in ein Heim eingewiesen und muss sich auf ein ganz neues Leben einstellen. Neben traumatischen Erlebnissen findet er aber auch Freunde in der Anstalt. (O.m.d.U.) – Ab 16. ✦ Großbritannien 1982 **P** Channel Four **R** Stephen Frears **B** David Cook **K** Chris Menges **M** George Fenton **D** Ian McKellen (Walter), Barbara Jefford (Sarah), Tony Melody (Mr. Hingley), Jim Broadbent (Joseph) **L** 70 **E** 16.6.1994 SF/DRS

WALTER AND JUNE (WALTER AND JUNE). Zweiter Teil der Geschichte des geistig behinderten Walter, dessen Leben nach 19 Jahren als Patient und unbezahlte Hilfskraft im Heim durch die Bekanntschaft mit der selbstmordgefährdeten June eine neue Wendung nimmt. Die seit ihrer Kindheit unter selbstzerstörerischen Neigungen leidende Frau überzeugt ihn davon, dass sie aus der Anstalt fliehen muss und dass auch er sein Leben im Heim verschwende. Zusammen bricht das ungleiche Paar aus und versucht unter großen Schwierigkeiten, sich in der Stadt durchzuschlagen. Eine durch ihren Realismus bestechende Geschichte in bester englischer Tradition, die soziale Anklage und emotionales Drama zugleich ist. Erster Teil: »Walter«. (O.m.d.U.) – Ab 16. ✦ Großbritannien 1986 **P** Channel Four **R** Stephen Frears **B** David Cook **K** Chris Menges **M** George Fenton **D** Ian McKellen (Walter), Sarah Miles (June), John Czeslaw (Clifford), Gordon Sinclair (Graham) **L** 63 **E** 23.6.1994 SF/DRS

WALTER & FRANK – EIN SCHRÄGES PAAR (WRESTLING ERNEST HEMINGWAY). Der Alltag zweier sehr gegensätzlicher alter Männer im »Pensionärsparadies« Florida. Ein Film, der zwei Vollblutschauspielern dankbare Rollen bietet und trotz vieler Klischeesituationen ein einfühlsames Porträt im Alter isolierter Menschen vermittelt. – Ab 16. ✦ USA 1993 **P** Warner **VA** Warner Home **Pd** Joe Wizan, Todd Black **R** Randa Haines **B** Steve Conrad **K** Lajos Koltai **M** Michael Convertino **S** Paul Hirsch **D** Robert Duvall (Walt), Richard Harris (Frank), Shirley MacLaine (Helen), Sandra Bullock (Elaine), Piper Laurie (Georgia) **L** 118 **FSK** ab 6 **E** 9.12.1994 Video/4.1.1996 premiere **fd** 31 138

EINE WALTON-HOCHZEIT (A WALTON'S WEDDING). Spielfilm zur Fernsehserie »Die Waltons«, in dem John-Boy und seine Freundin nach Hause zurückkehren, um zu heiraten. Nostalgische Unterhaltung fürs Gemüt. – Ab 12 möglich. ✦ USA 1995 **R** Robert Ellis Miller **B** Claire Whitaker, Rod Peterson **M** John Rubinstein **D** Richard Thomas (John-Boy Walton), Ralph Waite (John Walton), Michael Learned (Olivia Walton), Kate McNeil (Janet Gilchrist), Holland Taylor (Flo), Ronnie Claire Edwards (Corabeth Godsey), Eric Scott (Ben), Joe Conley (Ike Godsey), Roy Brocksmith (Trumbell) **L** 90 **E** 4.8.1999 ProSieben

DIE WALTONS: EIN GROSSER TAG FÜR ELISABETH (A DAY FOR THANKS ON WALTON'S MOUNTAIN). Jeder aus der Farmersfamilie der Waltons plagt sich mit Problemen und Sorgen ab, doch Elisabeth gelingt es, die Familie rechtzeitig zum Erntedankfest wieder zusammenzubringen. Letzter von drei rührseligen Spielfilmen mit der populären Fernsehfamilie. – Ab 10 möglich. ✦ USA 1982 **R** Harry Harris **D** Ralph Waite (John Walton), Jon Walmsley (Jason Walton), Judy Norton-Taylor (Mary Ellen Watson), Mary Beth McDonough (Erin Walton), Eric Scott (Ben Walton) **L** 95 **E** 13.4.1991 3sat

DIE WALTONS: HOCHZEIT MIT HINDERNISSEN (A WEDDING ON WALTON'S MOUNTAIN). Nach einer großen Enttäuschung in der Liebe verlobt sich die Erbin mit einem Mitarbeiter des väterlichen Holzbetriebes. Turbulenzen entstehen, als kurz vor der Hochzeit der Ex-Verlobte auftaucht, der fest entschlossen ist, seinen Fehler ungeschehen zu machen. Erster von drei Spielfilmen, die mit den »Familienmitgliedern« der Fernsehfamilie »Die Waltons« inszeniert wurden. Betuliche Unterhaltung, die auf Rührung und unmittelbare Identifikation mit dem geschilderten Schicksal setzt. – Ab 10 möglich. ✦ USA 1982 **R** Lee Philips **B** Marjorie Fowler, Claylene Jones **D** Ralph Waite (John Walton), Jon Walmsley (Jason Walton), Judy Norton-Taylor (Mary Ellen Walton), Mary Beth McDonough (Erin Walton), Eric Scott (Ben Walton) **L** 92 **E** 30.3.1991 3sat

DIE WALTONS: MUTTERTAG (MOTHER'S DAY ON WALTON'S MOUNTAIN). Zweiter von drei Spielfilmen mit den Familienmitgliedern der beliebten Fernsehserie. Kurz nach ihrer Hochzeit wird Mary Ellen bei einem Autounfall verletzt. Als Folge kann sie keine Kinder mehr bekommen. Auch die Chancen für eine Adoption stehen nicht gut. Rührselige Unterhaltung. – Ab 10 möglich. ✦ USA 1982 **R** Gwen Garner **D** Ralph Waite (John Walton), Jon Walmsley (Jason), Judy Norton-Taylor (Mary Ellen), Mary Beth McDonough (Erin Walton), Eric Scott (Ben) **L** 92 **E** 6.4. 1991 3sat

DER WALZER AUF DER PETSCHORA (WALSI PETSCHORASE). Sowjetunion 1937, zur Zeit des stalinistischen Staatsterrors: Die 13jährige Tochter eines »Volksfeindes« flieht aus dem Waisenhaus und kehrt in die elterliche Wohnung zurück, wo sich inzwischen ein Offizier des KGB eingenistet hat. Zwischen dem Mädchen und dem Handlanger des Regimes entwickelt sich eine gespannte Beziehung. Dem nach Erinnerungen der Regisseurin gestalteten Film gelingt es auf ebenso einfühlsame wie engagierte Weise, die Totenklage über GULAG-Realitäten des 20. Jahrhunderts mit dem in Hoffnungsbildern von großer poetischer Kraft dargestellten Widerstand gegen den Totalitarismus zu verbinden. (Preis der Ökumenischen Jury Berlin 1993) ✦ Teils schwarz-weiß. Georgien 1992 **P** Lileo Arts **Pd** Alexander Scharaschidse **R** Lana Gogoberidse **B** Saira Arsenischwili, Lana Gogoberidse **K** Giorgi Beridse **M** Giorgi Zinzadse **D** Guram Pirzchalawa (Offizier), Nino Surguladse (Anna), Marika Tschitschinadse (Annas Mutter), Tamar Skirtladse, Nineli Tschankwetadse **L** 101 (Orig. 108) **E** 25.4.1996 Südwest 3

WALZER DER LIEBE (VALSE BRILLANTE). Ein dünne Kriminalgeschichte im Sängermilieu: Der Gesangsstar Marta muß wegen pausenloser Nachstellungen einen Leibwächter bekommen, der in ergebener Liebe der Bande von Übeltätern, einer Gruppe enthusiastischer Jugendlicher, auf die Spur kommt. Operettenhafter Film mit viel Gesang, der ausschließlich den beiden Stars Marta Eggerth und Jan Kiepura dient. – Ab 12. ✦ Schwarz-weiß. Frankreich 1949 **P** Fox **KI** Super **R** Jean Boyer **B** Gérard Carlier **K** Léonce-Henry Burel **M** Wolfgang Amadeus Mozart, Giuseppe Verdi, Wienavsky **D** Martha Eggerth (Marta Vassary), Jan Kiepura (Kowalsky), Lucien Baroux, Roger Tréville, Arlette Merry **L** 90 **E** 16.3.1950 **fd** 1 989

WALZER DER TOREROS (WALTZ OF THE TOREADORS / THE AMOROUS GENERAL). Ein alter englischer General mit jungem Herzen sucht vergeblich die Erfüllung einer schon 17 Jahre währenden Liebe. Die hintergründig-heitere Komödie Jean Anouilhs in einer vergröbernden Kinofassung mit glänzenden Darstellern. ✦ Großbritannien 1961 **P** Independent Artists **KI** Rank **Pd** Peter de Sarigny **R** John Guillermin **B** Wolf Mankowitz, nach dem Theaterstück von Jean Anouilh **K** John Wilcox **M** Richard Addinsell **S** Peter Taylor **D** Peter Sellers (General Leo Fitzjohn), Dany

Robin (Ghislaine), John Fraser (Robert), Margaret Leighton (Emily Fitzjohn), Cyril Cusack (Dr. Grogan) **L** 104 **FSK** ab 18; nf **FBW** w **E** 18.12.1962/31.7.1976 DFF 2 **fd** 11 640

EIN WALZER FÜR DICH →Ich heiße Benjamin

WALZER FÜR MILLIONEN (VALCIK PRO MILLION). Eine kleine Liebesgeschichte bei der großen Spartakiade 1960 in Prag: Zwei junge Leute finden trotz Verwicklung und Schwierigkeiten und der riesigen Menschenansammlung zueinander. Harmlose Unterhaltung ohne besondere Ansprüche. (Der Film liegt sowohl in Cinemascope- als auch in Normalformatfassung vor.) – Ab 14. ✦ Scope. CSSR 1960 **P** Filmstudio Barrandov **KI** Progress **R** Josef Mach **B** Jan Procházka, Josef Mach **K** Václav Hanus, Josef Hanus **M** Ludvík Podést **D** Vladimír Ráz (Professor), Jozef Adamovic (Franta), Jan Preucil (Pepek), Jirí Hrzán (Vcela), Antonin Molcik (Olda) **L** 95 **E** 12.1. 1962 Kino DDR/24.2.1963 DFF 1

WALZER IN WEISS (LA VALSE BLANCHE). Ein begabter Musikstudent und seine Verlobte liegen im Dauerstreit. Als er seiner angegriffenen Gesundheit wegen in ein Sanatorium muß, trifft er dort seine Jugendfreundin wieder, die an Tuberkulose leidet. Er heuchelt ihr Liebe vor; kurz vor ihrem Tod kommt auch noch seine Braut, um ihr Trost zu spenden. Die Kranke stirbt, als seine erste Symphonie in Paris uraufgeführt wird. Die verlogene Geschichte wird durch die aufdringliche Musik vollends zugrunde gerichtet. – Ab 14 möglich. ✦ Schwarz-weiß. Frankreich 1943 **P** Compagnie Générale Cinématographique **KI** Stern/ Veit **R** Jean Stelli **B** François Campeaux **K** René Cavenau **M** René Sylviano **D** Lise Delamare, Jules Berthieu, Ariane Borg, Aimé Clariond **L** 93 **FSK** ab 12; f **E** 22.11.1946/11.4.1950 Kino DDR **fd** 811

EIN WALZER MIT DIR. Ein im Schatten seiner Frau, eines Operettenstars, stehender junger Komponist bietet unter dem Namen eines Freundes dem Theater eine Operette an, in der seine Frau die Hauptrolle übernimmt. Turbulente Verwicklungen und Mißverständnisse sind damit in Gang gesetzt, bis sich alles in Wohlgefallen auflöst. Ein immerhin durch schauspielerische Munterkeit auffallendes Lustspiel. – Ab 12. ✦ Schwarz-weiß. Deutschland 1943 **P** Berlin-Film **KI** Schorcht **R+B** Hubert Marischka **K** Oskar Schnirch **M** Franz Grothe **D** Lizzi Waldmüller (Maria Brandt), Albert Matterstock (Hans Helmer), Grethe Weiser (Soubrette), Rudolf Platte, Lucie Englisch **L** 88 **FSK** ab 12; nf **E** 12.2.1943/18.9.1961 DFF 1 **fd** 1 965

EIN WALZER UM DEN STEPHANSTURM. Eine reiche polnische Fürstin, die nach Wien gekommen ist, um die uneheliche Tochter ihres verstorbenen Mannes zu adoptieren, gerät in zahlreiche turbulente Situationen, als man ihr eine stellungslose Tänzerin als das gesuchte Mädchen unterschiebt. Deutlich veraltete anspruchslose Unterhaltung, die sich um Wiener Charme bemüht. – Ab 10. ✦ Schwarz-weiß. Österreich 1935 **P** Cine-Central **KI** Ass/Knevels **R** J. A. Hübler-Kahla **B** Walter Pieper **K** Georg Muschner, Paul Rischke **M** Anton Profes **D** Olga Tschechowa, Gusti Huber, Wolf Albach-Retty, Leo Slezak, Paul Heidemann, Hans Richter **L** 81 **E** 11.2. 1936/13.7.1987 DFF 1

EIN WALZER VOR DEM FRÜHSTÜCK (LOVING COUPLES). Komödie um den Partnertausch zweier Paare, die daraus erwachsenden Verwicklungen und die späte Einsicht, daß die ursprünglichen Paarbeziehungen die besseren waren. Seichte Unterhaltung, deren satirische Ansätze wirkungslos bleiben. – Ab 16 möglich. ✦ USA 1980 **P** Fox/Time-Life **VA** Marketing **Pd** Renée Valente **R** Jack Smight **B** Martin Donovan **K** Philip Lathrop **M** Fred Karlin **S** Grey Fox, Frank J. Urioste **D** James Coburn (Walter), Shirley MacLaine (Evelyn), Susan Sarandon (Stephanie), Stephen Collins (Gregg), Sally Kellerman (Mrs. Liggett) **L** 97 **E** 1982 Video/29.8.1995 VOX **fd** 23 789

WALZERKRIEG. Der Streit zwischen dem Walzerkönig Joseph Lanner und seinem noch unbekannten Geiger Johann Strauß. Es kommt zum Bruch. Strauß wird nach London engagiert und hat dort seine ersten Erfolge. Durch das zunächst unglückliche Eingreifen von Lanners Tochter kommt es schließlich zur Versöhnung. Alter deutscher Unterhaltungsfilm mit großer Besetzung, die aber allzu pathetisch agiert. – Ab 12 möglich. ✦ Schwarz-weiß. Deutschland 1933 **P** UFA **R** Ludwig Berger **B** Hans Müller, Robert Liebmann **K** Carl Hoffmann **M** Alois Melichar, Franz Grothe **S** Willy Zeyn **D** Renate Müller (Kati), Willy Fritsch (Gustl), Paul Hörbiger (Joseph Lanner), Adolf Wohlbrück (Johann Strauß), Rose Barsony (Ilonka) **L** 93 **E** 4.10.1933/26.2.1971 ARD/9.7.1990 DFF 1

WAMBO. Ein beliebter Münchner Volksschauspieler wird erschlagen aufgefunden. Die Polizei nimmt die Ermittlungen auf und kommt seinem Doppelleben auf die Spur, das er als Homosexueller führte. Kriminaldrama, in dessen Mittelpunkt ein gespaltener Mann steht, der eine Doppelexistenz führen muss, weil er glaubt, seine homosexuellen Neigungen würden seinem öffentlichen Image schaden. Bis ins kleinste erinnert das Fernsehdrama an die Geschichte des Münchner Schauspielers Walter Sedlmayr. ✦ Deutschland 2000 **P** Diana/SAT 1 **Pd** Helmut Dietl **R+B** Jo Baier (= Jochen Baier) **D** Jürgen Tarrach (Herbert Stieglmeier), Alexander Lutz (Amadeus), Steffen Wink (Ferdi), Bettina Redlich (Amalie), Ruth Drexel (Mama Stieglmeier) **L** 101 **E** 13.5. 2001 SAT 1

WANDA (WANDA). Die Geschichte einer Frau aus dem amerikanischen Subproletariat, die sich in ihrer Willenlosigkeit und Kontaktarmut treiben läßt und an der Seite eines schäbigen Gewohnheitsverbrechers vorübergehend so etwas wie ein sinnvolles Dasein erlebt. Unsentimentaler, fast dokumentarisch wirkender Film über eine unerfüllte, ausgebeutete Randexistenz. Trotz des nicht ganz überzeugenden Kriminaleinschlags sehenswert. – Sehenswert. ✦ USA 1970 **P** Foundation for Filmmakers/Bardene International **Pd** Harry Shuster **R+B** Barbara Loden **K** Nicholas T. Proferes **S** Nicholas T. Proferes **D** Barbara Loden (Wanda), Michael Higgins (Mr. Dennis), Charles Dosinan (Dennis' Vater), Frank Jourdano (Soldat), Valerie Manches (Mädchen unterwegs) **L** 101 **E** 7.11. 1972 ARD **fd** 18 028

WANDA NEVADA (WANDA NEVADA). Ein Spieler gewinnt beim Pokern ein Mädchen und zieht mit ihm in die Wildnis, um im Grand Canyon nach Gold zu suchen. Als Ganoven ihren Weg kreuzen, beginnt ein Katz-und-Maus-Spiel, das die beiden mit Hilfe zahlreicher Finten für sich entscheiden. Belangloser moderner Western, auf dessen Habenseite nur ein Kurzauftritt von Henry Fonda steht. – Ab 16. ✦ Scope. USA 1979 **P** Panda/United Artists **Pd** Neal Dobrofsky, Dennis Hackin **R** Peter Fonda **B** Dennis Hackin **K** Michael Butler **M** Ken Lauber **S** Scott Conrad **D** Peter Fonda (Beaudray Demerille), Brooke Shields (Wanda Nevada), Fiona Lewis (Dorothy Deerfield), Luke Askew (Ruby Muldoon), Ted Markland (Strap Pangburn), Severn Darden (Merlin Bittersix), Paul Fix (Texas Curley), Henry Fonda (Alter Goldgräber), Fred Ashley (Frisör), John Denos (Öler), Larry Golden, Bert Williams (Sherman Krupp) **L** 105 **E** 22.1.1994 RTL 2

WÄNDE (FALAK). Der leitende Angestellte einer Fabrik in der Ungarischen Volksrepublik gerät durch einen ihm unterstellten Ingenieur, der wegen zwar berechtigter, aber unliebsamer Kritik entlassen werden soll, in Gewissenskonflikte. Ein gescheiter Film, differenziert kritisch in der Argumentation und von guten Schauspielern überzeugend dargestellt. – Ab 16. ✦ Ungarn 1968 **P** Mafilm **R+B** András Kovács **K** György Illés **M** Mikis Theodorakis **D** Miklós Gábor, Zoltán Latinovits, Philippe March, Zsuzsa Bánki, Bernadette Lafont **L** 95 **E** 12.1.1970 ZDF **fd** 16 548

WANDEL DES HERZENS (LA VENA D'ORO). Die Beziehung zwischen einem sensiblen, zarten Jungen und seiner Mutter gestaltet sich schwierig. Die junge Witwe wird eifersüchtig von ihrem Sohn beherrscht. Durch den Verzicht auf eine neue Partnerschaft hofft sie, die Liebe ihres Kindes zu erhalten. ✦ Schwarz-weiß. Italien 1955 **P** Athena **R** Mauro Bolognini **B** Guglielmo Zorzi, Gino de Sanctis, Jacques Rémy, Mauro Bolognini **K** Carlo Carlini **M** Carlo Rustichelli, Wolfgang Amadeus Mozart, Braga **D** Marta Toren, Richard Basehart, Titina de Filippo, Henri Vilbert, Mario Girotti **L** 90 **E** 9.2.1984 DFF 2

WANDEL UND HANDEL →Coming up Roses

DER WANDELNDE LEICHNAM (THE WALKING DEAD). Gerade aus dem Gefängnis entlassen, wird ein Mann von zwei Gangstern, darunter ein Rechtsanwalt, durch fingierte Indizien so belastet, daß er des Mordes an einem Richter für schuldig befunden wird, den die Gangster begangen haben. Nach seiner Hinrichtung wiederholt ein Arzt sein an Tieren gelungenes Experiment an dem Toten und bringt ihn wieder zum Leben, so daß er Rache nehmen kann. Letzter von drei Horrorfilmen (nach »The Mad Genius«, 1932 und »Alias the Doctor«, 1933), deren Thema medizinische Experimente im Grenzbereich von Leben und Tod waren. (Neuer TV-Titel: »Die Rache des Toten«) – Ab 16. ✦ Schwarz-weiß. USA 1936 **P** Warner **Pd** Louis F. Edelman **R** Michael Curtiz **B** Ewart Adamson, Peter Milne, Robert Adams, Lillie Hayward **K** Hal Mohr **S** Thomas Pratt **D** Boris Karloff (John Ellman), Edmund Gwenn (Dr. Evan Beaumont), Marguerite Churchill (Nancy), Ricardo Cortez (Nolan), Barton MacLane (Loder) **L** 66 **E** 1.5.1979 NDR

WANDERDÜNEN (RUCHOME PIASKI). In das Ferienidyll, das sich Vater und Sohn an der Ostsee geschaffen haben, bricht eine junge Studentin ein. Der Film versucht etwas umständlich, das Verhalten von Menschen untereinander im lyrisch-dokumentarischen Stil ohne eine direkte Wertung der psychologischen Probleme aufzuzeigen. – Ab 14. ✦ Scope, schwarz-weiß. Polen 1968 **P** Spielfilmstudio Warschau, ZRF »Iluzjon« **KI** Progress **R** Wladyslaw Slesicki **B** Kazimierz Orlos, Wladyslaw Slesicki **K** Wieslaw Rutowicz, Andrzej Ramlau, Z. Skoczek **M** Jerzy Matuszkiewicz **S** Krystyna Rutkowska **D** Malgorzata Braunek (Mädchen), Marek Walczewski (Vater), Grzegorz Zuchowicz (Junge), Henryk Borowski, Stefan Friedman **L** 78 **E** 27.2.1970 Kino DDR/27.8.1971 DFF 1

WANDERKINO DER TRÄUME. (Fernseh-)Dokumentation über das Wanderkino-Unternehmen des Inders Battu, der rund 2000 fahrbare Kinoeinheiten durch den Subkontinent schickt, die in den abgelegensten Dörfern die Bilder zum Laufen bringen. ✦ Polen 1988 **R** Andrzej Fidyk **L** 60 **E** 11.9.2000 3sat

WANDERKINO PYM (THE PICTURE SHOW MAN). Ein alter Mann zieht mit seinem Sohn, einem Klavierspieler und einem klapprigen Wagen durch Australien, um die Menschen mit alten amerikanischen Stummfilmen zu unterhalten. Diese Idylle wird eines Tages gestört, als ein Konkurrent mit einem modernen Wanderkino auftritt. Die Zeit des Stummfilms geht zu Ende: Der Sohn wird mit dem Mädchen, das er liebt, ein stationäres Tonfilmkino pachten. Ein heiter-besinnlicher Film, der den Charme, die Spontaneität und das Pittoreske des Wanderkinos alter Prägung charakteristisch und mit Humor zum Ausdruck bringt. – Ab 14. ✦ Australien 1977 **P** Limelight **Pd** Joan Long **R** John Power **B** Joan Long, nach einem Roman von Lyle Penn **K** Geoff Burton **M** Peter Best **S** Nicholas Beauman **D** Rod Taylor (Palmer), John Meillon (Pop), John Ewart (Freddie), Harold Hopkins (Larry), Sally Conabere (Lucy) **L** 99 **E** 14.11.1980 Kino DDR/1.2.1981 ZDF

WANDERKREBS. Die Schicksale eines Arbeiters und eines zynischen Ministerpräsidenten sind unlösbar miteinander verknüpft: Der eine kann nur mit Hilfe des anderen zu seiner japanischen Geliebten reisen, der Politiker braucht den Toren als beratende Stimme des Volkes. Ein hintersinniges Pamphlet des bayrischen Filmemachers Herbert Achternbusch, der, nachdem ihm das Bundesinnenministerium auf

Grund des Skandals um »Das Gespenst« weitere Fördergelder versagt hat, in einem bitter-komischen Rundumschlag die Schreckensvision eines politisch, ökologisch und moralisch dem Untergang geweihten Vaterlands entwirft. ✦ BR Deutschland 1984 **P** Herbert Achternbusch Prod. **Kl** Filmwelt **Pd** Herbert Achternbusch, Dietmar Schneider **R+B** Herbert Achternbusch **K** Jörg Schmidt-Reitwein **M** Gustav Mahler, Janet Baker, Michael Ranta, Hartmut Geerken, Hans Jürgen Buchner **S** Micki Joanni **D** Herbert Achternbusch (Waldler), Franz Baumgartner (Ministerpräsident), Annamirl Bierbichler (Die Frau vom Waldler), Josef Bierbichler (Ministerpräsidentin), Waltraud Galler (Chefsekretärin, Braut) **L** 93 **E** 15.6. 1984

DAS WANDERN IST HERRN MÜLLERS LUST (DAS WANDERN IST HERRN MÜLLERS LUST). Um seine vierwöchige Haft wegen eines Verkehrsdelikts zu vertuschen, erfindet der Herr Generaldirektor einen Urlaub in einem Bauernkaff, das sich in der Folge zu einem gesuchten Schlankheitszentrum entwickelt. Lustspiel auf Klamaukniveau. – Ab 12 möglich. ✦ BR Deutschland/Österreich 1973 **P** Divina/Neue Delta **Kl** Gloria **R** Franz Antel **B** Kurt Nachmann **K** Hanns Matula **M** Gerhard Heinz **D** Sascha Hehn (Mischa), Barbara Nielsen (Dagmar), Ekkehard Fritsch, Ilja Richter (Pit), Eva Garden (Veronika) **L** 87 **FSK** ab 6; nf **E** 28.9.1973 **fd** 18 499

DIE WANDERNDE FRONT (KOTSCHUJUSCHI FRONT). Teils auf historischen Tatsachen basierender Film über die Gründung der Mongolischen Volksrepublik am 26. November 1924. ✦ Scope, schwarz-weiß. UdSSR 1971 **P** Filmstudio Swerdlowsk **R** Baras Chalsanow **B** Michail Kolesnikow, Baras Chalsanow **K** Gennadi Tschereschko **M** Jewgeni Krylatow **D** Pjotr Glebow (Petr Schtschtinkin), Juri Solomin (Schmakow), Hassanbek Shanturin (Macharshaw), Nurmuchan Shanturin (Lopson), Leonid Kulagin (Samburski) **L** 90 **E** 26.11.1974 DFF 2

DIE WANDERSCHAUSPIELER (O THIASSOS). Die Odyssee einer Gruppe von Wanderschauspielern, zugleich eine Chronik griechischer Geschichte und Politik zwischen 1939 und 1972, in der sich Gegenwart und Vergangenheit, Aufklärung und Mythos, Theater und Wirklichkeit, realistische und allegorische Erzählebene in ständigem Wechsel durchdringen. Die Übergänge zwischen den einzelnen Episoden sowie die dialektischen Beziehungen der Personen untereinander und zu ihrer Umwelt werden durch kunstvolle filmische Mittel, mitunter atemberaubende Kamerafahrten und -schwenks, geschaffen. Der Regisseur erneuerte mit seinem fast vierstündigen Epos nicht nur das griechische Kino, sondern setzte auch neue formale und technische Maßstäbe. (O.m.d.U.) – Sehenswert. ✦ Griechenland 1975 **P** Giorgos Papalios Prod. **Kl** Freunde der Deutschen Kinemathek **Pd** Giorgos Papalios **R+B** Theo Angelopoulos **K** Giorgos Arvanitis **M** Loukianos Kilaidonis **S** Takis Davlopoulos, Giorgos Triantafylou **D** Eva Kotamanidou (Elektra), Aliki Giorgouli (ihre Mutter), Stratos Pachis (ihr Vater), Maria Vassilou (ihre Schwester), Petros Zarkadis (Orest) **L** 230 **E** 1975 Kino

DIE WANDLUNG (RESTLESSNESS (ZÜRICH–BERN–BASEL) / DIE WANDLUNG). Der Chemiker Hugo Zimmermann hat es mit der Substanz Jotta zu tun, die nicht nur Cornflakes in Sugarpuffs verwandelt, sondern auch die Geschlechter der Menschen vertauscht. Auf der Suche nach einem Gegenmittel enttarnt Zimmermann die Machenschaften seines Bosses, der mit Jotta die darniederliegende Wirtschaft ankurbeln will. Mit viel absurder Fantasie wissen sich die Mitglieder von »Zampanoo's Varieté Bern« und »Action Theatre London« gegen die Zwänge der Produktion zu wehren und schaffen so das Kunststück eines Films, der leichtverdauliche Unterhaltung bietet und als heitere Reflexion traditionellen Rollenverhaltens angesehen werden kann. Vom Thema her ein »Vorläufer« von Pepe Danquarts Gentech-Thriller »Daedalus«, 1990. ✦ Schweiz 1990 **P** bachim film/Filmkollektiv Zürich **Pd** Hugo Sigrist **R** Arne Nannestad **B** Doraine Green, Peter Freiburghaus, Arne Nannestad **K** Urs Kohler **M** Kurt Güdel, Sami Jungen, Marianne Polistena **S** Hugo Sigrist **D** Peter Freiburghaus (Hugo Zimmermann), Doraine Green (Marcia), Conny Nelson, René Schafer, Dodo Hug **L** 85 **E** Schweiz

DIE WANDLUNG DER KLASSE 6A. Eine Schulklasse hat plötzliche keine Lehrer mehr. Die örtlichen Pädagogen in dem kleinen Dorf wollen schnell Abhilfe schaffen, zumal es sich um eine leistungsschwache Gruppe handelt. Kurzerhand wird dem Kraftfahrer Kusja die Klasse anvertraut und der entwickelt ungeahnte pädagogische Fähigkeiten. ✦ UdSSR 1974 **P** Ekran **R** Boris Durow **B** Jossif Aleschkowski, Boris Durow **K** A. Woronzow **M** Jewgeni Ptitschkin **D** Viktor Iljitschew, Soja Fjodorowa, Irina Mursajewa, Alexej Tschernow, K. Jefimowa **L** 83 **E** 28.9.1975 DFF 2

DIE WANDLUNG DES INGENIEURS CLARK – 1. TEIL (TSCHELOWEK MENJAJET KOSHU). Amerikanische Ingenieure, in den 30er Jahren an große Bauplätze in der Sowjetunion verpflichtet, erleben den Aufbauwillen des Volkes und die Auseinandersetzungen mit volksfeindlichen Kulaken. Tendenziös-abenteuerliche Unterhaltung in einer mangelhaften künstlerischen Form. – Ab 14. ✦ Schwarz-weiß. UdSSR 1960 **P** Tadshikfilm **Kl** Progress **R** Rafail Perelstein **B** Dmitri Wassiliu, L. Rutizki **K** Mark Kaplan **M** S. Saifiddinow, A. Perumow **D** Sergej Stoljarow (Sinizyn), Wladimir Jemeljanow (Komarenko), Isolda Iswizkaja (Maria Polosowa), Sergej Kurilow (Mr. Clark), B. Winogradow (Mr. Murrey) **L** 89 **E** 26.1.1962 Kino DDR/6.1.1963 DFF 1

DIE WANDLUNG DES INGENIEURS CLARK – 2. TEIL (TSCHELOWEK MENJAJET KOSHU). Fortsetzung der abenteuerlichen Geschehnisse auf einer Großbaustelle in Tadschikistan. Ein amerikanischer Ingenieur wird als Konterrevolutionär und Agent entlarvt, ein anderer tritt in die Reihen der siegreichen Volksmacht. Ein läppischer Abenteuerfilm voller patriotischer Durchhaltebotschaften. – Ab 14. ✦ Schwarz-weiß. UdSSR 1960 **P** Tadshikfilm **Kl** Progress **R** Rafail Perelstein **B** Dmitri Wassiliu, L. Rutizki **K** Mark Kaplan **M** S. Saifiddinow, A. Perumow **D** Sergej Stoljarow (Sinizyn), Wladimir Jemeljanow (Komarenko), Isolda Iswizkaja (Maria Polosowa), Sergej Kurilow (Mr. Clark), B. Winogradow (Mr. Murrey) **L** 79 **E** 23.3. 1962 Kino DDR/6.1.1963 DFF 1

DIE WANDLUNGEN EINES DREIZEHNJÄHRIGEN →Verwandlungsspiele des Frühlings

WANG CHENG – FÄUSTE WIE DYNAMIT (THE TORMENTOR). Mögen seine Gegner noch so zahlreich, brutal und gerissen sein, der sympathische junge Mann, den sein reicher Vater verstoßen hat, obwohl er ihn über alles liebte, besiegt sie alle, zuletzt auch den schurkischen Vetter, der Vater und Schwester getötet hat. Ungewöhnliche Schauplätze dieses Hongkongfilms sind ein verschneiter Berggipfel und ein Goldbergwerk, in dem der Held zeitweise als Hilfsarbeiter für Gerechtigkeit sorgt. (Fernsehtitel: »Fäuste wie Dynamit«) ✦ Scope. Hongkong 1973 **P** Kim Sing **Kl** Favorit **R** Sung Ting-Mei **B** Ting Xiang-Hsi **D** Chang Yi, Yen Xsiao-Ping, Long Fei **L** 84 **FSK** ab 18; nf **E** 29.7.1977 **fd** 20 495

WANG WU – DER KÄMPFER MIT DEM PHÖNIXSCHWERT (DADAO WANG WU). Kung-Fu-Film. Ein Schwertkämpfer und seine Kung-Fu-Leibgarde befreien 1898 den jungen Kaiser aus der »Verbotenen Stadt«, der dort wegen seiner geplanten Reformen unter Arrest gesetzt worden ist. ✦ VR China 1985 **P** Xian-Filmstudio **R** Liangqi Yu **B** Ma Xiang Da, Wang Wu Zeng **K** Niu Han, Luo Yong-Zhen **M** Xiang Yin **D** Xiaozhong Wang, Qilin Ji, Zhao Changjun, Ge Chunyan **L** 85 **E** 19.6.1987 DFF 2/ 5.12.1992 MDR

WANG YU – DER KARATEBOMBER (KNIGHT ERRANT). Im Zweiten Weltkrieg begeht ein japanischer Festungskommandant auf Taiwan Harakiri, weil ihm ein wichtiger politischer Gefangener entkommen ist. Dreißig Jahre danach wollen die Söhne des Offiziers den Schuldigen zur Rechenschaft ziehen. Brutaler Film aus Fernost, der die Riten des Genres in gewohnter Weise durchexerziert. – Wir raten ab. ✦ Scope. Hongkong 1974 **P** First Film **Kl** Ring u. a. **VA** Toppic **R** Ting Sing-Si **D** Wang Yu, Yasuaki Kurata **L** 86 **FSK** ab 18; nf **E** 23.4.1976 **fd** 19 912

WANG YU, DER STÄHLERNE TODESSCHLAG (WANG-YU Y MIS KARATE). Der Held im Kampf gegen einen kapitalistischen Ausbeuter und seine Untergebenen. Uninteressanter Eastern. Das übliche Rachegemetzel mit akrobatischen Karatekämpfen. – Wir raten ab. ✦ Scope. Hongkong 1974 **P** Macion Picture/Lions Hearts **Kl** Apollo u. a. **L** 83 **FSK** ab 16; nf **E** 12.11.1976 **fd** 20 066

WANG YU – EINE FAUST WIE BRUCE LEE →Die Todeskarawane der Shaolin

WANG YU – HÄRTER ALS GRANIT (TWO CAVALLIERS). Eine Gangsterchefin terrorisiert mit ihrer Bande einen ganzen Landstrich und schreckt auch vor Mord nicht zurück. Nachdem der Action-Star und Regisseur Wang Yu 1970 mit den Shaw Brothers brach, engagierten diese einen Doppelgänger, dem sie seinen Namen gaben. Inhaltlich gleichen sich jedoch die Filme, bieten aneinandergereihte Kampfszenen mit einigen beeindruckenden Landschaftsaufnahmen. – Wir raten ab. ✦ Scope. Hongkong 1974 **P** First Film **Kl** Ring u. a. **VA** Monte Video **R** Yuen Fung **D** Wang Yu, Chen Sing, Kou Shiou Chaung **L** 83 **FSK** ab 18; nf **E** 19.9.1975 **fd** 19 502

WANG YU KENNT KEIN ERBARMEN (SUPER DRAGON). Ein Spielsalon- und Bordellbesitzer terrorisiert eine chinesische Provinzstadt, bis ein junger Karatekämpfer gegen ihn und seine Privatarmee antritt. Ein dramaturgisch schwacher Eastern, angereichert mit mörderischen Kämpfen. (Fernsehtitel auch: »Super Dragon«) – Wir raten ab. ✦ Scope. Taiwan 1975 **P** First Film **Kl** Ring/Splendid **R+B** Ting Shan-Si **M** Chow Fook-Leung **D** Jimmy Wang-Yu, Shirley Chan, Kwok Shao Pao, Lam Kei **L** 86 **FSK** ab 18; nf **E** 28.10.1976

WANG YU – SEIN SCHLAG WAR TÖDLICH (THE CHINESE BOXER). Kämpfe und Gemetzel um eine Karateschule, bis schließlich ein ehemaliger Schüler die Terrorherrschaft einer verschworenen Clique bricht. Ein schludrig inszenierter Eastern. – Wir raten ab. ✦ Scope. Hongkong 1969 **P** Shaw Brothers **Kl** NWDF-Unitas **R+B** Wang Yu **D** Wang Yu, Lo Lieh, Wang Run-Ping **L** 86 **FSK** ab 18; nf **E** 12.10. 1973 **fd** 18 548

WANG YU – STAHLHARTE HONGKONG-KILLER (POLICE FORCE). Die Polizei im mörderischen Kampf gegen eine Geldfälscherbande, die die wirtschaftliche Sicherheit Hongkongs bedroht, verknüpft mit dem Konflikt eines Kriminalisten, der den Mord an seinem Freund rächen will und dabei in Widerstreit mit seiner Pflicht gerät. Hongkong-Selbstjustizfilm mit einer mehr als fragwürdigen Moral. (Gekürzte Videofassung: »Police Force – Stahlharte Hongkong-Killer«) – Wir raten ab. ✦ Scope. Hongkong 1973 **P** Shaw Brothers **Kl** NWDF-Unitas **VA** VPS **R** Chang Cheh **B** I Kuan, Chang Cheh **D** Wang Yu, Lily Li, Alexander Fu-Sheng **L** 94 (gek. 81) **FSK** ab 18; nf (gek. 16) **E** 22.8.1974/1991 Video **fd** 18 971

WANG YU – STÄRKER ALS 1000 KAMIKAZE (WANG YU – KING OF BOXER). Ein chinesischer Karateheld rächt in Japan die Ermordung seiner Familie und ihrer Nachbarn. Stereotyper Eastern, der bis auf seine Akrobatik nur Einfallsarmut offenbart. – Wir raten ab. ✦ Scope. Taiwan 1972 **P** Kong Who **Kl** Constantin **R** Kien Lun **B** Wang Pi-Jen **K** Liao Wuen-Wein **M** Chow Liang **D** Wang Yu, Chang Ching-Ching, Kan Kai **L** 101 **FSK** ab 18; nf **E** 16.8.1973 **fd** 18 464

WANG YU UND DIE SÖHNE DES HIMMELS (FURY OF KING BOXER). China zu Beginn unseres Jahrhunderts: Eine Polizeieinheit probt den Aufstand, doch die Revolte hat wenig Erfolg. Die Anführer sterben. Ballettartig dargebotene Kämpfe bestimmen auch diesen überaus naiv erzählten Eastern. – Wir raten ab. ✦ Scope. Taiwan 1974 **P** First Film **KI** NWDF-Unitas **R+B** Ting Sing-Si **D** Wang Yu, Kuo Shui-Chuen **L** 74 **FSK** ab 18; f **E** 14.5.1976 **fd** 19 970

WANJA, DAS GEHT ZU WEIT (SOLDAT IWAN BROWKIN). Eine anspruchslose Komödie um die Abenteuer eines Harmonikaspielers und die Erziehung eines Taugenichts. (Fortsetzung: »Wanja erobert Neuland«) – Ab 10. ✦ UdSSR 1955 **P** Gorki-Studio **KI** Progress **R** Iwan Lukinski **B** Georgi Mdiwani **K** Valeri Ginsburg **M** Anatoli Lepin **D** Leonid Charitonow (Wanja (Iwan Browkin)), Tatjana Peltzer (seine Mutter), Sergej Blinnikow (Korotejew), S. Kolomijzewa (seine Frau), D. Smirnowa (Ljubascha) **L** 100 **E** 6.7.1956 Kino DDR/9.11.1956 DFF 1

WANJA EROBERT NEULAND (IWAN BROWKIN NA ZELINE). Fortsetzung des Films »Wanja, das geht zu weit«. Die Erlebnisse junger Menschen bei der Neulandgewinnung im Orenburger Gebiet. Sehr dürftige, anspruchslose Komödie. – Ab 10. ✦ UdSSR 1958 **P** Gorki-Studio **KI** Progress **R** Iwan Lukinski **B** Georgi Mdiwani **K** Valeri Ginsburg **M** Anatoli Lepin **D** Leonid Charitonow (Wanja (Iwan Browkin)), Tatjana Peltzer (Browskins Mutter), Sergej Blinnikow (Korotejew), S. Kolomijzewa (seine Frau), D. Smirnowa (Ljubascha) **L** 92 **E** 24.7.1959 Kino DDR

WANN SEHEN WIR UNS WIEDER, GRELU? (URSULE ET GRELU). Eine lebensfrohe Frau, Leutnant der Heilsarmee, lernt einen lebenshungrigen Matrosen kennen und lieben. Bei einem Schiffsunglück werden die beiden getrennt und wissen bei einem zufälligen Wiedersehen wenig miteinander anzufangen, zumal sich ihre Lebenseinstellung im Laufe der Jahre grundlegend gewandelt hat. Matte Komödie, deren Rundumschlägen gegen Geld, Finanzwelt und Religion die satirischen Spitzen fehlen. Auch schauspielerisch enttäuschend. – Ab 16 möglich. ✦ Frankreich 1973 **P** Lira/Azalea **R** Serge Korber **B** Michel Cournot, Serge Korber, nach einem Roman von Léopold Chauveau **K** Jean-Jacques Tarbès **M** Alain Goraguer **D** Annie Girardot, Bernard Fresson, Roland Duvillard, Henri Garcin, Jean Carmet **L** 90 **E** 27.5.1986 RTL plus

WANN, WENN NICHT JETZT? Ein älteres Professoren-Ehepaar kommt nach 40 Jahren Aufenthalt in den USA in die Bundesrepublik Deutschland zurück. Prompt leben die Rivalitäten zwischen dem Mann und seinem einstigen Rivalen, damals ging es um die Gunst der Ehefrau, wieder auf. »Streitobjekt« für ihre alte Eifersucht ist jetzt zwar eine junge Krankenschwester, aber die Ereignisse von damals scheinen sich zu wiederholen. Ein ironisches Spiel um die Verwirrung der Gefühle, das traditionelles, aber beständiges männliches Rollenverhalten attackiert, ohne satirische Schärfe zu erreichen. – Ab 16. ✦ BR Deutschland 1987 **P** Olga-Film/ZDF **KI** Filmverlag der Autoren **Pd** Danny Krausz **R** Michael Juncker **B** Michael Juncker, Doris Dörrie **K** Helge Weindler **M** Claus Bantzer **S** Raimund Barthelmes **D** Hans Peter Hallwachs (Franz), Friedrich von Thun (Heinrich), Hannelore Schroth (Elisabeth), Gudrun Gabriel (Charlotte), Elma Karlowa (Else) **L** 99 **FSK** ab 12; f **FBW** w **E** 26.11.1987 **fd** 26 544

DIE WANNSEEKONFERENZ. Die filmische Rekonstruktion der »Wannseekonferenz«, basierend auf der Niederschrift eines Sachprotokolls und Dokumenten aus dem Umfeld. Am 20. Januar 1942 fand unter Vorsitz von Reinhard Heydrich, SS-Obergruppenführer und Chef des Reichssicherheitshauptamtes, eine Geheimkonferenz statt, an der vierzehn führende Persönlichkeiten des Hitler-Regimes teilnahmen, um über die »Endlösung« der Judenfrage zu diskutieren. Der Film bemüht sich um einen authentischen Bericht dieser folgenschweren Konferenz, indem er die Einheit von Ort und Zeit beibehält; ein eindrucksvolles und erschütterndes Dokumentarspiel; fürs Fernsehen entstanden, inzwischen in einigen Ländern im Kino ausgewertet. – Sehenswert. ✦ BR Deutschland 1984 **P** Infafilm/BR/ORF **R** Heinz Schirk **B** Paul Mommertz **K** Horst Schier **S** Ulla Möllinger **D** Dietrich Mattausch (Heydrich), Friedrich Georg Beckhaus (Müller), Gerd Böckmann (Eichmann), Harald Dietl (Meyer), Jochen Busse (Leibbrandt) **L** 85 **E** 19.12. 1984 ARD

WANTED (WANTED / WANTED, LE RECHERCHE / NO SOY UN ASESSINO). Einem neuen Sheriff gelingt es, eine Bande von Viehdieben zur Strecke zu bringen. Italowestern mit breit ausgemalten Brutalitäten. (Fernsehtitel: »Für drei lumpige Dollar«) ✦ Scope. Italien/Spanien/Frankreich 1967 **P** Documento **KI** Adria **Pd** Renato Iaboni **R** Calvin Jackson Padget (= Giorgio Ferroni) **B** Augusto Finocchi, Fernando Di Leo, Remigio Del Grosso **K** Toni Secchi **M** Gianni Ferrio **S** Antonietta Zita **D** Giuliano Gemma (Gary Ryan), German Cobos (Marthy), Teresa Gimpera (Evelyn), Serge Marquand (Frank Lloyd), Daniele Vargas (Gold), Furio Meniconi **L** 104 **FSK** ab 18; nf **E** 27.4.1967 **fd** 14 710

WANTED – BETTY LOU, BEWAFFNET BIS AN DIE ZÄHNE (THE GUN IN BETTY LOU'S HANDBAG). Eine unscheinbare Kleinstadtbibliothekarin findet eines Tages die Tatwaffe eines Mafia-Mordes. Sie wittert ihre Chance, einmal richtig beachtet zu werden, und gibt sich selbst als Mörderin und »femme fatale« aus. Sie steigt zur schillernden Provinzheldin auf, doch eines Tages bedroht sie der skrupellose Gangsterboß, und die Ereignisse spitzen sich zu. Eine anspruchslose, aber schwungvoll inszenierte Krimikomödie mit streckenweise pointierten Dialogen, absurder Situationskomik und überdurchschnittlichen Darstellerleistungen. Einige überflüssige Gewaltszenen trüben die passable Unterhaltung. (Fernsehtitel auch: »Betty Lou – der ganz normale Wahnsinn«) – Ab 16. ✦ USA 1992 **P** Touchstone **VA** Buena Vista **Pd** Scott Kroopf **R** Allan Moyle **B** Grace Cary Bickley **K** Charles Minsky **M** Richard Gibbs **S** Janice Hampton, Erica Huggins **D** Penelope Ann Miller (Betty Lou), Eric Thal (Alex), Alfre Woodard (Ann), Julianne Moore (Elinor), Andy Romano (Herrick) **L** 91 **FSK** ab 16 **E** 22.6.1993 Video/9.7.1994 premiere **fd** 30 382

WANTED – DER KÖDER (WANTED). Ein Wahlaustralier koreanischer Herkunft, der eigentlich Schauspieler werden möchte, wird auf Grund seiner Ähnlichkeit mit einem Unterweltsboss verwechselt und erweckt die unterschiedlichsten Begehrlichkeiten. Als sein Doppelgänger stirbt, spitzt sich die Situation zu. Versuch einer Krimi-Komödie, die hinter allen Erwartungen zurück bleibt und neben einem blassen Hauptdarsteller nur einen wirren Plot zu bieten hat. (Fernsehtitel: »Der Köder«) ✦ Australien/ Korea 1997 **P** Cine-2000 **VA** EnVision **Pd** Steven C. K. Heo **R** Howard Hung-Soon Chung **B** Howard Hung-Soon Chung, Anthony Egan, Yeong-Joon Ko, Aaron Pugliese, Arthur Tanaka, Choi Suk Won **K** Geoff Burton **D** Steve Bastoni (Rico), Alan Cinis (Dog Money), Nathan Kaye (Räuber), Rebecca Lean (Charley), Joong-Hoon Park (Jay/Sunny) **L** 87 **E** 13.3. 2000 Video

WANTED ... GESUCHT (A WANTED MAN). Ungewöhnlicher englischer Kriminalfilm. Nach der Verhaftung eines verstörten jungen Mannes bleiben den Beamten einer Londoner Polizeiwache 36 Stunden, um in mehreren Verhören den »dringenden Tatverdacht« im Falle eines mehrfachen Mordes zu bestätigen. Äußerst differenziert stellt der Film die alltägliche Brutalität des Polizeiapparats dem Psychogramm eines Mörders gegenüber, ohne vorschnelle Antworten zu liefern. ✦ Großbritannien 1989 **Pd** David Snodin **R** Nicholas Renton **B** Malcolm McKay **D** Michael Fitzgerald (Frank William Sunderland (John)), Bill Paterson (Detective Superintendent Chase), Denis Quilley (Burrows), Andrew Seear (Sharp), Jimmy Yuill (Chandler) **L** (drei Teile) **E** 19., 22., 23.3.1991 N 3

WANTED JOHNNY TEXAS (JOHNNY TEXAS). Ein Kopfgeldjäger legt einem Bandenchef das Handwerk, der am Oregon-Paß Farmer auf ihrem Weg nach Westen überfällt. Ein brutales Machwerk, das fast ausschließlich aus Schlägereien und Gemetzel besteht. ✦ Italien 1967 **P** Film Kontor **VA** Mondial **R+B** Emimmo Salvi **K** Emilio Varriano **M** Marcello Gigante **D** James Newman, Fernando Sancho, Monica Brugger **L** 90 **E** Video

WANTED – VON DER MAFIA GEJAGT (WANTED). Als ein junger Kleinkrimineller im Handgemenge aus Versehen seinen Auftraggeber, einen Mafioso, erschießt, muss er sich aus dem Staub machen und findet Unterschlupf in einem katholischen Internat für Problemkinder. Dort verliebt er sich in eine Krankenschwester, die ihm Mut macht, sich einem Pater anzuvertrauen und sein Leben ins Reine zu bringen. Kriminalfilm um Schuld und Vergebung sowie die Macht der Liebe, die einen Anfang ermöglicht. ✦ USA 1998 **P** World International Network **Pd** Pierre David, Larry Gershman, Noel A. Zanitsch **R** Terence M. O'Keefe **B** Terence M. O'Keefe, Mark Evan Schwartz **K** Richard A. Jones **M** Kubilay Uner **S** Julian Semilian **D** Michael Sutton (James Scrico), Tracey Gold (Sue Bradley), Matt Koruba (Tony), Robert Culp (Pater Patrick), Timothy Busfield (Pater Donnelly) **L** 85 **E** 22.7. 2000 Vox

WAR BIRDS (WAR BIRDS). Als rote Rebellen die Interessen der USA im Mittleren Osten bedrohen, schickt ein Vietnam-Veteran zwei Superpiloten im F-16 Kampfbomber ins Krisengebiet, die nach anfänglichen Problemen ihre Mission mit Waffengewalt durchsetzen. Idiotischer Actionfilm mit ungenierter Kriegspropaganda und sichtlichem Vergnügen an der Pflege von Feindbildern. (Videotitel: »War Birds – Top-Gun-Piloten im Einsatz«) – Wir raten ab. ✦ USA 1988 **P** Hess Kahlberg Ass./Skyhawk Enterprises **VA** VPS **Pd** Kurt Eggert, Joanne Watkins **R** Ulli Lommel **B** Clifford B. Wellman, Ulli Lommel **K** Deland Nuse **M** Bill Roebuck, Jerry Lambert **S** Joe Negron **D** Jim Eldert (Billy Hawkuins), Cully Holland (Vince Costello), David Schroeder (Van Dam), Bill Brinsfield (Colonel Ronson), Timothy Hicks (Jim Harris) **L** 85 (77) **FSK** ab 18 (ab 16) **E** 24.8.1989 Video/ 28.6.1990 RTL plus **fd** 27 947

WAR BUS (WARBUS). Drei US-Soldaten und eine Schar Zivilisten, die sich im Dschungel Vietnams mit einem Bus zu einem rettenden Lager durchschlagen, müssen sich mit zahlreichen Feinden Gefechte liefern. Primitiver Actionfilm in der »Rambo«-Nachfolge. ✦ USA 1984 **P** Regal Films **VA** Embassy **R** Ted Kaplan (= Ferdinando Baldi) **D** Daniel Stephen, Urs Althaus, Ron Kristoff **L** 92 **FSK** ab 18 **E** 25.4.1986 Video

WAR BUS II (WAR BUS II). Ein Sohn versucht, die verlorene Soldatenehre seines Vaters zu retten. Er nimmt den Auftrag an, Unterlagen aus dem von Russen besetzten Afghanistan herauszuholen, die sein Vater dort versteckt haben will. Doch in Wirklichkeit geht es um Gold, das Kameraden des Vaters verschwinden ließen. Das einfallslose Militärabenteuer glorifiziert einen Helden, der, auf sich allein gestellt, Bataillone fremder Armeen niedermetzelt. – Wir raten ab. ✦ Italien/USA 1988 **P** Realta **VA** Ufa **Pd** Alfred Nicolaj **R** Frank Valenti **B** David Parker jr. (= Dardano Sacchetti) **K** Rado Likon **M** Elio Polizzi **S** Claudio Cutry **D** John Vernon (Ken Ross), Anthony Freeman (= Mario Novelli), Bobby Rhodes, Branko Djuric, Mark Gregory (Johnny Hondo) **L** 86 **FSK** ab 18 **E** Juli 1989 Video **fd** 27 926

WAR CAT (ANGEL OF VENGEANCE). Die Tochter eines Vietnam-Veteranen, die in den Bergen an einem Survival-Training teilnehmen will, muß sich gegen eine paramilitärische Truppe erwehren, die bereits Menschenleben auf dem Gewissen hat. Brutaler Actionfilm voller Sex und Gewalt. – Wir raten ab. ✦ USA 1986 **P** Jeffrey Hogue Prod./Odyssey Pic. II **VA** Focus **Pd** Jeffrey C. Hogue **R+B** Ted V. Mikels **K** Pat Kerby **M** Chuck Dodson **S** Ted V. Mikels **D** Jannina Poynter (Tina), Macka Foley (Manny), Carl Irwin, Jeffrey C. Hogue, David O'Hara (Major) **L** 78 **FSK** ab 18 **E** 19.10.1987 Video

WAR DEVILS – DIE KRIEGSTEUFEL KOMMEN (WAR DEVILS). Während der Kämpfe in Afrika sind ein gefangener Amerikaner und sein deutscher Bewacher in der Einsamkeit der Wüste aufeinander angewiesen und schließen Freundschaft. Als sie Jahre später in Frankreich wieder aufeinandertreffen, erkennt der Deutsche im letzten Moment den Freund, wird aber von einem anderen amerikanischen Soldaten erschossen. Kriegsabenteuerfilm ohne Ambitionen. ✦ Scope. USA 1979 **P** Goldstone **KI** AB **DVD** BestBuy-Movie (FF, Mono dt.) **Pd** Roberto Infascelli **R** Bitto Albertini (= Adalberto Albertini) **B** Adalberto Albertini, Stan Hosie **M** Stelvio Cipriani **D** Van Tenney, Anthony Steel, Pascale Petit, John Ireland **L** 91 **FSK** ab 16; f **E** 8.8.1980/15.10.1999 DVD

WAR DOGS 2 – ZUM TÖTEN BEREIT (SIXTH DAY – THE REVENGE). Nur fünf Söldner kehren von einer Mission zurück, die von den eigenen Hintermännern verraten wurde. Aus Angst vor Rache setzt der Drahtzieher einen Killer auf die Männer an. Der letzte Überlebende dreht mit Hilfe seiner Geliebten den Spieß um. Gängiger Söldner- und Actionfilm, gespeist von dem nicht gerade originellen Rachemotiv. ✦ Italien 1994 **R+B** Daniel Stone (= Stelvio Massi) **M** Antonello Libonati **D** Vincenzo Ricotta (Robert), Isabella Lewis (Amanda), Gustavo Camazcho (Albino), Manuel Cassol (Indio), Hamish Cranfield (Father Ryan) **L** 84 **E** 19.11.1996 Pro Sieben

WAR ES DIE GROSSE LIEBE? (THE STORY OF THREE LOVES). Episodenfilm, der drei inhaltlich selbständige Liebesgeschichten lose aneinanderheftet. Die Hauptbeteiligten sind Schiffspassagiere auf einer Atlantik-Überfahrt. Erzählt werden die tragische Liebesgeschichte zwischen einem Londoner Choreografen und einer Primaballerina (»The Jealous Lover«); die skurril-traumhafte Variante in der Fantasie eines Schülers mit seiner Erzieherin in Rom (»Mademoiselle«); die dramatische Variante zwischen einem Trapez-Artisten und seiner Partnerin in Paris (»Equilibrium«). Bemerkenswert inszeniert und subtil dargestellt. – Ab 14 möglich. ✦ USA 1953 **P** MGM **KI** MGM **Pd** Sidney Franklin **R** Gottfried Reinhardt (1,3), Vincente Minnelli (2) **B** John Collier (1,3), Jan Lustig (2), George Froeschel (2) **K** Charles Rosher (1,3), Harold Rosson (2) **M** Miklos Rozsa, Sergej Rachmaninow **S** Ralph E. Winters **D** Moira Shearer (Paula Woodward (1)), James Mason (Charles Coudray (1)), Agnes Moorehead (Tante Lydia (1)), Leslie Caron (Mademoiselle (2)), Ethel Barrymore (Mrs. Pennicott (2)), Farley Granger (Thomas Campbell, Jr. (2)), Pier Angeli (= Anna Maria Pierangeli) (Nina (3)), Kirk Douglas (Pierre Narval (3)), Richard Anderson (Marcel (3)) **L** 120 **FSK** ab 12; f **E** 22.12.1953 **fd** 3 175

WAR ES WIRKLICH MORD? (THE NANNY). Ein geistesgestörtes ältliches Kindermädchen, nur scheinbar der gute Geist im Hause des königlichen Kuriers, versucht dessen kleinen Sohn zu ertränken, um den Zeugen des durch sie verschuldeten tödlichen Unfalls seiner Schwester zu beseitigen. Psychothriller, der mit seiner publikumswirksam ersonnenen und gut inszenierten Story weitgehend spannend unterhält. – Ab 16. ✦ Schwarz-weiß. Großbritannien 1965 **P** Seven Arts/Hammer/Fox **KI** Centfox **Pd** Jimmy Sangster **R** Seth Holt **B** Jimmy Sangster, nach dem Roman von Evelyn Piper **K** Harry Waxman **M** Richard Rodney Bennett **S** James Needs **D** Bette Davis (Kindermädchen), Wendy Craig (Virgie Fane), William Dix (Joey), James Villiers (Bill Fane), Jill Bennett (Pen) **L** 92 **FSK** ab 16; f **E** 24.6.1966 **fd** 14 444

WAR GAMES – KRIEGSSPIELE (WARGAMES). Ein Schüler aktiviert einen Computer, der die amerikanische Raketenverteidigung steuert. In letzter Minute kann ein atomarer Krieg verhindert werden, weil der Rechner erkennt, daß niemand diesen Krieg gewinnen könnte. Ein Thriller, in dem das Hauptaugenmerk den katastrophalen Folgen eines Videospiels gilt. Ein perfekt inszenierter, spannender Film, der die Gefahren der Mikroelektronik vor Augen führt und auf mögliche Katastrophen durch die computergesteuerte Atomrüstung hinweist. (Alternative TV-Titel: »Kriegsspiele«; »Der Countdown läuft«) – Ab 16. ✦ USA 1982 **P** Mandy/Sherwood **KI** UIP **DVD** Fox Home (1.85:1, DD5.1 engl., Mono dt.) **Pd** Harold Schneider, Leonard Goldberg **R** John Badham **B** Lawrence Lasker, Walter F. Parkes **K** William A. Fraker **M** Arthur B. Rubinstein **S** Tom Rolf **D** Matthew Broderick (David Lightman), Dabney Coleman (McKittrick), John Wood (Stephen Falken), Ally Sheedy (Jennifer), Barry Corbin (General Beringer), Juanin Clay (Healy), Kent Williams (Cabot), Dennis Lipscomb (Watson) **L** 113 **FSK** ab 12; f **FBW** w **E** 7.10.1983/27.7.2000 DVD **fd** 24 228

WAR ICH DER MÖRDER? →Zwielicht (1947)

WAR PARTY (WAR PARTY). Aus der spielerischen Nachstellung einer berühmten Schlacht zwischen Weißen und Indianern vor 100 Jahren entwickelt sich in einem Indianerreservat in Montana mörderischer Ernst. Ein rassistischer Weißer tötet einen Indianer und wird darauf von dessen Freund getötet. Einige der jungen Indianer müssen aus dem Reservat flüchten und werden von der Polizei in die Berge verfolgt. Moderner Indianerfilm, der seine Spannung aus der Wiederbelebung verloren geglaubter Traditionen und Überlebenstechniken bezieht. (TV-Titel: »Die jungen Krieger«) ✦ USA 1988 **P** Hemdale **VA** RCA/Columbia **Pd** John Daly, Derek Gibson, Bernard Williams **R** Franc Roddam **B** Spencer Eastman **K** Brian Tufano **M** Chaz Jankel **S** Sean Barton **D** Kevin Dillon (Skitty Harris), Billy Wirth (Sonny Crowkiller), Tim Sampson (Warren Cutfoot), M. Emmet Walsh (Colin Ditweiler), James Ray Weeks (Jay Stivic), Kevyn Major Howard (Calvin Morrissey), Jerry Hardin (Sheriff), Bill McKinney (Bürgermeister) **L** 94 **FSK** ab 16 **E** 8.10.1991 Video

WAR REQUIEM (WAR REQUIEM). Ein Gedicht von Wilfred Owen, das seine Erfahrungen als Soldat im Ersten Weltkrieg beschreibt, bildet das Gerüst von Jarmans experimentellem Film, der Krankenschwestern, Kriegsveteranen und »unbekannte Soldaten« als Opfer eines jeden Krieges zeigt. Fiktive Szenen sind mit Dokumentaraufnahmen aus dem Kriegsmuseum aufbereitet und mit dem Oratorium Benjamin Brittens unterlegt, das er 1962 anläßlich der Wiedereröffnung der Coventry Cathedral schrieb. Ein anspruchsvolles, schwieriges Filmgedicht, getragen von ausgezeichneten Darstellern und exzellenter Kameraarbeit; es unterstreicht Jarmans Stellung als eines der außergewöhnlichsten Filmemacher Englands. – Sehenswert ab 16. ✦ Großbritannien 1988 **P** Anglo International Films/BBC **VA** Polygram **Pd** Don Boyd **R** Derek Jarman **B** Wilfred Owen **K** Richard Greatrex **M** Benjamin Britten **S** Rick Elgood **D** Nathaniel Parker (Wilfred Owen), Tilda Swinton (Schwester), Laurence Olivier (Alter Soldat), Patricia Hayes (Mutter), Owen Teale (Unbekannter Soldat), Nigel Terry (Abraham) **L** 89 **FSK** ab 16 **E** 1989 Video

WAR SHOCK (FREEDOM FORCE / STRIKE SHOCK). Eine Spezialtruppe von Rangern verteidigt eine südvietnamesische Stadt gegen die Angriffe des Vietcong, steht aber auf verlorenem Posten. Billiger Kriegsfilm. ✦ USA/Indonesien 1987 **P** Metro 77 **VA** LVF-Laser/Rebel **R** Mark Phillips **D** Dan Angle, Eddi Winters **L** 105 **FSK** ab 18 **E** 10.3.1988 Video

WAR TIME – ANGRIFF IM MORGENGRAUEN (LA FURIA DEI GIGANTI). Eine Episode aus dem Spanischen Bürgerkrieg: Ein junger Leutnant meldet sich zu einem Himmelfahrtskommando, um die strategisch wichtige Brücke zu seiner Heimatstadt zu besetzen, die von dem übermächtigen Feind gehalten wird. Mäßig inszenierter Kriegsfilm voller Gewalttätigkeiten und sprachlicher Entgleisungen. ✦ Italien 1971 **P** Promo Film/Cine Tirrenia **R+B** José Antonio De la Loma **K** Mario Pacheco **M** Gianni Marchetti **D** Simon Andrew, Patty Shepard, Daniel Martin, Ralf Hernandez, Gianni Castellani **L** 100 **E** 12.11.1989 SAT 1

WAR TIME MELBOURNE MAY 1942 (DEATH OF A SOLDIER). Melbourne 1942: Der amerikanische Soldat Edward J. Leonski steht vor dem Kriegsgericht, weil er drei Frauen erwürgt hat. Obwohl zwei Armee-Psychiater und ein australischer Spezialist seine Unzurechnungsfähigkeit auf Grund einer psychischen Störung bescheinigen, wird er zum Tode verurteilt und hingerichtet. General MacArthur bestand ausdrücklich auf den Vollzug der Todesstrafe, weil er hoffte, damit die angespannten amerikanisch-australischen Beziehungen entlasten zu können. Ein interessanter und hintergründig-unterhaltender Film, zwar inszenatorisch schwach, durch die Darstellung der Rechtsbeugung zum Zwecke politischer Interessenverfolgung jedoch von Belang. (TV-Titel: »Dein Lied – Dein Tod«) – Ab 16 möglich. ✦ Australien 1985 **P** Suatu/Scotti Bros./Flying Tiger **VA** Taurus **R** Philippe Mora **B** William Nagle **K** Louis Irving **M** Allan Zavod **D** James Coburn, Red Brown, Bill Hunter, Maurie Fields, Belinda Davey **L** 92 **FSK** ab 16 **E** September 1989 Video/20.8.1991 premiere

WAR VICTIMS (KAMP TWAHAN). In einem Lager für gefangene Frauen im Zweiten Weltkrieg wird eine neue Inhaftierte die Geliebte des Lagerkommandanten und kann im Auftrag der Partisanen ein geheimes Munitionsdepot ausspionieren. Als das Lager angegriffen wird, kompensieren die Aufseher ihre Frustration durch Gewalttätigkeiten gegenüber den Gefangenen. Die Spionin flieht, führt die Verbündeten zum Depot und rächt sich grausam an ihren Peinigern. Abstoßender Frauenlager-Film voller Scheußlichkeiten. – Wir raten ab. ✦ Indonesien 1985/86 **P** P. T. Parkit Films **VA** Starlight **Pd** D. Punjabi, Raam Punjabi **R** Yopi Burnama **B** Pitrajaya Burnama, Raam Punjabi **K** H. Asmawi **M** Gat Sudarto **D** Marisa Haque, Boyd Tirayoh, Mangara Siahaan **L** 96 **FSK** ab 18 **E** 18.12.1986 Video

WAR ZONE – TODESZONE (WAR ZONE). Ein amerikanischer Fernsehjournalist wird durch ein fingiertes Interview mit angeblichen Führern der PLO in Beirut in die kriegerischen Intrigen zwischen Palästinensern und Falangisten verwickelt und damit als Spielball für die von langer Hand vorbereiteten gewaltsamen Übergriffe mißbraucht. Mit Elementen des Politthrillers arbeitender Film, der in seiner Haltung gegen kriegerische Auseinandersetzungen zwar Respekt verdient, jedoch eine analytisch-aufklärende Annäherung an den Bürgerkrieg im Libanon zugunsten einer konventionellen Filmgeschichte verschenkt. – Ab 16. ✦ Israel/BR Deutschland 1987 **P** Creative Film/Caro Film/NDR **KI** 20th Century Fox **SF** 20th Century Fox **VA** VCL/Virgin **Pd** Elisabeth Wolters **R** Nathaniel Gutman **B** Hanan Peled, Nathaniel Gutman **K** Amnon Salomon, Thomas Mauch **M** Jacques Zwart, Hans Jansen **S** Peter Przygodda **D** Christopher Walken (Don Stevens), Marita Marschall (Linda Larsen), Hywel Bennett (Mike Jessop), Arnon Zadok (Hamdi Abu-Yussuf), Amos Lavie (Yassin Abu-Riad) **L** 99 **FSK** ab 16; f **FBW** bw **E** 2.7.1987/28.1.1988 Video **fd** 26 238

WARCAMP (WARCAMP). Eine Spezialeinheit rückt aus, um amerikanische Gefangene aus einem vietnamesischen Gefangenenlager zu befreien. Ihr Hauptinteresse gilt dem Bomberpiloten, der Hanoi mit einer Wasserstoffbombe vernichten sollte. Handelsüblicher plakativer Kriegs- und Actionfilm. ✦ Philippinen 1988 **P** Davian International **VA** G.L. **R+B** Jeff C. Espiritu **K** Andy G. Goodall **D** Rey Malonzo, Bill Balbridge, Charlie Black, Urs Hardegger **L** 84 **FSK** ab 18 **E** September 1988 Video

WARDEN OF RED ROCK (WARDEN OF RED ROCK). Der späte Wilde Westen im Jahr 1910: Ein ehemaliger Gesetzloser hat sich mit Recht und Ordnung arrangiert und es zum Direktor eines Gefängnisses gebracht. Durch die Einlieferung eines Gefährten aus der schlechten, alten Zeit wird er mit seiner Vergangenheit konfrontiert, reagiert aber mit rechtsstaatlichen Mitteln auf alle Provokationen und einen gewaltsamen Ausbruchversuch. Ein ebenso achtbarer wie unterhaltsamer Film, der seine Botschaft recht überzeugend darlegt, doch unter der sprunghaft entwickelten Geschichte leidet. – Ab 14. ✦ USA 2000

P Clifden **VA** Paramount Home **Pd** Paul Freeman **R** Stephen Gyllenhaal **B** James Lee Barrett **K** Henner Hofmann **M** Michel Colombier **S** Richard Halsey **D** James Caan (John Flinders), David Carradine (Michael Sullivan), Rachel Ticotin (Maria McVale), Billy Rieck (Harry Joe Reese), Brian Dennehy (Sheriff Selwyn Church) **L** 85 **FSK** ab 12 **E** 18.10.2001 Video **fd** 35 186

WARDOG (WARDOG). Ein ehemaliger US-Soldat stößt auf der Suche nach seinem in Vietnam vermißten Bruder auf eine paramilitärische Geheimorganisation, die im Auftrag rechtsradikaler Politiker Kriegsveteranen zu Killern ausbildet. Wüste, holprig inszenierte Billigproduktion, die in exzessiven Gewaltdarstellungen schwelgt. – Wir raten ab. ✦ Scope. Schweden 1986 **P** Walthers Entertainment **KI** Allround/Geike-Molgedey **VA** Focus **Pd** Vaestra Foelunda **R+B** Björn Carlstroem, Daniel Hübenbecher **K** Anders Nilsson **M** Dag Unenge **S** Andrew Nelson (= Anders Nilsson) **D** Tim Earle, Bill Redvers, Sidney Livingstone, Catherine Jeppson, David Gillies **L** 89 **FSK** ab 18; nf **E** 30.7.1987 **fd** 26 348

WÄRE DIE ERDE NICHT RUND ... Die Geschichte einer DDR-Auslandsstudentin, die sich in Moskau in einen Kommilitonen aus Syrien verliebt, von ihm ein Kind bekommt und angesichts des Wissens um die Trennung, die unausweichlich ist, die wichtigsten Stationen ihrer Entwicklung reflektiert. Ein thematisch neuartiger, inhaltlich wie formal aber ungenügender und mit Klischees behafteter Film. – Ab 14. ✦ Scope. DDR 1980/81 **P** DEFA, Gruppe »Berlin« **KI** Progress **Pd** Werner Langer **R** Iris Gusner **B** Iris Gusner, Günter Haubold **K** Günter Haubold **M** Baldur Böhme **S** Renate Bade **D** Bozena Stryjekowna (Christiane), Rassim Balajew (Hatem), Lissy Tempelhof (Valeska), Franciszek Pieczka (Großvater Johannes), Galina Komarowa (Galja), Reso Tschchikwischwili (Gia) **L** 91 **E** 3.12.1981 Kino DDR/25.5.1984 DFF 2

WARE FÜR KATALONIEN. Der Kampf der Volkspolizei gegen eine internationale Optikschieberbande. Ein nach authentischen Fällen gut gebauter Kriminalfilm mit ansprechenden schauspielerischen Leistungen. ✦ Schwarz-weiß. DDR 1959 **P** DEFA **KI** Progress **VA** Icestorm **Pd** Willi Teichmann **R** Richard Groschopp **B** Lothar Creutz, Carl Andrießen, Richard Groschopp **K** Eugen Klagemann **M** Hans Hendrik Wehding **S** Helga Emmrich **D** Eva-Maria Hagen (Marion Stöckel), Hanna Rimkus (Sabine Falk), Hartmut Reck (Unterleutnant Schellenberg), Heinz-Dieter Knaup (Leutnant Hasselbach), Ivan Malré (Bob Geogi), Wilfried Ortmann (Hasso Teschendorf) **L** 99 **FSK** o. A. **E** 13.3.1959 Kino DDR/9.5.1959 DFF 1/26.9.2000 Video

WARFORCE 3000 (WARLORDS 3000). Im Jahr 3000 ist die Erde nach einer ökologischen Katastrophe verwüstet. Drogendealer, die mit Wüstenmobilen über Dünenlandschaften flitzen, beherrschen die Szene, bis der rächende Kämpfer im Namen des Guten einschreitet. Besonders ärgerlich: ein moralisierender Erzähler, der suggerieren soll, daß die langweilige Aneinanderreihung der Actionszenen einen tieferen Sinn hat. ✦ USA 1993 **P** Fahmed **VA** VPS **Pd+R** Faruque Ahmed **B** Ron Herbst, Faruque Ahmed **K** Stephen N. Timberlake **M** Christopher Farrell **S** Dan Selakovich **D** Jay Roberts (Nova), Denice Duff (Anani), John Croshaw (Yeager), Archie Gibson (Old Man), Wayne Duvall (Veros), Jeff Sable (Red Ears), Ty Randolph (Bull Woman), Steve Blanchard (General Tadder) **L** 86 (TV 73) **FSK** ab 18 (TV ab 16) **E** 14.4.1994 Video **fd** 30 856

WARGAME → The War Game (Kriegsspiel)

WARGAMES – KRIEGSSPIELE → War Games – Kriegsspiele

WARHAMMER (FOR THE CAUSE). Um den seit 99 Jahren tobenden Krieg zwischen zwei verfeindeten Staaten zu beenden, setzt die eine Seite eine Geheimwaffe ein, die die Hauptstadt der anderen zerstören soll. Am Ziel angelangt, erkennen die Überlebenden der Mission, dass der Feind in den eigenen Reihen sitzt. Eine unausgegorene Mischung aus Landser-Heft und Science-Fiction-Fantasie, deren aufwendig produzierte visuellen Effekte in keinem Verhältnis mit der Dürftigkeit der Geschichte stehen, deren militaristische Botschaften unübersehbar sind. ✦ USA/Bulgarien 2000 **P** Dimension Films/Grand Designs Entertainment **VA** Highlight **DVD** Highlight (16:9, 1.78:1, DD5.1 dt.) **Pd** Kia Jam **R** David Douglas, Tim Douglas **B** David Douglas, Christopher Salazar **K** Adolfo Bartoli **M** Kevin Memley **S** Irit Raz **D** Dean Cain (General Murran), Thomas Ian Griffith (Evans), Justin Whalin (Sutherland), Jodi Bianca Wise (Able), Trae Thomas (Stoner) **L** 94 **FSK** ab 16 **E** 16.11.2000 Video/20.12.2000 DVD **fd** 34 665

WARHEAD (WARHEAD). Rechtsradikale Terroristen, die ein Raketensilo in ihre Gewalt bringen und die Regierung erpressen, sehen sich mit einer Spezialeinheit unter der Führung eines Elitekriegers konfrontiert. Nicht nur die Schurken werden aufgerieben, gleichzeitig kann eine undichte Stelle im Pentagon enttarnt werden. Konventioneller Actionfilm voller Stereotypen in Handlungsablauf und Figurenzeichnung. ✦ USA 1996 **P** Nu World **VA** Madison **Pd** Danny Lerner **R** Mark Roper **B** Jeff Albert **K** Rod Stewart **S** Alain Jakubowicz **D** Frank Zagarino, Joe Lara, Elisabeth Giordano **L** 89 (gek. 76) **FSK** ab 18 (gek. ab 16) **E** 22.5.1996 Video

WARHEADS (WARHEADS). Dokumentarfilm, in dessen Mittelpunkt ein deutscher Ex-Fremdenlegionär und ein englischer Söldner stehen, die über ihre »Arbeit« berichten. Der Film enthält sich eines Kommentars, läßt Bilder und abgebildete Menschen für sich sprechen. Durch eine subtile Montage gelingt der Brückenschlag von der Vergangenheit zur Gegenwart, und die scheinbar abstrakten Aussagen am Anfang finden zum Ende hin ihre konkrete Bestätigung durch Aufnahmen im umkämpften Kroatien. ✦ Deutschland/Frankreich 1989–92 **P** Max Film/Eurocreation/WDR **SF** Ambush Entertainment **Pd** Wolfgang Pfeiffer, Ann-Marie Autissier **R+B** Romuald Karmakar **K** Michael Teutsch (Mississippi), Klaus Merkel (Französisch-Guayana), Reiner Lauter (München), Bruno Affret (Kroatien), Romuald Karmakar (Kroatien, Videokamera) **S** Katja Dringenberg **L** 182 **E** 6.5.1993/3.,10.7.1995 ORB **fd** 30 204

WARHOL PRIVAT (SCENES FROM THE LIFE OF ANDY WARHOL). Jonas Mekas, der von Anfang an zum engeren Künstlerkreis um Andy Warhol gehörte, führte schon sehr früh ein filmisches Tagebuch über Warhols Leben. Die Aufnahmen aus den Jahren 1965 bis 1982 sind mit Musik der Gruppe »Velvet Underground« montiert. ✦ USA 1982 **R** Jonas Mekas **M** Velvet Underground **D** Andy Warhol, Allen Ginsberg, John Lennon, Yoko Ono, Paul Morrissey **L** 35 **E** 2.8.1991 3sat

WARLOCK (WARLOCK). Gangster terrorisieren ein einsames Städtchen, bis ein ehemaliges Bandenmitglied als Hilfssheriff die Verbrecher ins Gefängnis bringt und den schießfreudigen Sheriff zum Verlassen des Ortes zwingt. Die handfeste, hart ausgespielte Story dient als zugkräftiger Aufhänger für eine Reihe komplizierter Charakterstudien. In der inhaltlichen wie der optischen Anlage finden sich Anklänge zu »12 Uhr mittags«: Das Westernschema wird ansatzweise durch kritische Aspekte vertieft, auch hier geht es letztlich um soziale und humane Werte. (Fernsehtitel: »Der Mann mit den goldenen Colts«) – Ab 16. ✦ Scope. USA 1959 **P** 20th Century Fox **KI** Centfox **Pd+R** Edward Dmytryk **B** Robert Alan Aurthur, nach dem Roman von Oakley Hall **K** Joseph MacDonald **M** Lionel Newman, Leigh Harline **S** Jack W. Holmes **D** Richard Widmark (Johnny Gannon), Henry Fonda (Clay Blaisdell), Anthony Quinn (Tom Morgan), Dorothy Malone (Lilly Dollar), Dolores Michaelis (Jessie Marlow), Wallace Ford (Richter Holloway), Tom Drake (Abe McQuown), Richard Arlen (Bacon), DeForest Kelley (Curley Burne), Regis Toomey (Skinner), Don Beddoe (Dr. Wagner), Whit Bissell (Mr. Petrix), Robert Osterloh (Professor), Robert Adler (Foss), Ann Doran (Mrs. Richardson), Hugh Sanders (Sheriff Keller) **L** 113 **FSK** ab 16; nf **E** 15.5.1959/1.1.1972 ZDF **fd** 8 101

WARLOCK – DAS GEISTERSCHLOSS (WARLOCK III – THE END OF INNOCENCE). Eine amerikanische Studentin verbringt mit Freunden ein Wochenende im Abrisshaus ihrer Eltern, die sie nie kennen gelernt hat, um ihren familiären Hintergrund aufzudecken. Sie muss feststellen, dass sie die Reinkarnation einer Druidin ist, die im 17. Jahrhundert einen Hexenmeister in eine tödliche Falle lockte. Der glaubt nun, dass die Zeit der Rache gekommen ist. Horrorfilm nach stereotypen Mustern, der seine Geschichte ohne einen Hauch von Ironie herunter leiert. Ein wirklicher Bezug zur »Warlock«-Serie lässt sich kaum erschließen, sodass der eigentliche Schrecken der Produktion in der geballten Inkompetenz ihrer Macher liegt. ✦ USA 1998 **P** Trimark Pictures **VA** Ufa/BMG **Pd** Bruce David Eisen **R** Eric Freiser **B** Bruce David Eisen, Eric Freiser **K** Andrew Torman **M** David Reynolds **S** Greg Finton **D** Bruce Payne (Warlock/Phillip Covington), Ashley Laurence (Kris), Boti Bliss (Robin), Angel Boris (Lisa), Paul Francis (Michael) **L** 91 **FSK** ab 18 **E** 23.11.1999 Video **fd** 34 258

WARLOCK – SATANS SOHN (WARLOCK). Ein Hexenmeister aus dem 17. Jahrhundert, der die Welt vernichten will, trägt mit seinem Jäger, unter den staunenden Augen einer jungen Frau, sein Duell im Amerika des späten 20. Jahrhunderts aus. Unaufwendig produzierter Fantasyfilm, der die okkulte Zeitreise auch auf witzige Elemente hin auslotet. – Ab 16. ✦ USA 1988 **P** New World/Arnold Kopelson Prod. **KI** Scotia **VA** Ufa **Pd** Steve Miner, Arnold Kopelson **R** Steve Miner **B** David T. Twohy **K** David Eggby **M** Jerry Goldsmith **S** David Finfer, Morgan Michael Fottrell **D** Julian Sands (Warlock), Richard E. Grant (Giles Redferne), Lori Singer (Kassandra), Kevin O'Brien (Chas), Mary Woronov (Channeller) **L** 94 **FSK** ab 16; f **E** 21.9.1989/26.2.1990 Video/29.11.1992 premiere **fd** 27 908

WARLOCK – SATANS SOHN KEHRT ZURÜCK → Warlock – The Armageddon

WARLOCK – THE ARMAGEDDON (WARLOCK – THE ARMAGEDDON). Der Sohn des Höllenfürsten, der die Erde in ewige Finsternis stürzen will, im Duell mit zwei wiederauferstandenen Druidenkindern. Mißlungene Mixtur aus Horror und Fantasy, Komödie und Melodram. Die Geschichte greift auf die Konstellation und den Hauptdarsteller des Films »Warlock – Satans Sohn« von 1988 zurück. (Österreichischer TV-Titel: »Warlock – Satans Sohn kehrt zurück«) ✦ USA 1993 **P** Tapestry/Trimark **VA** Ufa **Pd** Peter Abrams, Robert B. Levy **R** Anthony Hickox **B** Kevin Rock, Sam Bernard **K** Gerry Lively **M** Mark McKenzie **S** Christopher Cibelli, James D. R. Hickox **D** Julian Sands (Warlock), Chris Young (Kenny Travis), Paula Marshall (Samantha Ellison), Joanna Pacula (Paula Dare), Steve Kahan (Will Travis) **L** 94 (gek. 81) **FSK** ab 18 (gek. ab 16) **E** 29.11.1993 Video **fd** 30 599

WARLORDS (WARLORDS). Einmal mehr wird die Zeit nach dem Ende der Zivilisation durch einen Atomkrieg beschworen. Ein Einzelgänger befreit einen Wissenschaftler aus der Gewalt einer Armee von Mutanten, die aus den Labors der Supermächte entwichen sind und die in Schutt und Asche gelegten Städte bevölkern. Ein krudes Produkt, das die gewalttätigen Ausbrüche mit deutlichen sexuellen Bezügen versieht und unverhohlen Gewalt gegen Frauen als Amusement vorführt. – Wir raten ab. ✦ USA 1988 **P** American Independent/Film Trust Motion Licensing **VA** VPS **Pd** Harold Goldstein, Fred Olen Ray **R** Fred Olen Ray **B** Scott Ressler **K** Laszlo Regos **M** William Belote **S** William Shaffer **D** David Carradine, Sid Haig, Ross Hagen, Fox Harris, Robert Quarry **L** 82 **FSK** ab 18 **E** 14.12.1989 Video **fd** 28 119

WARM WIRD ES NUR, WENN DIE SONNE SCHEINT (NAY CHI PHYAR HMA NGWEE THAW GYAUNT). San Shwe Maung, selbst gebürtiger Arakanese, ist eine angesehene Persönlichkeit in Burma und zählt zu den wenigen Filmschaffenden, die das schwierige Zusammenleben im multi-ethnischen Burma thematisieren. Dieser Film führt zu den schneebedeckten Ausläufern des Himalaya – eine in der burmesischen Geschichte beispiellose Expedition, in deren fünfjährigem Verlauf einzigartige ethnologische Aufnahmen verschiedener Kachin- und Shan-Völker gelingen. Durch die fiktive Handlung leitet – in der Rolle eines aus Rangoon zu der entlegenen Minderheit ziehenden Arztes – Aung Lwin, wie sich San Shwe Maung als Darsteller nennt. (O.m.d.U.) – Sehenswert ab 14. ✦ Schwarz-weiß. Burma 1977 **P** Mala Oo Prod. **KI** Freunde der deutschen Kinemathek **Pd** Mala Oo **R+B** San Shwe Maung **K** Maung Pann Aye **S** San Shwe Maung **D** San Shwe Maung (Dr. Hla Phon), Win Swe, Ngwe Ngwe Mu (Mayday), Linn Aung (Ra Wang), Win Swe **L** 131 **E** 1996

DIE WÄRME DEINER HÄNDE (TEPLO TWOICH RUKI). Szenen aus dem Leben einer einfachen Bäuerin in einem kleinen Dorf in Georgien. In diesem Leben spiegeln sich die gesellschaftlichen Veränderungen innerhalb der letzten 50 bis 60 Jahre wider. Ein von aufrichtiger Humanität getragener Film, der durch seine Vitalität, die Vielfältigkeit der Charaktere und beeindruckende Darstellerleistungen überzeugt. – Ab 16. ✦ Scope, teils schwarz-weiß. UdSSR 1971 **P** Grusia-Film **KI** Progress **R** Schotar Managadse, Nodar Managadse **B** Suliko Shgenti **K** Giwi Ratschwelischwili **M** Rewas Lagidse **D** Sofiko Tschiaureli (Sidonija), Grigol Zitaischwili (Jason), M. Scherwaschidse (Sipito), G. Tschitschindse (Jewtichij), Surab Kipschidse (Aprassion) **L** 87 **E** 12.1.1973 Kino DDR/21.12.1972 DFF 2

WARNER'S GROSSE JAZZPARADE. Eine Kompilation amerikanischer Jazzkurzfilme aus den Jahren 1937 bis 1941, die ohne Kommentierung Auftritte von Musikgrößen wie Woody Herman, Artie Shaw, Jimmie Dorsey u. a. aneinanderreiht. Ein authentisches Dokument, das aber recht lieblos zusammengeschustert erscheint. – Ab 12. ✦ Schwarz-weiß. USA 1951/52 **P** Warner **KI** Warner/Continental **D** Lester Young, Woody Herman, Cab Calloway, Francis López, Artie Shaw, Jimmy Dorsey, Doris Day, Betty Huston **L** 87 **FSK** ab 16; nf **E** 1954

DIE WARNUNG →Die tödliche Warnung

WARNUNG AUS DEM JENSEITS (THE HAUNTING OF LISA). Kriminalfilm. Eine Witwe und Mutter einer neunjährigen Tochter will den Chef der örtlichen Polizeibehörde heiraten. Nach dem Fund einer Kinderleiche aber hat die Tochter düstere Visionen, die auf zukünftige Ereignisse hinzudeuten scheinen. Bald darauf wird der Polizeichef des Mordes beschuldigt. ✦ USA 1995 **P** PhilipPiCo Comp./Power Pic. **Pd** Julian Marks **R** Don McBrearty **B** Don Henry **K** François Protat **M** Marvin Dolgay, Glenn Morley **S** Ronald Sanders **D** Cheryl Ladd (Ellen), Duncan Regehr (Mitch), Aemilia Robinson (Lisa), Wayne Northrop (Marsden), Tony Rosato (Dr. Azzaro) **L** 85 **E** 4.4.1998 ZDF

WARNUNG VOR EINER HEILIGEN NUTTE. Während der Vorbereitungen zu einer Spielfilmproduktion entfalten sich verschiedenartige Beziehungen zwischen Schauspielern und Technikern, entwickelt sich eine gereizte Stimmung, in der sich Antipathien, Langeweile, neurotische Konkurrenzängste und eitle Selbstgefälligkeit mischen. Der verspätet eintreffende Regisseur, ein genialischer Despot, ordnet das organisatorische wie zwischenmenschliche Chaos rücksichtslos zu eigenen Zwecken. Fassbinders Resümee und Neubeginn nach neun Filmen; eine sarkastische Selbstbespiegelung der Branche in der Tradition von Godard und Fellinis »8 ½«. (1972 entbrannte ein Rechtsstreit wegen der von Fassbinder benutzten Musiktitel. Die Produktionsfirma konnte die Geldforderungen der Musikverlage nicht erfüllen; der Film wurde nur in einer akustisch »verstümmelten« Fassung gezeigt. Zum 10. Todestag des Regisseurs hat die »Fassbinder Foundation« die Musikrechte angekauft und die autorisierte Fassung in die Kinos gebracht.) ✦ BR Deutschland/Italien 1970 **P** Antiteater/X-Film/Nova **KI** Filmverlag der Autoren **Pd+R+B** Rainer Werner Fassbinder **K** Michael Ballhaus **M** Peer Raben **S** Franz Walsch (= Rainer Werner Fassbinder), Thea Eymèsz **D** Eddie Constantine (Eddie), Lou Castel (Jeff), Hanna Schygulla (Hanna), Marquard Bohm (Ricky), Magdalena Montezuma (Irm), Rainer Werner Fassbinder (Sascha), Ulli Lommel (Korbinian), Katrin Schaake (Scriptgirl), Benjamin Lev (Candy), Monica Teuber (Billi), Margarethe von Trotta (Produktionssekretärin), Gianni di Luigi (Kameramann), Rudolf Waldemar Brem (Oberbeleuchter), Herb Andress (Coach), Thomas Schieder (Jesus), Kurt Raab (Fred), Hannes Fuchs (David), Marcella Michelangeli (Margret), Ingrid Caven (Statistin), Harry Baer (ihr Mann), Werner Schroeter (Deiters) **L** 103 **FSK** ab 18; f **FBW** bw **E** 2.1.1972 NDR/14.5.1992 Kinostart der autorisierten Fassung **fd** 17745

WARNZEICHEN – GEN-KILLER (WARNING SIGN). In einem amerikanischen Laboratorium richtet der Austritt eines Präparates zur bakteriologischen Kriegsführung Verheerungen an. Der beherzte Einsatz zweier Männer verhindert die totale Katastrophe. Eher ein Horrorfilm mit Zombie-Elementen als eine ernsthafte Auseinandersetzung mit einem brisanten Thema. ✦ USA 1985 **P** 20th Century Fox **KI** 20th Century Fox **VA** CBS/Fox **Pd** Jim Bloom **R** Hal Barwood **B** Hal Barwood, Matthew Robbins **K** Dean Cundey **M** Craig Safan **S** Robert Lawrence **D** Sam Waterston (Cal Morse), Kathleen Quinlan (Joanie Morse), Yaphet Kotto (Connolly), Jeffrey DeMunn (Dan Fairchild), Richard Dysart (Doc Nielsen), G. W. Bailey, Jerry Hardin, Scott Paulin **L** 99 **FSK** ab 16; f **E** 3.7.1986/April 1987 Video **fd** 25696

WARRIOR QUEEN (WARRIOR QUEEN). Der Sklaven- und Liebesmarkt von Pompeji als Mittelpunkt eines leichtgewichtigen Fantasy-Spektakels mit ebenso verkommenen wie lüsternen Römern, wackeren Sklaven und einer palästinensischen Prinzessin, die einigen Lüstlingen den Tod bringt. Der Ausbruch des Vesuv bereitet auch dem unnützen Filmchen ein Ende. – Wir raten ab. ✦ USA 1986 **P** High Ridge/Lightning **VA** Vestron **Pd** Harry Alan Towers **R** Chuck Vincent **B** Rick Marx, nach einer Erzählung von Peter Welbeck (= Harry Alan Towers) **K** Gianlorenzo Battaglia **M** Ian Shaw, Kai Joffe **S** Chuck Vincent **D** Sybil Danning (Berenice), Donald Pleasence (Clodius), Richard Hill (Marcus), Josephine J. Jones (Chloe), Tally Chanel (Vespa) **L** 79 **FSK** ab 18 **E** Januar 1988 Video **fd** 26692

DIE WARRIORS (THE WARRIORS). Die Ereignisse einer Nacht: Die Mitglieder vieler New Yorker Jugendgangs treffen zu »strategischen Beratungen« zusammen. Die »Warriors« werden nach dem ihnen angelasteten Mord am Führer einer anderen Bande auf dem Rückweg von der Bronx nach Coney Island von den Gangs und der Polizei gejagt. Ein an der effektvollen Darstellung alltäglicher Gewalt interessierter Thriller, der sie in einer überästhetisierten Form als eine artifizielle Mixtur aus verschiedenen Genres präsentiert. Die vorzügliche Kameraführung verleiht dem perfekt inszenierten Film, der die Ursachen der Probleme nicht ausloten will, eine oberflächliche Bedeutsamkeit. (Vgl. »The Wanderers«) ✦ Scope. USA 1978 **P** Paramount **KI** CIC **VA** CIC **DVD** Paramount (16:9, 1.78:1, Mono engl./dt.) **Pd** Lawrence Gordon **R** Walter Hill **B** David Shaber, Walter Hill, nach einem Roman von Sol Yurick **K** Andrew Laszlo **M** Barry DeVorzon **S** David Holden **D** Michael Beck, James Remar, Dorsey Wright, Thomas G. Waites, Marcelino Sanchez **L** 93 (gek. 82) **FSK** ab 18; nf (gek. 16) (DVD ab 18) **E** 12.7.1979/1982 Video/5.7.2001 DVD **fd** 22089

WARRIORS →Infernal Fighter

WARRIORS – EINSATZ IN BOSNIEN (WARRIORS). Bosnien Ende 1992: Englische Kfor-Truppen, die nur mit einem humanitären Mandat ins Krisengebiet geschickt wurden und keinen Kampfauftrag haben, müssen fassungslos und ohnmächtig Massaker, Verschleppungen und ethnische Säuberungen erleben. Ein ergreifendes Fernsehspiel von dokumentarischer Genauigkeit, das auf alles Spekulative verzichtet und in seinen Einzelbeobachtungen den Atem stocken läßt. Durch den Einbezug des Privatlebens der Soldaten wird das ganze Ausmaß der Tragödie auch nach dem Einsatz deutlich. – Sehenswert ab 16. ✦ Großbritannien 1999 **P** BBC/Deep Indigo/ITEL **Pd** Nigel Stafford-Clark **R** Peter Kosminsky **B** Leigh Jackson **K** Richard Greatrex **M** Debbie Wiseman **S** Chris Ridsdale **D** Ioan Gruffudd (Lt. John Feeley), Matthew Macfadyen (Alan James), Damian Lewis (Lt. Neil Loughrey), Tom Ward (Capt. Richard Gurney), Darren Morfitt (Peter Skeet) **L** 172 (85 & 87) **E** 27.10.2000 arte

WARRIORS FROM HELL (WARRIORS FROM HELL). Billiger Söldnerfilm nach ebenso primitiven wie überholten Feindbildern. Ein amerikanischer Söldner kämpft in einer afrikanischen Widerstandsgruppe gegen die Rebellenarmee, die das Land unter russischer Führung besetzt hält. ✦ USA/Südafrika 1990 **P** Estee International **VA** 21st Century **R+B** Ronnie Isaacs **K** John Parr **M** Tony Rudner **D** Dean Stewardson, Glen Gabela, Shayne Leith **L** 88 **FSK** ab 16 **E** 13.11.1991 Video

WARRIORS WITHOUT RETURN →Platoon without Return

WARSCHAUER AUFSTAND 1944. Dokumentarfilm mit bislang unveröffentlichtem Schrift-, Ton- und Bildmaterial über den Aufstand der Warschauer Bevölkerung im Spätsommer 1944 gegen die übermächtigen deutschen Besatzer. ✦ Polen 1994 **R** Krzysztof Lang **L** 60 **E** 7.11.1994 ORB

WARSCHAUER LEBEN. Eine Arbeitsgruppe unter Leitung des Würzburger Architekten Hubert Gross war damit beschäftigt, der polnischen Hauptstadt Warschau ein »nationalsozialistisches Gesicht« zu geben. Die ehemalige 1,3-Millionen-Metropole sollte deshalb auf das Maß einer Kleinstadt von 120000 Einwohnern schrumpfen. Neben einem Gespräch mit Gross dokumentiert der Film auch Aussagen polnischer Zeitzeugen, die sich im Untergrund mit Visionen eines neuen Warschaus beschäftigten. Nicht immer ist die Brisanz der Thematik filmisch adäquat umgesetzt, doch ist der dokumentarische Wert des Materials hoch einzuschätzen. – Ab 16. ✦ Teils schwarz-weiß. Deutschland 1994 **P** Alfred Jungraithmayr Filmprod./SR **SF** Basis **VA** absolut MEDIEN **Pd** Alfred Jungraithmayr, Andreas Frowein, Jörg Geißler, Christiane Weber **R+B** Alfred Jungraithmayr **K** Pio Corradi **S** Alfred Jungraithmayr **L** 72 **E** März 1995 **fd** 31325

WARSCHAUER PREMIERE (WARSZAWSKA PREMIERA). Die Entstehungsgeschichte der Oper »Halka« von Moniuszko und ihre Premiere im Januar 1858 in Warschau. – Ab 14. ✦ Schwarz-weiß. Polen 1951 **P** Spielfilmstudio Lodz **KI** Progress **R+B** Jan Rybkowski **M** Stanislaw Moniuszko, Vincenzo Bellini, Gaetano Donizetti, Gioacchino Rossini, Kasimierz Sikorski **D** Jan Koecher (Stanislaw Moniuszko), Jerzy Duszynski (Wlodzimierz Wolski), Barbara Kostrzewska (Rivoli Paulina), Nina Andrycz (Marie Calergis), Danuta Szaflarska (Krystina) **L** 106 **E** 26.6.1951 Kino DDR/30.4.1955 DFF 1

DIE WARSCHAUER ZITADELLE. Ein Student, der nicht mehr im Untergrund gegen die russische Usurpationsmacht (vor dem Ersten Weltkrieg) kämpfen will, bekehrt sich nach einigem Zögern zu einem Anführer des polnischen Freiheitskampfes. Nach einem nationalpolnischen Bühnenstück gedreht, das 1930 schon einmal fürs Kino inszeniert worden war, erwies sich der mit dem NS-Prädikat »staatspolitisch wertvoll« bedachte Tendenzfilm trotz guter Besetzung schon zur Entstehungszeit als wenig wirkungsvoll in Konzept und Form. ✦ Schwarz-weiß. Deutschland 1937 **P** ABC **KI** Deutsche Commerz **Pd** Hans Lehmann **R** Fritz Peter Buch **B** Fritz Peter

Buch, Alfred Mühr, nach dem Bühnenstück »Tamten« von Gabriele Zapolska. **K** Bruno Mondi **M** Werner Bochmann **S** Ludolf Grisebach **D** Werner Hinz (Konrad Welgorski), Viktoria von Ballasko (Anna Losatzka), Paul Hartmann (Oberst Korniloff), Claire Winter (Martha Welgorska), Peter Elsholtz (Adjutant Botkin) **L** 86 **FSK** ab 16; nf **E** 6.9.1937 **fd** 2 537

WARSHOTS. Der Arbeitsalltag von erfahrenen Kriegsberichterstattern, die nach Jobs in Sarajevo oder auch Grosnyj nun in einem (fiktiven) nordafrikanischen Land aufeinandertreffen, um vom Bürgerkrieg zu berichten. Unter den Kollegen herrscht eher Zynismus als Betroffenheit, insbesondere bei einem ehrgeizigen Starfotografen, dem immer wieder Schnappschüsse von brutaler Gewalt »gelingen«. In einer Mischung aus Dokumentation und Fiktion gehaltener, spannender Beitrag über Fragen von Ethik, Moral und Verantwortung. (Titel auch: »Warshots – Kriegsbilder«) – Ab 16. ✦ Deutschland 1995 **P** HSF-Film/BR/WDR/SDR/arte **Pd+R** Heiner Stadler **B** Harald Göckeritz, Heiner Stadler **K** Yusef Hu **M** Roman Bunka **S** Micki Joanni **D** Herbert Knaup (Fotograf Jan Loy), Peter Franke (Journalist Maynard Wilhelm), Özay Fecht (Claire Meunier), David Kelhoe (Forrester), Claude Channice (Zimmermädchen) **L** 94 **E** 6.4.1998 arte

WARTE AUF MICH (SHDI MENJA). Das Schicksal einer jungen Frau, die durch die Kriegsereignisse von ihrem Mann, einem Fliegeroffizier, getrennt wird. – Ab 16. ✦ Schwarz-weiß. UdSSR 1943 **P** Filmstudio Alma-Ata **Kl** Sojusintorg **R** Alexander Stolper **B** Konstantin Simonow **K** Sergej Rubaschkin **M** Nikolai Kjukow **S** Jewgenija Abdirkina **D** Boris Blinow (Ermolow), Valentina Serowa (Lisa), Nina Sorskaja (Sonja), Lew Swerdlin (Mischa), Michail Naswanow (Nanow) **L** 90 **E** 28.9.1945

WARTE, BIS ES DUNKEL IST (WAIT UNTIL DARK). Auf der Suche nach einer mit Heroin gefüllten Puppe terrorisieren drei Männer eine blinde junge Frau. Nach einem Bühnenstück routiniert und spannend gestalteter Thriller, der von seiner atmosphärischen Dichte und der guten Hauptdarstellerin lebt. ✦ USA 1967 **P** Warner/Seven Arts **Kl** Warner/Seven Arts **Pd** Mel Ferrer **R** Terence Young **B** Robert Carrington, Jane Howard-Carrington, nach dem Bühnenstück von Frederick Knott **K** Charles B. Lang **M** Henry Mancini **S** Gene Milford **D** Audrey Hepburn (Susy Hendrix), Alan Arkin (Roat), Richard Crenna (Mike Talman), Efrem Zimbalist jr. (Sam Hendrix), Jack Weston (Carlino) **L** 107 **FSK** ab 18; nf **FBW** w **E** 25.1.1968/ 28.5.1988 DFF 1 **fd** 15 223

WARTE BIS ZUM FRÜHLING, BANDINI (WAIT UNTIL SPRING, BANDINI). Im strengen Winter 1928 in Colorado droht das Glück einer kleinen Familie italienischer Einwanderer zu zerbrechen, als der Vater, ein arbeitsloser Maurer, bei einer reichen Witwe Trost, Wärme und Glück sucht. Der kleine Sohn rettet das Familienglück durch eine ganze Serie von Notlügen sowie ein ernstes Gespräch »von Mann zu Mann«. Eindimensionale, allzubrav geratene Romanverfilmung, die den Darstellern durch klischeehaft angelegte Rollen kaum Möglichkeiten zur Entfaltung bietet. Allenfalls als reizvoller Versuch über die Macht der Lüge unterhaltsam. – Ab 14. ✦ Belgien/Frankreich/Italien/USA 1989 **P** Dusk/CFC-Intermédias-Ciné/Basic Cinematografica/Zoetrope Studios **Kl** Concorde **VA** Concorde **Pd** Erwin Provoost, Tom Luddy, Fred Roos **R** Dominique Deruddere **B** Dominique Deruddere, nach einem Roman von John Fante **K** Jean-François Robin **M** Angelo Badalamenti **S** Ludo Troch **D** Joe Mantegna (Suevo Bandini), Ornella Muti (Maria), Faye Dunaway (Mme. Hildegarde), Michael Bacall (Arturo), Daniel Wilson (August), Alex Vincent (Federico), Burt Young (Rocco), Renata Vanni (Marias Mutter) **L** 103 **FSK** ab 12; f **FBW** w **E** 6.12.1990/13.5.1991 Video/ 26.12.1991 premiere **fd** 28 637

WARTELISTE ZUR HÖLLE (JERRY LAND, CACCIATORE DI SPIE). Ein CIA-Agent entlarvt einen Verräter aus dem eigenen Lager, der als Chef eines Rings für Werksspionage fungiert. Zwischen Rom und Beirut spielender zweitklassiger Abenteuerfilm. (Alternativtitel: »Himmelhunde mögen's heiß«) ✦ Scope. BR Deutschland/Spanien/Italien 1965 **P** von Theumer/ Juan de Orduña/P.E.A. **Kl** Accord **Pd** Ernst von Theumer **R** Juan de Orduña **B** Nino Stresa, Ernst von Theumer **K** Aldo Ricci **M** Piero Umiliani **S** Eugenio Alabiso **D** Wayde Preston, Helga Sommerfeld, Reinhard Kolldehoff, Kai Fischer, Lis Halvorsen **L** 90 **FSK** ab 16; nf **E** 24.2.1967 **fd** 14 613

DAS WARTEN (ASTEPTAREA). Für Lokomotivführer Stefan ist dieses ein besonderer Tag. Nach einem arbeitsreichen Leben wird er heute seine letzte Fahrt absolvieren und dann in den Ruhestand gehen. Er beginnt über sein weiteres Leben nachzudenken. ✦ Rumänien 1970 **P** Filmstudio Bucuresti **R** Serban Creanga **B** Horia Patrascu **K** Dragomir Vilcov **M** Richard Oschanitzky **D** Stefan Ciobotarasu, Vladimir Gaitan, Nina Zainesca, Ernest Maftei, Aurel Giurumia **L** 62 **E** 24.2.1973 DFF 2

WARTEN AUF BEETHOVEN. Wegen seiner andauernden Erfolglosigkeit, gepaart mit maßloser Selbstüberschätzung, verläßt eine junge Frau einen Dirigenten, der glaubt, einen Feldzug für die Ideale der klassischen Musik führen zu müssen. Sie wendet sich seinem wesentlich erfolgreicheren Berufskollegen zu, was zu Eifersüchteleien führt, bis es schließlich doch gelingt, beide Männer zu ihrer eigentlichen Passion, der Musik, zurückzuführen. Melancholische Komödie. – Ab 16. ✦ BR Deutschland 1985/86 **P** Glashaus/BR **R** Roland Schraut **B** Roland Schraut, Erika Schmidt **K** Rudolf Blahacek **M** Michael Landau **D** George Byrd, Jane Palmer, Giacomo Herby, Ruth Gassmann **L** 90 **E** 19.10.1989 Eins Plus

WARTEN AUF DEN MÄRCHENPRINZ. Dokumentarfilm über drei Rumäninnen und ihre verzweifelte Suche nach Männern aus dem Westen, die mit ihrem Geld die Familienkonflikte und die materielle Unsicherheit beenden und ihre Träume erfüllen sollen. ✦ Belgien 1997 **P** RTBF **R** Marta Bergman **L** 66 **E** 23.6.1998 arte

WARTEN AUF DEN MOND (WAITING FOR THE MOON). Paris, Mitte der 30er Jahre: Die Amerikanerin Gertrude Stein (1874–1946) steht einem literarischen Salon vor und hat einen Kreis von Künstlern um sich gesammelt, für den sie den Begriff »verlorene Generation« prägt. Ihr zur Seite steht die selbstlose Freundin und Sekretärin Alice B. Toklas, die, selbst begabt und ambitioniert, 40 Jahre im Schatten der Freundin lebt. Der anspruchsvoll-amüsante Film zeichnet ein Porträt der beiden Frauen und ist zugleich ein Zeitbild der Pariser Boheme zwischen den beiden Weltkriegen, wobei er einiges an Vorwissen voraussetzt. Jill Godmilow bedient sich eines Stilprinzips, das der Prosa Gertrude Steins verwandt ist: aus der scheinbar willkürlichen Aneinanderreihung anekdotischer Momentaufnahmen entsteht ein vielschichtiges, subtiles Bild menschlicher Beziehungen, in dessen Mittelpunkt Alice steht, die »Heilige«, wie Hemingway sie nannte. ✦ USA 1987 **P** New Front/ A.B./Lab for Icon & Idiom/SFB/ARD/Channel 4/ American Playhouse/Skouras **Pd** Sandra Schulberg **R** Jill Godmilow **B** Mark Magill **K** André Neau **M** Michael Sahl **S** Georges Klotz **D** Linda Hunt (Alice B. Toklas), Andrew McCarthy (Henry Hopper), Linda Bassett (Gertrude Stein), Bernadette Lafont (Fernande Olivier), Bruce McGill (Ernest Hemingway) **L** 88 **E** 11.12.1989 ARD

WARTEN AUF DODO. Ein geheimnisvoller Diener öffnet, nicht ohne eigennütziges Interesse, einem »Traum«-Unternehmer die Augen für den Liebreiz seiner Sekretärin. Eine fantasievolle Komödie, die ihre Konstruktion nicht besonders ernst nimmt. ✦ **R** Rolf von Sydow **B** nach der Komödie von Gerard Willem van Loon und Eugene K. Ilyin. **D** Sabine Eggerth, Hans Caninenberg **L** 100 **E** 28.6.1962 ARD

WARTEN AUF HARVEY (WAITING FOR HARVEY). Dokumentarfilm über vier Filmemacher, die mit ihren Erstlingswerken 1998 zum Filmfestival nach Cannes reisen, um im »Mekka der Filmkunst« ihr Glück zu suchen. Eine sehr humorvolle Beobachtung, deren eigenwillige, nur auf den ersten Blick uneinheitliche Inszenierung sich zur genauen Charakterstudie der Protagonisten verdichtet, die ihre Träume, Hoffnungen und Neurosen sichtbar werden lässt. – Sehenswert ab 14. ✦ Großbritannien/Deutschland 1999 **P** Little Bird/Tatfilm/BR/WDR/BBC/RTE **Pd** Pascale Lamche **R+B** Stephen Walker **K** David Bennett **S** John Wilkinson, Chris King **L** 93 **E** 15.5.1999 BR/17.5. 1999 WDR **fd** 33 683

WARTEN AUF IRGEND JEMAND (OTKOGA TSCHE TSCHAKAM). Eine junge Frau betreut als Sozialfürsorgerin in einer kleinen bulgarischen Stadt ältere, meist alleinstehende und kranke Menschen. Selbst einsam und von ihrem Geliebten verlassen, begreift und fühlt sie die Isoliertheit der ihr zur Pflege anvertrauten Menschen besonders intensiv. Einfühlsamer, sehr allgemeingültiger und warmherziger Film von beachtlicher inhaltlicher und formaler Qualität. – Ab 14. ✦ Bulgarien 1984 **P** Filmstudio Bojana **Kl** Progress **R** Jana Petkowa **B** Lilijana Michailowa **K** Stefan Trifonow **M** Kiril Dontschew **D** Zwetana Manewa, Georgi Georgiew-Gez, Georgi Kalojantschew, Elena Stefanowa, Katja Todorowa **L** 105 **E** 6.12.1985 Kino DDR

WARTEN AUF MARIE. Eine Gruppe von Menschen, die vergebens auf ein Neugeborenes und seine Mutter warten, wird mit der eigenen Situation konfrontiert und versucht, das Trauma vom Verlust des Hautkontaktes und der damit verbundenen Erkenntnis von Gut und Böse sowie des paradiesischen Urzustandes zu überwinden. Ein thesenhafter Film, der sich durch bedeutungsschwangere philosophische Traktate eines sinnlichen Zugangs beraubt und durch die Verwendung feministischer Symbolik die Allgemeingültigkeit der Aussagen in mystische Sphären verlagert. – Ab 16 möglich. ✦ BR Deutschland 1987 **P** Stelly-Filmprod./Hamburger Wirtschaftsförderung **Kl** Filmverlag der Autoren **Pd+R** Gisela Stelly **B** Gisela Stelly, Harald Vogl **K** Bernd Fiedler **M** Janina Milota, Patrick Korn **S** Barbara von Poschinger, Gisela Stelly **D** Eva-Maria Hagen (Frau M.), Hermann Lause (Alfons), Juliane Dibbern (Marie), Harry Baer (Konrad), Hildegard Schmahl (Maria) **L** 82 **FSK** o. A.; f **E** 12.2.1987 **fd** 26 146

WARTEN AUF REGEN (CEKANI NA DEST). Hochsommer in der Stadt: Ein 12jähriges Mädchen, dessen Spielkameradinnen sämtlich die Ferien auf dem Land verbringen, vertreibt sich die Zeit auf dem Dach des Wohnblocks mit Träumen und dem Warten auf Regen. Der Film des Tschechen Kachyna, der sich in seinen Kinderfilmen vor allem für die Gefühle der Heranwachsenden interessiert, schildert in einfühlsamen Bildern, was die 12jährige von ihrem luftigen Ausguck alles beobachtet. – Ab 8. ✦ CSSR 1978 **P** Filmstudio Barrandov **Kl** Progress **R** Karel Kachyna **B** Karel Cabrádek, Karel Kachyna **K** Jan Curík **M** Zdenek Liska **D** Dita Kaplanová (Alena), Zdenék Sedlácek (Pavel), Ladislava Kozderková (Mutter), Zdenek Rehor (Taraba), Vladislav Trojan (Duda) **L** 70 **E** 12.10. 1979 Kino DDR/13.7.1980 ARD/21.3.1981 DFF 1

WARTEN AUF SCHNEE (EN ATTENDANT LA NEIGE). Die Wege zweier seit Kindertagen befreundeter junger Männer, die begeisterte Karatekämpfer sind, trennen sich, als sich der Eine weigert, gegen den Anderen zu kämpfen und dieser daraufhin zum Pariser Stadtteilmeister ernannt wird. Drei Jahre später, als der Champion, jetzt Türsteher eines Nachtclubs, von seinem Boss geschuldigt wird, Geld gestohlen zu haben, treffen sich die Freunde wieder. Liebevoll inszenierter Low-Budget-Film, dessen finanzielle Mittel im Rahmen eines Kurzfilmprojekts lagen, gedreht als Parodie auf Kampfsport- und Actionfilme. Die atmosphärisch stimmungsvolle Arbeit nimmt sich selbst nicht so ernst und wartet mit fast surrealen Verfremdungen auf. ✦ Frankreich 1999

P Sagunto **Pd** Antonio Olivares **R** Antonio Olivares, Killy Loivares **B** Christiane Lebrima, Jacques Lebrima, Antonio Olivares, Killy Loivares **K** Stephan Massis **M** Laurence Méhaignerie, Ricardo Serra **D** Driss El Haddaoui (Dédé Gallice), Jalil Naciri (Paco Sanchez), Emmanuelle Bach (Claire), Msrc Andréoni (Pierre), Ali Boukhélif (Soni) **L** 82 **E** 19.12. 2001 arte

WARTEN IN DER DÄMMERUNG (PIRAVI). Tag für Tag warten ein alter Mann und seine Familie in Südindien auf die Rückkehr des einzigen Sohnes, der an einer Ingenieurschule studiert. Als sie erfahren, daß er aus politischen Gründen verhaftet wurde, reist der Vater in die Hauptstadt, um Erkundigungen einzuholen, doch die offiziellen Seiten vertrösten ihn mit falschen Versprechungen. Er versinkt im Wahn. Die Mitteilung, der Sohn sei wahrscheinlich von der Polizei umgebracht worden, erreicht ihn nicht mehr. In langsamem Rhythmus vermittelt der Film die Qual verzweifelten Wartens und vergeblicher Hoffnung. Eine leise, aber eindrucksvolle Anklage gegen einen Staat und seine Repräsentanten, die dem Bürger die Wahrheit verschweigen. – Ab 16. ✦ Indien 1988 **P** Film Folk **R** Karun N. Shaji **B** S. Jayachandran Nair **K** Sunny Joseph **M** G. Aravindan **S** Venugopal **D** Premji (Vater), C. V. Sreeraman (Mutter), Archana (Tochter) **L** 104 **E** 12.9.1991 ZDF

WARTEN IST DER TOD 1. + 2. TEIL. Vier Jahre nach ihrem Ausscheiden als Luftwaffen-Piloten planen drei Freunde, die sich im bürgerlichen Leben nicht zurechtfinden und chronisch verschuldet sind, den großen Coup: Sie wollen die Einnahmen einer Flugschau rauben. Dazu benötigen sie die Hilfe eines professionellen Ganoven, der allerdings nach geglücktem Überfall ganz andere Pläne als die Komplizen verfolgt. Es kommt zu einem Katz-und-Maus-Spiel, in dessen Verlauf jedes Vertrauen zerbricht. Das Trio und seine Angehörigen stehen plötzlich vor einer existenzgefährdenden Zerreißprobe. Bemerkswert fotografierter und ausgezeichnet gespielter Thriller, der einmal mehr um die Themen Freundschaft, Verrat und Liebe kreist. ✦ Deutschland 1999 **P** Multimedia/ZDF/arte **Pd** Dagmar Rosenbauer **R+B** Hartmut Schoen **K** Peter Döttling **M** Matthias Frey **S** Vessela Martschewski **D** Ulrich Tukur (Jürgen Venske), Barbara Auer (Gertrud Venske), Jörg Schüttauf (Mike Laux), Henry Hübchen (Klaus Kellermann), Thomas Thieme (Max Glöckler) **L** 89/89 (zwei Teile) **E** 6.,8.11.1999 ZDF

WARTEN VOR DEM STANDESAMT (LJUBIMAJA SHENSTSCHINA MECHANIKA GAWRILOWA). Die Alltagsbeobachtungen einer Frau, die vergeblich einen ganzen Tag vor dem Standesamt auf ihren Bräutigam wartet. Eine liebenswert-sentimentale und nachdenklich-heitere Gegenwartskomödie. (TV-Titel DDR: »Die liebe Frau des Maschinisten«) – Ab 14. ✦ Scope. UdSSR 1981 **P** Mosfilm **Kl** Progress **R** Pjotr Todorowski **B** Sergej Bodrow **K** Jewgeni Guslinski **M** Alexej Mashukow **D** Ljudmila Gurtschenko (Rita), Sergej Schakurow (Gawrilow), Swetlana Ponomarjowa **L** 77 **E** 29.10.1982 Kino DDR/4.9.1983 DFF 2/ 12.9.1993 ORB

WARTEN WIR DEN MONTAG AB (DOSHIWJOM DO PONEDELNIKA). Am Beispiel eines Konfliktes zwischen den Schülern einer neunten Klasse mit ihren Lehrern fordert der Film zur Auseinandersetzung mit allgemeinen menschlichen Verhaltensweisen und Eigenschaften auf. Gegensätze wie Aufrichtigkeit und Heuchelei, dogmatische Auffassungen und selbständiges Denken werden miteinander abgewogen. – Ab 14. ✦ Scope, schwarz-weiß. UdSSR 1968 **P** Gorki-Studio **Kl** Progress **SF** Unidoc **R** Stanislaw Rostozki **B** Georgi Polonski **K** Wassili Schumsky, Erich Postnikow **M** Kirill Moltschanow **S** W. Mironowa **D** Wjatscheslaw Tichonow (Ilja Melnikow), Irina Petschernikowa (Natalia Gorelowa), Nina Menschikowa (Swetlana Michailowna), D. Schtscherbakow, N. Mamischewski **L** 104 **E** 15.9.1972 Kino DDR/25.9.1973 DFF 1

DIE WARTENDEN (VARAKOZOK). In einer Budapester Villa am Rande der Stadt leben zwei Frauen völlig zurückgezogen. Eine Mutter, deren drei Söhne in den Krieg zogen, und die ehemalige Amme der Kinder. Sie weiß, daß die jungen Männer nicht mehr zurückkehren werden. Aber die Mutter flüchtet vor der Realität in ein hoffnungsvolles Warten und nötigt auch ihrer Umwelt diese Haltung ab. ✦ Ungarn 1975 **P** Filmstúdió Budapest **R** Imre Gyöngyössy **B** Imre Gyöngyössy, Barna Kabay **K** János Kende **M** Zoltán Jeney **D** Mari Töröcsik, Maja Komorowska, Erika Bodnár, Lajos Balázsovits, Juraj Durdiak **L** 87 **E** 15.1. 1977 DFF 2

WARTEZIMMER ZUM JENSEITS. Ein englischer Student sprengt einen Erpresserring, der seinen millionenschweren Onkel ermordete. Ein überdrehter und kaltschnäuziger Kriminalfilm in der Tradition der in den 60er Jahren populären Edgar-Wallace-Krimis. – Ab 16. ✦ Scope, schwarz-weiß. BR Deutschland 1964 **P** Rialto/Preben Philipsen **Kl** Constantin **Pd** Horst Wendlandt **R** Alfred Vohrer **B** Eberhard Keindorff, Johanna Sibelius, nach dem Roman »Pay or Die« von James Hadley Chase **K** Bruno Mondi **M** Martin Böttcher **S** Hermann Haller **D** Hildegard Knef (Lorelli), Götz George (Don Micklem), Richard Münch (Alsconi), Heinz Reincke (Dickes), Carl Lange (Crantor) **L** 90 **FSK** ab 16; nf **E** 23.4.1964 **fd** 12 706

WARTIME (MOVIE IN ACTION). Irgendwo in Südostasien wird ein Kriegsfilm gedreht. Als die ungeliebte Hauptdarstellerin entführt wird, macht sich die Crew auf, sie zu befreien. Nach dramatischen Abenteuern im Dschungel wird der Produzent als Schurke entlarvt, der durch die Entführung die Versicherung betrügen wollte. Eine simple Geschichte, die hinreichend Gelegenheit zu zahllosen Schießereien bietet, doch trotz starken Einsatzes von pyrotechnischen Effekten nicht mehr als Langeweile erzeugt. – Ab 16 möglich. ✦ USA 1987 **P** Silverstar **VA** IHV **R** Ted Johnson **B** Robert Paul Marius **K** Vic Anderson **M** Patrick Wales **D** Bo Svenson, Robert Mason, David Brass, James Gaines, Liza Hutton **L** 85 **FSK** ab 16 **E** 25.2.1988 Video **fd** 26 887

WARUM BELLT HERR BOBIKOW? Durch eine Organverpflanzung gelingt einem Professor die Verwandlung eines Hundes in einen Menschen, der sich aber zu eigenwillig entwickelt und dadurch den Wissenschaftler zu einer rückverwandelnden zweiten Operation zwingt. Verfilmung eines Romans von Bulgakow, dessen satirische Elemente durch die vordergründig-realistische Inszenierung weitgehend wirkungslos bleiben. Auch der politisch-gesellschaftliche Konflikt dieser im Rußland der 20er Jahre angesiedelten Geschichte wirkt aufgesetzt. – Ab 14. ✦ BR Deutschland/Italien 1975 **P** Corona/Filmalpha **Kl** Constantin **R** Alberto Lattuada **B** Alberto Lattuada, Viveca Melander, nach dem Roman »Hundeherz« von Michail Bulgakow **K** Lamberto Caimi **M** Piero Piccioni **D** Mario Adorf (Assistent), Cochi Ponzoni (Bobikow), Max von Sydow (Preobrazenski), Eleonora Giorgi, Gina Rovere **L** 107 **FSK** ab 12; f **FBW** w **E** 20.2.1976 **fd** 19 683

WARUM BLEIBST DU NICHT BIS ZUM FRÜHSTÜCK? (WHY NOT STAY FOR BREAKFAST?). Eine hochschwangere Frau steht plötzlich vor der Tür eines Junggesellen. Als sie in der Wohnung ihr Kind bekommt, ist der Hausherr plötzlich zum »Vater« geworden. ✦ Großbritannien/USA 1979 **P** Martin C. Schute/Alan Cluer **R** Terry Marcel **B** Terry Marcel, Ray Cooney, nach dem Roman von Gene Stone und Ray Cooney **K** James Davis **M** Harry Robinson **D** George Chakiris, Yvonne Wilder, Gemma Craven, Ray Charleson, Vic Gallucci **L** 90 **E** 9.5.1987 DFF 2

WARUM BODHI-DHARMA IN DEN ORIENT AUFBRACH? (DHARMAGA TONGJOGURO KAN KKADALGUN?). Erst nach dem Tod des verehrten Meisters kann ein Zen-Schüler sein Koan, ein widersprüchliches Existenzproblem, lösen und Erleuchtung finden. Auch ein Waisenjunge, der in der Einsiedelei des Meisters lebt, begreift intuitiv das Wesen des Zen-Buddhismus und verbrennt die Kleider des Verstorbenen anstatt sie aufzubewahren. Ein Film voller Klarheit und Schönheit, dessen einfache und doch rätselhafte Geschichte in überwältigenden Bildern erzählt wird. Auch wenn sich die spirituelle Botschaft des Films nicht jedem Zuschauer in allen Einzelheiten erschließen wird, bietet der als Meditationsübung angelegte Film doch Gelegenheit, über Seinsprobleme nachzudenken. Er regt an, das Wesen der Dinge hinter ihrer vordergründigen Erscheinung zu ergründen. (O.m.d.U.; Preis der Ökumenischen Jury in Locarno 1989; Kinotip der Katholischen Filmkritik; Fernsehtitel: »Warum Bodhi-Dharma nach Osten aufbrach?«) – Sehenswert ab 16. ✦ Südkorea 1989 **P** Yong-Kyun Bae **Kl** Pegasos (Erstverleih: Pandora) **VA** Arthaus **Pd+R+B+K** Yong-Kyun Bae **M** Kyu-Young Chin **S** Yong-Kyun Bae **D** Pan-Yong Yi (Hyegok, der alte Mönch), Won-Sop Sin (Kibong, der junge Mönch), Hae-Jin Huang (Haejin, der kleine Mönch), Su-Myong Ko (Abt), Hae-Yong Kim (Kibongs Mitschüler) **L** 137 **E** 25.10.1990/27.2. 1993 ZDF (dt. Fassung)/4.10.1994 Video/6.5.1999 Neustart **fd** 28 579

WARUM DIE UFOS UNSEREN SALAT KLAUEN. Ein junger Hobby-Biologe aus Bayern will von seiner in Berlin lebenden Mutter für die Züchtung einer Super-Salatsorte Geld erbitten. Als er feststellt, daß sie ein Bordell betreibt, wendet er sich von ihr ab und landet bei der Tochter eines reichen Konsuls. Um seine Züchtung streiten sich bald sowohl die Supermächte der Erde als auch außerirdische Interessenten. Als Parodie auf Berliner Verhältnisse und Science-Fiction-Filme gedacht, doch völlig mißlungen; klamaukhaft, banal und langweilig. – Ab 12 möglich. ✦ BR Deutschland 1979 **P** CineContor **Kl** CineFrance **Pd** Martin Häussler **R+B** Hansjürgen Pohland **K** Atze Glanert **M** Kraan **D** Ursela Monn (Monika), Tommi Piper (Peter MacDonald), Curd Jürgens, Hildegard Knef (Peters Mutter), Alexander Kerst, Günter Pfitzmann, Raimund Harmstorf, Gerd Duwner, Henning Venske, Kurt Raab, Ilse Pagé, Beate Hasenau **L** 91 **FSK** ab 6; nf **E** 18.4.1980

WARUM EIGENTLICH ... BRINGEN WIR DEN CHEF NICHT UM? (NINE TO FIVE). Drei Sekretärinnen in einem Großraumbüro werden durch die Umstände gezwungen, ihren herrschsüchtigen Chef zu entführen. Dessen Abwesenheit nutzen sie zu Verbesserungen der Arbeitsbedingungen, die der zurückkehrende Chef nicht mehr rückgängig machen kann. Eine schwungvolle, einfallsreiche Komödie, die zwar ihre kritischen Absichten in Watte verpackt, aber doch deutlich für die Emanzipation der Frauen im Arbeitsalltag eintritt. Der Film wurde zum Vorbild für eine spätere US-Fernsehserie. – Ab 14. ✦ Scope. USA 1980 **P** ITC **Kl** CentFox **Pd** Bruce Gilbert **R** Colin Higgins **B** Colin Higgins, Patricia Resnick **K** Reynaldo Villalobos **M** Charles Fox, Dolly Parton (Titelsong) **S** Pembroke J. Herring **D** Jane Fonda (Judy Bernly), Lily Tomlin (Violet Newstead), Dolly Parton (Doralee Rhodes), Dabney Coleman (Franklin Hart jr.), Elizabeth Wilson (Roz) **L** 110 **FSK** ab 12; f **E** 9.3.1981 **fd** 22 900

WARUM GERADE MEINE TOCHTER? (WHY MY DAUGHTER? / MOMENT OF TRUTH: WHY MY DAUGHTER?). Der neue Freund der 17jährigen Tochter ist der Mutter suspekt. Doch sie widmet sich weiter ihrer Arbeit und vernachlässigt die Heranwachsende. Zu spät erfährt die Mutter, daß ihr Kind in die Hände eines Zuhälters fiel. Erst als das Mädchen tot aufgefunden wird, läßt sich die Tragweite dieser verhängnisvollen Beziehung erkennen. Die Mutter, die sich an der Tragödie schuldig fühlt, verlangt von der Polizei restlose Aufklärung, doch die will den Fall rasch zu den Akten legen. Ein ganz auf das Gefühl abzielendes Drama. (Alternativer Fernsehtitel: »Teufel der Verführung«) – Ab 16 möglich. ✦ USA 1993 **R** Chuck Bowman **B** Liz Coe **D** Linda Gray (Gayle Moffitt), Jamie Luner (Diana), Antonio Sabàto jr.

(A. J. Treece), James Eckhouse (Mr. Moffitt), Alanna Ubach (April) **L** 90 **E** 17.2.1994 RTL

WARUM HAB' ICH BLOSS 2x JA GESAGT? Ein Schlafwagenschaffner auf der Strecke München–Rom, der in beiden Städten verheiratet ist, gerät in Nöte, als seine Bigamie entdeckt wird. Weithin schmuddeliger, nur stellenweise witziger Schwank. (Alternativtitel: »Der liebestolle Schlafwagenschaffner«) ✦ Scope. BR Deutschland/Italien 1969 **P** Terra/Fida **KI** Constantin **Pd** Carl Szokoll **R** Franz Antel **B** Kurt Nachmann, Günter Ebert, Vichi Vittoriano, Mario Guerra **K** Hanns Matula **M** Gianni Ferrio **S** Gertrud Petermann, Luciano Anconetani **D** Teri Tordai (Ingrid), Peter Weck (Klaus), Ann Smyrner (Püppi), Heinz Erhardt (Weichbrodt), Willy Millowitsch (Minister) **L** 87 **FSK** ab 18; nf **E** 5.9.1969 **fd** 16 340

WARUM HAB' ICH JA GESAGT? (DESIGNING WOMAN). Leichthändig und sicher inszenierte Ehe- und Gesellschaftskomödie, die aus der Hals über Kopf geschlossenen Ehe eines Sportreporters und einer renommierten Modezeichnerin den unversöhnlich scheinenden Gegensatz von Sport- und Bühnenmilieu entwickelt. Von Minnelli im US-Komödienstil teils intelligent-vergnüglich, teils auf Situationskomik hin angelegt. – Ab 16. ✦ Scope. USA 1957 **P** MGM **Pd** Dore Schary **R** Vincente Minnelli **B** George Wells **K** John Alton **M** André Previn **S** Adrienne Fazan **D** Gregory Peck (Mike Hagen), Lauren Bacall (Marilla Hagen), Dolores Gray (Lori Shannon), Sam Levene (Ned Hammerstein), Tom Helmore (Zachary Wilde) **L** 117 **FSK** ab 16; nf **E** 31.12.1958/26.6.1972 ZDF **fd** 6 694

WARUM HABEN SIE NICHT EVANS GEFRAGT? (WHY DIDN'T ASK EVANS?). Ein Sterbender, den ein Golfspieler auf dem Platz findet, stellt alle Beteiligten vor arge Rätsel. Eingedenk der letzten Worte des Toten versucht der Golfer, dem Verbrechen auf den Grund zu gehen. Kriminalfilm, der seine literatische Vorlage akribisch – mitunter etwas zu langatmig – umsetzt und mit guten Darstellerleistungen aufwarten kann. – Ab 16. ✦ Großbritannien 1980 **R** Tony Wharmby, John Howard Davies **B** Pat Sandys, nach einem Roman von Agatha Christie **K** Mike Humphreys **D** Francesca Annis (Frankie), James Warwick (Bobby), John Gielgud (Reverend Jones), Eric Porter (Dr. Nicholson), Leigh Lawson (Roger Bassington-French) **L** 115 **E** 1.5.1996 ORF 2

WARUM HAST DU MICH BETROGEN? (INGANNO). Vergeblich versucht eine Triester Polizistin ihren Ehemann, einen durch Spielleidenschaft verschuldeten Arzt, aus seinen Verstrickungen in Mädchenhandel, Rauschgiftschmuggel und Abtreibung zu lösen. Als er einem Rachemord zum Opfer fällt, heiratet sie ihren Kommissar. Eine Kolportagegeschichte voller Kitsch und verlogener Gefühle. (Alternativtitel: »Frauenpolizei im Nachtdienst«) ✦ Schwarz-weiß. Italien 1952 **P** Manenti **KI** Viktoria **Pd** Giulio Manenti **R** Guido Brignone **B** Ivo Perilli, Bruno Corra, Liana Ferri, Guido Brignone **K** Mario Albertelli **M** Armando Fragna **S** Antonio Marini **D** Nadia Gray (Sgt. Anna Comin), Gabriele Ferzetti (Dr. Vannini), Wilma Pagis (Baroneß Erlange), Tina Lattanzi (Polizei-Obristin), Bice Valori (Polizistin) **L** 90 **FSK** ab 16; f **E** 8.10.1954 **fd** 3 535

WARUM ISRAEL? (POURQUOI ISRAEL?). Dokumentarfilm über den Staat Israel, sein Selbstverständnis, seine religiösen und politischen Fundamente und seine Bürger. Eine aggressionsfreie Auseinandersetzung mit der Frage, warum ein jüdischer Staat existiert. Erster Film des Publizisten Claude Lanzmann (»Shoah«). ✦ Frankreich 1973 **P** Véra Belmont **Pd** Véra Belmont **R+B** Claude Lanzmann **K** William Lubtchansky, Colin Mounier **L** 200 **E** 1.10.1977 WDR

WARUM IST JOE SO MIES ZU JOSEPHINE? (JOES'S SO MEAN TO JOSEPHINE). Liebesfilm. Josephine verliebt sich in Joe, der sie aber auflaufen läßt und mit ihren Gefühlen spielt. Erst als Josephine als angehende Journalistin Erfolge verbucht und weniger Zeit für Joe aufbringt, dreht sich der Spieß um. ✦ USA 1997 **P** Accent Two **Pd** Susan Cavan **R+B** Peter Wellington **K** Adam Swica **M** Ron Sures **S** Roushell Goldstein **D** Eric Thal (Joe), Sarah Polley (Josephine), Don McKellar (Mike), Waneta Storms (Mona), Sabrina Grdevich (Florrie) **L** 90 **E** 17.6.1998 WDR

WARUM KANN ICH NICHT ARTIG SEIN? Fürs DDR-Fernsehen gedrehter, nachdenklicher Kinderfilm, der auch im Kino eingesetzt wurde: Einem 10jährigen Schüler bereiten Ordnung und Disziplin große Schwierigkeiten, doch sein Vater hat immer wieder Vertrauen zu ihm. – Ab 6. ✦ Schwarz-weiß. DDR 1974 **P** DFF **KI** Progress **Pd** Wolfgang Jürs **R** Gunter Friedrich **B** Gunter Friedrich, nach dem Kinderbuch »Betragen: 4« von Alfred R. Böttcher **K** Ralf Neubert **M** Andreas Wicke **S** Inge Zausch **D** Michael Hunger (Andreas), Holm Endler (Rainer), Katrin Zuhrt (Klaudia), Harald Häring (Ulli), Michael Metzner (Hanne) **L** 89 **E** 28.12.1974 DFF/9.7.1976 Kino DDR

WARUM LÄUFST DU IMMER NACKT HERUM? (DOVE VAI TUTTA NUDA?). Ein junger Bankangestellter, der seine Wohnung öfter seinem Vorgesetzten als Absteigequartier überlassen muß, heiratet, nicht ganz freiwillig, ein hübsches Fotomodell mit Nudistentick. Eine nur mäßig unterhaltsame Komödie. – Ab 16 möglich. ✦ Italien 1969 **P** Fair **KI** Adria **R** Pasquale Festa Campanile **B** Luigi Malerba, Ottavio Jemma, Alessandro Continenza, Pasquale Festa Campanile **K** Roberto Gerardi **M** Armando Trovaioli **S** Marcello Malvestiti **D** Maria Grazia Buccella (Tonino), Tomas Milian, Gastone Moschin, Vittorio Gassman, Tito Leduc **L** 93 **FSK** ab 16; nf **E** 24.4.1970 **fd** 16 803

WARUM LÄUFT HERR R. AMOK? Szenen aus dem trostlosen Ehe- und Berufsleben eines kleinen Angestellten, der die erlittenen Demütigungen und angestauten Haßgefühle in einer blutigen Mordtat entlädt. Fassbinder protokolliert schonungslos den banalen Alltag einer Durchschnittsexistenz und durchleuchtet die fatale Vorgeschichte einer vermeintlichen Kurzschlußhandlung – die Fallstudie eines Außenseiters, der an beängstigend normalen Verhältnissen zugrunde geht. – Sehenswert ab 16. ✦ BR Deutschland 1969 **P** Antiteater/Maran (für SDR) **KI** Filmverlag der Autoren/Atlas **Pd+R** Rainer Werner Fassbinder, Michael Fengler **B** Michael Fengler, Rainer Werner Fassbinder (Vorlage) **K** Dietrich Lohmann **M** Peer Raben, Christian Anders **S** Franz Walsch (= Rainer Werner Fassbinder), Michael Fengler **D** Kurt Raab (Herr R. (Raab)), Hanna Schygulla (Schulfreundin), Amadeus Fengler (R.'s Sohn), Lilith Ungerer (Frau R.), Harry Baer (Kollege), Franz Maron (Chef), Peter Moland (Kollege), Lilo Pempeit (Kollegin), Peer Raben (Schulfreund), Carla Aulaulu (= Carla Egerer) (Schallplattenverkäuferin), Eva Pampuch (Schallplattenverkäuferin), Ingrid Caven (Nachbarin), Doris Mattes (Nachbarin), Irm Hermann (Nachbarin), Hannes Gromball (Nachbar), Peter Hamm (Kommissar), Jochen Pinkert (Kommissar), Eva Madelung (Schwester des Chefs), Katrin Schaake, Volker Schlöndorff, Margarethe von Trotta, Reinhard Hauff, Hanna Axmann-Rezzori, Günther Kaufmann **L** 88 **FSK** ab 16; f **FBW** bw **E** 28.6.1970/28.12.1971 SDR **fd** 17 463

WARUM LÜGST DU, ELISABETH? Nach den üblichen Irrungen und Wirrungen werden die junge Erbin des verschuldeten Lärchenhofes und der Verwalter des Gutes ein Paar. Sentimentale Unterhaltung im UFA-Stil. – Ab 14. ✦ Schwarz-weiß. Deutschland 1943/44 **P** Universum **KI** Fortuna **R** Fritz Kirchhoff **B** Gerhard T. Buchholz, nach dem Roman »Sommerrausch« von J. Schneider-Förstl **K** Willy-Peter Bloch **M** Ludwig Schmidseder **S** Hans Domnick **D** Carola Höhn (Lena Rodien/Elisabeth), Paul Richter (Lex Brandner), Hansi Wendler (Gabriele Benzinger), Annie Rosar (Katrin), Walter Janssen (Leopold Dirk) **L** 82 **FSK** ab 12; nf **E** 4.8.1944

WARUM LÜGT FRÄULEIN KÄTHE? Eine kleine Angestellte aus dem Fotoladen eines Ozeandampfers gerät während der Fahrt nach Madeira ins Gerede. Versehentlich wird beim Bordball ihre Verlobung mit einem vielumworbenen Generaldirektor, den sie heimlich liebt, verkündet. Sie nimmt Reißaus, doch schließlich finden sich die beiden. Ein nach uralten Lustspielklischees samt Schlagereinlagen vergleichsweise flott zubereitetes Kino-Märchen. Dolly Haas spielte darin ihre letzte deutsche Hauptrolle vor der Emigration nach Großbritannien, wo sie ein Jahr später in dem Griffith-Remake »Broken Blossoms« mitwirkte. – Ab 12. ✦ Schwarz-weiß. Deutschland 1935 **P** Majestic **KI** Rota (Murnau-Stiftung) **R** Georg Jacoby **B** Bobby E. Lüthge, Georg Jacoby, nach einer Novelle von Curt J. Braun **K** Reimar Kuntze **M** Fritz Wenneis **D** Dolly Haas, Albrecht Schoenhals, Ida Wüst, Genia Nikolajewa, Hugo Schrader, Paul Westermeier, Wilhelm Bendow, Walter Steinbeck, Wilhelm Krüger, Else Reval **L** 89 **FSK** ab 6; f **E** 29.1.1935/10.7.1992 ZDF

WARUM MUSS WESLEY STERBEN? (PROMISED A MIRACLE). Die Eltern eines 11jährigen zuckerkranken Jungen, der nur mit Insulin überleben kann, geraten in den Bann eines fanatischen Predigers, dessen Sekte die Zuhilfenahme des lebensrettenden Medikamentes kategorisch ablehnt. Man setzt die Spritzen ab und hofft, daß der Glaube Rettung für den kranken Jungen bringen wird. Ein Film, der sich kritisch mit fundamentalistischen Sekten auseinandersetzt. – Ab 16. ✦ USA 1988 **R** Stephen Gyllenhaal **B** David Hell **M** Leonard Rosenman **D** Rosanna Arquette, Judge Reinhold, Vonni Ribisi, Tom Bower, Robin Pearson Rose **L** 95 **E** 17.10.1990 PRO 7

WARUM MUSSTE STAATSANWALT TRAINI STERBEN? (PERCHE SI UCCIDE UN MAGISTRATO?). In Palermo lernt ein Regisseur den Staatsanwalt Traini kennen, den er in seinem Film verschlüsselt als Werkzeug der Mafia angegriffen hat. Er wird von ihm zu einer Party eingeladen, bei der er alle Größen der örtlichen Gesellschaft kennenlernt. Als er die Stadt wieder verlassen will, immer noch überzeugt, daß der Staatsanwalt korrupt ist, wird Traini ermordet. Der Regisseur stellt auf eigene Faust Nachforschungen an und entdeckt, daß der Mord nicht auf das Konto der Mafia geht. Politthriller, der sich konsequent auf sein düsteres Ende hin entwickelt. (Alternativtitel: »Der Terror führt Regie«) – Ab 16. ✦ Italien 1974 **P** Capital **R** Damiano Damiani **B** Damiano Damiani, Fulvio Gicca (= Fulvio Gicca Palli), Enrico Ribulsi **K** Mario Vulpiani **M** Riz Ortolani **S** Antonio Siciliano **D** Franco Nero (Giacomo Solaris), Marco Guglielmi (Staatsanwalt Guglielmi), Françoise Fabian (Antonia, seine Frau), Nico Cundari (Direktor), Renzo Palmer (Terrasini), Ennio Balbo, Giancarlo Badessi, Pierluigi Aprà, Luciano Catenacci, Eva Czemeris, Tano Cimarosa, Claudio Gora **L** 105 **E** 7.9.1977 ZDF/19.5.1990 DFF 1

WARUM NICHT! (POURQUOI PAS!). Die Dreiecksbeziehungen eines bisexuellen Freundespaares und einer jungen Frau werden durch ein fremdes Mädchen erschüttert. Eine intelligente, humorvolle und witzige Komödie, die in der Tendenz zwar offen bleibt, die aber alle Werte des gesellschaftlichen Zusammenlebens und der überlieferten Moral in Frage stellt. (O.m.d.U.) – Sehenswert. ✦ Frankreich 1977 **P** Dimage/Societe Nouvelle de Doublage/New Line **KI** Abaton **Pd** Michele Dimitri **R+B** Coline Serreau **K** Jean-François Robin **M** Jean-Pierre Mas **S** Sophie Tatischeff **D** Sami Frey (Fernand), Christine Murillo (Alexa), Mario Gonzales (Louis), Nicole Jamet (Sylvie), Michel Aumont (Inspector) **L** 96 **FSK** ab 18; nf **E** 22.9.1978 **fd** 20 941

WARUM SCHIESSEN SIE AUF DEN LEHRER? (WHY SHOOT THE TEACHER?). Der junge unerfahrene Lehrer, den es während der Depressionszeit in den 30er Jahren in ein kanadisches Bauerndorf verschlägt, bringt allmählich Verständnis für die verschlossenen Menschen der entlegenen Region auf und lernt auch, sich in seinem Beruf durchzusetzen. Ein vergnüglicher, in seiner Lebenssicht optimistischer Film von hoher Darstellungsqualität. – Ab 16. ✦ Kanada 1976 **P** WSTT/Fraser/Lancer **KI** AG Kino **Pd** Lawrence Hertzog **R** Silvio Narizzano **B** James De Felice, nach dem Roman von Max Braithwaite **K** Marc Champion **M** Ricky Hyslop **S** Bruce Nyznik, Ian McBride, Peter Thillaye **D** Bud Cort (Max Brown), Samantha Eggar (Alice Field), Chris Wiggins (Lyle Bishop), Gary Reineke (Harris Montgomery), Michael J. Reynolds (Bert Field) **L** 100 **E** 1978/19.3.1983 ZDF **fd** 20 822

WARUM SCHLAFENDE HUNDE WECKEN →Sleeping Dogs – Tagebuch eines Mörders

WARUM SIND SIE GEGEN UNS? Wickis eindrucksvolle Dokumentation zeitgemäßer Jugendprobleme Ende der 50er Jahre. Im Rahmen einer Spielhandlung wird das angespannte und gestörte Verhältnis von zwei jungen Menschen zueinander und zur Erwachsenenwelt beleuchtet. Der offene Ausgang ist als Diskussionsanreiz bewußt einkalkuliert. – Ab 14. ✦ Schwarz-weiß. BR Deutschland 1958 **P** Akzent (für FWU) **KI** Bildstellen **Pd** H. Dieter Schiller **R** Bernhard Wicki **B** Kurt Joachim Fischer **K** Gerd von Bonin **M** Hans-Martin Majewski **S** Walter von Bonhorst, H. Dieter Schiller **D** Ingrid Resch (Gisela), Thomas Braut (Günter), Jörg Schleicher, Dieter Henkel, Anja Böckmann-Corvin **L** 67 **FSK** ab 12; f **FBW** bw **E** 12.10. 1958 **fd** 7 692

WARUM SOLLTE ICH LÜGEN? (WHY WOULD I LIE?). Ein junger Sozialarbeiter behält einen Jungen, der zur Adoption freigegeben ist, bei sich und sucht dessen Mutter. Wie sich herausstellt, ist sie mit der Frau identisch, in die er sich schon verliebt hat. Amerikanische Familienunterhaltung in einem überkonstruiert wirkenden Film voller Klischees und sentimentaler Elemente. – Ab 14. ✦ USA 1980 **P** MGM **KI** UIP **Pd** Pancho Kohner **R** Larry Peerce **B** Peter Stone, nach dem Roman »The Fabricator« von Hollis Hodges **K** Gerald Hirschfeld **M** Charles Fox **S** John C. Howard **D** Treat Williams (Cletus), Lisa Eichhorn (Kay), Gabriel Swann (George), Susan Heldfond (Amy), Anne Byrne (Faith) **L** 105 **FSK** ab 12; f **FBW** w **E** 6.2.1981 **fd** 22 806

WARUM STARB NIRMALA ATAIE? Dokumentarfilm über die Hintergründe des Mordes an einer jungen Ausländerin in Deutschland. In einem Bremer Stadtpark findet im Januar 1991 ein Spaziergänger die Leiche einer Nepalesin, die mit mehreren Messerstichen getötet wurde. Vor ihrem afghanischen Ehemann war sie zuvor ins Frauenhaus geflohen, hielt aber weiter Kontakt zu ihm. Ihr letztes Treffen im Park endete mit den tödlichen Stichen. Die Autorinnen des Films, drei Journalistinnen, haben das letzte Dreivierteljahr des Opfers in einem Dokumentarfilm aufgerollt, der Zeugen zu Wort kommen läßt, ohne ihre Aussagen zu bewerten. Das so entstandene Bild der Ereignisse und Zusammenhänge bezieht auch die Probleme ein, die eine multikulturelle Gesellschaft mit sich bringt. ✦ Deutschland 1991 **P** Bremer Institut Film/Fernsehen **SF** Verleih der Filmemacher **Pd+R+B** Inge Buck, Barbara Debus, Konstanze Radziwill **K** Karsten H. Müller **S** Brigitte Kirsche, Jutta Reinke **L** 60 **FSK** ab 12 **E** 12.12.1993

WARUM UNSER JUNGE? (OUR BOY). Eindringliches Familiendrama aus der englischen Arbeiterklasse: Als der achtjährige Sohn eines kleinen Hehlers nachts von einem Auto überfahren wird und stirbt, werden seine Eltern vor eine schwierige Bewährungsprobe gestellt. Während die Mutter ihre Trauer in Stille zu bewältigen sucht, verliert der Vater immer mehr den Boden unter den Füßen und hat nur noch eines im Sinn: sich an dem flüchtigen Täter zu rächen. Der Fernsehfilm wurde beim Filmfest München 1998 als bestes ausländisches TV-Movie ausgezeichnet. ✦ Großbritannien 1997 **P** Wall to Wall Television **Pd** Joanna Willett **R** David Evans **B** Tony Ground **K** Oliver Curtis **M** Neill MacColl, Boo Hewerdine **S** Chris Ridsdale **D** Ray Winstone (Woody), Pauline Quirke (Sonia), Neil Dudgeon (Sergeant Spence), Philip Jackson (Sergeant Yorke), Perry Fenwick (Phil), Rowena Cooper (Sue), Nicola Duffett (Mrs. Spence), Richard Claxton (Ricky) **L** 85 **E** 18.02.1999 Bayern 3

WARUM VERSCHWAND AUGUSTIN LE PRINCE? (THE MISSING REEL). Ein als dramatischer Kriminalfilm aufgebauter semidokumentarischer Film um den in England lebenden französischen Erfinder Le Prince, der wie sein Konkurrent Thomas Edison an der Entwicklung der ersten Filmkamera arbeitete. Die Gründe seines plötzlichen Verschwindens – er kehrte 1890 im Alter von 48 Jahren von einer Frankreichreise nicht zurück – sind bis heute ungeklärt. (Alternativtitel: »Das Rätsel um Le Prince«) ✦ Großbritannien 1989 **R+B** Christopher Rawlence **K** Chris Morphet **M** Francis Shaw **D** John Hart-Dyke (Auguste Le Prince), Alison Skilbeck (Lizzie Le Prince), William Whymper (Adolphe Le Prince), Gudrun Ritter, Peter Bause **L** 75 **E** 10.2.1992 West 3

WARUM? (PROC?). Auf der Fahrt zu einem Auswärtsspiel ihrer Mannschaft übernehmen aggressive Fußballfans die Herrschaft über mehrere Eisenbahnwaggons und terrorisieren Fahrgäste und Personal. Dokumentarisch gehaltener, beklemmender Spielfilm über kriminelle Sportfans, der die Phänomene beschreibt, ohne vorschnelle Erklärungen oder Antworten anzubieten; ein auch in seiner Ratlosigkeit eindrucksvoller Appell, Jugendliche und ihr Verhalten als Gradmesser für die gesellschaftliche Befindlichkeit ernstzunehmen. – Ab 14. ✦ CSSR 1987 **P** Filmstudio Barrandov **R** Karel Smyczek **B** Radek John, Karel Smyczek **K** Jaroslav Brabec **M** Michal Pavlicek **S** Jan Svoboda **D** Jirí Langmajer (Jirka), Jan Potmesil (Milan), Pavlina Mourková (Marie), Martin Dejdar (Sury), Pavel Zvaric (Petr) **L** 91 **E** 30.9.1989 West 3/Oktober 1990 Kino

WAS? (CHE? / WHAT? / DIARY OF FORBIDDEN DREAMS). In einer labyrinthischen Villa begegnet eine junge Frau einer Gruppe parasitärer Snobs, die verschiedenen Perversionen nachhängen und erlebt mit ihnen groteske Abenteuer. Roman Polanski schildert bürgerliche Dekadenz, die notdürftig von sexuellen Interessen am Leben erhalten wird. Eine episodenhafte Gesellschaftssatire in brillanter Inszenierung; überwiegend provokativ und bösartig. ✦ Scope. BR Deutschland/Italien/Frankreich 1972 **P** Dieter Geissler/C.C.Champion/Concordia **KI** Constantin **SF** Atlas/Krauskopf **Pd** Carlo Ponti **R** Roman Polanski **B** Gérard Brach, Roman Polanski **K** Marcello Gatti, Giuseppe Ruzzolini **M** Wolfgang Amadeus Mozart, Ludwig van Beethoven, Franz Schubert **S** Alastair McIntyre **D** Marcello Mastroianni (Alex), Sydne Rome (das Mädchen Nancy), Romolo Valli (Giovanni), Hugh Griffith (Joseph Noblart), Roman Polanski (Mosquito) **L** 114 **FSK** ab 16; f **FBW** bw **E** 25.12.1972 **fd** 18 213

WAS BLEIBT, IST DIE ERINNERUNG (REMEMBER). Am Tag vor der Hochzeit verschwindet der Verlobte einer erfolgreichen Fernsehjournalistin spurlos. Sie will nicht an einen Selbstmord glauben. Als sie meint, ihn in einem Filmbericht über ein Bombenattentat in Barcelona als Passanten zu entdecken, nimmt sie eine gefährliche Suche auf. Zweiteiliger (Fernseh-)Thriller vor dem Hintergrund internationaler Terrorakte, die den Friedensprozeß im Nahen Osten torpedieren sollen. – Ab 16. ✦ USA 1994 **P** NBC International **R** John Herzfeld **B** Mart Crowley, Shelley List, Jonathan Estrin, John Herzfeld, nach einem Roman von Barbara Taylor Bradford **K** Steven Shaw **M** David Shire **D** Donna Mills (Nicky Wells), Stephen Collins (Clee Donovan), Derek de Lint (Charles Deveraux), Ian Richardson (Philip Rawlings), Claire Bloom (Anne Deveraux) **L** 172 (82+90) **E** 30.8./1.9.1996 ARD (zwei Teile)

WAS BLEIBT MIR ÜBRIG ... (SILK HOPE). Nach einem ausschweifenden Leben kehrt eine Frau mittleren Alters in ihre kleine Heimatstadt zurück, wo sie mit allen Mitteln versucht, das Haus ihrer verstorbenen Mutter zu halten, das ihre Schwester verkaufen will. Sie jobbt in einer Fabrik, verliebt sich in den Vorarbeiter und kann die Summe aufbringen, doch die Schwester wird von ihrem Geliebten um das Geld betrogen. Dass es nicht zum Bruch kommt, ist einem alten Brief der Urgroßmutter zu verdanken, der die Schwestern wieder vereint. Gefühlsseliges Melodram nach einem Bestseller. ✦ USA 1999 **P** The Polson Company **Pd** Erica Fox **R** Kevin Dowling **B** Dalene Young, Beth Polson, nach einem Roman von Lawrence Naumoff **K** John Newby **M** Alan Williams **S** Janet Bartels-Vandagriff **D** Farrah Fawcett (Frannie Vaughn), Brad Johnson (Ruben), Ashley Crow (Natalie), Scott Bryce (Jake), Herb Mitchell (Claude Osteen) **L** 85 **E** 25.6.2000 tm3

WAS DARF'S DENN SEIN? Dokumentarfilm über zehn Kellnerinnen unterschiedlichen Alters und unterschiedlicher Nationalität; ein Mosaik aus Kurzporträts, Statements und Beobachtungen, das der Frage nachgeht, ob die Frauen außer ihrem Beruf noch etwas anderes gemeinsam haben. ✦ Deutschland 1993 **R** Doris Dörrie **K** Helge Weindler **L** 55 **E** 29.7. 1993 ARD

WAS DAS HERZ BEFIEHLT. Ein unglücklich verheirateter, betrogener Industriellensohn findet Liebe und Glück bei einer schlichten Bergbäuerin. Schablonenhaft konstruiertes Melodram mit dem Klischee einer Frauengestalt, die stilles Duldertum, Naturverbundenheit, Sinnlichkeit und Mütterlichkeit kinoträchtig in sich vereinigt. (Alternativtitel: »Veronika, die Magd«) – Ab 16. ✦ Schwarz-weiß. BR Deutschland 1951 **P** Corona **KI** DFH **Pd** Hans Speer **R** Leopold Hainisch **B** Harald Bratt **K** Friedl Behn-Grund **M** Giuseppe Becce **D** Ilse Exl, Eduard Köck, Viktor Staal, Ilse Steppat, Paul Hörbiger, Wolfgang Lukschy **L** 106 **FSK** ab 16; f **E** 13.9.1951 **fd** 1 502

WAS DER HIMMEL ERLAUBT (ALL THAT HEAVEN ALLOWS). Eine Witwe verzichtet zunächst um der Kinder willen und aus Rücksicht auf die Konvention in der Kleinstadt auf eine Ehe mit einem jüngeren Mann, entscheidet sich nach einem Unfall jedoch für den Geliebten. Eine lebensferne, sentimentale Kinogeschichte in gepflegter Inszenierung. Die Sozialmelodramen der 50er Jahre des Fassbinder-Vorbildes Douglas Sirk (= Detlef Sierck) sind inzwischen als Standardwerke eines spezifischen Gefühlskinos anerkannt. – Ab 16. ✦ USA 1955 **P** Universal **KI** Universal **Pd** Ross Hunter **R** Douglas Sirk **B** Peggy Fenwick, nach einer Erzählung von Edna und Harry Lee **K** Russell Metty **M** Frank Skinner, Joseph Gershenson **S** Frank Gross, Fred Baratta **D** Jane Wyman (Cary Scott), Rock Hudson (Ron Kirby), Agnes Moorehead (Sara Warren), William Reynolds (Ned Scott), Gloria Talbott (Kay Scott) **L** 88 **FSK** ab 12; f **E** 15.6.1956/16.11.1973 ARD **fd** 4 755

WAS DER SCHWEDISCHE BUTLER SAH (WHAT THE SWEDISH BUTLER SAW). Eine Mischung aus viktorianischer Horror-Fantasie und erotischer Komödie: Ein junger Nachwuchs-Frankenstein versucht mit allerlei verrückten Apparaturen, seine heimlich Angebetete für sein Werben empfänglich zu machen. ✦ USA 1976 **R** Vernon P. Becker **D** Ole Soltoft (Jack Armstrong), Sue Longhurst (Alice Faversham), Charlie Elvegard (Samson), Malou Cartwright (Fanny), Martin Young (Jack the Ripper), Diana Dors (Madame Helena) **L** 82 **E** 19.2.1994 SAT 1

WAS DER WEHRMACHTSBERICHT VERSCHWIEG. Internationales Dokumentarmaterial aus dem Zweiten Weltkrieg mit abwägenden, um Aufarbeitung der Vergangenheit bemühten Kommentaren. ✦ Schwarz-weiß. BR Deutschland 1962 **P** Cinecentrum **KI** Constantin **R** Walter Görlitz, Gert Stegemann, A. W. Uhlig, Hinderikus Wiers, Gerhard Trede **L** 93 **FSK** ab 12; f **FBW** w **E** 29.3.1963 **fd** 11 875

WAS DICH BEWEGT (ADVICE TO THE LOVELORN). Eine erfolgreiche »Briefkastentante« weiß Rat für frustrierte Ehefrauen, verzweifelte Studenten oder ungarische Köche. Ihr Beruf füllt sie aus, doch ihr eigenes Privatleben ist nicht so leicht in den Griff zu bekommen. Ihr Geliebter verlangt eine Entscheidung von ihr und stellt sie vor die Wahl. Letztlich überwiegt die Liebe zum Beruf und der Glaube, den Menschen helfen zu können. Melodramatische Komödie um Lebenshilfe, aber auch Lebenslügen. – Ab 16. ✦ USA 1987 **P** Universal **VA** CIC **R** Harry Falk **B** Howard Berk **K** Michel Hugo **M** James Di Pasquale **S** Robert L. Kimble, Vern Shaw **D** Cloris Leachman (Maggie Dale), Kelly Bishop (Rita Borden), Walter Brooke (Walter Sheehan), Melissa Sue Anderson (Maureen Tyler), Desi Arnaz jr. (Steve Vernon) **L** 92 **FSK** ab 12 **E** September 1988 Video

WAS DIE SCHWALBE SANG. Theodor Storms »Immensee«-Novelle in einer verfälschenden und trivialisierenden Verfilmung im Heimatfilmstil: Die Geschichte einer unsterblichen Liebe zwischen einem Komponisten und seiner Jugendfreundin, der auch die Verzichtheirat des Mädchens mit einem Gutsbesitzer nichts anhaben kann. Langatmig, unglaubwürdig und sentimental, wobei die Gefühle ins Unerträgliche übersteigert werden. – Ab 14. ✦ BR Deutschland 1956 **P** Berolina **KI** Constantin **Pd** Kurt Ulrich, Heinz Willeg, Karl Mitschke **R** Géza von Bolváry **B** Kurt E. Walter **K** Erich Grohmann **M** Norbert Schultze **S** Ingrid Wacker **D** Maj-Britt Nilsson (Ursula Benthien), Alice Treff (Frau Benthien), Claus Biederstaedt (Gerhard Meyen), Paul Hörbiger (Philipp Meyen), Gunnar Möller (Peter Hansen) **L** 106 **FSK** ab 12; f **E** 19.10.1956 **fd** 5 427

WAS DIESE FRAU SO ALLES TREIBT (THE THRILL OF IT ALL). Ein turbulentes Lustspiel mit Doris Day als Arztfrau, die ihren vielbeschäftigten Ehemann mit ihrem Engagement als Fernsehstar für Seifenreklame eifersüchtig macht. Anspruchslose Komödie, die gefällige Unterhaltung liefert. ZaSu Pitts, ein weiblicher Komikstar der 30er Jahre, ist hier in ihrer letzten Rolle zu sehen. – Ab 14. ✦ USA 1962 **P** Universal/Arwin **KI** Universal **VA** Universal (Video o. A.) **Pd** Ross Hunter, Martin Melcher **R** Norman Jewison **B** Carl Reiner **K** Russell Metty **M** Joseph Gershenson, Arnold Schwarzwald, Frederick Herbert **S** Milton Carruth **D** Doris Day (Beverly Boyer), James Garner (Dr. Gerald Boyer), Arlene Francis (Mrs. Fraleigh), Edward Andrews (Gardiner Fraleigh), Reginald Owen (Old Tom Fraleigh), ZaSu Pitts (Olivia) **L** 108 **FSK** ab 16; nf **E** 17.12.1963 **fd** 12 465

WAS, DU WILLST NICHT? (THE MAIN EVENT). Eine Parfümproduzentin versucht, ihren geschäftlichen Ruin durch einen Boxer zu beheben, dessen Vertrag sie gekauft hat. Nach manchen Wortgefechten zwischen ihnen findet sich im Ring ein glückliches Paar. Recht plump in der Inszenierung, dürftig in der Komik und im Dialogwitz. – Ab 14 möglich. ✦ USA 1979 **P** Barwood **KI** Warner-Columbia **Pd** Jon Peters, Barbra Streisand **R** Howard Zieff **B** Gail Parent, Andrew Smith **K** Mario Tosi **M** Paul Jabara, Bruce Roberts, Michael Melvoin, Gary LeMel (Ltg.) **S** Edward A. Warschilka **D** Barbra Streisand (Hillary Kramer), Ryan O'Neal (Eddie »Kid Natural« Scanlon), Paul Sand (David), Patti D'Arbanville (Donna), Whitman Mayo (Percy) **L** 109 **FSK** ab 12; f **E** 13.9.1979/2.1.1981 Kino DDR **fd** 22 181

WAS EINE FRAU IM FRÜHLING TRÄUMT (1941) → Leichte Muse

WAS EINE FRAU IM FRÜHLING TRÄUMT (1958). Die vernachlässigte Ehefrau eines vielbeschäftigten Fabrikanten, der für kurze Zeit nach Zürich reisen muß, trifft auf der Insel Mainau ihren Jugendfreund wieder. Die in Erinnerung gebrachte frühere Zuneigung kann die eheliche Treue aber nicht gefährden. Gefühlig-überzogene Kintopp-Geschichte bar jeglichen Interesses an Realitäten. – Ab 14. ✦ BR Deutschland 1958/59 **P** CCC **KI** Prisma **Pd** Artur Brauner **R** Erik Ode **B** Curth Flatow, Eckart Hachfeld **K** Karl Loeb **M** Walter Kollo, Willi Kollo **S** Kurt Zeunert **D** Winnie Markus (Elisabeth Brandt), Rudolf Prack (Johannes Brandt), Chariklia Baxevanos (Helga), Claus Biederstaedt (Fritz Bergstadt), Ivan Desny (Pierre Bonvant), Roland Kaiser **L** 99 **FSK** ab 12; nf **E** 19.2.1959 **fd** 7 892

WAS ES HEISST, EIN EXILANT ZU SEIN – SCHWIERIGE BEGEGNUNG IN HEILBRONN. Dokumentation aus Heilbronn. Die jüdische Emigrantin Friedel Katz besucht 50 Jahre danach (1988) mit ihrem Mann die Stadt ihrer Jugend, besichtigt das Holocaust-Denkmal auf dem Friedhof und tastet nach ihren Erinnerungen. Klassenkameraden ihres Abiturjahrgangs (1931) stellen sich den Fragen nach ihrer Mitverantwortung als damalige Partei-Mitläufer und willige Kriegsteilnehmer. Eine aufschlußreiche Fortsetzung der gründlich recherchierten Beiträge des Frankfurter Dokumentaristen Rösing (vgl. »Überleben im Terror – Ernst Federns Geschichte«, 1992) zur deutschen Zeitgeschichte. (Rösing erweiterte seine Auseinandersetzung mit jüdischen Exilanten zur Filmtrilogie; siehe auch: »Bis zur Umkehrbank – Hans Keilson erinnert sich«.) – Sehenswert. ✦ Deutschland 1995 **P** Wilhelm Rösing Filmprod. (für SDR) **SF** Verleih der Filmemacher **Pd+R+B** Wilhelm Rösing **K** Lars Barthel, Wilhelm Rösing **S** Lars Barthel **L** 43 **E** Dez. 1995 Kino/März 1996 SDR

WAS FRAUEN TRÄUMEN. Eine Varietésängerin, die auf glitzernden Schmuck als Kleptomanin reagiert, hat einen heimlichen Verehrer, der den bestohlenen Juwelier bezahlt. Ein Parfümerieverkäufer bringt die Polizei auf die richtige Spur. Nach Umwegen über eine merkwürdige Wette stellt sich für die von ihrer Diebstahlsneigung geheilte Dame noch ein origineller Schlußgag ein. Bei der Uraufführung der gut gespielten Kriminalkomödie im April 1933 war der Drehbuchautor Billy (damals Billie) Wilder bereits emigriert. Auch für Peter Lorre war dies die letzte Rolle in einem deutschen Film. – Ab 12. ✦ Schwarzweiß. Deutschland 1933 **P** Super-Film **KI** Bayerische Filmgesellschaft **Pd** Julius Haimann **R** Géza von Bolváry **B** Franz Schulz, Billie Wilder (= Billy Wilder), nach einer Novelle von Franz Schulz **K** Willy Goldberger **M** Robert Stolz **S** Käthe Kopitzke **D** Nora Gregor (Rina Korff), Gustav Fröhlich (Walter König), Otto Wallburg (Kleinsilber), Peter Lorre (Otto Füssli), Kurt Horwitz (Levassor) **L** 90 **E** 20.4.1933

WAS FRAUEN WOLLEN (WHAT WOMEN WANT). Durch einen Stromschlag wird ein Werbefachmann mit Macho-Allüren in die Lage versetzt, das zu hören, was Frauen denken. Sein fest zementiertes Weltbild erhält in der Folge tiefe Risse. Wenig originelle Komödie, die uninspiriert mit den gängigen Klischeebildern der Geschlechterrollen kokettiert. Dass der Hauptdarsteller sein überaus männliches Image in Frage stellen darf, lässt kaum einmal Raum für Zwischentöne. DVD: Die Extras umfassen u. a. einen dt. untertitelten Audiokommentar der Regisseurin. – Ab 14 möglich. ✦ USA 2000 **P** Icon Prod. **KI** Buena Vista **VA** Warner Home **DVD** Warner Home (16:9, 1.85:1, DD5.1 engl./dt.) **Pd** Nancy Meyers, Matt Williams, Susan Cartsonis, Gina Matthews **R** Nancy Meyers **B** Josh Goldsmith, Cathy Yuspa **K** Dean Cundey **M** Alan Silvestri **S** Stephen A. Rotter, Thomas J. Nordberg **D** Mel Gibson (Nick Marshall), Helen Hunt (Darcy Maguire), Marisa Tomei (Lola), Mark Feuerstein (Morgan Farwell), Lauren Holly (Gigi), Alan Alda (Dan Wanamaker) **L** 126 **FSK** ab 6; f **E** 15.2.2001/22.11.2001 Video & DVD **fd** 34 719

WAS FÜR EIN GENIE (REAL GENIUS). Die Studenten an einer amerikanischen Elite-Universität nutzen ihre herausragende Begabung vornehmlich für fragwürdige Aktivitäten. Langatmig inszenierter Studentenulk mit einigen Pubertätsproblemen, der die satirischen Ansätze des Themas verschenkt. – Ab 14. ✦ USA 1985 **P** TriStar/Brian Grazer Prod. **KI** Warner-Columbia **VA** RCA/Columbia **Pd** Brian Grazer **R** Martha Coolidge **B** Neal Israel, Pat Proft, Peter Torokvei **K** Vilmos Zsigmond **M** Thomas Newman **S** Richard Chew **D** Val Kilmer (Chris Knight), Gabe Jarret (Mitch Taylor), Michelle Meyrink (Jordan), William Atherton (Prof. Hathaway), Patti D'Arbanville (Sherry Nugil) **L** 106 **FSK** ab 6; f **E** 24.4.1986/18.11.1986 Video **fd** 25 586

WAS FÜR EIN THEATER → Fast wie im siebten Himmel

WAS FÜR EIN WUNDERVOLLES LEBEN ...? (BUM RAP). Ein erfolgloser Schauspieler, der sich als Taxifahrer durchs Leben schlägt, erfährt unmittelbar nach seinem 30. Geburtstag, daß er nur noch wenige Tage zu leben hat. Auf der Flucht vor Verzweiflung und Einsamkeit freundet er sich mit einer Prostituierten an, die ihn allerdings kurz vor seinem Tod wieder verläßt. Erstlingsfilm, der unsicher zwischen absurder Komik und aufdringlicher Melodramatik schwankt und trotz vielversprechender Ansätze sein schwieriges Thema nicht in den Griff bekommt. (Videotitel: »Bum Rap – Was für ein wundervolles Leben ...?«) – Ab 16. ✦ Teils schwarz-weiß. USA 1988 **P** Millenium **KI** Concorde **VA** Vestron **Pd+R+B** Daniel Irom **K** Kevin A. Lombard **M** Robert Kessler, Ethan Neuburg **S** Michael Berenbaum **D** Craig Wasson (Paul Colson), Blanche Baker (Lisa DuSoir), Al Lewis (Mr. Wolfstadt), Frances Fisher (Phyllis), Anne Carlisle (Grace) **L** 114 **FSK** ab 12; f **FBW** w **E** 26.10.1989/Mai 1990 Video **fd** 27 885

WAS GEHT EUCH MEIN LEBEN AN? ELKE – KIND VON GOLZOW. Die neben »Da habt ihr mein Leben. Marieluise – Kind von Golzow« jüngste Folge der seit 1961 geführten »Golzower Chronik«, die auf eine Idee des DEFA-Dokumentaristen Kurt Gass zurückgeht. Elke, aus katholischem Elternhaus, wächst auf einem einsamen Gehöft auf. Lehre als technische Zeichnerin, Heirat, Trennung, zwei Kinder. Den Zusammenbruch der DDR erlebt sie an der Seite eines Offiziers der NVA, ausgestattet mit Neubauwohnung, Trabant und Kleingartenanlage. Später zieht sie an der Seite ihres »West-Chefs« in ein großzügiges Einfamilienhaus. Als ethnologisches Dokument wertvoll, krankt der Film sowohl an ungeschickter Montage als auch an der nicht stattfindenden Selbstreflexion durch die Filmemacher. (Siehe auch »Da habt ihr mein Leben. Marieluise – Kind von Golzow«) – Ab 16. ✦ Deutschland 1996 **P** a jour Filmproduktion/ORB/NDR **KI** Progress **Pd** Klaus-Dieter Schmutzer **R** Barbara Junge, Winfried Junge **K** Hans-Eberhard Leupold, Harald Klix, Hans Dumke, Walfried Labuszewski, Helmut Gerstmann, Wolfgang Randel, Manfred Gronau, Roland Worell, Michael Lösche **M** Gerhard Rosenfeld, Kurt Grottke **S** Barbara Junge **L** 125 **FSK** o. A.; f **E** 22.5.1997 **fd** 32 589

WAS GEHT MICH DER FRÜHLING AN? (WAS GEHT MICH DER FRÜHLING AN?). In Gesprächen mit 13 Bewohnern des Altenheimes der israelitischen Kultusgemeinde in Wien dokumentiert der Film das Schicksal dieser greisen Menschen aus verschiedenen Ländern der österreichisch-ungarischen Monarchie, die vielfach durch die Hölle nationalsozialistischer Verfolgung gegangen sind und sich nur mehr einen geringen Rest an Lebensmut bewahrt haben. Eine unmittelbar berührende Dokumentation, zurückhaltend und jede Form von Bloßstellung vermeidend; eine zur Diskussion anregende Auseinandersetzung mit Erinnerung, Alter und Tod. – Ab 16. ✦ Schweiz/Österreich 1988 **P** Al Castello SA/ORF **SF** Edition Salzgeber **R+B** Heinz Bütler **K** Hansueli Schenkel **M** Franz Schubert **S** Urs Kohler, Hubert Canaval **L** 85 **E** 19.11.1989

WAS GEHT?! – DIE FANTASTISCHEN VIER. Unterhaltsame Musikdokumentation über die zehnjährige Karriere der Stuttgarter HipHop-Band »Die Fantastischen Vier« mit Live-Auftritten, Backstage-Posen, Interviews und Home Stories. Da die Band aufgrund ihrer künstlerischen Entwicklung heute ungleich souveräner dasteht als noch zu Zeiten ihrer ersten Erfolge, fällt der Rückblick entspannt bis amüsiert aus und spiegelt eine Jugendkultur aus den gutbürgerlichen Vororten des wohlhabenden Stuttgart. – Ab 12 möglich. ✦ Deutschland 2001 **P** CP Medien/Filmareal **KI** Warner **VA** Warner Home **DVD** Warner Home **Pd** Christian Drewing **R** Dieter Zimmermann **K** Werner Schmidtke **M** Die Fantastischen Vier **S** Stephan Krumbiegel **L** 84 **FSK** ab 6; f **E** 23.8.2001/21.2.2002 Video & DVD **fd** 35 003

WAS GESCHAH AM LITTLE BIG HORN? (THE COURT-

MARTIAL OF GEORGE ARMSTRONG CUSTER). Fiktion eines Prozesses gegen General Custer, der ihm auf Grund seiner militärischen Fehler hätte gemacht werden können, wenn er die Schlacht am Little Big Horn (1876) überlebt hätte. Ein etwas trocken als Gerichtsverhandlung aufbereiteter Film über die Schwierigkeiten der Wahrheitsfindung, der seinen Plot mit einer Liebesgeschichte zwischen Custers Ankläger und seiner Ehefrau verwebt. Halbwegs interessant als psychologisierende Skizze krankhaften Ehrgeizes. – Ab 14. ✦ USA 1977 **Pd** Norman Rosemont **R** Glenn Jordan **B** John Gay, nach einem Roman von Douglas C. Jones **M** Jack Elliott **D** Brian Keith (Jacobson), Ken Howard (Gardiner), James Olson (Custer), Blythe Danner (Elizabeth), William Daniels (Reno) **L** 101 **E** 17.11.1996 ZDF

WAS GESCHAH AUF SCHLOSS WILDBERG? →Sie nannten ihn Krambambuli

WAS GESCHAH GESTERN? (REMEMBER LAST NIGHT). Mehrere junge Ehepaare, allesamt reiche Nichtstuer, ziehen bei einer völlig verrückten Party stark alkoholisiert von einem Domizil zum anderen. Es kommt zu Eifersüchteleien und Querelen. Am Morgen findet man einen Partygast tot auf. Die meisten können sich jedoch an nichts mehr erinnern, und erst nach vielen Schwierigkeiten und weiteren Verbrechen klären eines der Ehepaare und ein Polizeidetektiv die Mordfälle. Frech-frivole Mischung aus Salon-Krimi, Boulevard-Farce und Persiflage, garniert mit absurdem Witz und flotten Dialogen; bisweilen in der Krimihandlung etwas zerdehnt, insgesamt aber frisch und unverbraucht unterhaltend. (Fernsehtitel auch: »Was geschah letzte Nacht?«) – Ab 14 möglich. ✦ Schwarz-weiß. USA 1935 **P** Universal **Pd** Carl Laemmle jr. **R** James Whale **B** Doris Malloy, Harry Clork, Louise Henry, Dan Totheroh, nach dem Roman »Hangover Murders« von Adam Hobhouse **K** Joseph Valentine **S** Ted J. Kent **D** Edward Arnold (Danny Harrison), Robert Young (Tony Milburn), Sally Eilers (Bette Huling), Constance Cummings (Carlotta Milburn), Robert Armstrong (Fred Flanagan) **L** 81 **E** 1.2.1977 BR

WAS GESCHAH IM COLLEGE (OUT OF THE SHADOWS). Ein Journalist klärt den vermeintlichen Unfalltod seines Bruders, der Student an einem angesehenen College war, als Mord auf. ✦ Schwarzweiß. Großbritannien 1961 **P** Borderfilms **R+B** Michael Winner **K** Richard Bailey **M** Jack Brown **D** Terence Longdon, Diane Clare, Donald Gray, Dermot Walsh, Robertson Hare **L** 64 **E** 18.6.1966 DFF 1

WAS GESCHAH IN DER VIA MERULANA? →Unter glatter Haut

WAS GESCHAH IN DIESER NACHT? Ein sich bemüht erotisch gebendes Verwechslungslustspiel unter eleganten Leuten mit Dienerpaar. Eine vergessene Smokingschleife und verschmierter Lippenstift führen zum mehrfachen Happy-End. – Ab 16. ✦ Schwarz-weiß. Deutschland 1941 **P** Majestic **KI** Kristall **R** Theo Lingen **B** Johann Vaszary, Nikolaus Asztalos, Geza von Cziffra, Franz Gribitz **K** Fritz Arno Wagner **M** Michael Jary **D** Lili Murati, Irene von Meyendorff, Lucie Englisch, Karl Ludwig Diehl **L** 80 **FSK** ab 16; nf **E** 31.10.1941/23.11.1987 DFF 1 **fd** 1 445

WAS GESCHAH LETZTE NACHT? →Was geschah gestern?

WAS GESCHAH MIT DIESER STADT? (KYA HUA ISS SHAHAR KO?). Seit über 800 Jahren leben Hindus und Moslems in der indischen Stadt Hyderabad friedlich zusammen. 1978 kam es zu Unruhen zwischen den Religionsgemeinschaften, die sich im September 1984 in einem blutigen Aufstand entluden. Es gab 41 Tote und 230 Verletzte, Geschäfte wurden geplündert und niedergebrannt. Der Film versucht eine Analyse der politischen Mechanismen, die zu diesen Gewalttaten unter den Ärmsten der Armen führten. (O.m.d.U.) ✦ Indien 1986 **P** Deccan Development Society **SF** Freunde der Deutschen Kinemathek **R** Deepa Dhanraj **B** Keshav Rao Jadav **K+M** Navroze Contractor **L** 90

WAS GESCHAH WIRKLICH MIT BABY JANE? (1962) (WHATEVER HAPPENDED TO BABY JANE?). Die lebenslange Feindschaft zweier Schwestern, die, nach einer Karriere im Film- und Showgeschäft seelisch und körperlich zerrüttet, in gegenseitige Abhängigkeit geraten und sich das Leben zur Hölle machen. Ein greller Psychothriller, von Hollywoodroutinier Robert Aldrich effektvoll inszeniert. Der bedrückende Film bietet Paraderollen für die beiden gealterten Diven Bette Davis und Joan Crawford, die in ihren exaltierten Charakeren aufgehen und ihre ganze Leinwanderfahrung ausspielen. ✦ Schwarz-weiß. USA 1962 **P** Aldrich Associates/Seven Arts/Warner **KI** Warner **Pd+R** Robert Aldrich **B** Lukas Heller, nach dem Roman von Henry Farrell **K** Ernest Haller **M** Frank De Vol **S** Michael Luciano **D** Bette Davis (»Baby Jane« Hudson), Joan Crawford (Blanche Hudson), Victor Buono (Edwin Flagg), Anna Lee (Mrs. Bates), Maidie Norman (Elvira Stitt), Marjorie Bennett (Mrs. Della Flagg), Dave Willock (Ray Hudson), Anne Barton (Cora Hudson) **L** 132 **FSK** ab 16; f **E** 23.8.1963 **fd** 11 994

WAS GESCHAH WIRKLICH MIT BABY JANE? (1991) (WHATEVER HAPPENED TO BABY JANE?). Überflüssiges, durchschnittliches (Fernseh-)Remake des Psycho-Thrillers von 1962: Eine frühere Filmdiva, nun invalide, muß sich der sadistischen Attacken ihrer jüngeren, eifersüchtigen Schwester erwehren. – Ab 16. ✦ USA 1991 **P** Steve White Prod. **Pd** Barry Bernardi **R** David Greene **B** Brian Taggert, nach einem Film von Robert Aldrich und einem Roman von Henry Farrell **D** Vanessa Redgrave (Blanche Hudson), Lynn Redgrave (Jane Hudson), John Glover (Billy Cork), Bruce A. Young **L** 95 **E** 27.1.1995 ARD

WAS GESCHAH WIRKLICH MIT MISS JONAS? (WAS GESCHAH WIRKLICH MIT MISS JONAS?). Ein Privatdetektiv, für einen reichen Geschäftsmann auf der Suche nach dem Nacktmodell einer Illustrierten, nimmt schließlich bei der zum Pornostar Avancierten den Platz seines Auftraggebers ein. Klägliches Sexfilmchen aus der Dietrich-Fabrik. – Wir raten ab. ✦ Schweiz 1974 **P** Erwin C. Dietrich Prod. **KI** Avis **Pd** Erwin C. Dietrich **R+B** Michael Thomas (= Erwin C. Dietrich) **K** Peter Baumgartner **M** Walter Baumgartner **D** Christa Free, Marianne Dupont, Alon d'Armand, Mika Erros, Michel Jacot **L** 81 **FSK** SPIO: X **E** 1974 Kino

WAS GESCHAH WIRKLICH ZWISCHEN DEN BILDERN? Der Experimentalfilmer Werner Nekes stellt seine Sammlung von Objekten aus der Vor- und Frühgeschichte der Kinematographie vor und würdigt damit nicht nur die fast vergessenen Pioniere des Films, sondern geht auch der Frage nach, durch welches Zusammenspiel von Information die Illusion der Bewegung entsteht. Ein liebevoll gestalteter Beitrag zur Vorgeschichte des Kinos, der nicht nur belehrt, sondern auch kurzweilige Unterhaltung und Momente der Verzauberung bietet. – Sehenswert ab 12. ✦ BR Deutschland 1985 **P** Werner Nekes Filmprod. **SF** FiFiGe/Werner Nekes/BAG **Pd+R+B** Werner Nekes **K** Bernd Upnmoor, Christoph Schlingensief, Serge Roman **M** Anthony Moore **S** Astrid Nicklaus **L** 83 **FSK** o. A.; f **FBW** bw **E** 26.3.1987 **fd** 26 100

WAS GIBT'S NEUES, PUSSY? (WHAT'S NEW, PUSSYCAT?/ QUOI DE NEUF, PUSSYCAT?). Groteske erotische Verwicklungen um einen Pariser Frauenhelden und Modejournalisten, der sich nicht zwischen seinen ständigen Sexabenteuern und seiner ewigen Verlobten entscheiden kann. Eine überdrehte Komödie im Stil der »swinging sixties«, die den Sex- und Potenzkult der Leistungsgesellschaft persifliert. Erster Leinwandauftritt von Woody Allen in einem Film nach eigenem Drehbuch. Im Jahr darauf realisierte er das kuriose Nachfolge-Projekt »What's up, Tiger Lily«. – Ab 14. ✦ USA/Frankreich 1965 **P** Famous Artists/Famartists/United Artists **KI** United Artists **Pd** Charles K. Feldman **R** Clive Donner **B** Woody Allen **K** Jean Badal **M** Burt Bacharach **S** Fergus McDonell **D** Peter O'Toole (Michael James), Peter Sellers (Dr. Fritz Fassbender), Romy Schneider (Carole Werner), Paula Prentiss (Liz), Woody Allen (Viktor Schakapopulis) **L** 108 **FSK** ab 12; f (fr. 18; nf) **E** 8.10. 1965 **fd** 13 680

WAS HAB I IN HAWAII VERLOREN. Filmisches Porträt eines Hilfspackers, der in seiner Freizeit mit dem Saxophon Jazz spielt. Der Traum, Berufsmusiker zu werden, erfüllte sich nicht, vom Jazz konnte er nicht leben. Tanzmusik mochte er nicht spielen. Um seinen Traum nicht zu verraten, suchte er sich eine Hilfsarbeit. Dem Jazz gilt aber sein Leben. – Ab 14 möglich. ✦ BR Deutschland 1981/82 **P** dffb **SF** Stiftung Deutsche Kinemathek **R+B+K** Thomas Schadt **S** Thomas Schadt **L** 60 **E** 13.4.1983 BR

WAS HAST DU DENN IM KRIEG GEMACHT, PAPPI? (WHAT DID YOU DO IN THE WAR, DADDY?). Katz-und-Maus-Spiel zwischen deutschen Besatzern, amerikanischen Befreiern und italienischen Zivilisten im Kriegsjahr 1943 auf Sizilien. Ein langatmige und überaus alberne Militärkomödie, die vergeblich Kapital aus der maßlosen Überzeichnung vermeintlich nationaler Eigenschaften aller Beteiligten zu schlagen versucht. Enttäuschend vor allem angesichts der später von Blake Edwards und William Peter Blatty gezeigten Leistungen. – Ab 16 möglich. ✦ Scope. USA 1966 **P** United Artists/The Mirisch Company **KI** United Artists **Pd+R** Blake Edwards **B** William Peter Blatty **K** Philip Lathrop **M** Henry Mancini **S** Ralph E. Winters **D** James Coburn (Lt. Christian), Dick Shawn (Capt. Cash), Sergio Fantoni (Capt. Oppo), Giovanna Ralli (Gina Romano), Aldo Ray (Sgt. Rizzo) **L** 116 **FSK** ab 12; nf **E** 24.2.1967 **fd** 14 588

WAS HEISST HIER NACH HAUSE? Eine 15jährige Griechin muß mit ihren Eltern, die geerbt haben, in die Heimat zurück. Sie fügt sich nur schwer in ihr Schicksal, da sie die Freiheiten vermißt, die sie in Deutschland genießen konnte. Als sie ein deutsches Mädchen kennenlernt, das ihr Mut zur Selbständigkeit macht, ändert sich ihre Lage. Sie überwindet den Widerstand des Vaters und darf die deutsche Schule in Athen besuchen; zumindest der Abschluß ihrer Ausbildung ist gesichert. Ein Jugendfilm, der sich realen Problemen stellt und Mut zu ihrer Überwindung machen will. ✦ BR Deutschland 1985 **R** Gerhard Widmer **B** Jürgen Knop, Gerhard Widmer, nach einem Roman von Sigrid Schuster-Schmah **L** (TV) 90 **E** 23.11.1984 ARD

WAS HEISST'N HIER LIEBE? Abfilmung einer brillant inszenierten Originalshow der linken Berliner Theatergruppe »Rote Grütze«, die durch die unbefangene und fröhliche, aber auch radikale und angriffslustige Art in den 70er Jahren einen freien Umgang mit der Sexualität forderte. In einer Mischung von Kabarett-, Stegreif- und Kellerbühne sprechen die jugendlichen, sehr spontan wirkenden Darsteller Themen wie Onanie, Petting und Orgasmus an – eine Gelegenheit auch für ironische Glossen über »besorgte Eltern« und konservativen Religionsunterricht. Ein Programm, das in seiner Entstehungszeit heftige Kontroversen auslöste. – Ab 14. ✦ BR Deutschland 1978 **P** Pro-ject **KI** Filmverlag der Autoren **R** Walter Harrich, Claus Strigel, Bertram Verhaag **B** Walter Harrich, Claus Strigel, Bertram Verhaag, nach dem gleichnamigen Stück der Theatergruppe »Rote Grütze« **K** Walter Harrich, Claus Strigel, Bertram Verhaag **M** Heiner Goebbels, Morgenrot **S** Walter Harrich, Claus Strigel, Bertram Verhaag **D** Helma Fehrmann (Paula), Ulli Radhöfer (Ansagerin), Holger Franke (Ansager), Alfred Cybulska (Musiker), Günter Brombacher (Paul) **L** 138 **FSK** ab 12; nf **FBW** bw **E** 26.10.1978 **fd** 21 022

WAS ICH BIN, SIND MEINE FILME. Ein zum großen Teil auf Gesprächen basierendes, mit einem Drehbericht und zitierten Ausschnitten montiertes Porträt Werner Herzogs, das in seiner Zielsetzung mehr die Person als das Werk des deutschen Filmemachers aufzuschlüsseln versucht. – Ab 14 möglich. ✦

BR Deutschland 1978 **P** Nanuk-Film **SF** Filmwelt **R+B** Christian Weisenborn, Erwin Keusch **K** René Perraudin, Martin Schäfer **S** Christian Weisenborn, Erwin Keusch **D** Werner Herzog, Bruno S., Thomas Mauch, Eva Mattes, Burkhard Driest, Wilhelm von Homburg **L** 93 **E** 28.10.1978 **fd** 21 116

WAS ICH DIR NOCH NIE ERZÄHLT HABE →Things I Never Told You

WAS IHR WOLLT (1955) (DWENADZATAJA NOTSCH). Das Shakespearsche Verwechslungslustspiel in einer eher vordergründig-humorvollen Verfilmung. ✦ UdSSR 1955 **P** Lenfilm **KI** Progress **R** Jan Frid **B** Jan Frid, nach dem Bühnenstück von William Shakespeare **K** Jewgeni Schapiro, Konstantin Ryshow **M** A. Shiwotow **D** Klara Lutschko (Viola und Sebastian), Alla Larionowa (Olivia), Michail Janschin (Junker Tobias), Wadim Medwedew (Herzog Orsino), Georgi Wizin (Junker Bleichenwang) **L** 89 **FBW** w **E** 31.2.1956 Kino DDR/22.10.1956 DFF 1/27.6. 1993 ORB

WAS IHR WOLLT (1963). Shakespeares Originaltitel »Die zwölfte Nacht« bezeichnet den Dreikönigstag, im alten England also den Beginn der Karnevalszeit mit Festivitäten und Maskeraden. Und eine Maskerade ist auch dieses Verwirrspiel um Liebe, Illusion und Täuschungen. Viola verdingt sich als Knappe Cesario verkleidet beim Herzog, der um die reiche Gräfin Olivia wirbt, während Viola allerdings selbst in den Herzog verliebt ist. Konventionell angelegter Fernsehfilm auf der Basis der Shakespeare-Übersetzung von August Wilhelm Schlegel. ✦ Schwarzweiß. DDR 1963 **P** DEFA **Pd** Rudolf Kobosil **R** Lothar Bellag **B** Lothar Bellag, nach dem Theaterstück »Die zwölfte Nacht oder Was ihr wollt« von William Shakespeare **K** Karl Plintzner **M** Wolfgang Pietsch **S** Lena Neumann **D** Gerry Wolff (Herzog Orsino), Christel Bodenstein (Viola), Johanna Clas (Gräfin Olivia), Hans-Günter Schmidt (Sebastian), Hannjo Hasse (Malvolio) **L** 96 **E** 1.1.1964 DFF 1

WAS IHR WOLLT (1996) (TWELFTH NIGHT). Eine weitere Filmadaption von Shakespeares letzter romantischer Komödie, inszeniert als illustres Verwirrspiel um Sein und Schein, Irrtum und Täuschung. Als Postillion d'amour soll die als Knabe verkleidete Viola Lady Olivia für Herzog Orsino werben, gewinnt jedoch selbst deren Herz und verliert ihres an ihren Herrn. Die werknahe, akribische Umsetzung findet in der Thematisierung von Geschlechteridentität und erotischen Anziehungskräften einen spannenden Ansatz. Da die ausufernden Nebenhandlungen aber nicht zurückgestutzt werden, untergräbt der Film deutlich den Gesamtduktus. – Ab 10. ✦ Großbritannien/USA 1996 **P** Renaissance **KI** Concorde-CR/Turner **VA** VCL **DVD** VCL (1.66:1, DD5.1 dt.) **Pd** Stephen Evans, David Parfitt **R** Trevor Nunn **B** Trevor Nunn, nach einem Bühnenstück von William Shakespeare **K** Clive Tickner **M** Shaun Davey **S** Peter Boyle **D** Imogen Stubbs (Viola), Helena Bonham Carter (Olivia), Toby Stephens (Orsino), Ben Kingsley (Feste), Nigel Hawthorne (Malvolio), Imelda Staunton (Maria), Richard E. Grant (Sir Andrew Aguecheek) **L** 134 **FSK** ab 6; f **E** 3.4.1997/21.10.1997 Video/5.1.1999 Premiere/19.7.1999 DVD **fd** 32 466

WAS IST DAS FÜR EIN SOLDAT? (COPAK JE TOZA VOJAKA?). Die Abenteuer und Amouren eines tschechischen Fallschirmjägers. – Ab 14. ✦ CSSR 1987 **P** Filmstudio Barrandov **KI** Progress **R** Petr Tucek **B** Pavel Hajny, Petr Tucek **K** Josef Pávek **M** Petr Hapka **D** Jirí Langmajer (Milan), Karel Roden (Tuma), Pavel Hejlík (Slapetka), Tomás Karger (Trunecek), Tomás Valík (Jirsa) **L** 88 **E** 23.6.1989 Kino DDR

WAS IST DENN BLOSS MIT HELEN LOS? (WHAT'S THE MATTER WITH HELEN?). Zwei Frauen eröffnen 1934 in Hollywood gemeinsam eine Tanzschule für Kinder. Während das Leben seinen alltäglichen Lauf nimmt, werfen einige Ereignisse eine der beiden aus der Bahn: Unter der Bürde einer unglücklichen Vergangenheit leidend, wird Helen zur psychopathischen Mörderin. Ein makabrer Horrorfilm mit melodramatischen Effekten, der in Details und Stimmung für Genrefreunde reizvolle Akzente setzt. ✦ USA 1971 **P** Filmways/Raymax **Pd** George Edwards **R** Curtis Harrington **B** Henry Farrell **K** Lucien Ballard **M** David Raksin **S** William Reynolds **D** Debbie Reynolds (Adelle Bruckner), Shelley Winters (Helen Hill), Dennis Weaver (Lincoln Palmer), Agnes Moorehead (Schwester Alma), Michael MacLiammoir (Hamilton Starr) **L** 101 **E** 14.9.1984 ZDF

WAS IST DENN BLOSS MIT WILLI LOS? – GRÜSS SIE GOTT, FRAU STIRNIMA. Einem Finanzbeamten mit Herz und viel Verständnis für den Steuerzahler drohen wegen seiner Unkorrektheit disziplinarische Strafen, denen er durch »Verrücktspielen« zu entgehen versucht. Ein nur wenig erheiterndes, wirklichkeitsfremdes Heinz-Erhardt-Lustspiel. – Ab 14. ✦ BR Deutschland 1970 **P** Rialto **KI** Constantin **R** Werner Jacobs **B** Eckart Hachfeld **K** Karl Loeb **M** Heinz Alig **S** Walter von Bonhorst **D** Heinz Erhardt (Willi Winzig), Ralf Wolter (Felix Klein), Helen Vita (Frau Stirnima), Ruth Stephan (Annie Engel), Paul Esser (Motzmann), Rex Gildo (Frank Kuhländer) **L** 87 **FSK** ab 6; nf **E** 17.7.1970 **fd** 16 841

WAS IST DIE WELT? Inhaltlich veralteter Dokumentarfilm, der den ordnenden Kräften der Welt nachzuspüren versucht. Trotz wissenschaftlicher Unzuverlässigkeit fiel er seinerzeit bei der Kommentierung auf, weil er einzigartige Aufnahmen aus dem Reich der kleinsten Lebewesen vermittelte. – Ab 12. ✦ Schwarz-weiß. Deutschland 1933 **P** Atelier Svend Noldan **KI** Jugendfilm **R+B** Svend Noldan, Fritz Brunsch **K** Svend Noldan **M** Fritz Wenneis **D** Eugen Rex (Kommentar) **L** 81 **FSK** ab 6; f **E** 14.1.1934 **fd** 2 117

WAS IST IM EI? (KI VAN A TOJASBAN?). Ein junger Mann kommt von der Hochschule in eine abseits gelegene Meteorologie-Station, wo ihm seine Vorgesetzten in der erstaunlichsten Weise ein angenehmes Leben zu bereiten bestrebt sind. Hinter merkwürdigen Begebenheiten und scheinwissenschaftlichen Experimenten aber offenbaren sich selbstsüchtig-gesellschaftsfeindliche Manipulationen. Ein mißlungener Versuch, kleinbürgerliche Verhaltensweisen satirisch-komödiantisch zu attackieren. – Ab 16. ✦ Ungarn 1973 **P** Hunnia **KI** Progress **R** Sándor Szalkai **B** András Simonffy **K** Miklós Herczenik **M** Péter Máté **D** László Mensáros (der Professor), Lajos Balázsovits (der junge Mann), Imre Sinkovits, Nándor Tomanek, István Kazán **L** 87 **E** 9.1.1976 Kino DDR

WAS IST LOS? Dokumentarfilm über das Ende des Zweiten Weltkriegs in Bayern. Eine detailgenaue historische Studie, die aus vielen Perspektiven die militärische Niederlage von Nazi-Deutschland, seine Verbrechen und den Einmarsch der Amerikaner rekonstruiert. Eine vielschichtige wie wissenschaftlich fundierte Filmstudie, die auch sorgfältig mit den historischen Dokumenten umgeht. ✦ Deutschland 1991 **P** Harun Farocki Filmprod./WDR **R+B** Harun Farocki **L** 60 **E** 18.11.1991 West 3

WAS IST LOS MIT DIR? (SCHTO S TOBOI PROISCHODIT?). Geschichte eines eigenwilligen, unaufmerksamen Schülers und die Suche nach seinen Problemen. – Ab 6. ✦ Scope. UdSSR 1975 **P** Gorki-Studio **KI** Progress **R** Wladimir Saruchanow **B** Jossif Aleschkowski **K** Pjotr Katajew **M** Eduard Hagagortjan **D** Slawa Baranow (Mitja Gromow), Olja Ponomarjowa (Nina Gortschakowa), Nina Saruchanowa (Marischka), Sascha Jefimew (Wanja Sajtschenko), Sascha Dubrowin (Slawa Stschukin) **L** 71 **E** 14.1.1977 Kino DDR/11.2.1978 DFF 1

WAS IST MIT BOB? (WHAT ABOUT BOB?). Ein Psychiater wird in seinem Urlaubsdomizil von einem hartnäckigen, überaus neurotischen Patienten behelligt. Der Besucher treibt den »Seelendoktor« spitzbübisch-schelmisch zum Wahnsinn, baut dabei seine eigenen Ängste ab und übernimmt in der Familie die Rolle des Vaters. Die im Ausklang versöhnliche Komödie lebt in ihrem Witz vom Gegensatz der Hauptrollen und schöpft die Möglichkeiten des Stoffes genüßlich eskalierend und leicht boshaft aus. – Ab 16. ✦ USA 1991 **P** Touchstone/Touchwood Pacific Partners **KI** Warner **VA** Touchstone Home **Pd** Laura Ziskin **R** Frank Oz **B** Tom Schulman **K** Michael Ballhaus **M** Miles Goodman **S** Anne V. Coates **D** Bill Murray (Bob Wiley), Richard Dreyfuss (Dr. Leo Martin), Julie Hagerty (Fay Marvin), Charlie Korsmo (Siggy Marvin), Kathryn Erbe (Anna Marvin) **L** 99 **FSK** ab 6; f **E** 7.11.1991/18.9.1992 Video/1.10.1993 premiere **fd** 29 198

WAS IST MIT TOM GESCHEHEN? (OU EST PASSE TOM?). Ein Schweizer Fabrikantensohn, der in einer Genfer Organisation zur Befreiung politischer Gefangener mitarbeitet, stößt in einem südeuropäischen Land auf eine Festung, die als Haftanstalt für politische Gefangene dient und von der die Öffentlichkeit nichts weiß. Er engagiert sich für diese Menschen und versucht, seine Organisation ebenfalls für sie zu interessieren. Als er damit keinen Erfolg hat, handelt er auf eigene Faust und tötet den Kommandanten der Festung. Dadurch wäre der Weg für die Gefangenen frei, doch sie weigern sich, weil nach ihrer Meinung ihre Gefangenschaft ihrer Sache mehr dient als ihre Befreiung. Eine Reflexion über die Problematik politisch motivierter Gewaltanwendung. ✦ Frankreich 1971 **P** Profilm/Valoria **R** José Giovanni **B** José Giovanni, nach einem Roman von Bill Reade **K** Pierre-William Glenn **M** François de Roubaix **D** Alexandra Stewart, Paul Crauchet, Rufus, Jean Gaven, Philippe March **L** 105 **E** 11.10.1972 BR

WAS IST PAT? (IT'S PAT). Eine androgyne junge Frau verunsichert ihre Umwelt und fällt als Nervensäge aus dem Rahmen. Auch in Beziehungsangelegenheiten hat sie es nicht einfach. Das ändert sich, als sie einen androgynen Mann kennen lernt, mit dem sie sich auf Anhieb versteht. Doch ihre Ichbezogenheit und Oberflächlichkeit trüben bald das Glück zu zweit; ferner stört der Nachbar, der unbedingt ihr wahres Geschlecht in Erfahrung bringen will. Beziehungskomödie der etwas anderen Art, die Last und Lust des Außenseitertums thematisiert. Die schräge Hauptfigur ist Star der TV-Show »Saturday Night Live« und wurde von der Darstellerin selbst entwickelt. ✦ USA 1994 **P** Touchstone Pictures **Pd** Charles B. Wessler, Richard S. Wright, Cyrus Yavneh **R** Adam Bernstein **B** Jim Emerson, Stephen Hibbert, Julia Sweeney **K** Jeff Jur **M** Denis M. Hannigan, Mark Mothersbaugh **S** Norman Hollyn **D** Julia Sweeney (Pat Riley), David Foley (= Daniel Foley) (Chris), Charles Rocket (Kyle), Kathy Griffin (Kathy), Julie Hayden (Stacy) **L** 73 **E** 13.3.2001 ARD

WAS JEDE FRAU SICH WÜNSCHT (WHAT EVERY WOMAN WANTS). Liebes- und Ehekonflikte in einem engen Siedlungshaus, das sich drei Generationen einer englischen Arbeiterfamilie in einer Industriestadt teilen. Wirklichkeitsnahe Alltagsgeschichte, die mit sorgfältiger Charakterzeichnung und angelsächsischer Selbstironie familiäre Reibereien registriert. – Ab 14. ✦ Schwarz-weiß. Großbritannien 1954 **P** Adelphi/Advance **Pd** David Dent **R** Maurice Elvey **B** Talbot Rothwell, nach dem Theaterstück »Relations are best apart« von Edwin Lewis **K** Wilkie Cooper **M** Edwin Astley **S** Robert Hill **D** William Sylvester (Jim Barnes), Elsie Albiin (Jane), Brenda de Banzie (Sarah), Patric Doonan (Mark), Dominic Roche (Bill) **L** 90 **E** 1954 Kino **fd** 3 586

WAS KOMMEN WIRD (THINGS TO COME). 1940 wird die völlig unvorbereitete (fiktive) Stadt »Everytown« durch einen Überfall aus der Luft zerstört, wodurch ein 30jähriger Krieg ausgelöst wird. In dem Abgesandten einer höheren Zivilisation findet der Diktator, der die im Elend lebenden Menschen beherrscht, einen Widerpart. Ein mit faszinierenden visuellen Elementen, futuristischen Dekors und Effekten arbeitender Science-Fiction-Film. Nach der Vorlage und unter enger Mitwirkung von H. G. Wells entstand dieser inzwischen teils von der Realität eingeholte Klassiker, der die Zukunft der Menschheit voraussagt. Wegen des bereits zum Drehbuch komponierten Soundtracks vor allem auch musikalisch interessant. Im ersten Teil prangert der Film Militarismus und Krieg an, im zweiten propagiert er selbst naiv-optimistisch eine technokratische Herrschaft mit faschistischen Zügen als Idealzustand. Bei aller Widersprüchlichkeit fordert er Fragen zu den Themen Staat, Gesellschaft und Wissenschaftsgläubigkeit heraus. (Titel auch: »Things to come«) – Ab 16. ✦ Schwarz-weiß. Großbritannien 1936 **P** Korda-London Films **KI** AG Kino/Vollmann **Pd** Alexander Korda **R** William Cameron Menzies **B** H.G.Wells, Lajos Biro, nach dem Roman »The Shape of Things to Come« von H.G. Wells. **K** Georges Périnal **M** Arthur Bliss **S** Charles Crichton **D** Raymond Massey (John Cabal/Oswald Cabal), Edward Chapman (Pippa/Raymond Passworthy), Ralph Richardson (der Herrscher), Margaretta Scott (Roxana/Rowena), Cedric Hardwicke (Theotocopulos), Maurice Bradell (Dr. Harding), Sophie Stewart (Mrs. John Cabal), Ann Todd (Mary Gordon), George Sanders (Pilot) **L** 113 **E** 22.2.1977 NDR/10.3.1978 Kino **fd** 20 810

WAS KOMMT DANACH ...? (I'LL NEVER FORGET WHAT'S 'IS NAME). Ein »zorniger junger Mann«, erfolgreicher Angestellter einer Werbeagentur, bricht aus seinem Alltag aus, verläßt Frau und Kinder, und versucht sich als freier Schriftsteller, bis er durch die Machenschaften seines früheren Chefs erneut in Abhängigkeit gerät. Rasant inszenierte Komödie, die aus dem Kontrast zwischen fröhlichem Anarchismus und den Zwängen einer von Geld und Sex regierten Geschäftswelt Kapital zu schlagen versteht. Orson Welles ist hier in einer brillanten Nebenrolle zu sehen. – Ab 14. ✦ Großbritannien 1967 **P** Scimitar **KI** Universal **Pd+R** Michael Winner **B** Peter Draper **K** Otto Heller **M** Francis Lai **S** Bernard Gribble **D** Oliver Reed (Andrew Quint), Orson Welles (Jonathan Lute), Carol White (Georgina), Harry Andrews (Gerald Slater), Marianne Faithfull (Josie) **L** 99 **FSK** ab 18; f **FBW** w **E** 11.4.1968/9.5.1969 Kino DDR/11.5.1974 DFF 1 **fd** 15 410

WAS KOSTET DER SIEG? (WAS KOSTET DER SIEG?). Die Geschichte einer österreichischen Schüler-Fußballmannschaft, die durch Erfolgswillen und hartes Training zum Landesmeister aufsteigt. Eine kritische Beleuchtung der Motive, Methoden und Konflikte im Leistungssport, die gleichzeitig ihre Sympathie für dessen Stellenwert nicht verleugnet. – Ab 12. ✦ Österreich 1980 **P** Bannert-Film **R+B** Walter Bannert **K** Hanus Polak **M** Hanns Kann **S** Walter Bannert **D** Heinz Peter Puff (Trainer), Alexander Bauer (Kapitän Andreas), Andreas Bauer (Torwart Michael), Nikolas Vogel (Peter), Peter Wundsam (Heinz), Eva Fürst (Anna), René Wrba (Tormann Walter) **L** 96 **E** 1985 Video **fd** 24 925

WAS KOSTET EIN LEBEN? (THE CLOSER). Ein reicher, von seinem beruflichen Erfolg gesundheitlich angeschlagener Immobilienmakler muß sich auf Anraten seines Arztes zur Ruhe setzen. Beim traditionellen »Thanksgiving«-Essen will er seinen Kindern und Mitarbeitern seinen Nachfolger bekanntgeben, was das Festessen in Streit und Zerwürfnis enden läßt. Schwerfällig inszeniertes Familienmelodram nach dem Vorbild von »Tod eines Handlungsreisenden«; überzeugend nur in der Gestaltung der Hauptrolle, die Aiello schon 1976 bei der Broadway-Premiere des zugrundeliegenden Bühnenstückes spielte. – Ab 16. ✦ USA 1990 **R** Dimitri Logothetis **B** Robert Keats, Louis La Russo II, nach dem Bühnenstück »Wheelbarrow Closers« von Louis La Russo II **M** Joel Hirschhorn, Al Kasha **D** Danny Aiello (Chester Grant), James Karen (Ned Randall), Rick Aiello (Billy Grant), Diane Baker (Beatrice), Justine Bateman (Jessica), Tim Quill (Chet), Michael Paré (Larry Freed), Joe Cortese (John Mogan) **L** 86 **E** 29.4.1994 PRO 7

WAS KÜMMERT UNS DIE BANK? (WHO'S MINDING THE MINT?). Zusammen mit Essensresten wirft ein Geldprüfer der staatlichen Notenbank versehentlich 50 000 Dollar weg, die er nun unbemerkt ersetzen will. Dazu heuert er »Komplizen« an, darunter einen Gelddrucker im Ruhestand und einen stocktauben Safe-Knacker. Nach der Überwindung vieler Hindernisse kommen sie zwar in die Münzanstalt und können den Fehlbetrag besorgen, aber bei den Vorbereitungen des Coups haben sie inzwischen weitaus höhere Schulden gemacht. Urkomischer »Gangsterfilm« nach klassischer amerikanischer Komödientradition, der sich durch ein Feuerwerk von Gags mit perfektem Timing auszeichnet und den knorrigen Altstars Brennan und Buono Glanzrollen bietet. – Ab 12. ✦ USA 1967 **P** Columbia **Pd** Norman Maurer **R** Howard Morris **B** R.S. Allen, Harvey Bullock **K** Joseph Biroc **M** Lalo Schifrin **S** Adrienne Fazan **D** Jim Hutton (Harry Lucas), Dorothy Provine (Verna Baxter), Milton Berle (Luther Burton), Joey Bishop (Ralph Randazzo), Walter Brennan (»Pop« Gillis), Victor Buono (Kapitän Dugan) **L** 98 **E** 19.3.1994 RTL 2

WAS LANGE WÄHRT ... →Ich und die Frau Gräfin

WAS MACHST DU, WENN DU EINEN ELEFANTEN TRIFFST? (WHEN THE CIRCUS CAME TO TOWN). Nach dem Tod ihrer Eltern schließt sich eine nicht mehr ganz junge Frau einem Wanderzirkus an und verliebt sich in einen brummigen Junggesellen. Obwohl für das ungleiche Paar kein dauerhaftes Glück möglich ist, ist sie durch ihre Selbstverwirklichung glücklicher geworden. Melodramatischer Fernsehfilm ohne großen Anspruch. (TV-Titel DDR: »Wenn der Zirkus kommt«) – Ab 16 möglich. ✦ USA 1981 **P** Fox **R** Boris Sagal **B** Larry Grusin **K** Michel Hugo **M** Charles Gross **D** Elizabeth Montgomery (Mary), Christopher Plummer (Duke), Eileen Brennan (Jessy), Anne Shropshire (Tante Helen), Tommy Madden (Louie) **L** 93 **E** 8.7.1989 PRO 7/4.2.1990 DFF 2

WAS MACHT DER HUND IM EHEBETT →Lauf mir nach, daß ich Dich fange

WAS MACHT DER TOTE AUF DER WÄSCHELEINE? (STUDENT BODIES). Eine degoutant-groteske Folge von Doppelmorden an jungen Liebespaaren erweist sich kurz vor der Schlußpointe auf dem Friedhof als bloßer Alptraum einer Studentin. Horrorkomödie der primitivsten Machart vom Coautor der frühen Woody-Allen-Filme »Bananas«, »Woody – Der Unglücksrabe« oder »What's up, Tiger Lily?«. – Wir raten ab. ✦ USA 1981 **P** Paramount **VA** CIC **Pd** Michael Ritchie **R+B** Mickey Rose **K** Robert Ebinger **M** Gene Hobson **S** Kathryn Ruth Hope **D** Kristen Riter (Toby), Matthew Goldsby (Hardy), Richard Brando (»Breather«), Joe Flood (Mr. Dumpkin), Joe Talarowski (Schulleiter Peters) **L** 83 **FSK** ab 16 **E** 1985 Video **fd** 25 147

WAS MACHT PAPA DENN IN ITALIEN? Kurz vor seiner Silberhochzeit erfährt ein Studienrat, daß ihm seine Jugendliebe ihr Vermögen hinterlassen hat. Er tarnt die Erbschaftsreise nach Florenz als Dienstfahrt und stiftet so vorübergehend Kummer in seiner Familie. Banales Schlagerlustspiel nach Schablone. – Ab 10. ✦ BR Deutschland 1961 **P** Seitz Filmproduktion **KI** Constantin **Pd** Franz Seitz **R** Hans Dieter Schwarze **B** Ilse Lotz-Dupont, nach einem Roman von Doris Eicke. **K** Dieter Wedekind **M** Henry Mayer **S** Ingeborg Taschner **D** Willy Fritsch, Jane Tilden, Barbara Frey, Alwy Becker, Monika Dahlberg **L** 97 **FSK** ab 6; nf **E** 8.9.1961 **fd** 10 501

WAS MAN AUS LIEBE TUT →Verliebt, verrückt und nicht verheiratet

WAS MÄNNER NICHT FÜR MÖGLICH HALTEN. Hausfrauen betrügen ihre Ehemänner tagsüber mit Postboten, Bierfahrern und Masseuren. Sich authentisch gebender »Report« zum Thema »grüne Witwen«; nicht mehr als ein zynisch-verlogener Sexfilm. (Alternativtitel: »Der neue heiße Report: Was Männer nicht für möglich halten«, »Maßlose Teenager«) – Wir raten ab. ✦ BR Deutschland 1971 **P** Rapid **KI** Constantin **R** Ernst Hofbauer **B** Hans Hasenow (= Manfred Purzer) **K** Giorgio Tonti **M** Gert Wilden **D** Astrid Frank, Eva Garden, Thomas Fischer, Elfie Helfrich, Helmut Fürchtenicht **L** 97 **FSK** ab 18; nf **E** 18.6.1971 **fd** 17 376

WAS MÄNNER NICHT WISSEN MÜSSEN. Eine bauernfängerische Pseudo-Dokumentation, die von Mode über Freikörperkultur bis Geburt all das wiederholt, was in zahllosen »Aufklärungsfilmen« bereits zu sehen war. Trivial, überflüssig, langweilig. ✦ Schwarz-weiß. BR Deutschland 1963 **P** Reginald Puhl **KI** Constantin **Pd+R** Reginald Puhl **B** Eberhard Buntrock, Reginald Puhl **K** Joachim Laubisch, Axel von Koss **M** Hans-Martin Majewski **L** 74 **FSK** ab 18; nf **E** 22.5.1964 **fd** 12 752

WAS MÄNNER WOLLEN →2 Singles machen noch kein Paar

WAS MORGEN GESCHAH →Es geschah morgen

WAS NUN? (1987) (CROSS MY HEART). Eine junge Frau und ein junger Mann setzen große Hoffnungen in ihr drittes Rendezvous, zerstören jedoch zunächst viel, weil sie dem anderen Lebenslügen vorgaukeln anstatt ihre wahre Persönlichkeit zu zeigen. Komödiantisches Kammerspiel um Lebensängste und mangelndes Selbstvertrauen, Sehnsucht nach einer Beziehung und Angst vor der Enttäuschung. Die sympathische Geschichte lotet jedoch nicht allzutief und weicht an entscheidenden Stellen in aufgesetzt wirkende Pointen und Gags aus. – Ab 16. ✦ USA 1987 **P** Universal **VA** CIC **Pd** Lawrence Kasdan **R** Armyan Bernstein **B** Armyan Bernstein, Gail Parent **K** Thomas Del Ruth **M** Bruce Broughton **S** Mia Goldman **D** Martin Short (David), Annette O'Toole (Kathy), Paul Reiser (Bruce), Joanna Kerns (Nancy), Jessica Puscas (Jessica) **L** 87 **FSK** ab 16 **E** April 1988 Video **fd** 26 835

WAS NUN? (1989) (A SSEGA NAKAE). Filmische Parabel über Selbstsucht und Solidarität, dargestellt am Beispiel von 26 junger Frauen und Männern, die sich um die Aufnahme bei einer Schauspielschule bemühen. Indem sie von anonymen Juroren gnadenlosen Fragen ausgesetzt werden, schwindet das Mitgefühl unter den Bewerbern. ✦ Bulgarien 1989 **R** Rangel Waltschanow **L** 88 **E** 4.12.1998 3sat

WAS NÜTZT DEM TOTEN HUND EIN BEEFSTEAK? (MR. RICCO). Ein Staranwalt, der für einen des Mordes angeklagten Schwarzen einen Freispruch erwirkte, kommt durch weitere anscheinend von seinem Klienten begangene Morde in eine schwierige Lage und wird schließlich selbst zum Gejagten. In seiner rassischen Proporz-Konstruktion perfider, psychologisch oberflächlicher, unglaubwürdiger Krimi. – Ab 16. ✦ Scope. USA 1975 **P** MGM **KI** MGM **R** Paul Bogart **B** Robert Hoban **K** Frank Stanley **M** Chico Hamilton **D** Dean Martin (Joe Ricco), Eugene Roche (George Cronyn), Thalmus Rasulala (Frankie Steele), Denise Nicholas (Irene Mapes), Cindy Williams (Jamison) **L** 98 **FSK** ab 16; nf **E** 6.6. 1975 **fd** 19 345

WAS SAGT MAN ZU EINER NACKTEN DAME? (WHAT DO YOU SAY TO A NAKED LADY?). »Versteckte Kamera«-Variante, in der heimlich die Reaktionen unvorbereiteter Personen auf die Begegnung mit nackten Männern oder Frauen, z.B. im Lift oder auf der Straße, beobachtet werden. Im unvermeidlichen »Report«-Teil werden die üblichen Themen (Aufklärung, Prostitution, das Sexualverhalten Jugendlicher etc.) abgehandelt. ✦ USA 1969 **P** Allen Funt **KI** United Artists **Pd+R+B+K** Allen Funt **L** 81 **FSK** ab 18; nf **E** 29.5.1970 **fd** 16 866

WAS SAGT MEINE FRAU DAZU? (CO REKNE ZENA / ZADZWONCIE DO MOJEJE ZONY). Ein verliebter Prager Schriftsteller und eine wie tugendhafte Dolmetscherin auf einer Studienreise durch Polen. Leichte Unterhaltung mit Schwung, Humor und vielen vergnüglichen Einfällen. – Ab 14. ✦ CSR/Polen 1958 **P** Filmstudio Barrandov **KI** Progress **R** Jaroslav Mach **B** Václav Jelinek, Jaroslav Mach, Jan Fethke **K** Boguslaw Lambach **M** Wladyslaw Szpilman **D** Barbara Polomska (Irene), Josef Bek (Tuma), Wienczyslaw Glinski (Zbigniew), Jirina Petrovická (Lida), Hanka Bielicka (Rybinska) **L** 87 **E** 6.2.1959 Kino DDR/29.5.1959 DFF 1

WAS SCHULMÄDCHEN VERSCHWEIGEN. Fünf Episoden um angebliche Schülerinnen, die auf kür-

Werkstattgespräche

Emotionen bewegen die Kamera. Michael Ballhaus ◆ **Kino aus einem Guss.** Roland Suso Richter ◆ **Im Hinterland des Nihilismus.** Christian Petzold ◆ **Gegen alle Gesetze.** Romuald Karmakar ◆ **Ins Licht.** Tom Tykwer

Emotionen bewegen die Kamera

THOMAS BINOTTO IM GESPRÄCH MIT MICHAEL BALLHAUS

Der 1935 geborene Michael Ballhaus ist fast schon eine Legende – allerdings eine höchst vitale und produktive. Nach einer Fotografenlehre arbeitete er zunächst als Bühnenfotograf, bis er 1965 für Peter Lilienthals Fernsehfilm *Abschied* das erste Mal die Kamera führte. Von 1970 bis 1978 war sein Name untrennbar mit Rainer Werner Fassbinder verbunden: Insgesamt 14 gemeinsame Spielfilme entstanden in dieser Zeit. 1982 drehte Ballhaus seinen ersten Film in den USA. Damit begann seine zweite Karriere, während derer er bislang mit Regisseuren wie Martin Scorsese, Francis Ford Coppola, Mike Nichols, Robert Redford und Wolfgang Petersen zusammenarbeitete. Heute ist Ballhaus einer der angesehensten und bekanntesten Kameramänner. In diesem Werkstattgespräch gibt er Einblick in seine Arbeit in den USA – was den »Ballhaus-Touch« ausmacht, weshalb er oft auf Robert Redford wartet, welche Probleme Mike Nichols mit Standup-Comedians hat und wie er und Martin Scorsese mit Bildformaten jonglieren.

Herr Ballhaus, für Ihre beiden letzten Filme haben Sie mit Mike Nichols respektive Robert Redford zusammengearbeitet, momentan stehen Sie mitten in den Vorbereitungen für einen weiteren Film mit Martin Scorsese. Das sind drei sehr unterschiedliche Regisseure, die Sie jedoch alle überaus schätzen. Was ist das Besondere an der Zusammenarbeit mit Scorsese, mit dem Sie bereits den sechsten Film drehen werden?

Es ist ja inzwischen kein Geheimnis mehr, dass Scorsese mein Lieblingsregisseur ist. Er ist für meine Arbeit von den drei genannten Regisseuren der Interessanteste, weil er so sehr in Bildern denkt und seine Filme bereits von Beginn an vor sich sieht. Seine unglaublich reiche Bildfantasie fasziniert mich immer wieder aufs Neue. Inzwischen kennen wir uns derart gut, dass wir uns gegenseitig absolut vertrauen, es herrscht ein Einverständnis, das die Umsetzung von Scorseses Vorstellungen erst möglich macht.

... und Mike Nichols, mit dem Sie ja inzwischen auch schon den fünften Film gemacht haben, wo liegen dessen Stärken?

Nichols ist ein unglaublich sensibler, intelligenter Mann, der sehr viel weiß, sehr viel gelesen hat und der wunderbar mit Schauspielern arbeitet. Es gibt für mich keinen Regisseur, der präziser besetzt. Er hat ein Gespür dafür, die richtigen Leute zusammenzubringen, und die Besetzung bei ihm ist eigentlich immer ideal. Er denkt allerdings sicher weniger in Bildern als Scorsese, meistens sind es ein oder zwei optische Highlights, die er bereits von Beginn an einplant, für den Rest des Films arbeitet er dann in erster Linie mit den Schauspielern und überlegt sich erst relativ kurzfristig, wie sich eine Szene bildlich auflösen lässt.

... und schließlich Robert Redford, mit dem Sie nach *Quiz Show* zum zweiten Mal zusammengearbeitet haben?

Bei Redford faszinieren mich hauptsächlich die Stoffe, die er wählt. Und dann ist auch er jemand, der ein Team zusammenstellt, das wirklich harmoniert. Das beginnt bei den Schauspielern und erstreckt sich über die ganze Produktionsequipe. So entsteht eine sehr homogene Gruppe von Menschen, mit denen man einfach gerne arbeitet. Visuell ist Redford von diesen dreien der am wenigsten filmisch denkende Regisseur. Er ist eben doch Schauspieler, war das 30 Jahre lang, und das lässt sich nicht verleugnen. Es ist deshalb manchmal nicht ganz einfach, ihm komplizierte Bildabfolgen zu erklären. Aber er lässt sich darauf ein, man kann ihn überzeugen. In der praktischen Arbeit ist es mit ihm hin und wieder schwierig, weil er kein Zeitgefühl, kein Gefühl für Organisation hat. Beispielsweise bei unserem letzten Film, wo wir sehr viel im Freien drehen mussten, sag ich ihm: »Also Bob, es ist ganz wichtig, dass wir diese Szene morgens früh drehen.« Und dann kommt er eine Stunde zu spät, redet mit den Schauspielern eine Stunde, probiert eine Stunde, bis es elf Uhr und das Licht weg ist.

Hängt diese Sorglosigkeit gegenüber technischen Fragen mit dem fehlenden Gespür für Bilder zusammen?

Das ist genau der Punkt: Für Redford sind eigentlich nur die Handlung und die Schauspieler wichtig. Er sieht zwar meine Vorschläge alle ein, aber er kann sie nicht ohne weiteres umsetzen.

Vor bald 20 Jahren haben Sie Ihren ersten amerikanischen Film gedreht: *Baby It's You* von John Sayles. Haben Sie den Übergang von Europa nach Amerika problemlos geschafft?

Was die Arbeit selbst betraf, war es eigentlich gar nicht so kompliziert, weil ich in Amerika mit Low-Budget-Filmen angefangen habe. Die ersten Filme waren also vom Aufwand her ähnlich angelegt wie meine europäischen Filme. Die Schwierigkeiten waren mehr persönlicher Natur, weil jetzt niemand mehr dabei war, den ich kannte und ich praktisch ganz auf mich alleine gestellt war. Ungefähr drei Wochen vor Drehbeginn zu *Baby It's You* konnte ich plötzlich meinen rechten Arm nicht mehr bewegen. Dahinter verbarg sich natürlich meine Angst vor dem Neuanfang: Wie funktioniert das jetzt mit einem amerikanischen Regisseur, vielleicht denkt und fühlt der ja ganz anders. Aber ich verstand mich mit John Sayles glücklicherweise so, als hätten wir bereits jahrelang zusammengearbeitet, und es wurde schließlich eine äußerst erfreuliche Zusammenarbeit. Dadurch hat sich für mich eine neue Welt eröffnet, ich merkte, dass ich mich auch hier verständigen konnte.

Ganz entscheidend für Ihre amerikanische Karriere war sicher die Zusammenarbeit mit Martin Scorsese. Wie ist es 1984 dazu gekommen?

Der direkte Anlass, weshalb Scorsese auf mich aufmerksam wurde, war, dass er den Film *Reckless* von James Foley gesehen hatte. In diesem Film gibt es eine sehr dramatische Kreisfahrt, wo die Kamera das Liebespaar bei seinem ersten Tanz umrundet. Wir sind wild um die beiden herumgefahren, acht Mal, die Kamera ist reingezoomt und wieder raus, es war wirklich eine sehr dynamische, wunderschöne Einstellung. Scorsese schaute sich den Film an, weil er einen Hauptdarsteller für *The Last Temptation of Christ* suchte. Als er diese Fahrt sah, sprang er auf und wollte wissen, wer das gedreht habe. Und natürlich kannte er auch meine Arbeit für Fassbinder. So kriegte ich schließlich einen Anruf von ihm, in dem er mich fragte, ob ich mit ihm *The Last Temptation of Christ* machen wolle.

Weil damals das Studio einen Rückzieher machte, musste dieses Projekt verschoben werden, und so entstand als erste Zusammenarbeit mit Scorsese *After Hours*. Für Scorsese war der Film nach einer schwierigen Phase der Erfolglosigkeit ein Comeback, für Sie selbst so etwas wie die Initialzündung Ihrer amerikanischen Karriere. Unter welchen Umständen fanden die Dreharbeiten statt?

Amy Robinson und Griffin Dunne hatten Scorsese den Film angeboten unter der Bedingung, dass er ihn für vier Millionen Dollar machen konnte. Damals hatte ich bereits den Ruf, sehr schnell und kostenbewusst zu arbeiten, deshalb fragte mich Scorsese, ob es möglich sei, den Film mit diesem Budget zu drehen – er hatte eine Shotlist für seinen Film mit 600 Einstellungen. Ich habe mich dann hingesetzt, das Drehbuch durchgearbeitet und mir überlegt, wie das zu schaffen sei. Wir haben den Film schließlich in 40 Nächten abgedreht, mussten also zwischen 15 bis 16 Einstellungen pro Nacht hinkriegen. Ich habe aus diesem Grund sehr riskant gearbeitet und praktisch den ganzen Film nachts, draußen auf der Straße und mit offener Blende gedreht, was kein amerikanischer Kollege je machen würde. Aber Scorsese hat wirklich jede Einstellung gekriegt, die er wollte.

Anfänglich habe Sie dann auch noch Filme in Europa gedreht, aber seit 1984 arbeiten Sie ausschließlich in den USA. Längst sind Sie also nicht mehr Kameramann, sondern Director of Photography. Ist das bloß eine andere Berufsbezeichnung oder auch ein anderes Berufsbild ?

Es ist eindeutig ein anderes Berufsbild. Das ist bei all diesen Jobs so, sei es nun der Director of Photography, der Production Designer, der Cutter, immer handelt es sich um Künstler, die für ihren Bereich sehr eigenständig verantwortlich sind. Zum Beispiel der Cutter: Wenn ein Film abgedreht ist, stellt er zunächst seine eigene Schnittversion her – so etwas kann man sich in Deutschland gar nicht vorstellen. Der Director of Photography ist verantwortlich für den Gesamtlook des Films. Von den Farben her, von den Brennweiten, vom Licht. Das bedeutet natürlich mehr Verantwortung und mehr Teamarbeit, weil hier kein Regisseur an der Spitze steht und jedem sagt, was er zu tun hat.

Reizt Sie dieser extrem arbeitsteilige Prozess, diese Teamarbeit?

Ganz besonders! Die hervorragenden Arbeitsbedingungen waren einer der Hauptgründe, die mich dann auch in den USA gehalten haben, nicht nur, dass ich viele Angebote erhielt, sondern auch diese Freiheit und die Möglichkeit, sehr viel stärker in die Gestaltung eines Films einzugreifen.

Während der Dreharbeiten gehören Sie zu den wichtigsten Mitarbeitern des Regisseurs. Wie groß ist Ihr Einfluss nach Drehschluss?

Meine Arbeit ist dann eigentlich abgeschlossen. Nur wenn ich mit jemandem sehr befreundet bin – wie zum Beispiel mit Wolfgang Petersen –, geh ich manchmal in den Schneideraum. Er führt mir dann einzelne Szenen vor, und wenn ich einen Kommentar dazu habe, geht er auch darauf ein. Was die Zusammenarbeit mit Scorsese betrifft: Bei ihm bin ich immer aufs Neue fasziniert, was seine Filme durch den Schnitt an Feinheiten gewinnen. Es gibt wohl keinen lebenden Regisseur, der so präzise schneidet wie Scorsese zusammen mit Thelma Schoonmaker, seiner langjährigen Cutterin. Ich erinnere mich an die erste Vorführung von *Good Fellas*: Ich saß im Kino und habe vergessen, dass ich den Film gedreht habe, so hat mich der Rhythmus mitgerissen.

Waren Sie vom Schnitt eines Films auch schon enttäuscht, sodass Sie Ihre eigene Arbeit kaum mehr wiedererkannt haben?

So extrem war es eigentlich noch nie, aber es gab schon Enttäuschungen, zum Beispiel bei *The Fabulous Baker Boys*. Dort hat der Cutter nach meinem Empfinden zu stark in die Bewegungen hineingeschnitten, es war nicht ganz das, was ich mir vorgestellt hatte. Etwas Ähnliches ist dann nochmals bei *Sleepers* passiert, wo mir der Cutter manchmal wichtige Bildabfolgen zerschnitten hat.

Sie haben geschildert, dass Scorsese bereits im Drehbuchstadium den fertigen Film im Kopf hat und wie minutiös er im Schneideraum arbeitet. Bleibt da für Sie als Kameramann überhaupt noch Spielraum?

Wenn Scorsese einmal seine Shotlist abgegeben hat, dann überlässt er eigentlich fast alles mir, von da an bin ich derjenige, der das verwirklichen soll, was er sich vorgestellt hat. Manchmal habe ich auch andere Ideen für eine bildliche Auflösung. Dann geht er darauf ein, und wenn ihn mein Vorschlag überzeugt, dann machen wir es auch so. Und natürlich kenne ich inzwischen seine Vorlieben und seine bevorzugten Bewegungen. Nachdem wir so viele Filme gemeinsam gemacht haben, besitzen wir auch eine gemeinsame Sprache.

Gehen wir etwas detaillierter auf die Arbeit mit Scorsese ein. Ein Höhepunkt ihrer Partnerschaft ist sicher *Good Fellas*. Dort ist die Kameraarbeit, wie eigentlich immer bei Scorsese, unglaublich elegant. Aber wenn der hektische Alltag der Hauptfigur gezeigt wird, die inzwischen zum Drogendealer gesunken ist, dann geschieht ein Stilbruch, die Kamera bewegt sich völlig anders als vorher und nachher.

Wir wollten ab jenem Punkt, wenn die Uhr zu laufen beginnt, dass die Kamera nur noch Handkamera ist. Wir wollten so ein Gefühl der Hektik vermitteln, diese nervöse Hetze in Bilder übersetzen. Natürlich sollte es dennoch nicht eine Wackelkamera sein. Ich bin ein großer Freund davon, die Kamera in der Hand zu halten, weil das eine ganz andere Sensibilität verleiht. Selbst wenn man die Kamera ganz still hält, ist da doch ein gewisses Atmen und wenn man einen Schwenk macht, dann ist man viel schneller und präziser.

In den Filmen, die Sie mit Scorsese gemacht haben, kommt ganz besonders Ihr Gespür für Bewegung und Rhythmus zum Ausdruck. Beispielsweise in *The Age of Innocence*, wo die Kamera in der Ballszene selbst den Rhythmus des Walzers übernimmt. Haben Sie ein besonderes Verhältnis zu Musik?

Ich liebe Musik sehr, und ich habe ein ausgeprägtes Gefühl für Rhythmus. Teilweise habe ich auch bei Fassbinder gelernt, immer in einer Abfolge von Bildern zu denken, weil er normalerweise nur das gedreht hat, was er brauchte. Wenn wir uns Muster angeschaut haben, dann war das manchmal fast schon ein Rohschnitt. Diese Erfahrung hat mich sicher sehr geprägt. Ich versuche immer, die Szene in einem bestimmten Bildrhythmus zu fühlen und dann auch so zu drehen.

Bleiben wir bei *Age of Innocence*. Ein formales Mittel, das Sie und Scorsese in diesem Film wiederholt anwenden, ist die Einschränkung des Blickfelds. Wurden Sie für dieses Spiel mit dem Bildformat durch *Lola Montez* inspiriert? Sie haben ja als Jugendlicher Max

Ophüls bei den Dreharbeiten zu diesem Film beobachten können und bezeichnen diesen Moment immer wieder als Schlüsselerlebnis für Ihre Entscheidung, Kameramann zu werden.

Ich habe mit Scorsese oft über *Lola Montez* und über Möglichkeiten, das Bildformat zu verändern, gesprochen. In *Age of Innocence* haben wir es dann tatsächlich ein wenig versucht, beispielsweise mit Kaschierungen, das heißt, indem wir die Bildränder etwas abgedunkelt haben. An anderen Stellen haben wir mit Schiebeblenden gearbeitet und wenn immer möglich auch mit Gegenständen, die das Bild eingrenzen, beispielsweise die Kerzenständer bei den vielen Essensszenen. Vom produzierenden Studio kamen zwar Einwände, weil es Angst hatte, dass wir zu extensiv mit dem Bildformat spielen würden, so wie das Max Ophüls in *Lola Montez* gemacht hatte. Aber gerade bei meinem nächsten Projekt mit Scorsese werden wir das Bild wieder sehr oft zumachen und erst dann öffnen, wenn wir es wirklich brauchen. Das bietet sich deshalb besonders an, weil ein Großteil der Handlung nachts spielt.

Als Director of Photography sind Sie unter anderem auch für die Farben zuständig. In dieser Beziehung ist *Age of Innocence* ebenfalls ein außergewöhnlicher Film mit einer ausgeklügelten Farbdramaturgie. Wird diese ebenfalls bereits von Scorsese im Drehbuch festgehalten?

Vieles ist bereits von ihm vorgedacht. Aber beispielsweise in der Szene, wo Newland Archer sich mit Ellen Olenska unterhält und durchs Fenster sieht, wie draußen der vermeintliche Freier kommt, in dieser Szene hatte ich die Idee, mit einem Farbwechsel den Stimmungswechsel Archers sichtbar zu machen. Wenn Archer am Fenster steht, ist das Licht von außen ein neutrales Licht, innen dagegen ist das Licht sehr warm. In dem Moment, wo er den vermeintlichen Rivalen erkennt, wird das Licht langsam blau, es wird kühl. Um diesen Effekt zu erzielen, haben wir eine Blaufolie langsam vor das Licht geschoben, sodass die Szene plötzlich etwas Kaltes bekam und damit auch von den Farben her deutlich wurde, dass in diesem Moment die Eifersucht in ihm aufsteigt. Mit solchen Dingen spiele ich sehr gerne, und in diesem bestimmten Fall war es meine Idee, auf die dann Scorsese eingegangen ist.

Ihr Kamerastil hat immer etwas zeitlos Klassisches und ungemein Elegantes. Wenn man genauer hinsieht, bemerkt man jedoch, dass Sie immer wieder gegen traditionelle Regeln der Kameraführung verstoßen. Es kommen Achsensprünge, Zooms und Speed Changes vor. Nehmen wir zunächst den Achsensprung, wenn also die Kamera die Bildachse wechselt und damit die Protagonisten »die Plätze tauschen«. Wann setzen Sie dieses Stilmittel ein?

Wenn der Achsensprung richtig eingesetzt wird, dann ist er immer dramaturgisch begründet: Die Kamera springt über die Achse, weil sich die Situation in der Szene verändert hat – die Zuschauer sehen das Ganze aus einem anderen Blickwinkel. Wenn ein Achsensprung allerdings die Zuschauer desorientiert, dann ist er falsch eingesetzt, weil man dann nämlich nachzudenken beginnt und aus der Geschichte rausfällt; wenn man dagegen fast unmerklich irritiert ist, dann ist der Achsensprung gelungen und legitim.

Ein anderes Mittel, das Sie häufig einsetzen, ist die Veränderung der Bildgeschwindigkeit, das so genannte Speed Change, wenn also für einen kurzen Moment die Kamera mit sagen wir 30 anstatt mit 24 Bildern pro Sekunde läuft. Auch hier die Frage: Wie macht man es richtig?

Ich benutze Speed Change sehr gerne dann, wenn ich einen wichtigen Moment herausheben möchte, sodass man ihn ganz besonders wahrnimmt. Oft sind es Augenblicke, wo eine Person eine wichtige Entscheidung trifft. In *Quiz Show* habe ich das ein paar Mal in solchen Momenten eingesetzt. Speed Change gibt mir also die Möglichkeit, einen Augenblick zu dehnen.

Wenn man sich Ihre Filme genau ansieht, bemerkt man sehr viele Speed Changes. Beim nicht selektiven Betrachten dagegen fallen sie oft gar nicht auf. Verhält es sich mit solchen Stilmitteln wie mit einem Gewürz: Sie sollen zwar eine Wirkung haben, aber möglichst unbemerkt?

Richtig, sie sollen nicht auffallen, aber mit den Zuschauern doch etwas anstellen. Es gibt eine Regel von Michael Powell, dass jede Szene ihre eigene Bildgeschwindigkeit haben sollte; das leuchtet mir sehr ein, und Speed Changes sind eine Möglichkeit, dies zu erreichen. Der Zuschauer soll jedoch nicht das Stilmittel wahrnehmen, sondern einfach das Gefühl haben, die Szene habe das zu ihr passende Tempo.

Neben den unauffälligen Zutaten Ihrer Kamerakunst haben Sie auch ein spektakuläres Markenzeichen, den so genannten Ballhaus-Kreis …

… den ich in letzter Zeit immer weniger einsetze, weil er Mode geworden ist. In jedem zweiten Film entdecke ich eine 360-Grad-Fahrt und denke dann für mich: »Na gut, das war's dann.«

Dennoch, können Sie am Beispiel von *The Fabulous Baker Boys* erklären, was es mit dieser Kreisfahrt auf sich hat? Immerhin hat diese Szene die Karriere von Michelle Pfeiffer erst richtig lanciert.

Zu der Zeit, als ich *The Fabulous Baker Boys* drehte, hatte ich noch den festen Vorsatz, dass ich in jedem meiner Filme eine Kreisfahrt unterbringen wollte. Als ich das Drehbuch gelesen hatte, war mir von vornherein klar, dass es bei diesem bestimmten Auftritt im Club sein musste. Durch die Kreisfahrt wurde daraus eine Schlüsselszene, weil sie die Situation von Michelle Pfeiffer so deutlich macht, wie es keine andere Einstellung hätte leisten können: Die Kamera definiert Michelle Pfeiffer in einem Raum, definiert ihr Verhältnis zu Jeff Bridges, und gleichzeitig hat es etwas sehr Verführerisches, dieses um Michelle herumgleiten, reinfahren und rausfahren, die Kamera umschmeichelt sie förmlich, und damit erhält die Szene etwas sehr Sinnliches.

Wie steht es mit dem Zoom, das ja im Kinofilm lange verpönt war, weil es als Mittel der Fernsehdramaturgie abqualifiziert wurde?

Ich benutze unheimlich oft Zooms, nur sieht man diese nicht, weil sie in der Bewegung versteckt sind. Ich schätze Zooms unter anderem deshalb, weil ich mit einer Zoomlinse immer genau jenen Bildausschnitt erhalte, den ich will. Die Kombination von Fahrt und Zoom kommt bei mir enorm oft vor.

Sie sind nun seit über 30 Jahren Kameramann und gehören inzwischen zu den bedeutendsten Vertretern Ihrer Zunft. Gibt es einen »Ballhaus-Touch«?

Ich glaube schon, obwohl das für mich schwierig zu beurteilen ist, weil ich meine Filme natürlich nicht objektiv sehe. Bis vor kurzem habe ich zwar immer behauptet, ich wolle keinen eigenen Stil haben, aber als ich dann einen Film wie *Wild Wild West* drehte, wurde mir plötzlich klar, dass ich sehr wohl einen eigenen Stil habe, der ganz anders ist als jener von Regisseur Barry Sonnenfeld, der früher selbst Kameramann war. Sonnenfeld macht beispielsweise Großaufnahmen mit einem Weitwinkel und setzt die Kamera den Schauspielern wenige Zentimeter vor die Nase. So etwas geht mir gegen den Strich, das wäre für mich eine Verletzung der Persönlichkeitssphäre. Ich habe also spätestens bei *Wild Wild West* gemerkt, dass es tatsächlich so etwas wie einen Ballhaus-Stil gibt. Aber ich bleibe dabei: Er sollte sehr subtil sein und mich nicht einschränken, weil es ja so viele unterschiedliche Geschichten zu erzählen gibt. Man kann eine Geschichte wie *Age of Innocence* nicht auf dieselbe Weise fotografieren wie *Good Fellas*.

Ihr Kamerastil lässt den Figuren immer genügend Raum zum Atmen. Sind Sie kein Freund von Großaufnahmen.

Das kann man so nicht sagen. Ich liebe Großaufnahmen, aber ich plädiere immer wieder dafür, mit ihnen ökonomisch umzugehen. Ich glaube, dass ein großer Fehler von vielen Filmemachern darin besteht, sehr inflationär und ziellos mit Großaufnahmen umzugehen. Für mich ist und bleibt die Großaufnahme etwas Besonderes. Deshalb will ich dieses Mittel nicht zu früh abnützen. Wenn ich nur noch Großaufnahme an Großaufnahme hänge, ist das kein Stilmittel mehr, sondern eine Masche. Für mich ist zum Beispiel diese Szene in *Age of Innocence*, wenn Archer in der Kutsche Madame Olenska den Handschuh auszieht, ein Beispiel dafür, wie aufregend eine Großaufnahme sein kann, wenn man sie am richtigen Ort und im richtigen Moment einsetzt. Das langsame Ausziehen des Handschuhs ist eigentlich eine Entkleidung, und dieser Moment in Großaufnahme hat etwas Erotisches und unheimlich Spannendes an sich.

Martin Scorsese ist ein Filmbesessener, der täglich Filme sieht und sich so inspirieren lässt. Welches sind Ihre Vorbilder?

Ich gehe wahnsinnig gerne und oft ins Kino und schaue immer sehr genau die Arbeit meiner Kollegen an – da gibt es natürlich viel zu lernen. In meiner frühen Entwicklung bin ich sicher stark von der Nouvelle Vague beeinflusst worden. Ich weiß noch, dass ich mir einige Filme von Raoul Coutard, der unter anderem mit Godard und Truffaut gedreht hat, 20 Mal angeguckt habe, nur weil ich bei jedem Bild genau wissen wollte, wie er das gemacht hatte. Später dann hat mich Sven Nykvist sehr beeindruckt, der für mich einer der größten Fotografen für Menschen und Gesichter ist, speziell in seinen Filmen mit Bergman.

Gibt es Momente, wo Sie im Kino sitzen und nur noch genießen?

Ein solcher Film, bei dem mir das Herz aufging, war kürzlich *The Cider House Rules*. Der hat mir ausgesprochen gut gefallen, großartig die Schauspieler, herrlich die Erzählweise, wunderbar zurückhaltend gefilmt. Da beneide ich meinen Kollegen Oliver Stapleton, den ich sehr schätze, dass er diesen Film machen durfte.

Ich möchte nochmals an den Beginn unseres Gesprächs anknüpfen: Wie war die Arbeit bei *What Planet Are You From?* mit Mike Nichols?

Sie war auf überraschende Art und Weise neu, weil sich etwas in Hollywood getan hat, was ich bislang noch nicht bemerkt habe: *What Planet Are You From?* wurde Nichols unter der Bedingung angeboten, dass die Hauptrolle bereits vergeben war. Garry Shandling, ein Standup-Comedian und beliebter Fernsehstar, hatte die Vorlage geschrieben und das Buch nur unter der Bedingung verkauft, dass er selbst die Hauptrolle spielen konnte. Das war Nichols so noch nie passiert, aber weil ihm das Buch gefiel und er den Film gerne machen wollte, dachte er, dass er mit dieser Konzession schon klar kommen würde – und er kam eigentlich nicht klar. Shandling ist einfach kein Ensembleschauspieler, und dementsprechend hat sich Nichols rumgequält. Sonst wirkt bei ihm das Ensemble immer wie ein perfekt eingespieltes Orchester, diesmal aber war es, als würde ein Instrument permanent falsche Töne spielen. Abgesehen davon war die Zusammenarbeit wie immer harmonisch und wundervoll.

Kurz darauf haben Sie Ihren zweiten Film mit Robert Redford abgedreht: *The Legend of Bagger Vance*. Ihr Eindruck?

Da habe ich interessanterweise eine ganz ähnliche Erfahrung gemacht wie mit Nichols. Auch Redford hatte eine Besetzungsvorstellung, die sich nicht verwirklichen ließ, weil Brad Pitt, dem er die Hauptrolle geben wollte, nicht zur Verfügung stand. Dafür hat Will Smith dem Studio gegenüber signalisiert, dass er interessiert wäre, die zweite Hauptrolle, die des Caddys, zu übernehmen. Das Studio war natürlich begeistert, weil Smith nach wie vor ein Kassenmagnet ist. Redford aber wollte eigentlich einen anderen Schauspieler haben, und so entstand schließlich unter dem Druck des Studios eine Ausgangslage, die vom Studio und nicht von Redford gemacht wurde. Will Smith war keine schlechte Besetzung, aber Redford hatte große Schwierigkeiten, mit dieser Konstellation fertig zu werden, und er ist mit Smith nie ganz auf einen Nenner gekommen.

Ihr nächstes Projekt, *Gangs of New York* von Martin Scorsese, wird im Herbst in die Dreharbeiten gehen. Und wieder ist ein Star mit dabei: Leonardo DiCaprio. Hat auch hier der sanfte Druck des Studios nachgeholfen?

Ich möchte mal annehmen, dass DiCaprio nicht die Wunschvorstellung Scorseses ist, aber dass es eine von ihm akzeptierte Besetzung ist, dass sich Scorsese sagt, ja, der Junge kann das spielen, und DiCaprio wird natürlich alles tun, um bei Scorsese zu reüssieren. Aber es stimmt: Auch da steht wieder der Name mit dem vielen Geld dahinter, was für diesen Film umso wichtiger ist, als er sehr teuer wird. Er spielt zwischen 1845 und 1865 in Downtown Manhattan, und weil da nichts mehr so ist, wie es war, muss das ganze Set gebaut werden. Deshalb wird der Film auch ausschließlich in Cinecittà gedreht, denn dort ist das Bauen wesentlich günstiger als in den USA.

Sie haben mit Scorsese fünf sehr unterschiedliche Filme gedreht. Wird mit *Gangs of New York* abermals ein neues Kapitel in Ihrer Zusammenarbeit geschrieben?

Ich sehe den neuen Film als eine Mischung von *Age of Innocence* und *Good Fellas*, was an sich schon eine aufregende Sache ist. Von der Sinnlichkeit, von den Emotionen, von den Farben, von der Kraft her kommt das Drehbuch nahe an *Age of Innocence* heran. Von der Story her, in der Rache und Gewalt eine zentrale Rolle spielen, hat es wiederum Anklänge an *Good Fellas*. Ja, ich verspreche mir von diesem Film sehr viel.

Sie arbeiten nun seit bald 20 Jahren in den USA und gehören zu jener Hand voll Kameramänner, deren Namen man kennt, was schon einiges über Ihr Renommee aussagt. Worin steckt Ihr Erfolgsgeheimnis?

Ich glaube, es besteht unter anderem darin, dass ich versuche, all das, was in meiner Arbeit mit den Regisseuren funktioniert, auf die Arbeit in meinem Team zu übertragen. Ich will meinen Mitarbeitern Freiheiten geben, ich lasse sie an kreativen Prozessen teilhaben, ich frage sie um Rat, weil sie keine Untergebenen, sondern Mitarbeiter sind, Leute auf deren Hilfe und Fachwissen ich angewiesen bin. So erhalte ich schließlich jenen Rückhalt, den ich für meine Arbeit brauche.

Zu diesem Team gehören auch Ihre Frau und Ihre beiden Söhne. Wie stark ist Ihre Familie in Ihre Arbeit einbezogen?

Ich bin sicher, dass ich ohne meine Familie nicht diese Karriere gemacht hätte. Meine Frau ist nicht nur meine beste Freundin, sondern auch meine Managerin, meine wichtigste Beraterin. Sie hält mir den Rücken frei für alles. Wenn ich Ärger hatte, kann ich mich abends bei ihr aussprechen und all meinen Frust ablassen. Und dann komme ich am nächsten Tag halt doch etwas gelöster an den Set. Das gibt mir eine ungeheure Sicherheit, denn ich weiß, dass da jemand ist, der hundertprozentig hinter mir steht. Und diese Kraft hat man in diesem Job weiß Gott nötig.

Sie hatten lange Jahre die Absicht, selbst Regie zu führen und mit einem Film über Lotte Lenya auch ein ganz konkretes Projekt. Nachdem die Realisierung des Films immer wieder an der Finanzierung gescheitert ist, haben Sie ihn nun aufgegeben. Werden Sie je Regie führen?

Ich glaube eigentlich nicht. Es gibt zwar immer wieder Momente, wo ich denke: Mensch, das könnte ich jetzt wahrscheinlich besser. Aber sofort tauchen auch Zweifel auf, weil ich ja nicht weiß, ob ich wirklich ein guter Regisseur wäre, und es jetzt noch mal auszuprobieren, nachdem ich 30 Jahre meinen Job gemacht habe, von dem ich weiß, dass ich ihn kann, das scheint mir doch ein bisschen riskant. Warum sollte ich eigentlich auch, ich fühle mich ja so wohl in meinem Beruf, ich habe das Glück mit wunderbaren Regisseuren zusammenzuarbeiten, warum soll ich etwas machen, von dem ich nicht weiß, ob's funktioniert?

Bei vielen Regisseuren, gerade bei den Großen, lässt sich beobachten, dass sie immer skrupulöser werden, je mehr Filme sie gemacht haben – als ob mit der wachsenden Erfahrung auch das Wissen um all jene Dinge wächst, die man falsch machen kann. Kennen Sie dieses Gefühl?

Filme machen wird tatsächlich immer schwieriger, je mehr man davon weiß. Man geht am Anfang einer Karriere noch so unbefangen damit um, man macht es einfach. Aber je mehr man von diesem Prozess weiß, desto mehr hält man es für fast unmöglich, dass überhaupt ein guter Film entsteht. Es ist ein Mosaik, bei dem so unendlich viel zusammenpassen muss. Für mich jedenfalls ist es immer wieder ein Wunder, wenn ein guter Film entsteht.

Kino aus einem Guss

OLIVER RAHAYEL IM GESPRÄCH MIT ROLAND SUSO RICHTER

Nach Jahren der Fernseharbeit kehrt Roland Suso Richter mit dem Film *14 Tage lebenslänglich* auf die Kinoleinwand zurück. Geboren am 7.1.1961 in Marburg, drehte Richter seinen ersten eigenen Kurzfilm 1982 (*Überflüssig*), zwei Jahre später kam *Kolp* in die Kinos. Ab 1988 war er als Regisseur fürs Fernsehen tätig, drehte u.a. zwei Filme der Krimiserie *Alles außer Mord* und erregte Aufsehen mit *Dagobert* (1994), einem Film über den gleichnamigen Kaufhauserpresser. Weitere Filme: *Die Bubi-Scholz-Story* (1997), *Nichts als die Wahrheit* (1998/99), *Eine Handvoll Gras* (2000), *Der Tunnel* (2000).

Die Bilder in Ihrem Film sind sehr stilisiert, keine Spur von Naturalismus. Wie würden Sie Ihre stilistische Herangehensweise charakterisieren?

Für mich war es sehr wichtig, mich von der deutschen Realität »Knast« zu lösen, weil sie sehr unfilmisch ist. Die Wände sind grüngelb gestrichen, die Vollzugsbeamten haben grüne Hemden an – das hat mit Kino, wie ich es mir vorstelle, nichts zu tun. So haben wir eine ganz eigene Ästhetik für diesen Knast gefunden, damit er im Film funktioniert. Für den Kameramann Martin (Langer) gibt es natürlich Vorbilder in Amerika: derart mit sehr kontrastreichem Licht zu arbeiten und mit dieser Dunkelheit, was ich auch gut finde, weil das den Blick fokussiert und nicht so viel Firlefanz drumherum zeigt. Was ich immer versuche, ist, alle Zutaten zu kanalisieren: Schauspieler, Kostüme, Kamera, Licht so zu reduzieren, dass der Film letztlich einen Guss bekommt. Das gelingt nicht immer, aber doch über weite Strecken, auch durch die Farbgebung, so dass daraus ein »Look« entsteht, der die Charakteristik des Films ausmacht.

Entsprechend ist das Drehbuch angelegt: Es gibt keine Schlenker und bewegt sich immer geradeaus auf das Ziel der Geschichte zu. Wie sind Sie an das Drehbuch gekommen?

Eine Urfassung hat mir der Produzent Werner Koenig vor drei Jahren in die Hand gegeben. Ich fand, dass es der Auftakt wert war, ihn zu erzählen – da kann man sich durchaus noch einmal an eine Knastgeschichte heranwagen. Diese Annäherung an den Knast, wie eine Figur den Boden unter den Füßen verliert, fand ich sehr faszinierend. Dann haben wir angefangen zu arbeiten. Natürlich gab es Versionen mit Schlenkern. Ich war immer ein vehementer Verfechter der Theorie: keine Schlenker, denn je geschlossener das System ist, desto mehr kann ich auch eintauchen, desto präziser kann ich meine Situationen erzählen. Der Produzent sagte: Wir müssen raus, immer nur im Knast drehen, das geht nicht. Also habe ich Schlenker gedreht, ihm zuliebe, aber es ging nicht. Gerade das Klaustrophobische, wie im U-Boot unterzutauchen und den Himmel aus den Augen zu verlieren, ist ja das Faszinierende.

Es ist dies Ihr Kinocomeback nach vielen Jahren Fernsehen. Da werden Sie sich den Stoff sehr genau ausgesucht haben.

Ja. Es war ja immer eine große Lust da, es ist das, wo ich immer hin wollte. Ich habe immer auf das Drehbuch gewartet, das ich auf der Leinwand sehen wollte, das Kinoqualität hat, eine Dimension, die den normalen Fernsehalltag übersteigen kann. Wir gehen ja ins Kino, um große Dimensionen zu sehen und nicht ein aufgeblasenes Fernsehspiel. Durch die Steuerbarkeit der Story und der Kamera habe ich gesehen, dass ich Dinge machen kann, die ich im Fernsehen nicht machen kann, auch weil da das Geld fehlt. Wir haben den Knast komplett umgewandelt, neu gestrichen, 300 Neonröhren aufgehängt, das hat 250.000 Mark gekostet. Da fängt bei mir Kino an, wenn ich steuern kann.

Aber Sie haben lange Jahre Fernsehen gemacht, auch erfolgreich. Irgendetwas muss ja für Sie dran gewesen sein.

Nach den ersten beiden Filmen gab es keine Produzenten, die sich um uns gekümmert haben. Ich habe dann herumgejobbt im Filmbusiness, in allen möglichen Berufen. Dann endlich kam das Fernsehen, und es war mir tausendmal lieber, dort meinen Beruf als Regisseur auszuüben. Ich habe diese Fernsehsachen immer als Fingerübungen verstanden. Ich habe immer viel ausprobiert, und so hat sich ein Riesenfundus entwickelt, auf den ich heute zurückgreifen kann. Das hat mich gewappnet für die Zeit, in der ich zum Kino zurück will. Ich bin froh, dass dies nicht mein erster und auch nicht mein zweiter Film ist.

Fernsehen also, um das Handwerk zu erlernen. Aber Sie gelten auch als jemand, der das Fernsehen für neue Erzählstrukturen geöffnet hat.

Weil ich immer gesucht habe. Wir haben immer versucht, mit diesen Fernsehstücken einen neuen Weg zu gehen. Ich bin nie verkrampft daran gegangen, weil ich ja immer Kino machen wollte. Ich habe nie vor irgendwelchen Fernsehredakteuren gekuscht, und mit dieser Frechheit konnte man das ganz gut durchstehen.

Kino und Fernsehen schließen sich für Sie nicht aus. Sie haben jetzt für SAT1 den Film *Buddies* gedreht. Wie sind Sie den angegangen? Als Kinofilm, als Film fürs Fernsehen?

Es wäre durchaus möglich gewesen, den auch ins Kino zu bringen, es gab darüber Gespräche. *14 Tage lebenslänglich* ist klassisch, großes Kino, mit Scope, *Buddies* ist mehr »trashy«: viel Handkamera, ein bisschen *Trainspotting*, das gefällt mir auch sehr gut. Die ganze Geschichte ist ja so angelegt, ständig auf dem Trip zu sein, und es war eine Herausforderung, so einen Trip zu inszenieren. Der Film ist nicht moralisch, das finden manche verwerflich, aber die Jungs sind so. Es geht ja um Waffengeschäfte.

Sie treten zu einem Zeitpunkt wieder auf die Filmbühne, an dem Komödie großgeschrieben wird, einige aber einen Umbruch im deutschen Film prognostizieren. Wo sehen Sie da Ihre Stellung?

Ich wollte immer in die Dramaecke. Ich wollte keine Komödie wegen der Zahlen drehen oder um danach etwas Ernsthaftes zu machen. Das geht meistens sowieso nicht. Es ist tatsächlich ein schöner Zufall, dass es jetzt eine Ermüdungserscheinung beim Publikum gibt, das fragt: Gibt es nicht noch was anderes? Das hilft uns, aber das kann man vorher nicht bestimmen. Auch dass es gerade mehrere Knastfilme gab, *Männerpension* oder auch *Alles nur Tarnung*, ist Zufall.

Würden Sie sagen, dass der Erfolg der Komödien eine Chance eröffnet, jetzt »vernünftige« Filme zu machen, oder ist von vornherein eine falsche Richtung eingeschlagen worden?

Die Komödien haben schon die Leute daran gewöhnt, dass man wieder in deutsche Filme gehen kann. Jetzt muss aber der Sprung zu anderen Themen geschafft werden. *Jenseits der Stille* ist ein gutes Beispiel. Ich denke nicht, dass es ein Fehler war, aber es kann nicht sein, dass sich der deutsche Film nur über die Komödie definiert. Das wird sich in den nächsten Jahren zeigen, aber es wird möglich sein, etwas zu entwickeln.

Machen Sie das an Hand von bestimmten Autoren, Regisseuren oder Produzenten fest?

Es sind viele junge neue Produzenten dazugekommen, die den Mut haben, Kino zu machen, während die alten irgendwann gesagt haben: Kino hat keinen Sinn. Es gibt da auch die entsprechenden Regisseure, ganz junge, die ihren ersten, zweiten Film noch vor sich haben, aber auch welche meiner Generation.

An welche Art der Finanzierung glauben Sie für die Zukunft? Bei *14 Tage lebenslänglich* war es eine Mischung aus öffentlichen Geldern und privaten, von premiere.

Filmfinanzierung wird in Deutschland immer ein Konglomerat bleiben aus öffentlichen Förderungen, Fernsehsendern und Verleihgarantien – bürokratisch und zersplittert. Auf dem Markt wird der Film als Produkt gesehen, und wir hoffen, dass wir es gut verkaufen.

Viele machen die Gremien, die über die öffentlichen Gelder entscheiden, verantwortlich für die Komödienschwemme.

Die Fahne in den Wind halten, hat immer gut funktioniert. Ich bin sicher, wenn Filme der ernsteren Art Erfolg haben, wird das wieder passieren. Der nächste Schritt muss dann sein, sich davon zu distanzieren und es noch besser zu machen.

Sollte man dabei so etwas wie deutsche Realität berücksichtigen oder eher allgemeingültige Geschichten erzählen?

Es gibt sicher Projekte, bei denen ich nichts dagegen habe, wenn es einen Bezug zu Deutschland hat, etwa bei *Svens Geheimnis* (Richters preisgekröntes Fernsehspiel aus dem Jahr 1994). Aber ich versuche in den meisten Fällen – und das ist ja auch Kino –, aus der absoluten Realität herauszugehen und eine eigene zu entwickeln. Die muss nicht zwangsläufig typisch deutsch sein. Es sind die archetypischen Figuren, die mir Spaß machen, und die jeder versteht, auch in England oder Frankreich, und nicht, an der nächsten Ecke zu drehen.

An welcher Art Kino orientieren Sie sich? Am amerikanischen, europäischen?

Die frühen Filme von Scorsese, Bertolucci, Coppola – für mich einfach großes Kino, es entführt mich in eine andere Welt: *Es war einmal in Amerika*, *Der letzte Kaiser*...

Eher die epischen Geschichten...

Ja, so etwas sollte es im deutschen Film auch geben.

Im Hinterland des Nihilismus

ULRICH KRIEST IM GESPRÄCH MIT CHRISTIAN PETZOLD

Christian Petzold (geb. am 14.9.1960) inszenierte mit *Die innere Sicherheit* einen der bemerkenswertesten deutschen Kinofilme der jüngsten Zeit. Nach seinem Studium an der Deutschen Film- und Fernsehakademie Berlin (1984–94) assistierte er bei Harun Farocki und Hartmut Bitomski und drehte Kurz- und Dokumentarfilme. 1994 entstand sein erster Spielfilm *Pilotinnen*, der bereits deutlich machte, mit welch sicherem Gespür für filmische Verdichtungen Petzold fern jeder romantisierenden Verklärung zu inszenieren versteht. 1996 folgte *Cuba Libre*, eine melancholisch-komische Geschichte um zwei Verlierer, Liebe und unverhofft verwirklichte Träume, ein Jahr später *Die Beischlafdiebin*, einer intensiv gespielte Kriminaltragödie um den Ausverkauf von Träumen und Begehrlichkeiten.

Es gab mal eine Zeit, da galt ein Film über Terrorismus als heißes Eisen, bei dem man eigentlich alles nur falsch machen konnte, je nach Perspektive: zu staatstragend, unpolitisch, insiderhaft. In den 90er Jahren wurde das Thema im Kino wiederholt aufgegriffen, um andere Dinge zu verhandeln. Die »alte« Politik wanderte via »RAF-Phantom« ins gehobene Grimme-Preis-Fernsehen. Wie steht es da mit *Die innere Sicherheit*?

Als ich anfing, über *Die innere Sicherheit* nachzudenken – Anfang der 90er Jahre –, schien der Film keine Umgebung zu haben. Der Terrorismus als ästhetisches Phänomen war mausetot. Als der Film fertig wurde, gab es Schlöndorff und Staatsfernsehen von Breloer – und plötzlich glaubt man, die Welt würde das in irgendeiner Weise beschäftigen. Da habe ich mir gesagt: Wenn die Amerikaner die Mafia benutzen, um griechische Tragödien zu entwerfen, dann können wir auch die RAF, den politischen Untergrund, als Bühne nutzen. Für mich war das Thema kein heißes Eisen. Die meisten Leute kennen das ja gar nicht mehr, es ist eher vergessen, obwohl Reste, Erinnerungen überall herumliegen. Auch ist es nicht so, dass, wenn man RAF sagt, die Leute die Hände über dem Kopf zusammenschlagen und man kein Geld bekommt. Die ersten Gelder bekam ich vom Staat. Später kamen allerdings doch noch merkwürdige Vorschläge aus dem Fernsehbereich: Die Geschichte sei so schön, ich solle doch die RAF-Bezüge streichen und sie durch den Immobilienspekulanten Schneider ersetzen. Der habe sich schließlich auch verstecken müssen. Das hätte das gesamte Projekt zusammengefaltet, denn Schneider ist ein Kleinbürger, und bei mir geht es um andere Leute.

Es gibt auch diesen Film von Sidney Lumet mit River Phoenix?

Running on Empty. Hab' ich mir angeschaut. Es gibt eine Parallele, nämlich dass Leute aus dem Untergrund als Familienzelle auf der Flucht sind. Aber da wird eher ein uramerikanisches Thema verarbeitet. In den USA gibt es keine polizeiliche Meldepflicht, man kann ganz normal-illegal innerhalb des Landes leben. Während die Familie in meinem Film eine absolute Geisterexistenz führt. Die sind ja gar nicht vorhanden.

Im Presseheft steht: »Wenn Gespenster Menschen werden möchten, dann sind sie immer Protagonisten einer Tragödie.« Ich musste beim Sehen an Kathryn Bigelows *Near Dark* denken, insbesondere in der Szene, die an der deutsch-französischen Grenze spielt: Es ist frühmorgens. Das Mädchen steht am Rheinufer, betrachtet die Deutschlandflagge, und dann geht hinten in diesem sarg- und panzerartigen weißen Volvo die Tür auf, und die Eltern, bleich wie Vampire, steigen aus und umarmen sie.

Ich wollte das nicht zu dick machen, aber der Film ist von diesen Bildern durchzogen. Wir zeigen auch immer, wie sich bei diesem Volvo die Türen öffnen. Dieser Faradaysche Käfig ist für die Familie ungeheuer wichtig. Der Grenzübergang bei Straßburg passt da rein, aber auch die Szene bei diesem Anwalt, der ihnen nicht hilft. Da verschwinden sie in diesem dunklen Wald wie Erscheinungen. Oder die Mutter, die eines Morgens plötzlich mitten im Wald neben der Tochter steht – immer sollte das Geisterhafte, das Unkörperliche betont werden. Um noch einmal auf *Running on Empty* zurückzukommen: Für Vampirfilme gibt es ja eigentlich kein Ende, es gibt nur das Ende, dass irgendwann der Tod die Geister erlöst. In den späten Vampirfilmen leiden sie und bitten um ihren Tod, damit sie endlich zur Ruhe kommen. Davon ist auch etwas in meinem Film. Die Tochter verrät beinahe die Familie, damit endlich dieser ewige Drift aufhört.

Die Figuren reden nicht über Politik. Man kann den Film angucken, sich dumm stellen und wüsste lange nicht, was mit dieser Familie los ist. Das ist in gewisser Hinsicht auch ein politisches Statement, oder?

Wenn man hierzulande Filme macht, ist man von unendlich vielen Beratern in Sachen Drehbuch, Dramaturgie, Stoffentwicklung umgeben. Man trifft sich und diskutiert. Alle Vorschläge gingen immer in diese Richtung: »Bau bitte dialogische Szenen ein, in denen der politische Hintergrund dargestellt wird! Kann die Tochter nicht zu Beginn zu ihren Eltern sagen: ›Warum habt ihr bloß damals in Frankfurt diesen GI umgebracht?‹« Das ging mir fürchterlich auf die Nerven. Wenn eine Familie 15 Jahre unter diesen Bedingungen zusammengehalten hat, dann verfügt sie über eine innere Disziplin, die ungeheuer ist. Die reden nicht mehr über Dinge von 1965, 1973 oder 1977. Und die reden auch nicht mehr zum Zuschauer. Mich interessiert, die Realität, die physische Präsenz dieser Familie ins Bild zu bekommen – und nicht eine Theatergruppe, die uns pädagogisches Zeugs vorbrabbelt.

Wäre auch erbärmlich gewesen, wenn die Familie die Nachrichten guckt und Richy Müller bitter knurrt: »Verdammt, dieses Schweinesystem!«

Eben! Bei der Recherche begegnet man natürlich der political speech von Baader, dem Kadavergehorsam von Stammheim. Diese Sprache ins Drehbuch zu holen, wäre katastrophal, völlig unglaubwürdig geworden. Diese Leute, so meine Vorstellung, haben vor 15 Jahren ihre Idee verloren, die sind von Geschichtsstille umgeben, herausgefallen aus der Geschichte. Die leben seit Jahren nach innen, mit dem Rücken zur Gesellschaft. Um dieses komplexe Familiengefüge dreht sich der Film. Das muss absolut realistisch sein: Wir schauen einer Familie bei ihrer Schuldökonomie und Zeichenhaftigkeit zu.

Dagegen wird gemeinhin der Vorwurf erhoben, dass der Widerstand so retrospektiv ein weiteres Mal entpolitisiert, entmündigt wird und zwar aus der Siegerperspektive.

Ich persönlich finde, dass die Familie in *Die innere Sicherheit* hochpolitisch ist. All das, was da allabendlich zu Tisch und in den Gesprächen untereinander mit Worten und mit Blicken hergestellt wird, ist doch politisch – Mikropolitik: Wie kann ich diese Zelle (die Familie) zusammenhalten und durch die Welt bringen und dabei kein Machtmensch sein? Diese Familie hätte ja nicht 15 Jahre Bestand gehabt, wenn sie verdrängen würde, wenn sie unkommunikativ würde, wenn sie nicht transparent sein würde. Da wäre sie nämlich nach zwei, drei Jahren auseinander geflogen. Das ist hoch politisch, nur wird hier Mikropolitik verwaltet und nicht länger über den militärisch-industriellen Komplex diskutiert.

Das scheint alle Mal interessanter, als ein weiteres Mal bei Aust nachzuschlagen, um zu wissen, »wie es wirklich war«. 85 Prozent aller deutschen Filme zum Thema Terrorismus sind ja de facto Literaturverfilmungen vom *Baader-Meinhof-Komplex*.

Es ist doch seit zehn Jahren so, dass jedes Titelblatt von Spiegel, Focus oder Stern Grundlage für irgendeinen Film ist. Kaum liest man über neue Grippeviren, läuft schon *Die Todesgrippe von Köln* im Fernsehen. Nicht, dass das Benutzen von Aust schlimm wäre; aber überhaupt einmal auf die Idee zu kommen, mittels anderer Bücher zu recherchieren, dazu gehört dann auch, sich *Der Geheimagent* von Conrad oder *Das Totenhaus* von Dostojewski vorzunehmen, um zu begreifen, was »Untergrund« bedeutet.

Da sind die alten Geschichten. »Mit der ganzen Scheiße habe ich nichts mehr zu tun«, sagt der Anwalt, der nicht helfen will. »Geschichtsunterricht«, sagt Richy Müller, als er die mittlerweile wertlosen Geldscheine aus dem Erddepot geholt hat und sie seiner Tochter reicht. Ist dein Film auch Geschichtsunterricht?

Ich hatte mal Geschichte-Leistungskurs, da habe ich nichts über die Welt erfahren. Danach habe ich mir geschworen, ich mache nie Geschichtsunterricht.

Es gibt aber auch einen Film, der *Geschichtsunterricht* heißt.

Ja, von Straub. Damit hat es eher etwas zu tun. Wenn man Geschichtsunterricht macht, dann sollte man Filme so machen, dass man in 20, 30 Jahren, wenn man sie sieht, weiß, wie wir heute gelebt, geliebt haben, gereist sind.

Mag sein, dass das woanders herkommt, aber ich fand den Soundtrack von *Die innere Sicherheit* sehr eindrucksvoll. Man konnte den Wald hören, man konnte den Wind am Strand in Portugal hören, und man konnte Lissabon als Stadt hören.

Das hatte ich mit dem Tonmann so besprochen. Dass man, wenn das Mädchen frühmorgens die Villa verlässt und über die Brücke geht, den Wind, der durch die Elbwiesen zieht, mitbekommt. Ich finde, dass Filme sinnlicher sein sollten. Sinnlicher nicht in dem Sinne, dass man irgendwelche Sachen aus dem Archiv unterlegt, sondern so, dass man spürt, dass das, durch was das Mädchen sich hindurchbewegt, die gegenwärtige Welt ist. Also das, was ihren Eltern fehlt. Die haben keine Gegenwart, die speisen sich aus der Vergangenheit und reden über Dinge in der Zukunft. Das Mädchen aber schaut die gegenwärtige Welt an, gerät in Schulen und die Liebe.

Mich erinnerte es an die Filme Rudolf Thomes. Dieses dokumentarische Moment in jedem Spielfilm, der ja immer auch die Präsenz der Arbeit der Schauspieler dokumentiert.

Kürzlich las ich einen Text von Jean-Louis Comolli (»Der Umweg über das direct«. In: Eva Hohenberger: Bilder des Wirklichen. Berlin 1998). Darin schreibt er, das Größte bei einem Dokumentarfilm sei, wenn er zur Fiktion werde. Wenn man mit einer Figur mitschwenke und dieser Schwenk verdichte sich zu einer Erzählung, zu einer Fiktion. Umgekehrt sind die größten Momente in Spielfilmen, wenn diese dokumentarisch werden, wenn das Nichtinszenierte in die Erzählung einschlägt. Das erfordert natürlich die entsprechenden Produktionsbedingungen. Man muss viel länger drehen, als man das in Deutschland gewöhnlich zugebilligt bekommt.

Was mir als Subtext eingeleuchtet hat, war die Zeile »She's walking away« in dem Song von Tim Hardin mit dem Titel »(How can we) Hang on to a Dream«. Die Tochter beginnt, ihr eigenes Leben zu leben – und die Eltern spüren, dass da etwas außer Kontrolle gerät.

Der Song formuliert eine Frage, keine Aufforderung, wie die häufig gewählte Kurzform des Titels suggeriert. Das ist viel tragischer. In dem Film passieren all die Dinge, die auch in normalen Familien passieren. Die Tochter verliebt sich, löst sich vom Elternhaus ab. Man streitet wegen Kleidung oder Taschengeld. Aber unter diesen ganz besonderen Existenzbedingungen der Familie lädt sich dieser ganz alltägliche Quatsch auf. Plötzlich geht es um ganz große Dinge wie Vertrauen, Offenheit – man kann sagen: Politik. Der Diebstahl von Kleidung, um in die Normalität eintauchen zu können, bedeutet für die Tochter die Menschwerdung, während es für die Eltern unter Umständen den Tod bedeutet. Die daraus resultierende Anspannung hält nicht nur diese Familie, sondern auch den Film zusammen.

Das Leben im Untergrund wirkt völlig unglamourös. Die Tochter wirft ihren Eltern einmal vor: »Überangepasstheit macht auch verdächtig!« Als sie den Trainingsanzug aus der Kleidersammlung anziehen muss, zeigt der Film das als das Schrecklichste, was man sich vorzustellen vermag. Ein wirklich qualvoller Augenblick, verknüpft mit diesem schillernden Begriff »Untergrund«. Auch der Freund der Tochter versteht den Sinn dieses Wortes nicht, weil die dazugehörige Geschichte längst weggebrochen ist. Der Staatsfeind als Star, Andreas Baader und seine BMWs, das ist nicht mehr vermittelbar. Für die Szene, als Jeanne diesen Aldi-Trainingsanzug anziehen muss, wäre man in den 70er Jahren als Regisseur wohl verprügelt worden?

Bestimmt! Es war unendlich schwierig, diese Kleidung zu finden. Armut im Kino darzustellen ist ausgesprochen schwierig. Im Film sieht immer alles toll aus. Man kann Armut nicht abbilden, man muss sie herstellen. Diese »Nichtkleidung«, dieses entsetzlich Hässliche des Nylontrainingsanzugs zu finden hat Wochen gedauert. Die Figuren tragen die Kleidung, die man bei Personen vermutet, die nachts von Schleppern über die tschechische Grenze nach Österreich geschmuggelt werden. Elende Lederjacken oder seidene Jogginganzüge, das ist, glaube ich, das Einzige, was man heute im Bild als »elend« erkennen kann.

Stichwort: Dramaturgie der Verdichtung. Zwei Szenen des Films haben mich spontan fasziniert. Zunächst die Idee mit der Urlaubsbekanntschaft: Der Junge entwirft eine Wunschbiografie, und der Film zeigt ganz »realistisch« die Führung durch die Villa, was »imaginär« ist. Hier werden mehrere Geschichten gleichzeitig erzählt, von denen die Erzähllogik des Films mehrfach profitiert: Die Interieurs sind bereits bekannt, wenn die Familie dort ankommt, die Anwesenheit des Jungen wird plausibel gemacht. Auch wird mittels dieses Kniffs gezeigt, wie stark die Wünsche des Mädchens sind. Es funktioniert wie ein Schwamm für die Wünsche des

Jungen, weshalb es da jetzt so aussieht, wie es denkt, dass es dort aussieht.

Ja! Als ich 14, 15 war, sah ich einen Film von Juan Buñuel: *Die Frau mit dem roten Mantel.* Da geht es um ein pubertierendes Mädchen, dessen Begehren derart stark ist, dass seine Fantasien in den Weltenlauf eingreifen können. Beim Schreiben des Drehbuchs hatten Harun Farocki und ich uns überlegt: Da ist ein Mädchen, das die Realität so stark begehrt, und da ist ein Junge, der von einem normalen Leben träumt. Sie wünscht es sich so sehr, dass das normale Leben, als sie dort ankommt, genau so ist, wie sie es sich vorgestellt hat. Zugleich aber ist das, was der Junge ihr erzählt, gelogen, weil er selbst als Waise Normalität begehrt, in die er sich hinein erzählt. Schließlich halten wir uns also im Film an Orten auf, die die Fantasie zweier Liebender sind.

Und der Junge errichtet seine Fantasie auf Kosten der Mutter, die im Swimmingpool Selbstmord begangen hat …

Ich habe meinen Zivildienst mit Jugendlichen, darunter vielen Waisen, in einer »Offenen Tür«-Arbeit abgeleistet. Das Brutale war, dass insbesondere die Jungs immer zwei Fantasien hatten: Eigentlich seien sie Königskinder, ausgesetzt, aber von besserem Blut. Sie überhöhten ihre Eltern, schickten sie aber gleichzeitig in grausame Tode – das fiel mir beim Schreiben wieder ein. So imaginiert der Junge diese tolle Abstammung: großes Haus, wahnsinnig reich, aber dann lässt er im Symbol des Reichtums, dem Pool, seine Mutter sterben. Das ist mir ausgesprochen wichtig: dass diese Nebenfiguren auch noch mit fiktionaler Kraft aufgeladen werden und nicht nur als Stichwortgeber fungieren. Die haben eigene Leidensgeschichten – wenn der Film seine Position ändern würde, könnte er auch deren Geschichte weitererzählen. Wenn der Junge erzählt, dass er eine abgebrochene Lehre als Heizungsmonteur hinter sich habe, und in dem Haus gibt es eine Fußbodenheizung, dann könnte er selbst am Einbau dieser Heizung beteiligt gewesen sein. Solche Spuren haben wir in der Geschichte belassen.

Das andere ist die Suspense-Szene an der Straßenkreuzung im Industriegebiet, als die schwarzen Fahrzeuge von allen Seiten auftauchen und ein Zugriff zu drohen scheint. Richy Müller steigt aus dem Auto, hebt die Hände über den Kopf, die Ampeln springen auf Grün, und er steht da wie ein begossener Pudel. Das ist schrecklich, aber auch schrecklich komisch.

Die Szene sieht einfach aus, hat aber zwei Tage gedauert, weil die Drehlogistik so kompliziert war. Ich hatte mir gedacht, dass man einmal im Film erleben muss, was Paranoia ist. Paranoia gefährdet ja nicht nur, sondern schweißt auch zusammen. Es läuft eine nonverbale Kommunikation, ein Programm ab: Ausnahmezustand – Tochter nach unten drücken, ich geh' raus und lenke die Kugeln ab. Der zweite Gedanke war: Wenn man den Begriff der Inneren Sicherheit ernst nimmt, ist in diesem Staatsbegriff ja ein Moment der Körperhygiene enthalten: Ein Körper bekämpft die Viren, die ihn befallen haben. Meine Vorstellung war: In einem weißen Auto fahren die als eingedrungener Virus über Autobahnen und Straßen, und die schwarzen Autos, die sich um sie herum gruppieren, sind die Antikörper, die den Virus eliminieren. Deshalb gibt es immer wieder Totalen, in denen man die Bewegungen des weißen und der schwarzen Autos sieht – ein Molekülbild. Schließlich sollten die schwarzen Autos den Volvo einkreisen und eliminieren, indem sie ihn aus dem Blutkreislauf herauswerfen, was ja am Schluss auch geschieht.

Was die schwarzen Fahrzeuge angeht, so dachte ich auch an so etwas wie »Der Schatten der Todes«, so expressionistisch und explizit, wie man es aus Comics kennt. Wenn am Schluss der Zugriff erfolgt, ist die Situation vergleichsweise eindeutig, da wird ganz professionell eliminiert.

Ja, obwohl der Film schon vor dem eigentlichen Schluss zu Ende ist. Das Mädchen sagt zu dem Jungen: »Ich bleibe bei dir.« Er verrät die Eltern, um ihr den Rückweg abzuschneiden, um sie (für sich) zu retten. Dann verschwindet sie wieder. Wenn man dann den Volvo sieht, der eine einsame Straße entlangfährt, dann hätte der Film mit dieser Einstellung enden können. Damals sagte die Cutterin: »Die kommen nirgendwo mehr an.« Wir haben den Zugriff noch dran gehängt, um dem Film einen wirklichen Schluss zu geben.

Ist das denn jetzt die Erlösung?

Es ist eine Erlösung, die keine ist. Weshalb der Film mit dieser Nahaufnahme auf Jeanne schließt, die hier in gewisser Weise vom Staat geboren wird, deshalb hat sie auch diesen

Schleim von dem Unfall im Gesicht. Wie eine Art von Geburtsschleim. Sie ist in diesem Moment ganz allein, um sie herum ist eine unendliche Leere. Man hört auch nur, was an diesem Morgen am Drehort zu hören war. Die Eltern sind verschwunden, und es gibt auch niemanden, der ihr etwa eine Decke umlegt, was oft und gern als Schlussbild gewählt wird.

Julia Hummer hat mich an Linda Manz in *Out of the Blue* erinnert ...

Als ich sie beim Casting gesehen habe, dachte ich auch an Linda Manz. Ich habe sie auch darauf angesprochen, aber sie kannte sie nicht. Sie hat erst vor ein, zwei Jahren mit dem Filmegucken angefangen. Aber die Figur, die Dennis Hopper mit diesem Endsiebziger-Mädchen gefunden hat, die hat schon viel mit Julia zu tun.

Sie hat diese Muffeligkeit und diese widerwillige Art, sich zu bewegen. Und dann sieht sie ja auch, mit Verlaub, etwas eigenwillig aus.

Ich finde das ganz toll. Heute reden alle vom Klonen, aber das Casting hat mir gezeigt, dass das längst Realität ist. Diese Jungdarsteller, die einem von den Agenturen angeboten werden, haben alle die gleiche Figur und dieselben Frisuren – diese ganzen Vorabendserien-Jugendlichen. Julia dagegen kann durch ihren Gang, die Art, wie die Arme an ihr herumschlenkern, Geschichten erzählen. Aus diesem Grund habe ich ganz viele Gänge mit ihr gefilmt. Es gibt bei Fünfzehnjährigen diese Art, die Abneigung gegenüber bzw. den Ekel vor der Welt durch den Körper auszudrücken, aber im Gesicht ist sie unglaublich konzentriert und wach. Julia hat sich auf eine Art mit ihrer Rolle identifiziert, die ich beinahe beängstigend fand. In der Szene, in der sie von der Mutter geohrfeigt wird und dies später in der Küche einklagt (»Andere Kinder, die von ihren Eltern geschlagen werden, können jedenfalls von zu Hause abhauen. Ich nicht!«), als sie das sagt, da altert sie plötzlich, als ob die Ohrfeige sie zur Erwachsenen gemacht hat. Was sich da in ihrem Gesicht abspielt, ist faszinierend.

Themenwechsel: Ein Film von dir trägt den Titel *Die Beischlafdiebin*. Da denkt man gleich an Alexander Kluge, was bei deinen Filmen öfter passiert: Die Geschichten lassen sich wie bei einem Versuchsaufbau auf drei, vier Sätze verdichten, dann kippt das aber um, und man entdeckt eine andere Dialektik. Auch weisen die Filme parabolische Strukturen auf, die aber realistisch, »wahrhaftig« in Szene gesetzt werden. Diese Mischung scheint mir sehr »klugeesk«.

Merkwürdig, weil ich mich gerade durch die »Chronik der Gefühle« und die beiden »Vorwerk 8«-Bände gelesen habe. Ich bin schwer von Kluge geprägt, seit ich Ende der Siebziger *Lebensläufe* las. Darin fand ich etwas, das in dieser grauenhaften deutschen Reihenhausnormalität Risse aufzeigte und dahinter entsetzliche Tragödien, Opernstoffe sichtbar machte. Die *Beischlafdiebin* ist ein Kluge-Motiv, rührt aber auch aus meiner großen Simenon-Verehrung. In den Memoiren hat er die Beischlafdiebin mit einer normalen Prostituierten verglichen. Die Prostituierte verkauft ihren Körper. Die Beischlafdiebin hält sich für etwas Besseres, weil sie nicht mit den Männern schläft, sondern sie nur verführt und dann mit K.O.-Tropfen außer Gefecht setzt. Mein Film handelt davon, dass die Beischlafdiebin viel mehr von sich verkauft, weil sie ja verführen muss. In der Verführung zeigt sie ihre Intelligenz, ihre Träume und Wünsche. Im Vergleich zur Prostituierten verkauft sie nicht ihren Körper, sondern ihre Seele. So was hat bestimmt was mit Kluge zu tun.

Kluges Arbeiten ist eine bestimmte Sicht auf die Welt eingeschrieben, eine Kälte des Blicks, kombiniert mit einem spezifischen Humor. Beides finde ich in deinen Filmen wieder – übrigens auch in dem Film Harun Farockis, der deinen Filmen am nächsten steht: *Betrogen*.

Ich glaube, dass Farocki schwer von Kluge geprägt ist. Bitomsky übrigens auch. Als ich ihn in Los Angeles besucht habe, war sein einziger Wunsch: Bitte »Chronik der Gefühle« mitbringen! Übrigens: Den ersten Satz von Bitomsky in *Das Kino und der Tod*, den habe ich während der Dreharbeiten jeden Morgen als Erstes gesagt, so als Kalenderspruch des Tages: »Unser Film spielt im Hinterland des Nihilismus.« Am Set haben dann immer alle »Ja, ja, ja« gesagt.

Wie funktioniert deine Zusammenarbeit mit Farocki?

Die Zusammenarbeit mit Harun, das geht seit Jahren und geht so leicht, dass ich gar nicht versuche, darüber nachzudenken, woher diese Leichtigkeit kommt. Ein wenig aus dem mulmigen Gefühl heraus, dass zu viel Reflexion der

Leichtigkeit ihr kleines Geheimnis raubt. Am Ende, wenn man weiß, wie es geht, kann man nicht mehr zusammenarbeiten, und es bleibt nur, dass man Lehrbücher schreibt, Seminare übers Drehbuchschreiben macht oder Stadtschreiber wird – so eine Art Syd Field von Sebnitz. Als ich Harun kennen lernte und wir zum ersten Mal zusammen an einer Geschichte saßen, da erwähnte er *Die 39 Stufen* von Hitchcock. Daran gefiel ihm, dass dort zwei sich ineinander verlieben, aber eben nicht auf den ersten Blick, sondern durch die Polizei. Mit Handschellen zusammengekettet, müssen sie sich auf ihrer Flucht arrangieren und organisieren – und dabei fällt die Liebe ab. Das ist etwas, was immer in den Geschichten ist, die Harun und ich erarbeiten. Leuten, denen Handlungen aufgezwungen werden. Die Liebe ist nicht Ausgangspunkt, sondern Konsequenz. Arbeit. Dinge, die einmal zum Handwerk der Protagonisten gehörten – die Verführungsstrategien in *Die Beischlafdiebin*, die Verkaufsstrategien der Vertreterinnen in *Pilotinnen* –, werden von den Protagonisten umgewandelt. Verführungsstrategien werden zu Strategien in Bewerbungsgesprächen. In *Die innere Sicherheit* wandelt sich eine Strategie, die einem als letzte Möglichkeit in einem Verhör mit dem BKA erscheint, zu einer Verteidigungshaltung in einem Gespräch zweier Liebender.

Im Jahr 2000 liefen Filme wie *The Insider*, *Manila*, *In the Mood for Love*, *Dancer in the Dark* oder *Die Unberührbare* in den Kinos – allesamt Filme ohne öde Videoclip-Manierismen mit einem spürbaren Bemühen um einen genauen Blick auf das Verhalten von Menschen. Würdest du *Die innere Sicherheit* in diesen Trend einer »neuen Ernsthaftigkeit« einordnen?

In dem Buch *Bestandsaufnahme: Utopie Film* gibt es eine von Claudia Lenssen zusammengestellte »Liste des Unverfilmten«. Irgendwo heißt es da sinngemäß: Solange solche Filme nicht gedreht werden, nehmen wir unser Land nicht wahr. Seit zehn Jahren haben wir die Berliner Republik, das Leben ändert sich täglich – aber die Filme erzählen nichts davon. Das Kino ist nicht mehr der Ort, wo die eigene Gesellschaft befragt wird. Genau das aber leistet Kluge mit seiner »Chronik der Gefühle«. Ich glaube, dass es diese Tendenz der Ernsthaftigkeit gibt, schon seit Jahren. Als ich an der Filmakademie studierte, gab es eine Gruppe, die sich geärgert hat, dass nicht mehr richtig recherchiert wird. Dass man von diesem Münchner Unsinn wieder wegkommen muss, von diesen Rucolasalat-Wohnungen und diesen Berufen, die die Figuren haben, wo nichts irgendwie der Wirklichkeit entspricht. Wo unsere Patchworkbiografien, die Migrationsgeschichten überhaupt nicht stattfinden. Zu der Gruppe gehörten damals Thomas Arslan oder Angela Schanelec. Ich glaube, dass viele der Filme, die man ernst nehmen kann, aus diesen Diskussionen entstanden sind, die überall in der Welt korrespondieren. Man kann ja schließlich nicht diesen Dreiundzwanzigjährigen mit ihren DV-Kameras die Welt überlassen. In diesen neuen Editing-Suites laufen nur noch Neunzehnjährige gepiercte Tätowierte herum, die zwar die Software bedienen, aber nicht schneiden können, weil sie bar jeder Lebens- und Kunsterfahrung sind.

Gegen alle Gesetze

MARGRET KÖHLER IM GESPRÄCH MIT ROMUALD KARMAKAR

Nach seinem preisgekrönten Kinofilm *Der Totmacher* (1995) polarisiert Romuald Karmakar mit seinem neuesten *Manila* das Publikum: Die provozierende Studie über deutsche Touristen, die am Flughafen von Manila für einige Stunden festhängen und »die Sau rauslassen«, weckt Abwehr und Faszination zugleich. *Manila* ist ein unbequemes Werk, das Diskussionen herausfordern dürfte.

Wie kam es zu dem Projekt?

Ich kenne Bodo Kirchhoff, mit dem ich das Drehbuch schrieb, seit 14 Jahren und wollte schon lange mit ihm arbeiten. Wir haben uns überlegt, was wir zusammen machen könnten, über welche Figuren wir etwas erzählen möchten. Mir gefällt an seiner Literatur, dass er immer wieder deutsche Spuren im Ausland beobachtet und beschreibt, wie man es sonst nirgends findet. Das Buch entwickelten wir über zwei, drei Jahre hinweg.

Sehen Sie einen Bezug zur Wirklichkeit?

Es gibt keinen realistischen Bezug. Ich greife ein Thema auf und übertrage es in eine Kunstform. Man inszeniert einen Film nicht nach einer philosophischen These wie an der Universität, wo es heißt, ergründen wir mal, wie die Deutschen sich im Ausland verhalten. So arbeite ich nicht. Ich entwickle den Film über die Figuren, nicht über eine These. Der einzige Topos, an dem wir uns festhielten, war, dass da einige Passagiere am Flughafen in Manila festsitzen.

Ihr Film überzeugt durch perfektes Ensemblespiel. Wie gestaltete sich die Zusammenarbeit mit den Schauspielern? Sie haben ihnen einiges abverlangt. Gab es keine Verweigerung, Eitelkeiten oder Eifersüchteleien?

Für mich war es eine große Ehre, dass alle mitgemacht haben. Ich habe sehr viel gelernt, es war eine wunderbare Erfahrung in der Zusammenarbeit. Es ist bedauerlich, dass in Deutschland viele Schauspieler kein Interesse hervorrufen, dass man immer auf dieselben Gesichter zurückgreift. Es mangelt leider an Neugier auf Unbekanntes.

Würden Sie sich als autoritären Regisseur bezeichnen, oder lassen Sie Team und Schauspieler an der langen Leine?

Ich kann mich nicht einschätzen. Ein Regisseur muss alles können, weil jeder Schauspieler anders ist, anders arbeitet, sich anders vorbereitet. Wir wollen alle ein gutes Ergebnis, da muss man mal laut, mal leise werden. Aber es gab keine Probleme. Jeder hatte das Buch gelesen, wusste, auf was er sich einließ.

Was war die größte Herausforderung?

Ich kann nicht einen Aspekt des Filmemachens separieren. Wir haben vor den Dreharbeiten geprobt, und in dieser Probenzeit passiert etwas Wichtiges. Man bekommt Erkenntnisse, ob der Dialog funktioniert, die Zusammenstellung der Schauspieler. Man erfährt mehr über die Figuren, die immer realer und lebendiger werden, als man sich vorher ausgedacht hat. Alles greift ineinander. Kompliziert war es, Schauspieler und Komparsen in Bewegung zu bringen, mit so vielen Menschen eine Geschichte zu erzählen.

Manila weckt kontroverse Reaktionen. Welches Publikum avisieren Sie?

So eine Frage kann ich nicht beantworten. Ich möchte, dass überhaupt Zuschauer in den Film gehen. Die Reaktion bei einer öffentlichen Vorführung war interessant. Viele Probleme, die Journalisten mit dem Film haben, teilt das Publikum nicht. *Manila* definiere ich als einen Film für Erwachsene, nicht in dem Sinne, das man 18 ist, sondern dass man im Kopf erwachsen ist.

Wie stehen Sie zu dem Vorwurf, manche Sexszenen seien allzu deutlich?

Ich kann nicht den Film machen, der keinen mehr stört. Dann erlischt das Interesse. Darum geht es aber nicht. Ich gehe in manchen Szenen bis an die Grenze, das ist konsequent.

Wollten Sie provozieren?

Ich habe noch nie einen Film gemacht, der provozieren will.

... der dann aber dennoch provoziert!

Das ist etwas völlig anderes. Ich kann immer nur das tun, was ich als richtig empfinde. Meine Figuren sind trotz ihrer Schwächen für mich nicht problematisch, diese Leute existieren. Die Wirklichkeit ist noch schlimmer. Wenn auch nicht in behüteten Redaktionsstuben, wo alles ganz anders scheint. Aber das ist nicht die Welt, Journalisten berichten nur von der Welt und glauben mittlerweile zu wissen, wie die Welt sei.

Vermitteln Sie die Welt, wie sie ist?

Wenn mich jeder Zweite fragt, warum ich so eklige Typen zeige, habe ich das Gefühl, die Leute denken, es gibt keine ekligen Typen auf der Welt.

Fühlen Sie sich der Realität näher als dem, was im Fernsehen läuft?

Es gibt schon Gründe, warum kein Fernsehsender in die Produktion involviert war. Ich habe nicht den Anspruch auf umfassende Realität, weil ich ein Kunstprodukt schaffe in einem Studio. Aber die interessante Figurenvielfalt, die das tägliche Leben ausmacht, verschwindet im Fernsehen komplett. Es ist sicherlich einfacher und selbstverständlicher, den Leiter einer Werbeagentur zum Helden zu küren als einen Soldaten der Bundeswehr.

Gibt es eine Verbindung zwischen *Warheads, Der Totmacher* und *Manila*, vielleicht sogar zum »Himmler-Projekt«?

Eine interessante Frage, die ich aber nicht beantworten kann. Ich muss mir darüber auch keine Gedanken machen. Bei *Manila* gibt es ähnliche Fragen wie bei *Warheads*. Ich werde immer gefragt, wie ich persönlich die Figuren finde. Bei *Warheads* wollte man wissen, ob ich mit den Protagonisten auch mal gelacht oder privaten Kontakt gehabt hätte. Manche denken, das sind Monster, und wer mit denen was zu tun hat, ist sowieso schon gefährdet, in einer anrüchigen Position. Dieses Element taucht bei *Manila* jetzt auch sehr stark auf. Die Leute verlangen eine Rückversicherung ihrer eigenen Unsicherheit durch mich, die da lautet, wenn ich eine dieser Figuren unsympathisch finde – so wie sie –, dann befinden sie sich auf der sicheren Seite.

Sie präsentieren ein mir sehr fremdes Männerbild.

Ich habe kein Männerbild.

Aber Sie machen »Männerfilme«: Filme mit männerorientierten Themen, mit »Männer-Überpräsenz«.

Das sagen Sie, da widerspreche ich Ihnen erst einmal. Ich kann auch nichts dafür, dass in der SS die Generäle nur Männer waren. Darum geht es nicht. Man engt sich durch diese Art der Betrachtungsweise einfach zu sehr ein. Ich teile nicht auf in Männer- oder Frauenwelten. Es ist die Geschichte, die zählt. In *Manila* gibt es sehr viele Frauenfiguren. Ich höre Argumente, dass Männer nicht gut wegkommen, sich Frauen über Männer amüsieren.

Einen zarten Liebesfilm kann ich mir bei Ihnen nicht vorstellen.

Ich weiß nicht, warum mich eine Lovestory nicht interessiert. Ich muss meine eigenen Interessen auch nicht analysieren. Glauben Sie mir, ich bin ein Lamm. Absolut.

Wechseln wir das Thema. Wie kommt es, dass sich bei einem Budget von acht Millionen Mark Fernsehsender und Filmförderinstitutionen zurückhielten?

Nur die Filmförderung Hamburg finanzierte mit. Dass das BKM einstieg, ist der Verdienst eines Filmpublizisten aus Berlin, der erklärte, man könne mich nicht für *Der Totmacher* mit drei Deutschen Filmpreisen auszeichnen und dann beim nächsten Film einfach abfertigen.

Der Filmstiftung NRW war das Drehbuch nicht drastisch genug, andere Institutionen wie die FFA kritisierten die Vulgärsprache. Wie erklären Sie sich die Abwehr gegen *Manila*?

In der Produktionsphase gab es eine sehr starke Abwehr, obwohl es das erste Projekt nach *Der Totmacher* war. Diese Abwehr hat sich fortgesetzt, auch nach Fertigstellung des Films. Die Kritik fokussiert sich auf immer andere Einzelheiten. Mir persönlich hat noch niemand klar ins Gesicht gesagt, was wirklich stört oder verstört. Irgendeinen wunden Punkt muss der Film getroffen haben, dass er diese Ablehnung hervorruft.

Ist es nicht frustrierend, nach drei deutschen Filmpreisen ein Projekt nur unter Schwierigkeiten finanziert zu bekommen?

Ich war sehr überrascht. Aber es geht mal eine Tür auf, eine andere zu – ohne Begründung. Vielleicht war es ein Irrtum zu glauben, es gehen mehr Türen auf als zu. Ich vermute, es ergeht anderen Regisseuren und Produzenten ähnlich.

Wieso dauerte es so lange bis zum Start von *Manila*?

Die Postproduktion dauerte ein Jahr. Offiziell ist der Film seit Dezember 1999 fertig.

Die Berlinale lehnte *Manila* ab. Spüren Sie nach der Kündigung von Moritz de Hadeln so etwas wie Schadenfreude?

Keine Schadenfreude. Ich halte die Entscheidung für richtig, unabhängig von meinen Erfahrungen. Ein Festival mit dieser Weltanschauungsgrundlage ist obsolet. Da wird ein Weltbild aus den 50er Jahren vermittelt. Es fehlt an Risikofreudigkeit, Filme müssen auch verstören.

Würden Sie gerne ein finanziell größeres Projekt realisieren?

Wenn es die Geschichte erfordert, auf alle Fälle.

Haben Sie schon ein Folgeprojekt?

Ich möchte erst einmal alles dafür tun, dass *Manila* auf irgendeine Art ein Erfolg wird, eben weil es so starken Widerstand gibt. Davon hängt ab, welches meiner Projekte ich als Nächstes realisiere. Wenn ich wieder so eine Odyssee hinter mich bringen muss, hat das Auswirkungen auf die Wahl des Stoffes. Ich würde gerne einen Film über den Zweiten Weltkrieg drehen, darüber, was im Namen des Deutschen Reichs in Polen geschah. Nicht aus der Erzählung heraus, sondern inszeniert, sozusagen gegen alle Gesetze des Filmemachens.

Ins Licht

THOMAS BINOTTO IM GESPRÄCH MIT TOM TYKWER

Keiner anderer aus der Garde junger deutscher Regisseure ist so bekannt wie Tom Tykwer. Seitdem er mit *Lola rennt* einen Welterfolg landete, reißen sich die Medien um ihn. Wie wenig ihn dieser Rummel persönlich beeindruckt, konnte man während der Berlinale und im Umfeld des Kinostarts von *Heaven* erleben, wo Tykwer nicht müde wurde, seine filmischen Visionen als Produkt einer kreativen Umgebung zu erläutern. Auch im Werkstattgespräch mit Thomas Binotto spielten X-Filme und seine Mitarbeiter immer wieder eine Rolle, weil sie für Tykwer vielleicht auch ein Garant dafür sind, selbst bei einer internationalen Coproduktion seine Unabhängigkeit zu wahren. Nach fünf Filmen (seit *Die tödliche Maria*, 1993) ist Tykwers cineastische Handschrift längst unverkennbar.

Tom Tykwer, in Ihrem Werk spielen Verknüpfungen und Verstrickungen eine wesentliche inhaltliche Rolle. Aber auch die Filme selbst sind untereinander durch wiederkehrende Motive und Bilder verbunden. Ein Beispiel dafür ist die Schlussszene von *Heaven*, wo die beiden Hauptfiguren mit dem Helikopter langsam im Himmel entschwinden – was sozusagen die Umkehrszene zum Schluss von *Winterschläfer* ist, wo Marco ins endlos Bodenlose fällt. Zufall oder Absicht?

Beabsichtigt war diese Ähnlichkeit nie. Erst beim Schnitt von *Heaven*, als wir vor der x-ten Version der Schlussszene saßen, ist mir diese Parallele bewusst geworden und ich dachte: »Mein Gott, das ist ja richtig auffällig!« Natürlich trage ich meine bisherigen Filme im Unterbewusstsein mit mir herum, aber ich habe nicht die Absicht, ein eigenes hermetisch geschlossenes Universum zu schaffen, und schon gar nicht, mich fortwährend selbst zu zitieren. Solche Vernetzungen und Übereinstimmungen bemerke ich selbst oft erst dann, wenn ich einen Film aus Distanz anschaue, sozusagen als mein eigener Kritiker.

Die beiden Szenen sind aber nicht nur formal, sondern auch in ihrer Aussage miteinander verwandt.

Das stimmt. Witzigerweise war genau diese Schlusssequenz einer der Hauptgründe, weshalb ich *Heaven* überhaupt machen wollte. Menschen in der Unendlichkeit verschwinden zu lassen, das ist ein Bild, das mich immer wieder aufs Neue fasziniert. Für mich steckt darin auch ein Versprechen, und ganz besonders der Himmel ist eine ideale Projektionsfläche für all unsere Wünsche und Sehnsüchte. Jedes Bild von Unendlichkeit ist für mich deshalb ein Utopieraum, ein Hoffnungsschimmer; und das gilt nicht nur für *Heaven*, sondern in gewissem Sinne auch für *Winterschläfer*. Wenn Marco buchstäblich verschwindet, dann ist das auf eine bizarre Weise ebenfalls ein erlösender, irgendwie sogar von ihm selbst gewollter Befreiungsakt.

»Ich hasse Kitsch und falsche Gefühle.«

Erlösung und Befreiung ist allerdings nicht das, was man normalerweise in solch ausweglosen Situationen erwartet. Braucht es deshalb diese gewaltigen, im eigentlichen Sinne grenzüberschreitenden Bewegungen?

Wenn Bodo und Sissi in *Der Krieger und die Kaiserin* vom Dach der Klinik springen, dann stecken auch sie in einer scheinbar hoffnungslosen Lage; aber dann holt sie die Welt zurück, weil sie für das Paar einen Ausweg bereithält. Das hat schon etwas Programmatisches an sich: Die Figuren in meinen Filmen sollen für den Mut belohnt werden, mit dem sie Strukturen überwinden, in die sie eingezwängt sind. Das ist selbst in *Die tödliche Maria* der Fall, wo Maria am Schluss aus dem Fenster stürzt, aber vom Nachbarn aufgefangen und damit gerettet wird. Ich möchte immer Menschen und ihr Tun verstehen, ohne sie gleich zu beurteilen. Von geradezu substanzieller Bedeutung ist das für *Heaven*, so wie es der Drehbuchautor Krzysztof Piesiewicz auf den Punkt gebracht hat: »Wir sind nicht hier, um die Sünde zu verteidigen, sondern die Sünder.«

Sind Sie ein Romantiker?

Wenn man Romantik mit Verklärung assoziiert, dann wehre ich mich vehement gegen dieses Etikett. Ich hasse Kitsch und falsche Gefühle. Wenn ich überhaupt etwas mit dem Begriff »romantisch« anfangen soll, dann möchte ich ein romantischer Realist sein. Ich bin durchaus von der Sehnsucht angetrieben, dem Leben positive Visionen abzuringen, aber nicht um den Preis verlogener Simplizität.

Ist also der Ausschnitt aus Vittorio de Sicas *Miracolo a Milano (Das Wunder von Mailand)* in *Der Krieger und die Kaiserin* fast schon ein filmisches Glaubensbekenntnis?

Miracolo a Milano ist ein hemmungslos emotionaler Film, aber eben nicht romantisch und schon gar nicht kitschig. Er riskiert in seinem Glauben an das Gute auch die Naivität, die in dieser Behauptung steckt. Entscheidend ist jedoch, dass er sich nie auf die falsche Seite der Gefühle schlägt und nie billiges Sentiment verbreitet. Als ich dann diesen Ausschnitt für *Der Krieger und die Kaiserin* gewählt hatte, da wurde mir bewusst, dass Sissi natürlich von Totó inspiriert ist.

... und Filippo erinnert in *Heaven* sogar äußerlich an Totó. Ist er wie dieser ein reiner Tor?

Wenn jemand wie Filippo aus seiner absoluten Unschuld heraus eine so weitreichende Entscheidung fällt, dann entwickelt das eine unglaubliche Dynamik, weil er völlig widerspruchsfrei seinen Weg unbeirrbar gehen kann. Wenn allerdings nicht Giovanni Ribisi, sondern Robert De Niro diese Rolle gespielt hätte, dann hätte ihm das kein Mensch abgenommen, eben weil man ihm schon vom Gesicht abgelesen hätte, dass er nicht dieser unberührte, widerspruchsfreie Mensch, dieser reine Tor sein kann. Und wenn nicht Franka Potente, sondern Corinna Harfouch die Lola gespielt hätte, dann hätte man nie akzeptiert, dass diese nur rennt und rennt, sondern hätte erwartet, dass sie ganz pragmatisch ins Taxi einsteigt.

»Ich habe geträumt.«

Ein anderes, bei Ihnen immer wiederkehrendes Motiv sind symbiotische Beziehungen. Filippo und Philippa sind am selben Tag geboren, werden sich im Verlaufe des Films auch äußerlich immer ähnlicher – zwei Geschwister oder sogar zwei Seiten einer einzigen Person. Dazu passt das Zitat: »Ich hab geträumt. Wir waren zusammen, im Traum. Wir waren Bruder und Schwester. Mutter und Vater. Frau und Mann. Und wir beiden waren beides.« Nur dass es nicht aus *Heaven*, sondern aus *Der Krieger und die Kaiserin* stammt.

Sehen Sie, das ist auch so eine Reminiszenz, die mir bis jetzt gar nicht aufgefallen ist. Aber es stimmt, diese Zeile von Sissi entspricht exakt dem Verhältnis von Filippo und Philippa. Tatsächlich haben mich symbiotische Beziehungen immer fasziniert. Ich spreche offensichtlich immer auf Geschichten und Motive an, die eine perfekte Folie für all jene Themen darstellen, die mich umtreiben, für jene fundamentalen Fragen, mit denen ich mich unbedingt auseinandersetzen will. Eine Geschichte ist für mich als Filmemacher nur dann geeignet, wenn sie mein Persönlichstes aus mir herauslockt. Dass auf diese Weise gewisse Grundmotive wiederkehren, ist nahe liegend.

Und wenn Sie den zu Ihnen passenden Stoff gefunden haben, wie wird die Vision dann in Bilder umgesetzt?

Die Sichtbarmachung meiner Vision hängt natürlich nicht nur von mir ab. Ich rede den ganzen Tag, aber mein Team muss das dann umsetzen. Der Film ist zwar Ausdruck einer Individualität, aber diese besteht aus ganz vielen Stimmen, die gebündelt werden müssen. Ich als Regisseur bin gewissermaßen der Stimmenbündler. Der Kameramann Frank Griebe zum Beispiel, der bislang all meine Filme gedreht hat, der ist nicht bloss ein guter Techniker, sondern ein Bildkünstler, mit dem ich meine Projekte schon ganz früh bespreche. So setzt sich das im gesamten Team fort. Für mich wird so auch in meiner ganz konkreten Arbeit die Sehnsucht nach Symbiose erfüllt. Ganz besonders stark war das beim

Schnitt zu *Heaven* der Fall. Mit Mathilde Bonnefoy verbindet mich inzwischen eine schier grenzenlose kreative Einigkeit. Sie muss meine Fantasie genauso kennen wie ich, sie muss genauso in den Film hineinschlüpfen, muss sich das Material und die Geschichte genauso hundertprozentig aneignen wie ich. Erst dann kann sie mir Möglichkeiten aufzeigen und plausibel machen, kann sie mich mit Kürzungen peinigen, die ich zunächst kaum ertrage und die ich dann doch als richtig erkenne.

Dann ist also der Schneideraum Schauplatz ausgiebiger künstlerischer Auseinandersetzungen?

Unbedingt! Wir reden beim Schnitt unglaublich viel. Mathilde meinte einmal, wir würden ja fast gar nicht schneiden, sondern nur reden. Aber das gehört natürlich zum Prozess des Schneidens dazu, dass man das Material über das Schauen, aber auch über das Gespräch vollständig durchdringt; sodass es sich schließlich wieder zu jener endgültigen Vision verdichtet, die ich ursprünglich im Kopf hatte. Dank Mathildes Insistenz, ihrem Nachfragen, ihrer starken Meinung, werde ich an den Kern dessen herangeführt, worauf es mir letztlich ankommt. Ich bin ja jemand, aus dem es oft einfach herausfließt, manchmal ein bisschen zu verquast, zu umständlich und zu ornamental. Aber als Regisseur möchte ich Dinge ohne jedes Ornament auf den Punkt bringen, weil ich überzeugt bin, dass Kunst dann besonders aufregend ist, wenn sie ohne jeden Überfluss auskommt. Und zu diesem Punkt führt mich unter anderem Mathilde während des Schneideprozesses.

Ein stiller Film

Wie umfangreich war im Falle von *Heaven* das Material, das es zu durchdringen galt?

120.000 Meter, also gut 70 Stunden. Das ist eine ganze Menge, so viel, wie ich noch nie für einen Film gedreht habe. Aber in *Heaven* gibt es derart viele Szenen, wo schon kleinste Nuancen eine Bedeutungsverschiebung bedeuten, dass wir oft verschiedene Versionen gedreht haben, um dann beim Schnitt mehr Spielraum zu besitzen. Oder wir haben die Kamera einfach laufen lassen und während des Takes ausprobiert. Aus dieser Materialfülle mussten wir im Schnitt einen Film mit durchgängig intensiver und kohärenter Stimmung destillieren – ein unheimlich diffiziler Prozess.

Besteht da nicht die Gefahr, dass man vor lauter Perfektionsdrang nicht zu einem Ende kommt – so wie ja gerade Kieslowski beim Schneiden zunehmend gelitten hat?

Irgendwann hat mir Mathilde Bonnefoy klargemacht, dass man im Schnitt und in der Tonbearbeitung den Film im Grunde nochmals schreibt. Und weil man halt zu zweit da sitzt und nicht ständig ein riesiges Team leiten und tausend pragmatische Entscheidungen fällen muss, sieht man sich zunächst einmal kaum Zwängen ausgesetzt, außer natürlich, dass man irgendwann fertig werden muss. Das Ziel muss aber eindeutig sein, wieder dahin zu kommen, wo man den Film in seiner Vorstellung eigentlich schon einmal hatte. Ich habe noch nie aufgehört zu schneiden, bevor ich nicht wieder diese erste und gleichzeitig definitive Vision gefunden hatte. Das hat bei *Heaven* sehr lange gedauert – zehn Monate –, aber ich habe schlussendlich diese Version gefunden. Vielleicht sehe ich das in ein paar Jahren ja anders, aber im Moment ist diese Fassung von *Heaven* die optimalste, die wir schaffen konnten.

Sie beschreiben *Heaven* als Ihr bislang aufwändigstes Projekt. Der fertige Film wirkt aber sehr unauffällig, fast schon schlicht. Wo liegen denn die geheimen Tücken?

Neben dem Schnitt stellte sich die Tonmischung als äußerst anspruchsvoll heraus, weil *Heaven* ein so stiller Film ist. Eine lebendige, vielschichtige Stille zu erreichen, das ist unglaublich schwierig. Für *Lola rennt* haben wir zehn Tonpreise gekriegt, aber das war ein Spaziergang im Vergleich zu *Heaven*, eben weil er viel lauter war. Und was den Schnitt betrifft, wurde mir bei *Heaven* einmal mehr bewusst, wie wenig Verständnis man dieser Kunst nach wie vor entgegenbringt. *Heaven* ist, was den Schnitt betrifft, mit Abstand der komplexeste all meiner Filme. Nur, beeindruckt sind die Leute immer vom Schnitt bei *Lola rennt*, weil er da halt so auffällig ist. Aber einen stimmigen Schnitt hinzukriegen, den man fast nicht mehr wahrnimmt, eben weil er so perfekt ist, das ist höchste Kunst.

Haben Sie ein konkretes Beispiel für diesen nahezu unsichtbaren Aufwand?

Das Schlussbild in *Heaven* sieht ja so einfach aus – und war in der Realisation mit ungeheurem Aufwand verbunden. Die Sonne und die Farben wurden tricktechnisch verändert, die Wolken waren in Südafrika aufgenommen – ein Bild aus unzähligen Komponenten zusammengesetzt, unendlich lange komponiert, um schließlich genau das auszudrücken, was ich mir in meiner Fantasie vorgestellt hatte.

Mich hat diese Schlusssequenz an ein Kinderbuch erinnert, an »Serafin« von Philippe Fix. Darin baut sich der von der Welt missbrauchte und unverstandene Serafin als letzten Ausweg mit ein paar Stufen eine unendliche Treppe in den Himmel, indem er die Stufen immer wieder hinter sich abbricht und vor sich neu ansetzt.

Das kommt jetzt echt überraschend. »Serafin« ist nämlich das prägendste Bilderbuch meiner gesamten Kindheit. Gerade kürzlich habe ich ein Comic gefunden, das ich als Fünfjähriger gezeichnet und das ich ebenfalls »Serafin« genannt hatte. Meine ungelenken Zeichnungen zeigen hauptsächlich ein Höhlensystem, in dem Serafin lebt – ich war damals von höhlenhaften Räumen geradezu besessen. Als ich mir daraufhin den originalen »Serafin« nach langer Zeit wieder einmal angeschaut habe, hat mich seine gleichzeitig heitere und melancholische Stimmung aufs Neue gepackt. Und mir wurde zudem bewusst, was für ein frappant kinematografisches Buch das ist. In einer Szene beispielsweise fliegt ein Schmetterling durch eine U-Bahn-Station, und gezeichnet ist das wie im Storyboard, als eine fantastische Seitwärtsfahrt in Supercinemascope.

Auch das ist ja ein Bild, das in Ihren Filmen häufig wiederkehrt: Der Tunnel. Eines Ihrer Urbilder?

Ich glaube schon. Der Tunnel, durch den Philippa und Filippo in *Heaven* fahren, ist wie ein Übergang zu einem neuen Bewusstsein. Auch *Der Krieger und die Kaiserin* ist voller Röhren und Gänge, an deren Ende eine Erweiterung des Horizonts wartet – als wäre unser ganzes Leben ein einziger Geburtsvorgang, in dem wir unaufhörlich auf ein bewussteres Leben hinsteuern. Die Bewegung vom Dunkel ins Licht ist sicher eines meiner ganz persönlichen Urbilder – das natürlich in meinen Filmen auch als universelles Urbild wahrgenommen werden soll.

Ein anderes stilistisches Mittel, in das Sie geradezu verliebt sind, scheinen Kamerafahrten zu sein, mit denen Landschaften gleichsam wie eine Brailleschrift ertastet werden.

Ja, denn Landschaften sind doch auch Inschriften in der Natur, die man zu entziffern versucht. Wenn man beispielsweise schneebedeckte Berge von weitem sieht, wirken diese immer so gleißend und unberührt. Aber wenn dann die Kamera wie in *Winterschläfer* über den Gletscher fährt, werden plötzlich Spalten sichtbar, die wie frisch vernarbte Wunden aussehen. Damit spiegelt sich in der Landschaft natürlich auch die Psychologie der Figuren in *Winterschläfer* wieder, die alle sorgsam eine klare, unbelastete Oberfläche vorgeben, vielleicht subjektiv sogar glauben, unbelastet zu sein, und die doch bei näherem Hinsehen vielfach verwundet und verletzlich sind. Mich fasziniert zudem der Blick aus der Höhe, weil dann die Landschaft zu einem Muster wird und sich kleine, geschlossene Systeme, zu einem größeren System zusammenfügen, das wiederum in sich geschlossen ist, und so weiter. Der Kurzfilm *Powers of Ten* von Charles und Ray Eames hat mich in dieser Beziehung nachhaltig beeinflusst: Zunächst wird der Ausschnitt eines Picknicks von einem Quadratmeter Größe gezeigt. Dann steigt die Kamera in Zehnerpotenzen bis in den Weltraum hinauf und danach wird die Bewegung umgedreht, bis sie nach zehn Zehnerpotenzen im Innern der Atome landet. Und das Verrückte daran: das Bild aus der größten Entfernung zeigt fast das identische Muster, wie das Bild im Zentrum der Atome. All das, was sich zwischen 10^{10} und 10^{-10} abspielt, ist für mich der Grund, Filme zu machen.

Filmzitate und Reminiszenzen

Nochmals zurück zu Filmzitaten: Die manische Suche nach dem Haarwirbel in *Winterschläfer* erinnert an *Close Encounter of the Third Kind*, die Stimmung in *Der Krieger und die Kaiserin* an Vertigo, und bei *Die tödliche Maria* denkt man unwillkürlich an *Carrie*. Drücken sich darin Ihre filmischen Präferenzen aus?

Mit diesen Reminiszenzen geht es mir genauso wie mit den Bezügen zu eigenen Filmen: Es passiert völlig unbewusst. Bei *Die tödliche Maria* sind mir die Parallellen zu *Carrie* erst viel später bewusst geworden, obwohl gerade *Carrie* ein Film war, der mich extrem geprägt hat. Damals habe ich zum ersten Mal »Film« in seiner ganzen Gestaltungsdimension wahrgenommen: Wie man mit Bildern und Musik einen Strudel erzeugen kann, der einen nicht mehr loslässt; wie sehr dieser Film Montageprinzipien überspannt, ohne dabei den narrativen Faden zu verlieren, ohne uns aus der Geschichte herauszureißen, das ist nach wie vor meisterhaft. Als Jugendlicher war für mich das Kino so prägend, dass viele meiner Erfahrungen eine seltsame Vernetzung in die Kinowelt hinein haben, sodass ich manchmal nicht mehr genau weiß: Habe ich diese Erfahrung nun im Kino oder im wirklichen Leben gemacht? Meine kinematografische Sozialisierung wirkt, wenn man so will, aus dem Unterbewusstsein heraus inspirierend.

Und bewusste Hommagen gibt es tatsächlich nie?

Bei der Suche nach Motiven beziehe ich mich manchmal direkt auf filmische Vorbilder. Für die Szene in *Der Krieger und die Kaiserin*, wo Bodo vom Bus abgeholt wird, habe ich immer von Weite geredet und meinen Location Scout damit zur Verzweiflung getrieben, weil Wuppertal nun halt mal hügeliges Land ist. Irgendwann habe ich ihm dann erklärt, ich bräuchte etwas wie in der legendären Maisfeldszene in *North by Northwest*; und dann hat er genau das gefunden, was ich mir erträumt hatte. Natürlich hat dann die gesamte Szene Hitchcock-Touch gekriegt – sozusagen »North by Northrhine-Westfalia«. Aber eigentlich finde ich direkte Filmzitate lästig, weil sie mich immer wieder aus dem Fluss der Geschichte herausreißen.

Bei *Heaven* werden Sie nun aber zwangsläufig mit Kieslowski und dessen Regiestil verglichen. Wie ist es dazu gekommen, dass Sie ein Drehbuch von Kieslowski verfilmt haben?

Als das Buch auf meinem Tisch lag und ich die Namen der Autoren las, sagte ich mir: »Okay, das will ich unbedingt lesen, aber verfilmen werde ich es ganz sicher nicht. Ich will keinesfalls als derjenige in die Filmgeschichte eingehen, der die Hinterlassenschaft von Kieslowski in den Sand gesetzt hat.« Aber als ich dann zu lesen begann, hatte ich nach zehn Seiten das überwältigende Gefühl, als würde ich einen eigenen Stoff lesen. Ich kannte mich darin sofort aus, sah Gesichter vor mir, Bilder, Atmosphären, hatte sogar schon klare Besetzungsvorstellungen – endlich einmal ein Stoff, den ich zwar offensichtlich nicht selbst schreiben konnte, der mir aber dennoch zutiefst vertraut schien, und für den ich bereit war, die nächsten zwei Jahre meine ganze Substanz und Kreativität aufzubringen. Damit hatte ich eine Art von Unbefangenheit zurückgewonnen, die es mir möglich machte, den Film als mein eigenes Projekt zu betrachten, ohne dabei die großen Drehbuchautoren zu missachten. Ich verehre Kieslowski sehr, er ist für mich so etwas wie der Übervater aller Autorenfilmer, aber wenn ich deswegen in Ehrfurcht erstarrt wäre, dann wäre aus *Heaven* nie ein eigenständiger Film geworden. Deshalb war für mich von Anfang an klar, dass ich den Film nur mit X-Filme und einer eingespielten Crew, mit Frank Griebe und mit Mathilde Bonnefoy machen wollte. Anders wäre es für mich nicht möglich gewesen, meine ureigene Stimme zu artikulieren und so nicht von der Mythoslast erdrückt zu werden. Krzysztof Piesiewicz hat sich in diesen Prozess überhaupt nicht eingemischt, aber natürlich habe ich ihn getroffen und ihm den Film gezeigt. Und er hat mir das größtmögliche Kompliment gemacht: »Dieser Film ist das Beste aus beiden Welten.«

Für die Filmmusik haben Sie Stücke von Arvo Pärt verwendet. Hatte das inhaltliche oder gar ideelle Gründe?

Die Verknüpfung Kieslowskis mit Pärt ist überhaupt nicht programmatisch gedacht und hat nichts mit etwaiger Glaubensrichtung oder theologischen Überlegungen zu tun. Wir gingen ganz einfach nach ästhetischen Gesichtspunkten vor. Mein Regieassistent Sebastian Fahr hatte mir eine Platte von Pärt vorgespielt, die gerade herausgekommen war, als wir mit den Vorbereitungen zu *Heaven* begannen, und ich fand damals die Musik zwar außerordentlich schön, dachte aber gleichzeitig, dass sie mir fast zu sehr den Film widerspiegelte. Ich mag Filmmusik nicht, die den Film dupliziert oder kommentiert, sie soll vielmehr vertiefend wirken. Aber als wir dann am Schnitt saßen, hatten wir das dringende Bedürfnis, gewisse Szenen mit Musik zu unterlegen, weil man so leichter ein Gespür für Strukturierung und Rhythmus erhält. Weil ich noch keine Zeit gehabt hatte, Layouts zu machen, legten wir halt die Musik von Pärt ein, immer noch in der Meinung, sie nur behelfsmäßig zu verwenden. Dann merkten wir, dass seine Musik die Bilder eben tatsächlich tiefer machte, dass sich beides auf geradezu wundersame Weise vereinigte und uns zudem sofort klar wurde, wo der Film noch unpräzise war. Da wussten wir natürlich augenblicklich, dass wir niemals etwas anderes finden würden, was mit dieser Musik konkurrieren konnte.

Experiment der Stille

Heaven ist ein sehr stiller und ruhiger Film. Ist das nicht ein Wagnis, bei den heutigen Sehgewohnheiten?

Ich sehe es als Verpflichtung, dass sich der Film und seine Form der Entwicklung seiner Figuren unterordnet. Deshalb war mir auch klar, dass es ein ruhiger Film, ja ein eigentliches Experiment in Stille sein musste. Selbstverständlich versuche ich aber, die Zuschauer zu dieser Ruhe hinzuführen, denn *Heaven* beginnt zwar wie ein Thriller, aber dann wird bald klar, dass in diesem Film nicht alles so sein wird, wie man es zunächst erwartet; und dann baut der Film zum Schluss hin eine Sinnlichkeit auf, die man am Anfang doch sehr vermisst hat. Aber es stimmt schon, ich erwarte von den Zuschauern, dass sie den Figuren genauso folgen wie ich und nicht nur ihr Spaßbedürfnis befriedigt haben wollen.

Regisseure werden gerne eingeteilt in solche, denen die Konzeption über alles geht, wie beispielsweise Alfred Hitchcock, und solche, für die die Schauspieler das Maß aller Dinge sind, wie beispielsweise Mike Leigh. Was möchten Sie sein: ein Konzept- oder ein Schauspielerregisseur?

Beides! Mir ist wirklich beides gleichermaßen wichtig. Die Form entwickelt sich aus den Charakteren und andererseits müssen Charaktere visualisierbar sein. Form empfinde ich deshalb nie als Korsett, sondern als die Suche nach dem adäquaten visuellen Ausdruck für eine Geschichte und ihre Personen. Ein Film, in dem die Schauspieler so befreit spielen wie bei Mike Leigh und gleichzeitig die Form so entfesselt ist wie bei Hitchcock, das ist mein Ideal.

zestem Wege das nächste Bett ansteuern. Mit einer Untersuchung über sexuelle Verhaltensweisen von Schulmädchen hat das zotige und mit Elementen aus der Klamottenkiste »angereicherte« Machwerk nicht das geringste zu tun. – Wir raten ab. ✦ BR Deutschland 1973 **P** Lisa **KI** Gloria **R** Ernst Hofbauer **B** Erich Tomek **K** Peter Reimer **M** Gerhard Heinz **D** Elisabeth Volkmann, Erich Padalewsky, Christina Lindberg, Jörg Nagel, Christina von Stratberg **L** 80 **FSK** SPIO: X **E** 18.5.1973 **fd** 18 326

WAS SEHE ICH ...! WAS SEHE ICH ...! (WAT ZIEN IK?). Zynische Komödie über zwei Prostituierte, die aus dem Gewerbe aussteigen wollen. Ihre bürgerlichen Glücksvorstellungen verspottet der inhumane Film ebenso wie die psychisch gestörten Kunden. – Wir raten ab. ✦ Niederlande 1971 **P** Rob Houwer Prod. **KI** Constantin **Pd** Rob Houwer **R** Paul Verhoeven **B** Gerard Soeteman, nach einem Roman von Albert Mol **K** Jan de Bont **M** Julius Steffaro **S** Jan Bosdriesz **D** Ronnie Bierman, Sylvia de Leur, Piet Roemer, Jules Hamel, Bernhard Droog **L** 92 **FSK** ab 16; nf **E** 25.2. 1972 **fd** 17 731

WAS SIE NIE ÜBER FRAUEN WISSEN WOLLTEN. Eine Wohnungssuchende aus dem Ostteil Berlins findet einen Platz in einer »therapeutischen« Frauen-Wohngemeinschaft und sieht sich den schrillsten sexuellen Besessenheiten ihrer neuen Mitbewohnerinnen ausgesetzt. Gewollt unambitionierter Film über Lust und Leid in einer heruntergekommenen Stadt. Drastisch, ohne Witz und voller bewußter (Kunst-)Fehler, die sich aber bald als Manierismen entlarven. ✦ Schwarz-weiß. Deutschland 1991 **P** NDR/FMT **SF** Edition Salzgeber **Pd+R+B** Lothar Lambert **K** Albert Kittler, Lothar Lambert **S** Lothar Lambert **D** Nilgün Taifun (Nilgün), Dennis Buczma (Dennis), Doreen Heins (Doris), Renate Soleymany (Renate), Baduri (Achmed) **L** 80 **E** 23.4.1992 **fd** 29 575

WAS SIE SCHON IMMER ÜBER SEX WISSEN WOLLTEN, ABER BISHER NICHT ZU FRAGEN WAGTEN (EVERYTHING YOU ALWAYS WANTED TO KNOW ABOUT SEX, BUT WERE AFRAID TO ASK). Teils grelle, teils hintergründige parodistische Filmsatire auf die Sexwelle der frühen 70er Jahre. In sieben »Kapiteln« voll beißenden Spotts entlarvt der Regisseur die damals modischen Themen und Komplexe durch Übersteigerung bis ins Monströse, die mit rücksichtsloser Konsequenz durchgehalten wird. Die populärwissenschaftlichen Banalitäten der Aufklärungswelle werden dabei lustvoll karikiert; zugleich ergeben sich amüsante Genrepersiflagen. ✦ USA 1972 **P** United Artists **KI** United Artists **VA** Warner Home **Pd** Charles H. Joffe **R** Woody Allen **B** Woody Allen, inspiriert durch das Sexualkunde-Sachbuch von Dr. David Reuben **K** David M. Walsh **M** Mundell Lowe **S** James T. Heckert, Eric Albertson **D** Woody Allen (Victor/Fabrizio/Narr/Spermium), John Carradine (Dr. Bernardo), Lou Jacobi (Sam), Louise Lasser (Gina), Gene Wilder (Dr. Ross), Anthony Quayle (König), Lynn Redgrave (Königin), Tony Randall, Burt Reynolds **L** 88 (gek. 86) **FSK** ab 18; nf (gek. 16) **E** 31.1.1973/25.7.1987 ZDF **fd** 18 617

WAS SOLL BLOSS AUS DIR WERDEN. TV-Drama. Ein Junge wird von seiner Mutter und deren Partner vernachlässigt. Nur bei einem Lehrer findet er Verständnis. ✦ BR Deutschland 1983 **P** FFG (für ZDF) **R** Horst Flick **B** Jochen Ziem **K** Bernd Fiedler **M** Birger Heymann **S** Eva Strohmer **D** Michael Karnowsky (Boris), Peter Seum (Lehrer), Anita Lochner (Lehrerin), Dagmar Biener (Mutter), Jörg Friedrich (Willi) **L** 94 **E** 27.3.1984 ZDF

WAS SOLL DENN NUR MIT VATER WERDEN (A FAMILY UPSIDE DOWN). Ein hochbetagtes Ehepaar, das sich nicht mehr hinreichend selbst versorgen kann, wird getrennt, als der Mann nach dem zweiten Herzinfarkt monatelang in einem Pflegeheim festgehalten wird. Nur die zähen Bemühungen seiner Frau lassen ihn nicht resignieren und ermöglichen doch noch einen Lebensabend zu zweit. Fürs Fernsehen entstandene, etwas zu durchsichtig und gefühlsbetont angelegte Familienunterhaltung mit ernsten Tönen; in der Hauptrolle der 79jährige Fred Astaire. – Ab 14. ✦ USA 1978 **P** CBS/NBC-TV **Pd** Ross Hunter **R** David Lowell Rich **B** Gerald Di Pego **K** Joseph Biroc **M** Henry Mancini **S** Richard Bracken **D** Fred Astaire (Ted Long), Helen Hayes (Emma Long), Efrem Zimbalist jr. (Mike Long), Pat Crowley (Carol Long), Patty Duke Astin (= Patty Duke) (Wendy) **L** 93 **E** 19.6. 1988 ZDF

WAS SOLL DIXIE DENN IM KLOSTER? (DIXIE: CHANGING HABITS). Eine Bordellbesitzerin in New Orleans wird nach wiederholten Konflikten mit dem Gesetz dazu verurteilt, 90 Tage in einem Kloster zu verbringen. Nachdem sie sich mit den Nonnen angefreundet hat, bietet sie ihre Hilfe an, um dem Kloster aus seinen finanziellen Nöten zu helfen. Amüsante, aber vorhersehbare Komödie; trotz einiger weniger geschmackvoller Späße annehmbare (Fernseh-)Unterhaltung. – Ab 16. ✦ USA 1983 **R** George Englund **B** John Considine **K** Robert Jessup **M** Jimmie Haskell **D** Suzanne Pleshette (Dixie Cabot), Cloris Leachman (Schwester Eugenio), Kenneth McMillan (Tony Marchesso), John Considine (Steven Moss), Geraldine Fitzgerald (Schwester Agnes) **L** 96 **E** 26.12.1991 Tele 5

WAS SOLL'N WIR DENN MACHEN OHNE DEN TOD. Der poetische Dokumentarfilm hält Augenblicke in einem Altersheim in Hamburg-Altona fest. Kamera und Schnitt konzentrieren sich darauf, dem Leben der alten Menschen gerecht zu werden. So paßt sich die Kamera den langsamen, mitunter etwas ruckartigen Bewegungen der Männer und Frauen an, schafft der Schnitt Platz für geduldige Einstellungen, die sich Zeit für ihre Beobachtungen nehmen. Hinzu kommt die assoziative Verwendung des Tons, wobei Geräusche hinzugemischt und Gespräche im Off wieder aufgenommen werden. Wer sich auf den Film einläßt, wird auf außergewöhnliche Weise mit Einblicken in ein Leben belohnt, das so fern dem eigenen zu stehen scheint, obgleich es doch dessen Zukunft markiert. ✦ Teils schwarz-weiß. BR Deutschland 1980 **P** Oh Muvie Film/ZDF **SF** Chaos/Basis **R+B+K** Elfi Mikesch **M** Gysel, Traute Hagelstein **¥S** Elfi Mikesch, Renate Merck **D** Edith London, Barbara Gold, Steve Adamschewski, Soma Weisenseel, Christa Weisenseel **L** 105 **E** 20.2.1980/17.4.1980 ZDF

WAS SUCHST DU HIER? → Ich, deine Mutter

WAS TREIBT DIE MAUS IM BADEHAUS? Zwei Bayern fliegen nach Bangkok, um angeblich den Absatz ihrer dörflichen Brauerei anzukurbeln, tatsächlich aber wollen sie Asiens Liebeskünste kennenlernen. Mit von der Partie ist der Dorfpfarrer, der seine Schäfchen vor dem Schlimmsten bewahren will. Läppisches, zähflüssiges Sexlustspiel, das mit Verwechslungen, primitiven Sexszenen und albern-peinlichen Witzchen über die Runden zu kommen versucht. (Alternativtitel: »Drei Oberbayern auf Dirndljagd«) – Wir raten ab. ✦ BR Deutschland 1975 **P** Lisa **KI** Constantin **VA** Telerent **R** Siggi Götz **B** Florian Burg **K** Franz X. Lederle **M** Gerhard Heinz **D** Franz Muxeneder (Pfarrer/Fred Greifmann), Willy Harlander (Sepp Ploderer), Jürgen Schilling (Toni Huber), Marie Ekorre (Vroni), Gina Janssen (Emma) **L** 85 (gek. 80) **FSK** ab 18; nf (gek. 16) **E** 17.2.1976 **fd** 19 706

WAS TUN PINA BAUSCH UND IHRE TÄNZER IN WUPPERTAL? Dokumentarfilm, der die Arbeit von Pina Bausch und ihrem Avantgarde-Tanzensemble bei der Entwicklung eines neuen Stücks beobachtet. Parallel dazu sammelt Klaus Wildenhahn Eindrücke aus Wuppertal und stellt in einem Interview mit einer Fließbandarbeiterin eine andere Art von Arbeit vor. Der Film macht ersichtlich, daß die Methode von Pina Bausch dazu dient, mit der Körpersprache als Korrelat für Empfindungen, Gefühle und Erfahrungen existentielle Grundsituationen darzustellen. – Sehenswert ab 16. ✦ BR Deutschland 1983 **P** NDR/WDR **SF** Stiftung Deutsche Kinemathek **R+B** Klaus Wildenhahn **K** Wolfgang Jost **S** Petra Arciszewski **L** 120 **E** 5.3.1983 NDR **fd** 24 522

WAS TUST DU MIR, WENN DU MICH FÄNGST? (CO MI ZROBISZ JAK MNIE ZLAPIESZ). Der Direktor eines Großbetriebes muß um seine Stellung bangen. Als er erfährt, daß er mit der Tochter einer hochgestellten Persönlichkeit ein Kind erwartet, will er dies für seine Situation nutzen. Aber alle Bemühungen, seine Frau zur Untreue zu verleiten, schlagen zunächst fehl, und am Ende ist er schließlich noch der Geprellte. Komödie, als Satire auf spezielle und alltägliche Ärgernisse gedacht. Schlecht inszeniert, eher ärgerlich als unterhaltsam oder erhellend. – Ab 14. ✦ Polen 1978 **P** PRF »Zespoly Filmowe«/Zespol »Pryzmat« **KI** Progress **R** Stanislaw Bareja **B** Stanislaw Bareja, Stanislaw Tym **K** Jan Laskowski **M** Jerzy Derfel **D** Krzysztof Kowalewski, Bronislaw Pawlik, Stanislaw Tym, Ewa Zietek, Marek Bargielowski **L** 105 **E** 30.5.1980 Kino DDR

WAS ÜBRIG BLEIBT, WIRD MUSEUM. Filmische Rekonstruktion der nationalsozialistischen Baupläne für Hamburg, erzählt am Beispiel architektonischer Entwürfe und eines Klinkerwerkes. Ein vertrackt montierter Essay, der inszenierte Passagen mit Dokumentarmaterial und Beobachtungen im heutigen Hamburg verbindet. Zugleich eine Reflexion der Verantwortung wie der Arbeitsperspektive von Architekten und Ingenieuren, verblüffend durch die Ähnlichkeit bestimmter städtebaulicher Pläne von damals und der Wirklichkeit des realen Hamburgs zur Produktionszeit. ✦ Teils schwarz-weiß. BR Deutschland 1989 **P** Hans Prockl Prod. **SF** Verleih der Filmemacher **Pd+R+B** Hans Prockl **L** 72 **E** 1989 Kino

WAS VOM LEBEN ÜBRIG BLEIBT → The Right Hand Man

WAS VOM TAGE ÜBRIG BLIEB (THE REMAINS OF THE DAY). Die Geschichte eines englischen Butlers, der seinem aristokratischen Arbeitgeber bis zur totalen Unterdrückung aller persönlichen Gefühle dienstbar ist, wird zum Porträt einer Epoche, deren äußerer Glanz kurz vor Beginn des Zweiten Weltkrieges die Defizite der angelsächsischen Klassengesellschaft nicht mehr verdecken kann. Ein sensibler, von vorzüglichen Schauspielern profitierender Film, in dem intime Psychologie und sozialer Kommentar nahtlos ineinandergreifen. DVD: Die Special Edition enthält u. a. einen Audiokommentar des Regisseurs, des Produzenten und der Hauptdarstellerin Emma Thompson, drei erhellende Dokumentationen sowie ein kommentiertes Feature mit nicht verwendeten Szenen. – Sehenswert ab 16. ✦ USA 1993 **P** Columbia/Merchant Ivory **KI** Columbia **VA** Columbia TriStar **DVD** Columbia TriStar Home (SE, 16:9, 2.35:1, DD5.1 engl., DS dt.) **Pd** Mike Nichols, John Calley, Ismail Merchant **R** James Ivory **B** Ruth Prawer Jhabvala, nach einem Roman von Kazuo Ishiguro **K** Tony Pierce-Roberts **M** Richard Robbins **S** Andrew Marcus **D** Anthony Hopkins (Stevens), Emma Thompson (Miss Kenton), James Fox (Lord Darlington), Christopher Reeve (Lewis), Peter Vaughan (Father), Hugh Grant (Kardinal) **L** 134 **FSK** ab 6; f **FBW** bw **E** 10.3. 1994/11.10.1994 Video/15.10.1995 premiere/9.10. 2001 DVD **fd** 30 687

WAS WAR NUR MIT SENKA LOS? (TSCHTO U SENKI BYLO). Das Leben eines Sechsjährigen verläuft harmonisch bis zur Ankunft einer neugeborenen Schwester. Eifersüchtig darüber, daß seine Eltern sich intensiv dem neuen Familienmitglied widmen, sinnt der Junge darüber nach, wie er ihr Interesse wieder voll auf sich lenken kann. (Kinotitel DDR: »Der ungerechte Klapperstorch«) – Ab 6. ✦ UdSSR 1984 **P** Filmstudio Odessa **KI** Progress **R** Radomir Wassiljewski **B** Raki Pogodin **K** Wadim Awloschenko **M** Jewgeni Doga **D** Aljoscha Wesselow (Senka), Julja Kosmatschowa (Maruska), Wladimir Nossik (Vater), Jekaterina Wassiljewa (Mutter), Juri Nasarow (Großvater Saweljew) **L** 77 **E** 10.3.1985 DFF 2/7.2.1986 Kino DDR

WAS WÄRE, WENN ... Ein Dorf an der Grenze der DDR

zur Bundesrepublik steht Kopf, als nach der Kollektivierung das Gerücht verbreitet wird, dass durch eine Grenzbegradigung wieder kapitalistische Verhältnisse einziehen und der frühere Gutsbesitzer zurückkehrt. Die durch das Auftauchen eines West-Autos und das merkwürdige Verhalten seiner Insassen heraufbeschworenen Ahnungen, Befürchtungen und Hoffnungen werden erst nichtig, nachdem sich die Fremden als Drehteam der DEFA zu erkennen gegeben haben, das im Dorf einen historischen Film vorbreitet. Komödie, die um eine realistische Sicht auf Bewusstseinshaltungen der DDR-Landbevölkerung bemüht ist und zu erstaunlich ehrlichen, kritischen Schlüssen kommt. Ästhetisch eher anspruchslos inszeniert, ist der Film nicht zuletzt aufgrund der Ereignisse von 1989/90 als zeitgeschichtliches Dokument interessant. – Ab 14. ✦ Schwarz-weiß. DDR 1960 **P** DEFA **KI** Progress **Pd** Erich Albrecht **R** Gerhard Klingenberg **B** Hedda Zinner, Gerhard Klingenberg, nach dem gleichnamigen Schauspiel von Hedda Zinner **K** Erich Gusko **M** Peter Fischer **S** Friedel Welsandt **D** Willi Narloch (Mettlebauer Gepfert), Gerd Ehlers (Großbauer Dahlke), Heinz Frölich (Elias Ebermayer), Trude Bechmann (Alte Drögern), Hanns Anselm Perten (Großbauer Schäfer), Fritz Hofbauer (Großbauer Biegel), Angela Brunner (Inge Gepfert), Manfred Krug (Christian Dahlke) **L** 90 **E** 2.9.1960 Kino DDR

WAS WEISS MAMA VON LIEBE? (THE RELUCTANT DEBUTANTE). Vergnügliche Komödie um die Sitte der englischen Gesellschaft, die 17 Jahre alt gewordenen Töchter bei besonderen Veranstaltungen dem weiteren Bekanntenkreis und möglichen Freiern vorzustellen. In einer Familie gibt es jedoch Schwierigkeiten, als die Tochter den für sie ausgesuchten Heiratskandidaten nicht akzeptieren will. Mit Ironie und Witz werden jene konventionellen Ball-Veranstaltungen aufs Korn genommen, die die englische Königin im selben Jahr für unzeitgemäß erklärte. – Ab 14. ✦ Scope. USA 1958 **P** MGM **KI** MGW **Pd** Pandro S. Berman **R** Vincente Minnelli **B** William Douglas Home, nach seinem gleichnamigen Theaterstück **K** Joseph Ruttenberg **M** Eddie Warner **S** Adrienne Fazan **D** Rex Harrison (Jimmy Broadbent), Kay Kendall (Jolly Broadbent), John Saxon (David Parkson), Sandra Dee (Jane Broadbent), Angela Lansbury (Mabel Claremont) **L** 95 **FSK** ab 12; nf **E** 13.5.1959/26.12. 1969 ARD **fd** 8 108

WAS WILL BRIGITTE? Eine Modezeichnerin verdingt sich als Hausmädchen bei neureichen Leuten, wo sie einen feschen Musiker wiedersieht und einen brummigen Generaldirektor bezaubert. Munter gespieltes Lustspiel nach einem Boulevardstück. – Ab 12. ✦ Schwarz-weiß. Deutschland 1940 **P** Bavaria **KI** Panorama **R** Paul Martin **B** Emil Burri, Peter Francke, nach dem Theaterstück »Das verzauberte Mädchen« von Martin Doerhoff **K** Franz Koch **M** Lothar Brühne **D** Leny Marenbach, Albert Matterstock, Fita Benkhoff, Georg Alexander, Harald Paulsen **L** 96 **FSK** ab 12; nf **E** 7.1. 1941

WAS WIRD AUS MIR ... DDR-Dokumentaristen beobachten ein ABM-Projekt arbeitsloser Jugendlicher im Ruhrgebiet. Junge Lehrer und Künstler schaffen sich im Zuge einer Arbeitsbeschaffungsmaßnahme alternative Arbeitsplätze im Ruhrgebiet. Ein Filmprojekt, das vor der Wende begonnen wurde und vom »fremden Blick« auf eine fremde Gesellschaft gekennzeichnet ist. ✦ DDR 1990 **P** DEFA, Gruppe »effekt« **KI** Progress **Pd** Uwe-K. Schade, Gerhard Knopfe **R** Gitta Nickel **B** Wolfgang Schwarze, Gitta Nickel **K** Niko Pawloff, Werner Heydn **M** Silly **S** Edeltraud Theurig **L** 88 **E** 2.3.1990

WAS WIRD HIER GESPIELT? Ein Kriminalkommissar untersucht das mysteriöse Verschwinden von Theo Lingen aus einem Theater. In Anwesenheit des Publikums werden die Mitarbeiter vernommen. Dabei wird festgestellt, daß auch die Theaterkasse fehlt. Nach vielen Verwicklungen gelingt es endlich, den Fall aufzuklären. ✦ Schwarz-weiß. Deutschland 1940 **P** Tobis/Majestic **R** Theo Lingen **B** Curt J. Braun, nach dem gleichnamigen Theaterstück von Theo Lingen **K** Friedl Behn-Grund **M** Peter Igelhoff **D** Theo Lingen, Fita Benkhoff, Otto Wernicke, Paul Henckels, Paul Verhoeven, Paul Kemp **L** 90 **E** 19.7. 1940/14.8.1961 DFF 1

WAS WIRD NUR AUS DEN KINDERN? (WHO WILL LOVE MY CHILDREN?). Nachdem eine Frau erfahren hat, daß sie an Krebs sterben wird, setzt sie alles daran, um liebevolle Familien zu finden, die ihre zehn Kinder adoptieren können, da ihr alkoholkranker Mann für die Kinder allein nicht sorgen kann. Nach einer wahren Begebenheit inszenierter »Tränenzieher«, der seinen Zuschauern einiges an Sentimentalitäten aufzwingt. Gutgemeinte, aber oberflächliche Fernsehunterhaltung. (Alternativtitel: »Der lange Abschied«) – Ab 16. ✦ USA 1983 **P** ABC **Pd** Paula Levenbach, Wendy Riche **R** John Erman **B** Michael Bortman **K** Thomas Del Ruth **M** Laurence Rosenthal **D** Ann-Margret (Lucille Fray), Frederic Forrest (Ivan Fray), Cathryn Damon (Hazel Anderson), Donald Moffat (Dick Thomas), Lonny Chapman (Milton Hammond) **L** 95 **E** 22.10.1991 Tele 5

WAS WOLLEN DIE DENN HIER? Vier türkische Jugendliche werden von der Polizei wegen Rauschgiftschmuggelverdachtes überwacht. Dabei zeigt sich ihr soziales Umfeld in Berlin: Schule, Arbeitsplatz, Freizeit. Grundlos erfolgt eine festnahme, die Ermittlungen bleiben ergebnislos. ✦ BR Deutschland 1978 **P** ROB **Pd+R+B** Rolf Burmann-Knüppel **K** Friedel Schmitz **M** Orhon und Orus **S** Rolf Burmann-Knüppel **D** Ceyhun Inci (Kemal), Bülent Keskin (Mustafa), Oksan Gül (Emine), Erdal Erünsal (Faruk) **L** 90 **E** 18.11. 1978

WAS WÜRDEN SIE AN MEINER STELLE TUN? (ETES-VOUS FIANCEE A UN MARIN GREC OU A UN PILOTE DE LIGNE? / IL CAMMINO DEL FOLLE). Ein hoher Beamter in einem französischen Ministerium trennt sich nach 10jähriger Ehe wegen »Ermüdung« von Frau und Kindern; er kehrt zwar bald wieder zurück, kann aber seine Vorliebe für Seitensprünge nicht ablegen. Amüsante Gesellschaftskomödie mit selbstironischen Spitzen. ✦ Frankreich/Italien 1970 **P** Films de la Pléiade/Copro **KI** CIC **R** Jean Aurel **B** Jean Aurel, Jean Yanne, nach einem Roman von Henriette Jelinek. **K** Raoul Coutard **M** Joss Baselli **S** Anne-Marie Cotret **D** Jean Yanne (Roger Blanchard), Françoise Fabian (Marion Blanchard), Francis Blanche (Gambeau), Nicole Calfan (Annette), Michèle Bompard **L** 100 **FSK** ab 16; f **E** 7.5.1971/ 21.8.1996 Bayern 3

WAS ZUM TEUFEL, JACK (JACK). Ein junger Stockholmer Gelegenheitsdichter wird sich des Engpasses bewußt, in den er durch sein zwar unbürgerliches und sorgenfreies, aber letztlich zielloses Leben geraten ist. Nach schmerzhaften Erfahrungen konzentriert er sich auf seine schriftstellerische Arbeit und beginnt, die Zeit seiner rebellischen Jugend aufzuarbeiten. Verfilmung des in Schweden erfolgreichsten Nachkriegsromans, der den Weg einer Generation zwischen Auflehnung gegen Anpassung und Normierung, zwischen neuem Konformismus und einer letztlich positiven Neuorientierung beschreibt. ✦ Schweden 1977 **P** Stockholm Film/Europa Film **R** Jan Halldoff **B** Ulf Lundell, Jan Halldoff, nach einem Roman von Ulf Lundell **K** Hans Welin **M** Ulf Lundell, Roland Sterner **S** Wic Kjellin **D** Göran Stangertz (Jack), Kjell Bergqvist (Jonny), Örjan Ramberg (Bart), Ingalill Rydberg (Linnea), Robert Sjöblom (Harald), Gunnel Fred (Sonja) **L** 120 **E** 30.3.1982 ZDF

WASCHEN, SCHNEIDEN, LEGEN. Ein schon etwas älteres Muttersöhnchen, das in einer Kleinstadt als beliebter Damenfriseur arbeitet, wird von der Blumenhändlerin, in die er verliebt ist, zu einer Reise nach Berlin überredet. Dort verliebt er sich in eine Fernsehmoderatorin und folgt ihr, dem Abenteuer Großstadt trotzend, bis in deren Show. Der Film ist einerseits Vehikel für den Schlagerparodisten Guildo Horn, der sich tapfer durch die Erweckungsgeschichte schlägt, andererseits Komödie mit satirischen Ansätzen, die einige hübsche szenische Details zu bieten hat. Nicht zuletzt die handwerkliche Routine des versierten Regisseurs sichert dem Film einen mäßigen Unterhaltungswert. – Ab 12. ✦ Deutschland 1999 **P** Neue Impuls/Warner Bros. **KI** Warner Bros. **VA** Warner Home **DVD** Warner Home (16:9, 1.85:1, DS dt.) **Pd** Michael Eckelt, Volker Stolberg **R** Adolf Winkelmann **B** Adolf Winkelmann, Johannes Kram, Stefan Weigl, Michael Klaus **K** David Slama **M** Hans Steingen **S** Andrea Mertens **D** Guildo Horn (Hans Anton Schatz), Susanna Simon (Melanie), Stephan Kampwirth (Karl-Heinz), Sissi Perlinger (Gloria), Paul Schäfer (Kevin), Ulrich Wildgruber (Vater Schatz) **L** 90 **FSK** o.,A.; f **FBW** w **E** 9.12.1999/ 14.7.2000 Video/20.9.2001 DVD **fd** 34 012

WASCHEN UND LEGEN. Eine beinahe ethnografische Erkundung der Berliner Friseursalonlandschaft, die sich zu einer wunderbaren Milieustudie verdichtet. Neben einem Kiez-Salon im Osten der Stadt werden der Promi-Coiffeur Udo Waltz, ein türkischer Barbier aus Moabit und ein Techno-Szeneladen am Prenzlauer Berg vorgestellt. Der Dokumentarfilm stellt soziale Kommunikationsräume vor, die im Kontrast des Milieus zu einem Spiegelbild der deutschen Gesellschaft werden. – Sehenswert ab 14. ✦ Deutschland 1999 **R** Alice Agneskirchner **L** 89 **E** 6.3.2000 ORB

DIE WÄSCHEREI. Der Dokumentarfilm macht eine kleine Wäscherei in einem Vorort Berlins zum Modell für die momentane Situation einer Gesellschaft im Wandel. Der Sohn der ehemaligen Inhaber hat den 1946 gegründeten Familienbetrieb, der auch in der DDR lange privat bewirtschaftet wurde, nach der Wende zurückgekauft und versucht, ihn nun unter marktwirtschaftlichen Bedingungen zu leiten. ✦ Schwarz-weiß. Deutschland 1993 **R+B** Kerstin Stutterheim **K** Niels C. Bolbrinker **S** Niels C. Bolbrinker **L** 63 **E** 11.5.1993 ZDF

DIE WÄSCHERINNEN VON PORTUGAL (LES LAVANDIERES DU PORTUGAL). Ein ehrgeiziger Werbeleiter und seine ehemalige Geliebte wetteifern um den Auftrag, die Kampagne für eine neue Waschmaschine führen zu dürfen. Da für die Präsentation eine hübsche junge Frau vorgesehen ist, setzt eine hektische Suche der Konkurrenten nach einer geeigneten Kandidatin ein. Eine gut gespielte Satire auf die Eigenheiten der Werbebranche, die sentimentale, musikalische und folkloristische Elemente einzubinden versucht. – Ab 16. ✦ Scope. Frankreich 1957 **P** Univers **R** Pierre Gaspard-Huit **B** Jean Marsan, Pierre Gaspard-Huit, Pierre Lary **K** Roger Fellous **M** Popp Lucchesi **D** Jean-Claude Pascal (Jean-François Aubray), Anne Vernon (Cathérine Deligny), Paquita Rico (Mariana), Darry Cowl (Paul), Jean-Marie Proslier, Carine Jansen **L** 110 **E** 10.8.1994 VOX

DIE WASCHMASCHINE →SEX-trem

DER WASCHSALON (THE LAUNDROMAT). In einem Waschsalon in einer Kleinstadt im mittleren Westen der USA treffen zwei charakterlich völlig verschiedene Frauen zu nächtlicher Stunde aufeinander. Die modisch-elegante ehemalige Lehrerin mittleren Alters und die ungebildete, lärmende junge Frau nehmen nach anfänglicher Ablehnung aneinander Anteil. Fürs amerikanische Fernsehen entstandener, unkonventionell gestalteter Film mit zwei brillanten Schauspielerinnen; dabei benutzt Robert Altman die Arbeit des Wäschewaschens als Ausdruck der psychologischen Situation. ✦ USA 1985 **P** Sandcastle 5/Byck-Lancaster-Prod. **R** Robert Altman **B** Marsha Norman **K** Pierre Mignot **D** Carol Burnett, Amy Madigan, Michael Wright **L** 60 **E** 30.12.1987 NDR

WASHINGTON SQUARE (WASHINGTON SQUARE). Literaturverfilmung nach einer Emanzipationsgeschichte von Henry James: Die unscheinbare Tochter eines wohlhabenden Arztes überwindet trotz einer unglücklichen Liebe die Konventionen ihres Standes und findet gegen alle Widerstände zu ihrer Selbstachtung. Ein stilsicher inszeniertes, atmosphärisch dichtes Sittengemälde in epischer Breite, das den psychologischen Konflikt der zentralen Frauengestalt zum universellen Drama ausweitet, das freilich mehr Züge zur Wirklichkeitsflucht als zur erhellenden Bestandsaufnahme aufweist. – Ab 16. ✦ USA 1997 **P** Caravan Pictures/Alchemy Filmworks **KI** prokino plus **VA** Arthaus **Pd** Roger Birnbaum, Julie Bergman Sender **R** Agnieszka Holland **B** Carol Doyle, nach dem gleichnamigen Roman von Henry James **K** Jerzy Zielinski **M** Jan A. P. Kaczmarek **S** David Siegel **D** Jennifer Jason Leigh (Catherine Sloper), Albert Finney (Dr. Austin Sloper), Maggie Smith (Lavinia Penniman), Ben Chaplin (Morris Townsend), Judith Ivey (Mrs. Elizabeth Almond), Arthur Laupus (Mr. Almond) **L** 116 **FSK** ab 6; f **E** 2.4.1998/2.10.1998 Video **fd** 33 066

DAS WASHINGTONER KARUSSELL (WASHINGTON MERRY-GO-ROUND). Ein junger idealistischer Politiker ist in den Kongreß gewählt worden. Im »Karussell« von Parties, Empfängen und Fünf-Uhr-Tees wird jedoch mehr Politik gemacht als im Repräsentantenhaus. Bald erkennt er, wie groß der Verfall der politischen Sitten geworden ist, und beginnt einen scheinbar aussichtslosen Kampf. Der Zufall spielt ihm das Geständnis eines Politikers zu, der Selbstmord begangen hat. Eines der ersten filmischen Beispiele für die Art, wie sich Hollywood mit dem Thema der politischen Korruption und der Verfilzung von Politik und Verbrechen auseinandersetzt. (O.m.d.U.) ✦ Schwarz-weiß. USA 1932 **P** Warner **R** James Cruze **B** Jo Swerling **K** Ted Tetzlaff, Ira Morgan **D** Lee Tracy, Constance Cummings, Walter Connolly, Alan Dinehart, Clarence Muse **L** (TV) 75 **E** 28.9.1985 BR

WASSA (WASSA). Geschichte einer reichen russischen Geschäftsfrau aus Nishni-Nowgorod, die ihren Besitz zwar ständig erweitern, den Zerfall der Familie aber nicht aufhalten kann. Sensible und atmosphärisch beeindruckende Literaturverfilmung. – Ab 16. ✦ UdSSR 1983 **P** Mosfilm **KI** Progress **R** Gleb Panfilow **B** Gleb Panfilow, nach dem Bühnenstück »Wassa Shelesnowa« von Maxim Gorki **K** Leonid Kalaschnikow **M** Wadim Bibergan **D** Inna Tschurikowa (Wassa), Wadim Medwedew (Wassas Ehemann Sergej), Nikolai Skorobogatow (Prochor Borissowitsch), Olga Maschnaja (Natalja), Jana Poplawakaja (Ljudmila) **L** 136 **E** 4.5.1984 Kino DDR/4.11.1984 DFF 2

WASSA SCHELESNOWA (WASSA SCELESNOWA). Maxim Gorkis weltbekanntes Drama von Wassa Schelesnowa in einer Verfilmung aus dem Gorki-Studio Moskau. – Ab 14. ✦ UdSSR 1953 **P** Gorki-Studio **KI** Progress **R** Leonid Lukow **B** Leonid Lukow, nach dem gleichnamigen Drama von Maxim Gorki **K** Wladimir Rapoport **M** Leonid Schwarz **S** L. Shutschkowa **D** Vera Paschennaja (Wassa), Michail Sharow (Prochor), Jelisaweta Solodowa (Rachel), W. Jewstratowa (Natalja), Jelena Jelanskaja (Ludmilla) **L** 109 **E** 10.9.1954 Kino DDR/20.10.1954 DFF 1

WASSER – DER FILM (WATER). Eine einsame Karibikinsel wird zum Spielball internationaler Interessengruppen, als dort eine Mineralquelle entdeckt wird. Der Gouverneur wehrt jedoch alle Feinde listig ab und erkämpft die Unabhängigkeit für die Insel. Eine temperamentvolle, entschlossen populäre Komödie, die sich durch ausgelassene Fantasie, Selbstironie und den Mut zu utopischen Positionen auszeichnet. (Fernsehtitel: »Wasser – Insel der Ausgeflippten«) – Ab 14. ✦ Großbritannien 1985 **P** HandMade Films **KI** Filmwelt **VA** Cannon **Pd** Ian La Frenais, George Harrison **R** Dick Clement **B** Dick Clement, Ian La Frenais, Bill Persky **K** Douglas Slocombe **M** Mike Moran **S** John Victor Smith (= John Victor-Smith) **D** Michael Caine (Baxter Thwaites), Valerie Perrine (Pamela), Brenda Vaccaro (Dolores), Leonard Rossiter (Sir Malcolm Leveridge), Billy Connolly (Delgado) **L** 89 **FSK** ab 12; f **E** 30.5.1986/November 1986 Video/4.8.1988 ARD **fd** 25 712

DAS WASSER – DER LETZTE KOPFSPRUNG (A AGUA – O ULTIMO MERGULHO). Zwei Selbstmordkandidaten beschließen, sich noch einmal tüchtig ins Nachtleben Lissabons zu stürzen, bevor sie ins Wasser springen. Eine anarchische filmische Improvisation über das nächtliche Lissabon; wie die übrigen Filme der Reihe »Die vier Elemente« zwar eine Fernsehauftragsarbeit, die sich aber keinesfalls von Fernsehästhetik leiten läßt. Ein kleines Meisterwerk portugiesischer Filmkunst. (Siehe auch: »Die Erde – Das Ende der Welt«, »Die Luft – Mein Geburtstag«, »Das Feuer – Das Herz in beiden Händen«) – Sehenswert ab 16. ✦ Portugal/Frankreich 1992 **P** Madragoa/RTP/La Sept **Pd** Paulo Branco, Fernando Lopes **R+B** Joao César Monteiro **K** Dominique Chapuis **S** Stephanie Mahlet **D** Fabienne Babe (Esperanca), Francesca Prandi (Rosa Bianca), Canto E Castro (Eloi), Rita Blanco (Ivone), Dinis Neto Jorge (Samuel), Catarina Lourenco (Ballarina) **L** 66 **E** 28.6. 1993 arte

DIE WASSER DES FRÜHLINGSSTROMES FLIESSEN NACH OSTEN (YI JIAN CHUNAGSHUI TONG LING). Breit ausgespielte melodramatische Geschichte um ein junges Paar, das in den Wirren des chinesisch-japanischen Krieges getrennt wird. Während der Mann in die Kreise von Kriegsgewinnlern und Kollaborateuren gerät, schlägt sich seine Frau mit Sohn und Schwiegermutter durch. Als sie einander wieder begegnen, will er sich nicht mehr zu seiner Familie bekennen. Ein interessantes historisches Dokument, das die Zeit des Umbruchs in China sozialkritisch beleuchtet sowie Auskunft über den Stand der Filmkunst jener Zeit gibt. ✦ China 1947 **P** Lianhua **R+B** Cai Chusheng, Zheng Junli **K** Zhu Jin-Ming **M** Zhang Zhengwan **D** Bai Yang (Sufen), Tao Jin (Zhang Zhongliang), Wu Yinyan (Zhang Zhongliangs Mutter), Shu Xiaowen (Lizheng), Shangguan Yunzhu (Lizhengs Kusine) **L** 185 **E** 2.11.1980 ZDF **fd** 22 652

DAS WASSER DES LEBENS (1980) (GOLNKI SHIWNT W KJARISACH). Der Bau eines Brunnens wird für die Bewohner eines turkmenischen Dorfes zu einer Überlebensfrage. – Ab 14. ✦ UdSSR 1980 **P** Turkmenfilm **KI** Progress **R+B** Baba Annanow **K** Owes Welmuradow **M** Nury Chalmamedow **D** Kerim Annanow (Merdan), Elvira Kulijewa (Maral), Enedshan Muchametgeldyjewa (Selbi), Enwer Annakulijew (Atow), Kurbangosel Kerimowa (Bachargul) **L** 80 **E** 10.12.1982 Kino DDR

DAS WASSER DES LEBENS (1987). Drei Königssöhne ziehen nacheinander in die Welt, um für ihren kranken Vater das heilende Wasser des Lebens zu suchen. Während sich die beiden Älteren hochmütig und verschlagen gebärden und von einem Wicht bestraft werden, findet der freundliche Jüngste das Wasser, erlöst eine Prinzessin und kehrt mit den Wundergaben zurück. Doch damit ist das Abenteuer noch nicht beendet. Verfilmung des gleichnamigen Märchens der Brüder Grimm. – Ab 8. ✦ CSSR/BR Deutschland 1987 **P** Slowakisches Filmschaffen Bratislava-Koliba/Omnia Film **R** Ivan Balada **B** Karel Steigerwald, Ivan Balada, nach Motiven von Pavel Dobsinsky und den Brüdern Grimm **K** Ján Duris **M** Jirí Stivín **D** Michael König (König), Nikolas Vogel (Kornel), Michele Melega (Ján), Dusan Dorcák (Bystrík), Asunta Almirall (Königin) **L** (TV) 90 **E** 10.,17.1.1988 ZDF

DAS WASSER DES NILS WIRD ZU BLUT WERDEN. Experimentalfilm, in dessen Zentrum ein besessener, aber erfolgloser Schriftsteller und dessen Suche nach der Wahrheit stehen. Eine komplexe Herausforderung an die Vorstellungskraft des Publikums. ✦ BR Deutschland 1989 **P** Behnke Filmprod. **KI** DEFA **Pd+R+B** Frank Behnke **K** Reinhold Vorschneider **M** F. Körner **S** Frank Behnke **L** 60 **FBW** w **E** 18.5.1989

WASSER FÜR CANITOGA. Der Bau einer Wasserleitung am Mount Jefferson im nördlichen Kanada im Jahr 1905 wird durch Sabotageakte gestört. Der zweite Ingenieur gerät unter Mordverdacht, flieht, arbeitet inkognito an der Aufklärung und unter Einsatz seines Lebens für den Erfolg des Projekts. Der mit hohem Aufwand (1,385 Mio. Reichsmark) produzierte Abenteuerfilm ist simpel konstruiert, unrealistisch und bisweilen recht rührselig; dennoch besitzt er einen gewissen Charme – nicht zuletzt wegen der Ausstrahlung von Hans Albers, der den während des Krieges verbotenen Erfolgsschlager »Good bye, Johnny« singt. (Nach dem Krieg wurde der Film in Westdeutschland in einer gekürzten Fassung vorgeführt.) – Ab 14. ✦ Schwarz-weiß. Deutschland 1939 **P** Bavaria-Filmkunst **KI** Kristall **R** Herbert Selpin **B** Walter Zerlett-Olfenius, Emil Burri, Peter Francke, nach einem Bühnenstück von G. Turner Krebs (= Hans José Rehfisch) **K** Franz Koch, Josef Illig **M** Peter Kreuder **D** Hans Albers (Oliver Montstuart), Charlotte Susa (Lilly), Hilde Sessak (Winifred Gardener), Peter Voß (Trafford), Beppo Brem, Josef Sieber (Ingram), Arnulf Schröder (Doktor), Heinrich Kallenberg (Reechi), Heinrich Schroth (Gouverneur), Fritz Reif (Ormand), Willy Rösner (Reeve) **L** 119 (gek. 110) **FSK** ab 16; nf **E** 10.3.1939/20.10.1961 Kino DDR/18.2.1963 DFF 1/21.9.1981 BR

WASSER – GANGES (EAU / GANGA). Eine meditative Filmreise vom Delta des Ganges bis zu seinem Quellgebiet im Himalaya, die nicht nur in fremdartige Landschaften und in die Geschichte Indiens führt, sondern auch eine Annäherung an den Hinduismus und das spirituelle Leben der Hindus bietet. Ein poetischer Film voller Gegensätze, der vom Zuschauer die Bereitschaft verlangt, seinen westlich geprägten, intellektuellen Verständnisrahmen zu verlassen. Ein diskussionswerter Beitrag zur Auseinandersetzung mit einem fremden Land und einer fremdartigen Religion. (O.m.d.U.) – Ab 14 möglich. ✦ Frankreich 1984/85 **P** Musée National d'Art Moderne/Viswanadhan **SF** Freunde der Deutschen Kinemathek **R+B** Velu Viswanadhan **K** Adoor Gopalakrishnan **S** Philippe Puicouyoul **L** 158 **E** Juni 1987 **fd** 26 437

WASSER HAT KEINE BALKEN (1928) →Buster Keaton – Steamboat Bill, jr.

WASSER HAT KEINE BALKEN (1999) →Marabus

WASSER – INSEL DER AUSGEFLIPPTEN →Wasser – Der Film

DAS WASSER KOCHT (HOT WATER). Harold Lloyd plagt sich als Ehemann mit der nervtötenden Familie seiner Frau herum, glaubt schließlich, seine Schwiegermutter getötet zu haben und von ihrem Geist verfolgt zu werden, bis endlich nach zahlreichen Turbulenzen und Mißverständnissen der Clan sein Haus verläßt. Abendfüllende Situationskomik in bester Lloyd-Qualität. ✦ Schwarz-weiß. USA 1924 **P** The Harold Lloyd Corporation **R** Sam Taylor, Fred Newmeyer **B** Thomas J. Gray, Tim Whelan, John Grey, Sam Taylor **K** Walter Lundin **S** Allen McNeil **D** Harold Lloyd, Jobyna Ralston, Josephine Crowell, Charles Stevenson, Mickey McBan **L** 55 **E** 30.3.1980 ZDF

DER WASSER-MOTOR →Die Wassermaschine – Eine Jagd auf Leben und Tod

WASSERBALL UND KOMMUNISMUS (PALOMBELLA ROSSA). Politische Komödie über die Krise der Kommunistischen Partei Italiens. Ein junger Mann, der bei einem Autounfall sein Gedächtnis verloren hat, wacht bei einem Wasserball-Spiel wieder auf. Schrittweise beginnt er, sich zu erinnern, unter anderem daran, daß er Politiker der KPI ist. Im folgenden versucht er, herauszufinden und zu verstehen, warum er Kommunist geworden ist. – Ab 16. ✦ Italien 1989 **P** Sacher/Nella Banfi-Palmyre/RAI 1/So.Fin.A. **R+B** Nanni Moretti **K** Giuseppe Lanci **M** Nicola Piovani **S** Sophie Garrone **D** Nanni Moretti (Michele Apichella), Silvio Orlando (Trainer), Mariella Valentini (Journalistin), Asia Argento (Valentina), Mario Patanè (Katholik) **L** 92 **E** 16.6.1992 Kabelkanal

DER WASSERDOKTOR →Sebastian Kneipp – Ein großes Leben

DIE WASSERHERREN. Der in Form eines Essays angelegte Dokumentarfilm berichtet über die Bedrohung des Trinkwassers, analysiert das Verhältnis der Industriegesellschaft zum Wasserschutz und reflektiert die Vorstellungen, die Menschen sich vom

Wasser, seiner Macht und seiner Funktion gemacht haben. – Ab 14. ✦ BR Deutschland 1983/84 **P** Klaus Stanjek Dokumentarfilm **SF** Verleih der Filmemacher **VA** atlas **R+B** Klaus Stanjek **K** Heiner Stadler **M** Norbert Jürgen Schneider **S** Romy Schumann **L** 79 **FBW** w **E** 14.5.1985

WASSERLOCH NR. 3 (WATERHOLE NO. 3). 1880: Eine turbulente Hetzjagd auf eine Kiste mit Goldbarren der Nordstaaten-Armee, die schließlich ein Abenteurer in seinen Besitz und über die mexikanische Grenze bringt. Nach anfänglichen Längen entwickelt sich eine recht unterhaltsame, in balladeskem Stil gehaltene Parodie auf die Wildwestfilme, die am Ende allerdings mit einem unnötig zynischen »Gag« aufwartet. – Ab 16. ✦ Scope. USA 1967 **P** Paramount/Blake Edwards/Geoffrey **KI** Paramount **Pd** Joseph T. Steck **R** William A. Graham **B** Joseph T. Steck, Robert R. Young **K** Robert Burks **M** Dave Grusin, Robert Wells (Songs) **S** Warren Low **D** James Coburn (Lewton Cole), Carroll O'Connor (Sheriff John Copperud), Bruce Dern (Hilfssheriff), Margaret Blye (Billee Copperud), Claude Akins (Sgt. Henry Foggers), Timothy Carey (Hilb), Joan Blondell (Lavinia), James Whitmore (Capt. Shipley), Roy Jenson (Doc Quinlen), Robert Cornthwaite (George), Buzz Henry (Cowpoke) **L** 95 (gek. 91) **FSK** ab 16; nf (gek.12;f) **E** 30.11.1967 **fd** 15 183

WASSERMAN – DER SINGENDE HUND. Ein israelisches Mädchen findet einen geschundenen Hund auf der Straße und nimmt sich seiner an. Es entsteht eine dicke Freundschaft, die in Gefahr gerät, als der Hund nach seiner Genesung zur Weltsensation wird. Es stellt sich heraus, dass er singen kann, was seinen früheren Besitzer auf den Plan ruft, der den lockenden Reichtum einstreichen möchte. Nach vielen Verwicklungen erweist sich die aufrichtige Bindung zwischen Mensch und Hund als stärker. Ein als Beitrag zur »Woche der Brüderlichkeit« entstandener Fernsehfilm. Die Freundschaft zwischen Mensch und Hund ist als eindringliche Metapher zu sehen, was durch zahlreiche realpolitische Bezüge unterstrichen wird. – Ab 14 möglich. ✦ Deutschland 1995 **P** ZDF **R** Peter Lilienthal **B** Peter Lilienthal, nach einem Roman von Yoram Kaniuk **K** Gérard Vandenberg **M** Claus Bantzer **D** Tal Feingold (Tali), Jill Feingold (Selina), Roy Nathanson (Roy), Rusty Jacobs (Dr. Sunshine), Alon Aboutboul (Sibale) **L** 97 **E** 14.4.1995 ZDF

DIE WASSERMASCHINE – EINE JAGD AUF LEBEN UND TOD (THE WATER ENGINE). Amerika in den 30er Jahren: Ein eigenbrötlerischer Erfinder hat einen Motor konstruiert, der mit Wasser läuft. Er bietet seine Erfindung der Industrie an, stößt jedoch nicht auf das erhoffte Interesse. Im Gegenteil: Die Lobby der Autoindustrie versucht, seine Konstruktion mit allen Mitteln zu hintertreiben. Ein Journalist soll für Öffentlichkeit sorgen, doch auch er muß erkennen, daß die Männer, die im Hintergrund die Fäden ziehen, am längeren Hebel sitzen. Fernsehspiel mit einer hochkarätigen Besetzung, das im Rahmen der preisgekrönten Serie »American Writer's Cinema« entstand. (TV-Titel: »The Water Engine«/»Der Wasser-Motor« (SF/DRS)) – Ab 16. ✦ USA 1992 **P** TNT/Amblin/Majestic **VA** Concorde **Pd** Michael Brandman **R** Steven Schachter **B** David Mamet, nach seinem Theaterstück **K** Bryan England **M** Alaric Jans **S** Martin Hunter **D** Charles Durning (Tour Guide), Patti LuPone (Rita Lang), Joe Mantegna (Lawrence Oberman), Treat Williams (Dave Murray), William H. Macy (Charles Lang), Martin Sheen, David Mamet **L** 85 **FSK** ab 12 **E** 31.5.1994 premiere/1994 Video

DIE WASSERNIXE (SLECNA OD VODY). Streitereien in einem Betrieb um Arbeitsbummelei und die Verteilung von Ferienplätzen. ✦ Schwarz-weiß. CSR 1959 **P** Filmstudio Barrandov **R** Borivoj Zeman **D** Eva Klepácová, Gustav Heverle, Jaroslav Marvan, Bohus Záhorsky **L** 73 **E** 24.2.1962 DFF 1

DIE WASSERPRINZESSIN (DANGEROUS WHEN WET). Eine Farmersfamilie aus Arkansas will im Wettkampf miteinander den Ärmelkanal durchschwimmen, was ein geschäftstüchtiger Vitamin-Vertreter für seine kommerziellen Zwecke nutzen möchte. Amüsante Komödie als Plattform für den Schwimmstar Esther Williams und ihren späteren Ehemann Fernando Lamas. Den Glanzpunkt des Films stellt eine geträumte Unterwasser-Einlage dar, in der auf reizvolle Weise die Zeichentrick-Figuren »Tom & Jerry« assistieren. – Ab 8 möglich. ✦ USA 1953 **P** MGM **Pd** George Wells **R** Charles Walters, Fred Quimby (Zeichentrick), William Hanna (Zeichentrick), Joseph Barbera (Zeichentrick) **B** Dorothy Kingsley **K** Harold Rosson **M** Arthur Schwartz, Johnny Mercer **S** John McSweeney jr. **D** Esther Williams (Katy), Charlotte Greenwood (Ma Higgins), William Demarest (Pa Higgins), Fernando Lamas (Andre Lanet), Jack Carson (Windy Webbe) **L** 95 **FSK** ab 6; nf **E** 6.4.1954 **fd** 3 240

WASSERSPINNE – WUNDERSPINNE (VIZIPOK – CSODAPOK). Bilder aus dem Leben einer Wasserspinne in einem abendfüllenden Animationsfilm. – Ab 6. ✦ Ungarn 1982 **P** Pannónia **KI** Progress **R** Szabolcs Szabó **B** György Kertész **K** Sándor Polyák **M** Zsolt Pethö **L** 78 **E** 10.5.1985 Kino DDR/2.6.1990 DFF 1

WASSERZEICHEN. Dokumentarfilm über die Rolle der Norddeutschen Raffinerie, einer Kupferhütte, bei der Verschmutzung der Elbe. Da die Filmemacher auf dem Werksgelände keine Dreherlaubnis erhalten, kreisen sie die Firma filmisch ein, erklären Produktionsabläufe, weisen auf Schadstoffemissionen hin, entnehmen Wasserproben. Die Gegenseite steuert das vertraute Argument der Arbeitsplatzerhaltung bei. Ein engagierter Film, der aber auch von einer gewissen Naivität getragen wird und dessen formale Ausdrucksmittel eher unausgereift sind; der Film vertraut ganz auf das Umweltbewußtsein seiner Zuschauer. – Ab 14. ✦ BR Deutschland 1985 **P** Morell-Proksch Prod. **SF** Zentral Film **Pd+R+B+K** Wolfgang Morell, Ronald Proksch **M** Orcest de Volharding, Sogenanntes Linksradikales Blasorchester **S** Wolfgang Morell, Ronald Proksch **L** 74 **E** 1985 Kino

WASSILI, DER KÜHNE RECKE VON NOWGOROD → Kühne Recken von Nowgorod

WASSILI UND WASSILISSA (WASSILI I WASSILISSA). Die Geschichte zweier einst glücklicher Menschen aus einem sibirischen Dorf, vor denen sich durch die Schuld und das Versagen des Mannes fast unüberwindliche Konflikte aufgetürmt haben. Ein erschütternder, meisterhafter Film mit hohem moralischem Anspruch. – Ab 16. ✦ Scope. UdSSR 1981 **P** Mosfilm **KI** Progress **R** Irina Poplawskaja **B** Wassili Solowjow, Irina Poplawskaja, nach dem gleichnamigen Roman von Valentin Rasputin **K** Kadyrshan Kadyralijew **M** Alexej Murawljow **D** Olga Ostroumowa (Wassilissa), Michail Kononow (Wassili), Natalja Bondartschuk (Alexandra) **L** 95 **E** 29.10.1982 Kino DDR/28.11.1989 DFF 2

WASTED! (NAAR DE KLOTE!). Ein junges Paar entzweit sich inmitten der Amsterdamer Techno- und Rave-Szene. Das Mädchen gerät dabei an einen Drogendealer und läßt sich zunächst von seinem »aufregenden« Leben beeindrucken. Schließlich eskaliert die latent vorhandene Gewalt während einer Rave-Party, auf der sich das Paar wiederbegegnet. Mit digitalen Effekten und Verfremdungen fängt der Film die Atmosphäre der Szene ein, wobei er eine starke Unmittelbarkeit erreicht. Über weite Strecken stellt er die Probleme der jungen Menschen in dieser hektischen Umgebung überzeugend dar, verliert sich am Ende aber in einer aufgesetzt ironischen Haltung. (Titel auch: »Ausgepowert«, »Wasted! – Die große Verschwendung«) ✦ Niederlande 1996 **P** Sahara Film II **KI** MFA **VA** plaNet (MFA) **Pd** Ton van der Lee, Denis Wigman, Bob van Hellenberg Hubar **R** Ian Kerkhof **B** Ian Kerkhof, Ton van der Lee **K** Joost van Gelder **M** Otto van den Toorn **S** JP Luijsterburg **D** Fem van den Elzen (Jacqueline), Tygo Gernandt (Martijn), Hugo Metsers III (JP), Thom Hoffman (DJ Cowboy), Afke Reijenga (DD), Jorinde Moll (Yoyo), Mike Libanon (Winston) **L** 102 **E** 5.3.1998 **fd** 33 026

WATCH ME – MEHR ALS HEISSE BLICKE → Dreieck der Sinne

WATCH ON THE RHINE (WATCH ON THE RHINE). Eine amerikanische Durchschnittsfamilie kommt überraschend mit dem Faschismus, aber auch mit der Widerstandsbewegung in Europa in Berührung, als sie nach 18 Jahren der Trennung erstmals von ihren deutschen Verwandten besucht wird. Als der Schwiegersohn einen rumänischen Verräter erschießt, der ihn um das Geld seiner Kampfgefährten erpressen und seinen geheimen Kontaktmann an die Gestapo verraten will, muß er nach Mexiko fliehen. Sein weiteres Schicksal bleibt ebenso offen wie das seines Sohnes, der für den Kampf gegen die Nazis nach Europa zurückkehrt. Spannende Verfilmung eines Broadway-Bühnenerfolgs von 1940, die allerdings die politischen Realitäten in Europa zugunsten der menschlichen Konflikte grob vereinfacht. (O.m.d.U.; Fernsehtitel: »Die Wacht am Rhein«) ✦ Schwarz-weiß. USA 1943 **P** Warner **KI** AG Kino **Pd** Hal B. Wallis **R** Herman Shumlin **B** Dashiell Hammett, Lillian Hellman, nach dem Stück von Lillian Hellman **K** Hal Mohr, Merritt B. Gerstad **M** Max Steiner **S** Rudi Fehr **D** Paul Lukas (Kurt Müller), Bette Davis (Sara Müller), Eric Roberts (Bodo Müller), Lucile Watson (Fanny Farelly), George Coulouris (Teck de Brancovis) **L** 114 **E** 1977 Kino **fd** 20 407

WATCHERS (WATCHERS). Eine im Regierungsauftrag mittels Genmanipulation hergestellte Kreatur richtet ihre mörderischen Aggressionen gegen die Umwelt, vor allem aber gegen einen Hund, der ebenfalls aus dem Laboratorium entkommen ist. Der treue Vierbeiner findet in einem College-Schüler einen Verbündeten in dem lebensgefährlichen Kampf. Routiniert inszenierter Thriller mit suggestiv fotografierten Genreszenen, der Motive des Jugendkinos mit zunehmend stereotyper werdenden Schockbildern mischt. ✦ Kanada 1988 **P** Rose & Ruby Prod./Concorde/Centaur **KI** Scotia-Cannon **VA** Ufa **Pd** Damian Lee, David Mitchell **R** Jon Hess **B** Damian Lee, Bill Freed, nach einem Roman von Dean R. Koontz **K** Richard Leiterman **M** Joel Goldsmith **S** Bill Freda, Carolle Alain, Rick Fields **D** Corey Haim (Travis Cornell), Michael Ironside (Lemuel Johnson), Dale Wilson (Bill), Duncan Fraser (Sheriff Gaines), Norman Browning (Hockney), Barbara Williams (Nora Cornell), Blu Mankuma (Cliff), Colleen Winton (Deputy Winton), Graeme Campbell, Christopher Carey **L** 91 (gek. 83) **FSK** ab 18; nf (ab 16) **E** 4.5.1989/September 1989 Video **fd** 27 601

WATCHERS 2 – AUGEN DES TERRORS (WATCHERS 2). Ein gentechnisch manipuliertes Monster und ein intelligenter Superhund versuchen, ihrer Vernichtung durch das US-Militär zu entgehen. Ein Soldat kann für ihre Zwecke geworben werden. Eine temporeiche Fortsetzung vor dem Hintergrund von Genmanipulation und Militärforschung. ✦ USA 1991 **P** Concorde Centaur **VA** RCA/Columbia **Pd** Roger Corman **R** Thierry Notz **B** Henry Dominic, nach einem Roman von Dean R. Koontz **K** Edward J. Pei **M** Rick Conrad **S** Adam Wolfe, Diane Fingado **D** Marc Singer (Paul Ferguson), Tracy Scoggins (Barbara White), Jonathan Farwell (Steve), Irene Miracle (Sarah), Tom Poster (Outsider), Jekaterina Woronina (Dr. Glatman), Don Pugsley (Smith), Joseph Harkin (Wessen) **L** 94 (gek. 91) **FSK** ab 18 (gek. 16) **E** Juni 1992

WATCHERS – DIE JAGD GEHT WEITER → Watchers – The Chase is on

WATCHERS – THE CHASE IS ON (WATCHERS III – THE CHASE IS ON). Ein einst angesehener Soldat wird aus einem amerikanischen Militärgefängnis entlassen, um einen gefährlichen Auftrag im Dschungel Mittelamerikas auszuführen, wo Soldaten grausam hingemeuchelt werden. Während er erkennt, daß sein Einsatz nur der Schachzug skrupelloser Vorgesetzter ist, bekommt er es mit einem mißgestalteten Unwesen zu tun, daß den Sümpfen entsteigt. Ein ebenso einfallsloser wie unappetitlicher Action-Grusel-Film um vorgeblich harte Männer und ihre unglaublichen

Abenteuer in feindlicher Umgebung. Der soziale wie politische Hintergrund ist nur Staffage zweifelhafter Genre-Unterhaltung. (TV-Titel: »Watchers – Die Jagd geht weiter«) ✦ USA 1994 **P** The Pazific Trust **VA** VPS **Pd** Luis Llosa **R** Jeremy Stanford **B** Michael Palmer, nach einem Roman von Dean R. Koontz **K** Juan Duran **M** Nigel Holton **S** Gwyneth Gibby **D** Wings Hauser (Ferguson), Gregory Scott (Bonetti), Daryl Roach (Nat), John K. Linton (MacCreedy), Lolita Ronalds (Gomez), Frank Novak **L** 80 **FSK** ab 18 **E** 26.1.1995 Video/8.10.1996 Pro Sieben **fd** 31 231

WATER AND POWER (WATER AND POWER). Filmisches Porträt der Stadt Los Angeles, die über Jahre hinweg beobachtet wurde. Durch Zeitraffer-Aufnahmen, außergewöhnliche Perspektiven und sich überlagernde Bilder verdichtet sich der Film zu einer visionären Reflexion, in deren Mittelpunkt das Problem der Wasserversorgung der Millionenstadt steht, mit dem sie seit Jahren zu kämpfen hat. Die sich mitunter überstürzende Flut der Bilder wird verschiedentlich durch Schwarzfilm abgelöst; so entstehen visuelle Ruhepausen, in denen die Geschichte der Stadt erzählt wird. (O.m.d.U.) ✦ USA 1989 **P** Pat O'Neill Prod. **KI** Freunde der Deutschen Kinemathek **R+B+K** Pat O'Neill **M** John Bergamo, Greg Johnson, Robert Lloyd, Kurt Festinger, Vivian Miller **S** Pat O'Neill **D** Joel Loriman, Beth Block, George Lockwood **L** 60 **E** 1990 Kino

WATERBOY – DER TYP MIT DEM WASSERSCHADEN (THE WATERBOY). Ein mental minderbemittelter junger Mann steigt vom Wasserträger zum Star einer College-Football-Mannschaft auf, als er lernt, die Wut über jahrelang erlittene Demütigungen auf seine Gegenspieler zu projizieren. Eine ebenso geistwie witzlose Komödie, deren Komik vor allem auf der Überspitzung von stereotypen Vorstellungen über die Einwohner der amerikanischen Südstaaten beruht. – Ab 12. ✦ USA 1998 **P** Touchstone Pictures **KI** Buena Vista **VA** Buena Vista **DVD** Buena Vista (16:9, 1.85:1, DD5.1 engl./dt.) **Pd** Robert Simonds, Jack Giarraputo **R** Frank Coraci **B** Tim Herlihy, Adam Sandler **K** Steven Bernstein **M** Alan Pasqua **S** Tom Lewis **D** Adam Sandler (Bobby Boucher), Kathy Bates (Mama Boucher), Henry Winkler (Coach Klein), Fairuza Balk (Vicki Vallencourt), Jerry Reed (Red Beaulieu) **L** 90 **FSK** o. A.; f **E** 15.4.1999/21.10.1999 Video/21.10.1999 **fd** 33 627

WATERDANCE (THE WATERDANCE). Drei Querschnittsgelähmte – ein Schriftsteller, ein rassistischer Motorrad-Rocker und ein sexbesessenes farbiges Großmaul – entwickeln während ihrer Rehabilitationszeit eine Freundschaft und meistern auf unterschiedliche Weise ihr Schicksal. Ein oberflächliches Porträt der Behinderten, das weder ihre Probleme ernst nimmt noch die Charaktere stimmig entwickelt. Der Film folgt aktuellen Kinotrends und verärgert sowohl durch seine Naivität als auch durch seine Verlogenheit. – Ab 16. ✦ USA 1992 **P** No Frills/RCA/Columbia (für The Indie Prod. Company) **KI** Delta **Pd** Gale Anne Hurd, Marie Cantin **R** Neal Jimenez, Michael Steinberg **B** Neal Jimenez **K** Mark Plummer **M** Michael Convertino **S** Jeff Freeman **D** Eric Stoltz (Joel Garcia), Wesley Snipes (Raymond Hill), William Forsythe (Bloss), Helen Hunt (Anna), Elizabeth Pena (Rosa), Tony Genaro (Victor) **L** 107 **FSK** ab 12; f **FBW** w **E** 3.12.1992/1.6.1994 premiere **fd** 29 928

WATERGATE – DIE MACHT DER INTRIGEN 1.–4. TEIL (BLIND AMBITION). Vierteilige Miniserie nach einem Bestseller, geschrieben von ehemaligen Präsidentenberater John Dean und seiner Frau. Der Film beschreibt die Jahre im Weißen Haus und Aufstieg und Fall des Präsidenten Nixon und gibt einen detaillierten und sachkundigen Einblick in die Hintergründe der Watergate-Affäre. Die aufwendige Produktion wurde mit vielen Preisen überhäuft, u. a. wurde Martin Sheen als bester Darsteller mit einem »Emmy«, dem amerikanischen Fernsehpreis, geehrt. ✦ USA 1981 **Pd** George Schaefer, Renée Valente **R** George Schaefer **B** Taylor Branch, John Dean, Stanley R. Greenberg, nach einem Roman von John und Maureen Dean **K** Edward R. Brown **S** Peter Parasheles, John Wright **D** Martin Sheen (John Dean), Michael Callan (Charles Colson), Lonny Chapman (L. Patrick Gray), William Daniels (G. Gordon Liddy), Clifford David (Fred Fielding), Ed Flanders (Charles Shaffer), Rip Torn (Richard Nixon) **L** 110/105110/110 (vier Teile) **E** 8./15./22./29.5.1994 RTL 2

WATERLAND (WATERLAND). Ein Geschichtslehrer in Pittsburgh erzählt in schwerer Lebenskrise seinen Schülern die Geschichte seiner Jugend in einer ostenglischen Meereslandschaft: tragische und dramatische Ereignisse um seine Liebe zu einem Mädchen, das seine Frau wurde, und um seinen geistig behinderten Bruder. Eine inszenatorisch mitunter holprige Auseinandersetzung mit dem (Miß-)Verhältnis von beschriebener und erlebter Geschichte. Der innere Kampf einer späten Selbstfindung spiegelt sich sinnbildhaft in überwiegend literarischen Symbolen, die in betörenden Landschaftsbildern eine filmische Entsprechung finden. – Ab 16. ✦ Scope. Großbritannien 1991/92 **P** Palace and Fine Line/Pandora/Channel 4 **KI** Concorde **VA** VCL/Carolco **Pd** Katy McGuinness, Patrick Cassavetti **R** Stephen Gyllenhaal **B** Peter Prince, nach einem Roman von Graham Swift **K** Robert Elswit **M** Carter Burwell **S** Lesley Walker **D** Jeremy Irons (Tom Crick), Sinéad Cusack (Mary Crick), Grant Warnock (Tom als Junge), Lena Headey (Mary als Mädchen), Callum Dixon (Freddy Parr), Ethan Hawke (Matthew Price) **L** 95 **FSK** ab 16; f **FBW** bw **E** 17.6.1993/18.10.1993 Video **fd** 30 091

WATERLAND – KAMPF UMS ÜBERLEBEN (HOSTILE ENVIRONMENT). Ein bärenstarker Einzelgänger legt sich an Bord eines gigantischen Schiffes mit einer despotischen Herrscherin an, die plant, die knapper werdenden Trinkwasservorräte der Erde unter ihre Kontrolle zu bringen. Nach einigen Rückschlägen wächst ihm Hilfe von unvermuteter Seite zu. In naher Zukunft angesiedelter Actionfilm üblichen Zuschnitts, der mehr Wert auf körperbetonte Hauptdarsteller als auf eine ausgeklügelte Geschichte legt. ✦ USA 1998 **R** David A. Prior **B** Brent Pfaff **D** Brigitte Nielsen (Minna), Matthias Hues (Mike Erikson), Darren Shahlavi (Rocky), Rochelle Swanson (Jennifer), Ingo Giese (Lars) **L** 80 **E** 22.10.1999 Vox

WATERLOO (WATERLOO). Die Schlacht bei Waterloo und die Niederlage Napoleons gegen die vereinigten Heere von Wellington und Blücher im Jahre 1815. Technisch aufwendiger Historienfilm, eine Koproduktion zwischen Italien und der UdSSR, inszeniert von dem in solchen Monumentalproduktionen erfahrenen Russen Bondartschuk (»Krieg und Frieden«). Beachtlich sind neben der realistischen Inszenierung der Schlachtszenen auch einige schauspielerische Leistungen; die Aussage von der Sinnlosigkeit des Krieges tritt zugunsten der Schauwerte jedoch in den Hintergrund. – Ab 14. ✦ Scope. Italien/UdSSR 1969 **P** Dino De Laurentiis/Mosfilm **KI** Columbia **DVD** Columbia TriStar Home (16:9, 2.35:1, DD4.0 engl., Mono) **Pd** Dino De Laurentiis **R** Sergej Bondartschuk **B** Harry A. L. Craig, Sergej Bondartschuk, Vittorio Bonicelli **K** Armando Nannuzzi **M** Nino Rota **S** Elena Michailowa **D** Rod Steiger (Napoleon), Christopher Plummer (Wellington), Orson Welles (Ludwig XVIII.), Dan O'Herlihy (Ney), Sergo Sakariadse (Blücher) **L** 134 **E** 28.10.1970/24.3.1972 Kino DDR/16.3.1975 DFF 1/5.4.2000 DVD **fd** 17 085

WATERSHIP DOWN (WATERSHIP DOWN). Von der Vorahnung einer Katastrophe getrieben, bricht eine Kaninchensippe auf und findet nach vielen Abenteuern und Bedrängnissen eine neue Heimat. Ein reizvoller, detailverliebter Zeichentrickfilm, der wegen seiner vielschichtigen Bezüge zur menschlichen Existenz Aufmerksamkeit verdient. Der intelligent und fantasievoll gemachte Film urteilt in seinen kritischen Ansätzen oft bitter über gesellschaftliche Zustände und menschliche Verhaltensweisen wie Machtmißbrauch, ungerechte Besitzverhältnisse und die zunehmende Zerstörung der Natur. Sein lebensbejahender Optimismus deutet jedoch auch die Möglichkeit der Veränderung dieser Verhältnisse an. (Alternativtitel: »Unten am Fluß«) – Sehenswert ab 10. ✦ Großbritannien 1979 **P** Nepenthe **KI** Filmverlag der Autoren **VA** Warner Home **Pd** Martin Rosen **R** Martin Rosen, Tony Guy (animation director) **B** Martin Rosen, nach dem gleichnamigen Roman von Richard Adams **K** Philip Duncan (animation supervisor) **M** Angela Morley, Malcolm Williamson, Mike Batt (Titelsong) **S** Terry Rawlings **L** 92 **FSK** ab 6; f **FBW** bw **E** 14.11.1980/7.12.2000 Video **fd** 22 636

WATERSHIP WARRIOR – ÜBERLEBEN IST ALLES (WATERSHIP WARRIOR / HOSTILE ENVIRONMENT). Die Erde in naher Zukunft: Wasser ist das höchste Gut geworden. Als es zu versiegen droht, soll ein Outlaw einer Handvoll Rebellen beim Entern eines staatlichen Wasserschiffes behilflich sein. Bevor es dazu kommt, dreht die Kommandantin des Schiffes den Spieß um, lässt die Gegner gefangen nehmen und zwingt sie an Bord zu mörderischen Gladiatorenkämpfen. Actionfilm auf Amateurniveau, der als »Bloodsport«-Ableger sein Glück bei abgebrühten Fans versucht. ✦ USA 1998 **P** Amsell **VA** Screen Power **R** David A. Prior **B** Brent Pfaff **D** Brigitte Nielsen (Minna), Matthias Hues (Mike Erikson), Darren Shahlavi (Rocky), Rochelle Swanson (Jennifer), Ingo Giese (Lars) **L** 85 **FSK** ab 18 **E** 22.3.2000 Video

WATERWORLD (WATERWORLD). Der teuerste Film aller Zeiten entpuppt sich als eine Art »Mad Max« auf dem Wasser: Nachdem alles Land lange zuvor in den Fluten versunken ist, sehnen sich die paar Überlebenden nach einem trockenen Fleckchen Erde. Die Tätowierung auf dem Rücken eines Kindes soll ihnen den Weg weisen. Ein paar Auserwählte gelangen ans Ziel. Ziemlich fantasielos in Charakteren und Story, erreicht der Film seine Höhepunkte bei der Beschreibung der bizarren Szenerie und den artistischen Stunts der Kampfszenen. Stilistisch ein gigantisches Recycling-Unternehmen. – Ab 16. ✦ USA 1994/95 **P** Universal **KI** UIP **VA** CIC **DVD** Universal Home (16:9, 1.85:1, DD4.0 engl., DS dt.) **Pd** Charles Gordon, John Davis, Kevin Costner **R** Kevin Reynolds **B** Peter Rader, David T. Twohy **K** Dean Semler **M** James Newton Howard, Mark Isham, Henry Mancini **S** Peter Boyle **D** Kevin Costner (Mariner), Dennis Hopper (Deacon), Jeanne Tripplehorn (Helen), Tina Majorino (Enola), Michael Jeter (Gregor), Gerard Murphy (Nord), John Fleck (Doktor), R. D. Call (Verräter), Lee Arenberg (Djeng), David Finnegan (Toby) **L** 135 **FSK** ab 12; f **E** 21.9.1995/21.3.1996 Video/1.7.1999 DVD **fd** 31 536

WATTSTAX (WATTSTAX). Bericht von einer Music-Show für die farbige Bevölkerung im August 1972 im Stadion von Los Angeles mit einer Reihe bekannter Interpreten. Ein langweiliger Film, der der Dynamik des Ereignisses kaum gerecht wird und auch in zwischenmontierten Interviews mit Farbigen oberflächlich bleibt. – Ab 14. ✦ USA 1972 **P** Stax/Wolper Pictures **KI** Warner-Columbia **R** Mel Stuart **K** Robert Marks, José Misnone, Larry Clarck **D** The Dramatics, The Staple Singers, Kim Weston, Richard Pryor, Isaac Hayes **L** 102 **FSK** ab 12; f **E** 23.11.1973

WATUSI (WATUSI). Aus nicht verwerteten Materialresten der großangelegten Filmproduktion »König Salomons Diamanten« (Regie: Compton Bennett/Andrew Marton, USA 1950) und eigenen neuen Aufnahmen bastelte B-Picture-Spezialist Kurt Neumann kurz vor seinem Tod diese kleine »Fortsetzung« der oft verfilmten Geschichte um den Abenteurer Quartermain zusammen: 1919 überwindet der englische Schatzsucher nach und nach seinen Haß auf die Deutschen und kann die Gegenliebe einer deutschen Missionarstochter gewinnen. Ein routiniert inszeniertes Genre-Abenteuer mit einer Reihe packender Tier- und Landschaftsbilder. – Ab 12. ✦ USA 1959

P MGM **KI** MGM **Pd** Alfred Zimbalist **R** Kurt Neumann **B** James Clavell, nach dem Roman »The Return to King Solomon's Mines« von Sir Henry Rider Haggard **K** Harold E. Wellman **S** William B. Gulick **D** George Montgomery (Harry Quartermain), Taina Elg (Erica Neuler), David Farrar (Rick Cobb), Rex Ingram (Umbopa), Dan Seymour (Mohamet) **L** 85 **FSK** ab 12; nf **E** 21.8.1959 **fd** 8 348

DER WAUZI-FILM (POUND PUPPIES AND THE LEGEND OF BIG PAW). Die »Wauzis«, liebliche Hunde- und Katzentierchen, gewinnen gegen einen Bösewicht den Kampf um einen wichtigen Zauberknochen. Von einer Spielzeugfirma produzierter, geistig und formal dürftiger Zeichentrickfilm, der ohne Poesie, Witz und Einfallsreichtum nur kitschige Unterhaltung und »product placement« für die Jüngsten bietet. (Titel auch: »Der Wauzi-Film – Die Jagd nach dem Zauberknochen«) – Ab 6 möglich. ✦ USA 1988 **P** Tonka Toys/Wang/Family Home Entertainment **KI** Senator **VA** Screen Entertainment **Pd** Donald Kushner, Peter Locke **R** Pierre DeCelles **B** Jim Carlson, Terence McDonell **M** Richard Koz Kosinski, Sam Winans, Bill Reichenbach **S** John Blizek **L** 76 **FSK** o. A.; f **E** 15.12. 1988 **fd** 27 294

WAX MASK (LA MASCHERA DI CERA). Eine junge Frau, die als Kind die Ermordung ihrer Eltern miterleben mußte, wird 13 Jahre später von der Vergangenheit eingeholt. Ihre Angst wird durch ein neu eröffnetes Wachsfigurenmuseum geschürt, das sich auf die realistische Nachstellung historischer Mordszenen spezialisiert hat. Ihre zunächst unbegründete Furcht wird zur Realität, als sich herausstellt, daß der Direktor der Mörder der Eltern ist und sein Werk nun vollenden will. Vom gotischen Stil geprägter Horrorfilm. ✦ Italien/Frankreich 1997 **P** Cine 200/Mediaset/France Film International **VA** VPS **Pd** Giuseppe Colombo **R** Sergio Stivaletti **B** Lucio Fulci, Daniele Stroppa **K** Sergio Salvati **M** Maurizio Abeni **S** Paolo Benassi **D** Robert Hossein, Romina Mondello, Riccardo Serventi Longhi, Gabriella Giorgelli, Aldo Massasso **L** 95 **FSK** JK (ab 18) **E** 11.9. 1997 Video

WAX ODER DIE ENTDECKUNG DES FERNSEHENS UNTER DEN BIENEN. Ein Computerfachmann und Hobby-Imker, der für die US-Flugwaffe am Simulator neue Waffen testet, verliert sich bei seiner Arbeit an den Bienenstöcken in Zeitreisen in die Vergangenheit und entwickelt allmählich Schuldgefühle wegen seiner Arbeit. Die Videoproduktion unternimmt parallel zur Seelenwanderung des Protagonisten eine Tour de Force durch die Welt der elektronischen Bilder. – Ab 16. ✦ Deutschland/USA 1991 **P** ZDF **R+B** David Blair **K** Mark Kaplan **M** Beo Morales, Brooks Williams **D** David Blair (Jakob Maker), Meg Savlor (Melissa Maker), Florence Ormezzano (Allela Zillah), William S. Burroughs (James Maker) **L** 85 **E** 21.10.1991 ZDF

WAY OF THE GUN (THE WAY OF THE GUN). Zwei rücksichtslose Kleingangster entführen eine hochschwangere Leihmutter, weil sie glauben, sie trage das Kind eines Millionärs aus, den man erpressen will. Mit der Verfolgung werden zwei Bodyguards beauftragt, von denen einer glaubt, er wäre der eigentliche Vater des Kindes. Das sich immer verzwickter entwickelnde Chaos kann nun unter Strömen von Blut und einem Showdown in einem mexikanischen Bordell beendet werden. Ein mitunter unerträglich harter Thriller, der jedoch keine neumodisch-zynische Grundhaltung an den Tag legt, sondern eher in Richtung eines glaubhaften (Gangster-)Dramas zielt, an dessen Ende sogar so etwas wie Erlösung und die Hoffnung auf ein neues Leben steht. DVD: Die Extras umfassen u. a. einen Audiokommentar des Regisseurs und des Filmkomponisten. ✦ USA 2000 **P** Aqaba/Artisan **VA** Highlight **DVD** Highlight Video (16:9, 1.85:1, DD5.1 dt.) **Pd** Kenneth Kokin **R+B** Christopher McQuarrie **K** Dick Pope **M** Joe Kraemer **S** Stephen Semel **D** Ryan Phillippe (Parker), Benicio Del Toro (Longbaugh), Juliette Lewis (Robin), Taye Diggs (Jeffers), James Caan, Nicky Katt (Obecks), Dylan Kussman (Dr. Allen Painter), Scott Wilson (Hale Childduck), Kristin Lehman (Francesca Childduck) **L** 114 (gek. 110) **FSK** ab 18 (DVD ab 16 & 18) **E** 7.6.2001 Video/ 6.9.2001 DVD **fd** 34 978

WAYNE'S WORLD (WAYNE'S WORLD). Als ihre kleine, fürs Kabelfernsehen produzierte Show von einem schmierigen Produzenten gekauft wird, machen zwei »Heavy Metal«-Fans üble Erfahrungen mit dem Fernsehgeschäft. Eine laute, nicht sehr subtile Musikkomödie und weitgehend vergnügliche parodistische Liebeserklärung an ein rock-musikalisches Dauerphänomen und sein Publikum. DVD: Die Extras umfassen einen Audiokommentar der Regisseurin. – Ab 16. ✦ USA 1991 **P** Paramount **KI** UIP **VA** CIC **DVD** Paramount (16:9, 1.78:1, DD5.1 engl., DS dt.) **Pd** Lorne Michaels **R** Penelope Spheeris **B** Mike Myers, Bonnie Turner, Terry Turner **K** Theo van de Sande **M** J. Peter Robinson **S** Malcolm Campbell **D** Mike Myers (Wayne Campbell), Dana Carvey (Garth Algar), Rob Lowe (Benjamin Oliver), Tia Carrere (Cassandra), Brian Doyle-Murray (Noah Vanderhoff) **L** 90 **FSK** ab 12; f **E** 2.7.1992/24.2.1993 Video/ 5.2.1994 premiere/6.12.2001 DVD **fd** 29 656

WAYNE'S WORLD 2 (WAYNE'S WORLD 2). Zwei ausgeflippte Betreiber einer privaten Fernseh-, Musik- und Sketch-Show suchen nach dem Sinn des Lebens und organisieren ein Rock-Festival à la Woodstock. Nebenbei muß der eine noch seine Braut aus den Händen eines schmierigen Plattenproduzenten befreien. Auch der andere findet schließlich die »Frau fürs Leben«. Eine mit verklemmt-sexistischen Zoten, viel Musik und Zitaten aus Hollywood-Filmen angereicherte Nummern-Revue, die mehr vom schlechten Geschmack und schauspielerischen Unvermögen ihrer Hauptdarsteller zeugt als unterhält. DVD: Die Extras umfassen einen Audiokommentar des Regisseurs. – Ab 14. ✦ USA 1993 **P** Paramount **KI** UIP **VA** CIC **DVD** Paramount (16:9, 1.78:1, DD5.1 engl., DS dt.) **Pd** Lorne Michaels **R** Stephen Surjik **B** Mike Myers, Bonnie Turner, Terry Turner **K** Francis Kenny **M** Carter Burwell **S** Malcolm Campbell **D** Mike Myers (Wayne Campbell), Dana Carvey (Garth Algar), Christopher Walken (Bobby Cahn), Tia Carrere (Cassandra), Ralph Brown (Del Preston), Kim Basinger **L** 110 **FSK** ab 6; f **E** 24.3.1994/12.10.1994 Video/ 6.12.2001 DVD **fd** 30 707

WEAPON EXPERT → The Expert (1994)

WEAPONS OF DEATH (WEAPONS OF DEATH). Da sich eine Karateschule in der Chinatown von San Francisco weigert, einer Gangsterbande Schutzgelder zu zahlen, ist ein Kampf der Schüler mit den ausgefuchsten Schlägern und Killern unumgänglich. In einer Kiesgrube trifft man sich zur Entscheidungsschlacht, die noch durch eine Rockerbande und ein chinesisches Frauenbataillon »bereichert« wird. Primitiver Schlägerfilm. ✦ USA 1980 **P** Cinamerica **VA** Gloria **R+B** Paul Kyriazi **K** Donald Rust **M** Ed Norton **S** Richard Sydel **D** Eric Lee, Bob Ramos, Ralph Castellanos, Paul Kyriazi, Louis Winfield **L** 86 **FSK** ab 18 **E** Oktober 1987 Video

WEB (MISSION MANILA). Ein ehemaliger amerikanischer Geheimagent kommt nach Manila, um seinen Bruder zu suchen, der mit einem Gangster Drogengeschäfte betrieben hat und nun in Schwierigkeiten steckt. Er kann weder den Bruder noch dessen Verlobte retten, aber mit dem Gangster abrechnen. Nach einer unnötig komplizierten Einleitung in öden Standardsituationen entwickelter Actionfilm; weder spannend noch reizvoll durch den exotischen Schauplatz. ✦ USA/Philippinen 1987/88 **P** A Primrise Path **VA** All **R** Peter M. Mackenzie **B** Peter M. Mackenzie, Sally Marie Hallam **K** Les Parrot **M** Nicholas Pike **D** Larry Wilcox, Robin Eisenman, Sam Hennings, Al Mancini, Tetchie Agbayani **L** 95 **FSK** ab 18 **E** 19.4. 1988 Video **fd** 26 983

WEBCAMGIRL. Morde an attraktiven jungen Frauen, die im Internet Online-Sex anbieten, halten die Polizei in Atem. Als sich der Chefermittler in eines der potenziellen Opfer verliebt und dadurch die Liebesbeziehung zu seiner Vorgesetzten vorübergehend aufs Spiel setzt, glaubt der heimtückische Mörder, das Spiel mehr denn je bestimmen zu können. Verworrener Fernsehkrimi, der eine unausgegorene Idee als Plot im modernsten Gewand andient. ✦ Deutschland 2000 **R** Michael Keusch **B** Christos Yiannopoulos **D** Wiebke Bachmann (Cora Beck), Doreen Jacobi (Bea Moll), Thomas Koch (Hajo Brühl), Marcus Mittermeier (Arne Schlink), Samir Osman (Orwell) **L** 92 **E** 27.3.2001 SAT 1

WEBCAMNIGHTS.TV. Experimentelle Dokumentation mit Bildern von Webcams, die mit speziellen Computerprogrammen bearbeitet und zu Zeitraffer-Impressionen zusammengestellt werden. ✦ Deutschland 2001 **R** Uli Kern, Harald Pulch, Robin Sander, Andrea Lang, Daniela Thiel **L** 60 **E** 7.12.2001 ZDF

DIE WEBER. Der Aufstand der für einen Hungerlohn arbeitenden schlesischen Weber gegen ihren Fabrikherren und die Ordnungsmacht. Der realistischen Stummfilmepoche zugehörige, werkgetreue Hauptmann-Verfilmung in prominenter Theaterbesetzung. Parallelen zu russischen Revolutionsfilmen in Szenenarrangement, Kameraführung und Schnitt-Technik sind unverkennbar. – Ab 14. ✦ Schwarzweiß. Deutschland 1927 **P** Friedrich Zelnik Prod. **Pd+R** Friedrich Zelnik **B** Fanny Carlsen, Willy Haas, nach dem Bühnenstück von Gerhart Hauptmann **K** Frederik Fuglsang, Friedrich Weinmann **M** Rolf Unkel **D** Paul Wegener (Fabrikant Dreißiger), Theodor Loos (Bäcker), Arthur Kraußneck (der alte Hilse), Dagny Servaes (Luise Hilse), Wilhelm Dieterle (= William Dieterle) (Moritz Jäger), Hans Heinrich von Twardowski (Gottlieb Hilse) **L** 124/93 **E** 14.5.1927/ 22.5.1973 ZDF

DIE WEBER VON BANKDAM (THE MASTER OF BANKDAM). Zwei ungleiche Söhne eines Webereiunternehmers in Yorkshire kämpfen Mitte des 19. Jahrhunderts um den Bestand von Familie und Erbe. Gutes britisches Unterhaltungskino mit überzeugender Charakterzeichnung. – Ab 16. ✦ Schwarz-weiß. Großbritannien 1947 **P** Holbein/GFD **KI** Eagle-Lion **Pd** Nat Bronston, Walter Forde, Edward Dryhurst **R** Walter Forde **B** Edward Dryhurst, Moie Charles, nach dem Roman »The Crowthers of Bankdam« von Thomas Armstrong **K** Basil Emmott, Arthur Grant **M** Arthur Benjamin **S** Terence Fisher **D** Tom Walls (Simeon Crowther sr.), Anne Crawford (Annie Pickersgill), Dennis Price (Joshua Crowther), Stephen Murray (Zebediah Crowther), Linden Travers (Clara Baker) **L** 111 **FSK** ab 16; nf **E** Dezember 1948 **fd** 173

DIE WEBER VON TURIN → Die Peitsche im Genick

WEBMASTER (SKYGGEN). Ein Webmaster, der als virtueller Hausmeister für ein kriminelles Network fungiert, gerät in Schwierigkeiten, als ein Unbekannter in sein Netz eindringt, Mitglieder der kontrollierenden »Obergruppe« ausschaltet und für Verwüstung und Chaos sorgt. Er soll das Problem in 35 Stunden lösen, während denen eine Zeitbombe als brutal eingepflanztes Kunstherz in seiner Brust tickt. Genreüblich helfen Frauen bei der gefährlichen Aufgabe, sorgen allerdings auch für Verwirrung. Modisch gestylter Science-Fiction-Film mit Versatzstücken aus anderen Genres, dessen unverbrauchte Ideen und die Spiellaune der Darsteller manche Mängel wett machen, auf Dauer jedoch nicht das Interesse wachhalten können. ✦ Dänemark 1998 **P** Danish Film Institute/Scanbox/TV2 Danmark/ Zeitgeist **VA** VCL **DVD** VCL (16:9, 1.85:1, DD5.1 dt.) **Pd** Soren Juul Petersen **R+B** Thomas Borch Nielson **K** Lars Beyer **S** Kasper Leick **D** Lars Beyer (J. B.), Puk Scharbau (Miauw), Jorgen Kiil (Stoiss), Karin Rorbeck (Barbie), Dorthe Westh Lehrmann (Darling), Mads Parsum (Dot) **L** 97 **FSK** ab 18 **E** 16.8.2000 Video & DVD **fd** 34 508

WEBSTER IST NICHT ZU FASSEN (THE THIEF WHO CAME TO DINNER). Weil auch die Reichen ihr Vermögen »zusammenstehlen«, verlegt sich ein ehemaliger Angestellter erfolgreich auf Juwelenraub. Psychologisch oberflächliche, aber amüsante Gaunerkomödie. – Ab 14. ✦ USA 1971 **P** Tandem/Warner **Pd+R** Bud Yorkin **B** Walter Hill, nach dem Roman von Terence Lore Smith **K** Philip Lathrop **M** Henry Mancini **S** John C. Horger **D** Ryan O'Neal (Webster), Jacqueline Bisset (Laura), Warren Oates (Reilly), Jill Clayburgh (Jackie), Ned Beatty (Deams) **L** 105 (gek. 101) **FSK** ab 16; nf (gek. 12) **E** 13.3.1973 **fd** 18 316

WECHSEL AUF DAS GLÜCK (JEUDI ON CHANTERA COMME DIMANCHE). Ein junger belgischer LKW-Fahrer versucht seine schlechte soziale Lage zu überwinden. Um seinen Traum vom Wohlstand zu realisieren, läßt er sich mit bedenkenlosen Geschäftemachern ein. Ein gesellschaftskritisch engagierter, künstlerisch jedoch unausgeglichener Film. – Ab 14. ✦ Scope, schwarz-weiß. Frankreich/Belgien 1967 **P** Films de l'Hermine/Films de la Toison d'Or **KI** Progress **Pd** Henri Storck **R** Luc de Heusch **B** Luc de Heusch, Hugo Claus, Jacques Delcorde **K** Fernand Tack **M** Georges Delerue **D** Marie-France Boyer (Nicole), Bernard Fresson (Jean), Etienne Bierry (Devos), Francis Lax (Marc), Françoise Vatel (Francine) **L** 97 **E** 17.5.1968 Kino DDR

WECHSELBALG. TV-Drama über die Zerreißprobe, in die ein Ehepaar durch die Aufnahme eines achtjährigen Pflegekindes gerät. Eifersucht und Selbstzweifel bestimmen den Umgang, als die Frau erkennen muss, dass zwar ihr Mann und ihre eigene Mutter auf Anhieb mit dem Mädchen zurecht kommen, nicht aber sie selbst. ✦ BR Deutschland 1986 **P** Telefilm Saar (für SR) **R** Sohrab Shahid Saless **B** Jürgen Breest **K** Michael Faust **M** Wolfgang Heintze **D** Friederike Brüheim (Luise), Henning Gissel (Hermann), Katharina Bacarelli (Gabi), Erika Wackernagel (Großmutter), Helga Jeske (Veronika), Axel von Wachtmeister (alter Mann) **L** 134 **E** 9.8.1987 ARD

EIN WECHSELHAFTER SOMMER (HJÄLTEN). Sommer 1965 in Schweden: Die Jugendlichen tanzen nach den Songs der Beatles und der Byrds, die Mini-Röcke sind kürzer denn je. Für eine 17jährige aus wohlhabendem Haus, deren privilegierte Zukunft vorgezeichnet scheint, wird die Begegnung mit einem jungen Arbeiter, der gegen alles und jeden rebelliert, zum Wendepunkt in ihrem Leben. – Ab 16. ✦ Schweden 1989 **P** Svensk Filmindustri **Pd** Waldemar Bergendahl **R+B** Agneta Fagerström-Olsson **K** John Olsson **S** Christin Loman **D** Lena Carlsson (Rita), Helge Jordal (Gerhard), Marianne Mörk (Edit), Ulf Friberg (Jimmi), Birgitta Ahlgren (Margit) **L** 108 **E** 21.5.1995 mdr

WECHSELSPIEL DES LEBENS (A WOMAN OF INDEPENDENT MEANS). Die in drei Teilen wechselvoll und melodramatisch erzählte Geschichte einer Ehe zwischen einem Versicherungsunternehmer und seiner Jugendliebe vor dem Hintergrund amerikanischer Geschichte zwischen 1907 und dem Ersten Weltkrieg. – Ab 16. ✦ USA 1995 **R** Robert Greenwald **B** Cyndy Myers, nach einem Roman von Elisabeth Forsythe Halley **D** Sally Field (Bess), Tony Goldwyn (Rob), Jack Thompson (Sam), Ron Silver (Arthur), Charles Durning (Papa) **L** 259 (84 & 87 & 88) **E** 21., 22.,23.12.1997 Super RTL (drei Teile)

WECHSELVOLLE JAHRE (GLI ANNI STRUGGENTI / IL CONCORRENTE). Ein verträumter Student aus großbürgerlichen Verhältnissen bereitet sich, gestützt durch väterliche Protektion, auf ein Wettbewerbsexamen des römischen Erziehungsministeriums vor. Durch die Liebe zu einer Mitbewerberin verpaßt er den Prüfungstermin. Ein Jahr später verweigert er den Prüfern jede Antwort, um gegen die Erwartungen der Eltern zu rebellieren, die seinen Lebensweg nicht akzeptieren. Mit nostalgischem, ironisch gebrochenem Unterton inszenierte Beschreibung eines Selbstfindungsprozesses während der 60er Jahre; bisweilen allzu karikierend und auch etwas langatmig. ✦ Italien 1979 **P** Megavision/Filmalpha **Pd** Mario Gallo, Luciano Giotti **R** Vittorio Sindoni **B** Nicola Badalucco, Vittorio Sindoni, Mario Gallo **K** Safai Teherani **M** Riz Ortolani **S** Angelo Curi **D** Fabio Traversa (Saverino), Laura Lenzi (Andreiana), Gabriele Ferzetti (Prof. Bivona), Marisa Traversi (Signora Bivona), Chiara Salerno (Graziana) **L** (TV) 86 **E** 26.3.1987 ZDF

WEDDING. Zwei junge Männer und eine Frau, Schulfreunde aus dem früheren Berliner Arbeiterviertel Wedding, begegnen sich in einer Konfliktsituation wieder. Gemeinsam verbringen sie einen Tag und eine Nacht, wobei sie sich nach und nach ihre zerronnenen Jugendträume eingestehen. Der geschickt die Balance zwischen Tragik und Komik haltende Film erzählt die Geschichte aus der Berliner »Szene« in schnörkellosen Bildern; er büßt aber immer dort an dramaturgischer Geschlossenheit ein, wo das qualitativ allzu unterschiedliche Spiel der Hauptdarsteller zum Tragen kommt. – Ab 16 möglich. ✦ BR Deutschland 1989 **P** Metropolis **KI** Delta **VA** Videophon/Universum **Pd** Joachim von Vietinghoff **R+B** Heiko Schier **K** Jörg Jeshel **M** Piet Klocke **S** Karin Nowarra **D** Angela Schmid-Burgk (Susanne), Roger Hübner (Markus), Harald Kempe (Sulawski), Heino Ferch (Klaus), Wolfgang Bathke (Korn), Paul Wenning (Buchhalter) **L** 87 **FSK** ab 16; f **FBW** w **E** 1.2. 1990 **fd** 28 278

WEDDING PLANNER – VERLIEBT, VERLOBT, VERPLANT (THE WEDDING PLANNER). Eine von den Männern enttäuschte Arrangeurin perfekter Hochzeitszeremonien verliebt sich ausgerechnet in ihren nächsten Kunden und muss sich zwischen Karriere und Liebe entscheiden. Missglückter Versuch einer modernen Screwball-Komödie, die wenig erzählerische Überzeugungsarbeit leistet. In der Hoffnung, die dürftige Geschichte zu überdecken, schiebt der Film lediglich Äußerlichkeiten in den Vordergrund. DVD: Die Extras umfassen u. a. einen Audiokommentar des Regisseurs und des Drehbuchautors sowie ein Feature mit nicht verwendeten Szenen. – Ab 14 möglich. ✦ Scope. USA 2000 **P** Helkon Media/Intermedia Films **KI** Helkon **VA** Columbia TriStar Home **DVD** Helkon (16:9, 1.85:1, DD5.1 engl./dt.) **Pd** Peter Abrams, Robert L. Levy, Gigi Pritzker, Deborah Del Prete, Jennifer Gibgot **R** Adam Shankman **B** Pamela Falk, Michael Ellis **K** Julio Macat **M** Mervyn Warren **S** Lisa Zeno Churgin **D** Jennifer Lopez (Maria »Mary« Fiore), Matthew McConaughey (Dr. Steven James/Eddie Edison), Bridgette Wilson-Sampras (= Bridgette Wilson) (Francine/Frannie Donolly), Justin Chambers (Massimo), Judy Greer (Penny Nicholson), Alex Rocco (Salvatore) **L** 104 **FSK** o. A.; f **E** 3.5.2001/13.11.2001 Video & DVD **fd** 34 820

WEDER ARBEIT, NOCH FAMILIE, NOCH VATERLAND. Dokumentarfilm über die »35. FTP-MOI-Brigade« (Francs-Tireurs et Partisans-Main d'oeuvre Immigrée), die 1942–44 in Toulouse gegen die Nazis und für die Freiheit ihres Asyllandes Frankreich kämpfte. Überlebende der Brigade der »Freischärler und Partisanen-Eingewanderten Arbeitskräfte« geben Auskünfte über die Gruppe und ihre Ziele. ✦ Teils schwarz-weiß. Frankreich 1993 **R** Mosco **L** 80 **E** 18.12.1993 arte

WEDER BEI TAG NOCH BEI NACHT (NEITHER BY DAY NOR BY NIGHT). Vor dem Hintergrund des arabisch-israelischen Krieges wird die Geschichte der Freundschaft eines jungen US-Soldaten mit einer alten Frau erzählt, die er in einem israelischen Lazarett kennenlernt. Mehr als die Geschichte selbst mit ihrem Happy-End überzeugen die psychologische Zeichnung der Hauptfiguren und ihre vorzügliche Interpretation. ✦ USA/Israel 1972 **P** Mordechai Slonim Prod. **Pd** Mordechai Slonim **R** Steven Hillard Stern **B** Steven Hillard Stern, Gisa W. Slonim, nach einem Bühnenstück von Avraham Raz **K** Amnon Salomon **M** Vladimir Cosma **D** Zalman King, Miriam Bernstein-Cohen, Dalia Friedland **L** 85 **E** 12.8.1974 ZDF

WEDER GLÜCKLICH NOCH AGGRESSIV? Das Porträt einer Frau, die durch ihre Lebensumstände in Krankheit und Verzweiflung getrieben wird. Die Selbstreflexion beim Drehen dieses Films sollte ihr helfen, neue und bessere Möglichkeiten für ihre Selbstverwirklichung zu finden. ✦ BR Deutschland 1970 **R** Pete Ariel **L** 60 **E** 6.4.1971 ZDF

WEDLOCK (WEDLOCK). Trotz eines tödlichen Sicherheitssystems gelingt einer Frau und einem Mann die Flucht aus einem elektronisch überwachten Gefängnis. Schwerfällig inszenierter Actionfilm, dem es an Tempo und Spannung mangelt. Die eindimensionale Geschichte wird ohne sonderliche Pointen abgespult. – Ab 16 möglich. ✦ USA 1991 **P** ITC/Spectacor **KI** Highlight **VA** New Vision/Concorde **DVD** Concorde (16:9, 1.78:1, DD5.1 engl./dt.) **Pd** Branko Lustig **R** Lewis Teague **B** Broderick Miller **K** Dietrich Lohmann **M** Richard Gibbs **S** Carl Kress **D** Rutger Hauer (Frank Warren), Mimi Rogers (Tracy), Joan Chen (Noelle), James Remar (Sam), Stephen Tobolowsky (Holliday), Glenn Plummer (Teal), Basil Wallace, Grand L. Bush **L** 101 **FSK** ab 16; nf **E** 5.9. 1991/11.12.1991 Video/28.2.1993 premiere/8.8. 2001 DVD **fd** 29 131

WEEKEND (1962) (WEEKEND). Drei junge Ehepaare und ein Einzelgänger üben sich bei einer nächtlichen Strandparty im Partnertausch und geraten dann in eine verkaterte Weltschmerzstimmung, in der sie ihre Lebenswirklichkeit und die eigene Apathie bejammern. Pseudotiefsinnige Verhaltensanalyse nach einem banalen Drehbuch. ✦ Schwarz-weiß. Dänemark 1962 **P** Cinema/Video International/Christensen **KI** Constantin **Pd** Bent Christensen **R** Palle Kjaerulff-Schmidt **B** Klaus Rifbjerg **K** Georg Oddner **M** Erik Moseholm **S** Maj Soya **D** Jens Osterholm (Lars), Birgit Brüel (Tove), Willy Rathnov (Kjeld), Elsebet Knudsen (Bet), Jesper Jensen (Knud) **L** 83 **FSK** ab 18; nf **E** 6.11.1964 **fd** 13 148

WEEKEND (1967) (WEEK-END). Der Wochenendausflug eines jungen Paares aus Paris wird unvermittelt zu einer allegorischen Reise durch Zeiten und Kultur, auf der die zerstörerischen Kräfte ans Licht treten, die unter der Oberfläche der bürgerlichen Wohlstandsgesellschaft schlummern. Godard zeigt eine Welt am Rande des Abgrunds und beendet den Film folgerichtig mit dem Schlußtitel: »Ende der Geschichte, Ende des Kinos«. Man kann über die Richtigkeit der Diagnose streiten, nicht aber über Godards Virtuosität als Regisseur. Die fast zehnminütige Kamerafahrt entlang einer Autokolonne auf einer Landstraße, untermalt von einer ohrenbetäubenden Geräuschkulisse, gehört zu den unvergeßlichen Sequenzen der Filmgeschichte. Ein ungeheuer aggressiver Film, der seine Kritik in eine intellektuelle Form gießt und durch seine formale Virtuosität besticht. – Sehenswert. ✦ Frankreich/Italien 1967 **P** Copernic/Comacico/Lira/Ascot **KI** Neue Filmkunst **R+B** Jean-Luc Godard **K** Raoul Coutard **M** Antoine Duhamel, Wolfgang Amadeus Mozart **S** Agnès Guillemot **D** Mireille Darc (Corinne), Jean Yanne (Roland), Jean-Pierre Kalfon (FLSO-Führer), Juliet Berto (Mädchen bei Autounfall), Jean-Pierre Léaud (St. Just/Mann in Telefonzelle), Jean Eustache (Anhalter) **L** 103 **FSK** ab 18; f **FBW** bw **E** 25.4.1969 **fd** 15 922

WEEKEND EINES CHAMPIONS (WEEKEND OF A CHAMPION). Ein paar Tage im Leben des britischen Formel-1-Rennfahrers Jackie Stewart, aufgenommen 1971 anläßlich des »Großen Preises« von Monaco. Langweilig inszenierter und montierter Pseudo-Dokumentarfilm voller Platitüden und Selbstbeweihräucherungen. ✦ Großbritannien 1971 **P** Caliban **KI** Scotia **Pd** Roman Polanski **R+B** Frank Simon, Roman Polanski **K** William Brayne **S** Derek York **D** Jackie Stewart, Helen Stewart, Roman Polanski **L** 75 **FSK** ab 6; f **E** 15.9.1972 **fd** 19 046

WEEKEND FÜR ZWEI (UN WEEK-END SUR DEUX). Die Odyssee einer Schauspielerin mit ihren zwei Kindern von Paris durch Frankreichs Süden bis nach Spanien. Die Frau hatte die Familie ihres Berufes wegen verlassen, so daß sie die Kinder nur für ein Wochenende in ihrer Obhut hat. Als ihr Ex-Mann

Sohn und Tochter vorzeitig zurückholen will, flüchtet sie mit ihnen. Während der Fahrt gelingt es ihr, den mütterlichen Kontakt zur vierjährigen Tochter wiederherzustellen; der 10jährige Sohn hingegen nimmt es seiner Mutter übel, daß sie ihn verlassen hat. Regiedebüt der Schauspielerin Nicole Garcia; ein feinfühliger, intensiver Film, der unaufdringlich zeigt, wie unter einer Scheidung alle Beteiligten leiden, vor allem aber die Kinder. – Sehenswert ab 14. ✦ Frankreich 1990 **P** Sara Films **R** Nicole Garcia **B** Nicole Garcia, Jacques Fieschi **K** William Lubtchansky **M** Oswald d'Andrea **S** Agnès Guillemot **D** Nathalie Baye (Camille), Joachim Serreau (Vincent), Felice Pasotti (Gaelle), Miki Manojlovic (Adrian), Henri Garcin (Camilles Agent) **L** 94 **E** 25.6.1992 Tele 5

WEEKEND IM WALDORF (WEEKEND AT THE WALDORF). Im Laufe eines Wochenendes kreuzen sich in einem großen New Yorker Hotel die Wege verschiedener Menschen, woraus sich Verwicklungen und Liebesgeschichten ergeben. Problemlose, weitgehend beschwingte Unterhaltung in mondän-schicker Atmosphäre, die durch Details aus dem Hotelbetrieb glaubhafter werden soll; wiederum bieten zahlreiche MGM-Stars in diesem annehmbaren Remake des Irving Thalberg-Blockbusters von 1932 (»Grand Hotel« mit Greta Garbo, Regie: Edmund Goulding) eine wirklichkeitsferne, aber überwiegend amüsante Traumwelt. – Ab 14. ✦ Schwarz-weiß. USA 1945 **P** MGM **Pd** Arthur Hornblow jr. **R** Robert Z. Leonard **B** Sam Spewack, Bella Spewack, Guy Bolton, nach dem Roman »Menschen im Hotel« von Vicki Baum **K** Robert Planck **M** Johnny Green **S** Robert J. Kern **D** Ginger Rogers (Irene Malvern), Walter Pidgeon (Collyer), Van Johnson (Cpt. James Hollis), Lana Turner (Bunny Smith), Edward Arnold (Edley) **L** 130 **E** 5.1.1988 ARD

WEEKEND IN SOCHAUX (WEEKEND A SOCHAUX). Junge Arbeiter einer französischen Automobil-Fabrik schildern in nachgestellten Szenen, in Interviews und Dokumentaraufnahmen ihr Leben von der Anwerbung als Lehrling bis zu ihrer täglichen Arbeit in der Fabrik. (O.m.d.U.) ✦ Frankreich 1971 **R** Bruno Muel **L** 65 **E** 23.6.1973 WDR III

DER WEEKEND-KILLER (LE TUEUR DU DIMANCHE). Ein Serientäter macht Genf unsicher. Obwohl er seine Morde regelmäßig bei der Polizei ankündigt, fallen ihm immer wieder Frauen aus der gehobenen Gesellschaftsschicht zum Opfer. Erst mit Hilfe einer ehemaligen Prostituierten gelingt es der Polizei, den Täter zu entlarven. Stereotyper Kriminalfilm, der sich mit kunstgewerblicher Ästhetisierung interessant zu machen versucht; ein Beitrag aus der Reihe französischer »Série Noire«-Adaptionen. (Videotitel: »Der Wochenend-Killer«; alternativer Fernsehtitel: »Der Sonntagsmörder«) ✦ Frankreich 1984 **P** Hamster/TF 1/SSR/RTL/RAI **VA** All/Geiselgasteig **R+B** José Giovanni **K** Pavel Korinek **D** Rufus (Leopold), Sophie Ladmiral (Sophie), Georges Wod (Kommissar Kramer), Jean-Paul Dubois (Dr. Muller), Rodolphe Ittig (Fernand) **L** 92 **FSK** ab 16 **E** 2.12.1985 RTL plus/Juni 1986 Video

WEEKEND KUHLE WAMPE → Kuhle Wampe

WEEKEND MIT LEICHE. (Fernseh-)Komödie um ein Pärchen, das notorisch pleite ist, aber von einer Ranch in Utah träumt. Die Entführung einer Fernsehmoderatorin, die der Frau zum Verwechseln ähnlich sieht, soll die Kassen füllen. ✦ Deutschland 1998 **R** Sven Severin **B** Manfred Birkl, Walter Steffen **D** Anica Dobra (Susi Schnelle/Pia Brandt), Uwe Ochsenknecht (Tom Bundschuh), Oliver Korittke (Bodo Brandt), Tatjana Clasing (Marion), Heinz-Werner Kraehkamp (Dietrich Gilewsky) **L** 94 **E** 13.10.1998 SAT 1

WEEKEND PASS (WEEKEND PASS). Am ersten freien Wochenende nach der Grundausbildung will ein frischgebackener Marine-Soldat mit drei Kameraden noch einmal gründlich »auf den Putz hauen«, bevor es sie zu verschiedenen Einheiten verschlägt, doch dieses Unterfangen geht gründlich schief. Jugendkomödie, nicht immer geschmackssicher, dennoch insgesamt in der Typenbeschreibung vergleichsweise differenziert. (TV-Titel: »Komm zur Navy, Baby«) – Ab 16. ✦ USA 1984 **P** Crown International/Marimark Prod. **VA** UFA **R+B** Lawrence Bassoff **K** Bryan England **M** John Baer **D** D. W. Brown (Paul Fricker), Peter Ellenstein (Lester Gidley), Patrick Houser (Webster Adams), Chip McAllister (Bunker Hill), Pamela Kay (Tina Wells) **L** 89 **FSK** ab 16 **E** Juli 1989 Video **fd** 27 950

WEEKEND WARRIORS (ALL'S FAIR). Frauen beim Wochenend-Kriegsspiel gegen ihre Männer im Gelände vor der Stadt: Kampfanzüge, Sturmgewehre, Angriff und Nahkampf – alles wie im richtigen Manöver. Die Idee zu dem sexistischen Privatkrieg ist im militaristischen Hirn eines spleenigen Keksfabrikanten entstanden, der mit seiner Ehefrau nicht mehr zurechtkam. Statt einer ironisch-kritischen Lektion schießt ideologischer Schwachsinn von peinigender Langeweile ins Kraut. (TV-Titel: »Wir ziehen dem Chef eins über«) ✦ USA 1988 **P** War Paint/Midwood **VA** VCL/Virgin **Pd** Jon Gordon **R** Rocky Lang **B** Randee Russell, John Finegan, Thomas R. Rondinella, William R. Pace **K** Peter Lyons Collister **M** Bill Meyers **S** Maryann Brandon **D** Sally Kellerman (Florence), George Segal (Colonel), Jane Kaczmarek (Linda), Jennifer Edwards (Ann), John Kapelos (Eddie) **L** 86 **FSK** ab 18 **E** 26.7.1989 Video **fd** 27 795

DER WEG (1964) (EL TARIK). Ein junger Mann steht nach dem Tod seiner Mutter plötzlich mittellos und allein im Leben. Auf der Suche nach seinem vermögenden Vater gerät er in einen Zwiespalt und findet den Ausweg nur in einem Verbrechen. ✦ Schwarz-weiß. VAR (Ägypten) 1964 **R** Hossam El Din Mustafa **B** Hussein Helmy Almohandes, nach einem Roman von Naguib Mahfouz **D** Rouchdi Abaza, Soad Hosni, Schadia, Tahia Carioca **L** 104 **E** 27.3.1971 DFF 1

DER WEG (1968) (LA VOIE). Film über den Befreiungskampf des algerischen Volkes im Jahre 1958. – Ab 16. ✦ Schwarz-weiß. Algerien 1968 **P** Office des Actualites Algeriennes **KI** Progress **R+B** Mohammed Slim Riad **K** Mer Abtine, Allel Yahiaoui **D** Ghougrani, Ben Guettaf, Ould Abderahman, Emad Hamdi **L** 106 **E** 2.4.1971 Kino DDR/18.7.1973 DFF 2

DER WEG ABWÄRTS → Das vierte Gebot (1950)

DER WEG ALLEN FLEISCHES (THE SAILOR WHO FELL FROM GRACE WITH THE SEA). Desillusionierung und enttäuschte Erwartungen bringen einen pubertierenden Jungen dazu, die Romanze seiner Mutter mit einem Seemann durch einen rituellen Mord zu beenden. Die mißlungene britische Verfilmung eines japanischen Romans ist weniger an psychologischer Tiefe als an ästhetischer Oberfläche interessiert. Zudem rücken die ausgespielten Sexszenen den langatmigen Film in die Nähe des Soft-Pornos. ✦ Scope. Großbritannien 1976 **P** Avco Embassy/Haworth **KI** 20th Century Fox **Pd** Martin Poll **R** Lewis John Carlino **B** Lewis John Carlino, nach einem Roman von Yukio Mishima **K** Douglas Slocombe **M** Johnny Mandel **S** Anthony Gibbs **D** Sarah Miles (Anne Osborne), Kris Kristofferson (Jim Cameron), Jonathan Kahn (Jonathan Osborne), Earl Rhodes (Chef), Margo Cunningham (Mrs. Palmer) **L** 105 **FSK** ab 18; f **E** 25.2.1977/28.11.1995 ZDF **fd** 20 205

WEG AUS DEM NICHTS (DUST BE MY DESTINY). Auf einer Gefängnisfarm verliebt sich ein wegen Landstreicherei verurteilter junger Mann in die Stieftochter des brutalen Aufsehers. Bei einer Auseinandersetzung wegen des Mädchens stirbt der Aufseher an Herzversagen. Vor dem – damals zwingend vorgeschriebenen – Happy-End stehen also noch Flucht, Hetzjagd und Prozeß. Solide Mischung aus Kriminalfilm, Liebesgeschichte und Sozialdrama in einer effektvollen Inszenierung. – Ab 14 möglich. ✦ Schwarz-weiß. USA 1939 **P** Hal B. Wallis/Warner **Pd** Louis F. Edelman **R** Lewis Seiler **B** Robert Rossen, nach einem Roman von Jerome Odlum **K** James Wong Howe **M** Max Steiner **S** Warren Low **D** John Garfield (Joe Bell), Priscilla Lane (Mabel), Alan Hale (Mike Leonard), Frank McHugh (Caruthers), Billy Halop (Hank) **L** 85 **E** 18.4.1979 WDR

DER WEG AUS DEM ZWIELICHT (FECEREA LUMII). Das Schicksal der Tochter eines Arbeiterfunktionärs, die erst nach Irrtum und bitteren Erfahrungen den rechten Weg in die Zukunft erkennt. Ein in allen Belangen unbedeutender Film. – Ab 14. ✦ Scope. Rumänien 1971 **P** Filmstudio Bucuresti **KI** Progress **R** Gheorghe Vitanidis **B** Eugen Barbu **K** Ovidiu Gologan **M** Dumitru Capoianu **S** Mgda Ghise **D** Irina Petrescu (Eva), Colea Rautu (Filipake), Liviu Ciulei (Manicatide), Virgil Ogasanu (Matei), Virgil Ionescu **L** 102 **E** 4.2.1972 Kino DDR/23.3.1973 DFF 2

DER WEG CARL MARIA VON WEBERS. Biografisch unstimmiger, klischeehaft konstruierter Ausschnitt aus dem Leben des berühmten Komponisten (1786–1825) bis zur Premiere des »Freischütz«. Die aus der Frühzeit des Tonfilms stammende Kolportage konzentriert sich vornehmlich auf die Musikwiedergabe und den Auftritt eines der damals weltbesten Sänger, des Baritons Willi Domgraf Faßbaender. (Alternativtitel: »Aufforderung zum Tanz«) – Ab 12. ✦ Schwarz-weiß. Deutschland 1934 **P** Cicero **KI** N.D.L.S./Tobis **R** Rudolf van der Noss **B** Hans Martin Cremer **K** Ewald Daub **M** Franz Grothe, Kurt Stiebitz, Carl Maria von Weber **D** Willi Domgraf-Faßbaender, Eliza Illiard, Margot Köchlin, Ernst Rotmund, Else Böttícher **L** 78 **E** 7.12.1934/18.10.1959 DFF 1 **fd** 2 122

DER WEG, DEN ICH FAND (NÄ GA CADSCHUN GIL). Die Japaner fühlen und geben sich in Korea als Herren. So betrachten sie insbesondere auch Frauen und Mädchen als Freiwild. Als Min Cho der jungen Sun En zu Hilfe eilt, kann er die Männer von ihrem Vorhaben abbringen, wird jedoch verhaftet und muß erkennen, daß sein Mut allein nichts gegen die Willkür der Japaner ausrichten kann. ✦ Schwarz-weiß. **P** Zentrales Studio für Spielfilme **R** Tschen-Seng-In **K** Pak Gjong Won **M** Kim Gil Hak **D** Om Gil (Kang Min Ho), Song Hje Rim (Sing En), Pak Hak (Mun Sok Dzun), Hon In Sun (Mutter), Mun Hak (Bon Gu) **L** 101 **E** 12.8.1970 DFF 2

DER WEG DER ARBEITERKLASSE INS PARADIES (LA CLASSE OPERAIA VA IN PARADISO). Nach einem Unfall macht ein Fließbandarbeiter, der bislang als Musterbeispiel für Fleiß galt und mit seiner Schnelligkeit, sehr zum Unwillen der Kollegen, die Leistungsnormen in die Höhe trieb, einen Bewußtwerdungsprozeß durch. Er beginnt, in der Gewerkschaft mitzuarbeiten, und schließt sich einer linken Studentengruppierung an. Nach einer Demonstration vor dem Werkstor wird er entlassen, am Ende fühlt er sich auch in der politischen Arbeit isoliert. Ein Film, der zur Auseinandersetzung anregt, weil er beide Seiten kritisch hinterfragt, und mit seinem Pathos und dem nervösen Rhythmus der Inszenierung eine ungewöhnliche Wirkung erzielt. (Alternativtitel: »Die Arbeiterklasse kommt ins Paradies«) ✦ Italien 1971 **P** Euro International **Pd** Ugo Tucci **R** Elio Petri **B** Elio Petri, Ugo Pirro **K** Luigi Kuveiller **M** Ennio Morricone **S** Ruggero Mastroianni **D** Gian Maria Volonté (Lulu Massa), Mariangela Melato, Gino Pernice, Salvo Randone, Luigi Diberti **L** 105 **E** 14.4.1993 ORB

WEG DER HOFFNUNG (CAMMINO DELLA SPERANZA). Nach der Stillegung einer Schwefelgrube in Sizilien überredet ein betrügerischer Arbeitsvermittler eine Gruppe von Arbeitslosen, mit ihren Familien nach Frankreich auszuwandern. In Rom verschwindet er mit ihrem Geld. Nur wenige können illegal die Grenze überschreiten. Der mitfühlend sozialkritische Film entstand in Zusammenarbeit mit Fellini und zeichnet sich durch seinen Glauben an die Menschenwürde und die Gerechtigkeit aus. (DDR: »Der Weg der Hoffnung«) – Sehenswert ab 14. ✦ Schwarz-weiß. Italien 1951 **P** Lux **KI** Europa **R** Pietro Germi **B** Tullio Pinelli, Federico Fellini, Pietro Germi **K** Leonida Barboni **M** Carlo Rustichelli **D** Raf Vallone,

Elena Varzi, Saro Urzi, Franco Navarra, Saro Arcidiacono **L** 96 **FSK** ab 12; f **FBW** bw **E** 18.4.1952/22.8. 1952 Kino DDR **fd** 1 695

DER WEG DER HOFFNUNG →Weg der Hoffnung

DER WEG DER SCHLANGE AUF DEM FELSEN (ORMENS VÄG PA HÄLLEBERGET). Weil ihre Familie die Mietschulden nicht bezahlen kann, gerät eine junge Frau in die sexuelle Abhängigkeit des alten Haus- und Ladenbesitzers. Als dieser nach Jahren stirbt, vererbt der das »Leibrecht« auf seinen Sohn weiter, der sich bald der Tochter seiner Leibeigenen, seiner Halbschwester, zuwendet. Ein düsteres Drama aus dem schwedischen Norden Mitte des 19. Jahrhunderts, dessen latente sexuelle Gewalt zu einer Katastrophe führt. Trotz mancher melodramatischer Exzesse und bemerkenswerter Schauspielerleistungen lassen die Ereignisse weitgehend unberührt, da sich die Handlung allzu vorhersehbar entwickelt. ✦ Schweden 1986 **P** Svensk Film Industri/Svenska Filminstitutet **Pd** Göran Lindström **R** Bo Widerberg **B** Bo Widerberg, nach dem Roman von Torgny Lindgren **K** Jörgen Persson, Rolf Lindström, Olof Johnsson **M** Stefan Nilsson **S** Bo Widerberg **D** Stina Ekblad (Teah), Stellan Skarsgard (Karl Orsa), Ernst Günther (Ol Karlsa), Reine Brynolfsson (Jani), Pernilla Ostergren (Eva) **L** 108 **E** 5.2.1994 MDR

WEG DER TRÄUME (THE JOURNEY OF AUGUST KING). Während der Besiedlung von North Carolina am Beginn des 19. Jahrhunderts: Ein Farmer, der Frau und Kind verloren hat und seitdem zurückgezogen lebt, findet sich plötzlich in der Situation wieder, einer jungen entlaufenen Sklavin Schutz vor ihren Verfolgern zu bieten, und riskiert damit seine Lebensgrundlage. Eine in sehr gemächlicher, unspektakulärer Form inszenierte Romanverfilmung, die bisweilen in Leerlauf abzurutschen droht. Dennoch gelingt ihr eine plausible Darstellung sowohl der harten Lebensumstände jener Zeit als auch der zaghaften Beziehung der beiden ausgestoßenen Hauptfiguren. – Ab 16. ✦ USA 1994 **P** Miramax **Kl** Kinowelt **Pd** Nick Wechsler, Keith Addis, Sam Waterston, Kerry Orent **R** John Duigan **B** John Ehle, nach seinem Roman **K** Slawomir Idziak **M** Stephen Endelman **S** Humphrey Dixon **D** Jason Patric (August King), Thandie Newton (Annalees), Larry Drake (Olaf Singletary), Sam Waterston (Mooney Wright), Nesbitt Blaisdell (Mr. Cole) **L** 92 **FSK** ab 16; f **E** 4.7.1996 **fd** 32 005

DER WEG DER VERDAMMTEN (BUCK AND THE PREACHER). Ehemalige Sklaven aus den Südstaaten schlagen sich nach dem Bürgerkrieg nach Colorado durch, um sich dort als freie Bauern anzusiedeln. Die Herren von einst versuchen mit Gewalt, diesen Auszug zu verhindern. Erstlingsfilm von Sidney Poitier; ein zwar auf die Rassenproblematik zugeschnittener, aber dennoch stereotyper Western, der die wenig zimperlichen Methoden beider Seiten distanzlos darstellt. (DDR-Titel: »Buck und der Prediger«) – Ab 16. ✦ USA 1971 **P** E & R/Belafonte Enterprises **Kl** Warner-Columbia//Progress **Pd** Joel Glickman **R** Sidney Poitier **B** Ernest Kinoy, nach einer Erzählung von Drake Walker. **K** Alex Phillips jr. **M** Benny Carter **S** Pembroke J. Herring **D** Sidney Poitier (Buck), Harry Belafonte (Prediger), Ruby Dee (Ruth), Cameron Mitchell (Deshay), Denny Miller (Floyd), Nita Talbot (Mme. Esther), John Kelly (Sheriff), Tony Brubaker, Bobby Johnson (der Erschossene), Lynn Hamilton (Sarah), Ken Maynard (Little Henry), Bill Shannon (Tom) **L** 103 **FSK** ab 12; f **E** 17.3.1972/1.3.1974 Kino DDR/27.3.1976 DFF 1

WEG DER WAHRHEIT (DOROGA PRAWDY). Berufs- und Familienleben einer pflichtbewußten Kriegerwitwe in Moskau. Eine nur oberflächliche Behandlung der vorgestellten Probleme, weder vom Thema noch von der Gestaltung her zufriedenstellend. – Ab 14. ✦ Schwarz-weiß. UdSSR 1956 **P** Lenfilm **Kl** Progress **R** Jan Frid **B** Sergej Gerassimow **K** W. Lewitin **M** D. Frenkel **D** Tamara Makarowa (Sobolewa), Oleg Shakow (Pawlow), A. Perow (Kostja), K. Adaschewski (Rybakow), Alexander Borissow (Schmeljow) **L** 81 **E** 16.8.1957 Kino DDR

DER WEG, DER ZUM HIMMEL FÜHRT (SUBIDA AL CIELO). Schilderung einer mehrtägigen, ereignisreichen Busfahrt von einem mexikanischen Dorf über das Gebirge in die Stadt und zurück. Hauptfigur ist ein frisch verheirateter junger Mann, der auf Wunsch seiner sterbenden Mutter in die Stadt fährt, um einen Notar für das Testament zu holen. Eine detailreiche, liebevolle, poetisch angehauchte und nicht ohne Optimismus erzählte Metapher (das Leben mit allen wichtigen Elementen wie Geburt, Liebe, Tod als Reise), die in ihrem komödiantischen Ton zu den raren Ausnahmen unter den bekannteren Werken Buñuels gehört. – Sehenswert ab 14. ✦ Scope. Mexiko 1951 **P** Isla **Kl** Neue Filmkunst **Pd** Manuel Altolaguirre, María Luisa Gómez Mena **R** Luis Buñuel **B** Manuel Altolaguirre, Juan de la Cabada, Luis Buñuel, nach einer Geschichte von Manuel Altolaguirre **K** Alex Phillips **M** Gustavo Pittaluga **S** Rafael Portillo **D** Lilia Prado (Raquel), Esteban Márquez (Oliverio Grajales), Carmen Gonzáles (Albina, Oliverios Frau), Luis Aceves Castañeda (Silvestre, Busfahrer), Roberto Cobo (Juan) **L** 85 **FSK** ab 16; f **E** 26.11.1971/ 30.6.1973 NDR III

DER WEG, DER ZUR VERDAMMNIS FÜHRT →Früchte der Liebe

DER WEG DES HANS MONN. Zusammenschnitt einer zweiteiligen Fernseh-Videoproduktion: Das Porträt eines schizophrenen Mannes, der 1970 in Berlin Schaufensterscheiben für über 300 000 DM zertrümmert hatte, sowie Darstellung und Analyseversuch der Situation der deutschen Psychiatrie. Trotz deutlicher Mängel und Schwächen von einigem Interesse, vor allem im zweiten Teil. Acht Jahre später fügte der Autor (fürs Fernsehen) einen dritten Teil hinzu, der Hans Monn bei seinem ersten Urlaub außerhalb der Anstalt zeigt. – Ab 16. ✦ Schwarz-weiß. BR Deutschland 1972 **P** Kintopp **SF** Freunde der Deutschen Kinemathek **R** Andreas Kettelhack **B** Peter Graf, Peter Schmidt, Thomas Draeger, Carsten Krüger **K** Carsten Krüger **S** Annemarie Bremer **L** 90 **E** 1977 Kino **fd** 20 386

DER WEG DES HERRN (THE MYSTERIES OF THE ROSARY). Amerikanischer Bibelfilm von viereinhalb Stunden Dauer, der in drei Teilen (»Er kam«, »Sein Leiden«, »Sein Sieg«) gezeigt wird. Sein Initiator, Pater P. J. Peyton aus Albany/New York, finanzierte ihn durch Spenden von Bischöfen und Gläubigen. Die vierjährigen Dreharbeiten (150 Schauspieler, 10 000 Statisten) fanden in Spanien statt. Der im Stil volkstümlicher Passionsspiele mit nur geringer Kraft zu künstlerischer Überhöhung inszenierte Film entspringt missionarischen Absichten: Er will nicht religiös unterhalten, sondern betrachtend in das Erlösungswerk Jesu hineinführen. Sein Weg dahin geht über die 15 Gesetze des Rosenkranzes, die in erzählenden Bildfolgen aneinandergereiht sind. ✦ USA 1956/57 **P** Family Theatre/Pater Lawyer **Kl** Bavaria **Pd** P. J. Peyton **R** Joseph Breen **B** Sam Taylor, Tom Blackburn, James O'Hanlon, Robert Hugh O'Sullivan, Eugene Ling, John Kehey, Adele Camadini, William Robinson, Francis Bennett, Javier M. Echenique **K** Edwin DuPar, Salvador Gil **D** Antonio Vilar, Maruchi Fresno, Virgilio Teixeira, Carlos Casaravilla, José Marco Davo **L** 294 **E** 1960 Kino **fd** 9 447

DER WEG DES HERZENS (QUALCUNO DA AMARE). Nach seiner Scheidung von einer Amerikanerin kehrt ein Tierarzt in seine italienische Heimat zurück. In seiner Tierklinik trifft er seine Jugendliebe wieder, die er einst ohne ein Wort des Abschieds verließ. Sie bleibt zunächst distanziert, doch als ein Rechtsstreit um das Sorgerecht der Kinder aus der Ehe des Veterinärs bevor steht, ist sie zur Hilfe bereit. Eine erneute Annäherung bahnt sich an. Zweiteiliges (Fernseh-)Melodram, das Herz und Schmerz mit Humor verbinden will, wozu auch die vierbeinigen Patienten der Tierklinik beitragen. – Ab 14 möglich. ✦ Deutschland/Italien 2000 **R** Giuliana Gamba **B** Giorgio Mariuzzo, Francesco Scardamaglia, Patrizia Fassio, Domenico Matteucci **K** Romano Albani **M** Andrea Guerra **S** Domenico Varone **D** Veronica Pivetti (Dr. Claudia Sereni), Robert Atzorn (Prof. Dr. Julius Ferri), Jessica Trani (Emmy Ferri), Mattia Sbragia (Kommissar Renato Ballarin), Tommaso Politano (Tommy Ferri) **L** 175 (86 & 89) **E** 27./29.9.2000 ARD (zwei Teile)

DER WEG DURCH DIE DÜSTEREN WÄLDER (CESTA PUSTYM LESEM). Kurz vor Ausbruch des Ersten Weltkriegs kommt ein junger Zahnarzt aus Wien in ein kleines Dorf im Böhmerwald. Als Außenstehender beobachtet er das vielfach verschachtelte Zusammenleben; ihm erschließt sich eine brüchige Idylle, deren Alltagsgeschichten nach dem Ausbruch des Krieges an den Rand gedrängt werden. Ein visuell hinreißend gestalteter Film mit hervorragenden Darstellern, der einer versunkenen europäischen Welt nachspürt und sich zu einer poetisch-melancholischen Studie über menschliches Suchen und Hoffen verdichtet. – Sehenswert. ✦ Schwarz-weiß. Tschechien 1997 **P** Gaga/Tschechisches Fernsehen **R** Ivan Vojnar **B** Ivan Arsenjev **K** Jaromír Kacer **M** Irena Havel, Vojtech Havel **D** Václav Koubek (Dr. Holoubek), Pavel Landovsky (Postbote Kokesch), Jana Dolanská (Witwe Hudlerova), Eliska Sirova (Anna) **L** 85 **E** 18.8.2000 arte

DER WEG DURCH DIE HÖLLE (1973) (BOMBASI). Die gefährlichen Aktionen zweier Partisanen, die als Handgranatenwerfer faschistische Bunker und Brückenköpfe vernichteten. Eine fragwürdige Mischung aus Spannung, Dramatik und Humor. – Ab 12. ✦ Jugoslawien 1973 **P** Avala/Zastava/Kosova **Kl** Progress **R+B** Predrag Golubovic **K** Milivoje Milivojevic **M** Boris Bizetic, Miodrag Petrovic-Sarlo **D** Bata Zivojinovic (= Velimir Bata Zivojinovic), Ljubisa Samardzic, Abdurahman Salja, Istref Begoli, Ranka Crnja **L** 78 **E** 22.11.1974 Kino DDR/23.4.1976 DFF 2

DER WEG DURCH DIE HÖLLE (1983) (PRISONER WITHOUT A NAME, CELL WITHOUT A NUMBER). Die Geschichte des argentinischen Journalisten und Verlegers Jacobo Timerman, dessen oppositionelle Haltung zur Militärregierung 1977 mit Gefangenschaft, Folter und Hausarrest geahndet wird. Ein engagierter Film, der jedoch viele seiner Möglichkeiten verschenkt, weil er sich fast ausschließlich mit dem Leiden eines einzelnen befaßt und so das Thema seiner aufklärerischen Möglichkeiten beraubt. – Ab 16 möglich. ✦ USA 1983 **P** Chrysalis/ Yellen **VA** Atlas **Pd+R** Linda Yellen **B** Jonathan Platnick, Linda Yellen, Oliver P. Drexell jr., nach einem Buch von Jacobo Timerman **K** Arthur J. Ornitz **M** Brad Fiedel **D** Roy Scheider, Liv Ullmann, Terry O'Quinn, Sam Robards, Zach Galligan **L** 88 **E** 1984 Video **fd** 24 878

DER WEG DURCH DIE STEPPE (DWOJE W STEPI). Sommer 1942 in der Ukraine: Leutnant Ogarkow wird vor ein Kriegsgericht gestellt, da er eine wichtige Nachricht für den Armeestab nicht überbracht hatte. Er erhält Gelegenheit, sich im Stab von Major Dschurabajew zu beweisen. ✦ Schwarz-weiß. UdSSR 1962 **P** Mosfilm **R** Anatoli Efros **B** E. Kasakewitsch **K** Pjotr Jemeljanow **M** Dshon Ter-Tatewosjan **D** W. Babjatinski (Ogarkow), Assu Nurekenow (Dschurabajew), W. Batalowa, S. Konowalowa, E. Presnikowa **L** 74 **E** 13.2. 1965 DFF 1

WEG DURCH DIE ZEIT. Filmische Collage aus Spielszenen, Super-8-Material, wissenschaftlichen Filmen und historischen Aufnahmen: Thema ist die Geschwindigkeit (physikalische Formel: Weg geteilt durch Zeit) der heutigen Gesellschaft. Ein unkontrollierter Zwang zu immer neuen Geschwindigkeitsrekorden auch im Alltag steht im Mittelpunkt, was auf Kosten der Menschen, ihrer Gesundheit und der Lebensqualität geht. ✦ BR Deutschland 1989 **R+B** Manfred Waffender **K** Pavel Schnabel **M** Thom Willems **D** Sabine Weber, Hubertus Petroll **L** 55 **E** 28.12.1989 ZDF

DER WEG EINER FRAU (COS ZA COS). Eine erfolgreiche Wissenschaftlerin (Depressionsforschung) wird durch die Begegnung mit einer jungen Frau, die einen Selbstmordversuch unternommen hat, dazu angeregt, über ihre Entscheidung für die Karriere und gegen die Familie noch einmal nachzudenken. Die Beschreibung dieses Augenblicks zwischen beruflichen und privaten Wünschen – die dabei auf der Strecke bleiben – ist der polnischen Regisseurin und Autorin in einer ungewöhnlichen Dichte und Nähe gelungen. (DDR-Titel: »Ein halbes Leben«) – Ab 16. ✦ Polen 1977 **P** Poltel **R+B** Agnieszka Holland **K** Piotr Figiel **M** Stanislaw Jaworski **D** Barbara Wrzesinska (Hanka Waleska), Iwona Biernacka (Patientin), Tadeusz Janczar (Jurek), Andrzej Zaorski (Arzt) **L** 60 **E** 14.8.1980 DFF 2/29.9.1980 ARD **fd** 22 606

WEG EINER FRAU (CESTA ZENY). Der Kriegsheimkehrer Martin erregt im Dorf das Mißtrauen der Bewohner. Er macht sich sofort an den Aufbau seines zerstörten Elternhauses, gründet eine Parteigruppe und beginnt mit der Organisation einer landwirtschaftlichen Genossenschaft. Kritisch und neugierig wird er dabei auch von Anka und Marka beobachtet. Bald findet er viele Helfer und Freunde, macht sich jedoch auch Feinde. ✦ CSSR 1974 **P** Filmstudio Bratislava **R** Dusan Kodaj **B** Stefan Zuber, Palo Gejdos **K** Frantisek Lukes **M** Tibor Andrasovan **D** Lorna Homolacová, Jan Kacer, Ján Mistrík, Vlado Kostovic, Ján Kramar **L** 91 **E** 24.11.1976 DFF 2

WEG EINER VERLORENEN →Insel der Sehnsucht

DER WEG FÜHRT ZUR VERDAMMNIS →Früchte der Liebe

DER WEG IM DUNKEL (THE DARK ANGEL). Zwei zusammen aufgewachsene junge Engländer verlieben sich in ein Mädchen, das sie von Kindheit an kennen. Als der Erste Weltkrieg ausbricht und die beiden einrücken müssen, entscheidet sich die junge Frau für einen von ihnen, der andere akzeptiert. Die Hochzeit soll während eines Urlaubs stattfinden, doch beide müssen vorzeitig zu ihrer Einheit zurück. Es kommt zu Mißverständnissen sowohl zwischen den Freunden als auch zwischen den Verlobten, bis sich schließlich alles zum Happy-End klärt. Gepflegt inszenierter melodramatischer Hollywoodfilm. ✦ Schwarz-weiß. USA 1935 **P** Goldwyn/United Artists **Pd** Samuel Goldwyn **R** Sidney Franklin **B** Lillian Hellman, Mordaunt Shairp, nach einem Bühnenstück von Guy Bolton **K** Gregg Toland **M** Alfred Newman **S** Sherman Todd **D** Merle Oberon (Kitty Vane), Fredric March (Alan Trent), Herbert Marshall (Gerald Shannon), Janet Beecher (Mrs. Shannon), John Halliday (Sir George Barton) **L** 105 **E** 29.5.1981 ARD

WEG IM HALBSCHATTEN (DRUM IN PENUMBRA). Während ihres Urlaubes lernt eine vor der Scheidung stehende Frau einen Mann kennen. Zurückgekehrt in den häuslichen und beruflichen Alltag vollzieht sich in ihr ein Prozeß der Selbstfindung. Der Tod der Mutter, die Ansprüche der fast erwachsenen Kinder und das Versagen des Geliebten verhindern eine neue Bindung und lenken das Leben der Frau in eine andere Richtung. Thematisch interessant, aber in der Umsetzung nicht ganz gelungen. – Ab 14. ✦ Schwarz-weiß. Rumänien 1972 **P** Filmstudio Bucuresti **Kl** Progress **R** Lucian Bratu **B** Petru Popescu **K** Nicolae Girardi **M** Dan Stefanica **D** Margareta Pogonat, Cornel Coman, Ileana Stana Ionescu, Ioana Ciomirtan, Carmen Galin **L** 89 **E** 31.8.1973 Kino DDR/28.6.1974 DFF 2

DER WEG IN DEN ABGRUND (END OF THE ROAD). Ein junger Intellektueller, der sich vor seiner Berufung an eine Hochschule ratlos fühlt, gerät in die Fänge eines Psychiatrie-Scharlatans und verliebt sich in die Frau eines Freundes. Seine Furcht, sich irgendwann festlegen zu müssen, führt für die Frau durch eine Abtreibung zum Tode und für den Mann in noch tiefere Ausweglosigkeit. Die auf mehreren Ebenen spielende Handlung, die amerikanische Alltagsprobleme behandelt, ist optisch überraschend kontrastierend inszeniert. – Ab 16. ✦ USA 1969 **P** Allied Artists **R** Aram Avakian **B** Aram Avakian, nach einem Roman von John Barth **K** Gordon Willis **M** Teo Macero **D** Stacy Keach, Dorothy Tristan, Harris Yulin, James Earl Jones, Grayson Hall **L** 110 **E** 9.5.1991 Tele 5

DER WEG IN DEN NORDEN →Wo ist der weite Norden?

DER WEG IN DEN SÜDEN (DE WEG NAAR HET ZUIDEN). Dokumentarfilm über eine scheinbar willkürliche Reise von den Niederlanden über Paris, Lyon, die Alpen nach Rom, Kalabrien und schließlich nach Kairo. In Randnotizen und genauen Beobachtungen nähert sich der Autor den Menschen verschiedener Kontinente und ihrer Mentalität, wobei nicht nur eine Trennung zwischen Industrie- und Entwicklungsländern ersichtlich wird, sondern in weitaus krasserem Maße eine Trennung der Menschen in einem Land. Ein vielleicht etwas zu lang geratener Film, der trotz manch stereotyper Bildmuster und Symbolismen einen sehr interessanten und auseinandersetzenswerten Beitrag über die Auswirkungen ökonomischer Systeme liefert. ✦ Niederlande 1980/81 **P** V.P.R.O. (Freisinniger Protestantischer Radiorundfunk) **R+B+K** Johan van der Keuken **M** Willem Breuker, Arjen Gorter **S** Wim Louwrier **L** 145 **E** 19.12.1984

WEG IN DIE FREIHEIT →Killing Ocean

DER WEG IN DIE MANEGE (PUT NA ARENU). Ein junger Mann, der Artist werden möchte, muß einsehen, daß nur harte Arbeit und Verständnis für die Mitmenschen die Voraussetzungen für einen bleibenden Erfolg sind. Gegenüber den bemerkenswerten artistischen Leistungen tritt die Handlung in den Hintergrund. – Ab 10. ✦ UdSSR 1963 **P** Armenfilm **Kl** Progress **R** Lewon Issaakjan, Genrich Maljan **B** Alexander Jurowski **K** Shirair Wartanjan **M** Konstantin Orbeljan **D** L. Jengibarow (Jengibarjan), I. Schestua (Ira), I. Dansas (Mutter), G. Dansas (Vater), W. Warderesjan (Maro) **L** 77 **E** 7.8.1964 Kino DDR/18.8.1972 DFF 2

WEG IN DIE VERGANGENHEIT (WEG IN DIE VERGANGENHEIT). Um ihrem Mann aus einer plötzlichen Geldnot zu helfen, muß eine Bankiersfrau aus Graz vier frühere Freunde aufsuchen. Ihr Bittgang enthüllt die Charaktere der Besuchten. In Form eines Kammerspiels gepflegt inszenierter Episodenfilm von hoher schauspielerischer Qualität. – Ab 16. ✦ Schwarz-weiß. Österreich 1954 **P** Paula Wessely Prod. **Kl** DLF **Pd** Otto Dürer **R** Karl Hartl **B** Johannes Mario Simmel, Emil Burri, nach einem Theaterstück von Wilfried Christensen **K** Konstantin Irmen-Tschet **M** Willy Schmidt-Gentner **S** Henny Brünsch **D** Paula Wessely (Gabriele), Attila Hörbiger (Berthold), Josef Meinrad (Franz), Willy Fritsch (Werner), Willi Forst (Clemens), Rudolf Fernau (Stefan), Maria Holst (Adrienne) **L** 90 **FSK** ab 12; f **E** 20.12.1954 **fd** 3 783

WEG IN DIE WILDNIS →Once upon a Time

DER WEG INS FREIE. Mitte des 19. Jahrhunderts: Eine berühmte Opernsängerin täuscht, in einen Skandal verwickelt, Selbstmord vor. Ihr Mann heiratet wieder. Um seines Familienglücks willen hält sie es später für richtig, sich tatsächlich das Leben zu nehmen. Ein zeittypisches Melodram für Zarah Leander in einer soliden Inszenierung. – Ab 16. ✦ Schwarz-weiß. Deutschland 1940/41 **P** UFA **Kl** Kristall **Pd** Friedrich Pflughaupt **R** Rolf Hansen **B** Rolf Hansen, Jacob Geis, Harald Braun **K** Franz Weihmayr **M** Theo Mackeben **S** Anna Höllering **D** Zarah Leander (Antonia Corvelli), Hans Stüwe (Detlev von Blossin), Siegfried Breuer (Graf Stefan Oginski), Eva Immermann (Luise), Hedwig Wangel (Barbaccia), Agnes Windeck (Baronin von Blossin) **L** 113 **FSK** ab 16; f **E** 7.5.1941 **fd** 751

DER WEG INS LEBEN (1931) (PUTJOWKA W SHISHN). Eine Gruppe verwahrloster Waisenkinder, Folgeerscheinung sozialer Mißstände nach dem russischen Bürgerkrieg, zieht zu Beginn der 20er Jahre als räuberische Bande durch die Straßen. Durch ein neues Umerziehungsmodell gelingt es einem parteitreuen Erzieher trotz mehrerer Rückschläge, die Jugendlichen in staatsdienliche Arbeitsprozesse zu integrieren und in ihnen ein Bewußtsein für das Gemeinschaftseigentum zu wecken. Der in episch breiter Erzählhaltung und mit außergewöhnlicher Kameraarbeit entwickelte Film ist ein diskussionswerter Klassiker sowjetischer Filmkunst. – Ab 14. ✦ Schwarz-weiß. UdSSR 1931 **P** Mashrabpomfilm **Kl** Freunde der Deutschen Kinemathek **R** Nikolai Ekk **B** Nikolai Ekk, R. Januschkewitsch, Alexander Stolper **K** W. Pronin **M** Jakob Stolljar **D** Iwan Kyrla (Mustafa), Nikolai Batalow (Sergejew), Michail Dshagofarow (Nikolai), Michail Sharow (Shigan), M. Gonta (Ljolka) **L** 120 (DDR 92) **E** 6.7.1964 ARD/18.6.1973 DFF 2/30.9.1977 Kino DDR **fd** 9 107

DER WEG INS LEBEN (1955) (PEDAGOGITSCHESKAJA POEMA). Film nach Makarenkos Aufzeichnungen über die Umerziehung verwahrloster Jugendlicher zu arbeitsfreudigen und verantwortungsbewußten Menschen. Zwar wartet der Film mit guten schauspielerischen Leistungen auf, doch seine Inszenierung ist uneinheitlich und die Handlung ist wenig überzeugend entwickelt. Als Beitrag zum Studium von Geschichte und Pädagogik ist diese Neuverfilmung des gleichnamigen Films von 1931 durchaus interessant. – Ab 14. ✦ UdSSR 1955 **P** Mosfilm **Kl** Progress **R** Alexej Masljukow, Metschislawa Majewskaja **B** I. Manewitsch, Alexej Masljukow, nach den Aufzeichnungen von A. Makarenko **K** Iwan Schekker **M** A. Swetschnikow **D** Wladimir Jemeljanow (Makarenko), Pawel Kadotschnikow (A. M. Gorki), N. Pokotilo (Kalina Iwanowitsch), E. Lizkanowitsch (Jekaterina Grigorjewna), Natalja Kratschkowskaja (Lidotschka) **L** 108 **E** 17.5.1957 Kino DDR/5.7.1957 DFF 1/30.9.1977 WA Kino DDR

DER WEG INS PARADIES (LES EGOUTS DE PARADIS). Um realistische Schilderung bemühte Verfilmung eines authentischen spektakulären Bankraubes, bei dem die Täter im Juli 1976 durch die Kanalisation in eine Bank in Nizza einstiegen. Der unkritische Gangsterfilm vermittelt weitgehend ungebrochen die reaktionären und überheblichen Verhaltensmuster seiner Helden. Schlechte Darstellerleistung und eine ungeschickte Inszenierung mindern den Unterhaltungswert zusätzlich. (Videotitel: »Der Coup von Nizza«) – Ab 14. ✦ Frankreich 1979 **P** Alexia Films **VA** VMP **R** José Giovanni **B** Michel Audiard, José Giovanni, nach einem Roman von Albert Spaggiari **K** Walter Bal **M** Jean-Pierre Doering **S** Jacqueline Thiédot, Marie-Thérèse Boiché **D** Francis Huster (Albert Spaggiari), Jean-François Balmer (»68«), Lila Kedrova (Charlotte), Michel Peyrelon (Pierre), Michel Subor (Biki) **L** 107 **FSK** ab 12 **E** 13.3.1982 DFF 1/August 1982 Video/4.10.1985 RTL plus

DER WEG INS VERDERBEN (1951) (LA STRADA BUIA / FUGITIVE LADY). Ein vermögender Unternehmer ist mit dem Wagen tödlich verunglückt. Etliche Indizien wecken das Mißtrauen eines Versicherungsagenten. Holprig inszenierter, wenig attraktiver Kriminalfilm. ✦ Schwarz-weiß. USA/Italien 1951 **P** Republic **Pd** Mike J. Frankovich **R** Sidney Salkow **B** John O'Dea, nach einem Roman von Doris Miles Disney **K** Tonino Delli Colli **M** Willy Ferrero (Ltg.), Alberto Barberis (Songs), Suzanne MacPherson (Songs) **S** Nino Baragli **D** Janis Paige (Barbara), Binnie Barnes (Esther), Massimo Serato (Gene), Eduardo Ciannelli (Ralph), Antonio Centa (Jeff), Alba Arnova (Giuseppe) **L** (TV) 87 **E** 30.7.1986 S 3

DER WEG INS VERDERBEN (1955) (LES GENS SANS IMPORTANCE). Ein gealteter Lastwagenfahrer geht eine Affäre mit einem Dienstmädchen ein, um seinem tristen Familienleben zu entkommmen. Als er sich von seiner Frau trennt, um mit der Geliebten ein neues Leben zu beginnen, stirbt diese an den Folgen eines Schwangerschaftsabbruchs, den die junge Frau ohne das Wissen des Mannes durchführen ließ. Der durch seine künstlerische Gestaltung, den Einsatz der Kamera und seine Lichtsetzung beeindruckende Film zeichnet eine bedrückende Atmosphäre von Hoffnungslosigkeit und Ausweglosigkeit und entwirft das trostlose Bild einer Gesellschaft ohne Halt und Werte. ✦ Schwarz-weiß. Frankreich

1955 **P** Cocinor/Ardennes/Chaillot **KI** Constantin **Pd** Georges Charlot **R** Henri Verneuil **B** François Boyer, Henri Verneuil, nach einem Roman von Serge Groussard **K** Louis Page **M** Joseph Kosma **S** Christian Gaudin **D** Jean Gabin (Jean Viard), Françoise Arnoul (Clotilde), Pierre Mondy (Berty), Yvette Etievant (Solange), Paul Frankeur (Barchandeau) **L** 86 **FSK** ab 18; nf **E** 24.9.1956 **fd** 5 258

WEG MIT SCHADEN (LES BONS DEBARRAS). In den Wäldern von Quebec betreibt eine unverheiratete Frau mit ihrer 13jährigen Tochter und einem geistig zurückgebliebenen Bruder eine Holzhandlung. Sie ist mit dem Polizeichef liiert. Ihre frühreife, die Trostlosigkeit ihres Lebens hellsichtig erkennende Tochter kämpft mit allen Mitteln um die Liebe der Mutter. Am hartnäckigsten wendet sie sich gegen ihren Onkel, den sie als Störenfried ihres häuslichen Lebens schließlich in den Tod treibt. Ein einfühlsam und genau beobachtendes Psychodrama, getragen von hervorragenden Darstellern. Die düstere Geschichte verdichtet sich zu einer Studie über die Sehnsucht nach Liebe, die unter extremen äußeren und inneren Bedingungen in Grausamkeit und Unmenschlichkeit umschlagen kann. ✦ Kanada 1979 **P** Les Productions Prisma **Pd** Marcia Couëlle, Claude Godbout **R** Francis Mankiewicz **B** Réjean Ducharme **K** Michel Brault **M** Bernard Buisson **S** André Corriveau **D** Marie Tifo (Michelle), Charlotte Laurier (Manon), Germain Houde (Guy), Louise Marleau (Madame Viau-Vachon), Roger Lebel (Maurice) **L** 116 **E** 14.11.1982 HR

DER WEG NACH BALI (ROAD TO BALI). Das Komikerduo Crosby und Hope muß zahlreiche Abenteuer mit Untieren und Menschenfressern bestehen, bevor die Flucht mit einer exotischen Prinzessin gelingt. Teilweise als originelle Selbstpersiflage Hollywoods angelegte Slapstick-Komödie. – Ab 14. ✦ USA 1952 **P** Paramount **KI** Paramount **Pd** Harry Tugend **R** Hal Walker **B** Frank Butler, Hal Kanter, William Morrow **K** George Barnes **M** Joseph J. Lilley (Ltg.) **S** Archie Marshek **D** Bing Crosby (Harold Gridley), Bob Hope (George Cochran), Dorothy Lamour (Lalah), Peter Coe (Gung), Jane Russell (Jane Russell), Dean Martin (Dean Martin) **L** 90 **E** 14.8.1953 **fd** 2 709

DER WEG NACH COURRIÈRES →Vincent van Gogh – Der Weg nach Courrières

DER WEG NACH DAMASKUS (LE CHEMIN DE DAMAS). Mit Strenge und Brutalität verfolgt Saulus auf Geheiß des Hohepriesters die ersten Christen, nicht einmal seine Freunde können ihn belehren. Auf dem Weg nach Damaskus – 30 n. Chr. – wird er vorübergehend mit Blindheit geschlagen; sein »Damaskuserlebnis« läßt ihn zur Selbstbesinnung kommen und zum Glauben finden. Ein sorgfältig ausgestatteter Film, der dieses Kapitel der Apostelgeschichte respektvoll, aber etwas veräußerlicht erzählt. – Ab 14 möglich. ✦ Schwarz-weiß. Frankreich 1952 **P** Max Glass/Fernand Rivérs **KI** Pallas **Pd** Max Glass, Fernand Rivers **R+B** Max Glass **K** Eugen Schüfftan **M** Mario Constant **D** Michel Simon, Antoine Balpêtré, Maurice Teynac, Jacques Dufilho, Line Noro **L** 100 **FSK** ab 12; f **E** 11.12.1952 **fd** 2 219

DER WEG NACH EDEN. Der Ungar János Keresú arbeitet als Seziermeister in einem pathologischen Institut. Minuziös beobachtet der Dokumentarfilm den Tagesablauf dieses Mannes, der die Toten auf ihrem Weg zwischen dem Sterben und der letzten Ruhestätte begleitet. Der in seiner detaillierten Beobachtung bis an die Grenze des Erträglichen gehende Film beantwortet die Frage, ob es ein Leben nach dem Tod gibt, in einem christlichen Sinn. Ein eindringliches Plädoyer für die Würde des Menschen im Sterben, das dazu anregt, die Rolle des Todes in unserer Gesellschaft zu überdenken. ✦ Österreich 1995 **P** Prisma **KI** Real Fiction **R+B** Robert-Adrian Péjo **K** Wolfgang Lehner **M** Paul Winter **S** Robert-Adrian Péjo **L** 82 **E** 20.11.1997 3sat **fd** 32 870

DER WEG NACH EL DORADO (THE ROAD TO EL DORADO). Zwei junge Abenteurer, keine strahlenden Helden, sondern eher Außenseiter, machen sich auf die Suche nach den Goldschätzen von El Dorado, wo man sie als Götter verehrt, sie aber zugleich in eine gefährliche Intrige zieht. Gezeichneter Abenteuerfilm, der sich in Sachen »erwachsener« Animation versucht. Durchaus unterhaltsam und pointiert erzählt, folgt er letztlich allzu vertrauten Handlungsmustern, denen er mittels Zeichenkunst keine neuen Aspekte hinzuzufügen vermag. DVD: Die Extras umfassen u. a. einen Audiokommentar des Regisseurs sowie eine Dokumentation über die technischen Aspekte (Farbgebung) des Films. – Ab 10. ✦ USA 1999/2000 **P** DreamWorks **KI** UIP **VA** Universal **DVD** Universal Home (16:9, 1.85:1, DD5.1 engl./dt.) **Pd** Jeffrey Katzenberg, Bonne Radford **R** Eric Bergeron, Don Paul **B** Ted Elliott, Terry Rossio **M** Hans Zimmer, John Powell, Elton John (Songs) **S** Vicki Hiatt **L** 90 **FSK** ab 6; f **FBW** w **E** 5.10.2000/5.4.2001 Video & DVD **fd** 34 473

DER WEG NACH GALVESTON (THE ROAD TO GALVESTON). Nach dem Tod ihres Mannes macht eine Schwarze aus ihrer verschuldeten Farm ein Pflegeheim für Alzheimer-Patientinnen. Ihr werden drei Frauen anvertraut, deren Erkrankung unterschiedlich weit fortgeschritten ist. Dementsprechend unterschiedlich sind auch die Belastungen, die mit ihrer Pflege verbunden sind. Die Farmerin meistert dies nicht nur mit Fachkenntnis, sondern auch mit unerschöpflichem Gottvertrauen. Ein in Texas angesiedelter (Fernseh-)Film, der durch das Sujet und die feinfühlige Darstellung aus dem Rahmen fällt. Wenn auch manche Erfahrungen der Realität nicht immer gerecht werden, so bringt er doch immer wieder Szenen von ermutigender Mitmenschlichkeit hervor. – Sehenswert ab 12. ✦ USA 1996 **P** Paramount **VA** CIC **Pd** Bob Roe, Howard Griffith **R** Michael Toshiyuki Uno **B** Tony Lee **K** Joao Fernandes **M** Stanley Clarke **S** Cari Coughlin **D** Cicely Tyson (Jordan Roosevelt), Piper Laurie (Wanda Kirkman), Tess Harper (Julia Archer), James McDaniel (Marcus) **L** 90 **FSK** ab 6 **E** 16.10. 1996 Video **fd** 32 393

DER WEG NACH HONGKONG (ROAD TO HONGKONG). Zwei Varietékünstler verheddern sich in Ost-West-Spionage und landen als unfreiwillige Astronauten auf Mond und Planeten. Rollentausch von Hope als Sänger und Crosby als Komiker in einem britischen Film, der die amerikanische »Road-To ...« -Serie mühselig und unfaßbar humorlos wiederzubeleben versuchte. Rundum gelungen ist einzig der Zeichentrickvorspann. ✦ Großbritannien/USA 1961 **P** Melnor **KI** United Artists **Pd** Melvin Frank **R** Norman Panama **B** Melvin Frank, Norman Panama **K** Jack Hildyard **M** Robert Farnon **S** Alan Osbiston, John S. Smith **D** Bing Crosby (Harry Turner), Bob Hope (Chester Babcock), Joan Collins (Diane), Dorothy Lamour (Dorothy Lamour), Robert Morley (Anführer), Walter Gotell (Dr. Zorbb), Roger Delgado (Jhinnah), Peter Madden (Lama), Bill Nagy (Agent), Robert Ayres (Us-Beamter), Irving Allen, Frank Sinatra, Peter Sellers, Dean Martin, David Niven **L** 90 **FSK** ab 6; nf **E** 24.5.1962 **fd** 11 147

DER WEG NACH MAROKKO (ROAD TO MOROCCO). Als schiffbrüchige Freunde werden Crosby und Hope in Abenteuer mit einer hübschen Prinzessin und einem stürmischen Scheich verwickelt. – Ab 16. ✦ Schwarz-weiß. USA 1942 **P** Paramount **KI** MPEA **Pd** Paul Jones **R** David Butler **B** Frank Butler, Don Hartman **K** William C. Mellor **M** Victor Young **D** Bing Crosby (Jeff Peters), Bob Hope (Turkey Jackson), Dorothy Lamour (Prinzessin Shalmar), Anthony Quinn (Mullay Kasim), Dona Drake (Mihirmah) **L** 83 **FSK** ab 16; nf **E** April 1949 **fd** 288

DER WEG NACH NASHVILLE (ROAD TO NASHVILLE). Ein täppischer Schauspielagent soll in Nashville/Tennessee die Spitzenstars der Country- und Westernmusik für einen Hollywoodfilm unter Vertrag nehmen, vergißt aber aus Begeisterung über neue Bekanntschaften seinen Auftrag. Befreundete Sänger helfen ihm aus der Klemme und organisieren eine Bühnenshow. Musikfilm, dessen dünne Handlung lediglich Vorwand für zahlreiche Musikauftritte ist: Mehr als 20 berühmte Sänger und Gruppen der Country- und Westernszene treten auf. – Ab 14. ✦ Scope. USA 1966 **R+B** Will Zens **K** Leif Rise, Vilmos Zsigmond **D** Doodles Weaver, Richard Arlen, Connie Smith, Ralf Emery **L** 110 **E** 3.10.1984 WDR

DER WEG NACH OBEN (1950). Auftragsfilm der SED zum 1. Jahrestag der DDR. An Hand dokumentarischer Aufnahmen aus den Jahren 1945 bis 1950 werden wesentliche Stationen wirtschaftlichen und kulturellen Aufbaus im Gebiet der DDR gezeigt: Bodenreform, Gründung der SED, Enteignung der Kriegsverbrecher, Gründung der DDR sowie Verkündung des ersten Fünf-Jahres-Plans im Juli 1950. Besonders beleuchtet wird der schrittweise Aufbau der Stahlindustrie. Dem werden polemisch kontrastierende Bilder aus Westdeutschland entgegengesetzt: Arbeitslosigkeit, Elendsquartiere, die Luftbrücke nach West-Berlin als Instrument des Kalten Krieges und der Spaltung. Das Ergebnis ist die stark vereinfachende und einseitige Schilderung der Entwicklung Nachkriegsdeutschlands. – Ab 16. ✦ Schwarz-weiß. DDR 1950 **P** DEFA **KI** Progress **VA** Icestorm **Pd** Richard Brandt **R+B** Andrew Thorndike **K** Werner Bergmann, Kurt Stanke, Walter Fehdmer **S** Bruno Kleberg **L** 80 **E** 6.10.1950 Kino DDR/28.9.1999 Video

DER WEG NACH OBEN (1958) (ROOM AT THE TOP). Sozialkritischer Film, hervorragend gespielt und atmosphärisch dicht inszeniert. Er schildert den Aufstieg eines ehrgeizigen jungen Angestellten in einer englischen Kleinstadt, der sich durch eine Schwangerschaft die Einheirat in die Oberklasse erzwingt. Sein Stolz bleibt dabei ebenso auf der Strecke wie seine Liebe zu einer älteren Frau, die sich das Leben nimmt. Der Film, der eine Vielzahl stimmiger Charaktere vorweisen kann, prangert vehement eine heuchlerische Gesellschaftsordnung an, die Egoismus und brutale Ausnutzung begünstigt. ✦ Schwarz-weiß. Großbritannien 1958 **P** Remus **KI** Bavaria **VA** Kinowelt Home **Pd** John Woolf, James Woolf **R** Jack Clayton **B** Neil Paterson, nach dem Roman »Room at the Top« von John Braine **K** Freddie Francis **M** Mario Nascimbene **S** Ralph Kemplen **D** Simone Signoret (Alice Aisgill), Laurence Harvey (Joe Lampton), Heather Sears (Susan Brown), Donald Wolfit (Mr. Brown), Ambrosine Phillpotts **L** 117 (DDR 105) **FSK** ab 18; nf **FBW** w **E** 31.7.1959/20.9.1963 Kino DDR/24.4.1972 ZDF/7.7.1973 DFF 1/20.3.2001 Video **fd** 8 288

DER WEG NACH RIO (ROAD TO RIO). Fünfter und an der Kinokasse erfolgreichster Film der »Road to ...«-Serie: Als blinde Passagiere retten Crosby und Hope eine dunkelhäutige Schönheit vor einer Gaunerin, die mit Hypnose arbeitet. – Ab 12. ✦ Schwarz-weiß. USA 1947 **P** Paramount **KI** Paramount **Pd** Daniel Dare **R** Norman Z. McLeod **B** Edmund Beloin, Jack Rose **K** Ernest Laszlo **M** Robert Emmett Dolan (Ltg.), Johnny Burke, James van Heusen **S** Ellsworth Hoagland **D** Bing Crosby (Scat Sweeney), Bob Hope (Hot Lips Barton), Dorothy Lamour (Lucia Maria De Andrade), Gale Sondergaard (Catherine Vail), Frank Faylen (Trigger) **L** 100 **FSK** ab 12; nf **E** 21.11.1949 **fd** 553

DER WEG NACH SANSIBAR (ROAD TO ZANZIBAR). Als Parodie auf »Tarzan« und andere erfolgreiche Dschungelfilme jener Zeit angelegter Film aus der »Road-to ...« -Serie: Als abgebrannte Artisten verschwinden Crosby und Hope im afrikanischen Busch und geraten unter die Menschenfresser. – Ab 12. ✦ Schwarz-weiß. USA 1941 **P** Paramount **KI** Paramount **Pd** Paul Jones **R** Victor Schertzinger **B** Frank Butler, Don Hartman **K** Ted Tetzlaff **M** Victor Young **S** Alma Macrorie **D** Bing Crosby (Chuck Reardon), Bob Hope (Hubert Frazier), Dorothy Lamour (Donna Latour), Una Merkel (Julia Quimby), Eric Blore (Charles Kimble) **L** 92 **FSK** ab 12; nf **E** 1.7.1950 **fd** 756

DER WEG NACH SHANGHAI →Moskau – Shanghai

DER WEG NACH SINGAPUR (ROAD TO SINGAPORE). Von der feinen Gesellschaft gelangweilter Millionärssohn und sein bester Freund begeben sich auf eine Reise ins Abenteuer. Als Amateure im harten Lebenskampf geraten sie in unmöglichste Situationen, als sie sich als Platzanweiser im Kino und Wochenschaumänner verdingen. Auf der Fahrt von Bali nach Singapur wird ihre Freundschaft durch ihre Liebe zu einer Abenteurerin auf die Probe gestellt. Groteske, deren Handlung lediglich Vorwand für slapstickhafte Einfälle ist. Der erste Film aus der »Road to...«-Reihe des Gespanns Crosby/Hope, in der zwischen 1940 und 1962 noch acht weitere Filme entstanden. – Ab 12. ✦ Schwarz-weiß. USA 1940 **P** Paramount **Pd** Harlan Thompson **R** Victor Schertzinger **B** Don Hartman, Frank Butler **K** William C. Mellor **M** Victor Young **S** Paul Weatherwax **D** Bing Crosby (Josh Mallon), Bob Hope (Ace Lannigan), Dorothy Lamour (Mima), Charles Coburn (Joshua Mallon IV), Judith Barrett (Gloria Wycott) **L** 84 **E** 12.2.1985 BR

DER WEG NACH UTOPIA (ROAD TO UTOPIA). Crosby und Hope sind in Alaska hinter einer Goldmine her, deren Plan von zwei berüchtigten Banditen geraubt wurde. Schematische Slapstick-Unterhaltung. – Ab 12. ✦ Schwarz-weiß. USA 1945 **P** Paramount **Kl** Paramount **Pd** Paul Jones **R** Hal Walker **B** Norman Panama, Melvin Frank **K** Lionel Lindon **M** Leigh Harline **S** Stuart Gilmore **D** Bing Crosby (Duke Johnson/Junior Hooton), Bob Hope (Chester Hooton), Dorothy Lamour (Sal Van Hoyden), Douglas Dumbrille (Ace Larson), Hillary Brooke (Kate) **L** 86 **FSK** ab 12; nf **E** 26.1.1951 **fd** 1 121

DER WEG NACH WEMBLEY. Ausschnitte aus allen Spielen der deutschen Fußball-Nationalmannschaft bei der Weltmeisterschaft 1966 in England inklusive des umstrittenen dritten Tores beim Endspiel England gegen Bundesrepublik Deutschland. – Ab 8. ✦ Schwarz-weiß. BR Deutschland 1966 **P** Deutsche Filmwochenschau **Kl** Deutscher Fußballbund **R** Helmut Schön, W. Gerhardt **K** Carl Selbach **D** Fußball-WM-Teilnehmer **L** 117 **FSK** ab 6; f **E** 1966 Kino

DER WEG NACH WESTEN (THE WAY WEST). Die entbehrungsreiche Fahrt eines Siedlertrecks 1843 auf dem Oregon-Trail von Missouri nach Westen. Ein Western, dem es mehr auf die Aneinanderreihung äußerlicher Abenteuer als auf die Charakterisierung des großen Aufbruchs zur Kolonisation des Westens ankommt. Enttäuschend inszeniert und trotz prominenter Besetzung nur durchschnittlich gespielt. – Ab 16. ✦ Scope. USA 1966 **P** Harold Hecht Prod. **Kl** United Artists **Pd** Harold Hecht **R** Andrew V. McLaglen **B** Ben Maddow, Mitch Lindemann, nach dem Roman von Alfred Bertram Guthrie jr. **K** William H. Clothier **M** André Previn (Ltg.), Bronislau Kaper, Mack David **S** Otho Lovering **D** Kirk Douglas (Sen. William J. Tadlock), Robert Mitchum (Dick Summers), Richard Widmark (Lije Evans), Stubby Kaye (Sam Fairman), Sally Field (Mercy McBee), Lola Albright (Rebecca Evans), Michael Witney (Johnnie Mack), Katherine Justice (Amanda Mack), Harry Carey jr. (McBee), Elizabeth Fraser (Mrs. Fairman), Roy Barcroft (Masters), Jack Elam (Weatherby), Nick Cravat (Calvelli), Paul Wexler (Barbier) **L** 122 **FSK** ab 12; f **E** 26.10.1967 **fd** 15 010

DER WEG NACH ZANSKAR – EINE EXPEDITION NACH WESTTIBET. Das filmische Protokoll einer abenteuerlichen Reise nach Westtibet, das einen hohen kulturellen Informationswert besitzt und sich den Einheimischen respektvoll annähert. Besonders die Kameraarbeit hebt diesen Expeditionsbericht über ähnliche Produktionen hinaus. – Ab 14. ✦ BR Deutschland 1976/77 **P** Film für Information und Bildung **Pd** Werner Lütje **R** Ewald Ruf, Alfons Hausler **B** Ewald Ruf, Alfons Hausler, Volkmar Azone **K** Ewald Ruf **S** Ursula Eplinius **L** 89 **FBW** bw **E** 8.1.1978 BR III

WEG OHNE UMKEHR. Berlin 1953: Ein sowjetischer Ingenieur erkennt allmählich die Vorzüge der Freiheit und flieht aus dem Ring seiner Bewacher in den Westsektor. Weitaus überzeugender als vergleichsweise Carol Reeds »Gefährlicher Urlaub« zeichnet sich der Film, abgesehen von wenigen konstruierten Effekten, durch Phrasenlosigkeit, Fairneß und Toleranz bei der Darstellung von Gegenpositionen aus. – Ab 14. ✦ Schwarz-weiß. BR Deutschland 1953 **P** Occident/Trans-Rhein **Kl** Hamburg/Ring/Rheinischer/Rebus **Pd** Gerhard T. Buchholz, Stuart Schulberg **R** Victor Vicas **B** Gerhard T. Buchholz, Victor Vicas **K** Klaus von Rautenfeld **M** Hans-Martin Majewski **S** Ira Oberberg **D** Ivan Desny (Michael), Ruth Niehaus (Anna), René Deltgen (Kazanow), Karl John (Schulz), Lila Kedrova (Ljuba) **L** 95 **FBW** bw **E** 6.11.1953/15.6.1964 ZDF **fd** 2 959

WEG OHNE ZIEL (THE HARD PART BEGINS). Ein Country-Sänger und Gitarrist, bekannt, aber keineswegs berühmt, gerät in eine Krise, als er feststellen muß, daß es ihm schwerfällt, seinen Standard zu halten. Aber er gibt nicht auf, obwohl ihn seine Geliebte und auch ein Mitglied seiner Band verlassen. Der pessimistisch getönte Film erlaubt einen Blick hinter die Kulissen des Musikgeschäfts, der Welt der Träume, Hoffnungen und Enttäuschungen. – Ab 16. ✦ Kanada 1976 **P** Odyssey Film **R** Paul Lynch **B** John Hunter **K** Robert Saad **M** Ian Guenther **D** Donelly Thodes, Nancy Belle Fuller, Paul Bradley, Linda Sorenson **L** 85 **E** 23.4.1980 BR

WEG VOM FENSTER. Ein Jahr aus dem Leben zweier Fürsorgezöglinge. Der mit Laien besetzte Film läßt einzelne Stationen Revue passieren und beschreibt einen Kreislauf des sozialen Abstiegs, aus dem es scheinbar kein Entrinnen gibt. Der Debütfilm des Fassbinder-Koregisseurs Michael Fengler weist durchaus eine eigene Handschrift auf. Wenn auch das Gefühl für Rhythmus und die Schauspielerführung zu wünschen übriglassen, so kann das Gesamtergebnis doch überzeugen. – Ab 16. ✦ BR Deutschland 1970 **P** antiteater/Maran-Film **R** Michael Fengler **B** Thomas Fengler, Michael Fengler **K** Dietrich Lohmann **D** Peter Brosch, Robert McKinley, Burghard Schlicht, Martin Jerschke, Erich Sebald **L** 85 **E** 5.11.1970 ARD

DER WEG ZU DIR (1952). Ein evangelischer Flüchtlingsseelsorger verzweifelt an seiner Aufgabe; erst die Liebe einer unheilbar Kranken läßt ihn zu Gott zurückfinden. Das Engagement des zu einem Drittel der üblichen Herstellungskosten produzierten Films scheitert allerdings am Drehbuch: pathetische Dialoge werden mit pastoraler Rhetorik dargeboten. – Ab 16. ✦ Schwarz-weiß. BR Deutschland 1952 **P** Arbeitsgemeinschaft »Der Weg zu Dir« **Kl** Continental **Pd** Hans Lenoch **R+B** Harald Röbbeling **K** Jost von Hardenberg **M** Lotar Olias, Hans-Martin Majewski **D** Bernd Schnackenburg, Elfie Garden, Louise Dorsay, Herbert A. E. Böhme, Katharina Brauren **L** 86 **FSK** ab 16; f **E** 15.8.1952 **fd** 1 788

DER WEG ZU DIR (1957) (ROZTRZKA). Alltägliche Geschichten in einer alltäglichen Ehe. Mit einigen künstlerischen Schwächen behafteter, dennoch interessanter Problemfilm. – Ab 14. ✦ Schwarz-weiß. CSR 1956 **P** Filmstudio Prag **Kl** Progress **R** Miroslav Hubácek **B** Jirí Mucha, Miroslav Hubácek, Zbynek Brynych **K** Václav Hunka **M** Dalibor C. Vackár **D** Stanislava Seimlová (Jana), Václav Voska (Petr), Otto Lackovic (Tonik), Martin Ruzek (Kral), Véra Bubliková (Helena) **L** 80 **E** 25.12.1957 Kino DDR

WEG ZU ISABELL. Eine ungewöhnliche Liebesgeschichte zwischen Marseiller Kabarett und deutschem Gutshof: Ein Deutscher meint, die im Ersten Weltkrieg verschollene Tochter seiner französischen Geliebten wiedergefunden zu haben, und bekämpft seine Zuneigung zu ihr, bis sich herausstellt, daß die Gefundene gar nicht sein Kind ist. Unterhaltung im deutschen Vorkriegsstil. – Ab 16. ✦ Schwarz-weiß. Deutschland 1939 **P** Tobis **Kl** NWDF **R** Erich Engel **B** Geza von Cziffra, Frank Thieß, nach dem gleichnamigen Roman von Frank Thiess **K** Günther Anders, Ewald Daub **M** Ernst Roters **D** Hilde Krahl, Ewald Balser, Maria Koppenhöfer, Rolf Weih, Herbert Hübner **L** 81 **FSK** ab 16; f **E** 26.1.1940 **fd** 1 446

DER WEG ZUM ERFOLG (LE POIDS DU CORPS). Autobiografischer Spielfilm einer ehemaligen Eiskunstläuferin über den Druck, dem jugendliche Leistungssportler durch Eltern, Trainer und Presse ausgesetzt sind. Ein Mädchen wird von seinem ehrgeizigen Vater seit frühester Jugend für eine Karriere auf dem Eis getrimmt. Als die talentierte Sportlerin mit 15 bemerkt, daß ihr das innere Gleichgewicht fehlt, rebelliert sie dagegen, daß sie ihre Jugend opfern soll, um den Traum eines anderen zu realisieren. ✦ Frankreich 1992 **P** France 2/La Sept/arte/V.F. **R** Christine François **B** Christine François, Pierre Guillaume **K** Mathieu Poirot-Delpech **S** Florence Bon **D** Karen Oubraham (Cécile), Gérard Desarthe (Vater), Gérard Dauzat (Trainer), Eric Savin (Journalist) **L** 73 **E** 30.12.1994 arte

DER WEG ZUM GLÜCK (1944) (GOING MY WAY). Bing Crosby singt sich als junger Kaplan einer armen New Yorker Vorstadtpfarrei mit irischem Charme in alle Herzen. Zusammen mit dem von ihm gegründeten Jugendchor bringt er die Mittel für den Wiederaufbau der abgebrannten Kirche auf. Dem amerikanischen Geschmack entsprechend zwar sentimental-romantisch, andererseits aber unaufdringlich humorvoll, besonders in der Darstellung des alten Gemeindepfarrers durch Barry Fitzgerald. Im Jahr darauf konnte Crosby seine Popularität mit dem von RKO produzierten Sequel »Die Glocken von St. Marien« noch steigern. – Ab 12. ✦ Schwarz-weiß. USA 1944 **P** Paramount **Kl** Paramount **Pd+R** Leo McCarey **B** Frank Butler, Frank Cavett **K** Lionel Lindon **M** Robert Emmett Dolan (Ltg.) **S** LeRoy Stone **D** Bing Crosby (Kaplan Chuck O'Malley), Barry Fitzgerald (Pfarrer Fitzgibbon), Rise Stevens (Genevieve Linden), Frank McHugh (Pater Timothy O'Dowd), Gene Lockhart (Ted Haines, Sr.) **L** 130 **E** Juli 1946 Kino **fd** 11

DER WEG ZUM GLÜCK (1951) (CESTA KE STESTI). Geschichte einer Kleinbauerntochter, die gegen den Widerstand ihrer Eltern Traktoristin werden will. – Ab 14. ✦ Schwarz-weiß. CSR 1951 **P** Tschechoslowakischer Staatsfilm **Kl** Progress **R** Jirí Sequens **B** Roman Hlavác, Jirí Sequens **K** Václav Pazderník **M** Jirí Srnka **D** Jirina Svorcová (Vlasta Tomasová), Bohumil Svarc (Olda), Otakar Dadák (Borek), Antonín Sura (Pepek Foukal), Vera Kalendová (Soukupová) **L** 90 **E** 7.2.1952 Kino DDR

DER WEG ZUM HAFEN (PUT K PRITSCHALU). Kleine und große Erlebnisse der Menschen auf dem Bergungsschiff »Kola« und die Freundschaft des Schiffsjungen Warka zum Seebären Ressomacha, der im Kampf mit der See sein Leben verliert. Künstlerisch nur durchschnittlicher Film mit Schwächen im dramaturgischen Aufbau. – Ab 14. ✦ Schwarz-weiß. UdSSR 1962 **P** Mosfilm **Kl** Progress **R** Georgi Danelija **B** Viktor Konezki **K** Anatoli Nitotschkin **M** Andrej Petrow **D** Boris Andrejew (Ressomacha), Oleg Shakow (Kapitän), A. Metjolkin (Waska), Valentin Nikulin (Tschepin), Bruno Oja (Bruno) **L** 89 **E** 25.10.1963 Kino DDR/18.10.1964 DFF 1

DER WEG ZUM HEIMATDORF. Erzählt wird die Geschichte eines koreanischen Studenten, der nach abgeschlossenem Studium in sein Heimatdorf zurückkehrt, um der dortigen Genossenschaft bei der Mechanisierung des Reisanbaus zu helfen. ✦ **R** Kim Jong **D** Tschä Pung Gi, Ri In Suk, Tso Un-Pong, Hjon Mi Sun **L** 91 **E** 7.9.1976 DFF 2

DER WEG ZUM K.O. (PERWAJA PERTSCHATKA). Geschichte eines jungen Mannes, der eine sportliche Karriere als Boxer macht. – Ab 14. ✦ Schwarz-weiß. UdSSR 1946 **P** Mosfilm **Kl** Sovexportfilm **R** Andrej Frolow **B** A. Filimonow **K** F. Firsow **M** Wassili Solowjow-Sedoi **D** Wladimir Wolodin (Priwalow), A. Sujewa (seine Frau), Iwan Perewersew (Nikita Krutikow), N. Tscherednitschewa (Nina Grekowa), O. Blinnikow (Koschalow) **L** 87 **E** 10.6.1947/24.3.1953 DFF 1

DER WEG ZUM MEER (DOROGA K MORU). Zwei Schwestern wollen ihr Elternhaus verlassen, um zur See zu fahren. Doch bis dahin sind noch viele Hindernisse aus dem Weg zu räumen. ✦ UdSSR 1965 **P** Mosfilm **R** Irina Poplawskaja **B** Igor Olschanski, nach einem Roman von I. Lawrow **K** Viktor Schejnin **M** Boris Tschaikowski **D** L. Barabanowa (Asja), Ljudmila Krylowa (Slawka), Oleg Tabakow (Tschemesow), Boris Tokarew (Tolja), J. Puschkarjow (Kosmatsch) **L** 62 **E** 13.8.1971 DFF 2

DER WEG ZUM RUHM (PRELUDE A LA GLOIRE). Die Lebensgeschichte des elfjährigen Maurerlehrlings Roberto, der seine Liebe zur Musik entdeckt. Mit Hilfe von Freunden, die ihn allerdings auch als Geldquelle ausbeuten wollen, entwickelt er sein großes Musiktalent und bringt es zum Orchesterdirigenten. Lacombes Regie erweist sich durchgehend als sehr präzise, die schauspielerischen und musikalischen Fähigkeiten des jungen Roberto Benzi werden (aus-)genutzt; die lange Szene, in der Liszts »Préludes« von ihm dirigiert werden, ist angemessen geschnitten. Gute Fotografie von Renoir, die der sentimentalen Geschichte Glanz gibt. (DDR-Titel: »Roberto«) – Ab 12 möglich. ✦ Schwarz-weiß. Frankreich 1949 **P** Miramar **Kl** National **R** Georges Lacombe **B** Jean Bernard-Luc **K** Claude Renoir **M** Felix Mendelssohn Bartholdy, Wolfgang Amadeus Mozart, Johann Sebastian Bach, Gioacchino Rossini, Franz Liszt **D** Roberto Benzi, Paul Bernard, Louise Conte, Robert Pizani, Jean Debucourt **L** 90 **FSK** ab 6; f **E** 1.12.1950/27.8.1954 Kino DDR/1.2. 1959 DFF 1 **fd** 990

DER WEG ZUM SATURN (PUTJ W »SATURN« / KONEZ »SATURNA«). Der sowjetische Geheimdienst schleust im Zweiten Weltkrieg einen Spion in die deutsche Abwehr ein, um kriegsentscheidende Informationen zu erlangen. Breit angelegter, im Stile eines Dokumentarspiels gehaltener Spionagefilm, der das Hohelied vom idealistisch gesinnten Kundschafter singt. (Westdeutscher Titel: »Deckname Saturn«) – Ab 12. ✦ Scope, schwarz-weiß. UdSSR 1967 **P** Mosfilm **Kl** Pegasus **R** Wilen Asarow **B** W. Ardamatski, Michail Bleiman, Wilen Asarow, nach einem Roman von W. Ardamatskij **K** Mark Djatlow **M** Alexander Fljarkowski **D** Michail Wolkow (Krylow-Kramer), Jewgeni Kusnezow (General Simakow), Arkadij Tolbusin (General Drobot), Georgi Shenow (General Timerin), Wladimir Kaschpur (Leutnant Budarin) **L** 140 **FSK** ab 16; f **E** 20.12.68 Kino DDR/ 16.5.69 Kino BRD/30.7.,1.8.71 DFF 1 **fd** 16 311

DER WEG ZUM SIEG →Hot Shot

DER WEG ZUM TOD DES ALTEN REALES (EL CAMINO HACIA LA MUERTE DEL VIEJO REALES). Das Leben von vier Angehörigen einer Zuckerarbeiterfamilie im Elend der Provinz Tucuman: Ein alter Bauer, der seine Frau verlor, und drei seiner zehn Söhne, von denen der erste sein Nomadenlos ergeben hinnimmt, der zweite als Polizist den Konformisten dient und der dritte das Bewußtsein der Bauern zugunsten wesentlicher Veränderungen ihrer unwürdigen Verhältnisse zu entfalten versucht. Ein im politischen Engagement wie in formaler Hinsicht außergewöhnlicher Film; der erste Spielfilm des Argentiniers Gerardo Vallejo. ✦ Schwarz-weiß. Argentinien 1971 **P** Grupo Cine y Liberacion/San Diego Films (Tercinema) **Kl** Freunde der Deutschen Kinemathek **Pd** Fernando E. Solanas, Gerardo Vallejo **R** Gerardo Vallejo **B** Gerardo Vallejo, Fernando E. Solanas, Octavio Getino **K** Gerardo Vallejo **M** Luis Victor Gentilini, José Augusto Moreno (Lieder) **S** Gerardo Vallejo, Juan Carlos Macias, Alfredo Muschietti **L** 90 **E** 28.7.1973 WDR

DER WEG ZUR HÖLLE (1945) (LA FILLE DU DIABLE). Auf der Flucht vor der Polizei nimmt ein Verbrecher die Identität eines aus den USA zurückgekommenen Millionärs an. Seine Geliebte denunziert ihn bei der Polizei; er stellt sich ohne Widerstand; sie, über ihre Tat entsetzt, bringt sich um. Nach einem Buch des Kriminalromanspezialisten Alex Joffé hat Decoin einen routinierten, auf herkömmliche Weise spannenden Film gedreht, dem lediglich allzu grobe Psychologie und dramaturgische Ungereimtheiten abträglich sind. – Ab 16. ✦ Schwarz-weiß. Frankreich 1945 **P** Pathé **Kl** Metropol **Pd** Jean Gehret **R** Henri Decoin **B** Alex Joffé, Jean Levitte **K** Armand Thirard **M** Henri Dutilleux **D** Pierre Fresnay, Fernand Ledoux, Andrée Clément, Thérèse Dorny, Mike Charpenay **L** 93 **FSK** ab 16; nf **E** Juni 1946 **fd** 331

DER WEG ZUR HÖLLE (1954) (CAMINO DEL INFIERNO). Eine wie in den Anfängen des Stummfilmkintopps inszenierte mexikanische Kolportage: Eine Kneipensängerin heiratet nach mißglückter Anstiftung zum Raubmord den angeschossenen Täter, erkrankt an Lepra und geht der Prostitution nach, während der Mann sich auf Raubüberfälle verlegt. Das zuletzt versöhnte Paar stirbt im Kugelhagel der Polizei. (Späterer Titel: »Sklavin der Liebe«) ✦ Schwarz-weiß. Mexiko 1954 **P** Mier y Brooks **Kl** Osiris **R** Miguel Morayta **B** Juan Fernandez **D** Pedro Armendáriz, Leticia Palma, Wolf Ruvinskis, Arturo Soto, Felix Rangel **L** 88 **FSK** ab 18; nf **E** 7.10.1955 **fd** 4 599

DER WEG ZUR MACHT (POWER). An historischen Fakten orientierte Darstellung vom Aufstieg und Fall des umstrittenen amerikanischen Gewerkschaftsführers James R. Hoffa, der, wegen Korruption, Bestechung und Unterweltkontakten verurteilt, nach verbüßter Haftstrafe 1975 spurlos verschwand. Ein Film, der weniger politische Einsichten als vielmehr action- und gefühlsreiche Unterhaltung bietet; vor allem in den Nebenrollen hervorragend besetzt. (Vgl. Danny DeVitos »Jimmy Hoffa« 1993) – Ab 16. ✦ USA 1979 **P** Columbia **R** Barry Shear, Virgil W. Vogel **B** Ernest Tidyman **K** Jacques Marquette **M** Walter Scharf **D** Joe Don Baker, Karen Black, Howard da Silva, Ralph Bellamy, Red Buttons **L** 185 **E** 21.8.1982 ARD **fd** 23 579

DER WEG ZUR SCHANDE →Im Rausch der Sinne (1957)

DER WEG ZURÜCK (TUTTI A CASA). Zur Zeit der September-Kapitulation in Italien (1943) versucht eine Handvoll desertierter Soldaten, an den Deutschen und Faschisten vorbei, ungeschoren nach Hause zu kommen. Ein auf gehobenem Niveau anekdotisch angelegter Antikriegsfilm, der in einigen Episoden komödiantische und satirische Töne anschlägt. (Verleihtitel DDR: »Zwischen den Fronten«) – Ab 14 möglich. ✦ Schwarz-weiß. Italien/Frankreich 1960 **P** De Laurentiis/Orsay **Kl** Columbia **Pd** Dino De Laurentiis **R** Luigi Comencini **B** Age (= Agenore Incorocci), Furio Scarpelli, Luigi Comencini, Marcello Fondato **K** Carlo Carlini **M** Angelo Francesco Lavagnino **D** Alberto Sordi, Serge Reggiani, Carla Gravina, Eduardo de Filippo, Didi Perego **L** 100 **FSK** ab 12; f **FBW** w **E** 17.11.1961/Mai 1963 Kino DDR **fd** 10 650

WEGE AUS DEM NICHTS (MILES FROM NOWHERE). Familiendrama. Nach einem Autounfall liegt ein junger Mann im Koma. Der ältere Bruder, der sich schuldig fühlt, opfert sich für die Gesundung des Schwerverletzten auf, beschwört damit aber in der ohnehin von Spannungen belasteten Familie Konflikte herauf. – Ab 16. ✦ USA 1991 **P** Sokolow Prod./Fast Car Prod./New World Television **Pd** Hugh Spencer-Phillips **R** Buzz Kulik **B** Steve McGraw, Janet Ward, Jeff Andrus **D** James Farentino (John Reilly), Marlyn Mason (Barbara Reilly), Rick Schroder (Frank Reilly), Shawn Phelan (Emmett Reilly), Melora Hardin (Teresa) **L** 87 **E** 26.9.1995 Kabel 1

WEGE DER LIEBE (1983) →Love Streams

WEGE DER LIEBE (1991) →Letzte Tage im Chez Nous

WEGE DER LIEBE (1994) (MY ANTONIA). Ein naiver Waisenjunge wird von seinen Großeltern auf einer Farm in Nebraska aufgenommen, soll dort zur Schule gehen und Anwalt werden. Als er sich in ein hübsches Mädchen aus Europa verliebt, kommt es zu Konflikten. Ein lyrisches Melodram mit schwülstigen Monologen: Heimatkitsch auf Amerikanisch. – Ab 12. ✦ USA 1994 **P** Paramount **VA** CIC **Pd** David W. Rintels **R** Joseph Sargent **B** Victoria Riskin, nach einem Roman von Willa Cather **K** Robert Primes **M** David Shire **S** Debra Karen **D** Jason Robards (Großvater), Eva Marie Saint (Großmutter), Neil Patrick Harris (Jim), Elina Löwensohn (Antonia) **L** 93 **FSK** ab 6 **E** 16.8.1995 Video **fd** 31 543

WEGE DER MÄNNER (CESTY MUZU). Faschistische Banditen terrorisieren die Bewohner eines Bergdorfes. Ein Leutnant der Sicherheitsorgane mischt sich als angeblicher amerikanischer Agent unter die Bande, um sie unschädlich zu machen. Spannender Film mit dem Bemühen um psychologische Tiefe. – Ab 16. ✦ Schwarz-weiß. CSSR 1972 **P** Filmstudio Barrandov **Kl** Progress **R** Ivo Toman **B** Ivan Garis, Josef Picek, Ivo Toman **K** Jirí Tarantík **M** Jirí Sust **D** Karel Hlusicka, Karel Sebesta, Zdenek Kutil, Jan Kanyza, Inka Cekanová **L** 91 **E** 22.6.1973 Kino DDR/ 19.5.1974 DFF 2

DIE WEGE DER SÖHNE (TATAL RISIPITOR). Nach dem Volksaufstand vom April 1944 in Rumänien beginnt die demokratische Umgestaltung des Landes. Auch im Dorf Piatra kommt es zu Auseinandersetzungen zwischen den landlosen Bauern und der alteingesessenen Gutsbesitzerdynastie. Einem schon oft verfilmten Thema werden hier kaum neue Aspekte abgewonnen. – Ab 14. ✦ Rumänien 1974 **P** Filmstudio Bucuresti **Kl** Progress **R** Adrian Petringenaru **B** Eugen Barbu **K** Gheorghe Viorel Todan **M** Paul Urmuzescu **D** Toma Caragiu, Marga Barbu, Gheorghe Dinica, Vasile Nitulescu, Florin Zamfirescu **L** 91 **E** 5.2.1976 Kino DDR

WEGE DES SCHICKSALS. Ein blinder Bürstenbinder erhält eine große Erbschaft aus Amerika, wird durch eine Operation sehend und erkennt von zwei um ihn bemühten Frauen die eine als böses Weib und die andere als selbstlos Liebende. Die filmographischen Daten dieses simplen Rührstücks, das 1947 in deutschen Kinos gespielt wurde, sind nicht mehr feststellbar. ✦ **E** 1947 Kino **fd** 41

WEGE IM ZWIELICHT. Drei Heimkehrer lösen sich in einer aufdringlich symbolischen Brückenbau-Geschichte aus den Verstrickungen des Schwarzmarktes, wobei ihnen ein wohlgesonnener Bürgermeister tatkräftig unter die Arme greift. Ein für die ersten Nachkriegsjahre typischer Versuch westdeutscher Lebenshilfe mit hemdsärmeliger Aufbaumentalität. Die erste Regiearbeit des Schauspielers Gustav Fröhlich. – Ab 14 möglich. ✦ Schwarz-weiß. Deutschland 1948 **P** Junge Film-Union **Kl** Bavaria **Pd** Willi Wiesner **R** Gustav Fröhlich **B** Robert A. Stemmle **K** Franz Weihmayr **M** Werner Eisbrenner **S** Walter Fredersdorf **D** Gustav Fröhlich, Johanna Lepski, Sonja Ziemann, Benno Sterzenbach, Gert Schaefer **L** 90 **FSK** ab 16; nf **E** 9.4.1948 **fd** 105

WEGE IN DER NACHT. Herbst 1943: Die Geschichte der vergeblichen Versuche eines deutschen Offiziers im besetzten Polen, die Tochter eines polnischen Gutsbesitzers für sich zu gewinnen. Trotz gemeinsamer Interessen und gegenseitiger Sympathie läßt der Krieg keine Verständigung zu. Verhalten, in ruhigen, statischen Bildern wird ein eindrucksvoller, die Absurditäten des Krieges beschreibender Film erzählt. Sehr nüchtern fällt der Schluß, eine Kritik an der deutschen Nachkriegsgeneration, aus: Die nachgewachsene junge Generation will vom historischen Erbe nichts wissen. ✦ BR Deutschland 1979 **P** Zanussi/WDR **Pd** Hartwig Schmidt **R+B** Krzysztof Zanussi **K** Witold Sobocinski **M** Wojciech Kilar **S** Liesgret Schmitt-Klink **D** Mathieu Carrière (Oberleutnant Friedrich), Maja Komorowska (Gutsherrin Elzbieta), Horst Frank (Hauptmann Hans Albert), Zbigniew Zapasiewicz (Amadei), Irmgard Först (Friedrichs Mutter) **L** 102 **E** 9.9.1979 ARD

WEGE IN DIE NACHT. Der ehemalige Direktor eines Kombinats in der DDR findet sich auch Jahre nach der Wende noch nicht zurecht. Um seinem Dasein als Arbeitsloser einen Sinn zu geben, patrouilliert er mit zwei Jugendlichen als eine Art privater Sicherheitsdienst durch die Berliner U-Bahn. Eindringliches Porträt einer seelischen Erschütterung, das mit brillanten Schwarz-Weiß-Bildern und ausdrucksstarken Darstellern deutsche Gegenwartsbefindlichkeiten erkundet. Das inszenatorische Konzept operiert mit einem Minimum an Dialogen und vertraut ganz auf die Kraft der intensiven Bilder. – Sehenswert. ✦ Schwarz-weiß. Deutschland 1999 **P** Ö-Film/ZDF **KI** Basis **VA** absolut MEDIEN **Pd** Frank Löprich, Katrin Schlösser **R** Andreas Kleinert **B** Johann Bergk **K** Jürgen Jürges **M** Andreas Hoge, Steven Garling **S** Gisela Zick **D** Hilmar Thate (Walter), Cornelia Schmaus (Sylvia), Henriette Heinze (Gina), Dirk Borchardt (René), Ingeborg Westphal (Kellnerin), Daniela Hofmann (Sylvias Kollegin) **L** 98 **E** 25.11.1999/11.12.2000 Video **fd** 33 988

WEGE UND MAUERN (WEGE UND MAUERN). Eine Auseinandersetzung mit der Sinnlosigkeit des heutigen Strafvollzugs, durch das Alltagsleben zweier »Gefangener«: des Gefängnisaufsehers Paul Seiler, der im Häftling erst den Menschen sieht, gesprächsbereit ist, sich (illusionslos) mit Gefängnisreformen befaßt und in Konflikt mit seinem Pflichtenheft gerät, und des Strafgefangenen Jo Betschart, der sich ohne größere Konflikte durch die Haftzeit bringt, bald jedoch wieder straffällig wird. Das Ziel, im Dokumentarfilm gegenseitige Lernprozesse zu entwickeln, scheitert systembedingt. ✦ Scope. Schweiz 1979–81 **P** Filmkollektiv Zürich **R** Urs Graf **B** Urs Graf, Walter Brehm, Claudio Raveane **K** Rob Gnant **M** Roland Moser **S** Urs Graf, Walter Brehm **L** 113 **E** Schweiz

WEGE UND SCHICKSALE (PUTI I SUDBY). Aus dem Alltag einer Moskauer Poliklinik. Ärzte und Krankenschwestern mit ihrer Arbeit, den Sorgen, Erfolgen und Konflikten. Ein sehr langatmig und schablonenhaft inszenierter Film, der in künstlerischer Bedeutungslosigkeit versinkt. – Ab 14. ✦ Schwarz-weiß. UdSSR 1955 **P** Filmstudio Kiew **KI** Progress **R** Jakof Baseljan **B** Lilijana Nemenowa **K** Michail Tschorny **M** Jewgeni Subzow **D** Juri Saranzew (Iwan Boiko), Arkadij Tolbusin (Kostenko), Rolan Bykow (Wennik), L. Pirogow (Prof. Garmasch), W. Uschakowa (Ljussja) **L** 81 **E** 8.3.1957 Kino DDR/16.8.1957 DFF 1

WEGE ZU KRAFT UND SCHÖNHEIT. Historischer Dokumentarfilm über die Entstehung der rhythmischen Gymnastik als Massensport, die zu Beginn des 20. Jahrhunderts einen so grundlegenden Wandel des Bewegungsverhaltens markierte, daß sie Auslöser einer neuen Körperkultur mit teilweise irrationaler Vergötzung des Leibes wurde. In seiner ideologischen Tendenz stilisiert der Film Leibesübungen als Weg zur rückwärtsgewandten Erneuerung der Menschheit; insofern ist er auch ein Indiz für den bereits in den 20er Jahren verankerten Rassenmythos der Nationalsozialisten. Ein filmhistorisch interessantes Dokument. – Ab 16. ✦ Schwarz-weiß. Deutschland 1925 **P** UFA **B** Willy Prager **K** Friedrich Weinmann, Eugen Hrich, Friedrich Paulmann, Max Brink, Kurt Neubert **L** (TV) 90 **E** 16.3.1925/18.12. 1988 West 3

WEGE ZUM RUHM (PATHS OF GLORY). Um nach einem gescheiterten Angriff auf die deutschen Stellungen die »Moral der Truppe« zu heben, läßt ein ehrgeiziger französischer General im Ersten Weltkrieg drei unschuldige Frontsoldaten erschießen. Drei Jahre vor »Spartacus« realisierte Kubrick im Auftrag des Produzenten und Hauptdarstellers Douglas (als Regimentskommandeur und Strafverteidiger Colonel Dax) diese schonungslose Anklage gegen das Verbrechen des Krieges und die Ruhmsucht der Militärs. Der mit einem Budget von nur 900 000 Dollar in Deutschland gedrehte Film gilt als einer der besten Antikriegsfilme überhaupt. Realistisch, zeitlos, erschütternd glaubhaft; eine erstaunliche Leistung für den damaligen Neuling im Regiefach. – Ab 16. ✦ Schwarz-weiß. USA 1957 **P** Bryna/Kirk Douglas **KI** United Artists **Pd** James B. Harris, Kirk Douglas **R** Stanley Kubrick **B** Stanley Kubrick, Calder Willingham, Jim Thompson, nach dem Roman von Humphrey Cobb **K** Georg Krause **M** Gerald Fried **S** Eva Kroll **D** Kirk Douglas (Col. Dax), Ralph Meeker (Cpl. Paris), Adolphe Menjou (Gen. Broulard), George Macready (Gen. Mireau), Wayne Morris (Lt. Roget) **L** 86 **FSK** ab 12; f **E** 25.10.1957/17.3.1972 ZDF **fd** 6 371

DIE WEGELAGERER (ARIZONA BUSHWACKERS). In den letzten Tagen des amerikanischen Sezessionskrieges versucht ein Südstaatenagent in der Maske eines Yankee-Sheriffs, den Konföderierten Zugang zu einem geheimen Waffenlager zu verschaffen. Western durchschnittlicher Machart, der kaum Spannung bietet. – Ab 14. ✦ Scope. USA 1967 **P** A. C. Lyles Prod. **KI** Paramount **Pd** A. C. Lyles **R** Lesley Selander **B** Steve Fisher **K** Lester Shorr **M** Jimmie Haskell **S** John F. Schreyer **D** Howard Keel (Lee Travis), Yvonne de Carlo (Jill Wyler), Brian Donlevy (Major Smith), John Ireland (Dan Shelby), Scott Brady (Tom Rile), Marilyn Maxwell (Molly), Barton MacLane (Sheriff Grover), James Craig (Ike Clanton), Roy Rogers jr. (Roy), Reg Parton (Curly), Monty Montana (Kutscher), Eric Cody **L** 86 **FSK** ab 12; f **E** 23.4.1968 **fd** 15 461

WEGEN DIESES KRIEGES (BIGLAL HA'MILCHAMA HAHI). Dokumentarfilm über die Kinder von Juden, die die Konzentrationslager der Nazis überlebt haben. An Hand zweier Familien verfolgt er, filmisch schlicht, die Wege vom heutigen Israel zurück nach Auschwitz und Treblinka und verdeutlicht, daß die Betroffenen von den Schrecken ihrer Erinnerungen zeitlebens nicht loskommen werden. Im Mittelpunkt steht Yehuda Poliker, Israels populärster Rocksänger, dessen Vater zu den Überlebenden gehört und der versucht, dessen traumatische Erinnerungen in kreative Arbeit umzusetzen. Über das individuelle Porträt hinaus bietet der Film eine kollektive Biografie aller Einwohner Israels. Er ist einer der kommerziell erfolgreichsten Dokumentarfilme, die bislang in Israel produziert wurden. (O.m.d.U.) – Ab 16. ✦ Israel 1988 **P** Manor Productions/Israeli Film Service **KI** Freunde der Deutschen Kinemathek **R+B** Orna Ben-Dor Niv **K** Oren Schmuckler **M** Yehuda Poliker **S** Rachel Yagil **L** 93 **E** April 1989

WEGEN KLARER ÜBERLEGENHEIT (SA JAWNYM PREIMUSCHTSCHESTWOM). An einer Kinder- und Jugendsportschule werden Jungen auf sehr differenzierte Weise zu Boxern ausgebildet. ✦ UdSSR 1986 **P** Gorki-Studio **R** Wladimir Saruchanow **B** Anatoli Madorski **K** Alexej Tschardynin **M** Wladimir Komarow **D** Oleg Starosazki (Mitja Klimow), Nina Saruchanowa (Tanja Tjurikowa), Wladimir Borissow (Igor Samobajew), Paul Butkewitsch (Sumarokow), Armen Dshigarchanjan (Trunow) **L** 75 **E** 14.4.1988 DFF 2

WEGEN REICHTUMS GESCHLOSSEN. Am 16.12. 1956 gewann der ehemalige Kraftathlet Walter Knoblauch aus dem emsländischen Wittmund eine halbe Million im Lotto. Dazu kamen später weitere Gewinne, zusammen fast 800 000 DM. Nach kaum drei Jahren war das Geld verpraßt. Der einstige Lottokönig wurde Hausierer und lebte in einem Asyl. Dem Tun und Lassen des Verschwenders geht dieser Debütfilm in konventioneller Erzählweise, mit dichterischen Ausschmückungen und betonter Heiterkeit nach. – Ab 14. ✦ Schwarz-weiß. BR Deutschland 1967 **P** Wolf Citron Prod. **KI** NWDF-Unitas **R** Hans Hutter **B** Wolf Citron **K** Herbert Irech **D** Arnim Dahl, Ingrid Buck-Settler, Ullrich Haupt, Dorothea Dahl, Ilse von Cranach **L** 89 **FSK** ab 12; nf **E** 1.3.1968 **fd** 15 375

WEGEN VERFÜHRUNG MINDERJÄHRIGER (WEGEN VERFÜHRUNG MINDERJÄHRIGER). Schlecht inszeniertes Ehebruchsdrama nach Vorlage eines Illustriertenromans, in dem ein Studienrat wegen einer Schülerin schwach wird. ✦ Schwarz-weiß. Österreich 1960 **P** Schönbrunn **KI** Constantin **Pd** Ernest Müller, August Rieger **R** Hermann Leitner **B** Wolfgang Schnitzler, nach einem Roman von Hans Wolfgang **K** Walter Tuch **M** Josef Niessen **D** Hans Söhnker, Marisa Mell, Heli Finkenzeller, Cordula Trantow, Egon von Jordan **L** 95 **FSK** ab 18; f **E** 11.11.1960 **fd** 9 690

WEGGEFÄHRTEN – BEGEGNUNGEN IM 25. JAHR DER DDR. Kaleidoskop aus historischen und aktuellen Aufnahmen, das den historisch begründeten Erfolg des Sozialismus auf deutschem Boden belegen will und dabei auf das Arsenal üblicher Phrasen zurückgreift. Wichtige DEFA-Regisseure wurden verpflichtet, Episoden von Großbaustellen, aus dem Leben der Volksarmee, von Sportwettkämpfen usw. zu drehen. Häufig im Bild: der neue Parteichef Honecker, zu dessen Huldigung der Film vor allem gemacht zu sein scheint. Eine weitgehend redundante Propaganda-Auftragsproduktion zum 25. Jahrestag der DDR. ✦ Teils schwarz-weiß. DDR 1974 **P** DEFA **KI** Progress **Pd** Ulrich Klink, Gerhard Radam, Walter Ehle, Franz B. Romanowski, Frank Giesen, Astrid Igel, Siegfried Kolbe, Günter Zaleike **R** Rolf Schnabel, Franz Rüsch, Jürgen Böttcher, Richard Cohn-Vossen, Karlheinz Mund, Uwe Belz, Eckhard Potraffke, Heinz Brinkmann **B** Rolf Schnabel **K** Georg Kilian, Jürgen Greunig, Christian Lehmann, Hans-Eberhard Leupold, Michael Zausch **M** Hans Hendrik Wehding, Kurt Zander **S** Bärbel Hoffmann, Angelika Arnold, Karin Schöning **L** 67 **E** 27.9.1974 Kino DDR

WEGGEHEN UM ANZUKOMMEN. Anna bricht die schmerzhafte Liebesbeziehung zu ihrer langjährigen Freundin Regine ab und fährt im VW-Bus nach Südfrankreich, wo sie unter einfachen Landleuten nach und nach fähig wird, einen heilsamen Ablösungsprozeß zu vollziehen und ihre Identitätskrise zu überwinden. Auf der Rückfahrt nach Berlin hat sie das Gefühl, zum erstenmal bei sich selbst zu sein. Das Spielfilmdebüt der Journalistin Alexandra von Grote erzählt diese Frauengeschichte schlicht und in schönen Bildern, ohne psychologisierende oder sozialkritische Allüren, in einem sehr persönlichen Tonfall. ✦ BR Deutschland 1981 **P** Frauen-Film-Produktions-GmbH **KI** Frauen-Film **Pd+R+B** Alexandra von Grote **K** Hille Sagel **M** Fem Session **S** Susann Lahaye **D** Gabriele Osburg, Ute Cremer, Barbara Stanek, Geneviève Martin, Catherine Verseils **L** 89 **E** 9.4.1982 **fd** 23 545

WEGGEHEN UND WIEDERKOMMEN (PARTIR REVENIR). Die jüdische Familie eines Psychoanalytikers muß vor den Nazis aus Paris fliehen, wird jedoch verraten und von der Gestapo gefangengenommen. Nur die Tochter überlebt das Konzentrationslager. Jahrzehnte später sieht sie in Paris einen jungen Pianisten und glaubt, die Wiedergeburt ihres Bruders vor sich zu haben. Ein inszenatorisch nicht ganz überzeugender Film, der auf eine lineare Geschichte verzichtet und assoziative Szenen aufblendet, die einander bedingen. – Ab 16. ✦ Scope. Frankreich 1984 **P** Films 13/UGC/FR 3 Films Productions/Top Nr.1 **KI** Progress **R+B** Claude Lelouch **K** Bernard Lutic **M** Sergej Rachmaninow, Michel Legrand **S** Hugues Darmois **D** Annie Girardot (Hélène), Jean-Louis Trintignant (Roland), Richard Anconina (Vincent), Evelyne Bouix (Salomé), Michel Piccoli (Simon) **L** 117 **E** 18.9.1987 Kino DDR

WEGWEISER ZUM MORD (SIGNPOST TO MURDER). Ein wegen Gattenmordes verurteilter Mann flieht aus der Anstalt für geistesgestörte Verbrecher, um seine Unschuld zu beweisen und wird dabei in einen neuen Mordfall verwickelt. Solide gestaltete, spannende Kriminalunterhaltung mit einer verblüffenden Lösung. – Ab 16. ✦ Scope. USA 1963 **P** Marten Prod. **KI** MGM **Pd** Lawrence Weingarten **R** George Englund **B** Sally Benson, nach dem Theaterstück von Monte Doyle **K** Paul C. Vogel **M** Lyn Murray **S** John McSweeney (=John McSweeney jr.) **D** Joanne Woodward (Molly Thomas), Stuart Whitman (Alex Forrester), Edward Mulhare (Dr. Mark Fleming), Murray Matheson (Dr. Graham), Alan Napier (Vikar) **L** 77 **FSK** ab 16; f **E** 4.12.1964 **fd** 13 149

WEH DEM, DER LIEBT. Eine mit einem noch nicht anerkannten Komponisten heimlich verheiratete Operettendiva und ihre Zwillingsschwester lösen den genreüblichen Verwechslungswirrwarr aus. ✦ Schwarz-weiß. BR Deutschland 1951 **P** Real **KI** Döring **Pd** Gyula Trebitsch **R** Alexander von Slatinay **B** Eberhard Keindorff **K** Willy Winterstein **M** Alexander von Slatinay **S** Alice Ludwig **D** Gretl Schörg, Wolf Albach-Retty, Arno Assmann, Erika von Thellmann, Hermann Pfeiffer **L** 85 **FSK** ab 12; nf **E** 1.5.1951/ 6.6.1964 DFF 1 **fd** 1 196

WEH MIR (HELAS POUR MOI). Ein Mann will am Genfer See einem Paar seine Geschichte abkaufen, die davon handelt, daß die Frau überzeugt ist, daß ihr in der Gestalt ihres Mannes jemand anders, möglicherweise ein Gott, erschienen ist. Diese »Handlung« ist nur der vage Aufhänger für eine multiperspektivische Bild- und Toncollage, mit der sich Godard auf die Suche nach Figuren und Handlungselementen begibt. Ein »Sinn« wird nicht durch lineare Erzählmuster repräsentiert, sondern blitzt vielmehr »zwischen den Bildern«, in den Lücken und Spalten auf. Ein hermetisches Werk, das sich allen Kinokonventionen widersetzt, wobei seine betonte Offenheit oft auch die Gefahr der Beliebigkeit beinhaltet. ✦ Frankreich/Schweiz 1993 **P** Vega/Les Films Alain Sarde/Périphéria/TSR **Pd** Ruth Waldburger, Alain Sarde **R+B** Jean-Luc Godard **K** Caroline Champetier **M** Johann Sebastian Bach, Ludwig van Beethoven, Heinz Holliger, Dmitri Schostakowitsch, Peter Iljitsch Tschaikowski, M. Honegger **S** Jean-Luc Godard **D** Gérard Depardieu (Simon Donnadieu), Laurence Masliah (Rachel Donnadieu), Bernard Verley (Abraham Klimt), Jean-Louis Loca (Max Mercure), François Germond (Pastor), Annie Romand (Pastorin) **L** 84 **E** 8.2.1995 ARD **fd** 31 189

WEHE DEN BESIEGTEN – DER 17. JUNI 1953. Das DEFA-Dokumentarfilmstudio konnte mit dieser Dokumentation erstmals ohne Zensur und politische Rücksichtnahme eine materialreiche und detailgenaue Rekonstruktion der Ereignisse des 17. Juni 1953 vornehmen, die in der DDR ein Tabu-Thema waren. Das schlägt sich nicht nur in der Kommentierung des Archivmaterials nieder, sondern auch in den Schilderungen der Zeitzeugen, vom Maurer bis zum früheren Mitglied des Politbüros. ✦ Teils schwarz-weiß. Deutschland 1990 **P** DEFA **R+B** Andrea Ritterbusch **K** Niko Pawloff, Andreas Bergmann, Toralf Teschner, Alexander Laschet **M** Ekkehard Enkelmann **S** Petra Barthel **L** 90 **E** 16.6.1991 H 3

WEHE, WENN DIE LUST UNS PACKT (LA BELLA ANTONIA, PRIMA MONICA E POI DIMONIA). Einem Maler fliegt alles zu, was an Frauen im Städtchen weilt: Bauernmägde, Gräfinnen, Schankwirtinnen. Im mittelalterlichen Italien spielender Sexfilm voller Geschmacklosigkeiten. – Wir raten ab. ✦ Italien 1973 **P** Flora **Kl** Mercator **R** Mariano Laurenti **B** Carlo Veo **K** Tino Santoni **M** Berto Pisano **S** Giuliana Attenni **D** Edwige Fenech, Piero Focaccia, Riccardo Garrone, Dada Galotti, Elio Crovetto **L** 80 **FSK** SPIO: X **E** 12.10. 1973 **fd** 18 723

WEHE, WENN SCHWARZENBECK KOMMT. Ein von der Steuerfahndung verfolgter Schrotthändler gewinnt einen bankrotten Flohzirkusbesitzer für den Plan, das Finanzamt zu stürmen. Nur in Ansätzen gelungenes Lustspiel. Die dünnblütige Story ist lediglich der Rahmen für eher dürftige Gags und Sprüche von Werner Enke. – Ab 14. ✦ BR Deutschland 1977 **P** Cinenova **Kl** CIC **R** May Spils **B** Werner Enke, Jochen Wedegärtner **K** Petrus Schloemp **M** Kristian Schultze **S** Norbert Herzner **D** Werner Enke (Charly), Benno Hoffmann (Schrotthändler Schwarzenbeck), Sabine von Maydell (Charlotte), Helmut Stange (Schmäkel), Werner Schwier (Ramirez) **L** 80 **FSK** ab 12; nf **E** 18.1.1979 **fd** 21 086

WEHE, WENN SIE LOSGELASSEN. Vier Schlagermusikanten im Umkreis eines Bauernhofs zwischen Kuhstall, Wirtshausrauferei, Überfall der Tiere auf ein Festbuffet und Sinfoniekonzert. Im Mittelpunkt singt, tanzt und dirigiert Peter Alexander, bis er den verwahrlosten Hof in einen Musterbetrieb verwandelt hat. Die magere Handlung dient lediglich als Aufhänger für eine Folge von Musical-Clownerien und bietet nur anspruchslose Belustigung. – Ab 12. ✦ BR Deutschland 1958 **P** CCC **Kl** Constantin **Pd** Artur Brauner **R** Geza von Cziffra **B** Peter Trenck (= Geza von Cziffra) **K** Willi Sohm, Fritz Arno Wagner **M** Heinz Gietz **S** Jutta Hering **D** Peter Alexander (Peter Holunder), Bibi Johns (Dagmar Thomas), Ruth Stephan (Christa Knax), Brigitte Mira (Frau Knax), Josef Egger (Onkel Tobias) **L** 82 **FSK** ab 6; nf **E** 2.10.1958 **fd** 7 412

WEHNER – DIE UNERZÄHLTE GESCHICHTE. In seinem zweiteiligen Fernsehspiel berichtet Heinrich Breloer in Spiel- und Dokumentarszenen aus dem Leben von Herbert Wehner, der in der Weimarer Republik zum Leitungskader der KPD gehörte, den kommunistischen Widerstand in Nazi-Deutschland organisierte, Stalins »Säuberungen« in Moskau überlebte, im schwedischen Exil mit dem Kommunismus brach, um in der Bundesrepublik zu einem der führenden Sozialdemokraten aufzusteigen. Der erste Teil erzählt, ausgehend vom Rücktritt des sozialdemokratischen Bundeskanzlers Willy Brandt, die Nachkriegsgeschichte Wehners, während der zweite seinem (Über-)Leben in Moskau gewidmet ist und beeindruckende Gespräche mit den Frauen Wehners enthält. – Sehenswert ab 16. ✦ Deutschland 1992/ 93 **P** WDR/NDR **R+B** Heinrich Breloer **K** Achim Poulheim **M** Hans Peter Ströer **S** Monika Bednarz-Rauschenbach **D** Ulrich Tukur (Herbert Wehner (jung)), Heinz Baumann (Herbert Wehner (alt)), Hans Peter Hallwachs (Willy Brandt), Udo Samel (Rainer Barzel), Susanne Schäfer (Lotte Wendt) **L** 180 (90/90) **E** 24.3.1993 ARD (zwei Teile)

WEHR' DICH, DAKOTA (DAKOTA). Ein junger Mann indianischer Abstammung verläßt sein Zuhause und nimmt Arbeit auf einer Ranch an, wo er bei der Pferdezucht hilft, Oldtimer repariert, den behinderten Sohn des Chefs trainiert und sich in dessen Tochter verliebt. Trotz Mißtrauen, Ablehnung und Intrigen kommt es zum Happy-End. Schematischer Film, der trotz gutgemeinter Absichten allzu einfältig argumentiert. – Ab 14. ✦ USA 1988 **P** Miramax **VA** RCA/Columbia **Pd** Darryl J. Kuntz, Frank J. Kuntz **R** Fred Holmes **B** Sara Lynn Kuntz, Darryl J. Kuntz **K** James Wrenn **M** Chris Christian **S** Leon Seoth **D** Lou Diamond Phillips (Dakota), Dee Dee Norton (Molly), Herta Ware (Tante Zard), Eli Cummins (Walt), Jordan Burton (Casey), Steven Ruge (Bo), John Hawkes (Rooster), Tom Campitelli (Rob), Lawrence Montaigne (Diamond) **L** 92 **FSK** ab 6 **E** 4.9.1990 Video **fd** 28 471

WEHRLOS (DEFENSELESS). Der Alptraum einer Karriere-Anwältin: Ihr Mandant, mit dem sie eine Affäre hat, ist entgegen eigener Bekundungen in Geschäfte mit Kinderpornografie verstrickt. Als er ermordet wird, übernimmt sie, verfolgt vom amoklaufenden Vater einer minderjährigen Darstellerin, die Verteidigung seiner tatverdächtigen Ehefrau. Während die ins Hysterische überzeichnete Hauptfigur das Vorurteil vom schwachen Geschlecht auffrischt, werden die ernsten Themen Kinderpornografie und Kindesmißbrauch von einer Inszenierung zurückgedrängt, die eher auf Schockeffekte und suggestive Kameraarbeit setzt. ✦ USA 1991 **P** New Visions/Cineplex Odeon **Kl** UIP **VA** Cannon/VMP **Pd** Renée Missel, David Bombyck **R** Martin Campbell **B** James Hicks **K** Phil Meheux **M** Curt Sobel **S** Lou Lombardo, Chris Wimble **D** Barbara Hershey (T. K. Katwuller), Mary Beth Hurt (Ellie Seldes), Sam Shepard (Detective Beutel), J. T. Walsh (Steven Seldes), Kellie Overbey (Janna) **L** 104 **FSK** ab 16; f **FBW** w **E** 7.11.1991/25.5. 1992 Video/3.1.1994 premiere **fd** 29 210

WEHRLOS – DIE TOCHTER DES GENERALS (THE GENERAL'S DAUGHTER). Als die Tochter eines ranghohen Generals auf einem Truppenübungsplatz ermordet wird, bringt der interne Ermittler der US-Armee, der das Verbrechen aufklären soll, eine dunkle Vergangenheit ans Licht der Gegenwart. Spannendes Kriminaldrama, das die Handlung emotional effektvoll aufbereitet und zur menschlichen Tragödie verdichtet, ohne sie an eine spekulative Ästhetik zu verraten. DVD: Die Special Edition beinhaltet u. a. einen Audiokommentar des Regisseurs, ein Feature mit im Film nicht verwendeten Szenen, sowie ein alternatives Filmende. – Ab 16. ✦ Scope. USA 1999 **P** Neufeld Rehme Prod./Paramount **Kl** UIP **VA** CIC (Paramount Home) **DVD** Paramount (SE, 16:9, 2.35:1, DD5.1 engl./dt.) **Pd** Mace Neufeld **R** Simon West **B** William Goldman, Christopher Bertolini, nach dem gleichnamigen Roman von Nelson DeMille **K** Peter Menzies **M** Carter Burwell **S** Glen Scantlebury **D** John Travolta (Paul Brenner), Madeleine Stowe (Sarah Sunhill), James Cromwell (General Joe Campbell), Timothy Hutton (William Kent), James Woods (Robert Moore), John Frankenheimer (General Sonnenberg), Clarence Williams (George Fowler), Leslie Stefanson (Elizabeth Campbell) **L** 116 **FSK** ab 16; f **FBW** bw **E** 18.11.1999/25.5.2000 Video/9.11.2000 DVD **fd** 33 960

WEHT DIE ANGST, SO WEHT DER WIND (WEHT DIE ANGST, SO WEHT DER WIND). Beim Zahnarzt lernt ein scheuer, zurückhaltender Mann eine junge Lehrerin kennen. Sie schöpft die Kraft, die ihm fehlt, aus der Beziehung zu dem Kind, das sie erwartet. Einer Beziehung zu ihr fühlt sich der Mann nicht gewachsen, er zelebriert kunstvoll seinen leisen Selbstmord. In Wien spielender, thematisch überfrachteter Film, der die Hoffnungslosigkeit und Angst vor der Einsamkeit in einer Großstadt zu beschreiben versucht. ✦ Österreich/BR Deutschland 1983 **P** Extrafilm/ZDF **R+B** Manfred Kaufmann **K** Rudi Palla **M** Fred Jakesch **D** Hubert Scheibl, Romana Scheffknecht, Eva Pilz, Arif Mendelssohn, Robert Trappl **L** 86 **E** 29.9.1983 ZDF

DAS WEIB BEI FERNEN VÖLKERN. Völkerkundlich kommentiertes, unbeholfen zusammengefügtes Dokumentarmaterial über die soziale Stellung der Frau in Afrika, Indien, China und Bali. Die mit Musik, Begleittext und Geräuschen unterlegte Neufassung eines Stummfilms aus dem Jahr 1933 – ideologisch von ihm, wie der Titel deutlich zeigt, um nichts entfernt. – Ab 16. ✦ Schwarz-weiß. Deutschland 1933/35 **P** Adolf Baessler **Kl** Schnöd **R+B** Adolf Baessler **K** F. Paulsen, Friedrich Dalsheim, Hans Scheib, Victor von Plessen **M** Otto Frederich **L** 75 **FSK** ab 16; f **E** 2.2.1935 **fd** 2 060

DAS WEIB DES PHARAO. Der König von Äthiopien und der Pharao von Ägypten im Zentrum einer Liebesgeschichte, die den Staatsverträgen zuwiderläuft. Zunächst scheinen die Gefühle zu triumphieren, dann aber behält das Spiel der politischen Kräfte die Oberhand. Meisterschaft in der Massenregie sowie Innendekors von vollendeter Schönheit und beklemmender atmosphärischer Dichte machen diesen Stummfilm Lubitschs sehenswert, auch wenn die von exzellenten Darstellern getragene Geschichte reine Kolportage ist. – Ab 14. ✦ Schwarz-weiß. Deutschland 1921 **P** Ernst Lubitsch Film GmbH/ Europäische Allianz Film **Kl** Freunde der Deutschen Kinemathek **R** Ernst Lubitsch **B** Norbert Falk, Hanns Kräly **K** Theodor Sparkuhl **D** Emil Jannings (Pharao), Harry Liedtke, Dagny Servaes, Paul Wegener (König von Äthiopien), Albert Bassermann, Lyda Salmonova, Friedrich Kühne **L** 108 **E** 14.3.1922

WEIB OHNE GEWISSEN (THE UNHOLY WIFE). In der Todeszelle beichtet die Frau eines kalifornischen Winzers, die wegen einer nicht begangenen Tat verurteilt wurde, ein unentdecktes Verbrechen: Beim Mordanschlag auf den eigenen Mann erschoß sie einen anderen. Das wirre Melodram wirkt übermäßig konstruiert und steckt voller Mängel. – Ab 16. ✦ Scope. USA 1957 **P** RKO **Kl** RKO **Pd+R** John Farrow **B** Jonathan Latimer, nach einer Erzählung von William Durkee **K** Lucien Ballard **M** Daniele Amfitheatrof **D** Diana Dors, Rod Steiger, Tom Tryon, Beulah Bondi, Arthur Franz **L** 93 **FSK** ab 16; f **E** 6.6.1958 **fd** 7 038

DAS WEIB UND DER VERDAMMTE (LA BETE A L'AFFUT). Eine reiche junge Witwe findet im Badezimmer einen verfolgten Mörder. Sie versteckt, pflegt und liebt ihn drei Wochen lang bis zum tödlichen Ende. Sentimentale Kolportage ohne Niveau. ✦ Schwarz-weiß. Frankreich 1959 **P** Le Trident/Hoche/U.C.I.L. **KI** Union **R** Pierre Chenal **B** Michel Audiard, Pierre Chenal, nach einem Roman von Day Keene **K** Christian Matras **M** Maurice Jarre **D** Françoise Arnoul, Henri Vidal, Michel Piccoli, Gaby Sylvia, Agnès Laury **L** 88 **FSK** ab 18; nf **E** 19.6.1959/25.12.1962 DFF 1 **fd** 8 199

EIN WEIB WIE DER SATAN (LA FEMME ET LA PANTIN). Brigitte Bardot in der Rolle einer jungen Tänzerin, die einen verheirateten Lebemann zu sinnlicher Heißglut bringt und ihn dann abweist. Erst als der Mann sich ihretwegen ruiniert und lächerlich gemacht hat, läßt sie den erniedrigten Menschen an das Ziel seiner Begierden gelangen. Auch Duvivier entlarvt den Bardot-Mythos der 50er Jahre nicht durch distanzierende Ironie, sondern bestätigt ihn durch diese banale Geschichte. ✦ Scope. Frankreich/Italien 1958 **P** Progefi/Pathé/Gray/Dear **KI** Constantin **Pd** Fred Surin **R** Julien Duvivier **B** Jean Aurenche, Albert Valentin, Marcel Achard, nach einem Roman von Pierre Louys **K** Roger Hubert **M** Jean Wiener, José Rocca **S** Jacqueline Douarinou **D** Brigitte Bardot (Eva), Antonio Vilar (Don Mateo), Jess Hahn (Sydney), Michel Roux (Albert), Dario Moreno (Arababijan), Jacques Mauclair (Marchand), Espanita Cortez (Maria), Daniel Ivernel (Berthier) **L** 94 **FSK** ab 12; f (fr.18; nf) **E** 10.2.1959 **fd** 7 836

DIE WEIBCHEN. Der Alptraum eines emanzipierten jungen Mädchens als Aufhänger für einen Psychofilm über das durch Aggressivität bestimmte Verhältnis der Frau zum männlichen Geschlecht, die auch durch die Emanzipation nicht abgebaut wurde. Mißglückter Versuch einer Satire; nur auf Schaueffekte ausgerichtet, langweilend und lächerlich. ✦ BR Deutschland/Italien/Frankreich 1970 **P** Roxy/Capitole/Copro **KI** Inter **R** Zbynek Brynych **B** Ernst Flügel **K** Charly Steinberger **M** Peter Thomas **S** Sophie Mikorey **D** Uschi Glas, Irina Demick, Françoise Fabian, Giorgio Ardisson, Pascale Petit **L** 90 **FSK** ab 18, nf **E** 22.12.1970 **fd** 17 153

DAS WEIBERNEST. Fernsehkomödie nach dem gleichnamigen Bestseller von Hera Lind. Eine dreifache Mutter landet mit ihrem Debütroman einen Hit und soll eine Talk-Show moderieren. Als sie und ihr Kindermädchen vom selben Mann schwanger werden, hängt der Haussegen schief. ✦ Deutschland 2000 **R** Karola Hattop **B** Axel Staeck, nach dem gleichnamigen Roman von Hera Lind **K** Konstantin Kröning **M** Andy Slavik **D** Susanne Uhlen (Franziska), Axel Milberg (Enno), Nadja Tiller (Alma), Erich Hallhuber (Alexander Karl), Dana Vávrová (Marie Karl), Benjamin Seidel (Franz), Kai Mößner (Willi), Elodie Carstensen (Fanny), Mike Delberg (Maxi) **L** 90 **E** 14.9.2001 ARD

WEIBERREGIMENT. Die noch unmündige Erbin einer dörflichen Brauerei kann sich erst mit Hilfe ihrer Tante, die zum Vormund des Mädchens bestimmt wurde, durchsetzen. Als dem jungen Braumeister und seinen Gehilfen jedoch klar wird, welche Zwecke die Tante verfolgt, kommt es zum »Aufstand«. Heiterer Bauernschwank, gewürzt mit derbem bajuwarischem Humor. – Ab 14. ✦ Schwarz-weiß. Deutschland 1936 **P** UFA **KI** Nordwest/Neue Viktoria **R** Karl Ritter **B** Hans Fitz, Rudo Ritter **K** Konstantin Irmen-Tschet **M** Erich Ernst Buder **S** Gottfried Ritter **D** Heli Finkenzeller (Rosl), Erika von Thellmann (Cilli Samhaber), Oskar Sima (Ignaz), Hermann Ehrhardt (Braumeister Alois), Beppo Brem (Koch Seppl) **L** 90 **FSK** ab 16; nf **E** 9.7.1936 **fd** 726

DER WEIBERTAUSCH. Die Abmachung zweier betrunkener Kleinbauern – ein Zuchtstier im Tausch gegen die Ehefrau für eine Woche – bringt zwei Paare vorübergehend durcheinander. Trotz des dünnen Verwechslungsstoffes ein durchaus gefällig gespielter Schwank. – Ab 14. ✦ Schwarz-weiß. BR Deutschland 1952 **P** NDF **KI** Deutsche London **Pd** Jacob Geis, Georg Richter **R** Karl Anton **B** Erna Fentsch **K** Franz Koch, Josef Illig **M** Lothar Brühne **S** Hilwa von Boro **D** Viktor Staal, Carola Höhn, Gertrud Kückelmann, Karlheinz Böhm, Rudolf Platte **L** 95 **FSK** ab 12; nf **E** 27.11.1952 **fd** 2 215

WEIBLICH, LEDIG, JUNG SUCHT… (SINGLE WHITE FEMALE). Die neue Mitbewohnerin ihres Appartements erscheint einer jungen Geschäftsfrau als ideale Freundin, entpuppt sich dann aber als vereinnahmende Psychopathin, die auch vor Mord nicht zurückschreckt, um ihre Besitzansprüche zur Geltung zu bringen. Fader Psychothriller, der trotz guter Besetzung und Kameraarbeit zu durchsichtig inszeniert ist, um auch nur ein Minimum an Spannung zu erzeugen. – Ab 16. ✦ USA 1991 **P** Guber-Peters Entertainment/Columbia **KI** Columbia TriStar **VA** Columbia TriStar Home **DVD** Columbia TriStar Home (16:9, 1.85:1, DS engl./dt.) **Pd+R** Barbet Schroeder **B** Don Roos, nach einem Roman von John Lutz **K** Luciano Tovoli **M** Howard Shore **S** Lee Percy **D** Bridget Fonda (Allison Jones), Jennifer Jason Leigh (Hedra Carlson), Steven Weber (Sam Rawson), Peter Friedman (Graham Knox), Stephen Tobolowsky (Mitchell Myerson) **L** 108 **FSK** ab 16; f **E** 1.10.1992/6.4.1993 Video/1.4.1994 premiere/30.9.1998 DVD **fd** 29 824

WEIBLICHER INSTINKT (INSTINCT DE FEMME). Psychodrama um eine gelangweilte Hausfrau, die sich zur Tierschützerin entwickelt und dabei zunehmend ihre sozialen Kontakte vernachlässigt. Als die Ratten, die sie im Labor ihres Bruders betreut, zu Tierversuchen herangezogen werden sollen, verliert sie die Nerven. ✦ Frankreich 1979 **R+B** Claude Othnin-Girard **D** Dominique Laffin (Marthe), Jean-Luc Bideau (Marthes Bruder) **L** 85 **E** 8.4.1997 tm3

WEIBSBILDER. Eine attraktive Französin in Düsseldorf, deren Liebhaber durch Unglücksfälle ums Leben kommen, und ihre Freundin, eine selbstbewußte, unabhängige Talkshow-Moderatorin, geraten in turbulente Verwicklungen, als die Französin einen Sexshop erbt und sich die beiden Frauen ahnungslos denselben Liebhaber teilen. Eine platte Komödie um vermeintlich »neue« Frauenrollen, die sich ohne Gespür für erzählerischen Rhythmus und Charakterentwicklung in einem deprimierenden Gemisch aus vermeintlichen Gags und »schrillen« Effekten verliert. ✦ Deutschland 1996 **P** Weibsbilder Studio Düsseldorf **KI** Spectrum **VA** MVW **DVD** e-m-s (1.66:1, DD2.0 dt.) **Pd** Harald Holzenleiter, Berthold Panschau, Dietrich Rogausch **R** Leon Boden **B** Leon Boden, Harald Holzenleiter **K** Frank Grunert, Stefan Langensteiner **M** Mario von Jacheroff, Roman Kretschmer **S** Harald Holzenleiter, Michèle Barbin **D** Lydia Andrei (Sophie), Andréa Schieffer (Esther), Ingo Naujoks (Winnie/Chip), Rolf Zacher (Frau Rosenkötter), Esther Schweins (Chips Chefin), Martin Semmelrogge (Kriminalpolizist) **L** 86 **FSK** ab 16; f **E** 8.8.1996/15.10.1997 Video/25.11.2000 DVD **fd** 32 049

DER WEIBSTEUFEL (1951) (DER WEIBSTEUFEL). Das Dreipersonen-Theaterstück des Tiroler Schriftstellers Karl Schönherr in einer teils bühnennahen, teils mit Landschaftsaufnahmen zubereiteten Verfilmung. Die überzogenen theatralischen Effekte dieser Dreieckstragödie zwischen einem älteren Schmuggler, seiner lebenslustigen Frau und einem Grenzjäger können auch die hervorragenden Schauspieler nicht beheben. – Ab 16. ✦ Schwarz-weiß. Österreich 1951 **P** Sryria **KI** Donau **Pd** Heinrich Haas **R** Wolfgang Liebeneiner **B** Wolfgang Liebeneiner, nach dem gleichnamigen Bühnenstück von Karl Schönherr **K** Günther Anders, Hannes Staudinger **M** Heinz Sandauer **S** Anried Heine **D** Hilde Krahl, Kurt Heintel, Bruno Hübner, Hermann Erhardt, Franz Muxeneder **L** 82 **FSK** ab 16; nf **E** 28.9.1951 **fd** 1 364

DER WEIBSTEUFEL (1966) (DER WEIBSTEUFEL). Das unerfüllte Leben einer mit einem alten Bauern und gerissenen Schmuggler verheirateten jungen Frau ändert sich plötzlich, als ihr ein junger Polizist im Auftrag, das Schmugglernest auszuspionieren, den Hof macht. Doch weder die Rechnung des Bauern noch der Polizei geht bei diesem Spiel auf. Neuverfilmung des ländlichen Dreiecksdramas von Karl Schönherr. Durch geschickte Bearbeitung und Modernisierung psychologisch glaubhaft, geschlossen inszeniert und überzeugend gespielt. (Fernsehtitel auch: »Unter unserem Himmel«) – Ab 16. ✦ Schwarz-weiß. Österreich 1966 **P** Vienna **R** Georg Tressler **B** Adolf Opel, Georg Tressler, nach einem Bühnenstück von Karl Schönherr **K** Sepp Riff **M** Carl de Groof **D** Maria Emo (Frau), Sieghardt Rupp (Gendarm), Hugo Gottschlich (Mann), Vera Comployer (Wirtin), Richard Tomaselli (Kommandant) **L** 91 **E** 19.2.1973 ZDF

DER WEIBSTEUFEL (2000). Ein alter Schmuggler überredet seine junge attraktive Frau, den neuen Grenzpolizisten zu bezirzen, um dessen Pläne auszuforschen. Aus dem unlauteren Spiel wird Ernst, als sich die Frau in den Polizisten verliebt. Als sie entdeckt, dass auch ihr Liebhaber sie als Informantin missbraucht, lässt sich die Tragödie nicht mehr aufhalten. (Fernseh-)Drama um Liebe und Schuld, inszeniert nach einem alten Theaterstück. – Ab 16. ✦ Deutschland 2000 **P** Almaro/BR **Pd** Jochen Ludwig, Hubert Haslberger, Gabriele Klinger **R** Jo Baier (= Jochen Baier) **B** Jo Baier (= Jochen Baier), nach einem Drama von Karl Schönherr **K** Clemens Messow **M** Stefan Melbinger **S** Clara Fabry **D** Günther Maria Halmer (Quirin), Julia Thurnau (Maria), Fritz Karl (Gröbmayr), Josef Wierer (Berthel), Friedrich von Thun (Kommandant) **L** 89 **E** 25.11.2000 ORF

WEICHE BETTEN, HARTE SCHLACHTEN (SOFT BEDS, HARD BATTLES). Unterstützt von einem patriotischen Pfarrer, stellt Madame Grenier ihr Pariser Luxusbordell in den Dienst der Widerstandsbewegung: Mühelos läßt sie hohe deutsche Offiziere vom (Klapp-)Bett aus in den Kellerschacht katapultieren und die Leichen kirchlich beerdigen. Eine satirisch konzipierte, teils amüsante, teils geschmacklose Résistance-Komödie. Peter Sellers spielt sechs sehr unterschiedlich erheiternde Rollen, darunter eine als Hitler, der die Besichtigung des Bordells beim Anblick einer Farbigen entsetzt abbricht. – Ab 14 möglich. ✦ Großbritannien 1973 **P** Charter **KI** Constantin **Pd** Roy Boulting, John Boulting **R** Roy Boulting **B** Leo Marks, Roy Boulting, John Boulting **K** Gilbert Taylor **M** Neil Rhoden **D** Peter Sellers (General Latour u. a.), Lila Kedrova (Madame Grenier), Curd Jürgens (General von Grotjahn), Béatrice Romand (Marie-Claude), Gabriella Licudi (Simone) **L** 95 **FSK** ab 12; f (fr.16; nf) **E** 30.5.1975 **fd** 19 324

DIE WEICHE STEHT AUF TOD (DISASTER ON THE COASTLINER). Auf Grund eines verbrecherischen Eingriffs in die Computer-Programmierung rasen zwei Schnellzüge zwischen Los Angeles und San Francisco aufeinander zu. Der Zusammenstoß scheint unvermeidlich, da nur der Täter, ein Computerspezialist, die Züge stoppen kann; dieser will die Eisenbahngesellschaft zu einem Geständnis in einem früheren Unglücksfall erpressen. Fürs Fernsehen entstandene, ziemlich glatte und grobe Zusammenballung menschlicher Schicksale in extremer Gefahrensituation nach herkömmlichen Katastrophenfilmmustern. – Ab 16. ✦ USA 1979 **P** ABC/Filmways/Moonlight **R** Richard C. Sarafian **B** David Ambrose **K** Fred J. Koenekamp **M** Gerald Fried **S** Robert Florio **D** Yvette Mimieux (Paula Harvey), Raymond Burr (Estes Hill), Robert Fuller (Matthew Leigh), William Shatner (Stuart Peters), Pat Hingle (John Marsh) **L** 89 **E** 10.5.1988 ZDF

DER WEICHENSTELLER (DE WISSELWACHTER). Einem in der Einöde lebenden Weichensteller schneit eines Tages eine schöne Unbekannte ins Haus. Sie leben ein Jahr zusammen, ohne sich sprachlich verständigen zu können, dann reist die Frau nach einem einmaligen kurzen Liebesakt wieder ab. Ein mit skurrilen Typen besetzter und vordergründigen psychologischen Bildmetaphern inszenierter Film, der seine fehlende innere Logik mit surrealen Einfällen wettzumachen versucht; manchmal hart an der Grenze zur Denunziation seiner Hauptfigur. ✦ Niederlande 1985 **P** Jos Stelling Prod. **KI** Senator

VA Vestron **Pd+R** Jos Stelling **B** George Brugmans, Hans de Wolf, Jos Stelling, nach dem Roman von Jean Paul Franssens **K** Frans Bromet, Theo van de Sande, Paul van den Bos, Goert Giltay **M** Michel Mulders **S** Rimko Haanstra **D** Jim van der Woude (der Weichensteller), Stephane Excoffier (die Frau), Johnny Kraaykamp (der Maschinist), Josse de Pauw (der Postbote), Ton van Dort (der Hilfsmaschinist) **L** 96 **FSK** ab 16; f **E** 26.3.1987/Mai 1988 Video **fd** 26 077

WEICHGEKOCHTE EIER (LES OEUFS A LA COQUE). Ein filmischer Streifzug durch französische Regionen, der das Land »mit amerikanischen Augen« sieht. Die Video-High-8-Kamera des humorvollen Dokumentarfilms wendet sich in vielen kleinen Episoden dem französischen Alltag zu, der Freude am Leben, den kleinen Dramen. (Fernsehtitel auch: »Das Gelbe vom Ei«; O.m.d.U.) – Ab 16. ✦ Frankreich 1991 **R** Richard Leacock, Valérie Lalonde **L** 80 **E** 25.9.1992 arte

DER WEICHKÄSE (LA RICOTTA). Mehrfach versucht ein bettelarmer Komparse während eines Aufnahmetages für einen Kreuzigungsfilm, seinen Hunger zu stillen. Erst am späten Nachmittag kann er in Eile etwas hinunterschlingen. Während der anschließenden Aufnahme, in der er den linken Schächer spielt, stirbt er an Magenkrämpfen und Überanstrengung. Kurzer Spielfilm Pasolinis, entstanden als Episode des Gemeinschaftswerkes »Rogopag«, an dem auch Roberto Rossellini, Jean-Luc Godard und Ugo Gregoretti beteiligt waren. Eine feinsinnige Parabel, angesiedelt an der Nahtstelle, wo das Tragikomische der Situation in das Drama des im Stich gelassenen, leidenden Menschen übergeht. Ein in seiner formalen Vielfalt und Kreativität herausragender Film im Werk Pasolinis. – Sehenswert ab 16. ✦ Teils schwarz-weiß. Italien/Frankreich 1962 **P** Arco/Cineriz/Lyre **R+B** Pier Paolo Pasolini **K** Tonino Delli Colli **M** Carlo Rustichelli **S** Nino Baragli **D** Orson Welles (Regisseur), Mario Cipriani (Stracci), Laura Betti (erster Filmstar), Edmonda Aldini (zweiter Filmstar), Vittorio La Paglia (Journalist) **L** 40 **E** 9.6.1967 ZDF **fd** 14 755

DIE WEIDEN IM WINTER (THE WILLOWS IN WINTER). Fortsetzung des Zeichentrickfilms »Der Wind in den Weiden« nach dem Kinderbuch von Kenneth Grahame. Ein eitler und auf Abenteuer versessener Frosch bringt das Leben der übrigen Flußbewohner durcheinander, als er mit seinem Sportflugzeug in das Gewächshaus des Grafen stürzt. Liebenswürdige Unterhaltung mit durchaus philosophischem Hintergrund, bei der Zeichentrick- mit Realfilmteilen kombiniert werden. – Ab 8 möglich. ✦ Großbritannien 1996 **P** TVC/Hit Entertainment/Carlton Television **VA** IMV **DVD** EuroVideo (FF, DD2.0 dt.) **R** Dave Unwin **B** Ted Walkerwood, nach einem Roman von William Horwood und Motiven von Kenneth Grahame **M** Colin Towns **L** 71 **FSK** o. A. **E** 3.1.1998 ARD/15.12. 1997 DVD

DER WEIDENBAUM. Ein alter Müller, der den Mord an einem Geldboten beobachtet hat, nimmt die versteckte Beute an sich, um das Verbrechen zu melden. Er wird von Behörde zu Behörde geschickt, wobei man ihn jedesmal um einen Teil des Geldes erleichtert. Als der Müller den Mörder schließlich zum Geständnis überredet, reagieren die Behörden mit ähnlicher Ungläubigkeit. Der Mörder verübt Selbstmord, um seine Tat zu sühnen. Verfilmung einer Erzählung von Anton Tschechow durch den in Deutschland lebenden Iraner Saless. ✦ BR Deutschland/CSSR 1984 **P** Radio Bremen/Slovensky Film **R** Sohrab Shahid Saless **B** Sohrab Shahid Saless, nach einem Roman von Anton Tschechow **K** Ramin Reza Molai **D** Josef Stehlik, Peter Staník, Milan Drotár, Marian Sotnik, Vladimir Zimmer **L** 90 **E** 18.11. 1984 ARD

EINE WEIHNACHT (ONE CHRISTMAS). Ein Junge, der seinen Vater noch nie gesehen hat, muss das Weihnachtsfest mit ihm verbringen und wird mit einer selbstgefälligen Spielernatur konfrontiert, einem Trinker und Lügner, der sich von Frauen aushalten lässt. Trotz mittelschwerer Katastrophen kommt es am Ende der Feiertage zur Annäherung zwischen Vater und Sohn. Ein im Amerika der Prohibitionszeit angesiedleter Fernsehfilm, der zwar Bilderbuchstimmungen schafft, aber nichts Neues in Sachen Familienzusammenführung zu erzählen hat. Ein braver Film mit einfacher Moral, der den Verlust von Kindheitsidealen thematisiert, ohne zu verstören. – Ab 8. ✦ USA 1994 **P** Davis Entertainment **VA** Kinowelt Home **Pd** Duane Poole **R** Tony Bill **B** Duane Poole, nach einer Kurzgeschichte von Truman Capote **K** Thomas Del Ruth, Donald M. Morgan **M** Van Dyke Parks **S** Duane Hartzell **D** Katharine Hepburn (Cornelia Beaumont), Henry Winkler (Dad), Swoosie Kurtz (Emily), T.J. Lowther (Buddy), Julie Harris (Sook), Tonea Stewart (Evangeline) **L** 86 **E** 7.11.2000 Video **fd** 34 633

WEIHNACHT IN DER WILDNIS (MIRACLE IN THE WILDERNESS). Als die Frau und der kleine Sohn eines ehemaligen Kavalleristen und Siedlers von rachsüchtigen Schwarzfuß-Indianern gekidnappt werden, versucht die Frau, die Krieger friedlich zu stimmen, indem sie ihnen die Weihnachtsgeschichte erzählt. Durchschnittlich inszenierter Fernseh-Western nach einer literarischen Vorlage. ✦ USA 1991 **P** Ruddy & Morgan Production **Pd** Wayne Morris **R** Kevin James Dobson **B** Michael Michaelian, Jim Byrnes, nach einem Roman von Paul Gallico **D** Kris Kristofferson (Jericho Adams), Kim Cattrall (Dora Adams), John Dennis Johnston (Sam Webster), Rino Thunder (Washakie), David Oliver (Leutnant Reid), Sheldon Peters Wolfchild (Häuptling) **L** 87 **E** 26.12.1994 Kabel 1

WEIHNACHTEN FÜR EINEN ENGEL (KASACHSTANLADY). Der Besuch seiner verwaisten Cousine aus Kasachstan, die von einer Karriere als Eisläuferin träumt, bringt das Leben eines jungen Berliner Rockmusikers durcheinander. Bald ist Ordnung in der verlotterten Wohnung geschaffen, und es wird ein Konzertunternehmer für die bislang erfolglose Band gefunden. Als sich herausstellt, dass die junge Frau an Leukämie leidet, sind die neuen deutschen Freunde gefragt, die ihren größten Wunsch erfüllen, einmal eine deutsche Weihnacht zu feiern. Ein ebenso komischer wie sentimentaler Fernsehfilm, der sich als Plädoyer für ein multikulturelles Deutschland versteht, in dem nationale, politische und kulturelle Differenzen überwunden werden können. – Ab 14 möglich. ✦ Deutschland/Russland 2000 **P** CCC Filmkunst/Gran Film **Pd** Artur Brauner **R** Dmitri Astrachan **B** Artur Brauner **K** A. F. Rud **M** Paul Wuthe **S** Lyudmila Mikulo **D** Valeria Valeeva (Jekaterina), Tanja Szewczenko (Sophie), Daniel Fehlow (Thomas), Daniel Schmidt (Daniel), Amira Osman (Lizzy) **L** 90 **E** 26.12.2001 ARD

WEIHNACHTEN IM JULI (CHRISTMAS IN JULY). Durch einen Schabernack seiner Kollegen gerät ein kleiner Angestellter zusammen mit seiner Braut in allerlei Komplikationen, als er einen Werbeslogan für Kaffee erfindet und dafür angeblich als Preis einen Barscheck erhält. Eine ebenso vergnügliche wie intelligente Hollywood-Komödie mit Elementen einer überdrehten Slapstick-Farce, die garniert ist mit satirischen Spitzen gegen amerikanisches Kommerzdenken. (Kinotitel: »Das große Los«) – Sehenswert ab 14. ✦ Schwarz-weiß. USA 1940 **P** Paramount **Pd** Paul Jones **R+B** Preston Sturges **K** Victor Milner **M** Sigmund Krumgold **S** Ellsworth Hoagland **D** Dick Powell (Jimmy MacDonald), Ellen Drew (Betty Casey), Raymond Walburn (Mr. Waxford), Alexander Carr (Mr. Schindel), Ernest Truex (Mr. Baxter) **L** 67 **E** 1948 Kino/27.7.1974 WDR

WEIHNACHTEN IM WILDEN WESTEN (EBENEZER). Als ein Cowboy, der kurz vor seiner Vermählung steht, beim Pokerspiel betrogen wird und sein Land und Geld verliert, beschließt er, den betrügerischen Saloonbesitzer zur Rechenschaft zu ziehen. Das Duell im Morgengrauen ist schon ausgemachte Sache, doch drei Weihnachtsgeister führen zu einer Wandlung des selbstsüchtigen Betrügers. Charles Dickens' Weihnachtsgeschichte, verlegt in den Wilden Westen – eigentlich eine Zumutung, doch die unverwüstliche Geschichte und ein überzeugender Hauptdarsteller tragen zum Gelingen des Films bei. – Ab 14. ✦ USA/Kanada 1997 **P** A-Channel Drama Fund/Nomadic Pic. **Pd** Douglas Berquist, Michael Frislev **R** Ken Jubenville **B** Donald Martin, frei nach der Erzählung »A Christmas Carol« von Charles Dickens **K** Henry Lebo **M** Bruce Leitl **S** Paul Mortimer **D** Jack Palance (Ebenezer Scrooge), Rick Schroder (Sam Benson), Amy Locane (Erica), Albert Schultz (Cratchitt), Dary Shuttleworth (Fred) **L** 90 **E** 24.12. 2000 ProSieben

WEIHNACHTEN IN CONNECTICUT →Christmas in Connecticut (1992)

WEIHNACHTEN IN DEN BERGEN (LIFE AND TIMES OF GRIZZLY ADAMS). Ein Trapper rettet in den Bergen zwei Kinder, deren Eltern und deren Onkel vor dem hereinbrechenden Winter. Weihnachtliches Abenteuer um die authentische Figur des Einsiedlers Grizzly Adams (1812–1860), dessen Leben Mitte der 70er Jahre Stoff für eine Fernsehserie abgab. Abseits jeder historischen Wirklichkeit bietet die Serie Familienunterhaltung, die von den Naturaufnahmen lebt. (Fernsehtitel auch: »Der Mann in den Bergen: Weihnachten in den Bergen«) – Ab 12 möglich. ✦ USA 1978 **P** Sunn Classic **R** Jack Hively **B** Brian Russell, James Simmons **M** Bob Summers, Thomas Pace **D** Dan Haggerty, Denver Pyle, Don Shanks, Diane McBain, Don Calloway **L** (TV) 70 **E** 23.12. 1990 Tele 5

WEIHNACHTEN KOMM' ICH NACH HAUSE (I'LL BE HOME FOR CHRISTMAS). Gut gespieltes Fernsehdrama um eine Familie in Neu-England, die am Weihnachtsabend auf den ältesten Sohn wartet, der auf Heimaturlaub von der Front in Europa kommen soll. Doch seine Maschine verunglückt während des Fluges. – Ab 14. ✦ USA 1988 **P** NBC **Pd+R** Marvin J. Chomsky **B** Blanche Hanalis **D** Hal Holbrook (Joseph Bundy), Eva Marie Saint (Martha Bundy), Courteney Cox (Nora Bundy), Peter Gallagher (Aaron Cupler), Nancy Travis (Leah Bundy) **L** 91 (Orig. 100) **E** 5.12.1995 Kabel 1

WEIHNACHTEN MIT EINEM TRAMP (A HOBO'S CHRISTMAS). Nach 25 Jahren Leben auf der Straße beschließt ein Hobo, am Weihnachtsfest seinen allein erziehenden Sohn und erstmals auch dessen Kinder zu besuchen. Während der Sohn dem alten Mann noch nicht verziehen hat, dass er damals seine Familie verließ, setzen die Enkelkinder alles daran, ihren neu gewonnenen Großvater zu behalten. Enttäuschendes Familiendrama ohne Überraschungen. – Ab 14 möglich. ✦ USA 1987 **P** Joe Byrne/Falrose/IAW Phoenix **Pd** Paul Freeman **R** Will Mackenzie **B** Jeb Rosebrook **K** Stephen W. Gray **M** Mark Snow **S** Corky Ehlers **D** Barnard Hughes (Chance Growner), Gerald McRaney (Charlie), Wendy Crewson (Lucie), Michael Ruud (Omaha), William Hickey **L** 95 **E** 24.12.2000 tm3

WEIHNACHTEN MIT ELISABETH (VANOCE S ALZBETOU). Der Konflikt zwischen einem Lastwagenfahrer mittleren Alters und einem vorbestraften jungen Mädchen, das ihm als Beifahrer zugeteilt wird, mündet in eine Romanze. Mit aufschlußreichen Informationen über den Alltag in der CSSR und die Mentalität der Menschen ausgestatteter Unterhaltungsfilm. – Ab 16. ✦ Schwarz-weiß. CSSR 1968 **P** Filmstudio Barrandov **R** Karel Kachyna **B** Jan Procházka **K** Josef Pávek **S** Miroslav Hájek **D** Pavla Kárníková, Vlado Müller, Mnislav Hofman, Václav Kankovsky, Zdena Hadrbolcová **L** 90 **E** 27.12.1971 ZDF

WEIHNACHTEN MIT WILLY WUFF. Der sprechende Hund Willy, eine zottelige Promenadenmischung, der alleine an einer Autobahnraststätte lebt, kümmert sich aufopfernd um zwei ausgesetzte Welpen. Um für die Kleinen einen neuen Besitzer zu finden, versucht er, sie in einen Reisebus zu schmuggeln, doch bevor er verschwinden kann, schlägt die Tür zu. In einem Bergdorf finden sie schließlich Unterschlupf und lernen einen siebenjährigen Jungen kennen, dem sie anvertrauen, daß alle Hunde sprechen können, ihnen jedoch nur niemand zuhöre. Ein fürs Fernsehen produziertes Weihnachtsmärchen. – Ab 10. ✦ Deutschland 1994 **P** Bavaria (für RTL) **VA** RTL **Pd** Veith von Fürstenberg **R** Maria Theresia Wagner **B** Peter Märthesheimer, Pea Fröhlich **K** James Jacobs (= Hans W. Jakob) **M** Chris Walden **S** Michael Feick **D** Simon Glöcklhofer (Michael), Ulrich Pleitgen (Thomas), Gisela Schneeberger (Hildchen), Gruschenka Stevens (Geli), Marita Breuer (Marietheres), James Matthews (Enrique) **L** 90 **FSK** ab 6 **E** 23.12.1994 RTL

WEIHNACHTEN MIT WILLY WUFF – EINE MAMA FÜR LIESCHEN. Fortsetzung eines Weihnachtsfernsehfilms um den sprechenden Hund Willy Wuff: Ein Waisenmädchen bricht aus dem Heim aus, um sich eine Familie zu suchen, mit dem es Weihnachten feiern kann. Zusammen mit Willy Wuff landet sie auf einem gräflichen Gut, wo mehrere Paare in Liebeswirren verwickelt sind. Betuliche Familienunterhaltung auf möglichst breitenwirksamem Niveau. – Ab 10. ✦ Deutschland 1995 **P** Bavaria (für RTL) **R** Maria Theresia Wagner **B** Peter Märthesheimer, Pea Fröhlich **K** James Jacobs (= Hans W. Jakob) **M** Chris Walden **S** Uwe Klimmeck **D** Christine Kaufmann (Gräfin), Wilfried Hochholdinger (Robert), Stefanie Werner (Lieschen), Inka Calvi (Dorle Bims), Carmen Hanlon (Babette), Wolf-Dietrich Berg (Herr Bims) **L** 90 **E** 3.12.1995 RTL

WEIHNACHTEN MIT WILLY WUFF – MAMA BRAUCHT EINEN MILLIONÄR. Ein weiterer Weihnachtsfernsehfilm um Willy Wuff, dem sprechenden Hund, der eine Mutter und deren Tochter in einer leerstehenden Villa unterbringt, nachdem sie vom Vermieter vor die Tür gesetzt wurden. Als deren reicher Besitzer vorzeitig zurückkommt, gibt er sich zunächst nicht zu erkennen. Anspruchslose, betont gemütvolle Familienunterhaltung. – Ab 10. ✦ Deutschland 1997 **P** Bavaria **Pd** Veith von Fürstenberg **R** Maria Theresia Wagner **B** Peter Märthesheimer **D** Stefanie Werner (Kati), Ina Weisse (Anna), Stephan Ullrich (Jakob), Joseph Baum (Fritz), Christine Neubauer (Rita) **L** 90 **E** 21.12.1997 RTL

WEIHNACHTEN NACH MASS (CHRISTMAS IN CONNECTICUT / INDISCRETION). Muntere Komödie mit einer glänzend spielenden Hauptdarstellerin. Eine beliebte Journalistin, die in ihrer Kolumne das Leben als pflichteifrige Hausfrau und Köchin nur vortäuscht, gerät in arge Bedrängnis, als sie auf Betreiben ihres Verlegers zu Weihnachten einen Soldaten auf ihre Farm einladen muß. – Ab 14. ✦ Schwarzweiß. USA 1945 **P** Warner/First National **Pd** William Jacobs **R** Peter Godfrey **B** Lionel Hauser, Adele Commandini, nach einer Erzählung von Aileen Hamilton **K** Carl Guthrie **M** Frederick Hollander (= Friedrich Hollaender) **S** Frank Magee **D** Barbara Stanwyck (Elizabeth Lane), Joyce Compton (Mary Lee), Sydney Greenstreet (Alexander Yardley), Reginald Gardiner (John Sloan), S. Z. Sakall (= Szöke Szakall) (Felix) **L** 97 **E** 24.12.1991 EINS PLUS

DER WEIHNACHTSBAUM (THE CHRISTMAS TREE). Darstellerisch überzeugende, ansonsten arg sentimentale weihnachtliche Geschichte um die Freundschaft zwischen dem Gärtner des Rockefeller-Centers, der dort jedes Jahr einen gigantischen Weihnachtsbaum zu installieren hat, und einer Nonne. Im Park ihres Klosters findet sich ein geeigneter Baum, doch die Nonne weigert sich standhaft, ihn zu verkaufen. – Ab 12. ✦ USA 1996 **P** Walt Disney **Pd** Sally Field, Wendy Japhet **R** Sally Field **B** Sally Field, Janet Brownell, nach der Novelle von Julie Salamon **M** David Benoit **S** Harry Hitner **D** Julie Harris (Schwester Anthony), Andrew McCarthy (Richard Reilly), Suzi Hofrichter (Anna), Trini Alvarado (Beth), Beverly Owings (Schwester Oberin) **L** 93 **E** 20.12.1998 RTL

WEIHNACHTSFEST MIT HINDERNISSEN. In Begleitung seines bärbeißigen Großvaters reist ein kleiner italienischer Junge nach München, um das Weihnachtsfest mit seinem Vater, einem Musiker, verbringen zu können. Der Vater seinerseits will den Sohn überraschen und fährt zwischen zwei Auftritten nach Turin. Komplikationen und Mißverständnisse sind die Folgen. Ein herkömmlicher Weihnachtsfilm im Gewand einer etwas sentimentalen Komödie. – Ab 12. ✦ Italien/Deutschland 1996 **R** Giorgio Capitani **B** Giorgio Mariuzzo, Enrico Vaime **D** Gabriele Ferzetti (Vittorio), Floy (Michelle), Michael Roll (Riccardo), Ivan Desny (Kraus), Alessandro Sacco (Junior) **L** 100 **E** 25.12.1996 SAT 1

WEIHNACHTSFIEBER. Eine attraktive Fernsehmoderatorin will vor dem ungeliebten Weihnachtsfest in den Urlaub flüchten, wobei sie während der Zugfahrt an einen ebenso gutgelaunt-geschwätzigen wie naiv-aufdringlichen Vertreter gerät. Bald verbindet die beiden eine unfreiwillige Odyssee durch die öde Provinz, während der sie allmählich auch ihre liebenswerten Seiten entdecken. Mischung aus Liebeskomödie und Roadmovie, die aus dem skurrilen Schlagabtausch des Paares nur wenige kurzweilige und amüsante Momente bezieht. Insgesamt werden die Charaktere nicht überzeugend genug entwickelt und bleiben im Vordergründigen haften. – Ab 16. ✦ Deutschland 1997 **P** Hofmann & Voges/Pro Sieben **KI** Concorde-CR/Turner **VA** Concorde (VMP) **Pd** Mischa Hofmann, Philip Voges **R+B** Paul Harather **K** Gernot Roll **S** Hansjörg Weissbrich **D** Barbara Auer (Charlotte Becker), Uwe Ochsenknecht (Mauser), Chin Meyer (Guido Blum), Sophie Rois (Frau Brecht), Frank Dommel (Aufnahmeleiter N.B.T.V.) **L** 89 **FSK** ab 6; f **FBW** w **E** 6.11.1997/20.10.1998 Video **fd** 32 823

DIE WEIHNACHTSGANS AUGUSTE. Heiterer Kinderfilm des DDR-Fernsehens. Der Sohn eines Kammersängers freundet sich mit der Weihnachtsgans an, die zum Festtag auf den Tisch kommen soll, und hilft ihr, sich gegen alle Attacken auf ihr Leben zur Wehr zu setzen. Nach einer viel gelesenen, in der DDR bereits mehrfach verfilmten Erzählung von Friedrich Wolf (weitere Adaptationen: »Peterle und die Weihnachtsgans Auguste«, 1964, Regie: Rainer Simon, und »Die Weihnachtsgans Auguste«, 1985, Puppentrickfilm, Regie: Günter Rätz). – Ab 10. ✦ DDR 1988 **P** DEFA **Pd** Rolf Martius **R** Bodo Fürneisen **B** Manfred Freitag, Joachim Nestler, nach dem gleichnamigen Roman von Friedrich Wolf **K** Rüdiger Pelikan **M** Carl Maria von Weber, Richard Wagner, Theo Mackeben **S** Ilona Thiel **D** Dietrich Körner (Ludwig Löwenhaupt), Barbara Dittus (Hanna Löwenhaupt), Käthe Reichel (Gertrud Löwenhaupt), Daniel Mewes (Peter), Stefanie Stappenbeck (Anette) **L** 80 **E** 24.12.1988 DFF 1/22.12.1991 BR

DER WEIHNACHTSGAST (INNA). Die 15jährige Waise Danka erlebt das Weihnachtsfest bei einer fremden Familie in einem Gebirgsdorf. Das Heimkind hat anfangs große Schwierigkeiten, sich in die Familie zu integrieren. Am Weihnachtsabend erfährt ihr Leben eine wichtige Veränderung. ✦ Polen 1976 **P** PRF/Zespol **R** Anna Sokolowska **B** Irena Jurgielewiczowa, Anna Sokolowska, nach dem Roman von Irena Jurgielewiczowa **K** Jacek Korcelli **M** Jerzy Matuszkiewicz **D** Barbara Bartynska (Danka), Iwona Nizynska (Pestka), Katarzyna Pawlak (Ula), Michal Pietrzak (Julek), Marek Szymanski (Marian) **L** 81 **E** 24.12.1977 DFF 1

WEIHNACHTSGESCHENK (REGALO DI NATALE). Am Heiligen Abend treffen sich in einer Bologneser Villa fünf Männer zu einem Pokerspiel, von dessen erfolgreichem Ausgang sich jeder selbstsüchtig eine Veränderung seiner eingefahrenen Situation erhofft. Dritter Film der »Bologneser Trilogie« des Regisseurs (vgl. »Ein Schulausflug« und »Die Abschlußfeier«); im Gegensatz zu den früheren Filmen Avatis angelegt als unsentimentales Kammerspiel und ambitioniertes Charakterdrama. – Ab 14. ✦ Italien 1986 **P** A.M.A./RAI **Pd** Antonio Avati **R+B** Pupi Avati **K** Pasquale Raghini **M** Riz Ortolani **S** Amedeo Salfa **D** Diego Abatantuono, Gianni Cavina, Alessandro Haber, Carlo Delle Piane, George Eastman (= Luigi Montefiori) **L** 101 **E** 18.12.1988 BR

DIE WEIHNACHTSGESCHICHTE → A Christmas Carol – Eine Weihnachtsgeschichte

EINE WEIHNACHTSGESCHICHTE (1951) (SCROOGE / A CHRISTMAS CAROL). Der menschenfeindliche reiche Geizhals Scrooge wandelt sich durch den Besuch dreier Geister, die ihm Vergangenheit, Gegenwart und Zukunft vor Augen führen, am Weihnachtsabend zum Menschenfreund. Eine klassische Parabel, basierend auf einer Weihnachtsgeschichte von Charles Dickens; die stimmungsvoll fotografierte Wiederverfilmung der Geschichte setzt auf einige allzu makabre optische Effekte, kann aber insgesamt den moralischen Gehalt vorzüglich vermitteln und bietet damit eine sympathische Familienunterhaltung. Clive Donner, Cutter dieser Adaption, drehte 1984 als Regisseur eine eigene Version der Geschichte. (Weitere Verfilmungen: »Scrooge«, England 1935, R.: Henry Edwards; »A Christmas Carol«, USA 1938, R.: Edwin L. Marin; »Scrooge«, England 1970, R.: Ronald Neame; »A Christmas Carol«, England 1984; R.: Clive Donner; »Scrooged«, USA 1988, R.: Richard Donner; Videotitel: »Charles Dickens' Eine Weihnachtsgeschichte«) – Sehenswert ab 12. ✦ Schwarz-weiß. Großbritannien 1951 **P** Renown Pictures/United Artists **VA** Kinowelt Home **Pd** George Minter **R** Brian Desmond Hurst **B** Noel Langley, nach einer Erzählung von Charles Dickens. **K** C. Pennington-Richards **M** Richard Addinsell **S** Clive Donner **D** Alastair Sim (Ebenezer Scrooge), Kathleen Harrison (Mrs. Dilber), Jack Warner (Mr. Jorkins), Michael Hordern (Jacob Marley), Mervyn Jones (Bob Cratchit) **L** 86 (74 Video) **FSK** ab 6 **E** 24.12.1966 ARD/31.10.2000 Video **fd** 34 609

EINE WEIHNACHTSGESCHICHTE (1984) → Charles Dickens' Weihnachtsgeschichte

WEIHNACHTSGESCHICHTEN. In kurzen Episoden werden Geschichten und Geschicke erzählt, die sich vom Morgen bis zum Abend eines 24. Dezembers ereignen. Heiterer Fernsehfilm. ✦ DDR 1985 **P** DEFA **Pd** Hans-Uwe Wardeck **R** Christa Mühl **B** Christa Mühl, Hans Heinrich **K** Hans Heinrich **M** Jürgen Ecke **S** Rita Hiller **D** Dieter Mann (Pförtner, Telegrammbote u. a.), Christine Schorn (Silvia Jost), Jürgen Zartmann (Manfred Jost), Ursula Karusseit (Dr. Becker), Pierre Bliß (Freundlicher Neger) **L** 93 **E** 24.12.1986 DFF 1

WEIHNACHTSMANN AUS LEIDENSCHAFT (A DIFFERENT KIND OF CHRISTMAS). Eine Staatsanwältin leidet unter ihrem Vater, der nicht nur zur Weihnachtszeit »Santa Claus« spielt und allen Menschen eine Freude bereiten will. Als sie für das Bürgermeisteramt kandidiert, gerät der Tick zur nervenaufreibenden Belastungsprobe. ✦ USA 1996 **R** Tom McLoughlin **B** Bart Baker **D** Shelley Long (Elizabeth), Barry Bostwick (Frank), Nathan Lawrence (Tommy), Nancy McLoughlin (Susan), Bruce Kirby (Weihnachtsmann), Richard K. Olsen (Henry), Robert Raiford (Richter Whitman), Troy Simmons (Lester) **L** 88 **E** 24.12.1999 SF 1

DER WEIHNACHTSMANN HEISST WILLI. Ein diebischer Weihnachtsmann stiehlt zwei kleinen Jungen die auf dem Weihnachtsmarkt gewonnene Waschmaschine. Nach einer wilden Verfolgungsjagd kann ihn ein Zirkusclown doch noch überreden, ein ehrlicher Weihnachtsmann zu werden und die Kinder nicht in ihrem Glauben zu erschüttern. Liebevoll inszenierter und gradlinig erzählter Kinderfilm in der Tradition von Kästners »Emil und die Detektive«, der seine etwas dick aufgetragene Botschaft vom gesellschaftlichen Gemeinschaftsgefühl durch kindgerechten Humor und Spannung auflockert. – Ab 6. ✦ Schwarz-weiß. DDR 1969 **P** DEFA, Gruppe »Jugend- und Kinderfilm« **KI** Unidoc **VA** Icestorm **Pd** Siegfried Kabitzke **R** Ingrid Reschke **B** Ota Hofman, Inge

Wüste, Ingrid Reschke **K** Jürgen Brauer **M** Rudi Werion **S** Erika Lehmphul **D** Karsten Levke (Peter), Ronald Jacob (Hans), Steffi Sluka (Tina), Rolf Herricht (Weihnachtsmann Willi), Jirí Vrstála (Clown Ferdinand), Dieter Wien (Teo Lehmann) **L** 66 **FSK** o. A. (Video) **E** 28.11.1969 Kino DDR/29.9.1998 Video **fd** 26 562

WEIHNACHTSMANN IN NOT (THE CHRISTMAS THAT ALMOST WASN'T / IL NATALE CHE QUASI NON FU). Der Vermieter des Weihnachtsmannes mag keine Kinder. Als Besitzer des Grundstücks am Nordpol, wo die Geschenke gelagert werden, versucht er erfolglos, die Auslieferung der Gaben zu verhindern, weil der Weihnachtsmann mit seiner Miete im Rückstand ist. Mäßige Unterhaltung, weder für kleine noch für große Zuschauer von Interesse. – Ab 10 möglich. ✦ Italien/USA 1966 **P** Childhood **Pd** Barry B. Yellen **R** Rossano Brazzi **B** Paul Tripp **K** Alvaro Mancori **M** Bruno Nicolai **S** Maurizio Lucidi **D** Rossano Brazzi (Willibald Floh), Paul Tripp (Sam Hummel), Alberto Rabagliati (Herr Weihnachtsmann), Lydia Brazzi (Frau Weihnachtsmann), Mischa Auer (Jonathan), John Karlsen (Blümchen) **L** 86 **E** 26.12. 1994 RTL

WEIHNACHTSMÄNNER HABEN'S SCHWER (THE MAN IN THE SANTA CLAUS SUIT). Der alte Besitzer eines New Yorker Kostümverleihs versucht am Abend vor Weihnachten, das Leben dreier Männer, die schon bessere Tage gesehen haben und sich nun aus unterschiedlichen Gründen ein Weihnachtsmannkostüm ausleihen wollen, wieder in geordnete Bahnen zu lenken und ihnen zu einem gesegneten Weihnachtsfest zu verhelfen. Dies gelingt um so leichter, da der Alte über magische Kräfte verfügt. Anspruchslos unterhaltendes modernes Weihnachtsmärchen mit Fred Astaire, der in seinem letzten Film gleich in sieben Rollen schlüpft und den Titelsong singt; unübersehbar sind Anleihen bei den Filmklassikern »Mein Freund Harvey« und »Urlaub vom Himmel«. – Ab 12. ✦ USA 1978 **P** NBC **R** Correy Allen **B** George Kirgo **K** Woody Omens **M** Peter Matz **D** Fred Astaire, Gary Burghoff, Bert Convy, John Byner, Tara Buckman **L** 96 **E** 24.12.1990 PRO 7

EIN WEIHNACHTSMÄRCHEN – WENN ALLE HERZEN SCHMELZEN. Ein Fernfahrer, finanziell und emotional am Ende, da ihm seine geschiedene Frau das Sorgerecht für den Sohn entziehen lassen will, holt den Jungen von der Schule ab und »entführt« ihn nach Italien. Nur langsam kommen sich die beiden näher, und als das Eis endlich getaut ist, müssen sie feststellen, dass ihnen Ex-Frau und Polizei auf den Fersen sind. Ereignisreiche »Weihnachtsgeschichte«, die sich bemüht, die Persönlichkeit aller Beteiligten zu entfalten, wobei sie eher vordergründig auf Emotionalität setzt. – Ab 14 möglich. ✦ Deutschland 1999 **P** TV-60 **R** Johannes Fabrick **B** Thommie Bayer **K** Robert Neumüller **D** Götz Otto (Tschak), Max Riemelt (Lukas), Susanne Schäfer (Barbara), Clelia Sarto (Tanja), Lisa Maria Potthoff (Marietta) **L** 92 **E** 15.12.1999 RTL

EIN WEIHNACHTSTRAUM (IN THE NICK OF TIME). Nach 300 Jahren weihnachtlicher Betriebsamkeit am Nordpol nähert sich für den Weihnachtsmann nun endgültig der Ruhestand. Eine Woche hat er Zeit, einen geeigneten Nachfolger zu finden. Voller Hektik macht er sich ausgerechnet im New Yorker Trubel auf die Suche nach einem Kandidaten. – Ab 10. ✦ USA 1991 **P** Spector **Pd** Michael Jaffe **R** George Miller **B** Rick Podell, Michael Preminger, Maryedith Burrell **K** Brian R. R. Hebb **M** Steve Dorff **S** Ron Wisman **D** Lloyd Bridges, Michael Tucker, Cleavon Little, Alison LaPlaca, Jessica DiCicco **L** 88 **E** 5.12.1993 premiere

WEIHNACHTSURLAUB (CHRISTMAS HOLIDAY). Ein Soldat auf Weihnachtsurlaub muß die Nacht zum Weihnachtsfest wegen schlechten Wetters in New Orleans verbringen, wo er eine unter falschem Namen lebende junge Frau kennenlernt. Er erfährt, daß sie die Frau eines Mörders (Gene Kelly einmal als Bösewicht) ist; ihre Lebensgeschichte macht ihm deutlich, daß sich hinter der Fassade von bürgerlicher Wohlanständigkeit Verbrechen und Grauen verbergen können. Unterhaltungsfilm nach Somerset Maugham, nicht ohne atmosphärische Ausstrahlung, in der psychologischen Durchleuchtung der Charaktere weniger überzeugend. – Ab 16. ✦ Schwarz-weiß. USA 1944 **P** Universal **Pd** Felix Jackson (= Felix Joachimson) **R** Robert Siodmak **B** Herman J. Mankiewicz, nach einem Roman von Somerset Maugham **K** Elwood Bredell **M** Hans J. Salter **S** Ted J. Kent **D** Deanna Durbin (Jacky Lamont, Abigail Martin), Gene Kelly (Robert Manette), Richard Whorf (Simon Fenimore), Dean Harens (Charles Mason), Gladys George (Valerie De Merode) **L** 98 **E** 26.5.1976 West 3

DER WEIHNACHTSWOLF. Der zehnjährige Sohn einer Sängerin, die im Fernsehen eine Weihnachtsgala moderieren darf, soll das Fest bei seinem Vater verbringen, der abgeschieden in den Bergen wohnt. Der Kurier, der mit der »Verschickung« des Kindes beauftragt ist, entführt den Jungen, um ein Lösegeld zu erpressen. Dem Kind gelingt die Flucht, und als es in einen zugefrorenen See einbricht, wird es von einem Wolf gerettet. Das ruft zwei Wissenschaftler auf den Plan, die das Kind in ihrer Hütte aufnehmen, wo gemeinsam mit den sich versöhnenden Eltern Weihnachten gefeiert wird. Abenteuerlich-sentimentaler (Fernseh-)Weihnachtsfilm mit einigen recht dubiosen Drehbucheinfällen. ✦ Deutschland 2000 **P** RTL **R** Matthias Steuerer **B** Brigitte Blobel **D** Clemens Jakubetz (Jashua), Johanna Christine Gehlen (Amanda), Frank Stieren (Bernhard), Axel Milberg (Marvin), Adam Bousdoukos (Maurice) **L** 93 **E** 20.12. 2000 RTL

DAS WEIHNACHTSWUNDER. Rom im Jahr 64: Auf der Flucht vor den Schergen des Kaisers Nero rettet ein christliches Paar vier verwaiste Kinder und erzählt ihnen biblische Geschichten, u. a. die Weihnachtsgeschichte und die der Heiligen Drei Könige. Am Ende sind alle in Sicherheit, und die Kinder finden neue Eltern. Animationfilm mit absichtsvoller Weihnachtsbotschaft, der seine einzelnen Motive jedoch eher wüst verschachtelt. – Ab 12. ✦ USA/Irland 1998 **R** Jimmy T. Murakami **B** Brian Brown, Andrew Melrose **L** 73 **E** 24.12.2000 Kinderkanal

WEIHWASSER JOE (ACQUASANTA JOE). Ein Kopfgeldjäger jagt hinter seinem Geld her, das von Banditen aus einer Bank geraubt wurde. Wenig origineller, holprig inszenierter Italowestern, der mit vordergründigem schwarzem Humor und schnoddrigen Dialogen über die Runden zu kommen versucht. ✦ Scope. Italien 1972 **P** Daunia 70 **KI** Jugendfilm **Pd** Armando Novelli, Robert Paget (= Mario Gariazzo) **R** Mario Gariazzo **B** Mario Gariazzo, Ferdinando Poggi **K** Franco Villa **M** Marcello Giombini **S** Ornella Chistolini **D** Lincoln Tate (Weihwasser Joe), Ty Hardin (Donovan), Lee Banner (Butch), Silvia Monelli (Estella), Richard Harrison (Charlie), Anthony Freeman (= Mario Novelli), Fidel Green, Dante Maggio, Alfredo Rizzo, Giuseppe Tuminelli **L** 94 (gek. 86) **FSK** ab 18; nf (gek.16;f) **E** 13.7.1973 **fd** 18 546

WEIL DU ARM BIST, MUSST DU FRÜHER STERBEN. Der Film übt eine zu seiner Entstehungszeit begründete Kritik an Mängeln der gesetzlichen Krankenversicherung: Ein Kassenarzt muß machtlos zusehen, wie notleidende Patienten durch eine mißliche Sozialversicherungspraxis im Stich gelassen werden. Der Film vergibt sein Thema aber durch dick aufgetragene Polemik, Demagogie und psychologische Ungereimtheiten. – Ab 16. ✦ Schwarz-weiß. BR Deutschland 1956 **P** Divina **KI** Gloria **Pd** Walter Traut, Eberhard Meichsner **R** Paul May (= Paul Ostermayr) **B** Ernst von Salomon, Kurt Wilhelm, nach dem Illustriertenroman von H. G. Kernmayr **K** Georg Bruckbauer **M** Rolf Wilhelm **S** Walter Boos **D** Bernhard Wicki, Hanna Rucker, Ilse Steppat, Trude Hesterberg, Hannelore Heimanns, Hans Christian Blech, Siegfried Lowitz **L** 98 **FSK** ab 16; f **E** 12.4.1956/28.9. 1956 Kino DDR/21.8.1957 DFF 1 **fd** 4 890

WEIL ES DICH GIBT (SERENDIPITY). Bei zwei jungen Menschen springt im vorweihnachtlichen New York der Funke über, aber sie überlassen es dem Schicksal, ob sie sich jemals wiedersehen werden. Die leichtgewichtige Geschichte orientiert sich an Vorbildern der klassischen romantischen Komödie, profitiert von charmanten Darstellern und einigen komischen Situationen, kommt aber nicht ohne Wiederholungen und Längen über die Runden. – Ab 14. ✦ USA 2001 **P** Tapestry Films Prod./Simon Fields Productions **KI** Highlight **Pd** Simon Fields, Peter Abrams, Robert L. Levy **R** Peter Chelsom **B** Marc Klein **K** John de Borman **M** Alan Silvestri **S** Christopher Greenbury **D** John Cusack (Jonathan Trager), Kate Beckinsale (Sara Thomas), Jeremy Piven (Dean Kansky), Molly Shannon (Eve), Bridget Moynahan (Halley Buchanan) **L** 91 **FSK** o. A.; f **E** 29.11.2001 **fd** 35 157

WEIL ICH DICH LIEBE (1941). Um seine Familie nicht anzustecken, täuscht ein tödlich erkrankter Erfinder die Existenz einer Geliebten vor. Erst sterbend enthüllt er die Wahrheit – was Frau, Freunde und Kinopublikum gleichermaßen zu Tränen rührt. ✦ Schwarz-weiß. Ungarn 1941 **P** Hajdú **KI** Schorcht **R** József Daróczy **B** József Daróczy, Zoltán Nagyiványi, Endre Rodriguez **K** Rudolf Losey **M** Dénes Buday **D** Antal Páger, Elma Bulla, Klári Tolnay, Andor Ajtay, Béla Mihályffy **L** 88 **FSK** ab 12; f **E** 1947 Kino **fd** 1

WEIL ICH DICH LIEBE ... (1969). Die Probleme eines jungen Tierarztes, der auf einem volkseigenen Gut sein Forschungsvorhaben gegen Widerstände, aber auch zum Teil mit fehlerhaften Mitteln durchsetzt. Die Zuneigung zu einer Tierärztin führt ihn und seine Frau in eine Ehekrise. Aktuelle Bezüge in einem Film mit veralteten Klischeevorstellungen und von beachtlicher Langeweile. – Ab 14. ✦ Scope. DDR 1969 **P** DEFA **KI** Progress **Pd** Martin Sonnabend **R** Helmut Brandis, Hans Kratzert **B** Helmut Brandis **K** Wolfgang Braumann **M** Wilhelm Neef **S** Ursula Zweig **D** Roman Wilhelmi (Dr. Gerd Thiessen), Ursula Werner (Eva Thiessen), Marita Böhme (Dr. Ladenbach), Günter Grabbert (Dr. Wolfgang Felling), Günther Simon (Paul Wienecke), Marianne Wünscher (Marta Wienecke) **L** 97 **E** 9.9.1970 Kino DDR/29.1.1972 DFF 2

WEIL ICH EIN MÄDCHEN BIN (BUT I'M A CHEERLEADER). Eine angesehene Cheerleaderin entdeckt ihre lesbischen Neigungen und muss auf Betreiben ihrer Eltern in ein »Umerziehungscamp«, das sie mit nur mäßigem Erfolg absolviert. Eine grell-bunte Geschlechterkomödie, die geschickt zwischen Klamauk und Satire pendelt und der prüden amerikanischen Gesellschaft einen Denkzettel verpasst. Unterhaltung mit Tiefgang, getragen von zwei überzeugenden Hauptdarstellerinnen. – Ab 16. ✦ USA 2000 **P** Cheerleader LLC/HKM Films/Ignite Entertainment/Kusher-Locke Prod. **KI** Avanced **Pd** Andrea Sperling, Leanna Creel **R** Jamie Babbit **B** Brian Wayne Peterson **K** Jules Labarthe **M** Pat Irwin **S** Cecily Rhett **D** Natasha Lyonne (Megan), Cathy Moriarty (Mary Brown), Bud Cort (Peter), Mink Stole (Nancy, Megans Mutter), RuPaul (Mike), Clea DuVall (Graham), Eddie Cibrian (Rock) **L** 92 **FSK** ab 12; f **E** 21.12.2000 **fd** 34 518

WEIL ICH LIEBE (POTOMU SCHTO LJUBLJU). Zwei Jagdflieger, ehemalige Schulkameraden, gehören zu den Besten ihrer Regimenter. Der Film schildert ihren Alltag und schwierige Konfliktsituationen. ✦ Scope. UdSSR 1974 **P** Belarusfilm **R** Igor Dobroljubow **B** Arkadi Pintschuk, Wadim Trunin **K** Grigori Massalski **M** Jan Frenkel **D** Gennadi Korolkow (Murawjow), Wassili Botschkarjow (Schelest), Valentina Telitschkina (Lena), Natalja Gwosdikowa (Wera), Natalja Welitschko (Katja) **L** 87 **E** 27.7.1975 DFF 2

WEIL SIE SICH LIEBTEN (PENTRU CA SE IUBESC). Ein Richter liebt eine von ihrem Mann getrennt lebende Frau. Als er erkennen muß, daß diese

Ehe noch Chancen hat, verweigert er die beantragte Scheidung und verzichtet damit auf sein Glück. Eine Variation der bekannten Dreiecksgeschichte, in der Aussage zwar positiv, aber künstlerisch unbefriedigend. – Ab 16. ✦ Rumänien 1972 **P** Filmstudio Bucuresti **Kl** Progress **R** Mihai Iacob **B** Ion Omescu, Mihai Iacob **K** Gheorghe Viorel Todan **M** Theodor Grigoriu **D** Emmerich Schäffer, Ilinca Tomoroveanu, Alexandru Repan, Cornel Petrichi, Ileana Popovici **L** 90 **E** 21.9.1973 Kino DDR/1.11.1974 DFF 2

WEIL WIR SIE LIEBEN (SKOLA OTCU). In einer Schule werden unverdient gute Zensuren erteilt, um den Ruf als »Musterschule« zu wahren. Ein neu hinzukommender Lehrer kämpft gegen diese Verfälschung des Leistungsstandes und die damit verbundene Erziehung der Kinder zur Unehrlichkeit. Ein empfehlenswerter Film mit guten künstlerischen Leistungen. – Ab 12. ✦ Schwarz-weiß. CSR 1957 **P** Filmstudio Barrandov **Kl** Progress **R** Ladislav Helge **B** Ivan Kríz, Ladislav Helge **K** Ferdinand Pecenka **M** Gustav Krivinka **S** Josef Dobrichovsky **D** Karel Höger (Pelikan), Josef Mixa (Direktor Pohanka), Ladislav Pesek (Bajtek), Blazena Holisová (Andulka), Stanislav Neumann (Schuldiener) **L** 95 **E** 8.8.1958 Kino DDR/27.9.1958 DFF 1

WEINE NICHT, EICHHÖRNCHEN (NEFNUKEJ, VEVERKO!). Ein sympathischer Kinderfilm um eine für Kinder schwierige Alltagssituation: Ein fantasiebegabtes Mädchen, das Märchen und Fabelwesen über alles liebt, lebt glücklich mit seinen Eltern, bis die Mutter eines Tages mit Zwillingsbrüderchen aus dem Krankenhaus nach Hause kommt. Bockig reagiert es auf die beiden Babies und sabotiert voller Eifersucht den täglichen Ablauf im Haushalt. Schließlich läuft es von zu Hause weg und lernt erst allmählich mit sich und der neuen Situation umzugehen. Ein ausdrucksstarker Film, der die Probleme seiner kleinen Zuschauer ernst nimmt. (Fernsehtitel: »Heul' nicht, Eichhörnchen«; Fortsetzung: »Das Eichhörnchen und die Zaubermuschel«) – Ab 6. ✦ CSSR 1988 **P** Filmstudio Barrandov **R+B** Véra Plívová-Simková **K** Antonin Holub **M** Michal Pavlicek **D** Helena Vitovská (Kati), Tereza Vokurková (Moni), Jan Kalous (Seppl), Veronika Freimanová (Mutter), Jirí Schmitzer (Vater), Marie Rosulková (Pralinchen) **L** 69 **E** 27.11.1992 ARD

WEINE NUR NICHT (TY TOLKO NE PLATJ). Olga, die in die zweite Klasse geht, freundet sich mit Genka, einer Schülerin der 7. Klasse, an. Sie wird zur heimlichen Erzieherin der lernschwachen Älteren. Als Genkas Eltern bei einem Unfall ums Leben kommen, müssen sich ihre Reife und die Freundschaft zu Olga beweisen. ✦ Scope. UdSSR 1979 **P** Dowshenko-Studio **R** Alexej Moros **B** Michail German, Sergej Iwanow, nach dem Roman von Olga Jakowlewa und Sergej Iwanow **K** Vitali Simonez **D** Lene Serada (Olga Jakowlewa), Wolodja Tschubarew (Genka Ogonkow), Pawel Kadotschnikow (Boris Platonowitsch), Valeria Tschaikowskaja (Olgas Mutter), Julia Tkatschenko (Posnanskaja) **L** 67 **E** 15.3.1981 DFF 2

DIE WEINERNTE (LISTOPAD). In einem Weinkombinat, das Plansoll-Erfüllung vor Qualität stellt, protestiert ein idealistischer junger Weintechniker erfolgreich gegen die Abfüllung eines noch unreifen Weins. Da invididuelle und gesellschaftliche Probleme ineinander verzahnt sind, gelingt ihm durch die Lösung seiner persönlichen Fragen auch die Lösung innerbetrieblicher Schwierigkeiten. Otar Iosselianis Frühwerk ist mit viel Humor und Sinn für entlarvende Komik unterhaltsam gestaltet; bemerkenswert auch durch die Verquickung des gesellschaftlichen Geschehens mit höchst privaten Motivationen. – Ab 16. ✦ UdSSR 1967 **P** Grusia **R** Otar Iosseliani **B** Amiran Tschitschinadse **K** Abessalom Maisuradse **M** N. Iosseliani **D** Ramas Giorgobiani (Niko), Georgi Chabaradse (Otar), Marina Karziwadse (Manana), Dodo Abaschidse (= Dawid Abaschidse), O. Zautasschwili **L** 95 **E** 27.2.1972 ARD

WEININGERS NACHT (WEININGERS NACHT). Der antisemitische jüdische Philosoph Otto Weininger (1880–1903) begegnet in der Nacht vor seinem Selbstmord in alptraumhaften Erinnerungen noch einmal den Weggefährten seines kurzen Lebens. In der Hauptrolle beeindruckend gespieltes Psychogramm eines sich selbst verachtenden Juden- und Frauenhassers, dessen umstrittenes Werk »Geschlecht und Charakter« mit zum Wegbereiter des Faschismus wurde. Die stark der Bühne verhaftete Inszenierung verschenkt viel von den Möglichkeiten einer filmischen Umsetzung. Als makaber-groteske Analyse des damaligen Zeitgeistes dennoch interessant. ✦ BR Deutschland/Österreich 1989 **P** Camera-Film/Wega-Film **Kl** Edition Salzgeber **VA** absolut MEDIEN **Pd** Veit Heiduschka **R** Paulus Manker **B** Paulus Manker, nach einem Bühnenstück von Joshua Sobol **K** Walter Kindler **M** Hans Georg Koch **S** Ingrid Koller, Marie Homolkova **D** Paulus Manker (Otto Weininger), Hilde Sochor (Adelaide, seine Mutter), Sieghardt Rupp (Leopold, sein Vater), Andrea Eckert (Clara), Josefine Platt (Ottos Double), Peter Faerber (Berger), Otmar Klein **L** 108 **FSK** ab 16; f **E** 16.1.1992/29.10.1995 N 3/23.3.1998 Video **fd** 29 488

WEINLESE (VINOBRANI). Geschichten um Generationsfragen aus einem südmährischen Weinbauerndorf. Enttäuschender, voller Klischees inszenierter und zu lehrbuchhaft geratener Film. – Ab 14. ✦ CSSR 1983 **P** Filmstudio Barrandov **Kl** Progress **R** Hynek Bocan **B** Jan Kostrhun, nach seinem Roman **K** Frantisek Uldrich **M** Svatopluk Havelka **D** Josef Kemr (Großvater Dobes), Miroslav Machácek (Hubert), Ondrej Mikeicek (Jenik), Jirina Jirásková (Albina), Blanka Bohdanová (Zuckerbäckerin) **L** 99 **E** 16.3.1984 Kino DDR/7.6.1985 DFF 2

WEINT UM DIE VERDAMMTEN (BAND OF ANGELS). Überlange Romanverfilmung im Stil des Kinoerfolgs »Vom Winde verweht«, jedoch nur als aufwendige, von Melodramatik und Gesängen erfüllte Atelierinszenierung: Im Kentucky des Jahres 1865 muß die hellhäutige Tochter eines verschuldeten Plantagenbesitzers erfahren und erleiden, daß sie von einer Negersklavin geboren wurde und zum Inventar gehört. Sie wird von einem ehemaligen Sklavenhändler, der reuig wurde, gekauft und als Freie behandelt. Das Happy-End stellt sich erst nach bedrohlichen Entwicklungen ein. (Alternativtitel: »Hamish, der Sklavenhändler«) – Ab 16. ✦ Scope. USA 1957 **P** Warner **Kl** Warner **R** Raoul Walsh **B** John Twist, Ivan Goff, Ben Roberts, nach dem Roman »Amantha« von Robert Penn Warren **K** Lucien Ballard **M** Max Steiner **S** Folmar Blangsted **D** Clark Gable (Hamish Bond), Yvonne de Carlo (Amantha Starr), Sidney Poitier (Rau-Ru), Efrem Zimbalist jr. (Ethan Sears), Patric Knowles (Charles de Marigny), Rex Reason (= Rhodes Reason) (Seth Parton), Torin Thatcher (Capt. Canavan), Andrea King (Miss Idell), Ray Teal (Mr. Calloway), Noreen Corcoran (Manty Starr), Roy Barcroft (Gillespie), Guy Wilkerson (Minister), Bob Steele (D), Dan White (D), William Fawcett, Ann Doran, Charles Horvath **L** 125 **FSK** ab 12; f (fr. 16; f) **E** 20.12.1957 **fd** 6 650

DIE WEISHEIT DER KROKODILE (THE WISDOM OF CROCODILES). Zwei Frauen werden von einem jungen Mann durch einen Biß in den Hals getötet, eine dritte droht ihm ebenfalls zu erliegen. Doch der Untote verliebt sich und opfert seine Unsterblichkeit für das menschliche Gefühl. Die klassische Vampir-Geschichte wird mittels einer hochkonzentrierten Inszenierung in die Gegenwart des heutigen London versetzt, in der jede Bewegung und jedes Wort mit Vorsicht und Bedacht behandelt werden. Meisterhaft ist der Film in der choreografischen Einbindung der Figuren in eine hermetische Welt. ✦ Großbritannien 1998 **P** Goldwyn Films International/Foundry Film Partners/Entertainment Film Distributors/Zenith Prod./Arts Council of England **Kl** Arthaus **VA** Kinowelt Home **Pd** David Lascelles, Carolyn Choa **R** Po-Chih Leong **B** Paul Hoffman **K** Oliver Curtis **M** John Lunn, Orlando Gough **S** Robin Sales **D** Jude Law (Steven Grlscz), Elina Löwensohn (Anne Levels), Timothy Spall (Inspektor Healey), Kerry Fox (Maria Vaughn), Jack Davenport (Detective Roche), Colin Salmon (Martin), Ashley Artus (Gangleader) **L** 99 **FSK** ab 16; f **E** 10.6.1999/1.2.2000 Video **fd** 33 725

DIE WEISHEIT DES BLUTES (WISE BLOOD). Der aus dem Krieg heimgekehrte Sohn eines Sektenpredigers kann sich von seiner Vergangenheit nicht lösen und verkündet seine eigene »Kirche der Wahrheit ohne Christus«. Paradoxerweise endet er ähnlich wie die Glaubenseiferer: Er wird das Opfer seiner eigenen Unerbittlichkeit. Verfilmung eines 1952 erschienenen Romans aus den Südstaaten der USA. John Huston hält den Film auf dem schmalen Grat zwischen Tragödie und Satire. Ihre ganze Bösartigkeit bekommt die Geschichte durch eine Reihe satirischer Spitzen und Pointen; jegliches Sektierertum und eine dafür empfängliche Gesellschaft werden ätzender Kritik unterzogen. Ein Film der Widersprüche, der Wut und der Verzweiflung. (Videotitel: »Der Ketzer«) ✦ USA/BR Deutschland 1979 **P** Ithaca/Anthea **Pd** Michael Fitzgerald, Kathy Fitzgerald **R** John Huston **B** Benedict Fitzgerald, Michael Fitzgerald, nach dem Roman »Wise Blood« von Flannery O'Connor **K** Gerald Fisher **M** Alex North **S** Roberto Silvi **D** Brad Dourif (Hazel Motes), Ned Beatty (Hoover Shoates), Harry Dean Stanton (Asa Hawks), Daniel Shor (Enoch Emery), Amy Wright (Sabbath Lilly) **L** 106 **E** 17.11.1981 ZDF **fd** 23 181

WEISS BLINKT EIN EINSAM SEGEL → Es blinkt ein einsam Segel

WEISS SIE, WIE MAN KUCHEN BACKT? → Café New York

DIE WEISSAGUNG (BIAN ZOU BIAN CHANG / LIFE ON A STRING). Ein alter, blinder Musiker zieht von Ort zu Ort, um den Menschen seine Lieder vorzutragen. Laut einer Weissagung soll er das Augenlicht erhalten, wenn die tausendste Saite seines Instrumentes reißt. Sein ebenfalls blinder Schüler glaubt dagegen nicht an ein fernes Glück, sondern an Selbstbestimmung und individuelle Erfüllung. Eine grandios fotografierte filmische Meditation voller fremdartiger Symbole, die durch ihre ebenso poetischen wie zärtlichen Szenen fasziniert. Zugleich ein Kommentar zur politischen Situation Chinas, der als Vision des Friedens weit über dessen Grenzen hinauszielt. (Fernsehtitel: »Die Weissagung des Meisters«.) – Sehenswert ab 16. ✦ VR China/Deutschland/Großbritannien 1991 **P** Beijing Filmstudio/China Film Coproduction Corporation/Serene/Pandora **Kl** Pandora **Pd+R** Chen Kaige **B** Chen Kaige, nach einer Kurzgeschichte von Shi Tiesheng **K** Gu Changwei **M** Qu Xiaosong **S** Pei Xiaonan **D** Liu Zhongyuan (Der Heilige (blinder Sänger)), Huang Lei (Shitou, Schüler), Xu Qing (Lanxiu, Dorfmädchen), Zhang Zhengyuan (Wirt), Ma Ling (Wirtin) **L** 120 **E** 23.4.1992/4.5.1994 ARD **fd** 29 505

DIE WEISSAGUNG DES MEISTERS → Die Weissagung

DER WEISSBLAUE LÖWE. Amüsantes Lustspiel nach Erzählungen von Ludwig Thoma, das die volkstümliche Gestalt des Landtagsabgeordneten Josef Filser in den Mittelpunkt episodischer Ereignisse im Jahr 1910 rückt: seine Bauernschläue, seine Liebe zum Bier und manchen Blödsinn, den er im Rausch anstellt. Auch inszenatorisch bemerkenswert. (Titel in Nord- und Westdeutschland: »Krach um die Liebe«) – Ab 12. ✦ Schwarz-weiß. BR Deutschland 1952 **P** Primus **Kl** Kopp-Film **Pd** Martin Pichert, Peter Wehrand **R** Olf Fischer, Werner Jacobs **B** Olf Fischer, Werner Jacobs, nach Vorlagen von Ludwig Thoma. **K** Kurt Hasse **M** Werner Bochmann **S** Werner Jacobs **D** Wastl Witt (Josef Filser), Lore Frisch (Zenzi), Paul Kürzinger (Hias), Mady Rahl (Frau von Kleewitz), Elise Aulinger (Theres Filser), Rudolf Schündler (Herr von Kleewitz), Ernst Fritz Fürbringer (Gerichtsvorsitzender) **L** 100 **FSK** ab 12; nf **E** 18.11.1952

DAS WEISSE ABENTEUER. An der Grenze zwischen Österreich und Deutschland wird Kokain in der

Skispitze geschmuggelt. Als ein incognito in ein Winterskihotel entsandter Kriminalassistent für den Schuldigen gehalten wird, hilft ihm ein längst pensionierter Kriminalbeamter aus der Patsche – und zugleich in die Arme seiner Nichte. Eine anspruchslos-gemütliche Mischung aus Krimi und Belustigung, die leidlich unterhält. – Ab 12. ✦ BR Deutschland 1951 **P** Carlton **Kl** Alcron/Athena **Pd** Klaus Stapenhorst **R** Arthur Maria Rabenalt **B** Wolf Neumeister **K** M. Willy (= W. Faktarovitch), H. Rohlig, George Markman, Jean Marie Guinot **M** Robert Gilbert, Emil Ferstl **S** Doris Zeltmann **D** Joe Stöckel (Josef Stutzinger), Lucie Englisch (Franzi Schlott), Adrian Hoven (Dr. Peter Wiedemann), Josefin Kipper (Lotte Wendel), Willem Holsboer (Alois Brandl), Margot Rupp (Katharina Brandl), Armin Dahlen (Fasser), Franz Muxeneder (Nikolaus) **L** 90 **FSK** ab 12; nf **E** 8.2.1952 **fd** 1 575

DER WEISSE BALLON (BADKONAK-E-SEFID). Ein siebenjähriges Mädchen in Teheran möchte sich zum Neujahrsfest, das bei Frühlingsbeginn gefeiert wird, einen traditionellen Neujahrsfisch kaufen. Das Geld, das es von der Mutter erhält, verliert es aber unterwegs und begibt sich daraufhin auf eine beschwerliche, aber aufschlußreiche Suche nach dem Geldschein in der Hauptstadt. Eine in langen, ruhigen Bildpassagen erzählte Geschichte, die das Vertrauen eines Kindes in seine eigenen Fähigkeiten wie auch gegenüber den Erwachsenen thematisiert. – Ab 8. ✦ Iran 1995 **P** IRIB **R** Jafar Panahi **B** Abbas Kiarostami **K** Farzad Jowdar **S** Jafar Panahi **D** Aida Mohammadkhani (Razieh), Mohsen Kalifi (Ali), Fereshteh Sadr Orfai (Mutter), Anna Bourkowska (alte Frau), Mohammad Shahani (Soldat) **L** 85 **E** 3.4.1998 arte

WEISSE BANDITEN (STAMPEDE). Kleiner Western mit Auseinandersetzungen unter Viehzüchtern, betrogenen Farmern und Schurken in Arizona. Höhepunkt ist die rasant gefilmte Flucht einer in Panik versetzten Viehherde in den Abgrund. (Alternativtitel: »Panik in Arizona«) – Ab 14. ✦ Schwarz-weiß. USA 1949 **P** Allied Artists **Kl** Europa **Pd** John Champion **R** Lesley Selander **B** John Champion, nach dem Roman »Stampede« von Edward Beverly **K** Harry Neumann **M** Edward J. Kay **S** Richard Heermance **D** Rod Cameron (Mike), Gale Storm (Connie), Don Castle (Tim), Johnny Mack Brown (Sheriff Ball), Donald Curtis (Stanton), John Milyan, John Eldredge (Cox), Jonathan Hale (Varick), Bob Woodward (Whiskey), Chuck Roberson (Sandy), I. Stanford Jolley (Link Spain), Marshall Reed (Shires) **L** 77 **FSK** ab 12; nf **E** 12.1.1951 **fd** 1 284

WEISSE BESTIE (WHITE DOG / TRAINED TO KILL). Die Geschichte eines »weißen Hundes«, der von amerikanischen Rassisten darauf abgerichtet ist, Schwarze zu töten, und dessen beinahe gelungene Umerziehung durch einen schwarzen Dompteur. Eine antirassistische Parabel, dessen redliche Absicht nicht für einen guten Film reicht. Allzu dick auftragend, geht der Film in der Vermenschlichung des Tieres zu weit und bringt sich durch seinen sozialtherapeutischen Zeigefinger um eine stärkere Wirkung. (Fernsehtitel: »Der weiße Hund von Beverly Hills«) – Ab 16. ✦ USA 1981 **P** Edgar J. Scherick Prod. (für Paramount) **VA** CIC **Pd** Jon Davison, Nick Vahoff **R** Samuel Fuller **B** Samuel Fuller, Curtis Hanson, nach einer Erzählung von Romain Gary **K** Bruce Surtees **M** Ennio Morricone **S** Bernard Gribble **D** Kristy McNichol (Julie), Paul Winfield (Keys), Samuel Fuller (Charlie Felton), Burl Ives (Carruthers), Jameson Parker (Roland) **L** 89 (TV 84) **E** 1985 Video/31.7.1987 ZDF **fd** 25 134

DAS WEISSE BLATT (LA PAGE BLANCHE). Der vierte Film aus der neunteiligen Fernsehfilm-Reihe »Tous les Garçons et les Filles de leur Age«, in der sich prominente französische Regisseure mit Freuden und Nöten der Jugend auseinandersetzen. Die Freundschaft zwischen einem Jungen und einem Mädchen, die in die gleiche Klasse gehen und beide unter der Scheidung der Eltern leiden, wird auf die Probe gestellt, als sie, von ihrem Vater zwangsweise eingewiesen, aus der Psychiatrie flieht und Hilfe beim Freund sucht. Der im Jahr 1972 angesiedelte Beitrag kam in einer längeren Version unter dem Titel »L' Eau Froide« in die französischen Kinos. (Vgl. »Der Neue«) ✦ Frankreich 1994 **P** IMA/La Sept/arte/SFP/ Sony Music **Pd** Georges Benayoun, Paul Rozenberg **R+B** Olivier Assayas **K** Denis Lenoir **M** Michel Klochendler **S** Luc Barnier **D** Virginie Ledoyen (Christine), Cyprien Fouquet (Gilles), László Szabó (Gilles' Vater), Jean-Pierre Darroussin (Polizist), Dominique Faysse (Christines Mutter) **L** 67 **E** 11.11.1994 arte

DIE WEISSE BLUME DES VERGESSENS → Die Frau in Grün

WEISSE BLUMEN FÜR DIE TOTEN (AHASIN POLAWATHA). Ein junger Arzt aus dem inneren Bergland von Sri Lanka besucht nach langer Zeit die Familie seiner verstorbenen Frau, wodurch er mit Menschen und Ereignissen seiner Vergangenheit konfrontiert wird. In seinen Erinnerungen offenbart sich sein Fehlverhalten gegenüber seiner Frau, das zu ihrem frühen Tod beitrug. Durch viele Rückblenden verschiedene Zeitebenen verbindend, zeichnet der Film ein sowohl realistisches als auch poetisches Geflecht sozialer und individueller Abhängigkeiten, behutsam und nachsichtig, mit großem Einfühlungsvermögen. – Sehenswert. ✦ Sri Lanka 1977 **P** Sumathipala Film **Pd** W.U. Sumathipala **R** Lester James Peries **B** Tissa Abesekara, nach einem Roman von Eileen Siriwardene **K** Japa Jayawardena, Donald Karunaratna **M** Nimal Mendis **D** Tony Ranasinghe (Sarath), Sriyani Amarasena (Vinitha), Schanti Lekha (Vinithas Mutter), Vasinthi Chaturani (Pushpa) **L** (TV) 92 **E** 6.12. 1982 ARD **fd** 23 731

DER WEISSE BÜFFEL (THE WHITE BUFFALO). 1875: Der legendäre Westerner Wild Bill Hickok, der in einer Midlife-Krise steckt und in wiederkehrenden Alpträumen von einem menschenmordenden weißen Büffel geplagt wird, erlegt zusammen mit einem Indianerhäuptling das Tier und befreit sich damit von seinen Ängsten. Ein nur mäßig spannender Monsterfilm im Gefolge von »Der weiße Hai« und »King Kong«, der mit einem Western allenfalls die Szenerie und die Kostüme gemein hat. Der psychedelisch verbrämte Unsinn ist streckenweise von unfreiwilliger Komik. – Ab 16 möglich. ✦ Scope. USA 1976 **P** Dino De Laurentiis Prod./United Artists **Kl** Tobis **Pd** Pancho Kohner **R** J. Lee Thompson **B** Richard Sale, nach seinem Roman **K** Paul Lohmann **M** John Barry **S** Michael F. Anderson **D** Charles Bronson (Wild Bill Hickok/James Otis), Jack Warden (Charlie Zane), Will Sampson (Crazy Horse/Wurm), Kim Novak (Poker Jenny Schermerhorn), Clint Walker (Jack Kileen), John Carradine (Gibbs), Stuart Whitman (Coxy), Slim Pickens (Abel Pinkney), Douglas Fowley (Amos Bixby), Cara Williams (Cassie Ollinger), Shay Duffin (Tim Brady) **L** 97 **FSK** ab 12; f **E** 12.5. 1977 **fd** 20 341

DIE WEISSE DÄMMERUNG (THE WHITE DAWN). 1896 werden drei in einem Fangboot abgetriebene Seeleute von den Eskimos im Nordwesten des kanadischen Arktisarchipels gepflegt und in den Stamm aufgenommen. Die zunächst segensreiche Begegnung zweier völlig unterschiedlicher Kulturen führt zum Austausch von Wissen und Erfahrung, bis es unter dem Einfluß des mißtrauischen Schamanen des Stammes und des Alkohols der Weißen zu einem tödlichen Konflikt kommt. Eine nach einer wahren Begebenheit und an Originalschauplätzen entstandene Abenteuergeschichte, inszeniert mit dokumentarischen Elementen, aber auch sentimentalen Spielfilmmotiven. Ein interessanter Blick auf die Gegensätze zwischen zivilisierten und Naturvölkern. – Ab 16. ✦ Teils schwarz-weiß. USA/Kanada 1974 **P** Ransohoff Films/American Film Properties **Pd** Martin Ransohoff **R** Philip Kaufman **B** James Houston, Thomas Rickman, Martin Ransohoff **K** Michael Chapman **M** Henry Mancini **S** Douglas Stewart **D** Warren Oates (Billy), Timothy Bottoms (Daggett), Louis Gossett jr. (Portage), Simonie Kopapik (Sarkak), Joanasie Salomonie (Kangiak) **L** 85 **E** 16.10.1982 ZDF

DER WEISSE DAMPFER (BELYI PAROCHOD). Ein siebenjähriger Junge wächst in einem Waldwinkel Kirgisiens beim naturverbundenen Großvater auf, der ihn nach seinen Idealen erzieht. Als er erleben muß, wie der Alte dem bösen Waldhüter beim Töten einer Hirschkuh hilft, zerbricht in ihm der Glaube an dessen Unfehlbarkeit. Eine poetische, feinfühlige Naturfabel von hohem moralischem Anspruch. – Sehenswert ab 16. ✦ Scope. UdSSR 1976 **P** Kirgisfilm **Kl** Progress **R** Bolotbek Schamschijew **B** Bolotbek Schamschijew, Tschingis Aitmatow, nach der Erzählung von Tschingis Aitmatow **K** Manas Mussajew **M** Alfred Schnittke **D** Nurgasy Sydygalijew (der Junge), Assankul Kuttubajew (Momun), Orosbek Kutmanalijew (Onkel Oroskul), Sabira Kumuschalijewa (Großmutter), Aiturgan Temirowa (Gjuldshamal) **L** 99 **E** 8.4.1977 Kino DDR/28.12.1977 DFF 1/ 12.12.1993 ORB

DER WEISSE DELPHIN (OUM LE DELPHIN BLANC). Zeichentrickfilm um ein kleines Mädchen und seinen großen Bruder, die bei ihrem Onkel am Meer leben und viele Tiere als Freunde haben. Mit einem weißen Delphin, der sich eines Tages dazugesellt, erleben sie viele Abenteuer. ✦ Frankreich 1983 **R** René Borg **L** (TV) 100 **E** 26.9.1993 MDR/ORB

DER WEISSE DRACHE → Hüter des Drachen

DAS WEISSE DRACHENSCHWERT (BAI LONG JIAN). China um 1800. Um die Gegner eines tyrannischen Kaisers zu einen, begibt sich eine junge Frau auf die Suche nach dem symbolträchtigen Drachenschwert. Auf dem gefahrvollen Weg ist es oft sehr schwer, Freund und Feind auseinanderzuhalten, aber die harten und opfervollen Kämpfe sind nicht umsonst. Ein exotischer Abenteuerfilm mit zahlreichen Kung-Fu-Kampfszenen. Da dabei blutrünstige Szenen weitgehend ausgespart bleiben, bietet er spannende Unterhaltung. – Ab 14 möglich. ✦ Scope. VR China 1987 **P** Filmstudio Hebei **Kl** Progress **R** Tian Jinfu **B** Li Haixin **K** Cao He **M** Wang Ming **D** Liu Xiachong (Liu Lan), Ji Qilin (Du Baojie), Ma Zheng (Zhao Dalong), Wang Shuqin (Mutter Wang), Zhang Xucheng (Herr der Festung) **L** 90 **E** 17.11.1989 Kino DDR

DER WEISSE ELEFANT (1978) (SAFED HAATHI). Die Geschichte der Abenteuer des indischen Jungen Shibus, der bei Verwandten am Rande des Dschungels lebt. Auf dem gefährlichen Weg durch den nächtlichen Wald auf dem Weg zur Großmutter beschützen ihn der Vogel Myna und ein weißer Elefant. – Ab 14 möglich. ✦ Indien 1978 **P** Gaurang Film **R+B** Tapan Sinha **K** Bimal Mukherjee **D** Ashwani (Junge), Satrughan Sinha (Maharadscha), Sadhu Meher (Onkel), Malajaggi (Tante), Gayatri Sharma (Schwester) **L** 80 **E** 26.12.1987 DFF 1

DER WEISSE ELEFANT (1998) (L' ELEFANTE BIANCO). Thailand am Ende des vorigen Jahrhunderts: Ein holländischer Abenteurer will das kleine Königreich Jarma unterwerfen, um das Land zu einer riesigen Opium-Plantage zu machen. Nachdem der König drogensüchtig, der Thronfolger ermordet und die Königstochter wegen ihrer Liebe zu einem Europäer ins Gefängnis geworfen wurde, scheint der Plan aufzugehen. Doch der Geliebte der Prinzessin organisiert den Widerstand und versucht, das Volk durch die Wiederbeschaffung des nationalen Glückssymbols zu einen: einen weißen Elefanten. Zweiteiliger historischer Abenteuerfilm um Macht, Drogen und Rassengegensätze. ✦ Italien/Deutschland/Frankreich 1998 **P** RAI/Bavaria/Gaumont Télévision/Anfri **Pd** Lamberto Bava, Andrea Piazzesi **R** Gianfranco Albano **B** Andrea Porporati, Filippo Gentili, Alessandro Sermoneta, nach einem Roman von Emilio Salgari **K** Romano Albani **M** Paolo Buonvino **S** Pier Luigi Basile **D** Mathieu Carrière (Rudde), Jennifer Nitsch (Marianna), Remo Girone (König), Axelle Grelet (Maia), Vincent Lecoeur (Gabriel) **L** 180 (90 & 90) **E** 25./26.12.1999 SWR (zwei Teile)

WEISSE EXPLOSION (BEYJ WSRYW). In einer

Schlucht des Kaukasus, deren Ausgang von deutschen Alpenschützern besetzt ist, sind ein Flüchtlingstreck und die ihn begleitenden sowjetischen Soldaten eingeschlossen. Unter härtesten Strapazen und großen Opfern gelingt es einigen sowjetischen Kämpfern, durch eine Explosion eine Lawine auszulösen, die den Gegner unter sich begräbt. Ein eindringlich gestalteter Film mit hervorragenden Landschaftsaufnahmen. – Ab 14. ✦ Scope, schwarz-weiß. UdSSR 1969 **P** Filmstudio Odessa **KI** Progress **R** Stanislaw Goworuchin **B** Eduard Wolodarski, Stanislaw Goworuchin **K** Wasili Kirbishekow **M** Sofia Gubaidulina **D** Sergej Nikonenko, Ljudmila Gurtschenko, A. Ignatew, Armen Dshigarchanjan, Fjodor Odinokow **L** 73 **E** 2.4.1971 Kino DDR

DIE WEISSE FALLE (THE WHITE TRAP). Ein Zuchthäusler entflieht, um seine Frau vor der Entbindung ihres ersten Kindes noch einmal zu sehen. Ein hinreichend spannendes Melodram, auffallend schwach in der Motivation. – Ab 16. ✦ Schwarz-weiß. Großbritannien 1959 **P** Independent/Anglo-Amalgamated **Pd** Julian Wintle, Leslie Parkyn **R** Sidney Hayers **B** Peter Barnes **K** Eric Cross **D** Lee Patterson (Paul Langley), Conrad Phillips (Sgt. Morrison), Michael Goodliffe (Insp. Walters), Jack Allen (Dr. Hayden), Yvette Wyatt (Ann Fisher) **L** 58 **E** 17.4.1964 ARD

DIE WEISSE FEDER (WHITE FEATHER). Die in Wyoming um das Jahr 1877 spielende Auseinandersetzung zwischen den US-Behörden und Cheyenne-Indianern, die ihre Lebensweise als Jäger und Krieger nicht für ein Leben in Reservaten aufgeben wollen. Ein junger Landvermesser tritt als Indianerfreund und Vermittler auf, unterstützt von der zarten Häuptlingstochter, die er schließlich auch heimführt. Ein pathetisch-sentimentaler Indianerfilm, jonglierend mit klischiertem Edelmut und Stolz, routiniert, aber ohne Überraschungen innerhalb der Muster seines Genres inszeniert. Bemerkenswert allenfalls die positive Zeichnung der Indianer als eigenwillige, naiv-ehrenhafte »Wilde«. – Ab 10. ✦ Scope. USA 1954 **P** 20th Century Fox **KI** Centfox **Pd** Leonard Goldstein, Robert L. Jacks **R** Robert D. Webb **B** Delmer Daves, Leo Townsend, nach einer Erzählung von John Prebble **K** Lucien Ballard **M** Hugo Friedhofer **S** George Gittens **D** Robert Wagner (Josh Tanner), John Lund (Colonel Lindsay), Debra Paget (Appearing Day), Jeffrey Hunter (Little Dog), Eduard Franz (Häuptling Broken Hand), Noah Beery jr. (Lt. Ferguson), Virginia Leith (Ann Magruder), Emile Meyer (Magruder), Hugh O'-Brian, Milburn Stone (Commissioner Trenton), Iron Eyes Cody (Indianerhäuptling) **L** 102 **FSK** ab 6; f **E** 17.6.1955/1.1.1975 ZDF **fd** 4 327

DER WEISSE FLUCH (BELOE PROKLIATIJE). Eine Geschichte über Menschen, die in den kaukasischen Bergen als Angehörige der Berg- und Lawinenwacht ihren schweren Dienst und extreme Situationen zu bestehen haben. ✦ UdSSR 1987 **P** Lenfilm **R** Nikolai Kowalski **D** Lembit Ulfsak, Viktor Bytschkow, Alexandra Aasmae, Larissa Gussewa, Igor Dmitrijew **L** 82 **E** 12.1.1989 DFF 2

WEISSE FRACHT AUS PARIS (CARGAISON BLANCHE). Ein Journalist, der über Mädchenhandel recherchierte, wird ermordet. Eine junge Kollegin geht seinen Recherchen nach und kommt in einer finsteren Bar einem Mädchenhändlerring auf die Spur. Als man sie und einen Freund beseitigen will, erscheint die Polizei. Mischung aus düsterem Kriminal- und Reportagefilm, die dem Thema »Mädchenhandel« nichts Neues abgewinnen kann. Routiniert inszeniert, erreicht der Film durchaus eine atmosphärische Dichte, die er aber allzuoft nur aufbaut, um eine Plattform für die Hauptdarstellerin zu schaffen, die sich dann im Gegenlicht aus- und umzieht. ✦ Schwarz-weiß. Frankreich 1957 **P** C.G.C.-Filmel/Les Films Mars/Les Productions F. Lopez/C.C.F.C. **KI** Deutsche Cosmopol **Pd** Francis López **R** Georges Lacombe **B** Jacques Sigurd, Georges Lacombe, nach dem Reportage-Roman »Le chemin de Rio« von Jean Masson **K** Adolphe Charlet, Roger Hubert **M** Francis López **D** Françoise Arnoul (Françoise), Renée Faure (Madame Ploit), Jean-Claude Michel (Pierre), Judith Magre (Dora), Michel Salina (Monsieur Paul), Germaine Kerjean (Irma), Jean-Claude Brialy (Jean) **L** 92 **FSK** ab 18; nf **E** 18.2.1958 **fd** 6 754

WEISSE FRACHT FÜR HONGKONG (LE MYSTERE DE LA JONQUE ROUGE). Ein Rauschgiftschmuggler, der sich selbständig machen will, erpreßt zwei Flieger zur Beihilfe und wird durch sie zur Strecke gebracht. Ein ebenso aufwendiger wie anspruchsarmer Abenteuerfilm vor der exotischen Kulisse Hongkongs, hart und brutal. ✦ Scope. BR Deutschland/Frankreich/Italien 1964 **P** Rapid/Gala/Mercury/Societé Nouvelle de Cinématographie **KI** Gloria **Pd** Ludwig Spitaler **R** Helmuth Ashley **B** Werner P. Zibaso **K** Klaus von Rautenfeld **M** Willi Mattes **S** Herbert Taschner **D** Horst Frank (Robert Perkins), Maria Perschy (Claudia Laudon), Dietmar Schönherr (Ted Barnekow), Brad Harris (Larry McLean), Dorothee Parker (Susan Collins), Lili Mantovani (Nancy Lee), Philippe Lemaire (Laurent) **L** 89 **FSK** ab 16; nf **E** 20.3. 1964 **fd** 12 686

WEISSE FRACHT FÜR RIO (CARGAISON BLANCHE / LE CHEMIN DE RIO). Ein Journalist, der seit langem über den Mädchenhandel zwischen Barcelona und Rio recherchiert, findet endlich den Drahtzieher des illegalen Unternehmens. Seinem Informanten, der sich an seinem »Arbeitgeber« rächen will, gelingt es, dessen Tochter als »weiße Sklavin« zu verkaufen, doch wird er dafür umgebracht. Als die Bande hochgeht, kann auch die ebenfalls verschleppte Kollegin des Reporters befreit werden. Ein publikumswirksam inszenierter Kriminalfilm mit reißerischen Zügen nach einer authentischen Reportage. (Fernsehen: O.m.d.U.) ✦ Schwarz-weiß. Frankreich 1937 **P** Nero **KI** Tempo **R** Robert Siodmak **B** Herbert Juttke, G. Murray, Henri Jeanson, nach der Reportage »Cargaison Clandestine« von Jean Masson **K** René Gaveau **M** Paul Dessau **S** Yvonne Beaugé (= Marguerite Renoir) **D** Jean-Pierre Aumont (Henry Voisin), Käthe von Nagy (Marion), Jules Berry (Martini), Suzy Prim (Estella), Marcel Dalio (Ferez), Charles Granval (Blanco) **L** 94 **FSK** ab 18; nf **E** 13.3.1952/13.12.1994 N 3 **fd** 1 714

WEISSE FRAU AM KONGO (WHITE WITCH DOCTOR). Die abenteuerlichen Erlebnisse einer als Krankenschwester ausgebildeten jungen Missionshelferin im Dschungel des Jahres 1907. Nach dem Tod einiger Schurken kehren Friede und Frohsinn rings um die Krankenstation am Kongo ein. Urwaldromantik ohne besondere Ansprüche mit ausgezeichneten Landschaftsaufnahmen und einigen recht exotisch aufbereiteten Informationen über afrikanische Riten. (Fernsehtitel auch: »Weiße Frau im Kongo«) – Ab 14. ✦ USA 1953 **P** 20th Century Fox **KI** Centfox **Pd** Otto Lang **R** Henry Hathaway **B** Ivan Goff, Ben Roberts, nach einem Roman von Louise A. Stinetorf **K** Leon Shamroy **M** Bernard Herrmann **S** James B. Clark **D** Susan Hayward (Ellen Burton), Robert Mitchum (Lonni Douglas), Walter Slezak (Huysman), Mashood Ajala (Jacques), Joseph C. Narcisse (Utemba), Elzie Emanuel (Kapuka), Otis Greene (Bakuba-Junge) **L** 96 **FSK** ab 12; f **E** 25.12.1953 **fd** 3 158

WEISSE FRAU IM DSCHUNGEL (THE PLANTER'S WIFE / OUTPOST IN MALAYA). Nach 1945 kämpfen die Eingeborenen als Terroristen gegen die britischen Besatzer. Die ehemüde Frau eines Kautschukpflanzers verteidigt zusammen mit ihrem Mann das überfallene Besitztum. Ein allenfalls von schauspielerischem Ehrgeiz profitierender Abenteuerfilm mit exotischer Kulisse aus dem Studio, der zugleich Nervenkitzel und Melodram bieten will. – Ab 14 möglich. ✦ Schwarz-weiß. Großbritannien 1952 **P** Pinnacle/GFD **KI** Rank **Pd** John Stafford **R** Ken Annakin **B** Peter Broud, Guy Elmes, nach dem Roman »The Planter's Wife« von S. C. George. **K** Geoffrey Unsworth **M** Allan Gray **S** Alfred Roome **D** Claudette Colbert (Liz Frazer), Jack Hawkins (Jim Frazer), Anthony Steel (Insp. Hugh Dobson), Sonya Hana (Ah Moy), Andy Ho (Wan Li), Ram Gopal (Nair), Helen Goss (Eleanor Bushell) **L** 88 **FSK** ab 12; f **E** 5.12.1952 **fd** 2 223

WEISSE FRAU IM KONGO → Weiße Frau am Kongo

WEISSE FRAU IN AFRIKA (AFRICA SUTTO I MARI). In reichhaltiges Dokumentarmaterial über Unterwasserforschung an Nordafrikas Küste und im Roten Meer mit prächtigen Farbaufnahmen von Flora und Fauna des Meeres ist eine sehr dünne Spielfilmhandlung eingebettet: Während ihrer unfreiwilligen Mitreise auf der Jacht verliebt sich die verwöhnte Tochter des Geldgebers der Expedition in den schmucken Kapitän, der ihr das Leben rettet. – Ab 12. ✦ Italien 1953 **P** Titanus/Phönix **KI** Union **Pd** Alfred Baldoni **R** Giovanni Roccardi **B** Alessandro de Stefani **K** Giovanni Varriani, Angelo Jannarelli, K. T. Schulz (Unterwasser) **M** Bruno Lavagnino **D** Steve Barclay (Kapitän Paolo Ferano), Sophia Loren (Barbara), Umberto Melnati (Sebastiano Lama), Alessandro Fersen (Prof. Krauss), Fabio Montale (Franco) **L** 90 **FSK** ab 6; f **E** 11.12.1953 **fd** 3 424

DAS WEISSE GEHEIMNIS (L'ENIGME BLANCHE). Drama um vier Franzosen, die seit langem befreundet sind. Einer unterhält mit der Frau eines anderen ein Liebesverhältnis. Als der Betrogene dahinter kommt, verlangt er ein Ende der Affäre. Damit scheint die Sache für ihn erledigt. Bei einem Skiurlaub der fünf kommt der Liebhaber jedoch in einer Lawine zu Tode. ✦ Frankreich 1985 **R** Peter Kassovitz **B** Peter Kassovitz, Claude Veillot **D** Bulle Ogier (Appoline), Jean Rochefort (Henri), Bruno Cremer (Paul), Claude Rich (Maxence), François Marthouret (Jean), Dominique Marcas (Julie), Marcel Gassouk (Marcel) **L** 86 **E** 27.11.2000 tm 3

DIE WEISSE GÖTTIN DER KANNIBALEN (LA MONTAGNA DEL DIO CANNIBALE). Die Frau eines verschollenen Ethnologen zieht mit einer kleinen Expedition in den Urwald Neuguineas, angeblich, um ihren Mann, tatsächlich aber, um Uran zu suchen. Sie gerät in die Gefangenschaft von Kannibalen, denen sie nur mit Mühe entkommt. Ein inhaltlich und formal gleich schwacher Film mit einer Häufung grausamer Szenen. DVD: Die Extras umfassen u. a. ein Feature mit nicht verwendeten Szenen. – Wir raten ab. ✦ Italien 1977 **P** Dania/Medusa **KI** Nobis **VA** Ufa **DVD** BestBuyMovie (1.66:1, Mono dt.), Astro (2.35:1, Mono engl./dt.) **R** Sergio Martino **B** Cesare Frugoni, Sergio Martino **K** Giancarlo Ferrando **M** Guido de Angelis, Maurizio de Angelis **S** Eugenio Alabiso **D** Ursula Andress (Susan), Stacy Keach (Foster), Claudio Cassinelli (Manolo), Antonio Marsina (Arthur), Franco Fantasia (Pater Moise), T. M. Muna (Asaro) **L** 101 **FSK** ab 18; nf **E** 25.5. 1978/30.6.2000 DVD **fd** 20 786

DER WEISSE HAI (JAWS). Der Kampf dreier Männer gegen einen riesigen Hai, der einen Badestrand an der amerikanischen Ostküste bedroht. Der Film erweist sich trotz der überbetonten Schockeffekte vor allem im zweiten Teil als ein atmosphärisch dichter, vorzüglich gespielter Abenteuerfilm im Gefolge Herman Melvilles. DVD: Die Special Edition beinhaltet u. a. eine herausragende, ca. 60-minütige Dokumentation über die Enstehungsgeschichte des Films sowie eine unkommentierte Aneinanderreihung nicht verwendeter Szenen. ✦ Scope. USA 1974 **P** Universal **KI** CIC **VA** Universal **DVD** Universal Home (SE, 16:9, 2.35:1, DD5.1 engl./ Mono dt.) **Pd** Richard D. Zanuck, David Brown **R** Steven Spielberg **B** Peter Benchley, Howard Sackler (ungenannt), nach dem Roman »Jaws« von Peter Benchley **K** Bill Butler **M** John Williams **S** Verna Fields **D** Roy Scheider (Polizeichef Martin Brody), Robert Shaw (Quint), Richard Dreyfuss (Matt Hooper), Murray Hamilton (Bürgermeister Larry Vaughan), Lorraine Gary (Ellen Brody), Carl Gottlieb (Meadows) **L** 124 **FSK** ab 16; f **FBW** w **E** 18.12.1975/2.10.2000 Video/3.8.2000 DVD **fd** 19 584

DER WEISSE HAI 2 (JAWS II). Vor der Küste eines amerikanischen Badeortes versetzt ein weißer Hai die Gäste in Panik. Die Stadtverwaltung entledigt sich lästiger Warner und bringt dadurch eine Gruppe jugendlicher Segler in höchste Gefahr. Von einigen Änderungen abgesehen, hält sich der Film an die Story seines erfolgreichen Vorgängers »Der weiße Hai«. Diese zweite Version ist jedoch simpler und dramaturgisch weniger raffiniert; Spannung versucht der Film, der trotz mancher oberflächlicher Horroreffekte noch hinlänglich unterhält, ausschließlich durch die Musik zu erzielen. – Ab 16. ✦ Scope. USA 1978 **P** Universal **KI** CIC **VA** Universal **Pd** Richard D. Zanuck, David Brown **R** Jeannot Szwarc **B** Carl Gottlieb, Howard Sackler, Dorothy Tristan (ungenannt), frei nach dem Roman »Jaws« von Peter Benchley. **K** Michael Butler **M** John Williams **S** Neil Travis, Steve Potter, Arthur Schmidt, Freeman Davies, Michael T. Elias, Robert Hernandez, Sharrie Sanet Jacobsohn **D** Roy Scheider (Polzeichef Martin Brody), Murray Hamilton (Bürgermeister Larry Vaughan), Lorraine Gray (Ellen Brody), Mark Gruner (Mike Brody), Joseph Mascolo (Len Peterson) **L** 117 **FSK** ab 12; f **E** 8.2.1979/19.1.1986 ARD/2.10.2000 Video **fd** 21 088

DER WEISSE HAI III – 3-D (JAWS 3-D). In einer Lagune, die an der Küste Floridas zum Vergnügungspark mit Unterwasser-Attraktionen umfunktioniert wurde, terrorisiert ein menschenfressender Riesenhai Angestellte und Touristen. Ein vom Produktionsdesigner der beiden vorhergehenden Folgen hölzern inszeniertes und schlecht gespieltes Horrorspektakel mit teils wirkungsvollen, teils aber recht unappetitlichen Effekten. (Im Kino zu sehen im 3-D-Verfahren, ohne daß die »plastischen« Effekte den Film sonderlich eindrucksvoller erscheinen ließen.) – Ab 16 möglich. ✦ Scope. USA 1982 **P** Universal **KI** UIP **VA** Universal **Pd** Rupert Hitzig **R** Joe Alves **B** Richard Matheson, Carl Gottlieb, nach Motiven des Romans »Jaws« von Peter Benchley. **K** James A. Contner **M** Alan Parker, John Williams (Hai-Thema) **S** Randy Roberts **D** Dennis Quaid (Mike Brody), Bess Armstrong (Kathryn Morgan), Simon MacCorkindale (Philip Fitz Royce), Louis Gossett jr. (Calvin Bouchard), Lea Thompson (Kelly Ann Bukowski) **L** 98 **FSK** ab 16; f **E** 9.12.1983/23.12.1989 ARD/2.10. 2000 Video **fd** 24 339

DER WEISSE HAI – DIE ABRECHNUNG (JAWS: THE REVENGE). Ein mordlüsterner Hai folgt einer Familie, nachdem er bereits ein Familienmitglied getötet hat, bis zu den Bahamas und trachtet ihr auch dort nach dem Leben, ehe er in einem mörderischen Finale getötet wird. Außerordentlich dünner, vierter Aufguß eines Filmerfolges mit etlichen Längen und einigen unfreiwillig komischen Elementen, die sich aus dem mangelhaften Drehbuch ergeben. (TV-Titel auch: »Der weiße Hai IV – Die Abrechnung«) ✦ Scope. USA 1987 **P** Universal **KI** UIP **VA** CIC/Universal **Pd+R** Joseph Sargent **B** Michael De Guzman, sehr frei nach Motiven des Romans »Jaws« von Peter Benchley **K** John McPherson **M** Michael Small, John Williams (Hai-Thema) **S** Michael Brown **D** Lorraine Gary (Ellen Brody), Lance Guest (Polizeichef Michael Brody), Mario Van Peebles (Jake), Karen Young (Carla Brody), Michael Caine (Hoagie) **L** 91 (gek. 80) **FSK** ab 16; f (gek. 12) **E** 7.1.1988/Juli 1988 Video **fd** 26 606

DER WEISSE HASE. Geschichten vom Hasen, Wolf und Fuchs und anderen Waldtieren in Tiermärchen aus China. – Ab 6. ✦ Schwarz-weiß. **KI** Progress **R** Sun Wei-shih **B** Sun Wei-shih, nach einer Voralge von S. Mihalkow **K** Lien Cheng **M** Wang Yun-Chieh **D** Shih Mei-Ming (Weißer Hase), Hsu Hsiao-Hui (Weiße Häsin), Liu En-Tai (Brauner Hase), Chen Shih-Wen (Kleiner schwarzer Hase), Wang Yen-Hsi (Fuchs) **E** 1.6.1955 Kino DDR

WEISSE HAUT AUF SCHWARZEM MARKT. Ein als »Report« aufgemachter, läppischer Sexfilm, der in Episoden von pseudo-dokumentarischer Machart vorgeblich die Methoden von Mädchenhändlern aufzeigen will. Dabei wird weder aufgeklärt noch abgeschreckt, sondern lediglich mit den bekannten Elementen an Sex und Brutalität spekuliert. – Wir raten ab. ✦ Scope. BR Deutschland 1968 **P** Urania **KI** Avis **Pd** Erwin C. Dietrich **R+B** Michael Thomas (= Erwin C. Dietrich) **K** Peter Baumgartner **M** Walter Baumgartner **D** James Groot, Christiane Maybach, Peter Hamm, Astrid Byoner, Peter Capra **L** 81 **FSK** ab 18; nf **E** 24.1.1969 **fd** 15 958

WEISSE HAUT UND SCHWARZE SCHENKEL (WEISSE HAUT AUF SCHWARZEN SCHENKELN). Die Beziehungen zwischen weiß- und dunkelhäutigen Stripteasetänzerinnen und ein Selbstmordversuch bilden den kläglichen Handlungsfaden für meist lesbische Sexszenen. Ein Film aus der für derartig dürftige Produkte bekannten Fabrik Dietrich, der in üblicher Weise Frauen als Schau- und Reizobjekte für männliche Voyeure benutzt. – Wir raten ab. ✦ Schweiz 1976 **P** Elite **KI** Avis **Pd** Erwin C. Dietrich **R+B** Michael Thomas (= Erwin C. Dietrich), Erwin C. Dietrich **D** Esther Moser, Karl Gyslin, Diotta Fatou **L** 74 **FSK** SPIO: X **E** 14.6.1977 **fd** 20 559

DER WEISSE HENGST (1952/53) (CRIN BLANC OU LE CHEVAL SAUVAGE). Eine Herde wilder Pferde in der Camargue hat einen Hengst mit weißer Mähne als unzähmbaren Anführer, bis es einem kleinen Jungen gelingt, dessen Vertrauen zu gewinnen. Mißgünstige Pferdezüchter wollen sich der Herde bemächtigen, der Junge flüchtet mit Crin blanc ins Meer, beide ertrinken. Ein dokumentarischer Kurzspielfilm mit großartiger Farbgestaltung und außergewöhnlicher poetischer Dramaturgie. (Alternativtitel: »Der Hengst Crin Blanc«) – Sehenswert ab 8. ✦ Schwarz-weiß. Frankreich 1952/53 **P** Les Films Montsouris **KI** Schonger **R+B** Albert Lamorisse **K** Edmond Séchan **M** Maurice Le Roux **D** Alain Emery, Pascal Lamorisse **L** 47 **FSK** ab 6; f **E** 18.3.1955 **fd** 2 667

DER WEISSE HENGST (1967) (BRASLET – 2). Die Geschichte eines Pferdes in den Revolutionsjahren: Der Hengst Armband II. wird von seinem Betreuer über die Wirren am Kriegsende und über einen Hungerwinter gerettet, muß aber doch schließlich als Zugpferd gehen, um überleben zu können. Er kommt wieder auf die Rennbahn und erläuft seinen letzten Sieg. Gute Unterhaltung für größere Kinder. – Ab 10. ✦ Scope, schwarz-weiß. UdSSR 1967 **P** Lenfilm **KI** Progress **R** Lew Zuzulkowski, Michail Schamkowski **B** Albina Schulgina, W. Michaidow, nach einem Roman von L. Brandt **K** Jewgeni Mesenzew **M** Murad Kashlajew **D** Oleg Shakow, Wladimir Worobjow, Wassili Liwanow, Sergej Plotnikow, P. Sasowski **L** 72 **E** 21.6.1968 Kino DDR

WEISSE HERRIN AUF JAMAICA (JAMAICA RUN). Uralte Erbschaftsangelegenheiten wegen einer Zucker-Plantage auf Jamaica werden von einem betrügerischen Makler mit gefälschtem Kaufvertrag aufgerollt. Nach Eifersucht, Mord, Voodoo-Folklore, Unterwasserkampf und Gerichtsverhandlung finden sich zwei Paare; das Besitztum ist in Flammen aufgegangen. Ein routiniert inszenierter Abenteuerfilm mit einer Überfülle an melodramatisch aufgeladenen Verstrickungen, der vor allem durch die hervorragende Fotografie das Flair eines tropischen Märchens gewinnt. – Ab 14 möglich. ✦ USA 1953 **P** Paramount **KI** Paramount **R** Lewis R. Foster **B** Max Murray, Lewis R. Foster, nach einer Erzählung von Max Murray **K** Lionel Lindon **M** Lucien Cailliet **D** Ray Milland (Patrick Fairlie), Arlene Dahl (Ena Dacey), Wendell Corey (Todd Dacey), Patric Knowles (William Montague), Laura Elliot (Janice Clayton), Carol McComas (Mrs. Dacey) **L** 92 **FSK** ab 12; f **E** 24.9. 1954/7.5.1994 PRO 7 **fd** 3 550

WEISSE HERRIN IM SKLAVENKAMP (MANDINGA). Der Cousine der verstorbenen Frau eines sadistischen Farmers in den Südstaaten der USA mißlingt der Versuch, durch Heirat den Besitz des alternden Mannes zu erwerben. Als dessen Schwiegertochter ein schwarzes Kind zur Welt bringt und sich herausstellt, daß sie ihre Existenz dessen Seitensprung mit einer Sklavin verdankt, eskalieren die Ereignisse in Mord und Totschlag. Ein dilettantischer Versuch, die aus dem Film »Mandingo« (1974) vertraute Sklavenfarmstory an Sex und Sadismus noch zu übertreffen. (Alternativtitel: »Mandinga«) – Wir raten ab. ✦ Scope. Italien 1977 **P** S.E.F.I. **KI** Apollo/Peiper/CH-Film/Avis **VA** VMP/ITT **R** Mario Pinzauti **B** Mario Pinzauti, Caporali **M** Marcello Giombini **D** Carlogero Caruna, Antonio Gismondi, Seralino Prolumo, Maria R. Riuzzi **L** 80 **FSK** ab 18; nf **E** 9.9.1977/1980 Video **fd** 20 543

WEISSE HOCHZEIT (NOCE BLANCHE). Ein älterer Philosophieprofessor verliebt sich in ein verschlossenes 17jähriges Mädchen an seinem Gymnasium. Die »Amour fou« endet mit der Strafversetzung des Pädagogen und dem Selbstmord des Mädchens. Eine in den gestalterischen Mitteln gelegentlich unfreiwillig komische französische Variante des Themas aus dem amerikanischen Erfolgsfilm »Eine verhängnisvolle Affäre« (1987), optisch nichtssagend, voller abgestandener Lebensweisheiten. Was im Film entschieden zu kurz kommt, ist die Tristesse der ungleichen Beziehung. Eindrucksvoll immerhin: der französische Popstar Vanessa Paradis. (Videotitel: »Baby Blue«) ✦ Frankreich 1989 **P** Les Films du Losange/La Sept/La Sorcière Rouge/Sofica Investimage/Investimage 2 **KI** prokino **VA** atlas **Pd** Margaret Ménégoz **R+B** Jean-Claude Brisseau **K** Romain Winding **M** Jean Musy **S** Maria-Luisa Garcia **D** Vanessa Paradis (Mathilde Tessier), Bruno Cremer (François Hainaut), Ludmila Mikael (Catherine Hainaut), François Négret (Carpentier), Jean Dasté (Hausmeister in Dünkirchen), Véronique Silver **L** 92 **FSK** ab 16; f **FBW** w **E** 7.6.1990/20.6.1991 Video **fd** 28 340

WEISSE HÖLLE (HIGH ICE). Beim Versuch einer schwierigen Gipfelbesteigung in den nordamerikanischen Kordilleren gerät eine Gruppe unerfahrener Bergsteiger in eine ausweglose Situation. Unter dramatischen Umständen wird eine Rettungsaktion per Hubschrauber gestartet, bei der sich ein erfahrener Bergführer selbst opfert. Spannungsgeladener Abenteuerfilm, der psychologisch den konventionellen Mustern des Katastrophenfilms verhaftet ist, jedoch durch atemberaubende Stunts vor beeindruckender Naturkulisse fesselt. – Ab 16. ✦ USA 1980 **P** E.S.J. Productions **VA** Thorn EMI **R** Eugene S. Jones **B** Sy Gomberg, Jack Turley **K** Robert E. Collins **M** Robert O. Ragland **D** David Janssen (Ranger MacDonald), Tony Musante (Colonel Thatcher), Dorian Harewood (Lt. Zack Hawkins), Madge Sinclair (Dr. Pittman), Gretchen Corbett (Liz), Allison Argo (Kathy) **L** 95 **E** 26.12.1984 ARD

WEISSE HÖLLE MONT BLANC (NACHT AM MONT BLANC). Bergfilm mit genreüblicher Liebesgeschichte, einer belanglosen Kriminalhandlung und eindrucksvoller Naturkulisse. Einer der wenigen Filme, in denen Harald Reinl, ehemaliger Alpinist und Skisportler, auf die Erfahrungen zurückgriff, die er als Schüler und Mitarbeiter von Arnold Fanck und Leni Riefenstahl sammelte. (Alternativtitel: »Fegefeuer der Liebe«, »Nacht am Mont Blanc«; DDR: »Schmuggler am Montblanc«) – Ab 12. ✦ Schwarz-weiß. Österreich 1951 **P** Hope **KI** Gloria **Pd** August Weiser **R+B** Harald Reinl **K** Walter Riml **M** Giuseppe Becce **D** Dagmar Rom (Monika), Dietmar Schönherr (Leutnant Vigo), Baldur von Hohenbalken (Hans), Geraldine Katt (Frau Wimmer), Oskar Sima (Portier) **L** 80 **FSK** ab 12; f **E** 16.11.1951/23.10.1953 Kino DDR **fd** 1 496

DIE WEISSE HÖLLE VOM PIZ PALÜ. Ein fanatischer Bergsteiger in den Dolomiten, der jährlich den Gipfel am Todestag seiner dort verunglückten Frau besteigt, opfert sich für ein durch eine Lawine in Todesgefahr geratenes junges Paar. Trotz der hineingemischten Magie des Bergrauschs eine Pioniertat des Stummfilms (1935 mit neuer Musik und mit Sprache unterlegt): Unter härtesten Bedingungen entstanden fantastisch schöne Aufnahmen vom Klettern und der Rettungsaktion mit dem Kunstflieger Ernst Udet. (Die Originalversion, rund 40 Minuten länger als die gängige Kinofassung, wurde 1996 wiederentdeckt, restauriert und mit einer neuen Filmmusik von Ashley Irwin versehen; diese Fassung war erstmals 1998 auf arte zu sehen.) DVD: Enthalten ist die Stummfilmfassung von 1929. – Ab 10. ✦ Schwarz-weiß. Deutschland 1929/35 **P** H. R. Sokal-Film (Stummfilmfassung von 1929)/H.T.-Film (Tonfassung von 1935) **KI** Goldeck **DVD** Kinowelt Home (FF, Mono dt. ZT) **R** Arnold Fanck, Georg Wilhelm Pabst **B** Arnold Fanck, Ladislaus Vajda **K** Sepp Allgeier, Richard Angst, Hans Schneeberger **M** Giuseppe Becce (Stummfilmfassung), Willy Schmidt-Gentner (Neufassung) **S** Arnold Fanck **D** Leni Riefenstahl (Maria Majoni), Gustav Diessl (Dr. Johannes Krafft), Ernst Petersen (Hans Brandt), Ernst Udet (der Flieger), Mizzi Götzel (Maria Krafft) **L** 92 (restaur.: 132) (DVD 132) **FSK** ab 12; **f E** 22.10.1929 (Stummfilm)/23.12.1935 (Tonfilm)/25.12.1965 ZDF/16.4. 1998 arte (restaurierte Stummfilmfassung)/7.10. 1999 DVD

DER WEISSE HUND VON BEVERLY HILLS → Weiße Bestie

DAS WEISSE IM AUGE (DEATH WISH IV – THE CRACKDOWN). Der Architekt Paul Kersey, der in den früheren Filmen der »Ein Mann sieht rot«-Serie Frau, Tochter und Freund durch Mörderhand verlor, will den Tod der Tochter seiner Geliebten rächen, die durch eine Überdosis Rauschgift starb. Dazu hetzt er zwei konkurrierende Dealer-Banden aufeinander. Als Oberschurke wird schließlich ein reicher Geschäftsmann entlarvt, der auch Schuld am Tod des Mädchens trägt. Ein handwerklich routiniertes, gedanklich billiges Serienprodukt, das nur in seinen Brutalitäten ein überdurchschnittliches Maß erreicht. – Wir raten ab. ✦ USA 1987 **P** Cannon **KI** Scotia-Cannon **VA** Cannon/VMP **Pd** Pancho Kohner **R** J. Lee Thompson **B** Gail Morgan Hickman **K** Gideon Porath **M** Paul McCallum, Valentine McCallum, John Bisharat **S** Peter Lee Thompson **D** Charles Bronson (Paul Kersey), Kay Lenz (Karen Sheldon), John P. Ryan (Nathan White), Perry Lopez (Ed Zacharias), George Dickerson (Detective Reiner), Soon-Teck Oh (Detective Nozaki), Dana Barron (Erica Sheldon) **L** 99 **FSK** ab 18; nf **E** 14.7.1988/30.11.1988 Video **fd** 26 990

DER WEISSE INDIANER → Buffalo Bill, der weiße Indianer

WEISSE JUNGS BRINGEN'S NICHT (WHITE MEN CAN'T JUMP). Ein als Trottel auftretender weißer Basketballspieler und ein schwarzer Ballkünstler in Los Angeles schlagen ihre Gegner, indem sie sich die Vorurteile gegenüber weißen Spielern zunutze machen. In den Sportsequenzen fulminant choreografierte und inszenierte »kleine« Komödie, die in den Nebenhandlungen etwas schwunglos, aber dank ausgezeichneter Darsteller stets vergnüglich ist und mit aufreizender Leichtigkeit »Vorurteile« ad absurdum zu führen versteht. – Sehenswert ab 14. ✦ USA 1991 **P** Finger Roll Inc. **KI** 20th Century Fox **VA** Fox **DVD** Fox Home (16:9, 1.85:1, DD2.0 engl./dt.) **Pd** Don Miller, David Lester **R+B** Ron Shelton **K** Russell Boyd **M** Bennie Wallace **S** Paul Seydor **D** Wesley Snipes (Sidney Deane), Woody Harrelson (Billy Hoyle), Rosie Perez (Gloria Clements), Tyra Ferrell (Rhonda Deane), Cylk Cozart (Robert) **L** 115 **FSK** ab 12; f **FBW** w **E** 21.1.1993/8.7.1993 Video/ 26.7.2001 DVD **fd** 30 029

WEISSE KARAWANE (BJELYJ KARAWAN). Trotz der Liebe zu einer Arbeiterin einer Fischfabrik zieht es einen Verliebten in die Stadt. Nach dem Unfalltod seines Vaters kehrt er zu seiner Familie zurück. ✦ Schwarz-weiß. UdSSR 1964 **P** Grusia **R** Eldar Schengelaja, Tamas Meliawa **B** Merab Eliosischwili, L. Kalaschnikow **K** G. Kalatosischwili, Leonid Kalaschnikow **M** I. Geshadse **D** Imeda Kachiani, Ariadna Schengelaja, Spartak Bagaschwili, Merab Eliosischwili **L** 90 **E** 25.1.1966 DFF 1

DER WEISSE KILLER → The Last Jaws – Der weiße Killer

WEISSE KORRIDORE → Serum 703

DIE WEISSE KRANKHEIT (BILA NEMOC). In einem von einem Marschall diktatorisch regierten Land, das sich auf einen Offensivkrieg zur Lebensraumerweiterung vorbereitet, bricht eine mörderische Epidemie aus. Ein einfacher Armenarzt entdeckt das einzige Heilmittel, weigert sich aber, sein Verfahren preiszugeben, solange der Marschall nicht die Rüstung einstellt. Als dieser von der Krankheit befallen wird, bricht er die inzwischen gestartete Offensive ab und wandelt sich zum Friedensstifter, obwohl der Arzt inzwischen getötet wurde und niemand seine Formel kennt. In Form einer utopischen Parabel will der Film Stellung zur damaligen Zeitgeschichte beziehen. Dieses Anliegen, vor allem aber seine Betonung der Menschlichkeit sowie sein Appell an das Engagement des einzelnen machen ihn auch heute noch mehr als filmhistorisch interessant, wenngleich er durch die zeitliche Distanz viel von seiner Wirkung eingebüßt hat. – Ab 14 möglich. ✦ Schwarz-weiß. CSR 1937 **P** Filmstudio Barrandov/Moldavia **R** Hugo Haas **B** Hugo Haas, nach dem gleichnamigen Theaterstück von Karel Capek **K** Otto Heller **M** Jan Branberger **D** Hugo Haas (Dr. Galén), Bedrich Karen (Prof. Sigelius), Zdenek Stepánek (Marschall), Václav Vydra (Baron Krog), Ladislav Bohác (Sohn des Barons), Karla Loicora **L** 110 **E** 31.1.1984 DFF 1

WEISSE KREIDE FÜR FRANZISKA. Ein kleines Mädchen, das sehnsüchtig den Tag seiner Einschulung erwartet, wird krank und verpasst den großen Augenblick. Seine Enttäuschung wird durch liebevolle Eltern und Freunde gemildert. Kinderfilm des DDR-Fernsehens. ✦ DDR 1989 **P** DFF **Pd** Peter Mäbert **R** Fred Noczynski **B** Fred Noczynski, Martin Rötger **K** Martin Rötger **M** Antonio Vivaldi **S** Juliane Gemmecke **D** Manja Lucke (Franziska), Martin Stierand (Jan), Verena Stolle (Tina), Heike Meyer (Mutter), Frank Metzger (Vater), Waltraut Kramm (Oma), Horst Weinheimer (Opa), Günter Naumann (Paul Gruhn) **L** 60

WEISSE LOTOSBLÜTE (BAI LIANHUA). Ein Abenteuerfilm, der zur Zeit der revolutionären Kämpfe im Nordwesten Chinas im Herbst 1935, kurz vor Beendigung des »langen Marsches« spielt. Eine temperamentvolle und waghalsige Frau, Anführerin einer Bande, versucht, auf ihre Weise Gerechtigkeit herzustellen. Der weibliche Robin Hood kämpft gegen die Reichen und engagiert sich für die Armen. ✦ VR China 1982 **P** Filmstudio Shanghai **R** Zhong-Shu Huang, Sun Yong Ping **B** Xie Hong, Zhang Hua Xun **K** Ying Fu Kang, Zheng Hong **L** 90 **E** 24.3.1984 DFF 2

DIE WEISSE LÖWIN (DEN VITA LEJONINNAN). In einer südschwedischen Kleinstadt wird die Leiche einer jungen Frau gefunden. Nach der Explosion des Hauses, vor dem sie lag, werden dort Gegenstände entdeckt, die auf eine von Südafrika ausgehende Verschwörung gegen hochrangige Politiker hindeuten. Politthriller nach einem schwedischen Bestseller-Roman, angesiedelt im Süden Schwedens und im südafrikanischen Cape Town. – Ab 16. ✦ Schweden 1996 **P** Sandrew/SVT2 **Pd** Katinka Farago, Gertrud Bengtsson **R** Pelle Berglund **B** Lars Björkman, nach einem Roman von Henning Mankell **K** Tony Forsberg **M** Thomas Lindahl **S** Leif Kristiansson **D** Rolf Lassgard (Kurt Wallander), Charlotte Sieling (Baiba), Ceicilia Zwick-Nash (Linda), Jesper Christensen (Konovalenko), Tshamano Sebe (Mabasha), Basil Appollis **L** 104 **E** 12.12.1997 N 3

DIE WEISSE MAFIA (BISTURI LA MAFIA BIANCA). Korrupte Ärzte nutzen die Mißstände im italienischen Gesundheitswesen schamlos für sich aus. Dank ihrer exponierten Stellung gelingt es ihnen, einen Skandal zu vertuschen und sich der Bestrafung zu entziehen. Die Kritik bleibt oberflächlich, eine tiefgreifende Analyse wird gar nicht erst versucht. Die simple Handlung bleibt unglaubwürdig, nicht zuletzt weil zuviel in sie hineingepackt wurde: Boykott der Gesundheitsreformen, Karrieredenken, Vetternwirtschaft, wobei dies undifferenziert allen Ärzten angelastet wird. – Ab 16. ✦ Italien 1973 **P** Roberto Loyola Cinematografica **KI** Bavaria **R** Luigi Zampa **B** Dino Maiuri, Massimo De Rita, Luigi Zampa **K** Giuseppe Ruzzolini **M** Riz Ortolani **S** Franco Fraticelli **D** Enrico Maria Salerno (Prof. Vallotti), Gabriele Ferzetti, Senta Berger, Luciano Salce, Claudio Gora, Tina Lattanzi, Enzo Garinei, Sandro Dori **L** 102 **E** 24.11. 1978 Kino DDR/31.10.1981 DFF 2/1983 Video **fd** 23 860

DIE WEISSE MAJESTÄT (UN DE LA MONTAGNE). Melodram um einen jungen Bergführer, der als unehelich Geborener im Dorf zum Außenseiter wird und sich verbittert in die Einsamkeit zurückzieht. Als man ihm ungerechtfertigt die Schuld am Tod eines Kletterers zuschiebt, macht er sich zu einer gefährlichen Erstbesteigung auf, um Anerkennung und die geliebte Braut zu gewinnen. Dem Heimatfilm, der in seinem Entstehungsjahr Aufsehen erregte, mangelt es trotz handwerklicher Qualitäten auf Grund pathetischer Klischees und des theatralischen psychologischen Konflikts an Glaubwürdigkeit. (Eine zehn Minuten kürzere Version wurde teilweise mit anderen Darstellern und technischen Mitarbeitern von Serge de Poligny und René Le Hénaff inszeniert.) – Ab 14 möglich. ✦ Schwarz-weiß. Deutschland/Schweiz/ Frankreich 1933 **P** Genossenschaft Filmdienst (GEFI)/ Bavaria/Exclusivités Giovanni Seyta **Pd** August Kern, Giovanni B. Seyta **R** Anton Kutter **B** Anton Kutter, August Kern **K** Otto Martini, Richard Angst **M** Peter Kreuder, Hilmar Georgi **S** Ella Ensink **D** Gustav Diessl (Jakob Burckhardt), Hertha Thiele (Monika Amatter), Beni Führer (Veit Amatter), Max Weydner (Amatter), Stephan Bloetzer (Stefan Thöni), Emil Höfer (Posthalter Thöni), Rolf Pinegger (Gemeindepräsident) **L** 100 (TV 94) **E** 18.1.1934/13.1.1990 EINS PLUS

WEISSE MARGERITEN (ELENA ET LES HOMMES / ELIANA E GLI UOMINI). Die noch junge, ebenso schöne wie extravagante Witwe eines polnischen Grafen in Paris, trägt sich mit dem Gedanken, einen Industriellen zu heiraten. Sie wird jedoch in hochpolitische Intrigen verwickelt und lernt dabei die wirkliche Liebe ihres Lebens kennen. Ein brillant gestaltetes und gespieltes Gemälde aus der Zeit vor der Jahrhundertwende, das seine opulent ausgestattete Geschichte verwirrend detailfreudig erzählt. Amüsant und witzig inszeniert, wenn auch nicht ohne Sentimentalitäten. (Titel auch: »Elena und die Männer«) – Ab 16. ✦ Frankreich/Italien 1956 **P** Franco-London/Les Films Gibé/Electra Compania Cinematografica **KI** Minerva **Pd** Louis Wipf **R** Jean Renoir **B** Jean Renoir, Jean Serge **K** Claude Renoir **M** Joseph Kosma, Georges van Parys **S** Borys Lewin **D** Ingrid Bergman (Eléna Sorokovska), Mel Ferrer (Henri de Chevincourt), Jean Marais (General Rollan), Magali Noël (Lolotto), Jean Richard (Hector), Juliette Gréco (Miarka) **L** 85 (Orig. 95) **FSK** ab 12; nf **E** 28.11.1958/ 28.8.1971 DFF 1 **fd** 7 374

DER WEISSE MOHR (HARAP ALP). Die mit ironischer Distanz und viel Vergnügen an Dekorationen und filmischen Effekten erzählte Geschichte eines mißratenen Königssohnes, der davon träumt, er sei der Held eines bekannten Märchens. Die Verfilmung eines Kunstmärchens von Ion Creanga (1837–1889), die ausgiebig und lustvoll mit Traum- und Märchenszenerien und -klischees jongliert. – Sehenswert ab 8. ✦ Schwarz-weiß. Rumänien 1965 **P** Filmstudio Bucuresti **KI** Progress **R** Ion Popescu-Gopo **B** Ion Popescu-Gopo, nach dem Roman »Harap alp« von Ion Creanga **K** Grigore Ionescu **M** Dumitru Capoianu **D** Florin Piersic, Lica Gheorghiu, Cristea Avram, Irina Petrescu **L** 85 **E** 21.10.1966 Kino DDR/23.5.1968 ARD/26.7.1968 DFF 1 **fd** 15 490

DIE WEISSE NACHT (LA NUIT BLANCHE). Der weibliche Star eines Pariser Cabarets hat aus niederträchtiger Gewinnsucht den Tod eines Testpiloten verursacht. Bei ihren Gesangstourneen fällt ihr ein gutaussehender Herr auf. Sie lernt ihn kennen und stellt fest, daß er der Vater des Testpiloten ist, der sich an ihr rächen will. Inzwischen hat er sich aber in sie verliebt und begeht schließlich Selbstmord. Sie verfällt dem Wahnsinn. Ein vom Thema konventionelles Melodram, das jedoch ausgesprochen sorgfältig inszeniert ist und dadurch ein bemerkenswertes Maß an Intensität erzielt. (Im November 1948 wurde der Film in einer nicht offiziellen Aufführung in Berlin erstmals aufgeführt; Titel auch: »Urteil einer Nacht«) – Ab 16 möglich. ✦ Schwarz-weiß. Frankreich 1948 **P** Tellus **Kl** Central-Europäischer Verleih **R** Richard Pottier **B** Yvan Noé **K** Robert Le Febvre **M** Joe Hajos **D** Pierre Brasseur, Pierre Larquey, Claude Farrel, Arlette Merry, Jacqueline Duc **L** 92 **FSK** ab 16; nf **E** 1952 Kino **fd** 1 603

WEISSE NÄCHTE (1957) (LE NOTTI BIANCHE / LES NUITS BLANCHES). Sehr frei nach der zarten Liebeserzählung von Dostojewski beschreibt der Film Sehnsucht und Enttäuschung einer jungen Frau, die auf den unbekannten und unerreichbar fernen Geliebten wartet und dabei den treuen Beschützer und Hüter ihrer Träume in nächster Nähe übersieht. Vom St. Petersburg des Jahres 1850 Jahre in ein modernes italienisches Milieu verlegt, beeindruckt die romantische, zutiefst melancholische Geschichte, die sich gelegentlich in atmosphärische Düsterkeit hineinsteigert, weniger durch darstellerische Leistungen (Ausnahme: Mastroianni) als vielmehr durch inszenatorischen Reichtum und optische Brillanz. Die ausschließlich im Studio realisierte Produktion war eine »Übung in Künstlichkeit« für den früher auf »location shooting« spezialisierten Neorealisten Visconti und fesselt durch die raffinierte Verschmelzung von Theaterästhetik und Filmsprache zu einem heiter-melancholischen Traumspiel. – Sehenswert ab 16. ✦ Schwarz-weiß. Italien/Frankreich 1957 **P** Cinematografica Associata/Vides-Intermondia/UMPO **Kl** Rank **Pd** Franco Cristaldi **R** Luchino Visconti **B** Suso Cecchi d'Amico, Luchino Visconti, nach der Erzählung »Belye Nochi« von Fjodor Michailewitsch Dostojewski **K** Giuseppe Rotunno **M** Nino Rota **S** Mario Serandrei **D** Maria Schell (Natalia), Marcello Mastroianni (Mario), Jean Marais (Seemann), Clara Calamai (Straßendirne), Marcella Rovena (Hausfrau), Elena Fancera (Kassiererin), Alberto Carloni (Wirt) **L** 97 **FSK** ab 16; f **FBW** w **E** 21.2.1958 **fd** 6 713

WEISSE NÄCHTE (1960) (BELYJE NOTSCHI). Die Lebensbeichte eines einsamen alten Mannes, eines Träumers, der in der Erinnerung den Sinn seines Lebens zu finden versucht. Eine weitgehend literaturgetreue Dostojewski-Verfilmung. – Ab 16. ✦ UdSSR 1960 **P** Mosfilm **Kl** Progress **R** Iwan Pyrjew **B** Iwan Pyrjew, nach der Erzählung »Bjelije Notschi« von Fjodor Dostojewski **K** Valentin Pawlow **M** Alexander Glasunow, Arnold Roitman, Sergej Rachmaninow, Gioacchino Rossini, Richard Strauss, Alexander N. Skrjabin **D** Oleg Strishenow (Träumer), Ludmilla Matschenko (Nastenka), Anatoli Fedorinow (Untermieter), Vera N. Popowa (Großmutter), S. Charitonowa (Fjokla) **L** 75 **E** 12.10.1962 Kino DDR/9.1.1965 BR III

DER WEISSE PUDEL (BELY PUDEL). Ein weißer Pudel wird entführt, kann aber zu dem kleinen Wanderzirkus zurückkehren, in dem er seine Kunststücke vorführt. – Ab 6. ✦ UdSSR 1956 **P** Filmstudio Odessa **Kl** Progress **R** Marianne Roschal, Wladimir Schredel **B** Grigori Grebner **K** A. Boltjanski **M** A. Murwaljew **D** W. Kolzow (Lodyshkin), Wolodja Poljakow (Serjosha) **L** 71 **E** 7.6.1957 Kino DDR/22.6.1958 DFF 1

DER WEISSE RAUSCH. Eine junge Berlinerin und zwei Hamburger lernen in St. Anton am Arlberg das Skilaufen. Die dünne Handlung ist nur Aufhänger für die Darstellung des Skisportes mit den besten Skiläufern der damaligen Zeit. Mit hervorragenden Aufnahmen der Skifahrten und der Landschaft am Arlberg. (Weitere Titel: »Neue Wunder des Schneeschuhs«, »Skiteufel im Alpenparadies«, »Die weißen Teufel«) – Ab 10. ✦ Schwarz-weiß. Deutschland 1930/31 **P** Sokal **Kl** Goldeck **VA** Arcade **Pd+R+B** Arnold Fanck **K** Richard Angst (Außenaufnahmen), Kurt Neubert (Außenaufnahmen), Hans Karl Gottschalk (Atelier) **M** Paul Dessau, Fritz Goldschmidt **S** Arnold Fanck **D** Leni Riefenstahl (Leni), Hannes Schneider (Hannes), Guzzi Lantschner (Hamburger Zimmermann), Walter Riml (Hamburger Zimmermann), Rudi Matt (Rudi Matt) **L** 84 **FSK** ab 6; nf **E** 10.12.1931/Oktober 1997 Video

DER WEISSE RAUSCH – EINST UND JETZT. Dokumentarischer Film, der Ausschnitte aus berühmten alten Skifilmen mit neuerem Material kompiliert, das überwiegend Reportagen von Olympischen Winterspielen (von St. Moritz, 1948, bis Innsbruck, 1964) und Wintermeisterschaften beinhaltet. Ein Ausschnitt aus Arnold Fancks »Wunder des Schneeschuhs« (1919) ist ebenso zu sehen wie eine längere Sequenz aus »Der weiße Rausch« (1931). Angesichts der Schönheit mancher Landschafts- und Sportaufnahmen bedauert man um so mehr die lieblos-billige Zusammenstellung der Beiträge, die weder die Entwicklung des Sports oder die historischen Zeitumstände noch filmische Aspekte befriedigend analysiert. – Ab 16 möglich. ✦ Teils schwarz-weiß. BR Deutschland 1920/65 **P** Insel **Kl** Insel **R+B** Guzzi Lantschner, Wolfgang Müller-Sehn **M** Friedrich Meyer **L** 85 **FSK** ab 6; f **FBW** w **E** 1965 Kino

DER WEISSE REITER (THE LONE RANGER). Ein nach einer Fernsehserie anspruchslos, aber durchaus spannend gefertigter Western nach dem Vorbild der »Zorro«-Filme: Durch Verkleidung unkenntlich gemacht, reitet, schlägt und schießt ein Einzelkämpfer in artistischer Überlegenheit für Gesetz und Ordnung, weil sich habgierige Siedler Silberminen im Indianerreservat aneignen und die »Rothäute« ausrotten wollen. Nach getaner Arbeit reitet er (wie 12 Jahre lang im Fernsehen) mit seinem treuen Pferd dem Sonnenuntergang entgegen. – Ab 14. ✦ USA 1956 **P** Warner Bros. **Kl** Warner **Pd** Willis Goldbeck, Jack Wrather **R** Stuart Heisler **B** Herb Maedow, nach einer »Lone Ranger«-Erzählung **K** Edwin DuPar **M** David Buttolph **S** Clarence Kolster **D** Clayton Moore (Lone Ranger), Jay Silverheels (Tonto), Lyle Bettger (Reece Kilgore), Bonita Granville (Welcome Kilgore), Perry Lopez (Ramirez), Robert J. Wilke (Cassidy), John Pickard (Sheriff Kimberley), Beverly Washburn (Lila), Michael Ansara, Frank de Kova, Charles Meredith, Lane Chandler **L** 86 **FSK** ab 12; nf **E** 14.9.1956 **fd** 5 287

DAS WEISSE RENTIER (VALKOINEN PEURA (DEN VITA RENEN)). Die Verfilmung der Legende vom weißen Ren aus Lappland. Im Mittelpunkt steht eine junge schöne Frau. Im Winter nach ihrer Hochzeit geschehen seltsame Dinge, und die Frauen weinten, wenn ihre Männer zur Jagd auf das weiße Rentier gingen. ✦ Schwarz-weiß. Finnland 1952 **P** Junior-Film **R** Erik Blomberg **B** Mirjami Kuosmanen, Erik Blomberg, nach einer Legende aus Lappland **K** Erik Blomberg **M** Einar Englund **D** Mirjami Kuosmanen, Kalervo Nissila, Åke Lindman, Jouni Tapiola, Arvo Lehesmas **L** 67 **E** 2.12.1969 DFF 1

DIE WEISSE ROSE. Die Geschichte des Widerstands der Studentengruppe um die Geschwister Scholl gegen das Terror-Regime der Nazis, die 1943 mit deren Verurteilung und Hinrichtung endet. Ein um Objektivität und Authentizität bemühtes Porträt. Zwar vernachlässigt der Film den für einen Teil der Gruppe nicht unwesentlichen religiösen Hintergrund und bleibt formal einer konventionellen Dramaturgie verhaftet, doch gelingt ihm eine seriöse Auseinandersetzung mit dem Problem des politischen Widerstandes im nazistischen Deutschland. – Ab 14. ✦ BR Deutschland 1982 **P** Sentana/CCC Filmkunst/HR **Kl** Filmverlag der Autoren **Pd** Michael Verhoeven, Artur Brauner, Hans Prescher, Dietmar Schings **R** Michael Verhoeven **B** Michael Verhoeven, Mario Krebs **K** Axel de Roche **M** Konstantin Wecker **S** Barbara Hennings **D** Lena Stolze (Sophie Scholl), Wulf Kessler (Hans Scholl), Oliver Siebert (Alex Schmorell), Ulrich Tukur (Willi Graf), Werner Stocker (Christoph Probst), Martin Benrath (Prof. Huber), Anja Kruse (Tante Lafrenz) **L** 123 **FSK** ab 12; f **FBW** bw **E** 24.9.1982/18.2.1983 Kino DDR/8.9.1985 DFF 1 **fd** 23 649

DER WEISSE SCHATTEN → Feind im Dunkel

WEISSE SCHATTEN (1928) (WHITE SHADOWS IN THE SOUTH SEA). Ein zivilisationsgeschädigter, dem Alkohol verfallener Arzt hat sich auf den Marquesas-Inseln in der Südsee zum Verteidiger der Eingeborenen gegen einen habgierigen, skrupellosen Händler gemacht. Als dieser ihn auf offener See aussetzt, landet er als erster Weißer auf einer fremden Insel und verliebt sich in die Häuptlingstochter des dort ansässigen Stammes. Doch der Bösewicht läßt kein Happy-End zu. Stummfilm, der die Südsee-Inseln mit romantisierender Verklärung beschreibt und die Hollywood-Idylle eines Urlaubstraums zaubert. Trotz engagierter Bildgestaltung allenfalls noch dadurch von historischem Interesse, daß Robert J. Flaherty die Regie noch vor Drehbeginn abgab, weil er mit den Vorstellungen des Produzenten nicht einverstanden war. Der Film wurde nachträglich zum ersten Tonfilm von MGM »aufgerüstet«. – Ab 14. ✦ Schwarz-weiß. USA 1928 **P** MGM/Cosmopolitan **R** W. S. van Dyke **B** Jack Cunningham, Bob Roberts, nach einem Roman von Frederic O'Brien **K** Clyde de Vinna, George Nagle **M** William Axt, David Mendoza **D** Monte Blue (Dr. Matthew Lloyd), Raquel Torres (Faraway), Robert Anderson (Sebastian) **L** 88 **E** 2.11.1988 West 3

WEISSE SCHATTEN (1951). Ein Ingenieur nimmt kurz vor Weihnachten in der Gebirgsgegend des »Wilden Kaisers« im deutsch-österreichischen Grenzgebiet eine bewußtlose Frau zu sich in seine Almhütte. Dort teilt sie sich mit und ringt sich dazu durch, die Verantwortung für ein tödliches Unglück zu übernehmen. Ein kammerspielhafter, hervorragend inszenierter Unterhaltungsfilm, der mit psychologischem Feingefühl die seelische »Landschaft« auffächert. – Ab 14 möglich. ✦ Schwarz-weiß. BR Deutschland 1951 **P** Dornas **Kl** Allianz **Pd** Hans Tost, Fedor Janas **R** Helmut Käutner **B** Maria von der Osten-Sacken, Helmut Käutner **K** Helmuth Ashley **M** Bernhard Eichhorn **S** Irene Tomschik **D** Hilde Krahl (Ruth), Hans Söhnker (Richard), Claude Farell (= Paulette von Suchan) (Hella), Hugo Gottschlich (Toni), Hermann Erhardt (älterer Grenzer), Franz Muxeneder (junger Grenzer), Otto Bolesch (der Fremde) **L** 82 **FSK** ab 12; f **E** 28.9.1951/11.4.1959 ARD/11.1.1960 DFF 1 **fd** 1 366

WEISSE SCHATTEN (1959) → Im Land der langen Schatten

DER WEISSE SCHEICH → Die bittere Liebe

DER WEISSE SIEG (VERTIGINE BIANCA). Reportagefilm über die VII. Winterolympiade 1956 in Cortina d'Ampezzo. Technisch hervorragend, vor allem in der Farbfotografie, gewinnt er den Ereignissen in einer nur der Kamera möglichen Nähe aufschlußreiche Eindrücke ab. – Ab 10. ✦ Italien 1956 **P** Istituto Nazionale Luce **Kl** Austro-Film/Neue Viktoria-Film **R** Giorgio Ferroni **B** Giorgio Stegani, Giorgio Ferroni **K** Rino Filippini **M** Angelo Francesco Lavagnino **L** 85 **FSK** ab 6; f **FBW** w **E** 30.4.1956 **fd** 4 949

WEISSE SKLAVEN. Ein groß angelegtes, wildes Abenteuergemälde vor dem Hintergrund der Revolution in der russischen Hafenstadt Sebastopol im Jahre 1917. Die plumpe antikommunistische Tendenz läßt die Marschrichtung des »Dritten Reichs« erkennen. (Titel auch: »Panzerkreuzer Sebastopol«) ✦ Schwarz-weiß. Deutschland 1936 **P** Lloyd **Kl** EFU **R** Karl Anton **B** Karl Anton, Felix von Eckardt, Artur Pohl, nach einem Tatsachenbericht von Charlie Roellinghoff **K** Herbert Körner **M** Peter Kreuder, Friedrich Schröder **D** Camilla Horn, Karl John, Werner Hinz, Theodor Loos, Fritz Kampers **L** 105 **FSK** ab 16; nf **E** 5.1.1937 **fd** 2 261

DIE WEISSE SKLAVIN (L'ESCLAVE BLANCHE). Eine junge Französin heiratet zu Beginn des Jahrhunderts einen sehr westlich erzogenen türkischen Diplomaten. Als sie mit ihm in seine Heimat zurückkehrt, muß sie feststellen, daß dort die Sitten noch wesentlich anders sind als in ihrem heimatlichen Paris. Das Ehepaar verfällt dem Haß des Sultans und kann sich nur mit der Hilfe eines Revolutionärs retten. Der kolportagehafte Film erschöpft seinen Einfallsreichtum in schönen Ansichten von Konstantinopel, die relativ abenteuerliche Geschichte lockt mit ihrem Exotismus. (Die künstlerische Oberleitung hatte G. W. Pabst.) – Ab 14 möglich. ✦ Schwarz-weiß. Frankreich 1939 **P** Romain Pinés **KI** National **R** Mark Sorkin **B** Lily Damert **K** Michel Kelber **M** Maurice Jaubert **D** Viviane Romance, John Lodge, Dalio Sylvie **L** 93 **FSK** ab 12; nf **E** 13.6.1950 **fd** 741

WEISSE SKLAVIN DER GRÜNEN HÖLLE (GOLD OF THE AMAZON WOMEN). Abenteuerfilm. Zwei Abenteurer geraten auf der Suche nach einem Goldschatz, hinter dem auch ein Gangster her ist, in die Hände einer Amazonenkönigin. ✦ USA 1979 **R** Mark L. Lester **B** Sue Donem, Stanley Ralph Ross **D** Bo Svenson (Tom Jensen), Anita Ekberg (Na-Eela), Donald Pleasence (Clarence Blasko), Richard Romanus (Luis Rodriguez), Robert Minor (Noboro) **L** 87 **E** 27.12. 1997 Kabel 1

WEISSE SKLAVINNEN FÜR TANGER (LES IMPURES). Soeben aus dem Gefängnis entlassen, muß ein junger Mann, der wegen einer Diebstahlaffäre verurteilt war, für eine Tanzschule junge Frauen anheuern, die später nach Tanger »geliefert« werden sollen. Er verliebt sich in eine von ihnen, rettet sie aus dem Bordell in Tanger und büßt mit seinem Leben. Die Gangster verunglücken tödlich. Ein konventioneller Reißer, schlecht geschrieben, was mit der für diesen Stoff unerfindlich guten Fotografie kontrastiert. ✦ Schwarz-weiß. Frankreich 1954 **P** S.B. **KI** Pallas **R** Pierre Chevalier **B** Juliette Saint-Giniez, Pierre Chevalier **K** Henri Alekan **M** Georges van Parys **D** Micheline Presle (Michèle), Raymond Pellegrin (Mario), Bill Marshall (= William Marshall) (Charlie), Jacques Duby, René Sarvil, Dora Doll, Lila Kedrova **L** 87 **FSK** ab 18; nf **E** 6.5.1955 **fd** 4 071

DER WEISSE SOHN DER SIOUX (THE SAVAGE). Einem von einem Sioux-Häuptling seit dem elften Lebensjahr aufgezogenen weißen Pfadfinder gelingt es nach schweren inneren Konflikten, die Indianer von der Sinnlosigkeit ihres Krieges gegen die US-Truppen zu überzeugen. Ein unterhaltsamer Western mit routiniert und spannend inszenierten Kampf- und Verfolgungsszenen. Trotz seiner im Kern friedfertigen Botschaft ein Indianerfilm ganz im Stil des Hollywood-Kinos jener Jahre, der mit einer Karl-May-Erzählung mehr zu tun hat als mit ethnischer und historischer Nähe zur Wirklichkeit. – Ab 12. ✦ USA 1952 **P** Paramount **KI** Paramount **Pd** Mel Epstein **R** George Marshall **B** Sydney Boehm, nach einem Roman von L. L. Foreman **K** John Seitz **M** Paul Sawtell **S** Arthur Schmidt **D** Charlton Heston (Warbonnet/Jim Aherne jr.), Susan Morrow (Tally Hathersall), Peter Hanson (Lt. Weston Hathersall), Joan Taylor (Luta), Richard Rober (Capt. Vaugant), Ted de Corsia (Iron Beast), Ian MacDonald (Yellow Eagle), Milburn Stone (Cpl. Martin), Angela Clarke (Pehangi), Lawrence Tolan, Howard Negley (Col. Ellis) **L** 95 **FSK** ab 12; nf **E** 26.2.1953 **fd** 2 420

DER WEISSE SOHN DES GORILLAS (EL REY DE LOS GORILAS). 1883 im afrikanischen Busch: Ein weißes Kind wird von einem Gorillaweibchen gefunden und aufgezogen. Die Kunde von seiner Existenz führt zu zwei Expeditionen, deren erste ihm zu einer Lebensgefährtin verhilft, während die zweite beinahe den gemeinsamen Sohn nach England lockt. Ein armseliger, unbeholfen fotografierter und miserabel gespielter Abenteuerfilm. An Stelle des Dialoges stehen vereinzelte Grunzlaute, so daß ein Off-Erzähler den Kommentar liefern muß. – Ab 12. ✦ Mexiko 1976 **P** Conacine Avant **VA** ITT Contrast **R** Mario Zacharias **B** Ramon Oban, Mario Marzac, René Cardona jr. **K** Daniel López **M** Raúl Lavista **D** Hugo Stiglitz, Peggy Bass **L** 87 **E** 12.3.1979/1984 Video **fd** 24 502

WEISSE SONNE DER WÜSTE (BELOJE SONZE PUSTYNI). Die Erlebnisse eines Rotarmisten, der am Ende des Bürgerkrieges vom Kaspischen Meer aus in seine Heimat zurückkehren will. Dabei wird er von einer Räuberbande aufgehalten, die er im Alleingang vernichtet. Eine Kreuzung von Wild-West- und Karl-May-Filmen mit explizit sowjetischen Vorzeichen, manchmal humorvoll-abenteuerlich, dann langatmig-betulich, schließlich recht martialisch, wobei die Kampfszenen immer wieder durch sehnsuchtsvoll eingerückte Szenen mit dem geliebten Mädchen in der Heimat, drall und schön wie Mütterchen Rußland selbst, sentimental gestreckt werden. Inszenatorisch obendrein zuweilen arg unbeholfen. – Ab 14. ✦ UdSSR 1969 **P** Mosfilm **KI** Pegasus/Progress **R** Wladimir Motyl **B** Valentin Jeshow, Rustam Ibragimbekow **K** Eduard Rosowski **M** Isaak Schwarz **D** Anatoli Kusnezow (Suchow), Pawel Luspekajew (Werestschagin), Spartak Mischulin (Said), Kachi Kawsadse (Abdulla), Raissa Kurkina (Nastassja) **L** 83 **FSK** ab 12; f **E** 12.3.1971 Kino DDR/1971 Kino BRD/ 28.8.1972 DFF 2

DIE WEISSE SPANGE (BILA SPONA). Film, der neben seiner kriminalistischen Handlung – die Überführung einer Schieber- und Diebesbande – die psychologische Entwicklung eines jungen Kriminalbeamten zeigen will, der seine schematischen Vorstellungen über die Menschen und über die Beweggründe ihres Handelns zu überwinden beginnt. Nur teilweise überzeugend, inszenatorisch schwach. – Ab 16. ✦ Schwarz-weiß. CSSR 1960 **P** Filmstudio Barrandov **KI** Progress **R** Martin Fric **B** Vladimir Stiborik, Jaroslav Klima, Jirí Mares, Martin Fric **K** Jan Roth **M** Jirí Srnka **D** Cestmír Randa (Hauptmann Chladek), Jarmila Smejkalová (Horaková), Jan Pohan (Janda), Milan Holubar (Burda), Václav Tomsovsky (Pavel) **L** 75 **E** 21.7.1961 Kino DDR/6.7.1962 DFF 1

DIE WEISSE SPINNE. Mit Hilfe eines Talismans, einer kleinen weißen Spinne, kann eine junge Frau ihren im brennenden Wagen bis zur Unkenntlichkeit entstellten Mann identifizieren. Bald aber findet sich bei Unfällen immer die weiße Spinne. Ein australischer Kriminalist entlarvt das Mördersyndikat und den geheimnisvollen Auftraggeber. Die absurde, mit Horrorelementen versetzte Story ist mit einigen unterhaltenden Kinoqualitäten innerhalb der Konventionen der Edgar-Wallace-Verfilmungen jener Jahre inszeniert. – Ab 16. ✦ Schwarz-weiß. BR Deutschland 1963 **P** Arca/Oppenheimer **KI** Constantin **R** Harald Reinl **B** Albert Tanner, nach dem Roman von Louis Weinert-Wilton **K** Werner M. Lenz **M** Peter Thomas **S** Wolfgang Wehrum **D** Joachim Fuchsberger (Hubbard), Karin Dor (Muriel), Horst Frank (Kiddie Phelips), Werner Peters (Sergeant Meals), Mady Rahl (Mrs. Falk), Dieter Eppler (Summerfield), Paul Klinger (Inspektor Dawson), Chris Howland (Gideon) **L** 103 **FSK** ab 16; nf **E** 5.4.1963/18.6.1970 ARD/ 15.10.1971 Kino DDR/12.6.1974 DFF 1 **fd** 11 882

DER WEISSE SPORT (DEN VITA SPORTEN). Dokumentarfilm einer Gruppe schwedischer Filmstudenten (unter ihnen auch Bo Widerberg) über die Proteste gegen das Tennis-Davispokal-Spiel Schweden gegen Rhodesien, das für den 3. Mai 1968 geplant war und gegen das wegen der Rassenpolitik Rhodesiens von verschiedenen Gruppen der schwedischen Öffentlichkeit demonstriert wurde. Schließlich mußte das Spiel ausfallen. Die Filmgruppe beobachtete mit insgesamt fünf Kameras die Demonstrationen sowie die Zusammenstöße der Demonstranten mit der Polizei und montierte das umfängliche Material zu einer Studie über die Mechanik und Dynamik der Protestbewegung. – Ab 16. ✦ Schweden 1968 **P** Grupp 13/ Svenska Filminstitutet **R+B+K** Bo Widerberg u. a. **L** 100 **E** 15.2.1971 ZDF

DIE WEISSE TAUBE (1959) (BILA HOLUBICE). Eine Brieftaube, die der Sturm von ihrem Ziel abgetrieben hat, wird von einem neunjährigen gelähmten Jungen in Prag gesund gepflegt, bis sie wieder zu ihrer Besitzerin, einem jungen Mädchen auf einer Ostsee-Insel, zurückfliegen kann. Ein verhalten inszenierter poetischer Film von erlesenem Bildgeschmack. Bei aller ausgesuchten Schönheit der Fotografie verheimlicht der Film jedoch nie die Unbehaustheit des Jungen und zeigt voller Melancholie auch die tiefen Zeichen, die sich in sein Gesicht eingeschrieben haben. (Kino O.m.d.U.; TV-Titel DDR: »Die Taube«) – Sehenswert ab 10. ✦ Schwarz-weiß. CSR 1959 **P** Filmstudio Barrandov **KI** Neue Filmkunst **R** Frantisek Vlácil **B** Frantisek Vlácil, Anna Lachovicov, Pavel Kopta **K** Jan Curík, Jan Nemecek, Miroslav Ondrícek **M** Zdenek Liska **D** Katerina Irmanovová (Susanne), Anna Pitasov (Michaels Mutter), Karel Smyczek (Michael), Vjaceslav Irmanov (Michaels Vater), Hans-Peter Reinecke, Gustav Püttjer **L** 68 **FSK** ab 6; f **FBW** w **E** 9.9.1961 DFF 1/11.1.1963 Kino BRD/14.9. 1964 ZDF **fd** 11 731

DIE WEISSE TAUBE (1986) →Die fremde Weiße

DER WEISSE TEUFEL (IL DIAVOLO BLANCO). Ein in den Kaukasus des Jahres 1850 verlegter, flüssig inszenierter Abenteuerfilm mit Anleihen bei »Zorro« und »Der Graf von Monte Christo«: Ein junger Adliger spielt dem tyrannischen Gouverneur des Zaren, dessen Vorgänger bereits umgebracht wurde, den feigen Taugenichts vor, um – auch von seiner Braut unerkannt – für die Unterdrückten zu kämpfen. – Ab 12 möglich. ✦ Schwarz-weiß. Italien 1947 **P** Manenti **KI** Viktoria **Pd** Giulio Manenti **R** Nunzio Malasomma **K** Rodolfo Lombardi **M** Ezio Carabella **D** Rossano Brazzi (Der weiße Teufel), Roldano Lupi (Gouverneur Alexis Ignatieff), Annette Bach (Gräfin Olga Kutezoff), Mario Ferrari, Lea Padovani **L** 100 **FSK** ab 12; nf **E** 14.9.1951 **fd** 1 347

DER WEISSE TEUFEL VON ARKANSAS (RIDE A CROOKED TRAIL). Der Chef einer Bankräuberbande wird irrtümlich für den erwarteten Sheriff gehalten und wandelt sich in dem zunächst aus Berechnung angenommenen Amt zum Verfechter des Guten. Ein leidlich spannender Western mit auffallender Zurückhaltung in den Kampf- und Schießszenen und einigem Witz durch Walter Matthaus Auftritte als betrunkener Richter. – Ab 14. ✦ Scope. USA 1958 **P** Universal **KI** Universal **Pd** Howard Pine **R** Jesse Hibbs **B** Borden Chase, nach einer Vorlage von George Bruce. **K** Harold Lipstein **M** Hans J. Salter, Herman Stein, Stanley Wilson **S** Edward Curtiss **D** Audie Murphy (Joe Maybe), Gia Scala (Tessa Milotte), Walter Matthau (Richter Kyle), Henry Silva (Sam Teeler), Eddie Little (Jimmy), Joanna Moore (Little Brandy), Mary Field (Mrs. Curtis), Leo Gordon (Sam Mason), Frank Chase (Deputy), Bill Walker (Jackson) **L** 85 **FSK** ab 12; nf **E** 23.12.1958/14.6. 1975 ARD **fd** 7 708

DER WEISSE TOD (GEORGI SEDOW). Historisch-biografischer Film über den russischen Polarforscher Sedow, der zusammen mit zwei Gefährten bei seiner Schlitten-Expedition zum Nordpol im Jahr 1914 den Tod fand. Der Film berichtet von den Vorbereitungen der Expedition, der Abfahrt des Schiffes 1912 und der Überwinterung. ✦ UdSSR 1974 **P** Gorki-Studio **R** Boris Grigorjew **B** Semjon Nagorny **K** Konstantin Arutjunow **M** Georgi Dmitrijew **D** Igor Ledogorow (Georgi Sedow), Natalja Welitschko (Vera), Valeri Gatajew (Linnik), Wsewolod Kusnezow (Kuschakow), Alexander Stepanow (Pustoschnyj) **L** 80 **E** 1.2. 1976 DFF 2

DER WEISSE TRAUM. Ein entlassenes Theaterensemble findet eine neue Existenzmöglichkeit als Wiener Eisrevue. Ein inszenatorisch und choreografisch bemerkenswerter Revuefilm mit flotter, aber nebensächlicher Komödienhandlung, der ansehnliche Unterhaltung in aufwendiger Ausstattung bietet. Ein Stück deutsches Traum-Kino mit betonter Ausklammerung eines jeden Wirklichkeitsbezuges. – Ab 10. ✦ Schwarz-weiß. Deutschland 1943 **P** Wien-Film **KI** Donau **R+B** Geza von Cziffra **K** Hans Schneeberger

M Anton Profes **D** Olly Holzmann (Liesl Strolz), Wolf Albach-Retty (Ernst Eder), Lotte Lang (Lu), Oskar Sima (Josef Wildner), Hans Olden (Schmoller), Georg Lorenz (Franz) **L** 93 **FSK** ab 6; nf **E** 5.10.1943/ 20.7.1957 ARD/21.12.1958 DFF 1/Aug. 1962 Kino DDR **fd** 54

WEISSE TRÄUME (1985) (BELYJE GRESY). Eine Romeo-und-Julia-Tragödie aus Armenien: Der Sohn des reichen Kaufmanns Tumas hat sich in die Tochter des Nachbarn Akop verliebt. Akop, Friseur und leidenschaftlicher Brieftaubenzüchter, hat gegen die Beziehung zunächst nichts einzuwenden. Aber Tumas hat andere Pläne für seinen Sohn Ara. ✦ UdSSR 1985 **P** Armenfilm **R** Sergej Israeljan **B** Stepan Aladshadshajan, Genrich Maljan, nach dem Roman »Die Tauben« **K** Gagik Awakjan **M** Tigram Mansurjan **D** Sos Sarkisjan (Akop), Genrich Alawerdjan (Tumas), Galja Nowenz (Mariam), Shenja Awetisjan (Wartui), Nelli Cheranjan (Lilo) **L** 80 **E** 8.6.1986 DFF 2

WEISSE TRÄUME (1988). Die kurze Karriere als Fotomodell endet für eine junge Frau in Prostitution, im Wiener Rauschgiftmilieu und im Gefängnis. Ihre Rettung scheint wie ein Wunder: ein Schweizer Millionär erfährt von ihrem Schicksal, holt sie zu sich und zwingt sie zu einer erfolgreichen Entziehungskur. Im Sommer 1987 wird die Errettung durch die Hochzeit der beiden gekrönt. Dokumentarfilm, der ein tatsächliches Lebensschicksal wertfrei zu rekonstruieren versucht. ✦ BR Deutschland 1988 **P** Hannes Krautzer/WDR **R** Hannes Krautzer **L** (TV) 90 **E** 4.11.1989 BR

DER WEISSE VOGEL MIT DEM SCHWARZEN FLECK (BELAJA PTIZA S TSCHORNOI CTMETINOI). Das tragische Schicksal einer armen Kleinbauernfamilie in der Nord-Bukowina während des Zweiten Weltkriegs. Im Stil einer Ballade inszeniert; der große ästhetische Reiz dominiert zuweilen über die inhaltlichen Werte. – Ab 16. ✦ Scope. UdSSR 1970 **P** Dowshenko-Studio **KI** Progress **R** Juri Iljenko **B** Juri Iljenko, Iwan Mikolaitschuk **K** Wilen Kaljuta **M** L. Watschi **D** Larissa Kadotschnikowa (Dana), Iwan Mikolaitschuk (Pjotr), Bogdan Stupka (Orest), Juri Mikolaitschuk (Bogdan), Leonid Bakschtajew (Ostap) **L** 96 **E** 3.11.1972 Kino DDR/16.5.1974 DFF 1/8.11.1992 ORB

DER WEISSE WAL. Im Mai 1966 tauchte bei Duisburg ein weißer Wal aus den verschmutzten Fluten des Rheins auf. Das Tier wurde schlagartig zur Mediensensation, der Direktor des Duisburger Zoos versuchte, es für sein Delfinarium einzufangen, Tierschützer und Walfänger lieferten sich hitzige Debatten, in Holland sprach man von einer »schändlichen Hetzjagd«. In einer Collage aus Archivmaterial, Wochenschauen, Fernsehausschnitten, Privatfilmen, neu gedrehten Aufnahmen und Gesprächen mit Augenzeugen lässt der Dokumentarfilm das »Jahrhundertereignis« noch einmal Revue passieren und verdichtet sich zugleich zu einem augenzwinkernden Rückblick auf das Jahr 1966. ✦ Deutschland 2001 **R** Stephan Köster, Carl-Ludwig Rettinger **L** 72 **E** 28.8.2001 arte

WEISSE WALE (SKYTTURNAR). Zwei isländische Saisonarbeiter auf einem Walfangschiff können an Land nicht Fuß fassen und ertränken, beruflich und privat frustriert, ihren Kummer im Alkohol. Nach einer wilden Sauftour durch Reykjavík, während der sie auf Grund einer Anzeige für einige Stunden verhaftet wurden, stehlen sie ein Auto, kollidieren vor einem Waffengeschäft und veranstalten dort ein für sie tödlich endendes Feuerwerk: Ein Polizeiaufgebot schießt die beiden zusammen. Mit eindrucksvollen Aufnahmen in einer Mischung aus verzweifelter Komik und düsterer Untergangsstimmung reflektiert der Film die seelische Verkümmerung zweier Menschen auch vor dem Hintergrund rücksichtsloser Arbeitszwänge. ✦ Island 1987 **P** Islenska Kvikmyndasamsteypan **Pd+R** Fridrik Thór Fridriksson **B** Einar Kárason, Fridrik Thór Fridriksson **K** Ari Kristinsson **M** Hilmar Örn Hilmarsson, Bubbi Morthens, Sykurmólanir **S** Thómas Gíslason, Jens Bidstrup **D** Eggert Gudmundsson (Grimur), Thórarin Oskar Thórarinsson (Bubbi), Harald G. Haraldsson, Hrönn Steingrimmsdóttir, Karl Gudmundsson, Eggert Thorleifsson **L** 78 (TV 72) **E** 7.3.1990 ZDF

DIE WEISSE WAND (DEN VITA VÄGGEN). Der Tagesablauf einer von ihrem Mann verlassenen Frau mit neunjährigem Sohn, die sich verzweifelt bemüht, beruflich wie privat Anschluß zu finden. Ein vor allem darstellerisch eindrucksvoller Film, der ohne Sentimentalität die Kommunikationsunfähigkeit der modernen Gesellschaft nachzeichnet. ✦ Schweden 1975 **P** Svenska Filminstitutet **R+B** Stig Björkman **K** Petter Davidsson **M** Sven Olof Walldorff **D** Harriet Andersson, Lena Nyman, Sven Wollter, Tomas Ponten, Rolf Larsson **L** 71 **E** 10.6.1977 ZDF **fd** 20 321

WEISSE WÄNDE. Eine Recherchereise entlang der ehemaligen deutsch-deutschen Grenze, auf den Spuren von Wim Wenders' 1975 gedrehtem Roadmovie »Im Lauf der Zeit«: Wie haben sich die Region, ihre Menschen, ihre Kinokultur in der Zwischenzeit verändert? Im Gespräch äußert sich Wenders zudem über die Zukunft des Kinos. Ein spannender Dokumentarfilm, der Aufschluß über deutsche Befindlichkeiten und den Wandel der Zeiten gibt. – Ab 14. ✦ Deutschland 1994/95 **R** Mike Schlömer **B** Mike Schlömer, Heinz Schink **K** Mike Schlömer **S** Mike Schlömer **L** 57 **E** 16.7.1995 arte

WEISSE WÄSCHE. Anfang des 20. Jahrhunderts entschließt sich eine in einer Kleinstadt nahe der Elbe lebende Wäschereibesitzerin zu heiraten. Die tüchtige Frau wählt einen musikliebenden Luftikus, von dem sie glaubt, daß er durch ihren Einfluß bald der ideale Gatte für sie sein wird. Aber gleich zu Beginn der Ehe hängt der Haussegen schief, denn ihr gelangweilter Mann betätigt sich als Erfinder. Seine schöpferischen Einfälle sind nicht nur kostspielig, sondern erregen auch das Gespött der Leute. Komödienunterhaltung. – Ab 14. ✦ Schwarz-weiß. Deutschland 1942 **P** Tobis **R** Paul Heidemann **B** Felix von Eckardt, nach einem Roman von Paul Schurek **K** Eduard Hoesch **M** Friedrich Schröder **D** Harald Paulsen, Günther Lüders, Carla Rust, Käte Alwing, Alfred Maack **L** 91 **E** 22.9.1942/9.12.1985 DFF 1

WEISSE WEIHNACHTEN (WHITE CHRISTMAS/WHITE X-MAS). Zwei Entertainer veranstalten in dem vor der Pleite stehenden Wintersporthotel ihres ehemaligen Divisionskommandeurs eine Galavorstellung. Ein sentimental-anspruchsloser Unterhaltungsfilm, reizvoll vor allem durch die Melodien von Irving Berlin und die choreografisch, tänzerisch und musikalisch perfekten Revueszenen. Eine Variation des Films »Musik, Musik« aus dem Jahr 1942, erneut um den Erfolgsschlager »White Christmas« herumgestrickt. DVD: Die Extras umfassen u. a. ein retrospektives Interview mit sowie ein Audiokommentar von Rosemary Clooney. – Ab 12. ✦ Scope. USA 1954 **P** Paramount **KI** Taurus **DVD** Paramount (16:9, 1.78:1, DD5.1 engl., Mono dt.) **Pd** Robert Emmett Dolan **R** Michael Curtiz **B** Norman Krasna, Norman Panama, Melvin Frank, nach einer Operette von Irving Berlin **K** Loyal Griggs **M** Irving Berlin (Songs), Joseph J. Lilley (Ltg.) **S** Frank Bracht **D** Bing Crosby (Bob Wallace), Danny Kaye (Phil Davis), Rosemary Clooney (Betty), Vera-Ellen (Judy), Dean Jagger (General Waverly), Mary Wickes (Emma), John Brascia (Joe) **L** 120 **FSK** ab 12; f (früher nf) **E** 17.12.1954/8.11. 2001 DVD **fd** 3 797

WEISSE WESTEN FÜR GANOVEN (UNO SCACCO TUTTO MATTO). Kriminalkomödie um einen raffinierten Bankraub, für den die Gangster gründlich die Lebensgewohnheiten einiger Bankangestellter auskundschaften, um später als deren »Doubles« unbemerkt in den Besitz eines Vermögens zu gelangen. – Ab 14. ✦ Italien/Spanien 1968 **P** Miniter/Kineses/Tecisa **R** Robert Fiz **B** Robert Fiz, Massimiliano Capriccioli **K** Antonio Macasoli **M** Miguel Asins Arbó **S** Mario Morra **D** Edward G. Robinson, Adolfo Celi, Maria Grazia Buccella, Terry-Thomas, Georges Rigaud, Manuel Zarzo, Rosella Como, Loris Bazzocchi **L** 90 **E** 19.5.1984 DFF 2/26.8.1995 mdr

DIE WEISSE WETTERFAHNE (BELYI FLJUGER). Rußland 1920. Vier Kinder aus einem kleinen Dorf unterstützen im Bürgerkrieg die Soldaten der bolschewistischen Regierung. Die Signale einer weißen Wetterfahne, die den Menschewiki zur Übermittlung von Nachrichten dient, werden von ihnen entschlüsselt. ✦ Schwarz-weiß. UdSSR 1969/70 **P** Lenfilm **R** Dawid Kotscharjan **B** Alexander Wlassow, Arkadi Mlodik **K** Wladimir Kowsel **M** Wenjamin Basner **D** Michail Kononow (Krutogorow), Iwan Krasnow (Samsonow), Lewa Orlowa (Fedka), Wowa Magdenkow (Karpucha), Katja Owsjannikowa (Lida) **L** 79 **E** 9.1.1972 DFF 1

WEISSE WILDNIS (WHITE WILDERNESS). Dokumentarischer Naturfilm aus der Disney-Werkstatt mit sehenswerten Aufnahmen vom Leben der Tierwelt im hohen Norden der Arktis. Anders als bei Disneys früheren Idyllen und Tragödien im Tierreich zeigt sich die Bearbeitung auch um naturkundliche Demonstration bemüht. (Videotitel: »Abenteuer in der weißen Wildnis«) – Ab 6 möglich. ✦ USA 1958 **P** Walt Disney **KI** Rank **Pd** Ben Sharpsteen **R+B** James Algar **K** James R. Simon, Hugh W. Wilmar, Lloyd Beebe, Herb Crisler, Lois Crisler **M** Oliver Wallace **S** Norman Palmer **L** 71 **FSK** ab 6; f **FBW** bw **E** 3.7. 1959/7.1.1996 premiere **fd** 8 291

DER WEISSE WOLF (AURORA NO SHITADE). Die Abenteuer eines Japaners und eines Russen in Ostsibirien vor und nach der russischen Revolution. Der Russe dressiert einen gefährlichen weißen Wolf zum aufmerksamen Schlittenhund. Der japanische Pelztierjäger übernimmt nach dem Tod des Freundes dessen Aufgabe und bringt mit Hilfe des Wolfshundes Medikamente durch die winterliche Tundra in ein von einer Epidemie bedrohtes, abgeschiedenes Dorf. Ein Abenteuer-Drama vor ausdrucksstarker Naturkulisse über die Freundschaft von Mensch und Tier; gelegentlich zu sentimental und in seinem geschichtlichen Hintergrund für jüngere Kinder unverständlich. – Ab 10. ✦ UdSSR/Japan 1990 **P** Toei/ TV Asahi/Mosfilm Studio **KI** Progress **VA** EuroVideo **Pd** Tan Takawa, Hisashi Yabe, Kyuemon Oda **R** Toshio Gotoh **B** Atsushi Yamatoya, Valentin Jeshow **K** Yuji Okumura **M** Reijiro Koroku **D** Kôji Yakusho (Genzo), Andrej Boltnew (Arsenii), Marina Sudina (Anna), Nikita Michalkow (Reginev), Maxim Munsuk **L** 99 **FSK** ab 12; f **E** 3.12.1992/7.12.1994 Video **fd** 31 313

WEISSE WÖLFE (BIJELI VUKOVI). Spannender Western, der die Muster des Genres in antikapitalistische Agitation ummünzt. In einer kleinen Stadt kämpfen um 1880 die Weißen untereinander um Macht und Besitz. Ein Indianerhäuptling rächt den Mord an seiner Frau, unterliegt aber mit seinen weißen Freunden. ✦ Scope. DDR/Jugoslawien 1969 **P** DEFA, Gruppe »Roter Kreis«/Bosna **KI** Progress **VA** Progress Film **R** Konrad Petzold **B** Günter Karl **K** Eberhard Borkmann **M** Karl-Ernst Sasse **S** Thea Richter **D** Gojko Mitic (»Weitspähender Falke«), Horst Schulze (Collins P. Harrington), Rolf Hoppe (James Bashan), Barbara Brylska (Catherine), Holger Mahlich (Pat Patterson), Slobodan Dimitrijevic (»Listiger Fuchs«) **L** 101/Video: 96 **FSK** ab 12 (Video) **E** 11.7.1969 Kino DDR/16.8.1973 DFF 1

WEISSE WOLKE CAROLIN. Die »erste Liebe« zwischen einem elfjährigen Jungen und einer gleichaltrigen Klassenkameradin vor dem Hintergrund der herben Küstenlandschaft der Ostsee-Halbinsel Darß. Ein poetischer Kinderfilm, der die Gefühle seiner Figuren ernst nimmt. Trotz seines eher gelassenen Erzählrhythmus eine humorvolle, »aufregende« Reise in die Gefühlswelt von Kindern. – Sehenswert ab 12. ✦ Scope. DDR 1985 **P** DEFA, Gruppe »Babelsberg« **KI** Unidoc **Pd** Gerrit List **R** Rolf Losansky **B** Rolf Losansky, Klaus Meyer, nach dem gleichnamigen Roman von Klaus Meyer **K** Helmut Grewald **M** Karl-Ernst Sasse **S** Ilse Peters **D** Andreas Roll (Hannes), Constanze Berndt (Carolin), Miroslav

Machácek (Opa Leucht), Kirsten Rolletschek (Kerstin), Steffen Raschke (Benno), Jana Ziegler (Anne), Petra Kelling (Mutter), Carl-Hermann Risse (Vater) **L** 85 **E** 12.7.1985 Kino DDR/September 1986 Kino BRD/25.12.1987 ZDF/24.10.1987 DFF **fd** 26 008

DER WEISSE ZAUBERHENGST → Into the West

DAS WEISSE ZAUBERPFERD → Into the West

WEISSE ZEIT DER DÜRRE (A DRY WHITE SEASON). Ein südafrikanischer Lehrer wird aus seiner selbstsicheren Ruhe aufgestört, als ihn das Schicksal seines schwarzen Gärtners und dessen Sohnes, die während der blutigen Soweto-Unruhen 1976 von weißen Sicherheitskräften gefoltert und umgebracht werden, mit den Methoden des Apartheid-Regimes konfrontiert. Beharrlich versucht er, die Schuldigen zur Rechenschaft zu ziehen, was ihn Frau, Freunde, Stelle und schließlich das Leben kostet. Trotz plakativer Dramaturgie und einiger handwerklicher Schwächen ein argumentativ aufschlußreicher und wichtiger Film, der überzeugend jenes gesellschaftliche Klima beschreibt, in dem die Apartheid-Politik überhaupt erst funktionieren konnte. – Sehenswert ab 16. ✦ USA 1988 **P** MGM/UA **Kl** UIP **VA** MGM/UA **Pd** Paula Weinstein **R** Euzhan Palcy **B** Colin Welland, Euzhan Palcy, nach einem Roman von André Brink **K** Kelvin Pike, Pierre-William Glenn **M** Dave Grusin **S** Sam O'Steen, Glenn Cunningham **D** Donald Sutherland (Ben), Janet Suzman (Susan), Zakes Mokae (Stanley), Marlon Brando (McKenzie), Susan Sarandon (Melanie), Winston Ntshona (Gordon Ngubene), Jürgen Prochnow (Capt. Stolz) **L** 107 **FSK** ab 16; f **FBW** bw **E** 16.11.1989/14.8.1990 Video/7.9.1991 premiere **fd** 27 958

DAS WEISSE ZIMMER (1965) (CAMERA ALBA). Ein Montage-Brigadier hat unter Einsatz seines Lebens einen Arbeiter vor dem Tod gerettet. Mit schweren Verbrennungen wird er in ein Krankenhaus eingeliefert und erblindet. Durch den selbstlosen Einsatz des ihn behandelnden Arztes gewinnt er sein Augenlicht wieder. Er wird die Krankenschwester heiraten, die sich in ihn verliebt hat. Ein langatmig geratener dramatischer Gegenwartsfilm mit unübersehbar »erzieherischer« Haltung. – Ab 16. ✦ Schwarz-weiß. Rumänien 1965 **P** Filmstudio Bucuresti **Kl** Progress **R** Virgil Calotescu **B** Ion Baiesu **K** Ion Anton **M** George Grigoriu **D** Ion Besoiu, Luminita Iacobescu, Silviu Stanculescu, Constantin Rucareanu, Amza Pellea **L** 75 **E** 26.8.1966 Kino DDR/22.3.1968 DFF 1

DAS WEISSE ZIMMER (1990) (WHITE ROOM). Ein ambitionierter junger Autor verliebt sich in eine geheimnisvolle Frau. Bald deutet sich eine Verbindung an zwischen der Geliebten und einer berühmten Sängerin, deren Ermordung der Schriftsteller bei einem seiner nächtlichen Streifzüge beobachtete. ✦ Kanada/Großbritannien 1990 **P** VOS/Channel 4/Telefilm Canada **Pd** Alexandra Raffe **R+B** Patricia Rozema **K** Paul Sarossy **M** Mark Korven **S** Patricia Rozema **D** Kate Nelligan (Jane), Maurice Godin (Norman), Margot Kidder (Madelaine), Sheila McCarthy (Zelda), Barbara Gordon (Mrs. Gentle) **L** 92 **E** 1.1.1992 Tele 5

DIE WEISSEN KÖNIGE IN AFRIKA. Dokumentarfilm über zwei von 38 Europäern, die als »Chief« oder König afrikanische Stämme in Ghana regieren, daheim aber einer bürgerlichen Arbeit nachgehen. Ihre Hauptaufgabe liegt in der Entwicklungshilfe. ✦ Deutschland 1998 **R** Bernd Mosblech **L** 90 **E** 25.11. 1998 ARD

DIE WEISSEN TEUFEL → Der weiße Rausch

DIE WEISSEN ZWERGE. Das Leben eines jungen Paares in Berlin verläuft monoton und in gleichförmigen Bahnen. Während sie, eine Supermarkt-Kassiererin, damit zufrieden ist, scheint bei ihm, einem Großküchen-Koch, unterbewußt alles gegen den Alltagstrott zu rebellieren. Als er schwer erkrankt und stirbt, kann sie ohne viel Aufhebens einen anderen Mann in ihr Leben einordnen. Ein auf Stereotypen und fade Dialoge konzentrierter Erstlingsfilm um die verschüttete Sehnsucht nach dem »Mehr« im Leben, die sich mit den »Weißen Zwergen« in der Astronomie vergleichen läßt, die im Kern heftig pulsieren, bis sie am Höhepunkt einer extremen Entwicklung erlöschen; nicht mehr als eine Talentprobe. ✦ Schwarz-weiß. BR Deutschland 1988 **P** Tara-Film Scheuver-Gartell/ZDF **SF** Eigenverleih **Pd** Karin Scheuven, Susann Gartell, Rudi Teichmann **R** Dirk Schäfer **B** Dirk Schäfer, Patricia Kalmar **K** Ernst Kubitza **M** Johann Sebastian Bach **S** Patricia Rommel **D** Nirit Sommerfeld (Ramona), Michael Schech (Friedrich), Julia Lindig (Sylvia), Hussi Kutlucan (Sultan), Thomas Schlechter (Robert) **L** 75 **E** 21.2.1989 ZDF/27.4. 1989 Kino

WEISSER BIM SCHWARZOHR (BELY BIM, TSCHERNOJE UCHO). Ein Journalist und Schriftsteller, durch eine Kriegsverletzung Frührentner, erzieht den Setter-Welpen Bim zu seinem besten Freund. Als er ins Krankenhaus muß, wird der Hund in die Obhut einer Nachbarin gegeben, doch er reißt aus, um seinen Herrn zu suchen. Es beginnt eine lange Odyssee, während der Bim freundliche, aber auch grausame Menschen kennenlernt. Ein poetischer und spannender Tierfilm, geprägt von Melancholie und, angesichts der Rücksichtslosigkeit der Menschen, auch von einer gewissen Resignation. (Westdeutscher Titel: »Weißer Bim, schwarzes Ohr«) – Ab 12. ✦ UdSSR 1977 **P** Mosfilm **Kl** Progress **R** Stanislaw Rostozki **B** Gawril Trojepolski, Stanislaw Rostozki, nach einem Roman von Gawril Trojepolski **K** Wjatscheslaw Schumski **M** Andrej Petrow **D** Wjatscheslaw Tichonow (Iwan Iwanowitsch), Irina Schewtschuk (Dascha), Valentina Wladimirowa (Tante), Michail Dadyko (der Graue), Iwan Ryshow (Verwalter) **L** 182 **E** 11.,18.12.1977 DFF 2 (zwei Teile)/16.2.1979 Kino DDR/25.12.1981 ZDF

WEISSER FLIEDER. »Film im Film« in einer recht flott inszenierten musikalischen Liebeskomödie, die leichte Unterhaltung bietet. – Ab 12. ✦ Schwarz-weiß. Deutschland 1940 **P** Terra **Kl** Lloyd **R** Arthur Maria Rabenalt **B** Geza von Cziffra **K** Walter Riml **M** Michael Jary **D** Hannelore Schroth, Hans Holt, Elga Brink, Mady Rahl, Paul Henckels **L** 92 **E** 1.2.1940/ 26.1.1987 DFF 1 **fd** 1 447

WEISSER HASS (LAWMAN WITHOUT A GUN / THIS MAN STANDS ALONE). Ein schwarzer Pfarrer und seine Frau, die nach der Beisetzung von Martin Luther King (ermordet 1968) in ihre Heimatstadt im Süden der USA zurückkehren, werden von einem weißen Polizisten unmißverständlich darauf hingewiesen, daß trotz der Mehrheit von Schwarzen in dieser Stadt die Weißen das Sagen haben. Nach der Diskriminierung einer jungen schwarzen Frau ruft der Pfarrer dazu auf, bei der Sheriffwahl einen schwarzen Gegenkandidaten aufzustellen. Der Pfarrer wird zum Sheriff gewählt. Er arbeitet ohne Waffe und erreicht schließlich auch bei den Weißen seine Anerkennung. Nach authentischen Ereignissen inszenierter gesellschaftskritischer Fernsehfilm. (TV-Titel: »Der schwarze Sheriff«) – Ab 14. ✦ Großbritannien 1977 **P** EMI **VA** Screentime **R+B** Jerrold Freedman **K** Tak Fujimoto **M** Fred Karlin **D** Louis Gossett jr. (Tom Hayward), Clu Gulager (Marvin Tayman), Mary Alice (Minnie Hayward), James McEachin, Barton Heyman (George Tayman) **L** 90 **E** 1.9.1981 ZDF/Januar 1986 Video

WEISSER HERRSCHER ÜBER TONGA (HIS MAJESTY O'KEEFE). Die Eingeborenen einer Südsee-Insel befreien einen weißen Kopra-Händler und ehemaligen Kapitän nach seiner Abkehr vom schnöden Mammon und seiner damit verbundenen inneren Läuterung aus der Gewalt der holländischen Konkurrenz und machen ihn zu ihrem Herrscher. Ein in schwelgerischen Farben inszeniertes Hollywood-Traumprodukt, das neben abenteuerlicher Südsee-Romantik schöne Naturaufnahmen bietet. – Ab 14. ✦ USA 1953 **P** Warner Bros. **Kl** Warner **Pd** Harold Hecht **R** Byron Haskin **B** Borden Chase, James Hill **K** Otto Heller **M** Robert Farnon, Dimitri Tiomkin **D** Burt Lancaster (David O'Keefe), Joan Rice (Dalabo), Abraham Sofaer (Fatumak), Andre Morell (Alfred Tannert), Lloyd Berrell (Häuptling Inifels), Archie Savage (Bugulru) **L** 90 **FSK** ab 12; f **E** 13.4.1954 **fd** 3 190

WEISSER HOLUNDER. Streit zwischen einem Seehotel und der bescheidenen Konkurrenz am anderen Ufer des Königssees. Die Kinder der verfeindeten Väter lieben sich jedoch und finden am Ende zueinander. Ein Heimatlustspiel mit zahlreichen Schlagereinlagen, wegen miserabler Darsteller und eines hingeschluderten Drehbuchs eine Zumutung. – Ab 12. ✦ BR Deutschland 1957 **P** Divina **Kl** Gloria **Pd** Eberhard Meichsner **R** Paul May (= Paul Ostermayr) **B** Franz Gribitz, J. A. Hübler-Kahla **K** Herbert Thallmayer **M** Klaus Ogermann **S** Walter Boos **D** Michl Lang (Oskar Scherzinger), Josef Egger (Daxltoni), Carl Möhner (Gerhard), Germaine Damar (Liesel), Carla Hagen (Maria Marietta), Gerty Godden (Frau Köstler), Willy Hagara (Charly) **L** 85 **FSK** ab 6; nf **E** 30.8.1957 **fd** 6 119

WEISSER JÄGER, SCHWARZES HERZ (WHITE HUNTER, BLACK HEART). Anfang der 50er Jahre begibt sich der Regisseur John Huston nach Belgisch-Kongo, um die Dreharbeiten für seinen Film »African Queen« vorzubereiten. Die Arbeit gerät jedoch schnell ins Stocken: Huston geht lieber seiner Begeisterung für die Elefantenjagd nach, bis das Jagdfieber ein Todesopfer fordert. Ein spannendes, für Filmfreunde aufschlußreiches Porträt des filmischen Abenteurers; die nach einer nur halb fiktionalen Romanvorlage entstandene Hommage sagt dabei freilich weniger über John Huston als über Clint Eastwood, der sich zu einem der letzten Wilden im Filmgeschäft stilisiert. – Ab 14. ✦ USA 1990 **P** Malpaso/Rastar Bros. **Kl** Warner **VA** Warner Home **Pd+R** Clint Eastwood **B** James Bridges, Peter Viertel, Burt Kennedy, nach einem Roman von Peter Viertel **K** Jack N. Green, Simon Trevor, Peter Allwork **M** Lennie Niehaus **S** Joel Cox **D** Clint Eastwood (John Wilsons), Jeff Fahey (Pete Verrill), George Dzundza (Paul Landers), Marisa Berenson (Kay Gibson), Richard Vanstone (Phil Duncan), Alun Armstrong (Ralph Lockhart), Timothy Spall (Hodkins), Mel Martin (Mrs. McGregor), Jamie Koss (Mrs. Duncan) **L** 122 **FSK** ab 12; f **E** 24.5.1990/18.1.1991 Video/ 10.2.1992 premiere **fd** 28 303

WEISSER KNOCHEN (BELAJA KOSTH). Ein Spezialagent wird in eine armenische Fleischfabrik eingeschleust, in der es nicht mit rechten Dingen zugehen soll. Rasch stößt er auf eine mafiaähnliche Organisation, deren Verbindungen bis nach Japan reichen. Als die Gegenseite zum Angriff übergeht, taucht er zunächst unter, um später an den Kopf der Organisation heranzukommen. Eine übermütige Satire auf organisiertes Verbrechen, die sich zugleich als Parodie auf James-Bond- und westliche Mafia-Filme verstanden wissen will, sich jedoch mehr und mehr zu einer skurrilen Farce verflüchtigt. – Ab 16. ✦ UdSSR 1989 **P** Armenfilm **Pd** Amo Beknasarjan **R** Ruben Geworkjanz, Georgi Keworkow **B** Leonid Sagalskij, Semjon Liwschin **K** Juri Babachanjan **M** Bagarschak Sakarjan **S** K. Arakeljan **D** Alexander Pankratow-Tschorny (Grant Danelijan), Anna Elbakjan (Anant), Leonard Sarkisjan (Oberst Manukjan), Sergej Gasarow (Direktor Karapetowitsch), Wadim Alexandrow **L** (TV) 94 **E** 25.2.1991 ARD

WEISSER MANN FÜR AFRIKA → Ein Mann für Afrika

WEISSER MANN MIT BRILLE (LE BLANC A LUNETTES). Melodram, angesiedelt im Jahr 1957 in einer französischen Kolonie in Afrika: Als der junge Besitzer einer Kaffeeplantage aus Frankreich zurückkehrt, sieht er sich mit einer Frau konfrontiert, die auf der Plantage bruchgelandet ist; es entflammt eine tödliche Leidenschaft. ✦ Frankreich 1993 **P** La Sept arte/Le Sabrel/CAIC/France 2 **R** Edouard Niermans **B** Edouard Niermans, Emmanuel Carrère **K** Carles Gusi **M** Bruno Coulais **S** Yves Deschamps **D** Catherine Mouchet (Henriette), Laurent Grévill (Ferdinand), Linsey Baxter (Lady Makinson), Martin Wienner (Philips), Bernard Verley (Bodet) **L** 84 **E** 4.4. 1997 arte

WEISSER OLEANDER (DRAGONWYCK). Ein herrischer Schloßbesitzer heiratet nach dem Tod seiner Frau zu Beginn des 19. Jahrhunderts eine arme, weit entfernte Verwandte, die als Gouvernante in sein Haus kam. Der ersehnte Sohn, den sie ihm schenkt, stirbt wenige Tage nach der Geburt, woraufhin sich der Schloßherr in einem Turmzimmer Rauschgiften hingibt. Während die Frau unter seinen Quälereien leidet, entlarvt ihn ein Arzt, der den zu Leibeigenen herabgesunkenen Bauern gegen die Feudalherrschaft zur Seite steht, als Mörder seiner ersten Ehefrau. Ein gut besetztes, sorgfältig inszeniertes Melodram mit kriminalistischem Akzent, zu Beginn etwas langatmig und psychologisch schwach. Eindrucksvoll: der Hauptdarsteller, der den Feudalherrn im Zwielicht des Pathologischen zeigt und damit die Zielrichtung des Films generell bestimmt. – Ab 16. ✦ Schwarz-weiß. USA 1945 **P** 20th Century Fox **Kl** Centfox **Pd** Darryl F. Zanuck **R** Joseph L. Mankiewicz **B** Joseph L. Mankiewicz, nach einem Roman von Anya Seton **K** Arthur Miller **M** Alfred Newman **S** Dorothy Spencer **D** Gene Tierney (Miranda Wells), Walter Huston (Ephraim Wells), Vincent Price (Nicholas van Ryn), Anne Revere (Abigail Wells), Harry Morgan (Bleeker), Glenn Langan (Dr. Jeff Turner), Jessica Tandy (Peggy O'Mallay), Reinhold Schünzel (Count de Grenier) **L** 106 **FSK** ab 16; **f E** 8.4.1952/23.2.1974 ZDF **fd** 1 615

EIN WEISSER SEEBÄR IM NÖRDLICHEN EISMEER. Tierbeobachtungen an den antarktischen Küsten und Inseln des Beringmeeres. Hier sind die Paarungsplätze der Pelzrobben, deren Bestand durch Pelzjäger stark gefährdet ist. Jeden Sommer sammeln sich dort die Tiere zu großen Kolonien, um ihre Jungen zur Welt zu bringen und aufzuziehen. Der Film beobachtet das Verhalten und die Rituale der Robben, will informieren, aber auch unterhalten, indem er das »Menschliche« bei den oft putzigen Tieren sucht. – Ab 10 möglich. ✦ UdSSR 1978 **R** Juri Ledin **L** (TV) 50

WEISSER TERROR (THE INTRUDER / I HATE YOUR GUTS / SHAME). Ein Agitator aus Washington hetzt die Bevölkerung einer kleinen Stadt im amerikanischen Süden, wo gerade schwarze und weiße Kinder gemeinsam zur Schule gehen sollen, gegen die gesetzliche Rassengleichheit auf. Letztlich scheitert er an den unmenschlichen Folgen seines Kampfes. Ein routiniert inszeniertes Melodram, das zwar unterm Strich allzu kompromißbereit ausgefallen sein mag, aber in seiner eindringlichen Problemstellung durchaus fesselt. – Ab 14. ✦ Schwarz-weiß. USA 1961 **P** Pathe-America **Kl** Accord **Pd+R** Roger Corman **B** Charles Beaumont, nach einem Roman von Charles Beaumont **K** Taylor Byars **M** Herman Stein **S** Ronald Sinclair **D** William Shatner (Adam Cramer), Frank Maxwell (Tom McDaniel), Beverly Lunsford (Ella McDaniel), Robert Emhardt (Verne Shipman), Jeanne Cooper (Vi), Leo Gordon (Sam Griffin), Charles Barnes (Joey Green) **L** 83 **FSK** ab 12; **f E** 13.8. 1963/31.12.1965 Kino DDR **fd** 12 882

WEISSER TOD IN ALASKA (ALASKA SEAS). Piraterie in der Lachsfischerei vor der Jahrhundertwende als Hintergrund für ein Eifersuchtsdrama zwischen zwei Rivalen. Ein abenteuerlicher Thriller vor eindrucksvoller Naturkulisse, routiniert inszeniert und gespielt, aber eher an äußeren Effekten interessiert als an einer Vertiefung des Themas. – Ab 16. ✦ Schwarz-weiß. USA 1953 **P** Paramount **Kl** Paramount **Pd** Mel Epstein **R** Jerry Hopper **B** Geoffrey Homes (= Daniel Mainwaring), Walter Doniger, nach einem Roman von Barrett Willoughby **K** William C. Mellor **M** Irvin Talbot **S** Archie Marshek **D** Robert Ryan (Matt Kelly), Gene Barry (Williams), Jan Sterling (Nicky), Brian Keith (Jim Kimmerly), Richard Shannon (Tom Erickson), Ralph Dumke (Jackson) **L** 88 **FSK** ab 12; **f E** 19.11.1954 **fd** 3 553

WEISSES BLUT. Am Schicksal eines strahlenverseuchten Offiziers der Bundeswehr werden die unheilvollen Auswirkungen der Atombombenversuche aufgezeigt. Ein thematisch beachtlicher, inszenatorisch unausgeglichener, doch weitgehend eindringlicher Film. – Ab 14. ✦ Schwarz-weiß. DDR 1959 **P** DEFA **Kl** Progress **Pd** Alexander Lösche **R** Gottfried Kolditz **B** Harald Hauser, Gottfried Kolditz, nach dem gleichnamigen Fernsehspiel von Harald Hauser **K** Erich Gusko **M** Gerd Natschinski **S** Hildegard Tegener **D** Christine Laszar (Eleonore von der Lohe), Jürgen Frohriep (Manfred von der Lohe), Herbert Dirmoser (Prof. Soltau), Werner Pledath (Heinz Parochlitz), Marga Legal (August Parochlitz), Hannjo Hasse (Dr. Kopf) **L** 88 **E** 7.10.1959 Kino DDR/11.3.1960 DFF 1

WEISSES GIFT → Berüchtigt

WEISSES GOLD → Angela (1949)

DIE WEISSKITTEL – DÜMMER ALS DER ARZT ERLAUBT (BAD MEDICINE). Einige junge Amerikaner studieren Medizin an einer mexikanischen Universität mit schlechtem Ruf, entwickeln trotz widriger Umstände Ehrgeiz und angesichts der chaotischen Krankenversorgung auf dem Lande echtes Engagement. Slapstick-Komödie, die Klischees und Vorurteile für ihren stellenweise treffsicheren Humor nutzt und trotz einiger Plattheiten weitgehend vergnügliche und manchmal tiefsinnige Unterhaltung bietet. – Ab 14 möglich. ✦ USA 1985 **P** Lantana **VA** Fox **Pd** Alex Winitsky, Arlene Sellers, Jeffery Ganz **R** Harvey Miller **B** Harvey Miller, nach einem Roman von Steven Horowitz und Neil Offen **K** Kelvin Pike **M** Lalo Schifrin **S** O. Nicholas Brown, John Jympson, Keith Palmer **D** Steve Guttenberg (Jeff Marx), Alan Arkin (Dr. Madera), Julie Hagerty (Liz Parker), Bill Macy (Dr. Gerald Marx), Curtis Armstrong (Dennis Gladstone) **L** 94 **FSK** ab 12 **E** August 1986 Video **fd** 25 934

WEIT DRAUSSEN LAUERT DER TOD (ADRIFT). Bei einer Segeltörn auf dem Pazifik fischen eine Anwältin und ihr Mann ein ausgehungertes, angeblich schiffbrüchiges Pärchen auf. Die beiden behaupten, im Sturm in Seenot geraten zu sein und die Crew ihres Schiffes in Notwehr getötet zu haben. Bald darauf geschehen merkwürdige Dinge an Bord. Thriller. ✦ Kanada 1993 **P** Atlantis **VA** Concorde **R** Christian Duguay **B** Graham Flashner, Ed Gernon, Terry Gerritsen **D** Kate Jackson (Katie Nast), Kenneth Welsh (Richter Guy Nast), Bruce Greenwood (Nick Terrio), Kelly Rowan (Elizabeth Terrio), Amber-Jane Raab (Julie Nast) **L** 89 **FSK** ab 16 **E** 10.12.1994 RTL/Dezember 1994 Video

WEIT IM OSTEN (WAY DOWN EAST). Die hochdramatische Geschichte einer jungen Frau, die fast an der puritanischen Haltung der amerikanischen Gesellschaft zugrunde geht. Verheiratet mit einem gedankenlosen Playboy, der sie zunächst nicht liebt, verliert sie ihr Baby, flüchtet auf eine Farm, um dort zu arbeiten und zu vergessen, wird jedoch von der Vergangenheit eingeholt. Nach vielen Konflikten, die sie im tief verschneiten Winter fast das Leben kosten, kommt es doch noch zu einem guten Ende. Das nicht nur filmhistorisch interessante Stummfilmdrama war die (nach »The Birth of a Nation«) kommerziell erfolgreichste Produktion Griffiths. Vor allem für Lillian Gish schuf er eindrucksvolle Szenen, die nichts von ihrer Wirkung eingebüßt haben. (Titel auch: »Mädchenlos«, »Weit unten im Osten«) – Ab 14 möglich. ✦ Schwarz-weiß. USA 1920 **P** Griffith/United Artists **Pd+R** David Wark Griffith **B** Anthony Paul Kelly, David Wark Griffith, nach einem Bühnenstück von Lottie Blair Parker und Joseph R. Grismer **K** G. W. Bitzer, Hendrik Sartov **M** Louis Silvers, William F. Peters **S** James Smith, Rose Smith **D** Lillian Gish (Anna More), Richard Barthelmess (David Bartlett), Mrs. David Landau (Annas Mutter), Josephine Bernard (Mrs. Tremont), Mrs. Morgan Belmont (Diana Tremont), Patricia Fruen (Annas Schwester) **L** (TV) 110 **E** 3.4.1971 BR III

WEIT IM WESTEN (DALEKO NA SAPADE). Frühjahr 1944: Im Handstreich nehmen sowjetische Kriegsgefangene eine Insel vor der französischen Küste in Besitz und verteidigen diese Festung des Atlantikwalles gegen deutsche Angriffe. Es gelingt ihnen, sich über See zu retten und die Anlagen zu sprengen. Spannender, abenteuerlicher Kriegsfilm. – Ab 14. ✦ Scope. UdSSR 1969 **P** Mosfilm **Kl** Progress **R** Alexander Fainzimmer **B** Georgi Mdiwani **K** Leonid Krainenkow **M** Wano Muradeli **D** Nikolai Krjutschkow (Iwan Sacharow), Wsewolod Safonow (Karpow), Nikolai Merslikin (Jakaschnikow), Gennadi Juchtin (Sergejew), G. Plaksin (Duval) **L** 86 **E** 16.10.1970 Kino DDR

WEIT IN DEN BERGEN (DALEKO W GORACH). Das Vordringen der Oktoberrevolution in das kirgisische Bergland und die Versuche des Stammesfürsten, ihre Macht zu behaupten. Künstlerisch völlig ungenügender Abenteuerfilm. – Ab 14. ✦ UdSSR 1958 **P** Filmstudio Frunse/Filmstudio Alma-Ata **Kl** Progress **R** Alexander Karpow **B** T. Abdumomunow **K** O. Sekki, B. Sigow **M** A. Moldybajew, A. Amonbajew **D** S. Kydralin (Iskander), S. Seidachmetowa (Sijagul), A. Umuralijew (Nasarkul), K. Albanow (Odnouchi), Muratbek Ryskulow (Sarygul) **L** 84 **E** 20.5.1960 Kino DDR

WEIT IST DER WEG. Ein junger Müßiggänger in Brasilien verdient sich das Pflegerecht an einem Findelkind. Belanglose Mischung aus Rührstück, Kriminalstory und Musikschnulze, ganz zugeschnitten auf den damals populären Schlagersänger Freddy. – Ab 10. ✦ BR Deutschland 1960 **P** Divina **Kl** Gloria **Pd** Eberhard Meichsner **R** Wolfgang Schleif **B** Kurt Nachmann **K** Heinz Pehlke **M** Lotar Olias **S** Werner Preuss **D** Freddy Quinn (Freddy), Ingeborg Schöner (Anita), Ann Savo (Manoela), Edith Schultze-Westrum (Schwester Tereza), Leon Askin (Luiz), Panos Papadopoulos (Nelito) **L** 88 **FSK** ab 6; **nf E** 3.11.1960 **fd** 9 639

WEIT UNTEN IM OSTEN → Weit im Osten

DER WEITE HIMMEL → The Big Sky – Der weite Himmel

DAS WEITE LAND (LA TERRE ETRENGERE). Ein eitler, rücksichtsloser Lebensgenießer und ein unglücklich liebender Künstler sorgen durch ihr gegensätzliches Handeln dafür, daß eine Ehefrau im Wien der Jahrhundertwende Leichtsinn, Heuchelei und Konventionen der gehobenen Gesellschaftsschicht wahrzunehmen beginnt. Eine präzise Verfilmung des tragikomischen Bühnenstücks von Arthur Schnitzler (1910), die mit hervorragender Schauspielkunst wesentliche Einzelzüge der Zeit- und Gefühlsbilder treffend einfängt. – Sehenswert ab 16. ✦ BR Deutschland/Österreich/Frankreich/Italien 1986 **P** Almaro/Arabella/WDR/Antenne 2/RAI II **Kl** Filmverlag der Autoren **Pd** Christine Gouze-Rénal, Michael von Wolkenstein **R** Luc Bondy **B** Lubor Meir Dohnal, Luc Bondy, nach dem gleichnamigen Bühnenstück von Arthur Schnitzler **K** Thomas Mauch **M** Heinz Leonhardsberger **S** Ingrid Koller **D** Michel Piccoli (Friedrich Hofreiter), Bulle Ogier (Genia Hofreiter), Milena Vukotic (Frau Wahl), Wolfgang Hübsch (Dr. Mauer), Jutta Lampe (Frau Meinhold-Aigner), Gabriel Barylli, Alain Cuny, Dominique Blanc, Barbara Rebeschini **L** 103 **FSK** ab 12; **f FBW** bw **E** 13.8.1987/13.11.1988 ARD **fd** 26 317

WEITE REISE (US). Pilotfilm zu einer Fernsehserie. Nach 18 Jahren, die er unschuldig im Gefängnis gesessen hat, versucht ein Mann wieder Fuß in seiner ihm inzwischen entfremdeten Familie zu fassen. ✦ USA 1991 **P** Michael Landon Productions **Pd+R+B** Michael Landon **M** Steve Dorff **D** Michael Landon (Jeff Hayes), Barney Martin (Jack Hayes), Casey Peterson (Cary Hayes), Meg Wittner (Ellen Kramer), David Spielberg (Paul Kramer) **L** 94 **E** 22.3. 1994 PRO 7

DER WEITE RITT (THE HIRED HAND). Nach sieben Jahren im Westen kehrt ein Mann mit seinem Freund resigniert zu Frau und Kind zurück, um seine Farm zu bebauen. Sein Leben wird jedoch durch die Folgen einer früheren Rachetat zerstört. Ein ausgezeichnet fotografierter und stilistisch bemerkenswert konsequent entwickelter Erstlingsfilm, der die Handlung zu einer elegischen, thematisch ungewöhnlichen Western-Ballade verdichtet, der es nur gelegentlich etwas an klarer Motivierung mangelt. – Sehenswert ab 16. ✦ USA 1970 **P** Pando (für Universal) **Kl** CIC **Pd** William Hayward **R** Peter Fonda **B** Alan Sharp **K** Vilmos Zsigmond **M** Bruce Langhorne **S** Frank Mazzola **D** Peter Fonda (Harry Collings), Warren Oates (Arch Harris), Verna Bloom (Hannah Collings), Robert Pratt (Dan Griffin), Severn Darden (McVey), Rita Rogers (Mexikanerin), Ann Doran (Mrs. Sorenson), Ted Markland (Luke) **L** 90 **FSK** ab 16; f **FBW** w **E** 25.12.1971 **fd** 17 626

DER WEITE RITT DER »GELBEN ROSE« (DRUMUL OASELOR). Rumänien um 1850: Fünf Mitglieder einer Geheimorganisation in Rumänien, die um die Befreiung ihres Vaterlandes kämpft, versuchen, einen Schatz ins Ausland zu bringen. Obwohl ständig von Feinden und Verrat in den eigenen Reihen bedroht, gelingt das gefährliche Unternehmen. Spürbar um Spannung und abenteuerliche Unterhaltung bemüht, wirkt der Film hölzern und konstruiert. Interessant ist er lediglich als osteuropäischer Versuch um populäres Unterhaltungskino. (Vgl. auch »Die Gelbe Rose lebt gefährlich«, »Die Gelbe Rose und das Geheimnis von Bukarest«, »Die Türkiskette«) – Ab 14. ✦ Rumänien 1980 **P** Romaniafilm **Kl** Progress **R** Dori Nastase **B** Eugen Barbu, Nicolae Paul Mihail **K** Vivi Dragan Vasile **M** George Grigoriu **D** Florin Piersic, Marga Barbu, Ion Marinescu, Jurie Darie, Ernest Maftei **L** 125 **E** 31.7.1981 Kino DDR/26.11.1982 DFF 1/6.9. 1986 RTL plus

WEITE STRASSEN – STILLE LIEBE. Ein Fernfahrer findet in einem ehemaligen Studenten einen Kameraden und Freund. Diese Freundschaft wird auch nicht durch die unerfüllte Liebe der beiden zu derselben Frau, einer attraktiven Zootechnikerin mit Kind, zerstört. Ein thematisch und formal interessanter, episodischer Unterhaltungsfilm, der das Alltagsleben mit Liebe zum Detail, wenn auch etwas spannungsarm schildert. – Ab 14 möglich. ✦ Scope, schwarz-weiß. DDR 1969 **P** DEFA, Gruppe »Berlin« **Kl** Progress **Pd** Erich Kühne **R** Herrmann Zschoche **B** Ulrich Plenzdorf, nach Motiven der Erzählung »Endlose Straßen« von Hans-Georg Lietz **K** Roland Gräf **M** Peter Rabenalt **S** Rita Hiller **D** Manfred Krug (Hannes), Jaecki Schwarz (Herb), Jutta Hoffmann (Johanna), Ulrike Plenzdorf (Rieke), Heidemarie Schmidt (Rosi), Ilse Voigt (Frau Beutel) **L** 76 **E** 4.12.1969 Kino DDR/18.6.1971 DFF 1/28.1.1973 ARD

DER WEITE WEG (1950) →Schicksal in Ketten

DER WEITE WEG (1956) →Und alles verweht der Schnee

DER WEITE WEG NACH WESTEN (THE PIONEER WOMAN). Wyoming 1867: Als ihr Man stirbt, steht eine Siedlerin im Westen der USA vor der Entscheidung, an die Ostküste zurückzukehren oder die erste Ernte einzubringen und den beiden Kindern eine neue Heimat zu bieten. Emanzipationsdrama vor Westernkulisse, das eine Frau in den Mittelpunkt stellt, die sich den Herausforderungen des Lebens stellt. – Ab 16. ✦ USA 1973 **P** Filmways **Pd** Richard Rosenbloom **R** Buzz Kulik **B** Suzanne Clauser **K** Charles F. Wheeler **M** Michael Delory **S** Rita Roland **D** Joanna Pettet (Maggie), David Janssen (Robert Douglas), William Shatner (John), Lance LeGault (Joe Wormser), Helen Hunt (Sarah Sargeant) **L** 74 **E** 16.12.2000 ProSieben

DER WEITE WEG ZU ZWEIT (TOO FAR TO GO). Amerikanische Szenen einer Ehe, deren Partner sich nach 18 Jahren trennen wollen und die in den Tagen vor der endgültigen Trennung an verschiedene Stationen ihres Zusammenlebens zurückdenken. In einigen Passagen nicht ohne naiven Charme, insgesamt aber ein recht kurzatmiges und oberflächliches Sammelsurium, in dem weder die Personen überzeugend charakterisiert werden noch eine schlüssige Entwicklung ihrer Beziehung stattfindet. ✦ USA/Großbritannien 1978 **P** Sea Cliff/Polytel **Pd** Francis Ford Coppola **R** J. Fielder Cook **B** William Hanley, nach Motiven aus Kurzgeschichten von John Updike **K** Walter Lassally **M** Elizabeth Swados **S** Eric Albertson **D** Michael Moriarty (Richard Maple), Blythe Danner (Joan Maple), Doran Clark (Judith), Tim Holcomb (Richie), Adam Starke (John), Margaret Schultz (Bean), Glenn Close (Rebecca), Ken Kercheval (Jack Dennis) **L** 100 **E** 9.1.1981 ARD **fd** 22 723

WEITERE ABENTEUER DER FAMILIE ROBINSON IN DER WILDNIS (FURTHER ADVENTURES OF THE WILDERNESS FAMILY). Neue Abenteuer der zivilisationsmüden Familie in der Idylle der Rocky Mountains. Dieses Mal muß sie mit den Strapazen und Gefahren des Winters fertig werden, bis der endlich hereinbrechende Frühling ein »Happy-End« bringt. Spannende bis gefühlvolle Familienunterhaltung. (Vgl. »Auf – In die Wildnis«, »Noch mehr Abenteuer der Familie Robinson«) – Ab 8 möglich. ✦ USA 1978 **P** Pacific International Entertainment **Pd** Arthur R. Dubs **R** Frank Zuniga **B** Arthur R. Dubs **K** John Hora **M** Douglas Lackey, Gene Kauer **S** Tom Boutross, John Joseph **D** Robert F. Logan (Skip Robinson), Susan Damante-Shaw (Pat Robinson), Heather Rattray (Jenny Robinson), Ham Larsen (Toby Robinson), George »Buck« Flower (Boomer) **L** 105 **E** 26.12. 1985 ZDF/7.1.1990 DFF 1

WEITERE UNGLAUBLICHE GESCHICHTEN (AMAZING STORIES 2). Drei weitere Episoden aus Steven Spielbergs Fernsehserie, die mit dem Unglaublichen und Fantastischen spielen und sich unterschiedlicher klassischer Filmgenres bedienen. 1. »The Amazing Falsworth«: Ein Hellseher gerät in das Duell mit einem psychopathischen Mörder. 2. »Ghost Train«: Ein alter Mann wird am Lebensende von einem riesigen Zug, der durch das Haus seines Sohnes rast, abgeholt. 3. »The Wedding Ring«: Ein Ring, der einst einem männermordenden Vamp gehörte, verändert das Wesen einer unterwürfigen Hausfrau. Solide inszenierte, pointiert erzählte Kurzfilme, von denen nur die zweite Episode als märchenhaft-hintergründige Parabel auffällt. (Siehe auch: »Unglaubliche Geschichten«) – Ab 16. ✦ USA 1986 **P** Universal City Studios/Amblin Television **VA** CIC **R** Peter Hyams (1), Steven Spielberg (2), Danny DeVito (3) **B** Mick Garris (1), Frank Deerze (2), Stu Krieger (3) **K** Robert Stevens (1,3), Allen Daviau (2) **M** Billy Goldenberg (1), John Williams (2), Craig Safan (3) **D** Gregory Hines (1), Richard Masur (1), Don Calfa (1), Roberts Blossom (2), Scott Paulin (2), Gail Edwards (2), Danny DeVito (3), Rhea Perlman (3), Louis Giambalvo (3) **L** 71 **FSK** ab 16 **E** Februar 1988 Video **fd** 26 833

WEITES FELD DER HOFFNUNG (RUN THE WILD FIELDS). Ein zehnjähriges Mädchen, dessen Mutter sich nach dem Zweiten Weltkrieg in einen anderen Mann verliebt, weil sein Vater gefallen zu sein scheint, muss sein scheinbar sorgenloses Leben überdenken, als ein Fremder in der Heimatstadt auftaucht, der durchaus Vaterqualitäten hat. Einer der vielen betulichen Filme, die ans Herz gehen sollen, jedoch nur bescheidene Unterhaltung zu bieten haben. ✦ USA 1999 **P** Paul Rauch Prod./Showtime/The Kaufman Company **Pd** Rodney Vaccaro **R** Paul A. Kaufman **B** Rodney Vaccaro, nach dem Theaterstück »And the Home of the Brave« von Rodney Patrick Vaccaro **K** Thom Best **M** Laura Karpman **S** Susan Crutcher **D** Joanne Whalley (Ruby), Sean Patrick Flanery (Tom), Alexa Vega (Pug), Cotter Smith (Silas), Bill Lake (Sheriff Bob) **L** 98 **E** 26.10.2000 Premiere World

WEITES LAND (THE BIG COUNTRY). Zwei Rancher und ihre Familien leben wegen einer Wasserstelle und des sich daraus ergebenden Streits um die Wasserrechte in unversöhnlicher Feindschaft. Erst ein Fremder, ein Gentleman aus Baltimore, der angereist ist, um die Tochter des einen Farmers zu heiraten, beendet den Streit: Er, der nicht an die Lösung des Konflikts mittels Gewalt glaubt, gerät deshalb zunächst in den Verdacht, ein Feigling zu sein, beweist aber im entscheidenden Augenblick das Gegenteil und erobert zugleich seine wahre Herzensdame. Ein episch breit entwickelter Western mit faszinierenden Landschaftsaufnahmen und hervorragenden Darstellern, der mit fast schon akademischer Virtuosität die Frage erörtert, ob Vernunft und Vertrauen nicht die besseren Mittel zur Konfliktlösung sind als Gewalt. Trotz einiger Längen bezieht der Film neben der genreüblichen äußeren Dramatik daraus auch ein hohes Maß an innerer Spannung. – Sehenswert ab 14. ✦ Scope. USA 1958 **P** Anthony World Wide Prod./Wyler-Peck Prod. (für United Artists) **Kl** United Artists **Pd** William Wyler, Gregory Peck, Robert Wilder **R** William Wyler **B** James R. Webb, Robert Wilder, Sy Bartlett, nach dem Roman »Ambush at Blanco Canyon« von Donald Hamilton **K** Franz Planer **M** Jerome Moross **S** Robert Belcher, John Faure, Robert Swink **D** Gregory Peck (James McKay), Jean Simmons (Julie Maragon), Carroll Baker (Patricia Terrill), Charlton Heston (Steve Leech), Burl Ives (Rufus Hannassey), Chuck Connors (Buck Hannassey), Charles Bickford (Major Henry Terrill), Alfonso Bedoya (Ramon), Chuck Hayward (Rafe), Buff Brady (Dude), Jim Burk (Cracker), Dorothy Adams **L** 166 **FSK** ab 12; f **FBW** w **E** 26.3.1959/19.12.1975 ARD **fd** 7 983

WEIZENHERBST (BAKUSHU). Die Bemühungen einer japanischen Mittelstandsfamilie, die Tochter angemessen zu verheiraten. Ein eindrucksvoller, subtiler Film, mehr an den Zwischentönen als an der Oberfläche der Handlung interessiert. – Sehenswert. ✦ Japan 1951 **P** Shochiku **R** Yasujirô Ozu **B** Yasujirô Ozu, Kôgo Noda **K** Yûshun Atsuta **M** Senji Ito **D** Setsuko Hara (Noriko Mamiya), Chishû Ryû (Kôichi Mamiya), Chikage Awashima (Aya Tamura), Kuniko Miyake (Kôichis Frau), Ichiro Sugai (Norikos Vater), Chieko Higashiyama (Norikos Mutter) **L** 125 **E** 5.7. 1972 BR III

WELCH EIN LEBEN (THE TIME OF OUR LIVES). Dokumentarfilm. Die Geburtstagsfeier in einer großen Familie des Londoner East Ends, zu der sich mehrere Generationen zusammengefunden haben, dient als Einstieg zu einem umfassenden Porträt der britischen Gesellschaft. Der Film läßt Vergangenheit und Gegenwart ineinanderfließen, indem er die Geschichte mehrerer Familienmitglieder erzählt und Bilder der Gegenwart mit historischem Film- und Tonmaterial kontrastiert. ✦ Großbritannien 1993 **R** Michael Grigsby **L** 80 **E** 7.5.1994 arte

WELCHE BILDER, KLEINER ENGEL, WANDERN DURCH DEIN ANGESICHT? (WELCHE BILDER, KLEINER ENGEL, WANDERN DURCH DEIN ANGESICHT?). Der Regisseur lädt die Betrachter mit seinem Film zu einem experimentellen Kinderspiel ein. Zusammen mit seiner Koautorin schafft oder inszeniert er Situationen, in die sich Kinder mit ihrer noch wenig verschütteten Vitalität einbringen und in denen sie Elementares erleben. Skepsis erregt der Film dadurch, daß nahezu alle schmerzlichen Aspekte der Kindheit ausgeschlossen bleiben. Die Autoren appellieren an unsere Emotionen, wollen sie zurückrufen und aktivieren. Auf dieser nichtverbalen Ebene des Films liegt seine subversive, politische Brisanz. ✦ Schweiz 1986 **P** Hassler/L-M Prod. **Pd+R+B** Jürg Hassler, Ursula L-M **K** Jürg Hassler **S** Jürg Hassler, Ursula L-M **D** Marlis Bucher, Marem Hassler, Barbara Köhler, Simone Köhler, Hans Sonnleitner **L** 64 **E** Schweiz

WELCHE FARBE HAT DAS GRAUEN? Ein ausschließlich aus historischem Archivmaterial kompilierter Dokumentarfilm, der sich die Frage stellt, welche Auswirkungen der Zweite Weltkrieg auf die deutsche Bevölkerung hatte. ✦ Teils schwarz-weiß. BR Deutschland 1979 **P** Chronos **SF** Chronos **Pd** Bengt von zur Mühlen **R+B** Dieter Hildebrandt **K** Archivmaterial **M** Wolfgang de Gelmini **S** Helga Kruska **L** 65 **E** Dezember 1979

WELCHE FARBE HAT DIE LIEBE? (JAKOU BARVU MA

LASKA). Drei junge Leute lernen einander kennen und lieben, was nicht ohne Konflikte geschieht. Jeder von ihnen muß sich auf eigene Weise bewähren, um in einer schwierigen Situation das Glück zu finden. ✦ CSSR 1973 **P** Filmstudio Barrandov **R** Zbynek Brynych **B** Zbynek Brynych, Pavel Hajny **K** Jan Kalis **M** Jirí Sternwald **D** Jaroslava Obermaierová, Václav Postranecky, Rudolf Jelínek, Jirina Svorcová, Jana Dítetová **L** 91 **E** 11.1.1976 DFF 2

WELCHER MANN SAGT SCHON DIE WAHRHEIT. Eine ehrgeizige Hamburger Reporterin hat das Pech, dass ihr das Konkurrenzblatt regelmäßig die besten Stories wegschnappt. Sie vermutet eine undichte Stelle in den eigenen Reihen und lanciert eine falsche Nachricht, um die Konkurrenz zu düpieren. Der Plan geht auf, doch sie erwischt den eigenen Liebhaber, der seit einiger Zeit unter Pseudonym für die andere Seite arbeitet. Liebes- und Arbeitssegen hängen kurzzeitig schief, doch dann ergibt sich die Gelegenheit, gemeinsam eine Geschichte zu recherchieren. Romantische Komödie aus dem Zeitungsmilieu, die die Klischees dieser Branche freudig aufgreift. ✦ Deutschland 2001 **R** Donald Kraemer **B** Wiebke Lorenz **D** Anne-Marie Bubke (Maike Kröger), Oliver Bootz (Joe Müller), Tanja Schumann (Bea Riediger), Karin Rasenack (Rosi Kramer), Annette Frier (Nikola von Ravenstedt) **L** 93 **E** 18.9.2001 SAT 1

WELCHES GLÜCK, IN RUSSLAND GEBOREN ZU SEIN! Eine Fortsetzung des filmischen Tagebuchs »Der zerbrochene Spiegel«; der Dokumentarfilm beschreibt die Gefühle, Hoffnungen und Ängste der Angehörigen der Filmemacherin, während der Aufstand russischer Oppositioneller im Oktober 1993 niedergeschlagen wurde. ✦ Russland 1993 **R** Marina Goldowskaja **L** 59 **E** 20.10.1994 arte

WELCOME BACK, MR. MCDONALD (RAJIO NO JIKAN). Kurz vor Beginn der Live-Übertragung eines Hörspiels ändert die Hauptdarstellerin ihren japanischen Traditionsnamen in Mary Jane. Da der Regisseur dies durchgehen lässt, klagen immer mehr Sprecher ihre Wünsche und Bedürfnisse ein, bis am Ende aus der lyrischen Romanze ein lärmendes Actionspektakel amerikanischer Prägung geworden ist. Eine ebenso witzige wie intelligente Komödie, die die Bereitschaft der Japaner auf die Schippe nimmt, eigene Traditionen über Bord zu werfen und sich den vermeintlichen Errungenschaften der amerikanischen Massenkultur unterzuordnen. ✦ Japan 1997 **P** Fuji Television/Premier International/Toho **Pd** Takashi Ishihara, Hisao Masuda, Chiaki Matsushita, Kanjiro Sakura **R+B** Koki Mitani **K** Kenji Takama, Junichi Tozawa **M** Takayuki Hattori **S** Hirohide Abe **D** Toshiaki Karasawa (Kudo), Kyoka Suzuki (Miyako Suzuki), Masahiko Nishimura (Ushijima), Keiko Toda (Nokko Senbon), Shiro Namiki (Suhuru Hosaka) **L** 103 **E** 29.3.2001 SF 1/DRS

WELCOME HOME – EIN TOTER KEHRT ZURÜCK (WELCOME HOME). Ein 1970 im Einsatz abgeschossener Pilot kehrt nach 17 Jahren in die USA zurück. Die Frau, die er im Dschungel Thailands lieben lernte, muß er ebenso wie zwei Kinder zurücklassen; seine amerikanische Frau ist längst wieder glücklich verheiratet, sein Sohn verehrt ihn als gefallenen Kriegshelden – nicht aber als lebendigen Vater. Ein gefühlsbetontes Melodram zum Thema »Vietnam-Bewältigung«, in dem einmal mehr der historische Fehltritt zur bloßen Staffage für ein individuelles Schicksal gerät. Das routiniert inszenierte Melodram ist der letzte Film des 1989 gestorbenen Regisseurs. – Ab 14. ✦ USA 1989 **P** Rank Organisation/Albacore **VA** atlas **Pd** Martin Ransohoff **R** Franklin J. Schaffner **B** Maggie Kleinman **K** Fred J. Koenekamp **M** Henry Mancini **S** Robert Swink **D** Kris Kristofferson (Jake), JoBeth Williams (Sarah), Sam Waterston (Woody), Brian Keith (Harry), Thomas Wilson Brown (Tyler) **L** 87 **FSK** ab 12 **E** 20.1.1992 Video/22.11.1994 RTL 2 **fd** 29 696

WELCOME IN VIENNA (WELCOME IN VIENNA). Mit einer Einheit für psychologische Kriegsführung der US-Army kommt ein österreichischer Emigrant 1945 nach Wien zurück, erfährt manche Enttäuschung und macht sich auf den langen Weg der Identitätsfindung in einer neuen Situation. Der auf der Grundlage der Erinnerungen des Fernsehjournalisten Georg Stefan Troller als Teil einer Trilogie entstandene Film ist ein differenzierter und facettenreicher Beitrag zur Vergangenheitsbewältigung in Österreich. Ursprünglich für das Fernsehen gedreht, kann er mit seiner spröden Schwarz-Weiß-Fotografie aber auch im Kino bestehen. (Die ersten beiden Teile der Trilogie »Wohin und zurück« waren nur im Fernsehen zu sehen: »An uns glaubt Gott nicht mehr« und »Santa Fe«.) – Sehenswert ab 16. ✦ Schwarz-weiß. Österreich/BR Deutschland/Schweiz 1985 **P** Thalia Film/ORF/ZDF/SRG **KI** Filmverlag der Autoren **Pd** Matija Barl (Ltg.) **R** Axel Corti **B** Georg Stefan Troller, Axel Corti **K** Gernot Roll **M** Hans Georg Koch, Alban-Berg-Quartett **S** Ulrike Pahl, Claudia Rieneck **D** Gabriel Barylli (Freddy Wolff), Nicolas Brieger (Sgt. Adler), Claudia Messner (Claudia Schütte), Joachim Kemmer (Lt. Kemmer), Karlheinz Hackl (Treschensky) **L** 127 **FSK** ab 12; f **E** 9.3.1986 ZDF/23.6.1988 Kino **fd** 26 936

WELCOME TO 18 – JETZT WIRD'S GEFÄHRLICH (WELCOME TO 18). Drei High-School-Absolventinnen arbeiten in den Sommerferien an verschiedenen Stellen und begegnen dabei Männern, die sich einander an Unbedarftheit überbieten. Eine Teenager-Komödie der belanglosen Art, die lediglich aus einer Aneinanderreihung austauschbarer Handlungsfetzen besteht. – Ab 16. ✦ USA 1987 **P** Summer Release **VA** Vestron **Pd** David C. Thomas **R** Terry Carr **B** Judith Sherman Wolin, Terry Carr **K** Stephen C. Pasey **M** Tony Berg **S** Lois Freeman-Fox **D** Courtney Thorne-Smith (Lindsey), Mariska Hargitay (Joey), Joanne Willette (Robin), Cristen Kaufman (Talia), E. Erich Anderson (Roscoe) **L** 87 **FSK** ab 16 (fr. 18) **E** 11.7.1988 Video **fd** 27 055

WELCOME TO FEAR (STALKED / WELCOME TO FEAR). Ein geistesgestörter junger Mann, der versuchsweise aus einer psychiatrischen Anstalt entlassen wurde, wirbt vergeblich um die Liebe einer Restaurantbesitzerin. Im Kampf um ihre Zuneigung tötet er alle, die sich ihm in den Weg stellen. Die dank hervorragender Besetzung und realistischer Regiearbeit zunächst fesselnde Geschichte verliert aber zunehmend das Interesse an ihrer Hauptfigur, so daß der Film nicht mehr als oberflächliche Spannung bietet. ✦ Kanada 1994 **P** Allegro/Image/Republic **VA** Starlight/Dynamic **Pd** Pierre David, Tom Berry, Stefan Wodoslawsky, Cyndi Pass **R** Douglas Jackson **B** Craig Haman, Mark Evan Schwartz **K** Rodney Gibbons **M** Milan Kymlicka **S** Yves Langlois, Ion Webster **D** Jay Underwood (Daryl), Maryam D'Abo (Brooke Daniels), Lisa Blount (Janie), Karen Robinson (Evelyn), Robert Morelli (Sgt. Moretti) **L** 91 **FSK** ab 16 **E** 28.12.1994 Video **fd** 31 171

WELCOME TO HELL (SILENT NIGHT, DEADLY NIGHT 4 / SILENT NIGHT: INITIATION). Eine Reporterin geht einem Fall von Selbstverbrennung nach und gerät in die Fänge einer geheimnisvollen Frauengruppe, die sich sektiererischen, männerfeindlichen Ritualen hinzugeben scheint. Bald vermag sie zwischen erlebten und geträumten Schrecken nicht mehr zu unterscheiden: Ihr Freund wird erstochen, dessen Vater unterm Weihnachtsbaum erwürgt, der kleine Bruder als Schlachtopfer präpariert. Am Schluß muß auch die Anführerin der Gruppe den Flammentod sterben. Ein zwar gut besetzter, aber schlecht erfundener Alptraumthriller, der die mit Angst, Blut und Phallussymbolen beladene Story zunehmend spekulativer aufbauscht. ✦ USA 1990 **P** Silent Films/Carolco **VA** VCL/Carolco **Pd** Richard N. Gladstein, Peter Teschner, Ronna B. Wallace **R** Brian Yuzna **B** Woody Keith **K** Philip Holahan **M** Richard Band **S** Peter Teschner **D** Neith Hunter (Kim), Maud Adams (Buchhändlerin Fima), Tommy Hinkley (Freund Hank), Allyce Beasley (Janice), Clint Howard (Ricki) **L** 86 **FSK** ab 18 **E** 24.6.1991 Video **fd** 29 039

WELCOME TO PLANET EARTH (ALIEN AVENGERS). Zwei Außerirdische in Menschengestalt verlassen mit ihrer Tochter ihren friedlich-langweiligen Heimatplaneten und besuchen die Erde, um in einer Art Abenteuerurlaub in den Straßen der Großstadt Jagd auf Drogendealer, Straßenräuber und Neonazis zu machen. Eine mit grellen und derben Effekten arbeitende Komödie über den Alltag im gewalttätigen Großstadtdschungel. Der mitunter bluttriefende Humor ist nicht jedermanns Sache, und das durchweg negative Menschenbild verleiht dem Film einen bitteren Beigeschmack. ✦ USA 1996 **P** New Visions **VA** Highlight/Arcade **Pd** Michael Amato, Roger Corman **R** Lev L. Spiro **B** Michael James McDonald **K** Christopher Baffa **M** Tyler Bates **S** Dan Holland **D** George Wendt (Charlie), Shanna Reed (Rhonda), Christopher M. Brown (Joseph), Anastasia Sakelaris (Daphne), Stephen Burrows (Detective Watts) **L** 72 **FSK** ab 16 **E** 22.7.1997 Video **fd** 32 775

WELCOME TO SARAJEVO (WELCOME TO SARAJEVO). Ein britischer Fernsehjournalist verspricht während einer Reportage über ein Waisenhaus in Sarajewo einem zehnjährigen Mädchen, es aus der umkämpften Stadt herauszuholen, und schmuggelt es in einem Kinderkonvoi außer Landes. Als die Mutter ihr Kind zurückfordert, kehrt er ins Kriegsgebiet zurück und kann sie überzeugen, die Adoptionspapiere zu unterschreiben. Die unspektakulär erzählte Geschichte dient der Inszenierung als dramaturgische Klammer, um von einem Krieg zu erzählen, der von außen mit ohnmächtiger Wut, aber auch mit voyeuristischem (Medien-)Blick begleitet wurde. Der beeindruckend montierten Mischung aus (Video-)Dokumentaraufnahmen und inszenierten Szenen ordnen sich die zurückgenommenen, aber einprägsam agierenden Schauspieler unter und verstärken so die Realitätsnähe des Films. – Sehenswert ab 14. ✦ Scope. Großbritannien/USA 1997 **P** Channel Four/Miramax/Dragon **KI** Buena Vista **VA** Buena Vista **Pd** Graham Broadbent, Damian Jones **R** Michael Winterbottom **B** Frank Cottrell Boyce, nach dem Roman »Natasha's Story« von Michael Nicholson **K** Daf Hobson **M** Adrian Johnston **S** Trevor Waite **D** Stephen Dillane (Henderson), Woody Harrelson (Flynn), Marisa Tomei (Nina), Emira Nusevic (Emira), Emily Lloyd (Annie McGee) **L** 101 **FSK** ab 12; f **FBW** w **E** 11.6.1998/28.1.1999 Video **fd** 33 177

WELKER LORBEER (UN UOMO FACILE). Ein körperlich und seelisch ausgebrannter ehemaliger Europameister im Boxen steuert unaufhaltsam seinem Ruin zu. Sein junger, aufstrebender Schwager versetzt ihm im Ring schließlich den tödlichen Schlag. Ein grober, mitunter melodramatisch geführter Angriff auf das Berufsboxgeschäft in Italien, allerdings mehr an der spektakulären Seite als an durchdringender Kritik interessiert. (DDR-Titel: »Wenn die Tiefstrahler verlöschen«) – Ab 16. ✦ Schwarz-weiß. Italien 1958 **P** Serena **KI** Progress **R** Paolo Heusch **B** Fausto Tozzi **K** Roberto Gerardi **M** Carlo Rustichelli **D** Maurizio Arena, Giovanna Ralli, Tiberio Mitri, Cathia Caro, Alberto Grassi **L** ca. 100 **E** 12.3.1962 ARD/1.6.1962 Kino DDR

WELL DONE (WELL DONE). Dokumentarfilm über die Arbeit in einem Schweizer Kreditkartenunternehmen, der in seiner stakkatoartigen Montage immer wiederkehrende Handlungen aneinanderreiht und damit die Monotonie der modernen, von Computern bestimmten Arbeitswelt sichtbar macht. Vorgestellt wird ein sich verselbständigendes System, das nicht nur die Arbeitswelt der Angestellten bestimmt, sondern weit in ihre Privatsphäre hineinwirkt. Der faszinierende, atmosphärisch dichte Film erschließt sich in seiner Informationsfülle erst im Nachhinein; in seiner Allgemeingültigkeit weist er weit über die dargestellten Beispiele hinaus. (O.m.d.U.) – Sehenswert ab 14. ✦ Schweiz 1994 **P** Bachim Film/Filmkollektiv Zürich **KI** Real Fiction **Pd+R** Thomas Imbach **B** Thomas Imbach, Monika Gsell **K** Jürg Hassler, Thomas Imbach, Peter Liechti **S** Thomas Imbach, Jürg Hassler **L** 75 **E** 8.4.1998 arte/10.9.1998 **fd** 33 307

EINE WELLE GLÄNZENDEN WASSERS (RING OF BRIGHT WATER). Ein wenig erfolgreicher Londoner Schriftsteller kommt durch seine Tierliebe in Bedrängnis, als sein zahmer Otter die ganze Wohnungseinrichtung demoliert. Er zieht aufs Land nach Schottland, wo er in der Dorfärztin eine verständnisvolle Freundin findet. Doch die Komplikationen sind damit noch nicht beendet. Unterhaltsame, bewegende Tiergeschichte. (Westdeutscher Titel: »Mein Freund, der Otter«) – Ab 12. ✦ Großbritannien 1969 **P** Palomar/Brightwater/Pictures International/Rank **KI** Progress **R** Jack Couffer **B** Jack Couffer, Bill Travers, nach einem Buch von Gavin Maxwell **K** Wolfgang Suschitzky **M** Frank Cordell **S** Reginald Mills **D** Bill Travers (Graham Merrill), Virginia McKenna (Mary MacKenzie), Peter Jeffrey (Colin Wilcox/Colin Clifford), Jameson Clark, Roddy McMillan (Busfahrer) **L** 90 **E** 21.12.1973 Kino DDR/25.12.1975 DFF 2/29.4.1978 ARD

WELT AM DRAHT. Der Leiter eines Instituts für Kybernetik und Zukunftsforschung, das mit Hilfe eines immensen Computers politische, ökonomische und soziale Vorgänge der Zukunft simulieren kann, begeht unter mysteriösen Umständen Selbstmord. Nachfolger wird sein engster Mitarbeiter, der fest davon überzeugt ist, daß sein Vorgänger Opfer eines Verbrechens wurde. Er recherchiert und stellt fest, daß mit Hilfe des Supercomputers eine künstliche Welt geschaffen wurde, die von Menschen bevölkert wird, die nicht ahnen, daß sie nur elektronisch existieren. Eine faszinierende Mischung aus Krimi, Abenteuerfilm und düsterer Zukunftsvison, die die komplexen Erzähl- und diversen Wirklichkeitsebenen mit verblüffender Geradlinigkeit zu vermitteln versteht. Fassbinder bedient sich »klassischer« Genremotive, um effektvoll über Fragen der Korruption und Manipulation, aber auch über mögliche Formen des Widerstands zu reflektieren. – Sehenswert ab 16. ✦ BR Deutschland 1973 **P** WDR **R** Rainer Werner Fassbinder **B** Fritz Müller-Scherz, Rainer Werner Fassbinder, nach einem Roman von Daniel F. Galouye **K** Michael Ballhaus **M** Gottfried Hüngsberg **S** Marie Anne Gerhardt **D** Klaus Löwitsch (Fred Stiller), Mascha Rabben (Eva), Adrian Hoven (Vollmer), Ivan Desny (Lause), Barbara Valentin (Gloria), Karl-Heinz Vosgerau (Siskins), Günter Lamprecht (Wolfgang), Margit Carstensen (Schmidt-Gentner), Wolfgang Schenk (Hahn), Ulli Lommel (Rupp), Joachim Hansen (Edelkern), Kurt Raab (Holm), Peter Chatel (Hirse), Ingrid Caven, Gottfried John, Christine Kaufmann, Rainer Langhans, Bruce Low, Eddie Constantine, Walter Sedlmayr, Peter Kern, Werner Schroeter, Magdalena Montezuma, Katrin Schaake, Rudolf Lenz (Hartmann), Karl Scheydt (Lehner), Heinz Meier (Weinlaub), El Hedi Ben Salem **L** 99 (gek.91) + 105 **E** 14.,16.10.1974 ARD

DIE WELT BEI NACHT (IL MONDO DI NOTTE). Eine Kompilation aus internationalen Varieté- und Shownummern mit teils respektablen, teils eher geschmacklosen Darbietungen von Catchern, Striptease- und anderen »Sex«-Tänzerinnen. Auf kritische Perspektiven legen weder die Regie noch der Kommentar (in der deutschen Version gesprochen von Wolfgang Neuss) Wert. ✦ Scope. Italien 1959 **P** Julia **KI** Warner **R** Luigi Vanzi **K** Tonino Delli Colli **M** Piero Piccioni **L** 109 **FSK** ab 18; nf **E** 7.4.1961 **fd** 10 130

DIE WELT, DAS FLEISCH UND DER TEUFEL (THE WORLD, THE FLESH AND THE DEVIL). Drei Überlebende einer weltweiten Atomkatastrophe, die von einem dritten Weltkrieg ausgelöst wurde, begegnen einander in der Einsamkeit der Wolkenkratzer-Landschaft von New York. Die beiden Männer, ein Weißer und ein Schwarzer, entfachen wegen der Frau einen weiteren Weltkrieg. Weniger ein Anruf ans Weltgewissen als vielmehr eine Abwandlung des kinogängigen Themas von der Frau zwischen zwei Männern. Dank der vorzüglichen Bildgestaltung und der guten Darsteller entsteht der Eindruck eines packenden Spuks. – Ab 14 möglich. ✦ Scope, schwarz-weiß. USA 1958 **P** Loew's/Sol C. Siegel Prod./HarBel Prod. **KI** MGM **Pd** George Englund **R** Ranald MacDougall **B** Ranald MacDougall, nach dem Roman »The Purple Cloud« von Mathew Phipps Shiel **K** Harold J. Marzorati **M** Miklos Rozsa **S** Harold F. Kress **D** Harry Belafonte (Ralph Burton), Inger Stevens (Sarah Crandall), Mel Ferrer (Benson Thacker) **L** 94 **FSK** ab 12; f **E** 11.9.1959 **fd** 8 468

DIE WELT DER JEAN HARLOW (HARLOW). Opulent inszenierte, teils schönfärberische Biografie der Schauspielerin Jean Harlow (1911–1937), die in den 30er Jahren zum Sexsymbol des amerikanischen Kinos aufstieg. Vom allzu freizügigen Umgang mit biografischen Daten abgesehen, bietet der Film, der die große Zeit Hollywoods auferstehen lassen will, kurzweilige Unterhaltung. (Videotitel: »Jean Harlow – Glanz und Glorie Hollywoods«) – Ab 16 möglich. ✦ Scope. USA 1965 **P** Paramount **KI** Paramount **VA** CIC **Pd** Joseph E. Levine **R** Gordon Douglas **B** John Michael Hayes, nach einem Roman von Irving Schulman und Arthur Landau **K** Joseph Ruttenberg **M** Neal Hefti **S** Frank Bracht, Archie Marshek **D** Carroll Baker (Jean Harlow), Martin Balsam (Everett Redman), Red Buttons (Arthur Landau), Raf Vallone (Marion Bello), Angela Lansbury (Mama Jean Bello), Michael »Touch« Connors (Jack Harrison), Peter Lawford (Paul Bern), Leslie Nielsen (Richard Manley) **L** 125 **FSK** ab 16; f (fr. 18) **E** 24.9.1965/Oktober 1988 Video **fd** 27 239

DIE WELT DER MARILYN MONROE (MARILYN). Ein als filmischer Nachruf auf die Schauspielerin Marilyn Monroe (1926–1962) gedachtes Szenen-Potpourri aus 15 ihrer insgesamt 20 für die Hollywood-Firma 20th Century Fox gedrehten Spielfilme. Eine ausschließlich vom kommerziellen Kalkül getragene Produktion ohne sinnvollen Bezug zu ihrer Person, ohne filmhistorische Einordnung, ohne Deutung des Starphänomens – immerhin ohne übertriebene Glorifizierung. Am interessantesten: Szenen aus George Cukors unvollendetem Film »Something's Got to Give«, in dem Marilyn Monroe neben Dean Martin und Cyd Charisse spielte. – Ab 14. ✦ Scope, teils schwarz-weiß. USA 1962 **P** 20th Century Fox **KI** Centfox **Pd** Richard D. Zanuck **D** Rock Hudson (Kommentar) **L** 83 **FSK** ab 6; nf **E** 19.7.1963 **fd** 12 124

DIE WELT DER MUTTER TERESA. Das Mutterhaus der Kongregation »Missionare der Nächstenliebe«, die sich um Arme und Kranke in aller Welt kümmern, steht in Kalkutta. Der Dokumentarfilm berichtet vom Hunger und Elend in dieser Stadt und zeigt die aufopfernde Arbeit der Mutter Teresa, die ganz auf sich allein gestellt dort mit ihrer Arbeit begann. Für ihr lebenslanges menschliches Engagement wurde sie 1979 mit dem Friedensnobelpreis ausgezeichnet. – Ab 14. ✦ USA 1980 **P** Petrie Prod. **Pd+R** Ann Petrie **K** Karl Schurman, Promod Mathur, Roger Dean **L** (TV) 60 **E** 28.8.1985 SAT 1

DIE WELT DER SENSATIONEN (THE BIG CIRCUS). Der Konkurrenzkampf der beiden größten Zirkusunternehmen der Vereinigten Staaten. Als der Whirling-Zirkus die Oberhand zu gewinnen scheint, taucht ein von der Konkurrenz gedungener Gangster auf, der alle Veranstaltungen sabotiert. Nur ein Erfolg in New York kann die Situation noch retten, aber bis sich alles zum Guten wendet, muß erst ein Hochseilartist über die Niagarafälle balancieren und ein Streik der New Yorker Verkehrsbetriebe überwunden werden. Eine teilweise spannende und abwechslungsreiche Unterhaltung mit bemerkenswerten Schaunummern, die eine dichtere Handlung verdient hätte. – Ab 10. ✦ Scope. USA 1959 **P** Allied Artists/Saratoga **KI** Rank **Pd** Victor Mature, Irwin Allen **R** Joseph M. Newman **B** Irwin Allen, Charles Bennett, Irving Wallace, nach einer Erzählung von Irvin Allen **K** Winton C. Hoch **M** Paul Sawtell, Bert Shefter **S** Adrienne Fazan **D** Victor Mature (Hank Whirling), Red Buttons (Randy Sherman), Rhonda Fleming (Helen Harrison), Kathryn Grant (Jeannie Whirling), Vincent Price (Hans Hagenfeld), Peter Lorre (Skeeter), Gilbert Roland (Zach Colino) **L** 95 **FSK** ab 6; f **E** 15.4.1960 **fd** 9 101

DIE WELT DER SUZIE WONG (THE WORLD OF SUZIE WONG). Die Liebesgeschichte zwischen einem amerikanischen Maler und einem chinesischen Taxigirl in der Halbwelt von Hongkong. Glatt inszenierte, psychologisch schwache Romanverfilmung mit teurem fernöstlichem Dekor, vielen Sentimentalitäten und einem naiven Moralkodex jenseits christlicher Auffassungen. – Ab 16. ✦ Großbritannien 1960 **P** Worldfilm **KI** Paramount **Pd** Ray Stark **R** Richard Quine **B** John Patrick, nach dem Roman von Richard Mason und dem Bühnenstück von Paul Osborn **K** Geoffrey Unsworth **M** George Duning **D** William Holden (Robert Lomax), Nancy Kwan (Suzie Wong), Sylvia Syms (Kay), Michael Wilding (Ben), Laurence Naismith (O'Neill) **L** 126 **FSK** ab 12; f (fr. 16) **E** 3.3.1961 **fd** 10 026

DIE WELT DES FRAUENPLANETEN → Das Steinzeitsyndrom

DIE WELT DES SCHWEIGENS → Die schweigende Welt

DIE WELT DREHT SICH VERKEHRT (DIE WELT DREHT SICH VERKEHRT). Ein alternder Wiener Angestellter trauert der guten alten Zeit nach. Mit Hilfe eines Zauberrings kann er verschiedene Epochen der Vergangenheit – Wien im Jahr 1815 und unter der Türkenherrschaft 1683, schließlich gar als Keltensiedlung Vindobona 173 n. Chr. – bereisen, doch die Erinnerung an paradiesische Friedensidyllen entlarvt sich als trügerisch. Ein heiter-abenteuerlicher Spaziergang durch eine Traumhandlung, dessen reizvolle Ausgangsidee aber weitgehend ohne Schwung und Esprit inszeniert ist. – Ab 16. ✦ Schwarz-weiß. Österreich 1946 **P** J.A. Hübler-Kahla & Co. Film **KI** Ufa **Pd+R** J. A. Hübler-Kahla **B** Kurt Nachmann, J. A. Hübler-Kahla **K** Franz Pucher **M** Willy Schmidt-Gentner **D** Hans Moser (Franz Xaver Silvester Pomeisl), Karl Skraup (Haslinger), Thea Weis (Anny), Marianne Schönauer (Livia), Josef Meinrad (Agha), Max Brod (Windholz), Alfred Neugebauer (Hofrat Gentz) **L** 87 **FSK** ab 16; nf **E** 14.4.1950 **fd** 201

DIE WELT GEHÖRT DER FRAU (A WOMAN'S WORLD). Der Chef eines mächtigen New Yorker Automobilkonzerns sucht einen neuen Generaldirektor und lädt drei seiner tüchtigsten Mitarbeiter aus Kansas City, Philadelphia und Texas ein. Jeder der drei im Grunde gleich qualifizierten Kandidaten bringt seine Frau mit, denen der Konzernchef ganz besonders auf den Zahn fühlt. Eine amüsant inszenierte Starkomödie, die in der psychologischen Filigranarbeit zwar nicht übers (Rollen-)Schema hinauskommt, aber durch eine liebenswürdige, herzliche Wärme für sich einnimmt. – Ab 14. ✦ Scope. USA 1954 **P** 20th Century Fox **KI** Centfox **Pd** Charles Brackett **R** Jean Negulesco **B** Claude Binyon, Mary Loos, Richard Sale, nach einer Erzählung von Mona Williams **K** Joseph MacDonald **M** Cyril J. Mockridge **S** Louis Loeffler **D** Clifton Webb (Gifford), June Allyson (Katie), Van Heflin (Jerry), Lauren Bacall (Elizabeth), Fred MacMurray (Sid), Arlene Dahl (Carol), Cornel Wilde (Bill Baxter) **L** 94 **FSK** ab 12; nf **E** 15.2.1955 **fd** 3 904

DIE WELT GEHÖRT IHM (THE MISSISSIPPI GAMBLER). Ein professioneller Glücksspieler auf Mississippi-Dampfern zwischen New Orleans und St. Louis kann eine junge Frau aus vornehmer Familie für sich gewinnen, obwohl er zuvor mit ihrem Bruder, einem schlechten Verlierer, Ärger hatte. Ein in epischer Breite recht umständlich erzähltes pittoreskes Melodram, dem bereits im ersten Viertel der dramatische Atem ausgeht. (Neuer Titel: »Der Held vom Mississippi«) – Ab 16. ✦ USA 1952 **P** Universal **KI** Universal **Pd** Ted Richmond **R** Rudolph Maté **B** Se-

Western

Ein Auge für Komposition. Der Einfluss der Malerei des 19. Jahrhunderts ◆ **Eine sichere Bank.** Indianerfilme der DEFA ◆ **Ein Mann von Ehre.** Gary Cooper ◆ **Filme als Seelenforschung.** Raoul Walsh ◆ **Der Letzte seiner Art.** Clint Eastwood

Ein Auge für Komposition
Frederic Remington und der Einfluss der Malerei des 19. Jahrhunderts auf den Western

VON DANIEL KOTHENSCHULTE

Keines der klassischen Filmgenres ist so sehr durch sein visuelles Ambiente definiert wie der Western. Welche Filmgattung ließe sich gleich auf den ersten Blick erkennen? Schauplätze und Kostüme schaffen eine eindeutige Orientierung, lange bevor auch nur ein Gedanke daran verloren ist, welche Probleme die Charaktere auf der Leinwand bewegen mögen. Andy Warhol konnte seinen Western *Lonesome Cowboys* ohne jedes Handlungsgerüst inszenieren; für seinen Beitrag zum Genre reichte es ihm, ein paar junge Männer zu zeigen, die sich in staubiger Kakteenlandschaft lümmelten. Selbst die kurzen Werbefilme einer bestimmten Zigarettenmarke erfüllen die Qualifikation des Genres. Dabei ist das, was dem Betrachter heute als visuelles Konterfei einer ganzen Filmgattung erscheint, die Ikonografie des Westerns, weit älter als die Kinematografie selbst.

Breaking Through the Lines

Nicht selten wird der Fotograf Eadweard Muybridge zu den Ahnen des Genres gezählt, gelang es ihm doch in seinen Fotoserien erstmals, den Bewegungsablauf galoppierender Pferde wiederzugeben. Zu den vielen Künstlern, die von Muybridges Arbeit beeinflusst wurden, zählt Frederic Remington (1861–1909). Er ist bei weitem der bekannteste Maler von Wildwestsujets, berühmt insbesondere für die der Momentfotografie nachempfundene Dramatik wilder Reiterszenen, in denen selbst die Rauchschwaden der Pistolen noch auf den Augenblick ihrer Abfeuerung schließen lassen. Großformatige Gemälde wie »A Dash for the Timber«, entstanden 1889, auf dem eine Gruppe Weißer auf der Flucht vor den Indianern in vollem Galopp in Richtung ihrer rückwärtigen Verfolger schießt, treiben den Realismus des 19. Jahrhunderts auf einen späten Höhepunkt. Charles Schreyvogel (1861–1912), der sich selbst lange keine Reise in den Westen leisten konnte, lernte sein Handwerk als Zuschauer in Buffalo Bills Wild-West-Show. Auf monumentalen Leinwänden nahm er die Wirkungsweise des Filmbilds vorweg und konzentrierte sich auf Momentdarstellungen von größtem Aktionismus: »Breaking Through the Lines« (1895) zeigt einen Kavalleriesoldaten, der sich während eines Gefechts mit Indianern den Weg nach vorn freischießt. Dies ist durchaus wörtlich zu verstehen: Die dargestellte Figur schießt direkt in Richtung des Betrachters. Es dauerte nicht lange, bis auch das zeitgleich erfundene Kino diesen Effekt ausprobierte. In der berühmten Eröffnungseinstellung von Porters *The Great Train Robbery* (1903) feuert ein Schauspieler seine Pistole auf die Kamera ab. Auch Schrey-vogels Gemälde »My Bunkie« (1900), das einen Soldaten bei der Rettung eines Kameraden zeigt, dessen Pferd angeschossen wurde, nimmt eine Filmszene vorweg: Exakt die gleiche Situation findet sich 50 Jahre später in John Fords *Rio Grande*.

Die Naturtreue der Wiedergabe steht bei Remington und Schreyvogel einer idealisierten Idee des Wildwestlebens entgegen; parallel zu den populären Schriftstellern ihrer Zeit nehmen sie Anteil an der Konstruktion eines Mythos, den das Kino nur wenige Jahre später dankbar aufgreifen wird. Remington hatte im Alter von 20 Jahren sein Studium in Yale abgebrochen, um mit den Mitteln der Malerei das Bild einer, wie er glaubte, entschwindenden Zeit zu bewahren. Für die Zeitschrift Harper's Weekly, die mit ihren Storys und Illustrationen landesweit die Idee des abenteuerlichen Wildwestlebens popularisiert hatte, lieferte er Illustrationen der Schlacht General Crooks gegen Häuptling Geronimo, die er begleitete. Seine Arbeit steht an der Schwelle zwischen Schlachtenmalerei und Bildjournalismus – auch in diesem Sinne wurde Remington zu einem Vorboten des Kinos und der modernen Bildmedien. Als Kriegsberichterstatter lieferte er für den Verleger Hearst 1898 Bilder vom amerikanisch-kubanischen Krieg in Kuba, während er sich gleichzeitig als Autor fiktionaler Kurzgeschichten betätigte. Auch in seiner Malerei nahm das Anekdotische immer breiteren Raum ein. Sein Gemälde »A Misdeal« (1897) kann dem modernen Betrachter erscheinen wie das Standfoto einer Westernfilmszene: Rauchschwaden erfüllen einen Saloon, in dem gerade eine Pokerpartie in einer Schießerei zu Ende gegangen ist, deren Opfer am Boden liegen. Eine ganze Geschichte ließe sich aus diesem Genrebild rekonstruieren. In seinem Film *Hell Bent* (1918) geht John (damals noch »Jack«) Ford den umgekehrten Weg: Ohne sich für die Hintergründe des Vorfalls zu interessieren, beginnt er seinen Film mit einer Aufnahme des Gemäldes, das er im Folgenden nachstellt und zum Leben erweckt, um die Geschichte mit der Flucht des überlebenden Pokerspielers (gespielt von Harry Carey) fortzuschreiben.

He Knew the Horses

Obwohl Remington als Spezialist für Pferde galt und sogar verfügte, als Nachruf auf ihn möge das Gedicht: »He Knew the Horses« verlesen werden, war er ein meisterhafter »Regisseur« von Personenszenen. In seinen Bildern regiert die Gewalt, auch wenn er sie in warmes Rotbraun und jenes glänzende Goldgelb kleidete, das von den Uniformen der Kavallerieoffiziere leuchtete. Als John Ford 1949 seinen ersten farbigen Kavalleriewestern, *She Wore a Yellow Ribbon* (*Der Teufelshauptmann*), drehte, nahm er sich Remingtons Farbpalette zum Vorbild. »Ich habe dort versucht, den Remington-Stil zu kopieren – man kann ihn nicht zu hundert Prozent kopieren –, aber ich glaube, teilweise ist es mir gelungen«, bemerkte er gegenüber Peter Bogdanovich. »Ich hatte deshalb viel Ärger mit meinem Kameramann (Winton C. Hoch, A.d.A.), der es mir wiederholt schriftlich gab, dass er meine Anweisungen für völlig falsch halte. Als wir die Unwetterszenen drehten, während eines echten Unwetters, erklärte er mehrfach, es könne überhaupt nichts auf dem Film sein. Er hat dann den Oscar für die Fotografie dieses Films bekommen.« Ford beschränkte sich jedoch nicht auf die Nachahmung von Remingtons Farben. So ist die Sequenz eines Lagerfeuers der Kavalleriesoldaten direkt dem Gemälde »Cavalry Men's Breakfast on the Plains« nachgestellt. Seine größte Wirkung erzielt Ford in der Dämmerung – einer Tageszeit, die schon bei Remington dem Unvorhersehbaren gehört: Ein grüngrauer, wolkenvernebelter Himmel schafft eine überwirkliche, fast an El Greco gemahnende Atmosphäre.

30 Jahre liegen zwischen dem Stummfilm *Hell Bent* und *She Wore a Yellow Ribbon* in Technicolor, in denen sich der Western, nicht zuletzt dank Ford selbst, vom wenig ambitionierten Serienfilm zum Prestigeobjekt entwickelte. Die Ikonografie des Genres aber ist dieselbe geblieben. Noch immer erscheint Remington als Vorbild für die verklärende Zeichnung einer nun historischen Epoche. John Ford hat stets jeden Kunstanspruch für seine Filme zurückgewiesen; bestenfalls habe er ein »Auge für Komposition«. Woran aber hat sich dieses Auge geschult, wenn nicht an den populären Vertretern der amerikanischen Genremalerei? Wenn Ford in *She Wore a Yellow Ribbon* den Klassiker der Westernmalerei zitiert, versteht sich dies weder als intellektueller Verweis noch als Anbiederung an ein kunstsinniges Publikum. Remington gehörte weniger zu den Favoriten der anspruchsvollen Kunstkritik als einer breiten Anhängerschaft volkstümlicher Kunst, vergleichbar der ebenfalls in Fords Filmen präsenten Folkmusic. Ford schätzte eine volkstümliche und unakademische, aber durchaus artifizielle Ästhetisierung des Traditionellen, wie sie in der Musik die populäre Gesangsgruppe »Sons of the Pioneers«, in der bildenden Kunst ein Frederic Remington repräsentierten. Über Remington urteilte man kaum nach streng formalen Kriterien. »Wie sehr sind wir doch mit Remingtons Sergeanten, mit Remingtons Rekruten vertraut!«, schrieb Owen Wister, Autor des Romans »The Virginian«. »Remington ist mehr als ein Künstler. Er gehört zu unserem Nationalschatz.« Die einzigen Gemälde, die Ford im Übrigen in seinem eigenen Haus hatte, waren keine Werke der Hochkultur, sondern Westernszenen, die ein ungenannter Künstler nach Ford-Filmen gestaltet hatte.

Die Dämmerung der Legende

Auch Howard Hawks schätzte die Tradition dieser Malerei. William Wellman jr. erwähnt Hawks' umfangreiche Sammlung von Drucken und Gemäldekopien nach Werken von Remington, Charles Russell und anderen. Hawks hegte lange eine Abneigung gegen die Verwendung von Farbfilm, den er etwa noch für *Red River* ablehnte. »In *El Dorado* bemerkte ich, dass die Remington-Bilder immer einen starken Lichteinfall zeigten, der von den Saloontüren bis über die Straße reichte. Also sagte ich zum Kameramann (Harold Rosson): ›Wie kriegen wir das hin?‹ ›Benutzen Sie gelbes Licht‹, antwortete er. ›Aber schicken Sie Ihre Leute nicht durch. Die sehen dann aus, als hätten sie Gelbsucht oder so was…‹ Er hat sie dann mit Schwarzlicht angestrahlt. Und wir hatten einen warmen, angenehmen Look.« *El Dorado* macht sich in seinen erdigen Rot-, Braun- und Gelbtönen Remingtons Ästhetik zunutze, um auch in den handlungsarmen Szenen eine vertraute Atmosphäre zu schaffen, die jedoch nie ins Verklärende abgleitet – was auch dem narrativen Grundton von mitunter abgründiger Ironie widersprochen hätte. Was Ford hingegen an Remington interessiert haben mag, war die Überhöhung profaner Genreszenen in den Bereich des Erhabenen, ohne dabei realistische Darstellungsmodi für einen pathetischen Stil aufzugeben. Die Empfehlung am Ende von *The Man Who Shot Liberty Valance* (*Der Mann, der Liberty Valance erschoss*), dass man im gedruckten Zeitungswort doch der Legende vor der Wahrheit den Vorzug geben solle, entspricht Remingtons nostalgischer Sicht auf eine Volkskultur, die er in der Endphase ihrer Existenz antraf: »Ich wusste, die Eisenbahn würde kommen. Ich wusste, dass die wilden Reiter und das unbebaute Land im Verschwinden begriffen waren, und je mehr ich mir dessen bewusst wurde – es war die Dämmerung der Legende.«

Andere mögen diese Erkenntnis früher gehabt haben, und die Eisenbahn war auch Remington längst zu Diensten. Sein wahres Talent lag in der Erfindung einer Dramatik, die er als erzählerisches Element in seine Kunst einbrachte. Obwohl seine Qualitäten nicht in der Landschaftsmalerei lagen, ist doch die Behandlung des Raums in seinen Bildern von Einfluss auf die Kadrierung im Westernfilm. Als routinierter Grafiker erreichte er auch in seiner Malerei mit wenigen Bildelementen eine maximale Wirkung, die die Ökonomie der Filmbildgestaltung vorbereitet. Sein Gemälde »The Scout: Friends or Enemies?« (ca. 1890) gibt den Blick frei in eine Totale, an deren Horizontlinie in abstrahierender Unschärfe eine Reitergruppe lediglich zu erahnen ist. John Ford benutzt diese Perspektive gern auch in umgekehrter Codierung: Dann hält man mit einem feindlichen Indianer Ausschau auf die bedrohten Siedler. Remington war aber keineswegs der Erfinder dieser Ikonografie. Relativ spät gelangte er selbst in den Westen und begann seine Arbeit, als andere Künstler dessen Bildgeschichte bereits festgeschrieben hatten. Seiner erklärten Absicht, eine entschwindende Kultur für die Nachwelt zu bewahren, waren seine Vorläufer mitunter weit näher gekommen. Dies gilt insbesondere für die Fotografien von Edward S. Curtis, der Monument Valley in einer Weise fotografierte, die man heute mit Ford assoziieren würde, und Timothy O'Sullivan, der schon im Bürgerkrieg als Bildjournalist tätig war.

»Sand Dunes near Sand Springs« entstand 1867: Eine Kutsche zieht einsam durch das weite Land von Nevada, dieselbe Gegend, in der John Ford 1925 *The Iron Horse* (*Das eiserne Pferd*) drehen sollte. Die Weite erscheint hier als bedrohliche Leere; dem Eindruck einer unbestimmten Todesnähe gibt nicht zuletzt das Übergewicht des Himmels Ausdruck, der zwei Drittel der Bildfläche beansprucht. O'Sullivans Bildidee einer die unberührte Wüste wie eine abstrakte Linie durchschneidenden Kutsche findet in James Cruzes Klassiker *The Covered Wagon* (1923) am selben Ort ihre Spiegelung in der Arbeit des Kartografen und Navigators, der die Geometrie auf dem Papier fortschreibt. Aus dem Ritt in die Landschaft wird so eine geheiligte Handlung. Den idealen Schauplatz für die Unwirtlichkeit derartiger Wüstenszenen lieferte Death Valley, archetypisch in Erich von Stroheims *Greed* (*Gier*) und Fords Version der *Three Godfathers* (*Spuren im Sand*).

Die Vorliebe, die John Ford in all seinen Western seit *Straight Shooting* (1917), insbesondere aber im Finale von *The Searchers* (*Der schwarze Falke*), für überdachte Aussichten auf die Weite der Landschaft hegte, ist Ausdruck des Wertes, den er dieser Kultivierung als Schutz des Individuums beimaß. Auch Innenaufnahmen inszenierte Ford entgegen aller Konvention mit überdachten Sets, um einen Kontrast zu den endlosen »outdoor spaces« zu etablieren (insbesondere in *Stagecoach*/*Ringo*). Bei Remington war die rohe Unschuld der Natur längst dem Pomp der Kavallerie gewichen. Die vielleicht lyrischsten, aber auch aufrichtigsten Huldigungen an die amerikanische Naturlandschaft und ihre Siedler schufen der Engländer Thomas Moran, der das Leben der Indianer mit leuchtenden Turner-Farben romantisierte, und der aus Deutschland stammende Romantiker Albert Bierstadt bereits in den 60er und 70er Jahren des 19. Jahrhunderts. In Gemälden wie »Emigrants Crossing the Plains« (1867) dominiert die Idee eines Lebens in Naturverbundenheit, die in Fords Werk erst als Ruine sichtbar wird – in der tragischen Odyssee von *Cheyenne Autumn* (*Cheyenne*).

Eine sichere Bank
Die Indianerfilme der DEFA

VON RALF SCHENK

Dass in der DDR seit dem Sommer 1965 regelmäßig an eigenen »Indianerfilmen« gearbeitet wurde, hatte zwei handfeste Gründe: Zum einen wollten sich die Verantwortlichen der Filmgesellschaft DEFA mit einer verstärkten Hinwendung zum Genrekino – zu Krimis, Musicals, Komödien und eben auch Western – die verloren gegangene Publikumsgunst zurückerobern. Zum anderen beobachtete man in Babelsberg sehr genau, welchen Erfolg westdeutsche Produzenten 1962 mit der Adaption von Karl-May-Romanen aufweisen konnten. Karl May mit seiner Wildwestidylle und einem bisweilen sehr teutonisch anmutenden Heldenbild galt in der DDR noch als Persona non grata; seine Bücher wurden nicht verlegt, geschweige denn ihre Verfilmung in Betracht gezogen. Aber auch in der Literatur der DDR gab es Versuche, die Geschichte der nordamerikanischen Indianer literarisch zu fassen. So wählte die DEFA einen Roman der Schriftstellerin und Professorin für Alte Geschichte, Liselotte Welskopf-Henrich (1901–1979), »Die Söhne der großen Bärin« (1951), als Einstieg ins Genre.

Ein Literaturlexikon der DDR apostrophierte dieses Buch als einen Versuch, der »kapitalistisch kommerzialisierten Rothautromantik ein den wissenschaftlichen Erkenntnissen und den historischen Tatsachen entsprechendes, dennoch fantasievolles Bild der Indianer« entgegenzusetzen. Dennoch gab es in den politischen Gremien Vorbehalte gegen hauseigene Western, auch wenn diese, um ihre Parteilichkeit von vornherein klarzustellen, bewusst als »Indianerfilme« bezeichnet wurden. Die Historie des kapitalistischen Nordamerika zu behandeln, erschien manchem Kulturpolitiker in der DDR zu weit weg von den eigentlichen Aufgaben der DEFA. Aber auch im Studio selbst existierten Berührungsängste. So konnte die Leitung keinen der fest angestellten rund 40 Regisseure für das Westerndebüt begeistern und musste auf einen Gast aus der Tschechoslowakei, auf Josef Mach, zurückgreifen.

Ackerbau, Büffelzucht, Eisen schmieden

Die Söhne der großen Bärin hatte einen sensationellen Erfolg und machte den aus Jugoslawien eingeflogenen Hauptdarsteller Gojko Mitic, einen ehemaligen Sportlehrer, gleichsam über Nacht zum Star. Erzählt wurde eine Story aus den 70er Jahren des 19. Jahrhunderts: Weil in ihren Reservationen Gold gefunden wurde, sollen die Dakota vertrieben werden. Während einzelne Indianerstämme kapitulieren, sieht der junge Häuptling Tokei-ihto seine Aufgabe darin, seinen Stamm in neue, fruchtbare Gebiete zu führen: »Ackerbau, Büffelzucht, Eisen schmieden – das ist unser neuer Weg.« Mit diesem Stoff wurde gleichsam der Tenor für alle Indianerfilme der DEFA vorgegeben: eine scharfe Kritik an der rassistischen und kolonialistischen Politik des weißen Amerika; und zugleich ein Hohelied auf die Ureinwohner, die Hunger, Vertreibung und Mord ausgesetzt waren. Neben der Political Correctness bemühte sich die DEFA auch um anthropologische Korrektheit: In ihre frühesten, etwas naiv anmutenden Indianerfilme baute sie stets indianische Tänze oder Wettbewerbe wie Reiten oder Bogenschießen ein, die – wie Kostüme, Federschmuck und Bemalungen – nach historischen Quellen möglichst exakt rekonstruiert wurden.

Andererseits verzichtete der Indianerfilm in der DDR nie auf die üblichen Genrezutaten, so wie sie aus Hollywood bekannt waren. Natürlich gab es auch hier wilde Verfolgungsjagden, Überfälle auf Postkutschen und Eisenbahnen, klassische Showdowns vor dem Saloon, in der Prärie oder zwischen Felsklüften. Auch das Klischee der schönen Indianerin wurde hin und wieder genutzt, wobei diese meist als Braut oder Frau des Häuptlings fungierte, deren Raub oder Ermordung die Story in Gang zu halten hatte. Mit ihrem romantischen Indianerbild waren die Western der DEFA dem westdeutschen Karl-May-Kino schließlich gar nicht so fern: In beiden deutschen Staaten bedienten diese Filme eine tief im Unbewussten verwurzelte Sehnsucht nach Reinheit, Unschuld und Kraft, den Traum, ohne drückende Vorgeschichte einfach nur gut sein zu dürfen.

Wurzellos zwischen zwei Welten

Das zweite Indianeropus der DEFA basierte auf James F. Coopers »Wildtöter«: *Chingachgook, die Große Schlange* (1967, Regie: Richard Groschopp). Aus dem späten 19. blendete man nun in die Mitte des 18. Jahrhunderts, in die Zeit der Stammesfehden zwischen Huronen und Delawaren, die von den Weißen für ihre Eroberungspolitik ausgenutzt wurden. In die »Frühzeit« des amerikanischen Westens kehrte die DEFA danach nur noch einmal zurück, für einen Film, der ganz ohne Gojko Mitic auskam und vielleicht aus diesem Grund nur eine bescheidene Publikumsresonanz fand: *Blauvogel* (1979). Diese fast vergessene Arbeit des als Dokumentarist bekannt gewordenen Regisseurs Ulrich Weiß gehört indes zum Besten, was in Babelsberg inszeniert wurde: ein philosophischer Western, dessen Handlung ein sehr deutsches Thema spiegelte. Weiß erzählt, basierend auf dem gleichnamigen Buch von Anna Jürgen, die Geschichte eines neunjährigen Siedlerjungen, der von Irokesen entführt wird und anstelle des verstorbenen Sohnes bei den Indianern aufwächst. Als er Jahre später bei einem Austausch an seine weißen Eltern zurückgegeben wird, ist er sich plötzlich seiner Wurzellosigkeit bewusst. *Blauvogel* wurde zum Film über die Koexistenz zweier Welten und die Unmöglichkeit des Individuums, beliebig zwischen ihnen zu wechseln.

Ende der 60er Jahre sah sich die DEFA nach Coproduzenten um und fand sie in jugoslawischen, rumänischen, bulgarischen und mongolischen Studios. Das Ambiente des Westens wurde mit ihrer Unterstützung in osteuropäischen Landschaften nachgestaltet; die Pferdeherden kamen aus der Sowjetunion oder der Mongolei. Das Genre hatte sich in der DDR etabliert, die Babelsberger Western waren trotz ihrer mehr oder weniger offensichtlichen Didaktik ein Exportschlager. Inzwischen verhielten sich auch Regisseure der DEFA nicht mehr abstinent: Gottfried Kolditz und Konrad Petzold avancierten zu verlässlichen Handwerkern. Kolditz' *Spur des Falken* (1968) mit seinen Auseinandersetzungen zwischen Dakota und Goldgräbern wurde zum opulentesten DEFA-Western aller Zeiten. Wie in seiner Fortsetzung *Weiße Wölfe* (1969, Regie: Konrad Petzold) fabulierten die Autoren hier über »Vorfälle, in denen die Verfilzung von Kapitalakkumulation und Regierungspolitik, Militäraktion und Banditentum den Alltag des Westens und der Grenze beherrscht« (Klaus Wischnewski). Dabei ermöglichten es die Storys, differenziert mit der weißen Personage umzugehen: So beherrschten diabolische Eroberer und ihre brutalen Handlanger (oft in Gestalt von Rolf Hoppe) die Szene, andererseits aber auch Kleinunternehmer und Handwerker, die auf Frieden hoffen, und ehrliche Sheriffs, die, wie am Ende von *Weiße Wölfe*, ihre Sterne resigniert ablegen.

Metaphern für Freiheit

In *Tödlicher Irrtum* (1970, Regie: Konrad Petzold) spielt Armin Mueller-Stahl das Halbblut Chris, das von seinem Bruder, einem jungen Häuptlingssohn, um Hilfe gegen die Machenschaften der Ölkompanie gebeten wird. Der Film endet tragisch: Chris, der sich als Hilfssheriff für die Indianer eingesetzt hatte, stirbt. Auch andere »Blutsvermischungen« waren bei der DEFA meist zum Scheitern verurteilt: In *Ulzana, der unbesiegte Häuptling* (1974, Regie: Gottfried Kolditz) wird Leona, die mexikanische Frau des Häuptlings, von Soldaten gefangen und erschossen. In *Blutsbrüder* (1975, Regie: Werner W. Wallroth) verliebt sich der weiße Soldat Harmonika – gespielt von dem in die DDR ausgewanderten amerikanischen Protestsänger Dean Reed – in das Indianermädchen Rehkitz, das, noch bevor sich die Liebe entfalten kann, von anderen Weißen ermordet wird. Der Tod der Indianerin führt den Soldaten in eine tiefe Krise, eine Flucht in den Alkohol, aus dem er erst errettet wird, als er eine neue Aufgabe findet: die Befreiung von Rehkitz' Bruder »Harter Felsen« aus der Gefangenschaft der Weißen. Als Blutsbrüder ziehen die weißen Männer am Ende des Films in den gemeinsamen Kampf der Cheyenne – eine Metapher, ungeachtet aller Unterschiede in Herkunft und Kultur für die Freiheit einzutreten.

Mit *Osceola – Die rechte Hand der Vergeltung* (1971, Regie: Konrad Petzold), *Tecumseh* (1972, Regie: Hans Kratzert), *Apachen* (1973, Regie: Gottfried Kolditz) und dessen Fortsetzung *Ulzana* wurden authentische indianische Führerfiguren in den Mittelpunkt der Handlungen gestellt. *Tecumseh* porträtiert den Shawnee-Häuptling, der sich den Briten anschloss, zum Brigadegeneral avancierte und 1813 fiel. Spätere Indianerfilme der DEFA wiesen dann nicht mehr den großen historischen Atem und die gestalterische Kraft dieser Arbeiten auf. Der Western der DDR wurde müde; das Publikum begann sich nach und nach von ihm zu verabschieden.

Severino (1977, Regie: Claus Dobberke) wechselte den Schauplatz von Nord- nach Südamerika und beschrieb in einem grauen, unwirtlichen Ambiente den Versuch eines assimilierten Indianers, seinen Stamm trotz ungeklärter Überfälle zum Zusammenleben mit den Weißen zu überzeugen. Der Pferdewestern *Der Scout* (1983, Regie: Konrad Petzold), das letzte Indianeropus mit Gojko Mitic, skizzierte die Verlorenheit eines Indianers angesichts weißer Übermacht, der er nur durch List zu trotzen weiß – ein letztes Aufbäumen der Utopie vom selbstbestimmten Leben. Mit dem existentiellen, grüblerischen Film *Atkins* (1985, Regie: Helge Trimpert) verabschiedete sich die DEFA schließlich vom Wilden Westen: die Legende eines aus der Stadt geflohenen Einsiedlers, der in einem abgeschiedenen Tal gemeinsam mit Indianern lebt, die ihrerseits aus der Reservation entwichen sind. Aber auch diese Gruppe wird von der Zivilisation eingeholt, die mit Mord und Totschlag in das Refugium einbricht, versessen auf jene Kupfervorräte, die hier vermutet werden. So schließt sich der Kreis: Gold, Kupfer und Öl als Symbole für den frühen Kapitalismus haben den Frieden auf Erden zunichte gemacht. Am Ende der Indianerfilmreihe der DEFA steht eine abgrundtiefe Skepsis über den weiteren Gang der Menschheit: Mit Vernunft ist nicht zu rechnen.

Ein Mann von Ehre
Die Westernrollen von Gary Cooper

VON THOMAS KOEBNER

Gary Cooper ist zwar schon als junger Akteur oft in den Sattel gestiegen, etwa als *Virginian* (*Der Mann aus Virginia*, 1929, Regie: Victor Fleming) in einem der klassischen Westernstoffe, doch als Schauspieler im Western hinterließ er erst tiefen Eindruck, als er schon über 50 Jahre alt war. In der Vorkriegszeit, den 30er Jahren, war der hochaufgeschossene smarte Cooper mit seinem diskreten, unaufdringlichen Charme ein Frauenliebling und den Melodramatikern wie Josef von Sternberg oder den Komödienregisseuren von Ernst Lubitsch bis Frank Capra hochwillkommen als anziehender Charakterspieler: männlich, doch nie eckig grob, ein unkorrumpierbarer Mann von Ehre, doch nie tumb, vielmehr gewitzt und witzig, fast ein Naturbursche, doch ohne provinzielle Biederkeit. Kein mit allen Wassern gewaschener Draufgänger wie Clark Gable, kein komischer und scharfzüngiger Gentleman wie Cary Grant, sondern eher ein Nachfahre der in der Überlieferung mit viel Würde umkleideten Gründungsväter, ebenso besonnen wie bescheiden, arglos, aber nicht naiv, ein zweiter Lederstrumpf (wie der des Namensvetters James Fenimore Cooper). Cooper hat auftrumpfende oder herrschsüchtige, besessene oder kampferpichte Figuren gemieden, vielen seiner Rollen haftet ein beinahe altmodisches Ethos an: das Idealbild eines weißen Amerikaners.

In derselben Periode größten Publikumserfolgs, zu deren Beginn man Cooper als Fremdenlegionär (*Morocco/Marokko*) oder Liebhaber (*Design for Living/Serenade zu dritt*) erlebte, in der er zumal als Verkörperung des Roosevelt'schen New Deal und Anwalt des kleinen Mannes, nämlich als Mr. Deeds populär wurde, der der alteingesessenen hochmütigen Machtelite zeigt, wie man sich ums Wohl der Mehrheit und Amerikas kümmert, hatte er sich verschiedentlich althergebrachten Westernlegenden genähert: In Cecil B. DeMilles *The Plainsman* (*Held der Prärie*, 1936) spielte er Wild Bill Hickock, in William Wylers *The Westerner* (*Der Westerner*, 1940) den verschmitzten und (in jedem Sinne) unanfechtbaren Gegenspieler zum berühmt-berüchtigten Judge Roy Bean (Walter Brennan). Ein Film der Nachkriegszeit, Fred Zinnemanns *High Noon* (*Zwölf Uhr mittags*, 1952), verschaffte Cooper auch als Westernheld den Umriss einer parabelhaften Vorbildfigur.

Im leeren Raum

Cooper steht mit leicht gespreizten, symmetrisch langen Beinen in der Welt, von schmaler Gestalt, beinahe filigran, lang gezogen und daher auch von natürlicher Eleganz. Eine leichte Berührungsscheu scheint ihm eigen zu sein. Um ihn herum bleibt ein leerer Raum. Die stärkste Wirkung geht nicht von der auffälligen Gestalt aus, sondern vom Gesicht, auf dem sich das heitere oder schwer lastende Drama der Rollenfigur abzeichnet: Der Ausdruck der Augen kann zum Schalkhaften, Ironischen neigen (beim jüngeren Cooper) oder eine Art sorgenvoller Abwesenheit, nachdenklicher Distanz, trauriger Entschlossenheit offenbaren (beim älteren Cooper). Seine Mund- und Kinnpartie reagiert äußerst beweglich. Empfindliche, weiche Lippen überraschen schon bei der Physiognomie des jüngeren Mannes Ende der 20er, Anfang der 30er Jahre. Später werden diese Lippen schmaler, Cooper presst sie oft zusammen, wenn die Situation Strenge gegen sich selbst verlangt: Härte entsteht bei ihm aus innerem Antrieb, sie ist nicht naturgegebene Anästhesie. Selbst Coopers Prototyp im Western bleibt nicht frei von Angst – sein Kinn kann zittern –, doch strengt er sich an, sie zu überwinden. Coopers Spielweise lädt förmlich zur Großaufnahme ein – die in seinen letzten Filmen dann nicht so lange stehen bleibt, da seine Krankheit verstörende Spuren des Schmerzes eingrub und ihn vorzeitig altern ließ.

Der Widerspruch zwischen Verletzlichkeit und kompensatorischer Energie verdichtet sich am einprägsamsten in der minimalistischen Mimik, die Cooper als Marshal Kane in *High Noon* vorführt. Es handelt sich um einen Konflikt, bei dem die ganze Existenz auf dem Spiel steht – Cooper hat eine ähnliche »Mutprobe« in Todesnähe schon als Spanienkämpfer Robert in der Hemingway-Verfilmung *For Whom the Bell Tolls* (*Wem die Stunde schlägt*) durchgemacht (dort stirbt er am Ende). Coopers Züge verrutschen immer wieder, wenn er auf der vergeblichen Suche nach Hilfe eine Enttäuschung nach der anderen erleiden muss und sich von Frau und Freunden verlassen sieht. Es entsteht nie der Eindruck einer »eisernen Maske«, wie man sie genreüblich dem unerschütterlichen Täterhelden zuordnet, selbst wenn er, der Einsame, sein Testament niederschreibt. Den abgebrühten Abenteurer konnte und musste er nur ausnahmsweise spielen, zum Beispiel den vagierenden Südstaatenoffizier in *Vera Cruz* (Regie: Robert Aldrich, 1954), der nach der Niederlage seiner Seite und Sache in Mexiko trickreich sein Glück sucht und am Ende – wie könnte es bei einer Cooper-Rolle anders sein – als selbstloser Volksfreund handelt. Auch dank des Gegensatzes zu seinem Partner, einem zähnebleckenden Rauhbein (Burt Lancaster), kann Cooper selbst in dieser Konstellation eine Art kultivierter Nonchalance bewahren.

Ziviler und zarter Charakter

In einem der sanften Western William Wylers, in denen rabiate Selbsthelfer wie John Wayne fehl am Platz oder Zielscheibe des Spotts wären, in *Friendly Persuasion* (*Lockende Versuchung*, 1956), kommt der zivile und zarte Charakter – geheimes Zentrum des Cooper'schen Verwandlungsspektrums – besonders zur Geltung: Als Quäker ist er dazu verpflichtet, seine kleinen irdischen

Vergnügungen einzudämmen, z.B. das sonntägliche »Treibrennen« der Kutschen zur Kirche oder die Musik im Hause. Die von der langbärtigen Orthodoxie geforderte Unterdrückung des Spieltriebs gelingt aber nicht ganz. So streiten in ihm fromme defensive Demut und Wettkampfgeist miteinander auf ziemliche erheiternde Weise. Als er in den amerikanischen Bürgerkrieg verwickelt wird und seinen mitkämpfenden Sohn retten will, kann er dem religiösen Prinzip des Appeasements, dem radikalen Pazifismus, gerade noch einmal treu bleiben: Einen Mann, der ihm nach dem Leben trachtete und auf ihn schoss, einen »Feind«, lässt er in Frieden gehen.

Einen seiner letzten bedeutsamen Auftritte (da scheint Cooper schon unzweideutig von Krebs gezeichnet, der wenig später entdeckt und ihn drei Jahre später umbringen wird) hat er in Anthony Manns finsterem *Man of the West* (*Der Mann aus dem Westen*, 1959). Link Jones ist einst ein Gangster gewesen und nun ein ordentlicher Bürger geworden. Nach einem Eisenbahnüberfall, bei dem er beraubt wird, trifft er zufällig Reste seiner alten Bande. Die Banditen halten ihn fest. Begleitet wird er unter anderem von einer jungen Barsängerin (Julie London), die er beschützen will. Scheinbar bricht ein Zwiespalt auf: Er muss, der Not gehorchend, den Kollaborateur, also einen Rückfall vortäuschen und zugleich danach trachten, sich und die Seinen zu befreien, nicht zuletzt sein Geld zurückholen, das ihm nur anvertraut ist (um eine Lehrerin für den Heimatort zu bezahlen). Angeblich hat Jean-Luc Godard geäußert, das Gesicht Coopers in diesem Film stamme aus dem Reich der Mineralogie. Der Vergleich, mit Verlaub, verfehlt den Augenschein. In einem verbissenen Zweikampf auf Leben und Tod verliert Cooper die Aura des unantastbaren Helden, unbändige Wut bemächtigt sich seiner, die schütteren Haare fliegen, er hasst seinen Gegner, der all das egoistische, brutale Böse repräsentiert, dem er selbst in einer überwundenen Lebensphase anscheinend verfallen war. Sein Dilemma: Er muss alle erschießen, auch seinen früheren Mentor in kriminellen Dingen, um auf und davon zu können und sich von der Wiederkehr einer Vergangenheit zu lösen, die vor allem darin bestand, dass man das Schießeisen gnadenlos dazu benutzte, um seinen Weg zu gehen. Rettung vorm Leben mit schmutzigen Händen scheint nicht anders zu gelingen, als dass man sich wieder die Hände schmutzig macht. Das Wissen darum lässt die Physiognomie der Figur Link noch weiter verbittern.

Dabei wird in den Fabeln von Coopers Western aus der vorgeblichen Zerrissenheit am Ende immer Eindeutigkeit. Am Scheideweg, entweder in der bequemen Anpassung an die Verhältnisse sein Heil zu suchen oder die eigene Würde selbst in der Gefahr zu bewahren, entscheiden sich Coopers Helden für die Selbstbestimmung, für den dornigen Pfad der Tugend, der viel mehr Mut erfordert. Sie ringen sich, wenn es darauf ankommt, zu bewundernswerter Tapferkeit durch, weil sie das Fürchten nie ganz verlernt haben. In Kenntnis aller Vorteile des Flüchtens halten sie stand. Marshal Kane in *High Noon* handelt nicht als rücksichtsloser Egomane, wenn er sogar in Kauf nimmt, dass sich seine junge Frau (Grace Kelly) von ihm trennt. Er durchleidet einen »großen Konflikt«, denn er glaubt, einem höheren Zweck, der staatlichen Ordnung und ihrem Ansehen dienen zu müssen, dem öffentlichen, nicht dem privaten Wohl verpflichtet zu sein. Selbst im Wesen ein Mr. Deeds, der für soziale Gerechtigkeit eintritt, nunmehr ein Rechtswahrer, der allein gegen die Feinde des Rechts kämpfen muss, im Stich gelassen von den Ängstlichen! Helen Ramirez (Katy Jurado), die einstige Geliebte von Kane, bemerkt einmal, dass er ein wirklicher Mann sei – und meint nicht das gereifte Lebensalter, sondern die moralische Verfassung des Marshals.

Es sind meist Bewährungsfabeln, die dem späten Cooper vorbehalten sind. Wer sich bewährt, hat auch Frau, Geliebte, Familie verdient. Wem, wenn nicht ihm, soll man sonst vertrauen? Das ist kein einsamer und reißender Wolf, sondern einer, der Verantwortung übernimmt für die Gesellschaft, selbst, wenn sie ihn gar nicht verdient hat, einer, der nur zur Waffe greift, wenn ihm nichts anderes übrig bleibt. Kein Rest pubertärer Siegerideen, auch wenn er am Ende der Sieger ist (das Gute muss die Oberhand behalten). So »verabschieden« sich Coopers Helden in den Schlusseinstellungen folgerichtig in Begleitung solidarischer Frauen oder eingebettet ins familiäre Umfeld aus der jeweiligen Geschichte.

Filme als Seelenforschung
Raoul Walsh

VON FRANZ EVERSCHOR

Nicht nur zeitlebens, sondern auch nach seinem Tod hat Raoul Walsh im Schatten von Hawks, Mann und Ford gestanden. Wer 50 Jahre lang als Regisseur tätig ist, wer loyal in den vorgegebenen Grenzen des Studiosystems arbeitet und im Durchschnitt zwei bis drei Filme pro Jahr macht, kann nicht mehr als ein Routinier sein. So jedenfalls wurde Walsh gemeinhin eingeschätzt, und so geistert sein Name auch jetzt noch durch einen Großteil der einschlägigen Literatur. In Deutschland hat bis zum heutigen Tag keiner seiner großen Filme die gleiche Anerkennung gefunden wie die längst aufgewerteten Western, Komödien und Gangsterfilme seiner Kollegen, die ebenso als konforme Fabrikate eines spezifischen Studiostils entstanden sind. Einziger Unterschied: deren kunstvolle Verschmelzung individueller Eigenschaften mit dem kommerziellen Anspruch tritt offensichtlicher zutage. Auch im Entstehungsland seiner Filme ist Walsh nach wie vor ein unterbewerteter Regisseur. Sein Name ist den amerikanischen Kinogängern nie zum Begriff geworden. Es bedurfte der Initiative des in Sachen Filmpräservation hochgeschätzten Martin Scorsese, um etwa Walshs Western *Pursued* (*Verfolgt*) endlich ins rechte Licht zu rücken. Als das Fernsehen Ähnliches bereits 1973 tat, verhallte dessen Bemühen um Raoul Walsh noch ziemlich resonanzlos unter den Filmfans, die damals mehr damit beschäftigt waren, sich an Namen wie Douglas Sirk und Howard Hawks zu gewöhnen.

Zum 110. Geburtstag des Regisseurs (am 11. März) ist es an der Zeit, erneut ein Plädoyer für Raoul Walsh zu versuchen, das in diesem Rahmen kaum in der Lage sein kann, die mehreren hundert Filme zu rehabilitieren, an denen er als Schauspieler, Autor, Produzent und Regisseur beteiligt war, das aber zumindest an einigen seiner wichtigsten Filme verdeutlichen möchte, warum Walsh in der Geschichte des Gangsterfilms und des Westerns eine herausragende Position zusteht. Es sei gleich vorweg erwähnt, dass er auch in anderen Genres Hervorragendes geleistet hat (z.B. mit der Komödie *The Horn Blows at Midnight*/*Der Engel mit der Trompete*), doch historisch gesehen liegt seine größte Bedeutung auf dem Sektor des Actionfilms. Das hat etwas zu tun mit seinem Temperament als Filmemacher, mit seinem Sinn für Dramatik und psychologische Spannung, mit seiner Neigung für verborgene Leidenschaften, die der französische Kritiker Jean Douchet einmal mit Shakespeare verglichen hat. Vor allem hat es etwas damit zu tun, dass Walsh stets am besten war, wenn er das äußere Drama, das ihm von seinen Auftraggebern abverlangt wurde, aus inneren Konflikten ableiten konnte.

Kontinuität und Balance

Die Literatur ist voll davon, wie John Sturges, Arthur Penn und Delmer Daves Ende der 50er Jahre begonnen haben, den Western zu psychologisieren, und wie Ähnliches in den 40er Jahren dem Gangsterfilm widerfahren ist. Doch nur wenige haben dabei Raoul Walsh den Platz eingeräumt, der ihm zukommt. In *High Sierra* (*Entscheidung in der Sierra*) rückte er schon 1941 einen Helden in den Mittelpunkt, der sich diametral von den eindeutig definierbaren Gangsterfiguren des Genres unterscheidet. 1949 kam er in *White Heat* (*Sprung in den Tod*) bei einer Hauptfigur an, die für jeden Psychotherapeuten ein wahres Fest bedeutet hätte. Und 1947 entstand sein vielleicht bester Film überhaupt, *Pursued*, ein Western, der nicht nur mit allen formalen Regeln der Gattung sehr frei verfährt, sondern der – Jahre vor seinen berühmteren Kollegen – die äußeren Elemente des Genres benutzt, um ein Seelendrama von geradezu antiken Ausmaßen zu erzählen. Von diesen drei Filmen soll stellvertretend hier die Rede sein. Sie sind in Walshs Schaffen nicht ohne gleichberechtigte Vorgänger und Nachfolger gewesen, aber sie markieren Höhepunkte, die am deutlichsten Walshs charakteristische Eigenschaften als Filmemacher erkennen lassen.

Dass Walsh in der Lage war, diese Höhepunkte zu erklimmen, hängt nicht zuletzt mit seinem Sinn für Teamarbeit zusammen. Er verstand es, einige der talentiertesten Autoren, Kameraleute und Komponisten um sich zu versammeln (was natürlich ohne Mitwirkung der Studios nicht möglich gewesen wäre) und häufig mit denselben Leuten zu arbeiten. Das sicherte seinen Filmen Kontinuität. Er arbeitete mit den größten Stars seiner Zeit – Wayne, Cagney, Bogart, Gable, Russell, Lupino, Dietrich –, aber er drehte keine Starfilme. Wer auch immer in einem Walsh-Film mitwirkte, musste sich in ein Ensemble einfügen. So eindeutig zum Beispiel James Cagney in *White Heat* im Mittelpunkt steht, muss er doch immer wieder ganze Sequenzen an Edmond O'Brien und Margaret Wycherly abgeben. Genauer gesagt: Walsh balanciert den Film zwischen seinen Schauspielern so aus, dass erst aus dem Miteinander der Darsteller das komplette Porträt eines von Abhängigkeiten gejagten Gangsterchefs entsteht. Eine ganz ähnliche Konstellation gibt es im Gewand des Westerns zwischen Robert Mitchum, Dean Jagger und Judith Anderson in *Pursued*. Es ist nie die Geschichte des Helden allein, die Walsh erzählt, sondern gleichzeitig mindestens die Story von ein oder zwei anderen Personen, die das Schicksal des Helden verursachen oder komplettieren.

Ambivalente Helden

Mit *High Sierra* legte Walsh sehr früh den Grund für seine neue Art von Gangsterfilmen. Es ist nicht mehr der abgefeimte Gangster der Großstadtstraßen, der hier porträtiert wird, sondern ein Mann mit zwei Seiten, wenn man will: ein Opfer der erbärmlichen Verhältnisse, denen er zu entkommen versucht. Gerade aus dem Gefängnis entlassen, plant Roy Earle (Humphrey Bogart) einen Diamantenraub. Mit seinem Anteil will er sich sozusagen zur Ruhe setzen, seinem früheren Leben ade sagen. Auf dem Weg dahin begeht er eine gute Tat nach der anderen. Er bezahlt einem hübschen Mädchen, das einen verwachsenen Fuß hat, die Operation; er nimmt sich eines kleinen, verlassenen Hundes an; er beginnt sogar ein aufrichtiges und ehrliches Verhältnis mit einer jungen Frau ähnlich kleinbürgerlicher Herkunft wie er selbst. Doch seine Vergangenheit folgt ihm jeden Augenblick. Er sieht sich gezwungen, zwei Menschen zu töten, und in einem dramatischen Finale hoch in den Bergen der Sierra wird er von den ihn verfolgenden Polizisten erschossen, als er seine Deckung aufgibt, um nach der geliebten Frau Ausschau zu halten, die ihm voller Unruhe und Verzweiflung gefolgt ist.

Nicht allein, dass Walsh eine höchst ambivalente Figur als Protagonisten einführt, darüber hinaus handelt sein Film auf eine sehr einfache, dem Kinobesucher leicht fassliche Weise von Schuld und Sühne und von der Sehnsucht nach Freiheit. Es ist vor allem der Schluss des Films, der *High Sierra* von anderen Filmen seiner Zeit abhebt. Walsh inszeniert den Tod seines Helden nicht als die gerechte Strafe für einen Gesetzesbrecher, sondern als die Erfüllung eines übermächtigen Schicksals. Earle scheint zu ahnen, was ihm passieren wird, und auch seine Geliebte ist von derselben Angst ergriffen. Um die Unabänderlichkeiten der Ereignisse zu betonen, hat Walsh die Schlussverfolgung aus den üblichen Gangsterkulissen in eine bedrohlich wirkende Berglandschaft verlegt. Berge sind in Walsh-Filmen meist Vorboten drohenden Unheils, selten pittoreske, lebensbejahende Hintergründe. Wie später auch in seinen Western *Along the Great Divide* (*Den Hals in der Schlinge*) und vor allem *Pursued* fotografiert er sie in hartem Licht, finstere Schatten werfend. Die Kamera bedient sich tiefliegender Blickwinkel, mit denen die fatalistische Note noch unterstrichen wird. Der Ambivalenz des Gangsterhelden entsprechend, wird dessen Tod durch den Gedanken überhöht, dass er endlich die ersehnte Freiheit gefunden hat.

Dieses Ende von *High Sierra* ist bereits große Tragödie, die Walsh auch in *White Heat* und *Pursued* zu inszenieren versteht. Mehr noch als in *High Sierra* sind seine Helden nur auf den ersten Blick den Stereotypen des Gangsterfilms oder des Western verwandt. Der Cody Jarrett (Cagney) von *White Heat* ist eine der debilsten Gangsterfiguren der Filmgeschichte. Er ist Epileptiker, Sohn eines im Irrenhaus gestorbenen Vaters und auf kindliche Weise abhängig von einer Mutter, die womöglich noch gewissenloser ist als er selbst. Walsh, Cagney und Margaret Wycherly (als Ma Jarrett) wagen hier Szenen von großer psychologischer Scharfsichtigkeit, die aber im Kontext eines stark realistischen Gangsterfilms am Rande der Machbarkeit liegen, vor allem jene Einstellung, in der Cody wie ein schutzbedürftiges Kind auf dem Schoß der Mutter kauert. Es ist die unprätentiöse Selbstverständlichkeit, mit der solche Szenen inszeniert und gespielt sind, die sie glaubwürdig machen und funktionieren lassen, ohne die Hauptfigur jemals in die Nähe einer Karikatur geraten zu lassen. Trotz seiner seelischen und körperlichen Angefochtenheit ist Cody ein eiskalter, furchterregender Räuber und Killer. Das Kinopublikum zur Zeit der Premiere von *White Heat* muss seine Schwierigkeiten mit dieser Gangsterfigur gehabt haben. Unorthodoxe Gangster waren ihm zwar auch aus den Filmen anderer Regisseure vertraut, doch die rigorose Verkrüppelung des negativen Helden, die Walsh in *White Heat* vorführt, weist weit voraus auf die doppelgesichtigen Gangster- und Gesellschaftsbilder einer späteren Generation von Filmemachern.

Wieder ist es die Beschwörung eines unausweichlichen Schicksals, die bereits unter den Vorspanntiteln mit dem Blick in eine raue Berglandschaft und mit der bedrohlichen Musik Max Steiners beginnt. Gleich danach liefert Walsh, wie so oft zu Anfang seiner Filme, eine Sequenz von lakonischer Eindruckskraft, die den Charakter von Held und Milieu in kurzen, präzisen Einstellungen erkennbar macht. Walsh war ein Meister solcher summierende Szenen, die den Kerngedanken eines Films in wenigen Minuten oder Sekunden vermitteln. Hier ist es ein Eisenbahnüberfall – bar aller Räuberromantik und bar jeder Illusion über den Helden, der wie eine Killermaschine vorgeführt wird, die mit der Präzision eines verlässlichen Uhrwerks arbeitet. Die mechanistische Rigorosität dieses Beginns hat ihre Ursache natürlich auch darin, dass der Boden bereitet werden muss für die Überraschung der körperlichen und seelischen Anfälligkeit des Helden.

Tragödie im Gewand des Westerns

Was *White Heat* für den Gangsterfilm bedeutet, ist *Pursued* für den Western. Und noch mehr. Diesmal hat sich Walsh eine Story vorgenommen, die aus einer antiken Tragödie abgeschrieben sein könnte. Sie im Gewand des Westerns zu inszenieren, ohne dass die Elemente des Genres zur unpassenden Staffage verkommen, ist eine ungeheure filmische Leistung. *Pursued* strahlt eine so starke und ursprüngliche emotionale Kraft aus, dass er in seiner Unmittelbarkeit und in seiner Dramatik sogar die Western von Howard Hawks in den Schatten stellt. Die Organisation von Plot, Darstellung, Fotografie und Musik zu einem fugenlosen »Gesamtkunstwerk« markiert einen Höhepunkt in der Filmproduktion der 40er Jahre und wurde, auch danach selten wieder erreicht.

Jeb (Robert Mitchum) lebt mit den Geschwistern Thor und Adam in einer Familie ohne Vater zusammen. Er weiß, dass er einst von Thors und Adams Mutter wie ein eigenes Kind aufgenommen wurde, nachdem seine Eltern bei einem Überfall ums Leben gekommen waren. Doch er erinnert sich nicht an die Zusammenhänge. Des Nachts hat er Albträume von blitzendem Licht und klirrenden Sporen. Die Wahrheit über seine Vergangenheit kennt er nicht. Adam hasst den Eindringling, der einmal sein Erbe mit ihm teilen wird, während sich Thor mehr und mehr in den starken, charakterfesten Jeb verliebt. Sie sind sich so gut wie versprochen, als Jeb einen Scharfschützen erschießt, der ihn aus dem Hinterhalt umzubringen versucht. Es ist Thors Bruder, den er erschossen hat. Die genauen Umstände von Adams Tod lassen sich nicht beweisen. Aus Thors Liebe wird Hass auf den Mann, der ihre Familie zerstört hat. Sie verrät ihrer Mutter, dass sie Jeb heiraten will, um ihn dann zu töten. Ein geheimnisumwitterter Fremder wiegelt derweil die Männer des Ortes auf, Jeb zu lynchen. Erst als er den Strick schon um den Hals hat, erfährt Jeb die lang gesuchte Wahrheit. Alle Verfolgungen und Leiden seiner Jugend beruhen auf einer Schuld der Mutter. Auch sie hat zeitlebens unter ihrem Ehebruch gelitten und versucht, ihn wieder gutzumachen.

Die Psychologisierung des Helden wird hier erstmals im Western bis in den Bereich einer tragischen Schuld-und-Sühne-Geschichte ausgeweitet. Was immer in *Pursued* an Action passiert, dient einzig und allein dem Ziel, die Identitätssuche des Helden vorwärts zu treiben. Nur mit einer Mannschaft der Besten ihres Faches war es möglich, in diesem Milieu eine große Tragödie zu entfalten, die keinen Augenblick lang unangemessen oder gar lächerlich wirkt. Niven Busch hat das Drehbuch geschrieben, einer der bewährtesten Westernautoren, der auch für Henry King, William Wyler und King Vidor gearbeitet hat. Für die Kameraführung war James Wong Howe verantwortlich, dessen Landschaftsfotografie stets ihresgleichen suchte. Cutter war Christian Nyby, kein anderer als der Mitarbeiter Howard Hawks, der auch dessen Film *The Thing* fertigstellte. Und die Musik komponierte abermals Max Steiner, dessen Opusverzeichnis von *Gone with the Wind* bis zu *Casablanca* und *The Big Sleep* reicht. Sie alle haben sich für *Pursued* auf einen Stil verständigt, der auch in Walshs Schaffen einmalig dasteht. Es ist ein Stil von großer Einfachheit und Konsequenz, bestimmt von einer kontrastreichen Schwarzweißfotografie, die Menschen im Angesicht mächtiger Berge und boshafter Rivalen zu Opfern des Schicksals reduziert, und von einer Musik, die mit der unaufhörlichen Variation einprägsamer Leitmotive die Unentrinnbarkeit der Situation unterstreicht. *Pursued* ist griechische Tragödie, freudianische Seelenforschung, auftrumpfende Schicksalsoper und lakonischer Western in einem, ist die Verbindung dieser scheinbar unüberbrückbaren Gegensätze zu einer überzeugenden Einheit, aus der einzig und allein die Konzession eines Happyends total herausfällt. Hätte Raoul Walsh in seinem Leben nur diesen einen Film inszeniert, so müsste dadurch bereits sein Platz in der Filmgeschichte gesichert sein.

Vielleicht ist nach jahrzehntelanger Vernachlässigung seines Werkes die Zeit gekommen, Walshs Qualitäten besser zu erkennen, so wie die 70er Jahre mit der Vorstellung aufgeräumt haben, Douglas Sirk sei nur der Regisseur belangloser Dienstbotenromane. Nicht allein Scorseses Bemühungen um *Pursued*, sondern auch neueste filmhistorische Veröffentlichungen lassen hoffen. David Thomson zum Beispiel beendet sein Kapitel über Raoul Walsh in »A Biographical Dictionary of Film« mit dem Satz: »Heute kann keiner mehr Filme machen wie er.«

Der Letzte seiner Art
Clint Eastwood

VON FRANZ EVERSCHOR

Über Clint Eastwood zu schreiben, heißt, über einen Mythos zu schreiben. Kein Star in der jüngeren amerikanischen Filmgeschichte wird so mit den Figuren identifiziert, die ihn berühmt gemacht haben, wie Eastwood. Kein Star hat aber auch seinen Mythos so gepflegt wie Eastwood. Die Einwohner des kleinen kalifornischen Küstenstädtchens Carmel kennen ihn anders. Er war zwei Jahre lang ihr Bürgermeister – aus purem Altruismus, und weil er dem idyllischen Örtchen, in dem er seit Jahrzehnten lebt, etwas schuldig zu sein glaubte. Aber Carmel hat nur 5.000 Einwohner. Der Rest der Welt identifiziert ihn mit Dirty Harry und dem Fremden ohne Namen.

Clint Eastwood hat eine Gefolgschaft, die ihm treu geblieben ist, seit sein erster wortkarger Auftritt in Sergio Leones *Für eine Handvoll Dollar* (1964) in Italien für eine Sensation sorgte. Und er hat erbitterte Kritiker, die ihm nachstellen, wann immer er einen neuen Film herausbringt. Wie die renommierte New Yorker Filmjournalistin Pauline Kael, deren Auseinandersetzung mit den *Dirty Harry*-Filmen bis zum heutigen Tag in Zeitungen und Eastwood-Biografien zitiert wird. Kael hat die Gleichsetzung des Schauspielers Eastwood mit seiner Rolle in Don Siegels Polizeithriller so verinnerlicht, dass sie davon nie lassen konnte, auch wenn der Star in anderer Umgebung auf der Leinwand erschien. Sie hält ihn und seine Rollen für »reaktionär« und »zutiefst unmoralisch«.

Sergio Leones Schöpfung

Angesichts solcher Vorwürfe bedarf es vielleicht doch einer kurzen Reflexion, worin Eastwoods Mythos eigentlich besteht und wo seine Wurzeln liegen. Bevor er die Reise nach Spanien antrat, wo Leone seinen ersten selbst finanzierten Western drehte, war Clint Eastwood dem amerikanischen Publikum als gut aussehender, gutherziger Star der Fernsehserie *Rawhide* bekannt, die nach dem Vorbild von Howard Hawks' *Red River* gebaut war und in der Eastwood die Montgomery-Clift-Rolle übernommen hatte. *Rawhide* war eine der populärsten Westernserien und brachte es mit über 250 Episoden auf eine siebenjährige Laufzeit im amerikanischen Programm. In 30 Länder der Welt verkauft, etablierte sie den jungen Eastwood überall, wo ferngesehen wurde. Weder hier noch in den kleinen Rollen, die er in Filmen von Jack Arnold, Arthur Lubin und William A. Wellman spielte, waren auch nur leiseste Anzeichen des Images erkennbar, das Eastwood für den Rest seiner Karriere anhaften sollte.

Sergio Leone wird oft als der Entdecker von Clint Eastwood bezeichnet; aber er hat ihn nicht entdeckt, er hat ihn gemacht. Leone: »Als Michelangelo gefragt wurde, was er in dem Marmorblock gesehen habe, den er aus Hunderten von anderen für sein Werk ausgewählt hatte, antwortete er: ›Ich habe Moses gesehen.‹ Dieselbe Antwort möchte ich auf die Frage anbieten, was ich in Eastwood gesehen habe und was niemand in Amerika in ihm gesehen hat – nur rückwärts. Was ich in Eastwood gesehen habe, war schlicht und einfach ein Block Marmor.« Eastwood mag sich später gerühmt haben, wesentliche Elemente in die Rolle des »Fremden« eingebracht zu haben, doch bei näherem Hinsehen hat sich sein kreativer Beitrag auf den Poncho und Zigarillos beschränkt. Der Rest ist Leones Schöpfung.

Sergio Leone war nicht, wie man gelegentlich lesen kann, ein großer Westernfan. Zwar hatte er eine Menge amerikanischer Western gesehen, doch er hatte die meisten nicht gemocht. Einzig die frühen Ford-Western begeisterten ihn, obwohl ihm auch dort der ungehemmte Optimismus, den die Filme ausstrahlten, nicht behagte. »Was mich veranlasste, einen Western zu machen, war meine alte Theorie, dass der größte Westernautor aller Zeiten Homer war. Achilles, Agamemnon und Ajax sind Archetypen der heutigen Cowboys. Ich wollte zudem eine Arte Commedia dell' Arte inszenieren, da sowohl *Für eine Handvoll Dollar* als auch, *Yojimbo* (Kurosawas Film, auf dem *Für eine Handvoll Dollar* beruhte) von Goldonis ›Arlecchino Servo di due Padroni‹ beeinflusst sind.« Robert C. Cumbow verweist in seinem hervorragenden Leone-Buch »Once Upon a Time« auf weitere Quellen, die dem Film und der Figur des Fremden zugrunde liegen. Er stellt Parallelen zu Budd Boettichers *Sein Colt war schneller* und Jonas Wards Roman »The Name's Buchanan« auf und sieht Struktur, Thema und den amoralisch-komischen Ton als Reminiszenz an Dashiell Hammetts »Red Harvest«. All diese Einflüsse mögen bewusst oder unbewusst in der Kreation des Plots und der Figur des »Fremden« zusammengekommen sein. Es ist jedoch eindeutig Leones und nicht Eastwoods Schöpfung.

Der Held ohne weißen Hut

Was das Publikum an der Rolle fasziniert hat, ist ihr Widerspruch zum gängigen Westernschema, das aus Hunderten von Filmen vertraut war. Der »Fremde« ist eine Variation vertrauter Heldenfiguren, die Handlung eine Abwandlung vertrauter Konflikte, die aber keine Komplizierung des Films mit sich brachten, die für den Zuschauer nicht nachvollziehbar war. Leones Annäherung an den Westernmythos versieht die zum Klischee gewordenen Bestandteile des Genres mit einem mehr zynischen Blick auf die Figuren, auf ihre Taten und Motive. Der Held besitzt keine persönliche oder historische Identität mehr, sondern er ist ein anonymer einsamer Mann ohne Vergangenheit und ohne Zukunft, der seine Unverwechselbarkeit erst aus seinem Verhalten gewinnt. Stärker als der an »überholte« Traditionen gebundene Held des klassischen Westerns ist er für Identifikationsversuche einer Generation offen, die ihre Welt und ihre Moral in dem Namenlosen leichter wiederfindet als in den Idealisten einer fern liegenden Kolonialzeit. Der aus Geldmangel geborene und später von Leone – und anderen Regisseuren des Italowesterns – bewusst fortgesetzte spartanische Stil der Filme kommt dieser »Offenheit« entgegen. Eastwood selbst sieht als wesentliches Element seiner Figur, dass jeder im Publikum zunächst irritiert war: »Halt mal, da stimmt doch was nicht! Das kann doch nicht der Held sein. Der trägt nicht einmal einen weißen Hut...«

Sergio Leone war – neben vielem anderen – ein Meister in der Besetzung seiner Filme. Wen immer er für eine Rolle auswählte, ob weltbekannter Star oder unbehauener Neuling, wirkte in der Rolle, die Leone ihm zuwies, als habe er nie etwas anderes gespielt und könne auch nie im Leben etwas anderes spielen. Eastwood wuchs in mehreren Leone-Filmen so in die Rolle des »Fremden« hinein, dass sie ihm wie eine zweite Haut anhaftete. Sie machte ihn singulär, sie machte ihn zum Star, und er fühlte sich wohl in ihr, weil er sie total beherrschte, weil er sie bis ins minuziöseste Detail auszufüllen lernte. Er mochte es, dass Leone die Allegorie so weit trieb, in Eastwoods Figur »die Inkarnation des Erzengels Gabriel« zu erkennen, und die transzendenten Bezüge, die später in seinen eigenen Filmen vorkommen (z.B. in *Pale Rider*), haben hier ihre unverkennbare Wurzel.

Ein Cowboy in New York

Kein Wunder, dass Eastwood seine Erscheinung in den »Spaghetti-Western« ins Amerikanische übersetzte, als er 1968 unter Don Siegels Regie den Cowboy in New York spielte (*Coogans großer Bluff*). Don Siegel beließ Eastwood das Image des auf sich selbst gestellten »Fremden«, aber er reicherte es mit der Ironie an, die Kennzeichen seiner besten Filme ist und die er auch hinter den Kulissen nie vermissen ließ. So wenig direkt er sich zu seinen eigenen Filmen zu äußern pflegte, so wenig direkt beantwortete er auch die Frage, ob er es für geschickt halte, dass Eastwood sich so sehr auf die lakonische Rolle spezialisiert hat, die ihm in den Italowestern zugefallen war: »Well, von einem gewissen Standpunkt, wenn ich an sein Bankkonto denke, würde ich sagen, er war brillant.«

In der Tat hat Eastwood eine Menge Geld verdient, seit er einst für ein winziges Salär Leones Angebot angenommen hatte. Jedenfalls reichte es, nach frustrierenden Erfahrungen mit dem Musical »Westwärts zieht der Wind«, in dem er ganz gegen seinen Typ besetzt war, 1969 eine eigene Produktionsgesellschaft zu gründen, die er »Malpaso« nannte und die – konträr zu ihrem Namen (Spanisch für »Fehltritt«) – gut florieren sollte. Eastwood war inzwischen 39, verheiratet, hatte einen Sohn, ein ansehnliches Haus, eine Menge Grundstücke, war einer der beliebtesten Stars in den USA und brauchte zukünftig nur noch in selbstproduzierten Filmen zu spielen. 1971 produzierte er den Film, der seinen Starruhm auf den Gipfel trieb, *Dirty Harry*, und dem er mehrere Fortsetzungen folgen ließ.

Reaktionär und faschistisch

Mehr als an Leones Filmen, die in ihrem (wenn auch stark vereinfachten) historischen Gewand immer noch eine gewisse Distanz bewahrten, machte sich die Kritik an Eastwoods Rollenfigur an diesen Filmen fest, die das Publikum bejubelte und die in einer Atmosphäre zunehmender Kriminalisierung der amerikanischen Großstädte oft spontane Zustimmung zu der demonstrierten Selbstjustiz fanden. Viele amerikanische Kritiker, allen voran die bereits anfangs zitierte Pauline Kael, sahen die *Dirty Harry*-Filme im Kontext mit dem politischen Klima ihrer Zeit. Die Filme entstanden auf dem Höhepunkt der Nixon-Ära und reflektierten, sicher nicht zufällig, politische Haltungen und reaktionäre Wertvorstellungen, die von einem Großteil der Intellektuellen nicht geteilt wurden. Das faschistische Element, das ihnen unverkennbar eigen ist, erschien Eastwoods Kritikern als gesellschaftlich gefährlich und mühsam erstrittene Rechte des Individuums in Frage stellend. Einige positionierten Eastwood gleich neben John Wayne, dem Rechtsaußen unter den ohnehin damals höchst konservativen Hollywoodstars. Eastwood selbst hat die Vorwürfe mehrmals abzuwiegeln versucht. Ein solcher Versuch ist in Ian Johnstones Buch »The Man With No Name« dokumentiert: »Dirty Harry ist stets in einer Situation, in der er jemanden stellen muss, der extrem gefährlich ist. Der Killer oder hinter wem sonst er her ist, ist kein kleiner Taschendieb. Harry will ihn von der Straße kriegen, damit ihm niemand mehr zum Opfer fällt. Das kann man dann faschistisch nennen oder was auch immer, aber darum geht es nicht. Harry hört auf eine höhere Moral jenseits des Gesetzes, und er fühlt, dass das Gesetz falsch ist und dass er das bekämpfen oder eine Lösung finden muss. Das hat nichts mit ›Rechten‹ und ›Linken‹ oder dergleichen zu tun.« Eastwoods Rechtfertigungsversuch macht paradoxerweise die verheerende Ideologie, die seinen Rollen immanent ist, noch deutlicher als die Vorwürfe seiner Kritiker. Die Ambivalenz der Eastwood-Filme, die manche Zuschauer damals und heute empfunden haben, hat vielleicht am besten der »Village Voice«-Kritiker Andrew Sarris zusammengefasst, wenn er schreibt: »Eastwood ist nicht das erste – und auch nicht das letzte – Beispiel für einen dynamischen Stil im Dienst einer anfechtbaren Ideologie, was bedeutet, dass man zu guter Letzt seine Filme mögen kann, obwohl man ihre Botschaft ablehnt.«

»Wir bauen den Mythos ab.«

Je mehr sich Clint Eastwood in den beiden letzten Jahrzehnten der Regie zugewandt hat, um so häufiger hat er nun auch vom Regiesessel aus versucht, das Erscheinungsbild seines »Helden« zu variieren, am erfolgreichsten bezeichnenderweise in dem Genre, das heutzutage vollends als passé gilt, dem Western. Mit Beharrlichkeit hat er immer wieder Western gedreht – 1972, 1976, 1980, 1985 und 1992 –, die nahezu konkurrenzlos die einzigen Versuche waren, die Gattung am Leben zu erhalten. Sie alle halten der Figur des »Fremden«, die Eastwoods kommerzielles Markenzeichen geblieben ist, die Treue. Aber bei genauem Hinsehen bemerkt man, dass der alternde Clint Eastwood seinen Helden langsam zu verändern beginnt.

Sein Josey Wales in *Der Texaner* ist nicht mehr ganz so plan angelegt wie die früheren Figuren. Erste Anzeichen einer Psychologisierung werden spürbar, und es ist nicht mehr ausschließlich die Rache, die ihn bewegt, sondern er setzt sich ein für Frauen, Kinder und Schwache. Im Gegensatz zu dem aus dem Nichts kommenden »Fremden« besitzt er einen Hauch von identifizierbarer Vergangenheit. Selbst Pauline Kael überwand ihre chronische Abneigung und rang sich zu dem Kompromiss durch: »Eastwood ist ein äußerst mittelmäßiger Regisseur, aber ich glaube, *Der Texaner* ist vielleicht eine Verbesserung.« Einen Schritt weiter geht *Pale Rider*, der in der Mythologisierung der Hauptfigur am deutlichsten von allen Western, die Eastwood selbst inszeniert hat, auf das Vorbild Sergio Leones zurückgreift. Doch der »bleiche Reiter, der den Tod mit sich führt«, ist diesmal ein von einem kleinen Mädchen herbeigebetener Preacher, der sich einer Bande bezahlter Killer entgegenstellt. Moralische Motivationen, wie sie hier vorkommen, waren den früheren Eastwood-Western fremd.

In seinem neuesten Film, *Erbarmungslos/Unforgiven*, verlässt Eastwood schließlich das Schema des Fremden ohne Namen fast ganz. Das einzige, was seinen Schweinefarmer William Munny noch mit den Helden von einst verbindet, sind seine lakonische Gelassenheit und die Versuchung des Geldes, der er erliegt. Ansonsten gehen der Film und sein Held in eine andere Richtung. Wenn seine Kritiker einst beklagten, dass Eastwood unfähig sei, Gefühle auszudrücken, und dass seine Filme alle zu der Einschätzung führen müssten, menschliches Leben habe keinen Wert, so macht Eastwood nun gerade die Erkenntnis der Unmenschlichkeit des Tötens zum zentralen Thema von *Erbarmungslos*. Der Film braucht lange zwei Stunden bis zum Showdown. Es sind Stunden, die Eastwood damit füllt, dem Publikum vorzuführen, dass Gewalt tiefe Wunden schlägt, nicht nur in die Misshandelten, sondern auch in die Täter. »Ich fühlte, es war an der Zeit, einen Film zu machen, der zeigt, dass Gewalt nicht nur Schmerzen bereitet, sondern dass sie auch nicht ohne Folgen für die Gewalttäter wie für die Opfer bleibt. Das Thema hat mich gereizt, weil üblicherweise in Western – und ich habe daran meinen Anteil gehabt – eine Menge namenloser Menschen erschossen werden: eine Art Glorifizierung und Romantisierung. In diesem Film bauen wir den Mythos ab.« (Daily Variety, 6. 8. 1992)

Ist das noch derselbe Clint Eastwood, den Kritiker einst als »unmoralisch« beschimpft haben? Wer seine Western der 70er und 80er Jahre noch einmal genauer ansieht, wundert sich weniger. Es ist ein allmählicher Prozess, der zu William Munny geführt hat, dem Farmer, der von seiner Farm, wie einst schon Josey Wales, schließlich wieder zu seiner Farm, zu einem bürgerlichen Leben, zurückkehrt. Eastwood: »Falls ich jemals einen letzten Western machen wollte, dieser Film wäre es, weil er irgendwie alles summiert, was ich empfinde. Vielleicht habe ich ihn deshalb nicht sofort gedreht Eastwood hatte die Buchrechte vor mehr als zehn Jahren erworben. Ich habe ihn irgendwie aufbewahrt als den letzten seines Genres, vielleicht als meinen letzten Film dieser Art.«

ton I. Miller **K** Irving Glassberg **M** Frank Skinner **D** Tyrone Power (Mark Fallon), Piper Laurie (Angélique Duroux), John McIntire (John Polly), Julie Adams (Ann Conant), Dennis Weaver (Julian Conant), William Reynolds (Pierre), Paul Cavanagh (Edmond Duroux) **L** 95 **FSK** ab 12; f **E** 28.8.1953 **fd** 2 735

DIE WELT IM CONTAINER. Filmische Momentaufnahme des Schweizer Malers Hans Falk, die den Menschen und sein Werk vorstellt. Es entsteht das Porträt eines Künstlers, der auch in den Abfallprodukten der Wegwerfgesellschaft nach Spuren menschlichen Lebens und nach Schönheit forscht. Im Mittelpunkt des Dokumentarfilms steht der schöpferische Akt mit unterschiedlichsten Materialien. – Ab 16. ✦ BR Deutschland 1987 **R** Erwin Leiser **L** 45

DIE WELT IN JENEM SOMMER. Zur Zeit der Olympischen Spiele 1936 im nationalsozialistischen Deutschland: Ein 12jähriger Junge wird mit den alltäglichen Repressionen des Regimes gegen seine Familie konfrontiert. Sein Vater ist ohne Arbeit, weil seine Mutter Jüdin ist, seine Schwester ist mit einem Kommunisten befreundet. Als seine geliebte Großmutter, eine Jüdin, von einem Nazi erpreßt, Selbstmord begeht, erkennt er die Unmenschlichkeit des Regimes. Eine für Jugendliche konzipierte Auseinandersetzung mit der Zeit des Dritten Reiches, die allgemeingültige Fragen nach Verantwortung und Entscheidungsfindung stellt, jedoch allzufahrig skizziert und grell-plakativ in der Argumentation ist, um überzeugen zu können. – Ab 14. ✦ BR Deutschland 1979 **P** WDR **SF** BAG **R** Ilse Hofmann **B** Robert Muller, nach seinem gleichnamigen Roman **K** Axel Block **D** Jan-Claudius Schwarzbauer (Hannes), Hermann Lause (Papa), Katrin Schaake (Mama), Grete Wurm (Oma), Christina Carstens (Erika), Franz Böhm (Bohrer), Kai Fischer (Werner Schemel) **L** 105 **E** 30.1.1980 ARD

DIE WELT IN 10 MILLIONEN JAHREN (WIZARDS). Zehn Millionen Jahre nach der Zerstörung der Erde durch Atomverseuchung beginnen kretinhafte Menschennachfahren und Roboter unter der Führung eines Diktators den Kampf gegen Feen, Elfen und Zwerge. Ein stilistisch vielfältiger, perfekt animierter Zeichentrickfilm, der eine zynisch-böse Zukunftsvision entwickelt und diese überraschend gut in einer Art Märchen ausklingen läßt. Die Auseinandersetzung zwischen Technologie und Magie ist indes allzueindimensional und in der optimistischen Vereinfachung von Menschheitskonstanten nicht überzeugend. In Details arg drastisch. – Ab 16 möglich. ✦ USA 1976 **P** Bakshi Prod. (für 20th Century Fox) **Kl** Centfox **Pd+R+B** Ralph Bakshi **K** Ted C. Bemiller **M** Andrew Belling **S** Donald W. Ernst **L** 81 **FSK** ab 16; nf **E** 27.5.1977 **fd** 20 364

DIE WELT IST EIN CHANSON – DAS UNIVERSUM DES JACQUES DEMY (THE WORLD OF JACQUES DEMY / THE UNIVERSE OF JACQUES DEMY). Ein liebevolles Porträt des 1990 verstorbenen französischen Filmemachers Jacques Demy, in dem seine Lebensgefährtin Agnès Varda nicht nur Mitarbeiter zu Wort kommen lässt und bekannte Filmausschnitte aneinanderreiht, sondern das auch privates Fotomaterial und unveröffentlichte Filmszenen beinhaltet. Eine faszinierende Dokumentation, die nach »Jacquot« (1990) und »Les Demoselles ont eu 25 Ans« (1992) die Auseinandersetzung mit Demy und seinen Filmen abschließt. – Ab 12. ✦ Frankreich 1995 **P** Ciné Tamaris **R+B** Agnès Varda **L** 87 **E** 6.9.1999 arte

WELT OHNE HIMMEL (O LUME FARA CER). Einzelschicksale während des großen Bergarbeiterstreiks im rumänischen Bergbaugebiet von Lupeni 1929. Ein interessanter Kompilationsfilm, der die Möglichkeiten des Dokumentarfilms auch auf den Bereich des Spielfilms überträgt. In seiner Brutalität nur sehr schwer zu ertragen. ✦ Scope, schwarz-weiß. Rumänien 1981 **P** Filmstudio Bucuresti **Kl** Progress **R** Mircea Dragan **B** Nicolae Tic, Mircea Dragan, Eugen Mandric **K** Aurel Samson, George Cornea **M** Theodor Grigoriu **D** Draga Olteanú-Matei, Iona Dragan, Violeta Andrei, Colea Rautu, Stefan Ciobotarasu **L** 96 **E** 19.8.1983 Kino DDR

DIE WELT OHNE MASKE. In seinem 97. Sensationsfilm lernt Harry Piel als arbeitsloser Elektrotechniker einen Physiker kennen, der ein alle Wände und Entfernungen überwindendes Fernsehgerät erfunden hat. Er kämpft um das zur Patentanmeldung erforderliche Kapital, gegen Gangster und für eine nette Sekretärin. Ein erheiterndes Bravourstück zwischen Märchen und Abenteuer. – Ab 12. ✦ Schwarz-weiß. Deutschland 1934 **P** Ariel **Kl** Knevels **R** Harry Piel **B** Hans Rameau **K** Ewald Daub **M** Fritz Wenneis **D** Harry Piel (Harry Palmer), Annie Markart (Erika Hansen), Olga Tschechowa (Betty Bandelow), Kurt Vespermann (Dr. Tobias Bern), Hubert von Meyerinck (E. W. Costa), Rudolf Klein-Rogge (Merker), Philip Manning (Dr. Niemann), Paul Rehkopf, Ernst Brehmer, Hermann Picha, Karl Platen, Wolfgang von Schwind, Charly Berger **L** 111 **FSK** ab 12; nf **E** 9.3.1934 **fd** 439

EINE WELT OHNE MITLEID (UN MONDE SANS PITIE). Ein Mittzwanziger ohne Lust zu arbeiten, der aus eigenem Entschluß ohne rechte Anbindung an das Leben ist, verliebt sich in eine ehrgeizige Studentin. Damit wird er nicht nur mit einer anderen Welt und Lebensauffassung konfrontiert, sondern muß auch schwerwiegende Entscheidungen fällen und sich ins Leben einmischen. Ein exzellent inszenierter, von überzeugenden Darstellern getragener Erstlingsfilm, der das Lebensgefühl einer Generation beschreibt, die ohne Ideale und Hoffnungen in den Tag hineinlebt und nur durch die Liebe zur Anteilnahme bewegt werden kann. (Fernsehtitel: »Ein Typ zum Küssen«) – Sehenswert ab 16. ✦ Frankreich 1989 **P** Les Productions Lazennec/Gérard Mital Prod./Christian Borgois Prod./S.G.G.C./FR 3 **Kl** Concorde **VA** Concorde **Pd** Alain Rocca, Adeline Lécaillier **R+B** Eric Rochant **K** Pierre Novion **M** Gérard Torikian **S** Michèle Darmon **D** Hippolyte Girardot (Hippo), Mireille Perrier (Nathalie), Yvan Attal (Halpern), Jean Marie Rollin (Xavier), Céline Mazan (Francine), Aline Still (Mutter), Paul Pavel (Vater), Anne Kessler (Adeline) **L** 88 **FSK** ab 12; f **FBW** bw **E** 28.6.1990/21.1.1991 Video **fd** 28 359

WELT OHNE SCHAM (1963) →Mondo di notte – Welt ohne Scham

WELT OHNE SCHAM (1965). Dokumentarbericht, der in amateurhafter Weise einschlägiges Material über Abseitigkeiten, Randexistenzen und angebliche weitere Sensationen aus fünf Kontinenten sammelt. Eine in jeder Hinsicht unerhebliche deutsche Nachahmung früherer italienischer Vorbilder (»Mondo«) eines spekulativen Genres von Pseudodokumentationen. ✦ BR Deutschland 1965 **P** Manfred Durniok **Kl** Hermes **R** Manfred Durniok **L** 89 **FSK** ab 18; nf **fd** 13 804

WELT OHNE SONNE (LE MONDE SANS SOLEIL / IL MONDO SENZA SOLE). Cousteaus sachlich-nüchterner Bericht von einer Expedition, die neun Männer einen Monat lang auf den Boden des Roten Meeres führt. Bilder in bestechenden Farben vermitteln Kenntnisse über den »Zweiten Weltraum« und lehren das Staunen über die Schönheit der Schöpfung. – Sehenswert ab 8. ✦ Frankreich/Italien 1964 **P** Filmad/Les Requins Associés/Orsay/CEIAP **Kl** Columbia-Bavaria **Pd** Jacques Mauger **R** Jacques-Yves Cousteau **B** Jacques-Yves Cousteau, Simone Cousteau, Albert Falco **K** Pierre Goupil **M** Serge Baudo, Henri Crolla, André Hodeir **S** Georges Alepée **L** 93 **FSK** ab 6; f **FBW** bw **E** 30.10.1964/30.8.1968 Kino DDR/19.7.1970 ARD **fd** 13 130

EINE WELT OHNE TON (VOICES). Eine bildhübsche, aber taubstumme junge Frau aus wohlhabendem Haus und ein Nachtclub-Sänger, der sich durch Arbeit in der Wäscherei über Wasser hält, verlieben sich und finden durch ihre Liebe die Kraft, ihre Wunschträume zu verwirklichen. Durch tragikomische Szenen aufgelockertes, aber zu häufig ins Rührselige abgleitendes Melodram. (Alternativtitel: »Voices – Eine Welt ohne Ton«; TV: »Stimmen der Liebe«) – Ab 14. ✦ USA 1979 **P** MGM **Kl** CIC **Pd** Joe Wizan **R** Robert Markowitz **B** John Herzfeld **K** Alan Metzger **M** Jimmy Webb **S** Danford B. Greene **D** Michael Ontkean (Drew Rothman), Amy Irving (Rosemarie Lemon), Alex Rocco (Frank Rothman), Barry Miller (Raymond Rothman), Herbert Berghof (Nathan Rothman), Viveca Lindfors (Mrs. Lemon), Allan Rich (Montrose Meier) **L** 107 **FSK** ab 6; f **E** 26.10.1979

WELT-SEX-REPORT. Pseudodokumentation sexueller Merkwürdigkeiten aus Asien und Afrika. Auf Thesen Marcuses gestützt, propagiert und demonstriert der Film die schrankenlose Freiheit der Sexualität im Stile des Kinos der frühen 70er Jahre. Penetrant die scheinbare Fundierung der Spekulation auf wissenschaftliche Erkenntnisse. ✦ BR Deutschland 1970 **P** Contifilm **Kl** Cinerama **R+B+K** Richard R. Rimmel **L** 86 **FSK** ab 18; nf **E** 26.2.1971 **fd** 17 356

DIE WELT SOLL BLÜHEN (MITSCHURIN). Biografische Episoden vom Leben und Wirken des Gartenbauers, Pflanzenzüchters und Gelehrten Mitschurin (1855–1935), dessen Porträt hinter dem pathetischen Lobpreis des »Naturreformers« und »Darwin des 20. Jahrhunderts« verblaßt: Sowjetmenschen »sind gewohnt, die Natur planmäßig im großen Stil zu verändern« – Winterweizen in Sibirien, Kartoffeln in der Tundra. ✦ UdSSR 1948 **P** Mosfilm **Kl** Sovexportfilm **R+B** Alexander Dowshenko **K** Leonid Kosmatow **M** Dmitri Schostakowitsch **D** Wladimir Solojew (Michail I. Kalinin), Grigori Below (Kartaschow), A. Wassilewa (Alexandra Wassiljewna), P. Schamin (Terentij), F. Grigorjew (Kartaschow) **L** 102 **E** 25.3.1949/26.2.1953 DFF 1

DIE WELT SPIELT FUSSBALL →Fußballweltmeisterschaft 1954

EINE WELT VOLLER RÄTSEL (SECRETS OF LIFE). Dokumentarfilm aus Walt Disneys Reihe »Entdeckungsreisen ins Reich der Natur«. Zu außergewöhnlichen Farbaufnahmen wird eine bisweilen etwas hektischheitere Naturkunde über Anpassung und Selbsterhaltung kleiner Lebewesen geboten: Bienen, Fische und Käfer in ihrer eigenen Umwelt. (Fernsehtitel: »Geheimnisse des Lebens«) – Ab 8. ✦ Scope. USA 1956 **P** Disney-Buena Vista **Kl** Herzog **Pd** Ben Sharpsteen **R+B** James Algar **K** Stuart V. Jewell, Robert H. Crandall, Murl Deusing, George McGinite, Nettie McGinite, Tilden W. Robert, William A. Anderson, Jack Couffer, Claude Jendrusch, Arthur Carter, Frank William Hall, Roman Vishniac, Donald L. Sykes **M** Paul J. Smith **L** 69 **FSK** ab 6; f **FBW** w **E** 1958 Kino/28.1.1996 premiere **fd** 6 749

WELT VOLLER WUNDER (WONDERWALL). Ein Schmetterlingssammler, der sich hermetisch in seiner geordneten Welt abgeriegelt hat, entdeckt durch einen Spalt in der Wand die eigene Jugend wieder – er beobachtet ein benachbarte junge Frau. Der voyeuristische Blick in ein anderes, buntes Leben wird für ihn schnell zur Obsession. Psychedelisch getönte Farce mit ausgefallener Kameraarbeit und Musik von George Harrison, aber weitgehend ohne gelungene Einfälle. – Ab 16. ✦ Großbritannien 1969 **P** Alan Clore Films **Pd** Andrew Braunsberg **R** Joe Massot **B** G. Cain, nach einer Erzählung von Gérard Brach **K** Harry Waxman **M** George Harrison **S** Rusty Coppleman **D** Jack MacGowran (Oscar Collins), Jane Birkin (Penny), Irene Handl (Mrs. Peurofoy), Richard Wattis (Perkins), Iain Quarrier (Junger Mann) **L** 87 **E** 11.2.1995 RTL 2

DIE WELT WIRD UNS GEHÖREN (IL MONDO SARA NOSTRO / EL EXPRESO DE ANDALUCIA). Eine spanische Gangsterbande überfällt einen Zug und bringt ein Päckchen mit Juwelen an sich, das als Postsendung aufgegeben wurde. Ein rüder Kriminalfilm, trivial und banal. – Ab 16. ✦ Schwarz-weiß. Italien/Spanien 1955 **P** Fortunia/PC Teide **R** Francisco Rovira Beleta **B** Giuseppe Mangione, Felice Zappulla, Vincente Coello **K** Tino Santoni **M** Isidro B. Maictegui **D** Mara Berni, Jorge Mistral, Marisa de Lanza, Augusto Caravillas, Ignazio Balsamo **L** 90 **E** 29.1.1966 ARD

EINE WELT ZU FÜSSEN (THE FOXES OF HARROW). In New Orleans um 1830 bahnt sich ein ehrgeiziger Falschspieler rücksichtslos den Weg nach oben. Erst nach dem Tod eines Sohnes bei einer schweren Wirtschaftskrise kann er sich mit seiner Frau, einer hitzigen Kreolin, endgültig zusammenraufen. Die Verfilmung eines historischen Gesellschaftsromans von ansehnlichem Unterhaltungswert, die erhebliche Anleihen bei »Vom Winde verweht« macht. – Ab 16. ✦ Schwarz-weiß. USA 1947 **P** 20th Century Fox **Kl** Centfox **R** John M. Stahl **B** Wanda Tuchock, nach einem Roman von Frank Yerby **K** Joseph LaShelle **M** Alfred Newman **D** Rex Harrison, Maureen O'Hara, Richard Haydn, Victor McLaglen, Vanessa Brown **L** 108 **FSK** ab 16; f **E** 7.9.1951

WELTBÜHNE BERLIN – DIE ZWANZIGER JAHRE. Eine Dokumentation über das Berlin der 20er Jahre als Mittelpunkt künstlerischer Kreativität und wissenschaftlichen Schaffens. Die kulturelle Vitalität wird mit Dokumenten des Berliner Alltags kontrastiert, der von Inflation, Massenarbeitslosigkeit, dem »Kapp-Putsch«, Demonstrationen und ersten Aufmärschen der SA bestimmt wurde. Aus vielen Dokumentaraufnahmen ist das Bild einer Weltstadt entstanden, die in einer Zeit des Umbruchs ihre kreativste Phase erlebte. – Ab 14. ✦ Teils schwarz-weiß. BR Deutschland 1986 **P** Chronos Dokumentarfilm **Kl** Chronos **R+B** Irmgard von zur Mühlen **L** 94 **FSK** o. A.; f **E** 21.5. 1989 BR

WELTKATASTROPHE 1999 (CATASTROPHE 1999 – PROPHECIES OF NOSTRADAMUS / NOSUTORADAMASU NO DAIYOGEN). Ein japanischer Wissenschaftler sieht durch Umweltzerstörung und drohende stratosphärische Verschiebungen die Prophezeiungen des Astrologen Nostradamus (1503–66) erfüllt und den Weltuntergang nahen. Eine naive Mischung aus Horror- und Katastrophenfilm mit kritischem Grundton, aber wenig sachlicher Argumentation. Mit vielen Tricks werden zerstörerische Begleiterscheinungen der menschlichen Zivilisation zu einem genreüblichen Science-Fiction-Spektakel verbunden, bei dem letztlich die Menschen zu Monstern mutieren, bis ein Atomschlag die Erde in ein Trümmerfeld verwandelt. – Ab 16. ✦ Scope. Japan 1974 **P** Toho **Kl** Jugendfilm **R** Shiro Moritani **B** Toshiro Yazumi, nach einem Roman von Ben Goto **K** Rokuro Mishigaki **M** Isao Tomita **D** Keiju Kobayashi, Tetsuro Tanba (Dr.Nishiyama), Hiroshi Fujioka, Toshio Kurosawa (Akira), Sô Yamamura (Premierminister), Ayumi Ishida, Yôko Tsukasa (Frau Nishiyama), Takashi Shimura (Doktor) **L** 78 **FSK** ab 16; f **E** 22.5.1975 **fd** 19343

WELTKRIEG 3 (WORLD WAR III). Die Sowjets wagen eine Invasion in Alaska und werden von amerikanischen Truppen bekämpft. Dabei versuchen diese, den Konflikt möglichst begrenzt zu halten, um größeres Unheil zu verhindern. Tendenziöses Kriegsszenario als Fernsehunterhaltung, die »nur« noch die »Höhepunkte« einer kleinen Serie bietet, die in der ursprünglichen Fassung auf zwei Folgen von jeweils 96 Minuten angelegt war. (Späterer Titel: »World War III – Vision des Schreckens«) ✦ USA 1981 **P** NBC/Telepictures Corp. **VA** Polygram/Allround **R** David Greene **B** Robert L. Joseph **K** Stevan Larner **M** Gil Melle **D** Rock Hudson, David Soul, Brian Keith, Cathy Lee Crosby, Robert Prosky **L** 79 **FSK** ab 16 **E** 1986 Video

DIE WELTMEISTER →Wie die Weltmeister

WELTMEISTER. Eine Kleinstadt in Brandenburg Anfang der 90er Jahre: Der 14jährige Sohn eines russischen Offiziers sucht den Kontakt zu einem etwa gleichaltrigen deutschen Mädchen, das wie er Akkordeon spielt. Obwohl sich die beiden sehr nah sein könnten, kann sich keine enge Freundschaft entwickeln, weil die letzten ex-sowjetischen Einheiten abgezogen werden. Ein leiser, sehr intensiver Film über den Verlust von Geborgenheit, der für die beiden Helden mit dem Abschied von der Kindheit zusammenfällt. Er zeichnet zwei Schicksale am Rande der Weltgeschichte, wobei er auf Polemik und oberflächliche Schuldzuweisung verzichtet und intensive Bilder findet, die nachhaltig in Erinnerung bleiben. – Sehenswert ab 14. ✦ Deutschland 1993 **P** Jahn Film/ZDF **SF** Basis **Pd** Wigbert Moschall, Paul Müller **R** Zoran Solomun **B** Zoran Solomun, Christine Holicke **K** Slawomir Idziak **M** Milimir Draskovic, Gerhard Scherer **S** Petar Markovic **D** Alexander Meier (Aleksej), Grit Hornig (Sabine), Valeri Ogorodnikow (Aleksejs Vater), Tatjana Kuprijanowa (Aleksejs Mutter), Mathis Schrader (Sabines Vater), Ruth Reinecke (Sabines Mutter), Alexej Nesterow, Maxim Kowalewski **L** 71 **E** 16.8.1994 ZDF/3.9.1994 Kino **fd** 31073

DER WELTMEISTER (TSCHEMPION MIRA). Ein Junge aus einem Dorf wird Weltmeister im Ringen. Film aus dem Sportmilieu. – Ab 14. ✦ Schwarz-weiß. UdSSR 1954 **P** Gorki-Studio **Kl** Progress **R** Wladimir Gontschukow **B** Valentin Jeshow, Wassili Solowjow **K** Grigori Garibjan **M** Wassili Solowjow-Sedoi **D** Alexej Wanin (Ilja Gromow), Wassili Merkurjew (Onkel Fedja), Wladimir Guljajew (Kostja), N. Tscherednitschenko (Nastja), K. Chabarowa (Klawa) **L** 84 **E** 22.7. 1955 Kino DDR/12.9.1955 DFF 1

WELTPREMIERE (WORLD PREMIERE). Ein genialer Hollywood-Produzent und Ideenfabrikant denkt sich die wildesten Publicity-Ideen für den Star eines neuen Spielfilms aus, der unter dem Titel »The Earth's on Fire« in die Kinos kommen soll. Seine Scheinkatastrophen drohen Wirklichkeit zu werden, als sich Spione der Nazis anschicken, den Film im Auftrag der deutschen und italienischen Machthaber zu zerstören. Eine überdrehte Komödie, die versucht, die um 1940 in Hollywood einsetzende Flut von Anti-Nazi-Filmen zu persiflieren. Bemerkenswert aus historischer Sicht, aber auch wegen der herausragenden Leistung von John Barrymore in der Rolle des einfallsreichen Produzenten. (O.m.d.U.) – Ab 14. ✦ Schwarz-weiß. USA 1940 **P** Paramount **R** Ted Tetzlaff **B** Earl Felton **K** Daniel L. Fapp **D** John Barrymore (Duncan deGrasse), Sig Rumann (Franz von Bushmaster), Fritz Feld (Feldmarschall Muller), Frances Farmer (Kitty Carr), Ricardo Cortez (Mark Saunders), Virginia Dale (Lee Morrison), Eugene Pallette (Martin) **L** 70 **E** 10.11.1982 WDR

DIE WELTRAUM-AKADEMIE. In einer gigantischen Weltraumstation werden die begabtesten Kinder der Galaxis aus- und weitergebildet. In einer Reihe von Abenteuern haben sie Gelegenheit, ihre besonderen Fähigkeiten unter Beweis zu stellen. Ein aus kurzen, in sich abgeschlossenen (Fernseh-)Episoden zusammengesetzter Jugendfilm. ✦ USA 1983 **VA** Select **R** Jeffrey Hayden **B** Samuel A. Peeples **K** Alric Edens **M** Yvette Blais, Jeff Michael **D** Jonathan Harris (Gampu), Pamelyn Ferdin (Laura Gentry), Ric Carott (Chris Gentry), Ty Henderson (Paul Jerome), Maggie Cooper (Adrienne Pryce-Jones), Brian Tochi (Tee Garsoom), Eric Greene (Loki) **L** 82 **FSK** ab 6 **E** Juni 1987 Video

WELTRAUM-BESTIEN (CHIKYU BOEIGUN). Der Abwehrkrieg gegen Eindringlinge aus dem Weltall. Eine japanische Nachahmung einschlägiger Hollywood-Produkte, mit massivem Aufwand an fliegenden Untertassen, Weltraumfestungen, Raketen und Strahlengeschützen, die man zur Entstehungszeit des Films noch für Fantasieapparate hielt und die heute zur unfreiwilligen Erheiterung beitragen. – Ab 14. ✦ Scope. Japan 1957 **P** Toho **Kl** Rank **Pd** Tomoyuki Tanaka **R** Inoshirô Honda **B** Shigeru Kayama, Jojiro Okami, nach einer Vorlage von Jojiro Okami **K** Charles Correll **M** Akira Ifukube **D** Kenji Sahara (Joji Atsumi), Yumi Shirakawa (Etsuko Shiraishi), Momoko Kochi (Hiroko), Akihiko Hirata (Ryoichi Shiraishi), Takashi Shimura (Dr. Adachi), Susumu Fujita (Commander Morita), Hisaya Ito, Yoshio Kosugi, Fujuki Murakami, Minosuke Yamada **L** 85 **FSK** ab 12; nf **E** 5.2.1960 **fd** 8905

WELTRAUMKOMMANDO S.H.A.D.O. →80000 Meilen durch den Weltraum

WELTRAUMSCHIFF MR 1 GIBT KEINE ANTWORT (THE ANGRY RED PLANET). Das läppische und langweilige Science-Fiction-Abenteuer einer Raketenbesatzung dreier Männer und einer Frau, die nach geglückter Landung auf dem Mars von den dort wohnenden pflanzenartigen Lebewesen vertrieben werden. Einzelne Sequenzen sind im »Cinemagic«-Verfahren gedreht und wirken wie Streifen aus der farbverfremdeten Umkehrkopie. – Ab 14. ✦ Schwarz-weiß. USA 1959 **P** Sino **Kl** Hermes **Pd** Sidney Pink, Norman Maurer **R** Ib Melchior **B** Ib Melchior, Sidney Pink **K** Stanley Cortez **M** Paul Dunlap **S** Ivan J. Hoffman **D** Gerald Mohr (O'Banion), Nora Hayden (Iris Ryan), Jack Kruschen (Sgt. Jacobs), Les Tremayne (Prof. Gettell), Paul Hahn (General Treegar), J. Edward McKinley (Prof. Weiner), Tom Daly (Dr. Gordon), Edward Innes (Gen. Prescott) **L** 83 (gek. 77) **FSK** ab 12; nf **E** 13.4.1963 **fd** 11933

DIE WELTREISE (PUT OKO SVETA). Ein Mann gewinnt in einer Lotterie eine Weltreise und muß in den verschiedenen Ländern komisch-gefährliche Abenteuer bestehen. Ein anspruchsloser Filmklamauk, dessen satirisch gemeinte Spitzen gegen andere »Länder und Sitten« eher ein Schlaglicht auf die eigene Haltung werfen. – Ab 16. ✦ Scope. Jugoslawien 1964 **P** Avala-Film, Belgrad **Kl** Progress **R** Soja Jovanovic **B** Borislav Mihajlovic, Nenad Jovicic, Soja Jovanovic, nach dem gleichnamigen Roman von Branislav Nusic **K** Nenad Jovicic **M** Borivoje Simic **D** Miodrag Petrovic-Ckalja (Jovanca Micic), Dara Calenic (Julischka), Rade Markovic (Montenegriner) **L** 100 **E** 2.7.1965 Kino DDR/13.1.1967 DFF 1

DIE WELTREISE DER VERLIEBTEN (IL GIRO DEL MONDO DEGLI INNAMORATI DI PEYNET). Die Zeichentrickfilm-Reise zweier Verliebter durch die Welt von gestern und heute. Sinnlos aneinandergereihte Szenen mit dem seinerzeit populären heiter-skurrilen Liebespaar des Zeichners Raymond Peynet. Kitschnahe Unterhaltung für naive Zuschauer. – Ab 12. ✦ Italien 1974 **P** N.O.C. **Kl** Cinerama **R** Cesare Perfetto **B** Raymond Peynet, Bruno Paolinelli, Cesare Perfetto **M** Ennio Morricone (Liebesthema), Alessandro Alessandroni (Untermalungsmusik) **L** 83 **FSK** ab 6; f **E** 9.5.1975/14.4.1991 RTL plus **fd** 19305

WELTREKORD IM SEITENSPRUNG. Ein Dialektschwank einfachsten Zuschnitts: Ein rheinischer Ruheständler vertreibt sich mit einer reizenden Münchnerin auf dem Oktoberfest die Nacht, anstatt sich für ein Kegelturnier auszuschlafen. Die Folge: eine Kettenreaktion von Verwechslungen. – Ab 14. ✦ Schwarz-weiß. Deutschland 1940 **P** Deka **Kl** Karp **Pd** Rüdiger von Hirschberg **R** Georg Zoch **B** Georg Zoch, Reinhold Meißner, nach dem gleichnamigen Lustspiel von Josef Geißler **K** Horst Fink **M** Will Meisel **D** Ludwig Schmitz (Ottokar Kiesewitz), Julia Serda (Malwine), Else Elster (Helene), Marina von Ditmar (Lore), Jupp Hussels (Georg Schütze), Hans Stiebner (Ludwig Bollermann), Lucie Englisch (Resi Holdinger) **L** 101 **FSK** ab 12; nf **E** 30.1.1940 **fd** 1359

DIE WELTUMSEGLUNG (THE DOVE). Ein 17jähriger Amerikaner segelt allein um die Welt, wobei er Abenteuer und Krisen meistert und zu sich selbst findet. Klischeebilder einer heilen Welt, Romantik und eine beschönigend-gefühlvolle Auffassung von menschlicher Behauptung im Leben verbinden sich zu einer oberflächlich-kitschigen Abenteuergeschichte. (Fernsehtitel: »Die Taube«) – Ab 12 möglich. ✦ USA 1974 **P** St. George **VA** Thorn EMI **Pd** Gregory Peck **R** Charles Jarrott **B** Peter S. Beagle, Adam Kennedy, nach einem Roman von Robin Lee Graham **K** Sven Nykvist **M** John Barry **D** Joseph Bottoms (Robin Lee Graham), Deborah Raffin (Patti Ratteree), Ivor Barry (Kenniston), John McLiam (Lyle Graham), Colby Chester (Tom Barkley) **L** 101 **E** 1982 Video **fd** 23553

WELTUNTERGANG. Als in Sarajevo der österreichische Thronfolger ermordet wird, hegt der zuständige Untersuchungsrichter die Hoffnung, seine Ermittlungen und das Urteil könnten den drohenden Weltkrieg abwenden. Als er das Ultimatum Österreichs liest, muss er die Vergeblichkeit seiner Bemühungen einsehen. Der Film basiert auf einem Roman, der akribisch mit Hilfe der Prozess- und Ermittlungsakten geschrieben wurde. ✦ Österreich/Deutschland 1994 **P** ORF/ARD/NDR **R** Imo Moskowicz **B** Robert Muller, nach dem Roman »Der letzte Sonntag« von Milo Dor **S** Stefan Fleming **D** Günter Mack, Hans von Borsody, Dorothea Parton, Rudi Wanka **L** 90 **E** 21.6.1994 3sat

WELTWUNDER AM BALL →Das achte Weltwunder

WEM DIE SONNE LACHT (THE SUN SHINES BRIGHT). Das zart-ironische Sittengemälde einer amerikanischen Kleinstadt um die Jahrhundertwende. Im Mittelpunkt, umgeben von zahlreichen volkstümlichen Typen, steht ein origineller Bezirksrichter. Die humorige und menschliche Zeichnung dieses vorbildlich gerechten und gütigen Mannes macht den Film sehenswert. – Ab 14. ✦ Schwarz-weiß. USA 1953 **P** Argosy/Republic **KI** Gloria **Pd** John Ford, Merian C. Cooper **R** John Ford **B** Laurence Stallings, nach den Erzählungen »The Sun Shines Bright«, »The Mob from Massac« und »The Lord Provides« von Irvin S. Cobb **K** Archie Stout **M** Victor Young **S** Jack Murray **D** Charles Winninger (Judge William Pittman Priest), Arleen Whelan (Lucy Lee Lake), John Russell (Ashby Corwin), Stepin Fetchit (Jeff Poindexter), Russell Simpson (Dr. Lewt Lake), Ludwig Stössel (Felsburg) **L** 92 **FSK** ab 12; f **FBW** w **E** 30.6. 1953/6.1.1974 ARD **fd** 2 600

WEM DIE STERNE LEUCHTEN (FOUR GIRLS IN TOWN). Als eine amerikanische Schauspielerin die übernommene Rolle in einer Hollywood-Großproduktion absagt, werden vier Kandidatinnen unterschiedlicher Nationalität zu Probeaufnahmen eingeladen. Die gefällige Unterhaltung ohne tiefer gehenden Anspruch bot dem Universal-Studio in erster Linie Gelegenheit, in vier kleinen Liebesgeschichten seine neu unter Vertrag stehenden ausländischen Talente zu testen. Dementsprechend finden sich nur vereinzelt harmlose ironische Seitenhiebe auf die amerikanische Filmindustrie. – Ab 12 möglich. ✦ Scope. USA 1956 **P** Universal **KI** Universal **Pd** Aaron Rosenberg **R+B** Jack Sher **K** Irving Glassberg **M** Joseph Gershenson **S** Frederick Y. Smith **D** George Nader (Mike Snowden), Julie Adams (Kathy Conway), Marianne Cook (= Marianne Koch) (Ina Schiller), Elsa Martinelli (Maria Antonelli), Gia Scala (Vicki Dauray), Rock Hudson (Gast), Helene Stanton (Rita Holloway) **L** 86 **FSK** ab 12; f **E** 12.4.1957 **fd** 5 925

WEM DIE STUNDE SCHLÄGT (FOR WHOM THE BELL TOLLS). Die Liebe zwischen einer Spanierin und einem amerikanischen Lehrer, der 1937 im spanischen Bürgerkrieg als freiwilliger Partisan im Dienst der Antifaschisten eine wichtige Brücke zu sprengen hat. Spannendes Melodram, das zwar nicht den inhaltlichen Tiefgang von Hemingways Vorlage erreicht, aber meisterhaft inszeniert und von der Wunschbesetzung des Autors glänzend gespielt ist. William Cameron Menzies, hier als production designer für die überzeugende Ausstattung verantwortlich, wandelte den Plot später für seine Regiearbeit »Trommeln im tiefen Süden« (1951) ab. ✦ USA 1943 **P** Paramount **KI** Paramount **Pd** Sam Wood, Cecil B. DeMille (ungenannt) **R** Sam Wood **B** Dudley Nichols, nach dem Roman von Ernest Hemingway **K** Ray Rennahan **M** Victor Young **S** Sherman Todd, John F. Link **D** Gary Cooper (Robert Jordan), Ingrid Bergman (Maria), Vladimir Sokoloff (Anselmo), Arturo de Cordova (Agustin), Akim Tamiroff (Pablo), Joseph Calleia (El Sordo), Feodor Chaliapin (Kaschkin) **L** 130 (Orig. 170) **FSK** ab 16; f **FBW** w **E** 12.1. 1951 **fd** 1 024

WEM GEHÖRT DIE STADT? (BULLETS OR BALLOTS). Ein ebenso erfahrener wie draufgängerischer Kriminalbeamter wird »entlassen«, um in ein straff organisiertes Gangstersyndikat eingeschleust werden zu können und es von innen her zu unterwandern. Spannender Kriminal- und Gangsterfilm mit einer erstaunlich differenzierten Zeichnung der Charaktere. Zwar wird kein Zweifel an der Position der »guten« und der »bösen« Personen gelassen, aber innerhalb solcher Festlegung sind die Charakterisierungen schillernd und vielschichtig, zwielichtig und letztlich unwägbar. (Alternativtitel: »Wer regiert die Stadt?«) – Ab 16. ✦ Schwarz-weiß. USA 1936 **P** First National (für Warner Bros.) **Pd** Louis F. Edelman **R** William Keighley **B** Seton I. Miller, nach einer Geschichte von Martin Mooney und Miller **K** Hal Mohr **M** Heinz Roemheld **S** Jack Killifer **D** Edward G. Robinson (Johnny Blake), Frank McHugh (Herman), Joan Blondell (Lee Morgan), Barton MacLane (Al Kruger), Humphrey Bogart (Nick »Bugs« Fenner) **L** 81 **E** 27.5. 1967 WDR **fd** 14 716

WEM GEHÖRT DIE WELT? →Kuhle Wampe

WEM GEHÖRT TOBIAS? Nach dem Unfalltod seiner Verlobten versuchen die Schwiegereltern in spe, das Sorgerecht für den gemeinsamen achtjährigen Sohn zugesprochen zu bekommen. Kein Mittel ist ihnen zu schäbig, um den Vater auszubooten, und als sie endlich am Ziel ihrer Wünsche sind, unterschieben sie ihm auch noch eine größere Menge Kokain, um seinen Niedergang zu zementieren. Doch mit Hilfe seines Bruders und einer engagierten Anwältin kommt der Mann wieder auf die Beine und nimmt den Kampf auf. Reißerisch-plakatives Drama um Vaterliebe und die Schlechtigkeit der Welt. (TV-Titel auch: »Mit aller Gewalt – Mein Sohn gehört mir«) ✦ Deutschland 1995 **P** Calypso Film (für ProSieben) **Pd** Werner Possardt **R** Gloria Behrens **B** Axel Staeck **K** Jochen Radermacher **M** Kambiz Giahi **S** Mareile Marx **D** Gedeon Burkhard (Thomas Urban), Judy Winter (Dorothea Thorwald), Raphael Ghobadloo (Tobias), Marion Mitterhammer (Andrea Beckmann), Wolfgang Hübsch (Max Thorwald), Karoline Eichhorn (Sabine Thorwald), Thomas Balou Martin (Uwe Urban) **L** 95 **E** 12.3.1996 ProSieben

WEM GOTT VERGIBT →Der Tag der Verdammten (Wem Gott vergibt)

WEN DIE GÖTTER LIEBEN (MOZART). Biografischer Film über Leben und Werk Mozarts. Stellenweise übertrieben gefühlsbetont, durch die Musik – vor allem aus Opern – aber immer noch unterhaltsam. Gepflegt inszeniert. – Ab 12. ✦ Schwarz-weiß. Deutschland 1942 **P** Wien-Film **KI** Filmkunst **R** Karl Hartl **B** Eduard von Borsody, nach einer Novelle von R. Billinger **K** Günther Anders **M** Alois Melichar **D** Hans Holt (W. A. Mozart), Irene von Meyendorff (Aloysia), Winnie Markus (Konstanze), Paul Hörbiger (Kammerdiener Strack), Walter Janssen (Vater Mozart) **L** 112 **FSK** ab 16; nf **E** 14.8.1967 ZDF/28.4.1975 DFF 1 **fd** 4 265

WEN DIE MEUTE HETZT (THE LAST RUN). Nach neunjähriger Pause will es ein ehemaliger Gangster, der sich in ein portugiesisches Fischernest zurückgezogen hat, noch einmal wissen und beweisen, daß er ein »ganzer Kerl« ist. Er fungiert als Fluchthelfer für einen jungen amerikanischen Rauschgifthändler, dessen Ausbruch aus einem spanischen Gefängnis von der Unterwelt vorbereitet wurde. Bald werden sie von konkurrierenden Killern bis zur Küste gejagt. Ein handwerklich solide inszenierter Gangsterfilm, weniger spannend als melodramatisch. Insgesamt zu vordergründig und obendrein mit recht bedenklicher Sympathieführung. ✦ Scope. USA 1971 **P** DeHaven Prod. (für MGM) **KI** MGM **Pd** Carter DeHaven **R** Richard Fleischer **B** Alan Sharp **K** Sven Nykvist **M** Jerry Goldsmith **S** Russell Lloyd **D** George C. Scott (Harry Garmes), Tony Musante (Paul Rickard), Trish Van Devere (Claudie Scherrer), Colleen Dewhurst (Monique), Aldo Sanbrell (Miguel), Antonio Tarruella (Streifenpolizist) **L** 96 **FSK** ab 18; f **E** 20.3.1972 **fd** 17 724

DIE WENDE (POWOROT). Ein junger Biologe, der mit seiner Frau soeben von einer Schwarzmeer-Reise nach Moskau zurückgekehrt ist, überfährt mit seinem Auto eine Fußgängerin. Das bisher sorgenfreie Leben der Eheleute nimmt damit eine abrupte Wende. ✦ UdSSR 1978 **P** Mosfilm **R** Wadim J. Abdraschitow **B** Alexander Minadse **K** Elisbar Karawajew **M** Wladimir Martynow **D** Oleg Jankowski (Viktor Wedenejew), Irina Kuptschenko (seine Frau), Sergej Poleshajew (Nikitin), Natalja Maljawina (Albina), Natalja Welitschko (Untersuchungsrichter) **L** 98 **E** 3.1.1980 DFF 2

EIN WENDEHALS (ZAWROCONY). Als politische Komödie angelegter Film über die jüngere polnische Geschichte. Herbst 1981 in Katowice: Ein Transportarbeiter wird vom Direktor der Fabrik als Informant der Kommunistischen Partei zu einer Demonstration der Gewerkschaft Solidarnosc geschickt. Diese aber überzeugt den bislang unpolitischen Menschen derart, daß er sich auf deren Seite schlägt. Obwohl er daraufhin gefangengenommen und verhört wird, gibt er keine Namen von Demonstranten preis. Später erkennt er in einem früheren Freund einen der Folterer wieder. ✦ Polen 1994 **P** Ikam L.T.D. **R+B** Kazimierz Kutz **K** Wieslaw Zdort **M** Jan Kanty Pawluskiewicz **S** Zygmunt Dus **D** Zbigniew Zamachowski (Tomasz), Zofia Rysiówna (seine Mutter), Anna Waszczyk (seine Frau), Marek Kondrat (Miliz-Offizier), Henryk Bista (Direktor) **L** 79 **E** 13.3.1998 WDR

WENDEKREIS DER ANGST (CIRCLE OF FEAR). Zwei Drogenfahnder müssen sich nicht nur mit einem rachsüchtigen Mafioso herumplagen, dem sie Rauschgift abgejagt haben, sondern darüber hinaus auch mit einem Vollmond-Killer und einer inhaftierten Massenmörderin. Ein konfuser, nur zum Ende hin leidlich spannender Fernseh-Thriller. – Ab 16. ✦ Italien 1992 **P** P.A.C. **VA** VMP **Pd** Theo Grim **R** George B. Lewis (= Aldo Lado) **B** Dardano Sacchetti **K** Luigi Kuveiller **M** Romano Mussolini **S** Peter Money **D** Michael Woods (Tony), Kay Sandvic (Lisa), Annie Girardot (The Countess), Carla Cassola (Marco), Burt Young (Mancini) **L** 91 **FSK** ab 16 **E** 11.10.1993 Video **fd** 30 540

WENDEKREIS DES KREBSES (TROPIC OF CANCER). Verfilmung des 1934 in Paris entstandenen gleichnamigen Romans von Henry Miller, in dem er auf dem Hintergrund seiner Erlebnisse die Hoffnungen des Menschen reflektiert, seine Sehnsüchte, seine Verzweiflung. Während das Buch wegen der Sexpassagen und des zivilisationsfeindlichen Individualismus angegriffen wurde, muß man dem Film seine spekulative Verkürzung auf das Sexuelle vorwerfen. Das eigentliche Thema des Romans wird trotz einiger wortgetreuer Zitate kaum verständlich. ✦ USA 1969 **P** Tropic **KI** CIC **R** Joseph Strick **B** Joseph Strick, Betty Borley, nach dem gleichnamigen Roman von Henry Miller **K** Alain De Robe **M** Stanley Myers **S** Sidney Meyers, Sylvia Sarner **D** Rip Torn (Henry Miller), David Bauer (Carl), Phil Brown (Van Norden), James Callahan (Fillmore), Ellen Burstyn (Mona) **L** 87 **FSK** ab 18; nf **E** 19.3.1971 **fd** 17 308

WENDEL (WENDEL). Die Wiederbegegnung mit dem ehemaligen Geliebten löst in einem jungen Homosexuellen zahlreiche Reminiszenzen und den Wunsch auf Erneuerung der Liebschaft aus. Dabei wird deutlich, daß die vagen politischen Ziele der 70er Jahre kein Garant für eine gemeinsame Zukunft in den 80er Jahren sind. Trotz des relativ unverkrampften Zugriffs auf das schwierige Thema ein insgesamt eher dünnblütiger, formal unentschlossener und inhaltlich unverbindlicher Film, dessen bemerkenswerte Fotografie die inneren Stimmungen seiner Protagonisten spiegelt. ✦ Schwarz-weiß. Schweiz 1986 **P** Christoph Schaub/Videoladen **SF** Basis **Pd+R** Christoph Schaub **B** Martin Witz, Christoph Schaub **K** Patrick Lindenmaier **M** Thomas Bächli **S** Kathrin Plüss **D** Daniel Buser (David), Kriton Kalaitzides (Wendel), Lilo Wicki (Freundin), Andreas Löffel, Tiziana Jelmini **L** 60 **E** 28.4.1988 **fd** 26 849

DIE WENDELTREPPE (1945) (THE SPIRAL STAIRCASE). Eine amerikanische Kleinstadt zu Beginn des

Jahrhunderts: Ein angesehener Professor tötet behinderte junge Frauen. Bevor er seine stumme Hausangestellte ermorden kann, wird er in der herrschaftlichen Villa von der eigenen Mutter erschossen. Die Stumme findet die Sprache wieder. Meisterhafter Psychothriller, auch schauspielerisch sehr intensiv. (Remake: »Das Geheimnis der Wendeltreppe«, England 1974, Regie: Peter Collinson) – Ab 16. ✦ Schwarz-weiß. USA 1945 **P** RKO-Vanguard **KI** Atlas **VA** Atlas **Pd** Dore Schary **R** Robert Siodmak **B** Mel Dinelli, nach dem Roman »Some Must Watch« von Ethel Lina White **K** Nicholas Musuraca **M** Roy Webb **S** Harry Marker, Harry Gerstad **D** Dorothy McGuire (Helen Capel), George Brent (Prof. Warren), Ethel Barrymore (Mrs. Warren), Elsa Lanchester (Mrs. Oates), Rhonda Fleming (Blanche), Kent Smith (Dr. Parry), Gordon Oliver (Steve Warren), James Bell (Constable) **L** 82 **FSK** ab 16; f **FBW** w **E** 5.1.1948/ 3.8.1970 ZDF/21.4.1979 DFF 1 **fd** 12 898

DIE WENDELTREPPE (1957) (CSIGALEPCSÖ). Dramatischer Film, der die Frage nach den psychologischen Gründen eines Ehebruchs und den daraus entstehenden seelischen Konflikten aller Betroffenen stellt. Beachtenswert inszeniert, in der Aussage j edoch nicht klar genug. – Ab 16. ✦ Schwarz-weiß. Ungarn 1957 **P** Hunnia-Filmstúdió **KI** Progress **R** Frigyes Bán **B** Tamás Bárány **K** Ottó Forgács **M** Zoltán Pál Kézdi **D** Rudolf Somogyvári (Benkö), Eva Vass (Edith), Irén Sütö (Martha), Béla Barsi (Ilosfay), Sándor Deák (Gerencser) **L** 93 **E** 12.12.1958 Kino DDR/ 23.6.1961 DFF 1

WENDELTREPPE DER ANGST (EL RUFIAN). Eine unbefriedigte Frau wird ihrem Chauffeur hörig und landet nach der Ermordung ihres Mannes und dem Verlust ihres Gedächtnisses als Wahrsagerin auf dem Rummelplatz. Was als ein »Sittenbild menschlicher Abgründe« verstanden werden will, ist lediglich eine wüste Kolportage ohne Ambitionen in Sachen Logik und innerer Stimmigkeit. (Titel auch: »Am Rande der Gesellschaft«, »Paragraph 253 Strafgesetzbuch – Aus den Strafakten eines skrupellosen Liebhabers«) ✦ Schwarz-weiß. Argentinien 1961 **P** Argentina Sono **KI** Sonderfilm **Pd+R** Daniel Tinayre **B** Gori Munoz **K** Antonio Merayo **M** Lucio Milena **S** Jorge Garate **D** Egle Martin (Isabel-Florelle), Carlos Estrada (Hector), Oscar Rovito (Raul), Nathan Pinzon (Andres), Aida Luz (Berta), Anibal Pardeiro (Dr. Marco), Daniel de Alvarado (Dr. Danieli) **L** 95 **FSK** ab 18; nf **E** 22.6.1962 **fd** 11 197

WENDEZEIT (MINDWALK). Thesenfilm vor der Kulisse der französischen Felseninsel Mont Saint Michel, in dem die Lehren einer »neuen Physik« vorgestellt werden. Der Film will auf ein radikal ganzheitliches Umdenken hinweisen, das allein einen Ausweg aus der globalen ökologischen Krise ermögliche. Ein recht trockenes Thesenstück, das eine zwar anstrengende, insgesamt aber informative Unterhaltung darstellt, die die Befindlichkeit unserer Welt reflektiert und Auswege aus der Krise skizziert. Für Kenner der Materie eher enttäuschend, da das Material von Fritjof Capra kaum neu gewichtet wird; als Einstieg in die Thematik jedoch interessant. – Ab 16. ✦ Österreich/USA 1990 **P** Atlas Leasing/Mindwalk Prod. **KI** Impuls **Pd** Adrianna A. J. Cohen **R** Bernt Capra **B** Floyd Byars, Fritjof Capra, nach dem gleichnamigen Buch von Fritjof Capra **K** Karl Kases **M** Philip Glass **S** Jean-Claude Piroué **D** Liv Ullmann (Sonia Hoffman), Sam Waterston (Jack Edwards), John Heard (Thomas Harriman), Ione Skye (Kit Hoffman), Emmanuel Montes (Romain) **L** 105 **FSK** ab 6; f **FBW** w **E** 5.12.1991/25.1.1994 premiere **fd** 29 202

WENDY – WENN TRÄUME WAHR WERDEN (WENDY CRACKED A WALNUT). Eine junge Frau, frustriert von ihrem Ehe- und Berufsleben, flüchtet sich in die Lektüre von Schundromanen und vermag bald nicht mehr Fantasie und Realität voneinander zu trennen. Wenn auch nicht rundum gelungen, so doch eine geistreiche Variation über die Relativität von Realität, über Simulation und Wirklichkeit. – Ab 16. ✦ Australien 1989 **P** Classic Films **VA** Cannon/VMP **Pd** John Edwards **R** Michael Pattinson **B** Suzanne Hawley **K** Jeffrey Malouf **M** Bruce Smeaton **S** Michael Honey **D** Rosanna Arquette (Wendy), Bruce Spence (Ronney), Hugo Weaving (Jake), Kerry Walker (Deidre), Douglas Hedge (Mr. Levendoch) **L** 82 **FSK** ab 6 **E** 6.7.1992 Video **fd** 29 915

WENGLER & SÖHNE. Die Geschichte eines Arbeiters in einer feinmechanisch-optischen Werkstatt, der später zum angesehenen Meister wird, seiner Söhne und Enkel, vor dem Hintergrund der lebenslangen Bindung an den Betrieb zwischen 1871 und 1945. Eine episch breit, gepflegt und ruhig inszenierte Familienchronik über einen »typischen« Deutschen jener Zeit: strebsam, fleißig, sparsam, pünktlich, gehorsam und vaterlandstreu, bis in Krieg und Katastrophe. Auf höchst interessante, sinnliche Weise vermittelt der Film Geschichte am Beispiel eines Einzelschicksals. Vor allem in den kammerspielartigen Szenen auch dank hervorragender Darsteller dicht und intensiv. – Ab 16. ✦ Scope. DDR 1987 **P** DEFA, Gruppe »Johannisthal« **KI** Progress **Pd** Herbert Ehler **R** Rainer Simon **B** Rainer Simon, Helmut Bez **K** Roland Dressel **M** Reiner Bredemeyer **S** Helga Gentz **D** Christoph Engel (Gustav Wengler, jung), Carl Martin Spengler (Gustav Wengler), Kathrin Waligura (Bertha Wengler), Fritz Marquardt (Friedrich Sedan Wengler), Gudrun Ritter (Luise Wengler), Wolfgang Hosfeld (Wilhelm Wengler), Peter Prager (Paul Wengler), Cornelia Hudl (Käthe Wengler) **L** 137 **E** 14.5.1987 Kino DDR/3.1.1989 DFF 1/1.1.1991 ARD

WENIG CHANCEN FÜR MORGEN (ODDS AGAINST TOMORROW). Drei gestrandete Existenzen, zwei Weiße und ein Schwarzer, verbünden sich zu einem Banküberfall – ein Unternehmen, das scheitert und das zwei von ihnen auf Grund rassistischer Vorurteile mit dem Tod bezahlen. Spannender, perfekt inszenierter Thriller, der an Vorbilder aus der »Schwarzen Serie« Hollywoods anknüpft. Die Einbeziehung des Rassenproblems dient zwar vornehmlich dazu, die Uneinigkeit der Verbrecher in einer neuen Genre-Variante zu motivieren, doch die psychologischen Akzente sind durchaus geschickt gesetzt und verdichten sich zur sozialen Anklage. – Ab 16. ✦ Schwarz-weiß. USA 1959 **P** HarBel **KI** United Artists **Pd** Robert Wise, Phil Stein **R** Robert Wise **B** John O. Killens (Strohmann für Polonsky), Nelson Gidding, Abraham Polonsky (ungenannt), nach einem Roman von William P. McGivern **K** Joseph Brun **M** John Lewis **S** Dede Allen **D** Harry Belafonte (Johnny Ingram), Robert Ryan (Earle Slater), Ed Begley (Dave Burke), Shelley Winters (Lorry), Gloria Grahame (Helen) **L** 96 **FSK** ab 16; f **E** 29.1.1960/6.11.1972 ZDF/4.12.1976 DFF 1 **fd** 8 933

EIN WENIG STERBEN (EIN WENIG STERBEN). Als letzter Mieter eines baufälligen Hauses, das abgerissen werden soll, widersetzt sich ein etwa 80jähriger dem unvermeidlichen Wohnungswechsel – anfangs mit Starrsinn, später auch mit Waffengewalt. Schließlich wird der alte Mann überwältigt und in der Zwangsjacke abgeführt. Eine Tragödie großstädtischer Verlorenheit und Einsamkeit, mit außerordentlicher Bildkraft in Szene gesetzt und erschütternd gespielt. – Sehenswert ab 14. ✦ Österreich 1982 **P** Unger/ Madavi **R** Mansur Madavi **B** Mansur Madavi, Dieter Schrage **K** Mansur Madavi **M** Heinz Leonhardsberger **D** Alfred Sohm, Maria Martina, Kurt Kosutic, Heribert Sasse, Inge Toifl **L** 85

DIE WENIGER GLÜCKLICHE RÜCKKEHR DES JOSZEF KATUS IN DAS LAND REMBRANDTS (DE MINGER GELUKKIGE TERUGKEER VAN JOSZEF KATUS NAAR HET LAND VAN REMBRANDT). Ein junger ungarischer Emigrant kehrt krank von einer Europa-Reise nach Amsterdam zurück, gerät in die Provo-Demonstrationen vom Mai 1966 und kommt schließlich irrtümlich durch einen Geheimagenten ums Leben. Ein im Stil des Cinéma vérité inszeniertes Spielfilmdebüt zweier junger Holländer, die das Unbehagen der jungen Generation an der etablierten Gesellschaft artikulieren und es zu einem thematisch interessanten und diskussionswerten, aber recht fatalistischen Diskurs verdichten. (O.m.d.U.) ✦ Niederlande 1966 **P** Scorpio **KI** Filmkundliches Archiv Köln **R** Wim Verstappen **B** Wim Verstappen, Pim de la Parra **K** Wim van der Linden **D** Rudolf Lucieer, Ehta Coster, Nouchka van Brakel, Barbara Meter, Els Mees **L** 90 **E** 21.9.1968 WDR **fd** 15 702

WENN ABENDS DIE HEIDE TRÄUMT. Zwei Kriegskameraden, die bei einem Sprengkommando arbeiten, das in der Lüneburger Heide mit Minenräumungen und der Entschärfung von Bombenblindgängern beschäftigt ist, streiten um dieselbe junge Frau, die mit einem der beiden verlobt ist. Ein Unglücksfall versöhnt sie wieder miteinander und bereinigt die Konflikte. Ein seichter Unterhaltungsfilm um Liebe, Freundschaft und Berufsethos, der eine Vertiefung seiner Problematik erfolgreich vermeidet. – Ab 14. ✦ Schwarz-weiß. BR Deutschland 1952 **P** Berolina **KI** Gloria **Pd** Willie Hoffmann-Andersen, Harry Grimm **R** Paul Martin **B** Tibor Yost, Juliane Kay, Paul Martin **K** Willy Winterstein **M** Herbert Windt **S** Hermann Ludwig **D** Rudolf Prack (Peter Gelius), Viktor Staal (Karl Odewig), Margot Trooger (Helga), Fita Benkhoff (Hermine Knauer), Siegfried Breuer (Konsul Berghaus), Margarete Haagen (Frau Odewig), Beppo Brem (Xaver Franz), Albert Florath (Bürgermeister Knauer), Otto Gebühr **L** 98 **FSK** ab 12; f **E** 19.12.1952 **fd** 2 279

WENN ALLE DEUTSCHEN SCHLAFEN. 1942 in einem Ghetto in Polen: Das Leben des fünfjährigen Marek ändert sich schlagartig, als er mit seiner Familie seine Wohnung räumen muß und in einem Lager untergebracht wird. Während die Erwachsenen mit sich selber beschäftigt sind, erkunden die Kinder ihre neue Welt. Als sie alles gesehen haben und Langeweile aufkommt, beschließen sie, ihre liebsten Spielsachen aus den verwaisten Elternhäusern zu holen. Eines nachts machen sie sich auf, um die Mauer zu überwinden und sich den Befehlen der Deutschen zu widersetzen. Aus kindlichem Spiel wird lebensbedrohlicher Ernst. Auf den Erinnerungen des Autors Jurek Becker beruhender Film, der ein Märchen aus grausamer Zeit erzählt, beseelt von der Kraft der Poesie und fasziniert von der Macht kindlicher Unschuld. – Ab 12. ✦ Deutschland 1994 **R** Frank Beyer **B** Jurek Becker, nach einer Erzählung von Jurek Becker **K** Peter Ziesche **M** Lorenzo Barcelata **D** Benjamin Kaatz (Marek), Ilja Smolianski (Julian), Robin Timptner (Itzek), Christiane Hagedorn (Mutter), Mario Grünewald (Vater) **L** 72 **E** 10.3.1996 ZDF

WENN ALLE MENSCHEN DER WELT ... →TKX antwortet nicht

WENN ALLE STRICKE REISSEN (VERDENS RIGESTE PIGE). Das seinerzeit populäre dänisch-niederländische Schlager-Duo Nina & Frederik dient als Zugpferd der Geschichte, in der ein verliebtes junges Mädchen, Tochter eines Millionärs, aus einem Luxus-Internat ausreißt, um mit einem Schlagersänger eine Gastspielreise durch Europas Hauptstädte anzutreten. Nach Verwicklungen, wie sie nur im Lustspiel möglich sind, bekommt das Paar den Segen des Vaters. Seichte Unterhaltung mit viel zeitgenössischer Schlagermusik und Tanz. – Ab 10. ✦ Dänemark 1958 **P** A/S Filmatelieret ASA **KI** Karp **R** Lau Lauritzen **B** Borge Müller **K** Rudolf Frederiksen **M** Sven Gyldmark, Nina & Frederik **D** Birgitte Bruun (Lilly), Poul Reichhardt (John), Gunnar Lauring (Onkel Tobias), Jessie Rindom (Clara), Jeanne Darville (Elisabeth), Else Marie (Fräulein Bartholin), Nina & Frederik (Nina & Frederik) **L** 90 **FSK** ab 6; nf **E** 10.11.1961 **fd** 10 548

WENN AM SONNTAGABEND DIE DORFMUSIK SPIELT. Die Tochter eines verarmten Gutsbesitzers liebt zwar den Führer einer Holzfuhrkolonne, will aber dem Vater zuliebe den reichen Sägewerksbesitzer heiraten, bis es nach vielen Komplikationen doch noch zum Happy-End kommt. Ein sentimentaler, verlogener Heimatfilm aus dem Hochschwarzwald. – Ab 14. ✦ BR Deutschland 1953 **P** Berolina **Kl** Gloria **Pd** Kurt Ulrich **R** Rudolf Schündler **B** Werner P. Zibaso **K** Kurt Schulz **M** Willy Schmidt-Gentner **S** Margarete Steinborn **D** Rudolf Prack (Martin), Hans Stüwe (Gutsbesitzer Ertl), Ingeborg Körner (Kati), Fritz Wagner (Franz), O. E. Hasse (Bruckner), Maria Sebaldt (Rosl), Oskar Sima (Kubitzky) **L** 90 **FSK** ab 12; nf **E** 24.9.1953 **fd** 2788

WENN BEI SÜSSEN TEENS DIE HÜLLEN FALLEN (QUELLA ETA MALIZIOSA). Ein Mann wird zum Opfer seiner zwei Geliebten, Mutter und Tochter, die ihm einen Mord unterschieben. Langweilig-öder Kriminalfilm mit weniger Sexeinlagen, als der deutsche Verleihtitel vorgaukeln will. (Fernsehtitel: »Flotte Teens und heiße Typen«) – Wir raten ab. ✦ Italien 1975 **P** Domizia **Kl** C.H. **R** Silvio Amadio **B** Silvio Amadio, Piero Regnoli **K** Antonio Maccoppi **M** Roberto Pregadio **S** Silvio Amadio **D** Gloria Guida (Paola), Nino Castelnuovo (Napoleon), Anita Sanders (Mutter), Kirsten Baker, Richard Singer **L** 87 **FSK** ab 16; nf **E** 3.4.1981/14.11.1987 RTL PLUS

WENN BEIDE SCHULDIG WERDEN (WENN BEIDE SCHULDIG WERDEN). Die Eheprobleme eines in »feinen« Verhältnissen lebenden Paares, sie eine attraktive Frau, die zum zweiten Mal verheiratet ist, er ein vergleichsweise jüngerer Architekt, der sich mit ihrem Geld eine Karriere als »Baumeister der Zukunft« aufbaut, werden verbunden mit einem Generationskonflikt und einem Konflikt mitmenschlicher Verantwortung, als das Ehepaar Fahrerflucht nach einem Unfall mit Todesfolge begeht. Der »Problemfilm« handelt seine arg konstruierten Themen nach Art deutscher Kinoromane der Nachkriegszeit ab: gepflegt oberflächlich und völlig nichtssagend, voll von lediglich vorgetäuschtem Leben. ✦ Schwarz-weiß. Österreich 1962 **P** Schönbrunn **Kl** Europa **Pd** Ernest Müller **R** Hermann Leitner **B** Hellmut Andics, Hermann Leitner, August Rieger, nach dem Illustrierten-Roman »Keine Nacht ohne Morgen« von Hans Nogly **K** Georg Krause **M** Carl de Groof **S** Paula Dworak **D** Nadia Gray (Hilde Goetz), Ellen Schwiers (Carla Förster), Hanns Lothar (Richard Goetz), Robert Graf (Dr. Hassfeld), Maria Perschy (Josi), Michael Verhoeven (Jochen Goetz), Annie Rosar (Else), Charles Regnier (Reeder) **L** 92 **FSK** ab 18; f **E** 14.3.1962 **fd** 10979

WENN D'FRAUE WÄHLE (WENN D'FRAUE WÄHLE). Der wenig bekömmliche Dialekt-Schwank, der heute allenfalls noch soziologisch von Interesse sein dürfte, geht auf Alfred Rassers Idee zurück, die Machtübernahme der Frauen in einem Dorf gedanklich durchzuspielen. Anlaß bot u. a. der emotionsgeladene Abstimmungskampf um das Frauenstimmrecht der Schweiz Ende der 50er Jahre. Die politische Gleichberechtigung der Frauen wurde abgelehnt, der Blödelfilm kam erst ein Jahr nach der Abstimmung zur Aufführung, fiel durch und wurde zu einem ebenso erfolglosen »Manifest« für das Frauenstimmrecht umgeschrieben. ✦ Schweiz 1960 **P** Felix Beaujon Filmproduktion **Pd** Felix Beaujon **R** Umberto Bolzi, Ludy Kessler, Megge Lehmann (nur 2. Fassung) **B** Felix Beaujon **K** René Gaveau, Roger Ledru, Georges Hofer **M** Luc Hoffmann **S** A. Fürst, Georg Janett **D** Zarli Carigiet (Maler, nur 2. Fassung), Lee Ruckstuhl (Margrit, nur 2. Fassung), Megge Lehmann (Drehbuchautor, nur 2. Fassung), Schaerer (Bildhauer, nur 2. Fassung), Max Knapp (Schwarteler) **L** 85 **E** Schweiz

WENN DAS BLUT KOCHT (NEVER SO FEW). Eindrucksvolle Kampfschilderungen aus Burma sollen die Bewährung einer amerikanischen Einheit und einer Eingeborenentruppe gegen die japanische Übermacht belegen. Ein optisch zwar solide inszenierter, aber mit allzu vielen Klischees jonglierender Kriegsfilm. Seinem Helden, einem jungen Hauptmann, gesteht er zwar Gewissensbisse zu, seine barbarischen Akte aber läßt er vom Affekt glatt überspielen, so daß der Film allenfalls noch als Abenteuer-Kolportage funktioniert. (TV-Titel auch: »Barfuß in die Ewigkeit«) – Ab 16. ✦ Scope. USA 1959 **P** Canterbury **Kl** MGM **Pd** Edmund Grainger **R** John Sturges **B** Millard Kaufman, nach einem Roman von Tom T. Chamales **K** William H. Daniels **M** Hugo Friedhofer **D** Frank Sinatra (Hauptmann Tom C. Reynolds), Gina Lollobrigida (Carla Vesari), Steve McQueen (Bill Ringa), Peter Lawford (Hauptmann Grey Travis), Paul Henreid (Nikko Regas), Brian Donlevy (General Sloan), Charles Bronson (Sergeant John Danforth) **L** 124 **FSK** ab 12; f **E** 14.4.1960 **fd** 9091

WENN DAS DIE MÄNNER WÜSSTEN (L' IDEA FISSA). Vier Episoden zum Thema Ehebruch und Eifersucht. 1. »La prima Notte«: Eine Frau verbringt trotz (oder wegen) der Nachstellungen ihres jähzornigen sizilianischen Ehemanns die Hochzeitsnacht für eine Million mit einem fiesen Playboy. 2. »Basta un Attimo«: Die Ehebruchsfantasien, die eine großbürgerliche Ehefrau ihrem Gatten allabendlich erzählt, erweisen sich als makabre Wirklichkeit. 3. »L'ultimo Carta«: Ein gealterter Sportler und seine Frau versuchen zu Geld zu kommen, indem sich der Mann als Callboy verdingt, scheitern aber an seiner plötzlichen Impotenz. 4. »Sabato 18 Luglio«: Ein von seiner Arbeit besessener Karrieremensch vertraut seiner Frau und läßt sie allein nach Capri reisen. Amüsant inszeniert und ironisch pointiert, verdichtet zu einer nicht gerade tiefschürfenden Unterhaltung. ✦ Italien 1964 **P** Panda Cinematografica **Kl** Piran **Pd** Luciano Cattania **R** Gianni Puccini (1,4), Mino Guerrini (2,3) **B** Mino Guerrini, Gianni Puccini, Bruno Baratti, Oreste Biancoli, Ennio de Concini **K** Luciano Trasatti, Alfio Contini, Riccardo Pallottini **M** Marcello Giombini **S** Ornella Micheli **D** Lando Buzzanca (Concetto, 1), Maria Grazia Buccella (Enea, 1), Ingeborg Schöner (Marina, 2), Renato Tagliani (Giancarlo, 2), Eleonora Rossi-Drago (Elsa, 3), Aldo Giuffrè (Antonio, 3), Sylva Koscina (Diana, 4), Philippe Leroy (Mario, 4) **L** 99 **FSK** ab 18; nf **E** 26.3.1965 **fd** 13397

WENN DAS FEST BEGINNT ... (QUE LA FETE COMMENCE). Nach dem Tode Ludwigs XIV. kommt mit Philippe von Orléans (1715–1726) ein Herrscher an die Macht, der als liberaler, aber schwacher Staatschef kaum Einfluß auf die Geschichte Frankreichs nimmt. Seine Vorliebe gilt dem lasterhaften Leben, und während er rauschende Feste feiert, überläßt er das Regieren seinem Berater Abbé Dubois. Eine bitter-böse Komödie über ein weniger bekanntes Kapitel der französischen Geschichte. Mit lustvoll chargierenden Schauspielern klagt der Film die Verdorbenheit der Mächtigen, ihre bornierte antiklerikale Haltung sowie die Dekadenz des Adels am Vorabend der Revolution an. – Ab 16. ✦ Frankreich 1974 **P** Fildebroc/U.P.F./Productions de la Guéville **R** Bertrand Tavernier **B** Bertrand Tavernier, Jean Aurenche **K** Pierre-William Glenn **M** Philippe d'Orléans, Antoine Duhamel (Arr.) **S** Armand Psenny, Ariane Boeglin, Sophie Cornuz **D** Philippe Noiret (Philippe d'Orléans), Jean Rochefort (Abbé Dubois), Jean-Pierre Marielle (Marquis de Pontcallec), Marina Vlady (Madame de Parabère), Christine Pascal (Emilie), Gérard Desarthe (Herzog von Nourbon), Alfred Adam (Villeroi) **L** 120 **E** 4.3.1988 ZDF

WENN DAS HERZ SPRICHT (SO LITTLE TIME). Im während des Zweiten Weltkriegs besetzten Belgien überwinden die Tochter eines hingerichteten Aristokraten und Widerstandskämpfers und der einquartierte deutsche Wehrmachtsoberst über die gemeinsame Zuneigung zur Musik alle Vorurteile und die zeitbedingte Feindschaft. Ihre Liebe zerbricht jedoch an der Grausamkeit des Krieges. Ein kammerspielhafter Film mit nobler Geste zur Völkerversöhnung, dezent und nachdenklich, inszenatorisch etwas gedehnt. – Ab 12 möglich. ✦ Schwarz-weiß. Großbritannien 1951 **P** Mayflower **Kl** Europa **Pd** E. M. Smedley-Aston, Aubrey Baring, Maxwell Setton **R** Compton Bennett **B** John Cresswell, nach der Novelle »Je ne suis pas une Heroine« von Noëlle Henry **K** Oswald Morris **M** Robert Gill **D** Maria Schell (Nicole), Marius Goring (Oberst Hohensee), Lucie Mannheim (Lotte Schönberg), Gabrielle Dorziat (Madame de Malvines), Barbara Mullen (Anna), John Bailey (Philipe de Malvines) **L** 91 **FSK** ab 12; f **E** Frühjahr 1952 **fd** 2023

WENN DAS LEBEN LOCKT (LA GIORNATA BALORDA / CA C'EST PASSE A ROME). In einer Welt voller Gemeinheiten sucht ein junger Italiener Arbeit, um das minderjährige Mädchen, mit dem er ein Kind hat, heiraten zu können. Sexuelle Abenteuer, denen er sich bereitwillig hingibt, verhelfen ihm beinahe zu der nötigen Geldsumme. Ein formal zwar talentierter, insgesamt aber unausgereifter Film, in dem sozialkritische Anklage und kommerzielle Spekulation kaum mehr unterscheidbar sind. (DDR-Titel: »Es geschah in Rom«) ✦ Schwarz-weiß. Italien/Frankreich 1960 **P** Intercontinental/Transcontinentali **Kl** Gloria **Pd** Vittorio Glori **R** Mauro Bolognini **B** Alberto Moravia, Pier Paolo Pasolini, nach den Erzählungen »Les Contes Romains« und »Les Nouveaux Contes Romains« von Alberto Moravia **K** Aldo Scavarda **M** Piero Piccioni **D** Jean Sorel (David), Léa Massari (Freja), Jeanne Valerie (Marina), Rik Battaglia (Carpitti), Paolo Stoppa (Rag. Moglie), Isabelle Corey (Sabina), Valeria Ciangottini (Ivana) **L** 83 **FSK** ab 18; nf **E** 7.11.1961/16.11.1962 Kino DDR **fd** 10788

WENN DAS MEIN GROSSER BRUDER WÜSSTE (WENN DAS MEIN GROSSER BRUDER WÜSSTE). Ein Schlagersänger mit ebenfalls sangesfreudiger Schwester besteht einfallslos eingefädelte Verwicklungen, die ihm zur Ehe und ihr zum Bühnenstart verhelfen. Öde Fließbandunterhaltung nach den gängigen Schlagerfilmmustern jener Jahre, allesfalls sympathisch durch die Frische des damaligen Teenageridols Conny Froboess. – Ab 12. ✦ Österreich 1959 **P** Sascha **Kl** Gloria **Pd** Herbert Gruber **R** Erik Ode **B** Janne Furch **K** Willi Sohm **M** Charly Niessen **S** Arnd Neyne **D** Conny Froboess (= Cornelia Froboess) (Conny Werner), Fred Bertelmann (Fred Carter), Margit Saad (Gwendolin), Peter Vogel (Walter Spatz), Rudolf Platte (Schneidermeister Spatz), Peter Weck (Dave Berry) **L** 92 **FSK** ab 6; nf **E** 13.8.1959 **fd** 8354

WENN DAS SCHICKSAL ES WILL (PROMISES IN THE DARK). Die Geschichte um ein 17jähriges Mädchen, das an Krebs erkrankt und schließlich nur noch mit Maschinen am Leben erhalten werden kann, und eine Ärztin, die ihm einen würdigen Tod ermöglichen will, spitzt sich auf die immer wieder diskutierte Frage der Sterbehilfe zu. Dabei verschenkt der Film sein wichtiges Thema, weil es ihm nur in wenigen Augenblicken gelingt, über eine künstlich wirkende Schilderung der Ereignisse hinauszukommen. Er bildet nur Affekte und Effekte ab und bemüht sich vergeblich um Authentizität; Betroffenheit stellt sich kaum ein. – Ab 14 möglich. ✦ USA 1979 **P** Jerome Hellman Film/Orion Pictures **Pd+R** Jerome Hellman **B** Loring Mandel **K** Adam Holender **M** Leonard Rosenman **S** Bob Wyman **D** Marsha Mason (Dr. Alexandra Kendall), Kathleen Beller (Buffy Koenig), Ned Beatty (Bud Koenig), Susan Clark (Mrs. Koenig), Michael Brandon (Dr. Jim Sandman), Paul Clemens (Gerry Hulin), Peggy McCay (Mrs. Pritkin), Philip Sterling (Dr. Frucht) **L** 115 **E** 15.12.1985 ZDF

WENN DAS VOLK ERWACHT (CUANDO DESPIERTA EL PUEBLO). Ein von einem Kollektiv zwischen September 1972 und Mai 1973 hergestellter Film über die damals aktuelle politische Situation Chiles. Dargestellt werden das Programm der Nationalen Befreiung, um dessen Entwicklung sich die Regierung der Unidad Popular und Salvator Allende bemühten, die Anstrengungen der politischen Parteien, durch parlamentarische Mittel zum Sozialismus zu gelangen, schließlich die skeptische Haltung einiger linker Gruppierungen gegenüber Allendes These, daß man mit friedlichen Mitteln zum Sozialismus gelangen könne. (O.m.engl.Kommentar) ✦ Chile 1973 **P** Kollektiv/Tricontinental Film Center **SF** Freunde der Deutschen Kinemathek **R+B+K** Kollektiv **L** 60

WENN DAS WEIB ERWACHT (HÄSTHANDLARENS FLICKOR). Von den zwei halbwüchsigen Töchtern eines verwitweten Pferdezüchters bekommt die eine ein nichteheliches Kind. Bis zum Happy-End mit dem Dorfburschen haben sich die Gemüter wieder beruhigt. Ein klobig aufgetragenes Leidenschafts- und Eifersuchtsdrama in der Umwelt eines schwedischen Gutshofes. Was sich »pseudo-strindbergisch« gibt, ist lediglich eine mit platter Symbolik aufgeforstete Kolportage. ✦ Schwarz-weiß. Schweden 1954 **P** AB Europa-Film **KI** Deutsche Cosmopol **Pd** Peter Herman **R+B** Egil Holmsen **K** Ingvar Borgild **M** Egon Kjerrman **D** Barbro Larsson (Lili), Margaretha Löwler (Ragni), George Fant (Pferdehändler), Birger Malmsten (Algot), Marianne Löfgren (Nils), Ingemar Pallin (Bürgermeister) **L** 80 **FSK** ab 18; nf **E** 26.7. 1957 **fd** 6 057

WENN DEN FLASCHEN FLÜGEL WACHSEN. Zwei kleine Schwestern wünschen sich einen Vater zu Weihnachten und beschließen, der Mutter den passenden Mann zu suchen. Heiter-besinnliche Familiengeschichte. – Ab 10. ✦ CSSR 1989 **R** Josef Platz **D** Barbara Hodkova, Jana Pechova, Daniela Kolarová **L** 73 **E** 22.12.1995 ORB

WENN DER BERG RUFT. Dokumentarfilm über den Tourismus am Großglockner in Kärnten sowie die Bauern, die in dem Gebiet um das Bergmassiv leben: einerseits stolz auf ihren Beruf, verzichten sie ungern auf die Nebeneinnahmen, die ihnen der geplante Nationalpark beschneiden könnte. – Ab 14 möglich. ✦ Österreich 1996 **R** Hubert Canaval **B** Helmuit Grasser, Hubert Canaval **K** Heinzi Brandner, Robert Winkler **L** 79 **E** 8.6.1997 ZDF

WENN DER HAHN KRÄHT. Possenhafter Bauernschwank mit derber Charakterzeichnung vor allem eines norddeutschen Gemeindevorstehers, der (ähnlich dem Dorfrichter in Kleists »Der zerbrochene Krug«) einen peinlichen Nachtausflug listenreich vertuscht. Der Film erhielt das NS-Prädikat »künstlerisch wertvoll«, weil seine gemimte Urwüchsigkeit dem erwünschten Blut-und-Boden-Ideal entsprach. – Ab 16. ✦ Schwarz-weiß. Deutschland 1936 **P** Carl Froelich-Film **KI** Döring **Pd+R** Carl Froelich **B** August Hinrichs, Axel Eggebrecht, nach dem gleichnamigen Schwank von August Hinrichs **K** Reimar Kuntze **M** Hansom Milde-Meißner **S** Gustav Lohse **D** Heinrich George (Jan Kreyenborg), Hans Brausewetter (Renken), Marianne Hoppe (Marie), Claire Reigbert (Gesine Kreyenborg), Hildegard Barko (Lena), Carsta Loeck (Stine), Ernst Waldow (Kröger) **L** 90 **FSK** ab 12; nf **E** 23.3.1936/1955 Neustart **fd** 3 830

WENN DER HIMMEL VERSAGT (LA TENTATION DE BARBIZON). Der Teufel will mit Tücke und Hinterlist ein frisch verheiratetes junges Liebespaar auseinanderbringen. Doch dem Schutzengel der Liebenden, der seinerseits von der irdischen Liebe gekostet und Geschmack daran gefunden hat, gelingt es, den Teufel in die Flucht zu schlagen und das Paar vor Streit und Trennung zu bewahren. Eine kleine, leichte Komödie, die unprätentiös und auf verschmitzte Art rührend-naive Unterhaltung bietet. (Kinotitel auch: »Die Versuchung«) – Ab 14 möglich. ✦ Schwarz-weiß. Frankreich 1946 **P** C.D.F. **KI** Metropol **R** Jean Stelli **B** André-Paul Antoine **K** Marcel Grignon **M** René Sylviano **D** Simone Renant (Der Engel), François Périer (Der Teufel), Daniel Gélin (Der junge Ehemann), Juliette Faber (Die junge Ehefrau), Doris Marnier **L** 100 **E** November 1947 **fd** 160

WENN DER JUNGE WEIN BLÜHT. Die Frau eines Gutsbesitzers hat sich in den Kopf gesetzt, dem ehelichen Glück ihrer drei bildhübschen Töchter im heiratsfähigen Alter energisch nachzuhelfen. Doch diese sind mit den von ihr erwählten Männern keineswegs einverstanden. Eine wirklichkeitsfern unterhaltende Familienkomödie. – Ab 12. ✦ Schwarz-weiß. Deutschland 1943 **P** Terra **R** Fritz Kirchhoff **B** Per Schwenzen, nach dem gleichnamigen Theaterstück von Björnstjerne Björnson **K** Herbert Körner **M** Eduard Künneke **D** Henny Porten (Elisa Arvik), Otto Gebühr (Wilhelm Arvik), René Deltgen (Tonning), Marina von Ditmar (Marna), Geraldine Katt (Alberta), Else von Möllendorff (Helene) **L** 85 **E** 24.9.1943/ 8.9.1991 BR

WENN DER KATER KOMMT (AZ PRIJDE KOCOUR). Der mit magischen Kräften ausgestattete Kater einer Schaustellertruppe enthüllt durch seinen kritischen Blick den wahren Charakter der Menschen in einer mährischen Kleinstadt. Ein hintergründiges realistisch-fantastisches Märchen zum Lob reiner Freundschaft und Aufrichtigkeit und zur Ablehnung von Despotie und Heuchelei. Thematisch und inszenatorisch gleichermaßen einfallsreich und unkonventionell, verdichtet der Film die Fabel zu einem poesievollen Diskurs voller Humor, Melancholie und Optimismus. (Titel auch: »Nachts, wenn der Kater kommt«) – Sehenswert ab 14. ✦ Scope. CSSR 1963 **P** Filmstudio Barrandov **KI** Progress/Accon **SF** Aktion »Kuno lädt ein« **R** Vojtech Jasny **B** Jirí Brdecka, Vojtech Jasny **K** Jaroslav Kucera **M** Svatopluk Havelka **D** Vlastimil Brodsky, Jirí Sovák, Emília Vásáryová, Jan Werich, Karel Effa **L** 109 (BRD 98) **FSK** ab 6; f **FBW** w **E** 13.11.1964 Kino DDR/4.6.1965 Kino BRD **fd** 13 816

WENN DER KLEMPNER KOMMT (THE PLUMBER). In der Wohnung einer jungen Wissenschaftlerin findet sich ein Klempner ein, der vorgibt, dringende Badezimmer-Reparaturarbeiten erledigen zu müssen. Während der folgenden Tage richtet er ein heilloses Durcheinander an. Sein Betragen flößt der Frau unerklärliche Angst ein, so daß das merkwürdige Verhältnis der beiden zu einer Machtprobe ausartet. Ein ironisch gefärbter Thriller, in dem Gruseleffekte stets ins Komische umschlagen. Der fürs Fernsehen entstandene Film erscheint wie eine Paraphrase des Kinofilms »Die letzte Flut« vom selben Regisseur. ✦ Australien 1979 **P** South Australian Film Corporation **Pd** Matt Carroll **R+B** Peter Weir **K** David Sanderson **M** Gerry Tolland **S** G. Tunney-Smith **D** Ivar Kants (Max, der Klempner), Judy Morris (Jilly Cowper), Robert Coleby (Brian Cowper), Candy Raymond (Meg), Peter Weir **L** 75 **E** 5.5.1984

WENN DER KUCKUCK RUFT (AL CANTO DEL CUCU). Vier optimistische Gesellen ziehen während des Zweiten Weltkriegs ins Tessin, um dort ein verfallenes Bergdorf wieder aufzubauen. Nach zwei Jahren sollen sie als Gegenleistung von einem reichen Onkel aus Amerika eine Erbschaft erhalten, die jedoch von einem anderen Verwandten angefochten wird. Recht unterhaltsame Komödie mit eindrucksvollen Landschaftsaufnahmen. ✦ Schwarz-weiß. Schweiz 1941 **P** August Kern (Arbeitskollektiv) **Pd+R** August Kern **B** August Kern, Virgilio Gilardoni **K** Ady Lumpert **M** Jack Trommer **S** August Kern **D** Lilian Herman (Celestina), Ettore Cella (Carlo Corda), Fredy Lucca (Emil Dietschi), Jean Fleury (Jean Pèrrin), Wil Roettges (Max Witzig) **L** 101 **E** Schweiz

WENN DER MOND ZUR SONNE WIRD (PIT PONY). Romanverfilmung, die sich dem Thema Kinderarbeit widmet. Anfang des 20. Jahrhunderts in Nova Scotia: Nachdem sein älterer Bruder bei einem Grubenunglück verletzt wird, muß ein Junge die Schule verlassen und ebenso wie sein Vater in der Zeche arbeiten. Nur dank des Zechenpferdes überwindet er seine Angst vor der Dunkelheit. ✦ Kanada 1997 **P** Cochran Entertainment **R** Eric Till **B** Heather Conkie, nach dem Roman »Pit Pony« von Joyce Barkhouse **M** Jonathan Goldsmith **S** T. C. Martin **D** Ben Rose-Davis (Willie MacLean), Richard Donat (Rory MacLean), Jennie Raymond (Nellie MacLean), Denny Doherty (Charley), Gabriel Hogan (Ned Hall) **L** 90 **E** 31.12.1998 N 3

WENN DER NEBEL SICH LICHTET – LIMBO (LIMBO). Ein Mann, eine Frau und deren fast erwachsene Tochter, die bei einer Bootsfahrt von Drogenhändlern überfallen werden, kämpfen auf einer verlassenen Insel vor Alaska ums Überleben. In ruhigen, verhaltenen Bildern erzählt, benützt der Film das dramaturgische Potenzial einer Robinsonade nur dezent als Hintergrundfolie. Statt dessen rückt er eine irritierend-schwebende Atmosphäre des Wartens in den Mittelpunkt, die zur übergreifenden Metapher für einen existenziellen Zustand wird. Über ein aufschlussreiches Zeit- und Gesellschaftspanorama Alaskas hinaus geht es dem verhaltenen Drama vor allem um den Moment und die Bedingungen, das Gefühl des Uneigentlichen zu durchbrechen. DVD: Die Extras umfassen u. a. einen Audiokommentar des Regisseurs. – Ab 16. ✦ USA 1999 **P** Green/Renzi Produktion **KI** Columbia TriStar **VA** Columbia TriStar **DVD** Columbia TriStar Home (16:9, 1.85:1, DD5.1 engl./dt.) **Pd** Maggie Renzi **R+B** John Sayles **K** Haskell Wexler **M** Mason Daring **S** John Sayles **D** Mary Elizabeth Mastrantonio (Donna De Angelo), David Strathairn (Joe Gastineau), Vanessa Martinez (Noelle De Angelo), Kris Kristofferson (Smilin' Jack), Casey Siemaszko (Bobby Gastineau), Kathryn Grody (Frankie), Rita Taggart (Lou), Leo Burmester (Harmon King), Michael Laskin (Albright) **L** 127 **FSK** ab 12; f **E** 2.9.1999/8.2.2000 Video & DVD **fd** 33 839

WENN DER NORDWIND BLÄST (WHEN THE NORTH WIND BLOWS). In einem strengen Winter um die Jahrhundertwende tauchen im Norden Alaskas zwei Tiger auf. Während die jungen Trapper sie sofort zu jagen beginnen, entwickeln sich zwischen einem alten, erfahrenen Jäger und den Tieren Zuneigung und Respekt. In einem tragischen Kampf mit den uneinsichtigen Menschen werden die Tiger getötet, aber dem alten Mann gelingt es, ihre zwei Jungtiere zu retten. Dramatischer Abenteuerfilm, der Respekt und Achtung vor dem Leben wilder Tiere vermittelt. – Ab 14. ✦ USA 1974 **P** Raffill Film **Pd+R+B** Stewart Raffill **K** Gerard Alcan **M** Jimmie Haskell **D** Henry Brandon, Herbert Nelson, Dan Haggerty, Henry Olek, Sander Johnson **L** 106 **E** 26.12.1983 ZDF

WENN DER PFAU ERWACHT (THE PEACOCK SPRING). Ein englischer Diplomat holt seine 15jährige Tochter aus dem Internat, um sie und ihre kleine Schwester mit nach Neu Delhi zu nehmen. Aber das Mädchen kann ihre neue Lehrerin nicht ausstehen; außerdem merkt es bald, daß es als Alibi für deren Verhältnis mit ihrem Vater fungieren soll. Es flüchtet in die Arme eines attraktiven jungen Gärtners aus Indien, der sich als ehemaliger Student aus politischen Gründen verstecken muß. Melodram um eine skandalträchtige Liebe und die damit verbundenen sexuellen Begehrlichkeiten und Wünsche vor dem Hintergrund einer restriktiven Gesellschaft, die ihr koloniales Denken auch in bezug auf die eigenen Kinder nicht abzulegen vermag. ✦ Großbritannien 1996 **P** BBC **Pd** Sophie balhetchet, Glenn Wilhilde **R** Christopher Morahan **B** Ken Taylor, nach einem Roman von Rumer Godden **D** Hattie Morahan (Una), Laura Barneby (Hal), Naveen Andrews (Ravi Battacharya), Peter Egan (Edward), Marietta Meade (Alix), Ravi Kapoor (Hem) **L** 120 **E** 27.2.1997 Bayern 3

WENN DER POSTMANN GAR NICHT KLINGELT → Junk Mail – Wenn der Postmann gar nicht klingelt

WENN DER POSTMANN ZWEIMAL KLINGELT (THE POSTMAN ALWAYS RINGS TWICE). Die Leidenschaft zwischen einem Vagabunden und der jungen Frau eines Raststättenbesitzers führt zum Mord an deren Mann und zur Selbstzerstörung des Paares. Die vierte Verfilmung des gleichnamigen Romans von James M. Cain (nach »Le dernier tournant«, 1939, von Pierre Chenal, »Im Netz der Leidenschaften« und »Ossessione – Von Liebe besessen«). Ein gut gespielter melodramatischer Kriminalfilm, der die Geschichte einer verhängnisvollen Leidenschaft mit sorgfältiger Milieuzeichnung und leichten sozialkritischen Akzenten verbindet, die das Amerika der Depressionszeit als von Gewalt und Hoffnungslosigkeit bestimmt zeigen. ✦ USA 1980 **P** Lorimar **KI** Scotia **VA** VMP **Pd** Charles Mulvehill, Bob Rafelson

R Bob Rafelson **B** David Mamet, nach dem gleichnamigen Roman von James M. Cain **K** Sven Nykvist **M** Michael Small **S** Graeme Clifford **D** Jessica Lange (Cora Papadakis), Jack Nicholson (Frank Chambers), John Colicos (Nick Papadakis), Michael Lerner (Katz), John P. Ryan (Kennedy), Anjelica Huston (Madge), William Taylor (Sackett) **L** 121 (Video 111) **FSK** ab 18; f (Video 16) **FBW** bw **E** 13.8.1981 **fd** 23 080

WENN DER SARGMACHER LÄCHELT →El Cisco

WENN DER SCHWARZE MANN DICH HOLT (WHEN THE DARK MAN CALLS). Eine Frau, die als Kind den Mord an ihrem Eltern beobachtete und durch ihre Aussage der vermeintlichen Täter hinter Gitter brachte, muß 25 Jahre später um ihr Leben fürchten, als der Verurteilte aus dem Gefängnis entlassen wird. Der eigentlich unschuldige Mann hat Rache geschworen und auch der wahre Täter stellt nun eine ernste Bedrohung dar. Etwas verworrener, dialoglastiger Psychothriller, der nur bescheidenen Unterhaltungsansprüchen genügt. ✦ USA 1995 **P** Paramount **VA** CIC/ProSieben **R** Nathaniel Gutman **D** Joan Van Ark (Julie Kaiser), James Read (Det. Michael Liebermann), Geoffrey Lewis (John Parmanter), Barry Flatman (Max), Chris Sarandon (Lloyd) **L** 86 (gek. 80) **FSK** ab 16 (gek. ab 12) **E** 22.2.1996 Video/10.12. 1998 ProSieben

WENN DER TONI MIT DER VRONI →Saison in Salzburg (1961)

WENN DER VATER MIT DEM SOHNE. Ein Junge, der keinen Vater hat und dessen Mutter es nach Amerika verschlagen hat, wächst bei einem einstigen Musical-Clown auf, der sein eigenes Kind früh verloren hat. Das Kind führt ihn zur neuerlichen Lebensbejahung und in seinen Beruf zurück. Als die Mutter den Jungen plötzlich zurückfordert, flüchtet der Ziehvater mit dem Sohne in die Schweiz, gibt aber schließlich das Kind freiwillig zurück. Eine heiterrührende Unterhaltung ohne weiterreichenden Anspruch. Einzig Heinz Rühmann überzeugt durch leise Zwischentöne und feine Komik. Berühmt wurde sein Schlager »La-le-lu ...«. – Ab 10. ✦ BR Deutschland 1955 **P** Berolina **Pd** Kurt Ulrich, Hans Lehmann **R** Hans Quest **B** Gustav Kampendonk, Eckart Hachfeld **K** Kurt Schulz **M** Heino Gaze **S** Hermann Leitner **D** Heinz Rühmann (Teddy Lemke), Oliver Grimm (Ulli), Waltraut Haas (Gerti), Robert Freytag (Roy Bentley), Sybil Werden (Jane), Carl-Heinz Schroth (Peepe), Fita Benkhoff (Fräulein Biermann), Rudolf Schündler (Herr im Laden), Armin Dahlen (Kunstspringer) **L** 100 **FSK** ab 6; f **FBW** w **E** 11.8.1955/15.2. 1989 DFF 2 **fd** 4 273

WENN DER WEISSE FLIEDER WIEDER BLÜHT. Ein Sänger begegnet nach 15 Jahren seiner früheren Ehefrau wieder, nachdem beide inzwischen den lange Jahre vermißten beruflichen Erfolg verzeichnen können. Bis zum Glück – mit einem anderen Partner – gilt es noch, die genreüblichen kleinen Konflikte und großen Gefühle zu ordnen. Umrahmt von viel Gesang, wird auf gefühlvolle Unterhaltung gesetzt, die stets an der Oberfläche und damit thematisch belanglos bleibt. (Die damals 15jährige Romy Schneider und der gleichaltrige Götz George geben hier ihr Leinwanddebüt.) – Ab 14 möglich. ✦ BR Deutschland 1953 **P** Berolina **Kl** Ufa **Pd** Kurt Ulrich **R** Hans Deppe **B** Johanna Sibelius, Eberhard Keindorff, nach einer Vorlage von Fritz Rotter **K** Kurt Schulz, Herbert Geier **M** Franz Doelle **S** Margarete Steinborn **D** Magda Schneider (Therese Forster), Willy Fritsch (Willy Forster), Paul Klinger (Peter Schröder), Götz George (Klaus), Romy Schneider (Evchen Forster), Hertha Feiler (Ellen), Albert Florath **L** 95 **FSK** ab 12; nf **E** 24.11.1953/14.1.1955 Kino DDR/21.12.1988 DFF 2 **fd** 2 955

WENN DER WIND WEHT (WHEN THE WIND BLOWS). Ein naives englisches Rentnerehepaar wird den Folgen eines nuklearen Krieges ausgesetzt. Ein Zeichentrickfilm, der mit schwarzem Humor auf die Uninformiertheit der Menschen und die Abwiegelungsversuche der Regierungen hinweist und vor Augen führt, daß es keine Zukunft mehr geben kann, wenn die Bombe erst einmal gefallen ist. Eine makabre Satire, die gleichwohl aufrüttelt und zum Nachdenken anregt. – Sehenswert ab 14. ✦ Großbritannien 1986 **P** Meltdown/National Film Finance Corp./Film Four International/TVC London/u. a. **Kl** Filmwelt **SF** Matthias/BAG **VA** VCL/Virgin **Pd** John Coates **R** Jimmy T. Murakami **B** Raymond Briggs, nach seinem Roman **K** Mike Heywood **M** Roger Waters, David Bowie, Paul Hardcastle, Genesis, The Squeeze **S** Johnny Carey **L** 84 **FSK** ab 6; f **FBW** bw **E** 20.11.1986/15.5.1987 Video/23.12.1988 ARD **fd** 25 919

WENN DER ZIRKUS KOMMT →Was machst du, wenn du einen Elefanten triffst?

WENN DICH DEIN MÖRDER KÜSST (ONCE YOU KISS A STRANGER). Eine junge Psychopathin will einen vom Pech verfolgten Golfspieler zu einem Mord an dem von ihr gehaßten Psychiater bewegen. Sie verpflichtet sich dafür, seinen größten Sportrivalen ins Jenseits zu befördern. Psychokrimi, der die bereits von Alfred Hitchcock als »Verschwörung im Nordexpreß« adaptierte Vorlage von Patricia Highsmith (vor allem in den Geschlechterrollen) variiert und zu einem recht spannenden Unterhaltungsfilm verdichtet. Mit der Logik nimmt es der Film nicht allzu genau, und daß dies – ihm Gegensatz zum Hitchcock-Film – auffällt, offenbart das qualitative Gefälle zwischen beiden Filmen. Allzuoft wird Spannung dafür durch vordergründigen Sadismus erzeugt. – Ab 16. ✦ USA 1969 **P** Robert Goldstein Prod. (für Warner Bros.) **Kl** Warner Bros. **Pd** Robert Goldstein **R** Robert Sparr **B** Frank Tarloff, Norman Katkov, nach einem Roman von Patricia Highsmith **K** Jacques Marquette **M** James Fagas **S** Marjorie Fowler **D** Paul Burke (Jerry), Carol Lynley (Diana), Martha Hyer (Lee), Peter Lind Hayes, Phil Carey (Mike), Stephen McNally **L** 106 **FSK** ab 12; f (fr. 16) **E** 13.3.1970 **fd** 16 691

WENN DIE ABENDGLOCKEN LÄUTEN. Statt des Geliebten, von dem sie ein Kind erwartet, heiratet eine junge Frau auf Wunsch ihrer Eltern einen reichen Gutsbesitzer. Als der Vater des Kindes nach Jahren zurückkehrt und der Gutsbesitzer, der die Zusammenhänge erahnt, bei einem Reitturnier tödlich verunglückt, steht einem Happy-End eigentlich nichts im Wege. Die Frau entschließt sich allerdings erst nach Jahren, dem Jugendfreund zu folgen. Sentimentaler Edelkitsch im Gartenlaube-Stil inszeniert. Auch die verlogene Moral und die angestaubten sozialen Ansichten zeugen von einem hoffnungslos veralteten Film. – Ab 16. ✦ Schwarz-weiß. BR Deutschland 1951 **P** Apollo **Kl** Gloria **Pd** Willie Hoffmann-Andersen **R** Alfred Braun **B** Werner P. Zibaso, Hans Scheffel **K** Georg Krause **M** Willy Schmidt-Gentner **D** Willy Birgel (von Finke), Maria Holst (Gloria Römer), Paul Hörbiger (Storm), Hans Holt (Michael), Julia Fjorsen (Rosemarie), Käthe Haack (Frau Brenda), Peter Voß (Gutsherr Brenda), Rudolf Platte, Aribert Wäscher, Otto Gebühr, Hilde Sessak **L** 88 **FSK** ab 12; f **E** 21.12.1951 **fd** 1 534

WENN DIE ALPENROSEN BLÜH'N. Liebesfreud und -leid in Tirol: Nach anfänglichen Verwirrungen finden sich natürlich doch jene Pärchen, die schon am Anfang füreinander bestimmt waren. Bei einer gemeinsamen Rettungsaktion können die beiden früheren Rivalen darüber hinaus den Grundstein für ihre Männerfreundschaft legen. Verlogener, honigsüßer Heimatfilm, schlecht inszeniert und fotografiert; auch die Kulisse der schönen Bergwelt kann den Film nicht retten. – Ab 12 möglich. ✦ BR Deutschland 1955 **P** Deppe **Kl** Constantin **Pd** Hans Deppe **R** Richard Häussler **B** Ilse Lotz-Dupont, Tibor Yost **K** Willy Winterstein **M** Willi Mattes **S** Johanna Meisel **D** Claus Holm (Franzl), Christine Kaufmann (Christine), Maria Andergast (Marianne Klockenhoff), Annie Rosar (Schneiderwirtin), Theo Lingen (Dr. Krüger), Hertha Feiler, Marianne Hold, Richard Häussler, Harald Juhnke, Elfie Pertramer, Peter Voß **L** 96 **FSK** ab 12; nf **E** 22.9.1955 **fd** 4 497

WENN DIE BERGE ERZITTERN – DAS LAND GUATEMALA 1983 (WHEN THE MOUNTAINS TREMBLE). Dokumentarfilm über das jahrhundertelange Unrecht, das die guatemaltekischen Nachfahren der Mayas seit dem Überfall durch die spanischen Kolonialisten vor 500 Jahren erfahren haben. ✦ USA/ Guatemala 1983 **Pd** Peter Kinoy **R** Pamela Yates, Tom Sigel **B** Pamela Yates, Thomas Sigel **K** Tom Sigel **M** Rubén Blades **S** Peter Kinoy **L** 85 **E** 18.5.1992 S 3

WENN DIE BERGE LOCKEN (POKA STOJAT GORY...). Vier erfahrene Alpinisten besteigen bei idealem Wetter eine gefährliche Steilwand. Blitzartig durchschlägt ein herabstürzender Stein das Seil, ein Bergsteiger fällt in die Tiefe. Sofort nehmen die anderen, darunter die verzweifelte Geliebte des Verunglückten, die Suche auf. Nach ergebnislosem Verlauf beschließt ein Mitglied, das inzwischen die Führung übernommen hat, aufzugeben und umzukehren, weil es für den Gefährten keine Überlebenschance mehr sieht. Damit trifft den Mann der Vorwurf der unterlassenen Hilfeleistung, dem eine gerichtliche Auseinandersetzung folgt. ✦ UdSSR 1976 **P** Lenfilm **R** Wadim Michailow **B** Albina Schulgina, Wadim Michailow **K** Eduard Rosowski **M** Nadeshda Simonjan **D** Margarita Terechowa (Katja), Georgi Tretjakow (Bykow), Juri Solowjew (Potapow), Konstantin Sacharow (Rybakow), Jewgeni Menschow (Selesnjew) **L** 78 **E** 31.7.1977 DFF 2

WENN DIE BOMBE PLATZT (WENN DIE BOMBE PLATZT). Bei einem Bankeinbruch werden die drei Täter automatisch fotografiert. Sie versuchen daraufhin, die Filmrolle zu erjagen. Schließlich müssen sie vor einigen Tatzeugen fliehen und geraten zunächst in ein Sanatorium, dann in die Raubtierkäfige eines Zirkus. Geschmacksunsichere Klamotte mit wenig erheiternden Witzen, die die Möglichkeiten zu grotesker Komik völlig verschenkt. – Ab 14. ✦ Schwarz-weiß. Österreich 1957 **P** Phoebus **Kl** Deutsche Cosmopol **Pd** Hans Engel, Heinrich Glanz **R** E. W. Emo **B** Norbert Kunze, Ernst Hagen **K** Sepp Ketterer **M** Carl de Groof **S** Leopoldine Pokorny **D** Oskar Sima (Tarzan), Rudolf Platte (Gustav), Hans Richter (Schnecke), Fritz Imhoff (Kurdirektor), Wera Frydtberg (Inge), Christiane Maybach (Lilly) **L** 91 **FSK** ab 6; nf **E** 10.1.1958 **fd** 6 616

WENN DIE BREMSEN VERSAGEN (KOGDA SDAJUT TORMOSA). Ein junger Mann gerät unbedacht in einen Kreis kleiner Gauner. Als ihm sein eigenes Verschulden deutlich wird und er sich rehabilitieren will, findet er den Tod. Die Miliz stößt im Zusammenhang mit der Aufklärung der Straftaten auch auf den Mörder und kann diesen in eine Falle locken. Unterhaltsamer Kriminalfilm. – Ab 16. ✦ UdSSR 1984 **P** Filmstudio Riga **Kl** Progress **R** Gunar Zilinski **B** Gunar Zilinski, nach dem Roman »Langsam, Liebling« von Gunar Zirulis **K** Gwido Skulte **M** Ivar Vigner **D** Peteris Liepinsch (Vitold), Andris Silavs (Juris), Visma Osolinja (Aija), Martins Vilsons (Silins), Mirdza Martinsone **L** 78 **E** 9.5.1986 Kino DDR/28.4.1988 DFF 2

WENN DIE BUNTEN FAHNEN WEHEN. Bildbericht über das deutsche Turnfest 1953 mit Rückblicken auf Leipzig 1913, München 1923 und Stuttgart 1933. Archivmaterial für filmisch interessierte Reckturner. – Ab 12. ✦ Schwarz-weiß. BR Deutschland 1953 **P** Knoop **Kl** Knoop **R** Georg Thieß **B** Josef Göhler, Hans Reip **K** Walter Knoop, Heinz Sasse, Carl Selbach, Kurt Kratze, Thilo Haux, Gerd Seib, Werner Zimpel, Bernhard Eismann, Heinz Pohl, Horst Schröder **M** Eberhard Forck **D** Hermann Rockmann (Sprecher), Horst Fleck (Sprecher) **L** 77 **FSK** ab 6; f **E** 13.12.1953 **fd** 2 977

WENN DIE CONNY MIT DEM PETER. Im Landschulheim Werneck gründen die Teenager eine Band, deren Star die singende, tanzende und steppende Schülerin Conny ist. Als die Mutter des Bandleaders Peter erkrankt, beschafft man mit vereinten Kräften das Geld für eine Operation. Beim Abschlußkonzert wippt sogar der Lehrkörper im Schlagerrhythmus. Der Prototyp jener Teenager-Komödien, mit denen die bundesdeutsche Filmwirtschaft in den 50er Jahren auf die aus den USA importierte neue Jugendkultur reagierte. Peter Kraus ist ein bieder-braver Presley-Verschnitt, Conny Froboess gibt das saubere Mädchen von nebenan. Nur noch als Zeitdokument interessant. – Ab 12. ✦ Schwarz-weiß. BR Deutschland 1958 **P** Melodie **KI** Constantin **VA** Kinowelt Home **Pd** Aldo von Pinelli **R** Fritz Umgelter **B** Aldo von Pinelli, Joachim Wedekind **K** Werner M. Lenz **M** Werner Scharfenberger **S** Walter von Bonhorst **D** Conny Froboess (= Cornelia Froboess) (Conny), Peter Kraus (Peter), Loni Heuser (Lehrerin Frl. Säuberlich), Rudolf Vogel (Generaldirektor), Peter Vogel (Harry Specht), Ernst Stankowski (Dr. Fellner) **L** 106 **FSK** ab 6; nf **E** 18.12.195820.2.2001 Video **fd** 7 681

WENN DIE DEICHE BRECHEN (THE LITTLE ARK). Als eine gewaltige Sturmflut einsetzt, werden zwei Waisenkinder aus einem kleinen niederländischen Dorf auf einem Hausboot aufs offene Meer hinausgetrieben. Sie werden vom Kapitän eines Fischerbootes an Bord genommen, zu dem sie langsam ein Vertrauensverhältnis gewinnen. Eine als Allegorie auf lebenswichtigen familiären Rückhalt angelegte Abenteuerunterhaltung; solide inszeniert, aber für kleinere Kinder zu schreckhaft. – Ab 12. ✦ USA 1972 **P** National General **R** James B. Clark **B** Joanna Crawford, nach einem Roman von Jan De Hartog **K** Austin Dempster, Denys Coop **M** Fred Karlin **D** Theodore Bikel (Kapitän), Geneviève Ambas (Adinda), Philip Frame (Jan), Max Croiset (Vater Grijpma), Johan De Slaa **L** 100 **E** 27.12.1985 ZDF

WENN DIE EHE ZUR HÖLLE WIRD →Shattered Dreams

WENN DIE ERDBEEREN REIFEN (KO ZORIJO JAGODE). Das Porträt einer Gruppe von Jugendlichen, die Probleme mit den Eltern und der Schule haben. ✦ Jugoslawien 1977 **P** Vibafilm/Vesnafilm **R** Rajko Ranfl **B** Ivan Potrc, nach dem Roman von Branka Jurca **K** Tomislav Pinter **M** Joze Privsek **D** Irena Kranjc, Roman Gorsic, Metod Pevec, Sandi Krosl, Lidija Kozlovic **L** 95 **E** 25.3.1980 DFF 2

WENN DIE ERDE BEBT (KOGDA DROSHIT SEMLJA). Der Film porträtiert die Erbauer des Tschirkeisker Wasserkraftwerks in Dagestan. Ein einseitig berichtendes Dokument, für das der Bau des Kraftwerks ausschließlich eine Herausforderung für alle Beteiligten ist und deren ganze Kraft erfordert, um die Naturgewalten für einen vorgeblich eindeutig nützlichen Zweck umzuleiten und einzusetzen. ✦ UdSSR 1975 **P** Mosfilm **R** Alexander Kossarew **B** Anatoli Besuglow **K** Igor Bogdanow **M** Alexej Rybnikow **D** Oleg Shakow (Demidow), Alexander Beljawski (Prokofjew), Irina Korotkowa (Swetlana), Anatoli Solowjew (Mitroschkin), Swetlana Swetlitschnaja (Irina) **L** 80 **E** 5.8.1976 DFF 2

WENN DIE FLUT KOMMT (L'EAU VIVE). Regulierungsarbeiten am Oberlauf eines französischen Flusses rufen nicht nur landschaftliche Änderungen in der betroffenen Gegend hervor; auch die Moral der Bauern wird beeinträchtigt. Überzeugender als die allegorisch konzipierte Spielhandlung, in der eine bedrängte junge Frau geldgierigen Verwandten entkommt, wirkt der dokumentarische Bildteil, der Aufnahmen des französischen Durance-Tals von erlesener Qualität bringt. – Sehenswert ab 14. ✦ Scope. Frankreich 1958 **P** Caravelle **KI** Kurt Zobel **Pd** Claude Clert **R** François Villiers **B** Jean Giono, Alain Allioux, nach dem gleichnamigen Roman von Jean Giono **K** Paul Soulignac **M** Guy Béart **S** Edouard Berne **D** Pascale Audret (Hortense), Charles Blavette (Simon), Andrée Debar (Tochter des Weinbauern), Germaine Kerjean (Frau des Weinbauern), Henri Arius (Gärtner), Moncorbier (Weinbauer) **L** 100 **FSK** ab 12; f **FBW** w **E** 5.11.1959 **fd** 8 638

WENN DIE GLOCKEN HELL ERKLINGEN (WENN DIE GLOCKEN HELL ERKLINGEN). Heimatfilm mit den Wiener Sängerknaben. Einer der Jungen wird seinem Großvater, einem aristokratischen Gutsbesitzer, der seine Tochter einst verstieß, von der jüngeren Tochter »zugespielt«. Auf gemütvolle Unterhaltung abgestimmt, mit postkartenbunten, betont »schönen« Landschaftsaufnahmen. – Ab 12. ✦ Österreich 1959 **P** Donau **KI** NF **Pd** Eduard Hoesch **R** Eduard von Borsody **B** Kurt E. Walter, Eduard von Borsody **K** Hans H. Theyer **M** Willi Mattes **S** Hermine Diethelm **D** Willy Birgel (Günther von Warttenberg), Ellen Schwiers (Susanne Weiden), Teddy Reno (Mario Pucci), Annie Rosar (Alma), Michael Ande (Michael), Loni von Friedl (Hanna), Hermann Thimig (Dr. Mersmann) **L** 92 **FSK** ab 6; f **E** 29.10.1959 **fd** 8 568

WENN DIE GLOCKEN LÄUTEN (KAD CUJES ZVONA). Zwei Dörfer Bosniens sind aus religiösen Gründen miteinander verfeindet: Die Bewohner des einen sind orthodoxe Katholiken, die des anderen Moslems. Der Politkommissar der Partisaneneinheit des einen Dorfes versucht, diese für den Freiheitskampf gefährliche Feindschaft zu überwinden. – Ab 16. ✦ Scope. Jugoslawien 1968 **P** Jadran-Film **KI** Progress **R** Antun Vrdoljak **B** Antun Vrdoljak, nach einer Vorlage von Sibl **K** Frano Vodopivec **M** Andelko Klobucar **S** Radojka Tanhofer **D** Boris Buzancic (Kommissar), Pavle Vujisic (Gare), Boris Dvornik, Fabijan Sovagovic, Ivica Vidovic **L** 91 **E** 27.11.1970 Kino DDR

WENN DIE GONDELN TRAUER TRAGEN (DON'T LOOK NOW). Ein durch den Unfalltod seiner Tochter noch unter Schock stehendes britisches Künstlerehepaar wird in Venedig durch das Zusammentreffen mit zwei ältlichen Schwestern, von denen die eine seherische Fähigkeiten hat, beunruhigt. Die mysteriösen Erlebnisse in der Lagunenstadt enden in einer Katastrophe. Ein durch erlesene Farbgebung und Bildkomposition bestechender »sanfter« Horrorfilm. Obwohl es ihm nicht immer gelingt, die Ambivalenz der Figuren und die unterschwellige Bedrohung spürbar werden zu lassen, bietet er sensiblen Zuschauern ausgesprochen reizvolle Unterhaltung. – Ab 16 möglich. ✦ Scope. Großbritannien 1973 **P** Casey/Eldorado/British Lion **KI** Gloria **DVD** Kinowelt Home (16:9, 1.85:1, DD5.1 engl./dt.) **Pd** Peter Katz, Anthony B. Unger **R** Nicolas Roeg **B** Allan Scott, Chris Bryant, nach einer Kurzgeschichte von Daphne Du Maurier **K** Anthony B. Richmond **M** Pino Donaggio **S** Graeme Clifford **D** Julie Christie (Laura Baxter), Donald Sutherland (John Baxter), Hilary Mason (Heather), Clelia Matania (Wendy), Massimo Serato (Bischof), Renato Scarpa (Inspektor Longhi), Giorgio Trestini (Arbeiter) **L** 109 **FSK** ab 16; f **E** 29.8.1974/ 7.10.1988 DFF 2/22.3.2001 DVD **fd** 18 980

WENN DIE HEIDE BLÜHT. Als der älteste Sohn eines Gutsbesitzers erschossen aufgefunden wird, fällt der Verdacht auf dessen Halbbruder, der in derselben Nacht das Elternhaus verlassen hat. Als er nach Jahren als erfolgreicher Schlagerkomponist aus Amerika an das Sterbebett seines Vaters kommt, muß er sich rehabilitieren, belastet sich aber im Gegenteil schwer. Erst durch das Geständnis des wirklichen Täters erweist sich seine Unschuld. Anspruchsloser Heimatfilm mit einigen Schlagern und Volksliedern, viel Heidelandschaft, einem rührseligen Flüchtlingsgeburtstag, einer Heidekönigin und vielen Heidschnucken. – Ab 10. ✦ Scope. BR Deutschland 1960 **P** Kurt Ulrich-Film **KI** Deutsche Film Hansa **Pd** Kurt Ulrich **R** Hans Deppe **B** Gustav Kampendonk, nach Motiven von Hermann Löns **K** Willi Sohm **M** Raimund Rosenberger **S** Wolfgang Wehrum **D** Walter Richter (Jochen Petersen, Gutsbesitzer), Peter Carsten (Klaus, Sohn aus 1. Ehe), Joachim Hansen (Rolf, Sohn aus 2. Ehe), Gardy Granass (Sonja, Kellnerin), Josef Sieber (Dirk, Knecht), Heinz Engelmann (Förster Harkort), Rudolf Platte (Lemcke), Willy Fritsch (Tierarzt Dr. Erdmann), Heidi Kabel (Wirtschafterin) **L** 99 **FSK** ab 6; nf **E** 21.10. 1960/27.3.1988 DFF 2 **fd** 9 612

WENN DIE HELLEN SOMMERNÄCHTE LEUCHTEN →Heiß war meine Sehnsucht

WENN DIE HOFFNUNG STIRBT (ZOFIA). Die sehr deprimierende, aber eindrucksvoll inszenierte Geschichte einer kontaktarmen, einsamen alten Frau, die in einem Altersheim wohnt und keine Verbindung zu anderen hat. Sie verdient sich etwas Geld als Filmstatistin oder Modell in einer Bildhauerwerkstatt. Zu Weihnachten fährt sie zu ihrer verheirateten Tochter nach Warschau, aber das Fest gerät nicht harmonisch. ✦ Polen 1976 **P** Film Polski **KI** Progress **R+B** Ryszard Czekala **K** Czeslaw Swirta **M** Czeslaw Niemen **D** Ryszarda Hanin (Frau Sophie), Zdzislaw Mrozewski (Herr Wladyslaw), Alicja Jachiewicz, Stefan Szmidt, Halina Buyno-Loza, Andrzej Gazdeczka **L** 95 **E** 23.9.1981 S 3

WENN DIE HÜLLEN FALLEN (1962) (PASSION HOLIDAY). Vier ausziehfreudige Damen machen Urlaub an der Küste Floridas. Sexfilm von billigster Machart. ✦ USA 1962 **P** Cosmopolitan **KI** Hennen **R** Wynn Mavis **D** Linda Hall, Bob Lee, Yanka Mann, Stella Palma **L** 60 **FSK** ab 18; nf **E** 29.7.1966 **fd** 14 185

WENN DIE HÜLLEN FALLEN (1966/72) (DINGEL DANGEL). Zwei Sittenwächter auf der Jagd nach Pornografie, Schmutz und Verfall fühlen sich im einschlägigen Milieu schließlich überaus wohl. Dummer Sexfilm, ungewöhnlich roh und vor allem extrem langweilig. – Wir raten ab. ✦ USA 1966/72 **KI** C.H. **R** Kendall Stewart, Stephen Lomax **B** Thomas Payne, Tod Talbert **K** Stan State **D** Michael Finn, Robert Lee, Jack Moran **L** 65 **FSK** SPIO: X **E** 1.2.1974 **fd** 19 412

... WENN DIE »JUNGFRAU« MIT DEM »STIER« →Astrologie und Sexualität – Horoskope der Liebe

WENN DIE KETTEN BRECHEN (CAPTAIN LIGHTFOOT). Episode aus dem irischen Freiheitskampf zu Beginn des 19. Jahrhunderts: Ein hitzköpfiger junger Mann steigt zum Helden der Widerstandsbewegung der Iren gegen die englische Krone auf und gewinnt die Tochter des Rebellenführers. Eine durchgehend spannende Abenteuerunterhaltung, lebendig inszeniert nach den klassischen Regeln des Genres in perfekter Farbkomposition. – Ab 14. ✦ Scope. USA 1954 **P** Universal **KI** Universal **Pd** Ross Hunter **R** Douglas Sirk **B** W.R. Burnett, Oscar Brodney, nach einem Roman von W.R. Burnett **K** Irving Glassberg **M** Joseph Gershenson **D** Rock Hudson (Michael Martin), Barbara Rush (Aga Doherty), Jeff Morrow (Thunderbolt/John Doherty), Kathleen Ryan (Lady Ann More), Finlay Currie (Mahoney) **L** 92 **FSK** ab 12; f **E** 5.8.1955/25.1.1975 ARD **fd** 4 293

WENN DIE KRANICHE ZIEHEN (LETJAT SCHURAWLI). Die Geschichte einer vom Krieg zerrissenen Liebe: Veronika läßt sich von dem intellektuellen Bruder ihres Verlobten, einem Drückeberger, verführen, während Boris an der Front stirbt. Der sensibel gestaltete Film des vormaligen Dokumentaristen Kalatosow war einer der wenigen Welterfolge des sowjetischen Kinos der 50er Jahre. Seine Wirkung verdankt er vor allem seiner selbstkritisch-patriotischen Sicht bei nur geringer politischer Lehrhaftigkeit sowie der wunderbaren Kameraarbeit. (Verleihtitel DDR: »Die Kraniche ziehen«) – Sehenswert ab 16. ✦ Schwarz-weiß. UdSSR 1957 **P** Mosfilm **KI** Die Lupe **R** Michail Kalatosow **B** Viktor Rosow, nach seinem Bühnenstück **K** Sergej Urussewski **M** Moisei Vaynberg (= Michail Wainberg) **D** Tatjana Samoilowa (Veronika), Alexej Batalow (Boris), Wassili Merkurjew (Fjodor Iwanowitsch), Alexej Schworin (Mark), S. Charitonowa (Irina), K. Nikitin (Wolodja) **L** 95 **FSK** ab 12; f **FBW** bw **E** 6.6.1958 Kino DDR/22.7.1958 Kino BRD/12.9. 1958 DFF 1/27.1.1969 ZDF **fd** 7 298

WENN DIE LEGENDEN STERBEN →Die Legende vom Killer Tom

WENN DIE LIEBE ... →Wenn die Liebe erwacht

WENN DIE LIEBE DEN TOD BESIEGT (MAX). Das Glück einer jungen Familie droht zu zerbrechen, als der kleine Sohn an einer scheinbar unheilbaren Krankheit erkrankt. Der Vater verkauft das Haus in der Stadt und zieht mit der Familie in eine morsche Hütte auf dem Land. Nun setzt er alles daran, die Heilung

R Pasquale Festa Campanile **B** Ottavio Jemma, Aldo Crudo, Pasquale Festa Campanile, nach dem Roman »The Violence and the Fury« von Peter Kane **K** Franco di Giacomo, Giuseppe Ruzzolini **M** Ennio Morricone **S** Antonio Siciliano **D** Franco Nero (Walter Mancini), Corinne Clery (Eva Mancini), David Hess (Adam Konitz), John Loffredo (Oaks), Carlo Puri (Hot) **L** 104 **FSK** ab 18; nf **E** 25.11.1977/18.7.1985 RTL plus **fd** 20 583

WENN DU MICH LIEBST (PASAREA FURTUNI). Das Leben in einem kleinen Dorf von Schwarzmeer-Fischern. Inszenatorisch mangelhaft und wenig motiviert. – Ab 14. ✦ Schwarz-weiß. Rumänien 1958 **P** Filmstudio Bucuresti **KI** Progress **R** Dinu Negreanu **B** Petru Dumitriu **K** Alexandru Popescu, Claudiu Soltesco **M** Edgar Cosma **D** Mircea Albulescu, Margareta Pogonat, Boris Ciornei, Nucu Paunescu, Fory Eterle **L** 100 **E** 14.11.1958 Kino DDR

WENN DU NOCH EIN HEIM HAST. Nach dem Tod des Vaters entbrennt zwischen zwei Brüdern ein Streit um die Frage, ob und wie das Land vor dem immer wiederkehrenden Hochwasser des Flusses zu schützen ist. Norddeutsches Familiendrama aus dem Milieu der Deichbauer; schwerblütige Unterhaltung um Heimat und Heimatliebe, im Dritten Reich prädikatisiert als »staatspolitisch und künstlerisch wertvoll« sowie als »volkstümlich wertvoll«. (Titel auch: »Der Strom«) ✦ Schwarz-weiß. Deutschland 1941 **P** Terra **R** Günther Rittau **B** Erich Ebermayer, Eberhard Keindorff, Johanna Sibelius, nach einem Roman von Max Halbe **K** Richard Angst **M** Franz Grothe **D** Lotte Koch, Hans Söhnker, Malte Jäger, Ernst Wilhelm Borchert, Heddo Schulenburg **L** 89 **E** 8.1.1942/22.8. 1987 BR

WENN DU NOCH EINE MUTTER HAST (DAS LICHT DER LIEBE). Eine aufdringlich melodramatische Wiederverfilmung des Rührstücks »Mutterliebe« von 1939: Eine Witwe bringt ihre Kinder durch innere und äußere Schwierigkeiten hindurch. Ihre Selbsthingabe gipfelt in dem Opfer eines Auges für den erblindeten Sohn. Die banale Geschichte, die einem Illustriertenmagazin entstammen könnte, wird allein aufgewertet durch die außergewöhnliche Darstellung von Paula Wessely, was gelegentlich regelrecht zur Belastung für den Film wird: ihr präziser Stil gerät kraß in Gegensatz zu der Durchschnittlichkeit mancher Szene. (Titel auch: »Das Licht der Liebe«) – Ab 14. ✦ Schwarz-weiß. Österreich 1954 **P** Paula Wessely-Film **KI** Gloria **Pd** Otto Dürer, Paula Wessely **R** Robert A. Stemmle **B** Gerhard Menzel, Robert A. Stemmle **K** Helmuth Ashley **M** Willy Schmidt-Gentner **S** Henny Brünsch **D** Paula Wessely (Käthe Zeller), Stefan Skodler (Joseph Zeller), Erich Auer (Felix), Heinrich Schweiger (Paul), Albert Rueprecht (Walter), Waltraut Haas (Franziska) **L** 95 **FSK** ab 12; f **E** 14.7.1954 **fd** 3 410

WENN DU ZU MIR HÄLTST. Ein Wissenschaftler, der nur für seine Arbeit leben und die Politik von sich fernhalten will, wird durch eine persönliche Enttäuschung und die konsequente Haltung des Parteisekretärs seines Betriebes von der Notwendigkeit politischer Wachsamkeit überzeugt. Ein dramaturgisch und darstellerisch schwacher Film, der sein propagandistisches Anliegen nie überzeugend vermitteln kann. Anspruchsvoll ist allenfalls die Fotografie. – Ab 14. ✦ Scope, schwarz-weiß. DDR 1961 **P** DEFA **KI** Progress **Pd** Willi Teichmann **R** Hans-Erich Korbschmitt **B** Walter Baumert, Hans-Erich Korbschmitt **K** Günter Haubold **M** Jean Kurt Forest **S** Friedel Welsandt, Lotti Mehnert **D** Valter Taub (Professor Burghardt), Angelica Domröse (Liane, seine Nichte), Klaus Gendries (Dr. Hans Karhoff), Heinz-Dieter Knaup (Fred Lenka), Johannes Wieke (Prof. Rudolph), Hans Flössel (Dr. Wimmer) **L** 67 **E** 16.3. 1962 Kino DDR

WENN EINE FRAU DAS PFERD SATTELT (KOGDA SHENSCHTSCHINA OSSEDLAJET KONJA). Die Geschichte einer jungen turkmenischen Frau, die als eine der ersten nach der Oktoberrevolution den Kampf um die Befreiung der Frau von Unterdrückung und Rechtlosigkeit beginnt. – Ab 16. ✦ Scope. UdSSR 1974 **P** Turkmenfilm **KI** Progress **R** Chodshadurdy Narlijew **B** Chodshadurdy Narlijew, Majagosel Aimedowa **K** Christofor Triandafilow, G. Abdalow **M** Redshep Redshepow **D** Majagosel Aimedowa (Artykgul), Hodsham Owesgelenow (Mered-Bai), A. Krassnopolski (Saschko), Chodshakuli Narlijew (Berdy), Baba Annanow (Atabajew) **L** 91 **E** 27.2.1976 Kino DDR/25.2.1977 DFF 1

WENN EINE FRAU LIEBT →Melodie des Herzens (1950)

WENN EINE WIENERIN WALZER TANZT (WENN EINE WIENERIN WALZER TANZT). Lustspielklischees im Nachkriegs-Wien, wo ein vermeintlicher Strauß-Walzer einen jungen Komponisten berühmt macht. (Weiterer Titel: »Schwindel im Dreivierteltakt«) – Ab 12. ✦ Schwarz-weiß. Österreich 1951 **P** Ring-Film **KI** Hamburg/Ring **Pd** Karl F. Sommer **R** Alexander von Slatinay **B** Christl Räntz **K** Carl Kurzmayer **M** Heinz Sandauer, Josef Paulini, Alfred Uhl **S** Raimund Warta **D** Fritz Imhoff (Anton Huber), Lotte Lang (Karoline), Anni Korin (Poldi), Hans Olden (Franz Weidlinger), Fritz Friedl (Seppl), Ida Krottendorf (Olga) **L** 83 **FSK** ab 12; nf **E** 18.10.1951 **fd** 1 374

WENN EINER WAS VERSPROCHEN HAT. Probleme eines 12jährigen Jungen, mit den Anforderungen der Eltern und der Schule und den eigenen Interessen überein zu stimmen. Stark pädagogisierender Kinderfilm des DDR-Fernsehens. – Ab 6. ✦ DDR 1975/76 **P** DFF **KI** Progress **Pd** Wolfgang Jürs **R+B** Gunter Friedrich **K** Ralf Neubert **S** Inke Gerber **D** Kay Ortmann (Jens), Peter Glöckner (Mischa), Jens Binneböse (Achim), Katrin Heinze (Ines), Birgit Edenharter (Pionierleiter) **L** 73 **E** 26.12.1976 DFF 1/ 31.8.1979 Kino DDR

WENN EINMAL EIN MANN KOMMT (EL HOMBRE QUANDO ES HOMBRE). Ein um Ironie und Humor bemühter Film aus Chile, der die Eigenarten lateinamerikanischer Sitten und Gebräuche beobachtet, wobei er jene Verhaltensmuster herausarbeitet, die Zeichen für die Vorherrschaft des Mannes und die untergeordnete Rolle der Frau sind. Die Regisseurin lebte Anfang der 80er Jahre im europäischen Exil, wobei sie sich aus der Distanz zu ihrer Heimat über bestimmte Mechanismen deutlich bewußt wurde. ✦ BR Deutschland 1982 **P** Valéria Sarmiento Prod./ ZDF **Pd+R+B** Valéria Sarmiento **K** Leo de la Barra **L** 65 **E** 13.5.1982 ZDF

WENN ELTERN IHRE TOCHTER VERRATEN (TRAPPED AND DECEIVED). Weil sie glauben, ihrer rebellischen Tochter nicht Herr werden zu können, lassen die Eltern den Teenager in ein Heim für psychisch gestörte Jugendliche einweisen. Das Mädchen bricht aus, doch erst nach seiner erneuten Einlieferung keimt im Vater der Verdacht, daß in der Anstalt nicht alles mit rechten Dingen zugeht. Die Jugendlichen werden mit allen erdenklichen Mitteln schikaniert, darüberhinaus ermittelt ein Undercover-Agent gegen den Leiter der Anstalt wegen Versicherungsbetrugs. – Ab 16. ✦ USA 1994 **Pd** Michael O. Gallant **R** Robert Iscove **B** Tim Kring **K** John Beymer **D** Jennie Garth (Laura Mills), Jill Eikenberry (Michelle Mills), Paul Sorvino (Dr. Winslow), Tom Irwin (Robert Mills), Eric Close (David Mills), Helen Shaver (Nora Field) **L** 88 **E** 24.8.1996 RTL

WENN ELTERN SCHWEIGEN (LOST BOUNDARIES). Ein schwarzer Arzt mit sehr heller Haut sieht sich plötzlich mit den rassistischen Vorurteilen seiner Nachbarn konfrontiert, die ihn und seine Familie für Weiße gehalten hatten. Nun kann er der bislang verdrängten Rassenproblematik nicht länger ausweichen und muß, vor allem seinen Kindern gegenüber, Stellung beziehen. Der im New Hampshire der 40er Jahre spielende Film packte als einer der ersten das »heiße Eisen« Rassentrennung an. Inszenatorisch dicht und darstellerisch überzeugend, vermeidet er jene Rührseligkeit, zu der spätere Produktionen zum selben Thema aus kommerziellen Gründen oft Zuflucht nehmen. (Titel auch: »Gefährliches Schweigen«, »Eintritt verboten«, »Fluch des Blutes«) – Sehenswert ab 12. ✦ Schwarz-weiß. USA 1949 **P** Film Classics/De Rochemont Prod. **KI** Europa **Pd** Louis de Rochemont **R** Alfred Werker **B** Virginia Shaler, Eugene Ling, Charles Palmer, Furland De Kay, nach einem Zeitungsbericht von W. L. White. **K** William J. Miller **M** Louis Applebaum **S** David Kummins **D** Mel Ferrer (Dr. Scott Carter), Beatrice Pearson (Marcia Carter), Richard Hylton (Howard Carter), Susan Douglas (Shelley Carter), Canada Lee (Lt. Thompson), Grace Coppin (Mrs. Mitchell) **L** 98 **FSK** ab 12; f **FBW** w **E** 2.5.1951 **fd** 1 365

WENN ENGEL IHRE FÄUSTE SCHWINGEN (FUORI UNO SOTTO UN ALTRO ... ARRIVA IL PASSATORE / EL AUDAZ AVENTURERO). Ein Räuber beraubt Reiche und unterstützt Arme, ohne daß ihn die dümmliche Polizei fangen kann. Primitive, ausschließlich auf überstrapazierter Komik aufgebaute Klamotte. – Ab 16. ✦ Scope. Italien/Spanien 1973 **P** Marco-Davis/Procinor **KI** CS **R** Anthony Ascott (= Giuliano Carmineo) **B** Tito Carpi, Gustavo Quintana, Nanda Migliozzi **K** Pablo Ripoli **M** Aldo Buonocore **S** Ornella Micheli **D** George Hilton, Manuel Zarzo, Sal Borgese, Edwige Fenech, Chris Avram (= Cristea Avram), Chris Huerta **L** 83 **FSK** ab 12; nf **E** 6.3.1975 **fd** 19 209

WENN ENGEL REISEN ... (WHERE ANGELS GO ... TROUBLES FOLLOW). Klosterschülerinnen reisen zu einem Treffen nach Santa Barbara. Die Fahrt bringt den Konflikt zwischen der konservativen Oberin und einer jungen Nonne mit progressiven Ansichten ans Licht. Eine wenig überzeugende Auseinandersetzung mit der Situation der katholischen Kirche in den liberalen 60er Jahren; die hochkarätige Besetzung kann die seichte Geschichte nicht aufwiegen. – Ab 16. ✦ USA 1968 **P** Columbia **Pd** William Frye **R** James Neilson **B** Blanche Hanalis **K** Sam Leavitt **M** Lalo Schifrin **S** Adrienne Fazan **D** Rosalind Russell (Mutter Oberin Simplicia), Stella Stevens (Schwester George), Binnie Barnes (Schwester Celestine), Mary Wickes (Schwester Clarissa), Dolores Sutton (Schwester Rose Marie) **L** 88 **E** 16.7.1995 RTL 2

WENN ER IN DIE HÖLLE WILL, LASST IHN GEHEN (THE CHALLENGE). Ein drittklassiger amerikanischer Boxer gerät ahnungslos in den seit 35 Jahren dauernden Kampf zweier verfeindeter japanischer Brüder um zwei zusammengehörende Schwerter aus der Samurai-Tradition. Der ältere der beiden Brüder, dem das Schwert laut Familientradition zusteht, lebt fernab der modernen Zivilisation in einer Art klösterlichen Gemeinschaft, der jüngere, der ihm das Schwert gestohlen hat, ist zum mächtigen Konzernboß mit Privatarmee und Firmenimperium aufgestiegen. Ein spannender Abenteuerfilm mit fernöstlichem Flair und zahlreichen authentischen Kampfeinlagen des alten Japans. Die nachdenkliche Reflexion über die gewaltigen Kulturunterschiede im heutigen Japan werden allzu häufig überdeckt durch die exzellent gefilmten, aber äußerst grausamen Kämpfe. (Videotitel: »Er will in die Hölle, laß ihn ziehen«) ✦ USA 1981 **P** CBS Theatrical Films **KI** Tobis **VA** Taurus/Fox **Pd** Robert L. Rosen, Ron Beckman **R** John Frankenheimer **B** John Sayles, Richard Maxwell **K** Kozo Okazaki **M** Jerry Goldsmith **S** John W. Wheeler **D** Scott Glenn (Rick), Toshirô Mifune (Yoshida), Donna Kei Benz (Akiko), Atsuo Nakamura (Hideo), Calvin Jung (Ando), Clyde Kusatsu (Go) **L** 110 (Video 104) **FSK** ab 18; nf (Video 16) **E** 30.9. 1983 **fd** 24 215

WENN ES DUNKEL WIRD IN HARLEM (COME BACK, CHARLESTON BLUE). Zur Aufdeckung von Morden im Drogendealer-Milieu von Harlem werden zwei supercoole schwarze Polizisten mit höchst ungewöhnlichen Methoden eingesetzt. Unkonventioneller Polizeikrimi: Die Verfilmung eines Chester-Himes-Romans, die viel Wert auf das Lokalkolorit des Schwarzenviertels legt. Nicht ganz so witzig und leichtherzig wie der Vorläufer »Wenn es Nacht wird in Manhattan«, aber besonders dank der Hauptdarsteller unterhaltsam. – Ab 14 möglich. ✦ USA 1972 **P** Warner Bros. **Pd** Samuel Goldwyn **R** Mark Warren **B** Ernest Kinoy, Peggy Elliott, nach einem Roman von Chester Himes **K** Dick Kratina **M** Donny Hathaway, Quincy Jones **S** Gerald Greenburg **D** Godfrey Cambridge (Gravedigger Jones), Raymond St. Jacques (Coffin Ed Johnson), Peter de Anda (Joe), Jonelle Allen (Carol), Maxwell Glanville (Caspar) **L** 100 **E** 22.1.1999 ZDF

WENN ES EUCH NICHT VON HERZEN GEHT (MAKKERS STAAKT UW WILD GERAAS). Drei dicht ineinandergeflochtene Episoden, die sich am St. Nikolaus-Tag in Holland in gegensätzlichen Milieus abspielen: Bei einem getrennt lebenden Ehepaar aus der Werbebranche, in einer schlichtbürgerlichen Ehe und in der Ehe eines Frauenhelden. Dank ihrer Menschenkenntnis und Qualität ansprechende Filmstudie. – Sehenswert ab 16. ✦ Schwarz-weiß. Niederlande 1960 **P** Nederlandse Filmproduktie Maatschappij **R** Fons Rademakers **B** Jan Blokker, nach einer Idee von Fons Rademakers **K** Eddy van der Enden **M** Jan Blok **D** Guus Hermus, Ellen Vogel, Jan Teulings, Guus Oster, Yoka Berretty **L** 96 **E** 2.12.1963 ZDF **fd** 10 670

WENN ES NACHT WIRD (AD SOFF HALAYLA / WHEN NIGHT FALLS / ALL NIGHT LONG / INTO THE NIGHT). Ein zu Unrecht aus der israelischen Armee entlassener Offizier eröffnet ein Lokal und bekommt rasch Ärger mit einer Bande von Schutzgelderpressern. Wenig später wird sein Vater auf Grund einer Verwechslung getötet. ✦ Israel 1984 **R+B** Eitan Green **M** Itzhak Klepter **D** Assaf Dayan (Giora), Yoseph Millo (Bernard), Orna Porat (Ruth), Danny Roth (Dodi), Maya Pick-Pardo (Sari) **L** 94 **E** 17.2.1999 ProSieben

WENN ES NACHT WIRD AUF DER REEPERBAHN. Ein Lokalreporter deckt das Treiben rauschgiftsüchtiger junger Leute in Hamburg auf. Ein nach einem Journalisten-Tatsachenbericht inszenierter »Sitten-Krimi« mit allenfalls in Ansätzen angedeuteter Sozialkritik. Plakativ zeichnet er die Hemmungslosigkeit der Jüngeren und die Gewissenlosigkeit der älteren Generation nach, wobei er in einer selbstzweckhaften Mischung von Sex und Verbrechen erstickt. ✦ BR Deutschland 1967 **P** Allianz **Kl** Constantin **Pd** Heinz Willig **R+B** Rolf Olsen **K** Franz X. Lederle **M** Erwin Halletz **D** Erik Schumann (Danny Sonntag), Heinz Reincke, Marianne Hoffmann, Konrad Georg, Herbert Tiede, Karl Lieffen, Fritz Wepper, Jürgen Draeger, Rudolf Schündler, Erni Mangold **L** 97 **FSK** ab 18; f (fr. nf) **E** 13.10.1967 **fd** 14 966

WENN ES NACHT WIRD AUF MALLORCA →Melody of Passion

WENN ES NACHT WIRD IN ARABIEN (1001 ARABIAN NIGHTS). Der extrem kurzsichtige Durchschnittsbürger Mr. Magoo, populärer Cartoon-Held der 50er und 60er Jahre, der mit chaplineskem Humor stets mit den Tücken einer modernen Welt im Konflikt steht, wird diesmal als Lampenhändler und Onkel des trotzköpfigen, aber liebenswerten Herumtreibers Aladin in orientalische Abenteuer um die legendäre Wunderlampe verstrickt. Ein origineller Zeichentrickfilm voll von karikierendem Witz. Die eher aussparende Zeichenweise und die Handlungsführung lassen der Fantasie genügend Spielraum. Reizvoll auch in seinen leicht surrealen Ausflügen und dem dramaturgisch raffinierten Spiel mit der Farbe. – Sehenswert ab 6. ✦ USA 1959 **P** UPA (United Productions of America) **Kl** Columbia **Pd** Stephen Bosustow **R** Jack Kinney **B** Czenzi Ormonde **K** Jack Eckes, Dan Miller, Bill Kotler **M** George Duning **S** Joe Siracusa, Scip Craig **L** 75 **FSK** ab 6; nf **E** 4.12.1959 **fd** 8 679

WENN ES NACHT WIRD IN MANHATTAN (COTTON COMES TO HARLEM). Zwei schwarze Polizeidetektive im New Yorker Stadtteil Harlem entlocken einem betrügerischen Sektenführer eine riesige Geldsumme, die er in einem Ballen Baumwolle versteckt hält. Ein spannender Erstlingsfilm mit überwiegend schwarzen Darstellern, inszeniert als unterhaltsam und flott erzählter Krimi mit makaber-komödiantischen Akzenten. Wer einen Beitrag zur Aufhellung der Rassenkonflikte am Beispiel des Austragungsortes Harlem erwartet, wird enttäuscht werden; dafür bietet der Film – ganz im Sinne der bemerkenswerten Krimivorlage von Chester Himes – jedoch einen atmosphärisch reizvollen Stimmungs-»Bericht«. – Ab 16. ✦ USA 1969 **P** Formosa **Kl** United Artists **Pd** Samuel Goldwyn jr. **R** Ossie Davis **B** Ossie Davis, Arnold Perl, nach dem gleichnamigen Roman von Chester Himes **K** Gerald Hirschfeld **M** Galt MacDermot **S** Robert Q. Lovett **D** Godfrey Cambridge, Raymond St. Jacques, Calvin Lockhart, Judy Pace, Redd Foxx, J. D. Cannon, Lou Jacobi **L** 97 **FSK** ab 16; nf **E** 26.1.1971 **fd** 17 200

WENN ES NACHT WIRD IN PARIS (TOUCHEZ PAS AU GRISBI / CRISBI). Klassisches Gangsterdrama aus der Pariser Unterwelt: Zwei Gangster haben auf dem Flughafen Orly eine Beute von 50 Mio. in Gold gemacht und sind unerkannt entkommen. Ihr Wunsch: fortan als gewöhnliche Bürger zu leben. Doch einer der beiden macht durch eine unvorsichtige Bemerkung eine Verbrecherbande auf sich aufmerksam und geht ihr schließlich in die Falle. Der zweite stellt die Freundschaft höher als Geld und gesichertes Leben. So endet der Traum vom bürgerlichen Glück. Eine meisterliche, stilistisch ausgefeilte Milieustudie, die die hermetische Welt der Gangster aufs genaueste schildert. Letztlich ist der Film die Geschichte einer großen Freundschaft, zugleich aber auch ein Abgesang auf hinfällig gewordene Begriffe von Ehre. ✦ Schwarz-weiß. Frankreich/Italien 1954 **P** Del Duca/ Antares **Kl** Schorcht **Pd** Robert Dorfmann **R** Jacques Becker **B** Jacques Becker, Maurice Griffe, Albert Simonin, nach einem Roman von Albert Simonin **K** Pierre Montazel **M** Jean Wiener **S** Marguerite Renoir **D** Jean Gabin (Max), René Dary (Riton), Jeanne Moreau (Josy), Dora Doll (Lola), Lino Ventura (Angelo), Paul Oettly (Oscar), Delia Scala (Huguette) **L** 96 **FSK** ab 18; nf **E** 23.12.1954 **fd** 3 832

WENN ES SEPTEMBER WIRD (KOGDA NASTUPAJET SENTJABR). Um seinen Enkel an dessen erstem Schultag in die Schule begleiten zu können, fliegt ein alter Armenier 3000 Kilometer nach Moskau. Dort findet er durch seine Herzlichkeit, Zuversicht und gute Laune rasch viele Freunde. Als er nach einer Woche wieder in seine Heimat zurückfliegt, lädt er sie alle ein, ihn im Sommer zu besuchen. Er weiß allerdings nicht, daß er nicht mehr lange zu leben hat. Eine poetische Komödie mit melancholischen Untertönen. – Ab 16. ✦ Scope. UdSSR 1975 **P** Mosfilm **Kl** Progress **R** Edmond Keossajan **B** Konstantin Issajew, Edmond Keossajan **K** Michail Ardabjewski **M** Jan Frankel **D** Armen Dshigarchanjan (Lewon Pogossjan), Laura Geworkjan (Nuneh), Nikolai Krjutschkow (Oberst), Wladimir Iwaschow (Wolodja), Anton Iljin (Lewonik) **L** 90 **E** 29.10.1976 Kino DDR/15.7.1976 DFF 2/19.6.1982 ARD

WENN ES WIRKLICHKEITSSINN GIBT, MUSS ES AUCH MÖGLICHKEITSSINN GEBEN (ALS WERKELIJKHEIDSZIN BESTAAT MOET MOGELIJKHEIDSZIN OOK BESTAAN). Eine auf Robert Musils 1908 erschienenem Theaterstück »Die Schwärmer« fußende Komödie über Irrungen, Enthüllungen und Bekenntnisse. Sieben Personen tragen innerhalb eines Zeitraums von zwei Tagen ihre Ideen über das Leben vor, machen Krisen durch und treffen Entscheidungen, für die sie sich rechtfertigen müssen. Der Film will keine eindeutigen »Wahrheiten« postulieren; vielmehr wägt er mit gelegentlich experimentellen Stilmitteln die Bedeutung und Eigenschaft des gesprochenen Textes ab. (O.m.d.U.) ✦ Schwarz-weiß. Belgien 1995 **P** kunstencentrum STUC/KunstenFESTIVALdes Arts **SF** Freunde der Deutschen Kinemathek **Pd** Dirk De Wit **R** Francisca Lambrechts **B** Francisca Lambrechts, Jolente De Keersmaeker, Willy Thomas, nach dem Theaterstück »Die Schwärmer« von Robert Musil **K** Patrick Otten **S** Boris Van der Avoort, Isabelle Boyer **D** Jolente De Keersmaeker (Regine), Sara De Roo (Maria), Willy Thomas (Thomas), Guy Dermul (Josef), Jean-Luc Ducourt (Anselm), Francisca Lambrechts (Fräulein Mertens) **L** 87 **E** 1995 Kino

WENN FRAUEN DING DONG SPIELEN →Als die Frauen das Bett erfanden

WENN FRAUEN HASSEN (JOHNNY GUITAR). Die geschäftstüchtige Besitzerin eines Spielcasinos in Arizona zieht wegen ihrer Grundstücksspekulation den Haß der Rancher, insbesondere einer Rivalin, auf sich. Nach Gewaltausbrüchen, die im Duell der Frauen gipfeln, finden die Überlebende und ihr Geliebter, ein gefürchteter Revolvermann, endlich Frieden – ohne Spielhölle und ohne Pistolen. Auf der Folie eines routiniert entwickelten und hervorragend gespielten Genre-Westerns verdichtet Nicholas Ray die Ereignisse zu einem packenden menschlichen Drama. Die künstlich wirkenden Pastellfarben des »TruColor«-Verfahrens erhalten dabei symbolhafte Signalwirkung und werden zum subtilen Spiegel der inneren und äußeren Bewegtheiten. (Alternativtitel: »Johnny Guitar – Wenn Frauen hassen«, »Johnny Guitar, gehaßt, gejagt, gefürchtet«) – Sehenswert ab 16. ✦ USA 1954 **P** Republic **Kl** Gloria **Pd** Herbert J. Yates **R** Nicholas Ray **B** Philip Yordan, nach einem Roman von Roy Chanslor **K** Harry Stradling **M** Victor Young **S** Richard L. Van Enger **D** Joan Crawford (Vienna), Mercedes McCambridge (Emma Small), Sterling Hayden (Johnny Guitar), Ernest Borgnine (Bart Lonergan), Ward Bond (John McIvers), Scott Brady (Dancin' Kid), Ben Cooper (Turkey Ralston), John Carradine (Old Tom), Paul Fix (Eddie), Royal Dano (Corey), Frank Ferguson (Marshal Williams), Rhys Williams (Mr. Andrews), Ian MacDonald (Pete), Will Wright (Ned) **L** 111 (gek. 104) **FSK** ab 16;nf (gek. 12;f) **E** 20.8.1954/16.7.1973 ZDF **fd** 3 723

WENN FRAUEN SCHWEIGEN. Harmlose kleine Geheimnisse führen bei einem jung verheirateten Paar zu Eifersucht und unausgesprochenen Spannungen, als der Mann während der Flitterwochen in südlichen Gefilden bei einer Schallplattenaufnahme zufällig entdeckt wird. Schließlich erhält er einen großen Auftritt als Schlagersänger, und es kommt zum Happy-End. Ein harm- bis belangloses Lustspiel, kunterbunt gemischt mit musikalischen Einlagen und ganz auf den Charmeur Johannes Heesters zugeschnitten. – Ab 12. ✦ Schwarz-weiß. Deutschland 1937 **P** UFA **Kl** Transit/Murnau-Stiftung **R** Fritz Kirchhoff **B** Charlie Amberg, Rudo Ritter **K** Otto Baecker **M** Peter Fényes **S** Erich Kobler **D** Johannes Heesters (Curt van Doeren), Hansi Knoteck (Charlott van Doeren), Friedrich Kramer (Ferry Wörner), Fita Benkhoff (Lilo Wörner), Hilde von Stolz (Mira Mirella) **L** 79 **FSK** ab 6; f **E** 20.7.1937

WENN FRAUEN SCHWINDELN. Ein mit Revue- und Schlagernummern ausstaffiertes Lustspiel: Eine Millionärstochter, die in einer Frauenzeitschrift über die Männer herzieht, gibt sich als schutzsuchende Juwelendiebin aus und gerät an einen verliebten Musiker, der sie nun seinerseits an der Nase herumführt. Trotz einiger erheiternder Ansätze ein insgesamt wenig erheiterndes und eher plattes Vergnügen. (Alternativtitel: »Europas neue Musikparade 1958«) – Ab 16. ✦ Schwarz-weiß. BR Deutschland 1957 **P** Central-Europa/Alfu **Kl** Europa **Pd** Waldemar Frank **R** Paul Martin **B** Gábor von Vaszary, Tibor Yost **K** Karl Loeb **M** Heino Gaze **S** Johanna Meisel, Hertha Abicht **D** Bibi Johns (Daisy Hellmann), Erik Schumann (Peter Krüger), Fita Benkhoff (Tante Fita), Boy Gobert (Karl), Peer Schmidt (Paust), Gustav Knuth (Hellmann), Hubert von Meyerinck (Wuttke), Kurt Pratsch-Kaufmann (Kriminalkommissar) **L** 92 **FSK** ab 16; nf **E** 29.12.1957 **fd** 6 642

WENN FRAUEN TRÄUMEN (ONCE UPON A DREAM). Die Frau eines Offiziers hat geträumt, sie habe eine Affäre mit ihrem Hausdiener, einst Adjutant ihres Gatten. Da sie am nächsten Morgen Rosen auf ihrem Bett vorfindet, glaubt sie, ihr Traum sei wahr. Dem Mann liegen solche Gefühle für sie jedoch fern. Mäßiges Lustspiel, routiniert inszeniert, aber allzu vorhersehbar. (Fernsehtitel: »Träume – Schäume?«)

– Ab 16. ✦ Schwarz-weiß. Großbritannien 1949 **P** Rank/Sydney/General Film Distributors **KI** Eagle Lion **Pd** Antony Darnborough **R** Ralph Thomas **B** Patrick Kirwan, Victor Katona **K** Jack Cox, Len Harris **M** Manning Sherwin **S** Jean Barker **D** Googie Withers (Mrs. Carol Gilbert), Griffith Jones (Jackson), Guy Middleton (Major Gilbert), Raymond Lovell (Mr. Trout), Hubert Gregg (Captain Williams) **L** 87 **FSK** ab 16; nf **E** 1949 Kino/23.10.1965 ARD **fd** 514

WENN GUFFMAN KOMMT (WAITING FOR GUFFMAN). Der 150. Jahrestag der Gründung eines Provinznestes in Amerika soll mit einem eigens dafür geschriebenen Theaterstück gefeiert werden. Diesem Tag fiebern die Bewohner, die als Laiendarsteller agieren sollen, entgegen, zumal der Autor und Regisseur des Stückes die Hoffnung auf eine große Karriere in Aussicht stellt, da hoher Besuch vom Broadway erwartet wird. In Form einer fiktiven Dokumentation inszenierter Film, der die Eitelkeiten und Lebenslügen der Kleinbürger bloßlegen und den amerikanischen Traum von einer Show-Karriere persiflieren will. Diese Rechnung geht nur bedingt auf, da es dem Film auf Dauer an Komik mangelt. – Ab 12. ✦ USA 1996 **P** Castle Rock **VA** Columbia TriStar Home **Pd** Karen Murphy **R** Christopher Guest **B** Christopher Guest, Eugene Levy **K** Robert Schaefer **M** Michael McKean, Harry Shearer **S** Andy Blumenthal **D** Christopher Guest (Corky St. Clair), Eugene Levy (Allan Pearl), Catherine O'Hara (Sheila Albertson), Fred Willard (Ron Albertson), Parker Posey (Libby Mae Brown) **L** 80 **FSK** o. A. **E** 2.3.1999 Video **fd** 33 647

WENN HERZEN BRECHEN (A PROMISE TO CAROLYN). Fürs Fernsehen produzierter Psychothriller. 40 Jahre, nachdem ihre kleine Schwester angeblich durch einen Sturz aus dem Bett ums Leben gekommen ist, wollen die beiden anderen Schwestern endlich die wahren Umstände deren Todes erfahren. Die Hinweise verdichten sich, daß die sadistische Stiefmutter das Mädchen mißhandelt und getötet hat. ✦ USA 1996 **P** The Kaufman Comp./Citadel Entertainment **R** Jerry London **B** Scott Swanton **D** Delta Burke (Debra Harper), Swoosie Kurtz (Kay Wilbanks), Shirley Knight (Jolene Maggart), Grace Zabriskie (Francie Harper), Lawrence Monoson (Randy Goodson) **L** 87 **E** 17.12.1998 RTL 2

WENN ICH DICH WIEDERSEHE (IF EVER I SEE YOU AGAIN). Ein Komponist erfolgreicher Musik für Fernsehwerbespots und Vater zweier Kinder steigt aus seinem Alltag aus und nimmt einen Auftrag für eine Hollywoodfilmmusik an. Nach Schwierigkeiten gesellt sich zum beruflichen Erfolg neues privates Glück für den geschiedenen Mann. Eine psychologisch oberflächliche, kitschig-sentimentale Unterhaltung, in Bonbonfarben fotografiert, mit einem platitüdenreichen Dialog. Schwache Ansätze zur Persiflage auf Werberummel und Showbranche sind mißglückt. – Ab 16. ✦ USA 1978 **P** Columbia **Pd+R** Joe Brooks **B** Joe Brooks, Martin Davidson **K** Adam Holender **M** Joe Brooks **S** Rick Shaine **D** Joe Brooks (Bob Morrison), Shelley Hack (Jennifer Corly), Jimmy Breslin (Mario), Jerry Keller (Steve Warner), Kenny Karen (David Miller), George Plimpton (Lawrence) **L** (TV) 90 **E** 28.12.1982 ZDF

WENN ICH EIN GEWEHR HÄTTE (KEBY SOM MAL PUSKU). Die Geschichte von Kindern in einem tschechoslowakischen Dorf, deren Heldenträume mit der brutalen Wirklichkeit des Krieges konfrontiert werden. Eine einfühlsame Darstellung psychologischer Prozesse junger Menschen. – Ab 16. ✦ Schwarz-weiß. CSSR 1971 **P** Filmstudio Bratislava **KI** Progress **R** Stefan Uher **B** Milan Ferko **K** Stanislav Szomolányi **M** Ilja Seljenka **D** Marian Bernát, Daniel Lapunik, Jozef Gráf, Brigitta Hausnerová, Emilia Doseková **L** 87 **E** 13.4.1973 Kino DDR/10.10.1974 DFF 2

WENN ICH EIN RIESE WÄR (KOGDA JA STANU WELIKANOM). Schulstreiche eines intelligenten, mit viel Fantasie ausgestatteten Schülers einer achten Klasse. Konventioneller Unterhaltungsfilm. – Ab 12. ✦ Scope. UdSSR 1979 **P** Gorki-Studio **KI** Progress **R** Inna Tumanjan **B** Alexander Kusnezowa, Inna Tumanjan **K** Valeri Ginsburg **M** Jewgeni Geworgjan **D** Michail Jefremow (Pjotr Kopejkin), W. Katschan (Mascha Goroschkina), Aljoscha Dmitrijew (Kristallow), Andrej Wassiljew (Lastotschkin), Arsen Bagratuni (Pajkin) **L** 87 **E** 1.8.1980 Kino DDR/5.9.1981 DFF 1

WENN ICH EINE MILLION HÄTTE (IF I HAD A MILLION). Ein im Sterben liegender Millionär bringt seine habgierige Verwandtschaft um das Erbe, indem er Millionenschecks an wahllos aus dem Telefonbuch herausgesuchte Leute verteilt. Ein unterhaltsamer Episodenfilm mit satirischem Einschlag, der aber nur in einer der beiden von Ernst Lubitsch inszenierten Geschichten, »The Clerk«, bemerkenswerte Qualität erreicht: Ein Angestellter in einem Großraumbüro bekommt die Nachricht von der geerbten Million, schüttelt das Büro-Labyrinth in einer brillanten Sequenz ab und quittiert den Dienst mit einer derben Pointe. Lubitschs Faible für die Verwendung von Türen mit hintergründiger Bedeutung ist auch in diesem Fragment zu besichtigen. Die weiteren Episoden: 1. »The China Shop« (Cruze). Ein Verkäufer kann endlich seiner herrschsüchtigen Frau und seinem tyrannischen Chef die Meinung sagen. 2. »The Streetwalker« (Lubitsch). Eine Prostituierte kann sich endlich ein luxuriöses Hotelbett ohne Kunden leisten. 3. »The Forger« (Roberts). Ein Scheckbetrüger muß mitansehen, wie ein ungläubiger Pensionsbesitzer seinen Scheck verbrennt und die Polizei alarmiert. 4. »The Clerk«. 5. »The Three Marines« (McLeod). Ein ahnungsloser Marineleutnant tauscht den Zettel gegen einige Hamburger ein. 6. »The Auto« (Turog). Ein Paar nimmt Rache an rücksichtslosen Autofahrern. 7. »The Condemned Man« (Humberstone). Einem zum Tode Verurteilten bringt der Scheck kein Glück mehr. 8. »Old Ladies' Home« (Seiter). Die Insassin eines Altersheims verwandelt ihre lieblos geleitete Unterkunft in ein Paradies auf Erden. (Zwei weitere Episoden von Thornton Freeland und Lothar Mendes fehlen in der endgültigen Fassung; die frühe deutsche Kinofassung war um 15 Minuten gegenüber dem Original gekürzt; TV: O.m.d.U.) – Ab 14. ✦ Schwarz-weiß. USA 1932 **P** Paramount **Pd** Louis D. Lighton **R** Ernst Lubitsch (Rahmenhandlung, 2,4), James Cruze (1), Stephen Roberts (3), Norman Z. McLeod (5), Norman Taurog (6), H. Bruce Humberstone (7), William A. Seiter (8) **B** Claude Binyon, Whitney Bolton, Malcolm Stuart Boylan, John Bright, Sidney Buchanan, Lester Cole, Isabel Dawn, Boyce De Gaw, Walter DeLeon, Oliver H. P. Garrett, Ernst Lubitsch, Joseph L. Mankiewicz, Harvey Gates, Grover Jones, Lawton Mackall, William Slavens McNutt, Seton I. Miller, Robert Sparks, Tiffany Thayer, nach dem Roman »Windfall« von Robert D. Andrews **D** Richard Bennett (Multimillionör John Glidden), Charles Ruggles (Henry Peabody, 1), Wynne Gibson (Violet, 2), George Raft (Eddie, 3), Charles Laughton (Phineas Lambert, 4), Gary Cooper (Stanley Gallagher, 5), Alison Skipworth (Emily, 6), W. C. Fields (Rollo, 6), Gene Raymond (John Wallace, 7), May Robson (Mrs. Walker, 8) **L** 88 **E** 20.10.1933/26.4.1977 BR

WENN ICH EINMAL DER HERRGOTT WÄR. Ein musikalisch und optisch aufgeputztes Verwechslungslustspiel: Der dreifach promovierte Leiter eines Eheanbahnungsinstituts muß beruflich und privat zugeben, daß Ehen nicht nach wissenschaftlicher Berechnung zustandekommen. – Ab 14. ✦ Schwarz-weiß. BR Deutschland/Österreich 1954 **P** Süddeutsche Bergland **KI** Kopp/Adler **R+B** Anton Kutter **K** Josef Kirzeder **M** Willi Mattes **S** Hildegard Gies-Goltz **D** Hans Holt (Paul von Schmerda), Gisela Fackeldey (Gisela Deyler), Gustl Gstettenbaur (Franzl Bergmüller), Anni Korin (Luiserl Hopfensberger), Karl Skraup (Kriminalrat a. D. Würzinger), Jutta Bornemann (Jutta Bärmann), Joachim Fuchsberger (Fred) **L** 92 **FSK** ab 12; nf **E** 17.9.1954 **fd** 3 561

WENN ICH KÖNIG WÄR (IF I WERE KING). Im 15. Jahrhundert macht der französische König Ludwig XI. den Vaganten und Gauner, Lieder- und Balladendichter François Villon zum Großkanzler des von burgundischen Soldaten belagerten Paris. Von allen unerwartet, setzt sich Villon gegen sämtliche Intrigen und Winkelzüge seiner Feinde durch und beendet die Belagerung. Ein weitgehend unterhaltsames Kostümspektakel und Mantel-und-Degen-Abenteuer, das sich um historische Authentizität nicht kümmert. Im Mittelpunkt stehen dafür pointierte Rededuelle von einigem Witz, während die Inszenierung streckenweise Längen aufweist. – Ab 14. ✦ Schwarz-weiß. USA 1938 **P** Paramount **Pd+R** Frank Lloyd **B** Preston Sturges, nach einem Theaterstück von Justin Huntley McCarthy **K** Theodor Sparkuhl **M** Richard Hageman **S** Hugh Bennett **D** Ronald Colman (François Villon), Basil Rathbone (Ludwig XI.), Frances Dee (Katherine de Vaucelle), Ellen Drew (Huguette), Heather Thatcher (Königin), C. V. France (Pater Villon), Ralph Forbes (Oliver le Dain) **L** 100 **E** 7.7.1983 HR/NDR/WDR

WENN ICH MICH FÜRCHTE. Ein Künstler gerät nach der Trennung von seiner Frau in eine umfassende Existenz- und Identitätskrise, die er jedoch zuletzt in Ansätzen überwinden kann, während sein Freund in ähnlicher Lage nurmehr im Tod einen Ausweg weiß. Das Psychogramm eines Mannes in der Midlife-crisis wartet mit engagierten Analysen und intensiven Schauspielerleistungen auf, überlastet jedoch seine nicht immer tragfähige Dramaturgie mit einer Überfülle privater, sozialer und politischer Probleme, die nur oberflächlich abgehandelt werden. – Ab 16. ✦ BR Deutschland 1983 **P** Christian Rischert Filmproduktion **KI** Filmverlag der Autoren **Pd+R+B** Christian Rischert **K** Xaver Schwarzenberger **M** Eberhard Schoener **S** Margret Sager **D** Horst Buchholz (Robert Feldmann), Franziska Bronnen (Johanna Feldmann), Tilo Prückner (Theo Schuster), Constanze Engelbrecht (Rita), Herta Schwarz (Mutter), Elma Karlowa (Putzfrau), Krista Stadler (Heilpraktikerin), Johannes Schaaf (Ing. Hübner) **L** 105 **FSK** ab 16; f **FBW** bw **E** 19.10.1984 **fd** 24 809

WENN ICH NICHT MEHR LEBE. (Fernseh-)Drama um eine junge Ehefrau und Mutter, die erfahren muß, daß sie an Krebs im Endstadium leidet. Während die sie umgebenden Menschen dem Thema stets ausweichen wollen, macht sie sich mit entwaffnender Offenheit auf die Suche nach einer Ersatzmutter für ihre Kinder. ✦ Deutschland 1995 **P** Objectiv-Film (für RTL) **Pd** Peter Behle **R** Ate de Jong **B** Nicholas Niciphor **K** Manuel Heyer **M** Markus Lonardoni **S** Michèle Barbin **D** Anke Sevenich (Sabine Schreiber), Heio von Stetten (Michael Schreiber), Ivo Möller (Oliver Schreiber), Kaya Möller (Tina Schreiber), Susanne Michel (Eva Fischer) **L** 92 **E** 13.3.1996 RTL

WENN ICH NICHT SCHREIE, ERSTICKE ICH. In den 30er-Jahren wird der Sohn einer russischen Fürstentochter und eines deutschen Kominternbeamten in ein sibirisches Internierungslager verfrachtet. Durch seine leidenschaftliche Erinnerung an bessere Zeiten und die stille Liebe zu einem Mädchen, mit dem er einen sehnsüchtigen Briefwechsel unterhält, bleibt er am Leben. Erst 1993 sehen sich die Beiden auf einem belorussischen Bahnhof wieder, und der Mann erlangt die Gewissheit, dass sich sein Leben gelohnt hat. Ein bewegender Dokumentarfilm, der anhand von Briefen, Archivmaterialien und seinem »Traumpaar« eine spannende Geschichte über eine große Liebe und das Überleben in schlimmen Zeiten erzählt. ✦ Deutschland 2000 **R** Gabriele Denecke **L** 60 **E** 26.9.2001 mdr

WENN ICH SONNTAGS IN MEIN KINO GEH' ... Mit der Gründung der UFA (»Universum-Film-Aktiengesellschaft«), der deutschen Kino-Traumfabrik am 18.12.1917 begann das bislang glanzvollste, aber auch umstrittenste Kapitel der deutschen Filmgeschichte, das auch von staatlicher Macht und Propaganda geprägt war. Hans-Christoph Blumenbergs Rückblick auf die »klassische« Zeit der UFA (1917–1945) ist eine zeitkritische Revue mit vielen Stars, Bild-, Ton- und Musikdokumenten; als Conferencier fungiert der Schauspieler und Sänger Ulrich Tukur. ✦ Teils schwarz-weiß. Deutschland 1992 **R+B** Hans-Christoph Blumenberg **D** Ulrich Tukur (Conferencier) **L** 105 **E** 20.12.1992 ZDF/ORF 2

WENN ICH VIER DROMEDARE HÄTTE (SI J'AVAIS QUATRE DROMEDAIRES). Eine aus mehreren tausend Fotos zusammengestellte »Weltansicht« des französischen Dokumentarfilmregisseurs, unterlegt mit einem erdachten Gespräch dreier Freunde. ✦ Frankreich 1966 **R+B** Chris Marker **L** 70 **E** 25.12.1967 BR III

WENN ICK NICH WÄR. Fernsehspiel. In vier Episoden wird Heiteres und Besinnliches aus dem Leben von vier Frauen erzählt, die sich in Alltagssituationen zu bewähren haben: eine resolute Berliner Toilettenfrau findet eine Handtasche mit viel Geld; eine Schlachthofarbeiterin besucht ihre verwitwete Tochter, die einen »Drang zum Höheren« hat; eine vereinsamte pensionierte Lehrerin bemüht sich um Kontakt zu einer jüngeren Nachbarin; eine alte Frau übernimmt die Aufsicht über ihren Neffen und stiftet mit ihren Gruselgeschichten Verwirrung. Im Mittelpunkt der Episoden steht mit Agnes Kraus stets dieselbe Schauspielerin, die das Wesen der Berliner (»Herz mit Schnauze«) interpretiert. ✦ DDR 1983 **P** DEFA **R** Klaus Gendries **B** Annelies Schulz **K** Harry Münzhardt, Angelika Katzer, Thomas Zahn **D** Agnes Kraus, Wolfgang Brüning (1), Margitta Preye (2), Christine Heinze (3), Annemone Haase (4) **L** (TV) 65 **E** 10.3.1985 ARD

WENN JEDER TAG EIN SONNTAG WÄR... Ein Reisebüro-Manager macht inkognito in einem seiner Hotels Urlaub und beschwört die üblichen Verwechslungen herauf. Klamauk, umrahmt von Sentimentalität, Liebe und Schlagern. Verlogene, realitätsferne Unterhaltung. – Ab 14 möglich. ✦ BR Deutschland 1973 **P** Lisa/Divina **Kl** Gloria **R** Harald Vock **B** Sven Freiheit **K** Heinz Hölscher **M** Gerhard Heinz **D** Chris Roberts (Walter), Georg Thomalla (Dr. Karl Maria Wegner), Lotte Ledl (Mathilde Wegner), Peter Weck (Hoteldirektor), Heinz Reincke (Bubi) **L** 89 **FSK** ab 6; nf **E** 19.10.1973 **fd** 18 598

WENN JOSEF KOMMT (HA MEGJÖN JOZSEF). Bald nach ihrer Heirat, durch die eine junge Arbeiterin vom Land nach Budapest gekommen ist, muß der Mann wieder zur See. Seine Frau bleibt bei der Schwiegermutter, findet aber keinen Kontakt zu ihr, so daß sie draußen Geborgenheit sucht. Aber ihr Verhältnis zu einem Chauffeur bringt sie noch mehr in Schwierigkeiten. Ihre Schwangerschaft versetzt sie in Panik, wodurch sie ihr Kind verliert. Durch diese Ereignisse aufgerüttelt, erkennt die ältere Frau ihr Versagen. Das Verhältnis der beiden Frauen ändert sich grundlegend. Behutsamer, durchgehend fesselnder, von leisem Optimismus geprägter Film über Probleme und Notwendigkeit zwischenmenschlicher Kommunikation. (Westdeutscher Fernsehtitel: »Zeit der Einsamkeit«) – Ab 16. ✦ Ungarn 1975 **P** Filmstúdió Budapest **Kl** Progress **R+B** Zsolt Kézdi-Kovács **K** János Kende **D** Lili Monori (Maria, Josefs Frau), György Pogány (Josef), Eva Ruttkai (Agnes, Josefs Mutter), Gábor Koncz (Fahrer), Mária Ronyecz (Chefin) **L** 92 **E** 19.11.1976 Kino DDR/16.9.1977 DFF 2/11.2.1980 ARD

WENN KATELBACH KOMMT... (CUL-DE-SAC). Zwei geflohene Verbrecher dringen in die Einsamkeit eines nordenglischen Inselschlosses ein, das von einem biederen Ehepaar bewohnt wird. Während man vergeblich auf das Eintreffen des Gangsterbosses Katelbach wartet, entspinnt sich ein makabres Spiel um Macht und Abhängigkeit, bis der Hausherr den Terror eher zufällig mit einem Gewaltakt beendet. Eine bitterböse Parabel auf die Kommunikationsstörungen der bürgerlichen Gesellschaft und ihre Disposition zur Gewalt, eine modellhafte Studie über das Entstehen und die Umkehrung von Herrschaftsverhältnissen. Polanskis zweiter in England entstandener Spielfilm fasziniert durch dramaturgisches Kalkül und die suggestiv verdichtete Atmosphäre des Makabren. ✦ Schwarz-weiß. Großbritannien 1966 **P** Sigma/Filmways/Compton-Tekli **Kl** Constantin **Pd** Gene Gutowski, Sam Waynberg **R** Roman Polanski **B** Roman Polanski, Gérard Brach **K** Gilbert Taylor **M** Krzysztof Komeda (= Krzysztof Trzcinski-Komeda) **S** Alastair McIntyre **D** Lionel Stander (Richard), Françoise Dorléac (Teresa), Donald Pleasence (George), Jack MacGowran (Albert), William Franklyn (Cecil), Jacqueline Bisset (Jacqueline) **L** 111 **FSK** ab 16; f **FBW** bw **E** 30.6.1966/19.8.1972 ARD **fd** 14 378

WENN KILLER AUF DER LAUER LIEGEN (THE AMBUSHERS). Ein anarchistischer Weltverbesserer jagt den Amerikanern ihre erste fliegende Untertasse ab, indem er sie statt auf den Mond in den mexikanischen Urwald dirigiert, um sie an Geheimorganisationen meistbietend zu verkaufen. Eine aufwendige, aber kaum witzige Agentenfilmparodie, entstanden als drittes Abenteuer des Playboy-Superagenten Matt Helm (vgl. »Leise flüstern die Pistolen« und »Die Mörder stehen Schlange«). Zu vieles wirkt aufgesetzt und rollt im Stil einer Revuenummer ab, in der allenfalls Dean Martin mit betonter Lässigkeit und ironischem Charme unterhält. – Ab 16 möglich. ✦ Scope. USA 1967 **P** Meadway-Claude/Columbia **Kl** Columbia-Bavaria **Pd** Irwin Allen **R** Henry Levin **B** Herbert Baker, nach einem Roman von Donald Hamilton **K** Burnett Guffey, Edward Colman **M** Hugo Montenegro **S** Harold F. Kress **D** Dean Martin (Matt Helm), Senta Berger (Francesca), Janice Rule (Sheila), Kurt Kasznar (Quintana), James Gregory (MacDonald), Albert Salmi (José Ortega), Beverly Adams (Louey Kravezit), Roy Jenson (Karl), John Brascia (Rocco), Linda Foster (Linda) **L** 101 **FSK** ab 16; nf **E** 13.4.1968/20.8.1995 SAT 1 **fd** 15 401

WENN LECKERBISSEN LOCKEN (ON N'EST PAS SORTI DE L'AUBERGE). Ein Gaststättenbesitzer und seine Verlobte wollen ihr Lokal verkaufen und finden über eine Agentur bald einen wohlhabenden Interessenten. Dieser will das Etablissement inkognito aufsuchen, um die Qualität der Küche zu testen; da jedoch sein Ansinnen nicht lange geheim bleibt, reagieren die Besitzer mit einer Inszenierung, für die sie einen Schauspieler als vermeintlichen Testesser engagieren. Komödie voller Turbulenzen, aber ohne originelle Einfälle; schwerfällig inszeniert und mit viel Leerlauf. – Ab 14 möglich. ✦ Frankreich 1982 **P** Les Films du Griffon/Les Films Jacques Leitienne/IMP EX CI. **R** Max Pécas **B** Francis Rigaud, Maurice Cury, Jacques Vilfrid **K** Jean-Claude Couty **M** Roger Candy, Jean Bouchéty **S** Michel Pécas **D** Jean Lefebvre (Félix), Bernadette Lafont (Geneviève), Georges Beller (François), Yves Massard (Maréchal), Henri Guybet **L** 92 **E** 7.10.1988 DFF 2/12.3.1991 RTL plus

WENN LIEBE ENTFLAMMT (LA NAISSANCE DE L'AMOUR). Mit diesem Film knüpft Philippe Garrel an Jean Eustaches »Die Mama und die Hure« (1973) an und bilanziert ernüchternd das Leben zweier alternder Künstler, die, von Existenzangst und selbstgewählter Einsamkeit getrieben, im Alltag und in ihren Beziehungen scheitern. In Form gefühlspsychologisch aneinandergereihter szenischer Momentaufnahmen beleuchtet der Film die innersten Winkel seiner von Einsamkeit und Verlorenheit heimgesuchten Figuren. (O.m.d.U.) ✦ Schwarz-weiß. Frankreich/Schweiz 1993 **P** Why Not/Vega/La Sept **Pd** Ruth Waldburger **R** Philippe Garrel **B** Philippe Garrel, Marc Cholodenko, Muriel Cerf **K** Raoul Coutard **M** John Cale **S** Sophie Coussein, Yann Dedet **D** Lou Castel (Paul), Jean-Pierre Léaud (Marcus), Johanna Ter Steege (Ulrika), Dominique Reymond (Hélène), Marie-Paul Laval (Fanchon) **L** 94 **E** 26.6.1996 arte

WENN LIEBE TÖTET (1994) (BEYOND SUSPICION). Psycho-Thriller. Seit einem Schlag auf den Kopf leidet eine attraktive Fotojournalistin an Gedächtnisverlust. So kann sie sich nicht daran erinnern, daß sie bei ihren Recherchen Zeugin eines Polizistenmordes durch einen Kollegen wurde. Während sie sich nichtsahnend auf eine Affäre mit dem Täter einläßt, führen die geheimen Ermittlungen einer Sonderkommission auf seine Spur. (Alternativer Fernsehtitel: »In den Fängen des Killers«) – Ab 16. ✦ USA 1994 **P** Shavick Entertainment **Pd** James Shavick **R** Paul Ziller **B** Simon Abbott **K** Bruce Worrall **M** Barron Abramovitch **S** Judy Andreson **D** Stephanie Kramer (Karen Reikhart), Jack Scalia (Detective Vince Morgan), Lily Shavick (Sara), Howard G. H. Dell, Francesco Ferrucci, Roger R. Cross **L** 94 **E** 13.1.1995 RTL

WENN LIEBE TÖTET (1998) (THE WRONG GIRL). Ein labiler junger Mann, der seine Alkoholsucht bekämpft, gerät unter den Einfluss einer selbstbewussten, lebensfrohen Frau, die bald ins Haus seiner Familie einzieht. Seine Mutter sieht die Entwicklung mit gemischten Gefühlen und macht aus ihrer Abneigung keinen Hehl. Als die Geliebte allein von einer Bootstour zurückkehrt und der Sohn anderntags ertrunken aufgefunden wird, setzt die Mutter alles daran, die junge Frau als Mörderin zu überführen. Nur in wenig Szenen überzeugendes Familiendrama mit kriminellem Einschlag, das um die Themen Mutterliebe und Verlustängste kreist. ✦ USA 1998 **P** NBC **R** David S. Jackson **B** Karen Krenis **K** Denis Maloney **M** Frederic Talgorn **D** Barbara Mandrell (Angela Fisher), Jonathan Scarfe (Steve Fisher), Zoe McLellan (Kelly Garner), Barry Flatman (Jim Fisher), Joel Keller (Brian Fisher) **L** 85 **E** 16.12.2000 ARD

WENN LOLA NICHT GESUNGEN HÄTTE (LEUR DERNIERE NUIT). Unter dem bürgerlichen Gehabe eines Bibliothekdirektors verbirgt sich ein Verbrecher, der mit Hilfe seiner Komplizen erfolgreiche Einbrüche verübt, dabei aber verraten wird und zugrunde geht. Er findet in einer intelligenten Sprachlehrerin eine ebenso verschwiegene wie ihm hörige Verbündete. Ein Kriminalfilm von mäßiger Spannung, der die psychologischen Hintergründe seiner Figuren vernachlässigt, aber durch die hervorragende Darstellung einige Akzente setzt. ✦ Schwarz-weiß. Frankreich 1953 **P** C.C.F. **Kl** Columbia-Bavaria **R** Georges Lacombe **B** Jacques Celhay, nach einem Roman von Jacques Constant **K** Philippe Agostini **M** Francis López **D** Jean Gabin (Pierre Ruffin), Madeleine Robinson (Madeleine), Michel Barbey, Robert Dalban, Suzanne Dantes **L** 95 **FSK** ab 18; nf **E** 1.6.1962 **fd** 11 163

WENN LOUIS EINE REISE TUT (TAXI, ROULETTE ET CORRIDA). Ein pfiffiger Pariser Taxifahrer unternimmt mit seiner Familie sowie der seiner Schwägerin in einem alten, auffrisierten Auto und einem Wohnwagen eine Urlaubsreise nach Spanien. Unwissentlich werden die beiden Familien dabei in einen Diamantenschmuggel verwickelt. Harmlose Groteskkomödie mit viel Klamauk und einfältigen Späßen. (TV-Titel: »Oskar saust in Urlaub«) – Ab 10. ✦ Schwarz-weiß. Frankreich 1958 **P** P.A.C./Champs Elysées/Lambor **Kl** Jugendfilm **Pd** Paul Cadéac **R** André Hunebelle **B** Jean Halain, Jean Aurel, André Hunebelle **K** Paul Coteret **M** Jean Marion **S** Françoise Javet **D** Louis de Funès (Maurice Berger), Raymond Bussières, Annette Poivre, Paulette Dubost, Guy Bertil **L** 86 **FSK** ab 6; nf **E** 16.6.1972

WENN LUCY SPRINGT (IF LUCY FELL). Eine Psychotherapeutin und ein Lehrer, die sich in New York eine Wohnung teilen, wollen sich von der Brooklyn Bridge stürzen, wenn sie am 30. Geburtstag der Frau noch nicht den Partner fürs Leben gefunden haben. Es bleiben ihnen vier Wochen, in denen sie einen verrückten Maler kennenlernt und er endlich die blonde Schönheit, die gegenüber wohnt und die er seit Jahren anbetet und malt. Eine romantische Komödie, die zu keiner plastischen Darstellung der Lebensumstände ihrer Figuren findet und in einige konventionelle Handlungsmuster verfällt. Zugleich aber gelingen einige stimmige Dialoge, die die Verunsicherung der vorgestellten Generation andeuten. – Ab 16 möglich. ✦ USA 1995 **P** Motion Picture **KI** Columbia TriStar **VA** Col.TriStar **Pd** Brad Krevoy, Steve Stabler, Brad Jenkel **R+B** Eric Schaeffer **K** Ron Fortunato **M** Charlton Pettus, Amanda Kravat **S** Susan Graef **D** Sarah Jessica Parker (Lucy Ackerman), Eric Schaeffer (Joe MacGonaughgil), Ben Stiller (Bwick Elias), Elle Macpherson (Jane Lindquist) **L** 92 **FSK** ab 6; f **E** 11.7.1996/21.1.1997 Video/17.2.1998 premiere **fd** 32 011

WENN LUDWIG INS MANÖVER ZIEHT. Ein Manöver zwischen bayerischen und preußischen Truppen endet mit einer allgemeinen Rauferei. Der vierte Film-Aufguß der »Lausbubengeschichten« von Ludwig Thoma, der aber mit diesen kaum mehr etwas gemein hat. Eine bayerische Dorfposse mit viel Klamauk. – Ab 14. ✦ BR Deutschland 1967 **P** Franz Seitz **KI** Constantin **Pd** Franz Seitz **R** Werner Jacobs **B** Georg Laforet (= Franz Seitz), nach Motiven der »Lausbubengeschichten« von Ludwig Thoma **K** Wolf Wirth **M** Rolf Wilhelm **S** Jane Sperr **D** Hansi Kraus (Ludwig Thoma), Heidelinde Weis (Cora Reiser), Elisabeth Flickenschildt (Tante Frieda), Hubert von Meyerinck (Oberst von Below), Rudolf Rhomberg (Pfarrer/Falkenberg), Chantal Goya (Melanie), Dieter Borsche (Kaiser Wilhelm I.), Beppo Brem (Rafenauer), Friedrich von Thun (Franz Reiser) **L** 91 **FSK** ab 6; nf **E** 19.12.1967 **fd** 15 157

WENN MÄDCHEN AUS DER SCHULE PLAUDERN → Die sündige Kleinstadt

WENN MÄDCHEN HEISS DEN FRÜHLING SPÜREN (NEIGE BRULANT). Als Kulisse des armseligen, langweiligen Sexfilms dient ein Wintersportort, als Handlungsfaden die Geschichte einer jungen Frau, die dort ihren Verlobten besucht und ständig mit einer ihr äußerst ähnlichen, sagenhaft verruchten Frau verwechselt wird, wobei ein Leberfleck auf ihrer Kehrseite die Verwechslungskomödie noch anheizt. – Wir raten ab. ✦ Frankreich 1982 **P** Idovideo **KI** Ascot **R** Michel Leblanc (= Michel Lemoine) **D** Olinka (= Olinka Hardiman), Gabriel Pontello, Claudia Nabel, Anthony Debray, Olivia Flores **L** 77 **FSK** SPIO: X **E** 18.5.1984 **fd** 24 646

WENN MÄDCHEN INS MANÖVER ZIEH'N (WENN MÄDCHEN INS MANÖVER ZIEH'N). Ein Offizier, der sich als Erzherzog ausgibt, und zwei junge Frauen, die in Uniformen verkleidet fälschlicherweise zum Manöver abkommandiert werden, sorgen im österreichischen Militär zur Zeit der Donaumonarchie für Verwechslungskomik. Ein Schwank mit zahlreichen, meist schnell verpuffenden Gags. (TV-Titel auch: »Seine Hoheit war ein Mädchen«) – Ab 12. ✦ Österreich 1958 **P** Sascha **KI** Constantin **Pd** Herbert Gruber **R** Rudolf Schündler **B** Franz Marischka, Franz M. Schilder **K** Werner M. Lenz **M** Klaus Ogermann **S** Adolph Schlyßleder **D** Harald Juhnke (Ferdinand von Pottenstein), Joe Stöckel (Oberst Zierpfandl), Gunther Philipp (Leopold Eppeseder), Grethe Weiser (Melanie Zierpfandl), Maria Sebaldt (Karoline Käfer), Christine Görner (Konstanze Fröhlich), Franz Muxeneder (Navradil) **L** 97 **FSK** ab 6; nf **E** 14.10.1958 **fd** 7 440

WENN MÄDCHEN MÜNDIG WERDEN → Geilermanns Töchter – Wenn Mädchen mündig werden

WENN MÄDCHEN REIF ZUR LIEBE WERDEN (LE PREMIERS OUTRAGES). Eine Fünfzehnjährige aus Paris, die ihre Ferien wie immer bei ihrer Großmutter in Burgund verbringt, schreibt ihr Tagebuch: Sie hat sich in den Sohn eines Garagisten verliebt, der sich aber von der leichtfertigen Freundin seines Hauslehrers verführen läßt. Stellenweise erinnert dieses komödiantische Loblied auf das Landleben von Buch und Inszenierung her an die Arbeiten der französischen Autorin Colette, doch häufen sich trotz der melancholisch-witzigen Situationen die Unwahrscheinlichkeiten zu sehr. ✦ Schwarz-weiß. Frankreich 1955 **P** S.F.P. **KI** Argus/Ceres **Pd** Emile Braysse **R+B** Jean Gourguet **K** Roger Duculot **M** José Cana **S** Geneviève Cartier **D** Françoise Vatel (Bichette), Simone Bach (Fanfan), Christiane Fedora (Bébé), Danick Patisson (Catherine), Maurice Sarfati (Kiki Lamotte), Solange Sicard (Großmutter), Roger Dumas (Jojo) **L** 86 **FSK** ab 16; nf **E** 21.12.1956 **fd** 5 550

WENN MÄDCHEN ZUM MANÖVER BLASEN. Verwechslungen und Verwirrungen um einen schüchternen Lehrer, Soldaten und Internatsschülerinnen. Ein platter Klamauk, in dem Kasernenhofspäße und Zoten den Handlungsablauf bestimmen. (Titel der gekürzten Videofassung: »Mädchen: Stillgestanden«) – Wir raten ab. ✦ Österreich 1974 **P** Neue Delta **KI** Constantin **VA** Ufa **R** François Legrand (= Franz Antel) **B** Florian Burg **K** Heinz Hölscher **D** Alexander Grill, Alena Penz, Rinaldo Talamonti, Nina Frederic, Hans Terofal **L** 82 (gekürzt 76) **FSK** ab 18; nf (gek. 16) **E** 23.8.1974 **fd** 18 968

WENN MAN BADEN GEHT AUF TENERIFFA. Sechs Abiturienten, drei junge Frauen und drei junge Männer, helfen gemeinsam mit ihrer Reiseleiterin in einem bankrotten Ferienhotel auf Teneriffa aus, um ihre wirtschaftlichen Engpässe letztlich erfolgreich zu beenden. Ein allerdürftigstes Schlager-Lustspiel, voller Klischees, einfallslos und extrem langweilig. – Ab 12. ✦ BR Deutschland 1964 **P** Piran **KI** Piran **Pd** Eva Rosskopf **R** Helmuth M. Backhaus **B** Gregor Trass **K** Gerhard Krüger **M** Christian Bruhn **S** Anneliese Artelt **D** Geneviève Cluny (Jutta), Peter Kraus (Tom), Corny Collins (Christa), Heinz Erhardt (Tristan Wentzel), Gunnar Möller (Jens), Richard Häussler (Erik Varnhagen), Loni Heuser (Christas Mutter) **L** 94 **FSK** ab 6; nf **E** 11.9.1964 **fd** 13 007

WENN MAN DIE SCHULE SCHWÄNZT (L'ECOLE BUISSONIERE). Ein idealistischer neuer Lehrer kommt nach Ende des Ersten Weltkriegs in ein abgelegenes Dorf in der Haut-Provence und empfindet die an der dortigen Schule herrschenden Lehrmethoden eher als paramilitärisch und stur. Er kann die Schüler, darunter auch einen schon mehrfach sitzengebliebenen Jungen, auf seine Seite ziehen: Sie haben Spaß an den ungewohnten Methoden und bestehen allesamt die Prüfung. Ein höchst unterhaltsamer, unangestrengt lehrreicher Film. (Kino BRD: O.m.d.U.; Titel DDR: »Die Prüfung«) – Ab 12. ✦ Schwarz-weiß. Frankreich 1948 **P** Cimex **KI** Pallas/Progress **R+B** Jean-Paul Le Chanois **K** André Dumaître, Marc Fossard, Maurice Pecqueux **M** Joseph Kosma **D** Bernard Blier (Pascal), Juliette Faber (Lise Arnaud), Edouard Delmont (Arnaud), Edmond Ardisson (Friseur), Arius (Bürgermeister), Pierre Coste (Albert), Jean-Louis Allibert (St. Saviole) **L** 110 **FSK** ab 12; f **E** 10.10.1953/11.4.1958 Kino DDR/30.10.1960 DFF 1/4.4.1964 ZDF **fd** 2 256

WENN MAN EINE LIEBE HAT. Filmbericht aus dem Werkzeugmaschinenwerk »Fritz Heckert« in Karl-Marx-Stadt (heute: Chemnitz). Beobachtet wird der Alltag einer Brigade, die an der Entwicklung eines computergesteuerten Maschinensystems bisher unbekannter Größenordnung arbeitet. – Gruppenporträt über junge Arbeiter und Ingenieure, die alle Probleme unter der Obhut der Partei lösen und mit dem »richtigen Bewusstsein« selbst die krassesten Auswüchse der DDR-Mängelwirtschaft kompensieren. Euphemistische, schon während der Drehzeit anachronistische Reportage. ✦ DDR 1986 **P** DEFA **KI** Progress **Pd** Uwe-K. Schade **R** Gitta Nickel **B** Wolfgang Schwarze, Gitta Nickel **K** Niko Pawloff **M** Günther Fischer **S** Gitta Nickel **L** 78 **E** 27.11.1987 Kino DDR

WENN MAN JUNG IST ... (KATJA – KATJUSCHA). Die Probleme junger Menschen, die sich im Neuland am Aufbau einer Stadt beteiligen. Ein inszenatorisch schwacher, kaum unterhaltsamer Film, der eher als politische Pflichtarbeit wirkt. – Ab 14. ✦ Schwarz-weiß. UdSSR 1960 **P** Dowshenko-Studio **KI** Progress **R** Grigori Lipschiz **B** J. Omoprijenko **K** Ilja Minkowezki **M** A. Belasch **D** Ljudmila Krylowa (Katja), Viktor Gussew (Grischa), Lydia Fedossejewa-Schukschina (Dina), M. Krinizina (Elvira), J. Mashuga (Shora) **L** 78 **E** 16.6.1961 Kino DDR/22.10.1961 DFF 1

WENN MAN LOPOTUCHIN GLAUBT. Jugendfilm über einen fantasiebegabten Schüler, der mit seinen skurrilen Einfällen für Aufregung sorgt. ✦ UdSSR 1983 **R** Michail Kosakow **D** Grischa Jewsejwe, Leonid Bronewoi **L** 86 **E** 6.2.2000 ORB

WENN MAN VOM TEUFEL SPRICHT (SPEAKING OF THE DEVIL / UN PIEDE IN PARADISO). Ein in finanzielle Schwierigkeiten geratener und von Gangstern bedrängter Taxi-Unternehmer erhält himmlische Hilfe, mit der er sich auch gegen den Teufel durchsetzen kann. Eine trotz einiger Längen durchaus unterhaltsame Actionkomödie, die amüsante Einfälle mit schlagkräftiger Aktion im Stil der vertrauten Bud-Spencer-Filme mischt. (Alternativtitel: »Das Rhinozeros«) – Ab 14. ✦ Italien 1991 **P** Silvio Berlusconi Communications/First Group International **KI** Metropol **VA** VPS **Pd** Claudio Bonivento, Giuseppe Pedersoli **R** E. B.Clucher (= Enzo Barboni) **B** Marco Tullio Barboni **K** Alfio Contini **M** Giancarlo Bigazzi **S** Eugenio Alabiso **D** Bud Spencer (Buddy Webster), Carol Alt (Veronica Flame), Thierry Lhermitte (Victor), Ian Bannen (Luzifer), Jean Sorel (Heiliger Bruder) **L** 99 **FSK** ab 12; f **E** 30.1.1992/21.5.1992 Video/21.8.1993 premiere **fd** 29 452

WENN MÄNNER FALLEN (REGARDE LES HOMMES TOMBER). Ein gealterter Vertreter rächt seinen jugendlichen Freund, einen Polizisten, der im Dienst angeschossen wurde und ins Koma fiel. Dabei bekommt er es mit einem gleichaltrigen Berufsverbrecher zu tun, der seinerseits einen jugendlichen Freund ins kriminelle Handwerk einführt. Ein hervorragend gespielter, durch altmodische Schwarzblenden reizvoll strukturierter Kriminalfilm, der das Thema der Männerfreundschaft auf seine homoerotischen Komponenten hin hinterfragt und zugleich ein düsteres Bild von Alter und Vereinsamung vermittelt. ✦ Teils schwarz-weiß. Frankreich 1993 **P** Bloody Mary/France 3 Cinéma/CEC Rhône Alpes **Pd** Didier Haudepin **R** Jacques Audiard **B** Alain Le Henry, Jacques Audiard, nach einem Roman von Teri White **K** Gérard Stern **M** Alexandre Desplat **S** Juliette Welfing, Monique Dartonne **D** Jean Yanne (Simon Hirsch), Jean-Louis Trintignant (Marx), Bulle Ogier (Louise), Mathieu Kassovitz (Johnny), Christine Pascal (Sandrine) **L** 100 **E** 5.4.1999 arte **fd** 33 621

WENN MÄNNER FRAUEN TRAUEN. Komödiantischer (Fernseh-)Krimi um raffinierte Schachzüge, Intrigen und Betrügereien. Im Mittelpunkt stehen eine junge Diebin, die die High Society bestiehlt, und ihr Geliebter, der ein Opfer sucht, dem er einen Diamantenraub und den Mord an seiner Frau anhängen kann. Sein Komplize fädelt die Pläne ein, die jedoch bald aus dem Ruder laufen, sodass niemand mehr weiß, wer gegen wen intrigiert und wer wen betrügt. Konventionelle Unterhaltung von der Stange. DVD: Der Film ist nur als Double-Feature zusammen mit »Todfeinde – Die falsche Entscheidung« erhältlich. – Ab 16. ✦ Deutschland 2000 **P** SAT 1 **DVD** Mc-One (FF, DD2.0 dt.) **R** Curt M. Faudon (= Curt Faudon) **B** Don Bohlinger, Philipp Weinges **D** Tobias Moretti (Paul), Jule Ronstedt (Etje), Thomas Heinze (Jan), Kai Lentrodt (Pelzer), Gottfried Breitfuß (Brettschneider), Gregor Seberg (Unbekannter) **L** 93 **FSK** ab 16 **E** 12.9.2000 SAT 1/2001 DVD

WENN MÄNNER MÜTTER WERDEN (KANGAROO MAN). Versuch einer Komödie. Ein Biologe und seine Frau sind glücklich über das sich ankündigende Baby, aber Komplikationen verhindern die Fortsetzung der Schwangerschaft. Um ihren sehnlichsten Wunsch nach einem Kind zu erfüllen, überredet der Biologe seine Kollegen zu einem Experiment, das auch gelingt: er wird schwanger. ✦ USA 1995 **R** Emily Yi-Ming Liu **D** Chiu Hsin-Ci (Michael Lee), Chen Wen-Min (Jenny Lee), Mitchell Lichtenstein, Susan McNeece **L** 95 **E** 30.3.1997 tm3

WENN MÄNNER SCHLANGE STEHEN → Chikita ihr klein Häuschen

WENN MÄNNER SCHWINDELN. Ein Taxigirl muß die Frau des Geschäftsfreundes eines Industriellen mimen, um dessen Seitensprünge vor seiner Frau zu decken. Handelsübliche Verwechslungskomödie ohne Ansprüche. – Ab 14 möglich. ✦ Schwarz-weiß. BR Deutschland 1950 **P** Cordial **Kl** Ring/Hamburg **Pd** Frank Clifford **R** Carl Boese **B** Carl Boese, Curth Flatow, nach einer Idee von Karl Noti und Kurt Schwabach **K** Herbert Körner **M** Viktor Altmann **S** Ursula Neste **D** Grethe Weiser, Kurt Seifert, Jeanette Schultze, Emil Surmann, Ida Wüst, Rudolf Platte, Ruth Lommel **L** 85 **FSK** ab 12; nf **E** 26.8.1950 **fd** 832

WENN MÄNNER ZERBRECHEN (TIME LIMIT). Im Gewissenskonflikt, für die Machthaber in Nordkorea kommunistische Hetz- und Propaganda-Dienste gegen die USA leisten zu müssen oder am Tod seiner gefangenen Kameraden mitschuldig zu werden, entscheidet sich ein amerikanischer Offizier für die Zusammenarbeit mit dem Feind. Harte amerikanische Kriegsproblematik in eindringlicher Darstellung, jedoch ohne tiefere geistige Verarbeitung. – Ab 16 möglich. ✦ Schwarz-weiß. USA 1957 **P** Heath (für United Artists) **Kl** United Artists **Pd** Richard Widmark, William Reynolds **R** Karl Malden **B** Henry Denker, nach einem Bühnenstück von Henry Denker und Ralph Berkey **K** Sam Leavitt **M** Fred Steiner **S** Aaron Stell **D** Richard Widmark (Colonel Edwards), Richard Basehart (Major Cargill), Dolores Michaels (Jean Evans), June Lockhart (Frau Cargill), Carl Benton Reid (General Connors), Martin Balsam (Sergeant Baker), Rip Torn (Leutnant Müller) **L** 96 **FSK** ab 16; f **FBW** bw **E** 1.4.1958 **fd** 6 854

WENN MÄRCHEN WAHR WERDEN (MISS ALL-AMERICAN BEAUTY). Oberflächliche Beobachtungen aus der Welt der Schönheitswettbewerbe. Eine junge Frau, die an einer Ausscheidung nur teilgenommen hat, um damit ihr Studium zu finanzieren, wird nach ihrem überraschenden Erfolg fast das Opfer der daraus erwachsenden Verpflichtungen. ✦ USA 1982 **P** CBS **Pd** Marcy Gross, Ann Weston **R** Gus Trikonis **B** Nancy Audley, Emily Tracy **K** Robert Jessup **M** Paul Chihara **D** Diane Lane (Sally Butterfield), Cloris Leachman (Agatha Blaine), David Dukes (Avery McPherson), Jayne Meadows (Gertrude Hunnicut), Alice Hirson (Marjorie Butterfield) **L** 93 **E** 8.12.1994 RTL 2

WENN MARIE NUR NICHT SO LAUNISCH WÄR' (LES CAPRICES DE MARIE). Die hübsche Tochter eines französischen Bürgermeisters läßt sich von einem amerikanischen Millionär samt ihrer dörflichen Umgebung nach New York verfrachten, wird aber bald von Heimweh geplagt und kehrt nach Frankreich und zu ihrem Jugendfreund zurück. Eine nicht ganz klischeefreie Komödie mit einigen originellen Gags, die französische und amerikanische Lebensweise mit leiser Ironie gegenüberstellt. Unbeschwert-fröhliche Unterhaltung. – Ab 12. ✦ Frankreich/Italien 1970 **P** Artistes Associés **R** Philippe de Broca **B** Daniel Boulanger, Philippe de Broca **K** Jean Penzer **M** Georges Delerue **D** Marthe Keller (Marie), Jean-Pierre Marielle (Léopold), Philippe Noiret (Gabriel), Bert Convy (Broderick), François Périer (Lépine) **L** 90 **E** 10.4.1976 ZDF

WENN MEIN SCHÄTZCHEN AUF DIE PAUKE HAUT. Ein junger Komponist, der für seinen Vater, einen Bergbau-Industriellen, uranhaltige Gesteinsproben aus Brasilien mitgebracht hat, verteidigt diese erfolgreich gegen die Gangster eines Konkurrenzunternehmes. In einem kleinen Provinznest findet er überdies Unterstützung in einer Bande übermütiger Jugendlicher und ebenso die Liebe einer jungen Frau. Eine abgedroschene und fade Mischung aus Lust- und Verwechslungsspiel, zusammengehalten von einigen Schlagern des Sängers und Hauptdarstellers Roy Black. – Ab 14. ✦ BR Deutschland 1971 **P** Lisa/Divina **Kl** Gloria **R** Peter Weck **B** Tom Eck, Johannes Weihs, Kurt Nachmann **K** Heinz Hölscher **M** Werner Twardy **S** Eva Zeyn **D** Uschi Glas (Felicitas), Roy Black (Kristian), Theo Lingen, Anita, Ilja Richter, Paul Löwinger, Gunther Philipp, Elke Aberle **L** 86 **FSK** ab 6; nf **E** 20.8.1971 **fd** 17 461

WENN MEIN SCHLAFZIMMER SPRECHEN KÖNNTE (COME BLOW YOUR HORN). Ein Junggeselle in Manhattan hat viele Freundinnen, scheut aber hartnäckig eine feste Bindung, bis er durch das Schicksal seines jüngeren Bruders, der seinem Idol erfolglos nachzueifern versucht, von der Nützlichkeit des Ehelebens überzeugt wird. Langatmige Hollywoodkomödie nach einem Broadway-Erfolgsstück von Neil Simon, in der optische Starre und endlose Dialoge vorherrschen. (TV-Titel: »Buddy und das süße Leben«) – Ab 16. ✦ Scope. USA 1962 **P** Essex/Tandem **Kl** Paramount **Pd** Bud Yorkin, Norman Lear **R** Bud Yorkin **B** Norman Lear, nach einem Bühnenstück von Neil Simon **K** William H. Daniels **M** Nelson Riddle **S** Frank P. Keller **D** Frank Sinatra (Alan), Lee J. Cobb (Mr. Baker), Molly Picon (Mrs. Baker), Tony Bill (Connie), Barbara Rush (Buddy), Jill St. John (Peggy) **L** 112 **FSK** ab 16; nf **E** 30.8.1963 **fd** 12 199

WENN MENSCHEN ZUR LIEBE REIFEN (SEI TO NINGEN). Ein zwar durchaus gutgemeinter Aufklärungsfilm aus Japan, der allerdings arg plakativ und schulmeisterlich, in seiner Gestaltung obendrein arg hilflos und weitschweifig geriet. Er demonstriert sexuelle Erziehung von der Schule bis zur ersten Geburt am Beispiel zweier Mädchen, wobei er der fehlerlosen Tochter aus traditionsfest gefügtem Elternhaus das sich selbst überlassene Mädchen gegenüberstellt: dort junges Elternglück als Lohn, hier Syphilis und Tod nach Abtreibung. ✦ Japan 1960 **P** Okura **Kl** Knoop **R** Turo Nagata **L** 70 **FSK** ab 16; f **E** 20.9.1963 **fd** 12 251

WENN NACHTS DIE KEUSCHHEITSGÜRTEL KLAPPERN →Die Stoßburg

WENN NICHT EIN WUNDER GESCHIEHT (A SEASON FOR MIRACLES). Eine Frau in den besten Jahren kümmert sich aufopferungsvoll um die beiden Kinder ihren drogenabhängigen Schwester. Als ihr die Behörden das Sorgerecht entziehen, flieht sie mit den Kleinen und hat zur Weihnachtszeit im Städtchen Bethlehem ein wundersames Erlebnis. In der Hauptrolle solide gespieltes Familien- und Weihnachtsmärchen, das sich bemüht, die Herzen der Zuschauer zu erreichen. – Ab 12. ✦ USA 1999 **P** Hallmark **Pd** Timothy M. Bourne **R** Michael Pressman **B** Maria Nation, nach einem Roman von Marilyn Pappano **K** Shelly Johnson **M** Craig Safan **S** Lori Jane Coleman **D** Carla Gugino (Emilie Thompson), Kathy Baker (Ruth), David Conrad (Nathan Blair), Laura Dern (Berry Thompson), Patty Duke (Angel) **L** 99 **E** 14.10.2001 Premiere World

WENN POLDI INS MANÖVER ZIEHT (MANÖVERZWILLING). Militärschwank aus der Zeit der k.u.k.-Monarchie, in dem ein Zwillingspaar für einige Aufregung und Turbulenzen sorgt. Eine alberne Verwechslungskomödie nach Nestroy, dessen satirische Absicht nicht mehr zum Tragen kommt; in jeder Hinsicht letztklassig. (Spätere Titel: »Die Blindgänger der 4. Kompanie«; »Manöverzwilling«) – Ab 14. ✦ Österreich 1956 **P** Sascha **Kl** Constantin **VA** Taurus **Pd** Herbert Gruber **R** Hans Quest **B** Gunther Philipp, nach einer Posse von Johann Nestroy **K** Sepp Ketterer **M** Hans Lang **S** Herma Sandtner **D** Gunther Philipp (Franz/Poldi Stadler), Doris Kirchner (Liesl), Rudolf Carl (Krummbein), Joachim Fuchsberger (Thomas), Hans Olden (Oberst), Richard Romanowsky (Regimentsarzt), Paul Löwinger (Stadler sen.) **L** 91 **FSK** ab 12; f (fr. nf) **E** 7.9.1956 **fd** 5 204

WENN REGEN UND WIND ... (KAGDA DOSHD I WETER STUTSCHAT W OKNO). Völlig durchnäßt und mit einem Funkgerät steht Ljenasar bei Nacht und Nebel vor der Tür des Pfarrers Pilmanis. Beide haben sich seit Jahren nicht gesehen. Agentenschicksal im Lettland des Jahres 1947. ✦ Schwarz-weiß. UdSSR 1967 **P** Filmstudio Riga **R** Alois Berentsch **B** Emil Braginski, Oswald Kublanow, nach dem gleichnamigen Roman von Arvid Grigulis **K** Genrich Pilipson **M** Paul Dambis **D** H. Liepin (Ljenasar), Eduard Pawuls (Karnitis), Juris Pljawinsch (Fred), Artur Dimiter (Tejsch), Uldis Puzitis (Pakrastyn) **L** 89 **E** 15.7. 1970 DFF 2

WENN'S JUCKT, WIRD GEJODELT →Zwei Rebläuse auf dem Weg zur Loreley

WENN'S ZWEIMAL KLINGELT (DOOR TO DOOR). Ein harmlos aussehender, aber mit allen Wassern gewaschener Vertreter für Staubsauger nimmt sich eines vermeintlichen neuen Kollegen an und bringt ihm alle miesen Tricks seiner Zunft bei, bis sich der andere Mann als Detektiv der Firma zu erkennen gibt. Mittelmäßige Komödie. ✦ USA 1984 **P** Shapiro **VA** Media Entertainment **R** Patrick Bailey **B** Peter Baloff, Dave Wollert **D** Ron Leibman, Arliss Howard, Jane Kaczmarek, Alan Austin **L** 88 **E** Mai 1986 Video

WENN SCHEIDUNG ... DANN SCHEIDUNG (KDYZ ROZVOD, TAK ROZVOD). Die Ehe eines jungen Paares, das überstürzt und gegen den Willen der Eltern heiratete, droht auseinanderzubrechen. Die Scheidung ist bereits eingereicht, als der Vater der Frau, ein biederer Handwerker, seinen Besuch anmeldet. Man wagt nicht, ihm die Wahrheit zu sagen, und spielt ihm trautes Eheglück vor. Als das Paar bei einem Gegenbesuch entdeckt, daß auch der Vater an Scheidung denkt, entwickelt sich ein Chaos mit heilsamen Auswirkungen. Komödie um größere und kleine Alltagskonflikte, die mit ironischem Unterton zwischenmenschliche Probleme thematisiert. ✦ CSSR 1982 **P** Filmstudio Barrandov **R** Stepán Skalsky **B** Rudolf Ráz **K** Andrej Barla **M** Vlastimil Hála **S** Jirí Brozek **D** Vladimír Mensík (Provaznik), Jan Censky (Hynek), Veronika Zilková (Pavla), Blanka Bohdanová (Hyneks Mutter), Ladislava Kozderková (Komárková) **L** (TV) 79 **E** 18.9.1988 ZDF

WENN SCHÜLER TÖTEN →Mord aus Eifersucht – Wenn Schüler töten

WENN SCHWEINE FLIEGEN →When Pigs Fly

WENN SCOTLAND YARD DAS WÜSSTE (THE PROFESSIONALS/BREAKOUT). Die Befreiung eines Strafgefangenen und ein Bankraub im Mittelpunkt zweier unsorgfältig kombinierter Gangsterfilme. Anspruchslos-naive Krimiunterhaltung. – Ab 14 möglich. ✦ Schwarz-weiß. Großbritannien 1959/60 **P** Independent Artists **Kl** Mercator **R** Don Sharp **B** Peter Barnes **K** Terry Hackett **D** William Lucas, Andrew Faulds, Colette Wilde, Stratford Johns **L** 92 **FSK** ab 12; nf **E** 8.11. 1963 **fd** 12 603

WENN SEKUNDEN ENTSCHEIDEN (MEDICINE BALL). Sechs junge Assistenzärzte treten ihren Dienst in einem Krankenhaus in Seattle an. Bereits der erste Arbeitstag erweist sich voller Tücken und macht sie mit der rauen Wirklichkeit vertraut. Pilotfilm zu einer Fernseh-Arztserie. ✦ USA 1994 **R** Robert Lieberman **B** David Hennings **D** Jensen Daggett (Dr. Katie Cooper), Darryl Fong (Dr. Max Chang), Terri Ivens (Elizabeth Vasquez) **L** 105 **E** 13.9.1999 RTL 2

WENN SICH DER FEIND NICHT ERGIBT (JESLI WRAG NE SDAJOTSJA ...). Der Film beschreibt die Schlacht vor Korssun-Schewtschenkowski in den Monaten Januar und Februar 1944. Die eingekesselten deutschen Truppen wurden vom russischen Oberkommando in Form eines Ultimatums aufgefordert, zu kapitulieren. Die faschistische Heeresführung ging jedoch nicht darauf ein. ✦ Scope. UdSSR 1983 **P** Dowshenko-Studio **R** Timofej Lewtschuk **B** Jewgeni Onoprijenko **K** Eduard Plutschik **M** Jewgeni Stankowitsch **D** Jakow Tripolski (Stalin), Michail Uljanow (Shukow), Wladimir Menschow (Konjew), Valentin Kulik (Antonow), Algimantas Masjulis (Manstein) **L** 91 **E** 26.1.1984 DFF 2

WENN SIE JA SAGT, SAG ICH NICHT NEIN (SI ELLE DIT OUI ... JE NE DIS PAS NON!). Die Liebe zwischen einer verwöhnten jungen Journalistin und einem Bankier ist abgekühlt. Da stolpert während eines Wochenendes in Deauville ein gefühlvoller, aber auch etwas tolpatschiger 50jähriger Mann in ihr Leben und wirbelt es durcheinander. Eine mißlungene erotische Komödie, die der Koautorin und Hauptdarstellerin Mireille Darc als Plattform für eine Charakterstudie dienen soll, aber weder Gespür für die tieferen Dimensionen der Geschichte aufbringt noch die unterhaltsamen Aspekte einigermaßen erträglich vermittelt. ✦ Frankreich 1983 **P** Les Productions Stardust/Cinéthèque **R** Claude Vital **B** Mireille Darc, Catherine Bouguereau **K** Maurice Fellous **M** Jacques Revaux **S** Chantal Delattre **D** Mireille Darc (Catherine Charmel), Pierre Mondy (Marcel Thiebault), Paul Freeman (Nick), Jean-François Garreaud (Thierry), Gérard Hérold (Hubert), Ann Luu (Céline), Michel Bardinet (Didier) **L** 95 **E** 25.12.1988 DFF 2

WENN SIE MICH FINDEN, WERDE ICH NICHT WEINEN. Illegal gedrehte Reportage über die Lebensumstände der farbigen Bevölkerung in Namibia, die vom südafrikanischen Forster-Regime zu Arbeitssklaven degradiert wird. Zugleich enthält der Film zahlreiche Interviews mit Mitgliedern der nationalen Befreiungsbewegung SWAPO. Eine engagierte Analyse des Apartheid-Systems und der politischen Unterdrückung Namibias. Fürs Fernsehen der DDR gedreht, kam die Reportage in der BRD auch in den 16-mm-Verleih. ✦ DDR 1976 **P** Fernsehen der DDR **SF** Unidoc **R+B** Sabine Katins **L** 63

WENN SIE MICH NUR SPIELEN LASSEN... Porträt des deutschen Schauspielers Heinrich George, der sowohl im Theater als auch im Film großes Ansehen genoß, sich dann aber für Propagandafilme der Nazis engagieren ließ. Der Film will das Dilemma aufzeigen, in das sich George, ein Weggefährte des »linken« Regisseurs Piscator, hineinmanövrierte, und läßt Kollegen zu Wort kommen, die gegen eine pauschale Verurteilung Georges eintreten. ✦ Deutschland 1997 **R** Irmgard von zur Mühlen **L** 60 **E** 22.3.1997 B1

WENN SIE NUR KOCHEN KÖNNTE (IF YOU COULD ONLY COOK). Ein junger Millionär und Herrscher über ein Automobilwerk grübelt auf einer Parkbank über seine bevorstehende Hochzeit sowie seine Probleme mit den leitenden Herren seines Konzerns nach, wobei er eine arbeitslose attraktive junge Frau kennenlernt und sich Hals über Kopf verliebt. Da sie ihn auch für arbeitslos hält, überredet sie ihn, sich gemeinsam mit ihr für eine Stelle zu bewerben: gesucht wird ein Ehepaar als Köchin und Butler – ausgerechnet im Haus eines ehemaligen Schnapsschmugglers. Eine turbulente und unterhaltsame kleine Hollywood-Komödie voller skurriler Verwicklungen. – Ab 12. ✦ Schwarz-weiß. USA 1936 **P** Columbia **Pd** Everett Riskin **R** William A. Seiter **B** Gertrude Purcell, Howard J. Green **K** John Stumar **D** Jean Arthur (Joan Hawthorne), Herbert Marshall (Jim Buchanan), Leo Carrillo (Mike Rossini), Frieda Inescort (Evelyn Fletscher), Lionel Stander (Flash), Alan Edwards (Bob Reynolds), Gene Morgan (Al), Richard Powell (Chesty) **L** 70 **E** 1.10.1977 ARD

WENN SÜSS DAS MONDLICHT AUF DEN HÜGELN SCHLÄFT. Nach dem Grundmuster der ersten Verfilmung des Eric-Malpass-Romans »Morgens um sieben ist die Welt noch in Ordnung« (1968) werden in weiteren Episoden Familienkonflikte abgespult und befriedet. Über Ferien kommen Cousin und Cousine zur Familie Pentecost zu Besuch und bringen vorübergehend Unruhe ins friedliche Dasein. Eine betont familienfreundliche, entspannende Unterhaltung mit dem Blick auf erheiternde Situationskomik, aber ohne Anspruch auf Tiefgang. – Ab 8. ✦ BR Deutschland 1969 **P** Independent **KI** Constantin **Pd** Heinz Angermeyer **R** Wolfgang Liebeneiner **B** Johanna Sibelius, Eberhard Keindorff, nach dem gleichnamigen Roman von Eric Malpass **K** Franz X. Lederle **M** James Last **S** Annemarie Rokoss, Ludwig Ziegler **D** Werner Hinz (Großvater), Archibald Eser (Gaylord), Luitgard Im (May), Susanne Uhlen (Jenny), Werner Bruhns (Jocelyn), Diana Körner (Becky), Rolf Zacher (Peter), Irina von Bentheim (Emma) **L** 97 **FSK** ab 6; f **E** 2.10. 1969 **fd** 16 383

WENN TÄUBCHEN FEDERN LASSEN. Zwei junge Männer holen ihre Geliebten, deren Beschäftigung als Pin-up-Modelle sie ablehnen, mit einem Trick aus dem Urlaub zurück. Ein hingeschluderter Sexfilm, erbärmlich unbedarft. (Fernsehtitel: »Heiße Jagd auf wilde Täubchen«) ✦ BR Deutschland 1968 **P** BFM **KI** Cinema Service **R+B+K** Lothar Brandler **M** Peter Weiner **D** Karin Buchholz, Dietrich Kerky, Ann Andreen, Günther Sander, Jochen Busse **L** 84 **FSK** ab 16; nf **E** 7.3.1969 **fd** 16 018

WENN TRÄUME WAHR WÄREN (ONE MAGIC CHRISTMAS). Ein Engel, der jedes Jahr zur Weihnachtszeit auf die Erde darf, bewahrt eine mittellose Familie vor Unglück. Ein rührseliger Film, der nicht nur das Wesen des Glaubens verkennt, sondern ihn auch noch zur Rechtfertigung einer verfehlten Sozialpolitik mißbraucht. ✦ USA 1985 **P** Walt Disney **VA** EuroVideo **Pd** Peter O'Brian **R** Phillip Borsos **B** Thomas Meehan **K** Frank Tidy **M** Michael Conway Baker **S** Sidney Wolinsky **D** Mary Steenburgen (Ginny Grainger), Harry Dean Stanton (Gideon), Gary Basaraba (Jack Grainger), Arthur Hill (Caleb Grainger), Wayne Robson (Harry Dickens) **L** 85 **FSK** ab 6 **E** 15.12.1986 Video **fd** 26 082

WENN VAMPIRE LIEBEN (LUBIE NIETOPERZE). Eine junge Frau umgibt ein düsteres Geheimnis: Sie ist ein Vampir, der sich seine Opfer suchen muß. Die von ihr erhoffte Hilfe durch einen Psychiater, den sie liebt, bleibt zunächst aus, doch schließlich wendet auch er sich ihr zu und kann sie durch seine Liebe von ihrem bösen Erbe befreien. Bei ihrer Tochter aber bricht das Vampirdasein wieder durch. Ein dilettantisch inszenierter Gruselfilm mit einigen plumpen »Erotikeinlagen«. ✦ Scope. Polen 1985 **P** Zespoly Filmowe, Gruppe »Perspektywa« **KI** Progress **R** Grzegorz Warchol **B** Krystyna Kofta, Grzegorz Warchol **K** Krzysztof Pakulski **M** Zbigniew Preisner **D** Katarzyna Walter (Izabela), Marek Barbasiewicz (Professor), Malgorzata Lorentowicz (Tante), Jonasz Kofta, Edwin Petrykat **L** 80 **E** 12.8.1988 Kino DDR/2.11.1990 DFF 1

WENN VATER DER DIREKTOR IST (A FATHER'S HOMECOMING). Der neue Direktor einer Privatschule in einem amerikanischen Industrieort wird von der Elternschaft als Hoffnungsträger begrüßt, da die altehrwürdige Einrichtung wieder auf Vordermann gebracht werden soll. Erschwert wird seine Aufgabe dadurch, dass die beiden eigenen Kinder des Alleinerziehenden auch zu seinen Schützlingen gehören. Das Fass zum Überlaufen bringt ein Tarifstreit mit der Metallarbeitergewerkschaft, der den Ort in zwei Lager spaltet. Dramatischer Film um Vaterpflichten und gesellschaftliche Konflikte. ✦ USA 1988 **R** Rick Wallace **B** Willard Huyck, Gloria Katz **D** Michael McKean (Michael Fields), Jonathan Ward (David Fields), Marcianne Warman (Rebecca Fields), Brandon Douglas (Cory Saxon), Byron Thames (Eric Birstock) **L** 95 **E** 9.4.1994 ProSieben

WENN VERSAILLES ERZÄHLEN KÖNNTE →Versailles – Könige und Frauen

WENN WIR ALLE ENGEL WÄREN (1936). Die Geschichte eines pedantischen Kanzleivorstehers in einem Moselstädtchen, der sich durch seine Heimlichtuerei in ein Gerichtsverfahren mit seiner Ehefrau verwickelt, bei dem sich aber ihr Verdacht der Untreue als gegenstandslos herausstellt. Deutsches Vorkriegslustspiel mit einer Paraderolle für Heinz Rühmann. – Ab 16. ✦ Schwarz-weiß. Deutschland 1936 **P** Froelich-Film **KI** Herzog/Progress **Pd+R** Carl Froelich **B** Heinrich Spoerl, nach seinem gleichnamigen Roman **K** Reimar Kuntze **M** Hansom Milde-Meißner **S** Gustav Lohse **D** Heinz Rühmann (Christian Kempenich), Leny Marenbach (Hedwig Kempenich), Harald Paulsen (Falotti), Lotte Rausch (Marie), Will Dohm (Polizeikommissar), Elsa Dalands (Tante Selma), Ernst Waldow (Amtsanwalt) **L** 105 **FSK** ab 16; nf **E** 9.10.1936/1955 Kino DDR/8.1.1956 DFF 1 **fd** 742

WENN WIR ALLE ENGEL WÄREN (1956). Die harmlose Eskapade eines jungen Stadtbibliothekars in einem Städtchen an der Mosel führt zu Mißverständnissen und einem Versteckspiel vor seiner Frau, die ebenfalls auf Grund eines kleinen Abenteuers unaufrichtig ist. Erst bei einer Gerichtsverhandlung läßt sich die Angelegenheit aufklären. Neuverfilmung von Heinrich Spoerls Ehekomödie, schwerfällig im Stil und wenig komödiantisch gespielt, die durch ihren »Gartenlaube-Stil« die ironischen Spitzen der Vorlage verfehlt. – Ab 14. ✦ BR Deutschland 1956 **P** Bavaria **KI** Bavaria **Pd** Georg Richter **R** Günther Lüders **B** Kurt Nachmann, nach dem gleichnamigen Roman von Heinrich Spoerl **K** Günther Rittau **M** Franz Grothe **S** Anneliese Schönnenbeck **D** Dieter Borsche (Christian Kempenich), Marianne Koch (Elisabeth Kempenich), Hans Söhnker (Falotti), Fita Benkhoff (Selma), Gustav Knuth (Polizeikommissar), Carla Hagen (Marie), Erich Ponto (Amtsrichter) **L** 98 **FSK** ab 12; nf **E** 21.9.1956 **fd** 5 474

WENN WIR DAS ALLES ERTRAGEN (JESLI MY WSJO ETO PERENESSEM). In einem kleinen lettischen Dorf erleben die beiden Brüder Janis und Martin die Ereignisse der Revolution von 1905. Zunächst sind sie sich politisch uneins, doch als das Dorf selbst betroffen ist, schlagen sie sich auf die Seite der Revolutionäre. ✦ Scope. UdSSR 1987 **P** Filmstudio Riga **R** Roland Kalnins **B** Viktor Lorenz, nach dem Roman »Die Robeshniks« von A. Upits **K** Gwido Skulte **M** Imants Kalnins **D** Karlis Anskaps (Martins), Indra Brike (Selma), Janis Rainis (Janis), Eduard Pawuls (Meier), Ines Kirsone (Maria) **L** 88 **E** 19.10.1989 DFF 2

WENN WIR ERSTMAL REICH SIND... (CO JE DOMA, TO SE POCITA, PANOVE!). Zwei sich argwöhnisch beobachtende Prager Familien versuchen auf jeweils eigene Art, auf Kosten ihrer Mitbürger zu Wohlstand zu kommen, sehen sich aber – nach anfänglichen Erfolgen – zuletzt als die Geprellten. Eine Satire auf kleinbürgerliche Denk- und Verhaltensweisen. Durch das Fehlen positiver Gegenpole eher belastend als erheiternd. – Ab 16. ✦ CSSR 1980 **P** Filmstudio Barrandov **KI** Progress **R+B** Petr Schulhoff **K** Jirí Macák, Stanislav Kautsky **M** Milan Dvorák **D** Jirí Sovák (Novák), Stella Zázvorková (Frau Novák), Iva Janzurová (Frau Bartácek), Ludek Sobota (Renek Novák), Frantisek Peterka (Bartácek) **L** 87 **E** 21.8.1981 Kino DDR

WENN WIR ZUEINANDER FINDEN (JESLI SIE ODNAJDZIEMY). In einem Erholungsheim der polnischen Schulbehörde findet ein ungewöhnliches Experiment statt: Zwei Wochen lang sollen adoptionswillige Ehepaare mit zur Adoption freigegebenen Heimkindern zusammenleben und sich kennenlernen, damit sich die Kinder schließlich ihre Wunscheltern aussuchen können. Eine humorvolle, häufig jedoch ins Sarkastische umschlagende Beschreibung eines nicht unbedenklichen »dynamischen Gruppenprozesses«, der kaum hinterfragt wird. Das wissenschaftliche Kommunikationsmodell basiert auf Fehlspekulationen der Verhaltenspsychologie und kann bei bester Absicht ins Arge umschlagen, wenn Rivalitäten bei Kindern und Erwachsenen zu seelischen Verletzungen führen. Als Diskussionsbeitrag durchaus interessant und wichtig. ✦ Polen 1982 **P** Film Polski **R** Roman Zaluski **B** Malgorzata Szejnert, Roman Zaluski **K** Wieslaw Pyda, Jacek Mieroslawski **M** Jerzy Matula **S** Roman Kolski **D** Anna Romantowska (Barbara), Krzysztof Kolberger (Maciek), Barbara Klimkiewicz (Sophie), Tadeusz Borowski (Wojtek), Barbara Horawianka (Professor Kowalewska), Monika Sapilak (Kasia) **L** (TV) 86 **E** 1.4.1988 ARD

WENN WIR ZUSAMMEN LEBTEN. Ein persönlicher Tagebuchfilm des chilenischen Schriftstellers, Drehbuchautors (u. a. »Es herrscht Ruhe im Land«) und Filmemachers Antonio Skármeta, der an Hand der Begegnung mit lateinamerikanischen Künstlern im bundesdeutschen und europäischen Exil die Frage nach dem Sinn des künstlerischen Schaffens in der Fremde stellt. ✦ BR Deutschland 1986 **R+B** Antonio Skármeta **L** (TV) 99 **E** 9.4.1987 EINS PLUS

WENN WÜNSCHE IN ERFÜLLUNG GEHEN (1997) (WISH UPON A STAR). Durch ein Wunder tauschen zwei Schwestern, eine Musterschülerin und ein Jungenschwarm, über Nacht ihre Identitäten und merken schnell, dass sie sich in den neuen, wenn auch zum Teil ersehnten Rollen nicht wohlfühlen. Doch eine

Zurückverwandlung ist schwieriger als erwartet. Beschwingte Jugendkomödie, die sich im Rahmen des Genres um einigen Tiefgang bemüht. – Ab 14. ✦ USA 1997 **Pd** David Anderson, Don Schain **R** Blair Treu **B** Jessica Barondes **K** Brian Sullivan **M** Ray Colcord **S** David Blangsted **D** Katherine Heigl (Alexia Wheaton), Danielle Harris (Hayley Wheaton), Donnie Jeffcoat (Kyle Hartling), Scott Wilkinson (Ben Wheaton), Lois Chiles (Mrs. Mittermiller), Mary Parker Williams (Nan Wheaton), Ivey Lloyd (Caitlin Sheinbaum) **L** 86 **E** 13.5.1999 SAT 1

WENN WÜNSCHE IN ERFÜLLUNG GEHEN (1998) (TWICE UPON A TIME). Eine junge Fernsehproduzentin, die ihren geregelten Alltag nebst Freund langweilig und eintönig findet, wünscht sich am Thanksgiving-Wochenende ein neues Leben und staunt nicht schlecht, als dieser Wunsch in Erfüllung geht. Plötzlich wird ihre Arbeit preisgekrönt, sie ist mit ihrem Ex-Freund verheiratet, und sogar die tote Mutter weilt wieder unter den Lebenden. Doch so viel Neues kann die junge Frau auch nicht verkraften, sie will die Zeit zurückdrehen. Humorvolles Fantasy-Abenteuer mit der schlichten Erkenntnis, dass es besser ist, sich im eigenen Leben einzurichten als sich ein anderes herbeizusehnen. – Ab 16. ✦ USA 1998 **R** Thom Eberhardt **B** Scott Fifer **K** Barry M. Wilson **M** Brian Adler **S** Paul Dixon **D** Molly Ringwald (Beth Sager), George Newbern (Joe Townsend), Melora Walters (Alana Merribon), Shawnee Smith (Martie Fowler), Michael Whaley (Sanford Watts) **L** 87 **E** 3.7.1999 premiere

WENN ZACHY INS MANÖVER ZIEHT (LITTLE MAN / SHRAGA KATAN). Eine von fünf israelischen Soldaten in einem Panzer vergewaltigte »Manöverbraut« wird schwanger und macht sich auf die Suche nach dem Vater. Ein lustlos heruntergekurbelter Pseudo-Problemfilm mit einem aufgesetzten Plädoyer für das ungeborene Leben. – Ab 16. ✦ Israel 1980 **P** Erez **Kl** Avis/Film-Allianz **R** Zeev Revach **B** Hillel Mittelpunkt, Zeev Revach **K** Gad Danzig **M** Shem-Tov Levi **S** Zion Avrahamian **D** Zachi Noy, Zeev Revach, Yossi Karmon, Iszak Hizkia, Hillel Mittelpunkt **L** 88 **FSK** ab 12; f **E** 30.7.1982 **fd** 23 578

WENN ZWEI HOCHZEIT MACHEN (HAPPY IS THE BRIDE). Ein junges Paar, das wegen der hektischen Hochzeitsvorbereitungen und der gutgemeinten Ratschläge der lieben Verwandten ständig streitet, will erst am Hochzeitstag wieder mit ihnen zusammentreffen. Doch auf dem Weg zur Kirche geraten die beiden in ein Schnellverfahren wegen eines Verkehrsvergehens. Eine erfrischende Komödienunterhaltung voller Situations- und Charakterkomik. (Die Theatervorlage wurde vom selben Produzenten bereits 1940 als »Eine ruhige Hochzeit«, Regie: Anthony Asquith, verfilmt.) – Ab 16. ✦ Schwarzweiß. Großbritannien 1957 **P** Panther/Kassler/Soskin **Kl** Panorama **Pd** Paul Soskin **R** Roy Boulting **B** Jeffrey Dell, Roy Boulting, nach dem Bühnenstück »Quiet Wedding« von Esther McCracken **K** Ted Scaife **M** Benjamin Frankel **S** Anthony Harvey **D** Ian Carmichael (David Chaytor), Janette Scott (Janet Royd), Cecil Parker (Arthur Royd), Joyce Grenfell (Tante Florence), Edith Sharpe (Mildred Royd), Terry-Thomas (Polizist), Eric Barker (Vikar) **L** 83 **FSK** ab 16; nf **E** 13.11.1959 **fd** 8 732

WER ANGIBT, HAT MEHR VOM LEBEN. Der Dokumentarfilm beobachtet den Alltag von vier Menschen, die sich treiben lassen und der Überzeugung sind, allein durch Angebereien ihr Leben meistern zu können. Über das Einzelbild hinaus entsteht das Psychogramm einer Gesellschaft, in der der Schein mehr gilt als das Sein, und wirkliche Leistungen durch Prahlereien ersetzt werden. ✦ Deutschland 1999 **R** Hannelore Conradsen, Dieter Köster **L** 90 **E** 1.3.2000 ARD

WER ANGST HAT, LÄUFT DAVON →Such dein Glück, Zigeuner

WER ANHÄLT STIRBT. Zwei Paare, das eine aus dem Westen, das anderen aus dem Osten Berlins, stranden nach einem Autounfall in der weiten Ebene eines verlassenen Truppenübungsplatzes in Brandenburg. Ihre Suche nach Hilfe führt sie auf eine immer bedrohlichere Odyssee durch eine vergangen geglaubte Stasi-Welt, die sie an sich und dem Erlebten (ver-)zweifeln läßt. Was wie eine Versuchsanordnung aus der Verhaltensforschung beginnt, entwickelt sich zur nervenaufreibenden Konfrontation von Ost- und Westdeutschland an einer neuralgischen Schnittstelle. Intensiv gespielt, vermittelt der nicht nur thematisch interessante Film eine beklemmende Atmosphäre, die sich auch nach dem abschließenden »Gag« nicht auflöst. – Ab 16. ✦ Deutschland 1995 **P** Produktionsgemeinschaft Telekult/Mediopolis **R+B** Olaf Kaiser, Alexander Ris **K** Matthias Tschiedel **M** Rainer Kirchmann **D** Corinna Harfouch (Heike), Nina Hoger (Hella), Max Herbrechter (Jan), Michael Kind (Thomas), Jürgen Mai (Mann im Anzug) **L** 80 **E** 14.7.1996 ZDF

WER ARBEITET, IST VERLOREN (CHI LAVORA E PERDUTO / IN CAPO AL MONDO). Die Weigerung eines etwa 27jährigen Vermessungsingenieurs, sich in die Gesellschaft einzufügen, dient zu einem assoziativen Streifzug durch die Stadt Venedig. In einer Vielzahl fragmentarischer Bilder, die in einer Bestandsaufnahme das bisherige konfuse und widersprüchliche Leben des Mannes Revue passieren lassen, demonstriert der Erstlingsfilm auch seine eigene Art von Revolution gegen die »gesellschaftliche Zwangsjacke«. In seiner Verweigerungshaltung ist er ebenso konsequent und rigoros wie perspektivlos: er bietet keinerlei Lösungen, ist aber zugleich voller Emotionen, Ehrgeiz und Ideen. (O.m.d.U.) ✦ Teils schwarzweiß. Italien 1963 **P** Zebra Film/Franco London Film **R** Giovanni Brass (= Tinto Brass) **B** Giovanni Brass (= Tinto Brass), Giancarlo Fusco **K** Bruno Barcarol **M** Piero Piccioni **S** Giovanni Brass (= Tinto Brass) **D** Sady Rebot (Bonifacio B.), Pascale Audret, Enzo Nigro, Tino Buazzelli, Franco Arcalli, Piero Vida **L** 85 **E** 27.3.1971 WDR

WER BEFREITE HELGOLAND? Im Dezember 1950 besetzen zwei Heidelberger Studenten symbolisch die Nordseeinsel Helgoland, die bei Kriegsende von den Engländern evakuiert wurde und seitdem als Übungsziel für die Luftwaffe diente, und stellten sie unter europäischen Schutz. Ihre politische Aktion, die der Film in Gesprächen und mit Dokumenten rekonstruiert, gab den Anstoß zu neuen Verhandlungen, an deren Ende 1952 die ehemaligen Einwohner der Insel zurückkehren und sie wieder in Besitz nehmen konnten. – Ab 16. ✦ BR Deutschland 1990–92 **P** Thorsten-Schmidt-Filmproduktion/AG Film der Universität Kiel **SF** Freunde der Deutschen Kinemathek **Pd** Thorsten Schmidt **R** Kurt Denzer, Thorsten Schmidt **B** Thorsten Schmidt **K** Kurt Denzer, Jürgen Haacks, Hans-Joachim Thull **M** Peter Haacks **S** Kurt Denzer, Jürgen Haacks **L** 90 **FBW** w **E** 2.10.1993/ 25.12.1993 N 3

WER BEHÄLT DAS HAUS? (WHO GETS THE HOUSE?). Nachdem die Eltern sich auseinander gelebt haben und eine Trennung in Erwägung ziehen, ergreifen die Kinder die Initiative. Sie behalten das Haus und gestehen den Eltern nur abwechselnd Besuchsrecht zu, gleichzeitig lassen sie nichts unversucht, um die Eltern wieder zusammenzubringen und die Kommunikation zwischen ihnen zu befördern. Familienkomödie. ✦ USA 1999 **P** Cinar **R** Timothy J. Nelson **B** Patricia Lavoie **M** Alan Williams **D** Ricky Mabe (Brian), Elisha Cuthbert (Emily), Sophie Lorain (Rebecca), Carl Marotte (Don), Emma Isherwood (Heidi) **L** 90 **E** 30.6.2001 Kinderkanal

WER BEZAHLT FÜR DEN ERFOLG? →Wer zahlt für den Erfolg ?

WER BEZAHLTE FÜR HITLER? Nach seiner Emigration aus Deutschland 1939 schrieb der Mülheimer Industrielle Fritz Thyssen ein Buch mit dem Titel »I payed Hitler – ich bezahlte Hitler«. Auch andere Industrielle aus Mülheim unterstützten die Nazi-Partei. Demgegenüber beschränkte sich der schwache und verlustreiche Widerstand der Arbeiter in der Ruhrstadt auf das Verteilen illegaler Schriften. Der Film bebildert ein wenig mühsam die These, daß die Nazis von der Industrie bezahlt und gelenkt worden seien. ✦ BR Deutschland 1983 **P** Ruhrfilmzentrum **SF** Ruhrfilmzentrum **R+B+K** Rainer Komers **S** Christel Fomm **L** 92 **E** 1.12.1983

WER BIST DU, DEN ICH LIEBE? Eine energische junge Frau treibt nach dem Tod ihres Vaters bei dessen Spielschuldnern das fällige Geld ein. Dabei gerät sie an den Sohn eines der Schuldner und wird in die vorhersehbaren Muster eines üblichen Liebesverwirrspiels verstrickt. Eine in Abwandlung des Themas von der »Zähmung einer Widerspenstigen« erdachte Komödie, die nach flottem satirischem Beginn allzu schnell ins banale Fahrwasser mühseliger Situationskomik abgleitet. – Ab 16. ✦ Schwarzweiß. Deutschland 1949 **P** Merkur **Kl** Ufa **Pd** Wilhelm Sperber, Franz Schier **R** Géza von Bolváry **B** Hugo Maria Kritz, Hans Fritz Beckmann, nach dem Roman »Die Abenteuer des Herrn von Barabas« von Hugo Maria Kritz **K** Franz Weihmayr **M** Theo Mackeben **S** Friedel Schier-Buckow **D** Jester Naefe (Beatrix), Adrian Hoven (Franz), Ivan Petrovich (Andreas), Gisela Fackeldey (Livia), Walter Janssen (Regendatz), Bum Krüger (Felix), Rudolf Schündler (Stefan) **L** 101 **FSK** ab 16; nf **E** 15.11.1950 **fd** 505

WER BIST DU? (1974) (CHI SEI? / BEHIND THE DOOR). Ein primitiver Versuch, auf der Anfang der 70er Jahre durch Filme wie »Der Exorzist« und »Rosemarys Baby« ausgelösten Exorzismus- und Teufelswelle mitzuschwimmen: Eine junge Amerikanerin, Mutter zweier Kleinkinder, wird von einem Dämon geschwängert. Sein Nachwuchs rumort lautstark in ihrem Leib und läßt die Schränke wackeln. Der Film bietet Hokuspokus aus der Rumpelkammer, extrem konfuse Kamerafahrten und literweise vergossenes Filmblut – und das alles bei absoluter Humorlosigkeit. ✦ Italien 1974 **P** Sitoro/A-Erre Cinematografica **Kl** Scotia **Pd** Ovidio G. Assonitis, Giorgio Carlo Rossi, Enzo Doria **R** Oliver Hellman (= Ovidio G. Assonitis), Richard Barrett **B** Oliver Hellman (= Ovidio G. Assonitis), Antonio Troisio, Richard Barrett **K** Roberto d'Ettore Piazzoli **M** Franco Micalizzi **S** Angelo Curi **D** Juliet Mills, Richard Johnson, Gabriele Lavia, Nino Segurini, Elisabeth Turner, Barbara Florini **L** 108 **FSK** ab 18; nf **E** 24.1.1975 **fd** 19 162

WER BIST DU? (1989) (SIZ KIM SIZ). Zwei Intellektuelle, ein Arzt und ein Universitätsdozent, geraten durch die Übertretung eines lächerlichen Gesetzes mit der Miliz in Konflikt und müssen einen Tag auf der Wache verbringen. Sie versuchen, die Zeit so gut wie möglich totzuschlagen, lernen die merkwürdigsten Leute kennen und sehen den Milizionären bei ihren unsinnigen Verrichtungen zu. Am Ende haben sie Glück und erhalten die Erlaubnis zur Weiterfahrt. Ein hektischer, lärmender, grotesker Film, der das Land als eine Schutthalde beschreibt, die eine unerbittlich fortschreitende »Zivilisation« aus der Natur machte, wobei Mängel des Sozialismus (Wohnungsmisere, Mängel in der allgemeinen und medizinischen Versorgung) konkret benannt werden. Den einzigen Lichtblick in diesem trostlosen Einerlei stellt ein fahrendes Bordell dar. Mit dieser Metapher knüpft der Film an die Filme Fellinis und Pasolinis an. (O.m.d.U.; Titel auch: »Wer seid ihr?«) ✦ UdSSR 1989 **R** Dschachongir Faisijew **B** Juri Daschewski, Dschachongir Faisijew **D** Dschachongir Faisijew, Juri Daschewski **L** (TV) 80 **E** 11.12.1989 S 3

WER BOHRT DENN DA NACH ÖL? →Quietsch ... quietsch ... wer bohrt denn da nach Öl?

WER BRAUCHT EIN HERZ (WHO NEEDS A HEART?). Eine inszenierte Rekonstruktion des Aufstiegs und Falls von Michael X, der in den 60er und 70er Jahren in den USA und Großbritannien eine der schillerndsten Persönlichkeiten im Kampf für schwarze Bürgerrechte war. 1975 wurde die Gallionsfigur der »Black Power« von einem Gericht in Trinidad des

Mordes für schuldig befunden und hingerichtet. Ein engagierter Film, der Bezüge zur britischen Rassenpolitik der Gegenwart zieht. – Ab 16. ✦ Großbritannien/Deutschland 1991 **P** Black Audio Film Collective (für Channel 4/ZDF) **Pd** Lina Goupal **R+B** John Akomfrah **K** Nancy Schiesari **M** Trevor Mathison **S** Brand Thumim **D** Caroline Burghard (Faith), Treva Etienne (Sidney), Ruth Gemmell (Abigail), Caroline Lee Johnson (Naomi), Kwabena Manso (Louis) **L** (TV) 75 **E** 27.8.1991 ZDF

WER BRAUCHT WEN? Politischer Spielfilm mit Laiendarstellern, der aus seiner didaktischen Anlage heraus das Bewußtsein der Arbeiter und Angestellten idealisiert. Werktätige Frauen eines Westberliner Betriebes, der innerhalb eines Jahres zweimal den Akkord erhöht hat, kämpfen gegen die Ausbeutung am Arbeitsplatz und gegen ihre traditionelle Rolle in der Familie. ✦ BR Deutschland 1972 **P** dffb **SF** Freunde der Deutschen Kinemathek **R+B** Valeska Schöttle **K** Christoph Roth **M** Zentrifuge **S** Esther Dayan **D** Helma Fehmann, Helga Freyer (Jeannie Boyden) **L** 70

WER DEN ERSTEN STEIN WIRFT ... (WHEN EVERY DAY WAS THE FOURTH OF JULY). Bridgestone, Connecticut, 1937. Ein aufstrebender Anwalt, dessen glückliche Familie im Ort viele Neider hat, übernimmt gegen Widerstände von außen erfolgreich die Verteidigung eines alten Kriegsversehrten, der unter Mordanklage vor Gericht steht. Ein ambitioniertes (Fernseh-)Drama, das auf wahren Begebenheiten aus der Kindheit des Regisseurs in der Zeit nach der Wirtschaftskrise beruht. – Ab 14. ✦ USA 1978 **P** Dan Curtis Prod. **VA** Scala **Pd+R+B** Dan Curtis **K** Frank Stanley **M** Walter Scharf **D** Katy Kurtzman (Sarah Cooper), Dean Jones (Ed Cooper), Louise Sorel (Millie Cooper), Harris Yulin (Joseph T. Antonelli), Chris Peterson (Daniel Cooper) **L** 95 **FSK** ab 6 **E** 15.10. 1991 Tele 5

WER DEN GOLDENEN BODEN SUCHT (KDO HLEDA ZLATE DNO). Ein junger Mann sucht nach Beendigung der Militärzeit seinen Platz im Leben. Den verlockenden Angeboten der kleinbürgerlichen Eltern seiner Angebeteten steht die harte Arbeit auf einer Kraftwerk-Großbaustelle gegenüber. Er entscheidet sich für den unbequemen, aber ehrlichen Weg und wird in einer Welt mit Lastwagen, Baggern und stets munteren Kameraden glücklich. Ein stramm sozialistischer Aufbaufilm, in dem von der persönlichen Handschrift Jirí Menzels nichts zu finden ist. Ethisch-moralische Fragestellungen ordnen sich ganz der Doktrin unter, so daß der Film allenfalls als politisches Dokument interessant ist. ✦ CSSR 1974 **P** Filmstudio Barrandov **KI** Progress **R** Jirí Menzel **B** Vojtech Mestan, Rudolf Ráz, Zdenek Sverák, Jirí Menzel **K** Jaromír Sofr **M** Angelo Michajlov **D** Jan Hrusínsky (Láda), Jana Giergielová (Petra), Július Pántik (Miky), Frantisek Husák (Pepik Nemec), Otakar Dadák (Vizner) **L** 95 **E** 19.9.1975 Kino DDR/ 23.7.1977 DFF 2

WER DEN TEUFEL RUFT ... →Never Cry Devil

WER DEN WIND SÄT (INHERIT THE WIND). Buchstabentreuer Bibelglaube einerseits und Darwinismus andererseits erhitzen eine kleine amerikanische Stadt bis zur Weißglut. Während des – historisch beglaubigten – »Affenprozesses« von 1925 gegen einen Biologielehrer, der seine Schüler mit der Darwinschen Abstammungslehre vertraut machte, prallen beide Parteien mit ebenso fanatischen wie pseudowissenschaftlichen Argumenten aufeinander. Hervorragende Darsteller prägen den vorzüglich inszenierten Gerichtsfilm, der anspruchsvoll-fesselnd unterhält. – Sehenswert ab 16. ✦ Schwarz-weiß. USA 1959 **P** Lomitas **KI** United Artists **Pd+R** Stanley Kramer **B** Nathan E. Douglas, Harold Jacob Smith, nach dem gleichnamigen Bühnenstück von Jerome Lawrence und Robert E. Lee **K** Ernest Laszlo **M** Ernest Gold **S** Frederic Knudtson **D** Spencer Tracy (Henry Drummond), Fredric March (Matthew Harrison Brady), Gene Kelly (E. K. Hornbeck), Florence Eldridge (Mrs. Brady), Dick York (Bertram T. Cates), Claude Akins (Reverend Brown), Donna Anderson (Rachel) **L** 128 **FSK** ab 12; f **FBW** bw **E** 30.8.1960/ 29.1.1965 Kino DDR/15.3.1971 ZDF **fd** 9 418

WER DIE ERDE LIEBT. Dokumentarisches Essay über die X. Weltfestspiele der Jugend und Studenten in der DDR 1973, die – was selbstverständlich ist für eine offizielle Dokumentation – absolut perfekt und erfolgreich ablaufen. Bemerkenswert an diesem Film, der Reden, Feiern, Aufmärsche und atmosphärische Stimmungen montiert, ist der Verzicht auf jeden Kommentar. ✦ Teils schwarz-weiß. DDR 1973 **P** DEFA, Studio für Kurzfilme **KI** Unidoc/Progress **VA** Icestorm **Pd** Ulrich Kling, Walter Ehle, Ruth Albers, Evert Beewen, Frank Giesen, Dieter König, Hartmut Krenz, Joachim Sigmund **R+B** Joachim Hellwig, Uwe Belz, Jürgen Böttcher, Harry Hornig **K** Hans Borrmann, Günter Breßler, Christian Lehmann, Walfried Labuszewski, Heinz Halle, Michael Lösche, Hans-Eberhard Leupold, Hans Moser, Wolfgang Niestradt, Thomas Rosie, Rudolf Schemmel, Klaus Schulze, Dieter Vetter **M** Brigitte Unterdörfer (Bearbeitung) **S** Charlotte Beck, Eleonore Burke, Ursula Walter **L** 72 **E** 11.1.1974 Kino DDR/2000 Video

WER DIE HEIMAT LIEBT (1942) →Die Sache mit Styx

WER DIE HEIMAT LIEBT (1956) (DAS HEILIGE ERBE). Ein Jäger verfolgt einen jungen Wilderer, der bei der Flucht tödlich abstürzt. Unter dem Druck von dessen Vater, einem einflußreichen Bauern, der alle gegen den Jäger aufwiegelt, wird er aus dem Revier versetzt. Sein Nachfolger aber macht den Machenschaften des Großbauern ein Ende. Ein Heimatfilm, dessen Anliegen der Schutz der Natur vor gedankenloser Zerstörung ist. Seine unbeholfene Spielhandlung tritt hinter großartigen Tier- und Landschaftsaufnahmen zurück. (Alternativer Titel: »Heiliges Erbe«) – Ab 10. ✦ Scope. Österreich 1956 **P** Rondo **KI** Ufa **Pd** Alfred Lehr **R** Alfred Solm **B** Günther Schwab, Norbert Kunze, Alfred Solm **K** Richard Angst, Fritz Olesko, Albert Höcht, Hans Gessl **M** Harald Böhmelt **S** Eleonore Kunze, Richard Deutsch **D** Hermann Erhardt (Jakob Sonnleitner), Christl Erber (Evi), Kurt Bülau (Prandtner), Fred Hennings (Dr. Bruckner), Sepp Rist (Graspointner), Olga von Togni (Frau Sonnleitner), Georg Gröller (David) **L** 103 **FSK** ab 6; f **E** 19.4.1957 **fd** 5 761

WER DIE KILLER RUFT (THE SWAP). Ein aus langjähriger Haft Entlassener macht sich auf die Suche nach dem Mörder seines vor zehn Jahren erschlagenen Bruders. Er entdeckt, daß dieser im Besitz eines Pornofilms war, der einen angehenden Gouverneur belastet. Ein schwerfälliger, dilettantischer Krimi, der mittels Rückblenden belanglose Bilder mit Robert De Niro vermarkten will. ✦ USA 1979 **P** Golan-Globus/Cannon **VA** VMP **R** John Shade **B** John C. Broderick **K** Alex Phillips jr. **M** Bill Conti **D** Robert De Niro, Anthony Charnota, Jennifer Warren, Jerry Mickey, Terrayne Crawford **L** 77 **FSK** ab 16 **E** 1982 Video **fd** 23 563

WER DIE NACHTIGALL STÖRT (TO KILL A MOCKINGBIRD). Als Erwachsene erinnert sich die Tochter eines Rechtsanwalts, wie sie 1932 in Macomb County, Alabama, als Kind zum ersten Mal mit den Problemen und Konflikten ihrer Umwelt in Berührung kam, als beim Prozeß gegen einen Mandanten ihres Vaters, einen jungen Schwarzen, die Rassenvorurteile der Bevölkerung offen ausbrachen. Ungeachtet mancher formaler Schwächen und ihrer Nähe zu nostalgischen Klischees eine menschlich bewegende, gelungene Literaturverfilmung mit hoher ethischer Haltung, die überzeugend gegen Rassismus und für Toleranz eintritt. DVD: Die filmhistorisch interessante Special Edition enthält u. a. einen dt. untertitelten Audiokommentar des Regisseurs und des Produzenten Alan J. Pakula sowie eine ausführliche (90-minütige), sehr erhellende Dokumentation über den Film. – Sehenswert ab 14. ✦ Schwarz-weiß. USA 1962 **P** Pakula-Mulligan Prod./Brentwood Prod. (für Universal) **KI** Universal **DVD** Universal Home (SE, 16:9, 1.85:1, Mono engl./dt.) **Pd** Alan J. Pakula, Robert Mulligan **R** Robert Mulligan **B** Horton Foote, nach dem gleichnamigen Roman von Harper Lee **K** Russell Harlan **M** Elmer Bernstein **S** Aaron Stell **D** Gregory Peck (Atticus Finch), Mary Badham (Jean Louise »Scout« Finch), Philip Alford (Jem Finch), John Megna (Dill Harris), Alice Ghostley (Stephanie Crawford), Brock Peters (Tom Robinson) **L** 129 **FSK** ab 12; f **FBW** w **E** 28.6.1963/8.4.1966 Kino DDR/18.5.1974 DFF 1/3.6.1974 ARD/1.2. 2001 DVD **fd** 12 008

WER DIE TOTEN WECKT (WAKING THE DEAD). Pilotfilm einer Serie, in deren Mittelpunkt eine Polizeitruppe steht, die sich »kalter Fälle« annimmt. Anhand neuer Erkenntnisse (Forensik) und Ermittlungsmethoden (Profiler) kann die fünf Jahre zurückliegende Ermordung einer Schülerin aufgeklärt werden. Eine ansprechende Thriller-Produktion mit überzeugenden Darstellern, die die Messlatte für die recht kurzlebige Serie jedoch zu hoch legte. ✦ USA 2000 **Pd** Deborah Jones **R** Martin Hutchings **B** Barbara Machin **D** Trevor Eve (Detective Peter Boyd), Sue Johnston (Dr. Grace Foley, Profiler), Holly Aird (Dr. Frankie Wharton, forensische Expertin), Will Johnson (Spencer Jordan), Claire Goose (Mel Silver) **L** 100 **E** 4.10.2001 SWR

WER DIE WAHL HAT (PRIMARY MOTIVE). Thriller um den Sohn eines Politikers, der Pressesekretär bei einem republikanischen Gouverneurskandidaten wird. Er verfängt sich im Intrigenspiel, mit dem das Wahlkampfteam den konservativen Konkurrenten aus der eigenen Partei aus dem Rennen werfen will. – Ab 14. ✦ USA 1991 **R** Daniel Adams **B** Daniel Adams, William Snowden **M** John Cale **D** Judd Nelson (Andrews Blumenthal), Richard Jordan (Chris Poulas), Sally Kirkland (Helen Poulas), Justine Bateman (Darcy Lincoln), John Savage (Wallace) **L** 86 **E** 28.9.1995 Pro Sieben

WER DIE ZÜGEL HÄLT (LE MORS AUX DENTS). Ein skrupellos-ehrgeiziger Parteisekretär kann den Erpresser einiger Politiker gesellschaftlich vernichten und seine Karriere entscheidend vorantreiben. Ein sozialkritischer Politthriller voller Ironie, der spannend unterhält, aber auch als gesellschaftskritische Studie Beachtung verdient. (DDR-Titel: »Der französische Coup«) – Ab 16. ✦ Frankreich 1979 **P** Sara/U.G.C. **VA** ITT Contrast **R** Laurent Heynemann **B** Laurent Heynemann, Claude Veillot, Pierre Fabre **K** Alain Levent **M** Antoine Duhamel **S** Armand Psenny **D** Jacques Dutronc (Le Guenn), Michel Piccoli (Chazerand), Michel Galabru (Dréant), Nicole Garcia, Clémentine Amouroux, Michel Beaune, Jean-Pierre Sentier **L** 105 (Video 92) **E** 6.12.1980 DFF 1/1982 Video **fd** 23 788

WER DURCHDREHT DARF NOCHMAL (MY LIFE'S IN TURNAROUND). Komödie aus dem New Yorker Künstlermilieu. Zwei ambitionierte, aber erfolglose New Yorker Bühnenschauspieler beschließen, einen Film zu drehen. Noch allerdings fehlen ihnen sowohl Geld und Darsteller als auch ein Thema für ihren Film. ✦ USA 1994 **R** Eric Schaeffer, Donal Lardner Ward **B** Eric Schaeffer **K** Peter Hawkins **M** Reed Hayes **D** Donal Lardner Ward (Jason), Eric Schaeffer (Splick), Lisa Gerstein (Sarah), Dana Wheeler-Nicholson (Rachael), Debra Clein (Amanda) **L** 81 **E** 4.12.1998 ARD

WER EIN GEWISSEN HAT (DO TASI DSCHONSONYRO). Agenten sollen einen in der Volksrepublik Korea lebenden Wissenschaftler töten. Durch die geschickte Tätigkeit der Abwehrorgane und die Umkehr eines Verführten wird der Anschlag vereitelt. Ein inszenatorisch wie ideologisch nach Schablone gemachter Film. – Ab 16. ✦ Schwarz-weiß. VR Korea 1957 **KI** Progress **R** Min Dsong-Sik **B** Li Dzi Jong **K** Han Tschang Hä **M** Kim Rin-Uk **D** Kim Se Jong (Pak Dong Gyn), Bä Jong (Pak Wong Gyn), Kim Hjon Suk (Qui Suk), Kang Hong Sik (Prof. Li Mjong Se), Dzang Tschun Sob (Abteilungsleiter) **L** 88 **E** 14.8.1959 Kino DDR/30.10.1959 DFF 1

WER EINEN TIGER REITET (HE WHO RIDES A TIGER). Die Geschichte eines jungen Mannes, den auch die Frau, die er liebt, nicht mehr aus dem Verbrechermilieu zu lösen vermag. Sie verläßt ihn wegen seiner Lebensweise und bringt ohne Absicht die Polizei auf seine Spur, als er einen neuen Coup vorbereitet. Spannender Kriminalfilm mit psychologischem Einschlag. – Ab 16. ✦ Schwarz-weiß. Großbritannien 1965 **P** David Newman Prod. **Pd** David Newman **R** Charles Crichton **B** Trevor Peacock **K** John von Kotze **M** Alexander Faris, Trevor Peacock **D** Tom Bell (Peter Rayston), Judi Dench (Joanne), Paul Rogers (Superintendent Taylor), Kay Walsh (Mrs. Woodley), Ray McAnally **L** 99 **E** 22.9.1973 ARD

WER EINMAL IN DAS POSTHORN STÖSST – EIN BRIEFTRÄGER-REPORT? Auf der Suche nach einer Story begleitet eine Journalistin einen Briefträger, wovon sie sich Informationen über die angeblichen sexuellen Abenteuer der Briefträger während ihrer Arbeit erhofft. Doch sie wird enttäuscht und in eher komische Erlebnisse verwickelt. Vorgeblich eine Parodie auf einschlägige Sex-Reports des deutschen Kinos jener Jahre, aber nicht mehr als eine Klamotte, die durch die Hintertür doch wieder mit der Thematik kokettiert. ✦ BR Deutschland 1973 **P** Gerd Hartig Filmprod. **Kl** Barberina/Apollo **Pd+R** Gerd Hartig (= Gerhard Hartig) **B** Gerd Hartig (= Gerhard Hartig), Marianne Nebel, Balduin Baas **K** Rudolf Steinberg **S** Uwe Borns **D** Gerd Hartig (= Gerhard Hartig), Marianne Nebel, Balduin Baas, Helga Feddersen, Silvana Sansoni, Reiner Brönnecke **L** 88 **FSK** ab 18; nf **E** 1973 Kino

WER EINMAL LÜGT ODER VIKTOR UND DIE ERZIEHUNG (WER EINMAL LÜGT ODER VIKTOR UND DIE ERZIEHUNG). Dokumentarfilm, der sehr genau am Beispiel eines aus sozial benachteiligtem Milieu stammenden, von einem Heim ins andere abgeschobenen Jungen schildert, wie administrativ verordnete Erziehungsmaßnahmen die geistige und seelische Entwicklung eines Kindes hemmen und seine Selbstentfaltung unterdrücken können. Das gesellschaftspolitische Problem wird mit überzeugenden formalen Mitteln und einem hohen Maß an Objektivität dargestellt. ✦ Schweiz 1974 **P** Nemo **Pd** Alexander J. Seiler **R** June Kovach **B** June Kovach, Alexander J. Seiler **K** Sebastian C. Schroeder **S** June Kovach **L** 73 **E** Schweiz

WER ERBEN WILL, MUSS ZAHLEN (NICKEL AND DIME). Ein Detektiv, der gegen hohe Provisionen im Nachlaß-Fall Erben aufspürt und mit dem Nachweis ihrer Erbberechtigung keineswegs zimperlich ist, kehrt in seine frühere Heimat Kalifornien zurück. Hier trifft er seine frühere Verlobte wieder, die es inzwischen zur Staatsanwältin gebracht hat und die Möglichkeiten ihres Amtes nutzt, um sich an ihm zu rächen. Kriminalfilm mit komödiantischen Akzenten. ✦ USA 1991 **R** Ben Moses **D** C. Thomas Howell (Jack Stone), Wallace Shawn (Everett Willits), Lise Cutter (Cathleen Markson), Roy Brocksmith (Sammy Thornton) **L** 95 **E** 16.6.1994 VOX

WER ERSCHOSS JIM BLESSING? (THE LEGEND OF KOOTENAI BROWN). Historischer Kriminalfilm. Ein irischer Einwanderer läßt sich Mitte des 19. Jahrhunderts in Kanada nieder, heiratet eine Indianerin und genießt bald den Ruf eines aufrechten Mannes. Doch es gibt Neider, die eine Intrige gegen ihn schmieden und ihn mit einer Mordanklage vor Gericht bringen, wo der Unschuldige ganz auf den Scharfsinn des Richters Thomas Jefferson angewiesen ist. ✦ Kanada 1991 **R** Allan Kroeker **B** John Gray **D** Raymond Burr (Richter Thomas Jefferson), Tom Burlinson (John »Kootenai« Brown), Donnelly Rhodes (Eben McTooth), Michelle Thrush (Olivia), Alex Bruhanski (Gabriel), Stephen E. Miller (Sheriff) **L** 93 **E** 26.8.1994 RTL 2

WER ERSCHOSS JOHN F. KENNEDY? (THE MAN WHO KILLED KENNEDY / THE TRIAL OF LEE HARVEY OSWALD). Fernsehfilm, der die Ereignisse nach dem Attentat auf John F. Kennedy am 22.11.1963 nachzeichnet, insbesondere den Prozeß um den mutmaßlichen Mörder Lee Harvey Oswald. Eine eher freie Interpretation der Ereignisse, in der Hauptrolle immerhin gut gespielt. ✦ USA 1977 **P** Charles Fries Prod. **Pd** Richard Freed **R** David Greene **B** Robert E. Thompson **K** Vilis Lapenieks **M** Fred Karlin **S** Allan Jacobs **D** John Pleshette (Lee Harvey Oswald), Mo Malone (Marina Oswald), Ben Gazzara (Anson K. Roberts), Lorne Greene (Mathew A. Weldon), Lee McCain (Jan Holder) **L** 175 **E** 9.6.1997 ORF 1

WER ERSCHOSS SALVATORE G.? (SALVATORE GIULIANO). Die Chronik vom Wirken und Wüten des sizilianischen Banditen Salvatore Giuliano, der zwischen 1943 und 1950 der Schrecken seines Landes war. Das komplizierte Geflecht der Beziehungen zwischen dem Banditen, der Mafia und ihren Hintermännern klärt der eindrucksvolle Film nicht restlos auf, leistet aber einen künstlerisch wie gesellschaftspolitisch bedeutenden Beitrag zu einem Kapitel aus der unruhigen Geschichte Siziliens. Darüber hinaus ist der Film bedeutsam durch seinen seinerzeit neuen Stil der dokumentarisch-dramatischen Wirklichkeitsrekonstruktion. (Vgl. auch »Giuliano – der Rebell von Sizilien«, »Der Sizilianer«; anderer Titel: »Der Fall Salvatore Giuliano«) – Sehenswert ab 16. ✦ Schwarz-weiß. Italien 1961/62 **P** Lux/Vides/Galatea **Kl** Atlas **SF** Miekus/BAG/LFD Rheinland-Pfalz **Pd** Franco Cristaldi, Lionello Santi **R** Francesco Rosi **B** Francesco Rosi, Suso Cecchi d'Amico, Franco Solinas, Enzo Provenzale, nach einem Stoff von Rosi **K** Gianni di Venanzo **M** Piero Piccioni **S** Mario Serandrei **D** Pietro Cammarata (Salvatore Giuliano), Salvo Randone (Gerichtspräsident), Frank Wolff (Gaspare Pisciotta), Sennuccio Benelli (Journalist), Bruno Ukmar (Spion), Max Cartier, Fernando Cicero (= Nando Cicero), Federico Zardi **L** 120 **FSK** ab 16; f **FBW** bw **E** 5.7.1963/27.11.1964 Kino DDR/12.6.1967 ZDF/18.11.1969 DFF **fd** 11 237

WER FÄHRT NACH ENGLAND? (JUTALOMUTAZAS). In der Provinz in Ungarn: Für ein Jugendzeltlager in England ist noch ein Platz frei. Bedingungen dafür sind gute Leistungen in der Schule, gute Arbeit im Kollektiv, daß das Kind ein Instrument spielen kann und die Eltern Arbeiter sind. (O.m.d.U.) ✦ Ungarn 1975 **P** Hungarofilm **R** István Dárday **B** Györgyi Szalai, István Dárday **K** Lajos Koltai **D** Kálmán Tamás (Mutter), József Borsi (Sohn), Mária Simai (Anna Forgó) **L** 80 **E** 27.1.1977 WDR

WER FUHR DEN GRAUEN FORD? Nach einer wahren Begebenheit: Im Mannheim des Jahres 1949 zwingen junge Leute in einer Autospringerbande einen Außenseiter, sich an einem Postraub zu beteiligen. Ein gutgemeinter Versuch, mit dokumentarisch-nüchterner Milieuzeichnung und Krimihandlung Verständnis für Spätfolgen des Krieges – Entwurzelung, Unsicherheit – zu wecken. – Ab 14. ✦ Schwarz-weiß. BR Deutschland 1950 **P** Pfeiffer **Kl** Falken **Pd** Paul Pfeiffer, Carl Peters **R** Otto Wernicke **B** Kurt Joachim Fischer, nach einem Tatsachenbericht **K** Paul Pfeiffer **M** Emil Ferstl **S** Walter Boos **D** Til Kiewe (Polizeirat Proske), Otto Wernicke (Kriminalkommissar Thieme), Ursula Herking (Hertha Sattler), Hilde Sessak (Kellnerin), Ruth Hambrock (Renate Münster), Abi von Haase (Gillhausen), Wolfgang Neuss (Chef) **L** 94 **FSK** ab 12; f **E** 12.10.1950 **fd** 996

WER FÜRCHTET SICH VORM SCHWARZEN MANN? (1976). Polemischer Bericht über wohlhabende deutschstämmige Einwohner Namibias, die in Erinnerungen an die Kolonialzeit schwelgen und die Apartheid-Politik der »Rassentrennung« unterstützen. Im Gegensatz dazu zeigt der Film die elenden Lebensbedingungen der einheimischen Bevölkerung, die ihre Arbeitskraft für geringen Lohn an die Weißen verkaufen, um ihren in Reservaten zusammengepferchten Familien das Überleben zu sichern. Fürs Fernsehen der DDR gedreht, kam die Reportage in der BRD auch in den 16-mm-Verleih. Ausgezeichnet mit der Goldenen Taube des 19. Leipziger Dokumentarfilmfestivals. ✦ DDR 1976 **P** Fernsehen der DDR **SF** Unidoc **R+B** Sabine Katins **L** 62

WER FÜRCHTET SICH VORM SCHWARZEN MANN? (1989). Das Porträt einer Gruppe von Kohlenmännern und ihrer Chefin in Ost-Berlin. In stimmungsvollen, präzisen Schwarz-Weiß-Bildern dokumentiert der Film nicht nur die harte Arbeit, die die rauen Männer prägt, sondern spiegelt auch ihr Privatleben, dem sich die Regisseurin ebenso einfühlsam wie gewitzt annähert. Eine bemerkenswerte, sozial genaue Studie, auch ein leiser, realistischer Gegenentwurf zu vielen anderen, auf den Heroismus der Arbeiterklasse abzielenden DEFA-Dokumentarfilmen. – Sehenswert ab 12. ✦ Schwarz-weiß. DDR 1989 **P** DEFA, Studio für Dokumentarfilme **Pd** Herbert Kruschke **R** Helke Misselwitz **B** Helke Misselwitz, Thomas Plenert **K** Thomas Plenert **M** Brigitte Unterdörfer **S** Gudrun Plenert **L** 52 **E** 3.2.1990 N 3/16.2.1990 Kino DDR

WER GEHT DENN NOCH ZUR UNI? (FRENCH POSTCARDS). Während eines einjährigen Studienaufenthalts in Paris erfüllen sich zwar die hochgestochenen Erwartungen einiger amerikanischer Studenten nicht, aber sie lernen, sich zu behaupten und ihre Träume der Wirklichkeit anzugleichen. Eine leidlich vergnügliche Teenager-Komödie vom Autorenteam von »American Graffiti«, das hier allzu sehr auf die vermeintliche »Komik« nationaler Klischees vertraut. Interessante Fußnote: Als Regieassistent fungierte der spätere »Diva«-Regisseur Jean-Jacques Beineix, und US-Star Debra Winger ist in einer ihrer ersten Rollen zu sehen. – Ab 16. ✦ USA 1979 **P** Paramount/Geria **VA** CIC **Pd** Gloria Katz **R** Willard Huyck **B** Willard Huyck, Gloria Katz **K** Bruno Nuytten **M** Lee Holdridge **S** Carol Littleton **D** Miles Chaplin (Joel), Blanche Baker (Laura), David Marshall Grant (Alex), Valérie Quennessen (Toni), Marie-France Pisier (Mme. Tessier), Debra Winger (Melanie), Jean Rochefort (M. Tessier), Mandy Patinkin (Sayyid) **L** 92 **FSK** ab 12 **E** 1985 Video **fd** 25 235

WER GELD HAT, HAT MEHR VOM LEBEN (IL MONDO VUOLE COSI). Obwohl unschuldig, wird ein kleiner Bankangestellter wegen Unterschlagung von drei Millionen Lire verurteilt. Nach seiner vorzeitigen Entlassung wird er wegen seines genialen Coups als großer Mann geachtet. Eine typisch italienische Komödie mit erheiternd satirischen Pointen. – Ab 16. ✦ Schwarz-weiß. Italien 1946 **P** Aurea **R** Giorgio Bianchi **B** Aldo de Benedetti, nach einem Bühnenstück von Mario Luciane **K** Arturo Gallea **M** Marceau Van Hoorebeke **D** Vittorio de Sica, Massimo Serato, Clara Calamai, Lauro Gazzolo, Carlo Romano **L** 80 **E** 2.2.1963 ARD

WER GEWALT SÄT (STRAW DOGS). Ein junger amerikanischer Mathematiker hat sich gemeinsam mit seiner attraktiven Frau in die vermeintlich heile Welt auf dem Land im englischen Cornwall zurückgezogen, um dort ein Buch zu schreiben. Nicht ohne eigenes Verschulden geraten sie in eine heftige Kontroverse mit den jungen Männern ihres Wohnortes, die immer mehr eskaliert. In der Situation äußerster Bedrohung entwickelt sich der harmlose Intellektuelle zum nicht minder brutalen Amokläufer. Eine äußerst effekt- und wirkungsvoll inszenierte Studie über die Mechanismen der Gewalt, die – freilich ohne tiefer gehende Analyse – als nur notdürftig verdrängte Grundlage der zeitgenössischen Gesellschaft dargestellt wird. Brutalität und Gewalt werden weder durch Ironie noch durch Verfremdung genießbar gemacht und somit nicht verharmlost. ✦ Großbritannien 1971 **P** ABC/Talent/Amerbroco **Kl** Centfox **VA** Thorn EMI/Polyband **Pd** Daniel Melnick **R** Sam Peckinpah **B** Sam Peckinpah, David Zelag Goodman, nach einem Roman von Gordon M. Williams **K** John Coquillon **M** Jerry Fielding **S** Paul Davies, Roger Spottiswoode, Tony Lawson **D** Dustin Hoffman (David Summer), Susan George (Amy Summer), Peter Vaughan (Tom Hedden), David Warner (Henry Niles), Colin Welland (Reverend Hood) **L** 117 (gek.

108) **FSK** ab 18; nf (gek. 16) **E** 30.3.1972/1982 Video **fd** 17 789

WER GEWINNT DAS RENNEN? (GOTA KANAL ELLER VEM DROG UR). Zwei Werften stehen im Wettbewerb um das lukrative Angebot, auf einen Schlag 1000 Jachten zu verkaufen. Die Wettfahrt auf dem mit Schleusen gespickten Göta-Kanal, die den Konkurrenzkampf entscheiden soll, wird mit allen Tricks ausgetragen. Harmloses Lustspiel. – Ab 14. ✦ Schweden 1981 **P** Drakfilm/Triangelfilm/Rifilm/Sveriges Television/TV2/Europa Film **R+B** Hans Iveberg **K** Petter Davidsson **M** Björn Isfält **D** Kim Anderzon (Lena), Janne Carlsson (Janne), Stig Ossian Ericson (Sigurd), Yvonne Lombard (Rut), Nils Eklund (Rune) **L** 87 **E** 23.11.1985 DFF 2/30.11.1991 DFF

WER HAT ANGST VOR JACKIE-O? (THE HOUSE OF YES). Der anstehende Thanksgiving-Tag soll etwas ganz Besonderes werden, schließlich will ein junger Mann seine Verlobte in den Kreis der hochherrschaftlichen Familie einführen. Naivität trifft dabei auf verschrobene Überspanntheit, und da durch äußere Umstände das geplante Dinner ausfallen muß und einem Trinkgelage Vorschub leistet, fallen bald alle Hemmschwellen. Die geplante Hochzeit muß neu überdacht werden. Turbulente Komödie, die ihre Protagonisten schonungslos karikiert. ✦ USA 1996 **Pd** Beau Flynn, Stefan Simchowitz **R+B** Mark Waters **K** Michael Spiller **M** Rolfe Kent **S** Pamela Martin **D** Parker Posey (Jackie-O), Josh Hamilton (Marty), Tori Spelling (Lesly), Geneviève Bujold (Mrs. Pascal), Freddie Prinze jr. (Anthony) **L** 81 **E** 20.4.1998 premiere

WER HAT ANGST VOR'M WEIHNACHTSMANN (RECKLESS). Schwarze Komödie um eine Hausfrau, die am Weihnachtsabend erfährt, daß ihr Mann eine Lebensversicherung in ihrem Namen abgeschlossen und einen Killer auf sie angesetzt hat. Aus ihrer Flucht wird eine jahrelange Odyssee. ✦ USA 1995 **R** Norman René **B** Craig Lucas **D** Mia Farrow (Rachel), Scott Glenn (Lloyd), Mary-Louise Parker (Pooty), Tony Goldwyn (Tom), Stephen Dorff (Tom Jr.) **L** 87 **E** 23.12.1997 RTL 2

WER HAT ANGST VOR ROT, GELB, BLAU? Ein junger Maler kämpft um Anerkennung in der Berliner Kunstszene. Als er sie erreicht, trennt er sich von seiner Geliebten, die sich an ihm rächt, indem sie seine Bilder zerstört. Die verunglückte Liebesgeschichte wird verbunden mit kritischen Schlaglichtern auf die Kunstszene sowie Ansätzen einer allgemeinen Betrachtung über den Wert und die Wirkung von Kunst. Ein Film, der allzu konstruiert wirkt und die verschiedenen thematischen Akzente nicht überzeugend in den Griff bekommt. – Ab 16. ✦ BR Deutschland 1990/91 **P** Joachim von Vietinghoff Filmprod./ZDF/La Sept/Film Four International **KI** Delta **VA** Ufa **Pd** Joachim von Vietinghoff **R+B** Heiko Schier **K** Jörg Jeshel **M** Piet Klocke **S** Karin Nowarra **D** Max Tidof (Matthias Banuscher), Stephanie Philipp (Francis Bennett), Heino Ferch (Müller), Gunter Berger (Stargard), Florian Mertens (Kuhn), Peter Fitz (von Sell), Kathrin Fröhlich (Elke) **L** 105 **FSK** ab 12; f **FBW** w **E** 22.8.1991/16.8.1992 ZDF **fd** 29 076

WER HAT ANGST VOR VIRGINIA WOOLF? (WHO'S AFRAID OF VIRGINIA WOOLF?). Die anfangs harmlos scheinenden Plänkeleien eines alternden Akademiker-Ehepaares steigern sich trotz der Anwesenheit ihrer jüngeren Nachbarn zur schonungslosen Bloßstellung und Abrechnung: Haß, Minderwertigkeitsgefühle und Lebensängste kommen zum Ausbruch, Mann und Frau zerfleischen sich in Schuldzuweisungen und zynischem Selbstmitleid. Eine effektvolle Verfilmung von Albees Bühnenstück, die vor allem durch die elegante filmische Auflösung und die schauspielerische Präsenz der beiden Hauptdarsteller besticht. – Ab 16 möglich. ✦ Schwarz-weiß. USA 1965 **P** Warner Bros. **KI** Warner Bros. **VA** Warner Home **Pd** Ernest Lehman **R** Mike Nichols **B** Ernest Lehman, nach dem gleichnamigen Theaterstück von Edward Albee **K** Haskell Wexler, Harry Stradling **M** Alex North **S** Sam O'Steen **D** Elizabeth Taylor (Martha), Richard Burton (George), Sandy Dennis (Honey), George Segal (Nick) **L** 131 **FSK** ab 16; f (fr. 18) **FBW** bw **E** 16.12.1966 **fd** 14 478

WER HAT ANGST VOR ZIGEUNERN? Dokumentation über Zigeuner, die nach dem Zusammbruch des kommunistischen Regimes in Rumänien verstärkt nach Frankreich drängen. Der Film konzentriert sich auf eine Familie, die unter ärmsten Bedingungen lebt und ihre Rückkehr in die Heimat vorbereitet. Er schildert ihre hoffnungslose Lage, beschreibt aber auch ihren Lebenswillen. ✦ Frankreich 1996 **R** Evelyn Ragot, Leonardo Antoniadis **L** 60 **E** 26.11.1999 arte

WER HAT ANGST VORM SCHWARZEN MANN? (DO YOU KNOW THE MUFFIN MAN?). Eine Familie muß feststellen, daß ihre Kinder im Kindergarten Opfer von sexuellem Mißbrauch und Teufelsanbetungsritualen wurden. In einer äußerst schwierigen Gerichtsverhandlung, in der die Kinder in den Zeugenstand müssen und erneut von seelischen Qualen bedroht sind, kommt es zur Aufklärung der ungeheuerlichen Vorgänge. Melodramatischer Spielfilm, der sich eines Tabuthemas im Rahmen einer routinierten Kriminalgeschichte annimmt. ✦ USA 1989 **P** Jon Avnet/Jordan Kerner Prods. **Pd** Daniel Freudenberger **R** Gilbert Cates **B** Daniel Freudenberger **M** Lee Holdridge **D** John Shea (Roger), Pam Dawber (Kendra), Stephen Dorff (Sandy), Brian Bonsall (Teddy), Georgann Johnson (Mavis) **L** 94 **E** 14.8.1992 PRO 7

WER HAT DEM AFFEN DEN ZUCKER GEKLAUT? (GRAND HOTEL EXCELSIOR). Turbulente Szenen um Gäste und Angestellte eines Luxushotels während der Hauptsaison. Ein klamottenhaftes, streckenweise langatmiges Lustspiel, das Komikszenen nach bewährten Mustern, aber zusammenhanglos aneinanderreiht. – Ab 12 möglich. ✦ Italien 1982 **P** Intercapital **KI** UIP **Pd** Mario Cecchi Gori, Vittorio Cecchi Gori **R** Castellano (= Franco Castellano), Pipolo (= Giuseppe Moccia) **B** Castellano (= Franco Castellano), Pipolo (= Giuseppe Moccia), Giuseppe Moccia **K** Danilo Desideri **M** Armando Trovaioli **S** Antonio Siciliano **D** Adriano Celentano (Hoteldirektor Taddeus), Eleonora Giorgi (Ilde Vivaldi), Carlo Verdone (Perikles Coccia), Enrico Montesano (Egisto Costanzi), Diego Abatantuono (Magier) **L** 115 **FSK** ab 6; f **E** 27.1.1983 **fd** 23 828

WER HAT DEM RABBI DEN KOKS GEKLAUT? (LEVY ET GOLIATH). Zwei jüdische Brüder, einer Diamantenschleifer und Rabbiner in Antwerpen, der andere Geschäftsmann und Familienvater in Paris, werden nach Jahren der Trennung in einen Rauschgiftschmuggel verwickelt und lernen, einander zu verstehen. Turbulente, aktionsreiche Komödie mit besinnlichen Tönen. (Fernsehtitel auch: »Levi und Goliath«, Video: »Levy et Goliath«) – Ab 14. ✦ Frankreich 1986 **P** G. Films/Gaumont International **KI** Jugendfilm **VA** VPS **Pd** Alain Poiré **R** Gérard Oury **B** Gérard Oury, Danièle Thompson **K** Wladimir Iwanow **M** Vladimir Cosma **S** Albert Jurgenson **D** Richard Anconina (Moishe Levy), Michel Boujenah (Albert Levy), Jean-Claude Brialy (Bijou), Souad Amidou (Malika), Maxime Leroux (Goliath) **L** 100 **FSK** ab 12; f **E** 19.6.1987/10.12.1987 Video **fd** 26 215

WER HAT DEN DINOSAURIER GEKLAUT →Wer hat unseren Dinosaurier geklaut

WER HAT DEN SCHENKEL VON JUPITER GEKLAUT? (ON A VOLE LA CUISSE DE JUPITER). Eine Kriminalkommissarin und ein Griechisch-Professor erleben auf ihrer Hochzeitsreise in Griechenland turbulente Verwicklungen bei der Jagd nach Teilen einer antiken Statue. Die Fortsetzung der Komödie »Ein verrücktes Huhn«, die gegenüber dem Vorgängerfilm deutlich abfällt, jedoch mit vielen überdrehten Klamaukszenen noch hinlänglich kurzweilig unterhält. (Fernsehtitel ZDF: »Verrückte Hochzeit«, Titel DDR: »Wer hat Jupiters Po gestohlen?«) – Ab 14. ✦ Frankreich 1980 **P** Les Films Ariane/Mondex/FR 3 **KI** Concorde **VA** Atlas **R** Philippe de Broca **B** Philippe de Broca, Michel Audiard **K** Jean-Paul Schwartz **M** Georges Hatzinassios **S** Henri Lanoë **D** Annie Girardot (Lise Tanquerelle), Philippe Noiret (Antoine Lemercier), Catherine Alric (Agnès Pochet), Francis Perrin (Hubert Pochet), Marc Dudicourt (Spiratos), Roger Carel (Konservator) **L** 102 **FSK** ab 12 (Video) **E** 28.8.1981/27.5.1983 Kino DDR/28.4.1984 DFF 1/26.12.1984 ZDF **fd** 23 099

WER HAT, DER HAT →Der Chaos-Express

WER HAT EUCH BLOSS DEN FÜHRERSCHEIN GEGEBEN? (MA CHI T'HA DATO LA PATENTE?). Lustspiel um eine Fahrschule, zwei Amerikanerinnen und einen Computer, der das Fahrschulauto sicher durch alle Fahrprüfungen steuert. Als er jedoch auf militärische Ziele umgestellt wird, entsteht einige Aufregung. Anspruchslose Unterhaltung mit teils plumper, teils gelungener Situationskomik der früher populären italienischen Komiker Franchi und Ingrassia. – Ab 14. ✦ Scope. Italien 1970 **P** Goriz **KI** RCS **R** Nando Cicero **B** Amedeo Sollazzo, Nando Cicero **K** Aldo Giordani **M** Carlo Rustichelli **S** Lina Caterini **D** Franco Franchi, Ciccio Ingrassia, Angela Luce, Villy van der Valke, Raika Yuri, Renato Baldini **L** 92 **FSK** ab 12; nf **E** 11.3.1971 **fd** 17 488

WER HAT IN MEINEM BETT GESCHLAFEN? (WHO'S BEEN SLEEPING IN MY BED?). Der Held einer Fernsehserie durchlebt die seelischen Nöte eines bislang standhaften Junggesellen kurz vor der Eheschließung. Eine anfangs flott ironische, später zu Klamauk verflachende Komödie mit einem ungewöhnlich lebhaften Dean Martin in der Hauptrolle. – Ab 16. ✦ Scope. USA 1963 **P** Amro Prod./Claude Mea Prod. (für Paramount) **KI** Paramount **Pd** Jack Rose **R** Daniel Mann **B** Jack Rose **K** Joseph Ruttenberg **M** George Duning **S** George Tomasini **D** Dean Martin (Jason Steel), Elizabeth Montgomery (Melissa Morris), Carol Burnett (Stella Irving), Martin Balsam (Sanford Kaufman), Jill St. John (Toby Tobler), Richard Conte (Leonard Ashley), Macha Merril (Jacqueline Edwards) **L** 103 **FSK** ab 16; nf **E** 6.3.1964 **fd** 12 616

WER HAT JUPITERS PO GESTOHLEN? →Wer hat den Schenkel von Jupiter geklaut?

WER HAT MEIN BABY GESTOHLEN? (TO SAVE A CHILD). Eine junge Frau entdeckt, daß ihr angeblich totgeborenes Kind in Wirklichkeit von ihrem Ehemann und dessen dem Satanskult zugewandten Familie gekidnappt wurde. Mutig versucht sie, ihr Baby zu retten. ✦ USA 1991 **P** Konigsberg/Sanitzky **Pd** Larry Sanitzky, Jack Clements **R** Robert Lieberman **B** Joyce Eliason **M** William Olvis **D** Marita Geraghty (Isabella Larson), Shirley Knight (Rinda), Anthony Zerbe (Lewis), Pete Kowanko (Garth), Joseph Runningfox (Toby Coldcreek) **L** 83 **E** 29.6.1994 RTL

WER HAT MEINE FAMILIE GEKLAUT? (BEING HUMAN). Fünf Episoden über die menschliche Existenz von der Steinzeit bis heute: Ein Neandertaler muß mit ansehen, wie seine Familie verschleppt wird; ein römischer Sklave widersetzt sich dem Befehl zum Selbstmord und erringt die Freiheit; im Mittelalter zieht ein Wanderer die ungewisse Suche nach seiner Familie einer schönen Fremden vor; nach einem Schiffbruch läßt ein portugiesischer Kaufmann die sterbende frühere Geliebte zurück, um selbst zu überleben; ein geschiedener New Yorker schafft nach Jahren erstmals einen echten Kontakt zu seinen Kindern. Wiederkehrende Motive und ein märchenhafter Off-Kommentar stellen vage Zusammenhänge her, bleiben jedoch unverbindlich in der Aussage. Ein enttäuschender Film ohne Esprit und Biß. – Ab 14. ✦ USA/Großbritannien 1994 **P** Enigma/The Bountiful Company/Iver Heath/Buck/Warner Bros. **VA** Warner Home **Pd** Robert F. Colesberry, David Puttnam **R+B** Bill Forsyth **K** Michael Coulter **M** Michael Gibbs **S** Michael Ellis **D** Robin Williams (Hector), John Turturro (Lucinius), Anna Galiena (Beatrice), Vincent D'Onofrio (Priester), Hector Elizondo (Don Paolo), Lindsay Crouse (Janet) **L** 117 **FSK** ab 12 **E** 25.11.1994 Video/30.11.1995 premiere **fd** 31 108

WER HAT MEINE TOCHTER ERMORDET? (SEARCH FOR JUSTICE). Thriller. Eine junge Frau fühlt sich von ihrer alleinerziehenden Mutter eingeengt und läßt sich auf eine Ehe mit ihrer Jugendliebe ein. Als die Ehe scheitert, findet sie scheinbar perfekte Ersatzeltern. Kurz danach kommt sie ums Leben; die Mutter glaubt nicht an einen Unfall. ✦ USA 1996 **R** Noel Nosseck **B** Joyce Heft Brotman **K** Richard Leiterman **M** Stacy Widelitz **D** Peggy Lipton (Carol Mills), Danica McKellar (Annie Mills), Terry David Mulligan (George Preston), Susan Ruttan (Helen Preston), Bruce Weitz (Det. Steve McAdams) **L** 88 **E** 30.8.1997 ARD

WER HAT TANTE RUTH ANGEZÜNDET? (WHOEVER SLEW AUNTIE ROO? / GINGERBREAD HOUSE). Eine originelle Variante des Märchens »Hänsel und Gretel«, in der Kinder in fehlgeleiteter Fantasie eine schrullige alte Frau töten. Distanziert erzählt, auf Schocks und Brutalitäten weitgehend verzichtend, bietet der Film ein eher intellektuelles Vergnügen. – Ab 16 möglich. ✦ Großbritannien 1972 **P** American International/Hemdale **KI** Filmwelt **Pd** Samuel Z. Arkoff, James H. Nicholson **R** Curtis Harrington **B** Robert Blees, Jimmy Sangster, Gavin Lambert **K** Desmond Dickinson **M** Kenneth V. Jones **S** Tristam Cones **D** Shelley Winters (Rosie Forrest), Mark Lester (Christopher), Chloe Franks (Katy), Ralph Richardson (Mr. Benton), Lionel Jeffries (Insp. Willoughby) **L** 91 **E** 8.2.1980 **fd** 22 382

WER HAT UNSEREN DINOSAURIER GEKLAUT (ONE OF OUR DINOSAURS IS MISSING). Eine energische alte Dame, einst Kindergouvernante, greift in den 20er Jahren dem britischen Geheimdienst unter die Arme, als das Skelett eines Dinosauriers, in dem ein geheimer Mikrofilm versteckt wurde, aus dem Londoner Naturkundemuseum gestohlen wird und chinesische Agenten auftrumpfen. Eine leidlich unterhaltsame Krimi-Komödie, deren Späße sich aber arg in die Länge ziehen und sich in vorwiegend albernen Slapstick-Gags erschöpfen. (Schweizer Titel: »Wer hat den Dinosaurier geklaut«) – Ab 10 möglich. ✦ USA 1975 **P** Walt Disney/Buena Vista **VA** EuroVideo **Pd** Bill Walsh **R** Robert Stevenson **B** Bill Walsh, nach dem Roman »The Great Dinosaur Robbery« von David Forrest **K** Paul Beeson **M** Ron Goodwin **S** Hugh Scaife **D** Peter Ustinov (Hnup Wan), Helen Hayes (Hettie), Clive Revill (Quon), Derek Nimmo (Lord Southmere), Joan Sims (Emily) **L** 94 **FSK** ab 6 **E** 1987 Video/14.7.1989 ARD

WER HEIRATET WEN (SHENITBA BALSAMINOWA). Die Erlebnisse eines kleinen, geistig beschränkten Beamten, der durch eine reiche Heirat sein Glück machen will. Der inszenatorisch mißlungene Versuch einer satirisch übersteigerten Gesellschaftskritik. – Ab 14. ✦ UdSSR 1964 **P** Mosfilm **KI** Progress **R** Konstantin Woinow **B** Konstantin Woinow, nach dem Roman »Balsaminows Heirat« von A. N. Ostrowski **K** Georgi Kuprijanow **M** Boris Tschaikowski **D** Georgi Wizin, Ludmila Schagalowa, Lidija Smirnowa, Shanna Prochorenko, Ljudmila Gurtschenko **L** 83 **E** 10.6.1966 Kino DDR/25.6.1971 DFF 2

WER IM GLASHAUS LIEBT ... DER GRABEN. Ein junger Werbefachmann versucht, bürgerlichen Verhaltensnormen und gesellschaftlichen Rollenerwartungen zu entkommen. Nachdem seine Frau ihn beim Ehebruch überrascht hat, einigt man sich darauf, gemeinsam neue Formen des Zusammenlebens zu erproben. Ein ambitioniertes Melodram mit gesellschaftskritischen Absichten und viel theoretischem Überbau. ✦ BR Deutschland 1970 **P** Sentana **KI** Constantin **Pd+R+B** Michael Verhoeven **K** Igor Luther **M** Improved Sound Ltd. **S** Michael Verhoeven **D** Senta Berger (Hanna), Marianne Blomquist (Christine), Hartmut Becker (Igor) **L** 85 **FSK** ab 18; nf **FBW** w **E** 2.7.1971 **fd** 17 407

WER IM REGEN WEGGEHT (KTO ODCHADZA V DAZKI ...). Den Landarbeitern einer kleinen slowakischen Gemeinde wird 1947 durch die Bodenreform erstmals eigenes Land zugeteilt. Der bald beginnende Prozeß der Kollektivierung der Landwirtschaft stellt sie vor neue, weitreichende Probleme. Ein thematisch interessanter Film, der am individuellen Schicksal einer Familie differenziert Klassenauseinandersetzungen auf dem Land beschreibt und analysiert. – Ab 16. ✦ CSSR 1974 **P** Filmstudio Bratislava-Koliba **KI** Progress **R** Martin Holly **B** Tibor Vichta, nach einer Idee von Jan Jonás **K** Karol Krska, Jan Magdolen **M** Zdenek Liska **D** Gustáv Valach (Hastiak), Emília Vásáryová (Zuza), Ivan Vyskocil (Druzko), Stefan Kvietik (Martin), Ludovit Reiter **L** 87 **E** 7.5.1976 Kino DDR/15.6.1977 DFF 2

WER IST DER MANN? (KIM JEST TEN CZLOWIEK). Ein Agent der polnischen Abwehr gerät in eine heikle und lebensgefährliche Situation, als er die Existenz eines Gegenspielers und Verräters in den eigenen Reihen spürt. Ein auch als Genreunterhaltung unbefriedigendes, teilweise recht blutrünstiges Spionage-Spektakel vor dem politischen Hintergrund des Jahres 1939. – Ab 16. ✦ Polen 1984 **P** Zespoly Filmowe, Gruppe »Iluzjon« **KI** Progress **R** Ewa Petelska, Czeslaw Petelski **B** M.M. Gromar **K** Jerzy Jaruga **M** Jerzy Maksymiuk **D** Henryk Talar (Adam), Ewa Szykulska (Maria), Wienczyslaw Glinski (Oberst Kuziemski), Krzysztof Chamiec (Major Stanislaw), Witold Pyrkosz (Untersuchungsbeamter) **L** 109 **E** 22.5. 1987 Kino DDR

WER IST DER MILLIARDÄR? →Wer ist Milliardär?

WER IST HARRY CRUMB? (WHO'S HARRY CRUMB?). Ein vertrottelter Detektiv richtet bei der Aufklärung eines Entführungsfalles Chaos an, kann aber dank seiner entwaffnenden Einfalt die Täter dingfest machen. Eine kleine, gutherzige Krimi-Komödie, deren Gags von sehr unterschiedlichem Niveau sind und der es manchmal am rechten Timing mangelt; insgesamt weitgehend kurzweilige Unterhaltung. – Ab 14 möglich. ✦ USA 1988 **P** Tri-Star Pictures/Tri-Star-NBC **KI** Columbia TriStar **VA** RCA/Columbia **Pd** Arnon Milchan, George W. Perkins **R** Paul Flaherty **B** Robert Conte, Peter Martin Wortmann **K** Stephen M. Katz **M** Michel Colombier **S** Danford B. Greene **D** John Candy (Harry Crumb), Jeffrey Jones (Eliot Draisen), Annie Potts (Helen Downing), Tim Thomerson (Vince Barnes), Barry Corbin (P. J. Downing), Shawnee Smith (Nikki Downing) **L** 90 **FSK** ab 12; f **E** 27.4.1989/7.11.1989 Video **fd** 27 600

WER IST HARRY KELLERMAN? (WHO IS HARRY KELLERMAN AND WHY IS HE SAYING THOSE TERRIBLE THINGS ABOUT ME?). Ein etwa 40jähriger erfolgreicher Rock-Komponist und Sänger wird in seinem geruhsamen Dasein durch einen mysteriösen Harry Kellerman aufgeschreckt, der all seine Bekannten anruft und vor ihm warnt. Kellerman, der nichts anderes als eine Imagination seines eigenen verdrängten Ichs ist, verweist den Komponisten auf sein menschliches Versagen, für das auch ein Psychiater keine Hilfe bieten kann. Selbstmord erscheint ihm als einziger Ausweg. In sehr eigenwilliger und komplexer Form stellt der Film die Frage nach dem Ich und dem Lebenssinn. Darstellerisch hervorragend, vor allem im zweiten Teil menschlich anrührend. – Ab 16. ✦ USA 1970 **P** Gardner **KI** Centfox **Pd+R** Ulu Grosbard **B** Herb Gardner **K** Victor J. Kemper **M** Shel Silverstein **S** Barry Malkin, Craig McKay **D** Dustin Hoffman (Georgie Soloway), Barbara Harris (Allison), Jack Warden (Dr. Moses), David Burns (Leon), Dom DeLuise (Irwin), Gabriel Dell **L** 90 **FSK** ab 16; f **E** 28.4.1972 **fd** 17 875

WER IST HIER VERRÜCKT? (HVEM HAR BESTEMT ...?). Ein Psychologiestudent eckt durch seine Forderungen nach einem überdachteren und menschlicheren Leben ständig bei seiner Umwelt an. Er wird zur Beruhigung (und Anpassung) in eine Nervenheilanstalt eingeliefert. Die narzißtischen »Ausbrüche« des Regisseurs, Drehbuchautors und Hauptdarstellers lassen den Film zwar nicht zu einer einheitlichen Struktur kommen, geben ihm aber, neben einigen beklemmend realistischen Personen- und Milieustudien, auch eine Frische, die dieses Erstlingswerk sympathisch und ansehenswert macht. ✦ Norwegen 1978 **P** A/S Mefistofilm **KI** AG Kino **R** Petter Venneröd **B** Petter Venneröd, Svend Wam **K** Paul René Roestad **M** Sven Gundersen, Julie Felix, Savage Rose **D** Petter Venneröd, Sverre Gran, Sossen Krohg, Sölvi Wang, Ellen Waaler **L** 85 **E** 28.9.1979 **fd** 22 232

WER IST JETZT DER BOSS (SUP DE FRIC). Zwei junge Männer, ein Playboy und ein Betrüger, beide Schüler einer Wirtschaftsschule, tun sich zusammen, um durch Kauf der Schule den Direktor entlassen zu können. Ein Plan, dessen Realisierung sehr viel Glück, Fingerspitzengefühl und einige unfeine Tricks erfordert. Eine lieblos inszenierte Komödie mit einem Minimum an Handlung. – Ab 16 möglich. ✦ Frankreich 1991 **R+B** Christian Gion **K** Bernard Joliot **M** Graham de Wilde, Richard Harvey **S** Hélène Plemiannikov **D** Jean Poiret (Cyril Dujardin), Anthony Delon (François Cardeau), Cris Campion (Victor Dargelas), Valérie Mairesse (Isabelle), Laurence Ashley (Ursula) **L** 90 **E** 29.5.1994 RTL

WER IST KENDALL BROWN? (THE LIMPING MAN). Ein ehemaliger amerikanischer Soldat, der nach London zurückkehrt, um seine Liebe aus Kriegszeiten wiederzusehen, wird in die Aufklärung eines Mordfalls verwickelt – bis sich am Ende herausstellt, daß alles nur ein Traum an Bord des Flugzeugs war. – Ab 16. ✦ Schwarz-weiß. Großbritannien 1953 **P** Banner **Pd** Donald Ginsberg **R** Charles de la Tour, Cyril Raker Endfield **B** Reginald Long, nach einer Erzählung von Anthony Verney **K** Jonah Jones **M** Eric Robinson **D** Lloyd Bridges (Franklyn Prior), Moira Lister (Pauline French), Alan Wheatley (Inspektor Braddock), Leslie Phillips (Cameron), Helene Cordet (Helene Castle) **L** 70 **E** 10.7.1961 ARD

WER IST MAZAREFF? →Romarei, das Mädchen mit den grünen Augen

WER IST MEINE FRAU (WHO IS JULIA?). Psycho-Horrorfilm um ein Top-Model. Nach einem Autounfall wird das Gehirn des körperlich völlig entstellten Models in den unverletzten Körper der Mitfahrerin übertragen, was zu fortlaufenden psychischen Problemen nicht nur der Betroffenen, sondern auch der Ehemänner der beiden Frauen führt. Ein fürs Fernsehen produzierter Film von bemerkenswerter innerer Spannung. ✦ USA 1986 **R** Walter Grauman **B** James Sadwith (= James Steven Sadwith), nach einem Roman von Barbara S. Harris **D** Mare Winningham, Jameson Parker, Jeffrey DeMunn, Jonathan Banks, Bert Remsen, Mason Adams **L** (TV) 89 **E** 12.9.1990 RTL plus

WER IST MILLIARDÄR? (NEA MARIN MILJARDAR). Auf Grund einer Namensähnlichkeit wird einem jungen Mann in einem Hotel die Suite eines amerikanischen Milliardärs zugewiesen, der am nächsten Tag ankommen soll. Da dessen Tochter von einer Erpresserbande entführt wurde und auch noch eine zweite Ganovengruppe auf den Plan tritt, haben der falsche und der echte Milliardär als ungleiches Paar turbulente Gefahren zu meistern. Verwechslungs-Kriminalkomödie mit bekannten Gags; weitgehend anspruchslos, aber unterhaltend, auch durch den optischen Reiz der Schwarzmeer-Küste. (DDR-Titel: »Wer ist der Milliardär?«) – Ab 12 möglich. ✦ Rumänien 1979 **P** Romaniafilm **KI** Progress **R** Sergiu Nicolaescu **B** Vintila Corbu, Eugen Burada, Amza Pellea **K** Nicolae Girardi **M** Ileana Popovici **D** Amza Pellea, Draga Olteanú-Matei, Jean Constantin, Stefan Mihailescu-Braila, Sebastian Papaiani **L** 94 **E** 18.7.1980 Kino DDR/12.6.1982 DFF 2/11.8.1986 RTL plus

WER IST MR. CUTTY? (THE ASSOCIATE). Einer erfolgreichen Wall-Street-Brokerin wird der Aufstieg erschwert, weil sie schwarz und eine Frau ist. Auch als selbständige Beraterin kommen ihre Geschäfte erst ins Laufen, nachdem sie sich als Mitarbeiterin eines unbekannten Finanzgenies ausgibt, für den sich bald alle Welt interessiert. Überzeichnete Komödie, die weder ihre satirischen Ansätze noch das komische Potential ausschöpft. Sie überzeugt nur dort, wo sie die Prozesse beobachtet, die zur öffentlichen Etablierung der fiktiven Figur führen. – Ab 14 möglich. ✦ USA 1996 **P** Interscope/PolyGram **KI** PolyGram/UIP **VA** PolyGram (Fox) **Pd** Adam Leipzig, Frederic Golchan, Patrick Markey **R** Donald Petrie **B** Nick Thiel, Scott Kroopf, Robert W. Cort, David Madden **K** Alex Nepomniaschy **M** Christopher Tyng **S** Bonnie Koehler **D** Whoopi Goldberg (Laurel Ayres), Dianne Wiest (Sally), Eli Wallach (Donald Fallon), Tim Daly (Frank), Bebe Neuwirth (Camille), Austin Pendleton (Aesop), Lainie Kazan (Cindy Mason) **L** 114 **FSK** ab 6; f **FBW** w **E** 17.4.1997/6.10.1997 Video **fd** 32 499

WER IST OHNE SCHULD? (KDO ISI BEZ VINY). Ein junger Zigeuner ist während seines Wehrdienstes ständigem Spott und dem Unverständnis seiner Stubenkameraden ausgesetzt. Als diese »aus Spaß« einen fingierten Brief schreiben, in dem seine Frau der Untreue bezichtigt wird, ist für den jungen Mann das Vertrauen und die Liebe zu ihr zerstört, und er tötet sie. Erschütternd in der Thematik und in der Hauptrolle glänzend gespielt, leidet der Film teilweise unter einer schleppenden Handlungsführung. – Ab 16. ✦ Schwarz-weiß. CSSR 1963 **P** Filmstudio Bratislava **KI** Progress **R+B** Dimitri Plichta **K** Karol Krska **M** Ilja Zeljenka **D** Ján Mistrík (Vinco), Marie Málková (Sujana), Josef Hajducík (Gusto Rabek), Miroslav Castek (Oldo Celeryn) **L** 102 **E** 26.2.1965 Kino DDR

WER IST REX? (CALLING PAUL TEMPLE). Der seinerzeitige Hörspiel-Erfolg, der den Kriminalschriftsteller Paul Temple berühmt machte, ist als Film bloß routiniert statt wirklich spannend: Temple ermittelt in einer Mordserie mit vielen Verdächtigen parallel zu den tölpelhaften Scotland-Yard-Beamten. – Ab 14. ✦ Schwarz-weiß. Großbritannien 1948 **P** Butcher's Film Service/Nettlefold Films **KI** Eagle Lion **Pd** Ernest G. Roy **R** Maclean Rogers **B** A. R. Rawlinson, nach einem Hörspiel von Francis Durbridge **K** Geoffrey Bentley **M** Percival Machey **D** John Bentley (Paul Temple), Dinah Sheridan (Evie), Margaretta Scott (Mrs. Trevelyan), Abraham Sofaer (Dr. Koshima), Celia Lipton (Norma Rice), Jack Raine (Sir Grahame Forbes) **L** 90 **FSK** ab 12; nf **E** 13.1.1950 **fd** 582

WER IST SCARLET PIMPERNEL →Das scharlachrote Siegel

WER KEINEN MUT ZUM TRÄUMEN HAT, HAT KEINE KRAFT ZUM KÄMPFEN. Ein mosaikartig aufgebauter Super-8-Film (für Kinovorführungen auf 16-mm aufgeblasen) über ein alternatives Umweltfest, das 1978 in Berlin stattfand und den damaligen alternativen Gruppen ein Forum bot. Das Dokument einer Jugendkultur, die Ende der 70er Jahre im Aufbruch war – zwischen dem Protest gegen Atomenergie und vor der Besetzung leerstehenden Häusern. ✦ BR Deutschland 1979 **P** Medienwerkstatt Berlin **SF** Gegenlicht/Freunde der Deutschen Kinemathek **R+B+K** Bernd Friedmann, Wolfgang Krajewski, Hans Rombach, Bernd Uhde, Rainer Lutter, Klaus Otto **M** Ton Steine Scherben, Teller Bunte Knete, Los Tros Tornados **S** Bernd Friedmann, Wolfgang Krajewski, Hans Rombach, Bernd Uhde, Rainer Lutter, Klaus Otto **L** 80 **FSK** ab 6; f **E** 6.4.1979

WER KENNT DIESE FRAU? (KTOKOLWIEK WIE ...). Ein Journalist fahndet nach einer Frau, die plötzlich ihre gewohnte Umwelt verlassen hat und spurlos verschwunden ist. Das Leben in einer Massengesellschaft in kritischer Lebenssicht und allegorischen Bildern, die dem Zuschauer selbst zur Deutung überlassen bleiben. ✦ Schwarz-weiß. Polen 1966 **P** KADR **R** Kazimierz Kutz **B** Krzysztof Kakolewski, Andrzej Mularczyk **K** Antoni Nurzynski **M** Wojciech Kilar **D** Edward Lubaszenko, Zofia Merle, Marie Zbyszewska **L** 98 **E** 5.8.1968 ARD **fd** 15 583

WER KENNT JOHNNY R.? (LA BALADA DE JOHNNY RINGO). Ein totgesagter Bandit versucht, einen arglosen Unschuldigen in die eigene Rolle zu drängen, um die Verfolgung eines Rächers von sich abzulenken. Handwerklich unterdurchschnittlicher, unglaubwürdiger »Euro-Western« auf den Spuren der Karl-May-Filme. (Alternativtitel: »$ 5000 für den Kopf von Jonny R.«; TV: »Wer kennt Jonny Ringo«) ✦ Scope. BR Deutschland/Spanien 1966 **P** CCC/Tilma **KI** Nora **Pd** Artur Brauner **R** José Luis Madrid **B** Ladislas Fodor, Paul Jarrico, nach einer Story von Carson Wiley **K** Julio Pérez de Rozas **M** Frederico Martinez Tudo, Heino Gaze **S** Walter Wischniewsky, Antonio Canovas **D** Lex Barker (Sam), Joachim Fuchsberger (Clyde Smith), Marianne Koch (Bea), Ralf Wolter (Billy), Barbara Bold (Cathy), Sieghardt Rupp (Oberst Conroy) **L** 91 **FSK** ab 16; nf **E** 19.5.1966/31.12.1992 RTL plus **fd** 14 104

WER KLOPFT DENN DA AN MEINE TÜR? →Who's that knocking at my door?

WER KRIEGT DENN HIER EIN BABY? (GROSSESSE NERVEUSE). Als ein flüchtiges Liebesabenteuer Martin Dorval – großartig gespielt von Tom Novembre – zum Vater macht, sucht er daraus gutwillig das Beste zu machen, doch sorgen Mutter, Exfrau und Geliebte dafür, daß er meist völlig überfordert ist. Eine umwerfend komische und witzige Satire auf alles, was mit Mutter- und Vaterschaft, erwünschter und unerwünschter Schwangerschaft und mit den Rollen von Mann und Frau im Zeitalter der Emanzipation und Gleichberechtigung zu tun hat. ✦ Schweiz/Frankreich 1993 **P** Les Productions Crittin & Thiébaud/France 2/TSR **Pd** Didier Haudepin **R+B** Denis Rabaglia **K** Pierluigi Zaretti **M** Louis Crelier **S** Monique Dartonne **D** Tom Novembre (Martin Dorval), Isabelle Townsend, Sabine Haudepin, Jean Rougerie, Catherine Samie **L** 88 **E** 20.5.1996 ZDF

WER KÜSST MADELEINE? Die Geschichte eines Piloten, der wissen möchte, wer seine Frau küßt, während er abwesend ist. Komödiantische Unterhaltung nach Konventionen. – Ab 12. ✦ Schwarz-weiß. Deutschland 1939 **P** Terra **R** Viktor Janson **B** Edgar Kahn **K** Walter Riml **M** Werner Bochmann **S** Walter Fredersdorf **D** Magda Schneider (Madeleine), Albert Matterstock (Pierre), Herti Kirchner (Françoise), Hermann Speelmans (Maurice), Ernst Waldow (Gaston) **L** 81 **E** 24.8.1939/10.2.1964 DFF 1

WER KÜSST WEN? (WER KÜSST WEN?). Zwei Zwillingsbrüder führen ihre Braut und Frau einen Nachmittag lang an der Nase herum. Ein nur mäßig witziges Verwechslungslustspiel. (Titel auch: »Die vertauschten Ehemänner«) – Ab 16. ✦ Schwarz-weiß. Österreich 1947 **P** Belvedere **KI** Continental **Pd** August Diglas **R** Wolf-Dietrich Friese **B** August Diglas **K** Sepp Ketterer, Sepp Niggmann **M** Oskar Wagner **D** Alexander Trojan, Thea Weis, Trude Marlen, Maria Wiesinger, Karl Rolf Augustin **L** 87 **FSK** ab 16; nf **E** 20.2.12.1949 **fd** 293

WER LACHT – FLIEGT RAUS (BOWERY TO BAGDAD / BOWERY BOYS MEET THE MONSTERS). Zwei zu abendfüllender Programmlänge aneinandergeklebte Kurzkomödien der unteren Güteklasse, im Mittelpunkt das Komik-Duo »Flip und Flap«. Die erste zeigt schwache Ansätze zu einer Parodie des kinoüblichen Horrorfilms, die zweite zielt auf US-Gangsterfilme. – Ab 16. ✦ Schwarz-weiß. USA 1954/55 **P** Allied Artists **KI** Lehmacher **Pd** Ben Schwalb **R** Edward Bernds **B** Elwood Ullman, Edward Bernds **K** Harry Neumann **M** Marlin Skiles **S** John C. Fuller (1), Lester A. Sonsom (2), William Austin (3) **D** Leo Gorcey (Slip), Huntz Hall (Sach), David Gorcey (Chuck), Bernard Gorcey (Louie), Bennie Bartlett (Butch) **L** 96 **FSK** ab 16; nf **E** 26.5.1961 **fd** 10 478

WER LIEBT, DEM WACHSEN FLÜGEL. Nach glücklichen Ehejahren steht ein Antiquar vor den Scherben seines Lebens, als sich seine Frau ganz dem Gedeih der ererbten Computerfirma widmet und weder Therapeutin noch Geliebte einen Ausweg weisen können. Geschäftliche Intrigen heizen den Konflikt zusätzlich an. Missratene Boulevard-Komödie, die aus ihrer Geschichte kein Kapital schlägt und die Darsteller kaum fordert. Vermeintliche Fernsehprominenz in den Nebenrollen soll für Glanz sorgen, drückt das Niveau jedoch an den Rand des Erträglichen. – Ab 16 möglich. ✦ Deutschland/Österreich 1998 **P** Tele München/Clasart Produktion/Concorde Media Wien/ORF/ **KI** Concorde **VA** Concorde (VCL) **DVD** Concorde (16:9, 1.85:1, DD5.1 dt.) **Pd** Rikolt von Gagern, Johannes Thun-Hohenstein **R+B** Gabriel Barylli **K** Achim Poulheim **M** Enjott Schneider, Patrick Büttmann **S** Andreas Herzog **D** Lisa Martinek (Maria), Heio von Stetten (Christian), Gudrun Landgrebe (Lisa), Ralf Bauer (Martin), Verona Feldbusch (Ricarda), Gertraud Jesserer (Wiener Dame), Maximilian Schell (Hochberg), Nina Ruge (Clarissa), Mathieu Carrière (Michael) **L** 98 **FSK** ab 6 **FBW** w **E** 8.4.1999/21.12.1999 Video/19.5.2000 DVD **fd** 33 606

WER LIEBT, LEBT GEFÄHRLICH (EL AMOR PERJUDICA SERIAMENTE LA SALUD / L'AMOUR NUIT GRAVEMENT A LA SANTE). Die 30 Jahre andauernde, immer wieder durch die Umstände verhinderte Liebe eines Paares, dessen Wege sich trennen, da sie in höhere gesellschaftliche Kreise aufsteigen will, und das erst spät erkennt, dass es für einander geschaffen ist. Turbulente Liebeskomödie mit vielen Songs, die absurde Situationen und unmögliche »Liebesnester« für die Treffen ihrer beiden Langzeitverliebten heraufbeschwört. ✦ Spanien/Frankreich 1996 **P** Bocaboca Prod./Sogepaq/Sociedad General de Televisión/Canal+ España/Tele 5/D.M.V.B./Sogetel/Le Studio Canal+ **Pd** Cesar Benitez, Manuel Gómez Pereira **R** Manuel Gómez Pereira **B** Joaquin Oristrell, Yolanda Garcia Serrano, Juan Luis Iborra, Manuel Gómez Pereira **K** Juan Amorós **M** Bernardo Bonezzi **S** Guillermo Represa **D** Ana Belén (Diana), Juanjo Puigcorbé (Santi), Penélope Cruz (junge Diana), Gabino Diego (junger Santi), Laura Conejero (Mari José) **L** 120 **E** 26.5.1999 Vox

WER MACHT WAS MIT WEM, UND WARUM NICHT MIT MIR? (MARIA ROSA LA GUARDONA). Eine attraktive Provinzlerin kommt nach Rom, wo sie in einem Hotel als Zimmermädchen arbeitet. Ihre Haupttätigkeit besteht jedoch im Beobachten der Gäste und deren sexueller Leidenschaften. Ein Blödelfilm mit spekulativer Grundtendenz. (Alternativtitel: »Komm, spiel mit mir«) ✦ Scope. Italien 1973 **P** Seven Film **KI** Scotia **R** Franco Martinelli **B** Carlo Veo, Leila Buongiorno **K** Angelo Lotti **M** Alessandro Alessandroni **S** Otello Colangeli **D** Isabella Biagini, Ninetto Davoli, Riccardo Garrone, Rosemarie Lindt, Marco Tulli, Silvio Bagolini **L** 91 **FSK** ab 18; nf **E** 18.7.1975

WER MICH LIEBT, NIMMT DEN ZUG (CEUX QUI M'AIMENT PRENDRONT LE TRAIN). Ein mit 70 Jahren verstorbener homosexueller Maler hat verfügt, daß er in seiner Heimatstadt Limoges begraben wird und daß alle, die ihn lieben, mit dem Zug zu seiner Beerdigung reisen. Während der Fahrt und auf der Begräbnisfeier entspinnt sich unter den Hinterbliebenen eine komplexe Tragikomödie um Erinnerungen, geplatzte Illusionen, zerstörerische Wahrheiten und Zukunftsängste – aber auch um Hoffnungen auf einen Neuanfang. Ein eindrucksvoller filmischer Reigen menschlicher Schicksale, geprägt von einer höchst intensiven Kameraarbeit sowie von grandiosen schauspielerischen Leistungen. – Sehenswert ab 16. ✦ Scope. Frankreich 1997 **P** Le Studio Canal+/Téléma/France 2 Cinéma/Azor Films **KI** MFA **VA** pro-fun **Pd** Charles Gassot **R** Patrice Chéreau **B** Patrice Chéreau, Danièle Thompson, Pierre Trividic **K** Eric Gautier **S** François Gédigier **D** Valéria Bruni-Tedeschi (Claire), Charles Berling (Jean-Marie), Jean-Louis Trintignant (Jean-Baptiste/Lucien), Pascal Greggory (François), Bruno Todeschini (Louis), Sylvain Jacques (Bruno), Vincent Perez (Viviane), Roschdy Zem (Thierry) **L** 121 **FSK** ab 12; f **E** 27.8.1998/8.3.2000 Video **fd** 33 281

WER MIT DEM FEUER SPIELT (JUGEZ-LES BIEN). Ein krankhaft eifersüchtiger Mann bringt seine Frau um. Nach seiner Haftentlassung wird er rückfällig und nach einem erneuten Mordversuch von seinem Schwiegervater, der sich einst als Geschworener für ihn einsetzte, niedergeschossen. Ein unzulänglich inszeniertes Drama, weder juristisch noch moralisch stichhaltig in seiner Argumentation. ✦ Schwarz-weiß. Frankreich 1960 **P** A.T.A.C./Elysée **KI** Kurt Zobel **Pd** Robert Florat **R+B** Roger Saltel **K** Claude Lecomte **M** Daniel White **D** Serge Sauvion (Richard Lambach), Magali de Vendeuil (Dany), Paul Frankeur (Cassel), Jacques Mareuil (Plogoff), Gilbert Gil (Littry), Philippe Dumat (Paul) **L** 99 **FSK** ab 18; f **E** 5.5. 1961/9.1.1965 DFF 1 **fd** 10 341

WER NIMMT DIE LIEBE ERNST? (1931). Ein kleiner Gauner wirbt in Konkurrenz mit einem »Kumpel aus dem Knast« um eine schnoddrige Berlinerin mit Herz und weiß sie für sich zu gewinnen. Der erste Spielfilm von Erich Engel ist eine auf treffende Milieustudien, pointierte Dialoge und zeitkritisch-parodistische Anspielungen angelegte Komödie. – Ab 14. ✦ Schwarz-weiß. Deutschland 1931 **P** Terra **R** Erich Engel **B** Hermann Kosterlitz (= Henry Koster), Curt Alexander **K** Curt Courant **M** Wilhelm Groß **D** Jenny Jugo (Ilse), Max Hansen (Max), Otto Wallburg (Bruno), Willi Schur (Jacob), Hedwig Wangel (Hundebesitzerin), Werner Pledath (Polizist) **L** 84 **E** 28.9.1931/ 11.4.1970 ZDF

WER NIMMT DIE LIEBE ERNST? (1954) (CADET ROUSSELLE). Ein draufgängerischer junger Mann treibt im ausgehenden 18. Jahrhundert zur Zeit um die Französische Revolution (1789) seine abenteuerlichen Streiche, zusammen mit seinem Faktotum (großartig: Bourvil) gegen Armee, Polizei und Administration. Verschmitzt, verschlagen, tollkühn und frech, wird er Royalist, Republikaner, Aufständischer und schließlich General einer Armee, deren Generäle er immerzu genarrt hat. Eine turbulenter und amüsanter historischer Abenteuerfilm im Gefolge von »Fanfan der Husar«, der spannend und entspannend zugleich unterhält. (Titel auch: »Der tolle Musketier«) – Ab 12. ✦ Schwarz-weiß. Frankreich 1954 **P** P.A.C./S.N. Pathé Cinéma **KI** Phönix **R** André Hunebelle **B** Jean Halain, Jean-Paul Lacroix **K** Marcel Grignon **M** Jean Marion **D** François Périer (Cadet Rouselle), Dany Robin (Violetta), Bourvil (Jérôme), Madeleine Lebeau (Marguérite), Nöel Roguevert (Berton), Christine Carrère (Isabelle) **L** 110 **FSK** ab 12; nf **E** 18.5.1956 **fd** 4 971

WER ÖFFNET DIE TÜR? (CINE VA DESCHIDE USA). Ein 13jähriger Junge wird aus einer Erziehungsanstalt entlassen. Auf der Heimfahrt begegnet er kränkenden Vorurteilen, aber auch verständnisvollen Menschen. Jugendfilm mit gesellschaftskritischem Hintergrund. (Westdeutscher TV-Titel: »Wer wird ihm die Tür öffnen?«) – Ab 14. ✦ Scope, schwarz-weiß. Rumänien 1967 **P** Filmstudio Bucuresti **KI** Progress **R** Gheorghe Naghi **B** Alexandru Andritoiu, Nicolae Stefanescu **K** Gheorghe Viorel Todan **M** Dumitru Capoianu **S** Eugenia Naghy **D** Armand Oprescu (Ovid Godrescu), Monica Theodorescu (Florica), Stefan Mihailescu-Braila (Vater), Corina Constantinescu (Mutter), Draga Olteanú-Matei (Frau mit dem Koffer) **L** 75 **E** 5.9.1969 Kino DDR/24.9.1972 ARD

WER RASTET, DER ROSTET (PIERRE QUI ROULE). Um ihrer Verzweiflung und Einsamkeit zu entfliehen, bricht eine 24jährige Witwe in das Leben eines 40jährigen Mannes ein, dessen Leben bisher in gewohnten Bahnen verlief. Das kurze Liebesabenteuer entwickelt sich gegen den Willen des Mannes zu einer heftigen Affäre, die die Frau mit allen Mitteln verteidigt. Erst langsam beginnt auch er, Zuneigung zu empfinden. Ein Art »Roadmovie« über erstarrte Leben, die plötzlich wieder in Bewegung geraten. (O.m.d.U.) – Ab 16. ✦ Frankreich 1991 **R+B** Marion Vernoux **D** Marianne Denicourt (Marie), Benoît Régent (Pierre) **L** 90 **E** 19.6.1992 arte

WER REGIERT DIE STADT? → Wem gehört die Stadt?

WER REISST DENN GLEICH VORM TEUFEL AUS? Komödiantisch angereicherte Version des Grimmschen Märchens, in dem ein naiver junger Mann dem Teufel drei goldene Haare abluchst und damit eine Prinzessin und ein Königreich gewinnt. Aktionsreiche, streckenweise sehr witzige Märchenunterhaltung für etwas ältere Kinder, die der Ironie der Geschichte gut zu folgen vermögen und mit ihrer drastischen Bildsymbolik umzugehen verstehen. – Ab 8. ✦ DDR 1977 **P** DEFA, Gruppe »Babelsberg« **KI** UNIDOC **SF** BAG **VA** EuroVideo **Pd** Erich Albrecht **R** Egon Schlegel **B** Manfred Freitag, Joachim Nestler, nach einem Märchen der Gebrüder Grimm **K** Wolfgang Braumann **M** Günter Hauk **S** Anneliese Hinze-Sokolow **D** Hans-Joachim Frank (Jakob), Katrin Martin (Prinzessin), Rolf Ludwig (König), Hannjo Hasse (Hofmarschall), Dieter Franke **L** 94 **FSK** o. A. **E** 2.12.1977 Kino DDR/1.12.1979 DFF 1/ 1986 Video **fd** 25 763

WER REITET AUF DEM PFERD? (KTO OSSELDLAJET KONJA). Die Abenteuer eines Jungen aus der Großstadt, der auf einer Pferdefarm in den Bergen Georgiens seine Liebe zu den Tieren entdeckt. – Ab 6. ✦ Schwarz-weiß. UdSSR 1964 **P** Grusia-Film **KI** Progress **R** Schotar Managadse **B** I. Tarba, Alexander Witenson, Schotar Managadse **K** Felix Wyssozki **M** R. Latidse **D** Kote Dauschwili (Großvater Alchas), G. Nikolaischwili (Beknu), M. Manatadse (Kweisa), D. Gogeliani (Assida) **L** 84 **E** 19.3.1965 Kino DDR

WER RUFT MICH IN DER NACHT? (CINE MA STRIGA?). Zur Bewährung wird eine junge Frau zur Arbeit auf eine Baustelle geschickt. Allmählich gewinnt sie Zutrauen zu den Kollegen und erfährt in dieser Gemeinschaft lange entbehrte Werte wie Achtung, Vertrauen und Zuneigung. Eine nach einem authentischen Fall gestalteter Gegenwartsfilm. ✦ Rumänien 1979 **P** Casa de filme UNU **R** Letitia Popa **B** Rodica Padina **K** Mihai Popescu **M** Mircea Florian **D** Marioara Sterian (Ina), Tora Vasilescu (Anica), Iulian Visa (Tudor), Dinu Manolache (Vasile), Tatjana Iekel (Adina) **L** 91 **E** 3.5.1982 DFF 2

WER SAGT, DASS ES MORD WAR? (OSOBOJE MNENIJE). Die Aufklärung eines Mordes an einem unbekannten Mann, der am Strand der Schwarzmeerküste aufgefunden wurde. Kriminalfilm. ✦ Schwarz-weiß. UdSSR 1968 **P** Filmstudio Odessa **R** Viktor Shilin **B** I. Mensheritzki **K** L. Burlak **M** Bogdan Trozjuk **D** Paul Rinne (Sergej Kowaljow), Pjotr Krymow (Skurtschichin), G. Krynkin (Igor Petritschenko), S. Sorotschinskaja (Popowa), J. Grischmanowski (Professor) **L** 79 **E** 23.1.1971 DFF 1

WER SCHLÄFT MIT CAROLINE? (WAITING FOR CAROLINE?). Ein attraktives kanadisches Fotomodell mit starker Vaterbindung schwankt so lange zwischen zwei miteinander befreundeten Männern, einem Franzosen und einem Engländer, bis die junge Frau für beide unglaubwürdig wird und sie ihr eine Absage erteilen. Eine psychologisch und optisch ambionierte Dreiecksgeschichte, die versucht, durch die Beschreibung von Gefühlen und Stimmungen auch soziale und kulturelle Probleme Kanadas anzusprechen. Die Variante von Truffauts »Jules und Jim« geriet aber trotz einiger sehr poetischer Momente allzu geschmäcklerisch und süßlich-kitschig, um zu überzeugen. ✦ Kanada 1968 **P** National Film Board of Canada/Canadian Broadcasting Corporation **KI** United Artists **Pd** Walford Hewitson **R** Ron Kelly **B** George C. Robertson, Ron Kelly, Doris Gauntlett **K** Denis Gillson **M** Johann Sebastian Bach **S** Barrie Howells **D** Alexandra Stewart (Caroline), François Tasse, Robert Howay, Sharon Acker, William Needles, Aileen Seaton **L** 84 **FSK** ab 18; nf **E** 22.5.1969

WER SCHLUCKT SCHON GERN BLAUE BOHNEN? (THE DUCHESS AND THE DIRTWATER FOX). Ein sympathischer Gauner, der seine Kumpanen um eine hohe Summe betrogen hat, wird von einer ehrgeizigen Prostituierten hereingelegt. Schließlich fällt das Geld jedoch den ehemaligen Freunden in die Hände. Eine weitgehend schwunglose Western-Komödie mit platten Anzüglichkeiten, die allein durch die vorzüglich aufgelegte Hauptdarstellerin Goldie Hawn unterhält. – Ab 16. ✦ Scope. USA 1975 **P** 20th Century Fox **KI** CentFox **Pd+R** Melvin Frank **B** Melvin Frank, Barry Sandler, Jack Rose, nach einer Erzählung von Barry Sandler **K** Joseph Biroc **M** Charles Fox **S** Frank Bracht, William Butler **D** George Segal (Charlie Malloy), Goldie Hawn (Amanda Quaid), Conrad Janis (Gladstone), Thayer David (Widdicombe), Jennifer Lee (Trollop), Roy Jenson (Bloodworth), Pat Ast (Tänzerin), Sid Gould (Rabbi), Richard Farnsworth **L** 104 **FSK** ab 16; nf **E** 3.9.1976 **fd** 19 943

WER SEID IHR? → Wer bist Du? (1974)

WER SEINE FRAU LIEB HAT. Das volkseigene Tonband-Gerätewerk »Komet« startet zu einem Betriebsausflug nur für die männlichen Angestellten; deren Frauen sollen aus Kostengründen davon ausgeschlossen bleiben. Ein Mann, der sich nicht traut, seiner Frau diese Entscheidung mitzuteilen, verstrickt sich in ein Geflecht aus Notlügen, die Verwirrungen hervorrufen und schließlich zu dem Plan der Ausgeladenen führen, ein Gegenfest zu veranstalten. Ein konventionell, aber durchaus flott inszeniertes Lustspiel, das vor allem durch die Spiellaune der Darsteller anspruchslos-sympathisch und mit viel Situationskomik unterhält. – Ab 14. ✦ Schwarz-weiß. DDR 1955 **P** DEFA **KI** Progress **Pd** Richard Brandt **R** Kurt Jung-Alsen **B** Henryk Keisch, nach dem gleichnamigen Bühnenstück von Jacob Jostau **K** Günter Eisinger **M** Gerd Natschinski **S** Johanna Rosinski **D** Albert Garbe (Willi Redlich), Leny Marenbach (Susanne Redlich), Evamaria Bath (Helga Redlich), Hans-Robert Wille (Karl Sonntag), Rolf Ludwig (Günther Hillig), Margret Homeyer (Edith Hillig) **L** 86 **E** 11.2.1955 Kino DDR/25.2.1955 DFF 1

WER SIND MEINE WAHREN ELTERN? → Babynapping – Roberts Entführung

WER SIND SIE, DR. SORGE? (QUI ETES-VOUS, MONSIEUR SORGE? / LA SPIA DEL SECOLO / SUPAI SORGE – SH INJUWAN ZENYA). Die Rekonstruktion der fernöstlichen Spionagetätigkeit der legendenumrankten Gestalt des Spions Richard Sorge, der vor und während des Zweiten Weltkriegs als Ostasien-Korrespondent der »Frankfurter Zeitung« tätig war und zugleich als Chef des »Ramsey-Netzes« in russischen Diensten stand. Mittels Wochenschau-Material um eine dokumentarische Sichtweise bemüht, jedoch nicht überzeugend und ungeschickt inszeniert. Durch die bedenkliche Bewunderung seines »Helden« und die unkritische Sicht der Spionagetätigkeit verfehlt der Film die Möglichkeit zur kritischen Auseinandersetzung. (Neuerer Titel: »Spione sterben nicht im Bett«) – Ab 16. ✦ Scope, schwarz-weiß. Frankreich/Italien/Japan 1960 **P** Terra/Coro-ran/Cinetel/Silver/Cité **KI** UFH **Pd** Jean Cottet **R** Yves Ciampi **B** Yves Ciampi, R.M. Arlaud **K** Emile Vilerbue **M** Serge Nigg **D** Thomas Holtzmann (Richard Sorge), Hans-Otto Meissner (Hans-Otto Meissner), Keiko Kishi (Baronesse Sakurai), Mario Adorf (Max Klausen), Jacques Berthier (Serge de Branowski), Nadine Basile (Anna Klausen), Ingrid van Bergen (Lilly Braun) **L** 135 (BRD 112) **FSK** ab 12; f **FBW** w **E** 16.6.1961/12.2.1965 Kino DDR/11.3.1971 DFF 2 **fd** 10 276

WER SIND SIE, POLLY MAGGOO? (QUI ETES-VOUS, POLLY MAGGOO?). Der erste Spielfilm des (damals) in Paris lebenden amerikanischen Starfotografen, Malers und Regisseurs William Klein, der auf vergnügliche Weise Auswüchse einer verrückten Mode- und Reklamewelt und eines leerlaufenden Fernsehbetriebs satirisch beschreibt. Der in Popmanier inszenierte Film wirbelt fantasievoll Handlung und Stil durcheinander, wobei er gelegentlich allerdings selbst in den Leerlauf gerät. ✦ Schwarz-weiß. Frankreich 1966 **P** Delpire **KI** Cinema Service **R+B** William Klein **K** Jean Boffety **M** Michel Legrand **D** Dorothy MacGowan, Jean Rochefort, Sami Frey, Philippe Noiret **L** 91 **FSK** ab 18; f **E** 2.6.1968 NDR III/21.11. 1969 Kino **fd** 16 846

WER SIND WIR? DEUTSCHE IN SIBIRIEN 1990. Fürs Fernsehen gedrehter dokumentarischer Film, der das Leben der deutschen Minderheit in der Sowjetunion detailliert und offen beschreibt. In einem

Geflecht aus Landschaftsbildern, Biografien, Familiengeschichten, Gesprächen und Ansichten zur Zeit setzt sich ein Bild der Probleme und Konflikte jener Deutschen zusammen, die die Nachkommen friedlicher Einwanderer sind, die sich überwiegend an der Wolga niedergelassen haben. Seit der kriegerischen Zuspitzung am Ende der 30er Jahre haben sie gegen Willkür-Politik und Diskriminierung zu kämpfen. ✦ DDR 1990 **P** DEFA, Studio für Dokumentarfilme (für DFF) **Pd** Heike Kunze, Charlotte Galow **R+B** Leonija Wuss-Mundeciema **K** Wolfgang Dietzel **M** Ulrich Magister **S** Rita Blach **L** 60 **E** 15.1.1991 DFF-Länderkette

WER SINGT DENN DA? (KO TO TAMO PEVA). Die Reisenden in einem Omnibus erleben auf einer abenteuerlichen Fahrt heitere und ernste Zwischenfälle, ehe sie kurz vor Belgrad am ersten Tag des deutschen Angriffs der Faschisten mit ihrem Bus in die Luft gesprengt werden. Eine überzeugende, inszenatorisch geschlossene Erstlingsarbeit. – Ab 16. ✦ Scope. Jugoslawien 1980 **P** Centar-Film **Kl** Progress **R** Slobodan Sijan **B** Dusan Kovacevic **K** Bozidar Nikolic **M** Vojislav Kostic **D** Pavle Vujisic (Schaffner), Dragan Nikolic (Sänger), Danilo Stojkovic (Schnauzbart), Aleksandar Bercek (Misko), Neda Arneric (Braut) **L** 87 **E** 4.6.1982 Kino DDR/16.9.1983 DFF 1

WER SINGT, MUSS STERBEN (L'HOMME QUI TRAHIT LA MAFIA). Ein internationaler Rauschgift-Schmugglerring wird von einem in seinen Mitteln ebensowenig wählerischen Agenten zur Strecke gebracht. Ein einfallsloser, weitgehend langweiliger Agentenfilm nach den bekannten Mustern. – Ab 16. ✦ Scope. Frankreich/Italien 1966 **P** Filmatec/Mercurfin Italiana **Kl** Ceres **R** Charles Gérard **B** Charles Gérard, Gilles Duvernier **K** Patrice Pouget **M** André Hossein **D** Robert Hossein, Claude Mann, Claudine Coster, Robert Manuel, José-Louis de Villalonga **L** 90 **FSK** ab 16; **f E** 31.12.1968 **fd** 16 238

WER SOLL LEBEN UND WER SOLL STERBEN (WHO SHALL LIVE AND WHO SHALL DIE?). Dokumentarfilm über die Geschichte der ab 1938 in den USA unternommenen Bemühungen, die Vernichtung der Juden während des Zweiten Weltkriegs zu verhindern. Mit Interviews, historischem Filmmaterial, Fotos und Dokumenten aus Regierungsarchiven wird die Politik der amerikanischen Regierung rekonstruiert und untersucht, welche Rolle die Führer der amerikanischen Juden spielten. (O.m.d.U.) ✦ Schwarz-weiß. USA 1980/81 **P** Blue Light Films **Kl** Freunde der Deutschen Kinemathek **R+B** Laurence Jarvik **K** Reuben Aaronson **M** Frédéric Chopin **L** 90

WER SPINNT DENN DA, HERR DOKTOR? Ein Patient verläßt ungehindert die Nervenheilanstalt, um in der »normalen« Welt mit seiner entwaffnenden Aufrichtigkeit Verwirrung und Mißtrauen zu stiften. In mehreren ineinandergewebten Episoden werden feinsinnig und hintergründig alltägliche Verhaltensweisen karikiert. Eine zwar nicht sonderlich tiefschürfende, aber humorvoll-poetische Komödie. – Ab 14. ✦ BR Deutschland 1981 **P** Bavaria/Project/NF Geria II/NDR **Kl** Filmverlag der Autoren **R** Stefan Lukschy, Christian Rateuke **B** Hartmann Schmige, Stefan Lukschy, Christian Rateuke **K** Jörg Seidl **M** Wilhelm Dieter Siebert **S** Siegrun Jäger **D** Otto Sander (Nummer 7), Sunnyi Melles (Marlene), Peter Fritz (Chefarzt), Paul Burian (Scheuermann), Richy Müller (Page), Hannelore Elsner (Frau von Schoek) **L** 81 **FSK** ab 6; **f FBW w E** 5.3.1982 **fd** 23 353

WER SPRICHT DENN HIER VON LIEBE? (KI BESZEL ITT SZERELEMRÖL?). Die Begegnung mit ihrer Jugendliebe wird für eine junge Frau Anlaß, sich mit ihrer Vergangenheit auseinanderzusetzen. Dabei geht es vor allem um ihr Verhältnis zu einem jungen Mann, von dem sie sich letztlich nur äußerlich getrennt hat. – Ab 16. ✦ Ungarn 1980 **P** Dialóg-Stúdió **Kl** Progress **R+B** Péter Bacsó **K** Tamás Andor **M** György Vukán **D** Györgyi Tarján (Flóra Citrom), László Gálffy (Tamás), Sándor Szabó (Professor Csollány), Irén Sütö (Frau Csollány), Miklós Gábor **L** 96 **E** 16.10.1981 Kino DDR/15.5.1983 DFF 2

WER SPRICHT VON SCHULD (LOS INNOCENTES). Bruno Satori steht nach dem Unfalltod seiner Frau vor den Scherben seiner Ehe, denn Isabel war mit ihrem Geliebten unterwegs. Auch dessen Tochter Elena ist entsetzt über den Seitensprung. Zwischen der Millionenerbin und Bruno entsteht eine feste Beziehung. ✦ Scope, schwarz-weiß. Argentinien/Spanien 1962 **P** Producciones Borrás/Suevie-Films **Pd** Cesáreo González **R** Juan Antonio Bardem **B** Eduardo Borrás, Juan Antonio Bardem, Antonio Eceiza, Elías Querejeta **K** Alberto Etchebehere **M** Isidor B. Maiztegui **D** Paloma Valdés, Alfredo Alcón, Enrique Fava, Zelmar Gueñol **L** 99 **E** 18.11.1967 DFF 1

WER SPRITZT DENN DA AM MITTELMEER? (MIEUX VAUT ETRE RICHE ET BIEN PORTANT QUE FAUCHE ET MAL FOUTU). Zwei junge Männer, die überraschend ein beträchtliches Vermögen geerbt haben, machen sich auf die Suche nach ihrer Halbschwester, ohne deren Unterschrift das Erbe nicht ausgezahlt wird. Unterhaltungsfilm, der auf Sex setzt und infolge fehlenden Tempos und mangelnden Witzes sehr bald langweilt. ✦ Frankreich/BR Deutschland/Spanien 1980 **P** Films du Griffon/Films Jacques Leitienne/Geiselgasteig/Hesperia **Kl** Residenz **R** Max Pécas **B** Claude Mulot, Didier Philippe Gérard, Max Pécas **K** Roger Fellous **M** Georges Garvarentz **S** Nicole Cayatte **D** Sylvain Green (Cri-Cri), Victoria Abril (Mercedes), Claus Obalski (Rudy), Ingeborg Steinbach (Carole), Gérard Croce (Notar), Michel Vocoret (Bouvier) **L** 84 **FSK** ab 12; **nf E** 8.1.1981 **fd** 22 773

WER STIRBT SCHON GERN IM BETT (K.O. VA E UCCIDI). Ein Spieler, der vom ganz großen Coup träumt, erfährt durch eine Amerikanerin von einem kostbaren Perlen- und Juwelenschatz im Tresor einer alleinstehenden Villa. Nach dem erfolgreichen Diebstahl wird er von seinen Komplizen gejagt, weil sie in den Besitz der Beute kommen wollen. Ein plakativer und langatmiger Krimi ohne kriminalistischen Reiz, der sich von einem vordergründigen Effekt zum nächsten hangelt. ✦ Italien 1966 **P** Italiana Cinematografica Artisti Riuniti (Icar) **Kl** Avis **R** Carlo Ferrero **B** Antonio Racioppi, Carlo Ferrero **K** Roberto Reale **M** Bruno Nicolai **S** Carlo Ferrero **D** Mauro Parenti, Lucretia Love, Paul Muller, Antonella Murgia, Mario Cecchi, Claudio Biava **L** 77 **FSK** ab 18; **nf E** 12.1.1968 **fd** 15 197

WER STIRBT SCHON GERNE UNTER PALMEN? Rätselraten um den Mord an einem weißen Plantagenbesitzer in Sri Lanka. Die Polizei beschuldigt die attraktive Frau des Ermordeten der Tat. Ein einfallsloser, seichter und kitschiger Unterhaltungsfilm, der nach gängigem Konsalik-Rezept Krimi-Elemente mit einer Liebesaffäre vor malerisch-exotischer Kulisse verbindet. Statt Action wird ein schlecht gefilmtes Bilderbuch über die Malediven geboten. – Ab 16. ✦ BR Deutschland 1974 **P** TV 13/Terra/Ceylon Tours **Kl** Constantin **R** Alfred Vohrer **B** Werner P. Zibaso, nach dem gleichnamigen Roman von Heinz G. Konsalik **K** Charly Steinberger **M** Christian Bruhn **D** Thomas Hunter (Werner Becker), Hannes Messemer (Jean-Pierre Pinaud), Maria Gudy (Anne Pinaud), Glauco Onorato (Paul Cerdan), Sieghardt Rupp (Heller), Monique Rhode (Lindy) **L** 84 **FSK** ab 16; **f E** 11.9.1974/23.4.1994 PRO 7 **fd** 19 017

WER STURM SÄT (INHERIT THE WIND). Tennessee 1925: Ein aufgeklärter Lehrer, der Darwins Evolutionstheorie lehrt, die eine Verwandtschaft zwischen Menschen und Affen als gegeben ansieht, ruft an seiner neuen Schule religiöse Eiferer auf den Plan, die die biblische Schöpfungsgeschichte verteidigen wollen. Remake des Klassikers »Wer den Wind sät«, das auf eine zeitlose Geschichte von Intoleranz und Engstirnigkeit zurückgreifen kann. (Fernseh-)Drama, das den Schauspielerlegenden Jack Lemmon und George C. Scott als Rechtsanwälte der jeweils verfeindeten Lager eindrucksvolle Altersrollen beschert. – Ab 14 möglich. ✦ USA 2000 **P** MGM/Showtime **Pd** Dennis Bishop, Steven Brown **R** Daniel Petrie **B** Nedrick Young, Harold Jacob Smith, nach einem Theaterstück von Jerome Lawrence und Robert E. Lee **K** James Bartle **M** Laurence Rosenthal **S** Paul Lamastra **D** Jack Lemmon (Henry Drummond), George C. Scott (Matthew Harrison Brady), Piper Laurie (Sarah Brady), Beau Bridges (E.K. Hornbeck), Tom Everett Scott (Bertram Cates) **L** 127 **E** 2.1.2001 Premiere World

WER TOBT DENN DA IM UNTERHAUS? (KEEP IT UP DOWNSTAIRS). Um das hochherrschaftliche Anwesen Cockshute Towers vor dem Ruin zu bewahren und den gehobenen Lebensstil aufrechterhalten zu können, versuchen Hausherr und Dienerschaft gemeinsam, das notwendige Geld aufzutreiben. Die Zeit zwischen dieser aufreibenden Arbeit verkürzt man sich mit wechselnden Liebschaften. Sex-Komödie, die sich als Parodie auf die Fernsehserie »Das Haus am Eaton Place« versteht. ✦ Großbritannien 1976 **P** Hazel Adair Prod. **R** Robert M. Young **B** Hazel Adair **M** Michael Nyman, Cliff Adams **D** Diana Dors, Jack Wild, William Ruston, Aimi McDonald, Françoise Pascal **L** 94 **E** 28.7.1990 RTL plus

WER TÖTET DIE KATZE? (WHO KILLED THE CAT?). Kriminalfilm. Drei alte Damen, die zur Untermiete bei einer Frau wohnen, finden plötzlich ihre Lieblingskatze tot auf. Entsetzt darüber, ahnen sie noch nicht, daß dieser Tat bald ein weiterer Mord folgen wird. ✦ Schwarz-weiß. Großbritannien 1966 **P** Grand National Pictures **R** Montgomery Tully **B** Maurice J. Wilson, Montgomery Tully, nach dem Roman »Tabitha« von Arnold Ridley und Mary Cathcart Boren **K** Geoffrey Faithfull **D** Mary Merrall, Ellen Pollock **L** 84 **E** 4.9.1982 DFF 1

WER TRÄGT BEI ROSIE SCHON PYJAMAS? (THE FIRST TIME). Drei Freunde wollen sich gegenseitig überbieten, indem sie sich nicht stattgefundene Liebesabenteuer erzählen. Eine biedere Komödie, die Peinlichkeiten zwar weitgehend zu vermeiden weiß, sich aber nur oberflächlich mit Pubertätsproblemen befaßt. – Ab 16. ✦ Scope. USA 1968 **P** The Mirisch Company **Kl** United Artists **R** James Neilson **B** Jo Heims **K** Ernest Laszlo **M** Kenyon Hopkins **S** Bud Molin **D** Jacqueline Bisset, Sharon Acker, Wes Stern, Rick Kelman, Wink Roberts **L** 90 **FSK** ab 16; **f E** 30.1.1970 **fd** 16 580

WER WAR DIE DAME? (WHO WAS THAT LADY?). Um den Kuß mit einer hübschen Studentin zu erklären, gibt sich ein verheirateter Professor als FBI-Agent aus. Der Trick funktioniert so gut, daß der untreue Ehemann seine neue »Rolle« nicht mehr los wird und schließlich gar von russischen Spionen gekidnappt wird. Die turbulente Verfilmung eines Theaterstücks, die aus einer einfachen Grundidee umwerfend komische Situationen entwickelt. – Ab 16. ✦ Schwarz-weiß. USA 1959 **P** Ansark/Goerge-Sidney-Prod. (für Columbia) **Kl** Columbia **Pd** Norman Krasna **R** George Sidney **B** Norman Krasna, nach seinem Bühnenstück **K** Harry Stradling **M** André Previn **S** Viola Lawrence **D** Janet Leigh (Ann Wilson), Tony Curtis (David Wilson), Dean Martin (Michael Haney), James Whitmore (Harry Powell), John McIntire (Bob Doyle), Barbara Nichols (Gloria Coogle), Larry Keating (Parker) **L** 113 **FSK** ab 12; **nf E** 6.5.1960 **fd** 9 146

WER WAR EDGAR ALLAN? (WER WAR EDGAR ALLAN?). Alkohol und Drogen bestimmen den Alltag eines deutschen Studenten in Venedig, für den das Studium nur Vorwand ist, um sich den Zwängen des Lebens zu entziehen. Auch als er ein beträchtliches Vermögen erbt, ändert er sein Leben nicht. Als er einem älteren Herrn begegnet, der sich Edgar Allan nennt, versucht er, die Identität dieses ihn faszinierenden Mannes zu ergründen. Seine Suche läßt ihn bald an der Realität zweifeln und die eigene Identität in Frage stellen. Ein intensiv gespielter, optisch dicht inszenierter Film um Identitässuche, Wirklichkeitsverlust und die Kraft der Fantasie. ✦ Österreich/BR Deutschland 1984 **P** Neue Studio Film/ORF/ZDF **Pd** Herrmann Wolf **R** Michael Haneke **B** Hans Broczyner (= Peter Rosei), Michael Haneke, nach einem Roman von Peter Rosei **K** Frank Brühne **M** Ennio Morricone **S** Lotte Klimitschek **D** Paulus Manker (Student), Rolf Hoppe (Edgar Allan), Guido Wieland (Anwalt), Otello Fava (Carlo), Renzo Martini (Clerk), Walter Corradi (Kumpan) **L** 83 **E** 12.1.1986 ZDF

WER WAR HARVEY MILK? →The Times of Harvey Milk

WER WAR LARRY DOBBINS? (ILLUSIONS). Als der Inhaber einer Firma für Western-Kleidung bei einer Geschäftsreise in Europa unter mysteriösen Umständen ums Leben kommt, übernimmt seine Frau nicht nur das Geschäft, sondern stellt, unter dem Eindruck rätselhafter Vorgänge, selbst Nachforschungen an. Sie entdeckt, daß ihr Mann ein gefährliches Doppelleben führte, und gerät in lebensbedrohliche Situationen. Der einzige Mensch, dem sie vertrauen kann, ist ein französischer Polizeibeamter, der ihr nicht nur bei der Wahrheitsfindung hilft, sondern auch dabei, sie zu verarbeiten. Ein hilflos zwischen Melodram und Krimi schwankender (Fernseh-)Spielfilm. ✦ USA 1984 **P** CBS **Pd** Stanley Z. Cherry, Carole Cherry **R** Walter Grauman **B** Stanley Z. Cherry, Carole Cherry **K** Albert J. Dunk **M** Robert Drasnin **D** Karen Valentine (Linda Dobbins), Ben Masters (Larry), Brian Murray (Claude de Rochemont), Wayne Tippit (Cliff), Joe Silver (Arnie), Mark Walker (Jim Desmond) **L** 96 **E** 3.10.1990 Tele 5

WER WEINT DENN SCHON IM FREUDENHAUS? Einen in der Ehe impotenten, im Bordell aber umworbenen Oberregierungsrat befällt nach der Heirat mit seiner Favoritin unter den Prostituierten die alte Schwäche. Eine auf unterstem Niveau witzelnde, auch formal unzulängliche Komödie auf dem Niveau miserabelster Stammtisch-Witze. ✦ BR Deutschland 1969 **P** Corona **Kl** Cinerama **R+B** Rudolf Lubowski **K** Rainer Walzel **M** Kristian Schultze **S** Christina Heinle **D** Hannes Andersen, Karin Heske, Camilla Horn, Bum Krüger, Hannelore Cremer, Rolf Wanka, Werner Finck **L** 82 **FSK** ab 18; nf **E** 30.1.1970 **fd** 16 579

WER WEISS? (QUI SAIT?). Während einer Nacht improvisieren 15 Schauspielschüler des Théatre de Strasbourg ein Theaterstück, das Geschichten und Geschichte ihrer Heimatstadt beinhalten soll. Der Film dokumentiert dieses Experiment, stellt den gruppendynamischen Prozess vor und beschreibt die Schwierigkeiten, die sich dem Projekt und seinen Initiatoren in den Weg stellten. Dabei will er zeigen, wie fließend die Grenzen zwischen Realität und Film sein können. ✦ Frankreich 1998 **P** AGAT Films/Le Septarte/Théatre National de Strasbourg **Pd** Gisèle Courcoux **R** Nicolas Philibert, Cécile Bergès **K** Nicolas Philibert **M** Philippe Hersant **S** Guy Lecorne, Nicolas Philibert, Beatrice Maleville **D** Bérange Allaux, Laure Bonnet, Damien Caille-Perret, Eric Caruso, Frank Chevallay **L** 102 **E** 26.5.1999 arte

WER WILL, KANN BLEIBEN (CHI C'E C'E). Der Verkaufsleiter eines Verlages, gleichzeitig ein erfolgloser Schriftsteller, hat seine Frau und die erwachsene Tochter verlassen. Seine Freiheit genießt er in Bars oder auf Parties, doch sein Leben ist sinn- und gegenstandslos geworden. Eines Tages trifft er eine Schauspielerin, und plötzlich sieht das Leben wieder lebenswerter aus. Eine Komödie über die Generation der 40jährigen, die Frustrationen hinter der Maske aufgesetzter Fröhlichkeit zu verbergen suchen. – Ab 16. ✦ Italien 1987 **R** Piero Natoli **B** Paola Pascolini, Piero Natoli **K** Carlo Cerchio **M** Lamberto Macchi **D** Piero Natoli (Mercurio), Luisa Maneri (Chiara), Nicola Pistoia (Giulio), Anita Zagaria (Adele), Paolo Nazzaro (Vera) **L** (TV) 95 **E** 29.4.1990 BR

WER WILL KRANK SEIN AUF DER WELT? Dokumentarfilm über eine Modellstation der Ulmer Universitätsklinik, deren Ärzte in psychosomatischen Behandlungsmethoden die besten Erfolgsaussichten sehen. Vorgestellt werden einige Patienten mit verschiedenen Krankheiten, in der Klinik und zu Hause, und die Arbeit der Ärzte. Eindrucksvoll, sorgfältig und bei aller Nähe nie aufdringlich. – Ab 16. ✦ BR Deutschland 1977 **P** Institut für Filmgestaltung Ulm/Maximiliane Mainka **Kl** AG Kino **R+B** Maximiliane Mainka **K** Alfred Tichawsky **L** 90 **E** 25.3.1977

WER WILL SCHON NACHTS ALLEINE SEIN →Eine süße Katastrophe

WER WIRD IHM DIE TÜR ÖFFNEN? →Wer öffnet die Tür?

WER WIRD SCHON REICH BEIM MILITÄR? →Reich wirst du nie

WER WOHNT SCHON NOCH BEI SEINEM MANN? (DON'T LEAVE ME THIS WAY). Die beiden akademischen Amateurdetektivinnen Loretta und Bridget müssen diesmal im Mordfall einer alten Freundin ermitteln, die, als Unfallopfer getarnt, tot aufgefunden wurde. Mit von der Partie ist wiederum Lorettas geschiedener Mann, der umtriebige Reporter John. Frauenkrimi, angesiedelt im Universitätsmilieu. (O.m.d.U.) – Ab 16. ✦ Großbritannien 1993 **P** BBC **R** Stuart Orme **B** Catherine Buchanan, nach einem Roman von Joan Smith **K** Fred Tammes **M** Colin Towns **S** Martin Walsh **D** Janet McTeer (Loretta Lawson), Imelda Staunton (Bridget Bennet), Bill Nighy (John Tracey) **L** 95 **E** 9.1.1997 SF/DRS

WER ZAHLT FÜR DEN ERFOLG ? (KTO SAPLATIT SA UDATSCHU). Drei Männer versuchen, eine junge, wegen eines Attentats auf einen weißgardistischen Offizier zur Hinrichtung bestimmte Kommunistin aus dem Gefängnis zu befreien. Ein als nur mäßig spannende Abenteuergeschichte konzipierter Film, oberflächlich und insgesamt fragwürdig. (Fernsehtitel DDR: »Wer bezahlt für den Erfolg?«) – Ab 12. ✦ Scope. UdSSR 1980 **P** Mosfilm **Kl** Progress **R** Konstantin Chudjakow **B** Pawel Tschuchrai **K** Valeri Schuwalow **M** Wjatscheslaw Ganelin **D** Vitali Solomin (Kuskow), Wassili Botschkarjow (Dmitri), Leonid Filatow (Fjodor), Natalja Danilowa (Antonina Tschumak), Alexander Filippenko (Konkow) **L** 73 **E** 20.8. 1982 Kino DDR/8.11.1981 DFF 2

WER ZUERST KOMMT ... →Die große Flasche

WER ZUERST SCHIESST, HAT MEHR VOM LEBEN (TOUT FEU TOUT FLAMME / CA VA ETRE TA FETE ...). Ein mit allen Wassern gewaschener Geheimagent erfüllt in Lissabon seinen Auftrag unter haarsträubenden Gefahren. Ein turbulenter Trivial-Agentenkrimi, der allenfalls wegen seines spielfreudigen Hauptdarstellers immer noch besser ist als sein (erster) deutscher Verleihtitel. (Neuer Titel: »Lemmy Caution schlägt zu«) – Ab 14. ✦ Schwarzweiß. Frankreich/Italien 1960 **P** Générale Européenne de Films/Unidex/Belmont/Chaillot/Federale International **Kl** NF **Pd** Gilbert Bokanowski **R** Pierre Montazel **B** Clarence Wess, Pierre Montazel **K** Michel Kelber **D** Eddie Constantine (John), Barbara Laage (Michèle), Stefan Schnabel (Bragarian), Claude Cerval (Reseau), Saro Urzi (Alvarez), Jacques de Lannoy (Sven) **L** 82 **FSK** ab 12; nf **E** 22.12.1960 **fd** 9 872

WER ZULETZT LACHT (LAUGHTER IN PARADISE). Ein kauziger alter Herr, der ein guter Menschenkenner ist, treibt vier von ihm testamentarisch Bedachte in Verlegenheit: Ein jeder erhält das ihm vermachte Geld nur nach der Erfüllung einer bestimmten Aufgabe. Erfrischend geistreiche und originelle Komödie, der man ihre Moral, daß Geld allein nicht glücklich macht, gerne abnimmt. (DDR-Verleihtitel: »Gelächter im Paradies«) – Ab 12. ✦ Schwarz-weiß. Großbritannien 1951 **P** Associated British Picture Corporation **Kl** Europa **Pd+R** Mario Zampi **B** Michael Pertwee, Jack Davies **K** Arthur Graham **M** Stanley Black, Louis Levy **D** Alastair Sim (Deniston Russell), Fay Compton (Agnes Russele), Beatrice Campbell (Lucille Grayson), Guy Middleton (Simon Russell), Anthony Steel (Roger Godfrey), George Cole (Herbert Russell), Hugh Griffith (Henry Russell) **L** 96 **FSK** ab 12; nf **E** 11.1.1952/30.3.1962 Kino DDR/15.6.1989 PRO 7 **fd** 1 563

WER ZULETZT LACHT, LACHT AM BESTEN (1967) (RIDERA). Unterhaltungsfilm um den damals in Italien populären Schlagersänger Little Tony, gemixt nach üblichem Rezept: Armut, Künstlerleben, Freundinnen, Diva-Flirt, Film-Engagement, Keilerei, Küsse und Klamauk, das alles mit Liedern garniert. Lieblos zusammengeschusterter Kintopp. – Ab 14. ✦ Schwarz-weiß. Italien 1967 **P** West-Film **Kl** Progress **R** Bruno Corbucci **B** Mario Amendola, Bruno Corbucci **K** Riccardo Pallottini **M** Willy Brezza **D** Little Tony, Marisa Solinas, Cornelia Schlottke, Ferruccio Amendola, Lucio Flauto **L** 93 **E** 1.8.1969 Kino DDR

WER ZULETZT LACHT, LACHT AM BESTEN (1970). Ein Hotel, das ausgerechnet wegen seines kinderfreundlichen Charakters vor dem Bankrott steht, soll durch den Verkauf an einen Hotel-Großkonzern gerettet werden. Der als »Spion« eingeschleuste Juniorchef des Konzerns, zugleich der Neffe des Konzern-Chefs, verliebt sich in die Hoteliersnichte und rettet das Hotel. Ein äußerst anspruchsloses Lustspiel mit harmloser Schlager-Romantik und viel sinnlosem Klamauk. – Ab 10. ✦ BR Deutschland 1970 **P** Lisa/Divina **Kl** Gloria **R** Harald Reinl **B** Klaus E. R. von Schwarze, Johannes Weiß **K** Heinz Hölscher **M** Werner Twardy **S** Jutta Neumann **D** Roy Black (Robbie), Uschi Glas (Sabine), Theo Lingen (Hotel Frobenius), Ilja Richter (Andy), Siegfried Schürenberg, Peter Weck (Bert Ander), Raoul Retzer **L** 87 **FSK** ab 6; nf **E** 9.2.1971 **fd** 17 213

WER ZULETZT LACHT, LEBT AM BESTEN →Die Putzfraueninsel

WER ZULETZT LEBT, LEBT AM BESTEN (INNOCENT BYSTANDERS). Ein ausrangierter Geheimdienstler entführt auf eigene Faust einen russischen Wissenschaftler und verkauft ihn seinem ehemaligen Chef. Agentenabenteuer mit ironischem Grundton, durch sorgfältige Gestaltung über dem Durchschnitt. (Alternativtitel: »Im Fadenkreuz«) ✦ Großbritannien 1972 **P** Sagittarius **Kl** Scotia **VA** Egmont Audio Visual **Pd** G. M. Brown **R** Peter Collinson **B** James Mitchell, nach einem Roman von James Munro **K** Brian Probyn **M** Johnny Keating **S** Alan Pattillo **D** Stanley Baker, Geraldine Chaplin, Donald Pleasence, Dana Andrews, Sue Lloyd **L** 96 **FSK** ab 6; nf (fr. ab 18) **E** 16.1.1974 **fd** 18 682

WER ZUM TEUFEL IST JULIETTE? (QUIEN DIABLOS ES JULIETTE?). Der Film begleitet die 16jährige, in Havanna lebende Juliette mit der Kamera. Sie hat die Schule verlassen, weil sie in der staatlich reglementierten Bildung keinen Sinn sieht, und verdient gelegentlich Geld durch Liebesdienste für italienische Touristen. Träume und Sehnsüchte des Mädchens korrespondieren mit denen eines nur wenige Jahre älteren mexikanischen Models. Die Geschichten der beiden vereinen sich zum Bild junger, schöner, emanzipierter Frauen auf der Suche nach dem Sinn des Daseins. In der Art eines Videoclips montiert, wirkt der Film »wild« und ungebärdig; Originalität und Tempo behindern jedoch nicht die Möglichkeit, an Hand der vorgeführten Schicksale über Lebensziele und -wege nachzudenken. (O.m.d.U.) – Sehenswert ab 14. ✦ Teils schwarz-weiß. Mexiko 1995–97 **P** El Error De Diciembre/Yolanda Andrade/Instituto Mexicano De Cinematografia Genesis/Estudios Curubusco Azteca/Betaimagen Digital/Resonancia/Ilugo Bals Fund **Kl** Pegasos **Pd+R** Carlos Marcovich **B** Carlos Marcovich, Carlos Taibo **K** Carlos Marcovich **M** Alejandro Marcovich **S** Carlos Marcovich **D** Yuliet Ortega, Fabiola Quiroz, Obdulia Fuentes, Yolanda Barajas, Marco, Victor Ortega, Michel Ortega **L** 93 **FSK** ab 6; f **E** 25.2.1999 **fd** 33 547

WER ZWEIMAL LÜGT (WER ZWEIMAL LÜGT). Eine Komödie um einen Buchhändler, der sich als pensionierter Richter ausgibt und in einer Provinzstadt der »neuen Länder« juristische Aufbauarbeit leisten will. Er wird in die Intrigen einiger Ex-Juristen der DDR verwickelt und versucht vergeblich, seine wahre Identität zu bekennen. Schließlich fliegt der Schwindel auf, wird jedoch aus Staatsräson vertuscht. Der Film geht von einer unglaubwürdigen, komplizierten Exposition aus, deren angeschobene Handlung jedoch durch die Regie später völlig vernachlässigt wird. Ein Gemisch aus billigen Bühneneffekten und aktuellen Modethemen. – Ab 16. ✦ Deutschland/Österreich 1993 **P** aurora television/BR/ORF **KI** wild okapi **Pd** Ottokar Runze **R** Bertram von Boxberg **B** Bertram von Boxberg, nach einem Motiv von Hartmut Hülsbeck **K** Andreas Köfer **M** Klaus Doldinger **S** Eva Schlensag, Barbara Leuschner **D** Walter Buschhoff (Franz Hübner), Ursula Karusseit (Frau Mertens), Albert Hetterle (Philipp Binger), Reiner Heise (Krause), Jenny Gröllmann (Brigitte Lenz), Florian Mertens (Saur), Gerd Wameling (Sven Hübner) **L** 81 **E** 8.9.1994 **fd** 30 957

WERANGSTWOLF (WHOAFRAIDWOLF). 18 Schauspieler durchqueren in Paaren, zu Dritt oder im Quartett die malerische Landschaft Norditaliens, deklarieren dabei klassische Verse und Textzeilen, u. a. von Shakespeare, Shaw, Aischylos und Albee. Natur wird zur Bühne, Alltagsgebärden verschmelzen mit der Kunstsprache, bilden einen neuen Raum, in dem sich die bisher gültigen Grenzen verwischen. Ein interessantes filmisches Experiment, hinter dessen improvisatorischen Elementen sich ein hohes Maß an Kunstfertigkeit verbirgt. Ein »Unterhaltungsfilm« im besten Wortsinn, wenn auch nicht unbedingt auf ein herkömmliches Unterhaltungsfilm-Publikum zugeschnitten. (O.m.d.U.) – Sehenswert. ✦ Schweiz/Italien 1996–2000 **P** Ombra-Films/Bevagna/DRS/Suissimage **KI** Freunde der Deutschen Kinemathek **Pd** Gerhard Grumbach **R+B+K** Clemens Klopfenstein **M** Ben Jeger **S** Nicola Bellucci, Vadim Jendreyko, Ben Jeger, Gerhard Grumbach, Gerhard Grumbach **D** Mathias Gnädinger, Charlotte Heinimann, Caroline Redl, Georg Meyer-Goll, Max Rüdlinger, Anna von Gablenz, Bruno Ganz, Tina Engel **L** 85 **E** 1.6.2000 Kino **fd** 34 317

WERBUNG FÜR DIE LIEBE (MR. WRITE). Ein erfolgloser Schriftsteller findet eine Stelle bei einer Fernseh-Werbefirma und verliebt sich in deren Produzentin. Doch sie ist bereits vergeben, und so muß sich der junge Mann gehörig ins Zeug legen, um sein Traumziel zu erreichen. Als er zum erfolgreichen Werbetexter avanciert, steigen seine Chancen, doch nun ihn will der Vater der Angebeteten und Chef der Firma für seine Zwecke einspannen. Liebeskomödie, die sich mit Hintersinn über das kommerzielle Fernsehen, die Quotenfixierung und den amerikanischen Theaterbetrieb lustig macht. – Ab 12. ✦ USA 1993 **R** Charlie Loventhal **D** Paul Reiser (Charlie), Jessica Tuck (Nicole), Martin Mull (Dan Barnes), Doug Davidson (Roger) **L** 86 **E** 23.8.1995 Bayern 3

WERDEN SIE MEIN MANN (BUDTJE MOIM MUSHEM). Die Ferien-Abenteuer eines jungen Arztes in einem bis auf den letzten Platz ausgebuchten Schwarzmeer-Badeort. Eine langweilige, wenig amüsante und anspruchslose Filmkomödie. – Ab 12. ✦ UdSSR 1981 **P** Mosfilm **KI** Progress **R** Alla Surikowa **B** Eduard Akopow **K** Grigori Belenki **M** Viktor Lebedew **D** Jelena Proklowa (Natascha), Andrej Mironow (Viktor), Filip Adamowitsch (Ilja), Nina Ruslanowa, Anna Warpachowskaja **L** 86 **E** 11.6.1982 Kino DDR/26.8.1982 DFF 2

WERDEN SIE SCHON BEDIENT? (ARE YOU BEING SERVED). Filmfarce nach einer Fernsehserie, die vornehmlich auf Doppeldeutigkeiten und überzogenen Charakteren basiert. Eine Firma, die vorübergehend schließt, schickt ihre Belegschaft in die Ferien. Die Angestellten geraten während des unverhofften Urlaubs in erhebliche Turbulenzen. ✦ Großbritannien 1977 **R** Bob Kellett **B** Jeremy Lloyd **D** John Inman, Mollie Sugden, Frank Thornton, Trevor Bannister, Wendy Richard **L** 89 **E** 10.10.1993 RTL 2

WERDEN UND VERGEHEN. Angesichts einiger Todesfälle in seiner Familie reflektiert ein 40jähriger Mann, der lange zögert, sich im Leben festzulegen, den Wechsel zwischen Werden und Vergehen. Zum ersten Mal in seinem Leben versucht er, Trost aus der Religion zu schöpfen. Ein sehr persönlich gestaltetes filmisches Tagebuch, in dessen Mittelpunkt der Filmemacher selbst steht; zugleich eine Reflexion über den Prozeß des Filmemachens, während der die Frage gestellt wird, ob die Filmbilder der Verstorbenen die Erinnerung verfügbarer machen. ✦ Deutschland/USA 1989–92 **P** ZDF **R+B** Ross McElwee **D** Ross McElwee **L** 90 **E** 11.8.1992 ZDF

WERFT DIE BÜCHER WEG UND GEHT AUF DIE STRASSE (SHO O SUTEYO, MACHI E DEYO). Der Versuch eines jungen Japaners, aus der Enge seiner Umgebung auszubrechen. Bald erkennt er jedoch, daß die Kraftprotzerei seiner Freundesclique nur eine Scheinlösung seiner Probleme ist. Ein sehr persönlicher, intelligenter, freilich leicht manieriert inszenierter Film, stellenweise sehr hart und obszön mit einer subversiven Note. Insgesamt ein bemerkenswert radikaler Film über Traditionen, Formen der Anpassung, über den Lebensrhythmus grundsätzlich sowie die sich in der Moderne ergebenden Rhythmusstörungen, nicht zuletzt über das Filmemachen und den Ausverkauf der Bilder. (O.m.d.U.) ✦ Japan 1970 **P** Art Theatre Guild (AG)/Eiko Kujo Prod. **Pd** Eiko Kujo **R+B** Shûji Terayama **K** Masayoshi Sukita **M** J. A. Saezar, Itsurô Shimoda, Kuni Kawachi **D** Hideaki Sasaki (der Junge), Masaharu Saito (Vater), Yukiko Kobayashi (Schwester), Fudeko Tanaka (Großmutter), Sei Hiraizumi (Kapitän der Fußballmannschaft), Keiko Niitaka (Prostituierte) **L** 119 **E** 13.5.1972 WDR

DAS WERK DER ARTAMONOWS (DELO ARTAMONOWYCH). Die Geschichte einer Familie von der Aufhebung der Leibeigenschaft und Gründung einer Leinenfabrik bis zur Enteignung des Werks in der russischen Revolution. – Ab 14. ✦ Schwarz-weiß. UdSSR 1937/38 **P** Mosfilm **KI** Sovexportfilm **R** Grigori Roschal **B** Grigori Roschal, nach dem gleichnamigen Roman von Maxim Gorki **K** Leonid Kosmatow **M** M. Kowal **D** S. Romodanow (Ilja Artamanow), T. Tschistjakowa (Uljana Baimakowa), Michail Dershawin (Pjotr Artamanow), Vera Marezkaja (Natalia), Wladimir Balaschow (Nikita) **L** 99 **E** 7.10.1947

DAS WERK EINES LEBENS (POSEL USVITU). Ein Lebensbild des großen tschechischen Erfinders Josef Boshek, der den ersten Dampfwagen konstruierte. – Ab 14. ✦ Schwarz-weiß. CSR 1950 **P** Tschechoslowakischer Staatsfilm **KI** Progress **R+B** Václav Krska **K** Ferdinand Fecenka **M** Frantisek Skvor **D** Vladimír Ráz (Josef Boshek), Hana Kavalirová (Josefina), Jirí Plachy (Prof. Gerstner), Vladimír Hlavaty (Prof. Havle), Rudolf Deyl (Burggraf Wallis) **L** 113 **E** 7.3.1952 Kino DDR/24.4.1954 DFF 1

WERKPILOT → Der Testpilot

WERKSPIONAGE (WINGS OF MYSTERY). Abenteuerlicher Kinderfilm um einen Jungen und seine Schwester, deren Bruder in den Verdacht gerät, die Pläne für eine geheime Legierung aus dem Metallwerk gestohlen zu haben, in dem er arbeitet. Sie verfolgen die Spur bis nach Belgien und haben schließlich Erfolg. Aktionsreiche Unterhaltung mit eindrucksvoller Fotografie. – Ab 8 möglich. ✦ Schwarz-weiß. Großbritannien 1963 **P** Rayant/Children's Film Foundation **R** Gilbert Gunn **B** Gilbert Gunn, nach einer Erzählung von H. K. Lewenhak **D** Judy Geeson, Hennis Scott, Patrick Jordan, Francesca Bertorelli, Graham Aza **L** 55 **E** 17.4.1989 RTL plus

WERKZEUG DER MÄCHTIGEN (GENTE DI RISPETTO). Eine wegen ihrer gesellschaftskritischen Haltung in ein sizilianisches Dorf strafversetzte Lehrerin versucht durch persönliches Engagement, die Not der Bevölkerung zu lindern. Zu spät merkt sie, daß sie das Werkzeug eines Grundstücksspekulanten war. Ein teilweise zur Groteske gesteigerter Politthriller, der seine politische Botschaft trotz der üblichen Genre-Effekte jederzeit deutlich zu machen versteht und anschaulich soziale und politische Strukturen analysiert. (Verleihtitel DDR: »Ehrbare Leute«; Video: »Die ehrenwerte Gesellschaft«) – Ab 16. ✦ Italien 1975 **P** Compagnia Cinematografica **KI** Progress **VA** VMP **Pd** Carlo Ponti, Alfredo Mirabile **R** Luigi Zampa **B** Leo Benvenuti, Piero de Bernardi, Luigi Zampa, nach einem Roman von Giuseppe Fava **K** Ennio Guarnieri **M** Ennio Morricone **S** Franco Fraticelli **D** Jennifer O'Neill (Elena Bardi), Franco Nero (Michele Belvore), James Mason (Rechtsanwalt Bellocampo), Fernando Jelo (Villara), Orazio Orlando (Signor Occhipinti), Aldo Giuffrè, Claudio Gora, Gigi Bonos, Carla Calò, Franco Fabrizi **L** 110 **FSK** ab 16 **E** 17.9.1977 ARD/9.6.1978 Kino DDR/10.10.1981 DFF 1 **fd** 20 445

WERNER – BEINHART! Der Versuch von Comic-Zeichner Brösel alias Rötger Feldmann, seine Erfolgsfigur »Werner« auch im Kino zu lancieren, ist zumindest künstlerisch ein kompletter Fehlschlag. Die einzelnen Episoden zeigen den Freak in diversen Lebenslagen als fleißigen Scherz- und Trunkenbold. Wiewohl technisch sauber, fehlt den Film-Comics jeglicher Witz; gleiches gilt für die in Realfilm gedrehte notdürftige Rahmenhandlung. – Ab 14 möglich. ✦ BR Deutschland 1989/90 **P** Neue Constantin **KI** Neue Constantin **VA** VCL/Carolco **DVD** VCL (1.66:1, DD5.1 dt.) **Pd** Bernd Eichinger **R** Niki List (Real), Michael Schaack, Gerhard Hahn (Animation) **B** Ernst Kahl, »Brösel« Feldmann, nach einem Comic strip von »Brösel« **K** Egon Werdin, Thorsten Falke, Jo Hahn, Thorsten Lehmann, Norbert Witt **M** Jörg Evers, Torfrock **S** Ulrich Steinvorth (Trickaufnahmen), Ingrid Koller (Realszenen) **D** »Brösel« Feldmann (Brösel), Meret Becker (Rumpelstilzchen), I. Stangl (König/Produzent), Ludger Pistor (Pfarrer A. Amen), Johannes Silberschneider (Kanzler/Chauffeur) **L** 93 **FSK** ab 6; nf **E** 29.11.1990/12.8.1991 Video/7.12.1992 premiere/10.9.1999 DVD **fd** 28 663

WERNER – DAS MUSS KESSELN!!! In seinem zweiten Filmauftritt liefert sich der norddeutsche Bierliebhaber und Motorradfahrer mit einem arroganten Schloßbesitzer eine Wettfahrt auf einer selbst erfundenen Maschine mit Flugzeugmotor. Anarchisch in seiner chaotischen Konstruktion, eher bieder in seinen Scherzen, verbreitet dieser allenfalls handwerklich imponierende deutsche Zeichentrickfilm vor allem Grobheiten und Langeweile. – Ab 16. ✦ Deutschland 1996 **P** Senator **KI** Constantin **VA** Fox **DVD** Fox Home (16:9, 1.66:1, DD5.1 dt.) **Pd** Hanno Huth **R** Michael Schaack, Udo Beißel **B** Christian Sievers, Rötger Feldmann, Andi Feldmann, nach den Comics von »Brösel« (= Rötger Feldmann) **K** Graham Tiernan **M** Sound Factory, Lutz Rahn, Mark Wills, Andreas Fahnert (Songs) **S** Michael Thaler **L** 85 **FSK** ab 6; f **FBW** w **E** 27.6.1996/16.1.1997 Video/17.1.1998 premiere/28.9.2000 DVD **fd** 32 013

WERNER – VOLLES ROOÄÄÄ!!! – FÄKALSTAU IN KNÖLLERUP. Comic-»Held« Werner rettet mit seinen biersaufenden Rocker-Freunden seine Heimatstadt vor einem geldgierigen Großstadtspekulanten. Belangloser Zeichentrickfilm nach einem erfolgreichen Szene-Comic, der sich allenfalls durch seine Grobschlächtigkeit und den kompletten Mangel an Humor auszeichnet. – Ab 16. ✦ Deutschland 1999 **P** Achterbahn **KI** Constantin **VA** Highlight **DVD** Highlight Video (SE, 16:9, 1.85:1, DD5.1 dt.) **Pd** Jens Nieswand **R** Gerhard Hahn **B** Rötger Feldmann, Andi Feldmann, Christian Sievers **M** Harry Schnitzler, Klaus Büchner, Jens Busch **S** Jodie Steinvorth, Ringo Waldenburger **L** 80 **FSK** ab 6; f **E** 16.9.1999/16.3.2000 Video/23.3.2000 DVD **fd** 33 863

WERNHER VON BRAUN (ICH GREIFE NACH DEN STERNEN) (I AIM AT THE STARS). Das Leben und die Karriere des Raketenspezialisten Wernher von Braun, der im Dritten Reich die Fernrakete »V2« konstruierte und nach 1945, nach einer in Windeseile durchgeführten »Entnazifizierung«, das Raketenprogramm der USA vorantreiben konnte. Eine (noch zu Lebzeiten von Brauns und mit seiner Unterstützung entstandene) Filmbiografie, die die Problematik des Gewissens und der Verantwortung nicht klären kann. – Ab 16. ✦ Schwarz-weiß. BR Deutschland 1959 **P** Friedrich A. Mainz-Film **KI** Columbia **Pd** Charles H. Schneer **R** J. Lee Thompson **B** Jay Dratler **K** Wilkie

Cooper **M** Laurie Johnson **S** Frederick Wilson **D** Curd Jürgens (Wernher von Braun), Victoria Shaw (Maria, seine Frau), Gia Scala (Elisabeth, seine Sekretärin), Karel Stepanek (Armee-Beauftragter), Helmo Kindermann (SS-General Kulp), Adrian Hoven (Mischke), Herbert Lom (Reger), Peter Capell (Dr. Neumann) **L** 107 **FSK** ab 12; f **FBW** w **E** 19.8.1960 **fd** 9 397

WERTHER (WERTHER / LE ROMAN DE WERTHER). Ein junger Gerichtsassessor und die Verlobte eines wegen seines Examens abwesenden Kollegen verlieben sich ineinander. Sie gehorchen den Konventionen ihrer Zeit und geben ihren Gefühlen nicht nach, doch die Unmöglichkeit dieser Liebe ruiniert das Leben aller Betroffenen. Die romantische Geschichte nach Goethes Roman ist mit vollendetem Geschmack inszeniert, zugleich poetisch und zärtlich, pathetisch und delikat. Bei »Werther« bezog der Regisseur die impressionistische Wirkung seines Films erstmals nicht aus den artifiziellen Atelierbauten, sondern aus dem Charme der natürlichen Landschaft des Oberrheins. (O.m.d.U.) – Sehenswert. ✦ Schwarz-weiß. Frankreich 1938 **P** Nero **Pd** Seymour Nebenzahl **R** Max Ophüls **B** Max Ophüls, Hans Wilhelm, nach dem Roman »Die Leiden des jungen Werthers« von Johann Wolfgang Goethe **K** Eugen Schüfftan, Paul Portier, Fédor Bourgassoff, Georges C. Stilly **M** Henri Herblay, Johann Sebastian Bach, Wolfgang Amadeus Mozart, Ludwig van Beethoven, Franz Schubert **D** Pierre-Richard Willm (Werther), Annie Vernay (Charlotte), Jean Périer (Präsident), Jean Galland (Albert), Paulette Pax (Tante Emma), Henri Guisol (Gerichtsschreiber) **L** 85 **E** 9.8.1994 WDR

WERTHERS UNGLÜCKLICHE LIEBE (WERTHER). Eine freie und verfremdende Neuinterpretation des Jugendwerks von Goethe, angesiedelt im Spanien der Gegenwart: Werther ist ein Griechischlehrer, der als einzigen Weg aus seiner unglücklichen Liebe zu einer Kinderärztin nur den Freitod sieht. Ein Film von kalter Schönheit, der das Romantische der Vorlage jedoch mehr in den Landschaftsaufnahmen als im Spiel der Darsteller zum Ausdruck bringt. – Ab 16. ✦ Spanien 1986 **P** Pilar Miró P.C. **Pd+R** Pilar Miró **B** Pilar Miró, Mario Camus, nach Motiven des Romans »Die Leiden des jungen Werther« von Johann Wolfgang Goethe **K** Hans Burmann **M** Jules Massenet, Frederica von Stade **S** Jose-Luis Mantesanz **D** Eusebio Poncela (Er), Mercedes Sampietro (Carlota), Féodor Atkine (Alberto), Victoria Peña (Beatriz), Luis Hostalot (Jerusalen), Emilio Gutiérrez Caba (Frederico), Ignacio del Amo (das Kind) **L** 110 **E** 14.11. 1991 ZDF

DIE WERTLOSEN (ARVOTTOMAT). Einige Freunde geraten in Helsinki wegen eines wertvollen Gemäldes an zwielichtige Gesellen und in Schwierigkeiten mit der Polizei. Ein mit Rock-Musik unterlegtes, teils melancholisches, teils trübsinniges Roadmovie mit Krimihandlung, das auch die Diskrepanz zwischen traditionellen ländlichen Lebensweisen in Finnland zu der Welt der Metropole Helsinki anspricht. Bewußt kolportagehaft gehalten und noch nicht so ausgereift wie spätere Arbeiten des Regisseurs. (O.m.d.U.) ✦ Finnland 1982 **P** Villealfa/Jörn Donner Prod. **R** Mika Kaurismäki **B** Aki Kaurismäki, Mika Kaurismäki **K** Timo Salminen **M** Anssi Tikanmäki **S** Antti Kari **D** Matti Pellonpää (Manne), Pirkko Hämäläinen (Veera), Juuso Hirvikangas (Harri), Aki Kaurismäki (Ville), Esko Nikkari (Hagström), Jorma Markkula (Mitja) **L** (TV) 113 **E** 2.12.1987 West 3

WERTVOLLE JAHRE. 1974 zieht eine Familie nach Walldorf, einem Ort, der von den Ausbauplänen des Frankfurter Flughafens bedroht ist. Durch Bürgerproteste scheinen die Pläne vom Tisch, und an den bereits vorhandenen Fluglärm gewöhnt sich die Familie allmählich. Frank, der Sohn, wächst in geordneten Verhältnissen auf, ermordet aber 13 Jahre später nach erbitterten Auseinandersetzungen um die Startbahn West einen Polizisten. Ein sorgfältig und lebendig gestalteter Film, der dokumentarisches Material und Interview-Statements mischt. Der Versuch zu klären, was geschehen ist und wie es zu der Eskalation der Gewalt kommen konnte, ist freilich von einer über die Maßen emotionalisierenden Parteilichkeit, die eher agitiert als dokumentiert. Fragwürdig ist auch der Versuch, in ein schwebendes Verfahren einzugreifen, da der junge Mann zur Drehzeit in Untersuchungshaft sitzt. ✦ BR Deutschland 1989 **P** Thomas Carlé Filmprod. **R+B+K** Thomas Carlé, Gruscha Rode **L** 60 **E** 28.5.1990 ZDF

EIN WERWOLF BEISST SICH DURCH (FULL MOON HIGH). Der Football-Star einer amerikanischen High-School wird in Rumänien von einem Vampir gebissen und irrt 20 Jahre lang als Werwolf durch die Welt, ehe er in seine Heimat zurückkehrt. Ungealtert steigt er erneut zum Football-Star auf und wird als Werwolf akzeptiert. Eine nur in wenigen Ideen originelle Horrorfilm-Parodie, die sich mit Albernheiten und Wiederholungen über die Zeit rettet. – Ab 14 möglich. ✦ USA 1981 **P** Larco/Filmways Pic. **VA** VCL/Virgin **Pd+R+B** Larry Cohen **K** Daniel Pearl **M** Gary William Friedman **D** Adam Arkin (Tony Walker), Roz Kelly (Jane), Elisabeth Hartman (Ms. Montgomery), Ed McMahon (Mr. Walker), Bill Kirchenbauer (Flynn) **L** 96 **E** 15.5.1987 Video **fd** 26 211

DER WERWOLF KEHRT ZURÜCK (WEREWOLF). Ein junger Mann leidet an der Werwolf-Krankheit. Wer davon befallen ist, verwandelt sich zu nächtlicher Stunde in ein gräßliches Untier, in einen Killer wider Willen. Der Mann hat sich angesteckt, als er nicht umhinkonnte, seinen werwölfisch mordenden besten Freund auf dessen Bitte hin mit der dafür erforderlichen Silberkugel zu erschießen. Ein bescheiden unterhaltsamer, in der Schreckenserzeugung relativ rücksichtsvoller fantastischer Horrorfilm im Fernsehformat. Parodistische Elemente fehlen ebenso wie ein abrundender Handlungsschluß. – Ab 16. ✦ USA 1987 **P** Lycanthrope/Televentures **VA** EuroVideo **Pd** Frank Lupo, Mark Jones **R** David Hemmings **B** Frank Lupo **K** Jon Kranhouse **M** Sylvester Levay **S** Howard Deane, David Ramirez, Larry Mills **D** John York (Eric Cord), Chuck Connors (Skorzeny), Lance Le Gault (Alamo Joe), Michelle Johnson (Kelly Nichols), Ethan Phillips **L** 83 **FSK** ab 16 **E** Januar 1988 Video **fd** 27 437

WERWOLF VON TARKER MILLS (SILVER BULLET). Ein Werwolf terrorisiert eine Kleinstadt im mittleren Westen der USA. Tricktechnisch perfekter Horrorfilm nach einem Roman von Stephen King. Eine Mischung aus Thriller und Detektivstory, die die Zwischentöne des Werwolf-Mythos, den Konflikt zwischen der animalischen Natur des Menschen und der nur anerzogenen Zivilisation, verfehlt. (Titel auch: »Stephen Kings Werwolf von Tarker Mills«) DVD: Die Extras umfassen u. a. einen Audiokommentar des Regisseurs. – Ab 16 möglich. ✦ USA 1986 **P** Dino de Laurentiis **Kl** 20th Century Fox **VA** Cannon **DVD** Kinowelt Home (16:9, 2.35:1, Mono engl./dt.) **Pd** Martha Schumacher **R** Daniel Attias **B** Stephen King, nach seiner Erzählung »Cycle of the Werewolf« **K** Armando Nannuzzi **M** Jay Chattaway **S** Daniel Loewenthal **D** Gary Busey (Onkel Red), Everett McGill (Reverend Lowe), Corey Haim (Marty Coslaw), Megan Follows (Jane Coslaw), Robin Groves (Nan Coslaw) **L** 94 **FSK** ab 16; nf **E** 10.7.1986/Januar 1987 Video/16.10.2001 DVD **fd** 25 713

DER WERWOLF VON W. Als sich auf dem Gelände einer weitverzweigten Industrie-Fabrikanlage unerklärliche Todesfälle ereignen, sucht ein versponnener junger Nachtwächter nach einem Werwolf, ein Kriminalbeamter mit Computer nach einem Giftgasdepot aus dem Zweiten Weltkrieg und eine Art Bürgerwehr nach einem Täter. Ein gut fotografierter, dynamisch geschnittener Erstlingsfilm, der das Bild des Werwolfes als Sinnbild für Ängste, Gewalttätigkeit und übernatürliche Erklärungsmuster in einer chaotischen Welt benutzt, sich aber zunehmend in dem konfusen Wirrwarr an Themen verliert, so daß das anfängliche Interesse allzu bald erlischt. ✦ BR Deutschland 1987 **P** Reinery Publikation und Film/ZDF **Pd** Peter Wohlgemuth-Reinery, Wolfgang Schulte **R** Manfred Müller **B** Manfred Müller, Werner Pilz **K** Wolfgang Pilgrim, Niki Stein **M** Volker Rogall **S** Brigitte Lippmann, Marion Schwarz **D** Henry Hübchen (Nachtwächter), Michael Gwisdek (Kommissar Giershausen), Martina Schießer (Marion), Werner Brehm (Schrader), Horst Fechner (Keller), Erwin Brunn (Josef), Rudolf Mölders (Färber) **L** 82 **E** 15.12.1987 ZDF

DER WERWOLF VON WASHINGTON (THE WEREWOLF OF WASHINGTON). Ein Journalist im Dienst des Weißen Hauses wird auf einer Reise durch Ungarn zum Werwolf. Nach Washington zurückgekehrt, mordet er in höchsten Regierungskreisen. Bevor er selbst durch eine Frau erlöst und getötet wird, beißt er gar den Präsidenten, der nun seinerseits als Werwolf sein Unwesen treiben wird. Ein satirischer Horrorfilm, der Klischees und Stilmittel des Genres zur Persiflage auf amerikanische Politik und Lebenssicht zu nutzen versucht, aber nur in einigen Momenten zu einer überzeugenden Parabel verdichtet ist. ✦ USA 1970 **P** Millco **Pd** N. Schulman **R+B** Milton Moses Ginsberg **K** Bob Baldwin **M** Arnold Freed **S** Milton Moses Ginsberg **D** Dean Stockwell, Biff McGuire, Clifton James, Jane House **L** 90 **E** 4.5.1977 HR/NDR/SW/WDR

WERWÖLFE. Vom Nazi-Regime ideologisch und als Soldaten für die Heimatfront mißbrauchte Jugendliche kämpfen nach dem Zusammenbruch aus dem Hinterhalt für den Führer, bis sie aufgerieben werden. Ein grober und reißerischer Abenteuerfilm, der trotz proklamierter Militarismus-Kritik den dargestellten Brutalitäten einen äußerst fragwürdigen Reiz abgewinnt. Politische Einsichten werden indes keine vermittelt. ✦ BR Deutschland 1972 **P** Werner Klett Filmprod. **Kl** Kerscher **VA** Mike Hunter **Pd** Werner Klett **R** Werner Klett, Michael Wewerka **B** Werner Klett **K** Michael Wewerka **M** Franz Liszt **D** Wolfgang Ziffer, Klaus Jepsen, H. Ebeling, Günter Meisner **L** 79 **FSK** ab 18; nf **E** 9.11.1973 **fd** 18 683

WES CRAVEN PRÄSENTIERT DRACULA (DRACULA 2000). Bram Stokers bekannte Vampir-Geschichte im neuen Gewand: Die Handlung um den Blutsauger wurde in die Gegenwart verlegt und dem Personenarsenal die Tochter des Vampirjägers Van Helsing zugefügt. Weit einschneidender wirkt sich die veränderte Erzählhaltung aus, die Stilelemente des Teenager-Horrorfilms nutzt und durch christliche Erklärungsmuster den Untoten zu einer obskuren Mischung aus Judas und dem ewigen Juden stilisiert. Trotz gelungener Ansätze letztlich kein überzeugender Film, weil er zwar Schrecksekunden, aber kaum Spannung zu bieten hat und der Erzählfluss immer wieder durch stilistische Grobheiten gestört wird. ✦ Scope. USA 2000 **P** Wes Craven Films/Carfax Productions/Ned Art & Logic/Dimension **Kl** Highlight **VA** Highlight **DVD** Highlight Video (16:9, 2.35:1, DD5.1 dt.) **Pd** W. K. Broder, Joel Soisson **R** Patrick Lussier **B** Joel Soisson, nach Motiven eines Romans von Bram Stoker **K** Peter Pay **M** Marco Beltrami **S** Patrick Lussier **D** Gerard Butler (Dracula), Christopher Plummer (Abraham Van Helsing), Jonny Lee Miller (Simon Sheppard), Justine Waddell (Mary Heller), Colleen Fitzpatrick (Mary Heller), Jennifer Esposito, Omar Epps **L** 99 **FSK** ab 16; f **E** 23.4.2001/18.10. 2001 Video & DVD **fd** 34 827

WES CRAVENS CARNIVAL OF SOULS (CARNIVAL OF SOULS / WES CRAVEN PRESENTS: CARNIVAL OF SOUL). Eine junge Frau, die ihren Stiefvater, der ihre Mutter ermordete, mit ihrer Zeugenaussage ins Gefängnis brachte, wird 20 Jahre später von Albträumen heimgesucht, nachdem sie den Haftentlassenen am Grab der Ermordeten getroffen hat. Ein Killer im Clownkostüm scheint ihr Leben zu bedrohen. Lose an den Kult-Horrorfilm »Tanz der toten Seelen« (1962) angelehnter Film, der in allen Belangen von der Schlampigkeit seiner Macher zeugt. Weder Personen noch Geschichte sind überzeugend entwickelt, schlechte Darsteller machen den Film im wahrsten Sinne zum Horror. ✦ USA 1998 **P** Trimark

Pd Phillip B. Goldfine, Lisa Harrison, Michael Meltzer, Peter Soby jr. **R+B** Adam Grossman **K** Christopher Baffa **M** Andrew Rose **S** David Handman **D** Bobbie Phillips (Alex Grant), Shawnee Smith (Sandra Grant), Larry Miller (Louis Seagram), Paul Johansson (Michael), Cleavant Derricks (Sid) **L** 84 **E** 17.3.2001 Premiere World

WES CRAVENS DEM TODE GEWEIHT →Tödlicher Segen

WES CRAVENS DRACULA →Wes Craven präsentiert Dracula

WES CRAVENS MINDRIPPER →Mind Ripper

WES CRAVENS NIGHT VISIONS (NIGHT VISIONS). Ein hartgesottener Polizist und eine unerfahrene Polizeipsychologin suchen einen psychopathischen Frauenmörder. Infolge eines Kindheitstraumas fällt die junge Frau in unkontrollierte Trancezustände, in denen sie das pathologische Verhalten des Mörders assoziativ erkennen kann. Dabei gerät sie immer näher an ihren eigenen Abgrund und in tödliche Gefahr. Ein trotz der abstrusen Psychologisierung der Hauptfigur und der einfachen Inszenierung spannender und durchdachter Großstadtkrimi. – Ab 16 möglich. ✦ USA 1990 **P** MGM/UA Telecommunications **VA** Warner Home **Pd** Marianne Maddalena **R** Wes Craven **B** Wes Craven, Thomas Baum **K** Peter Stein **M** Brad Friedel **S** Mark Melnick, James Coblentz **D** Loryn Locklin (Sally Powers), James Remar (Tom Mackey), Penny Johnson (Luanne), Francis X. McCarthy, Mitch Pileggi, Jon Tenney (Polizeifotograf Martin) **L** 91 **FSK** ab 16 **E** 14.5.1993 Video **fd** 30 381

WES CRAVEN'S WISHMASTER →Wishmaster

DIE WESPENFRAU (THE WASP WOMAN). Professor Zinthrop, der aus Sekreten der Wespenkönigin eine verjüngende Substanz zu gewinnen hofft, findet eine Mäzenatin. Besessen von der Hoffnung auf Verjüngung, nimmt sie das Experiment selbst in die Hand, was dazu führt, daß sie sich in ein mordlüsternes wespenähnliches Ungeheuer verwandelt. Ein billig-trivialer Horrorfilm des Genre-Regisseurs Corman. ✦ Schwarz-weiß. USA 1959 **P** Filmgroup/Allied Artists **Pd+R** Roger Corman **B** Leo Gordon **K** Harry C. Newman **M** Fred Katz **S** Carlo Lodato **D** Susan Cabot (Janice Starling), Fred Eisley (=Anthony Eisley) (Bill Lane), Barboura Morris (Mary Dennison), Michael Marks (Dr. Eric Zinthrop), William Roerick (Arthur Cooper), Frank Gerstle (Hellman) **L** 75 **E** 20.3.1978 WDR

WESPENNEST (LA CRIME). Ein Pariser Polizist löst gegen den Willen mächtiger Politiker, korrupter Industrieller und bestechlicher Anwälte und Polizeiangehöriger ein verwirrendes Ränkespiel, bei dem ein bekannter Justizbeamter und zahlreiche weitere Menschen ermordet werden. Ein wirrer Kriminalfilm von einiger Oberflächenspannung, der bekannte Genremotive zu einer konventionellen, der modischen Konfektion folgenden Geschichte verbindet; in zahlreichen Szenen effekthascherisch und übertrieben brutal. ✦ Frankreich 1983 **P** T. Films/Antenne 2 **KI** Concorde/CentFox **Pd** Alain Terzian **R** Philippe Labro **B** Jacques Labib, Jean-Patrick Manchette **K** Pierre-William Glenn **M** Reinhardt Wagner **S** Thierry Derocles **D** Claude Brasseur (Kommissar Martin Griffon), Jean-Claude Brialy (J. F. Lambert), Gabrielle Lazure (Sybille Berger), Dayle Haddon (Suzy Thomson), Jean-Louis Trintignant (Christian Lacassagne), Robert Hirsch (Avram Kazavian) **L** 102 **FSK** ab 16; f **E** 6.7.1984/2.1.1987 DFF 1 **fd** 24 658

DAS WESPENNEST (1970) (HORNET'S NEST). Italien 1944. Jugendliche bedienen sich eines amerikanischen Fallschirmjägers, um die Ermordung ihrer Eltern durch die Nazis zu rächen, bevor sie ihm bei seinem Auftrag, der Sprengung eines Staudamms, behilflich sind. Ein blutrünstiger Kriegs-»Western«, unglaubwürdig entwickelt, effekthascherisch und voller falscher pathetischer Töne. ✦ USA 1970 **P** United Artists **Pd** Stanley S. Canter **R** Phil Karlson **B** S. S. Schweitzer, Stanley Colbert **K** Gabor Pogany **M** Ennio Morricone **S** J. Terry Williams **D** Rock Hudson (Cpt. Turner), Sylva Koscina (Bianca), Sergio Fantoni (Von Hecht), Jacques Sernas (Maj. Taussig), Mark Colleano (Aldo) **L** 110 **E** 17.12.1993 VOX

DAS WESPENNEST (1975) →Ein Koffer aus Lausanne

WESSEN GESETZ? (KINEK A TÖRVENYE?). Ein Polizist, der in einem verhältnismäßig wohlhabenden Dorf seine erste Stelle erhält, deckt durch Zufall auf, woher der Wohlstand kommt: durch Korruption, in die auch hohe Funktionäre verwickelt sind. Der junge Mann läßt sich auch durch Drohungen des Genossenschaftsvorsitzenden, in dessen Tochter er sich verliebt hat, nicht mundtot machen. Dieser greift zu einem hinterhältigen Mittel, aber der Polizist bleibt unbeugsam. Ein gesellschaftskritischer Film, der sich bemüht, Schwarzweißmalerei zu vermeiden. ✦ Ungarn 1978 **P** Mafilm, Dialóg-Stúdió **R** Sándor G. Szönyi **B** Erzsébet Galgóczi **K** Mihály Ráday **M** Gruppe »Vízöntö« **S** Annamária Komlóssy **D** Imre Sinkovits (Máté), Mari Töröcsik (Rózsika), Klári Leviczky (Zsóka), Géza Balkai (Andris), Ferenc Bencze (Balogh), Gyula Szabó (Oberst) **L** 90 **E** 26.5.1981 ZDF

WEST COAST HORROR (CONTAGION). Ein Mann muß mit ansehen, wie seine Frau getötet wird. Von Mordgelüsten getrieben, kehrt er an den Ort des Geschehens zurück. Eine Freundin, die ihm helfen will, gerät bald selbst in tödliche Gefahr. Ein brutaler Actionfilm, melodramatisch verbrämt. ✦ USA 1987 **P** Reef Film/Premiere Film **VA** G. L. **R** Karl Zwicky **B** Ken Methold **K** John Stokes **M** Frank Strangio **S** Roy Mason **D** John Doyle (Mark), Nicola Bartlett (Cheryl), Roy Barrett (Bael), Nathy Gaffney (Cleo), Jacqueline Brennan (Trish) **L** 86 **FSK** ab 18 **E** April 1988 Video

WEST SIDE RHYTHM (THE WEST SIDE WALTZ). Eine zurückgezogen lebende alternde Witwe, die nur Kontakt zu ihrer Violine spielenden Nachbarin unterhält, will ihrer Einsamkeit ein Ende bereiten und gibt eine Anzeige auf, in der sie eine Mitbewohnerin sucht. Als eine mittellose junge Frau bei ihr einzieht, die Schauspielerin werden will, ändert sich das Leben der alten Dame völlig, und sie gewinnt rasch eine neue Freundin. Drama um Alterseinsamkeit und den Mut zu einem radikalen Neuanfang, das für eigene Aktivitäten plädiert. – Ab 14 möglich. ✦ USA 1995 **P** Allied Communication/CBS/Von Zerneck-Sertner Films **Pd** Randy Sutter, Kim Snyder, Mitchell Blumberg **R** Ernest Thompson **B** Ernest Thompson, Patrick Williams **K** Steve Yaconelli **S** Robert Florio **D** Shirley MacLaine (Margaret Mary Elderdice), Liza Minnelli (Cara Varnum), Jennifer Grey (Robin Ouiseau), August Schellenberg (Serge), Kathy Bates (Mrs. Goo) **L** 88 **E** 24.9.2000 Super RTL

WEST SIDE STORIES – EIN OSTDEUTSCHER FOTOGRAF SIEHT DEN WESTEN. Dokumentarfilm. Begleitet von den zwei Filmautoren reiste der ostdeutsche Zeitungs-Fotograf Günter Barsch ein Jahr lang durch die alten Bundesländer. Film und Fotos dokumentieren seine Begegnungen mit unterschiedlichsten Menschen und Schauplätzen, wobei die Ost-Perspektive auf den Westen stets erhalten bleibt. ✦ Deutschland 1998 **KI** arte **R** Jens Arndt, Hans-Jürgen Büsch **L** 60 **E** 29.9.1998 arte

WEST SIDE STORY (WEST SIDE STORY). Das »Romeo und Julia«-Thema in einem von Puertoricanern bewohnten Armenviertel von New York: die blutige Auseinandersetzung zweier Halbstarken-Banden, verflochten mit einer pseudotragischen Liebesgeschichte. Musical mit der faszinierenden Musik von Leonard Bernstein in bemerkenswerter Qualität, die auf dem Zusammenklang glänzender tänzerischer Leistungen, optischer Einfälle und gelungener Persiflage des Milieus beruht. In der zweiten Hälfte des Films gewinnen allerdings Sentimentalität und reißerische Dramatik die Oberhand. – Sehenswert ab 14. ✦ Scope. USA 1960 **P** B & P Enterprises/Mirisch Pictures **KI** United Artists (auch 70mm) **DVD** Fox Home (16:9, 2.35:1, DD5.1 engl., Mono dt.) **Pd** Robert Wise **R** Robert Wise, Jerome Robbins **B** Ernest Lehman, nach dem Musical von R. E. Griffith und R. S. Prince **K** Daniel L. Fapp **M** Leonard Bernstein **S** Thomas Stanford **D** Natalie Wood (Maria), Russ Tamblyn (Riff), Richard Beymer (Tony), George Chakiris (Bernardo), Rita Moreno (Anita) **L** 151 **FSK** ab 12; f **FBW** bw **E** 13.9.1962/25.5.1973 Kino DDR/25.6.1983 DFF 1/15.1.2000 DVD **fd** 11 459

DER WESTEN LEUCHTET! Die Geschichte eines Agenten des Staatssicherheitsdienstes der DDR, der während eines Auftrages im verführerischen Westen von äußerem Glanz und Luxus geblendet wird und erst im letzten Moment die wirklichen Lebenszusammenhänge durchschaut. Unaufdringlich und leise zeichnet der Film ein Abbild dieser Wohlstandsgesellschaft; hinter der Oberfläche der »glatten« Geschichte offenbaren sich vielschichtige Zusammenhänge eines durch Zeichen und Symbole eingeengten Alltags. – Sehenswert. ✦ BR Deutschland 1981/82 **P** Visual/ZDF **KI** Concorde **Pd** Elke Haltaufderheide **R+B** Niklaus Schilling **K** Klaus Dickmann **M** Michael Rüggeberg, Gianna Nannini **S** Niklaus Schilling, Moune Barius **D** Armin Mueller-Stahl (Harald Liebe), Beatrice Kessler (Dagmar Ostfeld), Melanie Tressler (Ina), Harry Baer (Fan), Gunther Malzacher (Kommissar), Mathias Eysen (Diehl), Veronika Faber (Taxifahrerin) **L** 108 **FSK** ab 18; nf **FBW** w **E** 1.10.1982 **fd** 23 651

WESTEND →Der Greifer (1930)

DER WESTENTASCHEN-COWBOY (PAPERBACK HERO). Ein junger Mann in einem kanadischen Provinznest sonnt sich in seinem Erfolg als Star der lokalen Eishockey-Mannschaft und präsentiert sich in seiner Freizeit als strahlender Westernheld mit selbstverliehener Sheriff-Autorität. Durch seine eitle Selbstbespiegelung verliert er den Halt in der Wirklichkeit und läßt sich, als man ihm seine Lächerlichkeit vor Augen führt, in einem letzten Showdown mit der Polizei erschießen. Ein melancholisch gefärbter, trostloser Film, der verdeutlicht, wie schäbig die großen Vorbilder des Hollywood-Kinos, Freiheitsdrang und Männlichkeitskult, in der Wirklichkeit nachvollzogen werden. ✦ Kanada 1973 **P** Agincouert International **Pd** James Margellos, John F. Bassett **R** Peter Pearson **B** Les Rose, Barry Pearson **K** Don Wilder **M** Ron Collier, Gordon Lightfoot **S** Kirk Jones **D** Keir Dullea, Elizabeth Ashley, John Beck, Dayle Haddon, Franz Russell **L** 90 **E** 11.5.1984 ZDF

WESTERN (WESTERN). Ein katalanischer Schuhverkäufer stromert drei Wochen lang zusammen mit einem russischen Landstreicher durch die bretonische Küstenlandschaft, um sich über seine Gefühle für eine Französin klar zu werden. Lakonische Komödie über zwei wortkarge Außenseiter, die durch ihre außergewöhnliche formale Gestaltung fasziniert und zu einem aktiven »Lesen« der Bilder verführt. Auch wenn das Verhalten der beiden ungleichen Männer mitunter pubertär anmutet, überzeugt der Versuch, mittels einer unzeitgemäßen Wanderschaft gängige Zeit- und Lebenskonventionen zu hinterfragen. – Ab 16. ✦ Scope. Frankreich 1997 **P** Salome/Diaphana/Canal+/CNC **KI** MFA **VA** plaNet (MFA) **Pd** Maurice Bernart, Michel Saint-Jean **R** Manuel Poirier **B** Manuel Poirier, Jean-François Goyet **K** Nara Keo Kosal **S** Yann Dedet **D** Sergi López (Paco), Sacha Bourdo (Nino), Elisabeth Vitali (Marinette), Marie Matheron (Nathalie), Basile Siekoua (Baptiste) **L** 125 **FSK** ab 6; f **E** 11.12.1997 **fd** 32 873

WESTERN JACK (RIDE BENE CHI SPARTA ULTIMO / UN UOMO, UN CAVALLO, UNA PISTOLA). Eine Gangsterbande überfällt eine Postkutsche, die einen Tresor mit Gold über die mexikanische Grenze bringen soll, wird jedoch von einem Einzelgänger überlistet. Ungewöhnlich brutaler und zynischer europäischer Western. (Alternativtitel: »Western Jack – Blutiger Dollar«) – Wir raten ab. ✦ Italien/BR Deutschland/USA 1967 **P** Primex Italiana/Juventus/Reverse Producers **KI** Nora **VA** EuroVideo **Pd** Franz Josef Gottlieb **R** Luigi Vanzi **B** Giuseppe Mangione **K** Marcello Masciocchi **M** Stelvio Cipriani **D** Tony Anthony (Black Jack), Dan Vadis (El Plein), Jill Banner (Caroline), Marco Guglielmi (Prediger), Ettore Manni (Leutnant Stafford), Daniele Vargas (Good Jim), Raffaele Baldassarre **L** 95 **FSK** ab 18; nf **E** 5.1.1968 **fd** 15 212

WESTERN PATROUILLE (INCIDENT AT PHANTOM HILL). Ein Offizier übernimmt nach dem amerikanischen Bürgerkrieg im Texas des Jahres 1865 den Regierungsauftrag, in Texas eine Million Dollar in Gold zurückzuschaffen, das bei einem Planwagen-Überfall versteckt worden ist. Ein solide komponierter Western nach den vertrauten Mustern des Genres, aufrichtig in seiner Darstellung ethisch problematischer Notsituationen. – Ab 16. ✦ Scope. USA 1965 **P** Universal **KI** Universal **Pd** Harry Tatelman **R** Earl Bellamy **B** Frank Nugent, Ken Pettus **K** William Margulies **M** Hans J. Salter **S** Gene Milford **D** Robert Fuller (Matt Martin), Jocelyn Lane (Memphis), Dan Duryea (Joe Barlow), Tom Simcox (Adam Long), Linden Chiles (Dr. Hanneford), Claude Akins (Krausman), Paul Fix (General Hood), Linden Chiles (Dr. Hanneford), Noah Beery jr. (O'Rourke), Denver Pyle (Jäger), William Phipps (Händler), Don Collier (Drum) **L** 87 **FSK** ab 16; f **E** 2.2.1966 **fd** 13 854

WESTERN UNION → Überfall der Ogalalla

DER WESTERNER (THE WESTERNER). Der Kampf zwischen Viehzüchtern und Farmern in Texas um 1880 geht dank der Winkelzüge eines korrupten Friedensrichters und Saloonbesitzers stets zugunsten der Rancher aus, bis ein mutiger Cowboy als Sheriff dem Terror ein Ende macht. Um die authentische Figur des berüchtigten Verbrechers »Judge« Roy Bean konstruierte, ironische Westernhandlung, die fesselnd und unterhaltsam in Szene gesetzt ist und Walter Brennan in der Rolle des Bösewichts einen »Oscar« einbrachte. In letzter Minute wurde der bereits fertiggestellte »original score« Dimitri Tiomkins vom Produzenten verworfen; Alfred Newman komponierte einen völlig neuen Soundtrack, blieb aber ungenannt. (TV-Titel: »In die Falle gelockt«) ✦ Schwarz-weiß. USA 1940 **P** Samuel Goldwyn Prod. **KI** Ufa **Pd** Samuel Goldwyn **R** William Wyler **B** Jo Swerling, Niven Busch, nach einem Roman von Stuart Lake **K** Gregg Toland **M** Dimitri Tiomkin, Alfred Newman (ungenannt) **S** Daniel Mandell **D** Gary Cooper (Cole Hardin), Walter Brennan (Judge Roy Bean), Doris Davenport (Jane-Ellen Mathews), Fred Stone (Caliphet Mathews), Paul Hurst (Chickenfoot), Chill Wills (Southeast), Charles Halton (Mort Borrow), Forrest Tucker (Wade Harper), Tom Tyler (King Evans), Dana Andrews (Bart Cobble), Jack Pennick (Bantry), Trevor Bardette, Dan Borzage **L** 99 **FSK** ab 12; f **E** 26.1.1951/19.3.1995 WDR **fd** 1 418

WESTERPLATTE (WESTERPLATTE). Der siebentägige heldenhafte Kampf der Besatzung des Stützpunktes Westerplatte im September 1939 gegen das nationalsozialistische Deutschland. – Ab 16. ✦ Scope, schwarz-weiß. Polen 1967 **P** ZRF »Kadr« **KI** Progress **R** Stanislaw Różewicz **B** Jan Józef Szczepanski **K** Jerzy Wójcik **M** Wojciech Kilar **D** Zygmunt Hübner (Major Sucharski), Arkadiusz Bazak (Captain Dabrowski), Andrzej Zaorski (Leutnant Kregielski), Tadeusz Schmidt (Gryszman), Józef Nowak (Sergeant Buder) **L** 95 **E** 2.8.1968 Kino DDR/29.8.1989 DFF 2

WESTFALENLIED. Ausführlicher Dokumentarfilm über Westfalen. Beim historischen Exkurs illustrieren kleine Spielszenen unter anderem die Femegerichtsbarkeit und die Hexenprozesse in Lemgo. Konventionell in Kamera- und Schnittechnik, kentnisreich, aber geschwollen im Kommentar, insgesamt wohl hauptsächlich für regional-heimatkundlich Interessierte von Belang. – Ab 10. ✦ Schwarz-weiß. BR Deutschland 1956 **P** Karl-Heinz Kramer Filmprod. **KI** Kramer **Pd+R** Karl-Heinz Kramer **B** Stephan Selhorst **K** Karl-Heinz Kramer **M** W. Schipper **D** W. Rosendahl, K. Grunemeyer, W. Otte **L** 88 **FSK** ab 6; f **E** 1957 Kino **fd** 5 809

WESTFRONT 1918. Der Antikriegsfilm, am Schluß mit einem mahnenden Fragezeichen hinter dem Wort »Ende« versehen, entstand als Reaktion auf die um 1930 heraufziehende Remilitarisierungstendenz. Vier deutsche Soldaten erleben 1918 nach kurzer Etappenpause wieder den Alltag des Grabenkriegs, der Gas-, Artillerie- und Tankangriffe in Frankreich. Vor allem der erschütternd harte Realismus des Films (er erschien zeitgleich mit »Im Westen nichts Neues«, dem er an künstlerischer Kraft nur wenig nachsteht) fordert zur Auseinandersetzung mit dem Grauen des Krieges heraus. Die NS-Zensur verfügte ein Verbot des Films im April 1933. – Sehenswert ab 16. ✦ Schwarz-weiß. Deutschland 1930 **P** Nero-Film **KI** Die Lupe **Pd** Seymour Nebenzahl **R** Georg Wilhelm Pabst **B** Ladislaus Vajda, Peter Martin Lampel, nach dem Roman »Die Vier von der Infanterie« von Ernst Johannsen **K** Fritz Arno Wagner, Charles Métain **D** Fritz Kampers, Gustav Diessl, Hans Joachim Moebis, Claus Clausen, Gustav Püttjer, Else Heller **L** 97 **FSK** ab 16; nf **E** 23.5.1930/19.12.1970 ZDF/20.8.1985 DFF 1/3.4.1997 Neustart **fd** 8 051

WESTLER. Während eines Besuchs in Ost-Berlin lernt der aus Los Angeles nach West-Berlin zurückgekehrte Felix den homosexuellen Gelegenheitsarbeiter Thomas kennen. Gemeinsam wollen sie nach Prag reisen. Thomas ist fest entschlossen zu fliehen, Felix warnt ihn vor der Flucht und ihren Konsequenzen. Ein Film über eine im mehrfachen Sinne »Liebe zwischen den Systemen«; er versucht, die Berliner Mauer nicht nur als Hindernis zwischen Menschen und politischen Blöcken zu beschreiben, sondern auch als Grenzlinie zwischen Alter und Neuer Welt. DVD: Die Extras umfassen u.a. kommentiertes Super 8-Material ergänzend zum Film. – Ab 16. ✦ BR Deutschland 1985 **P** Searcher Filmprod. Sunger & Grüttgen/ZDF **SF** Impuls **VA** Bruno Gmünder Verlag/Salzgeber **DVD** Salzgeber (FF; Mono dt.) **R** Wieland Speck **B** Wieland Speck, Egbert Hörmann **K** Klemens Becker, Klaus Krieger **M** Engelbert Rehm **S** Gabriele Bartels, Wieland Speck **D** Sigurd Rachmann (Felix), Rainer Strecker (Thomas), Andy Lucas (Bruce), Andreas Bernhardt (Jürgen), Sascha Hammer (Elke), Frank Rediess (Bernie) **L** 94 **FSK** ab 12 **E** 10.12.1985 ZDF/28.5.1987 Kino/6.11.2000 DVD

WESTLICH SANSIBAR (WEST OF ZANZIBAR). Ein Jagdaufseher macht dem Elfenbeinschmuggel in Ostafrika ein Ende, indem er eine Bande Elefantenjäger und ihre Hintermänner festsetzt. Zugleich hilft er einem umgesiedelten Eingeborenenstamm. Ein mit vorzüglichen Tier- und Landschaftsaufnahmen gestalteter Film, dessen gedämpfte Abenteuerlichkeit nicht auf veräußerlichte Sensationen, sondern auf jugendgeeignete Unterhaltung aus ist. (Eine Fortsetzung des Films »Schwarzes Elfenbein«, 1951) – Ab 10. ✦ Großbritannien 1954 **P** Ealing Studios/Schlesinger Associated **KI** Rank **Pd** Leslie Norman **R** Harry Watt **B** Max Catto, Jack Whittingham **K** Paul Beeson **M** Alan Rawsthorne **S** Peter Bezencenet **D** Anthony Steel (Bob Payton), Sheila Sim (Marie Payton), William Simons (Timm Payton), Orlando Martins (M'Kongwi), Martin Benson (Dhofar), Edric Connor (Ushingo), David Osieli (Ambrose) **L** 90 **FSK** ab 6; f **FBW** w **E** 14.9.1954/27.6.1965 ZDF **fd** 3 554

WESTLICH ST. LOUIS (WAGONMASTER). Ein klassischer Western, der eine von John Fords schönsten Genre-Arbeiten ist. In epischer Erzählweise, herb-poetisch, zumeist überzogen von einem Hauch Ironie, erscheinen die Mythen des Wilden Westens in ungewohntem Licht. Ein Mormonentreck muß sich auf der Fahrt nach Westen gegen Banditen wehren, die vor dem Marshall fliehen und in dem Wagenzug der braven Siedler ein ideales Versteck zu haben glauben. – Sehenswert ab 16. ✦ USA 1950 **P** Argosy **KI** Atlas **VA** Kinowelt Home **Pd** John Ford, Merian C. Cooper **R** John Ford **B** Frank Nugent, Patrick Ford **K** Bert Glennon **M** Richard Hageman **S** Jack Murray **D** Ben Johnson (Travis), Harry Carey jr. (Sandy), Joanne Dru (Denver), Jane Darwell (Schwester Ledyard), Ward Bond (Wiggs), Charles Kemper (Shiloh Clegg), Alan Mowbray (Dr. Locksley Hall), Ruth Clifford (Fleuretty Phyffe), Russell Simpson (Adam Perkins), Kathleen O'Malley (Prudence Perkins), James Arness (Floyd Clegg), Fred Libby (Reese Clegg), Hank Worden (Luke Clegg), Francis Ford (Mr. Peachtree) **L** 86 **FSK** ab 16; f **FBW** w **E** 28.5.1965/15.4.1968 ZDF/15.8.2000 Video **fd** 14 146

WESTLICH VOM PARADIES (WEST OF PARADISE). Ein junger Engländer und seine Schwester erben von ihrem Großvater, einem etwas verschrobenen Strandgutjäger auf den Seychellen, ein wertvolles Goldkreuz, das die beiden bald auf die Spur eines geheimnisumwitterten Schatzes führt. Abenteuerfilm mit den üblichen Zutaten des Genres: Rätsel, Romantik, Gier, Intrigen und etwas schwarze Magie. – Ab 16. ✦ Großbritannien 1984 **R** David Cunlife **B** Michael J. Bird **D** Art Malik, Alphonsia Emmanuel, Charles Kay **L** (TV) 90 **E** 29.8.1993 ORB

WESTLICH VON SUEZ (THE WEST OF SUEZ). Mit einer hohen Geldprämie für die erfolgreiche Bekämpfung eines Ölbrandes im Nahen Osten in der Tasche fliegt ein Sprengstoffspezialist auf Urlaub nach London. Bei einer Zwischenlandung in Algier gerät er in die Hände einer Waffenschmuggler- und Sabotageorganisation, die ihn für eine große Summe scheinbar dafür gewinnt, einen Politiker zu ermorden. Spannende Mischung aus Abenteuer-, Agenten- und Kriminalfilm. – Ab 12. ✦ Schwarz-weiß. Großbritannien 1956 **P** Winwell Prod. **R** Arthur Crabtree **K** James Harvey **M** Wilfred Burns **D** Keefe Brasselle (Brett Manders), Kay Callard (Pat), Karel Stepanek (Langford), Ursula Howells (Eileen), Bruce Seton (Osborne), Richard Shaw (Cross) **L** (TV) 75 **E** 10.1.1970 ZDF

WESTWARDS – DIE KARAWANE DER FURCHTLOSEN → Zug der Furchtlosen

WESTWÄRTS ZIEHT DER WIND (PAINT YOUR WAGON). In einer nur von Männern bevölkerten kalifornischen Goldgräberstadt führen ein alter Haudegen, sein jugendlicher Partner und eine junge Frau einen fidelen Haushalt zu dritt, bis der Ältere vor der sich allmählich ausbreitenden Zivilisation das Weite sucht. Ein Western-Musical, das mit viel Aufwand an Kulissen und Statisten das Leben in dem Goldgräbernest stimmungsvoll beschreibt. Die nicht durchweg flüssige, aber durch komische Einlagen unterhaltsam aufgelockerte Verfilmung eines Erfolgsmusicals bietet Show-Unterhaltung von annehmbarer Qualität. – Ab 16. ✦ Scope. USA 1969 **P** Lerner Prod. (für Paramount) **KI** Paramount (auch 70mm) **Pd** Alan Jay Lerner **R** Joshua Logan **B** Alan Jay Lerner, Paddy Chayefsky, nach dem gleichnamigen Musical von Alan Jay Lerner und Frederick Loewe **K** William A. Fraker **M** Frederick Loewe, André Previn **S** Robert C. Jones **D** Lee Marvin (Ben Rumson), Clint Eastwood (Pardner), Jean Seberg (Elizabeth), Harve Presnell (Rotten Luck Willie), Ray Walston (Mad Jack Duncan), Alan Dexter (Parson), Terry Jenkins (Joe Mooney), Alan Baxter (Mr. Fenty), Robert Easton (Atwell), Sue Casey (Sarah Woodling), Edward Little Sky (Indianer), Roy Jenson (Hennesssey) **L** 137 (Orig: 164) **FSK** ab 16; nf **E** 10.3.1970 **fd** 16 621

WESTWORLD (WESTWORLD). Zwei junge Amerikaner geraten in einem hochtechnisierten, aber ganz stilecht nachgebauten Wildwest-»Urlaubsparadies« in tödliche Gefahren, als die »Cowboy-Roboter« außer Kontrolle geraten und Amok laufen. Ein thematisch ambitionierter Science-Fiction-Film mit Anleihen beim »Frankenstein«-Mythos, technisch perfekt inszeniert und präzise fotografiert, letztlich aber allzusehr dem Vordergründigen verhaftet, so daß die glänzende Idee auf halben Weg verschenkt wird. – Ab 16. ✦ Scope. USA 1972 **P** Paul N. Lazarus III **KI** Fox-MGM **Pd** Paul N. Lazarus III **R+B** Michael Crichton **K** Gene Polito, Joseph August **M** Fred Karlin **S** David Bretherton **D** Yul Brynner (mechanischer Revolverheld), Richard Benjamin (Peter Martin), Norman Bartold (mittelalterliche Königin), Dick Van

Patten (Bankier), Linda Scott (Arlette), Alan Oppenheimer (Chefingenieur), Victoria Shaw (Königin), James Brolin (John Blane), Steve Franken (Techniker), Terry Wilson (Sheriff), Howard Platt, Wade Crosby (Barkeeper) **L** 89 **FSK** ab 16; nf **E** 24.1.1974 **fd** 18 697

WET AND WILD (EXCHANGE LIFEGUARDS/WET AND WILD SUMMER!). Komödie. Der Sohn eines mächtigen Grundstücksmaklers soll im Auftrag seines Vaters einen Strandclub in Australien so weit schädigen, dass der Strand für einen Spottpreis zu haben ist. Als der Sohn aber Gefallen an dem dortigen Lebensstil findet und sich verliebt, wechselt er die Fronten. ✦ Australien 1985 **R** Maurice Murphy **B** Phillip Avalon **K** Martin McGrath **M** John Capek **D** Christopher Atkins (Bobby McCain), Elliott Gould (Mike McCain), Julian McMahon (Mick Dooley), Rebecca Cross (Julie Thomas), Vanessa Steele (Charlene), Christopher Pate (Richard Grey) **L** 93 **E** 17.1. 1999 RTL 2

WET DREAMS (WET DREAMS). Eine Zusammenstellung von 13 erotischen Kurzfilmen (darunter zwei Zeichentrickfilme) von äußerst unterschiedlicher Qualität und Machart. Neben prominenten Namen wie Nicholas Ray (der in der von ihm selbst inszenierten Episode »The Janitor« auch die Hauptrolle spielt) und Dusan Makavejev stehen eine große Zahl unbekannter Regisseure aus dem Bereich des internationalen Underground- und Pornokinos. Ein Sammelsurium unausgegorener und verkrampfter Ideen, bei dem Sexualität zumeist zur mechanisierten Turnübung verkommt. ✦ Teils schwarz-weiß. BR Deutschland/Niederlande 1974 **P** Cinereal/Film Group One **Kl** Avis **R** Nicholas Ray, Jens Jørgen Thorsen, N. Dragic, Heathcote Williams, Sam Rotterdam (= Dusan Makavejev), Oscar Cigart, Geert Koiman, Hans Kanters, Lee Kraft, Melvin Miracle, Niels Janette Walen, Falcon Stuart **B+K** Max Fischer **M** Carl Orff, Ludwig van Beethoven **L** 98 **FSK** SPIO: X **E** 25.1. 1974 **fd** 19 923

WET LIPS (NAKED AMBITION). Ein ambitionierter Nachwuchsregisseur bewirbt sich mit einer Arbeitsprobe bei einer Produktionsfirma, nicht wissend, dass eine Freundin seinen ernsthaften Dokumentarfilm gegen ein erotisches Heimvideo ausgetauscht hat. Er bekommt den Job, macht nach anfänglicher Verwunderung rasch Fortschritte und muss sich schon bald gegen Neider erwehren. Einfalt in Form eines Sexfilms. ✦ USA 1995 **R** Eduardo Dinero **B** Dan Deal **D** Juli Ashton, Tom Byron, J.R. Carrington, Vanessa Chase, Nick East, Roxanne Hall **L** 67 **E** 6.5. 2000 Vox

WETHERBY (WETHERBY). Der Selbstmord eines Studenten zwingt eine englische Lehrerin, sich mit ihrem Leben zu befassen und nach jenen Wurzeln zu suchen, die ihre Verschlossenheit bedingen. Ein psychologisch stimmiges Psychogramm, dem es in einander kommentierenden Rückblenden gelingt, die individuellen Fälle als Symptome gesellschaftlicher Krankheiten zu diagnostizieren, die sich in Kommunikationsunfähigkeit und der Unfähigkeit offenbaren, zu lieben, zu trauern und zu leben. Zugleich ein Hinweis auf allgemeinen Werteverlust. In der Hauptrolle hervorragend interpretiert. – Sehenswert. ✦ Großbritannien 1984 **P** Film Four Intern./ Zenith/Greenpoint **Kl** Concorde **VA** VCL/Virgin **Pd** Simon Relph **R+B** David Hare **K** Stuart Harris **M** Nick Bicât **S** Chris Wimble **D** Vanessa Redgrave (Jean Travers), Joely Richardson (Die junge Jean Travers), Ian Holm (Stanley Pilborough), Judi Dench (Marcia Pilborough), Marjorie Yates (Verity Braithwaite), Suzanna Hamilton (Karen Creasy), Stephanie Noblett (Suzie Bannerman), Robert Hines (Jim Mortimer) **L** 102 **FSK** ab 16; f **FBW** bw **E** 21.11.1985/Juni 1986 Video/2.1.1987 DFF 2/12.8.1987 ZDF **fd** 25 397

DIE WETTE →Sazka – Die Wette

WETTERLEUCHTEN (LUMIERE D'ETE). Zuerst in einem Hotel der Provence, dann auf einem Schloß rivalisieren drei Männer um die Gunst eines Mädchens: der Schloßherr, ein Maler und ein Ingenieur, der auf der nahen Baustelle eines Staudamms arbeitet. Ein Film, in dem sich Poesie, Exzentrik, Fantasie und Gefühl reizvoll mischen. Auch als gesellschaftliches Zeitbild aussagekräftig. (TV-Titel: »Sommerlicht«) ✦ Schwarz-weiß. Frankreich 1943 **P** André Paulvé **Kl** Lloyd **R** Jean Grémillon **B** Jacques Prévert, Pierre Laroche **K** Louis Page **M** Roland Manuel, Roger Desormières **D** Madeleine Renaud, Paul Bernard, Pierre Brasseur, Georges Marchal, Madeleine Robinson, Jane Marken **L** 113 **FSK** ab 12; f **E** Dezember 1946/ 17.4.1974 WDR **fd** 390

WETTERLEUCHTEN AM DACHSTEIN (HOCH VOM DACHSTEIN). Melodramatik im Salzkammergut: Auf einem Riesenhof mit kostbaren Stilmöbeln will eine junge Witwe von Warnungen und Sicherheitsverordnungen gegen Unterwaschungen ihres Grund und Bodens nichts wissen. Aus Starrsinn macht sie sich indirekt, aus Eifersucht direkt schuldig. Entsprechend schemenhaft konstruiert ist ihr Sinneswandel. Ein handelsüblicher Bergfilm im Ganghofer-Stil, ohne Konturen inszeniert, garniert mit schönen Landschaftsbildern. (Titel in Norddeutschland: »Die Herrin vom Salzerhof«) – Ab 12. ✦ Schwarz-weiß. BR Deutschland/Österreich 1952 **P** Süddeutsche Filmproduktion/Telosfilm **Kl** Adler/Kopp **Pd** Adam Napoleon Schneider, Kurt Hammer, Josef Lebzelter **R** Anton Kutter **B** Anton Kutter, nach dem Bühnenstück »Die kleine Passion« von Elmira Koref **K** Josef Kirzeder, Gustav Weiß **M** Herbert Jarczyk **S** Anton Kutter **D** Gisela Fackeldey (Jutta), Marianne Koch (Christl), Jutta Bornemann (Cilly), Eduard Köck (Der »Tiroler«), Pero Alexander (Hannes Khäls von Khälsberg), Hans Brand **L** 107 **FSK** ab 12; f **FBW** w **E** 23.1. 1953/7.1.1973 ZDF **fd** 2 484

WETTERLEUCHTEN IM ZILLERTAL →Der gestohlene Himmel

WETTERLEUCHTEN ÜBER DEM ZILLERTAL ODER DER GESTOHLENE HIMMEL →Der gestohlene Himmel

WETTERLEUCHTEN UM MARIA. Ein pflichttreuer junger Jäger muß den eigenen Vater als Wilderer erkennen und erschießt ihn in Notwehr. Sein Rivale um die Gunst der schönen Bürgermeisterstochter stürzt ab in den Wildbach. Naiv-gefällige Unterhaltung mit einem Übermaß an Schicksalsknoten. Lebensferne, anspruchslose Unterhaltung nach bekannten Klischees des Heimatfilms. – Ab 12. ✦ BR Deutschland 1957 **P** Neubach **Kl** Constantin **Pd** Ernst Neubach **R** Luis Trenker **B** Ilse Lotz-Dupont, Tibor Yost, nach dem Roman »Im Herbst verblühen die Rosen« von Hans Ernst **K** Albert Benitz **M** Harald Böhmelt **S** Lieselotte Prattes **D** Marianne Hold (Maria), Bert Fortell (Thomas Sebald), Mathias Wieman (Pfarrer), Harald Maresch (Kaspar), Wolf Albach-Retty (Baron Siebenzell), Katja Kessler (Siebenzell), Viktor Staal (Bürgermeister), Kai Fischer (Kathrin) **L** 95 **FSK** ab 12; f **E** 10.10.1957 **fd** 6 285

WETTERVORHERSAGE (PROGNOZA POGODY). Als durch eine Fehlplanung der sozialistischen Wirtschaft in einem polnischen Altenheim überproduzierte Särge angeliefert werden, geraten die Bewohner, die vom Mangel an Heizmaterial im bevorstehenden Winter erfahren hatten, in Panikstimmung. Eine Gruppe nimmt Reißaus und erfährt auf der Flucht das im Heim verlorengegangene Gefühl von freier Selbstentscheidung, Solidarität und Lebenslust, bis sie von Milizkräften gewaltsam zurückgeschleppt werden. Nach realistischem Anfang schlägt der Film in eine makaber-satirische, skurrile Tragikomödie an der Grenze von (Alp-)Traum und Sozialkritik um. Eine deprimierende Reflexion über die Misere Polens nach dem Verbot der Gewerkschaft »Solidarnosc«. ✦ Teils schwarz-weiß. Polen 1982 **P** Film Polski, Gruppe »TOR« **R** Antoni Krauze **B** Antoni Krauze, nach Motiven einer Erzählung von Marek Nowakowski **K** Krzysztof Pakulski **M** Zbigniew Preisner **D** Halina Buyno-Loza (Pelagia), Zofia Cegielkowa, Barbara Chojecka, Eugenia Horecka, Henryka Janikowska (alte Dame) **L** (TV) 86 **E** 27.7.1988 ZDF

DER WETTERWART DES MONTBLANC →Stürme über dem Montblanc

WETTFAHRT MIT DEM TODE (ONCE A JOLLY SWAGMAN). Die sozialkritisch gefärbte Geschichte eines Motorradrennfahrers in den 30er Jahren: sein sportlicher Aufstieg, seine egoistische Verkrustung, seine charakterliche Wandlung nach der Ehescheidung. Durchschnittliche Unterhaltung, hölzern gespielt und allenfalls in den Rennsequenzen für die Entstehungszeit beachtlich. ✦ Schwarz-weiß. Großbritannien 1948 **P** Wessex **Kl** Eagle-Lion **Pd** Ian Dalrymple **R** Jack Lee, R. Q. McNaughton **B** William Rose, Jack Lee, Cliff Gordon, nach einem Roman von Montagu Slater **K** H. E. Fowle, L. Cave-Chinn **M** Bernard Stevens **S** Jack Harris **D** Dirk Bogarde (Bill Fox), Renée Asherson (Pat Gibbon), Bonar Colleano (Tommy Possey), Bill Owen (Lag Gibbon), Cyril Cusack (Duggie Lewis) **L** 105 **FSK** ab 16; nf **E** 1949 Kino **fd** 465

WETTKAMPF IN DER WEISSEN SPUR →Der Lauf der weißen Königin

WETTLAUF DURCH DIE HÖLLE →Wettlauf durch die weiße Hölle

WETTLAUF DURCH DIE WEISSE HÖLLE (MURDER ON THE IDITAROD TRAIL). Als der Favorit eines mit 50 000 Dollar dotierten Schlittenhunderennens wenige Tage vor dem Start tot aufgefunden wird, tritt seine Halbschwester statt seiner an. Als immer mehr Teilnehmer tödlich verunglücken oder unter mysteriösen Umständen ausscheiden, wird klar, daß ein Mörder am Werk ist, der den Sieg an sich reißen möchte. Ein spannender Abenteuerfilm in der faszinierenden Schneelandschaft Alaskas vor dem Hintergrund des traditionsreichen Iditarod-Schlittenhunderennens, das rund 2000 Kilometer durch die Eiswüste führt. – Ab 14. ✦ USA 1995 **P** WIN **R** Paul Schneider **B** Paul Edwards, Bill Wells, Mimi Rothman Shapiro, nach einem Roman von Sue Henry **K** Richard Leiterman **M** Simon Kendall, Al Rodger **D** Kate Jackson (Jessie Arnold), Corbin Bernsen (Alex Jensen), Michael Damian (Bomber Gates), Philip Granger (Robb Pierce), Matthew Walker (Geroge Koper) **L** 81 **E** 7.12.1996 ARD

WETTLAUF GEGEN DEN TOD (... HANNO CAMBIATO FACCIA). Ein Ingenieur verstrickt sich aussichtslos in die Machenschaften eines Wirtschaftsimperiums. Symbolüberladener Versuch, den modernen Kapitalismus als eine Form von Vampirismus zu deuten; eine wirre Mischung aus Traumspiel und Gesellschaftssatire. ✦ Italien 1978 **P** filmsettanta **VA** Mondial **R** Corrado Farina **B** Giulio Berruti, Corrado Farina **K** Aiace Parolin **M** Amedeo Tommasi **D** Adolfo Celi, Geraldine Hooper, Giuliano Dispareti, Francesca Modigliano, Rodalba Bongiovanni **L** 92 **E** Januar 1985 Video **fd** 25 090

WETTLAUF MIT DEM HENKER (CHIAMATE 22–22 – TENENTE SHERIDAN). Die Aufklärung einer mysteriösen Kindesentführung mit tödlichem Ausgang rettet eine unschuldig zum Tode Verurteilte vor der Gaskammer. Mäßig spannender Kriminalfilm. (Alternativtitel: »Sheridan schlägt zu«) – Ab 16. ✦ Schwarz-weiß. Italien 1960 **P** Columbus/Giorgio Gravina **Kl** Film-Allianz/Opal **R** Giorgio Bianchi **K** Alfio Contini **M** Armando Trovaioli **S** Maurizio Lucidi **D** Ubaldo Lay, Nadina Duca, Umberto Orsini, Tilde Damiani, Carlo Alighiero, Sandro Moretti **L** 97 **FSK** ab 16; nf **E** 27.11.1964 **fd** 13 234

WETTLAUF MIT DEM TOD (1957) (OGNJONNYE WERSTY). Ein junger Tschekist wagt sich mit seinen Kameraden in der Zeit der Konterrevolution durch die feindlichen Linien. Spannender, aber in einigen Passagen unglaubwürdiger Kriegsfilm. – Ab 14. ✦ UdSSR 1957 **P** Mosfilm **Kl** Progress **R** Samson Samsonow **B** Nikolai Figurowski **K** Fjodor Dobronrawow **M** Nikolai Krjukow **D** Iwan Sawkin (Sawragin), Margarita Wolodina (Katja), A. Chodurski (Orlinski), Wladimir Kenigson (Beklemischew), Michail Trojanowski (Schelako) **L** 84 **E** 20.6.1958 Kino DDR/22.8.1958 DFF 1

WETTLAUF MIT DEM TOD (1978) →Die 39 Stufen (1978)

WETTLAUF MIT DEM TOD (1991) (DEAD RUN). Nachdem sie mitansehen mußte, wie ihr Mann einen Mord beging, findet eine junge Frau Unterschlupf bei einem Farmer, der mit seinen Kindern vor seinem Schwiegervater, einem Gangsterboß, flüchtet. In der dramatischen Auseinandersetzung mit ihren Verfolgern finden die beiden zusammen. Unglaubwürdiger Kriminalfilm, dessen an den Haaren herbeigezogene Handlung immerhin professionell in Szene gesetzt wurde. ✦ USA 1991 **P** World Network International/Dry Canyon One **Pd** Kevin G. Cremin **R** Vincent McEveety **B** Peter S. Fischer **K** Fred Murphy **M** David Bell **S** John C. Horger **D** Robert Urich (Joe Fortier/Johnny), Markie Post (Sharon Dancey), James Gammon (Sheriff Bitterman), Michael Beck (Jimmy Lee Dancey), Helen Griffiths (Schwester Laverne) **L** 95 **E** 29.5.1993 ARD

WETTLAUF MIT DEM TOD – DAS GEISELDRAMA VON GLADBECK. Dramatisierung der Ereignisse vom August 1988, als sich zwei Männer und eine Frau nach einem mißglückten Banküberfall in Gladbeck eine dreitägige Verfolgungsjagd mit der Polizei lieferten, begleitet von einer bislang einzigartigen Medienpräsenz. Der Film, der sich als Doku-Drama versteht, besteht zu 40 Prozent aus Dokumentarmaterial, während die übrige Handlung nach Zeugenaussagen rekonstruiert wurde. ✦ Deutschland 1998 **R** Geronimo Beckers **D** Gernot Schmidt (Dieter Degowski), Cornelius Schwalm (Hans-Jürgen Rösner), Dagmar Sachse (Marion Löblich), René Heinersdorff (Reinhold Alles), Ulrike Benkelmann (Andrea Blecker) **L** 95 **E** 19.8.1998 RTL

WETTLAUF MIT DER SONNE (PREDLUDY POUSTE). Die Geschichte eines armen Bauernsohns, der dem in eine Wolfsfalle gestürzten König des Landes das Leben rettet. Kinderfilm. – Ab 6. ✦ Scope. CSSR/Tunesien 1982 **P** Filmstudio Barrandov/Krátky Film/SATPEG/Carthago Films **Kl** Progress **R** Abdelhafidh Bouassida **B** Abdelhafidh Bouassida, Kamil Pixa, Jaroslav Vokrál **K** Jirí Macák **M** Armando Trovaioli **D** Yorgo Yoyagis (Mamluk), Bekim Fehmiu (Vlsdar), Miroslav Machácek (Wesir), Irene Papas (Mutter von Mamluk), Jozef Króner (Sidi Gali) **L** 98 **E** 13.1.1984/11.5.1987 DFF 1

WETTLAUF MIT DER ZEIT (RUNNING AGAINST TIME). Ein Historiker kann den Tod seines Bruders nicht verkraften, der 1966 in Vietnam starb. Er läßt sich von einem Forscher, der einen Weg gefunden hat, Raum und Zeit zu überwinden, ins Jahr 1963 versetzen, um das Attentat auf Kennedy und damit den Vietnam-Krieg zu verhindern. Doch es gelingt ihm lediglich, den Bruder vom Militärdienst abzuhalten, ehe er selbst von Jack Ruby erschossen wird. Bis zum Happy-End in der Gegenwart entwickelt sich ein wildes Konglomerat aus genretypischen Versatzstücken mit pathetischen Untertönen. Die Brisanz des Stoffes wird zugunsten einer klischeehaften Science-Fiction-Mär vernachlässigt. (Alternativtitel: »Im Wettlauf mit der Zeit«) – Ab 16. ✦ USA 1990 **P** Coastline **VA** CIC **Pd** David Roessel, Lorietta Taub **R** Bruce Seth Green **B** Stanley Shapiro, Robert Class, nach einem Roman von Stanley Shapiro **K** Brian R. R. Hebb **M** Don Davis **S** Heather McDougall **D** Robert Hays (David Rhodes), Catherine Hicks (Laura), Sam Wanamaker (Dr. Koopman), Mark Phelan, Wayne Tippit **L** 89 **FSK** ab 12 **E** 5.7.1991 Video/28.9.1995 RTL 2 **fd** 29 265

WETTLAUF MIT EINEM MÖRDER (ED MCBAIN'S 87TH PRECINCT). Die Suche nach einem Frauenmörder, der es ausschließlich auf Läuferinnen abgesehen hat, wird für Beamte der Mordkommission des 87. New Yorker Bezirks zu einem Wettlauf mit der Zeit, als eine Liste mit weiteren potentiellen Mordopfern auftaucht. Kriminalfilm, der versucht, neben dem Ermittlungsprozeß auch das Privatleben seiner Helden und die Durchdringung von Arbeit und Familie darzustellen. (Alternative Fernsehtitel: »Ed McBain – Tod einer Tänzerin«; »Ed McBain – Wettlauf mit einem Mörder«) ✦ USA 1995 **R** Bruce Paltrow **B** Michael K. Krohn, Daniel Levine, nach einem Roman von Ed McBain **D** Randy Quaid (Steve Carella), Alex McArthur (Kling), Ron Perkins (Meyer), Ving Rhames (Brown), Steven Flynn (Lytell) **L** 85 **E** 22.4.1996 ZDF

WETTLAUF UM EIN LEBEN (CLOCKWORK MICE). Der neue Lehrer an einer englischen Schule für schwer erziehbare Kinder überzeugt seine Schutzbefohlenen durch sein Engagement und nimmt sich besonders eines gewalttätigen Schülers an, dessen überschüssige Energien er in sportliche Höchstleistungen umwandelt. Nicht von ungefähr erinnert der Film an Peter Weirs »Der Club der toten Dichter«, überzeugt durch seinen Hauptdarsteller und bietet eine im Videoangebot überaus gediegene und gehobene Unterhaltung. – Ab 14. ✦ Großbritannien 1995 **P** Metrodome Films **VA** VPS **Pd** Paul Brooks **R** Vadim Jean **B** Rod Woodruff **K** Gordon Hickie **M** David A. Hughes, John Murphy **S** Liz Webber **D** Ian Hart (Steve), Catherine Russell (Polly), Ruaidhri Conroy (Conrad), Art Malik (Laney), John Alderton (Swaney) **L** 95 **FSK** ab 6 **E** 16.12.1999 Video

WETTLAUF ZUM RUHM – DIE ENTSCHLÜSSELUNG DER ERBSUBSTANZ (LIFE STORY). Ein nach den in Romanform erschienenen Erinnerungen des Nobelpreisträgers James Watson entstandener Fernsehfilm, der den wechselvollen Weg der beiden Forscher Watson und Crick bis zu ihrer Entdeckung der Doppel-Helix, des Trägers der Erbsubstanz, darstellt. ✦ Großbritannien 1987 **P** BBC/NDR **R** Mick Jackson **B** William Nicholson, nach dem Roman »Die Doppel-Helix« von James Watson **K** Andrew Dunn **M** Peter Howell **S** Jim Lathan **D** Jeff Goldblum (Jim Watson), Tim Pigott-Smith (Francis Crick), Alan Howarth (Maurice Wilkins), Juliet Stevenson (Rosalind Franklin) **L** 105 **E** 9.12.1997 arte

WETTSTREIT IM SCHLOSS. Kinderfilm aus der Endphase der großen tschechischen Märchenfilm-Ära. Ein Dorfjunge, glücklich, aber ohne Verstand, kommt in den Besitz des Verstandes des Königs. Dieser steuert das Volk fortan in großes Unglück, und es ist nun an dem Jungen, die Gefahr abzuwenden. – Ab 8 möglich. ✦ CSSR 1993 **R+B** Zdenek Zelenka **D** Filip Blazek (Matthäi), Jaromír Hanzlík (König), Jirina Bohdalová (Neid), Barbora Bobulová (Prinzessin) **L** 90 **E** 2.3.1997 Kinderkanal

WETZLAR IST NICHT WASHINGTON. Ein junger Mann kehrt als lokaler Berichterstatter in seine Heimatstadt Wetzlar zurück. Seine Wiederbegegnung mit Freunden und seine Neuentdeckung der Stadt vermischen sich mit Träumen und Ängsten: Träume vom amerikanischen Lebensstil, die so weit gehen, daß Elvis Presley immer noch unter falschem Namen in Wetzlar lebt; Ängste um Selbstbestimmung und politische und wirtschaftliche Entwicklungen. Der mit lichtempfindlichen Videokameras gedrehte Film will über die Beobachtung des bundesdeutschen Kleinstadtlebens hinaus Lebensgefühle optisch umsetzen. ✦ BR Deutschland 1983 **P** Charly Weller Filmproduktion **R+B** Charly Weller **K** Pascal Gille, Werner Weinreich **M** Peter Hagen **D** Charly Weller, Werner Weinreich, Erika Zahn, Gerd Bellersheim, Isabell Herradon **L** 75 **E** 3.5.1983 ZDF

WHAT AND WHY – SEX IN SKANDINAVIEN (WHAT AND WHY). Als wissenschaftliche Arbeit verbrämter Aufklärungsfilm in gewohnter Machart, in dem die Sexualität als Kontrapunkt gegen Umwelt- und Zivilisationsschäden gewertet wird. Der relativ seriös angelegte Film wurde für den deutschen Kinomarkt mit einschlägigen Szenen aus anderen Filmen »aufgewertet«. – Wir raten ab. ✦ Dänemark 1973 **P** M.A.G. **Kl** AB **R** Jeff Williams **K** Nils Sorensen **M** Fred Tornow **D** Monique Laroche, Connie Jetkins, Lisa Björnquist, Aldo de Hozisse **L** 75 **FSK** SPIO: X **E** 7.9.1973 **fd** 18 492

WHAT'S COOKIN' (WHAT'S COOKIN'). Mit allerlei Tricks verschafft sich der erfolgreiche Zauberkünstler einer Tanz- und Gesangsgruppe die Gelegenheit, in einem Radioprogramm aufzutreten. Die unbedeutende Handlung um die übliche »große Chance« zum Starruhm wird durch Auftritte des Orchesters Woody Herman und der Andrews Sisters zu einem interessanten Dokument über amerikanische Swingmusik in den 40er Jahren. ✦ Schwarz-weiß. USA 1942 **P** Universal **R** Edward Cline **B** Jerry Cady, Stanley Roberts **K** Jerome Ash **M** Charles Previn **D** Gloria Jean, Jane Frazee, Leo Carrillo, Robert Paige, Billie Burke **L** 65 **E** 29.2.1984

WHATEVER IT TAKES (WHATEVER IT TAKES). Zwei verdeckte Ermittler sind illegalem Anabolika-Handel auf der Spur und treiben sich in Bodybuilding-Studios herum, die sich ihnen als Brutstätte von Sex und Gewalt darstellen. Ein Schundprodukt in Form eines Kriminalfilms, das zwei abgehalfterten Nicht-Schauspielern als Vehikel dienen soll. Der Dilettantismus der Inszenierung erzeugt jedoch keine Spannung, sondern produziert nur unfreiwillige Komik. ✦ USA 1999 **P** Overseas Filmgroup/Dominion Entertainment/Hudson River Entertainment **VA** Starlight **Pd** Michael Manshel, Damon Rein **R** Brady Makenzie **B** Jack Capece, Raymond Obstfeld **K** Andrea V. Rossotto **M** Mitch Lijewski **S** Dennis M. O'Connor **D** Don »The Dragon« Wilson (Neil), Andrew Dice Clay (Dave), Fred Williamson (Paulie), Leslie Danon (Marla), Michael Bailey Smith (Kevin) **L** 96 **FSK** ab 18 **E** 14.6.2000 Video **fd** 34 396

WHATEVER – WAS SOLL'S? (WHATEVER). Die Wege ins Leben zweier junger Frauen: Während die eine trotz negativer Erfahrungen immer wieder wechselnde Sexabenteuer sucht, versucht sich die andere als Künstlerin, scheitert aber an der New Yorker Kunsthochschule. Dabei wird deutlich, dass beide Lebensentwürfe von der Macht und der Gewalt von Männern dominiert werden. Ein ansatzweise interessanter Film, der jedoch an zu starker Typisierung krankt und dadurch zu realitätsfremd und unglaubwürdig wirkt. Zwar beweist er Fingerspitzengefühl für stimmige Details und kann mit einer überzeugenden Hauptdarstellerin aufwarten, die manche Unstimmigkeiten ihrer Rolle überspielt, doch auch das schicksalhaft skizzierte Scheitern der Protagonistinnen wirkt wenig glaubhaft. ✦ USA 1997 **P** Sony Pictures/Anyway **VA** Columbia Tristar Home **Pd** Kevin Segalla, Susan Skoog, Ellin Baumel, Michelle Yahn **R+B** Susan Skoog **K** Michael Mayers, Michael Barrow **M** Walter Salas-Humara **S** Sandy Guthrie **D** Liza Weil (Anna Stockard), Chad Morgan (Brenda Talbot), Kathryn Rosetter (Carol Stockard), Don Montano (Zak), Marc Riffon (Martin), Frederic Forrest (Chaminski) **L** 109 **FSK** ab 16 **E** 14.9.1999 Video **fd** 33 948

WHEELS AND DEALS – TÖDLICHE GESCHÄFTE. Ein schwarzer Arbeiter, der in einer Gießerei in Johannesburg einen Streik initiiert, steigt zum Anführer einer Bande von Autodieben auf und bekommt es dadurch mit einem schwarzen Stadtrat zu tun, der den organisierten Autodiebstahl lenkt. Die Geliebte des Arbeiters, eine für die Gewerkschaft arbeitende Rechtsreferentin, verläßt ihn, als sie von seinem Doppelleben erfährt. Er entschließt sich daraufhin, die korrupten Geschäfte des Stadtrates offenzulegen. Eine engagierte Darstellung der Realität in Soweto, kombiniert mit einigen Elementen des Kriminalfilms; thematisch interessant, formal bei aller Ambition noch ungelenk und steif. (O.m.d.U.) – Ab 16. ✦ Schwarz-weiß. Südafrika/Deutschland 1991 **P** dffb/WDR/SWF **SF** Verleih der Filmemacher **R+B+K** Michael Hammon **M** William Ramsey **S** Simone Bräuer **D** Sello Maake-Ncube (BT), Kimberly Stark (Alsina), Ramalao Makhene (Chippa), A. Mogorosi (Bandiet), M. Mathunjwa (Opa) **L** 97 **E** 15.11.1991 West 3

WHEN A MAN LOVES A WOMAN – EINE FAST PERFEKTE LIEBE (WHEN A MAN LOVES A WOMAN). Aus Einsamkeit und beruflicher wie privater Überforderung verfällt die Frau eines Piloten mehr und mehr dem Alkohol. Ihre Trunksucht, der Entzug, vor allem aber die Entfremdung, die sich anschließt, treiben die Ehe an den Rand des Scheiterns. Ein mißlungener Versuch, der Wirklichkeit beizukommen. Der Darstellung des Problems Alkoholismus mit seinen Folgeerscheinungen und -schäden mangelt es an der gebotenen Deutlichkeit; sie dient nur als Folie für ein gepflegtes Liebes- und Familiendrama. – Ab 14. ✦ USA 1993 **P** Touchstone **KI** Buena Vista **VA** Touchstone **DVD** Buena Vista (1.85:1, DD2.0 engl./dt.) **Pd** Jordan Kerner, Jon Avnet **R** Luis Mandoki **B** Ronald Bass, Al Franken **K** Lajos Koltai **M** Zbigniew Preisner **S** Garth Graven **D** Andy Garcia (Michael Green), Meg Ryan (Alice Green), Ellen Burstyn (Emily), Tina Majorino (Jeff Green), Mae Whitman (Casey Green) **L** 125 **FSK** ab 12; f **FBW** w **E** 14.7.1994/16.3.1995 Video/8.4.1996 premiere/ 30.11.1999 DVD **fd** 30 889

WHEN NIGHT IS FALLING (WHEN NIGHT IS FALLING). Eine Dozentin an einem protestantischen College, die mit ihrem Kollegen und Geliebten vor der Beförderung steht, lernt eine sinnliche Zirkusartistin kennen. Nach und nach erliegt sie deren Verführungskünsten. Etwas manieriert erzählt der Film seine fast schon klassische Geschichte vom Erwachen der Sinnlichkeit. Kein Film der »ernsten« Fragen, sondern eine leichte, etwas zu routiniert inszenierte Variation zum Thema Homosexualität. ✦ Kanada 1995 **P** Crucial Pictures/Telefilm Canada/Ontarion Film Development **KI** TiMe **VA** VMP **Pd** Barbara Tranter **R+B** Patricia Rozema **K** Douglas Koch **M** Lesley Barber **S** Susan Shipton **D** Pascale Bussières (Camille), Rachael Crawford (Petra), Henry Czerny (Martin), Don McKellar (Timothy), Tracy Wright (Tory), David Fox (Reverend de Boer) **L** 95 **FSK** ab 12; f **E** 29.6.1995/11.4.1996 premiere/15.3.1996 Video **fd** 31 387

WHEN PIGS FLY (WHEN PIGS FLY). Ein verschlafener Jazz-Musiker wird mit zwei weiblichen Geistern konfrontiert, die ihn aus seiner Lethargie reißen. Im Gegenzug rächt er den Tod des einen Geistes und verschafft beiden eine neue Bleibe. In der Idee origineller, aber schlecht durchdachter Film, holprig und ohne Rhythmus inszeniert. Die wenigen guten Ansätze können der dürftigen Geschichte nicht über die Runden helfen. (Fernsehtitel: »Wenn Schweine fliegen«) – Ab 16. ✦ USA/Deutschland 1993 **P** Allarts/Sultan Driver/Pandora **KI** Pandora **Pd** Kees Kasander **R** Sara Driver **B** Ray Dobbins **K** Robby Müller **M** Joe Strummer **S** Jay Rabinowitz **D** Alfred Molina (Marty), Marianne Faithfull (Lily), Rachel Bella (Ruthie), Seymour Cassel (Frank), Maggie O'Neill (Sheila) **L** 97 **E** 12.5.1994 **fd** 30 754

WHEN SECRETS KILL (WHEN SECRETS KILL). Das glückliche Leben eines Paares mit seiner Adoptivtochter wird jäh zerstört, als die leibliche Mutter des Mädchens auftaucht. Diese wird wenig später ermordet aufgefunden, und der Verdacht fällt zunächst auf die Adoptivmutter. Nur langsam klärt sich die Angelegenheit: Ihr Mann hatte ein Verhältnis mit der Toten, das Kind ist seine leibliche Tochter. Wüst konstruierter Thriller, der seinen Erfolg in der Irreführung des Zuschauers sucht. ✦ USA 1997 **P** Michele Brustin Prod./Rysher Entertainment/Scripps Howard Entertainment **Pd** Billy Higgins, Sam Blackwell, Ara Watson **R** Colin Bucksey **B** Ara Watson, Sam Blackwell, nach einem Roman von Patricia MacDonald **K** Robert Stevens **M** Richard Hartley **S** John A. Martinelli **D** Gregory Harrison (Greg Newhall), Roxanne Hart (Karen Newhall), Lacey Chabert (Jenny Newhall), Larissa Laskin (Linda), Timothy Busfield (Walter Ference) **L** 86 **E** 1.9.2001 Pro Sieben

WHEN WE WERE KINGS (WHEN WE WERE KINGS). Dokumentation des legendären Boxkampfes Muhammad Ali gegen George Foreman, der 1974 in Zaire ausgetragen wurde. In der brillanten Montage rückt das faszinierende Boxgefecht in den Hintergrund, und die Filmemacher arbeiten heraus, wie bedeutend dieser Kampf für die Entwicklung eines schwarzen afroamerikanischen Selbstbewußtseins war. Ferner wird der Ausnahmeathlet Ali gewürdigt, der sich als einer der ersten Sportler als Medienmensch darzustellen wußte und durch die mitreißende Musik des Films in die Nähe von Popstars gerückt wird. (O.m.d.U.) – Sehenswert ab 16. ✦ Teils schwarzweiß. USA 1996 **P** DAS Films **KI** PolyGram/UIP **VA** PolyGram (Fox) **DVD** Universal Home (FF, DD2.0 engl.) **Pd** David Sonenberg, Leon Gast, Taylor Hackford **R** Leon Gast, Taylor Hackford (Interviews) **B** Leon Gast **M** div. Interpreten **S** Taylor Hackford, Jeffrey Levy-Hinte, Keith Robinson **L** 85 **FSK** ab 12; f **FBW** bw **E** 22.5.1997/1.12.1997 Video/22.5.2001 DVD **fd** 32 550

WHERE A GOOD MAN GOES (ZAIJIAN A LANG). Ein heiter-melancholischer Abgesang auf das alte Hongkong-Motiv einer Erbfeindschaft zwischen Gangster und Polizisten, die in Einsamkeit zusammenfinden. Nur die Liebe zu seiner Zimmerwirtin befreit den Gangster, der sich in einer veränderten Welt kaum noch zurecht findet, aus seiner inneren Isolation. Eine feinfühlige, bedächtige und diskret inszenierte Mischung aus Polizei- und Liebesfilm, die vor allem über zwei attraktive, prägnant und pointiert konturierte und gespielte Hauptdarsteller verfügt. (O.m.d.U.) – Sehenswert ab 16. ✦ VR China 1999 **P** Milky'way Image **KI** Rapid Eye Movie **Pd** Johnnie To, Wai Ka-fai **R** Johnnie To **B** Yau Nai-Hoi **K** Cheng Siu Keung **M** Cacine Wong **S** Chan Chi Wai **D** Lau Ching-wan, Ruby Wong, Lai Yiu-cheung **L** 92 **E** 29.3. 2001 **fd** 34 797

WHERE EVIL LIES (WHERE EVIL LIES). Zwei Freundinnen lassen sich bei dem Besuch eines Nachtclubs spontan zu einem Auftritt als Stripperinnen hinreißen. Es stellt sich heraus, daß der Club die Zentrale eines Mädchenhändlerrings und der Freund einer der Frauen ein Schurke ist, der Frauen nach Afrika verkauft. Bar jeder Psychologie oder plausibler Dramaturgie erschöpft sich der Thriller im voyeurhaften Vergnügen an Silikonbrüsten und pubertären Dialogen. Eine zusammengeschusterte Geschichte voller billiger Klischees und schlechter Darsteller. (Fernsehtitel: »Showgirl Killers«) ✦ USA 1995 **P** Concorde **VA** Highlight/Arcade **Pd** Mike Upton **R** Kevin Alber **B** Les Nordhauser, Dan Zettel **K** Andrea V. Rossotto **M** Ed Tomney, Christopher Lennertz, Nigel Holton **S** Dan Holland **D** Emile Levisetti (Kurt), Melissa Park (Sara), Mark Kinsey Stephenson (David), Nikki Fritz (Alex) **L** 77 **FSK** ab 18 **E** 16.6.1997 Video **fd** 32 827

WHERE SLEEPING DOGS LIE →Sleeping Dogs – Tagebuch eines Mörders

WHERE THE MONEY IS – EIN HEISSER COUP →Ein heißer Coup

WHIP WILSON SCHLÄGT ZU (CRASHING THROUGH/ FENCE RIDERS). Zwei kleine Serienwestern mit einem ständig aktiven, akrobatischen Titelhelden, der von einem komischen Faktotum begleitet wird. Als US-Marshall säubert Whip Wilson im Regierungsauftrag boxend, reitend, schießend und Lasso werfend ein Territorium von organisierten Gangstern. – Ab 14. ✦ Schwarz-weiß. USA 1949/50 **P** Monogram **KI** Continental **R** Ray Taylor **B** Eliot Gibbons **K** Harry Neumann **M** Edward J. Kay **D** Whip Wilson, Andy Clyde **L** 100 **FSK** ab 12; nf **E** 16.4.1954 **fd** 3 242

WHISKERS – DER KATZENMANN (WHISKERS). Fantasyfilm für Kinder. Der beste Freund eines elfjährigen Jungen ist ein frecher Kater. Als die Eltern etwas gegen ihn auszuhecken scheinen, besucht er die Katzengöttin, die den Kater in einen Menschen verwandelt. Zusammen machen sie sich auf die Suche nach dessen Katzenmutter. ✦ Kanada 1996 **Pd** Kevin Tierney **R** Jimmy Kaufman **B** Wendy Biller, Christopher Hawthorne **K** François Protat **M** Daniel Lavoie **S** Alain Baril **D** Brent Carver (Whiskers), Michael Caloz (Jed Martin), Steve Adams (Hal Martin), Laurel Paetz (Jenny Martin), Monique Mercure (Bastet) **L** 94 **E** 5.7.1998 premiere

WHISKEY UND DIE GOLDGRÄBER (WHITE FANG AND THE GOLD DIGGERS / ZANNA BIANCA E IL CACCIATORE SOLITARIO). Zusammen mit seinem Sohn und seinem Hund richtet sich ein Mann auf einem neu erworbenen Stück Land ein. Als seine zweite Frau, die er seit Jahren nicht mehr gesehen hat, ihr Eintreffen ankündigt, gerät er in Konflikt mit den Machtverhältnissen im nahe gelegenen Ort. Veralteter Abenteuerfilm. – Ab 16. ✦ Italien 1976 **P** Pleiade **VA** VPS **R** Alfonso Brescia **B** Piero Reandi, Giuseppe Harry **K** Silvio Fraschetti **M** Alessandro Alessandroni **S** Liliana Serra **D** Robert Wood, Pedro Sanchez, Robert Hundar, Jean Pierre Glarin, Franco Galgero, Paolo Lena, Gabriella Lepori **L** 94 **FSK** ab 16: nf **E** 15.4.1985 Video/22.12.1985 DFF 2/ 28.6.1987 RTL plus

WHISKY BRUTAL (THE MOONSHINE WAR). Ein korrupter Regierungsagent versucht mit Hilfe von Gangstern, kurz vor Aufhebung der Prohibiton noch schwarz gebrannten Whisky einzukaufen. Gangsterfilm mit klug eingesetzten Spannungselementen und makaber-grimmigem Humor. – Ab 16. ✦ Scope. USA 1969 **P** Filmways/MGM **KI** MGM **Pd** Martin Ransohoff **R** Richard Quine **B** Elmore Leonard, nach seinem gleichnamigen Roman **K** Richard H. Kline **M** Fred Karger, Hank Williams jr. (Songs), Roy Orbison (Songs) **S** Allan Jacobs **D** Patrick McGoohan (Frank Long), Richard Widmark (Dr. Taulbee), Alan Alda (»Son« Martin), Will Geer (Sheriff Baylor), Lee Hazlewood (Dual Meaders), Teri Garr (Touristin), Claude Johnson (Tourist) **L** 99 **FSK** ab 16; nf **E** 5.2. 1971 **fd** 17 197

WHISKY, DYNAMIT UND TEUFELSWEIBER (LA SOUPE A LA GRIMACE). In einer exotischen Einöde beutet ein Bergwerksingenieur eine Uranmine aus, die seiner Geliebten gehört. Als er sie gegen die Nachstellungen ihres geschiedenen Mannes unterstützt, kommt es zu Mord und Totschlag. Mißlungener Abenteuerfilm mit idiotischem deutschem Titel. ✦ Schwarz-weiß. Frankreich 1954 **P** Sonofilm **KI** Argus **R** Jean Sacha **B** Jacques Berland, nach dem Roman »Die Haut des anderen« von Terry Stewart **K** Marcel Weiss **M** Jean Wiener **D** Maria Mauban, Georges Marchal, Christiane Lenier, Dominique Wilms, Noël Roquevert **L** 90 **FSK** ab 16 ; nf **E** 20.7. 1956 **fd** 5 101

WHISKY, PLATTFÜSSE UND HARTE FÄUSTE (ALLA LARGA AMIGOS ... / OGGI HO IL GRILLETTO FACILE / LOS FABULOS DE TRINIDAD). Dilettantischer Italowestern um eine Waffenlieferung, die mehrere Parteien in ihren Besitz bringen wollen. ✦ Spanien/ Italien 1973 **P** Ifisa/Admiral International **KI** Film-Allianz **R** Steve McCoy (= Ignacio F. Iquino) **B** Ignacio F. Iquino, Jackie Kelly **K** Antonio L. Ballesteros **M** Enrique Escobar **D** Richard Harrison, Fernando Sancho, Fanny Grey **L** 81 **FSK** ab 12; nf **E** 3.1.1975 **fd** 19 146

DAS WHISKY-SCHIFF →Freut euch des Lebens (1949)

WHISKY, WEIBER UND PISTOLEN →Tolle Texasgirls

WHISKY, WODKA, WIENERIN (RENDEZVOUS IN WIEN). Um mit einem neutralen Sputnik ins Raumfahrt-Geschäft zu kommen, arrangiert die österreichische Regierung im Rahmen eines Festaktes für einen Wiener Komponisten den Besuch von dessen erst- und zweitehelichen Söhnen aus Amerika und Moskau. Unterhaltsames Politmärchen nach einem pointenreichen Bühnenstück. (Späterer Fernsehtitel: »Rendezvous in Wien«) ✦ Österreich 1958 **P** Cosmopol **KI** Bavaria **R** Helmut Weiss **B** Eberhard Keindorff, Johanna Sibelius, nach einem Bühnenstück von Fritz Eckhardt **K** Günther Senftleben **M** Franz Grothe **D** Josef Meinrad, Hans Holt, Peter Weck, Peer Schmidt, Margit Saad **L** 94 **FSK** ab 12; nf **E** 8.1.1959 **fd** 7 710

EIN WHISKY ZUVIEL (VIOLENT MOMENT). Kleiner britischer Krimi über einen Deserteur, der die Frau, mit der er einen Sohn hat, erwürgt, weil sie den Jungen fortgegeben hat und ihm dessen Aufenthalt verheimlicht. ✦ Großbritannien 1958 **P** Independent Artists **Pd** Bernard Coote **R** Sidney Hayers **B** Peter

Barnes **K** Phil Grindrod **M** Stanley Black **S** Sidney Hayers **D** Lyndon Brook (Douglas Baines), Jane Hylton (Daisy Hacker), Jilly Browne (Janet Greenway), Bruce Seton (Inspektor Davis), John Paul (Ranson), Rupert Davies (Bert Glennon) **L** 60 **E** 21.8.1964 ARD

WHISPER TO KILL (WHISPERS). Eine Schriftstellerin, die einen geistesgestörten Großgrundbesitzer getötet hat, wird auch nach dessen Beerdigung weiter von ihm belästigt. Gemeinsam mit einem Polizisten kommt sie hinter das Geheimnis des vermeintlichen Wiedergängertums. Der Grund für zahlreiche Frauenmorde ist in der Vergangenheit zu suchen und hängt mit einem Satanskult zusammen, dem die Mutter des Getöteten angehörte. Anfänglich leidlich interessanter Mystery-Thriller, der sich in langatmigen, gestelzten Dialogen erschöpft und dessen unentschlossen entwickelte Handlung kaum Spannung aufkommen läßt. ✦ USA 1990 **P** Cinepix **VA** New Vision **Pd** John Dunning **R** Douglas Jackson **B** Anita Doohan, nach einem Roman von Dean R. Koontz **K** Peter Benison **M** Fred Mollin **S** Jacques Jean **D** Victoria Tennant (Hilary Thomas), Jean Leclerc (Bruno Clavel), Chris Sarandon (Tony), Peter MacNeill (Frank), Linda Sorenson (Kayla) **L** 97 **FSK** ab 18 **E** 19.6.1991 Video **fd** 29 016

WHISPERS – DAS FLÜSTERN (A WHISPER TO A SCREAM). Ein melancholischer Discjockey in einem Sexclub ermordet bei Vollmond vier Stripperinnen. Sein fünftes Opfer soll ein Telefonsex-Mädchen werden, aber ein schwarzer Polizist kann ihn rechtzeitig ausschalten. Auf dem Niveau von Groschenromanen angesiedelter Thriller, der alle Show- und Handlungselemente versammelt, die konfektionierte Schundfilme in diesem Milieu aufzubieten pflegen. ✦ Kanada 1988 **P** Firelight **VA** Ufa **Pd** Robert Bergman, Gerard Ciccoritti **R** Robert Bergman **B** Gerard Ciccoritti, Robert Bergman **K** Paul Witte **M** Barry Fasman, Dana Walden **S** Richard Bond **D** Nadia Capone (Gabrielle), Silvio Oliviero (Frank), Yaphet Kotto (Jules), Lawrence Bayne (Olwyn), Michael Lebovi (Tullio) **L** 95 **FSK** ab 16 **E** 8.7.1991 Video **fd** 29 362

WHISPERS OF WHITE (WHISPERS OF WHITE). Die Auseinandersetzungen zwischen Drogenbanden und der Polizei, der eine paramilitärische Einheit beisteht. Sehr gewalttätiger Actionfilm, der Selbstjustiz bejaht. (Fernsehtitel: »Blutige Straßen: Whispers of White«) ✦ USA 1991 **P** Nightstar **VA** VMP **Pd** Ron Gorton jr. **R+B** Ron Gorton sr. **K** Anghel Decca **M** Georges Garvarentz **D** Nicolette Coulet, Anthony DeSando (Danny Faklis), Tony Craig (Thomas Bluddon), April Bransome (Karen Bright), Ron Gorton sr. (Chief Dolph Reiner) **L** 87 (gek. 85) **FSK** ab 18 (gek. 16) **E** 7.3.1995 Video **fd** 31 318

DER WHISTLER (THE WHISTLER). Untröstlich über den Tod seiner Frau, bezahlt der Ehemann einen Killer, der ihn selbst töten soll. Dieser heckt einen infamen Plan aus: Er versetzt den Mann fortlaufend in Todesangst, um ihn vor Angst und Schrecken sterben zu lassen. Das Opfer gerät in eine noch schlimmere Lage, als sich herausstellt, daß seine Frau noch lebt. Dem Selbstmord nahe, wendet sich sein Schicksal mit dem Eingreifen des »Whistlers« doch noch zum Guten. – Erster Teil der seinerzeit populären »Whistler«-Serie, die zwischen 1944 und 1950 im Gefolge einer Radio-Unterhaltungssendung entstand. Markenzeichen der mit wenig Aufwand, aber fantasievoll produzierten Filme ist ein geheimnisvoller, pfeifender Schatten in der Eröffnungssequenz. (Mitunter erscheint der »Whistler« auch als Vermittler zwischen den Handlungsteilen und Schauplätzen.) Siehe auch: »Das Zeichen des Whistler«, »Die Macht des Whistler«, »Der geheimnisvolle Gast«, »Die Rückkehr des Whistler«. ✦ Schwarz-weiß. USA 1944 **P** Columbia **Pd** Rudolph C. Flothow **R** William Castle **B** Eric Taylor **K** James S. Brown **M** Wilbur Hatch **S** Jerome Thoms **D** Richard Dix (Earl Conrad), J. Carroll Naish (Killer), Alan Dinehart (Gorman), Gloria Stuart (Alice Walker), Joan Woodbury (Toni Vigran) **L** 60 **E** 29.10.1980 WDR

WHITE ANGEL (WHITE ANGEL). Ein Frauenmörder zwingt eine Schriftstellerin, die den Mord an ihrem Ehemann auf dem Gewissen hat, seine Memoiren zu schreiben. Im Laufe der Gespräche öffnen sich beide und diskutieren ihre jeweilige Schuld. Nachdem sie schließlich den Massenmörder getötet hat, wird sie auf Grund von Indizien für seine Taten verhaftet. Ein unspektakulärer, atmosphärisch dicht, fast kammerspielartig inszenierter Thriller, der seine Spannung vor allem aus dem Zusammentreffen der beiden Protagonisten bezieht, die sich wechselseitig zum Schicksal werden. ✦ Großbritannien 1993 **P** Living Spirit **VA** VPS **Pd** Geneviève Jolliffe **R** Chris Jones **B** Chris Jones, Geneviève Jolliffe **K** John Walker **M** Harry Gregson-Williams **S** John Holland **D** Peter Firth (Leslie Steckler), Harriet Robinson (Ellen Carter), Don Henderson (Inspektor Taylor), Anne Catherine Arton (Mik), Harry Miller (Allen) **L** 93 **FSK** ab 18 **E** 17.3.1994 Video **fd** 30 817

WHITE CARGO (WHITE CARGO). Die Ermordung eines Topmodels, das mit Dartpfeilen gespickt gefunden wurde, ruft einen Detektiv auf den Plan, der bald eine Verbindung zwischen der chinesischen Drogenmafia und der Modeszene nachweisen kann. Erschwert wird seine Arbeit durch die Inhaberin einer Modelagentur, die sich als Verbündete ausgibt, jedoch ein Doppelspiel treibt. Thriller, der den Gesetzen des Cop-Krimis folgt, dem es jedoch nicht gelingt, eine ansprechende Atmosphäre zu schaffen. Die mangelnde Logik des Buches und das wüste Durcheinander an Handlungselementen sollen durch unnötige Härten kaschiert werden. ✦ USA 1996 **P** Third Coast **VA** Splendid **Pd** Pamela Vlastas **R+B** Daniel Reardon **K** Sead Mutarevic **M** Del Casher **S** Warren Peters, Terry Chambers **D** David Bradley (Joe Hargatay), Shannon Tweed (Alexia), Lydie Denier (Janice), Tiny »Zeus« Lister jr. (= Tommy »Tiny« Lister jr.) (Zeno), David Groh (Tony), Kevin Quigley (Greasy) **L** 92 **FSK** ab 18 **E** 20.12.1996 Video **fd** 32 490

WHITE FIRE – DER TODESDIAMANT (WHITE FIRE / VIVRE POUR SURVIVRE). Zwei amerikanische Geschwister geraten in der Türkei in die Auseinandersetzung um einen Diamanten ungewöhnlicher Größe und tödlicher Leuchtkraft. Abenteuerfilm um die Gier nach Edelsteinen, der in einer dilettantischen Inszenierung Serien von selbstzweckhaften Schießereien zelebriert. – Wir raten ab. ✦ Frankreich/Italien/Türkei 1983 **P** Film Centre/U.F.M./Uranium **VA** Neue Constantin/Taurus# **R** Jean-Marie Pallardy **B** Edward J. Francis **K** Roger Fellous **M** Jon Lord, Vicky Brown, Limelight **S** Bruno Zincone **D** Robert Ginty, Belinda Mayne, Fred Williamson, Jess Hahn, Diana Goodman, Gordon Mitchell, Jean-Marie Pallardy **L** 83 **E** 1985 Video **fd** 25 256

WHITE GHOST (WHITE GHOST). Nachdem er 15 Jahre wie ein Einsiedler im vietnamesischen Dschungel gehaust hat, nimmt ein Leutnant der US-Armee Funkkontakt mit der Heimat auf. Das Militär entsendet ein Spezialkommando, doch der brutale Einsatzleiter, der mit dem Leutnant noch eine Rechnung offen hat, gibt Befehl, ihn als »Verräter« zu liquidieren. So muß sich der Leutnant nicht nur gegen vietnamesische Soldaten, sondern auch gegen seine vermeintlichen Retter zur Wehr setzen. Schludrige Mär vom modernen Tarzan ohne jede Logik und historisches Verantwortungsgefühl. ✦ USA 1987 **P** Reno Melon/White Ghost/Crawford-Lane **VA** Vestron **Pd** Jay Davidson, William Fay **R** B. J. Davis **B** Gary Thompson **K** Hans Kühle **M** Parmer Fuller **S** Ettie Feldman **D** William Katt (Steve Shepard), Rosalind Chao (Thi Hau), Martin Hewitt (Waco), Wayne Crawford (Cpt. Walker), Reb Brown (Major Cross) **L** 84 **FSK** ab 18 **E** Mai 1989 Video **fd** 27 814

WHITE LIES (WHITE LIES). Die Liebesgeschichte zwischen einer weißen Galeristin und einem schwarzen Museumswärter, der sich ihr gegenüber als Künstler ausgibt. Eine amüsante romantische Gesellschaftskomödie mit pointiert-nuancierten Seitenhieben gegen den »gutgemeinten Rassismus«. Darüber hinaus eine treffsichere Satire auf den Kunstmarkt. – Sehenswert ab 14. ✦ USA 1997 **P** Buena Vista **KI** Buena Vista **VA** Buena Vista **Pd** Arthur Cohn **R+B** Ken Selden **K** Robert Yeoman **M** Donald Markowitz **S** Michael Berenbaum, Angelo Corrao **D** Julie Warner (Mimi Furst), Larry Gilliard jr. (Leon Turner), Rosanna Arquette (Künstlerin), Harvey Fierstein (Art), Terry Kinney (Richard), Caroline Aaron (Galeristin) **L** 94 **FSK** o. A.; f **FBW** bw **E** 15.5.1997/28.1.1999 Video **fd** 32 548

WHITE LIGHT – LICHT IM TUNNEL DES TODES (WHITE LIGHT). Ein Polizist, der einem kriminellen Geschäftsmann auf die Schliche kam, wird von dessen Killern niedergeschossen und nur dank einer Ärztin und ihres Heilmittels ins Leben zurückgeholt. Auf der Schwelle des Todes sah er eine vor Angst starre Frau und setzt nun alles daran, diese Frau vor ihrem Schicksal zu bewahren. Dabei kreuzt er erneut die Wege des mörderischen Geschäftsmannes. Ebenso wirre wie uninteressante Mischung aus blutigem Kriminalfilm, kitschiger Liebesgeschichte und Übersinnlichem. ✦ Kanada 1990 **P** Bellemonde **VA** RCA/Columbia **Pd** Anthony Kramreither **R** Al Waxman **B** Ron Base **K** Bert Dunk (= Albert J. Dunk) **M** Paul Zaza **S** David Nicholson **D** Martin Kove (Sean), Martha Henry (Ella), Heide von Paleske (Debra), James Purcell (Bill), Bruce Boa (Clay) **L** 92 **FSK** ab 16 **E** 11.8.1992 Video/3.8.1995 Pro Sieben **fd** 29 859

WHITE LINES – IM TEUFELSKREIS DES VERBRECHENS (BELLY). Die lebenslange Freundschaft zweier schwarzer Kleinkrimineller endet tragisch, als der Eine im großen Stil ins Drogengeschäft einsteigt, während sich der Andere um seine Familie kümmern will. Debütfilm eines Videoclip- und Commercial-Regisseurs, dessen Handschrift seine Herkunft nicht verleugnen kann. Doch ungewöhnlicher Lichtsatz, gewagte Kamerafahrten und rasanter Schnitt können nicht über den dünnen Plot hinwegtäuschen, dessen Vergnügen durch flache Charaktere und übertriebene Brutalitäten rasch verdorben wird. Die deutsche Synchronisation mit ihren erzwungenen Rap-Reimen gibt dem Film vollends den Rest. ✦ USA 1998 **P** Artisan Entertainment **VA** Highlight **DVD** Highlight Video (16:9, 1.78:1, DD5.1 dt.) **Pd** Larry Meistrich, Ron Rotholz, Robert Salerno, Hype (Harold) Williams **R** Hype (Harold) Williams **B** Anthony Bodden **K** Malik Hassan Sayeed **M** Stephen Cullo **S** David Leonard **D** Nas (= Nasir Jones) (Sincere), Nas (= Nasir Jones) (Tommy »Buns« Bubndy), Nas (= Nasir Jones) (Shameek), Taral Hicks (Kisha), Tyrin Turner (Big), Tionne »T-Boz« Watkins (Tionne) **L** 92 **FSK** ab 16 **E** 8.6.2000 Video/3.8.2000 DVD **fd** 34 462

WHITE MAGIC → Willy Bogners White Magic

WHITE MONSTER (THE UNNAMABLE). Zwei junge Paare in einer amerikanischen Kleinstadt wollen als Mutprobe die Nacht in einem verwunschenen Haus verbringen. Der Sage nach soll dort im 17. Jahrhundert der Hausbesitzer von einem Monster, das er gefangen hielt, bestialisch umgebracht worden sein. Bald können die Neugierigen feststellen, daß an der Geschichte vieles wahr ist. Konventioneller Horrorfilm nach einer Geschichte von H. P. Lovecraft (1923), die als Low-budget-Produktion auch in den USA nie in die Kinos kam, sondern nur auf Video ausgewertet wurde. ✦ USA 1987 **P** Yankee Classic Pictures **VA** New Vision **Pd** Dean Ramser, Jean-Paul Ouellette **R** Jean-Paul Ouellette **B** Jean-Paul Ouellette, nach einer Geschichte von H. P. Lovecraft **K** Tom Fraser **M** David Bergeaud **S** Wendy J. Plump **D** Charles King (Howard Damon), Mark Kinsey Stephenson (Randolph Carter), Alexandra Durrell (Tanya), Laura Albert (Wendy), Katrin Alexandre (Alyda Winthrop) **L** 87 **FSK** ab 18 **E** 13.2.1989 Video

WHITE NIGHTS – NACHT DER ENTSCHEIDUNG (WHITE NIGHTS). Ein in den Westen geflohener russischer Ballettänzer gelangt durch eine Notlandung wieder auf sowjetischen Boden und soll mit Hilfe eines nach dem Vietnam-Krieg in den Osten übergelaufenen farbigen Steptänzers zu einer Rückkehr ans Kirow-Theater überredet werden, die nur propagandistische Zwecke erfüllen soll. Überkonstruierter melodramatischer Film um die Freiheit von Tanz und Musik als kreativen Ausdruckformen; nur in wenigen Momenten dicht inszeniert, verliert sich der Film weitgehend in üblichen Klischeebildern und modischen Versatzstücken. ✦ USA 1985 **P** Columbia **KI** Warner Columbia **VA** RCA/Columbia **Pd** Taylor Hackford, William S. Gilmore **R** Taylor Hackford **B** James Goldman, Eric Hughes, Nancy Dowd (ungenannt) **K** David Watkin **M** Michel Colombier **S** William Steinkamp, Fredric Steinkamp **D** Michail Baryschnikow (Nikolai »Kolya« Rodchenko), Gregory Hines (Raymond Greenwood), Jerzy Skolimowski (Geheimdienstchef Chaico), Helen Mirren (Galina Ivanova), Isabella Rossellini (Darya Greenwood), John Glover (Wynn Scott), William Hootkins (Chuck Malarek), Geraldine Page (Anne Wyatt) **L** 135 **FSK** ab 12; f **E** 16.1.1986/16.12.1986 Video **fd** 25 455

WHITE PAGE (WHITE PAGE). Das Zwangssystem, das in Kambodscha 1975–79 im Namen des Kommunismus Völkermord betrieb, wird an einem Einzelschicksal dargestellt: Ahnungslos trifft die junge Frau eines Kader-Angehörigen im Frühjahr 1975 aus Paris kommend in Phnom Penh ein. Sie wird umgehend in ein Konzentrationslager transportiert und von ihren Kindern getrennt. Während die Kinder – und auch ihr Mann – Opfer des Systems werden, durchlebt sie Jahre der Umerziehung und Indoktrination, des Hungers und der Zwangsarbeit, der Demütigung und Gewalt. Eine erschütternde Geschichtslektion, nahegebracht in einfachen, kunstlosen und gerade deshalb so sinnfälligen und schockierenden Bildern. Der Titel des Films stammt aus einer Gedichtzeile von Mao, der das Wesen des Menschen mit einer weißen Seite vergleicht, auf die sich die wunderbarsten Gedichte schreiben lassen. ✦ Schweiz/Vietnam 1991 **P** MHK-Films **Pd+R+B** Minh Hô Quang **K** Le Dinh An **M** Dam Linh **S** Bui Kim Hoang **D** Phuong Dung, Phay Phon, Van Thi, Bora, Hari **L** 100 **E** Schweiz

WHITE PANTHER – DER SCHREI DES PANTHERS (THE DAY OF THE PANTHER). Ein Kung-Fu-Meister verliert eines Tages seine Partnerin: Beim Einsatz gegen australische Drogengangster wird die blonde Kämpferin brutal umgebracht. Damit nimmt ein seriell gefertigter Film seinen Lauf, der aus nicht enden wollenden Schlägereien und parallel montierten Fluchten besteht; dünn das Drehbuch, dick die Übertreibungen der Regie. Einzig die Bildgestaltung weist ein Mittelmaß handwerklichen Könnens auf. (Alternativtitel: »Day of the Panther«) – Wir raten ab. ✦ Australien 1987 **P** Virgo **VA** Polyband **Pd** Damien Parer **R** Brian Trenchard-Smith **B** Peter West **K** Simon Akkerman **M** Garry Hardman, Brian Beanish **S** David Jaeger, Kerry Regan **D** Edward John Stazak (Jason Blade), John Stanton (William Anderson), Jim Richards (Jim Baxter), Michael Carman (Damien Zukor), Paris Jefferson (Gemma Anderson) **L** 83 **FSK** ab 18 **E** 8.8.1990 Video **fd** 28 114

WHITE PANTHER II – ZWEI STUNDEN BIS ZUR EWIGKEIT (STRIKE OF THE PANTHER). Fortsetzung des Actionfilms um eine menschliche »Kampfmaschine«. Der schlagkräftige Kämpfer für die Gerechtigkeit nimmt es mit einem Killer und dessen Privatarmee von Ninja-Kämpfern auf. Geistlos und brutal. ✦ Australien 1988 **P** Virgo/TVM/Mandemar **VA** Polyband **R** Brian Trenchard-Smith **D** Edward John Stazak, John Stanton, Rowena Wallace **L** 83 (gek. 77) **FSK** ab 18 (gek. 16) **E** 3.9.1990 Video

WHITE PHANTOM (WHITE PHANTOM). Ein amerikanischer Agent muß mit Hilfe eines westlichen Ninja einen Koffer mit Nuklearwaffen wiederbeschaffen, der von einer machthungrigen Gruppierung entwendet wurde. Stereotyper Actionfilm, verschnitten mit asiatischen Kampfsport-Einlagen. ✦ USA 1986 **P** Spectrum/Bonaire **VA** Ufa **Pd** Roy McAree, K. H. Lin **R** Dusty Nelson **B** David Hamilton, Chris Gallagher **K** Alan Brennecke **M** Kevin Klingler, Robert Resetar, Bob Mamet **S** Carole A. Kenneally **D** Jay Roberts jr. (Willi), Page Leong (Mai Lin), Jimmy Lee (Hanzo), Bo Svenson (Colonel Slater), Kathy McClure (Tochter) **L** 89 **FSK** ab 16 **E** August 1989 Video/23.7.1995 PRO Sieben

WHITE PONY (WHITE PONY). Ein junges Mädchen träumt von einem eigenen Pony, will es trainieren und mit ihm auftreten. Ein Film über Mädchenträume, die sich in ihren Fanatasie-Elementen als Wünsche fürs wirkliche Leben zu erkennen geben. Wenig überzeugend, allenfalls für junge Pferdeliebhaber attraktiv. – Ab 12. ✦ USA 1999 **P** New Horizons/Concorde **VA** Highlight **Pd** Michael P. Flannigan **R** Brian Kelly **M** Derek Gleeson **D** Olivier Gruner, Warwick Davis **L** 89 **FSK** o. A. **E** 2000 Video

WHITE RAVEN – DIAMANT DES TODES (WHITE RAVEN). Ein amerikanischer Journalist wird durch das Interview mit einem in Polen inhaftierten Kriegsverbrecher auf die Spur eines riesigen Diamanten gesetzt, der einst aus einem Konzentrationslager geschmuggelt wurde und nun einen gewalttätigen Wettstreit mächtiger Organisationen entfacht hat. Geistloser Agenten-Thriller, der die Gräueltaten der Nazis zum spektakulären Plot ummünzt und seinen betont männlich agierenden Held eine Reihe miserabel inszenierter Actionsequenzen überstehen lässt. Höhepunkt des Geschehens: Die Öffnung der Schädeldecke des geistig umnachteten Onkels des Helden, in dessen Hirn das Juwel versteckt ist. ✦ USA 1998 **P** Royal Oaks/Cabin Fever **VA** Madison **DVD** Madison Home Video (FF, DD2.0 dt.) **Pd** Ashok Amritraj **R** Andrew Stevens **B** Michael Blodgett, nach seinem gleichnamigen Roman **K** Michael Slovis **M** David Wurst, Eric Wurst **S** Brett Hedlund **D** Ron Silver (Tully Windsor), Roy Scheider (Tom Heath), Hannes Jaenicke (Dockmonish), Joanna Pacula (Julia Konneman), Jack Recknitz (Inspector Zielinski) **L** 89 (gek. 85) **FSK** ab 18 (gek. ab 16) (DVD 16) **E** 25.2.1999 Video/17.9.1999 DVD **fd** 33 845

WHITE ROCK (WHITE ROCK). Der »offizielle Film« über die XII. Olympischen Winterspiele in Innsbruck 1976. Sein britischer Hersteller präsentiert wohl einige faszinierende Farbaufnahmen, zeigt aber eine unbefriedigende Auswahl der sportlichen Disziplinen. Dazu gibt es einen Kommentar von banaler Geschwätzigkeit. ✦ Scope. Großbritannien 1976 **P** Worldmark/Samuelson **KI** B.A. **R+B** Tony Maylam **K** Arthur Wooster, u. a. **M** Rick Wakeman **L** 68 **FSK** ab 6; f **E** 11.2.1977 **fd** 20 172

WHITE SANDS – DER GROSSE DEAL (WHITE SANDS). Nach einem Leichenfund beginnt der Sheriff eines Südstaaten-Nestes auf eigene Faust zu ermitteln. Er übernimmt die Rolle des Toten und sieht sich unvermittelt in einen Waffenhandel sowie Interessenkonflikte zwischen FBI und CIA verwickelt. Schauspielerisch ansehnlicher Thriller, der jedoch die Reize des ungewohnten Schauplatzes nicht ausnutzt und Spannung wie echte Überraschungsmomente vermissen läßt. – Ab 16. ✦ USA 1991 **P** Morgan Creek **KI** Concorde **VA** Concorde/Warner Home **Pd** William Sackheim, Scott Rudin **R** Roger Donaldson **B** Daniel Pyne **K** Peter Menzies jr. **M** Patrick O'Hearn **S** Nicholas Beauman **D** Willem Dafoe (Ray Dolezal), Mickey Rourke (Gorman Lennox), Mary Elizabeth Mastrantonio (Lane Bodine), Samuel L. Jackson (Greg Meeker), M. Emmet Walsh (Bert Gibson) **L** 97 **FSK** ab 16; f **E** 13.8.1992/8.2.1993 Video/18.2.1994 premiere **fd** 29 726

WHITE SQUALL (WHITE SQUALL). Zwölf Schüler einer Eliteschule begeben sich auf einen Segeltörn, der sie in einem Jahr nicht nur über die Meere bringen, sondern auch auf das Leben vorbereiten soll. Neben einigen gruppendynamischen Prozessen ist am Ende der Kreuzfahrt ein gefährlicher Sturm zu überstehen. Ein belangloser Film, der Altbekanntes mit schönen Bildern erzählt, jedoch als Abenteuerfilm nie so recht in Fahrt kommt und nicht mehr als gepflegte Langeweile verbreitet. (Titel auch: »White Squall – Reißende Strömung«) – Ab 16. ✦ Scope. USA 1995 **P** Mistral Worldwide/Largo Entertainment **KI** Intertainment/Central **VA** Starlight **DVD** CinePlus (1.85:1, DD5.1 dt.) **Pd** Mimi Polk Gitlin, Rocky Lang **R** Ridley Scott **B** Todd Robinson **K** Hugh Johnson **M** Jeff Rona **S** Gerry Hambling **D** Jeff Bridges (Sheldon), Caroline Goodall (Dr. Alice Sheldon), John Savage (McCrea), Scott Wolf (Chuck Gieg), Jeremy Sisto (Frank Beaumont) **L** 128 **FSK** ab 12; f **E** 2.5.1996/4.12.1996 Video/30.5.2000 DVD **fd** 31 899

WHITE STAR. Ein Musikmanager versucht mit allen erdenklichen Mitteln, aus einem unbekannten Musiker über Nacht einen Star zu machen. Kurz vor dem Erreichen seines Ziels scheitert er. Ein Film über Lebensträume und ihr Zusammenbrechen, wobei die hochgradige Emotionalität der Inszenierung stellenweise allzu angestrengt wirkt. ✦ BR Deutschland 1981/82 **P** Roland Klick Filmprod./Maran/SDR **KI** Panorama **Pd** Horst Burkhard **R+B** Roland Klick **K** Jürgen Jürges **M** Bernhard Jobski **S** Eva Schlensag **D** Dennis Hopper (Barlow), Terrance Robay (Moody), Ramona Sweeny, David Hess, Luke Askew **L** 92 **FSK** ab 16; f **FBW** bw **E** 8.3.1985/1985 Video/21.9.1987 ARD **fd** 24 994

WHITE TIGER (WHITE TIGER). Ein amerikanischer Spezialagent im Kampf gegen ein asiatisches Drogenkartell. Als dessen skrupelloser Anführer seinen besten Freund ermordet, nutzt er seinen Einsatz für einen persönlichen Rachefeldzug. Rasanter Action-Thriller, der die übliche Genre-Mischung aus Explosionsdonner und Verfolgungsjagd bietet, ohne viel Wert auf Plausibiltät zu legen. ✦ Kanada 1995 **P** Gail Force Films **VA** VPS **Pd** Robert Vince **R** Richard Martin **B** Don Woodman, Gordon Melbourne, Roy Sallows **K** Gregory Middleton **M** Graeme Coleman **S** Kerry Uchida **D** Gary Daniels (Mike Ryan), Matt Craven (John Grogan), Cary-Hiroyuki Tagawa (Victor Chow), Lisa Langlois (Joanne Grogan), Ron Winston Yuan (Severin) **L** 87 **FSK** ab 18 **E** 11.4.1996 Video **fd** 31 974

WHITE WOLVES (WHITE WOLVES). Auf einem Schulausflug in die Wildnis stürzt der Lehrer beim Bergwandern ab. Bevor die Schüler Hilfe holen können, müssen sie erst Machtkämpfe innerhalb der Gruppe bewältigen, reißende Flüsse überwinden und sich mit Bären herumschlagen, um schließlich einem weißen Wolf zu begegnen. Er bringt Rettung und die moralische Botschaft, daß nur der soziale Zusammenhalt einen Weg aus der Not ermöglicht. Abenteuerfilm mit pädagogischer Absicht, die nur dürftig psychologisch motiviert wird. Effekte ersetzen eine schlüssige Handlungsführung, die Musik bemüht sich um eine Dramatik, die Dialog und Bilder nicht hergeben. (Fernsehtitel: »White Wolves – Verloren in der Wildnis«) – Ab 14. ✦ USA 1993 **P** Concorde **VA** Starlight **Pd** Julie Corman **R+B** Catherine Cyran **K** Richard Michalak **M** Terry Plumeri **S** Glenn Garland **D** Matt McCoy (Jake), David Moscow (Adam), Mark Paul Gosselaar (Scott), Ami Dolenz (Cara), Amy O'Neil (Pandra), Marc Riffon (Benny) **L** 78 **FSK** ab 12 **E** 6.7.1994 Video/18.2.1996 Pro Sieben **fd** 30 971

WHITECHAPEL (IT ALWAYS RAINS ON SUNDAY). Ein ausgebrochener Zuchthäusler findet 24 Stunden lang Unterschlupf bei seiner früheren Geliebten, die ihn vor ihrem Mann und ihren Kindern verbirgt. Kriminalfilm mit genauer Milieuschilderung des britisch-bürgerlichen Familienlebens im titelgebenden Londoner Vorort. (Alternativtitel: »Die Flucht vor Scotland Yard«) ✦ Schwarz-weiß. Großbritannien 1948 **P** Ealing Studios **KI** Rank **Pd** Henry Cornelius **R** Robert Hamer **B** Angus MacPhail, Robert Hamer, Henry Cornelius, nach dem Roman von Arthur La Bern **K** Douglas Slocombe **M** Georges Auric, E. O. Pogson **S** Michael Truman **D** Googie Withers (Rose Sandigate), John McCallum (Tommy Swann), Jack Warner (Detective Sgt. Fothergill), Edward Chapman (George Sandigate), Susan Shaw (Vi Sandigate) **L** 92 **FSK** ab 16; nf **E** 23.7.1948/26.12.1966 ZDF **fd** 132

WHITEFORCE (WHITEFORCE). Ein Geheimagent auf der Suche nach einem berüchtigten Drogenhändler. Bevor er seinen Auftrag erfolgreich abschließen kann, gerät er zwischen alle Fronten, und erst die tätige Mithilfe einer jungen Frau führt zum Erfolg. Actionfilm. ✦ USA 1988 **P** Lope V. Juban Prod. **VA** Highlight **R** Eddie Romero **B** Henry Tefay **D** Sam Jones, Kimberley Pistone **L** 86 **FSK** ab 16 **E** 7.11.1988 Video

WHITY. 1878: Familiendrama um eine morbide Großgrundbesitzer-Familie im amerikanischen Süden, deren Mitglieder nichts sehnlicher als den Tod des Familienoberhaupts wünschen. Whity, der Butler der Familie, ein Mischling, der zum Objekt der unterschiedlichsten Begierden degradiert wurde, führt das gewaltsame Ende der Familie herbei und flüchtet mit seiner Geliebten, einer Prostituierten, in den sicheren Tod. Ein kompliziertes Beziehungsgeflecht, das Elemente des Westerns und des Melodrams vereinigt, seine konsequente Aussage jedoch zugunsten manieristischer Spielereien vernachlässigt. (Fernsehtitel: »Whity ging nach Osten«) ✦ Scope. BR Deutschland 1970 **P** Atlantis-Film/antitheater X/Omnia **KI** Berliner Synchron GmbH **Pd** Peter Berling **R+B** Rainer Werner Fassbinder **K** Michael Ballhaus **M** Peer Raben **S** Franz Walsch (= Rainer Werner Fassbinder), Thea Eymèsz **D** Ron Randall (Mr. Nicholson), Katrin Schaake (Katherine), Ulli Lommel (Frank), Hanna Schygulla (Hanna), Günther Kaufmann (Whity), Harry Baer (Davy), Helga Ballhaus (Frau des Richters), Kurt Raab (Pianist), Rainer Werner Fassbinder (Gast im Saloon) **L** 95 **FBW** bw **E** 2.7. 1971/21.11.1989 PRO 7

WHITY GING NACH OSTEN →Whity

WHO'S THAT GIRL (WHO'S THAT GIRL). Ein biederer, lediglich an seinem beruflichen Fortkommen und der Einhaltung seines Terminkalenders interessierter Rechtsanwalt wird einen Tag vor der Hochzeit durch eine junge Frau, die sich für eine angeblich begangene Straftat rehabilitieren will, in turbulente und gefährliche Ereignisse verwickelt. An Mustern der »screwball comedies« orientierte Komödie, der es trotz amüsanter Drehbucheinfälle an Witz, Originalität und einer überzeugenden Hauptdarstellerin mangelt. – Ab 16. ✦ USA 1987 **P** Warner Bros. **KI** Warner **VA** Warner Home **Pd** Rosilyn Heller, Bernard Williams **R** James Foley **B** Andrew Smith, Ken Finkleman **K** Jan de Bont **M** Stephen Bray **S** Pembroke J. Herring **D** Madonna (Nikki Finn), Griffin Dunne (Loudon Trott), Haviland Morris (Wendy Worthington), John Mills (Simon Worthington), Bibi Besch (Mrs. Worthington) **L** 93 **FSK** ab 16; f **E** 24.9. 1987/18.8.1988 Video **fd** 26 393

WHO'S THAT KNOCKING AT MY DOOR? (WHO'S THAT KNOCKING AT MY DOOR?). Die konfliktreiche Beziehung zwischen einem jungen Italo-Amerikaner, der mit Macho-Gehabe und Schuldgefühlen seines katholischen Milieus aufgewachsen ist, und einer unabhängigen jungen Frau der etablierten Mittelschicht. Ein teilweise recht unausgegorenes Erstlingswerk, das viel Autobiografisches über den Regisseur Martin Scorsese berichtet und Themen seiner späteren Filme vorwegnimmt. Die authentische Atmosphäre des urbanen Lebensraums der Helden und die Direktheit, mit der ihre Probleme dargestellt werden, helfen dem Film über seine Thesenhaftigkeit hinweg. Eine Art Vorstudie zu Scorseses packendem Milieu-Drama »Hexenkessel« (1972). (Fernsehtitel: »Wer klopft denn da an meine Tür?«) ✦ Schwarz-weiß. USA 1968 **P** Tri-Mod **KI** Megafilm **Pd** Joseph Weill, Betzi Manoogian, Haig Manoogian **R+B** Martin Scorsese **K** Michael Wadleigh, Richard H. Coll, Max Fisher (Traumsequenz) **M** Mitch Ryder & The Detroit Wheels, The Channels, The Bellnotes, Ray Baretta, The Dubs, Jr. Walker and The All Stars, The Doors, The Searchers, The Genies, The Chantells **S** Thelma Schoonmaker, Martin Scorsese (ungenannt) **D** Harvey Keitel (J.R.), Zina Bethune (das Mädchen), Lennard Kuras (Joey), Michael Scala (Sally Gaga), Harry Northup (Harry, der Vergewaltiger), Bill Minkin (Iggy/Radioansager), Catherine Scorsese (J.R.s Mutter), Martin Scorsese (Gangster, ungenannt)) **L** 90 **E** 2.1.1979 West 3/23.2.1989 Kino **fd** 27 533

WHO'S THE MAN? (WHO'S THE MAN). Musikalische Komödie um zwei chaotische Rap-Musiker, die als Streifenpolizisten in das New Yorker Police Departement eintreten, um in ihrem heimischen Viertel Recht und (schwarze) Ordnung wiederherzustellen. Nur vordergründig ein Krimi, ist der amüsante Film mit seinem ernsten Hintergrund eher als Demonstration schwarzen Selbstbewußtseins zu verstehen. Die farbige »Abbott und Costello«-Variante der 90er Jahre präsentiert Rap- und Hiphop-Musik von allen, die in der Szene Rang und Namen haben. – Ab 16. ✦ USA 1993 **P** New Line Cinema/Tin Pan/De Passe/Thomas **VA** VMP **Pd** Charles Stettler, Maynell Thomas **R** Ted Demme **B** Seth Greenland **K** Adam Kimmel **M** Michael Wolff **S** Jeffrey Wolf **D** Dr. Dre (Doctor Dre), Ed Lover (Ed Lover), Ice-T (Night Train), Badja Djola (Lionel Douglas), Cheryl »Salt« James (Teesha Braxton) **L** 89 **FSK** ab 16 **E** 16.5.1995 Video/3.3.1998 SF/DRS **fd** 31 591

DIE WHOOPEE BOYS (THE WHOOPEE BOYS). Ein junger New Yorker verliebt sich in eine attraktive Millionenerbin und besucht, um auf hohem gesellschaftlichem Parkett bestehen zu können, gemeinsam mit seinem Freund eine »Schule für gutes Benehmen«. Recht flott erzähltes modernes Märchen, dessen Humor sich allerdings in Klamauk und Zoten erschöpft. (TV-Titel auch: »The Whoopee Boys«) – Wir raten ab. ✦ USA 1986 **P** Paramount **VA** CIC **R** John Byrum **B** Steve Zacharias **K** Ralf D.Bode **M** Jack Nitzsche **D** Michael O'Keefe (Jake), Paul Rodriguez (Barney), Lucinda Jenney, Dan O'Herlihy, Stephen Davies **L** 85 **FSK** ab 18 (ab 12; f) **E** 1988 Video **fd** 26 633

WHOPPER-PUNCH 777. Der kleine Sohn eines Sportjournalisten hilft seinem verreisten Vater aus der Patsche, indem er in das Hotelzimmer eines berühmten Boxers vordringt und mit ihm ein aufsehenerregendes Star-Interview durchführt. Eine Kinderkomödie, deren nette Ausgangsidee durch eine ungelenke Regie zunichte gemacht wird. (Fernsehtitel: »Whopper-Punch 777 – Champion aller Klassen«) – Ab 8. ✦ BR Deutschland 1988 **P** Tröster/Roxy **KI** Nickelodeon **SF** Nickelodeon **VA** Starlight **Pd** Patricia Seutin **R** Jürgen Tröster **B** Maria Axt, Christina Horn, nach einem Roman von Maria Axt **K** Michael Teutsch **M** Matthias Brendel **S** Elke Boisch **D** Burkhard Rönnefarth (Otto Paletti jr.), Manfred Krug (Otto Paletti), Ben Becker (Harry Brummer), Nicole Skladanowski (Niki Brummer), Barbara Czerwinski (Frederike Flieder), Günther Kaufmann (Billy Baxter) **L** 73 **FSK** o. A. **FBW** w **E** Januar 1989/September 1989 Video/3.6. 1990 RTL plus **fd** 28 004

WHY? (WHY?). »Wissenschaftlich« verkleideter Sexfilm mit drei Interviews, die vorgeben, über die Ursachen und Hintergründe von Sodomie, lesbischer Liebe und Exhibitionismus zu informieren. ✦ Dänemark 1970 **P** Palladium **KI** AB **R+B** Eberhard Kronhausen, Phyllis Kronhausen **K** Mikael Salomon **M** Ole Hoyer **D** Bodil Joensen, Kjeld Holm, Søren Strømberg, Phyllis Kronhausen, Eberhard Kronhausen **L** 83 **FSK** SPIO: X **E** 13.4.1972 **fd** 17 834

WHY DO FOOLS FALL IN LOVE – DIE WURZELN DES ROCK'N'ROLL (WHY DO FOOLS FALL IN LOVE). Nach dem unerwarteten Tod des schwarzen Popsängers Frankie Lymon streiten sich drei Frauen, die behaupten, seine Witwen zu sein, um das Erbe. Eine Filmbiografie, die Einblicke hinter die Kulissen des Showbizz gewährt und notgedrungen das Vorurteil schürt, dass Drogen und Sex unmittelbar mit dem Geschäft verbunden sind. ✦ USA 1998 **P** Rhino/Warner **Pd** Paul Hall, Stephen Nemeth **R** Gregory Nava **B** Tina Andrews **K** Edward Lachman **M** Stephen James Taylor **S** Nancy Richardson **D** Halle Berry (Zola Taylor), Vivica A. Fox (Elizebeth »Mickey« Waters), Lela Rochon (Emira Eagle), Larenz Tate (Frankie Lymon), Paul Mazursky (Morris Levy) **L** 112 **E** 1.9.2000 Premiere World

WHY HAVE YOU LEFT ME? (KAZI ZASTO ME OSTAVI). Ein junger Mann aus Belgrad wird 1991 an die Vukovar-Front abkommandiert und erlebt die Schrecken des Krieges. Zurück in seiner Heimatstadt muss er feststellen, dass er sein bisheriges Leben nicht mehr aufnehmen kann, dass er und seine Mitmenschen sich verändert haben. Er verliebt sich in ein Flüchtlingsmädchen, das allein in der Stadt lebt; gemeinsam versuchen sie, die Vergangenheit zu vergessen. Ein von persönlicher Betroffenheit geprägter Film, der nicht Partei für politische Ideen ergreift, sondern versucht, den Schmerz einer Generation auszudrücken, die ihre Heimat in Trümmern versinken sieht. (O.m.d.U.) ✦ Jugoslawien 1993 **P** Cinema Design Belgrade **R** Oleg Novkovic **B** Oleg Novkovic, Srdjan Koljevic **K** Miladin Colakovic **M** Zoran Simjanovic **S** Marko Glusac **D** Zarko Lausevic (Pedja), Rahela Ferari (Baba), Milica Mihajlovic (Vera), Dragan Jovanovic (Marko), Vladan Dujovic (Ljuba) **L** 88 **FSK** RTV Serbia **E** 24.8.2001 arte

WHY ME? – WARUM GERADE ICH? (WHY ME?). Ein vom Pech verfolgter Einbrecher gerät zwischen die Fronten von Polizei, Unterwelt und internationalen Terroristen, weil er unwissentlich einen millionenschweren Rubin gestohlen hat, der als Machtsymbol sowohl von den Türken als auch einer armenischen Befreiungsfront beansprucht wird. Durch viele Gags und witzige Dialoge unterhaltsame Gaunerkomödie, die aber häufig auch auf nervigen, teilweise wirren Klamauk setzt. (Fernsehtitel: »Die Jagd nach dem Teufelsrubin«) – Ab 16. ✦ USA 1989 **P** Carolina/Epic/Diamant **KI** Tivoli **VA** VCL/Virgin **Pd** Marjorie Israel **R** Gene Quintano **B** Donald E. Westlake, Leonard Mass jr., David Koepp, John Kamps, nach einem Roman von Donald E. Westlake **K** Peter Deming **M** Phil Marshall, Steve Wood **S** Alan Balsam **D** Christopher Lambert (Gus Cardinal), Christopher Lloyd (Bruno), Kim Greist (June), J. T. Walsh (Mahoney), Michael J. Pollard (Ralph) **L** 88 **FSK** ab 6; f **E** 8.2.1990/28.5. 1990 Video/4.5.1992 ZDF **fd** 28 155

WHY NOT (WHY NOT – A SERENADE OF ESCHATOLOGICAL ECOLOGY). Eine Frau durchstreift unruhig ihre Wohnung; sie ertastet und streichelt Gegenstände, schließlich masturbiert sie in einer ausgedehnten Szene. Der Film will die Gefühle von Leere und Entfremdung, die Bezogenheit auf Gegenstände und Rituale thematisieren. Er bedient sich dabei einer gleichermaßen schockierenden wie mitfühlend-solidarischen Bildsprache, die bewußt Tabus verletzt. (O.m.d.U.) ✦ Schwarz-weiß. USA 1969/71 **P** Arakawa **SF** Freunde der Deutschen Kinemathek **R+B+K** Arakawa **M** Toshi Ichiyanagi **D** Mary Window **L** 118 **E** 1971 Kino

WIA DIE ZEIT VERGEHT. Der Film zeigt das Abschlußkonzert der österreichischen Band »Hubert von Goisern und die Alpinkatzen«, die Volksmusik, Rock und politische Botschaften zu verbinden versuchte. Joseph Vilsmaier ist vorwiegend bemüht, der hektischen Ästhetik von Musikvideos nahezukommen, verbindet das Konzert aber auch mit Aufnahmen aus der Bergwelt und suggeriert damit deren alpine Authentizität. – Ab 12. ✦ Scope. Deutschland 1995 **P** Perathon/ZDF **KI** Senator **Pd+R** Joseph Vilsmaier **K** Peter V. Haller **M** Hubert von Goisern, Alpinkatzen **S** Alexander Berner **D** Hubert von Goisern (Hubert Achleitner), Sabine Kapfinger, Stefan Engel, Wolfgang Maier, Reinhard Stranzinger **L** 83 **FSK** ab 6; f **E** Oktober 1995 **fd** 31 537

WICHITA (WICHITA). Obwohl der legendäre Marshall Wyatt Earp ein allgemeines Waffenverbot in der Stadt verhängt, kehrt erst nach dem Tod einer Unschuldigen und der Vertreibung von Doc Blacks schießwütiger Bande Ruhe in Tombstone ein. Solider Action-Western, angesiedelt um 1874–76, im klassischen Milieu des Genres, dessen Regie mit Tempo, exzellenten Außenaufnahmen in hervorragenden Farben und einer guten Darstellerriege das wenig originelle

Drehbuch mehr als wettmacht. – Ab 14. ✦ Scope. USA 1955 **P** Allied Artists **KI** RKO **Pd** Walter Mirisch, Richard Heermance **R** Jacques Tourneur **B** Daniel B. Ullman, nach Aufzeichnungen des Wyatt-Earp-Biografen Stuart N. Lake. **K** Harold Lipstein **M** Hans J. Salter **S** William Austin **D** Joel McCrea (Wyatt Earp), Vera Miles (Laurie), Walter McCoy (McCoy), Walter Sande (Wallace), Edgar Buchanan (Doc Black), Lloyd Bridges (Gyp), Wallace Ford (Whiteside), Peter Graves (Morgan Earp), Keith Larsen (Bat Masterson), Carl Benton Reid (Bürgermeister), John Smith (Jim Earp), Robert Wilke (= Robert J. Wilke) (Ben Thompson), Walter Sande (Wallace), Jack Elam (Al) **L** 81 **FSK** ab 6; f (fr.12; nf) **E** 29.6.1956 **fd** 5 083

DAS WICHTIGSTE IST DAS BEOBACHTETE. Porträt des Schriftstellers Joseph Roth (1894–1939), eines der wichtigsten Chronisten des Gesellschaftswandels nach dem Ersten Weltkrieg und der Zeit zwischen den beiden Kriegen. Der Dokumentarist befragt weniger Zeitzeugen, sondern sucht Orte auf – Bahnhöfe, Hotelzimmer, Cafés –, die für Roth und sein Schaffen von Bedeutung waren. Es entsteht das Bild eines zerrissenen, verzweifelten Menschen, der rastlos durch die Zeitgeschichte hetzte. ✦ Niederlande 1994 **R** Hans Keller **L** 95 **E** 21.12.1994 B 1

DER WICHTIGSTE TAG (GLAWNYJ DEN). Zwei junge Usbeken kommen ins ferne Leningrad, um den Arbeitern des Putilow-Werkes frisches Obst zu bringen. Sie erhalten dafür aus der Produktion des Werkes zwei Traktoren – eine erste technische Hilfe für ihren Kolchos in Usbekistan. ✦ UdSSR 1974 **P** Usbekfilm **R** Iskander Chamrajew **B** Ulmas Umarbekow, Iskander Chamrajew **K** Nikolai Shilin **M** Marat Kamilow **D** Juri Kusmenkow (Posdjakow), Dagun Omajew (Imail), Larissa Subkowitsch (Saida), Radshas Adaschew (Satty), Murat Igraschew (Turabek) **L** 89 **E** 23.11.1975 DFF 2

WICKED CITY (WICKED CITY). Tokio in der Zukunft: Die Idylle aus Logik und Rationalität wird durch machthungrige Wesen aus einer Schattenwelt bedroht. Ein Regierungsagent soll mit einer Kollegin aus diesem Schattenreich einen kauzigen Professor schützen, der als Mittler zwischen den Welten auserkoren ist; beide haben gefahrvolle Abenteuer zu bestehen. Verfilmung eines Manga-Comics, die durch die zeichnerische Machart und das Spiel mit stilisierten Licht- und Schatteneffekten überzeugt. Ansonsten bietet der Film eine eher schlicht aufgebaute Geschichte mit recht blutigen Kämpfen, in der weihevoll klingende und esoterisch angehauchte Dialoge eine dezente Komik verbreiten. ✦ Japan 1993 **P** Manga Entertainment **VA** Ascot **Pd** Nobuo Takamizu, Kyosuke Kuri **R** Yoshiaki Kawajiri **B** Maretoshi Naga **K** Kinichi Ishikawa **M** Yoshimasa Tokai **S** Noboyuki Ogaty **L** 77 **FSK** ab 16 **E** 21.2.1997 Video **fd** 32 610

WICKED DREAMS OF PAMELA SCHULTZ (THE WICKED DREAMS OF PAMELA SCHULTZ). Eine Stabhochspringerin aus der DDR, auf die der Propagandaminister ein Auge geworfen hat, flieht nach West-Berlin, wo sie an einen verschuldeten Spieler gerät, der ihr Liebe vorgaukelt, sie in Wirklichkeit jedoch an den Minister »verscherbeln« will. Als sie merkt, daß sie ausgenutzt wird, geht sie zurück in den Osten. Nun begreift auch der Mann, daß er sie liebt. Klamaukhafte Komödie im geteilten Berlin – ohne jeden Witz, mit denkbar schlechten Darstellern. Allenfalls filmhistorisch reizvoll als veralteter Blick Amerikas auf die deutsch-deutsche Problematik. – Ab 16. ✦ USA 1968 **P** Theme/United Artists **Pd** Edward Small **R** George Marshall **B** Burt Styler, Albert E. Lewin, Nat Perrin **K** Jacques Marquette **M** Jimmie Haskell **S** Grant Whytock **D** Elke Sommer (Paula Schultz), Bob Crane (Bill Mason), Werner Klemperer (Propagandaminster Klaus), Joey Forman (Herbert Sweeney), John Banner (Weber) **L** 113 **E** 17.9.1997 tm3

WICKIE UND DIE STARKEN MÄNNER. Wickie, der kleine Sohn eines rauflustigen Wikingers, fährt mit seinem Vater und einer Piratenhorde über die Meere. Als der gewitzte Junge dem Vater und seiner Mannschaft häufiger durch gute Ideen aus der Klemme hilft, wird er als ganzer Mann in die Horde aufgenommen. Mit Popmusik und Volksliedern unterlegter japanischer Zeichentrickfilm über einen ungewöhnlichen kleinen Wikinger mit Köpfchen. ✦ BR Deutschland/Japan 1973 **P** Zuiyo **KI** Astor **L** 90 **FSK** ab 6; f **E** 24.3.1978

DER WIDERSACHER DES SULTANS →Abu Reihan Beruni

DIE WIDERSPENSTIGE KATHARINA →Der Widerspenstigen Zähmung (1955)

WIDERSTAND AM STROM – HAINBURG, DER ÖSTERREICHISCHE WEG (WIDERSTAND AM STROM – HAINBURG, DER ÖSTERREICHISCHE WEG). Die Hainburger Flußauen, ihre geplante Vernichtung durch den Bau eines Wasserkraftwerks und der erfolgreiche Widerstand gegen dieses Projekt sind Gegenstand des Films, der zugleich die Schönheit dieser Landschaft zeigt. Roberto A. Epples erster langer Dokumentarfilm überzeugt im Unspektakulären: im Ausharrungsvermögen des einzelnen, im Zusammenfinden von Menschen verschiedener politischer Herkunft, im Widerstand gegen die Pression der Interessenvertreter. Als Zeitdokument ein Lehrstück angewandter Demokratie. ✦ Schweiz 1985 **P** Vidoc Rorschach **R+B+K+M** Roberto A. Epple **S** Roberto A. Epple, Karim Nomen **L** 70 **E** Schweiz

WIDERSTAND DER WEHRLOSEN. Dokumentarfilm über die elenden Lebensbedingungen der Armen in den Entwicklungsländern und über Menschen, die dem Elend besonders der Kinder den Kampf angesagt haben: darunter sind eine Ordensschwester und ein Priester, aber auch ein Jurist. ✦ Deutschland 1997 **R** Max H. Rehbein, Wolfgang Wegner **L** 85 **E** 17.5.1998 hessen 3

WIDERSTAND IN GUADELOUPE. Dokumentarfilm über die Landarbeiter- und Bauernbewegung der Antilleninsel, die seit 1946 französisches »Überseedepartement« ist. ✦ Schwarz-weiß. BR Deutschland 1981–82 **P** dffb **SF** Con-Film **R+B** Rolf Müller, Ursula Dieterich **K** Rolf Müller **M** Gérald Lockel **S** Ursula Dieterich, Rolf Müller **L** 102

WIDERSTAND UND VERFOLGUNG IN KÖLN 1933–1945. Eine um Objektivität bemühte, doch politisch unmißverständlich links akzentuierte Dokumentation der Zeitgeschichte. Formal einfach, ganz auf die Kraft der Worte der Zeugen vertrauend, lokal – wie der Titel sagt – fixiert. – Ab 16. ✦ Schwarz-weiß. BR Deutschland 1976 **P** Filmprod. Dietrich Schubert/VVN-Bund der Antifaschisten Köln **SF** Unidoc **R** Dietrich Schubert **B** Walter Kuchta, Katharina Schubert, Wilfried Viebahn, Reinhard Bergholz **K** Alberto Montani, Wilfried Kaute **S** Elisabeth Förster **L** 93 **E** 7.5.1977 WDR

WIDERSTANDSKÄMPFER IM RUHESTAND (DES TERRORISTS A LA RETRAITE). Dokumentation über eine multinationale jüdische Widerstandsgruppe, die sich der französischen Résistance anschloss und gegen die deutschen Besatzer kämpfte. Die Mitglieder arbeiteten zumeist in der Bekleidungsindustrie und betrachteten sich als Teil einer internationalen antifaschistischen Bewegung. 1943 wurde die Gruppe, u. a. von Mitgliedern der kommunistischen Partei, verraten, gefangengenommen und an die Deutschen ausgeliefert. Der Film schildert dieses düstere Bild der französischen Geschichte und ruft die lange verdrängte Kollaboration mit den Deutschen in Erinnerung. Der Film lässt die überlebenden Mitglieder zu Wort kommen und erhellt durch ihre Aussagen die geschichtlichen Zusammenhänge. 1985 war seine Ausstrahlung im französischen Fernsehen vorgesehen, doch dann entschied man sich, den brisanten Beitrag nicht zu senden. ✦ Frankreich 1983 **P** Zek Productions de Films **R** Mosco Boucault **K** Jean Orjollet, Philippe Rousselot **M** Jean Schwarz **S** Christiane Lehérissey **L** 70 **E** 4.7.2001 arte

WIDERSTEH, WENN DU KANNST (BUS RILEY'S BACK IN TOWN). Nach drei Jahren Dienst bei der Marine kehrt ein junger Bursche in seine kleinstädtische Heimat zurück. Beruflich unentschlossen, versucht er, seinen Weg als Leichenbestatter, als Staubsaugervertreter und als ausgehaltener Liebhaber zu machen, bis ein College-Girl den ehemaligen Kfz-Mechaniker auf den rechten Weg zurückbringt. Durchschnittliches Hollywood-Kino. ✦ USA 1964 **P** Universal **KI** Universal **Pd** Elliott Kastner **R** Harvey Hart **B** Walter Gage, nach einem Bühnenstück von William Inge **K** Russell Metty **M** Richard Markowitz **S** Folmar Blangsted **D** Ann-Margret (Laurel), Michael Parks (Bus Riley), Janet Margolin (Judy), Brad Dexter (Slocum), Larry Storch (Howie) **L** 93 **FSK** ab 16; f **E** 3.9.1965 **fd** 13 807

WIDOWS – ERST DIE EHE, DANN DAS VERGNÜGEN. Drei sehr unterschiedliche Freundinnen Ende 30 suchen die Schuld für ihr verpfuschtes Leben bei den Ehemännern. Eine Beerdigung bringt sie auf den Gedanken, wieviel schöner das Leben doch als Witwe wäre. Eine mißglückte Mixtur aus schematischer Figurenzeichnung und vorhersehbarer Dramaturgie, die nicht zuletzt am eigenen Anspruch scheitert: Der Film will eine schwarze Komödie sein, doch es fehlt ihm jeglicher Sinn fürs Makabre. ✦ Deutschland 1997 **P** Hager Moss Film/BR/SDR **KI** Buena Vista **VA** Buena Vista **Pd** Kirsten Hager, Eric Moss **R** Sherry Hormann **B** Kit Hopkins **K** Hans-Günther Bücking **M** Peter Wolf **S** Christel Sukow **D** Ornella Muti (Maria Sommer), Katja Flint (Elisabeth Bernsdorf), Eva Mattes (Molly Dollinger), Uwe Ochsenknecht (Erich Dollinger), Martin Benrath (Charles Bernsdorf), Heino Ferch (Vince Travelli) **L** 94 **FSK** ab 12; f **E** 22.1.1998/15.10.1998 Video **fd** 32 930

WIDOW'S KISS (WIDOW'S KISS). Als sein Vater kurz nach der Wiederheirat an einem Herzinfarkt stirbt, schenkt der Sohn der offiziellen Erklärung keinen Glauben und setzt einen Privatdetektiv auf die Stiefmutter an, der sie des Gattenmordes überführen kann. Eine lustlos und stereotyp entwickelte Geschichte, die die Klischees von der attraktiven Erbschleicherin einmal mehr variiert. Die Personen bleiben blaß und ohne persönliche Note und können sich nur im Rahmen steriler Fernsehkrimikost entfalten. (Titel auch: »Widow's Kiss – Der Kuß der schwarzen Wilwe«)- Ab 16. ✦ USA 1995 **P** Rysher Entertainment **VA** VCL **Pd** Bruce Cohn Curtis **R** Peter Foldy **B** Mark Donnelly, Peter Foldy **K** Doyle Smith **M** Robert Sprayberry **S** David H. Lloyd **D** Beverly D'Angelo (Vivian Fairchild), Mackenzie Astin (Sean Sager), Dennis Haysbert (Eddie Costello), Bruce Davison (Justin Sager), Anna Maria Horsford (Lovanda Harrison) **L** 99 (gek. 95) **FSK** ab 16 (gek. ab 12) **E** 21.5.1996 Video **fd** 32 040

WIE ANDERE NEGER AUCH. Der Dokumentarfilm erzählt Geschichten aus Soweto, Südafrika, im Jahr 1988: Geschichten des Widerstands gegen das Regime der Weißen, Geschichten des Überlebens, Geschichten von Verbrechen, Ganovereien, Polizeiattacken. Der lakonische Film bar jeder Illusionstaumelei läßt intensiv an einem fremden Leben teilhaben. – Ab 14. ✦ BR Deutschland 1983 **P** Filmkraft Peter Heller Filmproduktion **SF** EZEF/Matthias **R+B** Peter Heller, Dianne Bonnelame **K** Klaus Lautenbacher, Franz König **L** 70

WIE ANGELT MAN SICH EINEN MILLIONÄR? (HOW TO MARRY A MILLIONAIRE). Die Erlebnisse dreier Mannequins widerlegen auf heitere Weise die Ansicht, daß Reichtum wichtiger sei als Liebe. Vergnügliche Komödienunterhaltung mit spritzigen Einfällen, umrahmt von eindrucksvollen Landschaftsbildern und New Yorker Stadtansichten. – Ab 16. ✦ Scope. USA 1953 **P** Centfox **KI** Centfox **Pd** Nunnally Johnson **R** Jean Negulesco **B** Nunnally Johnson, nach einem Bühnenstück von Zoe Atkins, Dale Eunson und Katherine Albert **K** Joseph MacDonald **M** Cyril J. Mockridge **S** Louis Loeffler **D** Marilyn Monroe (Pola), Betty Grable (Loco), Lauren Bacall

(Schatze Page), William Powell (J. D. Hanley), Cameron Mitchell (Tom Brookman), David Wayne (Freddie Denmark), Rory Calhoun (Eben) **L** 100 **FSK** ab 12; nf **E** 2.4.1954/30.5.1990 DFF 2 **fd** 3 254

WIE ANGELT MAN SICH EINEN MÜLLMANN? Zwei Müllmänner, die freitags für einen Villenvorort zuständig sind, können eine ehemals große Schauspielerin vor dem Ruin bewahren und ihre verschwendungssüchtige Nichte unter Vorspiegelung falscher Tatsachen in den sicheren Hafen der Ehe lotsen. Fernsehkomödie, die das Spiel um Schein und Sein gleich auf mehreren Ebenen spiegelt. ✦ Deutschland 2000 **R** Karsten Wichniarz **B** Katharina Eckart, Claudia Pütz **K** Thomas Makosch **D** Thorsten Grasshoff (Frank Winkler), Oliver Reinhard (Benno Baumgärtel), Julia Thurnau (Maxi Kortner), April Hailer (Henriette) **L** 90 **E** 4.7.2001 ARD

WIE ANGELT MAN SICH SEINEN CHEF? Fürs Fernsehen produzierter Liebesfilm um die vergeblichen Bemühungen einer Sekretärin, ihren Chef, in den sie rettungslos verliebt ist, zu erobern. Nach einer Betriebsfeier kommt es zwar im Alkoholrausch zu einer Liebesnacht, doch der heiratsunwillige Chef hat einen »Filmriss« und will immer noch nichts von ihr wissen. Sie kündigt, sucht sich einen neuen Job – und muss feststellen, dass sie schwanger ist. Konventionelle Unterhaltung. ✦ Deutschland 1999 **P** SAT 1 **R** Ute Wieland **B** Brigitte Blobel **K** Peter Przybylski **M** Wolf Wolff **S** Jörg Baumeister **D** Sophie Schütt (Anna Siebert), Johannes Brandrup (Christian Hoffmann), Oli. P (Sebastian Siebert), Jessica Stockmann (Dr. Ulli Theiss), Yolette Thomas (Cathy) **L** 92 **E** 15.2.2000 SAT 1

WIE AUS HEITEREM HIMMEL (1985) (LES ETONNEMENTS D'UN COUPLE MODERNE). Langjährige Freunde eröffnen einem französischen Ehepaar eines Tages, sie seien Abgesandte einer fernen Galaxis und würden nun, nach Beendigung eines Forschungsauftrags, in die Heimat zurückkehren, da mit einem baldigen Weltuntergang zu rechnen sei. Als das Paar kurz darauf tatsächlich verschwindet, beginnen die Eheleute an die Prophezeiung zu glauben und Vorkehrungen zu treffen. Galgenhumorige Satire auf apokalyptische Ängste. – Ab 16. ✦ Frankreich 1985 **R** Pierre Boutron **B** Jean-Claude Carrière **D** Delphine Seyrig, Jean Carmet, Judith Magre, Anaïs Jeanneret, Thierry Tremourous **L** 90 **E** 28.4.1991 EINS PLUS

WIE AUS HEITEREM HIMMEL (1998). Sommer in Mecklenburg 1961: Schüler bereiten sich aufs Abitur vor. Plötzlich ist nichts mehr wie vorher. Nach dem Mauerbau werden 26 Schüler relegiert und fünf Lehrer entlassen. Einige müssen ins Gefängnis, andere werden zur »Bewährung« in die Produktion gesteckt. Lebenswege sind zerstört, Hoffnungen zerbrochen. Der Dokumentarfilm zeichnet die Ereignisse nach, befragt die ehemaligen Schüler nach ihrer Entwicklung. Entstanden ist ein sinnliches Dokument, das Schicksale plastisch darstellt. – Ab 14 möglich. ✦ Deutschland 1998 **R+B** Jens Becker **L** 90 **E** 4.10. 1999 ORB

WIE BITTE WERDE ICH EIN HELD? (A LA GUERRE COMME A LA GUERRE / LE ECCITANTI GUERRE DI ADELINA). Die schließlich von Erfolg gekrönten Bemühungen eines Husarenleutnants, durch eine besondere Heldentat geadelt zu werden, um so der Heirat mit einer hübschen Generalstochter näherzukommen. Erotische Abenteuerkomödie in Kostümen des 19. Jahrhunderts. ✦ BR Deutschland/Frankreich/ Italien 1971 **P** Corona/Francos/Sancrosiar/Terza **KI** CIC **Pd** Francis Cosne **R** Bernard Borderie **B** Claude Brulé, Bernard Borderie, Francis Cosne, nach einem Roman von Alexander Lernet-Holenia **K** Daniel Gaudry **M** Gérard Calvi **S** Gabriele Reinecke **D** Leonard Whiting (Franz Keller), Curd Jürgens (General Ignatieff), Marianne Comtell (Adeline), Silvia Dionisio (Duschka), Heinrich Schweiger (Paul) **L** 84 **FSK** ab 16; nf **E** 18.5.1972

WIE BLITZ UND DONNER (THUNDER AND LIGHTNING). Miserabel inszenierter Film um die Auseinandersetzungen unter Alkoholschmugglern zur Zeit der Prohibition in den USA. Der dümmlichen deutschen Synchronisation gelingt das Kunststück, das ohnehin dürftige Niveau noch zu unterbieten. ✦ USA 1977 **P** 20th Century Fox **KI** 20th Century Fox **R** Corey Allen **B** Anthony Redman, William H. Jortsberg **K** James Pergola **M** Andy Stein **D** David Carradine (Harley Thomas), Kate Jackson (Nancy Sue Hunnicutt), Sterling Holloway (Hobe Carpenter), Roger C. Carmel (Ralph Junior Hunnicutt), Ron Feinberg **L** 94 **FSK** ab 12; nf **E** 12.8.1977 **fd** 20 434

WIE BRINGT MAN SEINE FRAU UM (HOW TO MURDER YOUR WIFE). Ein Zeichner von Comic-strip-Serien, der von dem Spleen befallen ist, die Abenteuer seiner Serienhelden vorher selbst zu erproben, heiratet im Suff, gerät durch das Verschwinden seiner Frau unter Mordverdacht und mausert sich nach ihrer Rückkehr zum miesen Pantoffelhelden. Klamotte, in der Jack Lemmon als Hauptdarsteller deutlich hinter seinen Möglichkeiten zurückbleibt. ✦ USA 1964 **P** Murder Inc. **KI** United Artists **R** Richard Quine **B** George Axelrod **K** Harry Stradling **M** Neal Hefti **D** Jack Lemmon (Stanley Ford), Virna Lisi (Mrs. Ford), Terry-Thomas (Charles), Eddie Mayehoff (Harold Lampson), Claire Trevor (Edna) **L** 118 **FSK** ab 16; nf **E** 7.4.1965 **fd** 13 377

WIE BUCHSTABIERT MAN LIEBE? Eine alleinerziehende Mutter zweier Kinder, die als Kellnerin jobbt, lernt bei der Arbeit einen erfolgreichen Schriftsteller kennen. Als dieser einen Arbeitsunfall verursacht, bei dem sie zu Schaden kommt und ins Krankenhaus muss, kümmert sich der Mann um Mutter und Kinder und verliebt sich in die attraktive Frau. Doch sie blockt seine Bemühungen ab; schließlich soll er nicht erfahren, dass sie Analphabetin ist. Leichthändig inszenierte romantische Komödie, die mit dem Analphabetismus, in Deutschland sind vier Millionen Menschen davon betroffen, ein ungewohnt ernstes Rahmenthema aufgreift, das dank des sensiblen Spiels der Hauptdarstellerin durchaus nachvollziehbare Konturen gewinnt. – Ab 14 möglich. ✦ Deutschland 2001 **R** Christine Hartmann **B** Manfred Kosmann **K** Otto Kirchhoff **M** Fabian Römer **D** Suzanne von Borsody (Anna Jurak), Peter Sattmann (Tom Dellwig), Pamela Marquardt (Bibi Jurak), Marco Bretscher-Coschignano (= Marco Bretscher) (Max Jurak), Marie-Lou Sellem (Maria Suhrke), Stefan Reck (Rolf Jurak) **L** 90 **E** 9.11.2001 ARD

WIE DAS LEBEN SO SPIELT (1981 F) →Zeit der Sehnsucht

WIE DAS LEBEN SO SPIELT (1981 UDSSR) (WOT TAKAJA MUSYKA). Eine junge Absolventin der Musikhochschule kommt in ein abgelegenes Dorf, um das dortige Kulturhaus zu leiten. ✦ Scope. UdSSR 1981 **P** Studio Swerdlowsk **R** Oleg Woronzow **B** Boris Schustrow **K** Boris Schapiro **M** Georgi Portnow **D** Irena Kokratzkaja (Ljusja), Jewgeni Schutow (Ditjatin), Boris Newsorow (Kasarin), Vera Titowa (Tante Njura), Irina Mursajewa (Petrowna) **L** 87 **E** 20.3.1983 DFF 2

WIE DER DUMME IWANUSCHKA DAS WUNDER SUCHTE (KAK IWANUSCHKA – DURATSCHOK SA TSCHUDOM CHODIL). Märchenfilm von der Liebe der schönen Nastja zum dummen Iwanuschka. – Ab 6. ✦ Scope. UdSSR 1977 **P** Lenfilm **KI** Progress **R** Nadeshda Koschewerowa **B** Michail Wolpin **K** Eduard Rosowski **M** Moissej Wainberg **D** Oleg Dal (Iwanuschka), Jelena Proklowa (Nastenka), Michail Glusski (der reiche Marko), Tatjana Peltzer (die alte Warwara), Wladimir Etusch (der Fakir) **L** 87 **E** 24.11. 1978 Kino DDR/31.12.1979 DFF 2

WIE DER FUSSBALL NACH GEORGIEN KAM (PIRVELI MERTSKHALI / PERWAJA LASTOTSCHKA). Die »Geburt« des Fußballspiels um 1900 in einem georgischen Dorf. Eine dramaturgisch und inszenatorisch gut gearbeitete Komödie aus dem wenig bekannten Filmschaffen Georgiens. (TV-Titel DDR: »Die erste Schwalbe«) – Ab 6. ✦ Scope. UdSSR 1975 **P** Grusiafilm **KI** atlas **R** Nana Mtschedlidse **B** Levan Chedlidse, Nana Mtschedlidse **K** Georgi Chedlidse **M** Dshansur Kachidse **D** Dawid Abaschidse (Jasson), Vasiko Nadarija (Chwitscha), Ija Ninidse, A. Kirchadse (Wachtang), T. Dadiani (Pazia) **L** 76 **E** 3.6.1976 DFF 2/18.3.1977 Kino DDR

WIE DER KIES FÄLLT →Der geworfene Stein

WIE DER NACKTE WIND DES MEERES (SOM HAVETS NAKNA VIND). Ein in der Schweiz studierender schwedischer Musiker benutzt seine Ferien in der Heimat zu Liebesspielen mit wechselnden Partnerinnen. Unsinnige Mischung aus pseudophilosophischem Gerede und Sexszenen. ✦ Schweden 1968 **P** Film AB **KI** Gloria **R** Gunnar Höglund **B** Gunnar Höglund, nach einem Roman von Gustav Sandgren **K** Lars Björne **M** Bengt Arne Wallin **D** Hans Gustafsson, Lillimor Ohlsson, Siv Mattson **L** 93 **FSK** ab 18; nf **E** 3.1.1969 **fd** 15 948

WIE DER STAHL GEHÄRTET WURDE (PAWEL KORTSCHAGIN). Der Weg eines russischen Revolutionärs, der trotz harter Schicksalsschläge seine Verzweiflung und Verbitterung überwindet. Eindrucksvolle Romanverfilmung, die auf falsches Pathos und billigen Optimismus verzichtet. Schwächen in der Dramaturgie werden durch die exzellente Fotografie ausgeglichen. – Ab 14. ✦ UdSSR 1956 **P** Spielfilmstudio Kiew **KI** Progress **R** Alexander Alow, Wladimir Naumow **B** Konstantin Issajew, nach einem Roman von Nikolai Ostrowski **K** Ilja Minkowezki, Suren Schachbasjan **M** Juri Schtschurowski **D** Wassili Lanowoi (Pawel Kortschagin), Elsa Leshdej (Rita Ustinowitsch), Tatjana Stradina (Tonja Tumanowa), Wladimir Marenkow (Iwan Sharki), Alexander Lebedew (Bikolai Okunew) **L** 96 **E** 20.9.1957 Kino DDR/1.11. 1957 DFF 1

WIE DER VATER, SO DER SOHN (1963) (BEBERT ET L'OMNIBUS). Ein achtjähriger Dreikäsehoch bringt die Urlaubspläne seiner kinderreichen Familie durcheinander und tyrannisiert alle, die mit ihm zu tun haben. Unterhaltsame Komödie, die liebevoll-spielerisch die Gedankenlosigkeit der Erwachsenen und ihre Erziehungsfehler aufs Korn nimmt. Eher ein »Kinderfilm für Erwachsene«, gelegentlich freilich an der Grenze zur Unverbindlichkeit. – Ab 14. ✦ Schwarz-weiß. Frankreich 1963 **P** Borderie/Guéville/Colombe **KI** Gloria **R** Yves Robert **B** François Boyer **K** André Bac **M** Philippe Gérard **D** Petit Gibus, Jacques Higelin, Jean Richard, Blanchette Brunoy, Michel Serrault **L** 95 **FSK** ab 6; nf **E** 1.5.1964/31.12. 1972 ZDF **fd** 12 888

WIE DER VATER, SO DER SOHN (1985) (ESKAMBRE). Zwei junge Kubaner verlieben sich gegen den Willen ihrer verfeindeten Eltern und bringen damit viel Unruhe und Aufruhr in ihr kleines Dorf. Schleppend erzählte, wenig amüsante und musikalisch dürftige Komödie. – Ab 14. ✦ Scope. Kuba 1985 **P** ICAIC **KI** Progress **R** Luis Felipe Bernaza **B** Luis Felipe Bernaza, Nelson Dorr, nach einer Vorlage von Luis Felipe Bernaza **K** Jorge Haydu **M** Toni Taño, Aneiro Taño **D** Reynaldo Miravalles, Ana Viña, Nancy Gonzáles, Gilberto Reyes, Thais Valdés **L** 85 **E** 7.8. 1987 Kino DDR/21.2.1989 DFF 2

WIE DER VATER, SO DER SOHN (1987) (LIKE FATHER, LIKE SON). Ein Zaubermittel führt zum »Gehirnaustausch« von Vater und Sohn. Die Folge: der berühmte Chirurg denkt und spricht plötzlich wie sein halbwüchsiger Sohn – und umgekehrt. Ein wenig komisches Gemisch aus Schulklamotte und Krankenhauskomödie, klischeehaft und nicht immer geschmackvoll. – Ab 14. ✦ USA 1987 **P** TriStar **KI** Columbia **VA** RCA/Columbia **Pd** Brian Grazer, David Valdes **R** Rod Daniel **B** Lorne Cameron, Steven L. Bloom **K** Jack N. Green **M** Miles Goodman **S** Lois Freeman-Fox **D** Dudley Moore (Dr. Jack Hammond), Kirk Cameron (Chris Hammond), Sean Astin (Trigger), Patrick O'Neal (Dr. Armbruster), Margaret Colin (Ginnie Armbruster) **L** 99 **FSK** ab 12; f **E** 25.2.1988/ September 1988 Video **fd** 26 700

WIE DIE ALTEN SUNGEN ... Unerwartete Ereignisse am Weihnachtsabend in einer Dresdner Familie.

Eine Wiederbegegnung mit Schauspielern aus dem DEFA-Film »Ach, Du Fröhliche...« aus dem Jahre 1962 und eine Fortführung der Geschichten von damals. Die gesellschaftliche Brisanz des alten Films, der politische und Generationskonflikte reflektierte, wird hier zu Gunsten einer biederen, oberflächlichen Unterhaltsamkeit vollkommen vernachlässigt. – Ab 14. ✦ DDR 1986 **P** DEFA, Gruppe »Johannisthal« **Kl** Progress **Pd** Gerrit List **R+B** Günter Reisch **K** Andreas Köfer **M** Wolfram Heicking **S** Monika Schindler **D** Erwin Geschonneck (Genosse Lörke), Andrea Lüdke (Twini), Karin Schröder (Anne Ostermann), Arno Wyzniewski (Ostermann), Mathilde Danegger (Urgroßmutter) **L** 93 **E** 22.1.1987 Kino DDR/24.12.1987 DFF 1

WIE DIE BÄUME VORBEIHUSCHEN (HOGY SZALADNAK A FAK...). Ein junger Mann kehrt nach Jahren in sein Dorf zurück und lernt, den Menschen mit mehr Achtung zu begegnen. – Ab 14. ✦ Schwarz-weiß. Ungarn 1967 **P** Mafilm **Kl** Progress **R** Pál Zolnay **B** Péter Módos, Pál Zolnay **K** Ferenc Szécsényi **M** Zsolt Durkó **D** István Iglódi (Simon), Manyi Kiss (Tante Lisa), János Koltay (Mischa), Eva Pap (Jutka), Margit Dayka **L** 84 **E** 6.10.1967 Kino DDR

WIE DIE HASEN (JAKO ZAJICI). Feriengeschichte um zwei Jungen aus Prag, deren Thema das Verhältnis des modernen Menschen zur Natur ist. Romantisiertes Naturempfinden und die Ansicht, Natur sei ein Symbol für Reinheit, prägen die Bewohner einer Ferienhaussiedlung, die sich als gutsituierte Bürger ein Stück Natur als privates Ghetto halten, sie dabei jedoch indirekt beeinflussen und zerstören. Der kindgerecht aufbereitete Film ist das Mittelstück einer Trilogie, in der Moralvorstellungen und Lebensansichten von Kindern und Erwachsenen analysiert werden, wobei die Kritik relativ harmlos bleibt. Sympathisch einfühlsam und tolerant. – Ab 8. ✦ CSSR 1981 **P** Filmstudio Barrandov **R** Karel Smyczek **B** Radek John, Ivo Pelant **K** Viktor Ruzicka **M** Zdenek John **S** Jirí Brozek **D** Michal Dlouhy (Michal), Stepán Kment (Petr), Zdenek Sverák (Vater Dusek), Jana Drbohlavová (Frau Duskova), Vít Olmer (Soucek), Jana Brezková (Kolínská), Oldrich Vlach (Kolínsky) **L** 82 **E** 13.7.1984 ARD

WIE DIE KLEINE HEXE DAS ZAUBERN LERNTE → Die kleine Hexe

WIE DIE KLEINE HEXE ZAUBERN LERNTE → Die kleine Hexe

WIE DIE MÖWEN IM WIND. Eine junge Frau, die von zu Hause fortgelaufen ist, verdient sich in Danzig ihren Unterhalt als »Möwe«, wie Prostituierte im polnischen Sprachgebrauch genannt werden. Die Begegnung mit einem Schiffsoffizier ändert ihr Leben von Grund auf. ✦ Polen 1986 **R** Jerzy Passendorfer **D** Urszula Kowalska (Zoska), Robert Inglot (Stefan), Lidia Korsakowna (Tantchen), Andrzej Krucz (Kostek), Stanislaw Michalski (Tadek) **L** 90 **E** 4.8.1992 ORB

WIE DIE MÜTTER SO DIE TÖCHTER → Good Morning... and Goodbye!

WIE DIE POETEN IHRE ILLUSIONEN VERLIEREN → Wie Poeten ihre Illusion verlieren

WIE DIE WELT UM IHRE DICHTER KOMMT (JAK SVET PRICHAZI O BASNIKY). Ein heiterer Blick auf die Alltagsfreuden und -nöte von 18jährigen, auf deren Suche nach Liebe und das Bemühen, sich in der Welt zurechtzufinden. Die Abiturklasse eines Kleinstadtgymnasiums studiert einen tschechischen Bühnenklassiker ein. Mit einer unkonventionellen Inszenierung wollen die Schüler dem Publikum – insbesondere den Mädchen – ihren Reichtum an Lebenserfahrung vor Augen führen. ✦ CSSR 1982 **R** Dusan Klein **D** Pavel Kríz (Stepán), David Matásek (Kendy), Miroslava Safránková (Marcela), Frantisek Filipovsky, Josef Somr **L** 85 **E** 28.3.1994 ORB

WIE DIE WELTMEISTER. Die Geschichte eines übereifrigen Gerichtsvollziehers, der aus der Provinz in die Großstadt kommt und über einen Koffer voller Geld und zwei Punk-Mädchen in skurrile Abenteuer verstrickt wird. Wenig gelungene Komödie von Klaus Lemke, dessen frischer, improvisatorischer Inszenierungsstil hier zur bloßen Routine und zur schicken Belanglosigkeit erstarrt. ✦ BR Deutschland 1981 **P** Albatros/Planet/Trio **Kl** Scotia **R+B** Klaus Lemke **K** Renato Fortunato **M** Gina X., The Motels, The Rovers, Call Girl **D** Wolfgang Fierek (Gerichtsvollzieher Bielek), Esther Hess (Lu), Isabell Geisler (Sissy), Kurt Raab (Oberamtmann), Cleo Kretschmer (Traudl) **L** 79 **FSK** ab 12; f **E** 9.7.1981 **fd** 23 034

WIE DIE WILDEN (1959). Zwischen drei Moskauer Junggesellen und zwei jungen Frauen kommt es zum Streit um einen Zeltplatz an der Küste des Schwarzen Meeres. Heiterer Fernsehfilm. ✦ Schwarz-weiß. DDR 1959 **P** DEFA **Pd** Erich Albrecht **R** Ruth Heucke-Langenscheidt **B** Ruth Heucke-Langenscheidt, Hildegard Tetzlaff, nach dem gleichnamigen Bühnenstück von Sergej Michalkow **K** Hans Heinrich **M** Walter Ulfig **S** Ursula Kahlbaum **D** Jutta Auerbach (Vera), Brigitte Krause (Silvia), Rolf Herricht (Kolja), Alfred Cogho (Anton), Wolfram Schaerf (Stepan) **L** 84 **E** 24.9.1959 DFF 1

WIE DIE WILDEN (1982) (HEARTBREAKER / LOW RIDERS). Der Anführer einer jugendlichen Auto-Gang kämpft um das geliebte Mädchen, während sein Rivale mit verbrecherischen Tricks arbeitet, um sich zu rächen. Ein mit modischen Effekten und einigen gelackten Bildern vom Liebesglück versehenes Loblied auf eine totalitär strukturierte Männergemeinschaft, das Themen wie Freundschaft, Verrat und Korruption auf fragwürdige Weise mythisiert. ✦ USA 1982 **P** Monarex Hollywood Corporation **VA** Thorn EMI **R** Frank Zuniga **B** Vincente Gutierrez **K** Michael Lonzo **M** Rob Walsh **D** Fernando Allende, Dawn Dunlap, Peter Gonzales Falcon, Miguel Ferrer, Michael D. Roberts **L** 87 **E** 1984 Video **fd** 24 651

WIE DRÜCK' ICH MICH BEIM MILITÄR? (COMMENT SE FAIRE REFORMER). Verschiedene gesellschaftliche Außenseiter versuchen als Rekruten, den Belastungen des Wehrdienstes zu entkommen. Vordergründig als gagreicher Ulk auf das Militär angelegt, bei näherem Hinsehen eine dumme, diskriminierende Demonstration der Disziplinierung und Gleichschaltung von Randgruppen. (Fortsetzung: »Jetzt wackelt die Kaserne«) ✦ Frankreich 1977 **P** Alexia **Kl** Ring/Peiper **R+B** Philippe Clair **K** Claude Becognée **M** Jean-Pierre Doering **D** Christine Abt, Philippe Clair, Michel Melki, Christian Parisy, Pierre Zimmer **L** 90 **FSK** ab 12; nf **E** 1.5.1981 **fd** 22 918

WIE DU MICH WILLST (AS YOU DESIRE ME). Die Liebe zu einem italienischen Grafen scheint einer unglücklichen Nachtclub-Sängerin wieder Halt im Leben zu geben. Der Adelige vermutet in ihr seine verschollene Frau, bis der Verdacht entsteht, es mit einer raffinierten Betrügerin zu tun zu haben. Bizarres Melodram nach Pirandello, in dem sich Erich von Stroheim und Greta Garbo in hochtheatralischer Weise befehden. – Ab 14. ✦ Schwarz-weiß. USA 1932 **P** MGM **R** George Fitzmaurice **B** Gene Markey, nach dem Bühnenstück »Come tu mi vuoi« von Luigi Pirandello **K** William H. Daniels **M** Herbert Stothart **S** George Hively **D** Greta Garbo (Zana/Maria), Melvyn Douglas (Graf Bruno Varelli), Erich von Stroheim (Carl Salter), Owen Moore (Tony Boffie), Hedda Hopper (Madame Mantari) **L** 71 **E** 28.11.1995 ARD

WIE DU MIR, SO ICH DIR (1972) (THE CROOKED HEARTS). Prominent besetzte, aber weitgehend mißlungene Kriminalkomödie: Eine Polizistin auf der Spur eines Mörders, der sich an die wohlhabenden Frauen eines Clubs für einsame Herzen heranmacht. – Ab 14. ✦ USA 1972 **P** Lorimar **R** Jay Sandrich **B** A. J. Russell, nach »Miss Lonelyhearts 4122« von Colin Watson **M** Billy Goldenberg **D** Rosalind Russell (Laurita Dorsey), Douglas Fairbanks jr. (Rex Willoughby), Ross Martin (Daniel Shane), Michael Murphy (Frank Adamic), Maureen O'Sullivan (Lillian Stanton) **L** 74 **E** 6.5.1995 Super RTL

WIE DU MIR – SO ICH DIR (1980) (DE BENDE VAN HIERNAAST). Eine Bande von Kindern treibt ihr Unwesen in einer Siedlung. Sie verursacht einen Unfall mit Blechschaden und läßt die Requisiten für eine Theateraufführung verschwinden. Weil sie so gut zusammenhält, fällt der Verdacht zunächst auf die Kinder aus der benachbarten Wohnwagenkolonie. Als die Ferienzeit beginnt, schließen sich beide Lager gegen die Erwachsenen zusammen. Amüsanter Kinderfilm. – Ab 8. ✦ Niederlande 1980 **P** Castor Films **R** Karst van der Meulen **B** Piet Geelhoed, Karst van der Meulen **K** Fred Tammes **M** Tonny Eyck **D** Harrow Coppens (Erik), Ingrid Mulder (Anja), Patrick van Doorn (Bennie), Liesbeth Hovius (Renée), Femke van der Linden (Karin) **L** 102 **E** 6.4.1985 DFF 1/30.4.1991 DFF

WIE DU MIR, SO ICH DIR (1984/85) (A TU PER TU). Ein Finanzmagnat, der sich jahrelang mit Politikern und Behörden bestens arrangiert hat, wird von der Steuerfahndung gesucht. Er flüchtet und findet Unterschlupf bei einem Taxifahrer, einem gutmütigen Pechvogel, den er für seine Zwecke ausnutzt, bis er durchschaut wird und sich sein übles Spiel ins Gegenteil verkehrt. Turbulente, aber klischeehafte Komödie, die zwischen wortreichen Dialogen und überzogener Hektik schwankt. – Ab 16. ✦ Italien 1984/85 **P** Adige Film 76 **Kl** Progress **R** Sergio Corbucci **B** Luciano Vincenzoni, Sergio Donati **K** Danilo Desideri **M** Carmelo La Bionda, Michelangelo La Bionda **D** Paolo Villaggio (Sciaccaluga), Johnny Dorelli (Sansoni), Marisa Laurito (Frau Sciaccaluga), Adriano Pappalardo (Polizist) **L** 107 **E** 19.6.1987 Kino DDR/14.2.1988 BR/25.4.1989 DFF1

WIE DU MIR, SO ICH DIR (1999) (HORSE SENSE). Ein verwöhnter 20-Jähriger wird von seinen Eltern zu einem Arbeitsurlaub auf der Farm seiner Tante in Montana verdonnert. Der junge Mann, der es gewohnt ist, seine Probleme mit Geld und Charme zu lösen, muss erkennen, dass das Anwesen kurz vor dem Ruin steht. Da ihm das Landleben nach Anfangsschwierigkeiten vertraut wird, will er der Tante mit Geld helfen, doch sie lehnt aus Stolz ab. Um die Zwangsversteigerung abzuwenden, muss er sich zum ersten Mal etwas einfallen lassen. Familienfilm um Herzensbildung, der ein Loblied auf das einfache, unverfälschte Leben anstimmt. – Ab 14. ✦ USA 1999 **P** Hal Roach Studios **Pd** Andrea Baynes **R** Greg Beeman **B** Chad Hayes, Carey Hayes (= Carey W. Hayes) **M** Marco Marinangeli **D** Joey Lawrence (Michael Woods), Andrew Lawrence (Tommy Biggs), Susan Walters (Jules Biggs), M. C. Gainey (Twister), Leann Hunley (Jacy Woods) **L** 88 **E** 16.12.2001 RTL

WIE EIN ALPTRAUM (NIGHTMARE). Während des Zweiten Weltkriegs hilft ein ausgebombter amerikanischer Glücksspieler in London einer Engländerin, eine Leiche zu beseitigen. Was zunächst einfach erscheint, bringt ihn bald in bedrohliche Situationen. Dramaturgisch geschickt aufgebauter Thriller. ✦ Schwarz-weiß. USA 1942 **P** Universal **Pd** Dwight Taylor **R** Tim Whelan **B** Dwight Taylor, nach der Erzählung »Escape« von Philip MacDonald **K** George Barnes **S** Frank Gross **D** Diana Barrymore (Leslie Stafford), Brian Donlevy (Dan Shane), Henry Daniell (Capt. Stafford), Gavin Muir (Lord Abbington), Hans Conried (Hans), Eustace Wyatt (Angus), Arthur Shields (Sergeant) **L** 78 **E** 19.6.1976 ARD

WIE EIN BLATT IM WIND (1987) → Winter People – Wie ein Blatt im Wind

WIE EIN BLATT IM WIND (1988) (VADON). Zehn Jahre nach der Niederschlagung der ungarischen Revolution regt sich erneuter Widerstand gegen die Habsburger. Lajos Kossuth und andere ungarische Emigranten bilden 1859 auf italienischem Territorium eine Legion, die den Kampf der Ungarn unterstützen soll. Mit einem Teil dieser Truppe gelangt auch Kristof Batiszy wieder in seine Heimat. Doch er wird von den Österreichern gefangengenommen und, als er eine Zusammenarbeit mit ihnen ablehnt, hingerichtet. ✦ Ungarn 1988 **P** Dialóg-Stúdió **R+B** Ferenc András **K** Gábor Szabó **M** István Márta

D Maria Gladkowska, Sándor Oszter, Gábor Reviczky, Anatol Konstantin, Balázs Galkó **L** 115 **E** 24.9.1990 DFF 2/10.6.1995 mdr

WIE EIN BLITZ AUS HEITEREM HIMMEL (BREAKING UP). Eine Frau ist plötzlich auf sich allein gestellt, als ihr Mann sie verläßt. Zusammen mit den beiden Kindern zieht sie in die Stadt und nimmt ihr Leben selbst in die Hand. Betont emanzipatorisches, letztlich unergiebiges Ehekonfliktsdrama, immerhin geschickt fotografiert und besonders von der Hauptdarstellerin gut gespielt. – Ab 16. ✦ USA 1978 **P** Time-Life/David Susskind Prod. **Pd** Frederick Brogger **R** Delbert Mann **B** Loring Mandel **K** Gil Taylor **M** Walter Levinsky **D** Lee Remick (JoAnn Hammil), Granville Van Dusen (Tom Hammil), Vicki Dawson (Amy Hammil), David Stambaugh (T. C. Hammil), Frank Latimore **L** 96 **E** 20.4.1997 ZDF

WIE EIN BOOT OHNE WASSER (COMME UN BATEAU, LA MER EN MOINS). Ein von seinen Altersgenossen verspotteter neunjähriger Junge ist dem unfreiwilligen Nomadenleben seiner Eltern ausgeliefert, die im Wohnwagen von Job zu Job ziehen. Bei den echten Zigeunern in der neblig-kalten Industrieregion im französischen Norden erhält er schließlich die Wärme und Anerkennung, die er braucht, um seinen Weg zu finden. Ein liebevoll inszeniertes, sensibles Melodram über die Schwierigkeiten des Erwachsenwerdens, konsequent aus der Sicht des jungen Protagonisten erzählt. – Ab 14. ✦ Frankreich 1992 **P** Belbo Films **Pd** Ludi Boeken, Jacques Fansten **R** Dominique Ladoge **B** Dominique Ladoge, Claude Gutman **K** Etienne Fauduet **M** Michel Coeuriot **S** Didier Ranz **D** Mathias Le Ny (Fabien), Patrick Fierry (Serge), Alexandra Vandernoot (Marie), Jean-Pierre Bisson (Lehrer Burgère), Liliane Ledun (Chefin) **L** 95 **E** 1.12.1995 arte

WIE EIN BUMERANG (COMME UN BOOMERANG / IL FIGLIO DEL GANGSTER). Der 17jährige Sohn eines französischen Industriellen erschießt im Drogenrausch versehentlich einen Polizisten. Als die kriminelle Vergangenheit des Vaters bekannt wird, scheint ein fairer Prozeß aussichtslos. Daraufhin befreit der Vater den Jungen aus dem Gefängnis, und beide versuchen, über die Grenze zu fliehen. Melodramatischer Gangsterfilm als Vehikel für den Star Alain Delon, schick inszeniert, musikalisch hervorragend, dennoch nur mäßig spannend. ✦ Scope. Frankreich/ Italien 1976 **P** Lira/Adel/Filmes S.p.A. **KI** Warner-Columbia **Pd** Alain Delon, Raymond Danon **R** José Giovanni **B** José Giovanni, Alain Delon **K** Pierre-William Glenn **M** Georges Delerue **D** Alain Delon (Jacques Batkin), Charles Vanel (Ritter), Carla Gravina (Muriel), Pierre Maguelon (Inspektor Leoni), Louis Julien (der junge Batkin), Rino Bolognesi (Leonis Stellvertreter), Reinhard Kolldehoff (Mr. Feldman), Suzanne Flon **L** 102 **FSK** ab 12; f **E** 25.2.1977 **fd** 20 208

WIE EIN DIEB IN DER NACHT (WIE EIN DIEB IN DER NACHT). Ein junger Mann, Juniorchef einer Wiener Modefirma, gibt sich einer Angebeteten gegenüber als Gentlemandieb aus, um sie zu gewinnen. Verwechslungskomödie üblichen Zuschnitts, überwiegend dünn und albern. ✦ Schwarz-weiß. Österreich 1945 **P** Wien **KI** Continental **R** Hans Thimig **B** Lilian Belmont, Fritz Koselka, nach dem Bühnenstück »Das Mädchen im Fenster« von Fritz Gottwald **K** Jaroslav Tuzar **M** Willy Schmidt-Gentner **D** Gusti Huber, Wolf Albach-Retty, Georg Lorenz, Hermann Thimig, Lotte Lang **L** 85 **FSK** ab 12; nf **E** 9.8.1950 **fd** 9 170

WIE EIN FAUSTSCHLAG (LOVE LEADS THE WAY). Schilderung der Probleme bei der Einführung von Blindenhunden in den USA. Gefühlvolle Unterhaltung; in der Hauptrolle gut gespielt, doch fantasielos inszeniert. (Fernsehtitel: »Augen in der Dunkelheit«) – Ab 8. ✦ USA 1984 **P** Walt Disney **VA** EuroVideo **R** Delbert Mann **B** Jim Hawkins, Henry Denker, nach einem Roman von Morris Frank und Blake Clarke **K** Gary Graver **M** Fred Karlin, George Gershwin **S** Hank McCann **D** Ernest Borgnine, Timothy Bottoms, Eva Marie Saint, Patricia Neal, Arthur Hill **L** 96 **FSK** ab 6 **E** 20.7.1986 Video **fd** 25 719

WIE EIN FLECK IM WASSER (NUNAL SA TUBIG). Beschreibung des Alltagslebens, der Sorgen und Nöte der Bewohner eines kleinen philippinischen Inseldorfes, die – bedroht von Naturkatastrophen und begrenzten wirtschaftlichen Möglichkeiten – zu überleben versuchen. Im Mittelpunkt die Geschichte dreier jüngerer Menschen, deren Träume von einer besseren Zukunft scheitern. Ein philippinischer Film, der zu den besten der 70er Jahre gezählt wird. Neben der pessimistisch gefärbten Sicht des Alltags verbindet er erzählerische Dichte mit lyrischen Impressionen und hebt sich dadurch von einer nur dokumentarisch-reportagehaften Schilderung ab. ✦ Philippinen 1976 **P** Seven Stars **R** Ishmael Bernal **B** Jorge Arago **K** Arnold Alvaro **M** The Vanishing Tribe **S** Augusto Salvador **D** Elizabeth Oropesa, George Estregan, Daria Ramirez, Ella Luansing, Rustica Carpio **L** 114 **E** 16.10.1983 ZDF

WIE EIN FREIER VOGEL. Ein bewußt subjektiver, respektabler Tagebuchfilm des deutschen Filmemachers Hark Bohm, der in Nicaragua Dokumentarmaterial aufnahm und versucht, das lateinamerikanische Land, das sich seit Jahren in einem kriegsähnlichen Zustand befindet, in seinen Widersprüchen und Problemen erfahrbar zu machen. Ohne Kommentar werden unterschiedliche Aussagen und Blickwinkel nebeneinander gestellt, wobei die Spannungen im Land zwischen Utopie und Realität durchaus sinnfällig gemacht werden. Ohne zusätzliches Hintergrundwissen um die nicaraguanische Revolution und die US-unterstützten Konterrebellen ergibt sich jedoch kaum ein tieferer Sinnzusammenhang. (Teils O.m.d.U.) ✦ BR Deutschland 1985 **P** Hamburger Kino Kompagnie/WDR **SF** FiFiGe **R+B** Hark Bohm **K** Slawomir Idziak **S** Moune Barius, Rafael Fuster-Pardo **L** 86 **FBW** bw **E** 6.6.1985/11.2.1988 EINS PLUS

WIE EIN FREMDER IN MEINEM BETT → Wie ein Fremder in meinen Armen

WIE EIN FREMDER IN MEINEN ARMEN (STRANGER IN MY BED). Nach einem Unfall verliert eine Lehrerin ihr Gedächtnis und kann sich weder an ihren Ehemann, mit dem sie seit 15 Jahren verheiratet ist, noch an ihre beiden Kinder erinnern. Trotz aller Behutsamkeit von seiten des Mannes kommt es immer wieder zu Auseinandersetzungen. Eines Tages verläßt sie ihre Familie, um sich einem neuen Leben und einem neuen Mann zuzuwenden. Melodram nach einer wahren Begebenheit. (TV-Titel auch: »Wie ein Fremder in meinem Bett«, »Ein Fremder in meinem Bett«) – Ab 16. ✦ USA 1986 **P** Edgar J. Scherick Associates/Taft **Pd** Lynn Raynor **R** Larry Elikann **B** Audrey Davis Levin **D** Lindsay Wagner (Beverly Slater), Armand Assante (Hal Slater), Doug Sheehan (Roger Hammond), Alyson Court (Joan Slater), Gabriel Damon (Stuart Slater), Allyn Ann McLerie (Shirley Hunter), Clayton Corzette (Lou Hunter) **L** 100 **E** 10.10.1990 PRO 7

WIE EIN GUTER BURSCHE VERHEIRATET WURDE (KAK DOBROWO MOLODZA SHENILI). Ein kühner kaukasischer Jäger ist in eine stolze Frau verliebt. Aber der schüchterne Recke wagt es nicht, ihr seine Liebe zu gestehen. Da ergreifen ihn die Dorfbewohner und schleppen ihn gefesselt vor den Traualtar. Trotz allem kann das Paar noch nicht zusammenkommen, weil der friedfertige Hüne für etliche Stammesfehden benötigt wird. ✦ UdSSR 1975 **P** Grusia-Film **R** Nodar Managadse **B** Erlom Achwlediani, nach der »Erzählung über Iwan Kotoraschwili« von Washa Pschaweli **K** Igor Amassinski **M** Nodar Gabunija **D** Surab Kapianidse (Iwane), Nato Gaguidse (Kato), Wachtang Zchaladse (Kitissa) **L** 68 **E** 17.7. 1977 DFF 2

WIE EIN LANGER BÖSER TRAUM (THE AWAKENING OF CANDRA). Auf dem Polizeirevier eines Provinznestes taucht ein junges Paar auf, dass sich in den Flitterwochen befindet, und zeigt den Unfalltod eines Freundes an. Der Beamte zweifelt die Geschichte an, zumal sich die Frau wie unter Hypnose bewegt. Er geht der Sache auf den Grund und kommt einem unwahrscheinlichen Verbrechen auf die Spur. (Fernseh-)Thriller nach einem authentischen Fall, in dem eine Hirnblockade und die Angst einer verschüchterten Frau unfreiwillig den wahren Täter decken. ✦ USA 1981 **R** Paul Wendkos **B** Tom Lazarus **K** Richard C. Glouner **M** Billy Goldenberg **D** Blanche Baker (Candra Torres), Cliff De Young (Tom Brown), Richard Jaeckel (Detective Harrison), Elizabeth Cheshire (Maria), Parley Baer (Brooks) **L** 90 **E** 25.10. 2000 tm3

WIE EIN LEBEN IN DER HÖLLE (THE INVASION OF CAROL ENDERS). Zwei schwerverletzte junge Frauen werden zur gleichen Zeit ins Krankenhaus eingeliefert. Während die eine stirbt, überlebt die andere – allerdings mit dem Geist der Verstorbenen. Ein Polizeibeamter nutzt die aberwitzige Situation, um deren Tod bei einem mysteriösen Verkehrsunfall aufzuklären. ✦ USA 1973 **R** Dan Curtis **D** Meredith Baxter-Birney (= Meredith Baxter) (Carol Enders), Christopher Connelly (Adam Reston), George DiCenzo (Dr. Palmer), John Karlen (David Hastings), Charles Aidman (Dr. Peter Bernard) **L** 67 **E** 5.11.1991 Tele 5

WIE EIN LICHT IN DUNKLER NACHT (SHINING THROUGH). Eine Amerikanerin deutsch-jüdischer Abstammung läßt sich im Zweiten Weltkrieg als Spionin in hohe Nazi-Kreise in Berlin einschleusen. Ihr Vorgesetzter und Liebhaber holt sie nach ihrer Enttarnung unter Einsatz seines Lebens in die Staaten zurück. Naives, dramaturgisch unglaubwürdiges Spionage-Rührstück, ärgerlich im Umgang mit dem geschichtlichen Hintergrund. Allenfalls im technischen Aufwand über dem Niveau einschlägiger »Anti-Nazi-Filme«. – Ab 16. ✦ Scope. USA 1992 **P** Sandollar/Peter V. Miller Investment (für 20th Century Fox) **KI** 20th Century Fox **VA** Fox **DVD** Fox Home (16:9, 2.35:1, DD5.1 engl., DS dt.) **Pd** Howard Rosenman, Carol Baum **R** David Seltzer **B** David Seltzer, nach einem Roman von Susan Isaacs **K** Jan de Bont **M** Michael Kamen **S** Craig McKay **D** Michael Douglas (Edward Leland), Melanie Griffith (Linda Voss), Liam Neeson (Dietrich), Joely Richardson (Margarete), John Gielgud (Friedrichs) **L** 133 **FSK** ab 16; f **E** 5.3. 1992/4.11.1992 Video/11.11.1993 premiere/6.9. 2001 DVD **fd** 29 463

WIE EIN LIED (KATO PESEN). Bulgarien nach der Befreiung des Landes im September 1914: Im Mittelpunkt steht der 18jährige Tinko, der mit der Begeisterung der Jugend die neuen Ideen in seine Umwelt trägt und schließlich einen Fehler mit seinem Leben bezahlt. Ungewöhnliches, von starken Emotionen geprägtes politisches Kino. – Ab 16. ✦ Bulgarien 1972 **P** Spielfilmstudio Sofia **KI** Progress **R** Irina Aktaschewa, Christo Piskow **B** Slawko Dudow **K** Jazek Todorow **M** Boris Kradimtschew **D** Filip Trifonow, Wassil Michailow, Georgi Mamalew, Irina Rositsch, Nikolai Binew **L** 97 **E** 7.9.1973 Kino DDR/27.6.1975 DFF 2

WIE EIN PANTHER IN DER NACHT (BADGE 373). Bei einer Rauschgift-Razzia kommt durch die Unachtsamkeit der Polizei ein Händler ums Leben. Der deswegen entlassene Polizist macht sich nach dem Mord an einem Kollegen auf eigene Faust an die Aufklärung und rächt den Ermordeten. Zynischer Gangsterfilm, sehr spannend, aber mit aufgesetzt wirkender Moral. ✦ USA 1972 **P** Paramount **KI** CIC **Pd+R** Howard W. Koch **B** Pete Hamill **K** Arthur J. Ornitz **M** J. J. Jackson **S** John Woodcock **D** Robert Duvall (Eddie Ryan), Verna Bloom (Maureen), Henry Darrow (Sweet William), Eddie Egan (Scanlon), Felipe Luciano (Ruben), Tina Cristiani (Mrs. Caputo), Marina Durell (Rita Garcia) **L** 104 **FSK** ab 16; f **E** 23.11. 1973 **fd** 18 593

WIE EIN SCHREI IM WIND (THE TRAP). Ein stummes Mädchen wird für 1000 Dollar an einen bärenstarken Pelztierjäger verkauft und erlebt mit ihm das grausame Dasein in der wilden Naturlandschaft

British Columbias. Inmitten der beinahe unberührten Wildnis der kanadischen Wälder gestaltet der Film mit bestürzendem Realismus die dramatische Begegnung zweier Außenseiter um die Mitte des 19. Jahrhunderts. (DDR- und alternativer Fernsehtitel: »Die Falle«) – Ab 16. ✦ Scope. Großbritannien 1965 **P** Parallel **Kl** Rank **Pd** George H. Brown **R** Sidney Hayers **B** David Osborn **K** Robert Krasker **M** Ron Goodwin **S** Tristam Cones **D** Rita Tushingham (Eve), Oliver Reed (Jean La Bete), Rex Sevenoaks (Händler), Barbara Chilcott (seine Frau), Linda Goranson (seine Tochter), Blain Fairman, Walter Marsh (Prediger), Jo Golland (Baptist), Jon Granik, Merv Campone (Yellow Dog) **L** 106 **FSK** ab 16; f **FBW** w **E** 28.10. 1966/4.8.1967 Kino DDR/26.12.1970 ARD/25.6. 1972 DFF 1 **fd** 14 391

WIE EIN STACHEL IM FLEISCH (LONELY HEARTS). Die »Suchtkarriere« einer eßsüchtigen Frau, die sich mit ihrem Helfersyndrom an einen nichtsnutzigen Mann verliert, der sie nach Strich und Faden ausnutzt, bis sie sich schließlich von ihm und ihrer Sucht befreien kann. Ein Film wie aus dem Bilderbuch einer Selbsthilfegruppe, der sein Anliegen im Rahmen eines Krimis geradlinig entwickelt. Interessant allenfalls durch die Lektion Lebenshilfe, die besagt, daß man Suchtkrankheiten nicht heilen kann, sondern daß die Betroffenen selbst fortwährend daran arbeiten und nach gesunden Alternativen schauen müssen. – Ab 16. ✦ USA 1991 **P** Gibraltar **VA** Starlight **Pd** Andrew Lane, Robert Kenner **R** Andrew Lane **B** Andrew Lane, René Daniels **K** Paul Ryan **M** David McHugh **S** Julian Semilian **D** Beverly D'Angelo (Alma), Eric Roberts (Frank), Joanna Cassidy (Erin Randall), Herta Ware (Gran), Rebecca Street (Jane Ericson) **L** 92 **FSK** ab 16 **E** 11.3.1992 Video/ 12.9.1996 RTL 2 **fd** 29 581

WIE EIN STEIN AM WEGESRAND (ROBO NO ISHI). Der Sohn eines verarmten Samurai versucht vergeblich, durch Fleiß den Weg nach oben zu finden, und kehrt zuletzt enttäuscht in die überlebte Wertewelt seines Vaters zurück. Eine bittere Parabel auf die Übermacht sozialer Zwänge und eine Absage an die alte Gesellschaftsordnung der Feudalzeit und an den Kapitalismus der Gründerzeit. Sensibel gestaltet, ruhig und mit ausdrucksstarken Bildern. ✦ Scope. Japan 1960 **P** Tokyo Eiga **R** Seiji Hisamatsu **B** Kaneto Shindô **K** Shojiro Sugimoto **M** Ichiro Saitô **D** Hiroyuki Ota, Setsuko Hara, Hisaya Morishige, Tatsuya Mihashi, Kyu Sazanka **L** (TV) 100 **E** 12.4.1981 ARD **fd** 22 849

WIE EIN STURMWIND. Die sensible Gattin eines alternden Malerei-Professors verfällt in einer Gewitternacht dem talentierten Schüler und Gast des Hauses. Nach dem Selbstmordversuch des Sohnes, der Trennung von ihrem Ehemann und einer komplizierten Entwicklung in der Beziehung zum Geliebten scheint sie geläutert. Kolportagestoff im Illustriertenstil. – Ab 16 möglich. ✦ Schwarz-weiß. BR Deutschland 1956/57 **P** CCC **Kl** NF **Pd** Artur Brauner **R** Falk Harnack **B** Heinz Oskar Wuttig, Gina Kaus, Maria Matray, Answald Krüger, nach einem Roman von Klaus Hellmer **K** Friedl Behn-Grund **M** Herbert Trantow **S** Kurt Zeunert, Hannelore Friedrich **D** Lilli Palmer (Marianne Eichler), Willy A. Kleinau (Friedrich Eichler), Ivan Desny (Viktor Ledin), Susanne Cramer (Gina), Käthe Braun (Beate Hoberg) **L** 102 **FSK** ab 16; nf **E** 7.3.1957 **fd** 5 702

WIE EIN VOGEL IM WIND (DIGGER). Bei seiner Tante auf Vancouver Island sucht ein 12jähriger Junge Erholung von der zerrütteten Ehe seiner Eltern. In dem herzkranken Nachbarsjungen findet er schließlich einen Freund, der ihm das Gefühl von Geborgenheit und Treue vermittelt. Jugendfilm, der auch vor ernsten Themen nicht zurückschreckt. – Ab 14. ✦ Kanada 1993 **P** Circle Northwood **Pd** Robert K. MacLean **R** Robert Turner **B** Rodney Gibbons **K** Michael Buckley **M** Todd Boekelheide **S** Michael Chandler **D** Adam Hann-Byrd (Digger), Barbara Williams (Tante Anna), Timothy Bottoms (Onkel Sam), Olympia Dukakis (Bea), Leslie Nielsen (Arthur) **L** 88 **E** 4.3.1996 premiere

WIE EIN VOGEL OHNE FLÜGEL (BEFORE WOMEN HAD WINGS). Nach dem Selbstmord ihres Mannes, eines gescheiterten Countrysängers, findet eine Frau nicht mehr ins Leben, sucht Zuflucht im Alkohol und misshandelt ihre beiden Töchter. Als sie herausfindet, dass die jüngste Tochter in der farbigen Nachbarin eine mütterliche Freundin gefunden hat, eskaliert die Gewalt erst recht. Gefühlvolles Familiendrama, das seine Geschichte aus der Sicht des kleinen Opfers erzählt und das von guten Darstellern getragen wird. ✦ USA 1997 **P** Harpo Films **Pd** Jay Benson, Oprah Winfrey **R** Lloyd Kramer **B** Connie May Fowler **K** Ericson Core **M** Anton Sanko **S** Stephen Semel **D** Ellen Barkin (Glory Marie Jackson), Oprah Winfrey (Miss Zora), Tina Majorino (Bird Jackson), Julia Stiles (Phoebe Jackson), John Savage (Billy Jackson) **L** 88 **E** 30.1.2001 ARD

WIE EIN WILDER STIER (RAGING BULL). Meisterhafte filmische Biografie des ehemaligen Boxweltmeisters im Mittelgewicht Jake La Motta. Regisseur Scorsese nimmt die zwischen 1941 und 1964 in Episoden verlaufende Geschichte zum Anlaß für die psychologische Studie eines selbstzerstörerischen und gewalttätigen Menschen, beschreibt dabei aber auch das soziale Umfeld, »Little Italy«, das italienische Einwandererviertel von New York. Vor allem durch die kompromißlos harten Kampfszenen und die brillante Interpretation Robert de Niros erreicht der Film eine beklemmende Intensität. DVD: Die Neuauflage enthält im Gegensatz zur Erstauflage eine Bonus-DVD mit den üblichen Extras sowie ein informatives 16-seitiges Booklet. – Sehenswert. ✦ Schwarz-weiß. USA 1979 **P** Chartoff-Winkler/United Artists **Kl** UIP **DVD** Fox Home (1.85:1, DS engl., Mono dt.) **Pd** Robert Chartoff, Irwin Winkler **R** Martin Scorsese **B** Paul Schrader, Mardik Martin, nach einem Buch von Jake La Motta, Joseph Carter und Peter Savage **K** Michael Chapman **M** div. **S** Thelma Schoonmaker **D** Robert De Niro (Jake La Motta), Cathy Moriarty (Vickie La Motta), Joe Pesci (Joey La Motta), Frank Vincent (Alvy), Nicholas Colasanto (Tommy Como) **L** 129 **FSK** ab 16; f **FBW** bw **E** 12.3. 1981/8.3.1999 DVD/2.8.2001 DVD (Doppel-DVD) **fd** 22 856

WIE EINE KUGEL IM LAUF (D.A.N.G.A.N RUNNER). In der Absicht, sich zu töten, liefern sich drei junge Männer einen Wettlauf durch die Stadt. Am Ende des Tages sind sie durch die Ausschüttung von Glückshormonen gelöst und heiter, platzen aber in diesem Zustand in eine Auseinandersetzung zwischen zwei rivalisierenden Yakuza-Clans und der Polizei. Ein mit bitterer Ironie furios inszenierter Film, der Trends des westlichen Kinos und einer modernen Lebenshaltung mit japanischen Traditionen verbindet und übernommene Ideale in Frage stellt. (O.m.d.U.) ✦ Japan 1996 **P** Nikkatsu **Pd** Moto Seta **R+B** Sabu **K** Shinji Kuriyama **M** Daisuke Okamoto **S** Shinji Tanaka **D** Tomorowo Taguchi (Shinkiki Yasuda), Shinichi Tsutsumi (Kazuo Takeda), Diamond Yukai (Kenji Aizawa), Sabu (Mörder) **L** 82 **E** 7.10.1998 WDR **fd** 33 354

... WIE EINST LILI MARLEEN. Der durch den deutschen Soldatensender Belgrad seit 1942 bekannt und durch die Sängerin Lale Andersen berühmt gewordene Titelschlager wird als Bindemittel für treue Liebe bemüht: So können der Spätheimkehrer aus Sibirien, ein Geigenbauer, und die einst in Berlin kriegsdienstverpflichtete Arbeiterin auch im Frieden zueinander finden. Deutscher Schicksalsfilm der 50er Jahre. – Ab 16. ✦ Schwarz-weiß. BR Deutschland 1956 **P** Delos **Kl** Constantin **R** Paul Verhoeven **B** Ilse Lotz-Dupont, Paul Verhoeven **K** Karl Schröder **M** Norbert Schultze **S** Ilse Voigt **D** Marianne Hold, Adrian Hoven, Claus Holm, Lucie Englisch, Peter Carsten **L** 90 **FSK** ab 16; f **E** 21.9.1956 **fd** 5 275

WIE ENGEL IN DER HÖLLE (HARLOW AND HUGHES: ANGELS IN HELL). Die Geschichte des Multimillionärs Howard Hughes und seines Traums, gegen alle privaten wie geschäftlichen Widerstände den Film »Hell's Angels« zu realisieren. Trotz des turbulenten Hintergrundes eine eher spannungslose (Fernseh-) Inszenierung. – Ab 16. ✦ USA 1977 **R** Larry Buchanan **B** Lynn Schubert, Larry Buchanan **D** Victor Holchak (Howard Hughes), Lindsay Bloom (Jean Harlow), David McLean (Billy), Erik Holland (Nick), Adam Rourke (Hawks) **L** 90 **E** 9.7.1991 Tele 5

WIE ES DER TEUFEL WILL → Schrei des Gewissens

WIE ES EUCH GEFÄLLT (AS YOU LIKE IT). Vom Hofe vertrieben, irrt eine Gesellschaft durch den Ardenner Wald: der verbannte Herzog mit seinen Getreuen; der in Rosalinde verliebte Orlando mit seinem Diener; Rosalinde mit ihrer Freundin und dem Hofnarren Probstein. Leicht melancholische Komödie voll Witz und Lebensweisheit. Eine der ersten Tonfilm-Adaptionen von Shakespeare-Stücken. ✦ Großbritannien 1936 **P** Fox **Pd** Joseph M. Schenck **R** Paul Czinner **B** J. M. Barrie, Robert Cullen, nach dem gleichnamigen Bühnenstück von William Shakespeare **K** Hal Rosson (= Harold Rosson), Jack Cardiff **M** William Walton **D** Laurence Olivier (Orlando), Elisabeth Bergner (Rosalinde), Sophie Stewart (Celia), Henry Ainley (Herzog), Leon Quartermaine (Jacques), Richard Ainley (Sylvius) **L** 65 (Orig. 96) **E** 17.2.1965 ZDF

WIE FERN, WIE NAH ... (JAK DALEKO STAD, JAK BLISKO). Die Bestandsaufnahme eines Mannes in den mittleren Jahren: Vergangenheit, Gegenwart, Visionen und Träume schieben sich ineinander, die Grenzen zwischen Traum und Wirklichkeit sind fließend. Polnisches Lebensgefühl Anfang der 70er Jahre, im Dialog teilweise verschwommen-pathetisch. ✦ Polen 1972 **P** Plan **R+B** Tadeusz Konwicki **K** Mieczyslaw Jahoda **M** Zygmunt Konieczny **D** Andrzej Lapicki (Andrzej), Gustaw Holoubek (Max), Maja Komorowska (Musia), Ewa Krzyzewska (Zosia), Edmund Fetting (Simon), Zdzislaw Maklakiewicz (Joasia) **L** 90 **E** 10.5.1976 ZDF **fd** 19 766

WIE FEUER UND FLAMME. Erinnerungen an eine deutsch-deutsche Liebesgeschichte in den 80er-Jahren, die eine junge Frau, Tochter aus einer West-Berliner Lehrerfamilie, mit einem Ost-Berliner Punk durchleidet. Die an sich spannende und authentische Geschichte erschöpft sich in einer Anhäufung von Klischees und kann dem Aufeinanderprallen zweier Berliner Subkulturen keinen sonderlichen Reiz abgewinnen. Da auch die Hauptpersonen in ihrem Rollenklischee befangen sind, verstärkt sich der Eindruck einer politisierten Kolportage ohne dramaturgische Geschlossenheit. – Ab 14 möglich. ✦ Deutschland 2001 **P** X Filme Creative Pool/ZDF **Kl** X Verleih **Pd** Maria Köpf, Stefan Arndt **R** Connie Walther **B** Natja Brunckhorst **K** Peter Nix **M** Rainer Oleak **S** Ewa J. Lind **D** Anna Bertheau (Nele), Antonio Wannek (Captain), Tim Sander (Hacki), Aaron Hildebrand (Meise), Michael Krabbe (Tremmel), Luise Helm (Bax), Carmen Birk (Kopfi) **L** 94 **FSK** ab 12; f **FBW** bw **E** 14.6.2001 **fd** 34 884

WIE FÜTTERT MAN EINEN ESEL. Ein Fernfahrer auf der Balkan-Route hat in jedem Land eine Braut, bis eine ihm zugeteilte tschechische Beifahrerin den hartnäckigen Junggesellen einfängt. Liebesgeschichte im Fernfahrermilieu, überwiegend kurzweilig und heiter erzählt, aber oberflächlich in Konfliktgestaltung und Regie. Auftritte einzelner Rockbands aus osteuropäischen Ländern werden hilflos in die Handlung eingebaut. – Ab 12. ✦ Scope. DDR 1973 **P** DEFA, Gruppe »Johannisthal« **Kl** Progress **Pd** Hans Mahlich **R** Roland Oehme **B** Maurycy Janowski, Roland Oehme, Dieter Scharfenberg **K** Emil Sirotek **M** Günther Fischer, Manfred Krug **S** Helga Emmrich **D** Manfred Krug (Fred), Karla Chadimová (Jana), Fred Delmare (Orje), Jana Gyrová (Eva), Hana Talpová (Vera), Kati Bus (Erzsi), Maria Stefanová (Angela) **L** 95 **E** 5.7.1974 Kino DDR/20.3.1976 ARD/8.10. 1976 DFF 1 **fd** 19 685

WIE GEFÄLLT IHNEN MEINE SCHWESTER? (COMMENT TROUVEZ-VOUS MA SOEUR?). Um zu verhindern, daß ihr kleiner Bruder von der Schule verwiesen wird, wird eine 18jährige, als Mutter verkleidet, beim Lateinlehrer des Jungen vorstellig. Der Pädagoge durchschaut ihre Kostümierung, ist aber von den redlichen Motiven des Mädchens angetan, das sich wiederum auf Anhieb in ihn verliebt. Unterhaltsame, leichte Liebeskomödie. – Ab 14. ✦ Schwarz-weiß. Frankreich 1962 **P** Mannic **KI** Progress **R** Michel Boisrond **B** Annette Wademant **K** Jean-Louis Picavet **M** Serge Gainsbourg **D** France Anglade (Cecile), Claude Rich, Jacqueline Maillan, Michel Serrault, Dany Robin, Jacques Charon **L** 90 **E** 13.11.1964 Kino DDR/3.5.1969 DFF 1

WIE GEFUNDEN, SO VERSCHWUNDEN (PALS). Ein nach 30 Jahren in den Ruhestand versetzter Armee-Sergeant und ein pensionierter Postbote finden in einem scheinbar herrenlosen Auto einen Koffer mit dreieinhalb Millionen Dollar, die einem herzkranken Drogenhändler gehören. Um diesen ebenso wie ihr ganzes bisheriges Dasein abzuschütteln, inszenieren die beiden Freunde einige raffinierte Täuschungsmanöver. Bald steigt einem der beiden der Reichtum zu Kopf, so daß er Freundschaft und Zufriedenheit des bisherigen Lebens aufs Spiel setzt. Fürs Fernsehen entstandene Komödie mit märchenhaften Akzenten, im Mittelpunkt zwei alerte »Veteranen« des Hollywood-Kinos; leider witzlos, schleppend und matt inszeniert. – Ab 14. ✦ USA 1987 **P** Robert Halmi Prod. **R** Lou Antonio **B** Michael Norrell **K** Steve Yaconelli **M** Mark Snow **D** George C. Scott (Jack Stobbs), Don Ameche (Art Riffle), Sylvia Sidney (Mutter Fern), Susan Rinell (Certainty), James Green **L** 86 **E** 26.12.1990 ZDF

WIE GEHT'S AUFWÄRTS? (WHICH WAY IS UP?). Ein zum unfreiwilligen Helden einer kalifornischen Gewerkschaftsbewegung gewordener farbiger Plantagenarbeiter macht in Los Angeles Karriere, bleibt letztlich aber ein Werkzeug der weißen Unternehmer. In sexuelle Beziehungen zu drei Frauen verstrickt, wird er schließlich von allen verlassen. Durch die laute, klamaukhafte Art der Inszenierung verspielt der überwiegend im Milieu der Schwarzen angesiedelte Film die vorhandenen Ansätze zur Satire. ✦ USA 1977 **P** Universal **KI** CIC **R** Michael Schultz **B** Carl Gottlieb, Cecil Brown **K** John A. Alonzo **M** Paul Riser, Mark Davis **D** Richard Pryor, Lonette McKee, Margaret Avery, Gloria Edwards, Ernesto Hernandez **L** 95 **FSK** ab 16; f **E** 23.6.1978 **fd** 20 846

WIE GEHT'S, JUNGER MANN? →Wie steht's, junger Mann?

WIE GEHT'S, WIE STEHT'S? (KAK DOMA, KAK DELA?). Mika, ein freundlicher Junge, lebt in einem großen Haus in Tbilissi. Im Krieg verliert er seinen Vater. Im Haus kümmert er sich um alleinstehende Nachbarn und hilft, ihre Not zu lindern. Kinder- und Jugendfilm über Freundschaft und Solidarität zwischen den Generationen. – Ab 10. ✦ UdSSR 1987 **P** Gorki-Studio **R** Sambel Gasparow **D** Mika Dshanibekjan, Ramas Tschchikwadse, Ija Ninidse, Katja Lytschewa **L** 82 **E** 2.2.1989 DFF 2

WIE GEWONNEN ... →Ich und der Herr Direktor

WIE GIFT (JAKO JED). Die Liebesaffäre eines älteren Ingenieurs und Casanovas mit einer jungen Arbeitskollegin. Geschmacklose, plakativ inszenierte Komödie, die nur geringen Unterhaltungsansprüchen gerecht wird. – Ab 16. ✦ CSSR 1985 **P** Filmstudio Barrandov **KI** Progress **R** Vít Olmer **B** Karel Zídek, Vít Olmer, Jirí Just **K** Ota Kopriva **M** Jirí Stivín **D** Zdenek Sverák (Pavel Hnyk), Ivona Krajcovicová (Julka), Libuse Svormová (Alice Hnyková), Ladislava Kozderková (Vlasta), Vlado Durdík (Tomcány) **L** 77 **E** 4.9. 1987 Kino DDR

WIE HAT MAN ERFOLG IN DER LIEBE? (LOVE VARIATIONS). Nüchterner Demonstrationsfilm über Beschaffenheit und Funktion der menschlichen Geschlechtsorgane und konventionelle westliche Liebestechniken. ✦ Großbritannien 1969 **P** Oppidan **KI** Constantin **R** Terry Gould (= David Hamilton-Grant) **B** David Hamilton-Grant **K** Ron Robson, Geoffrey Glover, Michael Temple **S** Jack Knight **D** Carolyn Jones, Derek Stephan Tracy **L** 73 **FSK** ab 18; f **E** 4.12. 1970 **fd** 17 147

WIE HÄTTEN SIE'S DENN GERN? Eine Frau kehrt früher als erwartet von einer Reise zurück und findet ihren Mann mit einem Callgirl in der Wohnung vor – was ein Mißverständnis ist und ein turbulentes Verwirrspiel um Liebe, Eifersucht und schließliche Versöhnung in Gang setzt. Mit Sinn für Situationskomik inszeniertes Lustspiel. ✦ BR Deutschland 1982 **P** Roxy/Divina/MFG/Bayerischer Rundfunk **KI** Warner-Columbia/Progress **R** Rolf von Sydow **B** Manfred Purzer, Rolf von Sydow **K** Ernst Wild **M** Klaus Doldinger **D** Jutta Speidel, Robert Atzorn, Horst Janson, Günther Maria Halmer, Michaela May **L** 90 **FSK** ab 16; f **E** 22.4.1983/31.1.1986 Kino DDR **fd** 23 966

WIE HEIRATET MAN EINEN KÖNIG? Verfilmung eines Märchens der Gebrüder Grimm von der armen, aber klugen Bauerntochter, die die Liebe des Königs gewinnt. Als sie nach der Heirat wegen ihrer Einsprüche gegen Entscheidungen des Königs verstoßen wird, führt ihre überlegene Klugheit zum Happy-End. Ein typischer Märchenfilm aus der Frühphase von Rainer Simon (»Die Frau und der Fremde«), einem der innovativsten DEFA-Regisseure der Spät-60er-Generation: stilistisch eine eigenwillige, höchst unterhaltsame und intelligente Mischung aus Realismus und äußerst bizarren Manierismen, inhaltlich ein witziges Lehrstück, das dem Zuschauer seine Weisheit nicht aufzwingt. Getragen wird der Film von der gewohnt hervorragenden niederländischen Darstellerin Cox Habbema, die in jener Zeit in sehr vielen Film- und Fernsehproduktionen der DDR zu sehen war. – Ab 10. ✦ DDR 1969 **P** DEFA, Gruppe »Jugend- und Kinderfilm« **KI** Progress **VA** Icestorm **Pd** Irene Ikker **R** Rainer Simon **B** Günter Kaltofen, Rainer Simon, nach dem Märchen »Die kluge Bauerntochter« der Gebrüder Grimm **K** Claus Neumann **M** Peter Rabenalt **S** Margrit Brusendorff **D** Cox Habbema (Bauerntochter), Eberhard Esche (König), Sigurd Schulz (Vater), Hannes Fischer (Vogt), Peter Dommisch (Kilian), Jürgen Holtz (Veit), Alfredo Lugo (Knut) **L** 74 **FSK** o. A.; f **E** 23.2.1969 Kino DDR/18.1.1975 DFF 1/1998 Video **fd** 29 545

WIE HEISSEN SIE JETZT? (KAK WAS TEPJER NASYWAT). Schicksal eines Offiziers der sowjetischen Aufklärung, der während des Krieges wichtige feindliche Pläne vereitelt. Um dramatische Handlungsführung und psychologische Differenzierung bemühter Film, jedoch uneinheitlich inszeniert und deshalb nicht völlig überzeugend. (TV-Titel auch: »Heute kennt man seinen Namen«) – Ab 14. ✦ Scope, schwarz-weiß. UdSSR 1965 **P** Mosfilm **KI** Progress **R** Wladimir Tschebotarjow **B** Juri Lukin, Michail Prudnikow, Wladimir Tschebotarjow **K** Igor Slabnewitsch **M** Wenjamin Basner **D** Anatoli Aso, Wladislaw Strzelczyk, Michail Glusski, Larissa Golubkina, Wladimir Samoilow **L** 97 **E** 15.4.1966 Kino DDR/ 15.12.1967 DFF 1

WIE HERRLICH, EINE FRAU ZU SEIN (LA FORTUNA DI ESSERE DONNA). Der Aufstieg eines karrieresüchtigen Mädchens aus dem Volk zum begehrten Filmstar. Weitgehend amüsante Komödie mit guten Schauspielern und vielen ironischen Pointen. ✦ Schwarz-weiß. Italien 1956 **P** Gianni Hecht **KI** Columbia **R** Alessandro Blasetti **B** Suso Cecchi d'Amico, Ennio Flaiano, Alessandro Continenza **K** Roberto Gerardi **M** Alessandro Cicognini **D** Sophia Loren, Charles Boyer, Vittorio de Sica, Marcello Mastroianni, Nino Besozzi **L** 96 **FSK** ab 16; nf **E** 4.4.1956/ 2.12.1981 DFF 2 **fd** 4 881

WIE HERRLICH, JUNG ZU SEIN (IT'S GREAT TO BE YOUNG). Die Generationsprobleme an einer englischen Schule spalten das Lehrerkollegium vorübergehend in zwei verfeindete Lager. Heitere musikalische Komödie, die weniger pädagogische Probleme erörtern als unbeschwert unterhalten will. – Ab 10. ✦ Großbritannien 1956 **P** Associted British/Marble Arch **KI** Schorcht **Pd** Victor Skutezky **R** Cyril Frankel **B** Ted Willis **K** Gilbert Taylor **M** Ray Martin **S** Max Benedict **D** John Mills (Dingle), Cecil Parker (Frome), Jeremy Spenser (Nicky), Dorothy Bromiley (Paulette), John Salew (Routledge), Elizabeth Kentish (Mrs. Castle), Mona Washbourne (Miss Morrow) **L** 94 **FSK** ab 6; nf **E** 4.1.1957/25.12.1963 DFF 1 **fd** 5 599

WIE HONZA BEINAHE KÖNIG GEWORDEN WÄRE (HONZA MALEM KRALEM). Mit List bringt ein junger Bauernbursche die verwöhnte, angeblich stumme Königstochter zum Sprechen. Sympathische Märchenverfilmung nach den auch in Deutschland bekannten »Geschichten vom dummen Hans« mit einem tschechischen Popstar in der Hauptrolle. Der Regisseur – nicht zu verwechseln mit Karel Zeman – gehört zu den Routiniers des tschechischen Märchenfilms und ist hierzulande eher unbekannt. – Ab 6. ✦ CSSR 1977 **P** Filmstudio Barrandov **KI** Progress **R** Borivoj Zeman **B** Borivoj Zeman, Oldrich Kautsky **K** Ivan Slapeta **M** Jirí Sternwald **D** Jirí Korn (Honza), Nada Konvalinková (Maruska), Jorga Kotrbová (Prinzessin), Josef Kemr (König), Zdenek Díte (Heerführer) **L** 84 **E** 15.12.1978 Kino DDR/29.12. 1979 DFF 1/2.10.1993 RTL 2

WIE ICH DEN KRIEG GEWANN (HOW I WON THE WAR). Die grotesken Abenteuer einer Gruppe britischer Soldaten, die im Zweiten Weltkrieg in Afrika gegen die Deutschen kämpfen. Eine boshafte Satire auf Militarismus, Heldenkult und Veteranensentimentalität; zugleich eine respektlose Demontage sämtlicher Kriegsfilmklischees. Komödienregisseur Richard Lester benutzt Stilelemente der Popavantgarde und des Comic-strip, um herkömmliche Erzählmuster spielerisch zu karikieren. – Ab 16 möglich. ✦ Großbritannien 1966 **P** Petersham **KI** United Artists **Pd+R** Richard Lester **B** Charles Wood, nach einem Roman von Patrick Ryan **K** David Watkin **M** Ken Thorne **S** John Victor Smith (= John Victor-Smith) **D** Michael Crawford (Lt. Ernest Goodbody), John Lennon (Gripweed), Roy Kinnear (Clapper), Lee Montague (Sgt. Transom), Jack MacGowran (Juniper) **L** 110 **FSK** ab 16; f **FBW** w **E** 7.11.1967 **fd** 15 135

WIE ICH DEN KRIEG VERLOR (COME PERSI LA GUERRA). Ein im Grunde seines Herzens alles Militaristische verabscheuender Mann, ein ewiger Verlierer in der Tradition von Chaplins Tramp, leistet seit 1936 seinen Kriegsdienst in der italienischen Armee. Doch anstatt ins Zivilleben zurückzukehren, gerät er in die Wirren des Zweiten Weltkrieges. Zunächst kommt er in amerikanische Kriegsgefangenschaft, dann wird er zum unfreiwilligen Kollaborateur der Deutschen, verhilft schließlich einigen Landsleuten zur Flucht und kommt selbst nur mit dem Leben davon, weil plötzlich der Krieg zu Ende ist. Eine gagreiche, tragikomische Geschichte um einen Helden wider Willen, die sich satirisch mit der Frage des Verlierens auseinandersetzt und trotz des Themas versöhnlich stimmt. – Ab 12. ✦ Schwarz-weiß. Italien 1947 **P** Lux **R** Carlo Borghesio **B** Carlo Borghesio, Benvenuti Gianini **M** Nino Rota **D** Erminio Macario (Leo), Vera Carmi (Gemma), Nando Bruno (Cecco), Carlo Campanini, Fritz Marlat **L** (TV) 68 **E** 29.7.1987 S 3

WIE ICH DEN ZWEITEN WELTKRIEG BEENDETE (JAK ROZEPETALEM DRUGA WOJNE SWIATOWA (2)). Fortsetzung der Abenteuer eines polnischen Soldaten, der auf vielerlei Umwegen versucht, wieder in seine Heimat zu gelangen, um dort gegen die Besatzer zu kämpfen. Schwächer als der erste Teil; es überwiegen Dümmlichkeit und Klamauk. – Ab 14. ✦ Scope, schwarz-weiß. Polen 1969 **P** PRF Zespoly Filmowe/Gorki-Studio **KI** Progress **R** Tadeusz Chmielewski **B** Tadeusz Chmielewski, nach dem Roman »Die Abenteuer des Kanoniers Dolas« von Kazimierz Slawinski **K** Jerzy Stawicki, Jan Janczewski **M** Jerzy Matuszkiewicz **D** Marian Kociniak (Franek Dolas), Krystyna Borowicz, Anna Gebicka, Piotr Fronczewski,

Waclaw Kowalski **L** 106 **E** 23.4.1971 Kino DDR/29.6. 1973 DFF 1

WIE ICH DEN ZWEITEN WELTKRIEG BEGANN (JAK ROZEPETALEM DRUGA WOJNE SWIATOWA (1)). Einige Stationen aus dem abenteuerlichen Leben eines polnischen Soldaten. Kriegsgefangenschaft, mißlungene und gelungene Fluchtversuche, erneute Verhaftung, Rettung nach Jugoslawien. Der erste von zwei Teilen schließt mit der Torpedierung des Schiffes, das ihn in eine ungewisse Zukunft bringen sollte. Turbulente vordergründige Unterhaltung. – Ab 14. ✦ Scope, schwarz-weiß. Polen 1969 **P** PRF Zespoly Filmowe/Gorki-Studio **KI** Progress **R** Tadeusz Chmielewski **B** Tadeusz Chmielewski, nach dem Roman »Die Abenteuer des Kanoniers Dolas« von Kazimierz Slawinski **K** Jerzy Stawicki, Jan Janczewski **M** Jerzy Matuszkiewicz **D** Marian Kociniak (Franek Dolas), Janína Borónska, Adam Cyprian, Wirgiliusz Gryn, Zdzislaw Kuzniar **L** 84 **E** 16.4.1971 Kino DDR/28.6. 1973 DFF 1

WIE ICH DICH LIEBE? (HOW DO I LOVE THEE?). Komödie über einen ungläubigen Klaviertransporteur, einen Arbeiter polnischer Abstammung, der seiner frommen Frau eines Tages eröffnet, daß er sie bei der Pilgerfahrt nach Lourdes begleiten werde. Ihre Überraschung wächst weiter, als sie am Ziel angekommen das unerklärliche Verhalten ihres Mannes beobachtet. In Rückblenden erzählter überlanger Film ohne Sinn für Humor und Timing. – Ab 16. ✦ USA 1970 **P** ABC **Pd** Everett Freeman, Robert Enders **R** Michael Gordon **B** Everett Freeman, Karl Tunberg, nach einem Roman von Peter De Vries **K** Russell Metty **M** Randy Sparks **S** Ronald Sinclair **D** Jackie Gleason (Stanley Waltz), Maureen O'Hara (Elsie Waltz), Rick Lenz (Tom Waltz), Rosemary Forsyth (Marion Waltz), Shelley Winters (Lana Mervin) **L** 105 **E** 10.8.1979 ARD

WIE ICH EIN NEGER WURDE. Ein Lehrer muß hilflos zusehen, wie die ihm anvertrauten Jugendlichen Opfer der nationalsozialistischen Verführung werden. Romanverfilmung, die an Hand einer kriminalistischen Fabel den Moral- und Identitätszerfall einer Generation darstellt. Von einem Theaterregisseur mit großer Sensibilität inszeniert. ✦ BR Deutschland 1969 **P** Gall **KI** Gall **R** Roland Gall **B** Roland Gall, nach einem Roman von Ödön von Horváth **K** Giorgos Panoussopoulos **S** Georg Panussopulos **D** Gerd Baltus (Lehrer), Walter Ladengast (Julius Cäsar), Wolf Euba (Pfarrer), Linda Caroll, Helmut Alimonta (Feldwebel) **L** 97 **FSK** ab 16; f **FBW** bw **E** 2.3.1971 ARD/16.9. 1971 Kino **fd** 17 211

WIE ICH ZUM ERSTEN MAL SELBSTMORD BEGING (THE LAST TIME I COMMITTED SUICIDE). Bio-Pic über den Beatnik Neal Cassady, der nach einem Selbstmordversuch seiner Freundin als 20-Jähriger 1947 zu einem wilden Leben auf der Straße aufbrach und dort 1968 auch starb. Seine innere Zerrissenheit zwischen bürgerlichen Sehnsüchten, einem ungestümen Freiheitsdrang und der permanenten Suche nach Ekstase inspirierte die Beatnik-Poeten, u. a. Jack Kerouac, der ihm in seinem Hauptwerk »On the Road« ein Denkmal setzte. Gelungener Debütfilm mit großartigen Schauspielerleistungen. ✦ USA 1996 **P** Bates Entertainment **Pd** Edward Bates, Phil Mittleman **R+B** Stephen T. Kay **K** Bobby Bukowski **M** Tyler Bates **S** Dorian Harris **D** Thomas Jane (Neal), Keanu Reeves (Harry), Tom Bower (Captain), Adrien Brody (Ben), John Doe (Lew) **L** 89 **E** 3.6.2000 Premiere World

WIE, IHR WOLLT SCHON WIEDER? →Charlys Nichten

WIE IN EINEM SPIEGEL (SASOM I EN SPEGEL). Die schmale Grenze zwischen Geistesklarheit und Wahnsinn diente Ingmar Bergman 1960 dazu, seine hintergründigen Fragen auf eine damals neue Weise voranzutreiben. Das Schicksal einer von Schizophrenie bedrohten jungen Frau, zu deren Krankheit Mann, Vater und Bruder auf verschiedene Weise beigetragen haben, mündet in die Erkenntnis, daß nur Liebe und Hoffnung über alle Hindernisse hinwegzuhelfen vermögen. – Sehenswert. ✦ Schwarz-weiß. Schweden 1960 **P** Svensk Filmindustri **KI** Nora **R+B** Ingmar Bergman **K** Sven Nykvist **M** Johann Sebastian Bach (Motive) **S** Ulla Ryghe **D** Harriet Andersson (Karin), Max von Sydow (Martin), Gunnar Björnstrand (David), Lars Passgård (Fredrik, genannt Minus) **L** 89 **FSK** ab 18; f **FBW** bw **E** 26.6.1962/4.5.1971 ZDF **fd** 11 218

WIE JUNG WIR WAREN (KAK MOLODY MY BYLI). Die Geschichte zweier Menschen, die ihre Liebe füreinander wiederentdecken, sich dabei aber auch den tragischen Kriegsfolgeerscheinungen stellen müssen. Teilweise anrührende, humorvolle Liebesgeschichte vor dem Hintergrund der 60er Jahre. – Ab 14. ✦ Scope. UdSSR 1985 **P** Dowshenko-Studio **KI** Progress **R+B** Michail Belikow **K** Wassili Truschkowski **M** J. Winnik **D** Taras Denissenko (Sascha), Jelena Schkurpelo (Julka), N. Scharolapowa (Maria), Michail Kokschenow (Gawril Michailowitsch), Alexander Paschutin (Onkel Petja) **L** 90 **E** 22.1.1988 Kino DDR

WIE JUNGE WÖLFE (LES JEUNES LOUPS / I GIOVANI LUPI). Mißlungener Versuch des alternden Marcel Carné, am Beispiel des ungebundenen Lebens dreier junger Menschen im Paris der 60er Jahre ein wirklichkeitsnahes Bild der Jugend, ihrer Lebensart, ihrer Anschauungen zu zeichnen und ihren Protest gegen die Welt der Erwachsenen zu formulieren. Langatmig, unkritisch und voller Klischees. ✦ Frankreich/Italien 1967 **P** S.N.C./West **KI** Constantin **Pd** Véra Belmont **R** Marcel Carné **B** Claude Accursi, Marcel Carné **K** Jacques Robin **M** Jack Arel, Guy Magenta **S** René Gillet **D** Haydée Politoff (Sylvie), Christian Hay (Alain), Roland Lesaffre (Albert), Yves Beneyton (Chris), Maurice Garrel (Ugo Castellini) **L** 109 **FSK** ab 18; nf **E** 17.7.1968 **fd** 15 607

WIE KATER ZORBAS DER KLEINEN MÖWE DAS FLIEGEN BEIBRACHTE (LA GABBIANELLA E IL GATTO). Ein Kater im Halbstarkenalter brütet das Ei einer Möwe aus und kümmert sich aufopfernd um das geschlüpfte Küken, das er mit seinen Freunden nicht nur vor gefräßigen Ratten rettet, die die Macht an sich reißen, sondern dem er auch das Fliegen beibringt. Amüsanter Zeichentrickfilm mit betont schlichter Animation, der eine Fülle von Botschaften transportiert. Die kleinsten Zuschauer bedürfen wohl zum vollen Verständnis der Unterstützung von Erwachsenen. – Ab 8 möglich. ✦ Italien 1999 **P** C.G.G. Tiger Cinematografica **KI** MFA **VA** Kinowelt Home **DVD** Kinowelt Home (FF, DD2.0 dt.) **Pd** Vittorio Cecchi Gori, Rita Cecchi Gori **R** Enzo D'Alò **B** Enzo D'Alò, Umberto Marino, nach einem Roman von Luis Sepulveda **M** David Rhodes **S** Rita Rossi **L** 79 **FSK** o. A.; f **E** 19.10.2000/20.3.2001 Video & DVD **fd** 34 531

WIE KILLT MAN EINE MILLIONÄRIN? (HOW TO KILL A MILLIONAIRE?). Kriminalkomödie. Eigentlich könnten Walter und Irma das Leben in vollen Zügen genießen, doch plötzlich glaubt die Frau, daß ihr Mann, ein begeisteter Hobby-Bastler, ihr nach dem Leben trachtet. – Ab 14. ✦ USA 1990 **R** Paul Schneider **D** Joan Rivers (Irma Summers), Alex Rocco (Walter Summers), Morgan Fairchild (Loretta), Telma Hopkins (Teresa) **L** 94 **E** 27.8.1996 SAT 1

WIE KLAUT MAN EIN GEMÄLDE? (NEVER A DULL MOMENT). Da man ihn für einen berüchtigten Killer hält, wird ein Schauspieler von einer Gangsterbande entführt und soll beim Raub eines kostbaren Gemäldes mitwirken. Ganz auf den Hauptdarsteller zugeschnittene Komödie, erheiternd, aber anspruchslos. – Ab 12. ✦ USA 1967 **P** Walt Disney Company **KI** offen (früher Warner-Columbia) **R** Jerry Paris **B** A. J. Carothers, nach einem Roman von John Godey **K** William E. Snyder **M** Robert F. Brunner **S** Robert Stafford **D** Dick van Dyke (Jack Albany), Edward G. Robinson (Leo Joseph Smooth), Dorothy Provine (Sally Inwood), Joanna Moore (Melanie Smooth), Henry Silva (Frank Boley) **L** 101 **E** 6.12.1992 RTL plus

WIE KLAUT MAN EINE MILLION? (HOW TO STEAL A MILLION). Ein Detektiv holt gemeinsam mit der geliebten Tochter eines Kunstfälschers heimlich eine gefälschte Cellini-Statue aus einer Ausstellung zurück, um den künftigen Schwiegervater vor einem Skandal zu bewahren. Eine mit leichter Hand und vielen launigen Einfällen inszenierte Komödie im Pariser Künstlermilieu; ebenso geistreich wie spannend. – Sehenswert ab 14. ✦ Scope. USA 1966 **P** 20th Century Fox **KI** Centfox **Pd** Fred Kohlmar **R** William Wyler **B** Harry Kurnitz, nach der Erzählung »Venus Rising« von George Bradshaw **K** Charles B. Lang **M** John Williams **S** Robert Swink **D** Audrey Hepburn (Nicole Bonnet), Peter O'Toole (Simon Dermott), Eli Wallach (David Leland), Hugh Griffith (Charles Bonnet), Charles Boyer (De Solnay) **L** 123 **FSK** ab 12; nf **FBW** w **E** 16.9.1966/14.4.1979 DFF 1 **fd** 14 307

WIE KLAUT MAN EINEN RENOIR? →Hot Paint – Eine verdammt heiße Ware

WIE KOMMT EIN SO REIZENDES MÄDCHEN ZU DIESEM GEWERBE? Die Geschichte eines naiven Mädchens, das sich zur Luxus-Prostituierten entwickelt. Plump, langweilig und ohne Bezug zur sozialen Wirklichkeit. (Alternativtitel: »Mir hat es immer Spaß gemacht«) ✦ BR Deutschland 1969 **P** Rialto **KI** Inter **Pd** Horst Wendlandt **R+B** Will Tremper **K** Richard C. Glouner, Karl Loeb **M** Klaus Doldinger **S** Jutta Hering **D** Barbara Benton (Lynn Keefe), Clyde Ventura (Nick), Broderick Crawford, Klaus Kinski (Sam), Hampton Fancher (Gino) **L** 105 **FSK** ab 18; nf **E** 15.1. 1970 **fd** 16 557

WIE KOMMT MAN SCHNELL ANS GROSSE GELD? →Savage Hearts

WIE KONNTEST DU, VERONIKA. Eine werdende Mutter will den Vater des erwarteten Kindes erst und nur dann heiraten, wenn der reiche Nichtsnutz sich gründlich ändert. UFA-Lustspiel mit dem Komiker Ralph Arthur Roberts in seiner letzten Rolle. – Ab 14. ✦ Schwarz-weiß. Deutschland 1940 **P** UFA **R** Milo Harbich **B** Thea von Harbou, nach einer Idee von Ralph Arthur Roberts **K** Reimar Kuntze **M** Werner Eisbrenner **S** Johanna Meisel **D** Gusti Huber (Veronika Torwald), Wolf Albach-Retty (Dr. Fred Junker), Ralph Arthur Roberts (Bankdirektor Torwald), Grethe Weiser (Grete Glavatsch), Erich Ponto (Bankier Immermann) **L** 90 **E** 29.8.1940

WIE LEICHT KANN DAS INS AUGE GEHEN (ME FAIRE CA A MOI!). Eddie Constantine in einem ehrgeizig fotografierten, sonst aber herkömmlich gearbeiteten Spionageabenteuer. Die Handlung hetzt den schlagfertigen Helden mit einem Geheimnis, hinter dem drei Parteien her sind, von Marokko nach Marseille, wobei er von einer listigen Agentin verführt wird. ✦ Schwarz-weiß. Frankreich 1960 **P** Arès/Overseas **KI** Constantin **R** Pierre Grimblat **B** Pierre Grimblat, Claude de Givray, nach einem Roman von Jean-Michel Sorel **K** Michel Kelber **M** Michel Legrand **D** Eddie Constantine, Bernadette Lafont, Rita Cadillac, Henri Cogan, Jean-Louis Richard **L** 85 **FSK** ab 16; nf **E** 19.5.1961 **fd** 10 219

WIE MÄDCHEN HEUTE MÄNNER LIEBEN (JET GENERATION) →Jet Generation

WIE MAN BERÜHMT WIRD (KAK STAT SNAMENITYM). Ein junger Mann gilt als Taugenichts, der seine Zeit mit Musik und den Mädchen verbringt. Allerdings macht er nützliche Erfindungen, die den einfachen Leuten das Leben erleichtern, z. B. Siebenmeilenstiefel für den Briefträger. ✦ UdSSR 1984 **P** Molodowa-Film **R** Ion Skutelnik **B** Konstantin Schischkan, Juri Ekonomzew **K** Valentin Belonogow, Alexander Maika **M** Jewgeni Doga **D** Sergej Prodan (Peter), Aljona Beljak (Lucia), Sergej Wartschuk (Schepteboi), Mihai Fussu (Filipasch), Boris Gitin (Vorsitzender) **L** 67 **E** 7.3.1985 DFF 2

WIE MAN DEN VATER IN DIE BESSERUNGSANSTALT BEKOMMT (JAK DOSTAT TATINKA DO POLEPSOVNY). Kindertümlicher Familienfilm. Statt des süßen Nichtstuns wird der erste gemeinsame Urlaub für eine Mutter mit zwei Kindern zur ausgesprochenen Strapaze, die sie ins Erzgebirge verschlägt und an den Herd zwingt. Als die Kinder sich auch noch in Gefahr begeben, zieht sie ihre Konsequenzen. – Ab 10. ✦ CSSR 1979 **R** Marie Polednáková **D** Tomás Holy (Vasek), Jana Preissová (Anna), Frantisek Nemec (Lubosch), Josef Karlik (Großvater) **L** 90 **E** 27.12. 1995 mdr

WIE MAN DORNRÖSCHEN WACHKÜSST →Prinzessin Dornröschen (1977)

WIE MAN EIN STAR WIRD (KAKA STAT SESDOI). Sowjetischer Revuefilm, der Ballett, Gesang und Humor mit verbindenden Moderationen zu einer recht locker zusammen hängenden Handlung strickt. In den Hauptrollen bekannte russische Künstler wie Alla Pugatschowa und Valeri Leontjew. ✦ UdSSR 1987 **P** Lenfilm **R+B** Vitali Axjonow **K** Iwan Bagajew **M** Viktor Resnikow **D** Alla Pugatschowa, Valeri Leontjew **L** 142 (zwei Teile) **E** 7.1.1988 DFF 2

WIE MAN EINEM WAL DEN BACKENZAHN ZIEHT (JAK VYTHRNOUT VELRYBE STOLICKU). Ein kleiner Junge, dessen Vater angeblich in den Bergen tödlich verunglückt ist und dessen größter Wunsch es ist, einen Vater zu haben, begegnet bei Ferien in den Bergen einem Bergwachtmann, mit dem er sich gut versteht. Als der Mann erkennt, daß der Junge sein Sohn ist, wird durch einen Fehler seinerseits fast das Happy-End in Frage gestellt. Tschechischer Kinder- und Jugendfilm; die TV-Produktion errang 1978 den »Großen Preis von Prag«. ✦ CSSR 1978 **P** Filmstudio Barrandov **R+B** Marie Polednáková **K** Petr Polák **D** Jana Preissová (Mutter), Frantisek Nemec (Lubosch), Tomás Holy (Vasek) **L** 80 **E** 24.12.1978 DFF 1/18.3.1979 ARD

WIE MAN ERFOLG HAT, OHNE SICH BESONDERS ANZUSTRENGEN (HOW TO SUCCEED IN BUSINESS WITHOUT REALLY TRYING). Einem Leitfaden für mühelose Karriere folgend, steigt ein Fensterputzer bis zum Aufsichtsratsvorsitzenden eines Industrieunternehmens auf. Tempo- und gagreiche, aber oberflächliche Verfilmung eines Broadway-Musicals. Die gezielte Persiflage eines skrupellosen Erfolgsmenschen ist zu einem harmlosen Lustspiel verflacht. – Ab 16. ✦ Scope. USA 1966 **P** The Mirisch Company **KI** United Artists **R** David Swift **B** David Swift, nach einem Roman von Shepherd Mead und einem Bühnenstück von Burrows, Weinstock und Gilbert **K** Burnett Guffey **M** Frank Loesser **D** Robert Morse, Michele Lee, Rudy Vallee, Anthony Teague, Maureen Arthur **L** 95 **FSK** ab 6; nf **E** 27.10.1967 **fd** 15 388

WIE MAN GLÜCKLICH WIRD (KAK STAT STSCHASTLIWYM). Fantastische Komödie über einen Erfinder, der ein Gerät entwickelt hat, mit dem man den Talent-Quotienten eines Menschen voraussagen kann. Jeder erfährt, für welchen Beruf und welche Karriere er am besten geeignet ist. Plötzlich ist der Erfinder mit seinem Gerät verschwunden, und eine Wallfahrt nach Lessogrosk, dem Heimatort des Erfinder-Genies, setzt ein. ✦ UdSSR 1985 **P** Mosfilm **R** Juri Tschuljukin **B** Georgi Kuschnirenko, Juri Tschuljukin **K** Jewgeni Guslinski **M** Wladimir Dashkewitsch **D** Nikolai Karatschenzow (Goscha), Marina Djushewa (Soja), Lew Durow (Erfinder), Wsewolod Schilowski (Chefredakteur), Wladimir Schewelkow (Slawa) **L** 85 **E** 17.7.1986 DFF 2

WIE MAN PRINZESSINNEN WECKT →Prinzessin Dornröschen (1977)

WIE MAN SEIN LEBEN LEBT (THE NAKED CIVIL SERVANT). Die Autobiografie des ersten Engländers, der sich in seinem Lande offen zur Homosexualität bekannte, verfilmt in einem sehr sicheren Stil zwischen Ernst und Komik: ein umsichtiges Plädoyer für Toleranz und Verständnis, besetzt mit einem faszinierenden Hauptdarsteller. ✦ Großbritannien 1975 **P** Thames TV **Pd** Barry Hanson **R** Jack Gold **B** Philip Mackie, nach der Autobiografie von Quentin Crisp **K** Mike Fash **M** Carl Davis **D** John Hurt, Liz Gebhardt, Stanley Lebor, Katherine Schofield, Patricia Hodge **L** 78 **E** 24.4.1978 ZDF

WIE MAN SEINE FRAU VERLIERT UND EINE FREUNDIN GEWINNT (COME PERDERE UNA MOGLIE E TROVARE UN' AMANTE). Der Direktor einer Milchfirma ertappt seine Frau mit einem Liebhaber; gleichzeitig erwischt die Frau eines Cellisten ihren Mann mit einer Rivalin. Die beiden Enttäuschten finden nach anfänglich heftiger Abneigung, Selbstmordversuchen, Impotenz-Neurosen und sexuellen Verwechslungen am Wintersport-Ferienort zueinander. Mitunter ironisierendes Sex-Lustspiel, das trotz einiger schwungvoll inszenierter Slapstick-Szenen nur sporadisch witzige Unterhaltung bietet. ✦ Italien 1978 **P** Cinematografica Alex **Pd** Luigi Borghese **R** Pasquale Festa Campanile **B** Gianfranco Bucceri, Roberto Leoni, Luigi Malerba **K** Giuseppe Ruzzolini **M** Gianni Ferrio **S** Alberto Gallitti **D** Johnny Dorelli (Alberto Castelli), Barbara Bouchet (Eleonora Rubens), Carlo Bagno, Elsa Vazzoler, Felice Andreasi **L** (TV) 94 **E** 15.10.1988 ZDF

WIE MAN SICH BETTET ... (1984) (LOS PJAROS TIRANDOLE A LA ESCOPETA). Ein junges Liebespaar sieht mit Entsetzen, wie seine alleinstehenden Eltern ebenfalls ihre Liebe füreinander entdecken und sich dabei auch vor den Augen anderer ihres Alters nicht schämen. Liebenswerte Komödie. – Ab 14. ✦ Scope. Kuba 1984 **P** ICAIC **KI** Progress **R+B** Rolando Díaz **K** Pablo Martinez **M** Juan Formell **D** Reynaldo Miravalles, Consuelo Vidal, Alberto Fujols, Beatriz Valdés, Silvia Planas **L** 79 **E** 19.9.1986 Kino DDR/3.6.1988 DFF 2

WIE MAN SICH BETTET (1993) (THE BED YOU SLEEP IN). Ein Sägewerk beherrscht Toledo, einen kleinen Ort in Oregon. Doch plötzlich kommt Sand ins Getriebe des eingespielten Gemeinwesens. Sägewerksbesitzer Ray liest seiner Frau einen Brief der Tochter vor, in dem er beschuldigt wird, sie als Kind sexuell mißbraucht zu haben. Nichts ist mehr wie vorher, die scheinbar intakten Beziehungen geraten in Unordnung. Der präzis beobachtende Film skizziert ein Klima voller Mißtrauen und beschreibt die Unfähigkeit zur Kommunikation. In getragenem Rhythmus, mit ausgeklügelter Bildsprache inszeniert, nutzt er hintergründige Metaphern für seine Kritik am sozio-politischen Klima Amerikas. Die Vereinsamung der Menschen wird als (auch selbstverschuldete) Zivilisationskrankheit angeprangert. – Sehenswert. ✦ USA 1993 **P** Complex **Pd** Henry S. Rosenthal **R+B+K** Jon Jost **M** Erling Wold **S** Jon Jost **D** Tom Blair (Ray), Ellen McLaughlin (Jean), Kathryn Sannella (Beth), Marshall Gaddis (Doug), Thomas Morris (Zealot), Brad Shelton (Scott), Glea Humphreys (Glea Humphreys) **L** 112 **E** 11.4.1995 WDR

WIE MAN SIEHT. Momentaufnahmen aus der Technikgeschichte der Menschheit, in denen versucht wird, den Zusammenhang technischer Entwicklungen transparent und hinter dem äußeren Erscheinungsbild neu entwickelter Maschinen ihre ideologische Bedeutung sichtbar zu machen. Ein interessanter Dokumentarfilm, der anregt, die Dinge im Zusammenhang zu sehen, zugleich ein filmisches Essay über eine Arbeitsgesellschaft, der auf Grund immer neuer Entwicklungen die Arbeit ausgeht. – Ab 16 möglich. ✦ Teils schwarz-weiß. BR Deutschland 1986 **P** Hamburger Filmbüro/WDR **Pd+R+B** Harun Farocki **K** Ingo Kratisch, Robert Tanner **S** Rosa Merzedes **L** 72 **E** 19.3. 1990 WDR

WIE PERLEN IM ROSENKRANZ →Perlen eines Rosenkranzes

WIE POETEN DAS LEBEN GENIESSEN (JAK BASNIKUM VONI ZIVOT). Nach seinem Examen wird ein junger Arzt vom Prager Krankenhaus in eine verwaiste Landarztpraxis abgeschoben. Dort hat er mehr Last mit dem Amtsschimmel als mit den Wehwehchen seiner Patienten. Obendrein verliebt er sich Hals über Kopf in eine kapriziöse Musiklehrerin. Mit leichter Hand inszenierte, frech-witzige Komödie, die zeitkritische Akzente bisweilen recht sarkastisch setzt; kurzweilig auch dank eines pfiffigen Zeichentrickfilms als Vor- und Nachspann und als Einsprengsel in die »reale« Handlung. (vgl. »Wie Poeten ihre Illusion verlieren«) – Ab 16. ✦ CSSR 1987 **P** Filmstudio Barrandov **KI** Progress **R** Dusan Klein **B** Dusan Klein, Ladislav Pechácek **K** Josef Vanis **M** Zdenek Marat **D** Pavel Kríz (Stepan), Eva Vejmelková (Pistalka), Mila Myslíková (Stepans Mutter), Rudolf Hrusínsky (Hubacek), David Matásek (Kendy) **L** 105 **E** 6.1.1989 Kino DDR/27.10.1989 ARD/6.5.1990 DFF 1

WIE POETEN IHRE ILLUSION VERLIEREN (JAK BASNICI PRICHAZEJI O ILUZA). Die Erlebnisse und Erfahrungen des Medizinstudenten Stepán, der aus der Provinz nach Prag kommt, und seines Freundes Kendy, der als Regisseur beim Fernsehen Karriere machen will. Bevor die hehren Ziele erreicht werden, müssen jedoch die Probleme ums leidige Geld und die Liebe gelöst werden. Mit sicherer Hand inszenierte leichtgewichtige Komödie, die vor realistischem Hintergrund die kleinen Dinge, die das Leben bunter, reicher und liebenswerter machen, in den Mittelpunkt stellt. (TV-Titel auch: »Wie die Poeten ihre Illusion verlieren«; Fortsetzung: »Wie Poeten das Leben genießen«) – Ab 16. ✦ CSSR 1984 **P** Filmstudio Barrandov **KI** Progress **R** Dusan Klein **B** Dusan Klein, Ladislav Pechácek **K** Josef Vanis **M** Zdenek Marat **D** Pavel Kríz (Stepán), David Matásek (Kendy), Václav Svoboda, Karel Roden, Leopold Addise **L** 102 **E** 28.3.1986 Kino DDR/14.3.1988 DFF 1/20.10.1989 ARD

WIE RAUBKATZEN (LES FELINS). Ein eleganter Tagedieb und Playboy gerät, von Gangstern verfolgt, in ein Schloß, wo er unter Lebensgefahr den Mörder eines Millionärs entlarvt. Spannend inszenierter, aber übermäßig konstruierter Thriller mit Krimi- und Horrorelementen; gelungene Genreunterhaltung unter der sicheren Regie eines Altmeisters. ✦ Scope, schwarz-weiß. Frankreich 1963 **P** Artistiques/Cité **KI** MGM **Pd** Jacques Bar **R** René Clément **B** René Clément, Pascal Jardin, Charles Williams **K** Henri Decaë **M** Lalo Schifrin **D** Alain Delon (Marc), Jane Fonda (Melinda), Lola Albright (Barbara), André Oumansky (Vincent), Carl Studer (Loftus) **L** 97 **FSK** ab 18; nf **E** 27.8.1964 **fd** 13 008

WIE RAUCH IM WIND (SMOKE IN THE WIND). Enttäuschender Südstaatler-Western um eine Familie aus den Bergen von Arkansas, die nach dem Bürgerkrieg beschuldigt wird, mit den – später siegreichen – Unionstruppen kollaboriert zu haben. Erst vier Jahre nach der Produktion veröffentlichter, letzter Film des Regie-Veteranen Kane mit einer winzigen Abschiedsvorstellung Walter Brennans als altem Ladeninhaber. – Ab 16. ✦ USA 1971 **P** Gamalex **Pd** Robert »Whitie« Hughes, Bill Hughes **R** Joseph Kane **B** Eric Allen **K** Mario Tosi **D** John Ashley (Whipple), John Russell (Cagle), Myron Healey (Mort), Walter Brennan (H. B. Kingman), Susan Houston (Laries), Linda Weld (Sarah), Adair Jameson (Hannah), Daniel White (Col. Cullen), Lorna Thayer (Ma Mondier), Bill McKenzie (Barkeeper) **L** 94 **E** 28.10.1994 RTL 2

WIE SAG' ICH'S MEINEM KINDE? Das Problem der Sexualaufklärung von Kindern wird an sachlich richtigen, aber gestellt und künstlich wirkenden Beispielen erörtert. Stellenweise vereinfachend, dennoch eine brauchbare Hilfe für Eltern und Erzieher. ✦ BR Deutschland 1970 **P** Cämmerer **KI** Constantin **R** Roland Cämmerer, Klaus E. R. von Schwarze **B** Klaus E. R. von Schwarze, Friedrich Karl Grund **K** Dieter von Soden, Wedigo von Schultzendorff **M** Helmut Trunz **S** Vera Grund **D** Astrid Boner, Anke Syring, Hans Bergmann, Ingeborg Steinbach, Christian Fredersdorf **L** 88 **FSK** ab 12; f **E** 29.1.1971 **fd** 17 170

WIE SAG ICH'S MEINEN ELTERN (CONSENTING ADULT). (Fernseh-)Film über einen Familienkonflikt: Die Eltern eines College-Studenten müssen damit fertig werden, daß ihr Sohn homosexuell ist. Die geschickte dramatische Verdichtung hilft über manche Oberflächlichkeit hinweg. ✦ USA 1985 **P** Starger **Pd** Ray Aghayan, David Lawrence **R** Gilbert Cates **B** John McGreevey, nach einem Roman von Laura

Z. Hobson **K** Frank Stanley **M** Laurence Rosenthal **D** Martin Sheen (Ken Lynn), Marlo Thomas (Tess Lynn), Barry Tubb (Jeff Lynn), Talia Balsam (Margie), John Terlesky (Pete) **L** 92 **E** 14.5.1992 Tele 5

WIE SAGEN WIR ES UNSEREN KINDERN? Zwei benachbarte Familien, bei denen je ein Elternteil fehlt, kommen erst nach Überwindung der Streitigkeiten zwischen den Kindern zusammen, so daß der Vater der einen die Mutter der anderen heiraten kann. UFA-Komödie mit Humor und Tiefgang, gedreht vor der Kulisse Dresdens kurz vor dessen fast vollständiger Zerstörung durch Bombardierung. (Alternativtitel: »Ehe mit Hindernissen«) – Ab 12. ✦ Schwarzweiß. Deutschland 1944/45 **P** UFA **KI** Stern **R** Hans Deppe **B** Toni Huppertz, Wilhelm Ehlers **K** Robert Baberske **M** Hans-Otto Borgmann **D** Leny Marenbach (Käthe Westhoff), Mathias Wieman (Dr. Thomas Hofer), Hilde Körber (Adele), Ernst Waldow (Diesing), Franz Schafheitlin **L** 89 **E** 21.12.1949 **fd** 844

WIE SCHMECKT DAS BLUT VON DRACULA? (TASTE THE BLOOD OF DRACULA). Dracula – in einer blutigen Zeremonie zu Leben erweckt – sorgt für neue Teufelsverschreibungen und Vampiropfer. Schematische Unterhaltung aus der Hammer-Produktion. ✦ Großbritannien 1969 **P** Hammer **KI** Warner **Pd** Aida Young **R** Peter Sasdy **B** John Elder (= Anthony Hinds) **K** Arthur Grant **M** James Bernard **S** Chris Barnes **D** Christopher Lee (Graf Dracula), Linda Hayden (Alice Hargood), John Carson (Jonathan Secker), Geoffrey Keen (William Hargood), Gwen Watford (Martha Hargood), Ralph Bates (Lord Courtley) **L** 95 **FSK** ab 16; nf **E** 31.7.1970 **fd** 16 908

WIE SCHÖN BIST DU ... Naturschönheiten, Industrielandschaften und Sehenswürdigkeiten (West-) Deutschlands zwischen Nordsee und Alpen in einer konventionellen, zum Teil auch unbeholfenen Dokumentation. ✦ Scope. BR Deutschland 1963 **P** Heinz Paul **KI** Heinz Paul **R** Heinz Paul **B** Hans Hömberg, Heinz Paul **K** Klaus Beckhausen **M** Gert Wilden **L** 92 **FSK** ab 6; f **E** 1965 Kino **fd** 13 823

WIE SCHÖN, DASS ES DICH GIBT (WIE SCHÖN, DASS ES DICH GIBT). Eine Wiener Studentin, die sich wegen drückender Schulden einem Gutsbesitzer als dessen uneheliche Tochter vorstellte, wird so freudig aufgenommen, daß sie ihre Hochstapelei bald bereut. Standard-Verwechslungskomödie. ✦ Schwarz-weiß. Österreich 1957 **P** Öfa **KI** Schorcht **Pd** Karl Schwetter **R** Thomas Engel **B** Juliane Kay, Jacob Geis **K** Walter Tuch **M** Heinz Sandauer **S** Paula Dworak **D** Ingrid Andree, Hans Söhnker, Gunnar Möller, Susi Nicoletti, Peer Schmidt **L** 93 **FSK** ab 16; nf **E** 30.1.1958 **fd** 5 984

WIE SCHÖN, DICH LEBEND ZU SEHEN (QUE BOM TE VER VIVA). Acht Frauen, ehemalige politische Gefangene, die die Folter der brasilianischen Militärjunta überlebt haben, berichten 20 Jahre später von den Qualen und der Schwierigkeit, mit den Erinnerungen daran zu leben. Ein Dokumentarfilm, der Zeugnis von der lateinamerikanischen Wirklichkeit und der ständigen Verletzung der Menschenrechte ablegt. Wie die Frauen, die in ihrem Film zu Wort kommen, wurde auch die Regisseurin ein Opfer der Folter. (O.m.d.U.) ✦ Brasilien 1989 **R** Lucia Murat **L** 100 **E** 10.2.1995 3sat

WIE SCHÖN, EIN POLIZIST ZU SEIN →Der Schutzmann

WIE SIE WÜNSCHEN (RU YI). Aus der Rückerinnerung eines Schuldieners, der eine Frau aus einer adeligen Familie der Qing-Dynastie liebt, werden zwei Lebensgeschichten dargestellt, die durch die Entwicklung der chinesischen Geschichte über mehrere Jahrzehnte geprägt werden. Der Einmarsch der Roten Armee in Peking, die Zeit nach der kommunistischen Machtübernahme sowie die Jahre der Kulturrevolution bedeuten Entbehrungen und Erniedrigungen; erst nach der Öffnung Chinas entschließen sich die beiden inzwischen alten Menschen zur Heirat. Melodramatischer Film aus dem neueren chinesischen Filmschaffen, im Mittelpunkt die Beschreibung einer wiedergewonnenen Achtung vor den humanen Werten der chinesischen Tradition. ✦ VR China 1982 **P** Studio Bejing **R** Huang Jianxin **B** Li Xinwu, Dai Zongan **K** Gao Lixian **M** Shi Wanchun **S** Bai Zhipu **D** Li Rentang, Zhen Zhenyao, Tan Tiangian, Tao Yuling, Yu Zhongyi **L** (TV) 100 **E** 26.2.1985 ZDF

WIE SOLL MAN DR. MRACEK ERTRÄNKEN ... ODER DAS ENDE DER WASSERMÄNNER IN BÖHMEN (JAK UTOPIT DOCTORA MRACKA ANEB VODNIKU V CECHACH). Turbulente Verwechslungskomödie um die Wassermänner, die in der Moldau auf Seelenfang gehen und durch allerlei Mißgeschicke zu normalen Sterblichen werden. Die Geschichte ist recht amüsant, dramaturgisch jedoch reichlich unübersichtlich und kompliziert angelegt. Für Kinder zu verwirrend und vom Kinderalltag abgelöst. – Ab 14. ✦ CSSR 1974 **P** Filmstudio Barrandov **KI** Progress **SF** cinema aktuell **R** Václav Vorlícek **B** Milos Macourek, Václav Vorlícek **K** Vladimír Novotny **M** Vítezslav Hádl **D** Libuse Safránková (Jana Vodicková), Zdenek Rehor (Alois Vodicka), Jaromír Hanzlík (Dr. Jindrich Mrácek), Stella Zadsvorkova (Doz. Mrácková), Vladimír Mensík (Karel Vodicka) **L** 110 (DDR 103) **E** 26.3.1976 Kino DDR/5.3.1977 DFF 1/1979 Kino BRD **fd** 21 131

WIE SOLL MAN LEBEN? (JAK ZYC). Das beschauliche Leben in einem polnischen Ferienlager für verheiratete Paare ist bedroht, als die Lagerleitung einen Wettbewerb für die Familie mit dem besten Benehmen beschließt. Da es keine Regeln gibt und die Beurteilung durch Spitzel erfolgt, entwickelt sich ein anonymer Terror. Einer Familie, die ihre Teilnahme verweigert, droht der Ausschluß. 1977 produziert und sofort nach der Fertigstellung verboten, schildert der dokumentarische Spielfilm die Mechanismen totalitärer Macht. Zunächst als Dokumentarfilm über ein Ferienlager gedacht, wurde der Film auf Anraten Andrzej Wajdas durch inszenierte Szenen ergänzt, die die Aussage augenfälliger machen sollen. (O.m.d.U.) – Ab 16. ✦ Polen 1977 **P** Gruppe »X«/ »Zespoly Filmowe« **R+B** Marcel Lozinski **K** Jacek Petrycki **L** 86 **E** 17.5.1990 BR

WIE SOLL MAN STERBEN? (KAKO UMRETI). Der Widerstandskampf albanischer und serbischer Partisanen gegen die italienischen Faschisten und deren einheimische Helfershelfer. Im wesentlichen gelungener Versuch, eine abenteuerliche Handlung mit psychologisch akzentuierter Darstellung zu verbinden. – Ab 14. ✦ Scope. Jugoslawien 1972 **P** Kosovo Film **KI** Progress **R** Miomir Stamenkovic **B** Branimir Scepanovic, Miomir Stamenkovic **K** Ljube Petkovski **M** Bojan Adamic **D** Faruk Begoli, Abdurrahman Shala, Istref Begoli, Xhevat Qoraj, Jelena Lakovic **L** 91 **E** 30.11.1973 Kino DDR

WIE SOLL SICH EINE FRAU ENTSCHEIDEN? Eine schlechte Note sowie ein Tadel werden von den Vätern der zwei betroffenen Schüler recht unterschiedlich aufgenommen. Während der eine sich damit abfindet, protestiert der andere, da er um die Abschlussprüfung seines Sohnes fürchtet, beim Schulrat gegen die Maßnahme. Schließlich wird die Lehrerin, die die Strafen erteilte, angewiesen, den Tadel zurückzunehmen. Doch sie weigert sich und löst damit eine heftige Debatte im Lehrerkollegium aus. Kritischer Fernsehfilm über Zustände im Schulwesen der DDR. ✦ DDR 1977/78 **P** DEFA **Pd** Wolfgang Rennebarth **R** Klaus Gendries **B** Klaus Gendries, Günter Marczinkowsky, nach dem Hörspiel »Der Tadel« von Erich Schlossarek **K** Günter Marczinkowsky **M** Günther Fischer **S** Vera Nowark **D** Renate Reinecke (Karin Petermann), Volkmar Kleinert (Karl Röbel), Otto Mellies (Georg Clemens), Ingeborg Krabbe (Frau Materni), Gudrun Ritter (Anni, Lehrerin) **L** 78 **E** 2.4.1978 DFF 1

WIE SPÄT IST ES? (CHE ORA E/QUELLE HEURE EST-IL). Ein 60jähriger Rechtsanwalt verbringt mit seinem erwachsenen Sohn einen Tag in dessen Garnisonsstadt. Doch die Zweisamkeit ist brüchig. Zusehends begreift der Vater, wie wenig er von seinem Sohn weiß. Der glaubt am Ende des Tages zu wissen, daß der Vater sich nie ändern und immer die dominierende Persönlichkeit bleiben wird, die anderen keine Freiräume läßt. Erst nach einem heftigen Streit scheint ein Dialog möglich. Von hervorragenden Darstellern getragene Komödie, die liebevoll und menschenfreundlich auf die Wichtigkeit des Dialogs zwischen den Generationen verweist und verdeutlicht, daß die Schwierigkeiten überwunden werden können. Durch ein pointiertes Drehbuch zugleich ein Diskurs über Lebensentwürfe, Freundschaft und die wichtigen »kleinen Dinge des Lebens«. (Preis der OCIC in Venedig 1989; Kinotip der Katholischen Filmkritik) – Sehenswert. ✦ Italien/Frankreich 1989 **P** Cecchi Gori/Tiger CG/Studio El/Gaumont-Gaumont **KI** Kuchenreuther **VA** Atlas **Pd** Mario Cecchi Gori, Vittorio Cecchi Gori **R** Ettore Scola **B** Beatrice Ravaglioli, Ettore Scola, Silvia Scola **K** Luciano Tovoli **M** Armando Trovaioli **S** Raimondo Crociani **D** Marcello Mastroianni (Marcello), Massimo Troisi (Michele), Anne Parillaud (Loredana, Micheles Freundin), Renato Moretti (Sor Pietro), Lou Castel (der stumme Fischer) **L** 97 **FSK** ab 6; f **FBW** bw **E** 19.7.1990/27.5.1992 Video **fd** 28 399

WIE SPÄT IST ES, HERR WECKER? (HANY AZ ORA VEKKER UR?). Die tragikomische Geschichte eines jüdischen Uhrmachers in einer ungarischen Kleinstadt, der die Fähigkeit besitzt, auf die Sekunde genau die Zeit zu bestimmen. Mit dem Einmarsch deutscher Truppen 1944 gerät der bislang unpolitische Mann in Lebensgefahr und muß sich zu einer konkreten Entscheidung durchringen. Eine skurrile, reizvolle Geschichte mit sehr genauer Beobachtung des provinziellen Milieus und Alltags. Trotz seiner teilweise zur Groteske neigenden Erzählweise verliert der Film sein ernsthaftes Anliegen nicht aus dem Blick. – Ab 14. ✦ Ungarn 1985 **P** Mafilm, Objektív-Stúdió **KI** Progress **R+B** Péter Bacsó **K** Tamás Andor **M** György Vukán **D** Tamás Jordán, Ildikó Bánsági, Ferenc Kállai, Kornél Gelley, György Melis **L** 105 **E** 6.6.1986 Kino DDR

WIE STAUB IM WIND →Liebe, Wind, Staub

WIE STEHLE ICH DIE WELT? (HOW TO STEAL THE WORLD). Ein von einer Verbrecherorganisation verführter gutgläubiger Professor versucht mit Hilfe von entführten Kollegen, durch ein neues Nervengas die Weltherrschaft zu erreichen. Am Einsatz eines Superagenten scheitert das Unternehmen. Mittelmäßiger Agentenfilm nach Schablone. – Ab 16. ✦ USA 1967 **P** Arena **KI** MGM **R** Sutton Roley **B** Norman Hudis **K** Robert Hauser **M** Jerry Goldsmith **D** Robert Vaughn (Napoleon Solo), David McCallum (Illya Kuryakin), Barry Sullivan (Robert Kingsley), Eleanor Parker (Margitta), Leslie Nielsen (Maximilian Harmon) **L** 89 **FSK** ab 16; f **E** 2.10.1969 **fd** 16 425

WIE STEHT'S, JUNGER MANN? (HOGY ALLUNK FIATALEMBER?). Ein 14jähriger fühlt sich ständig ungerecht behandelt, findet jedoch aus Racheplänen und Trotz den Weg zum Vater, der seinerseits eine Krise in Beruf und Ehe zu bestehen hatte. Gefällige, den ungarischen Alltag sorgfältig beobachtende Familiengeschichte. (Westdeutscher TV-Titel: »Wie geht's, junger Mann?«) – Ab 14. ✦ Scope, schwarzweiß. Ungarn 1963 **P** Hunnia-Filmstúdió **KI** Progress **R** György Révész **B** Sándor Somogyi Tóth **K** Ferenc Szécsényi **M** Szabolcs Fényes **D** Ferenc Kállai (Sándor Bálint), Klári Tolnay (Frau Bálint), Balázs Kosztolányi (András Bálint), Sándor Pécsi, Gábor Agárdy **L** 85 (BRD 78) **E** 3.7.1964 Kino DDR/21.7.1966 ARD/21.8.1973 DFF 1

»WIE STEINE, DIE GOTT SCHLEUDERT AUF DIE BARRIKADEN!«. Dokumentarfilm. Der polnische Autor Andrzej Szczypiorski erzählt die erschütternde Geschichte der Stadt Warschau, die in den letzten 200 Jahren zahlreiche Aufstände gegen fremde Mächte, Besatzung und Gewalt erlebt hat – darunter die Erhebung gegen die Deutschen im Sommer 1944 und zuletzt gegen die eigene Regierung. ✦ Polen

1994 **R** Stanislaw Krzeminski, Ryszard Jaworski **L** 90 **E** 15.10.1994 arte

WIE TAUSEND SONNEN. Die Liebesgeschichte zweier junger Leute, die sich in Moskau begegnen, einen wundervollen Tag miteinander verbringen, sich fast verlieren und dann doch wiederfinden. ✦ DDR/UdSSR 1973/74 **P** DEFA/Gorki-Studio **R** Lothar Dutombé **B** Lothar Dutombé, Hans Heinrich **K** Hans Heinrich **M** Karl-Ernst Sasse **S** Ursula Rudzki **D** Jelena Prudnikowa (Stefa), Alexej Inshewatow (Viktor), Irina Mursajewa (Museumswärterin), Olga Gawriljuk (Dolmetscherin), Sascha Maslennikow (Kolja) **L** 76 **E** 9.5.1974 DFF 1

WIE TIEF BIN ICH GESUNKEN (MIO DIO, COME SONO CADUTA IN BASSO). Die Ehe- und Liebesabenteuer einer sizilianischen Marchesa um die Jahrhundertwende: Weil ein altes Dokument ihren Ehemann als Bruder ausweist, müssen sich beide mit anderen Partnern vergnügen, bis die Kreuz-und-Querliebschaften der Ahnen glücklich entwirrt sind. Komödienspezialist Comencini gruppiert um diese satirisch überzeichneten Aristokratenklischees eine Vielzahl typisch italienischer Gags und Anekdoten, ohne allerdings mehr als nur gepflegten Leerlauf zu produzieren. ✦ Italien 1974 **P** Dean **KI** 20th Century Fox **R** Luigi Comencini **B** Luigi Comencini, Ivo Perilli **K** Tonino Delli Colli **M** Fiorenzo Carpi **D** Laura Antonelli, Alberto Lionello, Michele Placido, Karin Schubert, Jean Rochefort **L** 110 **FSK** ab 16; nf **E** 14.5.1976 **fd** 19 809

WIE TÖTET MAN EINE DAME? (WIE TÖTET MAN EINE DAME? / TIRO A SEGNO PER UCCIDERE). Im Auftrag des Onkels versucht eine Verbrecherorganisation, eine Millionenerbin zu ermorden. Geistlose Mischung aus Edgar-Wallace- und Agentenfilmklischees in sehr aufwendiger Inszenierung. (Alternativtitel: »Das Geheimnis der gelben Mönche«) – Ab 16. ✦ Österreich/Italien 1966 **P** Intercontinental/Pea **KI** Nora **Pd** Paul Waldherr **R** Manfred R. Köhler **B** Anatol Bratt **K** Tonino Delli Colli **M** Marcello Giombini **S** Daniele Alabiso **D** Stewart Granger (Vine), Karin Dor (Sandra), Curd Jürgens (Giant), Klaus Kinski (Caporetti), Rupert Davies (Ins. Saadi) **L** 102 **FSK** ab 18, nf **E** 30.9. 1966 **fd** 14 321

WIE TREU IST NIK? Ein Star bringt seinen Plattenkonzern in größte Schwierigkeiten, als er durch eine öffentliche Erklärung seinen Mythos zerstört: Nicht mehr alle will er lieben, sondern nur eine. Mißlungener Versuch einer ironischen Auseinandersetzung mit Zeiterscheinungen wie Starkult und Massenhysterie. Ein kurzatmiger, wenig heiterer Film. – Ab 12. ✦ BR Deutschland 1986 **P** Wolfgang Odenthal Film/Raphaela Film **KI** Scotia **Pd** Wolfgang Odenthal **R+B** Eckhart Schmidt **K** Bernd Neubauer **M** Sal Paradise **S** Raoul Sternberg (= Eckhart Schmidt) **D** Sal Paradise (Nik), Stefanie Petsch (Sarah), Sibylle Rauch (Reporterin), Antje Hirsch (Anja), Ursula Karven (Manja) **L** 83 **FSK** ab 6; f **E** 26.6.1986 **fd** 25 683

WIE VERGEWALTIGE ICH EINEN MANN? (MÄN KAN INTE VALDTAS / MIESTÄ EI VOI RAISKATA). Eine Frau wird von einer Zufallsbekanntschaft vergewaltigt und rächt sich, indem sie ihn seinerseits auf raffinierte Weise mit sexueller Gewalt bedroht. Eine Auseinandersetzung mit geschlechtlichem Rollenverhalten, im Stil eines subtilen Thrillers nach einer populären Romanvorlage inszeniert. Trotz aller Feinfühligkeit kann die plakative Thesenhaftigkeit des Stoffs nicht immer verdeckt werden. ✦ Schweden/Finnland 1978 **P** Stockholm Films/Jörn Donner **KI** endfilm **R** Jörn Donner **B** Jörn Donner, nach einem Roman von Märta Tikkanen **K** Bille August **M** Heikki Valpola **S** Irma Taina **D** Anna Godenius, Gösta Bredefeldt, Nils Brandt, Algot Böstman, Carl-Axel Heiknert **L** 99 **E** 12.3.1982 **fd** 23 401

WIE VERKAUFE ICH MEINE FRAU? (LO SMEMORATO (OGGI, DOMANI, DOPODOMANI)). Zwei Eheleute verkaufen sich gegenseitig in marokkanische Harems und feiern Happy-End im heimischen Bett. Harmlos-alberne, typisch italienische Ehekomödie, die an Vorbilder wie Pietro Germis »Scheidung auf italienisch« (1961) nicht heranreicht. ✦ Italien/Frankreich 1965 **P** Champion/Concordia **KI** MGM **R** Luciano Salce **B** Luciano Salce, Castellano (= Franco Castellano), Pipolo (= Giuseppe Moccia) **K** Gianni di Venanzo **M** Luis Enriquez Bacalov **D** Marcello Mastroianni, Pamela Tiffin, Lelio Luttazzi, Virna Lisi, Catherine Spaak **L** 86 **FSK** ab 16; nf **E** 24.1. 1969 **fd** 15 985

WIE VERLORENE HUNDE (CHIENS PERDUS SANS COLLIER). Bei drei Fällen von Jugendkriminalität inmitten einer trostlosen Umwelt hilft ein verständiger Richter, so gut er kann, souverän und menschlich. Ein klar und ohne überflüssiges Beiwerk inszeniertes Drama, das am konkreten Beispiel demonstriert, wie tätige Hilfe aussehen kann. ✦ Schwarz-weiß. Frankreich 1955 **P** Franco-London/Gibé/Concionor **KI** Pallas **R** Jean Delannoy **B** Jean Aurenche, François Boyer, Pierre Bost **K** Pierre Montazel **M** Paul Misraki **D** Jean Gabin, Anne Doat, Serge Lecointe, Jacques Mouliere, Jimmy Urbain **L** 93 **FSK** ab 16; f **FBW** w **E** 25.11.1955/25.5.1964 ZDF/2.2.1970 DFF 1 **fd** 4 679

WIE VERRÜCKT & AUS TIEFSTEM HERZEN (TRULY, MADLY, DEEPLY). Nach dem Tod ihres Geliebten holt eine Übersetzerin durch ihre grenzenlose Liebe den Mann ins Leben zurück. Doch das Glück über die »Wiedervereinigung« läßt sie die Realität mehr und mehr vergessen. Moderne, konsequent weitergedachte Variante des »Orpheus und Eurydike«-Stoffes, die das Problem der Einsamkeit und des »Loslassens« in der heutigen Gesellschaft thematisiert. Trotz der komödiantischen Form ein ernstzunehmender Film, der durch seine elegant-leichte Machart und die großartigen Hauptdarsteller überzeugt. – Sehenswert ab 16. ✦ Großbritannien 1990 **P** BBC Films/Screen Two/BBC Enterprises/Lionheart **KI** Delta **Pd** Robert Cooper **R+B** Anthony Minghella **K** Remi Adefarasin **M** Barrington Pheloung **S** John Stothart **D** Juliet Stevenson (Nina), Alan Rickman (Jamie), Bill Paterson (Sandy), Michael Maloney (Mark), Jenny Howe (Dr.Burge) **L** 106 **FSK** ab 12; f **FBW** bw **E** 12.9.1991 **fd** 29 105

WIE VERSTECKT MAN EINEN ESEL? (HIGH RISE DONKEY). Drei Geschwister leben in einer großen Mietshaussiedlung in England. Als eines Tages ihr Freund, ein alter Trödler, ins Krankenhaus muß, kümmern sie sich um dessen treuen Esel. Wegen des unfreundlichen Hauswarts und zweier Diebe, die den Esel verkaufen wollen, haben die Kinder Mühe, ihren Schützling zu verstecken. Abenteuerlicher Kinderfilm. – Ab 10. ✦ Großbritannien 1980 **P** Hugh Stewart/CFF **R** Michael Forlong **B** T.E.B. Clarke, nach einem Roman von Peter Buchanan **K** Billy Jordan **M** Ed Welch **D** Leigh Gotch, Wendy Cook, Linda Frith, Wilfred Brambell, Roy Kinnear **L** 55 **E** 2.10.1982 ZDF

WIE WÄR'S MIT SPINAT? (COZ TAKHLE DAT SI SPENAT?). Drei kleine Gauner entwenden aus einem Forschungsinstitut Konstruktionsunterlagen zum Bau eines Verjüngungsapparates für altersschwache Kühe. Sie konstruieren die Maschine und installieren sie im Kosmetiksalon eines noblen Inter-Hotels, um bei zahlungskräftigen Ausländerinnen eine ähnliche Wirkung zu erzielen. Es kommt zu turbulenten Verwicklungen, als die den Wunderstrahlen ausgesetzten Kunden Spinat essen wollen. Aktionsreiche Gaunerkomödie mit humorvollen Seitenhieben auf den Alltag; turbulente, routiniert inszenierte Unterhaltung. – Ab 12. ✦ CSSR 1977 **P** Filmstudio Barrandov **KI** Progress **R** Václav Vorlícek **B** Václav Vorlícek, Milos Macourek **K** Frantisek Uldrich **M** Karel Svoboda **D** Vladimír Mensík (Jaroslav Zemánek), Jirí Sovák (Frantisek Liska), Iva Janzurová (Lída Lisková, Marcelka), Michal Kocourek (Zemánek als Kind), Ondrej Hach (Liska als Kind), Frantisek Filipovsky, Petr Kostka, Stella Zázvorková, Eva Trejtnarová, Cestmír Randa **L** 90 **E** 14.7.1978 Kino DDR/31.3.1982 DFF 1/8.5.1987 ARD

WIE WÄR'S MIT UNS BEIDEN. Aus drei Episoden zusammengesetzter Erstlingsfilm um die Themen Partnerbeziehungen, Kontaktschwierigkeiten und Liebe in der DDR. Weitgehend enttäuschend und verkrampft inszeniert, in jeder Beziehung unsicher. – Ab 16. ✦ Scope. DDR 1980 **P** DEFA, Gruppe »Johannisthal« **KI** Progress **Pd** Martin Sonnabend **R** Helge Trimpert **B** Jurij Koch, Helge Trimpert, nach Erzählungen aus dem Band »Der einsame Nepomuk« von Jurij Koch **K** Hans-Jürgen Kruse **M** Karl-Ernst Sasse **S** Ilse Peters **D** Jaecki Schwarz (Nepomuk), Simone von Zglinicki (Karin), Gudrun Ritter (Brunhilde), Ute Lubosch (Helena), Werner Tietze (Kurcharski) **L** 84 **E** 29.5.1981 Kino DDR/14.4.1989 ARD

WIE WÄRE ES MIT SPINAT? → Wie wär's mit Spinat?

WIE WERDE ICH FILMSTAR? Kleine Schlagerparade mit Vertretern des Showgeschäfts der 50er Jahre und zusammengestückelter, meist klamaukhafter Handlung: Drei Freundinnen, die entdeckt werden möchten, sitzen der Schwindelfirma Wimasta (Wir machen Stars) auf; eine kommt gleichwohl als Sängerin beim Film an, eine andere als Komikerin. ✦ Schwarz-weiß. BR Deutschland 1955 **P** Burg **KI** Europa **R** Theo Lingen, Georg Dammann, Michael Jary **B** Curth Flatow, nach einer Idee von Hans Georg Dammann **K** Ekkehard Kyrath **M** Michael Jary **S** Ingrid Wacker **D** Theo Lingen, Oskar Sima, Bibi Johns, Nadja Tiller, Harald Juhnke **L** 92 **FSK** ab 12; nf **E** 28.7.1955 **fd** 4 212

WIE WERDE ICH MEINE SCHWESTER LOS? (PAT AND MARGARET). Fürs englische Fernsehen produzierte turbulente Komödie um eine Schauspielerin, die in einer erfolgreichen »Daily Soap« spielt. Als ihre 20 Jahre lang vermißte Schwester wieder auftaucht, wird sie mit ihrer Herkunft aus einfachen Verhältnissen konfrontiert. Um einer Klatschkolumnistin zuvorzukommen, macht sie sich zusammen mit ihrer Schwester auf die Suche nach der Mutter. – Ab 16. ✦ Großbritannien 1994 **R** Gavin Millar **B** Victoria Wood **D** Victoria Wood (Margaret), Julia Walters (Pat), Celia Imrie (Claire), Don Henderson (Billy), Deborah Grant (Stella), Lynda Rooke (Bella) **L** 85 **E** 30.1.1997 BR

WIE WERDE ICH MEINEN MÖRDER LOS? → Tulips

WIE WIRD MAN DIE HELENE LOS? (JAK SE ZBAVIT HELENKY). Liebe und Verwirrung im Funkhaus: Eine Redakteurin nimmt einen Nachrichtensprecher auf die Schippe, aber aus dem Spaß wird Ernst. Manche Hindernisse müssen überwunden werden, ehe die beiden nicht mehr so ganz jungen Leute zueinander kommen. Mißglückte Komödie, die verschiedene Stilelemente ohne Geschick vermischt. – Ab 14. ✦ Schwarz-weiß. CSSR 1967 **P** Filmstudio Barrandov **KI** Progress **R** Václav Tuzar **B** Zdenek Mahler **K** Jaroslav Tuzar **M** Lubos Fiser **D** Jirina Jirásková (Wiki), Václav Voska (Petricek), Eduard Cupák (Sportberichterstatter), Consuela Moráková (Rundfunktechnikerin), Hana Brejchová (Marcelka) **L** 71 **E** 26.4.1968 Kino DDR

WIE YÜ GUNG BERGE VERSETZT (COMMENT YUKONG DEPLACA LES MONTAGNES). Ausgehend von einer Parabel, die während der chinesischen Kulturrevolution (1966–1968) zum Leitthema Maos gehörte und in der zwei Boten Gottes die Berge Imperialismus und Feudalismus versetzen, konzentriert sich der Film des berühmten niederländischen Dokumentaristen auf den chinesischen Alltag zwischen 1973 und 1976. In zwölf Teilen wird ein weites Spektrum Chinas nach der Kulturrevolution aufgefächert und die Verantwortung jedes Bürgers für die gesamtpolitische Entwicklung und ihre Auswirkung auf das tägliche Leben dargelegt. In vielfältigen Details, angefangen von Alltagsimpressionen bis zu akribischen Beschreibungen von industriellen oder landwirtschaftlichen Betrieben, die die Autoren bewußt nicht als Modellbetriebe auswählten, gibt Ivens einen informativen Einblick in Mentalität und politisches Bewußtsein des chinesischen Volkes in jenen

Jahren. Trotz ihrer Länge eine fesselnde Dokumention in ruhigen, konzentrierten Bildern, die sich dem Thema unterordnen, es allerdings jederzeit akzentuieren. Die Motive: 1. »Professor Tsien«; 2. »Die Generatorenfabrik«; 3. »Das Fischerdorf«; 4. »Geschichte um einen Ball/Die Geschichte mit dem Fußball«; 5. »Training im Zirkus von Peking«; 6. »Die Handwerker«; 7. »Eine Kaserne«; 8. »Eine Frau, eine Familie«; 9. »Eine Probe bei der Pekingoper«; 10. »Ums Erdöl herum«; 11. »Impressionen aus einer Stadt Shanghai«; 12. »Die Apotheke Nr. 3 in Shanghai«. ✦ VR China/Frankreich 1973–76 **P** Capi/I.N.A. **KI** Verleihgenossenschaft der Filmemacher **R+B** Joris Ivens, Marceline Loridan **K** Li Tse-Hsiang **L** zusammen 725

WIE ZAR PETER SEINEN MOHREN VERHEIRATETE (SKAS PRO TO, KAK ZAR PJOTR ARAPA SHENIL). Die auf historischen Fakten beruhende Geschichte eines dunkelhäutigen Dieners, der dem Zaren Peter I. nach einer Schlacht geschenkt und später zu einem seiner engsten Berater beim wirtschaftlichen Ausbau des alten Rußlands wurde. Eigenwilliger, doch nur bedingt überzeugender Versuch, ein historisches »Märchen« auf heiter-ironische Weise und im Wechsel von Genres, Stilelementen und Formen zu erzählen. – Ab 14. ✦ UdSSR 1976 **P** Mosfilm **KI** Progress **R** Alexander Mitta **B** Juli Dunski, Valeri Frid, Alexander Mitta **K** Valeri Schuwalow **M** Alfred Schnittke **D** Wladimir Wyssozki (Ibrahim Hannibal), Alexej Potrenko (Zar Peter), Iwan Ryshow (G. Afanassjewitsch), Irina Masurkowitsch (Natascha), Michail Kokschenow (Sergunka) **L** 98 **E** 26.8.1977 Kino DDR/ 9.7.1978 DFF 2

WIE ZUCKER IM TEE. Porträt einer Reihe junger Türken, die bereits in der zweiten und dritten Generation in Deutschland leben und sich selbstbewusst als deutsche Türken betrachten. Die vielen Einzelschicksale, im Mittelpunkt stehen meist Künstler, ergeben das Bild einer erfolgreichen Generation, die gelernt hat, sich zu behaupten, ohne die eigene kulturelle Identität aufzugeben. ✦ Deutschland 2001 **R** Hatice Ayten **L** 77 **E** 5.7.2001 arte

WIE ZWEI FRÖHLICHE LUFTSCHIFFER. Versuch einer filmischen Rekonstruktion der letzten drei Tage Heinrich von Kleists und Henriette Vogels. Während die Darsteller selbst stumm agieren, werden Briefe des Dichters und Polizeiprotokolle zitiert, dazu sind zeitgenössische Kunstwerke und aktuelle Aufnahmen aus der Umgebung des Kleist-Grabes in die Spielhandlung eingeschnitten. Ein formal eigenwilliger und stilsicherer Erstlingsfilm. ✦ Schwarz-weiß. BR Deutschland 1969 **P** dffb **KI** Freunde der Deutschen Kinemathek **R** Jonathan Briel **K** Christoph Roth **D** Jürgen Wegner, Maria Milde **L** 84 **E** 1969 Kino

WIEDER ALLEIN ZU HAUS (HOME ALONE III). Ein achtjähriger Junge wird von Gangstern traktiert, die es auf einen geheimen Chip in seinem Spielzeugauto abgesehen haben – und müssen es schmerzlich bereuen. Der dritte der »Allein zu Haus«-Filme ist zwar weniger gewalttätig als die Vorgänger, aber auch ungleich einfallsloser. So bietet die nur wenig vergnügliche Slapstick-Unterhaltung allenfalls Nahrung für kindliche Schadenfreude. – Ab 10. ✦ USA 1997 **P** 20th Century Fox **KI** 20th Century Fox **VA** Fox Home **Pd** John Hughes, Hilton Green (=Hilton A. Green) **R** Raja Gosnell **B** John Hughes **K** Julio Macat **M** Nick Glennie-Smith **S** Bruce Green, Malcolm Campbell, David Rennie **D** Alex D. Linz (Alex), Olek Krupa (Beaupre), Rya Kihlstedt (Alice), Lenny von Dohlen (Jernigan), David Thornton (Unger), Haviland Morris (Karen) **L** 102 **FSK** ab 6; f **FBW** w **E** 18.12.1997/2.7.1998 Video **fd** 32 889

WIEDER ÄRGER MIT BERNIE (WEEKEND AT BERNIE'S II). Zwei junge Versicherungsangestellte entführen ihren ermordeten Chef aus dem Leichenschauhaus, um mit seiner »Hilfe« an veruntreute Gelder heranzukommen. Da auch eine Voodoo-Zauberin hinter dem Geld her ist, wechselt die Leiche ständig den Besitzer. Ganz in Klamauk und Geschmacklosigkeiten abdriftende, inszenatorisch und schauspielerisch unterdurchschnittliche Fortsetzung eines makabren Filmspaßes. – Ab 16 möglich. ✦ USA 1992 **P** Artimm **KI** Highlight **VA** Highlight/Condor **Pd** Victor Drai, Joseph Perez **R+B** Robert Klane **K** Edward Morey **M** Peter Wolf **S** Peck Prior **D** Andrew McCarthy (Larry Wilson), Jonathan Silverman (Richard Parker), Terry Kiser (Bernie Lomax), Troy Beyer (Claudia), Barry Bostwick (Hummel) **L** 84 **FSK** ab 12; nf **E** 18.11.1993/8.3.1994 Video/15.3.1995 premier **fd** 30 571

WIEDER AUFGEROLLT: DER NÜRNBERGER PROZESS. Dokumentarfilm mit einigen Ausschnitten aus den Nürnberger Kriegsverbrecherprozessen (1945/46), ergänzt durch alte Wochenschauaufnahmen in- und ausländischer Herkunft. Anschauungsmaterial zur warnenden Aufklärung über die Hitler-Diktatur. (TV-Titel auch: »Der Nürnberger Prozeß«) – Ab 16. ✦ Schwarz-weiß. BR Deutschland 1958 **P** Continental **KI** Prisma **R** Felix von Podmanitzky **B** Felix von Podmanitzky, Jochen Wilke (Kommentar) **M** Rudolf Perak **L** 92 **FSK** ab 16; f **FBW** bw **E** 11.7.1958 **fd** 7 122

DER WIEDERAUFBAU DEUTSCHLANDS → Il Retrato da Alemanha

WIEDERAUFNAHME (REPRISE). Ausgehend von einem 12minütigen Filmdokument streikender Studenten aus dem Jahr 1968 entwickelte der Filmkritiker Hervé Le Roux fast 30 Jahre später einen dreistündigen Film im Stil eines Doku-Krimis. Das historische Dokument zeigt eine Arbeiterin, die sich nach einem gescheiterten Streik weigert, die Fabrik zu betreten. Le Roux begibt sich auf ihre Spur, ermittelt Beteiligte der damaligen Revolte, konfrontiert sie mit dem historischen Material, hält ihre Reaktionen fest, fragt nach ihren Erinnerungen. Es entstand ein komplexes Bild der damaligen Situation, und zugleich bekommt der Betrachter Veränderungen im Bewußtsein und Veränderungen der Geschichte vor Augen geführt. So wird ein scheinbar abgeschlossener historischer Prozeß fortgeführt und in die Gegenwart transformiert. (O.m.d.U.) ✦ Teils schwarz-weiß. Frankreich 1996 **P** Les Films d'Ici **KI** Freunde der deutschen Kinemathek **Pd** Françoise Buraux, Catherine Roux **R+B** Hervé Le Roux **K** Dominique Perrier **S** Nadine Tarbouriech, Anne Seguin **L** 192 (100 & 92) **E** 1997

WIEDERBELEBTE LEGENDEN (OSHIWSCHIJE LEGENDY). Historische Szenen aus dem Georgien des 16. Jahrhunderts. Der Film wurde nach Fertigstellung wegen seines unerwünschten »religiösen Inhalts« für zehn Jahre auf Eis gelegt. ✦ Scope. UdSSR 1977 **P** Grusiafilm **R** Nodar Managadse **B** Erlom Achwlediani, Nodar Managadse, David Dshawachischwili **K** Nugsar Erkomanischwili **M** Nodar Gabunija **D** Surab Kapianidse (Iwane), Temo Dshaparidse (Naskid), Dshemal Moniawa (Kirile), Josif Dshawdschliani (Chwitscha), Temur Tschcheidse (Mönch) **L** 67 **E** 12.10.1989 DFF 2

WIEDERFINDEN (REGASIREA). Eine junge Frau erfährt, daß ihr Kind aus einer vorehelichen Beziehung, das angeblich gestorben war, von einer ihr unbekannten Frau adoptiert wurde. Die Nachforschungen der rechtmäßigen Mutter werden zu einer Konfrontation unterschiedlicher Lebensauffassungen. Polemische Kritik an kleinbürgerlich verantwortungslosen Verhaltensweisen, deren filmische Umsetzung einige Wünsche offenläßt. – Ab 14. ✦ Rumänien 1977 **P** Filmstudio Bucuresti **KI** Progress **R** Stefan Traian Roman **B** Anca Arion, Gheorghe Robu, Dorel N. Dorian **K** Marian Stanciu **M** Gabriel Margarint **D** Violeta Andrei, Emil Hossu, Margareta Pogonat, Colea Rautu, Florin Piersic **L** 95 **E** 13.10.1978 Kino DDR/17.8. 1982 DFF 2

WIEDERGEBOREN → Reborn

DER WIEDERGEFUNDENE FREUND (REUNION/L'AMI RETROUVE). Nach fast 60 Jahren macht sich ein Amerikaner in Stuttgart auf die Suche nach einer verlorenen Freundschaft, die der Sohn jüdischer Eltern 1932 mit einem Aristokratensproß einging und die unter dem Druck der Verhältnisse zu zerbrechen schien. Der Freund von damals ist entgegen dem Anschein kein Nazi geworden, sondern Widerstandskämpfer. Die allzu grobe Skizze eines politischen Films, der die Entstehung des Faschismus naiv als vorübergehenden Sieg der Bösen über die Guten interpretiert und darum nur wenig Erhellendes zum Thema beizutragen hat. – Ab 14 möglich. ✦ Scope. Frankreich/BR Deutschland/Großbritannien 1989 **P** Les Films Ariane/FR 3/NEF/Maran/Arbo/C.L.G. **KI** NEF 2 **Pd** Anne François **R** Jerry Schatzberg **B** Harold Pinter, nach einem Roman von Fred Uhlman **K** Bruno de Keyzer **M** Philippe Sarde **S** Martine Barraqué **D** Jason Robards (Henry Strauss), Christian Anholt (Hans Strauss), Samuel West (Konrad von Lohenburg), Françoise Fabian (Herzogin von Lohenburg), Barbara Jefford (Frau Strauss) **L** 110 **FSK** ab 12; f **FBW** bw **E** 5.10.1989/10.7.1994 ARD **fd** 27 886

WIEDERGEFUNDENE GESICHTER. Die Regisseurin suchte nach Menschen, die vom Januar bis März 1991 in Fernsehaufnahmen aus dem Golfkrieg zu sehen waren: ein Pilot nach seinem ersten Einsatz, Kriegsopfer in Tel Aviv und Bagdad, jubelnde Kriegsheimkehrer. Indem sie berichten, wer sie sind, wie sie in diese Bilder gerieten und was danach mit ihnen geschah, entstehen aus flüchtigen Szenen Geschichten eines Krieges. ✦ Deutschland 1992 **P** SWF **R** Andrea Morgenthaler **L** 90 **E** 5.3.1992 ARD

DIE WIEDERGEFUNDENE ZEIT (LE TEMPS RETROUVE). Vom Krankenlager des Dichters Marcel Proust aus führt der Film zu drei Tableaus, mit denen die Atmosphäre der gehobenen Pariser Gesellschaft am Beginn des 20. Jahrhunderts umrissen wird. Dabei kombiniert er den Roman »Die wiedergefundene Zeit« mit Motiven aus anderen Teilen des Proustschen Zyklus »Auf der Suche nach der verlorenen Zeit« und entwirft ein komplexes, zwischen Faszination und Distanz oszillierendes Bild von Bewegung und Stillstand, Vergänglichkeit und Ewigkeit. Ein vielschichtiger Film, geprägt von erzählerischen Brüchen und Ellipsen, dem experimentellen Verschränken der Zeitebenen, der Affinität zum Surrealistischen und dem Spiel mit Träumen und Visionen. Trotz dramaturgischer Schwächen ein überzeugender Versuch, Proust ins Filmische zu übersetzen. – Ab 16. ✦ Frankreich/Italien/Portugal 1998 **P** Blue Cinematographica/Gémini Films/France 2 Cinéma/Les Films du Lendemain/ **KI** Schwarzweiss **Pd** Paulo Branco **R** Raúl Ruiz **B** Gilles Taurand, Raúl Ruiz, nach dem gleichnamigen Roman von Marcel Proust aus dessen Romanzyklus »Auf der Suche nach der verlorenen Zeit« **K** Ricardo Aronovich **M** Jorge Arriagada **S** Denise de Casabianca **D** Emmanuelle Béart (Gilberte), Vincent Perez (Charlie Morel), Pascal Greggory (Robert de Saint-Loup), Catherine Deneuve (Odette), John Malkovich (Baron de Charlus) **L** 162 **FSK** ab 12; f **FBW** bw **E** 18.1.2001 **fd** 34 680

WIEDERHOLTE HOCHZEIT (POWTORNAJA SWADBA). Eheprobleme einer Arztfamilie fordern Verwandte und Freunde zur eigenen Stellungnahme und Überprüfung der Lebenshaltung heraus und machen Widersprüche in ihren verschiedenen Auffassungen sichtbar. Thematisch interessant, bekommt der Film seine unterschiedlichen Stilmittel nicht recht in den Griff. – Ab 14. ✦ Scope. UdSSR 1976 **P** Mosfilm **KI** Progress **R** Georgi Natanson **B** Jewgeni Gabrilowitsch, Sergej Rosen **K** Alexander Knjashinski **M** Maxim Dunajewski **D** Sinaida Dechtjarjowa (Natalja Petrowna), Andrej Mironow (Ilja), Irina Kalinsowskaja (Nastja), Ljudmila Makarowa (Maria Arkadjewna), Michail Kusnezow (Pawel Prokofjewitsch) **L** 88 **E** 23.6.1978 Kino DDR

DIE WIEDERKEHR DES MARTIN GUERRE (LE RETOUR DE MARTIN GUERRE). Ein Heimkehrer muß sich vor Gericht dem Vorwurf stellen, sich die Identität eines anderen angemaßt zu haben. Ein authentischer Kriminalfall aus dem 16. Jahrhundert wird als spannendes Gerichtskammerspiel aufgerollt, das sich darüber hinaus als sinnfälliges Exempel über die Schwierigkeit der Wahrheitsfindung, die Austauschbarkeit von Identitäten und die Unwägbarkeit von Gefühlen erweist. Formal traditionell, mit überzeugenden Darstellern und großer handwerklicher Sorgfalt gestaltet. (Remake unter dem Titel »Sommersby«, USA 1992) – Ab 16. ✦ Frankreich 1982 **P** SFPC/Marcel Dassault/FR 3 **KI** Concorde **R** Daniel Vigne **B** Daniel Vigne, Jean-Claude Carrière **K** André Neau **M** Michel Portal **S** Denise de Casabianca **D** Gérard Depardieu, Nathalie Baye, Roger Planchon, Bernard-Pierre Donnadieu, Maurice Jacquemont **L** 123 **FSK** ab 12; f **FBW** w **E** 30.11.1984/28.3.1990 DFF 1 **fd** 24 859

EIN WIEDERSEHEN AUF BULLERBÜ (ALLA VI BARN I BULLERBYN). Weitere Astrid-Lindgren-Geschichten aus Bullerbü. Hauptsächlich geht es um einen achtjährigen Jungen, der einen lockeren Zahn, aber auch große Angst vor dem Zahnarzt hat. Er und seine Freunde kommen auf die tollsten Ideen, wie sie den Zahn loswerden können. Auch mit den weiteren amüsanten und unbeschwerten Episoden wird eine heitere und idyllische »Gegenwelt« voller Harmonie geschaffen. Erfrischende Unterhaltung. (Fortsetzung von »Die Kinder von Bullerbü«, 1960/61) – Ab 8. ✦ Schweden 1961/62 **P** Artfilm **KI** Atlas **R** Olle Hellbom **B** Astrid Lindgren, nach ihrer Erzählung **K** Stig Hallgren **M** Charles Redland **D** Kaj Andersson, Jan Erik Husbom, Thomas Johansson **L** 65 **E** 2.9.1981 ZDF

WIEDERSEHEN AUF CAPRI (UN PO DI CIELO). Bei einem Luftmanöver trifft ein amerikanischer Fliegeroffizier bei der NATO in Neapel die Tochter einer Familie wieder, die ihn einst, als er abgeschossen wurde, rettete. Obwohl beide inzwischen mit anderen Partnern verheiratet sind, entdecken sie ihre Liebe zueinander. Schwer ringen sie sich zum Verzicht durch. Eine sentimentale Story, verziert mit effektvollen Flug- und Landschaftsbildern. ✦ Scope. Italien 1955 **P** P.C.A. **KI** Union **R** Giorgio Moser **B** Frank Gregory, Ivo Perilli, nach einer Idee von Attilio Paoletti **K** Gualtiero Brescini **M** Angelo Francesco Lavagnino **D** Gabriele Ferzetti, Constance Smith, Fausto Tozzi, Aldo Fabrizi, Peppino de Filippo **L** 88 **FSK** ab 16; f **E** 10.1.1958 **fd** 6 882

WIEDERSEHEN FÜR EINE NACHT (LA RIMPATRIATA). Fünf Schulfreunde in Mailand erhoffen sich zur Wiedersehensfeier nach langjähriger Trennung eine Neuauflage ihrer früheren nächtlichen Abenteuer mit willigen Mädchen. Mißgestimmt, zerstritten und verkatert gehen sie auseinander. Dicht inszenierte und eindrucksvoll gespielte gesellschaftskritische Komödie, die den Menschen als Opfer seines Daseins zeichnet, dessen Leben letztlich ins Sinnlose mündet. Eine in ihrer nihilistischen Konsequenz ebenso erschütternde wie herausfordernde Reflexion über die innere Leere des perspektivlosen Menschen. ✦ Schwarz-weiß. Italien 1962 **P** Galatea/22 Dicembre **KI** Gloria **R** Damiano Damiani **B** Damiano Damiani, Vittoriano Petrilli, Enrico Ribulsi, Ugo Liberatore **K** Alessandro D'Eva **M** Roberto Nicolosi **D** Walter Chiari, Francisco Rabal, Paul Guers, Leticia Roman, Dominique Boschero **L** 100 **FSK** ab 18; nf **E** 16.10.1964 **fd** 13 173

WIEDERSEHEN IN HILDBURGHAUSEN. Dokumentarfilm, angelegt als eine Chronik über sechs Jahrzehnte deutscher Geschichte, wie sie sich in der abgelegenen thüringischen Kleinstadt Hildburghausen dargestellt hat (dem Geburtsort des Filmautors Hartleb). Private Filmaufnahmen aus der Zeit vor und nach der Wende, Fotos aus verschiedenen Archiven sowie einige exemplarische Lebensgeschichten wurden zusammengefügt. – Ab 16. ✦ Deutschland 1996 **R** Rainer Hartleb, Wilhelm Bittorf **L** 80 **E** 12.3.1997 MDR

WIEDERSEHEN IN HOWARDS END (HOWARDS END). Kunstvoll ausgemaltes Gesellschafts- und Sittenbild aus dem viktorianischen England um die Jahrhundertwende, wo sich Persönlichkeiten aus zwei Familien mit erzkonservativen Auffassungen und emanzipatorischen Idealen in den dadurch ausgelösten Liebesschicksalen und Lebenskrisen gegenüberstehen. Die Verfilmung folgt zwar genau dem psychologischen Wahrheitsgehalt der Vorlage, stumpft ihre ironisch-kritische Gesellschaftsbelichtung aber durch schwelgerische Ästhetik ab. Sie verschenkt zugunsten einer gepflegt-nostalgischen Unterhaltung die Chance, den Gegensatz von gesellschaftlich bedingtem »Scheinleben« und wirklicher Persönlichkeitsstruktur und Lebensempfindung zu einem zeitlos ansprechenden Gleichnis zu formen. Hervorragend gespielt und fotografiert. – Ab 16. ✦ Scope. Großbritannien 1991 **P** Merchant Ivory Prod./Nippon Film Development Finance Inc./Film Four International **KI** NEF 2 (auch 70mm) **VA** VCL/Carolco **DVD** MAWA (1.85:1, DD5.1 engl./dt.) **Pd** Ismail Merchant, Ann Wingate **R** James Ivory **B** Ruth Prawer Jhabvala, nach einem Roman von E. M. Forster **K** Tony Pierce-Roberts **M** Richard Robbins **S** Andrew Marcus **D** Anthony Hopkins (Henry Wilcox), Vanessa Redgrave (Ruth Wilcox), Helena Bonham Carter (Helen Schlegel), Emma Thompson (Margret Schlegel), James Wilby (Charles Wilcox) **L** 142 **FSK** ab 6; f **E** 29.10.1992/20.9.1993 Video/18.9.1994 premiere/24.3.1999 DVD **fd** 29 933

WIEDERSEHEN IN LOGANSPORT (BRIDESMAIDS). Anläßlich der Hochzeit einer gemeinsamen Freundin, bei der sie die Brautjungfern sein sollen, treffen sich 15 Jahre nach dem Schulabschluß vier Freundinnen wieder. Zunächst schwelgt man in der Vergangenheit, doch allmählich kristallisiert sich heraus, daß das Leben der vier nicht so glücklich und planmäßig verlaufen ist, wie man einander zunächst glauben machen wollte. Fürs Fernsehen produzierter melodramatischer Spielfilm. ✦ USA 1985 **P** Motown **Pd** Jay Benson **R** Lila Garrett **B** Cynthia A. Cherbak **D** Shelley Hack (Kimberly), Sela Ward (Caryl), Stephanie Faracy (Matt), Jack Coleman (Matt), Audra Lindley (Lulu), Brooke Adams (Pat) **L** 94 **E** 20.6.1990 PRO 7

WIEDERSEHEN IN MIAMI →The Perez Family

WIEDERSEHEN IN MONTE CARLO (MELBA). Die Laufbahn der 1859 in Australien geborenen Koloratursängerin Nellie Melba bis zu ihrem Auftritt vor der britischen Königin Viktoria auf Schloß Windsor. Mehr Künstlerklischee als Biografie, dank einiger Gesangspartien aus klassischen Opern aber recht unterhaltsam. ✦ USA 1953 **P** United Artists **KI** United Artists **R** Lewis Milestone **B** Harry Kurnitz **K** Ted Scaife **M** Muir Mathieson **D** Patrice Munsel, Robert Morley, John McCallum, John Justin, Alec Clunes **L** 90 **FSK** ab 6; f **E** 18.1.1955 **fd** 3 844

WIEDERSEHEN IN TIRANA (RENDEZ-VOUS A TIRANA). Dokumentarfilm über einen Albaner, der nach einem halben Jahrhundert im Exil 1991 in seine Heimat zurückkehren darf. Die Tochter des 80jährigen begleitet seine letzte Reise mit der Kamera. Sie hält nicht nur die Begegnungen mit der Vergangenheit fest, sondern auch eine Suche: Der Besucher will die Umstände klären, unter denen sein Vater, ein politischer Gegner Enver Hoxhas, ums Leben kam. (Fernsehtitel auch: »Die Rückkehr nach Tirana«) ✦ Frankreich/Albanien 1991/92 **R+B** Liria Begeja **K** Muriel Edelstein, Eric Guichard, Ali Begeja **S** Luc Barnier **L** 95 **E** 24.10.1992 arte

WIEGE DER ANGST (MONTANA). Ein Gangsterpärchen, das wegen einer verpatzten Geldübergabe in die Ungunst seines Bosses fällt, löst eine Folge von Intrigen und gegenseitiger Verdächtigungen aus, die ihnen eine Loslösung aus dem Milieu ermöglicht. Eine klassische Gangster-Story, die von der Regisseurin jedoch für ein existentialistisches Kammerspiel genutzt wird, um eine zarte Liebesgeschichte vor dem Hintergrund einer rauhen Welt zu erzählen. Ein Film mit einer unaufdringlichen Melancholie, der sein Sujet sprengt, indem er über Fremdbestimmtheiten und unheilbare Krankheiten zum Nachdenken Anlaß gibt. ✦ USA 1997 **P** Initial Entertainment/Zeta Entertainment/No Bones **VA** Ascot **Pd** Sean Cooley, Zane W. Levitt, Mark Yellen **R** Jennifer Leitzes **B** Erich Hoeber, Jan Hoeber **K** Ken Kelsch **M** Cliff Eidelman **S** Norman Buckley **D** Kyra Sedgwick (Claire), Stanley Tucci (Nick), Robbie Coltrane (Boss), Robin Tunney (Kitty), John Ritter (Dr. Wexler) **L** 92 **FSK** ab 18 **E** 8.5. 1998 Video **fd** 33 388

DIE WIEGE DER SONNE (RISING SUN). Ein Mordfall vor dem Hintergrund der versuchten Übernahme einer amerikanischen Computer-Chip-Firma durch einen japanischen Konzern. Die systemkritische politische Geschichte der Romanvorlage wurde zu halbherziger und kompromißlerischer Unterhaltung entschärft. Auch die hochkarätigen Schauspieler vermögen ihren unterprofilierten Rollen kaum Reiz abzugewinnen. ✦ USA 1993 **P** 20th Century Fox **KI** 20th Century Fox **VA** Fox **DVD** Fox Home (16:9, 1.85:1, DD5.0 engl., DD2.0 dt.) **Pd** Peter Kaufman **R** Philip Kaufman **B** Philip Kaufman, Michael Crichton, Michael Backes, nach dem Roman »Nippon Connection« von Michael Crichton **K** Michael Chapman **M** Toru Takemitsu **S** Stephen A. Rotter, William S. Scharf **D** Sean Connery (John Connor), Wesley Snipes (Web Smith), Harvey Keitel (Tom Graham), Cary-Hiroyuki Tagawa (Eddie Sakamura), Kevin Anderson (Bob Richmond), Mako (Yoshida-san), Tia Carrere (Jingeo Asakuma) **L** 129 **FSK** ab 16; f **FBW** w **E** 11.11.1993/19.5.1994 Video/1.5.1995 premiere/ 25.5.2000 DVD **fd** 30 468

DIE WIEGE DES BÖSEN (IT'S ALIVE). Sichtlich von Polanskis klassischem Psycho-Thriller »Rosemarys Baby« inspirierter Horror-Film. Kaum vom Mutterleib entbunden, »killt« ein unheimliches und abnormes Monster-Baby gleich Ärzte und Geburtshelferinnen, um bis zu seinem fürchterlichen Ende weiter mordend durch die Büsche zu kriechen und nur Eltern und Bruder zu verschonen. Handwerklich routiniert, aber äußerst makaber wird auf fragwürdige Weise das Entsetzen zum Selbstzweck erhoben. ✦ USA 1974 **P** Larco **KI** Gloria **R+B** Larry Cohen **K** Fenton Hamilton **M** Bernard Herrmann **D** John P. Ryan, Sharon Farrell, Andrew Duggan, Guy Stockwell, James Dixon **L** 91 **FSK** ab 18; nf **E** 19.9.1975 **fd** 19 499

WIEGE DES GRAUENS →Insemination – Wiege des Grauens

WIEGE DES HASSES (MATERNAL INSTINCT). Eine Frau, die nach einer Unterleibsoperation keine Kinder mehr bekommen kann, fällt in tiefe Depressionen. Als ihre Frauenärztin schwanger wird, schleicht sie sich in die glückliche Familie der Frau ein, um deren Glück zu zerstören. Wenig originelle Variation eines Kinoerfolges, inszeniert als bedächtige und wenig verstörende Fernsehunterhaltung. (TV-Titel: »Ein Mutterherz läuft Amok«) ✦ USA 1996 **P** Paramount **VA** CIC **Pd** Mary Eilts **R** George Kaczender **B** Friedman Bloch, Kirtland Silverman **D** Beth Broderick (Eva Warden), Garwin Sanford (Gary Warden), Tom Mason (Stan Patterson), Sandra Nelson (Sabrina), Delta Burke (Tracy Patterson) **L** 88 **FSK** ab 16 **E** 16.12.1996 Video

DIE WIEGE DES SATANS (IT LIVES AGAIN). Fortsetzung von »Die Wiege des Bösen«. Mißgebildete Babys töten Menschen, die ihnen zu nahe kommen, durch Bisse in die Kehle. Ein abstruses Spektakel, das bedenken- und geschmacklos Horror-Szenen aneinanderreiht. (Alternativer Fernsehtitel: »It's alive II«) ✦ USA 1978 **P** Larco **KI** Warner-Columbia **VA** Warner **Pd+R+B** Larry Cohen **K** Fenton Hamilton **M** Bernard Herrmann, Laurie Johnson **S** Curtis Burch, Louis Friedman, Carol O'Blath **D** Frederic Forrest (Eugene Scott), Kathleen Lloyd (Jody), John P. Ryan (Frank Davis), John Marley (Mallory), Eddie Constantine (Dr. Forrest), James Dixon (Perkins) **L** 91 **FSK** ab 18; nf **E** 1.12.1978 **fd** 21 004

DIE WIEGE DES SCHRECKENS (IT'S ALIVE – ISLAND OF THE ALIVE / IT'S ALIVE III). Dritter Film um die Monsterbabys aus »Die Wiege des Bösen« (1974) und »Die Wiege des Satans« (1978). Weil sie gemeingefährlich, aber schuldunfähig sind, wurden die mordenden Kreaturen auf eine unbewohnte Insel verbannt, wo sie sich vermehren und weiter ihren Tötungstrieb ausleben. Mehr oder weniger augenzwinkernd und handwerklich routiniert inszeniert, bietet der Film nach bluttriefenden Schrecknissen ein fortsetzungsfähiges Happy-End. ✦ USA 1987 **P** Warner Bros. **VA** Warner Home **Pd** Paul Stader **R+B** Larry Cohen **K** Daniel Pearl **M** Laurie Johnson **S** Ed Hanson **D** Michael Moriarty (Steve Jarvis), Karen Black (Ellen Jarvis), Laurene Landon (Sally), Gerrit Graham (Ralston), Neal Israel (Dr. Brewster) **L** 90 **FSK** ab 18 **E** 11.11.1988 Video **fd** 27 270

WIEGE DES TERRORS (RELATIVE FEAR). Nachdem viele Bekannte im Umfeld eines autistischen Kindes auf mysteriöse Weise ums Leben gekommen sind, ziehen sich auch die Eltern von ihm zurück. Nur der Hauslehrer hält zu dem Jungen. Bald stellt sich heraus, daß er der Mörder und – schlimmer noch – das Kind sein eigener Sohn ist. Eine wüste Geschichte, die nicht dazu angetan ist, Vorurteile im Umgang mit Behinderten abzubauen. ✦ Kanada 1994 **P** Allegro Film **VA** Concorde **R** George Mihalka **B** Kurt Wimmer **D** Darlanne Fluegel (Linda Pratman), Martin Neufeld (Peter Pratman), M. Emmet Walsh (Earl McLean), Matthew Dupuis (Adam), James Brolin (Detective Dan Atwater) **L** 90 **FSK** ab 16 **E** 1995 Video/4.11.1995 RTL 2

DIE WIEGE DES TEUFELS → Schwarzes Venedig

EIN WIEGENLIED (KOLYBELNAJA). Ein Flieger entdeckt und verfolgt nach dem Krieg Spuren seines Kindes, das angeblich mit seiner Frau bei einem Bombenangriff umgekommen sein sollte. Thematisch ansprechendes Drama, dessen Rückblenden und Fülle an Personen den Erzählrhythmus oft ins Stocken bringen. – Ab 14. ✦ Schwarz-weiß. UdSSR 1960 **P** Filmstudio »Moldau-Film« **KI** Progress **R** Michail Kalik **B** Awenir Sak, Issaj Kusnezow **K** Wadim Derbenjew **M** D. Fedow **D** Nikolai Timofejew (Lossew), W. Lepko (seine Tochter Aurica), Wladimir Samanski (Petrjanu), Juri Solowjew (Sergeant Michejew), Jewgeni Teterin (Michail Jakowlewitsch) **L** 93 **E** 25.12.1960 Kino DDR/3.11.1961 DFF 1

DAS WIEGENLIED DER VERDAMMTEN (MURPHY'S WAR). Die kritische Schilderung des sinnlosen Privatkrieges zwischen einem deutschen U-Boot-Kommandanten und einem englischen Marineoffizier. Spannend inszeniert, hervorragend fotografiert und geschnitten, entwickelt sich die gutgespielte Fabel fast zu einem Antikriegsfilm. Für den Schnitt war der spätere »James Bond«-Regisseur Glen zuständig. – Ab 16 möglich. ✦ Scope. Großbritannien 1970 **P** Michael Deeley-Peter Yates Films **KI** Gloria **Pd** Peter Yates, Michael Deeley **R** Peter Yates **B** Stirling Silliphant, nach einem Roman von Max Catto **K** Douglas Slocombe **M** John Barry, Ken Thorne **S** John Glen **D** Peter O'Toole (Murphy), Philippe Noiret (Brezan), Sian Phillips (Hayden), Horst Janson (Kommandant Lauchs), John Hallam (Ellis) **L** 105 **FSK** ab 16; f **E** 16.7.1976 **fd** 19 878

WIEGENLIED DES GRAUENS (DON'T GO TO SLEEP). Nach einem Autounfall, bei dem ihre älteste Tochter ums Leben kam, zieht eine Familie mit den übrigen Kindern und der senilen Großmutter aufs Land. Hier hofft der von Schuldgefühlen geplagte Vater, sich vom Alkohol befreien und einen neuen Anfang machen zu können. Doch kurz nach dem Umzug erscheint der Geist der Toten ihren Geschwistern, um sie zur Rache an denen anzustiften, die ihren Tod verschuldet haben. Effektvoll konstruierter, sorgfältig inszenierter Fernseh-Horrorfilm mit beeindruckenden Leistungen der Kinder-Darsteller. ✦ USA 1982 **P** ABC/Warner **Pd** Aaron Spelling, Richard Lang **R** Richard Lang **B** Ned Wynn **K** Chuck Arnold (= Charles G. Arnold) **M** Dominic Frontiere **D** Dennis Weaver (Phillip Hogan), Valerie Harper (Laura Hogan), Robin Ignico (Mary), Kristin Cumming (Jennifer), Oliver Robins (Kevin) **L** 89 **E** 2.7.1994 ZDF

WIEGENLIED DES SCHRECKENS (EMPTY CRADLE). Kriminalfilm nach einer tatsächlichen Begebenheit. Eine Krankenschwester unterschlägt ein Neugeborenes und gibt vor, es sei tot geboren worden. In Wahrheit will sie das Kind als ihr eigenes ausgeben, um ihren Geliebten zur Heirat zu erpressen. Die leibliche Mutter glaubt nicht an diese Version und stellt Ermittlungen an. – Ab 16. ✦ USA 1994 **R** Paul Schneider **B** Rebecca Soladay **K** Geoff Schaaf **M** Jan A. P. Kaczmarek **D** Kate Jackson (Rita Donahue), Lori Loughlin (Jane Morgan), Eriq LaSalle (Detective Rick Knoll), David Lansbury (Bob Morgan), Jonah Blechman (Patrick Donahue) **L** 87 **E** 13.10.1995 ARD

WIEGENLIED DES TODES (HUSH LITTLE BABY). Völlig überraschend erhält eine junge Frau, die bei Pflegeeltern aufgewachsen ist, die Nachricht, daß ihre leibliche Mutter noch lebt. Schnell findet die (Schwieger-)Mutter Zugang zur glücklichen, wohlhabenden Familie der Tochter; ebenso schnell aber fallen ihre merkwürdigen Verhaltensweisen auf. Als der Schwiegersohn herausfindet, daß sie jahrelang in einer geschlossenen Anstalt war und einst versucht hatte, ihre Tochter zu ertränken, ist es fast zu spät. Mit einigen grellen Brutaleffekten aufbereiteter Psychothriller mit handelsüblichem Happy End. – Ab 16 möglich. ✦ USA 1993 **R** Jorge Montesi **D** Diane Ladd (Edie), Wendel Meldrum (Susan Nolan), Geraint Wyn Davies (Martin Nolan), Illya Woloshyn (Dylan), Ingrid Veninger (Meg) **L** 88 **E** 16.1.1995 ZDF

WIEGENLIED FÜR EINE LEICHE (HUSH ... HUSH, SWEET CHARLOTTE). Gemeinsam mit dem Hausarzt versucht eine Frau, ihre Cousine, die durch die grauenhafte Ermordung ihres Jugendgeliebten zur Psychopathin geworden ist, systematisch in den Wahnsinn zu treiben, wozu sie auch einen Scheinmord inszenieren. Harter, psychologisch verbrämter Thriller mit für die Entstehungszeit krassen Schauer- und Gruseleffekten. ✦ Schwarz-weiß. USA 1964 **P** 20th Century Fox **KI** Centfox **Pd+R** Robert Aldrich **B** Henry Farrell, Lukas Heller, nach einem Roman von Farrell **K** Joseph Biroc **M** Frank De Vol **S** Michael Luciano **D** Bette Davis (Charlotte), Olivia de Havilland (Miriam), Joseph Cotten (Drew), Agnes Moorehead (Velma), Victor Buono (Big Sam), Cecil Kellaway (Harry), Mary Astor (Juwel Mayhew), Wesley Addy (Sheriff), Bruce Dern (John Mayhew), George Kennedy (Foreman) **L** 133 **FSK** ab 18; nf **E** 30.4.1965 **fd** 13 413

DAS WIEGENLIED VOM BROADWAY (LULLABY OF BROADWAY). Eine in Europa erfolgreiche Sängerin kehrt nach New York zurück, um ihre Mutter wiederzusehen. Diese, einst ebenfalls erfolgreich im Showgeschäft, ist inzwischen häufiger in zweifelhaften Bars zu sehen als auf der Bühne. Um diese Schande vor der Tochter zu verbergen, inszenieren Freunde ein verwirrendes Spiel, bis es doch noch zu einem rührenden Wiedersehen kommt und die Sängerin zum gefeierten Broadway-Star avanciert. Hollywood-Traumfabrik-Produktion mit einigen herausragenden Musiknummern (u. a. von George Gershwin, Cole Porter und Al Dubin) und schwungvollen Revueeinlagen. Wenn man keine Ansprüche an stimmige Psychologie und glaubwürdige Motivation stellt, durchaus unterhaltsam. – Ab 16. ✦ USA 1951 **P** Warner/First National **R** David Butler **B** Earl Baldwin **K** Wilfred M. Cline **M** Ray Heindorf (Ltg.) **S** Irene Morra **D** Doris Day (Melinda Howard), Gene Nelson (Tom Farnham), S. Z. Sakall (= Szöke Szakall) (Adolph Hubbell), Billy De Wolfe (Lefty Mack), Gladys George (Jessica Howard), Florence Bates (Mrs. Hubbell), Anne Triola (Gloria Davis), Hanley Stafford (George Ferndel) **L** 92 **E** 19.10.1982 ZDF

DAS WIEGENLIED VOM TOTSCHLAG (SOLDIER BLUE). Ein Yankee-Soldat, der zunächst in bornierten Vorurteilen über die Höherwertigkeit der weißen Zivilisation befangen ist, durchlebt während einer abenteuerlichen Flucht durch den Westen einen Lern- und Bewußtwerdungsprozeß. Er wird Zeuge des hoffnungslosen Überlebenskampfes der Indianer und des brutalen Vorgehens der Weißen, die ihren Fortschritt mit einem Völkermord erkaufen. Einer der ersten Western, die – in oft sehr drastischer Form – das Leiden der Indianer thematisieren; eine Vietnam-Parabel (My Lai) im Westerngewand, deren historische Vorlage das Sand Creek Massaker 1864 ist. ✦ Scope. USA 1969 **P** Katzka/Loeb **KI** MGM **VA** Jünger Verlag **Pd** Gabriel Katzka, Harold Loeb **R** Ralph Nelson **B** John Gay, nach einem Roman von Theodore V. Olsen **K** Robert Hauser **M** Roy Budd **S** Alex Beaton **D** Candice Bergen (Cresta Marybelle Lee), Peter Strauss (Rekrut Honus Gant), Donald Pleasence (Isaac Cumber), Bob Carraway (Lt. John McNair), John Anderson (Oberst Iverson), Jorge Rivero (Spotted Wolf), Dana Elcar (Capt. Battles), Martin West (Lt. Spingarn), Jorge Russek (Running Fox), Mort Mills (Sgt. O'Hearn), Ralph Nelson (Indianeragent), Aurora Clavel (Indianerin) **L** 116 **FSK** ab 16; nf **E** 4.3.1971 **fd** 17 234

WIEN, DU STADT MEINER TRÄUME (WIEN, DU STADT MEINER TRÄUME). Musikalische Komödie um einen Ex-Monarchen und seine Tochter, die im liebenswürdig gezeichneten Wien der 50er Jahre ein heiter-gefälliges Verwechslungsspielchen betreiben. Mit einigen hübschen Einfällen, aber nicht ohne Längen und auch schauspielerisch eher schwach. – Ab 12 möglich. ✦ Österreich 1957 **P** Sascha/Lux **KI** Ufa **R** Willi Forst **B** Kurt Nachmann, Willi Forst, nach einer Novelle von Paul Hans Rameau **K** Günther Anders **M** Norbert Pavlicky **S** Herma Sandtner **D** Hans Holt (Alexander I. König von Alanien), Erika Remberg (Sandra, seine Tochter), Hertha Feiler (Elisabeth Seiboldt), Adrian Hoven (Peter Lehnert), Paul Hörbiger (Franz Lehnert) **L** 100 **FSK** ab 6; nf **E** 19.12. 1957 **fd** 6 506

WIEN, 1. APRIL 2000 → 1. April 2000

WIEN IST ANDERS: 50 JAHRE NACH DEM ANSCHLUSS (VIENNA IS DIFFERENT. 50 YEARS AFTER THE ANSCHLUSS). An Hand von Interviews mit dem »Mann auf der Straße«, Statements von Journalisten und Persönlichkeiten des öffentlichen Lebens sowie von Ausschnitten aus Veranstaltungen im Gedenkjahr 1988 versucht der Dokumentarfilm, die Tiefe österreichischer Vergangenheitsbewältigung auszuloten und Fehlverhalten aufzuzeigen. Dabei ist er inhaltlich und technisch von wechselnder Qualität und eher klischeehaft, doch die Materialfülle überrascht mit interessanten und aufschlußreichen Äußerungen und Bildern. (O.m.d.U.) ✦ Teils schwarz-weiß. USA 1988 **P** Leitmotif/New York Foundation for the Arts **SF** Freunde der Deutschen Kinemathek **Pd** Susan Korda, David Leitner **R** Susan Korda **B** Susan Korda, David Leitner **K** David Leitner **S** Susan Korda **D** Kurt Waldheim, Niki List, Ilya Gerol, Erwin Ringel **L** 75 **E** August 1989

WIENER BLUT. Freie Verfilmung der Johann-Strauß-Operette. 1815 während des Wiener Kongresses wird ein deutscher Graf so sehr von der Lebensart der Wiener angesteckt, daß er fast seine Frau mit einer Balletteuse betrügt. Der Hofball aber bringt alles wieder ins Lot. Mit Charme und Humor inszeniert, dank guter Schauspieler und der Musik des Walzerkönigs auch heute noch unterhaltsam. – Ab 14. ✦ Schwarz-weiß. Deutschland 1942 **P** Forst **KI** Rota **R** Willi Forst **B** Axel Eggebrecht, Ernst Marischka, nach Motiven der gleichnamigen Operette von Johann Strauß **K** Jan Stallich **M** Johann Strauß (Melodien), Willy Schmidt-Gentner (Bearbeitung) **D** Willy Fritsch, Maria Holst, Fred Liewehr, Hans Moser, Hedwig Bleibtreu, Theo Lingen, Dorit Kreysler, Paul Henckels, Wilma Tatzel, Klaramaria Skala, Egon von Jordan, Ernst Fritz Fürbringer **L** 111 **E** 2.4.1942/15.10. 1962 DFF 2

WIENER G'SCHICHTEN. Wien um 1905: Eine verwitwete Kaffeehausbesitzerin und ihr Oberkellner, die sich lieben, werden durch Mißverständnisse und den ungeschickten Hilfswillen eines Kellners zeitweilig getrennt. Anspruchslose Unterhaltung. – Ab 14. ✦ Schwarz-weiß. Deutschland 1940 **P** Styria **VA** Taurus **R** Géza von Bolváry **B** Ernst Marischka, nach einer Vorlage von Harald Bratt und Hans Gustl Kernmayr **K** Willy Winterstein **M** Bruno Uher **D** Paul Hörbiger (Ferdinand), Marte Harell (Christine Lechner), Olly

Holzmann (Mizzi), Oskar Sima, Siegfried Breuer, Hans Moser (Josef) **L** 92 **FSK** o. A. **E** 8.8.1940/9.1. 1961 DFF 1

WIENER HERZEN (DER KOMÖDIANT VON WIEN / GIRARDI). Ernsthafter Versuch, das Leben des Wiener Volksschauspielers Alexander Girardi (1850–1918) nachzuzeichnen, der sich gegen plumpe Bühnenkomik wehrte. Mit bissigen Ausfällen gegen die damals herrschende Oberschicht durchsetzt, milieugetreu in farbigen Genrebildern, jedoch etwas schwerfällig inszeniert. (Alternativtitel: »Der Komödiant von Wien«) ✦ Österreich 1954 **P** Akkord **KI** Defir **R** Karl Paryla, Karl Stanzl **B** Theodor Ottawa, Karl Paryla **K** Willi Sohm, Hannes Fuchs **M** Oskar Wagner **D** Karl Paryla (Alexander Girardi), Christl Mardayn (Josefine Gallmeyer), Angelika Hauff (Helene Odilon), Marianne Schönauer (Marie Geistinger), Alma Seidler (Girardis Mutter) **L** 84 **FSK** ab 12; nf **E** 31.12.1954 Kino DDR/13.5.1955 Kino BRD/19.1.1959 DFF 1/19.5. 1974 ZDF **fd** 4 078

EIN WIENER IN HOLLYWOOD. Die Dokumentation mit dem Untertitel »Die Abenteuer des Komponisten Erich Wolfgang Korngold« beschreibt das Leben des bedeutenden deutschen Komponisten als eine Reise durch von Geistern bevölkerte Städte und Landschaften, den Geistern einer vergangenen Kultur. Vom verehrten Wunderkind der Mahler-Ära bis zum viel geschmähten Hollywood-Komponisten spannt sich der von vielen Klischees und Vorteilen begleitete Lebensweg des immer noch relativ unbekannten Komponisten, dessen Lebens- und Wirkungsgeschichte exemplarisch dafür ist, wie Strömungen »in Mode« und »aus der Mode« kommen. ✦ Deutschland 2001 **R+B** Barrie Gavin **L** 90 **E** 23.5.2001 arte

WIENER LUST. Dokumentarfilm über Lebenslust und Todessehnsucht der Wiener. In Gesprächen mit Bewohnern der österreichischen Hauptstadt versucht der Autor, die typische Mentalität des Wieners zu beleuchten, die von einer gewissen Freude an der Melancholie gekennzeichnet ist. – Ab 16. ✦ Deutschland 1994 **R** Christian Rischert **L** 90 **E** 16.11.1994 ARD

WIENER MÄDELN. Die Geschichte eines berühmten Walzers und seines österreichischen Komponisten Carl Michael Ziehrer (1843–1922), der lange im Schatten von Johann Strauß dem Vater wie dem Sohn stand. Musisch-beschwingter Unterhaltungsfilm voller Humor und Lebensfreude, der vor 1945 in Wien und Prag begonnen und erst nach Kriegsende fertiggestellt wurde. In der Handlung veraltet und manchmal recht kitschnah, aber ausgezeichnet gespielt, großzügig ausgestattet und farbfreudig bebildert. (Unmittelbar nach Gründung der DDR war dort eine eigene Fassung des Films zu sehen, die aber bereits 1950 zurückgezogen wurde; Produktion: Herzog-Film; Verleih: Sovexport; musikalische Bearbeitung: Alfred Strasser.) – Ab 12. ✦ Deutschland 1945 **P** Forst **KI** Herzog/Sovexportfilm **Pd+R** Willi Forst **B** Franz Gribitz, Willi Forst **K** Jan Stallich **M** Carl Michael Ziehrer, Johann Strauß, John Philip Sousa, Willy Schmidt-Gentner (Bearbeitung), Karl Pauspertl (Bearbeitung) **D** Willi Forst (Carl Michael Ziehrer), Dora Komar (Mitzi), Hans Moser (Engelbert), Judith Holzmeister (Klara), Vera Schmid (Liesl) **L** 113 **FSK** ab 12; nf **E** 19.8.1949 Kino DDR/3.2.1950 Kino BRD/29.9.1973 ZDF **fd** 555

WIENER MELODIEN (WIENER MELODIEN). Zwillingsschwestern, in frühester Kindheit getrennt, begegnen sich nach Jahren als Sängerinnen in Wien. Anspruchslos-heitere Verwechslungskomödie mit musikalischem Charme. ✦ Schwarz-weiß. Österreich 1947 **P** Donau **KI** Herzog **Pd** Eduard Hoesch **R** Theo Lingen, Hubert Marischka **B** Kaspar Loser **K** Carl Kurzmayer **M** Frank Filip **D** Elfie Mayerhofer (Viktoria/Lilli), Johannes Heesters (Ferry van der Heyvels), Fritz Gehlen (Peter Werner), Egon von Jordan, Hedwig Bleibtreu (Mafalda Cellini) **L** 93 **FSK** ab 16; nf **E** 19.11.1948/14.12.1975 ZDF **fd** 181

WIENER WALZER (WIEN TANZT). Der als »Walzerkönig« berühmt gewordene Johann Strauß, der Ältere (1804–1849), sieht sich plötzlich von seinem Sohn verdrängt, dessen Begabung er bezweifelt hatte. Gut gespielte, gefällige Unterhaltung ganz nach Klischee: Wien, wie es singt, tanzt und lacht. ✦ Schwarz-weiß. Österreich/Liechtenstein 1951 **P** Vindobona/Cordial **KI** Schorcht **R** Emil E. Reinert **B** Benno Vigny, Jacques Companéez, Emil E. Reinert **K** Günther Anders, Hannes Staudinger **M** Johann Strauß jr., Johann Strauß, Willy Schmidt-Gentner (Bearbeitung) **D** Adolf Wohlbrück, Marte Harell, Lilly Stepanek, Fritz Imhoff, Lotte Lang **L** 81 **FSK** ab 12; nf **E** 22.8.1951

WIENERINNEN IM SCHATTEN DER GROSSSTADT (WIENERINNEN / FÜNF FRAUENSCHICKSALE). Mißratener Episodenfilm mit vier grell konstruierten Frauenschicksalen um Eifersucht, Rache und Mordversuch bei einem Aktmodell, einer Dirne und einer Geisteskranken. (Alternativtitel: »Schrei nach Liebe«) ✦ Schwarz-weiß. Österreich 1952 **P** Schönbrunn **KI** Lübecker Filmverleih **R+B** Kurt Steinwendner (künstlerische Oberltg.), August Rieger **K** Elio Carniel, Walter Partsch **M** Paul Kont, Walter Schlager **D** Elisabeth Stemberger, Margit Herzog, Helmi Mareich, Elfe Gerhart, Hans Putz **L** 96 **FSK** ab 18; nf **E** 6.7.1953 **fd** 2 629

WIENFILM 1896–1976 (WIENFILM 1986–1976). Eine Collage verschiedenen Materials – neben Dokumentarischem stehen neu gedrehte Szenen und von Künstlern gestaltete Sequenzen – über die Stadt Wien in acht Jahrzehnten seit der Erfindung des Films 1896. Ohne jeden Kommentar will der Film allein durch die Montage romantische Klischees über die Stadt konterkarieren. ✦ Teils schwarz-weiß. Österreich 1976 **P** Ernst Schmidt jr. **SF** Freunde der Deutschen Kinemathek **R+B** Ernst Schmidt jr. **L** 117 **E** 1977 Kino

DIE WIESE (IL PRATO). Drei junge Leute scheitern an ihren utopischen Vorstellungen von gesellschaftlicher Veränderung und Liebe im modernen Italien. Nur in der Emigration oder der Einwilligung in den Tod sehen sie eine Lösung ihrer Situation. Der Film verbindet sinnfällig die Problematik einer Dreiecksgeschichte und die Auseinandersetzung mit den politischen Idealen der jungen Linken. Besonders gelungen erscheint der Einsatz von Naturbildern und Märchenmotiven als Sinnbild der privaten und politischen Konfliktsituationen. – Sehenswert. ✦ Italien 1979 **P** Raidue/Filmtre **KI** prokino **Pd** Giuliani G. de Negri **R+B** Paolo Taviani, Vittorio Taviani **K** Franco di Giacomo **M** Ennio Morricone **S** Roberto Perpignani **D** Michele Placido (Enzo), Saverio Marconi (Giovanni), Isabella Rossellini (Eugenia), Giulio Brogi (Sergio), Angela Goodwin (Giuliana) **L** 115 **E** 5.12. 1980/17.8.1981 ZDF **fd** 22 745

DIE WIESE DER SACHEN. Ein Film, der nach »Normalsatz« und »Die Basis des Make-up« die filmische Trilogie über die 70er Jahre abschließt. In assoziativen Bilderfolgen wird die Chronik eines Abschiedes (1974–1979) zelebriert, in der ein ehemaliger Terrorist seine anderen Ichs Revue passieren läßt und Gebäude in die Gehirne ihrer Architekten zurückprojiziert werden. Der allwissende Erzähler gibt sich als »Opium-Esser« zu erkennen und träumt vom ganz speziellen Zugang zum Himmel, den jedes Jahrzehnt auf seine besondere Weise hat. Ein experimenteller Spielfilm, der auf die Subtexte seiner Vorgängerfilme aufbaut. ✦ Teils schwarz-weiß. BR Deutschland 1974–87 **P** Pym Film **SF** Eigenverleih **R** Heinz Emigholz **B** Heinz Emigholz, nach einer Vorlage von Eckhard Rhode **K** Heinz Emigholz **S** Heinz Emigholz **D** Eckhard Rhode, Wolfgang Müller, Andreas Coerper, Hilka Nordhausen, Klaus Dufke **L** 88 **FBW** w **E** Herbst 1988

WIESENPIEPER. Beschönigender Fernsehfilm über die Erlebnisse junger Leute bei der Ableistung ihres Wehrdienstes in der Nationalen Volksarmee der DDR. ✦ DDR 1982 **P** DEFA **Pd** Irene Ikker **R+B** Hans Knötzsch **K** Rolf Sohre **M** Bernd Wefelmeyer **S** Christine Schöne **D** Bernd Braun (Felix Ritter »Wiesenpieper«), Monika Hetterle (Frau Ritter), Sabine Unger (Uli Ritter), Jutta Woitassek (Jutta), Heike Thiem (Bambi) **L** 76 **E** 1.3.1983 DFF 1

WIESENSTRASSE NR. 10 (RUE DES PRAIRIES / MIO FIGLIO). Schwierigkeiten eines verwitweten französischen Arbeiters mit seinen Kindern, als diese auf Abwege geraten. Ein dank der Besetzung der Hauptrolle mit Jean Gabin darstellerisch beeindruckendes Familienstück mit detailgetreuer Alltagsschilderung. (TV-Titel auch: »Rue des Prairies«; DDR-Titel: »Wiesenstraße 10) – Ab 14. ✦ Schwarz-weiß. Frankreich/Italien 1959 **P** Ariane/Filmsonor/Intermondia/Vides **KI** Pallas **Pd** Georges Dancigers, Alexandre Mnouchkine **R** Denys de la Patellière **B** Michel Audiard, Denys de la Patellière, nach einem Roman von René Lefevre **K** Louis Page **M** Georges van Parys **S** Jacqueline Thiédot **D** Jean Gabin (Henri Neveux), Claude Brasseur (Loulou), Roger Dumas (Fernand), Marie-José Nat (Odette), Paul Frankeur (Ernest), Renée Faure (Rechtsanwältin), Roger Tréville (Pedrell) **L** 89 **FSK** ab 16; f **FBW** bw **E** 3.3.1960/16.9.1960 Kino DDR/10.7.1967 ZDF/18.2.1972 DFF 1 **fd** 9 018

WIEVIEL LIEBE BRAUCHT EIN NORMALES PAAR? → Die liebestollen Hexen

WIGSTOCK – DER FILM (WIGSTOCK – THE MOVIE). Dokumentation über das im New Yorker Stadtteil Manhattan jährlich stattfindende größte Festival der »Drag-Queen-Bewegung«: Männer aus ganz Amerika treffen zusammen, um als Frauen verkleidet eine Open-Air-Show aufzuführen. Anläßlich des farbenfrohen und ausgelassenen Spektakels der Jahre 1993 und 1994 blickt der Film hinter die Kulissen dieses »Woodstocks ohne schlechte Haarkultur« (engl. »wig« bedeutet Perücke) und fängt neben Auftritten verschiedener (Selbst-)Darsteller einige bissige Aussagen der Beteiligten und Zuschauer ein. Der teilweise eher amateurhafte Film will aber vornehmlich gute Laune verbreiten und vernachlässigt sowohl den sozialen Hintergrund als auch tiefere Einsichten. (O.m.d.U.) ✦ USA/Deutschland 1994 **P** Journal/Twenty Two Prod. (für The Samuel Goldwyn Company) **KI** Journal **Pd** Dean Silvers, Klaus Volkenborn, Wolfgang Pfeiffer, David Sweeney **R+B** Barry Shils **K** Wolfgang Held **M** Peter Fish, Robert Reale **S** Tod Scott Brody, Barry Shils, Marlen Hecht **L** 80 **FSK** ab 6; f **E** 18.7.1996

DIE WIKINGER (THE VIKINGS). Aufwendig produzierter und ausgestatteter Abenteuerfilm, der die barbarischen (Kino-)Sitten des nordischen Seefahrervolks illustriert. Die eher simple Story handelt von Einar, dem Sohn König Ragnars, einem Zeitgenossen Karls des Großen, der die entführte englische Prinzessin Morgana liebt. Prominent besetzt und gut gespielt. ✦ Scope. USA 1958 **P** Bryna/Kirk Douglas **KI** United Artists **R** Richard Fleischer **B** Calder Willingham, nach dem Roman »The Viking« von Edison Marshall **K** Jack Cardiff **M** Mario Nascimbene **D** Kirk Douglas, Tony Curtis, Ernest Borgnine, Janet Leigh, James Donald **L** 112 **FSK** ab 12; nf **E** 25.12.1958/21.4.1994 RTL 2 **fd** 7 714

DIE WILBY-VERSCHWÖRUNG (THE WILBY CONSPIRACY). Nach zehnjähriger Haft in einem erneuten Gerichtsverfahren aus politisch-taktischen Gründen freigesprochen, gelingt einem Bantu in Südafrika mit Hilfe seiner Anwältin und eines Engländers die Flucht nach Rhodesien, wo er mit dem Führer der schwarzen Freiheitsbewegung zusammentrifft. In der raffiniert ausgeklügelten Falle des südafrikanischen Sicherheitsdienstes fangen sich die Häscher selbst. Harte Anklage der südafrikanischen Rassenpolitik im Gewand eines Abenteuerfilms. ✦ Großbritannien 1974 **P** Optimus **KI** United Artists **Pd** Martin Baum **R** Ralph Nelson **B** Rodney Amateau, Harold Nebenzal, nach einem Roman von Peter Driscoll **K** John Coquillon, Herbert Smith **M** Stanley Myers **S** Ernest Walter **D** Sidney Poitier (Shack Twala), Michael Caine (Jim Keogh), Nicol Williamson (Major Horn), Prunella Gee (RinaVan Niekirk), Saeed Jaffrey (Dr. Anil

Mukerjee), Persis Khambatta (Dr. Persis Ray), Ryk De Cooyer (Van Heerden), Rutger Hauer (Blaine van Niekirk) **L** 105 **FSK** ab 16; f **E** 13.2.1975 **fd** 19 196

WILD AMERICA (WILD AMERICA). Die wahre Geschichte dreier amerikanischer Brüder, von denen die beiden älteren unbedingt Tierfilmer werden wollen. Eines Tages brechen sie zu einer chaotischen Expedition auf, bei der vieles zu Bruch geht, die Tieraufnahmen jedoch den Grundstein für ihre Karriere legen. In diese Handlung eingebettet ist die Geschichte des jüngsten Bruders, der seinen Vater, ein vermeintliches Fliegeras, abgöttisch liebt und von seinen Brüdern immer wieder als »Sensationsdarsteller« eingesetzt wird. Die Zuneigung zum Vater wächst noch, als sich herausstellt, daß er nur Bodenmechaniker war. Familiennahe Unterhaltung, die geschickt die beiden Handlungsstränge verknüpft und mit freundlicher Ironie den »Bruderzwist« schildert. Wegen einiger spektakulärer Tieraufnahmen für kleinere Kinder etwas zu aufregend. – Ab 12. ✦ USA 1997 **P** Morgan Creek Comp/The Steve Tisch Corp. **VA** Warner Home **Pd** James G. Robinson, Irby Smith, Mark Stouffer **R** William Dear **B** David Michael Wieger **K** David Burr **M** Joel McNeely **S** O. Nicholas Brown, Stuart Pappé **D** Jonathan Taylor Thomas (Marshall), Devon Sawa (Mark), Scott Bairstow (Marty), Frances Fisher (Mutter), Jamey Sheridan (Vater) **L** 102 **FSK** ab 12 **E** 23.1.1998 Video/2.2.1999 premiere **fd** 33 019

WILD AND SEXY 2. TEIL: EKSTASE IM TÖCHTER-INTERNAT → Charleys Tante nackt

WILD AND SEXY – 3. TEIL → Die Sünden der ganz jungen Mädchen

WILD ANGEL (1991) (WILD ANGEL). Die Liebe auf den ersten Blick zwischen einem Gelegenheitsarbeiter und einer bildhübschen Frau ist den Anforderungen des Alltags nicht gewachsen. Als er nach der Hochzeit seinen Job verliert, kompensiert er seine Minderwertigkeitsgefühle in maßloser Eifersucht. Die Liebe schlägt in Haß um, und als beide mittellos auf der Straße stehen, eskalieren die Ereignisse. Erstlingsfilm über eine »amour fou« mit tragischem Ausgang. ✦ USA 1991 **P** Boomerang **VA** Starlight **Pd** Jonathan Reiss, Matt Devlen **R** Jill Goldman **B** George Gray **K** Gary Tieche **S** Esther P. Russell **D** Tom Sizemore (Lenny), Pamela Gidley (Eloise), Jennifer O'Neill (Clarissa), Seymour Cassel (Bud), Margaux Hemingway (Jackie), Rick Edelman (Bubba), Joe Dallesandro (Boss) **L** 90 **FSK** ab 16 **E** 30.8.1993 Video

WILD ANGEL (1997) (VILDÄNGEL). Ein 17jähriger Problemschüler kommt zu seiner neuen Pflegefamilie in Nordschweden und gibt seine Verweigerungshaltung durch das sensible Programm des Lehrers einer Sonderschule auf, der seine Schüler mit einer Theaterinszenierung zu motivieren versteht. Ein sehr authentischer Jugendfilm, der auf den Erfahrungen des Regisseurs, im Hauptberuf Leiter einer Sonderschule, beruht, der mit seinen Schülern dieses Jugenddrama inszenierte und auf die Gefühlswelt der unverstandenen Jugendlichen aufmerksam machen möchte. (O.m.d.U) – Ab 14. ✦ Schweden 1997 **P** Giraff Film/Kulturskolan Hosteriert/Filmpool Nord/Svensk Filmindustri **VA** Kinder- und Jugendfilmzentrum **R+B** Christer Engberg **K** John Olsson **M** Christer Engberg **S** Hakan Karlsson **D** Matthias Barthelsson (Jim), Nina Morin (Linda), Patrik Johansson (Reijo), Lotta Högberg (Nadja), Martin Wikström (Viktor) **L** 92 **FSK** ab 12 **E** Herbst 1998 Video **fd** 33 712

WILD ANGEL – UNGEZÄHMTE LEIDENSCHAFT → Wild Angel (1991)

WILD AT HEART – DIE GESCHICHTE VON SAILOR UND LULA (WILD AT HEART). Ein junger Mann flieht mit seiner Geliebten, vom tödlichen Haß ihrer Mutter verfolgt, quer durch Amerika. Vor einem wahren Horror-Szenario von Gewalt, Schmutz, Armut, Verrat und Tod wächst das Vertrauen der beiden zueinander. Nach einem gescheiterten Banküberfall und der Verbüßung einer mehrjährigen Haftstrafe findet der Mann endlich den Mut, sich seiner Liebe zu stellen. Eine mit gewaltigem Bild-, Ton- und Musikaufwand opernhaft inszenierte Mischung aus »amour fou«, Gangstergeschichte und Roadmovie, die aus einer ironischen Märchenhaltung heraus die schrecklichen und widerwärtigen Seiten des Lebens schlaglichtartig erhellt, aber auch nachhaltig humane Werte und die Schönheiten des Daseins beschwört. Eine nicht selten geschmacklose Collage, die zugleich aber als verdichtete Momentaufnahme gegenwartsbezogener Realitäts- und Weltbetrachtung verstanden werden kann. ✦ Scope. USA 1990 **P** Polygram/Propaganda Prod./Lava **KI** Senator **VA** Marketing **Pd** Monty Montgomery, Steve Golin, Joni Sighvatsson **R** David Lynch **B** David Lynch, nach einem Roman von Barry Gifford **K** Frederick Elmes **M** Angelo Badalamenti, The Gypsi Band, Pee Wee Taylor **S** Duwayne Dunham **D** Nicolas Cage (Sailor Ripley), Laura Dern (Lula Pace Fortune), Diane Ladd (Marietta Pace), Willem Dafoe (Bobby Peru), Isabella Rossellini (Perdita Durango), Harry Dean Stanton (Johnnie Farragut), Crispin Glover (Dell), Grace Zabriskie (Juana), J. E. Freeman (Marcello Santos), Morgan Sheppard (Mr. Reindeer) **L** 124 **FSK** ab 16; f **FBW** bw **E** 20.9. 1990/20.2.1991 Video/4.5.1992 premiere **fd** 28 529

WILD AT LOVE (DRAGSTRIP GIRL). In den 50er Jahren verliebt sich ein armer Mexikaner in Los Angeles in ein weißes Mädchen aus reichem Haus. Um es zu erobern, geht er manches Risiko ein. Eine thematisch gängige Fernsehware, die ihre eigene Farbe durch ungewohnte Zutaten erzielt; vor allem dank der präzisen Zeichnung attraktiver Nebenrollen gewinnt der Film Konturen. – Ab 14 möglich. ✦ USA 1994 **P** Spelling Films **VA** VCL/Carolco **Pd** Lou Arkoff, Debra Hill, David Giler, Willie Kutner **R** Mary Lambert **B** Jerome Gary **K** Sandi Sissel **M** Hummie Mann **S** Gordon Antell **D** Maria Celedonio (Pearl), Christopher Crabb (Alex), Raymond Cruz (Doogie), Mark Dacascos (Johnny), Natasha Gregson Wagner (Laura) **L** 82 **FSK** ab 12 **E** 24.7.1995 Video **fd** 31 482

WILD ATTRACTION (WILD ATTRACTION). Sexfilm: Ein amerikanischer Musiker treibt während eines Italien-Aufenthaltes seine Geliebte zwecks Steigerung der eigenen Lust in die Arme eines anderen. Der »Seitensprung« hat jedoch andere als die erhofften Folgen. ✦ Italien 1991 **P** B.P. Enterprises **VA** Movie House **R** Rex Perry **D** Rock Malchovich, Jeremy Hapner, Judith Kaufman **L** 90 **FSK** ab 18 **E** 11.6.1992 Video

WILD AUF JUNGE KNOSPEN (L'INITIATION). Eine Studentin, die sich gegen intime Beziehungen mit einem gleichaltrigen Jungen sperrt, wird von einem älteren Schriftsteller in die Liebe eingeführt, muß aber erkennen, daß dieser Weg eine Sackgasse ist. Engagierter Film für eine freie, wenn auch nicht zügellose Sexualität; eine sorgfältig fotografierte sentimentale Beziehungsgeschichte im Gefolge von Arthur Hillers Erfolgsfilm »Love Story«. ✦ Kanada 1969 **P** Cinépix **KI** Jugendfilm **Pd** John Dunning, Andre Link **R** Denis Héroux **B** Yves Thériault **K** René Verzier **M** François Cousineau **S** Jean Lafleur **D** Chantal Renauld (Victoire), Danielle Quimet (Nadine), Jacques Riberolles (Gervais Messiambre), Gilles Chartrand (Pierre), Céline Lomez (Christine), Louise Turcot (Judith) **L** 80 **FSK** ab 16; f **E** 20.10.1972 **fd** 18 058

WILD AUFS ERSTE MAL → Honeybun – Wild auf's erste Mal

WILD BILL (WILD BILL). Episoden aus dem Leben von Wild Bill Hickok, einer Legende des Wilden Westens aus den 60er und 70er Jahren des 19. Jahrhunderts, der als sinnenfroher, weder Tod noch Teufel fürchtender Individualist gezeichnet wird. Nach zahlreichen Liebschaften und noch mehr Herausforderungen zum Duell erkrankt er am Grünen Star und droht zu erblinden. Eine lust- und kraftvoll inszenierte Lebenschronik, die die Szenen durch zahlreiche Überblendungen soghaft ineinanderfließen läßt und zunehmend melancholischer nach dem Verlust von Idealen und Lebensprinzipien fragt. – Sehenswert ab 16. ✦ Scope, teils schwarz-weiß. USA 1995 **P** United Artists **VA** Warner Home **Pd** Richard D. Zanuck, Lili Fini Zanuck **R** Walter Hill **B** Walter Hill, nach einem Bühnenstück von Thomas Babe sowie einem Roman von Pete Dexter **K** Lloyd Ahern (= Lloyd Ahern II) **M** Van Dyke Parks **S** Freeman Davies **D** Jeff Bridges (Wild Bill Hickok), Ellen Barkin (Calamity Jane), John Hurt (Charley Prince), Diane Lane (Susannah Moore), Keith Carradine (Buffalo Bill Cody), Bruce Dern (Will Plummer) **L** 94 **FSK** ab 16 **E** 16.8.1996 Video **fd** 32 139

WILD BLUE – NOTATE ZU MEHREREN STIMMEN (WILD BLUE – NOTES A QUELQUES VOIX). Eine Art Reisetagebuch, das Frauen aus Europa, Afrika und Asien eine Stimme gibt, um über ihre Erfahrungen mit Gewalt, Krieg und Ungerechtigkeit zu reden. Entstanden ist ein vielstimmiger Film, der sich zu einer einheitlichen Aussage verdichtet und Einblicke in körperliche und seelische Zustände gewährt. Durch den ständigen Ortswechsel und die polyglotte Machart des Films entsteht ein globaler Eindruck, der die Probleme der Welt ebenso zum Ausdruck bringt wie die Hoffnungen, die an die Zukunft geknüpft sind. ✦ Frankreich 2000 **P** Les Prodution du sablier/arte/Artline Films/Man's Films/Navigator Films/RTBF **R** Thierry Knauff, Antoine-Marie Meert **B** Thierry Knauff **K** Antoine-Marie Meert **S** Thierry Knauff, Michèle Hubinon, Luc Plantier **L** 67 **E** 7.2.2001 arte

WILD BOYS (COUP DE VILLE). Drei Brüder sollen für ihren Vater einen Oldtimer, das Geburtstagsgeschenk für seine Frau, von Michigan nach Florida bringen. Die Fahrt wird zur nervenaufreibenden Zerreißprobe, da sich die drei ständig in den Haaren liegen und zudem das Auto durch diverse Unfälle fast in einen Schrotthaufen verwandeln. Nur indem sie sich zusammenraufen, gelingt es ihnen, das Geburtstagsgeschenk pünktlich abzuliefern. Roadmovie, das von differenzierter Figurenzeichnung, präzisen Dialogen, Gespür für Situationskomik und überzeugenden Darstellern lebt; trotz einiger formaler »Ausrutscher« und eines etwas aufgesetzten Endes eine beachtliche leise Komödie. (Fernsehtitel auch: »Wild Boys – Der Sommer ihres Lebens«) – Ab 16. ✦ Scope. USA 1990 **P** Morgan Creek **KI** Delta **VA** RCA/Columbia **Pd** Larry Brezner, Paul Schiff **R** Joe Roth **B** Mike Binder **K** Reynaldo Villalobos **M** James Newton Howard, Joe Still **S** Paul Hirsch **D** Patrick Dempsey (Bobby), Daniel Stern (Marvin), Arye Gross (Buddy), Alan Arkin (Fred Libner), Annabeth Gish (Tammy), Rita Taggart (Betty Libner), Joseph Bologna (Onkel Phil) **L** 97 **FSK** ab 12; f **E** 18.10.1990/23.4.1991 Video/2.5.1992 premiere **fd** 28 551

WILD C.A.T.S. (UN ALLER SIMPLE / SOLO ANDATA). Ein Gangster wird nach einem Banküberfall verraten und zum Tode verurteilt. Brutale Polizisten und korrupte Juristen verdächtigen ihn eines weiteren Verbrechens, das er nach seiner Flucht zwar aufklären, damit aber nicht der Todesstrafe entgehen kann. Teilweise recht spannender Kriminalfilm, der seinem Thema nur wenige tiefere Aspekte abgewinnt und das Bild des »guten« Gangsters reichlich klischeehaft und sentimental entwirft. (Fernsehtitel: »Ohne Rückfahrkarte«) ✦ Scope. Frankreich/Italien/Spanien 1970 **P** Cité/Valoria/Rizzoli/Copercines **VA** Ufa **R** José Giovanni **B** José Giovanni, nach einem Roman von Henry Edward Helseth **K** Pierre-William Glenn **M** François de Roubaix **S** Kenout Peltier **D** Jean-Claude Bouillon (Marty), Maurice Garrel (Mendel), Jean Gaven (Dietrich), Rufus, Nicoletta (Rose), Alain Mottet (Nilesse), Paola Pitagora, Giancarlo Giannini, Ottavia Piccolo **L** 98 **FSK** ab 16 **E** 21.6.1974 BR/September 1986 Video **fd** 25 869

WILD CACTUS (WILD CACTUS). Ein Botanikprofessor aus Los Angeles und seine junge Frau geraten in Arizona in die Gewalt eines brutalen Verbrechers und einer herumstreunenden Anhalterin. Hölzern inszenierter »Erotik-Thriller«, der so öde ist wie die Steinwüste, in der er spielt. ✦ USA 1992 **P** Lincolnwood/Bursteen/Metropolis **VA** VCL/Carolco **Pd** Alan B. Bursteen **R** Jag Mundhra **B** Carl Austin **K** James Mathers **M** Larry Wolff **S** Ron Resnick **D** India Allen (Alexandria), David Naughton (Philip), Gary Hudson (Randall), Michelle Moffet (Maggie), Kathy Shower (Celeste) **L** 95 (gek. 88) **FSK** ab 18 (gek. ab 16) **E** 24.1.1994 Video **fd** 30 637

WILD CARD (WILD CARD). Der »Prediger«, das Poker-As mit dem Glasauge, soll klären, ob der Tod eines Freundes womöglich Mord war und mit dessen Spielleidenschaft zusammenhing. Randfiguren sind ein jugendlicher Randalierer, ein Großgrundbesitzer im Rollstuhl, ein psychopathischer Cop und eine schöne, aber undurchsichtige Lady. Ein Krimi, dessen Inszenierung so steif bleibt wie das unbewegliche Gesicht des Hauptdarstellers. ✦ USA 1992 **P** Universal **VA** CIC **Pd+R** Mel Damski **B** Scobie Richardson **K** Peter Mackay **M** W. G. Snuffy Walden **S** Maryann Brandon **D** Powers Boothe (Prediger), Cindy Pickett (Dana), Terry O'Quinn (J. J. Barlow), René Auberjonois (Jake), M. Emmet Walsh (Mose) **L** 82 **FSK** ab 16 **E** 19.7.1993 Video **fd** 30 386

WILD CATS →Wild C.A.T.S.

WILD CHILD II (WILD CHILD II). Als der Designerin von erotischen Computer-Spielen die neueste Entwicklung gestohlen wird, setzt sie alles daran, wieder in ihren Besitz zu gelangen. Mit von der Partie sind ihre beiden Freundinnen, die für Reizwäsche posieren und diese bei der Jagd auch zum Einsatz bringen. Eine öde Softsex-Geschichte, aufgemöbelt mit etwas High-Tech-Ambiente. ✦ USA 1998 **R** Joe Cauley **B** R.D. Robinson, Joe Cauley **M** François Lapardaux **D** Julie Skiru (Jamie), Stephanie Champlin (Lynn), Cherilyn Shea (Dagny), Darren Foreman (Michael), Marshall Hilliard (Robert) **L** 73 **E** 18.6.1999 Kabel 1

WILD CHRISTMAS (REINDEER GAMES). Ein junger Gauner gibt sich nach der Entlassung aus dem Gefängnis als sein Zellenkumpan aus. Mit dessen Brieffreundin »erbt« er aber auch dessen Vorgeschichte und wird zur Mitwirkung am Überfall auf ein Spielcasino gezwungen. Hochgradig schematischer, mit billigen Effekten überfrachteter Actionfilm, der – außer in der Exposition – die persönliche Handschrift des Regisseurs völlig vermissen lässt. (Videotitel: »Reindeer Games«) DVD: Die FSK-18 Fassung (Director's Cut) enthält eine um gut eine Minute verlängerte Version des Filmes sowie als Extras u. a. einen Audiokommentar des Regisseurs. – Ab 16. ✦ Scope. USA 1999 **P** Dimension Films **KI** Kinowelt **VA** Kinowelt Home **DVD** Kinowelt Home (16:9, 2.35:1, DD5.1 engl./dt.) **Pd** Marty Katz, Bob Weinstein, Chris Moore **R** John Frankenheimer **B** Ehren Kruger **K** Alan Caso **M** Alan Silvestri **S** Tony Giggs, Michael Kahn **D** Ben Affleck (Rudy Duncan), Gary Sinise (Gabriel), Charlize Theron (Ashley), Clarence Williams III (Merlin), Dennis Farina (Jack Bangs) **L** 104 **FSK** ab 16; f (DVD ab 16 & 18) **E** 7.12.2000/25.9.2001 Video & DVD **fd** 34 592

WILD DOGS – WILDE KILLER (FOR A FEW LOUSY DOLLARS). Kriminalfilm. Vier Freunde überfallen das Restaurant eines Mafiabosses, in dessen Hinterzimmer Glücksspielrunden abgehalten werden. Einer der Freunde gibt dem Mafioso vorher einen Tip, aber als der Coup mißlingt, läßt er die vier gehen. Bald darauf versuchen sie erneut, den Gangster zu bestehlen. ✦ USA 1996 **R** Michael Bafaro **B** Evan Tylor **D** Benjamin Ratner (Danny), Frank Cassini (Franky), Donny Lucas (Theo), Lori Triolo (Jasmine), Freddy Andreiuci (1. Mann) **L** 84 **E** 22.2.1997 RTL2

WILD DRIVERS (RETURN TO MACON COUNTY). Nostalgisch aufgemöbelte Außenseiterstory im Amerika der 50er Jahre: Zwei Jugendliche rasen mit einem frisierten Chevrolet durch die Staaten, verfolgt von blindwütig schießenden Gesetzeshütern und bedroht von fanatischen Kleinbürgern. Routiniert inszeniertes B-Picture, etwas oberflächliche Fortsetzung von »Macon County Line« desselben Regisseurs (USA 1974). ✦ Scope. USA 1974 **P** AIP **KI** Gloria **R+B** Richard Compton **K** Jacques Marquette **M** Robert O. Ragland **D** Nick Nolte, Don Johnson, Robin Mattson, Laura Seper **L** 90 **FSK** ab 16; nf **E** 25.2.1977 **fd** 20 315

WILD FIRE (WILD FIRE). Abenteuerfilm um einen wilden Hengst in Neuseeland, der von einem Farmer gejagt wird, während eine Siedlerfamilie ihn einfangen und zähmen will. – Ab 14 möglich. ✦ Australien 1990 **R** Henri Safran **B** Ysabelle Dean, Rick Maler **K** John McLean **D** Beth Buchanan (Anna), Brian Rooney (Wayne), Jodie Rimer (Ginny), Andrew Shepherd (Mike) **L** 90 **E** 29.12.1997 N 3

WILD FUTURE →Wild in den Straßen

WILD GAMES IN HOLLYWOOD (HINDSIGHT). Ein Hollywood-Nachwuchsschauspieler lässt sich mit der Frau eines Studiobosses ein, verfällt aber einer anderen und kann sich nicht entscheiden. Erotisches Beziehungsdrama mit breit ausgespielten Sexszenen. (Weiterer Titel: »Wild Sex in Hollywood«) ✦ USA 1996 **P** Red Ball Productions **Pd** Steve Tyman **R** John Bowen **B** John Bowen, Steve Tymon **K** Keith Holland **D** Ken Steadman (Jason Andrews), Cyndi Pass (Cassandra Bennett), John Phillip Law (Vincent Lehmann), Kathy Shower (Joanne Lehmann), Robert Forster (Michael Donahue), Daniel Patrick (Alan) **L** 96 **FSK** ab 16 **E** 18.02.1999 RTL2

WILD GRIZZLY – JAGD AUF LEBEN UND TOD (WILD GRIZZLY). Ein Teenager freundet sich allmählich mit der Übersiedlung in die Rocky-Mountain-Provinz an, als er an einem Auswilderungsprojekt für Grizzlybären teilnehmen kann. In dessen Verlauf kommt er kriminellen Machenschaften auf die Spur, bei denen Versicherungsprämien für getötete Bären abkassiert werden sollen. Konventioneller Abenteuerfilm für ein jugendliches Publikum, angereichert mit einer scheuen Liebesgeschichte. – Ab 14. ✦ USA 1999 **P** Porchlight Entertainment **VA** Laser Paradise **Pd** David Brookwell, Sean McNamara, Neil P. White **R** Sean McNamara **B** Michael Jacobs, Jeff Phillips, Sean McNamara **K** Mark Doering-Powell **M** John Coda **S** Gregory Hobson **D** Daniel Baldwin, Fred Dryer, Michele Greene, Brendan O'Brien, John O'Hurley **L** 96 **FSK** ab 12 **E** 2.11.2000 Video

WILD HORSES (1982) →Wildpferde

WILD HORSES (1985) (WILD HORSES). Ein ehemaliger Rodeo-Reiter kann nicht verwinden, daß er nicht mehr umjubelt im Sattel sitzt. Der Familienvater läßt alles stehen und liegen, um zum jährlichen Pferdeauftrieb in die Berge zu reiten. Immer noch ein Meister seines Fachs, räumt er auch mit schwarzen Schafen unter den Pferdejägern auf, die nur die blanke Geldgier ansporn. Dramaturgisch steifer Film auf »Fury«-Fernsehniveau, der offenbar nur gemacht wurde, um den wenig überzeugenden Country-Sänger Kenny Rogers durchs schöne Wyoming stapfen zu lassen. (TV-Titel: »Wilde Mustangs«) – Ab 12. ✦ USA 1985 **P** Wild Horses/Telepictures **VA** Taurus **Pd** Hunt Lowry **R** Dick Lowry **B** Roderick Taylor, Daniel Vining **K** Keith Wagstaff **M** Hans Zimmer, Kenny Rogers **D** Kenny Rogers (Matt Cooper), Pam Dawber (Daryl Reese), Ben Johnson (Bill Ward), David Andrews (Dean Ellis), Richard Masur (Bob Bowne), Karen Carlson (Ann Coooper), Richard Farnsworth (Chuck Reese) **L** 92 **FSK** ab 12 **E** Januar 1990 Video **fd** 28 213

WILD IN DEN STRASSEN (WILD IN THE STREETS). Ein zu Ruhm und Reichtum gelangter Pop-Sänger wandelt sich in der Hochblüte der Hippie-Ära vom Wahlhelfer zum Demagogen. Schließlich wird er Präsident der USA und errichtet eine Diktatur der jungen Menschen, wobei er alle Bürger über 35 Jahren in KZ-ähnliche Camps deportieren läßt. Eine technisch versiert inszenierte Zukunftsvision mit satirischen Spitzen gegen den Kult der Jugendlichkeit, die Rolle der Massenmedien und den Konflikt von Bürgern und Anti-Bewegung. Zwiespältig in seiner gedanklich nur ansatzweise durchdachten Konzeption, als Beitrag zum Verständnis der 68er Generation trotz gelegentlicher Verzerrungen aber nicht uninteressant. (Videotitel: »Wild Future«) – Ab 16 möglich. ✦ USA 1967 **P** AIP **KI** Constantin **VA** Rainbow **Pd** James H. Nicholson, Samuel Z. Arkoff **R** Barry Shear **B** Robert Thom **K** Richard Moore **M** Les Baxter **S** Fred R. Feitshans jr., Eve Newman **D** Shelley Winters (Mrs. Flatow), Christopher Jones (Max Frost), Diane Varsi (Sally Leroy), Hal Holbrook (Senator Fergus), Millie Perkins (Mrs. Fergus), Richard Pryor (Stanley X), Ed Begley (Senator Allbright), Bert Freed (Max Jacob Flatow sr.), Kevin Coughlin (Billy Cage), Larry Bishop (Abraham) **L** 91 **FSK** ab 16; f **FBW** w **E** 14.8.1969 **fd** 16 300

WILD IST DER WIND (WILD IS THE WIND). Ein verwitweter Schafzüchter in Nevada heiratet nach langem Zögern die jüngere Schwester seiner verstorbenen Frau. Der Ehe ist kein Glück beschieden, da der Mann seine junge Frau dem Idealbild der Verstorbenen angleichen will und sich diese vor dem übergroßen Druck in eine Beziehung mit einem jüngeren Mann flüchtet. Sorgfältig gestaltetes Melodram mit zuweilen aufdringlicher Symbolik, aber großartigen Darstellern, das sich ernsthaft mit der dargestellten Problematik auseinanderzusetzen versucht. (Remake von »Stürme der Leidenschaft«, Italien 1947, R.: Gofreddo Alessandrini) – Sehenswert. ✦ Scope, schwarz-weiß. USA 1957 **P** Paramount **KI** Paramount **Pd** Hal B. Wallis **R** George Cukor **B** Arnold Schulman, nach dem Roman »Furia« von Vittorio Nino Novarese **K** Charles Lang jr. **M** Dimitri Tiomkin **S** Warren Low **D** Anna Magnani (Gioia), Anthony Quinn (Gino), Anthony Franciosa (Bene), Dolores Hart (Angie), Joseph Calleia (Alberto), Lili Valenty (Teresa), James Flavin (Wollhändler) **L** 114 **FSK** ab 16; f **FBW** bw **E** 29.8.1958/30.7.1973 ZDF/30.12.1976 DFF 1 **fd** 7 254

WILD LIFE (THE WILD LIFE). Sexuelle Wünsche, Kontakte und Exzesse Jugendlicher im Rahmen eines Ferienjobs. Erst nach diversen »Abenteuern«, die man als vermeintliches Sprungbrett ins Erwachsensein versteht, kehrt man auf die Schulbank zurück. Episodisch angelegte Teenagerkomödie, erschreckend dumm und in jeder Hinsicht mißlungen. – Wir raten ab. ✦ USA 1984 **P** Universal **VA** CIC **Pd** Art Linson, Cameron Crowe, Don Phillips **R** Art Linson **B** Cameron Crowe **K** James Glennon **M** Edward van Halen, Don Landee **S** Michael Jablow **D** Christopher Penn (Tom Drake), Lea Thompson (Anita), Eric Stoltz (Bill Conrad), Jenny Wright (Eileen), Ilan Mitchell-Smith (Jim Conrad) **L** 92 **FSK** ab 18 **E** Oktober 1986 Video **fd** 26 476

WILD MAN BLUES (WILD MAN BLUES). Dokumentarfilm über eine Europa-Tournee des Regisseurs und Schauspielers Woody Allen als Jazzmusiker. Zwar findet der Film nicht immer zu einem überzeugenden visuellen Rhythmus, besticht aber durch die mitreißenden Musikdarbietungen des New-Orleans-Jazz sowie einige Sequenzen, die aus Woody Allens eigenen Spielfilmen stammen könnten. Der Mensch Allen präsentiert sich dabei unneurotisch und souverän im Umgang mit der Öffentlichkeit und macht damit den Unterschied zu seinen Kunstfiguren augenfällig. (O.m.d.U.) – Sehenswert ab 16. ✦ USA 1997 **P** Cabin Creek Films/Sweetland Films **KI** Arthaus (Kinowelt) **Pd** Jean Doumanian **R+B** Barbara Kopple **K** Tom Hurwitz **S** Lawrence Silk **L** 107 **FSK** o. A. f **E** 18.6.1998 **fd** 33 179

WILD PALMS (WILD PALMS). Dreiteiliger TV-Thriller um ein holographisches, dreidimensionales Fernseh-System, das dem Zuschauer nicht nur Bilder, sondern die dargestellten Personen selbst ins Wohnzimmer bringen soll. Ein einflußreicher Politiker und Medienzar will es für seine gefährlichen Ziele einsetzen. Ein verwirrendes Spiel mit modernen Kommunikationsmöglichkeiten, das Zitate der Filmgeschichte ebenso nutzt wie die Möglichkeiten von »Virtual Reality«. In einem immer schneller und fragmentarischer werdenden Erzählrythmus steigert sich die »halluzinatorische Soap Opera« ins Surreale und bietet mit postmoderner Hochglanzästhetik und nostalgischen Rocksongs ironische, aber anstrengende Unterhaltung. – Ab 16. ✦ USA 1993 **VA** Warner Interactive **Pd** Oliver Stone, A. Kitman Ho, Bruce Wagner **R** Kathryn Bigelow, Keith Gordon, Peter Hewitt, Phil Joanou **B** Bruce Wagner **K** Phedon Papamichael **M** Ryuichi Sakamoto **D** James Belushi (Harry Wyckoff), Dana Delany (Grace Wyckoff), Robert Loggia (Senator Tony Kreutzer), Kim Cattrall (Paige Katz), Angie Dickinson (Josie Ito), Brad Dourif (Chickie), David Warner (Eli Levitt), Ben Savage (Cody Wyckoff), Nick Mancuso (Tully Woiwode), William Gibson (Bill Gibson), Robert Morse (Starfall) **L** 89/ 89/89 **FSK** ab 16 **E** 18.,19.,20.12.1993 RTL 2 (drei Teile)

WILD PARTY (THE WILD PARTY). Ein Stummfilmkomiker im Hollywood der 20er Jahre versucht mit einer aufwendigen Party für seinen neuen Film zu werben, stößt jedoch auf Desinteresse und steigert sich in Aggressionen bis zum Blutbad. Ästhetisch reizvolle Beschreibung einer in ihren eigenen Ritualen gefangenen Gesellschaft und der dekadenten Lebensweise in der Filmmetropole. ✦ USA 1974 **P** AIP/Merchant-Ivory **VA** VCL/Virgin **Pd** Ismail Merchant **R** James Ivory **B** Walter Marks, nach einer Erzählung von Joseph Moncure March **K** Walter Lassally **M** Laurence Rosenthal, Louis St. Louis **S** Kent McKinney **D** James Coco (Jelly Grimm), Raquel Welch (Queenie), Perry King (Dale Sword), Tiffany Bolling (Kate), Royal Dano (Tex), David Dukes (Morrison) **L** 88 **E** 31.5.1986 Video **fd** 25 633

WILD QUEENS →Journey among Women

WILD REBELS – ENGEL DES SATANS →Die Engel des Satans

WILD RIDERS (WILD RIDERS / ANGELS FOR KICKS). Zwei aus ihrem Clan ausgestoßene Motorradrocker nisten sich bei zwei reichen Frauen ein, vergewaltigen und morden, bis der plötzlich zurückkehrende Ehemann der einen Frau die beiden (mit seinem Cello!) tötet. Brutalität und unfreiwillige Komik halten sich die Waage. ✦ USA 1971 **P** Tudor **Kl** Trust **Pd** John H. Burrows, Edward Paramore III **R+B** Richard Kanter **K** Paul Hipp, Robert Maxwell, Scott Lloyd Davies **M** Allan Alper **S** Marco Meyer **D** Alex Rocco (Stick), Arell Blanton (Pete), Elizabeth Knowles (Rona), Sherry Bain (Laure), Ted Hayden (Ronas Mann) **L** 88 **FSK** ab 18; nf **E** 21.4.1972 **fd** 17 845

WILD SEX IN HOLLYWOOD →Wild Games in Hollywood

WILD SIDE (WILD SIDE). Eine Bankangestellte aus San Francisco arbeitet nachts als Callgirl, um ihren Schulden entfliehen zu können. Bald dient sie als Köder zwischen dem »größten Geldwäscher des Landes«, ihrem Freier und dessen Chauffeur, einem getarnten FBI-Mann. Am Ende erreicht sie glücklich das sonnige Mexiko. Eine an den Haaren herbeigezogene Geschichte, die in erster Linie dazu dient, breit ausgespielte Sexszenen unterbringen zu können. Auch die deutsche Synchronisation schlägt überdeutlich in diese Kerbe. (Titel auch: »Wild Side – Doppeltes Spiel«) ✦ USA 1995/96 **P** Nu Image/ Mondofin/Langley **VA** VMP/Vipro **Pd** Elie Cohn, John Langley, Boaz Davidson **R** Franklin Brauner (= Donald Cammell) **B** Ching Kong, Donald Cammell **K** Sead Mutarevic **M** Jon Hassell **S** Frank Mazzola **D** Christopher Walken (Bruno Buckingham), Joan Chen (Virginia Chow), Steven Bauer (Tony), Anne Heche (»Alex« Lee), Allen Garfield (Dan Rackman) **L** 92 (gek. 71) **FSK** ab 18 (gek. ab 16) **E** 1.4. 1997 Video **fd** 32 706

WILD STYLE! (GRAFFITI / WILD STYLE). An Hand der Erlebnisse eines Jugendlichen, der in nächtlichen Aktionen Untergrundbahnen in bunt besprühte Alltagskunstwerke verwandelt, wird ein Porträt der New Yorker Graffiti- und Rapmusik-Szene entworfen. Mehr ein Dokumentar- als ein Spielfilm, der auf unterhaltsame Weise ein authentisches Bild einer vielfältigen, schöpferischen Lebens- und Ausdrucksform nachzeichnet, aber auch die Gefahren ihrer Vermarktung verdeutlicht. (Anderer Titel: »Graffiti«, Fernsehtitel: »Graffiti Wild Style«) – Ab 14. ✦ USA 1982 **P** Wild Style **Kl** Arsenal **R+B** Charlie Ahearn **K** Clive Davidson, John Foster **M** Chris Stein, Frederick Brathwaite **S** Steve Brown **D** »Lee« Georges Quinones (Zoro), Frederick Brathwaite (Phade), Sandra »Pink« Fabara (Lady Bug), Patti Astor (Virginia), Andrew »Zephyr« Witten, Grand Master Flash **L** 82 **FSK** ab 12; f **E** 7.4. 1983 ZDF/4.11.1983 Kino **fd** 24 277

WILD THING – ENTFÜHRT UND GEPEINIGT →Ferien des Grauens

WILD THINGS (WILD THINGS). Ein Lehrer, der sich in einer Küstenstadt in Florida Ansehen und Anerkennung verschafft hat, wird von zwei Schülerinnen der Vergewaltigung bezichtigt. Vor Gericht erweisen sich die Anschuldigungen als bösartige Intrige, deren Hintergründe die schönen Fassaden der Reichen und Schönen als trügerische Illusionen entlarven. Intelligente Genrevariation, die eine raffinierte Dramaturgie der Überraschungen entfaltet, um die Erwartungen und Sehgewohnheiten der Zuschauer auszuhebeln. Dabei erschöpft sich dieser Dekonstruktivismus freilich in momentaner Verblüffung, der weder ein emotionales noch ein intellektuelles Nachleben folgt. DVD: Die Extras des USA-Imports umfassen im Gegensatz zur deutschen DVD u. a. einen Audiokommentar des Regisseurs. ✦ Scope. USA 1998 **P** Mandalay Entertainment **Kl** Constantin **VA** VCL **DVD** VCL (16:9, 2.35:1, DD5.1 dt.), USA Import: Columbia Tristar (16:9, 2.35:1, DD5.1 engl.) **Pd** Rodney Liber, Steven A. Jones **R** John McNaughton **B** Stephen Peters **K** Jeffrey L. Kimball **M** George S. Clinton **S** Elena Maganini **D** Kevin Bacon (Ray Duquette), Matt Dillon (Sam Lombardo), Neve Campbell (Kelly van Ryan), Theresa Russell (Sandra van Ryan), Denise Richards (Suzie Toller), Robert Wagner, Bill Murray **L** 107 **FSK** ab 16; f **E** 20.8.1998/27.7.1999 Video/ 6.9.1999 DVD **fd** 33 278

WILD TRIEBEN ES DIE ALTEN HUNNEN (ATTILA – IL FLAGELLO DEL DIO). Nach einem Übergriff durch römische Legionäre macht sich eine Horde barbarischer Hunnen auf, um in Rom Rache zu üben. Zerdehnte Nummernfolge, die die Historie im Stile der »Asterix«-Serie persiflieren soll. Fortlaufende Anachronismen, einige aufgesetzte Anleihen bei der »Fantasy«-Welle und bis zur Peinlichkeit dumme Kalauer machen diese Klamotte zu einem ärgerlichen Mißvergnügen. ✦ Italien 1982 **P** Intercapital **Kl** Jugendfilm **R** Castellano (= Franco Castellano), Pipolo (= Giuseppe Moccia) **B** Castellano (= Franco Castellano), Franco Castellano, Pipolo (= Giuseppe Moccia) **K** Carlo Carlini **M** Franz di Ciocco, Franco Mussida **D** Diego Abatantuono (Attila), Angelo Infanti, Rita Rusic (Urilia), Armando Marra, Mauro di Francesco (Ferdulfo) **L** 91 **FSK** ab 12; nf **E** 10.6.1983 **fd** 24 043

WILD UND SEXY (ANGELICA – THE YOUNG VIXEN). Auf einer kleinen Farm im Süden der USA geht eine Magd mit sämtlichen Männern ins Bett, um keinen der Verehrer zu verprellen. Als ihr Liebesleben zu anstrengend wird, heiratet sie den Friedensrichter, den sie mit ihren Verführungskünsten allerdings bald zum Herzinfarkt treibt. Banaler Sexfilm. ✦ USA 1970 **P** Manson **Kl** CS **Pd+R+B** Revilo Ekard **K** Bill de Diego **M** Ralph Stanley **S** Ray Cobb **D** Dixie Donovan (Molly), William Johnson (Ned Hurley), Lou d'Jena (Friedensrichter Blaine), Josie Kirk (Marlou), Vincent Ricco (Nick) **L** 76 **FSK** ab 18; nf **E** 3.2.1972

WILD UND UNBEZÄHMBAR →Das wilde Pony

WILD UND VERKOMMEN (THE WILD AND THE WICKED / THE FLESH MERCHANT). Die naiv erzählte Geschichte eines gefährdeten Mädchens in einem Amüsierbetrieb bei Hollywood. Abfallprodukt, für dessen handlungsfremde Zutaten (Striptease) offenbar der westdeutsche Verleih verantwortlich ist. ✦ Schwarz-weiß. USA 1956 **P** Sonney Amusement Enterprises **Kl** Astoria **Pd** Dan Sonney **R+B** W. Merle Connell **K** Bert Shipman **M** Will Price, Klaus Ogermann **D** Joy Renaulds, Geri Moffat, Fred Humphrey, Lisa Rack, Sam Rosen **L** 73 **FSK** ab 18; nf **E** 22.5. 1959 **fd** 8 127

WILD WEASEL – KOMMANDO OHNE WIEDERKEHR (WAR WITHOUT END). Eine Kommando-Einheit soll ein über Kambodscha abgestürztes amerikanisches Flugzeug ausfindig machen, das das neue Waffensystem »Wild Weasel« an Bord hat. Die Männer geraten in die Hände der roten Khmer. Söldnerfilm vor dem Hintergrund des Vietnam-Krieges. ✦ Hongkong 1986 **P** Silver Star **VA** Geiselgasteig **R** Teddy Page **B** James Gaines **K** Vittorio Anders **D** Robert Mason, James Gaines, Nancy K. Lee, Jerry Bayron, Richard King **L** 89 **FSK** ab 18 **E** März 1987 Video

WILD WEST (WILD WEST). Drei pakistanische Brüder in London nutzen ihre sonderbare Begeisterung für Country-Musik, um die Probleme des Alltagslebens zu vergessen. Alle Hoffnungen, mit einer Band im Musikgeschäft Fuß zu fassen, scheitern jedoch an ihrer Herkunft. Erster Kinofilm eines Fernsehregisseurs; eine leicht gestrickte Komödie mit liebenswerten Nachwuchsdarstellern und passablen Gags, jedoch etwas hausbacken. – Ab 16. ✦ Großbritannien 1992 **P** Channel 4/British Screen/Initial **Kl** Arsenal **Pd** Eric Fellner, Nicky Kentish Barnes **R** David Attwood **B** Harwant Bains **K** Nic Knowland **S** Martin Walsh **D** Naveen Andrews (Zaf), Sarita Choudhury (Rifat), Ronny Jhutti (Kay), Ravi Kapoor (Ali), Ameet Ghana (Gurdeep) **L** 85 **E** 22.9.1994 **fd** 30 980

WILD WILD WEST (WILD WILD WEST). Zwei ungleiche US-Spezialagenten verfolgen 1869 einen wahnsinnig gewordenen Konföderierten-Veteran, der sich mit dem amerikanischen Präsidenten, Wissenschaftlern, Gott und der Welt im Krieg befindet. Unterstützt von einer weiblichen Armada, legt der Schurke eine Brandspur durch das Land und bedroht seine Opfer mit futuristischen Waffen und Apparaten, bis die beiden Verfolger dem Bösewicht den Garaus machen. Eine unpatriotische Comic-Oper, überladen mit äußerlichen Effekten, zitierwütig, detailversessen und nur vordergründig witzig. Die belanglose Geschichte erlaubt den Charakteren nur mechanisches Posieren und Grimassieren. DVD: Die Extras des USA-Imports umfassen im Gegensatz zur deutschen DVD u. a. einen Audiokommentar des Regisseurs. – Ab 16. ✦ USA 1999 **P** Peters Entertainment/Sonnenfeld-Josephson Production **Kl** Warner Bros. **VA** Warner Home **DVD** Warner Home (16:9, 1.85:1, DD5.1 engl./dt.), USA Import: Warner (16:9, 1.85:1, DD5.1 engl.) **Pd** Jon Peters, Barry Sonnenfeld **R** Barry Sonnenfeld **B** S. S. Wilson, Brent Maddock, Jeffrey Price, Peter S. Seaman **K** Michael Ballhaus **M** Elmer Bernstein **S** Jim Miller **D** Will Smith (James West), Kevin Kline (Artemus Gordon/Präsident Grant), Kenneth Branagh (Dr. Arliss Loveless), Salma Hayek (Rita Escobar), M. Emmet Walsh (Coleman), Ted Levine (General McGrath) **L** 106 **FSK** ab 12; f **FBW** w **E** 29.7. 1999/11.2.2000 Video & DVD **fd** 33 807

WILD WOLVES (WHITE WOLVES 2: LEGEND OF THE WILD). Fortsetzung des Abenteuers um einen in den Bergen lebenden weißen Wolf, der einer Gruppe von jugendlichen Straftätern, die in einem Nationalpark zur Resozialisierung arbeiten, die Vorzüge des harmonischen Miteinanders aufzeigt. Als sich einer von ihnen bei einem Ausflug in die Berge verletzt, heißt es zusammenhalten, wenn sie überleben wollen. Handwerklich sauberer Abenteuerfilm für Jugendliche, der im vorhersehbaren Rahmen des Genres bleibt und weitgehend auf die Attraktion seiner Naturaufnahmen setzt. (Fernsehtitel: »Abenteuer in der Wildnis«) – Ab 10. ✦ USA 1994 **P** Concorde/New Horizons Corp. **VA** Splendid **Pd** Julie Corman **R** Terence H. Winkless **B** Dylan Kelsey Hadley **K** John Aronson **M** Gene Ober **S** John Gilbert **D** Elizabeth Berkley (Crystal), Ele Keats (Beri), Jeremy London (Mason), Corin Nemec (Ben), Justin Whalin (Jeff) **L** 90 **FSK** ab 6 **E** 11.2.1997 premiere/ 27.11.1997 Video **fd** 33 016

WILD WOMAN (WILD WOMAN). Naives Abenteuer um eine Schatzsuche im Pazifik, in deren Verlauf ein dort lebender ehemaliger japanischer Leutnant erfährt, daß der Krieg schon seit 30 Jahren zu Ende ist. Mit einigen Gewaltszenen und ein wenig Sex kümmerlich auf Spannung getrimmt. ✦ Spanien 1978 **P** Circulo **KI** Avis/Allianz **VA** ITT **R** Miguel Iglesias Bonns **D** Sita Sadafi, Rosi Dupre, Ulrike Weinhold, Frank Hope **L** 82 **FSK** ab 18; nf **E** 29.2.1980 **fd** 22 826

WILD WOMEN (STOLEN HEARTS). Nachdem ein Betrüger eine Bar-Besitzerin um ihre Ersparnisse gebracht hat, setzt diese einen Privatdetektiv auf ihn an. Der Gauner kann zwar untertauchen, doch gemeinsam mit einer Kellnerin, die über hellseherische Fähigkeiten verfügt, kann der Detektiv seine Spur aufnehmen. Kriminalfilm mit einer Spur Erotik. (Titel auch: »Wild Women – Sexy und ohne Gnade«) ✦ USA 1995 **R** Ralph Portillo **B** Jalee Bailey **D** Landon Hall (Tess), Vincent Dale (Justin Gibbons), Paula Aletonis (Dana Anders), Jim Fimiani (Brandon Keyes), Kristen Herold (Gina) **L** 81 **E** 26.12.1998 RTL 2

WILD ZERO (WILD ZERO). Ein Möchtegern-Rocker liefert sich mit einer Horde Zombies eine blutige Entscheidungsschlacht, bei der ihm nicht nur eine transsexuelle Tankstellen-Kassiererin beisteht, sondern auch die Mitglieder einer japanischen Kultrockband nebst Impressario. Ein ebenso krudes wie billig produziertes Zombie-Rock-Abenteuer, das westlichen Ikonografien huldigt und seine minimalistische Geschichte um eine dem Garagen-Sound verpflichtete Kultband arrangiert. (O.m.d.U.) ✦ Japan 1999 **P** GAGA Communications **KI** Rapid Eye Movie **Pd** Kentaro Endo **R+B** Tetsuro Takeuchi **K** Motoki Kobayashi **M** Guitar Wolf **D** Seiji Wolf (Guitar Wolf), Billy Wolf (Bass Wolf), Toru Wolf (Drum Wolf), Masashi Endo (Ace) **L** 98 **E** 19.10.2000 **fd** 34 487

WILD ZONE – VON SÖLDNERN VERSCHLEPPT (WILD ZONE). Als der Vater eines amerikanischen Wildhüters in Afrika von Banditen verschleppt wird und die Polizei wenig Engagement für seine Befreiung aufbringt, nimmt der Sohn die Sache in die eigenen Hände. Er nimmt Kontakt zu den Entführern auf und geht auf ihre Forderungen ein, doch die Banditen denken nicht daran, sich an ihre Versprechungen zu halten. Konventioneller Abenteuerfilm vor exotischer Kulisse. ✦ USA 1989 **R+B** Percival Rubens **D** Philip Brown (Wayne Garrison), Edward Albert (Colonel Lavara), Carla Herd (Nicole Laroche), Rex Garner (Pater Riley), Danny Keogh (Emilio Cortez) **L** 89 **E** 29.5.2000 RTL II

DER WILDDIEB MIT DEN HUNDERT GESICHTERN →Ferien auf dem Reiterhof

DER WILDE (THE WILD ONE). Eine Motorrad-Gang junger Amerikaner drangsaliert am Wochenende die Bewohner einer friedlichen kleinen Stadt. Unbeschönigt hart, eindringlich und milieugenau gestalteter Spielfilm, der als einer der ersten seiner Art die Auswirkung der Mechanisierung von Arbeitswelt und Umwelt auf das Freizeitverhalten junger Leute in den USA der 50er Jahre schilderte. Inzwischen hat der Film viel von seiner schockierenden Wirkung eingebüßt und bezieht sein Interesse vornehmlich aus der kultursoziologischen Beschreibung und Rhythmisierung des damaligen Lebensgefühls, vor allem aber aus der faszinierenden Darstellung Marlon Brandos. – Ab 16. ✦ Schwarz-weiß. USA 1953 **P** Columbia **KI** Columbia/Kinowelt **DVD** Columbia TriStar Home (FF, Mono engl./dt.) **Pd** Stanley Kramer **R** Laszlo Benedek **B** John Paxton, nach dem Roman »The Cyclists Raid« von Frank Rooney **K** Hal Mohr **M** Leith Stevens **S** Al Clark **D** Marlon Brando (Johnny), Mary Murphy (Kathie), Robert Keith (Harry Bleeker), Lee Marvin (Chino), Jay C. Flippen (Sheriff Singer) **L** 79 **FSK** ab 16; f **E** 14.1.1955/18.3.1967 ARD/15.8.1991 Neustart/12.8.1999 DVD **fd** 3 836

WILDE ALICE (WILDFLOWER). Im ländlichen Georgia der 30er Jahre freundet sich ein Geschwisterpaar mit einem an Epilepsie leidenden Mädchen an, das von seinem brutalen Vater wie ein Stück Vieh in einem Stall hinter dem Haus gefangengehalten wird. Liebevolle Romanverfilmung, einfühlsam inszeniert und gespielt. (Fernsehtitel: »Wilde Sehnsucht«) – Sehenswert ab 16. ✦ USA 1991 **P** Freed-Laufer/Carroll Newman Prods./ Polone **Pd** Carroll Newman **R** Diane Keaton **B** Sara Flanigan, nach ihrem Roman »Alice« **D** Patricia Arquette (Alice Guthrie), Beau Bridges (Jack Perkins), William McNamara (Sammy Perkins), Reese Witherspoon (Ellie Perkins), Susan Blakely (Ada Guthrie), Norman Maxwell (Ormand Guthrie) **L** 89 **E** 4.6.1996 ZDF

DAS WILDE AUGE (L' OCCHIO SELVAGGIO). Ein Regisseur reist durch Asien mit dem Auftrag, einen Dokumentarfilm über Land und Leute zu drehen. Skrupellos arrangiert und manipuliert er die Wirklichkeit, inszeniert Katastrophen und Greueltaten und beutet das Leiden der Menschen zynisch aus. Spekulative Kolportage, deren alibihafte Medienkritik sich durch genüßliche Auskostung von Gewaltexzessen selbst desavouiert. Der Held des Films trägt die Züge des »Mondo«-Skandalregisseurs Jacopetti. ✦ Scope. Italien 1967 **P** Cavara **KI** Centfox **Pd** Georges Marci **R** Paolo Cavara **B** Tonino Guerra, Paolo Cavara, Alberto Moravia **K** Marcello Masciocchi **M** Gianni Marchetti **S** Sergio Montanari **D** Philippe Leroy, Delia Boccardo, Gabriele Tinti, Giorgio Gargiullo, Lars Bloch, Luciana Angiolillo **L** 97 **FSK** ab 18; f **E** 10.5. 1968 **fd** 15 389

DIE WILDE AUGUSTE. Klamaukhafter Schwank nach einer Bühnenvorlage: Eine Zimmervermieterin mimt in einem feudalen Schloßhotel für zwei junge Männer die dringend erwartete reiche Tante aus Spanien, die währenddessen natürlich inkognito eintrifft. – Ab 12 möglich. ✦ BR Deutschland 1956 **P** Arca **KI** NF **Pd** Helmuth Volmer **R** Georg Jacoby **B** Per Schwenzen, Georg Jacoby, nach dem gleichnamigen Bühnenstück von Theo Halton und Walter Kollo **K** Fritz Arno Wagner **M** Franz Grothe **S** Walter Wischniewsky **D** Ruth Stephan, Peer Schmidt, Michael Cramer, Christiane Jansen, Wolfgang Wahl **L** 90 **FSK** ab 12; nf **E** 8.3.1956 **fd** 4 800

DIE WILDE BARBARA (DIVA BARBARA). Die Liebesgeschichte eines jungen Mädchens, das von der abergläubischen Bevölkerung eines böhmischen Bergdorfes mit Haß und Mißgunst verfolgt wird. Stark melodramatischer, künstlerisch schwacher Film, der sich bedeutungsschwanger gibt, letztlich jedoch eine »Gartenlaube«-Geschichte erzählt. – Ab 14. ✦ Schwarz-weiß. CSR 1949 **P** Statni-Film **KI** Progress **R** Vladimír Cech **B** Vladimír Cech, D. C. Faltis, Miloslava Prikrylová, nach einem Roman von Bozena Nemcová **K** Václav Hanus **M** Dalibor C. Vackár **D** Vlasta Fialová (Barbara (Bara)), Robert Vrchota (Jäger), Jana Dítetová (Elischka), Gustav Hilmar (Dorfschulze), Jaroslav Vojta (Pfarrer) **L** 73 **E** 28.3.1958 Kino DDR/ 13.9.1961 DFF 1

DER WILDE BARON →Der blaue Max

WILDE BETTEN – LIPPENSTIFT-TIGERINNEN (LETTI SELVAGGI). Episodenfilm zum Thema »Emanzipation auf italienisch«: Vier attraktive Frauen locken Paschas, Patriarchen und Papagallos in ihre Fänge, um sie dann über das Rollenverständnis der 70er Jahre aufzuklären. Eine Komödie, die eine an sich hübsche Idee verschenkt und nicht über das Niveau mittelmäßiger Unterhaltungsfilme hinauskommt. – Ab 16. ✦ Italien 1978 **P** Zodiac **KI** Avis/Ascot/Progress **Pd** Giorgio Salvioni **R** Luigi Zampa **B** Tonino Guerra, Giorgio Salvioni, Luis Castro **K** Giuseppe Ruzzolini **M** Riz Ortolani **S** Franco Fraticelli **D** Sylvia Kristel, Ursula Andress, Laura Antonelli, Monica Vitti **L** 95 **FSK** ab 16; nf **E** 30.8.1979/17.4.1981 Kino DDR **fd** 22 161

DER WILDE BILL (WILD BILL HICKOK RIDES). Die Abenteuer eines unerschrockenen Cowboys, der bedrängten Farmern beisteht. Schwach motivierter, jedoch ausreichend spannender kleiner Western. – Ab 12 möglich. ✦ Schwarz-weiß. USA 1941 **P** Warner **KI** Warner **Pd** Edmund Grainger **R** Ray Enright **B** Charles Grayson, Paul Gerard Smith, Raymond Schrock **K** Ted McCord **M** Howard Jackson **S** Clarence Kolster **D** Constance Bennett (Belle Andrews), Bruce Cabot (Wild Bill Hickok), Warren William (Harry Farrel), Betty Brewer (Janey Nolan), Walter Catlett (Sylvester Twigg), Ward Bond (Sheriff Edmunds), Howard da Silva (Ringo), Frank Wilcox (Martin), Faye Emerson (Peg), Julie Bishop (Violet), Russell Simpson (Ned Nolan), J. Farrell MacDonald (Richter Hathaway), Trevor Bardette (Sam Bass), Ray Teal (Jack Hanley), Francis McDonald, Paul Burns, Charles Middleton **L** 77 **FSK** ab 12; nf **E** 3.7.1959 **fd** 8 223

DER WILDE BLONDE MIT DER HEISSEN MASCHINE →Pusteblume (1974)

DER WILDE CLOWN. Auf der Suche nach der verlorenen Heimat flüchtet sich ein Oberpfälzer Arbeiter in die zerschossenen Häuser eines Truppenübungsplatzes, um dort mit wenigen Freunden seinen Traum von Freiheit zu leben. Mißglückte Tragikomödie, uneinheitlich im Stil, blaß und verwirrend. – Ab 16. ✦ BR Deutschland 1985 **P** Bavaria/Josef Rödl-Filmprod./ZDF **KI** Filmwelt **Pd** Helmut Krapp **R+B** Josef Rödl **K** Karlheinz Gschwind, Dieter Sasse **M** Eberhard Schoener **S** Juliane Lorenz **D** Siegfried Zimmerschied (Jack), Sunnyi Melles (Janis), Peter Kern (Chef), Ivo Vrzal-Wiegand (Paule), Elisabeth Bertram (Grabpflegerin), Ursula Strätz **L** 103 **FSK** ab 12; f **E** 30.10.1986 **fd** 25 903

WILDE EMMANUELLE IM PARADIES DER LUST (TOKYO EMMANUELLE). Eine mandeläugige Schönheit, der ihr Ehemann in Paris durchgebrannt ist, kehrt nach Japan zurück und läßt sich mit jedem Mann ein, denn nur so findet eine Frau zu ihrer Befreiung, wie der Film durch einen impotenten Dozenten vortragen läßt. Verworrenes Sexfilmchen fernöstlicher Provenienz. – Wir raten ab. ✦ Scope. Hongkong/Japan 1976 **P** Shaw Brothers **KI** Nobis **R** Akira Kato **B** Toshio Ashizawa **K** Masahisa Himeda **M** Ken Sata **D** Kumi Taguchi, Mitsuyaso Maeno **L** 96 **FSK** ab 18; nf **E** 25.2.1977 **fd** 20 209

WILDE ERDBEEREN (SMULTRON STÄLLET). Ein Tag im Leben eines 78jährigen Medizinprofessors, der auf dem Weg ins schwedische Lund, wo er eine Auszeichnung entgegennehmen soll, seine Vergangenheit wiederentdeckt. Die Stationen der Reise werden in Träumen, Visionen und Erinnerungsbildern zu Stationen einer Lebensbilanz; indem er Orten seiner Kindheit und Verwandten begegnet, erkennt er mit zunehmender Klarheit die Ursache seiner Kälte, Isolation, seelischen Verhärtung und Todesangst. Ingmar Bergmans sensibel gestaltetes Meisterwerk um Leben, Gott und Tod fasziniert durch die virtuose Verschränkung von realistischen und surrealen Stilmitteln, von psychologischem Charakterporträt und philosophischem Diskurs. Hervorragend in der Hauptrolle: der schwedische Theater- und Stummfilmregisseur Victor Sjöström. – Sehenswert ab 16. ✦ Schwarz-weiß. Schweden 1957 **P** Svensk Filmindustri/Janus **KI** Constantin **Pd** Allan Ekelund **R+B** Ingmar Bergman **K** Gunnar Fischer **M** Erik Nordgren **S** Oscar Rosander **D** Victor Sjöström (Prof. Isak Borg), Bibi Andersson (Sara), Ingrid Thulin (Marianne Borg), Gunnar Björnstrand (Evald Borg), Julian Kindahl (Agda), Max von Sydow (Akerman), Gunnel Lindblom (Charlotta) **L** 92 **FSK** ab 16; f **FBW** bw **E** 21.7.1961/2.11.1963 ZDF/8.7.1966 Kino DDR/ 28.12.1972 DFF **fd** 10 365

WILDE ERNTE (WILD HARVEST). Ins Reißerische absinkende sozialkritische Studie über das Schicksal wandernder Erntearbeiter in Kalifornien, die ohne jeden sozialen und gewerkschaftlichen Schutz sind. ✦ Schwarz-weiß. USA 1961 **P** Hollywood Artists **KI** Columbia-Bavaria **Pd** Aubrey Schenck **R** Jerry A. Baerwitz **B** Sid Harris, nach einem Roman von Stephen Longstreet **K** Gordon Avil **M** Paul Sawtell, Bert Shefter **S** Peter Zinner **D** Dolores Faith (Rose), Dean Fredericks (Whitey), Kathleen Freeman (Goldie), Arlynn Greer (Julie), Susan Kelly (Madge) **L** 78 **FSK** ab 18; f **E** 28.6.1963 **fd** 12 016

WILDE FLUCHT NACH KALIFORNIEN →Von Küste zu Küste

WILDE FRÜCHTE (1953) (LES FRUITS SAUVAGES). Eine junge Frau bringt, ohne es zu wollen, ihren Vater um, als dieser ihre jüngere Schwester auf den Strich schicken will. Mit ihren Geschwistern und Freunden ziehen sich die Jugendlichen in ein verlassenes Dorf zurück; dort organisieren sie sich ihr Leben. Die Polizei kommt den Ausreißern auf die Spur. Sie lassen sich wieder zu Hause integrieren, nur die Älteste begeht Selbstmord. Der Regisseur hat die überfrachtete Geschichte nicht ohne einige gute Details inszeniert, doch gelingt es ihm nicht immer, Schwulst und übertriebene Sentimentalität zu umgehen. ✦ Schwarz-weiß. Frankreich 1953 **P** Sonor/Odeon **KI** Goldeck/Rebus/Karp **Pd** Georges Agiman **R** Hervé Bromberger **B** Hervé Bromberger, Max Gallai, nach einem Roman von Michel Durafour **K** Jacques Mercanton **M** Joseph Kosma **D** Estella Blain, Georges Chamarat, Nadine Basile, Evelyne Ker, Marianne Lecène **L** 87 **FSK** ab 18; f **E** 1954 Kino **fd** 3 417

WILDE FRÜCHTE (1976) (LA ORCA/OEDIPUS ORCA). Nach ihrer Gefangenschaft als Geisel und der Verweigerung des Lösegeldes durch ihren reichen Stiefvater entdeckt ein junges Mädchen ihren wirklichen Vater. »Fortsetzung« des zuvor entstandenen Films »La Orca – Gefangen, geschändet, erniedrigt«, der stellenweise auf Szenen des Vorgängers zurückgreift. ✦ Italien 1976 **P** Serena Film '75 **KI** Avis/Ascot **R** Eriprando Visconti **B** Eriprando Visconti, Roberto Gandus **K** Blasco Giurato **M** James Dashow **S** Franco Arcalli **D** Rena Niehaus, Gabriele Ferzetti, Carmen Scarpitta, Michele Placido, Piero Faggioni, Enzo Consoli **L** 84 **FSK** ab 18; f **E** 21.9.1979 **fd** 22 523

DAS WILDE GESETZ (LA LOI SAUVAGE). Seine junge Frau kann ihren Freund erst dann ebenbürtig lieben, wenn er lernt, im alltäglichen Leben zu bestehen. Initiationsmeister spielt dabei gemeinsamer Bekannter. Einfühlend und sachte vermittelt er seinem Schüler den Umgang mit Macht und Gewalt, als beide im Knast landen. Mit einigem psychologischen Geschick die Begegnung von Erfahrung und Jugend anfänglich beobachtend, verliert sich die Geschichte zusehends im Episodenhaften und Unverbindlichen. ✦ Schweiz 1988 **P** ABC Produits/MK2/TSR **R** Francis Reusser **B** Jacques Guhl **S** Francis Reusser, Christine Benoît **D** Michel Constantin, Lucas Belvaux, Hélène Lapiower, Jean Boissery, Marie-Luce Felber **L** 90 **E** Schweiz

WILDE GLUT (BLOWING WILD). Ein in den Diensten eines Ölmagnaten stehender Mann muß sich nicht nur mit Banditen herumschlagen, die die Bohrstelle überfallen, sondern auch mit der Frau seines Chefs, seiner ehemaligen Geliebten, die ihm weiterhin nachstellt und auch vor Gattenmord nicht zurückschreckt. Ein überhitztes Melodram, das seine Konflikte künstlich aufbauscht und zu Hysterie und Zynismus neigt. (Spätere Titel: »Blutiger Süden«, »Jeff Wilde Glut«) ✦ Schwarz-weiß. USA 1953 **P** Warner **KI** Warner **Pd** Milton Sperling **R** Hugo Fregonese **B** Philip Yordan **K** Sid Hickox **M** Dimitri Tiomkin **S** Alan Crosland jr. **D** Gary Cooper (Jeff Dawson), Barbara Stanwyck (Marina Conway), Ruth Roman (Sally), Anthony Quinn (Paco Conway), Ward Bond (Dutch), Ian MacDonald (Jackson), Richard Karlan (Henderson), Juan Garcia (El Gavilan) **L** 87 **FSK** ab 16; nf **E** 14.5.1954 **fd** 3 391

DER WILDE HAUFEN VON NAVARONE (FORCE 10 FROM NAVARONE). Vier Mitglieder einer angloamerikanischen Spezialeinheit führen während des Zweiten Weltkriegs im von deutschen Truppen besetzten Jugoslawien einen gefährlichen Auftrag aus. Aufwendiger, aber recht unglaubwürdiger Action-Film, der Krieg wieder einmal als sportlich-männliches Abenteuer darstellt. (Fernsehtitel auch: »Force 10 – Die Spezialeinheit«) – Ab 16 möglich. ✦ Scope. Großbritannien 1978 **P** Navarone **KI** Warner-Columbia **Pd** Oliver A. Unger **R** Guy Hamilton **B** Robin Chapman, nach einem Roman von Alistair MacLean **K** Christopher Challis **M** Ron Goodwin **S** Raymond Poulton **D** Robert Shaw (Mallory), Harrison Ford (Barnsby), Edward Fox (Miller), Franco Nero (Lescovar), Barbara Bach (Maritza) **L** 118 **FSK** ab 12; f **E** 1.2.1979 **fd** 21 084

WILDE HERZEN (LES ROSEAUX SAUVAGES). Vor dem Hintergrund des französisch-algerischen Krieges erleben 1962 vier Jugendliche aus der südwestlichen Provinz Frankreichs die schmerzliche Suche nach politischer, sexueller und beruflicher Identität an der Schwelle zum Erwachsenwerden. Ein autobiografisch-authentisches Zeit-, Milieu- und Generationsporträt, das sich jeder Sentimentalität enthält. Der Film überzeugt durch seine sparsame, aber eindringliche Inszenierung, seine präzisen Charakterzeichnungen und die intensive schauspielerische Interpretation. (Der Film ist die längere Kinofassung des Films »Der Neue«.) ✦ Frankreich 1994 **P** IMA/Les Films Alain Sarde **KI** prokino **VA** Arthaus **Pd** Alain Sarde, Georges Benayoun **R+B** André Téchiné **K** Jeanne Lapoirie **S** Martine Giordano **D** Gaël Morel (François), Elodie Bouchez (Maité), Frédéric Gorny (Henri), Stéphane Rideau (Serge), Michèle Moretti (Madame Alvarez) **L** 114 **FSK** ab 12; f **E** 9.2.1995/4.9.1995 Video/14.12.1995 premiere **fd** 31 180

WILDE HUNDE (JIBARO). Nicht nur zum Schutz vor dem Angriff von Wildhunden schließen sich 160 kubanische Bauern zusammen, sondern vor allem, um die Errungenschaften der kubanischen Revolution zu verteidigen. Durchschnittlicher Abenteuerfilm mit patriotischer Gesinnung. – Ab 14. ✦ Scope. Kuba 1985 **P** ICAIC **KI** Progress **R** Daniel Diaz Torres **B** Roberto Fuentes **K** Pablo Martinez **M** Leo Brouwer **D** Salvador Wood, René de la Cruz, Adolfo Llauradó, Ana Viña, Flora Lauten **L** 87 **E** 10.7.1987 Kino DDR/21.3.1989 DFF 2

WILDE JAGD (THE HOT ANGEL). Jugendliche Rowdies suchen die Markierung von Uranvorkommen zu sabotieren. Mischung aus modernem Western und »Halbstarken«-Film: Der Held kommt statt zu Pferd mit einem Flugzeug in das Gebiet des Grand Canyon. – Ab 16. ✦ Schwarz-weiß. USA 1958 **P** Paramount **KI** Paramount **Pd** Stanley Kallis **R** Joe Parker **B** Stanley Kallis **K** Karl Struss **M** Richard Markowitz **S** Eda Warren **D** Jackie Loughery, Edward Kemmer, Mason Alan Dinehart, Emory Parnell, Lyle Talbot **L** 72 **FSK** ab 12; f **E** 12.6.1959

WILDE JAHRE. Nach dem Tod eines gemeinsamen Freundes versuchen sechs Menschen, ihrem trostlosen Leben im deutsch-belgisch-luxemburgischen Grenzgebiet zu entkommen. Als einer von ihnen eher zufällig einen Bus kapert, treten sie eine Reise an, auf der sie sich von den Träumen und Illusionen ihres Alltags immer weiter entfernen. Inszenatorisch allzu zerfahrenes Roadmovie, das allenfalls in einigen Details Intensität erreicht. Zu wenig pointiert, langatmig und auch ein wenig wehleidig. – Ab 16. ✦ Deutschland 1992 **P** Von Richthofen & Steger **Pd+R+B** Burkhard Steger **K** Jörg Jeshel **M** Arno Steffen **D** Hennes Hellmann (Frank), Thierry van Werveke (Paul), Berivan Kaya (Laura), Johannes Brandrup (Andi), Andreas Nickl (Sputnik), Matthias Rimpler (Südow) **L** 95 **E** 5.2.1994 arte

WILDE JAHRE IN LAWRENCEVILLE (THE HAPPY YEARS). Ein stets zu den ausgelassensten Streichen aufgelegter Lausejunge wird von seinem Vater in eine renommierte Internatsschule gesteckt, in der Hoffnung, daß er dort gebändigt wird. Doch der Junge verschafft sich trotz vieler Widernisse auf seine ganz persönliche Weise Respekt. Unterhaltsame Komödie ohne sonderlichen Tiefgang, die von einigen hübschen Einfällen und der Spielfreude des jungen Hauptdarstellers zehrt. – Ab 12 möglich. ✦ USA 1950 **P** MGM **Pd** Carey Wilson **R** William A. Wellman **B** Harry Ruskin, nach Erzählungen von Owen Johnson **K** Paul C. Vogel **M** Leigh Harline **S** John Dunning **D** Dean Stockwell (John H. Stover), Darryl Hickman (Tough McCarthy), Scotty Beckett (Tennessee Shad), Leon Ames (Samuel H. Stover sr.), Margalo Gillmore (Mrs. Stover), Leo G. Carroll (Old Roman) **L** 109 **E** 2.8.1993 ARD

WILDE JAHRE IN PARIS →The Moderns

WILDE KASTANIEN (A HOME OF OUR OWN). Da sie in Los Angeles weder eine Arbeit noch eine annehmbare Wohnung findet, zieht eine Frau mit ihren fünf Kindern nach Idaho, wo sie in einem winzigen Ort den hölzernen Rohbau eines Hauses in ein Heim zu verwandeln beginnt. Es kommt zu zahlreichen Konflikten, vor allem mit dem ältesten Sohn, bis alle Katastrophen gemeistert und neue Solidargemeinschaften gegründet sind. Ein typisch amerikanisches Drama um Haus, Familie und Heimat, das aber nie aufgesetzt wirkt und vor allem dank der ausgezeichneten Darsteller gut unterhält. – Ab 10. ✦ USA 1993 **P** A&M Films **VA** Highlight **Pd** Dale Pollock, Bill Borden **R** Tony Bill **B** Patrick Duncan **K** Jean Lepine **M** Michael Convertino **S** Axel Herbert **D** Kathy Bates (Frances Lacy), Edward Furlong (Shayne Lacy), Soon-Teck Oh (Mr. Munimura), Tony Campisi (Norman) **L** 100 **FSK** ab 6 **E** 13.11.1995 Video/1.8.1996 premiere **fd** 31 650

DIE WILDE KATE (SPITTIN' IMAGE). Während einer Reise durch eine einsame Prärielandschaft fällt ein Mädchen unbemerkt aus dem Auto der weiterfahrenden Familie und erreicht schließlich das Camp eines Einsiedlers, der zu einer Art Ersatzvater für das Kind wird. Das heranwachsende Mädchen nimmt voller Begeisterung an Spuckwettkämpfen teil, und bei einer dieser Provinz-Veranstaltungen tauchen die leiblichen Eltern auf, die die verwilderte Tochter zunächst kaum wiedererkennen. Für das Mädchen kommt es zu einer wichtigen Entscheidung zwischen bürgerlicher Familie und freiem Leben in der Wildnis. – Ab 12. ✦ USA 1983 **R** Russell S. Kern **D** Sunshine Parker, Trudi Cooper, Sharon Barr **L** 95 **E** 20.3.1991 Tele 5

WILDE KATZEN (JUNGLE CAT). Dokumentarfilm aus dem Urwald des Amazonas-Gebietes, der vor allem eine Jaguar-Familie sowie die Fülle der tropischen Pflanzen- und Tierwelt ins schöne Bild bringt. Im ganzen (bis auf die Musik) nüchterner und redlicher als frühere Naturfilme aus der Disney-Werkstatt. – Ab 8. ✦ USA 1959 **P** Walt Disney **KI** Rank **R+B** James Algar **K** James R. Simon, H. A. Wilmar, Lloyd Beebe **M** Oliver Wallace **L** 70 **FSK** ab 6; f **FBW** w **E** 27.6.1960/26.9.1969 Kino DDR/14.1.1996 premiere **fd** 9 354

WILDE KINDER (LES ENFANTS DU DESORDRE). Eine junge Frau und Mutter voller Zorn lernt, als sie wegen eines Drogenvergehens in Haft sitzt, die Arbeit einer Theatergruppe kennen, durch die straffällig gewordene Jugendliche über die künstlerische Tätigkeit hinaus therapeutische und soziale Hilfe erfahren. Auch sie bekommt die Chance, sich über die Gruppe zu resozialisieren; bald darauf droht sie jedoch in ihr altes Leben zurückzufallen. Ein Jugenddrama, das in der dokumentarischen Beobachtung der tatsächlich existierenden Theatergruppe überzeugt, deren Mitglieder in der Mehrzahl sich selbst spielen. Viel von dieser Frische und sozialen Genauigkeit geht jedoch durch das klischeehafte Drehbuch verloren. – Ab 16. ✦ Frankreich 1988 **P** Films de l'Equinoxe **R** Yannick Bellon **B** Yannick Bellon, Loleh Bellon, Gérard Sergue, Rémi Waterhouse **K** Pierre-William Glenn **M** Michel Portal **S** Kenout Peltier **D** Emmanuelle Béart (Marie), Robert Hossein (Robert), Patrick Catalifo (Patrick), Mona Bausson (Léna), Pierre Bergez (Pierre), Thierry Miroux (Xavier), Adel Bellali (Richard) **L** 97 **E** 29.11.1994 ZDF

EINE WILDE KLEINE AFFÄRE (BILLE EN TETE). Ein 16jähriger Schüler verliebt sich in die Frau eines Galeristen. Sie verhält sich zunächst abweisend, wird jedoch vom Charme und der Unbekümmertheit des Jungen zusehends angezogen. Als sein Vater von der Affäre erfährt, steckt er den Jungen in ein Internat in Rom. Ein sympathischer Film, der seine Geschichte mit einer gehörigen Portion Naivität erzählt. – Ab 16.

✦ Frankreich 1989 **P** Carthago/Renn/Générale d'Images/FR 3 **Pd** Tarak Ben Ammar **R** Carlo Cotti **B** Carlo Cotti, Alexandre Jardin **K** Jean-Claude Larrieu **M** Jean-Claude Petit **S** Jennifer Augé **D** Thomas Langmann (Virgile), Kristin Scott Thomas (Clara), Danielle Darrieux (L'Arquebuse), Patrick Raynal (Raoul), Michel Albertini (Jean), Thibault Rossigneux (Claude) **L** 92 **E** 28.5.1995 ORF 1

WILDE KNOSPEN (SOMETHING WILD). Die Geschichte eines vergewaltigten Collegemädchens, seines Selbstmordversuchs und der anschließenden Begegnung mit einem unglücklichen Alkoholiker im grauen New York. Psychologisch und künstlerisch im fesselnden ersten Teil überzeugender als im zweiten, in den sich die reißerischen Züge einer Elendskolportage einschleichen. ✦ Schwarz-weiß. USA 1960 **P** Prometheus **KI** United Artists **Pd** George Justin **R** Jack Garfein **B** Jack Garfein, Alex Karmel, nach einem Roman von Alex Karmel **K** Eugen Schüfftan **M** Aaron Copland **S** Carl Lerner **D** Carroll Baker, Ralph Meeker, Jean Stapleton, Mildred Dunnock, Charles Watts **L** 113 **FSK** ab 16; f **FBW** w **E** 16.3.1962 **fd** 11 235

WILDE KÖRPER (FREE LOVE CONFIDENTIAL). Zwei gelangweilte junge Frauen geraten bei der Suche nach Abwechslung an einen Aktfotografen und wähnen sich durch ein Mißverständnis in der Gewalt eines Erpressers. Kümmerlicher Sexfilm, formal unter jedem Niveau. – Wir raten ab. ✦ Schwarz-weiß. USA 1968 **P** Boxoffice **KI** Lenhart **R** Gordon Heller **B** Sanford White **K** Manuel S. Conde **M** Miklos Robag **D** Karen Miller, Yvette Corday, John Warren **L** 62 **FSK** ab 18; nf **E** 2.9.1969 **fd** 16 391

DER WILDE KORSAR DER KARIBIK (I PIRATI DELL'-ISOLA VERDE). Mantel-und-Degen-Film um einen Seeräuber, der in der Karibik für eine schöne Prinzessin gegen böse Piraten im Dienst eines mordlüsternen Herzogs vorgeht. Das ironisch gefärbte Abenteuer bietet die üblichen Degenduelle, Kanonaden und Kampfstückchen und ist nur dann vergnüglich, wenn die Genreregeln einmal auf den Kopf gestellt werden. (Fernsehtitel: »Die Piraten der grünen Insel«) – Ab 14. ✦ Scope. Italien/Spanien 1970 **P** Ambrosiana/Izaro **VA** VPS **R** Ferdinando Baldi **B** Mario di Nardo, Federico di Utrutia **K** Rafael Pacheco **D** Dean Reed, Alberto de Mendoza, Annabella Incontrera, Mary Francis, Sal Borgese, Paolo Gozlino **L** 88 **FSK** ab 12 **E** 24.6.1985 ZDF/Mai 1988 Video **fd** 26 838

WILDE KREATUREN (FIERCE CREATURES). Eine Karrierefrau, die eigentlich ein Radiounternehmen aufbauen sollte, wird mit der Geschäftsführung eines Londoner Zoos beauftragt, dessen Geschäftsphilosophie die Zurschaustellung ausgesprochen gefährlicher Tiere ist. Zur Erschwerung der ungewohnten Aufgabe trägt bei, daß der Zoodirektor ein ausgemachter Einfaltspinsel und Schmalspur-Casanova ist. Eine über weite Strecken turbulente Satire auf die Freizeitindustrie und ihre Auswirkungen, die trotz einiger geschmacklicher Entgleisungen mit viel schwarzem Humor gemischte vergnügliche Unterhaltung bietet. – Ab 16. ✦ Scope. USA 1996 **P** Fish Productions/Jersey Films (für Universal) **KI** UIP **VA** CIC **DVD** Universal Home (1.85:1, DD5.1 engl./DD5.0 dt.) **Pd** Michael Shamberg, John Cleese **R** Robert Young, Fred Schepisi **B** John Cleese, Iain Johnstone **K** Adrian Biddle, Ian Baker **M** Jerry Goldsmith **S** Robert Gibson **D** John Cleese (Rollo Lee), Jamie Lee Curtis (Willa Weston), Kevin Kline (Rod McCaine/Vince McCain), Michael Palin (»Bugsy« Malone), Ronnie Corbett (Reggie Sealions), Carey Lowell (Cub Felines), Robert Lindsay (Sydney Small Mammals) **L** 93 **FSK** ab 12; f **FBW** bw **E** 19.6.1997/23.2.1998 Video/5.7.2001 DVD **fd** 32 587

DIE WILDE LADY (THE PERFECT ARRANGEMENT). Ein unbefriedigte junge Frau sammelt bei vorgetäuschten Autopannen Liebhaber. Mit Brutalität und Kriminalität versetzter Sexfilm. (Alternativtitel: »Sexträume entzückender Mädchen«) – Wir raten ab. ✦ USA 1971 **P** Manson **KI** Nobis **R** Ted Leversuch **B** Margot Stevens **K** William Swenning **M** John Bath **S** Raymond V. Proca **D** Sergio Regules, Barbara Caron, Art Jenoff, Don Raymond, Jack Estrom **L** 72 **FSK** ab 18; nf **E** 8.10.1971 **fd** 17 546

DAS WILDE LAND (THE FIERCEST HEART). Ein leichtsinniger junger Mann schließt sich 1837 einem Burentreck durch das gefährliche Zulu-Land an und findet unterwegs Geschmack an soliden Aufgaben. Durchschnittlicher Abenteuerfilm, der aus seinem spätkolonialen Blickwinkel keinen Hehl macht. – Ab 16 möglich. ✦ Scope. USA 1960 **P** 20th Century Fox **KI** Centfox **Pd+R** George Sherman **B** Edmund H. North, nach einem Roman von Stuart Cloete **K** Ellis W. Carter **M** Irving Gertz **S** Richard Billings **D** Stuart Whitman, Juliet Prowse, Ken Scott, Raymond Massey, Geraldine Fitzgerald, Michael David **L** 90 **FSK** ab 16; f **E** 7.4.1961 **fd** 10 116

WILDE LUST (1960) (HONEYMOON OF TERROR OR A NIGHT OF ECSTASY). Während ein junger Mann auf Hochzeitsreise noch einmal zurück zum Festland muß, wird seine auf der einsamen Insel zurückgebliebene Frau von einem hinkenden Unhold verfolgt. Fragmentarisch anmutender Film, der offenbar nicht fertig geworden ist. Sein geschlossener Mittelteil, eine aufregende Verfolgungsjagd, verrät zumindest bildkünstlerisches Geschick; der Verleiher der unzulänglich synchronisierten, primitiv wirkenden deutschen Fassung verlängerte den spekulativen Premierentitel noch durch einen entsprechenden Untertitel: »Das Liebespaar und der Sexualverbrecher«. ✦ Schwarz-weiß. USA 1960 **P** Sonney Amusement Enterprises **KI** Karp **Pd** Basil C. Bradbury, Peter Perry **R** Peter Perry **K** Basil C. Bradbury **M** Anton Karras **D** Doug Leith, Dawn Marlow, Anton von Stralen, Dick Crane **L** 68 **FSK** ab 18; nf **E** 20.1.1961 **fd** 9 904

WILDE LUST (1974) (I LOVE YOU, I LOVE YOU NOT). Die nymphomane Frau eines Vietnam-Veteranen gerät durch »wilde« Liebesbeziehungen in die Isolation und begeht Selbstmord. Das klägliche Filmchen besteht fast durchweg aus vorwiegend unterbelichteten Sexszenen. – Wir raten ab. ✦ USA 1974 **P** Mirage **KI** Ring/Film-Allianz **R** James Bryan **D** Lynn Harris, Frank Michaels, Kathy Hilton **L** 72 **FSK** SPIO: X **E** 9.5.1975 **fd** 19 656

WILDE LUST (1978) →Fontäne der Lust

WILDE MÄDCHEN DES NACKTEN WESTENS (WILD GALS OF THE NAKED WEST). Ein kleiner, dicklicher Cowboy reitet auf seinem Maulesel in eine verruchte Westernstadt, wo er mit einem Bösewicht aneinandergerät. Die vulgäre Western-Parodie ist ein Frühwerk des berüchtigten Regisseurs. ✦ USA 1961 **P** PAD-RAM Enterprises **Pd** Peter A. DeCenzie, Russ Meyer **R+B+K** Russ Meyer **S** Russ Meyer **D** Sammy Gilbert (Der Held), Franklin Bolger (Snake Wolf), Julie Williams (Goldie Nuggets), Donna Scott, Teri Taylor, Anthony James Ryan (der Indianer), Jack Moran (alter Mann), Werner Kirsch, Ken Parker **L** 65 **E** 30.8.1991 RTL plus

DER WILDE MANN (DER WILDE MANN). Ein deutscher Reisender will die Nacht in einem zufällig gewählten kleinen Schweizer Dorfgasthof verbringen. Die Einheimischen strafen ihn mit Mißachtung. So scheitert seine Übernachtung an einer Art Unruhe auf dem Lande, an ganz alltäglichen Dingen: an der Fremdheit, an unerfüllten Sehnsüchten, an der Verletzbarkeit. Der in Berlin lebende Schweizer Filmemacher (»Edvige Scimitt«, 1985) blickt aus der Ferne liebevoll auf sein Heimatland, läßt es aber auch nicht an bissigen Anspielungen fehlen. Dicht inszenierte, glänzend gespielte makabre Komödie, die das Unheimliche aus dem Gewöhnlichen entstehen läßt. – Ab 16. ✦ Schweiz 1988 **P** Xanadu Film AG **R+B** Matthias Zschokke **K** Adrian Zschokke **D** Dieter Laser, Beatrice Kessler, Ingrid Kaiser, Heiner Walti, Josef Arnold **L** 70 **E** 17.1.1989 ZDF

DIE WILDE MEUTE (1948) →Tochter der Prärie

DIE WILDE MEUTE (1975) (IL TEMPO DEGLI ASSASSINI). Ein Kommissar und ein Priester als Kontrahenten in der Auseinandersetzung um eine Gruppe krimineller junger Männer, die schließlich von der Polizei aufgerieben wird. Spekulative Mischung aus Brutalität und Sex mit heuchlerischer Sozialkritik, auch handwerklich primitiv und langweilend. ✦ Italien 1975 **P** Mirage **KI** Apollo **R** Marcello Andrei **M** Alberto Verrecchia **D** Joe Dallesandro, Martin Balsam, Magali Noël **L** 100 **FSK** ab 18; nf **E** 9.7.1976 **fd** 19 924

WILDE MUSTANGS →Wild Horses (1985)

WILDE NACHT (THE WILD PARTY). Ein abgedankter Footballchampion, der mit einem ihm hörigen Mädchen und einem Pianisten in der dunklen Vorstadtwelt anrüchiger Kneipen lebt, versucht, einen Marineoffizier zu erpressen. Belangloses Melodram in einer schlechten Gestaltung. ✦ Schwarz-weiß. USA 1956 **P** Security **KI** Schneider **Pd** Sidney Harmon **R** Harry Horner **B** John McPartland **K** Sam Leavitt **M** Buddy Bregman **S** Richard C. Meyer **D** Anthony Quinn (Big Tom Kupfen), Carol Ohmart (Erica London), Arthur Franz (Lt. Arthur Mitchell), Jay Robinson (Gage Freeposter), Nehemiah Persoff (Kicks Johnson) **L** 82 **FSK** ab 18; nf **E** 8.3.1963 **fd** 11 919

WILDE NÄCHTE (LES NUITS FAUVES). Ein 30jähriger Dokumentarfilmer erfährt in der Auseinandersetzung mit seiner Bisexualität und seiner HIV-Infektion durch die Liebe eines jungen Mädchens eine entscheidende Wende in seiner egozentrischen Lebensweise. Eine von bildnerischer Dynamik bestimmte Studie über Formen der Sexualität und das Lebensgefühl junger Menschen in den 80er Jahren, die unter epochebedingten moralisch-ideologischen Verunsicherungen durch Aids die Präsenz des Todes in der Liebe erfahren. ✦ Frankreich 1992 **P** Banfilm Ter/La Sept Cinéma/Erre/SNC **KI** Concorde **VA** Concorde **Pd** Nella Banfi **R** Cyril Collard **B** Cyril Collard, nach seinem Roman **K** Manuel Teran **M** René-Marc Bini, Cyril Collard, Corine Blue **S** Lise Beaulieu **D** Cyril Collard (Jean), Romane Bohringer (Laura), Corine Blue (Lauras Mutter), Claude Winter (Jeans Mutter), René-Marc Bini (Marc), Maria Schneider (Noria), Carlos López (Samy) **L** 127 **FSK** ab 18; f **FBW** w **E** 18.3.1993/12.7.1993 Video/21.7.1994 premiere **fd** 30 121

WILDE NÄCHTE IM PORNOCLUB (SUBURBAN PAGANS). Als Bericht über Partnertausch in Los Angeles aufgemachter Sexfilm. – Wir raten ab. ✦ USA 1969 **P** Don **KI** Ring-Film/Carlo Schmidt **R+B** Shannon Carse **K** Sam Rayven **D** Cara Peters, Christine Thomas, Vincent Stevens, Clint Randall, Carole Saunders **L** 81 **FSK** SPIO: X **E** 26.5.1972 **fd** 18 195

WILDE NÄCHTE IN SAN FRANCISCO (EXTASY). Trivialer Erotikfilm. Einer frisch verheirateten Frau gelingt es, ihre nympho- und kleptomanischen Neigungen in den Griff zu bekommen, als sie in einem Nachtclub zu arbeiten beginnt. ✦ USA 1995 **R+B+K** Robert McCallum (= Gary Graver) **M** Wally Rathbone **D** Tiffany Million, Sarah Jane Hamilton, Frank Towers, Steve Drake **L** 83 **E** 9.5.1997 premiere

WILDE NÄCHTE – LEIDENSCHAFT OHNE TABUS (WILDLY AVAILABLE). Ein glücklich verheirateter und gutsituierter Geschäftsmann verfällt einer Zufallsbekanntschaft, die ihn mit bislang unbekanntem Sadomasochismus vertraut macht. Als die Ehefrau seine Veränderung bemerkt und sieht, dass ihre Ehe in die Brüche gehen wird, greift sie zur Selbsthilfe. Ein gut gespieltes Dreiecksdrama, das veräußerlichte Effekte meidet und sich trotz des spekulativen Titels eher als die Darstellung eines Beziehungskonflikts versteht. Der löblichen Absicht sind allerdings einige Längen zu zeitigen. ✦ USA 1996 **P** Paramount **VA** CIC **Pd** Michael Nolin, Julie Bilson Ahlberg **R+B** Michael Nolin **K** William D. Barber **M** Jerry Styner **S** Janice Engel **D** Kristoffer Tabori (Joe Goodman), Jennifer Sommerfield (Wendy), Jane Kaczmarek (Rota Goodman), Lou Rawls (Jazzman), Rachel Crane (Samantha Goodman) **L** 100 **FSK** ab 18 **E** 16.12.1999 Video **fd** 34 120

WILDE ORCHIDEE (WILD ORCHID). Eine amerikanische Juristin begegnet in Rio de Janeiro einem mysteriösen Geschäftsmann, dessen dekadente erotische Gedankenspiele sie zugleich faszinieren und abstoßen. Der Mann ist von ihrer Schönheit angetan, und so gelingt es ihr, den Zyniker mit dem Leben und der Liebe zu versöhnen. Pseudophilosophischer Film, dessen fader Eindruck durch Bilder ohne Tiefgang, die Brasilien gedanken- und ideenlos für folkloristische Momente ausbeuten, noch verstärkt wird. ✦ USA 1989 **P** Vision P.D.P. International **Kl** Senator **VA** Starlight **Pd** Mark Damon, Tony Anthony **R** Zalman King **B** Patricia Louisianna Knop, Zalman King **K** Gale Tattersall **M** Geoff MacCormack, Simon Goldenberg, Seymour Stein **S** Marc Grossman, Glenn A. Morgan **D** Mickey Rourke (James Wheeler), Jacqueline Bisset (Claudia Lirones), Carré Otis (Emily Reed), Assumpta Serna (Hanna), Bruce Greenwood (Jerome), Oleg Vidov (Otto Minch) **L** 112 **FSK** ab 16; f **E** 5.4.1990/7.11.1990 Video/22.5.1992 premiere **fd** 28 248

WILDE ORCHIDEE 2 (WILD ORCHID II – BLUE MOVIE BLUE). Die 17jährige Tochter eines drogenabhängigen Jazzmusikers landet nach dessen Selbstmord in einem Luxusbordell, findet aber schließlich doch noch mit Hilfe ihres väterlichen Beschützers ihr Glück in der Ehe. Unerquickliche Mischung aus verlogener Love-Story und kunstgewerblichem Soft-Porno, die das Thema der Prostitution aus einer lüsternen Schlüsselloch-Perspektive betrachtet. ✦ USA 1991 **P** Vision International **Kl** Senator **VA** Cannon/VMP **Pd** David Saunders, Rafael Eisenman, Howard Worth **R+B** Zalman King **K** Marc Reshovsky **M** George S. Clinton **S** James Gavin Bedford, Marc Grossman **D** Nina Siemaszko (Blue), Wendy Hughes (Elle), Robert Davi (Sully), Brent Fraser (Josh), Tom Skerritt (Ham), Joe Dallesandro (Jules), Liane Curtis (Mona) **L** 112 **FSK** ab 18; nf **E** 7.5.1992/28.9.1992 Video/12.7.1994 premiere **fd** 29 611

WILDE ORCHIDEE 3 (WILD ORCHID III – THE RED SHOE DIARY). Nach dem Selbstmord seiner Geliebten erfährt ein Architekt aus ihrem Tagebuch von der sexuellen Beziehung zu einem Schuhverkäufer. Sie wollte sich so aus seiner Vereinnahmung lösen, doch ihr Abenteuer wurde zu einem neuen Gefängnis. Auch die dritte »Orchidee« wartet mit einem chauvinistischen Frauenbild auf, versucht diesmal jedoch eine Art Rock-Märchen in Werbefilmästhetik zu kreieren. Pseudophilosophisches und halbpornographisches Geflüster lassen eine Traumwelt entstehen, die eine oberflächliche Mythologisierung der Frau und ihrer angeblichen sexuellen Bedürfnisse in den Vordergrund rückt. ✦ USA 1992 **P** Red Shoes/Connex/Vision Int./Epic **VA** VMP **Pd** David Saunders, Rafael Eisenman **R** Zalman King **B** Patricia Louisianna Knop, Zalman King **K** Marc Reshovsky **M** George S. Clinton **S** Heidi Scharfe-Blair (= Heidi Scharfe) **D** David Duchovny (Architekt), Brigitte Bako (Alex), Billy Wirth (Bauarbeiter/Schuhverkäufer), Kai Wulff (Paul), Bridgit Ryan (Marlene) **L** 101 **FSK** ab 16 **E** 16.8.1993 Video **fd** 30 434

WILDE ORCHIDEEN (WILD ORCHIDS). Eine attraktive junge Frau begleitet ihren älteren Ehemann, einen Tee-Importeur, auf seiner Geschäftsreise von den USA nach Fernost. Auf der Überfahrt lernt sie einen javanischen Prinzen kennen, der sie heftig umwirbt. Bald argwöhnt der Ehemann die Untreue seiner Frau und will sie freigeben; doch dann läßt er sich von ihrer Treue und Liebe überzeugen. Triviales Melodram vor exotischer Kulisse, das sich vor allem auf die fernöstliche Abenteuer-Atmosphäre verläßt, ohne Greta Garbo eine schauspielerisch anspruchsvolle Rolle zuzugestehen. Eine filmhistorisch interessante Neufassung des Stummfilms mit der Original-Musik und deutschen Zwischentiteln. – Ab 16. ✦ Schwarzweiß. USA 1929 **P** MGM **R** Sidney Franklin **B** Hanns Kräly, nach einer Erzählung von John Colton **K** William H. Daniels **D** Greta Garbo (Lillie Sterling), Lewis Stone (John Sterling), Nils Asther (Prinz de Gace) **L** (TV) 96 **E** 4.5.1988 NDR

WILDE PFERDE (VALDEZ IL MEZZOSANGUE). Neu-Mexiko, Ende des 19. Jahrhunderts: Ein einsamer Pferdezüchter und ein von zu Hause fortgelaufener Junge schließen Freundschaft. Ein Gutsbesitzer, der das ganze Land aufkauft, vertreibt den Züchter, der irgendwo wieder von vorne beginnen muß. Unspektakulärer, handlungsarmer Western mit schönen Bildern. – Ab 16. ✦ Italien/Frankreich/Spanien 1973 **P** De Laurentiis Inter. Ma. Co./Universal/Coral **Kl** CIC **Pd** John Sturges, Dino De Laurentiis, Duilio Coletti **R** John Sturges **B** Clair Huffaker, Dino Maiuri, Massimo De Rita, nach einem Roman von Lee Hoffman **K** Armando Nannuzzi **M** Guido de Angelis, Maurizio de Angelis **S** Vanio Amici, Peter Zinner **D** Charles Bronson (Chino Valdez), Jill Ireland (Louise), Marcel Bozzuffi (Maral), Fausto Tozzi (Cruz), Vincent van Patten (Jamie Wagner), Melissa Chimenti (Indianerin), Ettore Manni (Sheriff), Florencio Amarilla, Diana Lorys, Adolfo Thous (Coyote) **L** 97 **FSK** ab 16; f **E** 29.11.1973/3.3.1989 Kino DDR/3.8.1990 DFF 2 **fd** 18 612

DER WILDE PLANET → Fantastic Planet

DAS WILDE PONY (THE WILD PONY). Um ihre Ranch nicht verkaufen zu müssen, heiratet eine resolute Frau erneut, ist ihrem zweiten Ehemann gegenüber jedoch abweisend, weil dieser zum Unfalltod des Vaters ihrer zwei Kinder beigetragen hat. Der Mann will die Zuneigung des Stiefsohnes gewinnen und kauft ein Pony, das den Jungen beim Zureiten verletzt. Die Frau will das Tier töten lassen, doch es wird zum Lebensretter des Jungen und führt die Familie in gemeinsamer Sorge zusammen. Um die Jahrhundertwende angesiedelter, in den weiten Landschaften Kanadas spielender Familienfilm; betulich inszeniert mit klaren Profilierungen und auf kindliches Verständnis abzielend. (Alternativtitel: »Wild und unbezähmbar«) – Ab 10. ✦ Kanada 1982 **R** Kevin Sullivan **B** Eda Lishman, Kevin Sullivan, nach dem gleichnamigen Roman von Walt Morey **K** Michael Lonzo **D** Marilyn Lightstone (Sarah), Art Hindle (Frank), Josh Byrne (Christopher), Kelsey McLeod (Jenny), Murray Ord, Paul Jolicoeur, Jack Ackroyd, Bob Collins, Tommy Banks **L** (TV) 90 **E** 15.3.1986 ZDF/ 31.12.1989 DFF 2

DER WILDE RABE. Experimenteller Spielfilm, der thematische Elemente aus Edgar A. Poes Gedicht »The Raven« in freier Assoziation umsetzt und über die Themen Frau und Dualität der Welt im Sinne des poeschen Denkens meditiert. Die Musik – von Klassik bis Punk – wird mit ethnischen Klängen aus Korea, Sri Lanka und von den Aborigines aus Australien kombiniert und zur Basis für tänzerische und filmische Ausdrucksformen. ✦ BR Deutschland 1985 **P** Blitze im Eierbecher **SF** offen (8mm) **Pd+R+B+K** Peter Sempel **M** Einstürzende Neubauten **S** Peter Sempel **D** Jochen Abegg, Marion Buchmann, Hellena Stemm, Gitta Luckau, Yves Musard **L** 88 **E** 13.4. 1985 Kino

WILDE RACHE (WILD JUSTICE / DIAL). Walisischer Thriller. Als der Mörder ihrer Schwester allzu früh aus der Haft entlassen wird, sind die Geschwister schockiert. Während der Bruder sich rächen will, versucht die Schwester, einen Lynchmord zu verhindern. ✦ Großbritannien 1995 **R** Paul Turner **B** Paul Turner, Eiry Palfrey, Geraint Jones **K** Brian Morgan **D** Nia Medi (Rhiannon Hughes), Dafydd Emyr (Alun Hughes), Nick McGaughey (David Griffiths), Manon Prysor (Catrin Hughes), Trefor Selway (Samuel Hughes) **L** 88 **E** 12.5.1997 ZDF

DIE WILDE REED (A PLACE CALLED TRUTH). Eine mysteriöse junge Frau schleicht sich in das Leben einer wohlhabenden Farmerfamilie ein. Thriller, der sich jedoch auf mannigfaltige erotische Aspekte der Geschichte konzentriert und seine eigentliche Handlung bald aus den Augen verliert. Das Ergebnis ist ein uninteressanter, schlecht fotografierter Sexfilm. ✦ USA 1997 **P** The Zalman King Company **Pd** Jordan Leibert, Essy Niknejad **R** Rafael Eisenman **B** Zalman King, Elise D'Haene **K** Eagle Egilsson **M** George S. Clinton **S** Ken Morrisey, Joe Shugart **D** Audie England (Lizzie), Chris Browning (Kyle), Brion James (Hank), Jacqueline Lovell (Rita), Joseph Whipp (Sheriff Roy) **L** 100 **E** 15.4.2000 Premiere World

DAS WILDE SCHAF (LE MOUTON ENRAGE / IL MONTONE INFURIATO). Ein kleiner Bankangestellter macht Karriere, indem er – nach einem raffinierten Plan, den ein befreundeter Schriftsteller ausgeheckt hat – einflußreiche Frauen verführt. Frivole Gesellschaftssatire, die durch allzu elegante Regie jede ironische Schärfe einbüßt. Den ernsten Komponenten des Stoffes wird die Inszenierung in keiner Weise gerecht. – Ab 16. ✦ Frankreich/Italien 1973 **P** Viaduc/Capitole **Kl** Constantin **R** Michel Deville **B** Christopher Frank, nach einem Roman von Roger Blondel **K** Claude Lecomte **M** José Berghmans, Camille Saint-Saëns (Motive) **S** Raymonde Guyot **D** Romy Schneider (Roberte Groult), Jean-Louis Trintignant (Nicolas Mallet), Jean-Pierre Cassel (Claude Fabre), Jane Birkin (Marie-Paule), Florinda Bolkan (Flora) **L** 107 **FSK** ab 16; f **FBW** w **E** 31.7.1974/26.3.1977 DFF 1 **fd** 18 929

WILDE, SCHÖNE BELLA (BELLA, LA SAVAJE). Die Schwierigkeiten eines reichen Kubaners, der eine Negerfürstin zur Frau nahm und nun in seinem überheblichen Freundeskreis auf Ablehnung stößt. Ein lächerlich-primitiver Film in schaurig schlechter Inszenierung. ✦ Schwarz-weiß. Kuba/Spanien 1952 **P** Producciones Behar/Hispamer **Kl** Cefima **R** Raul Medina **B** M. J. Casanova **K** Ruiz Romero Segis, Enrique Bravo **M** Obdulio Morales **D** Blanche Amaro, Robert Ray, Nestor de Barbosa, Sylvia Morgan **L** 81 **FSK** ab 12; nf **E** 2.5.1961

WILDE SEHNSUCHT → Wilde Alice

DIE WILDE SEX LADY → Das Teufelsweib (1973)

WILDE SPIELE – HEISSE MÄDCHEN (HOLD-UP POUR LAURA). Billiger, mühsam inszenierter Sexkrimi, in dem ein Gangster mit Assistenz seiner Freundin aus der Haft entfliehen kann, dann aber von einem vermeintlichen Kumpanen wegen seines Beuteanteils tückisch ermordet wird. ✦ Frankreich 1967 **P** CTI **Kl** Roland/Film-Allianz/Alfia **R** Jean Maley **B** Jean Maley, Guy Maria, Yves Prigent, Michel Dubosc, Raymond Neil, Maurice Kaminsky **K** Jean Maley **M** Camille Sauvage, Raymond Heim **S** Jean Maley **D** Sylvie Bréal, Henri Lambert, Alain Bouvette, Claudine Delvaux, Danielle Bubreuil **L** 88 **FSK** ab 18; nf **E** 23.8.1968 **fd** 15 707

WILDE STUTEN (SO INTIMATE). Ein auf einer Insel angespülter Unbekannter gerät infolge seines Gedächtnisverlustes in den Verdacht, ein gesuchter Verbrecher zu sein, erlebt verschiedene Liebesaffären und verläßt die Insel mit seiner Geliebten und Retterin, nachdem seine Erinnerung zurückgekehrt ist. Dürftiger Sexfilm. ✦ Griechenland 1969 **P** Dimitropulos **Kl** Anka/Madsack/Lenhart **R** Dimitros Efstratiadis **K** Peter Karras **D** Theodor Rambow, Gisela Dali, Joanne Hammerfield **L** 82 **FSK** ab 18; nf **E** 21.8.1970 **fd** 17 008

WILDE TÖCHTER (RUNAWAY DAUGHTERS). Drei Freundinnen, die sich für die Verhältnisse in den USA der 50er Jahre recht unkonventionell verhalten, inszenieren eine Entführung und stehlen ein Auto, um sich auf die Suche nach einem jungen Mann zu machen, der sich freiwillig zur Navy gemeldet hat, um sich seinen Vaterschaftspflichten zu entziehen. Turbulentes Roadmovie mit einiger Action vor dem Hintergrund des Erwachsenwerdens. Der Film gehört zu einer Serie von Produktionen, die als Remakes einer Reihe von B- und C-Filmen der 50er Jahre eine späte Ehre zuteil werden lassen wollen (»Drive In Classics«). ✦ USA 1994 **P** Spelling Entertaiment **VA** VCL **R** Joe Dante **D** Holly Fields, Julie Bowen, Jenny Lewis **L** 79 **FSK** ab 12 **E** 21.5.1996 Video/2 3.9.1998 tm 3

DIE WILDE VON BEVERLY HILLS (TROOP BEVERLY HILLS). Eine mit einem reichen Verkäufer von Auspuffrohren verheiratete, aber bereits in Scheidung lebende Luxus-Dame in Beverly Hills sucht nach einem »wirklichen Sinn« in ihrem Dasein und glaubt ihn darin zu finden, daß sie den Pfadfinder-Club ihrer Tochter auf Vordermann bringt. Nach Turbulenzen wird sie kuriert und kehrt zu Mann und Heim zurück. Naives soziales Märchen mit schwachen satirischen Spitzen gegen die »Schicki-Micki«-Welt, zurechtgezimmert als Vehikel für die Komödiantin Shelley Long, die weit unter Wert verkauft wird. – Ab 10 möglich. ✦ USA 1988 **P** Weintraub Entertainment/Fries/Avanti (für Columbia) **Kl** Columbia TriStar **VA** RCA/Columbia **Pd** Ava Ostern Fries **R** Jeff Kanew **B** Pamela Noris, Margaret Grieco Oberman **K** Donald E. Thorin **M** Randy Edelman **S** Mark Melnick **D** Shelley Long (Phyllis Nefler), Craig T.Nelson (Freddy Nefler), Betty Thomas (Velda Plender), Mary Gross (Annie), Jenny Lewis (Hannah), Stephanie Beacham (Vicki Sprantz), Audra Lindley (Frances Temple), Edward Byrnes (Rodd Coleman) **L** 101 **FSK** ab 6; f **E** 7.6.1990/23.4.1991 Video/27.6.1992 premiere **fd** 29 244

DER WILDE VON MONTANA (WEST OF MONTANA). Montana 1890: Ein liederlicher Farmerssohn wird durch den Freund seines verstorbenen Vaters und seine ihm aufgenötigte Ehefrau auf den rechten Weg gebracht. Erbaulicher Western mit komischen Einlagen. – Ab 14 möglich. ✦ Scope. USA 1963 **P** MGM **Kl** MGM **Pd** Richard E. Lyons **R** Burt Kennedy **B** Burt Kennedy, nach einer Erzählung von Van Cort **K** Paul C.Vogel **M** George Bassman **S** Frank Santillo **D** Buddy Ebsen (Will Lane), Keir Dullea (Lee Carey), Lois Nettleton (Annie Boley), Warren Oates (Jace), Barbara Luna (Marietta), Paul Fix (Jess Linley), Marie Windsor (Hanna), Denver Pyle (Prediger), Kathleen Freeman (Schwester Sue), Doodles Weaver (Charlie Mary) **L** 83 **FSK** ab 12; nf **E** 17.7.1964 **fd** 12 917

WILDE WASSER (WILDE WASSER). Die Geschichte vom Sohn eines reichen Sägewerksbesitzers, der nach seinen Verirrungen als Playboy ins Heimattal zurückfindet. Edelkitsch mit verlogenem Welt- und Menschenbild, vollgepackt mit sämtlichen Klischees des Heimatfilms. – Ab 14. ✦ BR Deutschland/Österreich 1962 **P** Astra/Miksch **Kl** Schorcht **R** Rudolf Schündler **B** Maria von der Osten-Sacken, Hans Billian, Wolf Neumeister **K** Siegfried Hold **M** Heinz Neubrand **D** Hans von Borsody (Thomas Mautner), Heinrich Gretler (sein Vater), Marianne Hold (Magdalena), Corny Collins (Andrea Sternberg), Friedrich Schönfelder (Herr von Lindner), Sieghardt Rupp, Beppo Brem **L** 98 **FSK** ab 12; nf **E** 26.10.1962/7.5.1988 DFF 1 **fd** 11 594

DER WILDE WESTEN (WILD AND WOOLY). Die Geschichte eines Greenhorns aus dem Osten der USA, das seine romantischen Vorstellungen vom Wilden Westen durch Erfahrungen korrigieren muß. Der Sohn eines New Yorker Eisenbahndirektors will dem zivilisierten Leben entfliehen, um im angeblich »wilden« Westen Abenteuer zu erleben. Ein abenteuerlicher Stummfilm mit satirischen Seitenhieben gegen die Idealisierung des Western-Mythos, bevor er selbst in ein ereignisreiches frühes Paradebeispiel für das Genre mündet. – Ab 14. ✦ Schwarz-weiß. USA 1917 **P** Aircraft **Pd** Douglas Fairbanks **R** John Emerson **B** Anita Loos, nach einer Erzählung von Horace B. Carpenter **K** Victor Fleming **D** Douglas Fairbanks (Jeff Hillington), Eileen Percy (Nell), Sam de Grasse (Steve), Walter Bytell (Vater), Joseph Singleton (Butler), Calvert Carter (Hotelbesitzer) **L** 65 **E** 10.7.1976 BR III

DER WILDE, WILDE WESTEN → Is' was, Sheriff?

DIE WILDE ZOMBIEPARTY → Geisterfieber

DIE WILDEN DRAUFGÄNGER → Die wilden Schläger von San Francisco

DIE WILDEN ENGEL (THE WILD ANGELS). Der Anführer einer jugendlichen Motorradfahrer-Clique, die ihre Umwelt drangsaliert, wird durch den Tod eines Freundes gewandelt und stellt sich der Polizei. Der realistisch angelegte Film ist psychologisch ungenügend motiviert. Er behandelt das Generationsproblem nur oberflächlich und erschöpft sich weitgehend in der Darstellung der Raufereien und orgiastischen Parties der Jugendlichen. Doch trotz seiner spekulativen Elemente vermittelt der Film, in Erzählhaltung und Inszenierung, ein wenig vom Lebensgefühl der aufbegehrenden Jugend in den 60er Jahren. ✦ Scope. USA 1966 **P** AIP **Kl** Gloria **Pd+R** Roger Corman **B** Charles B. Griffith **K** Richard Moore **M** Mike Curb **S** Monte Hellman **D** Peter Fonda (Heavenly Blues), Nancy Sinatra (Mike), Bruce Dern (Loser), Lou Procopio (Joint), Coby Denton (Bull Puckley), Diane Ladd (Gaysh), Peter Bogdanovich **L** 86 **FSK** ab 18; f **FBW** w **E** 28.4.1967 **fd** 14 699

DIE WILDEN ENGEL VON HONGKONG (KILLER ON WHEELS). Zwei junge chinesische Paare, die das Wochenende in einsam gelegenem Strandhaus verbringen, setzen sich verzweifelt gegen eine vierköpfige Rockerbande zur Wehr, die weder vor Brandschatzung noch vor Vergewaltigung zurückschreckt. Mit artistischen Motorradeinlagen aufgemotzte Geschichte, die sich in primitiver Zerstörungslust ergeht. – Wir raten ab. ✦ Scope. Hongkong 1976 **P** Shaw Brothers **Kl** Residenz **R** Kuei Chi-Hung **B** Szu Tu-An **K** Yu Chi **M** Chen Yung-Yu **D** Ling Yun, Terry Liu, Li Xiu-Xien, Chiang San **L** 97 **FSK** ab 18; nf **E** 24.9.1976 **fd** 20 025

DIE WILDEN FÜNF (SAVAGE FIVE). Fünf junge Kung-Fu-Kämpfer vernichten unter Aufopferung ihres Lebens eine Gangsterbande, die ein Dorf terrorisiert. Ein grobschlächtiger, brutaler Eastern in Anlehnung an Kurosawas »Sieben Samurai«. – Wir raten ab. ✦ Scope. Hongkong 1974 **P** Shaw Brothers **Kl** Avis **R** Chang Cheh **B** I Kuan, Chang Cheh **M** Chen Yung-Yu **D** David Chiang (= Chiang Tai Wei), Ti Lung, Chen Kuan-Tai **L** 85 **FSK** SPIO: X **E** 11.3.1975 **fd** 19 256

DIE WILDEN FÜNFZIGER. Aufstieg und Fall des Jakob Formann, der es mit viel Glück, dreistem Charme und Organisationstalent vom Schwarzmarktschieber zum Großunternehmer bringt, bis er schließlich geschäftlich wie privat scheitert. Sehr freie Verfilmung des Simmel-Romans durch einen Theaterregisseur, der eine freche, revueartige Satire auf die Aufstiegsmentalität der Wirtschaftswunderjahre beabsichtigte. Entstanden ist jedoch – trotz der immensen Produktionskosten und eines beachtlichen Aufgebots bundesdeutscher Film-, Theater- und Fernsehprominenz – nur hektisches Schmierentheater voll überdrehten Klamauks. Vereinzelte Glanzlichter und treffsichere Pointen gehen in der allgemeinen dramaturgischen Konfusion unter. ✦ BR Deutschland 1982 **P** Bavaria/ZDF **Kl** Neue Constantin **Pd** Günter Rohrbach **R** Peter Zadek **B** Wolfgang Bornheim (= Robert Muller), Peter Zadek, nach dem Roman »Hurra, wir leben noch« von Johannes Mario Simmel **K** Jost Vacano **M** Klaus Doldinger **S** Max Benedict **D** Juraj Kukura (Jakob Formann), Boy Gobert (Udo von Herresheim), Peter Kern (Franzl Arnusch), Nora Barner (Julia), Christine Kaufmann (Natascha), Sunnyi Melles (Bambi), Beatrice Richter (Dr. Malthus), Eva Mattes (Hilde Werwolf), Dietrich Mattausch (Wenzel Prill), Willy Millowitsch, Klaus Höhne (Colonel Hobson), Paul Esser (Senator Hilton), Hermann Lause (Mario Schreiber), Ingrid Caven, Ivan Desny, Burkhard Driest, Bea Fiedler, Günther Kaufmann, Karl Lieffen, Eva Mattes, Brigitte Mira, Freddy Quinn, Ilja Richter, Ulrich Wildgruber **L** 126 **FSK** ab 16; nf **E** 23.9.1983 **fd** 24 199

DIE WILDEN HORDEN DES DSCHINGIS KHAN → Maciste in der Gewalt des Tyrannen

DIE WILDEN JAHRE (THE SWEET RIDE). Alkohol und Sex regieren das Leben eines alternden Playboys, der mit zwei gammelnden Jugendlichen und einigen Mädchen eine Art permanenter Ferien-Kommune bildet, die plötzlich mit einem Verbrechen konfrontiert wird. Zwischen Gesellschaftskomödie und gesellschaftlicher Reportage pendelnder Film, nach bekannten Hollywood-Klischees modisch aufbereitet und inszeniert. ✦ Scope. USA 1967 **P** 20th Century Fox **Kl** Centfox **Pd** Joe Pasternak **R** Harvey Hart **B** Tom Mankiewicz, nach dem Roman von William Murray **K** Robert B. Hauser **M** Pete Rugolo **S** Philip W. Anderson **D** Tony Franciosa (= Anthony Franciosa) (Collie Ransom), Michael Sarrazin (Denny McGuire), Bob Denver (Choo-Choo Burns), Jacqueline Bisset (Vicki Cartwright), Michael Wilding (Mr. Cartwright) **L** 100 **FSK** ab 18; f **E** 14.6.1968 **fd** 15 584

DIE WILDEN JUNGEN MÄNNER → Easy Rider

DIE WILDEN MAHLZEITEN (RENE LA CANNE). Um dem Tod zu entgehen, melden sich im Zweiten Weltkrieg zwei Franzosen, ein Polizist und ein Gauner, freiwillig zum Arbeitsdienst in Deutschland. Nach dem Krieg jagt der Polizist zunächst seinen Kumpanen, um am Ende mit ihm gemeinsame Sache zu machen. Völlig mißglückter Versuch einer Komödie, deren zotige Sexabenteuer und zynische Kriegs-Gags sich gegenseitig an Geschmacklosigkeiten überbieten. ✦ Frankreich/Italien 1976 **P** President/Rizzoli **Kl** Cinefrance **Pd** Jacques-Eric Strauss **R** Francis Girod **B** Jacques Rouffio, Francis Girod, nach einem Roman von Roger Borniche **K** Aldo Tonti **M** Ennio Morricone **S** Eva Zora **D** Michel Piccoli (Marchand), Gérard Depardieu (René), Sylvia Kristel (Krista), Jean Rigaux (Diogene), Valérie Mairesse (Martine) **L** 89 (Orig. 100) **FSK** ab 16; nf **E** 28.10.1977/1.10.1989 RTL plus **fd** 20 542

DIE WILDEN NACKTEN MÄDCHEN (THE WILD FEMALES). Ein Mädchen aus zerrütteten Verhältnissen, von zu Hause ausgerissen, wird vergewaltigt und muß erkennen, daß seine Schwester sich prostituiert. Sexfilm von bestürzender Dummheit und formaler Unzulänglichkeit. – Wir raten ab. ✦ USA 1971 **P** Manson **Kl** Nobis **R** A. Hope **B** W. L. Schmidt **D** Amber Arnett, Marsha Jordan, Moe Martin, Nick Titles, Buck Bucky **L** 79 **FSK** ab 18; nf **E** 25.2.1972 **fd** 17 774

DIE WILDEN SCHLÄGER VON ROCKERS TOWN (HELL'S BELLES). Im Westernstil inszenierter Rockerfilm: Ein Rancher erobert sein von einer Bande gestohlenes Motorrad mit allen Mitteln zurück. Im Aufbau logisch und überwiegend glaubhaft; mit guten darstellerischen Leistungen. Interessant ist der Einblick in die mit faschistischen Methoden geführte Rockerbande. ✦ USA 1969 **P** AIP **Kl** Scotia **R** Maury Dexter **B** James Gordon White, R. G. McMullen **K** Kenneth Peach **D** Adam Roarke, Jocelyn Lane, Jeremy Slate **L** 95 **FSK** ab 18; nf **E** 11.7.1974 **fd** 18 899

DIE WILDEN SCHLÄGER VON SAN FRANCISCO (HELL ANGELS ON WHEELS). Die bösartigen und langmähnigen Schlägertypen der Motorradbande »Hell Angels« ein weiteres Mal bei der provokativen Demonstration ihrer Bindungs-, Arbeits- und Morallosigkeit. Als halbherziger Mitläufer schließt sich den wilden Schlägern vorübergehend Buddy an, der zum Schluß entschieden für die schwangere Shill eintreten wird. Bei allen Vorbehalten wird das Bild einer sich von der Gesellschaft distanzierenden Jugend deutlich. (Alternativtitel: »Die wilden Draufgänger«) ✦ USA 1967 **P** Fanfare **Kl** Constantin **Pd** Joe Solomon **R** Richard Rush **B** R. Wright Campbell **K** Leslie Kovacs (= Laszlo Kovacs) **M** Stu Phillips **D** Adam Roarke (Buddy), Jack Nicholson (Poet), Sabrina Scharf (Shill), Jana Taylor (Abigale), John Garwood (Jock) **L** 96 **FSK** ab 18; nf **E** 30.5.1968 **fd** 15 508

DIE WILDEN SCHWÄNE (1963) (DIKJE LEBEDI). Farbenfroher Zeichentrickfilm nach dem gleichnamigen Märchen von Hans Christian Andersen. Als ein König, der elf Söhne und eine hübsche Tochter hat, noch einmal heiratet, ahnt er nicht, daß seine Frau eine Hexe ist. Sie macht das Mädchen häßlich und verzaubert die Knaben in Schwäne. Um den Zauber rückgängig zu machen, muß das Mädchen elf Hemden aus Brennesseln anfertigen, ohne dabei ein Wort zu sprechen. – Ab 6. ✦ UdSSR 1963 **R** Michail Zechanowski, Vera Zechanowskaja **B** E. Ryss, Leonid Trauberg, nach einem Märchen von Hans Christian Andersen **L** 65 **E** 18.7.1969 Kino DDR/22.5.1994 ORB

DIE WILDEN SCHWÄNE (1978). Unter der Bedingung, daß er ihre Tochter heiratet, führt eine böse

Hexe König Hildebrand, der sich verirrte, aus dem Wald heraus. Bevor er die schöne, aber herzlose Tochter ehelicht, versteckt er seine Kinder. Die neue Frau findet sie jedoch und verwandelt sie in wilde Schwäne. Japanisches Zeichentrick-Märchen nach Motiven der Gebrüder Grimm und Hans Christian Andersens. – Ab 8 möglich. ✦ Japan 1978 **R** Nobutaka Nishizawa **B** nach Motiven der Brüder Grimm und dem Märchen von Hans Christian Andersen **L** (TV) 60 **E** 15.11.1989

DIE WILDEN SCHWÄNE (1988) → Die elf Schwäne

DIE WILDEN STUNDEN DER SCHÖNEN MÄDCHEN. Fortsetzung des Sexfilms »Mädchen – jung und lüstern«. Zwei geschäftstüchtige junge Männer eröffnen auf einem Schloß eine Schönheitsfarm. Sie bietet Kundinnen, die sich vernachlässigt fühlen, auch »Liebeskuren« an. Primitive und spekulative Unterhaltung. – Wir raten ab. ✦ BR Deutschland 1984 **R+B** Michel Jean **D** Richard Allan (= Richard Lemieuvre), Alban Ceray, Barbara Legrand, Eva Kleber, Olinka Petrowa **L** 82 **E** 18.4.1992 SAT 1

DIE WILDEN TÖCHTER VON GLÜCKSBURG → Rat' mal, wer heut bei uns schläft ... ?

DIE WILDEN WEIBER VON SWEETWATER (THE WILD WOMEN OF CHASTITY GULCH). Eine Kleinstadt im Norden der USA wird fast ausschließlich von Frauen bewohnt, da die Männer im Bürgerkrieg kämpfen. Aber auch im Frauenlager ist ein Kampf entbrannt, wollen die Ehrbaren doch der Bordellbesitzerin und ihren Mädchen an den Kragen. Einer Ärztin gelingt es zwar, Frieden zu stiften, doch dann droht eine Gefahr ganz anderer Art: Sie muss den verwundeten Sohn eines Offiziers operieren; sollte er sterben, wird die Stadt dem Erdboden gleich gemacht. Western-Komödie um wehrhafte Frauen, die aus ihrer Notlage eine Tugend machen und zu Selbstbewusstsein und Gemeinschaftsgeist finden. – Ab 16. ✦ USA 1982 **Pd** Shelley Hull **R** Philip Leacock **B** Earl Wallace **K** Richard L. Rawlings **M** Frank De Vol, Tom Worrall **S** Patrick Kennedy, John Woodcock **D** Priscilla Barnes (Maggie McCulloch), Howard Duff (Colonel Isaacs), Pamela Bellwood (Sarah), Phyllis Davis (Sugar), Jeanette Nolan (Gertrude) **L** 93 **E** 16.12.2000 tm3

DIE WILDEN WEIBER VON TENNESSEE (KISSIN' COUSINS). Eine schrullige Familie wehrt sich mit allen Mitteln gegen die Verpachtung eines Berges, den die Luftwaffe zu einem Raketenstützpunkt ausbauen will. Alberne Militärkomödie mit Elvis Presley in einer faden Doppelrolle. – Ab 12 möglich. ✦ Scope. USA 1963 **P** Four Leaf **KI** MGM **Pd** Sam Katzman **R** Gene Nelson **B** Gerald Drayson Adams, Gene Nelson, nach einem Roman von Gerald Drayson Adams **K** Ellis W. Carter **M** Fred Karger **S** Ben Lewis **D** Elvis Presley (Josh Morgan/Jodie Tatum), Arthur O'Connell (Pappi Tatum), Glenda Farrell (Mammi Tatum), Pamela Austin (Selena Tatum), Jack Albertson **L** 93 **FSK** ab 6; nf **E** 1.10.1965 **fd** 13 780

DIE WILDEN ZEHN (TEN VIOLENT WOMEN). Einige junge Frauen wollen durch einen Überfall auf einen Juwelierladen zu Reichtum gelangen, werden aber verhaftet und einer brutalen Lagerleiterin ausgeliefert. Ein auf Sadismus abzielendes Machwerk, das sich mit Hintertreppengags über die Zeit schleppt. (Alternativtitel: »Zehn Frauen in Wut«) – Wir raten ab. ✦ USA 1980 **P** Cinema Features **KI** PolyGram **VA** VMP **Pd+R** Ted V. Mikels **B** Ted V. Mikels, James Gordon White **K** Yuval Shousterman **M** Nicholas Carras **S** Ted V. Mikels **D** Sherri Vernon (Samantha), Dixie Lauren (Maggie), Georgia Morgan (Bri Terry), Ted V. Mikels (Leo), Jane Farnsworth (Madge), Melodie Bell **L** 92 **E** 1983 Video **fd** 23 800

DIE WILDEN ZWANZIGER (THE ROARING TWENTIES). Drei Soldaten schmieden kurz vor dem Ende des Ersten Weltkriegs große Pläne für die Nachkriegszeit. Nach der Heimkehr folgt rasch die Ernüchterung. Zwei geraten auf die schiefe Bahn. Der Wirtschaftszusammenbruch beendet alle Hoffnungen. Der semidokumentarisch aufgebaute Film, der vor allem die Prohibitionszeit und die Wirtschaftsdepression 1929 grell ausleuchtet, trägt Züge eines Gangsterfilms, ist aber mehr noch eine pessimistische sozialkritische Skizze. Vorzüglich Humphrey Bogart als scheiternder Einzelgänger. – Sehenswert. ✦ Schwarz-weiß. USA 1939 **P** First National (für Warner) **Pd** Hal B. Wallis **R** Raoul Walsh **B** Jerry Wald, Richard Macaulay, Robert Rossen, nach einer Originalstory von Mark Hellinger **K** Ernest Haller **M** Heinz Roemheld, Ray Heindorf **S** Jack Killifer **D** James Cagney (Eddie Bartlett), Priscilla Lane (Jean Sherman), Humphrey Bogart (George Hally), Gladys George (Panama Smith), Jeffrey Lynn (Lloyd Hart) **L** 106 **E** 31.8.1968 WDR III (O.m.d.U.)/2.11.1977 ZDF **fd** 20 519

DIE WILDENTE (1976) (DIE WILDENTE). Ein 12jähriges Mädchen zerbricht an der Lebenslüge der Eltern, nachdem ein moralisierender Freund des Vaters die künstliche Familienidylle rücksichtslos zerstört hat. Handwerklich versierte Ibsen-Verfilmung, atmosphärisch dicht und schauspielerisch sehenswert, jedoch streckenweise auffallend glatt und steril. – Sehenswert ab 16. ✦ BR Deutschland/Österreich 1976 **P** Solaris/Sascha/WDR **KI** Filmverlag der Autoren **Pd** Bernd Eichinger **R** Hans W. Geissendörfer **B** Hans W. Geissendörfer, nach dem gleichnamigen Theaterstück von Henrik Ibsen **K** Robby Müller **M** Niels Janette Walen **S** Jutta Brandstaedter **D** Bruno Ganz (Gregers), Peter Kern (Hjalmar), Anne Bennent (Hedwig), Jean Seberg (Gina), Martin Flörchinger (Ekdal), Heinz Bennent (Dr. Relling), Heinz Moog (Konsul Werle) **L** 105 **FSK** ab 12; f **FBW** bw **E** 10.9. 1976 **fd** 19 975

DIE WILDENTE (1984) (THE WILD DUCK). Ein lebensfremder Wahrheitsfanatiker zwingt eine Familie, ihre kleinen persönlichen Lebenslügen aufzugeben, provoziert jedoch statt neuer Lebensenergie nur die Zerstörung der Betroffenen. Australische Adaption von Ibsens gleichnamigem Drama, die Ort und Zeit der Handlung nach Sydney und ins Jahr 1913 verlegt; eine interessante eigene Sichtweise des Stoffes anstrebend, zehrt der Film vor allem von der Präsenz der Schauspieler in einer etwas sterilen Atmosphäre. – Ab 16. ✦ Australien 1984 **P** Orion **Pd** Phillip Emanuel, Basil Appleby **R** Henri Safran **B** Tutte Lemkow, Dido Merwin, Henri Safran, nach dem gleichnamigen Theaterstück von Henrik Ibsen **M** Simon Walker **S** Don Saunders **D** Jeremy Irons, Liv Ullmann, Michael Pate, Lucinda Jones, Arthur Dignam **L** (TV) 90 **E** 25.9.1988 West 3

WILDER DREIER (SAPORE DI DONNA / THREESOME WILD). Sexfilm. Die Bemühungen eines erfolgreichen Choreografen, sich eine »perfekte Frau« heranzuziehen, scheinen von Erfolg gekrönt, bis die Auserwählte beginnt, sich für Vertreterinnen des eigenen Geschlechts zu interessieren. (Alternativtitel: »Threesome Wild«; TV: »Bolero der Leidenschaft«) ✦ Italien 1990 **P** Italia/Internazional **KI** Ufa **R** Pasquale Fanetti **D** Malú (Violetta), Angeles Lopez Barea (Celeste), Giancarlo Teodori (Jeffrey) **L** 88 **FSK** ab 18 **E** 1991 Video/9.7.1993 SAT 1

WILDER HAFEN EHE. Die Frau eines notorischen Verlierers, der sich nirgendwo integrieren kann, verliebt sich in den besten Freund ihres Mannes, einen vom Leben verwöhnten Sonnyboy, während der Ehemann bei einem Selbstfindungstripp in Rom seine Wunden leckt. Immerhin erkennt er dort, wo sein Platz im Leben ist, doch nun gilt es, um die geliebte Frau zu kämpfen. Mit allen Klischees einer altbackenen Kolportage ausgestattetes Melodram um Selbstfindungsprozesse. ✦ Deutschland 2001 **R** Oliver Dommenget **B** Natalie Scharf **K** Markus Hausen **M** Jörg Magnus Pfeil (= Jörg Pfeil) **D** Daniel Friedrich (Harry), Karsten Speck (Kai), Katharina Müller-Elmau (Tamara), Johanna Christine Gehlen (Swantje), Björn Kirschniok (Elian) **L** 89 **E** 23.9.2001 ZDF

WILDER HERBST (L'AUTOMNE SAUVAGE). Ein arbeitsloser Pilot will seinen indianischen Freund vom Verdacht befreien, zwei Forstarbeiter bestialisch ermordet zu haben. Gleichzeitig wird er in eine private Erbschaftsangelegenheit verwickelt. – Ab 14. ✦ Kanada 1992 **R** Gabriel Pelletier **B** Gabriel Pelletier, Bob Girardi **D** Serge Dupire (Charlie Minton), Anne Létourneau (Eve Duchesneau), Raymond Bouchard (Gaston Laviolette), Leslie Yeo (Eddie Minton), Raoul Trujillo (Régis Santerre) **L** 96 **E** 27.11.1995 RTL 2

WILDER HONIG (WILD HONEY). Die Laufbahn eines Landmädchens zur Luxusdirne. Dümmlicher Sexfilm nach bekanntem Muster. – Wir raten ab. ✦ USA 1971 **P** Uranus **KI** AB **R+B** Don Edmonds **K** David Ming-Li-Lowe **M** Peter Donald **D** Donna Young, K. W. Christian, Alan Warwick, Kip Whitman, Donna Stanley **L** 90 **FSK** SPIO: X **E** 15.9.1972 **fd** 18 000

WILDER KAPITALISMUS (CAPITALISMO SEFVAGEM). Experimenteller Spielfilm. Ein Unternehmer im Amazonasgebiet, der seit einem Unfall von Halluzinationen heimgesucht wird, leitet das Bergwerk seines Schwiegervaters mit eiskalter Härte. Eine junge Journalistin, die sich dem Schutz der indianischen Kultur verschrieben hat, ist der erste Mensch, der seit dem vermeintlichen Tod seiner Frau zu ihm vordringen kann. Sie enthüllt, daß er eigentlich selbst indianischer Abstammung ist, und verhilft ihm zu einem grundlegenden Charakterwandel. Als die totgeglaubte Ehefrau jedoch wieder auftaucht, fällt der Mann in seine alten Verhaltensweisen zurück. ✦ Brasilien 1993 **R** André Klotzel **B** André Klotzel, Djalma Batista **K** Pedro Farkas **M** David Tygel **D** Fernanda Torres (Elisa Medeiros), José Mayer (Hugo Victor Assis), Marisa Orth (Diana Jota), Marcelo Tas (Leandro Jota) **L** 78 **E** 11.4.1994 ZDF

WILDER OSTEN. Dokumentation über das Leben in der ländlichen Grenzregion der Karpaten zwischen Polen, der Ukraine und Rumänien, wo heute allein der Dollar etwas wert ist. Während die einen wie schon vor der Wende sich in der Verwaltung des Mangels üben, haben andere, vorwiegend ehemalige Parteifunktionäre, den großen Reibach gemacht. ✦ Polen 1998 **R** Ireneusz Engler **L** 88 **E** 4.9.1998 arte

WILDER REITER GMBH. Ein junger Volontär einer Provinzzeitung, der in München Karriere machen will, gerät als Publicity-Manager eines um jeden Preis nach Popularität strebenden Exzentrikers in immer neue Aufregungen. Nur streckenweise originelle Satire, deren aggressive Kritik durch selbstzweckhafte Übertreibungen und häufige Geschmacklosigkeiten weitgehend verpufft. ✦ Schwarz-weiß. BR Deutschland 1966 **P** Horst Manfred Adloff Prod. **KI** Cinema Service **Pd** Peter Genée **R+B** Franz-Josef Spieker **K** Wolfgang Fischer **M** Erich Ferstl **S** Barbara Mondry **D** Herbert Fux (Kim), Chantal Cachin (Tanja), Bernd Herzsprung (Georg), Rainer Basedow (Whitey), Ellen Umlauf (Opernsängerin), Marthe Keller (Nonne) **L** 104 **FSK** ab 18; nf **FBW** w **E** 12.1.1967 **fd** 14 515

WILDER SAND (FAR FROM HOME). Ein Mann und seine 14jährige Tochter stranden während ihres Urlaubs unfreiwillig in einem Provinznest in Nevada, von deren Bewohnern eine merkwürdige Bedrohung ausgeht. Als die Tochter Opfer einer Vergewaltigung zu werden droht, rettet sie ein schüchterner Außenseiter, der sich bald jedoch als Initiator grauenhafter Dinge erweist. Blasser und unmotivierter Thriller, der sich vergeblich um Spannung bemüht. ✦ USA 1990 **P** Lightning **VA** Concorde **Pd** Donald P. Borchers **R** Meiert Avis **B** Tommy Lee Wallace **K** Paul Elliott **M** Jonathan Elias **S** Marc Grossman **D** Matt Frewer (Charlie Cox), Drew Barrymore (Joleen), Richard Masur (Duckett), Karen Austin (Louise), Anthony Rapp (Pinky Sears) **L** 86 **FSK** ab 18 **E** 19.8.1991 Video/24.9.1996 RTL 2 **fd** 29 476

WILDER SEX FRÜHREIFER MÄDCHEN – TAGEBUCH EINER FRÜHREIFEN. Ein noch unberührtes Mädchen träumt auf der Flugreise nach Tunis von erotischen Abenteuern. Gemanagt von seiner Stiefmutter, kommt es nach einer ersten Enttäuschung an den Mann. Sexfilm von minderer formaler Qualität und bleierner Langeweile. (Alternativtitel: »Aus dem Tagebuch einer Frühreifen«, »Wilder Sex junger

Mädchen«) – Wir raten ab. ✦ BR Deutschland 1971 **P** Geissler Prod. **KI** Sonderfilm **R** Jürgen Schindler, Nino Casale **B** Franz von Treuberg **K** Gernot Roll **M** Jürgen Drews **S** Jutta Brandstaedter **D** Astrid Kilian, Katharina Mayberg, Monica Marc, Jost Neubauer **L** 73 **FSK** ab 18; nf **E** 23.6.1972 **fd** 19 135

WILDER SEX JUNGER MÄDCHEN → Wilder Sex frühreifer Mädchen – Tagebuch einer Frühreifen

WILDER SOMMER (L' ESTATE VIOLENTA). Das Drama einer unwiderstehlichen Leidenschaft, die sich in der letzten Phase des Krieges in Italien zwischen einer reifen Frau und dem Sohn eines faschistischen Funktionärs entwickelt. Politisch desinteressiert, flüchtet sich das Paar aus den Wirren der Kriegszeit in eine isolierte Gefühlswelt, während sich der Zerfall des Bürgertums als staatstragende Schicht abzeichnet. Ein elegant inszeniertes Melodram vor zeitgeschichtlichem Hintergrund, durch die Einbeziehung des sozialen Milieus dem Neorealismus nahestehend, allerdings vorwiegend an den privaten Aspekten des Stoffes interessiert. – Ab 16 möglich. ✦ Schwarz-weiß. Italien/Frankreich 1959 **P** Titanus/S.G.C. **KI** DFG **R** Valerio Zurlini **B** Valerio Zurlini, Suso Cecchi d'Amico, Giorgio Prosperi **K** Tino Santoni **M** Mario Nascimbene **D** Eleonora Rossi-Drago (Roberta), Jean-Louis Trintignant (Carlo), Jacqueline Sassard (Rosanna), Raffaele Mattioli (Giulio), Federica Ranchi (Maddalena) **L** 94 **FSK** ab 16; f **E** 10.3.1961 **fd** 10 114

WILDER STROM (WILD RIVER). Beim Bau eines Staudamms im Süden der USA weigert sich eine herrische alte Farmerin, mit Familie und Anhang ihre zum Untergang bestimmte Flußinsel zu verlassen. Ein Regierungsbeamter sieht sich nicht nur Rassenhaß und Gesinnungsterror ausgesetzt, sondern die Liebe zur Enkelin seiner starrsinnigen Kontrahentin sorgt für zusätzliche Konflikte. Unentschlossen zwischen sozialkritischer Studie und individueller Liebesgeschichte schwankend, bietet der episch angelegte Film teilweise sehr gefühlvoll ausgerichtete Unterhaltung. – Ab 16. ✦ Scope. USA 1960 **P** 20th Century Fox **KI** Centfox **Pd+R** Elia Kazan **B** Paul Osborn, nach einem Roman von William Bradford Huie und Bordon Deal **K** Ellsworth Fredricks **M** Kenyon Hopkins **D** Montgomery Clift (Chuck Glover), Lee Remick (Carol), Jo Van Fleet (Ella Garth), Albert Salmi (Hank Bailey), Jay C. Flippen (Hamilton Garth) **L** 110 **FSK** ab 12; f **E** 11.8.1960/20.12.1974 ARD **fd** 9 380

WILDER, WEITER ATLANTIK. Dokumentarfilm über den Atlantik, der vom Kampf der Küstenbewohner mit dem Meer, von den Geheimissen der Tiefe, vom Nutzen des Ozeans berichtet. Neues wird dabei nicht zutage gefördert, vielmehr dümpelt die Produktion im Fahrwasser veralteter Kulturfilme. – Ab 12. ✦ Scope. BR Deutschland 1962 **P** Sirius **KI** Atlas **R** Peter Baylis **B** Peter Baylis, Carlo Fedier **K** Jacques Letellier **M** Jean de Rohanzinsky **L** 76 **FSK** ab 6; f **E** 1963 Kino

WILDER WESTERWALD. Ein Mann Anfang Dreißig, der den kleinen elterlichen Bauernhof in einem verschlafenen Dorf im Westerwald übernommen hat, sucht über ein Institut eine Ehefrau. Er findet eine bulgarische Friseuse, deren Optimismus auch durch die Verhältnisse in der rückständigen Region nicht zu brechen ist. Zwischen ihr und einer Einheimischen, die Rocksängerin in Berlin wurde und sich im Heimatdorf von einer Beziehungskrise erholen will, entwickelt sich eine Freundschaft. Ein moderner Heimatfilm als Abschlußarbeit des Studiums an der Berliner Film- und Fernsehakademie. – Ab 16. ✦ Deutschland 1994 **R** Bernd Löhr **B** Bernd Löhr, Khyana el Bitar, Barbara Philipp **K** Carl-Friedrich Koschnick **M** Joerg Leitenberger **D** Claudia Michelsen (Lisa), Ellen ten Damme (Verena), Christian Dürst (Hartmut), Tana Schanzara (Hedwig), Julia Weden (Monika) **L** 60 **E** 9.7.1995 ZDF

WILDER ZAUBER (ROUGH MAGIC). Eine Zauberkünstlerin erlebt auf der Flucht in Mexiko eine Reihe von Abenteuern. Schließlich hat sie sich nicht nur als wirkliche Zauberin ausgewiesen, sondern auch den Mann fürs Leben gefunden. Eine mißlungene Persiflage auf die Kriminalfilme der 50er Jahre, deren mangelhaftes Drehbuch durch Mummenschanz kaschiert werden soll. Gelungen sind nur Atmosphäre und Ausstattung; die vielversprechenden Schauspieler agieren chancenlos. – Ab 16. ✦ USA 1995 **P** UGC Images **KI** Jugendfilm **VA** VCL **Pd** Laurie Parker, Declan Baldwin **R** Clare Peploe **B** Robert Mundy, William Brookfield, Clare Peploe, nach einem Roman von James Hadley Chase **K** John J. Campbell **M** Richard Hartley **S** Suzanne Fenn **D** Bridget Fonda (Myra), Russell Crowe (Alex Ross), Jim Broadbent (Doc Ansell), D.W. Moffett (Cliff Wyatt), Euva Anderson (Tojola) **L** 104 **FSK** ab 12; f **E** 7.9.1995/23.4.1996 Video **fd** 31 514

WILDERER (FURTIVOS). Ein von seiner Mutter unterdrückter Wilderer heiratet gegen deren Willen einen entlaufenen Fürsorgezögling. Als er einen ausgebrochenen, mit seiner Frau befreundeten Verbrecher in Sicherheit bringt, tötet die Mutter die Schwiegertochter. Hinter der melodramatischen Familientragödie verbirgt sich eine nur teilweise verschlüsselte Parabel auf eine neurotische und unterdrückte Gesellschaft. ✦ Spanien 1975 **P** Primitivo Alvaro Prod. **R** José Luis Borau **B** Manuel Gutierrez, José Luis Borau **K** Luis Cuadrado **M** Vainica Doble **D** Lola Gaos, Ovidi Montllor, Alicia Sánchez, José Luis Borau, Felipe Solano **L** 80 **E** 19.12.1977 ZDF **fd** 20 578

DER WILDERER VOM SILBERWALD. Der neue Förster eines kleinen Ortes kann nach einigen Anfangsschwierigkeiten die Identität eines Wilderers aufdecken. Er entlarvt die unglückliche Witwe vom Sägewerk und heiratet die Tochter des Oberförsters. Heimatfilm mit kriminalistischen Elementen, langweilig und verworren inszeniert, hölzern gespielt. – Ab 14. ✦ BR Deutschland 1957 **P** Rex **KI** Union **Pd** Ernest Müller, Robert Siepen **R** Otto Meyer **B** Ilse von Gasteiger, Ernst A. Welisch **K** Walter Partsch **M** Karl Götz, Hans Hagen **S** Heinz Haber **D** Rudolf Lenz (Christian Pachegg), Anita Gutwell (Ulli), Rudolf Carl (Mathias Höllrigl), Lucie Englisch (Mathilde Höllrigl), Traute Wassler (Josefa Rohrer) **L** 97 **FSK** ab 12; nf **E** 10.10.1957 **fd** 6 334

DIE WILDERER VOM TEUFELSMOOR (POJKEN I TRÄDET). Drei wildernde Jungen machen ihre Familien und sich selbst unglücklich. Ein halbdokumentarischer Spielfilm mit banal-reißerischer Handlung. Reizvoll allenfalls durch herrliche Naturaufnahmen von lyrischer Schönheit. ✦ Scope, schwarz-weiß. Schweden 1960 **P** Sandrews **KI** Constantin **Pd+R+B** Arne Sucksdorff **K** Gunnar Fischer **M** Quincy Jones **D** Tomas Bolme (Göte), Anders Henrikson (John Cervin), Björn Gustafson (Manne), Heinz Hopf (Max), Britta Pettersson (Mari) **L** 86 **FSK** ab 12; f **E** 8.6.1962 **fd** 11 172

DER WILDERER VOM VELSATAL → Der Adler vom Velsatal

DER WILDERER VON SANTA MARIA → Musoduro – Liebe, Jagd und Leidenschaft

WILDERERNACHT (LIEBESPROBE). Der gräfliche Grundherr will seinen kapitalen Hirsch für einen zahlungskräftigen Bankier reservieren und versucht deshalb, den einzigen Abschußberechtigten im Dorf durch eine listig eingefädelte Liebesnacht abzulenken. Veralteter Bauernschwank. (Alternativtitel: »Liebesprobe«) ✦ Schwarz-weiß. Österreich 1949 **P** K. F. Sommer **KI** Ring **Pd** Karl F. Sommer **R** Karl Hans Leiter **B** Karl Pruckner **K** Carl Kurzmayer **M** Hans Hagen **D** Oskar Sima, Hely Lichten, Martha Wallner, Karl Skraup, Erich Auer **L** 93 **FSK** ab 18; nf **E** 1.9.1950 **fd** 873

WILDERN: AUS HUNGER UND LEIDENSCHAFT (WILDERN: AUS HUNGER UND LEIDENSCHAFT). Dokumentarfilm über drei Generationen von Tessiner Wilderern. Rund um die rauhen Gipfel der Greina beobachtet der Film die Männer bei ihren verbotenen Tun und forscht nach ihren Motiven. ✦ Schweiz 1997 **R** Mike Wildbolz **L** 80 **E** 6.9.1998 3sat

WILDES BLUT (RUBY GENTRY). In einer kleinen Hafenstadt nahe den Sümpfen von Nord-Carolina. Eine leidenschaftliche junge Frau aus einer Fischerfamilie, durch die Heirat mit einem Millionär reich geworden, rächt sich für ihre gesellschaftliche Zurückweisung. Zu grob skizziertes und in der Darstellung nicht überzeugendes Melodram. – Ab 16. ✦ Schwarz-weiß. USA 1952 **P** 20th Century Fox **KI** Centfox **Pd** Joseph Bernhard, King Vidor **R** King Vidor **B** Silvia Richards **K** Russell Harlan **M** Heinz Roemheld **S** Terry Morse **D** Jennifer Jones (Ruby Gentry), Karl Malden (Jim Gentry), Charlton Heston (Boake Tackman), Tom Tully (Jud Corey), Phyllis Avery (Traci McAuliffe), Bernhard Phillips (Dr. Saul Manfred), James Anderson (Jewel Corey), Josephine Hutchinson (Letitia Gentry) **L** 80 **FSK** ab 16; f **E** 27.10.1953 **fd** 2 874

WILDES FELD (CANH DONG HOANG). In einer Hütte in den Sümpfen des Mekong-Deltas lebt ein Paar mit einem Baby. Den Angriffen der amerikanischen Hubschrauber weichen die beiden mit fatalistischer Routine aus, indem sie sich tarnen. Eines Tages wird der Mann von einem Hubschrauber überrascht und kann dem Kampf nicht mehr ausweichen. Moderner Klassiker des vietnamesischen Spielfilms, der seine einfache, eher von Trauer als von Triumph geprägte Geschichte in ruhigen Schwarzweißbildern erzählt. ✦ Schwarz-weiß. Vietnam 1979 **P** Studio Ho-Chi-Minh-Stadt **R** Nguyen Hong Sen **B** Nguyen Quang Sang **K** Duong Tuan Ba **M** Trinh Cong Son **D** Lam Toi (Ba Do), Thuy An (Sau Xoa), Nguyen Thuy An, Xuan De, Robert Hai, Hong Chi **L** 95 **E** 2.9.1984 DFF 2/18.9.1994 Nord 3

WILDES LAND: DIE VISION / ZWISCHEN DEN FRONTEN / DAS ERBE / TOD IN MONTANA (RETURN TO LONESOME DOVE – THE VISION / RETURN TO LONESOME DOVE – THE FORGE / RETURN TO LONESOME DOVE – THE LEGACY/RETURN TO LONESOME DOVE – THE PASSING). Ein ehemaliger Texas-Ranger will eine Herde Mustangs von Texas nach Montana treiben. Als er dem Treck vorausreitet, fällt er einem mit den Indianern verbündeten Banditen in die Hände. Vierteilige Fernseh-Mini-Serie, die an die abenteuerlichen Geschichten des Westerns »Lonesome Dove« anschließt. – Ab 14. ✦ USA 1993 **R** Mike Robe **B** John Wilder **D** Jon Voight (Woodrow F. Call), Barbara Hershey (Clara), Louis Gossett jr. (Isom), William Petersen (Gideon), Rick Schroder (Newt Dobbs), Oliver Reed (Gregor) **L** 91/90/83/78 **E** 14./15./16./17.4.1995 SAT 1 (vier Teile)

EIN WILDES LEBEN (LA JEUNE FILLE ASSASSINEE). Ein mit einem Homosexuellen verheiratetes Fotomodell treibt mit einem dekadenten Milliardärs-Erben perverse Sexspiele und wird dabei schließlich von ihm umgebracht. Durch pseudophilosophische Dialoge, schwülstiges Dekor und manierierte Fotografie »gehobene« Beschreibung einer verkommenen Gesellschaft; seicht und geschmacklos inszeniert. – Wir raten ab. ✦ BR Deutschland/Frankreich/Italien 1974 **P** TIT/Paradox/Capra/Sedimo/Gerico **KI** Cinerama **R+B** Roger Vadim **K** Pierre-William Glenn **M** Mike Oldfield **D** Sirpa Lane (Charlotte), Mathieu Carrière (Eric), Michel Duchaussoy (Serge), Roger Vadim, Alexandre Astruc **L** 100 **FSK** ab 18; nf **E** 17.7.1975 **fd** 19 458

WILDES NEUES LAND (YOUNG PIONEERS). Ein junges Ehepaar zieht um 1870 voller Ideale und Hoffnungen in die Wildnis von Dakota, um sich dort eine Existenz aufzubauen. Nach anfänglichen Erfolgen stellen sich viele Schwierigkeiten und Sorgen ein. Das Paar erwacht erst aus seiner Erstarrung, als es gemeinsam mit seinen Nachbarn gegen skrupellose Landräuber kämpfen muß. Durchschnittlicher US-Fernsehfilm. – Ab 16. ✦ USA 1976 **P** Friendly Productions **R** Michael O'Herlihy **B** Blanche Hanalis **K** Robert L. Morrison **M** Laurence Rosenthal **D** Roger Kern (David Beaton), Linda Purl (Molly Beaton), Robert Hays (Dan Gray), Shelley Juttner, Robert Donner (Mr. Peters), Mare Winningham (Nettie Peters), Michelle Stacy (Flora Peters), Jeff Cotler (Charlie Peters), Charles Tyner **L** 170 **E** 22.,23.12.1982 BR (zwei Teile)

WILDES SIBIRIEN. Vier Frauen aus der sibirischen Stadt Magadan planen, während des Urlaubs am Schwarzen Meer auf Männerfang zu gehen. Der Dokumentarfilm beschreibt die Reisevorbereitungen der Freundinnen und verknüpft sie mit der Schilderung ihrer Lebensbedingungen. Dabei bemüht sich der Regisseur, die gängigen Sibirien-Klischees zu vermeiden und das Land objektiv darzustellen. ✦ Polen 1994 **R+B** Jurek Sladkowski **L** 52/52 **E** 9./16.6.1995 arte

EIN WILDES WOCHENENDE (LA TRAQUE). Eine Gruppe ehrenwerter Bürger in der französischen Provinz bricht zur Wildschweinjagd auf. Die Jagd auf Tiere entwickelt sich zu einer beklemmenden Menschenjagd. Trotz interessanter Ansätze und guter Schauspieler fehlt dem Film, einer hervorragend fotografierten dramatischen Komödie, der Realitätsbezug und die psychologische Motivierung. ✦ Italien/Frankreich 1975 **P** P.E.C. F./Orphée/Produzione Intercontinentale **KI** Warner-Columbia **R** Serge Leroy **B** André G. Brunelin **K** Claude Renoir **M** Giancarlo Chiaramello **D** Mimsy Farmer, Jean-Pierre Marielle, Philippe Léotard, Jean-Luc Bideau, Michel Constantin **L** 90 **E** 1975 Kino

WILDEST DREAMS (WILDEST DREAMS). Ein Ehepaar betreibt in New York ein Antiquitätengeschäft. Während einer Urlaubsreise trifft eine Kiste aus Ägypten ein, die eine Vase enthält, der alsbald ein Geist entsteigt, um dem eher infantilen Sohn das Leben schwerzumachen. Hat er doch auf einmal drei Wünsche frei, was für ihn bedeutet, seine spätpubertären Träume von Sexualität umzusetzen. Überdrehte Teenie-Komödie, die sich über männliche Sexualfantasien lustig macht, zugleich aber Voyeurgelüste im Übermaße befriedigt. ✦ USA 1987 **P** Platinum **VA** Concorde **Pd+R** Chuck Vincent **B** Craig Horrall **K** Larry Revene **M** Joey Mennona **S** James Davalos **D** James Davies (Bobby Delaney), Heidi Paine (Dancee), Deborah Blaisdell (Joan Peabody), Ruth Collins (Stella), Jill Johnson (Rachel Richards) **L** 76 **FSK** ab 16 **E** 14.6.1993 Video **fd** 30 289

DER WILDESTE UNTER TAUSEND (HUD). Eine ländliche Familiengeschichte unter Männern dreier Generationen und ihrer Wirtschafterin auf einer abgelegenen Ranch in Texas. Der wirklichkeitsnah angelegte, suggestiv zwingende Film handelt in erster Linie von den Konflikten zwischen einem zähen, streng rechtlich denkenden Viehzüchter und seinem unbotmäßigen, haltlos-ungezügelten Sohn, der durch Trunkenheit am Steuer den Tod seines Bruders verschuldete. – Sehenswert ab 16. ✦ Scope, schwarz-weiß. USA 1962 **P** Salem-Drover **KI** Paramount **Pd** Martin Ritt, Irving Ravetch **R** Martin Ritt **B** Irving Ravetch, Harriet Frank, nach einem Roman von Larry McMurtry **K** James Wong Howe **M** Elmer Bernstein **S** Frank Bracht **D** Paul Newman (Hud Bannon), Melvyn Douglas (Homer Bannon), Patricia Neal (Alma Brown), Brandon De Wilde (Lon Bannon), Whit Bissell (Burris), John Ashley (Hermy), Val Avery (Jose), Yvette Vickers (Lily Peters) **L** 97 **FSK** ab 16; f **FBW** w **E** 2.8. 1963 **fd** 12 152

DER WILDESTE VON ALLEN (GEKIKOTSU SATUJINKEN). Handgreiflicher Eastern. Eine reiche Erbin soll gewaltsam um ihre Milliarden gebracht werden, aber ein chinesischer Einzelkämpfer prügelt die fernöstliche Gangsterschar zum Teufel. (Fortsetzung: »Sonny Chiba – Der unerbittliche Vollstrecker«) ✦ Scope. Japan 1975 **P** Toei **KI** Gloria **R** Shigehiro Ozawa **K** Ken Tsukakoshi **D** Sonny Chiba, Gerald Jamada, Doris Nakajima, Toni Setera **L** 85 **FSK** ab 18; nf **E** 24.6.1977 **fd** 20 395

DER WILDESTE WESTEN (WEST AND SODA). Ein edelmütiger Cowboy rettet eine Farmerin vor dem Terror und den Heiratsanträgen eines Schurken. Übermütige Westernparodie in Form eines modernen Zeichentrickfilms. Einfallsreich und weitgehend vergnüglich; mit einer Fülle von überraschenden Pointen und optischen Einfällen. – Ab 8. ✦ Italien 1967 **P** Bruno Bozzetto Prod. **KI** Neue Filmform **Pd+R** Bruno Bozzetto **B** Bruno Bozzetto, Attilio Giovannini **K** Luciano Marzetti, Roberta Scarpa **M** Giampiero Boneschi **L** 81 **FSK** ab 6; nf **FBW** w **E** 1.12.1967 **fd** 15 067

DER WILDFANG (OSORNIK). Taschkent, Anfang des 20. Jahrhunderts: Der Waisenjunge Wildfang schlägt sich mit Gelegenheitsjobs bei der Ernte und mit dem Hüten von Vieh durch. ✦ Scope. UdSSR 1977 **P** Usbekfilm **R** Damir Salimow **B** Schuchrat Abbassow, Alexander Naumow, nach dem Roman von Gafur Guljam **K** Timur Kajumow **M** Rumil Wildanow **D** Abduraim Abdurwachabow (Wildfang), Saidkarin Saidarripow (Aman), Chamza Umarow (Sultan), Wadis Kadyrow (Sarybaj), Abdulchair Kassymow (Chadshi Bobo) **L** 95 **E** 2.9.1979 DFF 2

WILDFEUER. Eine junge Wirtstochter verläßt um die Jahrhundertwende die Enge ihrer dörflichen Heimat im Bayerischen Wald, um Unabhängigkeit zu finden und ihre dichterischen Ambitionen zu verwirklichen. Sie verstrickt sich in Liebesbeziehungen zwischen Leidenschaft, Zwang und kalkulierter Absicht. Vor malerischer Kulisse angesiedelter melodramatischer »Heimatfilm« in Anlehnung an das Leben der Dichterin Emerenz Meier. Eine Groschenromanze, die zunehmend unglaubwürdiger wird und trotz aller Turbulenzen kalt läßt. – Ab 16. ✦ BR Deutschland 1990 **P** Bavaria/Bayerischer Rundfunk **KI** Futura/Filmverlag **VA** EuroVideo **Pd** Reinhard Klooss **R** Jochen Baier **B** Jochen Baier, Reinhard Klooss **K** Gernot Roll **M** Norbert Jürgen Schneider **S** Elke Schmid **D** Anica Dobra (Emerenz), Karl Tessler (Gottfried), Josef Bierbichler (Helmberger), Johannes Thanheiser (Pankratz), Branko Samarovski (Meier) **L** 108 **FSK** ab 12; f **FBW** w **E** 22.,29.4.1991 ARD (regional)/12.9.1991 Kino/23.6.1992 Video **fd** 29 133

WILDFEUER, DER SCHWARZE HENGST (THE RETURN OF WILDFIRE). Ein unzähmbares Wildpferd im Mittelpunkt eines ansprechend bebilderten Westerns: Pferdezüchter und -diebe, Spekulanten und Liebende geraten seinetwegen an- und auseinander. – Ab 10. ✦ Schwarz-weiß. USA 1948 **P** Lippert **KI** Adler **Pd** Carl K. Hittleman **R** Ray Taylor **B** Elizabeth Bourbidge **K** Ernest Miller **M** Albert Glasser **S** Paul Landres **D** Richard Arlen (Dobe), Patricia Morison (Pat Marlowe), Mary Beth Huges (Judy Marlowe), Reed Hadley (Marty Quinn), Stanley Andrews (»Pop« Marlowe), James Millican (Frank Keller), Chris-Pin Martin (Pancho), Holly Bane (Dirk) **L** 82 **FSK** ab 6; nf **E** 21.3.1952 **fd** 1 639

WILDFIRE (WILDFIRE). Drama um einen ehemaligen Strafgefangenen, der nach acht Jahren Haft mit seiner Ex-Geliebten ein neues Leben beginnen will, obwohl diese inzwischen verheiratet ist und zwei Kinder hat. Dank seiner Hartnäckigkeit kann er sie für kurze Zeit zurückgewinnen, ehe beide auf bittere Weise zu spüren bekommen, daß die alten Träume vorbei sind. – Ab 16. ✦ USA 1988 **R** Zalman King **B** Matthew Bright, Zalman King **M** Maurice Jarre **D** Steven Bauer (Frank), Linda Fiorentino (Kay), Will Patton (Mike), Marshall Ball (Lewis), Sandra Seacat (Sissy) **L** 94 **E** 4.10.1994 PRO 7

WILDFLOWER (WILDFLOWER). Die Kinder eines bei einem Schäferstündchen verstorbenen Millionärs reisen an, um das väterliche Erbe aufzuteilen. Unterwegs gabeln sie ein junge Anhalterin auf und ahnen noch nicht, dass es sich um jene Dame handelt, die das Ableben des Vaters verursacht hat und die nun ihre eigenen Pläne in die Tat umsetzen will. Triviale Mixtur aus zwei verschiedenen Genres, die Spannung und Erotik miteinander verbinden will. ✦ USA 1999 **P** Red Violet Prod. **Pd** Mark Boot **R** David Michael Latt **B** Angel Ortega **K** Byron Werner **M** William Richter **S** David Michael Latt **D** Kim Little (Audrey Hobbs), Dean Stapleton (Ethan Hobbs), Kristina Estlund (Jackie Hobbs), Tamie Sheffield (Zoey), Chris Hoffman (Dennis Hobbs) **L** 85 **E** 7.1.2000 Kabel 1

WILDFLOWERS – GEHEIMNISVOLLER SOMMER (WILDFLOWERS). Eine junge Frau, die bei ihrem Hippievater und ohne Mutter aufwuchs, lernt bei einem Rockkonzert eine egozentrische Malerin kennen und nötigt sie in die vermisste Mutterrolle. Der Anfang eines schwierigen Annäherungsprozesses, der beide Beteiligten zur Stellungnahme zwingt. Ein kleiner, aber stimmiger Film, der Ängste und Hoffnungen zu hinterfragen versucht und durch die Rock-Musik der 60er-Jahre eine Klammer findet, die letztlich die Generationen einander näher bringt. ✦ USA 1999 **P** Filmsmith/Fries Film/Wildflowers **VA** Columbia TriStar Home **Pd** Timothy Bird, Thomas Garvin, Zachary Matz **R+B** Melissa Painter **K** Paul Ryan **M** Sam Bisbee **S** Brent White **D** Daryl Hannah (Sabine), Clea DuVall (Cally), Eric Roberts (Jacob), Thomas Arana (Wade), Richard Hillman (Graham) **L** 93 **E** 18.9.2001 Video

DIE WILDGÄNSE KOMMEN (THE WILD GEESE). Ein Ex-General befreit mit einer kleinen Söldner-Truppe in einer Blitzaktion aus der Luft einen schwarzafrikanischen Politiker, um damit Wirtschaftsinteressen der Weißen zu sichern. Der Abenteuerfilm huldigt einem fragwürdigen Männlichkeitskult und verschenkt ein wichtiges politisches Thema zugunsten oberflächlicher Unterhaltung. – Ab 16. ✦ Großbritannien 1977 **P** Richmond **KI** Avis/Ascot **Pd** Euan Lloyd, Erwin C. Dietrich **R** Andrew V. McLaglen **B** Reginald Rose, nach einem Roman von Daniel Carney **K** Jack Hildyard **M** Roy Budd **S** John Glen **D** Richard Burton (Allen Faulkner), Roger Moore (Shawn Fynn), Richard Harris (Rafer Janders), Hardy Krüger (Peter Coetze), Stewart Granger (Sir Edward Matherson) **L** 99 **FSK** ab 12; f **E** 28.9.1978 **fd** 20 935

WILDGÄNSE 2 (WILD GEESE II). Im Auftrag eines Medienkonzerns soll die Söldnertruppe der »Wildgänse« den seit Kriegsende in Spandau einsitzenden Hitler-Stellvertreter Rudolf Hess befreien, um an sensationelle politische Enthüllungen zu kommen. Ein miserabel inszenierter, zynischer und nur an rüden Action-Szenen interessierter Spannungsfilm, der den realpolitischen Hintergrund sträflich vernachlässigt. (TV-Titel auch: »Wildgänse II – Sie fliegen wieder«) – Wir raten ab. ✦ Großbritannien 1985 **P** Frontier Film **KI** Metropol **VA** VPS **Pd** Euan Lloyd **R** Peter Hunt **B** Reginald Rose, nach einem Roman von Daniel Carney **K** Michael Reed **M** Roy Budd **S** Keith Palmer **D** Scott Glenn (John Haddad), Edward Fox (Alex Falkner), Barbara Carrera (Kathy Lukas), Laurence Olivier (Rudolf Hess), Robert Freitag (Stroebling), Robert Webber (Robert McCann) **L** 114 **FSK** ab 16; f **E** 10.4.1986/26.9.1986 Video **fd** 25 571

DIE WILDGEWACHSENEN (SAMORASTNIKI). Das Schicksal einer Magd im 18. Jahrhundert, die um ihre Liebe zu einem Bauernsohn und um die Rechte ihrer unehelich geborenen Kinder kämpft. Betonte Gesellschaftkritik in einem bis auf die Kameraarbeit künstlerisch völlig mißlungenen Film. – Ab 14. ✦ Schwarz-weiß. Jugoslawien 1963 **P** Triglav **KI** Progress **R** Igor Pretnar **B** Vojko Duletic, nach einem Roman von Voranc Drezih **K** Mile de Gleria **M** Bojan Adamic **D** Majda Potokar, Rudi Kosmac, Vladimir Skrbinsek, Sava Sever, Lojze Razman **L** 75 **E** 27.10. 1967 Kino DDR

WILDING – BANDE DER GEWALT (WILDING / NIGHT OF THE WILDING). Eine jugendliche Gang, deren Mitglieder sich aus Mittelklasse-Familien rekrutieren, terrorisiert die Straßen von Los Angeles. Als man einen Jungen umbringt und seine Freundin vergewaltigt, kommt es zur Eskalation. Die Eltern müssen hilflos mitansehen, wie ihre Kinder im Sumpf von Drogen und Gewalt versinken. Bevor es zu einem Blutbad kommt, kann der Anführer von der Sinnlosigkeit seines Tuns überzeugt werden. Der Film nimmt die scheinbar unmotivierte Gewalt Jugendlicher zum Aufhänger für eine reißerische Geschichte. (TV-Titel auch: »Die Nacht der Bestien«) ✦ USA 1990 **P** Eric Louzil/Lilian Balteanu Prod./P/M Ent. **VA** Allround/Madison **Pd** Joseph Merhi, Richard Pepin, Eric Louzil, Lilian Balteanu **R** Eric Louzil **B** Joseph Merhi, Charles T. Kanganis **K** Richard Pepin **M** John Gonzalez **S** Paul Volk **D** Erik Estrada (Joseph Gainer), Joey Travolta (Paul), Kathrin Lautner (Marian), Charlie Ganis (Martin), Isaac Allen (Carl), Robert Dickey (Allan), Pamela Dixon (Linda), Robert Gallo (Robert) **L** 93 (gek. 84) **FSK** ab 18 (gek. 16) **E** 31.10.1990 Video

WILDKATZE (LA ISLA DE LA MUERTE). Ein Halbgeschwister- und Liebespaar mißbraucht ein junges Mädchen für seine sexuellen Begierden und macht es zum Mitglied des von ihm gegründeten de Sade-Ordens. Sexfilm, der sich nur in der aufwendigeren Ausstattung von seinesgleichen unterscheidet. – Wir raten ab. ✦ Scope. Spanien 1969 **P** Alcazar/Hape **KI** AP **R** Jésus Franco Manera **B** Erich Kröhnke **K** Manuel Merino **M** Hans Günther Leonhardt **S** Teresa Alcocer **D** Marie Liljedahl, Christopher Lee, Maria Rohm, George Sanders, Jack Taylor **L** 81 **FSK** SPIO: X **E** 2.6.1972 **fd** 17 857

DIE WILDNIS. Ein Polizist soll in einem abgelegenen Gebirgsdorf drei Morde aufklären und stößt dabei auf weitere Leichen. Ein routinierter (Fernseh-)Krimi, verdichtet zu einer recht grausamen Moritat. ✦ Deutschland 1993 **P** Novafilm Fernsehproduktion **R** Werner Masten **B** Felix Mitterer **K** Piotr Sobocinski **M** Klaus Doldinger **S** Michael Breining **D** Jürgen Prochnow (Brenner), Philippe Clay (Bauer), Cecile Pallas (Teresa), David Martin (Vinzenz), Wolf-Dietrich Sprenger (Stock) **L** 101 **FSK** ab 16; f **E** 26.2.1996 arte

DIE WILDNIS RUFT (THE YEARLING). Gefühlvoller Jugendfilm, der trotz einiger Stilmängel dank der vorzüglichen darstellerischen Leistungen annehmbare Unterhaltung bietet. – Ab 6. ✦ USA 1947 **P** MGM **KI** MGM **Pd** Sidney Franklin **R** Clarence Brown **B** Paul Osborn, nach dem gleichnamigen Roman von Marjorie Kinnan Rawlings **K** Charles Rosher, Leonard Smith **M** Herbert Stothart **S** Harold F. Kress **D** Gregory Peck (Penny Baxter), Jane Wyman (Ma Baxter), Claude Jarman jr. (Jody), Chill Wills (Buck Forrester), Clem Bevans (Vater Forrester), Margaret Wycherly (Ma Forrester), Forrest Tucker (Lem Forrester), Daniel White (Millwheel), June Lockhart (Twink Weatherby), Houseley Stevenson (Mr. Ranger), Victor Kilian (Captain) **L** 135 **FSK** ab 6; nf **E** 29.11.1949/ 7.7.1974 ZDF/1.1.1985 DFF 2 **fd** 546

WILDPFERDE (WILD HORSES). Ein Pferdezüchter im neuseeländischen Tongariro-Nationalpark stellt sich einer Bande Wilderer entgegen. Bei ihrer Jagd im Auftrag eines Lebensmittelkonzerns hetzen und töten grausame Jäger auch die geschützten Wildpferde des Naturparadieses. Abenteuerfilm mit Anleihen beim Spätwestern. (TV-Titel auch: »Wild Horses«) ✦ Neuseeland 1982 **P** Endeavour **KI** Progress **Pd** John Barnett **R** Derek Morton **B** Kevin O'Sullivan **K** Doug Milsome **M** Dave Fraser **S** Simon Reece **D** Keith Aberdein (Dan Mitchell), Robyn Gibbes (Sara), Bruno Lawrence (Tyson), John Bach (Jack), Martyn Sanderson (Jones), Kevin J. Wilson (Harry Sullivan), Kathy Rawlings (Mary Mitchell), Helena Wilson (Anne Mitchell), Marshall Napier (Andy), Michael Haig (Benson) **L** 85 **E** 3.3.1989 Kino DDR/3.8.1990 DFF 2/ 12.2.1994 mdr

WILDROSE (WILDROSE). Eine junge geschiedene Frau arbeitet in einer Eisenerz-Mine fernab der großen Industrie-Metropolen in Minnesota und behauptet sich tagtäglich in der harten Arbeitswelt der Männer. Von ihrer mühsam erwirtschafteten finanziellen Unabhängigkeit hat sie ein Stück Waldgebiet erworben und ein Blockhaus errichtet. Unter den Auswirkungen der Rezession und durch die Begegnung mit einem Fischer, in den sie sich verliebt, verändert sich ihr Leben. Ein eindrucksvolles Frauenporträt, an Originalschauplätzen mit Laiendarstellern (in den Nebenrollen) inszeniert; zurückhaltend in der Spielhandlung und bemüht, die Liebesgeschichte abseits jeder Hollywood-Klischees zu entwickeln. – Ab 16. ✦ USA 1983 **P** Ely Lake Film Company/New Front Films **Pd** Sandra Schulberg **R** John Hanson **B** John Hanson, Eugene Corr **K** Peter Stein **M** Cris Williamson, Bernard Krause, Gary Remal **S** Arthur Coburn **D** Lisa Eichhorn (June Lorich), Tom Bower (Rick Ogaard), Jim Cada (Pavich), Cinda Jackson (Karen), Dan Nemanick (Ricotti), Lydia Olsen (Katri Sippola), Marie Nelson (Marie Ogaard) **L** 95 **E** 19.1.1987 ARD

DER WILDSCHÜTZ VON SCHLIERSEE →Der letzte Schuß (1951)

DER WILDSCHÜTZ VON TIROL →Bergkristall

DAS WILDSCHWEIN IST LOS (SLAVNOSTI SNEZENEK). Zwischen den Jägern eines Dorfes im Waldgebiet nahe Prag und einigen Bewohnern des Nachbarortes kommt es wegen eines erlegten Wildschwein-Ebers zum Streit, den die Dorflehrerin schlichtet. Alle sollen sich zu einem gemeinsamen Festessen zusammenfinden, das dann aber alles andere als friedlich verläuft. Eine mit Lust an komischen Details inszenierte, sanft-verständnisvolle Satire auf menschliche Eigenarten, Vereinsmeierei und alltägliche Lebensgewohnheiten in einem dörflichen Lebenszusammenhang. Ein liebenswürdiges Kabinettstück zum Schmunzeln. – Ab 12. ✦ CSSR 1983 **P** Filmstudio Barrandov **R** Jirí Menzel **B** Jirí Menzel, Bohumil Hrabal, nach einer Erzählung von Bohumil Hrabal **K** Jirí Macák **M** Jirí Sust **S** Jirí Brozek **D** Rudolf Hrusínsky (Franc), Jaromír Hanzlík (Leli), Libuse Safránková (Lehrerin), Josef Somr (Vyhnalék), Petr Cepek (Metzger) **L** (TV) 82 **E** 21.11.1988 ARD

DER WILDTÖTER →Chingachgook, die Große Schlange

WILDWASSER-SAM (WHITEWATER SAM). Abenteuer um den weißen Waldläufer und Abenteurer Wildwasser-Sam, der im letzten Jahrhundert in der von der Zivilisation unberührten Landschaft des amerikanischen Nordwestens mit wilden Tieren und feindlich gesonnenen Indianern zu kämpfen hat. Ein Wildwest-Abenteuer mit beinahe dokumentarischer Handlung; neben dem Hauptdarsteller spielen einige Laien und vor allem die eindrucksvoll eingefangene Landschaft eine große Rolle. – Ab 12. ✦ USA 1976 **P** Larsen-Parke Prod. **R+B** Keith Larsen **K** Herbert Von Theiss **M** William Loose, Paul Ruhland **S** Ian Masters **D** Keith Larsen (Wildwasser-Sam) **L** 90 **E** 24.12.1982 ZDF

WILDWASSER-SOMMER – IM AUGENBLICK DER GEFAHR (WHITE WATER SUMMER). Drakonische Erziehungsmaßnahmen des Leiters einer Jugendgruppe im Gebirge verängstigen den Jüngsten, der sich in einer kritischen Situation jedoch als den Mutigeren überlegen erweist. Eine interessante Auseinandersetzung um Erziehungsmethoden, die Werte wie Intelligenz und Solidarität betont, aber Elemente von Bedrohung und Angst enthält, die jüngere Zuschauer belasten können. – Ab 16. ✦ USA 1986 **P** Polar **VA** RCA/Columbia **Pd** Marc Talov **R** Jeff Bleckner **B** Manya Starr, Ernest Kinoy **K** John Alcott **M** Michael Boddicker **S** David Ray **D** Kevin Bacon (Vic), Sean Astin (Alan), Jonathan Ward (Mitch), Matt Adler (Chris), K. C. Martel (George) **L** 86 **FSK** ab 16 **E** 15.8.1988 Video/5.3.1996 SAT 1 **fd** 26 953

WILDWECHSEL. Die im bayrischen Bauernmilieu spielende Geschichte eines jungen Mädchens, das, nachdem es schwanger geworden ist, zusammen mit seinem Freund den tyrannischen Vater ermordet. Familiendrama frei nach einem Bühnenstück: in Form und Inhalt eine provokative Attacke gegen kleinbürgerlichen Mief und dumpfen Moralismus. Die heile Welt der Volksstück-Klischees radikal unterwandernd, zeigt Fassbinder ein klaustrophobisch verengtes Milieu, das Fühlen und Handeln der Protagonisten bestimmt und noch ihre hilflosen Befreiungsversuche determiniert. ✦ BR Deutschland 1972 **P** Inter Tel/SFB **KI** Atlas **R** Rainer Werner Fassbinder **B** Rainer Werner Fassbinder, nach einem Bühnenstück von Franz Xaver Kroetz **K** Dietrich Lohmann **M** Ludwig van Beethoven **S** Thea Eymèsz **D** Eva Mattes (Hanni), Harry Baer (Franz), Ruth Drexel (Hilda), Rudolf Waldemar Brem (Dieter), Hanna Schygulla (Ärztin), Marquard Bohm (Polizeibeamter), Jörg von Liebenfels (Erwin), Kurt Raab (Chef), Karl Scheydt (Polizist), Klaus Löwitsch (Polizist), El Hedi Ben Salem (Freund), Irm Hermann (Polizeibeamte) **L** 102 **FSK** ab 18; f **E** 30.12.1972/9.1.1973 SFB **fd** 18 241

WILDWEST-BANDITEN (TRAIL-DUST). Zwei aneinandergeklebte Serienwestern mit dem artistischen Dauerreiter Hopalong Cassidy bei ständigen Aktionen gegen Viehdiebe und Postkutschenräuber. Eines der frühesten Hopalong-Cassidy-Programme. – Ab 12. ✦ Schwarz-weiß. USA 1936 **P** Paramount **KI** Emka **Pd** Harry Sherman **R** Nate Watt **B** Al Martin **K** Archie Stout **M** Harry Tobias, Jack Stern **S** Robert Warwick **D** William Boyd (Hopalong Cassidy), Russell Hayden (Windy Halliday), Jimmy Ellison (Johnny Nelson), Gwynne Shipman (Beth), Stephen Morris (= Morris Ankrum) (Text), George Hayes (Windy), Britt Wood (Lanky), Earl Askam (Red), John Beach (Hank), Al »Fuzzy« St. John (Al), George Chesebro **L** 77 **FSK** ab 12; nf **E** 24.11.1950 **fd** 1 102

WILDWEST IM EMMENTHAL →Annelie vom Berghof

WILDWEST IN OBERBAYERN. Ein dick auftragender Schwank mit mancherlei Ladenhütern der Kinokomik: Eine Berliner Filmproduktion will beim Ochsenwirt einen Indianer-Western drehen und läßt Einheimische in Kriegsbemalung um den Marterpfahl tanzen. – Ab 12 möglich. ✦ Schwarz-weiß. BR Deutschland 1951 **P** Dörfler **KI** Allianz **Pd** Franz Wagner **R** Ferdinand Dörfler **B** Ludwig Schmid-Wildy, Curt Hanno Gutbrod **K** Franz Koch, Josef Illig **M** Artur Schanze **S** Erwin Niecke **D** Joe Stöckel, Margarete Haagen, Renate Mannhardt, Lucie Englisch, Beppo Brem, Rudolf Platte **L** 87 **FSK** ab 12; nf **E** 11.10.1951/ 17.7.1953 Kino DDR/3.3.1987 DFF 2 **fd** 1 396

WILHELM BUSCH – DIE TRICKFILM-PARADE: MAX UND MORITZ UND ANDERE STREICHE. Episoden aus Geschichten von Wilhelm Busch, mit den berühmten Streichen von Max und Moritz im Mittelpunkt. Ein recht sorgfältig in Bewegung gesetzter, aber insgesamt nicht sonderlich origineller Zeichentrickfilm, der die Fantasie-Entfaltung jugendlicher Zuschauer durch die überzogene Interpretation der Erzähler Heinz Rühmann und Theo Lingen nicht gerade fördert. – Ab 8 möglich. ✦ BR Deutschland/ Großbritannien 1977/78 **P** Polyphon/Polymedia/ Metronome/Guyla Trebitsch KG **KI** Jugendfilm **R** Hermann Leitner **B** Eckart Hachfeld, John Halas, nach den Bildgeschichten von Wilhelm Busch **K** Hans Jura **M** Peter Thomas **S** Axel von Koss, Torq Stewart **D** Heinz Rühmann (Erzähler »Max und Moritz«), Theo Lingen (Erzähler »Hans Huckebein«) **L** 85 **FSK** ab 6; f **E** 15.5.1978 **fd** 20 772

WILHELM MEISTERS THEATRALISCHE SENDUNG. Wilhelm Meister verlässt aus Liebe zu einer Schauspielerin sein bürgerliches Elternhaus. Der empörten Familie gelingt es zwar, die Beziehung zu zerstören, doch bald findet Wilhelm erneut Kontakt zu fahrenden Komödianten, denen er wiederholt aus finanziellen Schwierigkeiten hilft. Eine fürs Fernsehen der DDR produzierte, stimmungsvolle Adaption des klassischen Goethe-Romans. ✦ DDR 1981/82 **P** DEFA **Pd** Irene Ikker **R** Celino Bleiweiß **B** Celino Bleiweiß, nach dem gleichnamigen Roman von Johann Wolfgang von Goethe **K** Peter Krause **M** Andrzej Korzynski **S** Lotti Mehnert **D** Daniel Minetti (Wilhelm Meister), Angelika Waller (Philine), Sabine Ehlen (Mignon), Arno Wyzniewski (Pedant), Till Kretzschmar (Laertes) **L** 190 **E** 21.,23.3.1982 DFF 1 (zwei Teile)

WILHELM PIECK – DAS LEBEN UNSERES PRÄSIDENTEN. An Hand von Archivaufnahmen wird der Weg des Arbeiterjungen Wilhelm Pieck zum Revolutionär der deutschen Arbeiterklasse und zum ersten Präsidenten der DDR in verklärter Weise nachvollzogen. Ein typisches Personenkult-Dokument der 50er-Jahre. ✦ Schwarz-weiß. DDR 1950 **P** DEFA **KI** Progress **Pd** Richard Brandt **R** Andrew Thorndike **B** Andrew Thorndike, Otto Winzer **K** Kurt Stanke, Walter Fehdmer, Erwin Anders, Harry Bremer, Götz Neumann, Erich Nitzschmann, Rudi Radünz **M** Hanns

Eisler **S** Ella Ensink **L** 80 **E** 1952 Kino DDR/2000 Video

WILHELM PIECK – SOHN SEINES VOLKES. Aus Anlass seines 100. Geburtstages gedrehter Dokumentarfilm über Wilhelm Pieck, den ersten Präsidenten der DDR, und dessen Lebensweg. Eine von der offiziösen Geschichtsschreibung in keiner Weise abweichende, euphemistische Darstellung des vermeintlichen Erfolgswegs der deutschen Arbeiterklasse mit seinem Höhepunkt, der Gründung der DDR. ✦ Schwarz-weiß. DDR 1975 **P** DEFA, Studio für Dokumentarfilme **KI** Unidoc **SF** Unidoc **Pd** Evert Beewen **R** Wolfgang Bartsch **B** Richard Ritterbusch, Wolfgang Bartsch **K** Franz Thoms **M** Gerhard Rosenfeld (Beratung) **S** Manfred Porsche **L** 60 **E** 15.12.1975 Kino DDR

WILHELM TELL (1923). Schillers Drama in einer Stummfilmversion, fertiggestellt von engen Mitarbeitern des Theatermannes Max Reinhardt, die den Stoff mit eigenen Zutaten – Gessler als Zentralfigur à la Mephisto – auffüllen. Die Musik wurde neu vom Sinfonieorchester Basel eingespielt. Eine respektable Adaption von inszenatorischer und ausstatterischer Sorgfalt, in den Hauptrollen hervorragend gespielt. – Ab 14. ✦ Schwarz-weiß. Deutschland 1923 **P** Aafa (Althoff-Ambos-Film AG) **R** Rudolf Dworsky, Rudolf Walther-Fein **B** Rudolf Walther-Fein, nach dem gleichnamigen Theaterstück von Friedrich Schiller **M** Armin Brunner **D** Hans Marr (Wilhelm Tell), Conrad Veidt (Gessler), Eduard von Winterstein, Otto Gebühr **L** (TV) 85 **E** 1.8.1992 3sat

WILHELM TELL (1956) (WILHELM TELL). Die originalgetreu abgefilmte Inszenierung des Schiller-Dramas im Wiener Burgtheater. Interessant als theatergeschichtliches Dokument einer damals erfolgreichen, aber recht schwülstig und pathetisch übersteigerten Inszenierung. – Ab 12. ✦ Schwarz-weiß. Österreich 1956 **P** Mundus/Thalia **KI** Ring **VA** Taurus **R** Josef Gielen, Alfred Stöger **B** Josef Gielen, nach dem gleichnamigen Theaterstück von Friedrich Schiller **K** Sepp Ketterer, Elio Carniel, Walter Partsch, Walter Tuch **M** Hans Totzauer **D** Ewald Balser (Wilhelm Tell), Albin Skoda (Gessler), Raoul Aslan (Attinghausen), Paul Hartmann (Stauffacher), Erich Auer (Melchtal), Judith Holzmeister, Helmut Janatsch **L** 90 **FSK** ab 6; f **E** 1956 Kino **fd** 5 234

WILHELM TELL: BURGEN IN FLAMMEN →Wilhelm Tell (Flammende Berge)

WILHELM TELL (FLAMMENDE BERGE) (BERGFEUER LODERN / WILHELM TELL – BURGEN IN FLAMMEN). Die Taten des Schweizer Nationalhelden Wilhelm Tell im Kampf gegen Willkür und Gewalt im Jahre 1291. Keine reine Adaption des Dramas von Friedrich Schiller, sondern ein frei gestalteter Film im Bilderbuchstil mit hervorragenden Landschaftsaufnahmen. Dafür daß der Film mit dem bis dahin höchsten Budget in der Geschichte des Schweizer Films produziert wurde, hätte man sich freilich ein größeres Erlebnis als die gebotene Unterhaltung fürs Gemüt gewünscht. (Fernsehtitel auch: »Wilhelm Tell: Burgen in Flammen«) – Ab 12. ✦ Schweiz 1960 **P** Urs **KI** UFH **Pd** Josef R. Kaelin **R** Michel Dickoff **B** Michel Dickoff, Karl Hartl, Max Frisch, Luise Kaelin, Hannes Schmidhauser, nach der »Chronicon Helveticum« von Aegidius Tschudi aus »Das weiße Buch von Sarnen« und dem Drama von F. Schiller **K** Hans Schneeberger **M** Hans Haug **S** Hermann Ludwig **D** Robert Freitag (Tell), Hannes Schmidhauser (Melchtal), Maria Becker (Stauffacherin), Leopold Biberti (Stauffacher), Alfred Schlageter (Walter Fürst), Heinz Woester (Attinghausen), Wolfgang Rottsieper (Gessler) **L** 90 **FSK** ab 12; f **E** 28.4.1961 **fd** 10 136

WILLARD (WILLARD). Ein durch demütigende Abhängigkeit frustrierter junger Mann setzt eine dressierte Ratte zum Kampf gegen seine Umwelt ein, wird aber nach einem Führungswechsel im Rattenkollektiv selbst zum Opfer. Eine Vermischung von Psycho- und Soziogramm und Horrorfabel zur gleichnishaften Spiegelung menschlicher Verhaltensweisen und Herrschaftstechniken. In der Aussage über den Zusammenhang von Gewalt, Frustration und Gegengewalt jedoch durch rein äußerlich makabre Effekte und die Umwandlung von existentiellen Spannungszuständen in hausbackene Theatralik beeinträchtigt. ✦ USA 1970 **P** Bing Crosby Prod. **KI** Cinerama **Pd** Mort Briskin **R** Daniel Mann **B** Gilbert A. Ralston, nach dem Roman »Ratman's Notebooks« von Stephen Gilbert **K** Robert B. Hauser **M** Alex North **S** Warren Low **D** Bruce Davison (Willard Stiles), Sondra Locke (Joan), Elsa Lanchester (Henrietta Stiles), Ernest Borgnine (Al Martin), William Hansen (Mr. Barskin) **L** 95 **FSK** ab 18; f **E** 19.11.1971 **fd** 17 680

DER WILLI-BUSCH-REPORT. Der Kampf eines Provinz-Journalisten an der Grenze zur DDR um den Fortbestand seiner sterbenden Zeitung. Die von ihm provozierten Sensationen nehmen ein unkontrollierbares Eigenleben an, dem ihr Urheber nicht gewachsen ist. Eine vielschichtige Tragikomödie, klug entworfen und souverän inszeniert, mit präziser Information über die damalige deutsche Wirklichkeit. (Niklaus Schilling drehte 1992 eine Art Fortsetzung unter dem Titel »Deutschfieber«.) – Sehenswert ab 14. ✦ Teils schwarz-weiß. BR Deutschland 1979 **P** Visual/Maran/SDR **KI** AG Kino **Pd** Elke Haltaufderheide **R+B** Niklaus Schilling **K** Wolfgang Dickmann **M** Patchwork, BSW-Combo, Fanfarenzug Wanfried **S** Niklaus Schilling **D** Tilo Prückner (Willi Busch), Dorothea Moritz (Adelheid Busch), Kornelia Boje (Rose-Marie Roth), Karin Frey (Helga), Jenny Thelen (Aenne), Klaus Hoser, Hannes Kaetner **L** 120 **FSK** ab 16; f **FBW** w **E** 27.10.1979 **fd** 22 407

WILLI DER SPATZ (VILI, A VEREB). Ein 12jähriger Junge, der aus Langeweile auf Spatzen schießt, wird von der Spatzen-Fee Verbéna selbst in einen verwandelt und ist plötzlich auf die Hilfe seiner neuen Artgenossen angewiesen. Nach einigen gemeinsam bestandenen Abenteuern und Gefahren gibt Verbéna ihm seine Menschengestalt zurück und überträgt ihm ihre Funktion. Ein liebevoll gezeichneter, dramaturgisch geschickt die Balance zwischen Spannung und Entspannung haltender Zeichentrickfilm, der besonders dem jüngsten Kino-Nachwuchs viel Spaß bereitet. – Sehenswert ab 6. ✦ Ungarn 1988 **P** Pannónia/Budapest Film/Hajdú **KI** Progress **VA** Warner Home **R** József Gémes **B** József Nepp, József Gémes **K** György Varga **M** Zsolt Pethö **L** 80 **FSK** o. A.; f **E** 14.9.1990 Kino DDR/7.5.1992 Kino BRD/22.12.1992 Video/13.2.1994 premiere **fd** 29 607

WILLI TOBLER UND DER UNTERGANG DER 6. FLOTTE. Der Kybernetik-Professor Willi Tobler erkennt angesichts des im Weltall des Jahres 2040 herrschenden Bürgerkrieges, daß man nur im Zentrum der Macht sicher ist. Er wird Pressesprecher im Oberkommando der 6. Flotte, arbeitet sich nach oben, muß aber schließlich die Niederlage gegen die Rebellen miterleben. Der Mitläufer Tobler will sich aber auch den Siegern andienen. Alexander Kluges Science-Fiction-Film überträgt Ereignisse des Zweiten Weltkriegs von den Angriffen auf Berlin 1943/44 bis zur Schlacht von Stalingrad in galaktische Dimensionen. In einer vielfältigen Mischung trivialer Erzählformen wie Comic strip mit Clownerien, Science-Fiction- und Kriegsfilm-Elementen fordert er Fantasie und gedankliche Mitarbeit des Zuschauers heraus, um Anpassung und Angst als Basis individueller wie nationaler Charaktereigenschaften zu verdeutlichen. (Veränderte Neufassung: »Zu böser Schlacht schleich ich heut nacht so bang«) ✦ Teils schwarz-weiß. BR Deutschland 1971 **P** Kairos-Film **Pd+R+B** Alexander Kluge **K** Dietrich Lohmann, Alfred Tichawsky, Thomas Mauch **S** Maximiliane Mainka, Beate Mainka-Jellinghaus **D** Alfred Edel (Willi Tobler), Helga Skalla (seine Frau Dorle), Hark Bohm (Chef-Admiral der 6. Flotte), Kurt Jürgens (= Curd Jürgens) (von Carlowitz, Konteradmiral), Natalia Bowakow (Geheimagentin Paula Stihi), Joachim Hirsch (Propagandabeauftragter), Hannelore Hoger (Polizeiinspektorin), Horst Sachtleben (Oberst von Schaake), Bernd Hoeltz (Oberst Baade) **L** 96 **E** 19.1.1972 ZDF

WILLI UND DIE WINDZORS. Als die britische Monarchie abgeschafft wird und die königliche Familie bei den europäischen Fürstenhäusern keinen Unterschlupf findet, besinnt man sich auf die letzten lebenden Verwandten in Hannover, die Besitzer eines Möbelhauses. Sie gewähren den Royals Asyl, die sich im Reihenhaus der Geschäftsleute einrichten. Überdrehte Komödie, die deutsches Spießertum ebenso auf die Schippe nimmt wie die Marotten und die in der Presse kolportierten Eigenarten des englischen Königshauses. – Ab 12. ✦ Deutschland 1996 **R** Hape Kerkeling **B** Doris J. Heinze, Hape Kerkeling **D** Hape Kerkeling (Willi Bettenberg), Brigitte Mira (Quenn Mum), Tana Schanzara (Else Bettenberg), Irm Hermann (Elizabeth), Charles Brauer (Philip) **L** 90 **E** 27.11.1996 ARD

WILLI VOGEL, DER AUSBRECHERKÖNIG →Strafsache van Geldern

WILLI WIRD DAS KIND SCHON SCHAUKELN. Der Vorsitzende eines von der Pleite bedrohten Fußballklubs versucht, durch Scheinehen seiner Töchter die von seiner Schwester ausgesetzten Mitgiften zu erschwindeln, um damit die Vereinsfinanzen zu sichern. Ein ganz auf den Komiker Heinz Erhardt zugeschnittener Film-Spaß. Trotz aller Turbulenzen (und eines Gastauftritts des Fußballstars Uwe Seeler) eine schwache Aneinanderreihung einschlägiger Kalauer und Klamaukszenen im Stil des deutschen Klischee-Lustspiels. – Ab 12. ✦ BR Deutschland 1971 **P** Rialto **KI** Constantin **Pd** Horst Wendlandt **R** Werner Jacobs **B** Rolf Ulrich, Reinhold Brandes **K** Karl Loeb **M** Martin Böttcher **S** Alfred Srp **D** Heinz Erhardt (Willi Kuckuck), Hannelore Elsner (Constanze), Barbara Schöne (Betty), Erika von Thellmann (Tante Elvira), Claudia Butenuth (Agnes), Ernst H. Hilbich (Schnecke), Loni Heuser (Cosima Schulze) **L** 84 **FSK** ab 6; nf **E** 24.2.1972 **fd** 17 736

WILLIAM SHAKESPEARES EIN SOMMERNACHTSTRAUM →Ein Sommernachtstraum (1998)

WILLIAM SHAKESPEARES ROMEO & JULIA (WILLIAM SHAKESPEARE'S ROMEO & JULIET). Aus Versatzstücken des aktuellen Actionkinos, der Popmusik-Kultur, einer gehörigen Dosis religiösem Kitsch und dem 400 Jahre alten Originaltext entstand eine durch die überbordende Fülle der Einfälle die Wahrnehmungsfähigkeiten des Zuschauers herausfordernde fulminante Version der Shakespeareschen Liebestragödie für die MTV-Generation. Trotz einiger Schwächen ist der Film ein spannender Versuch, Shakespeare in einem aktuellen Kontext der Reflexion über Gewalt und moderne Medienkultur anzusiedeln. – Ab 16. ✦ Scope. USA 1996 **P** 20th Century Fox **KI** 20th Century Fox **VA** Fox **DVD** Fox Home (16:9, 2.35:1, DD5.1 engl./dt.) **Pd** Gabriella Martinelli, Baz Luhrmann, Martin Brown **R** Baz Luhrmann **B** Craig Pearce, Baz Luhrmann, nach der gleichnamigen Tragödie von William Shakespeare **K** Donald McAlpine **M** Nellee Hooper **S** Jill Bilcock **D** Leonardo DiCaprio (Romeo), Claire Danes (Julia), Paul Sorvino (Fulgencio Capulet), Brian Dennehy (Ted Montague), Pete Postlethwaite (Pater Laurence) **L** 120 **FSK** ab 12; f **FBW** w **E** 13.3.1997/30.10.1997 Video/4.10.1998 Premiere/23.3.2000 DVD **fd** 32 429

WILLIAM SHAKESPEARES VIEL LÄRM UM NICHTS (MUCH ADO ABOUT NOTHING). Zwei Liebepaare finden sich am Hof des Gouverneurs Leonato. Während Claudio und Hero unter einer bösartigen Intrige zu leiden haben, machen sich Beatrice und Benedict mit gegenseitigen Schmähungen und Sticheleien selbst das Leben schwer. Als rasant-übermütige »screwball comedy« konzipierte Shakespeare-Verfilmung, von einem gemischten Ensemble aus Theater- und Kinostars ausgezeichnet gespielt. Das Thema des Geschlechterkampfes steht im Mittelpunkt einer gleichermaßen werkgetreuen wie »populären« Theateradaption, die vor allem von ihrem sprühenden Sprachwitz lebt. (Video- und Fernsehtitel: »Viel Lärm um nichts«) – Sehenswert ab 16. ✦ USA/Großbritannien 1993 **P** Renaissance/American Playhouse/BBC (für Samuel Goldwyn Company) **KI** Impuls **VA** VMP **DVD** EuroVideo (1.85:1, DD2.0 dt.) **Pd** David Parfitt, Stephen Evans, Kenneth Branagh **R** Kenneth Branagh **B** Kenneth Branagh, nach dem gleichnamigen Bühnenstück von William Shakespeare **K** Roger Lanser **M** Patrick Doyle **S** Andrew Marcus **D** Denzel Washington (Don Pedro), Kenneth Branagh (Benedikt), Emma Thompson (Beatrice), Robert Sean Leonard (Claudio), Keanu Reeves (Don Juan), Richard Briers (Leonato), Kate Beckinsale (Hero), Michael Keaton (Holzapfel) **L** 111 **FSK** ab 6; f **FBW** bw **E** 2.9.1993/21.3.1994 Video/5.3.1995 premiere/27.6.2000 DVD **fd** 30 397

WILLIE & PHIL (WILLIE AND PHIL). Eine unmögliche Liebe zu dritt zwischen zwei Freunden aus Greenwich Village und einer jungen Frau, die in unkonventionellen Lebensformen sich selbst und innere Zufriedenheit zu finden versuchen, aber letztlich scheitern. Eine leichthändig inszenierte Komödie, die zu unverbindlich zwischen Unterhaltung und ernstem Soziogramm schwankt. Konzipiert als Hommage auf François Truffauts »Jules und Jim«, offenbart der Film zugleich auch das qualitative Gefälle gegenüber seinem Vorbild. Die sentimentale Fotografie verstärkt den Eindruck romantisierend-verklärender Oberflächlichkeit. – Ab 16. ✦ USA 1979 **P** 20th Century Fox **KI** Centfox **Pd** Paul Mazursky, Tony Ray **R+B** Paul Mazursky **K** Sven Nykvist **M** Claude Bolling, Georges Delerue **S** Donn Cambern **D** Michael Ontkean (Phil Kaufman), Margot Kidder (Jeanette Sutherland), Ray Sharkey (Phil D'Amico), Jan Miner (Mrs. Kaufman), Tom Brennan (Mr. Kaufman), Laurence Fishburne (Wilson) **L** 116 **FSK** ab 16; f **FBW** w **E** 10.10.1980 **fd** 22 653

WILLKOMMEN DAHEIM, JOHNNY BRISTOL (WELCOME HOME, JOHNNY BRISTOL). Nach seiner Befreiung aus der Gefangenschaft von seinen Verwundungen genesen, kehrt ein Vietnam-Veteran in die USA zurück, um seiner Freundin den Ort zu zeigen, wo er aufwuchs. Doch das Städtchen in Vermont scheint nicht mehr zu existieren. Ein für das Fernsehen produzierter, fesselnder Psychothriller, der allerdings mit einer unbefriedigenden Auflösung enttäuscht. ✦ USA 1971 **P** Cinema Center 100 **Pd** Arthur Joel Katz **R** George McCowan **B** Stanley R. Greenberg **K** Robert L. Morrison **M** Lalo Schifrin **D** Martin Landau (Johnny Bristol), Jane Alexander (Anne Palmer), Brock Peters (Berdahl), Martin Sheen (Graytak), Pat O'Brien (Sergeant Gill) **L** 92 (Orig. 100) **E** 23.2.1996 ZDF

WILLKOMMEN IM KNAST (FARFALLON). Die italienischen Grotesk-Komiker Franchi und Ingrassia spielen die Insassen mehrerer Gefängnisse, was als Rahmen für ihre Späße und Fluchtabenteuer dient. Ein bemüht wirkendes Lustspiel, das aus Grimassenschneiderei, geschmacksunsicheren Persiflagen und kleinen Scherzen besteht. – Ab 14 möglich. ✦ Italien 1974 **P** Cinemar/Variety **KI** Kora **R+B** Riccardo Pazzaglia **K** Memmo Mancori (= Guglielmo Mancori) **D** Franco Franchi, Ciccio Ingrassia, Fiorenzo Fiorentini, Gina Rovere, Micky Pignatelli **L** 84 **FSK** ab 12; nf **E** 8.9.1978 **fd** 20 648

WILLKOMMEN IM PARADIES (1991 D). Satirische Fernsehkomödie über deutsch-deutsche Befindlichkeiten: Eine Görlitzer Familie auf Verwandtenbesuch in Bremen. ✦ Deutschland 1991 **P** Radio Bremen **R** Erwin Keusch **B** Luitgard Paschotta **K** Peter C. Koop **M** Peter Sattmann **S** Annerose Koop **D** Peter Sattmann (Detlev Peschke), Gunter Schoß (Rüdiger Schrobel), Heidrun Welskop (Irmgard Schrobel), Hellena Büttner (Heide-Marie Peschke), Jan Konieczny (Jerzy), Malgorzata Wachecka (Alicija) **L** 84 **E** TV

WILLKOMMEN IM PARADIES (1991 USA) (WELCOME TO PARADISE / THE WOMEN OF SPRING BREAK). Drei Freundinnen, die über Jahre und räumliche Trennungen hinweg in Kontakt geblieben sind, verabreden einen gemeinsamen Urlaub in jenem Badeort, den sie vor 20 Jahren schon einmal besucht haben. Es gilt die Devise: sich einen Mann zu angeln. An Bewerbern ist kein Mangel, doch bald trüben erste Wolken die Urlaubsfreuden. – Ab 16. ✦ USA 1991 **R** Bill L. Norton **D** Shelley Long (Anne Winger), Mel Harris (Claire Donowski), Delane Matthews (Denise Donovan), Ian Ziering (George), François-Eric Gendron (Jean-Luc Perron) **L** 90 **E** 3.9.1995 Vox

WILLKOMMEN IM TOLLHAUS (WELCOME TO THE DOLLHOUSE). Das Leben einer elfjährigen häßlichen Schülerin, die als Mittleres von drei Kindern in einer jüdischen Familie in New Jersey aufwächst, gestaltet sich als eine Aneinanderreihung von Sorgen, Nöten und Mißachtungen, die ihren Alltag überschatten und ihr das Leben zur Hölle machen. Ihre Bemühungen, Beachtung zu finden, verpuffen wirkungslos. Eine schwarze Komödie über die Qualen der Jugend mit einigen amüsanten Pointen und Dialogen. Da dem Film aber eine feinere Abstimmung fehlt, wird das Anliegen, eine Lanze für die Not von Kindern zu brechen, eher unterlaufen. – Ab 16 möglich. ✦ USA 1996 **P** Suburban **KI** Kinowelt **VA** Arthaus **Pd** Donna Bascom, Todd Solondz **R+B** Todd Solondz **K** Randy Drummond **M** Jill Wisoff **S** Alan Oxman **D** Heather Matarazzo (Dawn Wiener), Brendan Sexton jr. (Brandon McCarthy), Matthew Faber (Mark Wiener), Daria Kalinina (Missy Wiener), Eric Mabius (Steve Rodgers) **L** 88 **FSK** ab 12; f **FBW** w **E** 7.11.1996/5.5.1997 Video **fd** 32 220

WILLKOMMEN IN BABYLON. Ein Baustatiker, der sich mit seiner Fahrlehrerin einen Kleinkrieg liefert, macht in einem Datennetz die Bekanntschaft einer anscheinend hinreißenden Frau. Er ahnt nicht, daß er mit seiner Fahrlehrerin kommuniziert. Eine digitale Liebesgeschichte bahnt sich an, doch die Wirklichkeit muß zeigen, ob die im Computer geschönten Daten auch im wirklichen Leben Bestand haben. – Ab 14. ✦ Deutschland 1995 **R** Rolf Silber **B** Rolf Silber, Rudi Bergmann **K** Jürgen Herrmann **D** Oliver Stokowski (Norbert Prechtel), Nina Hoger (Angelika Romberg), Christoph M. Ohrt (Rainer Zeissler), Karina Marmann (Christine Zeissler), Lil von Essen (Carola Thadden) **L** 89 **E** 13.9.1995 ARD

WILLKOMMEN IN DER BLUTIGEN STADT (WELCOME TO BLOOD CITY). Wissenschaftler versetzen Menschen in eine Scheinwelt, in der sie nach grausamen Wildwest-Gesetzen um ihr Überleben kämpfen müssen. Dieses Planspiel hat den Zweck, eine Elite für einen Krieg auszuwählen. Ein handwerklich recht geschickter Science-Fiction-Film, dessen Kritik am Mißbrauch moderner Technik und an der Manipulation des Menschen letztlich aber der Faszination dieses Gedankens unterliegt. – Ab 16 möglich. ✦ Scope. Großbritannien/Kanada 1976 **P** EMI/Herberman Prod. **VA** Thorn EMI **Pd** Len Herberman **R** Peter Sasdy **B** Stephen Schneck, Michael Winder **K** Reginald H. Morris **M** Roy Budd **S** Keith Palmer **D** Keir Dullea (Lewis), Jack Palance (Frendlander), Samantha Eggar (Katherine), Hollis McLaren (Martine), Chris Wiggins (Gellor), Barry Morse (Supervisor), Henry Ramer (Chumley), Allan Royal (Peter), John Evans (Lyle) **L** 96 **E** 1982 Video **fd** 23 550

WILLKOMMEN IN DER HÖLLE (MATALO!). Vier Desperados morden sich durch den Wilden Westen, bis sie in einer verfallenen Geisterstadt um einen Geldschatz rivalisieren und sich gegenseitig den Garaus machen. Ein stilistisch ambitionierter Italowestern mit ausgefeilter Kameraführung und einer Geräuschkulisse, die eher an einen Gruselfilm erinnert. Die dürftige Handlung dient vorwiegend als Aufhänger für ästhetische und brutale Spielereien. ✦ Italien/Spanien 1970 **P** Rofima/Copercines **KI** Adria **R** Cesare Canevari **B** Mino Roli (= Erminio Pontiroli), Nico Ducci, Eduardo Manzanos Brochero **K** Julio Ortas **M** Mario Migliardi **S** Antonio Gimeno **D** Lou Castel, Corrado Pani, Luis Davila, Claudia Gravy, Annamaria Mendoza, Antonio Salines **L** 93 **FSK** ab 16; f **E** 26.3.1971

WILLKOMMEN IN FREAK CITY (FREAK CITY). Eine rebellische junge Frau, die an Multipler Sklerose leidet, wird nach dem Tod ihrer Großmutter, die sie versorgt, in ein Pflegeheim gebracht. Nach einem anfänglichen Tiefpunkt zwingt sie sich, die Bekanntschaft mit anderen Patienten zu suchen, sammelt Erfahrungen und findet zu neuem Selbstvertrauen. Ein ernst zu nehmender Film über die Integrationsprobleme Behinderter, der durch seinen speziellen Blickwinkel neue Erfahrungen zu vermitteln versucht. ✦ USA/Kanada 1999 **Pd** Sandy Stern **R** Lynne Littman **B** Jane Shepard **K** Frank Byers **M** Michel Colombier **S** B. J. Sears **D** Samantha Mathis (Ruth Ellison), Jonathan Silverman (Lenny), Marlee Matlin (Cass), Natalie Cole (Eleanor), Peter Sarsgaard (Cal) **L** 105 **E** 2.2.2000 Premiere World

WILLKOMMEN IN HOLLYWOOD (WELCOME TO HOLLYWOOD). Ein Hollywood-Regisseur ist überzeugt, dass jeder zum Superstar aufgebaut werden kann, wenn er nur in die richtigen Hände kommt. Um seine These zu beweisen, sucht er sich ausgerechnet einen untalentierten Langeweiler aus. Zynische Komödie über den Hollywood-Betrieb, die als eine Art Semidokumentation aufgezogen ist. Die kenntnisreichen Einblicke hinter die Kulissen der Branche erzählen eine beredete Geschichte, die durch zahlreiche Cameo-Auftritte tatsächlicher Stars an (Schein-)Authentizität gewinnt. – Ab 16. ✦ USA 1998 **P** Blump/Crystal Springs/Filmsmith/Stone Canyon **Pd** Zachary Matz, Steven Ricci **R** Tony Markes, Adam Rifkin **B** Shawn Ryan, Tony Markes, Adam Rifkin **K** Kramer Morgenthau **M** Justin Reinhardt **S** Joy Zimmerman **D** Adam Rifkin, Jane Jenkins (Casting Direktorin), Scott Wolf (Schauspieler), Angie Everhart (Angie Everhart), Peter Facinelli (Schauspieler) **L** 87 **E** 28.6.2001 Premiere World

WILLKOMMEN IN LOS ANGELES (WELCOME TO L.A.). Ein rebellischer junger Komponist muß erkennen, daß die Bereitschaft einer Plattenfirma, seine Songs herauszubringen, auf ein Arrangement seines reichen Vaters zurückgeht. Ein bemerkenswerter, thematisch komplexer Erstlingsfilm, der melancholisch-hintergründige Kritik an der Wurzellosigkeit einer Kultur übt, in der die Beziehungen der Menschen vorwiegend durch Konsum und Sex bestimmt sind. (Kino O.m.d.U.) – Sehenswert. ✦ USA 1976 **P** Lion's Gate Films **KI** Team **Pd** Robert Altman **R+B** Alan Rudolph **K** David Myers **M** Richard Baskin **S** William A. Sawyer, Tom Walls **D** Keith Carradine (Carroll Barber), Sally Kellerman (Ann Goode), Geraldine Chaplin (Karen Hood), Harvey Keitel (Ken Hood), Lauren Hutton (Nona Bruce), Viveca Lindfors (Susan Moore), Sissy Spacek (Linda Murray), Richard Baskin (Eric Wood) **L** 105 **E** 28.4.1978/5.6.1978 ARD **fd** 20 782

WILLKOMMEN IN VIETNAM (CHINA BEACH). Vietnam 1967: In einem Militärstützpunkt der US-Army erfährt eine Gruppe Frauen – eine Krankenschwester, eine Truppenunterhalterin, eine naive Rotkreuzhelferin und eine Prostituierte – den Krieg aus nächster Nähe. Der auf Action getrimmte dramatische Pilotfilm einer Fernsehserie. ✦ USA 1988 **R** Rod Holcomb **B** John Sacret Young **D** Dana Delaney (Colleen McMurphy), Nan Woods (Cherry White), Michael Boatman (Sam Beckett), Marg Helgenberger (K.C.) **L** 92 **E** 8.8.1990 PRO 7

WILLKOMMEN IN WELLVILLE (THE ROAD TO WELLVILLE). Ein junges Ehepaar sucht 1907 das berühmte Battle Creek Sanatorium des Dr. Kellogg auf. Die Frau ist gutgläubig und an vielen eingebildeten Krankheiten leidend, der Mann widerwillig und viel zu krank für diese Kurklinik. Nebenbei wird vom Kampf um den Cornflakes-Markt berichtet und die Geschichte George Kelloggs erzählt, des halsstarrigen Adoptivsohns des Arztes, der ihm als einziger die Stirn bietet. Eine überbordende Geschichte mit einigen Derbheiten, die ihre einzelnen Erzählstränge nur mühselig mit Parallelmontagen zusammenhalten kann und dabei an Eleganz und Tempo verliert. – Ab 16. ✦ USA 1994 **P** Per-Fo Pictures/J & M Enterprises **Kl** Pandora **DVD** VCL (1.78:1, DD5.1 dt.) **Pd** Alan Parker, Armyan Bernstein, Robert F. Colesberry **R** Alan Parker **B** Alan Parker, nach dem gleichnamigen Roman von T. Coraghessan Boyle **K** Peter Biziou **M** Rachel Portman **S** Gerry Hambling **D** Anthony Hopkins (Dr. John Harvey Kellogg), Bridget Fonda (Eleanor Lightbody), Matthew Broderick (Will Lighbody), John Cusack (Charles Ossining), Dana Carvey (George Kellogg), Lara Flynn Boyle (Ida Muntz), Michael Lerner (Goodloe Bender) **L** 120 **FSK** ab 12; f **E** 1.12.1994/24.7.1995 Video/14.7.1996 premiere/17.5.1999 DVD **fd** 31 078

WILLKOMMEN, MISTER B. (A MAN COULD GET KILLED). Ein Bankmanager wird mit einem Agenten verwechselt und in abenteuerliche Aufklärungsaktionen eines Diamantenschmuggels verwickelt. Eine unterhaltsame, munter gespielte Komödie mit parodistischem Zungenschlag, die eher durch erheiternde Details als Geschlossenheit für sich einnimmt. – Ab 16. ✦ Scope. USA 1965 **P** Universal **Kl** Universal **Pd** Robert Arthur **R** Ronald Neame, Cliff Owen **B** Richard L. Breen, T. E. B. Clarke, nach dem Roman »Diamonds for Danger« von David Esdaile Walker **K** Gabor Pogany **M** Bert Kaempfert **S** Alma Macrorie **D** James Garner (William Beddoes), Melina Mercouri (Aurora-Celeste), Sandra Dee (Amy Franklin), Anthony Franciosa (Steve-Antonio), Robert Coote (Hatton-Jones), Roland Culver (Dr. Mathieson), Cecil Parker (Sir Huntley Frazier) **L** 99 **FSK** ab 16; nf **E** 3.6.1966 **fd** 14 093

WILLKOMMEN MR. CHANCE (BEING THERE). Ein geistig zurückgebliebener Gärtner, der die Welt nur aus dem Fernsehgerät kennt und das Haus seines Dienstherrn nie verlassen hat, gewinnt durch die Freundschaft mit einem sterbenskranken Industriellen und dessen jüngerer Frau auch Einfluß auf den amerikanischen Präsidenten und internationale Politiker. Eine tragikomische, teilweise sarkastische Satire über die Schwächen der modernen Industrie- und Finanzgesellschaft, insbesondere den unbegrenzten, abstumpfenden Konsum der allzu mächtigen Fernsehprogramme. Hervorragend gespielte Unterhaltung mit Substanz. – Sehenswert ab 14. ✦ USA 1979 **P** Lorimar **Kl** Scotia **Pd** Andrew Braunsberg **R** Hal Ashby **B** Jerzy Kosinski, nach seinem gleichnamigen Roman **K** Caleb Deschanel **M** Johnny Mandel **S** Don Zimmerman **D** Peter Sellers (Chance), Shirley MacLaine (Eve Rand), Jack Warden (Präsident), Melvyn Douglas (Rand), Richard Dysart (Dr. Allenby), Sam Weisman (Colson) **L** 129 **FSK** ab 6; f (früher 16) **FBW** bw **E** 19.9.1980 **fd** 22 647

WILLKOMMEN, MR. MARSHALL (BIENVENIDO, MR. MARSHALL). Die Ankündigung, daß eine amerikanische Kommission für Wirtschaftshilfe nach dem Plan des US-Außenministers George Marshall eintreffen wird, löst in einem ärmlichen Dorf Kastiliens, das sich für die Gäste andalusisch herausputzt, Träume, Wünsche und Hoffnungen aus. Eine während der Franco-Diktatur inszenierte ironische Komödie, deren Witz damals bemerkenswerten Mut bezeugte. (Alternativtitel: »Uns kommt das alles spanisch vor«) – Sehenswert ab 14. ✦ Schwarzweiß. Spanien 1952 **P** U.N.I.N.C.I. **Kl** Pallas **R** Luis García Berlanga **B** Juan Antonio Bardem, Luis García Berlanga **K** Manuel Beranguer **M** Jesús G. Lehoz, Maestro Solan **D** Lolita Sevilla (Carmen Vargas), Manolo Moran (Manolo), José Isbert (Don Pablo), Alberto Romea (Don Luis), Elvira Quintilla (Señorita Eloisa), Luis Perez de Leon (Don Cosme) **L** 85 **FSK** ab 12; nf **E** 12.7.1957/12.2.1967 ARD **fd** 4 834

WILLKOMMENE GELEGENHEIT (L'AFFAIRE DE HAUTERIVE). Nach dem Unfalltod seiner Frau gerät ein Mann in Verdacht, ihr Fahrzeug manipuliert zu haben. In der Ehe kriselte es schon lange, und der Witwer scheint der einzige Nutznießer des tragischen Ereignisses zu sein. Da alle Indizien zu offensichtlich in diese Richtung weisen, konzentriert sich der ermittelnde Kommissar auf den Schreiber des anonymen Briefes, der den mutmaßlichen Täter denunzierte. Kriminalfilm. ✦ Frankreich 1991 **R** Bernard Villiot **B** Racine Guillemette, nach einem Roman von Brice Pelman **D** Raymond Pellegrin (Kommissar Rocca), Jean-Michel Martial (Inspektor Rosine), Thierry Rode (Inspektor Decoudray), Jean-Loup Wolf (Yves-Marie Hauterive), Tessa Volkine (Maud Hauterive), Michel Voletti (Glickner) **L** 80 **E** 7.9.1993 S 3

WILLOW (WILLOW). In einer vorzeitlichen Fantasiewelt steht ein ängstlicher zwergwüchsiger Bauer einem Findelkind bei, dem die böse Herrscherin des Landes nach dem Leben trachtet. Ein mit großem äußerem Aufwand technisch perfekt produzierter Fantasy-Film, der die verschiedenen Motive zu einer effektvoll kalkulierten Erzählung fügt, wobei das Finale zum Spektakel von sich übertrumpfenden Effekten gerät. Zwar mit Blick fürs Detail und für Figuren gestaltet, doch in erster Linie ein synthetisches Unterhaltungsprodukt, hinter dem die humanen Botschaften zurückbleiben. – Ab 16. ✦ Scope. USA 1987 **P** MGM **Kl** UIP **Pd** Nigel Wool **R** Ron Howard **B** Bob Dolman **K** Adrian Biddle **M** James Horner **S** Daniel Hanley, Michael Hill **D** Warwick Davis (Willow), Val Kilmer (Madmartigan), Joanne Whalley (Sorsha), Jean Marsh (Königin Bavmorda), Patricia Hayes (Raziel), Billy Barty (High Aldwin) **L** 126 **FSK** ab 12; f **FBW** w **E** 15.12.1988 **fd** 27 220

WILLOW SPRINGS. In einem abgelegenen Haus in der kalifornischen Wüste leben drei Frauen in einer Art von »hierarchischem Matriarchat«, dem angelockte Männer zum Opfer fallen. Ein nur schwer zugänglicher avantgardistischer Film-Essay über Gesellschaftszustände, Kinomythen und die USA; eine komplexe Mixtur aus Parodie, Theatralik und opernhaftem Pathos, das entfremdete soziale Zustände und Kunstformen entlarven will, selbst jedoch recht manieriert wirkt. ✦ BR Deutschland 1972/3 **P** Werner Schroeter/ZDF **Pd+R+B** Werner Schroeter **D** Magdalena Montezuma, Christine Kaufmann, Ila von Hasperg, Michael O'Daniel **L** 78 **E** 3.4.1973 ZDF

WILLST DU EWIG JUNGFRAU BLEIBEN? Eine junge Frau schwört feierlich, Jungfrau auf ewig zu bleiben, bis man ihr unmißverständlich demonstriert, daß eine derartige Auffassung dem Lauf der Welt widerspricht und somit unsinnigerweise verfochten wird. Eine plumpe Sex-Komödie, die ihre Lektionen in puncto Aufklärung, Pille und Beischlaf so geist- und witzlos verteilt, daß jeder Unterhaltungseffekt voll verpufft. ✦ BR Deutschland 1968 **P** Hape **Kl** Nora **R+B** Hubert Frank **K** Michael Marszalek **M** Hans Günther Leonhardt **D** Marie Liljedahl, Thomas Astan, René Schönenberger, Karin Schubert, Ariana Calix **L** 89 **FSK** ab 18; nf **E** 24.1.1969 **fd** 15 954

WILLY BOGNERS FEUER UND EIS. Ein junger Schweizer Skiläufer folgt seiner Angebeteten auf beschwerlichen Wegen von New York ins amerikanische Wintersport-Paradies Aspen, wobei in seiner Fantasie wagemutige und idyllische Ski-Abenteuer Gestalt annehmen. Die dünne Handlung dieser Schnee-Operette zwischen Kunst, Kitsch und Werbefilmästhetik ist nur Aufhänger für beeindruckende Ski-Akrobatik, brillant fotografiert und mit einem rauschhaften Elektronik-Sound unterlegt. Ex-Ski-Star, Modemacher und Regisseur Bogner hatte sich durch seine Mitarbeit an den alpinen Stunt-Szenen des James-Bond-Films »Der Spion, der mich liebte« empfohlen. (Titel auch: »Feuer und Eis«) – Ab 10. ✦ Scope. BR Deutschland 1985 **P** Willy Bogner **Kl** Constantin **VA** Constantin **Pd+R+B+K** Willy Bogner **M** Harold Faltermeyer, Gary Wright, Alan Parsons Project, Panarama **S** Petra von Oelffen, Claudia Travnecek **D** John Eaves (John Cross), Suzy Chaffee (Suzie), Tom Slims (Schneebrettfahrer), Steve Link (Schneebrettfahrer), Kelby Anno (Windsurfer) **L** 90 **FSK** o. A.; f **FBW** w **E** 16.1.1986/Februar 1987 Video **fd** 25 448

WILLY BOGNERS WHITE MAGIC (WHITE MAGIC). Abermals zeigt der ehemalige Ski-Olympionike, Textilhersteller und Kameramann Willy Bogner ebenso abwegige wie waghalsige Sport-Akrobatik mit Ski, Snowboard, Ballon und Gleitschirm. Mit seiner um die gelungenen Stunts herumkonstruierten lachhaften Kolportage-Story und ihrer haarsträubenden Inszenierung verdirbt er allerdings selbst Fans den Spaß. – Ab 14. ✦ Scope. Deutschland 1994 **P** Bogner Film **Kl** Buena Vista **Pd+R+B+K** Willy Bogner **M** Harold Faltermeyer **S** Barbara Gies **D** John Eaves (John), Alke Reiter (Vikki), Reto Lamm (Reto), Markus Wasmeier (Markus), Hansjürg Rey (John) **L** 91 **FSK** ab 6; f **E** 11.11.1994 **fd** 31 071

WILLY, DER PRIVATDETEKTIV. Ein biederer Kneipenwirt, Inhaber der Gaststätte »Zum Piraten-Willy« in der Kölner Altstadt, erbt ein Detektivbüro, steigt nach reichlicher Kriminallektüre ins Detektivfach um und entlarvt drei Gauner. Bieder-fantasielose Komödie ohne Sinn für kriminalistische Pointen und optische Vergnüglichkeit. Amüsant allenfalls für Millowitsch-Anhänger. – Ab 10. ✦ Schwarz-weiß. BR Deutschland 1960 **P** Corona **Kl** UFH **Pd** Alexander Grüter **R** Rudolf Schündler **B** Gustav Kampendonk **K** Bruno Mondi **M** Martin Böttcher **S** Walter von Bonhorst **D** Willy Millowitsch (Willy Nölles), Renate Mannhardt (Erna Körschkes), Rudolf Platte (Gottfried Bohnen), Claus Biederstaedt (Dr. Werner Meyer), Gusti Wolf (Mariechen), Franz Schneider (Juppi Wenders), Charlotte Krekel (= Lotti Krekel) (Elli) **L** 87 **FSK** ab 6; nf **E** 15.12.1960 **fd** 9 805

WILLY, DER SPATZ → Willi der Spatz

WILLY-MILLY (WILLY-MILLY). Ein 14jähriges Mädchen wünscht sich, ein Junge zu sein, um von seinen Eltern ernster genommen zu werden. Der Wunsch wird durch einen Zauber erfüllt, und für einige Zeit ist Milly nun Willy, bis sie sich der Liebe wegen ihre eigene Identität zurückwünscht. Eine weitgehend belanglose High-School-Komödie, die die hübsche Grundidee verschenkt und nur in wenigen Momenten märchenhafte Züge aufweist. Allein durch die sympathische Hauptdarstellerin über dem Gros ähnlicher Komödien. – Ab 14 möglich. ✦ USA 1986 **P** Imageworks/CRC **VA** Ufa **Pd** M. David Chilevich **R** Paul Schneider **B** Carla Reuben, Walter Carbone **K** Dominique Chapuis **M** David McHugh **S** Michael R. Miller **D** Pamela Segall (Willy/Milly), Eric Curry (Alfie), Mary Tanner (Stephanie), Seth Green (Malcolm), Taryn Grimes **L** 83 **FSK** ab 12; f (fr. 16) **E** 5.10.1988 Video **fd** 27 107

WILLY WONKA → Charlie und die Schokoladenfabrik

WILMA RUDOLPH, DIE SCHWARZE GAZELLE (WILMA). Die schwarze Südstaatlerin Wilma Rudolph (1940–1994) war durch eine Kinderlähmung im Alter von vier Jahren gehbehindert. Eltern und sechs Geschwister kümmerten sich um sie; ihr Jugendfreund und späterer Ehemann steckte sie mit seiner Begeisterung für das Basketballspiel an. So verlor sie ihre Minderwertigkeitskomplexe und überwand ihre Behinderung. Bei der Olympiade in Rom 1960 gewann sie schließlich als erste Amerikanerin drei Goldmedaillen im Laufen. Die fesselnde Filmbiografie beginnt und endet mit dokumentarischen Aufnahmen der Ereignisse in Rom, die die junge Sportlerin mit einem Schlag weltberühmt machten. – Ab 12. ✦ USA 1977 **P** Cappy Petrash Greenspan **R+B** Bud Greenspan **K** Arthur J. Ornitz **M** Irwin Bazelon **S** Villiam Cahn **D** Cicely Tyson (Blanche), Shirley Jo Finney (Wilma), Jason Bernard (Temple), Joe Seneca (Ed), Denzel Washington (Robert Eldridge) **L** 95 **E** 24.1.1981 ZDF

WILMA WOHNT WEIT WEG (WILMA WOHNT WEIT WEG). Die dunkelhäutige Tochter eines Afrikaners und einer Deutschen betreut in Berlin alte Menschen. Sie fühlt sich nicht wohl in der Stadt, und nach dem Auseinanderbrechen ihrer lose geknüpften Beziehungen bleibt nur noch die Bindung zu einem kleinen türkischen Jungen, der wie sie isoliert in der Millionenstadt lebt. Ein melancholisch-lyrischer Film über Fremde in deutschen Städten, die trotz des engen Nebeneinanders nie die Erfahrung von Nähe und Geborgenheit erleben. Als quasidokumentarisches filmisches Mosaik entworfen, zeichnet der Film die stille Seite einer deutschen Großstadt. – Ab 16. ✦ BR Deutschland/Österreich 1990 **P** Dirk Schäfer Filmprod. (für ZDF/ORF) **Pd+R** Dirk Schäfer **B** Dirk Schäfer, Marie Schmitz **K** Jörg Schmidt-Reitwein **S** Dirk Schäfer **D** Marie Schmitz (Wilma), May Buchgraber (Romi), Michael Schech (Raimund), Ali Yilmaz (Can), Lucia Hartpeng **L** 70 **E** 2.4.1991 ZDF

WIMPS (WIMPS). Ein tumber Footballspieler will eine schöne Studentin verführen, die aber mehr für geistige als für körperliche Qualitäten übrig hat. Er erpreßt seinen mickrigen, aber hochintelligenten Zimmergenossen dazu, ihm literarische Ergüsse in den Computer zu diktieren, mit denen er der Holden imponieren kann. Der arme Souffleur leidet dabei Todesqualen, denn er hat sich in dasselbe Mädchen verliebt. Die »Cyrano-de-Bergerac«-Geschichte vom Mann mit der langen Nase wurde für eine dürre College-Klamotte mißbraucht. Nur ganz selten schimmert zwischen all dem nackten Fleisch und den geistlosen Späßen so etwas wie Sensibilität auf. ✦ USA 1986 **P** Platinum Pictures/Vestron Entertainment **VA** Vestron **Pd+R** Chuck Vincent **B** Craig Horrall, Chuck Vincent **K** Larry Revene **M** Kai Joffe, Ian Shaw **S** Marc Ubell (= Chuck Vincent), James Davalos **D** Louie Bonanno (Francis), Deborah Blaisdell (Roxanne), Jim Abele (Charles Conrad), Jane Hamilton (= Veronica Hart) (Tracy), Eddie Prevot **L** 90 **FSK** ab 16 **E** 21.2.1990 Video **fd** 28 264

WIN UND TARAS VERRÜCKTE REISE DURCH DIE NACHT →Eine verrückte Reise durch die Nacht

WINCHELL (WINCELL). Porträt des Skandaljournalisten Walter Witchell, der in den 60er-Jahren zum ersten Medienstar der publizistischen Zunft aufstieg. Witchell war stets darauf bedacht, die eigene Person ins recht Licht zu rücken, wodurch er die amerikanische Fernsehgemeinde polarisierte. Die in der Hauptrolle überzeugend gespielte Skizze einer frühen Medienkarriere, die allerdings nur fragmentarisch angerissen wird und sich in erster Linie in Äußerlichkeiten und nostalgischer Detailverliebtheit erschöpft. (Titel auch: »Winchell – Reporter aus Leidenschaft«) ✦ USA 1998 **P** Fried Films **Pd** Stan Wlodkowski **R** Paul Mazursky **B** Scott Abbott, nach der Biografie »Walter Wincell: His Life and Times« von Herman Klurfeld **K** Robbie Greenberg **M** Bill Conti **S** Stuart Pappé **D** Stanley Tucci (Walter Wincell), Glenne Headly (Dalles Wayne), Paul Giamatti (Herman Klurfeld), Christopher Plummer (Franklin D. Roosevelt), Xander Berkeley (Gavreau) **L** 105 **E** 2.11.1999 Premiere World

WINCHESTER '73 (WINCHESTER '73). »Eines von tausend« der wegen seiner Präzision und Zuverlässigkeit begehrten Repetiergewehre des Jahrgangs 1873 ist der erste Preis eines Wettschießens, das in Dodge City am Nationalfeiertag 1876 stattfindet. Zwei miteinander verfeindete Brüder streiten um die Winchester, doch bis zum tödlichen Zweikampf der beiden geht sie noch durch viele andere blutige Hände von Waffenhändlern, Indianern und Bankräubern. Ein spannender, psychologisch sehr sorgfältig fundierter Western, der bei allem Aktionsreichtum das Geschehen in ruhigen, kalkulierten Einstellungen vermittelt, die der Landschaft und den sorgsam rekonstruierten Interieurs breiten Raum lassen. Ausgezeichnet gespielt. – Sehenswert ab 14. ✦ Schwarz-weiß. USA 1950 **P** Universal **KI** Universal **Pd** Aaron Rosenberg **R** Anthony Mann **B** Robert L. Richards, Borden Chase, nach einem Roman von Stuart N. Lake **K** William H. Daniels **M** Joseph Gershenson, Jesse Hibbs **S** Edward Curtiss **D** James Stewart (Lin McAdam), Shelley Winters (Lola Manners), Dan Duryea (Waco Johnny Dean, Kansas Kid), Stephen McNally (Dutch Henry Brown), Millard Mitchell (Johnny High Spade Williams), Rock Hudson (Junger Stier), Anthony Curtis (= Tony Curtis) (Doan), Charles Drake (Steve Miller), John McIntire (Joe Lamont), Will Geer (Wyatt Earp), Steve Brodie (Wesley), John Doucette (Roan Daley) **L** 92 **FSK** ab 12; nf **FBW** w **E** 9.2.1951/ 10.1.1981 DFF 1 **fd** 5 664

WINCKELMANNS REISEN. Ein biederer Vertreter für Haarshampoo tingelt erfolg- und leidenschaftslos über die schleswig-holsteinischen Dörfer. Nur langsam befreit er sich aus einer aus falschen Wunsch- und Idealbildern erwachsenden Handlungsunfähigkeit und findet eine neue Einstellung zum Leben. Eine melancholisch-amüsant erzählte Geschichte um Heimat- und Orientierungslosigkeit; sie gewinnt an Tiefe und Substanz vor allem durch die hervorragende Fotografie, die den Stillstand der Menschen auf ebenso präzise wie poetische Weise in einen realistischen Zusammenhang einbettet. – Ab 14 möglich. ✦ Schwarz-weiß. BR Deutschland 1990 **P** Novoskop/Pandora/WDR **KI** Pandora **SF** Matthias **Pd** Eric Nellessen **R** Jan Schütte **B** Jan Schütte, Thomas Strittmatter **K** Sophie Maintigneux **M** Claus Bantzer **S** Renate Merck **D** Wolf-Dietrich Sprenger (Ernst Winckelmann), Susanne Lothar (Aline), Traugott Buhre (Vater), Mathias Gnädinger (Berner), Mine-Marei Wiegandt (Rosa), Fritz Lichtenhahn (Alter Vertreter), Jan Biczycki (Friseur Niedenzu), Axel Milberg (Vertreter Wöhler), Horst Mendroch (Mehlmann), Ulrich Wildgruber (Tankwart), Bodo Abel (Gasmus) **L** 80 **FSK** ab 6; f **FBW** w **E** 29.11.1990 **fd** 28 583

WIND (WIND). Ein Seglerpaar im Wettbewerb um den »American's Cup« verliert und gewinnt sportliches und privates Glück. Sportfilm, der in den Wettkampfszenen zu spektakulärer Dichte findet. Eine konventionelle Beziehungsgeschichte mit teils dümmlichen Dialogen mindert den Reiz des Films jedoch mehr, als die optische Opulenz der Segelaufnahmen wettmacht. – Ab 16. ✦ USA 1993 **P** Mata Yamamoto Prod./American Zoetrope **KI** Tobis **VA** VMP **DVD** Euro-Video (FF, DD2.0 dt.) **Pd** Mata Yamamoto, Tom Luddy **R** Carroll Ballard **B** Rudolph Wurlitzer, Mac Gudgeon **K** John Toll **M** Basil Poledouris **S** Michael Chandler **D** Matthew Modine (Will Parker), Jennifer Grey (Kate Bass), Cliff Robertson (Morgan Weld), Jack Thompson (Jack Neville), Stellan Skarsgard (Joe Heiser), Rebecca Miller (Abigail Weld), Ned Vaughn (Charley Moore) **L** 126 **FSK** ab 6; f **E** 10.6.1993/22.11. 1993 Video/18.2.1995 premiere/27.6.2000 DVD **fd** 30 271

DER WIND (1927) (THE WIND). Eine junge Frau heiratet einen rauhen, herzlos wirkenden Texaner. Rauh und unfreundlich sind auch die schäbige Hütte, in der sie wohnen, und die Umgebung. Während eines Sandsturms und der Abwesenheit ihres Mannes wird die Frau von einem Bekannten vergewaltigt. Sie tötet ihn in Notwehr. Ihr Mann hält zu ihr. Ein spätes Werk der Stummfilmzeit. Der als bester Hollywood-Film des schwedischen Regisseurs geltende Film besticht durch seine gelungene Einbeziehung der Naturelemente. (Früherer Kinotitel: »Stürme«) – Ab 16. ✦ Schwarz-weiß. USA 1927 **P** MGM **KI** MGM **R** Victor Seastrom (= Victor Sjöström) **B** Frances Marion, nach einem Roman von Dorothy Scarborough **K** John Arnold **M** Herman Ruby, William Axt, Dave Dreyer, David Mendoza **S** Conrad A. Nervig **D** Lillian Gish (Letty), Lars Hanson (Lige), Montagu Love (Roddy), Dorothy Cumming (Cora), Edward Earle (Beverly), William Orlamond (Sourdough) **L** 74 **E** 1928 Kino/ 10.3.1982 NDR

DER WIND (1982) →Die Zeit des Windes

WIND DANCER (WIND DANCER). Sentimentale Tiergeschichte. Nachdem seine Tochter durch einen Reitunfall gelähmt wurde, engagiert der Vater einen Naturheilkundler, der die junge Frau mit sanfter Medizin kurieren will. – Ab 12. ✦ USA 1993 **P** Majestic/ Sunset Hill **VA** Splendid **R** Craig Clyde **D** Mel Harris (Susan Allen), Matt McCoy (Jim McDonald), Raeanin Simpson (Paige McDonald), Brian Keith (Truman Richards), Nicholas Guest (Raymond Wallace) **L** 86 **FSK** ab 6 **E** 1996 Video/21.12.1996 Vox

WIND DER HOFFNUNG (WETER NADESHDY). Ein sowjetisches Segelschulschiff befindet sich auf der Fahrt zu einer Segelregatta nach Australien. Die Hilferufe einer durch den Ausbruch eines Vulkans bedrohten internationalen Expedition sind Anlaß, den Kurs zu ändern und unter größter Gefahr Menschenleben zu retten. Ein romantisch-abenteuerlicher Film ohne sonderliche Substanz, der nur durch die hervorragende Fotografie Attraktivität erlangt. – Ab 16. ✦ Scope. UdSSR 1977 **P** Gorki-Studio **KI** Progress **R** Stanislaw Goworuchin **B** Boris Lobkow, Stanislaw Goworuchin **K** Alexander Filatow **M** Jewgeni Geworgjan **D** Pawel Machotin (Kapitän), Alexej Mironow (Petrowitsch), Alexander Fjodorow (Grimanin), Juri Schlykow (Syrjanow), Vitali Machow (Nossow) **L** 75 **E** 14.7.1978 Kino DDR/12.11.1978 DFF 2

WIND DER LIEBE →Windrider

DER WIND DER WÜSTE (HAMSIN). Durch einen geplanten Landkauf kommt es zu Spannungen in einem Dorf in Galiläa, die die bisher friedlich miteinander lebenden Juden und Araber spalten. Als sich auch noch eine Liebesbeziehung zwischen einer Jüdin und einem arabischen Arbeiter abzeichnet, eskalieren die Ereignisse, da Privates nicht mehr von politischen Emotionen zu trennen ist. Ein engagierter Film, der die Probleme Israels an einem Einzelfall aufgreift und sowohl das Sicherheitsbedürfnis der Israelis als auch den Landanspruch der arabischen Bevölkerung anspricht. (Fernsehtitel auch: »Hamsin – Der Wind der Wüste«) – Sehenswert ab 16. ✦ Israel 1982 **P** Hamsin Film Prod. **Pd** Jacob Lifshin **R** Daniel Wachsmann **B** Daniel Wachsmann, Danny Verte, Jacob Lifshin **K** David Gurfinkel **M** Raviv Gazit **S** Levi Zinni **D** Shlomo Tarshish (Gedelia), Yasin Shawap (Khaled), Hemda Levy (Chava), Ruth Geler (Malka) **L** 86 **E** 21.4.1988 ZDF

WIND DES SÜDENS (IL VENTO DEL SUD). Ein junger ehrbarer Sizilianer, Sohn eines Arbeiters, wird von der Mafia für einen Mord gedungen, den er jedoch nicht ausführt. Er und seine Geliebte, die jüngere Tochter eines Grafen, flüchten, werden aber durch die Rache der Terror-Organisation ins Verderben getrieben. Ein gesellschaftskritisch angelegter, jedoch nur schwach gestalteter Film, der lediglich durch die meisterhafte Fotografie Beachtung verdient. ✦ Schwarz-weiß. Italien 1959 **P** Lux/Vides/Cinecittà **R** Enzo Provenzale **B** Giuseppe Mangione, Enzo Provenzale **K** Gianni di Venanzo **M** Gino Marinuzzi **D** Renato Salvatori (Antonio Spagara), Claudia Cardinale (Grazia), Salvo Randone, Romolo Valli, Rossella Falk **L** 95 **E** 6.7.1966 ZDF **fd** 15 581

DER WIND HAT MEINE EXISTENZ VERWEHT →Hin und Her

DER WIND HAT UNS EIN DING GEDREHT (ATT ANGÖRA EN BRYGGA). Die erstaunlichen »Schwierigkeiten« einer vierköpfigen Segelbootsbesatzung bei dem Versuch, auf einer Schäreninsel eine Routinelandung vorzunehmen. Harmlose Slapstick-Komödie mit eher krampfhaftem Humor. – Ab 14 möglich. ✦ Schweden 1965 **P** Svensk Filmindustri **KI** Constantin **Pd** Lars-Owe Carlberg **R** Tage Danielsson **B** Tage Danielsson, Hans Alfredson **K** Martin Bodin **M** Lars Färnlöf **S** Carl-Olov Skeppstedt **D** Monica Zetterlund (Berit), Birgitta Andersson (Mona), Hans Alfredson (Onkel Garbo), Lars Elborg (Kalle), Katie Rolfsen (Mutter), Gösta Ekman (Lennart), Tage Danielsson (Olson) **L** 74 **FSK** ab 12; nf **E** 2.2.1968

DER WIND IN DEN WEIDEN (1981) (WIND IN THE WILLOWS). Zeichentrick-Version des englischen Kinderbuches mit den bekannten Figuren: dem Maulwurf, den die Frühlingssonne aus dem Bau lockt, der Wasserratte, die ihm die aufregende Umgebung vorführt, und dem hochnäsigen Frosch, der mit seinen verrückten Ideen für immer neue Aufregung sorgt. – Ab 12. ✦ USA/Japan 1981 **R** Arthur Franklin jr., Jules Bass **L** 91 **E** 1.1.1992 PRO 7

DER WIND IN DEN WEIDEN (1995) (WIND IN THE WILLOWS). Neuverfilmung des gleichnamigen Märchenklassikers: Der Maulwurf macht sich mit seinen

Freunden, der verträumten Wasserratte, dem Dachs und der Kröte, auf, um das faszinierende Land am Fluß zu suchen. Ein humorvoller Zeichentrickfilm, der sich dem poetischen Gehalt der Vorlage annähert, doch auch einige Modernismen vorzuweisen hat. So ist die Kröte ein fanatischer Autofahrer, der dem Geschwindigkeitsrausch erliegt und den Freunden einigen Kummer bereitet. – Ab 6. ✦ Großbritannien/Deutschland 1995 **P** Hit Entertainment PLC/ Family Channel + TVC/Degeto/SWF **VA** EuroVideo **DVD** EuroVideo (FF, DD2.0 dt.) **Pd** John Coates **R** Dave Unwin **B** Ted Walker, nach einer Erzählung von Kenneth Grahame **M** Colin Towns **D** Vanessa Redgrave (Großmutter/Erzählerin) **L** 72 **FSK** o. A. **E** 24.12. 1996 ARD/1997 Video/15.12.1997 DVD **fd** 32 580

WIND IN DER TASCHE (VITR V KAPSE). Zwei junge Männer, die ihren Fachschulabschluß geschafft haben, arbeiten vor ihrer Einberufung zum Militär in einer großen Fabrik. Dort verkürzen sie sich dank mancher Einfälle die Arbeitszeit. Außerdem müssen sie mit ihren ersten Liebesproblemen fertigwerden. Heiter-besinnlicher Film um die kleinen und großen Probleme des Alltags, gestaltet nach den Jugenderinnerungen des Regisseurs. (Westdeutscher TV-Titel: »Und das Leben ist voller Träume«) – Ab 16. ✦ CSSR 1982 **P** Filmstudio Barrandov **KI** Progress **R** Jaroslav Soukup **B** Jaroslav Soukup, Miroslav Vaic **K** Jaromír Sofr **M** Zdenek Barták jr. **D** Lukás Vaculík (Ondrej), Sagvan Tofi (Cinda), Ivana Andrlová (Helena), Karel Augusta (Mádr), Karel Vochoc (Ondrejs Vater), Zora Ulla Keslerová (Ilonka) **L** 79 **E** 22.6.1984 Kino DDR/6.11.1985 DFF 1/2.8.1986 ZDF

DER WIND IST AUS LUFT. Ein dokumentarischer Essay über das Glücklichsein, das Fragen nach der Vergänglichkeit des Glücks ebenso stellt wie es Menschen vorstellt, die von sich behaupten, dass sie glücklich sind. Ein sehr persönlicher Diplomfilm, der einem »unfassbaren« Gefühl Substanz und Bilder verleihen will. ✦ Deutschland 2000 **R** Marina Kern **L** 60 **E** 24.9.2001 SWR

DER WIND KOMMT AUS DEN BERGEN → Der Wind kommt von Aures

DER WIND KOMMT VON AURES (LE VENT DES AURES). Der Leidensweg einer algerischen Mutter zur Zeit der französischen Kolonialherrschaft. – Ab 14. ✦ Scope, schwarz-weiß. Algerien 1967 **P** Office des Actualité Algériennes **KI** Progress **R** Mohamed Lakhdar-Hamina **B** Mohamed Lakhdar-Hamina, Tewfik Fares **K** Mohamed Lakhdar-Hamina **M** Philippe Arthuys **D** Keltoum (Mutter), Hassan Hassani (Vater), Mohamed Chouikh (Sohn), Omar Tayane, Tania Timgad **L** 89 **E** 14.11.1969 Kino DDR/22.1.1973 DFF 2/24.7. 2001 arte

DER WIND LEGTE SICH VOR MORGENGRAUEN (VETAR JE STAD PRED ZORU). Der Versuch der deutschen Dienststellen und ihrer einheimischen Helfer, eine Widerstandsgruppe in Belgrad unschädlich zu machen. Ein spannender Film mit guter Typenzeichnung. Trotz einiger formaler Schwächen inszenatorisch über dem Durchschnitt. – Ab 14. ✦ Schwarz-weiß. Jugoslawien 1959 **P** Avala **KI** Progress **R** Rados Novakovic **B** Aleksandar Vuco **K** Nenad Jovicic **M** Borivoje Simic **D** Radmila Radovanovic-Andric (Jasna), Antun Vrdoljak (Mirko), Stevan Stukelja (Bane), Ljubisa Jovanovic (Großvater), Branko Plesa (Pavle) **L** 91 **E** 13.5.1960 Kino DDR/5.5.1961 DFF 1

DER WIND PFEIFT UNTER DEN FÜSSEN (TALPUK ALATT FÜTYÜL A SZEL). Ungarn 1930: In dramatischen Auseinandersetzungen kämpfen die Hirten der Puszta mit den zugezogenen Bauern um ihr durch einen Kanalbau bedrohtes Weideland. Inszenatorisch mäßiger, leidlich spannender Abenteuerfilm um einen legendären Einzelgänger als strahlenden politischen wie sozialen Vorkämpfer auf der Seite der Hirten. – Ab 14. ✦ Ungarn 1976 **P** Hunnia-Stúdió **KI** Progress **R** György Szomjas **B** György Szomjas, Péter Zimre **K** Elemér Ragályi **M** Ferenc Sebö **D** Djoko Rosic (Gyurka Farkos Csapó), István Bujtor (Balázs Mérges), Vladan Holec (Blonder Jüngling), Irén Bordán (Wirtsfrau) **L** 89 **E** 8.7.1977 Kino DDR/27.5.1978 DFF 1

WIND ÜBER URUGUAY (VENTO DELL' URUGUAY). Zusammen mit zwei italienischen Maurern gelangt Anfang des Jahrhunderts ein junger Tessiner auf Arbeitssuche ins Landesinnere von Uruguay, wo Großgrundbesitzer über Macht, Geld, Frauen, riesige Ländereien und Herden gebieten. Die Schilderung eines kargen Lebens in der unendlichen Weite südamerikanischer Landschaft erschöpft sich im Atmosphärischen, so daß weder die Figuren noch die Handlung klare Konturen gewinnen. ✦ Schweiz 1989 **P** RTSI **R** Bruno Soldini **B** Bruno Soldini, nach der Erzählung »Los albaniles de Los Tapes« von Juan José Morosoli **K** Ricardo Brunner, Luciano Paltenghi **M** Renato Soldini **S** Daniele de Ritis **D** Rodolfo da Costa, Till Silva, Alejandro Buesch, Graciela Gelos, Patricia Yosi **L** 93 **E** 14.6.1993 DRS

DER WIND UND DER LÖWE (THE WIND AND THE LION). Die Entführung einer Amerikanerin und ihrer Kinder aus Tanger im Jahr 1904 durch einen Führer der Rif-Kabylen zum Zweck politischer Erpressung. Eine an Illustrierten-Kolportagen erinnernde große romantische Abenteuerstory ohne tiefere menschliche Dimension, immerhin aber in äußerlich faszinierender Inszenierung. Kämpfe und Grausamkeit kommen nur dezent ins Bild. Die militärische Intervention des damaligen US-Präsidenten Theodor Roosevelt wird zu leichten satirischen Seitenhieben im Rahmen einer aufwendigen Film-Operette genutzt. – Ab 14 möglich. ✦ Scope. USA 1975 **P** Columbia/MGM **KI** Warner-Columbia **Pd** Herb Jaffe **R+B** John Milius **K** Billy Williams **M** Jerry Goldsmith **D** Sean Connery (Raisuli), Candice Bergen (Eden), Brian Keith (Theodore Roosevelt), John Huston (Hay), Geoffrey Lewis (Gummere), Steve Kanaly (Jerome) **L** 119 **FSK** ab 12; f **E** 9.1.1976 **fd** 19 613

DER WIND WIRD UNS TRAGEN (BAD MA RA KHABAD BORD / LE VENT NOUS EMPORTERA). Ein Reporter-Team aus Teheran will in einem abgelegenen Bergdorf kurdische Sterbe-Riten dokumentieren, muss sich allerdings auf ein Spiel auf Zeit einlassen, da sich das auserkorene Zielobjekt, eine alte Frau, mit dem Sterben ausgesprochen viel Zeit lässt. Ein kontemplativer Film über den Wert der Langsamkeit, der den Alltag gegen die Sensation abwägt und an eine Rückbesinnung auf die wahren Bedürfnisse gemahnt. Voller kluger und humorvoller Einfälle, offenbaren sich hier die Qualitäten eines zeitlosen Kinos, das den Zuschauer nicht »domestiziert«, sondern ihm die Zeit zur Rückbesinnung bietet. – Sehenswert ab 16. ✦ Frankreich/Iran 1999 **P** MK2/Abbas Kiarostami Prod. **KI** Pegasos **Pd** Marin Karmitz, Abbas Kiarostami **R+B** Abbas Kiarostami **K** Mahmoud Kalari **M** Peyman Yazdanian **S** Abbas Kiarostami **D** Behzad Dourani **L** 118 **FSK** o. A.; f **E** 30.3.2000 **fd** 34 176

DER WINDHUND (FLIC OU VOYOU). Ein ebenso smarter wie skrupelloser Kommissar legt – zunächst inkognito – korrupten Kollegen und Gangstercliquen in Nizza das Handwerk, wobei er sich in seinen Methoden nicht von seinen Gegnern unterscheidet. Ein mit einem gewissen Maß an Tempo und Witz, aber auch sehr viel stereotypen Versatzstücken, die frühere Filme mit Belmondo reproduzieren, inszenierter Polizeifilm, dessen parodistische Ansätze seine Sympathien für die Selbstjustiz nicht überdecken. ✦ Frankreich 1978 **P** Gaumont/Cerito **KI** Tobis **R** Georges Lautner **B** Jean Herman, Michel Audiard, nach dem Roman »L'Inspecteur de la Mer« von Michel Grisola **K** Henri Decaë **M** Philippe Sarde **S** Michèle David **D** Jean-Paul Belmondo (Borowitz-Ceruti), Marie Laforêt (Edmonde Puget-Rostand), Michel Galabru (Grimaud), Georges Géret, Juliet Mills, Jean-François Balmer, Claude Brosset **L** 107 **FSK** ab 16; nf **E** 21.6.1979/27.10.1990 DFF 1 **fd** 22 077

DER WINDHUND UND DIE LADY (THE HUCKSTERS). Ein aus der Army entlassener Captain, der vor dem Zweiten Weltkrieg als Werbefunk-Direktor arbeitete, startet eine Kampagne für den wichtigsten Kunden einer New Yorker Werbeagentur, einen despotischen Fabrikanten für Seife. Als er dafür bei einer attraktiven, distinguierten britischen Generalswitwe »hausieren« geht, verliebt er sich in sie und riskiert seinen Job, um nicht gegen seine Überzeugung handeln zu müssen, aber auch, um die Herzensdame durch Aufrichtigkeit zu gewinnen. Eine amüsante Satire auf Werbung und Werbebetrieb; konventionell gestaltet, doch blendend interpretiert, fasziniert der Film durch die pfiffige Charakterzeichnung und das sympathische Selbstverständnis von Unabhängigkeit. – Ab 12. ✦ Schwarz-weiß. USA 1947 **P** MGM **Pd** Arthur Hornblow jr. **R** Jack Conway **B** Luther Davis, Edward Chodorov, George Wells, nach einem Roman von Frederic Wakeman **K** Harold Rosson **M** Lennie Hayton **S** Frank Sullivan **D** Clark Gable (Victor A. Norman), Deborah Kerr (Kay Darrance), Sydney Greenstreet (Evan Llewellyn Evans), Adolphe Menjou (Mr. Kimberly), Ava Gardner (Jean Ogilvie) **L** 115 **E** 1.3.1991 ARD

DER WINDHUND VON VENEDIG (VENEZIA, LA LUNA E TU / VENISE, LA LUNE ET TOI). Ein immer zum Flirten aufgelegter Gondoliere in Venedig verliert, kurz vor der Hochzeit, durch zwei junge Ausländerinnen beinahe seine Braut. Leichte Konfektionskomödie. – Ab 16. ✦ Italien/Frankreich 1958 **P** Titanus/S.G.C. **KI** MGM **Pd** Silvio Clementelli **R** Dino Risi **B** Massimo Franciosa, Pasquale Festa Campanile, Dino Risi **K** Tonino Delli Colli **M** Lelio Luttazzi **D** Alberto Sordi (Bepi), Marisa Allasio, Ingeborg Schöner, Niki Dantine, Riccardo Garrone, Luciano Marcello, Marisa Castellani **L** 89 **FSK** ab 16; nf **E** 5.8.1960 **fd** 9 416

WINDHUNDE (STREAMERS). Als 1965 in den USA vier junge Rekruten während eines Wochenendes in einer Kaserne auf ihren Marschbefehl nach Vietnam warten, steigern sich die Spannungen zwischen ihnen und schlagen schließlich in blutige Aggressionen um. Brillant inszenierte, darstellerisch bemerkenswerte Umsetzung eines Theaterstücks, die die Botschaft gegen den Krieg in einer klaustrophobischen Atmosphäre verdichtet; fern von seinen gewohnten Satiren schlägt Robert Altman erschütternd ernste Töne an. ✦ USA 1983 **P** Robert Altman/ Nick J. Mileti Prod. **Pd** Robert Altman, Nick J. Mileti **R** Robert Altman **B** David Rabe, nach seinem Bühnenstück **K** Pierre Mignot **M** Ad Lips, Alan Branstein, Raindrops **S** Norman Smith **D** Matthew Modine (William Billy Wilson), Michael Wright (Carlyle), Mitchell Lichtenstein (Richard Douglas), David Alan Grier (Roger Hicks), Guy Boyd (Sergeant Rooney), George Dzundza (Cokes) **L** 118 **E** 7.12.1988 ZDF

WINDIGE STADT (WINDY CITY). Als einer aus ihrer Mitte dem Tod geweiht ist, erfüllen sich die Männer, die schon als Jugendliche in Chicago eine Clique bildeten, einen großen gemeinsamen Traum: Sie segeln als Piraten nach Tortuga. ✦ USA 1984 **P** Alan Greisman **R+B** Armyan Bernstein **K** Reynaldo Villalobos **M** Jack Nitzsche **D** John Shea (Danny Morgan), Kate Capshaw (Emily Reubens), Josh Mostel (Sol), Jim Borrelli (Mickey), Jeffrey DeMunn (Bobby) **L** 105 **E** 3.11.1990 DFF 1/11.9.1995 ORB

WINDIGO (GHOST KEEPER). Die Gäste eines entlegenen Berghotels werden durch einen mörderischen Geist dezimiert. Fadenscheiniger Gruselfilm nach bekannten Vorbildern. (Alternativtitel: »Ghosthunter – das Haus der Monster«) ✦ USA 1989 **P** Badland **VA** Allround **R** James Makichuk **B** Douglas McLeod **K** John Molesrook **D** Riva Spir, Murray Ord, George Collins, Sheri McFadden **L** 84 (gek. 83) **FSK** ab 18 (gek. 16) **E** 1990 Video/19.1.1991 Tele 5

WINDJAMMER (WINDJAMMER). Die Reise eines Segelschulschiffes von Oslo nach New York. Während der achtmonatigen Überfahrt wird die Arbeit der Seekadetten und eine Vielzahl abwechslungsreicher Begebenheiten zu Lande und zu Wasser beobachtet. Ein Dokumentarfilm in technischer Perfektion. Die eindrucksvollen Effekte des »Cinemiracle«-Verfahrens, das dreidimensionale Bildwirkung simuliert und auch auf überdimensionalen Formaten eine makellose Bildschärfe garantiert, lassen sich nur auf der großen Kinoleinwand nachvollziehen. Der Film wurde als erster in diesem Verfahren realisiert und hatte seinerzeit begeisterte Zuschauer. – Sehenswert ab 8. ✦ Scope. USA 1957/58 **P** Cinemiracle **KI** M.C.S. **Pd** Louis de Rochemont **R** Louis de Rochemon III, Bill Coleran **B** Alan Villiers, James L. Shute **K** Coleman T. Conroy **M** Morton Gould **D** Lasse Kolstad, Sven Erik Libaek, Harald Tusberg, Kaare Terland, Ingvar Kjelstrup **L** 134 **FSK** ab 6; f **FBW** bw **E** 15.7.1958 **fd** 7 166

DIE WINDMÜHLE (WJATRNATA MELNIZA). Eine Gruppe von Kindern, die ihre Ferien an der bulgarischen Schwarzmeerküste verbringt, beobachtet eine Verbrecherbande auf frischer Tat und klärt den Fall mit Hilfe eines Hundes auf. ✦ Schwarz-weiß. Bulgarien 1972 **P** Studio für Spielfilme **R** Simeon Schiwatschew **B** Slawtscho Tschernischew, Serafim Sewernjak **K** Georgi Alurkow **D** Konstantin Kisimow (Michael Petrow), Stefan Popow (Grigo Bojadshew), Nikola Dadow, Naitscho Petrow, Maria Tschiwatschewa **L** 74 **E** 10.8.1970 DFF 1

WINDPLÄTZE AUFGERISSEN (WINDPLÄTZE AUFGERISSEN). Der Autor versteht seinen Film als ein Aufzeigen, ein Aufreißen der Lebenssituation und Lebensbedingungen von Jugendlichen nach den Jugendunruhen in Zürich 1980. Pius Morgers zweiter Kinofilm ist im Spätsommer 1981 entstanden und knüpft inhaltlich und formal weitgehend an »Zwischen Betonfahrten« an, ohne aber dessen Vorteil der Aktualität zu besitzen. Die Montage der verschiedensten Szenen und die zum Teil beeindruckend suggestiven Bildfolgen wollen sich allerdings nicht so recht zu einer sinnvollen Einheit fügen. ✦ Teils schwarz-weiß. Schweiz 1981 **P** Achterfilm/Filmkollektiv Zürich **R+B** Pius Morger **K** Hans X. Hagen **S** Pius Morger **D** Joachim Berger, Riccardo Nüesch **L** 96 **E** Schweiz

WINDPRINTS → Tod in Namibia

WINDRIDER (WINDRIDER). Ein junger Mann setzt alles daran, die Weltmeisterschaft im Windsurfen zu gewinnen. Als er ein attraktive junge Frau kennenlernt, verschiebt sich allerdings seine Werteskala. Seichter Teenager-Unterhaltungsfilm um Sport und Liebe. – Ab 12. ✦ Australien 1986 **P** Beatrice Film **VA** Ufa **Pd** Paul Barron **R** Vincent Monton **B** Everett de Roche, Bonnie Harris **K** Joseph Pickering **M** Kevin Peak **S** John Scott (= Hanns Schott-Schöbinger) **D** Tom Burlinson (P. C. Simpson), Nicole Kidman (Jade), Jill Perryman (Miß Dodge), Charles Tingwell (Simpson sr.), Kim Bullad **L** 89 **FSK** ab 6 **E** 20.6. 1988 Video

DIE WINDROSE (1954/56). Die Schicksale einiger Frauen aus fünf verschiedenen Ländern (Brasilien, Sowjetunion, Frankreich, Italien, China) und ihr Kampf um Frieden, Sozialismus und Gleichberechtigung. Ein von der Internationalen Frauenföderation in Auftrag gegebener, dokumentarischer Episodenfilm von beachtlichem Niveau. Die brasilianische Episode nimmt Elemente des Cinema Nuovo vorweg, die italienische ist ganz dem Neorealismus verpflichtet. Im Prolog spricht Helene Weigel. – Ab 14. ✦ Schwarz-weiß. DDR 1954/56 **P** DEFA **KI** Progress **Pd** Hans Wegner **R** Joris Ivens, Yannick Bellon, Wu Kuo-Yin, Gillo Pontecorvo, Alex Viany, Sergej Gerassimow, Alberto Cavalcanti **B** Jorge Amado, Sergej Gerassimow, Henry Magnan, Franco Solinas, Lin Jen **K** Joop Huisken, Robert Menegoz, u. a. **M** Chi Min, Wolfgang Hohensee, Anatoli Nowikow, Mario Zafred **S** Ella Ensink **D** Simone Signoret (Jeanine), Yen Mei-Yi (Chen Hsiu Hua), Yves Montand (Jeanines Freund), Clara Pozzi (Giovanna), Vanja Orico (Ana), Sinaida Kirijenko (Nadeshda) **L** 103 **E** 7.3.1957 Kino DDR

DIE WINDROSE (1982) (LA ROSA DE LOS VIENTOS). Die Geschichte eines Mannes, der zur Symbolfigur des Revolutionärs in Lateinamerika wurde. – Ab 16. ✦ Scope. Kuba/Spanien/Venezuela 1982 **P** ICAIC/Paraiso/Filmabteilung der Universidad de los Andes **KI** Progress **R** Patricio Guzmán **B** Patricio Guzmán, Gloria Laso, Jorge Diaz **K** Pablo Martinez **M** Leo Brouwer **D** Patxi Andión, José Antonio Rodriguez, Nelson Villagra, Asdrubal Melendez, Gloria Laso **L** 97 **E** 29.8.1986 Kino DDR

WINDRUNNER (WINDRUNNER). Drama. Als sein Vater, der im Gefängnis sitzt, von Las Vegas in ein Provinznest verlegt wird, bekommt sein Sohn, ein talentierter Footballspieler, sogleich die Antipathien der Bewohner zu spüren und landet auf der Ersatzbank. Ein Indianer, den er kennenlernt, macht ihm Mut; wie sich herausstellt, handelt es sich bei ihm um den Geist eines berühmten Footballspielers. ✦ USA 1994 **Pd** David Anderson, Don Schain **R** William Clark **B** Mitch Davies **K** Ronn Schmidt, Matthew Williams **M** Arthur Kempel **S** Barbara Pokras **D** Jason Wiles (Greg), Russell Means (Indianer), Margot Kidder (Mutter), Amanda Peterson (Julia), Jake Busey (Dave Promisco) **L** 101 **E** 23.8.1998 Pro-Sieben

DIE WINDSOR-PAPIERE: KÖNIGSJAGD (TO CATCH A KING). Portugal 1940: Der Herzog von Windsor soll nach Plänen der Deutschen bei den Vorbereitungen zur Invasion Englands helfen, andernfalls soll ihn die SS entführen. Eine amerikanische Sängerin erfährt von dem Vorhaben und versucht gemeinsam mit einem ebenfalls amerikanischen Verbündeten, den Herzog zu warnen und das Komplott zu verhindern. Ein hölzern inszenierter Spionage-Thriller mit zahlreichen Anleihen bei »Casablanca«. – Ab 16 möglich. ✦ USA 1983 **P** HBO/Entertainment Partners/Gaylord Prod. **VA** Polyband **R** Clive Donner **B** Roger O. Hirson, nach dem Roman »Königsjagd« von Jack Higgins **K** Denis Lewiston **M** Nick Bicât **D** Robert Wagner (Joe Jackson), Teri Garr (Hannah), Horst Janson (General Schellenberg), John Standing, Barbara Perkins (Herzogin von Windsor) **L** 101 **FSK** ab 16 **E** 15.9.1986 Video/2.5.1987 RTL plus

DAS WINDSOR PROTOKOLL – VERSCHOLLEN IN DER KARIBIK → Thunder Point/Das Windsor Protocoll – Verschollen in der Karibik Teil 1 & 2

WINDSTÄRKE 12 (SINGUR DE CART). Das Porträt eines jungen Mannes, der wegen fahrlässiger Tötung zu zwei Jahren Haft verurteilt wurde und nun ein neues Leben beginnen möchte. – Ab 14. ✦ Rumänien 1983 **P** Filmstudio Bucuresti **KI** Progress **R** Tudor Marascu **B** Laser Fulga, Tudor Marascu **K** Valentin Ducaru **M** Dinu Petrescu **D** Dragos Pislaru (Pavel), Irina Petrescu (Iona), Marcel Gingulescu, Vasile Nitulescu, Octavian Gotescu **L** 90 **E** 15.3.1985 Kino DDR

EIN WINDSTOSS. Ein Antiquitätenhändler in Florenz, der sich plötzlich zu Unrecht zu einer Gefängnisstrafe verurteilt sieht, rettet vor der Berufungsverhandlung eine lebensmüde junge Frau und wandelt sich vom mürrischen Eigenbrötler zum freundlichen Mitmenschen. Ein gutmütige Charakterkomödie, die im Kriegsjahr 1942 das Prädikat »volkstümlich wertvoll« erhielt. – Ab 14. ✦ Schwarz-weiß. Deutschland 1942 **P** Tobis **R** Walter Felsenstein **B** Roland Schacht, Walter Felsenstein, nach dem Bühnenstück »Un colpo di vento« von Giovacchino Forzano **K** E. Wilhelm Fiedler **M** Friedrich Schröder **D** Paul Kemp (Emanuele Rigattieri), Margit Debar (Angelina Seri), Elsa Wagner (Frau Brigoni), Sonja Ziemann, Franz Schafheitlin, Heinrich Troxbömker, Ursula Herking (Teresina Bonfanti), Lina Carstens (Frau Galassi) **L** 76 **E** 9.7.1942/8.12.1958 DFF 1

WINDWALKER (WINDWALKER). Ein alter Indianer wird vom »Großen Geist« noch einmal ins Leben zurückgerufen, um seiner Familie in großer Gefahr beizustehen und einen verlorengeglaubten Sohn heimzuführen. Eine stimmungsvoll und bedächtig erzählte Indianerlegende; meist sparsam und sicher in den Ausdrucksmitteln, einleuchtend und unaufdringlich in der menschlichen und religiösen Aussage, dialogarm und optisch eindringlich. (Fernsehtitel: »Das Vermächtnis des Indianers«) – Sehenswert ab 12. ✦ USA 1980 **P** Windwalker/Pacific **Pd** Arthur R. Dubs, Thomas E. Ballard **R** Keith Merrill **B** Ray Goldrup, nach einem Roman von Blaine M. Yorgason **K** Reed Smoot **M** Merrill B. Jenson **S** Stephen L. Johnson **D** Trevor Howard (Windwalker), Nick Ramus (Smiling Wolf/Erzähler/Zwillingsbruder), James Remar (junger Windwalker), Serene Hedin (Tashina), Dusty Iron Wing McCrea (Dancing Moon), Silvana Gallardo, Billy Drago (Scout), Emerson John, Rudy Diaz, Jason Stevens **L** 105 **E** 21.1.1987 ZDF **fd** 23 687

WING CHUN – GEFÄHRLICH WIE EINE PANTHERKATZE (WING CHUN). Eine kampfgewandte junge Frau stemmt sich im fernen China gegen eine Räuberbande, die das Land durchstreift und Kaufleute und Bauern in Angst versetzt. Sie, die viele für einen Mann halten, führt schließlich den Anführer auf den Pfad der Tugend zurück. In herkömmlichem Stil inszenierter Action-Eastern mit zahlreichen Kampfszenen und dem Hang zu Prügelklamauk. ✦ Hongkong 1994 **P** Wo Ping Films **VA** Splendid **DVD** Splendid/Ascot (FF, DD5.1 dt.) **Pd+R** Yuen Wo Ping **B** Anthony Wong, Elsa Tang **K** Mark Lee **D** Michelle Khan (= Michelle Yeoh), Yen Chi Tan, Chui Sui Keung, Yuen King Tan, Lee Chi Hung **L** 91 **FSK** ab 16 **E** 26.6.1995 Video/15.10.2001 DVD **fd** 31 486

WING COMMANDER (WING COMMANDER – SPACE WILL NEVER BE THE SAME). Im Jahr 2654 kämpfen intergalaktische Außenposten gegen aggressive Katzenwesen, die die Erde unterwerfen wollen. Zwei frisch diplomierte Offiziere, von denen einer mit besonderen Fähigkeiten ausgestattet ist, führen nach anfänglichen Schwierigkeiten die Wende herbei. Action- und Science-Fiction-Film nach einem Computerspiel, das als ermüdendes Spektakel daherkommt. Eine ohne große Fantasie und mit wenig handwerklichem Talent einfallslos gestaltete Zitaten-Revue, die sich in beliebigen Kampfszenen erschöpft. – Ab 16 möglich. ✦ Scope. USA 1999 **P** Digital Anvil/No Prisoners/Origin Systems/The Carousel Pictures Company **KI** Jugendfilm **VA** Fox Home **DVD** Fox Home (16:9, 2.35:1, DD5.1 engl./dt.) **Pd** Todd Moyer **R** Chris Roberts **B** Chris Roberts, Kevin Droney **K** Thierry Arbogast **M** David Arnold, Kevin Kiner **S** Peter Davies **D** Freddie Prinze jr. (Christopher »Maverick« Blair), Saffron Burrows (Jeanette »Angel« Deveraux), Matthew Lillard (Todd »Maniac« Marshall), Tchéky Karyo (James »Paladin« Taggert), Jürgen Prochnow (Paul Gerald), David Suchet (Jason Sansky), David Warner (Admiral Geoffrey Tolwyn) **L** 100 **FSK** ab 12; f **E** 23.12.1999/27.7. 2000 Video/17.5.2001 DVD **fd** 34 023

WINGS OF FREEDOM (WINGS OF FREEDOM / W. B. BLUE AND THE BEANER). Eine junge Frau wird gegen eine Kaution von einer Million Dollar aus der Haft entlassen und unmittelbar danach entführt. Drei Mitarbeiter des »Kautionsbüros« verfolgen die reiche Erbin und beschützen sie gegen die sie bedrohende Drogenbande auf einer ereignisreichen Fahrt bis nach Mexiko. Ein dilettantisch inszenierter Star-Werbefilm mit endlosen Schießereien, Auto-Verfolgungsjagden und dummen Sprüchen. – Ab 16. ✦ USA 1988 **P** The Movie Group **KI** Ascot/Saarfilm **VA** VCL/Virgin **Pd** Stanford Hampton, David Hasselhoff **R** Max J. Kleven **B** Chuck Cirino **K** Tony Gaudioz **M** Chuck Cirino **S** Lucin Godard **D** David Hasselhoff (Roger Donaldson), Linda Blair (Netti), John Vernon (Ridgeaway), Tony Brubaker (»Blue« Walcott), Charles Brill (Adam) **L** 79 **FSK** ab 12; f **E** 28.9.1989 **fd** 27 904

WINGS OF HONNEAMISE (THE WINGS OF HONNEAMISE). In einer düsteren Fantasiewelt meldet sich ein junger gutmütiger Pilot zur Ausbildung als Astronaut, um das Raumfahrtprogramm seines Heimatplaneten voranzutreiben. Zu spät erkennt er, daß die Herrscher die zivilen Ziele längst aus den Augen verloren haben und nur noch an die militärische Nutzung denken. Mit einer Gruppe von Wissenschaftlern versucht er, das Projekt zu verhindern. Ein innerhalb seines Genres herausragender, aufwendig gestalteter Zeichentrickfilm mit eher spärlich eingesetzten Actionsequenzen, der sich die Zeit nimmt, die pazifistische Gesinnung der Hauptfigur, aber auch seine Zweifel und Schwächen zu verdeutlichen. Trotz der eher ruhigen Dramaturgie ein großartiger Bilderrausch. – Ab 16. ✦ Japan 1994 **P** Manga Entertainment **VA** Ascot **Pd** Toshio Okada, Shigeru Watanabe **R+B** Hiroyuki Yamaga **M** Ryuichi Sakamoto **L** 120 **FSK** ab 16 **E** 16.12.1996 Video **fd** 32 474

WINGS OF THE DOVE – DIE FLÜGEL DER TAUBE (THE WINGS OF THE DOVE). Um sich ein standesgemäßes Leben leisten zu können, setzt eine junge Frau ihren Geliebten auf eine todkranke, wohlhabende Amerikanerin an. Ihr Plan scheint aufzugehen, doch dann entgleiten der Manipulatorin die Fäden. Mißlungene Verfilmung eines Romans von Henry James, die in einer üppigen Ausstattung schwelgt, ihre Charaktere jedoch unnötig modernisiert und sexualisiert. Das Ergebnis ist eine Verwässerung, die hinter die psychologischen Errungenschaften der Romanvorlage zurückfällt. (Videotitel: »Die Flügel der Taube«) – Ab 14. ✦ Großbritannien 1997 **P** Miramax Films/Renaissance Films **KI** Scotia **VA** Ufa/BMG **Pd** Bob Weinstein, Harvey Weinstein, Paul Feldsher **R** Iain Softley **B** Hosseni Amini, nach einem Roman von Henry James **K** Eduardo Serra **M** Edward Shearmur **S** Tariq Anwar **D** Helena Bonham Carter (Kate Croy), Linus Roache (Merton Densher), Alison Elliott (Millie Theale), Charlotte Rampling (Tante Maude), Alex Jennings (Lord Mark), Elizabeth McGovern (Susan) **L** 102 **FSK** ab 6; f **E** 23.7.1998/22.2.1999 Video **fd** 33 240

WINIFRED WAGNER UND DIE GESCHICHTE DES HAUSES WAHNFRIED 1914–1975. Ein ausufernd umfangreicher Interview-Film mit Winifred Wagner, Richard Wagners Schwiegertochter, der 60 Jahre deutscher Zeitgeschichte dokumentiert und dabei die ideologischen und gesellschaftspolitischen Bezüge zum Nationalsozialismus und die enge Beziehung Hitlers zum Haus Wahnfried und den Bayreuther Festspielen offenlegt. In Aussage und Darbietung gleich fesselnd durch die Authentizität der Vermittlung. – Sehenswert ab 16. ✦ Schwarz-weiß. BR Deutschland 1975 **P** TMS Films **KI** Atlas **Pd+R+B** Hans Jürgen Syberberg **K** Dietrich Lohmann **M** Richard Wagner **S** Agape Dorstewitz **D** Winifred Wagner **L** 302 **FSK** ab 12; f **FBW** bw **E** 15.6.1976/31.3.,1.4.1977 BR (zwei Teile)

DER WINKELADVOKAT (LES TENORS). Komödie um einen schusseligen Vertreter, der zusammen mit einem Winkeladvokaten eine Firma gründet, die einfachen Menschen zu mehr Gerechtigkeit verhelfen soll. Das Geschäft floriert, bis sich herausstellt, dass der Anwalt ein Hochstapler ist. ✦ Frankreich 1993 **R** Francis de Gueltzl **D** Claude Brasseur (Henry Pompians), Martin Lamotte (Etienne) **L** 85 **E** 13.2.1999 Super RTL

WINNERS AND SINNERS (WINNERS AND SINNERS). Der Entschluß von fünf Gaunern, nach ihrer Haftentlassung ehrlich zu werden, schlägt fehl, weil sie die Rechnung ohne den Wirt gemacht haben. Burleske Gaunerkomödie, angereichert mit überdrehtem Slapstick, viel Action und turbulenten Kampfszenen. ✦ Hongkong 1985 **P** Golden Harvest **VA** Highlight/PolyGram **Pd** Raymond Chow **R** Samo Hung (= Hung Kim-Po) **B** Samo Hung (= Hung Kim-Po), Wong Pin-Yiu **K** Lau Kwun-Wai **D** Samo Hung (= Hung Kim-Po) (Teapot), Jackie Chan (= Cheng Long) (CID 07), Richard Ng (Exhaust Pip), Charlie Shin (Vaseline), Ching Shung-Lin **L** 102 **FSK** ab 16 **E** März 1987 Video

WINNETOU I (VINETU I). Der erste Teil der »Winnetou«-Trilogie, inszeniert nach Motiven des gleichnamigen Romans von Karl May: Ein »Greenhorn« aus Deutschland kommt als tapferer Abgesandter einer Eisenbahngesellschaft in den Wilden Westen und erwirbt sich als Old Shatterhand die Freundschaft des edlen Apachen-Häuptlings Winnetou, indem er ihm im Kampf gegen eine skrupellose und goldgierige Verbrecherbande beisteht. Er befreit Winnetou aus den Händen der alkoholisierten Komantschen, besiegt im Zweikampf seinen Vater, kann aber nicht verhindern, daß dieser sowie Winnetous Schwester getötet werden. Ein atmosphärisch recht dichter Versuch, einen »deutschen Western« zu kreieren. Zwischen heftigem Kampfgetümmel und komischen Einlagen umschreibt der Film gefühlvoll-sentimental Themen wie Haß, Versöhnung, Fürsprache, Vergebung, Liebe und Tod. DVD: Die Edition enthält u. a. eine kurzen Vergleich, der auf die vorgenommene Restaurierung des Films eingeht. – Ab 12. ✦ Scope. BR Deutschland/Jugoslawien/Frankreich 1963 **P** Rialto/Jadran/S.N.C. **KI** Constantin **VA** Kinowelt Home **DVD** Kinowelt Home (16:9, 2.35:1, DS dt.) **Pd** Preben Philipsen **R** Harald Reinl **B** Harald G. Petersson, nach dem gleichnamigen Roman von Karl May **K** Ernst W. Kalinke **M** Martin Böttcher **S** Hermann Haller **D** Pierre Brice (Winnetou), Lex Barker (Old Shatterhand), Marie Versini (Nscho-tschi), Mario Adorf (Santer), Ralf Wolter (Sam Hawkins), Walter Barnes (Bill Jones), Dunja Rajter (Belle), Mavid Popovic (Intschu-tschuna), Chris Howland (Agent), Tomoslav Erak, Ilija Ivezic, Gojko Mitic, Branko Spoljar **L** 101 **FSK** ab 12; nf **FBW** w **E** 11.12.1963/25.12.1982 DFF 1/20.12.1985 Kino DDR/21.1.1999 Video/19.9.2000 DVD **fd** 12 436

WINNETOU II (VINETU II). Apachen-Häuptling Winnetou und Old Shatterhand erneut im Kampf gegen weiße Verbrecher, die den Frieden zwischen der amerikanischen Regierung und den Indianern für selbstsüchtige Zwecke hintertreiben wollen. Winnetou verliebt sich in die schöne Tochter des Häuptlings der Assiniboins, muß jedoch auf das Glück an ihrer Seite verzichten, damit sie einen weißen Offizier als Dokument des Friedens zwischen »Rot« und »Weiß« heiratet. Der zweite Teil der erfolgreichen »Winnetou«-Trilogie nach Karl May, bereits deutlich oberflächlicher und stereotyper als der Vorgänger. Eine triviale Unterhaltung mit viel Kampf, etwas Humor, viel Sentiment und einigen schönen Landschaftsaufnahmen. DVD: Die Edition enthält u. a. eine kurzen Vergleich, der auf die vorgenommene Restaurierung des Films eingeht. – Ab 12. ✦ Scope. BR Deutschland/Jugoslawien/Frankreich 1964 **P** Rialto/Jadran/Atlantis/S.N.C. **KI** Constantin **VA** Kinowelt Home **DVD** Kinowelt Home (16:9, 2.35:1, DS dt.) **Pd** Horst Wendlandt **R** Harald Reinl **B** Harald G. Petersson, nach Motiven des gleichnamigen Romans von Karl May **K** Ernst W. Kalinke **M** Martin Böttcher **S** Hermann Haller **D** Lex Barker (Old Shatterhand), Pierre Brice (Winnetou), Karin Dor (Ribanna), Klaus Kinski (Luke), Anthony Steel (Forrester), Eddi Arent (Lord Castlepool), Renato Baldini (Colonel Merril), Ilija Ivezic, Gojko Mitic, Mirko Boman, Mario Girotti (Leutnant Merril) **L** 94 **FSK** ab 6; f (fr. 12; nf) **FBW** w **E** 17.9.1964/28.5.1974 ZDF/26.12.1982 DFF 1/2.5.1986 Kino DDR/21.1.1999 Video/19.9.2000 DVD **fd** 12 987

WINNETOU III (VINETU III). Bevor Winnetou und Old Shatterhand dauernden Frieden zwischen Weißen und Indianern stiften können, stirbt der Apachenhäuptling durch die Kugel eines feigen Verbrechers. Groß angelegter, spannender, aber allzu gefühlsbetonter Schluß der »Winnetou«-Trilogie nach Karl May. DVD: Die Edition enthält u. a. eine kurzen Vergleich, der auf die vorgenommene Restaurierung des Films eingeht. – Ab 12. ✦ Scope. BR Deutschland/Jugoslawien 1965 **P** Rialto/Jadran **KI** Constantin **VA** Kinowelt Home **DVD** Kinowelt Home (16:9, 2.35:1, DS dt.) **Pd** Horst Wendlandt **R** Harald Reinl **B** Harald G. Petersson, Joachim Bartsch, nach einem Roman von Karl May **K** Ernst W. Kalinke **M** Martin Böttcher **S** Jutta Hering **D** Lex Barker (Old Shatterhand), Pierre Brice (Winnetou), Rik Battaglia (Rollins), Ralf Wolter (Sam Hawkins), Carl Lange (Gouverneur), Sophie Hardy (Ann), Veljko Marici (Vermeulen), Aleksandar Gavric (Kid), Ilija Ivezic (Klark), Miha Baloh (Gomez), Gojko Mitic, Dusan Vujisic, Dragomir Felba, Milan Mitic **L** 93 **FSK** ab 6; f (fr. 12) **E** 14.10.1965/21.1.1999 Video/19.9.2000 DVD **fd** 13 673

WINNETOU UND DAS HALBBLUT APANATSCHI. Winnetou und sein weißer Blutsbruder Old Shatterhand beschützen Leben und Gut des Halbbluts Apanatschi gegen eine goldlüsterne Verbrecherbande. Abenteuer nach Motiven aus Karl Mays Roman »Halbblut«. Gefühlsbetont wie die Vorlage, aber werkwidrig brutal. – Ab 12. ✦ Scope. BR Deutschland/Jugoslawien 1966 **P** Rialto/Jadran **KI** Constantin **Pd** Horst Wendlandt **R** Harald Philipp **B** Fred Denger, nach dem Roman »Halbblut« von Karl May **K** Heinz Hölscher **M** Martin Böttcher **S** Jutta Hering **D** Lex Barker (Old Shatterhand), Pierre Brice (Winnetou), Uschi Glas (Apanatschi), Götz George (Jeff), Ralf Wolter (Sam Hawkins), Walter Barnes (Mac Haller), Ilija Djuvalekovski (Curly Bill) **L** 90 **FSK** ab 12; nf **E** 17.8.1966/27.7.1984 Kino DDR/29.12.1985 DFF 2 **fd** 14 222

WINNETOU UND SEIN FREUND OLD FIREHAND. Unter Führung des Trappers Old Firehand wird mit Hilfe Winnetous ein von Banditen und Desperados terrorisiertes mexikanisches Grenzstädtchen heldenhaft verteidigt. Konfektionierte Western-Unterhaltung mit viel Blei, Blut und Gefühl. Mit Karl Mays Werken hat nur noch die Figur des edlen Apachen-Häuptlings etwas gemeinsam. – Ab 12 möglich. ✦ Scope. BR Deutschland/Jugoslawien 1966 **P** Rialto/Jadran **KI** Columbia-Bavaria **Pd** Horst Wendlandt **R** Alfred Vohrer **B** David DeReske, C. B. Taylor, Harald G. Petersson, nach Motiven von Karl May **K** Karl Loeb **M** Peter Thomas **S** Jutta Hering **D** Pierre Brice (Winnetou), Rod Cameron (Old Firehand), Marie Versini (Michele), Harald Leipnitz (Siler), Nadia Gray, Viktor de Kowa (Ravenhurst), Rik Battaglia, Todd Armstrong, Walter Wilz **L** 94 **FSK** ab 12; nf **E** 13.12.1966 **fd** 14 465

WINNETOU UND SHATTERHAND IM TAL DER TOTEN (L' UOMO DAL LUNGO FUCILE). Apachenhäuptling Winnetou und sein weißer »Blutsbruder« Old Shatterhand retten die Ehre eines des Golddiebstahls angeklagten Offiziers. Beim Nachweis seiner Unschuld haben sie viele Kämpfe mit Indianern und goldgierigen Banditen zu bestehen. Ganz auf kampfbetonte Aktionen angelegter letzter Aufguß der »Winnetou«-Serie nach Karl May, noch schablonenhafter und belangloser als alle Vorgänger. – Ab 12. ✦ Scope. BR Deutschland/Jugoslawien/Italien 1968 **P** CCC Filmkunst/Jadran/Super International Pictures **KI** Constantin **DVD** Pro Fun (1.66:1, DD5.1 dt.) **Pd** Artur Brauner **R** Harald Reinl **B** Alex Berg (= Herbert Reinecker), Harald Reinl, nach Motiven aus Romanen von Karl May **K** Ernst W. Kalinke **M** Martin Böttcher **S** Hermann Haller **D** Lex Barker (Old Shatterhand), Pierre Brice (Winnetou), Karin Dor (Mabel), Rik Battaglia (Murdock), Ralf Wolter (Sam Hawkins), Eddi Arent (Lord Castlepool), Clarke Reynolds **L** 89 **FSK** ab 12; f **E** 12.12.1968/25.12.1983 DFF 1/18.6.2001 DVD **fd** 15 876

WINNETOUS RÜCKKEHR. Fürs Fernsehen produzierte Fortschreibung der von Karl May erdachten und in den 60er Jahren verfilmten Geschichten um den Apachenhäuptling Winnetou und seine weißen Freunde und Feinde. Aus dem ehemaligen Kämpfer ist ein Einsiedler geworden, der sich gegen weiße Wilddiebe, rachsüchtige Indianer und naturfeindliche Geschäftsleute zur Wehr setzen muß. ✦ Deutschland 1997 **P** Regina Ziegler Filmprod. **Pd** Mariette Rissenbeek **R** Marijan Vajda **B** Werner Waldhoff, Pierre Brice, Jean-Claude Deret **K** Eberhard Geick, Martin Stingl **M** Martin Böttcher **S** Renate Engelmann **D** Pierre Brice (Winnetou), Candice Daly (Mary), Tobias Hoesl (Spencer), Pierre Semmler (John Mayotte), Manuel Trautsch (Timmy Mayotte), Christoph Moosbrugger (Hermann), Juraj Kukura (Robert DeWill), Diego Wallraff (Steven Shagan) **L** 180 **E** 3., 4.1.1998 ZDF/ ORF 1 (zwei Teile)

WINNIE (WINNIE). Eine gesitig behinderte Frau, die

seit ihrem sechsten Lebensjahr in einem Heim lebt, hat keinen sehnlicheren Wunsch, als in Freiheit zu leben und ein Buch zu veröffentlichen, das die gesunden Menschen über die Lebensbedingungen Behinderter aufklärt. Zunächst gelingt das Leben in der Normalität, auch wenn Spott und Ablehnung zu ertragen sind, doch dann fasst sie den Entschluss, wieder ins Heim zu gehen. Bewegendes Behinderten-Drama, solide inszeniert und überzeugend gespielt. – Ab 16. ✦ USA 1988 **Pd** Andrea Baynes **R** John Korty **B** Joyce Eliason, nach dem Buch »Winnie: My Liefe in the Institution« von Jamie Paster Bolnick **K** Paul Goldsmith **M** Bennett Salvay, W. G. Snuffy Walden **S** Jim Oliver **D** Meredith Baxter Birney (= Meredith Baxter) (Winnie Sprockett), David Morse (Thomas), Barbara Barrie (Mrs. Drake), Angela Paton (Mrs. Spencer), Katy Boyer (Ruby) **L** 95 **E** 12.11.2000 tm3

WINNIE PUUH AUF GROSSER REISE – DIE SUCHE NACH CHRISTOPHER ROBIN (THE MOST GRAND ADVENTURE OF WINNIE THE POOH). Winnie Puuh, der liebenswerteste, begriffsstutzigste und aufrichtigste Bär der Literaturgeschichte hat ein Problem mit seinem kleinen Freund Robin, da die dauerhafte Freundschaft mit dem Menschenkind durch den Schulbesuch gefährdet scheint. Ein falsch verstandener Brief ist Auslöser für eine Odyssee mit vielen Abenteuern. Ein solider Unterhaltungsspaß, der auf die attraktive Zugkraft seiner Charaktere baut, ohne sie durch ihre serielle Zeichentrickmachart zu wirklichem Leben erwecken zu können. Eine Vielzahl an Liedern, die die Produktion in die Nähe eines Musicals rücken, drücken gelegentlich ein Übermaß an Kitsch aus. – Ab 8. ✦ USA 1995 **P** Walt Disney Pictures **VA** Buena Vista Home **Pd+R** Karl Geurs **B** Karl Geurs, Carter Crocker, inspiriert durch die Erzählungen von A. A. Milne **M** Carl Johnson **S** Christopher K. Gee **L** 73 **FSK** o. A. **E** Herbst 1999 Video **fd** 34 030

WINNIE PUUH ... UND DER HONIGBAUM (WINNIE THE POOH AND THE HONEY TREE). Eine Zusammenstellung kurzer Disney-Zeichentrickfilme (Untertitel: »German Shorts Program 1967«), im Mittelpunkt der 26minütige Trickfilm aus dem Jahr 1965, der der Kompilation den Titel gab und die Abenteuer von Winnie Puh erzählt, jenem kleinen, honiglüsternen Teddybären aus dem englischen Kinderbuch-Klassiker von A. A. Milne. In routiniert konservativem, fast farblos-steril wirkendem Zeichentrickstil wird die übliche Mischung von vermenschlichter Tierpossierlichkeit, musikalischem Arioso und kitschhaft wirkendem Lyrismus geboten und mit der Moral verbunden, daß Unmaß ins Verderben führt. Hinzu kommen sechs weitere Trickfilme, darunter einige Klassiker des Disney-Studios in einer vom Niveau, aber auch vom Verständnis für das kindliche Zielpublikum her sehr unterschiedlichen Qualität: »Die alte Mühle« (»The Old Mill«, 1937), die symbolisch verschlüsselte Geschichte einer Windmühle, die im Gewittersturm zerstört wird, deren Tierbewohner aber demonstrieren, daß das Leben weitergeht; »Hühnerhofballade« (auch: »Ländliche Symphonie«/»Farmyard Symphony«, 1938); »Das häßliche Entlein« (»The ugly Duckling«, 1939); »A- und B-Hörnchen auf Verbrecherjagd« (»The Lone Chipmunks«, 1953); »Vetter Vielfraß« (auch: »Der Vetter vom Lande«/ »The Country Cousin«, 1936); »Die drei kleinen Schweinchen« (»The three little Pigs«, 1933). – Ab 8. ✦ USA 1937–65 **P** Walt Disney Prod. **KI** Disney **Pd** Walt Disney **R** Wolfgang Reitherman **B** A. A. Milne, Ralph Wright, nach einem Buch von A. A. Milne **M** Richard M. Sherman **L** 74 **FSK** ab 6; nf **E** 1967 Kino **fd** 14 643

WINSLOW BOY (THE WINSLOW BOY). England 1912: Ein 14-jähriger Seekadett wird von der Schule verwiesen, weil er fünf Schilling unterschlagen haben soll. Nach einer kurzen, intensiven Befragung ist das autoritäre Familienoberhaupt von der Unschuld des Sohns überzeugt und ficht dessen Prozess durch alle Instanzen durch. Ein Rechtsstreit, der alle Beteiligten an die Grenze ihrer Belastbarkeit bringt und teilweise die englische Regierung lahm legt. Nach einem authentischen Fall und einem Bühnenstück inszeniert, fesselt der Film durch exzellente Darsteller, feine Dialogironie sowie die gediegene Kameraarbeit und nimmt durch den unverbrüchlichen Zusammenhalt einer Familie für sich ein. DVD: Die Extras umfassen u. a. einen dt. untertitelten Audiokommentar des Regisseurs. – Sehenswert ab 14. ✦ USA 1999 **P** Sony Pictures **KI** Columbia TriStar **VA** Columbia TriStar Home **DVD** Columbia TriStar Home (16:9, 1.85:1, DS engl./dt.) **Pd** Sarah Green **R** David Mamet **B** David Mamet, nach einem Bühnenstück von Terence Rattigan **K** Benoît Delhomme **M** Alaric Jans **S** Barbara Tulliver **D** Nigel Hawthorne (Arthur Winslow), Jeremy Northam (Sir Robert Morton), Rebecca Pidgeon (Catherine Winslow), Gemma Jones (Grace Winslow), Guy Edwards (Ronnie Winslow), Matthew Pidgeon (Dickie Winslow) **L** 104 **FSK** o. A.; f **E** 19.10.2000/ 24.4.2001 Video & DVD **fd** 33 880

WINSTANLEY (WINSTANLEY). Ein sorgfältig rekonstruierter historischer Spielfilm über die frühsozialistisch-christliche Bewegung um Gerrard Winstanley im England Cromwells um die Mitte des 17. Jahrhunderts, im Mittelpunkt der Versuch Winstanleys, die auf dem St. George's Hill errichtete Kommunardensiedlung gegen die Übermacht der Besitzenden zu behaupten. Die Realisierung seiner Ideen vom Gemeinbesitz an Boden scheitert, trotz der radikalen Gewaltlosigkeit, an der Wirklichkeit der damaligen Besitzverhältnisse und bleibt bis zur Gegenwart Utopie. Das ist die Bilanz eines überaus schönen und traurigen Films, dessen visuelle Kraft an die großen Meisterwerke der Stummfilmzeit erinnert. (Kino BRD: O.m.d.U.) – Sehenswert ab 16. ✦ Schwarzweiß. Großbritannien 1975 **P** British Film Institute **KI** Freunde der Deutschen Kinemathek **R** Kevin Brownlow, Andrew Mollo **B** Kevin Brownlow, Andrew Mollo, nach dem Roman »Comrade Jacob« von David Caute **K** Ernest Vincze **M** Sergej Prokofjew (»Alexander Newski«) **S** Sarah Ellis **D** Miles Halliwell (Gerrard Winstanley), Jerome Willis (Lord General Fairfax), Terry Higgins (Tom Haydon), Phil Oliver (Will Everard), David Bramley (Parson Platt), Alison Halliwell (Mrs. Platt), Dawson France (Capt. Gladman) **L** 95 **E** 1975 Kino/28.1.1979 DFF 2

WINTER ADÉ. Während einer fiktiven Eisenbahnreise der Regisseurin vom Süden der DDR zur Insel Rügen im Norden reden Frauen unterschiedlichen Alters und unterschiedlicher sozialer Herkunft über ihre Hoffnungen, Probleme und Sehnsüchte. Zugleich thematisieren sie ihre Ansprüche an das Leben unter den realen Bedingungen ihres Landes. Der Zug durcheilt die vier Jahreszeiten und die Lebenszeiten verschiedener Frauengenerationen, um zu einer allgemein verbindlichen Aussage zu kommen. Dabei werden die persönlichen Bekenntnisse der Befragten mit Takt und Würde behandelt. Eine sensible Dokumentation, die politische Tabus bricht, außerordentlich auch durch die eindrucksvolle Kameraarbeit. – Sehenswert ab 14. ✦ Schwarz-weiß. DDR 1988 **P** DEFA, Studio für Dokumentarfilme **KI** Progress **VA** Unidoc **Pd** Herbert Kruschke, Peter Mansee **R** Helke Misselwitz **B** Helke Misselwitz, Gudrun Plenert (Mitarbeit) **K** Thomas Plenert **M** Mario Peters **S** Gudrun Plenert **L** 115 **E** 3.2.1989 Kino DDR/28.11. 1989 ZDF/27.5.1991 Kino BRD

WINTER IM TAL DER MUMINKEN (ZIMA W DOLINE MUMIKOW). Der jüngste Sproß der Mumin-Familie begibt sich auf große Entdeckungsreise, anstatt den Winterschlaf anzutreten. Ein Puppentrickfilm nach den poesievollen Kindergeschichten. Die beliebten Geschöpfe der Mumins, die ein wenig an Nilpferde erinnern, wurden hierzulande durch eine frühe Serie des Marionetten-Theaters der »Augsburger Puppenkiste« bekannt, bevor sie später in einer verflachten Zeichentrickserie zurückkehrten. – Ab 8. ✦ Polen 1986 **P** Studio SE-A-FOR **KI** Progress **R** Lucjan Dembinski, Krzysztyna Kulczycka **B** Maria Kossakowska, Lucjan Dembinski **K** Waclaw Fedak, Jadwiga Zauder **M** Andrzej Rokicki **S** Henryk Sitek, Barbara Sarnocinska **L** 63 **E** 2.3.1990

WINTER IN DEN ALPEN. Ein dokumentarischer Kamerastreifzug auf touristischer Route durch bekannte Wintersportzentren von Garmisch bis zum Gardasee. Ein anspruchsloses Matinee-Programm mit deutlich werbendem Charakter. – Ab 8. ✦ Schwarz-weiß. BR Deutschland/Österreich 1955 **P** Max Zehenthofer/ Nord-Süd **KI** Jugendfilm **R** Max Zehenthofer **B** Max Zehenthofer, Peter Höfer **K** Harald Kicher, Ulrich Ritzer, Friedrich Lindner **M** Erich Markaritzer **D** Peter Höfer (Sprecher) **L** 77 **FSK** ab 6; f **E** 25.12.1955 **fd** 4 749

WINTER IN PARADISE (TRYGGARE KANN INGEN VARA). Psychothriller. Ein aus der Haft entlassener Vergewaltiger will sich an dem Mann rächen, der ihn seinerzeit dingfest gemacht hat, und terrorisiert nun dessen eingeschneite Familie. ✦ Schweden 1993 **R** Thomas Samuelson **D** Fredrik Dolk, Jaqueline Ramel, Mats Huddén **L** 85 **E** 11.4.1998 SF 1

WINTER PEOPLE – WIE EIN BLATT IM WIND (WINTER PEOPLE). Ein friedliebender Uhrmacher muß sich während der 30er Jahre im abgeschiedenen North Carolina mit archaischen Lebensstrukturen und nicht mehr tragfähigen Rollenbildern auseinandersetzen, als er durch seine Liebe zu einer attraktiven jungen Frau in tragische Verwicklungen und eine Fehde zweier Familien gerät. Ein in schönen Landschaften angesiedeltes abenteuerliches Melodram, dem es trotz einiger anrührender Momente an Dichte und inszenatorischem Geschick mangelt, so daß es letztlich konstruiert und unglaubwürdig bleibt. (Fernsehtitel: »Wie ein Blatt im Wind«) – Ab 16 möglich. ✦ Scope. USA 1987 **P** Nelson Entertainment/Robert H. Solo Prod. **KI** Jugendfilm **VA** marketing **Pd** Robert H. Solo, Nelson Entert **R** Ted Kotcheff **B** Carol Sobieski, nach einem Roman von John Ehle **K** François Protat **M** Steve Livingston, Ken Johnson, John Scott (= Hanns Schott-Schöbinger) **S** Thomas Nelson **D** Kurt Russell (Wayland Jackson), Kelly McGillis (Colli Wright), Lloyd Bridges (William Wright), Mitchell Ryan (Drury Campbell), Amelia Burnette (Paula Jackson) **L** 110 **FSK** ab 12; f **E** 12.1. 1989/Juni 1989 Video **fd** 27 386

WINTER SOLDIER →Wintersoldat

WINTER UNSERER LIEBE (OUR TIME). Lebloses Drama. Die ersten Liebeserlebnisse zweier junger Mädchen enden für die eine mit dem Tod nach einer Abtreibung. ✦ USA 1974 **Pd** Richard A. Roth **R** Peter Hyams **B** Jane C. Stanton **K** Jules Brenner **M** Michel Legrand **S** James Mitchell **D** Pamela Sue Martin (Abby), Betsy Slade (Muffy), Parker Stevenson (Michael), George O'Hanlon Jr. (Malcolm), Roderick Cook (Direktor) **L** 90 **E** 21.3.1997 ZDF

DER WINTER UNSERER TRÄUME (WINTER OF OUR DREAMS). Als ein Buchhändler in Sydney vom Selbstmord einer früheren Freundin aus der Zeit der studentischen Protestdemonstrationen erfährt, will er mit Hilfe einer drogenabhängigen Prostituierten ihre letzten Lebensabschnitte recherchieren. Als die Prostituierte im Tagebuch der Toten seine Geschichte während der »wilden 60er« erfährt, verliebt sie sich in ihn. Doch in seinem Leben mit »moderner«, sexuell ungebundener Ehe ist kein Platz für sie. Die Geschichte einer gescheiterten Liebe droht sich zu wiederholen. Ein leises Melodram, schmucklos und geradlinig entwickelt, in manchen Aspekten allzu vereinfachend. ✦ Australien 1981 **P** Vega/Australian Film Commission/Greater Union/Spectrum/ Winta Prod. **Pd** Richard Mason **R+B** John Duigan **K** Tom Cowan **M** Sharyn Calcraft, Graham Lowndes (Songs) **S** Henry Dangar **D** Judy Davis (Lou), Bryan Brown (Rob), Cathy Downes (Gretel), Baz Luhrmann (Pete), Peter Mochrie (Tim) **L** 90 **E** 11.6.1989 ZDF

WINTER 54 (HIVER 54 – L'ABBE PIERRE). Winter 1954 in Frankreich: Eine Kältewelle sucht das Land heim, Obdachlose erfrieren auf der Straße. Abbé Pierre, der Gründer der Emmaus-Bewegung, setzt sich für diese ein und versucht, die Regierung zu einem längst überfälligen Bauprogramm für Notunterkünfte zu bewegen. Zunächst bleibt er ungehört, doch als sich die Pariser in einer beispiellosen Hilfsaktion engagieren, stellt sich sozialer und politischer Erfolg ein. Ein ganz auf die Hauptperson zugeschnittener Film, der sich seinem Thema rechtschaffen nähert, ohne durch dramaturgische Finessen zu glänzen. Auch wenn die Nebenfiguren schablonenartig gezeichnet sind, verdient der Film in seinem Plädoyer für tatkräftige Nächstenliebe Interesse. – Ab 10. ✦ Frankreich 1989 **P** Les Productions Belles Rives/Midships Associés **VA** afm **Pd** Christian Ardan **R** Denis Amar **B** Marie Devort, Denis Amar **K** Gérard de Battista **M** Philippe Sarde **S** Jacques Witta **D** Lambert Wilson (Abbé Pierre), Claudia Cardinale (Hélène Varnier), Robert Hirsch (Raoul), Philippe Leroy-Beaulieu (Jacques), Bernie Bonvoisin (Castaing), Antoine Vitez, Laurent Terzieff, Stéphane Butet **L** 100 **E** 1999 Video **fd** 33 559

WINTERBLUME. Eim türkischer Familienvater, der seit 17 Jahren in Köln lebt, wird von der Polizei nach Istanbul abgeschoben, weil seine Aufenthaltsgenehmigung abgelaufen ist. Als ihm ohne Angabe von Gründen die Rückkehr verweigert wird, beauftragt er eine Schlepperorganisation, ihn illegal nach Deutschland zu schleusen. Seine qualvolle Odyssee führt in die Katastrophe. Ein politisch und humanistisch engagiertes Flüchtlingsdrama, das auf authentischen Erlebnissen beruht, dafür aber nicht immer eine filmische Entsprechung findet. Dicht und präzise wird der Film, wo er sich auf die Emotionen seiner Figuren einläßt und am Rand auch an einer politischen Kartografie Europas zeichnet. (O.m.d.U.) – Ab 16. ✦ Deutschland 1996 **P** Filmfabrik/WDR **KI** Ventura **VA** absolut MEDIEN **Pd+R+B** Kadir Sözen **K** Franz Rath **M** Orhan Temur **S** Mevlut Kocak **D** Menderes Samancilar (Mehmet Umut), Meral Yüzgüleç (Gülistan Umut), Gandi Mukli (Müslüm), Cengiz Sezici (Führer), Ugur Çavusoglu (Yüksel), Shihab Adam (Sudanese), Ani Ipekkaya (Großmutter) **L** 107 **E** 6.11. 1997/8.6.1998 Video/25.9.1998 WDR **fd** 32 755

WINTERBRAUT → Dezemberbraut

WINTERHAWK (WINTERHAWK). Die auf Frieden und Koexistenz bedachte Auseinandersetzung eines edelmütigen Indianerhäuptlings mit weißen Siedlern 1840. Langatmige, gefühlvolle Unterhaltung in romantischem Westernstil, die wenig zum wahren Verständnis des Indianischen beiträgt. – Ab 14. ✦ Scope. USA 1975 **P** Charles B. Pierce **KI** Gloria **Pd+R+B** Charles B. Pierce **K** Jim Roberson **M** Lee Holdridge **S** Tom Boutross **D** Michael Dante (Winterhawk), Leif Erickson (Guthrie), Woody Strode (Big Rude), Elisha Cook jr. (Rev. Will Finley), Denver Pyle (Arkansas), L. Q. Jones (Gates), Arthur Hunnicutt (McCluskey), Seamon Glass (Big Smith), Ace Powell, Jimmy Clem (Littlesmith) **L** 88 **FSK** ab 12; f **E** 14.1.1977 **fd** 20 135

DAS WINTERKIND (L'ENFANT DE L'HIVER). Statt die Verantwortung für Mutter und Kind zu übernehmen, verläßt ein junger Mann die schwangere Frau. Damit löst er eine tragische Verkettung von »Liebesunfällen« aus, in die drei weitere Personen, darunter eine krankhaft Liebessüchtige, verstrickt sind. Der unterkühlt beobachtende Film eines ehemaligen Filmkritikers, der wie die Versuchsanordnung eines Wissenschaftlers anmutet. Er entwickelt einen Mikrokosmos an Sorgen, Tragödien und Leiden, mit dem er die verheerenden Folgen von Verantwortungslosigkeit und Gefühlskälte beschreibt. (Kino O.m.d.U.; Fernsehtitel: »Karussell der Leidenschaft«) ✦ Frankreich 1988 **P** Gemini Films/G.P.F.I./Sofica Investimage **KI** NEF 2 **Pd** Paulo Branco **R+B** Olivier Assayas **K** Denis Lenoir **M** Jorge Arriagada **S** Luc Barnier **D** Clotilde de Bayser (Sabine), Michel Feller (Stéphane), Marie Matheron (Natalia), Jean-Philippe Ecoffey (Bruno), Gérard Blain (Stéphanes Vater), Anouk Grinberg (Agnès), Ines de Medeiros (Ana) **L** 84 **E** 2.11.1989/ 18.10.1994 ZDF **fd** 27 932

WINTERKIND. Eine Russin, die jahrelang unschuldig inhaftiert war, muß nach ihrer Entlassung feststellen, daß ihr Sohn von einem deutschen Ehepaar adoptiert worden ist. Sie ist entschlossen, ihr Kind zurückzuholen. Eine moderne Version des »Kaukasischen Kreidekreises« um den Konflikt zwischen der leiblichen und der Adoptivmutter, der sich dadurch verschärft, daß sich der Adoptivvater als der leibliche Vater des Kindes entpuppt, die Mutter des Jungen also seine frühere Geliebte ist. Ein Drama, das sich mit den bescheideneren Mitteln der Fernsehdramaturgie gut arrangiert, wobei immer wieder eine starke Akzentuierung der emotionalen Botschaft durch suggestive (Kinofilm-)Stilmittel gelingt. Die positive Aussage, daß man bereit sein muß, auf eigene Ansprüche zu verzichten und dem Kind allein die Entscheidung zu überlassen, wird freilich zunehmend pädagogisch umgesetzt. Hervorragend die intensiven schauspielerischen Leistungen, vor allem die Darstellung der Frauenrollen. – Ab 16. ✦ Deutschland 1997 **P** Colonia Media **Pd** Sonja Goslicki **R** Margarethe von Trotta **B** Nicole Houwer **K** Jörg Widmer **M** Norbert Jürgen Schneider **S** Inez Regnier **D** Susanna Simon (Jelena Uschakowa), Benjamin Kaatz (Daniel Berger), Lena Stolze (Elke Berger), August Zirner (Michael Berger), Joachim Kemmer (Georg Berger) **L** 90 **E** 3.12.1997 ARD

WINTERKINDER (VINTERBJÖRN). Einige schwangere Frauen müssen wegen eingetretener Komplikationen schon Wochen vor der Geburt im Krankenhaus sein. Mit Wärme, Verständnis und Anteilnahme, aber ohne Sentimentalität schildert der Film die Situation der Frauen, wobei er trotz aller angesprochenen Probleme eine ungebrochen positive Einstellung zum Leben und zur Geburt zum Ausdruck bringt. (OCIC-Preis in Berlin 1979) – Sehenswert. ✦ Dänemark 1978 **P** Panorama/Danske Filminstitut **KI** NEF **Pd** Just Betzer **R** Astrid Henning-Jensen **B** Astrid Henning-Jensen, nach einem Roman von Dea Trier Mörch **K** Lars Björne **M** Hans-Erik Philip **S** Grete Möldrup, Astrid Henning-Jensen **D** Ann-Mari Max Hansen (Marie), Helle Hertz (Signe), Lone Kellermann (Olivia), Lea Risum Brögger (Linda), Lene Bröndum (Tenna), Henning Palner (Arzt) **L** 100 **E** 22.7.1981 ARD **fd** 23 024

WINTERKIRSCHEN (SIMNAJA WISCHNJA). Die vergeblichen Versuche einer jungen geschiedenen Frau mit Kind, wieder zur Geborgenheit einer Familie zu gelangen. Ein solide inszenierter Gegenwartsfilm mit interessanter Problematik. – Ab 16. ✦ UdSSR 1985 **P** Lenfilm **KI** Progress **R** Igor Maslennikow **B** Wladimir Waluzki **K** Juri Wechsler **M** Wladimir Dashkewitsch **D** Jelena Safonowa, Nina Ruslanowa, Larissa Udowitschenko, Vitali Solomin, Alexander Lenkow **L** 87 **E** 31.10.1986 Kino DDR

WINTERLAND (INVIERNO MALA VIDA). Ein Dieb und Trinker im äußersten Süden Argentiniens, in Patagonien, lernt eine Schwimmlehrerin kennen, die nicht die ist, die sie vorzugeben scheint. Als ihn eines Tages ein unbekannter Anrufer mit der Suche nach jenem goldenen Schaf beauftragt, das ihm nachts in seinen Träumen erscheint, macht er sich auf den Weg. Ein skurriler Film, der die Absurditäten des Lebens beschreibt und sich über Freundschaft, Liebe, Einsamkeit und die Notwendigkeit eines (Lebens-)Traums Gedanken macht. Die Produktion nahm wegen Geldmangels vier Jahre in Anspruch; ihr eigentlicher Hauptdarsteller ist laut Aussage des Regisseurs der Wind, der in Süd-Patagonien den Lebensrhythmus bestimmt. (O.m.d.U.) ✦ Argentinien/ Frankreich 1997 **P** Haku-a Productiones ASAVI/TS Productions **KI** Freunde des Deutschen Kinemathek **Pd** Miléna Poylo, Gilles Sacuto **R** Gregorio Cramer **B** Matias Oks, Gregorio Cramer, Marcelo Cohen **K** Victor González **M** Diego Clemente **S** Ana Poliak **D** Ricardo Bartis (Valdivia), Miguel Guerberoff (Polaco), Susana Szperling (Marina), Gabriel Correa (Raul), Luis Ziembrosky (Garrafa) **L** 84 **E** 1998

WINTERLIEBE (TAMAS ES JULI). Am 31.12.1999 faßt sich eine Kindergärtnerin in einem ungarischen Dorf ein Herz und schreibt dem Bergarbeiter, den sie seit langem liebt, einen Brief, in dem sie sich mit ihm verabredet. Dieser muß an dem Abend in den Stollen einfahren, kann ihr aber keine Nachricht geben. Fürs Fernsehen produzierter Film einer Reihe zur Jahrtausendwende (»2000 vu par...«). ✦ Frankreich/ Ungarn 1997 **P** La Sept Arte/Haut & Court/FMS Studio/Eurofilm Studio **R+B** Ildikó Enyedi **K** Tamás Sas **M** László Melis **S** Mario Rigo **D** Marta Angyal (Juli), Davis Janosi (Tamás), Gyorgyi Barko, Ferenc Elek, Andras Toth-Gaspar **L** 62 **E** 18.12.1998 arte

WINTERLIEBE – SPÄTE ROMANZE IM SCHNEE (ALL THE WINTERS THAT HAVE BEEN). Ein junger Wildhüter wird von seiner Geliebten verstoßen, weil er deren Bruder als Wilderer hinter Gitter brachte. Als er sie 20 Jahre später wiedersieht, leben verdrängte Gefühle auf. ✦ USA 1996 **R** Lamont Johnson **B** Vivienne Radkoff **D** Richard Chamberlain (Dane Corvin), Karen Allen (Hannah Raven), Hal Holbrook (Onkel Ren), Ben Cardinal (Waldo Raven), Chris Martin (Gabe), Ken Pogue, Sheila Tousey **L** 91 **E** 30.12.1998 RTL

EIN WINTERMÄRCHEN. Ein frühes »Roadmovie« des jungen deutschen Films: Auf seiner Reise durch Deutschland lernt ein junger Tramper ebenso illustre wie grundverschiedene Menschen kennen – einen Industriellen mit Vergangenheit, eine Prostituierte mit Herz, einen geschwätzigen Deserteur und eine hübsche junge Frau, in die er sich verliebt. ✦ BR Deutschland 1971 **P** Delta Circus Eins **KI** Eigenverleih **R** Ulf von Mechow **B** Laurens Straub, Ulf von Mechow **K** Petrus Schloemp **M** Sigi Schwab **S** Barbara Mondry, Elfi Tillack **D** David Heinemann (David), Gaby Straub (Bebe), Kasimir Esser (Kasimir) **L** 87 **E** 27.6.1971

WINTERMÄRCHEN (CONTE D'HIVER). Eine junge Frau hofft jahrelang auf die unwahrscheinliche Rückkehr des geliebten Mannes, den sie während eines Sommerurlaubs kennenlernte und mit dem sie ein Kind hat, den sie aber nicht wiedersah, weil sie ihm ungewollt eine falsche Adresse gab. Bis der Geliebte unverhofft und wie durch ein Wunder auftaucht, um mit ihr zu leben, versucht sie nur unzulänglich, ihre Bemühungen um zwei andere Männer zu klären. Der zweite Film aus dem Zyklus »Vier Jahreszeiten« handelt in gewohnt leichter und dialogbetonter Weise von Rohmers Generalthema – den Bedingungen der Liebe und der Liebe als Voraussetzung des Glücks. Kunstvoll konstruiert, aber gleichermaßen wirklichkeitsnah. (Kinotip der Katholischen Filmkritik; Lobende Erwähnung der Ökumenischen Jury in Berlin 1992) – Sehenswert ab 16. ✦ Frankreich 1991 **P** Les Films du Losagne/Soficas Investimage/ Sofiarp/Canal+ **KI** prokino **Pd** Margaret Ménégoz **R+B** Eric Rohmer **K** Luc Pagès **M** Sébastian Erms **S** Mary Stephen **D** Charlotte Véry (Félicie), Frédéric van den Driessche (Charles), Hervé Furic (Loïc), Michel Voletti (Maxence), Ava Loraschi (Elise), Christine Desbois (Mutter), Haydée Caillot (Edwige) **L** 114 **FSK** ab 6; f **E** 8.10.1992/20.4.1994 ARD **fd** 29 828

WINTERMELODIE (WINTERMELODIE). Vier junge Skimeister aus Österreich, Frankreich, der Schweiz und aus den USA verlieben sich in eine attraktive französische Skiläuferin. Um ihr Herz zu gewinnen, orientieren sie sich alle an einem »Ratgeber«-Buch mit dem Titel »Glück bei den Frauen«, ohne zu wissen, daß dies von einer Frau geschrieben wurde, die bald auch eine Rolle in dem Liebesreigen spielt. Eine anspruchslose Wintersportkomödie mit Außenaufnahmen von Kitzbühel, Zürs, Braunschweigerhütte, St. Anton und Seefeld. Unter dem Titel »Les Amours de Blanche-Neige« entstand zeitgleich eine französische Version mit anderen Hauptdarstellern. – Ab 14. ✦ Schwarz-weiß. Österreich/Frankreich 1949 **P** Wieser-Filmprod./Tarice **KI** Prisma/Deutsche Commerz **R** Eduard Wieser **B** Hete Schubring-Wieser, E. Eplenius, J. Bonnardier **K** Walter Riml, Hannes Staudinger **M** Willy Schmidt-Gentner, André

Guillou **D** Ilse Peternell, Rudolf Brix, Franz Eichberger, Ekkehard Arendt, Rudi Matt, Dietmar Schönherr, Gustav Waldau **L** 90 **E** 25.1.1949/27.4.1951 Neustart

WINTERMORGEN (SIMNEJE UTRO). Die Geschichte der zwölfjährigen Katja, die sich und ihren Pflegebruder durch schwere Zeiten bringt – Symbol für den Lebenswillen und Opfermut der ganzen Stadt Leningrad, die 900 Tage von deutschen Truppen belagert wurde, aber standhielt. Ein thematisch wichtiger Jugendfilm, dessen bewegende Aussage unter der geringen Dichte der Gesamtatmosphäre leidet. – Ab 12. ✦ Scope, schwarz-weiß. UdSSR 1966 **P** Lenfilm **KI** Progress **R** Nikolai Lebedew **B** Sokrat Kara, nach dem Roman »7. Symphonie« von T. Zinberg **K** Semjon Iwanow **M** Wladimir Maklakow **D** Tanja Soldatenkowa, Kostja Kornakow, Nikolai Timofejew, Vera Kusnezowa, L. Gurowa **L** 88 **E** 10.11.1967 Kino DDR

WINTERNACHT (RACHEL RIVER). Die Reporterin einer lokalen Rundfunkstation in einem verschlafenen Nest in Minnesota wird sich ihrer Verlassenheit bewußt, als ihr geschiedener Mann die Kinder für einige Zeit zu sich holt. Der Tod einer exzentrischen Witwe, die Geld gehortet haben soll, sorgt ebenso für Aufregung in dem Ort wie später das Verschwinden einer alten Farmersfrau, mit der die junge Radiosprecherin befreundet war. Ein verhaltener, intelligenter und lebensbejahender Film, der mit kleinen Geschichten und Gesten Einsamkeit, Verlassenheitsgefühle und Stille in einem Gemeinwesen beschreibt, dem die Betroffenen mit unterschiedlichen Strategien zu entrinnen versuchen. – Ab 16. ✦ USA 1987 **P** Marx/Smolan **Pd** Timothy Marx **R** Sandy Smolan **B** Judith Guest, nach Geschichten von Carol Bly **K** Paul Elliott **M** Arvo Pärt **S** Susan Crutcher **D** Pamela Reed (Mary), Craig T. Nelson (Marlyn), Viveca Lindfors (Harriet White), Zeljko Ivanek (Momo), Jo Henserson (Estona) **L** 90 **E** 18.12.1989 ARD

EIN WINTERNACHTSTRAUM (IN THE BLEAK MIDWINTER). Ein von Selbstzweifeln geplagter arbeitsloser Schauspieler beschließt, sich selbst als Hamlet zu inszenieren und stellt für dieses Unterfangen eine Truppe ebenfalls enttäuschter Kollegen zusammen. In einer ausgedienten Kirche soll dann nach drei Wochen Proben zu Weihnachten die Premiere stattfinden. Eine von einem ausgelassen aufspielenden Darsteller-Ensemble vorgetragene »Liebeserklärung an das Theater«, die trotz ihrer komödiantischen Grundstimmung auch die ernsten Seiten des Schauspielerdaseins beleuchtet. Präzise in der Charakterzeichnung, stilsicher inszeniert und ausgezeichnet fotografiert, gestattet der Film einen nachdenklich-ironischen Blick hinter die Kulissen. – Sehenswert ab 14. ✦ Schwarz-weiß. Großbritannien 1994 **P** Castle Rock/Turner **KI** Concorde-CR/Turner **Pd** David Barron, Iona Price, Tamar Thomas **R+B** Kenneth Branagh **K** Roger Lanser **M** Jimmy Yuill **S** Neil Farrell **D** Michael Maloney (Joe Harper), Joan Collins (Margaretta D'Arcy), Julia Sawalha (Nina Raymond), Richard Briers (Henry Wakefield), John Sessions (Terry Du Bois) **L** 98 **FSK** ab 12; f **E** 21.12.1995/11.12.1997 premiere **fd** 31 686

WINTERNACHTSTRAUM (1935). Ein in Ehren ergrauter Bankkassierer gerät in den Verdacht, Geld veruntreut zu haben. Der Verdacht verstärkt sich, weil er kurz vor Silvester in Partenkirchen Hotelzimmer bestellte. Er tat dies, um einer jungen Bankangestellten eine Freude zu machen – damit sie einen reichen Mann finden kann. Eine sehr kulissenhafte, wenn auch routinesichere musikalische Komödie. Durch eingearbeitete besinnliche Momente gewinnt die Charakterkomik der Hauptdarsteller eine menschliche Wärme, wie sie das deutsche Nachkriegslustspiel kaum wieder erreichte. – Ab 12. ✦ Schwarz-weiß. Deutschland 1935 **P** Boston **R** Géza von Bolváry **B** Ernst Marischka **K** Werner Brandes **M** Franz Grothe **D** Magda Schneider (Hilde Müller), Wolf Albach-Retty (Peter Kreutzberg), Richard Romanowsky (Romuald Boenecke), Hans Moser (Leopold Prinz), Theo Lingen (Kautz), Walter Steinbeck (Schuhmann), Hubert von Meyerinck (Degenfels) **L** 85 **E** 13.2.1935/9.1.1967 DFF 1/28.12.1980 BR

WINTERNACHTSTRAUM (1992). Dokumentarfilm über die Proben an einem Theaterstück. Im Mittelpunkt steht eine 83jährige Frau, deren Lebenswunsch, Schauspielerin zu werden, sich erst jetzt erfüllt. Ein »inszenierter Dokumentarfilm«, der über weite Strecken innere Spannung und Konzentration vermissen läßt, jedoch unverstellte Einblicke in Konfliktsituationen gewährt. – Ab 16. ✦ Deutschland 1991/92 **P** Journal-Film/ZDF **KI** Arsenal **Pd** Klaus Volkenborn **R+B** Andres Veiel **K** Hans Rombach, Lutz Reitemeier **M** Sebastian Hilken **S** Bernd Euscher, Silvia Beck **D** Inka Köhler-Rechnitz (Wilma Abendstern), Anne Baltzer (Oberschwester Katharina), Hildegard Delport (Elisabeth Müller), Liselotte Ferber (Martha Kruse), Gisela Korruhn (Margarete Liebetreu) **L** 81 **E** 3.12.1992/15.12.1992 ZDF **fd** 29 970

WINTERREISE (1983). Erstlingsfilm. Aus einer gescheiterten Ehe bricht ein Vater mit seiner Tochter nach Oberitalien aus. Dort entwickelt sich ein inzestuöses Verhältnis zwischen den beiden, das zur Krise führt, weil der Vater rasend eifersüchtig auf den jungen italienischen Freund der Tochter ist. ✦ BR Deutschland 1983 **P** Südwestfunk **R+B** Frank Wesel **D** Joachim Wilhelm, Marisa Olshausen, Helga Rieger, David Russo **L** 60 **E** 19.12.1985 S 3

WINTERREISE (1992). Ein 45jähriger Elektroingenieur aus Leipzig, Sohn einer (kurz nach 1945 gestorbenen) Deutschen und eines Japaners, der in Berlin als Industrie-Manager tätig war und inzwischen in Japan lebt, nimmt nach dem Fall der Mauer Verbindung mit seiner West-Berliner Tante und später mit dem unbekannten Vater auf. Das Zusammentreffen löst jedoch innere Konflikte aus. Ein bemerkenswerter Film, der zwar die Wiedervereinigung etwas melodramatisch einbindet, in der Hauptrolle jedoch vorzüglich gespielt ist. – Ab 16. ✦ Deutschland/Japan 1990 **R** Yuji Murakami **B** Yoshiki Iwama, Hans Borgelt **D** Rentarô Mikuni (Hideo Kato), Haruko Kato (Yayoi, seine Frau), Yoshie Taira (Yuki, seine Tochter), Martin Seifert (Hans Steiner), Raiko Epperlein (Christoph Steiner) **L** 94 **E** 5.2.1992 ARD

WINTERREISE IM JAHRE EINS. Ende Dezember 1991 waren drei Kamera-Teams mit der Video-8-Kamera in ganz Deutschland unterwegs. Aus dem dabei zustande gekommenen Material über die vorsichtige Annäherung an fremde Menschen ist eine dokumentarische Momentaufnahme über das Land in einer Zeit der Bewegung und des Umbruchs geworden. – Ab 16. ✦ Deutschland 1992 **P** Bastian Clevé Prod. (für ZDF) **Pd+R+B** Bastian Clevé **K** Thorsten Schmidt, Guido Medert **S** Bastian Clevé **L** 80 **E** 3.12.1992 ZDF

WINTERREISE IM OLYMPIASTADION. Im Winter 1977 inszenierte die damalige »Schaubühne am Halleschen Ufer« (inzwischen »Schaubühne am Lehniner Platz«) im Berliner Olympiastadion ein außergewöhnliches Unternehmen nach Texten aus Hölderlins »Hyperion«, mit dem auf assoziative Weise Zusammenhänge zwischen geschichtlichen Ereignissen und politischen Begebenheiten der jüngeren Zeit (Terror-Regime in Chile, Terrorismus in der Bundesrepublik Deutschland) hergestellt werden sollten. Der Film zu dieser Aufführung versteht sich nicht als dokumentarisches Protokoll, sondern als Versuch, eine eigene, die Theaterinszenierung ergänzende Realität zu schaffen. ✦ BR Deutschland 1979 **P** Schaubühne **KI** Schaubühne **R** Klaus-Michael Grüber, Ellen Hammer **B** Klaus-Michael Grüber, Ellen Hammer, nach dem Theaterstück »Hyperion« von Friedrich Hölderlin **K** Wolfgang Knigge **M** Archivmaterial **S** Ursula Höf, Klaus Neumann-Osterheld **D** Willem Mann (Wanderer), Libgart Schwarz (Sängerin), Sabine Andreas (Mädchen im Anorak), Grischa Huber (Emigrantin), Christine Oesterlein (Emigrantin) **L** 70 **E** 22.2.1980 NDR

WINTER'S END – WIEDERKEHR DER LIEBE (SARAH, PLAIN AND TALL: WINTER'S END). Die letzte Episode einer dreiteiligen (Fernseh-)Miniserie über das Leben auf einer Farm in Kansas. Der Dreiteiler beginnt 1910, diese Episode spielt 1919 und beschreibt Probleme, die entstehen, als der totgeglaubte Vater des Farmers unvermittelt vor der Tür steht und in die Familie aufgenommen werden möchte. Während die Farmersfrau zu vermitteln versucht, bleibt ihr Mann auf Distanz. Er kann dem Vater zunächst nicht verzeihen, dass er einst Frau und Familie verlassen hat. Mit soliden Darstellern entwickeltes Melodram mit viel Sentiment. – Ab 14. ✦ USA 1999 **P** Hallmark/Self/Trillium **Pd+R** Glenn Jordan **B** Patricia MacLachlan **K** Ralf D. Bode **M** David Shire **S** David Simmons **D** Glenn Close (Sarah Witting), Christopher Walken (Jacob Witting), Jack Palance (John Witting), Lexi Randall (Anna Witting), Christopher Bell (Caleb Witting), Emily Osment (Cassie Witting) **L** 98 **E** 6.12.2001 Premiere World

DER WINTERSCHLÄFER →Onkel Paul, die große Pflaume

WINTERSCHLÄFER. In einer verschneiten Kleinstadt in den bayerischen Alpen kreuzen sich die Wege von vier jungen Erwachsenen um das 30. Lebensjahr. Zwischen Weihnachten und Neujahr findet sich ein Paar, das andere verliert den Kontakt zueinander. Überschattet werden die Tage von einem Unfall, bei dem die kleine Tochter eines Bergbauern lebensgefährlich verletzt wird. Ein Generationsporträt, das um Lebensangst und die Suche nach einer befriedigenden Existenzform kreist und durch erzählerische Wucht und formale Brillanz ebenso fasziniert wie durch die wachen Reflexionen über deutsche Befindlichkeiten. Der Mut, den Orientierungsverlust einer radikalen Individualisierung zu thematisieren, sowie die durchgehaltene Ambivalenz seiner Figuren hebt den Film deutlich von vergleichbaren Werken ab. – Sehenswert ab 16. ✦ Scope. Deutschland 1997 **P** X-Filme Creative Pool/Palladio Film **KI** prokino plus **VA** VPS **Pd** Stefan Arndt **R** Tom Tykwer **B** Tom Tykwer, Anne-Françoise Pyszora **K** Frank Griebe **M** Tom Tykwer, Johnny Klimek, Reinhold Heil **S** Katja Dringenberg **D** Ulrich Matthes (René), Heino Ferch (Marco), Floriane Daniel (Rebecca), Marie-Lou Sellem (Laura), Josef Bierbichler (Theo) **L** 122 **FSK** ab 12; f **FBW** bw **E** 30.10.1997/18.5.1998 Video/4.1.1999 Premiere **fd** 32 807

WINTERSOLDAT (WINTERSOLDIER). Bericht über eine öffentliche Untersuchung über Kriegsverbrechen in Vietnam Anfang 1971 in Detroit, bei der 15 ehemalige US-Soldaten aussagten und sich stellenweise selbst bezichtigen. Eine erschreckende Dokumentation und eine Anklage des Krieges in allen seinen Formen. (O.m.d.U.; Verleihtitel: »Winter Soldier«) – Sehenswert. ✦ Teils schwarz-weiß. USA 1972 **P** Winterfilm-Vietnam Veterans Against the War **SF** Freunde der Deutschen Kinemathek **R+B+K** Winterfilm-Kollektiv **L** 96 **E** 24.2.1973 West 3

WINTERSPELT 1944. Die am Widerstand amerikanischer Militärs scheiternde Absicht eines deutschen Majors, in einem kleinen Eifeldorf kurz vor der Ardennen-Offensive 1944 weitere sinnlose Opfer durch die Kapitulation seiner Einheit zu vermeiden. Ein ehrgeiziger, aber mit den Mängeln einer einengenden Literaturverfilmung (Anderschs umfangreichster Roman, 1974) behafteter Versuch, die Eigengesetzlichkeiten des Krieges aufzuzeigen sowie Widerstand gegen Krieg und verbrecherische Führung als Aktion sittlichen Widerwillens zu verdeutlichen. Überzeugend als hervorragend gespieltes dramatisches Kammerspiel. – Ab 16. ✦ BR Deutschland 1977 **P** Ullstein AV/HR/SFB/Multimedia **KI** CS **Pd** Dieter Graber **R** Eberhard Fechner **B** Eberhard Fechner, nach dem gleichnamigen Roman von Alfred Andersch **K** Rudolf Körösi, Kurt Weber **M** György Ligeti **S** Barbara Grimm **D** Ulrich von Dobschütz (Major Joseph Dincklage), Katharina Thalbach (Käthe Lenk), Hans Christian Blech (Wenzel Hainstock), Henning Schlüter (Dr. Bruno Schefold), George

Roubicek (Captain John Kimbrough), Claus Theo Gärtner (Obergefreiter Reidel), Andreas von Studnitz (Schütze Fritz Borek) **L** 110 **FSK** ab 12; f **FBW** w **E** 24.2.1978 **fd** 22 124

WINTERSTADT (WINTERSTADT). Ein Film über eine Stadt von großer äußerlicher Schönheit und Ruhe. Aber in ihren Mauern ist es kalt geworden, und Seele und Gemüt drohen zu erfrieren. »Winterstadt« ist auch ein Film über einen 40jährigen, der auf der Durchreise in dieser Stadt hängenblieb, weil er Ruhe brauchte und eine neue Heimat suchte. Es entsteht das Zeitbild einer neuen »verlorenen Generation«, die sprachlos geworden ist, weil all ihre Hoffnung erloschen ist. Der Berner Bernhard Giger dokumentiert dies in eindringlichen Schwarzweißbildern, in einem Film von überraschender formaler Geschlossenheit. ✦ Schwarz-weiß. Schweiz 1981 **P** Cactus **Pd** Bernhard Giger **R** Bernhard Giger, Hannelore Küenzi **B** Bernhard Giger **K** Pio Corradi, Juerg Hafen **M** Benedikt Jeger, Peer Raben, Taxi **S** Hannelore Küenzi **D** Peter Hasslinger (Charlie), Gisèle Ratzé (Lena), Lorenz Hugener (Charlies Freund), Reini Rühlin (Matrose), Violence (Bardame im »Quick«) **L** 75 **E** Schweiz

WINTERTAGE, FRÜHLINGSTAGE (DONGCHUN DI RIZI). Ein Künstlerpaar in Peking ist am Ende seiner Beziehung angekommen, ihr gemeinsames Leben in Monotonie und Leere erstarrt. Dennoch schaffen es die beiden nicht, darüber zu sprechen. Auch ein kurzer Urlaub in der Heimat, wo sie sich schon in der Schule kennen- und liebengelernt hatten, gerät zu einem Scherbenhaufen von Erinnerungen. Schließlich bricht die junge Frau aus und läßt den verzweifelten Freund zurück. In Rückblenden, begleitet von einem distanzierten Kommentar, entwickelt der Film die Geschichte zweier Liebender in die Erstarrung einer Psychose. (O.m.d.U.) ✦ Schwarz-weiß. VR China 1993 **P** Image Studio **KI** Freunde der Deutschen Kinemathek **Pd** Liu Jie, Zhang Hongtao, Wang Yao **R+B** Wang Xiaoshuai **K** Wu Di, Liu Jie **M** Liang Hepin **S** Qingqing **D** Liu Xiaodong (Xiaodong), Yu Hong (Xiaochun) **L** 75 **E** Mai 1994

WINTERTROMMELN (DRUMS OF WINTER). Dokumentarfilm über die Tänze und das Trommelspiel der Inupiaq-Eskimos in Alaska. Der Film zeigt die Rituale der Eskimos, erhellt geschichtliche Zusammenhänge und erzählt den Urmythos dieses Eskimo-Volkes, dem die Trommel den Frieden brachte und deren Klänge den Frieden sichern sollten. – Ab 12. ✦ USA 1988 **P** Elder-Kammerling/Alaska Native Heritage **Pd+R+B** Sarah Elder, Leonard Kammerling **S** Sarah Elder, Ray Karpicki **L** 90 **E** 26.9.1992 arte

WINZERCHRONIK (CHRONIQUE VIGNERONNE). Dokumentarfilm über Leben und Arbeit einer Winzerfamilie in der Schweizer Region Lavaux. Den vier Jahreszeiten folgend, zeigt der Film, wie die Winzer ohne den Einsatz von Maschinen mit großer Verbundenheit und Liebe zur Natur ans Werk gehen. ✦ Frankreich/Schweiz 1999 **R** Jacqueline Veuve **L** 83 **E** 15.8.1999 arte

DIE WINZERIN VON LANGENLOIS →Und so was will erwachsen sein

WIR ALLE SIND VERDAMMT (THE WAR LOVER). Dienst und Privatleben der in England stationierten amerikanischen Bomber-Einheiten, die 1943 auf deutsche Städte angesetzt werden, dienen als romanhaft aufbereiteter Hintergrund für einen gut besetzten, im Milieu zwar stimmigen, im übrigen aber wenig wahrhaftig wirkenden Film. – Ab 16 möglich. ✦ Schwarz-weiß. Großbritannien 1961 **P** Columbia **KI** Columbia-Bavaria **Pd** Arthur Hornblow jr. **R** Philip Leacock **B** Howard Koch, nach dem Roman »Verdammt sind wir alle« von John Hersey **K** Bob Huke **M** Richard Addinsell **S** Gordon Hales **D** Steve McQueen (Buzz Rickson), Robert Wagner (Ed Bolland), Shirley Ann Field (Daphne), Gary Cockrell (Lynch), Michael Crawford (Juior Sailen), Bill Edwards (Brindt) **L** 105 **FSK** ab 16; f **E** 7.2.1963 **fd** 11 781

WIR AUS KRONSTADT (MY IS KRONSCHTADTA). Die Geschichte eines Matrosenregiments, das im Kampf gegen weißgardistische Truppen die Stadt Petrograd verteidigt. In der UdSSR ein Filmklassiker. – Ab 8. ✦ Schwarz-weiß. UdSSR 1936 **P** Mosfilm **KI** Sovexportfilm **R** Jefim Dsigan **B** Wsewolod Wishnewski **K** N. Naumow-Strash **M** Nikolai Krjukow **D** W. Saitschikow (Kommissar Martynow), G. Buschujew (Artjom Balaschow), N. Iwakin (Burmeister), Oleg Shakow (Jan Draudin), P. Kirillow (Valentin) **L** 97 **E** 4.2. 1947/28.1.1967 DFF 1

WIR BERGLER IN DEN BERGEN SIND EIGENTLICH NICHT SCHULD, DASS WIR DA SIND (WIR BERGLER IN DEN BERGEN SIND EIGENTLICH NICHT SCHULD, DASS WIR DA SIND). Dokumentarfilm im Dialekt der Bergbauern. Das weitausholende Werk beschreibt die Lage der Bewohner dreier Gebirgstäler im Kanton Uri. Dabei entsteht eine wirklichkeitsnahe, klischeefreie Analyse eines schweizerischen Entwicklungsgebietes, die durch eine differenzierte, ruhige Gestaltung beeindruckt. Ein bedeutendes volkskundliches, gesellschaftspolitisches und menschliches Dokument von kunstvoller Einfachheit und schöner Würde. – Sehenswert ab 16. ✦ Schweiz 1975 **P** Nemo **KI** Freunde der Deutschen Kinemathek **R+B** Fredi M. Murer **K** Iwan P. Schumacher **S** Eveline Brombacher **L** 108 **E** 30.6.1977 BR

WIR BITTEN UM GNADE →Hinter Schloß und Riegel

WIR BITTEN ZU BETT (LES PETITS MATINS). Eine 18jährige Anhalterin reist an die Côte d'Azur. In kleinen Episoden wird erzählt, was sie mit den Fahrern, die sie mitnehmen, erlebt. Teils eine frivole Teenager-Komödie, teils eine sentimentale Liebesstory, mit einer Parade bekannter französischer Darsteller in Minirollen. ✦ Schwarz-weiß. Frankreich 1961 **P** Paris-Elysée/Metzger et Woog **KI** Schröder **R** Jacqueline Audry **B** Stella Kersová **K** Robert Le Febvre **M** Georges van Parys **S** Suzanne de Troeye **D** Francis Blanche, Arletty, Gilbert Bécaud, Agathe Aems, Fernand Gravey, Daniel Gélin, Pierre Brasseur, Bernard Blier, François Périer, Robert Hossein **L** 101 **FSK** ab 18; nf **E** 7.5.1965 **fd** 13 422

WIR BITTEN ZUM TANZ. Der Konkurrenzkampf zweier Tanzschulen-Besitzer im tanzseligen Wien, verquickt mit einer nicht ganz standesgemäßen Liebesgeschichte. Alle Verwirrungen lösen sich schließlich in eitel Wohlgefallen auf. Zwar recht rührselige, doch auch humorvolle Unterhaltung mit tänzerischen Einlagen und Parade-Szenen für das Duo Hans Moser und Paul Hörbiger. – Ab 14. ✦ Schwarz-weiß. Deutschland 1941 **P** Wien **KI** Südwest **R** Hubert Marischka **B** Fritz Koselka **K** Carl Kurzmayer **M** Anton Profes **D** Hans Moser, Paul Hörbiger, Elfie Mayerhofer, Theodor Danegger, Richard Eybner, Hans Holt **L** 88 **E** 28.10.1941/6.1.1964 DFF 1

WIR BLEIBEN ZUSAMMEN. Auf dem Weg zu ihrer Trauung mit einem karriereorientierten Geiger verunglückten die Eltern einer begabten 23-jährigen Pianistin tödlich. Sie versucht, die Familie beisammen zu halten und bekommt das Sorgerecht für ihre drei unmündigen Geschwister. Obwohl ihre Beziehung dabei in die Brüche geht und der Beruf erheblich leidet, bleibt die junge Frau guter Dinge, und es gelingt ihr, Ruhe in das teilweise turbulente und problematische Familienleben zu bringen. Mit Konflikten überladenes Melodram, das auf dem Weg zum Happy End kaum ein Klischee auslässt. ✦ Deutschland/Österreich 2001 **P** ZDF/ORF **R** Wolfgang Murnberger **B** Henriette Piper **K** Helmut Wimmer **M** Martin Grassl **D** Bernadette Heerwagen (Kristine Bergmann), Bernhard Schir (Richard Oberberg), Alexander Lutz (Henning Bülow), Jeremy Göppner (Max Bergmann), Sophie Pflügler (Neli Bergmann) **L** 87 **E** 7.10.2001 ZDF

WIR BRAUCHEN EINEN MANN (LE DESIR ET L'AMOUR). Bei Dreharbeiten an der spanischen Küste stellt ein Filmteam fest, daß der Hauptdarsteller seiner Produktion nicht schwimmen kann. So heuert man einen Einheimischen an, der sich während seiner Tätigkeit als Double prompt in den weiblichen Star des Films verliebt, was wiederum seiner Braut mißfällt. Witz kommt in dieser parodistisch gemeinten Komödie über die Filmbranche und deren Überspanntheiten nur selten auf. – Ab 14. ✦ Schwarz-weiß. Frankreich/Spanien 1951 **P** Société Générale de Cinématographie/L.A.I.S. **KI** Phönix **R+B** Henri Decoin **K** Michel Kelber **M** René Sylviano **D** Martine Carol (Martine), Françoise Arnoul (Françoise), Albert Préjean (Titi), Antonio Vilar (Antonio), Carmen Sevilla (Lola), Gérard Landry (Liebhaber) **L** 85 **FSK** ab 12; nf **E** 29.4.1955 **fd** 4 124

WIR BRÄUTE CHRISTI. Dokumentarfilm über das Leben in bulgarischen Nonnenklöstern, der die folkloristischen Vorteile über das entlegene Land ernst nimmt und kritisch hinterfragt. Die Filmemacherin schildert das Leben in verschiedenen Klöstern und zeichnet die unterschiedlichen Lebenswege der meist alten Frauen nach, die mit ihrem Entschluss, Nonne zu werden, nicht immer auf Verständnis stießen. ✦ Bulgarien 1998 **R** Julia Kancheva **L** 65 **E** 9.4. 2001 ZDF

WIR BUMMELN UM DIE WELT. Expeditionen in Tibet und in Afrika aus den 20er und 30er Jahren, von dem Kameramann Paul Lieberenz in einem Bericht über seine abenteuerlichen Erlebnisse vorgestellt. Sein Bildmaterial besitzt teilweise zeitdokumentarischen Seltenheitswert. – Ab 12. ✦ Schwarz-weiß. BR Deutschland 1949 **P** Paul Lieberenz **KI** Bruno Schmidt **R+B** Paul Lieberenz, Alfred Weidenmann **K** Paul Lieberenz, Eugen Klagemann **M** Horst Hanns Sieber **D** Paul Lieberenz, Walter Groß, Edith Lausch, Lutz Moik **L** 78 **FSK** ab 12; f **E** 23.10.1949 **fd** 6 920

WIR, DIE TROTTEL VOM GEHEIMDIENST (00–2 AGENTI SEGRETISSIMI). Zwei naive junge Männer werden in eine Spionageaffäre verwickelt, die sie nach einigen Schwierigkeiten heil überstehen. Klamauk im Agentenmilieu. ✦ Italien 1964 **P** Mega **KI** RCS **R** Lucio Fulci **B** Vittorio Metz, Lucio Fulci, Amedeo Sollazzo **K** Adalberto Albertini **M** Piero Umiliani **S** Ornella Micheli **D** Franco Franchi, Ciccio Ingrassia, Ingrid Schoeller, Carla Calò, Aroldo Tieri **L** 81 **FSK** ab 16; nf **E** 20.2.1970

WIR – DIE TROTTEL VOM 12. REVIER (DUE MAFIOSI CONTRO AL CAPONE). Zwei italoamerikanischen Polizisten gelingt es aus lauter Dummheit, den gefürchteten Gangsterboß Al Capone und seine Bande unschädlich zu machen. Ein wenig überzeugender Versuch der italienischen Komiker Franchi und Ingrassia, die Klischees des Gangsterfilms klamaukhaft zu parodieren. – Ab 16. ✦ Scope. Italien/Spanien 1966 **P** Fida/Atlántida **KI** Düsseldorf **R** Giorgio Simonelli **B** Marcello Ciorciolini, Amedeo Sollazzo, Alessandro Continenza **K** Juan Ruiz Romero **M** Piero Umiliani **S** Franco Fraticelli **D** Franco Franchi, Ciccio Ingrassia, José Calvo, Moira Orfei, Luigi Pavese, Gino Buzzanca, Angela Luce, Jesús Puente, Frank Brana (= Frank Braña) **L** 87 **FSK** ab 12; nf **E** 10.1.1969 **fd** 15 959

WIR ... DIE WILDEN VOM SUNSET STRIP (RIOT ON SUNSET STRIP). Am Beispiel einer zerrütteten Ehe und des wilden Treibens einer Gruppe junger Leute wird der Gegensatz zwischen rebellierender Jugend und satten Wohlstandsbürgern illustriert. Ohne Blick für die eigentliche Problematik präsentiert der Film eine sentimental akzentuierte Kolportage. ✦ USA 1967 **P** AIP **KI** Ceres **Pd** Sam Katzman **R** Arthur Dreifuss **B** Orville H. Hampton **K** Paul C. Vogel **M** Fred Karger **S** Ben Lewis **D** Aldo Ray (Lt. Walt Lorimer), Mimsy Farmer (Andy), Michael Evans (Sgt. Tweedy), Laurie Mock (Liz-Ann), Tim Roony (Grady) **L** 78 (Orig. 87) **FSK** ab 16; nf **E** 5.7.1968 **fd** 15 582

WIR DREI UND DER HUND AUS PETIPSY →Das Geheimnis der Berenka

WIR EMPFEHLEN: BEGNADIGUNG (RECOMMENDATION FOR MERCY). Ein scheinbar unbescholtener und freundlicher 14jähriger Junge wird wegen des Vorwurfs des Mordes an seiner Mitschülerin verhaftet und ermordet. Ein nach authentischen Ereignissen gestalteter Kriminalfilm. ✦ Kanada 1975 **P** Paradise/Cinema Shares International **Pd** James P. Lewis, Murray Markowitz **R** Murray Markowitz **B** Fabian Jennings, Joel Weisenfeld, Murray Markowitz **K** Richard Leiterman **M** Donald Gillis **S** George Appleby **D** Andrew Skidd, Robert Judd, Mike Upmalis, Karen Martin, Michele Fansett **L** 95 **E** 14.11.1980 DFF 1

WIR ENKELKINDER. Das Leben zweier Schulkameraden in der Bundesrepublik Deutschland verläuft entgegengesetzt: Der eine läßt sich von allen politischen Veränderungen tragen, der andere macht politische Karriere und begeht schließlich Selbstmord. Eine satirische Revue durch 30 Jahre Nachkriegsdeutschland (1957–1987). Ein hintergründiger Spaß, der eine Fülle von Themen aufgreift, auf seiner privaten Ebene liebevollen Spott treibt und in seinen parteipolitischen Bezügen auch brisante Vorfälle aufgreift. Durch Gespür für satirische Überhöhung am richtigen Objekt ist ein weitgehend vergnüglicher Rückblick entstanden. – Ab 16. ✦ Deutschland 1992 **P** Rialto-Film **Kl** Tobis **VA** Warner Home **Pd** Matthias Wendlandt **R+B** Bruno Jonas **K** Hans-Günther Bücking **S** Helga Borsche **D** Bruno Jonas (Ulli), Vitus Zeplichal (Willi), Antje Schmidt (Claudia), Susanne Czepl (Renate), Andrea Lüdke (Inge), Veronika Fitz (Ullis Mutter), Dieter Hildebrandt (Dr. von Wüst), Jochen Busse (Pfiffchen) **L** 95 **FSK** ab 6; f **FBW** w **E** 5.11.1992/14.5.1993 Video **fd** 29 885

WIR ERBEN EIN SCHLOSS. Naives Lustspiel: Ein kleiner Angestellter erbt sechs Millionen und ein Schloß, hat aber mit dem neuerworbenen Reichtum wenig Glück. (Titel auch: »Himmel, wir erben ein Schloß«) – Ab 12. ✦ Schwarz-weiß. Deutschland 1943 **P** Prag-Film **Kl** DFV **R** Peter Paul Brauer **B** Otto Ernst Hesse, Eberhard Keindorff, Günther Neumann, nach dem Roman »Kleiner Mann, großer Mann – alles vertauscht« von Hans Fallada **K** Wenzel Hanusch **M** Hans Ebert **D** Anny Ondra, Hans Brausewetter, Carla Rust, Richard Häussler, Max Gülstorff **L** 95 **E** 16.4.1943

WIR FAHREN GEGEN DEN WIND → Florentine

WIR FAHREN IN DIE STADT (ANDREMO IN CITTA/ICI CEMO V GRAD). Ein 17jähriges jugoslawisches Mädchen muß allein für seinen fünfjährigen blinden Bruder sorgen und versucht, dem Jungen den Glauben an eine gute Welt zu erhalten. Auch als die Geschwister von der SS abgeholt werden, um ins KZ gebracht zu werden, schildert sie dem blinden Jungen diese Fahrt als eine Reise in die Stadt, wo er geheilt werden soll. Ein bewegender Film, der sein Thema (bis auf einige melodramatische Akzente) künstlerisch überzeugend behandelt. – Ab 16. ✦ Scope, schwarz-weiß. Italien/Jugoslawien 1965 **P** Romor Film/Avala **Kl** Progress **R** Nelo Risi **B** Edith Bruck, Nelo Risi, Jerzy Stefan Stawinski, Cesare Zavattini, nach einem Roman von Edith Bruck **K** Tonino Delli Colli **M** Ivan Vandor **D** Geraldine Chaplin (Lenka Vitas), Nino Castelnuovo (Ivan), Federico (Mischa Vitas), Aca Gavric (Radko Vitas) **L** 102 **E** 7.4. 1967 Kino DDR

WIR FAHREN MIT DER U-BAHN NACH ST. PAULI. Ein von einer Laienbühne aufgeführter plattdeutscher Schwank, in dem es um vertauschte Koffer geht. Verbunden wird er mit einer Rahmenhandlung über die Herstellung des Films. Ein formal sehr bescheidener Versuch, ein Mundart-Stück auf die Kino-Leinwand zu übertragen, der allenfalls Liebhaber dieses Genres harmlos-deftig unterhält. – Ab 12. ✦ BR Deutschland 1970 **P** Saturn **Kl** Saturn **R** Claus Muras **B** Claus Muras, nach einem Stück »Hunnertdusend Piepen« von Frank Boyss und Werner Blanken **K** Helmut Bahr **M** Wolfgang Kirchner **S** Gerhard Rosenmeier **D** Otto Lüthje, Michael Korrontay, Laien **L** 91 **FSK** ab 6; nf **E** 22.10.1970

WIR FAHREN NACH AMERIKA. Kurzweiliger Reisebericht über Land und Leute in den USA der 30er Jahre, freundlich erzählt von einem jungen Ehepaar, das Reisefotos vorlegt, die dann zum bewegten Bild überleiten: in New York, Pittsburg und beim Rundgang durch die Ford-Werke. – Ab 8 möglich. ✦ Schwarz-weiß. Deutschland 1939 **P** Boehner **Kl** Jugendfilm **R+B** Kurt Engel **K** Fritz Lehmann **M** Walter Schütze **D** Ilse von Collani, Bob Bauer, Will Kaufmann, Auguste Prasch-Grevenberg **L** 81 **FSK** ab 6; f **E** 15.1.1939

WIR FLIEGEN AUF DEM WIND (THE WINDS OF KITTY HAWK). Die Geschichte des ersten Motorfluges der Gebrüder Wright im Jahre 1903 in der Sandwüste von Kitty Hawk, North Carolina. Obwohl von privaten Wehwehchen, bösen Konkurrenten und uneinsichtigen Militärs gestört, führt der Erfindergeist der beiden Brüder schließlich doch zum Erfolg. Trotz seiner Bemühungen um Authentizität ist der Film eher ein nostalgisch-verklärender Rückblick in naiver Fernsehserien-Dramaturgie als das informative Porträt zweier Pioniere. – Ab 12. ✦ USA 1978 **P** NBC/Lawrence Schiller/Charles Fries **Pd** Lawrence Schiller, Charles Fries **R** E. W. Swackhamer **B** Jeb Rosebrook, William Kelley **K** Dennis Dalzell **M** Charles Bernstein **D** Michael Moriarty (Wilbur Wright), David Huffman (Orville Wright), Scott Hylands (Glenn Curtiss), John Randolph, Eugene Roche (Bischof Wright) **L** 96 **E** 17.4.1981 ARD **fd** 22 869

WIR FRAUEN (SIAMO DONNE). Vier berühmte Schauspielerinnen des italienischen Kinos der 40er und 50er Jahre erzählen eine Geschichte aus ihrem Leben, zufällige Begebenheiten abseits des Starrummels, die gleichwohl ihre Sicht auf Karriere, Liebe und Familie ändern und ungewohnte Einblicke in die Kehrseiten des Ruhms ermöglichen. Alida Valli (2) erfährt beim Besuch einer Verlobungsfeier in einfachen Verhältnissen etwas von der Realitätsferne ihres eigenen Lebens; Ingrid Bergman (3) muß ihre geliebten Rosen gegen ein streitbares Huhn verteidigen; Isa Miranda (4) versucht inmitten der Trophäen ihres Ruhms ihre Einsamkeit zu vergessen; Anna Magnani (5) trägt einen Streit mit einem Taxifahrer aus. Den vier Episoden ist die Geschichte eines Wettbewerbs für Nachwuchsschauspielerinnen (1) vorangestellt. Der Charme des ungewöhnlichen Films liegt in der Verschiedenheit der Temperamente und Charaktere, die die Erzählungen zwischen Bekenntnis, Burleske und selbstironischem Geständnis ansiedeln. – Ab 14 möglich. ✦ Schwarz-weiß. Italien 1953 **P** Titanus **Pd** Alfredo Guarini **R** Alfredo Guarini (1), Gianni Francolini (2), Roberto Rossellini (3), Luigi Zampa (4), Luchino Visconti (5) **B** Cesare Zavattini (5), Suso Cecchi d'Amico **K** Otello Martelli (1,3), Enzo Serafin (2), Domenico Scala (4), Gabor Pogany (5) **M** Alessandro Cicognini **S** Mario Serandrei (1,5), Adriana Novelli (2), Jolanda Benvenuti (3), Eraldo da Roma (4) **D** Anna Amendola, Emma Danieli, Alida Valli, Ingrid Bergman, Isa Miranda, Anna Magnani **L** 95 (Orig. 101) **E** 23.5.1993 ZDF

WIR HABEN ABGETRIEBEN, HERR STAATSANWALT → Paragraph 218 – Wir haben abgetrieben, Herr Staatsanwalt

WIR HABEN DEM TOD INS ANLITZ GESCHAUT (MY SMERTI SMOTRELI W LIZO). Ein ehemaliger Ballettmeister erhält im belagerten Leningrad von der Politabteilung der 55. Armee den Auftrag, eine Ballettgruppe zu gründen. Er erinnert sich der Kinder, die er im Palast der Pioniere betreut hatte. ✦ Scope. UdSSR 1980 **P** Lenfilm **R** Naum Birman **B** Juri Jakowlew, nach seinem Roman **K** Genrich Marandshan **M** Dmitri Schostakowitsch **D** Ljubow Malinowskaja (Tante Walja), Oleg Dal (Korbut), Larissa Tolkatschewa (Tamara Samsonowa), Jura Shukow (Wadik Loshbinski), Borja Naumow (Serjosha Markow) **L** 74 **E** 13.9.1981 DFF 2

WIR HABEN DIE MAUER DURCHBROCHEN → Eine deutsche Geschichte – »Wir haben die Mauer durchbrochen«

WIR HABEN LANGE GESCHWIEGEN. Eine teils improvisierte Szenenfolge, in der zwei Schauspieler, Situationen nachspielen, wie sie Frauen in ihrem frauenspezifischen Alltag begegnen. Im Anschluß wird jede Szene in einer »CR-Gruppe« diskutiert, so daß der Film auch zum Protokoll eines dokumentarisch aufbereiteten Gruppenprozesses wird. Das Modell der »CR-Gruppen« (Consciousness-Raising-Groups = Gruppen zur Bewußtseinserweiterung) stammt aus der amerikanischen Frauenbewegung und dokumentiert auch in diesem Film eine wichtige Rolle bei der Konstituierung der Frauenbewegung. ✦ Schwarz-weiß. BR Deutschland 1974 **P** Hochschule für Fernsehen und Film München **SF** Freunde der Deutschen Kinemathek **R+B+K** Frauenfilmgruppe München, Sylvia Edwinsson, Monika Ergert, Gisela Novka, Monika Neuser, Ilona Balthazár, Christine Hett **L** 90 **E** 1975 Kino

WIR HABEN VERGESSEN ZURÜCKZUKEHREN. Der türkischstämmige Regisseur Fatih Akin schildert das Schicksal seiner Familie. Sein Vater kam vor über 35 Jahren als Gastarbeiter nach Deutschland, eigentlich sollte der Aufenthalt nur zwei Jahre dauern. Nun hat Akin einen sehr persönlichen Einwanderungsfilm aus Sicht der zweiten Generation gedreht und stellt ein komplexes Bild seiner Familie vor, die in Deutschland heimisch und der die Türkei zum Teil fremd geworden ist, die aber auch den Verlust ihrer kulturellen Identität hinterfragt. Für die Kinder, die besser Deutsch als Türkisch sprechen (und dies mittlerweile bedauern), wird erst retrospektiv der Mut deutlich, der damals nötig war, sich eine Existenz in einer fremden Kultur aufzubauen. (Teil der zweiten Staffel der Fernseh-Reihe: »Denk ich an Deutschland«.) – Ab 14. ✦ Deutschland 2001 **P** Megaherz TV/BR/WDR **Pd** Fidelis Mager **R+B** Fatih Akin **K** Gordon **S** Andrew Bird **L** 59 **E** 28.11.2001 ARD

WIR HATTEN EINE DORA IN SÜDWEST. Dokumentarfilm über den »Deutschkolonialen Frauenbund«, der 1907 in Berlin von einflußreichen Kreisen gegründet wurde, um der Zunahme der »Mischlingsbevölkerung« in den deutschen Kolonien entgegenzuwirken. Heiratswillige deutsche Frauen wurden in einer Art offizieller Heiratsvermittlung als »Farmhilfen« nach Windhoek, Swakopmund oder Tanga verschickt, um die »Verkafferung der Männer in unseren Kolonien« zu verhindern. Der Frauenbund existierte bis 1945. Ohne zusätzlichen Kommentar verbindet der Film die Aussagen von sechs Zeitzeuginnen mit historischem Fotomaterial, Zeitungsausschnitten sowie Werbetheaterfilmen und bebildert so ein Kapitel »pralles Deutschtum«. ✦ Deutschland 1991 **P** Diaz Film **SF** Matthias **Pd+R+B** Christina Diaz **K** Lutz Konermann **M** Wolfgang von Henko **S** Gisela Castronari **D** Gilla Cremer, Dietmar Mues (= Joachim Dietmar Mues), Dirk Regel, Wivine Lofeko, Shella Lianza **L** 72 **E** 1992 Kino

WIR HATTEN UNS SO GELIEBT → Wir waren so verliebt

WIR HAU'N DEN HAUSWIRT IN DIE PFANNE. Eine Hausgemeinschaft, vor allem die Jugend, treibt mit einem fiesen Hauswirt und seiner Frau so lange Schabernack, bis die Frau das Haus verkauft. Auf tiefstem Niveau »unterhaltende« Kalauer-Komödie, inhaltlich und formal völlig anspruchslos. – Ab 12. ✦ BR Deutschland 1971 **P** Allianz/Terra **Kl** Constantin **Pd** Heinz Willeg **R** Franz Josef Gottlieb **B** Barbara Anders, Michael Haller **K** Ernst Wild **S** Renate Willeg **D** Uschi Glas (Moni), Fritz Tillmann (Hugo Zwicknagel), Hannelore Schroth (Mathilde Zwicknagel), Brigitte Mira (Mutti Huber), Christian Anders (Wolfgang), Margot Trooger (Lenchen Kleinschmidt), Ralf Wolter (Amadeus Kleinschmidt), Loni Heuser (Frau Möbius), Rudolf Schündler (Dr. Möbius) **L** 86 **FSK** ab 6; nf **E** 26.4.1971 **fd** 17 388

WIR HAU'N DIE PAUKER IN DIE PFANNE – DIE LÜMMEL VON DER ERSTEN BANK – 5. TEIL. Ein angeblich verstorbener Zwillingsbruder des Direktors kehrt aus Afrika heim und stürzt den verknöcherten Schulleiter durch ein gefälschtes Testament in Gewissensnöte. Unter anderem muß er ein Pflegekind aufnehmen, das sich als Schimpanse entpuppt. Fünfter Teil der »Lümmel«-Serie; dümmlicher Klamauk wie gehabt. – Ab 12. ✦ BR Deutschland 1970 **P** Franz Seitz/Terra **Kl** Constantin **Pd** Franz Seitz

R Harald Reinl **B** Georg Laforet (= Franz Seitz) **K** Peter Reimer **M** Rolf Wilhelm **S** Hermann Haller **D** Uschi Glas (Marion), Hansi Kraus (Pepe), Fritz Wepper (Hubert Böhm), Karl Schönböck (Notar Munk), Rudolf Schündler (Knörz), Theo Lingen (Taft) **L** 85 **FSK** ab 6; nf **E** 8.7.1970 **fd** 16 893

WIR KÄMPFEN UM MCMICHAEL → Die Klasse von Miss MacMichael

WIR KAUFEN EINE FEUERWEHR. Kinder rekonstruieren eine alte Feuerwehr und machen sich viele Freunde. Auf Lockerheit und Spannung setzender Kinderfilm, der das Miteinander verschiedener Generationen heiter und einfühlsam beschreibt. – Ab 10. ✦ DDR 1970 **P** DEFA, Gruppe »Kinder- und Jugendfilm« **KI** Progress **Pd** Bernd Gerwien **R** Hans Kratzert **B** Gudrun Deubener, Hans Kratzert, Wolfgang Braumann, nach einer Filmerzählung von Gisela Richter-Rostalski **K** Wolfgang Braumann **M** Karl-Ernst Sasse **S** Margrit Brusendorff **D** Erwin Geschonneck (Herr Clasen), Lars Peldschus (Matti), Friedel Nowack (Oma Sperling), Petra Kelling (Mattis Mutter), Jaecki Schwarz (Frank), Madeleine Lierck (Annegret) **L** 62 **E** 11.12.1970 Kino DDR/22.7.1976 DFF 1

WIR KELLERKINDER. Ein Berliner Gassenjunge gerät nach 1933 als trommelnder Jungvolkpimpf und nach 1945 als Hakenkreuz-Schmierer zwischen die Mahlsteine der Zeitgeschichte. Ein satirischer Filmversuch des Kabarettisten Wolfgang Neuss mit dem Zweck, unbewältigte Vergangenheit und die Beschäftigung mit ihr zu glossieren. Voller Pessimismus folgert er aus dem Dargestellten, daß diejenigen, die sich ernsthaft um eine Bewältigung der Vergangenheit bemühen, in der »Klapsmühle« landen, also an den Gegebenheiten scheitern. In Details treffsicher und in manchem Wort von enthüllendem Charakter, insgesamt aber nicht stimmig, da das kabarettistische Kalauern letztlich allzusehr überwiegt. – Ab 16. ✦ Schwarz-weiß. BR Deutschland 1960 **P** Hans Oppenheimer Prod. **KI** Nora **Pd** Hans Oppenheimer **R** Jochen Wiedermann **B** Wolfgang Neuss **D** Wolfgang Neuss (Macke Prinz), Karin Baal (Nenne), Ingrid van Bergen (Mackes Schwester), Jo Herbst, Inge Egger, Helmut Käutner (sein Auto waschend), Ralf Wolter, Hilde Sessak, Eckart Dux **L** 86 **FSK** ab 12; nf **FBW** w **E** 26.6.1960 ARD/6.10.1960 Kino **fd** 9 865

WIR KINDER AUS BULLERBÜ (ALLA VI BARN I BULLERBYN). In nostalgisch-idyllischer Verklärung wird nach dem bekannten Kinderbuch von Astrid Lindgren die heile Dorfwelt der 20er Jahre beschworen. Der Film, der nur von alltäglichen Ereignissen berichtet und auf Dramatik fast völlig verzichtet, setzt bei Kindern die Fähigkeit zur Konzentration und zum Träumen voraus. (Siehe auch »Neues von uns Kindern aus Bullerbü«; im Fernsehen auch als »Die Kinder von Bullerbü« ausgestrahlt. Bereits 1960 bis 1962 entstandenen Filme von Olle Hellbom nach demselben Stoff: »Die Kinder von Bullerbü« und »Ein Wiedersehen auf Bullerbü«.) – Sehenswert ab 6. ✦ Schweden/BR Deutschland/Italien 1986 **P** Svensk Filmindustri (in Zusammenarbeit mit ZDF/RAI) **KI** Jugendfilm **SF** atlas **VA** Taurus **Pd** Waldemar Bergendahl **R** Lasse Hallström **B** Astrid Lindgren, nach ihrer Erzählung **K** Jens Fischer, Rolf Lindström, Mats Ardström, Lasse Westfeldt **M** Georg Riedel **S** Susanne Linnman **D** Linda Bergström (Lisa), Crispin Dickson-Wendenius (Lasse), Henrik Larsson (Bosse), Ellen Demerus (Britta), Anna Sahlin (Inga) **L** 91 **FSK** o. A.; f **FBW** bw **E** 7.5.1987/6.,24.12.1987,4.4.1988 ZDF (drei Teile) **fd** 26 124

WIR KINDER DES 20. JAHRHUNDERTS (NOUS, LES ENFANTS DU VINGTIEME SIECLE). Dokumentarfilm. Beobachtet werden die Kinderbanden in Moskau und St. Petersburg. Die Zusammenrottung von entwurzelten Kindern und Jugendlichen, in amerikanischen Großstädten unter dem Namen »Street Gangs« seit den 60er Jahren bekannt, ist für die russischen Städte eine neue Erscheinung, die erst seit dem Sturz der sozialistischen Ordnung auftrat. Ein nachdenklich stimmender Film, dessen unkommentierte Zeugnisse einer postkommunistischen Gesellschaft dem Zuschauer Raum lassen zu einer eigenen Beurteilung. ✦ Russland/Frankreich 1993 **P** Lapsus **Pd** Esther Hoffenberg **R** Vitali Kanevski **B** Vitali Kanevski, Warwara Krassilnikowa **K** Valentin Sidorin **S** Olivier Ducastel **D** Pawel Nasarow, Dinara Droukarowa, Schura Tschernow **L** 84 **E** 19.2.1994 arte

WIR KINDER VOM BAHNHOF ZOO → Christiane F. – Wir Kinder vom Bahnhof Zoo

WIR KINDER VON BENPOSTA. Dokumentarfilm mit Spielelementen über den nordspanischen Kinderstaat Benposta, der in den 50er Jahren von einem spanischen Priester gegründet wurde und in dem Kinder in einer demokratischen Form der Selbstbetimmung und -verwaltung miteinander leben. Beobachtet werden drei Kinder in Benposta, die unterschiedliche Rollen und Aufgaben haben, und der Madrider Zirkus »Los Muchachos«, in dem ausschließlich Kinder auftreten, die damit auch für die finanzielle Unabhängigkeit Benpostas sorgen. Ein zur Auseinandersetzung für und mit Kindern gedachter Film, der zum Nachdenken über Identifikation und Rolle anregen will. – Ab 8 möglich. ✦ BR Deutschland 1983 **P** Talmi-Film **SF** Nickelodeon **R+B+K** Kati Hötger, Andreas Tucholski **M** Michael Büttgen **L** 49 **E** 5.4.1984 ARD

WIR KLAUEN UNS EINE FAMILIE → Kidnapping Mom & Dad

WIR KOMMEN ALLE IN DEN HIMMEL (NOUS IRONS TOUS AU PARADIS). Die aus der Komödie »Ein Elefant irrt sich gewaltig« (1976) bekannten vier Freunde in neuen inneren und äußeren Verstrickungen, allesamt um die Midlife-Unsicherheiten liebenswerter Großstadt-Neurotiker arrangiert. Elegant inszenierte und geistvoll pointierte Unterhaltung, die zwischen mancherlei Situationskomik in menschlichen Schicksalen auch Nachdenklichkeit zu wecken weiß. – Ab 16. ✦ Frankreich 1977 **P** Gaumont/De la Guéville **KI** Tobis **R** Yves Robert **B** Yves Robert, Jean-Loup Dabadie **K** René Mathelin **M** Vladimir Cosma **D** Jean Rochefort (Etienne), Claude Brasseur (Daniel), Guy Bedos (Simon), Victor Lanoux (Bouly), Danièle Delorme (Marthe) **L** 111 **FSK** ab 12; nf **E** 17.2.1978/31.12.1983 DFF 1 **fd** 20 673

WIR KOMMEN UND WERDEN EUCH FRESSEN (TI-YU WU-MEN / WE'RE GOING TO EAT YOU). In einer chinesischen Stadt sind die Bewohner dem Kannibalismus verfallen. Ihre Opfer sind ahnungslose Wanderer. Nur einem listigen Gauner und einem kampfkundigen Polizisten gelingt der Rückzug. Eine Mischung aus Kannibalenfilm und Kung-Fu-Abenteuer, die in Blut- und Geschmacklosigkeiten schwelgt. Eine abstoßende Genre-Kost, auch wenn die Horroreffekte deutlich machen sollen, daß das Ganze nicht allzu ernst genommen werden will. Tsui Harks zweiter Film. (Alternativtitel: »Kung-Fu-Kannibalen«) ✦ Scope. Hongkong 1979 **P** Seasonal **KI** Nobis **VA** VPS **R** Tsui Hark **D** Chien Yu-Shang, Tsui Siu-Ching (Agent 999) **L** 89 **FSK** ab 18; nf **E** 23.10.1980 **fd** 22 863

WIR KOMMEN WIEDER. Die Auseinandersetzung zwischen Israelis und Palästinensern aus der Sicht der Fedajin. Im Mittelpunkt steht ein junger Mann, der sich der Befreiungsfront (PLO) anschließt und am Ende sein Leben opfert. ✦ Algerien/Palästina 1974 **R** Mohamed Salim Riyad **D** Mohamed Ben Kattaf, Abdel Halim Raies, Mustafa Schakrani **L** 100 **E** 27.9. 1975 WDR III

WIR KOMMUNISTENKINDER. Dokumentarfilm über die Kinder von Kommunisten, die während des Dritten Reichs in die Sowjetunion emigriert waren. An fünf Beispielen untersuchen die Filmemacher die Spätfolgen von stalinistischem Terror, Idealismus und dem erschütterten Glauben an eine gerechtere Welt. ✦ Deutschland 1998 **R** Inga Wolfram, Helge Trimpert **L** 60 **E** 13.1.1999 mdr

WIR KÖNNEN AUCH ANDERS ... Zwei Brüder aus Westdeutschland brechen auf, um auf dem ererbten Hof in der Nähe von Schwerin ein neues Leben zu beginnen. Anfangs unfreiwillig lassen sie einen sowjetischen Deserteur mitreisen. Im »Wilden Osten« werden sie ohne ihr Wissen zu Mördern, denen die Polizei immer enger auf den Fersen ist. Mit zahlreichen Western-Anspielungen gespickte Komödie, die ihren Reiz größtenteils aus den liebevoll gezeichneten und überzeugend gespielten Hauptfiguren gewinnt, die als naive Träumer zu Outlaws wider Willen werden. – Ab 14. ✦ Deutschland 1992/93 **P** Boje Buck Prod. **KI** Delphi **VA** VCL Carolco **DVD** VCL (1.66:1, DD5.1 dt.) **Pd** Claus Boje **R** Detlev Buck **B** Ernst Kahl, Detlev Buck **K** Roger Heereman **M** Detlef Friedrich Petersen **S** Peter R. Adam **D** Joachim Król (Kipp), Horst Krause (Most), Konstantin Kotljarow (Viktor), Sophie Rois (Nadine), Heinrich Giskes (Kommissar) **L** 90 **FSK** ab 6; f **FBW** w **E** 1.4.1993/25.10.1993 Video/19.2.1999 DVD **fd** 30 116

WIR LASSEN UNS SCHEIDEN. Der achtjährige Sohn eines jungen Ehepaares zieht aus den unterschiedlichen und inkonsequenten Erziehungspraktiken der Eltern seine Vorteile. Am Ende einer vorläufigen Trennung, während derer der Sohn vier Wochen bei der Mutter und vier Wochen beim Vater zubringt, sehen die Eltern ein, dass nur eine gemeinsame Erziehung das Kind zu einem ausgeglichenen Menschen machen wird. Anspruchsvoll und einfühlsam inszeniertes Lustspiel. ✦ Scope, schwarz-weiß. DDR 1968 **P** DEFA, Gruppe »Johannisthal« **KI** Progress **Pd** Fried Eichel **R** Ingrid Reschke **B** Rudi Strahl, Kurt Belicke, Ingrid Reschke **K** Helmut Grewald **M** Wolfram Heicking **S** Helga Gentz **D** Dieter Wien (Johannes Koch), Monika Gabriel (Monika Koch), Martin Grunert (Manni), Gerhard Bienert (Opa Koch), Reiner Schöne (Körner), Angelika Waller (Maria Hamann), Brigitte Krause (Lehrerin Hellwig) **L** 91 **E** 5.4.1968 Kino DDR

WIR MACHEN MUSIK. Liebe, Ehe, Ehekrach und schließlich Versöhnung zwischen einer Musikschülerin und einem Komponisten, der ernste Musik machen möchte, aber erst mit flotten Rhythmen Erfolg hat. Zur Zeit des Zweiten Weltkriegs besonders beliebte, schwungvoll musikalische Käutner-Komödie. ✦ Schwarz-weiß. Deutschland 1942 **P** Terra **KI** Schonger/Schorcht **R** Helmut Käutner **B** Helmut Käutner, nach einem Lustspiel von Manfried Rößner und Motiven von Erich Ebermayer **K** Jan Roth **M** Peter Igelhoff, Adolf Steimel **S** Helmuth Schönnenbeck **D** Ilse Werner (Anni Pichler), Viktor de Kowa (Karl Zimmermann), Edith Oß (Trude, Musikstudentin), Georg Thomalla (Franz, Musikstudent), Grethe Weiser (Frau Bratzberger), Kurt Seifert (Hugo Bratzberger) **L** 92 **FSK** ab 16; nf **E** 8.10.1942/1957 Kino DDR/6.6.1977 DFF 1

WIR MACHEN WEITER! ... DIE SCHÜTZES – EIN LEBEN IN DEUTSCHLAND 1989–1999. Jürgen Schütze, Leiter eines HO-Gemüseladens in Zschopau im Osten Deutschlands, eröffnet nach dem Fall der Mauer gemeinsam mit seiner Frau ein marktwirtschaftlich geführtes Geschäft, wobei im Angesicht der harten Marktwirtschaft aus dem Traum ein Albtraum wird. Schließlich muss die Familie durch ihre hohe Verschuldung jeden Job annehmen, um überleben zu können. Erhellender Dokumentarfilm, entstanden aus einer Langzeitbeobachtung. – Ab 14. ✦ Deutschland 1999 **P** MGS/Bayerischer Rundfunk **KI** Verleih der Filmemacher **VA** absolut MEDIEN **R** Wolfgang Ettlich **L** 108 **FSK** o. A.; f **FBW** bw **E** 17.6. 1999/11.11.1999 ARD/Herbst 1999 Video

WIR MAHLEN MIT WIND. Dokumentarfilm über einen ostfriesischen Müller, der weitab von der Hektik der modernen Industriegesellschaft den alten Familienbetrieb weiterführt. ✦ BR Deutschland 1978/79 **P** DFFB **Pd+R+B** Heiko von Swieykowski **K** Bernd Balaschus **S** Eduard Gernart **D** Theo Steeblock **L** 70 **E** 27.2.1979

WIR MÜSSEN ALLES TUN, WAS NACH BESTEM WISSEN UND GEWISSEN MÖGLICH IST. Dokumentarfilm, der während dreier Wochen geistig und körperlich behinderte Kinder in einem Behindertenzentrum des Diakoniewerkes in Österreich beobachtet. ✦ Österreich 1975 **P** ORF **R+B** Jörg A. Eggers **K** Franz Konrad **L** 60 **E** 5.3.1980 HR

WIR PFEIFEN AUF ALLES (KTO ESLI NE MY). Kinderfilm über zwei Freunde, die sich in der Nähe von Moskau mit Singen und Akkoredeonspiel ihr Taschengeld verdienen. Als sie von Ganoven beraubt werden, geraten sie selbst auf die schiefe Bahn. Einer landet im Gefängnis, der andere muss auf eine Privatschule. Mit Hilfe eines ehemaligen Kommissars meistern beide die Herausforderung. ✦ Russland 1998 **R+B** Valeri Prijomychow **D** Jewgeni Krainow (Niko), Artur Smoljanonow (Tolja), Valeri Prijomychow (Gena Samochin) **L** 85 **E** 8.4.2000 ARD

WIR PFEIFEN AUF DEN GURKENKÖNIG. Ein von seinen Untertanen vertriebener König bringt die Autoritätskonflikte in einer Familie zum Ausbruch und ermöglicht dadurch einen neuen kooperativen Erziehungsstil. Etwas modellhaft-antiquiert wirkender, aber besonders durch die Symbolfigur des Gurkenkönigs durchaus unterhaltender und belehrender Film für Kinder und ihre Eltern. – Ab 8. ✦ BR Deutschland 1974 **P** SR/SDR/WDR **SF** atlas **R** Hark Bohm **B** Hark Bohm, nach einem Roman von Christine Nöstlinger **K** Gernot Roll, Rainer Gutjahr **M** Ingfried Hoffmann **D** Sonja Sutter, Karl Michael Vogler, Thomas Blass, Bettina Bernhard, Hendrik Huk **L** 90 **E** 1.4.1976 ARD **fd** 20 801

WIR SAHEN MIT UNSEREN AUGEN: RUSSLAND HEUTE. Eine der ersten westdeutschen Filmreportagen aus der nachstalinistischen Sowjetunion. Gezeigt wird nur das freundliche Vielerlei, das die Zensur damals für Touristen freigab. ✦ BR Deutschland 1957 **P** Dokumentar-Color-Film **KI** Gloria **Pd+R** Gerd Nickstadt **B** Heinz Kuntze-Just, Gerd Ruge (Kommentar) **K** Edmond Séchan, Aldo Scavarda, Walter Riml, G. Grimm **S** Georges Alepée, Siegfried Christmann **L** 95 **FSK** ab 12; f **FBW** w **E** September 1957 **fd** 6 184

WIR SASSEN EINST IN EINEM BOOT, DER KÄPT'N LEBT, DIE MANNSCHAFT TOT. Dokumentation des Streiks der Angestellten und Arbeiter des Fernsehröhrenwerks »Videocolor« in Ulm im Januar 1982. Der französische Eigentümerkonzern will das Werk schließen und die 1700 Beschäftigten entlassen. Drei Wochen lang harren die Streikenden ohne Lohn und Streikgeld aus, in der Hoffnung, die Konzernspitze in Paris umstimmen zukönnen. ✦ BR Deutschland 1982/83 **P** Institut für Filmgestaltung Ulm, Kooperationsbereich Universität/Arbeiterkammer Bremen **SF** Unidoc **R+B** Günther Hörmann, Achim Heimbucher **K** Günther Hörmann, Wolfgang Jung **S** Eva Ellinghaus **L** 97

WIR SCHLIESSEN. Nach über 40 Jahren stellt ein kleiner Friseursalon in einem Vorort von Padua seine Tätigkeit ein. Der Film dokumentiert die letzten Wochen, die Zeit des Abschiednehmens, die vertrauten Gespräche, die die Inhaberin mit ihren Kundinnen führt. Dabei ist ein Einblick in einen Mikrokosmos entstanden, der trotz des ernsten Themas mit einigem Sprachwitz aufwartet und auch Geschehnisse außerhalb des Salons in seine Geschichte einbezieht. ✦ Italien/Deutschland 2001 **R** Alessandro Rossetto **L** 75 **E** 20.6.2001 arte

WIR SIND ALLE EIN WENIG PFERD (WSJE MY NJEMNOSHKO LOSCHADI). Nach einer Verletzung des Sprunggelenks entscheidet sich eine 15jährige Ballett-Elevin für den Pferdesport, angeregt durch ihre Liebe zu einem Schimmel, der ihr einmal das Leben gerettet hatte. Nach einigen Anlaufschwierigkeiten beweist sie, daß sie eine tüchtige Sportlerin werden wird. Kinderfilm. (Westdeutscher TV-Titel: »Ein Herz für Pferde«) ✦ Scope. UdSSR 1988 **P** Usbekfilm **R** Muchtar Aga-Mirsajew **B** Wladimir Shelesnikow, Alexej Leontjew, Wladimir Chelnizki **K** Viktor Kulikow **D** Schoira Amanowa (Rano), Schuchrat Irgaschew, Schuchrat Umarow, Farchat Mirsajew, V. Nigmatulina **L** 70 **E** 13.4.1989 DFF 2/5.8.1993 ORB

WIR SIND ALLE GOTTES KINDER (ALL GOD'S CHILDREN). Durch einen tödlichen Unfall, den zwei 16jährige Schüler, ein Weißer und ein Farbiger, mit einem entwendeten Schulbus verursachen, wird das Problem der erzwungenen Rassenintegration in einer kleinen Landgemeinde sichtbar. In Rückblenden wird vom Engagement eines Richters erzählt, der eine neue Schulordnung für den gemeinsamen Unterricht von schwarzen und weißen Kindern durchsetzt. Eine fiktive Geschichte vor dem Hintergrund tatsächlicher Begebenheiten, überfrachtet mit allerlei privaten Problemen; im Stil üblicher US-TV-Produktionen so redselig wie unergiebig entwickelt. – Ab 16 möglich. ✦ USA 1980 **P** Blinn-Thorpe/Viacom **R** Jerry Thorpe **B** William Blinn **K** Frank Phillips **M** Billy Goldenberg **D** Richard Widmark (Richter Parker Denison), Ned Beatty (Mike Naponic), Ossie Davis (Blaine Whitfield), Fredric Lehne (Howard Naponic), George Spell **L** 92 **E** 25.10.1986 ZDF

WIR SIND ALLE MÖRDER (NOUS SOMMES TOUS DES ASSASSINS / SIAMO TUTTI ASSASSINI). Ein Franzose, der während der Okkupation das Töten auf Befehl gelernt hat, tötet nach der Befreiung weiter; zum Tode verurteilt, wartet er mit anderen auf seine Hinrichtung. Die Geistlichen haben die Verurteilten mit Trost und Zuspruch versehen, doch der Anwalt des Mannes hofft noch auf einen Gnadenerlaß. Cayattes zweiter Justizfilm ist eine fulminante und gut argumentierende Anklage gegen die Todesstrafe; sein Film überzeugt und liefert auf spannende Art und Weise, trotz oder wegen der kühlen Distanz seiner Bilder, wichtigen Diskussionsstoff. ✦ Schwarz-weiß. Frankreich/Italien 1952 **P** U.G.C. Jolly/Labor-Films **KI** Pallas **Pd** André Halley des Fontaines **R** André Cayatte **B** Charles Spaak, André Cayatte **K** Louis Stein, Jean Bourgoin **M** Raymond Legrand **S** Paul Cayatte **D** Marcel Mouloudji (René Le Guen), Raymond Pellegrin (Gilbert Bollini), Antoine Balpêtré, Claude Laydu (Philippe Arnaud), Georges Poujouly (Michel Le Guen), Louis Seigner (Abt Roussard) **L** 110 (DDR 75) **FSK** ab 16; f **E** 10.2.1953/27.5. 1958 ARD, DFF 1 **fd** 2 358

WIR SIND AN DER REIHE, JUNGS (NASCH TSCHERED, REBJATA!). Junge Rekruten leisten ihren Dienst in einer russischen Hubschrauberstaffel. Ihre Vorgesetzten verlangen von ihnen Zuverlässigkeit und sozialistische Verhaltensweisen. ✦ Scope. UdSSR 1986 **P** Grusiafilm **R** Baadur Zuladse **B** Garri Kunzew **K** Alexander Gwasalija **M** Michail Odseme **D** Sasa Tscheidse (Georgi), Alexander Jakowlew (Swerew), Jelena Zyplakowa (Katja), Guram Parzchalawa (Wachtang), Wladimir Pintschewski (Lobow) **L** 80 **E** 13.8.1987 DFF 2

WIR SIND DIE GRÖSSTEN KNOCHENBRECHER (BLIND FIST OF BRUCE). Ein blinder alter Mann bringt einem junger Banker auf recht eigenwillige Weise Kung-Fu bei, damit er die ihn bedrohenden Gangster besiegen kann. Einer der unzähligen Kung-Fu-Filme, in denen es nahezu ausschließlich um die Ausbildung unerfahrener Männer zu heldenhaften Kämpfern geht. ✦ Scope. Hongkong 1979 **P** Kam Bo Motion Pictures **KI** Film-Allianz/Avis **Pd+R** Kam Bo **B** Yeung Wai **D** Bruce Li (= Ho Chung-Tao), Yuan Xsiao-Tieng, Tiger Yeung **L** 81 **FSK** ab 16; nf **E** 18.1. 1980 **fd** 22 331

WIR SIND DIE STÄRKSTEN (NOI NON SIAMO ANGELI). Zwei an einer Konzession für ein Transportunternehmen interessierte komische Typen erwehren sich mittels ihrer Fäuste skrupelloser Konkurrenz. Grobgestrickter, platter Klamauk mit Western-Anleihen. – Ab 16. ✦ Italien 1975 **P** Flaminia **KI** Adria **R** Frank Kramer (= Gianfranco Parolini) **B** Gianfranco Parolini **K** Guglielmo Mancori **M** Sante Maria Romitelli **D** Michael Coby (= Antonio Cantafora), Paul Smith, Woody Strode, John Ireland **L** 82 **FSK** ab 12; nf **E** 24.6.1976 **fd** 19 869

WIR SIND DIE VERSUCHSKANINCHEN (WE ARE THE GUINEA PIGS). Ein Anti-Atomkraftwerksfilm über den Unfall in Harrisburg (Three Mile Island, USA) im Jahr 1980 und seine Hintergründe, der die Verflechtungen der privaten Atomindustrie und der amerikanischen Regierung vor dem Hintergrund internationalen Wettrüstens aufzeigen will. Endlos bombardieren Experten und Betroffene den Zuschauer mit oft atemberaubenden Fakten und Eindrücken, so daß letztlich nicht mehr als ein verwirrendes Dokument übrigbleibt, das zu allem Überdruß mit der Musik einer penetrant schlechten Rockgruppe »zugeschmiert« wurde. (Original mit Textliste) ✦ USA 1980 **P** Joan Harvey Prod. **KI** Freunde der Deutschen Kinemathek **Pd+R+B** Joan Harvey **K** Tom Hurwitz **M** John Amato, The 4th Wall Repertory Musicians **L** 90

WIR SIND DOCH KEINE LAHMEN ENTEN. Anstatt gleich ins Ferienlager zu fahren, wollen zwei Jungen lieber etwas erleben: Sie reisen mit Pferd und Wagen auf Umwegen ins Lager im Erzgebirge und machen dabei nicht nur angenehme Erfahrungen, bis sie schließlich ziemlich lädiert ankommen. Fernseh-Kinderfilm mit erzieherischer Note. ✦ DDR 1988 **R** Karl-Heinz Bahls **D** Tobias Blume (Marco Wirbel), René Hahn (Tobias Heidel), Heinz Hupfer (Kräuter-Emil) **L** 69 **E** 20.7.1997 mdr/B1

WIR SIND FÜREINANDER BESTIMMT (RAGENS RIKE). Theatralisches Melodram: Die Bauerntochter liebt den armen Knecht, aber ihre Mutter verkuppelt sie an einen verwitweten Großbauern, bis am Ende doch die junge Liebe siegt. ✦ Schwarz-weiß. Schweden 1949 **P** Sandrew Baumann **KI** Dafa **R+B** Ivar Johannsson **K** Sven Nykvist **M** Hakan von Eichwald, Gerhard Winkler **D** Eric Laurent, Nine-Christine Jönsson, Peter Lindgren, Linnea Hillberg, Alf Östlund **L** 86 **FSK** ab 12; f **E** 20.3.1953 **fd** 2 944

WIR SIND GAR NICHT VERHEIRATET (WE'RE NOT MARRIED). Fünf Ehepaare erfahren plötzlich, daß ihre Eheschließungen infolge eines Formfehlers ungültig sind. Trotz aller Unstimmigkeiten, die sich in den zweieinhalb Ehejahren eingeschlichen haben, heiraten vier von ihnen erneut. Stilistisch unausgewogene Komödie, die einige herzhafte Lacher produziert, aber auch leisere Töne anschlägt. – Ab 14 möglich. ✦ Schwarz-weiß. USA 1952 **P** 20th Century Fox **KI** CentFox **Pd** Nunnally Johnson **R** Edmund Goulding **B** Nunnally Johnson **K** Leo Tover **M** Cyril J. Mockridge **S** Louis Loeffler **D** Ginger Rogers (Ramona Gladwyn), Fred Allen (Steve Gladwyn), Victor Moore (Friedensrichter Melvin Bush), Marilyn Monroe (Annabel Norris), David Wayne (Jeff Norris), Eve Arden (Katie Woodruff), Paul Douglas (Hector Woodruff), Eddie Bracken (Willie Fisher), Mitzi Gaynor (Patsy Fisher), Louis Calhern (Freddie Melrose), Zsa Zsa Gabor (Eve Melrose), James Gleason (Duffy), Paul Stewart (Rechtsanwalt Stone), Jane Darwell (Mrs. Bush), Harry Antrim (Friedensrichter, ungenannt), James Burke (Willies Sergeant, ungenannt), Lee Marvin (Pinky, ungenannt), Marjorie Weaver (Ruthie, ungenannt), O. Z. Whitehead (Briefträger, ungenannt) **L** 85 **FSK** ab 12; nf **E** 30.12.1952 **fd** 2 416

WIR SIND ITALIENER (SIAMO ITALIANI). Erster dokumentarischer Bericht über die italienischen Gastarbeiter in der Schweiz. Der Film beobachtet mit den damals noch jungen Methoden des »direct cinema« die Menschen und gibt ihnen, auf die sonst in der Schweizer Gesellschaft niemand hörte, das Wort. Ein beeindruckender Film, der in der Schweiz die Dokumentararbeit einer ganzen Generation von Filmemachern beeinflußte. – Ab 14. ✦ Schweiz 1964 **P** Seiler/Gnant **Pd** Alexander J. Seiler, Rob Gnant **R+B** Alexander J. Seiler **K** Rob Gnant **L** 75 **E** 27.12. 1967 BR

WIR SIND KEINE ENGEL (1954/55) (WE'RE NO ANGELS). Drei Zuchthäusler auf der Teufelsinsel brechen zu Weihnachten aus und lösen – zunächst unfreiwillig – die Schwierigkeiten in einer französischen Kaufmannsfamilie mit Hilfe einer mörderischen Schlange, ehe sie wieder freiwillig in die Strafanstalt zurückkehren. Von hervorragenden Darstellern getragene Gangstergroteske, reich an schwarzem Humor, Ironie und Satire, zuweilen an der Grenze zum Zynismus. Inzwischen eine Art Kultfilm des komischen Genres. ✦ Scope. USA 1954/55 **P** Paramount **Kl** Paramount **Pd** Pat Duggan **R** Michael Curtiz **B** Ranald MacDougall, nach dem Bühnenstück »La Cuisine des Anges« von Albert Husson **K** Loyal Griggs **M** Frederick Hollander (= Friedrich Hollaender) **S** Arthur Schmidt **D** Humphrey Bogart (Joseph), Aldo Ray (Albert), Peter Ustinov (Julius), Joan Bennett (Amelie Ducotel), Basil Rathbone (André Trochard), Leo G. Carroll (Felix Ducotel), John Baer (Paul Trochard), Gloria Talbott (Isabelle Ducotel) **L** 103 **FSK** ab 12; nf **E** 25.11.1955/21.12.1973 ARD **fd** 4 582

WIR SIND KEINE ENGEL (1989) (WE'RE NO ANGELS). Zwei Insassen eines Staatsgefängnisses werden durch einen Schwerverbrecher zum Ausbruch gezwungen und haben, als Priester verkleidet, alle Hände voll zu tun, um die sich daraus ergebenden Gefahren zu überstehen. Mißglückter Versuch einer Action-Komödie, die sich aus Ideenmangel an der Verzeichnung religiöser Motive schadlos hält; auch schauspielerisch trotz prominenter Besetzung enttäuschend. ✦ USA 1989 **P** Paramount **VA** CIC **Pd** Art Linson, Robert De Niro, Fred Caruso **R** Neil Jordan **B** David Mamet, nach einem Bühnenstück von Albert Husson **K** Philippe Rousselot **M** George Fenton **S** Mick Audsley, Joke Van Wijk **D** Robert De Niro (Ned), Sean Penn (Jim), Demi Moore (Melly), Bruno Kirby (Deputy), James Russo (Bobby), Ray McAnally (Warden), Hoyt Axton (Pater Levesque), Wallace Shawn (Übersetzer) **L** 102 **FSK** ab 12; f (fr. 16) **E** 20.2. 1991 Video/14.2.1992 premiere **fd** 28 961

WIR SIND NICHT ALLEIN (ZOCELENI). Episode aus dem Kampf der tschechoslowakischen Arbeiter gegen die Unternehmer während der Weltwirtschaftskrise 1931. – Ab 14. ✦ Schwarz-weiß. CSR 1950 **P** Tschechoslowakischer Staatsfilm **Kl** Progress **R** Martin Fric **B** Otakar Kirchner **K** Jaroslav Tuzar **M** Jiří Sternwald **S** Jan Kohout **D** Oldrich Lukes (Franta), Josef Chvalina (Starek), Jana Dítetová (Marie), Jaroslav Mares (Jan), Frantisek Kovarik (Kolarik) **L** 77 **E** 25.7.1952 Kino DDR

WIR SIND STERNENSTAUB. Dokumentarfilm, der den Filmemacher im Zwiegespräch mit dem Astrophysiker Johannes Schmidt-Burgk zeigt, der in Effelsberg in der Eifel das weltgrößte Radioteleskop betreibt und nach Signalen aus fernen Galaxien forscht. Was als ein Nachdenken über die Überlebenschancen des Universums gedacht sein mag, erschöpft sich in einigen faszinierenden Landschaftsimpressionen und bedächtig dahinplätschernden Dialogen. – Ab 16. ✦ Deutschland 1996 **P** Filmproduktion Dietrich Schubert/WDR **SF** Real Fiction **Pd** Katharina Schubert **R+B** Dietrich Schubert **K** Wilfried Kaute **S** Bi Schaack **L** 79 **FSK** o. A.; f **E** 1996 **fd** 32 151

WIR SIND VOM SCHOTTISCHEN INFANTERIE-REGIMENT (BONNIE SCOTLAND). Laurel und Hardy wollen in Schottland eine große Erbschaft machen, landen aber als Soldaten eines Infanterie-Regiments in Indien und haben zahlreiche Abenteuer zu bestehen. Turbulente Slapstick-Komödie, die ihren Witz aus der Konfrontation der tolpatschigen »Helden« mit den Absurditäten der Realität gewinnt. (Titel auch: »Dick und Doof – Wir sind vom schottischen Infanterie-Regiment«; Fernsehtitel: »Die tapferen Schotten«, gekürzt: »Schottische Millionen«) – Ab 8. ✦ Schwarz-weiß. USA 1935 **P** MGM **Kl** Jugendfilm **Pd** Hal Roach **R** James W. Horne **B** Frank Butler, Jefferson Moffit **K** Art Lloyd, Walter Lundin **S** Bert Jordan **D** Stan Laurel (Stanley MacLaurel), Oliver Hardy (Oliver Hardy), June Lang (Lorna MacLaurel), William Janney (Alan Douglas), Anne Grey (Lady Violet Ormsby), James Finlayson (Sergeant Major) **L** 80 **FSK** ab 6; nf **E** 8.5.1936/14.1.1979 ZDF/28.12. 1988 DFF 1 **fd** 14 468

WIR SIND WENIGE →Few of us

WIR SINGEN IM CHOR (CHANTONS EN CHOEUR). Um sich von den Folgen eines Motorradunfalls zu erholen, zieht ein junger Mann mit seiner Ehefrau, Tochter aus reichem Hause, aufs Land, wo das Paar in einen heftigen Streit gerät. Ausgerechnet in dieser Situation gerät er in einen mysteriösen Mordfall, und das Paar wird Opfer von Intrigen und Erpressung. Kriminalfilm aus einer fürs Fernsehen produzierten Reihe, die sich der Elemente französischer »Série noir«-Romane bedient. ✦ Frankreich 1987 **R** Maurice Dugowson **D** Pascale Rocard (Valérie), Hippolyte Girardot (Chris), Marie Wiart (Lucille), Michel Aumont, Jean-Pierre Bisson (Walter) **L** 90 **E** 28.6.1989 RTL plus

WIR TANZEN AUF DEM REGENBOGEN (SENZA VELI). Revuefilm mit abwechslungsreichen und gekonnten Schaunummern. Dahinter tritt die fadenscheinige lustspielhafte Handlung zurück: Es geht um amouröse Konflikte nebst kriminalistischen Einsprengseln unter Mitgliedern einer Theatergruppe auf Tournee. (Alternativtitel: »Diese Nacht vergeß' ich nie«) ✦ BR Deutschland/Italien 1952 **P** Allfram/Rizzoli/Gallone **Kl** Allianz **Pd** Frank Clifford **R** Arthur Maria Rabenalt, Carmine Gallone **B** Gaspare Cataldo, Ugo Zatterin **K** Konstantin Irmen-Tschet, Giovanni Pucci, Gerhard Peters **M** Renzo Rossellini, Heino Gaze, Bert Grund **S** Nicolò Lazzari **D** Inge Egger, Isa Barzizza, Karl Schönböck, Siegfried Breuer, Gino Mattera **L** 90 **FSK** ab 16; nf **E** 25.12.1952 **fd** 2 274

WIR TANZEN UM DIE WELT. Eine erfolgreiche weibliche Revue- und Tanztruppe hält gegen Neider und Schwierigkeiten zusammen. Wirklichkeitsfremder Revue- und Ausstattungsfilm. – Ab 14. ✦ Schwarz-weiß. Deutschland 1939 **P** Tobis **R** Karl Anton **B** Felix von Eckardt, Willi Kollo **K** Herbert Körner **M** Willi Kollo **D** Charlotte Thiele, Irene von Meyendorff, Carola Höhn, Carl Raddatz, Harald Paulsen **L** 96 **E** 22.12.1939/30.5.1983 DFF 1/8.1.1989 RTL plus

WIR TREFFEN UNS HEUTE ABEND (SRESCEMO SE VECERAS). Die Mitglieder einer Studenten-Band begeben sich an die sonnige Adriaküste, um nach Herzenslust zu musizieren. Doch Joca, der Schlagerkomponist, will mehr. Er verläßt Band und Freundin, um im Nachbarort an einem Wettbewerb teilzunehmen. Dabei kommt es zu mancherlei Verwicklungen. ✦ Schwarz-weiß. Jugoslawien 1962 **P** Bosna-Film **R** Frantisek Cap **B** Milan Nikolic, Frantisek Cap **K** Janez Kalisnik, Zaro Tusar **M** Lesjak Borut **D** Janez Cuk, Metka Ocvirk, Boris Buzancic, Irena Prosew **L** 81 **E** 27.5.1965 DFF 1

WIR UND VULKAN (MY S WULKANOM). Die Geschichte der Freundschaft zwischen Kindern und einem Schäferhund. – Ab 6. ✦ UdSSR 1969 **P** Belarusfilm **Kl** Progress **R** Valentin Perow **B** Juri Jakowlew **K** Igor Remischewski **M** Genrich Wagner **D** Vitali Beljakow (Taborka), Ljussja Kotschka (Olessja), Viktor Tarassow (Nikolai Iwanowitsch), J. Burenkow (Vater), Valentina Beresuzkaja (Mutter) **L** 62 **E** 10.7.1970 Kino DDR/25.8.1973 DFF 1

WIR VIERE SIND DIE MUSKETIERE →Die tollen Charlots: Wir viere sind die Musketiere

WIR VOM JAZZ →Jazzenthusiasten

WIR VON DER STRASSE (LA NOTTE BRAVA). Jugendliche Herumtreiber langweilen sich im nächtlichen Rom und suchen Abenteuer mit leichten Mädchen. Der zwischen Mietskasernen und Wellblechbaracken angesiedelte, formal nicht uninteressante Film entstand nach einem Manuskript von Pasolini. Eine Art neorealistischer Bestandsaufnahme. ✦ Schwarz-weiß. Italien 1959 **P** Ajace **Kl** Gloria **R** Mauro Bolognini **B** Pier Paolo Pasolini **K** Armando Nannuzzi **M** Piero Piccioni **D** Rosanna Schiaffino, Elsa Martinelli, Laurent Terzieff, Jean-Claude Brialy, Anna Maria Ferrero **L** 95 **FSK** ab 18; nf **E** 1.4.1960/4.3.1985 DFF 2 **fd** 9 055

WIR WAREN NACHBARN (MY SHILF PO SOSODSTWU). Darja und Nikolai, beide alleinstehend und um die 40, entdecken ihre Zuneigung füreinander. Doch ihre halberwachsenen Kinder halten nicht viel von einer geplanten Heirat. ✦ Scope, schwarz-weiß. UdSSR 1982 **P** Gorki-Studio **R** Nikolai Lyrtschikow **K** Andrej Raschkewitsch **D** Andrej Martynow (Nikolai), Shanna Prochorenko (Darja), Jelena Proklowa (Walja), Rita Lobko (Nadja), Nikolai Pastuchow (Iwan Dmitrijewitsch) **L** 76 **E** 1.5.1983 DFF 2

WIR WAREN SO BELIEBT (WE WERE SO BELOVED). Dokumentarfilm über die Bewohner des New Yorker Stadtteils Washington Heights. Hierhin kamen zwischen 1933 und 1941 Tausende von Juden, die vor der Verfolgung durch den Nationalsozialismus aus Deutschland geflohen waren und sich in einer deutsch-jüdischen Enklave zum Aufbau einer neuen Gesellschaft zusammenschlossen. Heute sind sie patriotische Amerikaner. Der Film befragt sie nach ihrer Lebensgeschichte, ihren Erfahrungen und ihrer Einstellung. Er versucht herauszufinden, zu welchen emotionalen und philosophischen Schlußfolgerungen ihr Überleben in der Emigration geführt hat. (O.m.d.U.) ✦ USA 1981–85 **P** Manfred Kirchheimer Prod. **SF** Freunde der Deutschen Kinemathek **Pd+R+B** Manfred Kirchheimer **K** James Callanan, Steven Giuliano **M** Giuseppe Verdi, Charles Mingus, Wolfgang Amadeus Mozart **S** Manfred Kirchheimer **L** 145 **E** Dezember 1986/10.3.1987 ZDF

WIR WÄREN SO GERNE HELDEN GEWESEN. Dokumentarfilm über eine Gruppe von jungen Leuten, die Ende der 60er Jahre in Leipzig, beeinflußt von der Studentenbewegung im Westen, eingeschmuggelte Bücher las und als verschworene Gemeinschaft die Freiheit des Geistes genoß. 30 Jahre später reiste die Filmemacherin, selbst Mitglied der Gruppe, in der Welt herum, um ihre Freunde von damals nach ihren Erinnerungen und Erfahrungen zu befragen. ✦ Deutschland 1996 **R** Barbara Metselaar-Berthold **L** 124 **E** 8.9.1996 ZDF

WIR WAREN SO VERLIEBT (C' ERAVAMO TANTO AMATI). Über den Lebensweg dreier Freunde entfaltet der Film kaleidoskopartig die Geschichte der italienischen Linken nach dem Zweiten Weltkrieg zwischen Utopie und Anpassung. Schwungvolle, unterhaltsame und elegante Tragikomödie, die ihren bitteren Tenor mit satirischen Zwischentönen ausbalanciert. (Westdeutscher TV-Titel: »Wir hatten uns so geliebt«) ✦ Teils schwarz-weiß. Italien 1974 **P** Pio Angelelli, Apriano de Micheli **Pd** Pio Angeletti, Adriano de Micheli **R** Ettore Scola **B** Ettore Scola, Age (= Agenore Incorocci), Furio Scarpelli **K** Claudio Cirillo **M** Armando Trovaioli **S** Raimondo Crociani **D** Nino Manfredi (Antonio), Vittorio Gassman (Gianni), Stefania Sandrelli (Luciana), Stefano Satta Flores (Nicola), Giovanna Ralli (Elide), Aldo Fabrizi (Catenacci), Marcella Michelangeli (Nicolas Frau), Federico Fellini, Marcello Mastroianni, Vittorio de Sica **L** 118 **E** 6.7.1985 DFF 2/17.12.1986 ZDF **fd** 25 918

WIR WAREN VORBEREITET FÜR DONNERSTAG, MORGENS UM SECHS UHR, IN DEN STREIK ZU TRETEN. Mitte der 60er Jahre kommt es im Ruhrgebiet zu den ersten Zechenschließungen. Die Stimmung unter den Bergarbeitern ist explosiv; die Zeichen stehen auf Streik. Doch in letzter Minute stimmt der Vorstand der IG Bergbau einem Kompromiß zu, um die Chancen der SPD bei den anstehenden Wahlen nicht zu gefährden. Wenig später kommt es zur Großen Koalition in Bonn. Hörmanns Film ist die erste Streikchronologie im deutschen Dokumentarfilm. Er beobachtet die Vorgänge auf den öffentlichen Versammlungen und spricht mit Bergleuten über die Lage. Der Film zeichnet ein widerspruchsreiches Bild der Zechenarbeiter wie ihrer Gewerkschaft und nebenbei der bundesdeutschen Gesellschaft Mitte der 60er Jahre. – Ab 16. ✦ Schwarz-weiß. BR Deutschland 1967 **SF** Zentral **R** Günther Hörmann **K** Günther Hörmann, Thomas Mauch **L** 40

WIR WAREN ZEHN (DESET). Der Alltag junger Rekruten in der tschechoslowakischen Armee. ✦ Schwarz-weiß. CSSR 1962 **P** Filmstudio Barrandov **R** Antonín Kachlík **B** Jiří Cirkl, Antonín Kachlík **K** Jiří Ployhar **M** Oldrich Flosman, Jiří Suchy, Jiří Slitr **D** Jaroslav Satoransky, Václav Postranecky, Jiří Suchy, Jiří Krampol **L** 80 **E** 18.11.1974 DFF 2

WIR WARTEN AUF DICH, JUNGE! (SHDEM TEBJA,

PAREN!). Die überraschende Übertragung einer Aufgabe löst bei einem 18jährigen einen Erkenntnis- und Entwicklungsprozeß aus. Interessante Charakterstudie, die ohne große äußere Effekte auskommt. Auch schauspielerisch ansprechend. – Ab 16. ✦ Scope, schwarz-weiß. UdSSR 1972 **P** Usbekfilm **KI** Progress **R** Rawil Batyrow **B** Andrej Michalkow-Konchalowski, Eduard Tropinin, nach dem Roman »Das Jugendalter« von S. Wolgin **K** Traiko Eftimowski **M** Rumil Wildanow **D** Atabek Ganijew (Timur), Alexander Lenkow (Petka), Marina Nejelowa (Ljussja), Natalja Sorina (Natascha), Chamza Umarow (Kuldaschew) **L** 91 **E** 8.6.1973 Kino DDR/26.7.1973 DFF 2

WIR WARTEN IN ASHIYA (FLIGHT FROM ASHIYA). Der als Loblied auf den selbstlosen Einsatz der Männer vom amerikanischen Luftrettungsdienst gedachte Film verbindet die Rettung japanischer Schiffbrüchiger mit drei pathetisch ausgewalzten Rückblenden. Der thematisch achtbare Film wird dadurch unangenehm ins Klischee gefühlvoll-tragischer Liebesgeschichten abgedrängt. – Ab 14. ✦ Scope. USA/Japan 1962 **P** Daiei/Harold Hecht **KI** United Artists **R** Michael Anderson **B** Elliott Arnold **K** Joseph MacDonald **M** Frank Cordell **D** Yul Brynner (Sergeant Mike Takashima), Richard Widmark (Oberst Glenn Stevenson), George Chakiris (Leutnant John Gregg), Suzy Parker (Lucille Carroll), Shirley Knight **L** 102 **FSK** ab 12, f **E** 6.5.1964 **fd** 12 715

WIR WERDEN AUF DICH WARTEN, MUTTER (ME VANG NHA). Das Schicksal einer vietnamesischen Frau mit ihren fünf Kindern, die als Partisanin gegen die amerikanischen Aggressoren kämpft. ✦ Schwarz-weiß. Vietnam 1980 **P** Filmstudio Hanoi **R+B** Nguyen Khanh Du **K** Pham Ngoc Lan **M** Chu Minh **D** Van Dun, Hong Duyen, Thu Hang, Hong Phuong, Ngoc Thu **L** 74 **E** 2.9.1983 DFF 2

WIR WERDEN DAS KIND SCHON SCHAUKELN (1952) (SCHÄM' DICH, BRIGITTE). Verwechslungslustspiel mit Starbesetzung: Ein vergilbter Liebesbrief verwickelt die vermeintlichen Empfänger, einen Kosmetiker, einen Autohändler und einen Mathematiklehrer, in allerlei Ungelegenheiten. ✦ Schwarz-weiß. Österreich 1952 **P** Styria **KI** Gloria **R** E. W. Emo **B** Karl Farkas, E.W. Emo, Hugo Maria Kritz, nach dem Bühnenstück »Bubusch« von Gabor von Vaszary **K** Oskar Schnirch **M** Heinz Sandauer **D** Heinz Rühmann (Felix Schneider), Hans Moser (Prof. Stieglitz), Theo Lingen (Paul Fellmeyer), Nadja Tiller (seine Frau), Brigitte Ratz **L** 87 **FSK** ab 12; nf **E** 5.9.1952/16.8.1973 ARD **fd** 2 035

WIR WERDEN DAS KIND SCHON SCHAUKELN (1980) (PRUNCUL, PETROLUL SI ARDELENI). Ein Bauer aus Siebenbürgen sucht gemeinsam mit seinen beiden Brüdern in Amerika nach einer glücklichen neuen Existenz. Als der jüngste von ihnen Vater wird, muß die zwischenzeitlich geplante Rückkehr in die Heimat verschoben werden. Gemeinsam gelingt es ihnen, gegen Desperados und organisierte Banden eine Farm für das junge Paar aufzubauen. Rumänischer Western mit einigen komödiantischen Akzenten, enstanden als Fortsetzung zu »Gesucht wird Johnny« (1977). Leidlich unterhaltsam, ohne je an die kopierten Vorbilder heranzureichen. – Ab 12. ✦ Rumänien 1980 **P** Filmstudio Bucuresti **KI** Progress **R** Dan Pita **B** Francisc Munteanu, Titus Popovici **K** Marian Stanciu **M** Adrian Enescu **D** Ilarion Ciobanu (Traian), Ovidiu Iuliu Moldovan, Mircea Diaconu, Jean Constantin, Stefan Lordache **L** 120 **E** 18.12.1981 Kino DDR/9.12.1983 DFF 1/7.8.1993 RTL 2

WIR WERDEN DEN TOD HABEN, UM ZU SCHLAFEN (NOUS AURONS TOUTE LA MORT POUR DORMIR). Über vier Monate hinweg begleitete das Filmteam Flüchtlinge aus der westlichen Sahara, die vor dem Krieg in ihrer Heimat in einem Zeltlager nahe der algerischen Grenze leben. Hintergrund ist die »Entkolonialisierung« im Jahr 1974; nach 90jähriger Besatzung hatte Spanien die Gebietsansprüche der Nachbarländer Marokko und Mauretanien akzeptiert. Die Bewohner der Sahara griffen daraufhin zu den Waffen, um sich die Unabhängigkeit zu erkämpfen. Bemerkenswert einfühlsamer und aufrichtiger Dokumentarfilm, der einen seinerzeit in der westlichen Öffentlichkeit weitgehend verdrängten Konflikt thematisiert. ✦ Mauretanien/Frankreich 1976 **P** Les Films Soleil O **KI** Freunde der Deutschen Kinemathek **R+B** Med Hondo **K** Jean Monsigny **S** Hamid Djellouli, Youcef Tobni, Med Hondo **L** 111 **E** 1977 Kino

WIR WERDEN NICHT MEHR IN DEN WALD GEHEN (NOUS N'IRONS PLUS AU BOIS). Frühjahr 1944: Junge Widerstandskämpfer zwischen 16 und 30 Jahren im Widerstreit zwischen ihren Gefühlen und den Anforderungen der harten Wirklichkeit, die noch komplizierter wird durch vier zur Gruppe stoßende deutsche Deserteure. Insgesamt naiv und unglaubwürdig entwickeltes Résistance-Drama. ✦ Frankreich 1968 **P** Imperia/Sofracima **R** Georges Dumoulin **B** Catherine Varlin **K** Alain Derobe **M** Michel Sendrez **D** Marie-France Pisier, Siegfried Rauch, Jacques Higelin **L** 91 **E** 30.6.1972 BR III

WIR WERDEN NICHT ZUSAMMEN ALT (NOUS NE VIEILLIRONS PAS ENSEMBLE). Die Stationen der Trennung einer jüngeren Frau von einem neurotisch veranlagten, verheirateten Mann nach sechsjährigem Zusammenleben. Ein nüchterner, überzeugender Bericht, der psychologische Aspekte zwischenmenschlicher Beziehungen beleuchtet. ✦ Schwarz-weiß. Frankreich/Italien 1972 **P** Lido/Empire **R+B** Maurice Pialat **K** Luciano Tovoli **M** Joseph Haydn **D** Marlène Jobert, Jean Yanne, Macha Méril **L** 115 **E** 15.10.1975 BR

WIR WERDEN UNS WIEDERSEHEN. Die Geschichte einer jungen vietnamesischen Bäuerin, der am Todestag ihrer Mutter die Ehe mit einem vermögenden Seidenwarenhändler aufgezwungen werden soll. Im letzten Moment kann sie jedoch fliehen und sich der patriotischen Volksbefreiungsbewegung ihres Landes anschließen. Naiv zusammengebastelte Story, anspruchslos inszeniert. – Ab 14. ✦ Schwarz-weiß. Nordvietnam 1973 **P** Spielfilmstudio Hanoi **KI** Progress **R** Tran Vu **B** Banh Bao, Vuong Dan Hoan **K** Nguyen Dang Bay **M** Nguyen Huy Phuc **D** Nhu Quynh (Net), Vu Tu Lam (Chi), Ca Cuong (Binh), Vu Thanh-Tu (An), Nguyen Thi Loan (Nhung) **L** 106 **E** 26.8.1977 Kino DDR

WIR WOLLEN AUCH LEBEN. Am Beispiel eines Jugendlichen und seiner Suche nach einem Arbeitsplatz oder einer Lehrstelle versucht der Film, die Hintergründe der Kriminalität ausländischer Jugendlicher in der Bundesrepublik auszuleuchten. ✦ Schwarz-weiß. BR Deutschland 1976 **P** DFFB **SF** Freunde der Deutschen Kinemathek **R+B** Mehrangis Montazami-Dabui **K** Reza Dabui **M** Türkische Volksmusik **S** Eduard Gernart **D** Ali Saffers **L** 72 **E** 24.9.1978

WIR WOLLEN NIEMALS AUSEINANDERGEHEN. Ein italienisches Bauernmädchen singt sich und ihrem Dorf mit einem Lied das Glück herbei. Flaue Schnulze für Schlagerfans. ✦ Schwarz-weiß. BR Deutschland 1960 **P** Alfa **KI** Constantin **Pd** Artur Brauner **R** Harald Reinl **B** Werner P. Zibaso, nach Carlo Fedier **K** Ernst W. Kalinke **M** Arno Flor **S** Ingrid Wacker **D** Vivi Bach (Marisa), Adrian Hoven (Guido Terni), Grethe Weiser, Thomas Adler (Tonio Ronella), Kurt Großkurth (Marcello Ponella) **L** 92 **FSK** ab 6; nf **E** 21.12.1960 **fd** 9 810

WIR WOLLTEN LIEBER HIER STERBEN ALS IN SARAJEVO. Dokumentarfilm über eine ungewöhnliche Wehrdienstverweigerung: Während der blutigen Kämpfe um Vukovar und Ossijek (1992) will das Militär 250 Männer eines nordserbischen Dorfes einziehen. Die Frauen organisieren einen geschlossenen Widerstand. Obwohl die Armee mit Panzern das Dorf umstellt, geben die Frauen nicht nach; am Ende triumphieren sie über den Krieg. Der Film zeichnet die Ereignisse nach und porträtiert fünf Menschen des »Friedensdorfes«, die stellvertretend für all jene stehen, die sich gegen den Wahnsinn des Krieges wandten. – Ab 14. ✦ Deutschland 1996 **R** Marc Haenecke, Michael Leuthner **K** Marc Haenecke, Michael Leuthner **S** Marc Haenecke **L** 60 **E** 16.2.1997 Bayern 3

WIR WUNDERKINDER. Die Karriere eines gesinnungslosen Kleinstädters, der sich nahtlos vom schneidigen Nazi-Führer zum unangefochtenen Geschäftsmann der westdeutschen Nachkriegszeit wandelt. Ein kabarettistisch-satirischer Querschnitt durch vier Jahrzehnte deutscher Geschichte, der am Beispiel zweier Menschen, deren Leben völlig gegensätzlich verläuft, Opportunismus und Vorteilshascherei beleuchtet. Ausgezeichnet gespielt, einfallsreich und treffsicher inszeniert, auch wenn es dem moritatenhaften Erzählton mitunter an Tiefe mangelt. – Sehenswert ab 16. ✦ Schwarz-weiß. BR Deutschland 1958 **P** Filmaufbau **KI** Filmmuseum Berlin-Deutsxhe Kinemathek (Erstverleih: Constantin) **VA** Arthaus (KHE) **Pd** Eberhard Krause, Hans Abich **R** Kurt Hoffmann **B** Heinz Pauck, Günther Neumann, nach dem Roman von Hugo Hartung **K** Richard Angst **M** Franz Grothe **S** Hilwa von Boro **D** Johanna von Koczian (Kirsten Hansen), Hansjörg Felmy (Hans Boeckel), Wera Frydtberg (Vera von Lieven), Elisabeth Flickenschildt (Frau Meisegeier), Jürgen Goslar (Schally Meisegeier), Ingrid van Bergen (Evelyne), Liesl Karlstadt (Frau Roselieb), Lina Carstens (Bäuerin Vette), Robert Graf **L** 107 **FSK** ab 12; f **FBW** w **E** 28.10.1958/3.5.1959 Kino DDR/18.11.1959 DFF 1/6.10.1964 ARD/5.12.2000 Video **fd** 7 273

WIR ZEIGEN, WAS WIR HABEN (THE BEAUTY JUNGLE). Eine biedere Sekretärin wird von einem skrupellosen Journalisten zur »Miß England« aufgebaut, scheitert jedoch am »Miß Globus«-Titel und muß Höhen und Tiefen des Rummels bei Schönheitswettbewerben durchlaufen. Ein Film, dessen ernsthaft-entlarvende Absicht zwar erkennbar ist, dem es jedoch an Satire und Ironie mangelt, um die Verquickung von Sex und Werbung auszuloten, und der in sentimentaler Schilderung der Phänomene steckenbleibt. (TV-Titel auch: »Dschungel der Schönheit«) ✦ Scope. Großbritannien 1963 **P** Rank **KI** Rank **R** Val Guest **B** Robert Muller, Val Guest **K** Arthur Grant **M** Laurie Johnson **D** Janette Scott (Shirley Freeman), Ian Hendry (Don Mackenzie), Ronald Fraser, Edmund Purdom (Rex Carrick), Jean Claudio (Armand) **L** 114 **FSK** ab 16; nf **E** 12.2.1965 **fd** 13 284

WIR ZIEHEN DEM CHEF EINS ÜBER →Weekend Warriors

WIR ZWEI. Zwei, die sich in ihrer Jugend geliebt haben, treffen sich nach Jahren wieder. Die Frau ist verheiratet, der Mann hat ein festes Verhältnis. Beide versuchen, die Vergangenheit zur Gegenwart zu machen, merken aber bald, daß sich die alte Zweisamkeit überlebt hat. Das Melodram wirkt wie eine späte Reminiszenz an den Elan und die Intimität der französischen »Nouvelle Vague«, versandet aber bald in modischem Schick. ✦ BR Deutschland 1969 **P** Terra **KI** Constantin **R+B** Ulrich Schamoni **K** Michael Ballhaus **M** Xhol Caravan **S** Heidi Genée **D** Sabine Sinjen, Christoph Bantzer, Ulrich Schamoni **L** 88 **FSK** ab 16; f **FBW** w **E** 30.4.1970

WIR ZWEI / DAS MÄDCHEN UND DAS ECHO (DWOJE / DEWOTSCHKA I ECHO). Doppelprogramm mit zwei formal und inhaltlich beachtlichen litauischen Kurzfilmen: »Wir zwei« schildert die aufkeimende Liebe zwischen zwei jungen Menschen und ihre Bewährungsprobe in einer impressionistisch inszenierten Geschichte von hohem poetischem Reiz. »Das Mädchen und das Echo« (siehe auch dort) erzählt von Kinderspielen, -freundschaften und -feindschaften und vom Abschied von der Kindheit durch frühe Enttäuschungen als warmherzige, auch handwerklich überzeugende Studie. (In den den DDR-Kinos lief »Die Zwei« im Doppelprogramm mit dem russischen Kurzfilm »Begegnung an der Fähre«, der Liebesgeschichte zwischen einem aus dem Krieg heimgekehrten russischen Soldaten und einer

Soldatenwitwe, die als Fährfrau arbeitet.) ✦ Scope, schwarz-weiß. UdSSR 1964/65 **P** Filmstudio Riga/ Filmstudio Litauen/Mosfilm **KI** Pegasus **R** Michail Bogin, Arunas Shebrunas, Gawril Jegiasarow (»Begegnung an der Fähre«) **B** Wladimir Beljajew (»Begegnung...«) **K** S. Schejnin (»Begegnung...«) **M** Wladimir Jurowski (»Begegnung...«) **D** Viktoria Fjodorowa, Valentin Smirnizki, Lina Braknite, Gennadi Frolow (Tschepurnow, »Begegnung...«), I. Schantyr (Klawa, »Begegnung...«), I. Zwetkow (Mischka, »Begegnung...«) **L** 37/57 **FSK** ab 6; f **FBW** w **E** 1966 Kino/1966 Kino DDR **fd** 14 549

WIRBEL (SODRASBAN). Beim Baden in der Theiß ertrinkt ein 18jähriger junger Mann. Seine Schulkameraden, mitschuldig an seinem Tod durch Leichtsinn und Gedankenlosigkeit, werden durch dieses Unglück vor entscheidende Daseinsfragen gestellt und veranlaßt, über ihre bisherige oberflächliche Lebenshaltung nachzudenken. Bemerkenswerte psychologische Studie in einer eigenwilligen Inszenierung. (Westdeutscher Fernsehtitel: »Im Strudel«) – Ab 16. ✦ Schwarz-weiß. Ungarn 1964 **P** Hunnia-Filmstúdió **KI** Progress **R+B** István Gaál **K** Sándor Sára **M** András Szöllösy **D** Andrea Drahota (Vadóc), Mariann Moór (Böbe), Sándor Csíkos (Laci), János Harkányi (Gabi), András Kozák (Luja) **L** 89 **E** 22.1.1965 Kino DDR/26.6.1967 ZDF/25.9.1973 DFF 2 **fd** 14 809

WIRBEL IM NACHTCLUB (FEMMES DE PARIS). Auf einen mysteriösen Anruf hin lernt ein Pariser Astronomie-Professor das bunte Treiben in einem Varieté kennen und erhält Einblicke hinter die Kulissen. Eine dünne Geschichte, die einem mittelmäßigen Varieté-Programm übermäßig viel Platz einräumt. ✦ Schwarz-weiß. Frankreich 1953 **P** Hoche/Corona **Pd** Ray Ventura **R** Jean Boyer **B** Alex Joffé, Jean Boyer **K** Charles Suin **M** Paul Misraki **S** Fanchette Mazin **D** Michel Simon (Professor Buisson), Brigitte Auber (Gisèle), Henri Génès (Direktor Mosca), Suzanne Norbert (Madame Buisson), Micheline Dax, Sacha Distel **L** 85 **E** 1.10.1992 ORF 1

WIRBEL UM IRENE (IRENE IN NÖTEN / IRENA V STISCI). Ein verwechseltes Notizbuch führt dazu, daß eine ohnmächtig gewordene junge Dame in der falschen Wohnung zu Bett gebracht wird. Die daraus erwachsenden Verwicklungen setzen sich zu einem routinierten Lustspiel von bescheidenem Zuschnitt zusammen. – Ab 12. ✦ Schwarz-weiß. Österreich/ Jugoslawien 1953 **P** Helios/Triglav **KI** Deutsche Commerz-Film **R** E. W. Emo **B** Hugo Maria Kritz, Fritz Koselka, Lilian Belmont, nach der Novelle »Verwirrung um Inge« von Hans Nüchtern **K** Oskar Schnirch **M** Bojan Adamic **D** Bruni Löbel (Reni Romana), Walter Giller (Dr. Konrad Berko), Helli Servi (Hely Cirman), Friedl Czepa (Hedwig), Hans Olden (Generaldirektor Cirman), Susi Nicoletti (Vera Cirman) **L** 92 **FSK** ab 12; nf **E** 19.9.1953/28.5.1961 ARD **fd** 27 403

WIRBEL UM JUDY (A DATE WITH JUDY). Zwei junge Mädchen in einer amerikanischen Kleinstadt beunruhigen sich grundlos über die Ehe ihrer Eltern. Gutgelaunter Familienfilm mit viel Tanz und Musik, der kurzweilig unterhält, ohne die üblichen Standardthemen um Teenager, Kleinstadt-Idylle und Kleinbürgerfamilie zu vertiefen. – Ab 12. ✦ USA 1948 **P** MGM **KI** MGM **Pd** Joe Pasternak **R** Richard Thorpe **B** Dorothy Cooper, Dorothy Kingsley **K** Robert Surtees **M** div. Songs **S** Harold F. Kress **D** Elizabeth Taylor, Jane Powell, Wallace Beery, Carmen Miranda, Robert Stack, Xavier Cugat **L** 113 **FSK** ab 12; f **E** 30.12. 1949 **fd** 583

WIRBELSTURM ÜBER FLORIDA – MENSCHEN IN ANGST (HURRICANE ANDREW). Als ein Meteorologe berechnet, daß ein Wirbelsturm die Küste Floridas heimsuchen wird, schenkt ihm niemand Beachtung. Erst später warnen die Behörden die Bevölkerung, doch dann ist die Katastrophe nicht mehr aufzuhalten. An Originalschauplätzen gedrehter Katastrophenfilm. – Ab 16. ✦ USA 1993 **Pd+R** Marvin J. Chomsky **D** Ted Wass (Bryan Norcross), Eileen Heckart (Shelley), Elsa Rael (Kim Hunter), Brynn Thayer (Sandra Channing), John Getz (Doug Hulin) **L** 88 **E** 31.3.1994 RTL

WIRBELSTÜRME DES LEBENS (LE COUP DE SCIROCCO). Eine französische Familie, die in Algerien einen kleinen Laden betreibt, kehrt nach dem Ende des achtjährigen Krieges und der Unabhängigkeitserklärung des nordafrikanischen Landes nach Frankreich zurück. Doch das neue Leben in der alten Heimat gestaltet sich schwieriger als erwartet, die Arbeitsuche der Eltern und die Umstellungsprobleme der Kinder halten viele Rückschläge bereit. Gut gespielte Tragikomödie, die nicht politische verstanden werden will, sondern ihre menschliche Geschichte ohne Gewalt und Hass erzählt. – Ab 16. ✦ Frankreich 1979 **P** Films de l'Alma/Alexandre **Pd** Serge Laski **R** Alexandre Arcady **B** Daniel Saint-Hamont, Jan Saint-Hamont **K** Jean-François Robin **M** Serge Franklin **S** Joëlle van Effenterre **D** Roger Hanin (Albert), Marthe Villalonga (Marguerite), Michel Auclair (Lucien), Patrick Bruel (Paulo), Philippe Sfez (Georgeo), Lucien Layani (Jacob) **L** 100 **E** 4.3. 1993 ORF 2

WIRBELWIND AUS PARIS (THE RAGE OF PARIS). Eine junge französische Tänzerin kommt mit einer Revue nach New York. Nach deren Mißerfolg steht sie mittellos auf der Straße. Freunde überreden sie, einen reichen Mann zu heiraten, und schaffen auch gleich die Voraussetzungen. Eine Komödie um Danielle Darrieux, die mit diesem Film zum Hollywood-Star gemacht werden sollte. (Westdeutscher TV-Titel: »Die flotte Pariserin«) ✦ Schwarz-weiß. USA 1938 **P** Universal **Pd** B. G. DeSylva **R** Henry Koster **B** Bruce Manning, Felix Jackson (= Felix Joachimson) **K** Joseph Valentine **M** Charles Previn (Ltg.) **S** Bernard Burton **D** Danielle Darrieux (Nicole de Cortillon), Douglas Fairbanks jr. (James Trevor), Mischa Auer (Mike), Helen Broderick (Gloria Patterson), Louis Hayward (Bill Duncan), Charles Coleman (Rigley), Samuel S. Hinds (Mr. Duncan) **L** 75 **E** 8.9.1982 DFF 2/19.12.1983 BR

WIRBELWIND DER LIEBE → Die merkwürdige Zähmung der Gangsterbraut Sugarpuss

WIRD ANNIE LEBEN? (A PLACE FOR ANNIE). Drama um ein HIV-positives Baby, das von einer alleinerziehenden Krankenschwester aufgenommen wird, nachdem es von seiner drogensüchtigen Mutter verlassen wurde. Als die Mutter ihr Kind zurückfordert, kämpft die Pflegerin um die Adoption. ✦ USA 1993 **R** John Gray **B** Cathleen Young, Lee Guthrie **M** Mark Snow **D** Sissy Spacek (Susan Lansing), Mary-Louise Parker (Linda Marsten), Joan Plowright (Dorothy Kilgore), S. Epatha Merkerson (Alice Blakely), Jack Noseworthy (David Lansing) **L** 95 **E** 1.12.1994 PRO 7

DER (WIRKLICH) ALLERLETZTE STREICH DER OLSEN-BANDE (OLSEN-BANDENS SIDSTE STIK). Während ein kleiner dänischer Gauner mit kühnen Plänen die Kronjuwelen der britischen Königin stehlen will, hat ein Polizeiinspektor anderes mit ihm vor: Er soll helfen, einen Koffer zu finden, in dem brisantes Material über Korruptionsfälle enthalten ist. Die unterschiedlichen Absichten der Beteiligten führen zu Turbulenzen. Wie alle zwischen 1968 und 1981 inszenierten Vorgängerfilme ist auch der 14. Streich des dänischen Gaunertrios »Olsen-Bande« mehr Klamotte als Satire. Die Einfälle sind lau, die Dramaturgie wirkt verworren und die Beweglichkeit der Darsteller ihrem Alter entsprechend gering. Statt eines liebenswert-nostalgischen Abschiedsfilms entstand nur eine überflüssige Fortsetzung. – Ab 10 möglich. ✦ Dänemark/Deutschland 1999 **P** Nordisk Film Prod./MDR **KI** Arsenal **Pd** Erik Crone **R** Tom Hedegaard **B** Henning Bahs **K** Peter Klitgaard **M** Bent Fabricius Bjerre **S** Grete Möldrup **D** Ove Sprogøe (Egon Olsen), Morten Grunwald (Benny Frandsen), Poul Bundgaard (Kjeld Jensen), Tommy Kenter (Kjeld Jensen als Double), Björn Watt-Boolsen (Hallandsen), Henrik Koefoed (Holm-Hansen) **L** 93 **FSK** o. A.; f **E** 18.11.1999 **fd** 33 984

DAS WIRKLICHE BLAU. Ein mexikanischer Töpfer stellt ein Geschirr her, das er mit einem wunderschönen blauen Muster verziert. Eines Tages bleibt der blaue Farbstoff, den er aus Deutschland bezieht, aus. In Europa ist Krieg ausgebrochen. Als er erfährt, dass sein Cousin das Geheimnis des blauen Farbstoffs kennt, macht sich der Töpfer auf die Reise. Gleichnishafter DDR-Fernsehfilm, der am mangelnden Vermögen krankt, die Atmosphäre exotischer Schauplätze zu rekonstruieren. ✦ DDR 1985/ 86 **P** DEFA **Pd** Hans-Uwe Wardeck **R** Christa Mühl **B** Christa Mühl, Hans Heinrich, nach dem Roman »Das wirkliche Blau« von Anna Seghers **K** Hans Heinrich **M** Jürgen Ecke **S** Rita Hiller **D** Henry Hübchen (Benito), Marijam Agischewa (Luisa), Arno Wyzniewski (Ruben), Gojko Mitic (Lorenzo), Ute Lubosch (Conception) **L** 86 **E** 5.10.1986 DFF 1

WIRKLICHKEIT (RZECZYWISTOSC). Polen in den 20er Jahren: Ein junger Journalist rettet, unter dem Einfluß seiner Kollegen und seiner Frau, die Zeitung »Die Tatsache« vor dem Untergang. ✦ Schwarz-weiß. Polen 1960/61 **R** Antoni Bohdziewicz **B** Antoni Bohdziewicz, Tadeusz Byrsky, nach dem gleichnamigen Roman von Jerzy Putrament **D** Henry Bonkolowska, Pola Rahsa, Leon Pietraszkiewicz, Zdzislaw Mrozewski, Wladyslaw Krasnowiecki **L** 65 **E** 17.1. 1964 DFF 1

DIE WIRKUNG VON GAMMASTRAHLEN AUF RINGELBLUMEN (THE EFFECT OF GAMMA RAYS ON MAN-IN-THE-MOON MARIGOLDS). Eine verwitwete Amerikanerin, die ihre Enttäuschung über sich, ihren Mann und die Welt nicht verwindet, gerät mit dem Älterwerden ihrer Töchter in eine akute Krise. Trotz ihres aggressiven und verunsicherten Verhaltens bleibt das jüngere der Mädchen unbeschadet, da es ganz in seinem Interesse für die Natur und ihre Erforschung aufgeht. Eindringliches Personen- und Milieu-Porträt mit einer brillanten Hauptdarstellerin, in der Zeichnung der positiven Figuren jedoch etwas naiv-thesenhaft. (Fernsehtitel auch: »Der Einfluß von Gammastrahlen auf das Wachstum«) ✦ USA 1972 **P** 20th Century Fox **Pd+R** Paul Newman **B** Alvin Sargent, nach einem Stück von Paul Zindel **K** Adam Holender **M** Maurice Jarre **S** Evan Lottman **D** Joanne Woodward (Beatrice), Roberta Wallach (Ruth), Nell Potts (Matilda), Judith Lowry (Annie), Richard Venture (Floyd), Estelle Omens (Floyds Frau), Carolyn Coates, Will Hare **L** 100 **E** 27.12.1974 ARD **fd** 19 105

DIE WIRTIN AN DER LAHN. Eine Gastwirtin hat seit Jahren die Rente des verstorbenen Kellermeisters unterschlagen und engagiert nun, um den Betrug vor dem Juniorchef einer Sektfirma zu vertuschen, einen greisen Ersatzmann. Ungewöhnlich dümmlicher Schwank. ✦ Schwarz-weiß. BR Deutschland 1955 **P** Neubach **KI** Atlantic **Pd** Heinz Mikosch **R** J. A. Hübler-Kahla **B** Ernst Neubach, nach dem Bühnenstück »Meiseken« von Hans Alfred Kihn **K** Carl Kurzmayer **M** Will Meisel **S** Lieselotte Prattes **D** Dorit Kreysler, Oskar Sima, Hanita Halla, Josef Egger, Ingrid Pan **L** 97 **FSK** ab 12; nf **E** 6.10.1955 **fd** 4 408

DIE WIRTIN VOM SEEHOTEL → Die Wirtin zum Weißen Röß'l

DIE WIRTIN VOM WÖRTHERSEE (DIE WIRTIN VON MARIA WÖRTH). Die Besitzerin des Seehotels und Mutter von Zwillingstöchtern heiratet einen reich gewordenen Auslandsheimkehrer. Flaue Komödie um Zwetschgenknödel und die Wahl einer »Miß Wörthersee«. ✦ Schwarz-weiß. Österreich 1952 **P** Donau **KI** Union **Pd** Eduard Hoesch **R** Eduard von Borsody **B** Fritz Böttger, Joachim Wedekind, Eduard von Borsody **K** Walter Riml **M** Hans Lang **D** Maria Andergast, Harald Maresch, Isa Günther, Jutta Günther, Mady Rahl, Rudolf Carl **L** 86 **FSK** ab 12; nf **E** 28.11.1952 **fd** 2 220

DIE WIRTIN VON DER LAHN. Franzosen und Studenten im Land an der Lahn. Die Wirtin paßt ihr Wirtshaus den frivolen Versen über sie an und verbindet die hohe Politik mit Bettgeschichten. Krampfhaftes Bemühen, den zweifelhaften Ruf der Lahn-Wirtin für die Filmunterhaltung nutzbar zu machen. Geistlos wird mit Unmoral kokettiert; ein fader und dümmlicher Film. (Alternativtitel: »Susanne, die Wirtin von der Lahn«) ✦ Scope. Österreich 1967 **P** Neue Delta **KI** Constantin **R** Franz Antel **B** Kurt Nachmann **K** Siegfried Hold **M** Gianni Ferrio **D** Teri Tordai, Pascale Petit, Harald Leipnitz, Oskar Sima, Gunther Philipp **L** 91 (gek. 84) **FSK** ab 18; nf (gek. 16) **E** 16.1.1968 **fd** 15 231

DIE WIRTIN ZUM ROTEN OCHSEN → Der Fünfminutenvater

DIE WIRTIN ZUM WEISSEN RÖSS'L. Eine Filmdiva kommt inkognito in ein Hotel ins Salzkammergut, um vor Ort Studien für ihren neuen Film über eine Hotelwirtin zu betreiben. Sehr zum Leidwesen ihres eifersüchtigen Verlobten macht ihr ein fescher Oberkellner den Hof. Musikalisches Lustspiel ohne Realitätsbezug. (Alternativtitel: »Die Wirtin vom Seehotel«) – Ab 14. ✦ Schwarz-weiß. Deutschland 1943 **P** Tobis **KI** DFV **R** Karl Anton **B** Felix von Eckardt **K** Eduard Hoesch, Walter Roßkopf **M** Franz Doelle **D** Leny Marenbach (Eri Bel), Karl Schönböck (Peter), Dorit Kreysler (Reserl), Otto Graf (Heinz Marius), Wilfried Seyferth (Otto) **L** 100 **FSK** ab 12; nf **E** 19.4.1943

DIE WIRTIN ZUR GOLDENEN KRONE (DIE WIRTIN ZUR GOLDENEN KRONE). Fader Verwechslungsschwank: In einem Zwergstaat regiert die resolute Gastronomin in Abwesenheit der Landesfürstin. Sie posiert im US-Fernsehen und saniert die Finanzen. Eine Doppelrolle für Paula Wessely, die darin gleich zweimal enttäuscht. – Ab 10. ✦ Österreich 1955 **P** Paula Wessely Filmprod. **KI** Union **R** Theo Lingen **B** Karl Farkas, Hugo Maria Kritz, Otto Dürer, Peter Herz **K** Sepp Ketterer **M** Hans Lang **S** Paula Dworak **D** Paula Wessely (Maria Pia), Christiane Hörbiger (Lore), Fritz Schulz (Clewing), Hubert von Meyerinck (Weckenberg), Oskar Sima (Barthel), Theo Lingen (Blackwell) **L** 85 **FSK** ab 6; nf **E** 20.12.1955 **fd** 4 623

DAS WIRTSHAUS DER SÜNDIGEN TÖCHTER. Der Liebe eines erotisch aktiven jungen Mannes zur schönen Wirtstochter steht deren häßliche Zwillingsschwester im Weg, doch schließlich erkennt auch diese die Freuden der Liebe und erstrahlt in Schönheit. Plagiatorische Sex-Variante von »Kohlhiesels Töchter«, banal und langweilig. ✦ BR Deutschland 1978 **P** CTV 72 **KI** Alemannia **R** Walter Boos **B** Werner P. Zibaso **K** Ernst W. Kalinke **S** Karl Aulitzky, Inge Moritz, Paul Schöler **D** Gina Janssen (Lilly/Christl), Claus Richt (Rudi), Peter Linow (Götz), Robert Seidl (Franzl), Eva Gross (Helga) **L** 86 (gek. 73) **FSK** ab 18; nf (gek. 16) **E** 24.11.1978 **fd** 22 164

DAS WIRTSHAUS IM SPESSART. Nach Wilhelm Hauffs romantischer Geschichte vom wilden Räuberhauptmann im dunklen Walde und der Grafentochter, die in Burschenkleidern unter die Galgenvögel geht: ein bunter, genußvoll gruseliger und heiter-musikalischer Film mit parodistischem Einschlag. – Ab 12. ✦ BR Deutschland 1957/58 **P** Witt **KI** Constantin/A.B.-Fillm **VA** VPS **R** Kurt Hoffmann **B** Heinz Pauck, Lieselotte Enderle, Günther Neumann, nach dem gleichnamigen Märchenzyklus von Wilhelm Hauff **K** Richard Angst **M** Franz Grothe **S** Claus von Boro **D** Liselotte Pulver (Komteß Franziska), Carlos Thompson (Räuberhauptmann), Günther Lüders (Baron Eberhard v. Sperling), Helmuth Lohner (Felix), Wolfgang Neuss (Räuber Knall) **L** 99 **FSK** ab 12; nf **FBW** w **E** 15.1.1958/11.9.1959 Kino DDR/17.4.1960 DFF 1 **fd** 6 633

DAS WIRTSHAUS VON DARTMOOR. Ein junger Australier klärt das geheimnisvolle Verschwinden von 12 Zuchthäuslern nach ihren Ausbrüchen aus Dartmoor auf, wobei er fast selbst das Opfer der Greueltaten in einem mysteriösen Wirtshaus inmitten der Moorlandschaft wird. Verworrener Kriminalfilm, routiniert entwickelt nach den Mustern einschlägiger (Edgar-Wallace-)Vorbilder, garniert mit viel Grusel in Sumpf und Nebel. – Ab 16. ✦ Schwarz-weiß. BR Deutschland 1964 **P** Arca-Winston **KI** Constantin **Pd** Gero Wecker, Werner M. Lenz **R** Rudolf Zehetgruber **B** Lukas Michael, Rudolf Zehetgruber, nach einem Roman von Victor Gunn **K** Werner M. Lenz **S** Wolfgang Wehrum **D** Heinz Drache (Anthony Nash), Paul Klinger (Insp. Cromwell), Ingmar Zeisberg (Evelyne), Judith Dornys (Joyce Trevor), Friedrich Joloff (Mr. Simmons), Ralf Wolter (O'Hara) **L** 88 **FSK** ab 16; nf **E** 10.4.1964/27.3.1972 ARD **fd** 12 675

WISDOM (WISDOM). Ein arbeitsloser junger Mann überfällt Banken und vernichtet deren Schuldner-Karteien. Dadurch steigt er im strukturschwachen amerikanischen Farmland zum Volkshelden auf, bis er an der kanadischen Grenze einem Polizeiaufgebot gegenübersteht. Unterhaltsam und spannend inszenierter Kriminalfilm, der sich am Ende als ein Traumspiel zu erkennen gibt und damit auf den Widerspruch von ungebundenem Leben und der Sehnsucht nach Geborgenheit hinweist. (TV-Titel auch: »Wisdom – Dynamit und kühles Blut«) – Ab 16. ✦ USA 1986 **P** Gladden **VA** VMP **Pd** Bernard Williams **R+B** Emilio Estevez **K** Adam Greenberg **M** Danny Elfman **S** Michael Kahn **D** Emilio Estevez (John Wisdom), Tom Skerritt (Loyd Wisdom), Veronica Cartwright (Samantha Wisdom), William Allen Young (Williamson), Demi Moore (Karen Simmons) **L** 105 **FSK** ab 16 **E** April 1988 Video **fd** 26 855

WISE GUY (WISEGUY). Ein Undercover-Agent im Dienst des Büros zum Kampf gegen das organisierte Verbrechen wird in die Organisation zweier Brüder eingeschleust, kann ihr Vertrauen erringen und sich rasch hocharbeiten, bis ein Bandenkrieg ausbricht. Die wenig spannende Geschichte ist der Pilotfilm einer Fernsehserie; sie variiert vertraute Plots und Bilder des Genres. Durch einen für Fernsehverhältnisse beträchtlichen Materialaufwand soll die Brüchigkeit der Handlung kaschiert werden – eine Rechnung, die nicht aufgeht. (Fernsehtitel: »Kampf gegen die Mafia«; alternativer Videotitel: »Der graue Wolf«) ✦ USA 1986 **P** Stephen J. Cannell Prod./Televenture **VA** EuroVideo **Pd** Matthew Herman **R** Rod Holcomb **B** Stephen J. Cannell **K** Paul Lohmann **M** Mike Post **S** George R. Rohrs **D** Ken Wahl (Vinnie), Jonathan Banks, Jim Byrnes, Ray Sharkey, Gianni Russo **L** 96 **FSK** ab 16 **E** 16.8.1989 Video/11.6.1990 RTL plus **fd** 27 857

WISE GUYS (WISE GUYS). Zwei kleine Gauner legen sich mit ihrem Boß an, indem sie sein Geld beim Pferderennen aufs falsche Pferd setzen. Profillose Gangsterkomödie, die sich in hektischer Situationskomik erschöpft. (TV-Titel: »Zwei Superpflaumen in der Unterwelt«) – Ab 16. ✦ USA 1985 **P** MGM/UA **VA** MGM/UA Home **Pd** Aaron Russo **R** Brian de Palma **B** George Gallo **K** Fred Schuler **M** Ira Newborn **S** Jerry Greenberg **D** Danny DeVito (Harry Valentini), Joe Piscopo (Moe Dickstein), Harvey Keitel (Bobby DiLea), Ray Sharkey (Marco), Dan Hedaya (Anthony Castelo), Catherine Scorsese (Partygast) **L** 88 **FSK** ab 16 **E** 13.5.1987 Video **fd** 26 233

WISH YOU WERE HERE (ICH WOLLTE, DU WÄRST HIER) (WISH YOU WERE HERE). Eine 16jährige macht in den 50er Jahren an der Südküste Englands erste Erfahrungen mit der Sexualität und reizt durch schockierende Sprüche und Gesten ihren Vater und ihre Umwelt. Hinter der derben Sprache, die manche Zuschauer vielleicht abschreckt, kann man die Suche nach Identität und einem Platz im Leben entdecken. Wichtige Fragen der Sexualität, Liebe und Pubertät werden in provozierender Weise gestellt und in das Zeitkolorit der 50er Jahre eingebunden. Ein in der Hauptrolle glaubhaft interpretierter Film, der zur Diskussion anregt. (Fernsehtitel: »Ich wollte, du wärst hier«) – Ab 16. ✦ Großbritannien 1987 **P** Zenith/Working Title **KI** Jugendfilm **VA** Marketing **Pd** Sarah Radclyffe **R+B** David Leland **K** Ian Wilson **M** Stanley Myers **S** George Akers **D** Emily Lloyd (Lynda), Tom Bell (Eric), Barbara Durkin (Valerie), Geoffrey Hutchins (Hubert), Charlotte Barker (Gillian) **L** 92 **FSK** ab 16; f **E** 26.5.1988/Januar 1989 Video/24.8.1992 ZDF **fd** 26 852

WISHFUL THINKING (WISHFUL THINKING). Als ihn seine langjährige Geliebte heiraten will, schrickt ein ehescheuer, erfolgloser Theatermacher zurück und geht auf Distanz. Die Frau glaubt, Grund zur Eifersucht zu haben, und treibt ihn mit ihrem Verhalten in die Arme seiner »besten Freundin«, die längst auf ihre Chance gewartet hat und nun die Gelegenheit zur Intrige nutzt. Solide Darsteller mühen sich vergebens an einer lahmen, konturlosen Liebeskomödie ab, die lediglich dürftige Insider-Witze bietet. ✦ USA 1997 **P** Miramax **VA** BMG **Pd** Stuart Burkin **R+B** Adam Park **K** Ellery Ryan **M** Paul Rabjohns **S** Sue Blainey **D** Drew Barrymore (Lena, die Kassiererin), Jennifer Beals (Elizabeth), James LeGros (Max), Jon Stewart (Henry), Mel Gorham **L** 86 **FSK** ab 6 **E** 1.2.2000 Video

WISHMASTER (WISHMASTER). Ein Flaschengeist, diesmal nicht gefangen in einer Wunderlampe, sondern in einem feuerroten Edelstein, versucht eine amerikanische Geologin, die ihn unwissentlich entdeckt hat, dazu zu bewegen, die berühmten drei Wünsche auszusprechen. Erst dann kann er und seine Gefolgschaft die Herrschaft über die Erde übernehmen. Handelsüblicher, geradlinig inszenierter Horrorfilm, der zwar mit soliden Spezialeffekten aufwarten kann, dessen Darsteller eine ähnliche Routine jedoch vermissen lassen. (Titel auch: Wes Craven's Wishmaster«) ✦ USA 1997 **P** Artisan Entertainment/Live Film and Mediaworks **VA** Marketing **Pd** Pierre David **R** Robert Kurtzman **B** Peter Atkins **K** Jacques Haitkin **M** Harry Manfredini **S** David Handman **D** Andrew Divoff (Djinn/Nathaniel Demerest), Tammy Lauren (Alexander Amberson), Richard Assad (König), Robert Englund (Raymond Beaumont), Tony Todd (Johnny Valentine), Wendy Benson (Shannon Amberson), Chris Lemmon (Nick Merritt) **L** 86 **FSK** ab 18 **E** 27.7.1998 Video **fd** 33 491

WISHMASTER 2 – DAS BÖSE STIRBT NIE (WISHMASTER 2 – EVIL NEVER DIES). Nach seiner Befreiung durch jugendliche Diebe meuchelt ein Dschinn zunächst die Übeltäter, um sich dann verhaften zu lassen, weil er glaubt, im Gefängnis schneller an die 1001 Seelen zu kommen, die ihm die Übernahme der Weltherrschaft ermöglichen. Doch eine junge Frau will die Machtübernahme verhindern. Armseliger Horrorfilm, dessen blutiges Finale mit Spielkarten und einem Roulette ausgetragen wird. ✦ USA 1999 **P** Artisan Entertainment **VA** Laser Paradise **Pd** Tony Amatullo **R+B** Jack Sholder **K** Carlos Gonzales **M** David Williams **S** Michael Schweitzer **D** Andrew Divoff (der Geist/Nathaniel Demerest), Paul Johansson (Gregory), Holly Fields (Morgana), Bokeem Woodbine (Mr. Tarraion), Vyto Ruginois (Hosticka) **L** 92 **FSK** ab 18 **E** 15.11.2000 Video

DIE WISMUT. 1946 entstand im sächsisch-thüringischen Erzgebirge die »Wismut«, eine sowjetisch-deutsche Aktiengesellschaft, die bis zum Ende der DDR unter menschenverachtenden Bedingungen rund 220 000 Tonnen Uran zutage förderte. Volker Koepps vielfach ausgezeichneter Dokumentarfilm läßt die Betroffenen zu Wort kommen, die mit Würde und Stolz auf 40 Jahre Leben zurückblicken. In ruhigen Schwarzweißbildern zeichnet er das nachdenklich machende Porträt einer zerstörten Landschaft – Sinnbild und verdrängter Inbegriff des Kalten Krieges. – Sehenswert ab 14. ✦ Schwarz-weiß. Deutschland 1993 **P** Ö-Film **KI** Verleih der Filmemacher **Pd** Frank Löprich, Katrin Schlösser **R+B** Volker Koepp **K** Thomas Plenert **S** Angelika Arnold **L** 114 **FSK** o. A.; f **FBW** bw **E** 2.3.1994/25.2.1996 ARD **fd** 31 088

DAS WISPERN IM BERG DER DINGE. Der Regisseur Dominik Graf setzt sich mit seinem Vater, dem früh verstorbenen Schauspieler Robert Graf, auseinander und analsysiert, wie die Kriegserlebnisse das künstlerische Schaffen des Vaters geprägt haben. Entstanden ist ein von Respekt und Zuneigung getragenes Porträt, das nicht nur einen Blick auf den Vater freigibt, sondern sich zugleich mit einem Stück deutscher Geschichte auseinandersetzt. Aussagen von Zeitzeugen und Weggefährten runden den Film ab. Der Beitrag ist eine Folge der fünfteiligen Dokumentarreihe »Denk ich an Deutschland«, in der Regisseure politische oder private Themen in den Mittelpunkt stellen konnten. – Ab 14. ✦ Schwarzweiß. Deutschland 1996 **P** Megaherz TV Fernsehproduktion/BR/WDR **R+B** Dominik Graf, Michael Althen **K** Martin Gressmann **M** Gustav Mahler, Dominik Graf, Helmut Spanner **S** Rolf Wilhelm **L** 59 **E** 27.3.2000 ORB

WISSEN IST MACHT (A CHUMP AT OXFORD). Als Stan und Oliver, die sich auf Stellungssuche als Butler-Ehepaar und Straßenreiniger danebenbenommen haben, versehentlich einen Bankräuber stellen, erhalten sie ein Bildungsstipendium für die Universität Oxford. Dort werden sie das Ziel manchen Studentenulks. Abgesehen von wenigen Sequenzen, etwa Stans ungewöhnlichem »Spiel mit drei Händen«, ist der Film ein wenig ambitioniertes Serienprodukt; Elemente aus den Kurzfilmen von Laurel & Hardy werden aufgenommen, ohne sie zu einer stilistisch geschlossenen Komik zu verarbeiten. (1950 zunächst mit dem Kurzfilm »Towed in a Hole« gekoppelt, wurde der Film unter verschiedenen Titeln wiederaufgeführt: »Dick und Doof als Studenten«, »Dick und Doof in der Schule«, »Laurel & Hardy: A Chump at Oxford«) DVD: Als Bonus enthält die Edition den Kurzfilm »From Soup to Nuts« – Ab 10. ✦ Schwarz-weiß. USA 1940 **P** United Artists **KI** Kinowelt **DVD** Kinowelt Home (FF, Mono engl./dt.) **Pd** Hal Roach **R** Alfred Goulding **B** Charles »Buddy« Rogers, Felix Adler, Harry Langdon **K** Art Lloyd **M** Marvin Hatley **S** Bert Jordan **D** Stan Laurel, Oliver Hardy, Forrester Harvey, Wilfred Lucas, Forbes Murray **L** 63 **FSK** ab 6; nf **E** 1950 Kino/1988 Neustart (O.m.d.U.)/ 5.1.1992 SAT 1 (koloriert)/27.3.2001 DVD **fd** 1 146

DAS WISSEN VOM HEILEN (DAS WISSEN VOM HEILEN). Dokumentarfilm über die tibetische Medizin, in dem der Leibarzt des Dalai Lama und andere Ärzte bei ihrer Arbeit begleitet und die außergewöhnlichen Heilerfolge in der Kraft jahrtausendealter Arzneimittelrezepte aufgedeckt werden. Faszinierende, unaufdringliche Annäherung an eine fremde Lebens- und Denkweise, die das drückende politische Schicksal der Tibeter in Erinnerung ruft und durch eine beeindruckende filmische Sensibilität Brücken in die buddhistische Welt schlägt. – Ab 12. ✦ Schweiz 1996 **P** T & C/DRS/Kulturfonds Suissimage/Teleclub **KI** Pegasos **VA** Arthaus **Pd** Marcel Hoehn **R+B** Franz Reichle **K** Pio Corradi **S** Myriam Flury, Franz Reichle **L** 90 **FSK** ab 6; f **E** 22.5.1997/12.1. 1998 Video/2.11.1998 SF 1 **fd** 32 547

WITCH BITCH – TOD AUS DEM JENSEITS (DEATH SPA/WITCH BITCH). In einem Fitness-Center häufen sich die technischen Defekte, bis sie zu regelrechten Todesfallen werden. Dahinter steckt die ehemalige Frau des Inhabers, die sich nach einer Fehlgeburt das Leben nahm und nun im Körper ihres Zwillingsbruders dem Witwer das flotte Leben schwermacht. Ungemein primitiver Horror-Schocker; so reichlich das Blut nackter Mädchen spritzt, so dünn ist das Rinnsal der Ideen. – Wir raten ab. ✦ USA 1988 **P** DS/ Shapiro-Glickenhaus Entertainment **VA** RCA/Columbia **Pd** Jamie Beadsley-Jones **R** Michael Fischa **B** James Bartruff, Mitch Paradise **K** Arledge Armenaki **M** Peter Kaye **S** Michael Kewley **D** William Bumiller (Michael Evans), Brenda Bakke (Laurel), Merritt Butrick (David), Robert Lipton, Alexa Hamilton **L** 80 **FSK** ab 18 **E** 3.4.1990 Video **fd** 28 378

WITCH HUNT (WITCH HUNT). Als ein kleines Mädchen entführt wird, gerät die Großmutter des Kindes in Verdacht, die Enkelin für ihre teuflischen Rituale missbraucht zu haben. Der fürsorgliche Vater sieht sich einem Komplott ausgesetzt. Fadenscheinig entwickelter Thriller, der seine obskure Geschichte auf eine wirkliche Begebenheit zurückführt. ✦ Australien 1999 **P** Golden Square **Pd** Elly Bradbury, Alan Hardy, Jackie O'Sullivan **R** Scott Hartford-Davis **B** Shane Brennan **K** David Connell **M** Cezary Skubiszewski **S** Bill Murphy **D** Jacqueline Bisset (Barbara Thomas), Cameron Daddo (David Overton), Jerome Ehlers (Detective Jack Maitland), Suzi Dougherty (Jenny Page), William Gluth (Ray Thomas) **L** 90 **E** 22.3. 2001 Premiere World

WITCHBLADE – DIE WAFFE DER GÖTTER (WITCHBLADE). Eine junge New Yorker Polizistin gelangt in den Besitz eines antiken Schwertes, das sie in bedrohlichen Situationen auf wundersame Weise beschützt. Als sie die Herkunft der Waffe ergründen will, muss sie sich unangenehme Fragen bezüglich ihrer eigenen Identität stellten. Politfilm einer Fantasy-Fernsehserie, die auf pure Action ausgelegt ist und gerade an diesem Ansatz scheitert, da die entsprechenden Sequenzen eher altbacken und mit peinlichen »Matrix«-Anleihen ausgestattet sind. Da auch die Entwicklung der Charaktere zu kurz gekommen ist, wollen Freunde und Spannung nicht so recht aufkommen. – Ab 16. ✦ USA 2000 **P** Halsted Pic./Warner **VA** Warner Home **Pd** Perry Husman, David Wohl, Brad Foxhoven **R** Ralph Hemecker **B** J. D. Zeik **K** Angel Decca **M** Joel Goldsmith **S** Norman Buckley **D** Yancy Butler (Sarah), Anthony Cistaro, Conrad Dunn, David Chokachi, Kenneth Welsh **L** 91 **FSK** ab 16 **E** 22.6.2001 Video **fd** 34 979

WITCHBOARD – DIE HEXENFALLE (WITCHBOARD). Ein junges Paar beschwört bei einer spiritistischen Veranstaltung den Geist eines verstorbenen Jungen und gerät in bedrohliche Situationen, da sich die Geister immer mehr in das Leben der Frau drängen. Okkulter Hokuspokus. ✦ USA 1987 **P** Paragon Arts Partners **VA** VPS **Pd** Jeff Geoffray **R+B** Kevin S. Tenney (= Kevin Tenney) **K** Roy H. Wagner **M** Dennis Michael Tenney **S** Daniel Duncan, Steve Waller **D** Todd Alien (Jim Morar), Tawny Kitaen (Linda Brewster), Stephen Nicholas (Brandon Sinclair), Kathleen Wilhoite (Zarabeth), Burke Byrnes (Lt. Dewhurst) **L** 94 **FSK** ab 16 **E** 12.11.1987 Video

WITCHBOARD 2 (WITCHBOARD 2). Eine junge Frau nimmt in ihrer neuen Wohnung Kontakt mit der Geisterwelt auf und holt damit das Böse in Gestalt ihrer unter grausigen Umständen ums Leben gekommenen Vormieterin in die Welt. Um klaustrophobische Momente bemühter Reißer, der wirklichen Horror mit möglichst unerwarteten Schockszenen verwechselt und nie Spannung in die krude Handlung bringen kann. Erwähnenswert allenfalls der weitgehende Verzicht auf genreübliche Gewaltdarstellungen. (Titel auch: »Witchboard 2 – Die Tür zur Hölle«) ✦ USA 1992 **P** Republic **VA** Ascot **Pd** Walter Josten, Jeff Geoffray **R+B** Kevin S. Tenney (= Kevin Tenney) **K** David Lewis **M** Dennis Michael Tenney **S** Daniel Duncan **D** Ami Dolenz (Raige), Christopher Michael Moore (Jonas), Laraine Newman (Elaine), Timothy Gibbs (Mitch), John Gatins (Russel) **L** 95 **FSK** ab 16 **E** 28.7.1993 Video **fd** 30 452

WITCHBOARD – GATE TO HELL (WITCHBOARD – THE POSSESSION). Ein arbeitsloser junger Börsenmakler bessert mit Hilfe eines »Witchboards«, das die Zukunft vorhersehen kann, seine finanzielle Lage auf. Dann aber ergreift der Dämon des »Hexenbretts« von ihm Besitz und verbannt seinen Geist in die Schattenwelt. Thematisch wenig originelle Gruselmär mit Anleihen bei »Rosemaries Baby«, aber immerhin gut durchdacht und schlüssig erzählt. Für den Einbruch der irrationalen dunklen Mächte in die aufgeklärte Welt werden dabei adäquate bildliche Entsprechungen gefunden. (TV-Titel: »Das satanische Dreieck«) ✦ USA/Kanada 1995 **P** Telescene Communications **VA** VPS **Pd** Robin Spry **R** Peter Svatek **B** Kevin S. Tenney (= Kevin Tenney), Joe Ezrine **K** Barry Gravelle **M** Richard Grégoire **S** Denis Papillon **D** David Nerman (Brian), Locky Lambert (Julie), Cedric Smith (Francis Redman), Donna Sarrasin (Lisa), Danette Mackay (Dora) **L** 87 **FSK** ab 16 (fr. ab 18) **E** 2.11.1995 Video **fd** 31 660

WITCHCRAFT – DAS BÖSE LEBT (WITCHCRAFT / MALEFICHE PRESENZE). Eine geheimnisvolle Dame, die in einem verfallenen Hotel auf einer Felsenklippe vor der Küste Neu-Englands haust, verhext eine junge Frau, um mit ihr gemeinsam auf grausame Weise mehrere Menschen zu töten. Konfus inszenierter Horrorfilm mit dilettantischen Schauspielerleistungen, billigen Tricks und einer wenig durchdachten Story. ✦ Italien 1988 **P** Filmirage **KI** Esplanade/Nova **VA** Ascot/Studio **Pd+R** Martin Newlin (= Fabrizio Laurenti) **B** Daniele Stroppa **K** Gianlorenzo Battaglia **M** Carlo Maria Cordio **S** Rosanna Landi **D** Linda Blair (Jane Brooks), David Hasselhoff (Gary), Catherine Hickland (Linda Sullivan), Richard Farnsworth, Hildegard Knef (Frau in Schwarz) **L** 95 **FSK** ab 18; nf **E** 1.12.1988 **fd** 27 297

WITCHCRAFT II (WITCHCRAFT PART II – THE TEMPTRESS). Eine Hexe in Gestalt einer attraktiven Frau verführt einen College-Anwärter, um mit ihm den künftigen Herrscher der Welt zu zeugen. Dieser ist nämlich ein Sohn des Teufels, den nur seine liebevollen Stiefeltern bislang vor dem Zugriff seines Vaters bewahren konnten. Durch die unerschütterliche Liebe eines Methodistenpfarrers wird er gerettet. Horrorfilm, der die bescheidenen Möglichkeiten des abstrusen Stoffes, die sexuellen Ängste und Fantasien des jungen Mannes zu beschreiben, kaum nutzt. Ein langweiliger, verworrener, geschwätziger und nicht nur formal belangloser Film. ✦ USA 1989 **P** Marketing Media **VA** Allround **Pd** Megan Barnett, Reza Mizbani **R** Mark Woods **B** James R. Hanson, Sal Manna **K** Jens Sturup **M** Miriam Cutler **S** Tony Miller **D** Charles Solomon (William), Mia Ruiz (Freundin Michelle), Delia Sheppard (Dolores, die Hexe), David Homb (Boomer), Jay Richardson (Mr. Adams), Cheryl Janecky (Mrs. Adams) **L** 85 **FSK** ab 16 **E** 29.1.1992 Video **fd** 29 558

WITCHCRAFT III – THE KISS OF DEATH (WITCHCRAFT III – THE KISS OF DEATH). Ein attraktiver junger Mann mit diabolischen Kräften und ein rechtschaffener Anwalt, der ebenfalls von Dämonen abstammt, ringen angesichts des Mordes an einer Frau mit todbringenden Blicken, Bissen und Schlägen aus feierspeienden Stöcken um den Sieg. Eine einfallslose abstruse Geschichte aus der Welt der »Besessenen«, durchsetzt mit plakativen Vorstellungen von Angst und sexueller Gewalt. ✦ USA 1990 **P** Vista Street **VA** Madison **Pd** Jerry Feifer, Tony Miller **R** R. L. Tillmans **B** Gerry Daly **K** John Thomas **M** Miriam Cutler **S** Tony Miller **D** Charles Solomon (William), Lisa Toothman (Charlotte), Dominic Luciano (Louis), Leana Hall (Roxy), William L. Baker (Jondular), Sha Bennett (Mrs. Carter) **L** 87 **FSK** ab 16 **E** 27.5.1992 Video **fd** 29 670

WITCHCRAFT IV (WITCHCRAFT IV). Bei seinen Nachforschungen für eine Klientin gerät ein Rechtsanwalt, der geheimnisvolle Kräfte besitzt, an eine Stripetänzerin und über sie an die Inkarnation des Satans. Die Stripperin und er selbst entpuppen sich als Unsterbliche, und in einem blutigen Ritual kann der Teufel in seine Schranken gewiesen werden. Ein in jeglicher Hinsicht inkompetentes Schundprodukt, konfus und langatmig erzählt, mit breit ausgemalten Brutalitäten, deren Frauenverachtung eklatant ist. – Wir raten ab. ✦ USA 1992 **P** Vista Street/Marketing Media **VA** Madison **Pd** Holly MacConkey, Stephen Lieb **R** James Merendino **B** Michael Paul Gerard **K** Kevin Morrisey **M** Miriam Cutler **S** Tony Miller **D** Charles Solomon (William Spanner), Julie Strain (Bella Donna), Clive Pearson (Rob Santara), Jason O'Gulihur (Hal), Lisa Jay Harrington (Lily Wild) **L** 93 (gek. 85) **FSK** ab 18 (gek. ab 16) **E** 25.3.1993 Video **fd** 30 231

WITCHCRAFT V – DIE MACHT DES BÖSEN (WITCHCRAFT – DANCE WITH THE DEVIL). Der Handlanger des Satans kehrt auf die Erde zurück, um ein Werkzeug für die Rückkehr seines Meisters zu suchen. Der junge William scheint durchaus geeignet, doch seine Frau widersetzt sich den Machenschaften des

Bösen. Ein stümperhafter Horrorfilm mit vorhersehbaren Effekten, der sein Heil in Sex und Schwarzer Magie sucht. Von der ordnenden Hand eines Regisseurs ist nichts zu spüren. – Wir raten ab. ✦ USA 1993 **P** Marketing Media **VA** Columbia TriStar **Pd** Drew Peloso, Michael Feifer **R** Talun Hsu **B** Steve Tymon, James Merendino **K** Denis Maloney **M** Miriam Cutler **S** Tony Miller **D** Marklen Kennedy (William), Carolyn Taye-Loren (Keli), Nicole Sussman (Martea), David Huffman (Cain), Lenny Rose (Reverend Meredith) **L** 93 **FSK** ab 18 **E** 22.11.1994 Video **fd** 31 139

WITCHOUSE (WITCHOUSE). Eine Schülerin nutzt eine scheinbar harmlose Party, um mit Hilfe ihrer Mitschüler den Geist einer Ahnin zu beschwören, die vor 300 Jahren als Hexe verbrannt wurde. Sinn der Beschwörungszeremonie: Alle Beteiligten sind Nachfahren des Hexenjägers, die nun einer späten Rache ausgeliefert werden sollen. Teenager-Horror mit billigen Effekten, hergestellt in einer einschlägig vorbelasteten Horrorschmiede und angerichtet von deren Hausregisseur. ✦ USA 1999 **P** Full Moon **Pd** Kirk Edward Hansen, Vlad Paunescu **R** David DeCoteau **B** Matthew Jason Walsh **M** Jared DePasquale **S** Harry James Picardi **D** Matt Raftery (Jack), Monica Serene Garnich (Jennifer), Ariauna Albright (Lilith), Ashley McKinney (Elizabeth), Brooke Mueller (Janet) **L** 73 **E** 15.8.2001 Premerie World

WITCHTRAP (WITCHTRAP). Ein Team aus Parapsychologen und Detektiven macht sich an die Vertreibung eines Geistes aus seinem verhexten Haus. Doch der rege Verstorbene wehrt sich nach Kräften. Ohne jedes dramaturgische Gleichgewicht beginnt der Film viel zu früh mit einem viel zu langen Finale; viele schlechte Darsteller sprechen viele überflüssige Sätze; mit der Spannung ist es schon nach einer Minute aus. – Ab 16. ✦ USA 1989 **P** Cinema Plus **VA** New Vision **Pd** Daniel Duncan, Kevin S. Tenney (= Kevin Tenney) **R+B** Kevin S. Tenney (= Kevin Tenney) **K** Thomas Jewett **M** Dennis Michael Tenney **S** William O. Sullivan **D** James W. Quinn (Tony Vincente), Kathleen Bailey (Whitney O'Shay), Judy Tatum (Agnes Goldberg), Rob Zapple (Felix Goldberg), Jack Thompson (Frank Murphy) **L** 85 **FSK** ab 16 **E** 3.12.1990 Video/31.1.1992 premiere **fd** 28 738

WITH OR WITHOUT YOU (WITH OR WITHOUT YOU). Ein Paar, das durch seine Kinderlosigkeit in eine Ehekrise geraten ist, sieht seine einstigen Träume und Hoffnungen in Frage gestellt, als ein Jugendfreund der Frau auftaucht, der den Mann zur Eifersucht und zu einem Seitensprung treibt. Mischung aus amüsanter Komödie und konfliktreichem Melodram, die sich durch präzise Milieuzeichnung und nuancierte Alltagsbeobachtungen auszeichnet. Dabei gelingt das Kunststück, Realismus mit schwereloser Abstraktheit bruchlos zu kombinieren. – Ab 16. ✦ Großbritannien 1999 **P** Revolution Films **KI** Kinowelt **VA** Kinowelt Home **DVD** Kinowelt Home (1.85:1, DD5.1 engl./dt.) **Pd** Andrew Eaton **R** Michael Winterbottom **B** John Forte **K** Benoît Delhomme **M** Adrian Johnston **S** Trevor Waite **D** Christopher Eccleston (Vincent), Dervla Kirwan (Rosie), Yvan Attal (Benoît), Julie Graham (Cathy), Alun Armstrong (Sammy), Lloyd Hutchinson (Neil) **L** 90 **FSK** ab 12; f **E** 6.1.2000/11.7.2000 Video/10.10.2000 DVD **fd** 34 045

WITHNAIL & I (WITHNAIL AND I). Zwei junge arbeitslose Schauspieler entfliehen ihrem chaotischen, wildbewegten Dasein im London des Jahres 1969 und verbringen auf dem Land einen Urlaub, der sich zum Desaster entwickelt. Eine urkomische »schwarze« Komödie über zwei Außenseiterexistenzen in einer Zeit gesellschaftlicher Auflehnung. Hinter seinen exzentrischen Charakteren und deren schlagfertigem Witz vermag der eigenwillige Regieerstling auch menschlich anrührende Momente zur Geltung zu bringen. (O.m.d.U.) ✦ Großbritannien 1987 **P** Handmade **R+B** Bruce Robinson **K** Peter Hannan, Bob Smith **M** David Dundas **S** Alan Strachan **D** Richard E. Grant (Withnail), Paul McGann (Marwood), Richard Griffiths (Monty), Ralph Brown (Danny), Michael Elphick (Jake) **L** 105 **E** 29.2.1996 FS/DRS

DIE WITMAN BRÜDER (WITMAN FIUK). Ungarn im Jahr 1914 in einer kleinen Garnisonsstadt. Nachdem der Vater stirbt, entfremden sich zwei heranwachsende Brüder von ihrer Mutter, erst recht, als sie sich einen neuen Mann nimmt. Auf sich allein gestellt, begehen sie verzweifelte Versuche, Aufmerksamkeit auf sich zu lenken. Als sie eine Prostituierte kennenlernen, die von ihnen ein Geschenk fordert, bestehlen sie die Mutter. Diese aber entdeckt die beiden, und es geschieht ein Unglück. Der Film erzählt die Geschichte in extrem langatmigem Rhythmus und mit eiskalter Distanz, doch mit Spannung und atmosphärischer Dichte. Auf die Gefühle, die angesichts der Ereignisse aufkommen müßten, wartet man indes vergeblich. ✦ Ungarn 1996 **P** Budapest Filmstudio/MTM Communications/Studio Filmowe Zebra/Magyar Televizio/Mafilm **R** János Szász **B** János Szász, nach Novellen von Geza Csáth **K** Tibor Máthé **M** Giuseppe Verdi, Franz Schubert, Johann Sebastian Bach **S** Anna Kornis **D** Alpár Fogarasi (Janos Witman), Szabolcs Gergely (Ernö Witman), Maia Morgenstern (Emma Witman), Péter Andorai (Endre Tálay), Lajos Kovács (Dénes Witman) **L** 86 **E** 8.6.1998 mdr

WITSCHI GEHT (WITSCHI GEHT). Der Ankömmling in der fremden Stadt; der planende und kreative Mann; die behinderte leidende Kreatur; der gegen gesellschaftliche Zwänge und Bildkorsetts Revoltierende: in schillernden Facetten spiegelt das videografische Künstlerporträt den 1954 in Luzern geborenen und in Zürich und New York lebenden Maler Hans Witschi. Durch die Verwendung verschiedener Stilmittel – von der elektronischen Reproduktion der Werke über die geraffte Aufzeichnung des künstlerischen Aktes – entsteht eine unruhige, suchende, aber virulente Auseinandersetzung mit dem Maler und Menschen Witschi. Die Zuschauer werden in den Schaffensprozeß und in die weltanschaulichen Reflexionen des Künstlers einbezogen. ✦ Schweiz 1990 **P** Poloni Prod. **Pd+R+B** Paolo Poloni **K** Patrick Lindenmaier **M** Ernst Thoma **S** Paolo Poloni **L** 60 **E** Schweiz

WITTGENSTEIN (WITTGENSTEIN). Eine komödiantische Einführung in Leben und Werk des österreichischen Philosophen. Ludwig Wittgensteins wesentliche Sätze und Problemstellungen werden allgemeinverständlich in Spielhandlungen gleichsam vorexerziert. Die ausgefeilten Tableaus entwickeln sich zur heiteren, dialogsicheren, hervorragend gespielten Gesamtschau auf das Leben eines philosophischen Außenseiters, mit der Derek Jarman einer »verwandten Seele« ein Denkmal setzt. ✦ Großbritannien 1992 **P** BFI/Uplink/Channel Four **KI** Impuls **VA** Arthaus **Pd** Tariq Ali **R** Derek Jarman **B** Derek Jarman, Terry Eagleton, Ken Butler **K** James Welland **M** Jan Lathan Koenig **S** Budge Tremlett **D** Karl Johnson (Ludwig Wittgenstein), Clancy Chassay (Ludwig Wittgenstein als Kind), Michael Gough (Bertrand Russell), Tilda Swinton (Lady Ottoline Morrell), John Quentin (Maynard Keynes) **L** 72 **FSK** ab 12; f **FBW** bw **E** 10.2.1994/4.10.1994 Video **fd** 30 645

WITTSTOCK, WITTSTOCK. Mit »Wittstock, Wittstock« beendet Volker Koepp seine sich über mehr als 20 Jahre erstreckenden filmischen Beobachtungen vom Leben in der märkischen Kleinstadt Wittstock an der Dose, und wie es sich in der neuen Bundesrepublik Deutschland wandelte. Noch einmal begegnet man den Textilarbeiterinnen des einstigen VEB Obertrikotagenbetriebes »Ernst Lück«, die zwar inzwischen Arbeit und gesellschaftliche Anerkennung, nicht aber ihr Selbstwertgefühl und ihre Sicherheit verloren haben. Ein besinnlicher, anrührend poetischer Dokumentarfilm, der Lebensläufe in der Schwebe ohne jeden Anflug von Resignation einfängt. – Sehenswert ab 12. ✦ Schwarz-weiß. Deutschland 1997 **P** Kruschke Film- und Videoprod. **KI** Progress/Verleih der Filmemacher **VA** Icestorm **Pd** Herbert Kruschke **R+B** Volker Koepp **K** Christian Lehmann **S** Angelika Arnold **L** 117 **FSK** o. A.; f **FBW** w **E** 25.9.1997 **fd** 32 763

DIE WITWE (NICOLE). Eine Gattenmörderin versucht, sich mit Geld Liebe und Zuneigung zu erkaufen. Als man ihr Spiel durchschaut, läßt sie den Geliebten umbringen. Banale Dreiecksgeschichte, die ihre Gesellschaftskritik sehr vereinfacht darstellt und Mängel der Story obendrein durch falsch angewandte filmische Gestaltungsmittel wettzumachen versucht. ✦ USA 1973 **P** Zephyr **VA** ITT Contrast **R** Istvan Ventilla **B** Louis Horvath, Istvan Ventilla **K** Louis Horvath **D** Leslie Caron, Ramon Bieri, Kathy Bach, Bruce Graziano, Allan Jaffe **L** 88 **E** 1983 Video **fd** 24 104

DIE WITWE DES ARCHITEKTEN (LA VEUVE DE L'ARCHITECTE). Die Witwe eines angesehenen Architekten zieht in eine Villa am Rande der Stadt, die wie ein Relikt aus besseren Tagen inmitten eines Wohnghettos liegt. Angesichts der Jugendaggressivität, die von diesem Viertel, das ihr Mann einst als soziale Zukunftsvision baute, ausgeht, will sie die Jugendlichen lehren, ihr Bewußtsein zu verändern und der Rolle als Verlierer zu entfliehen. Engagierter Film, der sich eines brennenden Problems der Urbanisierung und zunehmenden Verelendung annimmt. – Ab 16. ✦ Frankreich 1995 **R** Philippe Monnier **B** Jean-Luc Seigle **D** Michèle Morgan (Helena Kramp), Jacques François (Jeannot), Olivier Sitruk (Philippe), Tania Gabarski (Yasmina), Martine Godart (Caroline) **L** 85 **E** 12.12.1996 Bayern 3

DIE WITWE DES MONTIEL (LA VIUDA DE MONTIEL). Als ein lateinamerikanischer Gutsbesitzer eines Tages in seiner Hängematte stirbt, trauert um ihn allein seine Witwe. Der Tote war ein skrupelloser Gauner, der sich innerhalb weniger Jahre vom unterdrückten Landarbeiter in einen reichen Unterdrücker verwandelt hatte. Sein Erfolgsrezept war einfach: Er diente sich speichelleckerisch dem diktatorischen Regime an. Sein Tod ist das Signal für die Guerilleros, die Macht zu übernehmen. Nach der aussagekräftigen Vorlage Marquez' entstand ein symbolträchtiger, beunruhigender Film von merkwürdiger Schönheit und irritierender Vielfalt. In ihm lebt die Realität des lateinamerikanischen Kontinents mit ihren Erinnerungen, Mythen und Hoffnungen. (Fernsehtitel West: »Montiels Witwe«) – Ab 14. ✦ Mexiko/Venezuela/Kuba/Kolumbien 1979 **P** Universidad Veracruzana/Macuto Filmes/ICAIC/Macondo Filmes **KI** Progress **Pd** Hernán Littin **R** Miguel Littin **B** Miguel Littin, José Agustin, nach einer Erzählung von Gabriel Garcia Marquez **K** Patricio Castilla **M** Leo Brouwer **S** Nelson Rodríguez **D** Geraldine Chaplin (Adelaida Montiel), Nelson Villagra (José Montiel), Ernesto Gomez Cruz (Carmichael), Alejandro Parodi (Polizeichef), Katy Jurado (Mama Grande), Pilar Romero (Hilaria), Reynaldo Miravalles (Dr. Giraldo) **L** 105 **E** 16.4.1982 Kino DDR/9.12.1982 ZDF/20.5.1983 DFF 2

EINE WITWE MORDET LEISE (WHAT EVER HAPPENED TO AUNT ALICE?). Eine Witwe fühlt sich von ihrem Mann um den Nachlaß betrogen. Sie eignet sich das Vermögen ihrer Gesellschafterinnen an, die sie der Reihe nach umbringt. Als sie erfährt, daß ein für wertlos gehaltenes Briefmarkenalbum die erwartete Erbschaft enthielt, wird sie vollends irre. Skurriler, schauspielerisch und fotografisch gepflegter Unterhaltungsfilm, in dem die kriminalistisch-satirische Tragikomödie nur in Ansätzen erkennbar wird. – Ab 16. ✦ USA 1968 **P** Palomar **KI** Cinerama **Pd** Robert Aldrich **R** Lee H. Katzin **B** Theodore Apstein, nach einem Roman von Ursula Curtiss **K** Joseph Biroc **M** Gerald Fried **S** Frank J. Urioste **D** Geraldine Page (Mrs. Marrable), Ruth Gordon (Mrs. Dimmock), Robert Fuller (Mike Darrah), Rosemary Forsyth (Harriet Vaughn), Mildred Dunnock (Miss Tinsley) **L** 101 **FSK** ab 16; f **E** 13.2.1970 **fd** 16 609

DIE WITWE UND DER HAUPTMANN (AZ ÖZVEGY ES A SZAZADOS). Im Bemühen, ihrem Alleinsein zu entfliehen und Menschen zu finden, für die sie sorgen kann, erscheint eine 50jährige Witwe ihren

Mitmenschen naiv und aufdringlich. Ein Hauptmann der Miliz, der Verständnis für die Einsamkeit der Frau aufbringt, versucht mit Hilfe seiner Kollegen, ihr Leben wieder in rechte Beziehung zu ihrer Umwelt zu bringen. Psychologisch stimmiges Drama, das sein Plädoyer für Toleranz und Mitmenschlichkeit überzeugend und unaufdringlich vorbringt. – Sehenswert ab 16. ✦ Schwarz-weiß. Ungarn 1967 **P** Mafilm, Stúdió 2 **KI** Progress **R** György Palásthy **B** György Kopányi **K** Ottó Forgács **M** Ferenc Lovas **D** Klári Tolnay (Frau Holló), Imre Sinkovits (Hauptmann), Adám Szirtes (Wachtmeister), Gyula Benkö (Márton), Kati Gombos (Frau Márton) **L** 75 **E** 24.5.1968 Kino DDR/ 6.12.1972 DFF 2

WITWEN (WDOWY). Die Geschichte zweier alter Frauen, die noch einmal mit der Vergangenheit und der Kriegserinnerung konfrontiert werden. ✦ UdSSR 1976 **P** Lenfilm **KI** Progress **R** Sergej Mikaeljan **B** Juli Dunski, Valeri Frid **K** Wladimir Tschumak **D** Galina Skorobogatowa (Lisa), Galina Makarowa (Schura), G. Loshkin, Borislaw Brondukow, N. Masajewa **L** 88 **E** 16.2.1990 Kino DDR

DIE WITWEN VON WIDOWS PEAK (WIDOWS PEAK). In ein von einer verschworenen Witwengemeinschaft »beherrschtes« irisches Dorf dringt Ende der 20er Jahre eine junge amerikanische Kriegerwitwe ein. Sie verzaubert die Dorfbewohner mit Charme und Weltläufigkeit, bis sich herausstellt, daß sie die zur Adoption freigegebene Tochter einer im Ort nur geduldeten »Jungfer« ist. Eine mit leichter Hand inszenierte und schauspielerisch hervorragend interpretierte Variante des Dürrenmatt-Themas vom »Besuch der alten Dame«; sie zielt weniger auf die Entlarvung einer bigotten Gesellschaft, sondern betont die komödiantisch-kriminalistischen Elemente der Geschichte. – Ab 14. ✦ Irland 1994 **P** Rank **KI** CI **VA** VMP **Pd** Jo Manuel, Tracey Seaward **R** John Irvin **B** Hugh Leonard **K** Ashley Rowe **M** Carl Davis **S** Peter Tanner **D** Mia Farrow (Catherine O'Hare), Natasha Richardson (Edwina Broome), Joan Plowright (Mrs. Doyle Counihan), Adrian Dunbar (Godfrey), Jim Broadbent (Clancy) **L** 101 **FSK** ab 6; f **FBW** bw **E** 23.3.1995/19.9.1995 Video/2.10.1996 premiere **fd** 31 255

WITWENREPORT →Wo der Wildbach durch das Höschen rauscht

DER WITWER (1959) (IL VEDOVO). Um seinem maroden Betrieb zu helfen, heiratet ein Fahrstuhlfabrikant eine vermögende Frau. Da sie jedoch für seine finanziellen Sorgen kein Interesse zeigt, spielt der leidgeprüfte Ehemann mit Mordgedanken. Zeitweise sehr schwerfällige Kriminalkomödie; der leichte Ton des Beginns schlägt recht unverbunden in makabren Humor um. ✦ Schwarz-weiß. Italien 1959 **P** Paneuropa **R** Dino Risi **B** Rodolfo Sonego, Fabio Carpi, Alessandro Continenza, Dino Verde, Dino Risi **K** Luciano Trasatti **M** Armando Trovaioli **D** Alberto Sordi (Alberto Nardi), Franca Valeri (Elena), Livio Lorenzon, Nando Bruno, Leonora Ruffo, Ruggero Marchi **L** 97 (gek. 85) **E** 10.11.1972 DFF 1/14.11.1994 ORB

DER WITWER (1991) (LE VEUF). Ein junger Mann glaubt durch die Heirat mit einer Prostituierten deren Leben eine entscheidende Wende gegeben zu haben. Als die Frau eines Tages tot in einem Hotel aufgefunden wird, bricht seine Welt zusammen, und er versucht, ihr Leben zu rekonstruieren. Dabei stößt er auf Geheimnisse und auf eine nie geahnte »Hinterlassenschaft«, die seinem Leben neuen Sinn geben könnte. Verfilmung eines Romans von Georges Simenon. ✦ Frankreich/Schweiz/Belgien/ Deutschland 1991 **P** Hamster/TF 1/Télévision Suisse Romande/CineVista/Kunst en Kino NOS/ BRT/ZDF **R** Paul Cammermans **B** Don Dekker, nach einem Roman von Georges Simenon **K** Hein Groot **M** Boudewijn Tarenskeen **D** Peter van den Eede (Bernard Jeantet), Wivineke van Groningen (Jenny), Lena Siau (Nachbarin), Herman Verschelden (Inspektor Gordes), Jelle van den Eeden (Pierre) **L** 90 **E** 29.9. 1992 ZDF

WITWER MIT FÜNF TÖCHTERN. Ein Bibliothekar und Schloßverwalter, Witwer mit fünf quirligen Töchtern, sucht eine Haushälterin und bekommt schließlich eine Frau, die alle Probleme bewältigt. Wesentlich vom Wortwitz Heinz Erhardts lebendes Lustspiel; obwohl ansonsten nicht sehr einfallsreich, größtenteils unterhaltsam. – Ab 14. ✦ Schwarz-weiß. BR Deutschland 1957 **P** DFH **KI** DFH **VA** Kinowelt Home **R** Erich Engels **B** Rolf Becker, Alexandra Becker **K** Willy Winterstein **M** Delle Haensch **S** Martha Dübber **D** Heinz Erhardt (Friedrich Scherzer), Susanne Cramer (Karin Scherzer), Vera Tschechowa (Anne Scherzer), Angelika Meissner (Marie Scherzer), Christine Kaufmann (Ulla Scherzer) **L** 96 **FSK** ab 12; nf **E** 6.9.1957/Mai 1999 Video **fd** 6 161

WITZLEBEN. Ein kleiner Ort in Schleswig-Holstein. Im Mittelpunkt der Handlung eine Familie, die eine Tankstelle betreibt, in der Zeit zwischen Dezember 1980 und Januar 1981: Mutter, Tochter, Schwiegersohn und Familie. Das Leben wird bestimmt von harter Arbeit. Die jüngere Tochter der Besitzerin hat sich freigemacht von der Lebensauffassung der Mutter und kommt nur noch zu Weihnachten nach Hause. Der Film zeigt den kompletten Alltag der Familie: die Arbeit, den Haushalt, den Feierabend und die plötzlich auftretenden Konflikte. ✦ BR Deutschland 1980/81 **P** B-Pictures/Von Vietinghoff/ ZDF **R** Hellmuth Costard **B** Hellmuth Costard, Jürgen Ebert **K** Hellmuth Costard, Hanno Hart, Rotraut Pape **M** Ry Cooder, Jean-Philippe Rameau, Fred Bongusto **D** Christine Harder, Sabine Wichmann, Dirk Harder, Konrad Kotowski, Elfriede Wichmann **L** 71 **E** 24.9. 1981 ZDF

WIZARDS OF THE LOST KINGDOM (SWORD AND SORCERY / WIZARD OF THE LOST KINGDOM). Der Schüler eines »weißen« Magiers muß mit Hilfe eines Kriegers und eines Fabelwesens gegen Meuchelmörder, Krötenmenschen und hinterhältige Zwerge antreten, um eine unschuldige Königstochter aus deren Gewalt zu befreien. Naive Fantasy-Geschichte. (TV-Titel: »Der Zauberring«) – Ab 16. ✦ USA 1985 **P** New Horizons **VA** IHV **R** Héctor Olivera **B** Tom Edwards **K** Leonard Solis **M** James Horner, Chris Young (= Christopher Young) **S** Silvia Roberts **D** Bo Svenson (Kor), Vidal Peterson (Simon), Thom Christopher (Shurka), Barbara Stock (Udea) **L** 79 **FSK** ab 12 **E** Mai 1986 Video/4.4.1994 RTL

WO ALLE STRASSEN ENDEN (THE WAYWARD BUS). Auf der Fahrt zur kalifornisch-mexikanischen Grenze, bei heftigem Unwetter, reagieren Insassen eines schrottreifen Fahrzeugs lebensgefährliche Zwischenfälle mit dem Ausbruch verdrängter oder verklemmter Triebe ab. Formal ansehnliche, mit handfester Spannung inszenierte Literaturverfilmung. ✦ Scope, schwarz-weiß. USA 1957 **P** 20th Century Fox **KI** Centfox **Pd** Charles Brackett **R** Victor Vicas **B** Ivan Moffat, nach dem Roman »Autobus auf Seitenwegen« von John Steinbeck **K** Charles G. Clarke **M** Lionel Newman **S** Louis Loeffler **D** Joan Collins (Alice Chicoy), Jayne Mansfield (Camille), Dan Dailey (Ernest Horton), Rick Jason (Johnny Chicoy), Betty Lou Keim (Norma), Larry Keating (Pritchard) **L** 89 **FSK** ab 18; f **E** 18.7.1957 **fd** 6 066

WO ANDERE SCHWEIGEN. Zehn Tage aus dem Leben der sozialistischen Politikerin Clara Zetkin (1857–1933), Mitbegründerin der SPD, der USPD und der KPD: Im August 1932 reist die 75jährige kommunistische Abgeordnete aus ihrer Wahlheimat Moskau nach Berlin, um als Alterspräsidentin des Reichstages in einer großen Rede vor der nationalsozialistischen Bewegung zu warnen. Biografischer Film, langatmig und spannungslos erzählt; auch emotional kaum ansprechend. – Ab 16. ✦ Scope. DDR 1984 **P** DEFA, Gruppe »Babelsberg« **KI** Progress **Pd** Horst Hartwig **R** Ralf Kirsten **B** Michail Schatrow, Ralf Kirsten **K** Günter Haubold **M** Peter Gotthardt **S** Evelyn Carow **D** Gudrun Okras (Clara Zetkin), Elke Reuter (Christa), Rolf Ludwig (Gustav), Klaus Manchen (John Schehr), Klaus Piontek (Maxim) **L** 106 **E** 5.10.1984 Kino DDR/11.1.1987 Kino BRD/27.8.1989 BR

WO BIST DU, BAGIRA? (GDE TY, BAGIRA?). Die Geschichte der Freundschaft eines Mädchens mit einem Bernhardinerhund. ✦ UdSSR 1977 **P** Filmstudio Odessa **R** Wladimir Lewin **B** Leonid Braslawski **M** Sergej Banewitsch **D** Anja Kolbassowa (Tanja), Anja Wassiljewa (Rita), Pawlik Silakow (Tolja), Iwan Ryshow (Wassili Kusmitsch), Alexej Wanin (Tanjas Vater) **L** 78 **E** 26.11.1978 DFF 2

WO BIST DU, MEINE SULFIJA? (GDJE TY, MOJA SULFIJA). In einer alten Kate wohnen Vater und Sohn. Der Alte will nicht in eine Neubauwohnung ziehen. Sein Sohn will nicht heiraten. Durch die Begegnung mit einer jungen Frau finden beide eine neue Bleibe. ✦ Schwarz-weiß. UdSSR 1964 **P** Usbekfilm **R** Ali Chamrajew **B** Rachmat Fajsi **K** T. Rusijew **M** Alexander Malachow **D** Said Kodshajew, Bachtijar Ichtijarow, Onachon Tadshibajewa, Rasak Chamrajew, Schukur Burchanow **L** 70 **E** 9.12.1965 DFF 1

WO BITTE GEHT'S ZUM KNAST? →Things Change – Mehr Glück als Verstand

WO BITTE GEHT'S ZUM MILITÄR? →Brenda's Combat Boots

WO, BITTE, GEHT'S ZUM NÄCHSTEN FRIEDHOF? (PAS DE PROBLEME!). Eine Leiche im Kofferraum eines Autos bringt drei junge Leute in Schwierigkeiten, bis sich am Ende alle Verwicklungen lösen. Ohne Ironie, weitgehend schwung- und einfallslos inszeniert; streckenweise auf Klamottenniveau absinkend. (Alternativtitel: »Gib Gas, Dicker«, DDR: »Kein Problem!«) – Ab 14 möglich. ✦ Frankreich 1975 **P** Gaumont 2000 **KI** Gloria **R** Georges Lautner **B** Jean-Marie Poiré, Georges Lautner **K** Maurice Fellous **M** Philippe Sarde **D** Miou-Miou, Jean Lefebvre, Bernard Menez, Anny Duperey, Henri Guybet, Maria Pacôme, Paula Moore, Renée Saint-Cyr **L** 103 **FSK** ab 16; nf **E** 4.3.1976/14.1.1977 Kino DDR **fd** 19 699

WO, BITTE, GEHT'S ZUR FRONT? (WHICH WAY TO THE FRONT?). Ein gelangweilter, wohlstandsmüder Milliardär, der das Weltgeschehen auch an der Front bestimmen möchte, aber verwendungsunfähig ist, gründet eine Privatarmee und entscheidet den Zweiten Weltkrieg. Gagreiche, nur am Anfang selbstironisch angelegte Komödie von und mit Jerry Lewis. ✦ USA 1970 **P** Warner Bros. **KI** Warner **Pd+R** Jerry Lewis **B** Gerald Gardner, Dee Caruso **K** W. Wallace Kelley **M** Louis Y. Brown **S** Russel Wiles **D** Jerry Lewis (Brendan Byers III.), Jan Murray (Sid Hackle), John Wood (Finkel), Sidney Miller (Adolf Hitler), Steve Franken (Peter Bland), Willie Davis (Lincoln), Dack Rambo (Terry Love) **L** 96 **FSK** ab 12; nf **E** 11.6.1971 **fd** 17 396

WO BITTE GEHT'S ZUR MAFIA? →Ein heißer Job

WO, BITTE, GIBT'S BIER AN DER FRONT? (THE PRIVATE NAVY OF SGT. O'FARRELL). Ein US-Sergeant verhilft im Zweiten Weltkrieg den auf einer Insel im Pazifik nach Frauen und Bier schmachtenden Soldaten auf erfindungsreiche Weise vor allem zum entbehrten Getränk. Parodie auf verlogene Kriegsfilme und den »American way of life«. Durch spätere Eingriffe in seiner ursprünglichen Form zerstört, gerät der Film zeitweise in die Nähe zur Klamotte. – Ab 16. ✦ USA 1968 **P** Naho **KI** Avis **Pd** John Beck **R+B** Frank Tashlin **K** Alan Stensvold **M** Harry Sukman **S** Eda Warren **D** Bob Hope, Gina Lollobrigida, Jeffrey Hunter, Mylène Demongeot, Phyllis Diller **L** 92 **FSK** ab 12; nf **E** 10.1.1975 **fd** 19 167

WO BITTE IST DIE 7. KOMPANIE GEBLIEBEN? (MAIS OU EST DONC PASSEE LA 7IEME COMPAGNIE?). Die Abenteuer dreier französischer Soldaten während des Krieges 1940. Von Selbstironie durchzogene »Kriegskomödie« mit Schweijk-artigen Typen und einem Loblied auf überlebenstüchtige Gewitztheit; fragwürdig in der Präsentation des kriegerischen Geschehens als bloßem Vergnügen. – Ab 16 möglich. ✦ Frankreich/Italien 1973 **P** Gaumont/Euro International **KI** Tobis **R+B** Robert Lamoureux **K** Marcel Grignon **M** Henri Bourtayre **D** Jean Lefebvre (Telefonist Pitivier), Pierre Mondy (Sergeant Chaudard), Aldo Maccione (Schütze Tassin), Erik Colin (Leutnant Duvauchel), Alain Dontey (Telefonist Carlier) **L** 79 **FSK** ab 6; f **E** 4.4.1977 **fd** 18 801

WO BLEIBT DIE MORAL, MEIN HERR? (LE FARCEUR). Die erotischen Abenteuer eines Junggesellen und Bonvivants in Paris, der sich als moderner Don Juan betätigt. Turbulente, überdrehte, reichlich respektlose Komödie; eine Mischung aus Slapstick, derben Boulevardtheater-Zoten und oberflächlich bleibenden Anleihen beim Stil der »nouvelle vague«. ✦ Schwarz-weiß. Frankreich 1960 **P** Ajym **KI** Rank **R** Philippe de Broca **B** Philippe de Broca, Daniel Boulanger **K** Jean Penzer **M** Georges Delerue **D** Anouk Aimée, Geneviève Cluny, Jean-Pierre Cassel, Pierre Palau, Georges Wilson **L** 85 **FSK** ab 18; nf **FBW** w **E** 10.3.1961 **fd** 10 067

WO DAS ALIBI NICHT GENÜGT (KDE ALIBI NESTACI). Die Prager Kriminalpolizei begibt sich auf die Suche nach Medikamentenschmugglern, die durch Arzneimittel minderer Qualität viel Unheil anrichten. ✦ Schwarz-weiß. CSSR 1961 **P** Filmstudio Barrandov **R** Vladimír Cech **B** Karel Cop, Vladimír Cech **K** Josef Strecha **M** Dalibor C. Vackár **D** Karel Höger, Josef Bek, Oldrich Novy, Bohumil Smida, Bohus Záhorsky **L** 88 **E** 21.4.1962 DFF 1

WO DAS GRAUEN LAUERT (THE HOUSE OF DIES DREAR). Horrorfilm. Die Familie eines schwarzen Geschichtslehrers zieht in ein altes Haus in Ohio, in dem es offenbar spukt. Auch wird sie mit einem alten Einsiedler konfrontiert, der auf dem Grundstück herumstreift. Wie sich herausstellt, soll in dem Haus ein sagenumwobener Schatz lagern. ✦ USA 1986 **R** Allan A. Goldstein **B** Richard Wesley **D** Howard E. Rollins jr. (Walter Small), Joe Seneca (Pluto), Shavar Ross (Thomas), Gloria Foster, Moses Gunn **L** 102 **E** 1.8.1998 RTL 2

WO DAS HERZ ZU HAUSE IST. In einem westsibirischen Dorf, das vorwiegend von Deutschen besiedelt ist, plant eine junge Lehrerin, zusammen mit einem Landwirt, den sie liebt, eine Existenz aufzubauen. Ihr Leben ändert sich dramatisch, als ihr Bruder der Mutter am Sterbebett verspricht, die Schwester in seine neue Heimat Deutschland mitzunehmen. Dort lernt sie einen Immobilienmakler kennen, der sich in sie verliebt und deswegen ein Telegramm des in Sibirien zurückgebliebenen Landwirts unterschlägt. Enttäuscht, nichts von dem Geliebten zu hören, wendet sich die junge Frau dem Makler zu. Fernsehfilm. ✦ Deutschland 1993 **P** SAT 1 **R** Herrmann Zschoche **D** Deborah Kaufmann (Johanna Schneider), Stefan Reck (Georg), Alexander Strobele (Hubert), Johanna Klante (Lisa), Albert Fortell (Thomas Geiger) **L** 90 **E** 13.4.1994 SAT 1

WO DAS WASSER KLAR UND DAS GRAS NOCH GRÜN IST (GDZIE WODA CZYSTA I TRAWA ZIELONA). Ein junger Genosse wird mit Parteiauftrag als 1. Sekretär in eine kleine polnische Industriestadt beordert, um hier der Korruption, dem Machtmißbrauch und der Gleichgültigkeit im Staats- und Parteiapparat ein Ende zu machen. Politisch brisante, ehrliche und offene Analyse der sozialen Situation im Polen der 70er Jahre, in der Schlußsequenz aber zu vordergründig optimistisch. – Ab 14. ✦ Polen 1977 **P** PRF »Zespoly Filmowe«/Zespol »Profil« **KI** Progress **R** Bohdan Poreba **B** Ryszard Gontarsz **K** Kazimierz Madejski **M** Piotr Figiel **D** Tadeusz Borowski (Kuriata), Alicja Jachiewicz (seine Frau), Maria Klejdysz (Domanska), Malgorzata Rogacka-Wisniewska (Szymanska), Maria Cchocka (Kaniowa) **L** 122 **E** 13.10.1978 Kino DDR

WO DEIN HERZ SCHLÄGT (WHERE THE HEART IS). Eine hochschwangere 17-Jährige, die von ihrem Geliebten auf dem Parkplatz eines Einkaufscenters in der amerikanischen Provinz verlassen wurde, wird nach der Geburt ihrer Tochter im Einkaufsparadies zur lokalen Berühmtheit, kann sich gesellschaftlich etablieren und als Fotografin Anerkennung erringen. Trotz seiner Auflistung der Schattenseiten des »amerikanischen Traums« eine Lobpreisung des Konsumismus und Kapitalismus, dessen Sentimentalitäten verärgern. Ein Kinodebüt als Aneinanderreihung von fehlgeleiteten Drehbuchentwürfen. – Ab 14. ✦ USA 1999 **P** Wind Dancer Prod. **KI** Helkon **VA** Columbia TriStar Home **Pd** Matt Williams, Susan Cartsonis, David McFadzean, Patricia Whitcher, Gerrit Folsom, Dianne Minter Lewis **R** Matt Williams **B** Lowell Ganz, Babaloo Mandel, nach einem Roman von Billie Letts **K** Richard Greatrex **M** Mason Daring **S** Ian Crafford **D** Natalie Portman (Novalee Nation), Ashley Judd (Lexie Coop), Stockard Channing (Sister Husband), Joan Cusack (Ruth Meyers), James Frain (Forney Hull), Dylan Bruno (Willy Jack), Keith David (Moses Whitecotton) **L** 120 **FSK** ab 6; f **FBW** w **E** 9.11.2000/ 22.5.2001 Video **fd** 34 551

WO DER FRÜHLING SPÄTER KOMMT (KAZOKU). Die beschwerliche und leidvolle Reise einer Umsiedlerfamilie vom Süden in den Norden Japans wird zu einem Exkurs über die familiären und gesellschaftlichen Reibungspunkte zwischen dem alten und dem neuen Japan. Eindrucksvoll fotografiert und trotz seines melodramatischen Inhalts ohne Larmoyanz inszeniert. ✦ Scope. Japan 1970 **P** Shochiku **R** Yôji Yamada **B** Yoshiji Mishima, Tsuneo Kosumi **K** Tetsuo Takaba **M** Masaru Satô **D** Chieko Baishô, Hisashi Igawa, Chishû Ryû, Gin Maeda **L** 102 **E** 8.6.1984 ZDF/9.4.1982 DFF 2 **fd** 24 583

WO DER HEISSE WIND WEHT (LA LOI / LA LEGGE). Sittenbild einer süditalienischen Kleinstadt, in der sich angeblich ein sonderbarer Brauch erhalten hat: Wer das »Spiel des Gesetzes« gewinnt, darf sich, unter anderem, die Frau nehmen, die er begehrt. Episodisch angelegter Film mit überwiegend komödiantischen Zügen, gut fotografiert und treffend in der Milieuzeichnung. ✦ Schwarz-weiß. Frankreich/ Italien 1958 **P** Groupe de Quatre/Titanus/G.E.S.I.-Cinematografica **KI** Corona/Titanus **Pd** Jacques Bar, Maleno Malenotti **R** Jules Dassin **B** Jules Dassin, nach dem Roman »Hart auf Hart« von Roger Vailland **K** Otello Martelli **M** Roman Vlad **S** Roger Dwyre **D** Gina Lollobrigida (Marietta), Pierre Brasseur (Don Cesare), Yves Montand (Matteo Brigante), Marcello Mastroianni (Enrico Toso, Agronom), Melina Mercouri (Lucrezia) **L** 103 **FSK** ab 18; nf **E** 9.4.1959 **fd** 8 039

WO DER HIMMEL DIE ERDE BERÜHRT. Dokumentarfilm, der die extrem bedrohte Landschaft Kirgistans und seine Bewohner porträtiert. Nachdem die Bodenschätze der zentralasiatischen Republik lange nur unsystematisch gefördert wurden, machen sich nun kanadische Bergbau-Unternehmen an deren intensive Ausbeutung. Dadurch droht das Gleichgewicht der Region ausgehebelt zu werden. Der unter Mitwirkung des Schriftstellers Tschingis Aitmatow entstandene Film zeigt beide Seiten des Status quo: großartige Landschaften mit darin nach uralten Gepflogenheiten lebenden Menschen sowie den Vormarsch des industriellen Raubbaus. (O.m.d.U.) – Sehenswert ab 16. ✦ Deutschland 1999 **P** Cine-Dok/Euroarts International **KI** Edition Salzgeber **VA** Salzgeber **DVD** Salzgeber (1.66:1; DD2.0 dt.) **Pd** Frank Müller, Bernd Hellthaler **R+B+K** Frank Müller **M** Nurlan Nischanov **S** Frank Müller **L** 83 **FSK** ab 6; f **E** 23.3.2000/14.5.2001 Video/18.6.2001 DVD **fd** 34 168

WO DER HIMMEL SANG (TERRE SAINTE). Dokumentarfilm des flämischen Missionspaters Weymeersch über das Heilige Land. Lebendige und lehrreiche Zeugnisse der Vergangenheit und Bilder neuerer Lebensformen (bis 1953) in Palästina sollen das Leben Jesu veranschaulichen. – Ab 6 möglich. ✦ Belgien 1952/56 **P** Weiße Väter von Afrika, Gits **KI** Matthias **R** Erik Weymeersch **L** 84 **FSK** ab 6; f **E** 1957 **fd** 5 668

WO DER ROTE FARN WÄCHST (WHERE THE RED FERN GROWS). Der zwölfjährige Sohn eines armen Farmerehepaares verdient sich zwei Jagdhunde und richtet sie zur Waschbärenjagd ab. Im amerikanischen Süden der 30er Jahre angesiedelter naivgefühlvoller Tierfilm. – Ab 10. ✦ USA 1974 **P** Doty-Dayton **Pd** Lyman D. Dayton **R** Norman Tokar **B** Douglas Stewart, Eleanor Lamb, nach einem Roman von Wilson Rawls **K** Dean Cundey **M** Lex De Azevedo **S** Bob Bring, Marsh Hendry **D** Stewart Peterson (Billy), James Whitmore (Großvater), Beverly Garland (Mutter), Jack Ging (Vater), Lonny Chapman (Sheriff) **L** 97 **E** 31.12.1977 ZDF **fd** 20 584

WO DER SCHRECKEN WOHNT (1972) →The Fear – Angst in der Nacht

WO DER SCHRECKEN WOHNT (1981) →Haus in Schrecken

WO DER TEUFEL NICHT HINKAM (KAM SERT NEMUZE). Einem jungen Mädchen gelingt es, einen Arzt, der infolge Überarbeitung an Halluzinationen zu leiden glaubt, auf ein altes Schloß zu entführen, um ihn für sich zu gewinnen. Nach mancherlei turbulenten Erlebnissen erfolgt das unvermeidliche Happy-End. Mangels stilistischer Geschlossenheit nur teilweise amüsant. – Ab 14. ✦ CSR 1959 **P** Filmstudio Barrandov **KI** Progress **R** Zdenek Podskalsky **B** Frantisek Daniel, Miroslav Kratochvil **K** Jirí Safár **M** Zdenek Liska **D** Miroslav Hornicek (Dr.Faust), Jana Hlavácová (Mephistophela), Vlastimil Brodsky (Borovicka), Jirí Sovák (Hatl), Rudolf Hrusínsky (Dr. Wagner) **L** 83 **E** 16.12.1960 Kino DDR/1.12.1961 DFF 1

WO DER WILDBACH DURCH DAS HÖSCHEN RAUSCHT. Die Witwe des biederen Bürgermeisters eines oberbayrischen Gebirgsdorfes erfährt durch sein Tagebuch von seinen Ausschweifungen. Stümperhaftes Sexfilmchen. (Alternativtitel: »Witwenreport«, »Sexgrüße aus dem Lederhöschen«) – Wir raten ab. ✦ BR Deutschland 1974 **P** Jürgen Enz **KI** Müller **R** Jürgen Enz **D** Mascha Sieger, Josef Mooshölzer, Eva Gross, Birgit Bergen **L** 76 **FSK** SPIO: X **E** 27.9.1974 **fd** 19 454

WO DER WILDBACH RAUSCHT. Klischeehafter Alpen-Heimatfilm mit trotzigen Bauern, unehelichem Kind, Totschlag und Versöhnung in der nächsten Generation. – Ab 16. ✦ BR Deutschland 1956 **P** H.P. **KI** D.F.H. **R** Heinz Paul **B** Alois Johannes Lippl **K** Franz Weihmayr **M** Winfried Zillig **S** Karl Aulitzky **D** Walter Richter, Ingeborg Cornelius, Ingmar Zeisberg, Helga Franck, Jürgen Goslar **L** 99 **FSK** ab 16; f **E** 16.8.1956 **fd** 5 276

WO DER WIND STIRBT (PASSION). Ein mutiger Viehzüchter rächt sich im mexikanischen Kalifornien an den Mördern seiner Frau und seiner Schwiegereltern, die von einem Großgrundbesitzer gedungen und von der Polizei gedeckt wurden. Den letzten der Bösewichte läßt er im Schneesturm in den Bergen absichtlich zugrunde gehen. Formal anspruchsvoller Western; fragwürdig durch seinen Hang zur Selbstjustiz. – Ab 16 möglich. ✦ USA 1954 **P** RKO **KI** RKO **Pd** Benedict Bogeaus **R** Allan Dwan **B** Howard Estabrook, Beatrice A. Dresher, Joseph Leytes, nach einer Erzählung von Beatrice A. Dresher und Miguel Padilla **K** John Alton **M** Louis Forbes **S** Carlo Lodato **D** Cornel Wilde (Juan Obregon), Yvonne de Carlo (Rosa Melo/Tonya Melo), Raymond Burr (Capt. Rodriguez), Lon Chaney jr. (Castro), Rodolfo Acosta (Salvador Sandro), John Qualen (Gaspar Melo), Anthony Caruso (Sgt. Munoz), Frank de Kova (Martinez), John Dierkes (Escobar), Richard Hale (Don Domingo), Alex Montoya (Manuel Felipe), Stuart Whitman (Bernal Vaquaro) **L** 84 **FSK** ab 12; f **E** 13.5.1955 **fd** 4 083

WO DER ZUG NICHT LANGE HÄLT ... Eine Liebesgeschichte aus einer Kleinstadt: Die Wandlung eines jungen Arbeiters, der aus der Enge der Provinz fliehen möchte. Zeitbezogene Unterhaltung ohne besondere Ansprüche. – Ab 14. ✦ Schwarz-weiß. DDR 1960 **P** DEFA, Gruppe »Heinrich Greif« **KI** Progress **Pd** Siegfried Nürnberger **R** Joachim Hasler **B** Joachim Hasler, Horst Beseler **K** Joachim Hasler, Helmut Grewald **M** André Asriel **S** Hildegard Tegener **D** Helga Piur (Karin), Stefan Lisewski (Gerhard), Erich Franz (Franz), Horst Kube (Boxer), Hans-Peter Minetti (der Neue), Gerry Wolff (Kommissar) **L** 77 **E** 15.7.1960 Kino DDR/8.1.1961 DFF 1

WO DIE ALPENROSEN BLÜHEN →Der Berghofbauer

WO DIE ALTEN WÄLDER RAUSCHEN. Ein verwitweter Bauunternehmer und Ingenieur vernachlässigt selbst im Urlaub seinen kleinen Sohn und widmet sich einem Bauvorhaben in der Nähe des Ferienortes. Zudem flirtet er mit der Erzieherin des Jungen, die einen wegen Arbeitsunfalls zu Unrecht belasteten Ingenieur liebt, während der inzwischen ausgerissene Junge vom Bergrettungsdienst wieder eingefangen wird. Kitschig inszenierter Heimatfilm mit einigen schönen Landschafts- und Tieraufnahmen, der weder Spannung noch Anteilnahme aufkommen läßt. – Ab 12. ✦ BR Deutschland 1956 **P** Divina **Kl** Gloria **Pd** Walter Traut, Eberhard Meichsner **R** Alfons Stummer **B** Werner P. Zibaso, Alfons Stummer **K** Herbert Thallmayer, Ernst von Theumer (Tieraufnahmen) **M** Marc Roland **S** Walter Boos **D** Willy Fritsch (Harald Rehm), Josefin Kipper (Margret Bruhn), Carl Möhner (Klaus Baumgartner), Armin Dahlen (Toni Burgstaller), Elfie Pertramer (Vroni, Hausmädchen), Peter Finkbeiner (Nils, Rehms Sohn), Peter Fischer (Loisl) **L** 94 **FSK** ab 12; f **E** 14.9.1956 **fd** 5 297

WO DIE BERGE SEGELN (HVOR BJERGENE SEJLER). Dokumentarspielfilm mit preiswürdigen (und preisgekrönten) Naturschilderungen aus der zerklüfteten Eislandschaft Grönlands. Die schlichte Handlung erzählt von einem erkrankten Eskimojungen, der in ein weit entferntes Hospital gebracht wird und dort, kindlich staunend, mit einer noch unbekannten Zivilisation in Berührung kommt. – Ab 8. ✦ Dänemark 1955 **P** Arnö-Studio **Kl** Globus **R** Bjarne Henning-Jensen **K** Dudgeon-Stretten **M** Hermann D. Koppel **L** 51 **FSK** ab 6; f **FBW** bw **E** 16.9.1960 **fd** 9 504

WO DIE GRÜNEN AMEISEN TRÄUMEN. In der australischen Wüste sucht eine Minengesellschaft nach Uran. Die Ureinwohner setzen sich gegen die Zerstörung ihrer Kultur und ihrer heiligen Orte zur Wehr; die Auseinandersetzung gipfelt in einem grotesken Gerichtsverfahren, in dem sich beide Parteien in völliger Fremdheit gegenüberstehen. Werner Herzog argumentiert in seiner zivilisationskritischen Parabel mehr als in seinen früheren Filmen mit Worten. Dennoch kein ökologischer Thesenfilm, sondern eine in faszinierenden Bildern, kontemplativem Rhythmus und nahezu heiterem Tonfall dargebotene Studie über das weltweite Vergehen von Hören und Sehen, das Verschwinden der Träume und die Verhärtung westlicher Denk- und Bewußtseinsformen. ✦ BR Deutschland 1984 **P** Werner-Herzog-Filmproduktion/ZDF **Kl** Filmverlag der Autoren **Pd+R+B** Werner Herzog **K** Jörg Schmidt-Reitwein **M** Gabriel Fauré, Ernest Block, Klaus-Jochen Wiese, Richard Wagner **S** Beate Mainka-Jellinghaus **D** Bruce Spence, Banduk Marika, Roy Marika, Ray Barrett, Norman Kaye **L** 100 **FSK** ab 12; f **FBW** bw **E** 31.8.1984 **fd** 24 704

WO DIE GRÜNEN NUDELN FLIEGEN →Die tollen Charlots: Wo die grünen Nudeln fliegen

WO DIE LERCHE SINGT (1936) (WO DIE LERCHE SINGT). Operettenverfilmung um eine verarmte Komteß, die ein Wirtshaus eröffnet, und einen scheinbar mittellosen Lebemann, der sich als Tankwart versucht. Am Ende der dünnen, aber melodienreichen Handlung können alle Schwierigkeiten beseitigt werden. Vorgestrige, allenfalls für Freunde der leichten Muse ansprechende Unterhaltung. – Ab 10. ✦ Schwarz-weiß. Deutschland/Schweiz/Ungarn 1936 **P** Berna **Kl** Prisma **R** Carl Lamac **B** Geza von Cziffra, nach Motiven der Operette von Franz Lehár **K** Werner Brandes, Hans Imber **M** Franz Grothe, Paul Hühn, Franz Lehár (Motive) **D** Martha Eggerth, Alfred Neugebauer, Hans Söhnker, Fritz Imhoff, Rudolf Carl, Lucie Englisch **L** 97 **FSK** ab 12; nf **E** 30.10.1936 **fd** 1 012

WO DIE LERCHE SINGT (1956) (WO DIE LERCHE SINGT). Melodien einer Lehár-Operette begleiten die Aneinanderreihung von Lustspiel-, Rühr- und Heimatklischees: Ein Bauernmädchen, das sich in einen Maler aus der Stadt verliebt hatte, findet nach allerlei Verwicklungen wieder heim. ✦ Österreich 1956 **P** Paula Wessely **Kl** Union **R** Hans Wolff **B** Karl Farkas, Hugo M. Kreutzendorff, nach Motiven der Operette von Franz Lehár **K** Erich Claunigk **M** Bruno Uher **S** Paula Dworak **D** Doris Kirchner (Anita), Renate Holm (Gretl), Lutz Landers (Stefan Helmers), Theo Lingen (Rene Valentin), Oskar Sima (Greulich) **L** 97 **FSK** ab 12; nf **E** 29.11.1957 **fd** 5 698

WO DIE LIEBE HINFÄLLT (I LIVE MY LIFE). Während einer Griechenland-Reise verdreht eine im luxuriösen Elternhaus verwöhnte New Yorkerin einem Archäologen den Kopf. Er mißversteht den Flirt, folgt ihr in die USA, schiebt die sie umgebende nutzlose Clique beiseite und überzeugt sogar die diktatorische Großmutter, von deren Vermögen alle abhängen. Dennoch scheint er die exzentrische Angebetete nicht erweichen zu können. Beschwingte, elegante Komödie mit einigen brillanten Dialogen und hübschen Gags über die »armen Reichen«. Ganz auf die Hauptdarstellerin Joan Crawford abgestellt, die den von ihr verkörperten Frauentyp zum Markenzeichen machte. – Ab 12. ✦ Schwarz-weiß. USA 1935 **P** MGM **Pd** Bernard H. Hyman **R** W. S. van Dyke **B** Joseph L. Mankiewicz, Gottfried Reinhardt, Ethal B. Borden, nach der Kurzgeschichte »Claustrophobia« von A. Carter Goodloe **K** George J. Folsey jr. **M** Dimitri Tiomkin **S** Tom Held **D** Joan Crawford (Kay), Brian Aherne (Terry), Frank Morgan (Mr. Bentley), Aline MacMahon (Betty), Eric Blore (Grove), Fred Keating (Gene), Jessie Ralph (Mrs. Gage), Arthur Treacher (Gallup) **L** 85 **E** 23.5.1989 EINS PLUS

WO DIE LILIEN BLÜHEN (WHERE THE LILIES BLOOM). Als einige Zeit nach dem Tod der Mutter auch der Vater stirbt, übernimmt ein 14jähriges Mädchen die Verantwortung für seine drei Geschwister. Sie beschließen, den Tod des Vaters zu verheimlichen, damit sie in ihrem Haus zusammenbleiben können. Doch schon bald wachsen der 14jährigen die Probleme über den Kopf. Ansehnliches Familiendrama aus den Bergen von North Carolina. – Ab 14. ✦ USA 1974 **P** Robert B. Radnitz **Pd** Robert B. Radnitz **R** William A. Graham **B** Earl Hamner jr., nach dem Buch von Vera und Bill Cleaver **K** Urs Furrer **M** Earl Scruggs **S** Nick Brown **D** Julie Gholson (Mary Call Luther), Jan Smithers (Devola), Matthew Burrill (Romey), Helen Harmon (Ima Dean), Sudie Bond (Miss Fleetie), Rance Howard (Roy) **L** 95 **E** 11.2.1978 ARD

WO DIE NACHT BEGINNT (DOVE COMINCIA LA NOTTE). Thriller, dessen kriminalistisches Rätsel in die Vergangenheit führt. Ein junger Mann kehrt nach langer Zeit in seine Heimatstadt zurück, um den Besitzstand des Vaters aufzulösen, der mit knapp 60 Jahren gestorben ist. Vor 14 Jahren war die verstümmelte Leiche seiner minderjährigen Geliebten gefunden worden, die Ehefrau hatte sich daraufhin scheiden lassen. Einige merkwürdige Ereignisse bewegen den Sohn nun dazu, den Todesfall der Schülerin noch einmal aufzurollen. ✦ Italien 1990 **P** Filmauro/RAI/Duea **Pd** Antonio Avati, Luigi De Laurentiis, Aurelio De Laurentiis **R** Gustav Maurizio Zaccaro **B** Pupi Avati **K** Pasquale Rachini **M** Stefano Caprioli **S** Amedeo Salfa **D** Tom Gallop (Irving), Cara Wilder (Nora), Don Pearson (Lee), Kim Mai Guest (Sybil), Blair Bybee (Denny) **L** 92 **E** 4.11.1992 B 3

WO DIE RENTIERE ZIEHEN (LAILA). Das Schicksal einer schwedischen Waise, die in Lappland als Adoptivkind eines Rentiernomaden aufwächst, bis sie in einem Pfarrerssohn ihrem künftigen Mann begegnet. Wirkungsvoller als die naiv erzählte Story sind die ausgedehnten dokumentarischen Passagen über Land und Leute im hohen Norden gelungen. ✦ Schwarz-weiß. Schweden 1936 **R** George Schneevoigt **D** Aino Taube, Siri Schnéevoigt, Trygve Larsen **L** ca. 90 **E** 10.12.1961 ARD

WO DIE SONNE KALT IST. Während des Camping-Urlaubs an der Schwarzmeerküste verläßt eine junge Frau ihren Geliebten. Sie kommt bei einem Leuchtturmwärter unter, doch auch die neue Liebe hat keine Zukunft. Der vergebliche Versuch zweier Menschen, im Niemandsland des rumänischen Nordens zueinander zu finden; entworfen als universelle, zeitlose Parabel menschlichen Daseins, ohne zeitgeschichtliche Bezüge, in kargen Schwarz-Weiß-Bildern mit wenig Dialog inszeniert. ✦ Schwarz-weiß. Rumänien/Deutschland 1991 **R+B** Bogdan Dumitrescu **D** Oana Pellea, Gheorghe Visu, Gheorghe Negoescu, Simona Maiconescu, Dan Paduraru **L** 91 (TV) **E** 23.11.1995 Bayern 3

WO DU AUCH BIST (OU QUE TU SOIS). Auf der Fahrt nach Italien lernt ein Mann, der glaubt, von seiner Frau betrogen zu werden, eine andere Frau kennen, die Paris aus Angst vor ihrem früheren Geliebten ebenfalls überstürzt verlassen hat. Ihre Flucht läßt die beiden für kurze Zeit zusammenfinden. Ambitioniertes psychologisches Drama über Wechselwirkungen von Zufall und Bestimmung, das seine Protagonisten dem in drei Episoden gegliederten dramaturgischen Gerüst unterordnet. ✦ Frankreich 1986 **P** Les Films de l'Atalante/la Sept **R** Alain Bergala **B** Alain Bergala, Philippe Arnaud **K** William Lubtchansky **M** Paolo Conte **S** Nicole Lubtchansky **D** Serge Maggiani (Emmanuel), Mireille Perrier (Judith), Daniela Silverio (Irène), Elsa Lunghini (Anne), Rosette (Elisabeth) **L** 97 **E** 26.3.1995 mdr

WO DU HIN GEHST ... Die Liebesgeschichte zwischen einem deutschen Antifaschisten und einer Ärztin aus der Schweiz, die ihm vom Berlin des Jahres 1936 bis in den spanischen Bürgerkrieg und die Internierungslager folgt. Schlampig inszenierter, dramaturgisch unausgegorener, allenfalls wegen der schauspielerischen Leistungen sehenswerter Spanienkriegs-Film. (Zum Thema vgl. auch »Mich dürstet« und »Fünf Patronenhülsen«.) – Ab 14. ✦ Schwarz-weiß. DDR 1957 **P** DEFA **Kl** Progress **Pd** Alexander Lösche **R** Martin Hellberg **B** Martin Hellberg, Eduard Claudius, nach dem Roman »Grüne Oliven und nackte Berge« von Eduard Claudius **K** Günter Eisinger **M** Ernst Hermann Meyer **S** Lieselotte Johl **D** Wolfgang Stumpf (Jakob Rhode), Gisela Trowe (Thea Ricci), Raimund Schelcher (Albert), Gerry Wolff (Samuel), Johannes Knittel (René), Josef Kamper (Lutzer) **L** 97 **E** 19.7.1957 Kino DDR/27.9.1957 DFF 1

WO EIN WILLE IST ... →Bettgeflächter

WO GANGSTER UM DIE ECKE KNALLEN (THE GANG THAT COULDN'T SHOOT STRAIGHT). Machtkämpfe unter Mafiamitgliedern in New York. Mißglückte Parodie auf Gangsterfilme, in der die Mafia als ein Club von Dummköpfen erscheint. Humor- und einfallsarm. ✦ USA 1971 **P** MGM **Kl** MGM **Pd** Robert Chartoff, Irwin Winkler **R** James Goldstone **B** Waldo Salt, nach einem Roman von Jimmy Breslin **K** Owen Roizman **M** Dave Grusin **S** Edward A. Biery **D** Jerry Orbach (Kid Sally Palumbo), Leigh Taylor-Young (Angela Palumbo), Lionel Stander (Baccala), Jo Van Fleet (Big Mamma), Robert De Niro (Mario), Irving Selbst (Big Jelly), Hervé Villechaize (Beppo), Joe Santos (Ezmo) **L** 96 **FSK** ab 16; nf **E** 21.7.1972 **fd** 17 936

WO GEHT'S DENN HIER ZUM FILM? →Heute spielen wir den Boß – Wo geht's denn hier zum Film?

WO GEHT'S LANG, KUTTI? Zu Beginn seiner Lehre gerät ein Jugendlicher in Konflikt mit seinem Vater, der möchte, daß sein Sohn es einmal leichter hat als er. Doch dem nützen die Erfahrungen und Erkenntnisse seines Vaters nur begrenzt. Kutti bricht aus, lernt durch ein Mädchen Zärtlichkeit und Vertrauen kennen und kehrt nach Hause zurück, als er begreift, daß er nicht der einzige Mensch mit Problemen ist. Spielfilm über die Erwartungen von Jugendlichen, ihre Suche nach einer eigenen Identität und die Bedeutung von unterschiedlichen Beziehungen für ihr Leben. ✦ BR Deutschland 1977 **P** WDR **Kl** BAG/Institut für Film und Bild/Kinder- und Jugendfilmzentrum **R** Tom Toelle **B** Peter Stripp **K** Frank Brühne

M Wolfgang Dauner **D** Elmar Nettekoven, Hans Beerhenke, Eva-Maria Hagen **L** 87 **FSK** ab 12; f **E** 15.1. 1978 ARD

WO GEHT'S ZUR HOCHZEIT MEINER FRAU? (MA FEMME ME QUITTE). Eine Journalistin, seit 15 Jahren mit einem Anwalt liiert, nimmt die Identität ihrer Schwester an und taucht unter, um über Scheinehen in Frankreich zu recherchieren. Sie heiratet einen Ungarn und kann ins Zentrum einer finsteren Schlepperorganisation eindringen. Natürlich bleiben ihre Aktivitäten nicht ohne negative Auswirkungen auf die langjährige Beziehung. Schwache, langweilige Komödie, die mit abgegriffenen Gags arbeitet und ihre Darsteller unterfordert. – Ab 14. ✦ Frankreich 1995 **P** Messine **R** Didier Kaminka **B** Didier Kaminka, Pierre Aknine, Stéphane Kaminka, Samuel Kaminka **K** Alain Choquart, Myriam Vinocour **M** Eric Levi **S** Nicole Saunier, Jean Gargonne **D** Michel Boujenah (Samuel Bosquier), Miou-Miou (Joanna Martin), Thierry Lhermitte (Pavel), Daniel Russo (Alain Russo), Line Renaud (Margot Piquet) **L** 90 **E** 8.6.1997 premiere

WO ICH ZU HAUSE BIN (WHERE THE SPIRIT LIVES). Zwei Indianerkinder, Schwester und Bruder, werden 1937 aus einem Reservat in Kanada in ein mit unnachsichtiger Strenge geführtes anglikanisches Internat verschleppt. Nachdem das Mädchen den angeblichen Tod der Eltern als Lüge entlarvt hat, fliehen beide. Eindeutig und entschieden ergreift der hervorragend fotografierte und gut gespielte Film die Partei der Kinder. Der aufklärerischen Absicht schaden auch gelegentliche Schwarzweißzeichnung und Klischees nicht. Ein Film in der Tradition besten politischen Kinos. – Ab 12. ✦ Kanada 1989 **P** Amazing Spirit **SF** Matthias **Pd** Heather Goldin, Eric Jordan, Mary Young Leckie **R** Bruce Pittman **B** Keith Ross Leckie **K** Rene Ohashi **M** Buffy Sainte-Marie **S** Michael Todd **D** Michelle St. John (Komi/Amelia), Clayton Julian (Pita), Ron White (Taggert), Ann-Marie MacDonald (Kathleen), Heather Hess (Rachel), David Hemblen (Buckley) **L** 97 **E** April 1992 Video/4.4. 1994 ZDF **fd** 29 546

WO IMMER DU BIST (GDZIESKOLWIEK JEST, JESLIS JEST / WHEREVER YOU ARE). Ein Diplomat und Geschäftsmann aus Uruguay übernimmt 1938 die Kontrolle über eine deutsche Fabrik in Polen. Der selbstbewußte Kosmopolit kann sich nicht vorstellen, daß Krieg droht; seine Frau leidet indes an den Vorzeichen des Krieges, aber ebenso an der rigoros vom Verstand geleiteten Haltung ihres Mannes. Während sie als einzig mögliche Geste des Widerstandes im Wortsinn »den Verstand verliert«, ist er erst nach Kriegsende zu einer »irrationalen« Geste fähig. Zanussi begibt sich hier ein weiteres Mal auf die Suche nach den »Geheimnissen« hinter vernunftsorientiertem Denken und Handeln, indem er den Gegensatz und Unterschied zwischen Mitleid als zivilisatorischem Impuls und Mitleiden als tiefgreifender humaner Empfindung illustriert. Der hervorragend gespielte, gedanklich faszinierende Film leidet sichtlich darunter, daß zugunsten einer internationalen Gemeinschaftsproduktion die persönliche Handschrift mit vorgeblichen Publikumspräferenzen verbunden werden mußte. – Ab 16. ✦ Polen/BR Deutschland/Italien/Frankreich 1988 **P** Zespoly Filmowe/Gerhard Schmidt Filmprod./Challenge Film Enzo Petri/Marie-Françoise Mascaro/La Sept **Kl** Progress **Pd** Michal Szcerbic, Klaus Rettig **R+B** Krzysztof Zanussi **K** Slawomir Idziak **M** Wojciech Kilar **S** Marek Denys **D** Julian Sands (Julian), Renée Soutendijk (Nina), Joachim Król (Edward), Milva, Maciej Robakiewicz (Stas), Tadeusz Bradecki (Dr. Marcin), Maja Komorowska (Klementine) **L** 112 **E** 28.9.1990 (auch DDR)

WO IMMER SIE SIND, HERR PRÄSIDENT (GDZIEKOLWIEK JESTES PANIE PREZYDENCIE...). Spielfilm über den bürgerlichen Politiker und Oberbürgermeister von Warschau, Stefan Starzynski, der im September 1939 maßgeblich die Verteidigung der polnischen Hauptstadt gegen den Überfall deutscher Truppen organisierte. Am 27. Oktober von der Gestapo verhaftet, ist sein weiteres Schicksal unbekannt. Vermutet wird, daß Starzynski nach Deutschland verschleppt und ermordet wurde. ✦ Polen 1978 **P** PRF Zespoly, Zespol »Tor« **R** Andrzej Trzos-Rastawiecki **B** Wladyslaw Terlecki, Andrzej Tros-Rastawiecki **K** Zygmunt Samosiuk **M** Jerzy Maksymiuk **D** Jacek Recknitz, Tadeusz Lomnicki, Henryk Czyz, Wanda Elibinska, Jozef Konieczny **L** 89 **E** 28.8.1979 DFF 1

WO IS' PAPA? (WHERE'S POPPA?). Eine schrullige Alte terrorisiert ihre beiden Söhne, bis diese sie in ein Heim bringen. Bösartige Satire auf amerikanische Verhaltensformen, nicht immer geschmackvoll, aber dank der Hauptdarstellerin ein schauspielerisches Vergnügen. ✦ USA 1971 **P** United Artists **Kl** Impuls **Pd** Jerry Tokovsky, Marvin Worth **R** Carl Reiner **B** Robert Klane, nach seinem gleichnamigen Roman **K** Jack Priestley **M** Jack Elliott **S** Bud Molin, Chic Ciccolini **D** George Segal, Ruth Gordon, Trish Van Devere, Ron Leibman, Tom Atkins **L** 85 **FSK** ab 16; nf **FBW** w **E** 17.6.1974 ARD/18.8.1988 Kino **fd** 18 860

WO IST DAS HAUS MEINES FREUNDES? (KHANEHYE DOUST KOJAST?). Ein Schuljunge will einem Kameraden im Nachbardorf ein Schulheft bringen, das er aus Versehen mit nach Hause genommen hat. Weil ihn die Erwachsenen jedoch nicht beachten und er das Haus nicht findet, erledigt er die Aufgaben, die sein Freund machen müßte, schließlich selbst, um ihm ernsthafte Konsequenzen in der Schule zu ersparen. Eine in unprätentiösen Bildern erzählte kleine Geschichte eines Kindes, das sich von der erdrückenden Autorität der Erwachsenen löst und Solidarität zu lernen beginnt. Sie ermöglicht dem westlichen Zuschauer einen vielsagenden Einblick in die Gesellschaftsstrukturen und die Alltagsbewältigung in einem iranischen Dorf. Kiarostami realisierte zudem einen Film über das Casting unter dem Titel »Home Works« sowie einige Zeit danach einen weiteren dokumentarischen Spielfilm (»Und das Leben geht weiter«, 1992) über das Dorf, das zwischenzeitlich von einem Erdbeben verwüstet wurde. (O.m.d.U.) – Sehenswert ab 10. ✦ Iran 1988 **P** Institute for Intellectual Development of Children and Young Adults **Kl** Pandora **Pd** Ali Reza Zarrin **R+B** Abbas Kiarostami **K** Farhad Saba **S** Abbas Kiarostami **D** Ahmad Ahmad Pur (Ahmad), Babak Ahmad Pur (Muhammad Reza Nemai Zadeh), Khodabaksh Defai (Lehrer), Iran Utari (Mutter), Farkey Refai (Nemat) **L** 83 **E** 29.11.1991 ZDF/7.1.1993 Kino

WO IST DAS LACHEN GEBLIEBEN? (HAN SAWIDANWONNI UMJONG). Korea während der Zeit der japanischen Besatzungsherrschaft in den 30er und 40er Jahren. Am Schicksal eines jungen Holzfällers, der die angestaute Wut angesichts der Ungerechtigkeit und Brutalität der Japaner nicht mehr zurückhalten kann und zur Rebellion aufruft, wird das leidvolle Schicksal des Landes beschrieben. Ein subjektiv gefärbter Beitrag zur jüngsten ostasiatischen Geschichte, der die Themenkreise Macht, Kollaboration und Widerstand behandelt. Zwar ganz aus dem Blickwinkel kommunistischen Geschichtsverständnisses erzählt, nichtsdestotrotz ein interessanter Beitrag über die Folgen des japanischen Imperialismus in Ostasien. ✦ Schwarz-weiß. VR Korea 1970 **R+B** Tschö Ik-Kju **L** (TV) 116 **E** 27.4.1986 ZDF

WO IST DER DRITTE KÖNIG? (GDZIE JEST TRZECI KROL?). Die Polizei bemüht sich, einen geplanten Kunstdiebstahl zu verhindern und einer internationalen Bande, dem »Syndikat«, auf die Spur zu kommen. Die Auseinandersetzungen finden in einem alten Schloß statt, und nach ge- und mißlungenen Mordanschlägen wird der Täter gestellt. Annehmbare, spannende Unterhaltung. – Ab 14. ✦ Schwarzweiß. Polen 1966 **P** ZRF, »Studio« **Kl** Progress **R** Ryszard Ber **B** Joe Alex **K** Jacek Korcelli **M** Adam Walacinski **D** Andrzej Lapicki, Kalina Jedrusik, Maria Wachowiak, Wienczyslaw Glinski, Ryszard Pietruski **L** 82 **E** 2.6.1967 Kino DDR/24.1.1969 DFF 1

WO IST DER GENERAL? (GDZIE JEST GENERAL). Die komischen Erlebnisse eines Soldaten während der letzten Tage des Zweiten Weltkriegs. Darstellerisch zwar überzeugend, insgesamt aber zwiespältig inszeniert. – Ab 16. ✦ Scope, schwarz-weiß. Polen 1963 **P** Filmstudio Lodz, Gruppe Start **Kl** Progress **R+B** Tadeusz Chmielewski **K** Jerzy Stawicki **M** Józef Swider **D** Elzbieta Czyzewska, Jerzy Turek, Boleslaw Plotnicki, Stanislaw Milski **L** 100 **E** 1.1.1965 Kino DDR/11.2.1972 DFF 1

WO IST DER WEITE NORDEN? (MISSÄ ON SUURI POHJOINEN? / OU EST LE GRAND NORD?). Eine junge Punkerin reißt aus Helsinki aus, um im Norden des Landes Arbeit zu finden. Sie trifft auf einen wortkargen Fernfahrer. Beide reisen in den Norden Norwegens und kommen sich, trotz anfänglicher Distanz, näher. Ein Film über Außenseiter, die gerade durch ihr Außenseitertum verbunden sind. Ein zwischen Dokumentation und Fiktion angesiedeltes Roadmovie mit klarer Struktur, in dem die karge nordische Landschaft und das unwirtliche Wetter mit der Gefühlslage der Protagonisten korrespondieren. – Ab 16. ✦ Finnland/Frankreich 1991 **P** Yle Yleisradio/La Sept/arte **R** Hannu Kahakorpi **B** Rosa Liksom **D** Paavo Pentikäinen (Mies), Outi Alanen (Tuttö) **L** 75 **E** 14.12.1996 arte

WO IST DIE FREIHEIT? (DOV' E LA LIBERTA?). Nach 22 Jahren wird ein Mann wegen guter Führung aus der Haft entlassen. Er hatte einst den Mann erschlagen, der seine Frau vergewaltigte. In Freiheit findet er nirgendwo Unterschlupf, nur die Familie seiner Frau nimmt ihn mit offenen Armen auf. Doch bald wird dem Mann deutlich, dass er missbraucht werden soll und dass auch die Vergewaltigung niemals stattgefunden hat. Er betreibt seine neuerliche Verurteilung. Bittere Komödie über einen Menschen, der sich im Leben nicht mehr zurechtfindet und nur noch hinter Gittern wirklich frei sein kann. Eine hervorragend inszenierte pessimistische Persiflage, getragen von einem großartigen Hauptdarsteller. – Sehenswert ab 16. ✦ Schwarz-weiß. Italien 1952 **P** Carlo Ponti/Dino De Lautentiis/Golden Films **R** Roberto Rossellini **B** Roberto Rossellini, Vitaliano Brancati, Ennio Flaiano, Antonio Pietrangeli, Vincenzo Talarico **K** Aldo Tonti, Tonino Delli Colli **M** Renzo Rossellini **S** Jolanda Benvenuti **D** Totò (Salvatore Lojacono), Nita Dover (Maria, Prostituierte), Vera Molnar (Agnesina), Leopoldo Trieste (Abramo Piperno), Giacomo Rondinella (Gefangene) **L** 88 **E** 26.11.1999 arte

WO IST HIER EIN NOFELET? (GDE NACHODITSJA NOFELET?). Mit einem unsinnigen Satz spricht ein junger Mann auf Moskaus Straßen hübsche Mädchen an, verwickelt sie in Gespräche und verabredet mit ihnen ein Rendezvous, weil er eine Braut für seinen Vetter sucht. ✦ Scope. UdSSR 1988 **P** Mosfilm **R** Gerald Beshanow **B** Anatoli Eiramdshan **K** Wsewolod Simakow **M** Alexander Sazepin **D** Wladimir Menschow (Pawel Golikow), Alexander Pankratow-Tschorny (Gennadi), Valentina Telitschkina (die Unbekannte), Ludmila Schagalowa (Jelena Arkadjewa), Natalja Konowalowa (Nadja) **L** 82 **E** 29.12.1988 DFF 2

WO IST MEIN SOHN? (DOV'E MIO FIGLIO). Der Sohn des exilkubanischen Bürgermeisters von Miami wird kurz vor den Wahl entführt und beschert dem Kandidaten eine nicht unwillkommene Popularität. Weil er nicht auf die Forderungen der Entführer eingeht, macht sich seine Frau zusammen mit einem deutschen Journalisten auf die Suche nach dem Jungen. (Fernseh-)Politthriller mit melodramatischen Akzenten. ✦ Deutschland/Italien 1999 **R** Lucio Gaudino **B** Alberto Simone, Massimo Torre **K** Lorenzo Battaglia **M** Simone De Sanctis, Stefano Sastro **D** Robert Atzorn (Carlos), Laura Morante (Luisa Ellis), Linda Batista (Maria), Ken Marshall (Cameron Ellis), Daniel McDonald (Gordon McCarthy), Hilario Pena (Victor Sanchez), Nestor Jimenez (Carillo), Ruben Brenas (Garcia), Hugo Reyes (Domingo) **L** 83 **E** 3.11.2000 ARD

WO KOMMST DU HER, JOHNNY? (D'OU VIENS-TU, JOHNNY?). Ein Sänger und Gitarrist aus Paris, der unwissentlich Kurierdienste für Rauschgifthändler leistete, muß bei Verwandten in der Camargue untertauchen, nachdem er den Stoff in die Seine geschüttet hat. Auch in seinem Versteck ist er vor seinen Verfolgern nicht sicher. Anspruchslose Unterhaltung mit gefühlvollen Schlagern und gefühllosen Schlägern, viel Landschaft, Folklore und Romantik. (TV-Titel auch: »Woher kommst du, Johnny?«) – Ab 16 möglich. ✦ Frankreich 1963 **P** Hoche **R** Noël Howard **B** Yvan Adouard **K** Walter Wottitz **M** Eddie Vartan **D** Johnny Hallyday (Johnny), Sylvie Vartan (Magali), Fernand Sardou (Sheriff), Evelyne Dandry (Gigi), Daniel Canchy **L** 89 **E** 27.11.1991 Tele 5

WO MÄNNER NOCH MÄNNER SIND (PARDNERS). Eine Schießbudenfigur, nach ihrer Rückkehr in den Wilden Westen zum Sheriff gewählt, und sein Partner machen eine Gangsterbande unschädlich, deren Hintermänner angesehene Bürger des Städtchens sind. Überdrehte Western-Parodie, deren Geschichte nur der Anlaß für eine Reihe von Slapsticknummern ist. – Ab 12. ✦ Scope. USA 1956 **P** Paramount **Kl** Paramount **Pd** Paul Jones **R** Norman Taurog **B** Sidney Sheldon **K** Daniel L. Fapp **M** Frank De Vol **S** Archie Marshek **D** Jerry Lewis (Wade Kingsley), Dean Martin (Slim Moseley), Lori Nelson (Carol Kingsley), Jeff Morrow (Rio), John Baragrey (Dan Hollis), Lon Chaney jr. (Bandit), Jackie Loughery (Dolly Riley), Agnes Moorehead (Mrs. Matildo Kingsley), Richard Aherne (Chauffeur), Lee Van Cleef (Gus), Stuart Randall, Jack Elam (Pete), Bob Steele (Shorty), Douglas Spencer (Smith), Dorothy Ford (Amanda) **L** 88 **FSK** ab 12; nf **E** 5.4.1957 **fd** 5 789

WO SCHLAFEN WIR HEUTE NACHT? →Kreuzberger Liebesnächte

WO SIND DIE SÜSSEN DÄNINNEN? →Mazurka im Bett

WO SPIELT DIE MUSIK? Dokumentarfilm über den Rockmusiker Alan Vega, der nie an vorderster Front des Musikgeschäfts stand, aber seit den 70er Jahren stilbildend und richtungsweisend für die populäre Musik ist. Der Film zeigt nicht nur das Porträt eines vielschichtigen Künstlers, sondern hinterfragt zugleich die Mechanismen des Musikgeschäfts, beschäftigt sich mit dessen Mythen und deckt Marketing-Strategien auf. – AB 14 möglich. ✦ Frankreich/Deutschland 1998 **R** Hughes Peyret **L** 60 **E** 20.11.1998 3sat

WO TUT'S WEH? (WHERE DOES IT HURT?). Der Verwaltungsdirektor und die Ärzte eines Hospitals bereichern sich schamlos an ihren Patienten. Makabre Farce auf Mißstände im amerikanischen Gesundheitswesen. Stellenweise vergnüglich, durch handwerkliche Mängel und den eher derben Dialog im Gesamteindruck jedoch zwiespältig. – Ab 16. ✦ Großbritannien 1972 **P** Hemdale **VA** VMP **R** Rodney Amateau **B** Rodney Amateau, Bud Robinson, nach ihrem Roman **K** Brick Marquard **M** Keith Allison **D** Peter Sellers (Albert T. Hopfnagel), Jo Ann Pflug (Alice Gilligan), Rick Lenz (Lester Hammond), Eve Bruce, Harold Gould (Dr. Zerny), Hope Summers (Schwester Throttle) **L** 85 **E** 1983 Video **fd** 24 253

WO, WANN, MIT WEM? (COME, QUANDO, PERCHE'?). In ihrer Ehe sexuell unbefriedigt, findet die Frau eines Großindustriellen beim Freund ihres Mannes die entbehrte Erfüllung. Wenig überzeugende, psychologisch flach und simpel konstruierte Romanverfilmung, modisch-glatt inszeniert von einem früheren Filmkritiker und Drehbuchautor des Neorealismus. ✦ Scope. Italien 1968 **P** Documento **Kl** Columbia **R** Antonio Pietrangeli **B** Tullio Pinelli, Antonio Pietrangeli, nach einem Roman von Martin Maurice **K** Mario Montuori **M** Armando Trovaioli **D** Danièle Gaubert (Paola), Horst Buchholz (Alberto), Philippe Leroy (Marco), Lilli Lembo (Lucy), Elsa Albani (Marcos Mutter) **L** 101 **FSK** ab 16; f **E** 26.9.1969 **fd** 16 385

WO WARST DU, DADDY? (THE SUMMER MY FATHER GREW UP). Durchschnittliches Familiendrama um einen geschiedenen Vater und seinen seit der bitteren Trennung der Eltern entfremdeten 11jährigen Sohn. ✦ USA 1991 **P** Robert Shapiro **Pd** Robert Shapiro **R** Michael Tuchner **B** Sandra Jennings, nach dem Roman »Tooth of the Lion« von Sandra Jennings **K** Robert Elswit **M** Lee Holdridge **S** David Campling **D** John Ritter (Dr. Paul Hanford), Margaret Whitton (Timmys Mutter), Karen Young (Chandelle), Joe Spano (Louis), Matthew Lawrence (Timmy) **L** 100 **E** 28.12.1993 ORF

WO WARST DU DAMALS, CLAIRE? (THE OTHER LOVER). Eine Public-Relations-Managerin, seit 13 Jahren mit einem Arzt verheiratet und Mutter zweier Töchter, verliebt sich in einen Schriftsteller. Da die Frau kaum Zeit für eine geheime Liebesaffäre einräumen kann, kommt es nach den ersten leidenschaftlichen Begegnungen schnell zu Konflikten. Fürs Fernsehen entstandenes routiniertes Melodram ohne sonderlichen Tiefgang. (Alternativer Fernsehtitel: »Gestohlene Liebe«) – Ab 16. ✦ USA 1985 **P** CBS/Columbia/Larry Thompson Prod. **R** Robert Ellis Miller **B** Judith Parker, Susan Title **K** Fred J. Koenekamp **M** Lee Holdridge **D** Lindsay Wagner (Claire Fielding), Jack Scalia (Jack Hollander), Shannen Doherty (Alison Fielding), John Bennett Perry (Peter Fielding), Max Gail **L** 96 **E** 4.4.1989 SAT 1

WO ZWEI ODER DREI IN MEINEM NAMEN VERSAMMELT SIND ... Ein 12jähriges farbiges Mädchen fühlt sich von seinen Eltern verlassen, die beide in religiösem Fanatismus aufgehen und ihm keine Möglichkeit bieten, Religion und Alltag zu verbinden. Erst während des Sommerurlaubes bei der Großmutter auf dem Lande erfährt das Kind etwas über die Beweggründe der Eltern, vor allem aber auch etwas über die kirchlichen Traditionen der schwarzen Amerikaner, wozu auch Zusammengehörigkeitsgefühl und gemeinsame Verantwortung gehören. Der einfühlsame und aufmerksame Film lotet die Bedeutung der Religion für die Schwarzen in den USA aus; aus der Sicht eines erkennenden Kindes beschreibt er die Kirche als Begegnungsstätte nicht nur mit Gott, sondern auch mit den Menschen. (O.m.d.U.) ✦ USA 1987 **P** Vitascope **R** Robert Gardner **B** Judy Simmons, Renée Roper, Robert Gardner **K** Judy Irola **M** Wendy Blackstone **D** Christina Braggs, Joan Pryor, Ellwoodson Williams, Louise Mike, Lee Roy Giles **L** (TV) 87 **E** 1.3.1988 ZDF

WOANDERS SCHEINT NACHTS DIE SONNE. Eine junge Schiffbauingenieurin erfährt, daß sie an Aids erkrankt ist und macht sich auf die Suche nach Ersatzeltern für ihre fünfjährige Tochter. Während sich viele von der Frau abwenden, werden zwei Homosexuelle zu Freunden, die mit Rat und Tat zur Seite stehen. Der Film konfrontiert mit der Hilflosigkeit gegenüber der tückischen Krankheit, wobei die Inszenierung bewußt zurückhaltend und nüchtern ist und Sentimentalitäten weitgehend meidet. – Ab 16. ✦ Deutschland 1997 **P** Studio Hamburg/ZDF/Arte **R** Rolf Schübel **B** Ruth Thoma, Rolf Schübel **K** Rudolf Körösi **M** Detlef Friedrich Petersen **S** Ursula Höf **D** Julia Jäger (Vera), Gesche Blume-Werry (Taddy), Ulrike Grote (Maren), Henry Arnold (Harry), Sebastian Koch (Pit) **L** 87 **E** 11.7.1997 arte

DIE WOBBLIES (THE WOBBLIES). Dokumentarfilm, in dem alte ehemalige Aktivisten der Weltarbeiterliga IWW (International Workers of the World), der ersten wirkungsvollen Gewerkschaft, die sich seit 1905 für die Rechte ungelernter Arbeiter, Eisenbahner und Bergleute einsetzte, von ihren Idealen und Kämpfen um soziale Gerechtigkeit berichten. Die IWW-Mitglieder waren unter dem Spitznamen »Wobblies« bekannt. Da die Bewegung als »unamerikanisch« und anarchistisch galt, wurde sie auch von offiziellen Stellen angefeindet; gegen Ende des Ersten Weltkrieges wurden Hunderte von Mitgliedern verhaftet und verurteilt. ✦ Teils schwarz-weiß. USA 1979 **P** Center for Educational Productions **R+B** Stewart Bird, Deborah Shaffer **K** Sandi Sissel, Judy Irola, Peter Gessner, Bonnie Friedman **L** 89 **E** 24.1.1981 NDR

DIE WOCHE FÄNGT ERST DIENSTAG AN →Ich hasse Montage

EINE WOCHE HEIRATSFRIST (THE ILLEGAL IMMIGRANT). Einem jungen Chinesen, der aus Kanton in die britische Kronkolonie Hongkong geflohen und von dort illegal in die USA eingewandert ist, droht die Abschiebung, als er von der New Yorker Polizei aufgegriffen wird. Um die begehrte »Green Card« zu erhalten, will er binnen einer Woche ein chinesisches Mädchen mit amerikanischer Staatsbürgerschaft heiraten. Turbulente Geschichte einer Scheinehe, in deren Verlauf sich zwischen den Vertragspartnern die Liebe einstellt. – Ab 14. ✦ Hongkong 1985 **R** Chang Wan-Ting **D** Ching Yung-Cho (Chang Chun-Chiu), Wu Fu-Sheng (Li Hsueh-Hung), Liao Chun-Yu (Hsiao Hua), Li Chu-Yuan (Yuan), Tsen Pao-Tsai (Chiang) **L** 94 **E** 10.12.1994 ZDF

EINE WOCHE LANG (OKRAGLY TYDZIEN). Ein kleiner Junge erlebt gemeinsam mit seinem Großvater den Abschied der Bergleute von einer alten Kohlengrube. In seinen Träumen verbinden sich Realität und Fantasie zu einer reizvollen, lehrhaften Geschichte. Künstlerisch eigenwilliger, interessanter Film in einer märchenhaften Ausstattung. – Ab 14. ✦ Scope. Polen 1977 **P** PRF »Zespoly Filmowe«/Zespol »Silesia« **Kl** Progress **R** Tadeusz Kijánski **B** Albin Siekierski, nach einem Roman von Jerzy Szeski **K** Krzysztof Winiewicz **M** Andrzej Korzynski **D** Franciszek Pieczka (Karol Kostka), Arkadiusz Jakubik (Gustlik), Ewa Borowik (Kindergärtnerin/Prinzessin), Emilia Krakowska (Gustliks Mutter), Marzena Trybala (Kellnerin/Zigeunerin) **L** 87 **E** 9.2.1979 Kino DDR

WOCHEN-ENDSPIELE. Zwei Filmepisoden, in deren Mittelpunkt junge Leute stehen, die sich in problematischen Alltagssituationen entscheiden müssen. Regiedebüt eines bulgarischen Kritikers. ✦ Schwarzweiß. **R** Todor Andreikow **B** Anton Kafestschiew, Todor Andreikow **K** Iwan Zonew, Stojan Slytschkin **D** Kostadin Kirjakow, Kornelija Petkowa, Iwo Rusew, Georgi Petkow, Risi Karabaliew **L** 87 **E** 18.3.1977 DFF 2

WOCHENEND IM PARADIES →Liebe im Finanzamt

DER WOCHENEND-KILLER →Der Weekend-Killer

WOCHENENDE (WEEKENDY). Zwei Episoden zum Thema Wochenende. 1. »Julia«: Eine unbekannte hübsche junge Frau gibt den Bewohnern einer Kleinstadt Rätsel auf. Bei ihren einsamen Wanderungen am Fluß wird sie von einem Mann überfallen. Dem alten Fährmann, der den Vergewaltigungsversuch vereitelt, vertraut sie sich schließlich an. 2. »Wenn Ira kommt«: Ein junger Student will mit seiner Freundin das Wochenende auf dem Lande verbringen. Er freut sich auf die Tage des Glücks, wird aber bitter enttäuscht, weil die Frau nicht zum verabredeten Treffpunkt kommt. ✦ Polen 1963 **R** Jan Rutkiewicz (1), Wadim Berestowski (2), Józef Hen (2) **B** Krzysztof Gruszczynski (1) **D** Spela Rozin (Julia, 1), Wiktor Grotowicz (Fährmann, 1), Jozef Kondrat (Maler, 1), Andrzej Hrydzewicz (2), Wladyslaw Kornak (2) **L** 90 **E** 15.8.,21.11.1969 ZDF

WOCHENENDE AUF FRANZÖSISCH. Für die meisten Franzosen ist das Wochenende eine sehr ernste Angelegenheit, das geplant und sinnvoll gestaltet werden will. Der Regisseur beobachtet sechs seiner Landsleute, nähert sich ihnen auf ebenso respektvolle wie humorige Weise und macht mit liebevoller Ironie deutlich, wieviel »Arbeit« in dieser Planung steckt und dass nicht alle Pläne aufgehen. Dabei verdichtet sich sein Dokumentarfilm auch zu einer Arbeit über die französische Mentalität. ✦ Frankreich 1994 **R** Jacques Malaterre **L** 86 **E** 1.7.2001 arte

WOCHENENDE IM PARADIES (JULIEN FONTANES WEEK-END ON PARADIS). Kriminalfilm. In Paris wird eine Prostituierte ermordet. Ihre Schwester, ebenfalls Prostituierte, kennt den Mörder und sagt vor der Polizei aus. Sie will, daß damit die kriminellen Methoden im Zuhältergewerbe ans Licht kommen. Ihre Versuche, andere Frauen aus dem Milieu zur Zeugenaussage zu überreden, stoßen allerdings auf

Angst bei den Betroffenen. ✦ Frankreich 1982 **R** Guy-André Lefranc **D** Jacques Morel, Odette Laure, Virginie Pradel, André Falcon **L** 85 **E** 18.9.1992 MDR

EIN WOCHENENDE IN LAS VEGAS (LAS VEGAS WEEKEND). Ein amerikanischer Student entwickelt mit Hilfe eines Computers ein System für das Black-Jack-Spiel und bringt seine Erkenntnisse in den Spielhöllen von Las Vegas erfolgreich zum Einsatz. Dadurch erweckt er das Interesse von Personen unterschiedlichster Art. Mäßige Teenager-Komödie mit wenigen amüsanten Gags und aufgesetzten Sexeinlagen. (Videotitel: »Percy räumt ab«, »Vegas Games«) ✦ USA 1985 **P** Pygmalion/Shapiro **VA** GMP **R+B** Dale Trevillion **K** Christopher G. Tufty **M** Scarlet Rivera **D** Barry Hickey, Jace Damon, Macka Foley, Vicki Benson, Kimberlee Kaiser **L** 84 **FSK** ab 16 **E** 1986 Video/22.9.1987 RTL plus

EIN WOCHENENDE MIT KATE (WEEKEND WITH KATE). Erotik-Komödie um einen Promoter, seine Frau, seine Geliebte und einen Kunden, die sich in einem Strandhaus treffen. ✦ Australien 1990 **R** Arch Nicholson **D** Colin Friels (Richard Muir), Catherine McClements (Kate Muir), Jerome Ehlers (Jon Thorne), Helen Mutkins (Carla), Kate Sheil (Phoebe) **L** 91 **E** 20.12.1998 SAT 1

EIN WOCHENENDE MIT PAPA (WEEKEND WITH FATHER). Ein Witwer mit zwei Töchtern und eine Witwe mit zwei Söhnen finden nach allerlei Zwischenfällen zueinander. Die Kinder fungieren dabei nach anfänglichen Sabotageversuchen als Bindemittel. Die sentimentale und überaus gefühlsselige Familienkomödie gehört zu den weniger bedeutsamen Filmen des großen Melodramatikers Douglas Sirk. ✦ Schwarz-weiß. USA 1951 **P** Universal **Pd** Ted Richmond **R** Douglas Sirk **B** Joseph Hoffman **K** Clifford Stine **M** Frank Skinner **S** Russell Schoengarth **D** Van Heflin (Brad Stubbs), Patricia Neal (Jean Bowen), Richard Denning (Don Adams), Gigi Perreau (Anne Stubbs), Virginia Field (Phyllis Reynolds), Jimmy Hunt (Gary Bowen), Janine Perreau (Patty Stubbs) **L** 85 **E** 25.11.1973 ARD

WOCHENSCHAUEN (WOCHENSCHAUEN). Eine gemischte Theatergruppe aus Johannisburg durchstreift mit der Kamera die »goldschwere« Stadt Zürich. Eine einheimische Videogruppe stößt dazu. Gespräche über den Kampf in Südafrika und den Kampf in »zu reichen« Städten folgen. Dieses (»Sophiatown«) und fünf weitere Theaterstücke versuchen, Begriffe wie Gegenöffentlichkeit oder Aktualität neu zu definieren und mit filmischen Mitteln umzusetzen. Trotz aller formalen und stilistischen Mängel vermag der Film den Blick und das Bewußtsein für gesellschaftliche Prozesse zu schärfen. ✦ Teils schwarz-weiß. Schweiz 1986 **P** Videowerkstatt Kanzlei **R** Wochenschau Gruppe Kanzlei **K** Wochenschau Gruppe Kanzlei **L** 77 **E** Schweiz

WOCHENTAGS IMMER. Ein Norddeutscher, der seinen dritten Doktortitel machen will, und eine australische Studentin finden sich im Münchner Künstlerviertel, nachdem der junge Mann längere Zeit unfreiwillig den Casanova gespielt hat. Alberne Komödie. ✦ Schwarz-weiß. BR Deutschland 1963 **P** Roxy **KI** Nora **R** Michael Burk **B** Per Schwenzen, Alexander Badal, Michael Burk **K** Klaus von Rautenfeld **M** Franz Grothe **D** Hanns Lothar, Geneviève Cluny, Ann Smyrner, Hanne Wieder, Peter Carsten **L** 87 **FSK** ab 18; nf **E** 30.5.1963 **fd** 12 002

DIE WODU-PRIESTERIN. Porträt einer Wodu-Priesterin, das ihren Tagesablauf beschreibt und versucht, ihr Verhältnis zum Schutzgeist ihrer Familie darzustellen. Der Film zeigt den Einfluss der Religion auf das tägliche Leben, wobei er nicht auf ethnografische Beschreibung ausgerichtet ist, sondern sich an der Grenze zwischen Realität und Fiktion bewegt. ✦ Frankreich 1999 **P** La Sept/arte **R** Charles Najman **L** 78 **E** 25.8.2000 arte

WODZEK. Diskussionswerte Umsetzung von Büchners »Woyzeck« in die moderne Alltags- und Arbeitswelt des Ruhrgebietes: Ein junger Fabrikarbeiter mit bedrückenden Fantasien und naiven Lebensträumen hofft, in der Liebe zu einer Verkäuferin Ruhe und Zukunft zu finden, wird aber aus Enttäuschung über die Frau zum Mörder. Eine aufschlußreiche Studie über die Tragik des Individuums im Netzwerk verschiedener Abhängigkeiten. – Ab 16. ✦ BR Deutschland 1983/84 **P** Oliver Herbrich Filmprod. **KI** endfilm **Pd** Gerhard Metz **R** Oliver Herbrich **B** Oliver Herbrich, nach dem Drama »Woyzeck« von Georg Büchner **K** Ludolph Weyer **M** Andreas Hofner **S** Romy Schumann **D** Detlef Kügow, Ariane Erdelt, Johannes Habla, Franz Huber, Charles Brauer **L** 82 **FSK** ab 12; f **FBW** w **E** 15.2.1985/23.2.1987 ARD **fd** 24 974

WOFÜR DAS LEBEN SICH LOHNT (SOMETHING TO LIVE FOR). Ein von Alkoholproblemen geheilter New Yorker Werbefachmann mit Frau und zwei Kindern verliebt sich in eine alkoholsüchtige Schauspielerin und versucht, ihr zur Heilung zu verhelfen. Dies gefährdet seine Ehe und führt zu Konflikten und Rückfällen – bis Selbstdisziplin und Toleranz eine Katastrophe verhindern. Melodram mit hervorragenden Hauptdarstellern. ✦ Schwarz-weiß. USA 1951 **P** Paramount **Pd+R** George Stevens **B** Dwight Taylor **K** George Barnes **M** Victor Young **S** William Hornbeck **D** Joan Fontaine (Jenny Carey), Ray Milland (Alan Miller), Teresa Wright (Edna Miller), Richard Derr (Tony Collins), Douglas Dick (Baker), Herbert Heyes (Mr. Crawley), Harry Bellaver (Billy) **L** 89 **E** 8.10. 1983 WDR

EINE WOGE VON HASS (HEAT WAVE). Eine schwarze Familie, die Ende der 50er-Jahre von Alabama nach Los Angeles zieht, muss erleben, dass es auch in der Großstadt Rassismus gibt. Während der Vater arbeitslos bleibt und trinkt, findet der Sohn eine Anstellung als Hausbote der »Los Angeles Times«. Als 1965 während einer routinemäßigen Verkehrskontrolle Rassenunruhen ausbrechen, mausert sich der Bote zum Berichterstatter vor Ort. Bewegendes Drama nach einer wahren Begebenheit, das sich für die Gleichberechtigung ausspricht und ein exemplarisches Beispiel schwarzer Selbstfindung beschreibt. – Ab 16. ✦ USA 1990 **P** Avnet-Kerner Prod./Propaganda Films **Pd** Jordan Kerner **R** Kevin Hooks **B** Michael Lazarou **K** Mark Irwin **M** Thomas Newman **S** Debra Neil-Fisher (= Debra Neil) **D** Cicely Tyson (Ruthana Richardson), Blair Underwood (Bob Richardson), James Earl Jones (Juniua Johnson), Margaret Avery (Roxie Turpin), David Strathairn (Bill Thomas) **L** 88 **E** 29.10.2000 tm3

... WOHER DER WIND WEHT (WHISTLE DOWN THE WIND). Die Begegnung dreier auf einem abgelegenen Hof lebender Bauernkinder mit einem von der Polizei verfolgten Mörder, den sie wegen verschiedener Umstände für Christus halten und fortan heimlich versorgen. Die menschlich fesselnde Geschichte ist weder melodramatisch-sentimental noch indiskret-realistisch, sondern in Stil und Darstellung dem Thema gemäß inszeniert. (Späterer TV-Titel: »In den Wind gepfiffen«) – Ab 14. ✦ Großbritannien 1961 **P** Rank **KI** Evangelische Medienzentrale Stuttgart **R** Bryan Forbes **B** Keith Waterhouse, Willis Hall, nach einem Roman von Mary Hayley Bell **K** Arthur Ibbetson **M** Malcolm Arnold **D** Hayley Mills, Bernard Lee, Alan Bates, Norman Bird, Elsie Wagstaff **L** 90 **E** 4.4.1969 ZDF

WOHER KOMMST DU, JOHNNY? → Wo kommst du her, Johnny?

WOHIN? Herbert Achternbuschs Film stellt sich als anstrengende Rätselstunde dar, die in eine entartete Umwelt führt und spöttische Kritik an der gesellschaftlichen Wirklichkeit übt. In den Stilmitteln drastisch und clownesk und in Details verletzend personenbezogen, appelliert der Film in einer mit makabrem Ernst gestalteten Szene mit dem an Aids erkrankten Schauspieler Kurt Raab an Menschlichkeit und den Respekt vor Leben und Tod, womit er Betroffenheit und Nachdenklichkeit auslöst. ✦ BR Deutschland 1987 **P** Herbert Achternbusch **KI** Filmwelt **R+B** Herbert Achternbusch **K** Adam Olech **M** Tom Waits **S** Herbert Achternbusch **D** Herbert Achternbusch (Herbert), Gabi Geist (Gabi Rothammer), Annamirl Bierbichler (Rosa), Franz Baumgartner (Franz Totharsch), Kurt Raab **L** 96 **FBW** w **E** 5.5.1988 **fd** 26 878

WOHIN DER WIND UNS TRÄGT. Dokumentarfilm über das Leben in einem russischen Fischerdorf am Rande des Nordpolarmeers, das während der Wintermonate völlig von der Außenwelt abgeschnitten ist und im Sommer von Sandstürmen heimgesucht wird. Der Film porträtiert die Bewohner der einstigen stalinistischen Mustergemeinde, in der die Zeit stillzustehen scheint, und zeigt Menschen, die sich in ihrer Bedürfnislosigkeit eingerichtet haben und dennoch ihren Träumen und Hoffnungen nachhängen. Ein Film voller atmosphärisch dichter und poetischer Bilder; er greift ein Sujet auf, das bereits der sowjetische Film-Pionier Michail Romm behandelte. ✦ Russland 2000 **R** Andrej Osipow **L** 52 **E** 9.11.2001 3sat

WOHIN DIE LIEBE FÜHRT (WHERE LOVE HAS GONE). Mißglückter Gesellschaftsfilm in Anlehnung an den Totschlag, den die 15jährige Tochter des Hollywood-Stars Lana Turner an dem Liebhaber ihrer Mutter begangen hat. Die konventionelle Regie arbeitet mit groben Effekten und kommt über eine Familientragödie im Boulevardzeitungsstil nicht hinaus. ✦ Scope. USA 1963 **P** Embassy/Paramount **KI** Paramount **Pd** Joseph E. Levine **R** Edward Dmytryk **B** John Michael Hayes, nach einem Roman von Harold Robbins **K** Joseph MacDonald **M** Walter Scharf **S** Frank Bracht **D** Susan Hayward (Valerie Hayden Miller), Bette Davis (Mrs. Gerald Hayden), Michael »Touch« Connors (Luke Miller), Joey Heatherton (»Dani« Miller), Jane Greer (Marian Spicer), DeForest Kelley (Sam Corwin), George Macready (Gordon Harris) **L** 114 **FSK** ab 18; f **E** 5.3.1965 **fd** 13 319

WOHIN DIE STRASSE FÜHRT (KRIZOVATKY). Das Schicksal eines Jungen, der durch die Schuld der Familie und durch seine eigene resignierte Lebenseinstellung ins Gefängnis kommt. Der Jugendfilm appelliert an die Verantwortung der Gesellschaft für junge Menschen. – Ab 14. ✦ Schwarz-weiß. CSR 1959 **P** Filmstudio Barrandov **R** Pavel Blumenfeld **B** Pavel Blumenfeld, Jirí Cirkl **K** Václav Hunka, Ladislav Vinklárek **M** Jirí Sust **D** Pavel Molcik (Dalibor Danek), Dusan Blaskovic (Gabovic), Aja Farkacová (Zdenka), Stanislav Remunda (Masek), Eva Kubesová (Masková) **L** 75 **E** 6.1.1962 DFF 1

WOHIN DIE ZÜGE FAHREN. Im ersten nach 1945 in der französischen Besatzungszone produzierten Spielfilm geht es um ein Heimkehrerthema, das in kammerspielhaftem Ton ansehnlich inszeniert, gut ausgeleuchtet und dargestellt ist: Ein hungriger Heimatloser in Begleitung eines ebenfalls aus der Bahn geworfenen Jugendlichen versucht sich als Heiratsschwindler bei wohlhabenden Bauerntöchtern, bis er an eine vernünftige junge Frau mit Findelkind gerät, die ihn zur Besinnung bringt und seinen ehrlichen Neuanfang beflügelt. ✦ Schwarz-weiß. Deutschland 1949 **P** A.G.F. **KI** Prisma **R** Boleslav Barlog **B** Walter Ulbrich **K** Klaus von Rautenfeld **M** Wolfgang Zeller **S** Fritz Stapenhorst **D** Heidemarie Hatheyer, Carl Raddatz, Gunnar Möller, Ursula Wedekind, Hanna Rucker **L** 98 **FSK** ab 12; nf **E** 3.6.1949 **fd** 304

WOHIN, MEINE HERREN? (KAM, PANOVE, KAM JDETE?). Während eines volkssportlichen Marathonlaufes tauchen vor einem Architekten Mitte Vierzig unbewältigte Probleme in der Ehe, Familie und im Beruf auf. Der Versuch, aus alldem in die Arme einer jungen Mitarbeiterin zu flüchten, mißlingt. Körperlich schwer angeschlagen, geht er trotzdem verbissen die letzte Etappe an. Eine spannende Auseinandersetzung mit der Lebenskrise eines Mannes, verbunden mit Kritik an gesellschaftlichen Verhältnissen. – Ab 16. ✦ CSSR 1987 **P** Filmstudio Barrandov **KI** Progress **R** Karel Kachyna **B** Milan Lezák, Karel Kachyna **K** Jan Curík **M** Milan Svoboda **D** Karel Hermánek (Jan Kolvara), Sona Valentová (Madla), Miroslava Plestilová (Eliska), Zuzana Geislerová (Vanková), Alena Kreuzmannová (Pestová), Oldrich Vlach (Crha) **L** 87 **E** 1.12.1989 Kino DDR

WOHIN MICH MEINE BRETTL TRAGEN ... Auf Sport- und Natureindrücke zielende Produktion eines Naturfilmers, der hinter der ästhetischen Wirkung seiner Bildgestaltung anderes vernachlässigt, insbesondere die Spielhandlung über die Ferientour eines jungen Skifahrers zwischen Gardasee und Dolomiten. ✦ BR Deutschland 1958 **P** Wolfgang Gorter **Kl** Gorter **R+B+K** Wolfgang Gorter **M** Hans Rauch **L** 85 **FSK** ab 6; f **E** 1958 Kino **fd** 7 305

WOHIN UND ZURÜCK. Der Titel einer Film-Trilogie, mit der Regisseur Axel Corti die Wege deutscher, österreichischer und tschechischer Emigranten und ihren Kampf ums Überleben vor, während und unmittelbar nach dem Zweiten Weltkrieg beschreibt. Vgl. Titel der einzelnen Teile: »An uns glaubt Gott nicht mehr«, »Santa Fé«, »Welcome in Vienna«.

DER WOHLTÄTER (LE BIENFAITEUR). Leiser Kriminalfilm mit romantisch-psychologischen Kuriositäten und einer Paraderolle für den Hauptdarsteller: Ein wohlhabender Rentner aus der französischen Provinz führt ein Doppelleben und wird als Kopf einer Verbrecherbande entlarvt. ✦ Schwarz-weiß. Frankreich 1942 **P** Regina **Pd** Arys Nisotti, Pierre O'Connell **R** Henri Decoin **B** Yves Mirande **M** Georges van Parys **D** Raimu, Suzy Prim, Pierre Larquey, Alexandre Rignault **E** August 1946

DIE WOHNGENOSSIN. Eine Tramperin verunsichert den ideologisch gefärbten Lebensstil eines jungen Architekten und verliert dabei die eigene ideologische Distanz zur Wohlstandsmaxime. Erstlingsfilm, der ironisch-kritisch verschiedene gesellschaftliche Emanzipationsformen betrachtet und ihre Austauschbarkeit entlarvt. Für Denkwillige nicht ohne Reiz. ✦ BR Deutschland 1972 **P** Nikos Perakis **Kl** Perakis **R+B** Nikos Perakis **K** Dietrich Lohmann **D** Martin Lüttge, Giulia Follina, Lina Carstens, Peter Moland, Louise Martini **L** 80 **E** 30.3.1973 ZDF **fd** 18 367

WOHNSITZ: HEIMATLOS (RESIDENT ALIEN). Dokumentation über den Engländer Quentin Crisp (Jahrgang 1908), der sich in seiner Heimat zum Verfemten machte, als er sich – damals eine mutige Tat – offen zu seiner Homosexualität bekannte. Durch die Verfilmung seiner 1968 veröffentlichten Biografie stieg er zum Liebling der exzentrischen New Yorker Szene auf. In dem Film kommen neben Crisp selbst John Hurt, sein filmisches »Alter ego«, Klatschkolumnisten, Transvestiten, Schriftsteller und Maler zu Wort. (O.m.d.U.) ✦ USA 1990 **P** Films Around the World **R+B** Jonathan Nossiter **K** John Foster, Frank Prinzi **S** Jonathan Nossiter **L** 85 **E** 15.10.1992 B 3

WOHNUNG MIT ALLEM KOMFORT (GLI ULTIMI CINQUE MINUTI). Mit leichter Hand inszenierte und vorzüglich gespielte Dialogkomödie: Eine junge Modeschöpferin und ein reicher Lebemann bewerben sich gleichzeitig um eine luxuriöse Mietwohnung in Rom und lösen ihren Konkurrenzkonflikt durch Eheschließung unter Vorbehalt der jederzeit möglichen Trennung, die der frischgebackene Ehemann aber mit allerhand Listen zu verhindern versucht. ✦ Schwarz-weiß. Italien 1955 **P** Excelsa **Kl** Columbia **R** Giuseppe Amato **B** Aldo de Benedetti **K** Carlo Montuori, Goffredo Bellisario **M** Alessandro Cicognini **D** Vittorio de Sica, Linda Darnell, Sophie Desmarets, Peppino de Filippo, Pierre Cressoy **L** 89 **FSK** ab 16; nf **E** 30.12.1955 **fd** 4 698

WOHNUNG MIT KIND ZU VERMIETEN (SDAJOTSJA KWARTIRA S REBJONKOM). Die Geschichte eines 14jährigen, dessen Eltern für mehrere Monate ins Ausland gehen, ihn aber unter der Obhut einer entfernten Verwandten in der elterlichen Wohnung belassen. Wenig originelle Komödie, konventionell und recht einfallslos inszeniert. ✦ Scope. UdSSR 1978 **P** Mosfilm **Kl** Progress **R** Viktor Krjutschkow **B** Eduard Akopow **K** Alexander Rjabow **M** Anatoli Bykanow **D** Jelena Fetissenko (Nina), Sascha Kopow (Andrej), Mischa Koshekin (Vogel), Ljuda Djakonowa (Natascha), P. Winnikow (Stepanow) **L** 80 **E** 7.10.1979 DFF 2/8.2.1980 Kino DDR

WOJACZEK (WOJACZEK). Filmischer Nachruf auf den polnischen Dichter Rafal Wojaczek, der durch seine schockierende Lyrik ebenso berühmt wurde wie auf Grund seines provokativen Lebensstils. Die pulsierende, stilistisch artifizielle Ergründung eines selbstgeschaffenen Lebensmythos, durch die eine exzentrische Künstlerbiografie zur vielschichtigen Chiffre für die Kunst avanciert. (O.m.d.U.) – Sehenswert. ✦ Schwarz-weiß. Polen 1999 **P** Filmcontract/TVP/ Telewizyna Agencja Produkcji Teatralnej i Filmowej/ Agencja Produkcji Filmowej Komitetu Kinematografii **Kl** Freunde der Deutschen Kinemathek **Pd** Henryk Romanowski **R** Lech Majewski **B** Lech Majewski, Maciej Melecki **K** Adam Sikora **S** Eljot Em **D** Dominika Ostalowska, Krzysztof Siwczyk, Elzbieta Okupska, Miroslawa Lombardo, Andrzej Mastalerz, Robert Gawlinski **L** 90 **E** 11.5.2000 Kino **fd** 34 253

WOLF (1989) (WOLF). Nachdem er den Dienst quittieren mußte und für zwei Jahre untergetaucht war, kehrt Tony Wolf zu seiner Familie zurück. Bald jedoch tritt man mit der Bitte an ihn heran, die verdeckte Ermittlung in einem heiklen Fall zu übernehmen. Unter der Bedingung, daß sein Verfahren wieder aufgerollt wird, übernimmt er den Auftrag. Pilotfilm einer Serie, die das Thema des Undercover-Agenten variiert. ✦ USA 1989 **P** CBS **Pd** Ken Swor **R** Rod Holcomb **B** David Peckinpah **D** Jack Scalia (Tom Wolf), Nicolas Surovy (Dylan Elliot), Joseph Sirola (Sal Lupo), J. C. Brandy (Angeline Bacarri), Mimi Kuzyk (Connie Bacarri) **L** 100 **E** 30.9.1992 RTL 2

WOLF (1993) → Wolf – Das Tier im Manne

DER WOLF AUS DEM VERFLUCHTEN GEBIRGE (VUK SA PROKLETIJA). Das Schicksal einer Familie aus einem Bergdorf vor dem Hintergrund des Kampfes der Volksbefreiungsfront gegen die italienischen Okkupanten im Zweiten Weltkrieg. Ein von der Schablone abweichender Partisanenfilm, der nicht nur beim äußeren Geschehen verweilt. – Ab 14. ✦ Scope. Jugoslawien 1968 **P** Kosmet, Pristina/ Filmska RadnaZajednica, Belgrad **Kl** Progress **R** Miomir Stamenkovic **B** Abdurahman Salja, Murteza Peza, Kole Casule **K** Branko Ivatovic **M** Redzo Mulic **D** Ljuba Tadic, Abdurahman Salja, Josif Tadic, Vesna Krajina, Branko Plesa **L** 81 **E** 27.9.1968 Kino DDR

WOLF – DAS TIER IM MANNE (WOLF (1993)). Ein anerkannter Chefredakteur eines New Yorker Verlagshauses verliert im Dickicht von kommerziellem Egoismus und ehrgeizigen privaten Intrigen seinen Posten. Mit Elementen des Werwolf-Mythos akzentuierte Story: Dem Wolf ist nur der Wolf gewachsen. Ein ironisch-resignativer Kommentar zum Managertum der 90er Jahre, der die allmähliche Wandlung des (bei einem Unfall von einem Wolf gebissenen) Redakteurs an genrebekannten Motiven des Horrorfilms versinnbildlicht. Nicht ganz überzeugend, aber unkonventionell und schauspielerisch wie stilistisch auf beachtlichem Niveau. ✦ USA 1993 **P** Columbia **Kl** Columbia TriStar **VA** Columbia TriStar **DVD** Columbia TriStar Home (16:9, 1.85:1, DD5.1 engl./dt.) **Pd** Douglas Wick **R** Mike Nichols **B** Jim Harrison, Wesley Strict **K** Giuseppe Rotunno **M** Ennio Morricone **S** Sam O'Steen **D** Jack Nicholson (Will Randall), Michelle Pfeiffer (Laura Alden), James Spader (Stewart Swinton), Kate Nelligan (Charlotte Randall), Richard Jenkins (Detective Bridger), Christopher Plummer (Raymond Alden) **L** 125 (gek. 116) **FSK** ab 16; f (gek.ab 12) (DVD 16) **FBW** w **E** 15.9. 1994/16.3.1995 Video/11.5.1996 premiere/8.9. 1998 DVD **fd** 30 979

DER WOLF DER SILABERGE (IL LUPO DELLA SILA). Eine junge Frau nimmt nach Jahren Rache für den Tod ihres Bruders. In Milieu und Darstellung beeindruckendes Drama um die Starschauspielerin Silvana Mangano, deren erotische Ausstrahlung als Kontrapunkt zur despotischen Kälte ihrer Gegenspieler genutzt wird – freilich bis hin zu einem übersteigerten Schauerdrama. Interessant durch die rudimentär erzählte moritatenhafte Fabel und den Willen zu dokumentarischer Echtheit. ✦ Schwarz-weiß. Italien 1949 **P** Lux **Kl** Schorcht **R** Duilio Coletti **B** Steno (= Stefano Vanzina), Mario Monicelli, Carlo Musso, Ivo Perilli, Vincenzo Talarico, Giuseppe Gironda **K** Aldo Tonti **M** Enzo Masetti **D** Silvana Mangano, Amedeo Nazzari, Jacques Sernas, Luisa Rossi, Vittorio Gassman **L** 79 **FSK** ab 16; f **E** 2.3.1951 **fd** 952

EIN WOLF FÜR MEINEN LEUTNANT (NAJLEPSZE W SIWECIE). Die Geschichte eines Jungen, der beide Eltern verlor und nun auf eigenwillige Weise auf sich aufmerksam machen will. – Ab 8. ✦ Scope. Polen 1977 **P** Zespoly Filmowe, Gruppe »Silesia« **Kl** Progress **R+B** Stanislaw Jedryka **K** Wieslaw Zdort **M** Adam Slawinski **D** Mariusz Borecki (Kajetan Mrozek), Emilia Krakowska (Kajetans Mutter), Maciej Góraj (Wandalin Gdowski), Maria Górel, Irena Kownas **L** 93 **E** 6.10.1978 Kino DDR/18.12.1979 DFF 1

DER WOLF HETZT DIE MEUTE (TIGHTROPE). Ein unheimlicher Frauenmörder treibt im Bordellviertel von New Orleans sein Unwesen. Der ermittelnde Polizist, privat Stammgast in verschiedenen Absteigen, sieht sich in den Sog der Verbrechen gezogen, bis ihm die Vernichtung des Täters gelingt. Auf Spannung getrimmtes Actionkino, das vornehmlich von der Präsenz seines Hauptdarstellers lebt; gegen Ende setzt der Film jedoch allzusehr auf ausgespielte Brutalitäten. ✦ USA 1984 **P** Malpaso **Kl** Warner-Columbia **VA** Warner Home **Pd** Fritz Manes, Clint Eastwood **R+B** Richard Tuggle **K** Bruce Surtees **M** Lennie Niehaus **S** Joel Cox **D** Clint Eastwood (Wes Block), Geneviève Bujold (Beryl Thibodeaux), Dan Hedaya (Detective Molinari), Alison Eastwood (Amanda Block), Jenny Beck (Penny Block), Rebecca Perle (Becky Jacklin), Marco St. John (Leander Rolfe), Regina Richardson (Sarita) **L** 114 **FSK** ab 16; f **E** 11.1. 1985 **fd** 24 913

DER WOLF IST MEIN BRUDER. Dokumentarfilm über die Situation nordamerikanischer Indianer, der am Beispiel dreier Jugendlicher versucht, die schwierige Gratwanderung zwischen der Anpassung an den »American way of life« und der Rückbesinnung auf indianische Traditionen aufzuzeigen. Arbeitslosigkeit, Verzweiflung und Drogenkonsum kommen ebenso zur Sprache wie das Ringen um die eigene Identität und die Versuche, durch »Survival Schools« einen indianischen Weg zur Anpassung zu finden. Der Film zeigt einige Aufnahmen spiritueller Zeremonien, die zum ersten Mal filmisch festgehalten wurden und somit einzigartige ethnografische Dokumente darstellen. – Ab 14. ✦ BR Deutschland 1984 **P** MZB-Filmprod./Saarländischer Rundfunk **SF** Verleihgenossenschaft **Pd** Walker Pearce **R+B** Marie Bardischewski **K** Hans Schugg, Bert Stöwesand **M** Andreas Köbner (Bearbeitung), Sherrey Blakley Banai & Sweetgrass, Florida Project **S** Ulla Blattner, Beate Briz **L** 84 **FBW** w **E** 24.6.1984/26.6.1987 ARD

EIN WOLF KEHRT ZURÜCK (FLIGHT OF THE GREY WOLF). Familienfilm. Der halbwüchsige Sohn einer Familie, die auf ihrer Farm eine Tierpension betreibt, nimmt sich eines Wolfsjungen an und zieht den Welpen groß. Als das Tier in Verdacht gerät, ein kleines Mädchen angefallen zu haben, flieht der Junge mit dem Wolf in die Berge, wo er ihn wieder in seine natürliche Umgebung eingewöhnen will. ✦ USA 1976 **P** Disney **R** Frank Zuniga **B** Calvin Clements jr. **K** William Cronjager **M** Robert F. Brunner **D** Jeff East (Russ Hanson), Bill Williams (Sheriff), Barbara Hale (Mutter), William Bryant (Vater), Owen Bush (Tom) **L** 100 **E** 18.7.1993 B1

WOLF MOUNTAIN (THE LEGEND OF WOLF MOUNTAIN). Drei 11jährige Kinder werden in einem Nationalpark von zwei haftentflohenen Räubern verfolgt, finden ihren Retter jedoch in einem indianischen Schutzgeist, der sich für kurze Zeit in einen Krieger verwandeln kann. Fernsehfilm, der dem »Abenteuer Natur« nicht ganz traut und statt dessen eine arg konstruierte Verfolgungsjagd in den Vordergrund stellt; die Bösewichter passen eher in eine billig-brutale

Action-Farce. – Ab 12. ✦ USA 1992 **P** Wolf Mountain/Majestic **VA** VPS **Pd** Bryce Fillmore **R** Craig Clyde **B** Craig Clyde, James Hennessy **K** Gary Eckert **M** Jon McCallum **S** Michael Amundsen **D** Bo Hopkins (Steven Haynes), Robert Z'Dar (Jocko Painter), David Shark (Duane Bixby), Nicole Lund (Kerry Haynes), Jonathan Best (John Page), Mickey Rooney **L** 90 **FSK** ab 12 **E** 4.11.1993 Video **fd** 30 534

DER WOLF UND DIE SIEBEN GEISSLEIN. Kinderfilm nach dem bekannten Märchen um die sieben Geißlein, die zwar auf den guten Rat von Lehrer und Mutter hören und sich vor dem bösen Wolf schützen wollen, schließlich aber doch dessen Verstellungskünsten erliegen und verschlungen werden. Pädagogisch aufbereitete Unterhaltung mit dem erhobenem Zeigefinger, daß man sich vor allzu netten Fremden hüten solle. Ohne große Schreckmomente, putzig und betont »niedlich« inszeniert – Kinder und Erwachsene stecken in Tierkostümen –, aber hoffnungslos antiquiert. – Ab 6. ✦ BR Deutschland 1957 **P** Schonger **KI** Jugendfilm **VA** EuroVideo **R** Peter Podehl **B** Konrad Lustig, nach dem gleichnamigen Märchen der Brüder Grimm **K** Peter Puluj **M** Fred Sporer **S** Horst Rossberger **D** Harriet Geßner, Jürgen von Alten, Johannes Buzalski, Helmo Kindermann, Gustav Oehler **L** 58 **FSK** ab 6; f **FBW** w **E** 27.8.1957 **fd** 6 428

WOLF UNTER WÖLFEN. Vierteilige, in den Details genau gearbeitete, schauspielerisch brillante Verfilmung des gleichnamigen Gesellschaftsromans von Hans Fallada. Die Geschichte von Wolfgang Pagel, eines Spielers ohne Arbeit, und der Gelegenheitsprostituierten Petra Ledig. Um ihr zu helfen, folgt er adligen Bekannten auf ein Rittergut. Angesichts der Vorbereitungen zu einem Putsch gegen die Regierung, in die er verstrickt wird, wendet er sich von den alten Freunden ab und sucht gemeinsam mit Petra einen ehrlichen Weg zum Glück. 1. Teil: Die Stadt und ihre Ruhelosen; 2. Teil: Schwüle über dem Land; 3. Teil: Es kommen des Teufels Husaren; 4. Teil: Ende und Anfang. ✦ Schwarz-weiß. DDR 1964 **P** DEFA **Pd** Bernhard Gelbe **R** Hans-Joachim Kasprzik **B** Hans-Joachim Kasprzik, Klaus Jörn, nach dem gleichnamigen Roman von Hans Fallada **K** Otto Hanisch **M** Günter Hauk **S** Ursula Rudzki **D** Armin Mueller-Stahl (Wolfgang Pagel), Annekathrin Bürger (Petra Ledig), Wolfgang Langhoff (Rittmeister von Prackwitz), Inge Keller (Frau von Prackwitz), Herbert Köfer (Von Studmann), Jürgen Frohriep (Leutnant Fritz), Ekkehard Schall (Diener Räder) **L** 420 (vier Teile) **E** 14.,16.,18.,21.3.1964 DFF 1

DER WOLF VON MALVENEUR (LE LOUP DE MALVENEUR). Der geistig umnachtete letzte Schloßherr von Malveneur will ein lebensverlängerndes Serum erfinden, wird von seiner Schwester jedoch im Keller-Laboratorium eingesperrt und für tot erklärt. Dann aber fällt die hübsche Kindererzieherin dem mörderischen Irren in die Hände. Gruselfilm, nur schauspielerisch halbwegs passabel. (O.m.d.U.) ✦ Schwarz-weiß. Frankreich 1942 **R** Guillaume Radot **B** Francis Vincent-Brechignac **M** Maurice Tiériet, Marceau Van Hoorebeke **D** Madeleine Sologne, Pierre Renoir, Louis Salou, Marcelle Géniat, Gabrielle Dorziat **E** August 1946

DIE WÖLFE (PARDONNEZ NOS OFFENSES). In einem großen Binnenhafen lebt eine jugendliche Bande vom Whisky- und Zigarettenschmuggel. Ihr Maskottchen, eine hübsche junge Frau, wird von Zigeunern vergewaltigt. Der Täter wird entdeckt und gebrandmarkt, kann die Frau aber noch umbringen. Eine triviale Story, schlecht inszeniert. ✦ Schwarz-weiß. Frankreich 1956 **P** Ray Ventura **KI** Pallas **R** Robert Hossein **B** René Wheeler, Robert Hossein **K** Robert Juillard **M** André Hossein **D** Marina Vlady, Pierre Vaneck, Mireille Granelli, Roger Coggio, Gianni Esposito **L** 84 **FSK** ab 18; nf **E** 22.3.1957 **fd** 5 765

WÖLFE (LJUTYJ). Die tragische Geschichte eines kirgisischen Waisenjungen, der einen Wolf aufzieht, und seines Onkels, eines armen Schafhirten, der unter der Willkür eines Feudalherren leidet. Zugleich eine Schilderung des Lebens in Ost-Rußland vor der Revolution. Eine poetisch-realistische, in einigen Szenen bei der Wolfsjagd auch schockierend naturalistische Mischung aus psychologischer Beschreibung und politischer Parabel. (Westdeutscher Fernsehtitel: »Unter Wölfen«) – Sehenswert ab 16. ✦ UdSSR 1973 **P** Kasach-Film **KI** Progress **R** Tolomusch Okejew **B** Andrej Michalkow-Konchalowski, Eduard Tropinin, nach einem Roman von Muchtar Auesow **K** Kadyrschan Kydyralijew **M** Dungenbli Botbajew **D** Kambar Walijew (Kurmasch), Sjuimenkul Tschokmorow (Achangul), A. Dshangorosowa (Großmutter), K. Satjew (Hassen), Nurshuman Ichtymbajew (Sohn des Beys) **L** 95 **E** 1.11.1974 Kino DDR/ 19.9.1975 ARD/5.10.1976 DFF 1 **fd** 19 450

WÖLFE DER LANDSTRASSE (CROSSROADS TO CRIME). Ein junger Polizeibeamter lässt sich zum Schein bestechen und schließt sich auf eigene Gefahr einer Gangsterbande an; nach einigen gefährlichen Situationen kann er die Verbrecher zur Strecke bringen. ✦ Schwarz-weiß. Großbritannien 1961 **P** AP Films **Pd** Gerry Anderson, John Read **R** Gerry Anderson **B** Alun Falconer **D** Anthony Oliver (Don Ross), Patricia Heneghan (Joan Ross), Miriam Karlin (Connie Williams), George Murcell (Diamond), Ferdy Mayne (Miles) **L** 57 **E** 31.7.1965 ARD

WÖLFE HEULEN UNTER DEM MOND (GUO DAO FENG BI). Ein normaler Abend auf den Autobahnen von Taiwan. Eine begeisterte Mahjong-Spielerin, Vertreterin der Generation X, stiehlt den Wagen eines Yuppie-Designers; ein Auftragskiller, der den Mord an seinem Vater rächte, entführt einen Bus, der von einem recht biederen Fahrer chauffiert wird. Zwischen den beiden entwickelt sich eine fast zärtlich-väterliche Beziehung, während die anderen Beteiligten des Films auf dem Autobahnring um Taiwan zwangsläufig nur in losen Kontakt treten können. Letztlich endet die Geschichte in einer Katastrophe. Ein modifiziertes Roadmovie, das seine Struktur nutzt, um jeweils andere Rhythmen und Farben ins Spiel zu bringen und die Lebenshaltungen seiner drei Protagonisten zu skizzieren, die zwar alle in Bewegung sind, eigentlich aber auf der Stelle treten. (O.m.d.U.) ✦ Taiwan 1997 **P** Scholar Films **KI** Freunde der Deutschen Kinmathek **Pd** Lee Yao-ting **R** Ho Ping **B** Kuo Cheng, Ho Ping **K** Han Yun-chung **M** Jerry Huang **S** Chen Po-Wen **D** Annie Shizuka Inoh (Jade), Chang Shih (Lo), Gu Bao-ming (Busfahrer), To Tzong-hua (Killer) **L** 121 **E** 1998

WÖLFE IN DER NACHT (VALLEY OF EAGLES). Ein schwedischer Nobelpreisträger verfolgt in Begleitung eines Kriminalinspektors seine mit dem erfolgsneidischen Assistenten durchgebrannte Ehefrau durch das verschneite Lappland. Dort findet das flüchtige Paar den Tod und der Wissenschaftler neues Lebensglück. Durchschnittlicher Abenteuerfilm. – Ab 16. ✦ Schwarz-weiß. Großbritannien 1951 **P** Independent **KI** Rank **Pd** N. A. Bronsten **R+B** Terence Young **K** J. Elder Wills **M** Nino Rota **S** Lito Carruthers **D** Jack Warner (Inspektor Petersen), Nadia Gray (Kara Nyma), John McCallum (Nils Ahlen), Anthony Dawson (Sven Nystrom), Mary Laura Wood (Helga Ahlen) **L** 78 **FSK** ab 12; f **E** 10.10.1952 **fd** 2 011

WÖLFE IN DER TIEFE (LUPI NELL' ABISSO). Die letzte Nacht in einem gesunkenen U-Boot, aus dem nur ein einziger der Überlebenden aufsteigen kann. Wer wird es sein? Ernsthaft und eindringlich stellt der thematisch ungewöhnliche Film die Frage nach dem »wahren Heldentum«. ✦ Schwarz-weiß. Italien/Frankreich 1959 **P** Sagittario/Borderie **KI** Pallas **R** Silvio Amadio **B** Carlo Romano, Gino de Santis, Silvio Amadio **K** Luciano Trasatti **M** Bruno Canfora **D** Massimo Girotti, Folco Lulli, Horst Frank, Jean-Marc Bory, Alberto Lupo **L** 100 **FSK** ab 12; f **E** 30.10.1959 **fd** 8 678

WÖLFE JAGEN NIE ALLEIN (HITLER'S SS: PORTRAIT IN EVIL). Die Geschichte zweier Brüder, die sich während der Zeit des Nationalsozialismus auseinanderleben. Der eine, ein Arbeiter, sagt sich vom Hitler-Regime los, während der intellektuelle Bruder bei der SS Karriere macht. Nach dem Zusammenbruch des Deutschen Reiches kreuzen sich ihre Wege wieder. Banaler Blick auf die deutsche Geschichte. ✦ USA 1985 **P** Colason **VA** VMP **Pd** Aida Young **R** Jim Goddard **B+K** Lukas Heller **D** John Shea, Bill Nighy, Lucy Gutteridge, David Warner, José Ferrer, Tony Randall **L** 143 **FSK** ab 12 **E** 30.11.1987 Video

WÖLFE UND SCHAKALE →Die Herausforderung (1957/58)

DIE WÖLFE VON KANSAS (WIDE OPEN TOWN). Hopalong Cassidy diesmal als tollkühner Sheriff in Aktion gegen eine Gangsterbande nebst ihrer Chefin, die ein Städtchen und dessen Umgebung mit Raub und Viehdiebstahl terrorisieren. ✦ Schwarz-weiß. USA 1941 **P** Paramount **KI** Deutsche Commerz **Pd** Harry Sherman **R** Lesley Selander **B** Harrison Jacobs, J. Benton Cheney, nach Clarence E. Mulford **K** Sherman A. Rose **M** Irvin Talbot, John Leipold **S** Carroll Lewis **D** William Boyd (Hopalong Cassidy), Russell Hayden (Lucky Jenkins), Andy Clyde (California Jack), Evelyn Brent (Belle Langtry), Victor Jory (Steve Fraser), Morris Ankrum (Jim Stuart), Roy Barcroft (Red), Glenn Strange (Ed Stark), Ed Cassidy (Brad Jackson), George Cleveland **L** 85 **FSK** ab 12; nf **E** 1.6.1950 **fd** 824

DIE WÖLFE VON LOS ANGELES (KEY WITNESS). Ein Bürger wird Zeuge eines Mordes und verständigt die Polizei, worauf die jugendlichen Verbrecher ihn und seine Familie terrorisieren, um ihn von einer Aussage vor Gericht abzuhalten. Reißerisch übersteigerter Beitrag zu einem Problem der amerikanischen Metropolen. Eindrucksvoll fotografiert, aber stellenweise überflüssig brutal. ✦ Scope, schwarz-weiß. USA 1960 **P** Avon **KI** MGM **Pd** Kathryn Hereford **R** Phil Karlson **B** Alfred Brenner, Sidney Michaels, nach einem Roman von Frank Kane **K** Harold E. Wellman **M** Charles Wolcott **S** Ferris Webster **D** Jeffrey Hunter (Fred Morrow), Pat Crowley (Ann Morrow), Dennis Hopper (»Cowboy«), Johnny Nash (»Apple«), Susan Harrison (Ruby), Joby Baker (»Muggles«) **L** 80 **FSK** ab 18; nf **E** 4.11.1960 **fd** 9 564

DIE WÖLFE VON WILLOBY (THE WOLVES OF WILLOUGHBY CHASE). Zwei Mädchen werden von einer hexenhaften Gouvernante tyrannisiert, die sich am Vermögen der Familie bereichern will. Märchenhaft-düstere, an Dickens erinnernde Geschichte aus dem viktorianischen England mit rückwärtsgewandter Haltung: Unter einer spannenden Oberfläche wird die »gute alte Zeit« gegen das soziale Elend der Frühindustrialisierung ausgespielt. – Ab 12. ✦ Großbritannien 1988 **P** Zenith **KI** Delta **VA** Warner Home **Pd** Mark Forstater **R** Stuart Orme **B** William M. Akers, nach einer Erzählung von Joan Aiken **K** Paul Beeson **M** Colin Towns **S** Martin Walsh **D** Emily Hudson (Bonnie Willoby), Aleks Darowska (Sylvia), Stephanie Beacham (Letitia Slighcarp), Mel Smith (Mr. Grimshaw), Geraldine James (Mrs. Gertrude Brisket) **L** 92 **FSK** ab 6; f **E** 30.11.1989/14.12.1990 Video **fd** 28 055

WOLFEN (WOLFEN). Mutierte Wölfe, die in der neuen »Wildnis« der amerikanischen Metropolen leben, müssen diese neuen Jagdgründe mit einer Reihe von Morden verteidigen. »Ökologischer« Horrorfilm, der weitgehend auf vordergründige Effekte verzichtet. Vorzüglich fotografiert und faszinierend in den optisch verfremdeten Sequenzen, hat das gut gespielte Regiedebüt eines früheren Cutters aber einige dramaturgische Schwächen und ist in seiner Geschichte nicht immer konsequent genug. ✦ Scope. USA 1981 **P** Orion **KI** Tobis **Pd** Rupert Hitzig **R** Michael Wadleigh **B** David M. Eyre jr., Michael Wadleigh, nach einem Roman von Whitley Strieber **K** Gerry Fisher **M** James Horner **S** Chris Lebenzon, Dennis Dolan, Martin Bram, Marshall M. Borden **D** Albert Finney (Dewey Wilson), Diane Verona (Rebecca Neff), Edward James Olmos (Eddie Holt), Gregory

Hines (Whittington), Tom Noonan (Ferguson), Dick O'Neill (Warren), Dehl Berti (Alter Indianer) **L** 114 **FSK** ab 16; f **E** 9.9.1982 **fd** 23 634

DIE WÖLFIN (1966) (WALTSCHIZATA). Ein junges Mädchen findet in einem Erziehungsheim neue Freunde und erhält eine ordentliche Ausbildung. ✦ Scope, schwarz-weiß. Bulgarien 1966 **P** Studio für Spielfilme **R** Rangel Waltschanow **B** Chaim Oliver, Rangel Waltschanow **K** Dimo Kolarow **M** Wassil Kasandshiew **D** Ilka Safirowa (Wölfin), Georgi Kalojantschew (Kondow), Naum Schopow (Kirilow), Krasimira Apostolowa (Mara) **L** 67 **E** 10.11.1967 DFF 1

DIE WÖLFIN (1967) (LA LOUVE SOLITAIRE). Im Kampf gegen Rauschgiftschmuggler setzt die Polizei mit Erfolg eine attraktive und klettergewandte Einbruchsspezialistin ein. Mischung von Krimi- und Abenteuerfilm, mäßig spannend. (DDR-Titel: »Die einsame Wölfin«) ✦ Frankreich/Italien 1967 **P** Intermondia/Corona/Selenia **Kl** Gloria **R** Edouard Logereau **B** Marcel Jullian, Edouard Logereau, nach einem Roman von Albert Sainte-Aube **K** Roland Pontoizeau **M** Francis Lai **D** Danièle Gaubert, Michel Duchaussoy, Julien Guiomar, Sacha Pitoëff **L** 96 **FSK** ab 16; nf **E** 16.5.1968/23.12.1980 DFF 1 **fd** 15 518

DIE WÖLFIN (1982) (WILCZYCA). Eine Frau verwandelt sich nach ihrem Tode in einen Geist und lebt gleichzeitig in der Person einer anderen Frau auf einem gräflichen Landsitz weiter. Primitive, formal wie inhaltlich gleichermaßen belanglose Hexen-, Spuk- und Gruselgeschichte. ✦ Polen 1982 **P** Zespoly Filmowe, Gruppe »Silesia« **Kl** Progress **R** Marek Piestrak **B** Jerzy Gieraltowski **K** Janusz Pawlowicz **M** Jerzy Matula **D** Krzysztof Jasinski (Kacper), Iwona Bielska (Maryna/Julia), Olgierd Lukaszewicz (Otto), Stanislaw Brejdygant (Count), Jerzy Prazmowski (Matthew) **L** 102 **E** 28.9.1984 Kino DDR

DIE WÖLFIN (1987) →Der Kampf einer Mutter

DIE WÖLFIN VOM TEUFELSMOOR (DIE WÖLFIN VOM TEUFELSMOOR). Ein junger Vermessungsingenieur soll in einer abgelegenen Gegend die Ansiedlung eines Industrieunternehmens vorbereiten. Er stößt auf den Widerstand der Dorfbewohner und hat mit geheimnisvollen Mächten zu kämpfen. Hexenglaube, Sex und Umweltkritik als Handlungselemente eines österreichischen Horrorfilmversuchs. (Fernsehtitel: »Tod im November«) ✦ Österreich 1978 **P** Wolfgang Odelga **Kl** Ring/Schmidt **R** Helmut Pfandler **B** Helmut Pfandler, Karl-Heinz Willschrei **K** Hanns Matula **M** Gerhard Heinz **D** John Phillip Law (John Vanetti), Florinda Bolkan (Walpurga), Siegfried Wischnewski (Kasimir), Claudia Rischel (Anette) **L** 85 **FSK** ab 16; f **E** 27.10.1978/26.5.1998 Vox **fd** 20 968

DIE WÖLFIN VON KALABRIEN (LA LUPA). Eine leidenschaftliche Frau in einem armseligen Dorf Lukaniens, deren Liebhaber sich der sanften Tochter zuwendet, umgarnt aus Rache den mächtigen Kaufmann des Ortes, provoziert durch Schikanen die Revolte der Arbeiter in der kleinen Tabakfabrik und steckt diese einzige Erwerbsstätte in Brand. Intensive neoveristische Zeichnung von Land und Leuten in einem Melodram nach einer Novelle des Begründers des italienischen Verismus, Giovanni Verga (1840–1922). ✦ Schwarz-weiß. Italien 1953 **P** Ponti/de Laurentiis **Kl** Paramount **R** Alberto Lattuada **B** Alberto Moravia, nach der Novelle »La Lupa« von Giovanni Verga **K** Aldo Tonti **D** Ettore Manni, May Britt, Mario Passante, Anna Arena, Kerima **L** 90 **FSK** ab 16; f **E** 20.8.1954 **fd** 3 497

WOLFMEN (THE MARSUPIALS / THE HOWLING III). Wissenschaftler, Militär und Polizei machen im australischen Hochland gleich einen ganzen Stamm von Werwölfen ausfindig, Nachkommen des tasmanischen Beutelwolfs. Bevor die Spezies endgültig ausgerottet wird, verlieben sich zwei Männer in zwei Werwölfinnen und ziehen mit ihnen in der Wildnis ihre Nachkommen auf. Unbeholfen zwischen Horror und Parodie angesiedelter Film, angereichert mit viel wissenschaftlichem Humbug und einem Schuß Ökologie. Je ernster der Film sich nimmt, desto ungenießbarer wird er. ✦ Australien 1987 **P** Bancannia **VA** CBS/Fox **Pd** Charles Waterstreet, Philippe Mora **R** Philippe Mora **B** Philippe Mora, nach einem Roman von Gary Brandner **K** Louis Irving **M** Allan Zavod **S** Lee Smith **D** Barry Otto (Professor Beckmeyer), Max Fairchild (Thylo), Imogen Annesley (Jerboa), Dasha Blahova (= Dagmar Bláhová) (Olga Gorki), Ralph Cotterill (Professor Sharp) **L** 94 **FSK** ab 12 **E** November 1988 Video **fd** 27 416

WOLFSBLUT (1946) (BELYJ KLYK). Naiv-schlichte Verfilmung der gleichnamigen Erzählung von Jack London: Das wechselvolle Geschick eines Wolfshundes zwischen rohen und tierfreundlichen Menschen. Bemerkenswert in den Natur- und Tieraufnahmen. ✦ Schwarz-weiß. UdSSR 1946 **P** Kinostudio für Populär-Wissenschaftliche Filme **Kl** Hamburg/Karp/Kopp **R** Alexander Sguridi **B** Alexander Sguridi, nach dem gleichnamigen Roman von Jack London **K** Boris Woltschok, G. Trojanowski, W. Asmus **M** W. Oranski **D** Oleg Shakow (Scott), Jelena Ismailowa (Alice), Lew Swerdlin (Max), P. Plotnikow (Smith), Ossip Abdulow (Tim Keenen) **L** 81 **FSK** ab 12; f **E** 13.5.1947/2.8.1952 DFF 1 **fd** 259

WOLFSBLUT (1973) →Jack London: Wolfsblut

WOLFSBLUT (1990) (WHITE FANG). Auf der Suche nach der Goldmine seines verstorbenen Vaters freundet sich ein Halbwüchsiger im eisigen Winter Alaskas mit einem verwaisten jungen Wolf an. Disney-Produktion, die Jack Londons Roman auf die Dimension eines Kinderfilms vor pseudorealistischem Hintergrund reduziert. Auch von der Machart reicht es nur zu einem mäßig fesselnden Abenteuer vor imposanter Naturkulisse. – Ab 8. ✦ USA 1990 **P** Walt Disney Pictures/Silver Screen Partners IV/Hybrid **Kl** Warner Bros. **VA** Walt Disney **DVD** Buena Vista (16:9, 1.85:1, DS engl./dt.) **Pd** Marykay Powell **R** Randal Kleiser **B** Jeanne Rosenberg, Nick Thiel, David Fallon, nach einem Roman von Jack London **K** Tony Pierce-Roberts **M** Basil Poledouris **S** Lisa Day **D** Klaus Maria Brandauer (Alex), Ethan Hawke (Jack), Seymour Cassel (Shunker), Susan Hogan (Belinda), James Remar (Beauty), Bill Moseley (Luke), Clint B. Youngreen (Tinker), Pius Savaga (Grey Beaver), Aaron Hotch (Little Beaver) **L** 116 **FSK** ab 6; f **FBW** w **E** 31.10.1991/9.6.1992 Video/24.7.1993 premiere/20.5.1999 DVD **fd** 29 132

WOLFSBLUT 2 – DAS GEHEIMNIS DES WEISSEN WOLFES (WHITE FANG 2). Unterstützt von einem zahmen Wolf, bewahrt ein junger Goldsucher einen Indianerstamm vor den Intrigen eines bösen Paters und führt ihn zu neuen Jagdgründen. Abenteuerfilm mit märchenhaften Zügen, zwar vorhersehbar in der Handlung und mit klischeehafter Romantisierung der indianischen Kultur, jedoch mit reizvollen Tieraufnahmen kindgerecht erzählt. – Ab 8. ✦ USA 1994 **P** Walt Disney **Kl** Buena Vista **VA** Disney **Pd** Preston Fischer **R** Ken Olin **B** David Fallon **K** Hiro Narita **M** John Debney **S** Elba Sanchez-Short **D** Scott Bairstow (Henry Casey), Charmaine Craig (Lily Joseph), Al Harrington (Moses Joseph), Anthony Michael Ruivivar (Peter), Alfred Molina (Pater Leland Drury) **L** 106 **FSK** ab 6; f **E** 13.10.1994/1.6.1995 Video/4.6.1996 premiere **fd** 31 000

WOLFSBLUT – DER EINSAME JÄGER →Whiskey und die Goldgräber

WOLFSBLUT GREIFT EIN (ZANNA BIANCA ALLA RISCOSSA). Der Hund eines ermordeten Goldgräbers und ein Jäger verfolgen Gangster und können sie nach vielen gefährlichen Schwierigkeiten stellen. Dünner Aufguß eines Romans von Jack London, naiv und rührselig-abenteuerlich. – Ab 14. ✦ Italien 1974 **P** Paneuropean **R** Tonino Ricci **B** Alessandro Continenza, Giovanni Simonelli, nach einem Roman von Jack London **K** Giovanni Bergamini **M** Carlo Rustichelli **D** Maurizio Merli (Burt Halloway), Sergio Smacchi (Ben Dover), Gisela Hahn (Ketty), Matteo Zoffoli (Kim), Henry Silva (Malemute) **L** 90 **E** 29.3.1977 ZDF/7.3.1986 DFF 2

DIE WOLFSBRAUT. Die kurze, aber heftige Freundschaft zwischen einer Berliner Filmemacherin, die zum ersten Mal in ihrem Leben das demütigende Gefühl der Arbeitslosigkeit erlebt, und einer jungen Mulattin, die in einem Kino als Putzfrau arbeitet. Das »Wolfsmädchen« wird zum Anlaß für einen notwendigen inneren Wandel der Halt suchenden Berlinerin. Als »schräge Komödie« einer ungewöhnlichen Freundschaft gedachter Low-budget-Film, der aber weitgehend von herkömmlichen Klischees lebt. ✦ BR Deutschland 1984/85 **P** Dagmar Beiersdorf/NDR **SF** Beiersdorf **Pd+R+B** Dagmar Beiersdorf **K** Christoph Gies **M** Pete Wyoming-Bender, Albert Kittler, A. M. Hildebrandt **S** Lothar Lambert **D** Imke Barnstedt (Mascha), Martine Felton (Dennis), Lothar Lambert (Kurtchen alias »Marilyn«), Albert Heins (Frank), Mustafa Iskandarani (Rajab) **L** 85 **E** November 1986/12.1.1987 West 3

WOLFSECHO (WILCZE ECHA). Ein Leutnant der Grenztruppen jagt im Sonderauftrag Terroristenbanden kurz nach Kriegsende. Spannender Abenteuerfilm, reißerisch und gekonnt in Szene gesetzt. – Ab 14 möglich. ✦ Schwarz-weiß. Polen 1968 **P** Spielfilmstudio Lodz, ZRF »Rytm« **Kl** Progress **R** Aleksander Scibor-Rylski **B** Danuta Scibor-Rylski, Aleksander Scibor-Rylski **K** Stanislaw Loth **M** Wojciech Kilar **D** Bruno O'Ya, Irena Karel, Zbigniew Dobrzynski, Marek Perepeczko, Ryszard Peitruski **L** 95 **E** 5.3.1971 Kino DDR/19.4.1970 DFF 2

DIE WOLFSFALLE (1957) →Er gehört mir

DIE WOLFSFALLE (1983) (WOLTSCHJA JAMA). Auf dem Markt wird ein junger Mann verhaftet, der ungewöhnlich viel Geld bei sich hat. Er kann der Miliz entkommen, doch die Beamten heften sich an seine Fersen und stoßen auf eine »Wolfsfalle«, ein Heim für Waisenkinder, die für dunkle Geschäfte mißbraucht werden. Psychologischer Kriminalfilm über den verzweifelten Versuch eines Mannes, sich aus einer kriminellen Vereinigung zu befreien. – Ab 14. ✦ Scope. UdSSR 1983 **P** Kirgisfilm **Kl** Progress **R** Bolotbek Schamschijew **B** Jerkin Abischew, Bolotbek Schamschijew **K** Manas Mussajew **M** Viktor Lebedew **D** Aiturgan Temirowa (Adshar), Talgat Nigmatulin (Samat/Achmetow), Kenenbaj Koshabekow (Scharipow), Sjuimenkul Tschokmorow (Turabajew), Shorobek Aralbajew **L** 143 **E** 24.5.1985 Kino DDR/23.8.1994 ORB

WOLFSFRAU (WILDERNESS). Fantasyfilm um eine attraktive Frau, die sich bei jedem Vollmond in einen Wolf verwandelt. Sie verzichtet daher auf jede Freundschaft, bis sie sich in einen Zoologen verliebt, den sie mit ihrer Geschichte allerdings in einige Schwierigkeiten bringt. ✦ Großbritannien 1996 **R** Ben Bolt **B** Andrew Davies, Bernadette Davis **D** Amanda Ooms (Alice White), Owen Teale (Dan Somers), Michael Kitchen (Luther Adams), Robert Lockhart, Gemma Jones **L** 99 **E** 5.7.1998 tm 3

EINE WOLFSGESCHICHTE (HIGH COUNTRY CALLING). Ein Naturliebhaber und leidenschaftlicher Jäger beobachtet die Eigenarten von Wölfen, die er in einem riesigen Gehege hält. Als zwei der Tiere ausbrechen, geraten sie in gefährliche Abenteuer mit den Menschen, die einem der beiden den Tod bringen. Mit Betrachtungen der Natur in den Rocky Mountains unterlegte Langzeitbeobachtung, die das überkommene Bild vom Wolf als Feind des Menschen zu widerlegen versucht. ✦ USA 1976 **P** Gordon Eastman Prod. **R** Gordon Eastman **B** Earl E. Smith **K** Gordon Eastman, Wes Marks **M** Jaime Mendoza-Nava **L** 80 **E** 5.2.1983 ZDF

WOLFSGRUB (WOLFSGRUB). Porträt der Mutter des Regisseurs Nicolas Humbert, deren Lebensgeschichte und Haltungen, zusammengesetzt aus Beobachtungen, Erzählungen und von der Mutter entworfenen Gemälden. In schlichten, sanften Bildern sucht der Regisseur in der Konzentration auf eine Person deren gesamtes Leben zu entfalten. ✦ Schweiz/BR Deutschland 1986 **P** Nicolas Humbert Prod. **R+B+K** Nicolas Humbert **M** Aram Gulezyan **S** Gisela Castronari **L** 70 **E** Dezember 1986

WOLFSHEIM. Nach dem Schulabschluss in einem Schwarzwaldstädtchen fällt eine Clique von vier Freunden auseinander. Als Jahre später einer von ihnen wegen einer Reihe von Überfällen ins Gefängnis wandert, kehren die Drei in ihren Heimatort zurück und setzten die Verbrechen fort, um so die Unschuld des Freundes zu belegen. Doch ihr Treiben lässt alle Beteiligten auf eine Katastrophe zusteuern. Tragikomödie übers Erwachsenwerden, das immer mit Verlusten verbunden ist, und über die Einsicht, dass nicht alle Werte auf Dauer erhalten werden können. ✦ Deutschland 2000 **P** Südwestdeutscher Rundfunk **Pd** Susan Schulte **R** Nicole Weegmann **B** Jürgen Matthäi, Nicole Weegmann **K** Immo Rentz **S** Bernd Lorbiecki **D** Barnaby Metschurat (Ennio), Laura Tonke (Justine), Niels Bruno Schmidt (Patrick), Wolfgang Hepp (Christophs Vater), Antoine Monot jr. (Christopoh) **L** 92 **E** 7.12.2000 SWR

DER WOLFSJUNGE (L'ENFANT SAUVAGE). 1798 wurde bei Aveyron ein etwa 12jähriger wild aufgewachsener und fast taubstummer Knabe eingefangen und später nach Paris gebracht, wo der Arzt Jean Itard in unablässigem pädagogisch-psychologischem Bemühen sein verschüttetes Empfindungs- und Kontaktvermögen zu wecken suchte. Truffauts schlichter Film, der tagebuchartig dem Bericht des Arztes folgt, ist ein menschlich und künstlerisch eindrucksvolles Dokument des Glaubens an eine gewisse Entwicklungsfähigkeit jedes Menschen. – Sehenswert ab 16. ✦ Schwarz-weiß. Frankreich 1969/70 **P** Les Films du Carosse/Artistes Associes **Kl** United Artists **Pd** Claude Miller **R** François Truffaut **B** François Truffaut, Jean Gruault, nach »Mémoire et Rapport sur Victor de l'Aveyron« von Dr. Jean Itard **K** Nestor Almendros **M** Antonio Vivaldi **S** Agnès Guillemot **D** Jean-Pierre Cargol (Victor de l'Aveyron), François Truffaut (Dr. Jean Itard), Françoise Seigner (Madame Guérin), Jean Dasté (Prof. Philippe Pinel), Pierre Fabre (Pfleger im Institut) **L** 83 **FSK** ab 12; f **FBW** bw **E** 8.4.1971/23.4.1971 Kino DDR **fd** 17 238

WOLFSKINDER. Ein weit ausholender Dokumentarfilm, der das wechselvolle Schicksal einer ostpreußischen Familie aus Labiau (zwischen Königsberg und Tilsit) nachzeichnet. In ausführlichen Statements der sechs überlebenden Geschwister, die sich, in alle Richtungen versprengt, in Hamburg wiederfanden, entsteht ein bei aller Subjektivität der Erlebnisse authentisches Skizzenbuch der Kriegs- und Nachkriegszeit. Ein außergewöhnlicher Beitrag zu Mentalitäts- und Vergangenheitsverständnis. – Sehenswert ab 16. ✦ Deutschland 1991 **R+B** Eberhard Fechner **K** Karsten H. Müller **L** 120 **E** 29.3.1991 ZDF

DER WOLFSMENSCH (THE WOLF MAN). Ein junger Mann, der nach langjähriger Abwesenheit in die Burg seines Vaters zurückkehrt, entdeckt bei einem Zigeunerkarneval mit Entsetzen, wie ein Wolf ein Mädchen angreift. Er tötet das Tier, wird aber schwer verletzt. Aus verschiedenen Anzeichen muß er schließen, daß es sich um einen Werwolf handelte. Tier-Horrorfilm, der zu seiner Produktionszeit Aufsehen erregte, heute aber eher harmlos wirkt. ✦ Schwarz-weiß. USA 1941 **P** Universal **VA** Universal **Pd+R** George Waggner **B** Curt Siodmak **K** Joseph Valentine **M** Charles Previn **S** Ted J. Kent **D** Claude Rains (Sir John Talbot), Lon Chaney jr. (Larry Talbot), Evelyn Ankers (Gwen Conliff), Bela Lugosi (Bela), Ralph Bellamy (Paul Montford), Maria Ouspenskaya (Maleva) **L** 67 **FSK** ab 12 (Video) **E** 31.10.1979 WDR/ 18.1.2001 Video **fd** 34 811

WOLFSMILCH (IRONWEED). Drei Tage aus dem Leben eines Landstreichers, der 22 Jahre zuvor seine Familie verlassen hatte, weil er sich am Tod seines neugeborenen Kindes schuldig fühlte. Die quälende, teilnahmsvolle Studie eines Menschen, dessen Dasein zwischen Schuld und Tod in ausweglose Einsamkeit getrieben ist. Ein anspruchsvoller Film abseits aller Klischees der amerikanischen Filmindustrie, dessen prominente Besetzung nicht immer überzeugt. – Sehenswert. ✦ USA 1987 **P** TriStar **Kl** Metropol **VA** Madison **Pd** Keith Barish, Marcia Nasatir **R** Hector Babenco **B** William Kennedy, nach seinem Roman **K** Lauro Escorel **M** John Morris **S** Anne Goursaud **D** Jack Nicholson (Francis Phelan), Meryl Streep (Helen Archer), Carroll Baker (Annie Phelan), Michael O'Keefe (Billy), Diane Venora (Peg), Tom Waits (Rudy), Fred Gwynne (Oscar Reo) **L** 142 **FSK** ab 16; f **FBW** w **E** 8.12.1988/17.3.1991 premiere **fd** 27 218

WOLFSMOND (DEATH MOON). Ein von Alpträumen geplagter Geschäftsmann aus Los Angeles reist nach Hawaii, wohin ihn seine Fantasien unbewußt gelockt haben; auf ihm lastet ein Fluch, seit sein Urgroßvater, ein Missionar, eine Kultstätte der polynesischen Einwohner zerstört hat. So wird der ahnungslose Geschäftsmann bei Vollmond zum Werwolf und tötet die Hotelgäste. Schleppend und uninspiriert inszenierte Gruselgeschichte; ein zähes Potpourri aus Grusel, Aberglauben und vermeintlicher Exotik, das weitgehend auf Kraßheiten verzichtet. ✦ USA 1979 **P** EMI TV **VA** VCL/Virgin **R** Bruce Kessler **B** George Schenck **K** Jack Whitman **M** Paul Chihara **D** Robert Foxworth (Jason Palmer), Joe Penny (Rick), Barbara Trentham (Diane May), Dolph Sweet (Lt. Russ Cort), Charles Haid (Earl Wheelie) **L** 89 **E** 1985 Video **fd** 25 137

DIE WOLFSPFOTE (OBEROTJEN TOM). Ein leibeigener Bauer, dessen Gutsherr seinen Vater tötete und seine Frau vergewaltigte, flieht und sinnt auf Rache. Im Gewand eines Werwolfs kehrt er nachts zurück und verbreitet panische Angst. Ein in Lettland im ausgehenden Mittelalter angesiedelter Abenteuerfilm, der den verbreiteten Aberglauben der damaligen Zeit geschickt in seine Geschichte einbezieht. (TV-Titel DDR: »Tom, der Werwolf«) – Ab 16. ✦ UdSSR 1983 **P** Filmstudio Riga **R** Erik Lazis **B** Erik Lazis, nach einem Roman von Jana Maulinja **K** Dawis Simanis **M** Paul Dambis **D** Gunar Zilinski (Tom), Uldis Wasdiks (Mikelis), Olga Drege (Made), Helmut Kalnins (Anders), Juris Lejaskalns (Felsberg) **L** 83 **E** 27.5. 1995 mdr

WOLFSRUDEL (WOLTSCHJA STAJA). Ein Partisan erhält den Befehl, seine vierköpfige Gruppe, darunter eine hochschwangere Funkerin und einen Schwerverwundeten, aus einem von faschistischen Truppen eingekesselten Gebiet herauszubringen. Noch 30 Jahre nach Kriegsende, als er den Sohn der Funkerin besuchen will, peinigen ihn die Erinnerungen an die grausame Zeit. ✦ Scope, schwarzweiß. UdSSR 1975 **P** Belarusfilm **R** Boris Stepanow **B** Wassili Bykow, nach seinem gleichnamigen Roman **K** Oleg Awdejew **M** Dmitri Smolski **D** Anatoli Gratschew (Lewtschuk), Valentin Nikulin (Gribojed), Swetlana Kusnezowa (Klawa), Wladimir Grizewski (Tichonow) **L** 91 **E** 19.2.1976 DFF 2

WOLFSSPUREN. Vor dem Hintergrund der Rückkehr der Wölfe in verschiedenen Teilen Europas stellt der Film das Zusammenleben von Mensch und Wolf dar, wie es sich über Jahrhunderte entwickelt hat, und plädiert für ein erneutes Miteinander, auch im Hinblick auf ökologische Maßnahmen. Absicht des Films ist es, ein oftmals zu Unrecht verteufeltes Tier wieder »konsensfähig« zu machen. ✦ Deutschland 1997 **R** Erik Ziemen, Mona Ziemen **L** 110 **E** 7.4.1997 N3

DIE WOLGA – DIE MENSCHEN, DER FLUSS. Dokumentarfilm über Geschichte und Gegenwart der Wolga. Neue Initiativen, die unabhängig von Moskau entstanden sind, zeugen von wiedererwachtem Selbstbewußtsein in den Provinzen entlang des Flußlaufs. ✦ Deutschland 1997 **R** William Aldridge, Christiane Bauermeister **L** 89 **E** 18.7.1997 arte

EINE WOLGA-ROMANZE (SHESTOKIJ ROMANS). Ein schönes, liebreizendes Mädchen sucht um die Jahrhundertwende voller Ideale und Illusionen nach Liebe und Geborgenheit. In einer Stadt an der Wolga wird es als Objekt männlicher Wünsche enttäuscht und ausgenutzt; die aufrichtige Liebe eines Mannes vermag es schließlich nicht zu erwidern, so daß es zu einer Tragödie kommt. Eindrucksvolles Drama, das sich mit großem Einfühlungsvermögen den Personen nähert. In sorgfältig ausgearbeiteten Details wird das Ende der großbürgerlichen Gesellschaft in Rußland beschrieben. (DDR-Titel: »Eine bittere Romanze«) – Sehenswert. ✦ UdSSR 1984 **P** Mosfilm **Kl** Progress **R** Eldar Rjasanow **B** Eldar Rjasanow, nach dem Theaterstück »Die Braut ohne Mitgift« von Alexander N. Ostrowskij **K** Wadim Alissow **M** Andrej Petrow **S** Valeria Belova **D** Larissa Gutzejewa (Larissa), Alissa Frejndlich (Frau Ogudalowa), Andrej Miagkow (Karandychew), Alexej Petrenko (Knurow), Nikita Michalkow (Sergej Paratow), Viktor Proskurin (Bojevatow), Georgi Burkow (Robinson), Borislaw Brondukow (Ivan) **L** 142 **E** 13.12.1985 Kino DDR/ 31.8.1986 ZDF/30.12.1986 DFF 2

WOLGA-WOLGA (WOLGA-WOLGA). Eine Jazzkapelle und ein Unterhaltungsorchester stehen im Wettbewerb um den Siegerpreis beim alljährlichen Musikfestival. – Ab 14. ✦ Schwarz-weiß. UdSSR 1938 **P** Mosfilm **R** Grigori Alexandrow **B** Michail Wolpin, Nikolai Erdman, Grigori Alexandrow **K** Boris Petrow **M** Isaak Dunajewski **D** Igor Iljinski (Bywalow), L. Olenjew (Dunja Petrowa/Strelka), Pjotr Olenjew (Onkel Kusja), A. Tutyschkin (Aloscha), Wladimir Wolodin (alter Lotse) **L** 108 **E** 31.5.1946

WOLGASCHIFFER (1936) (LES BATELIERS DE LA VOLGA). Rußland 1912: Ein Leutnant wird des Diebstahls wichtigster Geheimdokumente angeklagt und zu Straflager verurteilt, da er nicht die Frau in Mißkredit bringen will, mit der er die fragliche Nacht verbracht hatte. Schauerromanze vor den Kulissen des zaristischen Rußlands. ✦ Schwarz-weiß. Frankreich 1936 **P** Milo **Kl** Prisma **R** Wladimir Strichewsky **B** Joseph Kessel, nach seinem Roman **D** Pierre Blanchar, Vera Koerène, Waleri Inkischinoff, Charles Vanel **L** 93 **FSK** ab 12; f **E** 30.6.1950 (Wiederaufführung) **fd** 978

WOLGASCHIFFER (1958) (I BATTELLIERI DEL VOLGA). Im malerischen Stil altmodischer Abenteuerromane wird der Leidensweg eines aufrechten Zarenoffiziers erzählt: Wolgaschiffer unterstützen seine gefährliche Flucht aus der sibirischen Verbannung; später kann er seine Rehabilitierung betreiben. Abwechslungsreiche Unterhaltung. – Ab 12. ✦ Scope. Italien/ Frankreich 1958 **P** Transmonde/Rialto **Kl** Prisma **R** Viktor Tourjansky **B** Damiano Damiani, Arnaldo Genoino **K** Mario Montuori **M** Norbert Glanzberg **D** John Derek, Elsa Martinelli, Dawn Addams, Charles Vanel, Gert Fröbe, Wolfgang Preiss, Rik Battaglia **L** 93 **FSK** ab 12; nf **E** 26.3.1959 **fd** 7 987

WOLGATRÄUME – WOLGASCHÄUME. Beobachtungen auf einer Schiffsreise. 250 deutsche Touristen erleben an Bord eines Kreuzfahrtschiffes die russische Realität: ein Land, in dem die eigene Währung angewidert zurückgewiesen wird, wo verkaufswütige Einheimische den Touristen von pornografischen Fotos bis zu gefälschten Ikonen alles aufdrängen. Dokumentarfilm, der fast ohne Kommentar auskommt. ✦ Deutschland 1993 **R** Michael Marton, Harald Beckmann **L** 75 **E** 30.5.1993 West 3

EINE WOLKE ZWISCHEN DEN ZÄHNEN (UN NUAGE ENTRE LES DENTS). Ständig auf der Jagd nach schlagzeilenträchtigen Ereignissen, werden ein Reporter und ein Fotograf der Pariser Boulevardpresse schließlich das Opfer ihrer eigenen Sensationsgier. Sie werden bei der Hetze auf die angeblichen Entführer der Kinder des Reporters verhaftet, die sie selbst in Gang gesetzt haben. Teils gelungene, teils krampfhafte Mischung aus überdrehter Posse und zeitkritischer Satire, mit schwarzem Humor gewürzt. – Ab 16. ✦ Frankreich 1974 **P** La Gueville/Artistes Associes **R** Marco Pico **B** Marco Pico, Edgar de Bresson **K** Jean-Paul Schwartz **M** Olivier Lartigue **S** Anita Fernandez **D** Philippe Noiret (Malisard), Pierre Richard (Prevot), Claude Piéplu (Chefredakteur), Paul Crauchet (Chavignac), Jacques Denis (Jolivet) **L** 100 **E** 14.11.1977 ZDF

WOLKEN SIND ÜBERALL (THE MOON IS BLUE). Die

amerikanische Version der Preminger-Komödie »Die Jungfrau auf dem Dach«. Das frivole Dialogspiel zwischen einem Architekten, einem Lebemann und einem naiven Mädchen wirkt entschieden unbefangener und komödiantischer als der deutsche Film. ✦ Schwarz-weiß. USA 1953 **P** United Artists **KI** United Artists **Pd** Otto Preminger, F. Hugh Herbert **R** Otto Preminger **B** F. Hugh Herbert, nach seinem Bühnenstück **K** Ernest Laszlo **M** Herschel Burke Gilbert **S** Louis Loeffler, Otto Ludwig **D** William Holden (Donald Gresham), David Niven (David Slater), Maggie McNamara (Patty O'Neill), Tom Tully (Michael O'Neill), Dawn Addams (Cynthia Slater), Fortunio Bonanova (TV-Ansager), Gregory Ratoff (Taxifahrer), Hardy Krüger (Tourist), Johanna Matz (Touristin) **L** 99 **FSK** ab 16; nf **E** 2.6.1960 **fd** 9 237

WOLKEN ZIEHEN VORÜBER (KAUAS PILVET KARAAVAT / THE CLOUDS ESCAPE). Für eine entlassene Kellnerin und ihren Mann, einen Straßenbahnfahrer, der Opfer der Rationalisierung bei den städtischen Verkehrsbetrieben wurde, beginnt eine deprimierende Zeit der Arbeitssuche. Nach erschöpfenden Erfahrungen bei ihren Bittgängen beschließen sie die Flucht nach vorn und eröffnen ein eigenes Restaurant. Ein außergewöhnlicher Balanceakt zwischen herzzerreißendem Drama und lakonisch-knapp erzählter anrührender Komödie, mit minimalen Mitteln souverän inszeniert. – Sehenswert ab 16. ✦ Finnland/Deutschland/Frankreich 1996 **P** Sputnik Oy/ Yle TV-1/Pandora/Pyramide **KI** Pandora **VA** Arthaus **Pd+R+B** Aki Kaurismäki **K** Timo Salminen **S** Aki Kaurismäki **D** Kati Outinen (Ilona), Kari Väänänen (Lauri), Sakari Kuosmanen (Melartin), Elina Salo (Mrs. Sjöholm), Markku Peltola (Lajunen) **L** 96 **FSK** ab 12; f **E** 30.5.1996/13.1.1997 Video **fd** 31 937

WOLKENLOSE FERIEN (FELHÖTLEN VAKACIO / FRUMOASELE VACANTE). Zwei junge Ungarn wollen ein rumänisches Mädchen, in das sich beide verliebt haben, am Ende seiner Ferien in einem alten Auto nach Bukarest zurückbringen und erleben unterwegs eine Reihe turbulenter Abenteuer. Anspruchslose Unterhaltung. – Ab 16. ✦ Ungarn/Rumänien 1967 **P** Mafilm, Stúdió 3/Filmstudio Bucuresti **KI** Progress **R** Károly Makk **B** István Kállai, Ferenc Katona, Dumitru Carabat, Dan Desliu **K** Sergiu Huzum **M** George Grigoriu **D** Béla Ernyei (Pali), Ilinca Tomoroveanu (Oana), István Sztankay (Péter), Ottília Borbáth (Piri), Zsuzsa Listka (Agi) **L** 78 **E** 21.2.1969 Kino DDR/ 6.8.1975 DFF 1

WOLKENSTÜRMER (THE MCCONNELL STORY). Die ereignisreiche, von Höhen und Tiefen geprägte Geschichte eines amerikanischen Jagdfliegers zur Zeit des Koreakrieges. Die hervorragenden Aufnahmen sind mit einem militärischen Patriotismus unterlegt, der schließlich in distanzlose Wehrpropaganda umschlägt. (TV-Titel auch: »Starfighter Tiger«) – Ab 16 möglich. ✦ Scope. USA 1955 **P** Warner **KI** Warner **Pd** Henry Blanke **R** Gordon Douglas **B** Ted Sherdeman, Sam Rolfe **K** John Seitz **M** Max Steiner **S** Owen Marks **D** Alan Ladd (Joseph C. MacConnell jr.), June Allyson (Pearl MacConell), James Whitmore (Ty Whitman), Frank Faylen (Sgt. Sykes), Robert Ellis (Bob), Willis Bouchey (Newton Bass), Sarah Selby (Mutter) **L** 98 **FSK** ab 12; f **E** 2.12.1955 **fd** 4 630

WOLKENTRÄUME → Cloud Waltz – Wolkenträume

DIE WOLLANDS. Die Erfahrungen eines Schweißers, der sich beruflich verbessern möchte und dafür zunächst Kompromisse eingeht, dann aber die Notwendigkeit solidarischen Verhaltens sieht. Ein übersichtlich und klar inszenierter politischer Spielfilm, ohne Dogmen und Zitate, aus alltäglichen Situationen zusammengesetzt. ✦ BR Deutschland 1972 **P** dffb **KI** Freunde der Deutschen Kinemathek **R** Marianne Lüdcke, Ingo Kratisch **B** Marianne Lüdcke, Ingo Kratisch, Johannes Mayer **K** Ingo Kratisch, Martin Streit **S** Esther Dayan **D** Nicolas Brieger (Horst Wolland), Elfriede Irrall (Karin Wolland), Peter Fitz (Wolfgang), Jörg Friedrich (Günter), Heinz Herrmann (Meister) **L** 92 **E** 10.9.1973 ZDF **fd** 18 443

WOLLEN SIE MIT MIR TANZEN? (VOULEZ-VOUS DANSER AVEC MOI?). Die Frau eines Zahnarztes betätigt sich als Amateurdetektivin und entlastet ihren Mann, der einer amourösen Erpressung zum Opfer fiel, vom Verdacht des Mordes an einer zwielichtigen Tanzlehrerin und Erpresserin. Eher langweiliges, psychologisch reichlich unglaubwürdiges Detektivspiel, ganz auf Brigitte Bardot zugeschnitten. ✦ Frankreich 1959 **P** Francos **KI** Pallas **R** Michel Boisrond **B** Annette Wademant, Gérard Oury, nach einem Roman von Kelley Roos **K** Robert Le Febvre **M** Henri Crolla **D** Brigitte Bardot, Henri Vidal, Dawn Addams, Noël Roquevert, Dario Moreno, Paul Frankeur **L** 89 **FSK** ab 18; nf **E** 22.12.1959/14.4.1963 DFF 1 **fd** 8 791

WOLL'N SIE NICHT MEIN MÖRDER SEIN? (COMME UN CHEVEAU SUR LA SOUPE). Mittelmäßige Situationskomödie, in der sich ein erfolgloser Komponist seinen Mörder dingt, zur gleichen Zeit eine ebenfalls erfolglose Chansonette aus der Seine rettet, dadurch berühmt wird und sich nur mit Mühe vor dem Ermordetwerden retten kann. (Alternativtitel: »So ein Unglücksrabe«, »Balduin, der Selbstmörder«) ✦ Schwarz-weiß. Frankreich 1957 **P** Champs Elysées **KI** Constantin **Pd** Jules Borkon **R** Maurice Regamey **B** Jean Redon, Maurice Regamey, Yvan Audouard **K** Paul Coteret, Herbert Körner **M** Georges van Parys **S** Gilbert Natot **D** Louis de Funès (Pierre), Noëlle Adam (Caroline), Nadine Tallier (Juliette), Jacques Jouanneau (Amedeus), Danielle Lamar (Wanda) **L** 72 **FSK** ab 12; nf **E** 8.2.1963 **fd** 12 019

WOLLUST ODER GUTKNECHTS TRAUM (5. TODSÜNDE) (WOLLUST ODER GUTKNECHTS TRAUM (5. TODSÜNDE)). Gutknecht, Portier im Kundentresor einer Züricher Großbank, geht eines Tages von der Arbeit weg. Umgetrieben, sich treibenlassend, tauchen Erinnerungen auf von Verpaßtem, Verdrängtem, Nicht-Gelebtem. Gutknecht sucht einen Ausweg für das, was in ihm erwachen könnte (z. B. der Besuch eines Nachtklubs), und bleibt doch gequält in der eigenen Begrenzung stecken. June Kovach verdeutlicht in ihrem Film, daß Sexualität Zuspitzung einer Empfindsamkeit ist, die der Mensch eigentlich seiner Umwelt entgegenbringen sollte, und steht im Gegensatz zum branchenüblichen Voyeurismus des »Männerkinos«. Die Dramaturgie des Traumes – und dieser macht den Hauptteil des Films aus – ist keine Dramaturgie der Logik. ✦ Schweiz 1980/81 **P** Nemo (für DRS) **Pd** Georg Radanowicz **R+B** June Kovach **K** Pio Corradi **S** June Kovach **D** Fritz Lichtenhahn (Walter Gutknecht), Janos (Kind Reto), Sibylle Canonica (Retos Mutter), Franziska Spalinger (Franziska Gutknecht), Ulrich Bodamer (Urs, ihr Freund) **L** 58 **E** Schweiz

WOLZ, LEBEN UND VERKLÄRUNG EINES DEUTSCHEN ANARCHISTEN. Das Schicksal eines Revolutionärs, der nach dem Ende des Ersten Weltkriegs auf eigene Faust handeln will, dabei jedoch scheitert, weil er die Gesetze des Klassenkampfes missachtet und sich der organisierten Arbeiterbewegung widersetzt. Künstlerisch bemerkenswerte Filmbiografie nach dem authentischen Vorbild des Anarchisten Max Hoelz; das Drehbuch entstand bereits in den 60er Jahren, Autor und Regisseur brauchten jedoch fünf Jahre, um ihren Film gegen Einsprüche von SED-Funktionären durchzusetzen, die eine Heroisierung des Anarchismus befürchteten. ✦ Scope. DDR 1973 **P** DEFA, Gruppe »Berlin« **KI** Progress **Pd** Manfred Renger **R** Günter Reisch **B** Günther Rücker **K** Jürgen Brauer **M** Karl-Ernst Sasse **S** Bärbel Weigel **D** Regimantas Adomaitis (Wolz), Heidemarie Wenzel (Agnes), Stanislaw Lubschin (Ludwig), Peter Hölzel (Kassierer), Jörg Panknin (Morgner), Rainer Kleinstück (Rudi) **L** 110 **E** 31.1.1974 Kino DDR/ 23.11.1975 DFF 1/23.9.1993 ORB

WOMAN IN ANGER (LADY STREETFIGHTER). Da ihr niemand zu ihrem Recht verhilft, begibt sich eine Frau auf eigene Faust auf die Suche nach den Mördern ihrer Schwester. Primitiver Selbstjustizfilm. ✦ USA 1985 **P** James Bryan Films **VA** All **R** Jun Brian **K** Max Reed **D** Renee Harmon, Joel D. McCrea, Trace Carradine, Liz Renay **L** 75 **FSK** ab 18 **E** 1988 Video

WOMAN OF DESIRE (WOMAN OF DESIRE). Der heimliche Liebhaber eines Playgirls wird verdächtigt, ihren reichen Geliebten ermordet zu haben. Von dessen Zwillingsbruder und der Frau belastet, kann er schließlich dank eines Anwalts und eines unverhofften Zeugen seine Unschuld beweisen. Eine Mischung aus sentimentalem Erotikthriller und unglaubwürdigem Gerichtsfilm. Der Versuch, Thrilleratmosphäre zu schaffen, scheitert daran, daß der Regisseur die Aufmerksamkeit völlig auf die Hauptdarstellerin konzentriert und die Story aus den Augen verliert. (Fernsehtitel auch: »Im Netz der Begierde«) ✦ USA 1992 **P** Nu Image **VA** VMP **Pd** Danny Lerner **R+B** Robert Ginty **K** Hanro Möhr **M** Rene Veldsman **S** Christopher Holmes **D** Jeff Fahey (Jack Lynch), Bo Derek (Christina), Steven Bauer (Jonathan Ashby), Robert Mitchum (Walter J. Hill), John Matshikiza (Detektiv) **L** 95 **FSK** ab 16 **E** 24.1.1994 Video/27.6. 1995 premiere **fd** 30 658

WOMAN OF PREHISTORIC PLANET → Das Steinzeitsyndrom

WOMAN ON TOP (WOMAN ON TOP). Eine brasilianische Köchin erringt in San Francisco Ruhm mit einer eigenen Fernseh-Kochsendung. Zugleich kann sie sich von ihrem Mann emanzipieren, der sie zwar zurück holen möchte, sich dabei aber mit seinen typisch lateinamerikanischen Macho-Allüren selbst im Wege steht. Eine unterhaltsame, sympathische Komödie vor dem Hintergrund von Integration und Identitätsverlust, die freilich nur wenig Biss entwickelt und sich vornehmlich mit ihrer romantischen Haltung begnügt. – Ab 14. ✦ USA 2000 **P** Fox Searchlight Pictures **KI** 20th Century Fox **VA** Fox Home **DVD** Fox Home (16:9, 1.85:1, DD5.1 engl./ dt.) **Pd** Alan Poul **R** Fina Torres **B** Vera Blasi **K** Thierry Arbogast **M** Luis Bacalov **S** Leslie Jones **D** Penélope Cruz (Isabella Oliveira), Murilo Benício (Toninho Oliveira), Harold Perrineau (Monica Jones), Mark Feuerstein (Cliff Lloyd), John de Lancie (Alex Reeves) **L** 92 **FSK** ab 6; f **FBW** w **E** 2.11.2000/10.5.2001 Video & DVD **fd** 34 525

WOMEN AND MEN – VERFÜHRERISCHE GESCHICHTEN → Verführerische Geschichten

WOMEN IN ROCK (WOMEN IN ROCK). Dokumentarfilm über Frauen im Popmusik-Geschäft von den 50er bis zu den 80er Jahren. Tina Turner, Gladys Knight, Whitney Houston und andere berichten über Vor- und Nachteile des »Frauseins« im Showgeschäft. – Ab 14. ✦ USA 1986 **R** Stephanie Bennett **L** 70 **E** 31.12.1998 tm 3

WOMEN LOVE WOMAN (IF THESE WALLS COULD TALK 2). Gleichgeschlechtliche Liebe zwischen Frauen als dreiteiliger Episodenfilm im Laufe der Jahrzehnte. 1: 1961: Als die Partnerin einer ältlichen Lehrerin stirbt, bringen die Verwandten der Toten kein Verständnis für deren Liebe auf, betätigen sich als Leichenfledderer und können keinen Trost spenden. 2: 1972: Zwei feministisch überzeugte Schülerinnen lieben sich, finden jedoch in ihrem politisch engagierten Freundinnenkreis keine Anerkennung und rufen Hassreaktionen hervor. 3: 2000: Zwei Frauen leben locker zusammen und können sich mittels eines Samenspenders ihren Kinderwunsch erfüllen. Ein gut gemeinter, aber nicht durchweg gut gemachter Film, von Frauen für Frauen. Immerhin beschert er ein Wiedersehen mit Vanessa Redgrave, die auch im Alter Faszination ausstrahlt, und in der letzten Episode die interessante Paarung Sharon Stone (als werdende Mutter) und Ellen DeGeneres, einem Fernsehstar (»Ellen«), der aus seiner lesbischen Neigung nie einen Hehl gemacht hat und seine Bekanntheit nutzte, um lesbische Liebe als freie Entscheidung und Normalität zu demonstrieren. – Ab 16. ✦ USA 2000 **P** HBO/Team Todd **VA** Ascot **DVD** Splendid/Ascot (FF, DD2.0 engl., DD5.1 dt.) **Pd** Mary Kane **R** Jane Anderson (1), Martha Coolidge (2), Anne Heche (3) **B** Jane Anderson (1), Alex

Sichel (2), Sylvia Sichel (2), Anne Heche (3) **K** Paul Elliott (1), Robbie Greenberg (2), Peter Deming (3) **M** Basil Poledouris **S** Priscilla Nedd-Friendly (1,3), Margie Goodspeed (2) **D** Vanessa Redgrave (Edith Tree, 1), Marian Seldes (Abby Hedley, 1), Paul Giamatti (Ted Hedley, 1), Chloe Sevigny (Amy, 2), Michelle Williams (Linda, 2), Natasha Lyonne (Jeanne, 2), Sharon Stone (Fran, 3), Ellen DeGeneres (Kal, 3), Kathy Najimy (Doktor, 3) **L** 92 **FSK** ab 12 **E** 28.12. 2000 Video/26.1.2001 DVD

WOMEN LOVE WOMEN →Women Love Woman

WOMIT HAB' ICH DAS VERDIENT? (QUE HE HECHO YO PARA MERECER ESTO?). Eine von Alltagsbelastungen und Rollenmustern erdrückte Hausfrau in Madrid erschlägt aus Frustration und Eifersucht im Affekt ihren Mann mit einer Schinkenkeule. Fragwürdige Mischung aus »schwarzer Komödie« und Melodram. Ihr gelingt es aus Mangel an echter satirischer Sprengkraft nur unvollkommen, auf den kausalen Zusammenhang von gesellschaftlichen Verfassungen und Emanzipationsproblemen hinzuweisen, zumal streckenweise ein pornografischer Einschlag vorherrscht. ✦ Spanien 1984 **P** Tesauro/Kactus **Kl** prokino **Pd** Herve Hachuel **R+B** Pedro Almodóvar **K** Angel Luis Fernández **M** Bernardo Bonezzi **S** José Salcedo **D** Carmen Maura (Gloria), Angel de Andrés López (Antonio), Chus Lampreave (Großmutter), Verónica Forqué (Cristal), Kiti Manver (Juani) **L** 101 **FSK** ab 16; f **E** 18.4.1991/7.12.1994 ARD **fd** 28 839

WON TON TON ... DER HUND, DER HOLLYWOOD RETTETE (WON TON TON, THE DOG WHO SAVED HOLLYWOOD). Ein Schäferhund wird Anfang der 20er Jahre zum großen Star in Hollywood. Zwischen Klamauk und Parodie schwankendes Lustspiel, das nur durch die Mitwirkung großer Stars von einst in kleinen Rollen einigen Reiz erhält. – Ab 12. ✦ USA 1975 **P** Paramount **Kl** CIC **Pd** David V. Picker, Arnold Schulman, Michael Winner **R** Michael Winner **B** Arnold Schulman, Cy Howard **K** Richard H. Kline **M** Neal Hefti **S** Bernard Gribble **D** Bruce Dern (Grayson Potschuk), Madeline Kahn (Estie Del Ruth), Art Carney (J. J. Fromberg), Ron Leibman (Rudy Montague), Teri Garr (Fluffy), Phil Silvers (Murray Fromberg), Dennis Morgan, William Demarest, Virginia Mayo, Rory Calhoun, Henry Wilcoxon, Ricardo Montalban, Jackie Coogan, Aldo Ray, Ethel Merman, Yvonne de Carlo, Joan Blondell, Andy Devine, Broderick Crawford, Dorothy Lamour, Gloria de Haven, Johnny Weissmuller, Rudy Vallee, George Jessel, Rhonda Fleming, Dean Stockwell, Dick Haymes, Tab Hunter, Victor Mature, Zsa Zsa Gabor, Cyd Charisse, Peter Lawford, Alice Faye, Milton Berle, John Carradine, Keye Luke, Walter Pidgeon, Pedro Gonzalez Gonzalez **L** 92 **FSK** ab 6; f **E** 25.7.1977 **fd** 20 293

WONDER WOMAN (WONDER WOMAN). Eine Frau mit übernatürlichen Fähigkeiten verläßt ihre Heimatinsel, um dem CIA in einer Sondermission beizustehen. Verfilmung eines Comic-Strips, der es in allen Belangen zu sehr an Logik und Action mangelt, um als abenteuerliche Unterhaltung bestehen zu können. Nach gescheitertem Start wurde das Format geändert und der Sender gewechselt, ferner das Heil in zwei anderen Hauptdarstellerinnen gesucht. Das Ergebnis blieb belanglos und unterhaltungsarm. – Ab 14 möglich. ✦ USA 1974 **P** ABC/Warner Bros. **R** Vincent McEveety **B** John D. F. Black **D** Cathy Lee Crosby (Wonser Woman/Diana Prince), Kaz Garas (Steve Trevor), Ricardo Montalban (Abner Smith), Andrew Prine (George Calvin), Beverly Gill (Hippolyta) **L** 70 **E** 29.12.1998 RTL 2

WONDER WOMAN – EINE AMAZONE RÄUMT AUF (THE NEW, ORIGINAL WONDER WOMAN). Wonder Woman, Tochter der Königin der kämpferischen Amazonen, die auf einer Bermuda-Insel leben, wird in den Zweiten Weltkrieg geschickt, um das Gute zu bewahren. Sie bringt einen abgeschossenen US-Piloten nach Hause und gerät dort an einen Spionagering der Nazis. Fürs Fernsehen entstandener Fantasy-Abenteuerfilm voller Heldentaten nach einem 1941 entstandenen Comic; albern, aber akzeptabel. ✦ USA 1975 **R** Leonard Horn **B** Stanley Ralph Ross **D** Lynda Carter (Wonder Woman), Lyle Waggoner (Steve Trevor), John Randolph (General Blankenship), Stella Stevens (Marcia), Cloris Leachman (Queen Mother) **L** 80 **E** 8.7.1998 RTL 2

WONDERBEAT →The Wonderbeats – Kings of Beat

DIE WONDERBOYS (WONDER BOYS). Ein Literaturprofessor in der Schaffenskrise sorgt für einige Verwirrung in seiner unmittelbaren Umgebung, da er sich ziellos treiben lässt und zu keiner Entscheidung fähig ist. Eine ausgesprochen amüsante Komödie mit Zutaten der »Série Noire«, getragen von fabelhaften Darstellern, die ihren offensichtlichen Spaß am Spiel mit einer gehörigen Portion Selbstironie verbindet. DVD: Die Extras umfassen u. a. mittels InterXS Modus während des Filmes abrufbare Informationen. – Ab 16. ✦ Scope. USA 2000 **P** Paramount **Kl** Concorde **VA** Concorde (VCL) **DVD** Concorde (16:9, 2.35:1, DD5.1 engl./dt.) **Pd** Curtis Hanson, Scott Rudin **R** Curtis Hanson **B** Steve Kloves, nach dem gleichnamigen Roman von Michael Chabon **K** Dante Spinotti **M** Christopher Young **S** Dede Allen **D** Michael Douglas (Prof. Grady Tripp), Tobey Maguire (James Leer), Frances McDormand (Sara Gaskell), Robert Downey jr. (Terry Crabtree), Katie Holmes (Hannah Green), Richard Thomas (Walter Gaskell) **L** 111 **FSK** ab 12; f **E** 2.11.2000/ 28.6.2001 Video & DVD **fd** 34 524

WONDERFUL LIFE – KÜSS MICH MIT MUSIK (WONDERFUL LIFE). Junge Musiker, die als Statisten beim Film sind, drehen ohne Wissen ihres Regisseurs den Film in einer zweiten Version als Musical. Nur wenig erheiternder Versuch einer Parodie auf das Filmmilieu mit vielen Schlagern. – Ab 14. ✦ Scope. Großbritannien 1964 **P** Ivy **Kl** Piran **R** Sidney J. Furie **B** Peter Myers, Ronald Cass **K** Ken Higgins, Chic Waterson **M** Peter Myers, Ronald Cass **D** Cliff Richard, Walter Slezak, Susan Hampshire, Melvyn Hayes, Hank B. Marvin **L** 96 **FSK** ab 6; nf **E** 4.6.1965 **fd** 13 443

WONDERLAND (WONDERLAND). Während eines langen Wochenendes kreuzen sich im Süden von London die Wege von mehr als einem Dutzend Menschen, die auf die ein oder andere Weise miteinander verwandt sind. Im kommunikativen Mittelpunkt stehen drei Schwestern, die sich in einem Café zum Tratsch oder zu dringenden Krisensitzungen treffen, wozu in diesen Tagen öfters Anlass besteht. Ein Großstadtporträt, das mit lakonischem Humor und beschwingtem Rhythmus ein pulsierendes Zeitbild entwirft, dabei aber auch existenzielle Untertöne der Figuren zum Klingen bringt und unterhaltsam den Zustand urbaner Familienverhältnisse beschreibt. – Sehenswert ab 14. ✦ Scope. Großbritannien 1999 **P** Revolution Films/Kismet Film **Kl** Universal Pictures/UIP **VA** Universal **Pd** Michele Camarda, Andrew Eaton **R** Michael Winterbottom **B** Laurence Coriat **K** Sean Bobbit **M** Michael Nyman **S** Trevor Waite **D** Shirley Henderson (Debbie), Gina McKee (Nadia), Molly Parker (Molly), Ian Hart (Dan), John Simm (Eddie), Stuart Townsend (Tim), Kika Markham (Eileen), Jack Sheperd (Bill), Enzo Cilenti (Darren), Sarah-Jane Potts (Melanie), David Fahm (Franklyn), Ellen Thomas (Donna) **L** 109 **FSK** ab 12; f **FBW** bw **E** 25.11.1999/25.5.2000 Video **fd** 33 990

WONDERWALL – WELT VOLLER WUNDER →Welt voller Wunder

WONG LEE – DER MANN MIT DER TODESFAUST (FOR WHOM TO BE MURDERED). Zwei Brüder aus Singapur fahren nach Hongkong in Ferien. Einer wird ermordet. Der Überlebende, ein außergewöhnlich begabter Kämpfer, bricht auf, den Tod des Bruders an der Hongkonger Halbwelt zu rächen. Ein Knochenbrecherfilm im buchstäblichen Sinn. ✦ Scope. Hongkong 1978 **P** Safety Walk **Kl** Gamma **VA** ITT Contrast **R** Patrick Yuen **D** Tony Wong, Chan Wai-Man, A. Chui, L. King-Ming **L** 75 **FSK** ab 18; nf **E** 16.11. 1979/1980 Video

WONG SUN – DER HERR DER 1000 FÄUSTE (THE BRAVEST ONE). Ein in eine Rauschgiftbande eingeschleuster Interpol-Agent soll im Auftrag der Bande ein ehemaliges Mitglied töten. Es gelingt ihm jedoch, die Gangster hinter Schloß und Riegel zu bringen. Uninteressanter Eastern. ✦ Scope. Hongkong 1975 **P** Spectacular Trading **Kl** Kora **R** Fan Man-Wah **D** Wong Yuen-Sun, Chun Cheung-Lam, Lee Kwan-Yee **L** 86 **FSK** ab 16; nf **E** 1.10.1976 **fd** 20 195

WONNEKLOSS. Die ebenso grotesken wie erfolglosen Versuche eines findigen Lebenskünstlers, einen Pornofilm zu drehen. Der gebürtige Bulgare Gosov, bekannt geworden durch seine frechen »Engelchen- und Bengelchen«-Filme, zog sich nach dem Mißerfolg dieser mißratenen Branchenparodie nicht ohne Grund aus dem Regiegeschäft zurück. ✦ BR Deutschland 1971 **P** Margo **Kl** Stein **Pd+R+B** Marran Gosov **K** Bernd Fiedler **M** Comedian Harmonists **S** Sybille Mar **D** Dieter Augustin, Daisy von Lilienfeld, Dinka Mirkowatschki, Hans Jacob, Jan Odenthal **L** 79 **FSK** ab 16; nf **E** 27.4.1972 **fd** 17 837

WOO (WOO). Während einer nächtlichen Odyssee durch New York kommen sich ein temperamentvolles »party girl« und ein schüchterner »Softie« trotz skurriler und gefährlicher Situationen näher. Ein völlig unausgegorener Versuch, »black cinema« und romantische Komödie im Stil der 50er-Jahre unter einen Hut zu bringen: Weder wird die Liebesgeschichte glaubhaft noch kommt die Schilderung der nächtlichen »Szene« über knallbunte Abziehbilder hinaus. – Ab 16. ✦ USA 1998 **P** Gotham Films/New Line Cinema **Pd** Beth Hubbard, Michael Hubbard **R** Daisy Von Scherler Mayer **B** David C. Johnson **K** Jean Lepine **M** Michel Colombier **S** Nicholas Eliopoulos, Janice Hampton **D** Jada Pinkett (Woo), Tommy Davidson (Tim), Duane Martin (Frankie), Michael Ralph (Romaine), Darrell M. Heath (Hop), Dave Cappelle (Lenny), Paula Jai Parker (Claudette), Aida Turturro (Tookie) **L** 81 **FSK** ab 16 **E** 5.8.2001 Pro Sieben

WOODEN MAN (SHAOLIN WOODEN MEN). Nach einer harten, aber erfolgreichen Ausbildung in einer Shaolin-Schule hat der Held nur einen Wunsch: Er will den Tod seines Vaters rächen. Ernster Kung-Fu-Film mit Jackie Chan, darum nicht so unterhaltsam wie seine komischen Produktionen. ✦ Hongkong 1986 **P** Lo Wei **VA** Pacific/PolyGram **R** Chen Chi-Wa **D** Jackie Chan (= Cheng Long), Lung Yuen, Kim Kong **L** 95 **FSK** ab 16 **E** 10.10.1988 Video

WOODOO BABY – INSEL DER LEIDENSCHAFT →Woodoo-Baby – Sex und schwarze Magie in der Karibik

WOODOO-BABY – SEX UND SCHWARZE MAGIE IN DER KARIBIK (WOODOO BABY). Auf einer Karibikinsel geht die nymphomanisch veranlagte Frau eines englischen Wissenschaftlers Beziehungen zu Partnern beiderlei Geschlechts ein. Kolportage in exotischer Landschaftskulisse, die vor allem der Präsentation von Sexszenen dient. (Alternativtitel: »Woodoo Baby – Insel der Leidenschaft«) ✦ Dominikanische Republik 1980 **P** Santo Domingo Universal **Kl** Ring/Peiper **R** Joe d'Amato (= Aristide Massaccesi) **K** Alberto Spagnoli **M** Stelvio Cipriani **D** Susan Scott (= Nieves Navarro), Richard Harrison, Lucia Ramirez **L** 90 **E** 14.5.1982 **fd** 23 860

WOODOO – BLUTRAUSCH DES DSCHUNGELS (THE DISEMBODIED). Die Frau eines Urwaldarztes bedient sich bei ihren kriminellen Unternehmungen der magischen Kräfte eines Eingeborenenstamms. Unsinn dümmster Machart, mit eingeblendeten Kulttänzen notdürftig auf Mindestlänge gebracht. – Ab 16. ✦ Schwarz-weiß. USA 1957 **P** Allied Artists **Kl** Hermes **R** Walter Grauman **B** Jack Townley **K** Harry Neumann **M** Marlin Skiles **S** Scott Conrad **D** Paul Burke, Allison Hayes, John Wengraf, Joel Marston **L** 73 **FSK** ab 16; nf **E** 28.4.1960 **fd** 9 263

WOODOO – DIE SCHRECKENSINSEL DER ZOMBIES (ZOMBIE II / GLI ULTIMI ZOMBI). Nach dem geheimnisvollen Tod ihres Vaters kommt eine junge Frau mit Hilfe eines Reporters auf einer Antilleninsel lebenden Toten auf die Spur. Blutrunst, Ekeleffekte und Sex vermischendes Horrorspektakel italienischer Billigproduktion, das die radikale Vernichtung von »Lebensunwertem und Abartigem« befürwortet. – Wir raten ab. ✦ Italien 1979 **P** Variety **KI** Jugendfilm **R** Lucio Fulci **B** Elisa Livia Briganti **K** Sergio Salvati **M** Fabio Frizzi, Giorgio Tucci **D** Ian McCulloch, Richard Johnson, Tisa Farrow, Auretta Gay **L** 89 **FSK** ab 18; nf **E** 23.11.1979 **fd** 22 258

WOODSTOCK (WOODSTOCK – THREE DAYS OF LOVE AND MUSIC). Dokumentarfilm über das Musikfestival in Woodstock/USA, wo 1969 die Superstars der damaligen Rock- und Folkszene sowie über 400 000 Besucher »drei Tage des Friedens und der Musik« verbrachten. Das monumentale Ereignis wurde ebenso wie der Film (und der Soundtrack) zum Symbol einer selbstbewußten Gegenkultur, die damals allerdings bereits ihren Höhepunkt überschritten hatte. Als musikalisches und zeitgeschichtliches Dokument mitreißend und äußerst aufschlußreich, wenn auch die ebenso miserable wie überflüssige deutsche Synchronisation die atmosphärische Dichte erheblich beeinträchtigt. (Im Fernsehen war zunächst eine gekürzte Version zu sehen; 1994 sendete arte eine 185minütige deutsch untertitelte Originalfassung. In die amerikanischen Kinos gelangte im selben Jahr eine Art »Director's Cut«, der 44 Minuten länger als die ursprüngliche Kinoversion war und seine Höhepunkte in weiteren Auftritten von Jimi Hendrix, Janis Joplin, Canned Heat und Jefferson Airplane hatte.) – Ab 14. ✦ Scope. USA 1969 **P** Wadleigh-Maurice Ltd. (für Warner Bros.) **KI** Warner Bros. **VA** Warner Home **DVD** Warner (16:9, 2:35:1,DS engl.) **Pd** Bob Maurice **R+B** Michael Wadleigh **K** Michael Wadleigh, David Myers, Richard Pearce, Don Lenzer, Al Wertheimer **S** Martin Scorsese, Michael Wadleigh, Thelma Schoonmaker **D** Joan Baez, Joe Cocker, Country Joe and The Fish, Arlo Guthrie, The Who, Santana (=Carlos Santana), Jimi Hendrix, Ravi Shankar, Crosby, Stills, Nash & Young, Ten Years After, John B. Sebastian, Sly and the Family Stone, Richie Hevens, Sha-Na-Na, Canned Heat, Jefferson Airplane **L** 169(TV 140/185) (DVD 215) **FSK** ab 12; f **FBW** w **E** 3.9.1970/14.8.1994 arte (O.m.d.U.)/25.1. 2001 Video/25.1.2001 DVD **fd** 16 983

WOODY ALLEN – NIMM DIE MONETEN UND HAU AB → Woody – der Unglücksrabe

WOODY ALLEN – WHAT'S UP, TIGER LILY? (WHAT'S UP, TIGER LILY?). Woody Allens kuriose Bearbeitung des zweitklassigen japanischen Agentenfilms »Kagi No Kagi« (»Schlüssel der Schlüssel«, Regie: Senkichi Taniguchi), den er mit einigen hinzugefügten Szenen und neu unterlegtem Dialog zu einer Agentenfilm-Parodie umfunktioniert, in der Gauner und Spione in eine abstruse Jagd nach einem Rezept für Eiersalat verwickelt sind. In der deutschsprachigen Fassung büßt der Film durch die Synchronisation seinen Witz allerdings größtenteils wieder ein. ✦ Scope. USA 1966 **P** Benedict **KI** Ascot/Avis **Pd+R** Woody Allen **B** Woody Allen, Julie Bennett, Frank Buxton, Louise Lasser, Mickey Rose, Bryna Wilson, nach einem Drehbuch von Kazuo Yamada **K** Kazuo Yamada **M** Jack Lewis, The Lovin' Spoonful **S** Richard Krown **D** Woody Allen (Gastgeber/Erzähler), Tatsuya Mihashi (Phil Moscowitz), Miyi Hana (Terri Yaki), Akiko Wakabayashi (Suki Yaki), The Lovin' Spoonful (The Lovin' Spoonful) **L** 80 **FSK** ab 16; f **E** 12.6.1981 **fd** 22 992

WOODY – DER UNGLÜCKSRABE (TAKE THE MONEY AND RUN). Tragikomödie mit parodistischen Elementen über Leben und Milieu eines vom Pech verfolgten neurotischen Jungen aus den Slums, der sich in den Augen des Gesetzes zum gefährlichen Verbrecher entwickelt, in Wirklichkeit aber nur dem »american way of life« nicht gewachsen ist. Hintergründig-amüsante Unterhaltung; besonders in der ersten Hälfte einfallsreich und voller Gags. Woody Allen führt in diesem noch recht episodenhaft angelegten Film erstmals die Rolle des tragikomischen Verlierers ein, die er in den folgenden Jahren variiert und verfeinert. (Alternativtitel: »Woody Allen – Nimm die Moneten und hau ab«) – Ab 16. ✦ USA 1969 **P** Palomar **Pd** Charles H. Joffe **R** Woody Allen **B** Woody Allen, Mickey Rose **K** Lester Shorr, Fouad Said (ungenannt) **M** Marvin Hamlisch **S** Ralph Rosenblum, James T. Heckert, Ron Kalish, Paul Jordan **D** Woody Allen (Virgil Starkwell), Janet Margolin (Louise), Jacquelyn Hyde (Miss Blaire), Marcel Hillaire (Fritz), Lonny Chapman (Jake), Jan Merlin (Al) **L** 85 **FSK** ab 12; nf **E** 7.2.1975/16.7.1989 DFF 2 **fd** 19 205

WOODY GROSS IN FAHRT. Vierzehn Zeichentrickfilme um den Specht Woody Woodpecker und seine Freunde, die zu einem abendfüllenden Programm zusammengestellt sind. – Ab 10. ✦ USA 1961–71 **P** Walter Lantz **KI** CIC **L** 79 **FSK** ab 6; nf **E** 19.10.1972 **fd** 18 193

WOODY UND SEINE FREUNDE. Mehrere Zeichentrick-Kurzfilme um die bekannte Figur des Spechtes Woody Woodpecker in einem Programmpaket. – Ab 10. ✦ USA 1956–63 **P** Walter Lantz **KI** Universal **L** 83 **FSK** ab 6; nf **E** 1965 Kino **fd** 13 474

WOODY WOODPECKER AUF ABENTEUER (CHIEF CHARLIE HORSE / PAN HANDLE SCANDAL). Kurze Zeichentrickfilme von überwiegend mäßiger Qualität, in der »abendfüllenden« Aneinanderreihung ermüdend. – Ab 10. ✦ USA 1951–59 **P** Universal **KI** Universal **R** P. J. Smith, Alex Lovy **L** 82 **FSK** ab 6; nf **E** 1960 Kino **fd** 8 735

WORAN WIR UNS ERINNERN ... Neun aus unterschiedlichen Verhältnissen stammende Menschen, geboren im Jahr 1949, reflektieren ihr bisheriges Leben, wobei markante Daten und Ereignisse wie der 13. August 1961 oder der Vietnamkrieg die Erinnerungen bestimmen. Das soziologisch interessante Kollektivporträt einer nachdenklichen Generation wurde von den Zensurbehörden der DDR so lange gestutzt, bis nur noch der Torso eines um Wahrheit bemühten Films erhalten blieb. Kritische Stimmen zur Mauer oder zum Einmarsch des Warschauer Pakts in die CSSR wurden getilgt. Der Regisseur distanzierte sich später von dem Projekt. – Ab 14. ✦ DDR 1984 **P** DEFA, Studio für Dokumentarfilme **KI** Progress **Pd** Heinz Arnold **R+B** Roland Steiner **K** Christian Lehmann **M** Peter Gläser **S** Angelika Arnold **L** 75 **E** 14.9.1984

WORKAHOLIC. Eine junge Frau setzt rigoros ihre eigene Karriere als Fernsehmoderatorin durch, als sie von ihrem arbeitswütigen Geliebten vernachlässigt und enttäuscht wird. Doch zwischen einem Mann für die berufliche Karriere und einem weiteren fürs Bett bleibt stets die Erinnerung an den Zurückgelassenen. Liebeskomödie, die betont flott moderne Ansprüche junger Menschen an Liebe und Beruf aufbereiten will, dabei aber nur Schlagworte und gebrauchsfertige Chiffren aneinanderreiht. ✦ Deutschland 1996 **P** tele münchen/ORF **KI** Concorde-CR/Turner **VA** Concorde (VMP) **DVD** Concorde (1.85:1, DD5.1 dt.) **Pd** Rikolt von Gagern **R** Sharon von Wietersheim **B** Andrea Sixt, Sharon von Wietersheim **K** Gérard Vandenberg **M** Curt Cress, Chris Weller **S** Hansjörg Weissbrich **D** Christiane Paul (Rhoda), Tobias Moretti (Max), Ralf Bauer (Paul), Nadeshda Brennicke (Elly), Juraj Kukura (Cedrick), Konstanze Breitebner (Sonja) **L** 89 **FSK** ab 12; f **E** 11.7.1996/7.1.1997 Video/20.5.1998 DVD **fd** 32 006

WORKING GIRLS (WORKING GIRLS). Szenen aus dem Alltag eines Kleinbordells. Durch die betont nüchterne, niemals moralisierende Beschreibung des sich stereotyp wiederholenden Tagesablaufs soll Prostitution als eine normale Berufssparte dargestellt werden. Ein solch feministischer Ansatz unterstreicht den Warencharakter der Prostitution, hinterfragt jedoch nicht die traditionellen Abhängigkeitsverhältnisse des Milieus. Ein ebenso kalter wie provozierender Film, der auch nicht ohne Längen ist. ✦ USA 1986 **P** Lizzie Borden Alternate Current **KI** Tivoli **VA** VCL/Virgin **Pd** Lizzie Borden, Andi Gladstone **R** Lizzie Borden **B** Lizzie Borden, Sandra Kay (= Marusia Zach) **K** Judy Irola **M** David van Tieghem **S** Lizzie Borden **D** Louise Smith (Molly), Ellen McElduff (Susan), Amanda Goodwin (Shawn), Marusia Zach (Gina), Richard Davidson (Jerry) **L** 93 **FSK** ab 18; f **E** 3.9.1987/25.2.1988 Video **fd** 26 388

WORLD OF HORROR (WORLD OF HORROR / DARIO ARGENTO'S WORLD OF HORROR). Kompilationsfilm aus Horrorfilmen, die Dario Argento inszenierte oder an denen er mitarbeitete. Der als »Meister« bezeichnete italienische Regisseur verrät die »besten Tricks« aus seinen filmischen Alpträumen, wobei der Horror seiner eigentlichen Funktion beraubt und auf bloße Schockeffekte reduziert wird. Der Film kombiniert Ausschnitte aus »Das Geheimnis der schwarzen Handschuhe« (1969/70), »Die neunschwänzige Katze« (1970), »Vier Fliegen auf grauem Samt« (1971), »Deep Red« (1975), »Suspiria« (1976), »Zombie« (1978), »Horror Infernal« (1979), »Tenebrae« (1982), »Phenomena« (1984) und »Dämonen« (1985). Die öde »Leistungsschau« eines Genres, allenfalls interessant als Einblick in den Wandel, den es in knapp zwei Jahrzehnten vollzogen hat. ✦ Italien 1986 **P** Dac Film **VA** Focus **R** Michele Soavi, Dario Argento **B** Michele Soavi **L** 66 **FSK** ab 18 **E** 1.8.1988 Video

WORLD WAR III – VISION DES SCHRECKENS → Weltkrieg 3

DAS WORT (ORDET). Eine Bäuerin stirbt nach der Totgeburt ihres Kindes. Der irrsinnige Bruder des Mannes hatte diesen Tod vorausgesagt, zugleich aber versprochen, er werde sie wieder zum Leben erwecken. An der Totenbahre bittet er, wieder geheilt, Gott um die Auferstehung, die tatsächlich geschieht. Dreyers vorletzter Film, entstanden in einer von langen Unterbrechungen geprägten Schaffensperiode, ist inhaltlich wie formal ein Unikum im europäischen Nachkriegskino: Abseits modischer Strömungen meditiert der große dänische Regisseur über substantielle Fragen des Christentums, wobei er die Bühnenvorlage des Dramatikers Munk (1944 von der Gestapo ermordet) zu streng komponierten Bildfolgen und nahezu statischen Figurentableaus verdichtet. Beeindruckend in der radikalen religiösen Ernsthaftigkeit, eindringlich in der psychologischen Zeichnung der Figuren. ✦ Schwarz-weiß. Dänemark 1954 **P** Palladium **R** Carl Theodor Dreyer **B** Carl Theodor Dreyer, nach einem Bühnenstück von Kaj Munk **K** Henning Bendtsen **M** Poul Schierbeck **D** Henrik Malberg, Emil Hass Christensen, Birgitte Federspiel, Preben Lerdorff Rye, Cay Kristiansen **L** 125 **E** 31.3.1969 ZDF

EIN WORT KANN EINE KARIKATUR SEIN – FRIEDEN. Polemisches Dokumentarvideo über die deutsche Friedensbewegung der 80er Jahre, das sich gegen die »pazifistische Illusion« wendet, man könne hierzulande vom Frieden sprechen, ohne die Gewalt, die von hier ausginge, zu thematisieren. – Ab 16. ✦ Teils schwarz-weiß. BR Deutschland 1982 **P** Medienwerkstatt Freiburg **VA** Medienwerkstatt Freiburg **R+B+K** Medienwerkstatt Freiburg **L** 86

EIN WORT ZUR VERTEIDIGUNG (SLOWO DLJA SASCHTSCHITY). Eine jüngere Rechtsanwältin soll eine gleichaltrige, wegen versuchten Mordes angeklagte Frau vor Gericht vertreten. Die Analyse der Beweggründe der Tat führt nicht nur zu einer neuen Sicht der Betroffenen, sie verändert auch das Leben der Verteidigerin. Sensibel inszenierter Erstlingsfilm, der geschickt psychologische Klischees vermeidet und sich seinen Figuren mit großem Einfühlungsvermögen nähert. – Ab 14. ✦ Scope. UdSSR 1976 **P** Mosfilm **KI** Progress **R** Wadim J. Abdraschitow **B** Alexander Mindadse **K** Anatoli Sabolozki **M** Wladimir Martynow **D** Galina Jazkina (Irina Meshnikowa), Marina Nejelowa (Valentina Kostina), Oleg Jankowski (Ruslan), Stanislaw Ljubschin (Fedjajew), Viktor Schulgin (Meschnikow) **L** 95 **E** 4.11.1977 Kino DDR/12.5.1977 DFF 2

WORTE KOMMEN MEIST ZU SPÄT (HECATE). Die als Rückblende erzählte Geschichte der leidenschaftlichen Liebe eines Mannes zu einer rätselhaften Frau, die sich ihm trotz körperlicher Hingabe immer mehr zu entziehen scheint. Im Marokko der Kolonialzeit spielende Liebesgeschichte, die zwischen oberflächlichem Melodram und subtil entlarvender Neuinterpretation bekannter Geschichten um männliche Leidenschaft und Selbstzerstörung schwankt. Die Aussagen zur Beziehungsthematik zwischen Mann und Frau drohen durch formale Eigendynamik und betörende Bilder überwuchert zu werden. (Videotitel: »Hecate – Die Männerkatze«) ✦ Schweiz/Frankreich 1982 **P** T. & C./SSR/LPA/TF 1 **KI** Ascot **Pd** Marcel Hoehn, Hans Ulrich Jordi, Bernard Lorain **R** Daniel Schmid **B** Pascal Jardin, Daniel Schmid, nach einem Roman von Paul Morand **K** Renato Berta **M** Carlos d'Alessio **S** Nicole Lubtchansky, Daniela Roderer **D** Bernard Giraudeau (Julien Rochelle), Lauren Hutton (Clothide de Watteville), Jean Bouise (Voudable, Konsul), Jean-Pierre Kalfon (Marrard), Gérard Desarthe (Colonel de Watteville) **L** 108 **FSK** ab 16; f **FBW** w **E** 27.1.1984 **fd** 24 398

WORÜBER MAN NICHT SPRICHT. Kommerzprodukt, das zur sexuellen Aufklärung einen Spielfilmrahmen aufbietet, um darin gynäkologische Lichtbilder und Kurzfilme aus dem Kreißsaal unterzubringen. Die Nöte einer schwangeren Primanerin verflüchtigen sich durch allerlei Klischees mit unduldsamen Eltern, warnendem Frauenarzt, Mut machendem Pfarrer und reuigem Geliebten im totalen Happy-End. ✦ Schwarz-weiß. BR Deutschland 1958 **P** Neubach **KI** Prisma **R** Wolfgang Glück **B** Ilse Lotz-Dupont, nach einer Vorlage von Dieter Fritko **K** Walter Riml **M** Rudolf Perak **S** Walter Fredersdorf **D** Hans Söhnker, Antje Geerk, Albert Rueprecht, Friedrich Domin, Karin Dor **L** 87 **FSK** ab 18; f **E** 19.9.1958 **fd** 7 353

WOUNDED (WOUNDED). Ein Suchtrupp des FBI, der in den Wäldern im Nordosten der USA hinter einem illegalen Bärenjäger her ist, wird von einem Wilderer aufgerieben. Nur eine Frau überlebt schwer verletzt und ist fortan von dem Gedanken an Rache besessen. Eine dünne, psychologisch unausgereifte Geschichte, die die Rache als archaischen Akt zelebriert und deren pseudo-philosophischen Dialogen es an Aussagekraft mangelt. Auch die elegante Kameraarbeit kann die inhaltlichen Mängel nicht wettmachen. (Titel auch: »Frei zum Abschuß«, »Wounded – Die einzige Zeugin«) ✦ USA 1996 **P** Keystone/Republic **VA** VCL **Pd** Robert Wince, William Wince **R** Richard Martin **B** Harry Longstreet, Lindsay Bourne **K** Gregory Middleton **M** Ross Vannelli **S** Kerry Uchida **D** Madchen Amick (Jules Clayton), Adrian Pasdar (Hanaghan), Richard Joseph Paul (Don Powell), Jim Beaver (Eric Ashton), Graham Greene (Rollina) **L** 94 (gek. 90) **FSK** ab 18 (gek. 16) **E** 20.5.1997 Video **fd** 32 605

WOUNDED FACES. Nach vielen vergeblichen Versuchen wird einer jungen Frau bewußt, daß sie den geliebten Mann nie ganz für sich gewinnen kann, da er zu sehr in seinem Freundeskreis aufgeht. Als er sich mit einem enttäuscht von einer Amerika-Reise zurückgekehrten Freund zusammenschließt, trennt sie sich endgültig und versucht, neue Beziehungen aufzubauen. Dies mißlingt; auch der alte Freundeskreis bricht allmählich durch eine Verkettung von Liebesabenteuern auseinander. Ein Film über die vermeintliche Unmöglichkeit von Freundschaft und Liebe und das Zerplatzen des entsprechenden Traums. – Ab 16 möglich. ✦ Deutschland 1991 **P** Kevin Lee Filmgesellschaft/Maran Film **SF** Verleih der Filmemacher **Pd** Dieter Horres **R** Norbert Lechner **B** Norbert Lechner, Peter Schuppler **K** Thomas Frantzen **M** Markus Lonardoni **S** Katja Dringenberg, Vera Gebhard **D** Karin Moser (Eva), Sualk Zeugner (Rudi), Steffen Wink (Stefan), Robert Aldini (Franz), Tilman Schaich (Werner) **L** 82 **FSK** ab 12; f **E** 19.11.1992/24.8.1995 Neustart

WOWKAS BESTER FREUND (CHOTSCHU, TSCHTOBY ON PRISCHOL). Die Geschichte der Freundschaft zweier Jungen verschiedenen Alters, die nicht ganz problemlos verläuft. – Ab 8. ✦ Scope. UdSSR 1981 **P** Gorki-Studio **KI** Progress **R** Eduard Gawrilow **B** Gennadi Bokarew **K** Boris Seredin **M** Igor Jefremow **D** Shenja Awerotschkin (Wowka), Sanila Perow (Vitka), Jekaterina Woronina (Wowkas Mutter), Ljudmila Saizewa (Vitkas Mutter), Michail Shigalow (Vitkas Vater) **L** 62 **E** 6.5.1983 Kino DDR/15.9.1984 DFF 1

WOYZECK (1979). Weithin vorlagegetreue Verfilmung des berühmten Dramenfragments. Herzog bleibt mit der Wahl des Stoffes einem Grundzug seiner Filme, dem Interesse an und dem Plädoyer für die isolierte und leidende Kreatur, treu. Exzellente schauspielerische Leistungen können allerdings kaum mit der Enttäuschung darüber versöhnen, daß diese »Woyzeck«-Vision allzu stilisiert und damit auch weithin unfilmisch-blutleer ist. DVD: Eine deutsche DVD lag bei Redaktionsschluss nicht vor. – Ab 16. ✦ BR Deutschland 1979 **P** Herzog **KI** Filmverlag der Autoren **DVD** USA Import: Ancor Bay (1.66:1, Mono engl.) **Pd+R** Werner Herzog **B** Werner Herzog, nach dem Fragment von Georg Büchner **K** Jörg Schmidt-Reitwein **M** Fiedelquartett Telc, u. a. **S** Beate Mainka-Jellinghaus **D** Klaus Kinski (Woyzeck), Eva Mattes (Marie), Wolfgang Reichmann (Hauptmann), Willy Semmelrogge (Doktor), Josef Bierbichler (Tambourmajor), Volker Prechtel **L** 81 **FSK** ab 16; f **FBW** bw **E** 25.5.1979 **fd** 22 044

WOYZECK (1994) (WOYZECK). Büchners Drama in einer Neuverfilmung. Die Handlung wurde auf eine Gleisstrecke im heutigen Ungarn verlegt, wo Woyzeck als Weichensteller sein trauriges Dasein fristet und der Erniedrigung durch seine Mitmenschen ausgesetzt ist. Ein beeindruckender Film in brillanter Schwarzweiß-Fotografie, der mit suggestiv verlangsamter Erzählweise eine düstere »Endstation« beschreibt, den Ort einer letzten Erniedrigung. Der auf dem nationalen Festival in Budapest preisgekrönte Film wird von einem hervorragenden Hauptdarsteller getragen. – Sehenswert ab 16. ✦ Schwarz-weiß. Ungarn 1994 **P** Magic Media **Pd** Péter Mándoki **R** János Szász **B** János Szász, nach dem Fragment von Georg Büchner **K** Tibor Máthé **M** Henry Purcell, Giovanni Battista Pergolesi **S** Anna Kornis **D** Lajos Kovács (Woyzeck), Diana Vácaru (Mari), Alexander Porochowschtschikow (Hauptmann), Péter Haumann (Doktor), Sándor Gáspár (Polizist) **L** 93 **E** 20.8.1997 Bayern 3

WOZU DER MENSCH FLÜGEL BRAUCHT (SATSCHEM TSCHELOWEKU KRYLJA). Das Schicksal eines alten Mannes, der als sowjetischer Gardesoldat im Krieg seinen Dienst tat und nun als wunderlicher Kauz in einem Dorf lebt und gelegentlich mit der neuen Zeit und den Menschen seine Probleme hat. Tragikomisches, liebenswertes und einfühlsames Porträt voller Poesie. – Ab 14. ✦ Scope. UdSSR 1985 **P** Mosfilm **KI** Progress **R** Wladimir Schamschurin **B** Anatoli Kudrjawzew **K** Boris Broshowski **M** Jewgeni Doga, Wladimir Wysotski **D** Lew Durow (Wassili Iwanow), Boris Nowikow (Pawijunja), Sinaida Dechtjarjowa (Darja), Michail Glusski (Kirill Petrowitsch), Wladimir Nossik (Kolchosvorsitzender) **L** 85 **E** 16.1.1987 Kino DDR

WOZZECK. Der Leidensweg des verachteten und getretenen Füsiliers, der sein Schicksal in dumpfer Resignation erträgt, bis ihm der Tambourmajor sein Mädchen fortnimmt. DEFA-Verfilmung des Dramenfragments von Georg Büchner, dem mittels einer hinzugefügten Rahmenhandlung ein marxistisches Etikett angeklebt wird. Die Regie des gebürtigen Österreichers Klaren beeindruckt durch stilistische Brillanz und intensive Stimmungsbilder, Kurt Meisel liefert eine mitreißende Interpretation der Hauptrolle. Der Film galt seinerzeit als künstlerisches Spitzenprodukt, wurde aber schon bald nach der Premiere zurückgezogen und kam erst 1958, als sein ästhetisches Konzept bereits überholt schien, in die bundesdeutschen Kinos. (Verleihtitel Westdeutschland: »Der Fall Wozzeck«) ✦ Schwarz-weiß. Deutschland 1947 **P** DEFA **KI** Rebus **VA** Icestorm **R** Georg C. Klaren **B** Georg C. Klaren, nach dem Dramenfragment »Woyzeck« von Georg Büchner. **K** Bruno Mondi **M** Herbert Trantow **S** Lena Neumann **D** Kurt Meisel (Wozzeck), Helga Zülch (Maria), Max Eckhard (Büchner), Paul Henckels (Arzt), Arno Paulsen (Hauptmann) **L** 98 **FSK** ab 16; f **E** 27.12.1947 Kino Ost/10.10.1958 Kino BRD/1.12.1975 DFF 1/ 27.10.1998 Video **fd** 9 133

WR – MYSTERIEN DES ORGANISMUS (W.R. – MISTERIJE ORGANIZMA). Ausgehend von Leben und Theorie des Marxisten und Psychoanalytikers Wilhelm Reich, der die sexuelle Revolution als Voraussetzung für den wahren Sozialismus verkündete, greift Dusan Makavejev autoritäre Gesellschaftsordnungen an. Eine provokative und zuweilen schockierende Collage, die auf Verkrampfungen und Verirrungen der Sexualität hinweist, ohne in ihrer satirisch-kabarettaften Form den Zusammenhängen auf den Grund gehen zu können. ✦ Jugoslawien 1971 **P** Neoplanta **KI** United Artists **R** Dusan Makavejev **B** Dusan Makavejev, basierend auf Werken von Wilhelm Reich **K** Predrag Popovic, Aleksandar Petkovic **M** Bojana Makavejev **S** Ivanka Vukasovic **D** Milena Dravic (Milena), Jagoda Kaloper (Jagoda), Ivica Vidovic (Vladimir Ilyich), Zoran Rudmilovic (Radmilovic), Miodrag Andric (Soldat) **L** 84 **FSK** ab 18; nf **FBW** bw **E** 30.6. 1972 **fd** 17 885

WRACKS (WRAKI). Zwei Taucher lieben ein Mädchen. Sehr dünne Eifersuchtsgeschichte für ganz Anspruchslose. – Ab 14. ✦ Polen 1956 **P** Filmstudio Lódz, ZAF Studio **KI** Progress **R** Ewa Petelska, Czeslaw Petelski **B** Janusz Meissner, Ewa Petelska, Czeslaw Petelski, nach einem Roman von Janusz Meissner **K** Karol Chodura **M** Markusz Wolberg **D** Zbigniew Józefowicz (Barnat), Urzula Madrzynska (Teresa), Jadwiga Prolinska (Irena), Zbigniew Cybulski (Rafal Grabien), Janusz Klasinski (Kapitän Jakus) **L** 59 **E** 29.8.1958 Kino DDR/30.9.1961 DFF 1

WRESTLEMANIA VI + VII (WRESTLEMANIA VI + VII). »Wrestlemania« ist eine Catch-Veranstaltung, die jährlich von der »World Wrestling Federation« vor bis zu 67 000 Zuschauern in Toronto durchgeführt wird. Es handelt sich um Ringkämpfe im rücksichtslosesten Freistil, die mit Beleidigungsgebrüll eingeleitet und über eine Phase simulierter Härte zu tatsächlich aufkommender Aggressionswut zwischen fettleibigen Kriegern übergeleitet werden. Eine von Werbung für die »Stars« unterbrochene Aufzeichnung diverser Ringkämpfe, ergänzt von deutschen Off-Kommentaren und bewundernden Studiogesprächen, ohne auch nur einen Gedanken an die fragwürdigen Aspekte solchen Gewaltgenusses zu verschwenden. ✦ Kanada 1990/91 **P** Evart Enterprises/ Madison Video/Titansports **VA** Allround **L** 101/105 **FSK** ab 16 **E** 11.12.1991,26.2.1992 Video **fd** 29 563

WRONG WORLD (WRONG WORLD). Ein junger Arzt kehrt nach Jahren vergeblicher beruflicher und persönlicher Sinnsuche morphiumabhängig nach Australien zurück. Auf der Flucht aus einer Entziehungsanstalt mit einem heroinsüchtigen Mädchen finden beide über ihre Freundschaft zu neuem Selbstvertrauen. Ein Roadmovie, dessen äußere Bewegung geschickt mit der inneren Bewegung seiner Figuren korrespondiert. Es macht den Zuschauer zum Komplizen einer schwierigen, aber letztlich hoffnungsvollen Selbstfindung, ohne den Klischees des Genres zu verfallen. (O.m.d.U.; TV-Titel: »Falsche Welt«) ✦ Australien 1984 **P** Seon Film **KI** Edition Salzgeber **R** Ian Pringle **B** Doug Ling, Ian Pringle **K** Raymond Argall **M** Eric Gradman **D** Richard Moir (David Trueman), Jo Kennedy (Mary), Nicolas Lathouris (Rangott), Robbie McGregor (Robert), Esben Storm (Laurence), Tim Robinson (Psychiater), Cliff Ellen (Alter Mann) **L** 94 **E** Oktober 1989/4.2.1994 3sat **fd** 27 887

WU KUNG – HERR DER BLUTIGEN MESSER (DEVIL

AND ANGEL). Die Rachsucht eines sich als Opfer der Gesellschaft fühlenden Strafentlassenen dient als Anlaß einer Aneinanderreihung von Kämpfen. Verworren-dilettantischer Eastern. ✦ Scope. Hongkong 1972 **P** Alpha **KI** AB **L** 76 **FSK** ab 18; nf **E** 31.8.1973 **fd** 18 644

WUFF! MEIN PAPA BELLT (HO UN SECRETO CON PAPA). Anspruchsloser, auf Rührung ausgerichteter Familienfilm. Nach dem Unfalltod ihres Vaters glaubt ein elfjähriges Mädchen, daß sein Vater in Gestalt eines Hundes zurückgekehrt ist, der ihm zugelaufen ist. Seine Mutter möchte den Hund loswerden und vom Dorf wieder in die Stadt ziehen, doch der Hund sorgt immer aufs Neue dafür, daß ihre Pläne durchkreuzt werden. – Ab 12. ✦ Italien 1995 **R** Gianpaolo Tescari **B** Deborah Moggach, Roberta Colombo **K** Fernando Ciangola **M** Pino Donaggio **D** Elena Sofia Ricci (Barbara), Treat Williams (Vittorio), Rachel Rice (Giulia), Federico Pacifici (Luca), Florens Fanciulli (Francesca) **L** 91 **E** 22.12.1998 ARD

WUK, DER FUCHS (VUK). Zeichentechnisch schnörkellos und in der Handlung geradlinig erzählte Geschichte um die Abenteuer eines kleinen Fuchses. Sympathische Unterhaltung für die kleinsten Zuschauer. (DDR-Titel: »Vuk – Aus dem Leben eines Fuchses«, Alternativtitel: »Vuk – der kleine Fuchs«, »Wuk – der kleine Fuchs«) – Ab 6. ✦ BR Deutschland/Ungarn 1981 **P** Infafilm/Hungarofilm (Pannónia Filmstúdió) **KI** Filmwelt **VA** Warner Home **R** Attila Dargay **B** Attila Dargay, István Imre, Ede Tarbay, nach einem Roman von István Fekete **K** Irén Henrik **M** Peter Wolf **S** Magda Hág, János Czipauer **L** 85 (TV 75) **FSK** ab 6; f **E** 20.12.1982 BR/16.12.1983 Kino DDR/13.4.1984 Kino BRD/10.6.1984 DFF/12.11.1987 Video **fd** 25 439

WUNDBRAND – SARAJEVO, 17 TAGE IM AUGUST. Dokumentarfilm, der Interviews mit zehn Einwohnern Sarajevos mit Beobachtungen in der zerstörten Stadt verbindet und die erschreckenden seelischen Verletzungen der Menschen in diesem Kriegsgebiet deutlich macht. Die fließenden Grenzen zwischen Tätern und Opfern werden differenziert ausgeleuchtet. Der Film kommt dem Lebensgefühl der Menschen nahe und zeigt in seinem verlangsamten Rhythmus die psychischen Auswirkungen des Krieges. – Sehenswert ab 16. ✦ Schwarz-weiß. Deutschland 1994 **P** Factory 2/arte **KI** Zero Film **Pd** Martin Hagemann, Thomas Kufus **R+B** Didi Danquart, Johann Feindt **K** Johann Feindt **M** Cornelius Schwehr **L** 79 **E** 28.4.1994 **fd** 30 775

WUNDEN DER VERGANGENHEIT (MIRACLE IN THE WOODS). Zwei zerstrittene Schwestern finden nach dem Tod ihrer Mutter über eine alte Freundin der Verstorbenen, mit der sich die junge Tochter einer der beiden Frauen anfreundet, zögerlich wieder zusammen. Zugleich kann das Mädchen der alten Dame ihre Lebensgeschichte entlocken und seinerseits zu einer Familienzusammenführung beitragen. Eine in mehrfacher Hinsicht melodramatische (Fernseh-)Geschichte, die teilweise in Rückblenden erzählt wird und von der Macht von Freundschaft und Liebe erzählt. – Ab 16. ✦ USA 1997 **P** Patchett Kaufman Entertainment **Pd** Stephanie Hagen, Tom Luse, Joe Slowensky **R** Arthur Allan Seidelman **B** Joseph Meyer Slowensky **K** Greg Gardiner **M** Ernest Troost **S** Bert Glatstein **D** Meredith Baxter (Sarah Weatherby), Della Reese (Lilly Cooper), Patricia Heaton (Wanda Briggs), Anna Chlumsky (Gina), Sanaa Lathan (junge Lilly) **L** 85 **E** 20.3.1999 Vox

WUNDEN – ERZÄHLUNGEN AUS TRANSSILVANIEN. Nach der großen Auswanderungswelle von 1990, als fast 200 000 Siebenbürger Sachsen ihre seit 850 Jahren angestammte transsilvanische Heimat verließen, hat der in Siebenbürgen geborene Münchner Filmemacher die im Land verbliebenen Angehörigen dieser ethnischen Minderheit in Rumänien besucht und sie nach ihren Traditionen, Mythen und »Wunden« befragt. Der Film wird durch altes Wochenschaumaterial ergänzt. ✦ Deutschland/Rumänien 1994 **R+B** Günter Czernetzky **K** Toni Sulzbeck **L** 70 **E** 16.5.1994 ZDF

DAS WUNDER. Eine blinde Tochter aus reichem, aber innerlich zerrüttetem Haus wird nach zahlreichen vergeblichen medizinischen Versuchen durch ein Wunder wieder sehend. Der Film bedient sich auf naive und völlig unreflektierte Weise religiöser Motive und bewegt sich auch inszenatorisch auf kläglichem Niveau. ✦ BR Deutschland 1984/85 **P** Wolfgang Odenthal Filmprod./KF Kinofilm **KI** Scotia-Cannon **R+B** Eckhart Schmidt **K** Bernd Neubauer **M** Sal Paradise **S** Gabriele Kröber **D** Anja Schüte (Raphaela), Raimund Harmstorf (Raphaelas Vater), Dagmar Lassander (Raphaelas Mutter), Anouschka Renzi (Maria), Michael Simbruk (Raoul), Sibylle Rauch, Michele Oliveri, Renate Langer, Christiane Maybach **L** 102 **FSK** ab 12; f **E** 31.10.1985 **fd** 25 427

WUNDER AUF BAHN 2 (MIRACLE IN LANE 2). Ein an den Rollstuhl gefesselter Schüler will sich von seiner Behinderung nicht unterkriegen lassen und eifert seinem sportlichen Bruder in allen Belangen nach. Aus seinem Ringen um Normalität entsteht der Wunsch, an einem traditionellen Seifenkistenrennen teilzunehmen. Familienunterhaltung mit sentimental-gutmütiger Grundhaltung; eine typische Produktion aus den Hause Disney. – Ab 12. ✦ USA 2000 **P** Disney **Pd** Christopher Morgan, Beth Polson **R** Greg Beeman **B** Joel Kauffmann, Donald C. Yost **K** William Wages **M** Phil Marshall **S** Terry Stokes **D** Frankie Muniz (Justin), Rick Rossovich (Myron), Molly Hagan (Sheila), Patrick Levis (Seth), Roger Aaron Brown (Vic Sauder) **L** 120 **E** 6.1.2001 Premiere World

WUNDER AUF BESTELLUNG (THE BIG SQUEEZE / BODY OF A WOMAN). Nach einem Streit ums Geld verlässt eine Bardame ihren Mann, einen ehemaligen Footballspieler, und versucht, mit ihrem frisch gebackenen Geliebten durch Schwindel an ihren Anteil zu kommen. Leichtgewichtige romantische Komödie ohne sonderlichen Tiefgang, die leidlich unterhält und vor allem durch die pfiffige Gaunergeschichte Reiz erhält. – Ab 16. ✦ USA 1996 **P** Zeta Entertainment/First Look Pic. **Pd** Zane W. Levitt, Liz McDermott, Mark Yellen **R+B** Marcus De Leon **K** Jacques Haitkin **M** Mark Mothersbaugh **S** Sonny Baskin **D** Lara Flynn Boyle (Tanya Mulhill), Danny Nucci (Jesse Torrejo), Peter Dobson (Benny O'Malley), Luca Bercovici (Henry Mulhill), Michael Chieffo (Inspektor) **L** 95 **E** 27.10.1999 Vox

WUNDER AUF DEM EIS (MIRACLE ON ICE). Sportfilm nach einer wahren Begebenheit: Im Jahre 1980 gilt es, eine US-Eishockeymannschaft für die Olympischen Spiele von Lake Placid zu formieren – aus einer Horde unmotivierter junger Spieler. Die Lage scheint aussichtslos, doch während des Turniers geht ein Ruck durch die Mannschaft, die sich gewaltig steigert und sogar der Sowjetunion Paroli bieten kann. – Ab 14. ✦ USA 1991 **R** Steven Hillard Stern **B** Lionel Chetwynd **D** Karl Malden (Coach Herb Brooks), Jessica Walter (Pat Brooks), Andrew Stevens (Mike Eruzione), Steve Guttenberg (Jim Craig), Eugene Roche (Mr. Craig Sr.) **L** 138 **E** 1.6.1997 Kabel 1

WUNDER-BAR (WONDER BAR). Ein Nachtlokalsänger wird in ein Eifersuchtsdrama mit tödlichem Ausgang verwickelt. Im Paris der 20er Jahre angesiedelte Mischung aus Slapstick-Komödie, Krimi und Musical. (Fernsehtitel auch: »Eine Nacht in Paris«) ✦ Schwarz-weiß. USA 1934 **P** Warner-First National **Pd** Robert Lord **R** Lloyd Bacon **B** Earl Baldwin, nach einem Bühnenstück von Geza Herczeg, Karl Farkas und Robert Katscher **K** Sol Polito **M** Harry Warren (Songs), Al Dubin (Songs), Leo F. Forbstein (Ltg.) **S** George Amy **D** Al Jolson (Al Wonder), Dolores del Rio (Ines), Dick Powell (Tommy), Ricardo Cortez (Harry), Kay Francis (Liane Renaud), Hugh Herbert (Corey Pratt) **L** 90 **E** 12.9.1970 BR III

WUNDER DAUERN ETWAS LÄNGER (MIRACLES). Ein berühmter amerikanischer Chirurg gelangt nach Umwegen auf wundersame Weise in den mittelamerikanischen Urwald, wo er die todkranke Tochter des Häuptlings retten kann. Diese Rahmenhandlung dient in erster Linie als Klammer für eine Abenteuer- und Ehekomödie, die Witz und Spannung mischt und die Motive gängiger Hollywood-Unterhaltung geschickt variiert. (Für die Fernsehausstrahlung wurde das Scope-Format radikal beschnitten, so daß der Film bildkompositorisch völlig mißlungen erscheint; TV-Titel auch: »Miracles – Ein ganz unglaubliches Abenteuer«) – Ab 16. ✦ Scope. USA 1985 **P** Orion **KI** 20th Century Fox **VA** RCA/Columbia **Pd** Steve Roth, Bernard Williams **R+B** Jim Kouf **K** John Alcott **M** Peter Bernstein **S** Susan E. Morse, Dennis Virkler **D** Tom Conti (Roger), Teri Garr (Jean), Paul Rodriguez (Juan), Christopher Lloyd (Harry McGraw), Paco Moranta (Sgt. Gomez), Adalberto Martinez (Kayum) **L** 87 **FSK** ab 12; nf **E** 30.5.1986/16.12.1986 Video **fd** 25 637

DAS WUNDER DER NATUR → Ewige Erneuerung

WUNDER DER PRÄRIE (THE VANISHING PRAIRIE). Ein äußerst kurzweiliger Naturdokumentarfilm im perfekt publikumswirksamen Disney-Showstil: Bewundernswert die geduldige Beobachtung von Büffelherden, Berglöwen, Präriehunden und anderen Tieren des amerikanischen Mittelwestens im Tages- und Jahresablauf. – Sehenswert ab 8. ✦ USA 1955 **P** Walt Disney **KI** Herzog **R** James Algar **B** Winston Hibler, James Algar, Ted Sears **K** Tom McHugh, James R. Simon, N. Paul Kenworthy jr. **M** C. O. Slyfield **L** 70 (gek. 60) **FSK** ab 6; f **FBW** bw **E** 11.7.1955/4.12.1982 ARD **fd** 4 184

DAS WUNDER DES FILMS. Dokumentarfilm über die Filmproduktion und Wesen und Wirkungsweise des Films. Das Archivmaterial ist mit einem erklärenden Kommentar unterlegt, auf Dauer wirkt der abendfüllende Beitrag jedoch zäh und langweilig. – Ab 12. ✦ Schwarz-weiß. BR Deutschland 1955 **P** Real **KI** Europa **R+B** Ekkehard Scheven **K** Willy Winterstein **M** Michael Jary **L** 73 **FSK** ab 6; f

WUNDER DES FLIEGENS. Ein Jugendlicher, dessen Vater im Ersten Weltkrieg als Kampfflieger starb, will unbedingt Flieger werden. Zufällig lernt er den Kunstflugmeister Ernst Udet kennen (der spätere Luftwaffengeneral spielt sich hier selbst), mit dem er sogar übers Matterhorn fliegen darf. Als er dann später, jetzt Segelflugschüler im Zugspitzgebiet, mit dem Fallschirm abspringen muß, rettet ihn Udet, der die Radiomeldung hört, aus Bergnot. Primitive und aufdringliche Propaganda, deren hervorragende Flugaufnahmen damals ihren Zweck erfüllten, für die Luftgeschwader des neuen Deutschland zu begeistern. Der für »staatspolitisch wertvoll« und »volksbildend« erklärte Film wurde nach 1945 von den Alliierten Militärregierungen mit Vorführverbot belegt. ✦ Schwarz-weiß. Deutschland 1935 **P** Terra **KI** Transit **VA** Ufa **R** Heinz Paul **B** Peter Francke, Heinz Paul **K** Hans Schneeberger, Heinz von Jaworsky **M** Giuseppe Becce **D** Ernst Udet (Ernst Udet), Käthe Haack, Jürgen Ohlsen **L** 78 **FSK** ab 16; f **E** 14.5.1935

DAS WUNDER DES MALACHIAS. Ein Mönch versetzt mit Gottes Hilfe eine anrüchige Bar auf eine Insel, erbittet aber, da die Folgen für Kirche und Gesellschaft unangenehm werden, die baldige Aufhebung des Wunders. Nach seinem aufsehenerregenden Kinodebüt »Die Brücke« (1959) versucht sich Bernhard Wicki mit nur begrenztem Erfolg im Genre der Gesellschaftssatire. Die Romanvorlage wird als tumultartiges Spektakel inszeniert, das viele Seitenhiebe auf Geschäftemacherei, Pharisäertum und scheinheilige Wirtschaftswundermentalität enthält, die filmische Dramaturgie durch die Fülle der Ideen und Pointen jedoch überfordert. – Ab 16. ✦ Schwarz-weiß. BR Deutschland 1961 **P** DFH **KI** UFH **Pd** Otto Meissner **R** Bernhard Wicki **B** Heinz Pauck, Bernhard Wicki, nach dem Roman von Bruce Marshall **K** Klaus von Rautenfeld, Gerd von Bonin **M** Hans-Martin Majewski **S** Carl-Otto Bartning **D** Horst Bollmann (Peter Malachias), Richard Münch

(Dr. Erwin Glass), Christiane Nielsen (Helga Glass), Günter Pfitzmann (Rudolf Reuschel), Senta Berger (Yvonne Krüger), Pinkas Braun (Christian Krüger), Kurt Ehrhardt (Bischof), Brigitte Grothum (Gussy), Günter Strack, Ellen Umlauf, Charlotte Kerr **L** 122 (gek.116/88) **FSK** ab 16; f **FBW** w **E** 3.7.1961/17.7. 1964 Kino DDR/26.5.1969 DFF 1 **fd** 10 317

DAS WUNDER DES PAPU (LE MIRACULE). Ein Aufschneider und Gauner simuliert nach einem Verkehrsunfall Gehunfähigkeit, um von den Versicherungen eine Entschädigung zu kassieren. Seine Geliebte, die den Betrug nicht merkt, kann den »Rekonvaleszenten« gemeinsam mit einem Abbé dazu überreden, eine Fahrt nach Lourdes anzutreten. Im Pilgerzug sitzen auch der Chef der Versicherungsgesellschaft und eine Taschendiebin. Der Abbé, den die Reize der Gaunerin nicht unberührt lassen, wird wiederum zum Objekt der Begierde eines Monsignore. Der derbe Witz der nachlässig inszenierten Farce ist dazu angetan, religiöse Gefühle zu verletzen. ✦ Frankreich 1986 **P** Initial/Koala/FR3/ Cofimage **Pd** Jean Cazes, Denis Freyd **R** Jean-Pierre Mocky **B** Jean-Pierre Mocky, Jean-Claude Romer, Patrick Granier **K** Marcel Combes **M** Jorge Arriagada, Michael Nyman **S** Jean-Pierre Mocky, Bénédicte Teiger **D** Michel Serrault (Ronald Fox Terrier), Jean Poiret (Papu), Jeanne Moreau (Sabine), Sophie Moyse (Angelica), Jean Rougerie (Monseigneur) **L** 85 **E** 21.7.1995 ARD

DIE WUNDER DES TSCHILLI-TSCHALLA →Onkel Tschili-Tschalla, der Zauberer

DAS WUNDER EINER NACHT (DAS WUNDER EINER NACHT). Mitte des 19. Jahrhunderts machen sich ein Musiklehrer und seine Nichte im Auftrag des Königs auf den Weg, um die Herkunft des weltweit bekannten Weihnachtsliedes »Stille Nacht, heilige Nacht« (Musik: Franz Gruber, Text: Josef Mohr) zu erforschen. Nach einjähriger Reise durch Leipzig, Prag und Wien finden sie durch einen kleinen Jungen in Salzburg schließlich eine Spur. – Ab 10. ✦ Österreich 1979 **R** Konrad Sabrautzky **B** Knut Düver, Konrad Sabrautzky **D** Arno Assmann, Eva Orchers, Karin Baal, Brigitte Horney, Walter Richter, Ulrike Bliefert, Josef Meinrad **L** 100 **E** 1979 ZDF

WUNDER EINER STIMME – ENRICO CARUSO (ENRICO CARUSO – LEGGENDA DI UNA VOCE). Die Jugendjahre des weltberühmten Tenors Enrico Caruso (1873–1921) bis zu seinem Aufstieg. Etwas simpel und sentimental geraten, aber als Gesangsfilm dank des Tenors Mario del Monaco recht gefällig. (DDR-Titel: »Enrico Caruso«) – Ab 14. ✦ Schwarz-weiß. Italien 1951 **P** Asso **Kl** Deutsche London **R** Giacomo Gentilomo **B** Maleno Malenotti, nach dem Roman »Neapolitanische Legende« von Frank Thieß **K** Tino Santoni **M** Carlo Franci **D** Maurizio di Nardo, Ermanno Randi, Maria von Tasnady, Gaetano Verna, Gina Lollobrigida **L** 93 **FSK** ab 12; f **E** 12.4.1952/29.5. 1953 Kino DDR/31.1.1965 ZDF/29.4.1968 DFF 1 **fd** 19 043

DAS WUNDER IN DER 8. STRASSE (MIRACLE ON 8TH STREET / BATTERIES NOT INCLUDED). Die Bewohner eines alten New Yorker Mietshauses, das der Bodenspekulation zum Opfer fallen soll, bekommen Hilfe aus dem All: Intelligente kleine UFOs verhindern den Abriß und wenden alles zum Guten. Spannende und witzige Märchenkomödie, die ihre optimistische Botschaft mit der allerneuesten Tricktechnik des amerikanischen Unterhaltungskinos kombiniert und ein erfreuliches Wiedersehen mit den alten Hollywood-Stars Hume Cronyn und Jessica Tandy bietet. – Ab 12. ✦ USA 1987 **P** Universal **Kl** UIP **VA** CIC **Pd** Ronald L. Schwary **R** Matthew Robbins **B** Brad Bird, Matthew Robbins, Brent Maddock, S.S. Wilson **K** John McPherson **M** James Horner **S** Cynthia Scheider **D** Hume Cronyn (Frank), Jessica Tandy (Faye), Frank McRae (Harry), Elizabeth Pena (Merisa), Michael Carmine (Carlos), Dennis Boutsikaris (Mason), Tom Aldredge (Sid), Jane Hoffman (Muriel) **L** 107 **FSK** ab 6; f **FBW** w **E** 30.6.1988/Januar 1989 Video/22.8.1991 RTL plus **fd** 26 961

DAS WUNDER IN DER WÜSTE →Helden aus der Hölle

WUNDER IN SAN FRANCISCO (A CHRISTMAS WITHOUT SNOW). Eine junge Frau, die keine Anstellung als Lehrerin findet, ist gezwungen, als Aushilfssekretärin zu arbeiten. Durch ihre Nachbarin wird sie Mitglied in einem Kirchenchor, der um die Weihnachtszeit mit etlichen Problemen zu kämpfen hat. Dennoch kann die einstudierte Messe aufgeführt werden. Fürs Fernsehen entstandene, gelegentlich allzu sentimentale weihnachtliche Geschichte um Händels »Messias«-Oratorium. – Ab 14. ✦ USA 1979 **P** CBS/ John Korty/Frank Konigsberg **R** John Korty **B** John Korty, Richard Beban, Judith Nielsen **K** Mike Fash **M** Ed Bogas, Georg Friedrich Händel **D** Valerie Curtin (Myriell), Michael Learned (Zoe Jenson), John Houseman (Mr. Adams), Ed Bogas (Organist), Daisietta Kim (Kim) **L** 96 **E** 24.12.1986 SAT 1

DAS WUNDER MIT DEM ZÖPFCHEN (TSCHUDO S KOSSITSCHKAMI). Der Einsatz einer sowjetischen Turnerin, die vorübergehend pausieren mußte, bei einem Länderkampf in England. Ungewöhnlicher Sportfilm, der Leistungen nicht nur dokumentarisch aufzeigt, sondern sie auch poetisch überhöht. Gleichzeitig wird der Entwicklungsprozeß des Mädchens in einer Situation der Selbstfindung geschildert. Interessant vor allem wegen der eigenwilligen Kameraführung. (DDR-Kinotitel: »Das Wunder mit den Zöpfen«) – Ab 14. ✦ Scope. UdSSR 1975 **P** Mosfilm/Belarusfilm **Kl** Progress **R** Viktor Titow **B** Alexander Lapschin **K** Anatoli Nikolajew, Wladimir Nikolajew **M** Wladislaw Kasenin **D** Ira Masurkewitsch (Tatjana Malyschewa), Anna Sharowa (Swetlana Kropotowa), Igor Jassulowitsch (Tatjanas Trainer), Alexander Kaljagin (Swetlanas Trainer), N. Dymarski (Fernsehkommentator) **L** 78 **E** 27.6.1976 DFF 2/ 22.7.1977 Kino DDR

DAS WUNDER MIT DEN ZÖPFEN →Das Wunder mit dem Zöpfchen

WUNDER MIT HANDICAP (MIRACLE ON THE 17TH GREEN). Als ein 50-Jähriger seinen Job bei einer Werbeagentur verliert und die Familie mittellos ist, wagt der Hobbygolfer den Sprung ins kalte Wasser und macht seinen Freizeitsport zum Beruf. Wider Erwarten ist er erfolgreich, doch seine Tourneen führen zu Konflikten mit seiner Frau, die sich vernachlässigt fühlt. Nach einem erfolgreichen Jahr als Profigolfer soll er sich zwischen Familie und Sport entscheiden. Nur teilweise nachvollziehbares Drama um die Erfüllung eines Lebenstraums. Nicht ohne Substanz werden immerhin der Wert der Familie sowie die Bedeutung von Respekt, Verständnis und Toleranz angesprochen. – Ab 16. ✦ USA 1999 **P** Daniel H. Blatt Prod. **Pd** Tracey Jeffrey **R** Michael Switzer **B** Wes Bishop, nach dem Roman »Miracle on the 17th Green« von James Patterson und Peter De Jong **K** Robert Draper **M** John Beal, Patrick Williams **S** Charles Bornstein **D** Robert Urich (Mitch McKinley), Meredith Baxter (Susan McKinley), Ernie Hudson (Earl Fiedler), Donnelly Rhodes (Peter McKinley), Matthew Walker (Father McNaughton) **L** 85 **E** 25.12.2000 Vox

DAS WUNDER PICASSO →Dreizehn Tage im Leben von Picasso

DAS WUNDER VON CHILE. Dokumentarfilm über eine Initiative zur Rettung eines Teils des chilenischen Regenwaldes. Das Filmteam begleitete einige Monate lang deren wichtigsten Financier, den Gründer einer großen Bekleidungsfirma, bei seinem Kampf gegen zahllose Widerstände. ✦ Deutschland 1996 **P** B-Pictures/ZDF/arte **R** Hellmuth Costard, Louis von Adelsheim **K** Louis von Adelsheim, Hellmuth Costard, Juan Silva Llancaleo **M** Jörn Schöck **L** 97 **E** 16.5.1997 arte

DAS WUNDER VON FATIMA (SENORA DI FATIMA). Ein in Inhalt und Form durch natürliche Schlichtheit ansprechender Film über die Anfänge des portugiesischen Wallfahrtsortes, in dem 1917 drei Kinder eine Marienerscheinung hatten. Die Lebensweise und das soziale Umfeld der Kinder werden in einer einfachen Spielhandlung beleuchtet. – Ab 12. ✦ Schwarz-weiß. Spanien 1951 **P** Aspa **Kl** Schonger **R+B** Rafael Gil **K** Michel Kelber **M** Ernesto Halffter **D** Ines Orsini, Maria Dulce, Eugenio Domingo, Fernando Rey, Tito Junco **L** 94 **FSK** ab 12; f **E** 17.10.1952 **fd** 2 076

DAS WUNDER VON LOURDES (LOURDES ET SES MIRACLES). Ein Reporter befragt in der Art eines Fernsehinterviews drei vor Jahren Geheilte, stellt den Tagesablauf in Lourdes vor und berichtet über die Untersuchung zweier weiterer (nach Fertigstellung des Films amtlich anerkannter) Heilungen. Charakteristisch für diese Reportage von Rouquier (»Farrébique«, 1946) ist ihre überzeugende Nüchternheit. Sie will weder Stellung beziehen noch religiös erbauen, sondern Wirklichkeit festhalten. – Ab 10. ✦ Schwarz-weiß. Frankreich 1954/55 **P** Productions du Parvis/J. P. Chartier **Kl** NWDF **R+B** Georges Rouquier **K** Albert Wiguier, Pierre Bachelet, Jacques Duhamel **L** 79 **FSK** ab 6; f **FBW** bw **E** 1959 Kino **fd** 7 832

DAS WUNDER VON MACON (THE BABY OF MACON). Ein labyrinthisch verschachteltes Vexierspiel, ausgelöst durch die Theateraufführung eines religiösen Dramas im 17. Jahrhundert, das von der wundersamen Geburt eines makellosen Kindes in einer Zeit der Unfruchtbarkeit und des Zerfalls handelt. Als sich die 18jährige Schwester gewinnsüchtig als seine »jungfräuliche Mutter« ausgibt, setzt sie eine Spirale der Korrumpierbarkeit in Gang, an der sich Kirche und Volk gleichermaßen beteiligen. Virtuos und bildgewaltig werden alle Grenzen zwischen Wirklichkeit und Spiel aufgehoben und jede Art von Abbildung als Vortäuschung und Manipulation interpretiert. Dabei schreckt der üppig ausgestattete Bilderreigen weder vor extremen Schock- noch vor kalkuliert blasphemischen Bildmomenten zurück, um auf ebenso grausige wie nachhaltig wirksame Weise den Verlust von Unschuld auf allen Ebenen des Lebens zu veranschaulichen. (O.m.d.U.) ✦ Scope. Niederlande/Großbritannien/Frankreich/Deutschland 1993 **P** Allarts/Cine Electra/Channel 4/UGC/La Sept Cinéma/Filmstiftung NW **Kl** Pandora **Pd** Kees Kasander, Yves Marmion **R+B** Peter Greenaway **K** Sacha Vierny **S** Chris Wyatt **D** Julia Ormond (Die Tochter), Ralph Fiennes (Der Sohn des Bischofs), Philip Stone (Der Bischof), Jonathan Lacey (Cosimo Medici), Don Henderson (Der Beichtvater), Jeff Nuttall (Majordomus) **L** 119 **E** 11.11.1993/4.2.1996 ARD **fd** 30 531

DAS WUNDER VON MAILAND (1950) (MIRACOLO A MILANO). Das anspruchsvoll surrealistische Märchen vom guten Totò, der den Armen am Stadtrand von Mailand ein fröhliches Budendorf baut, bis die Besitzgier der Reichen sie das Land suchen läßt, wo »Guten Tag« wirklich »Guten Tag« bedeutet. Ein Loblied auf Güte und Hilfsbereitschaft, reich an poetischen und humanen Werten. Eines der unvergänglichen Meisterwerke der Filmkunst. – Sehenswert ab 12. ✦ Schwarz-weiß. Italien 1950 **P** Produzione de Sica **Kl** RKO **R** Vittorio de Sica **B** Cesare Zavattini, Vittorio de Sica, Suso Cecchi d'Amico, M. Chiari, Adolfe Franci, nach der Novelle »Toto il buono« von Cesare Zavattini **K** Aldo Graziati **M** Alessandro Cicognini **D** Emma Gramatica (Lolotta), Francesco Golisano (Totò), Paolo Stoppa (Rappi), Brunella Bovo (Edwige), Guglielmo Barnabò (Mobbi), Anna Carena **L** 95 **FSK** ab 12; f **E** 13.6.1952/14.10.1962 ARD/ 28.12.1978 DFF 1 **fd** 1 618

DAS WUNDER VON MAILAND (1965). Dokumentarfilm, der vor allem die soziologische und wirtschaftliche Entwicklung der Randzonen um Mailand darstellt. Ein instruktiver und interessanter Bericht, der weder beschönigt noch kritisiert und in seiner Grundsätzlichkeit als ein wichtiges Dokument der Veränderungen im Zusammenleben und Verhalten der Menschen nicht nur in Norditalien zu verstehen ist. – Ab 14. ✦ Schwarz-weiß. BR Deutschland 1965 **P** Prod. Strobel-Tichawsky **R+B** Hans Rolf Strobel,

Heinrich Tichawsky **K** Heinrich Tichawsky **S** Heinrich Tichawsky **L** 82 **E** 23.10.1966 ZDF

DAS WUNDER VON MANHATTAN (1947) (MIRACLE ON 34TH STREET). Ein gütiger alter Mann lehrt die Menschen in seinem Amt als Weihnachtsmann eines Kaufhauses Menschlichkeit und Nächstenliebe. Sogar ein amerikanisches Gericht sieht sich genötigt, die Existenz des Weihnachtsmannes anzuerkennen. Liebenswürdige Komödie mit satirischer Schilderung des »modernen« Geschäftsgeistes der 40er Jahre und heiteren Pointen. – Ab 8. ✦ Schwarz-weiß. USA 1947 **P** 20th Century Fox **KI** Centfox **R** George Seaton **B** George Seaton, nach einer Erzählung von Valentine Davies **K** Charles Clarke, Lloyd Ahern **M** Cyril J. Mockridge **D** Edmund Gwenn (Kris Kringle), Maureen O'Hara (Doris Walker), John Payne (Fred Gailey), Natalie Wood (Susan Walker), Porter Hall (Mr. Swayer), Gene Lockhart (Richter Harper) **L** 85 **E** 1949 Kino **fd** 361

DAS WUNDER VON MANHATTAN (1994) (MIRACLE ON 34TH STREET). Der Weihnachtsmann eines New Yorker Kaufhauses behauptet, der »echte« Santa Claus zu sein, und soll deshalb vor Gericht für verrückt erklärt werden. Schließlich siegen die Gläubigkeit der Kinder und ein »Fingerzeig Gottes« über die logischen Argumente des Staatsanwaltes, und der Nikolaus kann seiner kleinen Freundin ihre Herzenswünsche erfüllen. Eine in die Länge gezogene, humor- und spannungslose Neuverfilmung des Weihnachtsfilmklassikers von 1947. Die satirischen Seitenhiebe des Vorbildes verkommen zu plumpen, verlogenen Botschaften. Auch schauspielerisch enttäuschend. – Ab 10. ✦ USA 1994 **P** Hughes Entertainment/20th Century Fox **KI** 20th Century Fox **VA** Fox Home **Pd** John Hughes **R** Les Mayfield **B** George Seaton, John Hughes **K** Julio Macat **M** Bruce Broughton **S** Raja Gosnell **D** Richard Attenborough (Kringle), Elizabeth Perkins (Dorey Walker), Dylan McDermott (Bryan Bedford), Mara Wilson (Susan Walker), Joss Ackland (Victor Lamberg) **L** 114 **FSK** o. A.; f **E** 8.12.1994/2.11.1995 Video **fd** 31 097

DAS WUNDER VON PITTSBURGH (THE FISH THAT SAVED PITTSBURGH). Ein Baseballteam aus Pittsburgh steht nach einer Reihe sportlicher Mißerfolge vor dem Nichts. In schier auswegloser Situation werden Existenz und sportlicher Erfolg dank astrologischer Erkentnnisse gesichert, wobei das Sternzeichen Fisch eines der Spieler eine entscheidende Rolle einnimmt. Mäßig amüsante Sportkomödie, die sich mit einem Minimum an Handlung über die Runde retten will. Die für Insider am Rande eingestreuten Gags sind allenfalls im Ursprungsland verständlich und dementsprechend nur dort zündend. – Ab 14 möglich. ✦ USA 1979 **P** United Artists **Pd** Gary Stromberg, David Dashev **R** Gilbert Moses **B** Jaison Starkes, Edmond Stevens **K** Frank Stanley **M** Thom Bell **S** Frank Mazolla, Arthur Schmidt, Bud Friedgen jr. **D** Julius Erving (Moses Guthrie), Jonathan Winters (H.S./Halsey Tilson), Meadowlark Lemon (Rev. Grady Jackson), Stockard Channing (Mona Mondieu), Flip Wilson (»Jock« Delaney), James Bond III (Tyrone Millman), Dee Dee Bridgewater (Brandy), M. Emmet Walsh (Wally Cantrell) **L** 104 (TV 97) **E** 25.12.1996 Kabel 1

DAS WUNDER VON PURIM (CUD PURYMOWY). Ein schlechtbezahlter Arbeiter mit rechtsradikalen Ideen erhält am jüdischen Purim-Feiertag in seiner Plattenbauwohnung in Lodz die Nachricht, dass er ein beträchtliches Vermögen von einem unbekannten Verwandten in Amerika geerbt hat. Der Schrecken folgt auf dem Fuße, als er erfährt, dass er jüdischer Abstammung ist und sein Leben nach jüdischen Traditionen auszurichten hat, um ans Erbe zu kommen. Dies ist für den Hooligan-Sohn ein ebenso großer Schock wie das Geständnis der Mutter, Jüdin zu sein. Scharf beobachtende Komödie, die sich mit Vorurteilen auseinandersetzt, antisemitische Klischees und Fremdenfeindlichkeit – nicht nur in Polen – kritisiert und sich über Kleinbürgergesinnung lustig macht. ✦ Polen 2000 **R** Izabela Cywinska **B** Maciej Karpiski **K** Piotr Wojtowicz **M** Jerzy Satanowski **D** Slawomir Orzechowski (Jan), Danuta Stenka (Jadwiga), Grzegorz Malecki (Heniek) **L** 56 **E** 11.10. 2001 ORB

DAS WUNDER VON ROM (MILAGRO EN ROMA). Verfilmung einer Geschichte von Gabriel García Márquez: Weil der Körper eines mit sieben Jahren verstorbenen Mädchens bei der Exhumierung keine Verfallserscheinungen zeigt, glaubt der Vater an ein Wunder. Am Ende beweist ein tatsächliches Wunder, daß die Liebe sogar die Ewigkeit des Todes besiegen kann. ✦ Kolumbien/Spanien 1988 **P** Elisa/International Network Group/TVE **Pd** Santiago Llapur **R** Lisandro Duque Naranjo **B** Lisandro Duque Naranjo, Gabriel García Márquez, nach einer Erzählung von Gabriel García Márquez **K** Mario García Joya **M** Blas Emilio Atehortúa **D** Frank Ramirez (Margarito), Gerardo Arellano (Tenor), Amalia Duque García (Nina Evelia), Santiago García, Lisandro Duque Naranjo **L** 75 **E** 15.4.1997 arte

DAS WUNDER VON SAN MARINO (PRELUDE TO FAME). Ein kleiner Junge gilt als Wunderkind, weil er Sinfonieorchester meisterhaft dirigiert. Nach einer Hetzjagd von Konzert zu Konzert entkommt er dem beinahe mörderischen Ehrgeiz seiner Managerin und findet heim zu den Eltern. Als Unterhaltungsfilm interessant dank des jungen Hauptdarstellers; auch musikalisch sehr ergiebig. ✦ Schwarz-weiß. Großbritannien 1950 **P** Two Cities **KI** Eagle-Lion **Pd** Donald B. Wilson **R** Fergus McDonell **B** Robert Westerby, nach der Erzählung »Young Archimedes« von Aldous Huxley **K** George Stretton **M** Muir Mathieson (Ltg.) **S** Sidney Hayers **D** Jeremy Spenser (Guido), Guy Rolfe (John Morell), Kathleen Ryan (Catherine Morell), Kathleen Byron (Signora Bondini), James Robertson Justice (Sir Arthur Harold), Henry Oscar (Signor Bondini), Rosalie Crutchley (Carlotta) **L** 87 **FSK** ab 12; f **E** 15.12.1950 **fd** 968

DAS WUNDER VON ST. JUSTIN →Die Glocke ruft

DAS WUNDER VON TLAYUCAN (TLAYUCAN). Beschreibung des Lebens in einem mexikanischen Dorf. Mittels einer Kollekte für ein Perlendiadem für die Statue der hl. Lucia versucht der Pfarrer, die untereinander zerstrittenen Bewohner zu solidarisieren. Originelle Gesellschaftskritik im Stil einer Dorfkomödie, mit galliger Ironie und Schwankelementen gewürzt. Debüt-Spielfilm eines spanischen Regisseurs, der im Bürgerkrieg nach Mexiko emigrierte. ✦ Schwarz-weiß. Mexiko 1962 **P** Matouk **R+B** Luis Alcoriza **K** Rosalio Solano **M** Sergio Guerrero **S** Carlos Savage, Reynaldo Pordillo **D** Julio Aldama, Norma Angelica, Jorge Martinez de Hoyos, Anita Blanch, Noe Murayama **L** 100 **E** 11.10.1971 ZDF

DAS WUNDER VON VALBY →Valby – Das Geheimnis im Moor

DER WUNDERAPOSTEL. Ein mit seinem Leben und mit Gott hadernder Mann zieht 1890 aus, um jenen »Wunderapostel« zu suchen, der auf den Pfaden Jesu wandelt, Tote zum Leben erweckt, Blinde sehend macht und die frohe Botschaft verkündet. Die Begegnung mit diesem Mann ändert das Leben des Suchenden grundlegend. Ein weitgehend von Laien produzierter Thesenfilm. Die relativ aufwendige Machart kann nicht über den fragwürdigen Inhalt hinwegtäuschen. ✦ Deutschland 1993 **P** Grete Häusler-Film/Wilfried Venedey **KI** Grete Häusler-Film/ Wilfried Venedey **R** Thomas Busse **D** Thomas Busse (Wunderapostel) **L** 128 **FSK** o. A.; f **E** 1995 Kino

WUNDERBARE AUGENBLICKE DER LUFTFAHRT (GREAT MOMENTS IN AVIATION / SHADES OF FEAR). Während einer Schiffspassage von Indien nach England verliebt sich eine junge Pilotin in einen geheimnisvollen Kunstfälscher, der von einem anderen Mitreisenden des Mordes an dessen Gattin angeklagt wird. Gefühlvoll inszeniertes Melodram mit komödiantischen Ansätzen, in dem das Motiv des Fliegens zur Metapher für die Flügel verleihende Kraft der Liebe steht. ✦ Großbritannien 1993 **P** BBC **Pd** Philippa Giles **R** Beeban Kidron **B** Jeanette Winterson **K** Remi Adefarasin **M** Rachel Portman **S** John Stothart **D** Vanessa Redgrave (Dr. Bead), John Hurt (Rex Goodyear), Jonathan Pryce (Duncan Stewart), Dorothy Tutin (Miss Quim), Rakie Ayola (Gabriel Angel), Carmen Munroe (Vesuvia), Oliver Samuels (Thomas), David Harewood (Steward), Stan Pretty (Kellner), Sol Raye, Muriel Hunte, Bertie Green, Willie Payne, Joan Hooley, Dora Dixon-Fyle **L** 90 **E** 23.10.2001 ARD

DAS WUNDERBARE FEST →Die Abschlußfeier

DER WUNDERBARE FLIMMERKASTEN (THE MAGIC BOX). Überzeugende, in Rückblenden erzählte Biografie, die einem weithin vergessenen Filmpionier ein Denkmal setzt. Der englische Fotograf und Erfinder William Friese-Greene ließ seine Filmkamera, die er erstmals 1889 einem verwirrten Londoner Streifenpolizisten vorführte, zwei Jahre vor Edison patentieren. Die Lebensgeschichte ist bis in kleinste Nebenrollen mit zeitgenössischer Darstellerprominenz besetzt. ✦ Großbritannien 1951 **P** Festival **Pd** Ronald Neame **R** John Boulting **B** Eric Ambler, nach dem Buch »Friese-Greene, Close-Up of an Inventor« von Ray Allister **K** Jack Cardiff **M** William Alwyn **S** Richard Best **D** Robert Donat (William Friese-Greene), Margaret Johnston (Edith, seine zweite Frau), Maria Schell (Helena Friese-Greene), Richard Attenborough (Jack Carter), Joyce Grenfell (Mrs. Clare), Glynis Johns (May), Bernard Miles (Cousin Alfred), Margaret Rutherford (Lady Pond), Michael Redgrave (Dr. Lege), Peter Ustinov (Industrieller), Laurence Olivier (Polizist) **L** 103 (Orig. 118) **E** 20.10.1996 ZDF

EINE WUNDERBARE GESCHICHTE →Eine wunderbare, ungewöhnliche Geschichte

DAS WUNDERBARE KRIS. Nach dem Vorbild von Murnau/Flahertys »Tabu« (1929–1931) ein Südseefilm, der dokumentarische Bildhaftigkeit mit einer von Eingeborenen dargestellten Spielhandlung verknüpft, um so die Atmosphäre einer fremden Welt intensiver einzufangen, als es die manchmal trockene Lehrhaftigkeit des herkömmlichen Dokumentarfilms vermag. Die von einem Sprecher kommentierte malaiische Legende erzählt von Glück und Unglück der Reisbauern im Zusammenhang mit dem Besitz eines kostbaren Flammenschwerts, das den Göttern gegen Überschwemmung und Mißernte geweiht wird. ✦ Schwarz-weiß. Deutschland 1943/47/48 **P** Beyfuß **KI** Athena/Jugend/Karp/Hamburg/Titania **R+B** Kurt von Oerthel **K** M. Franken **M** Ludwig Preiß **L** 78 **FSK** ab 16; nf **E** 1.5.1949 **fd** 308

EINE WUNDERBARE LIEBE (L'ETRANGE DESIR DE M. BARD). Monsieur Bard ist häßlich, hat keine Familie und nach Auskunft seines Arztes nicht mehr lange zu leben. Da er sich nichts sehnlicher als ein Kind wünscht, kauft er sich eine junge Frau, damit sie das Kind für ihn zur Welt bringe, um dann sofort zu verschwinden. Lange bleibt dies nur ein Geschäft, das sich mit Banknoten erledigen läßt, als aber die Geburt näher rückt, entdeckt er Gefühle für das ungeborene Kind und dessen Mutter. Er begreift, daß nur eine glückliche Familie zählt. Monsieur Bard stirbt mit dem Bewußtsein, Leben geschenkt zu haben. Die schnörkellos und unsentimental inszenierte Geschichte bietet Michel Simon Gelegenheit zu einer Glanzleistung. (TV-Titel: »Der seltsame Wunsch des Herrn Bard«) ✦ Schwarz-weiß. Frankreich 1953 **P** U.G.C./A.G.D.C. **KI** Pallas **R** Géza von Radványi **B** Géza von Radványi, René Barjavel **K** Léonce-Henry Burel **M** Jean-Jacques Grunenwald **D** Michel Simon (M. Bard), Yves Deniaud (Antonio), Geneviève Page (Donata), Henri Crémieux (Ernest), Georgette Anys (Julie) **L** 105 **FSK** ab 16; f **E** 16.6. 1954/14.10.1963 ZDF **fd** 3 359

DIE WUNDERBARE LIEBE DER BIANCA MARIA (UN CABALLERO ANDALUZ). Ein adliger Pferdezüchter widmet sich nach dem Verlust der Frau und des einzigen Sohnes einer wildwüchsigen Zigeunerwaisen, liebt eine blinde Zigeunerin, bewirkt deren Heilung und heiratet sie. Entwaffnend naive Romanze mit netten Kindern, einem humorvollen Pfarrer, Stierkampf und Folkore als Zutaten. (Alternativtitel: »Bianca Maria«) – Ab 12 möglich. ✦ Spanien 1954 **P** Perojo **Kl** Gloria **R** Luis Lucia **B** José Luis Colina, Luis Lucia, J. M. Arozamena **K** Cecilio Paniagua **D** Jorge Mistral, Carmen Sevilla, Manuel Luna, Julia Coba Alba, José Isbert **L** 88 **FSK** ab 6; f **E** 11.5.1956 **fd** 4 955

DIE WUNDERBARE LÜGE DER NINA PETROWNA. Die attraktive Geliebte eines zaristischen Kosaken-Obristen verliebt sich in einen blutjungen, aber bettelarmen Kürassier. Da dieser ihr weiterhin ein gesichertes Leben bieten will, wird er zum Falschspieler und droht der Rache des verlassenen Obersten anheimzufallen. Melodramatischer Stummfilm, produziert von Erich Pommer, der vor dem Krieg (für die Ufa und eine eigene Gesellschaft) und danach (erst als US-Offizier, dann wieder als Unternehmer) in Berlin Filme herstellte. ✦ Schwarz-weiß. Deutschland 1929 **P** Universum **Pd** Erich Pommer **R** Hanns Schwarz **B** Hans Székely **K** Carl Hoffmann **M** Willy Schmidt-Gentner **D** Brigitte Helm (Nina Petrowna), Franz Lederer (Michael Andrejewitsch), Warwick Ward (Oberst), Lya Jan (Bauernmädchen) **L** (TV) 92 **E** 15.4.1929/20.7.1989 BR

DIE WUNDERBARE MACHT (MAGNIFICENT OBSESSION). Ein egozentrischer Millionärssohn wandelt sich unter Schuldgefühlen wegen des Tods eines Chirurgen und der unfallbedingten Erblindung der Witwe vom Rennboot-Rekordler zum Menschenfreund, vollendet sein Medizinstudium, operiert die Blinde und heiratet sie. Die hanebüchene Handlung wurde von Douglas Sirk mit unbestreitbarer Meisterschaft zu einem anrührenden Melodram umgesetzt, dessen »Logik« sich allein aus der effektvollen Verdichtung einschlägiger Genre-Elemente ergibt. So wird die Absurdität der naiv-optimistischen Geschichte erst auf den zweiten Blick bewußt. Das Remake eines bereits 1935 verfilmten Romans ist wohl nicht zuletzt im Fahrwasser der humanistischen Bewegung des amerikanischen Reverends Frank Buchman (»Moralische Aufrüstung«, seit 1946 in Caux) ein Kassenschlager geworden. – Ab 12 möglich. ✦ USA 1953 **P** Universal **Kl** Universal **Pd** Ross Hunter **R** Douglas Sirk **B** Robert Blees, Wells Root, nach einem Roman von Lloyd C. Douglas **K** Russell Metty **M** Frank Skinner **S** Milton Carruth **D** Rock Hudson (Bob Merrick), Jane Wyman (Helen Phillips), Barbara Rush (Joyce Phillips), Agnes Moorehead (Nancy Ashford), Otto Kruger (Rudolph), Gregg Palmer (Tom Masterson), Sara Shane (Valerie), Paul Cavanagh (Dr. Giraud) **L** 108 **FSK** ab 12; f **E** 29.10. 1954/2.11.1973 ARD **fd** 3 390

DIE WUNDERBARE NACHT (LA NUIT MIRACULEUSE). Vom Théâtre du Soleil durchgespielte Mischung aus Traum und Wirklichkeit, verdichtet zu einer Parabel über die Menschenrechte: Zur Weihnachtszeit werden durch die Naivität eines kleinen Jungen, Sohn bettelarmer Eltern, Wachsfiguren im Ausstellungsgebäude zur 200-Jahr-Feier der Französischen Revolution zum Leben erweckt, um weiter in der Nationalversammlung zu sprechen. Wunderbarerweise strömen Menschen aus allen Kontinenten und Epochen nach Paris, unter ihnen Politiker (Jaures, Gandhi), Dichter (Hugo, Zola), Überlebende aus KZs und Gulags, um mit Mirabeau und anderen Wortführern von 1789 in nächtlichen Disput zu treten. Am folgenden Morgen ist der Spuk vorbei. Eine manchmal verwirrende komödiantische Inszenierung, in der überaus eigenwillig und reizvoll Defizite thematisiert werden, die auch das 20. Jahrhundert noch von den hehren Zielen der Französischen Revolution trennen. ✦ Frankreich/BR Deutschland 1988 **P** Antenne 2/ FR 3/ZDF **R** Ariane Mnouchkine **B** Ariane Mnouchkine, Hélène Cixous **D** Maxence Camelin, Georges Bigot, Myriam Azencot, Silvia Bellei, Simon Abkarian **L** (TV) 100 **E** 26.12.1989 ZDF

DIE WUNDERBARE PUPPE (MAGNIFICENT DOLL). Zur Zeit des amerikanischen Bürgerkrieges wird eine junge Witwe von zwei Verehrern umworben, die den gegnerischen Parteien angehören: einem Abenteurer und einem idealistischen Kongreßabgordneten. Sie entscheidet sich für den feinfühligen Politiker, der unter Präsident Jefferson Außenminister und später selbst Präsident wird. Als sie hört, daß ihrem ehemaligen Verehrer der Galgen droht, macht sie sich auf, um ihn zu retten. Ohne Rücksicht auf historische Fakten mit Tempo und Charme gestaltete, romantisch verklärte patriotische Liebesgeschichte. – Ab 14 möglich. ✦ Schwarz-weiß. USA 1946 **P** Universal **Pd** Jack H. Skirball, Bruce Manning **R** Frank Borzage **B** Irving Stone **K** Joseph Valentine **M** Hans J. Salter **S** Ted J. Kent **D** Ginger Rogers (Dolly Payn Madison), David Niven (Aaron Burr), Burgess Meredith (James Madison), Horace McNally (= Stephen McNally) (John Todd), Peggy Wood (Mrs. Payne), Frances Williams (Amy) **L** 95 **E** 15.7.1986 RTL plus/ 29.6.1988 DFF 2

DIE WUNDERBARE REISE DES KLEINEN NILS HOLGERSSON (DIE WUNDERBARE REISE DES KLEINEN NILS HOLGERSSON). Ein 14jähriger Bauernsohn wird zur Strafe für seine Tierquälereien in einen Winzling verwandelt und lernt auf seiner abenteuerlichen Reise mit einer Schar Wildgänse soziales Verhalten. Holzschnittartige Zeichentrick-Verfilmung des Kinderbuches von Selma Lagerlöf, die die fantastischen Elemente der Vorlage nicht immer umzusetzen versteht, sich aber ganz auf die Erlebniswelt von Kindern konzentriert. (Frühere Verfilmung: »Nils Holgerssons wunderbare Reise«) – Ab 6. ✦ Japan/Österreich 1985 **P** Gakken/Apollo **Kl** Impuls **VA** Taurus/edel **R** Hisayuki Toriumi **B** Marty Murphy, nach dem Roman von Selma Lagerlöf **M** Karel Svoboda **L** 82 **FSK** ab 6 **E** 18.9.1986/1995 Video **fd** 25 864

DIE WUNDERBARE RETTUNG (STRANGE CARGO). Die Flucht einiger Häftlinge aus einer Strafkolonie. Einer von ihnen verliebt sich in eine Frau, die sich den Fliehenden angeschlossen hat. Erst als sie, um den Mann vor dem Gefängnis zu bewahren, ein großes Opfer bringt, finden die beiden zueinander. Der Film, ein Melodram für die damals sehr populäre Joan Crawford, gehört zu den bemerkenswerten Arbeiten des Romantikers Frank Borzage. ✦ Schwarz-weiß. USA 1940 **P** MGM **Pd** Joseph L. Mankiewicz **R** Frank Borzage **B** Lawrence Hazard, Lesser Samuels, nach einem Roman von Richard Sale **K** Robert Planck **M** Franz Waxman **S** Robert J. Kern **D** Clark Gable (André Verne), Joan Crawford (Julie), Peter Lorre (Cochon), Ian Hunter (Cambreau), Paul Lukas (Hessler), Albert Dekker (Moll), J. Edward Bromberg (Flaubert) **L** 110 **E** 12.10.1976 BR

EINE WUNDERBARE, UNGEWÖHNLICHE GESCHICHTE (UDIWITJELNAJA ISTORIJA, POCHOSHAJA NA SKASKU). Kinderfilm frei nach Motiven des Märchens vom häßlichen Entlein; bemüht um poetisch-beschauliche Bildfolgen, die auch den kleinsten Zuschauern genügend Zeit zum Verweilen, Beobachten und Entdecken lassen. (DDR-Titel: »Eine wunderbare Geschichte«) – Ab 6 möglich. ✦ UdSSR 1966 **P** Mosnautschfilm **Kl** Progress **R** Boris Dolin **B** Boris Dolin, Grigori Jagdfeld, nach Motiven eines Märchens von Hans Christian Andersen **K** Eduard Esow **M** Alexej Murawljow **D** Oleg Schakow, Jewgeni Maklanschin, Sascha Chotojewitsch, Tanja Antipowa **L** 68 **FSK** ab 6; f **E** 21.7.1967 Kino DDR/9.1.1969 ARD

WUNDERBARE ZEITEN (THIS HAPPY BREED). Familienporträt aus dem kleinbürgerlichen Milieu Londons zwischen 1919 und dem Zweiten Weltkrieg, in dem sich Hoffnungen und Niederlagen dieser Zeit spiegeln. Treffend beobachtetes, bestes britisches Erzählkino mit kultivierter Darstellung, das inzwischen jedoch etwas Patina angesetzt hat. – Ab 14. ✦ Schwarz-weiß. Großbritannien 1944 **P** Two Cities Film/Prestige **Pd** Noël Coward, Anthony Havelock-Allan **R** David Lean **B** David Lean, Ronald Neame, Anthony Havelock-Allan, Noël Coward (ungenannt), nach einem Theaterstück von Noel Coward **K** Ronald Neame **M** Noël Coward, Muir Mathieson **S** Jack Harris **D** Robert Newton (Frank Gibbons), Celia Johnson (Ethel Gibbons), Amy Veness (Mrs. Flint), Alison Leggatt (Tante Sylvia), Kay Walsh (Queenie Gibbons) **L** 110 **E** 5.1.1989 ARD

DIE WUNDERBAREN ABENTEUER DES HANS CHRISTIAN ANDERSEN (ANDERSEN MONOGATARI). Zeichentrickfilm, der Figuren und Motive aus Andersens Märchen aufbietet, wie sie in der Fantasie des kleinen Schuhmachersohns Hans Christian lebendig werden. Damit ist der stilistisch an Disney orientierte Film keine Märchen-, sondern die triste Kindheitsgeschichte des Dichters (1805–1875) in einem Dänemark des aufgeklärten Despotismus. – Ab 10. ✦ Scope. Japan 1968 **P** Toei **Kl** Constantin **R** Kimio Yabuki, Marcel Valmy **B** Hisashi Inoue, Marcel Valmy **K** Teruo Hayashi, Motokazu Shirane **M** Seiichiro Uno **L** 79 **FSK** ab 6; f **E** 5.12.1969 **fd** 16 603

DIE WUNDERBAREN JAHRE. In einer thüringischen Kleinstadt geraten einige Schüler in Konflikt mit den staatlich verordneten Normen der DDR. Das abweichende Verhalten eines Jugendlichen – er kritisiert seinen Schulleiter – führt zu seinem Schulverweis, worauf er Selbstmord begeht, da er sein Berufsziel, Musiker zu werden, nicht mehr hätte erreichen können. Erstlingsfilm, dessen visuelle Umsetzung der Geschichte nicht ganz geglückt ist; auch die Absicht, die Probleme einer unterdrückten Jugend transparent zu machen, erscheint nicht ganz gelungen. – Ab 16. ✦ BR Deutschland 1979 **P** Franz Seitz/Caro/ SWF **Kl** United Artists **Pd** Franz Seitz **R** Reiner Kunze **B** Reiner Kunze, nach seinem gleichnamigen Roman **K** Wolfgang Treu **M** Rolf Wilhelm **S** Barbara von Weitershausen **D** Gabi Marr (Cornelia), Martin May (Stephan), Dietrich Mattausch (Herr Bergmann), Rolf Boysen (Pfarrer), Bärbel Deutschmann (Eva), Christine Wodetzky (Frau Bergmann), Thomas Fronzek (Michael) **L** 104 **FSK** ab 12; f **FBW** w **E** 29.2.1980 **fd** 22 370

DIE WUNDERBAREN MÄNNER MIT DER KURBEL (BAJECNI MUZI S KLIKOU). Ein Filmvorführer und ein Kameramann beflügeln sich zu Beginn des 20. Jahrhunderts gegenseitig in ihren Träumen vom Kino und sind schließlich erfolgreich, als sie sich den Ansprüchen und Vorbildern des städtischen Großbürgertums anpassen. Ein spielerisch-leicht inszenierter komödiantischer Rückblick auf die Anfänge des Kinos; darüber hinaus eine pointierte, melancholisch gefärbte Reflexion über notwendige Zugeständnisse. – Sehenswert ab 14. ✦ CSSR 1978 **P** Filmstudio Barrandov **Kl** Progress **R** Jirí Menzel **B** Oldrich Vlcek, Jirí Menzel **K** Jaromír Sofr **M** Jirí Sust **D** Rudolf Hrusínsky (Pasparte), Jirí Menzel (Regisseur), Blazena Holisová, Vlasta Fabiánová (Emilie), Vladimír Mensík **L** 84 **E** 21.12.1979 Kino DDR/6.1.1981 DFF 2/ 30.9.1984 ZDF **fd** 24 787

EIN WUNDERBARER SOMMER (EIN WUNDERBARER SOMMER). Einer der wenigen im Fürstentum Liechtenstein produzierten Filme, inszeniert nach einer legendenartigen Erzählung: Die mickrige Kuh eines armen Dörflers wird unerwartet zur besten Milchlieferantin des Sommers und wendet dadurch die Not der Familie ab. Nicht ganz ohne Schablonen in schlichtem Heimatfilmstil gestaltet, jedoch frisch im Ton und herzlich in der Darstellung; insgesamt recht unterhaltsam mit poetischen Untertönen, die auf die Romanvorlage zurückzuführen sind. (Alternativtitel: »Das Glück auf der Alm«) – Ab 12. ✦ Liechtenstein 1958 **P** Rialto **Kl** Europa **Pd** Wolfgang Reinhardt, Gerd Nickstadt, Hans M. Wettstein **R** Georg Tressler **B** Hans-Dieter Bove, Klaus-Peter Schulze, Georg Tressler, nach der Novelle »Ludmilla. A Legend of Liechtenstein« von Paul Gallico **K** Georges C. Stilly **M** Siegfried Franz **S** Horst Rossberger **D** Barbara Rütting (Marianne Rainer), Maximilian Schell (Josef Rainer), Heinrich Gretler (Pfarrer Polda), Elke Aberle (Ludmilla), Martin Rothfuchs (Hansli Rainer) **L** 99 **FSK** ab 6; f **E** 17.10.1958 **fd** 7 450

EIN WUNDERBARES GESCHENK →Ein Wunsch geht in Erfüllung

WUNDERBARES WRODOW – EIN SCHLOSS IN MECKLENBURG. Dokumentarfilm über ein Schloss in Mecklenburg, das von drei Berlinern gekauft und mit Hilfe der Dorfbewohner renoviert wurde; jetzt dient es als Kulturzentrum. Der Film zeigt die Aktivitäten im Gebäude und porträtiert die Menschen, die sich seinem Erhalt verschrieben haben. Dabei entsteht ein ganz anders Bild Ost-Deutschlands, eines, das nicht von Übellaunigkeit und Existenzangst geprägt ist. – Ab 16. ✦ Deutschland 1999 **P** NDR **R+B** Rosa von Praunheim **K** Alexandra Kardes, Rosa von Praunheim, Andreas Timm, Istvan Imreh **S** Rosa von Praunheim, Mike Shephard, Oskar Kamerer **L** 79 **E** 31.7.2000 ORB

DER WUNDERDOKTOR (JUNOST GENIJA). Episoden aus dem Leben des berühmten Wissenschaftlers und Arztes Avicenna, der um die Jahrtausendwende mit seinen Studien und Arbeiten einen bedeutsamen Beitrag zur Medizin leistete. Sorgsam gestaltete Biografie. – Ab 16. ✦ Scope. UdSSR 1983 **P** Usbekfilm/Tadshikfilm **KI** Progress **R** Eljor Ischmuchamedow **B** Odelscha Agischew, Eljor Ischmuchamedow **K** Tatjana Loginowa **M** Eduard Artemjew **D** Bachtijar Sakirow (Avicenna), Ato Muchamedshanow (Emir von Buchara), Rano Kubajewa (Ajana), Furkat Faisijew (Husain als Kind), Lejla Gaptelchakowa (Ajana als Kind) **L** 88 **E** 17.8.1984 Kino DDR/24.3.1986 DFF 2

DER WUNDERHEILER (THE HEALER). Drama um Eigennutz und Heuchelei in der Medizin. Ein Krankenhaus-Arzt heilt selbst schwere Krankheiten durch bloßes Handauflegen und macht sich damit seine Kollegen, die ihn einen Betrüger nennen, zu Feinden. ✦ Großbritannien 1994 **R** Mike Hodges **B** G. F. Newman **D** Paul Rhys (Dr. John Lassiter), Julie Covington (Madeleine), Geraldine James (Dr. Mercedes Honeysett) **L** 92 **E** 23.8.1997 tm 3

DIE WUNDERHEILERIN (RESURRECTION). Nach einem Autounfall, bei dem ihr Mann ums Leben kommt und der sie an den Rollstuhl fesselt, entdeckt eine Frau, dass sie über magische Heilkräfte verfügt. Schwaches Remake eines Films von 1980, das der Vorlage in keiner Weise gerecht wird. ✦ USA 1999 **R** Stephen Gyllenhaal **B** Peachy Markowitz, nach einen Drehbuch von Lewis John Carlino **M** Debbie Wiseman **D** Dana Delany (Clare Miller), Brenda Fricker (Clares Mutter), Nick Chinlund (Dr. Jake Sandler), Rita Moreno (Mimi), Mitchell Kosterman (Joe) **L** 86 **E** 1.7.2000 Premiere World

WUNDERJAHRE. Ein Jahr im Leben eines Waisenmädchens auf Probe bei einer Adoptivfamilie im Wirtschaftswunder-Deutschland des Jahres 1957. Aus der Perspektive des Mädchens erzählter Film, der zwar eine Vielzahl von Problemen anspricht, keines jedoch eingehender behandelt. Geboten wird indes eine perfekt ausgestattete und liebevoll inszenierte Geschichte, die das Unterhaltungsbedürfnis des jungen Publikums durchaus befriedigen dürfte. – Ab 12. ✦ Deutschland 1991 **P** Objectiv/Die Zeit TV/DEFA/ZDF **SF** Matthias **Pd** Uwe Wreidt, Giselher Venzke **R** Arend Agthe **B** Rudolf Herfurtner, Arend Agthe **K** Thomas Mauch, Michael Wiesweg **M** Matthias Raue **S** Ursula West **D** Silvia Lang (Hanna), Gudrun Landgrebe (Hannelore Hoffmann), Jens Weisser (Friedrich Hoffmann), Christian Mueller-Stahl (Bernhard), Kirill Falkow (Clemens), Jan Hinrichsen (Timo) **L** 96 **FSK** ab 6; f **FBW** w **E** Oktober 1992/8.4.1996 ZDF **fd** 29 621

DAS WUNDERKIND →Der kleine Magier

DAS WUNDERKIND TATE (LITTLE MAN TATE). Als überdurchschnittlich begabtes und sensibles Kind stößt ein Siebenjähriger bei Gleichaltrigen auf Ablehnung. Zwischen der liebevollen, aber überforderten Mutter und einer ehrgeizigen Kinderpsychologin entbrennt ein Kampf um die geeignete Förderung des Jungen, der in einem für alle Seiten fruchtbaren Patt endet. Regiedebüt der Schauspielerin Jodie Foster, das sich trotz eines klischeehaften Drehbuchs packend und sehr sensibel mit dem Thema kindlicher Einsamkeit auseinandersetzt. – Ab 12 möglich. ✦ USA 1991 **P** Orion **KI** Columbia TriStar **VA** Orion/Columbia TriStar **Pd** Scott Rudin, Peggy Rajski **R** Jodie Foster **B** Scott Frank **K** Mike Southon **M** Mark Isham **S** Lynzee Klingman **D** Jodie Foster (Dede Tate), Dianne Wiest (Jane Grierson), Adam Hann-Byrd (Fred Tate), Harry Connick jr. (Eddie), David Pierce (Garth) **L** 99 **FSK** ab 6; f **E** 6.2.1992/13.10.1992 Video/9.8.1993 premiere **fd** 29 356

WUNDERKINDER ZWISCHEN ARMUT UND REICHTUM. Mitte der 30er-Jahre des 20. Jahrhunderts wurde auf Stalins Anordnung, der die Förderung der Künste zur Staatsaufgabe erhob, das Moskauer Konservatorium gegründet. Seither bringt Russland eine Reihe von Klaviervirtuosen hervor, die weltweit Karriere machen. Um diese Chance zu nutzen, nehmen Eltern und Kinder jede Mühe auf sich, um den begabten Nachwuchs an dieser Schule unterzubringen. Der Dokumentarfilm zeigt den Schulbetrieb und stellt einige der Wunderkinder mit ihren Hoffnungen und Zukunftsträumen vor. Das Filmmaterial bildet auch die Grundlage für einen abendfüllenden Kinofilm (»Russlands Wunderkinder«), den die Regisseurin 2000 fertig stellte. ✦ Deutschland 1994 **R** Irene Langemann **L** 60 **E** 27.6.2001 arte

DER WUNDERKNABE (1955) (BRAVISSIMO). Komödie um einen stellungslosen Lehrer, der seinen mit einer perfekten Opernstimme begabten Pflegesohn groß herausbringt, die Gagen allerdings in die eigene Tasche steckt. – Ab 16. ✦ Schwarz-weiß. Italien 1955 **P** Lux/Documento Film **R** Luigi Filippo D'Amico **K** Marco Scarpelli **D** Alberto Sordi (Impallato), Giancarlo Zarfati (Gigetto), Mario Riva, Patricia Della Rovere, Irene Cefaro, Irene Tunc **L** 85 **E** 23.12.1984 DFF 1/23.12.1992 ORB

DER WUNDERKNABE (1964) →Die Heulboje

WUNDERLAND DER LIEBE – DER GROSSE DEUTSCHE SEXREPORT. Pseudokritische Dokumentation über die Entwicklung derSexwelle. Als Kronzeugen für die »Selbstbefreiung der Liebe« treten einige zur Produktionszeit einschlägig prominente Zeitgenossen auf. ✦ BR Deutschland 1970 **P** Dieter Geissler **KI** Cinerama **R** Dieter Geissler **B** Joe Hembus, Peter Hajek, Karlheinz Freynik **K** Hubs Hagen (= Hubertus Hagen) **M** The Apocalypsis **S** Jutta Brandstaedter **L** 83 **FSK** ab 18; nf **E** 24.4.1970 **fd** 16 739

WUNDERLAND DER PORNOGRAPHIE (CODE NAME: RAW RIDE). Zwei zur Bekämpfung der Pornographie eingesetzte tölpelhafte Agenten müssen schließlich erkennen, daß ihr Chef Großhändler im Sexgeschäft ist. Primitiv-dümmliches US-Lustspiel, seinerzeit im Verleih gekoppelt mit dem Porträt einer deutschen Stripteasetänzerin als Vorprogramm. ✦ USA 1971 **P** Stewart/Lomax **KI** Mercator **R+B** Kendall Stewart, Stephen Lomax **K** Stan State **S** Kendall Stewart **D** Michael Finn, Tony Lane, Jack Moran, Fred Dingl, Sally Simpel **L** 74 **FSK** ab 18; nf **E** 10.12.1971 **fd** 17 588

DER WUNDERLICHE MR. COX (THE STARS FELL ON HENRIETTA). Drama. Im Jahr 1935, zur Zeit der großen Ölfunde in Texas, versucht ein verarmter Farmer, Geld für eine Probebohrung auf seinem Land aufzubringen, erntet dafür aber zunächst nur Ablehnung und Spott. ✦ USA 1995 **Pd** Clint Eastwood, David Valdes **R** James Keach **B** Philip Railsback **K** Bruce Surtees **M** David Benoit **S** Joel Cox **D** Robert Duvall (Mr. Cox), Aidan Quinn (Don Day), Frances Fisher (Cora Day), Brian Dennehy (Big Dave), Lexi Randall (Beatrice Day) **L** 105 **E** 29.1.1998 premiere

DER WUNDERMANN (WONDER MAN). Ein gefeierter Revuestar wird von Gangstern umgebracht, worauf sein Geist sich seines Zwillingsbruders, eines menschenscheuen, trockenen Wissenschaftlers, bedient, um das Verbrechen aufzuklären. Hollywoodkomödie, die bis auf einige komisch-groteske Höhepunkte und die Leistung von Danny Kaye in der Doppelrolle wenig Überraschendes bietet. (TV-Titel: »Mein zauberhafter Bruder«) – Ab 12. ✦ USA 1945 **P** Goldwyn/RKO **KI** RKO **Pd** Samuel Goldwyn **R** H. Bruce Humberstone **B** Don Hartman, Melville Shavelson, Philip Rapp, Jack Jevne, Eddie Moran **K** Victor Milner, William E. Snyder **M** Louis Forbes **S** Daniel Mandell **D** Danny Kaye (Buzzy Bellew/Edwin Dingle), Vera-Ellen (Midge Mallon), Virginia Mayo (Ellen Shanley), Steve Cochran (Ten-Grand Jackson), S. Z. Sakall (= Szöke Szakall) (Schmidt), Otto Kruger (O'Brien) **L** 98 **E** 1952 Kino/15.11.1982 BR **fd** 2 204

DER WUNDERMANTEL (KINCSKERESŐ KISKÖDMÖN). Ein sechsjähriger Junge sucht in einem stillgelegten Schacht nach verborgenen Schätzen und findet sich nur schwer in der Wirklichkeit zurecht. – Ab 6. ✦ Ungarn 1972 **P** Mafilm **KI** Progress **R** Mihály Szemes **B** Marianne Szemes, nach einem Roman von Ferenc Móra **K** Ferenc Szécsényi **M** Zoltán Jeney **D** Gábor Szücs (Ferkó), József Bihari (Küsmödi), István Gruber (der kleine Hinkepinke), Mária Medgyesi (Mutter), Adám Szirtes (Taufpate) **L** 93 **E** 5.7.1974 Kino DDR/21.6.1975 DFF 1

DAS WUNDERPFERDCHEN (KONJOK-GORBUNOK). Ein armer Bursche, der von seinen beiden Brüdern wegen seiner Einfalt und Gutmütigkeit stets verspottet wird, macht auf märchenhafte Weise sein Glück. – Ab 8. ✦ Schwarz-weiß. UdSSR 1941 **P** Sojusdetfilm **KI** Sovexportfilm **R** Alexander Rou **B** Wladimir Schweizer, nach bem Buch von P. Jerschow **K** Boris Monastyrski, S. Antipow **M** L. Polowinkin **D** Pjotr Alejnikow (Iwanuschka), M. Kowalewa (Sarja-Sarjaniza), W. Gut (Zar Afron), Georgi Milljar (Tschichir) **L** 82 **E** 12.8.1947/27.5.1967 DFF 1

DIE WUNDERPILLE (JITTERBUGS). Laurel & Hardy fallen auf einen Betrüger herein, der ihnen eine Wunderdroge zur Herstellung von Benzin andreht. Der Hochstapler seinerseits hilft einem Mädchen, das um seine Erbschaft geprellt worden ist. Die Wunderpille bewirkt schließlich ihr Gutes: Sie setzt den Gegner außer Gefecht. Von den schwachen Filmen, die das Komikergespann für die »20th Century-Fox« produzierte, der vergleichsweise beste. (Alternativtitel: »Dick und Doof und die Wunderpille«) ✦ Schwarz-weiß. USA 1943 **P** 20th Century Fox **KI** NWDF/Unitas **Pd** Sol M. Wurtzel **R** Malcolm St. Clair **B** W. Scott Darling **K** Lucien Andriot, Fred Sersen **M** Charles Newman, Lew Pollack **S** Norman Colbert **D** Stan Laurel, Oliver Hardy, Robert Bailey, Vivian Blaine, Lee Patrick, Douglas Fowley **L** 72 **FSK** ab 6; nf **E** 9.11.1965 **fd** 13 894

DER WUNDERRABBI. Bericht über chassidische Juden in der ungarischen Theiß-Ebene nahe der Grenze zur Sowjetunion, die der Vernichtung durch die Nationalsozialisten Ostern 1944 entkamen. Am Beispiel der 78jährigen Eva Rosenberg, die als eine von wenigen wieder in die alte Heimat zurückgekehrt ist, wird der Leidensweg der etwa 250 000 jüdischen Bauern und das Schicksal von sechs Heimkehrern geschildert. Auch die Reaktionen der nichtjüdischen Dorfbewohner, die durch die Überlebenden mit ihrer eigenen Schuld konfrontiert werden, schildert diese besonders kulturhistorisch wertvolle Dokumentation. (Titel auch: »Die Erde des Wunderrabbis«) – Ab 16. ✦ BR Deutschland 1986 **P** Satellit/WDR **R+B** Imre Gyöngyössy, Barna Kabay, Katalin Petényi **L** 60 **E** 17.4.1987 West 3

DER WUNDERSAME KAFTAN (BESZELŐ KÖNTÖS). Legendenhafte Geschichte um ein Geschenk des Sultans an die Bürger von Kocskemét, die im 16. Jahrhundert von Türken und Österreichern in gleicher Weise bedrängt wurden. Abenteuerliche Unterhaltung mit ironischem Augenzwinkern, aber ohne besondere handwerkliche Sorgfalt. – Ab 10. ✦ Ungarn 1968 **P** Mafilm, Stúdió 4 **KI** Progress **R** Tamás Fejér **B** Tamás Fejér, nach einem Roman von Kálmán Mikszáth **K** Miklós Herczenik **M** György Ránki **D** István Iglódi (Mihály Lestyák), Antal Páger (sein Vater), Anna Detre (Cinna) **L** 82 **E** 19.12.1969 Kino DDR/21.2.1974 DFF 1

DIE WUNDERSAMEN ABENTEUER DES LEGENDÄ-

REN BARON MÜNCHHAUSEN →Der tollkühne Lügenbaron – Münchhausen und seine listigen Streiche

DIE WUNDERSAMEN ABENTEUER DES ROBINSON CRUSOE (ZIVOT A PODIVUHODNA DOBRODRUZSTVI ROBINSONA CRUSOE NAMORNIKA Z YORKU). Ein technisch perfekter, mit Zeichnungen als Rückblenden-Erzählung konzipierter Puppentrickfilm nach der bekannten Vorlage, der das Schicksal des gestrandeten Seemannes mit ironischen Anklängen und spöttischen Halleluja-Rufen ausschmückt. Kurzweilige Unterhaltung, für jüngere Kinder etwas verwirrend. (Westdeutscher TV-Titel: »Robinson Crusoe«) – Ab 10. ✦ CSSR/BR Deutschland 1981 **P** Krátky Film Prag – Studio Jirího Trnky/SWF **KI** Progress **R** Stanislav Látal **B** Stanislav Látal, Jirí Kubícek, Adolf Born, nach einem Roman von Daniel Defoe **K** Jirí Safár, Jan Müller **M** Karel Svoboda **S** Helena Lebdusková **L** 72 **E** 25.11.1983 Kino DDR/9.3.1985 DFF 1/ 1.1.1988 ARD

DIE WUNDERSAMEN ERLEBNISSE DES PONTIUS PILATUS (SECONDO PONTIO PILATO). Erzählt wird die Heilsgeschichte aus der Sicht des römischen Statthalters in Judäa, Pontius Pilatus, der für die Verurteilung Jesu verantwortlich war und doch mit seinem Tod nichts zu tun haben wollte. Gleichzeitig wird ein Zeitbild vermittelt, in dem gezeigt wird, wie sich Politik, Religion und Wirtschaft im Alltag der Menschen niederschlugen. Obwohl der Film voller komischer Elemente steckt, versucht er, auch seinem ernsten Thema und den metaphysischen Aspekten der Geschichte gerecht zu werden. ✦ Italien 1987 **P** Reteitalia **R+B** Luigi Magni **K** Giorgio di Battista **M** Angelo Branduardi **D** Nino Manfredi (Pontius Pilatus), Stefania Sandrelli (Claudia), Lando Buzzanca (Valerian), Flavio Bucci (Herodes), Mario Scaccia (Tiberius) **L** 104 **E** 28.3.1991 West 3

DIE WUNDERSCHÖNE GALATHEE. Unbedarfte musikalische Komödie mit allerlei amourösem Durcheinander in Biedermeierkostümen: Eine kleinstädtische Gemüsemarkthelferin verliebt sich in einen Bildhauer, dem sie Modell steht, und wird Rivalin einer eifersüchtigen Sängerin, die wiederum von einem Kapellmeister begehrt wird. ✦ Schwarz-weiß. BR Deutschland 1950 **P** Junge Filmunion **KI** NF **Pd** Helmuth Volmer **R** Rolf Meyer **B** Kurt E. Walter **K** Igor Oberberg **M** Franz Grothe **S** Martha Dübber **D** Hannelore Schroth (Leni Fink), Viktor de Kowa (Victor Colin), Willy Fritsch (Marcel Thomas), Gisela Schmidting (Victoria Mertens), Margarete Haagen (Anastasia) **L** 106 **FSK** ab 16; nf **E** 13.4.1950/11.9. 1950 Kino DDR **fd** 705

EIN WUNDERSCHÖNER SONNTAG (SUBARASHIKI NICHIYOBI). Ein junges unverheiratetes Paar kann sich in den Trümmern des kriegszerstörten Tokio nur sonntags auf der Straße treffen. Da es kaum Geld hat, macht es sich vor allem mit viel Fantasie und der Kraft der Illusion einen schönen Tag. Der Film ist der erste Teil einer als Trilogie konzipierten Auseinandersetzung mit der japanischen Befindlichkeit in der unmittelbaren Nachkriegszeit. Die schlichte Handlung verdichtet Kurosawa zu einer poetischen Liebesgeschichte, die zugleich ein – zum Teil durchaus auch verzweifeltes – Dokument des Vertrauens in die eigene, individuelle Stärke ist, die jedoch der Solidarität des Volkes bedarf. Ein liebenswerter Film, der einige der fantasiereichsten Szenen im gesamten Werk Kurosawas beinhaltet. – Sehenswert ab 14. ✦ Schwarz-weiß. Japan 1947 **P** Toho **Pd** Sojiro Motoki **R** Akira Kurosawa **B** Keinosuke Uegusa, Akira Kurosawa **K** Asakazu Nakai **M** Tadashi Hattori **D** Isao Numasaki (Yuzo), Chieko Nakakita (Masako), Ichiro Sugai (Yamiya), Midori Ariyama (Sono), Masao Shimizu (Barbesitzer), Atsushi Watanabe, Zeko Nakamura, Toppa Uchiumi **L** 108 **E** 18.1.1981 DFF 2

EIN WUNDERSCHÖNER TAG (KOUZELNY DEN). Die Vorbereitungen der Kinder zu einer alle fünf Jahre in Prag stattfindenden Spartakiade. – Ab 6. ✦ CSSR 1960 **P** Filmstudio Barrandov **KI** Progress **R** Jan Valásek **B** Ota Hofman **K** Alois Jirácek **M** Milos Vacek **D** Jirí Lukes (Blonder Honzik), Jarka Bloch (Schwarzer Honzik), Tamara Vanecková (Zuzka), Eva Remsová (Eva), Stepanka Hanicincová (Lehrerin) **L** 74 **E** 20.4.1962 Kino DDR

DER WUNDERVOGEL SEMURG (SEMURG). Ein Jäger verläßt seine Heimat in den Bergen, um eine unbekannte Schöne zu finden, in die er sich verliebt hat. Er findet sie in Gestalt einer Prinzessin, die er nur erobern kann, wenn er einige Aufgaben löst. Dies gelingt ihm mit Hilfe des Wundervogels Semurg. Märchenhafte Verfilmung einer alten usbekischen Legende. – Ab 10 möglich. ✦ Scope. UdSSR 1972 **P** Usbekfilm **KI** Progress **R** Chabibulla Faisijew **B** Inna Filimonowa, nach einem Poem von Chamid Alimdshan **K** Alexander Pann **M** Muchtar Aschrafi **D** Chabibulla Karimow (Bunjad), Tamara Schakirowa (Subejda), C. Latypow (Chaidar-Bobo), Shukrat Ergaschew, G. Chamrajewa (Prinzessin Parisad), Nabi Rachimow (Khan) **L** 71 **E** 22.2.1974 Kino DDR/ 22.11.1975 DFF 1/17.1.1988 RTL plus

WUNDERVOLLE BUNTE WELT (QUESTO NOSTRO MONDO). Unverbindlich aneinandergereihte Reisebilder aus Afrika, Amerika und Asien. ✦ Scope. Italien 1956 **P** B.M.B. **KI** Austria **Pd** Ferry Mayer **R** Ugo Lazzari **B** Eros Macchi, Angelo Negri **K** Tonino Delli Colli, Paolo Gregorig, Alvaro Mancori, Gian Maria Rimoldi **M** Mario Nascimbene **L** 76 **FSK** ab 6; f **E** 1957 Kino

DIE WUNDERVOLLE FREUNDSCHAFT MIT MRS. APPLETREE (ON PROMISED LAND). Ein schwarzer Junge, der mit seinen Eltern auf dem Land einer reichen weißen Witwe lebt, wird verdächtigt, für das Verschwinden ihres bissigen Hundes verantwortlich zu sein. Obwohl er unschuldig ist, droht die versprochene Überschreibung eines Landstücks an dessen Familie zu scheitern. Ein Zufall wendet das Blatt im letzten Augenblick und zwischen dem Jungen und der alten Frau entwickelt sich eine wunderbare Freundschaft. Jugendfilm mit märchenhaften Zügen. – Ab 12. ✦ USA 1994 **R** Joan Tewkesbury **B** Ken Sagoes **D** Joan Plowright (Abigail P. Appletree), Judith Ivey (Olivia Appletree), Carl Lumbly (Floyd Ween), Norman D. Golden II (Jim Jam Ween), John M. Jackson (Albert) **L** 99 **E** 23.2.1997 RTL

EIN WUNDERVOLLER TAG (UDIWITELNAJA NACHODKA, ILI SAMYJE OBYKNOWENNYJE TSCHUDESSA). Ein verhätschelter Musterknabe hat immer Ärger mit seinen Neidern. Er fürchtet ihre Racheakte, bis er eine Schraube findet, die ihm wunderbare Fähigkeiten zu verleihen scheint. Ein recht banaler Jugendfilm ohne irgendwelche Höhepunkte. ✦ Scope. UdSSR 1986 **P** Filmstudio Odessa **KI** Progress **R** Mark Tolmatschow **B** Larissa Jewgenjewa **K** Albert Ossipow **M** Gennadi Banschtschikow **D** Slawa Jessinowski (Maxim), Philip Salimonenko, Nastja Burlakowa, Sascha Delibasch, Anton Artemenko **L** 73 **E** 9.9.1988 Kino DDR

DIE WUNDERWELT DER GEBRÜDER GRIMM (THE WONDERFUL WORLD OF THE BROTHERS GRIMM). Aufwendiger Ausstattungsfilm nach Hollywood-Art, der drei Märchen der Brüder Grimm – »Die tanzende Prinzessin«, »Der Schuster und die Zwerge«, »Der singende Knochen« – in eine (sachlich nicht immer richtige) biografische Rahmenhandlung bettet. Vom Geist der Märchen weit entfernte anspruchslose Familienunterhaltung. – Ab 8. ✦ Scope. USA 1961 **P** MGM/Cinerama **KI** MGM **Pd** George Pal **R** George Pal (Märchensequenzen), Henry Levin (Rahmenhandlung) **B** David P. Harmon, Charles Beaumont, William Roberts, nach einer Vorlage von Hermann Gerstner **K** Paul C. Vogel **M** Leigh Harline **S** Walter Thompson **D** Laurence Harvey (Wilhelm Grimm), Claire Bloom (Dorothea Grimm), Karlheinz Böhm (Jacob Grimm), Walter Slezak (Stossel), Oskar Homolka (Herzog), Barbara Eden (Greta Heinrich), Arnold Stang (Rumpelstilzchen) **L** 138 **FSK** ab 6; f **E** 19.9.1963 **fd** 12 326

EIN WUNSCH GEHT IN ERFÜLLUNG (A MOM FOR CHRISTMAS). Ein kleines Mädchen, das sich nach dem Tod seiner Mutter sehr einsam fühlt, hat zu Weihnachten nur einen Wunsch: endlich wieder eine Mutter zu haben. Eine gute Fee erfüllt ihm diesen Wunsch und erweckt eine schöne Schaufensterpuppe zum Leben, die bei dem Mädchen und seinem Vater einzieht. – Ab 10. ✦ USA 1990 **P** Walt Disney Pictures **Pd** Steve White **R** George Miller **B** Gerald Di-Pego **K** Ronald M. Laubre **M** John Farrar **S** Les Green **D** Olivia Newton-John, Juliet Sorcey, Doug Sheehan, Doris Roberts **L** 90 **E** 12.12.1993 premiere

WUNSCH & WIRKLICHKEIT (THE PROPOSITION). Ein liberal eingestelltes Ehepaar aus der wohlhabenden Bostoner Gesellschaft kann keine Kinder bekommen, weil der Mann zeugungsunfähig ist. Ein junger Harvard-Student wird engagiert, um den Mangel zu beheben. Als der Plan funktioniert, beginnen die eigentlichen Schwierigkeiten, in deren Verlauf die Frau Trost in den Armen eines Priesters findet. Ein als lange Rückblende mit großer stilistischer Geschlossenheit erzähltes Melodram, dessen Themen – Emanzipation, Unfruchtbarkeit, Zölibat und Schicksal – zu keiner überzeugenden Verbindung finden. Auch die Verankerung in den 30er Jahren mißlingt, weil dem Film jedes Gespür für die Zeit fehlt. – Ab 16. ✦ USA 1998 **P** Interscope Communications **KI** PolyGram/UIP **VA** PolyGram **Pd** Ted Field, Diane Nabatoff, Scott Kroopf **R** Lesli Linka Glatter **B** Rick Ramage **K** Peter Sova **M** Stephen Endelman **S** Jacqueline Cambas **D** Kenneth Branagh (Pfarrer Michael McKinnon), Madeleine Stowe (Eleanor Barret), William Hurt (Arthur Barret), Blythe Danner (Syril Danning), Robert Loggia (Hannibal Thurman), Josef Sommer (Pfarrer Dryer), Neil Patrick Harris (Roger Martin) **L** 114 **FSK** ab 12; f **E** 14.5.1998/ 12.11.1998 Video **fd** 33 135

DER WUNSCHBAUM (THE WISHING TREE). Eine erfolgreiche schwarze Rechtsanwältin kehrt zur Beerdigung ihrer Mutter in ihren Heimatort in den Süden der USA zurück. Während ihres Aufenthalts wird sie immer häufiger von schönen Kindheitserinnerungen heimgesucht und erinnert sich schließlich an einen alten Baum im Wald, der Wünsche erfüllen soll. Ein gefühlvoll erzählter Film mit einer überzeugenden Geschichte, der sich die Macht der Erinnerungen und dem kleinen Glück der Kindheit, das sich meist nur retrospektiv verschließen lässt, verpflichtet fühlt. ✦ USA 1999 **P** Dufferin Gate/Hallmark/Showtime **Pd** Gina Matthews **R** Ivan Passer **B** Grant Scharbo **K** Ousama Rawi **M** Elia Cmiral **S** Richard Halsey **D** Alfre Woodard (Clara), Helen Shaver (Wallis), Mary Alice (Mattie), Blair Underwood (Magic Man), Charles Weldon (Al Brooks) **L** 99 **E** 19.3.2000 Premiere World

WUNSCHKONZERT (1940). Durch die von Soldaten regelmäßig gehörte Propaganda-Rundfunksendung »Wunschkonzert« des »Großdeutschen Rundfunks« finden ein Luftwaffen-Offizier, der nach der Olympiade 1936 geheim nach Spanien abkommandiert wurde, und eine in ihn verliebte Berlin-Besucherin, die ihn aus den Augen verlor, als Liebespaar zusammen. Aus verlogenen Klischees zusammengesetzter, sentimental unterhaltender Nazi-Film für die Kriegszeit, verquickt mit schlecht sortierten Wochenschaubildern und Ausschnitten aus der damals populären Sendung. Der mit allen verfügbaren Preisen der Reichsfilmkammer ausgezeichnete Film dokumentiert u. a. den Mißbrauch der Olympiade zu Prestigezwecken. Nach 1946 von den Allierten Militärregierungen verboten. ✦ Schwarz-weiß. Deutschland 1940 **P** Cine-Allianz-Tonfilm **KI** Transit/Murnau-Stiftung/DIF **VA** Ufa **R** Eduard von Borsody **B** Felix Lützkendorf, Eduard von Borsody **K** Franz Weihmayr, Günther Anders, Carl Drews **M** Werner Bochmann **S** Elisabeth Kleinert-Neumann **D** Ilse Werner (Inge Wagner), Carl Raddatz (Herbert Koch), Joachim Brennecke (Helmut Winkler), Ida Wüst (Frau Eichhorn), Hedwig Bleibtreu (Frau Wagner) **L** 103 **FSK** ab 16; f **E** 30.12.1940/28.4.1974 ARD

WUNSCHKONZERT (1955). Komödie rund um die

seinerzeit beliebte Fernsehshow »1:0 für Sie« des Entertainers Peter Frankenfeld. Der allenfalls bescheidenen Unterhaltungsbedürfnissen genügende Film wartet mit einer musikalischen Parade damals populärer Unterhaltungskünstler auf. – Ab 12. ✦ Schwarz-weiß. BR Deutschland 1955 **P** Melodie **Kl** Herzog **Pd** Herbert Sennewald **R** Erik Ode **B** Gunther Philipp **K** Ernst W. Kalinke **M** Heino Gaze, Erwin Halletz **S** Klaus Dudenhöfer **D** Peter Frankenfeld (Peter Frankenfeld), Renate Holm (Renate Holm), Germaine Damar (Inge), Georg Thomalla (Willy Vogel), Bully Buhlan (Bully Buhlan), Kurt Vespermann (Steinberg), Walter Groß (Lüdecke), Harald Juhnke (Horn), Paul Dahlke (Direktor Knoll) **L** 95 **FSK** ab 12; nf **E** 8.9.1955 **fd** 4 355

WURDEN SIE SCHON BEDIENT? →Werden Sie schon bedient?

DIE WÜRFEL SIND GEFALLEN (GUN DUEL IN DURANGO / DUEL IN DURANGO). Solider Routinewestern: Ein ehemaliger Outlaw, der als Bankkassierer ein gesetzestreues Bürgerleben führen will, wird zur Mithilfe beim Bankraub erpreßt, indem die Bande seinen Sohn entführt. Nach heftigen Schießereien rehabilitiert er sich. – Ab 14. ✦ Schwarz-weiß. USA 1957 **P** Peerless **Kl** United Artists **Pd** Robert E. Kent **R** Sidney Salkow **B** Louis Stevens **K** Maury Gertsman **M** Paul Sawtell, Bert Shefter **S** Robert Golden **D** George Montgomery (Dan), Ann Robinson (Judy), Bobby Clark (Robbie), Frank Ferguson (Sheriff Howard), Don Barry (Larry), Henry Rowland (Roy), Denver Pyle (Ranger Captain), Mary Treen, Al Wyatt (Jones), Red Morgan (Burt), Joe Yrigoyen (Stacey) **L** 74 **FSK** ab 12; nf **E** 19.9.1958 **fd** 7 349

DER WÜRGEENGEL (EL ANGEL EXTERMINADOR). Nach einem Theaterabend kehrt eine angesehene Gesellschaft in eine Villa zum Abendessen ein. Anschließend kann sie das Haus nicht mehr verlassen und ist tagelang gezwungen, bei abnehmender Respektierung konventioneller Schranken und zunehmenden Aggressionen der Gäste untereinander, den unerklärlich zwanghaften Zustand zu ertragen. Erst die Rekonstruktion der Ausgangssituation bricht den Bann, woraufhin sich eine ähnliche Konstellation beim Dankgottesdienst in der nahen Kirche ergibt. Ein tiefenpsychologisch beeinflußtes, surrealistisches Gleichnis über die sittliche und existentielle Bedrohung des Menschen, in dem das von Luis Buñuel mehrfach verwendete Motiv von der geschlossenen Gesellschaft höchste Verdichtung findet. ✦ Schwarz-weiß. Mexiko/Spanien 1962 **P** Uninci/ Films 59 **Kl** Die Lupe **SF** atlas **Pd** Gustavo Alatriste **R** Luis Buñuel **B** Luis Buñuel, nach dem unveröffentlichten Bühnenstück »Die Schiffbrüchigen« von José Bergamín **K** Gabriel Figueroa **M** Domenico Scarlatti, Pietro Domenico Paradisi, gregorianische Gesänge **S** Carlos Savage **D** Silvia Pinal (Leticia, die »Walküre«), Enrique Rambal (Edmundo Nobile), Lucy Gallardo (Lucía Nobile), Jacqueline Andere (Alicia Roc), Augusto Benedico (Doktor) **L** 93 **FSK** ab 18; f **E** 3.10.1966/13.4.1968 WDR/28.4. 1976 DFF 1 **fd** 15 405

DER WÜRGER (1939) (DARK EYES OF LONDON). Ein scheinbar wohltätiger Versicherungsmakler, der ein Blindenheim unterhält, läßt seine Schützlinge umbringen, um deren Versicherungssumme zu kassieren. Früher Horror-Krimi nach Edagr Wallace. ✦ Schwarz-weiß. Großbritannien 1939 **P** British Pathé **Kl** Omnium **Pd** John Argyle **R** Walter Summers **B** John Argyle, Walter Summers, Patrick Kirwan, nach dem Kriminalroman »Die toten Augen von London« von Edgar Wallace **K** Bryan Langley **M** Guy Jones **S** E. G. Richards **D** Bela Lugosi (Dr. Orloff), Hugh Williams (Insp. Holt), Greta Gynt (Diana Stuart), Wilfrid Walter (Jake, das Monster), Edmon Ryan (Lt. O'Reilly), Alexander Field (Grogan), Arthur E. Owen **L** 76 **FSK** ab 18; nf **E** 22.7.1949 **fd** 377

DER WÜRGER (1977) →Killing Hands

DER WÜRGER GEHT DURCH DIE STADT (EL VAMPIRO NEGRO). Kriminalfilm, der die Geschichte eines krankhaften Kindermörders in starker Anlehnung an Fritz Langs Klassiker »M – Eine Stadt sucht einen Mörder« erzählt, aber auf bloßen Nervenkitzel aus ist. ✦ Schwarz-weiß. Argentinien 1957 **P** Argentina Sono **Kl** Constantin **R** Roman Viñoly Barreto **B** Roman Viñoly Barreto, Alberto Atchebehere **K** Anibal Gonzalez Paz **M** Eric Landy **D** Olga Zubarry, Roberto Escalada, Nathan Pinzon **L** 75 **FSK** ab 16; nf **E** 16.10.1959 **fd** 8 547

DER WÜRGER KOMMT AUF LEISEN SOCKEN (LO STRANGOLATORE DI VIENNA). Ein aus dem Irrenhaus als geheilt entlassener Fleischermeister erwürgt im Wien des Jahres 1930 mehrere Menschen und beseitigt die Leichen, indem er sie zu Wiener Würstchen verarbeitet. Als Groteske angelegte »Kannibalade«, die ihren Stil nicht durchzuhalten vermag. ✦ BR Deutschland/Italien 1970 **P** Regina/Neptuna/Hifi Stereo 70 **Kl** Cinema Service **R** Guido Zurli **B** Karl Ross, Enzo Gicca (= Vincenzo Gicca Palli), Guido Zurli **K** Augusto Tiezzi **M** Alessandro Alessandroni **S** Enzo Alabiso **D** Victor Buono, Karin Field, Brad Harris, Dario Michaelis, Franca Polesello, Luca Sportelli, Claudio Trionfi, Hansi Linder **L** 83 **FSK** ab 18; nf **E** 25.2.1972 **fd** 17 633

DER WÜRGER KOMMT UM MITTERNACHT (1932) (THE RINGER / THE GAUNT STRANGER). Ein unheimlicher Würger hält England in Atem. Dem Mörder gelingt es in immer neuen Masken, die Polizei zum Narren zu halten. Alte englische Edgar-Wallace-Verfilmung. ✦ Schwarz-weiß. Großbritannien 1932 **P** Gainsborough/British Lion **Pd** Michael Balcon **R** Walter Forde **B** Angus MacPhail, Robert Stevenson, Edgar Wallace, nach dem Roman und Bühnenstück »The Gaunt Stranger« von Edgar Wallace **K** Leslie Howson, Alec Spryce **D** Patrick Curwen (Dr. Lomond), Fanklin Dyall (Maurice Meister), Carol Goodner (Cora Ann Milton), Gordon Harker (Samuel Hackett), Esmond Knight (John Lenley) **L** 60

DER WÜRGER KOMMT UM MITTERNACHT (1953) (THE RINGER). Ein dubioser Rechtsanwalt, der auch vor kriminellen Methoden nicht zurückschreckt, wird von einem geheimnisvollen Rächer verfolgt, der sich in immer neuen Verkleidungen präsentiert und sich an dem Anwalt, seinem früheren Partner, rächen will, weil er ihn für schuldig am Selbstmord seiner Schwester hält. Schließlich gibt sich der Rächer als Polizeiarzt zu erkennen, der den Anwalt zu erdrosseln droht. Trivialer Krimi in altmodisch-gepflegter Gruselatmosphäre; am ehesten schauspielerisch interessant. – Ab 16. ✦ Schwarz-weiß. Großbritannien 1953 **P** London/Regent **Pd** Hugh Perceval **R** Guy Hamilton **B** Val Valentine, Lesley Storm, nach dem Roman und Bühnenstück »The Gaunt Stranger« von Edgar Wallace **K** Ted Scaife **M** Malcolm Arnold **S** Bert Bates **D** Herbert Lom (Maurice Meister), Donald Wolfit (Dr. Lomond), Mai Zetterling (Lisa), Greta Gynt (Cora Ann Milton), William Hartnell (Sam Hackett) **L** 78 **E** 20.8.1992 Tele 5

DER WÜRGER MIT DEM WEISSEN SCHAL (L'ETRANGLEUR). Ein Mann, der als kleiner Junge auf der Straße mitansehen mußte, wie eine Frau mit einem weißen Schal erdrosselt wurde, kann sich von diesem Erlebnis nicht befreien. Nacht für Nacht treibt es ihn auf die Straße. Eine Serie von Morden, die alle auf einen Täter hinweisen, versetzt die Bevölkerung in Angst. Der Untersuchungsrichter will dem Mörder auf die Spur kommen, indem er sich als Fernsehjournalist ausgibt. Ein Mann profitiert von dem Wahnbesessenen, indem er die Toten beraubt, und eine junge Frau versucht, dem Gejagten zu helfen. Atmosphärisch dichter Krimi mit psychoanalytischen Ambitionen, nicht ungeschickt inszeniert, jedoch schauspielerisch nicht ganz überzeugend. ✦ Frankreich 1971 **P** Reggane/Films Marianne **R+B** Paul Vecchiali **K** Georges Strouvé **M** Roland Vincent **D** Jacques Perrin, Julien Guiomar, Eva Simonet, Nicole Courcel **L** 93 **E** 16.9.1982 WDR

DER WÜRGER VOM TOWER. Um in den Besitz eines kostbaren Smaragds zu kommen, läßt der Chef einer Gangsterbande bedenkenlos quälen und morden. Verworrener und spannungsarmer Krimi auf den Spuren der Edgar-Wallace-Serie. ✦ Schwarz-weiß. BR Deutschland 1965 **P** Urania **Kl** Pallas **R** Hans Mehringer **B** Michael Thomas (= Erwin C. Dietrich) **K** Andreas Demmer **M** Walter Baumgartner, Hans Moeckel **D** Charles Regnier, Ellen Schwiers, Kai Fischer, Hans Reisser **L** 83 **FSK** ab 16; nf **E** 2.6.1966 **fd** 13 973

DER WÜRGER VON BEVERLY HILLS (THE HILLSIDE STRANGLERS / THE CASE OF THE HILLSIDE STRANGLERS). Zwei Vettern, die tagsüber einen angesehenen Beruf ausüben, vergewaltigen und erwürgen innerhalb kurzer Zeit zehn Frauen. Als einer von ihnen aussteigt, begeht der andere einen entscheidenden Fehler, der die Polizei auf ihre Spur bringt. Thematisch recht abwegiger, inszenatorisch aber durchaus solider Fernseh-Krimi. (TV-Titel: »Die Würger von Hillside«) ✦ USA 1988 **P** Kenwood **VA** USA **Pd** Carole Coates **R** Steven Gethers **B** Steven Gethers, nach dem Roman von Darcy O'Brien **K** Ronald M. Lautore **M** Gil Melle, J. D. Hall, Michael Wells **S** Debra Neil **D** Richard Crenna (Polizeidetektiv Bob Grogan), Dennis Farina (Angelo Buono), Billy Zane (Kenny Bianchi), Tony Plana (Detektiv Mike Hernandez), James Tolkan (Leutnant Ed Henderson), Tasia Valenza (Margaret Wilson), Bob Grogan (Polizist) **L** 95 **E** 26.3. 1990 Video

DIE WÜRGER VON BOMBAY (THE STRANGLERS OF BOMBAY). Die indische Sekte der »Täuscher« (Thugs) wird von einem englischen Offizier an weiteren Ritualmorden gehindert. Eine Folge abgeschmackter Grausamkeiten: Gefangene werden reihenweise erdrosselt, andere geblendet, Leichen verscharrt und wieder ausgebuddelt, und dem Captain wirft man die abgehackte Hand seines Dieners auf den Abendbrottisch. ✦ Scope, schwarz-weiß. Großbritannien 1959 **P** Hammer **Kl** Columbia **Pd** Anthony Hinds **R** Terence Fisher **B** David Zelag Goodman **K** Arthur Grant **M** James Bernard **S** Alfred Cox **D** Guy Rolfe (Lewis), Jan Holden (Mary), Allan Cuthbertson (Connaught-Smith), Andrew Cruickshank (Henderson), Marne Maitland (Patel Shari), George Pastell (Priester) **L** 77 **FSK** ab 16; nf **E** 13.5.1960/ 17.4.1994 PRO 7 **fd** 9 159

DER WÜRGER VON BOSTON (THE STRANGLER). Unter der Fuchtel seiner herzkranken Mutter entwickelt sich ein unverheirateter Krankenhauslaborant zum Psychopathen, der in irrem Frauenhaß mehrere Mädchen erwürgt. Für jede Ermordete legt er eine entkleidete Puppe in seinen Schreibtisch. Klischeekrimi mit Kritik am amerikanischen Matriarchat, der in der Hauptrolle beklemmend gut gespielt ist. ✦ Schwarz-weiß. USA 1963 **P** Allied Artists **Kl** United Artists **Pd** Samuel Bischoff, David Diamond **R** Burt Topper **B** Bill S. Ballinger **K** Jacques Marquette **M** Marlin Skiles **S** Robert S. Eisen **D** Victor Buono (Leo Kroll), David McLean (Lt. Benson), Diane Sayer (Barbara), Ellen Corby (Mrs. Kroll), Davey Davison (Tally), Michael Ryan (Posner), Jeanne Bates (Clara) **L** 89 **FSK** ab 16; f **E** 4.2.1966 **fd** 13 874

DER WÜRGER VON CONEY ISLAND (GORILLA AT LARGE). Rätselhafte Mordfälle unter Zirkusleuten im Zusammenhang mit einer Sensationsnummer, bei der ein echter Gorilla unterm Trapez mit einem verkleideten Komparsen ausgetauscht wird. Rummelplatzkintopp, der teils Krimi, teils Gruselfilm sein will. ✦ USA 1954 **P** 20th Century Fox/Panoramic **Kl** Hermes **R** Harmon Jones **B** Leonard Praskins, Barney Slater **K** Lloyd Ahern **M** Lionel Newman **D** Cameron Mitchell, Anne Bancroft, Lee J. Cobb, Raymond Burr, Lee Marvin **L** 83 **FSK** ab 12; nf **E** 2.5.1958 **fd** 6 973

DIE WÜRGER VON HILLSIDE →Der Würger von Beverly Hills

DER WÜRGER VON LONDON →Der Würger (1939)

DER WÜRGER VON PARIS (PHANTOM OF THE RUE MORGUE). Gruselgeschichte um einen psychopathischen Zoologen, der seine Theorie vom Tötungstrieb, der in jedem Lebewesen steckt, mit einem dressierten Gorilla in die Praxis umsetzt. Sehr frei nach Motiven von E. A. Poe entwickelt und ganz auf die seinerzeit beliebten 3-D-Effekte hin inszeniert. – Ab 16. ✦ USA 1954 **P** Warner **KI** Warner **Pd** Henry Blanke **R** Roy Del Ruth **B** Harold Medford, James R. Webb, nach einer Erzählung von Edgar Allan Poe **K** J. Peverell Marley **M** David Buttolph **S** James Moore **D** Karl Malden (Dr. Marais), Claude Dauphin (Insp. Bonnard), Patricia Medina (Jeannette Rovere), Steve Forrest (Prof. Dupin), Allyn McLerie (= Allyn Ann) (Yvonne) **L** 84 **FSK** ab 16; nf **E** 22.10.1954 **fd** 3683

DER WÜRGER VON SCHLOSS BLACKMORE. Im nebelverhangenen Schloß von Blackmore dezimiert ein brutaler Mörder auf der Suche nach einem Diamantenschatz Gäste und Bewohner – zum Entsetzen von Scotland Yard, das den Wüstling erst auf den letzten Filmmetern entlarven kann. Ein mit Gruseleffekten auf Spannung getrimmter Serien-Krimi nach Edgar Wallace. (TV-Titel DDR: »Geheimnisse auf Schloß Blackmore«) – Ab 16 möglich. ✦ Schwarz-weiß. BR Deutschland 1963 **P** CCC **KI** Gloria **Pd** Artur Brauner **R** Harald Reinl **B** Gustav Kampendonk, Ladislas Fodor, nach einem Roman von Bryan Edgar Wallace **K** Ernst W. Kalinke **M** Oskar Sala **S** Walter Wischniewsky **D** Karin Dor (Claridge Dorsett), Ingmar Zeisberg (Judy), Harry Riebauer (Inspektor Cliff Mitchell), Walter Giller (Lord Edgar Blackmoor), Rudolf Fernau (Lucius Clark), Dieter Eppler (Butler Anthony), Hans Reiser (Mike), Hans Nielsen (Travish) **L** 87 **FSK** ab 16; nf **E** 21.6.1963/7.3.1975 DFF 1 **fd** 12 038

DER WÜRGER VON SING-SING (THE INDESTRUCTIBLE MAN). Drittklassiger Science-Fiction-Grusel: Ein hingerichteter Verbrecher wird von kalifornischen Krebsforschern per Stromstroß ins Leben zurückgerufen und auf seinem Rachefeldzug als scheinbar unverwundbarer Supermörder von der Polizei bekämpft. ✦ Schwarz-weiß. USA 1956 **P** Allied Artists **KI** Atlantic **Pd+R** Jack Pollexfen **B** Sue Bradford, Vy Russell **K** John L. Russell jr. **M** Albert Glasser **S** Fred R. Feitshans jr. **D** Lon Chaney jr. (Der Würger), Marian Carr (Eva Martin), Casey Adams (Chasen), Ross Elliott (Paul Lowe), Stuart Randall (Polizeichef), Robert Shayne (Prof. Bradshaw), Kenneth Terrell (Joe Marcellia), Marvin Ellis (Ellis) **L** 70 **FSK** ab 16; nf **E** 5.9.1958 **fd** 7 356

DER WÜRGER VON VEGAS → Starsky & Hutch – Der Würger von Vegas

WURLITZER. Ein meditativer Dokumentarfilm über Geschichten und das Erzählen von Geschichten. Es geht um das Leben und um Erfindungen, es wird nachgedacht über Abenteuer und Glück und wo es wohl zu finden sei. Man erfährt von den Anfängen des Kinos, von den Mühen der Arbeit auf dem Land und in der Stadt und denen des Filmemachens, lernt schließlich das Dorf Wurlitz und eine Bauernfamilie kennen. Der Film läßt teilhaben an den Erzählungen und Wünschen der Personen, lädt ein zur Entdeckung seiner selbst ebenso wie der vorgestellten Wirklichkeit. Gelegentlich spürt man an einer gewissen Beliebigkeit, wie schwer sich die Filmemacher von den Bildern trennen konnten. Auch der Kommentar wirkt wie ein Fremdkörper. – Ab 14 möglich. ✦ BR Deutschland 1983–85 **P** Antje Starost Filmprod. **KI** Freunde der Deutschen Kinemathek **R+B** Antje Starost, Hans-Helmut Grotjahn **K** Antje Starost, Axel Brandt **M** Büdi Siebert, Wolfgang Stryi **S** Christiane Fazlagic **L** 100 **FSK** o. A.; f **E** 7.11.1986

DIE WURMFRESSER (THE WORM EATERS). Wahrhaft kuriose Horrorkomödie über einen verrückten Farmer, der seinen zahlreichen Feinden spezielle Würmer ins Essen schmuggelt, nach deren Verzehr sich die Betroffenen dann selbst in Kriechtiere verwandeln. Wollte der Film nur möglichst ekelhaft und gleichzeitig dilettantisch sein, so hätte er sein Ziel erreicht. ✦ USA 1977 **P** Cinema Features **VA** VMP **Pd** Ted V. Mikels **R+B** Herb Robins **K** Willis Hawkins **M** Theodore Stern **S** Soly Bina **D** Herb Robins (Hermann Umgar), Barry Hostetler, Lindsay Armstrong Black, Joseph Sacket, Robert Garrison **L** 94 **FSK** ab 18 **E** Video 1984

DIE WURZEL ALLEN ÜBELS (THE ROOT OF ALL EVIL). Die Geschichte eines von der Liebe enttäuschten eigennützigen und geldgierigen Mädchens, das nach vielen Rückschlägen in den Armen des lange zurückgewiesenen einfachen Jungen landet. Kino für bescheidene Ansprüche. ✦ Schwarz-weiß. Großbritannien 1946 **P** Gainsborough **KI** Eagle-Lion **Pd** Harold Huth **R** Brock Williams **B** Brock Williams, nach einem Roman von J. S. Fletcher **K** Stephen Dade **M** Louis Levy (Ltg.) **S** Charles Knott **D** Phyllis Calvert (Jackie Farnish), Michael Rennie (Charles Mortimer), John McCallum (Joe Bartle), Moore Marriott (Scholes), Brefni O'Rourke (Farnish), Arthur Young (George Grice), Hubert Gregg (Albert Grice) **L** 102 **FSK** ab 16; nf **E** Juli 1949 **fd** 176

WURZELN (1955) → Raices

WURZELN (1987) (KORNI). Ein junger Georgier gelangt Anfang der 20er Jahre nach Paris, arbeitet als Taxifahrer und gründet eine Familie. Von seinen französischen Freunden im Krieg gerettet, erzieht er später seine Enkel zu ehrlichen Menschen. Dennoch bleibt die Sehnsucht nach der Heimat stark. ✦ UdSSR 1987 **P** Grusia-Film **R+B** Karaman Mgeladse **D** Sosso Dshatschwiliani, Dodo Abaschidse (= David Abaschidse), Ija Parulawa, Lewan Abaschidse **L** 73 **E** 27.7.1989 DFF 2

WURZELN DES BÖSEN (ROOTS OF EVIL). Ein Serienmörder, der ungeliebte Sohn einer Hure, schneidet den Straßenmädchen von Los Angeles die Kehle durch, während ein lesbisches Pärchen zwei Männer ermordet. Ein Kafka zitierender »Bulle« und seine Partnerin schießen sich zäh dem flammenlodernden Finale entgegen. Ein schmuddelig-gewalttätiger Hintertreppenkrimi. – Wir raten ab. ✦ USA 1990 **P** Sidney Niekerk Prod./Cannon **VA** Warner Home **Pd** Sidney Niekerk, Bianca Manzo **R** Gary Graver **B** Adam Berg **K** Gary Graver **M** Duane Sciaqua **S** William Shaffer **D** Alex Cord (Jake), Jillian Kesner (Brenda), Delia Sheppard (Monica), Charles Dierkop (Collins), Randall Brady (Johnny) **L** 96 **FSK** ab 18 **E** 28.2.1992 Video **fd** 29 520

DIE WURZELN DES HIMMELS (THE ROOTS OF HEAVEN). Eine Gruppe von Zivilisationsflüchtlingen, angeführt von einem fanatischen Tierschützer, kämpft im afrikanischen Busch gegen die Zerstörung der Natur und die Ausrottung der Elefanten. Schießwütige Großwildjäger bereiten dem Projekt der tragischen Idealisten, das von der französischen Kolonialverwaltung sabotiert wird, ein blutiges Ende. In seiner Aussage eher verworrener Abenteuerfilm mit spannender Handlung, guten Darstellern und großartigen Naturbildern. – Ab 14 möglich. ✦ Scope. USA 1958 **P** 20th Century Fox **KI** Centfox **Pd** Darryl F. Zanuck **R** John Huston **B** Romain Gary, Patrick Leigh-Fermor, nach einem Roman von Romain Gary **K** Oswald Morris **M** Malcolm Arnold, Henri Patterson **S** Russell Lloyd **D** Errol Flynn (Maj. Forsythe), Juliette Gréco (Minna), Trevor Howard (Morel), Orson Welles (Cy Sedegwick), Eddie Albert (Abe Fields), Paul Lukas (Saint Denis), Herbert Lom (Orsini), Grégoire Aslan (Habib), Friedrich von Ledebur (Peer Qvist) **L** 125 (Orig. 131) **FSK** ab 6; f **E** 19.12.1958 **fd** 7 675

WÜSTE. Dokumentarfilm über Wüstenregionen in drei Kontinenten (Afrika, Asien, Amerika), der an Hand der zivilisationskritischen Äußerungen des französischen Dichters und Fliegers Saint-Exupéry der Frage nachgeht, warum gerade dort drei Weltreligionen entstanden. Neben der stillen Erhabenheit der Wüsten wird immer wieder die Umweltzerstörung durch den Menschen problematisiert, der sich seine eigenen Wüsten schafft. (Titel auch: »Die Wüste«) – Ab 16. ✦ Deutschland 1999 **P** SWR **R** Ebbo Demant **B** Ebbo Demant, nach Motiven von Antoine de St. Exupéry **K** Jürgen Bolz **S** Karen Bohnenkamp **L** 99 **E** 25.2.2000 arte

EINE WÜSTE BESCHERUNG (I'LL BE HOME FOR CHRISTMAS). Ein Student wird aus dem sonnigen Kalifornien zum familiären Familienfest ins winterliche New York gelockt, indem man ihm ein heißgeliebtes Sportauto als Geschenk in Aussicht stellt. Ausgerechnet jetzt wird seine Heimreise zur hindernisreichen Odysee, während der er freilich den Wert guter Freunde und guter Taten erkennen lernt. Ein biederes, zuckersüßes Weihnachtsmärchen, das ein Loblied auf die einträchtige Familie anstimmt, wobei es seine ohnehin dünne Geschichte durch lieblos agierende Darsteller und eine extrem schwache Inszenierung endgültig torpediert. – Ab 12. ✦ USA 1998 **P** Walt Disney Pictures **KI** Buena Vista **VA** Buena Vista **Pd** David Hoberman, Tracey Trench **R** Arlene Sanford **B** Harris Goldberg, Tom Nursall **K** Hiro Narita **M** John Debney **S** Anita Brandt-Burgoyne **D** Jonathan Taylor Thomas (Jake), Jessica Biel (Allie), Adam LaVorgna (Eddie), Gary Cole (Jakes Vater), Eve Gordon (Carolyn), Lauren Maltby (Tracey) **L** 86 **FSK** o. A.; f **E** 3.12.1998/9.12.1999 Video **fd** 33 441

DIE WÜSTE LEBT (THE LIVING DESERT). Dokumentarfilm aus der Sierra Nevada/Arizona über das Leben kleiner Wüstentiere mit großen Aufregungen. Er arrangiert bis dahin nicht gesehene Aufnahmen aus weithin unbekannten Naturbereichen zu einer ebenso spannenden wie lehrreichen Unterhaltung. – Sehenswert ab 8. ✦ USA 1954 **P** Walt Disney **KI** Herzog **R** James Algar **B** Winston Hibler, James Algar, Ted Sears **K** N. Paul Kenworthy jr., Robert H. Grandall **M** Paul J. Smith **L** 67 **FSK** ab 6; f **FBW** w **E** 1954 Kino **fd** 3 313

DIE WÜSTE SCHWEIGT NICHT (RESCHAJUSCHTSCHYJ SCHAG). Turkmenien, Anfang der 20. Jahrhunderts. Der junge Bauer Artyk muß sich gegen den reichen Bei durchsetzen, der sein Pferd für den Krieg beschlagnahmen und seine Freundin zur Frau nehmen will. ✦ Schwarz-weiß. UdSSR 1966 **P** Turkmenfilm **R** Alty Karlijew **B** Igor Lukowski **K** Anatoli Karpuchin **M** Nury Chalmamedow **D** Baba Annanow (Artyk), Shanna Smeljanskaja (Ajna), W. Petelin (Tschernyschou), Artyk Dshallyjew (Aschir) **L** 151 **E** 4.8.1967 DFF 1

WÜSTE WEGE – EIN SAHARATRIP. Experimentelles Dokumentarspiel, das, ohne Ablauf und Inhalt vorzugeben, Ereignisse während einer Reise durch die algerische Wüste auf verschiedenen Ebenen in Beziehung setzt. Es geht um eine geistige Ebene, die Ebene der Wahrnehmung zweier Schriftsteller, die die Sahara durchqueren, eine literarische Ebene durch ihre Erstellung eines Reisetagebuchs und eine produktionstechnische Ebene, die die Bearbeitung des Filmmaterials am Schneidetisch einbezieht. ✦ BR Deutschland 1988 **R+B** Ray Müller **L** 90 **E** 30.4. 1988 BR

WÜSTE WESTBERLIN. Künstler, Galeristen und Sammler sprechen über die Kunstszene in Berlin (West), die sich zwischen Mauerbau und Mauerfall in der geteilten Stadt etablierte. Diese Ausnahmesituation schuf eine ganz besondere Atmosphäre, in der völlig eigenständige Lebensformen entwickelt werden konnten. Der streng strukturierte Dokumentarfilm geht auch auf die jähen Veränderungen nach dem Fall der Mauer ein. (Fernsehtitel: »Je enger die Mauern, desto höher der Himmel«) ✦ Deutschland 1995 **P** Common/arte/SFB **R+B** Helmut Wietz **K** Axel Block, Dieter Welsch **M** Konrad Schnitzler **S** Yvonne Loquens **L** 62 **E** 8.8.1995 arte/1996 Kino

WÜSTEN. Videofilm, der sich auf drei Bildebenen entwickelt. Die erste Bildebene zeigt acht alte Damen in der Dekoration eines Fernsehstudios, die sich an einem imaginären Silvesterabend an die Stationen ihres Lebens erinnern, wobei die Vergangenheit oft verklärt und idealisiert wird. Die Rückwand dieses Raums bildet die zweite Bildebene und dient als Projektionsfläche zweier Kameras, die die Personen ständig umkreisen. Im Vordergrund, der dritten Bildebene, sitzen vier Kritiker, die das Geschehen kommentieren. Sie besitzen absolute Bewegungsfreiheit und werden sowohl mit der ersten als auch mit der zweiten Bildebene verbunden. Gewollt experimentell, aber nicht sehr ergiebig. ✦ BR Deutschland 1989 **P** Balzer/ZDF **R+B** Thomas Balzer **K** Klaus Günther, Horst Heisler **D** Claudia Bethge, Marianne Brandt, Irmgard Först, Ellen Frank, Ruth Hellberg **L** 79 **E** 14.5.1990 ZDF

DAS WÜSTENABENTEUER – KARAKUM →Karakum

DER WÜSTENFALKE (THE DESERT HAWK). Ein Hufschmied aus Teheran kämpft als »Wüstenfalke« gegen persische Banditen, die im Auftrag des grausamen Prinzen Murad die Hilflosen berauben. Er befreit die Prinzessin Sheherazade und setzt der Schreckensherrschaft Murads ein Ende. Abenteuerfilm nach Motiven aus »1001 Nacht«, der die orientalische Märchenwelt kitschig und eintönig darstellt. – Ab 10. ✦ USA 1950/51 **P** Universal **KI** Universal **R** Frederick de Cordova **B** Gerald Drayson Adams **K** Russell Metty **M** Frank Skinner **D** Yvonne de Carlo (Prinzessin Scheherazade), Richard Greene (Omar), Jackie Gleason (Alladin), George Macready (Prinz Murad), Rock Hudson (Captain Ras) **L** 78 **FSK** ab 12; nf **E** 16.11.1951 **fd** 1 560

WÜSTENFORT BO MOKRI (LE CAPITAINE ARDANT). Kämpfe der letzten französischen Truppen gegen die Rebellen in der marokkanischen Kolonie. Ein stolzer Beduinenprinz unterwirft sich schließlich einem zähen, aber außergewöhnlich großmütigen französischen Hauptmann und bekennt sich zur »guten« Sache des Kolonialismus. Schauderhaftes Hohelied auf das Recht, die Freiheit zu unterdrücken, reizvoll allenfalls in den Außenaufnahmen in der marokkanischen Wüste. ✦ Schwarz-weiß. Frankreich 1952 **P** Dispa/Telouet **KI** Germania **R** André Zwoboda **B** André Zwoboda, Pierre Nord **K** Lucien Joulin **M** Marceau Van Hoorebeke **D** Renée Saint-Cyr, Yves Vincent, Raymond Cordy, Roland Toutain **L** 90 **FSK** ab 12; nf **E** 6.11.1953 **fd** 2 993

WÜSTENFÜCHSE KENNEN KEIN ERBARMEN (DESERT FOXES). Nordafrika im Zweiten Weltkrieg: Eine Gruppe alliierter Gefangener kann aus einem Lager deutsch-italienischer Truppen ausbrechen, wozu eine deutsche Krankenschwester tatkräftige Hilfe leistet. Am Schluß ist nur ein amerikanischer Offizier und ein von den Entflohenen mitgeführtes weibliches SS-Mitglied übrig, das dann sein eigenes Grab schaufeln muß. Ein kläglicher, von Faktenfehlern strotzender Film, in dem nur die Sexbeigaben ein neueres Produktionsjahr signalisieren. ✦ Italien 1982 **P** International Cine Holiday **VA** Pront **R** Ivan Kathansky (= Luigi Batzella) **B** Ivan Rassimov **K** Emilio Foriscot **M** Angelo Francesco Lavagnino **D** Richard Harrison, Gordon Mitchell, Lea Lander (= Lea Krüger) **L** ca. 85 **E** 1983 Video **fd** 24 036

DER WÜSTENKÖNIG VON BRANDENBURG. Ein 11jähriger Waisenjunge freundet sich in der Nachkriegszeit mit einem befreiten politischen Häftling und einem Mädchen an; zusammen erleben sie turbulente Abenteuer mit einem Wanderzirkus, einem Pferd und einem hungrigen Löwen. DEFA-Kinderfilm, der existentielle Bedrohungen in einer teils spannungsvollen, teils nachdenklichen Handlung transparent macht. – Ab 6. ✦ Scope. DDR 1973 **P** DEFA, Gruppe »Babelsberg« **KI** Progress **Pd** Wolfgang Rennebarth **R** Hans Kratzert **B** Dieter Schubert, Inge Wüste, Hans Kratzert, nach der gleichnamigen Erzählung von Dieter Schubert **K** Wolfgang Braumann **M** Günther Fischer **S** Rita Hiller **D** Jörg Hochschild (Julius), Hilmar Baumann (Kaiser), Valeri Issajew (Boris), Günter Schubert (Stahlfeder), Günter Junghans (Bürgermeister), Lotte Loebinger (Großmutter), Andrea Gutsche (Ulrike) **L** 82 **E** 5.10.1973 DDR

DER WÜSTENPLANET (DUNE). Der Kampf um die Befreiung eines Planeten von seinen Unterdrückern endet dank einer »Erlöserfigur« siegreich. In einer optisch reichen, originellen und bizarren Bilderwelt angelegtes, vielschichtiges Science-Fiction-Märchen. Seine soziale, ökologische und religiöse Aussage verliert durch eine wirre Dramaturgie und die nicht immer konsequente Auflösung des literarischen Stoffes in Filmsprache an Tiefe und Sinnfälligkeit. Für Fantasy- und Science-Fiction-Freunde trotz einiger Längen von Interesse. DVD: Die Mc-One DVD enthält eine signifikant verlängerte Fassung. Die entsprechenden Szenen sind im englischen Original belassen, während der Film ansonsten nur in der deutschen Synchronisation zur Verfügung steht. – Ab 16. ✦ Scope. USA 1983 **P** Dino de Laurentiis **KI** Neue Constantin **DVD** Laser Paradise (2.35:1, PCM), MC-One (DD2.0) **Pd** Raffaella De Laurentiis **R** David Lynch **B** David Lynch (ungenannt), Eric Bergren (ungenannt), Christopher De Vore, nach dem Roman von Frank Herbert **K** Freddie Francis **M** Toto, Marty Paich, Brian Eno, Roger Eno, Daniel Lanois **S** Anthony Gibbs **D** Francesca Annis (Lady Jessica), Kyle MacLachlan (Paul Atreides), Virginia Madsen (Prinzessin Irulan), Silvana Mangano (Reverend Mother Ramallo), Jürgen Prochnow (Duke Leto Atreides), José Ferrer (Shaddam IV), Linda Hunt (Shadout Mapes), Patrick Stewart (Gurney Halleck), Piter de Vries (Brad Dourif), Freddie Jones (Thufir Hawat), Sting (Feyd-Rautha), Dean Stockwell (Dr. Wellington Yueh), Max von Sydow (Dr. Kynes), Sean Young (Chani) **L** 135 (DVD 178) **FSK** ab 12; f **E** 14.12.1984/ 26.6.2001 DVD **fd** 24 870

DIE WÜSTENRATTEN (THE DESERT RATS). Alliiertes Gegenstück zu dem von Henry Hathaway 1951 inszenierten prodeutschen Film »Rommel, der Wüstenfuchs«: Der Kampf englischer und australischer Einheiten, die den deutschen Truppen unter Rommel 1941 vor Tobruk heldenhaft Widerstand leisten. Pseudodokumentarischer Kriegsfilm, der durch stereotyp aufgebaute Konfliktsituationen konstruiert wirkt und nur in einigen Szenen überzeugt. Es überwiegt der Eindruck, als sei der Krieg Bewährungsprobe, Abenteuer und Tummelplatz für Helden. ✦ Schwarz-weiß. USA 1953 **P** 20th Century Fox **KI** Centfox **Pd** Robert L. Jacks **R** Robert Wise **B** Richard Murphy **K** Lucien Ballard **M** Leigh Harline **S** Barbara McLean **D** Richard Burton (Capt. MacRoberts), Robert Newton (Bartlett), Robert Douglas (General), James Mason (Rommel), Chips Rafferty (Smith), Torin Thatcher (Barney), Charles Tingwell (Lt. Carstairs) **L** 90 **FSK** ab 16; f **E** 21.11.1953 **fd** 2 907

WÜSTENROSE (ROSE DES SABLES). Der schwerstbehinderte Moussa lebt mit seiner Schwester in einer Oase in der Sahara. Beide versuchen, das Familienleben aufrechtzuerhalten, das der Unabhängigkeitskrieg zerstört hat. Während die junge Frau in der Stadt einer Arbeit nachgeht, ist Moussa in den fast rituellen Tagesablauf des Dorflebens integriert. Doch auch er träumt von einem anderen Leben, von der Liebe zu einer schönen Frau. Schließlich gelingt es ihm, seinen Alltag zu durchbrechen und eine Veränderung einzuleiten. Mehrfach preisgekrönter Spielfilm mit hervorragenden Darstellerleistungen, der sich durch seinen ungewöhnlichen Erzählrhythmus und die faszinierende Bild- und Lichtgestaltung auszeichnet. (O.m.d.U.) ✦ Algerien 1989 **R** Rachid Benhadj **D** Larouci Boubekeur (Moussa), Dalila Halilou (Zineb), Athmane Ariout (Tahar), Boumediène Sirat (Rachid), Karima Hadjar (Mériem) **L** 105 **E** 7.2. 1997 3sat

WÜSTENSAND (DESERT SANDS). Französische Fremdenlegionäre in Nordafrika verteidigen ihr Fort gegen zahlenmäßig überlegene Beduinen. Unsinniger Abenteuerfilm mit einer ungelenk aufgepfropften Liebesgeschichte. ✦ USA 1955 **P** Schenck-Koch/Bel-Air **KI** United Artists **R** Lesley Selander **B** George W. George, George F. Slavin, Danny Arnold **K** Gordon Avil **M** Paul Dunlap **D** Ralph Meeker, Marla English, J. Carroll Naish, John Carradine, Keith Larsen **L** 84 **FSK** ab 12; nf **E** 14.9.1956 **fd** 5 320

DIE WÜSTENSÖHNE (SONS OF THE DESERT). Laurel und Hardy nasführen ihre Ehefrauen, um heimlich am Stiftungsfest des Männerclubs der »Wüstensöhne« teilnehmen zu können. Der Schwindel fliegt auf und bringt ihnen einen handfesten Ehekrach ein. Ein turbulenter Grotesk-Film mit bemerkenswerten Gags und einer Fülle köstlicher Einfälle, die das Komiker-Duo erfinderisch zu entfesseln weiß. (Alternativtitel: »Dick und Doof – Hilfe wir sind ertrunken«; auch Teil einer Zusammenstellung mit dem Kurzfilm »Brats« als »Dick und Doof: Die Wüstensöhne/ Vaterfreuden«) DVD: Als Bonus enthält die Edition den Laurel & Hardy-Kurzfilm »We Faw Down«. – Ab 8. ✦ Schwarz-weiß. USA 1933 **P** MGM **KI** NWDF **SF** atlas **VA** atlas **DVD** Kinowelt Home (FF, Mono engl./dt.) **Pd** Hal Roach **R** William A. Seiter, Lloyd French **B** Frank Craven, Byron Morgan **K** Kenneth Peach **M** Marvin Hatley (Song) **S** Bert Jordan **D** Stan Laurel (Stan), Oliver Hardy (Oliver), Dorothy Christy (Betty Laurel), Mae Busch (Lottie Chase Hardy), Charley Chase (Charley) **L** 68 **FSK** ab 6; nf **E** 30.8. 1934/7.9.1975 ZDF/31.12.1991 SAT 1 (koloriert)/ 27.6.2000 DVD **fd** 13 805

DER WÜSTLING (IJO SEIAI KIROKU, HARENCHI). Ein Sadist beutet ein junges Mädchen mit der Drohung, seinen Vater durch Enthüllungen ins Gefängnis zu bringen, sexuell aus. Theatralische Mischung aus Sex und Brutalität. ✦ Scope. Japan 1969 **P** Toei **KI** Adria **R+B** Teruo Ishii **K** Motoya Washio **M** Masao Yagi **D** Kiyoko Tauge, Masumi Tachibana, Teruo Yoshida, Eiji Wakasuki, Asao Koiki **L** 79 **FSK** ab 18; nf **E** 4.6.1971

DIE WUT, DER SCHREI UND DER TOD (THE CANNIBALS). Ein Spielhöllenbesitzer läßt einen Geldtransport überfallen und versucht, den Verdacht auf einen ehrlichen Unternehmer zu lenken. Der Kung-Fu-Meister, dessen Bruder bei dem Überfall getötet wurde, klärt das Verbrechen auf. Betont unrealistischer Eastern, streckenweise wenig zimperlich. ✦ Scope. Hongkong 1972 **P** Park **KI** Avis **R** Kao Pao-Shu **B** I Kuang **K** Wa Chin-Chun **M** Chow Liang **D** Chen Chen, Meng Li, Chen Jun-Lie, Yu Lung, Shin Shin **L** 91 **FSK** ab 16; nf **E** 25.4.1974 **fd** 18 772

WUT DER VERZWEIFLUNG →Die Klasse von Miss MacMichael

DIE WUT DES ALBERT PINTO (ALBERT PINTO KO GUSSA KYOON AATA HAI). Ein junger Chefmechaniker in einer Autowerkstatt in Bombay wandelt sich vom ehrgeizigen Kleinbürger, konservativen Patriarchen und obrigkeitsgläubigen Karrieristen zum Kämpfer für die Rechte der Arbeiter, nachdem sein Vater während eines Streiks von bestellten Schlägern zusammengeschlagen wurde. Ironisch gefärbte Alltagsskizzen aus einer katholischen indischen Familie; zu oberflächlich angesetzt, um die Spannungen im privaten Bereich und sozialen Umfeld – insbesondere Streikfragen – bündig zu erfassen. Immerhin informativ und unterhaltsam. ✦ Indien 1980 **P** S.A. Mirza Prod. **R** Saaed Akhtar Mirza **B** Saaed Akhtar Mirza, Kundan Shah, Madhosh Bilgrami **K** Virendra Saini **M** Manas Mukherjee **D** Naseeruddin Shah, Shabana Azmi, Smita Patil, Dilip Dhawan, Arvind Deshpande **L** 110 **E** 3.10.1983 ARD

WUT IM BAUCH (OVER THE EDGE). In einer nur aus wirtschaftlichen Erwägungen aus dem Boden gestampften Retortenstadt revoltieren Jugendliche gegen die Ignoranz der Erwachsenen. Als einer von ihnen vom schießwütigen Ortspolizisten in »Notwehr« erschossen wird, kommt es zur Eskalation. Ein kraftvoller Film, der Milieu und Probleme präzise einfängt und zum Nachdenken über menschenfeindliche gesellschaftliche Strukturen anregt. In den USA aus Angst vor Krawallen gar nicht erst öffentlich aufgeführt, kam der brisante Film erst nach umfangreichen Schnitten in den Export. ✦ USA 1978 **P** Orion **KI** Filmverlag der Autoren **Pd** George Litto **R** Jonathan Kaplan **B** Charlie Haas, Tim Hunter **K** Andrew Davis **M** Sol Kaplan **S** Robert Bargere **D** Michael Kramer (Carl), Pamela Ludwig (Cory), Matt Dillon (Richie), Vincent Spano (Mark), Tom Fergus (Claude), Harry Northup (Doberman), Andy Romano (Fred Willat) **L** 94 **FSK** ab 16; f **FBW** w **E** 27.6.1980 **fd** 22 543

WUT IM HERZEN (LA RAGE AU COEUR). Actionthriller. Eine wohlsituierte Frau wird von ihrer dunklen Vergangenheit eingeholt, als der Komplize eines früher begangenen Banküberfalls die Beute von damals fordert. Mit ihrer Tochter flieht sie vor dem Killer und einer Kommissarin quer durch Südfrankreich. – Ab 16. ✦ Frankreich 1993 **R** Robin Davis **B** Jean-Marie Guilleaume, David Kodsi **K** Emmanuel Tercen **D** Clémentine Célarié (Jeanne Angeli), Christine Boisson (Sonia), Sarah-Laure Estragnat (Marie Angeli), Johan Leysen (Franck), Roberto Alpi (Michel Angeli) **L** 91 **E** 20.3.1995 ZDF

WUT UND TRAUER (SMUTECNI SLAVNOST). Der Tod eines Bauern, der sich 1948 gegen die Kollektivierung gewehrt und daraufhin seinen Besitz verloren hatte, wird Anfang der 60er Jahre zu einem Streitfall zwischen den Behörden und der Ehefrau, die ihren Mann feierlich in der Familiengruft beisetzen will. Die im Dorf hochangesehene Witwe kann ihren Willen schließlich durchsetzen, und der Trauerzug gestaltet sich zu einer eindrucksvollen Demonstration gegen die Machthaber. Der zur Zeit des »Prager Frühlings« entstandene Film enthält sich jeglicher Polemik und Schwarz-Weiß-Malerei; er konnte erst im November 1989 in Prag uraufgeführt werden. – Ab 16. ✦ Schwarz-weiß. CSSR 1969 **P** Filmstudio Barrandov **R** Zdenek Sirovy **B** Eva Kantúrková, Zdenek Sirovy, nach einem Roman von Eva Kantúrková **K** Jiří Macháne **M** Jirí Kalach **S** Jan Chaloupek **D** Jaroslava Tichá (Matylde), Josef Somr (Devera), Jana Vychodilová (Tonka), Ludvik Króner (Chladil), Gustav Opocensky (Janusch) **L** (TV) 68 **E** 5.6.1991 ZDF

DIE WÜTENDE FRATZE DES TIGERS (XIA JIANG YI-YING). Ein Meister der altchinesischen Kampfkunst erschleicht sich das Vertrauen der Rebellen am Feenfelsen und die Liebe einer schönen Frau. Kung-Fu-Film. ✦ VR China 1985 **P** Changchun-Filmstudio **R** Li Qimin **B** Xie Wenli **K** Gao Hong Bao **M** Zhang Hong **D** Sun Jianming, Zhang Xilling, Cui Yi, Yu Dalu **L** 90 **E** 10.10.1986 DFF 2/30.11.1992 MDR

DER WÜTENDE MANN →Ein Mann in Wut

DER WÜTENDE MOND (THE RAGING MOON). Die Liebesgeschichte zweier Querschnittsgelähmter: Ein 24jähriger bricht plötzlich zusammen. Man stellt eine nicht heilbare Lähmung fest. Der junge Mann wird zeitlebens an den Rollstuhl gefesselt bleiben. Er kommt in ein Heim, wodurch er noch mehr aus dem Gleichgewicht gerät. Erst als er die Bekanntschaft einer 30jährigen, ebenfalls behinderten Frau macht, sieht er wieder einen Sinn im Leben. Doch ihre Liebe findet wegen der Verständnislosigkeit der Umwelt keine Erfüllung. Ein ausdrucksstarker, intensiv beobachtender Film. (Westdeutscher TV-Titel: »Rosen im Winter«) ✦ Großbritannien 1970 **P** EMI **Pd** Bruce Cohn Curtis **R** Bryan Forbes **B** Bryan Forbes, nach einem Roman von Peter Marshall **K** Tony Imi **M** Stanley Myers **S** Timothy Gee **D** Malcolm McDowell (Bruce Pritchard), Nanette Newman (Jill Mathews), Georgia Brown (Sarah Charles), Barry Jackson (Bill Charles), Margery Mason (Matron) **L** 105 **E** 21.2.1976 DFF 1/29.9.1978 ZDF

WÜTENDE SEE (SEA FURY). Abenteuer auf See: Auf einem Schiff, das gesunkene Wracks hebt, wachsen die Spannungen, als der Kapitän und sein erster Offizier nicht nur um die Macht konkurrieren, sondern auch um dieselbe Frau. Ein nach stereotypen Mustern gefertigtes, aber hervorragend gespieltes Melodram, das seinen Höhepunkt in einem furios inszenierten Sturm erlebt. – Ab 16. ✦ Schwarz-weiß. Großbritannien 1958 **P** Rank-Aqua/Lobert **Pd** S. Benjamin Fisz **R** Cyril Raker Endfield **B** Cyril Raker Endfield, John Kruse **K** Reginald Wyer **M** Philip Green **S** Arthur Stevens **D** Stanley Baker (Hewson), Victor McLaglen (Kapitän Belew), Luciana Paluzzi (Josita), Grégoire Aslan (Fernando), Francis de Wolff (Mulder) **L** 97 **E** 11.10.1985 DFF 2/17.6.1992 ORB

WUTENTBRANNT (ETAT DES LIEUX). Der triste Alltag von Jugendlichen in der Banlieu, dem Vorstadtgürtel von Paris, die unterschiedlich auf ihre soziale und ethnische Isolierung reagieren. Ein im halbdokumentarischen Stil gehaltener Film, der überzeugend die Atmosphäre eines jederzeit möglichen Gewaltausbruchs aufbaut. Von revolutionärem Pathos geprägt, setzt sich der Film vorbehaltlos für die Würde des Menschen ein. (O.m.d.U.) – Ab 16. ✦ Schwarz-weiß. Frankreich 1995 **P** Actes et Octobre/La Sept Cinéma **Pd+R** Jean-François Richet **B** Jean-François Richet, Patrick Dell'Isola **K** Michel Abramovicz, Pierre Boffety, Valérie Le Gurun **M** ASSASSIN **S** Jean-François Richet **D** Patrick Dell'Isola (Pierre Céphas), Marc de Jonge, Stéphane Ferrara, François Dyreck, Andrée Damant **L** 80 **E** 12.1.1998 arte **fd** 32 938

WWW.MAEDCHENKILLER.DE – TODESFALLE INTERNET. Ein Polizeipsychologe, der nach einer Schussverletzung unter zeitweiligem Gedächtnisverlust leidet, erhält E-mails, die die Vergewaltigung und Ermordung junger Frauen anzeigen. Als seine sich vernachlässigt fühlende Tochter per Internet in einen vorbestraften Sexualstraftäter verliebt, scheint die Lösung der Verbrechen nahe. Doch plötzlich tauchen Indizien auf, die auf den Psychologen weisen. Als die Kollegen ihn verhaften und seine Geliebte ihn im Gefängnis besucht, zeichnet sich ein perfides Komplott ab. Wüst erdachter (Fernseh-)Thriller voller Unwahrscheinlichkeiten. ✦ Deutschland 1999 **P** Daniel Zuta Filmproduktion (für RTL) **R** Mark von Seydlitz **B** Christine Hartmann, Tim Krause **D** Janina Flieger (Bettina Behrend), Gesine Cukrowski (Sofia Stockmann), Susann Uplegger (Franziska Hochstädt), Michael Zittel (Rainer Wenning), Wolfgang Packhäuser (Dr. Bernhard Rehm), Jochen Horst (Paulus Behrend) **L** 90 **E** 8.3.2000 RTL

WYATT EARP (I MARRIED WYATT EARP). Eine junge Frau, die zu einer Schauspieltruppe gehört, verliebt sich bei einem Gastspiel in dem kleinen Ort Tombstone in Sheriff Wyatt Earp. Ihr gemeinsames Liebesglück wird durch gefährliche Abenteuer getrübt. Fürs Fernsehen entstandener, reichlich konstruierter Western, der eine weitere Episode um den berühmten Wildwestmann spinnt. – Ab 16 möglich. ✦ USA 1981 **P** NBC/Osmond TV **VA** Warner **Pd** Richard E. Lyons **R** Michael O'Herlihy **B** I. C. Rapoport **K** John Flynn **D** Marie Osmond, Bruce Boxleitner, John Bennett Perry, Ross Martin **L** 96 **E** 19.6.1986 RTL plus/24.2.1995 Video

WYATT EARP – DAS LEBEN EINER LEGENDE (1993) (WYATT EARP). Die Lebensgeschichte des Marshals Wyatt Earp und seine »Karriere« zwischen Wichita und Tombstone als Vorlage eines mehr als dreistündigen Films, der nicht die Legende, sondern die Wirklichkeit dieses ebenso bewunderten wie umstrittenen Western-Daseins spiegeln will. Geringe Dramatik und zu viel schwergewichtige Schicksalhaftigkeit strapazieren die Geduld, ohne daß der Held des Films so viel tiefschürfende Beharrlichkeit rechtfertigen würde. – Ab 16. ✦ USA 1993 **P** TIG Prod./Kasdan Pictures (für Warner Bros.) **Kl** Warner **VA** Warner **Pd** Jim Wilson, Lawrence Kasdan, Kevin Costner **R** Lawrence Kasdan **B** Lawrence Kasdan, Dan Gordon **K** Owen Roizman **M** James Newton Howard **S** Carol Littleton **D** Kevin Costner (Wyatt Earp), Dennis Quaid (Doc Holliday), Gene Hackman (Nicholas Earp), Jeff Fahey (Ike Clanton), Mark Harmon (Johnny Behan), David Andrews (James Earp), Linden Ashby (Morgan Earp), Joanna Going (Josie Marcus), Michael Madsen (Virgil Earp), Catherine O'Hara (Allie Earp), Bill Pullman (Ed Masterson), Isabella Rossellini (Big Nose Kate), Tom Sizemore (Bat Masterson), JoBeth Williams (Bessie Earp), Adam Baldwin (Tom McLaury), Betty Buckley (Virginia Earp), Alison Elliott (Lou Earp), Todd Allen (Sherm McMasters), Mackenzie Astin (Junger Mann im Boot), Jim Caviezel (= James Caviezel) (Warren Earp) **L** 191 **FSK** ab 12; f **FBW** w **E** 1.9.1994/24.2.1995 Video/4.2.1996 premiere **fd** 30 937

WYATT EARP – DAS LEBEN EINER LEGENDE (1994) (WYATT EARP: RETURN TO TOMBSTONE). Mehr als 30 Jahre nach einer Fernsehserie über den legendären Welsternhelden Wyatt Earp entstandener Langfilm, in dem derselbe Hauptdarsteller als gealterter US-Marshal nach Tombstone zurückkehrt. Auf der Suche nach dem Grab einer Frau stößt er auf seinen Sohn Zacariah, einen jungen Mann, der schnell zum Colt greift. ✦ USA 1994 **R** Frank McDonald **B** Frederick Brennan, Dan Ullman **D** Hugh O'Brian (Wyatt Earp), Bruce Boxleitner (Sheriff Sam Darling), Bo Hopkins (Snake Reynolds), Jay Underwood (Zacariah Montgomery), Harry Carey jr. (Digger Phelps) **L** 89 **E** 29.11.1998 RTL 2

WYATTS RÜCKKEHR →Heiße Colts in harten Fäusten

DIE WYBORGER SEITE →Auf der Wyborgseite

WYOMING BRAVADOS (WACO). Ein aus dem Gefängnis entlassener und zum Sheriff gemachter Revolverheld befreit das Städtchen Emporia vom Banditenterror. Western von unterdurchschnittlicher Machart. ✦ Scope. USA 1965 **P** A.C. Lyles/Paramount **Kl** Paramount **Pd** A. C. Lyles **R** R. G. Springsteen **B** Steve Fisher, nach einem Roman von Harry Sanford und Max Lamb **K** Robert Pittack **M** Jimmie Haskell **S** Bernard Matis **D** Howard Keel (Waco), Jane Russell (Jill Stone), Wendell Corey (Sam Stone), Brian Donlevy (Ace Ross), John Smith (Joe Gore), John Agar (George Gates), Gene Evans (Hilfssheriff), Terry Moore (Dolly), Richard Arlen (Sheriff Billy Kelly), Ben Cooper (Scotty Moore), DeForest Kelley (Bill Rile), Anne Seymour (Ma Jenner), Fuzzy Knight (Telegrafist), Dan White **L** 85 **FSK** ab 12; nf **E** 20.1.1967 **fd** 14 527

WYOMING EXPRESS →Schmutzige Dollars

X (X). Ein 19jähriger talentierter Fotograf, der in den Menschen immer nur Kameraobjekte sieht und zu privaten Kontakten unfähig ist, verändert sich durch die Begegnung mit einem frühreifen, ihm überlegenen 13jährigen Mädchen. Dessen Direktheit und ungebrochenes Wesen locken den Fotografen aus der Reserve; an die Stelle seiner lebenslang geübten Gleichgültigkeit gegenüber anderen Menschen tritt neue Zuneigung. Die Studie eines psychologischen Reibungsverlustes zwischen zwei grundverschiedenen Menschen in den Wirren revolutionärer Aufstände; eindrucksvoll fotografiert und wortkarg inszeniert. – Ab 16 möglich. ✦ Norwegen 1986 **P** Elinor/Filmgruppe 84/Christiana Film Compani CFC **R+B** Oddvar Einarson **K** Svein Krövel **M** Andrej Nebb, Holy Toy **D** Bettina Banoun, Jørn Christensen, Atle Mostadt, Sigrid Huun, Hege Schoyen **L** 95 **E** 10.5. 1988 BR

»X« – BEIM SEX IST ALLES ERLAUBT. Für den Kinoeinsatz geschnittener Hardcore-Porno, der durch einen blödsinnigen Kommentar Szenen aus zahlreichen einschlägigen Filmen mit ein paar Blicken hinter die Kulissen und diversen »Interviews« verbindet. – Wir raten ab. ✦ BR Deutschland 1973 **P** G. C. Krausser-Gemini/Lasse Braun **KI** Gloria **L** 74 **FSK** SPIO: X **E** 1.2.1974 **fd** 18 735

X – BEIM SEX IST ALLES ERLAUBT (2) →Pornografie in Dänemark (Zur Sache Kätzchen)

X-BOOTE GREIFEN AN (ABOVE US THE WAVES). Die Vorbereitung und Durchführung des britischen Kommandounternehmens zur Ausschaltung des deutschen Schlachtschiffes »Tirpitz« in einem norwegischen Fjord. Mäßig spannender Kriegsfilm vor dem Hintergrund des Zweiten Weltkrieges, der nur die Wirklichkeit verharmlosende Abenteuer darstellt. (Alternativtitel: »Submarine – U-Boote greifen an«; TV: »U-Boote greifen an«) – Ab 14. ✦ Schwarzweiß. Großbritannien 1955 **P** London Independent **KI** Rank **Pd** William MacQuitty **R** Ralph Thomas **B** Robin Estridge, nach einem Buch von C. E. T. Warren und James Benson **K** Ernest Steward **M** Arthur Benjamin **S** Gerald Thomas **D** John Mills (Frazer), John Gregson (Duffy), Donald Sinden (Corbett), James Robertson Justice (Admiral Ryder), Michael Medwin (Smart) **L** 81 **FSK** ab 12; f **E** 9.6.1967/13.9. 1992 PRO 7 **fd** 14 893

X 312 – FLUG ZUR HÖLLE (VUELO AL INFIERNO). Ein Flugzeugabsturz über Südamerika und der Kampf der Überlebenden im Amazonasgebiet. Simpler Kriminal- und Abenteuerfilm. ✦ BR Deutschland/Spanien 1970 **P** CCC Filmkunst/Fénix **KI** Cinerama **Pd** Artur Brauner **R** Jess Frank (= Jésus Franco Manera) **B** Art Bernd (= Artur Brauner) **K** Manuel Merino **M** Wolfgang Hartmayer **S** Carl-Otto Bartning **D** Thomas Hunter (Tom Nilsen), Gila von Weitershausen (Steffi), Fernando Sancho (Stewart Bill), Esperanza Roy (Annamaria Vidal), Hans Hass jr. (Carlos), Siegfried Schürenberg (Bankpräsident), Howard Vernon **L** 87 **FSK** ab 18; nf **E** 20.8.1971 **fd** 17 471

X 3000 – FANTOME GEGEN GANGSTER (UCHU DAIKAIJU DOGORA). Ein die Erde bedrohendes Fantom wird durch Insektengift unschädlich gemacht. Trickreiches Science-Fiction-Kino mit dünner Handlung. – Ab 14. ✦ Scope. Japan 1965 **P** Toho **KI** Ceres **Pd** Tomoyuki Tanaka **R** Inoshirô Honda **B** Shinichi Sekizawa, Jojiro Omkami **K** Hajime Koizumi **M** Akira Ifukube **D** Yosuke Natsuki (Prof. Munikato), Elizabeth Keyt (Masayo, seine Assistentin), Nobuo Nakamura, Yoko Fujiama (Inspektor Kumai), Wolf Hunter, Seizaburô Kawazu (Gangsterboss), Jun Tazaki **L** 81 **FSK** ab 12; nf **E** 30.9.1966 **fd** 14 346

X 25 MELDET (X-25 JAVLJA). Jugoslawien zur Zeit des Zweiten Weltkrieges: Der Pakt des Königs mit Hitler, der Sturz der Regierung und der Einmarsch der deutschen Truppen machen aus einem unpolitischen Philosophiestudenten einen entschlossenen Verteidiger seiner Heimat. Als »X 25« kämpft er auf sich allein gestellt hinter den Fronten. ✦ Schwarz-weiß. Jugoslawien 1960 **P** Triglav **R** Frantisek Cap **B** Frantisek Cap, nach dem Roman von Milan Nikolic **K** Janez Kalisnik **M** Bojan Adamic **D** Dusko Janicijevic, Tamara Miletic, Angela Hlebec, Mata Milosevic **L** 78 **E** 29.5.1965 DFF 1

DIE X-15 STARTKLAR (X-15). Der Einsatz von Testpiloten auf einem amerikanischen Gelände für Versuchsraketen. Überwiegend technisch orientierter Spielfilm, dessen spärliches Interesse am Privatleben der Piloten kein hinreichendes Gegengewicht zu liefern vermag. ✦ Scope. USA 1961 **P** Essex **KI** United Artists **Pd** Henry Sanicola, Tony Lazzarino **R** Richard Donner **B** James Warner Bellah, Tony Lazzarino **K** Carl Guthrie **M** Nathan Scott **S** Stanley E. Rabjohn **D** Charles Bronson (Lt. Col. Lee Brandon), Brad Dexter (Maj. Anthony Rinaldi), James Gregory (Torn Deparma), Lisabeth Hush (Diane Wilde), David McLean (Matt Powell) **L** 106 **FSK** ab 12; f **E** 30.3.1962 **fd** 11 002

X-MEN – DER FILM (X-MEN). Basierend auf dem Mutanten-Arsenal der gleichnamigen Marvel-Comic-Strips, erzählt »X-Men« die Geschichte einer Gruppe menschenfreundlicher und einer Gruppe hasserfüllter Mutanten, deren Einzelschicksale zu einem effekthascherischen Finale im Schatten der Freiheitsstatue zusammenfinden. Mit aufgesetzten, wenig überzeugenden Verweisen auf historische Vorgänge (Judenverfolgung, Kommunistenjagd) um hintergründige Bedeutung ringend, verfehlt der von Computer-Effekten überwucherte Film weitgehend die Chance, ein zeitgemäßes Umfeld für die originellen Comic-Figuren zu schaffen. DVD: Die Extras umfassen u. a. ein Feature mit sechs nicht verwendeten Szenen. Es besteht die Möglichkeit, die »Deleted Scenes« in den laufenden Film einzuspielen. – Ab 14 möglich. ✦ Scope. USA 2000 **P** Twentieth Century Fox/Marvel Entertainment Group/The Dobbers' Company/Bad Hat Harry Prod./Springwood Prod./Genetics Prod. **KI** Twentieth Century Fox **VA** Fox Home **DVD** Fox Home (16:9, 2.35:1, DD5.1 engl./dt.) **Pd** Lauren Shuler, Ralph Winter, Thomas DeSanto, Bryan Singer, Joel Simon, William S. Todman jr. **R** Bryan Singer **B** David Hayter **K** Newton Thomas Sigel **M** Michael Kamen **S** Steven Rosenblum, Kevin Stitt, John Wright **D** Hugh Jackman (Logan/Wolverine), Patrick Stewart (Xavier), Ian McKellen (Magneto), Famke Janssen (Jean Grey), James Marsden (Cyclops), Halle Berry (Storm) **L** 104 **FSK** ab 12; f **FBW** w **E** 31.8.2000/22.3.2001 Video & DVD **fd** 34 428

X-PILATION – DEUTSCHER EXPERIMENTALFILM DER 80ER UND 90ER JAHRE. Zusammenstellung (west-)deutscher Experimentalfilme aus den Jahren 1983 bis 1994. Die inhaltlich und formal höchst unterschiedlichen Arbeiten belegen, daß auch hierzulande eine authentische filmische Subkultur existiert, deren Absichten sich fernab marktstrategischer Kompatibilität formulieren. Vom individuellen filmischen Protokoll bis zur radikalen Hinterfragung des Mediums reicht das Spektrum und bietet einen anregenden Exkurs in weitgehend unterschätzte Bereiche filmischer Identität. Titel der einzelnen Kurzfilme: 1. »Alpsee« (1994, 15 Min.); 2. »The Basis of Make Up« (1983, 20 Min.); 3. »Die Statik der Eselsbrücken« (1990, 21 Min.); 4. »Between« (1989, 10 Min.); 5. »Der narrative Film« (1988, 4 Min.); 6. »Stadt in Flammen« (1984, 6 Min.); 7. »Ein bewährter Partner« (1993, 21 Min.) ✦ Deutschland 1983–1994 **KI** Wand 5 Stuttgart **VA** Filmgalerie 451 **R** Matthias Müller (1), Heinz Emigholz (2), Michael Brynntrup (3), Claudia Schillinger (4), Uli Sappok (5), Gruppe »Schmelzdahin« (6), Jürgen Reble (7), Ulrich Wegenast (Zusammenstellung) **K** Raimond Goebel (1), Heinz Emigholz (2), Uwe Bohrer (3), Björn Melhus (3), Claudia Schillinger (4) **D** Christina Essenberger (1), Victor Helpap (1), Francesa de Martin (4), Gruppe »Schmelzdahin« (4) **L** 90 **E** 4.3. 1997 Video/1997 Kino **fd** 32 744

X-RAY, DER ERSTE MORD GESCHAH AM VALENTINSTAG (X-RAY). Auf Grund vertauschter Röntgenbilder kommt eine junge Frau, die zu einer Routineuntersuchung das Krankenhaus aufsuchte, wegen Krebsverdachts in stationäre Behandlung. Sie wird Zeugin eines blutigen Massakers, das ein Irrer aus Rache anrichtet. Horrorfilm, der Ärzte, Schwestern und Patienten zu einem Panoptikum des Schreckens verzerrt. ✦ USA 1981 **P** Cannon **VA** ITT Contrast **Pd** Menahem Golan, Yoram Globus **R** Boaz Davidson **B** Marc Behm **K** Nicholas von Sternberg **M** Arlon Ober **D** Barbara Benton (Susan), Jon Van Ness (Jack), Chip Lucia (Harry), John Warner Williams (Saxon), Gay Austin (Jacobs) **L** 90 **E** 1983 Video

X-TREME TEENS – SIE SEHEN, WAS DU NICHT SIEHST (THE BOY WITH THE X-RAY EYES). Gestrandete Aliens bitten einen jugendlichen UFO-Fan um Mithilfe, um eine verloren gegangene Sonde zu finden. Sie statten ihn mit außergewöhnlichen Fähigkeiten aus, damit er seiner Aufgabe gerecht werden kann. Eine Röntgenbrille, die ihn durch dickste Mauern blicken lässt, erweist sich als besonders hilfreich. Actionbetonter Jugendfilm, der sich nicht über die eingeführten Standards des Genres hinaus wagt und ein eher unkritisches Publikum beliefert. – Ab 14 möglich. ✦ USA 1999 **P** Full Moon/Kushner-Locke-Prod. **Pd** Kirk Edward Hansen, Vlad Paunescu, Dana Scanlan **R** Jeff Burr **B** Jeff Burr, Mark Collier, Scott Phillips **K** Viorel Sergovici **M** Dennis Smith **S** Chris Innis **D** Dennis Haskins (Boyd Russell), Alex Shiglie (Stu), Timothy Bottoms (John Carver), Dara Hollingsworth (Iris), Eric Jungmann (Sam) **L** 95 **E** 25.11.2001 Premiere World

XTRO II – DIE ZWEITE BEGEGNUNG (XTRO II – THE SECOND ENCOUNTER). In einer unterirdischen Forschungsanlage des Pentagons treibt ein außerirdisches Monster sein mörderisches Unwesen, bis die Männer einer Spezialkampftruppe es mit enormem Munitionsaufwand in Fetzen schießen. Mit allerhand »visual effects« aufgemotztes Spektakel, lächerlich-dilettantisch in den Leistungen von Autoren, Darstellern und Regie. (TV-Titel: »X-Tro ... Die zweite Begegnung«) ✦ Kanada 1990 **P** North American Releasing **VA** VPS **Pd** John A. Curtis, Lloyd A. Simandl **R** Harry Bromley Davenport **B** John A. Curtis, Stephen Lister, Robert Smith, Edward Kovach **K** Nathaniel Massey **M** Braun Farnon, Robert Smart **S** Derek Whelan **D** Jan-Michael Vincent (Dr. Ron Shepard), Paul Koslo (Dr. Alex Summerfield), Tara Buckmann (Dr. Julia Casserly), Jano Frandsen (McShane), Nicholas Lea (Baines) **L** 86 **FSK** ab 18 **E** 14.8.1991 Video/22.1. 1993 premiere **fd** 29 268

XTRO-3 (XTRO 3 – WATCH THE SKY). Ein Leutnant der US-Armee erhält den Auftrag, mit einem kleinen Stoßtrupp eine abgeschiedene Insel nach Bomben zu durchsuchen. Zu spät entdeckt er, daß er in eine tödliche Falle geschickt wurde, da ihn auf der Insel außerirdische Lebewesen erwarten, die blutigen Experimenten unterzogen wurden. Mit Hilfe einer Journalistin gelingt es ihm, die Öffentlichkeit zu informieren. Ein Horrorfilm, der sein Heil gleichzeitig in mehreren anderen Genres sucht. Trotz seiner moralisch ausgewiesenen Botschaft besitzt er kaum Überzeugungskraft. – Ab 16. ✦ USA 1995 **P** Showcase **VA** Highlight **Pd** Harry Bromley Davenport, Michael Biber **R** Harry Bromley Davenport **B** Daryl Haney **K** Irv Goodnoff **M** Van Rieben **S** Krish Mani **D** Sal Landi (Kirn), Andrew Divoff (Fetterman), Karen Moncrieff (Watkins), David M. Parker (Reilly), Robert Culp (Guardino) **L** 92 **FSK** ab 16 **E** 27.12.1995 Video **fd** 31 822

X-TRO ... DIE ZWEITE BEGEGNUNG →XTRO II – Die zweite Begegnung

X-TRO – NICHT ALLE AUSSERIRDISCHEN SIND FREUNDLICH (X-TRO). Ein Mann, von Außerirdischen entführt, kehrt als gefährliches Monster auf die Erde zurück. Handwerklich weitgehend gediegener Horrorfilm, der bekannte Handlungsmuster des Genres ausbeutet. Fragwürdig durch eine vordergründige und frauenfeindliche Behandlung sexueller Motive. ✦ Großbritannien 1982 **P** Amalgamated/New Line **KI** Avis/Filmallianz **VA** PolyGram **Pd** Mark Forstater **R** Harry Bromley Davenport **B** Robert Smith, Iain Cassie, Jo Ann Kaplan **K** John Metcalfe **M** Harry Bromley Davenport, John Webber, Shelton Leigh Palmer **S** Nicolas Gaster, Jo Ann Kaplan **D** Bernice Stegers (Rachel Phillips), Philip Sayers (Sam Phillips), Simon Nash (Tony), Danny Brainin (Joe Daniels), Peter Mandell (Clown), Maryam D'Abo (Analise), David Cardy (Michael), Anna Wing (Miss Goodman) **L** 86 **FSK** ab 18; nf **E** 1.7.1983 **fd** 24 116

X + YY – FORMEL DES BÖSEN. Ein durch eine krankhafte Hormonkombination belasteter Playboy begeht zahlreiche Frauenmorde, ehe er verhaftet wird und in Sicherungsverwahrung kommt. Billigfilmchen, das seiner Blutrauschgeschichte ein fadenscheiniges wissenschaftliches Mäntelchen umhängt. (Alternativtitel: »X + YY – Nackt sind seine Opfer«) ✦ Scope. BR Deutschland 1969 **P** Brünnstein **KI** Brünnstein **R** Teja Piegeler, Pavel Jocic **B** Teja Piegeler, Niklos Denes **K** Franz Vass **M** Nathan Scott **D** Red Mitchell, Kai Fischer, Luba Samardy **L** 78 **FSK** ab 18; nf **E** 16.1.1970 **fd** 16 555

X + YY – NACKT SIND SEINE OPFER →X + YY – Formel des Bösen

X, Y UND ZEE (ZEE & CO.). Das Filmbild einer alternden, üppigen, dem Alkohol verfallenen Frau, die sich in einem Dreiecksdrama, das sich zur Ehehölle ausweitet, am Leben, am Genuß und an dem Mann festkrallt, um den sie mit allen Mitteln kämpft. Dabei schreckt sie auch nicht vor Bosheiten, Selbstmordversuch und Verführung der Rivalin zurück. Der durch Anleihen bei Albees »Wer hat Angst vor Virginia Woolf« und modische Sexzutaten herausgeputzte Film bietet Elizabeth Taylor Gelegenheit, ihre damalige Glanzleistung zu wiederholen und zu variieren. Dennoch bietet der Film nur scheintragisches Starkino. ✦ Großbritannien 1971 **P** Winkast **KI** Warner-Columbia **Pd** Elliott Kastner **R** Brian G. Hutton **B** Edna O'Brien **K** Billy Williams **M** Stanley Myers **S** Jim Clark **D** Elizabeth Taylor (Zee), Michael Caine (Robert), Susannah York (Stella), Margaret Leighton (Gladys), John Standing (Gordon) **L** 108 **FSK** ab 16; f **E** 10.3. 1972/5.6.1996 SAT 1 **fd** 17 755

XALA (XALA). Satire auf die über die Macht verfügende bürgerliche Oberschicht in Senegal. Der sozialkritische Film des schwarzafrikanischen Regisseurs konzentriert sich nicht auf die ehemaligen Kolonisatoren, sondern ironisiert vor allem die nachkoloniale schwarze Bourgeoisie, die sich an weißen Statussymbolen orientiert und delektiert. – Ab 16. ✦ Senegal 1974 **P** Société Nationale de Cinématographie/Filmi Domireew **R+B** Ousmane Sembene **K** Georges Caristan **M** Sambadiabara Samb **D** Thierno Leye, Douta Seck, Younousse Seye, Seune Samb, Myriam Niang **L** 128 **E** 26.3.1976 ARD/9.12.1978 DFF 2 **fd** 19 714

XANADU (XANADU). Ein junger Gebrauchsmaler und ein alternder Musiker beschließen, gemeinsam ein Tanzlokal aufzumachen, haben aber völlig unterschiedliche Vorstellungen von ihrem künftigen Etablissement. Eine Mischung aus altem Hollywood-Musical mit neuem Sound und moderner Choreografie, Phonstärken und Lichteffekten nach Disco-Art. Gut inszeniert, aber von penetranten Kitscheinbrüchen belastet. – Ab 14 möglich. ✦ Scope. USA 1980 **P** Universal **KI** CIC **Pd** Lawrence Gordon **R** Robert Greenwald **B** Richard Christian Danus, Marc Rubel, Michael Kane **K** Victor J. Kemper **M** Jeff Lynne, Barry DeVorzon **S** Dennis Virkler **D** Olivia Newton-John (Kira), Gene Kelly (Danny McGuire), Michael Beck (Sonny Malone), James Sloyan (Simpson), Dimitra Arliss (Helen) **L** 96 **FSK** ab 6; f **E** 9.10.1980/16.12. 1988 DFF 2 **fd** 22 673

XAVER. Ein naiver Dorfdepp findet in einem gnomartigen Außerirdischen einen Freund im Kampf gegen eine rechtsradikale Rockerbande, die ihn denunziert, und gegen die Aufgebrachtheit bayerischer Dörfler. Dilettantische Komödie, die die banale Handlung durch Actionszenen, Prügeleien und vermeintlich komische bayerische Eigenheiten verlängert. (Videotitel: »Mein außerirdischer Freund«) – Ab 14 möglich. ✦ BR Deutschland 1985 **P** Calypso **KI** Eigenverleih (früher: Kora) **VA** Starlight **R+B** Werner Possardt **K** Jakob Eger **M** Hans Jürgen Buchner **S** Christel Maye **D** Rupert Seidl (Xaver), Carlos Pavlidis (Alois), Gabi Fischer (Anni), Marinus Brand (Hubert), Heinz Josef Braun (Eberhard), Ayse Ercyn, Josef Thalmeier, Roland Kern **L** 90 **FSK** ab 12; f **E** 30.10.1986/22.2.1988 Video **fd** 26 743

XIAO WU (XIAO WU). Der Arbeitsalltag eines kleinen Taschendiebes in einer abgelegenen chinesischen Provinz, der die Zeit verschlafen und im Gegensatz zu einem Jugendfreund nicht den Aufstieg zum Geschäftsmann geschafft hat. Als er eine Frau aus dem Norden des Landes kennenlernt und sich ein Konflikt mit seinem Vater, einem bescheidenen Bergbauern, abzeichnet, muß er sein Leben neu überdenken und zu ordnen versuchen. Ein Film über Leben, das aus dem Gleichgewicht geraten ist und dessen Sinn durch die Überflutung mit höchst überflüssigen Zeiterscheinungen neu hinterfragt werden muß. Die Bestandsaufnahme einer Welt, in der ein ausgeprägtes Gewissen zu einem gefährlichen Luxus geworden ist. (O.m.d.U.) ✦ VR China 1997 **P** Radiant Advertising/Hu Tong Communications **SF** Freunde der Deutschen Kinemathek **Pd** Li Kit Ming, Jia Zhang Ke **R+B** Jia Zhang Ke **K** Yu Lik Wai **S** Lin Xiao Ling **D** Wang Hong Wei, Hao Hong Jian, Zu Bai Tao **L** 108 **E** 1998

XICA DA SILVA →Die Mätresse

XILU XIANG (LITTLE CHEUNG / XILU XIANG). Die sensibel erzählte Geschichte eines neunjährigen Jungen in Hongkong und seinen teils tragischen, teils komischen Begegnungen mit der harten Welt der Metropole. »Silberner Leopard« in Locarno 2000. ✦ Hongkong 2000 **P** Nicetop Independent/NHK **R+B** Fruit Chan **K** Lam Wah-Chuen **M** Chu Hing-Cheung, Lam Wah-Chuen **S** Tin Sam-Fat **D** Yiu Yuet-Ming, Mak Wai-Fan, Mak Suet-man, Gary Lai, Robby Cheung **L** 118

XOXONTLA, BRENNENDES LAND (XOXONTLA, TIERRA QUE ARDE). Die Geschichte eines Medizinstudenten, der in einem von Unwissenheit, Aberglauben und Korruption beherrschten mexikanischen Provinzstädtchen im Jahre 1943 sein Praktikum machen muß und sich auf die Seite der Unterdrückten gegen die skrupellosen Ausbeuter schlägt. Der Kampf der Landarbeiter für bessere Lebensbedingungen führt schließlich zur Revolte. In die Hauptstadt zurückversetzt, stellt der angehende Arzt fest, daß seine sozialen Erfahrungen eher hinderlich für sein Fortkommen sind. Künstlerisch und kritisch eine der meistbeachteten mexikanischen Produktionen der 70er Jahre, mahnt der Film ebenso unterhaltend wie stilistisch überzeugend zum sozialen Ausgleich. – Ab 16. ✦ Mexiko 1976 **P** Conacite Uno/S.A.D.E.C.V. **R** Alberto Mariscal **B** Francisco Serrano, Federico Serrano **K** Rosalio Solano **S** Sergio Ortega **D** Carlos Castañón, Narciso Busquets, Arturo Benavides, Alfredo Gutierrez, Ana Laura Maldonado **L** 105 **E** 12.6.1981 ZDF

XUNAN – MUTTER DER LAKANDONEN (XUNAN (THE LADY)). Ein Porträt von Gertrude Düby Blom, 1901 in Wimmis in der Schweiz geboren, als Basis für eine Auseinandersetzung mit den Entwicklungsproblemen im heutigen Mexiko. Durch ihre Flüchtlingshilfe in der Nazi-Zeit kam sie nach Mexiko, wo sie um das Überleben der Lakandonen-Indianer kämpfte. Der Dokumentarfilm macht im Schicksal dieser Persönlichkeit das widersprüchliche Verhältnis des Europäers zu den Völkern und Kulturen der »Dritten Welt« sichtbar. ✦ Schweiz 1980/83 **P** Cinov/Margrit Keller **R** Margrit Keller, Peter von Gunten **B** Margrit Keller **K** Peter von Gunten **D** Gertrud Düby Blom, Indios **L** 107 (TV 45) **E** 24.2.1984 HR

XX UNBEKANNT (X THE UNKNOWN). Trivialer Gruselfilm, in dem ein geheimnisvolles Etwas mit regem Appetit auf radioaktive Nahrung Schottland bedroht. Formal anspruchslos und für den »schnellen Verzehr« gedacht, aber im Hintergrund ein interessanter Kommentar zur damaligen Furcht vor atomarem Mißbrauch. – Ab 16. ✦ Schwarz-weiß. Großbritannien 1956 **P** Hammer **Kl** RKO **Pd** Sol Lesser **R** Leslie Norman **B** Jimmy Sangster **K** Gerald Gibbs **M** James Bernard **S** James Needs **D** Dean Jagger (Dr. Adam Royston), William Lucas, Edward Chapman (Elliott), Leo McKern (McGill), John Harvey **L** 80 **FSK** ab 16; nf **E** 22.10.1957 **fd** 6 368

XXXL – HAUTENG, KNAPP UND SEXY (ONE SIZE FITS ALL). Sexfilm um ein verführerisches Kleid, das mehrfach die Besitzerin wechselt und seiner jeweiligen Trägerin erotische Abenteuer beschert. ✦ USA 1998 **Pd** Michele Capozzi **R+B** Candida Royalle **K** Jane Waters **M** Nino Ricce **S** Candida Royalle **D** Missy, Mark Davis, Gina Rome, Melissa Hill, Shanna McCullough **L** 64 **E** 5.3.1999 premiere

Y

Y-17 AUF DUNKLER SPUR (Y-17). Ein Mitarbeiter der Sicherheitsorgane, der auf Grund seines Alters seinen Dienst bald aufgeben wird, klärt noch einmal einen komplizierten Spionagefall und gibt damit seinen jüngeren Kollegen ein Beispiel hervorragender Aufklärungsarbeit. Durchschnittlich spannender und um psychologische Zeichnung der Hauptfigur bemühter Spionagefilm. – Ab 16. ✦ Scope. Bulgarien 1972 **P** Spielfilmstudio Sofia **KI** Progress **R** Willi Zankow **B** Iwan Ochridski, Assen Georgiew **K** Wenez Dimitrow **M** Angel Michailow **D** Iwan Kondow (Y-17), Josef Bláha (Peron), Dorotea Tontschewa (Mina), Anani Jawaschew, Jawor Miluschew, Georgi Georgiew-Gez **L** 104 **E** 9.8.1974 Kino DDR/14.10.1975 DFF 2

Y2K → Countdown in der grünen Hölle

YAABA (YAABA). Die Geschichte der Freundschaft zwischen einem kleinen Jungen und einer alten Frau im Milieu eines Dorfes in der Sahelzone. »Yaaba« heißt in der More-Sprache Großmutter, und so nennt der 12jährige die verlassene, von der Dorfbevölkerung verstoßene Frau. Eine liebevoll gestaltete, detailreiche, poetisch-märchenhafte Auseinandersetzung mit dem Erwachsenwerden und Alltagsleben; ein Film voller Lebensfreude, der Zeit zum Entdecken seiner reichen, verhaltenen Poesie läßt. (O.m.d.U.; Fernsehtitel: »Yaaba – Großmutter«) – Sehenswert ab 10. ✦ Burkina Faso/Frankreich/Schweiz 1989 **P** Thelma/Les Films de L'Avenir/Arcadia **KI** Pandora **Pd** Freddy Denaes, Pierre-Alain Meier, Idrissa Ouédraogo **R+B** Idrissa Ouédraogo **K** Matthias Kälin **M** Francis Bebey **S** Loredana Cristelli **D** Fatimata Sanga (Yaaba), Noufou Ouédraogo (Bila), Roukietou Barry (Nopoko), Adama Ouédraogo (Kougri), Amadé Toure (Tibo) **L** 90 **FSK** o. A.; f **E** 1.2.1990/30.9.,7., 14.10.1990 ZDF (drei Teile) **fd** 28 107

YAKO – DER EINSAME RÄCHER (CAZADOR DE MALDITOS). Nachdem er sich von seinen Verletzungen erholt hat, rächt ein Mann die Entführung und die Ermordung seiner Freundin, die in die Hände einer brutalen Bande fiel. Actionfilm nach sattsam vertrautem Muster, dessen einziger Sinn die Darstellung eines blutigen Rachefeldzuges ist. – Wir raten ab. ✦ Mexiko 1987 **P** Producciones Galubi **VA** Allround **R** Ruben Galindo jr. **D** Eduardo Yanez, Gregorio Casal, Diana Ferretti **L** 82 **FSK** ab 18 **E** 31.1.1990 Video

YAKUZA (THE YAKUZA). In der japanischen Verbrecherorganisation »Yakuza« ist Treueverpflichtung oberstes Gebot, dem sich im Verlauf einer schwertkampfbetonten, blutigen Story zwischen einem ehemaligen GI und dem organisierten Gangstertum auch der Amerikaner unterwirft, der zur Lösung eines Entführungsfalls nach Japan zurückgekehrt war. Ein vorzüglich besetzter, komplexer und suggestiver Film von außerordentlicher Bildkraft; neben seiner spannenden Geschichte um die im westlichen Kulturkreis völlig anders verstandenen Begriffe Familie, Ehre und Dankbarkeit wirkt der Film oftmals wie ein Gleichnis der Begegnung zwischen den beiden Völkern, das auch Nachdenken über zwischenmenschliche Werthaltungen provoziert. – Ab 16. ✦ Scope. USA 1974 **P** Warner **KI** Warner-Columbia **Pd+R** Sydney Pollack **B** Paul Schrader, Robert Towne, nach einer Erzählung von Leonard Schrader **K** Okazaki Kozo **M** Dave Grusin **D** Robert Mitchum (Harry Kilmer), Ken Takakura (Tanaka Ken), Brian Keith (George Tanner), Herbert Edelman (Wheat), Richard Jordan (Dusty) **L** 112 **FSK** ab 16; f **E** 28.8.1975 **fd** 19 468

YAKUZA CONNECTION (CALIFORNIA ROLL). Ein Profigolfer wird durch seine Frau in die Machenschaften der Yakuza verwickelt und landet unter Mordverdacht im Gefängnis, als sich die Mafia in die verworrene Geschichte einmischt. Ein Thriller, der überdeutlich an die Tarantino-Schule anzuknüpfen versucht und sich zahlreicher Anleihen bedient, darüber jedoch jede Eigenständigkeit aufgibt. Der Unterhaltungswert dieses auf bescheidenem Niveau inszenierten Films hält sich in Grenzen und wird auch durch den Umstand nicht gesteigert, daß der bemühte Dialogwitz dem Thriller die Ernsthaftigkeit nimmt, für eine Genreparodie jedoch nicht ausreicht. ✦ USA 1995 **P** Bridge Pictures/Hollywood Locations/Boyd Wilson Productions **VA** Warner Home **Pd** Boyd Wiwon **R+B** Larry Ring **K** Angel Colmenares **M** Stephen J. Klong **S** James Fletcher **D** Timothy Bottoms (Ward Derderian), Thomas Wagner (Bob Bartel), J. Cynthia Brooks (Audry), George M. Muschamp jr. (Madden), Scott Valentine (Mark Rictus) **L** 91 **FSK** ab 16 **E** 20.3. 1998 Video **fd** 33 104

DAS YAKUZA-KARTELL (NO WAY BACK). Nach einer blutigen FBI-Aktion und dem Selbstmord einer Undercover-Agentin ermittelt ein Einsatzleiter gegen die Yakuza, die japanische Mafia, die er als Drahtzieher des Komplotts in Verdacht hat. Als der Vater eines getöteten Skinheads den Sohn des Polizisten entführt, damit der Yakuza-Boß seiner Blutrache ausgeliefert wird, eskalieren die Ereignisse. Ein flott inszenierter Actionfilm, dessen Tempo jedoch die Konstruktionsmängel und die Unlogik der Geschichte nicht überdecken kann. – Ab 16. ✦ USA 1996 **P** Neo Motion Pictures **VA** Columbia Tristar Home **DVD** Columbia TriStar Home (16:9, 1.85:1, DS engl., Mono dt.) **Pd** Joel Soisson, Aki Komine **R+B** Frank Cappello **K** Richard Clabaugh **M** David C. Williams **S** Sonny Baskin **D** Russell Crowe (Zack), Helen Slater (Mary), Etsushi Toyokawa (Yuji), Michael Lerner (Frank Seriano), Kelly Hu (Seiko) **L** 87 **FSK** ab 16 **E** 1.1.1997 Video/5.12.2000 DVD **fd** 32 480

YAMBAO (YAMBAO). Gelbes Fieber, Hexenwahn und überhitzte Melodramatik auf einer Zuckerplantage im Kuba des vorigen Jahrhunderts. Ein drittklassiger Film, nach primitiven Rezepten zusammengemixt. ✦ Mexiko 1956 **P** Calderon **KI** Illtis **R** Alfredo B. Crevenna **B** Julio Alejandro **K** Raúl Martínez Solares **M** Obdulio Morales **D** Ninon Sevilla, Ramon Gay, Rosa Elena Durgel **L** 82 **FSK** ab 18; nf **E** 28.8.1959 **fd** 8 469

YAN DIGA (YAN DIGA – ILS TRAVERSERONT DES PAYS COMME DES JARDINS). Beschreibung der Erlebnisse und Erfahrungen zweier arbeitsuchender junger Männer auf einer Wanderung durch Niger. Der im Original mit deutschen Untertiteln gezeigte Film ist der erste der Filmgeschichte in der Haussa-Sprache. – Ab 16. ✦ Niger/Frankreich 1968/70 **P** Consortium Audiovisuel International **R+B** Serge Moati **K** Gérard de Battista **S** François Ceppi **D** Amboka Alassane, Aboue Boube, Garba Mahmane, Madougou **L** 110 **E** 4.12.1971 WDR III

YANCO (YANCO). Die Geschichte des achtjährigen Indios Juanito, der ungewöhnlich musikalisch ist, aber nicht das Geld für eine eigene Geige hat. Mit stimmungsvollen Bildern gewährt der Film Einblicke in mexikanisches Dorfleben, doch die langatmige Handlung und die schwülstige Musik beeinträchtigen den Gesamteindruck. – Ab 12. ✦ Schwarz-weiß. Mexiko 1962 **P** Yanco **KI** Progress **R** Servando Gonzalez **B** Jesus Marin, Servando Gonzalez **K** Alex Phillips jr. **M** Gustavo César Carrion **D** Ricardo Ancona, Jesus Medina, Maria Bustamente **L** 92 **E** 10.3.1967 Kino DDR

YANGTSE-ZWISCHENFALL (YANGTSE INCIDENT/ BATTLE HELL). Dokumentarisch nacherzählender Abenteuerfilm über eine tatsächliche Begebenheit: Die britische Fregatte »Amethyst« gerät 1948 zwischen die Fronten des chinesischen Bürgerkriegs. Der Kapitän wagt den Durchbruch des schwer angeschlagenen Schiffs nach Nanking. Zunehmend spannend inszeniert, aber zu einseitig in der Charakterisierung der Chinesen. (Späterer Titel: »Helden zur See«) – Ab 14 möglich. ✦ Schwarz-weiß. Großbritannien 1956 **P** Wilcox-Neagle **KI** Atlantic **Pd** Herbert Wilcox **R** Michael Anderson **B** Eric Ambler, nach einem Buch von Lawrence Earl **K** Gordon Dines **M** Leighton Lucas **D** Richard Todd (Kapitän Kerans), William Hartnell (1. Matrose Frank), Akim Tamiroff (Oberst Peng), Donald Houston (Leutnant Wiston), Keye Luke (Hauptmann Kuo Tai), Sophie Stewart (Charlotte Dunlap) **L** 105 **FSK** ab 12; f **E** 6.9.1957 **fd** 6167

YANKEE (YANKEE). Ein schießwütiger amerikanischer Pistolenheld rottet nach und nach die Bande eines räuberischen Mexikaners aus. Brutaler Western aus europäischer Koproduktion, immerhin mit einfallsreicher Kameraführung. ✦ Italien/Spanien 1966 **P** Tigielle 33/Balcázar **KI** Adria **R** Tinto Brass **B** Alberto Silvestri, Tinto Brass **K** Alfio Contini **M** Nini Rosso **D** Philippe Leroy (Yankee), Adolfo Celi (Concho), Mirella Martin, Thomas Torres, Jacques Herlin **L** 95 **FSK** ab 18; nf **E** 12.10.1967 **fd** 15020

EIN YANKEE AUS CONNECTICUT AN KÖNIG ARTHURS HOF (A CONNECTICUT YANKEE IN KING ARTHUR'S COURT). Zeichentrickversion von Mark Twains klassischer Zeitreisegeschichte: Nachdem er nach einem Unfall bewußtlos war, findet sich ein amerikanischer Geschäftsmann am Hofe König Arthurs wieder. Er erregt die Mißgunst des mächtigen Zauberers Merlin, kann jedoch das Vertrauen des Königs erringen und mit einem treuen Gefolgsmann Modernisierungsmaßnahmen am Hof einleiten. – Ab 12. ✦ USA 1988 **L** 75 **E** 31.12.1996 RTL 2

YANKEE DOODLE DANDY (YANKEE DOODLE DANDY). Der erfolgreiche Komponist und Schauspieler George M. Cohen erhält eine Einladung in das Weiße Haus, wo er für seine vielen patriotisch gefärbten Lieder mit der Ehrennadel des Kongresses ausgezeichnet wird. In Rückblenden wird am Abend der Ehrung seine bewegte Lebensgeschichte und Karriere erzählt. Am Vorabend des Zweiten Weltkrieges (Amerikas Kriegseintritt 1942) spiegelt die Filmbiografie amerikanisches Selbst- und Sendungsbewußtsein in Form eines beschwingten Musicals; James Cagney, der einmal nicht als »tough guy« eingesetzt wurde, erhielt für die Verkörperung der Hauptrolle einen »Oscar«. – Ab 14. ✦ Schwarz-weiß. USA 1942 **P** Warner **Pd** Hal B. Wallis **R** Michael Curtiz **B** Robert Buckner, Edmund Joseph **K** James Wong Howe **M** Leo F. Forbstein (Ltg.), Ray Heindorf, Heinz Roemheld **S** George Amy **D** James Cagney (George M. Cohan), Joan Leslie (Mary Cohan), Walter Huston (Jerry Cohan), Irene Manning (Fay Templeton), Richard Whorf (Sam Harris) **L** 121 **E** 27.8.1996 ARD

YANKEE ZULU (YANKEE ZULU). Ein nach gemeinsam verbrachter Kindheit lange getrenntes schwarz-weißes Freundespaar trifft sich wieder und gerät wegen eines gestohlenen Schecks in eine wilde Verfolgungsjagd mit einem rassistischen Polizisten. Eine Jerry-Lewis-Filme, Tom-und-Jerry-Cartoons und die »Kevin«-Filme schamlos ausbeutende Komödie, die sich den Anstrich einer Apartheidssatire gibt, mit ihren überwiegend billigen Gags aber nur rassistische Vorurteile bestätigt. – Ab 16. ✦ Südafrika 1993 **P** Toron Screen/Koukus Troika **KI** Columbia TriStar **VA** Col. TriStar **Pd** Andre Scholtz, Leon Schuster, Carl Fischer **R** Gray Hofmeyr **B** Leon Schuster, Gray Hofmeyr **K** James Rob Sasc **M** Stanislas Syrewicz **S** Johan Lategan **D** Leon Schuster (Rhino), John Matshikiza (Zulu), Wilson Dunster (Diehard), Terri Treas (Rowena), Michelle Bowes (Tienkie), Skye Svormic **L** 90 **FSK** ab 12; f **E** 6.7.1995/10.1.1996 Video **fd** 31405

YANKS – GESTERN WAREN WIR NOCH FREMDE (YANKS). Amerikanische Soldaten, vor der Invasion in Frankreich für kurze Zeit in England stationiert, stoßen bei der Inselbevölkerung auf Zurückhaltung, ja teilweise Ablehnung. Dennoch kommt es zu drei Liebesbeziehungen, die unterschiedlich enden. Die anfangs eindrucksvolle Darstellung von grundsätzlichen Verhaltensweisen rutscht immer mehr auf eine ganz private Ebene ab und nimmt damit dem im konventionellen Stil inszenierten Film viel an Überzeugungskraft. – Ab 16. ✦ Großbritannien 1979 **P** Vic Films **KI** United Artists **Pd** Joseph Janni, Lester Persky **R** John Schlesinger **B** Colin Welland, Walter Bernstein **K** Dick Bush **M** Richard Rodney Bennett **S** Jim Clark **D** Richard Gere (Matt), Lisa Eichhorn (Jean), Vanessa Redgrave (Helen), William Devane (John), Chick Vennera (Danny) **L** 138 **FSK** ab 12; f **FBW** w **E** 4.4.1980 **fd** 22351

YANOMAMI DE LA RIVIÈRE DU MIEL (YANOMAMI DE LA RIVIERE DU MIEL). Die Yanomami in Nordbrasilien sind eines der wenigen Völker, das seine traditionelle Lebensweise noch nicht aufgegeben hat. Ihr Leben, das eng mit dem Wald verknüpft ist, wird heute ernsthaft bedroht durch verschiedene Projekte der Kolonisierung und der Ausbeutung ihres Gebietes durch Minengesellschaften. Die Filmautoren vermeiden bewußt eine problematische Einordnung in größere (auch politische) Zusammenhänge und bleiben rein deskriptiv. ✦ Schweiz 1984 **P** Ziegler/Birraux Prod. **R** Volkmar Ziegler **B** Volkmar Ziegler, Pierrette Birraux **K** Volkmar Ziegler **S** Volkmar Ziegler **L** 56 **E** Schweiz

YARA (YARA). Eine in Deutschland lebende junge Türkin gerät aus dem inneren Gleichgewicht, als sie ihr Vater gewaltsam in die Türkei schickt. Verzweifelt versucht sie zurückzukehren, doch ihre Odyssee endet in der Psychiatrie und in seelischer Haltlosigkeit. Das Psychogramm einer zutiefst verwundeten Frau, das in mal sperrigen, mal poetischen Momentbeschreibungen intensiv den Zustand der Verletzung, Einsamkeit und Sehnsucht erfahrbar macht. Dabei verzettelt sich der Film jedoch zunehmend in der überpointierten Zuspitzung des Themas und findet zu keiner überzeugenden Verdichtung. (O.m.d.U.) ✦ Deutschland/Türkei/Schweiz 1998 **P** Yilmaz Arslan Filmprod./Gün-Izi/Vega-Film/WDR **KI** Pegasos **Pd** Yilmaz Arslan, Murat Kardioglu, Ruth Waldburger **R+B** Yilmaz Arslan **K** Jürgen Jürges **M** Rabih Abou-Khalil **S** André Bendocchi-Alves **D** Yelda Reynaud (Hülya), Nur Sürer (Ayse), Halil Ergün (Onkel), Füsan Demirel (Tante), Özay Fecht (Mutter), Necmettin Cobanoglu (Vater) **L** 99 **FSK** ab 12; f **E** 24.6.1999 **fd** 33739

YARAY YESSO – DER WEG NACH VORN (YARAY YESSO). Der Film geht der Frage nach, inwieweit sich das Leben in der Savannenlandschaft von Boé (Guinea-Bissau) durch die Entwicklungshilfe verändert hat. Die Menschen, die die Begriffe »Entwicklung« und »Fortschritt« nicht kennen, kommen selbst zu Wort, beschreiben die neuen ökonomischen Möglichkeiten, aber auch die neuen Konflikte, die das Geld mit sich gebracht hat. Die Dorfältesten berichten über die Veränderungen, die im traditionellen Leben des Dorfes eingetreten sind. – Ab 16. ✦ Deutschland 1991 **P** SO-36 Film/ESON-Film **SF** Verleih der Filmemacher **Pd** Ulrike Herdin, Roland Ludwig **R+B** Sophie Kotanyi **K** Fritz Poppenberg, Günter Heidrich, Sophie Kotanyi, Ingo Kratisch **S** Eva Oudova, Eva Schlensag **L** 88 **E** Dezember 1992

YASEMIN. Eine 17jährige Türkin verliebt sich in einen deutschen Studenten und gerät in Konflikt mit den traditionellen Verhaltensnormen, die ihr Vater vertritt. Die Handlung bricht ab, als der Konflikt offen zutage tritt. Der Film berührt wesentliche Probleme der Verständigung zwischen türkischen Kindern, die in Deutschland aufgewachsen sind, und ihren Eltern. Er ist im Stil einer spannenden, gelegentlich anrührenden Kinogeschichte erzählt und regt zur Diskussion an. – Ab 16. ✦ BR Deutschland 1987/88 **P** Hamburger Kino Kompanie/ZDF **KI** Impuls **VA** Warner Home **Pd+R+B** Hark Bohm **K** Slawomir Idziak **M** Jens-Peter Ostendorf **S** Moune Barius **D** Ayse Romey (Yasemin), Uwe Bohm (Jan), Sener Sen (Vater), Ilhan Emirli (Dursan), Katharina Lehmann **L** 86 **FSK** ab 12; f **FBW** bw **E** 5.5.1988/5.5.1989 Video **fd** 26738

YASMINA, DIE LIEBE UND DAS MEER (D'AMOUR ET D'EAU SALEE). Der Stationsvorsteher eines Bahnhofs an der französisch-belgischen Grenze verliebt sich Hals über Kopf in eine schöne Algerierin. Er reist der Frau, die in einer Band singt, nach Paris nach und lernt ihre Familie kennen, die ihn liebevoll bewirtet. Doch dann muss die Frau mit dem Versprechen, ihn bald zu heiraten, nach Algerien zurück. Als die veränderte politische Lage eine Einreise für den Franzosen unmöglich macht, lässt er nichts unversucht, um zu seiner Geliebten zu gelangen. Als letztes Mittel hilft ein Tretboot, um über das Mittelmeer zu gelangen. Eine zarte Liebeskomödie mit ernstem Hintergrund, da Grenzen, Intoleranz, Fremdenfeindlichkeit und Fundamentalismus nicht zu Herzensangelegenheiten passen wollen, aber durch die Kraft der Liebe überwunden werden können. ✦ Frankreich 1998 **P** Raphael Films/France 2/arte **Pd** Ludi Boeken, Jacques Fansten **R** Edwin Baily **B** Pierre Flament **K** Pierre-Laurent Chenieux **M** Alexandre Desplat **S** Dominique Martin **D** Eric Berger (Patrick), Nozha Khouadra (Yasmina), Virgile Bayle (Kowalski), Sophie d'Aulan (Cindy), Safy Boutella (Lakdar) **L** 88 **E** 5.1.2001 arte

YEAH! YEAH! YEAH! (A HARD DAY'S NIGHT). Szenen aus dem Leben der Beatles während einer Konzerttournee in England: eine Kombination aus dokumentarischen Musikmitschnitten ihrer Bühnenauftritte, eingeflochtenen Slapstick-Gags und rudimentärer Spielhandlung, mit viel Witz, Tempo und dramaturgischem Geschick inszeniert. Neuartig und richtungsweisend für spätere Musikfilme ist die authentische Wiedergabe von Lebensgefühl und Zeit-Atmosphäre, die weniger durch protokollarischen Realismus als durch schöpferische Unordnung und parodistische Stilexperimente erreicht wird. Erst 1994 kam die untertitelte Originalversion unter dem Originaltitel ins Kino, die auch die sprachlichen Witze nachvollziehen ließ. (Fernseh- und Videotitel auch: »A Hard Day's Night«; Kinostart 2001 in restaurierter Fassung mit digital aufbereitetem Soundtrack.) – Ab 10 möglich. ✦ Schwarz-weiß. Großbritannien 1964 **P** Proscenium **KI** Arthaus (frühere Verleiher: Amazonas, United Artists) **VA** Kinowelt Home **DVD** Kinowelt Home (16:9, 1.78:1, DD5.1 engl., PCM2.0 dt.) **Pd** Walter Shenson, Denis O'Dell **R** Richard Lester **B** Alun Owen **K** Gilbert Taylor **M** George Martin (Ltg.), John Lennon, Paul McCartney **S** John Jympson **D** John Lennon, Paul McCartney, Ringo Starr, George Harrison, Wilfred Brambell (Großvater), Norman Rossington (Norm), Victor Spinetti (TV-Regisseur), John Junkin (Shake), Anna Quayle (Millie), Deryck Guyler (Polizeiinspektor), Richard Vernon (Mann im Zug) **L** 87 **FSK** ab 6; nf **FBW** w **E** 23.7.1964/18.4.1974 ZDF/14.7.1994 Neustart/5.7.2001 Neustart restaurierte Fassung/2.10.2001 Video & DVD **fd** 12877

YEAR OF THE COMET (YEAR OF THE COMET). Im Verlauf ihrer turbulenten Jagd nach einer kostbaren Flasche Wein verlieben sich die schüchterne Tochter aus traditionsreichem Weinhaus und ein charmanter Tausendsassa ineinander. Doch die Bande eines alternden Lebemannes durchkreuzt die Pläne des sich bis zuletzt bekriegenden Paares, da hinter dem Etikett die Formel für ein Elixier verborgen ist, das ewige Jugend verheißt. Geschickt genutzte Schauplätze und eine kongenial eingesetzte Musik verleihen der augenzwinkernd inszenierten abenteuerlichen Romanze, die bis in die Nebenrollen vorzüglich gespielt ist, ihre atmosphärische Dichte. – Ab 16. ✦ Scope. USA 1992 **P** Castle Rock/New Line Cinema **VA** Starlight **Pd+R** Peter Yates **B** William Goldman **K** Roger Pratt **M** Hummie Mann **S** Ray Lovejoy **D** Penelope Ann Miller (Margaret Harwood), Tim Daly (Oliver Plexico), Louis Jourdan (Philippe), Art Malik (Nico), Ian Richardson (Sir Mason Harwood) **L** 86 **FSK** ab 12 **E** 20.9.1993 Video/1.2.1995 premiere **fd** 30518

YEAR OF THE HORSE – NEIL YOUNG & CRAZY

HORSE LIVE (NEIL YOUNG & CRAZY HORSE LIVE / YEAR OF THE HORSE). Nachdem Neil Young für Jim Jarmuschs Western »Dead Man« die stilprägende Musik geschrieben hatte, bedankte sich der Filmemacher bei dem befreundeten Musiker mit der Dokumentation einer Konzerttournee: Live-Passagen stehen neben Interviews und Backstage-Impressionen. Die auf Super-8, 16mm und Hi-8 gedrehten Szenen wurden durch älteres Archivmaterial aus den Jahren 1976 bis 1986 ergänzt. Aus Respekt vor der Musik werden die einzelnen Stücke ausgespielt. Jarmuschs Inszenierungsstil kommt dem Gestus der Musik sehr nah: geradlinig, ohne modischen Firlefanz. Ein Musikfilm im besten Sinne des Wortes, der seinen Platz in der Filmgeschichte finden wird. – Sehenswert ab 14. ✦ USA 1997 **P** October Films International/Shakey Pictures **KI** Jugendfilm **Pd** L. A. Johnson **R+B** Jim Jarmusch **K** L. A. Johnson, Jim Jarmusch **M** Neil Young & Crazy Horse (Neil Young, Ralph Molina, Billy Talbot, Frank »Poncho« Sampedro) **S** Jay Rabinowitz **D** Billy Talbot **L** 107 **FSK** ab 6; f **E** 26.7. 2001 **fd** 34 973

YEAR OF THE KINGBOXER (YEAR OF THE KINGBOXER). Ein Unternehmer versucht durch seinen vorgetäuschten Tod die Alleinherrschaft einer Firma zu erreichen. Wie die meisten der in Nachfolge der Kung-Fu-Filme entstandenen Kickboxer-Machwerke bietet auch dieses eher miese Kämpfe in einer uninterressanten Story. Ein unerfreulicher Film, den man als Unterhaltung kaum akzeptieren kann. ✦ Hongkong 1991 **P** IFD/Joseph Lai Prod. **VA** Atlas/Ascot **Pd** Joseph Lai, Betty Chan **R** Eric Tsui **B** Martin Lee **K** Philip Wong **D** Steve Brettingham, Corrie Thompson, Eric Tsui **L** 88 **FSK** ab 18 **E** 24.6.1992 Video **fd** 29 688

YEELEN (YEELEN). Eine mythische Geschichte aus Westafrika. Der junge Held stiehlt das geheime Wissen seiner Vorfahren, um es allen Menschen zugänglich zu machen, und wird deshalb von seinem Vater lebenslang verfolgt. Eine in Naturreligion und Zauberriten verschlüsselte und in schönen archaischen Bildern eingefangene Parabel auf die Dialektik von Tradition und Erneuerung. Von hohem politischem und ästhetischem Interesse. – Sehenswert ab 16. ✦ Mali 1987 **P** Les Films Cissé **R+B** Souleymane Cissé **K** Jean-Noelle Farragut, Jean-Michel Humeau **M** Michel Portal, Salif Keita **S** Andrée Davanture, Dounamba Coulibali **D** Issiaka Kane, Aoua Sangare, Niamanto Sanogo, Balla Moussa Keita, Koumba Traore **L** 105 **E** 19.2.1988 **fd** 27 497

YEHUDI MENUHIN – EINE FAMILIENGESCHICHTE. Anläßlich des 75. Geburtstages von Yehudi Menuhin entstandenes Porträt, das die Karriere des Geigers von der Kindheit in San Francisco über das Studium in Deutschland bis heute verfolgt. ✦ Großbritannien 1990 **R** Tony Palmer **L** 90 **E** 25.4.1991 ARD

YELLOW EMANUELLE (YELLOW EMANUELLE). Weil sie meint, ihr europäischer Geliebter habe sie verlassen, gibt sich eine schöne chinesische Ärztin der Prostitution hin. Gelackte Schnulze aus einem Werbeprospekt-Hongkong mit vergleichsweise dezenten Sexszenen. (Videotitel: »Emanuelle – Die Sucht der Sinne«) ✦ Italien 1976 **P** Cinemascopio **KI** Gloria **R+B** Albert Thomas (= Adalberto Albertini) **K** Guido Mancori **M** Nico Fidenco **D** Chai Lee, Giuseppe Pambieri, Ilona Staller, Rik Battaglia, Claudio Giorgi **L** 88 **FSK** ab 18; nf **E** 2.9.1977 **fd** 20 468

YELLOW SUBMARINE (YELLOW SUBMARINE). Die Beatles, längst zur Ikone gewordene Pop-Band der 60er-Jahre, retten bei ihrer Fahrt im gelben Unterseeboot das farbenprächtige Pepperland vor den Mächten des Unmenschlichen und Amusischen und befreien mit der Kraft ihrer Songs ein verwunschenes Hippie-Paradies. Stilbildender Zeichentrickfilm als Ausdruck eines Lebensgefühls, wobei sich Populärkultur und künstlerische Avantgarde kongenial beeinflussen. Eine nicht nur unter nostalgischen Gesichtspunkten lohnenswerte, mit vielen Beatles-Songs garnierte Wiederentdeckung, die in digitaler Neubearbeitung und mit zusätzlichem Bildmaterial in ein zeitgemäßes Vermarktungskonzept eingebettet ist. DVD: Die Extras umfassen neben einer in Bild und Ton sorgfältig rekonstruierten Filmversion u. a. eine separate Soundtrackspur. – Sehenswert ab 12. ✦ Teils schwarz-weiß. Großbritannien 1967 **P** King Features/Subafilms/Apple Corps **KI** UIP **VA** Warner Home **DVD** Fox Home (1.66:1, DD5.1 engl./dt.) **Pd** Al Brodax **R** George Dunning **B** Lee Minoff, Al Brodax, Jack Mendelsohn, Erich Segal, Roger McGough **K** John Williams **M** John Lennon, Paul McCartney **S** Brian J. Bishop **L** 90 **FSK** ab 6; nf **FBW** w **E** 19.12. 1968/13.9.1999 Video/16.9.1999 Kino/14.9.1999 DVD **fd** 33 861

YENTL (YENTL). Um den Talmud studieren zu können, verkleidet sich eine junge jüdische Frau als Mann und gerät darüber in neue Rollenzwänge und Gefühlsverwirrungen. Erstlingsfilm, der die Übermacht sozialer Normen, die Macht von Träumen und die Doppeldeutigkeit geschlechtsspezifischer Rollenerwartungen anspricht. Von humaner Weltsicht und hohem ästhetischem Reiz, rekonstruiert das intime Musical und die melancholische Komödie die untergegangene Welt des Ostjudentums der Jahrhundertwende. – Sehenswert ab 12. ✦ USA 1983 **P** Barwood **Pd+R** Barbra Streisand **B** Barbra Streisand, Jack Rosenthal, nach einer Kurzgeschichte von Isaac Bashevis Singer **K** David Watkin **M** Michel Legrand **S** Terry Rawlings **D** Barbra Streisand (Yentl), Mandy Patinkin (Avigdor), Amy Irving (Hadass), Nehemiah Persoff (Papa), Steven Hill (Reb Alter Vishkower) **L** 133 **FSK** ab 6, f **FBW** bw **E** 30.3.1984/26.3.1989 DFF 2 **fd** 24 513

YENTOWN – SWALLOWTAIL BUTTERFLY (SWALLOWTAIL BUTTERFLY / SWALLOWTAIL). Die Initiationsgeschichte einer jungen Frau begleitet den märchenhaften Aufstieg ihrer älteren Freundin, einer Prostituierten, zur Popsängerin. Ein abenteuerliches filmisches Märchen, konzipiert als Pop-Oper von fantastischem Realismus. Bildgewaltig und gewaltvoll, poetisch und schroff zugleich, ist der Film bei allen möglichen Vorbehalten von einer sogartigen Faszination und fesselt dank seiner avantgardistischen Kraft. (O.m.d.U.) – Sehenswert. ✦ Japan 1996 **P** Rockwell Eyes Inc. **KI** Rapid Eye Movies **Pd** Shinya Kawai **R+B** Shunji Iwai **K** Noboru Shinoda **M** Takeshi Kobayashi **D** Ito Ayumi (Ageha), Chara (Glico), Hiroshi Mikami (Feihong), Yosuke Eguchi (Ryou Ryanki), Andy Hui, Atsuro Watabe, Tomoko Yamaguchi, Nene Ohtsuka **L** 146 **E** 20.1.2000 **fd** 34 072

YERMA (YERMA). Die in Anlehnung an García Lorcas Bühnendichtung entstandene Geschichte einer jungen Frau, die weder in der Enge ihres andalusischen Dorfes noch in der Beziehung zu ihrem traditionsverhafteten Ehemann ihre Wünsche nach Selbstverwirklichung realisieren kann. Ohne überzeugende Verbindung von realistischem Zeitbild und poetischer Überhöhung ins Zeitlose verliert sich der Film in folkloristischen Impressionen und platter Metaphorik. – Ab 16. ✦ BR Deutschland 1984 **P** Starfilm/Hunnia Studio/Sefel International/Makropus MTV/Channel Four **KI** Jugendfilm **VA** Embassy **Pd** Martin Moszkowicz **R** Barna Kabay, Imre Gyöngyössy **B** Barna Kabay, Imre Gyöngyössy, Katalin Petényi, nach Motiven von Federico García Lorca **K** Gábor Szabó **M** Pesko Zoltan **S** Katalin Petényi **D** Gudrun Landgrebe (Yerma), Titiusz Kovács (Juan), Mathieu Carrière (Victor), Martin Halm (José), Hédi Temessy (Elvira), Nóra Tábori (Dolores), Mareike Carrière (Maria) **L** 107 **FSK** ab 16; f **FBW** w **E** 8.2.1985/9.5. 1986 Kino DDR **fd** 24 955

YESHAYAHOU LEIBOWITZ (ITGABER). Dokumentarfilm über den (im August 1994 verstorbenen) Philosophen und Wissenschaftler Yeshayahou Leibovitz, einen streitbaren Querdenker, der sich mit allen israelischen Regierungen, mit den Linken und den Orthodoxen seines Heimatlandes, angelegt hat. ✦ Israel/Frankreich 1992 **R** Eyal Sivan **L** 85/90 **E** 4./11.12.1995 West 3 (zwei Teile)

YESTERDAY (1980) (YESTERDAY). Mit Problemen überladene Liebesgeschichte zwischen einem amerikanischen Studenten, der als Soldat nach Vietnam muß, und einer jungen Frankokanadierin. Ein auf allen Ebenen dilettantisches Melodram, das zunehmend in falscher Tragik und Rührseligkeit ertrinkt. – Ab 16. ✦ Kanada 1980 **P** Canadian Film Development/Famous Players **KI** Residenz **R** Larry L. Kent **B** Bill La Mond, John Dunning **K** Richard Ciupka **M** Paul Baillargeon **S** Debra Karen **D** Claire Pimparé, Vincent van Patten, Eddie Albert, Nicholas Campbell, Daniel Gadouas **L** 95 **FSK** ab 12; f **E** 24.7.1981 **fd** 23 059

YESTERDAY (1985) (YESTERDAY). Einfühlsames, trotz der gesellschaftskritischen Akzente leichthändig unterhaltendes Spielfilmdebüt. Vier Jugendliche in einem polnischen Provinzstädtchen »entdecken« Mitte der 60er Jahre die Beatles. Ihr Versuch, den Idolen aus Liverpool mit einer eigenen Band nachzueifern, scheitert jedoch an der Intoleranz der Institutionen. – Ab 14 möglich. ✦ Polen 1985 **P** Zespoly Filmowe/Studio Filmowe Rondo **R+B** Radoslaw Piwowarski **K** Witold Adamek **M** Jerzy Matula, The Beatles **S** Irena Chorynska **D** Piotr Siwkiewicz (Pawel »Ringo« Mitura), Andrzej Zielinski (»John«), Robert Piechota (»Paul«), Anna Kazmierczak (Ania), Krystyna Feldman (»Ringos« Tante), Krzysztof Majchrzak (Biegacz), Henryk Bista (Schuldirektor), Waldemar Ignaczak (»George«), Stanislaw Brudny (Priester), Mira Dall (Walentynka), Zdzislaw Kuzniar (»Johns« Vater) **L** 95 **E** 24.5.1992 ORB

YETI, DER SCHNEEMENSCH (YETI – IL GIGANTE DEL 20. SECOLO). Ein in seinen menschenverwandten Bedürfnissen verkanntes Monstrum wird im zivilisatorischen Lebensraum zum Auslöser zahlreicher Schrecknisse. Unterhaltungsspektakel, das den Mythos vom häßlichen Ungeheuer und seiner heimlichen Sehnsucht nach helfender Liebe zugunsten von Effekten und naivem Grusel verspielt. – Ab 14. ✦ Italien 1977 **P** Stefano **KI** Scotia **R** Frank Kramer (= Gianfranco Parolini) **B** Mario di Nardo **K** Sandro Mancori (= Alessandro Mancori) **M** Sante Maria Romitelli **D** Mimo Crav, Phoenix Grand, Jim Sullivan, Tony Kendall, Eddy Fay **L** 84 **FSK** ab 12; nf **E** 24.2. 1978 **fd** 20 677

YETI, DER SCHNEEMENSCH (DAS GEHEIMNIS DES HIMALAYA) (THE ABOMINABLE SNOWMAN). Naives Gruselabenteuer einer Expedition, die in Tibet nach dem sagenhaften Schneemenschen sucht. Hanebüchener Unfug, der bestenfalls Anlaß zu ungewollter Komik liefert. – Ab 12 möglich. ✦ Scope, schwarz-weiß. Großbritannien 1957 **P** Buzz/Clarion **KI** Deutsche Fox **Pd** Aubrey Baring **R** Val Guest **B** Nigel Kneale, nach dem Bühnenstück »The Creature« **K** Arthur Grant **M** John Hollingsworth **S** Bill Lenny **D** Forrest Tucker (Tom Friend), Peter Cushing (Dr. John Rollson), Maureen Connell (Helen Rollason), Richard Wattis, Robert Brown **L** 89 **FSK** ab 12; nf **E** 7.3.1958 **fd** 6 777

EIN YETI ZUM VERLIEBEN (YETI). Ein Forscher spürt im Himalaya-Gebiet einen Yeti auf und bringt ihn mit nach Deutschland. Dort ist die Aufregung groß, als seine Tochter und eine Journalistin den Schneemenschen befreien und eine turbulente Jagd auf das sagenumwobene Wesen beginnt. Fantastisch-romantische (Fernseh-)Komödie um ein Fabelwesen, um dessen Existenz sich viele Legenden ranken. ✦ Deutschland 2001 **P** Teamworx **Pd** Carolin Haasis, Doris Zander **R** Thorsten Schmidt **B** Martin Rauhaus **K** Bernhard Jasper **M** Marcel Barsotti **S** Dagmar Lichius **D** Oliver Stokowski (Tim Bergmann), Ines Nieri (Charlie Bergmann), Sophie von Kessel (Chris Wendler), Peter Rühring (Direktor Karlström), Gustav-Peter Wöhler (Laurens) **L** 98 **E** 8.11.2001 ProSieben

YI YI – A ONE AND A TWO (YI YI – A ONE AND A TWO). Ein taiwanesischer Computerspezialist in den Vierzigern gerät durch eine Reihe von widrigen Umständen in eine Lebenskrise, die ihn zwingt, sein bisheriges

Dasein zu überdenken. Feinsinnig entwickeltes Familien- und Zeitporträt, das den Alltagskatastrophen mit großer Gelassenheit gegenübertritt und seine vielen Akteure aus einer wohltuenden Distanz bei ihren Versuchen betrachtet, mit den Glücks- und Unglücksfällen ihres Daseins fertig zu werden. Sowohl formal als auch inhaltlich brillant entwickelt und meisterlich inszeniert. (O.m.d.U.) – Sehenswert ab 14. ✦ Taiwan/Japan 1999/2000 **P** Pony Canyon/Toranomon/Minato-ku **KI** Pegasos **Pd** Kawai Shinya, Tsukeda Naoko, Yu Weiyen, Kubota Osamu **R+B** Edward Yang **K** Yang Wei-Han **M** Kai-li Peng **S** Chen Bowen **D** Kelly Lee (Ting-Ting, die Tochter), Jonathan Chang (Yang-Yang, der Sohn), Issey Ogata (Mr. Ota), Elaine Jin (Min-Min, die Mutter), Wu Nianzhen (NJ, der Vater) **L** 173 **FSK** ab 6; f **E** 14.6.2001 **fd** 34 893

YMA SUMAC. Der Dokumentarfilm zeichnet die Geschichte vom märchenhaften Aufstieg und Fall der Sängerin Yma Sumac nach, die, 1928 als »Inka-Prinzessin« in Peru zur Welt gekommen und als 13jährige bei einem »Sonnenfest« entdeckt, in den 50er Jahren in den USA eine wahre Hysterie auslöste und schließlich zur Zirkusattraktion verkam. ✦ BR Deutschland 1989 **R** Günter Czernetzky **L** 90 **E** 29.8.1991 BR

YOGI BÄRS ABENTEUER (HEY THERE, IT'S YOGI BEAR). In Form und Gehalt typischer Hollywood-Zeichentrickfilm über die Freuden und Leiden einer Bärenliebe. Ein weitgehend fantasieloser Film ohne zündende Gags. – Ab 8. ✦ USA 1964 **P** Hanna-Barbera **KI** Columbia-Bavaria **R** William Hanna, Joseph Barbera **B** Joseph Barbera, Warren Foster, William Hanna **K** Bud Myers **M** Marty Paich **L** 89 **FSK** ab 6; nf **E** 18.12.1964 **fd** 13 203

YOGIS ENTFÜHRUNG INS WELTALL (YOGI AND THE INVASION OF THE SPACE BEARS). Zwei Zeichentrickbären werden von Außerirdischen ins Weltall entführt. Währenddessen machen Doppelgänger in ihrem heimischen Nationalpark den Rangern das Leben schwer. – Ab 8. ✦ USA 1988 **L** 91 **E** 1.9.1991 RTL plus

YOGIS ERSTES WEIHNACHTSFEST →Fröhliche Weihnachten mit Yogi-Bär

YOJIMBO – DER LEIBWÄCHTER (YOJIMBO). 1860: Um schnell zu Geld zu kommen, macht sich ein stellungsloser Samurai den Krieg zwischen den Banden eines Seidenhändlers und eines Sakefabrikanten zunutze und spielt die Kontrahenten in einem makabren Täuschungsmanöver gegeneinander aus. Ein meisterhafter, filmisch wie gedanklich konsequent durchkomponierter, teils bitter-ironischer Diskurs über die Borniertheit der Mächtigen. Mit oft zynisch wirkender Hellsichtigkeit, aber mit humanistischem Erkenntnisinteresse stellt Kurosawa Fragen nach der Verantwortlichkeit des Einzelnen angesichts moralischer Korruption und unmenschlicher Herrschaftsstrukturen im Gewand eines kinowirksamen Actionfilms. (Remake: »Für eine Handvoll Dollar«) – Sehenswert ab 16. ✦ Scope. Japan 1960 **P** Kurosawa Production **KI** Pandora **Pd** Tomoyuki Tanaka, Akira Kurosawa **R** Akira Kurosawa **B** Ryuzo Kikushima, Akira Kurosawa **K** Kazuo Miyagawa **M** Masaru Satô **S** Akira Kurosawa **D** Toshirô Mifune (Sanjuro Kuwabatake), Eijiro Tono (Gonji, Sake-Händler), Kamatari Fujiwara (Tazaemon, Seidenhändler), Takashi Shimura (Tokuemon, Sake-Händler), Seizaburô Kawazu (Seibei, Tazaemons Diener) **L** 110 **E** 25.3.1980 ZDF/21.5.1982 Kino **fd** 23 508

YOKO & JOHN (YOKO & JOHN). Die Liebesgeschichte zwischen der Performance-Künstlerin Yoko Ono und dem Popstar John Lennon, Künstler, die sich während des Vietnam-Kriegs aktiv für die Friedensbewegung einsetzten und zu Leitbildern für eine ganze Generation wurden. Die Dokumentation vergegenwärtigt die Entwicklung, zeigt Archivbilder, lässt Zeitzeugen zu Wort kommen und geht der Frage nach, wie das Engagement der beiden in die Jetztzeit hineinwirkt. ✦ Frankreich 2000 **R** Frederic Le Clair **L** 90 **E** 7.12.2000 arte

YOL – DER WEG (YOL). Die Schicksale von fünf türkischen Häftlingen, die während eines einwöchigen Urlaubs ihr Land als universelles Gefängnis erleben, in dem die Menschen von politischer Repression, sozialen Zwängen und religiösem Traditionalismus an ihrer individuellen Entfaltung gehindert und in fatale Abhängigkeiten getrieben werden. Der teilweise heimlich in der Türkei gedrehte Film wurde im Schweizer Exil fertiggestellt und fesselt durch die Wucht seiner Bilder, die nahezu naive Einfachheit seiner allegorischen Filmsprache und sein profundes Einfühlungsvermögen in Personen, Landschaften und Milieus. Ein politisch wie menschlich aufrüttelndes Epos, frei von falschem Pathos und ohne die Absicht billiger Denunziation. (Auch O.m.d.U.) – Sehenswert. ✦ Türkei/Schweiz/BR Deutschland/Frankreich 1981/82 **P** Güney/Cactus/Maran/SRG/Antenne 2 **KI** Concorde (DF) **SF** Pandora (OmU) **R** Serif Gören **B** Yilmaz Güney **K** Erdogan Engin **M** Sebastian Argol, Kendal **S** Yilmaz Güney, Elisabeth Waelchli **D** Tarik Akan (Seyit Ali), Serif Sezer (Ziné), Halil Ergün (Mehmet Salih), Meral Orhonsoy (Emine), Necmettin Cobanoglu (Ömer) **L** 114 **FSK** ab 12; f **FBW** bw **E** 3.12.1982 **fd** 23 758

YOLANDA UND DER DIEB (YOLANDA AND THE THIEF). Ein kleiner Gauner und Berufsschauspieler in einem südamerikanischen Land hat es auf das Geld eines reichen jungen Mädchens abgesehen und gibt sich der soeben aus der Klosterschule Heimgekehrten als ihr Schutzengel aus. Doch die Rechnung des Betrügers geht trotz zunächst glänzender Erfolge nicht auf. In Dekor und Farbe aufwendiges, trotz ungewöhnlicher Tanzszenen jedoch nur halbwegs unterhaltsames filmisches Märchen. – Ab 12. ✦ USA 1945 **P** MGM **R** Vincente Minnelli **B** Irving Brecher **K** Charles Rosher **M** Lennie Hayton **D** Fred Astaire (Johnny Parkson Riggs), Lucille Bremer (Yolanda), Frank Morgan (Victor Budlow Trout), Leon Ames (Mr. Candle), Mildred Natwick (Tante Amarilla) **L** 108 **E** 7.6.1974 BR

YOLANTA (YOLANTA). Verfilmung der Oper von Tschaikowski: Das Märchen von der schönen, aber blinden Königstochter, die durch die Liebe zu einem Prinzen wieder sehend wird. Für Musikfreunde empfehlenswert. – Ab 10 möglich. ✦ UdSSR 1963 **P** Filmstudio Riga **KI** Pegasus **R** Wladimir Gorikker **B** Wladimir Gorikker, nach der Oper von Peter Tschaikowski und dem Stück von H. Hertz **K** Wadim Mass **M** Peter Iljitsch Tschaikowski **D** N. Rudnaja, F. Niktim, J. Perow **L** 82 **FSK** ab 6; f **FBW** w **E** 1964 Kino

YORKSHIRE. Dokumentarfilm von Klaus Wildenhahn, der sich im Juli und dann noch einmal im Winter 1984 in der Nähe der Zeche Hatfield in Yorkshire einquartiert hatte. Er schildert den Streik-Alltag einiger Bergarbeiter-Familien. Mit bemerkenswerter Handhabung der technischen Mittel und behutsamer Beobachtung strebt der Film die Abbildung eines Stücks Wirklichkeit an. (1. Teil: »10 Tage, Juli 84, Yorkshire«/2. Teil: »November, Dezember 84, Yorkshire«) – Ab 16. ✦ BR Deutschland 1984/85 **P** NDR **SF** Stiftung Deutsche Kinemathek **R+B** Klaus Wildenhahn **K** Wolfgang Jost **S** Annemarie Langjohann **L** 131 (60 + 71) **E** 1.5.1985 NDR

YORKTOWN: DER GEIST EINES SIEGES (YORKTOWN: LE SENS D'UNE VICTOIRE). Dokumentarfilm über die Feierlichkeiten im Oktober 1981 zur Erinnerung an den Sieg der vereinigten Armeen von Franzosen und amerikanischen Kolonien über die britische Armee vor 200 Jahren. Marcel Ophüls beschreibt die aufwendigen Feiern, befragt Betroffene und analysiert das amerikanische Geschichts- und Gegenwartsverständnis. ✦ Frankreich 1982 **P** Antenne 2 **R+B** Marcel Ophüls **K** Adrien Ballester, George Orset, Marc Baltel, Imre Nagy **M** George Gershwin, Ira Gershwin, Irving Berlin, Cole Porter **L** 85 **E** 10.10.1984 WDR

YOSHIWARA (YOSHIWARA). In Yoshiwara, dem Vergnügungsviertel von Tokio, ereignet sich um 1860 die Liebesgeschichte zwischen einer japanischen Geisha und einem zaristischen russischen Offizier mit Spionageauftrag. Ein eifersüchtiger Kuli verrät die Liebenden an die japanischen Behörden. Ein mit bescheidenen, aber effektvoll eingesetzten Mitteln inszeniertes Melodram in Reinform, das von der französischen Kritik vielfach belächelt wurde. Im Rahmen des Werkes von Ophüls ist der Film dennoch als ästhetischer Überlebensversuch des Regisseurs im Exil bemerkenswert. (O.m.d.U.) – Ab 14. ✦ Schwarz-weiß. Frankreich 1937 **P** Milo-Films **R** Max Ophüls **B** A. Lipp (= Arnold Lippschitz), Wolfgang Wilhelm, Jacques Companéez, Max Ophüls, nach einem Szenario von Maurice Dekobra **K** Eugen Schüfftan **M** Paul Dessau **S** P. Meguérian **D** Pierre-Richard Willm (Leutnant Serge Polenoff), Sessue Hayakawa (Isamo), Michiko Tanaka (Kohana), Roland Toutain (Pawlik), Lucienne Lemarchand (Nemo) **L** 88 **E** 23.9.1990 West 3

YOU ARE DEAD (YOU ARE DEAD). Ein Banküberfall mit Geiselnahme endet in Blut und Chaos und stellt die Ermittlungsbehörden vor Rätsel, die mit Hilfe einer Überlebenden nach und nach gelöst werden. In geschickt verschachtelten Rückblenden erzählter Thriller, in dessen Verlauf die Hintergründe der Tat und das psychologische Beziehungsgeflecht zwischen den Beteiligten erhellt werden. Ein dichter Genrefilm voller origineller Einfälle, der in seinen komischen Einschüben allerdings zu plakativem Klamauk neigt. DVD: Die Special Edition beinhaltet u. a. ein Feature mit nicht verwendeten Szenen. ✦ Großbritannien/Deutschland/USA 1999 **P** Atlantic Streamline **KI** Concorde **VA** Concorde (VCL) **DVD** Concorde (SE, 16:9, 1.85:1, DD5.1 engl./dt.) **Pd** Marco Weber **R+B** Andy Hurst **K** Wedigo von Schultzendorff **M** Robert Folk **S** Andy Starke **D** John Hurt (Maitland), Rhys Ifans (Eddie), Claire Skinner (Jo), David Schneider (Ian), Barbara Flynn (Professor Corner), John Benfield (Inspektor Badger) **L** 92 **FSK** ab 12; f **E** 14.10.1999/16.8.2000 Video/7.11.2000 DVD **fd** 33 906

YOU CAN COUNT ON ME (YOU CAN COUNT ON ME). In einer amerikanischen Kleinstadt zieht eine Frau ihren achtjährigen Jungen alleine auf. Als sich ihr jüngerer Bruder für eine Weile bei ihr einquartiert, entwickelt sich zwischen ihm und dem Kind eine intensive, aber auch labile Beziehung. Theaterhaft verfilmtes Kleinstadt- und Familien-Porträt, das inhaltlich wie formal allzu beiläufig inszeniert ist. Einzig die Schauspieler ragen aus der konzeptionslosen Arbeit heraus. – Ab 14. ✦ USA 2000 **P** Cappa/Hart Sharp/The Shooting Gallery **KI** Movienet **VA** Columbia TriStar Home **DVD** Columbia TriStar Home (16:9, 1.85:1, DD5.1 engl./dt.) **Pd** Larry Meistrich, Barbara De Fina, John Hart, Jeffrey Sharp **R+B** Kenneth Lonergan **K** Stephen Kazmierski **M** Lesley Barber **S** Anne McCabe **D** Laura Linney (Samantha Prescott), Mark Ruffalo (Terry Prescott), Rory Culkin (Rudy), Matthew Broderick (Brian Everett), Jon Tenney (Bob Stegerson), Kenneth Lonergan (Priester Ron) **L** 116 **FSK** ab 12; f **E** 19.4.2001/23.10.2001 Video & DVD **fd** 34 807

YOU'LL NEVER GET RICH →Reich wirst du nie

YOU'LL NEVER WALK ALONE (1992) (YOU'LL NEVER WALK ALONE). Das Porträt der rezessionsgebeutelten Stadt Liverpool und ihrer Menschen, festgemacht an der noch immer lebendigen Musikszene der Stadt, die vor 30 Jahren das Phänomen der Beatles hervorbrachte. Ein Dokumentarfilm voller Musik und interessanter Interviewpartner, die die Filmemacher jedoch zusehends auflaufen lassen und die Fragen nach Sorgen und Zukunftsplänen mit Auskünften über Kneipenbesuche und Fußball beantworten. Ein interessantes Dokument des Scheiterns hochtrabender Filmpläne. – Ab 14. ✦ Frankreich 1992 **P** NOE **R+B** Evelyne Ragot, Jérôme de Missolz **K** Gerard Grénier, Jérôme de Missolz **M** Patrick Genet **S** Elisabeth Juste **L** 75 (Orig. 90) **E** 24.6.1993 arte

YOU'LL NEVER WALK ALONE (1995/97) (YOU'LL NEVER WALK ALONE). Nach »Dark Tales« mit Kurzfilmen aus Neuseeland und der internationalen Animationsfilmsammlung »Tricky Tales« wurde dieses weitere Kurzfilm-Programm der »Kurzfilmagentur Hamburg« vorgelegt: drei preisgekrönte Filme, denen überbordende Fantasie und ausgesprochen skurriler Humor gemein sind. Drei Auseinandersetzungen mit den Unwägbarkeiten und Feindseligkeiten des Lebens, in deren Mittelpunkt Kinder, Heranwachsende und die Probleme der Informationsgesellschaft stehen. Das bei aller Unterschiedlichkeit überzeugende Kurzfilmprogramm bietet die seltene Gelegenheit, mit einer Filmkultur in Berührung zu kommen, die sonst fast nur noch auf Festivals wahrgenommen werden kann. (O.m.d.U.; Titel der einzelnen Filme: 1. »The Life of Reilly«/Irland 1995; 2. »Flatworld«/England 1997; 3. »35 Aside«/Irland 1995) – Sehenswert ab 14. ✦ Irland/Großbritannien 1995/97 **P** Echo Prod. (1)/Tandem Films/BBC (2)/ Clingfilms Prod. (3) **KI** Kurzfilmagentur Hamburg **Pd** Patrick O'Donoghue (1), Nigel Pay (2), Paul Fitzgerald (3), Petra Conroy (3) **R** Alan Archbold (1), Daniel Greaves (2), Damien O'Donnell (3) **B** Alan Archbold (1), Daniel Greaves (2), Patrick O'Donoghue (2), Damien O'Donnell (3) **K** Seamus Deasy (1), Simon Paul (2), Harry Purdue (3), John Moore (3) **M** John Carney (1), Julian Nott (2), Stephen McKeon (3) **S** Dolores Hegarty (1), Rod Howick (2), Simon Cox (2), Damien O'Donnell (3), John Carney (3) **D** Mark O'Reagan (John Reilly, 1), Anita Reeves (Mutter, 1), John Olohan (Vater, 1), James Mahon (Philip Maguire, 3), Maria Hayden (Mutter, 3), Eamon Hunt (Vater, 3) **L** 85 (27/30/28) **E** 1998 **fd** 33 235

YOU RUINED MY LIFE – EIN GIRL SAHNT AB (YOU RUINED MY LIFE). Ein Mathematikprofessor, der in einem Casino beim Schwindeln ertappt wird, soll die Nichte des Besitzers, die von allen Schulen fliegt, auf die Aufnahmeprüfung für eine vornehme Bostoner Privatschule vorbereiten. Natürlich siegt der Mann auf der ganzen Linie und erringt als Dreingabe die Liebe einer bildhübschen Sekretärin. Fantasieloser und überaus langatmiger Film, der seine Geschichte schon nach einer halben Stunde erschöpft hat. (Alternativtitel: »Ich spreng die Bank – Ein Girl sahnt ab«) – Ab 10 möglich. ✦ USA 1986 **P** Walt Disney Television **VA** EuroVideo **Pd** Mark H. Ovitz, Dylan Sellers **R** David Ashell **B** Robin Swicord **K** Ric Waite **M+S** Jonathan Tunick **D** Soleil Moon Frye (Minerva), Mimi Rogers, Allen Garfield, Paul Reiser, Edith Fields **L** 90 **FSK** ab 6 **E** 19.10.1988 Video **fd** 27 433

YOUCEF OU LA LÉGENDE DU SEPTIÈME DORMANT (YOUCEF OU LA LEGENDE DU SEPTIEME DORMANT). Ein Mann, der sich für einen Gefangenen der Franzosen hält, bricht aus und macht sich auf die Suche nach seinen Kriegskameraden. Erst auf dem Weg durch sein Land realisiert der im Unabhängigheitskampf 30 Jahre zuvor am Kopf verletzte und seither an Amnesie leidende Ex-Soldat, daß die alten Feinde das Land längst verlassen haben und die neuen Gegner die islamischen Extremisten von heute sind. Ein mit spezifisch algerischen Symbolen arbeitender Film von ungeheurer Bildkraft und mit einem interessanten Drehbuch, das, ausgehend vom Motiv des »Siebenschläfers«, souverän mit der Verschiedenheit der dramatischen, bewegenden und komischen Situationen spielt, die durch den Gedächtnisverlust des Helden entstehen. (TV-Titel: »Der einsame Held«) – Sehenswert ab 16. ✦ Algerien 1993 **P** CAAIC/ENPA in Zusammenarbeit mit Degeto und Vulkan **KI** Freunde der Deutschen Kinemathek **Pd** Rachid Diguer **R** Mohamed Chouikh **K** Allel Yahiaoui **M** Khaled Barkat **S** Yamina Chouikh **D** Mohamed-Ali Allalou (Youcef), Selma Shiraz (Aicha), Youcef Benadouda (Amin), Dalila Helilou (Fatima), Mohamed Benguettaf (Ali), Azzedine Medjoubi (Lyes) **L** 100 **E** 1994 Kino/15.3.1995 ARD

YOUNG AGAIN (YOUNG AGAIN). Einem 40jährigen wird auf seinen Wunsch hin eine zweite Jugend beschert. Komödie aus den Disney-Studios; ein Vorläufer des mittlerweile populären und vielfach variierten Themas vom Rollen- und Alterstausch (vgl. »Big«). – Ab 14 möglich. ✦ USA 1985 **P** Walt Disney Prod. **VA** EuroVideo **Pd** Sharm Hill **R** Steven Hillard Stern **B** Steven Hillard Stern, David Simon, Barbara Hall **K** Laszlo George **M** James Di Pasquale **S** Ron Wisman **D** Lindsay Wagner, Robert Urich, K. C. Reeves, Jessica Stern, Jack Gilford **L** 85 **FSK** ab 12 **E** 15.1.1987 Video/4.11.1992 premiere

YOUNG AMERICANS (THE YOUNG AMERICANS). Das Mitglied einer amerikanischen Spezialeinheit zur Drogenbekämpfung unterstützt Londoner Kollegen, die sich mit einer neuen brutalisierten Form der Rauschgiftkriminalität auseinandersetzen müssen. Nach einigen Schwierigkeiten gelingt es ihm, an den Hintermann, seinen Intimfeind, heranzukommen. Ein Drogenkrimi, der sich bemüht, das Rauschgiftgeschäft als schmutzigen Wirtschaftszweig darzustellen. Trotz seines guten Hauptdarstellers kommt der chic fotografierte Film über Mittelmaß nicht hinaus. ✦ Scope. Großbritannien 1993 **P** Working Title & Trijbits Worrel Associates **KI** Atlantic (Erstverleih: Amazonas) **VA** Vipro **DVD** VCL (1.85:1, DD5.1 dt.) **Pd** Paul Trijbits, Alison Owen **R** Danny Cannon **B** Danny Cannon, David Hilton **K** Vernon Layton **M** David Arnold **S** Alex Mackie **D** Harvey Keitel (John Harris), Iain Glen (Foster), Craig Kelly (Christian O'Neill), Thandie Newton (Rachael Stevens), Keith Allen (Jack Doyle), Viggo Mortensen (Fraser) **L** 103 **FSK** ab 16 **E** 1.9.1994/23.2.1995 Video/5.7.1996 premiere/2.8.1999 DVD **fd** 30 936

YOUNG DISTANCE (LA DONNA DELLA LUNA). Eine Amerikanerin italienischer Herkunft, die nach Sizilien reist, um dort an der Beerdigung ihres Vaters teilzunehmen, wird auf der Fähre von einem wesentlich jüngeren Mann angesprochen. Er läßt sich fortan nicht mehr abwimmeln und behauptet, er befinde sich auf der Flucht vor der Mafia. Unsicher, ob sie ihm Glauben schenken kann, nimmt die Frau den jungen Mann in ihrem Auto mit. Auf der langen Fahrt entwickelt sich eine Affäre zwischen den beiden. ✦ Italien 1988 **Pd** Grazia Volpi **R** Vito Zagarrio **B** Vito Zagarrio, Lucio Mandarà, Emanuela Martini **K** Luigi Verga **M** Franco Piersanti **S** Roberto Perpignani **D** Greta Scacchi (Angela), Luca Orlandini (Salvo), Tim Finn (Steve), Miko Magistro (Toti Mazza) **L** 87 **E** 26.3.1994 premiere

YOUNG GUNS (YOUNG GUNS). Eine Legende des Wilden Westens, neu erzählt: Billy the Kid und seine Revolverhelden entfachen ein gewaltiges Gemetzel, nachdem ihr Arbeitgeber und Schutzpatron von seinem skrupellosen Widersacher ermordet worden ist. Dem blutigen Showdown fallen die meisten Bandenmitglieder zum Opfer. Überzeugend nur in den schauspielerischen Leistungen, nimmt der Film verschiedene Einflüsse des Genres auf, ohne jedoch zu einer eigenen Linie zu finden. (Fortsetzung: »Blaze of Glory – Flammender Ruhm«) ✦ USA 1988 **P** Morgan Creek **KI** Vestron **VA** Vestron/Concorde **Pd** Joe Roth, Christopher Cain **R** Christopher Cain **B** John Fusco **K** Dean Semler **M** Anthony Marinelli, Brian Banks **S** Jack Hofstra **D** Emilio Estevez (William H. Bonney), Kiefer Sutherland (Doc Scurlock), Lou Diamond Phillips (Chavez Y Chavez), Charlie Sheen (Dick Brewer), Dermot Mulroney (Dirty Stephens), Casey Siemaszko (Charley Bowdre), Terry O'Quinn (Alex McSween), Alice Carter (Yen Sun), Jack Palance (L. G. Murphy), Terence Stamp (John Tunstall), Patrick Wayne (Pat Garrett), Brian Keith (Buckshot Roberts) **L** 107 **FSK** ab 16; nf **E** 2.2.1989/25.9.1989 Video **fd** 27 373

YOUNG GUNS II →Blaze of Glory – Flammender Ruhm

YOUNG IVANHOE →Ivanhoe, der junge Ritter

YOUNG KAMIKAZE & CO. – K. M. JAGT FEUERVOGEL (KAMIKAZE YARO – MAHIRU NIO KETTO). Infolge einer Verwechslung wird ein junger Japaner auf Taiwan von Gangstern in die Suche nach versteckten Juwelen verwickelt. Turbulente Krimiunterhaltung, parodistisch gemeint, aber nicht durchgehend gelungen. – Ab 16 möglich. ✦ Scope. Japan 1966 **P** Ninjin/Kokko Eigyo **KI** Adria **R+B** Kinji Fukasaku **K** Giichi Yamasawa **D** Shinichi Ciba, Minoru Oki, Ken Takakura, Pailan **L** 84 **FSK** ab 16; nf **E** 29.8.1967 **fd** 14 885

YOUNG LADY CHATTERLEY →Junge Lady Chatterley

YOUNG LADY CHATTERLEY II (YOUNG LADY CHATTERLEY II). Die erotischen Abenteuer einer jungen englischen Lady, die glaubt, in einem französischen Grafen den Mann ihrer Träume gefunden zu haben, jedoch feststellen muß, daß sie einem intriganten Bodenspekulanten auf den Leim gegangen ist. In der Gegenwart angesiedelter trivialer Sexfilm, der mit der titelgebenden »Lady Chatterley« des englischen Romanciers D.H. Lawrence nichts gemeinsam hat. ✦ Großbritannien 1984 **P** Park Lane **VA** CBS/Fox **R** Alan Roberts **B** Anthony Williams **K** Bob Brownwell, Bryan England **D** Harlee McBride (Cynthia Chatterley), Brett Clark (Thomas), Adam West (Arthur Bohart jr), Sybil Danning (Judith), Alex Sheafe **L** 82 **FSK** ab 18 **E** Februar 1987 Video

YOUNG NURSES IN LOVE (YOUNG NURSES IN LOVE). Eine sowjetische Agentin wird in ein US-Krankenhaus eingeschleust, um die Samenbank zu plündern. Denn die UdSSR ist arm an Genies, und da kommen die Samen Edisons und Einsteins recht. Ihre Aufgabe wird dadurch erleichtert, daß nur Idioten das Hospital bevölkern und die Schwestern ebenso hinter den Ärzten her sind wie diese hinter ihnen. Eine Manifestation von denkbar schlechtem Geschmack, die keinen Gag ohne sexistische Anspielung entwickelt und für die Würde ein Fremdwort ist. So durchziehen Zoten und Plattheiten einen Film, dem kein Klischee zu abgegriffen ist. (Späterer Videotitel: »Die Schwestern von der Samenbank«) – Wir raten ab. ✦ USA 1987 **P** Platinum/Lightning **VA** Concorde **Pd+R** Chuck Vincent **B** Craig Horrall, Chuck Vincent **K** Larry Revene **M** div. Songs **S** Chuck Vincent, James Davalos **D** Jeanne Marie (Schwester Ellis), Alan Fisher (Dr. Reilly), Jane Hamilton (= Veronica Hart) (Francesca), Jamie Gillis (Dr. Spencer), Marv Segel (Dr. Young) **L** 85 **FSK** ab 18 **E** 1989 Video **fd** 27 610

YOUNG SOUL REBELS (YOUNG SOUL REBELS). Ein Mischling und sein schwarzer Freund, die im London des Jahres 1977 einen Piratensender betreiben, entzweien sich über beruflichen und privaten Problemen, werden in einen Mordfall im Homosexuellen-Milieu verwickelt und versöhnen sich schließlich wieder. Mit viel Funk- und Soul-Musik unterlegtes Zeitgemälde, das das Lebensgefühls seiner vorwiegend schwarzen Protagonisten zu porträtieren vorgibt, aber streckenweise spekulativ ist und letztlich einer naiv-oberflächlichen Betrachtungsweise verhaftet bleibt. ✦ Großbritannien 1990 **P** British Film Institute/Kinowelt/Film Four International/Sankofa/Ibero Americana **KI** Kinowelt **VA** Cannon/VMP **Pd** Nadine Marsh-Edwards **R** Isaac Julien **B** Paul Hallam, Derrick Saldaan McClintock, Isaac Julien **K** Nina Kellgren **M** Simon Boswell **S** John Wilson **D** Valentine Nonyela (Chris), Mo Sesay (Caz), Sophie Okonedo (Tracy), Jason Durr (Billibud), Dorian Healy (Ken) **L** 95 **FSK** ab 16; f **E** 5.9.1991/8.7.1992 Tele 5/27.7. 1992 Video **fd** 29 078

YOUNG STREETFIGHTERS (BROTHERHOOD OF JUSTICE). Fünf Jugendliche bilden eine schlagkräftige Truppe und erklären dem Verbrechen den Krieg. Sie demonstrieren damit nicht nur Hilfe zur Selbsthilfe, sondern tragen außerhalb der Legalität zur Befriedung der Stadt bei. Fragwürdiger Actionfilm, der Teenager-Unterhaltung mit Selbstjustiz-Mentalität »würzt«. (Fernsehtitel: »Terror an der Highschool«) ✦ USA 1986 **P** Guber-Peter **VA** New Vision **R** Charles Braverman **D** Keanu Reeves (Derek), Lori Loughlin (Christie), Kiefer Sutherland (Victor), Joe Spano (Bob Grootemat), Darren Dalton (Scottie) **L** 93 **FSK** ab 16 **E** Juli 1988 Video/24.5.1991 premiere

YOUNG WARRIORS (THE YOUNG WARRIORS). Nach der Vergewaltigung und Ermordung seiner Schwester durch eine Rockerbande gründet ein College-Student eine paramilitärische Einheit, die auf Gewalttaten mit Gewalt reagiert, bis er jegliche Wertmaßstäbe verliert und sich selbst richtet. Mit den Mitteln einschlägiger Action-Filme inszenierter Versuch, die Sinnlosigkeit von Gewalt und Gegengewalt zu thematisieren, was zu einer zwiespältigen, aber immerhin diskussionswerten Gratwanderung führt. ✦ USA 1983 **P** Star Cinema/Cannon **VA** VMP **Pd** Victoria Paige Meyerink **R** Lawrence D. Foldes **B** Lawrence D. Foldes, Russel W. Colgin **K** Mac Ahlberg **M** Rob Walsh **S** Ted Nicolaou **D** James van Patten (Kevin Carrigan), Anne Lockhart (Lucy), Tom Reilly (Scott), Ernest Borgnine (Lt. Bob Carrigan), Richard Roundtree (St. John Austin) **L** 99 **FSK** ab 18 **E** 15.12.1985 Video **fd** 25 537

YOUNGER AND YOUNGER. Ein in den Tag hineinlebender Lagerhausbesitzer verursacht durch seine Seitensprünge den Herzinfarkt seiner Frau, versucht mit Hilfe seines Sohnes das Geschäft zu retten und verliebt sich in seinen Fantasien aufs neue in seine immer jünger und attraktiver »erscheinende« Frau. Weil die Inszenierung Tempo mit Hektik und das Drehbuch Humor mit Zoten verwechselt und dramaturgisch keine Bindung zwischen der Geschichte und den zahlreichen Star-Gastauftritten herstellt, wirkt der Film trotz vorgetäuschter Frische fade. – Ab 16. ✦ Deutschland 1992/93 **P** pelemele/Duckster/Kushner-Locke/Leora/BR **KI** Jugendfilm **VA** VCL **Pd** Eleonore Adlon, Percy Adlon, John Gans, Aziz Ojjeh **R** Percy Adlon **B** Percy Adlon, Felix Adlon **K** Bernd Heinl **M** Hans Zimmer **S** Suzanne Fenn **D** Donald Sutherland (Jonathan Younger), Lolita Davidovich (Penny), Brendan Fraser (Winston), Sally Kellerman (Zickzack-Lilian), Julie Delpy (Melodie), Pit Krüger (Roger), Linda Hunt (Frances) **L** 97 **FSK** ab 12; f **FBW** w **E** 9.12.1993/23.4.1996 Video **fd** 30 583

YOUNGSTERS (WHO SHOT PATAGANGO?). Brooklyn, 1957: Nachdem ein Schüler einer High-School angeschossen wurde, droht ein Bandenkrieg auszubrechen. Die Courage eines Schülers, der zugleich das Herz seiner Angebeteten gewinnen kann, verhindert das Schlimmste. Nostalgischer Rückblick auf die beginnende Rock-'n'-Roll-Ära und jugendliches Rebellentum, der mit viel Musik von damals aufbereitet wurde. (TV-Titel: »Youngsters – Die Brooklyn-Gang«) – Ab 16. ✦ Großbritannien 1989 **P** Gavin Films **VA** VPS **Pd** Halle Brooks **R** Robert Brooks **B** Robert Brooks, Halle Brooks **K** Robert Brooks **M** Halle Brooks **S** Robert Brooks, Halle Brooks **D** David Knight, Sandra Bullock, Kevin Otto, Brad Randall, Michael Puzzo **L** 94 **FSK** ab 12 **E** 16.4.1992 Video/17.4.1994 Kabelkanal

YOUTH WARS – BEOBACHTUNGEN IN DER DEUTSCHEN PROVINZ. Dokumentation über zwei Kieler Straßencliquen, die das Motto unserer Gesellschaft in die Tat umsetzen: Nur der Stärkere gewinnt. ✦ Deutschland 1991 **P** Video Media Kiel **SF** Landesbildstelle Schl.-Holst. **R+B** Karl Siebig **K** Maik Remmert, Detlev von der Goltz **S** Kay Geerdes **L** 63 **E** September 1991/Juni 1991 RTL (Kurzfassung)

YOYO (YOYO). Ein gelangweilter Milliardär fühlt sich durch die Zeitumstände veranlaßt, seinen Reichtum gegen ein glücklicheres Leben als Clown einzutauschen, und zieht mit seinem Sohn in einem Zirkuswagen durch Frankreich. Amüsante Filmgroteske von und mit Pierre Etaix, der in Form eines modernen Schelmenromans die absurden Aspekte im Alltagsleben seiner Landsleute karikiert. Neben den Filmen von Tati das anspruchsvollste Werk französischer Filmkomik in den 60er Jahren. (DDR-Titel: »Yoyo – Der Lebensweg eines Zirkusclowns«) – Sehenswert ab 10. ✦ Schwarz-weiß. Frankreich 1964 **P** Artistique **KI** Atlas **R** Pierre Etaix **B** Pierre Etaix, Jean-Claude Carrière **K** Jean Boffety **M** Jean Paillaud **D** Pierre Etaix, Claudine Auger, Philippe Dionnet, Luce Klein **L** 96 **FSK** ab 6; nf **FBW** w **E** 4.6.1965/29.12.1976 Kino DDR/1.2.1970 ARD **fd** 13 501

YÜ GUNG VERSETZT BERGE →Wie Yü Gung Berge versetzt

YUCCA FLAT – DIE VERRÜCKTESTE STADT DES WILDEN WESTENS (PHANTOM GUNSLINGER). Ein schüchterner, tolpatschiger Mann übernimmt das Sheriff-Amt in einem Wildwest-Städtchen just zu einer Zeit, als eine gefürchtete Bande ihr Unwesen treibt. Nur allmählich organisieren sich die Bürger und verbünden sich mit einigen Indianern; als schließlich noch »himmlischer Beistand« eingreift, wird der ungleiche Kampf gewonnen. Banale Western-Parodie. – Ab 12 möglich. ✦ USA 1974 **R** Albert Zugsmith **D** Troy Donahue, Stim Segar, Ana Martin, Emilio Fernández, German Robles **L** (TV) 95 **E** 18.5. 1988 RTL plus

YUKINOJÔS RACHE – VON DÄMONEN VERZAUBERTE SCHNEEMACHT (YUKINOJO HENGE). Eine Rachegeschichte aus Japan: Ein Schauspieler entdeckt bei einer Vorstellung unter den Zuschauern den Geschäftsmann, der seine Eltern in seiner Kinderzeit ruiniert und zum Selbstmord getrieben hat. Er rächt sich auf raffinierte Weise, aber seine Rache endet auch für ihn tragisch. Eine traditionelle Geschichte, die Formen des Kabuki-Theaters und der japanischen Malerei nutzt, um einen Realismus ganz besonderer Art zu stilisieren. – Ab 16. ✦ Japan 1963 **P** Daiei **R** Kon Ichikawa **B** Daisuke Itô, Teinosuke Kinugasa, Nattô Wada, nach dem gleichnamigen Roman von Otokichi Mikami. **K** Setsuo Kobayashi **M** Yasushi Akutagawa **D** Kazuo Hasegawa (Yukinojô/Yamitarô), Fujiko Yamamoto (Ohatsu), Ayako Wakao (Namiji), Raizo Ichikawa (Hirutarô), Ganjirô Nakamura (Sansai Dobe), Chûsha Ichikawa (Kikunojô) **L** 112 **E** 15.4.1972 WDR III

YUKON (DEATH HUNT). Ein Sergeant der kanadischen Polizei verfolgt einen Trapper, der zu Unrecht des Mordes beschuldigt wurde. Mäßig spannender Abenteuerfilm, der ganz auf seine Stars zugeschnitten ist. In der sentimentalen Huldigung eines überholten Männlichkeitsideals höchst unzeitgemäß. (Späterer Titel: »Ein Mann wird zur Bestie«) – Ab 16. ✦ USA 1980 **P** Golden Harvest **KI** Senator **Pd** Albert S. Ruddy, Murray Shostak **R** Peter Hunt **B** Michael Grais, Mark Victor **K** James Devis **M** Jerrold Immel **S** Allan Jacobs, John F. Burnett **D** Lee Marvin (Millen), Charles Bronson (Johnson), Andrew Stevens (Alvin), Carl Weathers (Sundog), Angie Dickinson (Vanessa), Ed Lauter (Hazel), Henry Beckman (Luce), August Schellenberg (Deak) **L** 97 **FSK** ab 16; f **E** 10.9.1981 **fd** 23 132

YUMA (YUMA). Ein neuer Marshall wird in Yuma, einer der wildesten und korruptesten Städte des Wilden Westens, gleich vor unlösbar scheinende Aufgaben gestellt. Er sieht sich einer Front von Feindseligkeit gegenüber, schafft es aber trotzdem, den Drahtzieher des Komplotts zu entlarven. Fürs Fernsehen produzierter Durchschnittswestern. – Ab 16. ✦ USA 1970 **P** Spelling **Pd** Aaron Spelling **R** Ted Post **B** Charles Wallace **K** John Stevens **M** George Duning **S** Art Seid **D** Clint Walker (Dave Harmon), Barry Sullivan (Nels Decker), Edgar Buchanan (Mules McNeil), Kathryn Hays (Julie Williams), Peter Mark Richman (Major Lucas), Morgan Woodward, John Kerr, Robert Phillips (Sanders), Miguel Alejandro (Andres) **L** 72 **E** 13.2. 1976 ARD

YUPPI DU (YUPPI DU). Ein in zweiter Ehe verheirateter junger Mann trauert der angeblich ertrunkenen ersten Frau nach, bis die nur der Armut Entflohene plötzlich vor ihm steht, um ihr Kind zu sehen. Eine mit Symbolen überladene Collage verschiedener Stilelemente, die jedoch zu keiner Einheit findet und trotz einiger Gags eher langweilt. – Ab 16. ✦ Italien 1974 **P** Clan Celentano/Daunia 70 **KI** Gloria **Pd+R+B** Adriano Celentano **M** Adriano Celentano **D** Adriano Celentano, Charlotte Rampling, Claudia Mori, Lino Toffolo **L** 115 **FSK** ab 16; f **E** 8.1.1976 **fd** 19 631

EIN YUPPIE STEHT IM WALD (OUT ON A LIMB / WELCOME TO BUZZSAW). Als die Lehrerin am ersten Schultag nach den Ferienerlebnissen der Kinder fragt, weiß ein Mädchen Erstaunliches zu berichten. Der Bruder verlor den Job, die Mutter beinahe den Verstand, und der Stiefvater wurde von seinem Zwillingsbruder umgebracht. Buch und Regie haben eine in Spannung und Komik ausgewogene, unterhaltsame Kriminalkomödie zustande gebracht, die lustvoll große Vorbilder zitiert und variiert. Ein weitgehend gelungener Filmspaß, der die wüsten Ferienerlebnisse in Rückblenden erzählt. – Ab 14. ✦ USA 1992 **P** Interscope **VA** CIC **Pd** Michael Hertzberg **R** Francis Veber **B** Daniel Goldin, Joshua Goldin **K** Donald E. Thorin **M** Van Dyke Parks **S** Glenn Farr **D** Matthew Broderick (Bill), Jeffrey Jones (Matt/Peter), Heidi Kling (Sally), Courtney Peldon (Marci), Marian Mercer (Ann) **L** 79 **FSK** ab 12 **E** 6.5.1993 Video/11.5.1994 premiere **fd** 30 260

YURESHA – PRINZ EINES VERLORENEN KÖNIGREICHES (YURESHA – PRINZ EINES VERLORENEN KÖNIGREICHES). Porträt des Choreografen und Ballettmeisters Jelko Yuresha, für den das klassische Ballett »krank und langweilig« geworden ist, weil die Tänzer kaum noch die eigenen Gefühle zum Ausdruck bringen. Der Film stellt die Stationen einer Karriere vor und begibt sich damit zugleich auf eine Zeitreise in die Geschichte des klassischen Tanzes. ✦ Schweiz 2001 **R** Beat Morell **L** 60 **E** 8.7.2001 3sat

YUSUF UND KENAN (YUSUF ILE KENAN). Nach dem Tod des Vaters durch Blutrache fliehen zwei Brüder, vierzehn und neun Jahre alt, nach Istanbul. Während der ältere bald mit einer Jugendbande zusammenkommt und ins Gefängnis gesteckt wird, findet der jüngere Arbeit. Ein trotz formaler Schwächen interessanter Jugendfilm, der auf einfühlsame Weise türkische Lebensverhältnisse aufschlüsselt und vermittelt. Ein beherztes Plädoyer für Freundschaft, Mut und Ehrlichkeit. – Ab 12. ✦ Türkei 1979 **P** Focus Films **KI** Institut für Film und Bild/Kinder- und Jugendfilmzentrum/BAG **R** Ömer Kavur **B** Onat Kutlar, Ömer Kavur **K** Günes Karabuda **M** Cagdas Arastirma **D** Cem Davran, Tamer Celikar, Yalcin Avsar, Hakan Tanfer, Sevket Avsar **L** 80 **FSK** ab 12; f

YVES MONTAND – »DU SIEHST, ICH HABE NICHT VERGESSEN ...« →Montand

YVETTE (1927) (YVETTE). Als die Tochter einer Halbweltdame die Wahrheit über das Milieu, in dem sie beide leben, erkennt, will sie ihrem Leben ein Ende setzen, wird aber durch Liebe gerettet. Eine ins Paris der 20er Jahre unseres Jahrhunderts verlegte Maupassant-Adaption für das französische Stummfilmkino. – Ab 14. ✦ Frankreich 1927 **R** Alberto Cavalcanti **B** Alberto Cavalcanti, nach einer Novelle von Guy de Maupassant **K** Jimmy Rogers **M** Roland Sonder-Mahnken (Neubearbeitung) **D** Catherine Hessling, Ica de Lenkeffy, Pauline Carton, Blanche Bernis, Nina Chouvalová **L** 80 **E** 30.10.1974 NDR/BR/SFB

YVETTE (1938). Ende des 19. Jahrhunderts versucht eine Pariser Kurtisane erfolgreich, ihrer Tochter eine bessere Ausbildung angedeihen zu lassen und sie dann entsprechend zu verheiraten. Verfilmung der Novelle von Maupassant, die ein Wiedersehen mit alten Stars bringt, deren Unterhaltungswert jedoch eher bescheiden ist. – Ab 16. ✦ Schwarz-weiß. Deutschland 1938 **P** Meteor **R** Wolfgang Liebeneiner **B** Bernd Hofmann, nach einer Novelle von Guy de Maupassant **K** Franz Weihmayr **M** Hansom Milde-Meißner **D** Käthe Dorsch (Oktavia Obardi), Ruth Hellberg (Yvette Obardi), Albert Matterstock (Jean), Johannes Riemann (Aristide de Saval) **L** 99 **FSK** ab 16; nf **E** 25.3.1938/2.12.1968 DFF 1

YVON YVONNE (YVON YVONNE). Ein vorwiegend mit der Handkamera und Direktton realisierter Dokumentarbericht aus einer Lausanner Schule, in der entwicklungsgestörte Kinder nach der Methode »Le bon départ« beobachtet und behandelt werden. Eine ebenso poetische wie sachliche Reportage, die Verständnis und Bewunderung weckt, sowohl für das, was sie schildert, als auch für die Art, wie sie dies tut. ✦ Schweiz 1968 **P** Le Bon Départ **R+B** Claude Champion, Agnès Contat **K** Henri Rossier **S** Claude Champion **L** 63 **E** Schweiz

Z

Z (Z). Ein pazifistisch engagierter Universitätsprofessor wird während einer Demonstration ermordet; die Regierung versucht, die Hintergründe der Tat zu vertuschen, aber ein mutiger Beamter deckt ein Komplott auf, das bis in allerhöchste Kreise reicht. Ohne Nennung von konkreten Orten und Personen, aber mit unmißverständlichem Bezug zu Ereignissen in Griechenland (Affäre Lambarkis, 1963) inszenierte Costa-Gavras einen spannenden, engagierten, hochemotionalen und teilweise wütend polemischen Politthriller, der eindringlich die Gefahren einer Verfilzung von Staats- und Gruppeninteressen beschwört. – Sehenswert. ✦ Frankreich/Algerien 1968 **P** Reggane/O.N.C.I.C. **KI** Cinerama **R** Constantin Costa-Gavras **B** Constantin Costa-Gavras, Jorge Semprun, nach einem Roman von Vassili Vassilikos **K** Raoul Coutard **M** Mikis Theodorakis **D** Yves Montand (»Doktor«), Irene Papas, Jean-Louis Trintignant (Untersuchungsrichter), François Périer, Georges Géret **L** 126 **FSK** ab 16; f **FBW** bw **E** 14.11.1969 **fd** 16 529

Z. B. EHEBRUCH → Oswalt Kolle – Zum Beispiel: Ehebruch

Z. B. ... OTTO SPALT. Ein Ausschuß der Filmförderungsanstalt soll anhand einiger Kurzfilme über die Förderungswürdigkeit eines Regisseurs entscheiden, entlarvt sich dabei durch Inkompetenz und Dünkel, bildet aber dennoch einen unanfechtbaren »Machtfaktor«, der das Verhalten des Antragstellers beeinflußt. Mit leisem Witz und treffsicherer Ironie erzählte Satire, in der fünf Kurzfilme durch eine Rahmenhandlung zu einer losen, aber sinnvollen Einheit verbunden werden. – Ab 12. ✦ BR Deutschland 1987 **P** Filmprod. René Perraudin **KI** FiFiGe **Pd+R+B** René Perraudin **K** Werner Nitschke **M** Klaus Doldinger **S** René Perraudin **D** Otto Sander (Otto Spalt), Alfred Edel (Dr. Kohlhammer), Rolf Zacher (Reporter Schnellwind), Katharina Thalbach (Tamara), Heinz Meier (Prof. Prüfspitz), Romy Haag (Maria Loria), Helmut Krauss (Roger Moon) **L** 100 **FSK** o. A.; f **E** 26.5.1988 **fd** 26 906

Z-MAN'S KINDER. Nach einer Schießerei mit der Polizei taucht eine nach langjähriger Abwesenheit nach Berlin zurückgekehrte ehemalige Terroristin bei einem alten Freund unter, der sie aus einem Gefühl vager Solidarität im Kellergeschoß versteckt. Während die Fahndung läuft, stellt sich die Frau in ihrem Versteck Fragen nach ihrer Entwicklung. ✦ Deutschland 1994 **R+B** Heidi Specogna **K** Rainer Hoffmann, Thomas Keller **M** Michael Schwerd **D** Dominik Bender (Fred), Suzanne von Borsody (Frau), Nadja Engel (Franzi), Helle Harnisch (Laura), Irene Rindje (Ingrid) **L** 86 **E** 17.9.1995 ZDF

EIN Z & ZWEI NULLEN (A ZED & TWO NOUGHTS / Z.O.O.). Zwei getrennte siamesische Zwillinge suchen nach dem Tod ihrer Frauen nach den Zusammenhängen von Evolution und Verfall des organischen Lebens. In eindrucksvollen Bildmetaphern stellt der Film vielfältige Bezüge zwischen künstlerischen, philosophischen, semiotischen oder naturwissenschaftlichen Interpretationsweisen des Lebens her und durchbricht Seh- und Denkgewohnheiten. Der komplexe, schwer zugängliche, intellektuell und künstlerisch herausfordernde Kosmos stellt hinter teils makabren, teils subjektiven Wort- und Bildspielen die Frage nach dem Wert von Erkenntnis- und Bedeutungstheorien und läßt sich von poststrukturalistischem Pessimismus tragen. Wegen seiner gestalterischen und intellektuellen Dichte diskussionswert. (O.m.d.U.) ✦ Großbritannien 1985 **P** BFI/Allart's Enterprises/Artificial Eye/Film Four **KI** Von Film **Pd** Peter Sainsbury, Kees Kasander **R+B** Peter Greenaway **K** Sacha Vierny **M** Michael Nyman **S** John Wilson **D** Andréa Ferréol (Alba Bewick), Brian Deacon (Oswald Deuce), Eric Deacon (Oliver Deuce), Frances Barber (Venus De Milo), Joss Ackland (Van Hoyten) **L** 115 **E** 20.8.1987/7.4.1989 West 3 **fd** 26 375

ZABOU. Der Duisburger Kriminalkommissar Schimanski, bekannt geworden durch die ARD-Fernsehserie »Tatort«, findet bei einer Rauschgift-Razzia seine seit Jahren aus den Augen verlorene Ziehtochter Conny, die sich als Chefin eines Crack-Dealer-Rings entpuppt. Langweiliger, schwach besetzter und einfallsloser Versuch, die Geschichten um die TV-Figur auch im Kino zur Serie auszubreiten. – Ab 16 möglich. ✦ BR Deutschland 1986 **P** Bavaria/Neue Constantin/WDR **KI** Neue Constantin **SF** atlas **VA** Euro-Video **Pd** Günter Rohrbach **R** Hajo Gies **B** Martin Gies, Axel Götz **K** Axel Block **M** Klaus Lage **S** Hannes Nikel **D** Götz George (Horst Schimanski), Claudia Messner (Zabou), Wolfram Berger (Hocks), Hannes Jaenicke (Melting), Eberhard Feik (Thanner) **L** 102 **FSK** ab 16; f **E** 5.3.1987/November 1987 Video **fd** 26 062

ZABRISKIE POINT (ZABRISKIE POINT). Ein junges Paar streift auf der Flucht vor der Polizei durch den Südwesten der USA und erlebt in der zivilisationsfernen Wüstenlandschaft des Death Valley eine intensive Liebesbegegnung, bis seine Rebellion in Tod und Zerstörung endet. Antonionis in Amerika entstandener Film erzählt in zum Teil allegorisch-visionären Bildern vom Mythos eines Wunderlandes, von der Faszination seiner unbegrenzten Möglichkeiten und von den Symptomen seines Zerfalls, wobei utopische Wunschträume unvermittelt in tödliche Albträume umschlagen. Die radikalen Befreiungsversuche der Helden korrespondieren mit einem experimentellen Erzählstil, der bewusst grelle Effekte des Actionkinos und der Kolportage mit Elementen der Pop- und Werbeästhetik verbindet. – Sehenswert ab 16. ✦ Scope. USA 1969 **P** MGM **KI** MFA (Erstverleih: MGM) **Pd** Carlo Ponti **R** Michelangelo Antonioni **B** Michelangelo Antonioni, Fred Gardner, Sam Shepard, Tonino Guerra, Clare Peploe **K** Alfio Contini **M** Pink Floyd **S** Franco Arcalli **D** Mark Frechette (Mark), Daria Halprin (Daria), Rod Taylor (Immobilienkaufmann), Paul Fix (Gastwirt), Joe Chaikins **L** 111 **FSK** ab 16; f **FBW** w **E** 3.9.1970/14.9.2000 Neustart **fd** 16 960

ZACHARIAH (ZACHARIAH). Ein von Western-Helden faszinierter junger Mann staffiert sich als Cowboy aus und geht auf die Suche nach Abenteuern. Ein Versuch, durch Pop-Attribute und -Musik das Genre und seine falschen Leitbilder zu entlarven. Mehr auf emotionale Assoziationen als auf intellektuelle Auseinandersetzung angelegt und durch die Mischung von realistischen und surrealen Elementen verwirrend. – Ab 16 möglich. ✦ USA 1970 **P** ABC **KI** Cent-Fox **Pd** George Englund, Lawrence Kubik **R** George Englund **B** Joe Massot, Philipp Austin, Peter Bergman, David Ossman, Philip Proctor **K** Jorge Stahl jr. **M** Jimmie Haskell **S** Gary Griffen **D** John Rubinstein (Zachariah), Pat Quinn (Belle Starr), Don Johnson (Matthew), Elvin Jones (Job Cain), Country Joe and The Fish (The Cracker Band), Doug Kershaw, William Challee (alter Mann), Dick Van Patten, The New York Rock Ensemble (Belle Starr's Band) **L** 93 **FSK** ab 16; f **E** 25.6.1971 **fd** 17 427

ZACHARIAS. Porträt des Biochemikers Zacharias Dische, dessen Familie von den Nazis umgebracht wurde, während ihm die Flucht in die USA gelang. Mit 56 Jahren heiratete der Wissenschaftler. Das Ehepaar bekam zwei Kinder, einen Sohn und eine Tochter. Die Tochter hat das Porträt ihres Vaters gedreht. Sie zeichnet ein liebevoll-kritisches Bild des zu Drehzeit bereits 86jährigen Mannes, der mehr in seinen Gedanken lebt als in der Metropole New York. In einem »McDonald's«-Restaurant sieht er beispielsweise die Reinkarnation des europäischen Kaffeehauses. Immer wieder sucht er das Gedankengespräch mit seiner Mutter, die 1942 mit seiner Schwester von der SS ermordet wurde. Irene Dische hat Motive des Films, der durch seine Montage und durch die von Jutta Lampe gesprochenen Kommentartexte besticht, später in Erzählungen weitergesponnen, die Anfang der 90er Jahre unter dem Buchtitel »Fromme Lügen« in Deutschland zu Recht berühmt wurden. – Ab 16. ✦ BR Deutschland 1986 **P** Dische Filmprod./ZDF **Pd+R+B** Irene Dische **K** Horst Zeidler **M** Alan Marks **S** Meir Sussmann **L** 89 **E** 22.7.1986 ZDF

ZADAR-KHAN, DER WÜSTENREBELL (LA MAGNIFICA SFIDA / EL HALCON DEL DESIERTO). Intrigen, Kämpfe und schicksalhafte Verwicklungen um die Rückeroberung eines Königsthrons durch den rechtmäßigen, aber vertriebenen Erben eines Reichs namens Semaras. (TV-Titel DDR: »Schatten in der Wüste«) – Ab 14 möglich. ✦ Italien/Spanien 1965 **P** Wonder Films/Hispana Films **VA** MCP **R** Miguel Lluch **B** Roberto Gianviti **K** Osvaldo Civirani **M** Lallo Gori (= Coriolano Gori) **D** Kirk Morris (Zadar-Khan), Dina Loy (Aman), Red Ross (Kames), Aldo Sambrell (Atatur), Erika Jones **L** 86 **FSK** ab 12 **E** 21.3.1987 DFF 2/22.11.1987 RTL plus

ZAGARBATA. Dilettantisch-grelle Szenen aus der »Szene«: Ein Skinhead liebt ein Tanzgirl und träumt von einer kleinbürgerlichen Zukunft. Als er von seiner Vermieterin, einer verarmten Fürstin, um den Lohn eines Überfalls gebracht wird, tötet er sie. Seine Freundin sinkt zur Prostituierten ab und wird ebenfalls umgebracht. Alles endet in der Gefängniszelle mit der Traumvision einer weißen Hochzeit in der Berliner Gedächtniskirche. Auf Super-8 gedrehter und auf 16mm aufgeblasener Erstlingsfilm der als Darstellerin in Underground-Filmen und als Kostümbildnerin bekannt gewordenen Tabea Blumenschein. ✦ BR Deutschland 1984 **R** Tabea Blumenschein **K** Christoph Dreher **M** Die tödliche Doris, Böhse Onkelz **D** Freddy Welfens, Claudia Skoda, Sue Proebster, Elmar Gessler, Reinhard Wilhelmi **L** (TV) 70 **E** 19.5.1985 ZDF

DER ZÄHESTE RAUFBOLD (THE TOUGHEST MAN ALIVE). Ein Agent der amerikanischen Regierung gibt sich als Waffenschmuggler aus, um einer südamerikanischen Bande von Revolutionären das Handwerk zu legen. Konventionellen Mustern folgender Abenteuerfilm mit Wildwest-Anleihen. – Ab 12 möglich. ✦ Schwarz-weiß. USA 1955 **P** Allied Artists **R** Sidney Salkow **B** Steve Fisher **K** John Martin **M** Edward J. Kay **D** Dane Clark, Lita Milan, Anthony Caruso, Ross Elliott, Myrna Dell **L** 72 **E** 27.12.1985 RTL plus

ZAHL BAR, WENN DU KANNST. Eine eigens entwickelte chemische Anlage soll die DDR von teuren Importen unabhängig machen. Ihr ehrgeiziger, bisweilen besessener Erfinder legt sich dafür sogar mit seiner Betriebsleitung und dem Forschungsdirektor an. Der im Hydrierwerk Zeitz gedrehte, dialoglastige Fernsehfilm beschreibt den konfliktreichen Weg des 50jährigen bei der Durchsetzung seiner Neuerung. ✦ DDR 1981 **P** DEFA **Pd** Uwe Klimek **R** Peter Deutsch **B** Peter Deutsch, nach dem gleichnamigen Roman von Claus Nowak **K** Hans Heinrich **M** Karl-Ernst Sasse **S** Renate Bade **D** Otto Mellies (Gerhard Eisner), Katrin Saß (Katja Leuner), Renate Geißler (Renate Eisner), Dietrich Körner (Weisenborn), Joachim Zschocke (Kahle) **L** 89 **E** 3.1.1982 DFF 1

ZÄHL BIS DREI UND BETE (3:10 TO YUMA). Ein verarmter, von seiner Frau als Versager angesehener Farmer hält der Belohnung wegen einen selbstsicheren Bandenchef bis zu dessen Abtransport fest. Bis zur Abfahrt des Zugs muß er einige Stunden in einem Hotelzimmer warten und die gewaltsame Befreiung seines Gefangenen durch dessen Bande befürchten. Dem Farmer gelingt im Alleingang das Unmögliche: Er schafft es, den Gefangenen zum Bahnhof zu bringen. Ein von Delmer Daves perfekt inszenierter und ausgezeichnet gespielter Western mit differenzierter Charakterzeichnung; einer der besten Filme des Regisseurs. – Ab 14. ✦ Schwarz-weiß. USA 1957 **P** Columbia **Kl** Columbia **Pd** David Heilweil **R** Delmer Daves **B** Halsted Welles **K** Charles Lawton jr. **M** George Duning **S** Al Clark **D** Glenn Ford (Ben Wade), Van Heflin (Dan Evans), Felicia Farr (Emmy), Leora Dana (Alice Evans), Henry Jones (Alex Potter), Richard Jaeckel (Charlie Prince), Robert Emhardt (Mr. Butterfield), Sheridan Comerate (Bob Moons), George Mitchell (Barmann), Robert Ellenstein (Ernie Collins), Ford Rainey (Marshal), Barry Curtis (Mathew), Jerry Hartleben (Mark) **L** 93 **FSK** ab 12; f **E** 13.9.1957/14.10.1967 ARD **fd** 6 187

ZAHL ODER STIRB (1959) (PAY OR DIE). Ein Polizeileutnant italienischer Abstammung gründet in New York ein Sonderkommando zum Kampf gegen die Mafia. Als er die entscheidenden Beweise in Händen hat, wird er ermordet; sein Mitarbeiter kann die Schuldigen entlarven. Effektvolle und professionell inszenierte Krimimischung aus Tatsachen und Fiktion, angesiedelt zu Beginn des Jahrhunderts (1906–1909). – Ab 14 möglich. ✦ Schwarz-weiß. USA 1959 **P** Allied Artists **Kl** Rank **R** Richard Wilson **B** Richard Collins, Bertram Millhauser **K** Lucien Ballard **M** David Raksin **D** Ernest Borgnine, Zohra Lampert, Alan Austin, Robert Ellenstein, Renata Vanni **L** 108 **FSK** ab 12; f **E** 4.11.1960/15.12.1973 ARD **fd** 9 684

ZAHL ODER STIRB (1972) →Zahl und stirb

ZAHL UND STIRB (SEI BOUNTY KILLERS PER UNA STRAGE). Unsäglich dilettantischer Italowestern: Eine Gruppe von Kopfgeldjägern sorgt im Auftrag des Gouverneurs für Ruhe und Ordnung. ✦ Italien 1972 **VA** Silwa **R** Franco Lattanzi **K** Giovanni Varriano **D** Robert Woods, Donald O'Brien, Attilio Dottesio, George Wang **L** 83 **E** Video

ZÄHLE DEINE KUGELN →Gebrannte Haut

DER ZAHLENTRICK – EIN MILLIONENSPIEL (BOOK OF NUMBERS). Zwei farbige Geschäftemacher, die in den 30er Jahren während der Depression in einem Provinznest ein Spielcasino eröffnen, machen sich damit einen Konkurrenten zum erbitterten Feind. Trotz des niedrigen Budgets gelingt es dem ausschließlich von Schwarzen gemachten Film, seine Geschichte überzeugend in Szene zu setzen. – Ab 14. ✦ USA 1973 **P** Avco Embassy **Pd+R** Raymond St. Jacques **B** Larry Spiegel, nach einem Roman von Robert Deane Phaar **K** Gayne Rescher **M** Al Schuckman **S** Irving Rosenblum **D** Raymond St. Jacques (Blueboy Harris), Philip Michael Thomas (Dave Greene), Freda Payne (Kelly Simms), Hope Clark (Pigmeat Goins), Sterling St. Jacques (Kid Flick) **L** 81 **E** 24.6.1993 SAT 1

ZAHLTAG (1972 F/BRD) (MOURIR TRANQUILLE). Ein verkrachter Reeder überfällt mit seinen früheren Angestellten einen Geldtransport, betrügt sie um ihre Beuteanteile und läßt sich, nach mißlungener Rückkehr ins bürgerliche Leben, von ihnen töten; allerdings erst nach einer von ihm selbst inszenierten Jagd, bei der er noch einmal seine intellektuelle Überlegenheit beweist. Erstlingsspielfilm des Schriftstellers Hans Noever, der sich von den unterkühlten, stilisierten Gangsterdramen Melvilles inspiriert zeigt. – Ab 16. ✦ Frankreich/BR Deutschland 1972 **P** PIFDA **Kl** Filmverlag der Autoren **R+B** Hans Noever **K** André Dubreuil **M** Johannes Brahms **D** André Rouyer, Ingrid Caven, Harry Baer, Marquard Bohm, Karl Scheydt **L** 87 **E** 9.3.1973/1.4.1974 ARD **fd** 18 285

ZAHLTAG (1972 USA) (PAY DAY). Hervorragendes Porträt eines amerikanischen Countrysängers, dessen letzte 36 Stunden vor seinem Herztod der Film zum Anlaß nimmt, die Trostlosigkeit, Leere und Brutalität eines Randgruppenmilieus zu schildern. Die konsequente Entmythifizierung des Popstars geht einher mit kritischen Seitenhieben auf die Korruption in der Schallplattenindustrie. Auch in der Darstellung und in der Kameraarbeit überaus gelungen. (Titel auch: »Payday«) – Sehenswert. ✦ USA 1972 **P** Pumice Finance/Fantasy **Kl** Impuls **Pd** Martin Fink **R** Daryl Duke **B** Don Carpenter **K** Richard C. Glouner **M** Shel Silverstein, David T. McKinney **D** Rip Torn, Ahna Capri, Michael C. Gwynne, Elayne Heilveil, Jeff Morris, Cliff Emmich, Henry O. Arnold **L** 103 **FSK** ab 16; f **E** 12.5.1977 **fd** 22 416

ZAHLTAG IM SUPERMARKT →Die Cash-Maschine

ZÄHLUNG DER WILDEN HASEN →Zählung der Wildhasen

ZÄHLUNG DER WILDHASEN (PREBROJAWANE NA DIWITE SAIZI). Ein Vetreter der Bezirksbehörde kommt mit dem wichtigen Auftrag in ein abgelegenens Dorf, die Zählung und Erfassung aller Wildhasen zum Zwecke volkswirtschaftlicher Nutzung zu betreiben. Gegenwartskomödie, die einen sich verselbständigen Bürokratismus auf die Schippe nehmen will, deren Satireversuch jedoch in den Ansätzen steckenbleibt. – Ab 16. ✦ Bulgarien 1973 **P** Spielfilmstudio Sofia **Kl** Progress **R** Eduard Sachariew **B** Georgi Mischew **K** Wenez Dimitrow **M** Kiril Dontschew **D** Izchak Finzi (Assenow), Nikola Todew (Bai Georgi), Filip Trifonow (Krasimir), Ewstati Stratew (Lehrer), Todor Kolew (Jäger) **L** 69 **E** 25.7.1975 Kino DDR/2.9.1977 DFF 1

ZAHLUNGSAUFSCHUB (PAYMENT DEFERRED). Die beklemmende Studie eines spießigen Bankangestellten, der seinen vermögenden Neffen aus Übersee umbringt, den Mord raffiniert vertuscht, jedoch in seiner Gewissensqual einen ehelichen Seitensprung begeht, der ihm schließlich zum Verhängnis wird. Charles Laughton spielt bravourös die ganze Skala von Verklemmtheit, Tücke, Armseligkeit, Schäbigkeit aus. Der völlig ruhige, nichtsdestoweniger desperate Schluß ist bezeichnend für die kammerspielhafte Intensität des Films, über dem ein Hauch von menschenverachtender Kälte zu liegen scheint. – Sehenswert ab 16. ✦ Schwarz-weiß. USA 1932 **P** MGM **R** Lothar Mendes **B** Ernest Vajda, Claudine West, nach einem Bühnenstück von Jeffrey Dell **K** Merritt B. Gerstad **D** Charles Laughton, Maureen O'Sullivan, Ray Milland, Dorothy Peterson, Verree Teasdale **L** 75 **E** 10.8.1968 WDR

ZAHM FÜR EINEN SOMMER (ZKROCENI ZLEHO MUZE). Eine recht wechselhafte Liebesgeschichte zwischen der jungen Pragerin Terezka und dem finnischen Eishockeytrainer Tommy. Beide können nicht ohne einander, doch wie sich schließlich herausstellt, auch nicht miteinander leben. Terezka will in Prag bleiben, Tommy wird ein Angebot in Kanada annehmen. Basierend auf allerlei Extravaganzen, wird eine wenig glaubhafte Story in platten Dialogen erzählt. – Ab 14. ✦ CSSR 1986 **P** Filmstudio Barrandov **Kl** Progress **R+B** Marie Poledňáková **K** Petr Polák **M** Michael Kocáb **D** Magda Vášáryová, Karol Strasburger, Nelly Gaierová, Blanka Waleská, Stella Zázvorková **L** 104 **E** 30.12.1988 Kino DDR

ZÄHME MICH – LIEBE MICH (JULIE – POT DE COLLE). In Marokko gerät ein gehetzter Pariser Bankmanager an eine vermeintliche Mörderin, die ihn schließlich seine bisherige Lebensweise als falsch erkennen läßt. Gehobene Unterhaltung mit einigen überdurchschnittlichen Szenen. (TV-Titel DDR: »Julie klebt wie Leim«) – Ab 16. ✦ Frankreich 1977 **P** Alma/S.F.P/FR 3 **Kl** CS **R** Philippe de Broca **B** Jean-Claude Carrière, Philippe de Broca, nach einem Roman von Peter de Polnay **K** René Mathelin **M** Georges Delerue **S** Henri Lanoë **D** Marlène Jobert (Julie), Jean-Claude Brialy (Jean-Luc), Alain David (Jacques), Alexandra Stewart (Delphine), Maurice Illouz (Akbach) **L** 88 **FSK** ab 12; f **E** 23.12.1977/21.7.1979 DFF 1 **fd** 20 621

ZÄHMUNG EINES TEUFELS (VRAZDA ING. CERTA). Die Geschichte eines Pärchens, das sie Spruchweisheit bestätigt, daß Liebe durch den Magen geht. ✦ CSSR 1970 **P** Filmstudio Barrandov **R+B** Ester Krumbachová **K** Jiří Mach **M** Angelo Michajlov **D** Jirina Bohdalová, Vladimír Mensík, Ljuba Hermanová, Helena Ruzicková **L** 65 **E** 7.11.1971 DFF 2

DER ZAHN DES VATER CIRA (POP CIRA I POP SPIRA). Verfilmung eines populären ironisch-humoristischen Romans über das nicht immer idyllische Leben in einem serbischen Dorf. Zwei Popen sinnen darauf, ihre jeweiligen Töchter mit dem neu eingetroffenen jungen Lehrer zu verheiraten. Diese Konkurrenz schürt das ohnehin gespannte Verhältnis zwischen beiden Familien an, bis es gar zu Handgreiflichkeiten kommt. ✦ Schwarz-weiß. Jugoslawien 1957 **P** Avala **R** Soja Jovanovic **B** Rodo Andric, Soja Jovanovic, nach dem Roman von Stevan Sremac **K** Nenad Jovicic **M** Borivoje Simic **S** Milanka Nanovic **D** Ljubinka Bobic (Sida), Nevenka Mikulic (Persa), Renata Ulmanski (Jula), Vlastimir Stojiljkovic (Saca), Milan Ajvaz (Cira) **L** 59 (Orig. 82) **E** 9.3.1967 DFF 1

ZAHN UM ZAHN. Nach seiner Suspendierung löst der Duisburger »Tatort«-Kriminalkommissar Schimanski eine verwickelte Mordgeschichte, wobei er auf die tatkräftige Mithilfe einer Reporterin angewiesen ist. Überzeugender, rasant inszenierter Actionfilm mit guten Darstellern und Sinn für Atmosphäre und Witz. Insgesamt solide Unterhaltung ohne sonderlichen Tiefgang. – Ab 16. ✦ BR Deutschland 1985 **P** Bavaria/Neue Constantin/WDR **KI** Neue Constantin **VA** EuroVideo **Pd** Hartmut Grund **R** Hajo Gies **B** Horst Vocks, Thomas Wittenburg **K** Jürgen Jürges **M** Klaus Lage **S** Margot von Schlieffen **D** Götz George (Schimanski), Renan Demirkan (Ulli), Rufus (Hacker), Eberhard Feik (Thanner), Charles Brauer (Grassmann), Herbert Steinmetz (Krüger), Louis-Marie Taillefer (Bonano), Julien Maurel (Jean-Pierre), Ulrich Matschoss (Königsberg), Martin Lüttge (Wilkens), Erich Bar (Manni) **L** 95 **FSK** ab 16; f **E** 10.10.1985/April 1986 Video/27.12.1987 ARD **fd** 25 312

DIE ZAHNFEE (TOOTHLESS). Eine attraktive Zahnärztin leidet unter der Einsamkeit und Leere ihres Daseins. Als sie bei einem Unfall stirbt, gelangt sie in ein Reich zwischen Himmel und Hölle und soll dafür büßen, dass sie ihren Patienten im Zahnarztstuhl so viele Qualen bereitet hat. Fortan muss sie als Zahnfee all jenen Kindern erscheinen, die einen Milchzahn verlieren, und wächst an dieser neuen Aufgabe in eine ihr bislang ungeahnte Verantwortung hinein. Märchenhafte Familienkomödie, die auf liebenswert-versponnene, durchaus sympathische Weise über Liebe, Lebensmut und (nicht nur) kindliches Vertrauen räsoniert und zu einem hoffnungsfrohen Ende findet. – Ab 10. ✦ USA 1997 **P** Mandeville Films/Walt Disney Television **Pd** Joan Van Horn, Mike Karz **R** Melanie Mayron **B** Mark S. Kaufman **K** Sandi Sissel **M** David Michael Frank, Lisa Harlow Stark **S** Henk van Eeghen **D** Kirstie Alley (Katherine Lewis), Dale Midkiff (Thomas Jameson), Ross Malinger (Bobby Jameson), Daryl Mitchell (Raul), Kathryn Zaremba (Carrie), Marcus Toji (Trevor) **L** 82 **E** 4.6.2001 RTL

ZAHNSTOCHER-JOHNNY (JOHNNY STECCHINO). Ein naiver Busfahrer wird von seiner Traumfrau nach Palermo eingeladen, allerdings nur weil er ihrem Ehemann, einem untergetauchten Mafioso, täuschend ähnlich sieht. Das Gangsterpaar will den ahnungslosen Doppelgänger den feindlichen Mafia-Familien opfern, um nach Südamerika fliehen zu können. Eine farblos inszenierte, auf plumpen Verwechslungen und Mißverständnissen aufgebaute Komödie. Erwähnenswert ist nur die differenzierte Komik ihres Hauptdarstellers. – Ab 16. ✦ Italien 1991 **P** Cecchi Gori Group/Tiger Cinematografica **KI** Jugendfilm **VA** Ufa **DVD** EuroVideo (1.66:1, DD2.0 engl., DD5.1 dt.) **Pd** Mario Cecchi Gori, Vittorio Cecchi Gori **R** Roberto Benigni **B** Roberto Benigni, Vincenzo Cerami **K** Giuseppe Lanci **M** Evan Lurie **S** Nino Baragli **D** Roberto Benigni (Dante), Nicoletta Braschi (Maria), Paolo Bomacelli (D'Agata), Ignazio Pappalardo (Cozzamara), Franco Volpi (Minister) **L** 114 **FSK** ab 16; f **E** 4.6.1992/15.2.1993 Video/17.5. 2001 DVD **fd** 29 678

ZAIRE, DER ZYKLUS DER SCHLANGE. Dokumentarfilm über Kinshasa, die Hauptstadt von Zaire. Er beobachtet das Alltagsleben sowohl in den Armutsvierteln als auch in den bürgerlichen Bereichen von Geschäftswelt, Kirche und militärischen Befehlsträgern und sucht nach Spuren für die zukünftige Entwicklung des Landes, das nach 30 Jahren Unabhängigkeit und 25 Jahren Herrschaft unter Mobutu Gefahr läuft, Demokratie und Freiheit zu verspielen. (O.m.d.U.; Alternativtitel: »Zaire – Im Zeichen der Schlange«, »Zaire – Kreis der Schlange«) ✦ Frankreich/Belgien 1992 **P** Les Films de la Passerelle **Pd** Jacques Laurent **R+B** Thierry Michel **K** Michel Techy **M** Bashila Kabongo **S** Pilar Morales **L** (TV) 85 **E** 14.11.1992 arte

ZAKATO – DIE FAUST DES TODES (BLOODY FISTS). Die Bewohner eines Dorfes kämpfen gegen Banditen um ein lebensnotwendiges Heilkraut. Ein Heilkraut als »McGuffin«, das ist selbst im einfallsreichen Eastern-Genre ungewöhnlich, aber leider auch schon das einzig interessante an diesem Film, der als ziemlich blutrünstiges Serienprodukt daherkommt. ✦ Scope. Hongkong 1972 **P** Edko Enterprises **KI** CS **R** Ng See-Yuen **K** Yuen Wo-Ping **D** Ching King-Kong, Chen Sing, Chen Kwan-Tai **L** 98 **FSK** ab 18; nf **E** 30.5. 1973 **fd** 18 334

ZAKIR AND HIS FRIENDS (ZAKIR AND HIS FRIENDS). Filmisches Porträt des indischen Tablaspielers Zakir Hussain, der seit mehr als 25 Jahren in der Nähe von San Francisco lebt und zu den begehrtesten Begleitmusikern der ethnologisch beeinflußten Jazz- und Rockszene gehört. Leider scheint es dem Filmemacher wichtiger gewesen zu sein, eigene unterschwellig-esoterische Projektionen zu inszenieren, als sich auf die Spiritualität des Musikers einzulassen. Der Film ist deshalb in jenen Momenten am stärksten, in denen er sich ausschließlich auf den Künstler konzentriert. (O.m.d.U.) – Ab 12. ✦ Schweiz/Deutschland 1997 **P** Interartes/Horizonte Film **KI** Ventura **VA** absolut MEDIEN **Pd** Ursula Richert, Klaus Armbruster **R+B** Lutz Leonhardt **K** Felix von Muralt **M** Zakir Hussain, The Boys and Girls of Chuao, George Brooks, Suar Agung, Les Frères Coulibaly, Renegades, KODO **S** Claudia Gleisner **L** 90 **FSK** o. A. f **E** 5.11.1998/Juni 1999 Video **fd** 33 399

ZAMBA, DER SCHRECKEN DES URWALDES (ZAMBA). Primitive Dschungelabenteuer mit allerlei Getier bei der Suche nach einem verlorenen Kind, das unter dem Schutz eines Orang-Utans steht. – Ab 14 möglich. ✦ Schwarz-weiß. USA 1949 **P** Eagle Lion **KI** Union **R** William Berke **B** Barbara Worth **K** Ames M. Brown jr. **M** Raoul Kraushaar **D** Jon Hall, June Vincent, George Cooper, Jane Nigh, Beau Bridges **L** 78 **FSK** ab 12; nf **E** 11.12.1951 **fd** 1 510

ZAN BOKO → Kräftemessen

ZANDALEE – DAS SECHSTE GEBOT (ZANDALEE). Eine sexuell unbefriedigte junge Frau wendet sich dem Jugendfreund ihres Mannes – einem schmierigen Maler – zu und löst damit Ereignisse aus, die für alle Beteiligten tragisch enden. Bemühte Edel-Sex-produktion, die mit miserablen Darstellern und lächerlichen Dialogen aufwartet; ärgerlich vor allem durch die Anhäufung aufgesetzter Blasphemien. (Videotitel: »Love Affair«) ✦ USA 1990 **P** Blaylock-Reinhold Prod./Electric Pictures **KI** Senator **VA** Marketing **DVD** EuroVideo (16:9, 1.85:1, DD2.0 engl., DD5.1 dt.) **Pd** William Warren Blaylock, Eyal Rimmon **R** Sam Pillsbury **B** Mari Kornhauser **K** Walt Lloyd **M** Pray For Rain **S** Michael Horton **D** Judge Reinhold (Thierry Martin), Erika Anderson (Zandalee Martin), Nicolas Cage (Johnny Collins), Viveca Lindfors (Tata), Joe Pantoliano (Gerri) **L** 90 **FSK** ab 16; f **E** 9.5.1991/9.10.1991 Video/12.1.1993 premiere/ 15.2.2001 DVD **fd** 28 920

ZANDYS BRAUT (ZANDY'S BRIDE). 1870 im Norden Kaliforniens: Ein ungehobelter Viehzüchter muß allmählich lernen, seine Frau nicht nur als Besitz, Gebärerin und Arbeitskraft zu betrachten, sondern als eigenständige Partnerin anzuerkennen. Psychologisch feinfühliger Film um die Partnerschaft in der Ehe, voll innerer Spannung, mit Bildern von herb-poetischem Reiz und in den Hauptrollen hervorragend gespielt. – Sehenswert. ✦ Scope. USA 1974 **P** Warner **KI** Warner-Columbia **Pd** Harvey Matofsky **R** Jan Troell **B** Marc Norman, nach dem Roman »The Stranger« von Lillian Bos Ross **K** Jordan Cronenweth **M** Michael Franks **S** Gordon Scott **D** Gene Hackman (Zandy), Liv Ullmann (Hannah), Eileen Heckart (Zandys Mutter), Harry Dean Stanton (Songer), Joe Santos (Frank Gallo), Frank Cady (Zandys Vater), Sam Bottoms (Mel Allan), Susan Tyrrell (Maria Cordova), Robert Simpson (Bill Pincus), Don Wilbanks (Faraday), Vivian Gordon, Alf Kjellin **L** 97 **FSK** ab 12; f **E** 9.9.1977 Kino DDR/27.1.1978 **fd** 20 627

ZANZIBAR (ZANZIBAR). Ein Film über das Filmemachen: er reflektiert darüber, wie die Produktionsbedingungen die Ästhetik eines Films bestimmen und beeinflussen. ✦ Frankreich/Schweiz 1989 **P** French Prod./Cinémanufacture **Pd** Emmanuel Schlumberger, Robert Boner **R** Christine Pascal **B** Christine Pascal, Catherine Breillat, Robert Boner **K** Pascal Marti **M** Bruno Coulais **S** Jacques Comets **D** Fabienne Babe (Camille Dor, Actrice), André Marcon (Vito Catene, Produzent), Francis Girod (Marechal, Drehbuchautor), Teco Celio (Bruno) **L** 95 **E** Schweiz

ZAPFENSTREICH (CINDERELLA LIBERTY). Ein Bootsmann der US-Marine heiratet eine Animierdame mit dunkelhäutigem Sohn. In ihren Erwartungen enttäuscht, brennt die Frau mit einem anderen durch. Der Bootsmann und der Junge machen sich auf die Suche nach ihr. Banal, rührselig, mit rüdem Dialog, doch in einigen Momenten menschlich echt und überzeugend. (TV-Titel auch: »Cinderella Liberty«) ✦ Scope. USA 1973 **P** Sanford **KI** Fox-MGM **Pd+R** Mark Rydell **B** Darryl Ponicsan, nach seinem Roman **K** Vilmos Zsigmond **M** John Williams **D** James Caan, Marsha Mason, Eli Wallach, Kirk Calloway, Bruce Kirby jr. **L** 116 **FSK** ab 18; f **E** 20.9.1974 **fd** 19 016

ZAPPA (ZAPPA). Ein Vorort von Kopenhagen in den 60er Jahren: Die unschuldige Freundschaft von drei sehr unterschiedlichen 14jährigen Jungen wird zu einer Kraftprobe mit fatalem Ausgang. Angeführt von einem Sohn aus reicher Familie, heckt die kleine Bande Streiche aus, wobei der Spaß nach und nach zu Ernst wird. Der Film zeigt hinter der Geschichte jugendlicher Delinquenz einfühlsam und ohne aufgesetzte Didaktik die sozialen Ursachen; eine Überflußgesellschaft, in der die Eltern über dem Streben nach Wohlstand ihre Kinder vernachlässigen. – Ab 16. ✦ Dänemark 1984 **P** Per Holst/Coproduction Foundation **Pd** Per Holst **R** Bille August **B** Bille August, Bjarne Reuter, nach einem Roman von Bjarne Reuter **K** Jan Weincke **M** Bo Holten **S** Janus Billeskov Jansen **D** Adam Tonsberg (Björn), Morten Hoff (Mulle), Peter Reichhardt (Sten), Thomas Nielsen (Henning), Solbjörg Höjfeldt (Stens Mutter) **L** 103 **E** 5.7.1993 arte

DER ZAPPLER. Ein behinderter 12jähriger versucht, im Rollstuhl seine Umgebung zu erobern, wird aber von den Kindern wegen seiner Krankheit als »Zappler« abgelehnt. Er gewinnt sie erst zu Freunden, als sich die erhoffte Operation als aussichtslos erweist. Vom Thema her ein wichtiger, von Buch und Regie her ein dürftiger Beitrag zur Stellung von Behinderten in der Gesellschaft. Vor allem fehlt ihm jedes psychologische Einfühlungsvermögen, so daß Vorurteile gefördert werden können. – Ab 12 möglich. ✦ BR Deutschland 1982 **P** C & h-Film/Sungen-Grüttgen Filmprod. **KI** Nickelodeon **Pd** Klaus Sungen **R** Wolfram Deutschmann **B** Wolfram Deutschmann, Reinhild Paul, nach der Kindergeschichte von Ernst Klee **K** Wolfgang Dickmann **M** Rolf Bauer **S** Bernd-Rüdiger Zöhnel **D** Karsten Kunitz (Stefan), Nicolaj Niemann (Micha), Andreas Peter (Andi), Ilja Mechel (Ingo), Dirk Rölling (Nikko) **L** 70 **FSK** ab 6; f **FBW** w **E** 29.4.1983 **fd** 23 959

DER ZAR UND DER GENERAL (ZAR I GENERAL).

Der bulgarische Zar Boris III., von Hitler aufgefordert, Soldaten zur Ostfront zu schicken, will das Kommando über diese Soldaten einem General übertragen, dessen antifaschistische Haltung bekannt ist. Der General lehnt ab. Er wird verhaftet und zum Tode verurteilt. Auch visuell anspruchsvolle Schilderung einer geistig-weltanschaulichen Auseinandersetzung, in der unterschiedliche Auffassungen von Treue, Pflicht und Vaterlandsliebe aufeinanderprallen. – Sehenswert ab 16. ✦ Scope, schwarz-weiß. Bulgarien 1965/66 **P** Spielfilmstudio Sofia **KI** Progress **R** Walju Radew **B** Ljuben Stanew **K** Borislaw Puntschew **M** Simeon Pironkow **D** Petyr Slabakow (General Saimow), Naum Schopow (Zar Boris III.), Georgi Tscherkelow (General Karew), Stojtscho Masgalow (Staatsanwalt), Wassil Kirkow (von Künz) **L** 76 **E** 9.9.1966 Kino DDR/29.10.1969 DFF 2

ZAR UND ZIMMERMANN. Verfilmung der komischen Oper von Albert Lortzing. Der russische Zar Peter der Große erlernt im holländischen Städtchen Saardam incognito den Schiffsbau und gerät dabei in allerlei heitere Verwicklungen. Auf gefällige Weise den bekannten Melodien und dem bunten Volkstreiben im niederländischen Kostüm des 16. Jahrhunderts zugewandt. Hervorragend: die vitale Darstellung des Bürgermeisters. – Ab 14. ✦ DDR 1955/56 **P** DEFA **KI** Rank **VA** Icestorm **Pd** Harry Studt **R** Hans Müller **B** A. Artur Kuhnert, nach der Oper von Albert Lortzing **K** Joachim Hasler **M** Albert Lortzing **S** Hildegard Tegener **D** Willy A. Kleinau (Bürgermeister), Bert Fortell (Peter Michailow), Lore Frisch (Marie), Günther Haack (Peter Iwanow), Walther Süssenguth (Admiral Lefort) **L** 92 **FSK** o. A. (fr. ab 6; nf) **E** 18.5.1956 Kino DDR/20.7.1956 DFF 1/7.9.1956 Kino BRD/ 13.11.1968 ARD/27.10.1998 Video **fd** 5 205

ZAR ZALTAN UND DIE WUNDERINSEL (SKAZKA O TSARE SALTANE). Zeichentrickfilm nach einem russischen Märchen von Alexander Puschkin: Mitsamt ihrem neugeborenen Jungen wird die junge Zarin von ihren neidischen Schwestern im Meer ausgesetzt. Erst viele Jahre später findet der Zar die Beiden auf einer Insel wieder. ✦ UdSSR 1968 **P** Sojusmultfilm **R** Iwan Iwanow-Wano **B** Iwan Iwanow-Wano, Lew Milchin, nach Alexander Puschkins »Das Märchen vom Zaren Zaltan« **K** Michail Druyan **M** Michail Meyerowich **L** 55 **E** 4.12.1994 ORB

ZARAK, DER REBELL (IL PIRATA DEL DIAVOLO). Türkische Piraten werden nach ihrem mörderischen Überfall auf eine Stadt an der dalmatinischen Küste listenreich überwunden. Primitives, grausames Bilderbuch-Abenteuer mit kärglichen Landschaftsaufnahmen und einigen selbstzweckhaften Härten. (TV-Titel DDR: »Teufelspiraten«) – Ab 16. ✦ Scope. Italien/Jugoslawien 1965 **P** Walmar/Triglav **KI** Roland/Alfia **R** Roberto Mauri **B** Mario Calucci, Roberto Mauri **K** Angelo Baistrocchi **M** Aldo Piga **D** Richard Harrison, Paolo Solvay (=Luigi Batzella), Walter Brandi, Annamaria Ubaldi, Maretta Procaccini **L** 80 **FSK** ab 12; nf **E** 17.2.1967/5.12.1987 DFF 2 **fd** 14 664

ZARAK KHAN (ZARAK KHAN). Zarak Khan, der Sohn eines indischen Stammeshäuptlings, fällt bei seinem Vater in Ungnade, als er die Lieblingsfrau des Herrschers umwirbt und ihre Liebe erringt. Nur durch die Fürsprache des religiösen Führers entgeht er dem Tod. Er wird verstoßen und agiert fortan als Führer einer Räuberbande, deren Überfall auf den britischen Inspektor sich zu einem Krieg ausweitet, der mit der Niederlage des Häuptlingssohnes endet. Historischer Abenteuerfilm mit zahlreichen Schlachten im Grenzgebiet von Indien und Afghanistan; abenteuerlich in Wild-West-Manier, sprunghaft in der Handlung und wenig übersichtlich. (Späterer Titel: »Zarak«) – Ab 16. ✦ Scope. Großbritannien 1956 **P** Warwick **KI** Columbia **Pd** Irving Allen, Albert R. Broccoli **R** Terence Young **B** Richard Maibaum, nach einem Roman von A. J. Bewan **K** John Wilcox **M** William Alwyn **S** Alan Osbiston, Bert Rule **D** Victor Mature (Zarak Khan), Michael Wilding (Major Ingram), Anita Ekberg (Salma), Bonar Colleano (Biri), Finlay Currie (Mullah) **L** 97 **FSK** ab 16; nf **E** 1.2.1957 **fd** 5 628

ZARDOZ (ZARDOZ). Im Jahre 2293 ist die Erde zweigeteilt: ins Reich der sterblichen Barbaren und der unsterblichen, kultivierten dekadenten Bewohner von Vortex. Der Barbar Zed dringt nach Vortex vor, erlöst die zivilisationskranken Unsterblichen von ihrem Dasein und wird zum Stammvater eines neuen Menschengeschlechts. Prätentiöse, aber unterhaltsame Science-Fiction-Fantasie, die auf zahlreiche mythische und religiöse Motive zurückgreift, um den Triumph der vitalen Irrationalität über den Intellekt zu feiern. ✦ Scope. Großbritannien 1973 **P** Boorman/ CentFox **KI** Fox-MGM **Pd** John Boorman, Charles Orme **R** John Boorman **B** John Boorman, William Stair **K** Geoffrey Unsworth **M** David Munrow, Ludwig van Beethoven **S** John Merritt **D** Sean Connery (Zed), Charlotte Rampling (Consuella), Sara Kestelman (May), John Alderton (Freund), Niall Buggy (Zardoz), Sally Anne Newton (Avalow), Bosco Hogan (George Saden), Jessica Swift (Frau), Bairbre Dowling (Star), Christopher Casson (Alter Wissenschaftler), Reginald Jarman (Tod) **L** 106 **FSK** ab 16; f **FBW** w **E** 31.10.1974 **fd** 19 083

ZARENHOCHZEIT IN TARNOWO (SWATBITE NA IOAN ASSEN). Bulgarien um 1230: Die Lebensgeschichte des Zaren Ioan Assen II., der ausschließlich durch »Hochzeiten aus Staatsinteresse« versucht, sein schon mächtiges Bulgarenreich zu vergrößern. Der Film bietet nicht nur einen beträchtlichen historischen Schauwert, sondern ist auch bemüht, die persönlichen Gewissensentscheidungen des Zaren auszuloten. – Ab 16. ✦ Scope. Bulgarien 1974 **P** Spielfilmstudio Sofia **KI** Progress **R** Willi Zankow **B** Jewgeni Konstantinow **K** Wenez Dimitrow **M** Boris Karadimtschew **D** Apostol Karamitew (Ioan Assen), Kosta Zonew (sein Bruder Alexander), Iwan Kondow (Patriarch Joakim), Newena Kokanowa (Maria), Stefan Danailow (Burgundischer Arzt) **L** 157 **E** 10.9.1976 Kino DDR/23.,30.8/6.9.1979 DFF 2 (drei Teile)

DER ZAREWITSCH. Ein als Junge verkleidetes Ballettmädchen taut einen liebeskalten russischen Thronfolger auf und flieht mit ihm nach Italien. Reich ausgestattete Operetten-Unterhaltung nach Franz Léhar mit schönen Landschaftsaufnahmen. Typische Kinounterhaltung im schlichten Stil der 50er Jahre, deren Wirkung durch die zähflüssige Inszenierung und allzu platte Dialog geschmälert wird.(Remake der gleichnamigen Ufa-Produktion von 1933, Regie: Viktor Janson. Mit demselben Stab entstand parallel eine von CCC und Les Films Roger Richebé produzierte französische Version des Films: »Le Tzarevitch«) – Ab 14. ✦ BR Deutschland 1954 **P** CCC **KI** Gloria **Pd** Artur Brauner **R** Arthur Maria Rabenalt **B** Paul H. Rameau, Roger Richebé, nach der Operette von Franz Lehár **K** Georg Bruckbauer **M** Bert Grund, Franz Lehár **S** Martha Dübber **D** Luis Mariano (Aljoscha), Sonja Ziemann (Sonja), Hans Richter (Boris), Maria Sebaldt (Mascha), Paul Henckels (Pawlitsch) **L** 94 **FSK** ab 12; nf **E** 12.10.1954 **fd** 3 689

ZAREWITSCH PROSCHA (ZAREWITSCH PROSCHA). Um die vom Herzog Der-Die-Das entführte Prinzessin zu befreien, macht sich Proscha auf einen langen, abenteuerlichen Weg. Hilfreich dabei ist ihm vor allem eine Tarnkappe – ein Geschenk vom Onkel Och, den er im Wald traf. Origineller russischer Märchenfilm. – Ab 10. ✦ UdSSR 1974 **P** Lenfilm **R** Nadeshda Koschewerowa **B** Michail Wolpin **K** Wladimir Wassiljew, Eduard Rosowski **M** Moissej Wainberg **D** Sergej Martynow (Proscha), Tatjana Schestakowa (Prinzessin), Jewgeni Ilitschejew (Herzog Der-Die-Das), Valeri Solotuchin (Lutonja), Tatjana Peltzer (Berta) **L** 90 **E** 7.7.1985 DFF 2

DIE ZARTE FALLE (THE TENDER TRAP). Ein hartgesottener Junggeselle, der bereits Schwierigkeiten hat, seine »Eroberungen« zu ordnen, geht schließlich der »richtigen« Frau ins Garn. Nach einer Boulevardkomödie entstandener Unterhaltungsfilm mit verwicklungsreicher, oberflächlicher Handlung. Einige amüsante Einfälle und die guten Darsteller können nicht über die schablonenhafte Inszenierung hinwegtäuschen. – Ab 14. ✦ Scope. USA 1955 **P** MGM **KI** MGM **R** Charles Walters **B** Julius J. Epstein **K** Paul C. Vogel **M** James van Heusen **D** Frank Sinatra (Charlie Rieder), Debbie Reynolds (Jennie Gillis), David Wayne (Joe Marell), Celeste Holm (Sylvia), Jarma Lewis **L** 112 **FSK** ab 12; nf **E** 14.9.1956 **fd** 5 270

ZARTE HAUT IN SCHWARZER SEIDE (DE QUOI TU TE MELES... DANIELA!). Ein deutsches Mannequin zwischen Rom und Paris in einer Verbrechergeschichte aus Mord, Erpressung und Prostitution. Ungenierter Filmschund. ✦ Schwarz-weiß. BR Deutschland/Frankreich 1961 **P** Pandora/Contact/ P.I.P. **KI** Pandora **R** Max Pécas **B** Wolfgang Steinhardt, Jean Clouzot **K** André Germain **M** Charles Aznavour **D** Elke Sommer, Ivan Desny, Claire Maurier, Käthe Haack, Danick Patisson **L** 88 **FSK** ab 18; nf **E** 28.4. 1961 **fd** 10 165

ZARTE KNOSPEN (TENDRE ADOLESCENTE). Als eine junge Ausreißerin in New York mißhandelt wird, zieht ihr bisheriges Leben an ihrem geistigen Auge vorbei. Als sie im Krankenhaus die Augen aufschlägt, sieht sie den netten jungen Mann, den sie auf der Fähre nach Manhattan kennenlernte. Primitive Mischung aus Sex, Romantik und aufgesetzter Sozialkritik. ✦ Frankreich 1984 **P** Pierson **VA** VPS **R** André Marchand (=Claude Pierson) **B** Elisabeth Leclair **D** Loretta Lowe, Chuck Ballinger, Isa Pigot, Fred Durey **L** 83 (gek. 66) **FSK** ab 18 (gek. ab 16) **E** 20.10. 1988 Video

EIN ZARTER HALS FÜR DEN HENKER (BEATRICE CENCI). Eine blutrünstige Familiengeschichte in pompösen Renaissance-Kulissen: Die Haustyrannei eines römischen Patriziers endet im Untergang der Sippe. Als Kostümfilm entworfene Schauermär. ✦ Scope. Italien/Frankreich 1956 **P** Electra/Franco-London **KI** Constantin **R** Riccardo Freda **B** Attilio Riccio, Jacques Rémy **K** Gabor Pogany **M** Franco Mannino **D** Micheline Presle, Gino Cervi, Fausto Tozzi, Frank Villard, Claudine Dupuis **L** 85 **FSK** ab 16; nf **E** 5.3.1959/27.12.1984 DFF 2 **fd** 7 915

ZARTES FLEISCH – DIE AMOURÖSEN ABENTEUER DER JUNGEN LADY CHATTERLEY →Junge Lady Chatterley

ZÄRTLICH ABER FRECH WIE OSKAR. Ein von Mädchen umschwärmter junger Mann aus München findet am Wörthersee endlich die Richtige. Sexlustspiel, das wahllosen Sexkonsum als bewundernswerte Lebenshaltung darstellt und durch Nuditäten und geschmacklose Witzeleien zu unterhalten versucht. – Ab 16 möglich. ✦ BR Deutschland 1980 **P** Lisa/Metro **KI** Residenz **R** Franz Josef Gottlieb **B** Florian Burg **K** Franz X. Lederle **M** Gerhard Heinz **D** Patricia Zenker, Régis Porte, Babsi May, Tobias Meister, Renate Langer **L** 86 **FSK** ab 12; nf **E** 5.9.1980 **fd** 22 626

ZÄRTLICH FÄNGT DIE LIEBE AN (PRIVATE LESSONS). Eine attraktive junge Haushälterin versucht, einen Heranwachsenden zu verführen, um ihn dann zu erpressen, besinnt sich aber und ergreift zuletzt die Partei des Jungen. Schleppend inszenierte, fadenscheinige Soft-Sex-Komödie ohne Witz und Charme. ✦ USA 1980 **P** Berry and Enright Films **KI** Residenz **Pd** R. Ben Efraim **R** Alan Myerson **B** Dan Greenburg, nach seinem Roman **K** Jan de Bont **M** Rod Stewart, Eric Clapton **S** Fred A. Chulack **D** Sylvia Kristel (Nicole), Howard Hesseman (Lester), Eric Brown (Philly), Patrick Piccinini (Sherman), Ed Begley jr. (Jack Travis) **L** 87 **FSK** ab 16; nf **E** 21.8.1981 **fd** 23 112

ZÄRTLICH GING ANASTASIA VORBEI (DUIOS ANASTASIA TRECEA). Die Geschichte einer jungen Lehrerin, die in einem kleinen rumänischen Grenzdorf 1944 ein Zeichen des Widerstandes setzt, indem sie einen von den faschistischen Soldaten grausam getöteten und auf dem Dorfplatz zur Schau gestellten serbischen Partisanen öffentlich beerdigt. Ein bewegender, leiser Film, der von der menschlichen

Würde und der moralischen Verantwortung eines jungen Menschen erzählt. – Ab 16. ✦ Rumänien 1979 **P** Filmstudio Bucuresti **Kl** Progress **R** Alexandru Tatos **B** Dumitri Radu Popescu **K** Florin Mihailescu **M** Lucian Metianu **D** Anda Onesa (Anastasia), Amza Pellea (Costaiche), Tark Laszlo (Stoicovici), Biro Levente (Doktor), Christian Chita (Mann mit Hanteln) **L** 98 **E** 20.3.1981 Kino DDR/4.7.1982 DFF 2

ZÄRTLICH IST DIE NACHT (TENDER IS THE NIGHT). Zwischen beschaulichen Ansichten der Riviera und den Schweizer Bergen läuft die bittersüße Liebes- und Ehegeschichte eines Psychiaters ab, der hoffnungsvoll eine reiche Patientin heiratet, um sie nach auswegloser Krise (er sinkt zum trunksüchtigen Playboy ab) wieder zu verlieren. Der fotogen inszenierte pseudotragische Schicksalsroman beruft sich auf den amerikanischen Schriftsteller Fitzgerald (1896–1940). – Ab 16. ✦ Scope. USA 1961 **P** 20th Century Fox **Kl** Centfox **Pd** Henry T. Weinstein **R** Henry King **B** Ivan Moffat, nach einem Roman von F. Scott Fitzgerald **K** Leon Shamroy **M** Bernard Herrmann **S** William Reynolds **D** Jennifer Jones (Nicole Diver), Jason Robards (Dick Diver), Joan Fontaine (Baby Warren), Tom Ewell (Abe North), Cesare Danova (Tommy Barban), Jill St. John (Rosemary Hoyt) **L** 145 **FSK** ab 16; nf **E** 23.2.1962 **fd** 10 917

ZÄRTLICH SCHNAPPT DIE FALLE ZU (HOW TO HAVE A MARRIAGE AND ... RUIN YOUR LIFE). Ein Manager, der seinen Freund und Teilhaber von einer Geliebten befreien will, verliebt sich in die Frau. Mäßig witziges Verwechslungs-Lustspiel im Stil der frivolen Boulevardkomödie. ✦ Scope. USA 1967 **P** Nob-Hill **Kl** Columbia-Bavaria **R** J. Fielder Cook **B** Stanley Shapiro, Nate Monaster **K** Lee Garmes **M** Michel Legrand **D** Dean Martin (David Sloane), Eli Wallach (Harrys Hunter), Stella Stevens (Carol Corman), Anne Jackson (Muriel Laszlo), Betty Field (Thelma) **L** 102 **FSK** ab 16; nf **E** 16.2.1968/8.8.1981 DFF 1 **fd** 15 285

ZÄRTLICHE BEGIERDE. Nach wiederholten Reibereien mit ihrem Macho-Ehemann, der sie nach Strich und Faden betrügt, zieht eine Modedesignerin zu ihrer Nachbarin. Für den Mann bricht eine Welt zusammen, zumal die Nachbarin lesbisch ist und er für seine Ehefrau das »Schlimmste« befürchtet. Gemeinsam mit einem Freund heckt er einen Plan zur Rettung seiner Frau aus. (Fernseh-)Komödie im modernisierten Boulevard-Stil, die Vorurteile und männliche Wunschvorstellungen für ihre Zwecke nutzen will. ✦ Deutschland 1998 **R** Michael Keusch **B** Tobias Sallfeldt, Rolf Schilling **D** Gesche Tebbenhoff (Anna), Tina Ruland (Christine), Christoph M. Ohrt (Martin), Ingolf Lück (Heiner), Lennard Barth (Timmy) **L** 90 **E** 17.2.1999 RTL

ZÄRTLICHE CHAOTEN. Drei Männer lieben dieselbe Frau und geraten in Bedrängnis, als die Angebetete schwanger wird. Schlampig inszenierte, mit talentlosen Darstellern besetzte »Sommerkomödie«, langweilig und voller abgedroschener Späße. – Ab 16. ✦ BR Deutschland 1987 **P** Lisa/K.S. **Kl** Tivoli **VA** Starlight **Pd** Karl Spiehs **R** Franz Josef Gottlieb **B** Thomas Gottschalk **K** Klaus Werner **M** Gerhard Heinz **S** Ute Albrecht-Lovell (= Ute Albrecht) **D** Thomas Gottschalk (Ricky), Helmut Fischer (Schmidgruber), Michael Winslow (Walker), Dey Young (Rosi), Pierre Brice (Winnetou), Ottfried Fischer (Chefkoch), Dieter Augustin (Schroeder) **L** 93 **FSK** o. A.; f **E** 20.8.1987/22.2.1988 Video **fd** 26 333

ZÄRTLICHE CHAOTEN II. Mit Hilfe einer Zeitmaschine versuchen zwei Männer, die Geburt ihres Chefs zu verhindern. Müder Klamauk, der noch einmal versucht, aus der Popularität eines Showmasters und Rundfunksprechers Kapital zu schlagen; langweilig und enttäuschend. – Ab 12. ✦ BR Deutschland 1988 **P** K.S./Roxy-Film **Kl** Tivoli **VA** Starlight **Pd** Karl Spiehs **R** Thomas Gottschalk, Holm Dressler **B** Thomas Gottschalk **K** Atze Glanert **S** Ute Albrecht-Lovell (= Ute Albrecht) **D** Thomas Gottschalk (Frank), Helmut Fischer (Xaver), Michael Winslow (Ronny), Deborah Shelton (Sandy), Harald Leipnitz (Hoteldirektor), Jango Edwards (Geiger), David Hasselhoff (Beau), Georg Marischka (Dr. Kneitz) **L** 96 **FSK** o. A.; f **E** 30.6.1988/14.12.1988 Video **fd** 26 962

ZÄRTLICHE COUSINEN (TENDRES COUSINES). Die Erlebnisse und Träume zweier pubertierender Jugendlicher auf einem französischen Landsitz im Sommer 1939. Fade, zähflüssig, verworren, nach bekannter David-Hamilton-Art ästhetisierend fotografiert, mit sentimentaler Musik unterlegt. Ein nur durch Geistlosigkeit und entnervende Langweiligkeit auffallender Film. ✦ BR Deutschland/Frankreich 1981 **P** TV 13/Planet/Stephan/Filmedis **Kl** Scotia **Pd** Linda Gutenberg, Georg M. Reuther **R** David Hamilton **B** Pascal Lainé, nach seiner Erzählung **K** Bernard Daillencourt **M** Jean-Marie Sénia **S** Jean-Bernard Bonis **D** Anja Schüte (Julia), Thierry Tevini (Julien), Valérie Dumas (Puone), Laure Dechasnel (Clementine), Silke Rein (Liselotte) **L** 92 **FSK** ab 16; nf **E** 12.3.1981 **fd** 22 853

ZÄRTLICHE ERPRESSERIN. Nach dem Unfalltod ihrer Mutter macht eine 18jährige den Mann ausfindig, der ihr Vater sein könnte. Sie nistet sich bei dem früheren Freund der Mutter unter einem Vorwand ein und versucht, dem Mann, der zahlreiche Liebschaften pflegt, den Kopf zu verdrehen. Am Ende lösen sich die falschen Annahmen in Wohlgefallen auf. Gelegentlich arg konstruiertes (Fernseh-)Drama, das durch hervorragende Schauspieler und die subtile Inszenierung eine faszinierende Mehrbödigkeit erzielt. – Ab 16 möglich. ✦ Deutschland/Schweiz 1991 **P** BR/DRS **R+B** Beat Lottaz **K** Rolf Romberg **M** Louis Crelier **D** Anna Thalbach (Alice), August Zirner (Max Rab), Isabelle Menke (Pati), Sebastian Rudolph (Daniel), Iris von Kluge **L** 89 **E** 9.12.1992 ARD

ZÄRTLICHE FEINDIN (LA TENDRE ENNEMIE). Die drei verstorbenen Männer der Annette Dupont – Ehemann und zwei Geliebte – geistern gemeinsam in und außer dem Haus der Witwe, erzählen sich die unglücklichen Schicksale ihrer Liebe und kommen überein, Annettes Tochter vor solcher Lebenstragik zu bewahren. Sie stören mit Erfolg ihre Verlobung mit einem reichen, doch ungeliebten Mann, so daß der richtige Verehrer, ein Pilot, letzten Endes gut landen kann. Originelle, durch merkwürdige Überblendungen und Doppelbelichtungen oft überraschende Verfilmung des Theaterstücks »Die Feindin«, das Ophüls 1930 in Breslau und später in Frankreich wiederholt inszenierte. Das heiter-melancholische, etwas gefühlsverwirrende Spiel mit verschobenen Zeiten zwischen Lebenden und Toten entspricht dem möglichen Wechselspiel erzählter, vorgestellter und wirklicher Begebenheiten. (O.m.d.U.) – Ab 14 möglich. ✦ Schwarz-weiß. Frankreich 1935/36 **P** Eden **R** Max Ophüls **B** Curt Alexander, Max Ophüls, nach dem Theaterstück »L'Ennemie« von André Paul Antoine **K** Eugen Schüfftan **M** Albert Wolff **S** Pierre de Hérion **D** Simone Berriau (Annette Dupont), Catherine Fonteney (ihre Mutter), Georges Vitray (Annettes Mann), Marc Valbel (der Dompteur Rodrigo), Jacqueline Daix (Rodrigos Tochter) **L** 69 **E** 16.9.1990 West 3

ZÄRTLICHE HAIE. Während der Sohn eines Flottenadmirals von Agenten verfolgt wird, spielt die Schwester seine Rolle an Bord eines Kriegsschiffes. Parodistische Komödie voller Kalauer und Slapstickzitate. Hauptdarstellerin Anna Karina beweist hier einmal ihr komisches Talent und wirkt überzeugender als die oft faden Späße drumherum. – Ab 14. ✦ BR Deutschland/Frankreich/Italien 1966 **P** Melodie/Corona/Sancro **Kl** Nora **R** Michel Deville **B** Gabrielle Upton, Nina Companéez **K** Heinz Hölscher **M** Martin Böttcher **D** Anna Karina, Mario Adorf, Gérard Barray, Scilla Gabel, Fritz Tillmann **L** 89 **FSK** ab 12; nf **E** 10.3.1967 **fd** 14 656

ZÄRTLICHE LIEBE (FRESH HORSES). Ein erfolgreicher 20jähriger College-Student aus bescheidenen Familienverhältnissen verliebt sich in ein 16jähriges Mädchen aus einer »besseren«, aber zerrütteten Familie und versucht vergeblich, es aus einer illegalen Ehe und seinen desolaten sozialen Verhältnissen zu holen. Ein in der psychologischen Charakterisierung unglaubwürdiges, kitschiges Beziehungsdrama, in dem die Jungstars wie zwei lebenserfahrene Erwachsene agieren und dementsprechend lächerliche Phrasen äußern müssen. – Ab 14. ✦ USA 1988 **P** Weintraub Entertainment Group/Columbia **Kl** Columbia Tri-Star **VA** RCA/Columbia **Pd** Dick Berg **R** David Anspaugh **B** Larry Ketron, nach seinem Theaterstück **K** Fred Murphy **M** David Foster, Patrick Williams **S** David Rosenbloom **D** Molly Ringwald (Jewel), Andrew McCarthy (Larkin), Patti D'Arbanville (Jean), Ben Stiller (Tipton), Leon Russom (Larkins Vater), Molly Hagan (Jewell), Viggo Mortensen **L** 102 **FSK** ab 12; nf **E** 31.5.1990/19.3.1991 Video/9.6.1992 premiere **fd** 28 402

ZÄRTLICHE STUNDEN (DULCES HORAS). Ein spanischer Regisseur, der auf die 50 zugeht, beschäftigt sich vorzugsweise mit seiner Vergangenheit. Er forscht in seinen Erinnerungen und inszeniert sie als Schau- und Traumspiel zugleich. Szenen aus der Kindheit werden lebendig, die alles beherrschende Beziehung zur Mutter findet ihre Entsprechung in der Liebe zu einer jungen Schauspielerin. Ein an inneren Bezügen reicher Film, die sich assoziativ zum Porträt eines Mannes ergänzen, der seine Lebens- und Gefühlswelt nur bedingt zu ordnen vermag. Einige larmoyante Zwischentöne werden durch Ironie ausgeglichen, das Bilderlabyrinth dieses filmischen Vexierspiels ist mit großer Meisterschaft und souveräner Eleganz gestaltet. – Sehenswert ab 16. ✦ Spanien/Frankreich 1981 **P** Elias Querejeta/Jacques Roitfeld **Kl** endfilm **R+B** Carlos Saura **K** Teo Escamilla, Serrano Alfredo Fernandez Mayo **M** H. Borel Clerc **S** Pablo G. del Amo **D** Assumpta Serna (Berta), Inaki Airra (Juan), Alvaro de Luna, Jacques Lalande, L. Rodrigo **L** 106 **E** 9.9.1983/2.11.1985 DFF 1 **fd** 24 176

ZÄRTLICHE VERSUCHUNG (LES EXPLOITS D'UN JEUNE DON JUAN). Als der Erste Weltkrieg ausbricht, ist ein pubertierender junger Mann auf dem Landsitz seiner Eltern bei allen Frauen der Hahn im Korb. Er lernt seine erotischen Lektionen rasch, und am Ende sind die meisten Frauen schwanger. Zur billigen Pubertäts-Story verkommene Literaturverfilmung, opulent in Ausstattung und detailfreudig in der Milieuschilderung, was jedoch nicht über die Verlogenheit der Geschichte hinwegtäuschen kann. Ein naturalistischer Soft-Porno mit einem unannehmbaren Frauenbild, dessen ironische Brechungen wirkungslos bleiben. (Alternativtitel: »Die Abenteuer des jungen Don Juan«; TV: »Die Heldentaten des jungen Don Juan«) ✦ Frankreich/Italien 1986 **P** Orphée Arts/Selena Audiovisuel/Films Ariane/Lagonda Films/Antea **Kl** Progress **VA** Ufa **Pd** Charlie Farnel, Lucien Duval, Claudine Auger, Serena Grandi **R** Gianfranco Mingozzi **B** Jean-Claude Carrière, Peter Fleischmann, Gianfranco Mingozzi, nach einem Roman von Guillaume Apollinaire **K** Luigi Verga **M** Nicola Piovani **S** Gianfranco Mingozzi, Alfredo Muschietti **D** Claudine Auger (Mutter), Serena Grandi (Ursula), Marina Vlady (Madame Muller), Fabrice Josso (Roger), François Perrot (Vater), Bérangère Bonvoisin (Tante Marguerite) **L** 93 **FSK** ab 16 **E** 9.2.1990 Kino DDR/25.11.1991 DFF/15.6.1992 Video **fd** 29 916

ZÄRTLICHE, WILDE ELISABETH (TENDRE ET VIOLENTE ELISABETH). Der Liebes- und Ehebruchsroman einer verführten 18jährigen. Courths-Mahlerartiger Stoff in geübter Regie. ✦ Schwarz-weiß. Frankreich 1960 **P** Cérès/Marly/Gaumont **Kl** Pallas **R** Henri Decoin **B** Henri Decoin, Mireille de Tissot, nach einem Roman von Henri Troyat **K** Pierre Petit **M** Georges van Parys **D** Christian Marquand, Lucille Saint-Simon, Jean Houbé, Marie Déa, Pierre Louis **L** 87 **FSK** ab 18; f **E** 24.2.1961 **fd** 9 976

ZÄRTLICHE WÜNSCHE (LES AVEUX ET LES PLUS DOUX). Zwei Beamte der französischen Polizei wenden in dem Bemühen, den Raubüberfall auf einen Zirkusbesitzer aufzuklären, heimtückische Methoden an: Da der Hauptverdächtige, ein junger Mann, trotz ihrer üblen Verhörpraktiken kein Geständnis ablegt, arrangieren sie seine Hochzeit mit der Freundin, die ebenfalls leugnet. Anschließend treiben die Polizisten mit den Jungvermählten ein perfides Katz-und-Maus-Spiel. Das Drama übt harsche, aber nicht übertriebene Kritik an Methoden der Polizei und betont, daß auch der Schuldige ein Recht auf menschenwürdige Behandlung hat. – Ab 16. ✦ Frankreich/Algerien/Italien 1971 **P** Progefi/Trianon/O.N.C.I.C./C.A.A./Ultra **R** Edouard Molinaro **B** Jean-François Hauduroy, Edouard Molinaro, nach einem Bühnenstück von Georges Arnaud **K** Raoul Coutard **M** Georges Delerue **D** Philippe Noiret (Inspektor Muller), Roger Hanin (Inspektor Borelli), Caroline Cellier (Catherine), Marc Porel (Jean Dubreuil), Gérard Landry, Hassan El Hassan **L** 87 **E** 22.11.1975 DFF 1

EIN ZÄRTLICHES BIEST (CICCIOLINA AMORE MIO). Ein Aktmodell macht übers Radio freizügig Werbung für Sex. Lesbische Einlagen, Masturbation und Exhibitionismus runden das italienische Spekulationsfilmchen um das italienische »enfant terrible« Cicciolina (= Ilona Staller), die in den 80er Jahren zugleich Pornostar und Parlamentsabgeordnete war, ab. – Wir raten ab. ✦ Italien 1979 **P** Romano Carta **KI** Traut **R** A. van Dyke (= Amasi Damiani), Jimmy Matheus (= Bruno Mattei) **B** Riccardo Schicchi, Amasi Damiani **K** Antonio Piazza **M** Gianni Marchetti **S** Amasi Damiani **D** Cicciolina (= Ilona Staller), Paola Ludovica Barbanera, Giancarlo Marinangeli, Enrico Nessieres **L** 87 **FSK** SPIO: X **E** 30.7.1982

ZÄRTLICHES GEHEIMNIS. Nach der Erzählung »Was am See geschah« der Kinderbuchautorin Lisa Tetzner: Zwei zum Verwechseln ähnliche Jungen bringen durch einen Rollentausch ihre verwitweten Elternteile zusammen. Warmherzig und stimmungsvoll, in den aktuellen Bezügen mehr an Heimatfilmstimmung als an kindgerechter Gestaltung orientiert. (Alternativtitel: »Ferien in Tirol«) – Ab 10. ✦ Schwarz-weiß. BR Deutschland 1955 **P** H.R. Sokal Prod. **KI** Bavaria **Pd** Henry R. Sokal **R** Wolfgang Schleif **B** Wolfgang Wilhelm, Henry R. Sokal, nach einer Erzählung von Lisa Tetzner **K** Günther Knuth, Ernst Werner **M** Mark Lothar **S** Hermann Ludwig **D** Hans Söhnker (Robert von Stetten), Edith Mill (Anna Retzer), Therese Giehse (Mutter Lindner), Irene von Meyendorff (Charlie), Michael Ande (Rosmarin/Thymian) **L** 100 **FSK** ab 6; f **E** 8.3.1956 **fd** 4 802

DIE ZÄRTLICHKEIT (LA TENDRESSE). Nach dem Unfalltod ihres Lieblingsenkels wird das Leben einer 60jährigen Notarswitwe umgekrempelt, als sich dessen schwangere Geliebte – eine mittellose jüdische Studentin – an sie wendet. Zwischen der vereinsamten Witwe und der jungen Mutter entwickelt sich zärtliche Zuneigung, die ein Abweichen von starren großbürgerlichen Konventionen bewirkt. Eine von starken Gefühlen bestimmte Geschichte um die Gegensätze verschiedener Milieus; trotz gelegentlich überzogener Darstellungen und einiger larmoyanter Längen nimmt der Film durch seine Frische und Aufrichtigkeit für sich ein. – Ab 16. ✦ Frankreich 1981 **P** TF 1 **R** Bernard Queysanne **B** Janine Sperling-Bouscaren **K** Bernard Dumont **M** Laurent Petitgirard **D** Madeleine Robinson (Madame de la Houssaye), Jacqueline Parent (Judith), Emilie Lihou (Françoise), Pierre François Pistorio (Stéphane), Pascale Audret (Mathilde), Marc Michel (Bruno) **L** (TV) 86 **E** 18.11.1985 ZDF

ZÄRTLICHKEIT (NESHNOST). Ein junger Mann durchlebt auf dem Weg zum Erwachsenwerden die erste Liebe. ✦ Schwarz-weiß. UdSSR 1967 **P** Usbekfilm **R** Eljor Ischmuchamedow **B** Odelscha Agischew **K** Dalschad Fatschullin **M** Bogdan Trozjuk **D** M. Sternikowa (Lena), Rodion Nachapetow (Timur), Rawschan Agsamow (Sandshar), M. Machudowa (Mamura), Saida Borodina (Ulfata) **L** 73 **E** 25.10.1968 DFF 1

DIE ZÄRTLICHKEIT DER WÖLFE. Der authentische Fall des Hannoveraner Massenmörders Haarmann, der zwischen 1918 und 1924 Dutzende von Jungen ermordete, dient als Inspirationsquelle für einen grellen Vampirfilm des Fassbinder-Schauspielers Ulli Lommel. ✦ BR Deutschland 1973 **P** Tango **KI** Filmverlag der Autoren **R** Ulli Lommel **B** Kurt Raab **K** Jürgen Jürges **M** Peer Raben **S** Thea Eymèsz, Franz Walsch (= Rainer Werner Fassbinder) **D** Kurt Raab (Haarmann), Jeff Roden (Granz), Margit Carstensen (Frau Linder), Hannelore Tiefenbrunner (Frau Bucher), Wolfgang Schenck (Inspektor Braun), Rainer Werner Fassbinder (Wittkowski), Rosel Zech (Dame) **L** 82 **FSK** ab 18; nf **FBW** w **E** 12.7.1973 **fd** 18 380

DIE ZÄRTLICHKEIT DES TIGERS (WONDERBOY). Ein junger schwarzer Boxer, von Vater und Trainer zu dieser Karriere gedrängt, wird in ein Totschlagsdelikt verwickelt und so entgegen seiner Neigung zum Weitermachen gezwungen. Ein abenteuerlich konstruierter Film mit hanebüchenen Dialogen, der mit seinen künstlichen Leidenschaften an den Rand der Lächerlichkeit gerät. ✦ Frankreich/Deutschland 1994 **P** Kristian Kühn Filmprod./Ultramarine/Diagonale/La SFP Cinéma/Canal+/Projekt ITRA **KI** Jugendfilm **Pd** Philippe Goldfain (= Phillip B. Goldfine) **R** Paul Vecchiali **B** Paul Vecchiali, Brigitte Hantke, nach einem Roman von Frédérick Leroy **K** Georges Strouvé **M** Roland Vincent, Eddie Barclay **S** Patricia Rommel, Cathy Chamorey, Paul Vecchiali **D** Sam Djob (Maurice Maieux), Fabienne Babe (Nora), Rüdiger Vogler (Faragus), Jacques Martial (Marcel Maieux), Jean-Marc Thibault (Jacky) **L** 105 **FSK** ab 12; f **E** 23.3.1995/11.1.1996 premiere **fd** 31 014

ZÄRTLICHKEIT IST NEBENSACHE ... ODER? (RASLE-COEUR). Eine junge Frau in finanziellen Schwierigkeiten findet bei einem lebenslustigen Mann Zuflucht. Da frühere Konflikte mit anderen chauvinistischen und triebfixierten Männern ihre Beziehung trüben, läßt das Happy-End auf sich warten. Einfallslos inszenierte Komödie um rollenspezifische Verhaltensweisen. ✦ Frankreich 1979 **P** Silke/Films de l'Epée/Serfilm-Segpa **KI** Avis/Beka/Exquisit **R+B** Daniel Colas **K** Roland Dantigny **M** Michel Fugain **S** Pierre Didier **D** Daniel Colas, Silke Umel, Patrick Chesnais, Xavier Saint-Macary, Georges Chamarat **L** 100 **FSK** ab 16; f **E** 12.6.1981 **fd** 23 087

ZÄRTLICHKEIT UND ZORN. Das dokumentarische Protokoll einer Begegnung mit der Landfahrerfamilie Cesa in der Schweiz wird für den Filmemacher Johannes Flütsch auch zur Auseinandersetzung mit eigenen Wünschen, Ängsten und Träumen. Der Film führt behutsam und spannend zugleich durch die Gespräche und Reflexionen der »Vagabunden«, vermittelt in Szenen aus ihrem Alltag das Lebensgefühl dieser Menschen und wird gerade durch den Verzicht auf Objektivität zum Abenteuer auch für den Zuschauer. – Sehenswert ab 14. ✦ Schweiz 1980 **P** Cactus **KI** Basis **Pd** Tobias Ineichen **R+B** Johannes Flütsch **K** Carlo Varini, Johannes Flütsch **M** André Simmen **S** Johannes Flütsch, Hannelore Küenzi **L** 90 **E** 24.4.1982 **fd** 23 414

ZAUBER DER BOHÈME (ZAUBER DER BOHEME). Eine angehende Sängerin von zarter Gesundheit verliebt sich in einen jungen Sänger und erleidet während einer Aufführung der »Bohème« selbst Mimis Schicksal. Humoristisch aufgelockerter Musikfilm mit dem Kino-Traumpaar Eggerth und Kiepura, der Bühnengeschehen und Wirklichkeit in wenig glaubwürdiger, sehr gefühlsbetonter Weise verquickt. – Ab 12. ✦ Schwarz-weiß. Österreich 1937 **P** Intergloria **KI** DAFA **R** Géza von Bolváry **B** Ernst Marischka, nach der Oper »La Bohème« von Henri Murger und Giacomo Puccini **K** Franz Planer **M** Giacomo Puccini, Robert Stolz **D** Martha Eggerth, Jan Kiepura, Paul Kemp, Theo Lingen, Oskar Sima **L** 95 **E** 8.10.1937 **fd** 9 748

ZAUBER DER DOLOMITEN. Braver Kultur- und Reisefilm als bunte Grußpostkarte aus Südtirol, den Dolomiten und vom Gardasee. – Ab 10. ✦ Scope. BR Deutschland 1959 **P** Arnold & Richter **KI** Globus **R** Hans J. Gnamm **K** Ludwig Zahn **M** Giuseppe Becce **S** Hans J. Gnamm, Gottlieb Madl **L** 76 **FSK** ab 6; f **E** Oktober 1959 **fd** 8 576

ZAUBER DER MUSIK (THERE'S MAGIC IN MUSIC / THE HARD-BOILED CANARY). Langweiliger Musikfilm mit Schülern eines amerikanischen Konservatoriums. Ein begabtes junges Mädchen, das in einem zweifelhaften Amüsierlokal singt, landet statt in der Erziehungsanstalt in einer angesehenen Musikschule, wo es zunächst Anpassungsschwierigkeiten hat. Bei einem Sängerwettstreit mit rivalisierenden Orchestern aber trägt die gute Ausbildung Früchte. – Ab 12. ✦ Schwarz-weiß. USA 1941 **P** Paramount **Pd+R** Andrew L. Stone **B** Frederick Jackson **K** Theodor Sparkuhl **M** Phil Boutelje, Ann Ronell, Edwin Lester **S** James Smith **D** Allan Jones (Michael Maddy), Susanna Foster (Toodles LaVerne), Margaret Lindsay (Sylvia Worth), Lynne Overman (George Thomas), Grace Bradley (Madie Duvalie) **L** 79 **E** April 1946

ZAUBER DER NATUR. Dokumentarischer Naturfilm. Zwei Jungen durchstreifen den voralpinen Berghochwald. Die Kamera begleitet sie und beobachtet Vögel, Insekten, Fuchs, Wiesel, Murmeltier. Eine heimatkundliche Exkursion. – Ab 8. ✦ BR Deutschland 1956 **P** Opus Film Production **KI** Jugendfilm **Pd+R** Richard Mostler **B** Wilhelm Hoyer **K** Richard Mostler **M** Albert Fischer **L** 77 **FSK** ab 6; f **FBW** w **E** 21.8.1956 **fd** 5 867

ZAUBER DER VENUS (MEETING VENUS). Ein ungarischer Dirigent kommt nach Paris, um an der Europäischen Oper Wagners »Tannhäuser« einzustudieren. Während er sich mit politischen Problemen und den Eitelkeiten des internationalen Ensembles auseinandersetzen muß, beginnt er eine an Leidenschaft und Konflikten reiche Beziehung mit der attraktiven Star-Sopranistin. Ein virtuos komponierter filmischer Reigen um die Themenkreise Kunst und Politik, aber auch um die geistige und sinnliche Verwirklichung der menschlichen Existenz. Der ebenso dramatische wie humorvolle Film ist reich an inneren Bezügen und unterhält vorzüglich als intelligenter Kommentar zum europäischen Kulturbetrieb. – Sehenswert ab 16. ✦ Großbritannien/Frankreich/Ungarn 1990 **P** Enigma/British Sky Broadcasting/County Natwest Ventures/Fujisankei **KI** Warner **VA** Warner Home **Pd** David Puttnam **R** István Szabó **B** István Szabó, Michael Hirst **K** Lajos Koltai **M** Richard Wagner **S** Jim Clark **D** Niels Arestrup (Zoltán Szántó), Glenn Close (Karin Anderson), Moscu Alcalay (Jean Gábor), Erland Josephson (Jorge Picabia), Macha Méril (Miss Malikoff) **L** 119 **FSK** ab 12; f **FBW** w **E** 26.9.1991/10.4.1992 Video/11.4.1993 premiere **fd** 29 140

ZAUBER DER WILDBAHN. Belauschte Natur in den vier Jahreszeiten. Eine Amateurarbeit über Jäger und die Tiere des Waldes, deren überschwenglicher Kommentar häufig zuviel des Guten ist. – Ab 10. ✦ BR Deutschland 1963 **P** Silva **KI** Diana **R+B+K** Georg Zeitler **L** 95 **FSK** ab 6; f **E** 21.8.1964 **fd** 12 939

ZAUBER DES LICHTS → Visionen aus Licht – Die Geschichte der Kameraführung

DER ZAUBER DES ROSENGARTENS. Fortsetzung des Fernsehfilms »Das Geheimnis des Rosengartens« (1999): Eine Landschaftsarchitektin hat nicht nur ihre Tochter, die sie kurz nach der Geburt zur Adoption freigab, wieder gefunden, sondern auch in deren Adoptivvater eine neue Liebe. Das Glück wird getrübt, als die 20-jährige Tochter ihren leiblichen Vater kennen lernen will und ihn in Weimar aufspürt. Er arbeitet als Klavierlehrer, ist nach einem Unfall erblindet und verbittert. Das Kind stellt einen engen Kontakt mit ihm und ihrer »neuen« Familie her, der längst überwunden geglaubte Konflikte aufbrechen lässt. Sentimentale Unterhaltung als Melodram, in dem die Zufälligkeiten fröhliche Urständ feiern. – Ab 14 möglich. ✦ Deutschland 2000 **Pd** Martin

Hofmann **R** Gabi Kubach **B** Christiane Sadlo **K** Frank Brünner **M** Stefan Melbinger **D** Barbara Wussow (Katharina Klante), Christian Kohlund (Martin Vogt), Lara Joy Körner (Laura Vogt), Barbara Focke (Marlies Faller), Jacques Breuer (Julian Gerber) **L** 90 **E** 25.12. 2001 ORB

ZAUBER EINER WINTERNACHT (ONE SPECIAL NIGHT). In einem Pflegeheim, in dem ihr sterbenskranker Mann und seine pflegebedürftige Frau liegen, lernen sich eine Kardiologin und ein Ingenieur kennen, die sich alles andere als sympathisch sind. Als sie in einer Schneewehe stecken bleiben und in einer verlassenen Hütte übernachten müssen, stellen sie fest, dass sie gerne miteinander reden. Die vereinbarte Verabredung kommt zwar nicht zustande, doch am Heiligabend treffen sie sich zufällig wieder. Besinnlicher Familienfilm über späte Liebe, der zwar einige Längen aufweist, was jedoch durch die hervorragenden Hauptdarsteller (die bereits in Blake Edwards' »Victor/Victoria« brillierten) mühelos aufgefangen wird. – Ab 14. ✦ USA 1999 **Pd** Mark Bacino **R** Roger Young **B** Nancey Silvers, nach dem Bühnenstück »A Winter Visitor« von Jan Hartman **K** Guy Dufaux **M** Richard Bellis **S** Benjamin A. Weissman **D** James Garner (Robert), Julie Andrews (Catherine), Patricia Charbonneau (Lori), Stacy Grant (Jaclyn), Stewart Bick (Jeff) **L** 85 **E** 24.12.2000 Vox

ZAUBER EINES SOMMERS (THAT NIGHT). Ein junges Liebespaar im Kampf gegen eine feindselige Erwachsenenwelt, aber begünstigt von der Sympathie einer Zehnjährigen, aus deren Sicht die Geschichte erzählt wird. Ein unscheinbarer, auf einen vermuteten Publikumsgeschmack ausgerichteter Dutzendfilm mit einigen vorzüglichen Songs der 60er Jahre. (Videotitel: »Sexy Sheryl«, Fernsehtitel SF/DRS: »Ein heißer Sommer«) – Ab 14. ✦ USA 1992 **P** Le Studio Canal+/Regency Enterprises/Alcor **KI** Warner **VA** Warner Home **Pd** Arnon Milchan, Steven Reuther **R** Craig Bolotin **B** Craig Bolotin, nach der Novelle »That Night« von Alice McDermott **K** Bruce Surtees **M** David Newman **S** Priscilla Nedd-Friendly (= Priscilla Nedd) **D** C. Thomas Howell (Rick), Juliette Lewis (Sheryl O'Connor), Helen Shaver (Ann O'Conner), Eliza Sushku (Alice Bloom), J. Smith-Cameron (Carol), John Dossett (Larry) **L** 89 **FSK** ab 12; f **E** 29.6. 1995/8.12.1995 Video **fd** 31 407

ZAUBER UM ZINNOBER. Anspruchsvolle Fernseh-Verfilmung des Kunstmärchens von E. T. A. Hoffmann: Der bei seinem Fürsten in Ungnade gefallene Zauberer Prosper sinnt auf Rache. Er verwandelt den missratenen Zinnober in einen lieblichen Burschen und verleiht ihm die Gabe, im Glanze anderer zu erstrahlen und für deren Verdienste Lob einzuheimsen, während alles Schlechte seines Wesens auf die anderen übergeht. Durch diese Hinterlist kann Prosper das Land in großes Unglück stürzen. – Ab 10 möglich. ✦ DDR 1983 **P** DEFA **Pd** Wolfgang Rennebarth **R** Celino Bleiweiß **B** Celino Bleiweiß, nach dem Stück »Klein Zaches genannt Zinnober« von E. T. A. Hoffmann **K** Peter Krause **M** Andrzej Korzynski **S** Monika Schindler **D** Walter Hermann (Zaches-Zinnober), Felicitas Ritsch (Mutter), Arno Wyzniewski (Dr. Prosper), Carl Martin Spengler (Balthasar), Fernando Blumenthal (Fabian) **L** 78 **E** 25.12.1983 DFF 1/24.12.1990 RTL plus

DER ZAUBER VON MALÈNA (MALENA). In einem sizilianischen Städtchen zur Zeit des Zweiten Weltkriegs verliebt sich ein 13-jähriger Junge in eine schöne, für ihn unerreichbare Frau. Er beobachtet sie in den intimsten Momenten und muss hilflos mit ansehen, wie sie von anderen verehrt, missbraucht und gedemütigt aus dem Dorf geprügelt wird. Ein mit hintergründigen Anspielungen auf Fluch und Segen der Schönheit spielender Film, dessen rasantes Tempo ebenso in Atem hält wie die Schönheit der Protagonistin. Die mit Witz und Sinn für unsentimentale Melodramatik inszenierte Geschichte schwelgt in lichtdurchfluteten Bildern der süditalienischen Kulisse. – Ab 16. ✦ Scope. Italien/USA 2000 **P** Medusa Produzione/Pacific Pictures/Miramax Films **KI** Concorde **VA** Concorde/EuroVideo **DVD** EuroVideo (16:9, 2.35:1, DD2.0 engl., DD5.1 dt., DTS dt.) **Pd** Harvey Weinstein, Carlo Bernasconi **R** Giuseppe Tornatore **B** Giuseppe Tornatore, nach einer Erzählung von Luciano Vincenzoni **K** Lajos Koltai **M** Ennio Morricone **S** Massimo Quaglia **D** Monica Bellucci (Malèna), Giuseppe Sulfaro (Renato Amoroso), Luciano Federico (Renatos Vater), Matilde Piana (Renatos Mutter), Pietro Notarianni (Porf. Bonsignore), Gaetano Aronica (Nino Scordia) **L** 92 **FSK** ab 12; f **E** 1.3.2001/20.9.2001 Video/27.9. 2001 DVD **fd** 34 739

DER ZAUBER VON OZ (THE WIZARD OF OZ). Die kleine Dorothy gerät im Traum in das farbenprächtige Land Oz und kann mit ihren Weggefährten, einer Vogelscheuche, einem Zinnmann und einem ängstlichen Löwen, zum mächtigen Zauberer vordringen, der ihre Wünsche zwar nicht erfüllen kann, sie jedoch zur Selbsthilfe anleitet. Ein Musical-Klassiker, der einiges an Patina angesetzt hat, heute nur in Einzelszenen gelungen erscheint, aber nach wie vor gute Unterhaltung bietet. (Früherer Kino- und TV-Titel: »Das zauberhafte Land«; Video- und DVD-Titel: »Der Zauberer von Oz«) DVD: Die umfangreiche, originell konzipierte und filmhistorisch wertvolle Special Edition enthält u. a. eine ca. 60-minütige, analytische Dokumentation über die Entstehungsgeschichte des Films, ein kommentiertes Feature mit mehreren für die Originalfassung verworfenen Szenen, ein umfangreiches Archiv aus Trailern und Radiospots sowie Ausschnitte aus anderen Verfilmungen der Buchvorlage. Des weiteren wurde der Film umfassend restauriert. – Ab 10. ✦ Teils schwarz-weiß. USA 1939 **P** MGM **KI** TiMe **VA** MGM/UA/Warner Home **DVD** Warner Home (SE, FF, DD5.1 engl., Mono dt.) **Pd** Mervyn LeRoy **R** Victor Fleming **B** Noel Langley, Florence Ryerson, Edgar Allan Woolf, nach einem Roman von L. Frank Baum **K** Harold Rosson **M** Herbert Stothart **S** Blanche Sewell **D** Judy Garland (Dorothy), Frank Morgan (Professor Marvel/Zauberer v. Oz), Ray Bolger (Hunk/Vogelscheuche), Bert Lahr (Zek/der ängstliche Löwe), Jack Haley (Hickory/Zinnmann), Billie Burke (Glinda/die gute Hexe), Margaret Hamilton (Miss Gulch/die böse Hexe) **L** 107 **FSK** ab 12; f **E** 1951 Kino/2.7.1972 ARD/29.3.1986 DFF 2/1993 Neustart/28.9.2000 DVD **fd** 30 170

DIE ZAUBERASTER (MA LAH HUA). Zwei ungleiche Schwestern begeben sich sich auf die Suche nach einer sagenhaften Wunderblume. – Ab 8. ✦ Schwarzweiß. VR China 1960 **P** Studio Haiyen **KI** Progress **R** Dan Wän Dshan, Möng Hüan **B** Shön Dö Jan **K** Dschu Djing **M** Jän Djin-Ssvän, Dshang Hung-Sjang **D** Na Dji (Wangs Frau), Li Ban Lo (Wang), Wang Bee (Sjau Lan), Lju An-Gu (Malang), Gwang Hung-Da (Baumgeist) **L** 85 **E** 12.7.1963 Kino DDR/8.2.1984 DFF 2

DER ZAUBERBERG (LA MONTAGNE MAGIQUE). Leiden und Erfahrungen eines jungen Hamburgers, der bis zum Ausbruch des Ersten Weltkrieges, ohne selbst krank zu sein, sieben Jahre lang in einem Schweizer Luxussanatorium für Lungenkranke ein inselhaftes Dasein führt und durch einen literarisierenden Freimaurer und einen Jesuiten enzyklopädisch unterwiesen und engagiert zum Leben erzogen wird. Aufwendige Literaturverfilmung von unterschiedlicher Qualität, die die großen Themenverschachtelungen des »Lebensbuches« von Thomas Mann zugunsten vordergründiger Betriebsamkeit verwischt. Von der Studie europäischer Seelenverfassungen und der geistigen Problematik im ersten Viertel des 20. Jahrhunderts bleiben jedoch nur Spuren übrig. Bemerkenswert vor allem auf Grund glänzender Schauspielerleistungen und wegen des hohen handwerklichen Niveaus. (Im Fernsehen lief eine umfangreichere, dreiteilige Fassung.) DVD: Die DVD enthält die Kinofassung. – Ab 16. ✦ BR Deutschland/Frankreich/Italien 1981 **P** Seitz/ZDF/Iduna/Gaumont/FR 3/Opera **KI** United Artists **VA** Arthaus (Kinowelt Home) **DVD** Kinowelt Home (FF, Mono dt.) **Pd** Franz Seitz **R** Hans W. Geissendörfer **B** Hans W. Geissendörfer, nach dem Roman von Thomas Mann **K** Michael Ballhaus **M** Jürgen Knieper **S** Peter Przygodda, Helga Borsche **D** Marie-France Pisier (Clawdia Chauchat), Flavio Bucci (Ludovico Settembrini), Christoph Eichhorn (Hans Castorp), Hans Christian Blech (Hofrat Behrens), Alexander Radszun (Joachim Ziemßen), Rod Steiger (Mynheer Peeperkorn) **L** 153 (TV 336) **FSK** ab 16; f **FBW** w **E** 25.2. 1982/15., 17., 20.4.1984 ZDF/Januar 2000 Video/24.4.2000 DVD **fd** 23 349

DAS ZAUBERBILDNIS (WOLSCHEBNYJ PORTRET). Der erste russisch-chinesische Märchenfilm. Ein russischer Junge bekommt für seine guten Taten das Bildnis einer schönen Chinesin geschenkt. Darin aber lebt deren Seele weiter, während ihr Körper mit einem reichen Mandarin verheiratet ist. Der Junge macht sich sogleich auf den Weg, um Körper und Seele der Angebeteten wieder zu vereinen und trotzt allen Gefahren, um sein Ziel zu erreichen. – Ab 10. ✦ Russland/VR China 1997 **R+B** Gennadi Wassiljew **K** Boris Bondarenko **M** Dmiti Rybnikow **D** Sergej Schnyrjow (Iwan), Gao Li (Xiao Qin), Chen Tianxuan, Ariadna Schengelaja, Valentina Telitschkina **L** 90 **E** 21.12.1997 Kinderkanal

DER ZAUBERBOGEN (THE ARCHER AND THE SORCERESS). Ein des Vatermordes verdächtigter Königssohn kommt mit Hilfe einer verliebten Zauberin im Kampf gegen Monster und Dämonen dem Urheber der Bluttat auf die Spur. Abenteuerliche Fantasy-Auseinandersetzungen zwischen Gut und Böse im Comic-Stil, fragwürdig in ihrer Glorifizierung der Gewalt. – Ab 16. ✦ USA 1981 **P** Mad Dog (für Universal) **KI** CIC **R+B** Nicholas Corea **K** John McPherson **M** Ian Underwood **S** Alan L. Shefland **D** Lane Caudell, Victor Campos, Belinda Bauer, Kabir Bedi, Marc Alaimo **L** 93 **FSK** ab 12; f **E** 17.12.1981 **fd** 23 263

DAS ZAUBERBUCH. Eine Hexe raubt den Zauberbeutel, der die Finanzen im Reich des Königs Johannes sichert. Auf der Suche nach dem dazugehörigen Zauberring und -spruch trifft die Diebin im Schloß auf weitere Gauner. Der als Kaminfeger verkleidete Prinz Peter kann zusammen mit der gewitzten Prinzessin Blanka die Bösen besiegen. Ein konventionelles Filmmärchen, mit den vertrauten thematischen Materialien und der inszenatorischen Routine des renommierten tschechischen Kinderfilms aufbereitet. Neuere Ideen oder Erzählformen sucht man jedoch vergeblich. – Ab 6 möglich. ✦ Deutschland/Tschechien 1996 **P** Artoko **KI** Beaufilm (Central) **Pd** Karel Dirka **R** Václav Vorlícek **B** Milos Macourek **K** Rudolf Blahacek **M** Petr Hapka **S** Dalibor Lipsky **D** Tina Ruland (Prinzessin Blanka), Mahulena Bocanová (Hexe Irrfriede), Kurt Weinzierl (König Johannes), Sasa Rasilov (Prinz Peter), Rudolf Hrusínsky jr. (Brummla), Uwe Ochsenknecht (Griffig), Max Tidof (Pfiffig) **L** 89 **FSK** o. A.; f **FBW** w **E** 23.9.1996 **fd** 32 328

DER ZAUBERDRACHEN (LE CERF-VOLANT DU BOUT DE MONDE). Während der Sommerferien finden spielende Kinder einen chinesischen Papierdrachen im Baum. In der folgenden Nacht sind ihre Träume erfüllt von Abenteuern in China, und ein Junge wird durch einen Zauber tatsächlich in das ferne Land versetzt. Trotz einiger Längen ein liebevoller Kinderfilm, der die Gemeinschaft der Kinder auf der ganzen Welt beschwört. – Ab 8. ✦ Frankreich/VR China 1957 **P** Garance/Cocinor/Studio Peking **KI** Progress **R** Roger Pigaut, Wang Kia-Yi **B** Roger Pigaut, Antoine Dugal, Wang Kia-Yi **K** Henri Alekan, Billy Villerbue **M** Louis Bessières **D** Patrick de Bardine (Pierrot), Sylviane Rozenberg (Nicole), Gerard Szymanski (Bebert), Monique Hoa (Monique), Jacques Faburel **L** 69 **E** 29.5.1959 Kino DDR/16.7.1984 DFF 1

DER ZAUBERER → Onkel Tschili-Tschalla, der Zauberer

EIN ZAUBERER AN MEINER SEITE (A SAFE PLACE). Ebenso faszinierendes wie fremdartiges Regiedebüt des Amerikaners Henry Jaglom, gedreht hauptsächlich mit befreundeten Schauspielern und an wenigen Drehorten. Die Geschichte verläuft eher assoziativ als erzählerisch linear, unorthodoxe Montage und üppiges Farbenspiel zeigen sich von der »Hippie«- und »Flower Power«-Zeit geprägt. Eine junge Frau in New York verweigert sich den Anforderungen des Erwachsenwerdens. Sie flüchtet statt dessen in Tagträume von ihrer Kindheit, einem Ort der Sicherheit, wo ihr ein Zauberer als väterlicher Freund zur Seite steht. Schließlich aber kann sie Traum und Wirklichkeit nicht mehr unterscheiden und wird zur Gefangenen der Vergangenheit. ✦ USA 1971 **P** BBS/Columbia **Pd** Harold Schneider **R+B** Henry Jaglom **K** Dick Kratina **S** Pieter Bergema (ungenannt) **D** Tuesday Weld (Susan/Noah), Orson Welles (Zauberer), Jack Nicholson (Mitch), Phil Proctor (Fred), Gwen Welles (Bari) **L** 89 **E** 24.1.1993 ZDF

DER ZAUBERER AUS DER FLASCHE (STARIK CHOTTABITSCH). Ein junge, der eine Flasche findet und den darin eingeschlossenen Geist befreit, darf sich zur Belohnung etwas wünschen. Der richtige Umgang mit diesem Geschenk erweist sich als gar nicht so einfach. Kindgerechte Verfilmung eines populären Märchenstoffs. ✦ UdSSR 1956 **P** Lenfilm **KI** Progress **R** Gennadi Kasanski **B** Lazar Lagin **K** M. Schurukow **M** Nadeshda Simonjan **D** Nikolai Wolkow (Chottabitsch), Olga Tscherkassowa (Warwara), Maja Blinowa (Mutter), Jefim Kopeljan (Muchamedow), Alexander Larikow (Doktor) **L** 86 **E** 30.12.1957 Kino DDR/23.8.1975 DFF 1

ZAUBERER DER LIEBE (ETERNALLY YOURS). Ansehnlich besetzte, aber nur mäßig erheiternde US-Komödie um einen Varieté-Zauberer, der seine geschiedene Frau zurückgewinnt. (Alternative Titel: »Liebestournee«; »Einmal wirst du wieder treu mir sein«) – Ab 12. ✦ Schwarz-weiß. USA 1939 **P** United Artists **KI** Germania **R** Tay Garnett **B** Gene Towne, Graham Baker **K** Merritt B. Gerstad **M** Werner Janssen **D** Loretta Young, David Niven, Broderick Crawford, Hugh Herbert, Billie Burke **L** 92 **FSK** ab 12; nf **E** 1952 Kino **fd** 2013

DER ZAUBERER DER TRÄUME (EL MAGO DE LOS SUENOS). Der »Zauberer der Träume« besucht sechs Geschwister, um ihnen wunderschöne Träume zu bescheren und so die Nacht zu verkürzen. Doch immer wieder mischt sich sein Rivale, ein böser Zauberer, ein, der Kindern, die nicht artig waren, Alpträume bereiten will. Zeichentrick-Musical nach Motiven von E. T. A. Hoffmanns »Der Sandmann«. – Ab 8. ✦ Spanien 1983 **P** Izaro Films **VA** Taurus **Pd+R** Francisco Macián, nach Motiven E. T. A. Hoffmann **M** José Sola **S** Francisco Macián **L** 69 **FSK** o. A. **E** April 1988 Video

DER ZAUBERER UND DIE BANDITEN (SHONEN SARUTOBI SASUKE). Der tapfere kleine Sasuke lernt zaubern, um eine Schar plündernder Räuber, die von einem bösen Magier angeführt werden, unschädlich machen zu können. Zeichentrickfilm nach Walt-Disney-Vorbild. Trotz mancher Schreckbilder kindertümlich humorvoll. Die formale Leistung spricht auch Erwachsene an. – Sehenswert ab 8. ✦ Japan 1959 **P** Toei **KI** MGM **R** Sanae Yamamoto **B** Dohen Muramatsu **K** Seigo Otsuka **L** 82 **FSK** ab 6; f **FBW** w **E** 16.3.1961 **fd** 10045

DER ZAUBERER UND DIE PRINZESSIN → Die Rose von Bagdad

DER ZAUBERER VON OZ → Der Zauber von Oz

DER ZAUBERFISCH (PO SCHTSCHUTSCHEMU WELENIJU). Ein junger Bauer wird zum Glückskind, als er einen Zauberfisch fängt, der ihm alle Wünsche erfüllt. – Ab 8. ✦ Schwarz-weiß. UdSSR 1938 **P** Sojusdetfilm **KI** Sovexportfilm **R** Alexander Rou **B** Oleg Leonidow, J. Tarachowskaja **K** I. Gortschilin **M** W. Kotschetow **D** P. Sawin (Jemeljej), Georgi Milljar (Zar), S. Terentjew (Zarin), Lew Potjomkin (General), A. Moskwin (der Taube) **L** 62 **E** 22.2.1946/28.8.1976 DFF 1

DIE ZAUBERFLÖTE (TROLLFLÖJTEN). Mozarts komödiantisches Schauspiel vom Kampf der Mächte des Lichts und der Finsternis, von himmlischer und irdischer Liebe in einer kongenialen Filmfassung von Ingmar Bergman. Obwohl als TV-Produktion konzipiert, kommt die auf große Wirkung angelegte Gestaltung erst im Kino voll zur Geltung. Bergman hat sich nicht damit begnügt, eine Bühnenaufführung abzufilmen, sondern benutzt die Kamera als schöpferisches Mittel und Mitspieler im Geschehen; die Geschichte, in der sich Naives und Mythisches mischen, wurde auf ein menschliches Maß reduziert und fürs heutige Publikum begreifbar gemacht. Viele Motive aus Bergmans früherem Werk klingen an (die grüblerische Suche nach der wahren Kommunikation zwischen Gott und Mensch, Mann und Frau), hier allerdings ins Optimistische und Helle gewendet dank Güte, Toleranz, Weisheit und Liebe, die über Vereinsamung und Haß triumphieren. Ein optischer und musikalischer Genuß von seltener Ausgewogenheit und Schönheit. – Sehenswert ab 14. ✦ Schweden 1974 **P** Television TV 2 **KI** United Artists **VA** Arthaus (KHE) **Pd** Mans Reuterswärd **R** Ingmar Bergman **B** Ingmar Bergman, nach Wolfgang Amadeus Mozarts Oper »Die Zauberflöte«, Libretto von Emanuel Schikaneder **K** Sven Nykvist **M** Wolfgang Amadeus Mozart **S** Siv Lundgren **D** Ulrik Cold (Sarastro), Josef Köstlinger (Tamino), Birgit Nordin (Königin der Nacht), Irma Urrila (Pamina), Elisabeth Erikson (Papagena) **L** 135 **FSK** ab 6; f **FBW** bw **E** 16.9.1976 **fd** 19859

DIE ZAUBERFRAU. Die Ehe ist langweilig, der Job in einer Daily-Soap eintönig – darum legt sich eine Frau in den besten Jahren ein Hobby zu: Sie verzaubert Männer. Doch auch diese Beschäftigung verliert bald ihre Reize, und so tingelt sie mit einem selbstgeschriebenen Theaterstück durch die Provinz, an ihrer Seite der Soap-Regisseur, der nicht nur an der Inszenierung interessiert ist. Verfilmung eines Romans von Hera Lind, die durchaus autobiografische Züge aufweist. – Ab 16. ✦ Deutschland 1998 **P** SAT 1 **R** Ilse Hofmann **B** Angelika Kaps, nach einem Roman von Hera Lind **D** Iris Berben (Charlotte Pfeffer), Martin Benrath (Gustav), Rosemarie Fendel (Grete), Otto Kukla (Justus Streitacker), Andreas Nickl (Benjamin), Rüdiger Vogler (Ernstbert Schatz) **L** 107 **E** 25.5.1999 SAT 1

DER ZAUBERGARTEN (THE MAGIC GARDEN). Eine Geldsumme, die dem Pfarrer eines Farbigen-Vorortes von Johannesburg für Bedürftige gespendet wurde, wird immer wieder aufs neue gestohlen und landet schließlich doch in der Kirche, nachdem sie unter den Armen viel Gutes bewirkt hat. Unprätentiöse, aber liebevoll gestaltete Komödie. Der Einsatz von schwarzen Laiendarstellern, der Einbezug des Milieus, der (wenn auch beiläufige) Blick auf soziales Elend wirken wie der Versuch, einen südafrikanischen Neorealismus zu schaffen. Die Inszenierung läßt sich ganz auf die Figuren, ihre Sitten und Bräuche, ihre Musik und Kultur ein – wenn auch die Charakterisierung der Farbigen (sorglos, naiv, fromm, neugierig, arm, aber glücklich) – im Rückblick eindimensional wirkt und den seit der Produktionszeit eingetretenen Entwicklungen nicht mehr gerecht wird. – Ab 14. ✦ Schwarz-weiß. Südafrika 1955 **P** Swan **KI** Verband der deutschen Filmklubs **R** Donald Swanson **B** Ferdinand Webb, nach einem Hörspiel von James Brown, Donald Swanson und C. Pennington Richards **L** 55 **E** 22.8.1957 ARD **fd** 9431

DIE ZAUBERGEIGE. Um einem berühmten Meister vorzuspielen, entwendet ein junger Geigenvirtuose um 1850 aus dem Museum einer süddeutschen Residenzstadt eine Stradivari. Durch Zufall kann er dem Landesherrn beim Hofkonzert sein Können beweisen. Mitten im Zweiten Weltkrieg produzierter realitätsferner Unterhaltungsfilm in historischen Kostümen. – Ab 14 möglich. ✦ Schwarz-weiß. Deutschland 1943/44 **P** Berlin **KI** Astor **R** Herbert Maisch **B** Gerhard T. Buchholz, Erich Ebermayer, nach dem gleichnamigen Roman von Kurt Kluge **K** Oskar Schnirch **M** Alois Melichar **D** Will Quadflieg, Gisela Uhlen, Eugen Klöpfer, Hans Hermann Schaufuß, Albert Wäscher **L** 100 **FSK** ab 12; f **E** 9.5.1944/4.9.1957 ARD/4.9.1959 DFF 1

ZAUBERGIRL. Der Geschäftsführer einer Diskothek, der sich nach der Trennung von seiner Frau aufopferungsvoll um seine 17jährige Tochter kümmert, schlittert in eine Liebesaffäre mit einer jungen Frau, die beiden rasch über den Kopf zu wachsen droht. Es scheint, als bleibe durch die Beziehung für die Tochter keine Zeit mehr. Psychodrama um eine verhängnisvolle Beziehung. ✦ Deutschland 1995 **R** Vivian Naefe **B** Fred Breinersdorf **K** Peter Döttling **M** Ulrich Kümpfel **D** Herbert Knaup (Horst), Sandra Speichert (Jenny), Ulrike Panse (Désirée), Ulrich Wiggers (Lehmann), Steffen Wink (Kurt) **L** 89 **E** 20.9.1995 ARD

DIE ZAUBERGRÄTE. Märchenfilm des DDR-Fernsehens: Obwohl die Prinzessin von einer Fee eine Zaubergräte geschenkt bekommt, verlässt sie sich auf ihre eigenen Fähigkeiten, um die verarmte Königsfamilie wieder zu Ansehen und Wohlstand zu bringen. ✦ DDR 1983 **P** DEFA **R** Dieter Wien **B** Rolf Gozell **D** Günter Wolf (König Watkins I.), Michael Christian (Herr Heringsbändiger), Astrid Krenz (Prinzessin Alice), Ruth Kommerell (Gute Fee Großmaria) **L** 75 **E** 25.5.1996 N 3

DAS ZAUBERHAFTE AUTO (WIELKA, WIEKSA I NAJWIEKSZA). In einer Episode versuchen zwei Kinder, einen Verbrecher zu jagen, in einer zweiten, eine Rettungsaktion in der Sahara zu organisieren. – Ab 10. ✦ Schwarz-weiß. Polen 1963 **P** Lodz, Studio »Start« **KI** Progress **R** Anna Sokolowska **B** Jerzy Broskiewicz, Anna Sokolowska, nach einem Roman von Jerzy Broszkiewicz **K** Kazimierz Wawrzyniak, Jacek Korcelli **M** Andrzej Markowski **D** Kinga Sienko (Ika), Wojciech Puzynski (Erbse), Bogusz Bilewski (Jean), Zofia Kucówna (Erbses Mutter), Janusz Klosinski (Bandit), Urszula Modrzynska (Ikas Mutter), Andrzej Szczepkowski (Ikas Vater), Bronislaw Pawlik (Erbses Vater), Mieczyslaw Stoor (Bob) **L** 91 **E** 13.3.1964 Kino DDR

EINE ZAUBERHAFTE ERBSCHAFT (CAROVNE DEDICTVI). Im Böhmen des 18. Jahrhunderts ziehen die Söldnertruppen eines grausamen Herzogs durchs Land. Ein Mützenmacher, der sich gegen das Unrecht wehrt, wird in den Kerker geworfen. Sein zehnjähriger Sohn will mit Hilfe seiner gleichaltrigen Freunde sowie einer Zaubermütze den Vater befreien, doch schon bald sind die Häscher des Herzogs hinter der Wunderkappe her. Unterhaltsamer historischer Ausstattungsfilm für Kinder, der mit zahlreichen lustigen Einfällen und filmischen Tricks vom Kampf des Guten gegen Unrecht und Unterdrückung erzählt. – Ab 8 möglich. ✦ CSSR/DDR 1986 **P** Filmstudio Barrandov/DEFA, Gruppe »Johannisthal« **KI** Progress **Pd** Vladimír Vojta, Dietmar Richter **R** Zdenek Zelenka, Michael Kann **B** Josef Hanzlík, Zdenek Zelenka, nach der gleichnamigen Novelle von Václav Rezác **K** Viktor Ruzicka **M** Jirí Svoboda **S** Derek York, Petr Sitár **D** Martin Pert (Veit), Rudolf Stedry (Hynek), Ljuba Skorepová (Agata), Milos Kopecky (Trödler), Jirí Kodet (Fürst), Tereza Chudobová (Majda) **L** 82 **E** 11.7.1986 Kino DDR/3.8.1989 S 3

DAS ZAUBERHAFTE LAND → Der Zauber von Oz

ZAUBERHAFTE SCHWESTERN (PRACTICAL MAGIC). Zwei zauberhafte Schwestern machen mit der »Entsorgung« der Leiche des Liebhabers der einen den künftigen der anderen auf sich aufmerksam: einen Staatspolizisten, den es auf magische Weise zu verführen gilt. Ein naiver und biederer Nachtrag zu Hollywoods langer Geschichte attraktiver Hexen, der vor allem in Sachen Fantasie auf Sparkurs geht und die hübsche Utopie der Zauberkraft in den Dienst recht biederer Sehnsüchte stellt. (Videotitel: »Practical Magic – Zauberhafte Schwestern«) DVD: Die Special Edition beinhaltet u. a. einen Audiokommentar des Regisseurs, der Produzentin, der Hauptdarstellerin Sandra Bullock und des Filmkomponisten. – Ab 14 möglich. ✦ Scope. USA 1998 **P** Village Roadshow

Pictures/Di Novi Pictures/Fortis Films/Warner Bros. **KI** Warner Bros. **VA** Warner Home **DVD** Warner Home (SE, 16:9, 2.35:1, DD5.1 engl./dt.) **Pd** Denise Di Novi **R** Griffin Dunne **B** Robin Swicord, Akiva Goldsman, nach dem gleichnamigen Roman von Alice Hoffman **K** Andrew Dunn **M** Alan Silvestri **S** Elizabeth Kling **D** Sandra Bullock (Sally Owens), Nicole Kidman (Gillian Owens), Dianne Wiest (Tante Jet), Stockard Channing (Tante Frances), Aidan Quinn (Gary Hallet), Goran Visnjic (Jimmy Angelov) **L** 104 **FSK** ab 12; f **FBW** w **E** 17.12.1998/18.6.1999 Video & DVD **fd** 33 458

ZAUBERHAFTE ZEITEN (PRELUDE TO A KISS). Ein Intellektueller und eine mit ihrer Arbeit unzufriedene Frau heiraten Hals über Kopf. Auf der Hochzeitsfeier küßt die Braut einen alten Mann und ist plötzlich ein anderer, viel positiverer Mensch. Sie hat mit dem Alten den Körper getauscht, doch die Ehe zerbricht, und der todkranke, alte Mann zieht in die Wohnung ein. Zwischen Problemstück und Liebeskomödie angelegt, schlägt die Regie einen unsicheren Weg ein. Überflüssige Wortgeplänkel mit nur wenigen Pointen füllen die sparsam möblierten Appartments, und nur selten ergeben sich poetische oder gar existenzielle Fragen berührende Momente. Bar eines dramaturgischen Sinns läßt die unausgegorene Mischung Tiefsinn und Unterhaltungswert gleichermaßen vermissen. (Fernsehtitel: »Body Switch«/»Body Switch – Verhexte Küsse«) – Ab 16. ✦ USA 1992 **P** 20th Century Fox **VA** Fox **Pd** Michael Gruskoff, Michael I. Levy **R** Norman René **B** Craig Lucas, nach seinem Bühnenstück **K** Stefan Czapsky **M** Howard Shore **S** Stephen A. Rotter **D** Alec Baldwin (Peter Hoskins), Meg Ryan (Rita Boyle), Kathy Bates (Leah Blier), Ned Beatty (Dr. Boyle), Patty Duke (Mrs. Boyle) **L** 101 **FSK** ab 12 **E** 9.6.1993 Video/25.6.1994 premiere **fd** 30 359

DIE ZAUBERIN (OLESJA). Dörfliche Engstirnigkeit und Unduldsamkeit stempeln zugereiste Fremde zu Außenseitern. Die Liebe der jungen »Zauberin« zum Gast aus der Stadt findet keine Erfüllung. Eine anspruchsvolle Literaturverfilmung, die mit großem Einfühlungsvermögen und Gespür für die Landschaft fotografiert wurde. Durch die anteilnehmende Inszenierung ist ein zeitloser Film geschaffen worden, der mit viel Verständnis die Charaktere seiner Personen zeichnet. – Ab 14. ✦ UdSSR 1971 **P** Dowshenko-Studio **KI** Progress **R** Boris Iwtschenko **B** Wassili Dulgerow, nach dem Roman »Olesja« von Alexander Kuprin **K** Nikolai Kultschizki **M** Wladimir Guba **D** Ljudmila Tschursina (Olesja), Gennadi Woropajew (Poroschin), Borislaw Brondukow (Jarmola), Anatoli Bartschuk (Dmitro), Maria Kapnist (Manujlicha) **L** 84 **E** 31.3.1972 Kino DDR/24.5.1974 DFF 2

DER ZAUBERKASTEN. Das Computer-Kind Micha programmiert seinen schrulligen Nachbarn Schröder in eine Krimi-Fernsehserie hinein. Von nun an hat der zurückhaltende Schröder eine Menge Gefahren zu bestehen, und obwohl Micha eine versierte Computerspielerin ist, kann sie ihren Helden nicht problemlos durch die Sendung steuern, da Menschen komplizierter sind als Computerprogramme. – Ab 14 möglich. ✦ BR Deutschland 1990 **R** Peter Henning **D** Sarah Brückner, Hans Peter Korff, Hans Diehl, Willi Thomczyk, Hella Strehlke **E** 30.12.1990 S 3

DAS ZAUBERKORN (WOLSCHEBNOJE SERNO). Zwei Geschwister bekommen eine Zauberflöte und ein Zauberkorn geschenkt. Pflanzt man das Korn in die Erde, geht jeder Wunsch in Erfüllung. Aber ein böser Zauberer will den Kindern ihr Zauberkorn abjagen. Einfallsreicher und kindgerechter Märchenfilm, leider nachlässig synchronisiert. – Ab 8. ✦ Schwarz-weiß. UdSSR 1942 **P** Mosfilm/ZOKS **KI** Sovexportfilm **R** Fjodor Filippow, Valentin Kadotschnikow **B** Alexej Simukow **K** F. Firsow **M** Leonid Schwarz **D** Wowa Tumalarjan (Andrejka), Nina Sawarowa (Marijka), W. Gribkow (Dr. Allwissend), Iwan Perewersew (Meister), G. Kirejewskaja **L** 89 **E** 19.12.1947/17.6.1967 DFF 1

DER ZAUBERKRISTALL → Magic Crystal

DAS ZAUBERMÄNNCHEN. Das Märchen vom Rumpelstilzchen, das für einen Dienst von der Königin das erstgeborene Kind verlangt, falls sie seinen Namen nicht errät. In Studiokulissen gedrehte Bühnenfassung des Hans-Otto-Theaters, Potsdam, nach dem Theaterstück von Gunter Kaltofen. Aus heutiger Sicht sehr betulich. (Alternativtitel: »Rumpelstilzchen«) – Ab 6 möglich. ✦ DDR 1960 **P** DEFA **KI** Progress **VA** EuroVideo **Pd** Werner Dau **R** Christoph Engel, Erwin Anders **B** Gudrun Rammler, Margot Beichler, Christoph Engel, nach dem Märchen der Gebrüder Grimm **K** Erwin Anders **M** Wolfgang Pietsch **S** Anneliese Hinze-Sokolow **D** Karl-Heinz Rothin (Müller Kunz), Karin Lesch (Marie, seine Tochter), Nikolaus Paryla (König), Reinhard Michalke (Müllerbursche Hans), Bodo Mette (Schatzmeister), Siegfried Seibt (Rumpelstilzchen) **L** 74 **E** 29.7.1960 Kino DDR/23.4.1977 DFF 1/1985 Video **fd** 25 352

DER ZAUBERMANTEL (WOLSCHEBNYJ CHALAT). Die Abenteuer eines sowjetischen Pioniers, der mit Hilfe eines Zaubermantels in Vergangenheit und Zukunft reisen kann. – Ab 10. ✦ UdSSR 1964 **P** Aserbaidshanfilm **KI** Progress **R** Alisattar Atakischijew **B** Andrej Tarassow **K** Tajub Achundow **M** Arif Melikow **D** M. Sanani (Moschun Agajew), A. Falkowitsch (Jo-Kio), Aser Kurbanow (Raschid), S. Gatamowa (Sarifa) **L** 77 **E** 17.6.1966 Kino DDR/4.3.1967 DFF 1/7.10. 1996 ORB

DIE ZAUBERMUSCHEL (ANDRJUS). Eine Zaubermuschel führt zwei Kinder, die eine unterschiedliche Sprache sprechen, gemeinsam ohne Verständigungsprobleme in die Welt der Fantasie. (TV-Titel DDR: »Andrjus«) – Ab 8. ✦ Scope. UdSSR 1982 **P** Filmstudio Vilnius **KI** Progress **R** Algirdas Araminas **B** Violetta Palcinskaite **K** Ionas Marzinkiavicius **M** Bronius Kutavicius **D** Edwin Menschikow (Andrjus), Inga Brunsaite (Jana), Donatas Banionis (Rauplenas), J. Andrasiunaitis (Gabe), Irena-Maria Leonawitschjus (Lehrerin) **L** 62 **E** 30.5.1982 DFF 2/14.1.1983 Kino DDR

ZAUBERNÄCHTE DES ORIENTS (SIREN OF BAGDAD). In Kostüme und Kulissen von 1001 Nacht verpacktes Lustspiel, das Hollywoods Orientabenteuer persiflieren möchte. Ein degenkundiger Zauberkünstler befreit im Harem des Sultans von Bagdad ein paar entführte Tanzgirls. – Ab 12 möglich. ✦ USA 1953 **P** Columbia **KI** Columbia **R** Richard Quine **B** Robert E. Kent **K** Henry Freulich **M** Mischa Bakaleinikoff **D** Paul Henreid, Patricia Medina, Hans Conried, Charlie Lung, Laurette Luez **L** 68 **FSK** ab 12; nf **E** 22.12. 1953 **fd** 3 233

ZAUBERNÄCHTE IN RIO (ROMANCE ON THE HIGH SEAS). Eine Ehefrau täuscht eine Schiffsreise nach Rio de Janeiro vor, um ihren Mann in New York überwachen zu können. Dieser wiederum setzt auf sie einen Detektiv an, der glaubt, an Bord des Schiffes in einer Sängerin die zu Überwachende zu erkennen. Da sich beide ineinander verlieben, entwickeln sich groteske Situationen. Schwungvoll inszenierte Verwechslungskomödie mit Musikeinlagen, in der Doris Day ihr Spielfilm-Debüt gibt. – Ab 16. ✦ USA 1948 **P** Warner **KI** Warner **Pd** Alex Gottlieb **R** Michael Curtiz **B** Julius J. Epstein, Philip G. Epstein, I. A. L. Diamond, nach einer Story von S. Pondal Rios und Carlos A. Olivari **K** Elwood Bredell **M** Leo F. Forbstein (Ltg.) **S** Rudi Fehr **D** Doris Day (Georgia Garrett), Jack Carson (Peter Virgil), Don DeFore (Michael Kent), Janis Paige (Elvira Kent), Oscar Levant (Oscar Farrar) **L** 96 **FSK** ab 12; nf **E** 8.12.1950 **fd** 870

DER ZAUBERRABE RUMBURAK (RUMBURAK). Der nach bösen Taten aus dem Märchenreich in die Welt der Menschen verbannte Zauberer Rumburak hat zur Strafe tagsüber die Gestalt eines Raben, erst zu nächtlicher Stunde tritt er in Menschengestalt auf. Als er sich verliebt, gerät er in neue Abenteuer, bei denen ein Schuldirektor verschwindet und ein tierfeindlicher Computerspezialist bestraft wird. Ironisch-süffisante, tricktechnisch einfallsreiche Unterhaltung in Fortsetzung der Kinderserie »Die Märchenbraut«. – Ab 8 möglich. ✦ CSSR 1984 **P** Filmstudio Barrandov/WDR **R** Václav Vorlícek **B** Václav Vorlícek, Milos Macourek **K** Emil Sirotek **M** Angelo Michajlov **D** Jirí Lábus (Rumburak), Jirina Bohdalová (Tante Evza), Vlastimil Hasek (Direktor Trojan), Eva Jenícková (Helena Trojan), Lukás Bech (Vilík Trojan) **L** 95 **E** 25.9.1987 ARD

DER ZAUBERRING → Wizards of the Lost Kingdom

DIE ZAUBERRINGE → Die Zauberringe des Almansor

DIE ZAUBERRINGE DES ALMANSOR (KOLZA ALAMANSORA). Die Liebe zwischen der sanftmütigen Prinzessin Aleli und dem gutmütigen Gärtner Sinsiwer siegt über die Gier nach der Zauberkraft, die Reichtum und Macht verspricht. Das Paar gelangt in den Besitz der Zauberringe des Almansor, die nach einer Weissagung Glück bringen. (Neuer Fernsehtitel: »Die Zauberringe«) – Ab 10. ✦ UdSSR 1977 **P** Gorki-Studio **VA** IMV **R** Igor Wosnessenski **B** Valentin Winogradow, nach dem Roman »Der Zinnring« von T. Gabbe **K** Alexander Rybin **M** Jewgeni Krylatow **D** Swetlana Smirnowa (Prinzessin Aleli), Michail Kononow (Sinsiwer), Valentina Talysina (Königin), Ludmila Dmitrewa (Prinzessin Auguste), Fjodor Nikitin (Almansor) **L** 64 **FSK** o. A. **E** 30.7.1978 DFF 2/ 27.5.1996 B1

DAS ZAUBERSCHWERT (THE MAGIC SWORD). Bewaffnet mit dem Zauberschwert, das er von seiner Stiefmutter, einer gutmütigen Hexe, bekam, macht sich ein junger Ritter auf, um eine Prinzessin zu befreien, die binnen Wochenfrist an einen Drachen verfüttert werden soll. Ihm zur Seite stehen sechs wackere Recken, doch zunächst wird die Rettungsaktion von einem finsteren Verräter hintertrieben. Der Film mischt Abenteuer-, Zauber- und Gruselelemente zu routinierter Unterhaltung für Freunde des Abenteuerkinos. Mit Selbstironie inszeniert, können vor allem die verhalten eingesetzten Spezialeffekte gefallen, die den märchenhaften Anstrich der Geschichte nie überlagern. – Ab 16. ✦ Großbritannien 1961 **P** United Artists **Pd+R** Bert I.Gordon **B** Bernard C. Schoenfeld, nach einer Story von Bert I. Gordon. **K** Paul C. Vogel **M** Richard Markowitz **S** Sam O'Steen **D** Basil Rathbone (Lodak), Estelle Winwood (Hexe), Gary Lockwood (Ritter Georg), Anne Helm (Prinzessin Helene), Liam Sullivan (Sir Branton), Danielle de Metz **L** 80 **E** 28.4.1990 ARD

ZAUBERSTAB ZUR SELBSTMASSAGE (DESIRES OF WOMEN). Ein Mann, stets gut frisiert, emporstrebend und unwiderstehlich als Gewalttäter, Erpresser, Betrüger, Zuhälter, Liebhaber, Strichjunge, Mädchen- und Männerschänder, quartiert sich, zur Fortentwicklung all dieser besonderen Veranlagungen, im Büro eines sadomasochistischen Schwächlings gewaltsam ein. Leider keine ironische Komödie, sondern ein ernstgemeintes Schundprodukt. ✦ Schwarz-weiß. USA 1967 **P** Mostest **KI** Filmagenturen Madsack/ Süd/West/Mercator **R+B** Louis Silverman (= Doris Wishman) **K** C. Davis Smith **D** Buck Starr (Mike Tawson), Sharon Kent, Lee Taylor **L** 65 **FSK** ab 18; nf **E** 18.7.1969 **fd** 16 279

DER ZAUBERTROLL (A TROLL IN CENTRAL PARK). Ein friedliebender Troll hat einige Mühe, gegen seine finsteren Artgenossen anzutreten, die ein kleines Mädchen aus dem New Yorker Central Park entführt haben. Ein geist- und einfallsloser Zeichentrickfilm, der jeden Anflug von kindlicher Fantasie in den grellen Modefarben der Spielzeugindustrie ertränkt. – Ab 6 möglich. ✦ USA 1994 **P** Warner Bros./Don Bluth Ltd. **KI** Warner **VA** Warner Home **Pd** Don Bluth, Gary Goldman, John Pomeroy **R** Don Bluth, Gary Goldman **B** Stu Krieger **M** Robert Folk **L** 75 **FSK** o. A.; f **E** 29.6.1995/30.11.1995 Video **fd** 31 430

DER ZAUBERWUNSCH (A SIMPLE WISH). Die achtjährige Anabel wünscht sich, daß ihr liebevoller Vater endlich ein Auskommen als Entertainer findet. Eine männliche Fee unterstützt sie in ihren Bemühungen, doch der erste Einsatz des guten Geistes wird durch seinen weiblichen Gegenpart hintertrieben. Eine gutmütige Weihnachtskomödie, die zwar einige überzeugende Gags zu bieten hat, auf Dauer jedoch zu schlafmützig daherkommt, um überzeugen zu können. Auch die hochkarätige Darstellerriege läßt zu wünschen übrig. – Ab 10. ✦ USA 1997 **P** Universal **VA** CIC **Pd** Sid Sheinberg, Bill Sheinberg, Jonathan Sheinberg **R** Michael Ritchie **B** Jeff Rothberg **K** Ralf D. Bode **M** Bruce Broughton **S** William S. Scharf **D** Martin Short (Murray), Kathleen Turner (Claudia), Mara Wilson (Anabel), Robert Pastorelli (Oliver), Amanda Plummer (Boots) **L** 86 **FSK** ab 6 **E** 19.11.1998 Video

DIE ZAUBERWURZEL (KONDURA). Ein junger Brahmane folgt einem imaginären Gottesgebot, führt durch die rigorose Befolgung der Vorstellungen, in seinem Dorf das Böse bekämpfen zu müssen, den Tod seiner Frau herbei und verfällt in Raserei. Der episch angelegte Film prangert religiösen Wahn und Aberglauben in Indien an und vermittelt für Europäer wertvolle Informationen über eine fremde Kultur, ihre Traditionen und sozialen Hierarchien. – Ab 16. ✦ Indien 1977 **P** Raviraj International **R** Shyam Benegal **B** Arudra, Girish Karnad, nach einem Roman von C. T. Khanolkar **K** Govind Nihalani **M** Vanraj Bhatia **D** Anant Nag Vanishree, Smita Patil, Satyadev Dubey, Sekhar Chatterjee, Sulabha Deshpande **L** 135 **E** 2.6.1984 WDR

DER ZAUBERZOPF (SEN BLAIN / THE MAGIC BRAID). China um die Jahrhundertwende: Im Mittelpunkt des Geschehens steht ein junger Mann, der seinen Zopf als sehr schlagkräftige Waffe neben anderen Kampfmethoden einzusetzen weiß. Er beteiligt sich schließlich auch am Kampf gegen ausländische Truppen (Boxeraufstand). Historischer Abenteuerfilm mit patriotischem Einschlag, von der Machart her etwas verworren. Unterhaltung mit künstlerischen Schwächen. ✦ Scope. VR China 1986 **P** Xi'an Filmstudio **KI** Progress **R** Zhang Zi En **B** Zhang Zi En, nach einem Roman von Feng Jicai **K** Gu Zhangwei **M** Li Yuedong **D** Wang Yawei (Sha'er), Chen Baoguo (Bolihua), Xu Shouli (Jun Juhua), Zhang Yan (Jin Zixian), Chen Xin (Vierter Onkel Liu) **L** 98 **E** 5.8.1988 Kino DDR/18.3.1990 DFF 1

ZAUNKÄMPFE. Dokumentarischer Videobericht über die Auseinandersetzungen um die in den 80er Jahren geplante atomare Wiederaufbereitungsanlage in Wackersdorf. Der Bericht erhielt seine besondere Bedeutung dadurch, daß er zur Zeit des Reaktorunfalls in Tschernobyl aufgenommen wurde. ✦ BR Deutschland 1986 **P** Medienwerkstatt Franken **SF** Zentral **R** Medienwerkstatt Franken **L** 72

ZAZEL – DER DUFT DER LIEBE (ZAZEL). Eine junge Frau erhält den Auftrag, ein verführerisches Parfüm zu kreieren. Nach vielen Versuchen stößt sie beim Gruppensex auf den »Duft der Liebe«. Sexfilm mit einer einfältigen Handlung. ✦ USA 1995 **R** Philip Mond **K** Philip Mond **S** Phillip Avalon **D** Sasha Vinni, Gina LaMarca, Anna Romeo, Grace Harlow, Lene Hefner **L** 72 **E** 5.12.1997 premiere

ZAZIE (1960) (ZAZIE DANS LE METRO / ZAZIE NEL METRO). Die absurde Welt der Erwachsenen, gesehen mit den Augen eines frühreifen Kindes: Die kleine Zazie entdeckt 36 Stunden lang Paris; die Metropole zeigt sich als Großstadtdschungel voller Helden, Bösewichter und Clowns, voller lustiger und makabrer Ereignisse. Nach einem Roman von Queneau inszenierte Louis Malle eine groteske Kinokomödie, wobei er den Sprachwitz der Vorlage konsequent in Bilder zu übersetzen versuchte. Wie der Autor sich mit der scheinbaren Naivität der Kindersprache auseinandersetzt, so kehrt auch Malle in die Kindertage der Kinematographie zurück: zum Slapstick der Mack-Sennett-Filme und zu den Urtricks von Meliès. Zeitlupe, Zeitraffer, Wiederholung und Deformierung, Aufhebung von Raum und Zeit, Spiel mit farblichen Verfremdungen und bewußt falsches Synchronisieren sind zugleich intellektuelle Verballhornungen der Konvention, die den Film zu einem beispielhaften Werk der französischen »Nouvelle Vague« machen. – Sehenswert. ✦ Frankreich/Italien 1960 **P** Nouvelles Editions/Documento **KI** NEF **Pd** Irénée Leriche **R** Louis Malle **B** Louis Malle, Jean-Paul Rappeneau, nach dem Roman von Raymond Queneau **K** Henri Raichi **M** Fiorenzo Carpi **S** Kenout Peltier **D** Catherine Demongeot (Zazie), Philippe Noiret (Onkel Gabriel), Hubert Deschamps (Turandot), Antoine Roblot (Charles), Annie Fratellini (Mado) **L** 93 **FSK** ab 18; nf **FBW** w **E** 20.12.1960/1.1.1971 ARD **fd** 9 863

ZAZIE (1989) (ZAZIE). Der gehetzte Sänger Zazie kehrt der Öffentlichkeit den Rücken und zieht in eine schäbige Hafengegend Tokyos, um dort Ruhe zum Nachdenken zu finden. Mit einer Videokamera durchforscht er seine Umgebung, entdeckt dann sein eigenes Gesicht und hält nach zögerlichen Anfängen beredte Zwiesprache. Freunde, die ihn aus seiner Isolation reißen wollen, weist er zurück; nur eine verständige Kunststudentin kann zu ihm vordringen. Experimenteller Spielfilm, der unterschiedliche Filmformen mischt und Spielsequenzen in dokumentarisches Material integriert; die verschiedenen Ebenen verdichten sich zum Porträt eines Verweigerers in einer leistungsorientierten Gesellschaft. (O.m.d.U.) ✦ Japan 1989 **P** Amuse Cinema City **KI** Freunde der Deutschen Kinemathek **R+B** Gô Rijû **K** Jôji Ide, Yoshito Nakamura (Video) **M** Odd-Bowz-Band **S** Kan Suzuki **D** Yoshito Nakamura (Zazie Masashi Akagi), Masumi Miyazaki (Kyoko), Rikako (Megumi), Tetta Sugimoto (Sunada), Yuki Matsushita (Ben), Kiyoshi Namikata (Tatsuo Yamamura) **L** 95 **E** März 1990

ZEBO, DER DRITTE AUS DER STERNENMITTE (EARTH GIRLS ARE EASY). Drei liebeshungrige außerirdische Wesen landen auf Grund eines Navigationsfehlers im Swimmingpool einer naiven Schönen und genießen nach ihrer »Umwandlung« in Erdenmenschen das mondäne Nacht- und Liebesleben einer kalifornischen Kleinstadt. Poppige Mischung aus Science-Fiction-Film, Musical und Love-Story, deren teils harmlose, teils zotige Gags reiner Selbstzweck sind. Eine Komödie, die jegliche ironisierende Distanz vermissen läßt und allenfalls durch die grellbunte optische Aufbereitung in CinemaScope etwas Vergnügen bereitet. (Fernsehtitel: »Mein Liebhaber vom anderen Stern«) – Ab 16. ✦ Scope. USA 1987 **P** De Laurentiis Entertainment **KI** 20th Century Fox **SF** 20th Century Fox **VA** VCL/Carolco **Pd** Tony Garnett **R** Julien Temple **B** Julie Brown, Charlie Coffey, Terrence McNally **K** Oliver Stapleton **M** Nile Rodgers **S** Richard Halsey **D** Geena Davis (Valerie Dale), Jeff Goldblum (Mac), Jim Carrey (Wibock), Damon Wayans (Zebo), Julie Brown (Candy Pink), Charles Rocket (Ted), Larry Linville (Dr. Bob), Rick Overton (Dr. Rick), Felix Montano (Ramon), Michael McKean (Poolreiniger) **L** 96 **FSK** ab 12; f **E** 17.8.1989/10.9.1990 Video/16.3.1991 premiere **fd** 27 772

DAS ZEBRA (LE ZEBRE). Ein französischer Provinzanwalt versucht nach 15 Jahren Ehe, die Liebe und Leidenschaft seiner Frau neu zu erobern, indem er ihr durch »verrückte« Ideen seine Zuneigung zu beweisen versucht. Am Ende verfällt er auf den Gedanken, seinen Selbstmord zu inszenieren. Ausgelassen gespielte, aber auch voller Melancholie steckende Komödie, die durch präzise Regie und sensibel geführte Darsteller den Blick hinter die vergnügliche Oberfläche für den Sinngehalt der Geschichte öffnet: die Sehnsucht des Menschen nach einem erfüllten (Liebes-)Leben. – Ab 16. ✦ Scope. Frankreich 1992 **P** Lambert Prod./TF1 Films **KI** Concorde **VA** Concorde **Pd** Thierry de Ganay **R** Jean Poiret **B** Martin Lamotte, Jean Poiret, nach einem Roman von Alexandre Jardin **K** Eduardo Serra **M** Jean-Claude Petit **S** Catherine Kelber **D** Thierry Lhermitte (Hippolyte), Caroline Cellier (Camille), Christian Pereira (Grégoire), Annie Gregorio (Marie-Louise), François Dyrek (Alphonse) **L** 92 **FSK** ab 12; f **FBW** bw **E** 1.7.1993/15.11.1993 Video/24.11.1994 premiere **fd** 30 299

ZEBRA FORCE (THE ZEBRA FORCE). Vietnam-Veteranen gehen gegen Entgelt in Los Angeles gegen die Mafia vor. Eine Anklage des organisierten Verbrechens, die durch ihr Gewaltpotential selbst unglaubwürdig wird. ✦ USA 1975 **P** MSD **VA** PolyGram **R+B** Joe Tornatore **K** Robert Maxwell **M** Charles Alden **D** Mike Lane, Richard X. Slattery, Anthony Caruso, Rockne Tarkington, Glenn R. Wilder **L** 95 **E** Video

EIN ZEBRA IN DER KÜCHE (ZEBRA IN THE KITCHEN). Der 12jährige Sohn eines Farmerehepaares hat, als seine Eltern die Farm aufgeben mußten, seinen liebsten Spielgefährten, einen zahmen Puma, heimlich mit in die Stadtwohnung genommen, was natürlich zu Schwierigkeiten führt. Das Tier kommt in den Zoo, doch der Junge kann sich trotz verständnisvoller Hilfe von Zoodirektor und Wärter nicht damit abfinden und öffnet in einem unbewachten Augenblick die Käfige aller Tiere. Die anschließenden Auflagen der Behörden bringen ihn zur Einsicht. Amüsanter Tierfilm mit einem versöhnlichen Ende. – Ab 8. ✦ USA 1965 **P** MGM **Pd+R** Ivan Tors **B** Art Arthur, nach einer Geschichte von Elgin Ciampi **K** Lamar Boren **M** Warren Barker **D** Jay North (Chris Carlyle), Martin Milner (Dr. Hartwood), Andy Devine (Branch Hawksbill), Jim Davis, Dorothy Green **L** 93 **E** 1.1.1973 ZDF

ZEBRAHEAD (ZEBRAHEAD). Die Autostadt Detroit: Ein 20jähriger Schüler jüdischer Abstammung verliebt sich in eine schwarze Schönheit. Für die beiden ist dies durchaus normal, schließlich lebt man in den 90er Jahren unseres Jahrhunderts, hat Gleichberechtigung gelernt. Doch unter der Oberfläche brodelt es, man intrigiert, stört die junge Liebe, schließlich kommt es zu einer sinnlosen Gewalttat. Ein engagierter Erstlingsfilm, der das klassische »Romeo und Julia«-Thema als Appell für ein friedfertiges Zusammenleben nutzt, und zugleich mahnt, daß dieses Miteinander Tag für Tag neu erarbeitet werden muß. Eine überzeugend entwickelte Geschichte, dicht inszeniert und in den Hauptrollen gut gespielt. ✦ USA 1992 **P** Ixtlan **KI** Ascot **VA** Warner Home **Pd** Oliver Stone, Janet Young, Charles Mitchell, Jeff Dowd, William F. Willett **R+B** Anthony Drazan **K** Maryse Alberti **M** Taj Mahal **S** Elizabeth Kling **D** Michael Rapaport (Zack), N'Bushe Wright (Nikki), Paul Butler (Otis Wimms), DeShonn Castle (Dee Wimms), Candy Ann Brown (Marlene) **L** 102 **FSK** ab 12; f **E** 21.10.1993/Oktober 1994 Video/1.6.1995 premiere **fd** 31 010

ZECHMEISTER (ZECHMEISTER). 1949 wurde eine Frau in Oberösterreich zu lebenslanger Haft wegen Ermordung ihres Ehemanns verurteilt, obwohl weder Beweise noch ein Geständnis vorlagen. Der dokumentarische Spielfilm betreibt eine historische Spurensuche, indem er mit fremdartigen Spielszenen die Tatsachen rekonstruiert, die zur Verurteilung führten. In trägen, oft nur assoziativ zum Thema gehörenden Landschaftsbildern beschwört er jene latente Bedrohung durch Gerüchte und Vorurteile, die letztlich entscheidend zum Indizienurteil beitrugen. ✦ Österreich 1981 **P** Studio-Film **KI** Freunde der Deutschen Kinemathek **Pd** Monika Maruschko **R+B** Angela Summereder **K** Hille Sagel **M** Christian Geerdes, Fritz Mikesch, Franz Lehár, Ursula Weck **S** Dörte Völz **D** Herbert Adamec, Asher Mendelssohn, Claudia Schneider, Peter Weibel, Gernot Klotz **L** 79 **E** 27.7.1982

ZEDER (ZEDER). Ein junger Schriftsteller entdeckt auf dem Farbband einer alten Schreibmaschine rätselhafte Worte und versucht gemeinsam mit seiner Frau, deren Geheimnis zu lüften. Sie stoßen auf den diabolischen Wissenschaftler Paul Zeder, der das Vorhandensein von Untoten auf die geologische Beschaffenheit bestimmter Gebiete zurückführt und dies in esoterischen Schriften analysiert. Bald ereignet sich eine mysteriöse Mordserie. Das Zombie-Thema abwandelnder fantastischer Horrorthriller, der Schreckensmomente mit lyrischen Passagen zu einer seltsamen Mixtur von beinahe kultischer Feierlichkeit verbindet. Regisseur Avati gilt in Italien als subversiver Träumer mit subversiven Leidenschaften. (TV-Titel auch: »Zeder – Terror der Untoten«) ✦ Italien 1983 **P** A.M.A. Film/RAI **VA** Taurus **Pd** Gianni Minervini, Antonio Avati **R** Pupi Avati **B** Pupi Avati, Antonio Avati, Maurizio Constanzo **K** Franco Delli Colli **M** Riz Ortolani **S** Amedeo Salfa **D** Gabriele Lavia (Stefano), Anne Canovas (Alessandra), Paola Tanziani (Mrs. Goodman), Cesare Barbetti (Dr. Meyer), Enea Ferrario (Mirko) **L** 95 **FSK** ab 16 **E** Januar 1989 Video/15.8.1990 PRO 7

ZEFFIRELLIS SPATZ (LA STORIA DI UNA CAPINERA). Als 1854 eine Cholera-Epidemie in der kleinen Stadt Catania wütet, werden auch die umliegenden Klöster evakuiert. Eine 19jährige Nonne kehrt vorübergehend in ihren Heimatort am Fuße des Ätna zurück, wo sie in Liebe für einen angehenden Rechtsanwalt, der ihre Stiefschwester heiraten soll, entflammt. Auch nach der Rückkehr ins Kloster kann sie den jungen Mann nicht vergessen. Lebloses Melodram, das in der ausgestellten Schönheit seiner Landschaften und Darsteller erstarrt. ✦ Italien 1993 **P** Cecchi Gori **Pd** Mario Cecchi Gori, Vittorio Cecchi Gori **R** Franco Zeffirelli **B** Franco Zeffirelli, Allan Baker, nach dem Roman »Storia di una Capinera« von Giovanni Verga **K** Ennio Guarnieri **M** Claudio Capponi, Alessio Vlad **S** Richard Marden **D** Angela Bettis (Maria), Jonathon Schaech (Nino), Sinéad Cusack (Mathilde), Vanessa Redgrave (Agata), John Castle (Giuseppe) **L** 105 **E** 20.3.1996 premiere

ZEHN BRÜDER SIND WIR GEWESEN. Anhand von Zeugenaussagen sowie zum Teil bislang unveröffentlichtem Filmmaterial zeichnet der renommierte Dokumentarfilmer Leiser die Geschichte der Judenverfolgung im Dritten Reich nach. Der Film komprimiert das Thema in nur einer Stunde zu einer umfassenden Rückschau. An Stelle eines neuen Ansatzes strebt er eher eine auch für Zuschauer ohne großes Vorwissen aufschlußreiche Studie an; eine Konzentration auf wenige Schwerpunkte hätte dem Film allerdings gutgetan. ✦ Deutschland 1995 **VA** absolut MEDIEN **R** Erwin Leiser **B** Erwin Leiser, Vera Leiser **K** Peter Warneke, Hans Rombach **L** 58 **E** 27.1.1997 ZDF/Juni 1999 Video

10 COWBOYS UND EIN INDIANERJUNGE → Ten White Men and a Little Indian

ZEHN – DIE TRAUMFRAU (TEN). Ein erfolgreicher Musiker um die 40 verliebt sich rettungslos in eine junge hübsche Frau und schlittert in eine handfeste Midlife-Krise. Er jagt dem Traumbild hinterher, stolpert über seine eigene Tolpatschigkeit und muß feststellen, daß er für den unbefangenen Lustkonsum nicht geeignet ist. Gagreiche Komödie, die zugleich das hintersinnige Porträt einer Männergeneration zeichnet, die vom beruflichen und sexuellen Leistungsdruck deformiert ist und mit ihren verdrängten Ängsten und Wünschen nicht zurechtkommt. Die bitterbösen Pointen zielen vor allem auf das kalifornische Schickeria-Milieu und sind geschickt unter der glatten Oberfläche des Films verankert. (TV-Titel DDR: »Die Traumfrau«) – Ab 16 möglich. ✦ Scope. USA 1978 **P** Orion **KI** Warner-Columbia **VA** Warner Home **DVD** Warner Home (16:9, 2.35:1, Mono engl./dt.) **Pd** Blake Edwards, Tony Adams **R+B** Blake Edwards **K** Frank Stanley **M** Henry Mancini **S** Ralph E. Winters **D** Dudley Moore (George), Julie Andrews (Sam), Bo Derek (Jennifer), Robert Webber (Hugh), Dee Wallace (= Dee Wallace Stone) (Mary Lewis), Sam Jones (David) **L** 122 **FSK** ab 16; f **E** 24.4.1980/31.12.1987 DFF 1/30.6.1999 DVD **fd** 22 434

ZEHN DINGE, DIE ICH AN DIR HASSE (TEN THINGS I HATE ABOUT YOU). Ein Neuzugang an einer amerikanischen High-School verliebt sich in ein besonders populäres Mädchen, das sich aber nur dann mit einem Jungen verabreden darf, wenn auch seine ältere Schwester einen Verehrer gefunden hat. Harmlose Komödie, in der der High-School-Campus ein weiteres Mal als Schauplatz für Gags und romantische Verwirrungen dient. (Videotitel: »10 Dinge, die ich an Dir hasse«) – Ab 12. ✦ USA 1998 **P** Touchstone Pictures **KI** Buena Vista **VA** Buena Vista **DVD** Warner Home (16:9, 1.85:1, DD5.1 engl./dt.) **Pd** Andrew Lazar **R** Gil Junger **B** Karen McCullah Lutz, Kirsten Smith **K** Mark Irwin **M** Richard Gibbs **S** O. Nicholas Brown **D** Heath Ledger (Patrick Verona), Julia Stiles (Katarina Stratford), Joseph Gordon-Levitt (Cameron James), Larisa Oleynik (Bianca Stratford), David Krumholtz (Michael Eckman), Andrew Keegan (Joey Donner), Susan May Pratt (Mandella) **L** 97 **FSK** ab 12; f **FBW** w **E** 21.10.1999/20.4.2000 Video & DVD **fd** 33 911

ZEHN FRAUEN IN WUT → Die wilden Zehn

ZEHN FRAUEN VERSCHWANDEN IN PARIS (BLUEBEARD'S TEN HONEYMOONS). Die Untaten des Massenmörders Landru, der zehn Witwen tötete, um sich ihrer Ersparnisse zu bemächtigen, im Schauerstil britischer Gentlemen-Verbrecher-Filme, wie sie in den 50er Jahren in Mode waren. ✦ Schwarz-weiß. Großbritannien 1959 **P** Anglo-Allied **KI** Rank **Pd** Roy Parkinson **R** W. Lee Wilder **B** Myles Wilder **K** Stephen Dade **M** Albert Elms **S** Tom Simpson **D** George Sanders, Corinne Calvet, Jean Kent, Patricia Roc, Greta Gynt **L** 94 **FSK** ab 18; nf **E** 17.1.1961 **fd** 9 972

DIE ZEHN GEBOTE (THE TEN COMMANDMENTS). Das Leben des Propheten Moses, Israels Befreiung aus ägyptischer Knechtschaft, der Zug durchs Rote Meer und Gottes Gesetzgebung auf dem Berge Sinai als Stoff für den letzten Film des US-Regisseurs DeMille – in Breitwandformat und über dreieinhalb Stunden lang. Angeblich auf Wunsch seiner Fans inszenierte DeMille ein Remake seines Stummfilms von 1923, wobei er seiner Vorliebe für kolossale Bauten, Massenszenen und Pathos freien Lauf ließ. Eine werkgetreue Adaption des Alten Testaments findet nicht statt, war aber auch nicht beabsichtigt. Ein Klassiker des Hollywood-Monumentalfilms, der einige Szenen enthält, die auch im Rückblick noch durch ihre Effekte beeindrucken. – Ab 14. ✦ Scope. USA 1957 **P** Paramount **KI** Paramount **DVD** Paramount (16:9, 1.78:1, DD5.1 engl., Mono dt.) **Pd+R** Cecil B. DeMille **B** Aeneas MacKenzie, Jesse L. Lasky jr., Jack Gariss, Fredric M. Frank **K** Loyal Griggs **M** Elmer Bernstein **D** Charlton Heston (Moses), Yul Brynner (Pharao Ramses II), Anne Baxter (Prinzessin Nefretiri), Yvonne de Carlo (Zippora), John Derek, Edward G. Robinson (Nathan), Debra Paget (Lilia) **L** 222 **FSK** ab 12; f **E** 17.2.1958/11.1.2001 DVD **fd** 6 690

DIE ZEHN GEBOTE DER KREATIVITÄT. Eine spannende Exkursion in die Welt der Kreativität, die das Verhältnis zwischen Kunst, Medien und Werbung auszuloten versucht und auf spielerische Weise die Frage stellt, was passiert, wenn einem Kreativen nichts mehr einfällt und woher der »göttliche« Funke kommt. Der Regisseur hat sein Filmmaterial über zwei Jahre auf fünf Kontinenten gesammelt und die Aussagen von Künstlern zu einer dreistündigen Essenz destilliert, die einer abenteuerlichen Reise in die – mitunter verschrobene – Welt des Kreativen gleichkommt. Eine ebenso witzige wie hintersinnige und disziplinübergreifende Dokumentation. ✦ Deutschland 2000 **R** Hermann Vaske **L** 180 **E** 2.1. 2001 arte

ZEHN GELBE FÄUSTE FÜR DIE RACHE (THE ANGRY GUEST). Ein die Kunst des Kung Fu meisterhaft beherrschendes Brüderpaar kämpft gegen eine gefährliche Gangsterbande, die sie durch Geiselnahme zur Mitarbeit erpressen will. Eine Mischung aus Erzählkino und wild-surrealistischer Todesoper mit zahlreichen brutalen Kämpfen. ✦ Scope. Hongkong 1972 **P** Shaw Brothers **KI** Constantin **R** Chang Cheh **B** I Kuan **K** Kung Mu-To **M** Chen Yung-Yu **D** David Chiang (= Chiang Tai Wei), Ti Lung, Ching Li, Fang Jen-Tzu, Yasuaki Kurata **L** 97 **FSK** ab 18; nf **E** 30.8. 1973 **fd** 18 463

ZEHN ITALIENER FÜR EINEN DEUTSCHEN (DIECI ITALIANI PER UN TEDESCO). Nach einem erfolgreichen Sprengstoffattentat italienischer Widerstandskämpfer gegen die faschistischen deutschen Truppen führen diese grauenvolle Vergeltungsmaßnahmen im März 1944 in Rom durch. ✦ Schwarz-weiß. Italien 1962 **P** Stacofilm/Polaris **R** Filippo W. Ratti **B** Luigi Angelo, Filippo W. Ratti **K** Aldo Greci **M** Armando Trovaioli **D** Gino Cervi, Carlo D'Angelo, Andrea Cecchi, Cristina Gaioni, Sergio Fantoni **L** 89 **E** 27.3.1973 DFF 2

10 JAHRE DDR IN FILMDOKUMENTEN 1949–1959. Unkritischer Rückblick auf die ersten zehn Jahre seit Gründung der Deutschen Demokratischen Republik, wobei in erster Linie auf Archivmaterial zurückgegriffen wurde. Den Filmtext verfasste der Chefkommentator des DDR-Fernsehens, Karl-Eduard von Schnitzler. ✦ Schwarz-weiß. DDR 1959 **P** DEFA **KI** Progress **Pd** Heinz Gayk **R** Bruno Kleberg **B** Günter Klein, Helmut Schneider, Bruno Kleberg **K** Hans Kracht **M** Kurt Grottke (Beratung) **S** Irmgard Held **L** 67 **E** 23.10.1959 Kino DDR

ZEHN KLEINE NEGERLEIN (1954). Heiter-oberflächlicher, harmloser Versuch eines deutschen Kindermusicals, das das bekannte Kinderlied als Aufhänger nimmt. Zehn kleine Negerlein haben unter ihrem mit Zauberkräften ausgestatteten Häuptling zu leiden und befreien sich schließlich von dessen Tyrannei. Die kolonialen und diskriminierenden Tendenzen des Abzählreims werden dabei billigend in Kauf genommen. – Ab 8. ✦ Schwarz-weiß. BR Deutschland 1954 **P** Delos **KI** Jugendfilm **VA** EuroVideo **Pd** Bernhard F. Schmidt **R** Rolf von Sydow **B** Emil Surmann, nach einer Erzählung von Inka Köhler-Rechnitz **K** Willi Kuhle **M** Norbert Schultze **S** Heinz Haber **D** Thomas Ngambi, Harry Mambo, Josefine Bachert, Jamier Warker, Harry Davis **L** 77 **FSK** ab 6, f (Video o. A.) **E** 23.8.1954 **fd** 3 630

ZEHN KLEINE NEGERLEIN (1974) → Ein Unbekannter rechnet ab

DAS 10-MILLIONEN-DING (THE 10 MILLION DOLLAR GETAWAY). An einer Bar erzählt ein Mann von dem großen Coup, den er vor Jahren mit einigen Freunden gelandet hat und bei dem sie zwar die Lufthansa um 10 Millionen Dollar erleichtern konnten, doch am Ende Opfer der übermächtigen Mafia-Partner wurden. Lakonisch erzählter Kriminalfilm, der auf aufgesetzte Effekte verzichtet und statt dessen vom traurigen Los einiger krimineller Glücksritter berichtet. – Ab 16. ✦ USA 1990 **P** Alvin Cooperman Prod./Wilshire Court (für Paramount) **VA** CIC **Pd** Thomas Kane **R** James A. Contner **B** Christopher Canaan, nach einem Roman von Doug Feiden **K** Tom Hurwitz **M** Peter Matz **S** Scott Smith **D** John Mahoney (Jimmy »The Gent« Burke), Gerry Bamman, Joseph Carberry (Little Marty Klugman), Karen Young (Theresa Ferrero), Tony Lo Bianco (Tony »Ducks« Carallo) **L** 92 **FSK** ab 16 **E** Frühjahr 1992 Video/26.11.1992 premiere **fd** 29 394

ZEHN STUNDEN ZEIT FÜR VIRGIL TIBBS (THEY CALL ME MISTER TIBBS). Ein schwarzer Polizeileutnant klärt einen Mordfall, in den ein langjähriger Bekannter verwickelt ist. Durchschnittlicher Krimi, der die Figur des Polizisten aus »In der Hitze der Nacht« (1966) wiederaufnimmt und sie mit einem familiären Hintergrund versieht; unausgegoren, streckenweise geschmacklos und nur mäßig spannend. – Ab 16 möglich. ✦ USA 1969 **P** Mirisch **KI** United Artists **R** Gordon Douglas **B** Alan R. Trustman, James R. Webb **K** Gerald Perry Finnerman **M** Quincy Jones **D** Sidney Poitier (Virgil Tibbs), Martin Landau (Logan Sharpe), Barbara McNair (Valerie Tibbs), Anthony Zerbe (Rice Weedon), Jeff Corey (Captain Marden) **L** 108 **FSK** ab 16; nf **E** 18.9.1970 **fd** 16 987

ZEHN TAGE, DIE DIE WELT ERSCHÜTTERTEN (KRASNYJE KOLOKOLA – JA WIDEL ROSHDENIJE NOWOWO MIRA). Zweiter Teil des aufwendig inszenierten Monumentalfilms um den amerikanischen Journalisten John Reed (1887–1920), der als Augenzeuge und Teilnehmer die Revolutionen in Mexiko und Rußland miterlebte. Dieser Teil schildert die letzten Tage vor der Erstürmung des Winterpalais' in St. Petersburg 1917. Der Versuch, zwei epochale

Ereignisse der Weltgeschichte lebendig werden zu lassen, beeindruckt allenfalls in den kunstvoll arrangierten Massenszenen. Die skizzenhaft gezeichneten Personen reihen sich lediglich als Staffage in den historischen Bilderbogen ein. Ansatzpunkte zur Charakterisierung und Situationsschilderung verlieren sich in der Unübersichtlichkeit des Gesamtgemäldes. (Kinotitel DDR: »Ich sah die Geburt einer neuen Welt – Rote Glocken, Teil II«; Titel des ersten Teils: »Mexiko in Flammen«) – Ab 14 möglich. ✦ UdSSR/Mexiko/Italien 1982 **P** Mosfilm/Conacite/Vides International **KI** Progress **VA** Mike Hunter **R** Sergej Bondartschuk, Antonio Saguera **B** Sergej Bondartschuk, Antonio Saguera, nach dem gleichnamigen Roman von John Reed **K** Wadim Jussow **M** Georgi Swiridow **D** Franco Nero (John Reed), Sydne Rome (Louise Bryant), Anatoli Ustiugianinow (Wladimir Iljitsch Lenin), Bogdan Stupka, Alessandro Sajko **L** 124 **FSK** ab 12 **E** 28.10.1983 Kino DDR/6.11.1984 DFF 1/20.9.1986 Video **fd** 25 909

ZEHN TAGE FASTEN (TSCHUI PETELA). In einem abgelegenen, nur noch von wenigen alten Leuten bewohnten Dorf lebt ein alter Mann für sich allein. Seine Frau hat sich von ihm getrennt. Sie gesteht ihm eines Tages, eine Jugendliebe gehabt zu haben. Diese Mitteilung löst bei ihm auch selbst im Gefühl des nahen Todes Nachdenken und Besinnung aus. Ein lebensnahes, psychologisch interessantes Porträt eines Menschenschicksals in einer sehr poetischen Bildsprache. – Ab 16. ✦ Bulgarien 1977 **P** Spielfilmstudio Sofia **KI** Progress **R** Stefan Dimitrow **B** Konstantin Pawlow **K** Emil Wagenstein **M** Georgi Genkow **D** Nikolai Binew (Tosche), Newena Kokanowa (Petruna), Nikola Todew (Sachari), I. Zwetarski (Ljuben) **L** 80 **E** 31.8.1979 Kino DDR/13.5.1980 DFF 2

ZEHN TAGE IN CALCUTTA. Dokumentarfilm über den indischen Filmregisseur Mrinal Sen. Reinhard Hauff, seit langem von Sens widersprüchlichen und vitalen Filmen beeindruckt, besuchte Sen 1983 in Kalkutta. In Gesprächen und an Hand zahlreicher Ausschnitte aus Sens Filmen nähert sich Hauff dem engagierten Künstler und Menschen. – Ab 16. ✦ BR Deutschland 1984 **P** Bioskop/WDR **R+B** Reinhard Hauff **K** Frank Brühne **M** Vijay Raghav Rao, Bhaskar Chandavarkar, Salil Chowhdury **L** 82 **E** 10.12.1984 WDR

ZEHN TAGE NACH TULARA (TEN DAYS TO TULARA). Ein amerikanischer Pilot wird von einem Banditen erpreßt, ihn und seine mexikanischen Kumpane an die Pazifikküste zu fliegen, wo sie an Bord eines Schiffes erwartet werden. Der Held, der sich als aufrechter Amerikaner bewährt, darf beim Happy-End die Tochter des Bandenführers in die Arme schließen. Konventionelle B-Produktion mit einigen Abenteuer- und Western-Elementen. Interessant allenfalls als Film für und mit Hauptdarsteller Sterling Hayden. – Ab 14. ✦ Schwarz-weiß. Mexiko 1957 **P** George Sherman **KI** United Artists **Pd** George Sherman, Clarence Eurist **R** George Sherman **B** Laurence Mascott **K** Alex Phillips **M** Lan Adomian **S** Carlos Savage **D** Sterling Hayden, Grace Rayner, Rodolfo Hoyos, Carlos Muzquiz, Tony Caravajal **L** 76 **FSK** ab 12; nf **E** 18.6.1963 **fd** 12 031

ZEHN TAGE UNBEZAHLTER URLAUB (DESET DNI NEPLATENI). Am Beispiel der Liebe zweier junger Menschen, die durch die unterschiedlichen Lebensauffassungen der Eltern belastet wird, werden die Möglichkeiten und Grenzen der Verständigung zwischen den Generationen aufgezeigt. Die bedeutsame Problematik des Films konnte künstlerisch nicht entsprechend umgesetzt werden. – Ab 16. ✦ Schwarzweiß. Bulgarien 1972 **P** Spielfilmstudio Sofia **KI** Progress **R** Janusch Wasow **B** Todor Monow **K** Radoslav Spassov **M** Georgi Genkow **D** Elena Stefanowa, Margarita Tschudinowa, Mladen Mladenow, Nejtscho Popow, Zwetana Ostrowska **L** 85 **E** 30.3.1973 Kino DDR/5.4.1974 DFF 1

10 UHR 30: ATTENTAT → Das Attentat (1964)

ZEHN WAHNSINNIGE TAGE. Ein gewissenhafter Polizeischüler lernt bei einem Einsatz gegen Demonstranten eine eigenwillige Inderin kennen, die sich für die Asylrechte ihrer Landsleute einsetzt. Er ist von der jungen Frau fasziniert und verliebt sich in sie. Als sie ihn dafür einspannen will, illegal eingereiste indische Kinder aus dem Frankfurter Flughafen zu schmuggeln, wird der angehende Polizist einem Gewissenskonflikt ausgesetzt. Die subtile Beobachtung einer interkulturellen Annäherung, die die Wahrnehmung beider Protagonisten verändert und sie ihre Positionen hinterfragen lässt. Trotz des Themas Asylrecht stehen die Themen Freundschaft, Liebe und Pflicht im Vordergrund. – Ab 16. ✦ Deutschland 1999 **P** SWR/arte **Pd** Ulrich Herrmann **R** Christian Wagner **B** Stefan Dähnert **K** Hans-Jörg Allgeier **M** Maurus Ronner **S** Carola Hülsebus **D** Fabian Busch (Felix), Indira Varma (Ra), Oliver Bröcker (Bernie), Rüdiger Klink (Milka), Rüdiger Vogler (Lancelle) **L** 88 **E** 12.5.2000 arte

ZEHNKÄMPFER IM ZWEIKAMPF (MUSHSKIJE IGRI NA SWESEM WOCHDUCHE). Training, Wettkämpfe und Ausbildung zweier Zehnkämpfer. ✦ Scope. UdSSR 1978 **P** Filmstudio Riga **R** Roland Kalnins **B** German Klimow **K** Gwido Skulte **M** Iwar Wigner **D** Michail Bariban (Andrej), Anatoli Gratschew (Viktor), Gunar Zilinski (Kostja), Wladis Krogis (Kameramann) **L** 66 **E** 4.11.1979 DFF 2

10 000 BLUTIGE DOLLAR (10 000 DOLLARI PER UN MASSACRO). Ein Kopfgeldjäger tötet den von ihm gejagten Banditen erst, als dieser beim gemeinsamen überfall auf einen Geldtransport Verrat begangen und seine Geliebte ermordet hat. Zynischer Italo-Western, der allzu distanzlos und selbstzweckhaft seine negativen »Helden« in einer Welt nackter Gewalt darstellt. ✦ Scope. Italien 1966 **P** Zenith/Flora **KI** Columbia-Bavaria **R** Romolo Guerrieri (= Romolo Girolami) **B** Franco Fogagnolo, Ernesto Gastaldi, Luciano Martino **K** Federico Zanni **M** Nora Orlandi **D** Gary Hudson (= Gianni Garko), Loredana Nusciak, Claudio Camaso, Adriana Ambesi, Pinuccio Ardia **L** 98 **FSK** ab 16; nf **E** 8.3.1968 **fd** 15 352

10 000 PS – VOLLGASRAUSCH IM GRENZBEREICH (FAST COMPANY). Ein umjubelter Autorennfahrer nimmt als Werbeträger an einem »Funny Car«-Rennen teil, auf dem sich jüngere Nachwuchsfahrer zu profilieren versuchen. Im Rennen ereignet sich ein folgenschwerer Unfall. Niveauloser Rennfahrerfilm des ansonsten ambitionierteren Regisseurs Cronenberg. ✦ USA 1979 **P** Quadrant **R** David Cronenberg **B** Phil Savath, Courtney Thorne-Smith, David Cronenberg, nach einem Roman von Alan Treen **K** Mark Irwin **M** Fred Mollin **D** William Smith, Claudia Jennings, John Saxon, Nicholas Campbell, Don Francks **L** 91 **E** 20.9.1990 RTL plus

10 000 SCHLAFZIMMER (TEN THOUSAND BEDROOMS). Ein amerikanischer Hotelmillionär erweitert in Rom sein Imperium und stößt dabei auf eine Familie mit vier Töchtern, in deren jüngste er sich verliebt. Doch bevor er sie zum Traualtar führen kann, müssen Freier für die anderen drei gefunden werden, da der Papa auf einer Heirat in der Reihenfolge des Alters besteht. Nach schleppendem Anfang entwickelt sich eine turbulente und unterhaltsame musikalische Komödie. – Ab 14 möglich. ✦ Scope. USA 1957 **P** MGM **KI** MGM **Pd** Joe Pasternak **R** Richard Thorpe **B** Laslo Vadnay, Art Cohn **K** Robert Bronner **M** George Stoll **S** John McSweeney jr. **D** Dean Martin (Ray Hunter), Anna Maria Alberghetti (Nina Martelli), Eva Bartok (Maria Martelli), Dewey Martin (Mike Clark), Walter Slezak (Vittorio Martelli), Paul Henreid (Graf Anton) **L** 114 **FSK** ab 12; nf **E** 29.5.1958 **fd** 7 064

DER ZEHNTE BRUDER (DESETI BRAT). 1840 in einem kleinen slowenischen Dorf: Ein neu ankommender Lehrer begegnet als erstem dem »zehnten Bruder«, mit dem er im Verlauf noch schicksalhaft verbunden sein wird, dessen Identität aber erst nach und nach enthüllt wird. Spannender, perfekt inszenierter und fotografierter Film, der die Verehrer einer romantischen Liebesgeschichte ebenso bedient wie die Freunde von Kriminalfilmen. – Ab 14. ✦ Jugoslawien 1982 **P** Viba Film **KI** Progress **R** Vojko Duletic **B** Vojko Duletic, nach einem Roman von Josip Jurcic **K** Mile des Gloria **M** César Franck **D** Radko Polic (zehnter Bruder), Bert Sotlar (Krjavelj), Stevo Zigon (Piskav), Boris Kralj (Slemenski), Stefka Drolceva (Slemeniska) **L** 88 **E** 7.12.1984 Kino DDR

DAS ZEHNTE JAHR (DAS ZEHNTE JAHR). Ein Ehepaar versucht, durch einen Neuanfang aus seiner Krise zu finden. Im neuen Domizil am Stadtrand, noch ohne Telefon und Fernsehen, brechen trotz aller Bemühungen alte Aggressionen wieder auf. Da der Mann die Wohnung nicht verlassen kann, nutzt die Frau die Gelegenheit zu einer schonungslosen Abrechnung. Beziehungsdrama. ✦ Österreich 1995 **R+B** Käthe Kratz **D** Maria Bill (Marie), Matthias Habich (Max) **L** 100 **E** 5.6.1997 tm 3

DAS ZEHNTE KÖNIGREICH (THE 10TH KINGDOM). Eine junge New Yorkerin und ihr Vater geraten durch einen Hund, der ihnen zuläuft und eigentlich ein verwunschener Prinz ist, sowie durch einen Zauberspiegel in eine Parallelwelt, in der eine böse Märchenkönigin ihre Herrschaft errichten will und mit Hilfe verschlagener Trolle an die Macht drängt. Den beiden Menschen und der Macht der Liebe ist es anheimgestellt, den Frieden in allen Welten wiederherzustellen. Überdrehte, allzu schnell ermüdende Fantasy-Serie in verschwenderischer Ausstattung, die auf makabre Überhöhungen, tricktechnischen Schnickschnack und übertriebene Gags mit leicht parodistischen Zügen setzt. Klassische Märchenmotive werden dabei mit Figuren zeitgemäßer Fantasy-Produktionen vermischt, ohne dass die Ideenvielfalt je zu einer überzeugenden erzählerischen Einheit findet. – Ab 14. ✦ USA/Deutschland 2000 **P** Carnival/Hallmark/NBC/Production Line/Babelsberg **VA** Warner Home **DVD** Warner Home (FF, DD5.1 engl., DD2.0 dt.) **Pd** Brian Eastman, Simon Moore, Jane Prowse **R** Herbert Wise, David Carson **B** Simon Moore **K** Chris Howard, Lawrence Jones **M** Anne Dudley **S** Andrew McClelland **D** Kimberly Williams (Virginia Lewis), Scott Cohen (Wolf), John Larroquette (Anthony »Tony« Lewis), Dianne Wiest (böse Königin/Christine Lewis), Camryn Manheim (Schneewittchen), Ann-Margret (Königin Cinderella), Ed O'Neill (Relish, der Trollkönig), Rutger Hauer (Jäger) **L** 415 (84/83/84/84/84) **FSK** ab 12 **E** 23./25./26./30./12.2001/1.1.2002 RTL (fünf Teile)/10.12.2001 Video & DVD

DER 10. MAI 1940 → Die Angst vor der Gewalt

DER 10. MANN (THE TENTH MAN). Paris, 1941. Als Vergeltung für eine Aktion der Résistance soll ein willkürlich verhafteter Rechtsanwalt von den Nazis hingerichtet werden. Ein junger Mitgefangener tauscht das Unglückslos mit ihm gegen das Vermögen des wohlhabenden Anwalts, um es seiner Mutter und seiner Schwester zu vermachen. Unter falschem Namen sucht der innerlich gebrochene Rechtsanwalt nach der Befreiung die Frauen auf, die voller Haß auf ihren unbekannten »Gönner« sind. Erst im Tode findet er die Vergebung der Schwester. Mit viel Feingefühl bewegend inszeniertes (Fernseh-)Drama um Schuld und Sühne, ganz im Geiste des Moralisten Graham Greene. – Ab 14. ✦ USA 1988 **P** MGM/UA **VA** EuroVideo **Pd** David A. Rosemont, William Hill **R** Jack Gold **B** Lee Langley, nach einem Drehbuch von Graham Greene **K** Alan Hume **M** Lee Holdridge **S** Millie Moore **D** Anthony Hopkins (Jean-Louis Chavel), Kristin Scott Thomas (Thérèse), Derek Jacobi (der unbekannte Fremde), Cyril Cusack (Priester), Timothy Watson (Michel), Paul Rogers (Breton), Peter Jonfield (Roche) **L** 95 **FSK** ab 12 **E** 23.1.1990 Video **fd** 28 140

DAS ZEHNTE OPFER (LA DECIMA VITTIMA / LA DIXIEME VICTIME). In einem totalitären Zukunftsstaat werden Haß und Gewalt in makabren Schaukämpfen zwischen Männern und Frauen kanalisiert, wobei dem Sieger eine hohe Geldprämie winkt. Abstruse Science-Fiction-Komödie, die zwischen Satire und Actionkino schwankt. Gesellschaftskritische Ansätze treten in den Hintergrund zugunsten spektakulärer Spannungseffekte. ✦ Italien/Frankreich 1965 **P** Champion/Concordia **Kl** Inter **Pd** Carlo Ponti **R** Elio Petri **B** Tonino Guerra, Giorgio Salvioni, Ennio Flaiano, Elio Petri, nach einem Roman von Robert Sheckley **K** Gianni di Venanzo **M** Piero Piccioni **S** Ruggero Mastroianni **D** Marcello Mastroianni (Marcello Polletti), Ursula Andress (Caroline Meredith), Elsa Martinelli (Olga), Salvo Randone (Professore), Massimo Serato (Anwalt), Evi Rigano (Opfer), Milo Quesada (Rudi), Luce Bonifassy (Lidia), Anita Sanders, Mickey Knox (Chet), Richard Armstrong (Cole), George Wang (Attentäter) **L** 92 **FSK** ab 18; f **E** 5.8.1966 **fd** 14 208

DER ZEHNTE SCHRITT (DESJATYJ SCHAG). Während der Kämpfe zwischen den sowjetischen Streikräften und Weißgardisten wird die junge Frau eines Divisionskommandeurs der Roten Armee unbewußt zur Verräterin ihrer Genossen. Zwar kann sie ihre Freunde noch vor einem Anschlag der Weißgardisten warnen, doch gibt sie sich selbst den Tod. Ein ebenso dürftiger wie langweiliger Film voller Pathos und Klischees. ✦ Scope, schwarz-weiß. UdSSR 1967 **P** Dowshenko-Studio **Kl** Progress **R** Viktor Iwtschenko **B** Nikolai Figurowski, nach einem Roman von Robert Eideman **K** Alexej Prokopenko **M** Boris Bujewski **D** Nelli Myschkowa (Anja Dsjuba), Pawel Morosenko (Dsjuba), Nikolai Koslenko (Smirnow), Juri Wolkow (Linde), Alexej Safonow **L** 97 **E** 19.4.1968 Kino DDR/ 6.3.1972 DFF 2

DIE ZEHNTE SOLL ES SEIN (ACCORD FINAL). Ein amerikanischer Geigenvirtuose, der sich in Genf auf Urlaub befindet, wettet mit Freunden, daß er das zehnte Mädchen heiraten werde, das über die Schwelle des Konservatoriums tritt. Er schreibt sich unter falschem Namen als Student ein und gewinnt nach vielen mehr oder minder komischen Abenteuern seine Wette. Kleine Komödie, von der Douglas Sirk (Detlef Sierck) 1971 in einem Interview behauptete, er habe die künstlerische Oberleitung geführt. – Ab 12. ✦ Schwarz-weiß. Frankreich 1938 **P** Filmsonor **Kl** Emka **Pd** J. Weissmann **R** I. R. Bay (= Ignacy Rosenkranz) **B** I. R. Bay (= Ignacy Rosenkranz), Max Kolpe (= Max Colpet) **K** Michel Kelber **M** Henri Herblay **S** Jean Oser, Charles Gaudin **D** Käthe von Nagy, Georges Rigaud, André Alerme, Jules Berry, Josette Day **L** 75 **FSK** ab 12; nf **E** 5.6.1953 **fd** 2 615

DIE ZEHNTE STUFE (THE TENTH LEVEL). Nach tatsächlichen Experimenten inszeniertes Fernsehdrama über einen Psychologen, der mit ahnungslosen Freiwilligen erproben will, wieviel Schmerz man – von einer »höheren Instanz« legitimiert – anderen Menschen zuzufügen bereit ist. Die Testergebnisse sind beängstigend. ✦ USA 1984 **P** CBS **R** Charles S. Dubin **B** George Bellak **D** William Shatner, Lynn Carlin, Ossie Davis, Estelle Parsons, Viveca Lindfors **L** 102 **E** 9.11.1992 Tele 5

DIE ZEHNTE SYMPHONIE (LA DIXIEME SYMPHONIE). Die Geschichte eines genialen Musikers, der um seine Anerkennung ringen muß. Der Regisseur Abel Gance ließ für diesen Film eine eigene Partitur komponieren, doch aus Kostengründen waren nur wenige Kinos in der Lage, diese Komposition aufzuführen. Der anspruchsvolle Film blieb dadurch relativ unbekannt. Heute wird das Meisterwerk in der Pariser Cinémathek aufbewahrt. – Ab 14. ✦ Schwarz-weiß. Frankreich 1918 **R+B** Abel Gance **K** L.-H. Barel **M** Michel-Maurice Lévy **D** Séverin Mars, Emmy Lyan, Jean Toulost, André Lafaar **L** 100 **E** 7.7.1995 arte

DER ZEHNTE TAG (LA DECADE PRODIGIEUSE / DIECI INCREDIBILI GIORNI). Ein größenwahnsinniger Millionär zerstört seine junge Frau und den seelisch labilen Adoptivsohn, die sich lieben, indem er sie heimlich zur Mißachtung aller zehn Gebote und schließlich in den Tod treibt. Raffiniert inszenierter und atmosphärisch dichter Film, der die Dreiecks- und Kriminalgeschichte allerdings zu sehr mit Symbolen und metaphysischen Bezügen befrachtet hat. Eine weitere Attacke Chabrols gegen die moralische Dekadenz des französischen Bürgertums. – Ab 16. ✦ Frankreich/Italien 1971 **P** Films la Boëtie/Euro International **VA** Allround **Pd** André Génovès **R** Claude Chabrol **B** Paul Gégauff, Eugene Archer, Paul Gardner, nach dem Roman »Ten Day's Wonder« Ellery Queen **K** Jean Rabier **M** Pierre Jansen **S** Jacques Gaillard **D** Orson Welles (Théo van Horn), Marlène Jobert (Hélène van Horn), Anthony Perkins (Charles van Horn), Michel Piccoli (Paul Régis), Guido Alberti (Ludovic) **L** 110 **FSK** ab 16 **E** 14.1.1973 ARD **fd** 18 109

DAS ZEICHEN (DE JOHNSONS / XANGADIX). Als ein von Alpträumen geplagtes 13jähriges Mädchen in einem Bunker in der niederländischen Marsch sieben Brüdern begegnet, die dort wegen eines Massakers festgehalten werden, scheint sich ein schrecklicher Fluch von Indianern aus dem Amazonas-Gebiet zu bewahrheiten. Horrorfilm um erwachende Sexualität, der in schlecht kopierten Genre-Elementen voller Blut und anderen Oberflächenreizen steckenbleibt. ✦ Niederlande 1991 **P** Movies Film/Lenox Holding/Veronica Omroep Organisatie **Kl** Delta **VA** Ascot **Pd** Chris Brouwer, Haig Balian **R** Rudolf van den Berg **B** Leon de Winter, basierend auf einem Drehbuch von Rocco Simonelli **K** Theo Bierkens **M** Patrick Seymour **S** Wim Louwrier **D** Monique van de Ven (Victoria Lucas), Esmée de la Bretonière (Emalee Lucas), Kenneth Herdigein (Prof. Keller), Rik van Uffelen (De Graaf), Otto Sterman (Vater Keller) **L** 102 **FSK** ab 16; f **E** 9.7.1992/10.2.1993 Video **fd** 29 657

ZEICHEN AM WEG (ZNAKI NA DRODZE). Ein aus der Haft entlassener Leiter eines Fuhrparks findet an der neuen Arbeitsstelle ähnliche Verhältnisse vor wie jene, die er damals mitverschuldete. In harten Auseinandersetzungen gelingt es ihm, sich mit seinen veränderten Anschauungen durchzusetzen. Film über die Arbeitsmoral und die Verantwortung des einzelnen für das Gemeinwesen. Etwas reißerisch aufgezogen, aber nicht uninteressant gestaltet. – Ab 16. ✦ Scope, schwarz-weiß. Polen 1970 **P** Filmstudio Wroclaw, Gruppe »Iluzjon« **Kl** Progress **R** Andrzej Jerzy Piotrowski **B** Andrzej Twerdochlib, Andrzej Jerzy Piotrowski, nach dem Roman »Stern der Saison« von Andrzej Twerdochlib **K** Antoni Nurzynski **M** Wlodzimierz Nahorny **D** Tadeusz Janczar (Michal Biel), Galina Polskich (Jadwiga), Leon Niemczyk (Paslawski), Leszek Drogosz (Jaksonek), Boleslaw Abart **L** 101 **E** November 1971 Kino DDR/17.8. 1972 DFF 1

DAS ZEICHEN DER MUSKETIERE (IL COLPO SEGRETO DI D'ARTAGNAN/LE SECRET D'ARTAGNAN). Bewegter Abenteuerfilm aus der galanten, intriganten Zeit: Zwei Musketiere decken 1632 ein Komplott gegen ihren König Ludwig XIII. auf. Weitgehend schwungvoll und witzig inszeniert. (Alternativtitel: »Das Zeichen des D'Artagnan«) – Ab 14. ✦ Scope. Italien/ Frankreich 1962 **P** Liber/Agiman **Kl** Columbia-Bavaria **R** Siro Marcellini **B** Ottavio Poggi, Siro Marcellini, Milton Krims **K** Alvaro Mancori **M** Carlo Rustichelli **D** George Nader (D'Artagnan), Mario Petri (Porthos), Magali Noël (Carlotta), Alessandra Panaro (Diana von Montersant), George Marchel **L** 91 **FSK** ab 12; nf **E** 19.7.1963/9.11.1986 DFF 2 **fd** 12 115

DAS ZEICHEN DES D'ARTAGNAN →Das Zeichen der Musketiere

DAS ZEICHEN DES FALKEN (THE MARK OF THE HAWK). Eine ernsthaft auf soziale und religiöse Aspekte bedachte, jedoch simpel-optimistisch geratene Geschichte aus Afrika: Der Tod eines evangelischen Missionars bestärkt den farbigen Anführer einer afrikanischen Freiheitsbewegung in seiner Ablehnung terroristischer Methoden und führt ihn zum christlichen Bekenntnis zurück. – Ab 16. ✦ Scope. USA 1958 **P** International/Lloyd Young and Associates **Kl** Universal **R** Michael Audley **B** H. Kenn Carmichael **K** Erwin Hillier, Toge Fujihira **M** Matyas Seiber **D** Eartha Kitt, Sidney Poitier, John McIntire, Juano Hernandez, Helen Horton **L** 85 **FSK** ab 12; f **E** 24.7.1959 **fd** 8 049

ZEICHEN DES UNHEILS (SNAK BEDY). Einfache Bauern, die sich gegen die Willkür des Krieges behaupten müssen, stehen im Mittelpunkt dieses Films. Ein Loblied auf die moralische Kraft der vermeintlich Schwachen, die in großer Not über sich hinauswachsen und sich einem gewalttätigen System entgegenstellen. – Ab 16. ✦ UdSSR 1986 **P** Belarusfilm **Kl** Progress **R** Michail Ptaschuk **B** Jewgeni Grigorjew, Oskar Nikitsch, nach der gleichnamigen Erzählung von Wassil Bykau **K** Tatjana Loginowa **M** Oleg Jantschenko **D** Nina Ruslanowa (Stepanida), Gennadi Garbuk (Petrok), Jewgeni Platochin, Wladimir Gostjuchin, Wladimir Jemeljanow **L** 120 **E** 31.8. 1990 (auch Kino DDR)

DAS ZEICHEN DES VAMPIRS (MARK OF THE VAMPIRE). Ein Baron wird auf seinem Schloß in Böhmen Opfer eines Mordes, der auf einen blutrünstigen Vampir hindeutet. Ein Inspektor aus Prag und ein Vampir-Experte machen sich auf die Suche nach dem nächtlichen Blutsauger, auf dessen Existenz immer mehr Hinweise schließen lassen. Sie entwickeln einen raffinierten Plan, durch den sie schließlich den Mörder entlarven. Remake des Stummfilm-Erfolges »London after Midnight«, den ebenfalls Tod Browning inszenierte. Der einzigen erhaltenen Fassung merkt man deutlich eine Kürzung an, da man offensichtlich schon zur Premiere 1935 Hinweise auf das heikle Thema des Inzests entfernen wollte. Eine geschickte Mischung von Kriminal- und Horrorfilm, deren Wirkung durch die gute Kameraarbeit verstärkt wird. – Ab 14. ✦ Schwarz-weiß. USA 1935 **P** MGM **R** Tod Browning **B** Guy Endore, Bernard Schubert, nach einer Erzählung von Tod Browning **K** James Wong Howe **S** Ben Lewis **D** Lionel Barrymore, Elizabeth Allan, Jean Hersholt, Bela Lugosi, Lionel Atwill **L** 61 **E** 26.3.1982 ZDF

DAS ZEICHEN DES VERRÄTERS (MARK OF THE RENEGADE). Humorig aufgelockerte Abenteuermär aus den Gründerjahren der Republik Mexiko (seit 1822). Ein vermeintlicher Verräter heiratet die Tochter eines rechtschaffenen Politikers und demaskiert sich als Gegner der reaktionären Kräfte. – Ab 12. ✦ USA 1951 **P** Universal **Kl** Universal **R** Hugo Fregonese **B** Louis Salomon **K** Charles P. Boyle **M** Frank Skinner **D** Ricardo Montalban (Marcos Zappa), Cyd Charisse (Manuela de Vasquez), J. Carroll Naish (Luis), Gilbert Roland (Don Pedro de Garcia), Andrea King (Anita Gonzales), Armando Silvestre (Miguel de Gandara) **L** 81 **FSK** ab 12; nf **E** 5.9.1952/10.1.1996 West 3 (neu synchronisiert) **fd** 2 090

DAS ZEICHEN DES WHISTLER (THE MARK OF THE WHISTLER). Als der Inhaber eines 30 000-Dollar-Bankkontos gesucht wird, sieht ein junger Mann auf Grund seiner Namensgleichheit und anderer glücklicher Umstände die Chance, in den Besitz des Vermögens zu kommen. Doch schon beim Verlassen der Bank ergeben sich Komplikationen, die schließlich dazu führen, daß er im Gefängnis landet. Der rechtmäßige Besitzer des Geldes und eine Pressefotografin, die inzwischen seine Freunde sind, sichern das Happy-End. – Ab 12. ✦ Schwarz-weiß. USA 1944 **P** Columbia **Pd** Rudolph C. Flothow **R** William Castle **B** George Bricker, nach einer Story von Cornell Woolrich **K** George Meehan **M** Wilbur Hatch **S** Reg Brown **D** Richard Dix (Lee Nugent), Janis Carter (Patricia Henley), Paul Guilfoyle (Limpy Smith), Porter Hall (Joe Sorsby), John Calvert (Eddie Donnelly), Matt Willis (Perry Donnelly), Matt McHugh, Howard Freeman **L** 60 **E** 5.11.1980 WDR

DAS ZEICHEN DES ZORRO (THE MARK OF ZORRO). Erfolgreicher amerikanischer Kostümfilm mit Douglas Fairbanks in der Doppelrolle eines blasierten reichen Nichtstuers und des maskierten Helfers der Armen und Unterdrückten, der einem skrupellosen Diktator die Stirn bietet. Erster Film in der Reihe der Ausstattungs- und Kostümfilme, durch die Fairbanks berühmt wurde. – Ab 12. ✦ Schwarz-weiß. USA 1920 **P** Fairbanks **Kl** Vollmann **R** Fred Niblo **B** Douglas Fairbanks, nach einem Roman von Johnston McCulley **K** William C. McGann (= William McGann), Harry Thorpe **D** Douglas Fairbanks, Marguerite de la Motte, Noah Beery sr., Charles Hill Mailes, Claire McDowell, Robert McKim (Capitan Ramon), George Periolat (Gouverneur) **L** 85 **E** 7.2.1976 BR

ZEICHEN UND WUNDER (1981/82). Eine Fernsehreporterin will unerklärlichen Ereignissen im Europäischen Patentamt in München auf die Spur kommen. Unentwegt berichtet sie über eine sich scheinbar anbahnende Katastrophe, die mit jener unerklärlichen Energie zusammenhängt, die das Gebäude zum Glühen bringt. Ein Videospielfilm von Niklaus Schilling, der die anfänglichen technischen Unzulänglichkeiten dieses Mediums (Lichtverfremdungen, Farbfehler, Tonprobleme) geschickt zu einer ironisch eingefärbten fiktiven Sendung in Fernsehmanier nutzt. Eine intelligente Spielerei mit Illusionen und Imaginationen. – Ab 14. ✦ BR Deutschland 1981/82 **P** Visual **Kl** Freunde der Deutschen Kinemathek **Pd** Elke Haltaufderheide **R+B+K** Niklaus Schilling **M** Michael Rüggeberg, Patchwork **D** Barbara Freier, Elke Haltaufderheide, Niklaus Schilling, Klaus Münster, Dirk Walbrecher **L** 95 **E** 5.2.1984 BR

ZEICHEN UND WUNDER? (1989) (WAITING FOR THE LIGHT). Die USA im Oktober 1962. Ein alter Mann hält einen Kinderstreich für eine Engelserscheinung. Auf Grund der ausführlichen Berichterstattung in den Medien strömen ganze Heerscharen von durch die Kuba-Krise verängstigten Amerikanern an den Ort des »Wunders«. Dadurch entwickelt sich das heruntergekommene Restaurant, das die Mutter der Kinder betreibt, zum florierenden Betrieb. Hintergründige schwarze Komödie mit dezenten kritischen Untertönen und einer brillanten Hauptdarstellerin. – Ab 14. ✦ USA 1989 **P** Epic/Sarlui/Diamant **Kl** Tivoli **VA** 21st Century **Pd** Caldecot Chubb, Ron Bozman **R+B** Christopher Monger **K** Gabriel Beristain **M** Michael Storey **S** Eva Gardos **D** Shirley MacLaine (Tante Zena), Teri Garr (Kay), Hillary Wolf (Emily), Colin Baumgartner (Eddie), Vincent Schiavelli (Mullins), Clancy Brown (Joe), John Bedford Lloyd (Pfarrer Stevens) **L** 94 **FSK** ab 12; f **FBW** w **E** 14.6.1990/20.10.1990 Video **fd** 28 371

ZEICHNEN BIS ZUR RASEREI – DER MALER ERNST LUDWIG KIRCHNER. Artifizielle Dokumentation über das Leben des expressionistischen Malers Ernst Ludwig Kirchner. Der Film orientiert sich weniger an der Person und den besonderen Lebensumständen des außergewöhnlichen Künstlers als an Kirchners lebendiger Ästhetik. Als Bildcollage wirkt das Künstlerporträt lebendig und formal äußerst variantenreich, doch der formulierte Anspruch, den »distanzierten Blick« auf ein ungeheuer direktes Werk, auf das »Wesen von Kirchners Kunst«, zu vermeiden, wird nur teilweise eingelöst. Über die Zeit sowie über Kirchners Freunde und Frauen erfährt man zu wenig. – Ab 16. ✦ Teils schwarz-weiß. Deutschland/Schweiz 2001 **P** Prounen Film/Catpics/arte/WDR/SFB/ORB/InterNationes/SRG/SF/DRS **Kl** MFA **R+B** Michael Trabitzsch **K** Ralf Klingelhöfer, Pio Corradi **M** Michael Rodach **S** Mirjam Krakenberger **L** 86 **E** 20.9.2001 **fd** 35 044

ZEIG MIR DAS SPIELZEUG DES TODES (IL GIORNO DEL GIUDIZIO/DRUMMER OF VENGEANCE). Ein aus dem Bürgerkrieg Heimgekehrter findet Frau und Kind ermordet und ruht auch nach Jahren nicht eher, bis er die ruchlosen Täter sämtlich zur Strecke gebracht hat. Langweilender Eurowestern, fragwürdig in seiner Haltung zur Selbstjustiz, die sich freilich durch die schmalbrüstige Dramaturgie selbst entschärft. (Fernsehtitel: »Tag der Vergeltung«) ✦ Scope. Italien/Großbritannien 1972 **P** Barrington/Times **Kl** Scotia **Pd** Oscar Righini **R** Robert Paget (= Mario Gariazzo) **K** Alvaro Lanzone **M** Ennio Morricone **D** Ty Hardin (Totengräber), Rossano Brazzi (Sheriff), Craig Hill, Gordon Mitchell, Edda di Benedetto **L** 79 (Orig. 95) **FSK** ab 18; nf **E** 17.4.1975/1.5.1986 RTL plus **fd** 19 297

ZEIG MIR DEINS, ZEIG ICH DIR MEINS (COCKTAIL-HOSTESSEN). Die Bardame und frühere Sekretärin, an der der Chef sich einst abreagierte, ohne einen Pfennig zu bezahlen, hält sich schadlos, als der Geizkragen eines Nachts nach einem Besuch im Lokal in ihrem Bett landet. An diesem dünnen Handlungsfaden sind Sexszenen aller Art aufgereiht. – Wir raten ab. ✦ USA 1973 **Kl** CFC-Contact **R** Stephen C. Apostolof **D** René Bond, Terry Johnson, Lynn Harris, Kathy Hilton, Forman Shane **L** 77 **FSK** SPIO: X **E** 8.2.1974 **fd** 18 891

ZEIG MIR, WIE DU FLIEGEN KANNST (SAY A LITTLE PRAYER). Während der Ferien bei seiner Tante in Melbourne lernt ein elfjähriger Junge eine alleinlebende 20jährige Frau kennen, deren Ausstrahlung und Lebensstil ihn faszinieren. Er möchte Freundschaft mit ihr schließen und kümmert sich um sie, wenn es ihr schlecht geht, begreift aber zunächst nicht, daß sie drogenabhängig ist. Die Realität stellt die innige Freundschaft des ungleichen Paares bald auf eine harte Probe. (O.m.d.U.) – Ab 16. ✦ Australien 1992 **P** Flying Films **Pd** Carol Hughes **R** Richard Lowenstein **B** Richard Lowenstein, nach dem Roman »Came Back To Show You I Could Fly« von Robin Klein **K** Graeme Wood **M** Not Drowning, Waving **S** Jill Bilcock **D** Sudi De Winter (Seymour), Fiona Ruttelle (Angie), Lynn Murphy (Thelma), Rebecca Smart (Lynne), Jill Foster (Mrs. Easterbrook) **L** 102 **E** 11.2.1994 3sat

ZEIG MIR, WIE MAN'S MACHT (MALIZIA EROTICA). Ein Gymnasiast, der zwei lesbische Krankenschwestern beobachtet, wird von den beiden schließlich in die Liebe eingeführt, während seine Mutter sich vorwiegend ihrem Liebhaber und sein Vater seinen hypochondrischen Problemen widmet. Albernes Sexlustspiel. ✦ Italien/Spanien 1979 **P** ASA/Estela **Kl** Jugendfilm **VA** Monte Video **R+B** José Ramón Larraz **M** Ubaldo Continiello **D** Laura Gemser, Barbara Rey, Daniele Vargas, José Sazatornil, Gabriele Tinti **L** 80 **FSK** ab 18; nf **E** 28.8.1980 **fd** 22 596

ZEIRAM (ZEIRAM). Eine junge Frau und ihr sprechender Computer haben sich aus unbestimmter Zeit ins heutige Tokyo aufgemacht, um einen furchterregenden Androiden zu jagen. In ihr immaterielles Operationsfeld, das sie unsichtbar machen soll, geraten zwei Tölpel und erschweren unfreiwillig die Bemühungen. Eine verspielte japanische »Terminator«-Paraphrase, die auch andere Filme von James Cameron kopiert, während die beiden Komiker an »Abbot & Costello« erinnern; kein sonderlich originelles Plagiat amerikanischer Vorbilder, das aber für Horrorfreunde durchaus reizvolle Déjà-vu-Momente bereithält. Darüber hinaus exzellent fotografiert. ✦ Scope. Japan 1991 **P** Toho **VA** Empire **Pd** Yoshinori Chiba, Kouichi Sugisawa **R** Keita Amemiya **B** Keita Amemiya, Hajime Matsumoto **K** Hiroshi Kidokoro **D** Yuko Moriyama (Iria), Yukijiro Hotaru (Kamiya), Kunihiko Ida (Teppei), Mizuho Yoshida (Zeiram) **L** 93 **FSK** ab 18 **E** 20.8.1992 Video **fd** 29 860

DIE ZEIT ARBEITET FÜR DEN MÖRDER (CAS PRACUJE PRO VRAHA). Die Ermittlungen zum Mord an einer jungen Frau führen zu einer Agentur, die Wissenschaftlern Papiere für die Flucht in den Westen beschafft. Die Frau mußte sterben, als sie einen der Beteiligten erpressen wollte. ✦ CSSR 1979 **P** Filmstudio Barrandov **R** Jirí Hanibal **B** Jirí Hanibal, nach dem Roman von Václav Erben **K** Josef Pávek **M** Jan Hrábek **D** Frantisek Nemec, Eduard Cupák, Ludek Munzar, Josef Somr, Jirí Pleskot **L** 85 **E** 31.5.1981 DFF 2

DIE ZEIT BLEIBT STEHEN (MEGALL AZ IDŐ). Im Ungarn der 60er Jahre rebellieren Jugendliche gegen den nach dem Volksaufstand von 1956 herrschenden Revisionismus, scheitern aber an den Zwängen der Gesellschaft und den eigenen unreflektierten Träumen. Im expressionistischen Stil atmosphärisch stimmungsvoll inszeniertes und einfühlsam gespieltes Porträt einer Jugend ohne Hoffnung. (O.m.d.U.) – Ab 16. ✦ Teils schwarz-weiß. Ungarn 1981 **P** Mafilm **Kl** Arsenal **R** Péter Gothár **B** Géza Bereményi, Péter Gothár **K** Lajos Koltai **M** György Selmeczi **S** Mária Nagy **D** István Znamenák (Dini), Henrik Pauer (Gábor), Sándor Söth (Pierre), Péter Gálfy (Vilmos), Anikó Iván (Magda), Lajos Öze (Bodor), Jozef Króner (Klassenlehrer) **L** 99 **E** 26.7.1985/23.10.1986 ZDF (Synchronfassung) **fd** 25 371

DIE ZEIT DAZWISCHEN. Absurde Komödie über eine Fremdsprachensekretärin, die von Hamburg nach Berlin gerufen wird, weil ihre Freundin, eine Ethnologin, spurlos verschwunden ist. Geheimnisvolle Hinweise machen ihre Suche immer verwirrender, stellen zunehmend ihr Selbstverständnis in Frage und führen sie immer wieder zu sich selbst. Was wie ein realistisches Kriminalspiel beginnt, entpuppt sich dann als Assoziationsmosaik. ✦ BR Deutschland 1982 **P** Barbara Moorse Workshop **R+B** Klaus Weise **K** Bernd Heinl **D** Ulla Berkewicz, Karl-Heinz von Hassel, Magdalena Montezuma, Alfred Edel, Gerda Meissner **L** 90 **E** 4.3.1982 ZDF

ZEIT DER ANGST (THE DOZIER CASE). Thriller, der die Entführung des amerikanischen Generals Dozier durch die Roten Brigaden im Dezember 1981 nachzeichnet. Dozier wurde sechs Wochen später von einer Spezialeinheit der italienischen Polizei befreit. – Ab 16. ✦ Italien 1992/93 **R** Carlo Lizzani **B** Andrea Poporati, Alessandro Sermoneta **K** Nino Celeste **M** Carlo Siliotto **D** Ennio Fantastichini (Vicenzo Masci), F. Murray Abraham (Goldstein), Lloyd Bochner (General Dozier), Francesca De Sapio (Mrs. Dozier), Massimo Wertmüller (Roberto) **L** 89 **E** 13.2.1995 ZDF

ZEIT DER ANPASSUNG (PERIOD OF ADJUSTMENT). Ein jungvermähltes und ein länger verheiratetes Ehepaar reagieren in hysterischen Aussprachen ihre Komplexe so weit ab, daß ihr Lebensglück gesichert scheint. Handwerklich saubere Verfilmung einer Tennessee-Williams-Komödie um die eheliche Anpassung, mit einigen Überdeutlichkeiten im Dialog. – Ab 16. ✦ Schwarz-weiß. USA 1962 **P** Marten **Kl** MGM **Pd** Lawrence Weingarten **R** George Roy Hill **B** Isobel Lennart, nach einem Bühnenstück von Tennessee Williams **K** Paul C. Vogel **M** Lyn Murray **S** Fredric Steinkamp **D** Anthony Franciosa (Ralph Baitz), Jane Fonda (Isabel Haverstick), Jim Hutton (George Haverstick), Lois Nettleton (Dorothea Baitz), John McGiver (Stewart P. McGill) **L** 111 **FSK** ab 16; f **FBW** w **E** 13.4.1963 **fd** 11 378

ZEIT DER BEWÄHRUNG (BREAKING FREE). Melodramatische Jugend- und Tiergeschichte mit den bekannten Zutaten des Genres. Ein krimineller Jugendlicher mausert sich als Reitlehrer in einer Reha-Klinik für blinde Kinder zum verantwortungsvollen Helfer. Alles scheint sich zum Guten zu wenden, doch dann vernachlässigt der Junge seine Aufsichtspflicht und Freunde aus seinem früheren Milieu sagen ihren Besuch an. – Ab 12. ✦ USA 1995 **Pd** David Anderson **R** David MacKay **B** Barbara Clark Wanbaugh **K** Christopher Faloona **M** Steve Dorff **D** Jeremy London (Rick Chilton), Gina Philips (Lindsay Kurtz), Megan Gallagher (Annie Sobel), Nicolas Surovy (Mac Lawton), Adam Wylie (Billy Rankin) **L** 96 **E** 19.1.1997 premiere

DIE ZEIT DER BUNTEN VÖGEL (WHERE THE HEART IS ...). Ein erfolgreicher New Yorker Abbruchunternehmer wirft seine drei erwachsenen Kinder aus dem Haus, die nach einigen Anfangsschwierigkeiten lernen, auf eigenen Beinen zu stehen. Als der Vater Bankrott macht und zum Bettler wird, wächst die Familie allmählich wieder zusammen. Der Film bedient sich des naiven Blicks eines modernen Märchens, um durchaus kritisch von den Werten der Großstadtmenschen am Ende des 20. Jahrhunderts zu erzählen; da er allzu unentschieden zwischen Gesellschaftssatire und Sozial-Märchen schwankt, büßt er an inhaltlicher und menschlicher Tiefe ein. Dennoch kann er vor allem durch gute schauspielerische

Leistungen Interesse wecken. – Ab 14 möglich. ✦ USA 1989 **P** Where The Heart Is Productions/Touchstone/Silver Screen Partners IV **KI** Senator **VA** Starlight **DVD** e-m-s (16:9, 1.78:1, DD2.0 engl, DD5.1 dt.) **Pd+R** John Boorman **B** Telshe Boorman, John Boorman **K** Peter Suschitzky **M** Peter Martin **S** Ian Crafford **D** Dabney Coleman (Stewart MacBain), Uma Thurman (Daphne), Joanna Cassidy (Jean), Crispin Glover (Lionel), Suzy Amis (Chloe), Christopher Plummer (Shitty) **L** 107 **FSK** ab 12; f **FBW** w **E** 3.5.1990/27.2.1991 Video/29.8.2001 DVD **fd** 28 283

ZEIT DER DIENER (CAS SLUHU). Nach der Heirat entwickelt sich eine junge Studentin zu einer besitzergreifenden Ehegattin, die vor allem auf die Karriere ihres Mannes bedacht ist; betrügerisch und berechnend tyrannisiert sie die Menschen ihrer Umgebung, bis in dem leidgeprüften Mann eine Entscheidung heranreift. Die Geschichte einer Karrieristin in der tschechoslowakischen Bourgeoisie ist in fantasievollen Bildern gestaltet, deren Wirkung jedoch durch eine eher hilflose Dramaturgie abgeschwächt wird. ✦ CSFR 1990 **P** Filmstudio Barrandov **R+B** Irena Pavlásková **K** Jaroslav Brabec **M** Jirí Chlumecky, Jirí Vesely **S** Jan Svoboda **D** Ivana Chylková (Dana), Karel Roden (Milan), Jitka Asterova (Lenka), Miroslav Etzler (Marek), Libor Zidek (Lubos) **L** 110 **E** 22.8. 1993 ORB

ZEIT DER DUNKELHEIT (STEALING HEAVEN). Tragische Liebesgeschichte aus dem 12. Jahrhundert. Der Prediger und Gelehrte Abelard lernt in Paris die junge Heloise kennen und lieben. Die Gesellschaft stellt sich gegen diese die Konventionen sprengende Beziehung. Abelard wird entmannt und in ein Kloster gesteckt, von wo aus er eine jahrelange Korrespondenz mit der Geliebten führt. Später treffen die beiden wieder zusammen. Melodramatischer Kostümfilm, der die hoch gesteckten Ziele nie erreicht. (Alternativtitel: »Liebe hinter Klostermauern«, »Liebe in der Zeit der Dunkelheit«) ✦ Großbritannien/Jugoslawien 1987 **P** Amy International/Jadran Film **KI** Highlight **VA** New Vision **Pd** Simon MacCorkindale, Andros Epaminondras **R** Clive Donner **B** Chris Bryant, nach einem Roman von Marion Meade **K** Mikael Salomon **M** Nick Bicât **S** Michael Ellis **D** Derek de Lint (Abelard), Kim Thompson (Heloise), Denholm Elliott (Canon Fulbert), Bernard Hepton (Bischof Martin), Kenneth Cranham (Sugar) **L** 111 **FSK** ab 16 **E** 22.6.1989/Dezember 1989 Video

ZEIT DER EINSAMKEIT (1975) → Wenn Josef kommt

ZEIT DER EINSAMKEIT (1983). Ohne gültige Papiere, von Gelegenheitsarbeit lebend, versucht ein aus Deutschland emigriertes Ehepaar 1942 in Frankreich Fuß zu fassen. Doch die Behörden verweigern ihm die Aufenthaltserlaubnis, zudem nutzt ein Präfekturbeamter die besondere Notlage der jüdischen Frau aus. Schauspielerisch herausragende Literaturverfilmung des DDR-Fernsehens. ✦ DDR 1983 **P** DEFA **Pd** Walther Kronenthal **R** Peter Vogel **B** Peter Vogel, Eberhard Görner, nach der Erzählung »Die Zeit der Einsamkeit« von Stephan Hermlin **K** Günter Jaeuthe **M** Bernd Wefelmeyer **S** Helga Gentz **D** Christian Grashof (Rudolf Neubert), Jutta Hoffmann (Magda Neubert), Uwe Kockisch (Ernst), Reimar Johannes Baur (Dirigent), Mihai Dobre (Dufour) **L** 92 **E** 15.1.1984 DFF 1

DIE ZEIT DER ENTSCHEIDUNGEN (L'AGE DES POSSIBLES). Die Schicksale von neun jungen Menschen in Straßburg, deren Lebenswege sich kreuzen und die miteinander andere Perspektiven entwickeln und Pläne aus den Augen verlieren. Um die Mitglieder einer Theatertruppe herum arrangierter Film, der seine Geschichte spontan und aus dem Stegreif erzählt. – Ab 16. ✦ Frankreich 1995 **P** AGAT Films/Théatre National de Strasbourg **R** Pascale Ferran **B** Pascale Ferran, Anne-Louise Trividic **K** Jean-Marc Fabre **M** Béatrice Thiriet **S** Guy Lecome **D** Anne Cantineau (Agnes), Christèle Tual (Béatrice), Anne Caillère (Catherine), Isabelle Olive (Denise), Sandrine Attard (Emmanuelle) **L** 102 **E** 3.5.1996 arte

ZEIT DER FINSTERNIS (THE CLEANING). Sibirien im tiefsten Mittelalter: Während ein Priester zu missionieren versucht, hält ein Stammeshäuptling an den alten Götzen fest. Der Konflikt spaltet das Dorf in zwei Lager, und bald ist der erste Tote zu beklagen. Mittelalterlicher Kriminalfilm, der sich durch den Konflikt zwischen christlichem Glauben und heidnischem Aberglaube einen pseudo-religiösen Anstrich zu geben versucht, dem es jedoch sowohl an gedanklicher Tiefe als auch an inszenatorischer Dichte mangelt. – Ab 16 möglich. ✦ USA/UdSSR 1991 **P** Kodiak/Babylon/Odessa Studios **VA** VMP **Pd** Wladimir Alenikow, Robert Kaplan, Robert Martin **R** Wladimir Alenikow **B** Wladimir Alenikow, Juri Perov, Katherine Martin **K** Anatoli Grischko **M** Tamara Kline **S** James Ruxin **D** Tamara Tana (Feofina), George Segal (Grigory), Nikolai Kochegarov (Father Agafangel), Natalya Silantyera, Nikolai Dobrynin **L** 91 **FSK** ab 16 **E** 28.10.1991 Video

ZEIT DER FINSTERNIS/KALYI → Kalyi – Zeit der Finsternis

ZEIT DER GEIER (VULTURES). Während ein greiser Millionär in Los Angeles auf dem Sterbebett liegt, ist hinter den erbberechtigten Verwandten ein versierter Mörder her, der sie ebenso fantasievoll wie grausam umbringt. Dialogbetonter, mäßig inszenierter Kriminalfilm, der allenfalls durch die Mitwirkung alter Hollywood-Stars etwas Reiz gewinnt. ✦ USA 1984 **P** American International **VA** VCL/Virgin **Pd** Samuel Murdock **R+B** Paul Leder **M** Mort Garson **D** Stuart Whitman, Yvonne de Carlo, Jim Bailey, Meredith MacRae, Maria Perschy **L** 104 **FSK** ab 18 **E** Oktober 1987 Video **fd** 26 582

DIE ZEIT DER GEIER (IL TEMPO DEGLI AVVOLTOI). Ein Gangster schließt mit einem Galgenvogel Freundschaft, um seine Gegenspieler aus der Vergangenheit zu vernichten. Dürftiger, brutaler Italowestern, mit Zynismen auf Spielfilmlänge gebracht. ✦ Scope. Italien 1967 **P** Pacific **KI** Adria **R** Nando Cicero **B** Fulvio Gicca (= Fulvio Gicca Palli) **K** Fausto Rossi **M** Piero Umiliani **D** Frank Wolff, George Hilton, Pamela Tudor, Eduardo Fajardo, Franco Balducci **L** 84 **FSK** ab 18; nf **E** 25.10.1968 **fd** 15 801

ZEIT DER GLÜCKSELIGKEIT (COINS IN THE FOUNTAIN/THREE COINS IN THE FOUNTAIN). Gediegene, aber langatmige Liebeskomödie. Drei Freundinnen aus Los Angeles verbringen in Rom einen Urlaub, von dem sie sich die Erfüllung ihrer romantischen Sehnsüchte erhoffen. Tatsächlich macht jede von ihnen Erfahrungen, die ihr Leben verändern. Remake des Hollywood-Films »Drei Münzen im Brunnen« (1954). – Ab 14. ✦ USA 1990 **P** Michael Filerman Prod./Konigsberg-Sanitsky Co./JE/RTL **Pd** Tom Reeve **R** Tony Wharmby **B** Lindsay Harrison **K** Tony Imi **M** Nan Schwartz **D** Loni Anderson (Leah Crawford), Stepfanie Kramer (Nicki Thomas), Shanna Reed (Bonnie Mahaffey), John Sanderford (Mac Chambers), Anthony Newley (Alfred Bancroft) **L** 88 **E** 24.5.1994 RTL 2

ZEIT DER GÖTTER. Dokumentarfilm-Essay über Arno Breker, den ersten Staatsbildhauer des Dritten Reiches, der trotz zahlreicher Interviews mit Zeitzeugen und Bewunderern wenig über Brekers Kunst aussagt. Weder eine kunsthistorische Analyse des Stils noch eine historische Recherche finden angemessenen Raum. Entgegen der Intention trägt der Film eher zur auratischen Entrücktheit der Figur Breker bei, als daß er sie erklärt. ✦ Deutschland 1992 **P** Lutz Dammbeck Filmprod./SWF **KI** Sputnik **VA** absolut MEDIEN **R+B** Lutz Dammbeck **K** Niels C. Bolbrinker, Thomas Plenert, Eberhard Geick **M** Jörg Udo Lensing **S** Margot Neubert-Maric (= Margot Neubert) **L** 92 **FBW** bw **E** 30.9.1993/16.10.1996 mdr/1997 Video **fd** 30 887

ZEIT DER GRAUSAMKEIT (WOUNDINGS). Nachdem im Großbritannien der nahen Zukunft ein jahrelanger Bürgerkrieg tobt, beschließt die Regierung, Frauen zur Truppenbetreuung zu rekrutieren. Vier Frauen treten ihren Dienst auf einem entlegenen Außenposten an und werden bald mit den traurigen Fakten des Krieges konfrontiert. Ein inhaltlich unausgegorener Actionfilm, der nur mit wenigen gelungenen Momenten aufwarten kann und seine Geschichte zu einem mannigfaltigen Genremix nutzt. ✦ Großbritannien/USA 1998 **P** Cinequanon/Isle of Man Film/Muse/Stone Canyon **Pd** Chris Hanley, Bradford L. Schlei, Lisa Collins, Keith Hayley, Betty Mae **R** Roberta Hanley **B** Roberta Hanley, nach einem Bühnenstück von Jeff Noon **K** Alun Bollinger **M** Wendy Carlos, Matthew Davidson **S** Robbie Adler, Andrew Marcus **D** Julie Cox (Angela), Sammi Davis (Denise Jones), Twiggy Lawson (Viv), Emily Lloyd (Kim Patterson), Charlie Creed-Miles (Stanley Jardine) **L** 99 **E** 7.4.2001 ProSieben

DIE ZEIT DER HARTEN EIER (LE TEMPS DES OEUFS DURS). Ein verträumt schüchterner Taxifahrer, der das große Los gewinnt, finanziert heimlich einen erfolglosen Maler, um dessen Tochter nahe zu sein. Ein kleines Lustspiel, ganz auf den Komiker Darry Cowl zugeschnitten. – Ab 14. ✦ Schwarz-weiß. Frankreich 1955 **P** Lyrica/Mars/Filmel **R** Norbert Carbonnaux **B** Serge de Boissac, Norbert Carbonnaux **K** Roger Dormoy **M** Francis López **D** Darry Cowl, Fernand Gravey, Béatrice Alta-Riba **L** 74 **E** 2.8.1965 ZDF

ZEIT DER HELDEN (TIME OF THE HEATHEN). Ein ziellos umhervagabundierender Mann, der 1945 zur Bomberbesatzung über Hiroshima gehörte, wird von einem Farmer zu Unrecht als Mörder einer Schwarzen verfolgt. Dem Flüchtigen schließt sich das stumme Kind der Ermordeten an. Ein jenseits der etablierten Kinoindustrie als »Off-Hollywood-Produktion« entstandener Außenseiterfilm, der den Zustand erschöpfter Verzweiflung in Verbindung mit alten Schuldkomplexen zu einer packenden Gewissensfrage verdichtet. Inszenatorisch und thematisch gleichermaßen beachtlich. ✦ Schwarz-weiß. USA 1960 **P** Kass/Santvoord/Enshwiller **R+B** Peter Kass **K** Ed Enshwiller **M** Lejaren Hiller jr. **D** John Heffernan, Barry Collins, Orville Steward, Stewart Heller, Ethel Ayler, Nathaniel White **L** 75 **E** 17.8.1964 ZDF

ZEIT DER ILLUSION (LOS ZANCOS). Als ein gealterter Universitätsprofessor sich das Leben nehmen will, rettet ihn die junge Teresa. Sie führt den einsamen Menschen in ihren Bekanntenkreis, eine Theatertruppe, ein und geht mit ihm ein kurzes Verhältnis ein, aus dem der alte Mann wieder neuen Lebensmut schöpft. Eine seltsame, ziellose Reflexion über Wehmut einer »unmöglichen Liebe«, in deren Verlauf sich der Mann aus seiner Isolation löst. Nicht immer ganz konsequent entwickelt, aber vorzüglich gespielt und filmisch gut umgesetzt. ✦ Spanien 1984 **P** Emiliano Piedra Prod. **Pd** Emiliano Piedra **R** Carlos Saura **B** Carlos Saura, Fernando Fernán Gómez **K** Teo Escamilla **M** Grupo de Música Judeo-Española Madrid **S** Pablo G. del Amo **D** Fernando Fernán Gómez (Angel), Laura Del Sol (Teresa), Antonio Banderas (Alberto), Francisco Rabal (Manuel), Amparo Soto **L** 95 **E** 9.5.1990 ZDF

ZEIT DER JUGEND (A SOLDIER'S DAUGHTER NEVER CRIES). Drei Episoden aus dem Leben einer amerikanischen Familie, die, zunächst in Paris lebend, einen Adoptivsohn integriert, Jahre später mit den ersten Liebeswirren der Tochter konfrontiert wird, um sich dann, nach Amerika zurückgekehrt, in eine ihr fremd gewordene Gesellschaft einleben muss. Ein mit einfühlsamem Blick vor allem auf die Kinder außergewöhnlich elegant inszenierter Film, der ganz von der Zuneigung des Regisseurs zu seinen Protagonisten geprägt ist. – Sehenswert ab 16. ✦ Großbritannien 1998 **P** Merchant-Ivory/British Screen **KI** Advanced **VA** Ufa/BMG **DVD** e-m-s (FF, DD5.1 dt.) **Pd** Ismail Merchant **R** James Ivory **B** James Ivory, Ruth Prawer (= Ruth Prawer Jhabvala), nach einem Roman von Kaylie Jones **K** Jean-Marc Fabre **M** Richard Robbins **D** Kris Kristofferson (Bill Willis), Barbara Hershey (Marcella Willis), Leelee Sobieski

(Channe Willis), Jesse Bradford (Billy Willis), Anthony Roth Costanzo (Francis Fortescue) **L** 127 **FSK** ab 6; f **E** 4.3.1999/30.8.1999 Video/28.4.2000 DVD **fd** 33 577

DIE ZEIT DER KIRSCHEN IST VORBEI (LE GRAND DADAIS). Ein Student steigt aus dem bürgerlichen Leben aus und erlebt an der Seite eines Fotomodells die große Welt, bis er, ungewollt, einen Menschen tötet. Generationsstudie, die, statt zu differenzieren, mit Klischees arbeitet und die beabsichtigte Gesellschaftsanalyse aus den Augen verliert. ✦ BR Deutschland/Frankreich 1967 **P** Rialto/Les Films de la Licorne/Borderie **KI** Constantin **R** Pierre Granier-Deferre **B** Pierre Granier-Deferre, Bertrand Poirot-Delpech, nach einem Roman von Bertrand Poirot-Delpech **K** Andréas Winding **M** Georges Garvarentz **D** Jacques Perrin, Eva Renzi, Danièle Gaubert, Yves Renier, Yvonne Clech **L** 83 **FSK** ab 16; f **FBW** w **E** 15.8. 1967 **fd** 14 879

ZEIT DER LIEBE (RAKAS ...). Ausschnitte aus dem Leben eines selbstgefälligen Schriftstellers, dessen Ehe über seine zahlreichen Affären zu zerbrechen droht. Ein mittelmäßig inszenierter Film, der sich zu keiner klaren Aussage durchringen kann. ✦ Finnland 1961 **P** Kurkvaara **KI** Ceres **R+B+K** Mauno Kurkvaara **M** Osmo Lindeman **D** Jaako Pakkasvirta, Sinikka Hannula, Liana Kaarina, Leena Takala, Helge Herala **L** 79 **FSK** ab 18; nf **FBW** w **E** 31.7.1964 **fd** 12 897

ZEIT DER LIEBE UND DER HOFFNUNG (CAS LASKY A NADEJE). Erzählt wird eine Familiengeschichte vor der Jahrhundertwende. Ein junges Mädchen entwickelt sich zur reifen, durch das Leben geprägten Frau und Mutter. ✦ CSSR 1976 **P** Filmstudio Barrandov **R** Stanislav Strnad **B** Pavel Torda, nach dem Roman »Morgendämmerung« von Antonin Zápotocky **K** Jan Novák **M** Oldrich Flosman **D** Eva Trejtnarová, Jaroslav Moucka, Jaroslav Satoransky, Vladimír Smeral, Miroslav Zounar

ZEIT DER LIEBE, ZEIT DES ABSCHIEDS (DODSWORTH). Als ein amerikanischer Industrieller mit seiner jüngeren, von ihm gelangweilten Frau auf eine Europareise geht, wird ihre Ehe auf eine harte Probe gestellt, die ihr Leben verändert. Nach wiederholten Affären läuft die Ehefrau Gefahr, ihren Mann an eine attraktive Witwe zu verlieren. Die Verfilmung des Romans von Sinclair Lewis, die den Ruf und Ruhm ihres Regisseurs begründete. ✦ Schwarz-weiß. USA 1936 **P** Samuel Goldwyn (für MGM) **Pd** Samuel Goldwyn **R** William Wyler **B** Sidney Howard, nach einem Roman von Sinclair Lewis **K** Rudolph Maté **M** Alfred Newman **S** Daniel Mandell **D** Walter Huston, Ruth Chatterton, Paul Lukas, Mary Astor, David Niven **L** 101 **E** 26.3.1982 ARD

DIE ZEIT DER MÄNNER →Zeit der Männer, Zeit der Frauen

ZEIT DER MÄNNER, ZEIT DER FRAUEN (LA SAISON DES HOMMES). Eine tunesische Frau, Mutter von zwei erwachsenen Töchtern und eines autistischen Sohns, kehrt auf die Insel Djerba zurück, wo sie aufwuchs und ihre ersten Ehejahre verbrachte. Dabei erinnert sie sich der wechselvollen Jahre unter der strengen Obhut ihrer Schwiegermutter. Komplex strukturierter Frauenfilm, der über ein dichtes Geflecht aus Rückblenden, Träumen und Reflexionen ein differenziertes Bild des Lebens in Tunesien zeichnet und dabei das Unvermögen, über intime Dinge zu sprechen, als Grundübel skizziert. Der Film will jedoch weniger eine Bestandsaufnahme als eine Anleitung zur Selbstwahrnehmung sein. (O.m.d.U.; Fernsehtitel: »Die Zeit der Männer«) – Sehenswert ab 14. ✦ Tunesien/Frankreich 2000 **P** Magrehbfilms Carthage/Les Film du Losange **KI** Kairos **Pd** Margaret Ménégoz, Mohamed Tlatli **R** Moufida Tlatli **B** Moufida Tlatli, Nouri Bouzid **K** Youssef Ben Youssef (= Youssef Ben Youssef) **M** Anouar Braham **S** Isabelle Devinck **D** Rabia Ben Abdallah (Aicha), Sabah Bouzouita (Zeineb), Ghalia Ben Ali (Meriem), Hend Sabri (Enma), Ezzedine Gennoun (Said) **L** 124 **E** 5.9.2001 WDR/18.10.2001 Kino **fd** 35 090

DIE ZEIT DER MÖRDER (I EPOCHI TON DOLOFONON). Zwei Freunde, deren Lieblingssportart das Pistolenschießen ist, bekommen das Angebot, als Profikiller zu arbeiten. Der eine lehnt ab, der andere, dessen Weg bald eine geheimnisvolle Frau kreuzt, nimmt den Job an. ✦ Griechenland 1993 **R** Nikos Grammatikos **B** Nikos Grammatikos, Achilleas Kyriakides **K** Costis Gikas **M** Kyriakos Sfetsas **D** Giorgos Giannopoulos (Nikos), Akis Sakellariou (Kostas), Betty Livanou (Daphne), Minas Hadzisavas (Andreas), Stella Kazazi (Olga) **L** 113 **E** 23.10.1997 WDR

DIE ZEIT DER PRÜFUNGEN (THE PAPER CHASE). Ein Jura-Student lehnt sich gegen das durch einen patriarchalischen Professor verkörperte unmenschliche Lehr- und Lernsystem der Leistungsgesellschaft auf. Ein verhaltenes Kammerspiel aus dem Umfeld der amerikanischen Studentenunruhen Ende der 60er Jahre. Der ganz auf den zwischenmenschlichen Konflikt hin inszenierte Film vermittelt seine Problematik besonders eindringlich durch die intensiven Leistungen der Schauspieler. – Sehenswert. ✦ Scope. USA 1973 **P** Fox **Pd** Robert C. Thompson, Rodrick Paul **R** James Bridges **B** James Bridges, nach einem Roman von John Jay Osborn jr. **K** Gordon Willis **M** John Williams **S** Walter Thompson **D** Timothy Bottoms (Hart), Lindsay Wagner (Susan Kingsfield), John Houseman (Professor Kingsfield), Graham Beckel (Ford), James Naughton (Kevin) **L** 120 **E** 18.6. 1977 ARD **fd** 20 334

ZEIT DER RACHE (1981) (TIEMPO DE REVANCHA). Ein in der Gewerkschaft engagierter Arbeiter will eine neue Identität in einem Steinbruch im Süden Argentiniens beginnen. Gemeinsam mit einem Freund und Kampfgefährten beschließt er, sich an der multinationalen Gesellschaft, die die Arbeiter ausbeutet, zu rächen. Die beiden täuschen einen Unfall vor, um einen hohen Schadenersatz einzustreichen. Doch der Grubeneinsturz führt zur Katastrophe, der Arbeiter muß zu einer grausamen Konsequenz greifen, um sein Täuschungsmanöver durchzustehen. Ein mit Mitteln des Kriminalfilms erzählter kritischer Gegenwartsfilm, der auf Grund der geschickten erzählerischen Verdichtung der Ereignisse die strenge Zensur in Argentinien passieren konnte. (O.m.d.U.) ✦ Argentinien 1981 **P** Olivera-Repetto **KI** CON-Film **Pd** Héctor Olivera, Luis Osvaldo Repetto **R+B** Adolfo Aristaraín **K** Horacio Maira, Nicolás Paradiso **M** Enrique Kauderer **S** Eduardo López **D** Federico Luppi, Haydée Padilla, Julio de Grazia, Rodolfo Ranni, Ulises Dumont **L** 112 **E** 1992 Kino

ZEIT DER RACHE (1985 KOL./KUBA) (TIEMPO DE MORIR). In einem einsamen Dorf in Kolumbien scheint sich eine Jahrzehnte zurückliegende Tragödie zu wiederholen: Als ein Mann nach 18 Jahren aus dem Gefängnis entlassen wird und nach Hause zurückkehrt, wird er von einem blindwütig auf Rache sinnenden Sohn des Mannes auf dieselbe Weise provoziert, wie einst von dessen Vater, den er dann schließlich erschoß. Erstlingsfilm nach einem Originaldrehbuch von Gabriel García Márquez, der um die tragische Unausweichlichkeit des Schicksals kreist und dabei Realität und Mythen nahtlos verbindet. (Kino und Fernsehtitel DDR: »Zeit zu sterben«) – Ab 14. ✦ Kolumbien/Kuba 1985 **P** Focine/ICAIC **Pd** Gloria Zea **R** Jorge Alí Triana **B** Gabriel García Márquez **K** Mario García Joya, Adelaida Trujillo (Video) **M** Leo Brouwer, Nafer Duran, Daniel Samper Pizano (Lieder) **S** Nelson Rodríguez **D** Gustavo Angarita (Juan Sayago), Sebastián Ospina (Julián Trueba), Jorge Emilio Salazar (Pedro Trueba), Maria Eugenia Dávila (Mariana), Lina Botero (Sonia), Carlos Barbosa (Doktor), Lucy Martinez (Rosa), Enrique Almirante (Bürgermeister) **L** 91 **E** 1.2.1986 DFF 2/15.12. 1989 Kino DDR/9.9.1990 ZDF

ZEIT DER RACHE (1985 USA) (VIOLATED / THE LADIES CLUB). Vergewaltigungsopfer organisieren sich in einer »Selbsthilfegruppe«, machen aktenkundige Vergewaltiger dingfest, betäuben sie und lassen sie von einer Ärztin kastrieren. Spekulativer, die Selbstjustiz verherrlichender Film, der sein Thema für eine brutale Geschichte mißbraucht. – Wir raten ab. ✦ USA 1985 **P** Manson International **VA** CBS/Fox **Pd** Nick J. Mileti, Paul Mason **R** A. K. Allen **B** Paul Mason, Fran L. Ebeling, nach einem Roman von Betty Black und Casey Bishop **K** Adam Greenberg **M** Lalo Schifrin **S** Marion Segal, Randall Torno **D** Karen Austin (Joan Taylor), Diana Scarwid (Lucy Bricker), Christine Belford (Constance Lewis), Bruce Davison (Richard), Shera Danese (Eva Johnson) **L** 79 **FSK** ab 18 **E** September 1988 Video **fd** 27 213

ZEIT DER RACHE (1990). Mit dem Revolver seines Großvaters bewaffnet, macht sich der zehnjährige Orhan aus seinem anatolischen Dorf auf, um seinen Vater zu rächen, der in Österreich bei einem Autounfall ums Leben gekommen ist. Er lernt eine fremde, schwer verständliche Welt kennen, macht aber dennoch den Unfallfahrer ausfindig. Doch der weite Weg hat bei ihm Veränderungen bewirkt; er sieht die Sinnlosigkeit seines Racheplans ein. – Ab 16. ✦ Österreich 1990 **P** Dor **Pd** Danny Krausz, Milan Dor **R** Anton Peschke **B** Anton Peschke, Milan Dor, Gebhard Birnbaumer **K** Michael Riebl **M** Willi Resetarits, Schurli Hernstadt **S** Ulrike Schwarzenberger **D** Cumhur Vural (Orhan), Otto Sander (Robert), Dominic Raacke (Werner), Annette Uhlen (Sylvie), Tunçel Kurtiz (Großvater) **L** 93 **E** 19.10.1990

DIE ZEIT DER RÜCKKEHR →Die Zeit der Wiederkehr

ZEIT DER SCHMETTERLINGE (THE FLYING SNEAKER). Eine aus einer Schmetterlingspuppe, die ihm sein Vater, ein Schiffsarzt, schickte, geschlüpfte Flatterfee verblüfft einen Jungen mit ihren Zaubertricks, verhilft ihm aber auch zu großer Anerkennung bei den Mitschülern. Leidtragende ist zunächst seine kleine Freundin, die sich vernachlässigt fühlt. Doch da die Freundschaft mit einer Fee nicht wenig dauern kann, kommt alles wieder ins Lot. Märchenfilm, der bei aller Fantastik den realen Lebenshintergrund seines kleinen Held durchaus einbezieht. ✦ CSSR/Kanada 1990 **P** Krátk_Film/Les Productions la Fete/Studio J. Trinky/Studio Video a Terlevizni Tvorby **Pd** Rock Demers **R** Bretislav Pojar **B** Bretislav Pojar, Jirí Fried **K** Ervin Sanders, Vladimír Malík, Zdenek Pospisil **M** Petr Skoumal **S** Alois Fisarek **D** Ludek Navrátil (Jennik), Katerina Pokorná (Luzka), Katerina Machacková (Mutter), Lubor Tokos (Großvater) **L** 88 **E** 28., 29.3.1996 SF/DRS

ZEIT DER SCHULDLOSEN. Das zeitkritische Gedankenspiel von Siegfried Lenz über die objektive und subjektive Schuld des einzelnen in einer wechselnden Macht- und Moralgesetzen unterworfenen Gemeinschaft. Neun untadelige Bürger sollen in einem totalitären Regime einen Attentäter zum Verrat seiner Komplizen bewegen. Einer ermordet den Attentäter; vier Jahre später müssen sie sich alle verantworten. Der Hang zur grüblerischen Didaktik, der schon der Hörspiel- und Bühnenvorlage anhaftete, und der Mangel an gedanklicher Klarheit werden durch die verfehlte optische Umsetzung noch verstärkt. – Ab 16 möglich. ✦ Schwarz-weiß. BR Deutschland 1964 **P** Peter Carsten Prod. **KI** Columbia-Bavaria **Pd** Peter Carsten **R** Thomas Fantl, Siegfried Lenz **B** Thomas Fantl, Siegfried Lenz, nach einem Hörspiel und Theaterstück von Siegfried Lenz **K** Georg Krause **M** Hans Posegga **S** Elisabeth Imholte **D** Erik Schumann, Peter Pasetti, Wolfgang Kieling, Hans Reiser, Heinz Leo Fischer **L** 95 **FSK** ab 12; f **FBW** bw **E** 3.7. 1964 **fd** 12 841

ZEIT DER SEHNSUCHT (CROQUE LA VIE). Im Jahr 1973 müssen drei junge Kunststudenten, zwei Frauen und ein Mann, am Ende ihrer Ausbildung allmählich Abschied von ihren »wilden Jahren« sowie ihren Vorstellungen von einer nichtbürgerlichen Existenz nehmen. Auch die Ansprüche an ihre Liebesbeziehungen ohne sentimentale Verbindlichkeiten reiben sich zunehmend an der Wirklichkeit, nacheinander gehen sie verbindliche Beziehungen ein und heiraten. Als sie sich nach acht Jahren wiederbegegnen, überdenken sie ihre Entwicklungen, die sie zunächst als Verrat an den einstigen Idealen verstanden haben. Eine thematisch interessante, mit leiser Ironie erzählte Chronik über die Widersprüche von Jugendträumen und ihrer Realisierbarkeit, die allerdings nie vertieft und geradezu katalogmäßig entwickelt wird. (Österreichischer Fernsehtitel: »Wie das Leben so spielt«) – Ab 16. ✦ Frankreich 1981 **P** U.P.C.T./Films A2 **Pd** Tim Hampton **R+B** Jean-Charles Tacchella **K** Jean Boffety **M** Gérard Anfosso **S** Agnès Guillemot **D** Brigitte Fossey (Catherine), Carole Laure (Thérèse), Bernard Giraudeau (Alain), Alain Doutey (Jérôme), Jacques Serres (Bernard) **L** 105 **E** 2.8.1993 S 3

ZEIT DER SINNLICHKEIT – RESTORATION (RESTORATION). Ein junger Arzt im England des 17. Jahrhunderts, der weniger den Kranken als dem prallen Leben zugetan ist, verspielt die Gunst des Königs und wandelt sich allmählich zum gewissenhaften Mediziner. Ein durch opulente Ausstattung und farbenprächtige Tableaus geprägtes Sittenbild, das nur im ersten Teil durch Witz, süffisante Ironie und differenzierte Charaktere überzeugt. Danach überwiegen melodramatisches Pathos und ein schwer nachvollziehbarer Charakterwandel der Hauptfigur, was die Möglichkeiten eines filmischen Entwicklungsromans ebenso erdrückt wie die Ausstattungsgigantomanie des Films. – Ab 16. ✦ Großbritannien 1995 **P** Segue/Avenue Pictures/Oxford Film Company **Kl** Scotia (Buena Vista) **VA** Ufa/BMG **Pd** Cary Brokaw, Andy Paterson, Sarah Ryan Black, Bob Weinstein, Harvey Weinstein, Donna Gigliotti **R** Michael Hoffman **B** Rupert Walters, nach einem Roman von Rose Tremain **K** Oliver Stapleton **M** James Newton Howard **S** Garth Craven **D** Robert Downey jr. (Merivel), Sam Neill (Charles II.), David Thewlis (Dr. John Pearce), Polly Walker (Celia), Meg Ryan (Katherine), Ian McKellen (Will Gates), Hugh Grant (Finn) **L** 118 **FSK** ab 12; f **E** 29.5.1997/27.10.1997 Video/2.12.1998 Premiere **fd** 32 563

ZEIT DER STILLE. Eine von ihrem Geliebten verlassene Krankenschwester und ein entlassener Arbeiter geben sich in ihrer Einsamkeit und auf der Suche nach Kommunikation dem Treiben der Großstadt hin. Durch eine Telefon-Fehlschaltung begegnen sie sich für Minuten, um sich gleich wieder zu verlieren. Mit dokumentarischen Mitteln gestalteter, meditativer Spielfilm, der fast ohne Dialoge auskommt und durch die Kraft seiner Bilder Hoffnungen und Sehnsüchte von Großstadtmenschen erfahrbar macht. Der ausgezeichnet gespielte und fotografierte Film erreicht eine außergewöhnliche Dichte. – Sehenswert. ✦ Schwarz-weiß. BR Deutschland 1986 **P** Thorsten-Näter-Filmproduktion/ZDF **SF** Basis **Pd+R** Thorsten Näter **B** Thorsten Näter, nach einer Erzählung von Nino Jacusso **K** Peter van den Reek **S** Thorsten Näter **D** Irina Hoppe (Johanna), Pavel Sacher (Stefan), Wolfgang Starck (Stefans Kollege), Klaus Jakobeit (Jogger), Bernd Mainz (Verfolger) **L** 82 **FBW** bw **E** 1.7.1986 ZDF/2.7.1987 Kino **fd** 26 693

DIE ZEIT DER STILLE (TIEMPO DEL SILENCIO). Madrid Ende der 40er Jahre. Ein Mediziner begibt sich auf der Suche nach seinem letzten Paar von Labormäusen, das ihm gestohlen wurde, in das Armenviertel der Stadt. Der Mäusedieb, der schnell gefunden ist, ruft ihn wenig später zu Hilfe, weil seine Tochter nach einer Abtreibung zu verbluten droht. Als ihr der Arzt nicht mehr helfen kann, wird er für ihren Tod verantwortlich gemacht und muß untertauchen. Drama um die Verquickung von Katholizismus und Franquismus in Spanien. ✦ Spanien 1986 **P** TVE **R** Vicente Aranda **B** Vicente Aranda, Luis Martín Santos, Antonio Rabinad **K** Juan Amorós **S** Teresa Font **D** Imanol Arias (Pedro), Victoria Abril (Dorita), Charo López (Charo), Francisco Rabal (Muecas), Queta Claver (Doña Luisa) **L** 107 **E** 3.11.1998 arte

ZEIT DER STÖRCHE. Während eines kurzen Ferienaufenthalts lernt eine Lehrerin einen Schichtführer kennen. Beide verlieben sich ineinander und ändern ihr Leben. Sie trennt sich von ihrem langjährigen Gefährten, er findet allmählich zu sich selbst. Ein Film mit Brüchen und formalen Schwächen, der auf eine klare erzählerische Linie verzichtet und sich eher wie ein Puzzle zusammensetzt. Sehenswert aufgrund seiner guten Darsteller, die in teils freizügig erotischen Szenen spielen. ✦ DDR 1971 **P** DEFA, Gruppe »Roter Kreis« **Kl** Progress **SF** Unidoc **Pd** Horst Dau **R** Siegfried Kühn **B** Regine Kühn, Siegfried Kühn, nach dem gleichnamigen Roman von Herbert Otto **K** Erich Gusko **M** Hans-Jürgen Wenzel **S** Helga Krause **D** Heidemarie Wenzel (Susanne Krug), Winfried Glatzeder (Christian Smolny), Jürgen Hentsch (Wolfgang Fischer), Hilmar Baumann (Max Schlosser), Petra Hinze (Gisela Erdmann), Volkmar Kleinert (»Einstein«) **L** 90 **E** 3.9.1971 Kino DDR/7.10.1972 DFF 1

ZEIT DER STÜRME (MUA GIO CHUONG). In der letzten Phase des Vietnamkrieges beabsichtigen die Amerikaner, ein im Süden gelegenes Dorf zu räumen und alle Bewohner in einem Konzentrationslager zu internieren. Gemeinsam mit den vietnamesischen Guerilla-Kämpfern wehren sich die Bauern. ✦ Schwarz-weiß. Vietnam 1978 **P** Studio Ho-Chi-Minh-Stadt **R** Nguyen Hong Sen **B** Nguyen Quang Sang **K** Duong Tuan Ba **M** Hoang Hiep **D** Thuy Lien, Ly Huynh, Minh Dang, Thuy An, Nguyen Phuc **L** 105 **E** 2.3.1984 DFF 2

ZEIT DER TRÄUMEREIEN (ALMODOZASOK KORA). Die Liebe zwischen einem Ingenieur und einer jungen Juristin. Die beiden trennen sich, als ihnen bewußt wird, daß ihre Liebe für ein ganzes Leben nicht ausreicht. Ein unpathetischer Film über die heutige junge Generation in Ungarn, die sich zunächst nicht an die Gesellschaft anpassen will, jedoch von ihr angepaßt wird. (TV-Titel DDR: »Alter der Träumereien«) ✦ Schwarz-weiß. Ungarn 1964 **P** Mafilm **R+B** István Szabó **K** Tamás Vámos **M** Péter Eötvös **D** András Bálint, Ilona Béres, Judit Halász, Kati Sólyom, Béla Asztálos **L** 102 **E** 10.10.1966 ZDF/16.7.1977 DFF 2

ZEIT DER TRUNKENEN PFERDE (ZAMANI BARAYE MASTI ASBHA / UN TEMPS POUR L'IVRESSE DES CHEVAUX). Die iranisch-irakische Grenzregion nahe der südlichen Türkei ist ein unwirtlicher Landstrich, der politischer Willkür und rauer Witterung ausgesetzt ist; die Dörfer dies- wie jenseits der Demarkationslinie sind von Kurden bewohnt. Da die Felder kaum Ertrag bringen, leben die meisten vom Schmuggel, auch die mutterlose Familie des zwölfjährigen Ayub. Nach dem Tod des Vaters wird der Junge zum Familienoberhaupt. Um die Operation seines behinderten Bruders zu finanzieren, will er im Irak ein Maultier verkaufen. Auf dem Weg zur Grenze geraten die Brüder in einen Hinterhalt. Der Film verdankt seine archaische Kraft den hohen dokumentarischen Anteilen in der Inszenierung. Er beschönigt oder verklärt nicht und stellt auf hohem ästhetischen und ethischen Niveau universelle Grundfragen. (O.m.d.U.) – Sehenswert. ✦ Iran/Frankreich 2000 **P** Bahman Ghobadi Films/Farabi Cinema/MK 2 **Kl** Kool **Pd+R+B** Bahman Ghobadi **K** Saed Nikzat **M** Hossein Alizadeh **S** Samad Tavazoi **D** Rojin Yunesi (Rojin), Mehdi Ekhtiardini (Madi), Ayub Ahmadi (Ayub), Ameneh Ekhtiardini (Ameneh), Kolsum Ekhtiardini (Kolsum) **L** 80 **FSK** ab 6; f **E** 25.10.2001 **fd** 35 110

ZEIT DER UNSCHULD (THE AGE OF INNOCENCE). New York um 1870. Kurz vor seiner Hochzeit mit einer Frau aus vornehmer Familie verliebt sich ein junger Anwalt in deren unkonventionelle Cousine. Die unerfüllte Liebe überschattet seine Ehe über Jahre hinweg und stürzt ihn selbst immer wieder in Konflikte. Grandios fotografiertes und inszeniertes Drama um den Konflikt von Sehnsucht und Verantwortung in einer von starren gesellschaftlichen Konventionen und engen Moralvorstellungen geprägten Welt. Schauspielerisch sehr zurückhaltend, offenbart sich das innere Drama der Hauptfiguren über die Zeichen- und Symbolsprache einer auf Äußerlichkeiten reduzierten Umwelt. – Sehenswert ab 16. ✦ Scope. USA 1993 **P** Cappa/De Fina **Kl** Columbia TriStar **VA** Columbia TriStar **DVD** Columbia TriStar Home (16:9, 2.35:1, DD5.1 engl., DS dt.) **Pd** Barbara De Fina **R** Martin Scorsese **B** Jay Cocks, Martin Scorsese, nach einem Roman von Edith Wharton **K** Michael Ballhaus **M** Elmer Bernstein **S** Thelma Schoonmaker **D** Daniel Day-Lewis (Newland Archer), Michelle Pfeiffer (Ellen Olenska), Winona Ryder (May Welland), Miriam Margolyes (Mrs. Mingott), Richard E. Grant (Larry Lefferts), Geraldine Chaplin (Mrs. Welland) **L** 138 **FSK** ab 6; f **FBW** bw **E** 18.11.1993/7.6.1994 Video/11.6.1995 premiere/9.10.2001 DVD **fd** 30 532

ZEIT DER VERGELTUNG (THE LEGEND OF BILLIE JEAN). Auf Grund eines Mißverständnisses wird eine Gruppe Jugendlicher von der Polizei durch Texas verfolgt. Als sie ihre Unschuld beweisen können, macht eine sensationsgierige Öffentlichkeit den Fall zum Heldenstück und die jungen Leute zu Medienstars. Leider ist der Film selbst nicht frei von jenen jugendverklärenden Tendenzen, die er kritisieren will; auch die Ästhetik der Inszenierung (viel Musik, Bilder im Stil eines Videoclips) folgt im Grunde den Vermarktungsmechanismen, von denen die Story erzählt. Das interessante Thema wird dadurch weitgehend verschenkt. – Ab 14 möglich. ✦ USA 1985 **P** Tri Star/Delphi III **VA** RCA/Columbia **Pd** Rob Cohen, Lawrence Konner, Mark Rosenthal **R** Matthew Robbins **B** Mark Rosenthal, Lawrence Konner **K** Jeffrey L. Kimball **M** Craig Safan **S** Cynthia Scheider **D** Helen Slater (Billie Jean), Peter Coyote (Lt. Ringwald), Christian Slater (Binx), Martha Gehman (Ophelia), Barry Tubb (Hubie) **L** 91 **FSK** ab 12 **E** 19.8.1986 Video **fd** 25 951

ZEIT DER VERGESSENEN HELDEN (NAM – TOUR OF DUTY). Ein Sergeant »säubert« mit seinen Soldaten, einem Zug unerfahrener GIs einer Luftlande-Kompanie, ein unwegsames Dschungelgebiet vom Vietcong. Belangloser, eingefahrenen Klischees folgender Durchhaltefilm, an dem die kritische Aufbereitung des Vietnam-Krieges – auch im Kino – spurlos vorübergegangen ist. (Fortsetzung: »Nam II – Zurück in die Todeszone«) ✦ USA 1987 **P** New World **Kl** Highlight **VA** Highlight **Pd** Ronald L. Schwary **R** Bill L. Norton **B** L. Travis Clark, Steve Duncan **K** Stephen L. Posey **M** Joseph Conlan **D** Terence Knox, Stephen Caffrey, Joshua Maurer, Steve Akahoshi, Tony Becker **L** 93 **FSK** ab 16; f **E** 4.2.1988/6.7.1988 Video **fd** 26 830

DIE ZEIT DER VERÖDETEN HÖFE (POTERJANNY KROW). Die Freundschaft zweier junger Männer, die von vielen gemeinsamen Erlebnissen im litauischen Heimatdorf geprägt ist, wird in der Zeit der faschistischen Okkupation auf eine harte Probe gestellt. Der eine ist inzwischen zum örtlichen Polizeichef aufgestiegen, während der andere sich zum kritischen Intellektuellen gewandelt hat. ✦ Scope. UdSSR 1977 **P** Lituwa-Film **R** Alimantas Grikiavicius **B** Romualdas Granauskas, nach einem Roman von Jonas Avizius **K** Donatas Peciura **M** Alimantas Apanavicius **D** Regimantas Adomaitis (Adomas), Juosas Budraitis (Hediminas), Regina Arbaciauskaite (Milda), Elle Kull (Akwile), Atanas Schurna (Marius) **L** 151 **E** 20.,27.9.1979 DFF 2 (zwei Teile)

DIE ZEIT DER WIEDERKEHR (LA ESTACION DEL REGRESO). Debütfilm eines deutsch-chilenischen Regisseurs, der versucht, die »inneren« Folgeschäden während der Militärdiktatur deutlich zu machen. Während der langen Busreise zu ihrem Mann, der im Norden des Landes interniert ist, erinnert sich eine Frau an das, was sie seit seiner grundlosen Verhaftung durchgemacht hat. Der stockende Erzählrhythmus und die schlichte Inszenierung stehen der löblichen Absicht des Films im Wege. (Westdeutscher TV-Titel: »Die Zeit der Rückkehr«) ✦ Chile 1987 **P** Kocking Kaulen Ramos **Kl** Progress **R** Leonardo Kocking **B** José Roman, Leonardo Kocking **K** Beltrán García **M** Domingo Vial **S** Pedro Chaskel **D** Maria Ramos (Paula), Alejandro Cohen (Gerardo),

Carmen Pellissier (Isabel), Javier Maldonado (Javier Buendia), José Soza (Abogado), Hugo Medina (Camionero), Pablo Lavin (Carlos) **L** 82 **E** 1.12.1989 Kino DDR/19.7.1992 ZDF

DIE ZEIT DER WÖLFE (THE COMPANY OF WOLVES). Ein 13jähriges Mädchen erträumt eine mittelalterliche Märchenwelt, die angereichert ist mit unheimlichen Geschichten um Werwölfe. Diese Welt wird zum Spiegel seiner Probleme und Ängste, aber auch seiner (zugleich sexuell erwachenden) Bedürfnisse nach Erkenntnis und Selbstbestimmung. Ein fantastisches Vexierspiel, das auf raffinierte Weise mit Versatzstücken des Horrorfilms und der allegorischen Hintergründigkeit alter Märchen spielt und durch seine Detailfülle zum Fabulieren und Weiterdenken anregt. – Ab 16. ✦ Großbritannien 1984 **P** Palace (für ITC Entertainment) **KI** Filmwelt **VA** Vestron/Concorde **DVD** Concorde (16:9, 1.78:1, DD5.1 engl./dt.) **Pd** Chris Brown, Stephen Woolley **R** Neil Jordan **B** Angela Carter, Neil Jordan, nach zwei Kurzgeschichten von Angela Carter **K** Bryan Loftus **M** George Fenton **S** Rodney Holland **D** Sarah Patterson (Rosaleen), Angela Lansbury (Großmutter), David Warner (Vater), Tusse Silberg (Mutter), Micha Bergese (Jäger), Graham Crowden (Priester), Georgia Slowe (Alice), Vincent McClaren (Teufelsjunge) **L** 93 **FSK** ab 16; f **FBW** w **E** 8.3.1985/September 1985 Video/9.4.1988 ARD/8.8.2001 DVD **fd** 25 000

ZEIT DER WÜNSCHE (WREMJA SHELANI). Eine nicht mehr ganz junge Frau sucht einen gutsituierten Heiratspartner. Doch nicht der erwünschte prominente Künstler, sondern ein mittelmäßiger Angestellter geht ins Netz. Aber auch ihn wird sie nach ihren Vorstellungen umkrempeln. Porträt einer nur nach Karriere, Ansehen und Besitzstand strebenden Frau, zwar ein wenig zu grob skizziert, aber diskutabel. – Ab 16. ✦ UdSSR 1984 **P** Mosfilm **KI** Progress **R** Juli Raisman **B** Anatoli Grebnew **K** Nikolai Olonowski **M** Alexander Beljajew **D** Vera Alentowa (Swetlana Wassiljewna), Anatoli Papanow (Wadim Dmitrijewitsch), Wladislaw Strzelczyk (Nikolai Nikolajewitsch), Tatjana Jegorowa (Mila), Alexej Michailow (Valentin) **L** 102 **E** 1.11.1985 Kino DDR

ZEIT DER ZÄRTLICHKEIT (TERMS OF ENDEARMENT). Die Geschichte zweier Frauen, Mutter und Tochter, ihrer starken Bindung und ihrer Schwierigkeiten: vom Babyalter der Tochter über ihre von der Mutter boykottierte Heirat, die schwierige späte Liebesgeschichte der Mutter bis zum frühen Tod der Tochter durch eine Krebserkrankung. Eine Mischung aus burschikoser Komödie und gefühlvollem Melodram; etwas zu glatt und oberflächlich, aber einsichtig in der psychologischen Entwicklung der Figuren und in allen Rollen ausgezeichnet gespielt. (Fortsetzung: »Jahre der Zärtlichkeit – Die Geschichte geht weiter«) DVD: Die Extras umfassen u. a. einen dt. untertitelten Audiokommentar des Regisseurs, des Co-Produzenten Penney Finkelman Cox und des Production Designers Polly Platt. – Ab 16. ✦ USA 1983 **P** Paramount **KI** UIP **DVD** Paramount (16:9, 1.85:1, DD5.1 engl., Mono dt.) **Pd+R** James L. Brooks **B** James L. Brooks, nach einem Roman von Larry McMurtry **K** Andrzej Bartkowiak **M** Michael Gore **S** Richard Marks **D** Debra Winger (Emma Horton), Shirley MacLaine (Aurora Greenway), Jack Nicholson (Garrett Breedlove), Danny DeVito (Vernon Dahlart), Jeff Daniels (Flap Horton) **L** 132 **FSK** ab 12; f **FBW** bw **E** 6.4.1984/16.8.1985 Kino DDR/8.11. 2001 DVD **fd** 24 473

ZEIT DES ABSCHIEDS (VROEGER IS DOOD). Eine 40jährige Frau wird mit dem Alterungsprozeß ihrer Eltern konfrontiert, zu denen sie bisher ein distanziertes Verhältnis hatte und die immer auf ihre Unabhängigkeit Wert legten. ✦ Niederlande 1987 **P** Jos van der Linden Prod. **Pd** Jos van der Linden **R** Ine Schenkkan **B** Ine Schenkkan, nach einem Roman von Inez van Dullemen **K** Goert Giltay **M** Simon Burgers **S** Jorge Hoogland **D** Jasperina de Jong (Inez), Max Croiset (Vater), Elise Hoomans (Mutter), Huib Rooymans (Hans), Wendy Bushnell (Linda) **L** 89 **E** 9.1.1992 ZDF

ZEIT DES ARGWOHNS (L'AIR DU CRIME). Der Selbstmord eines reichen Transportunternehmers löst bei seiner Frau und seinem Sohn einen Emanzipierungsprozeß aus. Beide bauen die über dessen Tod hinauswirkende Dominanz ab und lösen sich aus den Konventionen, die sie durch ihre gesellschaftliche Stellung eingehen mußten. Hervorragend ins Bild gesetzt, findet der Film zu einer eigenständigen, subtilen Erzählform. Dabei erzeugen die einfühlsame, wenngleich etwas geschmäcklerische Musik sowie die stilisierten Bildtableaus eine eher künstliche, irritierende Oberflächenwirkung. – Ab 16. ✦ Schweiz/ Frankreich 1984 **P** Xanada/Marion's/SSR/TSI **Pd** Gérard Ruey **R** Alain Klarer **B** Alain Klarer, Jacques Baynac, Deva Pravasa, Claude Muret **K** Hugues Ryffel, Patrick Lindenmaier (Video) **M** Peer Raben **S** Georg Janett **D** Hélène Surgère (Eléna), Tchéky Karyo (Robert), Jean Bouise (Monsieur Stutz), Laura Morante (Alice), Walo Lüönd **L** 95 **E** 9.6.1985 BR

DIE ZEIT DES BIRKENJUNGEN. Das Bild einer allein und ungeschützt wachsenden Birke prägt sich in die Erinnerung eines Jungen ein, der von seiner Mutter verlassen wird. Im Heim besteht seine einzige Freude in Spaziergängen in Birkenhainen, doch immer wenn der Mensch »regulierend« eingreift, ist die Idylle gestört. Nach Jahren wird er ein berühmter, aber immer noch einsamer Autodesigner. Er freundet sich mit einem jungen Mann an, der ihn mit einem Lied vertraut macht, das er zu kennen glaubt. Von Ahnungen getrieben, macht sich der Mann auf die Suche nach seiner Mutter, die er als Bordellwirtin wiederfindet. Beide blicken auf ihr unerfülltes Leben zurück, das von einem diametral entgegengesetzten Liebesideal bestimmt wurde. Ein platt-plakatives Melodram. ✦ BR Deutschland 1987 **P** Bernd International Movie **KI** Ring **R** Elld Antonio Morandy **B** Simon Schott **K** Elld Antonio Morandy **M** Gert Wilden, Franz Titscher **S** Helga Bernetti **D** Marlies Schoenau, Dominik Hammerstein, Hans Peter Duerr, Jan Krueger, Michael Grube **L** 96 **FSK** ab 16; f **E** 14.7.1988

ZEIT DES ERWACHENS (AWAKENINGS). Postenzephalitische Patienten, die seit 30 Jahren in einem Zustand der Reaktions- und Sprachlosigkeit dahindämmern, werden durch das Experiment eines Neurologen »zum Leben erweckt«, verfallen jedoch nach kurzer Zeit in ihren alten Zustand zurück. Auf tatsächlichen Ereignissen beruhender Film, der den medizinisch wie humanitär komplexen Fall mit einer Fülle von Kino-Klischees ausstattet und einseitig emotional ausbeutet. Eine Demonstration der alten Erkenntnis, daß ein tränenvergießendes Publikum noch lange kein Beweis für einen guten Film ist. – Ab 16. ✦ USA 1990 **P** Lasker-Parks Prod. (für Columbia) **KI** Columbia TriStar **VA** RCA/Columbia **DVD** Columbia TriStar Home (16:9, 1.85:1, DS engl./dt.) **Pd** Walter F. Parkes, Lawrence Lasker **R** Penny Marshall **B** Steven Zaillian, nach einem Buch von Oliver Sacks **K** Miroslav Ondrícek **M** Randy Newman **S** Jerry Greenberg, Battle Davis **D** Robert De Niro (Leonard Lowe), Robin Williams (Dr. Malcolm Sayer), Julie Kavner (Eleanor Costello), Ruth Nelson (Mrs. Lowe), John Heard (Dr. Kaufman) **L** 104 **FSK** ab 12; f **FBW** bw **E** 14.2.1991/26.11.1991 Video/10.11.1992 premiere/2.12.1999 DVD **fd** 28 755

ZEIT DES FRIEDENS (L' ETA DELLA PACE). Ein 80jähriger, einst Kämpfer im spanischen Bürgerkrieg, lebt in einer kleinen Wohnung mit Sohn, Schwiegertochter und der kleinen Enkelin zusammen, was für ihn zunehmend unerträglicher wird, weil er den Sohn nicht mag und weil Meinungsverschiedenheiten in allen Belangen das Zusammenleben erschweren. Als er auf einen alten Mann trifft, der verwahrlost in der Abgeschiedenheit einer freien Landschaft lebt, tötet er ihn und versucht, dessen Leben zu führen, was mißlingt. Altersstudie eines Fernsehautors. ✦ Italien 1974 **P** Capricorno **R** Fabio Carpi **B** Fabio Carpi, Luigi Malerba **K** Luciano Tovoli **D** O. E. Hasse, Georges Wilson, Macha Méril, Alberto Lionello, Lina Polito **L** 120 **E** 25.9.1978

DIE ZEIT DES GETTO (LE TEMPS DU GHETTO). Leben und Sterben im Warschauer Getto von 1939 bis 1943. Eine Montage des Grauens, mit leider etwas zu geschmäcklerisch gestalteten Interviews durchsetzt. Der Film erschüttert mehr durch die Fakten selbst als durch seine Gestaltung. (Alternativer TV-Titel: »Aufstand und Zerstörung des Warschauer Ghettos«) – Ab 16. ✦ Schwarz-weiß. Frankreich 1961 **P** Pleiade **R** Frédéric Rossif **B** Frédéric Rossif, Madeleine Chapsal **K** Marcel Fradetal **M** Maurice Jarre **S** Suzanne Baron **L** 90 **E** 24.4.1963 ARD

ZEIT DES GRAUENS (SOMETHING IS OUT THERE). Überlanger Pilotfilm zu einer kurzlebigen Science-Fiction-Serie, überzeugend allein in den Masken und Spezialeffekten. Ein außerirdischer Killer, der sein Unwesen auf der Erde treibt, wird von einem irdischen Polizeibeamten und einer extraterrestrischen Frau gejagt. – Ab 16. ✦ USA 1988 **P** Columbia TV **Pd** John Ashley, Frank Lupo **R** Richard A. Colla **B** Frank Lupo **M** Sylvester Levay **D** Joe Cortese (Jack Breslin), Maryam D'Abo (Ta'ra), Gregory Sierra (Victor Maldorado), John Putch (Detective Wendle), Kim Delaney (Mandy Eastabrook), George Dzundza (Frank Dileo), Robert Webber (Commissioner Eastabrook), Melanie Jones (Dr. Claire Riggs) **L** 88/89 **E** 31.10.,7.11.1992 SAT 1 (zwei Teile)

ZEIT DES SCHICKSALS (A TIME OF DESTINY). Während des Zweiten Weltkrieges tobt im amerikanischen San Diego ein Kampf ganz anderer Art. Das Oberhaupt einer baskischen Einwandererfamilie macht den Seinen das Leben zur Hölle. Als er seiner Tochter den Umgang mit einem amerikanischen Soldaten verbietet, eskalieren die Ereignisse. Der Alte findet den Tod, und sein ältester Sohn schwört Rache. Zwar retten die beiden Männer an der italienischen Front einander das Leben, aber nach dem Krieg flammt die Familienfehde wieder auf. Überlebensgroß aufgeblähtes Melodram mit eindimensionalen Charakteren, denen jegliche Motivation für ihre Handlungen fehlt. (Titel auch: » A Time of Destiny«) – Ab 16. ✦ USA 1988 **P** Columbia **Pd** Anna Thomas **R** Gregory Nava **B** Gregory Nava, Anna Thomas **K** James Glennon **M** Ennio Morricone **S** Betsy Blankett **D** William Hurt (Martin Larraneta), Timothy Hutton (Jack McKenna), Melissa Leo (Josie Larraneta), Francisco Rabal (Jorge Larraneta), Concha Hidalgo (Sebastina Larraneta), Stockard Channing (Margaret Larraneta), Megan Follows (Irene Larraneta), Frederick Coffin (Ed), Peter Palmer (Polizist) **L** 118 (gek. 96) **E** 1.2.1994 VOX

ZEIT DES SCHWEIGENS. (Fernseh-)Rührstück um eine behinderte Sportlerin: Durch einen Motorradunfall, bei dem ihr Bruder ums Leben kommt, verliert die deutsche Triathlon-Meisterin Gehör und Stimme. Ihre Umgebung kann mit dieser Behinderung nicht umgehen und zieht sich immer mehr zurück. Erst die Zufallsbegegnung mit einem Jogger bringt neuen Lebensmut. ✦ Deutschland 1997 **R** Cornelia Grünberg **B** Cornelia Grünberg, Andreas Grünberg **D** Yvonne de Bark (Isabella Braun), Hanna Petkoff (Mutter Braun), Dieter Montag (Vater Braun), Oliver Böttcher (Mike), Marie Klabunde (Dame mit Hund) **L** 79 **E** 24.6.2000 Kabel 1

ZEIT DES STERBENS (TIEMPO DE MORIR). Auch nach der Sühne für ein ihm aufgezwungenes Duell kann der Todesschütze nicht in Frieden leben. Erstlingsfilm des Mexikaners Ripstein (geboren 1945): ein vom Buch her ambitioniertes Anti-Helden-Stück, das versteinerte Ehrbegriffe als Grundlage der dargestellten Tragödie nennt. ✦ Mexiko 1965 **P** Alameda **Pd** César Santos Galinda, Alfredo Ripstein **R** Arturo Ripstein **B** Gabriel García Márquez, Carlos Fuentes, Roberto Malenotti, nach dem Roman von Gabriel García Marquez **K** Alex Phillips **M** Carlos Jiminez Mabarak **S** Carlos Savage **D** Marga López (Mariana), Jorge Martinez de Hoyos (Juan Sanyágo), Enrique

Rocha (Julian), Alfredo Leal (Pedro), Blanca Sanchez (Sonja) **L** 83 (Orig. 90) **E** 28.6.1971 ZDF

DIE ZEIT DES VERBRECHENS (ATTENTION BANDITS). Nach zehnjähriger Haft nimmt ein Gangster an den Mördern seiner Frau Rache. Als er dafür erneut hinter Schloß und Riegel wandert, wirbt seine Tochter einen Gangster an, um den Vater gewaltsam zu befreien. In geschmäcklerischen Bildern inszeniertes Märchen über die idealisierte Unterwelt französischer Prägung, unlogisch und unglaubwürdig. (DDR-Titel: »Achtung, Banditen!«) – Ab 16. ✦ Frankreich 1987 **P** Films 13/TF 1 **KI** Highlight **VA** Highlight **Pd+R+B** Claude Lelouch **K** Jean-Yves Le Mener **M** Francis Lai **S** Hugues Darmois **D** Jean Yanne (Simon Verini), Marie-Sophie Lelouch (Marie Sophie), Patrick Bruel (Mozart), Charles Gérard (Tonton), Corinne Marchand (Manouchka) **L** 107 **FSK** ab 12; f **E** 14.4.1988/26.10.1988 Video/22.12.1989 Kino DDR **fd** 26 829

DIE ZEIT DES WINDES (FINYE). Der Gouverneur einer Provinzmetropole im unter Militärherrschaft stehenden schwarzafrikanischen Mali sieht sich nicht nur heftigem Widerstand aus der Bevölkerung gegenüber; auch privat verschlechtert sich das Verhältnis zu seiner Tochter und deren Freunden. An Hand der Konfrontation zwischen streikenden Schülern eines Abiturjahrganges und neokolonialistischer Macht sowie den sozialen Spannungen in den individuellen Beziehungen plädiert der Film für eine eigene freie Zukunft des Landes. Diese Veränderung erfolgt durch die Allianz von Würde und Kraft des alten Afrikas und dem Potential der Jugend. Ein dicht inszenierter allegorischer Film, in dem Gefühltes und Durchdachtes auf dezente, nie selbstzweckhafte Weise zusammenwirken; er ermöglicht einen präzisen Einblick in das soziale Gefüge Malis. (TV-Titel auch: »Der Wind«) – Sehenswert ab 16. ✦ Mali 1982 **P** Les Films Cissé **Pd+R+B** Souleymane Cissé **K** Etienne de Grammont **M** Pierre Gorse **S** Andrée Davanture **D** Fousseyni Sissoko (Bah), Goundo Guissé (Batrou), Balla Moussa Keita (Gouverneur Sangaré), Ismaila Sarr (Bahs Großvater), Oumou Diarra (Agna) **L** 100 **E** 3.6.1987 ZDF

ZEIT DES ZORNS (IL LUNGO SILENZIO). Nachdem ihr Ehemann, ein Richter, der die Verbindungen zwischen Mafia und Politik aufzudecken versucht, ermordet wurde, setzt die Frau seine Arbeit fort und kann die Angehörigen von Mafiaopfern ermutigen, die Mauer des Schweigens zu brechen. Ein eindrucksvoller, bedrückender Film über den Verlust von Privatsphäre und ein Appell an Zivilcourage und Solidarität; ohne falsches Pathos erzählt. (Kinotip der Katholischen Filmkritik) – Sehenswert ab 16. ✦ Italien/Deutschland/Frankreich 1993 **P** Evento Spettacolo/Union P.N./K.G./Bioskop **KI** NIL **Pd** Felice Laudadio, Giorgio Leopardi **R** Margarethe von Trotta **B** Felice Laudadio **K** Mario Sperduti **M** Ennio Morricone **S** Ugo de Rossi, Nino Baragli **D** Carla Gravina (Carla Aldrovandi), Jacques Perrin (Marco Canova), Alida Valli (Carlas Mutter), Ottavia Piccolo (Rosa), Giuliano Montaldo (Tommaso Pesce) **L** 92 **FSK** ab 12; f **FBW** bw **E** 27.1.1994/8.3.1995 premiere **fd** 30 624

DIE ZEIT, DIE BLEIBT. Dokumentarfilm über Werdegang und Arbeit des 1982 im Alter von 56 Jahren verstorbenen Filmemachers Konrad Wolf, beginnend mit seiner Kindheit in Süddeutschland, den Jahren der Emigration in Moskau bis zu seiner Regiearbeit in der DDR und seiner Tätigkeit als Präsident der Akademie der Künste der DDR. Aufhänger ist die Geschichte dreier Jungen aus Moskau (»Die Troika«), die Wolf nicht mehr verfilmen konnte. Wegen der Erinnerungen an die Stalinzeit (unter anderem von Wolfs Bruder Markus, dem Chef der DDR-Auslandsspionage) wurde der Film im DDR-Fernsehen zunächst nur in einer gekürzten Fassung gezeigt. ✦ Teils schwarz-weiß. DDR 1985 **P** DEFA, Studio für Dokumentarfilme **KI** Progress **Pd** Harry Funk, Klaus Dörrer, Charlotte Galow **R** Lew Hohmann **B** Wolfgang Kohlhaase (auch künstler. Leitung), Lew Hohmann, Christiane Mückenberger, Regine Sylvester **K** Christian Lehmann, Eberhard Geick **M** Günther Fischer **S** Karin Wudtke **L** 114 **E** 20.10.1985 DFF 2/29.8. 1986 Kino DDR/11.11.1987 NDR

ZEIT FÜR TRÄUMER. Die tatsächlichen und geträumten Annäherungsversuche eines jungen Mannes an ein Mädchen. Erstlingsspielfilm mit Zeichentrickelementen, der menschliche Verhaltensweisen heiter und besinnlich analysiert und durch brillante Technik ein hohes Maß an Unterhaltung erreicht. – Ab 16. ✦ Teils schwarz-weiß. BR Deutschland 1968 **P** Iduna/TC **KI** Obelisk **R** Wolfgang Urchs **B** Wolfgang Urchs, Dagmar Kekulé **K** Rainer Walzel **M** Duncan Browne **D** Armin Ackermann, Toni Netzle, Dagmar Kekulé, Kim Parnass **L** 95 **FSK** ab 16; f **E** 10.10.1969 **fd** 16 419

ZEIT FÜR WUNDER (A TIME FOR MIRACLES). Inszenatorisch routinierter, dennoch allenfalls durchschnittlicher Fernsehfilm: die Dramatisierung des Lebens von Elizabeth Bayles Seton, die nach dem frühen Tuberkulose-Tod ihres Mannes zum Katholizismus konvertierte, im 18. Jahrhundert das erste katholische Waisenheim gründete und als erste Amerikanerin heiliggesprochen wurde. Thematisch interessant, aber nur oberflächlich und zu rührselig aufbereitet. – Ab 16. ✦ USA 1980 **R** Michael O'Herlihy **B** Henry Denker **K** Don H. Birnkrant **M** Fred Karlin **D** Kate Mulgrew (Elizabeth), Jean-Pierre Aumont (Vater Dubois), Rossano Brazzi (Fillipo Fillici), John Forsythe (Postulator), Lorne Greene (Bischof John Carroll) **L** 118 **E** 19.11.1991 Tele 5

DIE ZEIT IST BÖSE (DIE ZEIT IST BÖSE). Ausgehend von Lore Bergers Roman, der erst nach ihrem Selbstmord im Jahre 1943 veröffentlicht wurde, versucht Kuert eine Gegenüberstellung zwischen dem Buch der damals 22jährigen Autorin und drei jungen Frauen der Gegenwart. Trotz der zeitlichen Distanz ergeben sich für den Regisseur erstaunliche Gemeinsamkeiten. Mit Absicht wird die Gegenüberstellung der zwei äußerlich unterschiedlichen Zeiten nicht abgerundet präsentiert. Der Zuschauer soll dazu bewogen werden, die Äußerungen und Stimmungsbilder selber zu verarbeiten und weiterzuführen. ✦ Teils schwarz-weiß. Schweiz 1982 **P** Gruppe Ansia **R** Beat Kuert **B** Beat Kuert, ausgehend von Lore Bergers Roman »Der barmherzige Hügel. Eine Geschichte gegen Thomas« **K** Hansueli Schenkel, Beat Kuert **M** Markus Fischer **S** Beat Kuert **D** Monika Kissling, Markus Fischer **L** 87 (gek. 60) **E** Schweiz

DIE ZEIT IST FÜR DIE LIEDER UND GEGEN DIE PANZER. Dokumentation des ersten Konzerts von Mikis Theodorakis in Athen nach dem Sturz der griechischen Militärjunta. Eine ekstatische Feier voller Freude, Hoffnung und Zukunftsbegeisterung. – Ab 14. ✦ BR Deutschland 1974 **P** Polytel International/Studio Hamburg **SF** Polytel Internat./Studio Hamb. **R** Dietrich Schubert, Klaus Salge **K** Jannis Delopoulos, Takis Gerardis, Emilios Konitiotis, Lakis Kyrlidis **S** Georgia Zeemann **L** 90 (TV 60/45) **E** November 1974 WDR

ZEIT IST GLÜCK. Ein Chemie-Kombinat erhält von einen westdeutschen Konkurrenzbetrieb einen umfangreichen Auftrag, der aber nur dazu dienen soll, eine neue Entwicklung zu behindern. Werkleiter, Ministerium, ein Ingenieur und Brigadier Falk ringen um eine Lösung. Fernsehspiel, das zum Teil auf die Personage der Reihe »Meine besten Freunde« zurück greift. (Teil 1: »Die Schlacht bei Föhlau«; Teil 2: »Rettung eines Siegers«) ✦ Schwarz-weiß. DDR 1968 **P** DFF **Pd** Helga Lüdde **R** Lothar Bellag **B** Lothar Bellag, Adam Pöpperl, Benito Wogatzki **K** Adam Pöpperl **M** Wolfgang Bayer **S** Margrit Schulz **D** Wolf Kaiser (Meister Falk), Christine Schorn (Doris), Norbert Christian (Dr. Schellenbaum), Horst Schulze (Direktor Dr. Hambach), Friedo Solter (Minister Meinick), Dieter Wien (Stellvertreter), Klaus Manchen (Ossi), Peter Dommisch (Bleistift), Hermann Beyer (Kalle) **L** 210 (zwei Teile) **E** 15.9.1968 DFF 1 (beide Teile)

DIE ZEIT LÄUFT AB (THE CARE OF TIME). Thriller. Ein junger Autor und Terrorismus-Experte läßt sich für die Zwecke eines ehemaligen Söldners einspannen, ahnt dabei jedoch nicht, daß der geheimnisumwitterte Mann von einem Mordkommando gejagt wird. – Ab 16. ✦ Großbritannien 1989 **R** John Davies **B** Alan Seymour, nach einem Buch von Eric Ambler **K** Richard Crafter **M** Marc Wilkinson **D** Michael Brandon (Robert Halliday), Christopher Lee (Karlos Zander), Ian Hogg (Herr Schelm), James Laurenson (General Newell), Nadim Sawalha (Hauptmann Secretary) **L** 103 **E** 17.7.1992 ARD

DIE ZEIT LUMIÈRES: 1895–1900 (LES ANNEES LUMIERE: 1895–1900). Ein durch die Welt reisender junger, arbeitsloser Engländer als Stichwortgeber für ein mit dem Material der Brüder Lumière gezeichnetes Porträt einer Epoche, die später die Belle Epoque genannt wurde, in Wirklichkeit jedoch eine sehr wenig schöne Zeit mit Krieg und Ausbeutung der Machtlosen war. Verbunden sind die einzelnen Filmszenen durch einen Kommentar, der sie historisch einordnet. Ein informativer, interessanter Film. – Ab 16. ✦ Schwarz-weiß. Frankreich 1972 **P** Planfilm **R** Jean Chapot **B** Régis Hanrion, Jean Chapot **M** Pierre Dutour **L** 85 **E** 16.4.1973 ARD

DIE ZEIT MIT DIR. Der zwölfte deutsche Heimkehrerfilm aus der frühen Nachkriegszeit. Ein ehemaliger Kriegsgefangener findet in der Begegnung mit zwei Frauen neuen Lebensmut. Dünnblütiger Film mit durchschnittlichen Leistungen. – Ab 14 möglich. ✦ Schwarz-weiß. Deutschland 1948 **P** Camera **KI** Donau **Pd** Georg Richter **R** Georg Hurdalek **B** Maria von der Osten-Sacken, Georg Hurdalek **K** Ekkehard Kyrath **M** Bernhard Eichhorn **S** Rudolf Schaad **D** Eva-Ingeborg Scholz, Heinz Klingenberg, Peter Bürger, Dieter Jeschke, Gisela Trowe **L** 100 **E** 23.12.1948/ 1950 Kino DDR/23.10.1962 ARD **fd** 198

DIE ZEIT MIT JULIEN (KUNG FU MASTER / BIRKIN DOUBLE JEU VARDA II). Eine 40jährige Frau geht die zärtliche Beziehung zu einem 14jährigen Jungen ein und erlebt während eines kurzen Ausbruchs aus dem Alltag eine glückliche Zeit, bis beide von gesellschaftlichen Realitäten und Normen eingeholt werden. Stilistisch geschlossene, humorvolle und sensible Beschreibung einer unmöglichen Liebe, die das provokante Thema mit Respekt vor den Personen behandelt und die Sichtweise der Hauptperson ohne moralische Wertungen übernimmt. Eine meisterhaft inszenierte und gespielte Reflexion über den Gegensatz zweier Generationen und die Liebe der Jugend im Computerzeitalter. (Der Film entwickelte sich aus der gemeinsamen Arbeit der Regisseurin mit Jane Birkin an dem Dokumentarfilm »Jane B. par Agnès V.«) – Sehenswert. ✦ Frankreich 1987 **P** Ciné-Tamaris/La Sept **KI** Pandora **Pd+R+B** Agnès Varda **K** Pierre-Laurent Chenieux **M** Joanna Bruzdowicz, Les Rita Mitsouko **S** Marie-Josée Audiard **D** Jane Birkin (Mary-Jane), Mathieu Demy (Julien), Charlotte Gainsbourg (Lucy), Eva Simonet, Judy Campbell **L** 80 **FSK** ab 12; f **E** 6.10.1988 **fd** 27 096

DIE ZEIT MIT KATHRIN (DIE ZEIT MIT KATHRIN). Dokumentarfilm, der vier Ausbildungsjahre im Leben einer Schülerin an der Schauspielakademie Zürich zusammenfasst und sich über den Einblick in diese Ausbildung zum intensiven Porträt einer jungen Frau verdichtet, der man beim »Wachsen« zuschauen darf. Da auch gelegentliche Tiefpunkte nicht ausgeklammert werden, wird das Leben in seiner Gesamtheit erfasst. Ein einfühlsamer Film, der nicht zuletzt durch die sympathische Hauptdarstellerin beste dokumentarische Unterhaltung bietet. – Sehenswert ab 14. ✦ Schweiz 1999 **P** Filmkollektiv Zürich/Urs Graf Prod. **KI** Subiaco **Pd+R+B** Urs Graf **K** Otmar Schmid, Werner Schneider, Björn Lindroos **M** Alfred Zimmerlin **L** 96 **E** 20.4.2000 **fd** 34 200

DIE ZEIT MIT MONIKA (SOMMAREN MED MONIKA). Eine 18jährige, die in Stockholm auf dem Gemüsemarkt arbeitet, bricht einen Sommer lang mit einem jungen arbeitslosen Mann aus der einengenden kleinbürgerlichen Welt aus. Nach unbeschwerten Monaten auf einer Insel kehren sie im Winter in die Stadt zurück und heiraten, als sie ein Kind erwartet. Während er einen neuen beruflichen Aufstieg ins Auge faßt, läßt sie sich mit anderen Männern ein und verläßt schließlich ihn und das Kind. In neorealistischem Stil inszenierte Geschichte um Selbstverwirklichung, sexuelle Freiheiten, gesellschaftliche Zwänge und individuelles Versagen, mit Sympathie für die Außenseiterin dargestellt. In die moralfreie Geschichte mit pessimistischer Grundstimmung fließen gelegentlich pathetische Töne ein. ✦ Schwarz-weiß. Schweden 1953 **P** Svensk Filmindustri **Kl** Constantin **Pd** Allan Ekelund **R** Ingmar Bergman **B** Ingmar Bergman, Per Anders Fogelström, nach P. A. Fogelströms gleichnamigem Roman **K** Gunnar Fischer **M** Erik Nordgren, Eskil Eckert-Lundin, Walle Söderlund **S** Tage Holmberg, Gösta Lewin **D** Harriet Andersson (Monika), Lars Ekborg (Harry), John Harryson (Lele), Dagmar Ebbesen (Harrys Tante), Georg Skarstedt (Harrys Vater), Åke Fridell (Monikas Vater), Naemi Briese (Monikas Mutter) **L** 96 **FSK** ab 18; f **E** 11.9.1953 **fd** 2 861

DIE ZEIT NACH DEM ORKAN. Ohne warnende Vorzeichen verändert sich die Wirklichkeit eines Mannes. Er kippt in eine andere, beängstigende Welt, verliert den Alltagsbezug sowie die Erinnerung und wacht in einer Nervenklinik wieder auf. Dokumentarischer Film über einen Menschen, der unverschuldet Beruf, Familie und soziales Umfeld verliert, über seinen zähen Kampf gegen die Einsamkeit sowie seine Versuche, Beziehungen zur Außenwelt aufzunehmen. Als Beschreibung eines konkreten Krankheitsfalles weitgehend unklar, da weder die konkrete Psychose noch Möglichkeiten einer adäquaten Therapie aufgezeigt werden; beklemmend als Vorstellung davon, was unerwartet mit einem Menschen geschehen kann, und damit durchaus zur Reflexion herausfordernd. ✦ BR Deutschland 1987 **P** GG-Film/ZDF **R+B** Gerald Grabowski **K** Waldemar Hauschild, Lutz Konermann **S** Patricia Rommel **L** 95 **FBW** bw **E** 9.6.1987 ZDF

DIE ZEIT NACH MITTERNACHT (AFTER HOURS). Ein Abenteuer suchend, verläßt ein alleinstehender Computer-Programmierer für eine Nacht die Einsamkeit und Sicherheit seines überschaubaren Daseins. In der Zeit zwischen Mitternacht und Sonnenaufgang gerät er in ein Netz kleiner und großer Katastrophen mit exaltierten Künstlern, vereinsamten Selbstdarstellern und Überlebenskünstlern, deren Opfer er beinahe wird. Im Gewand einer leichtfüßigen Komödie offenbart sich eine alptraumhafte Reise durch die urbane Subkultur, in der sich Komik und Bedrohung, Erlösung und Angst in einer virtuosen Inszenierung die Waage halten. – Sehenswert. ✦ USA 1985 **P** Warner/Double Play/The Geffen Company **Kl** Warner-Columbia **VA** Warner Home **Pd** Amy Robinson, Griffin Dunne, Robert F. Colesberry **R** Martin Scorsese **B** Joseph Minion **K** Michael Ballhaus **M** Howard Shore **S** Thelma Schoonmaker **D** Griffin Dunne (Paul Hackett), Rosanna Arquette (Marcy), Linda Fiorentino (Kiki), John Heard (Tom, der Barmann), Teri Garr (Julie), Verna Bloom (June), Thomas Chong (Pepe), Victor Argo (Kassierer im Restaurant), Richard »Cheech« Marin (Neil) **L** 97 **FSK** ab 12; f **FBW** bw **E** 22.5.1986/Januar 1987 Video **fd** 25 585

ZEIT OHNE FLÜGEL →Eine tödliche Affäre

DIE ZEIT VERRINNT – DIE NAVY RUFT (RACING WITH THE MOON). Die Schilderung der Probleme Jugendlicher in einer amerikanischen Kleinstadt zur Zeit des Zweiten Weltkrieges, die auf ihre Einberufung warten. Trotz guter Schauspieler und einfühlsamer Regie verharmlost der Film manche Konflikte und wird dadurch seinem Thema nur teilweise gerecht. – Ab 14. ✦ USA 1984 **P** Paramount **VA** CIC **R** Richard Benjamin **B** Steve Kloves **K** John Bailey **M** Dave Grusin **D** Sean Penn (Henry »Hopper« Nash), Elizabeth McGovern (Caddie Winger), Nicolas Cage (Nicky), John Karlen (Mr. Nash), Rutanya Alda (Mrs. Nash) **L** 104 **FSK** ab 12 **E** 1985 Video **fd** 24 995

ZEIT, VORAN! (WREMJA, WPERJOD!). Vor dem Hintergrund der politischen Umwälzungen in Rußland während der 30er Jahre wird die Geschichte einer Gruppe junger Leute erzählt, die sich am Bau eines Industriezentrums im Ural engagieren. ✦ Schwarz-weiß. UdSSR 1965 **P** Mosfilm **R** Michail Schweizer, Sofia Milkina **B** Valentin Katajew, Michail Schweizer, nach dem Roman von Valentin Katajew **K** Naum Ardaschnikow, Juri Gantman **M** G. Lseiridow **D** Inna Gulaja (Schura), Tamara Sjomina (Olja), Sergej Jurski (Margulies), Leonid Kurawljew (Kornejew), Alexander Janwarjew (Ischtschenko) **L** 155 **E** 15.9. 1977 DFF 2

ZEIT ZU LEBEN. Ein Mann – Widerstandskämpfer und Kommunist – erfährt, dass er nur noch kurze Zeit zu leben hat. Trotzdem übernimmt er eine neue schwierige Aufgabe: Er führt einen Großbetrieb mit negativer Bilanz zur Weltmarktgeltung und zu Höchstleistungen. Ein nur noch zeitgeschichtlich interessanter Gegenwartsfilm, der die Phase eines »romantischen Realismus« bei der DEFA mit zweckoptimistischen, letztlich verlogenen Gegenwartsstoffen einläutete. Die große Frage nach dem Sinn des Lebens ist durch eine Vielzahl von Scheinkonflikten verwässert; ein Sammelsurium aus aktuellen Themen wird pathetischen Lösungen zugeführt. – Ab 14. ✦ Scope. DDR 1969 **P** DEFA, Gruppe »Babelsberg« **Kl** Progress **Pd** Alexander Lösche **R+B** Horst Seemann **K** Helmut Bergmann **M** Klaus Hugo **S** Bärbel Weigel **D** Leon Niemczyk (Lorenz Reger), Jutta Hoffmann (Katja Sommer), Jürgen Hentsch (Fred Sommer), Traudl Kulikowsky (Monika May), Frank Schenk (Klaus Reger), Fred Delmare (Alfred Kalabis) **L** 104 **E** 25.9.1969 Kino DDR/21.4.1971 DFF 1

ZEIT ZU LEBEN UND ZEIT ZU STERBEN (A TIME TO LOVE AND A TIME TO DIE). Während seines dreiwöchigen Urlaubs von der Front in Rußland heiratet ein deutscher Soldat seine Schulfreundin und bringt sie vor den Nazis in Sicherheit. Seine ausgebombten Eltern kann er jedoch nicht finden. Zurück an der Front findet er den Tod. Mit einem hohen Maß an Künstlichkeit gestaltetes Melodram, das keine politischen Positionen beziehen will. Thematisch etwas überfrachtet, stellt der Film die Frage nach dem Glücksanspruch der Menschen. (Späterer Titel: »Zeit zu lieben und Zeit zu sterben«) – Ab 16. ✦ Scope. USA 1958 **P** Universal **Kl** Universal **Pd** Robert Arthur **R** Douglas Sirk **B** Orin Jennings, nach dem Roman von Erich Maria Remarque **K** Russell Metty **M** Miklos Rozsa **S** Ted J. Kent **D** John Gavin (Ernst Gräber), Liselotte Pulver (Elisabeth Kruse), Erich Maria Remarque (Professor Pohlmann), Dieter Borsche (Hauptmann Rahe), Jock Mahoney (Immermann), Don DeFore (Böttcher), Keenan Wynn (Reuter), Barbara Rütting (Untergrundkämpferin), Thayer David (Oscar Binding), Charles Regnier (Joseph), Dorothea Wieck (Frau Lieser), Kurt Meisel (Heini), Agnes Windeck (Frau Witte), Klaus Kinski (Gestapoleutnant), Alice Treff (Frau Langer) **L** 133 **FSK** ab 12; f **E** 19.9. 1958 **fd** 7 314

ZEIT ZU LEBEN – ZEIT ZU LIEBEN (MAKE MINE CHARTEUSE). Eine Managerin und ein Bestseller-Autor verlieben sich ineinander, was sich zu einer komplizierten Beziehung auswächst, da beide stets zu unterschiedlichen Terminen erscheinen müssen und nur wenig Zeit füreinander finden. Melodramatische Liebesgeschichte um beruflich und privat determinierte Geschlechterrollen. (TV-Titel auch: »Zeit zu leben – Zeit zu sterben«) – Ab 16. ✦ USA 1987 **P** Karl-Lorimar Home Video **VA** Starlight **R** Jim Kaufman **B** Gilles Savard, Julian Roffman **D** Catherine Colvey (Rosemary), Joseph Bottoms (Steve), Russell T. Gordon (Bernie), Sheena Larkin (Lucille), Ken Roberts (McMilan) **L** 82 **FSK** ab 12 **E** 1988 Video

ZEIT ZU LEBEN – ZEIT ZU STERBEN →Zeit zu leben – Zeit zu lieben

ZEIT ZU LIEBEN UND ZEIT ZU STERBEN →Zeit zu leben und Zeit zu sterben

ZEIT ZU STERBEN (1983) (A TIME TO DIE / SEVEN GRAVES FOR ROGAN). Nach dem Zweiten Weltkrieg rächt sich ein ehemaliger amerikanischer Agent an den sechs SS-Männern, die ihn und seine Frau folterten, um an geheime Informationen zu kommen. Die Tötung des letzten Peinigers ist mit einigen Schwierigkeiten verbunden. Ein mit Sex und Gewalt »unterhaltender« Selbstjustiz-Film, der seinen Kolportage-Stoff zeitgeschichtlich zu motivieren versucht, was jedoch nur zu einer widerwärtigen Mischung führt. – Wir raten ab. ✦ Teils schwarz-weiß. USA 1983 **P** Almi/Charles Lee International **Kl** A.B. **VA** Ufa **Pd** Charles Lee **R** Matt Cimber **B** John Goff, Matt Cimber, William Russell, nach einer Geschichte von Mario Puzo **K** Eddy van der Enden, Thomas F. Denove **M** Ennio Morricone, Robert O. Ragland **S** Byron »Buzz« Brandt, Fred A. Chulack **D** Rod Taylor (Bailey), Rex Harrison (von Osten), Raf Vallone (Genco Bari), Edward Albert jr. (Michael Rogan), Linn Stokke (Dora), Lucy Visser (Mrs. Rogan), Cor van Rijn (Vrost) **L** 92 **FSK** ab 18; nf **E** 15.3.1985/November 1985 Video/15.6.1994 PRO 7 **fd** 25 016

ZEIT ZU STERBEN (1985) →Zeit der Rache (1985 Kol./Kuba)

ZEIT ZU WEINEN, ZEIT ZU LACHEN – EIN CLOWN ERINNERT SICH (ZEIT ZUM WEINEN, ZEIT ZU LACHEN – EIN CLOWN ERINNERT SICH). Im Mittelpunkt des Dokumentarfilms steht der 79jährige Engländer Harold A. Whiteley, der aus seinem Leben als Clown Rainbow erzählt. Ihm dialektisch gegenübergestellt wird der um Jahrzehnte jüngere Johnny Melville: einer jener Vertreter moderner Alleinunterhalter, die das traditionelle Selbstverständnis des Clowns in Frage stellen und durch das Bemühen um politische und soziale Bewußtseinsbildung zu ersetzen suchen. Ein beeindruckender Film, der durch die Einfachhheit und Direktheit des Clowns Rainbow besticht. ✦ Schweiz 1981 **P** Vitascope/Independent Film **Pd** Amir Meirom **R** Stéphane Kleeb **B** Stéphane Kleeb, Amir Meirom **K** Stéphane Kleeb **S** Amir Meirom **L** 58 **E** Schweiz

ZEIT ZUM STERBEN (A TIME FOR DYING). Ein sich selbst und seine Schießkünste überschätzender junger Farmerssohn fordert trotz Warnung einen gefürchteten Revolverhelden heraus und bezahlt seine Waghalsigkeit mit dem Leben. Letzter Western von Budd Boetticher, der das übliche Schema verläßt und die Idole und Mythen der Gattung Stück für Stück demontiert. – Ab 16. ✦ USA 1971 **P** Fipco **R+B** Budd Boetticher **K** Lucien Ballard **M** Harry R. Betts **S** Harry V. Knapp **D** Richard Lapp (Cass Bunning), Anna Randall (Nellie Winters), Bob Randon (Billy Pimple), Victor Jory (Richter Roy Bean), Audie Murphy (Jesse James), Beatrice Kay (Mamie), Peter Brocco (Ed), Burt Mustin (Seth) **L** 95 **E** 18.12.1972 ARD

DIE ZEITBOMBE (MURDER BY PROXY / CRY OF THE INNOCENT). Durch den Unfalltod seiner Frau und Kinder gerät ein Versicherungsagent in Irland auf die Spur eines machthungrigen Wirtschaftsbosses. Solide inszenierter Thriller von einiger Spannung, der in erster Linie vom Spiel seines Hauptdarstellers lebt. – Ab 16. ✦ Irland 1978 **P** Tara/NBC **VA** VCL **R** Michael O'Herlihy **B** Sidney Michaels **K** Robert L. Morrison **M** Allyn Ferguson **D** Rod Taylor (Steve Donegan), Joanna Pettet (Kay Donegan/Candia Leighton), Cyril Cusack (Tom Moloney), Nigel Davenport (Gray Harrison Hunt), Walter Gotell (Jack Brewster) **L** 93 **E** 1984 Video **fd** 24 403

DIE ZEITBOMBE IM SÜDPAZIFIK. Um die Stationierung einer Raketenabschußbasis auf einer diktatorisch regierten Insel im Südpazifik zu verhindern, erhalten Söldner den Auftrag, die Durchführung zu vereiteln und den Diktator zu stürzen. ✦ Australien 1975 **P** Terryrod **R** Terry Bourke **D** John Russell, Linda Avery, Mark Lenard **L** (TV) 85 **E** 7.2.1986 RTL plus

DIE ZEITFALLE (TIMESTALKERS). Ein Wissenschaftler glaubt, durch ein Foto aus dem Jahre 1886 die Existenz eines Zeitreisenden beweisen zu können. Niemand schenkt ihm Glauben, bis eines Tages eine junge Frau auftaucht, die sich als Zeitreisende zu erkennen gibt. Sie ist hinter einem Mann her, der aus der Zukunft gekommen ist, um ihren Ururgroßvater zu töten. Gemeinsam macht sich das ungleiche Paar auf die Suche. Science-Fiction-Film, der private Schicksale mit Ereignissen aus der amerikanischen Geschichte verbindet; weitgehend anspruchslos-unterhaltsam, aber durch verwirrende Zusammenhänge nicht immer ganz durchschaubar. – Ab 16. ✦ USA 1986 **P** Fries Entertainment **VA** CBS/Fox **R** Michael Schultz **B** Ray Brown, Brian Clemens **K** Brian Clemens **D** William Devane (Scott McKenzie), Lauren Hutton (Georgia Crawford), Klaus Kinski (Dr. Joseph Cole), John Ratzenberger (Joe Brodsky), Forrest Tucker (Texas-John Cody) **L** 91 **FSK** ab 16 **E** Dezember 1987 Video

ZEITGENOSSEN (ZEITGENOSSEN). Während eines zweitägigen Aufenthaltes in seiner Heimatstadt Wien erlebt ein Architekt eine turbulente Folge von Begegnungen mit neurotischen Zeitgenossen. Mißglückter, holprig inszenierter Versuch einer Komödie um die Zivilisationsleiden sich langweilender Wiener Schickeria und Wohlstandsbürger. – Ab 16. ✦ Österreich 1982 **P** Wega/ORF **KI** Concorde **R** Ernst Josef Lauscher **B** Ernst Josef Lauscher, Peter Berecz **K** Wolfgang Simon, Walter Kindler **M** Wolf & Wolf **S** Juno Sylva Englander **D** Wolfram Berger (Max Fleck), Gabriel Barylli (Karl Bach), Evelyn Opela (Krista Keller), Marion Bierry (Lilly Bach), Antonia Reininghaus (Sybille), Alfred Solm (Georg), Eva Lissa (Martha), Eva Maria Meineke (Sarah Fleck) **L** 93 **E** 12.7.1985/16.12.1986 RTL plus **fd** 25 037

ZEITLOS, BODENLOS SCHLECHTER FILM (NA PUN YOUNG HWA). Ein pseudodokumentarischer Spielfilm, der das Leben von »Halbstarken« und Obdachlosen rund um den Hauptbahnhof von Seoul wiederzugeben versucht. Ohne eine stringente Handlung anzustreben oder klare Drehbuchvorgaben umzusetzen – das rudimentäre Drehbuch wurde mit den Laiendarstellern diskutiert und unterlag einer ständigen Wandlung –, entstand das Bild einer entwurzelten Gesellschaft, die dem rapiden Industrialisierungsdruck Koreas nicht standgehalten und Verweigerungshaltungen produziert hat. Ein ebenso trauriger wie komischer Film, der Standortfragen moderner Gesellschaften stellt und Menschen ohne Utopien vorstellt, die lediglich Oberflächenreizen nachjagen. (O.m.d.U.) ✦ Südkorea 1997 **P** Miracin Korea **KI** Freunde der Deutschen Kinematheк **Pd** Yeo Hanku, Kim Soojin **R** Jang Sunwoo **B** Jang Sunwoo, Kim Soojin und weitere 19 Autoren **K** Choi Jungwoo (35mm), Cho Yongkyou (35mm/16mm), Kim Soojin (16mm/Digital 8mm), Yum Jungsuk (Digital 6mm/8mm), Lee Hyeyoung **M** Kang Keeyoung **S** Kim Soojin **D** Kwon Hyocksin, Jang Sunwoo, Kg Kim, Mesun Choi, Duckey Kim **L** 144 **E** 1998

DIE ZEITMASCHINE (THE TIME MACHINE). Ein junger britischer Wissenschaftler reist um die Jahrhundertwende mit einem Zeitschlitten ins Jahr 802701, wo er zwei gegensätzliche Lebensformen findet. Die Eloi sind sanfte Paradiesbewohner, die unter der Erde hausenden Morlocks sind teuflische Ausbeuter und Kannibalen, die am Ende in einem Aufstand von den Unterdrückten besiegt werden. Die zivilisationskritische Fabel ist naiv, die Spezialeffekte und Darsteller verleihen dem kleinen Science-Fiction-Film jedoch Interesse. DVD: Die Extras umfassen eine informative Dokumentation (48 Min.) zum Film. – Ab 16. ✦ USA 1959 **P** Pal Prod. **KI** MGM **VA** Warner Home **DVD** Warner Home (16:9, 1.85:1, DD5.1 engl., Mono dt.) **Pd+R** George Pal **B** David Duncan, nach einem Roman von H. G. Wells **K** Paul C. Vogel **M** Russell Garcia **S** George Tomasini **D** Rod Taylor (George), Alan Young (David Filby/James Filby), Yvette Mimieux (Weena), Sebastian Cabot (Dr. Hillyer), Tom Helmore (Anthony Bridewell), Whit Bissell (Walter Kemp), Doris Lloyd (Mrs. Watchell), Bob Barran (Eloi) **L** 104 **FSK** ab 12; f **E** 2.9.1960/28.5.1971 ZDF/22.11.2001 Video & DVD **fd** 9 535

ZEITREISE (VOYAGE FROM THE UNKNOWN). Ein elfjähriger Junge wird zum unfreiwilligen Begleiter eines Zeitreisenden, der in der Weltgeschichte nach dem Rechten sehen soll. Zwar interessiert sich der »Zeitpolizist« mehr für Frauen, dennoch können die beiden den Brüdern Wright und Louis Pasteur helfen, eine andere Zeitreisende von der »Titanic« retten und das gestohlene Bildnis der Mona Lisa zurückbringen. Uninspirierter und unlogischer Science-Fiction-Film, der auf weder spannende noch unterhaltsame Weise die diversen Epochen als Tummelplatz für denkbar schlechte Schauspieler ausschlachtet. – Ab 14 möglich. ✦ USA 1982/83 **P** Universal **VA** CIC **R** Winrich Kolbe, James D. Parriott **B** James D. Parriott, Jill Sherman **K** Edward Rio Rotunno, John McPherson **M** Elliot Kaplan, Jerrold Immel **D** Jon-Erik Hexum (Phineas), Meeno Peluce, Suzanne Barness, Ed Begley jr., Sam Chew jr. **L** 87 **FSK** ab 12 **E** Juni 1988 Video **fd** 26 948

DIE ZEITRITTER – AUF DER SUCHE NACH DEM HEILIGEN ZAHN (LES COULOIRS DU TEMPS). Fünf Jahre nach dem Überraschungserfolg von »Die Besucher« kehrt Ritter Godefroy aus dem Mittelalter erneut in die Gegenwart zurück, um seinen Knappen und die Familienjuwelen seiner Braut zu suchen. Der als Fortsetzung gedachte Film ist nicht viel mehr als eine mit hohem tricktechnischen Aufwand betriebene Wiederholung, die seinem Hauptdarsteller ein Forum für naiv-unbeholfene Attacken verschafft. Viele der computergenerierten Spezialeffekte hängen inhaltlich in der Luft und sind nur mit Blick auf den amerikanischen Filmmarkt zu erklären. – Ab 12. ✦ Scope. Frankreich 1998 **P** Gaumont/CinéComic/France 3 Cinéma/Canal+ **KI** Tobis **VA** Ufa/BMG **Pd** Alain Terzian **R** Jean-Marie Poiré **B** Christian Clavier, Jean-Marie Poiré **K** Christophe Beaucarne **M** Eric Levi **S** Catherine Kelber, Jean-Marie Poiré **D** Christian Clavier (Jacquouille/Jacquart), Jean Reno (Godefroy), Muriel Robin (Béatrice/Frénégonde), Marie-Anne Chazel (Ginette), Claire Nadeau (Cora), Pierre Vial (Eusaebius/Ferdinand Eusebe) **L** 117 **FSK** ab 6; f **E** 30.7.1998/1.2.1999 Video **fd** 33 251

DER ZEITSPRUNG (QUANTUM LEAP). Durch ein mißglücktes Zeitexperiment gelangt ein Mann aus der Zukunft in den Körper eines Testpiloten des Jahres 1956. Da er keine Ahnung vom Fliegen hat, steht er vor einer prekären Aufgabe, zumal er durch dreifache Schallgeschwindigkeit wieder in sein altes Leben gelangen könnte. Doch der Überschallflug hat nicht den gewünschten Erfolg und schleudert ihn mitten in ein Football-Team, das vor dem wichtigsten Spiel der Saison steht. Anspruchslose Serienkost fürs Fernsehen, die die »Möglichkeiten« der Zeitreise für einige Gags nutzt. (Alternativtitel: »Zurück in die Vergangenheit«) – Ab 14 möglich. ✦ USA 1989 **P** Universal **VA** CIC **Pd** Harker Wade **R** David Hemmings **B** Donald P. Bellisario **K** Roy H. Wagner **M** Mike Post **D** Scott Bakula (Sam Beckett), Dean Stockwell (Albert), Jennifer Runyon (Peggy), Bruce McGill (Weird Ernie), John Allen Nelson (Captain »Bird Dog« Birdell) **L** 89 **FSK** ab 12 **E** November 1989 Video

ZEITSPRUNG. Politisch und gesellschaftlich brisante Dokumentation über die deutschstämmige Bevölkerung in Oberschlesien, in der sich in weiten Teilen noch eine »Heim-ins-Reich-Mentalität« bewahrt hat, die zu latenten Spannungen zwischen Polen und Deutschen führt. Vor dem Hintergrund einer wechselvollen Geschichte offenbaren sich Ressentiments, die in der politischen Diskussion für Zündstoff sorgen können. (O.m.d.U.) – Ab 16. ✦ Deutschland 1999 **P** Benjamin Geissler Filmprod./ZDF **KI** Filmmuseum Berlin-Deutsche Kinemathek **Pd+R+B** Benjamin Geißler **K** Benjamin Geißler, Marian Czura **M** Guglielmo Pagnozzi **S** Benjamin Geißler **L** 97 **E** 5.6.2000 ZDF **fd** 34 310

DER ZEITSPRUNG II – DIE RÜCKKEHR (QUANTUM LEAP II – THE LEAP HOME). Zwei Episoden der Fernsehserie »Quantum Leap«, in denen der Wissenschaftler Sam Beckett als Zeitreisender wider Willen durch die Vergangenheit schlüpft und auf höhere Weisung kleine Korrekturen an der Geschichte vornimmt. Im einen Fall gewinnt er als Halbwüchsiger ein seinerzeit verlorengegangenes Baseballspiel, im anderen Fall rettet er als GI in Vietnam seinem Bruder das Leben. Aus dem abgegriffenen Zeitreise-Motiv schlägt die Fernsehproduktion keine neuen Funken, was zum einen dem blassen Hauptdarsteller anzulasten ist, zum anderen den mit moralischer Ertüchtigung übersättigten Drehbüchern. (Teil 1: »Der Zeitsprung«) – Ab 16. ✦ USA 1990 **P** Universal **VA** CIC **Pd** Chris Ruppenthal **R** Michael Zinberg, Joe Napolitano **B** Donald P. Bellisario **K** Michael Watkins **M** Velton Ray Bunch **S** Robert E. Pew **D** Scott Bakula (Sam Beckett), Dean Stockwell (Albert), Matthew John Graeser, David Newson (Tom Beckett), Olivia Burnette (Katey Beckett), Caroline Kava (Thelma Beckett), John Tuell (Pruitt), Tia Carrere (Titi), Patrick Warburton (Blaster) **L** 84 **FSK** ab 16 **E** 5.6.1991 Video **fd** 29 173

ZEITSPRUNG IN DIE TAFELRUNDE (A CONNECTICUT YANKEE IN KING ARTHUR'S COURT). Nach einem Sturz vom Pferd findet sich ein Schulmädchen aus Connecticut am Hof des sagenumwobenen Königs Arthur wieder. Mit seiner Polaroid-Kamera sorgt es für einige Aufregung und kann den Hofmagier Merlin ausstechen. Eine weitere Verfilmung der klassischen Satire von Mark Twain, die wiederum durch eine Vielzahl von Anachronismen – diesmal in die 80er Jahre übertragen – unterhält. – Ab 12. ✦ USA 1989 **P** NBC **Pd** Graham Ford, James Pulliam **R** Mel Damski **B** Paul Zindel, nach einem Roman von Mark Twain **M** William Goldstein **D** Keshia Knight Pulliam (Karen Jones), Michael Gross (König Arthur), Whip Hubley (Sir Lancelot), Emma Samms (Königin Guenevere), René Auberjonois (Merlin), Jean Marsh (Morgana) **L** 94 **E** 22.10.1995 Pro Sieben

DIE ZEITUNGSJUNGEN (NEWS BOYS/THE NEWSIES). Der New Yorker Zeitungsverleger Joseph Pulitzer will den ohnehin kargen Lohn seiner Zeitungsjungen kürzen und beschwört damit einen Streik herauf, den die Jungen dank ihrem pfiffigen Anführer und der sich mit ihnen solidarisierenden Öffentlichkeit schließlich gewinnen. Ein liebevoll ausgestattetes, mit eingängigen Songs und schmissigen Tänzen inszeniertes Musical-»Märchen« nach einer wahren Begebenheit. – Sehenswert ab 12. ✦ Scope. USA 1991 **P** Walt Disney **KI** Warner **VA** EuroVideo **Pd** Michael Finnell **R** Kenny Ortega **B** Bob Tzudiker, Noni White **K** Andrew Laszlo **M** Alan Menken **S** William Reynolds **D** Christian Bale (Jack Kelly), David Moscow (David Jacobs), Robert Duvall (Joseph Pulitzer), Ann-Margret (Medda Larkson), Ele Keats (Sarah Jacobs) **L** 122 **FSK** ab 12; f **E** 13.8.1992/24.6.1993 Video/27.7.1994 premiere **fd** 29 733

ZELDA – EIN RASTLOSES LEBEN (ZELDA). Die turbulente Liebesgeschichte zwischen dem Schriftsteller F. Scott Fitzgerald und der verantwortungslos-koketten Zelda Sayre, die sich 1917 kennenlernen und in den folgenden Jahren mit ihrem zügellosen Leben Schlagzeilen machen. Berufliche und private Tiefschläge bringen die leuchtende Fassade des »Traumpaares« schließlich zum Einsturz. Die Fernsehproduktion nutzt den biografischen Abriß zu einem eher oberflächlichen Blick auf die 20er Jahre, der in erster Linie vom Spiel der Hauptdarstellerin geprägt ist. ✦ USA 1993 **R** Pat O'Connor **B** Anthony Ivor, Benedict Fitzgerald **D** Natasha Richardson (Zelda), Timothy Hutton (F. Scott Fitzgerald), Daniel Gerroll (Max), Julia Devin (Scottie), Yves Lambrecht (Edouard Jozan) **L** 92 **E** 23.7.1996 ZDF

ZELIG (ZELIG). Fiktive Biografie eines menschlichen »Chamäleons«, dessen Anpassungssucht so weit geht, daß es auch die physischen Eigenschaften der ihn umgebenden Menschen annimmt. In Stil und Gestus eine perfekte Vortäuschung eines gängigen Dokumentarfilms über eine Person der Zeitgeschichte. Eine meisterliche Satire auf Pathos, Verlogenheit, Authentizitätsgehabe und Sensationsgier einer medienbestimmten Öffentlichkeit, aber auch ein filmisches Essay über Identität und Anpassung in der modernen Welt. – Sehenswert ab 14. ✦ Teils schwarz-weiß. USA 1982 **P** Orion **KI** Warner-Columbus **Pd** Robert Greenhut **R+B** Woody Allen **K** Gordon Willis **M** Dick Hyman **S** Susan E. Morse **D** Woody Allen (Leonard Zelig), Mia Farrow (Dr. Eudora Fletcher), John Buckwalter (Dr. Sindell), Sol Lomita (Martin Geist), Paul Neves (Dr. Birsky), Susan Sontag (Susan Sontag), Saul Bellow (Saul Bellow), Bruno Bettelheim (Bruno Bettelheim) **L** 79 **FSK** ab 12; f **FBW** bw **E** 30.9.1983 **fd** 24 217

ZELJA HEISST WUNSCH, ZIVOT IST DAS LEBEN (ZELJA HEISST WUNSCH, ZIVOT IST DAS LEBEN). Dokumentarfilm über ein jugoslawisches Gastarbeiter-Ehepaar, das seit 16 Jahren in der deutschsprachigen Schweiz lebt, aber seine Wünsche und Wertvorstellungen mit der Rückkehr in seine Heimat zu verwirklichen hofft. Jedes Jahr fährt es in eine kleine Stadt an der jugoslawischen Küste in Urlaub, um sich dort mit Verwandten zu treffen und an seinem Haus weiterzubauen. Ein nachdenklich stimmender, trotz schwieriger Herstellungsbedingungen erfrischend spontaner Bericht über Verlust und Rückgewinnung von Heimat. Znezana Herceg, die Tochter des Ehepaares, übernahm die Fertigstellung des Films, nachdem ihr Mann, der den Film als Abschlußarbeit an der Münchner Hochschule für Fernsehen und Film konzipierte, im Alter von 31 Jahren verstarb. ✦ BR Deutschland/Schweiz 1981–86 **P** Hochschule für Fernsehen und Film München (HFFM) **SF** Der andere Blick **R+B** Otto Wymann, Snezana Herceg **K** Otto Wymann **S** Otto Wymann, Snezana Herceg **L** 91 **E** Dezember 1986/26.7.1987 BR

DIE ZELLE. Eine weitgehend auf äußere Spannung verzichtende Romanverfilmung als sparsam und karg inszenierte Studie über die physischen und psychischen Oualen politischer Haft, in der sich das Vergehen von Zeit und die Isolation von der Außenwelt als subtile Form der Folter erweist. Die durch Aussparung konkreter Bezüge angestrebte Reduzierung auf eine »existentielle« Grenzsituation wird jedoch aufgrund stilistischer Inkonsequenz nur unvollkommen erreicht. ✦ Schwarz-weiß. BR Deutschland 1970 **P** Syrinx **KI** Freunde der Deutschen Kinemathek **R** Horst Bienek **B** Horst Bienek, nach seinem Roman **K** Jürgen Jürges **S** Bettina Lewertoff **D** Robert Naegele, Helmut Pick, Wolf Martienzen, K.H. Mauthe, Fried Gärtner **L** 88 **FBW** bw **E** 26.6.1971 **fd** 17 665

ZELLE R 17 (BRUTE FORCE). Sechs Häftlinge eines amerikanischen Zuchthauses bereiten einen Aufstand vor und versuchen zu fliehen; der Ausbruchsversuch wird vorzeitig entdeckt, die Meuterei blutig niedergeschlagen. Hartes Melodram, nicht nur hinsichtlich der Darsteller ein Film großer Namen aus dem alten Erzählkino Hollywoods. – Ab 16. ✦ Schwarz-weiß. USA 1946/47 **P** Universal **KI** Beka/Moviestar **Pd** Mark Hellinger **R** Jules Dassin **B** Richard Brooks, nach einer Story von Robert Patterson **K** William H. Daniels **M** Miklos Rozsa **S** Edward Curtiss **D** Burt Lancaster (Joe Collins), Hume Cronyn (Captain Munsey), Charles Bickford (Gallagher), Ella Raines (Cora), Yvonne de Carlo (Gina) **L** 98 **FSK** ab 16; nf **E** 27.10.1950 **fd** 1 030

ZELLY & ME (ZELLY & ME). In einem herrschaftlichen Haus in den Südstaaten der USA beschließt die Kinderfrau eines neunjährigen Mädchens, gemeinsam mit ihrem Zögling vor dem strengen Regiment der Großmutter nach Frankreich zu fliehen. Doch der Fluchtplan scheitert. Durch Weichzeichnung geprägtes Südstaatendrama ohne psychologische Vertiefung. Das Debüt des Regisseurs David Lynch als Schauspieler ist eher als Gag denn als Entdeckung zu werten. – Ab 14. ✦ USA 1988 **P** The Phoebe Company/Jett Prod. **VA** RCA/Columbia **Pd** Sue Jett, Tony Mark **R+B** Tina Rathborne **K** Mikael Salomon **M** Pino Donaggio **S** Cindy Kaplan, Mikael Salomen **D** Isabella Rossellini (Mademoiselle), Glynis Johns (Coco), David Lynch (Willie), Alexandra Johnes (Phoebe), Joe Morton (Earl) **L** 89 **FSK** ab 12 **E** 4.4.1989 Video/4.2.1996 SAT 1 **fd** 27 846

ZEMENT. Die Geschichte eines 1921 an den Fronten des Bürgerkrieges tot geglaubten Mannes und seiner Frau, die entdecken, wie mühevoll es im Alltag ist, die Errungenschaften der Revolution zu verteidigen. Künstlerisch beachtliche, schauspielerisch expressive Adaptation eines Heiner-Müller-Stücks in einer stark stilisierten Fassung fürs DDR-Fernsehen. ✦ Schwarz-weiß. DDR 1972/73 **P** DEFA **Pd** Bernd Gerwien **R** Manfred Wekwerth **B** Manfred Wekwerth, Joachim Tenschert, nach dem gleichnamigen Roman von Fjodor Gladkow und der Bühnenadaption von Heiner Müller **K** Roland Dressel **M** Günther Fischer **S** Barbara Simon **D** Hilmar Thate (Gleb Tschumalow), Renate Richter (Dascha Tschumalowa), Ursula Werner (Polja Mechowa), Günter Naumann (Badjin), Arno Wyzniewski (Sergej) **L** 218 **E** 2.,4.11.1973 DFF 1 (zwei Teile)

DER ZEMENTGARTEN (THE CEMENT GARDEN). Nach dem Tod der Eltern leben vier Geschwister auf sich allein gestellt in einem abgelegenen Haus – mit der Leiche der Mutter im Keller. Machtkämpfe und erotische Anziehung zwischen den beiden Ältesten spitzen sich zu. Mit dem Eindringen eines Fremden zerbricht der auf Zärtlichkeit und seelischer Gewalt gründende Zusammenhalt. Eine düstere Geschichte um Pubertät und Geschwisterliebe, Inzest und Tod. Anfangs eher sprunghaft inszeniert, gewinnt der Film in der Folge durch die einfühlsame Darstellung und aussagekräftige Bilder. ✦ Deutschland/Großbritannien/Frankreich 1992 **P** Neue Constantin/ZDF/Laurentic/Torii **KI** Neue Constantin **VA** VCL/Carolco **Pd** Bee Gilbert, Ene Vanaveski **R** Andrew Birkin **B** Andrew Birkin, nach dem gleichnamigen Roman von Ian McEwan **K** Stephen Blackman **M** Edward Shearmur **S** Toby Tremlett **D** Andrew Robertson (Jack), Charlotte Gainsbourg (Julie), Alice Coulthard (Sue), Ned Birkin (Tom), Sinéad Cusack (Mutter), Hanns Zischler (Vater) **L** 105 **FSK** ab 16; f **FBW** bw **E** 12.8.1993/25.7.1994 Video **fd** 30 377

ZENOBIA, DER JAHRMARKTSELEFANT (ZENOBIA). Ein Jahrmarktselefant bringt Verwirrung in eine kleine Stadt in den Südstaaten der USA und hilft mit, soziale Vorurteile zu besiegen. Vergnügliche Unterhaltung für die ganze Familie mit nachdenklichen Zwischentönen. – Ab 10. ✦ Schwarz-weiß. USA 1939 **P** United Artists **Pd** Hal Roach **R** Gordon Douglas **B** Corey Ford **K** Karl Struss **M** Marvin Hatley **S** Bert Jordan **D** Oliver Hardy (Dr. Tibbitt), Harry Langdon (Prof. McCrackle), Billie Burke (Mrs. Tibbitt), Alice Brady (Mrs. Carter), James Ellison (Jeff Carter) **L** 70 **E** 11.6.1967 ZDF **fd** 14 762

ZENON, DIE KLEINE HELDIN DES 21STEN JAHRHUNDERTS (ZENON: GIRL OF THE 21ST CENTURY). Ein 13-jähriges Mädchen, das mit seinen Eltern im Jahr 2049 in einer Raumstation lebt, entdeckt, dass deren Besitzer Böses im Schilde führt. Bevor es seinen Verdacht erhärten kann, wird es zur Erde strafversetzt, findet dort aber rasch Freunde und kann den Plan des Schurken, der mittels eines Computervirus das Raumschiff zur Explosion bringen will, vereiteln. Science-Fiction-Komödie für die ganze Familie, die aber wegen ihrer jugendlichen Heldin und ihrer rasanten Machart eher beim Teenager-Publikum Anklang findet. ✦ USA 1999 **P** De Passe Entertainment **Pd** Thom Colwell, Roger Bollen **R** Kenneth Johnson **B** Marilyn Sadler **K** Ron Orieux **M** Phil Marshall **S** Terry Stokes **D** Kirsten Storms (Zenon), Raven-Symone (Nebula), Stuart Pankin (Commander Plank), Holly Fulger, Frederick Coffin **L** 94 **E** 1.1.2001 RTL

DER ZENSOR (EL CENSOR). Der gefürchtete Zensor der argentinischen Militärjunta, der das Filmwesen kontrolliert, frönt einem sonderlichen Hobby: Er sammelt zensierte Bildbilder und -szenen einer bestimmten Darstellerin. Während einer Filmsichtung verschwindet er eines Tages auf unerklärliche Weise und taucht erst acht Jahre später wieder auf. Mittlerweile hat sich die politische Situation geändert, die Demokratie hat Einzug gehalten und der einst mächtige Mann ist zu einer lächerlichen Figur geworden. Er macht sich auf die Suche nach der verehrten Schauspielerin. Eine politische Fantasy-Fabel über Macht und deren Mißbrauch, heimliche Obsessionen und den Sturz ins Bodenlose nach dem Verlust politischer Privilegien. ✦ Argentinien 1995 **P** INCAA **Pd+R** Eduardo Calcagno **B** Alan Pauls **K** José Maria Hermo **M** Luis Maria Serra **S** Julio Di Risio **D** Ulises Dumont (Raúl Veirave), Patricio Contreras (Artaza), Kika Child (Laura), Lorenzo Quinteros (Alfonso), Ruben Szuchmacher (Victor) **L** 105 **E** 27.7.1998 Südwest 3

ZENTAUREN (KENTAWRY/KENTAUROK). Filmische Rekonstruktion der Ereignisse kurz vor dem Militärputsch am 11.9.1973 in Chile. Der Film nutzt das historische Ereignis, um einen Modellfall zu konstruieren. – Ab 14. ✦ UdSSR/Ungarn/CSSR/Kolumbien 1978 **P** Mosfilm/Mafilm/Filmstudio Barrandov/Dnpro **KI** Progress **R+B** Vytautas Shalakjavitschjus **K** Pawel Lebeschew **D** Donatas Banionis (Präsident), Margit Lukács (Gattin des Präsidenten), Regimantas Adomaitis (Orlando), Gyula Benkö (Verteidigungsminister), Jewgeni Lebedew (Andres) **L** 138 **E** 5.9.1980 Kino DDR/13.9.1979 DFF 2

ZENTRALE CHIKAGO (THE SYSTEM). Ein krimineller Vater wird erst durch den Selbstmord des Sohnes aufgerüttelt und zur Rückkehr in die Legalität bekehrt. Durchschnittlicher US-Gangsterfilm mit Sympathie für den gesellschaftlichen Außenseiter. – Ab 16. ✦ Schwarz-weiß. USA 1953 **P** Warner **KI** Warner **R** Lewis Seiler **B** Jo Eisinger, nach einer Erzählung von Edith und Samuel Grafton. **K** Edwin DuPar **M** David Buttolph **D** Frank Lovejoy, Joan Weldon, Bob Arthur (= Robert Arthur), Paul Picerni, Don Beddoe **L** 89 **FSK** ab 16; f **E** 17.6.1960 **fd** 9 339

ZENTRALE RIO. Eine junge Frau, die angeblich ihren Mann sucht, und ein Kaffeebohnenhändler lernen sich auf dem Weg nach Rio kennen, jener Stadt, die zu einer Zentrale der Unterwelt avanciert ist. Mysteriöse Abenteuer in tropischer Nacht bestimmen bald das Geschehen auf der Leinwand. – Ab 14 möglich. ✦ Schwarz-weiß. Deutschland 1939 **P** Terra **R** Erich Engels **B** Ludwig Metzger, Berthold Ebbecke, nach dem Roman »... schoß Chiquita?« von Rudolf Dortenwald **K** Walter Pindter **M** Werner Eisbrenner **S** Alice Ludwig **D** Leny Marenbach (Maria Halmberg), Camilla Horn (Diane Mercier), Ita Rina (Chiquita Salieri), Werner Fuetterer (Michael Wenk), Ivan Petrovich (Ricardo Perez) **L** 80 **E** 5.10.1939/15.8.1983 DFF 1

DIE ZENTRALREGION (LA REGION CENTRALE). Ein Landschaftsfilm, der ausschließlich aus Kamerabewegungen besteht, die dem Film seine Struktur geben und dem Zuschauer konsequent die Perspektive der Kamera aufzwingen. Daraus ergibt sich eine neue Wahrnehmung der Welt, die Dinge und Gegenstände in einem anderen Licht erscheinen läßt. Ein statischer Film, der Geduld und Bereitschaft voraussetzt. ✦ Kanada 1971 **P** Michael Snow **SF** Freunde der Deutschen Kinemathek **R+B+K** Michael Snow **S** Michael Snow **L** 180 **E** 1974 Kino

ZEPPELIN (ZEPPELIN). Das deutsche Luftschiff »Zeppelin« soll während des Ersten Weltkriegs das englische Geheimarchiv in Schottland zerstören, was ein eingeschleuster englischer Spion verhindert. Fantasievolles Luftfahrtabenteuer von teilweise entwaffnender Naivität. – Ab 16. ✦ Scope. Großbritannien 1970 **P** Getty-McDonald-Fromkess **KI** Warner **R** Etienne Périer **B** Arthur Rowe, Donald Churchill **K** Alan Hume **M** Roy Budd **S** John Shirley **D** Michael York (Geoffrey Richter-Douglas), Elke Sommer (Erika Altschul), Peter Carsten (Maj. Alfred Tauntler), Marius Goring (Prof. Christian Altschul), Anton Diffring (Col. Johann Hirsch) **L** 102 **FSK** ab 12; f **E** 22.4.1971 **fd** 17 420

DAS ZEPTER DES SONNENGOTTES →Die Überlebenden der Totenstadt

DER ZERBRECHLICHE MANN (L'HOMME FRAGILE). Ein Mann und eine Frau, beide Anfang Dreißig, begegnen einander in den Korrektorenbüros einer französischen Tageszeitung. Beide haben bereits eine gescheiterte Ehe hinter sich, und besonders der Mann hat Schwierigkeiten mit einer erneuten Hinwendung zu einer Frau: er ist durch seine Erfahrungen zu einem mißtrauischen, zerbrechlichen Menschen voller Berührungsängste geworden; das weibliche Selbstvertrauen hat ihn in eine Krise gestürzt. Der elegant inszenierte Film behandelt die Rollen von Mann und Frau sehr behutsam und gerecht, gleitet allerdings oft in lediglich »kinoreale« Schönfärberei ab und verliert sich dann in jenem Narzißmus, den er eigentlich bloßstellen will. ✦ Frankreich 1981 **P** Link/Antennte 2 **R+B** Claire Clouzot **K** Jean Monsigny **M** Jean-Marie Sénia **S** Isabelle Rathery **D** Richard Berry, Françoise Lebrun, Didier Sauvegrain, Cathérine Cauwet, Cathérine Gandois **L** 86 **E** 7.5.1983 WDR

ZERBRECHLICHE TRÄUME (CROSSOVER DREAMS). Der puertoricanische Sänger Rudy Veloz, der in einem Harlemer Nachtclub auftritt, träumt vom Starruhm. Nach mehreren Rückschlägen scheint sich dies zu erfüllen, doch der Preis für eine Solo-Karriere ist hoch. Er gerät auf die schiefe Bahn, als der Traum vom Salsa-Ruhm zerrinnt. Der Film beschreibt zupackend und ohne Umschweife das Lebensgefühl und die Erwartungen der Hispano-Amerikaner, die den Traum vom sozialen Aufstieg hartnäckig zu realisieren suchen. In der Hauptrolle der Musiker Rubén Blades in seinem ersten Filmauftritt. – Ab 16. ✦ USA 1984 **P** Crossover Film **Pd** Manuel Arce **R** Leon Ichaso **B** Manuel Arce, Rubén Blades, Leon Ichaso **K** Claudio Chea **M** Maurizio Smith **S** Gary Carr **D** Rubén Blades (Rudy Veloz), Shawn Elliott (Orlando), Elizabeth Pena (Liz Garcia), Tom Signorelli (Lou Rose), Joel Diamond (Neil Silver) **L** (TV) 82 **E** 27.11.1989 ARD

ZERBRECHLICHE ZEUGIN. Eine 20-jährige Frau, die an einer leichten geistigen Behinderung leidet, und ein jugendlicher Herumtreiber, die sich einander anfreunden, werden Zeugen eines Mordes an einem Kleindealer und sind fortan auf einer abenteuerlichen Flucht, da sie glauben, das niemand ihre Aussagen ernst nehmen wird. Auch der Bruder der jungen Frau, ein junger Polizeibeamter, der sich liebevoll um sie kümmert, scheint zunächst keine Hilfe zu sein. Das Abenteuer einer außergewöhnlichen Flucht zweier »verlorener Kinder«, die Mühe haben, sich in die Gesellschaft einzupassen, im Laufe der Geschichte jedoch an Selbstbewusstsein gewinnen. ✦ Deutschland 2000 **R** Ben Verbong **B** Ben Taylor **K** Theo Bierkens **D** Anne Kanis (Emma), Tobias Schwenke (Mike), Simon Verhoeven (Hendrik), Sylvester Groth (Kommissar Reitz), Michael Brandner (Polizist Witt) **L** 90 **E** 27.9.2001 ARD

DER ZERBROCHENE KRUG. Wortgetreue Verfilmung des klassischen Lustspiels von Heinrich von Kleist. Emil Jannings, der als Dorfrichter Adam über seinen eigenen Sündenfall zu Gericht sitzt, gestaltet diese Rolle meisterhaft, auch die übrigen Darsteller spielen hervorragend. Ein Film von bleibendem Rang. – Sehenswert ab 16. ✦ Schwarz-weiß. Deutschland 1937 **P** Magna/Tobis **KI** Donau **VA** Ufa **R** Gustav Ucicky **B** Thea von Harbou, nach Heinrich von Kleists gleichnamiger Komödie **K** Fritz Arno Wagner **M** Wolfgang Zeller **D** Emil Jannings (Adam, Dorfrichter), Friedrich Kayßler (Walter, Gerichtsrat), Elisabeth Flickenschildt (Frau Brigitte), Max Gülstorff (Licht, Schreiber), Lina Carstens (Frau Martha Rull) **L** 85 **FSK** ab 12; nf **E** 19.10.1937/25.9.1991 DFF 1 **fd** 3 966

DER ZERBROCHENE MOND (CA JUE). Das tragische Schickal einer Frau, deren persönliches Lebensglück an Vorurteilen und überholten Wertauffassungen zerbricht. Ein biografisches Melodram, das den Lebensweg der Frau über mehrere Jahrzehnte hinweg verfolgt. ✦ VR China 1984 **P** Zhujian-Filmstudio **R** Cao Theng **B** He Jie-Sheng, nach dem Roman von Wen Bin **K** Wei Duo, Fang Lei **D** Zhen Zhenyao, Zhao Erkang, Hong Rong, Huo Xie **L** 85 **E** 26.10.1987 DFF 1/19.12.1992 ORB

ZERBROCHENE SPIEGEL →Die gekaufte Frau

DER ZERBROCHENE SPIEGEL. Ein leiser, unspektakulärer Film, in dem die russische Dokumentarfilmerin Problemen und Zukunftsängsten von Familienangehörigen, Freunden und Verwandten nachspürt. Die ehemaligen Sowjetbürger werden jetzt, da ihr Traum von Freiheit und Demokratie Wirklichkeit geworden ist, von derselben Orientierungslosigkeit geplagt. ✦ Russland 1992 **R** Marina Goldowskaja **L** 58 **E** 5.11.1992 arte

ZERBROCHENE TRÄUME – ARGUMENTE UND DELIRIUM (SOGNI INFRANTI – RAGIONAMENTI E DELIRI). Dokumentarfilm, der das Geschichtsbild Italiens zwischen dem Zweiten Weltkrieg und der Gegenwart spiegeln will, indem er Archivmaterial mit lebenden Personen verbindet, die unter verschiedenen Motiven unterschiedliche Kriege miterlebt haben. Befragt werden vier Männer: Vittorio Goa, historischer Führer der italienischen Linken, Aldo Brandirali, ehemaliger Führer der Marxisten-Leninisten, der Schriftsteller Enrico Fenzi sowie der Psychiater Massimo Gidoni, beides ehemalige militante Mitglieder der Roten Brigaden. Marco Bellocchio wollte mit dieser Videoarbeit auch seine eigene Position zum Terrorismus in Italien artikulieren. (O.m.d.U.) ✦ Italien 1995 **P** Filmalbatros **VA** Freunde der Deutschen Kinemathek **R** Marco Bellocchio **B** Marco Bellocchio, Daniela Ceselli **K** Roberta Allegrini **M** Arvo Pärt, Carlo Crivelli, Riccardo Area **S** Francesca Calvelli, Federico Ricci **L** 53

ZERBROCHENE ZWEIGE (BROKEN BRANCHES). Der erste Film aus Südkorea, der sich mit dem Thema Homosexualität befaßt. Ein 40jähriger Koreaner blickt zurück auf sein bisheriges Leben. Er wächst in einer streng patriarchalischen Familie auf, in die die Mutter als vierte Frau des Vaters einheiratet. Erst als der Vater stirbt, lehnt er sich sowohl gegen die Erziehung als auch gegen die Diktatur in Südkorea auf, bis er sich schließlich auch zu seiner Homosexualität bekennt. ✦ Südkorea 1995 **R** Park Jaeho **D** Kim Ye-ryung (Myung-hee), Lee Hong-seung (Myung-see) **L** 97 **E** 5.6.1998 3sat

ZERBROCHENES VERTRAUEN (SHATTERED TRUST). Fernsehdrama nach der Biografie der ausführenden Produzentin. Eine erfolgreiche, normalerweise beherrschte Juristin verliert während eines Vergewaltigungsprozesses die Kontrolle über sich und attackiert in blinder Wut den Angeklagten. Mit ihrer Psychiaterin forscht sie nach der Ursache für das Vorkommnis und muß erkennen, daß sie als Kind mehrfach von ihrem Vater mißbraucht wurde. – Ab 16. ✦ USA 1993 **Pd** Shari Karney **R** Bill Corcoran **B** Susan Nanus **D** Melissa Gilbert (Shari Karney), Kate Nelligan (Stephanie Chadford), Ellen Burstyn (Joan Delvecchio), Patricia Kalember (Linda Karney), Rosemary Dunsmore (Rose Beckman), Shirley Douglas (Vivian Karney) **L** 89 **E** 10.3.1995 RTL

DIE ZEREMONIE (GISHIKI). Die Geschichte einer japanischen Großfamilie, in der sich Zeit- und Generationsprobleme im Spannungsfeld zwischen traditionellen, nationalen und familiären patriarchalischen Ideologien und individuellen Befreiungsversuchen dramatisch entwickeln. Ein künstlerisches Werk, das sowohl den Zauber alter japanischer Kultformen als auch den zerstörerischen Zwang ihrer sinnentleerten Autorität faszinierend zum Ausdruck bringt. (Fernsehtitel: »Familienfeiern«) – Sehenswert. ✦ Scope. Japan 1971 **P** Sôzôsha/A.T.G. **KI** Freunde der Deutschen Kinemathek **Pd** Kinshirô Kuzui, Takuji Yamaguchi **R** Nagisa Oshima **B** Takashi Tamura, Mamoru Sasaki, Nagisa Oshima **K** Toichiro Narushima **M** Toru Takemitsu **S** Keiichi Uraoka **D** Kenzo Kawarazaki (Masuo Sakurada), Atsuko Kaku (Ritsuko Sakurada), Atsuo Koyama (Setsuko Sakkurada), Fumio Watanabe (Susumu Sakurada), Kiyoshi Tsuchiya (Tadashi Sakurada) **L** 123 **E** 10.5.1972 ARD **fd** 18 444

DER ZERFALL →Raspad – Der Zerfall

ZERO BOYS (ZERO BOYS). Sadistische Unholde trachten einer Gruppe von kriegsspielbegeisterten College-Schülern im nächtlichen Wald nach dem Leben. Ein blutrünstiges Horrorspektakel, das zusätzlich durch sexistische Sprüche und die diskriminierende Darstellung von Behinderten abstößt. – Wir raten ab. ✦ USA 1985 **P** Omega **KI** Splendid/Cinevox **VA** Vestron **R** Nico Mastorakis **B** Robert Gilliam, Fred C. Perry, Nico Mastorakis **K** Steven Shaw **M** Stanley Myers **D** Daniel Hirsch (Steve), Kelli Maroney (Jamie), Joe Phelan (Killer), Jared Moses (Rip), Nicole Rio (Sue), Tom Shell (Larry), Crystal Carson (Trish) **L** 85 **FSK** ab 16; nf **E** 24.7.1986/15.6.1987 Video **fd** 25 724

ZERO CONTROL (BLOODFIST 6 – GROUND ZERO). Die Terroristen-Bande »Brüder der Partei Allahs« überfällt eine Abschußbasis für Atomrakten in einer Wüste Nordamerikas. Ein ahnungsloser Militär-Kurier erledigt nach und nach die Gegner, just bevor übereifrige Militärs das ganze Gelände in die Luft jagen können. Schematisch gefertigte Action-Dutzendware nach jederzeit vorhersehbaren Versatzstücken des Genres. Film als billiges Vehikel für einen Kickbox-Weltmeister. ✦ USA 1994 **P** The Pacific Trust **VA** Highlight **Pd** Mike Elliott, Minard Hamilton **R** Rick Jacobson **B** Robert Kerchner, Brendan Broderick **K** Mike Gallagher **M** John Graham, J. Eric Schmidt **S** John Gilbert **D** Don »The Dragon« Wilson (Nick Corrigan), Cat Sassoon (Tori), Robin Curtis (Major Marin), Jonathan Fuller (Fawkes), Leonard O. Turner (Col. Briggs) **L** 85 **FSK** ab 18 **E** 27.1.1995/16.2.1996 Pro Sieben **fd** 31 340

ZERO EFFECT (ZERO EFFECT). Ein Meisterdetektiv mit genialer Beobachtungsgabe und verblüffendem Kombinationsvermögen, der ausschließlich seinen Job lebt und das Leben meidet, vergisst seine Objektivität und verliert damit seine Genialität. Der Film erzählt, wie er sich in eine Erpresserin verliebt und plötzlich zwischen Leben und Arbeit wählen muss. Erstlingsfilm eines Bühnenautors und -regisseurs; eine originelle Parodie auf das Detektiv-Genre, die humorvoll und mit eigenständigem Reiz unterhält. – Ab 16. ✦ USA 1997 **P** Castle Rock Entertainment **VA** Columbia TriStar Home **Pd** Lisa Henson, Janet Yang, Jake Kasdan **R+B** Jake Kasdan **K** Bill Pope (= William Pope) **M** The Greyboy Allstars **S** Tara Timpone **D** Bill Pullman (Daryl Zero), Ben Stiller (Steve Arlo), Ryan O'Neal (Gregory Stark), Kim Dickens (Gloria Sullivan), Angela Featherstone (Jess) **L** 117 **FSK** ab 12 **E** 23.3.1999 Video **fd** 33 640

ZERO IN THE UNIVERSE (ZERO IN THE UNIVERSE). Die Vision eines bevorstehenden amerikanischen Bürgerkrieges, in der zwei Männer und eine Frau kopflos durch eine Stadt irren. Eine zusammenhanglos angelegte Collage aus Bildern und Tönen, die sich nur schwer entschlüsseln läßt und den Eindruck des absoluten Chaos vermittelt. ✦ Niederlande 1965 **P** Jock Livingston Prod. **Pd** Jock Livingston **R** George Moorse **B** Jock Livingston, George Moorse **K** Gérard Vandenberg **M** Don Cherry **D** Jock Livingston, George Bartenieff, Pam Badyk, George Moorse, Rob du Mée **L** 80 **E** 14.3.1971 BR

ZERO OPTION (THE ZERO OPTION). Nach einem blutigen Desaster bei einer Geiselnahme in einer arabischen Botschaft quittiert der Angehörige einer Spezialeinheit der englischen Armee den Dienst und bewirbt sich bei einer privaten Sicherheitsagentur. Als »Aufnahmeprüfung« wird er auf einen Diamantenraub angesetzt, in den der südafrikanische Geheimdienst sowie ein ehemaliger Berufssoldat und Mitstreiter verwickelt sind. Nach der dicht inszenierten Eingangssequenz flacht der Film zusehends ab und bietet ein beliebiges Allerlei aus verwirrenden Spuren und der üblichen Ballerei. ✦ Großbritannien 1988 **P** Brilliant Films **VA** VCL/Virgin **Pd** Christopher Griffin **R** Sarah Hellings **B** Chris Kelly, Ted Childs

K Ian Hollins **M** Geoff MacCormack, Simon Goldenberg **D** Stephen Hatterley, John Walton, Denyse Alexander, Miles Anderson, Judith Anthony **L** 104 **FSK** ab 18 **E** März 1989 Video **fd** 27 546

ZERO PATIENCE (ZERO PATIENCE). Ein durch einen Jungbrunnen zu ewigem Leben gelangter Forscher des 19. Jahrhunderts trifft den Geist des vermeintlich an der Ausbreitung von AIDS in Nordamerika verantwortlichen »Patienten Zero«. Dieser und weitere Betroffene zeigen ihm die wahren Schuldigen: ignorante Forscher, Politiker und Geschäftemacher. Eine ebenso humorvolle wie bittere und polemische Auseinandersetzung mit der AIDS-Problematik, überspitzt mittels grotesker Bildeinfälle und kraftvoller Rockmusik. ✦ Kanada 1993 **P** Zero Patience Prod. **KI** MFA **VA** pro-fun **Pd** Louise Garfield, Anna Stratton **R+B** John Greyson **K** Miroslaw Baszak **M** Glenn Schellenberg **S** Miume Jan **D** John Robinson (Sir Burton), Normand Fauteux (Zero), Dianne Heatherington (Mary), Richardo Keens-Douglas (George), Bernard Behrens (Dr. Placebo) **L** 100 **FSK** ab 12 (Video OmdU) **E** 5.1.1995/12.4.1999 Video **fd** 31 256

ZERO TOLERANCE (ZERO TOLERANCE). Ein FBI-Mann, dessen Familie in die Hände eines Drogenkartells fiel, wird gezwungen, einen Rauschgifttransport durchzuführen. Als die Seinen dennoch ermordet werden, startet er einen ausgiebigen Rachefeldzug. Aufwendig produzierter Actionfilm, der atemlos seine gewalttätige Handlung abspult. ✦ USA 1993 **P** P/M **VA** Allround **Pd** Richard Pepin, Joseph Merhi **R** Joseph Merhi **B** Jacobsen Hart **K** Ken Blakey **D** Robert Patrick (Jeff Douglas), Mick Fleetwood, Titus Welliver, Kristen Meadows **L** 82 **FSK** ab 18 **E** 19.9.1994 Video/5.4.1996 RTL

ZERO TOLERANCE – ZEUGEN IN ANGST (NOLL TOLERANS/ZERO TOLERANCE). Bei einem Überfall auf ein Juweliergeschäft wird ein Unbeteiligter erschossen. Der Schütze kann zwar entkommen, doch Augenzeugen identifizieren ihn auf Polizeifotos. Für den ermittelnden Kommissar ist die Verhaftung nur eine Formsache, doch bei der Gegenüberstellung wollen sich die mittlerweile eingeschüchterten Zeugen nicht erinnern. Wenig später bringt der Verbrecher den Polizisten in die Klemme, da er ihn der Körperverletzung bezichtigt. Um der Haftstrafe zu entgehen, taucht der Beamte unter und nimmt den Kampf für Gerechtigkeit (fast) im Alleingang auf. Zwar ist der Plot des Kriminalfilms sattsam vertraut, doch eine rasante Inszenierung, gutes Timing und perfekte Schauspieler heben die schwedische Renommierproduktion über den Durchschnitt und machen ihn zu einem beachtlichen Großstadtkrimi. (Fernsehtitel: »Zeugen in Angst«) ✦ Schweden 1999 **P** Film i Väst/Nordisk Film & TV-Fond/Sandrews/Sonet Film/TV 1000/TV 4 Sweden **VA** Laser Paradise **Pd** Björn Carlström, Joakim Hansson **R** Anders Nilsson **B** Joakim Hansson, Anders Nilsson **K** Jakob Jörgensen **D** Jakob Eklund (Johan Falk), Marie Richardson (Helén), Peter Andersson (Leo Gaut), Fredrik Dolk, Lars Lundgren **L** 104 **E** 2000 Video/22.1.2001 ZDF

ZEROPOINT (THE RUNNER). Zwei Journalisten, die den Tod eines Freundes »verarbeiten« wollen, lassen sich auf einer Survival-Insel aussetzen und stellen sich den Attacken ausgemusterter Militaristen. Natürlich schlägt das Spiel in blutigen Ernst um. Eine hanebüchene Geschichte, die die Szenarien verschiedener Actionfilme schamlos ausbeutet und nicht nur deshalb eine arge Zumutung darstellt. (TV-Titel: »Zeropoint – Die Chance ist gleich Null«) ✦ Großbritannien 1990 **P** E.G.M. **VA** VPS **Pd** Geneviève Jolliffe **R** Chris Jones **B** Mark Talbot-Butler **K** Jon Walker **M** Gary Pinder **S** Mark Talbot-Butler **D** Terence Ford (Jack Slater), Paris Jefferson (Kath Hanzmaker), Truce Mitchell (Sean McBain), Raymond Johnson (Benjamin Gibson), Ivan Rogers (Lewis T. Holden) **L** 90 **FSK** ab 18 **E** 21.5.1992 Video/17.9.1994 VOX **fd** 29 738

DIE ZERREISSPROBE (VIOLATION OF TRUST). Das ohnehin brüchige Vertrauensverhältnis zwischen einer kurz vor ihrer Scheidung stehenden Frau und ihrer 16jährigen Tochter wird auf eine Zerreißprobe gestellt, als die Jugendliche unter Mordverdacht gerät. Alle Indizien weisen darauf hin, daß sie eine Schulkameradin getötet hat. Obwohl selbst die Mutter an der Unschuld ihrer Tochter zweifelt, beginnt sie auf eigene Faust zu ermitteln. Sie wird von dem wahren Täter in eine tödliche Falle gelockt. ✦ USA 1991 **P** Robert Greenwald Films **Pd** Robert Florio, Don Goldman, Carla Singer, Philip Kleinbart **R** Charles Correll **B** Kathleen K. Rowell **K** John Beymer **M** Greg DeBelles **S** Robert Florio **D** Katey Sagal (Susan Essex), Charlotte Ross (Justine), Robert Picardo (Raymond), Alan Rachins (Matthew), David Lascher (Ryan) **L** 110 **E** 26.10.1993 PRO 7

ZERRISSEN. Dokumentarfilm, der das kurze, von Drogen und Gewalt gezeichnete Leben eines Punks der ersten Stunde nachzeichnet. Die Spurensuche des derselben Szene entstammenden Filmautors führt von Düsseldorf nach Berlin, zu Verwandten und der damaligen Freundin des Verstorbenen, bis zum Sänger der Punkband »Die Toten Hosen«. ✦ Deutschland 1998 **R** Uwe Gooß **L** 60 **E** 4.3.1998 B1

DAS ZERRISSENE LASSO (THE WILD WESTERNERS). Zur Zeit des Bürgerkriegs bemüht sich ein Marshal um die Aufklärung von Überfällen auf Goldtransporte. Mit der damals genreüblichen Ehestory garnierter B-Western. – Ab 14. ✦ USA 1962 **P** Four Leaf **KI** Columbia-Bavaria **Pd** Sam Katzman **R** Oscar Rudolph **B** Gerald Drayson Adams **K** Gordon Avil **M** Duane Eddy **S** Jerome Thoms **D** James Philbrook (Marshal Jim McDowell), Nancy Kovack (Rose Sharon), Guy Mitchell (Johnny Silver), Duane Eddy (Clint Fallon), Hugh Sanders (Chief Marshal Bernard), Elizabeth MacRae (Crystal Plummer), Marshall Reed (Sheriff Henry Plummer), Nestor Paiva (Gov. John Bullard), Harry Lauter (Judas), Bob Steele (Deputy Marshal Casey Banner), Ilse Burkert, Hans Wedemeyer (Wasna), Charles Horvath (Moose) **L** 70 **FSK** ab 12; nf **E** 18.1.1963/9.8.1996 Kabel 1 **fd** 11 727

DER ZERRISSENE VORHANG (TORN CURTAIN). Ein amerikanischer Physikprofessor setzt sich nach Ostberlin ab, um in den Besitz einer Formel zu gelangen. Sein gefährliches Doppelspiel endet mit einer tollkühnen Flucht zurück in den Westen. Turbulentes Spionageabenteuer, oberflächlich und naiv in der Zeichnung des mitteldeutschen Milieus, recht spannungslos inszeniert. – Ab 16. ✦ USA 1966 **P** Universal **KI** Universal **VA** Universal **Pd+R** Alfred Hitchcock **B** Brian Moore **K** John F. Warren **M** John Addison **S** Bud Hoffman **D** Paul Newman (Michael Armstrong), Julie Andrews (Sarah Sherman), Wolfgang Kieling (Gromek), Lila Kedrova (Countess Luchinska), Tamara Toumanova (Ballerina), Hansjörg Felmy (Heinrich Gerhard), Ludwig Donath (Prof. Gustav Lindt), Günter Strack (Prof. Karl Manfred), Gisela Fischer (Dr. Koska), David Opatoshu (Mr. Jacobi), Mort Mills (Farmer) **L** 126 **FSK** ab 16; f (Video 12) **E** 7.10.1966/14.8.1971 ARD/18.11.1999 Video **fd** 14 324

DIE ZERRISSENEN STIEFEL (RWANYJE BASCHMAKI). Im Deutschland der 30er Jahre spielende Geschichte eines kleinen Proletarierjungen, der täglich die Müllhalde nach etwas Brauchbarem absucht, und so die völlig mittellose Familie, deren Vater arbeitslos ist, unterstützt. Als die stellungslosen Arbeiter in den Streik treten, tut sich eine Kluft zwischen Streikenden und Streikbrechern auf, die auch die Kinder spüren. Wenig später rückt die Armee an und schlägt den Ausstand blutig nieder, der kleine Junge findet dabei den Tod. Der erste sowjetische Tonfilm für Kinder, dessen klare antifaschistische Haltung aber auch von erwachsenen Zuschauern begeistert aufgenommen wurde. – Ab 12. ✦ Schwarz-weiß. UdSSR 1933 **P** Meshrabpomfilm **KI** Freunde der Deutschen Kinemathek **R+B** Margarita A. Barskaja **K** G. Bobrow, S. Geworkjan **M** Wissarion Schebalin **D** Michail Klimow (Pastor), Iwan Nowoselzew (Vater), A. Tschekulajewa (Mutter), W. Alechina (Lehrerin), K. Polowikowa (blinde Frau), W. Uralskij (Spitzel) **L** 88 **E** 1978 Kino

ZERSCHLAGENE TRÄUME (BED OF LIES). Melodram um eine Ehefrau, die sich von ihrem karrierehungrigen Mann scheiden lassen will, diesen aber dann nach einer heftigen Auseinandersetzung erschießt. Ein Staranwalt soll ihre Verteidigung übernehmen. ✦ USA 1992 **P** David L. Wolper/Bernard Sofronski **Pd** Andrew Gottlieb **R** William A. Graham **B** John Ireland **D** Susan Dey (Vickie Daniel), Chris Cooper (Price Daniel jr.), John Anderson (Price Daniel sr.), Dollie Cole (Jeanie Daniel), Fred Dalton Thompson (Racehorse Haynes) **L** 94 **E** 23.1.1996 Kabel 1

ZERSCHMETTERTE TRÄUME – EINE LIEBE IN FESSELN. Das Glück eines jung verheirateten Paares zerbricht, als der Mann, ein Sportlehrer, nach einem Unfall an den Rollstuhl gefesselt ist. Er verfällt in Depressionen und treibt seine Frau aus dem Haus. Erst die Begegnung mit einem anderen Behinderten, der sein Schicksal akzeptiert, öffnet ihm allmählich die Augen. Die Beschaffung des benötigten Behindertenbegleithundes stellt eine letzte Hürde auf dem Weg in ein halbwegs normales Leben dar. Rührseliges Melodram, dem jedes Mittel, das den Zuschauer emotionalisieren könnte, recht ist. ✦ Deutschland 1998 **P** SAT 1 **VA** Warner Vision **R** Johannes Fabrick **B** Susan Title, Johannes Fabrick **D** Mark Keller (Jan Evers), Sophie Schütt (Sandra Hausmann), Hardy Krüger jr. (Nick Tiedemann), Nicolas König (Philipp), Diana Körner (Judith Hausmann) **L** 93 **FSK** ab 6 **E** 9.9.1998 RTL

ZERSCHMETTERUNG JAPANS (RASGROM JAPONII). Bei den Filmfestspielen Venedig im Herbst 1946 prämierte, propagandistische Polit-Dokumentation über die Rolle Japans als kriegerischen Aggressor über vier Jahrzehnte hinweg bis zur Einkesselung der Landstreitkräfte durch die Sowjetarmee und die Unterzeichnung der Kapitualation auf dem amerikanischen Kriegsschiff »Lincoln«. Die Rolle der USA gegenüber Japan im Zweiten Weltkrieg bleibt unerwähnt. ✦ Schwarz-weiß. UdSSR 1945 **P** Zentralstudio für Dokumentarfilme **R+B** Alexander Sarchi, Jossif Cheifiz **K** Armee-Kameraleute **M** Arnold Roitman, D. Stilman **L** 106 **E** 5.4.1946

ZERSCHOSSENE TRÄUME (L'APPAT). Ein junger Wiener Polizist kann sich von seinem »Freund«, einem homosexuellen Nachtlokalbesitzer, nicht lösen und wird überdies erpreßt, dessen illegale Waffengeschäfte zu decken, bis er schließlich vier Unterwelter erschießt und sich selbst bei einem Terroranschlag opfert. Sperrige Mischung aus einem Gangster-»B-Picture« und eigenwilliger Milieu- und Charakterbeschreibung. Drastisch-zynisch in der Schilderung des Unterweltmilieus, wenig stimmig in Atmosphäre und Problemzeichnung, aber als Reflexion kinoimmanenter Erzählweisen nicht ohne Reiz. ✦ Scope. Österreich/BR Deutschland/Frankreich 1975 **P** Victoria/CCC Filmkunst/Paris Cannes/Arden **KI** Cinerama **Pd** Günther Köpf, Artur Brauner **R+B** Peter Patzak **K** Heinz Hölscher **M** Richard Schönherz, Manuel Rigoni, André Heller **S** Wolfgang Schacht **D** Yves Beneyton (Ken), Raymond Pellegrin (Boss), Mathieu Carrière (Partner), Christine Böhm (Gerda), Hans Christian Blech (Frank), Carroll Baker (Carol), Karl Michael Vogler (Polizeioffizier), André Heller (Entertainer) **L** 99 **FSK** ab 18; f **E** 20.8.1976 **fd** 19 921

ZERSTÖRENDE LIEBE (LES NOUVEAUX TRICHEURS). Eine buntgemischte Clique junger Leute – Schauspielschüler, Gymnasiasten, Frauenhelden – verbringt einen großen Teil der Freizeit miteinander. Das in Gang gesetzte Liebeskarussell schafft zunehmend Konflikte, bis einer von ihnen verzweifelt den Freitod sucht. Formal, darstellerisch und inhaltlich mißlungene Neufassung des Marcel-Carné-Films »Die sich selbst betrügen« (1958). – Ab 16. ✦ Frankreich 1987 **P** ATC 3000/TF 1 **R+B** Michael Schock

K Serge Halsdorff **S** Joëlle van Effenterre **D** Rémi Martin (Marc), Valérie Allain (Christine), Lionel Melet (Franck), Fabrice Josso (Karl), Sophie Malher (Sophie) **L** 95 **E** 1.9.1991 DFF

DIE ZERSTÖRER →Destroyers

ZERSTÖRTE LIEBE (HUSSY). Ein Amerikaner verliebt sich in eine Bardame aus einem Londoner Nachtclub, überfordert sie jedoch mit seinen Gefühlen: Während sie ihn erotisch-sexuell akzeptiert, ist sie nicht fähig zu einer tieferen Bindung. Durch sie gerät er in eine Rauschgiftaffäre und zahlreiche Schwierigkeiten. Realistischer Milieufilm, der die Halbwelt aus Edelprostitution und Amüsierlokalen nachzeichnet, dabei jedoch kaum kritische Distanz einnimmt. ✦ Großbritannien 1979 **P** Boyd's Company **R+B** Matthew Chapman **K** Keith Goddard **M** George Fenton **S** Bill Blunden **D** Helen Mirren (Beaty), John Shea (Emory), Paul Angelis (Alex), Murray Salem (Max), Jenny Runacre (Vere), Daniel Chasin (Billy) **L** (TV) 92 **E** 23.5.1986 ZDF

ZERSTÖRTE ZEIT – BRIEFE AUS DEM KRIEG 1939–40. An Hand von Liebesbriefen, die drei Männer 1939 aus dem Feld an ihre Frauen schickten, wird das Leben der drei mit seinen Hoffnungen und Ängsten rekonstruiert. Obwohl sich ihre Stile, sie sind Maler, Schriftsteller und Arbeiter, grundlegend unterscheiden, verdichten sich ihre Botschaften zu einer Auflehnung gegen den Krieg, gegen ihre zerstörte (Lebens-)Zeit. – Ab 16. ✦ Teils schwarz-weiß. Frankreich 1985 **P** La Sept/arte **R+B** Pierre Beuchot **L** 90 **E** 2.9.1995 arte

ZERSTÖRTE ZITADELLE (CITADELA SFARIMATA). Die Geschichte der Auflösung einer bürgerlichen Familie in den Jahren 1940 bis 1950, deren Untergang eingeleitet wird, als sich die einzelnen Mitglieder dem Fortschritt verschließen. Ein gesellschaftskritischer Film mit klarer politischer Zielsetzung, der von großartigen Schauspielerleistungen geprägt wird. – Ab 14. ✦ Schwarz-weiß. Rumänien 1958 **P** Filmstudio Bucuresti **KI** Progress **R** Marc Maurette **B** Horia Lovinescu, Haralambie Boros, I. Daniel, Marc Maurette, nach dem gleichnamigen Bühnenstück von Horia Lovinescu **K** Aurel Boian **M** Leon Klepper **D** Marcela Rusu, György Kovács, Ion Fintesteanu, Maia Cupcea, Ana Luca **L** 112 **E** 17.10.1958 Kino DDR/24.8.1960 DFF 1

ZERSTÖRUNG →Raspad – Der Zerfall

DIE ZERSTÖRUNG VON ROM (IL CROLLO DI ROMA). Ein vornehmer Römer kämpft als Gladiator für die Freiheit der Christen. Serienfilm voller Peinlichkeiten aus der Antik-Produktion des italienischen Kinos. (Titel auch: »Die Zerstörung Roms«) – Ab 16 möglich. ✦ Scope. Italien 1962 **P** Atlantica **KI** Nora **VA** offen/Neuprüfung ab 12 **R** Anthony M. Dawson (= Antonio Margheriti) **B** Antonio Margheriti, Gianni Astolfi, Ennio Mancini **K** Riccardo Pallottini **M** Riz Ortolani **D** Carl Möhner, Loredana Nusciak, Ida Galli, Andrea Aureli, Giancarlo Sbragia **L** 87 **FSK** ab 12 (fr.ab 16; nf) **E** 30.8.1963 **fd** 12 230

DER ZERSTREUTE (LE DISTRAIT). Ein Angestellter einer Werbeagentur treibt mit seinen verrückten Ideen den Direktor zur Verzweiflung und das Büro in den Ruin. Erstlingsfilm des französischen Komikers Pierre Richard. Ein turbulentes Lustspiel in der Tradition der Slapstick-Komödien, das den Werberummel satirisch aufs Korn nimmt. Mit vielen Gags, aber streckenweise etwas flau und nicht ohne Längen. – Ab 16. ✦ Frankreich 1970 **P** Gaumont/La Gueville/Madeleine **R** Pierre Richard **B** André Ruellan, Pierre Richard **K** Daniel Vogel **M** Vladimir Cosma **D** Pierre Richard (Pierre Malaquet), Bernard Blier (Alexandre Guiton), Maria Pacôme (Glycia Malaquet), Paul Préboist, Marie-Christine Barrault (Lisa) **L** 90 **E** August 1974/8.2.1975 ARD

DER ZERSTREUTE PROFESSOR →Der fliegende Pauker

DIE ZERTANZTEN SCHUHE. Fürs Fernsehen gedrehter Märchenfilm nach den Gebrüdern Grimm. Jeden Tag muss der König seinen sieben Töchtern neue Schuhe kaufen, weil diese über Nacht völlig zertanzt werden. Wie die Töchter es schaffen, trotz Überwachung ihre Gemächer zu verlassen, soll ein Soldat herausfinden. – Ab 8. ✦ DDR 1977 **P** DFF **Pd** Horst Dau **R** Ursula Schmenger **B** Günter Kaltofen, nach den Gebrüdern Grimm **D** Jaecki Schwarz (Soldat), Blanche Kommerell, Heidemarie Wenzel, Solveig Müller, Micaela Kreißler **L** 60 **E** 13.3.1994 ORB

DER ZEUGE (1968) (A TANU). Im Ungarn der 50er Jahre wird ein loyaler, einfacher Dammwärter zum Belastungszeugen gegen einen unliebsam gewordenen Minister aufgebaut. Er läßt den groß angelegten Schauprozeß durch seine Aufrichtigkeit jedoch platzen. Bissige Politsatire auf die Zeit des Personenkults und den Stalinismus. Mit hintergründigem Humor und hervorragenden Darstellern inszeniert, plädiert der Film für Menschlichkeit anstelle von blindem Gehorsam. – Sehenswert ab 16. ✦ Ungarn 1968 **P** Mafilm, Stúdió 1 **R+B** Péter Bacsó **K** János Zsombolyai **M** Szabolcs Fényes **S** Sándor Boronkay **D** Ferenc Kállai, Lili Monori, Zoltán Fábri, Lajos Öze **L** 110 **E** 13.9.1983 ZDF **fd** 24 222

DER ZEUGE (1969) (LE TEMOIN). Geschichte eines vermögenden, des Mordes an seiner Frau verdächtigten Mannes, der als Kunstrestaurator zwielichtige Geschäfte betreibt. ✦ Frankreich/Belgien 1969 **P** René Thenevet/Cine Vog **R+B** Anne Walter **K** Roger Duculot **M** Patrice Sciorrino **D** Gérard Barray, Claude Jade, Jean-Claude Dauphin, Claude Vernier, Jeanne Perez **L** 82 **E** 24.8.1973 DFF 1

DER ZEUGE (1978) (LE TEMOIN / IL TESTIMONE). Um seinen Freund nicht zu belasten, verändert der Zeuge eines Gewaltverbrechens seine Aussage. Naivität und Raffinesse, Verwechslungen und Anschuldigungen verketten sich jedoch derart, daß er schließlich selbst unter Mordverdacht gerät und unschuldig verurteilt wird. Der Film vermischt Themen, Aussageabsichten und Stilarten: Krimi, Provinzdarstellung, Gesellschaftskritik. Überzeugend sind letztlich nur die Hauptdarsteller. – Ab 14. ✦ Scope. Frankreich/Italien 1978 **P** Belstar/M Films/P.A.C./Atlas Consorziate **KI** Progress **R** Jean-Pierre Mocky **B** Sergio Amidei, Augusto Caminito, Jacques Dreux, Rodolfo Sonego, Alberto Sordi, Jean-Pierre Mocky, nach einem Roman von Harrison Judd **K** Sergio d'Offizi **M** Piero Piccioni **D** Alberto Sordi (Antonio Beti), Philippe Noiret (Robert Maurisson), Roland Dubillard, Gisèle Préville, Paul Crauchet **L** 100 **E** 17.7.1981 Kino DDR/7.5.1991 Tele 5

DER ZEUGE AM FENSTER (BLOOD BROTHERS). Kriminalfilm vor dem Hintergrund eines Rassenkonflikts. Eine Staatsanwältin soll den Mord an drei Koreanern untersuchen. Das Geständnis des schwarzen Hauptverdächtigen wurde nach Angaben seines Bewährungshelfers erpreßt. Die Juristin, selbst koreanischer Abstammung, stößt bei ihren Nachforschungen auf einen Jungen, der die Tat beobachtet hat, aber beharrlich schweigt. – Ab 16. ✦ USA 1993 **R** Bruce Pittman **B** Paris Qualles **K** Brian R. R. Hebb **D** Mia Korf (Carol Rembrandt), Amir Williams (Darryl Crawford), Richard Chevolleau (Sly Crawford), Richard Yearwood (T-Bear), Ndehru Roberts (Little Puppet) **L** 80 **E** 10.4.1995 ZDF

EIN ZEUGE AUF DER FLUCHT →The Surfer

ZEUGE DER ANKLAGE (TALK OF THE TOWN). Wegen Brandstiftung und Mordes gejagt, kann ein Unschuldiger flüchten und sich im Haus einer jungen Frau verbergen. Dort trifft er auf ihren neuen Mieter, einen peniblen Rechtskundigen, mit dem er über Wortlaut und Auslegeng der Gesetze debattiert – bis seine wahre Identität bekannt wird. Intelligente und amüsante Komödie mit geistreichen Dialogen und brillanter Besetzung, die überzeugend für die humane Anwendung von Rechtsvorschriften eintritt. – Ab 16. ✦ Schwarz-weiß. USA 1942 **P** Columbia **Pd+R** George Stevens **B** Irwin Shaw, Sidney Buchman, Dale Van Every, nach einer Erzählung von Sidney Harmon **K** Ted Tetzlaff **M** Frederick Hollander (= Friedrich Hollaender) **S** Otto Meyer **D** Cary Grant (Leopold Dilg), Jean Arthur (Nora Shelley), Ronald Colman (Michael Lightcap), Edgar Buchanan (Sam Yates), Glenda Farrell (Regina Bush), Charles Dingle (Andrew Holmes), Lloyd Bridges **L** 118 **E** 19.1.1994 Kabelkanal

DER ZEUGE DER NACHT (BEDROOM EYES). Ein Börsenmakler, der nachts durch ein Fenster einer jungen Frau bei Sexspielen zusieht, wird Zeuge eines Mordes und gerät durch seine merkwürdige Leidenschaft in Tatverdacht. Psycho-Krimi, der mit den Mustern übersteigerter sexueller Fantasien über Gebühr spekuliert und sich dabei distanzlos in geschmäcklerische Einfälle versteigt; dennoch solide inszeniert. (Fernsehtitel auch: »Der intime Zeuge«, »Intimer Zeuge«) ✦ Kanada 1984 **P** RSL Entertainment/Moviecorp **VA** RCA/Columbia **R** William Fruet **B** Michael Alan Eddy **K** Miklos Lente **M** John Tucker, Paul Hoffert **D** Dayle Haddon (Alixe), Kenneth David Gilman (Harry), Christine Cattell (Caroline), Alf Humphreys, Angus McInnes, Lawrence Phillips (Bert), Jayne Catling (Mary Kittrick) **L** 93 **FSK** ab 18 **E** 16.12.1985 Video/30.9.1989 DFF 1 **fd** 25 458

ZEUGE DER TRAGÖDIE (HITTING THE GROUND). Der Fotoreporter einer Studentenzeitung ist zur richtigen Zeit am richtigen Ort und kann den Todessturz einer Studentin fotografieren, die aus einem Fenster des Wohnheims springt. Fortan packt ihn die Lust auf Sensationen, ein bisher ungekanntes Gefühl, das ihn in Konflikt mit seinen Moralvorstellungen bringt. Film über die Verantwortlichkeiten des Journalismus und eine Sensationslust, die nicht nur Bedürfnisse befriedigt, sondern auch weckt. ✦ USA 1995 **R** David P. Moore **B** Paul Mullin **M** Gordon Gano **D** Neal Huff (Howard Jaworski), Anney Giobbe (Julie), Paul Mullin (Jamie), Rik Walter (Alex), Mark Douglas (Malcolm) **L** 93 **E** 29.4.1998 ProSieben

ZEUGE DES WAHNSINNS (COMEBACK). Ein Popsänger, der versucht, im Musikgeschäft wieder Fuß zu fassen, wird Opfer einer Verschwörung. Verwandte und Freunde fallen einer Mordserie zum Opfer, initiiert von den Eltern eines seiner Fans, um sich für dessen Selbstmord zu rächen. Billiger Horrorfilm ohne jeglichen Reiz, stattdessen mit zahlreichen blutigen Ekeleffekten. ✦ USA 1977 **P** Pete Walker Prod. **VA** VMP **R** Pete Walker **B** Murray Smith **K** Peter Jessop **M** Stanley Myers **D** Jack Jones, Pamela Stephenson, David Doyle, Sheila Keith, Bill Owen **L** 100 **E** 1983 Video

ZEUGE EINER VERSCHWÖRUNG (THE PARALLAX VIEW). Die Zeugen der Ermordung eines Politikers durch eine Verschwörergruppe sterben in kurzer Zeit eines angeblich natürlichen Todes. Ein Lokalreporter, dem es gelingt, in die Verbrecherorganisation einzudringen, wird entlarvt und gleichzeitig mit einem mißliebigen Politiker umgebracht. Die amtliche Untersuchungskommission erklärt ihn zum Mörder. Politthriller, der die Verunsicherung der amerikanischen Gesellschaft durch Watergate und Vietnam-Krieg spiegelt. Atmosphärisch dicht, intelligent und spannend inszeniert. (Alternativtitel: »Die Verschwörung«) – Sehenswert ab 16. ✦ Scope. USA 1973 **P** Paramount **KI** CIC **Pd+R** Alan J. Pakula **B** David Giler, Lorenzo Semple jr., nach einem Roman von Loren Singer **K** Gordon Willis **M** Michael Small **S** John W. Wheeler **D** Warren Beatty (Joseph Frady), Paula Prentiss (Lee Carter), William Daniels (Austin Tucker), Walter McGinn (Jack Younger), Hume Cronyn (Edgar Rintels) **L** 102 **FSK** ab 16; f **E** 16.5.1975/23.7.1976 Kino DDR **fd** 19 259

EIN ZEUGE FÜR TOMA (SFIRSITUL NOPTII). Ein junger Straßenbahnfahrer, schuldlos verwickelt in einen Verkehrsunfall mit tödlichem Ausgang, gerät in Verzweiflung, als in der Gerichtsverhandlung alle geladenen Zeugen gegen ihn aussagen. Trotz der Bemühungen des Staatsanwaltes, den wahren Unfallhergang zu rekonstruieren, glaubt der Beschuldigte nicht an einen gerechten Ausgang des Prozesses. Er versucht deshalb, auf eigene Faust einen glaubwürdigen Zeugen aufzuspüren. ✦ Schwarz-weiß. Rumänien 1982 **P** Filmstudio Bucuresti **R** Mircea Veroiu **B** Marian Iordache **K** Doru Mitran **M** Adrian Enescu **D** Mircea Diaconu, Gheorghe Visu, Ion Vilcu, Magda Catone, Cornel Petrichi **L** 80 **E** 3.1.1985 DFF 2

ZEUGE GESUCHT (PHANTOM LADY). Ein Architekt wird unschuldig wegen Mordes an seiner Frau zum Tode verurteilt. Alle Entlastungszeugen verschwinden, sagen gegen ihn aus oder werden ermordet. Erst die Hartnäckigkeit seiner Sekretärin, die ihn heimlich liebt, bringt den wahren Mörder, einen ebenso raffinierten wie skrupellosen Psychopathen hinter der Maske eines wohlanständigen Bürgers, zur Strecke. Spannender, psychologisch stimmiger Kriminalfilm, dessen raffiniert konstruierte Romanvorlage geschickt umgesetzt wurde. Überraschende Wendungen und Perspektivwechsel sowie einige äußerst suggestiv entwickelte Sequenzen machen den Film zu einem der reizvollsten Vertreter des »film noir«. – Sehenswert ab 16. ✦ Schwarz-weiß. USA 1943 **P** Universal **KI** Universal **Pd** Joan Harrison **R** Robert Siodmak **B** Bernard C. Schoenfeld, nach einem Roman von William Irish (= Cornell Woolrich) **K** Elwood Bredell **M** Hans J. Salter **S** Arthur Hilton **D** Franchot Tone (Jack Marlow), Ella Raines (Carol »Kansas« Richman), Alan Curtis (Scott Henderson), Aurora Miranda (Estela Monteiro), Thomas Gomez (Inspektor Burgess), Fay Helm (Ann Terry), Elisha Cook jr. (Cliff March) **L** 86 **FSK** ab 16; nf **E** 21.4.1950 **fd** 806

DER ZEUGE HINTER DER WAND →Diabolisch (1970/71)

ZEUGE IM DUNKELN →Zeugin im Dunkel

DER ZEUGE MUSS SCHWEIGEN (IL TESTIMONE DEVA TACERE). Ein Arzt wird Zeuge eines Unfalls. Als er mit der Polizei zum Unfallort zurückkehrt, ist das Auto mitsamt Insassen verschwunden. Wenig später erkennt er einen der Insassen, einen der wichtigsten Industriellen Neapels, im Fernsehen wieder. Da sich hinter dem Industriellen ein Mafia-Boß verbirgt, gerät der Arzt bald in Lebensgefahr. »Mafia-Film« über die Verfilzung von organisiertem Verbrechen und politisch-gesellschaftlicher Macht. – Ab 16. ✦ Italien 1973 **P** Daunia 70 **R** Giuseppe Rosati **B** Giuseppe Rosati, Vito Bruschini **K** Franco Villa **M** Francesco De Masi **D** Bekim Fehmiu, Rosanna Schiaffino, Aldo Giuffrè, Romolo Valli, Alberto Leontini **L** (TV) 85 **E** 31.1.1984 DFF 1/3.9.1985 BR

DER ZEUGE SCHWEIGT →Nur die Sonne war Zeuge

ZEUGE UNTER MORDVERDACHT →Betrachten wir die Angelegenheit als abgeschlossen

ZEUGEN EINER HINRICHTUNG (PROCEDURE 769). Beobachtungen im Umfeld der ersten Hinrichtung im US-Bundesstaat Kalifornien nach 25 Jahren am 21.4.1992. Vor der Kamera äußern sich Augenzeugen der Exekution: Freunde und Verwandte des Opfers (eines zweifachen Kindermörders), der Direktor der Haftanstalt, ein Reporter, ein Psychologe und andere mehr. Ihre Aussagen werden zum minuziösen und peinigenden Protokoll einer Tötung, aber auch zu einem erschreckenden Dokument von Erinnerungsarbeit. – Sehenswert. ✦ Niederlande 1995 **P** Jura Film **R** Jaap van Hoewijk **B** Jaap van Hoewijk, Rikkert Boonstra **K** Peter Brugman **M** Joke Geraets **S** Leo de Boer **L** 85 **E** 15.4.1996 West 3

ZEUGEN IN ANGST →Zero Tolerance – Zeugen in Angst

ZEUGENAUSSAGE (TESTIMONY). Leben und Werk des sowjetischen Komponisten Dimitri Schostakowitsch (1906–1975), der nach erfolgreichen Jahren und auch vom Staat anerkannten Werken bei Stalin in Ungnade fiel und dessen Säuberungsaktionen, denen 30 Millionen Menschen zum Opfer fielen, nur um den Preis der Selbstaufgabe überleben konnte. Von einem hervorragenden Hauptdarsteller getragener Film, der ebenso formvollendet wie experimentierfreudig die Frage nach der gesellschaftlichen Verantwortung der Kunst und des Künstlers stellt und das Spannungsverhältnis zwischen Kulturschaffenden und diktatorischer Staatsmacht auslotet. Dabei wird die historische Überprüfbarkeit zugunsten einer allgemeingültigen menschlichen Tragödie vernachlässigt. (Fernsehtitel auch: »Testimony«) – Sehenswert. ✦ Teils schwarz-weiß. Großbritannien 1987 **P** Isolde Films/The Mandemar Group/ORF/NOS/DR/SVT/NRK/Channel Four **Pd+R** Tony Palmer **B** David Rudkin, Tony Palmer, nach den Memoiren von Dmitri Schostakowitsch **K** Nic Knowland **M** Dmitri Schostakowitsch **S** Tony Palmer **D** Ben Kingsley (Dimitri Schostakowitsch), Sherry Baines (Nina Schostakowitsch), Terence Rigby (Stalin), Ronald Pickup (Tukaschweskij), John Sharpnel (Tschdanow) **L** 157 **E** 1.11.1989 BR

DIE ZEUGENAUSSAGE (PARAGRAPH 224). Die Explosion in einem chemischen Versuchslabor führt zu kriminalistischen Untersuchungen, durch die ein für das Unglück verantwortlicher Ingenieur in eine tiefe persönliche Krise gestürzt wird. Interessanter, thematisch beachtlicher Film zu einem aktuellen, brisanten Thema. Künstlerisch aber nur sehr durchschnittlich geraten. – Ab 16. ✦ Scope. CSSR 1979 **P** Filmstudio Barrandov **KI** Progress **R** Zdenek Sirovy **B** Jirí Krizan **K** Jirí Macák **M** Petr Hapka **D** Josef Kemr (Placek), Jaroslav Rozsival (Skypala), Alois Svehlík (Bernat), Filip Sirovy (Filip), Alena Procházková (Vera) **L** 84 **E** 13.3.1981 Kino DDR

ZEUGENSCHUTZPROGRAMM (WITNESS PROTECTION). Ein bei seinen Familien in Ungnade gefallener Mafia-Boss begibt sich ins Schutzprogramm der Regierung, als das Leben seiner Familie in Gefahr gerät und er in der Rolle des Kronzeugen gegen die ehemaligen Verbündeten seine einzige Chance sieht. Ein hervorragend gespielter Kriminalfilm, der neben den reißerischen Aspekt die Rolle der Familie in den Mittelpunkt stellt und so die Zwangslage seines Protagonisten augenfällig macht. ✦ USA 1999 **P** HBO/Turtleback **Pd** Hoeard Meltzer, Sue Jett, Tony Mark **R** Richard Pearce **B** Daniel Therriault, Robert Sabbag **K** Fred Murphy **M** Cliff Eidelman **S** Lisa Fruchtman **D** Tom Sizemore (Bobby Batton), Mary Elizabeth Mastrantonio (Cindy Batton), Shawn Hatosy (Sean Button), Skye McCole Bartusiak (Suzie Batton), Forest Whitaker (Steven Beck) **L** 97 **E** 27.10.2000 Premiere World

DIE ZEUGIN →Rosenbaum – Die Zeugin

ZEUGIN AUF DER FLUCHT (THE WITNESS FILES). Ein ehrgeiziger Staatsanwalt, der seine Prozess-Erfolge mit Hilfe falscher Zeugen optimiert, setzt eine junge Mutter unter Druck, die er wegen Mordes zu Unrecht ins Gefängnis brachte: Sie soll gegen einen Mafia-Boss aussagen. Als die Frau merkt, dass ihr ein Killer auf der Spur ist, sucht sie Hilfe bei dem Staatsanwalt und ahnt, dass auch er ihr nach dem Leben trachtet. In ihrer Not dreht sie den Spieß um und erreicht ein fingiertes Verfahren gegen den Rechtspfleger. Temporeich inszenierter Kriminal- und Gerichtsfilm, der nicht unbedingt Glaubwürdigkeit für sich verbuchen kann. ✦ USA/Kanada 1998 **P** Diana Kerew Prod./Allegro Films **Pd** Renaud Mathieu, Stefan Wodoslawsky **R** Douglas Jackson **B** Cameron Kent **K** Bert Tougas **M** Christopher Dedrick **S** Arthur Tarnowski **D** Yancy Butler (Sandi Dickinson), David Nerman (Dennis McCoy), Barry Flatman (Frank Sutton), Mathew Harbour (Justin Dickinson), Alan Fawcett (Roland Sanderson) **L** 87 **E** 15.11.1999 ZDF

ZEUGIN AUS DER HÖLLE (GORKE TRAVE). Eine junge jüdische Frau, die die KZ-Haft überlebt hat, weigert sich, als Zeugin vor Gericht gegen ihre Peiniger auszusagen. Trotz einiger guter Ansätze bleibt der menschlich bewegende Film durch seine kolportagehafte Machart und sein Pathos im Vordergründigen stecken. – Ab 16. ✦ Schwarz-weiß. BR Deutschland/Jugoslawien 1965/67 **P** CCC/Avala **KI** Rank **Pd** Artur Brauner, Aleksandar Krstic **R** Zika Mitrovic **B** Michael Mansfeld, Frida Filipovic **K** Milorad Markovic **S** Katarina Stojanovic, Ursula Kahlbaum **D** Irene Papas (Lea Weiss), Daniel Gélin (Redakteur Petrovic), Heinz Drache (Staatsanwalt Hoffmann), Werner Peters (Rechtsanwalt von Walden), Alice Treff (Frau von Kelller), Hans Zesch-Ballot **L** 83 **FSK** ab 16; f **FBW** w **E** 29.6.1967

ZEUGIN DER ANKLAGE (1957) (WITNESS FOR THE PROSECUTION). Mitreißender und dabei witziger Gerichtskrimi, der den raffinierten Versuch einer Frau schildert, ihren wegen Mordes angeklagten Mann als Zeugin der Anklage durch eine Falschaussage zu retten. Durch die schauspielerischen Leistungen, vor allem von Charles Laughton und Marlene Dietrich, und die kühl-perfekte Inszenierung Billy Wilders, die die Spannung des klassischen »courtroom drama« buchstäblich bis zum letzten Moment aufrechterhält, ein Meisterwerk seiner Gattung. – Sehenswert ab 16. ✦ Schwarz-weiß. USA 1957 **P** Theme/United Artists **KI** United Artists **Pd** Arthur Hornblow jr. **R** Billy Wilder **B** Billy Wilder, Harry Kurnitz, nach dem gleichnamigen Bühnenstück von Agatha Christie **K** Russell Harlan **M** Matty Malneck **S** Daniel Mandell **D** Tyrone Power (Leonard Stephen Vole), Charles Laughton (RA Sir Wilfrid Robarts), Marlene Dietrich (Christine Vole), John Williams (Brogan-Moore), Elsa Lanchester (Ms. Plimsoll) **L** 114 **FSK** ab 12; f **FBW** bw **E** 28.2.1958/28.8.1964 Kino DDR/11.12.1978 DFF **fd** 6 751

ZEUGIN DER ANKLAGE (1982) (WITNESS FOR THE PROSECUTION). Ein erfolgreicher, für seinen Scharfsinn berühmter Strafverteidiger mit liebenswerten Schrullen soll sich von einem Herzinfarkt erholen; doch der alte Herr übernimmt gegen alle Widerstände einen neuen Fall, bei dem er eine des Mordes angeklagte Frau verteidigt, jedoch beinahe deren Attraktivität erliegt. Fürs Fernsehen entstandene Neuverfilmung des raffiniert konstruierten Bühnenstücks von Agatha Christie, das trotz erstklassiger Schauspieler nicht an den Klassiker von Billy Wilder heranreicht. – Ab 14 möglich. ✦ USA 1982 **P** MGM/UA **R** Alan Gibson **B** John Gay, nach dem Bühnenstück von Agatha Christie **K** Arthur Ibbetson **M** John Cameron **D** Ralph Richardson (Sir Wilfred Robarts), Deborah Kerr (Miss Plimsoll), Diana Rigg (Christine Vole), Beau Bridges (Leonard Vole), Donald Pleasence (Myers) **L** 97 **E** 28.6.1989 ARD

ZEUGIN DES MORDES (WITNESS TO MURDER). Eine Frau, die Augenzeugin eines Mordes wurde, erstattet Anzeige, doch die Polizei glaubt ihr nicht. Sie verliert darüber beinahe den Verstand und entgeht im letzten Moment dem wahnsinnigen Mörder. Auf Schockeffekte und Nervenkitzel ausgerichteter, dennoch weitgehend langweilender Kriminalfilm ohne große Glaubwürdigkeit. – Ab 16. ✦ Schwarz-weiß. USA 1954 **P** United Artists **KI** United Artists **Pd** Chester Erskine **R** Roy Rowland **B** Chester Erskine **K** John Alton **M** Herschel Burke Gilbert **S** Robert Swink **D** Barbara Stanwyck (Cheryl Draper), George Sanders (Albert Richter), Gary Merrill (Lawrence Matthews), Jesse White (Eddie Vincent), Harry Shannon (Capt. Donnelly) **L** 81 **FSK** ab 16; f **E** 18.3.1955 **fd** 3 977

ZEUGIN IM DUNKEL (WITNESS IN THE DARK). Im Verlauf vorhersehbarer Kriminalfilm. Eine blinde Telefonistin wird Zeugin eines Raubmordes; bevor auch sie ein Opfer des Mörders wird, kann sie der Polizei entscheidende Hinweise geben. (Westdeutscher TV-Titel: »Zeuge im Dunkeln«) – Ab 14. ✦ Schwarzweiß. Großbritannien 1959 **P** Ethiro-Alliance/Rank **KI** Progress **Pd** Norman Williams **R** Wolf Rilla **B** Leigh Vance, John Lemont **K** Brendan J. Stafford **M** Philip Green **D** Patricia Dainton (Jane Pringle), Conrad Phillips (Inspektor Coates), Madge Ryan (Mrs. Finch), Nigel Green (Der Eindringling), Enid Lorimer (Mrs. Temple) **L** 65 **E** 17.11.1961 Kino DDR/3.11.1962 DFF 1/1.8.1970 ZDF

ZEUS (ZEUS). Ein CIA-Agent griechischer Abstammung setzt sich auf die Spur einer brutalen Rauschgift- und Waffenschieberbande, die Frau und Adoptivtochter des amerikanischen Präsidenten ermordet haben, um ihren Machtanspruch zu unterstreichen. Letztklassiger Actionfilm mit breit ausgespielten Brutalitäten. – Wir raten ab. ✦ USA 1987 **P** G.P.A. International **VA** Ufa **Pd+R+B** George Pan-Andreas **K** Arledge Armenaki **M** Hugh Coles, George Michaelides **S** George Pan-Andreas **D** George Pan-Andreas (Zeus), Leo Morell (Boss), Athan Karras (Captain), Mark Todd (Mark), John Stevens **L** 82 **FSK** ab 18 **E** 20.6.1988 Video **fd** 27 104

ZEUS & ROXANNE (ZEUS AND ROXANNE). Die Kommunikation zwischen einem Hund und einem Delphin stiftet überraschende wissenschaftliche Erkenntnisse und eine Liebesbeziehung unter Menschen. Ein betont harm- und argloser Familienfilm, annehmbar immerhin als anspruchslose Kinderunterhaltung. – Ab 6. ✦ USA 1996 **P** Rysher Entertainment **KI** Concorde-CR/Turner **VA** Concorde (VMP) **Pd** Frank Price, Gene Rosow, Ludi Boeken **R** George Miller **B** Tom Benedek **K** David Connell **M** Bruce Rowland **S** Harry Hitner **D** Steve Guttenberg (Terry Barnett), Kathleen Quinlan (Mary Beth Dunhill), Arnold Vosloo (Dr. Claude Carver), Dawn McMillan (Becky), Miko Hughes (Jordan Barnett), Majandra Delfino (Judith Dunhill) **L** 94 **FSK** o. A.; f **FBW** w **E** 10.7.1997/12.2.1998 Video **fd** 32 635

ZHAO – DER UNBESIEGBARE (THE INVINCIBLE BOXER). Zwei rivalisierende chinesische Boxschulen liefern sich erbitterte Kämpfe um die Landesmeisterschaft. Virtuos inszenierte und ebenso stilisierte Kämpfe in einem auch formal anspruchsvollen Eastern. – Ab 16 möglich. ✦ Scope. Hongkong 1972 **P** Shaw Brothers **KI** Warner-Columbia **R** Cheng Chang-Ho **B** Chiang Yang **K** Wang Yung-Lung **M** Wu Ta-Chiang **S** Chiang Hsing Lung **D** Lo Lieh, Wang Ping-Sung, Wang Chin-Feng, Nan Kung-Xun, Tien Feng **L** 105 **FSK** ab 16; nf **E** 16.2.1973 **fd** 18 207

ZHAO XIANSHENG (ZHAO XIANSHENG). Ein Lehrer laviert zwischen Ehefrau und Geliebter, ohne sich entscheiden zu können; selbst eine Schwangerschaft und ein Treffen zu dritt bringen keine Klärung. Nach einem Unfall wird der Mann zum Pflegefall – das regungslose Verhalten hat nun seinen ganzen Körper ergriffen. Nüchtern inszenierter Erstlingsfilm eines früheren Kameramannes, der unter anderem mehrere Filme von Zhang Yimou fotografierte. ✦ VR China 1998 **P** Nam Kwong **Pd** Hong-Guang Yang **R** Lu Yue **B** Shu Ping, Lu Yue **K** Tian Lin Wang **S** Ru Zhai **L** 98

ZICKENTERROR – DER TEUFEL IST EINE FRAU (SAVING SILVERMAN). Die Freundschaft dreier alter High-School-Kumpels droht auseinander zu brechen, als der Smarteste von ihnen eine Psychologin heiraten will. Deshalb entführen sie die Verlobte, täuschen ihren Tod vor und versuchen, sie schließlich wirklich zu töten, während sie ihn mit seiner Jugendliebe verkuppeln wollen. Zotige Komödie, die ihre sexuell reaktionäre Haltung mit geschmacklosen Witzen kaschiert. Ausgeführt von einem Ensemble untalentierter Filmschaffender vor und hinter der Kamera, verpufft die unglaubwürdige Story zu purer Langeweile. – Ab 16. ✦ USA 2001 **P** Original Film/ Village Roadshow Pictures/NPV Entertainment/Columbia Pictures **KI** Columbia TriStar **Pd** Neal H. Moritz **R** Dennis Dugan **B** Greg De Paul, Hank Nelken **K** Arthur Albert **S** Debra Neil-Fisher (= Debra Neil) **D** Jason Biggs (Darren Silverman), Steve Zahn (Wayne Le Fessier), Jack Black (J. D. McNugent), Amanda Peet (Judith Snodgrass-Fessbeggler), R. Lee Ermey (Trainer), Neil Diamond **L** 96 **E** 1.11.2001 **fd** 35 107

DAS ZIEGENHORN (1971) (KOZIJAT ROG). Die Zeit der Türkenherrschaft im 17. Jahrhundert: Ein Hirte erzieht seine Tochter wie einen jungen Mann, da sie den Tod ihrer Mutter, die von vier Türken vergewaltigt wurde und starb, rächen soll. Doch als das Mädchen, das die Mörder tötet, einen jungen Mann zu lieben beginnt, trifft diesen der Haß des Vaters. Eindrucksvoll gestaltetes Historiendrama mit guten Schauspielerleistungen und voller dramatischer Elemente. – Ab 16. ✦ Scope, schwarz-weiß. Bulgarien 1971 **P** Spielfilmstudio Sofia **KI** Progress **R** Netodi Andonow **B** Nikolai Chitow **K** Dimo Kolarow **M** Simeon Pironkow, Maria Neikowa **D** Katja Paskalewa (Maria), Anton Gortschew (Karairan), Milen Penew, Todor Adamow (Deli Hyussni), Stefan Mavrodiev (Mustafa) **L** 98 **E** 19.12.1972 Kino DDR/19.4.1974 DFF 1

DAS ZIEGENHORN (1994) (KOSIJAT ROG). Bulgarien im 17. Jahrhundert: Die türkischen Fremdherrscher haben die Frau eines Hirten vergewaltigt und getötet. Der flieht mit seiner kleinen Tochter, die durch die Greueltaten stumm geworden ist, in die Berge. Dort unterweist er das Mädchen in der Kunst des Kämpfens, da es seine Mutter rächen soll. Zweite Verfilmung einer archaischen Erzählung über die Gegensätze von Haß und Liebe, eingebettet in die Geschichte Bulgariens. ✦ Bulgarien 1994 **R** Nikolai Wolew **B** Nikolai Wolew, Nikolai Haitow, nach der gleichnamigen Erzählung von Nikolai Haitow **D** Alexander Morfow (Hirte), Elena Petrowa (seine Tochter Maria), Valentin Ganew (Osman Bei), Petar Popjordanow (Chalil) **L** 84 **E** 10.6.1996 mdr

ZIEGFELDS HIMMLISCHE TRÄUME → Broadway Melodie 1950

ZIEH DICH AN, KOMTESS (PIGEN OG GREVEN). Eine Varietétänzerin wird durch Heirat Mitglied einer reichen Adelsfamilie, was zunächst zu vielen Schwierigkeiten, aber schließlich zum allseitigen Happy-End führt. Veraltetes Lustspiel nach Traumfabrikmuster, mit einer kräftigen Portion Sentimentalität und vielen Kalauern angereichert. – Ab 16 möglich. ✦ Dänemark 1966 **P** Merry **KI** Topas **R** Finn Henriksen **B** Carl Ottosen **K** Henning Christiansen **M** Ib Glindemann **D** Dirch Passer (Andreas Lütteslicht), Lene Tiemroth (Suse), Peter Steen (Ditmar), Karin Nellemose (Gräfin) **L** 99 **FSK** ab 16; nf **E** 13.10.1967/9.12.1995 mdr **fd** 15 221

ZIEH' DICH AUS, PUPPE. Aus enttäuschter Liebe versteckt sich die Tochter eines Industriellen als Zigarettenverkäuferin in einem Nachtlokal und erlebt die Tiefen des Amüsierbetriebs. »Sex and Crime« mit Klischees serviert und voller Spekulationen. ✦ BR Deutschland 1968 **P** Top **KI** Gloria **Pd** Georges C. Stilly **R+B** Akos von Ratony **K** Klaus von Rautenfeld **S** Claudia Baldauf **D** Anke Syring, Astrid Frank (Marianne), Christiane Rücker (Liane), Gaby Gasser, Linda Caroll (Jessica) **L** 86 **FSK** ab 18; nf **E** 19.7.1968/27.1.1996 SAT 1 **fd** 15 623

ZIEH DICH BLOSS NICHT AUS! (TEN SVETR SI NESVLIKEJ!). Während ein Familienvater in Kur ist, löst ein Brief daheim heftige Tumulte aus. Demnach nämlich soll Vater Novák neben seiner Tochter ein weiteres – uneheliches – Kind haben. ✦ CSSR 1980 **P** Filmstudio Barrandov **R** Zdenek Mika **B** Milan Ruzicka, nach einem Roman von Blanka Jiraková **K** Jirí Stöhr **M** Ladislav Staidl **D** Iva Janzurová, Petr Nározny, Stella Zázvorková, Zdenek Rehor, Zuzana Bydzovská **L** 80 **E** 1.5.1982 DFF 2

ZIEL: ADLER → Target – Gewalt gegen Gewalt

DAS ZIEL IM DUNKEL (L'HOMME DANS LA NUIT). Ein 30jähriger Pariser Polizist der Abteilung »Organisierte Kriminalität« wird bei einer Festnahme schwer verletzt und erblindet. Zunächst ist er hilflos und verzweifelt, doch mit Hilfe einer blinden Frau lernt er, sich in der Welt der Dunkelheit zurecht zu finden. Bald schon schmiedet er Rachepläne und tüftelt zusammen mit einer attraktiven Frau, die mit dem Gangster ebenfalls noch eine Rechnung zu begleichen hat, einen raffinierten Plan aus. – Ab 16. ✦ Frankreich 1993 **R** Claude Boissol **B** Paul Andréota, André G. Brunelin **K** Christian Decréton **M** Fruits et Légumes **D** Patrick Catalifo (Morane), Laure Killing (Hélène), Véronique Prune (Sophie), Didier Bénureau (Vilain), Farid Chopel (Nico) **L** 95 **E** 28.2.1994 ZDF

ZIEL IN DEN WOLKEN. Im Jahre 1909 nimmt ein Oberleutnant der Potsdamer Garde-Ulanen seinen Abschied, um sich ganz der Fliegerei zu widmen, deren Bedeutung für das Heer er erkannt hat. Alle, bis auf seine Verlobte, sind gegen ihn. Die Braut begleitet ihn nach allem Ungemach auf seinem endlich geglückten Beobachtungsflug. Der Beginn der deutschen Militärfliegerei wird in historischem Bildmaterial gezeigt und sichert dem perfekt inszenierten Propagandafilm von 1938 ein begrenztes Interesse. Als »staatspolitisch wertvoll« prädikatisiert; nach 1945 von den Alliierten Militärregierungen verboten. – Ab 16 möglich. ✦ Schwarz-weiß. Deutschland 1938 **P** Terra **KI** Transit/Murnau-Stiftung **R** Wolfgang Liebeneiner **B** Philipp Lothar Mayring, Eberhard Frowein, nach dem gleichnamigen Roman von Hans Rabl **K** Hans Schneeberger **M** Wolfgang Zeller **D** Leny Marenbach, Brigitte Horney, Albert Matterstock, Werner Fuetterer, Volker von Collande **L** 98 **E** 1.12.1938

ZIEL SYDNEY – DER ZEHNKÄMPFER FRANK BUSEMAN. (Fernseh-)Dokumentation über den westfälischen Zehnkämpfer Frank Buseman, der 1996 bei den Olympischen Spielen in Atlanta als 21-Jähriger Silber gewann und zum nationalen Helden avancierte, seitdem aber ständig mit Verletzungen zu kämpfen hat. Der Film beobachtete Buseman vier Jahre lang bei seinen Vorbereitungen auf die nächsten Spiele in Sydney und zeichnet das Bild eines Athleten, der vom unbekümmerten Talent zum nachdenklichen Sportler heranreifte. ✦ Deutschland 2000 **R** Friedrich Bohnenkamp **L** 100 **E** 6.9.2000 ARD

DAS ZIELBEWUSSTE FRÄULEIN (ODVAZNA SLECNA). Eine Gerichtsprotokollantin bringt sich und ihren Chef, der sie liebt, in Schwierigkeiten, weil sie den leidtragenden Scheidungskindern helfen will. Immer wieder verschwinden Kinder aus zerrütteten Familien, um bei der Familie der jungen Frau Unterschlupf zu finden. Das kann natürlich auf Dauer nicht verborgen bleiben. Liebenswerte, heitere Unterhaltung mit märchenhaften Zügen, die ihre Personen mit wenigen Zügen treffend charakterisiert. – Ab 10. ✦ Scope, schwarz-weiß. CSSR 1969 **P** Filmstudio Barrandov **KI** Progress **R** Frantisek Filip **B** Vratislav Blazek, Otto Zelenka **K** Rudolf Stahl **M** Jirí Malásek, Jirí Bazant **D** Jirina Bohdalová (Miková), Josef Kemr (Dr. Koupa), Stella Zázvorková (Anezka), Zdenek Kryzánek (Müller Mika), Václav Voska (Dr. Smolik) **L** 84 **E** 29.1.1971 Kino DDR/25.3.1972 DFF 1

ZIELSCHEIBEN. Ein Kronzeuge der Staatsanwaltschaft soll unter dem Schutz eines erfahrenen Polizisten bis zum Prozeß gegen seine Verbrecher-Organisation untertauchen. Als die Polizei beide fallen läßt, entwickelt sich auf der gemeinsamen Flucht eine Freundschaft zwischen den gegensätzlichen Charakteren. Ein mißlungener Versuch, Genre-Vorbilder mit der Beziehungsproblematik des »Neuen deutschen Films« zu mischen; weitgehend spannungslos, doch nicht ohne Charme. – Ab 16. ✦ BR Deutschland 1984 **P** Studio Hamburg **KI** Filmverlag der Autoren **VA** RCA/Columbia **Pd** Claus Schmitt-Holldack **R+B** Volker Vogeler **K** Günter Wulff **M** Edward Aniol **S** Claudia Rieneck **D** Bernard Fresson (Fütterer), Oliver Stritzel (Zorro), William Berger (Broschat), Eva-Maria Hagen, Marquard Bohm, Franz-Joseph Steffens (Gotta), Dietrich Mattausch (Dr. Singer), Siegfried Kernen (Dr. Schneider) **L** 90 **FSK** ab 16; f **FBW** w **E** 15.3.1985/9.9.1985 Video/ 16.12.1986 NDR **fd** 24 989

ZIEMLICH WEIT WEG. Ein Filmemacher der 68er Generation überdenkt seine Verbürgerlichung und das Scheitern früherer Ideale, wobei auch sein eheliches Privatleben zunehmend aus den Fugen gerät. Der renommierte Dokumentarfilmer Dietrich Schubert zeichnet in seinem ersten Spielfilm ein schonungsloses und resignatives Selbstporträt: ein trauriger, vergrübelter, selbstquälerischer, oft larmoyanter Abgesang auf vergangene APO-Euphorie. Als Beispiel eines gescheiterten Thesenfilms selbst Symptom jener Krise, die er beschreibt. – Ab 16. ✦ BR Deutschland 1982 **P** Filmproduktion Dietrich Schubert **KI** Verleihgenossenschaft der Filmemacher **Pd+R+B** Dietrich Schubert **K** Henning Zick **M** Bernhard Schmitz **S** Hanne Huxoll **D** Burghart Klaußner, Christiane Lemm, Wolfgang Kraßnitzer, Barbara Grupe, Christine Kaufmann **L** 91 **FSK** ab 12; f **FBW** bw **E** 30.9.1983 **fd** 24 221

ZIER DICH NICHT, SCHÄTZCHEN →Das Mädchen Ariane

ZIGARREN WERDEN NACHTS GEROLLT →Gun Fighter

DER ZIGEUNER (1967) (ZYGAN). Eine junge Bäuerin nimmt das neugeborene Kind einer Zigeunerin, die von einem Panzer der Faschisten getötet wurde, zu sich und zieht es wie ihr eigenes auf. Jahre später erkennt sie in dem Zigeuner, der als Schmied in ihr Dorf kommt, den Vater des Jungen. Doch erst nach schweren Kämpfen entschließt sie sich, den ihr liebgewordenen Jungen seinem Vater zurückzugeben. Ein bedeutender Film in meisterlicher Gestaltung und überragender Darstellung; die künstlerische Qualität findet ihre Entsprechung in der ethischen Aussage des Films. – Ab 14. ✦ Scope, schwarz-weiß. UdSSR 1967 **P** Dowshenko-Studio **KI** Progress **R** Jewgeni Matwejew **B** Jewgeni Mitko, Jewgeni Matwejew **K** Michail Tschorny **M** Wenjamin Basner **D** Ljudmila Chitjajewa (Klawdija), Jewgeni Matwejew (Budulai), S. Jermilow (Wanja), Wladimir Jemeljanow (Timofej Iljitsch), Iwan Perewersew (Iwan Dmitrijewitsch) **L** 81 **E** 19.9.1969 Kino DDR

DER ZIGEUNER (1975) (LE GITAN/LO ZINGARO). Ein aus dem Zuchthaus entflohener Zigeuner wird von einem Polizeiteam gejagt, das gleichzeitig mit der Aufklärung eines Juwelendiebstahls beschäftigt ist. Kriminalfilm, dem auch die Starbesetzung nicht über sein Mittelmaß hinweghelfen kann. – Ab 16. ✦ Frankreich/Italien 1975 **P** Lirafilm/Adel/Mondial **KI** Scotia **R** José Giovanni **B** José Giovanni, nach seinem Roman **K** Jean-Jacques Tarbès **M** Django Reinhardt, Claude Bolling **D** Alain Delon (Der Zigeuner), Paul Meurisse (Yan Kuq), Annie Girardot (Ninie), Maurice Barrier (Helman), Renato Salvatori (Amila) **L** 102 **FSK** ab 16; f **E** 4.3.1976 **fd** 19 735

ZIGEUNER SEIN (ATT VARA ZIGARNE). Dokumentarfilm über die Lage der Zigeuner in Deutschland und Österreich, 25 Jahre nach dem Ende des Nationalsozialismus. Zunächst rekonstruiert Nestler in Gesprächen, mit Dokumenten und Zeugnissen die Verfolgung und Ermordung der Zigeuner während der Nazi-Zeit. Dann beschreibt er die Wirklichkeit der ehedem Verfolgten Ende der 60er Jahre und hält so die Folgen der Vergangenheit in der Gegenwart fest. ✦ Schwarz-weiß. Schweden 1970 **P** Schwedisches Fernsehen SVT **SF** Filmkundliches Archiv, Köln **R** Peter Nestler **B** Peter Nestler, Zsóka Nestler **K** Peter Nestler **S** Peter Nestler **L** 47 **E** 18.12.1970

ZIGEUNER-WILDKATZE (GIPSY WILDCAT). Zigeuner werden unter Mordverdacht auf einer mittelalterlichen Burg gefangengesetzt. Unter ihnen ist auch die totgeglaubte Tochter des gemeuchelten Grafen. Anspruchslose Unterhaltung in bunter Pseudo-Folklore. – Ab 16. ✦ USA 1944 **P** Universal **KI** Universal **R** Roy William Neill **K** George Robinson **M** Edward Ward **D** Maria Montez, Jon Hall, Peter Coe, Leo Carrillo, Douglas Dumbrille **L** 74 **FSK** ab 16; nf **E** 12.10. 1951 **fd** 1 337

DER ZIGEUNERBARON (1935). An die Theaterfassung angelehnte Vorkriegsverfilmung der Operette von Johann Strauß. Gut gespielt und geschickt arrangiert. – Ab 12. ✦ Schwarz-weiß. Deutschland 1934/35 **P** UFA **KI** Türck **R** Karl Hartl **B** Vineta Klinger, Walter Supper, Tibor Yost, nach der gleichnamigen Operette von Johann Strauß und der Novelle »Saffi« von Maurus Jokai **K** Günther Rittau, Otto Baecker **M** Alois Melichar, Johann Strauß (Melodien) **S** Milo Harbich **D** Adolf Wohlbrück (Sandor Barinkay), Hansi Knoteck (Saffi), Fritz Kampers (Zsupan), Gina Falckenberg (Arsena), Edwin Jürgensen (Homonay) **L** 112 **E** 17.4.1935/29.7.1963 DFF 1 **fd** 912

DER ZIGEUNERBARON (1954). Liebe, Eifersucht, Zigeunermusik im Österreich-Ungarn Maria Theresias: Ein aus der Türkei nach Österreich zurückgekehrter Junker sieht sich seines väterlichen Erbes beraubt und kommt erst mit Hilfe von redlichen Zigeunern zu Recht und Prinzessin. Aufwendige, mit zeitbezogenen Anspielungen versehene Verfilmung der bekannten Operette von Johann Strauß, die stilistisch kaum Eigenständigkeit aufweist. – Ab 14. ✦ BR Deutschland 1954 **P** Berolina **KI** Ufa **Pd** Kurt Ulrich, Heinz Willeg, Karl Mitschke **R** Arthur Maria Rabenalt **B** Curt J. Braun, nach einem Roman von J. Schnitzer und der gleichnamigen Operette von Johann Strauß **K** Kurt Schulz **M** Johann Strauß (Melodien) **S** Margarete Steinborn **D** Margit Saad, Gerhard Riedmann, Karl Schönböck, Paul Hörbiger, Oskar Sima **L** 105 **FSK** ab 6; nf **E** 31.8.1954 **fd** 3 526

DER ZIGEUNERBARON (1962) (PRINCESSE TZIGANE). Inhaltlich veränderte, musikalisch dürftige Verfilmung der beliebten Strauß-Operette: harmlose Liebes- und Räuberromantik im überstilisierten Ungarn, die von den krampfhaften Bemühungen der deutschen Filmindustrie der 60er Jahre zeugt. – Ab 12. ✦ BR Deutschland/Frankreich 1962 **P** Berolina/Comptoir d'Expansion **KI** Constantin **Pd** Kurt Ulrich **R** Kurt Wilhelm **B** Heinz Oskar Wuttig, nach der gleichnamigen Operette von Johann Strauß **K** Willi Sohm **M** Rolf Wilhelm, Johann Strauß **S** Martha Dübber **D** Carlos Thompson (Sandor von Barinkay), Heidi Brühl (Arsena), Willy Millowitsch (Kalman Zsupan), Danièle Gaubert (Saffi), Peer Schmidt (Ernö) **L** 103 **FSK** ab 6; nf **E** 28.9.1962/25.12.1968 ZDF **fd** 11 440

ZIGEUNERBLUT (JASSY). Eine Zigeunerin wird des Mordes an ihrem ungeliebten Ehemann, einem brutalen Gutsbesitzer, verdächtigt. Kolportage mit immerhin um Glaubwürdigkeit bemühten Darstellern. – Ab 16. ✦ Großbritannien 1947 **P** Gainsborough **KI** Eagle-Lion **Pd** Sydney Box **R** Bernard Knowles **B** Dorothy Christie, Campbell Christie, Geoffrey Kerr, nach einem Roman von Norah Lofts **K** Geoffrey Unsworth **M** Henry Geehl **S** Charles Knott **D** Margaret Lockwood (Jassy), Patricia Roc (Dilys), Dennis Price (Christopher Hatton), Basil Sydney (Nick Helmar), Dermot Walsh (Barney Hatton), Esma Cannon (Lindy), Cathleen Nesbitt (Elizabeth Twisdale), Linden Travers (Mrs. Helmar) **L** 96 **FSK** ab 16; nf **E** 27.9. 1949 **fd** 431

ZIGEUNERGESETZ (ROMANI KRIS / CIGANYTÖRVENY). Um seinen Seelenfrieden finden zu können, muss ein alter Zigeuner für zwei Sünden Abbitte leisten: Einst hatte er die jüngste Tochter verstoßen, weil sie ihm bei einer Feier nicht schmeicheln wollte, ferner muss die Seele eines von ihm getöteten ungarischen Beamten um Vergebung gebeten werden. Zusammen mit seinem jugendlichen Freund, einem Geige spielenden Narren, macht sich der Alte auf den beschwerlichen Weg durch das moderne Ungarn. Ein als Roadmovie entwickeltes Zigeuner-Melodram voller Klischees, dessen vermeintlicher Tiefgang auf Konsumierbarkeit angelegt ist und das die tatsächlichen Probleme im heutigen Ungarn eher verharmlost. ✦ Deutschland/Bulgarien/Ungarn 1996/97 **P** BR/Gala Film/Európa 2000 KFT/Marcropus Film **Pd** Barna Kabay **R** Bence Gyöngyössy **B** Bence Gyöngyössy, András Nagy **K** Tamás Sas **M** Ferenc Kiss **S** Mária Nagy **D** Djoko Rossich (Lovér), Mihály Szabados (Tamaska), Violetta Koleva (Sarolta), Silvia Pincu (Ilka), Diliana Dimitrova (Kukunda) **L** 90 **E** 21.1. 2001 Bayern 3

ZIGEUNERIN ASA →Asa, die Zigeunerin

DAS ZIGEUNERLAGER ZIEHT IN DEN HIMMEL →Wenn die Zigeuner ziehen

ZIGEUNERLEBEN. Als in einem kleinen Dorf eine Kioskbesitzerin überfallen wird, ist es für alle Bewohner klar, der Täter kann nur aus der nahen Roma-Siedlung kommen. Auch die wasserdichten Alibis der beiden Hauptverdächtigen halten die Polizei nicht ab, nur diese Spur zu verfolgen. Dass der Täter aus den eigenen Reihen kommen könnte, zieht niemand in Betracht. Ein Leerstück über Fremdenfeindlichkeit, Vorurteile und den Vorteil, einen Sündenbock zu haben. ✦ Österreich 1993 **P** Thalia-Film **Pd** Gerda Fritz **R** Susanne Zanke **B** Thomas Baum **K** Tamás Ujlaki **S** Daniela Pudalewski-Junek **D** Roland Jäger (Roman), Lila Gürmen (Anna), Maria Martina (Gisela), Hjalmar Este (Erich), Michael Seida (Josef) **L** 95 **E** 17.12.1994 ORF 2

DAS ZIGEUNERMÄDCHEN VON SEBASTOPOL (CHARGE OF THE LANCERS). Eine Zigeunerin hilft einem britischem Offizier bei der Gefangenenbefreiung aus einer Festung im Krimkrieg (1855). Abenteuerlich-bunter Bilderbogen. – Ab 14. ✦ USA 1953 **P** Columbia **KI** Columbia **Pd** Sam Katzman **R** William Castle **B** Robert E. Kent **K** Henry Freulich **M** Ross Di Maggio **S** Henry Batista **D** Jean-Pierre Aumont (Capt. Eric Evoir), Paulette Goddard (Tanya), Richard Stapley (Maj. Bruce Lindsey), Karin Booth (Maria Sand), Charles Irwin (Tim Daugherty), Ben Astar (Gen. Boris Inderman) **L** 73 **FSK** ab 12; nf **E** 23.11. 1954 **fd** 3 719

ZIGEUNERPRINZESSIN (WINGS OF THE MORNING). Romantische Liebe, erst zwischen der Tochter eines Zigeunerkönigs und einem britischen Lord, später zwischen den Nachfahren ihrer Familien. Ein fesselnd gefilmtes Pferderennen in Epsom als Höhepunkt im ersten britischen Film in Technicolor. – Ab 12. ✦ Großbritannien 1937 **P** 20th Century Fox **KI** Europa **Pd** Robert T. Kane **R** Harold Schuster **B** Tom Geraghty **K** Ray Rennahan, Jack Cardiff **M** Arthur Benjamin **D** Annabella (Marie), Leslie Banks (Lord Clontarf), Henry Fonda (Kerry), Stewart Rome (Sir Valentien), D. J. Williams (Mairik) **L** 85 **FSK** ab 12; f **E** 18.7. 1937 **fd** 488

ZIGGY STARDUST AND THE SPIDERS FROM MARS (ZIGGY STARDUST AND THE SPIDERS FROM MARS). Ohne künstlerische Ambitionen abgefilmter Live-Auftritt eines legendären Popkonzerts des jungen David Bowie aus dem Jahr 1973, der die damalige Provokation seiner Show heute nur mehr erahnen läßt. Selbst für Bowie-Fans allenfalls von historischem Interesse. – Ab 14. ✦ Großbritannien/ USA 1973 **P** Mainman/Pennebaker/Bewlay Brothers **KI** Impuls **R** D. A. Pennebaker **B** D. A. Pennebaker, Nick Doob, Randy Franken **K** James Desmond, Michael Davis **M** David Bowie **S** Lorry Whitehead **D** David Bowie (Ziggy Stardust), Mick Ronson, Trevor Bolder, Woody Woodmansey, Ken Fordham **L** 95 **E** Mai 1985 Kino **fd** 25 219

ZILLE UND ICK. Begebenheiten aus dem Leben des Berliner Arme-Leute-Malers Heinrich Zille in einem heiter beschwingten, stimmungsvollen, gut fotografierten, aber künstlerisch kaum überdurchschnittlichen DEFA-Musical, das sich in seinen Gruppenarrangements sichtlich an Hollywood-Klassikern wie »Hello, Dolly!« orientiert. – Ab 14. ✦ Scope. DDR 1982/83 **P** DEFA, Gruppe »Johannisthal« **KI** Progress **VA** Icestorm **Pd** Hans-Erich Busch **R** Werner W. Wallroth **B** Werner W. Wallroth, nach dem Musical »Der Maler von Berlin« von Dieter Wardetzky und Peter Rabenalt **K** Wolfgang Braumann **M** Peter Rabenalt **S** Thea Richter **D** Kurt Nolze (Heinrich Zille), Daniela Hoffmann (Jette Kramer), Thomas Zieler (Ede Schmidt), Doris Abeßer (Luise Kramer), Helmut Schreiber (Diestelmeyer) **L** 117 **E** 27.9.1983 Kino DDR/8.11.1985 DFF 1/30.10.2001 Video

ZILLERTAL, DU BIST MEI FREUD →Die Zwillinge vom Zillertal

ZIMATAR (ZIMATAR). Ein zehnjähriger edler Prinz begibt sich im Land einer Hexe auf die Suche nach Vater und Brüdern, die auszogen, um die goldene Blume zu finden. Fabel nach klassischen Märchenmotiven, teils bieder-betulich, gegen Ende mit einigen aktionsbetonten Schwertkampfszenen. – Ab 12. ✦ Philippinen 1982 **P** Stuff **VA** Video Live **Pd** Larry Santiago **R** Ric P. Acasio **D** J. C. Bonnin, Aca Vergel, Al Tanday, Michael de Mesa, Leo Delfin **L** 135 **FSK** ab 12 **E** Mai 1988 Video

DIE ZIMBERN (I CIMBRI). Eine meditative Annäherung an die Landschaft und Menschen in den abgelegenen Tälern östlich des Gardasees, deren Bewohner »Zimbern« genannt werden. Über die assoziative Aneignung von Naturidyllen sowie der Atmosphäre vom Leben in den kleinen Ortschaften nähert sich der sehr persönliche Dokumentarfilm einer vergessenen, zum Aussterben verurteilten Volksgruppe, die als Nachfahren bajuwarischer Stämme ein urtümliches, heute kaum noch verständliches Deutsch sprechen. (O.m.d.U.) ✦ Schwarz-weiß. Österreich 1989/91 **P** Peter Schreiner Prod./Verein der Sprachinselfreunde **SF** Freunde der Deutschen Kinemathek **Pd+R+B+K** Peter Schreiner **S** Peter Schreiner **L** 116 **E** 1991 Kino

DAS ZIMMER (HEYA). Ein alternder Mörder, der an der Alzheimer Krankheit leidet, sucht ein Zimmer. Der jungen Immobilienhändlerin erläutert er mit monotoner Stimme seinen Wunsch nach einem kleinen, gemütlichen Zimmer mit unverstellter Aussicht, luftig und hell am Tage, ruhig in der Nacht. Ihre schweigsame Suche führt sie vorbei an Häusermeeren voller ungeeigneter Wohnungen. Immer wieder eingeblendet werden die Erinnerungen an Mordtaten. Schließlich findet er ein Abbruchhaus am Rande Tokios und erschießt sich. In konsequentem Minimalismus endet der Film in den Ruinen, die der wild wachsende Wirtschaftsboom in Tokio hinterlassen hat. ✦ Schwarz-weiß. Japan 1993 **P** Anchors **Kl** Freunde der Deutschen Kinemathek **R+B** Sion Sono **K** Yuichiro Otsuka **M** Kosei Yamamoto **S** Kunthiko Ukai **D** Akaji Maro, Yuriko Dohguchi, Siro Sano **L** 92 **E** Sommer 1993 Kino

DAS ZIMMER DER ZAUBERINNEN (LA CHAMBRE DES MAGICIENNES). Eine junge Frau gerät unter Zwänge, die sie in Panik geraten lassen, und wird mit schweren Migräne-Anfällen in eine neurologische Klinik eingewiesen. Während ihres winterlichen Aufenthalts, bei dem sie ihr Zimmer mit einer fernsehsüchtigen Gelähmten und einer verwirrten alten Frau teilt, kann sie sich von ihren Ängsten befreien und lernt, ihr fremdbestimmtes Selbstbild aufzugeben. Ein kleiner, sehr menschlicher Film, der seine einfache Geschichte ohne Pathos, aber mit Anteilnahme erzählt. Gefilmt wurde mit einer Digitalkamera, eine neue Technologie, die eine produktive Zukunft verheißt. – Sehenswert ab 16. ✦ Frankreich 1999 **P** Les Films de la Boissière/Télécip/La Sept/arte **Pd** Annie Miller **R** Claude Miller **B** Claude Miller, nach dem dritten Kapitel des Romans »The Blindfold« von Siri Hustvedt **K** Philippe Welt **S** Véronique Lange **D** Anne Brochet (Claire), Mathilde Seigner (Odette), Annie Noël (Eléonore), Yves Jacques (Fish), Edouard Baer (Simon) **L** 80 **E** 26.5.2000 arte

ZIMMER 13. Ein Rasiermessermörder stört die Pläne einer Posträuberbande und ruft Scotland Yard auf den Plan. Unterstützt von einem schlauen Privatdetektiv kann der psychopathische Täter entlarvt und die Bande zur Strecke gebracht werden. Sechzehnter Film der deutschen Edgar-Wallace-Reihe, diesmal mit etwas weniger bizarren Gruseleffekten und etwas mehr »lasterhafter« Unterweltatmosphäre. ✦ Schwarz-weiß. BR Deutschland 1963 **P** Rialto **Kl** Constantin **Pd** Horst Wendlandt **R** Harald Reinl **B** Quentin Philips (= Will Tremper), nach einem Roman von Edgar Wallace **K** Ernst W. Kalinke **M** Peter Thomas **S** Jutta Hering **D** Joachim Fuchsberger (Johnny Gray), Karin Dor (Denise Marney), Hans Clarin (Mr. Igle), Eddi Arent (Dr. Higgins), Richard Häussler (Joe Legge), Walter Rilla (Sir Marney) **L** 89 (neu 85) **FSK** ab 18; nf (ab 12; f) **E** 20.2.1964/17.11.1978 Kino DDR/5.3.1983 DFF 1 **fd** 12577

EIN ZIMMER IN DER STADT (UNE CHAMBRE EN VILLE). Während des Werftarbeiterstreiks in Nantes 1955 verlieben sich ein junger Arbeiter und die verheiratete Tochter einer mittellosen Baronin ineinander, doch ihr Glück zerbricht. Eine musikalische Tragikomödie, in der alle Dialoge rezitativähnlich gesungen werden. Realität und Fiktion verbinden sich zu einem irritierenden Gefüge von eigenwilliger Lyrik, in dem Gefühle in stilisierter, dennoch aufklärerischer Weise umschrieben werden. (O.m.d.U.) – Ab 16. ✦ Frankreich 1982 **P** Progefi/TF1/UGC/Top No. 1 **Kl** Freunde der Deutschen Kinemathek **Pd** Christine Gouze-Rénal **R+B** Jacques Demy **K** Jean Penzer **M** Michel Colombier **S** Sabine Mamou **D** Danielle Darrieux (Margot Langlois), Richard Berry (François Guilbaud), Dominique Sanda (Edith Leroyer), Michel Piccoli (Edmond Leroyer), Fabienne Guyon (Violette Pelletier), Anna Gaylor (Madame Pelletier) **L** 92 **E** 4.7.1984 HR/WDR/NDR **fd** 24673

DAS ZIMMER MEINES SOHNES (LA STANZA DEL FIGLIO). Ein Psychoanalytiker, der glücklich mit seiner vierköpfigen Familie in Ancona lebt, fährt eines Tages zu einem Patienten, statt seinen Sohn zum Tauchen zu begleiten. Der Sohn stirbt dabei durch einen Unfall. Daraufhin entzweit sich die übrige Familie, und der Vater gibt sich die Schuld am Unglück. Sehr sensibel inszenierte Studie über den Zerfall einer Familie durch die Unfähigkeit, mit dem Gefühl der Trauer zurechtzukommen; genau in der Beobachtung menschlicher Reaktionen, plastisch in der Figurenanlage und nüchtern im Stil. (Kinotipp der katholischen Filmkritik) – Sehenswert ab 14. ✦ Italien 2001 **P** Sacher Film/Bac Films/StudioCanal/Rai Cinema/Tele+ **Kl** Prokino **Pd** Nanni Moretti, Angelo Barbagallo **R** Nanni Moretti **B** Heidrun Schleef, Nanni Moretti, Linda Ferri **K** Giuseppe Lanci **M** Nicola Piovani **S** Esmeralda Calabria **D** Nanni Moretti (Giovanni), Laura Morante (Paola), Jasmine Trinca (Irene), Guiseppe Sanfelice (Andrea), Silvio Orlando (Oscar) **L** 100 **FSK** ab 12; f **FBW** bw **E** 22.11.2001 **fd** 35156

ZIMMER MIT AUSSICHT (A ROOM WITH A VIEW). Im Florenz des Jahres 1907 begegnet eine junge Engländerin einem vitalen und leicht exzentrischen jungen Mann, flüchtet sich zunächst in eine von Vernunft geprägte Verlobung mit einem Landadligen, entscheidet sich aber über alle Konventionen hinweg für ihre Liebe. Die zarte Geschichte eines sich öffnenden Herzens geht in einer atmosphärisch wie psychologisch stimmigen Inszenierung und Darstellung eine schlüssige Verbindung mit einer ironischen Studie englischer Mentalität und Begegnung mit einer fremden Kultur ein. Zugleich eine Liebeserklärung an das ausgehende viktorianische Zeitalter. (Neustart 1998: O.m.d.U.) – Sehenswert ab 16. ✦ Großbritannien 1986 **P** Merchant-Ivory/Goldcrest/National Film Finance Corporation/Curzon/Film Four **Kl** Concorde/Neustart: Kairos **VA** VCL/Virgin **DVD** Toppic (1.54:1, DD5.1 engl./dt.) **Pd** Ismail Merchant **R** James Ivory **B** Ruth Prawer Jhabvala, nach einem Roman von E.M.Forster **K** Tony Pierce-Roberts **M** Richard Robbins, Giacomo Puccini **S** Humphrey Dixon **D** Helena Bonham Carter (Lucy Honeychurch), Maggie Smith (Charlotte Bartlett), Denholm Elliott (Mr. Emerson), Julian Sands (George Emerson), Daniel Day-Lewis (Cicil Vyse) **L** 116 **FSK** ab 12; f **FBW** w **E** 27.11.1986/17.8.1987 Video/13.11.1987 Kino DDR/9.10.1988 ARD/18.6.1998 Neustart/9.2.1999 DVD **fd** 25916

ZIMMER MIT BLICK AUFS MEER (POKOJZ WIDOKIEM NA MORZE). Zwei polnische Psychologen versuchen mit unterschiedlichen wissenschaftlichen Methoden, einen jungen Mann, der auf einem Fenstersims im obersten Stockwerk eines Hochhauses steht, von seinen Selbstmordabsichten abzubringen. Hauptinhalt des Films ist der Meinungsstreit zwischen den Psychologen über die besseren Methoden. Zwar bleibt unklar, was den jungen Mann schließlich umstimmt, und der Schluß scheint auch zu dramatisch, doch das Umfeld des Selbstmordkandidaten ist lebensecht und die ganz persönliche Art der psychologischen Erfolgsmethode interessant. ✦ Polen 1978 **P** Film Polski **R** Janusz Zaorski **B** Janusz Zaorski, Maciej Karpinski **K** Edward Klosinski **M** Adam Slawinski **D** Piotr Fronczewski, Gustaw Holoubek, Zofia Mrozowska, Marek Bargielowski, Iwona Byiernacka **L** 90 **E** 11.6.1980 ARD/20.4.1990 DFF 1

DAS ZIMMER NEBENAN (OBOK). In einem Hotel treffen sich zufällig Vater und Sohn nach langer Trennung wieder. Der junge Mann ist Wirtschaftsmanager; seine Ehe ist kaputt, seine Geliebte drängt auf Scheidung, die er jedoch immer wieder hinausschiebt. Der Vater hat als erfolgreicher Pianist seine Familie verlassen und plant nach längerer Abstinenz ein Comeback, aber der Konzertvertrag kommt nicht zustande. Eigentlich hätten sich die Männer viel zu erzählen, aber sie versinken in Sprachlosigkeit und bleiben einander fremd. Der Vater stirbt unbemerkt im Nebenzimmer an einem Hustenanfall. Das polnische Regietalent Falk (»Der Conferencier«, 1977) inszenierte diese Parabel um das Nichtverstehen der Generationen als subtiles Kammerspiel und mit einigen satirischen Spitzen gegen die Konventionen des polnischen Bürgertums. ✦ Polen 1979 **P** Film Polski **R+B** Feliks Falk **K** Janusz Kalicinski **M** Jan Kanty Pawluskiewicz **D** Ewa Dalkowska, Wojciech Alaborski, Andrzej Szalawski **L** 55 **E** 27.10.1980 ARD **fd** 22646

ZIMMER OHNE AUSGANG (BIZALOM). Herbst 1944 in Budapest: Ein Mann und eine Frau, die sich bisher nicht kannten, beide verheiratet, müssen untertauchen. Beherrscht von Furcht und Mißtrauen gegen die Außenwelt und andere Menschen, finden sie allmählich doch den Weg zu einem nicht ungefährdeten Miteinander. Einfühlsam und psychologisch stimmig schildert der Film, wie sich zwei Menschen allmählich von Zwangsvorstellungen befreien. Ohne dramatische Effekte, ruhig und getragen inszeniert. (Westdeutscher TV-Titel: »Vertrauen«) – Sehenswert. ✦ Ungarn 1979 **P** Mafilm, Objektív Stúdió **Kl** Progress **Pd** Lajos Ovári **R+B** István Szabó **K** Lajos Koltai **D** Ildikó Bánsági (Kata), Péter Andorai (János Bíró), O. Gombik (Die alte Frau), Károly Csáki (Der Alte Mann), Tamás Dunai (Hoffmann) **L** 117 **E** 6.2.1981 Kino DDR/1.12.1981 ZDF

ZIMMER 36 (ZIMMER 36). Ein Journalist spürt eher zufällig dem angeblichen Selbstmord des Ehemannes einer jungen Musiklehrerin nach, verliebt sich in die von ihrer Mutter herumkommandierte Frau und entdeckt unter Lebensgefahr, daß die Geliebte wegen eines Mordversuchs in ihrer Kindheit jahrelang von einem ältlichen Geschäftsmann drangsaliert und sexuell mißbraucht wurde. Ein ästhetisch reizvoller Psychothriller, der sich an klassischen Vorbildern wie Hitchcocks »Marnie« und »Der unsichtbare Dritte« orientiert. Einfallsreich in düsterer Tönung fotografiert, leidet der Film an den schwachen schauspielerischen Leistungen. – Ab 16. ✦ Teils schwarz-weiß. Schweiz/BR Deutschland 1988 **P** Condor/Boa/ZDF **Pd+R** Markus Fischer **B** Markus Fischer, Rosemarie Fendel **K** Jörg Schmidt-Reitwein **M** Alberto Ginastera, Heitor Villa-Lobos, Vincenzo Bellini **S** Lilo Gerber **D** Babett Arens (Hanna Böhm), Peter Cieslinski (Fred Milo), Anne-Marie Blanc (Mutter), Volker Prechtel (Portier), Horst Warning (Egon Becker) **L** 88 **E** 24.1.1989 ZDF

ZIMMER ZU VERMIETEN →Vier Treppen rechts

ZIMMERMÄDCHEN DER LUST (BONNE A TOUT FAIRE). Nachdem sie als Zimmermädchen in Luxushotels ihre Reize hat spielen lassen, überführt eine junge Frau, als Hausmädchen getarnt, den Gangster, der ihren Vater zum Selbstmord getrieben hat. Platter Sexfilm. ✦ Frankreich 1980 **P** Cinema 2002 **Kl** Apollo u. a. **R** André Marchand (= Claude Pierson) **B** Claude Pierson **D** Sophia André, Gregory Salvatin, Dominique Bonvalo **L** 79 **FSK** ab 18; nf **E** 14.11.1980

DAS ZIMMERMÄDCHEN DER TITANIC (LA FEMME DE CHAMBRE DU TITANIC/LA CAMARERA DEL TITANIC). Ein lothringischer Arbeiter, der in Southampton die Abfahrt der »Titanic« miterlebt, kehrt mit dem Foto eines attraktiven Zimmermädchens, das bei ihm übernachtete, nach Hause zurück. Da er seine Frau des Ehebruchs verdächtigt, erfindet er eine Romanze mit seiner Zufallsbekanntschaft und entwickelt sich – notgedrungen – zum begnadeten Geschichtenerzähler. Die Geschichte einer »erfundenen« Dreiecksbeziehung, erzählt in erlesenen Bildern, die dank des überzeugenden Hauptdarstellers viele Facetten der Vorstellungskraft entfaltet. – Ab 16. ✦ Frankreich/Italien/Spanien/Deutschland 1997 **P** UGCYM/La Sept Cinéma/France 2/Rodeo

Drei/Mate Prod./Tornasol Films/WDR **R** Bigas Luna **B** Bigas Luna, nach einem Roman von Didier Decoins **K** Patrick Blossier **M** Alberto Iglesias **S** Kenout Peltier **D** Olivier Martinez (Horty), Romane Bohringer, Aitana Sánchez-Gijón (Marie), Didier Bezace (Siméon) **L** 99 **E** 10.1.2000 arte

DER ZIMMERSPRINGBRUNNEN. Ein ehemaliger DDR-Wohnungsverwalter schult nach jahrelanger Arbeitslosigkeit zum Vertreter um und kreiert einen »ostalgischen« Zimmerspringbrunnen, der zum Verkaufsschlager wird, während seine Ehe allmählich zu scheitern scheint. Eine nicht gerade bildgewaltige, aber präzis inszenierte, von spielfreudigen Darstellern und einem guten Drehbuch getragene Komödie über deutsch-deutsche Befindlichkeiten, die einen bissig-ironischen Blick zurück in die Gegenwart wirft. – Ab 14. ✦ Deutschland 2001 **P** Senator Film/Relevant Film **KI** Senator **Pd** Günter Rohrbach **R** Peter Timm **B** Kathrin Richter, Ralf Hertwig, nach dem gleichnamigen Roman von Jens Sparschuh **K** Achim Poulheim **M** Rainer Oleak **S** Barbara Hennings **D** Götz Schubert (Hinrich Lobek), Simone Solga (Julia Lobek), Gustav-Peter Wöhler (Uwe Strüver), Hermann Lause (Dr. Boldinger), Bastian Pastewka (Thomas Hamann), Nina Franoszek, Christof Wackernagel, Thomas Gimbel, Christel Petersatz **L** 94 **FSK** o. A.; f **E** 29.11.2001 **fd** 35 153

ZINA (ZINA). Die Tragödie der unerfüllten Kind-Vater-Beziehung zwischen Leo Trotzki und seiner Tochter Zina Bronstein, die am revolutionären Sendungsbewußtsein des Vaters zugrunde geht, weil darin kein Platz ist für Geborgenheit und Liebe. Ihre Enttäuschung endet in Depression, Wahn und Tod. Eine faszinierende Mischung aus künstlerischer Gestaltungskraft und eigenwilliger Ästhetik; die fantasievolle Zuordnung und Brechung innerer und äußerer Bilder im Zusammenspiel privater und politischer Ereignisse erreicht einen präzisen, überzeugenden Stimmungsgehalt. (O.m.d.U.) – Sehenswert. ✦ Großbritannien 1985 **P** TSI Films/Channel Four/ ZDF **R** Ken McMullen **B** Terry James, Ken McMullen **K** Bryan Loftus **M** David Cunningham **D** Domiziana Giordano, Ian McKellen, Philip Madoc, Dominique Pinon **L** (TV) 90 **E** 11.3.1986 ZDF

DER ZINKER. Geheimnisvolle Morde mit Schlangengift in einer Tierhandlung finden eine verblüffende Klärung. Zumindest handwerklich ordentlicher Kriminalfilm nach einem Roman von Edgar Wallace. – Ab 16. ✦ Schwarz-weiß. BR Deutschland 1963 **P** Rialto **KI** Constantin **VA** Taurus **Pd** Horst Wendlandt **R** Alfred Vohrer **B** Harald G. Petersson, nach einem Roman von Edgar Wallace **K** Karl Loeb **M** Peter Thomas **S** Hermann Haller **D** Heinz Drache (Inspektor Bill Elford), Barbara Rütting (Beryl), Günter Pfitzmann (Frank Sutton), Eddi Arent (Josua Harras), Klaus Kinski (Krischna) **L** 89 **FSK** ab 12 (fr.ab 16; nf) **E** 26.4.1963/16.10.1970 Kino DDR/2.10.1973 ZDF/ 31.3.1983 DFF 1 **fd** 11 938

ZINKSÄRGE FÜR DIE GOLDJUNGEN. Eine eingewanderte mafiaartige Gruppe im Kampf mit einer alteingesessenen Gangsterorganisation in Hamburg. Ein rüdes Bandenspektakel mit ausgedehnten Gewaltdarstellungen und gleichnishaften Spiegelungsversuchen. – Ab 16 möglich. ✦ BR Deutschland/Italien 1973 **P** Rapid/Studio Hamburg/Roma **KI** Constantin **Pd** Wolf C. Hartwig **R** Jürgen Roland **B** Werner Jörg Lüddecke, August Rieger **K** Klaus Werner **S** Herbert Taschner **D** Herbert Fleischmann (Otto Westermann), Henry Silva (Gianni Lucca), Horst Janson (Eric Westermann), Patrizia Gori (Silvia Lucca), Véronique Vendell (Kate Whistler) **L** 87 **FSK** ab 16; nf **E** 30.11.1973 **fd** 18 629

ZINNSOLDATEN FÜR OLGA →Sieben Zinnsoldaten

ZIPPERFACE (ZIPPERFACE). Eine Detektivin und ihr Partner sind einem Serienkiller auf der Spur, der mit Vorliebe blonde Fotomodelle ermordet. Als Täter entpuppt sich allerdings nicht der Hauptverdächtige der beiden Fahnder; ein Fehler mit beinahe fatalen Folgen. Psychothriller in einer Mischung aus »Sex and Crime«. ✦ USA 1991 **P** Mansour Pourmand Prod. **VA** Splendid **Pd+R** Mansour Pourmand **B** Barbara Bishop **K** F. Smith Martin **D** Donna Adams, David Glover, Jonathan Mandell **L** 90 **FSK** ab 16 **E** 15.7. 1992 Video

ZIRKEL DES WARTENS (COMPASSO DE ESPERA). Die Geschichte eines intellektuellen Schwarzen im modernen Brasilien: Jorge arbeitet für eine Werbeagentur und fürs Fernsehen, betätigt sich nebenbei als Poet und Liebhaber seiner Chefin, erfährt aber immer wieder brutal die Arroganz der weißen Führungsschicht, die trotz scheinbarer Toleranz den Farbigen nicht integrieren will. Mehr assoziativ denn analytisch entwirft Autor/Regisseur Filho ein Handlungspuzzle, das verschiedene Stile (Melodram, Thesenfilm, Dokumentation) miteinander kombiniert, aber zu keiner klaren Argumentationslinie findet. Unentschlossen wie der Held schwankt auch der Film zwischen privater Gefühlswelt und politischem Bewußtsein. ✦ Brasilien 1976 **P** Filho/Artisticas **R+B** Antunes Filho **K** Jorge Bodanzky **M** Vicente De Paula Salvia **D** Zozimo Bulbul (Jorge de Oliveira), Elida Palmer (Ema), Renée de Vielmond (Christina), Karin Rodrigues (Ingrid), Lea Garcia (Zefa) **L** 95 **E** 16.12.1977 ARD **fd** 20 567

DER ZIRKUS →Circus (1927)

ZIRKUS (1936) (ZIRK). Das Schicksal einer weißen amerikanischen Artistin, die ein schwarzes Kind hat, aber von den Moskauern sehr geliebt wird. Eine unterhaltsame, gelegentlich sehr melodramatische Komödie. – Ab 14. ✦ Schwarz-weiß. UdSSR 1936 **P** Mosfilm **KI** Sovexportfilm **R+B** Grigori Alexandrow **K** Boris Petrow, Wladimir Nilsen **M** Isaak Dunajewski **D** Ljubow Orlowa (Marion Dickson), Jewgenija Melnikowa (Rajetschka), Wladimir Wolodin (Direktor), Sergej Stoljarow (Martynow), Pawel Massalski (Kneschiz) **L** 97 **E** 8.2.1946/21.3.1976 DFF 2 **fd** 5 216

ZIRKUS (1968) (EL SIRK). Durch das Engagement der Artisten entwickelt sich ein kleiner Wanderzirkus zu einem florierenden Unternehmen von Rang. – Ab 14. ✦ Schwarz-weiß. VAR (Ägypten) 1968 **P** General Egyptian Cinema Organisation **R** Atif Salim **B** Salah Abou Seif, Salah Hafes, Faruk Said **K** Abdel Asis-Fahmi **M** Ali Ismail **D** Samira Ahmed, Hassan Jussuf, Mohammed Awad, Nabile Abid, Faruque Ahmed **L** 74 **E** 12.7.1973 DFF 1

ZIRKUS BARNEY (DUAL ALIBI). Das bittere Schicksal zweier Trapezartisten, Zwillingsbrüder und unzertrennliche Partner im Beruf, die sich in fatale Kriminal- und Liebesaffären verstricken. Ein Lotterielos und die Machenschaften einer bösen Frau bringen sie zeitweise auseinander, ein Rachemord belastet sie; der eine stirbt den Artistentod in der Arena, der andere endet arm und krank als Plakatträger. Mit bescheidenen Mitteln, aber seriös und glaubwürdig inszeniertes Zirkus-Melodram. – Ab 14 möglich. ✦ Schwarz-weiß. Großbritannien 1947 **P** Pathé **KI** Europa **Pd** Louis H. Jackson **R** Alfred Travers **B** Alfred Travers, Stephen Clarkson **K** James Wilson **D** Herbert Lom, Phyllis Dixey, Terence de Marney, Abraham Sofaer **L** 83 **E** Oktober 1949/30.7.1962 ARD **fd** 344

ZIRKUS CAPELLI →Phantom des großen Zeltes

DER ZIRKUS DER ABENTEUER →Die Enid Blyton Abenteuer

ZIRKUS DES TODES (BERSERK). Die herrische Direktorin eines erfolgreichen Zirkus bringt ihre widerspenstige Tochter, die des Internats verwiesen wurde, in ihrem Unternehmen unter. Kurz darauf werden zwei Artisten ermordet, die eine Affäre mit ihrer Chefin hatten. Als Mörderin stellt sich die lange vernachlässigte Tochter heraus. Spannungslose Mischung aus Krimi und Familiendrama; vorhersehbar konstruiert und ohne Sorgfalt inszeniert, dient der weithin unfreiwillig komische Film mehr dazu, die Eitelkeit der völlig fehlbesetzten Hauptdarstellerin zu befriedigen als das Unterhaltungsbedürfnis der Zuschauer. – Ab 16. ✦ Großbritannien 1967 **P** Columbia **Pd** Herman Cohen **R** Jim O'Connor **B** Aben Kandel, Herman Cohen **K** Desmond Dickinson **M** Patrick John Scott **S** Raymond Poulton **D** Joan Crawford (Monica Rivers), Judy Geeson (Angela Rivers), Ty Hardin (Frank Hawkins), Diana Dors (Matilda), Michael Gough (Dorando), Robert Hardy (Superintendent Brooks) **L** 98 **E** 16.5.1994 RTL 2

EIN ZIRKUS FÜR SARAH (CIRKUS ILDEBRAND). Drei Kinder, die in ihrer Freizeit gerne Zirkus spielen, werden von Bauspekulanten von ihrem »Zeltplatz« vertrieben und lernen auf ihrer Suche nach einem neuen Domizil eine skurrile Frau kennen. Als auch diese aus ihrem Haus vertrieben werden soll, bringen sie gemeinsam die betrügerischen Baulöwen zur Strecke. Ein humor- und fantasievoll inszeniertes modernes Märchen mit unaufdringlich eingewobenen gesellschaftlichen Zeitbezügen und pädagogischen Botschaften. Das frische Spiel der jungen Darsteller macht Spaß beim Zuschauen und läßt ihre Träume miterleben. – Sehenswert ab 6. ✦ Dänemark 1995 **P** Metronome Productions A/S **KI** Wild Utopia **VA** Matthias-Film **Pd** Mats Egmont Christensen **R** Claus Bjerre **B** Hans Henrik Koltze, Nikolaj Scherfig **K** Dirk Brüel **M** Jacob Groth **S** Jesper Osmund **D** Sara Modegaard Mihn (Sarah), Maria Lundberg Baré (Maria), Morten Gundel (Morten), Anne Marie Helger (Mirabella), Martin Brygmann (Arne) **L** 83 **FSK** o. A.; f **E** 7.5.1998/1999 Video **fd** 33 120

ZIRKUS IM ZIRKUS (CIRKUS V CIRKUSE). Turbulente Verwicklungen in einem Moskauer Zirkus, ausgelöst durch eine Preisrichter-Jury, einen Zoophilologen, der den Tieren das Sprechen beibringen will und einen eifersüchtigen Zirkusangestellten. – Ab 8. ✦ CSSR 1977 **P** Filmstudio Barrandov **KI** BAG **R** Oldrich Lipsky **B** Milos Macourek, Jakow Kostjukowski, Maurice Slobodski, Oldrich Lipsky **K** Jaroslav Kucera **M** Vlastimil Hála **D** Iva Janzurová, Jirí Sovák, Jewgeni Leonow, Natascha Warlej, Leonid Kurawljew **L** 100 **E** 4.3.1977 Kino DDR/2.7.1977 ARD/23.7. 1978 DFF 2

DER ZIRKUS IST DA. Nach dem Tod der Mutter lebt ein zehnjähriger Junge bei seinem Stiefvater, der wenig Zeit für ihn hat und mit dem es immer wieder Streit gibt. Daher beschließt der Jungen, von zu Hause fort zu laufen. Als ein Zirkus in die Stadt kommt, scheint sich eine günstige Gelegenheit zu bieten. Kindgerechter Abenteuerfilm, der auch reale Lebensumstände und Sorgen und Wünsche von Kindern behandelt. – Ab 10. ✦ UdSSR 1983 **R** Boris Durow **B** Wladislaw Fedossejew, Boris Durow, nach Motiven einer Erzählung von Alexander Aronow **K** Valentin Chalturin, Wladimir Schewaljow **M** Jewgeni Ptitschkin **S** T. Buschujewa **D** Stanislaw Filatow (Borka), Sandro Kumsiaschwili (Sandro), Kiril Maslow (Nos-drja), Igor Marutschenkow (Maljok), Sascha Minajew (Romka), Michail Pugowkin (Borkas Stiefvater), Natalja Kratschkowskaja (Pawla Pawlowna), Igor Dmitrijew (Zirkusbesitzer), Igor Petruchin (Onkel Pronja) **L** 86 **E** 20./21.12.1999 ORB (zwei Teile)

ZIRKUS RENZ. Der Aufstieg eines Rummelplatz-Zirkus Anfang des 19. Jahrhunderts zum ersten deutschen Großzirkus mit festem Haus in Berlin. Im Mittelpunkt steht die sentimentale Lebens- und Liebesgeschichte des Zirkuspioniers Renz und die Rivalität mit einem französischen Konkurrenz-Unternehmen. Vergleichsweise sorgfältig und optisch attraktiv inszenierter Zirkusfilm mit authentischem Zeitkolorit, Spannung und Atmosphäre. Einige unterschwellig eingeflochtene antifranzösische Propaganda-Töne verweisen auf die Herstellungszeit. (Verleihtitel auch: »Circus Renz«) – Ab 12. ✦ Schwarz-weiß. Deutschland 1943 **P** Terra **KI** Gloria//Progress **Pd** Walter Tost **R** Arthur Maria Rabenalt **B** Roland Betsch, Otto Ernst Hesse **K** Willy Winterstein **M** Albert Fischer **S** Gertrud Hinz **D** René Deltgen (Ernst Renz), Paul Klinger (Harms), Angelika Hauff (Bettina Althoff), Alice Treff (Baronin von Gronau), Fritz Odemar (Baron von Gronau) **L** 96 **FSK** ab 12; nf **E** 10.9.1943/4.12.1961 DFF 1

ZIRKUS SARAN →Knox und die lustigen Vagabunden – Zirkus Saran

DER ZIRKUS SPIELT DOCH (CIRKUS BUDE). Um Hunderte von Genossenschaftsbauern nicht zu enttäuschen, holt die Zirkusdirektion in fieberhafter Jagd die wegen des Ruhetages in alle Winde zerstreuten Artisten zusammen und gibt eine Galavorstellung. Gute Unterhaltung mit bemerkenswerten artistischen Leistungen. – Ab 12. ✦ Schwarz-weiß. CSR 1954 **P** Státni Film **KI** Progress **R** Oldrich Lipsky **B** Ivan Osvald, Vratislav Blazek, Oldrich Lipsky **K** Ferdinand Pecenka **M** Jan Rychlik, Vlastimil Hála **S** Antonín Zelenka **D** Jaroslav Marvan (Liska), Rudolf Hrusínsky (Blaha), Frantisek Filipovsky (Ostry), Rudolf Deyl jr. (Rudolfek), Irena Kacírková (Marie) **L** 96 **E** 10.6.1955 Kino DDR/8.7.1955 DFF 1

EIN ZIRKUS VOLLER ABENTEUER. Das Jugendamt Unna organisierte eine dreiwöchige Zirkustournee als Ferienfreizeit für Kinder aus Pflegefamilien und Kinderheimen. Unter fachkundiger Anleitung wurden die Kinder mit den Anforderungen eines Wanderzirkus vertraut gemacht und waren bald in der Lage, ein eigenes Zirkusprogramm auf die Beine zu stellen. Die erlernten Balanceakte, das Feuerschlucken und die kleinen Tierdressuren sind mehr als eine außergewöhnliche Ferienbeschäftigung; sie befähigen die Kinder, Vertrauen in die eigenen Fähigkeiten und Talente zu setzen. – Ab 10. ✦ BR Deutschland 1985 **SF** atlas **R+B** Detlef Gumm, Hans-Georg Ullrich **L** 80 **FSK** o. A. **E** 1985 Kino

ZIRKUS-ZAUBER (W ODNO PREKASSNOJE DETESTWO). Die abenteuerliche Reise eines kleinen Jungen in die Welt des Zirkus. – Ab 6. ✦ UdSSR 1980 **P** Gorki-Studio **KI** Progress **R+B** Jakow Segel **K** Alexander Kowaltschuk **M** Wladimir Dashkewitsch **D** Wolodja Gubenko, Dima Lipsiz, Liljana Aleschnikowa, A. Jurenjew, Natalja Rytschagowa **L** 73 **E** 12.2.1982 Kino DDR

ZIRKUSARENA. Einer der ersten sowjetischen Farbdokumentarfilme, der in westdeutschen Kinos zu sehen war. Er zeigt artistische Glanznummern des Moskauer Staatszirkus, damals noch ohne Clowns. (Titel auch: »Der große Zirkus von Moskau«) – Ab 6. ✦ UdSSR 1951 **P** Moskauer Zentralstudio für Dokumentarfilme **KI** Müller/Artus **R** Leonid Warlamow **B** A. Sturow **K** Lew Maximow **M** Oschturow **L** 70 **FSK** ab 6; nf **E** 16.11.1951 Kino DDR **fd** 4 977

ZIRKUSARTISTEN →Moskauer Staatszirkus

ZIRKUSBLUT (LA DAME DU CIRQUE). Eine junge Springreiterin entscheidet sich gegen den Willen ihres Vater für das abenteuerliche Zirkusleben, für die Liebe zu den Pferden und außerdem zum Zirkusdirektor. Schauplatz der Romanze ist der Schweizer Zirkus Knie. – Ab 16. ✦ Frankreich/Schweiz/Deutschland 1996 **R** Igaal Niddam **D** Jan Niklas, Christèle Tual, Julie Debazac, Eva Darlan, Henri Garcin, Frederic Darie **L** 90 **E** 21.5.1998 SF1

DER ZIRKUSCLOWN →Im Zirkus der drei Manegen

EIN ZIRKUSDIREKTOR GIBT NICHT AUF (DOM BEZ OKIEN). Ein kleiner Provinzzirkus wird durch das Engagement eines berühmten Pantomimen vor dem Ruin gerettet. Seine Späße führen jedoch zu Spannungen innerhalb der Truppe. Milieuechter Zirkus- und Artistenfilm mit beachtenswerter pantomimischer Leistung. – Ab 12. ✦ Schwarz-weiß. Polen 1961 **P** Rytm **R** Stanislaw Jedryka **B** Aleksander Scibor-Rylski **K** Czeslaw Swirta **M** Lucjan M. Kaszycki **D** Wieslaw Golas, Elzbieta Czyzewska, Jozef Kondrat **L** 87 **E** 9.5.1971 ZDF

DER ZIRKUSJUNGE (ZIRKATSCHONOK). Die Lebensgeschichte eines Zirkusartisten, der um die Jahrhundertwende mit seiner Truppe durch südrussische Städte zieht. – Ab 14. ✦ UdSSR 1979 **P** Gorki-Studio **R** Wladimir Bytschkow, Wenjamin Dawydow **B** Wladimir Sosjura, Jewgeni Mitko **K** Lew Rogosin **M** Jewgeni Krylatow **D** Michail Kusnezow (Alexej Ratuschny), Valentin Gaft (George), Valentin Nikulin (Tati), Dolores Sapaschnaja (Marie-Luise) **L** 65 **E** 7.12.1980 DFF 2

ZIRKUSKINDER (1958) →Solang' die Sterne glühn

ZIRKUSKINDER (1985). Ein im Milieu der fahrenden Leute aufgewachsenes Mädchen muß nach dem Tod der Eltern mit den Härten, Intrigen und Eifersüchteleien des Zirkuslebens fertig werden. Schließlich folgt sie dem Angebot der Großmutter, zu ihr zu ziehen, doch der streng geregelte Haushalt bereitet zunächst Anpassungsschwierigkeiten. Zum Glück gibt es verständnisvolle Nachbarn. Konfliktreicher Jugendfilm, der Probleme des Alleinseins und Erwachsenwerdens thematisiert. – Ab 14. ✦ BR Deutschland 1985 **R** Bruno Voges **D** Katja Augustin (Lisbeth Schaible), Matthias Ponnier (Wilhelm Schaible), Christiane Timerding (Zenz Schaible), Moritz Blanke (Helmele Schaible), Paul Edwin Roth (Pfarrer Ehrhardt) **L** 80 **E** 12.8.1986 S 3

DAS ZIRKUSPFERD (MISCHIEF). Ein ausgemustertes, als bösartig verschrieenes Zirkuspony schließt Freundschaft mit einem Jungen und beweist seine wahren Qualitäten. Veralteter englischer Jugendfilm mit deutlichen Längen. – Ab 12. ✦ Großbritannien 1969 **P** Shand/Children's Film Foundation **R** Ian Shand **B** Jack Grossman **D** Paul Frazer, Iain Burton, Adrienne Byrne, Michael Newport, Gina Malcolm **L** 57 **E** 2.6.1989 PRO 7

ZIRKUSVAGABUNDEN →Knox und die lustigen Vagabunden – Zirkus Saran

ZIRKUSWELT →Circus-Welt

ZIRKUSZAUBER (MR. TOO LITTLE). Ein Zwergpudel, Star eines Wanderzirkus, soll eine gefährliche Dressurnummer ausführen. Der Hund hat Angst und entkommt mit Hilfe der 11jährigen Mindy. Gemeinsam mit einem Tiger, der vor einem Brand gerettet werden kann, bestehen die beiden eine Reihe von Abenteuern. Etwas gelackter, anspruchslos-unterhaltsamer Film mit kindgemäßer Spannung. – Ab 6. ✦ USA 1978 **P** Ray Ballard Production **R** Stuart McGowan **B** Dorrell McGowan, Stuart McGowan **K** Irvin Goodnoff (= Irv Goodnoff) **M** Bill Marx **D** Rossano Brazzi (Hundedresseur), Mindy Doranne (Mindy) **L** 85 **E** 1.10.1983 ZDF/1.1.1990 DFF 2

ZIRKUSZELT (THAMPU). Der Film aus dem an der Malayaküste gelegenen südindischen Staat Kerala erzählt vom Leben und Treiben in einem Zirkus und wie dieses sich auf das Dorf auswirkt, in dem der Zirkus gastiert. Der Zuschauer lernt die Topographie und die Menschen des Dorfes kennen, und kann außerdem die Attraktionen des Zirkus bestaunen. – Ab 14. ✦ Indien 1978 **P** General Pictures **R+B** Aravindan **K** Shaji **M** Radakrishnan **D** Venu, Shreeraman, Jalaja **L** 130 **E** 25.12.1981 NDR/WDR

ZIRRI – DAS WOLKENSCHAF. Ein kleines Mädchen aus der Großstadt begegnet auf dem Lande dem Wolkenschäfchen Zirri, das die Milchstraße verlassen und auf die Erde kommen mußte. Mit vereinten Kräften kann das Schäfchen gerettet werden. Enttäuschender Kinderfilm, der seiner Geschichte nicht so recht traut und die Handlung mit Pseudo-Geschichten zu retten versucht; einfallslos inszeniert und in der Charakterzeichnung lieblos. – Ab 8 möglich. ✦ Deutschland 1992 **P** DEFA **KI** Progress **Pd** Ralph Retzlaff **R** Rolf Losansky **B** Rolf Losansky, nach dem gleichnamigen Kinderbuch von Fred Rodrian **K** Peter Badel **M** Reinhard Lakomy **S** Ursula Henning **D** Babett Ikker (Christine/Schiene), Sebastian Senft (Bobby), Martin Müller (Atif), Walfriede Schmitt (Oma), Günter Grabbert (Opa), Karin Düwel (Schornsteinfeger), Dietmar Richter-Reinick (Viehdoktor), Gojko Mitic (Kutscher), Günter Junghans (Feuerwehrhauptmann), Fred Delmare (Schnapsfabrikant) **L** 61 **FSK** o. A.; f **E** 11.11.1993/6.11.1994 premiere **fd** 30 563

ZISCHKE. Von der Mutter für einige Tage alleingelassen, versucht ein Berliner Schüler, der Stadt zu entfliehen und seinen Vater in Italien aufzusuchen. Während der Vorbereitung seiner Reise stößt er auf illegale Einwanderer, eine jugendliche Hure und die Ausländerpolizei und wird in eine Affäre mit falschen Pässen verwickelt. Beachtlicher Erstlingsfilm über Träume und »kleine Fluchten«, durch die sich alle mit den Verhältnissen arrangieren. – Ab 16. ✦ Schwarz-weiß. BR Deutschland 1986 **P** Backhaus + Krieger Filmprod. **KI** Basis **SF** atlas **VA** atlas **Pd** Ulrich Ströhle **R+B** Martin Theo Krieger **K** Claus Deubel **M** Barbara Thompson **S** Raimund Barthelmes, Wolfram Kohler **D** David Strempel (Zischke), Amira Ghazala (Tamima), Michael Altmann (Hanke), Knut Rauter (Pacman), Ilona Lewanowski (Babynutte), Darja Lingenberg (Fanny) **L** 93 **FSK** ab 12; f **FBW** w **E** 27.11.1986/29.1.1989 West 3 **fd** 26 024

DIE ZITADELLE (THE CITADEL). Verfilmung des teilweise autobiografischen Romans von A. J. Cronin, der auf den Zusammenhang zwischen ärztlichem Berufsethos und Milieueinfluß hinweist. Der Film kontrastiert diese Wechselwirkung an den Stationen einer Arztpraxis bei Bergwerksarbeitern und der High-Society, wo der Arzt beruflich korrumpiert wird. In der zeitkritischen Vorlage überholt, aber im Kern des Berufsproblems noch immer gültig. Der realistische Regiestil wirkt durch den zeitlichen Abstand eher distanzierend. – Ab 14. ✦ Schwarz-weiß. USA 1938 **P** MGM/King Vidor **Pd+R** King Vidor **B** Ian Dalrymple, Elizabeth Hill, nach einem Roman von A. J. Cronin **K** Harry Stradling **M** Louis Levy **S** Harold Boxall, Charles Frend **D** Robert Donat, Rosalind Russell, Ralph Richardson, Rex Harrison, Emlyn Williams **L** 110 **E** 30.9.1971 ARD

DIE ZITADELLE HAT GEANTWORTET (ZITADELATA OTGOWORI). Ein Film über die harte und aufopferungsvolle Tätigkeit eines Staatssicherheitsoffiziers, der mit viel Mut und Klugheit den Agenten eines westdeutschen Geheimdienstes überführt. Informativ und mit guten darstellerischen Leistungen; die Spannung leidet jedoch an den ausgedehnten Dialogpartien. ✦ Scope, schwarz-weiß. Bulgarien 1969 **P** Spielfilmstudio Sofia **KI** Progress **R** Gentscho Gentschew **B** Rangel Ignatow **K** Stojan Slytschkin **M** Atanas Bojadshijew **D** Georgi Georgiew-Gez (Chariew), Petyr Slabakow (Boljarski), Ewstati Stratew (Nikolow), Iwan Kondow (Orlinow), A. Awramow (Letschew) **L** 95 **E** 12.2.1971 Kino DDR/18.5.1972 DFF 1

DIE ZITADELLE VON SAN MARCO (MATHIAS SANDORF/EL CONDE SANDORF). Ein verwitweter Landedelmann, Vater einer 17jährigen Tochter, stellt sich 1869 an die Spitze einer Freiheitsbewegung, deren Sieg durch einen Volksaufstand herbeigeführt wird. Da seine Tochter den Gouverneur liebt und sich die Gefährten als skrupellose Schurken entpuppen, gerät er jedoch vorübergehend zwischen alle Fronten. Anspruchslos unterhaltsame Verfilmung des Romans »Mathias Sandorf« von Jules Verne. (DDR-Titel: »Mathias Sandorf«) – Ab 14. ✦ Scope. Frankreich/Spanien/Italien 1962 **P** SFC/Procusa/Impala/Domiziana **KI** Pallas **R** Georges Lampin **B** Gérard Carlier, Georges Lampin, nach einem Roman von Jules Verne **K** Cecilio Paniagua **M** Joe Hayos **S** Henri Taverna **D** Louis Jourdan, Serena Vergano, Bernard Blier, Francisco Rabal, Valeria Fabrizi **L** 98 **FSK** ab 16; nf **E** 13.4.1963/26.5.1967 Kino DDR **fd** 11 920

DER ZITRONENHAIN (THE LEMON GROVE). Private und wirtschaftliche Probleme stürzen einen Zitronenfarmer in Existenzängste, bis eines Tages der lange verschollene Großvater auftaucht und der Familie durch einen rettenden Einfall neuen Lebensmut gibt. ✦ USA 1994 **Pd** Hugh Benson **R** Marcus Cole **B** Richard Leder **K** Chuck Arnold (= Charles G. Arnold) **M** Ken Thorne **S** Craig Bassett **D** JoBeth Williams (Elizabeth Hackett), Stephen Lang (Michael Hackett), Stephen Meadows (Paul Davis), Ralph Waite (Sam), Jeremy London (Mickey) **L** 87 **E** 11.8.1996 premiere

DIE ZIVILISATIONSBRINGER – DEUTSCHE IN GUATEMALA. Familienchroniken deutschstämmiger Siedler in Guatemala, die es durch Kaffeeanbau und -export zu Reichtum gebracht haben. In ihren Augen waren die deutschen Tugenden Fleiß und Tüchtigkeit für den Erfolg ausschlaggebend; dass das Land, das früher im Gemeinbesitz der Indios war, annektiert wurde und die Ureinwohner als billige Arbeitskräfte ausgebeutet wurden, bleibt meist unerwähnt. Dokumentarfilm, der die Hintergründe recherchiert und weitgehend kommentarlos das Leben der deutschen Gemeinde beschreibt. ✦ Deutschland 1997 **R** Uli Stelzner, Thomas Walther **L** 90 **E** 18.11. 2000 Bayern 3

ZIVILPROZESS (A CIVIL ACTION). Ein stets dem eigenen Vorteil nachjagender Rechtsanwalt übernimmt den Entschädigungsprozeß gegen zwei Industriekonzerne, die durch Wasserverseuchung für den Tod von acht Kindern verantwortlich sind. Je länger das Verfahren dauert, desto mehr engagiert sich der Anwalt persönlich und setzt für die Fortsetzung des Prozesses schließlich sogar sein Privatvermögen und das seiner Kanzleipartner aufs Spiel. Der ehrenwerte Versuch, einen tatsächlichen Fall zu verfilmen, leidet unter zu schwacher Psychologie und einer übertriebenen Faktentreue, die auf Kosten der dramatischen Kraft geht. – Ab 16. ✦ USA 1998 **P** UIP/Paramount **KI** UIP **VA** CIC **DVD** Paramount (16:9, 1.78:1, DD5.1 engl./dt.) **Pd** Scott Rudin, Robert Redford, Rachel Pfeffer **R** Steven Zaillian **B** Steven Zaillian, nach einem Roman von Jonathan Harr **K** Conrad L. Hall **M** Danny Elfman **S** Wayne Wahrman **D** John Travolta (Jan Schlichtmann), Robert Duvall (Jerome Facher), Tony Shalhoub (Kevin Conway), William H. Macy (James Gordon), Zeljko Ivanek (Bill Crowley), John Lithgow (Richter Skinner), Kathleen Quinlan (Anne Anderson) **L** 115 **FSK** ab 12; f **FBW** w **E** 22.4.1999/21.10.1999 Video/9.11.2000 DVD **fd** 33 628

ZIZI DER GRÖSSTE (IL NANO E LA STREGA). Ein Prinz und die Tochter des Zauberers werden von einem machthungrigen Lord in einen lüsternen Zwerg und eine nymphomanische Hexe verwandelt, damit sie nicht die Thronfolge König Richards antreten können. Der Zauber wird unwirksam, wenn der Prinz sich in die ihn verfolgende Hexe verliebt, und so schlägt er sich mit sexuellen Aktivitäten zum Happy-End durch. Ein auch zeichnerisch primitiver Animationsfilm, der aus einer Aneinanderreihung von Geschmacklosigkeiten und zotigen Dialogen besteht. – Wir raten ab. ✦ Italien 1973/74 **P** Monti **KI** AB **R** Gioacchino Libratti (= Giorgio Terzi) **B** Claudio Monti **K** Dino De Angeli **M** Claude Elie **L** 67 **FSK** ab 18; nf **E** 14.1.1983 **fd** 23 831

DER ZOBEL UND DIE JUNGFRAU (SOBOL I PANNA). Michal, ein junger Adliger, verlebt die Semesterferien auf dem Lande. Die selbstlose Liebe des Bauernmädchens Warszulka zu ihm genießt er als amouröses Abenteuer und willkommene Abwechslung. ✦ Polen 1983 **P** Zespoly Filmowe, Gruppe »Perspektywa« **R** Hubert Drapella **B** Hubert Drapella, nach dem gleichnamigen Roman von Józef Weyssenhoff **K** Stanislaw Jaworski **M** Maciej Malecki **D** Jolanta Nowak, Jacek Borkowski, Jan Englert, Józef Duriasz, Andrzej Precigs **L** 90 **E** 19.5.1985 DFF 1

DER ZOCKER (LOOKIN' TO GET OUT). Zwei Spieler aus New York versuchen in Las Vegas ihr Glück, um eine hohe Summe verlorenen Geldes zurückzahlen zu können. In seinem Versuch, den Alltag und den Charakter der ewigen Verlierer Amerikas zu porträtieren, bleibt der Film an der Oberfläche. Die dialogüberfrachtete, wenig sorgfältige Inszenierung verläßt sich allzusehr auf das Spiel der Darsteller und verärgert durch eine unangemessen versöhnliche Schlußformel. (TV-Titel: »Zwei in der Tinte«) – Ab 16. ✦ USA 1983 **P** Lorimar/North Star International **KI** ITT Contrast **Pd** Robert Schaffel **R** Hal Ashby **B** Jon Voight, Al Schwartz **K** Haskell Wexler **M** Johnny Mandel **S** Robert C. Jones **D** Jon Voight (Alex Kovac), Burt Young (Jerry Feldman), Ann-Margret (Patti Warner), Jude Farese (Harry), Allen Keller (Joey) **L** 102 **E** 1986 Video/24.9.1986 ARD (Neusynchronisation) **fd** 24 690

ZOCKEREXPRESS. Der spielsüchtige und hochverschuldete Chef einer Bar und dreier Animiermädchen brennt sein Lokal ab, um es nicht in Ganovenhände fallen zu lassen. Darüber verliert er die Frauen, sein Spielglück und schließlich sein Leben. Milieugetreu und alltagsnah inszenierte Geschichte, deren Handlung allerdings löchrig wirkt und der es nicht gelingt, Interesse für Personen und Schauplätze zu wecken. – Ab 16. ✦ BR Deutschland 1988 **P** H.S.Film/Tao **VA** Scala **Pd** Hanno Schiff **R+B** Klaus Lemke **K** Lothar Elias Stickelbrucks **M** Ed Moviethek, Ulli Goldhahn **S** Christopher Roth, Rainer Kaufmann, Britta Pohland, Tanja Filkovic **D** Huub Stapel (Dany), Hanno Pöschl (Harry), Dolly Dollar (Winni), Sabrina Diehl (Marion), Jasmin Zadeh (Jaqueline) **L** 79 **FSK** ab 16 **E** 1.10.1991 Video/26.9.1992 premiere **fd** 29 300

ZOE. Eine junge Frau schlägt sich in Berlin als Disc-Jockey durch, ohne eine feste Bleibe oder wirkliche Freunde zu haben. Per Zufall entdeckt sie, dass ihre Mutter gestorben ist, und begibt sich auf eine Spurensuche, die sie auch zu ihrem mittellosen Vater führt. dffb-Abschlussfilm, der mit einfachen Mitteln vor allem die Rat- und Sprachlosigkeit seiner Hauptfigur darzustellen versucht, durch die schemenhafte Anlage der Figuren und eine wenig stringente Erzählweise aber kaum zu fesseln vermag. ✦ Deutschland 1999 **P** Ciak Filmproduktion/dffb **KI** Ciak **Pd** Thomas Mertens **R+B** Maren-Kea Freese **K** Matthias Maaß **S** Gabriele Herms **D** Kirsten Hartung (Zoe), Eva Weißenborn (Rosi), Solveig Arnarsdottir (Manu), Wotan Wilke Möhring (Ted), Volkmar Röhler (Karl) **L** 79 **E** 2.9.1999/17.9.1999 3sat **fd** 34 065

DIE ZOFEN (THE MAIDS). Zwei in Haßliebe aneinandergekettete Schwestern, Zofen einer stets abwesenden gnädigen Frau, spielen in quälerischen Rollenspielen das Verhältnis zwischen Herrin und Dienerin durch, wobei sie einander demütigen und peinigen. Die Bühnenadaption konzentriert sich ganz auf die beiden hervorragenden Hauptdarstellerinnen, die Genets sadomasochistisches Ritual bis zur Selbstaufgabe zelebrieren. Die Regie entwickelt dagegen kaum Phantasie; die filmische Auflösung bleibt hölzern, bieder und schablonenhaft. ✦ Großbritannien 1974 **P** Mantis **R** Christopher Miles **B** Christopher Miles, nach dem Theaterstück von Jean Genet **K** Douglas Slocombe **M** Laurie Johnson **D** Glenda Jackson, Susannah York, Vivien Merchant **L** 90 **E** 4.2. 1984 BR

ZOFF. Die Geschichte vom Mädchen Siggi, das von einem Halbkriminellen ein Kind hat, sich aber von einem Sportschützen, trotz der Konkurrenz ihrer Freundin, ins kleinbürgerliche Leben hinüberziehen läßt. Ein Versuch des ortskundigen Journalisten Michael Lentz, dem deutschen Kino erstmals ein realistisches Jugendbild aus dem Ruhrrevier zu offerieren. ✦ BR Deutschland 1971 **P** Vlada Majic Prod. **KI** Gloria **Pd** Vlada Majic **R** Eberhard Pieper **B** Michael Lentz **K** Vlada Majic **M** Bora Rokovic **D** Giulia Follina (Siggi), Hildegard Krekel (Elke), Jürgen Prochnow (Joky), Claus Theo Gärtner (Fred), Gerd Braasch (Vater) **L** 86 **FSK** ab 18; f **FBW** w **E** 21.1.1972 **fd** 17 678

ZOFF FÜR ZWEI (DOUBLE TROUBLE). Der Sängerstar eines Londoner Nachtclubs folgt seiner noch minderjährigen Geliebten, einer reichen Erbin, nach Brüssel, wo sie in ein Pensionat kommen soll. Unterwegs werden sie von einer älteren Bewunderin des Sängers und zwei übereifrigen Detektiven verfolgt. Konventionell inszenierte Kriminalkomödie um den Sänger Elvis Presley. Im Vergleich mit früheren Filmen des Rock-'n'-Roll-Stars mit etwas mehr Gehalt, ohne jedoch zu überzeugen. Mit einigen sentimentalen Einschüben, vielen Evergreens und schönen Aufnahmen von Brüssel und Antwerpen. – Ab 14. ✦ Scope. USA 1967 **P** MGM **VA** MGM/UA Home **Pd** Judd Bernhard, Irwin Winkler **R** Norman Taurog **B** Jo Heims **K** Daniel L. Fapp **M** Jeff Alexander **S** John McSweeney (= John McSweeney jr.) **D** Elvis Presley (Guy Lambert), Annette Day (Jill Conway), John Williams (Gerald Waverly), Yvonne Romain (Claire Dunham), Chips Rafferty (Archie Brown) **L** 89 **E** 9.1.1986 BR

ZOFF IM AUTOKINO (DRIVE-IN). Zwei Gangs wollen ihre Streitigkeiten in einem Autokino während der Vorstellung austragen. Sie kommen Gangstern in die Quere, die das Filmtheater um seine Einnahmen erleichtern wollen. Zu allem Überfluß wird der Bruder eines Gangbosses als Geisel genommen. Eine aufgesetzt wirkende Actionkomödie mit stupiden Dialogen und miserablen schauspielerischen Leistungen, die ihr größtes Interesse durch eine Kompilation von Katastrophenfilmen auf der Kinoleinwand erzielt. – Ab 16. ✦ USA 1976 **P** Columbia **Pd** Alex Rose, Tamara Asseyev **R** Rodney Amateau **B** Bob Peete **K** Robert Jessup **S** Bernard Caputo, Guy Scarpitta **D** Lisa Lemole (Glowie Hudson), Glenn Morshower (Orville Hennigson), Gary Cavagnaro (Little Bit), Billy Milliken (Enoch), Trey Wilson (Gifford) **L** 96 **E** 26.10. 1996 RTL

ZOFF IM CAMP → Die unbeugsamen Wilden

ZOFF IN BEVERLY HILLS (DOWN AND OUT IN BEVERLY HILLS). »Boudu sauvé des eaux«, 1932 von Jean Renoir mit Michel Simon verfilmt, diesmal nach Los Angeles versetzt: Stadtstreicher Jerry will sich umbringen, weil ihn sein Hund verlassen hat, wird aber aus dem Swimmingpool einer Beverly-Hills-Villa gerettet und nistet sich in einer Neureichenfamilie ein, für die er mit seinen unverfrorenen Ansprüchen und Gewohnheiten zum Prüfstein und Befreier wird. Trotz einiger Klischees, abgedroschener Witze und Kalauer besitzt der Stoff genug Substanz für eine amüsante satirische Story über Wohlstandsneurosen und soziale Gegensätze; gut gespielt, geistreich inszeniert. – Ab 16. ✦ USA 1986 **P** Touchstone **KI** 20th Century Fox **VA** Touchstone **Pd+R** Paul Mazursky **B** Paul Mazursky, Leon Capetanos, nach dem Bühnenstück »Boudu sauvé des eaux« von René Fauchois **K** Donald McAlpine **M** Andy Summers **S** Richard Halsey **D** Nick Nolte (Jerry Baskin), Richard Dreyfuss (Dave Whiteman), Bette Midler (Barbara Whiteman), Little Richard (Orvis Goodnight), Tracy Nelson (Jenny Whiteman) **L** 103 **FSK** ab 12; f **FBW** bw **E** 23.10.1986/15.4.1987 Video **fd** 25 861

ZOFF IN DER HOCHZEITSNACHT (HONEYMOON). Die Flitterwochen, die ein frisch gebackenes Paar in einem Haus am Meer verbringt, gestalten sich alles andere als geruhsam. Die Eheleute werden von der verkrachten Verwandtschaft ebenso heimgesucht wie von einem geheimnisvollen Fremden, der mittels Beschwörungen seinen toten Sohn auferstehen lassen will. Erst zu guter Letzt kann eine allgemeine Versöhnung eingeleitet werden. Erstlingsfilm, der mit seiner Ehegeschichte die Gratwanderung zwischen Komik und Sentiment versucht. ✦ Kanada/ USA 1997 **Pd** David Gordian **R+B** Joan Carr-Wiggin **K** Bruce Worrall **M** Robert Smart **S** Jana Fritsch **D** Pascale Bussières (Louise), Stephen Shellen (Newman), Tammy Lauren (Debra), Elaine Lakeman (Helen), Blake Boyd (Eric), Tammy Lauren (Debra) **L** 105 **E** 28.6.1999 RTL 2

ZOFF IN DER HOOVER-ACADEMY (MAKING THE GRADE). Ein junger Mann soll für einen verwöhnten Neureichensohn ein Studiendiplom erwerben, wofür er Geld zur Tilgung seiner Spielschulden bekommen soll. Am Ende bekennt sich der diplomierte Ersatz-Student zu dem ganzen Handel und gewinnt dadurch die Hand der attraktiven High-Society-Tochter. Müder Versuch, durch dauernde Verwechslungskomik zu unterhalten, was nach 30 Minuten aber als gescheitert angesehen werden muß. – Ab 16. ✦ USA 1984 **P** Cannon **VA** VMP **R** Dorian Walker **B** Gene Quintano **K** Jacques Haitkin **M** Basil Poledouris **D** Judd Nelson (Eddie Keaton), Gordon Jump (Harriman), Walter Olkewicz (Coach), Dana Olsen (Palmer Woodrow), Jonna Lee (Tracy Hoover) **L** 100 **FSK** ab 12 **E** 12.12.1986 Video

ZOFF IN FEDERAL HILL (FEDERAL HILL). Regiedebüt, das sein Milieu in stimmungsvoller Schwarzweiß-Fotografie einfängt, aber immer dann an Authentizität verliert, wenn es über die Grenzen des Viertels hinausblickt. ✦ Schwarz-weiß. USA 1993 **P** Eagle Beach **Pd** Michael Corrente, Libby Corrente, Richard

Crudo **R** Michael Corrente **B** Michael Corrente, nach einem Bühnenstück von Corrente **K** Richard Crudo **M** Bob Held, David Bravo **S** Kate Sanford **D** Nicholas Turturro (Ralph), Anthony De Sando (Nicky), Libby Langdon (Wendy), Michael Raynor (Frank), Jason Andrews (Bobby), Robert Turano (Joey), Frank Vincent (Sal) **L** 99 **E** 21.5.1996 West 3

ZOFF IN HOOTERVILLE (RETURN TO GREEN ACRES). In einer verschlafenen amerikanischen Provinzstadt wird ein riesiges Geschäfts- und Industriezentrum geplant. Wider Erwarten leisten die kauzigen Bewohner massiven Widerstand und bringen die ehrgeizigen Städteplaner in Schwierigkeiten. Annehmbare TV-Komödie. ✦ USA 1990 **P** Jaygee **Pd** Anthony Santa Croce **R** William Asher **B** Craig Heller, Guy Shulman **K** Karen Grossman **D** Eddie Albert (Oliver Douglas), Eva Gabor (Lisa Douglas), Frank Cady (Sam Drucker), Alvy Moore (Hank Kimball), Pat Buttram **L** 120

DER ZÖGERNDE SCHRITT DES STORCHES →Der schwebende Schritt des Storches

DER ZÖGLING DES EMIRS →Abu Reihan Beruni

ZOLTAN, DRACULAS BLUTHUND (ZOLTAN ... HOUND OF DRACULA). Bei einer Sprengung in Rumänien wird Draculas Bluthund Zoltan zum Leben erweckt, der dann den Diener Veith vom Vampirtod erlöst. Sie begeben sich nach Amerika, um im letzten Nachkommen der Dracula-Sippe einen neuen Herrn zu finden, was zu mehr oder weniger schrecklichen Ereignissen führt. Eine geist- und witzlose Neubelebung des Dracula-Mythos; mit den üblichen Genre-Motiven gewürzt, schleppt sich der auch handwerklich dürftige Film nur mühsam über die Runden. ✦ USA 1977 **P** VIC Cinema/Albert Band/Frank Perilli **VA** Thorn EMI **R** Albert Band **B** Frank Ray Perilli **K** Bruce Logan **M** Andrew Belling **D** Michael Patki, José Ferrer, Reggie Nalder, Jan Shutan, Libbie Chase **L** 85 **E** 1982 Video **fd** 23 753

ZOMBIE (ZOMBIE – DAWN OF THE DEAD). Eine bislang unbekannte Seuche läßt Tote als menschenfressende Ungeheuer auferstehen. Wer von einem solchen Zombie angefallen wurde, verwandelt sich selbst in einen Untoten – eine epidemische Invasion breitet sich über den Kontinent aus. Eine Gruppe überlebender Landbewohner rettet sich in einen Supermarkt und beginnt einen aussichtslosen Kampf. Perfekt inszenierter Schocker von George A. Romero, der die Motive seines Überraschungserfolgs »Die Nacht der lebenden Toten« (1968) aufgreift und zum grellen Horrorspektakel ausbaut. Die naturalistische Kraßheit der Inszenierung attackiert bewußt die Übelkeitsschwelle des Zuschauers; durch raffinierte Publikumslenkung erreicht Romero ein Höchstmaß an Suggestion und Irritation. Nebenbei läßt der Film durchblicken, daß er als Metapher für die selbstzerstörerische Konsumgesellschaft gedacht sei. Der Film ist Anlaß und Vorbild für eine Reihe billiger Zombie-Plagiate. DVD: Der Film ist bei Laser Paradise in diversen Auflagen (z.T. als Double-feature mit »Night of the Living Dead«) erschienen. Es handelt sich dabei meist um den siginfikant verlängerten Director's Cut (etwa 155 Min.), der z.T. zusammen mit dem sog. »Euro-Cut« (116 Min.) vertrieben wird. ✦ USA 1977 **P** United Film/Dario Argento/Alfredo Cuomo **KI** Neue Constantin **VA** Marketing/Astro (Dominik) **DVD** VCL/Laser Paradise (1.66:1 P&S, Mono dt.) **Pd** Richard P. Rubinstein **R** George A. Romero **B** George A. Romero, Dario Argento **K** Michael Gornick **M** Dario Argento, The Goblins **S** George A. Romero, Kenneth Davidow, Dario Argento **D** David Emge (Stephen), Ken Foree (Peter), Gaylen Ross (Francine), David Early (Mr. Berman), Scott H. Reiniger (Roger), David Crawford (Dr. Foster) **L** 118 (Video: 110) (DVD 155) **FSK** ab 18; nf (DVD ungeprüft) **E** 2.8.1979/1981 Video/Juni 1999 DVD **fd** 22 119

ZOMBIE 2 – DAS LETZTE KAPITEL (DAY OF THE DEAD). In einem Forschungslabor suchen Militärs und Wissenschaftler nach einer Möglichkeit, sich gegen die menschenfressenden Untoten zur Wehr zu setzen. Dritte Variantion von George A. Romeros Zombie-Thematik (Die Nacht der lebenden Toten«, 1967; »Zombie«, 1977), die reichlich ekelerregende Horroreffekte der härteren Art liefert. – Wir raten ab. ✦ USA 1985 **P** Laurel Entertainment **KI** Alemannia/Elysee **VA** IMV **Pd** Richard P. Rubinstein **R+B** George A. Romero **K** Michael Gornick **M** John Harrison **S** Pasquale Buba **D** Lori Cardille (Sarah), Terry Alexander (John), Howard Sherman (Bub), Joseph Pilato (Capt. Rhodes), Richard Liberty (Dr. Logan) **L** 96 **FSK** ab 18; nf **E** 20.8.1987/25.2.1988 Video **fd** 26 352

ZOMBIE III (ZOMBIE 3). Ein tödlicher Virus infiziert tausende Menschen, die als untote Kannibalen über die Menschheit herfallen, während Wissenschaftler und Militär mit allen Mitteln versuchen, der Seuche Herr zu werden. Blutiger Zombie-Film, der Elemente des Horrors übersteigert und zuspitzt, der jedoch auch ein gallig-ironischer Kommentar zur Umweltzerstörung mit ihren realen katastrophalen Konsequenzen ist. ✦ Italien 1988 **P** Flora **VA** IMV **DVD** Laser Paradise (1.66:1, Mono dt.) **Pd** Franco Gaudenzi **R** Lucio Fulci **B** Claudio Fragasso **K** Riccardo Grassetti **M** Stefano Mainetti **S** Alberto Moriani **D** Deran Sarafian, Beatrice Ring, Richard Raymond, Alex McBride (= Massimo Vanni), Ulrich Reinthaller **L** 88 **FSK** ab 18 (DVD ungeprüft, nicht unter 18) **E** 18.4. 1989 Video/? DVD **fd** 27 611

ZOMBIE IV →Das Böse ist wieder da

ZOMBIE AND THE GHOST TRAIN (ZOMBIE JA KUMMITUSJUNA). Ein im bürgerlichen Leben nicht zurechtkommender Musiker in Helsinki verfällt immer mehr dem Alkohol und setzt sich schließlich, straffällig geworden, nach Istanbul ab, wo ihn ein Freund aufstöbert, aber nicht aus seiner Lethargie hochreißen kann. In düsteren Farben gezeichnetes Porträt eines Verlierertypen, das in oberflächlicher Beschreibung der äußeren Umstände steckenbleibt und somit dem Problem »Alkoholismus« nicht gerecht wird. (O.m.d.U.) – Ab 16. ✦ Finnland 1991 **P** Marianna Films/Villealfa **KI** endfilm **Pd+R+B** Mika Kaurismäki **K** Olli Varja **M** Mauri Sumén **S** Mika Kaurismäki **D** Silu Seppälä (Zombie), Marjo Leinonen (Marjo), Matti Pellonpää (Harri), Leningrad Cowboys (Mulefuckers) **L** 88 **E** 20.8.1992 **fd** 29 751

ZOMBIE – BLOODY DEMONS (THE VIDEO DEAD). Nachdem ein Schriftsteller von Zombies ermordet wurde, die seinem Fernseher entstiegen sind, hat sich ein junges Paar, das Wohnung und Fernseher übernimmt, gegen die Schatten der Vergangenheit zu behaupten. Hilfe wird ihm von einem Fremden zuteil, der nicht nur Zombie-Erfahrung hat, sondern auch mit der Kettensäge umzugehen versteht. Ein erbärmlicher Horrorfilm voll unfreiwilliger Komik, der George Romeros »Zombie«-Filme zu imitieren versucht, doch in allen Belangen kläglich scheitert. ✦ USA 1989 **VA** Screen Power **Pd+R+B** Robert Scott **S** Bob Sarles **D** Roxanna Augesen (Zoe Blair), Patrick Treadway (Jimmy D.), Rocky Duvall (Jeff Blair), Jennifer Miro, Anthony C. Ferrante **L** 86 (gek. 84) **FSK** ab 18 (gek. 16) **E** 17.5.2000 Video

ZOMBIE HIGH (ZOMBIE HIGH). Eine junge Frau, die an einer bislang Männern vorbehaltenen High-School studiert, entdeckt merkwürdige Vorgänge. Die Studenten scheinen emotionslose Lernmaschinen zu sein, die älteren unter ihnen gar Zombies. Sie stößt auf das grauenhafte Geheimnis der Professoren: Der Lehrkörper ernährt sich von der Gehirnflüssigkeit seiner Studenten. Uninteressanter und unappetitlicher Zombie-Film, der in allen Belangen scheitert. – Wir raten ab. ✦ USA 1987 **P** Priesthill **VA** Vestron **Pd** Aziz Ghazal, Marc Toberoff **R** Ron Link **B** Tim Doyle, Elizabeth Passerelli, Aziz Ghazal **K** David Lux, Brian Coyne **M** Daniel May **D** Virginia Madsen (Andrea), Richard Cox (Philo), Kay Kuter (Dean Eisner), James Wilder (Barry), Sherilyn Fenn (Suzi), Paul Feig (Emerson), Scott Coffey (Feiner), Paul Williams (Ignatius), Henry Sutton (Bell), Clare Carey (Mary Beth) **L** 87 **FSK** ab 18 **E** Januar 1990 Video

EIN ZOMBIE HING AM GLOCKENSEIL (LA PAURA NELLA CITTA DEI MORTI). Einst im 17. Jahrhundert im nordamerikanischen Salem (Oregon) von fanatischen Siedlern gehenkte Hexen treiben den Dorfpfarrer mit Voodoo-Praktiken und einem Glockenseil in den Tod; weitere makabre Vorfälle folgen. Abstruser und unappetitlicher Horrorfilm: eine modrige Mischung aus Vampirfilm und Exorzismus, angereichert mit verwurmten Leichen, Sadismen und schrillen Effekten. (Titel der FSK-geschnittenen Fassung: »Ein Toter hing am Glockenseil«) DVD: Die Extras (Astro) umfassen u. a. einen alternativen Vorspann. ✦ Italien 1980 **P** Dania/National Cinematografica **KI** Alemannia/Arabella **VA** Bavaria **DVD** Astro (1.85:1, Mono engl./dt.), Laser Paradise (1.66:1, Mono dt.) **R** Lucio Fulci **B** Lucio Fulci, Dardano Sacchetti **K** Sergio Salvati **M** Fabio Frizzi **D** Christopher George, Catriona McCall, Janet Agren, Carlo De Mejo, Daniela Doria **L** 83 (DVD 88) **FSK** ab 18; nf (DVD ungeprüft, nicht unter 18) **E** 11.9.1980/1981 Video/? DVD **fd** 22 623

ZOMBIE NIGHTMARE (ZOMBIE NIGHTMARE). In der Gestalt eines Zombies nimmt ein junger Ermordeter Rache an seinem Mörder. Handelsüblicher Horrorfilm, mit einer abstrusen Idee, um dem Zombie-Subgenre einen variierten »Inhalt« abzugewinnen. ✦ USA 1986 **P** Gold Gems **VA** Focus **R** Jack Bravman **B** John Fasano **K** Roger Racine **D** Adam West, Jon-Mikl Thor, Tia Carrere **L** 79 **FSK** ab 18 **E** 1987 Video

ZOMBIES – CANNIBAL FEROX →Zombies unter Kannibalen

ZOMBIES – DIE AUS DER TIEFE KAMEN →Shock Waves – Die aus der Tiefe kamen

ZOMBIES UNTER KANNIBALEN (LA REGINA DEI CANNIBALI). Eine amerikanische Expedition stößt im Dschungel einer Molukkeninsel nicht nur auf kannibalische Ureinwohner, sondern auch auf einen wahnwitzigen Wissenschaftler, der aus Leichenteilen künstliche Monster zusammenbastelt. Ekliger Schrottfilm aus der italienischen Billigproduktion, der die Zombie-Masche buchstäblich ausschlachtet. (Alternativtitel: »Zombies – Cannibal Ferox«) – Wir raten ab. ✦ Italien 1979 **P** Flora/Fulvia **KI** Alemannia/Arabella **VA** EuroVideo **R** Frank Martin (= Franco Martinelli) **B** Fabrizio de Angelis, Walter Patriarca **K** Fausto Zuccoli **M** Nico Fidenco **D** Ian McCulloch, Sherry Buchanan, Donald O'Brien, Alessandra Delli Colli, Peter O'Neal **L** 77 **FSK** ab 18; nf **E** 18.4.1980 **fd** 22 448

ZONE DES SCHWEIGENS (ZONE OF SILENCE). Ein bejahrter Luftkapitän gerät schuldlos unter Verdacht, als Pilot nicht mehr vertrauenswürdig zu sein. Geradliniger, dichter Abenteuerfilm mit solider Spannung. – Ab 14 möglich. ✦ Scope. Großbritannien 1959 **P** Aubrey Baring Prod. **KI** Hamburg/Ring **Pd** Jack Rix **R** Charles Frend **B** Charles Frend, Jeffrey Dell, Robert Westerby, nach einem Roman von David Beaty **K** Arthur Grant **M** Gerard Schurmann **D** Bernard Lee, Michael Craig, Peter Cushing, George Sanders, Elizabeth Seal **L** 92 **FSK** ab 12; f **E** 18.4.1962/7.5. 1972 ARD **fd** 11 206

ZONE DES TODES →Death Town

ZONE 39 (ZONE 39). Science-Fiction-Film, der in einer postapokalyptischen Zeit von der totalen Kontrolle handelt, die in den Händen mächtiger Industrie-Magnate liegt. Ein junger Soldat kommt dem geheimen Bündnis auf die Spur, als er nach dem Tod seiner Frau halluzinogenen Drogen verfällt. ✦ Australien 1996 **Pd** Colin South, John Tatoulis **R** John Tatoulis **B** Deborah Parsons **K** Peter Zakharov **M** Burkhart von Dallwitz **S** Peter Burgess **D** Peter Phelps (Leo Megaw), Carolyn Bock (Anne/Novan Anne), William Zappa (Sharp), Bradley Byquar (Boas), Alex Menglet (Tito), Jeff Kovski (Pagett) **L** 104 **E** 2.7.2000 ProSieben

ZONE 99 – THE NUCLEAR TARGET (THE ZONE / THE DOGFIGHTERS). Ein Ex-Fighter-Pilot wird von der

CIA erpreßt und als Agent für eine gefährliche Mission rekrutiert. Er soll einen Mafia-Verbrecher ausschalten, der einen diktatorischen Staat mit waffentauglichem Uran beliefert. Die dünne Story dient als Folie für eine Reihe der handelsüblichen Verfolgungsjagden und Schießereien, die Dialoge und Logik in den Hintergrund drängen. Der verklemmte Machismus des Films wird in seinen voyeuristischen Blicken auf duschende Frauen überdeutlich. ✦ USA 1995 **P** Hess/Kallberg Prod. **VA** VPS **Pd** Kevin M. Kallberg, Oliver G. Hess **R** Barry Zetlin **B** Anthony Stark, Sean Smith **K** Levie Isaacks **M** Jimmie Haskell **S** Dick Barry **D** Robert Davi (Rowdy Welles), Alexander Godunow (Lothar Krasna), Ben Gazzara, Lara Harris, David Gautreaux **L** 92 **FSK** ab 18 **E** 16.11.1995 Video **fd** 31 727

ZONE TROOPERS – KRIEGSMISSION AUS DEM ALL (ZONE TROOPERS). Vier versprengte amerikanische Soldaten treffen 1944 in Italien auf Außerirdische, die ihnen im Kampf gegen die sadistische deutsche Wehrmacht helfen. Eine wüste Mischung aus groben Klischees, fantastischen Elementen, ausgedehnten Scharmützeln, miserablen Filmtricks und lächerlichen Masken; ein in jeder Hinsicht mißratener Film. ✦ USA 1985 **P** Empire **VA** Lightning **R** Danny Bilson **B** Danny Bilson, Paul De Meo **K** Mac Ahlberg **M** Richard Band **S** Ted Nicolaou **D** Tim Thomerson (Sgt. Patrick Stone), Timothy van Patten (Joey Verona), Art LaFleur (Corporal Mittinsky), Biff Manard (Charley Dolan), William Paulson (Alien), Peter Boom, Max Turilli, Eugene Brell **L** 83 **FSK** ab 16 **E** 21.8.1986 Video **fd** 25 846

ZONING. In einem gigantischen Wolkenkratzer mit ausgeklügeltem Sicherheitssystem rauben zwei desillusionierte Einbrecher die Bewohner aus. Eine Darstellung des entfremdeten Daseins in modernen architektonischen Monumentalgebilden, die durch die langatmige Handlung und undifferenzierte Charaktere an Wirkung einbüßt. – Ab 16 möglich. ✦ BR Deutschland 1985/86 **P** Scala Z **KI** Scala Z **VA** Ufa **Pd** Angelika Hacker **R** Ulrich Krenkler **B** Angelika Hacker, Ulrich Krenkler **K** Nikolaus Starkmeth **M** Tangerine Dream **S** Karl H. Fugunt **D** Hubertus Gertzen (Ozzy Terjung), Norbert Lamla (Rainer Maria Düe), Veronika Wolff (Putzmädchen), Dieter Meier (Wassily Buckminster), Eleonore Weisgerber (Teresa Buckminster) **L** 91 (Video 81) **FSK** ab 16; f **FBW** w **E** 23.4.1987/September 1987 Video/3.2.1989 Kino DDR **fd** 26 145

ZOO (ZOO). Poetische Alltagsbeobachtungen im Zoo von Miami, Florida: die Geburt eines Nashorns, die Kastration eines Wolfes und der Umzug eines Krokodils in ein anderes Gehege bieten einen ungewöhnlichen Blick hinter die Kulissen des Zoobetriebs. ✦ USA 1993 **P** Wiseman Prod. **R+B** Frederick Wiseman **K** John Davey **S** Frederick Wiseman **L** 140 **E** 30.10.1994 arte

ZOOBESUCH MIT HINDERNISSEN (POTKAL JSEM HO V ZOO). Tschechischer Kinderfilm über zwei Jungen, die sich im Zoo kennen lernen. Einer von ihnen ist blind, was zu einer spannenden Annäherung zwischen zwei Erlebniswelten wird. Es entwickelt sich eine Freundschaft, die beiden neue Horizonte eröffnet. ✦ Tschechien 1994 **P** Ateliéry Zlín **R** Drahomíra Králová **B** Edgar Dutka, Drahomíra Králová **K** Jirí Kolín **M** Jaroslav Uhlír **S** Jirí Krska **D** Petr Franc (Blinder), Lukás Janota (Ivos), Lucie Cechová (Matja), Ondrej Kapusta (Jozínek), Frantisek Marek, Martin Jurcík, Rostislav Marek, Kostas Zerdolaglu, Kamil Pulek **L** 66 **E** 20.10.2001 mdr

ZOOLANDER (ZOOLANDER). Ein männliches Model, das seine besten Zeiten bereits gesehen hat und Depressionen anheim zu fallen droht, wittert eine neue Chance, als ihm ein dekadenter Top-Designer einen lukrativen Auftritt anbietet. Er ahnt nicht, dass er mittels Gehirnwäsche zu einer tödlichen Waffe werden soll, die Malaysias neues Staatsoberhaupt aus dem Weg räumen soll. Überzeichnete Parodie auf die selbstgefällige Welt der Schönen, Reichen und Wichtigen, die allerdings niemandem weh tut und deren alberner Humor nicht für einen abendfüllenden Spielfilm reicht. Auch in der Schauspielerführung weist der Film eklatante Mängel auf. – Ab 14. ✦ Scope. USA 2001 **P** NPV Entertainment/Paramount/Red Hour/Scott Rudin Prod./Tenth Planet/VH 1 Television/Village Roadshow **KI** UIP **Pd** Stuart Cornfeld, Celia D. Costas, Scott Rudin, Ben Stiller **R** Ben Stiller **B** Drake Satherm, Ben Stiller, John Hamburg **K** Barry Peterson **M** David Arnold, BT **S** Greg Hayden **D** Ben Stiller (Derek Zoolander), Owen Wilson (Hansel), Will Ferrell (Jacobim Mugatu), Christine Taylor (Matilda Jeffries), Milla Jovovich (Katinka), Jon Voight (Larry Zoolander), Jerry Stiller (Maury Ballstein) **L** 89 **FSK** ab 12; f **FBW** bw **E** 27.12.2001 **fd** 35 194

ZOOMAN – GEWALT DER STRASSE (ZOOMAN). Versehentlich erschießt ein Schwerkrimineller im Armenviertel von New York ein zehnjähriges Mädchen. Da die Polizei die Ermittlungen verschleppt, schaltet sich der Vater der Getöteten ein und ermittelt auf eigene Faust. Im Gegensatz zu seinem ältesten Sohn und seinem Cousin, will er Gewalt nicht mit Gewalt sühnen, sondern sucht mit Hilfe von Graffitis nach Zeugen und appelliert an die Zivilcourage. Als der Täter dennoch erschossen wird, verlaufen die Recherchen im Sande. (Fernseh-)Kriminalfilm um alltägliche Gewalt und eine Anklage gegen die Armut, die ein Klima schafft, das einen fruchtbaren Nährboden für Gewalttätigkeit abgibt. ✦ USA 1995 **P** Logo Prod./Showtime Networks **Pd** James B. Freydberg, Michael Manheim **R** Leon Ichaso **B** Charles Fuller, nach seinem Bühnenstück »Zooman and the Sign« **K** Jeffrey Jur **M** Daniel Licht **S** Gary Karr **D** Louis Gossett jr. (Reuben Tate), Cynthia Martells (Rachel), Khalil Kain (Zooman), Hill Harper (Victor), CCH Pounder (Ash) **L** 91 **E** 2.3.1999 premiere

ZOOMSTONE (INITIATION). Ein 16jähriger Junge besucht den fast unbekannten Vater im australischen Buschland. Nach einem Flugzeugabsturz kann er den Vater retten, da er mit Hilfe archaischer Techniken über sich hinauswächst. Abenteuerfilm um die Erziehung eines Jungen zum Mann, verknüpft mit den spirituellen Weisheiten der australischen Ureinwohner; in der zweiten Hälfte dicht inszeniert. Insgesamt weitgehend gediegene Unterhaltung. – Ab 16. ✦ Australien 1987 **P** International Film Management **VA** VPS **Pd** Jane Ballantyne **R** Michael Pearce **B** James Barton **K** Geoffrey Simpson **M** Stephen Matters **S** Denise Haratzis **D** Bruno Lawrence (Nat Molloy), Rodney Harvey (Danny Molloy), Arna-Maria Winchester (Sal), Miranda Otto (Stevie), Bobby Smith (Kulu) **L** 88 **FSK** ab 12 **E** 26.5.1988 Video **fd** 27 130

ZORN →Gehetzt (1936)

ZORN DER ENGEL →Die Macht der Mächtigen (Teil 1+2)

DER ZORN DER ENGEL (FALLEN ANGELS). Ein Berufskiller, der wegen eines Gehirntumors nur noch kurze Zeit zu leben hat, setzt sich mit vier Millionen Spielbankgeld ab und rächt sich an den Mördern seines Vaters. Dilettantisch aufbereitete Gangstermär, die ihren Figuren kein Leben einhaucht und trotz der bierernst vorgetragenen Geschichte eher zum Lachen reizt. – Ab 16. ✦ USA 1991 **P** Paul International **KI** Delta **VA** VCL **Pd** Tony Cinciripini **R** Larry Leahy **B** Tony Cinciripini, Larry Leahy **K** Peter Warrilow **M** Billy Talbot **S** Glenn A. Morgan **D** James Remar (Bruno), Michael Wright (Charley), Emily Longstreth (Corina), John Snyder (Rocco), Al Israel (Fran) **L** 97 **FSK** ab 12; f **E** 3.9.1992/22.2.1993 Video/24.9.1995 Pro Sieben **fd** 29 747

DER ZORN DES ACHILLES →Achilles

DER ZORN DES GERECHTEN (THE LAST ANGRY MAN). Ein selbstloser Armenarzt im schmutzigen Brooklyn soll für die Fernsehreklame einer Arzneimittelfirma mißbraucht werden. Er läßt sich überreden. Doch zu der Sendung kommt es nicht, Dr. Abelman stirbt. Der formal bescheidene, darstellerisch aber eindringliche Film folgt mit seiner teilweise aggressiven Sozialkritik einem Roman, den der Sohn des jüdischen Arztes (mit richtigem Namen: Samuel Greenberg) in Erinnerung an seinen Vater schrieb. – Sehenswert ab 14. ✦ Schwarz-weiß. USA 1959 **P** Columbia **KI** Columbia **Pd** Fred Kohlmar **R** Daniel Mann **B** Gerald Green, nach seinem Roman »Dr. med. Abelman« **K** James Wong Howe **M** George Duning **D** Paul Muni, David Wayne, Luther Adler, Betsy Palmer, Billy Dee Williams **L** 98 **FSK** ab 12; f **FBW** w **E** 4.3.1960 **fd** 8 935

DER ZORN DES JÄGERS →The Lost Son

DER ZORN DES REBELLEN (LA REBELLE). Ein 20jähriger Arbeitsloser und politischer Schwärmer, der von Diebereien lebt, sorgt nach dem Tod der Eltern für seine kleine Schwester, damit sie nicht in ein Heim kommt. Er lernt einen Firmenchef kennen, der ihn mit homoerotischen Wünschen bedrängt, und fühlt sich immer mehr zu den radikalen Ansichten einer revolutionären Zelle hingezogen, die terroristische Anschläge plant. Als der Industrielle in den Medien für die Errichtung von Atomkraftwerken plädiert, erschießt ihn der junge Mann. Ein erschreckend düsteres, pessimistisches Porträt eines haltsuchenden »romantischen Revolutionärs«; seine Stärke liegt in der Annäherung an die Gefühlsbewegungen des Jugendlichen vor dem Hintergrund der wirtschaftlichen und sozialen Notsituation Frankreichs. ✦ Frankreich 1980 **P** Roc/Les Films du Pélican/Auditrust/Les Films Molière/Antenne 2 **Pd** Louis Duchesne **R** Gérard Blain **B** Gérard Blain, André Debaecque **K** Emmanuel Machuel **M** Catherine Lara **S** Jean-Philippe Berger **D** Patrick Norbert (Pierre), Michel Subor (Beaufils), Isabelle Rosais (Nathalie), Jean-Jacques Aublanc (Alain), Françoise Michaud (Corinne) **L** 95 **E** 13.6.1987 ZDF

ZORN ODER MÄNNERSACHE (6. TODSÜNDE) (ZORN ODER MÄNNERSACHE (6. TODSÜNDE)). Eine Lehrerin, die, weil sie bei einer Kundgebung Flugblätter verteilt, plötzlich zur Linken und damit zum Freiwild übereifriger Patrioten wird, und ein Junge, der nicht gegen den »inneren Weichling« ankämpfen will und seine Wut gegen falsche Autorität abreagiert – zum Schluß ist sein Panzer gegen die Schule gerichtet. Durchaus schweizerische Themen (1980 war das Jahr der Jugendunruhen), die hier in der für die Schweiz unüblichen Form der Provokation behandelt werden. Wie in vielen Filmen des Dokumentaristen Alexander J. Seiler geschieht dies auch hier mit einer starken formalen Ästhetik. ✦ Schweiz 1980/81 **P** Nemo (für DRS) **Pd** Georg Radanowicz **R+B** Alexander J. Seiler **K** Thomas Mauch **M** Stephan Jeger **S** Fee Liechti, Kathrin Plüss (Assistenz) **D** Charlotte Schwab (Hanna Weber, Lehrerin), Dieter Kirchlechner (Erwin Schwarz, Lehrer), Matthis Pilliod (Koni, sein Adoptivsohn), Olga Strub (Ruth Hohler), Markus Mislin (Dieter, Hannas Freund) **L** 59 **E** Schweiz

ZORN UND MITLEID →Das Haus nebenan – Chronik einer französischen Stadt im Kriege

DIE ZORNIGEN JUNGEN MÄNNER. Ein Hamburger Konzern, der gesundheitsschädliche Präparate herstellt, beeinflußt den Bundestag, das drohende Verbotsgesetz auf die lange Bank zu schieben, erpreßt ein Krankenhaus und läßt durch seine Hausdirne auch noch einen tüchtigen Arzt verführen. Ein Film voller Pseudoproblematik, der seine Illustriertenherkunft nicht verbergen kann. ✦ BR Deutschland 1960 **P** Franz Seitz **Pd** Franz Seitz **R** Wolf Rilla **B** Will Berthold **K** Heinz Schnackertz **M** Rolf Wilhelm **D** Hansjörg Felmy, Horst Frank, Joachim Fuchsberger, Dawn Addams, Gisela Tantau **L** 87 (gek. 84) **FSK** ab 18; f (ab 12; f) **E** 28.4.1960 **fd** 9 109

ZORNIGER SCHLAF (TO SLEEP WITH ANGER). Als ein Freund aus den »alten Zeiten im Süden« an der amerikanischen Westküste auftaucht und sich im Haus eines alten Schwarzen einnistet, brechen in dessen mittelständischer Familie bislang unterschwellige Konflikte auf und bedrohen den Zusammenhalt. Eine ebenso unspektakulär wie raffiniert entwickelte Fabel um den archaischen Konflikt von Gut und Böse sowie die drohende Entwurzelung des Menschen am Scheideweg von Vergangenheit und Gegenwart, Tradition und Moderne, Religion und Aberglaube. Angesiedelt zwischen realistischer Bestandsaufnahme und modernem Märchen, verweist der Film auf die Ursprünge einer schwarzen Identität und setzt sich indirekt mit der zerstörerischen Kraft von Gewalt und Mißtrauen auseinander. (Die sorgfältige, aber sterile deutsche Synchronfassung läßt Atmosphäre und Klangfarbe des Originals schmerzlich vermissen; Kinotip der katholischen Filmkritik.) – Sehenswert ab 16. ✦ USA 1989 **P** Edward R. Pressman Film Corp./SVS Films **Kl** Kinowelt **Pd** Caldecot Chubb, Edward R. Pressman, Danny Glover **R+B** Charles Burnett **K** Walt Lloyd **M** Stephen James Taylor **S** Nancy Richardson **D** Danny Glover (Harry), Paul Butler (Gideon), Mary Alice (Suzie), Richard Brooks (Babe Brother), Carl Lumbly (Junior) **L** 101 **FSK** ab 12; f **E** 24.10.1991/17.1.1994 premiere **fd** 29 181

ZORNIGES LAND (THE ANGRY EARTH). Nachdem der Presserummel vorüber ist, kann sich die älteste Bürgerin Englands ihren Erinnerungen widmen und blickt auf ihre Kindheit und Jugend zurück. Der Film schildert das harte Leben walisischer Bergarbeiter und beschreibt eine kämpferische Arbeiterfrau, die sich von den vielen Schicksalsschlägen ihres Lebens nie hat unterkriegen lassen. Mit dem Frauenporträt verknüpft sind das soziale Elend der britischen Arbeiterschaft und die Anfänge der englischen Gewerkschaftsbewegung. – Ab 16. ✦ Großbritannien 1989 **R+B** Karl Francis **K** Roger Pugh Evans **M** Ken Howard **D** Sue Roderick (Gwen), Mark Lewis Jones (Guto), Dafydd Hywel (Evan), Maria Pride (Siwan), Jack Shepherd (Dr. Price), Phyllis Logan **L** 106 **E** 13.1.1992 DRS/9.9.1994 ZDF

ZORNIGES SCHWEIGEN (THE ANGRY SILENCE). Der Abgesandte einer ominösen »Zentrale« stachelt die Arbeiter eines britischen Industriebetriebs zu einem wilden Streik an. Als sich ein junger Mann dem Druck des Kollektivs widersetzt, wird er zum Ausgestoßenen, seine Familie zum Angriffsziel von Denunziationen und Racheakten – bis die Mehrheit ihren Irrtum erkennt und den Dissidenten rehabilitiert. Unter weitgehender Vermeidung plumper Schwarzweißmalerei versucht der Film die faire Behandlung von Streitfragen: das Recht der Minderheit im demokratischen Prozeß, Verantwortlichkeit des Einzelnen im Konflikt mit anonymen Gruppenzwang. Eindrucksvoll ist die einfühlsame Interpretation der Hauptrolle durch den späteren Erfolgsregisseur Richard Attenborough. – Sehenswert ab 14. ✦ Schwarz-weiß. Großbritannien 1960 **P** Beaver **Kl** Europa **Pd** Richard Attenborough, Bryan Forbes **R** Guy Green **B** Bryan Forbes, nach einem Stoff von Richard Gregson und Michael Craig **K** Arthur Ibbetson **M** Malcolm Arnold **D** Richard Attenborough, Pier Angeli (= Anna Maria Pierangeli), Michael Craig, Bernard Lee, Geoffrey Keen **L** 95 **FSK** ab 12; f **E** 19.8.1960/17.1.1966 ZDF **fd** 9 351

ZORN'S LEMMA (ZORN'S LEMMA). Dem experimentellen Film liegt der Lehrsatz der amerikanischen Mathematikers Zorn zugrunde; »Zorn's Lemma«, ein Hilfssatz, der bei mathematischen Beweisen eine Rolle spielt. Frampton filmt gegen die Sehgewohnheiten, zeigt zur Einstimmung Schwarzfilm, um im Hauptteil, der mit den Buchstaben des Alphabets beginnt, Bilder von der Länge einer Sekunde zu belichten. Den Abschluß bildet eine 12,5 Minuten lange Einstellung, die zwei Spaziergänger zeigt; dazu wird ein falsch übersetzter Text aus dem 11. Jahrhundert von verschiedenen Stimmen rezitiert. Ein Film, der weniger Bilder ausstellen möchte, sondern Ergebnis einer verbissenen Suche nach einer Struktur ist. ✦ USA 1970 **P** Hollis Frampton Prod. **SF** Freunde der Deutschen Kinemathek **R+B+K** Hollis Frampton **S** Hollis Frampton **L** 60 **E** 1972 Kino

ZORRO (ZORRO). Eigentlich hatte Don Diego de Varga, so Zorros bürgerlicher Name, versprochen, nicht mehr zur Waffe zu greifen. Doch dann kann er nicht umhin, aus seiner angenommenen Rolle als trottelig-blasierter Gouverneur und Werkzeug des machthungrigen Generals Huerta herauszutreten: Zorro bestraft die ausbeuterischen Reichen und das ihnen hörige Militär. Eine von ungezählten Produktionen um den Mythos des Zorro, jenem schwarzgekleideten Rächer, der mit Degen und Peitsche als Erkennungszeichen ein »Z« hinterläßt. Leider hat der italienische Western- und Gangsterfilmspezialist Tessari diese Story an den Tugenden des Genres vorbeiinszeniert. Einerseits versucht er sich im Parodistischen, andererseits belastet er die naive Handlung mit Politphrasen von gewaltlosem Widerstand und Demokratie, die er durch seine Regie dann ad absurdum führt. – Ab 14. ✦ Italien/Frankreich 1974 **P** Mondial TE.FI./Artistes Associés **Kl** United Artists **R** Duccio Tessari **B** Giorgio Arlorio **K** Giulio Albonico **M** Guido de Angelis, Maurizio de Angelis **D** Alain Delon, Stanley Baker, Ottavia Piccolo, Moustache, Enzo Cerusico **L** 124 **FSK** ab 12; nf **E** 8.5.1975/7.1.1977 Kino DDR/17.8.1986 DFF 1 **fd** 19 304

ZORRO – DAS GEHEIMNIS VON ALAMOS (LA ESPADA DEL ZORRO / LA VENGENZA DEL ZORRO). Nach der Abtretung Kaliforniens an die Union befreit ein scheinbar auf Seiten der Yankees stehender Edelmann, der in Wirklichkeit Zorro ist, seine mexikanischen Landsleute von Not und Elend. Solider Abenteuerfilm, einzig an Oberflächenspannung interessiert. – Ab 14. ✦ Scope. Spanien 1961 **P** Copercines/Rocesa **Kl** Columbia-Bavaria **R** José Romero Marchent (= Joaquin Romero Marchent) **B** Joacquin Romero Hernandez, Jesus Franco (= Jésus Franco Manera) **K** Rafael Pacheco **M** Manuel Parada **D** Frank Latimore, Maria Andersen, Ralph Marsch, Howard Vernon **L** 84 **FSK** ab 12; nf **E** 5.10.1962 **fd** 11 482

ZORRO, DER BLUTROTE ADLER (THE VIGILANTES ARE COMING). Zorro, der Befreier und Volksheld Kaliforniens, im Kampf gegen gewissenlose Goldsucher, die mit den Russen konspirieren. Herkömmlicher Abenteuerfilm, zusammengeschnitten aus einer Republic-Serie der 30er Jahre. – Ab 12. ✦ Schwarz-weiß. USA 1936 **P** Republic **Kl** NWDF-Unitas **R** Marc Wright, Ray Taylor **D** Robert Livingston, Kay Hughes, Guinn Williams, Robert Warwick **L** 90 **FSK** ab 6; nf **E** 4.1.1963 **fd** 11 796

ZORRO, DER HELD (IL SOGNO DI ZORRO). Italienische Parodie auf Zorro-Filme: Mit einem Schlage verwandelt sich der temperamentlose Sohn Zorros in den feurigsten Degenschwinger Mexikos. Scherz und Spott in unterhaltsamer Mischung. – Ab 12. ✦ Schwarz-weiß. Italien 1952 **P** ICS **Kl** Admiral/Karp/Odeon/Stern **Pd** Nicolo Theodoli **R** Mario Soldati **B** Mario Amendola, Ruggero Maccari, Alessandro Continenza **K** Mario Montuori **M** Mario Nascimbene **D** Walter Chiari, Delia Scala, Gualtiero Tumiati, Vittorio Gassman, Michèle Philippe **L** 77 **FSK** ab 12; nf **E** 1.1.1953 **fd** 2 697

ZORRO, DER MANN MIT DEN ZWEI GESICHTERN (IL SIGNE DI ZORRO / LE SIGNE DE ZORRO). In der Maske Zorros rächt ein junger Edelmann in Mexiko die Willkürtaten eines Gouverneurs. Mäßig spannender Abenteuerfilm, der anspruchslose Serienunterhaltung bietet. – Ab 12. ✦ Scope. Italien/Frankreich/Spanien 1962 **P** Mondiale/Fiduciaire/Benito Perojo **Kl** Constantin **Pd** Miguel Tudela **R** Mario Caiano **B** Guido Malatesta, Casey Robinson **K** Adalberto Albertini **M** Gregorio Garcia Segura **S** Renato Cinquini **D** Sean Flynn (Zorro (Don Ramon)), Folco Lulli (José), Danielle de Metz (Manuela), Enrique A. Diosdado (Gouverneur), Mario Petri (Oberst Martino) **L** 93 **FSK** ab 12; nf **E** 21.11.1963 **fd** 12 429

ZORRO, DER SCHWARZE RÄCHER (LA SOMBRA DEL ZORRO / L' OMBRA DI ZORRO / CABALGANDO HACIA LA MUERTE). Banditen begehen kurz nach dem amerikanischen Bürgerkrieg Verbrechen in der Maske Zorros. Noch bevor ein Regierungsbeauftragter die richtigen Zusammenhänge ahnt, vernichtet der echte Zorro die Bande. Spannende Abenteuerunterhaltung, voller Artistik und nicht ohne Humor. (Fortsetzung von »Zorro – Das Geheimnis von Alamos«) – Ab 14. ✦ Scope. Spanien/Italien 1962 **P** Copercines/Explorer/Pea **Kl** Constantin **Pd** Angelo Tosato **R** José Romero Marchent (= Joaquin Romero Marchent) **B** Joacquin Romero Hernandez, Jesus Franco (= Jésus Franco Manera) **K** Enrico Betti Berutto, Rafael Pacheco **M** Francesco De Masi, Mario Parada **D** Frank Latimore (Don José), Maria Luz Galicia (Maria), Mario Feliciani (MacDonald), Marco Tulli (John Gray), Robert Hundar (Billy) **L** 88 **FSK** ab 12; nf **E** 31.5.1963 **fd** 12 033

ZORRO – FLAMMEN DER RACHE (DON DAREDEVIL RIDES AGAIN). Ein Rechtsanwalt reitet, boxt und schießt in der Verkleidung Zorros gegen die Bande eines korrupten Kollegen, der den Farmern das Land mit Goldmine wegnimmt. Kleiner Western, zusammengeschnitten aus einer Republic-Serie der 50er Jahre. – Ab 12 möglich. ✦ Schwarz-weiß. USA 1951 **P** Republic **Kl** Löwen **R** Fred C.Brannon **B** Ronald Davidson **K** Ellis W. Carter **M** Stanley Wilson **D** Ken Curtis, Aline Towne, Roy Barcroft, Lane Bradford, Robert Einer **L** 89 **FSK** ab 12; nf **E** 7.11.1958 **fd** 7 537

ZORRO GEGEN MACISTE – KAMPF DER UNBESIEGBAREN (ZORRO CONTRO MACISTE). Zwei Prinzessinnen beanspruchen den verwaisten Thron eines Königreichs. Die eine holt Maciste, die andere Zorro zu Hilfe. Als der Muskelprotz Maciste merkt, daß er mißbraucht wird, schlägt er sich auf die Seite Zorros, und beide kämpfen gemeinsam für das Recht. Anspruchsloseste Unterhaltung. (TV-Titel DDR: »Konkurrenz für Zorro«) – Ab 14. ✦ Scope. Italien 1963 **P** Romana **Kl** Constantin **Pd** Nino Misiano **R** Umberto Lenzi **B** Guido Malatesta, Umberto Lenzi **K** Augusto Tiezzi **M** Angelo Francesco Lavagnino **D** Pierre Brice (Zorro), Alan Steel (Maciste), Moira Orfei (Malva), Maria Grazia Spina (Isabella), Massimo Serato (Garcia de Higuera) **L** 89 **FSK** ab 12; nf **E** 24.7.1964/11.12.1981 DFF 1 **fd** 13 066

ZORRO – GRAF VON NAVARRA (ZORRO – MARCHESE DI NAVARRA). Ein schwarz maskierter Unbekannter leistet während der französischen Besatzung Spaniens in Pamplona erbitterten Widerstand gegen die Truppen Napoleons. Niemand ahnt, daß Zorro sich als französischer Friseurmeister getarnt hat und so vorzeitig wertvolle Informationen erhält. Schließlich schweißt er gar die Bevölkerung zum Widerstand zusammen. Konventionell gestalteter Mantel- und Degenfilm in der Tradition des Genres. Flotte Fecht- und melodramatische Liebesszenen sind jedoch allenfalls äußere Höhepunkte der allzu schematisch gefertigten Abenteuergeschichte. – Ab 14 möglich. ✦ Italien 1970 **P** Romana **Pd** Fortunato Misiano **R** Jean Monty (= Francesco Montemurro) **B** Piero Pierotti, Francesco Montemurro **K** Augusto Tiezzi **M** Angelo Francesco Lavagnino **S** Jolanda Benvenuti **D** Nadir Moretti, Malisa Longo, Daniele Vargas, Loris Gizzi, Renato Montalbano, Dada Gallotti **L** 102 (gek. 89) **E** 10.1.1987 DFF 2/22.05.1994 Kabelkanal

ZORRO IM WILDEN WESTEN (THE GHOST OF ZORRO). Zweiteiliger Serienwestern (1. »Stadt ohne Gesetz«; 2. »Zorro greift ein«): Zorros Enkel verfolgt als Ingenieur beim Bau der ersten transkontinentalen Telegrafenlinie (1865) in der Maske des Großvaters zerstörungswütige Schurken und sorgt so für äußerst schlichte Unterhaltung. – Ab 12 möglich. ✦ Schwarz-weiß. USA 1949 **P** Republic **Kl** Gloria **R** Fred C. Brannon **B** Royal Cole **K** John MacBurnie **M** Stanley Wilson **D** Clayton Moore, Pamela Blake, Roy Barcroft, George J. Lewis, Eugen Roth **L** 74/77 **FSK** ab 12; nf **E** 25.4.1952 **fd** 1 718

ZORRO JUNIOR (IL FIGLIO DI ZORRO). Als Spanien zu Beginn des 19. Jahrhunderts von französischen Truppen besetzt wird, ergreift ein als leichtfertig verrufener junger Edelmann offiziell Partei für die Besatzer, kämpft aber tatsächlich in der Maske Zorros inkognito für das unterdrückte spanische Volk. Später Nachzügler der Mantel-und-Degen-Welle der 60er Jahre; eine billige italienische Serienproduktion. – Ab 14. ✦ Italien 1976 **R** Frank G. Carroll (= Gianfranco Baldanello) **D** Robert Widmark (= Alberto Dell'Acqua) (Riccardo de Villaverde/Zorro), William Berger (Warren), Fernando Sancho (Leblanc), Elisa Ramirez (Conchita), Franco Fantasia (Bardot), George Wang (Garrincha) **L** 83 **E** 4.4.1994 RTL

ZORRO MIT DEN DREI DEGEN (LAS TRES ESPADAS DEL ZORRO). Banaler Abenteuerfilm um den jungen Edelmann im spanisch besetzten Kalifornien, der (um 1820) als schwarz maskierter und gekleideter Reiter für die Entrechteten kämpft. Hier leisten gar drei Zorros einem despotischen Gouverneur Widerstand: Vater, Sohn, Tochter. Der handelsübliche Fecht- und Galoppierfilm versucht mittels Zwischentiteln, die komplizierten Familienverhältnisse zu entwirren, und leistet sich trotz aller Trivialität einige recht grausame Übertreibungen. – Ab 16. ✦ Spanien/Italien 1962 **P** Hispamer/Rhodes **KI** Nora **R** Riccardo Blasco **B** Jacques Dumas **K** A. Bruschi **M** Aldo Piga **D** Guy Stockwell (Diego), Gloria Milland (Maria), Mikaela Wood (Virginia de Santa Anna), Antonio Prieto (Don Manuel Paredes), Franco Fantasia (Juan Ortiz) **L** 86 **FSK** ab 12; nf **E** 23.8.1963 **fd** 12 197

ZORRO MIT DER HEISSEN KLINGE (ZORRO, THE GAY BLADE). Der Sohn Zorros, mehr Frauenheld als Rächer der Unterdrückten, tritt anfangs eher aus Neugier in die Fußstapfen seines Vaters. Aber mit Hilfe einer Frauenrechtlerin und seines homosexuellen Bruders gelingt es ihm schließlich, dem geldgierigen Gouverneur das Handwerk zu legen. Dünnblütige Parodie des Abenteuer-Klassikers. Der Versuch, Klischees von Geschlechterrollen zu persiflieren, ist weitgehend mißlungen und nicht immer geschmackssicher. – Ab 14. ✦ USA 1980 **P** Melvin Simon **KI** Centfox **Pd** George Hamilton, C. O. Erickson **R** Peter Medak **B** Hal Dresner **K** John A. Alonzo **M** Ian Fraser **S** Hillary Jane Kranze **D** George Hamilton (Don Diego Vega/Ramon), Lauren Hutton (Charlotte), Brenda Vaccaro (Florinda), Ron Leibman (Esteban), Donovan Scott (Paco), James Booth (Velasquez) **L** 94 **FSK** ab 6; f **E** 21.1.1982 **fd** 23 307

ZORRO RÄUMT AUF (THE SIGN OF ZORRO). Ein schurkischer Usurpator hat die Macht in der Provinz an sich gerissen. Da ersteht dem Volk in einem allnächtlich maskiert auftretenden kühnen Reiter der Helfer in der Not. Es ist Don Diego, der sich als Weichling tarnte, um ungefährdet gegen das Unrecht kämpfen zu können. Der Beitrag der Disney-Studios zum Zorro-Mythos ist ein kinderorientiertes Heldenabenteuer, frei von Blut und Brutalitäten. – Ab 10 möglich. ✦ Schwarz-weiß. USA 1958 **P** Walt Disney **Pd** William H. Anderson **R** Norman Foster, Lewis R. Foster **B** Norman Foster, Lowell S. Hawley, Bob Wehling, John Meredyth Lucas, nach Erzählungen von Johnston McCulley **K** Gordon Avil **M** William Lava **D** Guy Williams (Zorro/Don Diego), Henry Calvin (Sgt. Garcia), Gene Sheldon (Bernardo), Romney Brent (Pater), Britt Lomond (Capt. Monastario), Tony Russo (Martinez), John Dehner (Vizekönig), Lisa Gaye (des Vizekönigs Tochter) **L** 89 **FSK** ab 6; nf **E** 25.9.1959 **fd** 8 677

ZORRO – SPIEL MIR DAS LIED DER WOLLUST (ZORRO DANS SES AVENTURES GALANTES). Zorro, einst souveräner Leinwandrächer der Armen, zieht hier als Sexprotz durchs Land. Plattes Serienfabrikat aus der Pornoproduktion. – Wir raten ab. ✦ Belgien 1972 **P** Brux Internatiotnal **KI** Gloria **R** William Russell **B** Henri Bral de Boitselier **K** John Vincent **M** Gilbert Gardet **S** Denise de Gigeler **D** Jean-Michel Dhermay, Germain Laurent, Louise Petit, Evelyne Galou, Christine Chantrel **L** 80 **E** 8.12.1972 **fd** 18 120

ZORRO UND DIE DREI MUSKETIERE (ZORRO E I TRE MOSCHETTIERI). Zorro befreit im 17. Jahrhundert eine spanische Prinzessin und gewinnt die Freundschaft der Dumas'schen Musketiere. Abenteuerfilm für bescheidenste Ansprüche. (TV-Titel: »Das Phantom und die drei Musketiere«) – Ab 12. ✦ Scope. Italien 1962 **P** Ionia **KI** Constantin **Pd** Marino Vaccà **R** Luigi Capuano **B** Roberto Gianviti, Italo De Tuddo **K** Carlo Bellero **M** Carlo Savina **S** Antonietta Zita **D** Gordon Scott, José Greci, Maria Grazia Spina, Nazzareno Zamperla, Giacomo Rossi Stuart **L** 83 **FSK** ab 6; nf **E** 6.12.1963 **fd** 12 433

ZORRO UND SEINE LÜSTERNEN MÄDCHEN (THE EROTIC ADVENTURES OF ZORRO). Sexkomödie. Im Jahre 1820 setzt der Bösewicht Bonasario mit Hilfe des Garnisonskommandeurs den gerechten Bürgermeister der Kleinstadt Los Angeles ab. Sein Sohn nimmt als maskierter Rächer den Kampf mit den Schurken auf; Unterstützung findet er auch bei der unzufriedenen Ehefrau Bonasarios. Der billig produzierte Film existiert in zwei Fassungen: als reine Komödie für den englischen Sprachraum, für den europäischen Kontinent als Sexfilm. ✦ USA/BR Deutschland 1972 **P** Entertainment Ventures/Atlas International **KI** Cinerama **VA** Silwa **Pd** David F. Friedman **R** Robert Freeman **B** Mona Lott, Joy Boxe, David F. Friedman, Robert W. Cresse **K** Ferd Sebastian **M** Billy Allan, William Loose **D** Douglas Frey (Zorro/Diego), Robin Whitting (Maria), Penny Boran (Helena), Jude Farese (Luis), John Alderman (Esteban), Lynn Harris (Rosita) **L** 85 **FSK** ab 18; nf **E** 17.6. 1994 RTL

ZORROS GEISTERREITER (ZORRO FIGHTING LEGION). Zweiteiliger Abenteuerfilm (1. »Zorros Geisterreiter«; 2. »Zorros Rache«), der an den Zorro der Stummfilmzeit anknüpft: Im Auftrage der jungen mexikanischen Republik tritt der degengewandte Kämpfer für Recht und Frieden gegen Schurken in Aktion, die eine Goldmine ausbeuten und Indios für einen Staatsstreich bewaffnen wollen. Zusammenschnitt aus einer Republic-Serie der späten 30er Jahre. (TV-Titel: »Zorros Legion reitet wieder«) – Ab 12. ✦ Schwarz-weiß. USA 1939 **P** Republic **KI** Löwen **R** William Witney, John English **B** Ronald Davidson, Franklin Adreon, Morgan Cox **K** Reggie Lanning **M** William Lava **D** Reed Hadley, William Corson, Budd Buster, Shella Darcy, Charles King **L** 82/94 **FSK** ab 12; nf **E** 13.,20.7.1951/9.5.1980 ZDF **fd** 1 228

ZORROS GRAUSAMER SCHWUR (EL ZORRO CABALGA OTRA VEZ / IL GIURAMENTO DI ZORRO). Zorro bricht die Herrschaft eines Rebellen, der sich an die Stelle des Gouverneurs gesetzt hat. Bunter Abenteuerfilm von naivem Witz. – Ab 12. ✦ Spanien/Italien 1964 **P** Hispamer/Duca/Rhodes **KI** Nora **Pd** Guillermo F. Zuniga, Tullio Bruschi **R** Riccardo Blasco **B** Mario Amendola, Lucas Gallardo **K** Mario Vulpiani, Vitaliano Natalucci **S** Rosita Salgado **D** Tony Russel, Maria José Alfonso, Roberto Paoletti, Jesús Puente, Mirella Maravidi, José Rubio **L** 94 **FSK** ab 12; nf **E** 3.9.1965 **fd** 13 775

ZORROS HEIMKEHR UND RACHE (ZORRO ALLA CORTE DI SPAGNA). Ein Unbekannter verhilft der Erbin des verstorbenen Großherzogs in dem Fantasieland Lusitanien zu ihrem Recht. Anspruchsloser Abenteuerfilm. – Ab 12. ✦ Scope. Italien 1962 **P** Ionia **KI** Constantin **Pd** Ferdinando Felicioni **R** Luigi Capuano **B** Arpad De Riso, Nino Scolaro **K** Oberdan Troiani **M** Carlo Savina **S** Antonietta Zita **D** Giorgio Ardisson, Alberto Lupo, Nadia Marlowa, Franco Fantasia, Carlo Tamberlani **L** 93 **FSK** ab 12; nf **E** 26.7.1963 **fd** 12 220

ZORROS LEGION REITET WIEDER → Zorros Geisterreiter

ZORROS RÜCKKEHR (ZORRO'S BLACK WHIP). Zweiteiliger Serienwestern mit flüchtig aneinandergereihten Raufereien eines Liebespaares, das politische Gangster zur Strecke bringt. Zusammenschnitt aus der 40er-Jahre-Republic-Serie. (1. »Der Rächer mit der Maske«; »Sein wahres Gesicht«) – Ab 12. ✦ Schwarz-weiß. USA 1944 **P** Republic **KI** Gloria **R** Spencer G. Bennet, Wallace Grissell **B** Basil Dickey, Jesse Duffy, Grant Nolan **K** Bud Thackery **M** Richard Cherwin **D** George J. Lewis, Linda Stirling, Lucien Littlefield, Francis McDonald, Hal Talliaferro **L** 74/62 **FSK** ab 12; nf **E** 26.,30.3.1954 **fd** 3 251

ZORROS SCHATTEN – EL LATIGO (THE MAN WITH THE STEEL WHIP). Ein braver Farmer in schwarzem Dreß mit Maske durchkreuzt den Plan eines habgierigen Bürgers, der einer Goldmine wegen seine Leute ins Indianerreservat eindringen läßt. Anspuchloser, schlampig produzierter Serienwestern. – Ab 12. ✦ Schwarz-weiß. USA 1954 **P** Republic **KI** Gloria **R** Franklin Adreon **B** Ronald Davidson **K** Bud Thackery **M** R. Dale Butts **S** Cliff Bell **D** Richard Simmons, Barbara Bestar, Dale von Sickel, Moritz Hugo, Lane Bradford **L** 100 **FSK** ab 12; nf **E** 27.5.1955 **fd** 4 076

ZORROS SCHWARZE PEITSCHE (ZORRO RIDES AGAIN / BURNING EMBERS). Der Urenkel des Helden nimmt in dessen Maske den Kampf gegen einen Wallstreet-Bankier auf, der im modernen Mexiko durch bezahlte Banditen einen Sabotageanschlag nach dem anderen auf die im Bau befindliche Eisenbahn aushecken läßt. Die schwarze Zorro-Peitsche bewährt sich dabei als ein praktisches Instrument zum Abseilen in größter Not, z. B. vom Wolkenkratzer. Der zweiteilige Western (1. »Zorro der Rächer«; 2. »Zorro schlägt zu«) stammt aus der berühmten Republic-Serie der 30er Jahre. – Ab 12. ✦ Schwarz-weiß. USA 1937 **P** Republic **KI** Gloria **R** Fred C. Brannon **B** Barry Shipman, John Rathmell **M** Alberto Colombo **D** John Carrol, Helen Christian, Reed Howes, Duncan Renaldo, Noah Beery sr. **L** 92/78 **FSK** ab 12; nf **E** 21.8.1953/28.8.1953 **fd** 1 793

ZORROS SOHN (SON OF ZORRO). Aus dem Armeedienst zurückgekehrt, findet Jeff Stewart 1865 die Verwaltung seiner Heimat im Westen in den Händen krimineller Elemente. Jeff wirft sich in Maske und Kostüm seines berühmten Ahnherrn und legt los. Ein weiteres eigentlich zweiteiliges Westernprogramm (1. »Das Geheimnis der schwarzen Maske«; 2. »Schneller als der Tod«) aus der Zorro-Serie der Vorkriegszeit. ✦ Schwarz-weiß. USA 1939/47 **P** Republic **KI** Gloria **R** Spencer G. Bennet, Fred C. Brannon **B** Franklin Adreon, Basil Dickey **K** Bud Thackery **M** Mort Glickman **D** George Turner, Peggy Stewart, Roy Barcroft, Edward Cassidy, Ernie Adams **L** 72/77 **FSK** ab 16; nf **E** 7.12.1951 **fd** 1 596

ZORROS TOCHTER (BANDIT QUEEN). Eine spanischblütige Kalifornierin rächt in der Maske Zorros den Verlust der Eltern und des Besitztums an den amerikanisch lizenzierten Unterdrückern und läßt sich mit einem gleichgesinnten Rachekämpfer von einem verständnisvollen Pater trauen. Serienwestern ohne Profil. – Ab 12. ✦ Schwarz-weiß. USA 1950 **P** Lippert **KI** Union **R** William Berke **B** Victor West, Bud Lesser, nach einer Erzählung von Victor West **K** Ernest Miller **M** Albert Glasser **D** Barbara Britton (Lola), Willard Parker (Dan Hinsdale), Philip Reed (Joaquin Murietta), Paul Marion (Manuel), Mike Conrad (Capt. Gray), Barton MacLane (Jim Harden), Martin Garralaga (Bruder Antonio), Victor Kilian (Jose Montalve), Thurston Hall (Gouverneur), Anna Demetrio (Maria), Cecile Weston (Zara Montalve), Jack Ingram (Barton) **L** 69 **FSK** ab 12; nf **E** 28.6.1952/4.12.1965 ARD **fd** 1 900

ZOSIA (SOSJA). Die scheue Liebe zwischen einem polnischen Mädchen und einem jungen sowjetischen Offizier, der während der Kämpfe in Polen im Jahre 1944 für wenige Tage mit seiner Einheit in einem Dorf in Ruhestellung ist. Mit psychologischem Feingefühl inszenierter Film von überzeugender humaner Gesinnung und großer Bildwirksamkeit. – Ab 16. ✦ Scope, schwarz-weiß. UdSSR 1967 **P** Gorki-Studio **KI** Progress **R** Michail Bogin **B** Wladimir Bogomolow, nach seinem gleichnamigen Roman **K** Jerzy Lipman **M** Rafail Chosak **D** Pola Raksa (Zosia), Juri Kamornyi (Michail), Nikolai Merslikin (Viktor), Wieslawa Mazurkiewicz (Julia, Zosias Mutter), Zygmunt Zintel (Stefan) **L** 63 **E** 8.3.1968 Kino DDR/30.6.1971 DFF 1

ZOTTI, DAS URVIECH (THE SHAGGY D.A.). Gerade als er sich als Kandidat zur Wahl des Bezirksstaatsanwaltes aufstellen läßt, wird ein Anwalt des öfteren – natürlich in unpassenden Situationen – mittels eines Ringes in einen zottigen Hund verwandelt. – Typische Disney-Unterhaltung fernab jeder Realität. – Ab 6. ✦ USA 1976 **P** Walt Disney **KI** 20th Century Fox **R** Robert Stevenson **B** Don Tait **K** Frank Phillips **M** Buddy Baker **D** Dean Jones, Tim Conway, Suzanne Pleshette, Keenan Wynn, Jo Anne Worley **L** 92 **FSK** ab 6; f **FBW** w **E** 3.3.1978 **fd** 20 685

ZOTTIS TOLLE ABENTEUER (THE RETURN OF THE SHAGGY DOG). Immer wenn jemand die lateinische Inschrift auf Professor Plumkutts Zauberring liest, verwandelt sich Anwalt Daniels in einen Hund. Diesen Umstand nutzt nach dem Tod des Professors ein Gaunerpaar zu einer großangelegten Erpressung. Mit Hilfe seines Bruders kann der Anwalt dem Spuk schließlich ein Ende bereiten. Ein schwacher, gelegentlich sogar regelrecht schwachsinniger Unterhaltungsfilm. – Ab 8 möglich. ✦ USA 1987 **P** Disney **VA** EuroVideo **Pd** Harvey Marks **R** Stuart Gillard **B** Diane Wilk, Paul Haggis **K** Fred J. Koenekamp **M** David Bell **D** Gary Kroeger (Wilby Daniel), Todd Waring (Moochie Daniel), Michele Little (Betty), Jane Carr (Myra), Cindy Morgan (Laura), Gavin Reed **L** 83 **FSK** ab 6 **E** 14.12.1988 Video **fd** 27 426

ZOU-ZOU (ZOU-ZOU). Die schwarze Wäscherin Zou-Zou hat sich in ihren weißen Adoptivbruder verliebt, mit dem sie zusammen aufwuchs, entsagt aber, als eine andere Frau sein Interesse weckt. Im Varieté-Milieu im Paris der 30er Jahre angesiedelte Geschichte. Filmhistorisch interessant und mit einigen guten Revue-Nummern versehen, stellt der Film Jean Gabin am Anfang seiner Karriere und Joséphine Baker auf ihrem Zenit vor. – Ab 14. ✦ Schwarz-weiß. Frankreich 1934 **P** Les Films H. Roussillon/Productions Arys **KI** Schwarz-Weiß-Film **Pd** Arys Nisotti **R** Marc Allégret **B** Carlo Rim, nach der Novelle von Pepito Abatino **K** Michel Kelber **M** Georges van Parys, Vincent Scotto, Alain Romans **S** Denise Batcheff **D** Jean Gabin (Jean), Josephine Baker (Zou-Zou), Illa Meery (Miss Barbara), Pierre Larquey (Père Mélé), Yvette Leblon (Claire) **L** 86 **E** 10.3.1985 DFF 2/3.8. 1991 DFF/8.12.1994 Kino **fd** 30 934

ZPG – DIE ERDE STIRBT (Z.P.G. – ZERO POPULATION GROWTH). In einer Zukunft, in der die überbevölkerte Erde durch Umweltverschmutzung in die Katastrophe treibt, wird die Geburt von Kindern zum Staatsverbrechen erklärt. Ein junges Paar, das sich über das Verbot hinwegsetzt, gerät durch die Sehnsucht ihrer Mitmenschen, an seinem Glück teilzuhaben, in Gefahr und muß fliehen. Durchschnittlicher Science-Fiction-Film, dessen überforderter Regisseur die Möglichkeiten des Themas weitgehend verspielt. (TV-Titel: »Geburten verboten«) ✦ Scope. USA/Großbritannien 1971 **P** Sagittarius **VA** All Video **Pd** Thomas F. Madigan **R** Michael Campus **B** Max Ehrlich, Frank de Felitta **K** Michael Reed **M** Jonathan Hodge **S** Dennis Lanning **D** Oliver Reed (Russ McNeil), Geraldine Chaplin (Carole McNeil), Don Gordon (George Borden), Diane Cilento (Edna Borden), David Markham (Dr. Herrick), Sheila Reid (Dr. Mary Herrick), Aubrey Woods (Dr. Mallory), Bill Nagy (Präsident), Brigitte Federspiel (Psychiaterin), Dale Robinson (Wachmann) **L** 97 **E** 7.4.1979 ARD/1983 Video **fd** 24 144

ZU ALLEM ENTSCHLOSSEN (MEET DANNY WILSON). Musikfilm über die Aufstiegs- und Liebesgeschichte eines Schlagersängers, der sich mit einem kriminellen Barbesitzer auseinandersetzen muß. Thema und Machart sind gleichermaßen abgegriffen, doch immerhin empfiehlt sich in einer Szene der singende Frank Sinatra, der erst zwei Jahre später als Charakterdarsteller entdeckt wurde. – Ab 14. ✦ Schwarz-weiß. USA 1951 **P** Universal **KI** Universal **R** Joseph Pevney **B** Don McGuire **K** Maury Gertsman **M** Joseph Gershenson **D** Frank Sinatra, Shelley Winters, Alex Nicol, Raymond Burr **L** 86 **FSK** ab 12; nf **E** 4.9.1959 **fd** 8 447

ZU BEFEHL, FRAU FELDWEBEL. Bundesdeutsches Militärlustspiel in den Uniformen der Jahrhundertwende: Die lüsterne Frau eines Feldwebels verdreht den Untergebenen ihres Gatten den Kopf, kehrt am Ende aber wieder in den Schoß der bürgerlichen Ehe zurück. Eine in jeder Hinsicht jämmerliche Klamotte. – Ab 16 möglich. ✦ Schwarz-weiß. BR Deutschland 1956 **P** Burg/Michael Jary **KI** DFH **Pd** Benno Kaminski **R** Georg Jacoby **B** Bobby E. Lüthge, Rudolf Dortenwald **K** Willy Winterstein **M** Michael Jary **S** Alexandra Anatra **D** Renate Mannhardt, Oskar Sima, Franz Muxeneder, Germaine Damar, Michael Cramer **L** 90 **FSK** ab 16; nf **E** 7.9.1956 **fd** 5 241

ZU BEFEHL, HERR FELDWEBEL (UN UFFICIALE NON SI ARRENDE MAI, NEMMENO DI FRONTE ALL' EVIDENZA, FIRMATO COLONNELLO BUTTIGLIONE). Streiche und Eskapaden einiger Rekruten in ihrer Ausbildungszeit. Eine läppische Militärklamotte, die in abgestandenen Witzen und Späßen schwelgt. – Ab 14 möglich. ✦ Scope. Italien 1973 **P** Oceania P.I.C. **KI** Gloria **R** Mino Guerrini **B** Castellano (= Franco Castellano), Pipolo (= Giuseppe Moccia), Giuseppe Moccia **K** Arturo Zavattini **M** Gianni Boncompagni **D** Aldo Maccione, Jacques Dufilho, Michele Gammino, Christa Linder, Cinzia Bruno **L** 102 **FSK** ab 6; nf **E** 22.8.1975 **fd** 19 494

ZU BEGINN DER ZEITEN (AZ IDÖK KEZDETEN). Ungarn im Frühjahr 1946: Drei Tage aus dem Leben eines kommunistischen Arbeiters und Gewerkschaftsfunktionärs in einem Budapester Betrieb. ✦ Scope. Ungarn 1975 **P** Filmstúdió Budapest **KI** Progress **R** Tamás Rényi **B** Miklós Köllö, Tamás Rényi, nach einem Roman von Ervin Hollós **K** János Zsombolyai **M** Géza Berki **D** György Cserhalmi (Zoli Deák), Irén Bordán (Vera), Erika Bodnár (Frau Bittmann), Sándor Horváth (Zsiga Nagy), Hugó Szerencsi **L** 98 **E** 22.10.1976 Kino DDR/20.7.1977 DFF 2

ZU BEGINN DES JAHRHUNDERTS (W NATSCHALE WEKP). Die Entstehung der »iskara«, der ersten Parteizeitung der Russischen KP, die auf eine Idee Lenins und seiner Frau Nadeshda Krupskaja in der sibirischen Verbannung zurückgeht. Die Konzeption wird in Genf entwickelt, die erste Ausgabe in München gedruckt, von wo sie illegal nach Rußland gebracht wird. ✦ UdSSR 1961 **R** Anatoli Rybakow **B** Sergej Jermolinski **K** Viktor Listopadow **M** N. Pejho **D** Juri Kajurow, J. Sitko, W. Obuchowa, Nikolai Annenkow **L** 87 **E** 20.1.1964 DFF 1

ZU BÖSER SCHLACHT SCHLEICH ICH HEUT NACHT SO BANG. Eine vollständige Neufassung des Films »Willi Tobler und der Untergang der 6. Flotte« (1971). Kluge mischt das alte Material mit neuen Negativen, fügt Zwischentitel in inflationärer Zahl ein, schneidet um. Wieder geht es um den Opportunisten Willi Tobler, der einen intergalaktischen Krieg überlebt, dem jedoch die Todesstrafe droht, als das neue Regime, dem er sich andiente, nach kurzer Zeit stürzt. Ein weitgehend zusammenhangloser Science-Fiction-Film, der bestenfalls Irritation hinterläßt. ✦ BR Deutschland 1977 **P** Kairos **Pd+R** Alexander Kluge **B** Alexander Kluge, Maximiliane Mainka **K** Dietrich Lohmann, Alfred Tichawsky, Thomas Mauch **S** Maximiliane Mainka **D** Alfred Edel, Helga Skalla, Hark Bohm, Kurt Jürgens (= Curd Jürgens) **L** 81 **FSK** ab 12; f **E** 13.3.1979

ZU EINER ANDEREN ZEIT → Another Time, another Place

ZU FREIWILD VERDAMMT → Blutiger Schnee (1983)

ZU FRÜH/ZU SPÄT (TROP TOT, TROP TARD). In formaler Askese und kontrollierter Monotonie konfrontieren Straub/Huillet Texte von Friedrich Engels und Mahmud Hussein mit Bildern aus Frankreich und Ägypten zur Entstehungszeit des Films. Der kontroverse Film ist ein Musterbeispiel des dialektischen Filmessays, das Verbindungen zwischen Gegenwart und Vergangenheit, visueller Wahrnehmung und rationaler Erkenntnis herzustellen versucht. Vor allem für detailverliebte Zuschauer ist er ein reizvolles assoziatives Gedankenspiel. ✦ Frankreich 1981 **P** Straub-Huillet **Pd+R+B** Jean-Marie Straub, Danièle Huillet **K** William Lubtchansky, Robert Alazraki, Caroline Campetier **S** Jean-Marie Straub, Danièle Huillet **L** 100 **E** 11.1.1982 ARD **fd** 23 249

ZU FUSS IN DAS HIMMELREICH → Zu Fuß in den Himmel

ZU FUSS IN DEN HIMMEL (GYALOG A MENNYORSZAGBA). Ein junges Ehepaar findet mit der Erkenntnis, daß auch in schwierigen Situationen befriedigende Lösungen gefunden werden können, wieder zueinander. Streckenweise etwas zu lehrhaft erzählte Durchschnittsgeschichte. (Westdeutscher TV-Titel: »Zu Fuß in das Himmelreich«) – Ab 14. ✦ Schwarz-weiß. Ungarn 1959 **P** Hunnia **KI** Progress **R** Imre Fehér **B** Péter Bacsó **K** Miklós Herczenik **M** Emil Petrovics **D** Mari Töröcsik (Vera), Zoltán Latinovits (Imre), Mariann Krencsey (Erzsi), Lajos Básti (Bittera), István Avar (András) **L** 95 **E** 27.5.1960 Kino DDR/11.11.1960 DFF 1/19.9.1969 ZDF

EINE ZU GROSSE CHANCE (PRILIS VELKA SANCE). Ein angesehener, ehrgeiziger Wissenschaftler begeht mit seinem Wagen im angetrunkenen Zustand einen Verkehrsunfall und beseitigt alle nur möglichen Spuren. Doch so raffiniert er auch zu Werke geht, immer mehr verstrickt er sich in Widersprüche. Streckenweise spannender, aber doch dramaturgisch recht durchsichtiger Kriminalfilm, der im Vordergründigen steckenbleibt. – Ab 14. ✦ CSSR 1984 **P** Filmstudio Barrandov **KI** Progress **R** Otakar Fuka **B** Petr Schulhoff **K** Andrej Barla **M** Petr Hapka **D** Jan Kanyza (Dr. Petr Gabriel), Julie Juristová (Olga Krásová), Radovan Lukavsky (Major Valek), Vlastimil Zavrel (Ruda Hakl), Tomás Juricka (La'a) **L** 90 **E** 14.3.1986 Kino DDR/24.9.1987 DFF 2

ZU HAUSE IN INDIANA (HOME IN INDIANA). Archetypische Familiensaga um amerikanische Farmer, die an einem Trabrennen teilnehmen. Über alle Konkurrenzkämpfe und Rivalitäten hinweg finden die Kinder zweier Farmer zum Liebesglück. Routiniert entwickeltes Drama mit atmosphärischen Qualitäten, das aus heutiger Sicht recht angestaubt wirkt. (TV-Titel auch: »Solo im Sulky«) – Ab 14 möglich. ✦ USA 1944 **P** 20th Century Fox **Pd** André Daven **R** Henry Hathaway **B** Winston Miller, nach dem Roman »The Phantom Filly« von George Agnew Chamberlain **K** Edward Cronjager **M** Hugo Friedhofer, Emil Newman (Ltg.) **S** Harmon Jones **D** Walter Brennan (J. P. »Thunder« Bolt), Lon McCallister (Sparke Thorton), Jeanne Crain (Char), June Haver (Cri-Cri), Charlotte Greenwood (Penny), Ward Bond (Jed Bruce), Charles Dingle (Godaw Boole) **L** 103 **E** 28.8.1989 PRO 7/2.6.1990 DFF 2

ZU HAUSE IST DER TEUFEL LOS → ... zuhause ist der Teufel los!

ZU HEISS FÜR DEN MONAT MAI (PREA CALD PENTRU LUNA MAI). Eine Mitternachtsparty von Abiturienten endet mit einem tragischen Unglücksfall. Jugendliche wie Erwachsene sind gefordert, ihr Verhalten und ihre Schwächen zu überdenken. Gerade noch mittelmäßiger Film, der viel von seiner Absicht, Nachdenken über schicksalhafte Erfahrungen anzuregen, verschenkt. – Ab 14. ✦ Rumänien 1983 **P** Filmstudio Bucuresti **KI** Progress **R** Maria Callas-Dinescu **B** Petre Salcudeanu **K** Vivi Dragan Vasile **M** Ina Ruikan **D** Marina Procopie, Adrian Paduraru, Stelian Nistor, Silviu Stanculescu, George Constantin **L** 93 **E** 10.5.1985 Kino DDR

ZU HEISS GEBADET → Ich bin noch zu haben

ZU HEISS ZUM ANFASSEN (1938) (TOO HOT TO HANDLE). Der Sensationsreporter einer Wochenschau, der keine Skrupel hat, seine Berichte auch zu erfinden, um die Konkurrenz zu überflügeln, fälscht eines Knüllers wegen selbst Schlachten des chinesisch-japanischen Krieges. Auch der Ruf einer Frau ist ihm nichts wert, wenn es um Sensationen geht. Bis zur Atemlosigkeit rasant inszenierte Komödie, die ihre gesellschaftskritischen Spitzen überraschend bissig und unversöhnlich setzt. (TV-Titel auch: »Liebe, die vom Himmel fällt«) – Ab 14 möglich. ✦ Schwarz-weiß. USA 1938 **P** MGM **Pd** Lawrence Weingarten **R** Jack Conway **B** Laurence Stallings,

John Lee Mahin **K** Harold Rosson **M** Franz Waxman **D** Clark Gable (Chris Hunter), Myrna Loy (Alma Harding), Walter Pidgeon (Bill Dennis), Walter Connolly (Gabby MacArthur), Leo Carrillo (Joselito) **L** 105 **E** 1.9.1980 WDR

ZU HEISS ZUM ANFASSEN (1959) (TOO HOT TO HANDLE). Dürftige Kriminalgeschichte aus dem Nachtleben von Soho: zwei Nachtlokalbesitzer, die einander heftig bekämpfen und erpressen, inmitten zahlreicher Revueszenen. Von den Talenten des späteren James-Bond-Regisseurs Terence Young entdeckt man hier keine Spur. ✦ Scope. Großbritannien 1959 **P** Wignore **Kl** Constantin **R** Terence Young **B** Herbert Kretzmer **K** Otto Heller **M** Eric Spear **D** Jayne Mansfield, Kai Fischer, Karlheinz Böhm, Christopher Lee, Leo Genn **L** 98 **FSK** ab 18; nf **E** 16.4. 1960 **fd** 9 100

ZU HÜBSCH, UM EHRLICH ZU SEIN (PERCHE MAMMA TI MANDA SOLO? / TROP JOLIES POUR ETRE HONNETES). Vier Frauen erobern eine Männerdomäne. Sie erproben sich als Gangster, wobei sie sportlich ihren männlichen »Kollegen« in nichts nachstehen, aber auch mit weiblichen Waffen kämpfen. Ergebnis ihrer Aktivitäten ist ein turbulentes Chaos in Nizza. Leidlich unterhaltsame, aber wenig originelle Gaunerkomödie. ✦ Italien/Frankreich/Spanien 1973 **P** Italian International Film/Sopracim/Pefsa **R** Richard Balducci **B** Catherine Carone **K** Tadasu Suzuki **M** Serge Gainsbourg **D** Carlo Giuffrè, Bernadette Lafont, Elisabeth Wiener, Jane Birkin, Emma Cohen, Serge Gainsbourg **L** 94 **E** 3.5.1975 DFF 1

ZU JEDEM KOMMT EINMAL DIE LIEBE → Das alte Lied (1930)

ZU JEDER STUNDE. Film über die Einsatzbereitschaft der DDR-Grenzpolizei im Raum Thüringen. Der Versuch von Saboteuren, die sozialistische Umgestaltung auf dem Lande zu verhindern, wird vereitelt. Anspruchslose und propagandistisch untersetzte Unterhaltung von geringer Überzeugungskraft, künstlerisch schwach, mit groben Klischees. – Ab 14. ✦ Schwarz-weiß. DDR 1959 **P** DEFA, Gruppe »Heinrich Greif« **Kl** Progress **Pd** Siegfried Nürnberger **R** Heinz Thiel **B** Lothar Dutombé **K** Erwin Anders **M** Helmut Nier **S** Wally Gurschke **D** Reinhold Stövesand (Martin Kraft, Grenzsoldat), Erika Radtke (Renate Wedel), Hans-Peter Minetti (Hermann Höhne, Oberleutnant), Roman Silberstein (Heinz Tröger, Leutnant), Manfred Borges (Schlegel, Stabsgefreiter), Günther Haack (Bruno Zimmer, Gefreiter), Erich Franz (Bauer Grabow), Otmar Richter (sein Sohn Felix) **L** 85 **E** 29.1. 1960 Kino DDR/1.7.1960 DFF 1

ZU JUNG (THE RESTLESS YEARS). Liebes- und Beziehungsschicksale in einer amerikanischen Kleinstadt: im Mittelpunkt die Geschichte dreier Familien, deren halbwüchsige Kinder mit den Komplexen ihrer Eltern belastet sind. Nach einem schlechten Drehbuch, das die vielfältigen Verwicklungen nicht in den Griff bekommt und dessen Dialoge vor Problemen strotzen, inszenierte Helmut Käutner einen wenig überzeugenden Film. Das Hollywood-Gastspiel des deutschen Regisseurs ging schon kurz darauf mit »Ein Fremder in meinen Armen« (1959) zu Ende. – Ab 16 möglich. ✦ Scope, schwarz-weiß. USA 1957 **P** Universal **Kl** Universal **Pd** Ross Hunter **R** Helmut Käutner **B** Edward Anhalt, nach dem Bühnenstück »Teach me how to cry« von Patricia Joudry-Steele **K** Ernest Laszlo **M** Joseph Gershenson, Frank Skinner **S** Al Joseph **D** John Saxon (Will Henderson), Luana Patten (Polly Fisher), Margaret Lindsay (Dorothy Henderson), Sandra Dee (Melinda Grant), Virginia Grey (Miss Robson), Teresa Wright (Elizabeth Grant) **L** 86 **FSK** ab 16; f **E** 31.10.1958/14.8.1994 WDR **fd** 7 629

ZU JUNG, EIN HELD ZU SEIN (TOO YOUNG THE HERO). Durchschnittliches Kriegsdrama, das in Rückblenden den authentischen Fall eines 12jährigen beschreibt, der 1942 in die Armee kommt, weil er falsche Angaben über sein Alter macht, und im Zweiten Weltkrieg Auszeichnungen für seine mutigen Einsätze sammelt. Schließlich landet er im Militärgefängnis, weil man ihn für einen Deserteur hält. – Ab 16. ✦ USA 1988 **P** Rick-Dawn/Pierre Cossette **Pd+R** Buzz Kulik **B** David J. Kinghorn **D** Rick Schroder, Jon DeVries, Debra Mooney, Mary-Louise Parker, Rick Warner **L** 94 **E** 22.7.1993 Kabelkanal

ZU JUNG FÜR DIE LIEBE? Die 16jährige Katja und der 17jährige Klaus erwarten ein Kind und wollen heiraten. Aber die vorurteilsbeladenen Erwachsenen, verknöchertes Standesdenken und die staatliche Gesetzgebung stehen dem im Wege. Unbeirrbar kann das junge Paar trotzdem sein Ziel erreichen. Gutgemeinter, aber fadenscheinig konstruierter Problemfilm, der für eine selbstbewußt agierende, mündige Jugend Partei ergreift und dabei in Klischees steckenbleibt. Regie führte – bemerkenswert im deutschen Kino jener Jahre – eine Frau: die Ehefrau von Helmut Käutner. ✦ Schwarz-weiß. BR Deutschland 1961 **P** Alfa **Kl** Gloria **Pd** Artur Brauner **R** Erica Balqué **B** Eberhard Keindorff, Johanna Sibelius **K** Igor Oberberg **M** Ernst Simon **S** Waltraut Wischniewsky **D** Loni von Friedl (Katja), Heinz Blau (Klaus), Wolfgang Reichmann (Herr Rennert), Adelheid Seeck (Frau Rennert), Helmut Käutner (Dr. Blendheim) **L** 93 **FSK** ab 18; f **E** 24.3.1961 **fd** 10 097

ZU JUNG ZUM KÜSSEN (TOO YOUNG TO KISS). Eine erfolglose 22jährige Pianistin gibt sich in der Rolle der acht Jahre jüngeren Schwester als Wunderkind aus und findet nun Beachtung und einen Mann. Überwiegend amüsante Verwechslungskomödie. – Ab 12. ✦ Schwarz-weiß. USA 1952 **P** MGM **Kl** MGM **R** Robert Z. Leonard **B** Frances Goodrich, Albert Hackett **K** Joseph Ruttenberg **M** Johnny Green **D** June Allyson, Van Johnson, Gig Young, Paula Corday, Kathryn Givney **L** 90 **FSK** ab 12; nf **E** 28.11.1952 **fd** 2 375

ZU KLUG FÜR DIE LIEBE (WITHOUT LOVE). Eine attraktive Witwe will von der Liebe nichts mehr wissen. Doch im Kriegsjahr 1944 überläßt sie einem Wissenschaftler, der an einem Atemgerät für Piloten arbeitet, für seine Forschungen ihre Villa, und aus allen patriotischen und vernunftsorientierten Überlegungen der beiden erwächst schließlich doch die Liebe. Mit präzisem Dialogwitz kammerspielartig inszenierte Komödie um den Wandel einer Vernunftszur Liebesehe; dank des vortrefflich aufeinander eingespielten Darstellerpaares, kauziger Nebenfiguren und wohltuend zurückhaltender Gags eine charmante Unterhaltung mit Raum für besinnliche Momente. – Ab 14. ✦ Schwarz-weiß. USA 1945 **P** MGM **R** Harold S. Bucquet **B** Donald Ogden Stewart, nach einem Bühnenstück von Philip Barry **K** Karl Freund **M** Bronislau Kaper **S** Frank Sullivan **D** Katharine Hepburn (Jamie Rowan), Spencer Tracy (Pat Jamieson), Lucille Ball (Kitty Trimble), Keenan Wynn (Quentin Ladd), Felix Bressart (Prof. Grinza), Carl Esmond (= Willy Eichberger) (Paul Carrell), Patricia Morrison (Edwina Collins), Gloria Grahame **L** 111 **E** 18.10. 1987 ARD

ZU LIEBEN (ATT ÄLSKA). Nach dem Tod ihres Mannes gelingt es einer Frau, sich aus den Konventionen ihres Witwendaseins zu befreien. Die Liebe zu einem jungen Mann führt nicht zu erneuter Bindung, sondern wird zur zukunftsfrohen Selbsterfahrung. Das seinerzeit aufsehenerregende Plädoyer für die emanzipatorische Kraft der Sinnlichkeit war der zweite Spielfilm des aus Finnland stammenden Schriftstellers und Produzenten Jörn Donner. ✦ Schwarz-weiß. Schweden 1964 **P** Sandrew **Kl** Nora **Pd** Rune Waldekranz **R+B** Jörn Donner **K** Sven Nykvist **M** Bo Nilsson **S** Lennart Wallén **D** Harriet Andersson (Louise), Zbigniew Cybulski (Fredrik), Isa Quensel (Marta), Jane Friedmann (Nora), Tomas Svanfeldt (Jakob) **L** 82 **FSK** ab 18; nf **E** 16.7.1965 **fd** 13 601

ZU NEUEM LEBEN (LA VITA RICOMINCIA). Italienischer Heimkehrer-Film aus der frühesten Nachkriegszeit mit einer heftig melodramatisch konstruierten Geschichte: Aus fünfjähriger Gefangenschaft nach Rom zurückgekehrt, muß Paolo erfahren, daß seine Frau einen Mann umgebracht hat, dem sie sich seinerzeit gegen Geld hingegeben hatte, um ihr krankes Kind zu retten. Paolo versucht, die Tat auf sich zu nehmen. – Ab 16 möglich. ✦ Schwarz-weiß. Italien 1945 **P** Excelsa **Kl** Prisma **R** Mario Mattoli **B** Aldo de Benedetti, Mario Mattoli, Steno (= Stefano Vanzina) **K** Ubaldo Arata **D** Alida Valli, Fosco Giachetti, Eduardo de Filippo, Carlo Romano, Maria Donati **L** 86 **FSK** ab 16; f **E** 6.2.1951

ZU NEUEN UFERN. Starfilm aus der Blütezeit Zarah Leanders, die hier als populäre Londoner Varietésängerin um 1840 wegen einer Scheckfälschung, die nicht sie, sondern ihr Geliebter beging, nach Australien deportiert wird. Routiniert inszeniert von Detlef Sierck, der es später unter dem Namen Douglas Sirk zum Meister des Hollywood-Melodrams brachte. – Ab 16. ✦ Schwarz-weiß. Deutschland 1937 **P** UFA **Kl** Kristall/NWDF **VA** Ufa **R** Detlef Sierck (= Douglas Sirk) **B** Detlef Sierck (= Douglas Sirk), Kurt Heuser, nach dem gleichnamigen Roman von Lovis H. Lorenz **K** Franz Weihmayr **M** Ralph Benatzky **S** Milo Habich **D** Zarah Leander (Gloria Vane), Willy Birgel (Sir Albert Finsbury), Viktor Staal (Henry), Carola Höhn (Gouverneurtochter Mary), Erich Ziegel (Dr. Hoyer), Hilde von Stolz (Fanny) **L** 105 **FSK** ab 16; nf **E** 31.8. 1937/18.1.1974 ARD

ZU SCHNELL GEWACHSEN (AKSELERATKA). Eine Abiturientin, zunächst als Bewerberin von der Miliz abgelehnt, klärt auf eigene Faust an der Seite eines linkischen jungen Versicherungsvertreters einen Autodiebstahl auf. Unterhaltsame, locker gespielte Kriminalkomödie, die geschickt gängige Klischees benutzt. (TV-Titel DDR: »Ein aufgewecktes Mädchen«) – Ab 10. ✦ Scope. UdSSR 1987 **P** Mosfilm **Kl** Progress **R** Alexej Korenew **B** Dmitri Iwanow, Wladimir Trifonow **K** Michail Biz **M** Jewgeni Krylatow **D** Irina Schmeljowa (Anjuta), Nikita Michailowski (Kusja), Galina Polskich (Krasnowjasowa), Pjotr Merkurjew (Krasnowjasow), Roman Filippow (Wowtschik) **L** 86 **E** 12.5.1988 DFF 2/7.10.1988 Kino DDR

ZU SCHÖN FÜR DICH (TROP BELLE POUR TOI!). Ein gutsituierter Autohändler, verheiratet mit einer wunderschönen Frau, verliebt sich in seine vergleichsweise unansehnliche Sekretärin und setzt damit seine Ehe aufs Spiel. Die eher alltägliche Geschichte wird durch die außergewöhnliche Art der Inszenierung, die auf die Gleichzeitigkeit von gestern, heute und morgen setzt und auch unmögliche Situationen als Gegebenheiten wiedergibt, und durch die elegante Kameraarbeit zu einem faszinierenden Kinoerlebnis. Beeindruckend auch der Einsatz der Musik. Trotz zuweilen drastischer Dialoge eine ebenso witzige wie intelligente Auseinandersetzung mit Liebe, Männer, Frauen und dem Kino. – Sehenswert. ✦ Scope. Frankreich 1989 **P** Ciné Valse/D.D./Orly/C.E.D.I.F./TF 1 **Kl** prokino **VA** atlas **Pd+R+B** Bertrand Blier **K** Philippe Rousselot **M** Franz Schubert, Fran-cis Lai **S** Claudine Merlin **D** Gérard Depardieu (Bernard Barthélémy), Josiane Balasko (Colette Chevassu), Carole Bouquet (Florence Barthélémy), Roland Blanche (Marcello), François Cluzet (Pascal), Didier Bénureau (Léonce), Philippe Loffredo (Tanguy) **L** 91 **FSK** ab 16; f **E** 8.11.1990/30.9.1991 Video/2.2.1993 premiere **fd** 28 586

ZU SPÄT – DIE BOMBE FLIEGT → Die Bombe fliegt

ZU SPÄT, DR. MARCHI (IL BIVIO). Ansehnlich gespielter Gangsterfilm über Schuld und Sühne eines Verbrechers in den Reihen der italienischen Kriminalpolizei. (Späterer Titel: »Mann im Zwielicht«) ✦ Schwarz-weiß. Italien 1950 **P** Epica **Kl** HAS/Iltis **R** Fernando Cerchio **D** Raf Vallone, Claudine Dupuis, Charles Vanel **L** 90 **FSK** ab 16; nf **E** 3.10.1953 **fd** 2 905

ZU SPÄT FÜR HELDEN – ANTRETEN ZUM VERRECKEN (TOO LATE THE HERO / SUICIDE RUN). Ein amerikanischer Nachrichtenoffizier begleitet britische Truppen bei einem Handstreich gegen die Japaner und entwickelt sich auf dem Rückzug durch den Urwald unerwartet zum zähen Kämpfer. Ein im

Pazifikkrieg spielender, hart inszenierter Abenteuerfilm, dem die Zweifel am Heldentum ebenso wie das blutige Geschehen zur bloßen Spannungsmache dienen. (Alternativtitel: »Himmelfahrtskommando Okinawa«) ✦ USA 1969 **P** ABC/Palomar **Kl** Cinerama **Pd+R** Robert Aldrich **B** Robert Aldrich, Lukas Heller **K** Joseph Biroc **M** Gerald Fried **S** Michael Luciano **D** Michael Caine (Hearne), Cliff Robertson (Lawson), Henry Fonda (Nolan), Ian Bannen (Thornton), Denholm Elliott (Hornsby) **L** 97 **FSK** ab 16; f **E** 5.2.1971 **fd** 17 165

ZU TODE GEHETZT (1953) (RECOIL). Die Tochter eines ermordeten Londoner Juweliers spürt den Täter auf und wird zum Schein seine Geliebte, um ihn zu überführen. Durchschnittskrimi. – Ab 16 möglich. ✦ Schwarz-weiß. Großbritannien 1953 **P** Tempean **Kl** Lito/Südwest **R** John Gilling **B** Helena von Fortenbach **K** Monty Berman **M** Stanley Black **D** Kieron Moore, Elizabeth Sellars, Edward Underdown, Jan Fleming, Ethel O'Shea **L** 87 **FSK** ab 16; nf **E** 20.8. 1954 **fd** 3 486

ZU TODE GEHETZT (1971) →Ein Sommer voller Zärtlichkeit (1971)

ZU TREUEN HÄNDEN. In einem Dorf im Erzgebirge soll eine Nähmaschinenfabrik stillgelegt werden. Eine Beauftragte der »abwickelnden« Treuhand-Anstalt, die ein Wirtschaftlichkeitsgutachten erstellen soll, fällt auf den Trick des Betriebsleiters herein, der mit Hilfe eines Theaterrequisiteurs hektische Betriebsamkeit vortäuscht. Als die Firma dennoch an einen bayerischen Unternehmer verkauft werden soll, erfindet man einen koreanischen Investor, der angeblich an der Übernahme des Kombinats interessiert ist. – Ab 14. ✦ Deutschland 1995 **P** Universum/ZDF/arte **R** Konrad Sabrautzky **B** Sascha Arango **K** Michael Steinke **M** Johannes Schmölling **D** Sophie von Kessel (Nina Lensky), Peter Roggisch (Dr. Messerschmitt), Rolf Hoppe (Theo Krautinger), Andreas Rüdiger (Justus Blache), Tilo Prückner (Finke), Irm Hermann (Isolde Krautinger) **L** 90 **E** 21.4.1995 arte

ZU VERKAUFEN (A VENDRE). Das Porträt einer jungen, geheimnisvollen Frau, die jede engere Bindung an andere Menschen scheut. Sie scheint dabei einem inneren Befehl zu folgen, dem die Erfahrungen vieler Generationen zugrunde liegen. Ihre Fluchten beruhen auf einer scharf zugespitzten Interpretation des Verhältnisses zwischen Männern und Frauen: eine Abhängigkeit, die vor allem über Geld geregelt wird. Mit ihrem Verhalten entblättert sie die Geschlechterbeziehungen von jeder Camouflage und opfert sich dem Ritus, indem sie den Tauschwert ihres Körpers zum Prinzip ihres Lebens macht. Das Wort »Liebe« wird dabei ausgeklammert. Erst ein Privatdetektiv, der sich auf ihre Spur begibt und sich dabei seiner eigenen Einsamkeit bewußt wird, könnte ihre innere Gefangenschaft durchbrechen. Eine kühl beobachtete, intensiv gespielte Studie. – Sehenswert ab 16. ✦ Scope. Frankreich 1998 **P** CLP-Le Studio Canal+/La Sofica Gimages Canal+/La Sept Arte/Le Centre National de la Cinématographie/ZDF/Arte **Kl** Arthaus **Pd** Nicolas Daguet **R+B** Laetitia Masson **K** Antoine Hérberlé **M** Siegfried **S** Ailo Auguste **D** Sandrine Kiberlain (France), Sergio Castellitto (Luigi Primo), Jean-François Stévenin (Lindien), Aurore Clément (Schwester Lindien), Chiara Mastroianni (Mireille), Roschdy Zem (Banker) **L** 121 **FSK** ab 16; f **E** 1.7.1999 **fd** 33 736

ZU VIEL LIEBE – DAVIDS MUTTER (DAVID'S MOTHER). Die übertriebene Liebe und Fürsorge für ihren geistig behinderten Sohn bringt für eine New Yorkerin immer mehr Probleme mit sich, bis sie erkennt, daß sie im Grunde mehr auf ihn angewiesen ist als er auf sie. ✦ USA 1993 **R** Robert Allan Ackerman **B** Bob Randall **D** Kirstie Alley (Sally Goodman), Michael Goorjian (David), Phylicia Rashad (Gladys), Stockard Channing (Bea), Sam Waterston (John) **L** 88 **E** 19.8.1996 ZDF

ZU VIELE GAUNER (TOO MANY CROOKS). Gagreiche Komödie um eine Londoner Gaunerbande, die mit ihrem Ungeschick jeden Coup zum Scheitern bringt. Auch der Plan, die Tochter eines Millionärs zu entführen, geht daneben; die Gauner kidnappen versehentlich die Gattin des Magnaten, der gar nicht daran denkt, das Lösegeld für die verhaßte Frau zu zahlen. Aus Rache hilft die Verschmähte der Bande, ihren Mann auszurauben. Turbulente Unterhaltung ohne tieferen Anspruch. – Ab 14. ✦ Schwarz-weiß. Großbritannien 1958 **P** Rank/Lopert **Pd** Mario Zampi, Giulio Zampi **R** Mario Zampi **B** Michael Pertwee, nach der Erzählung von Jean Nery und Christiane Rochefort **K** Stanley Pavey **M** Stanley Black **S** Bill Lewthwaite **D** Terry-Thomas (Billy Gordon), George Cole (Fingers), Brenda de Banzie (Lucy), Bernard Bresslaw (Snowdrop), Sidney Tafler (Sid) **L** 80 **E** 2.8.1969 DFF 1/4.8.1992 ORB

ZU WEIHNACHTEN EINE EHEFRAU (THE CHRISTMAS WIFE). Um das Weihnachtsfest nicht alleine in seinem Haus in den Bergen verbringen zu müssen, bucht ein einsamer Witwer über eine Agentur eine Frau, die ihn begleiten soll. Aus der anfänglich nervösen Bekanntschaft entwickeln sich tiefere Gefühle, die auch nach dem Kurzurlaub Bestand haben. Fürs amerikanische Kabel-Fernsehen produzierte Charakterstudie mit geschickt gesetzten melodramatischen Akzenten. – Ab 16. ✦ USA 1988 **R** David Jones **B** Katherine Ann Jones, nach einer Kurzgeschichte von Helen Norris **K** Brian West **M** Ilona Sekacz **D** Jason Robards (John Tanner), Julie Harris (Iris), Jim Eckhouse (Jim Tanner), Lawrence Dane (Michael Roston), Patricia Hamilton (Dora) **L** 78 **E** 25.12.1991 Tele 5

ZU ZWEIT (TOLKO WDOJOM). Zwei junge, unerfahrene Leute verlassen nach dem Abitur plötzlich ihre Heimatstadt, reisen unvermittelt nach Sibirien und beginnen ein neues, gemeinsames Leben nach eigenen Wünschen. Thematisch kaum origineller, oberflächlich naiver und künstlerisch unbefriedigender Film. – Ab 14. ✦ Scope. UdSSR 1976 **P** Filmstudio Swerdlowsk **Kl** Progress **R** Georgi Kusnezow **B** Anatoli Toboljak **K** Anatoli Leonikow **M** Jewgeni Krylatow **D** Sergej Kolesnikow (Sergej Krotow), Tatjana Wassiljewa (Katja), Leonid Djatschkow (Woronin), Tatjana Konjuchowa (Miussowa), Marina Strishenowa (Katjas Mutter) **L** 82 **E** 15.9.1978 Kino DDR

ZÜCHTE RABEN ... (CRIA CUERVOS). Das Bild einer faulen, bis ins Mark erstarrten Madrider Patrizierfamilie als Metapher für die in Zwängen erstickende, innerlich zerfallende spanische Gesellschaft. Von Bitterkeit geprägte, hervorragend inszenierte kritische Gesellschaftsanalyse, atmosphärisch ungeheuer dicht, in der Hauptrolle faszinierend gespielt. – Sehenswert. ✦ Spanien 1975 **P** Elias Querejeta **Kl** NEF **Pd** Elias Querejeta **R+B** Carlos Saura **K** Teo Escamilla **M** Federico Mompou **S** Pablo G. del Amo **D** Ana Torrent (Ana), Geraldine Chaplin (Maria, Anas Mutter), Mónica Randall (Paulina), Héctor Alterio (Anselmo, Anas Vater), Mirta Miller (Amelia Gárontes) **L** 112 **E** 3.12.1976 ARD/7.7.1978 Kino **fd** 20 049

DIE ZUCHTFARM DER SKLAVEN (EMANUELLE BIANCA E NERA). Die herrschsüchtige, sadistische Tochter eines Sklavenhändlers, der Farbige wie Tiere abrichtet und behandelt, zwingt einen Schwarzen, ihr sexuell zu Willen zu sein und läßt ihn dann erschießen. Ein übles Spekulationsprodukt, das allein an der krassen Darstellung von Grausamkeiten und Sex interessiert ist. (Titel der gekürzte Videofassung: »Emanuelle – Die Schöne der Nacht«) – Wir raten ab. ✦ Scope. Italien 1976 **P** S.E.F.I. **Kl** CFC-Contact **VA** Elfra **R** Mario Pinzauti **D** Antonio Gismondi, Malisa Longo, Rita Manna, Percy Hogan **L** 82 (gek. 64) **FSK** ab 18; nf (gek. 16) **E** 15.4.1977 **fd** 20 423

DAS ZUCHTHAUS DER VERLORENEN MÄDCHEN (CAGED HEAT / RENEGADE GIRLS). Die an den Rollstuhl gefesselte Direktorin eines amerikanischen Frauengefängnisses ist hochgradig verklemmt, die Aufseherinnen sind sadistisch veranlagt, der geile Anstaltsarzt ist ein Fall für den Psychiater. Als vordergründiger Handlungsfaden zieht sich durch den reißerisch-detailversessenen, drastisch dialogisierten Film die Befreiung einer Gefangenen durch zwei Ausbrecherinnen. Eine Jugendsünde des Regisseurs, die in der stark gekürzten deutschen Fassung noch drastischer wirkt. (Tv-Titel auch: »Caged Heat«; »Caged Heat – Das Zuchthaus der verlorenen Mädchen«) ✦ USA 1974 **P** New World **Kl** Jugendfilm **VA** VMP/ITT **Pd** Evelyn Purcell **R+B** Jonathan Demme **K** Tak Fujimoto **M** John Cale **S** Johanna Demetrakis, Carolyn Hicks **D** Barbara Steele (McQueen), Roberta Collins (Belle), Erica Gavin (Jackie Wilson), Warren Miller (Randolph), Juanita Brown (Maggie) **L** 70 **FSK** ab 18; nf **E** 9.4.1977/1980 Video/8.4.1994 PRO 7 **fd** 20 569

ZUCHTHAUSHYÄNEN (TURNING THE STONE). Als sie für einen Freund Kokain über die Grenze schmuggeln will, wird eine junge Frau gefaßt und zu sieben Jahren Gefängnis verurteilt. In der Haft begegnet sie einer ihr fremden Welt, in der Demütigungen und Terror durch die Mitgefangenen an der Tagesordnung sind. Um realistische Darstellung der Verhältnisse bemühter, durchaus ambitionierter Film, der jedoch nicht frei von den üblichen Effekten und dem Hang zur reißerischen Dramatik ist. (TV-Titel: »Hart wie Stein«) ✦ Kanada 1985 **P** Canadian Broadcasting Corp. **VA** RCA/Columbia **Pd** John Kastner, Herris Verge **R** Eric Till **B** Judith Thompson **K** Vic Sarin **D** Nicky Guadagni (Allison Campell), Shirley Douglas (Lena), Anne Anglin, Jackie Richardson **L** 98 **FSK** ab 16 **E** 17.3.1987 Video

ZUCKER FÜR DEN MÖRDER (UN KILLER PER SUA MAESTA / LE TUEUR AIME LES BONBONS). Ein asiatischer König entgeht durch den Einsatz eines Agenten mehreren Mordanschlägen bei seinem Staatsbesuch in Italien. Einfallsarmer Abenteuerfilm von der Stange. ✦ Scope. BR Deutschland/Frankreich/Italien 1968 **P** Eichberg/Criterion/Franca **Kl** Columbia-Bavaria **R** Richard Owens (= Federico Chentrens) **B** Maurice Cloche, Giovanni Simonelli, nach einem Roman von Adam Saint Moore **K** Fausto Zuccoli **M** Alfredo Marchetti **S** Otello Colangeli **D** Werner Peters, Kerwin Mathews, Marilù Tolo, Bruno Cremer, Ann Smyrner, Venantino Venantini, Gordon Mitchell, Lukas Ammann, Sieghardt Rupp, Riccardo Garrone, Fabienne Dali **L** 93 **FSK** ab 18; nf **E** 4.10.1968 **fd** 15 757

ZUCKER FÜR DIE BESTIE. Eine ehrgeizige Jura-Studentin interessiert sich im Rahmen einer Arbeit über Revisionsrecht für den Fall eines Gynäkologen, der auf Grund eines Indizienprozesses wegen Mordes verurteilt wurde. Scheinbar verfällt sie dem Charme des eloquenten Mannes, der sie zur Beihilfe zur Flucht überreden kann. Doch im sicher geglaubten Versteck wird klar, dass die junge Frau nicht das willige Werkzeug war, sondern handfest eigene Interessen verfolgte. Psychologischer (Fernseh-)Krimi um eine geschickt eingefädelte Rache, in deren Verlauf sich das Täter-Opfer-Verhältnis verschiebt. Vor allem dank der beiden hervorragend spielenden Hauptdarsteller entwickelt sich ein subtiles, intensives Katz-und-Maus-Spiel mit ebenso verblüffenden wie unerwarteten Wendungen. – Sehenswert. ✦ Deutschland 1997 **P** Müller & Seelig Filmprod./WDR **Pd** Jutta Müller, Helga Poche **R** Markus Fischer **B** Matthias Seelig **K** Philippe Cordey **M** Irmin Schmidt **S** Siegrun Jäger **D** Matthias Habich (Dr. Kaltenbach), Christiane Paul (Tanja), Rolf Hoppe (Prof. Weihrauch), Gudrun Landgrebe (Frau Krieger), Marcus Signer (Oliver Storch) **L** 85

ZUCKER, ZUCKER! (LE SUCRE). Ein Steuerinspektor, der sich nach der späten Heirat mit einer Apothekerin hat pensionieren lassen, verspekuliert sein gesamtes Vermögen an der Börse, nachdem sein jüngerer Partner ihm zum Kauf von Zuckeraktien geraten hat. Gemeinsam versucht das Gespann, das verlorene Geld zurückzugewinnen. Die prominent besetzte Satire spielt auf Vorkommnisse im Jahr 1974 an, als Gerüchte über eine angebliche Zuckerverknappung einen Run an der Börse auslösten. Eine burleske

Komödie, die ihre Charaktere bis zur Karikatur überzeichnet. – Ab 14. ✦ Frankreich 1978 **P** Ciné-production **R** Jacques Rouffio **B** Georges Conchon, Jacques Rouffio **K** René Mathelin **M** Philippe Sarde **S** Geneviève Winding **D** Gérard Depardieu (Raoul d'Homécourt), Jean Carmet (Adrien Courtois), Michel Piccoli (Grezillo), Nelly Borgeaud (Hilda Courtois), Georges Descrières (Vandelmont), Roger Hanin **L** 99 **E** 8.4.1993 RTL

ZUCKERBABY. Die Angestellte einer Münchner Bestattungsfirma leidet ebenso unter Einsamkeit wie unter ihrer enormen Körperfülle. Da nimmt sie ihr Schicksal in die eigene Hand: Sie sucht und findet in der resolut herbeigeführten Beziehung mit einem jüngeren U-Bahn-Fahrer vorübergehend Zärtlichkeit und Wärme. Melancholisch-heiterer Appell an den Mut zu einem selbstbewußt geführten, liebesfähigen Leben; den ansprechenden Darstellerleistungen und bewegenden Momenten stehen einige Längen und auf die Dauer etwas dünne Dialoge gegenüber. – Ab 16. ✦ BR Deutschland 1984 **P** Pelemele/Bayerischer Rundfunk **KI** Filmverlag der Autoren **SF** atlas **VA** VCL/Virgin **Pd** Eleonore Adlon **R+B** Percy Adlon **K** Johanna Heer **M** Dreieier **S** Jean-Claude Piroué **D** Marianne Sägebrecht (Marianne »Zuckerbaby«), Eisi Gulp (Huber, Fahrer 133), Manuela Denz (Hubers Frau), Toni Berger (U-Bahn-Fahrer), Will Spindler (Direktor) **L** 86 **FSK** ab 12; f **FBW** w **E** 28.6.1985/Oktober 1985 Video/6.4.1988 ARD **fd** 25 156

DIE ZUCKERBAUDE (CUKROVA BOUDA). In einem kleinen nordmährischen Dorf lebt eine Frau mit ihren beiden Söhnen. Die Kinder lernen in ihren Ferien einen alten Antifaschisten kennen und einer der Jungen freundet sich mit ihm an. – Ab 12. ✦ CSSR 1980 **P** Filmstudio Barrandov **R** Karel Kachyna **B** Vladimír Körner, Karel Kachyna **K** Jan Curík **M** Lubos Fiser **D** Jana Svandová, Michal Dlouhy, Miroslav Machácek, Marek Mikulas, Lubomír Kostelka **L** 85 **E** 1.5. 1983 DFF 2

ZUCKERBROT UND PEITSCHE. Weil ein Dressman sich den Wohlstand, für den er wirbt, selbst nicht leisten kann, begeht er eine Reihe von Verbrechen, bis er selbst von einem Verbrecher erschossen wird. Formal interessanter Film, der keinen Anspruch auf Realitätsnähe erhebt, sondern bewußt in der Kino-Wirklichkeit bleibt. Seine Aussage, daß die attraktiven Lebensmuster der Werbe-Industrie im wirklichen Leben nicht praktikabel sind, wird durch unglaubwürdige Effekte geschwächt. ✦ BR Deutschland 1968 **P** Rob Houwer Prod. **KI** Constantin **R** Marran Gosov **B** Marran Gosov, Vít Olmer **K** Werner Kurz **M** Hans Posegga **D** Helga Anders, Roger Fritz, Harald Leipnitz, Dieter Augustin, Monika Lundi **L** 85 **FSK** ab 18; nf **E** 21.8.1968 **fd** 15 748

ZUCKERHUT. Drei jungen Frauen geraten ihre Pläne und Wünsche immer wieder durch die Macht ihrer Gefühle durcheinander. Sie verbindet der Wunsch nach geordneten Verhältnissen und einer gesicherten Existenz; nur eine aber befreit sich letztlich aus dem Kreislauf zukunftsloser Beziehungen und begibt sich auf eine lang erträumte Reise. Steife, dialoglastige Abschlußarbeit der Hochschule für Fernsehen und Film in München, die im Ansatz ironisch Formen der Selbstverwirklichung erforscht. – Ab 16. ✦ BR Deutschland 1982 **P** HFF München **KI** HFFM **R** Vivian Naefe **B** Ulrich Limmer, Vivian Naefe **K** Klaus Eichhammer **M** Paul Vincent Gunia **D** Despina Pajanou, Gundi Ellert, Christoph Moosbrugger, Rolf Zacher, Dominic Raacke **L** 88 **E** 20.7.1983 ARD

ZUCKERMANNS FARM (CHARLOTTE'S WEB). Ein als Kümmerling geborenes Ferkel entwickelt sich, dank der Hilfe eines kleinen Mädchens und der Erziehungsarbeit ihm freundlich gesinnter Tiere, auf einer Farm zum Wunderborstenvieh und wird Preisträger bei einer Landwirtschaftsschau. Gemütvoll-vergnüglicher Zeichentrickfilm in Musicalform nach Disney-Art, mit Spruchweisheiten über den Wert der Toleranz. – Ab 8. ✦ USA 1972 **P** Hanna-Barbera/Sagittarius **KI** Scotia **R** Charles Nichols, Iwao Takamoto **B** Earl Hammer **M** Richard M. Sherman, Robert B. Sherman **L** 96 **FSK** ab 6; f **E** 30.3.1973 **fd** 18 267

DER ZUCKERSÜSSE TOD (JAWBREAKER). Der von Tratsch und zumeist sexuellen Spielchen bestimmte Alltag einer Mädchenclique an einer amerikanischen High School erfährt eine makabre Zuspitzung, als eine als großer Spaß gedachte Entführung mit dem Tod des Geburtstagskindes endet und sich die jungen Frauen in ein aufwendig konstruiertes Lügenkonstrukt verheddern. Klischeereiche Variante sattsam vertrauter amerikanischer High-School-Filme, dieses Mal in komödiantisch-bissiger Variante, die sich als fader Abklatsch einschlägiger Fernsehvorbilder verweist. (Videotitel: »Jawbreaker – Der zuckersüße Tod«) DVD: Die Special Edition beinhaltet u. a. einen Audiokommentar des Regisseurs. – Ab 16. ✦ USA 1999 **P** Film Kitchen/Tristar **KI** Columbia Tristar **VA** Columbia Tristar **DVD** Columbia TriStar Home (SE, 16:9, 1.85:1, DD5.1 engl./dt.) **Pd** Stacy Kramer, Lisa Tornell **R+B** Darren Stein **K** Amy Vincent **M** The Donnas **S** Troy T. Takaki (= Troy Takaki) **D** Rose McGowan (Courtney Shayne), Rebecca Gayheart (Julie Freeman), Julie Benz (Marcie Fox), Judy Greer (Fern Mayo/Vylette), Carol Kane (Miss Sherman), Pam Grier (= Pamela Grier) (Detective Vera Cruz), Chad Christ (Zack Tartak), Ethan Erickson (Dane Snaders), Charlotte Roldan (Liz Purr) **L** 86 **FSK** ab 12; f **E** 12.8. 1999/8.2.2000 Video/8.2.2000 DVD **fd** 33 800

ZUFALL →Der Zufall möglicherweise

DER ZUFALL MÖGLICHERWEISE (PRZYPADEK). Nach dem Tod seines Vaters sucht ein Medizinstudent eine neue Orientierung für sein Leben. Ausgehend von den gleichen Grundsituationen, entwickelt der Film drei alternative Lebensentwürfe, die alle scheitern: das Engagement für die kommunistische Partei, das Engagement für die kirchliche Oppositionsgruppe im Untergrund wie auch der Rückzug in das Privatleben. In dem formal herausragenden Film tritt neben die scharfsichtige Analyse der politischen Umbruchssituation in Polen zu Beginn der 80er Jahre die Analyse der existentiellen Problematik des moralisch richtigen Handelns. (TV-Titel auch: »Zufall«) – Sehenswert ab 16. ✦ Polen 1981 **P** Zespoly Filmowe, Gruppe »Tor« **R+B** Krzysztof Kieslowski **K** Krzysztof Pakulski **M** Wojciech Kilar **S** Elzbieta Kurkowska **D** Boguslaw Linda (Witek Diugosz), Tadeusz Lomnicki (Werner), Zbigniew Zapasiewicz (Adam), Marzena Trybala (Werka), Monika Gozdzik (Olga), Boguslawa Pawelec (Csuszka) **L** 122 **E** 3.1.1990 ZDF **fd** 28 087

DER ZUFALL UND DIE GEWALT →Bonne Chance

ZUFÄLLIGE BEZIEHUNGEN (CASUAL RELATIONS). In zwölf durch einen Kommentar verbundenen Episoden werden Erlebnisse und Beziehungen verschiedener Menschen gezeigt: Die Personen fühlen sich verfolgt von Fantasien, die im Kino erlernt, absorbiert und fast schon wieder vergessen sind. Der Film beginnt am Morgen in der Natur und endet mit dem Beginn der Nacht in der Stadt. ✦ USA 1973 **P** Mark Rappaport **R+B** Mark Rappaport **D** Sissy Smith, Mel Austin, Paula Barr, Peter Campus, Adrienne Clairborne **L** 80 **E** 6.3.1975 WDR

DER ZUFALLS-DAD (A SIMPLE TWIST OF FATE). Ein eigenbrötlerischer Kunsttischler, der seine Frau verließ, als sie von einem anderen Mann ein Kind erwartete, wird mit einem dreijährigen Mädchen konfrontiert, dessen Mutter, eine Fixerin, tot vor seiner Haustür liegt. Er schlüpft in die ungewohnte Vaterrolle und kämpft schließlich in einem Vormundschaftsprozeß gegen den leiblichen Vater. Ein bieder und schematisch konstruierter Unterhaltungsfilm auf dem Niveau eines verstaubten Groschenromans, lebensfern in wichtigen Szenen und unglaubwürdig in der Charakterzeichnunung. – Ab 14 möglich. ✦ USA 1994 **P** Touchstone Pictures **VA** Buena Vista **Pd** Ric Kidney **R** Gillies MacKinnon **B** Steve Martin **K** Andrew Dunn **M** Cliff Eidelman **S** Humphrey Dixon **D** Steve Martin (Michael McCann), Gabriel Byrne (John Newland), Laura Linney (Nancy Newland), Catherine O'Hara (Mrs. Simon), Stephen Baldwin (Tanny Newland) **L** 102 **FSK** ab 6 **E** 1.6.1995 Video/6.6.1996 premiere **fd** 31 567

DER ZUFALLSLOVER (THE PALLBEARER). Ein Architekt ohne Job lernt bei der Trauerfeier die Mutter eines Kommilitonen kennen, der Selbstmord begangen hat. Beide nähern sich an und geben einander Halt. Doch eigentlich wäre der Mann lieber mit seiner Jugendfreundin zusammen, die gerade ihre Hochzeit hat platzen lassen und nun Abstand sucht, um ihre Orientierung wiederzufinden. Ganz langsam entwickelt sich zwischen den beiden eine zarte Liebe. Eine besinnliche Komödie, mit realitätsnahen Charakteren gefühlvoll und glaubwürdig erzählt. Auf sympathische Weise altmodisch anmutend, berührt der Film durch die Botschaft eines liebevollen Mit- und Zueinanders. – Ab 14. ✦ USA 1996 **P** Miramax **VA** VMP/Vipro **Pd** Jeffrey Abrams, Paul Webster **R** Matt Reeves **B** Jason Katims, Matt Reeves **K** Robert Elswit **M** Stewart Copeland **S** Stan Salfas **D** David Schwimmer (Tom Thompson), Gwyneth Paltrow (Julie DeMarco), Michael Rapaport (Brad), Toni Collette (Cynthia), Carol Kane (Toms Mutter), Michael Vartan (Scott), Barbara Hershey (Ruth Abernathy) **L** 94 **FSK** ab 12 **E** 16.9.1997 Video/1.7.1998 Premiere **fd** 32 828

DIE ZUFLUCHT (THE HIDING PLACE). Eine niederländische Uhrmacherfamilie bietet in der Zeit der nationalsozialistischen Verfolgung jüdischen Mitbürgern aus christlicher Überzeugung Unterschlupf, was nahezu alle Familienmitglieder mit dem Leben bezahlen. Am Schicksal der beiden Schwestern im KZ Ravensbrück behandelt der leider zu glatt inszenierte, Typen statt Menschen zeigende semidokumentarische Spielfilm die Frage, wie Gott, wenn er existiert, das Böse zulassen kann. Die Antwort überzeugt ebensowenig wie die Art, in der er sich bemüht, das Wort Gottes zu verkünden. ✦ USA 1975 **P** World Wide Pictures **KI** Billy Graham Filmdienst **R** James F. Collier **B** Allan Sloane, Larry Holben, nach dem Buch von Corrie ten Boom und John und Elizabeth Sherrill **K** Dick Lederhaus **M** Tedd Smith **D** Jeanette Clift, Julie Harris, Eileen Heckart, Arthur O'Connell **L** 147 **FSK** ab 12; f **FBW** w **E** 24.2.1978 **fd** 20 960

ZUFLUCHT (AZYL). Ein junger Soldat kehrt nach Kriegsende nach Masuren zurück, um sich hier eine neue Existenz aufzubauen. Doch sein neues Leben läßt sich schwieriger als erwartet gestalten. ✦ Polen 1978 **P** PRF »Zespoly Filmowe«/Zespoly »Iluzjon« **R+B** Roman Zaluski **K** Janusz Pawlowski **M** Christoph Willibald Gluck, Antonio Vivaldi **D** Marek Frakowiak, Zofia Rysiówna, Ewa Lemanska, Maria Kaniewska, Zofia Bajuk **L** 95 **E** 24.5.1980 DFF 2

ZUFLUCHT AM BOSPORUS. Ein Schlaglicht auf die als Emigrationsland weitgehend unbekannte Türkei, die nach der »Machtergreifung« der Nationalsozialisten in Deutschland vorwiegend Intellektuelle aufnahm, da der Staatsgründer Atatürk das Bildungssystem seines Landes modernisieren wollte. Der Dokumentarfilm porträtiert zwei Kinder ehemaliger Emigranten, die in der Türkei aufwuchsen und anlässlich eines Besuchs von ihren höchst unterschiedlichen Erfahrungen berichten. ✦ Deutschland 2001 **R** Nedim Hazar, Pavel Schnabel **L** 90 **E** 28.10. 2001 3sat

ZUFLUCHT DER SIRENEN (NIKUTAI NO MON). Vier Prostituierte, die nicht Opfer der herrschenden männlichen Gewalt sein wollen, praktizieren sie in ihrer selbstorganisierten Gemeinschaft aber mit aller Härte. Gemeinsam mit einem Kriegsveteranen feiern sie ein Fest, das in Gewalt und Tod umschlägt. Eine bizarre, grell und drastisch inszenierte Mischung aus Melodram und Musical um die Traumata des verlorenen Krieges; der Film beschreibt eine Welt im Chaos, der er weder Ordnung noch Moral entgegenzusetzen vermag. (Früherer Titel: »Nakito – Profis der Liebe«) ✦ Scope. Japan 1964 **P** Nikkatsu **KI** Kinowelt **Pd** Iwai Kaneo **R** Seijun Suzuki **B** Tanada Goro, nach einem Roman von Tamura Taijiro **K** Mine Shigeyoshi

M Yamamoto Naozumi **D** Shishido Jo, Nogawa Yumiko, Matsuo Kayo **L** 90 **E** 3.5.1968/22.8.1991 (WA)/28.1.1994 premiere **fd** 29 009

ZUFLUCHT IN SHANGHAI (THE PORT OF LAST RESORT). Dokumentarfilm über die chinesische Stadt Shanghai als Zufluchtsort für knapp 20 000 europäische Juden in den Jahren 1937 bis 1949. Dabei wird das Flüchtlingselend ebenso sichtbar wie die politische Weltlage; zugleich wird eine versunkene Welt in Erinnerung gerufen. Das aufwendig recherchierte historische Film- und Bildmaterial verbindet sich eindrucksvoll mit der mitunter erschütternden Aussagekraft von Zeitzeugen. (O.m.d.U.) – Sehenswert ab 14. ✦ Teils schwarz-weiß. Österreich/USA 1998 **P** Pinball Films/Extrafilm **KI** Freunde der Deutschen Kinemathek **Pd** Lukas Stepnik, Joan Grossman, Paul Rosdy, Lukas Stepanik **R+B** Joan Grossman, Paul Rosdy **K** Wolfgang Lehner **M** John Zorn **S** Joan Grossman, Paul Rosdy **L** 79 **E** 3.2.2000 **fd** 34 167

DER ZUG (1963) (LE TRAIN / IL TRENO). Während der Besetzung Frankreichs sollen wertvolle Gemälde in einem Zug nach Deutschland gebracht werden. Der Film schildert die Bemühungen der Widerstandsbewegung, den Abtransport zu verhindern. Er zeigt sich dabei mehr an Spannung interessiert als an einer tieferen Ausleuchtung der Konflikte. In seiner technisch perfekten, nüchternen Machart verdient der Film Beachtung. – Ab 16. ✦ Frankreich/Italien 1963 **P** Artistes Associees/Ariane/Dear **KI** United Artists **Pd** Jules Bricken **R** John Frankenheimer, Bernard Farrel **B** Franklin Coen, Frank Davis, Walter Bernstein, Albert Husson, nach dem Roman »Le Front de l'Art« von Rose Valland **K** Jean Tournier, Walter Wottitz **M** Maurice Jarre **S** David Bretherton, Gabriel Rongier **D** Burt Lancaster (Labiche), Jeanne Moreau (Christine), Paul Scofield (Col. von Waldheim), Michel Simon (Papa Boule), Suzanne Flon (Frau Villard) **L** 132 **FSK** ab 16; f **E** 6.11.1964/15.7.1966 Kino DDR/11.5.1983 DFF 1 **fd** 13 103

DER ZUG (1989) (DER ZUG / IL TRENO). Deutschland 1917: Um den Krieg an der Ostfront beenden zu können, sucht der deutsche Generalstab nach einer Möglichkeit, Rußland zu destabilisieren. Der im Schweizer Exil lebende Revolutionär Lenin erscheint als geeignete Person, die russische Revolution zu schüren. Die Deutschen sichern ihm freies Geleit in seine Heimat zu, und nach zähen Verhandlungen macht sich ein verplombter Zug auf die Reise durch ein von Hungersnot und Krisen geplagtes Deutschland. Mit großem Aufwand und internationalen Stars inszenierter Film, der sich um die genaue Rekonstruktion dieser »historischen Zugfahrt« bemüht. Ben Kingsley gibt als Lenin eine faszinierend differenzierte Darstellung. – Ab 14 möglich. ✦ Österreich/BR Deutschland/Italien 1989 **P** Zweite Unitel/ORF/ZDF/RAI II/TF 1/TVE **R** Damiano Damiani **B** Damiano Damiani, Fulvio Gicca Palli **K** Nino Celeste **M** Nicola Piovani **D** Ben Kingsley, Dominique Sanda, Leslie Caron, Jason Connery, Timothy West **L** 208 **E** 11.,18.2.1990 ZDF (zwei Teile)

DER ZUG AUS WIEN (LE TRAIN DE VIENNE). Der Sohn des französischen Botschafters in Wien entwendet seinem Vater einen für den Freikauf einer Geisel bestimmten Geldkoffer. Die Geisel stirbt, der Vater begeht Selbstmord. Auf der Zugfahrt nach Paris trifft der junge Mann seinen ehemaligen Lehrer, der ihn nicht erkennt, und dem er den Koffer unterschiebt. Erst in Paris ahnt der alte Mann die Zusammenhänge und rüstet sich für einen psychologischen Zweikampf, bei dem auch noch eine alte Rechnung zu begleichen ist. Um psychologische Stimmigkeit und Atmosphäre bemühter Kriminalfilm. – Ab 16. ✦ Frankreich 1989 **P** La Sept/arte **R** Caroline Huppert **B** Jean-Pierre Sinapi, Daniel Tonachella, Caroline Huppert, nach einer Erzählung von Georges Simenon **K** Gérard de Battista, Philippe Chazal **M** Michel Portal **S** Martine Giordano, Catherine Schwartz **D** Roland Blanche (Vincent), Thérèse Llotard (Suzanne), Christophe Odent (Fabrice), Jean-Yves Berteloot (Camille), Marie Matheron (Odile), André Oumansky (Louis Lemoine) **L** 88 **E** 8.9.1995 arte

ZUG DER FURCHTLOSEN (WESTWARD HO THE WAGONS). 1844: Ein Siedlertreck auf dem Oregon Trail, von einem tüchtigen Nachwuchsarzt begleitet, kommt zwei Indianderstämmen ins Gehege. Ein spannungsarmer Western mit vielen Liedern. (Videotitel: »Westwards – Die Karawane der Furchtlosen«) – Ab 12. ✦ Scope. USA 1956 **P** Walt Disney **KI** Ufa **Pd** Bill Walsh **R** William Beaudine **B** Tom Blackburn, nach einer Erzählung von Mary Jane Carr **K** Charles P. Boyle **M** George Bruns **S** Cotton Warburton **D** Fess Parker (John »Doc« Grayson), Kathleen Crowley (Laura Thompson), Jeff York (Hank Breckenridge), David Stollery (Dan Thompson), Sebastian Cabot (Bissonette), George Reeves (James Stephen), Barbara Woodell (Mrs. Stephen), John War Eagle (Wolfs Bruder), Iron Eyes Cody (Viele Sterne), Anthony Earl Numkena (Kleiner Donner) **L** 85 **FSK** ab 6; f **E** 15.11. 1957 **fd** 6 413

ZUG DER TRÄUME (TRAIN OF DREAMS). Um größtmögliche Realitätsnähe bemühter Spielfilm über einen 17jährigen Straftäter, der mit Hilfe seines Literaturlehrers in einer Besserungsanstalt allmählich zu einer Lebensperspektive findet. Überzeugend durch die unspektakuläre, vorurteilsfreie Inszenierung und die Leistung des (Laien-)Hauptdarstellers. – Ab 16. ✦ Kanada 1987 **P** National Film Board of Canada **Pd** Sam Grana, Sally Bochner **R** John N. Smith **B** Sally Bochner, John N. Smith, Sam Grana **K** David De Volpi **M** Malcolm MacKenzie Jr. **S** John N. Smith **D** Jason St. Amour (Tony Abruzzi), Marcella Santa Maria (Mrs. Abruzzi), Christopher Neil (Nicky), Fred Ward (Lehrer), David Linetsky (Tonys Anwalt) **L** 88 **E** 16.5.1991 ZDF **fd** 28 897

ZUG DES LEBENS (TRAIN DE VIE). 1941, irgendwo in Osteuropa: Die Bewohner eines kleinen jüdischen Schtetls organisieren ihren eigenen Deportationszug, um der Verschleppung durch die Deutschen zu entkommen, und planen die Flucht über Russland nach Palästina. Eine bittere Komödie vor dem Hintergrund der Shoa, die das Tragische im Komischen spürbar werden lässt und dem typisch jiddischen Humor ein Denkmal setzt. Zwar hätten manche Charaktere der Vertiefung bedurft, insgesamt aber ist der (hervorragend gespielte) Film eine überdenkenswerte Auseinandersetzung mit dem Thema Holocaust, der trotz aller erzählerischen Leichtigkeit das Leben als Albtraum schildert. – Ab 14 möglich. ✦ Scope. Frankreich/Belgien/Niederlande 1998 **P** Tiberius/Noé Prod./ Raphael Films/7IA-Le Studio canal+/Hungry Eye Lowland Pictures BV/Canal+Ecriture/PolyGram Audiovisuel **KI** Movienet **VA** Sunfilm **DVD** Sun Film (1.85:1, DD5.1 frz./dt.) **Pd** Frédérique Dumas, Marc Baschet, Cedomir Kolar, Ludi Boeken, Eric Dussart **R+B** Radu Mihaileanu **K** Giorgos Arvanitis, Laurent Dailland **M** Goran Bregovic **S** Monique Rysselinck **D** Lionel Abelanski (Shlomo), Rufus (Mordechai), Clément Harari (Rabbi), Bruno Abraham-Kremer (Yankele), Michel Muller (Yossi) **L** 103 **FSK** ab 6; f **E** 23.3.2000/28.11.2000 Video & DVD **fd** 34 156

EIN ZUG FÄHRT AB. Auf der Reise von München nach Berlin freundet sich eine vor der Scheidung stehende Frau mit der Gattin eines Großindustriellen an, die auf dem Anhalter Bahnhof heimlich ihre Urlaubsbekanntschaft, einen Architekten, treffen will. Als plötzlich der Ehemann auf dem Bahnsteig auftaucht, wirft sich die Mitreisende, um der Freundin aus der Verlegenheit zu helfen, dem Architekten in die Arme. Die sich daraus entwickelnde Liebes- und Eifersuchtskomödie, ein Routineprodukt des deutschen Kriegskinos, erreicht planmäßig das Happy-End. – Ab 12. ✦ Schwarz-weiß. Deutschland 1942 **P** Bavaria **KI** DFV **R** Johannes Meyer **B** Walter Wassermann, C. H. Diller, nach Motiven des gleichnamigen Romans von Felicitas von Reznicek **K** Josef Strecha **M** Lothar Brühne **D** Leny Marenbach, Ferdinand Marian, Lucie Englisch, Georg Alexander, Hans Zesch-Ballot **L** 91 **E** 22.11.1942/25.6.1962 DFF 1

EIN ZUG FÜR ZWEI HALUNKEN (EMPEROR OF THE NORTH POLE / EMPEROR OF THE NORTH). Vor dem Hintergrund der Wirtschaftskrise Anfang der 30er Jahre liefern sich im amerikanischen Westen zwei Männer ein erbittertes Duell: ein Landstreicher, der auf einem Güterzug mitfahren will, und ein Lokführer, der seinen Kontrahenten lieber tötet, als dies zuzulassen. Routiniert inszenierter Action-Film, der unter seinem aufdringlichen und unnötig brutalen Finale leidet. ✦ USA 1972 **P** Inter-Hemisphere **KI** Fox-MGM **Pd** Stan Hough **R** Robert Aldrich **B** Christopher Knopf **K** Joseph Biroc **M** Frank De Vol **S** Michael Luciano **D** Lee Marvin (As-Nr. 1), Ernest Borgnine (Shack), Keith Carradine (Cigaret), Charles Tyner (Cracker), Malcolm Atterbury (Hogger) **L** 120 **FSK** ab 16; f **E** 17.8.1973 **fd** 18 494

DER ZUG IN DEN HIMMEL (TAG TILL HIMLEN / EN TREN AL CIELO). Ein ecuadorianischer Waisenjunge flüchtet aus dem ungeliebten Kinderheim und strandet gemeinsam mit einem kleinen Hund in der großen Stadt, wo sich das Leben auf der Straße zwischen Gaunern und Polizisten als noch zu hart für ihn erweist. So besteigt er als blinder Passagier einen Zug, der ihn nicht, wie er glaubt, zu seinen Eltern »in den Himmel« führt, sondern in die Anden, wo er am Ende einer gefährlichen Fahrt von einem mitleidigen Schaffner in Pflege genommen wird. Sympathischer Kinderfilm, der auf einfühlsame und unaufdringliche Weise vom unerschütterlichen Glauben an die eigene Kraft erzählt und nebenbei Einblicke in die soziale Realität Ecuadors gewährt. – Ab 6. ✦ Schweden/Dänemark/Ecuador 1988 **P** Filmstallet/Exat/Condorfilm/Cinemateco Ecuador **VA** Atlas **Pd** Anders Birkeland **R+B** Torgny Anderberg **K** Tony Forsberg **M** Gunnar Edander **S** Susanne Linnman **D** Carlos López (Nino), Hugo Alvarez (Schaffner), James Coburn (Gregorios), Teodor de la Torre (Padre Juan) **L** 85 **FSK** ab 6 **E** 1992 Video **fd** 29 982

DER ZUG IN DIE STATION HIMMEL (VLAK DO STANICE NEBE). Ein kleines Mädchen kommt aus der Stadt zum Großvater aufs Land, um den Wirren des Zweiten Weltkriegs zu entgehen, erlebt den Rückzug der deutschen Truppen und den letztlich siegreichen Kampf tschechischer Partisanen. Der sensibel gestaltete Film erzählt diese Geschichte konsequent aus der Perspektive des Kindes und liefert so ein Stück subjektiver Zeitgeschichte. – Sehenswert ab 10. ✦ Teils schwarz-weiß. CSSR 1972 **P** Filmstudio Barrandov **KI** Miekus **R** Karel Kachyna **B** Ota Hofman, Karel Kachyna **K** Josef Illík **M** Zdenek Liska **D** Zdena Smrcková (Dása), Michal Vavrusa (Franta), Josef Koza (Großvater Baudys), Ivan Palúch (Srámek, Zugführer), Alena Procházková (Lehrerin) **L** 80 **E** 18.10.1974 Kino DDR/20.9.1975 DFF 1/14.9. 1975 ARD

DER ZUG IN UNSEREM TAL (THE VALLEY TRAIN). Gadi, der in einem abgelegenen Kibbuz aufwächst, träumt von der Wiederbelebung der legendären Zugverbindung zwischen Haifa und Damaskus. Der Versuch, den Traum in die Wirklichkeit umzusetzen, bringt dramatische und schmerzhafte Veränderungen mit sich. Autobiografisch gefärbter Film, der einfühlsam und detailgenau das Leben im Kibbuz der 50er und 60er Jahre beschreibt. – Ab 14. ✦ Israel 1991 **R** Jonathan Paz **K** Ofer Inov **M** Kobi Hess **D** Dan Turgeman (Gadi), Ami Ushpitz (Yoav), Neta Moran (Ruti), Tomi Yoel (Chava), Doron Shoshan (Bracha) **L** 75 **E** 1.10.1992 BR

EIN ZUG MIT SONDERAUFTRAG (POJESD TSCHRESWYTSCHAJNOWO NASNATSCHENIJA). Geschichten aus dem Leben des ukrainischen Staatsmannes Grigori Petrowski im Jahr 1922. ✦ Scope. UdSSR 1979 **P** Dowshenko-Studio **R** Wladimir Schewtschenko **B** Jewgeni Onoprijenko, Leonid Jankow **K** Alexej Prokopenko **M** Jewgeni Stankowitsch **D** Fjodor Strigun (Minsarewski), L. Kubjuk (Nastja), A. Chostikow (Martschuk), Roman Chomjatow (Frunse) **L** 87 **E** 26.7.1981 DFF 2

DER ZUG NACH CHIHUAHUA →Pulverfaß

EIN ZUG NACH HOLLYWOOD (POCIAG DO HOLLYWOOD). In komödiantischer Form beschreibt der Film Tagträume, Fantasien und Wunschdenken einer jungen Frau, die hofft, dem tristen polnischen Alltag durch einen Anruf aus Hollywood entfliehen zu können. Niemand anders als Billy Wilder, soll sie ins »Land der unbegrenzten Möglichkeiten« holen. Die Hauptrolle des erfolgreichen Films spielt Katarzyna Figura, Sexidol des polnischen Kinos in den späten 80er Jahren. ✦ Scope. Polen 1987 **P** Zespoly Filmowe, Gruppe »Rondo« **KI** Progress **Pd** Jerzy Szebesta **R+B** Radoslaw Piwowarski **K** Witold Adamek **M** Jerzy Matula **S** Irena Chorynska **D** Katarzyna Figura (Merlin), Piotr Siwkiewicz (Piotrus), Rafal Wegrzyniak (Rafal), Grazyna Kruk (Sandra), Eugeniusz Priwieziencew (Zenia) **L** 97 **E** 10.11.1989 Kino DDR/ 3.2.1991 EINS PLUS

DER ZUG NACH KRALJEVO (KRALJEVSKI VOZ). 1941, zur Zeit der deutschen Okkupation, soll wichtiges Material von Belgrad nach Kraljevo befördert werden. Nach dem Tode des Kuriers übernimmt ein Eisenbahner den Auftrag und kann ihn trotz größter Schwierigkeiten erfüllen, bevor er selbst sein Leben verliert. Widerstandskampf als abenteuerliche Unterhaltung, recht spannend inszeniert. – Ab 12. ✦ Scope. Jugoslawien 1982 **P** Avala-Film/Croatia-Film **KI** Progress **R** Aleksandar Djordjevic **B** Mihajlo Sekulic **K** Dorde Nikolic **M** Vojislav Kostic **D** Ljubisa Samardzic, Zvonko Lepetic, Sanja Vajnovic, Slobodan Aligrudic, Rade Markovic **L** 87 **E** 15.7.1983 Kino DDR/29.11.1985 DFF 2

EIN ZUG NACH MANHATTAN. Der fromme Kantor einer Synagoge in einem Vorort New Yorks entdeckt eines Tages, daß er seinen Glauben verloren hat. Er begibt sich auf eine Irrfahrt durch die Stadt, ohne sein Reiseziel – Manhattan – zu erreichen, aber er gelangt zu der Erkenntnis, daß Gott nicht an einen Ort gebunden ist. Eine überzeugend gespielte Geschichte voller menschlicher Wärme, die in ihrer glänzenden Inszenierung ein hintergründiges Vergnügen bereitet. – Ab 12. ✦ BR Deutschland 1981 **VA** AV Film **Pd** Gyula Trebitsch **R** Rolf von Sydow **B** Erich W. Burger, nach einer Geschichte von Paddy Chayefsky **D** Heinz Rühmann (Leon Steinberger), Ulrike Bliefert, Hans Hessling, Bruni Löbel, Charles Brauer **L** 60 **FSK** ab 12; f **FBW** w **E** 8.3.1981 ZDF

ZUG NR. 1 FÄHRT NICHT (DERSOST). Ein Film, der vom aufopferungsvollen Kampf sowjetischer Kundschafter und Partisanen in dem von deutschen Truppen besetzten Gebiet berichtet. Das vor einem historischen Hintergrund spielende abenteuerliche Geschehen, in dessen Mittelpunkt Anschläge gegen Eisenbahnlinien stehen, ist reich an Dramatik, wobei die Grenze des Wahrscheinlichen auch überschritten wird. ✦ Scope, schwarz-weiß. UdSSR 1971 **P** Filmstudio Odessa **KI** Progress **R** Georgi Jungwald-Chilkewitsch **B** Wassili Semljak **K** Alexander Polynnikow **M** Viktor Wlassow, L. Stepanow **D** Nikolai Oljalin (Oberstleutnant Klimenko), Wladimir Guljajew (Belous), Valentina Grischokina (Nonna), Boris Seidenberg (Woschaglik), Wladimir Balon (Vincent) **L** 98 **E** 14.9.1973 Kino DDR

ZUG UM ZUG. Chronik eines fiktiven Dorfen im Salzkammergut zwischen den Jahren 1938 und 1945: Im Mittelpunkt stehen die Auseinandersetzungen zweier verfeindeter Bauern, die sich einem Kampf bis aufs Messer liefern und die politischen Veränderungen in Östereich für ihre Zwecke nutzen. Daraus entspinnt sich eine Geschichte über die Wechselwirkung von persönlicher Verantwortung und dem Weltgeschehen. ✦ Österreich 1993 **P** ORF **R** Wolfram Paulus **B** Regina Aster **K** Walter Kindler **M** Bert Breit **D** Fritz Egger (Hias), Bettina Redlich (Miaz), Walter Sachers (Sepp), Martin Walch (Hansl), Dietmar Mössmer (Loisnbauer) **L** 80/80 (zwei Teile) **E** 14./15.8.1994 ORF 1

DER ZUG ZUR HÖLLE (TRAIN D'ENFER). Ein schneidiger Agent des französischen Geheimdienstes vereitelt ein Attentat auf einen afrikanischen Fürsten. Unterhaltsame, parodistisch verfremdete Gangstergeschichte, mehr Komödie als Reißer. – Ab 16. ✦ Scope. Frankreich/Spanien 1965 **P** Marceau/ Cocinor/Cerés/Balcazar **KI** Inter **R** Gilles Grangier **B** Jacques Robert, Gilles Grangier, nach einem Roman von René Cambon **K** Antonio Maccasoli **M** André Hossein **D** Jean Marais, Marisa Mell, Howard Vernon, Antonio Casas, Ricardo Lopez **L** 91 **FSK** ab 16; nf **E** 18.3.1966 **fd** 13 958

ZÜGELLOS (HIGH HELL). Goldgräberdrama in den kanadischen Bergen: Ein Abenteurer gerät in Konflikt mit seinen Kollegen, die aus Profitgier das Leben der einheimischen Bevölkerung aufs Spiel setzen. Außerdem sorgt eine schöne Frau für erotische Verwirrung. Braves und anspruchsloses B-Movie. – Ab 16. ✦ Schwarz-weiß. USA 1958 **P** Paramount **KI** Paramount **R** Burt Balaban **B** Irve Tunick, nach einem Roman von Steve Frazee **K** Jimmy Wilson **M** Phil Cardew **D** John Derek, Elaine Stewart, Patrick Allen **L** 85 **FSK** ab 16; f **E** 17.4.1959 **fd** 8 002

ZÜGELLOSE BEGIERDE (WALNUT CREEK). Ein skrupelloser Geschäftsmann, der eine finanziell angeschlagene Ranch in seinen Besitz bringen will, kann eine ehemalige Prostituierte als Managerin in das Unternehmen einschleusen. Doch sein Plan schlägt fehl, da die Frau schon noch kurzer Zeit auf eigene Rechnung arbeitet und Ranch und Rancher allein besitzen möchte. Notfalls sieht ihr Plan sogar die Ermordung der Ehefrau des Viehzüchters vor. Erotik-Thriller um grenzenlose Gier. ✦ USA 1995 **P** Mystique Film **Pd** Hans Christian Ritter **R+B** Edward Holzman **K** Harris Done **M** K. Alexander Wilkinson **S** Carol Oblath **D** Kate Rodgers (Tonya Peters), Renee Weldon (Lacy Styles), David Christensen (Preston Styles), Rochelle Swanson (Laura Styles), Greg Collins (Anthony DePrince) **L** 103 **E** 11.3.1999 RTL 2

ZÜGELLOSE TRÄUME (FANTASY CHAMBER). Zwei Frauen nähern sich unter der Anleitung eines Psychologen ihren geheimsten erotischen Wunschvorstellungen an. Als sich der Geliebte der einen für die Hintergründe dieses Lustempfindens interessiert und die Praktiken des Arztes hinterfragt, läßt er sich auf ein unwägbares Abenteuer ein. Ein mit utopischen Versatzstücken kaschierter pornografischer Film. – Wir raten ab. ✦ USA 1995 **R+B+K** Cameron Grant **M** Ian Glory **D** Nicole Lace, Kylie Ireland, Rebecca Lord, Steve Drake **L** 77 **E** 28.6.1996 premiere

ZUGFAHRT INS JENSEITS (ATOMIC TRAIN). Ein Güterzug, der hochgefährliche Chemikalien und eine Atombombe transportiert, gerät in den Rocky Mountains außer Kontrolle und rast auf Denver zu, wo es zur Massenpanik kommt. Trivialer Actionthriller vor dem Hintergrund jahrzehntelang geheimgehaltener Zugtransporte von Nuklear-Abfällen. ✦ USA 1998 **DVD** e-m-s (FF P&S, DD2.0 engl., DD5.1 dt.) **R** Dick Lowry, David Jackson **B** D. Brent Mote, Philip Penningroth **K** Steven Fierberg **M** Lee Holdridge **D** Rob Lowe (John Seger), Kristin Davis (Megan Seger), Esai Morales (Noris MacKenzie), John Finn (Wally Phister), Mena Suvari (Grace Seger), Erik King (Beau Randall), Blu Mankuma (Reuben Castillo), Don S. Davis (General Ford), Sean Smith (Chance MacKenzie), Eric Johnson (Danny), Chris Ellis (Ed Brown), Yanna McIntosh (Christina Roselli), Edward Herrmann (Präsident), Zack Ward (Stan Atkins), Karen Holness (Jane Randall), Jane Perry (Kelly Marx) **L** 80/85 **FSK** 16 **E** 15.7.2000 ARD/30.11.2000 DVD

ZUGRIFF – DER FILM. Pilotfilm zu einer Kriminalfilmreihe. Bei einem Bombenattentat kommt eine Sondereinheit der Münchner Polizei ums Leben. Der einzige Überlebende begibt sich auf einen Rachefeldzug gegen die vermeintlichen Schuldigen, die örtliche Mafia. Doch Selbstmord und Abschiedsbrief der Geliebten von einem der Getöteten weisen auf eine andere Spur hin. (Titel auch: »Zugriff: Ein Team – Ein Auftrag«) ✦ Deutschland 1997 **R** Michael Lähn **B** Georg Heinzen **D** Dietz-Werner Steck (Franz Berg), Krista Posch (Beate Claudius), Giulio Ricciarelli (Elvis Kogler), Oliver Mink (Roland »Rolli« Bauer), Chris Hohenester (Chris Schmitt) **L** 95 **E** 7.4. 1998 SAT1

DAS ZUGUNGLÜCK (DAY OF THE ROSES). Am 18. Januar 1977 kommt es im australischen Brisbane zu einem folgenschweren Zugunglück, bei dem 83 Tote und über 200 Verletzte zu beklagen sind. Der ausufernd lange Film zeigt die Bergungsarbeiten und die aufopfernd helfenden Retter, beschäftigt sich mit dem Leid der Hinterbliebenen und prangert das Verhalten der Eisenbahngesellschaft an, die kaum Interesse an einer Ursachenforschung zeigte. Von diesem Katastrophenfilm nach einem authentischen Ereignis, das noch heute die australische Nation traumatisiert, wurde eine stark gekürzte Fassung ausgestrahlt. ✦ Australien 1998 **P** Liberty Prod./Liberty & Beyond **Pd** Tony Cavanaugh, Antonia Barnard, Simone North **R** Peter Fisk **B** John Misto **K** Steve Arnold **M** Roger Mason **S** Shawn Seet **D** John Bach (Tom Weir), Chris Betts (Sergeant Masterson), Aaron Blabey (Dr. White), Carol Burns (Greta), Cormac Costello (Scotty) **L** 220 (TV 115) **E** 1.6.1999 RTL 2

ZUGVERKEHR UNREGELMÄSSIG. Die Geschichte eines jungen Stationsvorstehers der Berliner S-Bahn, der von in West-Berlin ansässigen Agenten zu Buntmetalldiebstählen und Sabotageakten angeworben wird. Eine plump entworfene Geschichte, die von wenig profilierten Schauspielern vorgetragen wird. Interessant wegen des zeitgeschichtlichen Hintergrunds der geteilten Stadt im beginnenden Kalten Krieg. – Ab 14. ✦ Schwarz-weiß. DDR 1951 **P** DEFA **KI** Progress **Pd** Richard Brandt **R** Erich Freund **B** Peter Bejach, Hermann Turowski **K** Willi Kuhle **M** Franz R. Friedl **S** Ferdinand Weintraub **D** Claus Holm (Hochen Böhling), Inge Keller (Ellen Zander), Hanns Groth (Kurt Strack), Peter Lehmbrock (Erich Schröder), Brigitte Krause (Inge Marten), Horst Drinda (Helmuth Becker) **L** 82 **E** 27.7.1951 Kino DDR/2.6. 1954 DFF 1

ZUGVÖGEL (1947). Im Sommer 1946 trifft sich eine Gruppe junger Leute am Ufer der Weser; gemeinsam fahren sie in einem Boot nach Bremen. Ihre Erlebnisse und Gespräche spiegeln die Mentalität einer durch Krieg und Zusammenbruch entwurzelten Jugend, führen jedoch zu der Einsicht, daß man sich nicht weiter treiben lassen soll. Einer der ersten westdeutschen Spielfilmversuche: ein Trümmerfilm ohne Trümmer, gedreht im Freigelände außerhalb der zerbombten Großstädte. Das Wiederaufbaupathos und der didaktisch vorgetragene Optimismus wirken verkrampft und naiv; die akuten Nachkriegsnöte kommen zwar zur Sprache, werden aber allzu voreilig ins Positive gewendet. Die Produktionsfirma stellte nur drei Filme her, dann wurde ihr im Mai 1948 von der britischen Militärregierung die Lizenz entzogen. – Ab 14. ✦ Schwarz-weiß. Deutschland 1947 **P** Studio 45 **KI** Herzog **Pd** Robert Leistenschneider **R+B** Rolf Meyer **K** Albert Benitz, Klaus von Rautenfeld **M** Werner Eisbrenner **D** Carl Raddatz, Lotte Koch, Fritz Wagner, Gerta Böttcher, Gert Schaefer **L** 80 **E** 23.5.1947 **fd** 88

ZUGVÖGEL (1968) (APOI S-A NASCUT LEGENDA). Episoden über junge Leute auf einer Großbaustelle in Rumänien. – Ab 14. ✦ Scope. Rumänien 1968 **P** Filmstudio Bucuresti **KI** Progress **R** Andrei Blaier **B** Constantin Stoiciu, Mihai Opris **K** Nicu Stan **M** Radu Serban **D** Ilarion Ciobanu, Margareta Pogonat, George Calboreanu, Stefan Ciobotarasu, Dan Nutu **L** 89 **E** 21.8.1970 Kino DDR/21.11.1971 DFF 2

ZUGVOGEL AM SUND. Ein junger temperamentvoller Schiffbauer überrascht Mitarbeiter und Vorgesetzte durch originelle Ideen und Vorstellungen, die ihm den Ruf eines unverstandenen Außenseiters eintragen. Als der Facharbeiter auf der Stralsunder Werft anfängt, findet er aufgeschlossene Kollegen. Neue Freunde und die Liebe zu einer Frau bewegen ihn, am Strelasund sesshaft zu werden. Fernsehfilm. ✦ DDR 1978 **P** DEFA **Pd** Walther Kronenthal **R+B** Hans Knötzsch **K** Rolf Sohre **M** Rolf Zimmermann **S** Thea

Richter, Barbara Leuschner **D** Walter Plathe (Ekke), Peter Cwielag (Karsten), Martina Wilke (Solveig), Ingeborg Hesse-Peters (Tante Meta), Karin Schröder (Carola) **L** 83 **E** 13.5.1979 DFF 1

ZUGVÖGEL ... EINMAL NACH INARI. Ein Bierfahrer aus Dortmund läßt sein tristes Leben hinter sich, um im nordfinnischen Inari am ersten Wettbewerb für Eisenbahnexperten und Kursbuchverbindungen teilzunehmen. Während er ahnungslos als Mordverdächtiger von einem Polizeikommissar verfolgt wird, begegnet er auf der Zugreise seiner großen Liebe sowie einigen weiteren Reisenden, die seine Wahrnehmungen schärfen und beeinflussen. Auf der Folie einer (Kriminal-)Komödie entwickelt sich ein mal träumerisch-verschmitztes, mal subtil-poetisches Spiel um Reisen und Begegnungen, während dem sich die Menschen verändern und zum Einklang mit sich und ihrer Umgebung zurückfinden. – Sehenswert ab 12. ✦ Deutschland/Finnland 1997 **P** Bosko Biati Film/Prokino/WDR/Kinotuotanto **KI** Prokino **VA** VPS **DVD** Alligator DVD/e-m-s (16:9, 1.78:1, DD5.1 dt.) **Pd** Jörn Rettig, Ira von Gienanth, Claes Olsson **R+B** Peter Lichtefeld **K** Frank Griebe **M** Christian Steyer **S** Bernd Euscher **D** Joachim Król (Hannes), Outi Mäenpää (Sirpa), Peter Lohmeyer (Kommissar Fanck), Peter Franke (Karl-Heinz), Oliver Marlo (Lako), Jochen Nickel (Lothar), Nina Petri (Frau Kößner) **L** 87 **FSK** ab 6; f **FBW** w **E** 9.7.1998/ 29.2.1999 Video/7.6.1999 DVD **fd** 33 223

ZUGZWANG (FOOL'S MATE). Ein ehemals gefragter, aber zunehmend erfolgloser Pianist verfällt immer stärker der Spielleidenschaft und verspielt Familienglück und berufliche Existenz. Erst im Gefängnis findet er wieder zu sich. Psychologischer, mit Action-Versatzstücken »aufgebesserter« Erstlingsfilm des Schauspielers Carrière, flott inszeniert und international besetzt. Trotz einiger Härten regt der Film zum Nachdenken an. – Ab 16. ✦ BR Deutschland 1988 **P** von Vietinghoff/ZDF **KI** Concorde **VA** Vestron **Pd** Joachim von Vietinghoff **R+B** Mathieu Carrière **K** Rolf Liccini **M** Klaus Buhlert **S** Galip Iyitanir **D** Michael Marwitz (Lucas Tillmann), Victoria Tennant (Alice Gordon), María Barranco (Teresa), Stuart Wilson (Nikos Mitradis), Clayton George (Clarence White) **L** 95 **FSK** ab 16; f **FBW** w **E** 31.8.1989/29.1. 1990 Video **fd** 27 801

DIE ZUHÄLTERIN (POLIZIOTTO SENZA PAURA). Ein Privatdetektiv stößt bei seinen Ermittlungen in einem Entführungsfall in Wien auf einen Zuhälterring, der Schulmädchen mit älteren Herren verkuppelt. Als er den Fall endlich löst, sind ein paar unschuldige Mädchen tot, aber auch alle schuldhaft Verstrickten haben das Zeitliche gesegnet. Läppischer Reißer mit verworrener Handlung, faden Witzchen und Zoten. ✦ Italien/Österreich 1977 **P** Premo Film/Neue Delta **KI** Tivoli **VA** VMP **R** Stelvio Massi **B** Stelvio Massi, Franz Antel **K** Riccardo Pallottini **M** Stelvio Cipriani **D** Maurizio Merli, Joan Collins, Franco Ressel, Werner Pochath, Gastone Moschin, Sergio Arriotti **L** 88 **FSK** ab 16; f **E** 19.7.1985/November 1985 Video/ 6.11.1987 RTL plus **fd** 25 191

EIN ZUHAUSE FÜR JOEY (THE FATHER CLEMENTS STORY). Ein schwarzer Pfarrer in Chicago mit recht unorthodoxen seelsorgerischen Methoden geht endgültig auf Kollisionskurs mit der Hierarchie, als er einen siebenjährigen Straßenjungen adoptieren will. Ein gut durchdachtes und – insbesondere von Louis Gossett – gut gespieltes Fernsehdrama nach authentischen Geschehnissen. – Ab 14. ✦ USA 1987 **P** Zev Braun Prod. **Pd** Phil Parslow **R** Ed Sherin **B** Arthur Heinemann, Ted Tally **D** Louis Gossett jr. (George Clements), Malcolm-Jamal Warner (Joey), Carroll O'Connor (Kardinal Cody), Ron McLarty (George O'Hare), Irv Kupcinet **L** 91 **E** 1.10.1995 Kabel 1

ZUHAUSE IN EINEM FREMDEN LAND (UTKÖZBEN). Durch den Unfall einer engen Freundin gerät eine Frau in eine Existenzkrise. Auf einer Reise in ihre polnische Heimat zieht sie eine Bilanz ihres Lebens und versucht in einer kurzen, heftigen Liebesbeziehung, die Krise zu überwinden. Ein in der Beschreibung der Gefühlswelt und der Irritation einer Frau auf der Suche nach einem neuen Selbstverständnis präziser und eindrucksvoller Film, anregend durch seine Vielschichtigkeit und Offenheit. (Westdeutscher TV-Titel: »Unterwegs«) – Sehenswert ab 16. ✦ Ungarn/Polen 1979 **P** Mafilm/Zespole Filmowy »X« **KI** Progress **R** Márta Mészáros **B** Márta Mészáros, Jan Nowicki, Marek Piwowski **K** Tamás Andor **M** Zygmunt Konieczny **D** Delphine Seyrig, Jan Nowicki, Djoko Rosic, Beata Tyszkiewicz **L** 104 **E** 10.10.1980 Kino DDR/2.11.1981 ARD **fd** 23 158

... ZUHAUSE IST DER TEUFEL LOS! (WAIT TILL YOUR MOTHER GETS HOME). Als ein arbeitsloser Football-Trainer vorübergehend für Haushalt und Kinder sorgen muß, damit seine Frau den Lebensunterhalt verdienen kann, wachsen ihm die Anforderungen bald über den Kopf. Die lobenswerte Absicht, den Wert von Hausfrauenarbeit ins rechte Licht zu rücken, wird mangels Witz und Fantasie nicht verwirklicht, so daß der Film über die Feststellung banaler Tatsachen nie hinauskommt. (TV-Titel: »Zu Hause ist der Teufel los«) – Ab 14. ✦ USA 1983 **P** NBC International **VA** All **R** Bill Persky **B** David M. Eyre jr., Bill Persky **K** Frank Stanley **M** Ken Harrison **S** Jerry Shepard **D** Dee Wallace (= Dee Wallace Stone) (Pat Peters), Paul Michael Glaser (Bob Peters), David Doyle, Peggy McKay, James Gregory **L** 92 **FSK** ab 12 **E** Juni 1986 Video/29.3.1988 RTL plus **fd** 25 675

ZUHAUSE IST EIN WEITER WEG (RUNNING HOME). Ein 16-jähriger Straßenjunge macht sich auf die Suche nach seiner Mutter, die ihn als Baby zur Adoption freigab. Mit Hilfe eines befreundeten Polizisten findet er die Frau, die als Kunstmalerin arbeitet, und knüpft erste Kontakte mit ihr. Die Familienzusammenführung wird durch zwei korrupte Polizisten überschattet, die den Jungen als einen gefährlichen Mordzeugen aus dem Weg räumen wollen. Krimi-Melodram, das ohne Rücksicht auf Schlüssigkeit seine Geschichte abspult; in der Hauptrolle immerhin gut gespielt. ✦ USA 1999 **P** Allegro **Pd** Franco Battista, Richard Lampner, Jacques Méthé, Stéphane Reichel, Meyer Shwarzstein **R** Marc Voizard **B** Nicholas DiBella **K** Stephen Reizes **D** Kristian Ayre (Matt »Spider« Strilecki), Adam MacDonald (Jay Torpy), Andreas Apergis (Hayes), Claudia Christian (Jules Daniels), Caroline Dhavernas (Jessica) **L** 90 **E** 31.3. 2001 Vox

ZUHÖREN AUFHÖREN (ZUHÖREN AUFHÖREN). Ein bewußt subjektiver Dokumentarfilm des langjährigen Musikredakteurs beim WDR Heinz Trenczak über Volksmusik in der Steiermark. Neun spielende und singende Steierinnen und Steier zeigen, daß die ältere Volksmusik vielschichtig und variantenreich ist. – Ab 12. ✦ Teils schwarz-weiß. Österreich/ BR Deutschland 1982/83 **P** Cinedoc/Heint Trenczak/ ORF/WDR **SF** Vis-a-vis Film **Pd** Heinz-Dieter Clausen **R** Heinz Trenczak **B** Ruth Deutschmann, Heinz Trenczak **K** Jiri Volbracht **S** Hanne Huxoll **L** 87 (TV 60) **E** 29.9.1983

ZUKUNFT AUS ZWEITER HAND →Schicksal aus zweiter Hand

ZUKUNFT DER ZUKUNFT. Dokumentarisches Feature, das in vier Beiträgen Politiker, Wissenschaftler und Industrielle vorstellt, die sich für grundlegende ökologische Reformen einsetzen. ✦ Deutschland 1999 **R** Birgit Hermes, Franz Fitzke, Walter Heinz, Roland Blum **L** 70 **E** 2.11.1999 arte

DIE ZUKUNFT GEWINNEN – DIE ZUKUNFT ERFINDEN. Eigenwillig montierter, mit verfremdeten nachinszenierten Spielszenen kombinierter Dokumentarfilm über den italienischen Sozialreformer und Schriftsteller Danilo Dolci, der seitmehr als 35 Jahren vehement für die Lösung der sozialen Probleme in Süditalien eintritt. Aus eigenem Bildmaterial und Archivbildern wird das Wirken Dolcis rekonstruiert – und seine Politik, nach der ein Fortschritt nur auf gewaltlosem Weg durch konkrete Reformen möglich ist, veranschaulicht. ✦ BR Deutschland 1982 **P** Susanne Osterried Prod. **KI** Peter Neugart **R+B** Maximiliane Mainka, Hans Rolf Strobel **K** Alfred Tichawsky, Kurt Lorenz **M** Amico Dolci **L** 96 **E** 1982 Kino

DIE ZUKUNFT HAT EIN ALTES HERZ. Filmische Reflexion der Lebens- und Arbeitserfahrungen des Schriftstellers und Philosophen Walter Benjamin, der sich 1940 auf der Flucht vor den Nazis an der französisch-spanischen Grenze das Leben nahm. In sorgfältigen Bildern der Kamerafrau Christel Fomm, in Gesprächen mit Historikern und Philosophen, in der Montage von zeitgenössischen Fotos und Spielzeug entsteht ein Widersprüche nicht verleugnendes Porträt, das die Fragen Benjamins an die Gegenwart weiterreicht. Die größte Leistung dieser »Arbeit des Eingedenkens« besteht darin, daß sie sich filmisch den Gedanken Benjamins würdig erweist. ✦ Deutschland 1992 **P** David Wittenberg Filmproduktion/WDR **R+B** David Wittenberg **K** Christel Fomm **S** Regine Heuser **L** 135 **E** 15.6.1992

DIE ZUKUNFT HEISST FRAU (LE FUTURE EST FEMME /IL FUTURO E DONNA). Eine schwangere Frau bricht in die Zweisamkeit eines kinderlosen Paares ein, wodurch der Mann zunehmend ins Abseits gedrängt wird. Ein Pamphlet auf die Überlegenheit des Weiblichen und den Untergang des Patriarchats. Inhaltlich streckenweise unstimmig, temperamentlos und verquast erzählt, bringt sich Ferreris programmatische Geschichte über das im Umbruch befindliche Verhältnis der Geschlechter um ihre aufklärerische Kraft. ✦ BR Deutschland/Frankreich/Italien 1981 **P** Ascot/ Faso/U.G.C. **KI** Ascot **Pd** Luciano Luna **R** Marco Ferreri **B** Marco Ferreri, Dacia Maraini, Piera Degli Esposti **K** Tonino Delli Colli **M** Carlo Savina **S** Ruggero Mastroianni **D** Ornella Muti, Hanna Schygulla, Niels Arestrup, Maurizio Donadoni, Michele Bovenzi **L** 99 **FSK** ab 16; f **E** 14.9.1984 **fd** 24 763

DIE ZUKUNFT IST FÄLLIG (DIE ZUKUNFT IST FÄLLIG). Die Geschichte eines Mannes, der ausbricht, sich von der Gesellschaft loslöst und sich später über mancherlei Stufen der Selbst- und Lebenskenntnis mit gewappnetem Bewußtsein wieder in die Gemeinschaft einordnet. Ein Film, der Experiment mit Philosophie zu verbinden versucht. ✦ Schweiz 1961 **P** Mauritz E. Houck Prod. **Pd** Mauritz E. Houck **R** Günter Gräwert, Mauritz E. Houck **B** Mauritz E. Houck, Günter Gräwert **K** Verena Tobler **M** Clemens Brendel **D** Günter Gräwert, Ursula Kube **E** Schweiz

DIE ZUKÜNFTIGEN GLÜCKSELIGKEITEN (DIE ZUKÜNFTIGEN GLÜCKSELIGKEITEN). 1640: Ein Mann versucht, aus dem von religiösen Unruhen zerrissenen England nach Frankreich zu fliehen. Es ist der Philosoph und respektlose Zyniker Thomas Hobbes. Doch ehe er das rettende Schiff erreichen kann, bricht der Bürgerkrieg aus. Das Chaos regt ihn zu neuen philosophischen Thesen an. Beim Verfassen seines Zukunftsepos' steht ihm ein Adliger zur Seite, der ihn als Diener verkleidet auf der Flucht begleitet. Das Zukunftsepos, das Hobbes erfindet, ist in die Gegenwart verlegt. Hauptpersonen sind ein Ehepaar, das einen Lebensmittelladen betreibt und gegen einen Supermarkt zu bestehen versucht. Eine schwarze Utopie über das alltägliche Unglück kleiner Leute, die durch ihren Sprachwitz, souveräne Schauspielleistungen und die hintersinnige Verschachtelung der Zeitebenen überzeugt – ein visuelles und ein intellektuelles Vergnügen. – Sehenswert. ✦ BR Deutschland/Schweiz 1990 **P** Promedia/Fama **R+B** Fred van der Kooij **K** Fritz Beckhoff, Dragan Rogulj **M** Fred van der Kooij, Thomas Kessler **S** Norbert Wiedmer **D** Wolf-Dietrich Berg (Thomas Hobbes), Ben Becker (Reginald), Isolde Barth (Frau Schlick), Tilo Prückner (Herr Schlick) **L** 97 **E** 10.9.1990 ZDF

DAS ZUKUNFTSBABY. Ein junger Wissenschafter, Mitglied eines Teams in einem Labor für Experimentalgenetik, wird gebeten, mit seiner Frau ein Retortenbaby zu zeugen. Die Schwangerschaft soll in einem künstlichen Uterus ausgetragen werden. Nach anfänglichem Zögern willigt die Frau ein, in der Folgezeit hat das Paar jedoch eine Reihe psychischer

Probleme zu bewältigen. Ein fiktiver Film zwar, doch er spielt die Probleme ernsthaft durch und stellt auch die Frage nach der eigentlichen Herkunft des Kindes. – Ab 16. ✦ USA 1982 **R** Joseph Sargent **D** Stephanie Zimbalist (Kay Spence), William Atherton (Jim Spence), Arthur Hill (Glenn Gorham) **L** 90 **E** 18.9. 1997 arte

ZULU (ZULU). »Heldenepos« über die Verteidigung eines Kolonialstützpunktes im britischen Natal (Südostafrika) durch eine kleine Truppe britischer Soldaten im Januar 1879, die wider jede militärische Logik gegen die erdrückende Übermacht von 4000 Zulus erfolgreich sind. Aufwendig produzierter, um dokumentarische Authentizität bemühter Film, der in der distanzlosen Darstellung der Durchhaltetendenz sehr zwiespältig ist. – Ab 16 möglich. ✦ Scope. Großbritannien 1963 **P** Diamond **Kl** Paramount **Pd** Stanley Baker, Cyril Raker Endfield **R** Cyril Raker Endfield **B** John Prebble, Cyril Raker Endfield **K** Stephen Dade **M** John Barry **S** John Jympson **D** Stanley Baker, Michael Caine, Jack Hawkins, Ulla Jacobsson, James Booth **L** 103 **FSK** ab 16; f **E** 21.8.1964 **fd** 12 926

ZULU – UND WAS SONST NOCH PASSIERTE. In einer Hochhaussiedlung am Großstadtrand: Ein schlaksiger Abiturient weiß nichts mit sich anzufangen, gerät zwischen ebenso gelangweilte Gleichaltrige und verheddert sich in einer Einbruchsaffäre. Schließlich verliebt er sich in eine Gymnasiastin aus ähnlich zerrütteten Familienverhältnissen. Eine präzise beobachtete Gruppenstudie, die glaubhaft im Dialog und mit bisweilen sprödem Charme einen Alltag voller Tristesse und Leerlauf beschreibt; kleinkriminelles Verhalten erscheint den Jugendlichen dabei nur noch als amüsanter Zeitvertreib. – Ab 16 möglich. ✦ BR Deutschland 1987 **P** Vulcano M./ ZDF **R** Stefan Wood **B** Stefan Wood, Thomas Bahmann **K** Pascal Hoffmann **M** Stefan Wood **D** Holger Gattermann, Annette Geller, Thomas Bahmann, Christian Ross, Michael Engels **L** (TV) 86 **E** 17.11. 1987 ZDF

ZUM ABSCHIED CHRYSANTHEMEN. Ein Sportlehrer flieht aus dem bürgerlichen Ehealltag in die Arme einer Tänzerin. Als diese seinen totalen Besitzanspruch zurückweist und seine Illusionen zerstört, erwürgt er sie im Affekt. Spielfilmdebüt nach den Vorbildern Chabrols melodramatischer Thriller im Provinzmilieu, das sein Sujet jedoch nicht spannend und glaubhaft vermitteln kann, weil es dem Drehbuch an Originalität und der Regie an Intensität fehlt. – Ab 16. ✦ BR Deutschland 1974 **P** FF-Produktion **Kl** Filmverlag der Autoren **R+B** Florian Furtwängler **K** Russell Parker **M** Pierre Jansen **D** Lisbeth List, Christine Kaufmann, Klaus Grünberg, Panos Papadopoulos, Louis Waldon **L** 99 **FSK** ab 16; nf **E** 18.4.1974 **fd** 18 903

ZUM ABSCHIED MORD (SHADOW OF A STRANGER). Ein junges Ehepaar – ein erfolgreiches Fotomodell und ein ehrgeiziger Anwalt – verbringt ein Wochenende am Meer, um sich zu erholen und Probleme auszuräumen. Doch als das Paar zwei Schiffbrüchige, ebenfalls ein Pärchen, bei sich aufnimmt, ist es mit der Ruhe vorbei. Der gerettete Mann entpuppt sich als Psychopath, und ein alptraumartiges Wochenende nimmt seinen unheilvollen Lauf. Psychothriller mit einigen überraschenden Wendungen, der insgesamt aber nur den üblichen Action-Mischmasch bietet. – Ab 16. ✦ USA 1992 **R+B** Richard Friedman **K** Rodney Charters **M** Gary Chang **D** Emma Samms (Sarah Klein), Parker Stevenson (Ted Klein), Joan Chen (Vanessa), Michael Easton (Shawn) **L** 87 **E** 11.2. 1994 ARD

ZUM ABSCHIED NOCH EIN TOTENHEMD (VENDO CARA LA PELLE). Ein junger Revolverheld rächt sich an den Mördern seiner Familie und findet schließlich bei einer hübschen Witwe mit Kind ein neues Zuhause. Zynisch-brutaler Italowestern in gekonnter Inszenierung. ✦ Italien 1968 **P** Cinemar **Kl** Anka **R** Ettore M. Fizzarotti **B** Giovanni Simonelli **K** Stelvio Massi **M** E. Ciacci **S** Daniele Alabiso **D** Mike Marshall, Michèle Girardon, Spean Convery (= Spartaco Conversi), Grant Laramy (= Germano Longo), Valerio Bartoleschi **L** 79 **FSK** ab 18; nf **E** 25.9.1970 **fd** 17 046

ZUM ABSCHUSS FREIGEGEBEN (WITH HOSTILE INTENT). Am Beispiel eines Musterprozesses wird das Schicksal zweier Polizistinnen rekonstruiert, die durch Diskriminierung und sexuelle Belästigung am Arbeitsplatz gezwungen wurden, ihren Beruf aufzugeben, und psychosomatisch erkrankten. Jeder Versuch, den permanenten Sexismus abzuwehren, führte zu verstärkter Isolation und weiterer Degradierung. Vor Gericht bekommen sie in allen Punkten Recht zugesprochen, doch der festgelegte Schadensersatz wurde nicht erfüllt. Ein engagiertes, solide inszeniertes und überzeugend gespieltes Plädoyer gegen Männlichkeitswahn, Sexismus und Diskriminierung. – Ab 16. ✦ USA 1993 **P** CBS **VA** Fox **Pd** Vanessa Greene **R** Paul Schneider **B** Marjorie David, Alison Cross **K** Eric van Haren Noman **M** Dana Kaproff **S** Andrew Cohen **D** Melissa Gilbert (Miranda Berkley), Mel Harris (Kathy Arnold), Peter Onorati (Harry McCarthy), Holland Taylor (Lois Baxter), Daniel van Bargen (Pat Campbell) **L** 89 **FSK** ab 12 **E** 3.11.1993 Video/6.3.1995 RTL 2 **fd** 30 561

ZUM BEISPIEL ARGENTINIEN (DE L'ARGENTINE). Ein essayistischer Dokumentarfilm, den Werner Schroeter während eines Argentinien-Besuchs im Jahr 1983 begann, unter dem Druck der Behörden jedoch abbrechen mußte und erst 1985 beenden konnte. Er kombiniert Gespräche mit Angehörigen der »Verschwundenen« und Interviews mit Politikern, Personen des öffentlichen Lebens sowie Kirchenvertretern mit fiktiven, satirischen und fantastischen Sequenzen zu einer sehr artifiziellen Form. Dabei verliert der Film sein Thema ganz offensichtlich aus den Augen und stiftet mehr Verwirrung, als daß er erhellen, aufklären und informieren würde. (O.m.d.U.) ✦ Frankreich 1983–85 **P** Out One/FR 3/Ministère de la Culture **SF** Freunde der Deutschen Kinemathek **R+B** Werner Schroeter **K** Werner Schroeter, Carlos Bernardo Wajsman **S** Catherine Brasier, Claudio Martinez **L** 91 **E** 1986 Kino

ZUM BEISPIEL BALTHASAR (AU HASARD BALTHASAR). Um das Schicksal eines meist verachteten und geschundenen Esels namens Balthasar ranken sich episodisch die Schicksale eines jungen Mädchens, des Nachbarjungen, ihrer Eltern und anderer Personen. Bressons Meisterwerk ist von hohem spirituellem Interesse, das sich gleichnishaft und in fast meditativem Erzähl- und Bildrhythmus des Tieres als anthropomorph gestalteten Stellvertreters für die menschlichen Leiden an Gewalt, Unrecht, Lieblosigkeit, Liebesunfähigkeit bedient und damit eine merkwürdige neue Passionsgeschichte ausbildet. Berühmt auch die mystisch anmutende Schlußsequenz mit dem Sterben Balthasars inmitten einer Schafherde. Der gleichnishafte Charakter des schwierigen Films, verbunden mit verschiedenen religiösen Details, legt eine Interpretation aus dem Evangelium nahe. – Sehenswert ab 16. ✦ Schwarz-weiß. Frankreich/Schweden 1965 **P** Athos/Parc/Argos/ AB Svensk/Svenska Filminstitutet **Kl** Neue Filmkunst **Pd** Mag Bodard **R+B** Robert Bresson **K** Ghislain Cloquet **M** Franz Schubert, Jean Wiener **S** Raymond Lamy **D** Anne Wiazemsky (Marie), François Lafarge (Gérard), Philippe Asselin (Lehrer, Maries Vater), Nathalie Joyaut (Maries Mutter), Walter Green (Jacques) **L** 94 (Orig. 95) **FSK** ab 12; f **E** November 1967/23.5.1966 ZDF **fd** 15 254

ZUM BEISPIEL JOSEF. Die Geschichte eines Außenseiters, der nach wechselvollen Lebensstationen – Findelkind, Erziehung durch Ordensfrauen, Maurerlehre, Fremdenlegion, Tramp, Werftarbeiter – in der DDR Boden unter die Füße bekommt. Ein handlungsreicher Film, thematisch interessant und darstellerisch gut, der ansprechende Unterhaltung bietet, obwohl er letztlich zu zweckoptimistischen Scheinlösungen tendiert. – Ab 16. ✦ Scope. DDR 1974 **P** DEFA, Gruppe »Roter Kreis« **Kl** Unidoc **SF** Unidoc **Pd** Helmut Klein **R** Erwin Stranka **B** Günter Karl, Erwin Stranka, nach dem gleichnamigen Roman von Herbert Otto **K** Peter Brand **M** Uve Schikora **S** Margrit Brusendorff **D** Jürgen Heinrich (Josef), Hans-Peter Reinecke (Bruno), Petra Hinze (Julia), Monika Woytowicz (Ute), Eva-Maria Hagen (Erna), Fred Delmare (Alois) **L** 93 **E** 20.9.1974 Kino DDR/18.5.1976 DFF 1

ZUM BEISPIEL SONJA W. (ZUM BEISPIEL SONJA W.). Erstlingsfilm, der den Spuren jener Jugendlichen nachgeht, die Anfang der 80er Jahre in den größeren Schweizer Städten revoltierten, inzwischen aber wieder aus den Schlagzeilen verschwunden sind. An Hand der fiktiven Figur der Sonja W. beschreibt er das Leben einer jungen Frau, die sich, in borstiger Verweigerung verharrend, die Möglichkeit offenhalten will, sich jeweils neu auf die wechselnden Lebenslagen einzulassen. Dabei zehrt das Herumschlagen mit Alltagsproblemen immer wieder einen Teil ihrer ungebundenen Energie auf, so daß die mitunter durch die städtische Architektur irrende Frau gar autistische Züge annimmt. Die schnörkellos erzählte Geschichte kommt ohne Larmoyanz daher und irritiert durch kalte Ironie und sperrige Authentizität. – Ab 16. ✦ Schweiz 1985 **P** Hofer-Helbling/Achtzigerfilm **SF** Freunde der Deutschen Kinemathek **Pd** Frank Hofer, Jörg Helbling **R+B** Jörg Helbling **K** Clemens Steiger **M** Max Frei, Marcel Beefer **S** Pius Morger **D** Jacqueline Hilty (Sonja W.), Rosmarie Walther (Kioskverkäuferin), Ruth Wyler (Chefin), Daniela Bäder (Verkäuferin), Marcos Aquirre (Ausländer) **L** 70 **E** 1986 Kino

ZUM BÖSEN VERDAMMT (EAST OF THE RIVER). Die Geschichte eines ungleichen Brüderpaares im Italiener-Viertel New Yorks: Der eine gerät auf die schiefe Bahn und immer wieder mit dem Gesetz und Gangstern in Konflikt, der Adoptiv-Bruder hingegen hat nicht nur eine bürgerliche Karriere im Auge, sondern strebt auch die Hochzeit mit der Geliebten seines Bruders an. Manhattan-Melodram voller Klischees, mit Bilderbuch-Italienern bevölkert, banal in Aussage und Inszenierung. Allenfalls Marjorie Rambeau als kauzige Mutter setzt einige humorige Akzente. (O.m.d.U.) – Ab 14 möglich. ✦ Schwarzweiß. USA 1940 **P** Warner **R** Alfred E. Green **B** Fred Niblo jr., nach einer Erzählung von John Fante und Ross B. Wills **K** Sid Hickox **M** Adolph Deutsch **D** John Garfield (Joe Lorenzo), Brenda Marshall (Laurie Romayne), Marjorie Rambeau (Teresa Lorenzo), George Tobias (Tony), William Lundigan (Nick Lorenzo) **L** 73 **E** 4.7.1990 West 3

ZUM ERSTEN MAL VERHEIRATET (WPERWYE SAMUSHEM). Das Porträt einer alleinstehenden einfachen Frau, deren Leben mehr als 20 Jahre ausnahmslos ihrer Tochter galt, die aber dann trotz vieler bitterer Erfahrungen noch einmal zu sich selbst findet. In seinem menschlichen Anliegen ungewöhnlich sensibler, der gedankenreichen Aufarbeitung des Stoffes viel Raum bietender Problemfilm. – Ab 14. ✦ UdSSR 1980 **P** Lenfilm **Kl** Progress **R** Jossif Cheifiz **B** Pawel Nilin, Jossif Cheifiz, nach einem Roman von Pawel Nilin **K** Wladimir Djakonow **M** Oleg Karawaitschuk **D** Jewgenia Gluschenko (Antonia), Nikolai Wolkow (Jefim Jemeljanowitsch), Valentina Telitschkina (Galja), Swetlana Smirnowa (Tamara), Igor Starygin (Valeri) **L** 97 **E** 8.5.1981 Kino DDR/ 10.12.1985 DFF 2

ZUM FREIWILD ERKLÄRT (FOLLE A TUER / UNA DONNA DA UCCIDERE). Eine junge Frau, nach längerem Aufenthalt in einer Nervenklinik von einem Konzernchef als Betreuerin für seinen Neffen engagiert, durchkreuzt dessen teuflischen Plan, sie als Alibi für einen Mord zu mißbrauchen. Gut gespielter, aber effekthascherischer Reißer mit durchschnittlicher Spannung. ✦ Frankreich/Italien 1975 **P** Lira/Artistiche Internazionali **Kl** 20th Century Fox **R** Yves Boisset **B** Yves Boisset, nach einem Roman von Jean Patrick Manchette **K** Jean Boffety **M** Giuseppe Verdi, Philippe Sarde **S** Albert Jurgenson **D** Marlène Jobert

(Julie), Tomas Milian (Thompson), Michel Lonsdale (Mostri), Jean Bouise (Kommissar), Victor Lanoux (George), Michel Peyrelon (Walter) **L** 97 **FSK** ab 16; f **E** 25.6.1976/25.12.1977 DFF 2 **fd** 19 848

ZUM FRÜHSTÜCK BITTE LÖWEN (LIONS FOR BREAKFAST). Ein kleiner Schuljunge und sein älterer Bruder, beide elternlos und des grauen Alltags in einer Pensionspflegestelle überdrüssig, rücken unabhängig voneinander aus und finden bei einem alten Vagabunden zusammen, der mit ihnen in einem Autobus durchs Land fährt. Auf einer verlassenen Farm finden die drei endlich das ersehnte Heim. Betulich inszenierte Familienunterhaltung, humorig und lebensklug, zugleich kurios-abenteuerlich. – Ab 10. ✦ Kanada 1974 **R** William Davidson **D** Jan Rubes, Jim Henshaw, Sue Helen Petrie, Paul Bradley, Danny Forbes **L** (TV) 80 **E** 25.12.1985 RTL plus

ZUM GASTHOF DER SPRITZIGEN MÄDCHEN. Eine Damencombo findet Unterschlupf in einem alten Wirtshaus und gründet dort gegen den Widerstand der Dorfbevölkerung mit Hilfe zahlreicher Sexintrigen einen Rockschuppen. Dabei entpuppt sich die halbe Dorfjugend als im Ehebruch gezeugt, und der Pfarrer fällt um ein Haar sündiger Versuchung anheim. Mit Klamauk angereicherter Schwachsinn, dem es gelingt, selbst die Dummheit des Titels noch bei weitem zu übertreffen. (Alternativtitel: »Das Gasthaus der strammen Mädchen«) ✦ BR Deutschland 1979 **P** CTV 72 **Kl** Alemannia **Pd** Horst Hächler **R** Franz Marischka **B** Werner P. Zibaso **K** Ernst W. Kalinke **S** Karl Aulitzky **D** Peter Steiner (Alois), Rosl Mayr (Rosl), Margot Mahler (Kati), Fred Stillkrauth, Franz Helminger, Margit Geissler (Marion) **L** 87 (gek. 69) **FSK** ab 18; nf (gek. 16) **E** 9.11.1979 **fd** 22 316

ZUM GLÜCK GEHÖREN DREI (ZA SPECU JE POTREBNO TROJE). Ein Strafentlassener versucht, seine geschiedene Frau wiederzugewinnen. Zwar mißlingt ihm dies, und er landet auch wieder im Gefängnis, doch bleibt ihm durch die Begegnung mit einer anderen Frau ein Fünkchen Hoffnung für sein zukünftiges Leben. Ein interessanter Film mit guter Milieuschilderung, aber insgesamt etwas gewalttätig und klischeehaft. ✦ Scope. Jugoslawien 1985 **P** Jadran/Centar **Kl** Progress **R** Rajko Grlic **B** Rajko Grlic, Dubravka Ugresic **K** Zivko Zalar **M** Vlatko Stefanovski, Bogdan Arsovski **D** Miki Manojlovic (Drago), Mira Furlan (Zdenka), Dubravka Ostojic (Nina), Bogdan Diklic (Jozo), Vanja Drach (Ivan) **L** 102 **E** 13.3.1987 Kino DDR

ZUM GLÜCK GIBT ES IHN DOCH (LE PAYS, D'OU JE VIENS). Weihnachtliche Verwechslungskomödie in einem Gebirgsort: Ein schüchterner Klavierspieler erhält plötzlich einen forschen Doppelgänger und Rivalen, der sich bei den Kindern als Weihnachtsengel einführt. – Ab 12. ✦ Schwarz-weiß. Frankreich 1956 **P** C.L.M./Duhour/Cocinor **R** Marcel Carné **B** Jacques Emmanuel **D** Gilbert Bécaud, Françoise Arnoul, Claude Brasseur **L** (TV) 95 **E** 22.12.1959 ARD

ZUM GLÜCK GIBT'S MEINE FRAU (ZUM GLÜCK GIBT'S MEINE FRAU). Nachdem ein Kronleuchter während einer Premiere in den Zuschauerraum gestürzt ist, soll ein Stadttheater geschlossen werden. In einem Wurstfabrikanten findet der Theaterleiter einen neuen Mäzen, der aber zur Bedingung macht, daß seine junge »Nichte« als Julia besetzt wird. Komödie nach gängigen Mustern, dank der inszenatorischen Sorgfalt sowie den guten Darstellern aber solide Unterhaltung. – Ab 16. ✦ Deutschland/Österreich 1995 **R** Xaver Schwarzenberger **B** Ulrike Schwarzenberger **K** Xaver Schwarzenberger **D** Christiane Hörbiger (Carla Seyfried), Erwin Steinhauer (Florestan Seyfried), Petra Berndt (Sylvia Monti), Birgitt Linauer (Kitty), Herwig Seeböck (Schwarzwälder) **L** 103 **E** 17.6.1998 SAT 1

ZUM GOLDENEN ANKER →Marius

ZUM GOLDENEN OCHSEN →Eine Rheinfahrt, die ist lustig

ZUM GRÜNEN MANN – EINE GEISTERGESCHICHTE (THE GREEN MAN). Verschroben-ironische Geistergeschichte um die Midlife-Crisis eines liederlichen Gastwirts, der mit Vorliebe seinen attraktiven Kundinnen nachstellt. Als der Wirt den Halluzinationen auf den Grund geht, die ihn mehr und mehr plagen, trifft er auf den Geist eines Alchimisten aus dem 17. Jahrhundert, der ihm ein verlockendes Angebot unterbreitet. In zwei Teilen gesendeter Fernsehfilm. (Titel auch: »The Green Man«; O.m.d.U.) – Ab 16 möglich. ✦ Großbritannien 1990 **P** BBC **R** Elijah Moshinsky **B** Malcolm Bradbury, nach einem Roman von Kingsley Amis **K** John McGlashan **M** Tim Souster **S** Masahiro Hirakubo **D** Albert Finney (Maurice Allington), Sarah Berger (Diana Abery), Linda Marlowe (Joyce Allington), Michael Hordern (Gramps), Nicky Henson (Jack), Josie Lawrence (Lucy) **L** 149 **E** 27., 29.4.1992 DRS (zwei Teile)

ZUM HASS VERDAMMT (LOVE AND HATE: THE STORY OF COLIN AND JOANNE THATCHER). Ein gewissenloser Politiker und seine Frau trennen sich, nachdem sie ohnehin nur noch aneinander vorbeigelebt haben. Der Mann setzt alle Hebel in Bewegung, um das Sorgerecht für die Kinder zu bekommen, scheitert aber vor Gericht. Daraufhin will er seine Frau ermorden lassen; als sie tatsächlich tot aufgefunden wird, fehlen Beweise für seine Beteiligung. Spannender preisgekrönter Fernsehthriller. ✦ Kanada 1989 **R** Francis Mankiewicz **B** Suzette Couture **K** Vic Sarin **M** Eric N. Robertson **D** Kate Nelligan (JoAnn Wilson), Kenneth Welsh (Colin Thatcher), Duncan Ollerenshaw (Greg Thatcher), Noam Zylberman (Regan Thatcher), Vicki Wauchope (Stephanie Thatcher), Bernard Behrens, Brent Carver **L** 194 **E** 5.,12.2.1992 premiere (zwei Teile)

ZUM HUNDERTSTEN MAL (POR CENTESIMA VEZ). Durch sinnvolle Kommentare der Autorinnen ergänzt, kommen fünf in einem Armenviertel einer Stadt in Uruguay lebende Frauen zu Wort. Mit erstaunlicher Offenheit erzählen sie von ihrem durch finanzielle Nöte geprägten Alltag, von Sorgen um ihre Kinder und mit ihren Männern. Behutsam nähert sich der Film Themen wie Liebe, Zärtlichkeit und Sexualität und begibt sich damit in einen Bereich, der nicht nur berührt, sondern weit über das ferne Uruguay hinausreicht. ✦ BR Deutschland/Schweiz/Uruguay 1990 **P** Girasolas **R** Kristina Konrad **B** Kristina Konrad, Graciela Salsamendi **K** Kristina Konrad **S** Kristina Konrad, Graciela Salsamendi **L** 80 **E** Schweiz

ZUM KLEINEN GLÜCK (AU PETIT BONHEUR). Ein jungverheiratetes Paar streitet sich ständig. Als der Mann es nicht mehr aushält, flüchtet er sich an die Côte d'Azur, wohin ihm seine Frau nachreist und ihn sucht. Es kommt wiederum zu einer Szene nach der anderen, bis sich die beiden endlich zusammengerauft haben. Der Regisseur hat für solche winzigen, komisch-tragischen Stoffe offenbar eine glückliche Hand und inszenierte die kleine Komödie äußerst beschwingt. – Ab 14. ✦ Schwarz-weiß. Frankreich 1945 **P** Gibé **Kl** IFA **R** Marcel L'Herbier **B** Marcel L'Herbier, nach einem Stück von Marc-Gilbert Sauvajon **K** Jules Kruger **M** Wal Berg **D** Danielle Darrieux, François Périer, Paulette Dubost, André Luguet, Claudette Falco **L** 106 **E** Oktober 1947 Kino **fd** 158

ZUM KREPIEREN BEFOHLEN (COMMANDO ATTACK/JUNIO 44: DESEMBARCAREMOS EN NORMANDIA). Ein amerikanischer Freiwilligentrupp vernichtet in der Normandie einen deutschen Armeesender. Unzulänglich in Regie und Darstellung, ärgerlich wegen der Reduzierung des Krieges auf das Abenteuerliche. – Wir raten ab. ✦ Scope. Italien/Spanien 1971 **P** Fida/Atlantida **Kl** CS **R** Henry Mankiewicz (= Léon Klimovsky) **B** Manuel Sebares, Roberto Gianviti **K** Godofredo Pacheco **M** Bruno Nicolai **S** José Antonio Rojo **D** Michael Rennie, Bob Sullivan, Lee Burton (= Guido Lollobrigida), Mónica Randall **L** 84 **FSK** ab 16; nf **E** 1.8.1972 **fd** 18 008

ZUM LEBEN ERWECKT (LIFE-SIZE). Ein junges Mädchen, das den Tod seiner Mutter nicht verwinden kann, beschäftigt sich mit Okkultismus und kann eines Tages seine Lieblingspuppe zum Leben erwecken. Einfältige Fantasykomödie, die Supermodel Tyra Banks zu ihrer ersten Filmrolle verhilft. ✦ USA 1999 **P** Pacific/Walt Disney **Pd** Fitch Cady **R** Mark Rosman **B** Stephanie Moore, Mark Rosman **K** Philip Linzey **M** George Blondheim, Eric Colvin **S** Bonnie Koehler **D** Tyra Banks (Eve), Lindsay Lohan (Casey), Jere Burns (Ben), Anne Marie Loder (Drew), Garwin Sanford (Richie) **L** 86 **E** 28.6.2000 Premiere World

ZUM LEBEN VERDAMMT (AMONG THE LIVING). In einer amerikanischen Kleinstadt wird einem jungen Mann nach dem Tod seines Vaters offenbar, daß er einen durch einen Schock geistig zurückgebliebenen Zwillingsbruder hat. Der bislang versteckt Gehaltene wird zum mehrfachen Mörder, was den Bruder schwer belastet. Routiniert inszenierter Thriller aus Hollywoods B-Produktion. – Ab 16. ✦ Schwarz-weiß. USA 1941 **P** Paramount **R** Stuart Heisler **B** Lester Coole, Garrett Fort, Brian Marlow **K** Theodor Sparkuhl **D** Albert Dekker, Susan Hayward, Frances Farmer, Harry Carey, Gordon Jones **L** 68 **E** 10.3.1984 WDR

ZUM LEBEN VERURTEILT (1944) (ELETRE ITELTEK). Vaterliebe als Tatmotiv eines Mörders, dem nach Abbüßung seiner Strafe der Weg zurück in die Gesellschaft versperrt wird. Erst in Afrika findet das handlungsüberladene Melodram seinen Abschluß. – Ab 16. ✦ Schwarz-weiß. Ungarn 1944 **P** Lena **Kl** Panorama **R** Endre Rodriguez **D** Paul Jávor, Ivan Petrovich, Valéria Hídvéghy **L** 65 **FSK** ab 16; nf **E** 1948 Kino **fd** 32

ZUM LEBEN VERURTEILT (1977) (IN THE MATTER OF KAREN QUINLAN). Der Fall der Amerikanerin Karen Ann Quinlan, die nach gleichzeitiger Einnahme von Beruhigungsmitteln und Alkohol im April 1975 durch Schädigung des Gehirns in ein nicht enden wollendes Koma fiel. In einem aufsehenerregenden Prozeß setzten die Adoptiveltern durch, daß das Beatmungsgerät im Mai 1976 abgeschaltet wurde, um der jungen Frau ein menschenwürdiges Sterben zu ermöglichen. Der Tod trat jedoch nicht ein. Zu gefühlsbeladen und streckenweise pathetisch, ist der Film in der Darstellung der unterschiedlichen juristischen Positionen fair, in der Zeichnung der Figuren jedoch weniger differenziert. – Ab 16. ✦ USA 1977 **P** Warren Bush **R** Glenn Jordan **B** Hal Sitowitz **K** Arch R. Dalzell **M** Bill Conti **D** Brian Keith, Piper Laurie, David Huffman, Jane Elliot, Biff McGuire **L** 95 **E** 24.8.1979 ARD

ZUM LEBEN VERURTEILT (1992) →Am Rande des Todes

ZUM NACHTISCH: BLAUE BOHNEN (1963) (A TOI DE FAIRE, MIGNONNE! / L' AGENTE FEDERALE LEMMY CAUTION). Auf der Suche nach einem entführten Wissenschaftler präsentiert Eddie Constantine als FBI-Agent Lemmy Caution ein weiteres Mal seine bekannten Gags und Kalauer. – Ab 16. ✦ Scope, schwarz-weiß. Frankreich/Italien 1963 **P** Borderie/Euro International **Kl** Constantin **Pd** Henri Jaquillard **R** Bernard Borderie **B** Marc-Gilbert Sauvajon, nach einem Roman von Peter Cheney **K** Henri Persin **M** Paul Misraki **S** Christian Gaudin **D** Eddie Constantine, Christiane Minazzoli, Philippe Lemaire, Elga Andersen **L** 92 **FSK** ab 16; nf **E** 18.10.1963 **fd** 12 315

ZUM NACHTISCH BLAUE BOHNEN (1972) →Bratpfanne Kaliber 38

ZUM SCHWARZEN PANTHER (PANTERA NERA). Um den Mord an einem Kriminalbeamten aufzudecken, begibt sich der Freund des Ermordeten, bisher nur Schreibtischbeamter bei der Budapester Polizei, in die Schußlinie. Es gelingt ihm tatsächlich, dem Verbrechen auf die Spur zu kommen. Fesselnder Kriminalfilm, der seiner nicht sonderlich originellen Story ein paar menschliche Zwischentöne abgewinnen kann. – Ab 14. ✦ Schwarz-weiß. Italien 1941 **P** Stella **Kl** Döring **R** Domenico Gambino **K** Edoardo Lamberti **D** Leda Gloria, Vanna Martinez, Dria Paola, Ennio Cerlesi, Nerio Bernardi **L** 80 **FSK** ab 12; nf **E** 1944/1949 (Reprise)/1.1.1961 DFF 1 **fd** 1 659

ZUM SCHWEIGEN VERDAMMT (1986) →Cold Silence

ZUM SCHWEIGEN VERDAMMT (1990) →Out of the Rain

ZUM SCHWEIGEN VERURTEILT →Ich beichte

ZUM STERBEN SCHÖN. Ein arbeitsloser Münchner Jurist, Fan des Fußballclubs 1860, erbt ein Bestattungsunternehmen und entwickelt den Plan, »seinem« vom Abstieg bedrohten Verein einen Stürmer zu kaufen. Doch zunächst muss die ererbte Firma auf Vordermann gebracht werden, was bietet sich da besser an, als eine Werbekampagne, in der Beerdigungen als Events angepriesen werden. Eine detailverliebte Komödie, voller skurriler Gags, die satirisch mit Sehnsüchten und Lebenslügen umgeht und rundum gelungene (Fernseh-)Unterhaltung bietet. Wären die Charaktere konsequenter entwickelt worden, wäre die Freude noch ungetrübter. – Ab 14. ✦ Deutschland 1997 **P** MTM **VA** MEC **R** Friedemann Fromm **B** Peter Probst **D** Andreas Patton (Peter Gilitzer), Christina Rainer (Mira Höhn), Maximilian Häusler (Adrian), Natalia Wörner (Johanna Häberle), Fred Stillkrauth (Edmund Eberharter) **L** 95 **FSK** ab 12 **E** 3.11.2000 Video

ZUM STERBEN VERDAMMT (SOLDATO MALEDETTO). Actionfilm. Zwischen zwei ehemaligen Vietnam-Kämpfern kommt es zu einer erbitterten Auseinandersetzung um das große Geld, das einer von beiden mit dubiosen Geschäften gemacht hat. ✦ Italien 1989 **R** Ted Kaplan (= Ferdinando Baldi) **D** Mark Gregory, Peter Hooton, Romano Kristoff, Christine Leigh **L** 89 **E** 8.4.1993 SAT 1

ZUM STERBEN VIEL ZU JUNG →Too Young To Die?

ZUM STERBEN ZU MÜDE (TOO TIRED TO DIE). Von seinem weiblichen Tod persönlich erfährt ein junger, in Amerika lebender Japaner, dass er nur noch zwölf Stunden zu leben hat. Er überdenkt sein bisheriges belangloses Leben und versucht, im letzten Augenblick eine sinnstiftende Ordnung durch Treffen mit Freunden und Bekannten zu entdecken. Eine Tragikomödie, deren Geschichten an vielen Stellen an Woody-Allen-Filme erinnert und trotz des geringen Budgets mit großartigen und international bekannten Darstellern aufwarten kann. Allegorischer Film als überzeugende Auseinandersetzung mit dem Tod und der Suche nach dem Lebenssinn. ✦ USA 1997 **P** Black Swan/Dream Search Entertainment **Pd** Donna Bascom, Victor Hwang, Connie Kaiserman **R+B** Wonsuk Chin **K** Jim Denault **M** Mader **S** Merril Stern **D** Takeshi Kaneshiro (Kenji), Mira Sorvino (Jean/der Tod), Jeffrey Wright (Balcez), Michael Imperioli (Fabrizio), Geno Lechner (Pola) **L** 94 **E** 5.2. 2000 Premiere World

ZUM TANZEN GEBOREN (1936) (BORN TO DANCE). Nach vier Jahren Dienst auf einem Unterseeboot kommt ein junger Matrose nach New York, wo er sich spontan in eine junge Frau aus der Provinz verliebt, die von einer Karriere als Tänzerin träumt. Das sich anbahnende Happy-End wird durch eine weitere Frau, die bereits Tanzstar ist und ihr Herz für den Matrosen entdeckt, hinausgezögert. Etwas zähflüssig inszeniertes Musical mit einigen außergewöhnlichen Tanznummern und schwungvoller Musik von Cole Porter; insgesamt angenehme Unterhaltung. – Ab 12. ✦ Schwarz-weiß. USA 1936 **P** MGM **Pd** Jack Cummings **R** Roy Del Ruth **B** Jack McGowan, Sid Silvers **K** Ray June **M** Cole Porter, Alfred Newman (Ltg.) **S** Blanche Sewell **D** Eleanor Powell (Nora Paige), James Stewart (Ted Barker), Virginia Bruce (Lucy James), Una Merkel (Jenny Saks), Sid Silvers (»Gunny« Saks), Frances Langford (»Peppy« Turner), Raymond Walburn (Captain Dingby), Alan Dinehart (McKay) **L** 105 **E** 7.2.1988 ARD

ZUM TANZEN GEBOREN (1954) (DANCE LITTLE LADY). Eine berühmte Primaballerina und ihr begabtes Töchterchen werden vom gewissenlosen Ehemann und Manager drangsaliert, bis dieser in einem brennenden Haus umkommt. Melodram mit hübschen Darbietungen des Sadler's-Wells-Balletts. – Ab 16. ✦ Großbritannien 1954 **P** George Minter Prod. **KI** Rank **R** Val Guest **B** Val Guest, Doreen Montgomery, nach einer Geschichte von R. Howard Alexander und Alfred Dunning **K** Wilkie Cooper **M** Ronald Binge **D** Terence Morgan, Mai Zetterling, Guy Rolfe, Mandy Miller, Eunice Gayson **L** 87 **FSK** ab 16; f **E** 5.8. 1955 **fd** 4 359

ZUM TEUFEL MIT DEM REICHTUM (ABBASSO LA RICCHEZZA / DA BANCARELLA A BANCAROTTA). Eine ehemalige Obst- und Gemüsehändlerin, die während des Krieges mit Schwarzmarktgeschäften reich geworden ist, richtet sich in ihrer neuen Villa ein, die eigentlich noch einem verarmten Grafen gehört. In ihrer Selbstüberschätzung bewegt sie sich in der »feinen« Gesellschaft und benötigt öfter den Rat des Grafen. Nachkriegskomödie mit einer Paraderolle für Anna Magnani. – Ab 12. ✦ Schwarz-weiß. Italien 1946 **P** Lux **R** Gennaro Righelli **K** Aldo Tonti **M** Enzo Montagnini **D** Anna Magnani, Vittorio de Sica, Virgilio Riento, Vito Chiari, Laura Gore **L** (TV) 90 **E** 29.5. 1986 S 3

ZUM TEUFEL MIT DEN ELTERN (PAPA EST PARTI, MAMAN AUSSI). Weil ihre Eltern nach einem Streit die Wohnung verlassen haben, sieht sich die 17jährige Tochter vor einige Probleme gestellt – unversehens muß sie ihre drei jüngeren Geschwister versorgen. Sie lernt aber auch Vorzüge der unerwarteten Freiheit kennen, als ihre erste große Liebe, ein hoffnungsvoller Jungschriftsteller, in der Wohnung einzieht. Die Komödie bereitet den fröhlich-derben Witz der Vorlage allzu klinisch sauber auf; die jungen unbekannten Darsteller spielen überaus selbstbewußt, aber fast zu niedlich. (TV-Titel auch: »Oh Schreck – Papa und Mama sind weg«) – Ab 12. ✦ Frankreich/Schweiz 1988 **P** Les Films de l'Ecluse/SFPC **R** Christine Lipinska **B** Rémo Forlani, Christine Lipinska, nach einem Roman von Forlani **K** Alain Derobe **M** Jean-Marie Sénia **S** Marie-Claude Lacambre **D** Sophie Aubry (Laurette), Jérôme Kircher (Lucien), Benoît Magimel (Jérôme), Anaïs Subra (Pamela), Nicolas Neuhuys (Manu), Marie Rivière (Mutter), Stéphane Bouy (Vater), Marianne Epin (Jackie), Jean Bollery (Doktor) **L** 104 **E** 23.10.1991 premiere

ZUM TEUFEL MIT DEN KOHLEN (BREWSTER'S MILLIONS). Ein Baseballspieler soll 300 Mio. Dollar erben, wenn es ihm gelingt, in 30 Tagen 30 Millionen auszugeben. Die aktionsreiche Neuverfilmung eines älteren humoristischen Romans, ganz zugeschnitten auf den schwarzen Starkomiker Richard Pryor. In seiner Aussage auf eine Huldigung des totalen Konsums zugeschnitten, krankt der hektische Film vor allem an dem schwachen Drehbuch. (Frühere Verfilmung: »Hilfe, ich bin Millionär!«) – Ab 16. ✦ USA 1985 **P** Universal **KI** Helios **VA** CIC **Pd** Lawrence Gordon, Joel Silver **R** Walter Hill **B** Herschel Weingrod, Timothy Harris, nach einem Roman von George Barr McCutcheon und einem Theaterstück von Winchell Smith und Byron Ongley **K** Ric Waite **M** Ry Cooder **S** Freeman Davies, Michael Ripps **D** Richard Pryor (Montgomery Brewster), John Candy (Spike Nolan), Lonette McKee (Angela Frake), Stephen Collins (Warren Cox), Pat Hingle (Edward Roundfield) **L** 101 **FSK** ab 6; f **E** 1.2.1986 Video/30.5.1986 Kino/ 17.3.1989 ARD **fd** 25 457

ZUM TEUFEL MIT DEN MÄNNERN (WHEN WILL I BE LOVED). Drei Frauen, die kurz vor der Scheidung stehen und sich im Wartezimmer eines Anwalts kennenlernen, beschließen, einander zu helfen. Mißratene (Fernseh-)Komödie, die inszenatorisch wie gehaltlich auf biederstem Niveau steht. – Ab 16 möglich. ✦ USA 1990 **R** Michael Tuchner **B** Nancy Sackett **K** William Wages **D** Stefanie Powers (Maxine Howard), Katherine Helmond (Barbara Patterson), Crystal Bernard (Julie Weston), Kevin Conway (Jerry Howard), Michael Tolan (Eric Patterson) **L** 90 **E** 30.12.1992 Tele 5

ZUM TEUFEL MIT DEN MILLIONEN (FOR RICHER OR POORER). Ein New Yorker Ehepaar auf der Flucht vor der Steuerfahndung findet Unterschlupf in einer »Amish«-Gemeinde und zunehmend Gefallen am einfachen Leben der gottesfürchtigen Menschen, die die Errungenschaften der modernen Zivilisation ablehnen. Familienfreundliche Unterhaltung in Form einer Bekehrungskomödie, die trotz gelegentlicher Ausrutscher ins Klamaukhafte für sich einzunehmen versteht. – Ab 12. ✦ Scope. USA 1997 **P** Universal/ The Bubble Factory/Steinberg/Yorktown **VA** CIC **Pd** Sid Steinberg, Bill Steinberg, Jon Steinberg, M. S. Gliek, Bruce Economon **R** Bryan Spicer **B** Jana Howington, Steve LuKanic **K** Buzz Feitshans **M** Randy Edelman **S** Russell Denove **D** Tim Allen (Brad), Kirstie Alley (Caroline), Jay O. Sanders (Samuel), Michael Lerner (Bob), Wayne Knight (Phil) **L** 110 **FSK** ab 6 **E** 11.3.1999 Video **fd** 33 846

ZUM TEUFEL MIT DER ARMUT (ABBASSO LA MISERIA). Ein Lastwagenfahrer liest einen kleinen elternlosen Jungen auf und nimmt ihn mit zu sich nach Hause. Als er einen lukrativen Auftrag annimmt, der darin besteht, einen Koffer mit Dokumenten nach Rom zu holen, versucht er gleichzeitig, etwas über das Schicksal des Jungen zu erfahren. Er nimmt an, daß er dessen Vater sein könnte. Die Geschichte, in der Anna Magnani in der illustren Rolle der unberechenbaren und habgierigen Ehefrau zu sehen ist, beschreibt auf humorvolle Weise das Milieu der kleinen Leute im Nachkriegs-Italien. – Ab 14. ✦ Schwarz-weiß. Italien 1945 **P** Lux **R** Gennaro Righelli **K** Aldo Tonti **M** Enzo Montagnini **D** Anna Magnani, Nino Besozzi, Virgilio Riento, Vito Chirai, Marisa Vernati **L** (TV) 79 **E** 15.5.1986 S 3

ZUM TEUFEL MIT DER JUNGFERNSCHAFT (PARTIRONO PRETI, TORNARONO ... CURATI). Eine in ihrem Palazzo am Lago Maggiore residierende Familie der oberen Gesellschaftsschicht wird durch die attraktive Sekretärin des Hausherrn durcheinandergebracht. Dümmliche Klamotte mit drittklassigen Darstellern, die ein schlechtes Buch nicht umsetzen können. ✦ Scope. Italien 1978 **P** Cepdi **KI** Avis u. a. **R** Mariano Laurenti **D** Alvaro Vitali, Anita Strindberg, Francesca Milizia, Stefano Patrizi **L** 86 **FSK** ab 16; nf **E** 20.4.1979

ZUM TEUFEL MIT DER PENNE – DIE LÜMMEL VON DER ERSTEN BANK – 2. TEIL. Fortsetzung der Pennäler-Serie, diesmal mit Peter Alexander als inkognito recherchierendem und schwachsinnige Liedchen singendem Reporter. – Ab 12 möglich. ✦ BR Deutschland 1968 **P** Rialto/Terra **KI** Constantin **R** Werner Jacobs **B** Georg Laforet (= Franz Seitz) **K** Wolf Wirth **M** Peter Thomas **D** Peter Alexander (Peter Roland), Hansi Kraus (Pepe Nietnagel), Hannelore Elsner (Marion) **L** 99 **FSK** ab 6; nf **E** 12.12. 1968 **fd** 15 868

ZUM TEUFEL MIT DER SEELE (A LITTLE BIT OF SOUL). Ein junger Wissenschaftler und seine einstige Geliebte und Assistentin geraten in der australischen Provinz an eine wohlhabende Gönnerin, die ihr Forschungsprojekt fördern soll: die Beeinflussung der Alterungsprozesse im Körper. Doch die Gastgeberin und ihr Mann, der australische Schatzkanzler, erweisen sich als exzentrische Satanisten mit ganz eigennützigen Absichten. Eine dialogbetonte Komödie mit satirischen Seitenhieben gegen die Großmannssucht des Menschen, seine Daseinsängste sowie sein Streben nach Erkenntnis und Erlösung. Im Ansatz durchaus reizvoll, verliert sich der Film in der Vielzahl seiner formalen Ansätze und thematischen Bezüge, bis er nur noch Leerlauf bewirkt. ✦ Australien 1997 **P** Faust Films/Investors Produktion **KI** TiMe **Pd** Peter Duncan, Simon Martin, Martin McGrath, Peter J. Voeten **R+B** Peter Duncan **K** Martin McGrath **M** Nigel Westlake **S** Simon Martin **D** Geoffrey Rush (Godfrey Usher), David Wenham (Dr. Richard Shorkinghorn), Frances O'Connor (Kate Haslett), Heather Mitchell (Grace Michael), John Gaden (Dr. Sommerville) **L** 84 **FSK** ab 12; f **E** 2.7.1998 **fd** 33 201

ZUM TEUFEL MIT DER UNSCHULD (GOODBYE, COLUMBUS). Die Beziehungen zwischen einem jungen Juden und der Tochter einer reich gewordenen jüdischen Familie der Unterschicht scheitern am Gegensatz moderner und traditionsgebundener Lebensart. Gefällig inszenierter Unterhaltungsfilm, der fragwürdiges Verhalten von alter und junger Generation nicht unkritisch gegenüberstellt, sich dabei aber in Oberflächlichkeit verliert. ✦ USA 1968 **P** Willow Tree **KI** Paramount **Pd** Stanley R. Jaffe **R** Larry Peerce **B** Arnold Schulman, nach einem Roman von Philip Roth **K** Charles Fox **M** Gerald Hirschfeld **S** Ralph Rosenblum **D** Richard Benjamin, Ali MacGraw, Nan Martin, Jack Klugman, Michael Meyers **L** 102 **FSK** ab 18; nf **E** 28.11.1969 **fd** 16 596

ZUM TEUFEL MIT HARBOLLA. 1956 in der DDR: Ein frischgebackener Offizier einer Militärakademie erhält als ersten Auftrag den Befehl, einen fahnenflüchtigen Soldaten aus dem Arrest zu holen und zu seiner Garnison zu bringen. Rasch stellt sich heraus, dass die beiden Männer kaum unterschiedlicher sein könnten, und auch ihre Anschauungen zu Militär und Leben sind grundverschieden. Trotz einiger amüsanter Szenen bleibt der Versuch einer Innenansicht der DDR der 50er Jahre in Ansätzen stecken und entwickelt sich nur zu einer weitgehend unverbindlichen Komödie. – Ab 14 möglich. ✦ Scope. DDR 1989 **P** DEFA, Gruppe »Roter Kreis« **KI** Progress **Pd** Rolf Martius **R** Bodo Fürneisen **B** Walter Flegel, Manfred Freitag, Joachim Nestler **K** Erich Gusko **M** Karl-Ernst Sasse **S** Ilona Thiel **D** Tom Pauls (Engelhardt), Michael Lucke (Harbolla), Annett Kruschke (Anita), Andrea Solter (Heidelore), Gert Gütschow (Uhrmacher) **L** 87 **E** 24.2.1989 Kino DDR/30.1.1991 BR

ZUM TEUFEL MIT HOSIANNA (THE WRATH OF GOD). Ein entlaufener Priester, ein irischer Waffenschmuggler und eine rassige Indianerin geraten zwischen die Fronten eines südamerikanischen Bürgerkriegs der 20er Jahre. Eine actionreiche, bunte und laute Parodie auf Western- und Abenteuerfilme, die mit Religion und Revolution Schabernack treibt und sich dabei auch selbst nicht ernst nimmt. – Ab 16 möglich. ✦ Scope. USA 1972 **P** Rainbow/Cinema **KI** MGM **Pd** Robert Watts **R** Ralph Nelson **B** Ralph Nelson, nach einem Roman von James Graham **K** Alex Phillips jr. **M** Lalo Schifrin **S** J. Terry Williams, Richard Bracken, Albert Wilson **D** Robert Mitchum (Van Horne), Frank Langella (Thomas de la Plata), Victor Buono (Jennings), Ken Hutchinson (Emmet Keogh), Paula Pritchett (Chela), Jorge Russek (Cordona), Frank Ramirez (Moreno), Aurora Clavel (Señora Moreno), Ralph Nelson (Gefangener), Rita Hayworth (Señora de la Plata) **L** 100 (Orig. 111) **FSK** ab 16; nf **E** 1.2.1973 **fd** 18 218

ZUM TEUFEL MIT MAX →The Devil and Max Devlin

ZUM TEUFEL MIT PARIS (LE PROVINCIAL). In den Pyrenäen wird ein Werbespot gedreht, mit dem die beauftragte Agentur Renommee und Bilanz aufbessern will. Ein ortsansässiger Bergführer steht der jungen Produzentin mit Rat und Tat zur Seite und macht sich damit deren Geliebten, einen arroganten Werbemanger, zum Feind. Der Auftraggeber des Spots, ein Käsehersteller, der ebenfalls aus den Bergen kommt, wird indes sein Freund und vermacht ihm, rechtzeitig zum Happy-End, seinen Besitz. Eine »zeitkritische« Komödie als Plädoyer für Ehrlichkeit, in der alles danebengeht: Den Witzen fehlt der Esprit, die Liebesgeschichte ist fehlbesetzt, und selbst der Werbe-Effekt für die Pyrenäen hält sich in Grenzen. (TV-Titel: »Nathalie und ihre Liebhaber«) – Ab 12. ✦ Frankreich 1989 **P** Lapca/T.F.1/Sofinergie/Sofinergie 2 **VA** Atlas **Pd** Michèle Pouget **R** Christian Gion **B** Christian Gion, Jean-Louis Richard **K** Jean-Jacques Tarbès **M** Francis Lai **S** Hélène Plemiannikov, Michel Crivallero **D** Roland Giraud (Bernard), Gabrielle Lazure (Nathalie), Michel Galabru (Dan), Maurice Vaudaux (Dan), Johara, Olivier Achard **L** 93 **FSK** ab 6 **E** 7.8.1992 premiere/26.10.1992 Video **fd** 29 983

ZUM TODE BEGNADIGT →Ich bin ein entflohener Kettensträfling (1968)

EIN ZUM TODE VERURTEILTER IST ENTFLOHEN (UN CONDAMNE A MORT S'EST ECHAPPE / LE VENT SOUFFLE OU IL VEUT). Einem Offizier des Widerstandes gegen ein Regime der Unterdrückung gelingt es nach wochenlanger Anspannung, aus einem als ausbruchssicher geltenden Gefängnis zu entkommen. Erstmals in Bressons Schaffen trennt der Film konsequent Bild und Kommentar und verzichtet auf Totalen zugunsten symbolisch verdichtender Detaileinstellungen. In seiner formalen Strenge und Radikalität ist der Film offen für ein gleichnishaftes Verständnis, das auch christlich erklärt werden kann und dem es um die Berufung des Menschen zur Freiheit geht. – Sehenswert. ✦ Schwarz-weiß. Frankreich 1956 **P** S.N.E. Gaumont/Nouvelles Editions **KI** atlas **SF** atlas **Pd** Alain Poiré, Jean Thuillier **R** Robert Bresson **B** Robert Bresson, nach einem Tatsachenbericht von André Devigny **K** Léonce-Henry Burel **M** Wolfgang Amadeus Mozart **S** Raymond Lamy **D** François Leterrier (Fontaine), Charles Leclainche (Jost), Roland Monod (Pfarrer), Maurice Beerblock (Blanchet), Jacques Ertaud (Orsini) **L** 100 **FSK** ab 12; f **FBW** bw **E** 20.9.1961/2.11.1964 ZDF/21.7.1972 DFF 1 **fd** 10 382

ZUM TÖTEN FREIGEGEBEN (1989) (MARKED FOR DEATH). Ein Drogenfahnder legt einem jamaikanischen Syndikat das Handwerk, dessen Boß mit bizarren Voodoo-Riten seine Stellung verteidigt. Furios inszenierter, auf Spannung gezirkelter Action-Film, dessen dünne Handlung hinter den zahlreichen Effekten verschwindet. ✦ USA 1989 **P** 20th Century Fox **KI** 20th Century Fox **VA** Fox **DVD** Fox Home (16:9, 2.35:1, DS engl./dt.) **Pd** Michael Grais, Mark Victor, Steven Seagal **R** Dwight H. Little **B** Michael Grais, Mark Victor **K** Ric Waite **M** James Newton Howard **S** O. Nicholas Brown **D** Steven Seagal (John Watcher), Basil Wallace (Screwface), Keith David (Max), Tom Wright (Charles), Joanna Pacula (Leslie) **L** 93 **FSK** ab 18; nf **E** 16.5.1991/6.11.1991 Video/26.11.1992 premiere/25.1.2001 DVD **fd** 28 927

ZUM TÖTEN FREIGEGEBEN (1993) (MARKED FOR MURDER). Actionfilm. Auf Grund eines ungewöhnlichen Resozialisierungsprogramms stößt ein Strafgefangener zur Polizei. Die Beamten verfolgen die Erfolge des neuen Kollegen mit Argwohn und geben ihn, als er Bestechungsfälle in ihren Reihen aufdeckt, »zum Abschuß frei«. – Ab 16. ✦ USA 1993 **R** Mimi Leder **B** Dennis Hackin **D** Powers Boothe (Mace Moutron), Billy Dee Williams (Jack Reilly), Laura Johnson (Dr. Jean Horton), Michael Ironside (Bats O'Bannion), Jay Acovone (Minelli) **L** 89 **E** 14.7.1995 RTL

ZUM TÖTEN VERDAMMT. Agentengeschichte um eine bahnbrechende Erfindung, die trotz großer Sicherheitsvorkehrungen des englischen Geheimdienstes in die Hände eines Verbrechersyndikats zu geraten droht. ✦ **R** Enzo Consoli **D** Erika Blanc, Lang Jeffries, Emma Danieli, Andrea Bosic **L** (TV) 85 **E** 15.7.1985 RTL plus

ZUM TÖTEN VERFÜHRT (THEY'RE PLAYING WITH FIRE). Ein College-Student wird von seiner attraktiven Professorin verführt, wodurch er in eine geheimnisvolle Mordserie verwickelt wird. Schlecht konstruierter und umständlich erzählter Krimi, der die üblichen Motive einsetzt und sie mit stereotypen Sexeinlagen vermischt. ✦ USA 1984 **P** Hickmar/New World Partners **VA** RCA/Columbia **Pd** Howard Avedis (= Hikmet Avedis), Marlene Schmidt **R** Howard Avedis (= Hikmet Avedis) **B** Howard Avedis (= Hikmet Avedis), Marlene Schmidt **K** Gary Graver **M** John Cacavas **S** Jack Tucker **D** Sybil Danning (Dianne Stevens), Eric Brown (Jay Richards), Andrew Prine (Michael Stevens), Paul Clemens (Martin »Bird« Johnson), K.T. Stevens (Lillian Stevens) **L** 96 **FSK** ab 16 **E** 7.2.1986 Video **fd** 25 560

ZUM ÜBERLEBEN VERDAMMT (THE RAVAGERS). Die USA nach einer Atomkatastrophe im Jahre 1991: Die Überlebenden kämpfen erbittert um Nahrung und gegen plündernde Banden. Nicht mehr als ein futuristisches Kolportagespektakel, aber in manchen Sequenzen immerhin schauspielerisch beeindruckend und insgesamt hinlänglich spannend. ✦ Scope. USA 1978 **P** Cinecorp. E. Perlstein **KI** Warner-Columbia **R** Richard Compton **B** Donald S. Sanford **K** Vincent Saizis **M** Fred Karlin **D** Richard Harris (Falk), Ann Turkel (Faina), Ernest Borgnine (Rann), Woody Strode, Art Carney, Alana Hamilton (Miriam), Anthony James (Anführer) **L** 93 **FSK** ab 16; f **E** 27.6.1979 **fd** 22 078

ZUM VERBRECHER VERURTEILT (THEY MADE ME A CRIMINAL). Ein zum Jähzorn neigender Boxer, soeben im Weltmeisterschaftskampf erfolgreich, erfährt nach einer durchzechten Nacht, daß er einen Mord begangen und anschließend den Ermordeten in einem Auto verbrannt haben soll. Da er sich an nichts erinnert, aber an seine Schuld glaubt, flieht er und findet auf einer Farm Unterschlupf. Als diese in wirtschaftliche Schwierigkeiten gerät, stellt er sich zu einem Preisboxkampf, wodurch er seine neue Identität in Gefahr bringt. Zwischen Kriminalgeschichte und einer »American way of life«-Variante angesiedelter Film, den der als Musical-Choreograph berühmt gewordene Busby Berkeley als Remake eines 1933 von Archie Mayo inszenierten Films herstellte. – Ab 14. ✦ Schwarz-weiß. USA 1939 **P** Warner **R** Busby Berkeley **B** Sig Herzig **K** James Wong Howe **D** John Garfield (Johnnie), Claude Rains (Detective Phelan), Gloria Dickson (Peggy), May Robson (Grandma), Billy Halop (Tommy) **L** 92 **E** 5.11.1983 BR

ZUM VERGNÜGEN (ZHAO LE). Der pensionierte Hausmeister einer Peking-Oper-Truppe organisiert mit einigen alten Männern ein Kollektiv, das sich der Peking-Oper verschrieben hat. Zuerst belächelt, finden sie doch bald Anerkennung. Als es zu Konflikten in den eigenen Reihen kommt, wird der Zusammenhalt auf eine Bewährungsprobe gestellt. – Ab 14. ✦ VR China 1993 **R** Ning Ying **B** Ning Dai, Ning Ying, nach dem gleichnamigen Roman von Chen Jiangong **K** Xiao Feng, Wu Di **M** Meng Weidong **D** Huang Zong-Luo (der alte Han), Huang Wenjie (Qiao Wanyou), Han Shanxu (der alte Dong) **L** 94 **E** 30.7.1995 N 3

ZUM ZERREISSEN GESPANNT (TENSION). Als seine betrügerische Frau ihn wegen eines anderen Mannes verläßt, beschließt ein im Grunde willensschwacher Angestellter, eine neue Identität anzunehmen und den Nebenbuhler zu töten. Die Bekanntschaft mit einem Mädchen bringt ihn von seinen Rachegedanken ab; als der Konkurrent von einst jedoch stirbt, gerät er unter Mordverdacht, den die Frau nach Kräften zu erhärten versucht. Schwerfällige Variation des klassischen »film noir«-Themas vom schwachen Mann und der »femme fatale«, das nur zu Beginn einige Dichte hat. – Ab 16. ✦ Schwarz-weiß. USA 1949 **P** MGM **Pd** Robert Sisk **R** John Berry **B** Allen Rivkin, nach einer Erzählung von John Klorer **K** Harry Stradling **M** André Previn **S** Albert Akst **D** Richard Basehart (Warren Quimby), Audrey Totter (Claire Quimby), Cyd Charisse (Mary Chanler), Barry Sullivan (Lt. Collier Bonnabel), Lloyd Gough (Barney Deager) **L** 91 **E** 22.12.1991 West 3

ZUM ZWEITEN FRÜHSTÜCK: HEISSE LIEBE. Billiger Sexfilm, getarnt als Report über »grüne Witwen«. ✦ BR Deutschland 1971 **P** Telecine **KI** Constantin **Pd** Artur Brauner **R** Hubert Frank **B** Hubert Frank, nach einer Illustrierten-Reportage von Oliver Freistadt **K** Günther Knuth **M** Schacht-Musikverlag **S** Renate Engelmann **D** Ingeborg Steinbach (Grüne Witwe), Ingrid Steeger (Grüne Witwe), Evelyn Bienert (Grüne Witwe), Ingrid van Bergen (Grüne Witwe), Andreas Mannkopff (Ehemann), Michael Büttner (Ehemann) **L** 77 **FSK** ab 18; nf **E** 28.1.1972 **fd** 17 712

ZUM ZWEITEN MAL AUF DER KRIM (WTOROI RAS W KRIMU). Als nach jahrzehntelanger Abwesenheit ein russischer Offizier den Krimort Jalta besucht, fühlt er sich in die Vergangenheit versetzt, als er hier, vor dem Zweiten Weltkrieg, mit Frau und Kind glückliche Stunden verlebte. ✦ Scope. UdSSR 1984 **P** Gorki-Studio **R** Pawel Ljubimow **B** Wladimir Shelesnikow **K** Mark Ossepjan **M** Juri Saulski **D** Georgi Jumatow (Knjasew), Andrej Lomow (Viktor), Serjosha Gussak (Kolja), Valeria Lichodej (Aljona), Musa Krepkogorskaja (Großmutter) **L** 82 **E** 1.9.1985 DFF 2

ZUM ZWEITENMAL GEBOREN (DWASHDY ROSHDJONNY). Ein einziger Soldat überlebt die Versenkung eines Lazarettschiffes 1942 im Weißen Meer. Unter unsäglichen Anstrengungen kann er sich aufs Packeis retten und beginnt den langen, zermürbenden Marsch in Richtung Festland. Im Kampf gegen die schwindenden Kräfte und als bewegliche Zielscheibe eines deutschen Piloten ringt er ums Überleben. ✦ UdSSR 1983 **P** Mosfilm **R** Arkadi Sirenko **B** Viktor Astafjew, Jewgeni Fedorowski **K** Elisbar Karawajew **M** Edison Denissow **D** Wjatscheslaw Baranow (Andrej Bulygin), Georgi Drosd (von Betger), Eduard Botscharow (Ogorodnikow), Nina Ruslanowa (Andrejs Mutter), Tatjana Dogilewa (Tanja) **L** 85 **E** 2.9. 1984 DFF 2

ZÜND AN, ES KOMMT DIE FEUERWEHR. Geschichte einer Freiwilligen Feuerwehr in der sächsischen Kleinstadt Siebenthal, die aus Mangel an echten Bränden selbst Feuer zu legen beginnt. Historisch verbürgte, inszenatorisch deftige Kriminalkomödie mit vielen Spitzen gegen deutsches Spießertum und Untertanengeist. – Ab 14. ✦ Scope. DDR 1978 **P** DEFA, Gruppe »Babelsberg« **KI** Progress **VA** Icestorm **Pd** Hans-Erich Busch **R+B** Rainer Simon **K** Roland Dressel **M** Reiner Bredemeyer **S** Helga Krause **D** Winfried Glatzeder (Franz Kaden), Kurt Böwe (Zetsche), Günter Junghans (Nendel), Jürgen Gosch (Struwe), Rolf Ludwig (Müller), Renate Krößner (Lene), Katrin Martin (Marie), Hannes Fischer (Karl May), Curt Sperling (Bismarck) **L** 95 **E** 8.2.1979 Kino DDR/19.9.1980 DFF 1/28.8.2001 Video

DIE ZUNFT DER JUNGFRAUEN (CECH PANEN KUTNOHORSKYCH). Ritter Mikulas ist dem lockeren, genußreichen Leben und der Liebe nicht abgeneigt. Vor allem aber ist er ein Mann der Gerechtigkeit. Bei seinem Einzug in die Stadt Kutna Hora wird er Zeuge der Festnahme eines Bergarbeiters. Der hatte eine bessere Behandlung und gerechtere Entlohnung gefordert. Der Ritter gelobt, ihn zu befreien. Abenteuerfilm mit derbem Humor. ✦ Schwarz-weiß. CSR 1938 **P** Filmstudio Barrandov **R** Otakar Vávra **B** Otakar Vávra, nach dem Roman von Ladislav Stroupeznicky **K** Jan Roth **M** Jaroslav Kricka **D** Zdenek Stepánek, Frantisek Kreuzmann, Adina Mandlova, Antonie Nedosinská, Ladislav Pesek **L** 93 **E** 27.10.1975 DFF 1

ZÜNFTIGE BANDE (LA BELLE EQUIPE). Fünf arbeitslose Freunde gewinnen in der Klassenlotterie und wollen gemeinsam ein Haus bauen. Mißliche Zufälle und das Auftauchen eines Mädchens, das allen den Kopf verdreht, bringt die Freundschaft zu einem bösen Ende. Erst als die junge Frau die Verachtung erkennt, die die beiden letzten noch Verbliebenen für sie haben, zieht sie sich zurück. Glänzend besetzter, bemerkenswert konsequent erdachter und inszenierter Film; einfallsreich, detailsicher, lebensnah und ebenso gemütvoll wie originell geschildert. (Alternativtitel: »Größer als die Liebe«; TV-Titel auch: »La Belle Equipe« – Duvivier wurde von seinen Produzenten gezwungen, dem Film ein »Happy-End« zu geben. Die ursprünglich fertiggestellte Version – Titel: »Jour de Pâques« – endet pessimistischer: Die Frau hat die »zünftige Bande« zerstört, einer der beiden letzten Freunde schießt in seiner Verzweiflung auf den anderen. Diese von Duvivier eigentlich intendierte Fassung wurde vom Fernsehen im Original mit Untertiteln erstmals 1992 ausgestrahlt.) – Ab 16. ✦ Schwarz-weiß. Frankreich 1936 **P** Aryss **KI** (IFA) **Pd** M. Aryss-Nissotti **R** Julien Duvivier **B** Charles Spaak, Julien Duvivier **K** Jules Kruger, Marc Fossard **M** Maurice Yvain **S** Marthe Poncin **D** Viviane Romance (Gina), Jean Gabin (Jeannot), Charles Vanel (Charlot), Robert Lynen (René), Raymond Cordy (Trinker), Raymond Aimos (Tintin), Marcelle Géniat (Großmutter) **L** 94 **FSK** ab 16; nf **E** 1946 Kino/27.10. 1992 Bayern 3 (rekonstr. Fassg.) **fd** 348

DIE ZUNGE DES TODES (DEADTIME STORIES/FREAKY FAIRYTALES). Ein kleiner Junge läßt sich von seinem Onkel als Gute-Nacht-Geschichte Horrorfabeln erzählen. Als das Licht ausgeht, wird der wohlige Schauder zur Wirklichkeit. Teilweise drastischer Horrorfilm in drei Epioden. ✦ USA 1985 **P** Scary Stuff/ Bedford Ent./Overseas Filmgroup **VA** RCA/Columbia **Pd** Bill Paul **R** Jeffrey Delman **B** Jeffrey Delman, Charles F. Shelton **K** Daniel B. Canton **M** Taj Mahal **S** William Szarka **D** Phyllis Craig (Hanagohl), Scott Valentine (Peter), Cathryn DePrume (GoldiLox), Michael Mesmer (Onkel Mike, Erzähler), Brian DePersia (Brian) **L** 79 **FSK** ab 18 **E** 15.3.1988 Video

ZUR ADOPTION FREIGEGEBEN (A STRANGER WHO LOOKS LIKE ME). Ein Geschwisterpaar, das als Babys getrennt und zur Adoption freigegeben wurde und in verschiedenen Familien aufwuchs, erfährt voneinander und macht sich auf die Suche nach seinen leiblichen Eltern. Als effektvoller Tränenzieher inszeniertes Melodram. – Ab 16. ✦ USA 1974 **P** Filmways Pic. **Pd** Lillian Gallo **R** Larry Peerce **B** Gerald Di Pego **K** Mario Tosi **M** George Aliceson Tipton, Paul Williams **S** Eve Newman **D** Meredith Baxter-Birney (= Meredith Baxter) (Joanne Denver), Beau Bridges (Chris Schroeder), Whitney Blake (Emma Verko), Warren Miller (Mike Sutton), Linda Morrow (Gloria) **L** 74 **E** 26.5.2000 ProSieben

ZUR BESSERUNG DER PERSON (ZUR BESSERUNG DER PERSON). Die Porträts von fünf Männern, die Patienten des Niederösterreichischen Landeskrankenhauses für Psychiatrie und Neurologie Klosterneuburg sind oder waren. Anhand von Texten, Zeichnungen und Malereien der Patienten und Szenen aus ihrem Alltag dringt der Film behutsam in ihre »verrückte« Welt ein, die durch ein faszinierendes, eigengesetzliches Leben, Denken und Fühlen bestimmt wird, für deren Respektierung dieser Dokumentarfilm eindrücklich plädiert. ✦ Schweiz 1981 **P** Ansia **Pd** Heinz Bütler, Beat Kuert **R+B** Heinz Bütler **K** Hansueli Schenkel **M** Johann Hauser **S** Beat Kuert **L** 92 **E** Schweiz/5.4.1998 3Sat

ZUR EWIGKEIT VERDAMMT (HIJO DE HOMBRE). Eine Episode aus dem Krieg zwischen Bolivien und Paraguay 1932: Ein Lastwagen mit Wasser kämpft sich zu einer abgeschnittenen Gruppe verdurstender Soldaten durch, kommt aber zu spät. Realistischer Kriegsfilm, dessen kompromißlose Aussage einige melodramatische Konzessionen der Inszenierung aufwiegt. ✦ Schwarz-weiß. Argentinien/Spanien 1960 **P** Argentina Sono SACI/Suevia **KI** Sonderfilm **R** Lucas Demare **B** Gori Munoz, nach einem Roman von Augusto Roa Bastos **K** Alberto Etchebehere, Manuel Merino **M** Lucien Demare **D** Francisco Rabal, Olga Zubarry, Carlos Estrada, Jacinto Herrera **L** 89 **FSK** ab 16; f **E** 20.4.1962 **fd** 11 098

ZUR HOCHZEIT MEINES BRUDERS (MY BROTHER'S WEDDING). Ein junger Farbiger aus einem Ghetto von Los Angeles gerät in einen moralischen Konflikt, als er vor die Entscheidung gestellt wird, zur Hochzeit seines Bruders oder zur Beerdigung seines besten Freundes zu gehen. An Hand dieser Grundstruktur erzählt der Film mit dokumentarischer Genauigkeit von Alltagserlebnissen, Zufällen und schicksalhaften Verwicklungen der Hauptfigur und beschreibt damit sehr präzise das zwischen Anpassung und Widerstand pendelnde Leben der Schwarzen in den USA. – Ab 14 möglich. ✦ USA 1982 **P** Charles Burnett/Gaye Shannon-Burnett **R+B+K** Charles Burnett **D** Everett Silas, Jessie Holmes, Gaye Shannon-Burnett, Ronnie Bell, Dennis Kemper **L** 116 **E** 3.11.1983 ZDF

ZUR HÖLLE MIT DEN NACHBARN → Vorsicht Nachbarn

ZUR HÖLLE MIT SYDNEY (THE SIEGE OF PINCHGUT). Ein unschuldig Verurteilter flieht mit drei anderen Häftlingen aus dem Zuchthaus. Auf einer Hafeninsel vor Sydney endet ihre Flucht vorläufig, doch finden sie hier ein funktionierendes Geschütz und reichlich Munition vor. Als ein Schiff mit hochexplosiver Ladung den Hafen ansteuert, nutzen sie die Situation für ein Ultimatum an die Stadt. Technisch versierter Thriller mit bemerkenswerter Spannungslenkung und -steigerung. – Ab 16. ✦ Schwarz-weiß. Großbritannien 1959 **P** Ealing **KI** Rank **Pd** Michael Balcon **R** Harry Watt **B** Harry Watt, Jon Cleary, Inman Hunter, Lee Robinson **K** Gordon Dines **M** Kenneth V. Jones **S** Gordon Stone **D** Aldo Ray (Matt Kirk), Heather Sears (Ann Fulton), Neil McCallum (Johnny Kirk), Victor Maddern (Bert), Carlo Justini (Luke) **L** 96 **FSK** ab 12; f **E** 3.6.1960/18.12.1967 ZDF

ZUR HÖLLE, MRS. LOVE! (THE BOY WHO CRIED BITCH). Ein psychotischer Junge terrorisiert sich, seine Mutter und seine Umwelt, wird als allgemeingefährlich eingestuft, immer mehr in die Isolation getrieben und führt in der »Abrechnung« mit seiner Mutter seinen Tod herbei. Ein verstörender, beklemmender Film, der nicht nach psychologischen Erklärungsmustern sucht, sondern eine ständig wachsende antisoziale Verhaltensstörung als gegeben feststellt. In der filmischen Umsetzung nicht immer überzeugend, fasziniert der Film doch durch das Spiel seines jugendlichen Hauptdarstellers. ✦ USA 1990 **P** Pilgrims 3 Corporation **KI** Atlas **VA** Atlas **Pd** Louis Tancredi **R** Juan José Campanella **B** Catherine May Levin **K** Daniel Shulman **M** Wendy Blackstone **S** Darren Kloomok **D** Harley Cross (Dan Love), Karen Young (Candice Love), Moira Kelly (Jessica), Adrien Brody (Eddie), Jesse Bradford (Mike Love) **L** 105 **E** 8.10.1992/29.3.1993 Video **fd** 29 820

ZUR HÖLLE UND ZURÜCK (TO HELL AND BACK). Die Bravourstücke eines jungen Infanteristen in Afrika, Italien und Frankreich in der Zeit vor 1945. Amerikanisch-patriotische Heldenverehrung, nach angeblichen Kriegserlebnissen des meistausgezeichneten US-Soldaten und späteren Schauspielers Audie Murphy. ✦ Scope. USA 1955 **P** Universal **KI** Universal **Pd** Aaron Rosenberg **R** Jesse Hibbs **B** Gil Doud, nach dem gleichnamigen Roman von Audie Murphy **K** Maury Gertsman **M** Joseph Gershenson **D** Audie Murphy (Audie Murphy), Marshall Thompson (Johnson), Charles Drake (Brandon), Jack Kelly (Kerrigan), Paul Picerni (Valentino) **L** 101 **FSK** ab 18; f **E** 23.2.1956 **fd** 4786

ZUR LIEBE VERDAMMT (LA RAGE AU CORPS). Die hübsche Kellnerin einer Kantine auf einer Staudammbaustelle in den Bergen ist nymphoman veranlagt. Sie verliebt sich in einen Mann und heiratet ihn, obgleich er ihre sexuellen Ansprüche nicht erfüllen kann. Nach einigen zwanghaften Affären will sie sich das Leben nehmen, wird aber, als sich aus einer Pistole ein Schuß löst, durch einen Schock geheilt. Ein lächerlicher Film voller Peinlichkeiten, der seine Geschichte ebenso dumm wie spekulativ vorträgt. ✦ Schwarz-weiß. Frankreich 1953 **P** EGC/ PCE **KI** NF **Pd** Jacques Gauthier **R** Ralph Habib **B** Jean Aurel, Jacques Companéez **K** Roger Hubert **M** Norbert Glanzberg **D** Françoise Arnoul, Raymond Pellegrin, Jean-Claude Pascal, Philippe Lemaire, André Valmy **L** 95 **FSK** ab 18; nf **E** 19.3.1954 **fd** 3168

ZUR LÜGE GEZWUNGEN (FORGOTTEN SINS). Die beiden Töchter eines angesehenen, gottesfürchtigen Sheriffs sagen aus, von ihrem Vater sexuell mißbraucht worden zu sein. Der Mann ist sich zwar keiner Schuld bewußt, doch nach Gesprächen mit dem Pfarrer beginnt er, an seinem Verstand zu zweifeln. Bald werden auch Freunde in die Affäre verwickelt. Nur ein Psychologe glaubt noch an die Unschuld des Mannes und wittert ein Komplott. (Fernseh-) Drama um sexuellen Mißbrauch, political correctness und die Macht falscher Anschuldigungen. – Ab 16. ✦ USA 1996 **R** Dick Lowry **D** William Devane (Dr. Ofshe), John Shea (Matthew Bradshaw), Bess Armstrong (Roberta Bradshaw), Dean Norris (Carl Messenger), Brian Markinson (Lowell Hart) **L** 90 **E** 5.11.1996 Vox

ZUR RACHE VERDAMMT (DISAMISTADE). In langen

Rückblenden erzählt der Film die Geschichte eines Mannes, der 1958 auf Sardinien vor Gericht steht, angeklagt wegen Mord, Raub und Diebstahls. Als er noch aufs Internat ging, wurde sein Vater, ein Hirte, von Viehdieben ermordet. Der introvertierte Junge entzieht sich, obwohl er die Täter kennt, dem Gesetz der Blutrache und lebt acht Jahre versteckt in den Bergen. Erst als er ins Dorf zurückgeholt wird und seine Mutter als verhöhnte Aussätzige sieht, schreitet er zur Tat und löst damit eine Kettenreaktion von Gewalttaten aus. ✦ Italien 1988 **R+B** Gianfranco Cabiddu **K** Carlo Tafani **M** Nicola Piovani **D** Joaquim de Almeida (Sebastiano), Laura Del Sol (Domenicangela), Maria Carta (Sebastianos Mutter), Lino Troisi (Sebastianos Vater), Massimo Dapporto (Barore) **L** 95 **E** 17.11.1991 BR

ZUR ROTEN LATERNE (MACADAM). Der Besitzerin einer billigen Absteige am Montmartre wird von einem ehemaligen Komplizen das Wissen um einen Mord und viel Geld anvertraut. Sie verrät ihn zweimal und muß dafür sterben. Ihre Tochter rächt sie, verliert aber den Geliebten an die Mätresse des Gangsters. Der auf meist engem Raum spannend und abwechslungsreich inszenierte, großartig gespielte und düstere Kriminalfilm fasziniert vor allem durch seine dichte und stimmige Milieuschilderung und die zunehmende moralische Ambivalenz der Personen. (Kinotitel auch: »Macadam«) – Sehenswert. ✦ Schwarz-weiß. Frankreich 1946 **P** B. U. P. **KI** Prisma **Pd** Eugène Tucherer **R** Marcel Blistène **B** Jacques Viot **K** Louis Page **M** Jean Wiener, Marguerite Monnot **D** Simone Signoret, Françoise Rosay, Andrée Clément, Jacques Dacqmine **L** 100 **FSK** ab 16; nf **E** März 1947 Kino **fd** 889

ZUR SACHE, SCHÄTZCHEN. Ein Nichtstuer in Schwabing gibt seiner Verdrossenheit an der bürgerlichen Welt mit pseudo philosophischen Sprüchen und geistreichen Zynismen Ausdruck. Leichthändig inszenierter Erstlingsfilm; eine intelligente und streckenweise amüsante zeitkritische Glosse, in der selbstironische Kritik und das Verlangen nach menschlichen Beziehungen unüberhörbar sind. Auch in der Rückschau bleibt der Film einer der wenigen wirklich unterhaltsamen Autorenfilme. – Ab 16. ✦ Schwarzweiß. BR Deutschland 1967 **P** Peter Schamoni Prod. **KI** Alpha **VA** Filmverlag der Autoren **Pd** Peter Schröder **R** May Spils **B** May Spils, Werner Enke **K** Klaus König **M** Kristian Schultze **S** May Spils **D** Werner Enke (Martin), Uschi Glas (Barbara), Henry van Lyck (Henry), Inge Marshall (Anita), Helmut Brasch (Block), Rainer Basedow (Wachhabender) **L** 80 **FSK** ab 16; nf **FBW** w **E** 4.1.1968/November 1998 Video **fd** 15 202

ZUR STRECKE GEBRACHT → In den Klauen der Vergangenheit

ZUR STÜTZE VERDAMMT (BLOOD ON THE DOLE). Ende der 80er Jahre fristet eine Generation arbeitsloser Jugendlicher ihr kümmerliches Dasein in der ehemaligen Industriestadt Liverpool. Im Unterschied zu den meisten anderen wollen vier junge Leute ihr Schicksal nicht ohne Widerspruch hinnehmen. Die beiden Jungen verweigern die Anpassung und suchen ihr Heil in einer Fantasiewelt, die beiden Mädchen suchen das Glück in Gestalt des für sie richtigen Mannes. – Ab 16. ✦ Großbritannien 1994 **R** Jim Morris, Pip Broughton, Keith Thompson, Alan Bleasdale **D** Stephen Walters (Joey), Suzanne Maddock (Cathy), Rachel Coldwell (Jean), Philip Dowd (Ricky), Ann Margarete Hughes (David) **L** 91 **E** 3.1.1995 arte

ZUR TOLLEN KUH (PARIS MUSIC-HALL). Michelin soll für den Nachtclub seines Freundes einen neuen Star finden, entdeckt lauter junge Talente im Lokal »Die tolle Kuh« in der pittoresken Rue Mouffetard und kommt zu vielen sympathischen neuen Freunden. Bunt und sehr breit, manchmal auch lustig, präsentiert der Film unter anderem einen bemerkenswerten Auftritt von Charles Aznavour. (Titel auch: »Tolle Kuh«) – Ab 16. ✦ Scope. Frankreich 1956 **P** Réalisations Cinématographiques/Jeannic/Société Technique et Financière Cinématographique **KI** Pallas **R** Stany Cordier **B** Gérard Nery, Stany Cordier **K** Gustave Raulet **M** Mick Micheyl **S** Suzanne de Troeye **D** Mick Micheyl, Jean Bretonnière, Geneviève Kervine, Charles Aznavour, Claude Vega **L** 89 **FSK** ab 16; nf **E** 31.1.1958 **fd** 6 709

ZUR UNTERSUCHUNG (OPNAME). Ein Mann um die 50 begibt sich zur Routineuntersuchung ins Krankenhaus; aus dem kurzen Besuch wird ein langer Aufenthalt. Die Ärzte diagnostizieren Krebs, lassen ihn aber im unklaren. Durch die Freundschaft mit einem unheilbar erkrankten Bettnachbarn lernt der Mann, mit dem Problem des nahenden Todes und der Isolation im modernen Klinikbetrieb fertig zu werden. Ein Film, der durch seine ebenso engagierte wie feinfühlige Darstellung einer menschlichen Grenzsituation besticht; anrührend, frei von Sentimentalität und Polemik, mit hervorragenden Schauspielern. – Sehenswert. ✦ Niederlande 1980 **P** Werkteater **R** Erik van Zuylen, Marja Kok **B** Werkteater-Kollektiv **K** Robby Müller **S** Hans van Dongen **D** Helmert Woudenberg (Herr de Waal), Frank Groonthof (Frank), Hans Man in't Veld (Dr. Hagemann), Marja Kok (Frau de Waal), Daria Mohr (Anja Vonk) **L** 94 **E** 3.12.1986 ZDF **fd** 25 884

ZUR ZEIT ZU ZWEIT. Eine karrierebeflissene junge Journalistin ist frisch verliebt, denkt an Heirat und kann rasch Vize-Chefin eines Szene-Blattes werden. Ziemlich viel Glück auf einmal, bis eine zunächst ungewollte Schwangerschaft den Höhenflug der jungen Frau stoppt. Auf Tempo getrimmte (Fernseh-)Komödie, die Spießertum, Egoismus und Beziehungsprobleme der Yuppie-Szene leidlich unterhaltsam auf die Schippe nimmt, bevor ihr zunehmend die Puste ausgeht. – Ab 16. ✦ Deutschland 1997 **P** Objektiv Film **R** Anno Saul **B** Karina Lübke, Christian Pfannenschmidt **K** Gero Steffen **M** Thomas Breuer **S** Daniela Wellach **D** Natalia Wörner (Vanessa van Helsing), Felix Eitner (Romeo), Antje Schmidt (Karoline), Susanna Simon (Lili), Peer Jäger (Steve Kantus) **L** 89 **E** 28.7.2000 arte

DIE ZÜRCHER VERLOBUNG. Eine Amateurschriftstellerin, deren Heimatfilmmanuskript realisiert werden soll, schwankt in ihrer Zuneigung zwischen zwei verschiedenen Männern und erwählt nach Umwegen den etwas brummigen Filmregisseur mit kleinem Sohn. Charmante Komödie mit vergnüglichen Seitenhieben auf die deutsche Filmbranche und voller augenzwinkernder Ironie; vorzüglich auch das Spiel der Hauptdarsteller. – Ab 14. ✦ BR Deutschland 1957 **P** Real **KI** Europa **Pd** Gyula Trebitsch **R** Helmut Käutner **B** Heinz Tauck, Helmut Käutner, nach dem Roman von Barbara Noack **K** Heinz Pehlke **M** Michael Jary **S** Klaus Dudenhöfer **D** Liselotte Pulver (Juliana Thomas), Paul Hubschmid (Jean Berner), Bernhard Wicki (Paul Frank (»Büffel«)), Werner Finck (Onkel Julius), Rudolf Platte (Edgar Stefan), Roland Kaiser **L** 107 **FSK** ab 12; nf **FBW** w **E** 16.4.1957/6.4.1968 ZDF/11.9.1964 Kino DDR/6.3.1971 DFF 2 **fd** 5 827

ZÜRI BRÄNNT (ZÜRI BRÄNNT). Videoaufnahmen über die Jugendunruhen in Zürich im Sommer 1980 im Zusammenhang mit der Einrichtung eines autonomen Jugendzentrums. Ein formal einfallsreicher und vielseitig gestalteter Film mit agitatorischer, ironischer, zynischer, heiter-anarchistischer Tendenz. Ein faszinierendes Filmgedicht als Ausdruck eines zornigen Lebensgefühls, das sich vehement gegen jede wohlwollende Vereinnahmung sträubt. Infolge der Umkopierung auf Schmalfilm und der unzureichenden deutschen Bearbeitung gehen viele Details verloren. – Ab 14. ✦ Schwarz-weiß. Schweiz 1980 **P** Videoladen Zürich **KI** FiFiGe **Pd** Videoladen Zürich **R+B** Ronnie Wahli, Markus Sieber, Marcel Müller, Thomas Krempke **K** Ronnie Wahli, Markus Sieber, Jürg Hassler, Jean Richter **M** Schläggstengel, TNT, Bucks, Shift, Barbara Fuchs **S** Ronnie Wahli, Markus Sieber, Marcel Müller, Thomas Krempke **L** 90 **E** 5.6.1981 **fd** 23 009

ZÜRICH ABSEITS (ZÜRICH ABSEITS). Die Gegensätze »Stadt« und »Land« in einer dialektischen Auseinandersetzung, verkörpert durch einen jungen Mann und eine junge Frau, die zueinanderfinden, sich miteinander und durcheinander verändern, ihre Umwelt auf immer neue Weise wahrnehmen und ihre eigenen Träume, Hoffnungen und Ängste erfahren. Der Film mutet formal eher konventionell an, die Fabel aber entzieht sich der einfachen Widergabe und fußt auf dem »Klima« Zürichs nach den Jugendrevolten 1980. Originalität bietet der Film im Bildarrangement und in der durchdachten Personen-Führung. ✦ Schwarz-weiß. Schweiz 1981–82 **P** Uranos Movies **R** Andreas Honegger **B** Andreas Honegger, Roman Lietha **K** Alex Barbey **M** Eugen Illin **S** Verena Bohunicky **D** Max Frei (Angelus), Sarah Leigh (Thekla), Curt Keller **L** 87 **E** Schweiz

ZÜRICH – TRANSIT. Die Geschichte eines Zürcher Diplom-Ingenieurs, der aus einer plötzlichen Laune übers Wochenende nach Madrid fliegt, statt zu einer Tagung zu fahren, und auf der Rückreise in der Zeitung von seinem angeblichen Unfalltod liest. Der Film erzählt die folgenden Stunden im Leben des Totgeglaubten, während derer dieser zu Erkenntnissen über sein bisheriges Leben gelangt und zugleich wachsende Lust an dem Spiel mit der eigenen Identität empfindet. »Zürich – Transit« ist die einzige Geschichte, die Max Frisch – nach einer Episode seines Romans »Mein Name sei Gantenbein« – gezielt für den Film schrieb. Zwei Verfilmungen Mitte der 60er Jahre scheiterten, erst das dritte Projekt ein Jahr nach Frischs Tod gelang. – Ab 16. ✦ Deutschland 1992 **Pd** Klaus Dexel **R** Hilde Bechert **B** Max Frisch **K** Gerhard Lechner **M** Toni Matheis, Raymund Huber **D** Dieter Kirchlechner (Dr. Theo Ehrismann), Monika Schwarz (Monika Ehrismann), Gisela Uhlen (Mutter Escher), Peter Ehrlich (Direktor Studer), Axel Milberg (Maschke) **L** 70 **E** 9.5.1993 ARD

ZURÜCK AM BROADWAY (SHE'S BACK ON BROADWAY). Eine Hollywood-Schauspielerin, die in einem Karrieretief steckt, nimmt auf Anraten ihres Agenten eine Rolle in einem Broadway-Musical an. Bei dem Regisseur des Stücks aber handelt es sich um ihren ehemaligen Geliebten, der ihr nicht verziehen hat, daß sie ihn wegen der Filmkarriere sitzen ließ. Unterhaltsames Musical mit zahlreichen hübschen Musiknummern sowie interessant gestalteten und gut gespielten Charakteren; allerdings bleiben einige Szenen unerklärt oder wirken unmotiviert. – Ab 14. ✦ USA 1953 **P** Warner Bros. **Pd** Henry Blanke **R** Gordon Douglas **B** Orin Jannings **K** Edwin DuPar **M** Robert Hilliard, Carl Sigman **S** Folmar Blangsted **D** Virginia Mayo (Catherine Terris), Steve Cochran (Rick Sommers), Frank Lovejoy (John Webber), Patrice Wymore (Karen Keene), Larry Keating (Mitchell Parks) **L** 92 **E** 24.6.1998 ZDF

ZURÜCK AUF DIE STRASSEN VON SAN FRANCISCO (BACK TO THE STREETS OF SAN FRANCISCO). Wenig geglückte Wiederbelebung der beliebten Fernseh-Krimiserie. Captain Mike Stone muß den Mord an seinem früheren Partner und Freund Steve Heller aufklären. ✦ USA 1992 **P** Aaron Spelling Prod. **Pd** Aaron Spelling **R** Mel Damski **B** William Robert Yates **D** Karl Malden (Captain Mike Stone), Darleen Carr (Jean), Debrah Farentino (Sarah Burns), Conor O'Farrell (David O'Connor), Carl Lumbly (Charlie Walker) **L** 90 **E** 1.1.1993 RTL plus

ZURÜCK AUF LOS! Für einen homosexuellen schwarzen Sänger in Berlin, der HIV-positiv getestet wurde, dreht sich das Beziehungskarussell immer schneller. Ein trotz einiger anrührender Szenen insgesamt eher fragwürdiger Film, der persönliche Eitelkeiten statt gesellschaftliche Befindlichkeiten spiegelt. In der Diskussion um den Umgang mit der Immunschwäche-Krankheit und ihren Opfern ist er dabei eher kontraproduktiv. ✦ Deutschland 2000 **P** Ö-Filmproduktion **KI** ProFun **VA** absolut MEDIEN/pro fun **DVD** pro-fun **Pd** Frank Löprich, Katrin Schlösser **R+B** Pierre Sanoussi-Bliss **K** Thomas Penert, Lars

Lenski **M** Stefan Kling **S** Gudrun Steinbrück, Colestine Brandt **D** Pierre Sanoussi-Bliss (Sam), Matthias Freihof (Bastl), Dieter Bach (Reiner), Paul Gilling (Mike), Susanne Böwe (Uschi), Bast Klein **L** 90 **E** Dezember 2001 DVD **fd** 34 761

ZURÜCK AUFS LAND (MA TERRE). Zwei französische Bergbauern sind seit langem verfeindet. Als eine junge Frau mit ihrer Tochter in ihr Dorf zieht und in einem alten Bauernhof ein Wirtshaus eröffnen will, gerät ihr Konflikt in neue Dimensionen. ✦ Frankreich 1998 **P** BFC Production/France 3/La Sept ARTE **R+B** Bernard Malaterre **K** Bernard Cassan **M** Didier Large **S** Jean-Pierre Guntz **D** Jean-Marc Thibault (Fernand), Roger Souza (Dédé), Agnes Torrent (Yoyo), Marie-Josèphine Crenn (Laura), André Dupont (Jasou) **L** 92 **E** 29.10.1999 arte

ZURÜCK AUS DEM JENSEITS (1987, KINCAID) (SHE'S BACK). Eine erstochene Frau kehrt als Geist aus ihrem Grab zurück und verwandelt ihren zaghaften Mann in einen rabiaten Killer, der ihre Ermordung rächt. Was ein vergnüglicher Geisterkrimi hätte werden können, erweist sich bald als niederschmetternder Schwachsinn, der in allen Belangen einer Manifestation des Dilettantismus gleichkommt. Ein Ausbund an Einfalls- und Humorlosigkeit rundet den schlechten Gesamteindruck ab. ✦ USA 1987 **P** Vestron/Tycon **VA** Concorde **Pd** Cynthia DePaula, Lawrence Kasanoff, Richard Keatinge **R** Tim Kincaid **B** Buddy Giovinazzo **K** Arthur D. Marks **M** Jimmie Haskell **S** Mary Hickey **D** Carrie Fisher (Bea), Robert Joy (Paul), Matthew Cowles (Sherman Bloom), Joel Swetow (Razorface), Sam Coppola (Detective Brophi) **L** 86 **FSK** ab 16 **E** 18.3.1991 Video **fd** 28 909

ZURÜCK AUS DEM JENSEITS (1987, PERRY) → Hello Again – Zurück aus dem Jenseits

ZURÜCK AUS DEM WELTALL → Und immer ruft das Herz

ZURÜCK AUS DER EWIGKEIT (BACK FROM ETERNITY). Spannend angelegter, jedoch weithin unglaubwürdiger Abenteuerfilm: Die Insassen eines im südamerikanischen Dschungel notgelandeten Flugzeugs reagieren unterschiedlich auf die tödliche Bedrohung durch einen Kopfjägerstamm. – Ab 16 möglich. ✦ Scope, schwarz-weiß. USA 1956 **P** RKO **KI** RKO **Pd+R** John Farrow **B** Jonathan Latimer **K** William C. Mellor **M** Franz Waxman **D** Robert Ryan, Anita Ekberg, Rod Steiger, Phyllis Kirk, Keith Andes **L** 97 **FSK** ab 16; f **E** 19.2.1957 **fd** 5 705

ZURÜCK AUS DER HÖLLE (IN COUNTRY). Ein Vietnam-Veteran, der ohne berufliche und soziale Ambitionen lethargisch vor sich hin dämmert, findet Halt in einer Clique ähnlich gestrandeter Kämpfer und vor allem bei seiner jungen Nichte. An der Schwelle zum Erwachsenwerden sucht sie nach ihrer Vergangenheit, doch alle Fragen nach dem in Vietnam gefallenen Vater bleiben unbeantwortet. Eine leises Drama mit guten Darstellern, das vorführt, daß die Beharrlichkeit der jüngeren Generation das Tabu-Thema Vietnam überwinden helfen kann. Zunächst unspektakulär und sympathisch, dann immer konstruierter und hölzerner, so daß die innere Spannung nachläßt. – Ab 16. ✦ USA 1989 **P** Warner **VA** Warner Home **Pd** Richard Roth, Norman Jewison **R** Norman Jewison **B** Frank Pierson, Cynthia Cidre, nach einem Roman von Bobbie Ann Mason **K** Russell Boyd **M** James Horner **S** Anthony Gibbs, Lou Lombardo **D** Bruce Willis (Emmett Smith), Emily Lloyd (Samantha), Joan Allen (Irene), Kevin Anderson (Lonnie), John Terry (Tom) **L** 110 **E** 28.2.1992 Video/1.3.1993 premiere **fd** 29 562

ZURÜCK AUS DER VERGANGENHEIT (THE HEAVENLY KID). Der Geist eines tödlich verunglückten jungen Mannes bemüht sich, als Schutzengel das Selbstbewußtsein eines Schülers aufzubauen. Die Lage verkompliziert sich, als der Schutzengel erkennt, daß er der Vater seines Schützlings ist. Eine Komödie, die sich an großen filmischen Vorbildern orientiert, kaum Eigenständigkeit erlangt und nur unverbindliche, mitunter schwerfällige Unterhaltung bietet. – Ab 14 möglich. ✦ USA 1985 **P** Orion **VA** RCA/Columbia **Pd** Mort Engelberg **R** Cary Medoway **B** Cary Medoway, Martin Copeland **K** Steven Poster **M** Kennard Ramsey, George Duke **S** Christopher Greenbury **D** Lewis Smith (Bobby Fontana), Jason Gedrick (Lenny Barnes), Jane Kaczmarek (Emily), Beau Dremann (Bill), Richard Mulligan (Rafferty) **L** 87 **FSK** ab 12 **E** 17.2.1987 Video **fd** 26 716

ZURÜCK BLEIBT DIE ANGST (GHOST STORY). Gruselgeschichte um vier alte Männer, die von der Vergangenheit eingeholt werden. Das Opfer eines vor 50 Jahren begangenen Mordes spukt nun als Wasserleiche herum und tötet einige der Männer. Trotz mancher allzu derber Ekel- und Schauereffekte ein recht unterhaltsamer Horrorfilm, in den Hauptrollen mit Hollywood-Veteranen besetzt. (Fernsehtitel: »Rache aus dem Reich der Toten«) ✦ USA 1981 **P** Universal **VA** CIC **Pd** Burt Weissbourd **R** John Irvin **B** Lawrence D. Cohen, nach dem Roman von Peter Straub **K** Jack Cardiff **M** Philippe Sarde **S** Tom Rolf **D** Fred Astaire (Ricky Hawthorne), Melvyn Douglas (John Jaffrey), Douglas Fairbanks jr. (Edward Wanderley), John Houseman (Sears James), Craig Wasson (Don/David) **L** 107 **FSK** ab 16 **E** 1985 Video/18.6.1987 NDR **fd** 25 318

ZURÜCK IN DIE GEGENWART – STAR TREK IV (STAR TREK IV – THE VOYAGE HOME). Die Besatzung des Raumschiffes »Enterprise« transportiert zwei Buckelwale ins 23. Jahrhundert, wo diese die Erde vor dem drohenden Untergang retten. Die formal und inhaltlich durchschnittliche Science-Fiction-Unterhaltung gewinnt im Vergleich zu den eher fantastischen Beiträgen der Serie durch ihr realistisch-ökologisches Thema an Interesse: Schutz der in der Gegenwart tatsächlich von Ausrottung bedrohten Wale. – Ab 14 möglich. ✦ Scope. USA 1986 **P** Paramount **KI** UIP **SF** UIP **VA** CIC **DVD** Paramount (16:9, 2.35:1, DD5.1 engl., DS dt.) **Pd** Harve Bennett **R** Leonard Nimoy **B** Steve Meerson, Peter Krikes, Nicholas Meyer, Harve Bennett **K** Don Peterman **M** Leonard Rosenman **S** Peter E. Berger **D** William Shatner (Kirk), Leonard Nimoy (Spock), DeForest Kelley (McCoy), James Doohan (Scotty), Mark Lenard (Sarek), Walter Koenig (Chekov), Nichelle Nichols (Uhura), Jane Wyatt (Amanda), Catherine Hicks (Dr. Gillian Taylor), Brock Peters (Admiral Cartwright) **L** 122 **FSK** ab 12; f **FBW** w **E** 26.3.1987/November 1987 Video/5.7.2001 DVD **fd** 25 099

ZURÜCK IN DIE HÖLLE (CARNAGE). Der Geist des ehemaligen Bewohners terrorisiert ein jungvermähltes Ehepaar, das glaubt, sich ein Traumhaus gekauft zu haben. Psycho-Horrorfilm. ✦ USA 1982 **P** Lew Mishkin Prod. **VA** Rainbow **R+B** Andy Mulligan **D** Leslie Den Dooven, Michael Chiodo, Deeann Veeder, Chris Georges **L** 92 **E** September 1986 Video

ZURÜCK IN DIE VERGANGENHEIT → Der Zeitsprung

ZURÜCK IN DIE ZUKUNFT (BACK TO THE FUTURE). Ein zur Zeitmaschine verwandelter Sportwagen entführt einen 17jährigen Schüler ins Jahr 1955. Dort begegnet er seinen Eltern als Teenager und hat alle Hände voll zu tun, sie als Paar zusammenzubringen. Weitgehend amüsante Mischung aus Science-Fiction und romantischer Komödie; in der »Rückblende« mit einer Reihe gelungener Einfälle, an der nicht nur jugendliche Zuschauer ihren Spaß haben. – Ab 14. ✦ USA 1985 **P** Amblin/Universal **KI** UIP **SF** UIP **VA** CIC **Pd** Bob Gale, Neil Canton **R** Robert Zemeckis **B** Robert Zemeckis, Bob Gale **K** Dean Cundey **M** Alan Silvestri **S** Arthur Schmidt, Harry Keramidas **D** Michael J. Fox (Marty McFly), Christopher Lloyd (Dr. Emmett Brown), Lea Thompson (Lorraine Baines), Crispin Glover (George McFly), Thomas F. Wilson (Biff Tannen), Marc McClure (Dave McFly), Claudia Wells (Jennifer Parker), Wendie Jo Sperber (Linda McFly), George DiCenzo (Sam Baines), Billy Zane (Match), Harry Waters (Marvin Berry) **L** 113 **FSK** ab 12; f **FBW** w **E** 3.10.1985/Dezember 1986 Video/29.12.1989 DFF 2 **fd** 25 263

ZURÜCK IN DIE ZUKUNFT II (BACK TO THE FUTURE II). Zum zweiten Mal (nach »Zurück in die Zukunft«, 1984) begibt sich der 17jährige Schüler Marty mit seinem Freund »Doc« Brown und dessen Zeitmaschine ins Jahr 1955 zurück, um dort ein Ereignis zu verhindern, das die Zukunft aller Beteiligten negativ beeinflussen würde. In der Vergangenheit wird er mit sich selbst konfrontiert, was zu einer Reihe verrückter und verzwickter Komplikationen führt. Verblüffende Tricks, liebevolle Details und geschickte Dramaturgie machen den Film zu einem weitgehend ungetrübten Vergnügen, das zum Ende hin allerdings deutlich abfällt und die Auflösung der verzwickten Geschichte auf den dritten Teil verschiebt. – Ab 14. ✦ USA 1989 **P** Amblin/Universal **KI** UIP **Pd** Bob Gale, Neil Canton **R** Robert Zemeckis **B** Bob Gale, nach Robert Zemeckis **K** Dean Cundey **M** Alan Silvestri **S** Arthur Schmidt, Harry Keramidas **D** Michael J. Fox (Marty/Marlene McFly), Christopher Lloyd (Dr. Emmett Brown), Lea Thompson (Lorraine), Thomas F. Wilson (Biff/Griff Tannen), James Tolkan (Strickland), Harry Waters (Marvin Berry), Joe Flaherty (Western Union-Mann), Elisabeth Shue (Jennifer), Crispin Glover (George McFly), Billy Zane (Match) **L** 120 **FSK** ab 12; f **FBW** w **E** 21.12.1989/5.7.1991 premiere **fd** 28 025

ZURÜCK IN DIE ZUKUNFT III (BACK TO THE FUTURE, PART III). Dritte Folge der »Zurück in die Zukunft«-Serie, deren Protagonisten, der jugendliche Marty und sein väterlicher Freund »Doc« Brown, nun um 1885 im Wilden Westen Abenteuer auf Leben und Tod zu bestehen haben, bis am überraschenden Ende einer wieder im Ausgangsjahr 1985 landet. Nicht so ausgereift wie seine beiden Vorgänger, liefert der Film nach einem verwirrenden Anfang in erster Linie eine Western-Parodie mit anachronistischen Elementen. Endprodukt einer Erfolgs-Serie, das zwar deutliche Ermüdungserscheinungen aufweist, für ein unterhaltendes Filmerlebnis aber noch gut genug ist. – Ab 12. ✦ USA 1989/90 **P** Amblin/Universal **KI** UIP **VA** CIC **Pd** Bob Gale, Neil Canton **R** Robert Zemeckis **B** Bob Gale, nach einer Story von Robert Zemeckis und Bob Gale **K** Dean Cundey, Don Burgess **M** Alan Silvestri **S** Arthur Schmidt, Harry Keramidas **D** Michael J. Fox (Marty McFly/Seamus McFly), Christopher Lloyd (Doctor Emmett Brown), Mary Steenburgen (Clara Layton), Thomas F. Wilson (Biff/Buford Tannen), Lea Thompson (Maggie McFly/Lorraine McFly), Elisabeth Shue (Jennifer), Matt Clark (Barkeeper), Richard Dysart (Verkäufer), James Tolkan (Marshal Strickland), Bill McKinney (Lokführer), Pat Buttram (Saloongast), Harry Carey jr. (Saloongast), Dub Taylor (Saloongast) **L** 119 **FSK** ab 12; f **FBW** w **E** 12.7.1990/23.1.1991 Video/3.2.1992 premiere **fd** 28 397

ZURÜCK INS LEBEN (1974) (JELBESZED). Krankenhausaufenthalt und Rekonvaleszenz eines an Knochenkrebs erkrankten jungen Mannes. Nüchtern, aber mit menschlicher Anteilnahme inszenierter Erstlingsfilm aus Ungarn, der seine Geschichte so zu vermitteln versucht, daß der Zuschauer sie als Hilfe zur Selbsthilfe begreift. (Westdeutscher Titel: »Genesung«) – Ab 16. ✦ Ungarn 1974 **P** Hunnia **KI** Progress **R** Mara Luttor **B** Judit Máriássy **K** János Kende **M** Zoltán Jeney, Gábor Presser, Ferenc Erkel **D** András Nyíri, Jana Brejchová, Ildikó Jani, Antal Páger, Lajos Balázsovits **L** 90 **E** 3.10.1975 Kino DDR/1.6.1976 ZDF/2.4.1976 DFF 2 **fd** 19 793

ZURÜCK INS LEBEN (1985) (BETWEEN THE DARKNESS AND THE DAWN). Eine Frau bemüht sich, wieder Anschluß an das Leben und die Gegenwart zu finden, nachdem sie aus 20jährigem Koma erwacht ist. Durchschnittliche Fernsehdramatisierung einer wahren Begebenheit. ✦ USA 1985 **P** TVM **R** Peter Levin **D** Elizabeth Montgomery (Abigail), Dorothy McGuire (Beryl), James Naughton (Jack), Karen Grassle (Ellen), Michael Goodwin (David), Tim Maier (Matthew/der junge David) **L** 93 **E** 3.11.1994 ZDF

ZURÜCK INS LEBEN (1995) (SOME KIND OF LIFE). Unspektakuläres Melodram. Das Leben eines glücklich verheirateten jungen Paares ändert sich dramatisch, als der Mann nach einem Motorradunfall mit schweren Kopfverletzungen ins Krankenhaus eingeliefert wird. Die Frau erleidet einen Schock, als bleibende Gehirnschäden festgestellt werden, durch die der Mann zu Wutausbrüchen neigt. – Ab 16. ✦ Großbritannien 1995 **R** Julian Jarrold **B** Kay Mellor **D** Jane Horrocks (Alison), Ray Stevenson (Steve), Gwen Taylor (Sandra), Andrew Tiernan (Mark), David Hargreaves (John) **L** 100 **E** 5.12.1996 Bayern 3

ZURÜCK, MARSCH-MARSCH! (91: AN KARLSSONS PERMITS). Witzarme Fortsetzung des schwedischen Militärklamauks »Aber warum, Herr Feldwebel«. Abermals gehen linkische Rekruten ihren Vorgesetzten auf die Nerven. – Ab 12 möglich. ✦ Schwarzweiß. Schweden 1948 **P** A. B. Imago **KI** Magnet **R** Hugo Bolander, Gösta Bernhard **B** Gösta Bernhard, Tage Holmberg **K** Sven Thermaenius **M** Kai Gullmar, Georg Enders **D** Gus Dahlström, Holger Höglund, Irene Söderblom, Fritjof Billquist, Douglas Hage **L** 87 **FSK** ab 12; nf **E** 29.1.1952 **fd** 1 628

ZURÜCK NACH HAUSE – DIE UNGLAUBLICHE REISE (HOMEWARD BOUND: THE INCREDIBLE JOURNEY). Zwei »in Pension« gegebene Hunde und eine Katze schlagen sich durch die Berglandschaft des amerikanischen Nordwestens zu ihrem ehemaligen Zuhause durch. Mit unterlegten Stimmen (im Original: Michael J. Fox, Sally Field, Don Ameche, in der deutschen Fassung: Pascal Breuer, Senta Berger, Georg Thomalla) stark vermenschlichte Tiergeschichte, die auf anspruchslose, aber sympathische Weise zu unterhalten versteht. (Frühere Verfilmung des Stoffes: »Die unglaubliche Reise«) – Ab 6. ✦ USA 1993 **P** Walt Disney/Touchwood Pacific Partners I. **KI** Buena Vista **VA** Disney/EuroVideo **DVD** Buena Vista (FF P&S, DS engl., DD2.0 dt.) **Pd** Franklin R. Levy, Jeffrey Chernov **R** Duwayne Dunham **B** Caroline Thompson, Linda Woolverton, nach einem Buch von Sheila Burnford **K** Reed Smoot **M** Bruce Broughton **S** Jay Cassidy, Michael Kelly, Brian Berdan **D** Robert Hays (Bob), Jean Smart (Kate), Kim Greist (Laura), Veronica Lauren (Hope) **L** 84 **FSK** ab 6; f **FBW** w **E** 5.8.1993/17.3.1994 Video/5.3.1995 premiere/25.9.1998 DVD **fd** 30 345

ZURÜCK VOM RIVER KWAI (RETURN FROM THE RIVER KWAI). Im Februar 1945 soll eine Gruppe britischer und australischer Kriegsgefangener von Indochina nach Japan transportiert werden. In einem Gefangenenlager am Ufer des Flusses Kwai kommt es zum Kleinkrieg zwischen den gegnerischen Parteien, der durch Uneinigkeit unter den japanischen Bewachern verschärft wird. Handwerklich solider, aber verlogener Kriegsfilm, der einen überholten Begriff von »Mannesehre« propagiert. ✦ Großbritannien 1988 **P** Screenlife/Kurt Unger Prod./TriStar **KI** Scotia **VA** VMP **Pd** Kurt Unger **R** Andrew V. McLaglen **B** Sargon Tamini, Paul Mayersberg, nach Motiven eines Romans von Joan Blair und Clay Blair jr. **K** Arthur Wooster **M** Lalo Schifrin, Kitaro **S** Alan Strachan **D** Edward Fox (Major Benford), George Takei (Lt. Tanaka), Denholm Elliott (Col. Grayson), Christopher Penn (Lt. Crawford), Nick Tate (Hunt) **L** 101 (gek. 89) **FSK** ab 16; f (gek.ab 12) **E** 13.7.1989/Januar 1990 Video **fd** 27 753

ZURÜCK VON DER SEE (KOKYO). Ein junger Japaner, der mit seiner Familie auf einer Insel lebt und sich seinen kargen Lebensunterhalt mit dem Schiffstransport von Steinen verdient, entschließt sich schweren Herzens, eine Arbeit auf einer Werft anzunehmen. Das bedeutet, daß er seine Selbständigkeit aufgeben und die seit Generationen von seiner Familie bewohnte Insel verlassen muß. Ruhig, ohne dramatische Effekte geschildert, in der Beschreibung des Inselalltags sachlich, schwächt der Film sein sozialkritisches Engagement durch melodramatische Sentimentalitäten. (Westdeutscher Titel: »Abschied von der See«) – Ab 16. ✦ Japan 1972 **P** Shochiku **R** Yôji Yamada **B** Yôji Yamada, Akira Miyazaki **K** Tetsuo Takaba **M** Masaru Satô **D** Hisashi Igawa (Seiichi Ishizaki), Chieko Baishô (Tamiko), Chishû Ryû (Senzo), Gin Maeda (Kenji), Kiyoshi Atsumi **L** 96 **E** 15.4.1977 Kino DDR/27.5.1978 DFF 1/11.11.1978 ARD

ZURÜCK ZU DIR (1958) (POSLEDNY NAVRAT). Eine Frau, die ihren Mann sträflich vernachlässigt, treibt ihn in die Arme einer anderen. Erst im letzten Augenblick kann die Ehe gerettet werden. Ein solider Film, der Fragen nach persönlicher Verantwortung stellt und auch die Rolle des Kindes in derart zerrütteten Familien zur Sprache bringt. – Ab 16. ✦ Schwarzweiß. CSR 1958 **P** Studio für Spielfilme Bratislava-Koliba **KI** Progress **R** Frantisek Kudlac **B** Juraj Spitzer, Frantisek Kudlac **K** Frantisek Lukes **M** Milan Novák **D** Jela Tucná-Lukesová (Lena), Eva Ocenásová (Eva), Ladislav Chudík (Peter), Dusan Blaskovic, Melita Molnárová **L** 90 **E** 28.8.1959 Kino DDR/22.11.1959 DFF 1

ZURÜCK ZU DIR (2000) (RETURN TO ME). Nach dem Unfalltod seiner Frau vergräbt sich ein Architekt ein Jahr lang in seine Arbeit, bis er in einem Restaurant eine Kellnerin kennen lernt, die eine Herztransplantation hinter sich hat. Als sie herausfindet, dass das Spenderherz seiner verstorbenen Ehefrau gehörte, weiß sie nicht, wie sie sich verhalten soll. Romantische Komödie nach konventionellem Muster, die dafür plädiert, die zweite Chance, die sich bietet, anzunehmen. Leichte, bis in die Nebenrollen hochrangig besetzte Unterhaltung, freilich ohne sonderliche Überraschungen. DVD: Die Extras umfassen u. a. einen Audiokommentar des Regisseurs und des Drehbuchautors sowie ein Feature mit im Film nicht verwendeten Szenen. – Ab 14. ✦ USA 2000 **P** Metro-Goldwyn-Mayer/JLT Prod. **KI** UIP **VA** Fox Home **DVD** Fox Home (SE, 16:9, 1.78:1, DD5.1 engl./dt.) **Pd** Jenny Lew Tugend **R** Bonnie Hunt **B** Bonnie Hunt, Don Lake **K** Laszlo Kovacs **M** Nicholas Pike **S** Garth Craven **D** David Duchovny (Bob Rueland), Minnie Driver (Grace Briggs), Carroll O'Connor (Marty O'Reilly), Robert Loggia (Angelo Pardipillo), Bonnie Hunt (Megan Dayton), James Belushi (Joe Dayton) **L** 116 **FSK** ab 6; f **FBW** w **E** 31.8.2000/8.3. 2001 Video & DVD **fd** 34 429

ZURÜCK ZUR NATUR (WHEN NATURE CALLS). Eine neurotische amerikanische Familie versucht, den Zwängen der Zivilisation zu entfliehen. In einer Hütte im Wald will sie zu sich selbst und zur Natur zurückfinden. Rasch jedoch stellen sich Probleme ganz anderer Art ein, und das bescheidene Leben der Urväter erscheint ihr plötzlich in einem anderen Licht. Überdrehte Komödie aus den »Troma«-Studios. ✦ USA 1985 **P** Troma **VA** Ufa **R** Steve McAuliff **B** Charles Kaufman, Straw Weisman **M** Arthur Custer **D** Tina Maria Stagano, David Strathairn, David Orange, Barbara Maineau **L** 75 **FSK** ab 16 **E** Oktober 1987 Video

ZUSAMMEN! (TILLSAMMANS). Der Alltag in einer schwedischen Kommune am Stadtrand von Stockholm in den 70er-Jahren. Der Film nimmt die Perspektive von drei Neuankömmlingen ein, einer Frau mit ihren beiden Kindern, die mit einer ihnen zunächst fremden Welt- und Lebensauffassung konfrontiert werden. Sensibel inszeniert, überzeugt die sanft-raffinierte Komödie vor allem in der Gestaltung der Kinderrollen. Dabei gibt der Film nicht vor, die vielfältigen politischen und menschlichen Probleme seiner Protagonisten lösen zu können, sondern begnügt sich mit einer sehr menschlichen, unaufdringlichen Annäherung. (Videotitel: »Zusammen! Together!«) – Sehenswert ab 16. ✦ Schweden 2000 **P** Memfis/Zentropa Entertainments/Film i Väst/SVT Drama/Keyfilms Roma/Nordic Film- und TV-fund/Svenska Film Institutet/Danish Film Institute/TV1000 **KI** Concorde **VA** EuroVideo/Concorde **DVD** EuroVideo **Pd** Lars Jönsson, Peter Aalbaek Jensen **R+B** Lukas Moodysson **K** Ulf Brantas **S** Michal Leszczylowski, Fredrik Abrahamsen **D** Lisa Lindgren (Elisabeth), Michael Nyqvist (Rolf), Gustaf Hammarsten (Göran), Anja Lundqvist (Lena), Jessica Liedberg (Anna), Ola Norell (Lase), Shanti Roney (Klas) **L** 106 **FSK** ab 12; f **E** 12.4.2001/8.11.2001 Video & DVD (Leihversion) **fd** 34 776

ZUSAMMEN IN PARIS (PARIS WHEN IT SIZZLES). Das Verhältnis eines einfallslosen, aber erfolgreichen Drehbuchautors zu seiner Sekretärin als Aufhänger für die Glossierung von Praktiken der Filmindustrie. Weitgehend charmante und witzige Komödie, die gegen Ende jedoch etwas überdreht erscheint und ins Unverbindliche abgleitet. – Ab 16. ✦ USA 1962 **P** Quine/Charleston **KI** Paramount **Pd** Richard Quine, George Axelrod **R** Richard Quine **B** George Axelrod, nach einer Erzählung von Julien Duvivier und Henri Jeanson **K** Charles B. Lang **M** Nelson Riddle **S** Archie Marshek **D** William Holden (Richard Benson), Audrey Hepburn (Gabrielle Simpson), Noël Coward (Produzent Meyersheim), Grégoire Aslan (Inspektor Gillet), Raymond Bussières (Chauffeur) **L** 110 **FSK** ab 12; nf **E** 28.3.1964 **fd** 12 634

ZUSAMMEN MIT DAD (I LIVE WITH DAD / I LIVE WITH ME DAD). Nach seiner Scheidung und dem Tod seiner kleinen Tochter endet die bürgerliche Karriere eines Mannes; er betrinkt sich, lebt von der Fürsorge und treibt sich in Obdachlosenasylen herum. Einzig sein Sohn gibt ihm Halt, und gerade ihn will das Sozialamt ihm wegnehmen. Doch Vater und Sohn halten zusammen, und nach einigen Rückschlägen scheint ein Neuanfang für die beiden möglich – als Krokodiljäger im Norden Australiens. (TV-Titel auch: »Dem Vater entrissen«) – Ab 16. ✦ Australien 1985 **R** Paul Moloney **D** Peter Hehir (Sid McCall), Haydon Samuels (Crispy), Dennis Miller (Jeo Kazzirak), Rebecca Gibney (Jill Harkness), Robyn Gibbes (Della McCall) **L** (TV) 90 **E** 25.12.1989 SAT 1

ZUSAMMEN NACH HANNOVER – ODER ANDERSWOHIN. Dokumentation des ersten großen Protestmarsches gegen die geplante Wiederaufbereitungsanlage für Atommüll in Gorleben. ✦ Schwarz-weiß. BR Deutschland 1979 **P** subjektiv film, Berlin **SF** Zentralfilm **R** Rolf Karrer-Kharberg, Irene Schultze-Seehof **K** Rolf Karrer-Kharberg **L** 68 **E** 11.11.1979

ZUSAMMEN! TOGETHER! →Zusammen!

ZUSAMMENSTOSS (IMPACT). Ein Reporter hat die Verbindungen eines Barbesitzers und Verbrecherkönigs zu einer Reihe ungeklärter Fälle in einer sensationellen Artikelserie aufgedeckt. Doch diese Geschichte kommt ihn teuer zu stehen. Jetzt sitzt er selbst auf der Anklagebank, und die Chancen stehen denkbar ungünstig. ✦ Schwarz-weiß. Großbritannien 1963 **P** Butcher's **R** Peter Maxwell **B** Conrad Phillips, Peter Maxwell **K** Gerald Moss **M** Johnny Gregory **D** Conrad Phillips, George Pastell, Ballard Berkeley, Linda Marlowe **L** 62 **E** 13.3.1965 DFF 1

ZUSTÄNDE WIE IM PARADIES (THE ADMIRABLE CRICHTON). Nach einem Schiffbruch und der Strandung auf einer Südseeinsel verkehren sich bei den Schiffbrüchigen die Klassenverhältnisse: der Butler übernimmt das Kommando über seine Herrschaft, eine Grafenfamilie. Als die Vermißten nach zwei Jahren entdeckt werden, wandelt er sich ebenso abrupt wieder zum formvollendeten Diener. Ein soziologisch und in seinen Thesen reaktionär anmutender Film, der die Berechtigung von Klassendenken betont. Einige hübsche Komödieneffekte kommen in der überdrehten Geschichte kaum zum Durchbruch. – Ab 14. ✦ Großbritannien 1957 **P** Modern Screenplay **KI** Columbia **Pd** Ian Dalrymple **R** Lewis Gilbert **B** Vernon Harris **K** Wilkie Cooper **M** Douglas Gamley **S** Peter Hunt **D** Kenneth Moore, Diane Cilento, Cecil Parker, Sally Ann Howes, Jack Watling **L** 94 **FSK** ab 6, nf **E** 16.8.1957 **fd** 6 310

DER ZWANG ZUM BÖSEN (COMPULSION). Chicago 1924: Zwei hochintelligente, aber geistig und seelisch fehlentwickelte Studenten aus bürgerlichem Elternhaus töten, um zu sehen, ob sie straflos davonkommen. Dramaturgisch und formal überzeugend gestaltete Mischung aus Krimi und Gerichtsdrama, in der Orson Welles in einer Glanzrolle Strafrecht und Todesstrafe kritisch unter die Lupe nimmt. Als Verteidiger plädiert er eindrucksvoll nicht für die Angeklagten, sondern gegen ihre Hinrichtung. – Sehenswert. ✦ Scope, schwarz-weiß. USA 1959 **P** Darryl F. Zanuck **KI** CentFox **Pd** Darryl F. Zanuck **R** Richard Fleischer **B** Richard Murphy, nach dem Roman von Meyer Levin **K** William C. Mellor **M** Lionel Newman **S** William Reynolds **D** Orson Welles (Jonathan Wilk), Dean Stockwell (Judd Steiner), Bradford Dillman (Artie Straus), Martin Milner (Sid), Diane Varsi (Ruth Evans) **L** 105 **FSK** ab 18; f **FBW** w **E** 15.5.1959/21.8. 1972 ZDF **fd** 8 085

DIE ZWANGSJACKE (STRAIT-JACKET). Eine Frau, die ihren Ehemann und dessen Geliebte erschlagen hat, wird nach 20jährigem Aufenthalt in einer Nervenheilanstalt auf Bewährung entlassen. Im Haus ihrer Tochter, die als 3jährige die Tat der Mutter miterlebte, geht das Morden weiter, und sie gerät erneut in Verdacht. Während sie allmählich ins Leben zurückfindet, ergibt sich eine ebenso überraschende wie tragische Lösung. Vordergründiger Psychothriller mit massiven Schreckeffekten, der allein durch das suggestive Spiel der Hauptdarstellerin erwähnenswert ist. ✦ Schwarz-weiß. USA 1963 **P** Columbia **KI** Columbia-Bavaria **Pd+R** William Castle **B** Robert Bloch **K** Arthur E. Arling **M** Van Alexander **S** Edwin Bryant **D** Joan Crawford (Lucy Harbin), Diane Baker (Carol Harbin), Leif Erickson (Bill Cutler), Howard St. John (Raymond Fields), John Anthony Hayes (Michael Fields) **L** 93 **FSK** ab 18; nf **E** 19.6. 1964 **fd** 12 810

ZWANGSWEISE MITEINANDER (DE FORCE AVEC D'AUTRES). Ein 70jähriger Schauspieler und Sänger, der Depressionen und Einsamkeit in Alkohol ertränken will, findet mit Hilfe seines Sohnes wieder ins Leben zurück. Dabei wird das Leben des Vaters aus Bruchstücken neu zusammengesetzt und mit seinem beruflichen Werdegang verwoben, so daß Leben und Kunst zu einer Einheit verschmilzt. Für den Sohn hat die intensive Beschäftigung mit dem Vater zur Folge, daß er sich frei von Schuld fühlt und sich wieder auf das eigene Leben konzentrieren kann. Simon Reggiani dokumentiert in seinem Regiedebüt das Schicksal seines Vaters Serge. (O.m.d.U.) ✦ Frankreich 1991/92 **P** SDF **R+B** Simon Reggiani **K** Alain Choquart **M** Célia Reggiani, Silvano Michelino **S** Catherine Bonétat **D** Serge Reggiani (Sergio), Simon Reggiani (Simon), Pascale Vignal (Ärztin), Denis Lavant (Patient), Antoine Chappey (Patient) **L** 88 (Orig. 100) **E** 31.3.1996 N 3

20 IM AUTO, 40 IM BETT (LA SIGNORA HA FATTO IL PIERO LA CLASSE). Sex-Komödie über eine römische Prostituierte, die im Auftrag eines Industriellen einen Minister verführen soll, um die Genehmigung für ein Medikament zu ergattern. Kritische Ansätze gegenüber der korrupten und sexuell hemmungslosen »feinen Gesellschaft« werden von der plumpen Inszenierung verspielt. ✦ Italien/Spanien 1979 **P** Interfinances/Estela **KI** Avis/Film Allianz **R** Juan Bosch **B** Fabio Pittorru, Sergio Ricci **K** Gino Santini **M** Stelvio Cipriani **S** Tosea Rojo **D** Carmen Villani (Lola), Carlo Giuffrè (Fabrizzio), Esperanza Roy, Simón Andreu, Aldo Maccione **L** 84 **FSK** ab 18; nf **E** 23.5.1980 **fd** 22 496

20 JAHRE LEBENSLÄNGLICH (SHADOWS OF DOUBT). Dokumentarfilm über einen Schwarzen, der wegen Vergewaltigung zweier 14-jähriger Zwillingsschwestern in Louisiana, Mississippi, zu 100 Jahren Gefängnis verurteilt wurde, aber auch nach 20 Jahren Haft seine Unschuld beteuert. Der engagierte Film rollt den Fall erneut auf und beleuchtet viele Widersprüche. ✦ USA 1999 **R** Jonathan Stack **L** 90 **E** 1.7. 2000 N 3

ZWANZIG MÄDCHEN UND DIE PAUKER: HEUTE STEHT DIE PENNE KOPF. Um zum Theater zu kommen, will eine Gymnasiastin durch Streiche die Entlassung von der Schule erzwingen. Am Ende stehen Enttäuschung und Umkehr. Konsumfilm aus der deutschen »Schulserie«, massiver in den Streichen und pädagogisch noch bedenklicher als die Vorgänger. – Ab 14. ✦ BR Deutschland 1970 **P** Allianz/Terra **KI** Constantin **Pd** Heinz Willeg **R** Werner Jacobs **B** Barbara Anders, Michael Haller **K** Ernst Wild **M** Erwin Halletz **S** Gisela Haller **D** Mascha Gonska, Heidi Kabel, Rudolf Schündler, Rolf Olsen, Ralf Wolter **L** 99 **FSK** ab 6; nf **E** 25.2.1971 **fd** 17 247

ZWANZIG STUNDEN (HUSZ ORA). Ein Journalist soll über die Entwicklung der Kollektivierung eines Dorfes in Ungarn schreiben. In Gesprächen mit den Bewohnern fügt er Fetzen menschlicher Tragik und ideologischer Konflikte zusammen. Ein hervorragend gestalteter, intelligent montierter und realitätsnaher Film, der für ein friedliches Miteinander im (zur Entstehungszeit möglich erscheinenden) liberalisierten Sozialismus eintritt. Die komplexe mosaikartige Erzählform macht es nicht ganz leicht, die damaligen historischen, politischen und psychologischen Zusammenhänge zu entschlüsseln. – Sehenswert ab 16. ✦ Schwarz-weiß. Ungarn 1965 **P** Magyar **R** Zoltán Fábri **B** Miklós Köllö, nach einem Roman von Ferenc Sánta **K** György Illés **D** Antal Páger, János Görbe, Emil Keres, Adám Szirtes, József Bihari **L** 115 **E** 7.2.1966 ZDF/22.9.1978 DFF 2 **fd** 14 115

20 STUNDEN UND NICHTS IST WIE ES WAR (L'INTERPELLATION). Aus heiterem Himmel wird ein unbescholtener Arzt verhaftet und in Untersuchungshaft gebracht, von wo aus er erst nach 20 Stunden Kontakt mit seinem Anwalt aufnehmen darf. Er wird beschuldigt, Geld unterschlagen zu haben, und die beiden verhörenden Polizisten lassen kein Mittel ungenutzt, um ihm ein Geständnis abzupressen. Nach Ablauf der Zeit ist der unschuldige Mann beinahe bereit, ein Geständnis abzulegen. Psychologisches Drama, das beschreibt, wie sich psychischer Druck auf das Seelenleben eines Menschen auswirken und ihn schon nach kurzer Zeit deformieren kann. ✦ Frankreich 2001 **P** arte/BFC **R** Marco Pauly **B** Marco Pauly, Odile Barski **K** Pierre Novion **S** Jean-Pierre Guntz **D** Robin Renucci (Georges Brunel), Jacques Penot (Vido), Yves Verhoeven (Lavigne) **L** 97 **E** 14.12.2001 arte

20 TAGE OHNE KRIEG (DWAZAT DNJE BES WOINU). Um die Jahreswende 1942/43 fährt ein Frontberichterstatter für zwanzig Tage ins Hinterland nach Taschkent, um einen Film zu drehen und ein paar Tage Urlaub zu machen. Aber auch in der Heimat hat der Krieg tiefe, unauslöschliche Spuren hinterlassen. Ein ergreifender, sehr realistischer Film, der auf eine stille, berührende Weise tragische Einzelschicksale nachzeichnet. – Ab 14. ✦ Scope, schwarz-weiß. UdSSR 1976 **P** Lenfilm **KI** Progress **R** Alexej German **B** Konstantin Simonow **K** German Fedossjew **D** Juri Nikulin (Lopatin), Ljudmila Gurtschenko (Nika), Alexej Petrenko (Fliegerhauptmann), Michail Kononow (Rubzow), Jekaterina Wassiljewa (Rubzowa) **L** 102 **E** 24.4.1980 DFF 2/20.2.1981 Kino DDR/5.12.1997 ORB

20.13 – MORD IM BLITZLICHT. Ein Kommissar mit fanatischem Gerechtigkeitssinn wird wegen seiner rüden Methoden von den Ermittlungen gegen einen Kinderporno-Ring abgezogen. Auf private Faust ermittelt er weiter, und als immer mehr Tote im Milieu anfallen, gerät er selbst unter Mordverdacht. (Fernseh-)Thriller um das vermeintlich zugkräftige Thema Kindesmissbrauch, der die Motivation seines Protagonisten in dessen Vergangenheit verankert. ✦ Deutschland/Kanada/Frankreich 1999 **R** John Bradshaw **B** Don Schubert, Michael Capellupo **D** Thomas Heinze (Frank Decker), Natacha Lindinger (Carla), Leah Pinsent (Eve), Michael Morris (Hohlmann), Leonard Lansink (Chefredakteur Reiners) **L** 90 **E** 6.6. 2000 Vox

DIE ZWANZIGER UND DREISSIGER JAHRE (LATA DWUDZIESTE ... LATA TRYDZIESTE). Ein Ingenieur kann seine Geschäftspartner nicht zu großen Investitionen in der Erdölbranche bewegen und versucht – darüber verärgert –, sie nun finanziell zu ruinieren. Mit dem Kauf eines großen Revuetheaters und der Inszenierung eines sündhaft teuren und schauprächtigen Spektakels möchte er Pleite machen. Nostalgisch verklärter Ausstattungs- und Revuefilm ohne Witz und Tiefgang. – Ab 14. ✦ Polen 1983 **P** Zespoly Filmowe, Gruppe »Perspektywa« **KI** Progress **R** Janusz Rzeszewski **B** Ryszard Marek Gronski, Michal Komar **K** Witold Adamek **M** Wlodzimierz Korcz **D** Grazyna Szapolowska, Tomasz Stockinger, Piotr Fronczewski, Dorota Stalinska, Ewa Kuklinska **L** 106 **E** 30.8. 1985 Kino DDR/1.11.1986 DFF 1

DER 20. JULI. In der Rückblende, nach dem Kriege, erleben der Bauingenieur Lindner und die Sekretärin Hildegard Klee noch einmal jene Tage der Vorbereitung des Attentats auf Hitler (20. Juli 1944), an denen sie damals indirekt beteiligt waren. Der Film von Falk Harnack entstand im zeitlichen Wettlauf mit Pabsts »Es geschah am 20. Juli«. Anders als das Drehbuch des Pabst-Films, das sich auf den Ablauf der Tagesereignisse beschränkt, bezieht die CCC-Produktion auch das weitere Umfeld des antinationalsozialistischen Widerstands in seine Schilderung ein. Ein bis in die kleinste Rolle sorgfältig besetzter und von Mitgliedern des Widerstands detailliert beratener Film, der im deutschen Kino der 50er Jahre positiv auffiel. – Ab 16. ✦ Schwarz-weiß. BR Deutschland 1955 **P** CCC **KI** Herzog **Pd** Artur Brauner **R** Falk Harnack **B** Günther Weisenborn, Werner Jörg Lüddecke, Falk Harnack **K** Karl Loeb **M** Herbert Trantow **S** Kurt Zeunert **D** Wolfgang Preiss (Oberst Graf Stauffenberg), Werner Hinz (Generaloberst Beck), Annemarie Düringer (Hildegard Klee), Robert Freytag (Hauptmann Lindner), Fritz Tillmann (General von Treschkow) **L** 97 **FSK** ab 12; f **FBW** w **E** 21.6.1955 **fd** 4 122

20 000 JAHRE IN SING SING (20 000 YEARS IN SING SING). Ein überheblicher amerikanischer Gangster gerät während eines Urlaubs auf Ehrenwort unschuldig in Mordverdacht und nimmt für seine Freundin Tat und Todesstrafe auf sich. Von Spencer Tracys Darstellung lebender sozialkritischer Gangsterfilm, der den amerikanischen Strafvollzug beleuchtet. – Ab 16. ✦ Schwarz-weiß. USA 1932 **P** First National/ Warner **Pd** Robert Lord **R** Michael Curtiz **B** Wilson Mizner, Brown Holmes, Courtney Terrett, Robert Lord, nach einem Roman von Lewis E. Lawes **K** Barney McGill **M** Bernhard Kaun **S** George Amy **D** Spencer Tracy (Tom Connors), Bette Davis (Fay), Louis Calhern (Joe Finn), Arthur Byron (Wächter Long), Lyle Talbot (Bud), Grant Mitchell (Dr. Ames), Warren Hymer (Hype) **L** 75 **E** 17.4.1972 ZDF

20 000 MEILEN UNTER DEM MEER (1954) (20 000 LEAGUES UNDER THE SEA). Nach dem fantastischen Roman von Jules Verne: Der menschenfeindliche, aber geniale Kapitän Nemo, der sich an der ganzen Menschheit rächen will, macht im Jahr 1868 mit seinem riesigen Unterseeboot den Pazifischen Ozean unsicher. Ungeachtet der bisweilen aufgesetzt-konfusen Dialoge über Krieg und Frieden eine einprägsam trickreiche, überwiegend spannende Unterhaltung im Stil des Disney-Studios. (TV-Titel DDR: »Kapitän Nemo«) – Ab 14. ✦ Scope. USA 1954 **P** Walt Disney **KI** Ufa **Pd** Walt Disney **R** Richard Fleischer **B** Earl Felton, nach einem Roman von Jules Verne **K** Franz Planer, Ralph Hammeras, Till Gabbani **M** Paul J. Smith, Johann Sebastian Bach **S** Elmo Williams **D** Kirk Douglas (Ned Land), James Mason (Capt. Nemo), Paul Lukas (Prof. Pierre Aronnax), Peter Lorre (Conseil), Robert J. Wilke (Erster Maat), Carleton Young (John Howard), Ted de Corsia (Capt. Farragut), Percy Helton (Taucher), Ted Cooper (Offizier), Fred Graham **L** 128 **FSK** ab 12; nf **E** 20.1. 1956/25.4.1969 Kino DDR/September 1977 DFF **fd** 4 758

20 000 MEILEN UNTER DEM MEER (1996, ANDERSON) (20 000 LEAGUES UNDER THE SEA). Neuverfilmung des Romans von Jules Verne. Ein Wissenschaftler, dessen Tochter und ein Harpunist geraten auf der Suche nach einem Meeresungeheuer an Bord des U-Bootes Nautilus, das von dem exzentrischen Kapitän Nemo geführt wird. ✦ USA 1996 **R** Michael Anderson **B** Joe Wiesenfeld, nach einem Roman von

Jules Verne **K** Alan Hume **M** John Scott (= Hanns Schott-Schöbinger) **D** Richard Crenna (Professor Aronnax), Ben Cross (Captain Nemo), Julie Cox (Sophie), Paul Cross (Ned Lang) **L** 92 **E** 4.12.1997 ProSieben

20000 MEILEN UNTER DEM MEER (1996, HARDY) (20000 LEAGUES UNDER THE SEA). Auf der Jagd nach einem Meeresungeheuer stößt ein Meeresbiologe mit seinen Gefährten auf den charismatischen Kapitän Nemo, der mit seinem riesigen U-Boot die Ozeane durchkreuzt. Der Forscher ist von dem Mann gebannt und verliebt sich in seine Tochter. Aufwendige (Fernseh-)Verfilmung des Romans von Jules Verne, getragen von einem guten Hauptdarsteller. Dies kann aber nicht über die Ideenarmut der Autoren hinwegtäuschen. – Ab 14. ✦ USA 1996 **P** Village Roadshow/Frederick S. Pierce Comp. **R** Rod Hardy **B** Brian Nelson, nach dem Roman von Jules Verne **K** James Bartle **M** Mark Snow **S** Drake Silliman **D** Michael Caine (Kapitän Nemo), Patrick Dempsey (Pierre Arronax), Mia Sara (Mara), Adewale Akinnuoye-Agbaje (Cabe Attucks), Bryan Brown (Ned Land) **L** 170 (80 & 90) **E** 29./30.12.1999 ARD

DER ZWECK UND DIE MITTEL (ENDS AND MEANS). Im frühen 16. Jahrhundert begegnen sich Machiavelli und ein unbekannter Kaufmann auf einer Reise durch Italien und diskutieren über politische Moral, Ökonomie und Staatsreformen. Später hat der Kaufmann einen seltsamen Traum von Robinson Crusoe und erwacht schließlich im England der Gegenwart, wo er einiges über die Entwicklung des Kapitalismus und die politische Lehre Machiavellis erfährt. Filmischer Essay, der sich als politische Studienreise versteht; als Bindeglied unterschiedlichster Stilelemente und Epochen steht die Gedankenwelt des italienischen Staatsmannes, der der Politik Vorrang vor der Moral gab und damit zum Wegbereiter ungehemmter Machtpolitik wurde. ✦ Großbritannien 1983 **P** Trade Films/Gateshead (für Channel Four)/ZDF **R** Stewart MacKinnon **B** Stewart MacKinnon, Andrew Smith **K** Ina Dobbie, Ann Cottringer **D** Jake Denman, Doyne Byrd, Andrew Rashleigh, Philip McGough, Paul Copley **L** 80 **E** 18.4.1984 ZDF

ZWEI. Ein 30jähriger Starkstromelektriker, der mit seiner 70jährigen Mutter in idyllischer Abgeschiedenheit lebt, möchte ihrer zu massiven Fürsorglichkeit entrinnen, zumal sie ihm sogar eine Ehefrau zuführen will, während er sich für eine Verkäuferin interessiert. Mit irrealen und absurden Elementen entwickelte Mutter-Sohn-Beziehung, die den Ablösungsprozeß nur andeutungsweise problematisiert und in verschwommene Märchen-Romantik ausweicht. Das cineastische Bemühen ist freilich unübersehbar, und als Abschlußarbeit an der Hochschule für Film und Fernsehen in München ist der Film recht ansehnlich. ✦ BR Deutschland 1990 **P** Salinas/HFFM **SF** HFFM **Pd** Gloria Burkert **R+B** Pascale Schmidt **K** Diethard Prengel, Wolfgang Aichholzer, Kastor Hahn **S** Michaela Heigl **D** Klaus Ortner (Bernhard), Edeltraud Schubert (Mutter), Julia Lindig (Astrid), Ingried Kaech (Verkäuferin) **L** (TV) 60 **E** 3.7.1990 ZDF

ZWEI AASGEIER →Copper Face

ZWEI AASGEIER AUF DEM WEG ZUR HÖLLE →Copper Face

ZWEI AGENTEN KRIEGEN ÄRGER →Undercover U.S.A.

ZWEI ALTE SÜNDER →Heiratskandidaten

ZWEI AN DER STRIPPE. Eine von den Männern enttäuschte Frau will in Zukunft feste Beziehungen meiden, doch ihre Mutter gibt eine Kontaktanzeige auf. Sie lernt telefonisch einen Mann kennen, der ihr sympathisch erscheint, doch beim ersten Treffen wird klar, daß auch er einer Traumfrau hinterherrennt. Ein Spiel um Schein und Sein und um Wunschwelten, die mit dem Alltag kaum zur Deckung zu bringen sind. ✦ Deutschland 1993 **R** Imo Moszkowicz **B** Wolfgang Mühlbauer **K** Emanuel Rund **D** Regine Leonhardt (Anna Probst), Rainer Grenkowitz (Markus Wegener), Konstanze Proebster (Ulrike), Regine Lutz (Mutter Probst), Wolfgang Netzer (Blake) **L** 89 **E** 21.3.1994 ZDF

ZWEI ASSE IM SCHNEE →Aspen

ZWEI ASSE SCHLAGEN WIEDER ZU (ANOTHER PAIR OF ACES: THREE OF A KIND). Ein Texas-Ranger sucht auf eigene Faust einen flüchtigen Kollegen, der des Mordes verdächtigt wird, von dessen Unschuld er aber überzeugt ist. Zusammen mit einem Safeknacker und einer FBI-Agentin kommt er dabei einer kriminellen Organisation auf die Spur. Kriminalfilm, der sich um die Schaffung einer spezifisch texikanischen Mentalität müht und seine Action mit bärbeißigem Humor versetzt. – Ab 16. ✦ USA 1991 **P** CBS **Pd** Cyrus Yavneh **R** Bill Bixby **B** Rob Gilmer **D** Willie Nelson (Billy Roy), Kris Kristofferson (»Rip«), Rip Torn (Captain Jack Parsons), Joan Severance (Susan), Dan Kamin (Sheriff Sheedy) **L** 89 **E** 31.5.1997 ZDF

ZWEI ASSE SCHLAGEN ZU (PAIR OF ACES). Auf die auch als Country-Sänger populären Hauptdarsteller zugeschnittener Kriminalfilm. Ein erfahrener Texas Ranger muß ausgerechnet bei der Suche nach einem Mädchenmörder auf einen Safeknacker aufpassen, für den im Gefängnis kein Platz mehr war. Als der Polizist jedoch merkt, daß der schlitzohrige Gauner ihm eine wertvolle Hilfe ist, erwächst aus der Not eine schlagkräftige Partnerschaft. – Ab 14. ✦ USA 1990 **P** Pedernales Films **Pd+R** Aaron Lipstadt **B** Bud Shrake, Gary Cartwright **D** Willie Nelson (Billy Roy Baker), Kris Kristofferson (Rip Metcalf), Rip Torn (Capt. Jack Parsons), Helen Shaver (Rose), Jane Cameron (Jewel Metcalf) **L** 94 **E** 8.4.1995 ZDF

ZWEI ASSE TRUMPFEN AUF (CHI TROVA UN AMICO, TROVA UN TESORO / WHO FINDS A FRIEND, FINDS A TREASURE). Zwei Abenteurer befreien eine Tropeninsel von schatzsuchenden Ganoven und Glücksrittern. Stumpfsinnige Serienunterhaltung mit grobschlächtigem Witz und Prügelklamauk, geprägt von primitiver Gesinnung und pubertärer Männlichkeitsauffassung. – Ab 14. ✦ Italien/USA 1981 **P** Take One/El Coral Gables **Kl** Warner-Columbia **R** Sergio Corbucci **B** Mario Amendola, Sergio Corbucci **K** Luigi Kuveiller **M** Carmelo La Bionda, Michelangelo La Bionda **S** Amedeo Salfa **D** Bud Spencer, Terence Hill (= Mario Girotti), John Fujoka, Luise Bennett, Sal Borgese **L** 108 **FSK** ab 6; f **E** 10.12.1981 **fd** 23 244

ZWEI AUF GLEICHEM WEG (TWO FOR THE ROAD). Nöte und Schwierigkeiten einer Ehe nach 12 gemeinsamen Jahren, die während einer Urlaubsreise in Südfrankreich vor dem Ende zu stehen scheint. Die Stationen des gemeinsamen Lebenswegs und Liebesglücks werden in einer Reihe von Rückblenden, die mit traumhafter Sicherheit und unglaublicher Originalität in die Handlung eingefügt werden, in Erinnerung gebracht. Dabei wird deutlich, daß sich die Gemeinschaft der beiden trotz mehrfachen Ehebruchs und zahlreicher Auseinandersetzungen immer wieder behaupten konnte. Eine leichtgewichtige Komödie mit ernstem Hintergrund, hervorragend gespielt und montiert, aber nicht immer ganz glaubwürdig, wenn die Probleme in oberflächlicher Weise überspielt werden. – Ab 14. ✦ Scope. USA 1966 **P** 20th Century Fox **Kl** CentFox **Pd+R** Stanley Donen **B** Frederic Raphael **K** Christopher Challis **M** Henry Mancini **S** Richard Marden, Madeleine Gug **D** Audrey Hepburn (Joanna Wallace), Albert Finney (Mark Wallace), Eleanor Bron (Cathy Manchester), William Daniels (Howard Manchester), Claude Dauphin (Maurice Dalbret), Jacqueline Bisset (Jackie) **L** 111 **FSK** ab 12; f (fr. 16;nf) **FBW** w **E** 14.9.1967 **fd** 14 926

ZWEI AUF KRUMMER TOUR (LAST THREE MINUTES). Ein leichtlebiger, verschuldeter Mann überredet einen kurz vor der Hochzeit stehenden Freund, auszusteigen, ein freies Leben zu führen und sich mit Gaunereien durchzuschlagen. Die Flucht in die Freiheit endet in einer Katastrophe. Langweilige Tragikomödie in einer hingeschluderten Inszenierung. – Ab 16. ✦ USA 1980 **P** Douglas N. Schwartz Prod. **VA** Allround **Pd+R** Douglas N. Schwartz **B** James Dixon **K** Stephen M. Katz **D** Ron Leibman, Beau Ridges Bridols, Janta Wulgonin **L** 88 **FSK** ab 16 **E** 1990 Video

ZWEI AUGEN – ZWÖLF HÄNDE (DO ANKHEN BARAH HAATH). Ein idealistischer Polizeioffizier wagt ein ungewöhnliches Experiment: Er gibt sechs verurteilten Schwerverbrechern Arbeit auf einer kollektiv bewirtschafteten Farm. Intrigen und Zwischenfälle können den Erfolg des Unternehmens nicht verhindern. Trotz erheblicher Kürzungen in der deutschen Verleihfassung ist Shantarams Filmparabel ein bemerkenswertes Beispiel für soziales Engagement und erzählerische Fantasie im indischen Nachkriegskino. (Preis der OCIC in Berlin 1958) – Sehenswert ab 14. ✦ Schwarz-weiß. Indien 1957 **P** Rajkamal Kalamandir Prod. **Kl** Ceres **R** Vanakudre Shantaram **B** G. D. Madgulkar **K** G. Balkrishna **M** Vasant Desai **D** Vanakudre Shantaram (Adinath), P. Sharma (Kishan), Sandhya (Champa), Ullhas (Shankar), Gajendra (Keshogiri) **L** 105 **FSK** ab 12; f **E** 28.10.1960 **fd** 9 668

ZWEI AUS JENER WELT (DVA Z ONOHO SVETA). Der Bruder eines Musikprofessors aus Prag, der nach Amerika ausgewandert war, kommt nach vielen Jahren mit seinem Sohn in die heimatliche Stadt zu Besuch. Beeindruckt vom sozialen Aufbau beschließen sie, in der Heimat zu bleiben. Ein nur mäßig amüsanter Film; inszenatorisch und darstellerisch bestenfalls Durchschnitt. – Ab 12. ✦ CSSR 1962 **P** Filmstudio Barrandov **Kl** Progress **R** Milos Makovec **B** Vratislav Blazek, Frantisek Lukas **K** Jan Roth **M** Jirí Baur **D** Oldrich Novy (Peter/Pavel), Dana Medrická (Frau Fortova), Helga Cocková (Alena), Jan Tríska (Robert), Milos Kopecky (Psychiater) **L** 93 **E** 17.5.1963 Kino DDR/7.5.1964 DFF 1

ZWEI AUSGEBUFFTE PROFIS (SEMI-TOUGH). Zwei alternde Football-Stars und eine junge Frau, die jahrelang freundschaftlich zusammengelebt haben, geraten plötzlich in eine Krise. Dreiecksgeschichte mit satirischen Spitzen gegen psychodynamische Trainingsprogramme als Glücks- und Heilsbringer. Nicht immer geschmackssicher und nur mäßig unterhaltsam. (Videotitel: »Superprofis trumpfen auf«) – Ab 16 möglich. ✦ USA 1977 **P** United Artists **Kl** United Artists **Pd** David Merrick **R** Michael Ritchie **B** Walter Bernstein, nach einem Roman von Dan Jenkins **K** Charles Rosher jr. **M** Jerry Fielding **S** Richard A. Harris **D** Burt Reynolds (Billy Clyde Puckett), Kris Kristofferson (Shake Tiller), Jill Clayburgh (Barbara Jane Bookman), Robert Preston (Big Ed Bookman), Bert Convy (Friedrich Bismarck) **L** 108 **FSK** ab 16, f **E** 30.6.1978 **fd** 20 832

ZWEI AUSGEKOCHTE GAUNER (THE STING II). 1940 in New York: Ein pfiffiger Altgauner legt mit Hilfe zweier Komplizen zwei hartgesottene Großgauner durch einen raffinierten Boxschwindel herein. Allzu routiniert-unpersönlich inszenierte, aber streckenweise recht amüsante Fortsetzung der erfolgreichen Gaunerkomödie »Der Clou«, die ihren Vorgänger jedoch bei weitem nicht erreicht. – Ab 14 möglich. ✦ USA 1983 **P** Universal **Kl** UIP **Pd** Jennings Lang **R** Jeremy Paul Kagan **B** David S. Ward **K** Bill Butler **M** Lalo Schifrin **S** David Garfield **D** Jackie Gleason, Oliver Reed, Mac Davis, Karl Malden, Teri Garr **L** 102 **FSK** ab 12; f **FBW** w **E** 17.6.1983/3.1.1986 Kino DDR **fd** 24 044

ZWEI AUSGEKOCHTE HALUNKEN (LO CREDEVANO UNO STINCO DI SANTO / LA CAZA DEL ORO). Nach ihrer Haftentlassung folgt eine Reihe von Glücksrittern den Spuren eines ehemaligen Goldräubers, die das Geheimnis seines Goldverstecks lüften wollen. Langatmiger Italowestern mit verworrener Handlung, der das Faustrecht als einzig probates Mittel zur Wiederherstellung von Recht und Ordnung propagiert. (TV-Titel: »Fäuste wie Dynamit«) ✦ Italien/Spanien 1972 **P** PEA/Cine XX **VA** All **R** Juan Bosch **D** Anthony Steffen (= Antonio de Teffe), Fernando Sancho, Daniel Martí, Tania Alvarado, Manuel Guilian **L** 90 **FSK** ab 12; f **E** 29.7.1987 RTL plus/September 1987 Video

ZWEI AUSREISSER (BUNICUL SI DOI DELINCVENTI MINORI). Jugendfilm. Wegen familiärer Spannungen läuft ein 12jähriger Junge von zu Hause weg, begleitet von seinem Freund. Bald werden die Ausreißer von der Polizei verfolgt, die im Auftrag der Eltern nach ihnen sucht. – Ab 12. ✦ Schwarz-weiß. Rumänien 1976 **P** Filmstudio Bucuresti/Casa de filme 5 **R** Maria Callas-Dinescu **B** Petre Salcudeanu **K** Vivi Dragan Vasile **M** Florin Bogardo **D** Octavian Cotescu, Draga Olteanú-Matei, Silviu Stanculescu, Nae Mazilu, Elizabeta Jar Rozorea, Sanda Toma **L** 81 **E** 6.8. 1981 DFF 1/8.5.1994 mdr

ZWEI AUSSER RAND UND BAND (I DUE SUPERPIEDI QUASI PIATTI). Zwei kleine Ganoven, die sich in Florida ohne Geld und Gut durch den Tag wursteln, landen durch Zufall im Polizeidienst und bringen eine Bande von Rauschgiftschmugglern zur Strecke. Serieller Klamauk- und Prügelfilm nach den üblichen trivialen Standards; deutlich unter dem Niveau der besseren Spencer/Hill-Filme. – Ab 14 möglich. ✦ Italien 1976 **P** Tritone/T.O.T.A. **Kl** Warner-Columbia **R+B** E.B. Clucher (= Enzo Barboni) **K** Claudio Cirillo **M** Guido de Angelis, Maurizio de Angelis **S** Eugenio Alabiso **D** Terence Hill (= Mario Girotti) (Matt Kirby), Bud Spencer (Wilbur Walsh), Laura Gemser (Susy Lee), Luciano Catenacci (Fred), Edy Biagetti (Vize-Gouverneur), Luciano Rossi, David Huddleston, Luigi Casellato **L** 114 **FSK** ab 12; nf **E** 1.4. 1977 **fd** 20 267

ZWEI BABYSITTER AUF ACHT PFOTEN. Als die Enkelin eines italienischen Industriellen entführt wird, gerät zunächst der leibliche Vater des Kindes in Verdacht, der sich von seiner Frau getrennt hatte und mit seiner Geliebten zusammen lebt. Einem Journalisten gelingt es jedoch, mit Hilfe zweier Schäferhunde die richtige Fährte aufzunehmen. Minimalistischer italienischer Kriminalfilm. ✦ Italien 1974 **R** Maurizio Pradeaux **D** Sal Borgese, Ileana Rigano, P. Fabian, D. Ribol **L** 85 **E** 17.8.2000 Kabel 1

ZWEI BANDITEN (BUTCH CASSIDY AND THE SUNDANCE KID). Zwei Banditen werden um 1900 nach einem Eisenbahnüberfall von unbekannten Verfolgern fast zu Tode gejagt, setzen sich mit einer Freundin nach Bolivien ab, überfallen dort erneut Banken und werden schließlich von der Miliz und ihrem hartnäckigen Verfolger gestellt. Eindrucksvoll fotografierter tragikomischer Western mit viel Humor, der die tiefergehenden Möglichkeiten des Themas der erbarmungslosen Jagd und Flucht nicht nützt, sondern an der Oberfläche gelungener Unterhaltung bleibt. (Späterer Titel: »Butch Cassidy und Sundance Kid«) DVD: Die Special Edition enthält u. a. einen dt. untertitelten Audiokommentar des Regisseurs, des Drehbuchautors, des Associate Producer Robert Crawford und des Kameramanns sowie eine interessante, 40-minütige Dokumentation zum Film. – Sehenswert ab 16. ✦ Scope. USA 1968 **P** Campanile Productions **Kl** CentFox **VA** CentFox **DVD** Fox Home (16:9, 2.35:1, Mono engl./dt.) **Pd** John Foreman **R** George Roy Hill **B** William Goldman **K** Conrad L. Hall **M** Burt Bacharach **S** John C. Howard, Richard C. Meyer **D** Paul Newman (Butch Cassidy), Robert Redford (Sundance Kid), Katharine Ross (Etta Place), Strother Martin (Percy Garris), Henry Jones (Fahrradhändler), Jeff Corey (Sheriff Bledsoe), George Furth (Woodcock), Cloris Leachman (Agnes), Ted Cassidy (Harvey Logan), Donnelly Rhodes (Macon), Jody Gilbert (große Frau), Don Keefer (Feuerwehrmann) **L** 103 **FSK** ab 12; f **FBW** bw **E** 10.10.1969/13.1.1990 DFF 1/23.8.2001 DVD **fd** 16 411

ZWEI BÄRENSTARKE TYPEN (GO FOR IT). Zwei Herumtreiber auf der Flucht vor der Polizei werden für Geheimagenten gehalten. Da es um eine große Summe Geld geht, spielen sie die Rollen mit und entlarven feindliche Agenten, die die Weltmacht anstreben. Die altbekannte Handlung wird um mäßig komische Seitenhiebe auf die »James Bond«-Serie erweitert. Zwar zurückhaltender mit dem üblichen Prügelklamauk, doch kaum einfallsreicher als frühere Spencer/Hill-Filme. – Ab 14. ✦ Italien/USA 1982 **P** Laguna El Pico/El Coral Gables **R** E. B. Clucher (= Enzo Barboni) **B** Marco Tullio Barboni **K** Ben McDermott **M** Franco Micalizzi **S** Eugene Ballaby **D** Terence Hill (= Mario Girotti) (Rosco Frazer), Bud Spencer (Doug O'Riordan), Buffy Dee (K 1), David Huddleston (Tiger), Faith Minton (Der Vamp) **L** 110 **FSK** ab 6; f **E** 23.9.1983/18.2.1989 DFF 1 **fd** 24 202

ZWEI BAYERISCHE DICKSCHÄDEL →Zwei himmlische Dickschädel

ZWEI BAYERN IM HAREM. Weitere Klamaukfolge der »Zwei Bayern«-Serie, die dieses Mal in Nordafrika spielt. Ein Schiffskoch und ein Maat werden als Sklaven verkauft und von einer jungen Frau aus dem Harem gerettet. Banales Lustspiel ohne Sinn für Parodie und Witz, dessen vermeintliche Komik sich überwiegend aus Klischees und Vorurteilen zusammensetzt. – Ab 16. ✦ BR Deutschland 1957 **P** Regina **Kl** Prisma **Pd** Jochen Genzow **R** Joe Stöckel **B** Franz M. Schilder **K** Erich Claunigk **M** Peter Igelhoff **S** Adolph Schlyßleder **D** Joe Stöckel (Jonathan, Schiffskoch), Beppo Brem (Michel, Rudergänger), Elfie Pertramer (Lucie, Pflegerin), Johannes Riemann (Hieronymus Walden), Helga Franck (Kathi, seine Enkelin) **L** 82 **FSK** ab 12; nf **E** 26.9.1957 **fd** 6 242

ZWEI BAYERN IM URWALD. Fortsetzung von »Zwei Bayern in St. Pauli«: Die Bierreise des Bajuwaren-Paares nach Westafrika. Klamaukfilm auf niedrigem Niveau. – Ab 16 möglich. ✦ BR Deutschland 1957 **P** Regina **Kl** Prisma **Pd** Jochen Genzow **R** Ludwig Bender **B** Hans Fitz **K** Klaus von Rautenfeld **M** Peter Igelhoff **S** Anneliese Schönnenbeck **D** Joe Stöckel (Jonathan Ratzenstaller), Beppo Brem (Michel Moosrainer), Lucie Englisch (Emerenzia), Maria Stadler (Kunie), Hubert von Meyerinck (Jawassis) **L** 87 **FSK** ab 12 (fr. 16; nf) **E** 7.6.1957 **fd** 5 929

ZWEI BAYERN IN BONN. Beim Bonner Familienministerium und bei anderen Regierungsstellen erscheinen zwei trottelige Dorfvertreter aus Oberbayern, um nach vermeintlichen Bauplänen für einen Atommeiler zu forschen. Ungewöhnlich sorg- und stilloses Lustspiel der 60er Jahre, in dem schon zur Entstehungszeit weder Parodie noch Witz funktionierten. – Ab 16. ✦ Schwarz-weiß. BR Deutschland 1962 **P** Urania/Monachia **Kl** Rolei **Pd** Georges C. Stilly **R** Rudolf Lubowski **B** Ernst A. Welisch, Ilse von Gasteiger, Rudolf Lubowski **K** Walter Tuch **M** Hans Conzelmann **S** Henri Sokal **D** Beppo Brem, Hannelore Bollmann, Lucie Englisch, Hans Fitz, Werner Finck **L** 87 **FSK** ab 16; nf **E** 17.8.1962 **fd** 11 383

ZWEI BAYERN IN ST. PAULI. Auf einer Reise nach Afrika bleiben Bürgermeister und Schmied eines bayerischen Dorfes in Hamburg hängen und fallen Gaunern in die Hände. Oberbayerischer Bauernschwank, der seinen anspruchslosen Klamauk teilweise in den Hamburger Tierpark verlegt. – Ab 14. ✦ Schwarz-weiß. BR Deutschland 1956 **P** König **Kl** Kopp **Pd** Edgar Röll **R** Hermann Kugelstadt **B** Hans Lacmüller, Eberhard Itzenplitz **K** Erich Küchler **M** Werner Bochmann **S** Luise Dreyer-Sachsenberg **D** Joe Stöckel, Beppo Brem, Ernst Waldow, Franz Muxeneder, Lucie Englisch **L** 95 **FSK** ab 12; nf **E** 27.11.1956 **fd** 5 457

ZWEI BAYRISCHE DICKSCHÄDEL →Zwei himmlische Dickschädel

ZWEI BLAUE AUGEN. Rührselige Liebesgeschichte zwischen einer blinden Telefonistin und einem einsamen, selbstlosen Ingenieur. Kitschiges Melodram im Stil der 50er Jahre. – Ab 14. ✦ Teils schwarz-weiß. BR Deutschland 1955 **P** Real **Kl** Rank **Pd** Gyula Trebitsch, Heinz-Günter Sass **R** Gustav Ucicky **B** Kurt E. Walter, nach einem Roman von Josef Babay **K** Ekkehard Kyrath **M** Michael Jary **S** Alice Ludwig-Rasch **D** Marianne Koch, Claus Holm, Helen Vita, Camilla Spira, Kurt Meisel **L** 96 **FSK** ab 12; f **E** 4.11.1955 **fd** 4 493

ZWEI BLAUE VERGISSMEINNICHT →Und wenn der ganze Schnee verbrennt

ZWEI BLECHPILOTEN UND IHRE FLIEGENDEN KISTEN →Gunbus – Zwei Blechpiloten und ihre fliegenden Kisten

ZWEI BRIEFE AN POSPISCHIEL. Der westdeutsche Bergarbeiter Paul Pospischiel verlor während des Zechensterbens an der Ruhr seine Arbeit, konnte sich jedoch über eine Umschulung eine neue Existenz schaffen. Ein Brief seiner Mutter reißt ihn aus der trügerischen Geborgenheit. Sie hat den Mann gefunden, der den Vater 1938 ins Konzentrationslager brachte und seinen Tod verschuldete. Paul macht sich auf den Weg in die unbewältigte Vergangenheit. Zweiteiliger DDR-Fernsehfilm, der ein kritisches Sittenbild der westdeutschen Gesellschaft zu entwerfen versucht. (1. »Der erste Brief«; 2. »Wer gehört zu wem«). ✦ Schwarz-weiß. DDR 1970 **P** DEFA **Pd** Alexander Lösche **R** Ralf Kirsten **B** Gerhard Bengsch, Ralf Kirsten, nach dem gleichnamigen Roman von Max von der Grün **K** Roland Dressel **M** André Asriel **S** Ursula Zweig **D** Günther Simon (Paul Pospischiel), Ingeborg Nass (Gerda Pospischiel), Evelyn Opoczynski (Lissy Pospischiel), Erika Pelikowsky (Mutter Pospischiel), Norbert Christian (Fred Wördemann) **L** 155 **E** 20.,22.11.1970 DFF 1 (zwei Teile)

ZWEI BRIGADEN (DWIE BRYGADY). Zwei Brigaden – eine Gruppe Schauspieler und eine Gruppe Arbeiter – wirken an der Theaterinszenierung eines Bühnenstückes mit. – Ab 14. ✦ Schwarz-weiß. Polen 1950 **P** Film-Polski **Kl** Progress **R** Eugeniusz Cekalski **B** Eugeniusz Cekalski, nach dem Roman »Brigade Karhan« von Vasek Kania **K** Adolf Forbert **M** Witold Krzemienski **D** Kazimierz Opalinski (Borowicz Karhan), Zdzislaw Karczewski (Walscki Fikejs), Zygmunt Lalek (Walczak), Hanka Bielicka (Sarnecka), Danuta Mnleska (Vlaska Podlewska) **L** 82 **E** 20.4.1951 Kino DDR

ZWEI BRÜDER (MATIRA MANISHA). Die indische Provinz Orrisa 1930: Eine bäuerliche Großfamilie lebt ganz nach den überkommenen Traditionen. Doch während der älteste Sohn den Hof betreibt und für die Familie sorgt, interessiert den jüngeren der Wandel in seiner Umgebung. Bald träumt er von der Stadt, wo er sich mit seiner jungen Frau eine Existenz aufbauen will. Als der Krieg ausbricht, die Steuern erhöht werden und die Lebenshaltungskosten steigen, fordert er die Aufteilung des Landes und bricht einen Streit mit dem Bruder vom Zaun, der die Familie entzweit. Letztlich geht der jüngere Sohn aber gestärkt aus dem Streit hervor, da er die Vergangenheit hinter sich gelassen hat. Die Verfilmung eines berühmten indischen Romanes, zur damaligen Zeit einer der wenigen kommerziellen Spielfilme Indiens, die sich realistisch mit dem bäuerlichen Leben auseinandersetzten. Der Film entstand an Originalschauplätzen und weitgehend mit Laiendarstellern. – Sehenswert. ✦ Schwarz-weiß. Indien 1967 **P** Chhayavani Prod. **Kl** Freunde der Deutschen Kinemathek **R** Mrinal Sen **B** Mrinal Sen, nach einer Novelle von Kali Chazan Panigrahi **K** Sailaja Chatterjee **M** Bhubaneswar Misra **S** Gangadhar Nasgar **D** Ram Mania (der Vater), Sarat Pujari (Baraju, der ältere Sohn), Bhanumati (Barajus Frau), Prasanta Nanda (Chakari, der jüngere Sohn), Soujata (Chakaris Frau), Dukhiram Swain (Geldverleiher) **L** 120 **E** 4.4.1970 NDR/RB/SFB

ZWEI BRÜDER AUF DER FLUCHT (BROTHERS' DESTINY/THE ROAD HOME/LONG ROAD HOME). Zwei Brüder werden 1925 durch eine Gasexplosion zu Waisen und sollen in einem Heim untergebracht werden. Weil es dort sehr streng zugeht, reißen sie aus und brechen zu einer abenteuerlichen Reise nach Oklahoma auf. Amerikanisches (Fernseh-)Drama. – Ab 16. ✦ USA 1995 **P** Concorde-New Horizon/Republic Pictures **Pd** Donald Borza, Dean Hamilton, Lance H. Robbins, James Shavick, Jim Townsend, Randolf Turrow **R** Dean Hamilton **B** Keith O'Leary **D** Keegan MacIntosh (John), Charles Martin Smith (Merriman), Will Estes (Michael), Robert Prosky (Pater Tierney), Robin Dunne (Clay Berry), Danny Aiello

(Duke), Rick Aiello (»Prediger« Yale), Mickey Rooney (Pater Flanagan) **L** 88 **E** 30.11.1999 Super RTL

ZWEI CHAOTEN AUF DEM CAMPUS →P.C.U.

ZWEI CHEYENNE AUF DEM HIGHWAY →Powwow Highway

ZWEI COMPANEROS →Laßt uns töten, Companeros

ZWEI COPS SIND NICHT ZU BREMSEN →No. One with a Bullet – Zwei Cops sind nicht zu bremsen

ZWEI COWBOYS (TRAIL OF DANGER). Zwei Cowboys, die den Auftrag haben, eine halbverhungerte Pferdeherde während des Winters zu füttern, finden auf der verlassenen Ranch nicht genügend Vorräte, um diese Aufgabe erfüllen zu können. Es beginnt ein abenteuerlicher Kampf, um die Tiere durch den Winter zu bringen. Western aus der Familien-Produktion des Walt-Disney-Studios. – Ab 10 möglich. ✦ USA 1977 **P** Walt Disney **R** Andrew V. McLaglen **D** Jim Davis (Pop Apling), Larry Wilcox (Beech Carter), Robert Donner **L** 90 **E** 29.6.1989 ARD/13.5.1990 DFF 1

ZWEI DÄNINNEN IN LEDERHOSEN. In einem bayrischen Dorf wird der altgewohnte Sexreigen durch eine Droge angeheizt, die sich als potenzsteigerndes Mittel erweist. Übler Klamauk, der keine Gelegenheit für dumm-zotige Witze ausläßt. (Alternativtitel: »Liebesgrüße aus der Lederhose, 5. Teil«; Video: »Zwei Däninnen in Oberbayern«) – Wir raten ab. ✦ BR Deutschland 1978 **P** Colena **Kl** Scotia **VA** Ufa **Pd** Leon Pulwer **R** Franz Marischka **B** Franz Marischka, Charles Ferrer **K** Lothar Elias Stickelbrucks **M** Pepi Scherfler **S** Hermann Haller **D** Natalie Neumann (Uli), Sylvia Engelmann (Evi), Fred Stillkrauth (Gastwirt Sepp), Herbert Fux (Calafatti), Franz Muxeneder (Pfarrer), Peter Steiner (Polizist), Margot Mahler **L** 93 (Video 71) **FSK** ab 18; nf (gek. 16) **E** 18.1.1979 **fd** 21 141

ZWEI DÄNINNEN IN OBERBAYERN →Zwei Däninnen in Lederhosen

ZWEI DEUTSCHE. Dokumentarfilm über zwei im Jahr 1928 geborene Deutsche, die noch als Kinder mit Hitlers letztem Aufgebot in den Krieg geschickt wurden. Zwei Fotografien von ihnen – der eine erhält aus Hitlers Hand das Eiserne Kreuz, der andere steht heulend und verzweifelt da – gingen weltweit durch die Presse. Der Film schildert die Lebensgeschichten, Erfahrungen und heutigen Ansichten der Männer, von denen einer in der (ehemaligen) DDR und einer in der Bundesrepublik Deutschland lebt. Bei aller Glaubwürdigkeit ein Filmporträt, das durch die etwas unklare Zielsetzung an Interesse einbüßt. – Ab 16. ✦ DDR 1988 **P** DEFA **Kl** Progress **Pd** Uwe-K. Schade, Gerhard Knopfe **R** Gitta Nickel **B** Gitta Nickel, Wolfgang Schwarze **K** Niko Pawloff **S** Gitta Nickel **L** 92 **E** 2.9.1988 Kino DDR/26.2.1989 ARD

ZWEI DICKE FREUNDE (BEST FRIENDS). Das Glück eines jungen Ehepaares wird durch die Konfrontation mit den jeweiligen Schwiegereltern auf eine harte Bewährungsprobe gestellt. Eine temporeiche Dialogkomödie, die kleinbürgerliche Neurosen und komische gesellschaftliche Rituale satirisch beleuchtet, ohne in Klischees und Überzeichnungen zu verfallen. Routiniert inszeniert und gespielt, bietet der Film für Freunde des Genres kurzweilige, charmante Unterhaltung. – Ab 16. ✦ USA 1982 **P** Timberlane **Kl** Warner-Columbia **Pd+R** Norman Jewison **B** Valerie Curtin, Barry Levinson **K** Jordan Cronenweth **M** Michel Legrand **S** Don Zimmerman **D** Burt Reynolds (Richard Babson), Goldie Hawn (Paula McCullen), Jessica Tandy (Eleonor McCullen), Barnard Hughes (Tim McCullen), Audra Lindley (Ann Babson) **L** 109 **FSK** ab 12; f **E** 10.6.1983 **fd** 24 052

ZWEI DICKSCHÄDEL (JSI FALESNY HRAC). Zwei Schüler der 8. Klasse erleben den Übergang von der beschaulichen Welt der Kindheit ins komplizierte Leben der Erwachsenen durch eine Fülle von Verunsicherungen, aus denen die Erkenntnis wächst, daß es keine einfache Lösung »zur Orientierung in den menschlichen Beziehungen« gibt. Der Film mischt ernste und humorvolle Episoden, in denen auch eine Schüler-Blaskapelle und eine temperamentvolle Lehrerin eine Rolle spielen. – Ab 14. ✦ CSSR 1986 **P** Filmstudio Gottwaldov **R+B** Zdenek Zelenka **K** Jirí Kolín **M** Jirí Svoboda **D** Roland Samed (Dusan), Filip Moural (Adam), Iva Janzurová (Lehrerin), Ladislav Mrkvicka (Petera) **L** 90 (ARD 75) **E** 29.7. 1988 DFF 1/16.2.1990 ARD

ZWEI DICKSCHÄDEL TRUMPFEN AUF →Der Totentisch

ZWEI, DIE DEN HALS RISKIEREN (THE OX & THE EYE). Nach einem Sportunfall erblindet ein Football-Star und versinkt in Selbstmitleid, bis ihn ein querschnittsgelähmter Mann überredet, gemeinsam an einem Rafting-Wettbewerb in Oregon teilzunehmen. Auf dem Weg dorthin wächst das gegensätzliche Duo nicht nur zusammen, sondern hat eine Reihe turbulenter Situationen zu meistern. Erfrischend und einfühlsam gespielt. – Ab 16. ✦ Großbritannien 1995 **R** Richard LaBrie **B** Bob Comfort **K** Maximo Munzi **M** Tim Truman **D** Vincent D'Onofrio (Ole), Gregory Hines (Lemley), Max Gail (John), Robert O'Reilly (Barkeeper), Maria O'Brien (Peggy), Joe Thiesmann (Joe), James Earl Jones (James), Roy Firestone (Roy), Sarah Trigger (Heidi), Kathryn Howell (Doris) **L** 88 **E** 15.4.2000 ARD

ZWEI DINGE FÜRS LEBEN (DVE VECI PRO ZIVOT). Die Geschichte einer jungen Ehe, die den verschiedenartigen Belastungen in den ersten Jahren nicht standhält und schließlich zerbricht. Ein interessanter und ehrlicher Film, dem es jedoch an inszenatorischer Verdichtung mangelt. ✦ CSSR 1972 **P** Filmstudio Barrandov **Kl** Progress **R+B** Jirí Hanibal **K** Josef Vanis **M** Lubos Fiser **D** Ladislav Potmesil (Vasek), Eva Trejtnarová (Bozka), Jaroslava Brousková (Ajka), Július Vasek (Durica), Jirí Krampol (Franta) **L** 90 **E** 19.10.1973 Kino DDR/29.11.1974 DFF 1

ZWEI DRECKIGE HALUNKEN (THERE WAS A CROOKED MAN). Arizona 1883: Ein charakterlich mieser, aber intelligenter Geldräuber sucht im Gefängnis nach einer Möglichkeit zum Ausbruch. Nach abenteuerlicher Flucht und zahlreichen Auseinandersetzungen mit Rivalen tatsächlich am Versteck seines Geldes angekommen, scheitert er an einer nicht vorhersehbaren Kleinigkeit. Parodistisch aufgelockerter Star-Western, mit Witz, aber nicht frei von Längen inszeniert. ✦ Scope. USA 1969 **P** Warner/Seven Arts **Kl** Warner **Pd+R** Joseph L. Mankiewicz **B** David Newman, Robert Benton **K** Harry Stradling jr. **M** Charles Strouse **S** Gene Milford **D** Kirk Douglas (Paris Pitman), Henry Fonda (Sheriff Lopeman), Hume Cronyn (Dudley Whinner), Warren Oates (Floyd), Burgess Meredith, John Randolph (Cyrus McNutt), Arthur O'Connell (Mr. Lomax), Alan Hale jr. (Tobaccy), Lee Grant (Mrs. Bullard), Gene Evans (Col. Wolff), Byron Foulger **L** 126 **FSK** ab 18; nf **E** 19.11.1970 **fd** 17 074

ZWEI DRESCHFLEGEL SCHLAGEN ALLES KURZ UND KLEIN (AGAINST RASCALS WITH KUNG FU). Der tolpatschige Schäfer Dampfnudel wird mit Hilfe eines schlagkräftigen Alten zum Rächer seines Herrn. Artistische Kampfeinlagen (Höhepunkt: die Trainingssequenz auf meterhohen Krügen in einer Töpferei) in einem stark gekürzten Eastern, von dessen Witz die Synchronisation nur plumpe Kalauer übrigließ. (Alternativtitel: »Schlitzauge, halt die Ohren steif«) ✦ Scope. Hongkong 1978 **P** Dragon Nation Film **Kl** A.B. **R** Hua Jen **D** Yuan Xiao-Tien (= Sim Yuen), Jackie Chan (= Cheng Long) (Dampfnudel) **L** 76 **FSK** ab 12; nf **E** 3.4.1980 **fd** 22 493

ZWEI DUFTE KUMPEL (MY MAN ADAM). Ein Teenager, der die hochgesteckten Erwartungen seiner Eltern nicht erfüllen kann, flüchtet sich in Tagträume, um wenigstens dort ein Held zu sein. Als eine neue Schülerin auf seine Schule kommt, verliebt er sich in sie und versucht, ihre Aufmerksamkeit zu erregen. Durch illegale Geschäfte ihres Bruders wird der Junge in turbulente Aktionen verwickelt, in denen er über sich hinauswachsen und aller Welt seine Fähigkeiten beweisen kann. Teenager-Unterhaltung um Selbstfindung und -behauptung. ✦ USA 1985 **P** TriStar **VA** CBS/Fox **R** Roger L. Simon **B** Roger L. Simon, Renée Missel **K** Donald McAlpine **M** Sylvester Levay **D** Raphael Sbarge, Page Hannah, Veronica Cartwright, Dave Thomas, Charly Barnett **L** 84 **FSK** ab 12 **E** November 1987 Video

ZWEI DUFTE TYPEN →Vier schräge Vögel

ZWEI DURCH DICK UND DÜNN (CHE BOTTE RAGAZZI / IL RITORNO DI SHANGHAI JOE). Von zwei durch den Wilden Westen reitenden Freunden – ein tolpatschiger, aber bärenstarker Quacksalber und ein geschmeidiger Karatekünstler – entpuppt sich letzterer als Polizeiagent, der in einem terrorisierten Städtchen für Ordnung sorgen soll. Klischeewestern, miserabel inszeniert und im Stil billigsten Schmierentheaters gespielt. – Ab 16 möglich. ✦ Scope. BR Deutschland/Italien 1974 **P** Divina/C.B.A. **Kl** Residenz **R** Adalberto Albertini **B** Adalberto Albertini, Carlo Alberto Alfieri **K** Pier Luigi Santi **M** Mauro Chiari **D** Klaus Kinski, Cheen Lie, Karin Field, Tommy Polgár, Tom Felleghi, Claudio Giorgi, Chen Hsing, Nguen Duong **L** 83 **FSK** ab 12; nf **E** 27.5.1977 **fd** 20 336

2 DURCH 3 GEHT NICHT (THREE INTO TWO WON'T GO). Ein Mann in den besten Jahren, als Verkaufsleiter seiner Firma viel unterwegs, verfällt einer jugendlichen Anhalterin, die ihn später mit der Behauptung erpreßt, sie erwarte von ihm ein Kind, und damit seine kinderlose Ehe zerstört. Der Film behandelt seine Thematik ungewöhnlich ernsthaft, ohne selbst Stellung zu beziehen; die überdurchschnittlichen darstellerischen Leistung sichern ihm zusätzliches Interesse. – Ab 16 möglich. ✦ Großbritannien 1968 **P** Universal **Kl** Universal **Pd** Julian Blaustein **R** Peter Hall **B** Edna O'Brien, nach einem Roman von Andrea Newman **K** Walter Lassally **M** Francis Lai **S** Alan Osbiston **D** Judy Geeson (Ella), Rod Steiger (Steve Howard), Claire Bloom (Frances), Peggy Ashcroft (Belle), Paul Rogers (Jack) **L** 93 **FSK** ab 16; f **E** 19.9. 1969 **fd** 16 356

ZWEI EBENBÜRTIGE GANOVEN (LA TREVE). Zwei Ganoven, die in Mädchenbegleitung unterwegs zu einem großen Spiel sind, versuchen sich nach Kräften gegenseitig zu überlisten. Eine Mischung aus Gaunerkomödie und Kriminalfilm. ✦ Frankreich 1960 **R** Claude Guillemot **D** Daniel Gélin (Arno), Charles Denner (Julien), Caroline Cart (Laura), Virginie Vignon (Fifine), Marc Lamolle (Willy) **L** 82 **E** 6.11.1987 DFF

ZWEI EINSAME HERZEN (LONELY HEARTS). Ein fast 50jähriger Junggeselle lernt nach dem Tod seiner Mutter über eine Ehevermittlung eine sehr viel jüngere Bankangestellte kennen, die sich vergeblich der ständigen Bevormundung ihrer wohlhabenden Eltern zu entziehen versucht. Trotz psychotherapeutischer Behandlung flieht sie vor jeder engeren Liebesbeziehung. Nur langsam gelingt es beiden, ihre jeweilige Blockierung abzubauen und sich wirklich näherzukommen. Freundlich getönte, aber allzu flüchtig gespielte Psycho-Liebeskomödie mit einigen treffenden Pointen. (Fernsehtitel auch: »Einsame Herzen«) – Ab 16. ✦ Australien 1983 **P** Adams Packer Film/Samuel Goldwyn Prod. **Pd** John B. Murray **R** Paul Cox **B** Paul Cox, John Clarke **K** Yuri Sokol **M** Norman Kaye **S** Tim Lewis **D** Wendy Hughes (Patricia), Norman Kaye (Peter), Jon Finleyson (George), Julia Blake (Pamela), Jonathan Hardy (Bruce) **L** 95 **E** 16.11.1988 ZDF/14.12.1990 DFF 1

ZWEI ENGEL MIT VIER FÄUSTEN: ALLES GUTE KOMMT VON OBEN (NOI SIAMO ANGELI IV). In der Nähe des Dorfes, in dem die beiden Ausbrecher Orso und Zack als Mönche getarnt wohnen, stürzt ein Flugzeug ab. Ein Millionärssohn überlebt und verspricht den beiden reiche Belohnung, wenn sie ihn zurückbringen. Die beiden wittern leicht verdientes Geld, doch der Junge erweist sich als unausstehlich und ein zwielichtiger Captain mischt sich auch noch in den Rücktransport ein. Prügelunterhaltung im altvertrauten Fahrwasser. – Ab 14. ✦ Italien/Frankreich/Deutschland 1996 **Pd** Giuseppe Pedersoli **R** Ruggero Deodato **B** Laura Curelli **D** Bud Spencer (Vater Orso), Philip Michael Thomas (Vater Zacharias), Max Herbrechter (Caleste), Syd Brisbane (Vater Celestino), Mike Kirton (Vater Torment) **L** 87 **E** 27.7.1997 RTL

ZWEI ENGEL MIT VIER FÄUSTEN: AUF UND DAVON (NOI SIAMO ANGELI II). Die beiden als Pater verkleideten Ausbrecher wollen das Kloster verlassen, kreuzen aber den Weg eines skrupellosen Großgrundbesitzers, der dem Dorf die Preise diktiert. Dafür müssen seine Männer viele Prügel einstecken. Die Rache folgt auf dem Fuß, die beiden Freunde werden überfallen und ausgeraubt und tun sich mit einem Revolutionsführer zusammen, um zu ihrem Recht zu kommen. Eine weitere Folge der Buddy-Prügel-Serie. – Ab 14. ✦ Italien/Frankreich/Deutschland 1996 **Pd** Giuseppe Pedersoli **R** Ruggero Deodato **B** Laura Curelli **D** Bud Spencer (Vater Orso), Philip Michael Thomas (Vater Zacharias), Max Herbrechter (Sagreste), Marc Macaulay (Don Medina), Syd Brisbane (Vater Celestino) **L** 84 **E** 13.7.1997 RTL

ZWEI ENGEL MIT VIER FÄUSTEN: DAS GEHEIMNIS DER FÜNF KIRCHEN (NOI SIAMO ANGELI III). In dem Dorf, wo die beiden vorgeblichen Pater Orso und Zack tätig sind, taucht eine angebliche Touristengruppe auf, die in Wahrheit hinter einem spanischen Schatz her ist und selbst vor einer Entführung nicht zurückschreckt. Die Pater greifen ein und können auf die Hilfe eines Indianerstammes bauen. Doch wieder gelingt es ihnen nicht, finanziell unabhängig zu werden, um ihr Kloster verlassen zu können. Dritter Teil des Actionklamauks um die Prügel-Pater. – Ab 14. ✦ Italien/Frankreich/Deutschland 1996 **Pd** Giuseppe Pedersoli **R** Ruggero Deodato **B** Laura Curelli **D** Bud Spencer (Vater Orso), Philip Michael Thomas (Vater Zacharias), Max Herbrechter (Caleste), Alfie Wise (McQuade), Syd Brisbane (Vater Celestino) **L** 90 **E** 20.7.1997 RTL

ZWEI ENGEL MIT VIER FÄUSTEN: DIE ABRECHNUNG (NOI SIAMO ANGELI VI). Ein Unterweltboß erfährt von einer Goldader in der Nähe eines Dorfes und plant, alle Bewohner zu vertreiben. Rechtzeitig schalten sich die zwei als Mönche verkleideten Ausbrecher ein. Ihr Eingreifen ruft zwar ein Killerkommando auf den Plan, es ermöglicht aber auch, eine alte Rechnung zu begleichen und Orsos Unschuld beweisen zu können. Letzter Teil der faden Prügelunterhaltung. – Ab 14. ✦ Italien/Frankreich/Deutschland 1996 **Pd** Giuseppe Pedersoli **R** Ruggero Deodato **B** Laura Curelli **D** Bud Spencer (Vater Orso), Philip Michael Thomas (Vater Zacharias), Syd Brisbane (Vater Celestino), Mike Kirton (Vater Torment), Cesar Melendez (Vater Rafael) **L** 89 **E** 10.8.1997 RTL

ZWEI ENGEL MIT VIER FÄUSTEN: FALSCHE DOLLARS (NOI SIAMO ANGELI V). Die beiden Ausbrecher im Mönchsgewand finden eine Tasche voller Dollars. Diese aber sind gefälscht, um, massenweise angefertigt, einer Bananenrepublik als Druckmittel gegenüber den USA zu dienen. Die »Mönche« geraten ins Visier der Geheimdienste und einmal mehr muß Revolutionsführer Napoleon zu Rate gezogen werden. Serielle Actionkomödie, die ein vorgefertigtes Erfolgsrezept fortspinnt. – Ab 14. ✦ Italien/Frankreich/Deutschland 1996 **Pd** Giuseppe Pedersoli **R** Ruggero Deodato **B** Laura Curelli **D** Bud Spencer (Vater Orso), Philip Michael Thomas (Vater Zacharias), Max Herbrechter (Sagreste), Syd Brisbane (Vater Celestino), Mike Kirton (Vater Torment) **L** 85 **E** 3.8.1997 RTL

ZWEI ENGEL MIT VIER FÄUSTEN: SCHWERE JUNGS (NOI SIAMO ANGELI I). Auftakt einer sechsteiligen Reihe von Actionkomödien. Zwei Tunichtgute brechen aus einem mittelamerikanischen Gefängnis aus und geben sich auf der Flucht als Mönche aus, in der Missionsstation San Fernando finden sie Unterschlupf. Dabei erleben sie verschiedene Abenteuer mit wirklich »schweren Jungs«. An veraltete Erfolgsrezepte der Bud-Spencer-Filme anknüpfende Serie, die Prügeleien und derbe Komik bietet. – Ab 14. ✦ Italien/Frankreich/Deutschland 1996 **Pd** Giuseppe Pedersoli **R** Ruggero Deodato **B** Alessandro Moretti, Lorenzo de Luca **D** Bud Spencer (Bob/Vater Orso), Philip Michael Thomas (Joe/Vater Zacharias), Renato Scarpa (Vater Campana), Syd Brisbane (Vater Celestino), Mike Kirton (Vater Torment) **L** 86 **E** 6.7.1997 RTL

ZWEI ENGEL OHNE FLÜGEL →Topper – Das blonde Gespenst

ZWEI ERFOLGREICHE SCHWESTERN →Meine Schwester Ellen (1955)

ZWEI ERFOLGREICHE VERFÜHRER (BED TIME STORY / KING OF THE MOUNTAIN). Auf unterschiedliche Weise, aber mit gleicher Raffinesse bringen zwei Hochstapler an der Riviera sich unverstanden fühlende Damen dazu, ihnen Herz und Geld anzutragen. Nach einer Wette, nach der der Unterlegene das Feld räumen muß, kommt einer der beiden zur Besinnung und versucht, solide zu werden. Gut gespielte, heitere Unterhaltung mit recht frivolem Witz und unverhohlener Sympathie für die beiden »Helden«. (Remake: »Zwei hinreißend verdorbene Schurken«, 1988, Regie: Frank Oz) ✦ USA 1963 **P** Lankershim-Pennebaker Prod. (für Universal) **KI** Universal **Pd** Robert Arthur, Stanley Shapiro **R** Ralph Levy **B** Stanley Shapiro, Paul Henning **K** Clifford Stine **M** Hans J. Salter **S** Milton Carruth **D** Marlon Brando (Fred Benson), David Niven (Lawrence Jamison), Shirley Jones (Janet Walker), Dody Goodman (Fanny Eubank), Aram Stephan (Monsieur André) **L** 99 **FSK** ab 16; nf **E** 21.8.1964/26.12.1968 ARD **fd** 12 952

ZWEI FÄUSTE DES HIMMELS (TOUGH GUYS). Ein schlagkräftiger Pfarrer und ein schußsicherer Ex-Polizist geraten bei der Jagd auf einen skrupellosen Verbrecher in Gangsterrivalitäten. Mäßiger Gangsterfilm mit streckenweise komödiantischem Einschlag. – Ab 16 möglich. ✦ Italien/Frankreich 1973 **P** De Laurentiis Intermaco/Columbia **KI** Warner-Columbia **R** Duccio Tessari **B** Luciano Vicenzoni, Nicola Badalucco **K** Aldo Tonti **M** Isaac Hayes **D** Lino Ventura, Isaac Hayes, Fred Williamson, Paula Kelly, William Berger **L** 92 **FSK** ab 16; nf **E** 30.8.1974 **fd** 18 992

ZWEI FÄUSTE FÜR EIN BABY →Der Superchamp

ZWEI FÄUSTE FÜR MIAMI →Virtual Weapon

ZWEI FÄUSTE STÄRKER ALS BRUCE LEE (XIN CHING-WU MEN / NEW FIST OF FURY). Ein kleiner Dieb wird zum meisterhaften Vorkämpfer gegen die Intrigen und die Repression der japanischen Besatzer Taiwans, schlägt sich tapfer, fällt aber zuletzt doch einem Hinterhalt des Feindes zum Opfer. Ein Film aus jener Phase, in der Jackie Chan zum Nachfolger Bruce Lees stilisiert werden sollte. Der Film bietet allerdings nur mäßige Kämpfe und unfreiwillig komische bis entwaffnend dumme vaterländische Parolen. (Videotitel: »Meister aller Klassen 3«) ✦ Scope. Hongkong 1976 **P** Lo Wei Motion Pictures **KI** Apollo u. a. **VA** PolyGram **Pd+R** Lo Wei **B** Pan Lei, Lo Wei **K** Chen Jun-Shu **D** Jackie Chan (= Cheng Long), Nora Miao, Chen Sing, Cheng Siu, Han Yin-Chieh **L** 94 (gek. 77) **FSK** ab 18; nf (gek. 12) **E** 11.3.1977

ZWEI FISCHE AUF DEM TROCKENEN (MARCHE A L'OMBRE). Zwei ehemalige Matrosen geben zu Lande auf der Suche nach Auskommen und Frauen ein ungleiches Paar ab und treten von einem Fettnäpfchen ins nächste, ohne aus der Erfahrung klug zu werden. Nett-harmloser Film um eine Männerfreundschaft, garniert mit einigen lockeren Sprüchen und witzigen Passagen, wobei die wenig originelle Grundidee der ungleichen Kumpane überstrapaziert und viel oberflächlicher Leerlauf produziert wird. – Ab 14. ✦ Frankreich 1984 **P** Films Christian Fechner/Film A 2 **KI** Metropol **VA** VPS **Pd** Bernard Artigues **R** Michel Blanc **B** Michel Blanc, Patrick Dewolf **K** Eduardo Serre **M** Renaud, Telephone, La Velle, Jacques Delaporte **S** Joëlle Hache **D** Michel Blanc (Denis), Gérard Lanvin (François), Sophie Duez (Mathilde), Katrine Boorman (Katrina), Mimi Félixine (Marie-Gabriele), Béatrice Camurat (Martine), Maka Kotto (Joseph), Prosper Niang (Prosper) **L** 85 **FSK** ab 12; f **E** 16.8.1990/21.2.1991 Video/20.9. 1992 premiere **fd** 28 884

ZWEI FRAUEN (1947) (TVA KVINNOR). In Rückblenden erzählte Frauengeschichte: Eine junge Fabrikantengattin wird mit einer Schußwunde aufgefunden. Vor Jahren hat sie im Gefängnis Freundschaft mit einer Leidensgenossin geschlossen, die einem Kriminellen hörig ist. Ein schwedisches Remake des französischen Films »Frauengefängnis«. ✦ Schwarzweiß. Schweden 1947 **P** Wive **KI** Hansa **R** Arnold Sjöstrand **B** Torsten Quensel, nach dem von Roger Richebé und Francis Carco verfaßten Drehbuch für den Film »Prison de Femmes« **K** Karl-Erik Alberts **M** Sune Waldimir **D** Eva Dahlbeck, Cecile Ossbahr, Gunnar Björnstrand, Georg Rydeberg, Arnold Sjöstrand **L** 87 **FSK** ab 16; nf **E** 16.2.1951 **fd** 1 107

ZWEI FRAUEN (1977) (ÖK KETTEN). Das Schicksal zweier Frauen, deren Charaktere und Leben gänzlich verschieden sind: Marie, seit 20 Jahren glücklich verheiratet und Mutter zweier fast erwachsener Kinder, ist zur Leiterin eines Frauenwohnheims in der Provinz ernannt worden. Ihre Mutter versorgt derweil den Haushalt. Julie ist eine zeitweilige Bewohnerin des Heims, die vor ihrem trunksüchtigen Mann, den sie aber trotzdem liebt, in das Heim flüchtet. Marie, die Julie helfen möchte, wird genau zu diesem Zeitpunkt ebenfalls vor Probleme gestellt. Ein Film, der mit manchmal poetischen Bildern Anteilnahme weckt und zum Nachdenken herausfordert; die Geschichte wird mit Einfühlungsvermögen und Verständnis vermittelt. (Westdeutscher Titel: »Marie und Julie«) – Ab 14. ✦ Ungarn 1977 **P** Hungarofilm **KI** Progress **R** Márta Mészáros **B** Márta Mészáros, Ildikó Kóródy, József Balázs, Géza Bereményi **K** János Kende **M** György Kármentö **D** Marina Vlady, Lili Monori, Miklós Tolnay, Jan Nowicki, Zsuzsa Czinkóczy **L** 100 **E** 24.11.1978 Kino DDR/13.3.1979 ZDF/22.1.1980 DFF 2

ZWEI FRAUEN (1989). Eine attraktive 19jährige Ballett-Tänzerin erfährt, daß sie an Krebs erkrankt ist. In der Begegnung und Auseinandersetzung mit einer gleichaltrigen, von Wesen und Herkunft aber völlig andersartigen Leidensgefährtin findet sie die Kraft, mit ihrer Krankheit zu leben. Von zwei hervorragenden Darstellerinnen getragene Geschichte einer außergewöhnlichen Freundschaft, bei der die Krankheit lediglich als Leitfaden dient; trotz einiger inszenatorisch nicht immer stilsicher gehandhabter Unterhaltungswerte und Schwächen in den Nebenrollen ein diskussionswerter, nachdenklich stimmender Film. – Ab 16. ✦ BR Deutschland 1989 **P** Bavaria/Roxy/Lisa **KI** Neue Constantin **VA** Euro-Video **Pd** Günter Rohrbach, Karl Spiehs, Luggi Waldleitner **R** Carl Schenkel **B** Bea Hellmann, Carl Schenkel **K** Dietrich Lohmann **M** Anne Dudley **S** Norbert Herzner **D** Jami Gertz (Eva), Martha Plimpton (Claudia), George Peppard (Mr. Martin), Bruce Payne (Dr. Burton), Rip Torn (Dr. Markowitz) **L** 103 **FSK** ab 16; f **FBW** bw **E** 6.7.1989/2.5.1990 Video **fd** 27 598

ZWEI FRAUEN, EIN MANN UND EIN BABY (ZWEI FRAUEN, EIN MANN UND EIN BABY). Als der Wunsch nach einem Baby entsteht, kriselt es in der lesbischen Beziehung zweier Frauen. Dennoch macht sich die eine auf die Suche nach einem »Samenspender« und gelangt ausgerechnet an den neuen Arbeitskollegen der Geliebten, der bald darauf mit der Geliebten ein Verhältnis haben wird. Kurzfristig ist die Beziehung der Frauen in Gefahr, doch bevor die Hochzeitsglocken läuten, finden sie wieder zueinander und können Mutterfreuden entgegen sehen. Bäumchen-Wechsel-Dich-Spiel nach bekanntem Komödienschema, das sich mit dem Thema der gleichgeschlechtlichen Liebe vergeblich interessant zu machen versucht. – ✦ Österreich 1999 **R** Wolfgang Murnberger **B** Sabine Reichel **K** Helmut Wimmer **D** Nicole Ansari (Sandra Westphal), Eva Herziger (Iris Winkler), Ralf Bauer (Antonio Lopez), Dieter Moor (Christopher Mertens), Peter Matic (Josef Mertens) **L** 90 **E** 26.1.2000 RTL

ZWEI FRAUEN UM JOE (WALL OF NOISE). Ein starrköpfiger Pferdetrainer verläßt seine Freundin und beginnt ein Verhältnis mit der Frau eines reichen Emporkömmlings. Später kehrt er reumütig zurück und findet Aufnahme. Langatmig erzählte Liebes- und Ehebruchsgeschichte. – Ab 16 möglich. ✦ USA 1963 **P** Warner **Kl** Warner **Pd** Joseph Landon **R** Richard Wilson **B** Joseph Landon, nach einem Roman von Daniel M. Stein **K** Lucien Ballard **M** William Lava **S** William Ziegler **D** Ty Hardin, Suzanne Pleshette, Dorothy Provine, Ralph Meeker, Jimmy Murphy **L** 112 **FSK** ab 16; f **E** 29.11.1963 **fd** 12 416

ZWEI FRAUEN UND EIN REVOLVER (TA TRETI). Ein 40jähriger Mann muß sich zwischen zwei Frauen – einer reifen, verständnisbereiten Ärztin und einer jungen, lebenslustigen Studentin – entscheiden. Durch seine Unentschlossenheit aber wenden sich beide Frauen von ihm ab. Versuch eines psychologischen Dramas, der trotz guter Darsteller unglaubwürdig bleibt. – Ab 16. ✦ Scope, schwarz-weiß. CSSR 1968 **P** Filmstudio Barrandov **Kl** Progress **R** Jaroslav Balík **B** Ján Otcenásek, Jaroslav Balík **K** Josef Illík **M** Karel Mares **D** Ida Rapaicová, Václav Voska, Blanka Bohdanová, Leopolda Dostalová, Cestmír Randa **L** 97 **E** 2.10.1970 Kino DDR/28.3.1972 DFF 2

ZWEI FREUNDE (DWA DRUGA). Zwei Jungen, die die Schule vernachlässigen, erfahren die Hilfe der Freunde und werden wieder ins Klassenkollektiv einbezogen. – Ab 10. ✦ Schwarz-weiß. UdSSR 1954 **P** Gorki-Studio **Kl** Progress **R** Viktor Eyssimont **B** Nikolai Nossow **K** Boris Monastyrski **M** Michail Wainberg **D** Lena Krauklis (Witja Malajaew), Wowa Guskow (Kostja Schischkin), Dmitri Sagal (Vater), Vera Orlowa (Mutter) **L** 84 **E** 5.7.1957 Kino DDR/ 25.10.1980 DFF 1

ZWEI FREUNDE, EIN MODELL UND EINE FREUNDIN (DWA DRUGA, MODEL I PODRUGA). Russische Stummfilmkomödie, die die Geschichte des endgültigen Sieges zweier Erfinder über Kapitalismus und Bürokratie erzählt. ✦ Schwarz-weiß. UdSSR 1927 **R** Alexej Popow **D** S. Jablokow, S. Lawrentjew, O. Tretjakowa **L** 105 **E** 20.10.1973 NDR III

ZWEI FREUNDE FÜRS LEBEN (RUN WILD, RUN FREE / WHITE COLT). Die Freundschaft eines stummen kleinen Jungen mit einem wilden Pony, das im Sumpf zu versinken droht. Mit sichtlichem Aufwand und Bemühung inszeniert, aber zu sehr konventionellen Gesetzen verpflichtet und vor allem vom Buch her nicht befriedigend. Trotz seiner Mängel jedoch ein annehmbarer Kinderfilm. – Ab 10. ✦ Großbritannien 1968 **P** Irving Allen Prod. **Kl** Columbia **Pd** Irving Allen **R** Richard C. Sarafian **B** David Rock, nach seiner Erzählung **K** Wilkie Cooper **M** David Whitaker **S** Geoffrey Foot **D** John Mills (Oberst), Mark Lester (Philip), Sylvia Syms (Ellen Ransome), Gordon Jackson (James Ransome), Bernard Miles (Reg), Fiona Fullerton (Diana) **L** 100 **FSK** ab 6; f **E** 26.3. 1970 **fd** 16 445

ZWEI FREUNDE REISSEN AUS (THE YOUNG ADVENTURERS). Abenteuerfilm für Jugendliche. Ein 14jähriger Kanadier, der zweisprachig aufwachsen soll, kommt in ein Internat, um Französisch zu lernen. Dort muß er sich, der Sprache kaum mächtig, mit dem Lehrstoff und den aufsässigen Klassenkameraden herumschlagen. Als er sich in ein Mädchen verliebt, das bereits einen Freund hat, nehmen seine Probleme noch zu und er beschließt, mit einem Freund auszureißen. – Ab 12. ✦ Kanada 1992 **R** Peter Pearson **B** Terence Hefferman **K** Michel Caron **D** Marc Marut (Harry Connor), Sébastien Tougas (Philippe), Lisa-Marie Gervais (Chantal), Matthieu Kermoyan (Mario), Jessica Barker (Sylvie) **L** 92 **E** 19.3.1995 premiere

ZWEI FREUNDINNEN (1967) (LES BICHES). Die melodramatische Dreiecksgeschichte zwischen einer mondänen Frau, einer jungen Herumtreiberin und einem reichen Architekten im schicken Milieu von St. Tropez. Der Mann bricht in die homoerotische Beziehung der beiden Frauen ein, Eifersucht, Abhängigkeit und latenter Haß führen zu tödlichen Konflikten. Thriller, der hinter seiner vermeintlich kolportagehaften Handlung auf subtile Weise die Psychologie des reichen Bürgertums, seine Ängste und Neurosen entlarvt, sich freilich selbst nie für eine moralische Wertung entscheidet. – Ab 16. ✦ Frankreich/Italien 1967 **P** Les Films la Boétie/Alexandra Cinematografica **Kl** Gloria **Pd** André Génovès **R** Claude Chabrol **B** Claude Chabrol, Paul Gégauff **K** Jean Rabier **M** Pierre Jansen **S** Jacques Gaillard **D** Stéphane Audran (Frédérique), Jean-Louis Trintignant (Paul Thomas), Jacqueline Sassard (Why), Nane Germon (Violetta), Serge Bento (Buchhändler) **L** 99 **FSK** ab 16; f **FBW** w **E** 25.4.1969 **fd** 16 141

ZWEI FREUNDINNEN (1985) → Zwei gute Freundinnen

ZWEI FRÖSCHE AUF DER HIGHSCHOOL (FROGS!). Ein einst verwunschener italienischer Prinz, der als Frosch sein Dasein fristen mußte, besucht seinen Retter auf einer amerikanischen Highschool. Beide kommen in arge Bedrängnis, als sich die Frau, mit der für den Prinzen ein Date vereinbart wurde, als jene Hexe herausstellt, die schon einmal mit dem Froschzauber operierte. Nur: Nun sind beide Männer amphibisch, und von Rettung kann zunächst nicht die Rede sein. Teenager-Klamauk als Fortsetzung eines ebenso bedürftigen Films. ✦ USA 1991 **R** David Grossman **B** Mark Herder, David Arata **D** Scott Grimes (Arlo Anderson), Paul Williams (Gus/Prinz Buono), Elliott Gould (Bill Anderson), Shelley Duvall (Annie Anderson), Judith Ivey (Passionata) **L** (TV) 105 **E** 3.7.1998 RTL 2

ZWEI GALGENVÖGEL (SKIN GAME). Um die Mitte des vorigen Jahrhunderts betreibt ein Gaunerpaar ein einträgliches Geschäft, indem der mit allen Wassern gewaschene Weiße seinen farbigen Partner immer wieder als Sklaven verkauft. Eines Tages mißlingt jedoch ihr Trick mit der anschließenden Flucht. Gut gespielte, insgesamt jedoch nur mäßig unterhaltsame Komödie, die die Sklaverei als Anlaß für weitgehend vordergründige Späße benutzt. – Ab 16. ✦ Scope. USA 1971 **P** Cherokee/Warner **Pd** Harry Keller **R** Paul Bogart **B** Pierre Marton, nach einer Story von Richard Alan Simmons **K** Fred J. Koenekamp **M** David Shire **S** Walter Thompson **D** James Garner (Quincey Drew), Louis Gossett jr. (Jason O'Rourke), Susan Clark (Ginger), Edward Asner (Plunkett), Andrew Duggan (Calloway), Royal Dano (John Brown), Napoleon Whiting (Ned), Juanita Moore (Viney), Brenda Sykes (Naomi), George Wallace (Auktionär) **L** 102 **E** 27.4.1985 ARD

ZWEI GALGENVÖGEL GEBEN ZUNDER → Zwei wilde Companeros

ZWEI GANZ AUSGEBUFFTE HALUNKEN → Die Scheinheiligen vom Geldofen

ZWEI GANZ AUSGEFLIPPTE HALUNKEN → Die Scheinheiligen vom Geldofen

ZWEI GANZ VERRÜCKTE KNASTBRÜDER (THEY WENT THAT-A-WAY & THAT-A-WAY). Zwei dümmliche Streifenpolizisten werden in ein Gefängnis eingeschleust, um die Beute eines Bankräubers aufzuspüren. Das Vorhaben gelingt, und in einem rasanten Fluchtspektakel bringen sie das Geld zu ihrem Auftraggeber zurück. Turbulente Polizeiposse, in der alle Mitwirkenden für einfältigen Klamauk sorgen. (TV-Titel auch: »Zwei total verrückte Knastbrüder«) – Ab 10 möglich. ✦ USA 1978 **P** International Picture Show **Kl** Ascot **R** Edward J. Montagne, Stuart McGowan **B** Tim Conway **K** Jacques Haitkin **M** Michael Leonard **D** Tim Conway, Chuck McCann, Richard Kiel, Dub Taylor, Reni Santoni **L** 91 **FSK** ab 6; nf **E** 13.3.1981

ZWEI GANZE TAGE – WIR WOLLEN UNS EIN LUFTSCHLOSS BAUEN (FAISONS UN REVE). Ein junger Mann erfährt von einem Bekannten, daß dieser sich mit einer Freundin vergnügen will. Er nutzt die Gelegenheit, um währenddessen mit der Frau des anderen anzubandeln. Verfilmung einer Komödie von Sacha Guitry, die vor dem Hintergrund des Münchener Abkommens von 1938 spielt. ✦ BR Deutschland/Frankreich 1985 **R** Marcel Ophüls **B** Beate von Molo, Marcel Ophüls, nach einer Theaterstück von Sacha Guitry **K** Karlheinz Wüst **D** Sabine Sinjen, Ulli Lommel, Ernst Stankowski, Rolf Zacher **L** (TV) 75 **E** 9.6.1986 EINS PLUS

ZWEI GAUNER IN DER KLEMME (ZWARE JONGENS). Zwei Gauner werden von der Polizei bei einem Einbruch ertappt. Obwohl sie nur zufällig im selben Gebäude operierten, werden sie für Komplizen gehalten. Nicht ganz freiwillig versuchen sie nun, gemeinsam aus dieser mißlichen Lage herauszukommen und zu fliehen. ✦ Belgien 1984 **P** E.M.P. & R.V. **R** Robbe De Hert **B** Pierre Plateau, Robbe De Hert **K** Ralf Boumans **M** Jean »Toots« Thielemans **D** Gaston Bergmans, Leo Martin, Jef Burm, Yvonne Verbeeck, Eric Clerckx **L** 90 **E** 8.3.1986 DFF 2

ZWEI GAUNER IN DER WÜSTE (IT RAINED ALL NIGHT THE DAY I LEFT/DEUX AFFREUX SUR LE SABLE). Zwei gewitzte Gauner werden beim Waffenschmuggel in der nordafrikanischen Wüste ausgeraubt und stoßen auf die Villa eines attraktiven weiblichen »Hauptmanns«. Die Frau herrscht über die einzige Wasserquelle der Umgebung und nutzt ihr Monopol, um sich an den Bewohnern der Umgebung für den Tod ihres Mannes zu rächen. Eine öde Klamotte voller abgestandener Gags, zu denen allenfalls Sally Kellerman einiges Positive beisteuert. – Ab 16. ✦ Frankreich/Kanada/Israel 1980 **P** Cofci/Cameuram/Israfilm **Pd** Helkees Brackett **R** Nicolas Gessner **B** Ted Allan, nach einem Roman von Richard Winckler **K** Richard Ciupka **M** Alain J. Leroux **S** Yves Langlois **D** Tony Curtis (Robert Talbot), Sally Kellerman (Agnes von Staff), Louis Gossett jr. (Leopold Garcia), John Vernon (George Killian), Lisa Langlois (Susan von Staff) **L** 98 (TV 88) **E** 1.9.1992 Tele 5

ZWEI GEGEN DIE WELT (1936) (TWO AGAINST THE WORLD/ONE FATAL HOUR). Ein sozialkritischer Film über Radioreporter, wenig bemerkenswert von der Machart her, aber beachtlich wegen der Schärfe und Bissigkeit, mit der er den kommerziellen Ungeist des Sensationsjournalismus im Rundfunk angreift. Der Selbstmord der Betroffenen scheint etwas überkonstruiert und wenig nachvollziehbar. Trotz Mängel und zu vieler Klischees interessiert der Film auch heute noch wegen der Themen Massenkommunikationsmittel und Kommerz. ✦ Schwarz-weiß. USA 1936 **P** First National/Warner **Pd** Bryan Foy **R** William McGann **B** Michael Jacoby, nach dem Stück »Five Star Final« von Louis Weitzenkorn **K** Sid Hickox **M** Heinz Roemheld **S** Frank Magee **D** Humphrey Bogart (Sherry Scott), Beverly Roberts (Alma Ross), Henry O'Neill (Jim Carstairs), Helen MacKellar (Martha Carstairs), Linda Perry (Edith Carstairs) **L** 64 **E** 17.8.1968 WDR

ZWEI GEGEN DIE WELT (1990) (PERFECT HARMONY). Zwei weiße Schüler eines Jungeninternats in einer Kleinstadt in South Carolina rivalisieren in den 50er Jahren um die ehrenvolle Solistenrolle im Schulchor. Konkurrenz erwächst den beiden Freunden, als ein schwarzer Jugendlicher auftaucht, der nach dem Tod seiner Eltern bei seinem Großvater, dem Schulhausmeister, lebt. Erst nach manchen Konflikten wegen der vermeintlich »falschen« Hautfarbe des stimmbegabten Jungen schließen sie Freundschaft. Gefühlsseliger Film aus der Disney-Werkstatt, der seinen gutgemeinten Appell auf die Überwindung von Rassismus und Vorurteilen in die einschlägig vertraute Unterhaltungs-»Watte« verpackt. – Ab 10. ✦ USA 1990 **P** Sea Breeze (für Walt Disney) **Pd** Mickey Borofsky **R** Will Mackenzie **B** David Obst **D** Peter Scolari (Derek Sanders), Darren McGavin (Roland Hobbs), Catherine Mary Stewart (Nancy), Moses Gunn (Zeke), Justin Whalin (Taylor Bradshaw) **L** 100 **E** 13.8.1993 ARD

ZWEI GEGEN TOD UND TEUFEL → Potato Fritz

ZWEI GEGENSÄTZLICHE FRAUEN (TWO GOLDEN BALLS). Im Gefängnis lernen sich eine Pornodarstellerin und eine Feministin kennen. Trotz zunächst gegensätzlicher Standpunkte freunden sie sich an und können sich bald auf ein gemeinsames Projekt verständigen: Pornofilme für Frauen. Komödie um zwei gegensätzliche Frauen, die sich in einer Männerbranche etablieren wollen. ✦ USA 1990 **R** Anya Camilleri **B** Maureen Chadwick **D** Kim Cattrall (Sydnie Vampari), Claire Skinner (Linda Leveller), Leslie Phillips (Viscount Osgood), Christopher Ellison (Vincent Lamont), Angus MacFadyen (Dexter Hope-Barton) **L** 79 **E** 9.8.1997 tm 3

ZWEI GEISHAS (GION-BAYASHI). Eine bekannte Geisha im Gion-Distrikt des modernen Kioto übernimmt die teure Ausbildung eines jungen Mädchens zur Geisha, womit sie und ihr Zögling in die Abhängigkeit von wirtschaftlichen Mechanismen geraten. Dabei entpuppt sich das Bild von der Geisha als einem »Ideal der Schönheit« als Trug. Formvollendeter Mizoguchi-Film, in dem der japanische Regisseur über den Schein und die Trugbilder des konventionellen Lebens reflektiert. – Sehenswert. ✦ Schwarz-weiß. Japan 1953 **P** Daiei **R** Kenji Mizoguchi **B** Yoshikata Yoda, nach einem Roman von Matsutaro Kawaguchi **K** Kazuo Miyagawa **M** Ichiro Saitô, Takemuchi Muchezuki **D** Michiyo Kogure, Ayako Wakao, Chieko Naniwa, Seizaburô Kawazu, Haruo Tanaka **L** 85 **E** 18.10.1982 ARD **fd** 23 658

ZWEI GESICHTER →Duvidha – Zwei Gesichter

DIE ZWEI GESICHTER DES JANUAR. Ein junger Amerikaner wird in Griechenland Zeuge eines Verbrechens. Unversehens gerät er in Komplizenschaft mit dem Täter und damit in einen tödlichen Kampf um die Gunst von dessen schöner Frau. Weitgehend werkgetreue Umsetzung des Romans von Patricia Highsmith, die jedoch formal uneigenständig, spannungsarm und blutleer bleibt. – Ab 16 möglich. ✦ BR Deutschland 1985 **P** Monaco/Süddeutscher Rundfunk **Kl** Concorde **Pd** Georg Althammer **R** Wolfgang Storch **B** Karl-Heinz Willschrei, Wolfgang Storch, nach dem gleichnamigen Roman von Patricia Highsmith **K** Wolfgang Treu **M** Eberhard Schoener **S** Inez Regnier **D** Yolande Gilot (Colette McFarland), Charles Brauer (Chester McFarland), Thomas Schücke (Rydal Keener) **L** 113 **FSK** ab 16; f **FBW** bw **E** 17.4. 1986/5.8.1987 ARD **fd** 25 588

DIE ZWEI GESICHTER EINER FRAU (FANTASMA D'AMORE / FANTOME D'AMOUR). Ein Mann meint, in einer alten, verhärmten Frau seine frühere Jugendliebe wiederzuerkennen. Fortan geistert sie zweifach, als alte und als junge Frau, durch sein Leben, bis sich die Begegnungen als Erinnerungsbilder eines psychisch Kranken entpuppen. Ein Film über das Bewahren des Vergänglichen, vor allem der Liebe; sensibel, in schönen Bildern inszeniert und gut gespielt, löst er seinen künstlerischen Anspruch jedoch nur in Ansätzen ein. – Ab 16. ✦ BR Deutschland/Italien/Frankreich 1980 **P** Roxy/Dean/A.M.L.F. **Kl** Tobis **R** Dino Risi **B** Dino Risi, Bernardino Zapponi, nach einem Roman von Mino Milani **K** Tonino Delli Colli **M** Riz Ortolani **S** Alberto Gallitti **D** Marcello Mastroianni (Nino Monti), Romy Schneider (Anna), Eva Maria Meineke (Teresa Monti), Victoria Zinny (Loredana), Wolfgang Preiss (Graf Zighi) **L** 97 **FSK** ab 12; f **E** 29.4.1982 **fd** 23 469

ZWEI GIRLS IN LOVE →Two Girls In Love

ZWEI GIRLS VOM ROTEN STERN (DUEL LA VODKA). West-östlicher Spionageulk im UNO-Milieu, prominent besetzt mit Curd Jürgens als Leiter der US-Delegation, Lilli Palmer als Führerin der sowjetischen Delegation. Es geht, satirisch verspielt, um Vernichtungswaffen des Westens und den Rüstungswettlauf der Supermächte. Stellenweise einfallsreicher Erstlingsfilm des Kabarettisten Sammy Drechsel unter Beteiligung der Münchner Lach- und Schießgesellschaft. – Ab 14. ✦ BR Deutschland/Frankreich 1965 **P** Team/Chronos **Kl** Nora **Pd** Heinz Pollak **R** Sammy Drechsel **B** Klaus-Peter Schreiner, nach einem Roman von Peter Norden **K** Werner M. Lenz **M** Claude Vasori **D** Curd Jürgens (Dave), Lilli Palmer (Olga), Kurt Meisel (Sapparow), Pascale Petit (Anja), Hellmut Lange (Miller), Daniel Gélin (Ballard) **L** 92 **FSK** ab 12; nf **FBW** w **E** 25.2.1966 **fd** 13 896

ZWEI GLORREICHE HALUNKEN (IL BUONO, IL BRUTTO, IL CATTIVO). Die abenteuerliche Schatzsuche inmitten des amerikanischen Bürgerkrieges: Ein mysteriöser Fremder, ein mexikanischer Revolvermann und ein sadistischer Krimineller kämpfen um 200 000 Dollar. Dritter, nicht ohne Ironie inszenierter Film der berühmten »Dollar«-Trilogie von Sergio Leone (nach »Für eine Handvoll Dollar«, 1964, und »Für ein paar Dollar mehr«, 1965). 1995 wurde im Fernsehen eine rekonstruierte und vervollständigte deutsche Fassung ausgestrahlt. DVD: Die Extras umfassen u. a. 14 Minuten unveröffentlichtes Material. ✦ Scope. Italien 1966 **P** P.E.A. **Kl** United Artists **VA** Warner Home **DVD** Fox Home (16:9, 2.35:1, Mono dt.) **Pd** Alberto Grimaldi **R** Sergio Leone **B** Furio Scarpelli, Luciano Vincenzoni, Sergio Leone, Age (= Agenore Incorocci) **K** Tonino Delli Colli **M** Ennio Morricone **S** Nino Baragli **D** Clint Eastwood (Joe, der Gute), Eli Wallach (Tuco), Lee Van Cleef (Setenza), Aldo Giuffrè (Nordstaaten-Offizier), Luigi Pistilli (Pater Ramirez), Mario Brega (Hauptmann Wallace), Rada Rassimov, Enzo Petito, Claudio Scarchelli, Livio Lorenzon, Antonio Casale, Chelo Alonso, Aldo Sambrell, Al Mulock **L** 159 (TV 141; rek. Fassung ca 170; Orig. 180) **FSK** ab 16; nf (fr. 18) (DVD 16) **FBW** w **E** 15.12.1967/1.1.1983 ZDF/1.11.1995 Pro Sieben (rekonstruierte Fassung)/ 23.6.2000 DVD **fd** 15 133

DIE ZWEI GLORREICHEN HALUNKEN VON SANTA CRUZ →Bete, Amigo!

ZWEI GLÜCKLICHE MENSCHEN. Zwei Juristen, als Student und Studentin bereits befreundet und dann auseinandergegangen, treffen als Rechtsanwälte in einem Scheidungsprozeß aufeinander. Nach dieser Wiederbegegnung erneut verliebt, heiraten sie und betreiben ihre Praxis gemeinsam. Aber der Mann fühlt sich durch den Berufseifer der Frau vernachlässigt und daheim nicht wohl. Kleine Ehekomödie aus der Wiener Produktion der Kriegszeit. – Ab 12. ✦ Schwarz-weiß. Deutschland 1943 **P** Wien-Film **R** E. W. Emo **B** Curt Wesse **K** Karl Puth **M** Heinz Sandauer **D** Magda Schneider (Käthe), Wolf Albach-Retty (Werner), Hans Olden (Dr. Frey), Oskar Sima (Dr. Krautstößl), Charlott Daudert (Martelli) **L** 85 **E** 15.1.1943/5.8.1978 BR

ZWEI GLÜCKLOSE COWBOYS →Zwei Haudegen auf Achse

ZWEI GNADENLOSE PROFIS →Lethal Point

ZWEI GOLDIGE GIRLS (TWO WOMEN IN GOLD / DEUX FEMMES EN OR). Zwei junge Nachbarinnen, enttäuscht von ihrem eintönigen Hausfrauendasein und ihren gleichgültigen Ehemännern, lassen sich durch ein Buch über Emanzipation zu erotischen Abenteuern anregen, wobei sie in peinliche Situationen geraten. Billiger und öder Sexfilm. ✦ Kanada 1970 **R** Claude Fournier **D** Monique Mercure (Fernande Turcot), Louise Turcot (Violette Lamoureux), Marcel Sabourin (Yvan-T. Turcot), Vincent Fournier (Vincent Turcot), Yvon Deschamps **L** (TV) 78 **E** 9.3. 1991 RTL plus

ZWEI GRINGOS REITEN NACH WESTEN →Zwei räumen auf

ZWEI GROSCHEN HOFFNUNG →Für zwei Groschen Hoffnung

ZWEI GUTE FREUNDINNEN (TWO FRIENDS). Ein stilles und sensibles Drama über die zerbrechende Freundschaft zweier heranwachsender Mädchen, die von verständnislosen Stiefeltern auseinandergerissen werden und völlig unterschiedlich auf die veränderten Lebensumstände reagieren. (O.m.d.U.; Alternativtitel: »Zwei Freundinnen«) – Ab 16. ✦ Australien 1985 **P** ABC **Pd** Jan Chapman **R** Jane Campion **B** Helen Garner **K** Julian Penney **D** Emma Coles (Louise), Kris Bidenko (Kelly), Kris McQuade (Janet), Debra May (Chris), Peter Hehir (Malcolm), Kerry Dwyer (Alison) **L** 76 **E** 25.2.1994 3sat

ZWEI HALBE HELDEN (FUCKING FERNAND). Eine blinde männliche »Jungfrau« und ein kleiner Ganove werden im besetzten Frankreich eher unfreiwillig zusammengeschweißt und stolpern von einer brenzligen Situation in die nächste. Schrille schwarze Komödie mit politischem Hintergrund, die Sarkasmus und Ironie streckenweise mit derb-makabrem Witz und Zoten verwechselt. ✦ Frankreich 1987 **P** Stephan Film/I.C.E./Delta **Kl** Delta **Pd** Véra Belmont, Richard Claus **R** Gérard Mordillat **B** Véra Belmont, Jean Aurenche **K** Jean Monsigny **M** Jean-Claude Petit **S** Nicole Saunier **D** Thierry Lhermitte (Fernand), Jean Yanne (André Binet), Marie Laforêt (Lotte), Charlotte Valandrey (Lilly), Hark Bohm (Von Schaltz) **L** 81 (gek. 72) **FSK** ab 18;nf (gek.ab 16) **E** 24.11.1988 **fd** 27 253

ZWEI HALBZEITEN IN DER HÖLLE (KET FELIDÖ A POKOLBAN). In einem ungarischen Straflager irgendwo in der Ukraine, wo Hunger, Demütigungen und Schikanen den Aufbau der Verteidigungslinie gegen die Sowjets begleiten, soll am 20. April 1944, zum Geburtstag Hitlers, ein Fußballspiel zwischen einer Häftlingsauswahl unter Führung eines früheren Nationalspielers und deutschen Soldaten stattfinden. Das Spiel, nach Unruhen im Lager und Fluchtversuchen der Häftlinge, wird zur Demonstration gegen die Unterdrücker. Ein in inhaltlicher wie formaler Hinsicht gleichermaßen eindrucksvoller Film. – Sehenswert ab 16. ✦ Schwarz-weiß. Ungarn 1961 **P** Hunnia **R** Zoltán Fábri **B** Péter Bacsó **K** Ferenc Szécsényi **M** Ferenc Farkas **D** Imre Sinkovits, Dezsö Garas, László Márkus **L** 95 **E** 21.6.1965 ZDF/12.12. 1982 DFF 2

ZWEI HÄLFTEN EINES HERZENS (DVIJE POLOVINE SRCA). Eine nicht mehr intakte Ehe gelangt schließlich vor den Scheidungsrichter. Dort offenbart sich, daß nach der Trennung bei keinem der beiden Elternteile noch Platz für den 14jährigen Sohn sein wird. Eine enttäuschende, sich zwar sachlich gebende, aber weitgehend oberflächliche und klischeehafte Ehegeschichte. ✦ Jugoslawien 1982 **P** Sutjeska-Film **Kl** Progress **R+B** Vefik Hadzismailovic **K** Mihajlo Murko **M** Zoran Simjanovic **D** Damir Varga, Mirjana Karanovic, Ljubisa Samardzic, Fabijan Sovagovic, Zijah Sokolovic **L** 81 **E** 1.7.1983 Kino DDR/7.2.1985 DFF 2

ZWEI HALLELUJA FÜR DEN TEUFEL (SEI GIA' CADAVERE AMIGO ... TI CERCA GARRINGO / ABRE TU FOSA, AMIGO, LLEGA SABATA). Von einem mexikanischen Wegelagerer unterstützt, rächt ein Ranchersohn den ermordeten Vater an einem skrupellosen Landräuber und dessen Bande. Unterdurchschnittlicher Italowestern mit einigen Brutalitäten. ✦ Italien/Spanien 1972 **P** Devon/I.F.I.S.A. **Kl** Gloria **R** John Wood (= Juan Bosch) **B** Sauro Scavolini, Ignacio F. Iquino **K** Floriano Trenker **M** Enrique Escobar **S** Luis Puigvert, Michele Massimo Tarantini **D** Richard Harrison, Fernando Sancho, Tania Alvarado, Raffaele Baldassarre, Indio Gonzales **L** 90 **FSK** ab 16; nf **E** 6.10.1972 **fd** 18 107

ZWEI HALUNKEN IM ALTEN ROM (POPPEA UNA PROSTITUTA AL SERVIZIO DELL'IMPERO). Zwei Tagediebe und Zechpreller retten aus Versehen Kaiser Nero das Leben und gelangen am römischen Hof zu hohen Ehren, bis sie sich nach dem Brand Roms wieder auf der Landstraße befinden. Klamauk, der sämtliche Pointen verschenkt; fade Mischung, die Elemente aus Italowestern, Kostüm- und Pornofilmen aneinanderreiht. ✦ Scope. Italien 1972 **P** Luis **Kl** Jugendfilm **R** Alfonso Brescia **B** Mario Amendola, Vittorio Vighi, Alfonso Brescia **K** Franco Villa **M** Carlo Savina **S** Vincenzo Vanni **D** Don Backy, Femi Benussi, Peter Landers, Linda Sini, Eva Czemeris **L** 82 **FSK** ab 18; nf **E** 14.9.1973 **fd** 18 547

ZWEI HALUNKEN »STÜRMEN« TROJA (ELENA SI, MA ... DI TROIA). Die Abenteuer zweier Freunde zwischen den Parteien des Trojanischen Krieges. Unterhaltungsarme Mischung aus Prügelklamauk und Sexfilm mit billiger Veralberung der Antike. ✦ Scope. Italien 1973 **P** L. M. **Kl** Jugendfilm **R** Alfonso

Brescia **B** Vittorio Vighi, Renzo Genta, Pietro Renoli, Alfonso Brescia **K** Oberdan Troiani **M** Alessandro Alessandroni **S** Vincenzo Vanni **D** Don Backy, Peter Landers, Howard Ross (= Renato Rossini), Pupo De Luca, Barbara Betty **L** 98 **FSK** ab 18; nf **E** 16.8.1974 **fd** 19 141

ZWEI HAU'N AUF DEN PUTZ →Hügel der blutigen Stiefel

ZWEI HAUDEGEN AUF ACHSE (POCKET MONEY). Zwei charakterlich sehr verschiedene Cowboys, die im Auftrag eines Geschäftsmannes Rinder in Mexiko kaufen und in die USA bringen sollen, werden von ihrem Auftraggeber, der sich als Gangster entpuppt, geprellt. Einer der beiden, ein trunksüchtiger und gerissener kleiner Gauner, versucht immer wieder vergeblich, seinen naiven Freund vor Reinfällen zu bewahren. Überwiegend langweilige Western-Komödie mit einigen sarkastischen Seitenhieben, die die komischen Talente der beiden Hauptdarsteller wenig nutzt. (TV-Titel: »Zwei glücklose Cowboys«) – Ab 14. ✦ USA 1971 **P** First Artists/Coleytown **VA** Starlight **Pd** John Foreman **R** Stuart Rosenberg **B** Terrence Malick, nach dem Roman »Jim Kane« von J. P. S. Brown **K** Laszlo Kovacs **M** Alex North **S** Robert Wyman **D** Paul Newman (Jim Kane), Lee Marvin (Leonard), Strother Martin (Garrett), Wayne Rogers (Stretch Russell), Kelly Jean Peters (Ehefrau), Fred Graham (Herb), Christine Belford (Adelita), Richard Farnsworth, Hector Elizondo (Juan), Gregg Sierra (Chavarin) **L** 102 **FSK** ab 12 (fr. ab 16) **E** 9.4.1981 NDR

ZWEI HAUDEGEN KOMMEN SELTEN ALLEIN →Die Französische Revolution fand nicht statt

ZWEI HEISSE TYPEN AUF DEM HIGHWAY →California Highway

ZWEI HEKTAR LAND (DO BIGHA ZAMIN). Bemerkenswerter sozialkritischer Film aus Indien über die vergeblichen Bemühungen einer Bauernfamilie, durch Arbeit in der Stadt die drohende Landnahme abzuwenden. Formal ist die von humanitäten Idealen bestimmte Studie vom italienischen Neorealismus beeinflußt. (DDR-Titel: »Shambu«) – Sehenswert ab 14. ✦ Schwarz-weiß. Indien 1953 **Kl** Filmkundliches Archiv Schönecker **R** Bimal Roy **B** Salil Choudhury **K** Kamal Bose **M** Salil Chowdhury **D** Balray Shani, Nirupa Roy, Ratan Kumar **L** 95 **E** 12.8. 1955 Kino DDR/1962 Kino BRD/28.7.1967 DFF 1 **fd** 11 349

ZWEI HERREN »N« (DWAJ PANOWIE »N«). Die zufällige Entdeckung der Namensgleichheit kostet zwei Männer das Leben und bringt die Polizei auf die Spur eines gefährlichen Agenten. Spannender Kriminalfilm, gekonnt inszeniert und gespielt. – Ab 12. ✦ Schwarz-weiß. Polen 1961 **P** PRF »Zespoly Filmowe«/Zespol »Start« **Kl** Progress **R** Tadeusz Chmielewski **B** Tadeusz Chmielewski, nach einem Roman von Ryszard Gontarz und Zygmunt Szeliga **K** Jerzy Stawicki **M** Adam Walacinski **D** Joanna Jedryka (Stewardeß), Stanislaw Mikulski (Janek Dziewanowicz), Janusz Bylczynski (Ingenieur Henryk Nowak), Waclaw Kowalski (Gemüsehändler H. Nowak), Bohdan Ejmont (Hauptmann) **L** 101 **E** 29.3. 1963 Kino DDR/4.4.1964 DFF 1

ZWEI HERZEN AUF DER FLUCHT (FUGITIVE LOVERS). Eine kleine Tänzerin verliebt sich auf der Flucht vor ihrem liebeskranken Impressario in einen entflohenen Zuchthäusler, den sie im Überlandbus nach Hollywood kennenlernt. Nachdem sie einer Schulklasse das Leben retten, ist ihnen eine glückliche Zukunft beschieden. Weitgehend missglückter Komödienversuch, der unter vielen Unglaubwürdigkeiten und platten Dialogen leidet. – Ab 14. ✦ Schwarz-weiß. USA 1934 **P** MGM **R** Richard Boleslawski **B** Albert Hackett, Frances Goodrich, George B. Seitz **K** Ted Tetzlaff **S** William S. Gray **D** Robert Montgomery (Paul Porter), Madge Evans (Letty Morris), Ted Healy (Hector Withington), Nat Pendleton (Legs Coffee), C. Henry Gordon (Daly) **L** 74 **E** 11.1.2000 ARD

ZWEI HERZEN IM DREIVIERTELTAKT. Zwei Brüder, Librettisten für einen gefeierten Wiener Operettenkomponisten, wollen ihre Schwester von diesem Lebemann fernhalten. Sie reist ihm nach und inspiriert ihn zu dem Titelwalzer. Zum Entsetzen des Theaterdirektors vergißt er die Melodie, bis er die hübsche Unbekannte wiedersieht. Der erste Tonfilmerfolg des Regisseurs Géza von Bolváry (1897–1961), der die lustvoll vorgetragenen Lieder von Robert Stolz mittels komischer und sentimentaler Szenen zu verbinden suchte, dabei auf Kamerabewegungen weitgehend verzichtete und selbst Schnittfehler durchgehen ließ. Die Schauspieler agieren wie auf der Operettenbühne. – Ab 10. ✦ Schwarz-weiß. Deutschland 1930 **P** Super **R** Géza von Bolváry **B** Walter Reisch, Franz Schulz **K** Willy Goldberger, Max Brink **M** Robert Stolz **D** Gretl Theimer (Hedi), Walter Janssen (Toni Hofer, Operettenkomponist), Willi Forst (Vicky Mahler, Librettist), Irene Eisinger (Anni Lohmeier, Soubrette), Oskar Karlweis (Nicky Mahler, Librettist), Szöke Szakall (Theaterdirektor), Karl Etlinger (Schlesinger), Paul Morgan (Novotny), Paul Hörbiger (Ferdinand), August Vockau (Weigl), Gert Bloem (Franz Schubert), Tibor von Halmay (Operettensänger) **L** 98 **E** 13.3.1930/3.7.1989 DFF 1

ZWEI HERZEN IM 3/4-TAKT →Zwei Herzen im Dreivierteltakt

ZWEI HERZEN IM MAI. Einem Musiker in Berlin steigt sein rascher Erfolg zu Kopf. Sentimentale Kolportagegeschichte, deren dünne Handlung vergeblich durch den Auftritt seinerzeit beliebter Schauspieler und Schlagersänger kaschiert werden sollte. Fragwürdig wird der Film durch die Verharmlosung des sozialen und politischen Hintergrunds der Zeit von 1930 bis 1946. – Ab 12. ✦ Scope. BR Deutschland 1957 **P** Berolina **Kl** Ufa **Pd** Kurt Ulrich **R** Géza von Bolváry **B** Janne Furch, Hans Fritz Köllner **K** Georg Bruckbauer **M** Michael Jary **S** Wolfgang Wehrum, Liselotte Schumacher **D** Dieter Borsche (Peter Paul Müller), Kristina Söderbaum (Annemie), Walter Giller (Ralf Siedler), Carla Hagen (Erna Bölke), Willy Fritsch (Gesenius) **L** 90 **FSK** ab 12; f **E** 9.1.1958 **fd** 6 603

ZWEI HERZEN IM SCHNEE (NE CAKAJ NA MAJ). Die übersteigerten Moralbegriffe eines alten Professors veranlassen seine Tochter, die Heirat mit dem geliebten Mann dadurch zu erzwingen, daß sie vorgibt, ein Kind zu erwarten. Am Ende müssen die Eltern einsehen, daß die Moral ihrer Kinder über Mißtrauen und Prüderie der älteren Generation gesiegt hat. Eine annehmbare Komödie, deren Schwung jedoch teilweise aufgesetzt wirkt. – Ab 14. ✦ Schwarz-weiß. Jugoslawien 1957 **P** Triglav **Kl** Progress **R+B** Frantisek Cap **K** Janez Kalisnik **M** Borut Lesjak **D** Metka Gabrijelcic (Vesna), Stane Sever (Vater), Elvira Kralj (Tante), Franek Trefalt (Samo), Metca Bucar (seine Mutter) **L** 102 **E** 29.8.1958 Kino DDR

ZWEI HERZEN UND EIN THRON (HOFJAGD IN ISCHL). Verwechslungslustspiel anläßlich einer Kaiserjagd in Österreich, nach dessen Entwirrung gleich drei Paare zueinanderfinden. Alberne Situationskomik, bunte Kostüme, das genreübliche Trachtenfest und einige schöne Naturaufnahmen vermischen sich zum klischee-überfrachteten Heimatfilm. (Alternativtitel: »Kaiserjagd im Salzkammergut«) – Ab 12 möglich. ✦ BR Deutschland/Österreich 1955 **P** Tofir/Patria **Kl** Defir **Pd** Auguste Reuß-Barth **R** Hanns Schott-Schöbinger **B** Rudolf L. Körner **K** Klaus von Rautenfeld **M** Karl Bette **S** Herbert Taschner **D** Hans von Borsody (Prinz Eberhard), Elma Karlowa (Nina Carlotta), Gunther Philipp (Kuno Möslacher), Hans Olden (Graf Turm), Herta Staal (Liesl) **L** 105 **FSK** ab 6; nf **E** 29.9.1955 **fd** 4 388

ZWEI HERZEN VOLLER SELIGKEIT. Eine Fabrikantentochter und ein Nervenarzt finden nach einigen Komplikationen zusammen. Klamaukhaftes Lustspiel; inhaltlich und formal gleichermaßen schwach. – Ab 14 möglich. ✦ Schwarz-weiß. BR Deutschland 1957 **P** Bühne und Film **Kl** Prisma **Pd** Robert Leistenschneider **R** Josef A. Holmann **B** Josef A. Holman, Gerhard Born **K** Ernst W. Kalinke **M** Theodor Knobel **S** Eva Kroll **D** Waltraut Haas, Adrian Hoven, Herta Staal, Susi Nicoletti, Ernst Waldow, Hans Richter **L** 112 **FSK** ab 16; nf **E** 22.3.1957 **fd** 5 764

ZWEI HIMMELHUNDE AUF DEM WEG ZUR HÖLLE (PIU FORTE RAGAZZI!). Die Erlebnisse zweier Buschpiloten zwischen Diamantenschürfern und Ausbeutern im südamerikanischen Dschungel. Prügelfreudige Abenteuerunterhaltung, die mögliche Härten mit Slapstick-Komik umgeht und ein Männlichkeitsideal darstellt, das sich erst im Abenteuer erfüllt. – Ab 14. ✦ Scope. Italien 1972 **P** Tiger/Delta **DVD** e-m-s (16:9, 2.20:1, Mono dt.) **R** Giuseppe Colizzi **B** Barbara Alberti, Amedeo Pagani **K** Marcello Masciocchi **M** Guido de Angelis, Maurizio de Angelis **S** Antonio Siciliano **D** Bud Spencer, Terence Hill (= Mario Girotti), Reinhard Kolldehoff, Cyril Cusack, Riccardo Pizzuti **L** 106 (Orig. 122) **FSK** ab 16; nf **E** 6.3. 1973/1.1.1989 DFF 1/26.4.2001 DVD **fd** 18 237

ZWEI HIMMELHUNDE IM WILDEN WESTEN →Ben und Charlie

ZWEI HIMMELSSTÜRMER HEBEN AB (FLY BOY / ONE LAST FLIGHT). Als ein kleiner Junge erfährt, dass sein Großvater in einem Seniorenheim untergebracht werden soll, erfüllt er dem ehemaligen Kampfpiloten, der so spannende Geschichten erzählen kann, seinen größten Wunsch: noch einmal in einem Jagdflugzeug zu fliegen. Für den Videomarkt produzierte gefühlige Familiengeschichte, die weder produktionstechnisch noch inszenatorisch höheren Ansprüchen genügt und im Bereich der seichten Unterhaltung bleibt. – Ab 12. ✦ USA 1999 **P** Videal **R+B** Richard Stanley **K** Terence D. Bulley **M** Todd Hayen **S** Edgar Burcksen **D** Miko Hughes (Ray), Kathleen Lloyd (Kate), Gregory Itzin (Joe), Joshua Boyd (Eddy), Brittany Alyse Smith (Janey), James Karen (Gramps) **L** 79 **E** 28.1.2001 ProSieben

ZWEI HIMMLISCHE DICKSCHÄDEL. Die Auseinandersetzung zwischen einem draufgängerischen Kaplan und dem selbstherrlichen Bürgermeister eines bayrischen Dorfes. Seichtes Lustspiel in Heimatfilm-Machart. (Alternativtitel: »Zwei bayerische Dickschädel«) – Ab 12 möglich. ✦ BR Deutschland 1974 **P** CTV 72 **Kl** Constantin **Pd** Erwin Gitt **R** Werner Jacobs **B** Johannes Weiß, nach einem Roman von Arthur-Heinz Lehmann **K** Ernst W. Kalinke **M** Ernst Brandner **D** Klaus Löwitsch (Kamberger), Reiner Schöne (Vilmos), Franziska Oehme (Marei), Ludwig Schmid-Wildy (Wastl), Max Strecker (Pfarrer Domnik) **L** 95 **FSK** ab 6; nf **E** 20.12.1974 **fd** 19 155

ZWEI HIMMLISCHE SCHLITZOHREN (THE WHEELS OF HELL). Ein chilenischer Töpfer in einem abgeschiedenen Bergdorf freundet sich mit einem reichen Amerikaner an, dessen Mercedes defekt ist. Da der Wagen in der kleinen Werkstatt nicht sofort repariert werden kann, reist der Amerikaner mit einem klapprigen Bus weiter. Als der Töpfer seinem Freund den wieder funktionierenden Wagen bringen will, wird er überall für den Besitzer gehalten und stolpert in eine Reihe verwirrender Abenteuer. – Ab 12. ✦ USA 1982 **VA** Allround **R** Claudio Guzman **D** Larry Hagman, Trini Lopez **L** 85 **FSK** o. A. **E** 6.1.1991 Tele 5

ZWEI HINREISSEND VERDORBENE SCHURKEN (DIRTY ROTTEN SCOUNDRELS). Zwei Betrüger, ein eleganter Aristokrat und ein grobschlächtiger Ganove, kooperieren zunächst, werden aber zu Rivalen, als es um die Vorherrschaft in einem noblen Badeort geht. Mit altmodischen filmischen Mitteln inszenierte Boulevard-Komödie mit Tempo, Dialogwitz und spielfreudigen Hauptdarstellern. Eine der wenigen Neuauflagen alter Stoffe, die besser sind als das Original (»Zwei erfolgreiche Verführer«, 1963, Regie: Ralph Levy). – Ab 14. ✦ USA 1988 **P** Orion **Kl** 20th Century Fox **SF** 20th Century Fox **VA** RCA/Columbia **Pd** Bernard Williams **R** Frank Oz **B** Dale Launer, Stanley Shapiro, Paul Henning **K** Michael Ballhaus **M** Miles Goodman **S** Stephen A. Rotter, William S. Scharf **D** Steve Martin (Freddy Benson), Michael Caine (Lawrence Jamieson), Glenne Headly (Janet Colgate), Anton Rodgers (Inspektor Andre), Barbara

Harris (Fanny Eubanks) **L** 107 **FSK** ab 12; f **FBW** bw **E** 24.8.1989/8.3.1991 premiere **fd** 27 775

ZWEI HOCHZEITEN (NOWYJ DOM). Die Liebe zwischen zwei jungen Menschen, die in ihrem jeweiligen Dorf um ein besseres Leben kämpfen. – Ab 14. ✦ Schwarz-weiß. UdSSR 1947 **P** Belarusfilm **KI** Sovexportfilm **R** Wladimir Korsch-Sablin **B** Jewgeni Pomeschtschikow **K** Wladimir Rapoport **M** Isaak Dunajewski **D** Viktor Chochrjakow (Wischnjak), Wladimir Samoilow (Hauptmann), Lidija Smirnowa (Maria), I. Oja (Prokoschina), Leonid Kmit (Fomin) **L** 77 **E** 20.1.1950 Kino DDR

ZWEI IM SIEBENTEN HIMMEL. Verwechslungen in München, Salzburg und St. Wolfgang um ein echtes und ein falsches Kammermusiktrio. Klamaukunterhaltung mit Schnulzeneinlagen. – Ab 12 möglich. ✦ BR Deutschland 1974 **P** Lisa **KI** Constantin **R** Siggi Götz **B** Joachim Reinemann **K** Heinz Hölscher **M** Peter Orloff **D** Bernd Clüver, Peter Orloff, Rinaldo Talamonti, Gunther Philipp, Ute Kittelberger **L** 90 **FSK** ab 6; nf **E** 5.9.1974 **fd** 19 005

ZWEI IM VISIER (POINT DE CHUTE). Drei Gangster entführen ein Schulmädchen, um Lösegeld zu erpressen. Während zwei von ihnen Verhandlungen mit den Eltern aufnehmen, bleibt der dritte als Bewacher zurück. In der Abgeschiedenheit des Verstecks entwickelt sich Verständnis zwischen dem Wächter und dem Kind, doch den beiden bleibt keine Chance. Düsterer Kriminalfilm, dem mit einem Minimum an Aufwand eine eindringliche Studie über Fragen menschlicher Moralvorstellungen gelingt; stilsicher inszeniert, von den beiden Hauptdarstellern höchst sensibel gespielt. – Ab 16. ✦ Frankreich 1969 **P** Films Marceau **R** Robert Hossein **B** Claude Desailly, Robert Hossein **K** André Hossein, Daniel Diot **D** Pascale Rivault, Johnny Hallyday, Robert Hossein, Albert Minski, Robert Dalban **L** 84 **E** 18.6.1984 HR/NDR/WDR

ZWEI IN BLUE JEANS (ALOHA, BOBBY AND ROSE). Rührselige Love-Story mit der tragisch endenden Flucht eines jungen Paares nach einem unbeabsichtigten Mord an einem Verkäufer. Modisch bebilderte und mit Actionversatzstücken inszenierte anspruchslose Unterhaltung. ✦ USA 1975 **P** Cine Artists **KI** Gloria **R+B** Floyd Mutrux **K** William A. Fraker **D** Paul Le Mat, Dianne Hull **L** 89 **FSK** ab 16; f **E** 17.2.1978 **fd** 20 686

ZWEI IN DER ARKTIS (TWO AGAINST THE ARCTIC). Zwei Eskimokinder werden von ihrem Vater und einigen anderen Männern des Stammes zur Walroßjagd mitgenommen. Nachdem sie in einem Sommerlager, 300 Kilometer entfernt von ihrem Dorf, tagelang umsonst auf die Rückkehr der Jäger warteten, machen sich die beiden Kinder auf einen gefährlichen Weg durch die Tundra zurück zu ihrem Heimatdorf. Ein im Norden Alaskas spielender Abenteuerfilm. – Ab 12. ✦ USA 1974 **P** Walt Disney **R** Robert Clouse **B** James Algar, nach einem Roman von Sally Carrighar **K** Gil Hubbs, Lynn Ellsworth **M** Buddy Baker **D** Susie Silook, Marty Smith, Rossman Peetook, Jerome Trigg, Vernon Silook **L** 90 **E** 1.1.1983 ARD

ZWEI IN DER FALLE (RAWHIDE). Banditen verschanzen sich in einer Postkutschenstation und bringen friedliche Bürger in ihre Gewalt. Langatmiger Western aus der Werkstatt des Action-Profis Henry Hathaway. – Ab 16 möglich. ✦ Schwarz-weiß. USA 1950 **P** 20th Century Fox **KI** Centfox **Pd** Samuel G. Engel **R** Henry Hathaway **B** Dudley Nichols **K** Milton Krasner **M** Sol Kaplan, Lionel Newman **S** Robert Simpson **D** Tyrone Power (Tom Owens), Susan Hayward (Vinnie Holt), Hugh Marlowe (Zimmerman), Jack Elam (Tevis), Dean Jagger (Yancy), Edgar Buchanan (Sm Todd), George Tobias (Gratz), Jeff Corey (Luke Davis), James Millican (Tex Squires), Louis Jean Heydt (Fickert), William Haade (Gil Scott), Dan White (Gilchrist), Robert Adler (Billy Dent), Walter Sande (Flowers) **L** 85 **FSK** ab 16; nf **E** 25.9.1951 **fd** 1 235

ZWEI IN DER TINTE → Der Zocker

ZWEI IN EINEM ANZUG. Einfältiger Schwank um zwei arme Münchner Künstler und einen reichen Bierbrauer aus Amerika nebst Tochter. – Ab 12 möglich. ✦ Schwarz-weiß. BR Deutschland 1950 **P** Dornas **KI** Hansa **Pd** Oskar Marion **R** Joe Stöckel **B** Joe Stöckel, Franz Seitz sr. **K** Franz Koch, Josef Illig **M** Hans Diernhammer **S** Luise Dreyer-Sachsenberg **D** Joe Stöckel, Wolf Albach-Retty, Olga Tschechowa, Heini Goebel, Rudolf Reiff **L** 95 **FSK** ab 12; nf **E** 25.5.1950 **fd** 781

ZWEI IN EINEM BOOT. Während einer Kanutour über die unberührten Wasserwege der Mecklenburger Seenplatte sind ein elfjähriger Junge, sein drei Jahre älterer Bruder sowie ein ebenfalls 14jähriges Mädchen auf sich selbst gestellt, als der sie führende Großvater der Jungen einen Herzanfall erleidet. Spannender Abenteuerfilm für Kinder, der die inszenatorisch geschickt verdichtete Fabel um Bewährung und Selbstüberwindung auf das notwendige Minimum von psychologischen und handlungstechnischen Informationen reduziert und sie bildwirksam in Naturbilder von nahezu archaischer Schönheit einbindet. (Titel auch: »Zwei in einem Boot – Ein Sommerferienabenteuer auf der Müritz...«) – Sehenswert ab 10. ✦ Deutschland 1999 **P** Ottokar Runze Filmprod./HFF Potsdam-Babelsberg/Grünberg Film/EuroArts/Marina Müller Prod./SFB/HR/WDR/NDR **KI** Basis **Pd** Ottokar Runze **R** Cornelia Grünberg **B** Andreas Grünberg, Cornelia Grünberg **K** Heiko Merten **M** Andreas Grünberg **S** Johannes Weuther **D** Günter Naumann (Opa Knut), Marie Kliefert (Nadia), Alexander Grünberg (Hans), Fabian Oscar Wien (Fabian), Dieter Wien (Vater Trebbin), Madeleine Wien-Lierk (Mutter Trebbin) **L** 70 **FSK** ab 6; f **E** 29.4.1999 **fd** 33 659

ZWEI IN EINEM STIEFEL (IL FEDERALE). Am Beispiel eines Milizsoldaten, der im Sommer 1944 einen regimefeindlichen Professor gefangenhält, wird auf humorvolle und gescheite Weise die Torheit faschistischer Lebenshaltung entlarvt. (Titel auch: »Die Helden machen Überstunden«) – Sehenswert ab 16. ✦ Schwarz-weiß. Italien 1961 **P** D.D.L. **KI** Constantin **Pd** Gianni Minervini **R** Luciano Salce **B** Castellano (= Franco Castellano), Pipolo (= Giuseppe Moccia) **K** Erico Menczer **M** Ennio Morricone **S** Roberto Cinquini **D** Ugo Tognazzi (Primo Arcovazzi), Georges Wilson (Prof. Erminio Bonafe), Gianrico Tedeschi (Arcangelo Baldacci), Mireille Granelli (Rita), Stefania Sandrelli (Lisa), Renzo Palmer (Taddei) **L** 102 **FSK** ab 12; nf **FBW** w **E** 12.12.1963/21.12.1989 Tele 5 **fd** 12 390

ZWEI IN EINEM ZIMMER (THE RAT RACE). Ein junger Jazzmusiker aus der Provinz und ein mit allen Wassern gewaschenes Großstadtmädchen teilen sich aus Geldmangel in New York ein Zimmer. Diese von Sympathie getragene Gemeinschaft erweist sich als nützlich, da die beiden sich gegenseitig aus finanziellen und sonstigen Engpässen retten können. Am Ende steht eine gemeinsame Zukunft. Gediegene Unterhaltung mit glaubhafter Milieuschilderung, die lebensbejahenden Optimismus propagiert. – Ab 16. ✦ Scope. USA 1959 **P** Perlberg-Seaton Prod. **KI** Paramount **Pd** William Perlberg, George Seaton **R** Robert Mulligan **B** Garson Kanin **K** Robert Burks **M** Elmer Bernstein **S** Alma Macrorie **D** Tony Curtis (Pete Hammond jr.), Debbie Reynolds (Peggy Brown), Jack Oakie (Mac), Kay Medford (Soda), Don Rickles (Nellie) **L** 106 **FSK** ab 16; nf **FBW** w **E** 24.2.1961 **fd** 10 009

ZWEI IN EINER GROSSEN STADT. Ein Nachtflieger verbringt seinen eintägigen Sonderurlaub in Berlin nicht wie vorgesehen mit seiner Urlaubsbekanntschaft, einer Pressefotografin, sondern mit einer Rotkreuzschwester, die er zufällig kennenlernt. An den verschiedensten Plätzen verlieren sie einander und treffen sich zufällig wieder. Optimistisch gestimmte Liebeskomödie mit interessanten Bildern Berlins aus jener Zeit, die den grauen Alltag des Jahres 1942 vergessen machen sollte. Nach 1945 Aufführungsverbot durch die Alliierten Militärregierungen. – Ab 14 möglich. ✦ Schwarz-weiß. Deutschland 1942 **P** Tobis **R** Volker von Collande **B** Ursula von Witzendorff, Volker von Collande **K** Carl Hoffmann, Erich Nitzschmann **M** Willi Kollo, Adolf Steimel **D** Karl John, Monika Burg (= Paulette von Suchan), Marianne Simson, Hansi Wendler, Volker von Collande **L** 82 **E** 23.1.1942/31.7.1988 RTL plus

ZWEI IN PARIS (ANTOINE ET ANTOINETTE). Antoine und Antoinette, jung verheiratet, leben ihr gewöhnliches Alltagsleben: er ist Setzer, sie Verkäuferin. Sie lieben sich, streiten sich über Banalitäten und sind glücklich mit ihrem bescheidenen Auskommen. Ein Lotterielos, das sie verlegt haben, bringt turbulente Aufregung in ihr Dasein. Der Regisseur gibt hier eine der besten Milieuschilderungen des Paris' der unmittelbaren Nachkriegsjahre. Seine liebevoll und detailgenau gezeichneten Charaktere sind so sympathisch wie diese Komödie im ganzen. (Alternativtitel: »Antoine und Antoinette«) – Ab 14. ✦ Schwarz-weiß. Frankreich 1947 **P** Gaumont **KI** Progress **R** Jacques Becker **B** Françoise Giroud, Maurice Griffe **K** Pierre Montazel **M** Jean-Jacques Grunenwald **S** Marguerite Renoir **D** Claire Maffei (Antoinette), Roger Pigaut (Antoine), Noël Roquevert (Roland), Annette Poivre (Juliette), Gaston Modot, Pierre Trabaud (Riton) **L** 95 **FSK** ab 12; nf **E** 1948/11.3.1960 Kino DDR/23.12.1960 DFF 1/27.9.1969 ZDF **fd** 329

ZWEI IN TEUFELS KÜCHE (THE IN-LAWS). Ein respektabler New Yorker Zahnarzt gerät an einen verrückt erscheinenden Agenten, der ihn in abenteuerliche Verwicklungen bei der Verhinderung einer Intrige gegen die Weltwährung bringt. Passabler Unterhaltungsfilm, der zwischen Ernst und Heiterkeit schwankt und stellenweise etwas tempolos und ohne zündende Einfälle inszeniert ist. – Ab 14. ✦ USA 1979 **P** Warner **KI** Warner-Columbia **Pd** Arthur Hiller, William Sackheim **R** Arthur Hiller **B** Andrew Bergman **K** David M. Walsh **M** John Morris **S** Robert Swink **D** Peter Falk (Vince Ricardo), Alan Arkin (Sheldon Kornpett), Richard Libertini (General Garcia), Penny Peyser (Barbara Kornpett), Nancy Dussault (Carol Kornpett) **L** 103 **FSK** ab 12; f **E** 20.12.1979 **fd** 22 290

ZWEI IRRE PARTNER AUF HEISSER SPUR → Zwei irre Typen auf heißer Spur

ZWEI IRRE SPASSVÖGEL (LES COMPERES). Ein Junge reißt von zu Hause aus. In ihrer Sorge wendet sich seine Mutter an zwei ehemalige Freunde und macht jedem vor, der Vater des Jungen zu sein. Prompt begeben sich beide auf die Suche nach »ihrem« Sohn. Die nicht sonderlich originelle Story ist mit leichter Hand und Sinn für Situationskomik inszeniert, wozu das Spiel der gegensätzlichen Schauspielertypen viel beiträgt. – Ab 16. ✦ Frankreich 1983 **P** Fideline/EFVE/D.D. Films **KI** Jugendfilm **R+B** Francis Veber **K** Claude Agostini **M** Vladimir Cosma **S** Marie-Sophie Dubus **D** Pierre Richard (François Pignon), Gérard Depardieu (Jean Lucas), Anny Duperey (Christine), Michel Aumont (Paul), Stéphane Bierry (Tristan) **L** 92 **FSK** ab 12; f **E** 19.10.1984/28.3.1986 Kino DDR/27.12.1987 DFF 1 **fd** 24 840

ZWEI IRRE TYPEN AUF DER FLUCHT → Die Flüchtigen

ZWEI IRRE TYPEN AUF HEISSER SPUR (PARTNERS). Zwei sexuell unterschiedlich veranlagte Polizisten klären als Pärchen getarnt einen Mord in Homosexuellenkreisen auf. Weitgehend mißglückte Mischung aus Komödie und Thriller. Die Ansätze, Vorurteile humorvoll zu hinterfragen, gehen größtenteils in Klischees und diskriminierender Überzeichnung in der Darstellung der Außenseiter unter. (Fernsehtitel: »Zwei irre Partner auf heißer Spur«) – Ab 16. ✦ USA 1982 **P** Titan **KI** UIP **Pd** Aaron Russo **R** James Burrows **B** Francis Veber **K** Victor J. Kemper **M** Georges Delerue **S** Danford B. Greene **D** Ryan O'Neal (Benson), John Hurt (Kerwin), Kenneth McMillan (Wilkens), Robyn Douglass (Jill), Jay Robinson (Halderstam) **L** 93 **FSK** ab 12; f **E** 19.11.1982 **fd** 23 764

ZWEI IRRE TYPEN MIT IHREM TOLLEN BRUMMI →Toby & Butch – wie zwei sanfte Engel

ZWEI IRRE UND EIN SCHWEIN (LES TRUFFES). Komödie um einen drittklassigen Boxer und einen erfolglosen Kleindieb, die auf ihrer Reise ans Mittelmeer eine Reihe skurriler Abenteuer erleben. ✦ Frankreich 1994 **Pd** Claude Besson **R** Bernard Nauer **B** Bernard Nauer, Philippe de Chauveron **K** Vincent Jeannot **M** Benjamin Raffaelli, Kamil Rustam **S** Olivier Morel **D** Jean Reno (Patrick), Christian Charmetant (Nathaniel), Isabelle Candelier (Huguette), Anne Roussel (Claire) **L** 90 **E** 15.8.1996 premiere

ZWEI ITALIENER MÖGEN'S HEISS (BELLIFRESCHI). Zwei italienische Komiker fliehen nach einem Mißgeschick in Frauenkleidern vor der Hand des Gesetzes und verdingen sich als singende Kellnerinnen, bis ihnen ein alternder Mafia-Boß hartnäckig den Hof macht. Seichte Komödie, die sich an Billy Wilders Erfolgsfilm »Manche mögen's heiß« anhängen möchte. – Ab 16. ✦ Italien 1987 **P** Dean International/Medusa **R** Enrico Oldoini **B** Liliana Betti, Paolo Costella, Enrico Oldoini **K** Giorgio di Battista, David Worth **M** Manuel de Sica **D** Christian de Sica (Jerry), Lino Banfi (Tom), Lionel Stander (Frank Santamaria), Lisa Lavender (Sandra), Marina Viro (Barbara), Monica Frassinelli (Conchita) **L** (TV) 89 **E** 10.8.1990 ARD

ZWEI ITALIENER SEHEN DIE UDSSR (RUSSIA SOTTO INCHIESTA). Italienisch-russische Reportage über das Leben in der Sowjetunion der 60er-Jahre, in der sich folkloristische Impressionen mit der Erörterung sozialer und politischer Fragen mischen. Wegen der offenkundigen Sympathie für das kommunistische System stieß der handwerklich solide Film im Westen auf wenig Gegenliebe. ✦ Scope. UdSSR/Italien 1963 **P** Mosfilm/Napoleon und Galathea **Kl** Progress **R** Romolo Marcellini, Leonardo Cortese, Tamara Lissizian **B** Maurizio Ferrara, Georgi Mdiwani, Ennio de Concini, Romolo Marcellini, Eliana de Sabata, Leonardo Cortese **K** Guglielmo Mancori, Sergej Wronski, W. Dombrowski, Viktor Listopadow, A. Renkow **M** Dmitri Schostakowitsch, Roberto Nicolosi, Pierluigi Urbini **S** Mario Serandrei **L** 72 (Orig. 95) **E** 12.2.1965 Kino DDR

ZWEI JAHRE ÜBER DEM ABGRUND (DWA GODA NAD PROPASTJU). Film über den Widerstandskampf illegal arbeitender Patrioten im besetzten Kiew. Ein hölzern inszenierter Film, der den Zuschauer auf Distanz hält. – Ab 14. ✦ Scope, schwarz-weiß. UdSSR 1966 **P** Filmstudio Kiew **Kl** Progress **R** Timofej Lewtschuk **B** W. Drosdow, A. Jewsejew, Leonid Trauberg **K** Wladimir Wojtenko **M** G. Shukowski **D** Anatoli Bartschuk (Iwan Kudrje), N. Wesselowskaja (Raisa Okipnaje), S. Sergejtschikowa (Maria Grusdowa), E. Krypennikowa (Jewgenia Bremer) **L** 92 **E** 10.11.1967 Kino DDR

ZWEI JAHRE URLAUB IM ALL (THE TWO YEAR VACATION IN SPACE). Ein Raumschiff, mit dessen Hilfe die Chlorophyll-Vorräte der Erde aufgefüllt werden sollen, hebt ab, noch bevor 15 Jungs, die es besichtigten, es verlassen können. Aus der Not eine Tugend machend, beschließen sie, die Erde zu retten, und steuern den von einem Diktator beherrschten »grünen Planeten« an. Zeichentrick-Abenteuer, dessen jugendliche Helden als multinationale Eingreiftruppe vorgestellt werden. ✦ USA 1983 **R** Soo-Yong Chung **L** 75 **E** 2.4.1999 RTL

ZWEI JUNGE HERZEN (FLOODTIDE). Die geruhsam erzählte Geschichte eines schottischen Bauernsohns, dem es in Glasgow gelingt, Schiffsbauer zu werden und die Tochter des Werftdirektors zu gewinnen. – Ab 14. ✦ Schwarz-weiß. Großbritannien 1949 **P** Aquila **Kl** Rank **Pd** Donald B. Wilson **R** Freddie Wilson **B** George Blake, Donald B. Wilson, Freddie Wilson **K** George Stretton **M** Robert Irving **D** Gordon Jackson, Rona Anderson, Jimmy Logan, Elizabeth Sellars, Janet Brown **L** 90 **FSK** ab 12; f **E** 20.12.1949 **fd** 652

ZWEI JUNGEN SUCHEN DIE DAKER (MISTERUL LUI HERODOT). Zwei Jungen entdecken zufällig eine alte römische Mantelspange und bereiten nun »systematisch« eine Expedition vor. – Ab 10. ✦ Rumänien 1977 **P** Filmstudio Bucuresti **Kl** Progress **R** Greta Doina Tarnavschi **B** Greta Doina Tarnavschi, nach einem Roman von N. Ionescu Dunararu **K** Aurel Kostrakievici **M** Stefan Zorzor **D** Christian Orascu, Tudor Petrut, Alexandru Danila, Anca Mazareanu, Catalin Evoescu **L** 87 **E** 28.4.1978 Kino DDR/7.6.1980 DFF 1

ZWEI KAMELE AUF EINEM PFERD (C'EST PAS MOI, C'EST LUI). Der Ghostwriter eines bekannten Drehbuchautors versucht, sein Talent zu eigenem Nutzen zu verkaufen. Sein Engagement bei einem auf erotische Abenteuer ausgehenden Schauspieler führt ihn nach Tunesien, wo er in immer neue Schwierigkeiten und schließlich in Gefangenschaft gerät. Eher eine Klamotte als eine Komödie, deren parodistische Versuche manchmal ins Peinlich-Geschmacklose abgleiten. – Ab 14. ✦ Frankreich 1979 **P** Fideline **Kl** Tobis **R** Pierre Richard **B** Alain Godard, Pierre Richard **K** Claude Agostini **M** Vladimir Cosma **S** Noëlle Boisson **D** Pierre Richard (Pierre Renaud), Aldo Maccione (Aldo Barazutti), Valérie Mairesse (Valérie), Danielle Minazzoli (Charlotte), Henri Garcin (Georges Vallier) **L** 92 **FSK** ab 6; f **E** 21.3.1980 **fd** 22 399

ZWEI KERLE AUS GRANIT (YOU CAN'T WIN 'EM ALL). Zwei erfindungsreiche Abenteurer versuchen auf alle erdenkliche Weise, zu Reichtum zu kommen. Ihr Operationsgebiet ist das Osmanische Reich während der Wirren nach dem Ersten Weltkrieg. Auf große Schau angelegtes turbulentes Spektakel, das den Krieg auf ein Abenteuer reduziert, aber wenigstens einige interessante Landschaftsaufnahmen aus Anatolien bietet. – Ab 16. ✦ Großbritannien 1969 **P** Gene Corman Prod. **Kl** Columbia **R** Peter Collinson **B** Leo Gordon **K** Ken Higgins **M** Bert Kaempfert **S** Raymond Poulton **D** Tony Curtis (Adam), Charles Bronson (Josh), Michèle Mercier (Aila), Patrick Magee (der General), Grégoire Aslan (Osman Bey) **L** 99 **FSK** ab 12; f (fr. 16) **E** 1.10.1970 **fd** 17 003

ZWEI KINOGESICHTER (ZWEI KINOGESICHTER). Eine Deutsche und ein Österreicher reisen durch Tirol, um Internet-Anschlüsse zu verkaufen. Sie sind dem Arbeitsdruck ihrer Firma nicht gewachsen und verlegen sich in der Provinz auf den Handel mit Bioprodukten. Ein Pseudo-Road-Movie, das nebenbei die Infrastruktur in der österreichischen Provinz vorstellt, als Spielfilm jedoch nur sehr bescheidenen Ansprüchen genügt. Der letzte Film des bayerischen Volksschauspielers Hans Brenner. – Ab 16. ✦ Österreich 1998 **P** Delta-Film **Pd** Hermann Weiskopf **R** Luca Mazzieri, Marco Mazzieri **B** Luca Mazzieri, Marco Mazzieri, Hermann Weiskopf **K** Massimiliano Gatti **M** Ugo Laurenti, Florian Randacher **S** Carlo Fontana **D** Stephanie Brenner (Carla), Hermann Weiskopf (Klaus), Hans Brenner (Bauer Broch), Pepi Pitti (Dr. Rutstock), Thomas Gassner (Thomas) **L** 87 **E** 15.5.2000 mdr

ZWEI KNALLHARTE COPS (LINE OF DUTY). Die Polizei plant einen Schlag gegen einen international agierenden Waffenschieberring, dessen Zenrale auf einem verlassenen Fabrikgelände liegt. Verwirrung lösen zwei US-Marshals aus, die sich eigenmächtig in die Aktion des FBI einmischen. Kriminalfilm. – Ab 16. ✦ USA 1986 **P** Touchstone **VA** EuroVideo **R** Christian I. Nyby II. **B** Lee David Zlotoff **K** George Koblasa **S** Stanford C. Allen **D** Charles C. Hill (Waco), Justin Deas (Rhinehart), William Hootkins, Bob Tzudiker **L** 90 **FSK** ab 12 **E** 17.5.1988 Video

ZWEI KNALLHARTE TYPEN →Buddies – Zwei knallharte Typen

ZWEI KÖRPER →Two Small Bodies

ZWEI KUCKUCKSEIER IM GRUSELNEST (POLVOS MAGICOS). Zwei trottelige Heiratsschwindler geraten in ein Schloß, das von Hexen, Gnomen und Untoten bewohnt wird. Versuch einer Horrorfilmparodie. Die mit Pennälerwitzen, zotigen Dialogen und Sexszenen gefüllte alberne Handlung produziert vor allem eines: Langeweile. ✦ Spanien 1980 **P** José Frade Production **Kl** Senator **R** José Ramón Larraz **B** Mauro Ivaldi **K** Gabor Pogany **M** Stelvio Cipriani **D** Alfredo Landa, Vincenzo Crocitti, Carmen Villani, Carmen di Lidro, Carlos Lucena **L** 80 **FSK** ab 16; nf **E** 5.8.1983 **fd** 24 137

ZWEI KUMPEL AUF DER ALM – LIEBESGRÜSSE AUS DER LEDERHOSE II. Im vierten Teil der Serie kombiniert Marischka seine »Laß jucken, Kumpel«-Erfolgsrezepte mit denen des zeitgleich in Angriff genommenen »Lederhosen«-Schwanks: Frauen aus dem Ruhrgebiet vergnügen sich im Allgäu mit einheimischen und ihren eigenen nachgereisten Männern. Diese Verquickung führt zu doppelt peinlichen Szenen. Übel hingegen sind die Prahlereien mit »Heldentaten« in NS- und Kriegszeiten. – Wir raten ab. ✦ BR Deutschland 1974 **P** Deutsche Dynamic/Victoria **Kl** Cinerama **R** Franz Marischka **B** Franz Marischka, Hans Henning Claer, Friedrich G. Marcus **K** Gunter Otto **M** Peter Weiner **D** Johannes Buzalski, Peter Steiner, Ulrike Butz, Elfie Pertramer, Hans Henning Claer **L** 91 **FSK** SPIO: X **E** 13.9.1974 **fd** 18 994

ZWEI KUMPEL IN TIROL. Offensichtlich aus mehreren einschlägigen Filmen zusammengeschnittene Sexszenen über die Erlebnisse zweier »Kumpel«, vor denen kein weibliches Wesen sicher ist. Ein zotiger Bauernschwank. – Wir raten ab. ✦ BR Deutschland 1978 **P** AB **Kl** AB **Pd+R+B** Alois Brummer **K** Hubs Hagen (= Hubertus Hagen) **D** Franz Muxeneder, Ingrid Steeger, Rinaldo Talamonti, Ruth Witt **L** 79 **FSK** ab 18;nf

ZWEI LÄCHELN (DWE ULYBKI). Ungewöhnliche Begebenheiten unter einem Zirkuszelt in einem sowjetischen Spielfilm. ✦ Scope, schwarz-weiß. UdSSR 1970 **P** Gorki-Studio **R+B** Jakow Segel **K** Inna Sarafjan **M** J. Adler **D** Mansur Schirwani (Gaukler), Wjatscheslaw Trojan (Kapustin), Jakow Segel (Clown), Wladimir Nossik (Wdowin), Ljubow Dobrshanskaja (Großmutter) **L** 68 **E** 11.4.1973 DFF 1

ZWEI LADIES IM WILDEN WESTEN (GO WEST YOUNG GIRL). Eine hübsche, aber reichlich naive junge Frau aus dem Osten der USA reist im Jahre 1886 nach Arizona, um ihren Wunsch, Reporterin zu werden, durch eine Story über Billy the Kid zu verwirklichen. Sie trifft dort fortlaufend auf Schwierigkeiten. Mittelmäßige Fernsehunterhaltung. – Ab 12. ✦ USA 1978 **P** Columbia TV/Bennett-Katleman-Prod. **R** Alan J. Levi **B** George Yanok **K** Gerald Perry Finnerman **M** Jerrold Immel, John Steward **S** Sam Vitale, Ronald Levine **D** Karen Valentine, Sandra Will, Stuart Whitman, Richard Jaeckel, Cal Bellini **L** 70 (Orig. 120) **E** 21.2.1982 ZDF

DIE ZWEI LEBEN DER VERONIKA (LA DOUBLE VIE DE VERONIQUE). Eine Musikstudentin in Polen entdeckt zufällig in einer französischen Studentin ihre Doppelgängerin. Als die polnische Veronika bei einem Konzert stirbt, mehren sich die Anzeichen, daß ihre Seele auf die französische Véronique übergegangen ist. Der hervorragend inszenierte Film vermittelt die Ahnung von einer transzendenten Welt und behandelt die Suche nach dem Absoluten. Er eröffnet mehrere Deutungsmöglichkeiten, wird aber irritierend, wenn er in seinen Deutungsangeboten zu konkret wird. – Sehenswert ab 16. ✦ Polen/Frankreich/Deutschland 1991 **P** Filmgruppe TOR/Sidéral/Le Studio Canal+/Pandora/BR **Kl** Pandora **Pd** Leonardo de la Fuente **R** Krzysztof Kieslowski **B** Krzysztof Kieslowski, Krzysztof Piesiewicz **K** Slawomir Idziak **M** Zbigniew Preisner **S** Jacques Witta **D** Irène Jacob (Veronika/Véronique), Philippe Volter (Alexandre Fabbri), Aleksander Bardini (Dirigent), Halina Gryglaszewska (Veronikas Tante), Wladyslaw Kowalski (Veronikas Vater) **L** 92 **FSK** ab 12; f **E** 31.10.1991 **fd** 29 208

DIE ZWEI LEBEN DES MATTIA PASCAL (LE DUE VITE DI MATTIA PASCAL / IL FU MATTIA PASCAL). Aufwendige zweiteilige Fernsehverfilmung des Pirandello-Romans vom glücklosen Müßiggänger Mattia, der in eine fremde Identität schlüpft. Sie verschenkt ihren Stoff in geradezu kläglicher Weise und dokumentiert damit augenfällig das Elend des international koproduzierten Eurofilms: ohne erkennbare Heimat und eigene Identität erreicht ein solcher Film, der viele Zuschauer ansprechen will, letztlich überhaupt niemanden. – Ab 16. ✦ Italien/Großbritannien/BR Deutschland 1984 **R** Mario Monicelli **D** Marcello Mastroianni (Mattia Pascal), Senta Berger (Carla), Carlo Bagno (Pelegrinotto), Laura Del Sol (Romilda), Nestor Garay (Malagna) **L** 90/85 **E** 28.,29.9.1993 ORB (zwei Teile)

ZWEI LEBEN HAT DIE LIEBE. Ein glücklicher Familienvater wird nach einem Unfall, bei dem eine junge Frau fast ihr Leben verliert, aus seinem Alltagstrott gerissen. Von Schuldgefühlen geplagt, wacht er Tag und Nacht an ihrem Bett. Als sie aus dem Koma erwacht, verläßt er seine Familie. Doch nach und nach enthüllt die Frau ihr wahres Gesicht. Melodram über die Macht des Schicksals und die scheinbare Ohnmacht eines Menschen, der sich ganz ausliefert. – Ab 16. ✦ Deutschland 1996 **R** Peter Timm **B** Peter Timm, Ulli Stephan **D** Klaus J. Behrendt (Michael Lehnert), Christiane Paul (Jule Homburg), Petra Kleinert (Inga Lehnert), Sophie Steiner (Tilly Lehnert), Niklas Pries (Thommy Lehnert) **L** 90 **E** 6.11.1996 RTL

DIE ZWEI LEBEN MEINES VATERS. Ein scheinbar biederer Versicherungsangestellter führt ein Doppelleben: Im Auftrag einer mysteriösen Organisation verdingt er sich als Killer. Als sein erwachsener Sohn, der ihm nachspioniert und schon lange keinen Zugang mehr zu ihm hat, hinter dieses Geheimnis kommt, erhält der todkranke Freizeitkiller den Auftrag, ihn zu liquidieren. Zusätzliche Brisanz möchte der Film dadurch gewinnen, dass sich der Sohn in die Geliebte des Vater verliebt. Ein Thriller, dessen Grundidee an Wenders' »Der amerikanische Freund« erinnert, der jedoch neudeutsch-fernsehmäßig derart monströse Züge annimmt, dass die Glaubwürdigkeit auf der Strecke bleibt. ✦ Deutschland 2000 **P** SAT 1 **R** Olaf Kreinsen **B** Martin Kluger **M** Ulrich Reuter **D** Heinz Hoenig (Alexander Yorck), Muriel Baumeister (Stormy), Matthias Koeberlin (Ben Voss), Kathrin Lindner (Neele), Rudolf Kowalski (Moulder) **L** 93 **E** 13.3.2001 SAT 1

ZWEI LEERE STÜHLE. Eine junge Lehrerin freut sich seit langem auf das Wiedersehen mit ehemaligen Schulkameraden. Besondere Spannung liegt über der Begegnung mit einem Arzt und einem Offizier. Problemreicher, um das Aufbrechen von Tabus bemühter Fernsehfilm über Wege und Irrwege der mittleren DDR-Generation. Aufgrund seiner kritischen Sicht war der Film fast vier Jahre lang verboten. ✦ DDR 1983/84 **P** DEFA **Pd** Heinz Herrmann **R** Georg Schiemann **B** Georg Schiemann, Norbert Leverenz, nach der gleichnamigen Erzählung von Erik Neutsch **K** Jürgen Lenz **M** Jürgen Wilbrandt **S** Brigitte Koppe **D** Martin Trettau (Helmut Hausknecht), Thomas Wolff (Uwe Tolls), Walter Plathe (Wolfgang Lichtenfeld), Constanze Pabst (Ingrid), Heide Kipp (Antje Hausknecht) **L** 74 **E** 26.5.1987 DFF 1

ZWEI LEICHEN BEIM SOUPER (SPARKLING CYANIDE). Während einer Party wird eine untreue Ehefrau mit Zyankali vergiftet. Um den Mörder zu finden, lädt der Witwer zu einer völlig identischen Gesellschaft mit denselben Gästen und derselben Speisenfolge ein. An diesem Abend findet auch er den Tod. Ein Detektiv, der sich in die Schwester der Ermordeten verliebt hat, versucht, Licht in die dunkle Angelegenheit zu bringen. Langatmige und verworrene (Fernseh-)Romanverfilmung. – Ab 14 möglich. ✦ USA 1983 **P** CBS/Warner/Stan Masgulies Prod. **R** Robert Lewis (= Robert Michael Lewis) **B** Robert Malcolm Young, Sue Grafton, Steven Humphrey, nach einem Roman von Agatha Christie **K** Ted Voigtlander **M** James Di Pasquale **D** Anthony Andrews (Tony Browne), Deborah Raffin (Iris Murdoch), Christine Belford (Rosemary), Josef Sommer (George), David Huffman (Stephan Farraday), Pamela Bellwood (Ruth Lessing) **L** 96 **E** 10.12.1987 DFF 2/23.9.1990 PRO 7

ZWEI LINKE BRÜDER AUF DEM WEG ZUR HÖLLE (ROBIN HOOD FRECCE FAGIOLI E KARATE). Versatzstücke der Robin-Hood-Story in einer spannungs- und einfallsarmen Reihung, bereichert mit der Gestalt eines Kung-Fu-Mönchs. Der willkürliche Verleihtitel des einfallslosen Films soll seine Zugehörigkeit zu einer erfolgreichen Kinowelle der 70er Jahre suggerieren. – Ab 14 möglich. ✦ Scope. Italien 1977 **P** S.E.F.I. **KI** Avis/Graf/FAS/Nobis **R** Tonino Ricci **B** S. Ciani, Tonino Ricci, Victor A. Catena **K** Paolo Villamar **M** Franco Bixio **D** Alan Steel, Chris Huerta, Victoria Abril, Ria de Simone, Pino Ferrari **L** 86 **FSK** ab 6; nf **E** 19.5.1978 **fd** 20 921

ZWEI LINKE HÄNDE IN DER RECHTEN TASCHE → Ben und Charlie

ZWEI LÖWEN IN DER SONNE (DEUX LIONS AU SOLEIL). Zwei 40jährige homosexuelle Fabrikarbeiter steigen aus ihrem eintönigen Leben aus und erleben, durch kleine und größere Verbrechen zu Geld gekommen, eine Periode des Glücks, bis einer von ihnen ums Leben kommt. Sensible, humorvolle Tragikomödie um die Verweigerung gegenüber den Prinzipien der Leistungsgesellschaft; visuell betont einfach, unprätentiös und intelligent. Ein Diskurs über Freundschaft, Liebe, Freiheit und die Suche nach Wärme in einer gefühllosen Welt. ✦ Frankreich 1980 **P** Basta **KI** Impuls **R+B** Claude Faraldo **K** Bernard Lutic **M** Albert Marcoeur, François Ovide **S** Dominique Gallieni **D** Jean-Pierre Sentier, Jean-François Stévenin, Catherine Lachens, Jean-Pierre Tailhade, Martine Sarcey **L** 102 **E** 2.12.1982 WDR/4.2.1983 Kino **fd** 23 798

ZWEI MÄDCHEN AUS WALES UND DIE LIEBE ZUM KONTINENT (LES DEUX ANGLAISES ET LE CONTINENT). Die sich über Jahre hinziehende Geschichte der letztlich scheiternden Liebe zweier puritanisch erzogener englischer Schwestern zum selben Mann, einem Franzosen. Ästhetisch sorgfältig komponierter und psychologisch vielschichtiger Film, der die Vielfalt der Gefühle schildert und Ursachen spürbar werden läßt, die diese Menschen zu einer dauerhaften Beziehung unfähig macht. Ein Diskurs über die Unmöglichkeit absoluter Liebe, die eine ebenso verlockende und zerstörerische Utopie darstellt. Truffaut rekonstruierte kurz vor seinem Tod die ursprüngliche Fassung des für die Kinoauswertung gekürzten Films, wodurch der strukturelle Rhythmus der Geschichte sowie die präzise Personenzeichnung eindrucksvoll deutlich werden. (Die rekonstruierte Fassung war nie in den deutschen Kinos zu sehen, sondern wurde im Fernsehen gesendet.) – Sehenswert. ✦ Frankreich 1971 **P** Les Films du Carosse/Cinetel **Pd** Claude Miller **R** François Truffaut **B** François Truffaut, Jean Gruault, nach einem Roman von Henri-Pierre Roché **K** Nestor Almendros **M** Georges Delerue **S** Yann Dedet **D** Jean-Pierre Léaud (Claude Roc), Kika Markham (Anne Brown), Stacey Tendeter (Muriel Brown), Sylvia Marriott (Mrs. Brown), Marie Mansart (Claire Roc), Philippe Léotard (Diurka) **L** 116 (Orig. 132) **E** 11.2.1973 ARD/30.12.1988 West 3 (rekonstruierte Fassung) **fd** 18 181

ZWEI MÄDCHEN UND DIE DOOLIN-BANDE → Cattle Annie

ZWEI MÄDCHEN VOM LANDE (THE COUNTRY GIRLS). Irland in den 50er Jahren: Zwei Schulfreundinnen versuchen, der Enge der ländlichen Umgebung ihrer Elternhäuser zu entrinnen, doch erst als sie in Dublin einen Beruf ergreifen und erste Erfahrungen mit dem anderen Geschlecht machen, scheint ein selbstbestimmtes Leben möglich zu werden. Aber nach Enttäuschungen erscheint den beiden, wie vielen Generationen vor ihnen, England als der letzte Ausweg aus ihrer verfahrenen Situation. Geradlinig inszenierte, unprätentiöse Verfilmung eines Romans, der das Heranreifen zweier Mädchen zwischen ihrem 15. und 18. Lebensjahr in den Zusammenhang mit der Situation in Irland stellt und Kritik an den gutbürgerlich-bigotten Lebensverhältnissen übt. – Ab 16. ✦ Großbritannien/Irland 1983 **P** London Film/Channel Four/Irish Film Board **R** Desmond Davis **B** Edna O'Brien, nach ihrem Roman **K** Denis Lewiston **M** Francis Shaw **S** Timothy Gee **D** Maeve Germaine (Kate), Jill Doyle (Baba), Sam Neill (Mr. Gentleman), John Olohan (Hickey), John Kavanagh (James, Kates Vater), Britta Smith (Lil), Patricia Martin (Babas Mutter) **L** 102 **E** 7.10.1990 ZDF

ZWEI MÄDCHEN VON DER REVUE. Für das Ballettensemble einer Bühnenshow werden Tänzerinnen gesucht. Das Vortanzen Alicias, der Tochter eines ehemals berühmten Revuestars, wird zwar zurückhaltend aufgenommen, trotzdem wird sie engagiert. Einhellige Zustimmung findet dagegen die Darbietung einer kessen Ballerina, die sofort Mitglied der Truppe wird. Nach wenigen Auftritten allerdings wird deutlich, daß Alicia die talentiertere von beiden ist. ✦ Spanien 1974 **R** Mariano Ozores Francés **D** Lina Morgan, Dianik Zurakowska, Manuel Gomez Bur **L** 95 **E** 11.1.1982 DFF 1

ZWEI MÄDELS AUF MALLORCA – DIE HEISSESTE NACHT DES JAHRES. Zwei junge Frauen, Mitarbeiterinnen eines Supermarktes, haben mit demselben Abteilungsleiter ein Verhältnis. Als die eine dies merkt, versucht sie, die andere während eines Kurzurlaubes auf Mallorca zu einem »Seitensprung« zu verführen, um sie zuhause ausstechen zu können. Biederer Fernsehfilm. ✦ Deutschland 2000 **P** Relevant Film/RTL **R** Dror Zahavi **B** Georg Heinzen **K** Achim Hasse **D** Bojana Golenac (Nicole Klein), Idil Üner (Tanja Lohhoff), Markus Knüfken (Dieter Rogalla), Diogo Infante (Antonio), Felix Bresser (Carlos), Frank Leo Schröder (Lars), Henning Peker (Olli) **L** 91 **E** 8.4.2000 RTL

ZWEI MÄDELS AUS PARIS (LES DEUX GAMINES). Die beiden kleinen Töchter einer berühmten Sängerin, die bei einem Flugzeugabsturz verschwunden ist, müssen beim Großvater leben und unter dessen Gourvernante leiden. Ihr Vater, ein Tunichtgut, stiehlt wichtige Dokumente; schließlich kommen die Kinder wieder zu ihrer Mutter, die bei dem Unfall doch nicht umgekommen war. Diese dritte Verfilmung des Stoffes, den zuerst Louis Feuillade 1920 für seinen Film benutzte, worauf 1936 René Hervil und Maurice Champreux folgten, ist rührend und spannend, aber etwas unglaubwürdig-wirr. – Ab 14. ✦ Schwarzweiß. Frankreich 1950 **P** Films Artistiques Français **KI** Adler **Pd** Fernand Rivers **R** Maurice de Canonge **B** J. Feuillade **K** Charlie Bauer **M** Maurice Yvain **D** Léo Marjane, Jean-Jacques Delbo, Marie France, Josette Arno, Suzy Prim **L** 100 **FSK** ab 12; f **E** 19.10.1956 **fd** 5 279

2 x DICK UND 2 x DOOF – SPUK AUS DEM JENSEITS → Laurel & Hardy: Our Relations

2 x JUDAS (DUE VOLTE GIUDA / DOS VECES JUDAS). Ein junger Westerner, der sein Gedächtnis verloren hat, entlarvt auf der Suche nach seiner Identität seinen besitzgierigen Halbbruder als den Urheber eines Familienmassakers. Europäischer Brutalowestern. (TV-Titel DDR: »Kugeln tragen keine Unterschrift«) ✦ Scope. Italien/Spanien 1968 **P** Colt/Balcazar **KI** Avis **R** Nando Cicero **B** Jaime Jesus Balcazar **K** Francisco Marin **M** Carlo Pes **D** Antonio Sabàto, Klaus Kinski, Pepe Calvo, Christina Galbo, Franco Leo **L** 96 **FSK** ab 16; nf **E** 27.2.1970/1.11.1983 DFF 2 **fd** 16 625

ZWEI MAL ZWEI (BIG BUSINESS). Zwei in einem Krankenhaus auf dem Land vertauschte weibliche Zwillingspaare treffen sich als Erwachsene Jahre später als Kontrahentinnen der Aktionärsversammlung eines New Yorker Konzerns wieder. Enttäuschende Verwechslungskomödie, die weder von der Idee noch der Inszenierung her überzeugt; das komödiantische Vermögen der beiden Hauptdarstellerinnen wird nur begrenzt gefordert. – Ab 16. ✦ USA 1987 **P** Touchstone/Silver Screen Partners III **KI** Warner **VA** EuroVideo **Pd** Steve Tisch, Michael Peyser **R** Jim Abrahams **B** Dori Pierson, Marc Rubel **K** Dean Cundey **M** Lee Holdridge **S** Harry Keramidas **D** Bette Midler (Sadie Shelton/Sadie Ratliff), Lily Tomlin (Rose Shelton/Rose Ratliff), Fred Ward

(Roone Dimmick), Edward Herrmann (Graham Sherbourne), Michele Placido (Fabio Alberici) **L** 97 **FSK** ab 6; f **E** 6.10.1988/18.4.1989 Video **fd** 27 098

2 x 2 IM HIMMELBETT. Die Abenteuer eines jungen Grafen, der sich am Strand den Verführungskünsten zweier junger Frauen hingibt. Als beide vorgeben, von ihm schwanger zu sein, versucht er, sie in die Betten seiner verhaßten Vettern zu dirigieren. Oberflächlich und primitiv dargebotener Komödienversuch ohne jeden Anflug erotischer Eleganz, vielmehr geprägt von ebenso lautem wie plumpem Witz. ✦ BR Deutschland/Dänemark 1964 **P** Caro/Nordisk **KI** Nora **R** Erik Balling **B** Erik Balling, nach Pierre Viallet. **K** Jörgen Skov **M** Bent Fabricius Bjerre **D** Thomas Fritsch (Pierre de Sauterne), Marie Versini (Zizi), Sonja Ziemann (Tante Margot), Malene Schwartz (Jeanette), Robert Graf (Privatlehrer Noel) **L** 96 **FSK** ab 18; nf **E** 14.1.1965 Kino **fd** 13 258

2 x 2 IST MANCHMAL FÜNF (KETSZER KETTÖ NEHA 5). Aus dem Leben junger Menschen, bei denen Segelfliegen, Liebe und Mathematik nicht immer in Einklang zu bringen sind. Verkrampfter Humor und sportliches Getue in einer operettenhaften Inszenierung, die kein Interesse weckt. – Ab 8. ✦ Ungarn 1955 **P** Hunnia Filmstúdió **KI** Progress **R** György Révész **B** Dénes Kovács, Albert Vajda **K** Barnabás Hegyi **M** Szabolcs Fényes **D** Ferenc Zenthe (Bandi), Violetta Ferrari (Panna), Zsuzsanna Gyurkovics (Pirike), Ferenc Kállai (Lajoska), Zoltán Makláry (Professor) **L** 92 **E** 29.6.1956 Kino DDR/12.8.1956 DFF 1

ZWEI MANN, EIN SCHWEIN UND DIE NACHT VON PARIS (LA TRAVERSEE DE PARIS). Der nächtliche Transport eines schwarz geschlachteten Schweins quer durch das besetzte Paris von 1942. Die beiden an der Aktion beteiligen Männer, zwei charakterlich völlig unterschiedliche Typen, laufen einer deutschen Streife in die Arme und werden verhaftet. Dramatische, bisweilen etwas »schwarze« Komödie, die als psychologische Studie der Franzosen während der Okkupation aufgefaßt werden kann. Die Dialoge sind präzise erarbeitet, Fotografie und Montage unterstützen die dichte Geschichte zweckdienlich, und ausgezeichnete Darsteller verleihen ihr ihren unverwechselbaren Charme. (Fernsehtitel DDR: »Quer durch Paris«) – Sehenswert ab 14. ✦ Schwarz-weiß. Frankreich 1956 **P** Franco-London **KI** NF **Pd** Yves Laplanche **R** Claude Autant-Lara **B** Jean Aurenche, Pierre Bost, nach der Erzählung von Marcel Aymé **K** Jacques Natteau **M** René Cloërec **D** Jean Gabin (Grandgil), Bourvil (Martin), Louis de Funès (Jambier), Jeannette Batti (Mariette), Robert Arnoux **L** 82 **FSK** ab 12; nf **FBW** bw **E** 7.6.1957/6.1.1968 DFF 1 **fd** 5 859

ZWEI MANN UND EIN PFERD →Ein Pferd für zwei

ZWEI MANN ZUR STELLE (DVA MUZI HLASI PRICHOD). Die Geschichte eines von den Eltern behütet erzogenen jungen Mannes, der zum Militär gerufen wird und nun plötzlich auf eigenen Füßen stehen muß. Seine Naivität und übersteigerte Hilfsbereitschaft bringen ihn in verzwickte Situationen. Vergnüglicher Unterhaltungsfilm in durchschnittlicher Inszenierung. – Ab 14. ✦ CSSR 1975 **P** Filmstudio Barrandov **KI** Progress **R** Václav Vorlícek **B** Gustav Oplustil, Václav Vorlícek **K** Josef Illík, A. Hejzlar **M** Karel Svoboda **D** Jaromír Hanzlík (Jirik Valenta), Jorga Kotrbová (Julka Vavrová), Cestmír Randa (Dr. Valenta), Dagmar Nechlebová (Valentová), Josef Somr (Kapitän Sychra) **L** 97 **E** 28.1.1977 Kino DDR/20.1.1978 DFF 1

ZWEI MÄNNER. Lebendig gestalteter Dokumentarfilm über zwei Brüder, die sich nach 30 Jahren wiedertreffen; der eine westdeutscher Lehrer und Kommunalpolitiker, der andere Major der Nationalen Volksarmee. Gemeinsam in der Niederlausitz aufgewachsen, trennten sich nach dem Zweiten Weltkrieg ihre Wege. Es sind der Vater und der Onkel der Filmemacherin, die beide nach der Wende mit ihrer Vergangenheit konfrontiert werden. Die Annäherung zwischen den zwei sich fremden Menschen geschieht sukzessive, manchmal spröde. Am Ende aber zeichnen sich, auch in ihrer Einbindung in die jeweiligen Gesellschaftssysteme, mehr Ähnlichkeiten als Unterschiede ab. ✦ Teils schwarz-weiß. Deutschland 1993 **SF** Salzgeber **Pd+R** Dagmar Benke **K** Lars Barthel **M** Michael Rodach **S** Gudrun Steinbrück **L** 86 **FBW** w **E** 13.10.1994

ZWEI MÄNNER, EINE FRAU UND EINE HOCHZEIT (KISSING A FOOL). Während ein Buchautor noch unter dem seelischen Schmerz leidet, den die Trennung von seiner Geliebten verursacht hat, bändelt der befreundete Sportreporter mit seiner attraktiven Lektorin an. Der Bund fürs Leben ist rasch beschlossene Sache, doch dann beschleicht den Bräutigam die Angst, und er bittet den Freund, die Treue seiner Braut zu testen. Liebeskomödie mit einigem Witz und guten Darstellern. (Videotitel: »Kissing a Fool – Zwei Männer, eine Frau und eine Hochzeit«) ✦ USA 1998 **P** R.L. Entertainment/Largo Entertainment **VA** Atlas **DVD** Alligator DVD (FF, DD5.1 & DTS dt.) **Pd** Andrew Form, Rick Lashbrook, Tag Mendillo **R** Doug Ellin **B** James Frey, Doug Ellin **K** Thomas Del Ruth **M** Joseph Vitarelli **S** David Finfer **D** David Schwimmer (Max Abbitt), Jason Lee (Jay Murphy), Mili Avital (Samantha Andrews), Bonnie Hunt (Linda), Vanessa Angel (Natasha) **L** 93 **FSK** ab 12 **E** 13.9.1999 DVD/1.3.2000 ProSieben/2.5.2001 Video

ZWEI MÄNNER FÜR MEIN BABY →Liebe ist Arbeit

ZWEI MÄNNER IN DER STADT →Endstation Schafott

ZWEI MÄNNER IN MANHATTAN (DEUX HOMMES DANS MANHATTAN). Zwei Freunde, Reporter und Fotograf, erhalten den Auftrag, einen in New York verschwundenen französischen Diplomaten zu suchen. Sie stoßen immer wieder auf Frauen, die Auskunft über den Gesuchten geben können. Schließlich finden sie den an einem Herzanfall Gestorbenen im Zimmer seiner Geliebten. Ein düsterer Film mit einer semidokumentarischen Kamera und guten darstellerischen Leistungen, der zwar auch den Zynismus der Presse anspricht, in erster Linie jedoch an einer atmosphärisch dichten Beschreibung der nächtlichen Millionenstadt New York interessiert ist. – Ab 16. ✦ Schwarz-weiß. Frankreich 1959 **P** Belfort/Alter/Columbia **Pd+R+B** Jean-Pierre Melville **K** Nicolas Hayer, Jean-Pierre Melville **M** Christian Chevalier, Martial Solal **D** Pierre Grasset (Delmas), Jean-Pierre Melville (Moreau), Christiane Eudès (Anne), Ginger Hall (Judith), Monique Hennessy (Gloria), Colette Fleury (Françoise) **L** 84 **E** 30.5. 1995 WDR

ZWEI MÄNNER UM COURTNEY →Rose Café

ZWEI MÄNNER UM NATALIE →2 In Love With Natalie

ZWEI MÄNNER UND DER TOD (DOI BARBATI PENTRU O MOARTE). Ein Bauer aus einem Dorf in Siebenbürgen beweist menschliche Größe, als er nicht bereit ist, jemanden zu denunzieren. – Ab 16. ✦ Schwarz-weiß. Rumänien 1969 **P** Filmstudio Bucuresti **KI** Progress **R** Gheorghe Naghi **B** Sütö András, Gheorghe Naghi **K** Nicu Stan **M** Dumitru Capoianu **D** Matei Alexandru, Monica Ghiuta, Ilarion Ciobanu, Ferenc Bencze, Eliodor Kiss **L** 79 **E** 20.8.1971 Kino DDR/5.3.1974 DFF 2

ZWEI MÄNNER UND DREI BABIES (AND BABY MAKES THREE). Ihrer Entstehungszeit verhaftete »Screwball«-Komödie. Kurz nach der Scheidung stellt eine Frau fest, daß sie schwanger ist. Da sie die Trennung mittlerweile bereut, der Ex-Mann jedoch das Sorgerecht für den Nachwuchs erstreiten will, greift sie zu einer List und macht seiner neuen Geliebten weis, sie erwarte Drillinge. – Ab 12. ✦ Schwarz-weiß. USA 1949 **P** Columbia **Pd** Robert Lord **R** Henry Levin **B** Lou Breslow, Joseph Hoffman **K** Burnett Guffey **S** Viola Lawrence **D** Barbara Hale (Jackie Walsh), Robert Young (Vernon Walsh), Janis Carter (Wanda York), Robert Hutton (Herbert Fletcher), Billie Burke (Mrs. Fletcher) **L** 83 **E** 19.11.1995 Super RTL

2 MÄNNER – 2 FRAUEN – 4 PROBLEME !? Die junge Frau eines erfolglosen Künstlers entführt einen arroganten Staranwalt, dessen Frau ihn mit ihrem Mann betrügt. Gemeinsam mit ihren beiden kleinen Kindern fährt sie mit ihm nach Venedig, um das Liebespaar in flagranti zu ertappen. Nach vielen Hindernissen und Verwicklungen siegt die Sprache der Herzen. Eine temporeich inszenierte, mit witzigen Dialogen angereicherte Komödie, die trotz ihrer Anleihen bei klassischen Vorbildern zu einem eigenen Rhythmus findet und auch durch die ausgelassene Spiellaune der beiden Hauptdarsteller gut unterhält. – Ab 14 möglich. ✦ Deutschland 1997 **P** Olga Film/ZDF **KI** Buena Vista **VA** Buena Vista **DVD** Highlight Video (FF, DD5.1 dt.) **Pd** Molly von Fürstenberg, Elvira Senft, Harry Kügler **R** Vivian Naefe **B** Vivian Naefe, Walter Kärger, Barbara Jago, Pamela Katz **K** Peter Döttling **M** Dieter Schleip **S** Hansjörg Weissbrich **D** Heino Ferch (Nick), Aglaya Szyszkowitz (Eva), Gedeon Burkhard (Luis), Hilde van Mieghem (Charlotte), Clemens Jakubetz (Florian), Pamela Marquardt (Rosa) **L** 93 **FSK** ab 12; f **FBW** w **E** 5.3. 1998/15.10.1998 Video/27.9.2001 DVD **fd** 33 009

ZWEI MATROSEN AUF DER ALM. Zwei Hamburger Matrosen machen sich auf den Weg nach Süddeutschland, um einige ihrer Brieffreundinnen in Augenschein zu nehmen. Eine bescheidene Filmidee, die als Aufhänger für eine Aneinanderreihung geschmacklosen Klamauks dient. (Alternativtitel: »Zwei Preussen auf der Alm«) ✦ BR Deutschland 1957 **P** Schonger **KI** Ceres **Pd** Erich Holder **R** Peter Hamel **B** Erwin Kreker, J. Kreker, Hans Fitz **K** Heinz Hölscher **M** Hugo Strasser **S** Horst Rossberger **D** Anita Gutwell, Helmuth Schneider, Willy Millowitsch, Beppo Brem, Herta Worell **L** 90 **FSK** ab 16; nf **E** 6.1.1958 **fd** 6 695

ZWEI MENSCHEN. Vorsichtige Zölibatsschnulze, frei nach dem Bestseller von Richard Voß, der hier zum geglätteten Heimatfilm geriet: Die schwärmerische Liebe einer Bergbäuerin aus den Dolomiten zu einem Adligen, der aus blinder Mutterliebe Priester geworden ist. – Ab 16. ✦ Schwarz-weiß. BR Deutschland 1952 **P** Minerva **KI** DFHP **Pd** Conrad Flockner **R** Paul May (= Paul Ostermayr) **B** Paul May (= Paul Ostermayr), nach dem gleichnamigen Roman von Richard Voß **K** Franz Weihmayr **M** Wolfgang Zeller **D** Edith Mill, Helmuth Schneider, Alice Verden, Gustav Waldau, Beppo Brem **L** 100 **FSK** ab 12; f **E** 13.11.1952 **fd** 2 169

ZWEI MENSCHEN UNTERWEGS (TWO PEOPLE). Ein Vietnam-Deserteur beschließt nach mehrjähriger Irrfahrt, sich zu stellen, und lernt auf der Rückreise in die USA ein Fotomodell kennen und lieben. Belanglose Love-Story, die aber durch die perfektionistische Inszenierung beträchtlichen Unterhaltungswert gewinnt. ✦ USA 1972 **P** Filmmakers Group/Universal **R** Robert Wise **B** Richard Roy **K** Henri Decaë, Gerald Hirschfeld **M** David Shire **D** Peter Fonda, Lindsay Wagner, Estelle Parsons, Alan Fudge, Geoffrey Horne **L** 97 **E** 29.8.1975 ARD **fd** 19 414

2 MILLIONEN $ TRINKGELD →2 Mio. $ Trinkgeld

ZWEI MILLIONEN IN GOLD →Schnee in Florida

ZWEI MINUTEN WARNUNG (TWO-MINUTE WARNING). Eine Spezialeinheit der Polizei bekämpft einen Heckenschützen, der im Stadion von Los Angeles während eines spektakulären Footballspiels ein Massaker und eine Panik auslöst. Routiniert inszenierter Katastrophen- und Polizeifilm, der sich in vordergründiger Spannung erschöpft, ohne die Motive des Täters zu hinterfragen. – Ab 16. ✦ Scope. USA 1975 **P** Filmways **KI** CIC **Pd** Edward S. Feldman **R** Larry Peerce **B** Edward Hume, nach einem Roman von George La Fontaine **K** Gerald Hirschfeld **M** Charles Fox **S** Eve Newman, Walter A. Hannemann **D** Charlton Heston (Holly), John Cassavetes (Button), Martin Balsam (McKeever), Beau Bridges (Ramsay), David Janssen (Steve) **L** 116 **FSK** ab 16; f **E** 10.2.1977 **fd** 20 170

2 MIO. $ TRINKGELD (IT COULD HAPPEN TO YOU).

Ein gutmütiger New Yorker Polizist teilt seinen Lottogewinn von 4 Millionen Dollar mit einer ihm unbekannten Kellnerin, der er ein Trinkgeld schuldet. Seine Ehrlichkeit ruft die Medien auf den Plan und stürzt seine Ehe in eine schwere Krise, die aber in ein Happy-End mündet. Ein modernes Märchen um einen reinen Toren, das den Traum von einer besseren Welt träumt. Die altmodische Inszenierung erinnert an vergangene Hollywood-Zeiten, ohne daß der Film aber den Schwung seiner Vorgänger erreicht. – Ab 12. ✦ USA 1993/94 **P** TriStar **KI** Columbia TriStar **VA** Columbia TriStaR **DVD** Columbia TriStar Home (16:9, 1.85:1, DD5.1 engl., DS dt.) **Pd** Mike Lobell **R** Andrew Bergman **B** Jane Anderson **K** Caleb Deschanel **M** Carter Burwell **S** Barry Malkin **D** Nicolas Cage (Charlie Lang), Bridget Fonda (Yvonne Biasi), Rosie Perez (Muriel Lang), Wendell Pierce (Bo Williams), Isaac Hayes (Angel), Victor Rojas (Jesu), Red Buttons (Walter Zakuto) **L** 105 **FSK** ab 6; f **E** 22.9.1994/11.4.1995 Video/6.4.1996 premiere/ 1.10.1999 DVD **fd** 30 993

ZWEI MISSIONARE (PORGI L'ALTRA GUANCIA / I DUE MISSIONARI). Handgreifliche Auseinandersetzungen zwischen zwei Urwald-»Missionaren« und einem korrupten Gouverneur in Maracaibo. Stupide Aneinanderreihung von Prügelszenen, geschmacklos in der mißbräuchlichen Verwendung von Bibelzitaten und religiösen Formen. – Ab 16 möglich. ✦ Scope. Italien/Spanien/Frankreich 1974 **P** De Laurentiis/ Maco/Marian **KI** Tobis **R** Franco Rossi **B** Franco Rossi, Augusto Caminito, Fausto Saraceni, Gianfranco Clerici, Nino Marino **K** Gabor Pogany **M** Guido de Angelis, Maurizio de Angelis **D** Terence Hill (= Mario Girotti) (Pater J.), Bud Spencer (Pater Pedro), Mario Pilar (Menendez), Jean-Pierre Aumont (Monsignor Delgado), Maria Cumano Quasimodo (Marquis Gonzaga) **L** 93 **FSK** ab 12; nf **E** 16.1.1975 **fd** 19 157

DIE ZWEI MONDDIEBE (O DWOCH TAKICH, CO UKRADLI KSIEZYC). Zwei polnische Jungen ziehen in die Welt hinaus, um Gold zu suchen. – Ab 8. ✦ Polen 1962 **P** ZRF »Syrena« **KI** Progress **R** Jan Batory **B** Jan Brzechwa, Jan Batory, nach dem gleichnamigen Roman von Kornel Makuszynski **K** Boguslaw Lambach **M** Adam Walacinski **D** Lech Kaszynski (Jacek), Jaroslaw Kaszynski (Placek), Helena Grossówna (Jaceks und Placeks Mutter), Jadwiga Kuryluk (Nieboraks Mutter), Danuta Mancewicz **L** 80 **E** 25.5. 1964 Kino DDR/3.8.1985 DFF 1

DIE ZWEI MRS. CARROLS (THE TWO MRS. CARROLS). Kunstmaler ermordet seine Frau, nachdem sie ihre »Funktion« in seiner künstlerischen Weiterentwicklung erfüllt hat. Der Versuch, auch seine zweite Frau zu töten, scheitert. Pseudopsychologischer Kolportagefilm, der seinen Wert aus der Leistung des Hauptdarstellers bezieht. – Ab 16. ✦ Schwarz-weiß. USA 1946/47 **P** Warner/First National **Pd** Mark Hellinger **R** Peter Godfrey **B** Thomas Job, nach dem Theaterstück von Martin Vale **K** J. Peverell Marley **M** Franz Waxman **S** Frederick Richards **D** Humphrey Bogart (Geoffrey Carroll), Barbara Stanwyck (Sally Carroll), Alexis Smith (Cecily Latham), Nigel Bruce (Dr. Tuttle), Isobel Elsom (Mrs. Latham) **L** 99 **E** 6.7. 1968 WDR **fd** 15 580

ZWEI MUSKETIERE →Dick und Doof – Die Teufelsbrüder (1932)

ZWEI MÜTTER (1957). Eine Deutsche und eine Französin, die 1943 während der Bombenangriffe auf eine westdeutsche Stadt als Wöchnerinnen in einer schwer getroffenen Klinik lagen, streiten sich nach Kriegsende um die Mutterschaft an einem vermutlich verwechselten Kind. Sympathischer, wenngleich etwas leidenschaftsloser Debütfilm, dessen völkerversöhnende Absicht unübersehbar ist. – Ab 16. ✦ Schwarz-weiß. DDR 1957 **P** DEFA **KI** Westfalen **Pd** Hans Mahlich **R** Frank Beyer **B** Jo Tiedemann (= Leonie Ossowski), Frank Beyer **K** Otto Merz **M** Joachim Werzlau **S** Ruth Moegelin **D** Françoise Spira (Madelaine), Helga Göring (Hedwig), Ruth Wacker (Jutta), Wilhelm Koch-Hooge (Dr. Weller), Guido Thielsch (Toni), Elfriede Florin (Schwester Paula) **L** 88 **FSK** ab 16; f **E** 28.6.1957 Kino BRD+DDR/ 20.7.1957 DFF 1 **fd** 6 762

ZWEI MÜTTER (198?). Melodram vor brisantem politischem Hintergrund: Eine Argentinierin sucht verzweifelt nach ihrer Tochter, die sie einst wegen politischer Repressalien verlassen mußte. Sie glaubt, das Mädchen als Adoptivkind eines Ehepaares in Italien entdeckt zu haben, und nähert sich ihm als Kindermädchen. Ohne zweifelsfrei die wahre Identität des Kindes ermitteln zu können, entführt sie es schließlich zum Flughafen und bringt sich damit in eine ausweglose Situation. ✦ **R** Tonino Valerii **B** Ugo Pirro, Massimo Russo, Marta Prandi **D** Barbara de Rossi (Dolores), Sonia Petrovna (Ester Stasi), Gianni Garko (Oscar Stasi), Pierluigi Misasi (Alonzo), Sabine Mazlo (Pinuccia/Pilar) **L** (TV) 100 **E** 17.4.1992 H 3

ZWEI MÜTTER FÜR ZACHARY (TWO MOTHERS FOR ZACHARY). Drama über das Sorgerecht für ein Kind, um das sich dessen Mutter und die Großmutter streiten. Zunächst überläßt die etwas nachlässige Mutter der Großmutter das Kind, möchte aber, als sie sich in eine Frau verliebt, mit dem Kind zu ihr ziehen. Die Großmutter geht daraufhin vor Gericht, nicht zuletzt, weil sie einer lesbischen Beziehung das Recht auf ein Kind abspricht. ✦ USA 1996 **Pd** Timothy Marx **R** Peter Werner **B** Linda Voorhees **K** Neil Roach **M** Peter Melnick **S** Martin Nicholson **D** Vanessa Redgrave (Nancy Shaffell), Valerie Bertinelli (Jody Ann Shaffell), Colleen Flynn (Maggie Fergus), James Gammon, Michael Marich **L** 88 **E** 16.4.1998 premiere

ZWEI NÄCHTE AN EINEM TAG (DVE NOCI JEDNOM DANU). Film über die Bewohner eines städtischen Hinterhofes, der ihre alltäglichen Sorgen und Reibereien untereinander in den Mittelpunkt stellt. Es werden eine Vielzahl von Personen vorgestellt und miteinander in Beziehung gesetzt. ✦ Scope, schwarzweiß. Jugoslawien 1963 **P** Avala **R** Radenko Ostojic **B** Antonije Isakovic, Borislav Mihajlovic, Radenko Ostojic **K** Nikola Majdak **M** Vojislav Kostic **S** Ljerka Stanojevic **D** Boris Tesija, Spela Rozin, Predrag Ceramilac, Jelena Jovanovic, Janez Vrhovec **L** 84 **E** 4.7. 1966 DFF 1

ZWEI NÄCHTE MIT CLEOPATRA (DUE NOTTI CON CLEOPATRA). Als Parodie gedachte, aber wenig zündende Verwechslungsburleske im alten Ägypten mit einer Doppelrolle für Sophia Loren: Die lüsterne Königin läßt sich von einem ihr täuschend ähnlich sehenden Mädchen aus dem Volk vertreten. ✦ Italien 1954 **P** Excelsa **KI** Lehmacher/ABC **R** Mario Mattoli **B** Ruggero Maccari, M. Scola **K** Karl Struss **M** Armando Trovaioli **D** Sophia Loren, Alberto Sordi, Paul Müller, Ettore Manni **L** 87 **FSK** ab 18; nf **E** 14.10. 1956/2.9.1986 DFF 2 **fd** 5 344

ZWEI NASEN TANKEN SUPER (DIE SUPERNASEN II). Zwei Tölpel kommen durch den Gewinn von Motorrädern unwissentlich in den Besitz gestohlener Edelsteine, die nach vielen Zwischenfällen schließlich von einem Elefanten verschluckt werden, worauf die beiden der Spur des Dickhäuters folgen. Überflüssige Fortsetzung von »Die Supernasen«; Klamauk mit zäher Handlung und lahmen Sprüchen. – Ab 12 möglich. ✦ BR Deutschland 1984 **P** Lisa **KI** Tivoli **DVD** Marketing (1.66:1, DD Mono dt.) **R** Dieter Pröttel **B** Thomas Gottschalk, Mike Krüger **K** Franz X. Lederle **M** Drafi Deutscher **S** Claudia Wutz **D** Mike Krüger (Mike), Thomas Gottschalk (Tommy), Sonja Tuchmann (Farah), Simone Brahmann (Birgit), András Fricsay (Gangster), Thea Gottschalk (Tamara), Drafi Deutscher **L** 96 **FSK** ab 6; f **E** 14.9.1984/ 15.10.2001 DVD **fd** 24 760

ZWEI NETTE DICKE (FAT ANGELS). Ein übergewichtiger New Yorker Musiker findet über ein Heiratsinstitut eine Brieffreundin, ohne zu wissen, daß sie ähnliche Probleme mit ihrem Äußeren hat. Beide scheuen vor einem Treffen zurück, so daß sich zahlreiche Mißverständnisse ergeben, bevor die beiden »Dicken« zueinanderfinden. Komödie, die auf amüsante, unterhaltsame Weise Verständnis für die seelischen Probleme von Übergewichtigen wecken will, dabei aber arg an der Oberfläche bleibt. – Ab 16. ✦ USA 1981 **P** Mambru **R** Manuel Summers **B** Manuel Summers, Joe Gonzales, Caumy Caumez, Leon Ichaso **K** Manuel Rojas **M** Bob Dorough **S** Gloria Pineyro **D** Farnham Scott (Mike), January Stevens (Mary), Jack Aaron (Frank), Amy Steel (Allison), Robert Reynolds (Jackie), Nina David (Louisa) **L** (TV) 92 **E** 18.6. 1985 ZDF

ZWEI NETTE FRÜCHTCHEN (THE LIKELY LADS). Zwei Kumpane aus dem Norden Englands begeben sich mit weiblichen Gefährtinnen im Schlepptau auf Urlaubsreise. Banales »Roadmovie« mit komödiantischer Absicht, aber wenig zündenden Einfällen; die Fortsetzung einer im englischen Fernsehen populären »Sitcom«. – Ab 16. ✦ Großbritannien 1976 **P** EMI **R** Michael Tuchner **B** Dick Clement, Ian La Frenais **K** Tony Imi **M** Mike Hugg **D** Rodney Bewes, James Bolam, Brigit Forsyth, Mary Tamm, Sheila Fearn **L** 90 **E** 6.7.1989 RTL plus

ZWEI NEUE IN DER KLASSE →Omas Enkel

ZWEI NIKOLÄUSE UNTERWEGS. Weihnachtliche (Fernseh-)Komödie über zwei Männer, die die Großstadt verlassen und das Fest lieber in einer ländlichen Pension verbringen möchten, was sich als unerwartet schwierig erweist. ✦ DDR 1985 **P** DFF **R** Dieter Knust **B** Holmar-Attila Mück, Günter Meyer **K** Jörg Hofmann **S** Götz Filenius **D** Peter Reusse (Nikolaus), Werner Tietze (Ruprecht), Ute Lubosch (Frau Bach), Uwe Zerbe (Herr Bach), Karin Schröder (Frau List), Klaus-Dieter Klebsch (Herr List) **L** 61 **E** 20.12. 1999 ORB

ZWEI NUMMERN ZU GROSS (UN DOLLARO PER 7 VIGLIACCHI / EL TESTAMENTO DE MADIGAN). Ein ungeschickter US-Steuerfahndungsbeamter jagt in Rom hinter der Million eines ermordeten amerikanischen Gangsters her und findet sie auch, allen selbstbereiteten Schwierigkeiten zum Trotz. Das alte Tolpatsch-Motiv in einer sowohl in der Behandlung des Stoffes wie in der Regie mißglückten Ausführung, die ganz auf ihren schauspielerisch großartigen, aber nicht genügend komischen Star – Dustin Hoffman in seiner ersten Hauptrolle – zugeschnitten ist. (TV-Titel DDR: »Madigans Millionen«) – Ab 14. ✦ Italien/ Spanien 1968 **P** Hercules/L.M. **KI** CS **R** Stanley Prager, Dan Ash (= Giorgio Gentili) **B** James Henaghan, José Luis Bayonas **K** Manuel Rojas **M** Gregorio Garcia Segura **S** Antonio Ramirez **D** Elsa Martinelli (Vicky Shaw), Dustin Hoffman (Jason Fisher), Cesar Romero (Mike Madigan), Gustavo Rojo, Riccardo Garrone, Franco Fabrizi, Gérard Tichy, Fernando Hilbeck, Daniele Vargas, Umberto Raho **L** 87 **FSK** ab 12; nf **E** 16.7.1971/12.4.1975 DFF 1 **fd** 17 466

ZWEI ODER DREI DINGE, DIE ICH VON IHR WEISS (DEUX OU TROIS CHOSES QUE JE SAIS D'ELLE). Ein Tag im Leben einer verheirateten Frau, die durch Prostitution ihr Haushaltsgeld aufbessert. Angeregt durch eine Zeitungsreportage, gilt der Film als Hauptwerk aus Godards »soziologischer« Periode. Prostitution bestimmt nicht nur das Leben der Protagonistin, sondern ist eine Metapher für den Zustand des kapitalistischen Systems im allgemeinen und Frankreichs im besonderen. (Das Pronomen »elle« des Originaltitels kann sich nämlich ebenso auf die Frau wie auf das Land beziehen.) Demgemäß nimmt Godard die Handlung als Vorwand, alles zu diskutieren, was ihm für die augenblickliche Lage Frankreichs typisch erscheint. Außerdem macht er dem Zuschauer durch geflüsterte Kommentare klar, daß hinter der Kamera ein Regisseur steht, der aus der Realität nach seinem Gutdünken auswählt. Ein zur Diskussion anregender Film, der auch inszenatorisch zu überzeugen versteht. ✦ Scope. Frankreich 1966 **P** Anouchka/Argos/Parc **KI** Die Lupe **Pd** Philippe Senné **R+B** Jean-Luc Godard **K** Raoul Coutard **M** Ludwig van Beethoven **D** Marina Vlady (Juliette

Janson), Anny Duperey (Marianne), Roger Montsoret (Robert Janson), Jean Narboni (Roger), Christophe Bourseiller (Christophe Janson) **L** 84 **FSK** ab 18; f **FBW** w **E** 1.11.1968 **fd** 15 937

ZWEI PORTRÄTS (1. TEIL: HANS STAUB, FOTOREPORTER; 2. TEIL: CLÉMENT MOREAU, GEBRAUCHSGRAFIKER) (ZWEI PORTRÄTS (1.TEIL: HANS STAUB, FOTOREPORTER; 2. TEIL: CLEMENT MOREAU, GEBRAUCHSGRAFIKER)). In zwei voneinander unabhängigen Porträts stellt Richard Dindo den ersten schweizerischen Fotoreporter, den 83jährigen Hans Staub (1894–1990), und den 72jährigen deutschen Gebrauchsgrafiker Clément Moreau (1903–88) vor. Die Arbeiten der beiden Vertreter angewandter Kunst haben im Engagement für das »einfache Volk« und im Kampf gegen das Elend und die faschistische Unterdrückung eine gemeinsame Basis. »Zwei Porträts« ist ein Beispiel für einen neuen Typus von »Künstlerfilm«: schnörkellos, ohne Kamerabewegungen, ohne subjektive Schwenks und Zooms, ohne illustrative Musik. ✦ Teils schwarzweiß. Schweiz 1977 **P** Filmkollektiv Zürich **R+B** Richard Dindo **K** Otmar Schmid **S** Elisabeth Waelchli **L** 110 (60/50) **E** Schweiz

ZWEI PREUSSEN AUF DER ALM →Zwei Matrosen auf der Alm

ZWEI PREUSS'N IN BAYERN →IA in Oberbayern

ZWEI PROFIS SCHLAGEN ZU →Bluff

ZWEI PROFIS STEIGEN AUS (UN DIMANCHE DE FLICS). Zwei Polizisten, die Rauschgifthändler um eine größere Summe erleichtert haben, werden von deren Organisation gejagt. Der Film erzählt seine ansprechende Geschichte als Konfrontation unterschiedlicher Charaktere und entwickelt sich dabei zu einem ambitionierten Entwurf über Formen der Einsamkeit. Gegen Ende wird die Verflechtung von Spannungskino und psychologischer Studie eine wenig fahrig. – Ab 16. ✦ Frankreich/BR Deutschland 1982 **P** Filmax/KF **KI** Scotia **R** Michel Vianey **B** Michel Vianey, nach einem Roman von Andrew Coburn **K** Robby Müller **M** Jean-Pierre Mas **S** Pierre Gillette **D** Jean Rochefort (Rupert), Victor Lanoux (Franck), Barbara Sukowa (Patricia), Corinne Brodbeck (Dominique), Armin Mueller-Stahl (Anwalt), Marc Michel (Charlie) **L** 99 **FSK** ab 16; f **E** 11.11.1983 **fd** 24 346

ZWEI RÄUMEN AUF (CRIPPLE CREEK). Colorado 1892: Geheimagenten im Kampf gegen eine gerissene Goldschmugglerbande, die geraubtes Gold als Blei getarnt nach Ostasien verschiebt. Mäßig spannendes Krimiabenteuer im Gewand eines Western. (Späterer Titel: »Zwei Gringos reiten nach Westen«) – Ab 16. ✦ USA 1951 **P** Resolute **KI** DFG **Pd** Edward Small **R** Ray Nazarro **B** Richard Schayer **K** William V. Skall **M** Mischa Bakaleinikoff **S** Richard Fantl **D** George Montgomery (Bert Ivers), Jerome Courtland (Larry Galland), Richard Egan (Strap Galland), Karin Booth (Julie Hanson), William Bishop (Silver Kirby), Don Porter (Denver Jones), John Dehner (Emil Cabeau), Roy Roberts (Marshall Tetheroe), George Cleveland (»Hardrock« Hanson), Byron Foulger (Hawkins), Harry Cording (Hibbs) **L** 77 **FSK** ab 16; nf **E** 14.9.1962 **fd** 11 480

ZWEI REBLÄUSE AUF DEM WEG ZUR LORELEY. Zwei Vagabunden ermitteln für einen alten Kapitän in einem Rheindörfchen dessen uneheliche Töchter. Lustspiel nach Volksbühnenart mit abgeschmackten Dialogen und ein paar Sexeinlagen. (Alternativtitel: »Wenn's juckt, wird gejodelt«) – Wir raten ab. ✦ BR Deutschland 1974 **P** TV 13 **KI** Gloria **R** Quirin Steinar **B** August Rieger **K** Werner Kurz **D** Helmut Berg, Johanna Forster, Fritz Korn, Erich Kleiber, Reinhard Maier **L** 82 **FSK** ab 18; nf **E** 4.10.1974 **fd** 19 035

ZWEI RECHNEN AB (GUNFIGHT AT THE O. K. CORRAL). Ein zum Spieler verkommener ehemaliger Zahnarzt tötet bei einem Streit in Notwehr einen berüchtigten Revolverhelden. Ein Marshal rettet ihn vor der Lynchjustiz. Er revanchiert sich, indem er den Gesetzesvertreter beim Kampf gegen eine skrupellose Bande unterstützt. Gemeinsam stellen sie die Gangster, die in einem blutigen Gefecht aufgerieben werden. Western um die legendären Figuren Wyatt Earp und Doc Holliday und den historischen Kampf am O. K. Corral im Jahre 1881, dem es nicht um historische Wahrheit, sondern um eine fesselnde Geschichte geht. Obwohl reichlich hart, beeindruckt der Film durch die ausgezeichnete Leistung der Hauptdarsteller und die hervorragende Fotografie. – Sehenswert ab 16. ✦ Scope. USA 1957 **P** Paramount **KI** Paramount **Pd** Hal B. Wallis **R** John Sturges **B** Leon Uris, nach einer Erzählung von George Scullin **K** Charles Lang jr. **M** Dimitri Tiomkin **S** Warren Low **D** Burt Lancaster (Wyatt Earp), Kirk Douglas (Doc Holliday), Rhonda Fleming (Laura Denbow), Jo Van Fleet (Kate Fisher), John Ireland (Ringo), Lyle Bettger (Ike Clanton), Frank Faylen (Cotton Wilson), Earl Holliman (Charles Bassett), Ted de Corsia (Abel Head »Shanghai Pierce«), Dennis Hopper (Billy Clanton), Whit Bissell (John P. Clum), DeForest Kelley (Morgan Earp), Lee Van Cleef (Ed Bailey), Olive Carey (Mrs. Clanton), Jack Elam (Tom McLowery) **L** 123 **FSK** ab 16; nf **E** 3.10.1957 **fd** 14 811

ZWEI RENTNER AUSSER RAND UND BAND →Bunny und Bill

ZWEI RETTEN DIE WELT (WILD, WILD WEST REVISITED). Wiederbelebung einer Fernsehserie aus den 60er Jahren. Zwei Agenten im Ruhestand werden reaktiviert, um einem Wahnsinnigen, der die Weltherrschaft übernehmen will, das Handwerk zu legen. Um seine Pläne zu verwirklichen, hat der Bösewicht die gekrönten Häupter Europas entführt und durch Roboter ersetzt und sogar eine Atombombe gebastelt. ✦ USA 1979 **P** CBS **Pd** Jay Bernstein **R** Burt Kennedy **B** William Bowers **K** Robert Hauser **M** Jeff Alexander **D** Robert Conrad (Jim West), Ross Martin (Artemus Gordon), Henry Morgan (= Harry Morgan), Trisha Noble, Paul Williams (Michelito Loveless) **L** 94 **E** 30.10.1993 RTL 2

ZWEI RITTEN NACH TEXAS →Dick und Doof im Wilden Westen

ZWEI RITTEN ZUSAMMEN (TWO RODE TOGETHER). Zwei Männer, ein zynisch-desillusionierter US-Marshal und ein idealistischer Armee-Lieutenant, begeben sich auf die Suche nach Weißen, die in die Hand der Comanchen gefallen sind. Am Ende ihres blutigen Weges müssen sie feststellen, daß nicht alle Gefangenen bereit sind, in die Zivilisation zurückzukehren. John Fords Western wirkt oft wie eine weniger konsequente, weniger engagierte und auch weniger sorgfältige Variation von »Der schwarze Falke« (1956). Gemessen am Durchschnitt des Genres bemerkenswert, gemessen am Rang seines Regisseurs aber nicht überzeugend. – Ab 14. ✦ USA 1960 **P** Ford/Sheptner/Columbia **KI** Columbia **Pd** Stanley Sheptner **R** John Ford **B** Frank Nugent, nach einem Roman von Will Cook **K** Charles Lawton jr. **M** George Duning **S** Jack Murray **D** James Stewart (Guthrie McCabe), Richard Widmark (Lt. Jim Gary), Andy Devine (Sergeant Darius F. Posey), Annelle Hayes (Belle Aragon), Chet Douglas (Ward Corby), John McIntire (Major Fraser), Willis Bouchey (Mr. Wringle), Paul Birch (Edward Purcell), Shirley Jones (Marty Purcell), Linda Cristal (Elenea de la Madriaga), Henry Brandon (Quanah Parker), Harry Carey jr. (Ortho Clegg), Ken Curtis (Greely Clegg), Olive Carey (Abby Frazer), Woody Strode (Stone Calf), Mae Marsh (Hannah Clegg), Ruth Clifford **L** 109 **FSK** ab 12; nf **E** 4.8.1961/16.9.1971 ARD **fd** 10 426

ZWEI SÄRGE AUF BESTELLUNG (A CIASCUNO IL SUO). Auf der Suche nach den Anstiftern eines Mafia-Doppelmordes auf Sizilien enthüllt sich einem Außenseiter ein Intrigenspiel, dem er selbst zum Opfer fällt. Eine gesellschaftskritische Tragödie nach dem Roman »Jedem das Seine« von Leonardo Sciascia. Elio Petri konnte den authentischen Stoff im Gewand einer Kriminalerzählung durch eine geschickte Dramaturgie zu allgemeingültigen Hinweisen auf Charakter und Methoden von kriminellen Privatinteressen und kaschierender Gewalt destillieren. – Ab 16. ✦ Italien 1966 **P** C.E.M.O **KI** United Artists **R** Elio Petri **B** Elio Petri, Ugo Pirro, nach dem Roman von Leonardo Sciascia **K** Luigi Kuveiller **M** Luis Enriquez Bacalov **S** Ruggero Mastroianni **D** Gian Maria Volonté (Paolo Laurana), Irene Papas (Luisa Roscio), Gabriele Ferzetti (Rosello, Rechtsanwalt), Salvo Randone (Professor Roscio), Luigi Pistilli (Arturo Manno, Apotheker), Laura Nucci, Mario Scaccia, Leopoldo Trieste **L** 93 **FSK** ab 12; f (fr. 16; f) **FBW** bw **E** 22.9. 1967/12.4.1968 Kino DDR **fd** 14 942

ZWEI SATANSBRATEN AUSSER RAND UND BAND (TWO MUCH TROUBLE). Eine nach einer Haftstrafe wegen Raubüberfall aus dem Gefängnis entlassene Frau bewirbt sich als Kindermädchen für die beiden Kinder einer schwerreichen Familie. Doch die Zwillinge sind alles andere als pflegeleicht, und die überforderte Erzieherin beschließt, die beiden gewinnbringend zu verkaufen. Schwarze Komödie, erzählt als »Mary Poppins« unter umgekehrten Vorzeichen. Sie orientiert sich an einschlägigen Fernseh-Sitcoms und Comedy-Shows. – Ab 14. ✦ USA 1995 **R** Michael James McDonald **D** Beverly D'Angelo (Edie), Ed Begley jr. (Paul Van Arsdale), Carol Kane (Treva Van Arsdale), Brady Bluhm (Jason Van Arsdale), Rachel Duncan (Bea Van Arsdale), Ludi Vika (Clara), Mink Stole (Krankenschwester) **L** 87 **E** 30.6.1996 RTL

ZWEI SCHAFFEN ALLE →Providenza! – Mausefalle für zwei schräge Vögel

ZWEI SCHEINHEILIGE BRÜDER (L'ANNEE SAINTE). Eine Gaunerkomödie um zwei ausgebrochene Verbrecher, die das Heilige Jahr benutzen, um als Priester verkleidet nach Rom zu kommen, dabei aber in eine Flugzeugentführung geraten. Unterhaltsame Komödie mit Starbesetzung. (Alternativtitel: »Zwei scheinheilige Schlitzohren«) – Ab 16. ✦ Frankreich/Italien 1976 **P** S.N.C./Tritone **KI** Constantin **Pd** Gérard Beytout **R** Jean Girault **B** Louis-Emile Galey, Jacques Vilfrid **K** Guy Suzuki **M** Claude Bolling **S** Michel Lewin **D** Jean Gabin (Max Lambert), Jean-Claude Brialy (Pierre Bizet), Danielle Darrieux (Christina), Nicoletta Machiavelli (Carla), Henri Virlogeux (Kommissar Barbier) **L** 95 **FSK** ab 12; f **E** 1977/21.10. 1977 Kino DDR/26.12.1979 DFF 1 **fd** 20 034

ZWEI SCHEINHEILIGE SCHLITZOHREN →Zwei scheinheilige Brüder

ZWEI SCHLAGEN ZURÜCK →Stahlgewitter

ZWEI SCHLITZOHREN AUF DEM HIGHWAY (IN HOT PURSUIT). Ohne Rücksicht auf Verkehrsgefährdung und Menschenleben bringen Drogenschmuggler mit Hilfe eines Hubschraubers ihre Beute in Sicherheit. Die klischeehafte Geschichte wurde von einem drittklassigen Team spannungslos und mit Klamauk versehen heruntergedreht. – Ab 16 möglich. ✦ USA 1981 **P** Bonnie Blue **KI** Apollo u. a. **R** James J. West jr. **D** Bob Watson, Debbie Washington, Don Watson **L** 84 **FSK** ab 16; nf **E** 25.2.1982 **fd** 23 343

ZWEI SCHLITZOHREN HAUEN AUF DEN PUTZ →Exit ... nur keine Panik

ZWEI SCHLITZOHREN IN DER GELBEN HÖLLE (QUESTA VOLTA TI FACCIO RICCO). Zwei schlagkräfte Typen legen, um ans große Geld zu kommen, zwei rivalisierende Gangsterbosse in Hongkong herein, werden selbst aber von der Polizei ausgetrickst. Primitive Dutzendware voller Kalauer und Schlägereien. – Ab 16 möglich. ✦ Scope. Italien/BR Deutschland 1973 **P** TV 13/Futuramik **KI** Constantin **Pd** Francesco Merli **R** Frank Kramer (= Gianfranco Parolini) **B** Gianfranco Parolini, Francesco Merli **K** Sandro Mancori (= Alessandro Mancori) **M** Sante Maria Romitelli **S** Ingeborg Taschner **D** Brad Harris (Brad), Antonio Sabàto (Joe), Karin Schubert (Joyce), Gianni Rizzo (Giorgiakis), George Wang (Wang) **L** 84 **FSK** ab 12; nf **E** 14.6.1974 **fd** 18 878

ZWEI SCHLITZOHREN IN DER KNOCHENMÜHLE (XIAO CHUN YI CHAO / THE FEARLESS HYENA). Ein junger Kämpfer rächt den Tod seines Großvaters. Er besiegt den Mörder erst, nachdem er in die letzten Geheimnisse des Kung Fu eingeführt worden ist. Das Regiedebüt verblüfft durch die für das Genre ungewöhnliche Sorgfalt in der Charakterzeichnung. Wie fast immer wurde in der deutschen Fassung aus seinem kantonesischem Humor platter Witz à la Spencer/Hill; außerdem ist die vorliegende Fassung stark gekürzt. (Fernsehtitel auch: »Jackie Chan: Zwei Schlitzohren in der Knochenmühle«) ✦ Scope. Hongkong 1979 **P** Lo Wei Motion Pictures **KI** AB **R+B** Jackie Chan (= Cheng Long) **D** Jackie Chan (= Cheng Long) (Lung), Yen Si-Kuan (General Yen Chin Wah), Li Kuen (Unicorn), James Tien (Großvater Chen Peng Li), Dean Shek (Leichengräber) **L** 75 **FSK** ab 16; nf **E** 21.3.1980 **fd** 22 396

ZWEI SCHLITZOHREN RECHNEN AB (DRAW!). Unterhaltsamer komödiantischer Western ohne Härten. Nach einem Pokerspiel erschießt ein einstiger Revolverheld in Notwehr den Sheriff einer Kleinstadt. In einem Hotel verschanzt sich der Schütze vor dem Lynchmob – mit einer weiblichen Geisel, die bald seine Geliebte wird. Durch geschickte Verhandlungen mit dem sympathischen, aber ständig betrunkenen neuen Sheriff versucht das Pärchen, seine Haut zu retten. (Alternativtitel: »Das vorletzte Duell«) ✦ Kanada/USA 1984 **P** Astral-Bryna/HBO **Pd** Ronald I. Cohen, Harold Greenberg, Stuart B. Rekant **R** Steven Hillard Stern **B** Stanley Mann **K** Laszlo George **M** Ken Wannberg **S** Ron Wisman **D** Kirk Douglas (Harry H. Holland), James Coburn (Sam Starret), Alexandra Bastedo (Bess), Graham Jarvis (Wally Blodgett), Derek McGrath (Reggie Bell), Jason Michas (Moses), Len Birman (Ephraim), Maurice Brand (Mr. Gibson), Linda Sorenson (Teresa), Richard Donat (Sheriff Harmon) **L** 90 **E** 2.11.1994 ZDF

ZWEI SCHRÄGE VÖGEL. Zwei begabte Hochschulabsolventen und Computerspezialisten werden als Aufmüpfige zur »Bewährung« in die tiefste Provinz der DDR abkommandiert. Dort wartet eine computergesteuerte Fabrikationsanlage westlicher Bauart auf sie, die mangels Software brachliegt. Unterhaltsame satirische Komödie mit realistischem Hintergrund, aber zu optimistischen Lösungen, die den Film letztlich als affirmative Zweckpropaganda entlarven. – Ab 12. ✦ Scope. DDR 1989 **P** DEFA, Gruppe »Johannisthal« **KI** Progress **Pd** Uwe Kraft **R** Erwin Stranka **B** Diethardt Schneider, Erwin Stranka **K** Helmut Bergmann **M** Tamás Kahane, Karl-Ernst Sasse, Petty-Coats **S** Eva-Maria Schumann **D** Götz Schubert (Frank Lettau), Matthias Wien (Kamminke), Simone Thomalla (Petra Anschütz), Gerit Kling (Gina), Dieter Mann (Dr. Bauer), Jaecki Schwarz (Kremmel) **L** 104 **E** 12.9.1989/22.9.1989 Kino DDR

ZWEI SCHWEIGSAME FREUNDE (PRIETENI FARA GRAI). Zwei Schäferhunde können durch ausgezeichnete Dressurleistungen die Pläne von zwei Gaunern, in den Besitz einer Erbschaft zu gelangen, immer wieder durchkreuzen. Zuguterletzt kann der Dorfgendarm die beiden Übeltäter festnehmen. ✦ **P** Filmstudio Bucuresti/Legend **R** Paul Fritz Nemeth, Gheorghe Turcu **K** Stefan Horvath **M** George Grigoriu **D** Tony Kramreiter, Draga Olteanú-Matei, Dorin Dron, Gheorghe Gima, Elena Sereda **L** 86 **E** 24.12.1975 DFF 2

ZWEI SEKUNDEN (TWO SECONDS). Das Schicksal eines ernsthaften jungen Bauarbeiters, der durch eine Frau ins Verderben gerät. Auf dem elektrischen Stuhl läuft innerhalb von zwei Sekunden noch einmal sein ganzes Leben vor ihm ab – mit jenen Ereignissen, die ihn zum Mörder machten. Gut besetztes und gespieltes Melodram aus Hollywood. – Ab 14. ✦ Schwarz-weiß. USA 1932 **P** First National/Warner **Pd** Hal B. Wallis **R** Mervyn LeRoy **B** Harvey Thew, nach einem Bühnenstück von Elliot Lester **K** Sol Polito **M** Leo F. Forbstein (Ltg.) **S** Terry Morse **D** Edward G. Robinson (John Allen), Preston Foster (Bud Clark), Vivienne Osborne (Shirley Day), J. Carroll Naish (Tony), Guy Kibbee (Buchmacher), Frederick Burton (Richter), Adrienne Dare (Annie), Dorothea Wolbert (Lizzie) **L** 65 **E** 11.8.1979 BR

DIE ZWEI SERGEANTEN VON GENERAL CUSTER →Herr Major, zwei Flaschen melden sich zur Stelle

ZWEI SERIÖSE DAMEN IN DUBLIN →Snakes and Ladders

ZWEI SILBERNE LEUCHTER (IL CORTILE). Die rührselig-idealisierende Geschichte eines 14jährigen Jungen, der aus dem Erziehungsheim wegläuft, des Diebstahls verdächtigt wird und mit Hilfe von Freunden seine Unschuld beweist. (DDR-Titel: »Ich bin kein Dieb«) – Ab 12 möglich. ✦ Schwarz-weiß. Italien 1955 **P** Romana **KI** Progress **R** Antonio Petrucci **B** Gaspare Cataldo, Antonio Petrucci **K** Augusto Tiezzi **M** Angelo Francesco Lavagnino **D** Eduardo de Filippo (Signor Luigi), Georges Poujouly (Nando), Marisa Merlini (Mutter), Peppino de Filippo (Buchhalter), Nando Bruno (Anedeo) **L** 84 **E** 3.4.1959 Kino DDR/17.3.1968 ZDF/14.4.1968 DFF 1

ZWEI SIND NICHT ZU BREMSEN (PARI E DISPARI). In endlosen Schlägereien setzen zwei Halbstarke ein illegales, von der Spielermafia auf einer Yacht stationiertes Spielkasino außer Betrieb. Prügelfilm nach bekanntem Muster; voller Klamauk, geschmacklosem Witz und kaum kaschierter Brutalität. – Ab 16 möglich. ✦ Italien 1978 **P** Derby **KI** Warner-Columbia **R** Sergio Corbucci **B** Mario Amendola, Bruno Corbucci, Sabatino Ciuffini, Sergio Corbucci **K** Luigi Kuveiller **M** Guido de Angelis, Maurizio de Angelis **S** Eugenio Alabiso **D** Bud Spencer (Charlie), Terence Hill (= Mario Girotti) (Johnny Firpo), Luciano Catenacci (Parapolis), Kim McKay, Marisa Laurito (Nonne Susanna), Sal Borgese, Jerry Lester **L** 116 **FSK** ab 12; nf **E** 14.12.1978 **fd** 21 053

ZWEI SINGLES IN L.A. ('TIL THERE WAS YOU). Im Hause und bei der Arbeit für den ehemaligen Kinderstar einer Fernsehserie laufen sich ein Architekt und eine »Ghostwriterin« über den Weg, die sich bereits als Schulkinder kannten und erkennen, schon immer füreinander bestimmt gewesen zu sein. Im beiläufigen Plauderton erzählte Geschichte, die sich immer wieder Zeit für Abschweifungen und Gedankensprünge nimmt und so für eine angenehm unbeschwerte Unterhaltung sorgt. Die sympathische Talentprobe eines Regisseurs, die durch gute Darsteller und ironische Distanz zusätzlich abgesichert wird. – Ab 16. ✦ USA 1996 **P** Lakeshore Entertainment **VA** Concorde (VCL) **Pd** Penney Finkelman Cox, Thomas Rosenberg, Alan Poul **R** Scott Winant **B** Winnie Holzman **K** Bobby Bukowski **M** Miles Goodman, Terence Blanchard **S** Richard Marks, Joanna Cappuccilli **D** Jeanne Tripplehorn (Gwen Moss), Dylan McDermott (Nick Dawkan), Sarah Jessica Parker (Francesca Lanfield), Jennifer Aniston (Debbie), Craig Bierko (Jon) **L** 105 **FSK** ab 6 (Video) **E** 27.1.1998 Video **fd** 33 124

2 SINGLES MACHEN NOCH KEIN PAAR (SOLITAIRE FOR 2). Zwei Singles, die unter ihrem Alleinsein leiden, ein Psychologe und eine Archäologin, tun sich mit der gegenseitigen Annäherung schwer. Er sucht eine Frau, die sein wahres Ich versteht, sie, die Gedanken lesen kann, den Mann, der nicht immer nur an »das eine« denkt. Bis zum finalen Kuß hat er einiges einzustecken, denn sie kontert seine zotigen Gedanken mit K.O.-Schlägen. Wenig einfühlsame Beziehungskomödie, deren brachiale Komik peinlich berührt. Die mittelmäßigen Darsteller können der arg konstruierten Handlung keine Glanzpunkte verleihen, Kameraführung und schlecht eingesetzte Musik tragen das Ihre zum Scheitern bei. – Ab 14 möglich. ✦ Großbritannien 1994 **P** Solitaire **VA** Starlight **Pd** Gary Sinyor, Richard Holmes **R+B** Gary Sinyor **K** Henry Braham **M** David A. Hughes, John Murphy **S** Ewa J. Lind **D** Mark Frankel (Daniel), Amanda Pays (Katie), Jason Isaacs (Harry), Maryam D'Abo (Caroline), Roshan Seth (Sandip) **L** 100 **FSK** ab 6 **fd** 32 182

ZWEI SONNTAGE (DWA WOSKRESSENJA). Ein junges Mädchen in einer neuaufgebauten Stadt in der Taiga fliegt mit dem Erlös eines Lotteriegewinns für einen Tag nach Moskau, um die Hauptstadt kennenzulernen. Ihr Bummel durch die Stadt und die Bekanntschaft mit einem jungen Mann, den sie zu lieben beginnt, ist die dürftige Handlung für einen Film, der das Leben in Moskau und in einer Stadt im Neulandgebiet zeigen will. Langatmig und ohne Ambitionen inszeniert, für den Zuschauer kein Zugewinn. – Ab 8. ✦ UdSSR 1963 **P** Lenfilm **KI** Progress **R** Wladimir Schredel **B** Anatoli Grebnew **K** Semjon Iwanow **M** Andrej Petrow **D** Ljudmila Dolgorukowa (Ljusska), W. Korjezki, Ljudmila Makarowa, W. Maximow, T. Pankowa **L** 95 **E** 20.11.1964 Kino DDR

ZWEI STÄDTE (A TALE OF TWO CITIES). Ein englischer Anwaltsgehilfe verliebt sich in eine junge Frau, die durch ihren Vater und ihren Mann in die Wirren der Französischen Revolution gerät. Der Ehemann wird in Paris zum Tode verurteilt, aber durch das Opfer der hoffnungslos Liebenden gerettet. Spannend inszenierte, gut gespielte Romanverfilmung. (TV-Titel auch: »Karren zum Schafott«) – Ab 14. ✦ Schwarzweiß. Großbritannien 1958 **P** Rank **R** Ralph Thomas **B** T. E. B. Clarke, nach einem Roman von Charles Dickens **K** Ernest Steward **M** Richard Addinsell **D** Dirk Bogarde (Sydney Carton), Dorothy Tutin (Lucie Manette), Cecil Parker (Jarvis Lorry), Stephen Murray (Dr. Manette), Marie Versini (Marie Gabelle) **L** 115 **E** 16.8.1969 ARD

ZWEI STAHLHARTE FÄUSTE DER RACHE (THE YELLOW KILLER). Ein bezahlter Killer tötet auf ostasiatischen Schauplätzen reihenweise Menschen, ehe er selbst bei einem Gemetzel zwischen der Bande seines Auftraggebers und der Polizei umkommt. Hongkong-Gangsterfilm voller brutaler Kämpfe. ✦ Scope. Hongkong 1972 **P** Hongkong Alpha Motion Picture **KI** Ring/Schmidt **VA** Polyband **R+B** James Fung-Shaw **K** Lin No **M** Joseph Kuo (= Kuo Nanhung) **D** Pai Ying, Paul Chiang, Lee Seung **L** 84 **FSK** ab 18; nf **E** 18.4.1975 **fd** 19 335

ZWEI STAHLHARTE PROFIS (LETHAL WEAPON). Reißer um zwei grundverschiedene Polizisten, die einen vermeintlichen Selbstmord untersuchen und dabei einem brutalen Rauschgiftring auf die Spur kommen. Ein Film, der unverhohlen staatlich legitimierter Gewalt huldigt; seine zynische, menschenverachtende Grundhaltung wird durch humorige Dialoge nicht kompensiert. Inszenatorisch auf Fernsehniveau, schauspielerisch enttäuschend. (Videotitel: »Lethal Weapon – Zwei stahlharte Profis«) DVD: Die FSK-18-Version ist um eine Minute länger als die Kinofassung. Die Fassung des USA-Imports ist ungeschnitten (»unrated«) bei einer Länge von 117 Minuten. ✦ USA 1986 **P** Silver Pic. **KI** Warner-Columbia **VA** Warner Home **DVD** Warner Home (16:9, 1.85:1, DD5.1 engl./dt.), USA Import: Warner (16:9, 1.85:1, DD5.1 engl.) **Pd** Richard Donner, Joel Silver **R** Richard Donner **B** Shane Black **K** Stephen Goldblatt **M** Eric Clapton, Michael Kamen **S** Stuart Baird **D** Mel Gibson (Martin Riggs), Danny Glover (Roger Murtaugh), Gary Busey (Joshua), Mitchell Ryan (General McAllister), Tom Atkins (Michael Hunsaker) **L** 108 **FSK** ab 16; f (DVD 16 & 18) **FBW** w **E** 10.9.1987/24.3.1988 Video/19.4.1991 premiere/15.10.1999 DVD (FSK-16 Fsg.)/7.12.2000 DVD (FSK-18 Fsg.) **fd** 26 307

ZWEI STERNE IN DER MILCHSTRASSE (YINHE SHUANXING / TWO STARS IN THE MILKY WAY). Liebesdrama nach der Biographie der chinesischen Schauspielerin Ruan Lingyu. Erzählt wird die Geschichte zweier Schauspieler, die mit ihrem ersten gemeinsamen Film einen großen Erfolg haben und schon bald zum Traumpaar hochstilisiert werden. Da der Mann verschweigt, daß er verheiratet ist, wird die Frau in großes Unglück gestürzt und zieht sich von der Filmwelt zurück. Der Film ist im Shanghai der 20er Jahre angesiedelt, wo man schon früh westlich orientiertes Unterhaltungskino herstellte. Anläßlich der Wiederaufführung wurde eine Musik für ein Kammermusikensemble geschrieben und eingespielt. ✦ Schwarz-weiß. China 1931 **P** United Photoplay Service **R** Tomsie Sze **B** Chu Shih Ling

K K. Chow **M** Cong Su (1997) **D** Violet Wong (Li Yueh Ying), Raymond King (Yang Yee Yun), Kao Chien Fei (Kao Che), Yeh Chuen Chuen (Vampir Chuen Ping), V.K. Chung (Li Tuk Tung) **L** 100 **E** 19.6.1997 arte

ZWEI STOCKWERK GLÜCK (KET EMELET BOLDOGSAG). Die Alltagsschwierigkeiten von fünf jungen Ehepaaren in Budapester Neubauwohnungen. Heiterbelanglose Unterhaltung, deren episodische Erzählweise zu keiner geschlossenen Form findet; inszenatorisch und schauspielerisch von recht unterschiedlicher Qualität. – Ab 16. ✦ Schwarz-weiß. Ungarn 1960 **P** Hunnia **KI** Progress **R** János Herskó **B** Imre Bencsik **K** Ottó Forgács **M** András Bágya **D** Flórián Kaló (Dr. Lajos Birkás), Edit Domján (Edith, seine Frau), Dezsö Garas (Ferenc Albert), Mariann Krencsey (Manci, seine Frau), Gyula Szabó (János Korbusz) **L** 99 **E** 20.1.1961 Kino DDR/12.1.1962 DFF 1

ZWEI STRAMME BAYERN IN KOPENHAGEN – REICH MIR DIE BERGE, ICH WILL JODELN →Liebesmarkt in Dänemark

ZWEI STUNDEN VOR MITTERNACHT (ALONE IN THE DARK). Vier aus einer Heilanstalt ausgebrochene Psychopathen terrorisieren die Familie eines Arztes. Berühmte Vorbilder werden mehr schlecht als recht in diesem spannungsarmen und klischeebeladenen Horrorfilm zitiert. ✦ USA 1982 **P** Robert Shaye Prod. **KI** Avis **R+B** Jack Sholder **K** Joseph Mangine **M** Renato Serio **D** Jack Palance, Donald Pleasence, Martin Landau, Dwight Schultz **L** 93 **FSK** SPIO: X **E** 6.1.1984 **fd** 24 374

ZWEI SUPERFLASCHEN RÄUMEN AUF (STRANGE BREW). Zwei bierversessene Brüder geraten an einen dubiosen Brauereibesitzer, der eine Droge entwickelt, mittels dessen er die biertrinkende Bevölkerung manipulieren will. Nummernfolge von mehr oder weniger zündenden Gags, die mit einigem Aufwand Kinogenres persifliert (»Krieg der Sterne«) und satirische Seitenhiebe verteilt, die man nicht zuletzt auf Grund der hölzernen Synchronisation nur bedingt nachvollziehen kann. Trotz manch vergnüglicher Einfälle überwiegt letztlich der Hang zu Albernheiten. – Ab 16 möglich. ✦ Kanada 1983 **P** Strange Brew Ltd. **VA** MGM/UA **R** Dave Thomas, Rick Moranis **B** Steve De Jarnatt, Dave Thomas, Rick Moranis **K** Steven Poster **M** Charles Fox **D** Dave Thomas, Rick Moranis, Max von Sydow, Paul Dooley, Lynne Griffin **L** 88 **FSK** ab 12 **E** Oktober 1985 Video/13.8.1991 premiere **fd** 25 394

ZWEI SUPERPFLAUMEN IN DER UNTERWELT →Wise Guys

ZWEI SUPERTYPEN IN AFRIKA (GENERAL ... NOUS VOILA!). Zwei französische Polizisten werden in den Wirren des Zweiten Weltkrieges in die libysche Wüste verschlagen, wo sie nach vielen Abenteuern und unglaubwürdigen Ereignissen in deutsche Gefangenschaft geraten. Ein Film, der kein Gespür für Komik entwickelt und sich unnötig vulgär gibt; übertrieben inszeniert und gespielt. – Ab 16 möglich. ✦ Frankreich 1978 **P** Promocinéma/Saga Films **VA** Ufa **R** Jacques Besnard **B** Jacques-Henri Marin, Jacques Besnard, Richard Balducci **K** Marcel Grignon **M** Darry Cowl **D** Pierre Tornade, Darry Cowl, Henri Guybet, Roger Dumas, Philippe Ricci **L** 87 **FSK** ab 12 **E** 1.7.1985 RTL plus/11.11.1986 Video

ZWEI SUPERTYPEN IN MIAMI II: DER HERR DER SONNE →Zwei Supertypen in Miami – Der Herr der Sonne

ZWEI SUPERTYPEN IN MIAMI II: HEISSE DIAMANTEN →Zwei Supertypen in Miami – Heiße Diamanten

ZWEI SUPERTYPEN IN MIAMI – DER HERR DER SONNE (EXTRA LARGE II: LORD OF THE SUN). Aus der »Extra Large«-Serie um den schwergewichtigen Detektiv diesmal die Suche nach einem chinesischen Wissenschaftler. Zur selben Zeit sucht auch eine asiatische Geheimagentin den Professor, um ihn zu töten. ✦ USA/Deutschland/Italien 1992 **P** First Group International/tele-München/RTL plus/RAI **R** Alessandro Capone **D** Bud Spencer (Jack »Extralarge« Costello), Michael Winslow (Dumas), Lou Bedford (Inspektor Sam), Susan Byun (Lee Tien), Bob Lem (Prof. Tien), Chao Li Chi (Prinz Wong) **L** 79 **E** 29.09.1993 RTL

ZWEI SUPERTYPEN IN MIAMI – DER KINDERMÖRDER →Extra Large: Miami Killer

ZWEI SUPERTYPEN IN MIAMI – DER KLEINE MIT DER GROSSEN KLAPPE →Extra Large: Jo-Jo

ZWEI SUPERTYPEN IN MIAMI – DER SCHATTEN DES NINJA (EXTRALARGE: NINJA SHADOW). Weiterer Kriminalfilm aus der ganz auf Bud Spencer zugeschnittenen »Extra Large«-Serie. Ein als Ninja-Krieger verkleideter Täter verübt eine rätselhafte Mordserie im Süden Floridas. Die Opfer gehörten sämtlich einer Einheit aus dem Vietnam-Krieg an, die ein Dorf mit Napalm vernichtet hat. ✦ USA/Deutschland/Italien 1993 **P** First Group International/tele münchen/RTL plus/RAI **R** Alessandro Capone **D** Bud Spencer (Jack »Extralarge« Costello), Michael Winslow (Dumas), Lou Bedford (Inspektor Sam), Günther Maria Halmer (Robbins), Vivian Ruiz (Maria Martinez) **L** ca. 90 **E** 20.10.1993 RTL

ZWEI SUPERTYPEN IN MIAMI – DIE FORMEL DES TODES →Extra Large: Deadly Object – Tödliches Ziel

ZWEI SUPERTYPEN IN MIAMI – DIE RACHE DES GONZALES (EXTRALARGE: GONZALES' REVENGE). Fortsetzung der ganz auf Hauptdarsteller Bud Spencer zugeschnittenen, simpel gestrickten »Extralarge«-Krimis. Der Detektiv hat nur 24 Stunden Zeit, um den wahren Täter eines Mordes zu finden, den ihm sein Intimfeind, ein Drogenhändler, angehängt hat. (TV-Titel auch: »Die Rache des Gonzales«) ✦ USA/Deutschland/Italien 1993 **P** First Group International/tele-münchen/RTL plus/RAI **R** Alessandro Capone **D** Bud Spencer (Jack »Extralarge« Costello), Michael Winslow (Dumas), Lou Bedford (Inspektor Sam), Vivian Ruiz (Maria Martinez), Erik Estrada (Gonzales) **L** 86 **E** 2.10.1993 RTL

ZWEI SUPERTYPEN IN MIAMI – DIE SCHÖNE MIT DEM KLEINEN TICK →Extra Large: Dangerous Beauty – Der tödliche Mikrofilm

ZWEI SUPERTYPEN IN MIAMI – EXTRALARGE GEGEN TOD UND TEUFEL (EXTRALARGE: BLACK MAGIC). Detektiv »Extra Large« ermittelt in einem Tötungsdelikt und sieht sich urplötzlich mit Umständen konfrontiert, die auf den Voodoo-Kult hindeuten. Letzte Episode der Serie (vgl. »Extra Large«-Filme). ✦ Deutschland/Italien/USA 1991 **P** First Group International/RAI/tele-münchen/RTL plus **R+B** Enzo G. Castellari (= Enzo Girolami) **D** Bud Spencer (Jack »Extralarge« Costello), Philip Michael Thomas (Willy Dumas), Lou Bedford (Sam), Vivian Ruiz (Maria), Victoria Bass (Laureen Tracy), Dionne Warwick (Mama Limbo), Helmut Griem (Coleman), Frank Zagarino (Zorac) **L** 84 **E** 22.11.1992 RTL plus

ZWEI SUPERTYPEN IN MIAMI – EXTRALARGE UND DIE INDIANER (EXTRALARGE: INDIANS). Bud Spencer, schwergewichtiger Detektiv in einer leichtgewichtigen Kriminalfilmserie, erweist sich als Freund der Indianer: Er geht gegen die Mafia zu Werke, die das Glücksspielverbot in Florida umgehen will, indem sie ein Casino in einem der vom Verbot ausgenommenen Indianerreservate eröffnen will. ✦ USA/Deutschland/Italien 1993 **P** First Group International/tele-münchen/RTL plus/RAI **R** Alessandro Capone **D** Bud Spencer (Jack »Extralarge« Costello), Michael Winslow (Dumas), Lou Bedford (Inspektor Sam), Vivian Ruiz (Maria Martinez), Nikolas Lansky (Sonny) **L** 90 **E** 3.11.1993 RTL

ZWEI SUPERTYPEN IN MIAMI – GEHEIMOPERATION CONDOR (EXTRALARGE: CONDOR MISSION). Bud Spencer als Seriendetektiv unterwegs im Dschungel von Kolumbien. Er will eine Drogenfarm zerstören, ahnt dabei aber nicht, daß der Kollege, der ihn für diese Operation gewonnen hat, ein doppeltes Spiel betreibt. ✦ USA/Deutschland/Italien 1993 **P** First Group International/tele-münchen/RTL plus/RAI **R** Alessandro Capone **D** Bud Spencer (Jack »Extralarge« Costello), Michael Winslow (Dumas), Lou Bedford (Inspektor Sam), Klaus-Peter Thiele (Kurt), Vivian Ruiz (Maria Martinez) **L** 90 **E** 27.10.1993 RTL

ZWEI SUPERTYPEN IN MIAMI – HEISSE DIAMANTEN (EXTRALARGE: DIAMONDS). Detektiv »Extralarge« in einem weiteren seiner routiniert abgespulten Abenteuer. Ein »Geldwäscher« der Drogenhändler, der aus dem Geschäft aussteigen will, engagiert ihn als Leibwächter, ohne ihm allerdings die wahren Hintergründe zu offenbaren. ✦ USA 1993 **P** First Group International/tele-München/RTL plus/RAI **R** Alessandro Capone **D** Bud Spencer (Extra Large), Michael Winslow (Dumas), Roger Pretto (Eduardo), Lou Bedford (Inspektor Sam), Ulrich Mühe (Padre Enrique) **L** ca. 90 **E** 13.10.1993 RTL

ZWEI SUPERTYPEN IN MIAMI – TÖDLICHES SPIEL →Extra Large: Miami Drugs

ZWEI SUPERTYPEN RÄUMEN AUF (IL PADRONE DELLA CITTA). Zwei kleine Gangster erledigen mit Tricks und Gewalt ihre großen Bosse. Genüßliche Aneinanderreihung von brutalen Schlägereien und Schießereien in einem müden deutsch-italienischen Möchtegern-Reißer. Dazwischen gibt die gewohnten, unglaublich dämlichen Synchronsprüche. ✦ BR Deutschland/Italien 1976 **P** Seven Star/Divina/Daunia 70/Cinema One **KI** Nobis **R** Fernando Di Leo **B** Peter Berling, Fernando Di Leo **K** Erico Menczer **M** Luis Enriquez Bacalov **D** Harry Baer, Al Cliver, Jack Palance, Edmund Purdom **L** 88 **FSK** ab 18; nf **E** 9.12.1977 **fd** 20 669

ZWEI SÜSSE MÄDCHEN UND EIN PYJAMA (DEUX GRANDES FILLES DANS UNE PYJAMA). Ein Pariser Architekt, dessen Frau im Winterurlaub ist, wird von seinem Freund zu amourösen Abenteuern mit zwei Mädchen aus England und Schweden verleitet. Das Lustspiel versucht sich als Satire, die die Freizügigkeit der Ausländerinnen und die heuchlerische Sittsamkeit der Franzosen gegeneinander ausspielen möchte, bringt dabei aber kaum bemerkenswerten Witz zustande. – Ab 16 möglich. ✦ Frankreich 1974 **P** Story Film **R** Jean Girault **B** Jacques Vilfrid **K** Guy Suzuki **M** Claude Bolling **D** Philippe Nicaud, Jacques Jouanneau, Michel Galabru, Micheline Presle, Marcha Grant **L** 90 **E** 21.6.1987 DFF 2/8.4.1991 DFF

ZWEI TAGE IN L.A. (TWO DAYS IN THE VALLEY). Als ein Killer in einem vornehmen Vorort von Los Angeles seinen Auftrag ausführt und dann auch noch seinen Komplizen aus dem Weg räumen will, ist das der Beginn zahlreicher Verwicklungen, durch die fast ein Dutzend Figuren auf makabre Weise und auf engstem Raum zusammengeführt werden. Ein Film, der Thrill und Humor handwerklich effektvoll variiert und für kurzweilige Unterhaltung sorgt. Menschliche Schwächen und zeitgemäße Neurosen werden in einer kriminalistischen Rahmenhandlung mit zunehmend komödiantischen Elementen unterhaltsam-ironisch vorgeführt, auch wenn das Geschehen letztlich eher spielerisch und damit unverbindlich bleibt. (Videotitel: »2 Tage L.A.«) ✦ Scope. USA 1996 **P** MGM/Redemption/Rysger Entertainment **KI** TiMe **VA** Columbia TriStar **Pd** Herb Nanas, Jeff Wald **R+B** John Herzfeld **K** Oliver Wood **M** Anthony Marinelli **S** Jim Miller, Wayne Wahrman **D** Danny Aiello (Dosmo Pizzo), James Spader (Lee Woods), Paul Mazursky (Teddy Peppers), Eric Stoltz (Wes Taylor), Teri Hatcher (Becky Foxx), Jeff Daniels (Alvin Strayer), Marsha Mason (Audrey Hopper), Keith Carradine (Detective Creighton) **L** 107 **FSK** ab 16; f **E** 22.5.1997/2.4.1998 Video **fd** 32 541

2 TAGE L.A. →Zwei Tage in L.A.

ZWEI TAGE UND ZWEI NÄCHTE (LA RAGAZZA DI BUBE / LA RAGAZZA). Die melodramatisch erzählte Liebesgeschichte eines italienischen Partisanen und eines Mädchens vom Lande, angesiedelt zur Zeit der Abrechnung mit dem Faschismus kurz nach dem Zweiten Weltkieg im Val d'Elsa. Erst im zweiten Teil der Handlung erreicht der Regisseur Dichte und Glaubhaftigkeit. (DDR-Titel: »Bubes Mädchen«) –

Ab 16. ✦ Schwarz-weiß. Italien/Frankreich 1963 **P** Lux/Ultra/Vides/Lux C.C. **KI** Centfox/Progress **R** Luigi Comencini **B** Marcello Fondato, Luigi Comencini, nach einem Roman von Carlo Cassola **K** Gianni di Venanzo **M** Carlo Rustichelli **D** Claudia Cardinale, George Chakiris, Marc Michel, Dany Paris, Emilio Esposito **L** 111 **FSK** ab 16; f **FBW** w **E** 18.9. 1964/18.7.1965 DFF1/12.11.1965 Kino DDR/21.8. 1971 ARD **fd** 12 896

ZWEI TEUFELSKERLE AUF DEM WEG INS KLOSTER (CHE STANGATA ... RAGAZZI!). Ein trivialer Abenteuerfilm mit der Routine-Story einer Jagd auf eine goldene Madonna in Kolumbien, mit der zwei wohlhabende Italiener ihre Kunstsammlung vervollständigen wollen. Eine in jeder Hinsicht ausgelaugte Unterhaltung: die Schlägereien wirken zunehmend eintöniger, die Komik ist nur noch angestrengt. – Ab 16. ✦ BR Deutschland/Italien 1975 **P** Regina/CCC/Seven Film/Tikuna **KI** Gloria **Pd** Theo Maria Werner, Zeljko Kunkera, Artur Brauner **R** Ernst Hofbauer **B** John Ferguson, C. M. Sharland **K** Hans Jura **M** Stelvio Cipriani **S** Amedeo Amicucci **D** Robert Widmark (= Alberto Dell'Acqua) (Jeff), Wolf Goldan (Jim), Rinaldo Talamonti (Giovanni), Martha Stella Calle (Yolanda), Eduardo Vidal (Banausis), Ferdinando Poggi **L** 84 **FSK** ab 12; nf (fr.16 nf) **E** 15.8.1975 **fd** 19 425

ZWEI TEUFELSKERLE AUF DEM WEG NACH ISTANBUL (CHE CARAMBOLE RAGAZZI). Rivalisierende Ganoven jagen sich gegenseitig einen Geldkoffer und ihre Freundinnen ab. Klamauk mit pausenlosen, teilweise brutalen Keilereien, in denen die wenigen ironischen Ansätze sang- und klanglos untergehen. – Ab 16. ✦ Italien 1976 **P** Erler **KI** Gloria **R** Herb Al Bauer (= Ernst Hofbauer) **B** John Ferguson **K** Hans Jura **M** Stelvio Cipriani **D** Robert Widmark (= Alberto Dell'Acqua), Jim Gordon, George Arkin, Helen Christie, Harry Goldman **L** 85 **FSK** ab 16; nf **E** 9.6.1977 **fd** 20 366

ZWEI TEUFELSKERLE AUF DEM WEG ZUR GRÜNEN HÖLLE →Dschungelmädchen für zwei Halunken

ZWEI TÖDLICHE FÄUSTE IM SCHATTEN DER SCHLANGE (SNAKE IN THE MONKEY'S SHADOW). Einem tolpatschigen jugendlichen Kung-Fu-Fan gelingt es nach zahlreichen Tricks, in eine Kampfschule aufgenommen zu werden, wo er sich zum unüberwindlichen Kämpfer entwickelt. Mit Blödeleien versetztes Serienprodukt der Eastern-Welle, das vergeblich versuchte, den Erfolg des Jackie-Chan-Films »Die Schlange im Schatten des Adlers« zu kopieren. ✦ Scope. Hongkong 1978 **P** Golding **KI** Mercator **VA** Bavaria **R** Cheung Sum **B** Wilson Tong **K** Fan Chuan-Lin **M** Chow Fook-Leung **D** John Chang, Wilson Tong, Charlie Chan, Pomson Shi, Hau Tsau-Seng **L** 88 **FSK** ab 18; nf **E** 7.3.1980 **fd** 22 792

ZWEI TOLLE COMPANEROS →Zwei wilde Companeros

ZWEI TOLLE HECHTE (1973) →J & M – Dynamit in der Schnauze

ZWEI TOLLE HECHTE (1978) (LVI SALONU). Zwei ihrem Wesen nach sehr verschiedene junge Bauarbeiter wohnen gemeinsam in einem als »Salon« ausgestatteten Bauwagen und machen die Bekanntschaft mehrere junger Frauen. Nur teilweise vergnügliche und recht anspruchslose Unterhaltung. – Ab 14. ✦ CSSR 1978 **P** Filmstudio Barrandov **KI** Progress **R** Jaromír Borek **B** Karel Starkán, Jaromír Borek **K** Jirí Stöhr **M** Ivan Kaslík **D** Josef Dvorák, Jan Hartl, Jana Válková, Dasa Veskrnová, Josef Hlinomaz **L** 86 **E** 28.9.1979 Kino DDR/10.3.1981 DFF 2

ZWEI TOLLE HECHTE AUF DEM WEG ZUM HIMMEL →J & M – Dynamit in der Schnauze

ZWEI TOLLE HECHTE IM KNAST (BUY AND CELL). Durch den Meineid seines neidischen Chefs landet ein junger Wall-Street-Broker hinter Gittern, wo er gegen den Gefängnisalltag sein eigenes Resozialisierungs-Programm organisiert. So werden aus Schlägern, Mördern und Schwachsinnigen gerissene Börsenspekulanten, die schließlich den korrupten Direktor und den ehemaligen Chef des unschuldig Verurteilten überführen. Unentschlossen zwischen Yuppie-Märchen und Parodie pendelnd, leidet der Film vor allem an dem unstimmigen Drehbuch, das alle Gags verpuffen läßt. – Ab 16 möglich. ✦ USA 1987 **P** Empire **KI** Metropol **VA** VPS **Pd** Frank Yablans **R** Robert Boris **B** Ken Krauss, Merin Holt **K** Daniele Nannuzzi **M** Mark Shreeve **S** Bert Glatstein **D** Robert Carradine (Herbie Altman), Michael Winslow (Sly), Randall »Tex« Cobb (Wolf), Lise Cutter (Dr. Ellen Scott), Malcolm McDowell (Warden Tennant) **L** 102 **FSK** ab 16; nf **E** 16.6.1988/Oktober 1988 Video

ZWEI TOLLE HECHTE – WIR SIND DIE GRÖSSTEN (JOHNNY CHITARRA / DER KLEINE SCHWARZE MIT DEM ROTEN HUT / PRIMA TI SUONO E POI TI SPARO). Ein mit Gitarre »bewaffneter« junger Mann und vier rauflustige Mädchen bringen im staubigen Westen eine Bande zur Strecke. Keine Parodie, sondern in Nachahmung der »Halleluja-Western« ein lautstarker Raufklamauk. (TV-Titel: »Der kleine Schwarze mit dem roten Hut«, »Johnny lad' mal die Gitarre durch«) – Ab 16. ✦ Italien/Österreich 1974 **P** Gloria/Neue Delta **KI** Cinerama **R** François Legrand (= Franz Antel) **B** Oreste Coltellaci, Gianluigi Loffredo, Peter Orthofer **K** Mario A. Capriotti **M** Guido de Angelis, Maurizio de Angelis **D** George Hilton, Piero Lulli, Rinaldo Talamonti, Christa Linder, Hans Terofal, Herbert Fux **L** 92 **FSK** ab 12; nf **E** 4.4.1975 **fd** 19 340

ZWEI TOLLE HUNDE IN HONGKONG (MING, RAGAZZI! / MR. HERCULES VERSUS KARATE). Zwei Globetrotter kämpfen gegen Perlendiebe. Streckenweise amüsantes Unterhaltungskino nach den Mustern des Hongkongfilms und der Abenteuer der kalauernden Kraftprotze Spencer/Hill. – Ab 16. ✦ Scope. Italien 1973 **P** Champion **KI** United Artists **Pd** Carlo Ponti **R** Anthony M. Dawson (= Antonio Margheriti) **B** Antonio Margheriti, Giovanni Simonelli **K** Luciano Trasatti **M** Carlo Savina **S** Mario Morra **D** Tom Scott, Fred Harris, Jolina Mitchell, Chai Lee, George Wang **L** 104 **FSK** ab 16; f **E** 31.1.1974 **fd** 18 699

ZWEI TOLLE KÄFER RÄUMEN AUF →Superbaby – der Kleine mit der großen Klappe

ZWEI TOLLE KERLE IN TEXAS (TEXAS ACROSS THE RIVER). Der tödliche Unfall eines Rivalen bei der Hochzeitszeremonie zwingt den Bräutigam in Begleitung eines abgebrühten Schmugglers zur abenteuerlichen Flucht durch gefährliches Indianergebiet. Weitgehend gelungene, unterhaltsame Western-Parodie. – Ab 16. ✦ Scope. USA 1966 **P** Universal **KI** Universal **Pd** Harry Keller **R** Michael Gordon **B** Ben Starr, Wells Root **K** Russell Metty **M** Frank De Vol **S** Gene Milford **D** Dean Martin (Sam Hollis), Alain Delon (Don Andrea Baldasar), Rosemary Forsyth (Phoebe Ann Naylor), Stuart Anderson (Yancy Cottle), Joey Bishop (Kronk), Tina Marquand (Lonetta), Peter Graves (Capt. Stimpson), Michael Ansara (Häuptling), Andrew Prine (Lt. Sibley), Roy Barcroft (Cy Morton), George Wallace (Floyd Willet), Don Beddoe (Mr. Naylor) **L** 101 **FSK** ab 12; nf **E** 16.12. 1966 **fd** 14 461

ZWEI TOLLE WANZEN KOCHEN AB →Bluff

ZWEI TOTAL VERRÜCKTE KNASTBRÜDER →Zwei ganz verrückte Knastbrüder

ZWEI TOTAL VERRÜCKTE TYPEN →Der Tomatenkrieg

ZWEI TOTE HOSEN SAHNEN AB! (L' UNO CONTRO L'ALTRO). Dem Erben einer Fleischkonservenfabrik kommt in Rom eine hohe Geldsumme abhanden, die zur Bestechung eines Staatssekretärs bestimmt war. Gemeinsam mit einem zwielichtigen Ganoven gelingt nach abenteuerlichen Verwicklungen die Wiederbeschaffung des Geldes. Von grobem Klamauk und derben Scherzen bestimmte Komödie, die nicht mehr als inhaltsleere Hektik erzeugt. ✦ Italien 1981 **P** Intercontinental Film Company **VA** EuroVideo **R** Bruno Corbucci **B** Bruno Corbucci, Mario Amendola **K** Giovanni Ciarlo **M** Guido de Angelis, Maurizio de Angelis **S** Daniele Alabiso **D** Tomas Milian (Quinto), Renato Pozzetto (Franco), Anna Maria Rizzoli (Silvana), Alfredo Rizzo, Andrea Aureli **L** 88 **FSK** ab 16 **E** April 1986 Video **fd** 25 577

ZWEI TRICKREICHE GAUNER (TRUHANES). Ein Bürger, der wegen Geldschmuggels ins Gefängnis muß, freundet sich dort mit einem erfahrenen »Knastbruder« an. Nach ihrer Entlassung nistet sich der Ganove bei ihm ein und sorgt für allerlei Überraschungen. Gaunerkomödie mit Slapstick-Einlagen. – Ab 16. ✦ Spanien 1983 **P** P. E. Films **R** Miguel Hermoso **B** Manolo Marinero, Miguel Hermoso, José Luis García Sánchez, Mario Camus **K** Fernando Arribas **M** José Nieto **S** Blanca Guillén **D** Francisco Rabal (Gines), Arturo Fernandez (Gonzalo), Emilio Fornet, Fernando Bilbao, Rafael Diaz (Lupas), Vicky Lagos (Amparo) **L** 96 (gek. 85) **E** 7.11.1986 ARD

ZWEI TROPFEN WASSER (DO BOOND PANI). In seinem Film zeigt Regisseur Abbas die schlimmen Auswirkungen der Dürrekatastrophe im Unionsstaat Rajasthan. Ein junger Mann verläßt seine Familie und hilft beim Bau eines Kanals, der seinem Dorf wieder lebensspendendes Wasser bringen soll. ✦ Indien 1971 **P** Khwaja Ahmad Abbas Prod. **R+B** Khwaja Ahmad Abbas **K** Ramchandra **D** Simi Garewal, Madhu Chhanda, Jalal Agha, Kiran Kumar, Prakash Thapa **L** 80 **E** 1.8.1981 DFF 2

ZWEI TROTTEL ALS BRUCHPILOTEN (I DUE PILOTI PIU MATTI DEL MONDO). Zwei Piloten überstehen die Abenteuer einer mehrmaligen Flugzeugentführung. Langweiliger Klamauk ohne zündende Gags. – Ab 12 möglich. ✦ Scope. Italien 1972 **P** Leone/3 M **KI** Avis **R** Mariano Laurenti **D** Franco Franchi, Ciccio Ingrassia **L** 78 **FSK** ab 6; nf **E** 17.1.1975 **fd** 19 160

ZWEI TROTTEL ALS REVOLVERHELDEN (FRANCO E CICCIO SUL SENTIERO DI GUERRA). Zwei Strolche verstricken sich durch ihre Dummheit in kriegerische Abenteuer zwischen amerikanischen Truppen und Indianern. Nervtötende Schwachsinnskomik mit dem Blödelduo Franchi und Ingrassia. – Ab 12. ✦ Italien 1969 **P** Mondial TE.FI. **KI** Avis **R** Aldo Grimaldi **B** Giovanni Grimaldi **K** Fausto Zuccoli **M** Roberto Pregadio **S** Daniele Alabiso **D** Franco Franchi, Ciccio Ingrassia, Stelvio Rosi, Renato Baldini, Adler Gray **L** 83 **FSK** ab 12; nf **E** 18.4.1975 **fd** 19 392

ZWEI TROTTEL AN DER FRONT (ARMIAMOCI E PARTITE!). Infantile Kriegsklamotte über zwei Dummköpfe, die mit einem scheintoten General zwischen den Fronten des Ersten Weltkrieges herumstolpern. Dem schludrig gemachten Film geht es anscheinend vor allem darum, das Geschehen in den Schützengräben des Krieges als lustig auszugeben. (Erster Teil der Franchi/Ingrassia-Serie) – Ab 14. ✦ Italien 1966 **P** Goriz **KI** Avis **R** Nando Cicero **B** Giulio Scarnicci, Leo Benvenuti **K** Fausto Zuccoli **M** Roberto Pregadio **S** Lina Caterini **D** Franco Franchi, Ciccio Ingrassia, Martine Brochard, Anna Maestri, Alfonos Tomas **L** 102 **FSK** ab 6; nf **E** 30.11.1973 **fd** 18 725

ZWEI TROTTEL GEGEN DJANGO (DUE GRINGOS NEL TEXAS / DUE R-R-RINGOS NEL TEXAS). Ein sprechendes Pferd hilft zwei in die Wirren des amerikanischen Bürgerkriegs geratenen Trotteln. Schwachsinnige Klamaukunterhaltung mit grimassierenden Hauptdarstellern. – Ab 12. ✦ Scope. Italien 1967 **P** Circus/Fono Roma **KI** Düssel **R** Marino Girolami **B** Amedeo Sollazzo, Roberto Gianviti **K** Mario Fioretti **M** Carlo Savina **S** Antonietta Zita **D** Franco Franchi, Ciccio Ingrassia, Lucio Fulci, Gloria Paul, Hélène Chanel **L** 90 **FSK** ab 6; nf **E** 13.2.1970 **fd** 16 620

ZWEI TROTTEL GEGEN GOLDFINGER (DUE MAFIOSI CONTRO GOLDFINGER). Zwei italienische Dorftrottel geraten zunächst in die Fänge einer zur Welteroberung ansetzenden Verbrecherbande und dann in den Dienst der englischen Spionageabwehr. Matter Versuch einer Parodie auf Agentenfilme mit den bescheidenen Mitteln der Franchi/Ingrassia-Serienkomik. – Ab 12. ✦ Scope. Italien/Spanien 1965 **P** Fida/Epoca **KI** Düssel **R** Giorgio Simonelli **B** Alessandro Continenza, Dino Verde, Leonardo Marin

K Isidoro Goldberger **M** Angelo Francesco Lavagnino **S** Franco Fraticelli **D** Franco Franchi, Ciccio Ingrassia, Fernando Rey, Andrea Bosic, Gloria Paul **L** 93 **FSK** ab 12; nf **E** 8.5.1970 **fd** 16 916

ZWEI TROTTEL IM WILDEN WESTEN →Die Söhne der Dreieinigkeit

ZWEI TROTTEL IN AFRIKA (DUE BIANCHI NELL' AFRICA NERA). Die beiden Grimassenschneider Franchi und Ingrassia werden als Großwildjäger das Opfer eines Menschenhandels; für den Preis von 1000 Dollar geraten sie unter die Herrschaft eines deutschen Landsknechtstypen und damit in allerlei scheingefährliche Abenteuer. Witzloser Klamauk, dessen Versuch, nationale Eigenheiten und Unarten ironisch abzulichten, dilettantisch bleibt. – Ab 12. ✦ Scope. Italien 1970 **P** Mondial TE.FI. **KI** Avis **R** Bruno Corbucci **B** Mario Amendola, Bruno Corbucci, Luciano Ferry **K** Fausto Zuccoli **M** Willy Brezza **D** Franco Franchi, Ciccio Ingrassia, Francy Fair, Alfredo Rizzo, Enzo Andronico **L** 95 **FSK** ab 6; nf **E** 7.2. 1975 **fd** 19 193

ZWEI TROTTEL IN DER FUSSBALLIGA (I DUE MAGHI DEL PALLONE). Ein Zaubermeister führt ein desolates Fußballteam zum Sieg. Harm- und witzloses Geblödel des italienischen Komikerpaares Franchi/ Ingrassia in gewohnt anspruchsloser Inszenierung. – Ab 12. ✦ Italien 1970 **P** Flora/Variety **KI** Aktuell **R** Mariano Laurenti **B** Roberto Gianviti **K** Tino Santoni **M** Bruno Nicolai **S** Giuliana Attenni **D** Franco Franchi, Ciccio Ingrassia, Alberto Lionello, Karin Schubert, Elio Crovetto **L** 83 **FSK** ab 6; nf **E** 20.6.1974 **fd** 18 900

ZWEI TRÜBE TASSEN – VOM MILITÄR ENTLASSEN (BUCK PRIVATES COME HOME). Abbott und Costello als Veteranen des Zweiten Weltkriegs, die ins Zivilleben entlassen werden und versuchen, sich als Partner eines Rennfahrers eine Existenz aufzubauen. Komödie mit den üblichen, eher groben Gags des Duos. – Ab 12. ✦ Schwarz-weiß. USA 1947 **P** Universal **KI** Pilot **Pd** Robert Arthur **R** Charles T. Barton **B** John Grant, Frederic I. Rinaldo, Robert Lees **K** Charles Van Enger **M** Walter Schumann **S** Edward Curtiss **D** Bud Abbott (Slicker Smith), Lou Costello (Herbie Brown), Nat Pendleton (Sgt. Collins), Joan Fulton (Sylvia Hunter), Beverly Sue Simmons (Yvonne LeBru) **L** 77 **FSK** ab 6; nf **E** 6.5.1977 **fd** 20 300

ZWEI TUGENDHAFTE FRAUEN (ZHEN NÜ). Eine junge Frau während der Qing-Dynastie: Nachdem ihr Mann gestorben ist, leidet sie darunter, daß die Tradition sie zum dauernden Witwendasein verdammt. Während sie das Erwachen einer neuen Liebe mit dem Tod bezahlt, bekennt sich eine ebenfalls früh verwitwete Frau unserer Zeit offen zu ihren Gefühlen. Sensibel gestalteter Film über die Probleme junger Frauen mit den Zwängen der Tradition, durchgespielt in verschiedenen Zeitaltern, aber in identischer Besetzung. ✦ VR China 1988 **P** Beijing **KI** Progress **R** Huang Jianzhong **B** Gu Hua, nach der gleichnamigen Erzählung von Gu Hua. **K** Cheng Youqun **M** Shi Wanchun **D** Gu Yan, Fu Yiwei, He Wei, Li Bao-Tian, Wang Zhengrong **L** 105 **E** 9.3.1990 (auch Kino DDR)

ZWEI UHR MORGENS (WUYE LIANG DIAN). Das Dilemma eines Arztes, der durch den plötzlichen Wohlstand der Familie seiner Frau endlich die langgehegten Träume von einem Leben in Luxus und Reichtum erfüllt sieht. Ausgerechnet jetzt aber will seine Frau die Scheidung. ✦ VR China 1987 **P** Shanghai **KI** Progress **R** Bao Zhifang **B** Hu Hiuying, Zhao Zhifang, Shen Yaoting **M** Liu Yanxi **D** Yan Xiaoping, Wang Shikui **L** 105 **E** 16.3.1990 (auch Kino DDR)

ZWEI UND ZWEI IST MORD (SHE WAS MARKED FOR MURDER). Laues Spannungsdrama, das den Gesetzen des konventionellen Fernsehkrimis folgt. Eine verwitwete Verlegerin lernt einen weit jüngeren Mann kennen und lieben. Erst nach der Hochzeit entdeckt sie, daß die Verbindung von ihrer Sekretärin und deren Mann eingefädelt worden ist, um sie zu ermorden und an ihr Vermögen zu kommen. Daraufhin schmiedet sie ihr eigenes Komplott. – Ab 16. ✦ USA 1988 **R** Chris Thomson **B** David Stenn **M** Nan Schwartz **D** Stefanie Powers (Elena), Lloyd Bridges (Eric), Debrah Farentino (Claire), Hunt Block (Justin), Polly Bergen (Laura Lee Webster) **L** 91 **E** 9.11.1991 PRO 7

ZWEI UNGESCHLIFFENE DIAMANTEN →Farm der Träume

ZWEI UNTER EINEM DACH (ZWEI UNTER EINEM DACH). Zwei verwitwete Rentner, die seit Jahren eine liebgewonnene Intimfeindschaft pflegen, rücken kurzfristig zusammen, als es gilt, die Lehrerin des gemeinsamen Enkels vor der ungerechten Versetzung zu bewahren. Als sich beide in die Frau verlieben, brechen die alten Konflikte wieder hervor. Komödie um zwei in die Jahre gekommenen Käuze, die ihre Eigentümlichkeiten kultiviert haben. Zu Beginn der Dreharbeiten spielte Harald Juhnke eine der Hauptrollen; die Dreharbeiten mussten durch eine Krankheit unterbrochen werden. ✦ Deutschland/Österreich 2000 **R** Peter Weck **B** Krystian Martinek, Uli Brée, Rupert Henning **K** Rainer Gutjahr **M** Wolfgang Hammerschmid **D** Klausjürgen Wussow (Eberhard Gatzweiler), Otto Schenk (Walter Hofer), Suzanne von Borsody (Hanna Pieber), Peter Matic (Direktor Steckl), Valentin Heidrich Klausburg (Martin) **L** 90 **E** 2.2.2001 ARD

ZWEI UNTER MILLIONEN. Die Liebesgeschichte eines jungen Paares aus Ost-Berlin, das sich in West-Berlin um den Erwerb einer Kneipe als Lebensexistenz bemüht. Wenige Monate vor dem Bau der Berliner Mauer gedreht, bemüht sich der Film in einer realitätsnahen Inszenierung, die typische Berliner Stadtatmosphäre einzufangen und mit den privaten wie beruflichen Schwierigkeiten seiner Hauptpersonen zu verbinden. – Ab 14. ✦ Schwarz-weiß. BR Deutschland 1961 **P** UFH **KI** UFH **Pd** Georg Richter **R** Victor Vicas, Wieland Liebske (Fertigstellung) **B** Gerd Oelschlegel, nach einem Roman von Walter Lembke **K** Heinz Hölscher **M** Franz Grothe **S** Klaus Dudenhöfer **D** Hardy Krüger (Karl), Loni von Friedl (Christine), Walter Giller (Paulchen), Joseph Offenbach (Herr Lohmann), Ilse Fürstenberg (Frau Lohmann) **L** 96 **FSK** ab 6; f **FBW** w **E** 12.10.1961 **fd** 10 631

ZWEI UNTER VOLLDAMPF (ARMED AND DANGEROUS). Nach beruflichen Mißerfolgen versuchen ein Rechtsanwalt und ein Polizist, als Angehörige eines privaten Bewachungsunternehmens ihren Unterhalt zu verdienen. Das Unternehmen entpuppt sich als gefährliche Gangsterorganisation. Fader Klamauk nach bekanntem Muster. ✦ USA 1986 **P** Columbia-Delphi **KI** Warner-Columbia **VA** RCA/Columbia **Pd** Brian Grazer, James Keach **R** Mark L. Lester **B** Harold Ramis, Peter Torokvei **K** Fred Schuler **M** Bill Meyers **S** Michael Hill, Daniel Hanley, Gregory Prange **D** John Candy (Frank Dooley), Eugene Levy (Norman Kane), Robert Loggia (Michael Carlino), Meg Ryan (Maggie Cavanaugh), Kenneth McMillan (Clarence O'Connell) **L** 87 **FSK** ab 12; nf **E** 9.10. 1986/15.6.1987 Video **fd** 25 838

ZWEI UNTERM REGENSCHIRM (DWOJE POD ODNIM SONTOM). Eine Geschichte aus dem Zirkusmilieu: Der Jongleur Dan, junger Sproß einer traditionsreichen Artistenfamilie, verliebt sich in Olga, das Mädchen unter dem Regenschirm. Die Liebe spornt ihn zu großen artistischen Leistungen an. Als sie jedoch scheinbar nicht erwidert wird, mißlingen Dans Darbietungen. – Ab 12. ✦ UdSSR 1983 **P** Studio Odessa **R** Georgi Jungwald-Chilkewitsch **B** Sergej Abramow **K** Albert Ossipow **M** Isaak Schwarz **D** Iwar Kalnyn (Dan), Innokenti Smoktunowski (Till), Jelena Safonowa (Olja), Jewgeni Biljauer (Kolja), Natalja Adrejtschenko (Ludmila) **L** 80 **E** 14.6.1984 DFF 2

ZWEI VÄTER, EIN KIND UND DIE SCHÖNE LUCIA (DUE PEZZI DI PANE / DEUX BONNES PATES). Zwei römische Straßenmusiker lieben dieselbe Frau, ohne voneinander zu wissen. Nach dem Tod der Frau bei der Geburt ihres Sohnes fühlen die beiden sich für den Jungen verantwortlich und holen ihn aus dem Waisenhaus, um ihn gemeinsam aufzuziehen. Als sich der Heranwachsende als gefühlloser Geselle erweist, der die beiden »Väter« auf die Straße setzt, bleiben ihnen nur ihre Erinnerungen. Burleske Komödie um zwei gutmütige Schlitzohren zwischen chaotischen Erlebnissen und Katzenjammer; durchschnittlich inszeniert, zusätzlich getrübt von einigen allzu derben Entgleisungen. – Ab 16. ✦ Italien/ Frankreich 1979 **P** Parva Cinematografica **Pd** Gianfranco Piccioli, Mauro Berardi **R+B** Sergio Citti **K** Giuseppe Ruzzolini **M** Alessandro Alessandroni **S** Nino Baragli **D** Philippe Noiret (Peppe), Vittorio Gassman (Pippo), Luigi Proietti (Wirt), Alessandro La Jorre (Piripicchio), Anna Melato (Lucia) **L** 110 **E** 28.3.1987 ZDF

ZWEI VÄTER FÜR EIN BABY (LES DEUX PAPAS ET LA MAMAN). Ein Ehepaar, das sich durch die Unfruchtbarkeit des Mannes seinen Kinderwunsch nicht erfüllen kann, entschließt sich zur künstlichen Befruchtung und versucht, den besten Freund des Mannes, einen Araber, als Samenspender zu gewinnen. Daraus entwickelt sich eine Komödie der Irrungen und Wirrungen, an deren glücklichen Ende zwei Väter und zwei Babys stehen. Ein zwar nicht sonderlich einfallsreicher Film, der jedoch durch sympathische Darsteller, den Verzicht auf groben Klamauk und eine dezente Regie freundliche Unterhaltung im Fernsehstil bietet. – Ab 16. ✦ Frankreich 1996 **P** Sarde/TF 1/Miniato/Studio Images 2/Procirep **VA** UFA **Pd** Alain Sarde, Jean-Marc Longval, Smaïn **R** Jean-Marc Longval **B** Smaïn, Olivier Dazat, Michel Delgado, Jean-Marc Longval, Jean François Dérec **K** Carlo Varini **M** Denis Lefdup **S** Georges Klotz **D** Smaïn (Salim), Arielle Dombasle (Delphine), Antoine De Caunes (Jérôme), El Kabir (Salims Vater), Julie Gayet (Sophie) **L** 78 **FSK** ab 12 **E** 15.9.1997 Video **fd** 32 530

ZWEI VÄTER UNTERM TANNENBAUM (HOLIDAY AFFAIR). Im Weihnachtstrubel lernt eine junge alleinerziehende Witwe einen Spielzeugverkäufer kennen und verliebt sich in ihn – dabei war sie eigentlich entschlossen, einen erfolgreichen Anwalt zu heiraten. Als er ihr während des Weihnachtsessens einen Heiratsantrag macht, entscheidet sie sich zunächst für den Anwalt, doch der hat längst erkannt, für wen ihr Herz wirklich schlägt. Sentimentale Komödie. ✦ Kanada 1996 **R** Alan Myerson **B** Isobel Lennart **M** Lee Holdridge **D** Cynthia Gibb (Jodie Ennis), David James Elliott (Steve Mason), Curtis Blanck (Timmy Ennis), Al Waxman (Mr. Crowley), Tim Irwin (Paul Davis) **L** 87 **E** 20.12.1997 ProSieben

ZWEI VERLIEBTE IN MADRID →Es begann in der Silvesternacht

ZWEI VERRÜCKTE KINOVÖGEL (ARPA-COLLA). Zwei griechische Filmemacher, die sich mit Gelegenheitsarbeiten über Wasser halten, wollen endlich ihren eigenen Film realisieren, können sich aber wegen weltanschaulicher, politischer und ästhetischer Differenzen nicht auf ein gemeinsames Konzept einigen. Etwas zerfahrene Komödie, die neben kulturellen und sozialen Anspielungen ihren Reiz aus dem Spiel mit Klischees und Versatzstücken diverser Kinogenres bezieht; bei aller Ehrlichkeit regt sie jedoch nur bedingt zur Reflexion über Kunst und Kommerz, Aufklärung und Unterhaltung an. ✦ Griechenland/BR Deutschland 1982 **P** Nikos Perakis/Giorgos Panoussopoulos Ltd./Spentzos Film/ Griechisches Filmzentrum/Taurus **Pd+R+B** Nikos Perakis **K** Giorgos Panoussopoulos **M** Nikos Mamangakis **S** Giorgos Triantafylou **D** Dimitris Chryssomallis (Giorgos), Nikos Kalogeropoulos (Kostas), Despina Pajanou (Soula), Rebecca Taylor (Shirly), Ilias Logothetis (Alexion) **L** (TV) 98 **E** 2.9.1988 ZDF

ZWEI VERSIONEN EINER KOLLISION (DWE WERSII IDNOWO STOLKNOWENIJA). Spielfilm nach einer authentischen Begebenheit: Im dichten Nebel stößt ein russischer Frachter mit einem unter liberianischer Flagge fahrenden US-Tanker zusammen, der daraufhin sinkt. Vor dem New Yorker Seegericht soll die sowjetische Schiffsführung schuldig gesprochen werden; doch offensichtlich handelt es sich um Versicherungsbetrug. ✦ Scope. UdSSR 1985 **P** Filmstudio Odessa **R** Willen Nowak **B** Wadim Awloschenko, Juri Gawrilow **K** Wadim Awloschenko **M** Iwar Wigner, Alexander Griwa **D** Shanna Prochorenko (Jekaterina Krawtschenko), Nikolai Oljalin (Hauptmann Lossew), Igor Gorbatschow (Bogart), Oleg Kulikowitsch (Viktor), Lew Solotuchin (Dubrow) **L** 90 **E** 13.3.1986 DFF 2

ZWEI VOLLIDIOTEN IN GEHEIMER MISSION →Champagner aus dem Knobelbecher

ZWEI VOLLIDIOTEN SCHLAGEN ZU (FRACCHIA CONTRO IL CONTE DRACULA). Ein Immobilienhändler und sein Kunde begeben sich zu einem Schloß, das als Kaufobjekt ansteht. Dort treffen sie auf Frankenstein, Dracula und Anhang, werden in gefährliche Situationen verwickelt und können mit knapper Not entrinnen. Der Film vermischt altbekannte Gruseleffekte mit sehr dünnem Humor, ohne im geringsten an die großen Vorbilder heranzukommen. ✦ Italien 1985 **P** Maura International/Faso **VA** G.L **Pd** Bruno Altissimi, Claudio Saraceni **R** Neri Parenti **B** Laura Toscano, Franco Marotta, Neri Parenti, Paolo Villaggio **K** Luciano Tovoli **M** Bruno Zambrini **S** Sergio Montanari **D** Paolo Villaggio, Edmund Purdom, Gigi Reder, Ania Pieroni, Federica Brion **L** 88 **FSK** ab 16 **E** 15.9.1987 Video **fd** 26 596

ZWEI VOM AFFEN GEBISSEN →Gott vergibt... Django nie!

ZWEI VOM BLITZ GETROFFEN. Eine Mutter, die als Lehrerin den Posten der Schulleiterin anstrebt, und ihre widerspenstige Tochter leben im Dauerstreit. Als eines Tages der Blitz in das Auto einschlägt, in dem sich die beiden befinden, vertauschen sich ihre Persönlichkeiten. Die zuvor penible Lehrerin verbreitet Chaos, die bislang unbändige Tochter ist ein Ausbund an Strebsamkeit. Platte (Fernseh-)Komödie, die aus der beliebten Konstellation des Persönlichkeitstauschs kaum Witz bezieht. Enttäuschend gespielt. – Ab 14 möglich. ✦ Deutschland 2000 **P** SAT 1 **R** Kaspar Heidelbach **B** Tatjana Bliss, Jennifer Robinson, Nick Baker-Monteys, Tony Dunham, Peter Gitzinger **D** Mariele Millowitsch (Susanne Erhart), Frederike Kempter (Isabelle Erhart), Doris Kunstmann (Karin Schlüter), Manuel Cortez (Basti), Guntbert Warns (Peter) **L** 93 **E** 12.12.2000 SAT 1

ZWEI VOM GLEICHEN SCHLAG (TWO OF A KIND). Zwei Liebende beweisen, daß sie bereit sind, sich füreinander zu opfern. Damit stimmen sie Gott noch einmal gnädig gegenüber der ihm verdammenswürdig erscheinenden Welt. Anspruchslose Komödie mit sentimentalen Akzenten und naiver Moral, weder spannend noch sonderlich originell; im Umgang mit religiösen Motiven eher einfältig. – Ab 14. ✦ USA 1983 **P** 20th Century Fox **KI** 20th Century Fox **Pd** Roger M. Rothstein, Joe Wizan **R+B** John Herzfeld **K** Fred J. Koenekamp **M** Patrick Williams **S** Jack Hofstra **D** John Travolta (Zack), Olivia Newton-John (Debbie), Charles Durning (Charlie), Beatrice Straight (Ruth), Scatman Crothers (Earl) **L** 87 **FSK** ab 12; f **E** 26.10.1984 **fd** 24 823

ZWEI VON EINER SORTE (TWO A KIND). Eine skrupellose schöne Frau und ein betrügerischer Anwalt wollen das Vermögen eines reichen Mannes an sich bringen. Doch der als Doppelgänger des vermißten Sohnes gekaufte Spieler bekommt kurz vor dem Ziel Skrupel. Ein etwas zynisch gefärbter, schwunglos inszenierter Gangsterfilm. – Ab 16 möglich. ✦ Schwarz-weiß. USA 1951 **P** Columbia **Pd** William Dozier **R** Henry Levin **B** Lawrence Kimble, James Gunn **K** Burnett Guffey **M** George Duning **S** Charles Nelson **D** Edmond O'Brien (Lefty Farrell), Lizabeth Scott (Brandy Kirby), Terry Moore (Kathy McIntyre), Alexander Knox (Vincent Mailer), Griff Barnett (William McIntyre), Robert Anderson (Todd) **L** 75 **E** 21.3. 1979 WDR

ZWEI WAHNSINNIG STARKE TYPEN (STIR CRAZY). Zwei arbeitlose New Yorker geraten durch einen Gelegenheitsjob in Verdacht, einen Bankraub begangen zu haben, und werden auch verurteilt. Da einer sich als außergewöhnlich fähiger Rodeoreiter erweist, nutzen sie eine Rodeomeisterschaft zum Ausbruch aus dem Gefängnis. Mißlungene Komödie voller derber Witze auf Kosten anderer, geprägt vom einfallslosen Grimassieren der Hauptdarsteller; im Handlungsgeflecht voller Ungereimtheiten. – Ab 16. ✦ USA 1980 **P** Hannah Weinstein Prod. **KI** Warner-Columbia **Pd** Hannah Weinstein **R** Sidney Poitier **B** Bruce Jay Friedman **K** Fred Schuler **M** Tom Scott **S** Harry Keller **D** Gene Wilder (Skip Donahue), Richard Pryor (Harry Monroe), George Stanford Brown (Rory), JoBeth Williams (Meredith), Miguelangel Suarez (Jesus), Nicolas Coster, Craig T. Nelson, Jonathan Banks **L** 111 **FSK** ab 12; nf **E** 3.9.1981 **fd** 23 121

ZWEI WAISEN IM STURM (ORPHANS OF THE STORM). Kostümstück zur Zeit der Französischen Revolution: Das Schicksal zweier Waisen, deren eine von Danton im letzten Augenblick vor der Guillotine gerettet wird. Nicht gerade der beste der (Stumm-)Filme des durch »Birth of a Nation« und »Intolerance« bekanntgewordenen Regisseurs, sondern ein »grotesker antirevolutionärer Karneval« (Sadoul). – Ab 14. ✦ Schwarz-weiß. USA 1922 **P** Griffith Prod. **Pd+R** David Wark Griffith **B** Gaston de Tolignac (= David Wark Griffith) **K** Hendrik Sartov, Paul Allen, G. W. Bitzer **S** James Smith, Rose Smith **D** Lillian Gish (Heriette Girard), Joseph Schildkraut (Chevalier de Vaudrey), Lucille LaVerne (Mutter Frochard), Morgan Wallace (Marquis de Praille), Dorothy Gish (Louise) **L** (TV) 125 **E** 17.8.1963 ARD

ZWEI WELTEN (1940). Ein Werkmeistersohn und sein adliger Freund, die sich von Berlin aus freiwillig zur Erntehilfe gemeldet haben, tauschen unterwegs die Quartierscheine, um dem mit einem von ihnen verwandten Rittergutsbesitzern einen Streich zu spielen. Prompt wird der Falsche an ihren Tisch gebeten, während der wahre Verwandte zum Gesinde abgeschoben wird. Daraus ergibt sich ein Verwirrspielchen mit amüsanter Schlußpointe. Die munter inszenierte Komödie wurde nach 1945 nur wegen des NS-Prädikats »künstlerisch wertvoll« von den Alliierten Militärregierungen verboten. – Ab 12. ✦ Schwarz-weiß. Deutschland 1940 **P** Terra **R** Gustaf Gründgens **B** Felix Lützkendorf **K** Walter Pindter **M** Michael Jary **D** Marianne Simson, Antje Weisgerber, Max Eckhard, Joachim Brennecke, Ida Wüst **L** 91 **E** 5.1.1940

ZWEI WELTEN (1946) (MEN OF TWO WORLDS). Klischeehafter Spielfilm mit ethnografischen Interessen: Als die britische Tanganjika-Verwaltung den widerspenstigen Litu-Stamm vor der Tsetse-Fliege retten will, fordert ein aus London heimkehrender Konzertpianist den Medizinmann in seinem Heimatdorf zur Kraftprobe heraus. – Ab 16. ✦ Großbritannien 1946 **P** Two Cities **KI** Rank **R** Thorold Dickinson **B** Thorold Dickinson, Joyce Cary, E. Arnot Robertson **K** Geoffrey Unsworth, Desmond Dickinson **M** Arthur Bliss **D** Robert Adams, Phyllis Calvert, Eric Portman, Orlando Martins, Arnold Marle **L** 109 **FSK** ab 16; nf **E** 25.6.1948 **fd** 120

ZWEI WELTEN (1987/88) (A WORLD APART). Ein 13jähriges weißes Mädchen, dessen Vater als Gegner des südafrikanischen Apartheid-Regimes 1963 ins Exil flüchten muß, sucht die Nähe und Zuneigung seiner Mutter, die den Kampf gegen die Unterdrückung allein fortsetzt und ihrer Tochter zweckorientiert und sachlich begegnet. Erst nach schmerzvollen Erfahrungen gehen beide aufeinander zu. Weniger eine Auseinandersetzung mit dem Hintergrund der Apartheid als ein engagiertes Plädoyer für Menschenrechte, das seine suggestive Kraft vor allem aus der einfühlsamen und anrührenden Beschreibung der Gefühlswelten seiner Protagonisten bezieht. Er verdeutlicht, daß humanitäres Handeln untrennbar mit der Würdigung und dem Respekt gegenüber menschlichen Empfindungen verbunden ist. (Preis der ökumenischen Jury in Cannes 1988; Kinotip der katholischen Filmkritik) – Sehenswert ab 14. ✦ Großbritannien 1987/88 **P** Working Title/ British Screen/Atlantic **KI** Concorde **Pd** Sarah Radclyffe **R** Chris Menges **B** Shawn Slovo **K** Peter Biziou **M** Hans Zimmer **S** Nicolas Gaster **D** Barbara Hershey (Diana), Jodhi May (Molly), Jeroen Krabbé (Gus), David Suchet (Muller), Carolyn Clayton-Cragg (Miriam), Linda Mvusi **L** 112 **FSK** ab 12; f **FBW** bw **E** 13.10.1988/17.11.1989 Kino DDR/29.7. 1990 DFF 1 **fd** 27 120

DIE ZWEI WELTEN DER JENNY LOGAN (THE TWO WORLDS OF JENNIE LOGAN). Jenny und Michael Logan ziehen in ein altes Haus am Rande einer Kleinstadt. Seitdem Jenny eine merkwürdige Ähnlichkeit zwischen ihr und dem Porträt der vorigen Hausbesitzerin entdeckt hat und sich für die Vergangenheit der Vormieter interessiert, die unter seltsamen Umständen ums Leben kamen, passieren mysteriöse Dinge im Haus. ✦ USA 1979 **P** Joe Wizan Television Prod. **R** Frank de Felitta **B** Frank de Felitta, nach dem Roman »Das zweite Gesciht« von David Williams **K** Al Francis **M** Glenn Paxton **D** Lindsay Wagner, Marc Singer, Alan Feinstein, Linda Gray, Henry Wilcoxon **L** 90 **E** 14.12.1986 DFF 2

ZWEI WELTEN IM HOTEL PAZIFIK (DVOJI SVET HOTELU PACIFIK / ZAKLETE REWIRY). 1931 kommt der junge Romek vom Land in die Stadt in ein Luxushotel, in dem er vom Tellerwäscher langsam zum Kellner aufsteigt, bis er am Ende, angewidert von dem, was er in dieser Welt des Trugs erlebte, kündigt und geht. Eine überzeugende Romanverfilmung, die vom hierarchisch bestimmten Leben des Personals hinter den Kulissen eines feudalen Hotels mit einigem Tiefgang und sehr unterhaltsam erzählt. – Ab 16. ✦ CSSR/Polen 1975 **P** Filmstudio Barrandov/Zespol TOR **KI** Progress **R** Janusz Majewski **B** Pavel Hajny **K** Miroslav Ondrícek **M** Jerzy Matuszkiewicz **D** Marek Kondrat, Roman Wilhelmi, Roman Skamene, Michal Pawlicki, Martin Hron **L** 95 **E** 19.8. 1977 Kino DDR/26.11.1977 ZDF/29.12.1978 DFF 2

ZWEI WHISKY UND EIN SOFA. Eine junge Architektin und ihr charmanter Konkurrent beschwindeln sich bei einem Wettbewerb gegenseitig und finden doch zusammen. Deutsche Traumfabrik-Unterhaltung in schlechter Ausführung. – Ab 16. ✦ Scope. BR Deutschland 1963 **P** Star-Allianz **KI** Constantin **Pd** Heinrich Schier **R** Günter Gräwert **B** Werner P. Zibaso, Stefan Gommermann **K** Karl Schröder **M** Bert Grund **S** Werner Preuss **D** Maria Schell, Karl Michael Vogler, Nadia Gray, Robert Graf, Leonard Steckel **L** 96 **FSK** ab 16; nf **E** 20.12.1963/15.2.1972 ARD **fd** 12 475

ZWEI WIE BLITZ UND DONNER →Ein Halleluja für Spirito Santo

ZWEI WIE FEUER UND ZUNDER (BOXING WIZARD). Auf der Flucht vor den Rauswerfern eines Bordells geraten zwei Gesellen eines Sojabohnen-Kuchenbäckers in die Lehre eines Drunken-Masters, der Kung Fu am besten beherrscht, wenn er genügend Reisschnaps konsumiert hat. Nach hartem Training kann das ungleiche Paar seinem von einem Mafia-Gangster bedrohten Meister beistehen. Fließbandproduktion in stümperhafter Inszenierung auf den Spuren der »Drunken Master«-Serie. – Ab 16. ✦ Scope. Hongkong 1979 **P** Ocean **KI** Avis/Ascot **D** Sim Yuen, Xian Pi-Tan **L** 78 **FSK** ab 12; nf **E** 7.3. 1980 **fd** 22 424

ZWEI WIE HUND UND KATZ →Brüll den Teufel an

ZWEI WIE KATZ' UND MAUS (CONTINENTAL DIVIDE). Der Kolumnist einer Chikagoer Zeitung, der einem korrupten Politiker gefährlich wird, wird zur eigenen Sicherheit mit Recherchen über eine Vogelkundlerin in den Rocky Mountains beauftragt. Die ungleiche Zweisamkeit endet mit Liebe und dem Problem, zwei Welten zu verbinden. Überwiegend schwungvolle Komödie, die ihren Reiz aus dem Kontrast zwischen Stadt und Wildnis bezieht, jedoch zugunsten eines Happy-Ends in eine wirklichkeitsferne Scheinlösung ausweicht. – Ab 14. ✦ USA 1980 **P** Universal **KI** UIP

R Michael Apted **B** Lawrence Kasdan **K** John Bailey **M** Michael Small **D** John Belushi (Ernie Souchak), Blair Brown (Nell Porter), Allen Goorwitz (= Allen Garfield) (Howard McDermott), Carlin Glynn (Sylvia), Tony Ganios (Possum) **L** 103 **FSK** ab 12; f **E** 18.12.1981 **fd** 23 259

ZWEI WIE PECH UND SCHWEFEL (... ALTRIMENTI CI ARRABBIAMO / Y SI NO, NOS ENFADAMOS). Zwei rivalisierende, aber unzertrennliche Freunde erzwingen fäusteschwingend den Ersatz ihres durch Gangster zerstörten Buggys. Fade Aneinanderreihung von knochenkrachenden Prügeleien, klamottenhaft statt witzig; ein zerdehntes Jahrmarktsspektakel. – Ab 14 möglich. ✦ Italien/Spanien 1973 **P** Capital/Filmayer **KI** Warner-Columbia **R** Marcello Fondato **B** Marcello Fondato, Francesco Scardamaglia **K** Arturo Zavattini **M** Guido de Angelis, Maurizio de Angelis **D** Terence Hill (=Mario Girotti) (Kid), Bud Spencer (Ben), John Sharp (Der Boß), Donald Pleasence (Der Doktor), Patty Shepard (Liza) **L** 101 **FSK** ab 12; f **E** 19.4.1974 **fd** 18 990

ZWEI WIE SAMT UND STAHL → Satin Steel

ZWEI WIE WIR ... UND DIE ELTERN WISSEN VON NICHTS. Die Geschichte eines weiblichen Teenagers, der seinen vermögenden Eltern davonläuft, um in Hamburg seinen Freund zu suchen, statt seiner aber in St. Pauli auf einen Gammler trifft und schließlich mit ihm das kleine Dachkammerglück findet, das von bösen Erwachsenen wieder jäh gestört wird. Erster Spielfilm eines Dokumentaristen, kritisch gemeint, für Verständnis gegenüber der jungen Generation werbend, aber mit seinen Klischees und den papierenen Dialogen in einem verzeichneten Milieu wenig überzeugend. – Ab 16 möglich. ✦ BR Deutschland 1965 **P** Hamrun **KI** Hermes **Pd+R+B** Karl Hamrun **K** Wolfgang Fischer, Klaus Engel **M** Irmin Schmidt **D** Susanne Beck, Thomas Piper, Max Eckard, Konrad Georg **L** 98 **FSK** ab 16; f **E** 24.11.1966 **fd** 14 414

ZWEI WILDE COMPANEROS (VIVA LA MUERTE ... TUA! / LA GUERILLA). Ein russischer Adliger und ein mexikanischer Bandit kämpfen mit allen Mitteln um einen Goldschatz. Unerträglich synchronisierter Italowestern, aufwendig inszeniert, doch ohne nennenswerte Einfälle. Ansätze zur Parodie ersticken in Blei und Leichen. (Alternativtitel: »Zwei tolle Companeros«; »Zwei Galgenvögel geben Zunder«) ✦ Scope. BR Deutschland/Italien 1971 **P** Terra/Tritone/Orduna/Spanien **KI** Constantin **VA** VPS **R** Duccio Tessari **B** Dino Maiuri, Massimo De Rita, Günter Ebert, Juan de Orduna Fernandez **K** José Fernández Aguayo **M** Gianni Ferrio **S** Enzo Alabiso, Carla Hesse **D** Franco Nero (Dimitri), Eli Wallach (Lozoya), Lynn Redgrave (Mary), Horst Janson (Randal), Eduardo Fajardo (General Vargas), Marilù Tolo, Gisela Hahn, Jose Moren, Enrique Espinosa, Mirko Ellis, Victor Israel **L** 109 **FSK** ab 18; nf **E** 12.4.1972/1980 Video **fd** 17 802

ZWEI WITWEN FÜR EINE LEICHE (A NOTRE REGRETTABLE EPOUX). Nach dem Ableben eines steinreichen Bigamisten streiten sich nicht nur die verschiedenen Ehefrauen um das Erbe, das Gerücht vom legendären Goldschatz lockt auch etliche Ganoven an. Eine sich nur mühsam entwickelnde Komödie mit breit ausgewalzten Gags und ohne sonderliche Überraschungen. – Ab 14. ✦ Frankreich 1987 **P** Les Films du Daunou/TF 1 **R** Serge Korber **B** Christian Watton, Serge Korber **K** Jean Rabier **M** Alain Goraguer, Frédéric Chopin, Wolfgang Amadeus Mozart, Franz Liszt **S** Marie-Claire Korber **D** Jacqueline Maillan (Hermione), Alida Valli (Catarina), Jacques Dufilho (Roméo), Pierre Tornade (Radetsky), Jean-Pierre Aumont (Alexandre) **L** 90 **E** 3.9.1989 DFF 2/29.9.1992 MDR

ZWEI WOCHEN IM SEPTEMBER (A COEUR JOIE / TWO WEEKS IN SEPTEMBER). Eine junge Frau bricht aus ihrer bürgerlichen Ehe aus und erlebt ein leidenschaftliches Liebesabenteuer mit einem jungenhaften Draufgänger. Schön fotografierte, aber unglaubwürdige, psychologisch nur oberflächlich motivierte Dreiecksgeschichte; ganz auf den Star Brigitte Bardot zugeschnitten. ✦ Scope. Frankreich/Großbritannien 1966 **P** Francos/Quadrangle/Pommereu/Kenwood **KI** Pallas **Pd** Francis Cosne **R** Serge Bourguignon **B** Pascal Jardin, Sean Graham **K** Edmond Séchan **M** Michel Magne **S** Jean Ravel **D** Brigitte Bardot, Laurent Terzieff, Jean Rochefort, James Robertson Justice, Georgina Ward **L** 97 **FSK** ab 18; f **E** 7.4.1967/28.1.1981 DFF 1 **fd** 14 669

ZWEI WOCHEN IN EINER ANDEREN STADT (TWO WEEKS IN ANOTHER TOWN). Ein aus der Nervenheilanstalt entlassener Hollywood-Star filmt zwei Wochen in Rom und begegnet dort seiner geschiedenen Frau und einer jungen Liebe. Gefühlvolles Routineprodukt voller Klischees und in einer fahrigen Inszenierung. – Ab 16. ✦ Scope. USA 1961 **P** MGM **KI** MGM **Pd** John Houseman **R** Vincente Minnelli **B** Charles Schnee, nach einer Erzählung von Irvin Shaw **K** Milton Krasner **M** David Raksin **S** Adrienne Fazan **D** Kirk Douglas (Jack Andrus), Edward G. Robinson (Maurice Kruger), Daliah Lavi (Veronica), Cyd Charisse (Carlotta), George Hamilton (Davie Drew) **L** 106 **FSK** ab 16; nf **E** 21.12.1962 **fd** 11 682

ZWEI ZEILEN, KLEINGEDRUCKT. Ein junger sowjetischer Wissenschaftler stößt durch Zufall auf wichtige Dokumente, die ihn an der festgeschriebenen moralischen und politischen Bewertung eines historischen Vorgangs zweifeln lassen. Gemeinsam mit einem jungen deutschen Historiker trägt er Beweise zusammen, die zwei, 1912 des Verrats beschuldigte Revolutionäre rehabilitieren könnten. Publikumswirksam angelegter Film, der jedoch nur über geringe Ausdruckskraft verfügt. – Ab 14. ✦ DDR/UdSSR 1981 **P** DEFA, Gruppe »Babelsberg«/Lenfilm **KI** Progress **R** Vitali Melnikow, Gunther Scholz, Viktor Sergejew **B** Vitali Melnikow **K** Konstantin Ryshow **M** Nadeshda Simonjan **S** Sinaida Scheinemann, Sabine Schmager **D** Sergej Schakurow (Fjodor Golubkow), Jan Spitzer (Walter), Nina Ruslanowa (Swetlana), Lidia Konstantinowa (Alena), Anatoli Romaschin (Grigori Grigorjewitsch), Sophia Garrel (Jewgenija Iwanowna), Horst Drinda (Tager) **L** 94 **E** 8.6.1980 DFF 1/10.4.1981 Kino DDR

2:0 FÜR MARIKA (CIVIL A PALYAN). Eine Sportlehrerin und ausgezeichnete Arbeiterin wird Organisatorin einer Masseninitiative für das Sportabzeichen. – Ab 12. ✦ Ungarn 1951 **P** Mafilm **KI** Progress **R** Márton Keleti **B** István Békeffy, Károly Nóti, nach einer Novelle von György Szepesi, Gyula Gulyas, István Gsillag **K** György Klas **M** Tamás Bródy **S** Sándor Zákonyi **D** Imre Soós (Pista Racz), Violetta Ferrari (Marika Teleki), Kálmán Latabár (Karikás), Ferenc Szusza (Jóska Teleki), János Görbe (Dunai) **L** 94 **E** 29.8.1952 Kino DDR

2½ KUBIKMETER FREIHEIT. Dokumentation über den Freiheitsdrang junger Leute in der bayerischen Provinz, der sich meistens auf die 2½ Kubikmeter ihres Autos beschränkt und oftmals, nachts und in angetrunkenem Zustand, tödlich endet. Zu Wort kommen Freunde und Angehörige von Opfern solcher kleinen Fluchten. ✦ Deutschland 1997 **R** Thomas Füting, Christian Virmond **L** 80 **E** 21.12.1997 Bayern 3

2 ½ MINUTEN. Fernsehfilm, der die Ereignisse des 16. November 1990 nachzeichnet, als in einer S-Bahn in Ostberlin drei junge Türken auf sechs Deutsche treffen und nach einem bewaffneten Streit, der zweieinhalb Minuten dauert (die Fahrzeit zwischen zwei Stationen), zwei Deutsche verletzt und einer sterbend zurückbleiben. Der Film beleuchtet jedoch nicht nur die tragischen Ereignisse des Tages, sondern versucht, das vorangegangene Jahr von Täter und Opfer zu rekonstruieren, um nach Gründen für das Aggressionspotential zu forschen. ✦ Deutschland 1996 **R** Rolf Schübel **D** Wanja Mues (Andre), Cem Sultan (Kemal), Julia Brendler (Anett), Bibiane Beglau (Karin), Ercan Özcelik **L** 105 **E** 23.2.1997 ZDF

DER ZWEIFEL (LA DUDA). Literaturverfilmung. Nach Jahren im Ausland kehrt ein Graf zur inzwischen fremden Familie nach Spanien zurück. In einem Brief eröffnet ihm der inzwischen verstorbene Sohn – Vater von zwei Kindern –, daß eins der beiden Mädchen nicht seine Tochter ist. Über Beobachtungen und Befragungen versucht der alte Grande nun herauszubekommen, welche der Enkeltöchter nicht zur Familie gehört. ✦ Spanien 1972 **P** Interlagar/S.A. **R** Rafael Gil **B** Rafael J. Salvia, nach dem Roman von D. Benito Perez Galdos **K** José Fernández Aguayo **M** Manuel Parada **S** José Luis Matesanz **D** Fernando Rey (Graf von Albrit), Analia Gadé, Angel Del Pozo, José María Seoane **L** 90 **E** 9.1.1987 DFF 2/2.9.1992 MDR

ZWEIFELHAFTE KARRIERE (LE QUATRIEME POUVOIR). Die Moderatorin eines Nachrichtenmagazins entdeckt auf den Livebildern einer Geiselnahme ihren ehemaligen Freund wieder. Nachdem der Journalist unbeschadet freigelassen wurde, gehen sie gemeinsam dem Fall nach. Es stellt sich heraus, daß der Geiselgangster im Aufrag der französischen Regierung gehandelt hat. Kriminalfilm, der unentschlossen zwischen seinen beiden Handlungsschwerpunkten – den Beziehungsproblemen der Protagonisten und der Medienkritik – pendelt und letztlich beide vernachlässigt. – Ab 16. ✦ Frankreich 1985 **P** Consortium F.P.F./C.F.C. **Pd** Jean Kerchner **R** Serge Leroy **B** Serge Leroy, Yannick Flot, Françoise Giroud **K** André Domage **M** Alain Bashung **S** François Ceppi **D** Philippe Noiret (Yves Dorget), Nicole Garcia (Catherine Carre), Jean-Claude Brialy, Roland Blanche, Michel Subor, Bernard Freyd **L** 100 **E** 16.9.1993 premiere

DER ZWEIGESICHTIGE SPIEGEL → Der Tag und die Nacht

DER 200 JAHRE MANN – BICENTENNIAL MAN (BICENTENNIAL MAN). Ein Haushaltsroboter verfügt über eine ungewöhnliche Intelligenz und entwickelt Selbstbewusstsein und Gefühle. Die Liebe zu einer Frau treibt ihn, seinen Metallkörper dem der Menschen anzupassen. Episches Fantasy-Märchen, dessen heiterer Schwung im Lauf der »Menschwerdung« zwar nachdenklicheren Tönen weicht, seine philosophischen Implikationen aber einer rührseligen Story opfert. Dramaturgische Schwächen und Redundanzen schränken trotz Starbesetzung auch den Unterhaltungswert ein. – Ab 12. ✦ USA 1999 **P** 1492 Pictures/Laurence Mark Prod./Radiant Prod./Touchstone/Columbia **KI** Columbia TriStar **VA** Columbia TriStar Home **DVD** Columbia TriStar Home (16:9, 1.85:1, DD5.1 engl./dt.) **Pd** Wolfgang Petersen, Gail Katz, Neal Miller, Laurence Mark, Mark Radcliffe, Michael Barnathan **R** Chris Columbus **B** Nicholas Kazan, nach der Erzählung »Der positronische Mann« von Isaac Asimov **K** Phil Meheux **M** James Horner **S** Neil Travis, Nicolas de Toth **D** Robin Williams (Andrew), Sam Neill (Sir), Embeth Davidtz (Little Miss/Portia), Wendy Crewson (Ma'am), Hallie Kate Eisenberg (Little Miss als Siebenjährige), Oliver Platt (Rupert Burns), Kiersten Warren (Galatea Roboter/Mensch) **L** 131 **FSK** o. A.; f **E** 9.3.2000/26.9.2000 Video & DVD **fd** 34 141

200 MOTELS (TWO HUNDRED MOTELS). Eine surrealistische Collage über eine Tournee der Rockkommune »Mothers of Invention«, zugleich ein Beispiel für die psychedelische Popkunst der späten 60er Jahre: Frank Zappas anarchistische Songtexte und seine mitunter parodistische Musik werden mit kaleidoskopartig zertrümmerten Bildfolgen, Farbverfremdungen und rasanten Filmtricks illustriert. ✦ Großbritannien 1968–71 **P** Bizarre **KI** United Artists **R** Frank Zappa, Tony Palmer **B** Frank Zappa **K** Barrie Dodd **M** Mothers of Invention, Frank Zappa **D** Frank Zappa, Mothers of Invention, Ringo Starr, George Duke, Keith Moon **L** 95 **FSK** ab 18; nf **E** 26.11.1971

DIE 250 000-DOLLAR-PUPPE (THE CAPER). Weil sie die Spielzeugpuppe seiner Tochter als Beweis vorlegen, glaubt der Wachmann eines Werttransports, Gangster hätten das Mädchen in ihrer Gewalt, und läßt sich erpressen, ihnen das Geld auszuhändigen. Als er in den Verdacht der Mittäterschaft gerät, versucht er auf eigene Faust, die Täter zu ermitteln. – Ab 16. ✦ USA 1972 **R** Don McDougall **D** Christopher George (Joe Craddock), Elizabeth Ashley (Diane Craddock), Howard Duff (Nicholson), Norman Fell (Pat Dillon), Michael Bell (John Cadiski), Cliff Osmond (Tom Logan) **L** 75 **E** 16.5.1994 VOX

240-ROBERT – DIE NEUE KOLLEGIN (240-ROBERT). Ein »Special« zu der Fernsehserie »240-Robert« (1979–1981) um die Mannschaft eines Rettungshubschraubers, die in Schwierigkeiten gerät, als sie eine neue junge Kollegin erhält. Standard-Unterhaltung nach gängigen Mustern. – Ab 14. ✦ USA 1979 **P** Filmways Pictures **R** Paul Krasny **B** John Furia **M** Pete Carpenter, Mike Post **D** John Bennett Perry (Trap), Mark Harmon (Thibideaux), Joanna Cassidy (Morgan), Joe Al Nicassio (Roverino), Lew Saunders (C.B.), Pamelyn Ferdin (Nikki), Karen Lamm (Donna), Thomas Babson (Terry) **L** 69 **E** 6.3.1999 ProSieben

ZWEIKAMPF (1944) (POJEDINOK). Der Kampf zwischen dem sowjetischen Staatssicherheitsdienst und einer deutschen Spionagegruppe um das Werk eines russischen Erfinders. – Ab 14. ✦ Schwarz-weiß. UdSSR 1944 **P** Sojusdetfilm **KI** Sojusintorg **R** Wladimir Legoschin **B** Gebrüder Tur, L. Schejnin **K** Sergej Urussewski **M** K. Kortschmarew **D** A. Tutyschkin (Leontjew), Sergej Lukjanow (Larzew), J. Malischewskij (Bachmetjew), Ossip Abdulow (Kraschke), Nina Sorskaja (Subowa) **L** 76 **E** 2.9.1945

ZWEIKAMPF (1986). Ein Rentner, der mordet, um seine Ruhe zu haben, und ein pensionierter Kriminalbeamter liefern sich einen erbitterten Zweikampf, der in ein groteskes Finale mündet. Kleine »schwarze« Komödie, gut entwickelt und psychologisch durchdacht, jedoch zu sehr den Gesetzen des Fernsehspiels verhaftet. – Ab 16. ✦ BR Deutschland 1986 **P** SWF/NDR **KI** Demos **Pd** Peter Schulze-Rohr **R+B** Gert Steinheimer **K** Immo Rentz **M** Klaus Nagel **S** Gudrun Weber **D** Joachim Wichmann (Thomas Wünsche), Adolf Laimböck (Kommissar), Heiner Kollhoff (Weigel), Ernst Konarek (Königer), Roland Kenda (Wodatz) **L** 83 **E** 3.11.1986 S 3/28.5. 1987 Kino **fd** 26 164

ZWEIKAMPF AM BLAUEN STERN → Zweikampf am Red River

ZWEIKAMPF AM RED RIVER (MASSACRE RIVER). Kleiner Western mit Eifersuchts- und Ehrstreitereien unter Offizieren der US-Kavallerie, die im Indianergebiet stationiert sind. (Früherer Titel: »Zweikampf am blauen Stern«) – Ab 14. ✦ Schwarz-weiß. USA 1949 **P** Allied Artists **KI** Stern/Nietzsche/Donau **Pd** Julian Lesser, Frank Melford **R** John Rawlins **B** Louis Stevens **K** Jack MacKenzie **M** Lucien Moraweck **S** Richard Cahoon, W. J. Murphy **D** Guy Madison (Larry Knight), Rory Calhoun (Phil Acton), Johnny Sands (Randy Reid), Carole Mathews (Laura Jordan), Cathy Downs (Kitty Reid), Steve Brodie (Burke Kimber), Art Baker (Col. James Reid), Iron Eyes Cody (Häuptling), Edward Waller (Joe), James Bush (Eddie), John Holland (Roberts), Douglas Fowley (Simms), Kermit Maynard (Scout), Gregg Barton (Frank) **L** 78 **FSK** ab 12; nf **E** 20.7.1951 **fd** 1 295

ZWEIKAMPF BEI SONNENUNTERGANG (THE SUNDOWNERS). Ein geheimnisvoller Revolvermann mischt sich in die Auseinandersetzung zwischen zwei Brüdern ein, die auf verschiedenen Seiten des Gesetzes kämpfen. Banaler Western. – Ab 16. ✦ USA 1950 **P** Eagle Lion **KI** Constantin **Pd** Alan LeMay, George Templeton **R** George Templeton **B** Alan LeMay, nach dem Roman »Thunder in the Dust« **K** Winton C. Hoch **M** Rudy Schrager **S** Jack W. Ogilvie **D** Robert Preston (Kid Wichita), John Barrymore jr. (Jeff Cloud), Robert Sterling (Tom Cloud), Chill Wills (Sam Beard), Cathy Downs (Mrs. Boyce), Jack Elam (Boyce), Don Haggerty (Elmer Gaul), Stanley Price (Fletcher), Clem Fuller (Turkey), Frank Cordell (Strake) **L** 81 **FSK** ab 16; nf (12 Video) **E** 27.6.1952 **fd** 19 030

ZWEIKAMPF IM STURM (SCHWATKA W PURGE). Auf einer Expedition in der Taiga kommt eine Gruppe russischer Geologen ums Leben. Wertvolle Edelsteine werden vermißt. Schnell fällt der Verdacht auf einen schon wegen Diebstahls vorbestraften Mann. Dessen ehemaliger Komplize bekräftigt die Anschuldigung und fordert aus früherer Tat einen Beuteanteil ein. ✦ Scope, schwarz-weiß. UdSSR 1977 **P** Mosfilm **R** Alexander Gordon **B** Olga Miroschnitschenko, Wladimir Kusnezow **K** Michail Bitz **M** Nikolai Sidelnikow **D** Valentin Gaft (der »Fremde«), Leonid Markow (Gluchow), Konstantin Sacharow (Maxud), Viktor Pawlow (Ignatenko), Nina Popowa (Galina) **L** 87 **E** 8.6.1978 DFF 2

ZWEIMAL ABENTEUER → Er oder ich

ZWEIMAL ADAM, EINMAL EVA. Die Ferienabenteuer eines deutschen Studenten und seines Freundes in Finnland. Offenbar der Film eines Debütanten, der sich erfolglos bemühte, der Handlung ein paar unkonventionelle Aspekte abzutrotzen. – Ab 12. ✦ Schwarz-weiß. BR Deutschland 1959 **P** Filmaufbau **KI** Pallas **Pd** Jürgen Mohrbutter **R** Franz M. Lang **B** Franz M. Lang, nach einem Roman von Yrjö Soini **K** Karl Schröder **M** Herbert Jarczyk **S** Ilse Wilken **D** Heidi Brühl, Matthias Fuchs, Brigitte Grothum, Gustav Knuth, Klaus Kindler **L** 89 **FSK** ab 6; nf **E** 2.10. 1959 **fd** 8 539

ZWEIMAL DICK UND ZWEIMAL DOOF → Laurel & Hardy: Our Relations

ZWEIMAL IM LEBEN (TWICE IN A LIFETIME). Ein 50jähriger verläßt Frau und Familie, um ein neues Leben an der Seite einer jüngeren Frau zu beginnen. Psychologisch stimmige Beschreibung der Reaktionen, jedoch ohne ausreichende Motivation für die Endgültigkeit der Trennung. – Ab 16. ✦ USA 1985 **P** The Yorkin Company **KI** CineVox **VA** Vestron **Pd** David Salven **R** Bud Yorkin **B** Colin Welland **K** Nick McLean **M** Pat Metheny **S** Robert C. Jones **D** Gene Hackman (Harry Mackenzie), Ellen Burstyn (Kate Mackenzie), Ann-Margret (Audrey Minelli), Amy Madigan (Sunny), Ally Sheedy (Helen) **L** 110 **FSK** ab 16; f **E** 15.1.1987/August 1987 Video/7.1. 1996 ZDF **fd** 26 012

ZWEIMAL LIEBE → So ein Mädel vergißt man nicht

ZWEIMAL PFIFFIKUS (S LJUBOWJU POPOLAM). Freundschaft an der Drushba-Trasse: Ein sowjetischer und ein bulgarischer Arbeiter führen gemeinsam einen aussichtslosen Kampf gegen Behörden und Institutionen zur Rettung des fruchtbaren Ackerlandes und stehen sich auch in Liebesangelegenheiten bei. Eine heiter-ironische Geschichte, deren Aussagen allerdings durch formale Schwächen beeinträchtigt werden. – Ab 12. ✦ UdSSR/Bulgarien 1979 **P** Mosfilm/Studio Sredets **KI** Progress **R** Sergej Mikaeljan **B** Rustam Ibragimbekow, Jekaterina Gumnerowa **K** Leonid Kalaschnikow **M** Kiril Cibulka **D** Semjon Morosow (Kostja), Welko Kanew (Petko), Rositza Petrowa (Milena), Weronika Isotowa (Natascha), Borislaw Brondukow (Akimitsch) **L** 87 **E** 26.12. 1980 Kino DDR

ZWEIMAL RIVIERA ... UND ZURÜCK (COSTA AZZURRA / LE MIROIR AUX ALOUETTES). Cannes zur Zeit der Filmfestspiele: Die südfranzösische Stadt beherbergt eine Reihe unterschiedlichster Personen, die hoffen, dort ihr Glück zu machen. Episodisch angelegter Film, der seine satirischen Absichten nicht realisiert. – Ab 16 möglich. ✦ Scope. Italien/Frankreich 1960 **P** Glomer Film **Pd** Enzo Merolle **R** Vittorio Sala **B** Ottavio Scotti, Ottavio Alessi, Ugo Guerra, Vittorio Sala **K** Carlo Fiore, Adalberto Albertini **M** Roberto Nicolosi **D** Alberto Sordi, Elsa Martinelli, Georges Marchal, Antonio Cifariello, Giorgia Moll **L** 95 **E** 6.11.1982 DFF 1/22.9.1992 ORB

ZWEIMAL ROM UND ZURÜCK (LITTLE WHITE LIES). In Rom verlieben sich zwei Amerikaner ineinander. Ihre »Urlaubs-Identitäten« – gutbetuchte Dame des Jetsets, kleiner Krankenhausangestellter – sind jedoch nur Maskerade, so daß die Beziehung nach der Rückkehr in die Heimat (und in die Realität: er ist renommierter Arzt, sie Polizistin) auf die Probe gestellt wird. Die harmlose Liebeskomödie bietet konventionelle Fernsehunterhaltung ohne sonderliches Profil. ✦ USA 1989 **P** Larry Thompson Organization **Pd** Arvin Kaufman, Kevin Inch **R** Anson Williams **B** Emily Potter (= Janis Hirsch) **K** Isidore Mankofsky **M** Lalo Schifrin **S** Robert Pergament **D** Ann Jillian (Liz Windsor), Tim Matheson (Harry Wing), Suzie Plakson, Marc McClure, Amy Yasbeck **L** 90 **E** 9.9.1992 RTL plus

ZWEIMAL TÄGLICH – HAVING IT ALL (HAVING IT ALL). Eine erfolgreiche Modeschöpferin ist mit zwei Männern verheiratet und muß ständig zwischen New York und Los Angeles hin- und herpendeln. Als sich die Männer bei einer Modenschau treffen, lassen sich beide scheiden, doch schließlich kommt es zum Happy-End. Leichtgewichtige, stellenweise muntere Komödie, die von den beiden extremen Frauentypen lebt, die die Designerin zu spielen hat, aber auch von der Spannung, wann und wie ihr Doppelleben auffliegt. – Ab 16. ✦ USA 1982 **P** Hill/Mandelker Films **VA** Gloria **Pd** John Thomas Lenox **R** Edward Zwick **B** Elizabeth Gill, Ann Beckett **K** Michael D. Margulies **M** Miles Goodman **S** Robert Florio **D** Dyan Cannon (Thera Baylin), Barry Newman (Peter Baylin), Hart Bochner (Hart Enright), Melanie Chartoff (Dace), Sylvia Sidney (Marney) **L** 93 **E** Juni 1988 Video/13.9.1991 premiere **fd** 27 280

ZWEIMAL TEXAS (PICTURE THIS: THE TIMES OF PETER BOGDANOVICH IN ARCHER CITY, TEXAS). Dokumentarfilm über die Rückkehr des Regisseurs Peter Bogdanovich nach Archer City, wo 1970 sein Erfolgsfilm »Die letzte Vorstellung« entstand und wo er 1991 auch die Fortsetzung »Texasville« realisierte. Aus ihrem ganz persönlichen Blickwinkel erinnern sich die an dem Film Beteiligten, wobei der Rückblick nicht frei von Emotionen ist und so nicht nur Einblicke in die Dreharbeiten, sondern auch in die seelischen Befindlichkeiten der Person gewährt werden. Ein spannender Dokumentarfilm mit hohem Unterhaltungswert. ✦ USA 1991 **P** Kino-Eye America/Nelson Entertainment **Pd** Timothy Bottoms, Sam Bottoms **R+B** George Hickenlooper **K** Kevin Burget **M** Stephen Bruton **S** Howard Lavick **L** 60 **E** 18.11. 1993 ZDF

ZWEIMAL VERLIEBT (ZWEIMAL VERLIEBT). Die kurz nach dem Zweiten Weltkrieg entstandene Liebesgeschichte einer Österreicherin, die erkennen muß, daß der heimgekehrte Offizier, den sie einst im Luftschutzkeller kennengelernt hat, über die Treue anders denkt als sie. Ein um Nachdenklichkeit über Wertvorstellungen bemühtes Melodram. (Titel auch: »Liebe Freundin«) – Ab 12 möglich. ✦ Schwarz-weiß. Österreich 1948/49 **P** Studio **KI** Herzog **Pd** Erich Winterstein **R** Rudolf Steinboeck **B** Curt J. Braun **K** Willi Sohm **M** Hans Lang **S** Leontine Klika **D** Johannes Heesters, Vilma Degischer, Erik Frey, Erni Mangold, Theo Prokop **L** 102 **FSK** ab 12; f **E** 23.3.1949/9.2. 1963 DFF 1 **fd** 445

ZWEISCHNEIDIG (DOUBLE EDGE). Eine FBI-Agentin wird zusammen mit ihrem ehemaligen Mann auf die Fährte einer Profi-Killerin gesetzt, die ihr zum Verwechseln ähnlich sieht. – Ab 16. ✦ USA 1992 **P** Konigsberg/Sanitsky **Pd** Jayne Bieber, Carole Bloom **R** Stephen Stafford **B** Joe Reb Moffly, Otis Jones **D** Robert Urich (Harry Carter), Susan Lucci (Maggie Dutton/Carmen Moore), Robert Prosky (Wes), Kevin Dunn (Ben Webber), Michael Woods (Paul) **L** 92 **E** 31.7.1995 Kabel 1

2149 – KAMPF IN DER TODESZONE → Velocity Trap

2001: ODYSSEE IM WELTRAUM (2001: A SPACE ODYSSEY). Ein geheimnisvoller schwarzer Monolith, der offenbar von Außerirdischen stammt, beeinflußt in grauer Vorzeit die Entstehung von Intelligenz und den »Aufbruch der Menschheit«, wird Jahrtausende später von Wissenschaftlern auf dem Mond entdeckt und lockt ein Forschungsraumschiff in Richtung Jupiter. Die Mission endet nach dem Versagen des Bordcomputers mit einer Katastrophe;

der einzig überlebende Astronaut begegnet der außerirdischen Macht und erfährt eine kosmische Wiedergeburt. Kubricks fantastisches Kinoabenteuer vereint technische Utopie und kulturphilosophische Spekulation zu einer Weltraumoper von überwältigendem Ausmaß. Der kühne gedankliche Entwurf des Films (eine Entwicklungsgeschichte der Menschheit voller Skepsis und bitterer Ironie) wird mit nicht minder kühnen optischen Effekten und einer revolutionären Tricktechnik realisiert, die das Genre des Science-Fiction-Films in den folgenden Jahren entscheidend prägten. (Fortsetzungsversuch: »2010 – Das Jahr, in dem wir Kontakt aufnehmen«, 1983) – Ab 16. ✦ Scope. Großbritannien 1965–68 **P** Hawk-MGM **KI** MGM **VA** MGM/UA Home/Warner Home **DVD** Warner Home (16:9, 2.20:1, DD5.1 engl./dt.) **Pd+R** Stanley Kubrick **B** Stanley Kubrick, Arthur C. Clarke, nach einer Kurzgeschichte von Arthur C. Clarke **K** Geoffrey Unsworth, John Alcott **M** Aram Khatschaturian, Richard Strauss, Johann Strauß, György Ligeti **S** Ray Lovejoy **D** Keir Dullea (David Bowman), Gary Lockwood (Frank Poole), William Sylvester (Dr. Heywood Floyd), Leonard Rossiter (Smyslov), Daniel Richter (Mondbeobachter), Robert Beatty (Halvorsen), Frank Miller (Chef der Expedition), Ed Bishop **L** 149 (Orig. 160) **FSK** ab 12; f **FBW** w **E** 11.9.1968/23.8.2001 DVD **fd** 15 732

2071 – MUTAN-BESTIEN GEGEN ROBOTER (THE TIME TRAVELLERS). Eine Forschergruppe überwindet die Zeit und findet sich auf der atomar verwüsteten Erde des Jahres 2071 wieder. Science-Fiction-Unterhaltung der Mittelklasse. – Ab 16. ✦ USA 1964 **P** Dobil **KI** Ceres **R+B** Ib Melchior **K** William Zsigmond (= Vilmos Zsigmond) **M** Richard Lasalle **D** Preston Foster (Dr. Erik von Steiner), Phil Carey (Steve Connors), Merry Anders (Carol White), John Hoyt (Varno), Dennis Patrick (Willard), Joan Woodbury (Gadra), Dolores Wells (Reena), Gloria Leslie (Stadträtin), Peter Strudwick (Deviant), Margaret Seldeen (Technikerin) **L** 80 **FSK** ab 12; nf **E** 18.9.1970 **fd** 17 001

2025 – GEJAGT DURCH DIE ZEIT (YESTERDAY'S TARGET). Handelsüblicher Fantasy-Thriller mit wirr konstruierter Handlung. Zwei Männer und eine Frau, die übermenschliche Kräfte besitzen, begeben sich auf eine Reise in die Vergangenheit. Dabei verlieren sie das Gedächtnis und vergessen sowohl ihre Identität als auch ihre Fähigkeiten. Auch wissen sie nicht, daß sie von einer skrupellosen Dienststelle der Zukunft bedroht werden. ✦ USA 1996 **P** Republic Entertainment **Pd** Albert T. Dickerson, Larry Estes **R** Barry Samson **B** David Bourla **K** Brian Capener **D** Daniel Baldwin (Paul), Stacy Haiduk (Jessica), T. K. Carter (Carter), Malcolm McDowell (Holden), LeVar Burton (Winstrom) **L** 71 **E** 9.7.1998 ProSieben

2019 – DIE GNADENLOSEN KNECHTE GOTTES (KNIGHTS OF GOD). Ein Widerstandskämpfer lehnt sich gegen das Regime eines pseudo-religiösen Militärordens auf. Hanebüchener und langweiliger Endzeitfilm. (Titel auch: »Die gnadenlosen Knechte Gottes«) – Ab 16. ✦ Großbritannien 1987 **P** TVS **VA** Highlight **R** Andrew Morgan, Michael Kerrigan **B** Richard Cooper **D** George Winter (Gervase Edwards), Claire Parker (Julia), John Woodvine (Mordrin), Gareth Thomas (Owen), Patrick Troughton (Arthur), Julian Fellowes (Hugo), Shirley Stelfox (Beth), Don Henderson (Colley), Nigel Stock (Simon), Barrie Cookson (Clarke) **L** 210 **FSK** ab 12 **E** 4.12.1987 Video **fd** 26 501

2004 OUTLAW FORCE → Outlaw Force

2024 → Der Junge und sein Hund

2010 – DAS JAHR, IN DEM WIR KONTAKT AUFNEHMEN (2010: SPACE ODYSSEY). Fortsetzung der Geschichte des Science-Fiction-Klassikers »2001« (1968): Eine gemischte Ost-West-Expedition versucht, das Rätsel um das Scheitern der damaligen Mission zu klären. Der Film erreicht weder die stilistische Meisterschaft noch die visionäre Kraft des Originals und begnügt sich mit einer recht oberflächlichen Geschichte. – Ab 14. ✦ Scope. USA 1983 **P** MGM/UA **KI** UIP **SF** UIP **VA** MGM/UA **DVD** Warner Home (2.35:1, DD5.1 engl./dt.) **Pd+R** Peter Hyams **B** Peter Hyams, nach einem Roman von Arthur C. Clarke **K** Peter Hyams **M** David Shire, Richard Strauss **S** James Mitchell **D** Roy Scheider (Heywood Floyd), John Lithgow (Walter Curnow), Helen Mirren (Tanya Kirbuk), Bob Balaban (R. Chandra), Keir Dullea (Dave Bowman), Douglas Rain (HAL 9000), Madolyn Smith (Caroline Floyd), Dana Elcar (Dimitri Moisevich), James McEachin (Victor Milson), Elya Baskin (Maxim Barilowsky) **L** 116 **FSK** ab 12; f **FBW** w **E** 22.2.1985/Oktober 1985 Video/26.1.2000 DVD **fd** 24 966

DIE ZWEITE ARCHE (ARK II). Im 25. Jahrhundert hat sich die irdische Zivilisation zur Steinzeit zurückentwickelt. Drei Menschen und ein sprechender (!) Affe sorgen hochtechnisiert im Auftrag einer ominösen Macht für Ordnung und predigen eine bessere, weil friedlichere Zukunft. Science-Fiction-Film, der aus vier gekoppelten Episoden einer amerikanischen Fernsehserie besteht; unglaublich albern und schludrig inszeniert. – Ab 16 möglich. ✦ USA 1976 **P** Filmation Association **KI** Starbox **R+B** Martin Roth **K** Robert F. Sparks **M** Yvette Blair, Jeff Michael **D** Terry Lester (Jonah), Jean-Marie Hon (Ruth), José Flores (Samuel), Jonathan Harris, Tierre Turner, Richard Balin **L** 82 **E** 1983 Video **fd** 24 332

DER ZWEITE ATEM (LE DEUXIEME SOUFFLE). Ein aus dem Gefängnis entkommener Gangster versucht mit seinen Komplizen, den großen Coup zu landen, um ein neues Leben anfangen zu können, endet aber in einer Falle. Der klassische Gangsterfilm Melvilles in der Tradition des »film noir« bietet spannende Krimiunterhaltung und zeigt einen Gangster-Mikrokosmos, der an den eigenen Konventionen und Regeln zugrunde geht. – Sehenswert. ✦ Schwarzweiß. Frankreich 1966 **P** Montaigne **Pd** Charles Lumbroso, André Labay **R** Jean-Pierre Melville **B** Jean-Pierre Melville, nach dem Roman »Un règlement de comptes« von José Giovanni **K** Marcel Combes **M** Bernard Gérard **S** Michèle Boehm **D** Lino Ventura (Gustave Minda, »Gu«), Paul Meurisse (Inspektor Blot), Raymond Pellegrin (Paul Ricci), Christine Fabrega (Manouche), Marcel Bozzuffi (Jo Ricci) **L** 117 (Orig. 150) **FSK** ab 18; nf **FBW** bw **E** 26.1.1968/19.7.1975 ARD/22.11.1980 DFF 1 **fd** 15 147

DER ZWEITE BLICK (1): SAMOA – DER BAUCH DES HÄUPTLINGS. Dreiteilige Dokumentation auf den Spuren von Robert Flaherty, dem amerikanischen Pionier des ethnographischen Films. Der Film zeigt die Schauplätze seiner Dokumentarfilme aus heutiger Sicht. Im ersten Teil ist dies das Samoa aus Flahertys Film »Moana« (1923–25). Der Film beschert eine auch eine Begegnung mit einem 84jährigen alten Mann, der in Flahertys Film einen kleinen Jungen spielte. ✦ Deutschland 1996 **P** WDR **VA** absolut MEDIEN **R** Axel Engstfeld **L** 58 **E** 8.3.1997 arte

DER ZWEITE BLICK (2) : ARAN – VON VIEHHÄNDLERN UND ANDEREN IREN. In diesem Teil der Dokumentarreihe auf den Spuren von Robert Flaherty geht es um das gegenwärtige Leben auf Irish Mor, der größten der drei Aran-Inseln, auf der Flaherty 1934 seinen Film »Die Männer von Aran« gedreht hat. Heute leben dort 900 Menschen vom Fischfang und der Tourismusindustrie. ✦ Deutschland 1996 **P** WDR **VA** absolut MEDIEN **R** Axel Engstfeld **L** 58 **E** 15.3.1997 arte

DER ZWEITE BLICK (3): NOTIZEN ZUR LANDWIRTSCHAFT. Der dritte Teil der Dokumentation auf den Spuren von Robert Flaherty begibt sich zu den Schauplätzen, die dieser in »The Land« (1939), seiner kritischer Bestandsaufnahme der US-Landwirtschaft, gezeigt hat. Wir sehen in zum Teil unveränderter Form die Erosion ganzer Landstriche, die Massentierhaltung und die Schwerarbeit illegaler Einwanderer, die für wenig Geld auf den Obstplantagen schuften. Engstfelds dritter Film nimmt Flahertys Thematik weit deutlicher auf als die ersten beiden Teile – zumal Flaherty hier selbst »dokumentarischer« gearbeitet hat – und setzt dort an, wo Flaherty Engstfelds Meinung nach zu planlos vorging. Daraus entstand dennoch eine eigenständige und engagierte Darstellung der industriellen Landwirtschaft, die auch aktuelle Themen wie die Genmanipulation miteinbezieht. ✦ Deutschland 1996 **P** WDR **VA** absolut MEDIEN **R** Axel Engstfeld **L** 59 **E** 22.3.1997 arte

DER ZWEITE BLICK – AUF DEM WEG NACH DEUTSCHLAND. Porträt des Ost-Berliner Fotografen Günther Bersch (Jahrgang 1943), der nach der Wende auch in den »alten Bundesländern« bekannt und berühmt wurde. Sein jüngstes Projekt führte ihn wieder in den Osten, wo er mit Menschen zusammen traf, die er zu DDR-Zeiten im offiziellen Auftrag fotografierte. Ein Filmteam begleitet ihn auf seiner Reise und dokumentiert in der Begegnung mit den alten Bekannten die Befindlichkeit der Menschen in Ostdeutschland. ✦ Deutschland 1999 **R** Jens Arndt, Hans-Jürgen Büsch **L** 68 **E** 10.11.1999 arte

DIE ZWEITE CHANCE → In the Line of Fire – Die zweite Chance

EINE ZWEITE CHANCE (HOPE FLOATS). Als sie in einer Talk-Show vor laufender Kamera von der Untreue ihres Mannes erfährt, bricht für eine Hausfrau und Mutter die heile Welt zusammen. Sie flüchtet zu ihrer Mutter in die texanische Kleinstadt ihrer Kindheit und Jugend, wo ihr nach einigen Schwierigkeiten ein Neuanfang gelingt. Eine inszenatorisch konventionelle weibliche Selbstfindungsgeschichte, die zwar ein hohes Identifikationspotential bietet und durchaus auch anrührt, letztlich aber vor allem an der überforderten Hauptdarstellerin scheitert. – Ab 14. ✦ USA 1998 **P** Twentieth Century Fox **KI** Twentieth Century Fox **VA** Fox Home **Pd** Lynda Obst **R** Forest Whitaker **B** Steven Rogers **K** Caleb Deschanel **M** Dave Grusin **S** Richard Chew **D** Sandra Bullock (Birdee Pruitt), Harry Connick jr. (Justin Matisse), Gena Rowlands (Ramona Calvert), Mae Whitman (Bernice Pruitt), Michael Paré (Bill Pruitt) **L** 114 **FSK** ab 6; f **FBW** w **E** 7.1.1999/5.8.1999 Video **fd** 33 435

DIE ZWEITE CHANCE DES ESTEBAN ZAYAS (LA SEGUNDA HORA DE ESTEBAN ZAYAS). Aus dem Anspruch auf privates Glück und der Notwendigkeit politischen Handelns im Kuba des Jahres 1956 erwächst für Esteban Zaya ein schier unlösbarer Konflikt. ✦ Kuba 1984 **P** ICAIC **R+B** Manuel Pérez **K** Raul Rodriguez **M** Leo Brouwer **D** Mario Balmaseda, Diana Rosa Suarez, Adolfo Llauradó, Salvador Wood, Susana Pérez **L** 90 **E** 25.7.1986 DFF 2

DER ZWEITE CHINESISCHE FRÜHLING. Gesellschaftspolitischer chinesischer Film, der Erfolge aus eigener Kraft gegen fremde Hilfe herausstellt und die Abwehr des politisch-wirtschaftlichen Revisionismus fordert. Deutlich gemacht wird diese Forderung am Werkleiter einer Marine-Werft in Shanghai, der nach einem fehlgeschlagenen Projekt auf ausländische Angebote zurückgreifen will, anstatt die eigenen Kräfte zu mobilisieren. ✦ VR China 1975 **P** Studio Shanghai **R** Sang Hu, Wang Hsiu-wen **B** Liu Chuan, Ho Pao-Hsien, nach einem Bühnenstück **K** Hsia Li-Hsing, Shen Hsi-Lin **M** Kao Tien **D** Yü Yang, Yang Ya-Chin, Ching Li-Min, Chang Hsien, Kao Po **L** 100 **E** 11.1.1977 HR

DAS ZWEITE DSCHUNGELBUCH – MOGLIS NEUE ABENTEUER (THE SECOND JUNGLE BOOK: MOWGLI AND BALOO). Der unter Wölfen im Dschungel aufgewachsene Mowgli kommt bei der Flucht vor seinem Erzfeind, dem Tiger Shere Kahn, mit Menschen in Berührung, die aus unterschiedlichsten Beweggründen versuchen, seiner habhaft zu werden. Nach vielen Abenteuern, bei denen ihm seine Dschungelfreunde zur Seite stehen, kann der Junge in den geliebten Urwald zurückkehren. Dritte Realverfilmung des klassischen Abenteuer-Romans von Rudyard Kipling, die bis auf die eindrucksvollen Tierdressuren und imposanten Landschaftsaufnahmen wenig vom Geist der Vorlage atmet. Allzu vordergründige Spannungsmomente dürften zudem jüngere Kinder übererregen. (Videotitel: »Das Dschungelbuch 2: Mowglis neue Abenteuer«) – Ab 8. ✦ USA 1997 **P** Peter Sheperd Prod. **KI** Wild Utopia/afm Filmverleih **VA** VCL **DVD** VCL (16:9, 1.85:1, DD5.1 dt.) **Pd** Raju Patel **R** Duncan McLachlan **B** Bayard Johnson, Matthew Horton, nach Rudyard Kiplings Roman »Das zweite Dschungelbuch« **K** Adolfo Bartoli **M** John Scott (= Hanns Schott-Schöbinger) **S** Marcus Manton **D** Jamie Williams (Mowgli), Bill Campbell (Harrison), Roddy McDowall (»King Murphy«), David Francis (Chuchundra), Gulshan Grover (Buldeo), Dyrk Ashton (Karait) **L** 86 **FSK** ab 6; f **E** 18.2.1999/24.8.1999 Video/20.10.1999 DVD **fd** 33 556

DAS ZWEITE ERWACHEN DER CHRISTA KLAGES. Eine junge Frau überfällt mit zwei Komplizen eine Bank und erpreßt eine große Summe Geld, um einen von Schließung bedrohten Kinderladen zu sanieren. Schließlich gefaßt, entgeht sie durch die bewußte Falschaussage einer Bankangestellten, der Strafe. Margarethe von Trottas gesellschaftskritischer, Aktion und Reflexion geschickt verbindender Film erhielt 1978 den Bundesfilmpreis und weitere Auszeichnungen, wurde aber auch, etwa wegen der moralischen Begründung des Bankraubs oder seines Hangs zu Klischees, kritisch bewertet. Dennoch ein nachdenklich stimmender Film über Recht und Unrecht, gesellschaftliche Normen und die Emanzipationsdiskussion in den 70er Jahren. – Ab 16. ✦ BR Deutschland 1977 **P** Bioskop/WDR **KI** Filmverlag der Autoren **Pd** Eberhard Junkersdorf **R** Margarethe von Trotta **B** Margarethe von Trotta, Luisa Francia **K** Franz Rath **M** Klaus Doldinger **S** Annette Dorn **D** Tina Engel (Christa Klages), Silvia Reize (Ingrid Häkele), Katharina Thalbach (Lena Seidlhofer), Marius Müller-Westernhagen (Werner Wiedemann), Peter Schneider (Hans Grawe), Luisa Francia (Christas Freundin), Margit Czenki (Reingard) **L** 93 **FSK** ab 12; f **FBW** bw **E** 14.4.1978 **fd** 20 765

DIE ZWEITE FRAU (BERDEL). Ein armer türkischer Bauer heiratet eine zweite Frau, um endlich den ersehnten Sohn zu bekommen, und opfert dafür das Glück seiner ältesten Tochter, die er dem Bruder seiner Braut zur Frau gibt. Eine kritische Auseinandersetzung mit der Rolle der Frau in der türkischen Gesellschaft; darüber hinaus das Bild einer Gesellschaft im Umbruch, zwischen bäuerlich-patriarchalischer Lebensweise und emanzipatorischen Ansprüchen. ✦ Türkei 1990 **P** Türkische Stiftung für Familienplanung und -gesundheit **Pd** Günzel Konutlar Sitesi **R** Atif Yilmaz **B** Atif Yilmaz, Sevgi Saygi, Yildrim Türker, nach einem Roman von Esmer Ocak **K** Erdal Kahraman **M** Selim Atakan **S** Mevlut Kocak **D** Türkan Soray (Hanim), Tarik Akan (Ömer), Mine Cayiroglou (Beyaz), Füsan Demirel (Fatma), Erdinc Özkan (Mehmet) **L** 83 **E** 20.5.1992 ARD

DER ZWEITE FRÜHLING. Ein gealterter Klatschkolumnist und früherer Buchautor versucht nach schwerer Krankheit, mit einer jungen Krankenschwester ein neues Leben zu beginnen. Als er diese Beziehung gefährdet sieht, stirbt er. Peinliche Groschenheft-Geschichte mit spekulativen Sexeinlagen; ohne psychologische Dimension, auch handwerklich miserabel. ✦ Scope. BR Deutschland 1975 **P** Point **KI** Scotia **R+B** Ulli Lommel **K** Lothar Elias Stickelbrucks, Giovanni Narzisi **M** Stelvio Cipriani **D** Curd Jürgens (Fox), Irmgard Schönberg (Gertrud), Eddie Constantine (Frank Cabot), Anna Orso (Marcella), Umberto Raho (Antonio), Philippe Hersent (Giuseppe) **L** 84 **FSK** ab 18; nf **E** 11.9.1975 **fd** 19 480

DAS ZWEITE GESICHT (1943) (FLESH AND FANTASY). Drei Episoden aus dem Bereich der Psychoanalyse wollen zeigen, daß die Kräfte des Unbewußten durch Selbsterkenntnis überwindbar sind. Überzeugend ist die erste Geschichte, die von einem häßlichen Mädchen berichtet, das durch die Liebe schön wird. An den Haaren herbeigezogen ist die zweite Episode; sie handelt von einem Mann, der zum Mörder eines Handlesers wird. Erzählerischer Höhepunkt ist die Geschichte eines Seiltänzers, der träumt, er würde abstürzen. Die Episoden sind von Duvivier während seiner Emigrantenzeit in Hollywood mit beachtlicher Kunstfertigkeit inszeniert worden. – Ab 16. ✦ Schwarz-weiß. USA 1943 **P** Universal **KI** Universal **Pd** Julien Duvivier, Charles Boyer **R** Julien Duvivier **B** Ernest Pascal, Samuel Hoffenstein, Ellis St. Joseph, nach Erzählungen von Ellis St. Joseph, Laslo Vadnay und Oscar Wilde **K** Paul Ivano, Stanley Cortez **M** Alexandre Tansman **S** Arthur Hilton **D** Edward G. Robinson (Marshall Tyler), Charles Boyer (Paul Gaspar), Barbara Stanwyck (Joan Stanley), Robert Benchley (Doakes), Betty Field (Henriette) **L** 94 **FSK** ab 16; nf **E** Juli 1946 Kino/11.11.1981 DFF 2 **fd** 263

DAS ZWEITE GESICHT (1971) (SEE THE MAN RUN). Ein in seinem Beruf wenig erfolgreicher Schauspieler gerät durch einen Zufall an einen Entführungsfall und wittert die Chance, schnelles Geld zu verdienen. Er gibt sich als der erpreßte prominente Arzt aus, kassiert das Lösegeld, gerät dann aber in einen Strudel unvorhersehbarer Ereignisse. (Fernseh-)Thriller, der anfänglich spannende Unterhaltung verspricht, diese aber nicht durchhält. ✦ USA 1971 **P** Universal **Pd** Stanley Shpetner **R** Corey Allen **B** Mann Rubin **D** Robert Culp, Angie Dickinson, Eddie Albert, June Allyson, Charles Cioffi **L** 73 **E** 30.12. 1990 RTL plus

DAS ZWEITE GESICHT (1982). Ein junger Mann verliebt sich in eine Bibliothekarin, die von unerklärlichen Erinnerungen gequält wird: Eine Frau beging vor Jahrzehnten aus unerfüllter Liebe Selbstmord. Als sie das Haus finden, in dem sich die Tat ereignete, werden sie in einen Strudel von Angstvisionen und Dejá-vus gerissen, der zur Katastrophe führt. Subtiler Thriller, der romantische Motive der Seelenwanderung und alte Horrorfilmelemente in eine moderne Umgebung überträgt. Dominik Graf betreibt in seinem Spielfilmdebüt ein interessantes Spiel mit verschiedenen Wirklichkeitsebenen, das jedoch stellenweise etwas prätentiös und selbstzweckhaft wirkt. ✦ BR Deutschland 1982 **P** Tura/BR **KI** Tivoli **Pd** Michael Wiedemann **R+B** Dominik Graf **K** Helge Weindler **M** Béla Bartók, Dominik Graf, Brian Eno, David Byrne, Yello, Magic Orchestra **S** Peter Fratzscher **D** Thomas Schücke, Greta Scacchi, Irene Clarin, Brigitte Karner, Franz Buchrieser **L** 101 **FSK** ab 16; f **FBW** bw **E** 28.10.1982 **fd** 23 721

DAS ZWEITE GESICHT (1988) → Haute Tension: Das zweite Gesicht

DAS ZWEITE GESICHT (1992) (DOUBLE VISION). Fürs Fernsehen produzierter Kriminalfilm nach Mary Higgins Clark: Aufgrund von Vorahnungen reist eine junge Frau kurz vor ihrer Hochzeit nach London. Dort erfährt sie, dass ihre Schwester ertrunken ist. Es stellt sich heraus, dass sie ein Doppelleben führte, und bei dem angeblichen Unfall scheint es sich um Mord zu handeln. Als sich die Frau in die Rolle ihrer Schwester versetzt, begibt sie sich in Lebensgefahr. ✦ Kanada/Frankreich 1992 **P** Caméras Continentales/Le Studio Canal+/Films A2/M6 Films/Telescene Film Group Prod. **Pd** François Lesterlin **R** Robert Knights **B** Tony Grisoni, nach der Erzählung »Double Vision« von Mary Higgins Clark **K** Bruno de Keyzer **M** Graham Sacher **S** Chris Wimble **D** Kim Cattrall (Caroline/Lisa), Shane Rimmer (Vater), Gale Hansen (Michael), Naveen Andrews (Jimmy), Christopher Lee (Mr. Perfect) **L** 85 **E** 20.8.1999 mdr

DAS ZWEITE GESICHT (1992/93) (THE GOOD SON). Ein 12jähriger Junge verbringt nach dem Tod seiner Mutter einige Wochen in der Familie seines Onkels und wird in die verbrecherischen Spiele seines gleichaltrigen Cousins verstrickt, der auch vor Mordanschlägen auf seine Schwester und Mutter nicht zurückschreckt. Aufdringlich und oberflächlich inszenierte moderne (Horror-)Version des »Kain- und Abel«-Themas, die auf perfide Art »Kinder-Stars« instrumentalisiert, um eine unreflektierte Botschaft vom absolut Bösen in Menschengestalt, das vernichtet werden muß, zu verkünden. Auch schauspielerisch nicht überzeugend. ✦ USA 1992/93 **P** 20th Century Fox **KI** 20th Century Fox **VA** Fox **Pd** Mary Anne Page, Joseph Ruben **R** Joseph Ruben **B** Ian McEwan **K** John Lindley **M** Elmer Bernstein **S** George Bowers **D** Macaulay Culkin (Henry), Elijah Wood (Mark), Wendy Crewson (Susan), David Morse (Jack), Daniel Hugh-Kelly (Wallace), Jacqueline Brookes (Alice) **L** 87 **FSK** ab 16; f (fr. 18 nf) **E** 28.4. 1994/22.9.1994 Video **fd** 30 733

DAS ZWEITE GESICHT DES DR. JEKYLL (THE SON OF DR. JEKYLL). Ein primitiver Versuch, die oft verfilmte Stevenson-Geschichte fortzusetzen: Der Sohn des durch Selbstversuche zum Verbrecher gewordenen Vaters betreibt dessen späte Rechtfertigung. – Ab 16 möglich. ✦ Schwarz-weiß. USA 1951 **P** Columbia **KI** Columbia **R** Seymour Friedman **B** Seymour Friedman, nach einer Erzählung von Mortimer Brans und Jack Pollexfen **K** Henry Freulich **M** Paul Sawtell **D** Louis Hayward, Jody Lawrance, Alexander Knox, Lester Matthews, Gavin Muir **L** 77 **FSK** ab 16; nf **E** 18.9.1953 **fd** 3 009

DAS ZWEITE GLEIS. Aus Scham verschweigt ein im Grunde anständiger Mensch sein schuldhaftes Versagen in der NS-Zeit und wird dadurch erneut schuldig. Psychologisch vertiefter Film, dessen glaubwürdiger Konflikt intensiv geschildert wird und der keine billigen Scheinlösungen anbietet. Auch formal, dank expressiver Kameragestaltung und experimenteller Musik, schwingt sich der Film zu großer Meisterschaft auf. – Sehenswert ab 16. ✦ Schwarz-weiß. DDR 1962 **P** DEFA, Gruppe »Berlin« **KI** Progress **Pd** Bernhard Gelbe **R** Joachim Kunert **B** Günter Kunert, Joachim Kunert **K** Rolf Sohre **M** Pavol Simai **S** Christel Röhl **D** Albert Hetterle (Brock), Annekathrin Bürger (Vera), Horst Jonischkan (Frank), Walter Richter-Reinick (Runge), Helga Göring (Frau Runge), Erik S. Klein (Gericke) **L** 80 **E** 26.10.1962 Kino DDR/13.11.1963 DFF 1

DIE ZWEITE HAUT → Liebe ist etwas Zärtliches

DIE ZWEITE HEIMAT. Mit »Die zweite Heimat« knüpft Edgar Reitz an seine Dorfchronik »Heimat« (1981/84) an. Der Titel bezeichnet die »Wahlheimat«, die jene, die von zu Hause fortgehen, für ihre Zukunft finden. Mittelpunktfigur ist Hermann, der das Hunsrückdorf Schabbach nach dem Abitur im Zorn verlassen hat, um in München Musik und Kompositionslehre zu studieren. Die Handlung umspannt die Jahre 1960–1970; die Freunde Hermanns in München strukturieren als Erzähler jeweils eine der 13 im Durchschnitt knapp zweistündigen Episoden. Das multiperspektivische Verfahren und die große Zahl der Protagonisten sorgen für einige Sprünge, Ungereimtheiten und deklamatorische Pflichtübungen, ohne daß damit alle Aspekte der politisch und sozial sehr bewegten 60er Jahre eingefangen wären; dennoch versteht es die faszinierende Chronik nicht zuletzt dank der hervorragenden Schauspieler, das Interesse an den Figuren und ihren Schicksalen stets wachzuhalten. (Teil 1: »Die Zeit der ersten Lieder«, 121 Min.; 2. »Zwei fremde Augen«, 120 Min.; 3. »Eifersucht und Stolz«, 120 Min.; 4. »Ansgars Tod«, 102 Min.; 5. »Das Spiel mit der Freiheit«, 125 Min.; 6. »Kennedy's Kinder«, 114 Min.; 7. »Weihnachtswölfe«, 114 Min.; 8. »Die Hochzeit«, 125 Min.; 9. »Die ewige Tochter«, 123 Min.; 10. »Das Ende einer Zukunft«, 133 Min.; 11. »Die Zeit des Schweigens«, 122 Min.; 12. »Die Zeit der vielen Worte«, 124 Min.; 13. »Kunst oder Leben«, 124 Min.) – Sehenswert ab 16. ✦ Teils schwarz-weiß. Deutschland 1988–91 **P** Edgar Reitz Filmproduktion/WDR/SFB/BR/NDR/SWF/HR/BBC/TVE/SVT/A 2/Arte/NRK/YLE/ORF/DR/SBS **KI** Zorro/Van Dielen-Bernstein **VA** absolut MEDIEN **Pd+R+B** Edgar Reitz **K** Gernot Roll (1–5), Gérard Vandenberg (6–8), Christian Reitz (9–13) **M** Nikos Mamangakis **S** Susanne Hartmann **D** Henry Arnold (Hermann), Salome Kammer (Clarissa), Daniel Smith (Juan), Michael

Stephan (Clemens), Hannelore Hoger (Elisabeth Cerphal), Noemi Steuer (Helga), Gisela Müller (Evelyne), Michael Seyfried (Ansgar), Anke Sevenich (Schnüsschen), Franziska Traub (Renate), Hanna Köhler (Frau Moretti), Michael Schönborn (Alex) **L** 1567 **FSK** ab 6(1); ab 12(2–13) **E** ab 4.3.1993 arte (13 Teile)/9.6.1994 Kino/Februar 1999 Video

DAS ZWEITE ICH (THE OTHER ME). Bei einem wissenschaftlichen Versuch klont sich ein 13-jähriger Schüler versehentlich selbst und weiß rasch die Kapazitäten des Doppelgängers zu nutzen, der alle ungeliebten (Haus-)Arbeiten übernehmen kann. Der vermeintliche Glücksgriff schlägt ins Gegenteil um, als der Schüler erkennen muss, dass sein Klon beliebter ist als er selbst. Fantasy-Komödie aus dem Hause Disney, die neben einigen Unterhaltungswerten für Jugendliche erzieherische Maßnahmen bereit hält: Man muss sich selbst dem Leben und seinen Anforderungen stellen. – Ab 12. ✦ USA 2000 **Pd** Alan Sacks **R** Manny Coto **B** Jeff Schechter, nach einem Roman von Mary C. Ryan **D** Andrew Lawrence (Will Browning/Twoie), Mark L. Taylor (Vater), Lori Hallier (Mutter), Alison Pill (Allana Browning), Brenden Jefferson (Chuckie) **L** 85 **E** 20.5.2001 Premiere World

DAS ZWEITE KAPITEL (CHAPTER TWO). Nach 12jähriger glücklicher Ehe verwitwet, heiratet ein Schriftsteller überstürzt eine geschiedene Schauspielerin. Erst nach einer Krise überwindet er die Schatten der Vergangenheit. Geschickt gebaute Boulevardkomödie mit witzigem Dialog und guten Darstellern, der es zwar an psychologischer Vertiefung mangelt, die aber dennoch vergnügliche Unterhaltung bietet. – Ab 14. ✦ USA 1980 **P** Rastar **Kl** Warner-Columbia **Pd** Ray Stark **R** Robert Moore **B** Neil Simon, nach seinem Bühnenstück **K** David M. Walsh **M** Marvin Hamlisch **S** Margaret Booth, Michael A. Stevenson **D** James Caan (George Schneider), Marsha Mason (Jennie MacLaine), Joseph Bologna (Leo Schneider), Valerie Harper (Faye Medwick), Alan Fudge (Lee Michaels) **L** 126 **FSK** ab 12; f **E** 3.10.1980/18.3.1983 Kino DDR/2.6.1984 DFF 1 **fd** 22 639

DAS ZWEITE KOMMANDO (THE JERUSALEM FILE). Ein amerikanischer Student gerät in Israel in die Machenschaften des Geheimdienstes und läßt sich ahnungslos für dessen Interessen einspannen. Ein nur eingangs spannender Politthriller, der seine politische These von der Unmöglichkeit des Friedens im Nahen Osten wegen unterschiedlicher machtpolitischer Interessen nur andeutet; Ansätze zu einer vertiefenden Reflexion des Themas werden vertan. – Ab 16. ✦ USA 1971 **P** MGM **VA** MGM/UA **R** John Flynn **B** Troy Kennedy Martin **K** Raoul Coutard **M** John Scott (= Hanns Schott-Schöbinger) **D** Bruce Daison, Nicol Williamson, Daria Halprin, Donald Pleasence, Koya Yiar Rubin **L** 96 **E** April 1985 Video **fd** 25 255

2. KOMPANIE, 1. ZUG, VIETNAM 1966. Der Regisseur begleitete im September und Oktober 1966 sechs Wochen lang einen Zug der 1. US-Kavallerie-Division durch den Dschungel von Vietnam. Ein Film, der unpathetisch, nüchtern und objektiv den Alltag amerikanischer Soldaten im Vietnamkrieg zeigt – das Tagebuch einer Tragödie. ✦ Frankreich 1966 **R+B** Pierre Schoendoerffer **L** 65 **E** 1f.7.1968 NDR/SFB/Bremen III

DER ZWEITE KREIS (KRUG WTOROJ). Ein junger Mann kommt heim, um seinen einsam und in Armut gestorbenen Vater zu beerdigen. Ein fast schon mit masochistischer Askese gefilmtes »Ritual des Todes«, in dem graublaue Bilder in ständigem Kontrast zwischen Dunkel und Hell, zwischen Totalen und extremen Nahaufnahmen zu einer Licht-Schatten-Welt verschmelzen, die das Auge des Zuschauers auf Entdeckungsreise locken will, auf Dauer aber überwiegend nur bedrückend und quälend wirkt. Eine düstere Metapher auf ein »Rußland im Untergang«, die zeigt, daß zumindest Sokurow sein Vaterland schon abgeschrieben hat. (O.m.d.U.) ✦ UdSSR 1990 **P** Zentrum der schöpferischen Initiative bei der Leningrader Sektion des sowjetischen Filmfonds (SFK)/Spiegel/Lenfilm, Studio »Troizki most« **Kl** Freunde der Deutschen Kinemathek **R** Alexander Sokurow **B** Juri Arabow **K** Alexander Burow **M** Olivier Nussio **S** Raissa Lissowa **D** Pjotr Alexandrow, Nadeshda Rodnowa, Tamara Timofejewa, Alexander Bystrjakow **L** 92 **E** 1991 Kino

DAS ZWEITE LEBEN (DOUBLE DESTIN). Ein französischer Maler wacht im deutschen Lazarett ohne Erinnerung an sein früheres Leben auf und hält sich für den deutschen Obergefreiten Siegfried Einer. Man läßt ihn in diesem Glauben, lehrt ihn sprechen und richtet ihm ein Atelier für Glasmalerei ein. Bald verwahrt er sich als »deutschnationaler« Kulturschaffender gegen ausländische Einflüsse, doch dann erfährt er, daß er Franzose ist. Der im Dienste der Völkerverständigung entstandene symbolistische Film wartet mit schönen Bildern und ausgezeichneten Schauspielern auf, aber seine Überzeugungskraft ist nur gering. – Ab 16. ✦ Schwarz-weiß. BR Deutschland/Frankreich 1954 **P** Trans-Rhein/Madeleine **Kl** Columbia **Pd** Stuart Schulberg, Gilbert de Goldschmidt **R** Victor Vicas **B** Frédéric Grendel, Dieter Werner, nach dem Schauspiel »Siegfried« von Jean Giraudoux **K** André Bac, Ted Kornowicz **M** Hans-Martin Majewski **S** Ira Oberberg, Georges Klotz **D** Michel Auclair, Barbara Rütting, Simone Simon, Bernhard Wicki, Rolf von Nauckhoff **L** 90 **FSK** ab 12; f **E** 12.11.1954 **fd** 3 726

DAS ZWEITE LEBEN DES DR. GUNDLACH. Aus dem einstigen Kritiker der bundesdeutschen Verhältnisse Gundlach ist mit den Jahren ein angepasstes Mitglied der Chefetage eines international bekannten Industriebauunternehmens geworden. Immer, wenn es gilt, sich aus politischen Verstrickungen zu winden oder vor Ort Unfälle zu vertuschen und den Schaden für die Firma zu begrenzen, ist Gundlach zur Stelle. Schließlich wird er nach El Salvador geschickt. Abenteuerlicher Fernsehfilm, der mit teils satirischen Mitteln ein kritisches Bild auf die angepasste 68-er Generation in der Bundesrepublik wirft. ✦ DDR 1984 **P** DEFA **Pd** Werner Langer **R** Jurij Kramer **B** Jurij Kramer, nach dem Roman »Die fünf Leben des Dr. Gundlach« von Wolfgang Schreyer **K** Horst Hardt **M** Roberto Rivera, Gruppo Tiempo-nuevo **S** Brigitte Koppe **D** Gunter Schoß (Dr. Gundlach), Kaspar Eichel (Peter Hertel), Ionka Iliewa (Gladys Quintana), Nikolai Hadshiminew (Miguel Quitana), Nikolai Liljanow (Oberst Majano) **L** 77 **E** 1.1.1985 DFF 1

DAS ZWEITE LEBEN DES DR. X (THE RETURN OF DR. X). Ein hingerichteter Arzt wird von einem Forscher wieder zum Leben erweckt und durch künstliches Blut am Leben erhalten. Durch heitere Liebesszenen aufgelockerte Gruselgeschichte aus den 30er Jahren, die ihre Horror-Dimension vor allem der intensiven Darstellung Humphrey Bogarts verdankt. – Ab 14. ✦ Schwarz-weiß. USA 1939 **P** First National (für Warner) **R** Vincent Sherman **B** Lee Katz, nach der Story »The Doctor's Secret« von William J. Makin **K** Sid Hickox **M** Bernhard Kaun **S** Thomas Pratt **D** Humphrey Bogart (Marshall Quesne), Wayne Morris (Walter Barnett), Dennis Morgan (Michael Rhodes), Rosemary Lane (Joan Vance), John Litel (Dr. Flegg) **L** 62 **E** 10.10.1970 ARD

DAS ZWEITE LEBEN DES FRIEDRICH WILHELM GEORG PLATOW. Ein 57jähriger Schrankenwärter gibt sich als sein 20 Jahre jüngerer Sohn aus, um an einem Qualifizierungslehrgang teilnehmen zu können. Er erbringt damit den Nachweis, dass der Mensch mehr ist und kann, als seine Akten über ihn aussagen. Satirische Komödie, die nicht zuletzt das Betroffensein des Individuums durch wissenschaftlich-technischen Fortschritt spiegelt. Wegen seiner kritischen Töne und der ungewöhnlichen Form mit hintergründigen Bildern und Dialogen beargwöhnt, kam der Film 1973 nur mit wenigen Kopien in die DDR-Kinos; eine Premiere fand nicht statt, Rezensionen durften nicht verfasst werden. Herausragend: der seine Skurrilität ausspielende Hauptdarsteller. – Ab 14. ✦ Scope. DDR 1973 **P** DEFA, Gruppe »Babelsberg« **Kl** Progress **Pd** Herbert Ehler **R** Siegfried Kühn **B** Helmut Baierl, Siegfried Kühn **K** Roland Dressel **M** Hans-Jürgen Wenzel (Bearbeitung) **S** Brigitte Krex **D** Fritz Marquardt (Platow), Gisela Hess (Malvine), Jürgen Holtz (Dieter Schildt), Volkmar Kleinert (Ditfurt), Barbara Adolph (Sekretärin von Rennmark), Margit Bendokat (Mädchen mit Tasse), Lothar Warneke (Platows Sohn), Eberhard Esche **L** 89 **E** 1.6.1973 Kino DDR/25.10.1977 DFF 2/25.9.1996 ORB

DAS ZWEITE LEBEN DES MR. SOAMES (THE MIND OF MR. SOAMES). Science-Fiction-Drama. Ein Mann, der seit seiner Geburt im Koma gelegen hat, wird als Dreißigjähriger ins Leben geholt. Nun muß er, auf dem geistigen Stand eines Kindes, einen unvorstellbaren Lernprozeß bewältigen. – Ab 14. ✦ Großbritannien 1969 **P** Amicus **Pd** Max J. Rosenberg, Milton Subotsky **R** Alan Cooke **B** John Hale, Edward Simpson, nach einem Roman von Charles Eric Maine **K** Billy Williams **M** Michael Dress **S** Bill Blunden **D** Terence Stamp (John Soames), Robert Vaughn (Dr. Michael Bergen), Nigel Davenport (Dr. Maitland), Donal Donnelly (Dr. Joe Allen), Christian Roberts (Thomas Fleming) **L** 97 **E** 24.6.1995 Kabel 1

DIE ZWEITE LIEBE (IGEN). Ein Naturwissenschaftler hat im Krieg seine Frau und das ungeborene Kind verloren. Als seine zweite Frau guter Hoffnung ist, brechen Pessimismus und Lebensangst wieder durch. Nach schweren inneren Kämpfen gewinnt er den Glauben an den Sinn des Lebens und die Zukunft zurück. Ein interessanter, anspruchsvoller Film, dessen sprunghafte Inszenierung voller unvermittelter und unmotivierter Rückblenden den positiven Eindruck etwas trübt. – Ab 16. ✦ Scope, schwarz-weiß. Ungarn 1964 **P** Hunnia **Kl** Progress **R** György Révész **B** Iván Boldizsár **K** Ferenc Szécsényi **M** András Mihály **D** Iván Darvas (János), Ilona Béres (Teréz, Juci), Oszkár Ascher (Prof. Czakó), József Horváth (Géza Bodnár), Lajos Tandor (Imre) **L** 74 **E** 2.4.1965 Kino DDR

ZWEITE LIEBE – EHRENAMTLICH. Geschichte eines Kfz-Schlossers, der sich mit Hingabe seinem Hobby, dem Sport, widmet und der sowohl die Zuneigung der Kinder und Jugendlichen als auch das Verständnis der Älteren erringt. Liebenswerter, unauffälliger Fernsehfilm, der die Freude am Sport gleichberechtigt neben die Pflege sportlicher Tugenden stellt. – Ab 10. ✦ DDR 1976/77 **P** DFF **Kl** Progress **R** Hubert Hoelzke **B** Wolfgang Held **K** Wilfried Kleist **M** Walter Kubiczek, Lothar Kehr **S** Gerti Gruner **D** Gojko Mitic (Peter Papenbold), Renate Blume (Gitte Papenbold), Lothar Schellhorn (Wellkamp), Ferry Siering (Henrik Papenbold), Walter Kröter (Opa Gröbel) **L** 80 **E** 1.5.1977 DFF/19.8.1977 Kino DDR

ZWEITE LIGA – DIE INDIANER VON CLEVELAND SIND ZURÜCK (MAJOR LEAGUE: BACK TO THE MINORS). Ein gealterter Baseball-Spieler, der ein abgehalftertes Zweitliga-Team zum Erfolg geführt hat, wird vom Manager der Mannschaft dazu verdonnert, mit seinen Leuten gegen das erste Team anzutreten. Dabei wird er mit deren arrogantem Trainer konfrontiert, und es entwickelt sich ein persönliches Duell der beiden. Baseball-Film, der Humor mit sportlichem Ernst verbinden will, durch die unsäglich alberne Darstellung der Mannschaft den Übergang zum ernsten Sport jedoch boykottiert. Da zudem Unfairness und Gewalt zu legitimen Mitteln des Sports stilisiert werden, muss der propagierte Sportsgeist auf der Strecke bleiben. – Ab 12. ✦ USA 1998 **P** Morgan Creek **VA** Warner Home **Pd** James G. Robinson **R+B** John Warren **K** Timothy Suhrstedt **M** Robert Folk **S** O. Nickolas Bow, Bryan H. Carroll **D** Scott Bakula (Gus Control), Corbin Bernsen (Roger), Dennis Haysbert (Pedro), Takaaki Ishibashi (Tuka), Jensen Daggett (Maggie) **L** 96 **FSK** o. A. **E** 21.5.1999 Video **fd** 33 895

DAS ZWEITE MAL → La Seconda Volta

DER ZWEITE MANN (1962) (THE RUNNING MAN). Die Geschichte eines Versicherungsbetruges und der Flucht des betrügerischen Paares vor einem undurchsichtigen Versicherungsangestellten. Der von Carol Reed produzierte Film ist zwar stilsicher inszeniert, aber sein Drehbuch weist für einen abendfüllenden Spielfilm zuwenig Substanz auf. – Ab 16. ✦ Scope. Großbritannien 1962 **P** Peet **Kl** Columbia-Bavaria **Pd+R** Carol Reed **B** John Mortimer, nach dem Roman »The Ballad of The Running Man« von Shelley Smith **K** Robert Krasker **M** William Alwyn **S** Bert Bates **D** Laurence Harvey (Rex Black), Lee Remick (Stella Black), Alan Bates (Stephen Maddox), Felix Aylmer (Parson), Eleanor Summerfield (Hilda Tanner) **L** 104 **FSK** ab 16; nf **E** 13.9.1963/26.2.1972 ARD **fd** 12 255

DER ZWEITE MANN (1981) (THE AMATEUR). Ein junger Computeringenieur im Innendienst des CIA erfährt, daß seine Geliebte von Terroristen ermordet wurde. Als seine Behörde nichts zur Aufklärung des Verbrechens unternimmt, greift er zur Selbsthife und gerät dabei in das Labyrinth internationaler Geheimdienste zwischen Ost und West. Mäßig spannender Politthriller, der die angedeuteten politischen Vorgänge innerhalb der Machtblöcke als Ergebnis des von den Nazis angezettelten Zweiten Weltkriegs schablonen- und klischeehaft ausbeutet. – Ab 16. ✦ USA 1981 **P** Balkan **Kl** 20th Century Fox **Pd** Joel B. Michaels, Garth H. Drabinsky **R** Charles Jarrott **B** Robert Littell, Diana Maddox, nach einem Roman von Robert Littell **K** John Coquillon **M** Ken Wannberg **S** Richard Halsey **D** John Savage (Heller), Marthe Keller (Elisabeth), Christopher Plummer (Lakos), Arthur Hill (Brewer), Ed Lauter (Anderson) **L** 112 **FSK** ab 12; f **E** 12.3.1982 **fd** 23 355

DAS ZWEITE OPFER (THE OTHER VICTIM). Nachdem die Frau eines Bauvorarbeiters zu Hause überfallen und mit vorgehaltener Waffe vergewaltigt worden ist, steigert sich der Mann zunehmend in die Rolle des »zweiten Opfers« hinein und zerstört damit beinahe seine Familie. Überdurchschnittlich inszeniertes und in der männlichen Hauptrolle intensiv gespieltes (Fernseh-)Melodram. ✦ USA 1981 **R** Noel Black **D** William Devane (Harry Langford), Jennifer O'Neill (Nancy), James Blendick (Mack Fisher), Charles Hallahan (Jack Berger), Todd Susman (Tim McQuire) **L** 96 **E** 22.2.1994 ORF 1

DIE ZWEITE REISE (NACH ULURU) (THE SECOND JOURNEY (TO ULURU) (THE PRACTICE OF FILMMAKING)). Der dokumentarische Film konzentriert sich auf die Beschaffenheit eines Bergplateaus, das unvermittelt aus einer zentralaustralischen Landschaft herausragt. Er vermittelt ein intensives Gefühl für dessen suggestive Schönheit, die durch Expansion und Tourismus bedroht ist. (O.m.d.U.) – Sehenswert. ✦ Australien 1981 **P** Arthur und Corinne Cantrill **Kl** Freunde der Deutschen Kinemathek **R+B+K** Arthur Cantrill, Corinne Cantrill **L** 75

DER ZWEITE SCHUSS. Böhmischer Landadel um 1850: Ein junger Baron fordert seinen leichtsinnigen Nebenbuhler zum Duell, behält sich aber nach dessen Fehlschuß seinen eigenen Schuß vor, um ihn erst dann anzubringen, wenn dem Kontrahenten sein Leben wertvoll geworden ist. Dieser wandelt sich und findet sein Glück in einer ernsthaften Liebesbindung. Nach den Bitten dieser Frau ringt sich der Rachsüchtige zum Verzicht durch. Einer der in den Barrandov-Studios entstandenen Filme aus dem deutschen Unterhaltungskino der Kriegszeit: psychologisch unmotiviert, jedoch formal bemüht und auf schauspielerisches Niveau bedacht. – Ab 14. ✦ Schwarz-weiß. Deutschland 1943 **P** Filmstudio Barrandov **R** Martin Fritsch (= Martin Fric) **B** Hugo Zehder, Martin Fritsch (= Martin Fric) **K** Jan Roth **M** Georg Sirnker **D** Richard Häussler, Susi Nicoletti, Hanna Witt, Ernst von Klipstein, Gustav Waldau **L** 92 **FSK** ab 12; f **E** 2.7.1943/29.1.1973 DFF 1

DER ZWEITE SIEG →Second Victory

DER ZWEITE TOD DES GREGOR Z. (UN CHIEN SUR LA ROUTE / NEKHAI). Ein ehemaliger jugoslawischer Widerstandskämpfer, der in Deutschland lebt, kommt 1986 als Fernfahrer in das Dorf, wo er im Juni 1944 etwa 20 Geiseln vor den deutschen Gewehren gerettet hat. Eisige Ablehnung schlägt ihm entgegen: die Bewohner haben den Helden 40 Jahre lang für tot gehalten. Während er in einem provisorischen Gefängnis sitzt, entfaltet der mächtige Mann im Ort, diktiert von einer rätselhaften Furcht, hektische Aktivität. Ein Drama über die Vergangenheit eines Volkes, über menschliche Feigheit und falsches Heldentum, über Manipulierbarkeit und Opportunismus. – Ab 16. ✦ Deutschland/Schweiz/Jugoslawien 1992 **P** Delfilm/Journal Film/Art Film '80/TSR/BR **R** Jean Jeanneret **B** Louis-Charles Sirjacq, Jean Jeanneret **K** Boris Zlatanov **M** Zoran Eric, Djordje Petrovic **S** Albena Katerinska **D** Roger Jendly (Gregor), Dusan Janicijevic (Wirt), Tanja Kecojevic (Sophie), Rade Markovic (Savitsch), Azra Gengic (Frau Savitsch) **L** 91 **E** 24.1.1995 Bayern 3

DIE ZWEITE WAHL – EINE ROMANZE (MURPHY'S ROMANCE). Die Romanze einer geschiedenen jungen Frau mit einem viel älteren Drugstore-Besitzer in einem abgelegenen Wüstennest. Atmosphärisch stimmige Komödie, deren durchschaubare Handlung durch gute Darsteller und altmodisch-sorgfältige Inszenierung auch über unverkennbare Längen hinwegkommt. (TV-Titel: »Eine Liebesromanze – Die zweite Wahl«) – Ab 14. ✦ USA 1985 **P** Columbia **VA** RCA/Columbia **Pd+R** Martin Ritt **B** Harriet Frank, Irving Ravetch, nach einem Roman von Max Schott **K** William A. Fraker **M** Carole King **S** Sidney Levin **D** Sally Field (Emma Moriarty), James Garner (Murphy Jones), Brian Kerwin (Bobby Jack), Corey Haim (Jake), Dennis Burkley (Freeman Coverly) **L** 104 **FSK** ab 6 **E** 16.6.1987 Video **fd** 26 229

DIE ZWEITE WAHRHEIT →Die untreue Geliebte

DIE ZWEITEN AUGEN (SECOND SIGHT: A LOVE STORY). Durch die Liebe zu einem jungen Mann schöpft ein blindes verbittertes Mädchen neuen Lebensmut und läßt sich zu einer Augenoperation überreden. Fürs Fernsehen entstandenes Melodram mit absehbarem Happy-End. – Ab 16. ✦ USA 1984 **P** CBS/TTC/Entheos Unlimited **VA** VCL/Virgin **R** John Korty **B** Dennis Turner, nach einem Roman von Sheila Hicken **K** James Glennon **M** Dana Kaproff **D** Elizabeth Montgomery, Barry Newman, Nicholas Pryor, Michael Horton **L** 96 **E** Februar 1986 Video

ZWEITER ANFANG (ZWEITER ANFANG). Nach der »Chronik von Prugiasco« (1978) geht der Schweizer Remo Legnazzi in »Zweiter Anfang« der Tessiner Emigration der 10er und 20er Jahre nach und sucht Auswanderer im kalifornischen Salinas-Tal auf. Er läßt sie über die alte und die neue Heimat nachdenken und weitet schließlich das Heimatkunde-Thema zu einem weltweiten aus. Die Tessiner im heutigen Kalifornien sehen sich mit einer neuen Einwandererwelle konfrontiert: mit den Mexikanern. Eine vorbildlich engagierte Studie, die den Betroffenen das Recht auf Selbstdarstellung verleiht und somit hohe Authentizität gewinnt. ✦ Schweiz 1980 **P** Legnazzi Prod. **Pd+R+B** Remo Legnazzi **K** Fritz E. Maeder **S** Remo Legnazzi **L** 90 **E** Schweiz

ZWEITER AUFSCHLAG →Geschlechtsumwandlung – I Change My Life

ZWEITES GLÜCK (SEE YOU IN THE MORNING). Nachdem seine Frau ihn mitsamt den Kindern verlassen hat, erlebt ein sympathischer Psychiater ein vorsichtiges zweites Glück mit einer Fotografin, die ihrerseits ihren Ehemann durch einen Unfall verloren hat. Deren Kinder lehnen den neuen Partner zunächst eifersüchtig ab, und auch nach der Hochzeit müssen beide erst die Wunden ihrer vergangenen Beziehungen verarbeiten. Eine ernsthafte und überzeugend gespielte Auseinandersetzung mit den Problemen sich neu zusammensetzender Familien. Teilweise jedoch etwas zu geschwätzig und schwerfällig inszeniert. ✦ USA 1988 **P** Lorimar **Pd+R+B** Alan J. Pakula **K** Donald McAlpine **M** Michael Small **S** Evan Lottman **D** Jeff Bridges (Larry Livingston), Alice Krige (Beth Goodwin), Farrah Fawcett (Jo Livingston), Drew Barrymore (Cathy Goodwin), Lukas Haas (Petey Goodwin), David Dukes (Peter Goodwin) **L** 114 **E** 3.5.1993 premiere

EIN ZWEITES LEBEN (TO LIVE AGAIN). Eine engagierte Sozialarbeiterin wird mit dem Fall einer jungen Frau konfrontiert, die seit 16 Jahren von ihrer Mutter vernachlässigt wurde und unter einem schweren Trauma leidet. Sie nimmt die Klientin bei sich auf und entdeckt nach einiger Zeit deren musikalische Begabung. Der Versuch, diese therapeutisch zu nutzen, wird von Störversuchen der Mutter wiederholt untergraben. Als letztes Mittel wendet sich die Sozialarbeiterin an die Gerichte, um das Glück ihrer Mandantin zu erstreiten. (Fernseh-)Drama um einen fast pathologischen Mutter-Tochter-Konflikt, basierend auf einem authentischen Fall, der in den USA für Aufsehen sorgte. ✦ USA 1998 **Pd** Bob Roe **R** Steven Schachter **B** Rama Laurie Stagner, Dan Witt, Anne Gerard **K** Alex Nepomniaschy **M** Peter Manning Robinson **S** Cari Coughlin **D** Bonnie Bedelia (Iris Sayer), Annabeth Gish (Karen Holmes), Timothy Carhart (Hank Decker), Beau Billingslea (Richter Hillman), Frances Sternhagen (Constance Holmes) **L** 86 **E** 3.1.1999 premiere

32 VARIATIONEN ÜBER GLENN GOULD (32 SHORT FILMS ABOUT GLENN GOULD). Eine Annäherung an den großen Pianisten Glenn Gould in einer gelungenen Mischform aus Dokumentar-, Spiel- und Experimentalfilm. Der Film gerät nie in Gefahr, die rätselhafte Aura Goulds zu zerstören, enthält aber viele erhellende Fußnoten zu seinem Werk. Für Anfänger wie Kenner gleichermaßen anregend. (O.m.d.U.) – Sehenswert ab 10. ✦ Kanada 1993 **P** Rhombus Media/Telefilm Canada/Ontario Film Development/National Film Board of Canada **Kl** TiMe **Pd** Niv Fichman **R** François Girard **B** François Girard, Don McKellar **K** Alain Dostie **M** Johann Sebastian Bach, Ludwig van Beethoven, Jean Sibelius, Richard Strauss **S** Gaetan Huot **D** Colm Feore (Glenn Gould) **L** 93 **FSK** ab 6; f **E** 24.3.1994/20.1.1996 Bayern 3 **fd** 30 751

EIN 32. AUGUST AUF ERDEN (UN 32 AOUT SUR TERRE). Nach einem Autounfall, den sie als Fingerzeig Gottes interpretiert, will eine junge Frau ihr Leben neu ordnen und mit ihrem früheren Geliebten eine neue Beziehung eingehen. Der Wunsch nach einem gemeinsamen Kind bleibt zwar unerfüllt, doch als der Geliebte nach einem Überfall ins Koma fällt, bahnt sich aufrichtige Liebe an. Ein sensibler Film über Selbstfindung und Liebe, geprägt von bildwirksamer Fabulierlust, einer intensiven Kameraarbeit sowie den beiden einfühlsamen Hauptdarstellern. – Ab 16. ✦ Scope. Kanada 1998 **P** Max Films **Kl** TiMe **Pd** Roger Frappier **R+B** Denis Villeneuve **K** André Turpin **M** Pierre Desrochers, Nathalie Boileau **S** Sophie Leblond **D** Pascale Bussières (Simone), Alexis Martin (Philippe), Richard S. Hamilton (Taxifahrer), Serge Thériault (Autofahrer), Emmanuel Bilodeau (Philippes bester Freund) **L** 88 **FSK** ab 12; f **E** 18.2.1999 **fd** 33 523

52 WOCHEN SIND EIN JAHR. Ein 64jähriger sorbischer Bauer findet nach langem Zögern den Weg in die LPG und arbeitet hier als Vorbild für alle Jungen und seine Familie. Einer der ersten ostdeutschen Spielfilme über die Kollektivierung in der Landwirtschaft, formal bieder, schauspielerisch von einigem Interesse. – Ab 8. ✦ Schwarz-weiß. DDR 1955 **P** DEFA **Kl** Progress **Pd** Hans-Joachim Schoeppe **R** Richard Groschopp **B** Jurij Brezan, Richard Groschopp, nach dem gleichnamigen Roman von Jurij Brezan **K** Joachim Hasler, Erich Gusko **M** Hans Hendrik Wehding **S** Waltraut von Zehmen-Heinicke **D** Hans Wehrl (Krestan Serbin), Lotte Loebinger (Serbinowa), Irene Korb (Lena), Kurt Oligmüller (Peter), Erich Franz (Gessner), Fritz Schlegel (Ladusch), Lore Frisch (Sonja) **L** 88 **E** 17.11.1955 Kino DDR/2.12.1955 DFF 1

92 GROSVENOR STREET (UNDERCOVER O.S.S./OPERATION COSINUS). Zwei amerikanische Geheimdienstagenten sollen im Kriegsjahr 1943 einen Wissenschaftler entführen, der in Norwegen eine auch von den Nazis begehrte Atomwaffe entwickelt. Spionagefilm um politisches Ränkespiel während des Zweiten Weltkrieges, der auf übliche Klischees zurückgreift: hier heldenhaft tragische Agenten der freien Welt, dort sadistische Unmenschen und ihre skrupellosen Handlanger. Solide gespielt, aber ohne besonders einfallsreiche Spannungsdramaturgie. ✦ Großbritannien 1985 **P** MTM Enterprises **VA** New Vision **R** Sheldon Larry **B** Stephen McPherson **K** Ernest Vincze **M** Jack Chipman, Steve Lindsey **D** Hal Holbrook, Ray Sharkey, Maryam D'Abo, Lucy Hornak, Alun Lewis **L** 97 **FSK** ab 16 **E** 15.11.1988 Video **fd** 27 303

DIE 92 MINUTEN DES HERRN BAUM (THE 92 MINUTES OF MR. BAUM). Ein Familienvater und Geschäftsmann erfährt von seinem Arzt, dass er nur noch 92 Minuten zu leben hat. In Windeseile versucht er, sein Leben zu ordnen und von seinen Lieben Abschied zu nehmen. Gleichzeitig laufen vor seinem geistigen Augen die eigenen Begräbnisfeierlichkeiten ab. In der Hektiv des Alltags von Tel Aviv ist jedoch an einen geruhsamen Abschied nicht zu denken. Eine sozial und politisch hintergründige Tragikomödie, die sich zur Chronik eines ungelebten Lebens verdichtet und zu dem galligen Schluss kommt, dass der Tod vielleicht nicht die schlechteste aller Lösungen ist. – Ab 16. ✦ Israel/Frankreich 1997 **P** H.L.S./ La Sept-arte **Pd** Edgard Tenenbaum **R+B** Assi Dayan **K** Avi Koren **M** Boaz Avni **S** Zohar Sela **D** Assi Dayan (Mickey Baum), Rivka Noiman (Dalia Baum), Tomer Sharon (Guy Baum), Shira Gefen (Maya Baum), Sarit Seri (Mutter Baum) **L** 80 **E** 2.1.1999 arte

72 GRAD UNTER NULL (72 GRADUSA NISHE NULA). Die Geschichte einer beschwerlichen Versorgungsexpedition zur Inlandsstation Wostok am Kältepol der Erde, die Jahr für Jahr von der 1400 km entfernten Küste versorgt werden muß. ✦ Scope. UdSSR 1976 **P** Lenfilm **R** Sergej Danilin, Jewgeni Tatarski **B** Wladimir Sanin, Sinowej Jurjew, nach dem Roman von Wladimir Sanin **K** Wladimir Iljin **M** Nikolai Martynow **D** Nikolai Krjutschkow (Iwan Gawrilow), Valeri Kosinzew (Alexej Antonow), Oleg Kortschikow (Wassili Komow), Michail Kononow (Toschka), Oleg Jankowski (Sergej Popow) **L** 79 **E** 1.12.1977 DFF 2

72 STUNDEN IN DER FLAMMENHÖLLE → Feuersturm über Kalifornien

DIE 72 TODESREBELLEN DER SHAOLIN (THE 72 DESPERATE REBELS). Ein Mädchen, das seinen Vater rächen will, ein Regierungsagent, ein aufrührerischer Prinz und ein käuflicher Abenteurer vollbringen im Kampf für die Freiheit eine Reihe märchenhafter Taten und können eine Rebellion niederschlagen. Einige von ihnen müssen dabei ihr Leben lassen. Kung-Fu-Film mit fantastischen Elementen. ✦ Scope. Hongkong 1980 **P** Yu Yuen Film **Kl** Apollo/Mondial **R** Lin Ping **D** Pai Ying, Chen Hsiu **L** 94 **FSK** ab 16; nf **E** 6.2.1981

DER 42. HIMMEL (DER 42. HIMMEL). Ein schüchterner Standesbeamter, der seine Umwelt glücklich sehen möchte, hat eine Millionenerbschaft in Aussicht und kann es sich nun leisten, seine Stellung zu riskieren, indem er nur noch die Paare traut, die ihm zur Ehe zu taugen scheinen. Die für Deutschland (mit zum Teil anderer Besetzung) hergestellte Fassung der schweizerisch-bedächtigen Komödie geriet zu einem formal eher steifen und musikalisch ungeschickten Musical. (Alternativtitel: »Krach im Standesamt«) ✦ Schwarz-weiß. Schweiz 1962 **P** Gloria **Kl** Columbia-Bavaria **R** Kurt Früh **B** Kurt Früh, Hans Hausmann **K** Emil Berna **M** Werner Kruse, Hans Moeckel **D** Walter Roderer, Waltraut Haas, Gardy Granass, Trude Herr, Rudolf Platte **L** 90 **FSK** ab 6; nf **E** 30.8.1963 **fd** 12 252

DIE 42. STRASSE (42ND STREET). Die Inszenierung eines Musicals mit einem temperamentvollen Vamp und einem cholerischen Regisseur. Schauplatz ist die 42. Straße in New York, wo sich auch heute noch alle großen Revuetheater befinden. Die gängige Geschichte vom glücklichen Aufstieg einer kleinen Tänzerin, die für den Star einspringen darf, ist mit Temperament inszeniert; die Tanzszenen (Choreografie: Busby Berkeley) gehören zu den perfektesten, die das Genre zu bieten hat. (TV-Titel auch: »Ein neuer Stern am Broadway«) – Ab 12. ✦ Schwarz-weiß. USA 1933 **P** Warner Bros. **Pd** Darryl F. Zanuck **R** Lloyd Bacon **B** James Seymour, Rian James, nach einem Roman von Bradford Ropes **K** Sol Polito **M** Al Dubin, Harry Warren **S** Thomas Pratt **D** Warner Baxter (Julian Marsh), Ruby Keeler (Peggy Sawyer), Bebe Daniels (Dorothy Brock), Dick Powell (Billy Lawler), Ginger Rogers (Ann Lowell), George Brent (Pat Denning), Una Merkel (Lorraine Fleming) **L** 89 **E** 1.2.1970 NDR

DER ZWERG IM KOPF. Das Mädchen Anna muß sich mit vielerlei Problemen herumplagen: Nach der Trennung der Eltern wohnt sie beim vielbeschäftigten Vater, die Nachmittage jedoch verbringt sie bei der Mutter, einer Schauspielerin. Hinzu kommen erste Liebe und Eifersucht. Der Zwerg in ihrem Kopf hilft ihr, das Durcheinander zu bewältigen. Allerdings nicht ganz uneigennützig, denn in einem unglücklichen Kopf mag er nicht wohnen. Fantasievoller Kinderfilm, der die Alltagsprobleme seiner jungen Zuschauer ernst nimmt. – Ab 8 möglich. ✦ Deutschland 1991 **P** DEFA/DFF **R** Claudia Schröder **B** Claudia Schröder, nach einem Buch von Christine Nöstlinger **K** Michael Göthe **M** Wolfgang von Henko **D** Tanja Friedrich (Anna), Alexander Jürs, Christian Behr, Tilo Prückner (Zwerg), Anne Kasprzik (= Anne Kasprik) (Mutter) **L** 89 **E** 21.12.1991 DFF

ZWERG NASE (1952). Weithin geglückte Verfilmung des Märchens von Wilhelm Hauff: Der kleine Jakob macht sich auf dem Markt über die lange Nase einer häßlichen und boshaften Frau lustig und wird deshalb von ihr in einen langnasigen Zwerg verwandelt. Erst durch seinen Sinneswandel und ein magisches Kraut wird ihm seine frühere Gestalt wiedergegeben. Wegen einiger für Kinder zu schrecklicher Passagen wurde der Film nachträglich umgestaltet. – Ab 10. ✦ Schwarz-weiß. BR Deutschland 1952 **P** Schonger **Kl** Jugendfilm **Pd** Hubert Schonger **R** Francesco Stefani **B** Emil Surmann, nach dem gleichnamigen Märchen von Wilhelm Hauff **K** Wolfgang Schwan **M** Norbert Schultze **D** Hans Clarin (Zwerg Nase), Ellinor von Wallerstein (Jakobs Mutter), Heini Goebel (Jakobs Vater), Edith Schultze-Westrum (Hexe), Ernst Rotmund (Herzog) **L** 80 **FSK** ab 6; f **E** 25.1.1953 **fd** 2 366

ZWERG NASE (1978). Fürs Fernsehen der DDR inszenierte Adaptation des Hauff-Märchens: Von einer Hexe in einen Zwerg verwandelt, muss ein vorlauter Junge sich erst läutern, um seine Menschengestalt wiederzugewinnen. ✦ DDR 1978 **P** DEFA **R** Karl-Heinz Bahls **B** Günter Kaltofen, nach dem Märchen von Wilhelm Hauff **D** Carmen-Maja Antoni (Zwerg Nase), Peter Jahoda (Zwerg Nase), Peter Bause (König), Bruno Carstens (1. Koch), Doris Abeßer (Hexe) **L** 75 **E** 26.5.1996 N 3

ZWICKEL AUF BIZYCKEL. Erst knapp 30 Jahre nach seinem Entstehen montiertes Filmmaterial, das 1969/70 unter strengen Richtlinien einer kollektivistischen Utopie in Frankfurt a. M. belichtet worden ist: Ohne personelle Vorherrschaft und bei einem Einheitslohn von 15 Mark pro Tag wurde seinerzeit ein Spielfilm entworfen, dessen Protagonisten in ineinander verzahnten Handlungen auftreten sollten, ohne Psychologie, wohl aber mit genauer sozialer Milieuzeichnung. Das Projekt scheiterte aus mehreren Gründen, steht aber heute, gerade auch durch sein Scheitern, als ebenso reiz- wie wertvolles Dokument aus einer Zeit voller ästhetisch-gesellschaftlicher Aufbrüche. ✦ Schwarz-weiß. Deutschland 1969/1997 **P** Epplwoi Motion Pictures/Reinhard Kahn Filmprod. **Kl** Freunde der deutschen Kinemathek **Pd** Reinhard Kahn **R** Michel Leiner, Jeanine Meerapfel, Ingeborg Nödinger, Rolf Scheimeister, Pavel Schnabel, Klaus Werner, Marion Zemann, Reinhard Kahn (Kollektivleiter) **B** Reinhard Kahn, Michel Leiner, Jeanine Meerapfel, Ingeborg Nödinger, Rolf Scheimeister, Pavel Schnabel, Klaus Werner, Marion Zemann **K** Rolf Scheimeister, Pavel Schnabel **M** Ivo Robic **D** Roswitha Basler (Doris), Gabi Weber (Lieselotte), Viktor Huber (Robert), Sabine Ebner (Wiebke), Ruth Goldstein (Maria Staudacher) **L** 86 **E** 23.4.1998 **fd** 33 182

ZWIEBEL-JACK RÄUMT AUF (CIPOLLA COLT / IL CIPOLLARO / EL CIBOLLERO). Ein Westernheld befreit einen texanischen Ort um 1910 von der Terrorherrschaft eines Ölspekulanten. Ungeachtet zeitweiligen Abgleitens in Klamauk eine weitgehend treffsicher-vergnügliche und tempogeladene Western- und Fortschrittsparodie mit Attacken gegen Profitdenken und Umweltverschmutzung. – Ab 16. ✦ BR Deutschland/Italien/Spanien 1975 **P** T.I.T./Champion/C.I.P.I. **Kl** Warner-Columbia **R** Enzo G. Castellari (= Enzo Girolami) **B** Luciano Vincenzoni, Sergio Donati **K** Roberto Girometti **M** Guido de Angelis, Maurizio de Angelis **D** Franco Nero, Martin Balsam, Sterling Hayden, Emma Cohen, Duilio Cruciani **L** 91 **FSK** ab 12; nf **E** 13.2.1976/1.7.1977 Kino DDR **fd** 19 680

DER ZWIEBELKOPF (ONIONHEAD). Anfangs Klamauk und amerikanische Seebären-Witze in dem Abenteuer eines unfreiwilligen Schiffskochs. Ernst wird es durch einen Korruptionsfall an Bord eines Schiffes. Allein die Darsteller Griffith und Matthau sorgen für etwas Unterhaltung. ✦ Schwarz-weiß. USA 1958 **P** Warner **Kl** Warner **Pd** Jules Schermer **R** Norman Taurog **B** Nelson Gidding, nach einem Roman von Weldon Hill **K** Harold Rosson **M** David Buttolph **S** William Ziegler **D** Andy Griffith (Al Woods), Felicia Farr (Stella), Walter Matthau (»Red« Wildoe), Erin O'Brien (Jo Hill), Joe Mantell (»Doc« O'Neil), Ray Danton (Higgins), Joey Bishop (Gutsell) **L** 110 **FSK** ab 18; nf **E** 19.2.1959 **fd** 7 868

ZWIELICHT (1947) (THE OCTOBER MAN). Ein seit einem Autounfall nervenkranker Chemiker, der ebensowenig wie die Polizei weiß, ob er einen Totschlag begangen hat, überzeugt sich von seiner Unschuld und stellt den Täter. Geschickt verrätselte Krimi-Variante, die auch den Zuschauer über weite Strecken im dunkeln läßt. (Fernsehtitel: »Jim Ackland unter Mordverdacht«; DDR: »War ich der Mörder?«) – Ab 16. ✦ Schwarz-weiß. Großbritannien 1947 **P** Two Cities **Kl** Rank **Pd** Eric Ambler **R** Roy Ward Baker **B** Eric Ambler, nach seinem Roman **K** Erwin Hillier **M** Kenneth Pakeman **S** Alan L. Jaggs **D** John Mills (Jim Ackland), Joan Greenwood (Jenny Carden), Edward Chapman (Mr. Peachey), Kay Walsh (Molly), Catherine Lacey (Miss Selby) **L** 90 **FSK** ab 16; nf **E** 1947 Kino/17.9.1961 DFF 1/5.9.1970 ZDF **fd** 103

ZWIELICHT (1990). Dokumentarfilm über die »Ökologie der künstlichen Helligkeit«: Das natürliche Licht, in seiner medizinischen wie psychotherapeutischen Bedeutung für den menschlichen Organismus viel zu lange mißachtet, wird in allen Lebensbereichen zunehmend durch Kunstlicht ersetzt. Der Film will dafür sensibilisieren, daß Licht mehr ist als Helligkeit, nämlich eine Art Lebensquell für den menschlichen Organsimus. ✦ Deutschland 1990 **P** Klaus Stanjek Prod. **SF** Verleih der Filmemacher **R+B** Klaus Stanjek **K** Pia Landmann, M. Alberti, Adolf Zepmeisel **M** Norbert Jürgen Schneider **S** Thomas Balkenhol **L** 72

ZWIELICHT (1995) (PRIMAL FEAR). Ein erfolgshungriger Star-Anwalt übernimmt die Verteidigung eines Ministranten, der angeklagt wird, den Erzbischof von Chicago ermordet zu haben. Wenig konzentrierter, mit spektakulären Wendungen versehener Gerichtsfilm, der in den Hauptrollen fesselnde darstellerische Leistungen, in Handlung und formaler Gestaltung aber nur professionelles Mittelmaß anbietet. ✦ USA 1995 **P** Paramount Pictures/Rysher Entertainment **Kl** UIP **VA** CIC **DVD** Paramount (16:9, 1.78:1, DD5.1 engl./dt.) **Pd** Gary Lucchesi **R** Gregory Hoblit **B** Steve

Shagan, Ann Biderman, nach einem Roman von William Diehl **K** Michael Chapman **M** James Newton Howard **S** David Rosenbloom **D** Richard Gere (Martin Vail), Laura Linney (Janet Venable), Edward Norton (Aaron Stampler), John Mahoney (John Shaughnessy), Alfre Woodard (Richterin Shoat), Frances McDormand (Dr. Molly Arrington) **L** 130 **FSK** ab 16; f **FBW** bw **E** 20.6.1996/15.1.1997 Video/14.2.1998 premiere/5.7.2001 DVD **fd** 31 982

ZWIESPALT DES HERZENS (DIE VENUS VOM TIVOLI). Um ein Visum nach Südamerika zu erhalten, schließt sich eine Schweizer Schauspielerin der Schauspieltruppe eines unseriösen Agenten an, der bald darauf unter Hinterlassung hoher Schulden verschwindet. Die beherzte junge Frau bringt die Truppe durch einen Bühnenerfolg nach oben. Behäbige Verfilmung eines schweizerischen Bühnenstücks. – Ab 14. ✦ Schwarz-weiß. Schweiz 1953 **P** Gloria **KI** Pallas **Pd** Oscar Düby (= Lazar Wechsler) **R** Leonard Steckel **B** Friedrich Torberg, nach dem Theaterstück von Peter Haggenmacher **K** Eugen Schüfftan **M** Walter Baumgartner **S** René Martinet **D** Hilde Krahl, Paul Hubschmid, Heinrich Gretler, Inge Konradi, Gustav Knuth **L** 90 **FSK** ab 12; f **E** 10.11.1953/4.8.1957 DFF 1/16.8.1964 ARD **fd** 2 915

DER ZWILLING (LE JUMEAU). Ein Franzose verliebt sich in eine amerikanische Zwillingsfrau, die durch Heirat Erbin eines Riesenvermögens wird. Als er einen Zwillingsbruder erfindet, kommt es zu größeren Verwicklungen. Routiniert inszenierte Komödie, der es letztlich doch an Witz und Schwung mangelt. – Ab 12. ✦ Frankreich 1984 **P** La Guéville/Fideline Films **KI** Jugendfilm **VA** CBS/Fox **R** Yves Robert **B** Yves Robert, Elisabeth Rappeneau, nach einem Roman von Donald Westlake **K** Robert Fraisse **M** Vladimir Cosma **S** Pierre Gillette **D** Pierre Richard (Matthias/Matthieu Duval), Carey More (Liz Kerner), Camilla More (Betty Kerner), Jean-Pierre Kalfon (Ernest Volpineux), Andréa Ferréol (Evie) **L** 98 **FSK** ab 6; f **FBW** bw **E** 19.12.1985/Juni 1986 Video **fd** 25 444

EIN ZWILLING KOMMT SELTEN ALLEIN (1990) (PARENT TRAP III). Fortsetzung der »Parent Trap«-Serie: Familienkomödie um einen Witwer, der seinen Drillingstöchtern seine Wiederverheiratung schmackhaft machen will. Die Mädchen verbünden sich jedoch mit der Innenarchitektin, die das Haus umgestalten soll, und deren Zwillingsschwester, um die Hochzeit des Vaters mit der ungeliebten Frau zu verhindern. (Titel der übrigen Teile: »Die Vermählung ihrer Eltern geben bekannt«, »Nikki und Mary – Die 5-Minuten-Ehe«, »Flitterwochen auf Hawaii«) – Ab 8. ✦ USA 1990 **P** Walt Disney **R** Mollie Miller **B** Jill Donner **K** Isidore Mankofsky **M** Joel McNeely **D** Hayley Mills (Susan/Sharon), Barry Bostwick (Jeffrey Watt), Patricia Richardson (Cassie), Joy Creel (Megan), Leanna Creel (Lisa), Monica Creel (Jessie) **L** 90 **E** 3.4.1995 ARD

EIN ZWILLING KOMMT SELTEN ALLEIN (1998) (THE PARENT TRAP). Erich Kästners unverwüstlicher Klassiker »Das doppelte Lottchen« in einer neuerlichen US-Version: Zwei zehnjährige Mädchen entdecken, daß sie Zwillingsschwestern sind und die Eltern sie bei ihrer Scheidung »aufgeteilt« haben. Unbemerkt von den Erwachsenen tauschen sie ihre Rollen und sorgen dafür, daß Vater und Mutter wieder zusammenfinden. Eine allzu weitschweifig ausgebreitete Familiengeschichte, die sich ganz auf den Charme der quirligen Hauptdarstellerin in einer Doppelrolle verläßt. Ansonsten zelebriert der Film eine mondäne Welt der luxuriösen Oberflächenreize, die Kinder mehr an den Barbie-Puppen-Kult erinnern dürfte als daß er sie an die Substanz des reizvollen Stoffes heranführt. – Ab 8. ✦ USA 1998 **P** Walt Disney Pictures **KI** Buena Vista **VA** Buena Vista **DVD** Buena Vista (FF, DD5.1 engl./dt.) **Pd** Charles Shyer, Bruce A. Block **R** Nancy Meyers **B** Nancy Myers, Charles Shyer, nach einem Roman von Erich Kästner sowie einem Drehbuch von David Swift **K** Dean Cundey **M** Alan Silvestri **S** Stephen A. Rotter **D** Lindsay Lohan (Hallie Parker & Annie James), Dennis Quaid (Nick Parker), Natasha Richardson (Elizabeth Parker), Elaine Hendrix (Meredith Blake), Lisa Ann Walter (Chessy), Simon Kunz (Martin) **L** 128 **FSK** o. A.; f **FBW** w **E** 15.10.1998/29.4.1999 Video/20.5.1999 DVD **fd** 33 381

EIN ZWILLING ZU VIEL. Nach seiner frühreren Haftentlassung und Beschaffung der notwendigen Papiere nistet sich ein Mann bei der vorgeblichen Schwester seines Knastbruders ein, die nichts von der Existenz eines weiteren Familienangehörigen wusste. Eigentlich will er die Geschäftsfrau um eine halbe Million Mark erleichtern, doch dann schleicht sich die Liebe ein und auch das »Problemkind« der »Schwester« wächst dem Mann an Herz. Eine der üblichen Fernsehkomödien um Herz, Schmerz, Täuschung und Verwechslung, die natürlich ein gutes Ende findet. ✦ Deutschland 2000 **R** Thomas Bohn **B** Ulrich Limmer, Hans Schöne **K** Hans-Jörg Allgeier **M** Hans Franek **S** Julia von Frihling **D** Thomas Heinze (Franz), Nele Mueller-Stöfen (Inga), Sven Koller (Nicki), Andreas Hippe (Kowalski), Brigitte Karner (Pia) **L** 90 **E** 31.1.2001 ARD

ZWILLINGE (BRODER CARL). Die Kontaktunfähigkeit moderner Menschen – dargestellt am Beispiel zweier Ehepaare und einiger Freunde, die mit dem Leben nicht fertigwerden und trotz ihres Willens, einander zu helfen, scheitern. Eine eindringliche Spielfilmstudie der berühmten amerikanischen Kulturkritikerin. ✦ Schweden 1971 **P** Sandrews **R+B** Susan Sontag **K** Rune Ericson **M** Saulesco Quartett, Torbjörn Lundquist **S** Lars M. Hagström **D** Gunnel Lindblom (Lena Holmberg), Keve Hjelm (Martin Ericson), Geneviève Page (Karen Sandler), Torsten Wahlund (Peter Sandler), Laurent Terzieff (Carl Norén) **L** 94 **E** 20.3.1972 ARD

DIE ZWILLINGE UND DER MÖRDER (LES TROIS FONT LA PAIRE). Ein von sich eingenommener junger Mann muß vor seiner Aufnahme in eine Gangsterbande eine Mutprobe geben. Er ersticht einen Passanten. Da dieser ein Schauspieler war, mit dem gerade eine Szene gedreht wurde, besitzt die Polizei ein Foto des Täters und glaubt, leichtes Spiel zu haben. Doch erweist sich bei den Ermittlungen das Gegenteil. Parodistisch gewürzte Kriminalgeschichte, die ihren Unterhaltungswert aus der kritischen, aber locker hingeworfenen Überzeichnung der Personen und der Situationskomik bezieht. – Ab 14. ✦ Schwarz-weiß. Frankreich 1957 **P** C.L.M./Gaumont **R** Sacha Guitry, Clément Duhour **B** Sacha Guitry **K** Philippe Agostini **M** Hubert Rostaing **D** Michel Simon, Sophie Desmarets, Darry Cowl, Philippe Nicaud **L** 80 **E** 23.11.1970 ZDF

DIE ZWILLINGE VOM IMMENHOF. Die junge Erbin des Immenhofes verliebt sich in den wirtschaftlich bedrängten Hofpächter und rettet das Kinder- und Pferdeparadies. Gemütsbetonte Wiedererweckung der Immenhof-Geschichten der 50er Jahre. – Ab 10. ✦ BR Deutschland 1973 **P** Arca **KI** Constantin **Pd** Peter Metzner **R** Wolfgang Schleif **B** Johannes Weiß, Wolfgang Schleif **K** Igor Oberberg **M** Kai Rautenberg **D** Heidi Brühl (Dalli (Brigitte Voss)), Horst Janson (Alexander Arkens), Olga Tschechowa (Oma Arkens), Franz Schafheitlin (Tierarzt), Jutta Speidel (Anke), Birgit Westhausen (Billy), Bettina Westhausen (Bobby) **L** 94 **FSK** ab 6; f **FBW** w **E** 18.12.1973 **fd** 18 646

DIE ZWILLINGE VOM ZILLERTAL. Am Ende dieses mit pseudofolkloristischen Momentaufnahmen befrachteten Heimatfilms steht eine vierfache Hochzeit, die nicht nur alle Liebenden vereint, sondern durch die auch ein altes Schloß saniert wird. Belanglos und langweilend inszeniert und trotz der prächtigen Kulissen des Zillertals nur von geringem Unterhaltungswert. (Alternativtitel: »Zillertal, du bist mei Freud«) – Ab 12 möglich. ✦ BR Deutschland 1957 **P** Seitz **KI** Constantin **Pd** Rudolf Wischert **R** Harald Reinl **B** Harald Reinl, Karl Heinz Busse **K** Walter Riml **M** Karl Bette **S** Herbert Taschner **D** Isa Günther (Christel), Jutta Günther (Reserl), Joachim Fuchsberger (Franz von Auerstein), Karin Dor (Daniela), Hans Moser (Herr Schmauss) **L** 94 **FSK** ab 12; nf **E** 26.9.1957 **fd** 6 309

ZWILLINGSBRÜDER → Der falsche Ehemann

DIE ZWILLINGSBRÜDER VON BRUCE LEE (THE SECRET RIVALS). Die Rache zweier junger Männer an den Mördern ihrer Eltern. Mittelprächtiger Eastern, der in erster Linie auf die lehrbuchhafte Darstellung einzelner Schlagtechniken aus ist. ✦ Scope. Hongkong 1976 **P** Seasonal **KI** Alemannia **R** Ng See-Yuen **B** Tung Lu **K** Chang Chee **M** Chow Fu-Liang **D** Ng See-Yuen, Lin Chun-Lian, Wang Tao **L** 85 **FSK** ab 16; nf **E** 13.5.1977 **fd** 20 288

ZWILLINGS-EHEMÄNNER (TWIN HUSBANDS). Verworrene Kriminalgeschichte um einen erfolgreichen Safeknacker, mit verblüffender Ähnlichkeit zu einem reichen Geschäftsmann, dessen Sekretär diesen Zufall zu Betrügereien ausnutzen will. Als der zunächst ahnungslose Safeknacker seine Rolle in diesem Spiel durchschaut und herausfindet, daß der Geschäftsmann tot ist, beginnt eine mörderische Jagd. Frank Strayer, während der 30er Jahre Regisseur mehrer B-Pictures, hat einen leidlich spannenden Kriminalfilm inszeniert, der aber nur in der Verkörperung der Hauptrolle vollends überzeugt. – Ab 16. ✦ Schwarz-weiß. USA 1934 **P** Maury M. Cohen Prod. **Pd** Maury M. Cohen **R** Frank Strayer **B** Robert Ellis, Anthony Coldeway, nach einer Geschichte von Robert Ellis **K** M. A. Anderson **S** Roland Reed **D** John Miljan (Jerry Van Trevor), Shirley Grey (Chloe Werrenden), Monroe Owsley (Colton Drain), Hale Hamilton (Gordon Lewis), Robert Elliott (Sgt. Kerrigan) **L** 68 **E** 23.2.1983 WDR

EIN ZWINGER VOLL VERRÜCKTER (DOVE VAI IL VIZIETTO NON DE L'HAI?). Die Ehefrau eines alternden Industriellen läßt ihren der Untreue verdächtigen Mann von zwei Detektiven überwachen, wobei sich herausstellt, daß der Mann Transvestit ist. Klamaukgeladenes Verwicklungs- und Verwechslungslustspiel voller Geschmacklosigkeiten und dümmlich-ordinärem Witz auf Kosten von Homosexuellen-Klischees. (Auch in der geringfügig und wirkungslos »überarbeiteten« Videofassung ist der deutlich veraltete Film eine Zumutung. Titel Fernsehen: »Ein Haus voll Verrückter«; Video: »Töchter der Liebe«, »Rendezvous der Lust«) – Wir raten ab. ✦ Italien 1979 **P** Flora/Fulvia/Gico **KI** Beka **R** Franco Martinelli **K** Federico Zanni **M** Fabrizio de Angelis **D** Renzo Montagnani, Alvaro Vitali, Stefano Amato, Loredana Del Santo, Angie Vibeker **L** 87 (Video 72) **FSK** ab 18; nf (gek. 16) **E** 6.6.1980 **fd** 22 555

ZWISCHEN ABSCHIED UND HEIMKEHR (TIENG GOI PHIA TRUOC). Ein Regimentskommandeur zieht mit seinen Soldaten nach einem militärischen Sieg nicht in die nächste Schlacht, sondern wird zur Vorbereitung einer guten Ernte in die Landwirtschaft befohlen. In der Nähe seines Heimatortes erfährt er vom Tod seiner Frau und vom politisch abweichenden Weg seines Sohnes. Ein sehr persönlicher und sympathischer, streckenweise zum Nachdenken anregender Film. – Ab 14. ✦ Schwarz-weiß. Vietnam 1980 **P** Filmstudio Hanoi **KI** Progress **R** Long Van **B** Phu Thang **K** Nghiem Phu My **M** Nhat Lai **D** Huy Gong (Regimentskommandeur), Dang Viet Bao (Korporal Dang), Doan Dung (Tom Senior), Nguyen Thi Ha (H'Lam), Nguyen Dang Khoa (Kapo) **L** 81 **E** 10.9.1982 Kino DDR/2.9.1985 DFF 2

ZWISCHEN ALLEN FRONTEN (LES ETRANGERS). Ein 19-jähriger Algerier, der bei seiner Familie in Marseille lebt, geht zur Armee, da in seinem strenggläubigen Elternhaus kein Verständnis für seine Homosexualität aufgebracht wird. Doch auch als er sich freiwillig zum Blauhelm-Einsatz nach Bosnien meldet, wird er von den Kameraden ausgegrenzt, die weder Verständnis für seine Religion noch für seine homosexuellen Neigung haben. Drama um Außenseitertum und Fremdartigkeit, das sich auf die Darstellung eines militärischen Mikrokosmos konzentriert, um exemplarisch die Mechanismen der Ausgrenzung zu zeigen. ✦ Frankreich 1999 **P** Ognon Pic./La Sept/arte **Pd** Humbert Balsan **R+B** Philippe Faucon **D** Karim Ben Sadia (Sélim), Yamina Amri (Mutter), Lakdar Smadi (Vater), Assia Madi (Yasmina), Mohamed Chaouch (Bruder) **L** 71 **E** 13.9.1999 arte

ZWISCHEN BEAT UND BETT (THE TOUCHABLES). Vier Mädchen ergreifen die Initiative zur sexuellen Begegnung mit ihrem Idol: sie entführen den Popsänger und lösen damit einen Bandenkrieg aus. Modisch-schicker Actionfilmversuch über das Groupie-Phänomen im Popmusik-Geschäft der 60er Jahre, angereichert mit zahlreichen Versatzstücken des Genrefilms vom Western bis zur Science-Fiction. Die Ansätze zur Gesellschaftskritik bleiben nebulös und unausgegoren, die politischen Anspielungen sind äußerst fragwürdig. ✦ Großbritannien 1967 **P** Designs **Kl** Centfox **Pd** John Bryan **R** Robert Freeman **B** Ian La Frenais **K** Alan Pudney **M** Ken Thorne **D** Judy Huxtable, Esther Anderson, Marilyn Rickard, Kathy Simmonds, David Anthony **L** 94 **FSK** ab 16; nf **E** 27.2.1969 **fd** 16 017

ZWISCHEN BEIDEN (MESHDU DWAMATA). Ein Junge aus geschiedener Ehe sucht seinen Vater, einen Donauschiffer, auf. Beide finden langsam zueinander, und der Junge nimmt am Leben an Bord des Kahnes teil. Es bleibt offen, ob die Brücke, die das Kind zwischen den Eltern geschlagen hat, beide wieder zusammenführen wird. (Westdeutscher TV-Titel. »Der Sohn des Donauschiffers«) – Ab 16. ✦ Schwarz-weiß. Bulgarien 1966 **P** Spielfilmstudio Sofia **Kl** Progress **R** Dimiter Petrow **B** Vera Stoimenowa, Dimiter Petrow **K** Trendafil Sacharijew **M** Simeon Pironkow **D** Georgi Georgiew-Gez (Plamen), Janusch Alurkow, Wioleta Minkowa, Miglena Dsanewa, Dimitr Botschew **L** 73 **E** 18.11.1966 Kino DDR/10.10.1967 ARD/7.7.1968 DFF 1

ZWISCHEN BETONFAHRTEN (ZWISCHEN BETONFAHRTEN). Der in kurzer Zeit in Super-8 realisierte Film über die Jugendunruhen in Zürich 1980 zeigt weniger die bekannten Auseinandersetzungen mit der Polizei als vielmehr die Personen, die hinter der Bewegung der Unzufriedenen stehen. Skizzenartig aufgebaut und von Experimentierlust und Fantasie gekennzeichnet, werden von den Betroffenen selbst ihre Unzufriedenheit und ihr Kampf gegen ein frostiges Klima in der Stadt Zürich dargestellt. ✦ Schweiz 1980 **P** Achterfilm **Pd+R** Pius Morger **K** Hans X. Hagen **S** Georg Morger **L** 130 (gek. 90) **E** Schweiz

ZWISCHEN BETT UND THRON – DIE FRAUEN VON WINDSOR (WOMEN OF WINDSOR). Die Geschichten von Lady Di und Sarah Ferguson, die in den 80er Jahren beide ins englische Königshaus einheirateten. Zunächst sorgten die Hochzeiten der beiden bürgerlichen Frauen für Schlagzeilen, Jahre später ihre unglücklichen Ehen, die von Skandalen überschattet waren. Ein Stoff für die Regenbogenpresse, der sich teilweise dokumentarisch gibt, so wird u. a. Dokumentarmaterial von der Hochzeitszeremonie in den Film einmontiert, der gerade dadurch jedoch in die Nähe des Voyeurismus gerät und auch vor Blicken in die Schlafzimmer nicht halt macht. – Ab 16. ✦ USA 1992 **P** World International Network **R** Steven Hillard Stern **B** Peter Lefcourt **K** Laszlo George **M** Maribeth Solomon, Micky Erbe **S** Ron Wisman **D** Nicola Formby (Prinzessin Diana), Carolyn Sadowska (Königin Elizabeth), James Piddock (Prinz Charles), Sallyanne Law (Fergie), Robert Meadmore (Andrew), Nigel Bennett (Lawson) **L** 184 (zwei Teile) **E** 16.,17.7.1993 ARD

ZWISCHEN DEN BILDERN. Eine filmologische Auftragsproduktion, die sich mit der Entwicklung der Montage im Lauf der Filmgeschichte befaßt. Der erste Teil (»Montage im Erzählkino«) analysiert Western und zeigt Veränderungen im amerikanischen Erzählkino zwischen 1906 und 1973. Der zweite Teil (»Montage im dokumentarischen Film«) stellt zwei Hauptströmungen im Dokumentarfilm gegenüber: sinfonische, harmonische, nach formalen Prinzipien geschnittene Filme und Filme, in denen die Menschen nicht dem Rhythmus der Schnitte untergeordnet werden. Im letzten Teil (»Über die Trägheit der Wahrnehmung«) erklären bundesdeutsche Dokumentarfilmer ihr Verhältnis zur Montage und deren Bedeutung für ihre Art des Filmemachens. – Ab 14. ✦ Teils schwarz-weiß. BR Deutschland 1980/81 **P** Stiftung Deutsche Kinemathek (im Auftrag des ZDF) **SF** Stiftung Deutsche Kinemathek **Pd** Helmut Wietz **R+B** Heide Breitel (1,2), Klaus Feddermann (1,3), Hans Helmut Prinzler (1,2), Helmut Herbst (3) **K** Jody Saslow (1,2), Greg von Berblinger (1), Carlos Bustamente (2), Wolfgang Knigge (2), Helmut Herbst (3) **S** Heide Breitel (1,2), Renate Merck (3) **L** 185 (62/61/62) **E** 19.,26.,29.9.1983 ZDF

ZWISCHEN DEN ELTERN. Nach siebenjähriger Ehe mit einer Kommilitonin trifft ein am Tropeninstitut forschender Arzt zufällig eine andere Studienkollegin, die sich, inzwischen mondäne Journalistin geworden, massiv in sein Familienleben einmischt. Daß die Scheidung vermieden wird, dafür sorgt nicht nur mit stiller Beharrlichkeit die Frau des beruflich in Mißkredit geratenen Arztes, sondern ebenso das gemeinsame Söhnchen, das zwischen den Eltern vermittelt. Gefällig-herziges Ehemelodram. – Ab 16. ✦ Schwarz-weiß. Deutschland 1938 **P** Georg Witt-Film (für UFA) **Kl** Jugendfilm **R** Hans Hinrich **B** Eva Leidmann **K** Otto Baecker **M** Werner Bochmann **S** Herbert B. Fredersdorf **D** Willy Fritsch (Dr. Hans Ravenborg), Jutta Freybe (Inge Ravenborg), Gusti Huber (Lisa Brinkmann), Hans Brausewetter (Redakteur Fischer), Erna Morena (Frau Hansen) **L** 86 **FSK** ab 16; f **E** 15.2.1938

ZWISCHEN DEN FEUERN. (Fernseh-)Krimi: Ein junger Mann aus der Unterschicht wird zum Spielball eines zerrütteten Ehepaars, das ein Sportcenter betreibt. ✦ Deutschland 2000 **R** Sigi Rothemund **B** Detlef Müller **D** Walter Kreye (Richard Leuthold), Constanze Engelbrecht (Elfi Leuthold), Steffen Groth (Thomas Schlüter), Friedhelm Ptok (Karlo Renz), Michael Kind (Bewährungshelfer), Bojana Golenac (Monika), Michou Pascale Anderson (Susi), Herbert Stass (Arno Leuthold) **L** 85 **E** 6.9.2000 3sat

ZWISCHEN DEN FRONTEN (1960 I/F) →Der Weg zurück

ZWISCHEN DEN FRONTEN (1960 USA) (FRONTIER UPRISING). Abenteuer eines Trappers, der zur Zeit des Krieges 1846 zwischen Mexiko und den Vereinigten Staaten einen Treck nach Kalifornien führt, um dessen Besitz von beiden Staaten gekämpft wird. B-Western durchschnittlicher Machart. – Ab 14. ✦ Schwarz-weiß. USA 1960 **P** Zenith **Kl** United Artists **Pd** Robert E. Kent **R** Edward L. Cahn **B** Owen Harris, George Bruce **K** Maury Gertsman **M** Paul Sawtell, Bert Shefter **S** Kenneth Crane **D** James Davis (Jim Stockton), Nancy Hadley (Consuela), Ken Mayer (Beaver), Nestor Paiva (Montalvo), Don O'Kelly (Kilpatrick), Stuart Randall (Ben Wright), David Renard (Lopez), John Marshall (Gen. Torena), Eugene Iglesias (Lt. Ruiz), Addison Richards (Kimball) **L** 68 **FSK** ab 12; nf **E** 25.7.1961 **fd** 10 404

ZWISCHEN DEN FRONTEN (1993) →Broken Chain

ZWISCHEN DEN WELTEN (1944) →Zwischen zwei Welten

ZWISCHEN DEN WELTEN (1967) (ENTRE LA MERE ET L'EAU DOUCE). Ein junger Kanadier verläßt sein Heimatdorf, um in der großen Stadt sein Glück zu machen. Er schafft den Sprung ins Showgeschäft, das Glück mit dem geliebten Mädchen bleibt ihm aber versagt. Regiedebüt eines franko-kanadischen Kameramanns, gesellschaftskritisch gemeint, aber bald schlägt der Film in eine romantische Verklärung der ohnehin schnulzigen Story um. – Ab 16. ✦ Kanada 1967 **P** Cooperatio **R+B** Michel Brault **K** Bernard Gosselin, Jean-Claude Labrecque, Michel Brault **M** Claude Gauthier **D** Geneviève Bujold, Claude Gauthier, Louise Latraverse, Paul Gauthier, Robert Charlebois **L** 85 **E** 24.6.1968 ZDF/13.2.1975 DFF 1 **fd** 15 561

ZWISCHEN DEN WELTEN (1996) (HIDDEN IN AMERICA). Drama. Zuerst stirbt seine Frau, dann muß er auf Grund der Krankenhausrechnung Haus und Auto verkaufen, außerdem meldet die Fabrik, in der er arbeitet, Konkurs an – bis der Vater zweier Kinder in völliger Armut leben muß. Doch Hilfsangebote lehnt er aus Stolz ab. ✦ USA 1996 **Pd** David R. Ginsburg, Fred Berner **R** Martin Bell **B** Peter Silverman, Michael De Guzman **K** James R. Bagdonas **S** Nancy Baker **D** Beau Bridges (Bill Januson), Bruce Davison (Dr. Michael Millerton), Jeff Bridges (Vincent), Shelton Dane (Robbie Januson), Jena Malone (Willo Januson) **L** 95 **E** 5.6.1998 premiere

ZWISCHEN DEN ZEILEN (1977) (BETWEEN THE LINES). Die mit hohen Zielen angetretene, aus ihren Blütenträumen nur schwer in die Realität findende Redaktionsmannschaft einer progressiven Zeitung fällt beruflich und privat auseinander, als das Blatt von einem Konzern aufgekauft wird. Psychologisch feinfühlig, mit Verständnis und Humor geschildert; ebenso unterhaltsam wie nachdenklich stimmend. – Sehenswert. ✦ USA 1977 **P** Midwest **Kl** Filmverlag der Autoren **Pd** Raphael D. Silver **R** Joan Micklin Silver **B** Fred Barron **K** Kenneth van Sickle **M** Michael Kamen **S** John Carter **D** John Heard (Harry), Bruno Kirby (David), Lindsay Crouse (Abbie), Gwen Welles (Laura), Jeff Goldblum (Max), Stephen Collins (Michael) **L** 101 **FSK** ab 12; f **FBW** w **E** 24.11. 1978 **fd** 21 020

ZWISCHEN DEN ZEILEN (1986) (84 CHARING CROSS ROAD). Eine New Yorker Autorin pflegt 20 Jahre lang eine intensive Korrespondenz mit einer renommierten Londoner Buchhandlung, in deren Verlauf sie nicht nur mit der »Nahrung« Buch versorgt wird, sondern eine herzliche Beziehung zu einem Bibliothekar knüpft. Ein ruhiger Film über die eher unfilmischen Themen Bücher, Lesen und Schreiben, der sich wohl nur Büchernarren ganz erschließen wird; zugleich aber ein Film über körperlichen und geistigen Mangel und den Wandel zweier Gesellschaften im Laufe einer Nachkriegsgeneration. – Sehenswert ab 14. ✦ USA 1986 **P** Brooksfilm **VA** RCA/Columbia **Pd** Geoffrey Helman **R** David Jones **B** Hugh Whitemore **K** Brian West **M** George Fenton **S** Chris Wimble **D** Anne Bancroft (Helene Hanff), Anthony Hopkins (Frank Doel), Judi Dench (Nora Doel), Jean De Bear (Maxine Bellamy), Maurice Denham (George Martin) **L** 95 **FSK** ab 6 **E** 18.10.1988 Video/28.4.1991 premiere

ZWISCHEN 11 UND MITTERNACHT (ENTRE ONZE HEURES ET MINUIT). Ein mieser Gangster ist ermordet worden. Der ermittelnde Inspektor macht sich die Ähnlichkeit zwischen dem Toten und sich selbst zunutze, um dem Verbrechen nachzugehen. Die Regie ist dank Louis Jouvets souveräner Gestaltung der Doppelrolle immer auf der Höhe der Geschichte und kann damit einige Unwahrscheinlichkeiten vergessen machen. – Ab 16. ✦ Schwarz-weiß. Frankreich 1948 **P** Roitfeld-Francinex **Kl** Germania **R** Henri Decoin **B** Marcel Rivet, Henri Decoin, nach dem Roman von Claude Luxel **K** Nicolas Hayer **M** Henri Sauguet **D** Louis Jouvet, Monique Melinand, Madeleine Robinson, Yvette Etievant, Jacqueline Pierreux, Gisèle Casadesus **L** 92 **FSK** ab 16; nf **E** 28.8.1949 **fd** 434

ZWISCHEN FEUER UND ASCHE →Legionäre

ZWISCHEN FRAUEN UND SEILEN (CHAMPION). Ein rücksichtslos ehrgeiziger Berufsboxer schiebt auf dem Weg zur Weltmeisterschaft alles und jeden beiseite, bis er erkennt, daß die dunklen Machenschaften im Boxgeschäft stärker sind. Ein in der Beschreibung des vermarkteten Boxsports kritischer Film mit dichter Milieuschilderung und hervorragender Gestaltung der Hauptrolle, der in der Schlußphase der Geschichte jedoch zu unentschlossen bleibt. – Ab 16. ✦ Schwarz-weiß. USA 1949 **P** United Artists **Kl** Constantin **Pd** Stanley Kramer **R** Mark Robson **B** Carl Foreman, nach einer Erzählung von Ring Lardner **K** Franz Planer **M** Dimitri Tiomkin **S** Harry Gerstad **D** Kirk Douglas (Midge Kelly), Marilyn Maxwell (Grace Diamond), Arthur Kennedy (Connie Kelly), Paul Stewart (Tommy Haley), Ruth Roman (Emma Bryce) **L** 96 **FSK** ab 16; nf **E** 18.12.1951/ 1.7.1968 ZDF/4.4.1970 Kino DDR **fd** 1 531

ZWISCHEN GESETZ UND BEGIERDE (BETWEEN LOVE AND HONOR). Ein junger Mann, der als Undercover-Agent in einen Mafia-Clan eingeschleust wurde, und die Patentochter seines Bosses verlieben sich heftig ineinander, was zu Schwierigkeiten für den Agenten führt. Mafia-Thriller nach vertrautem Schema, dem allerdings eine wahre Begebenheit zu Grunde liegen soll. – Ab 16. ✦ USA 1994 **R** Sam Pillsbury **B** Arnold Margolin **K** James Bartle **M** James McVay **D** Grant Show (Steve Collura), Maria Pitillo (Maria Caprefoli), Steve Allie Collura (Dominic Cellini), Joseph Scoren (Danny Cosentino), Robert Morelli (Paul Raggio) **L** 87 **E** 19.1.1996 ARD

ZWISCHEN GESTERN UND MORGEN (1947). Ein von der Gestapo verfolgter Zeichner kehrt aus der Schweiz nach München zurück, hellt mancherlei alte Mißverständnisse auf und rettet ein heimatloses Mädchen vor dem sozialen Abstieg. Das konventionelle, aber gut gespielte Drama umgeht die Auseinandersetzung mit Problemen jener Zeit, verzichtet allerdings auch auf naheliegende reißerische Effekte. Erster in der amerikanischen Besatzungszone produzierter Spielfilm. – Ab 16. ✦ Schwarz-weiß. Deutschland 1947 **P** NDF **Kl** Bavaria **Pd+R** Harald Braun **B** Harald Braun, Herbert Witt, nach einer Idee von Jacob Geis **K** Günther Anders **M** Werner Eisbrenner **S** Adolph Schlyßleder **D** Viktor de Kowa (Michael Rott), Winnie Markus (Annette Rodenwald), Willy Birgel (Alexander Corti), Hildegard Knef (Katharina), Erich Ponto (Professor von Walther), Otto Wernicke (Trunk), Viktor Staal (Rolf Ebeling), Sybille Schmitz (Nelly Dreyfuß) **L** 112 **E** 11.12.1947/ 3.10.1960 DFF 1/25.5.1975 ZDF **fd** 58

ZWISCHEN GESTERN UND MORGEN (1958). Ein etwas lehrhaft geratener Dokumentarbericht vom deutschen Turnfest 1958 in München. – Ab 10. ✦ Schwarz-weiß. BR Deutschland 1958 **P** Knoop **Kl** Knoop **R** Walter Knoop **B** Walter Knoop, Heinz Mägerlein (Text) **L** 79 **FSK** ab 6; f **FBW** w **E** 1958 Kino **fd** 7 577

ZWISCHEN GIER UND LIEBE (RAKKAUS ALKAA AAMUYÖSTRÄ). Ein arbeitsscheuer Sohn reicher Eltern wandert nach seiner Entlassung aus der Marine von Frau zu Frau, bis eine junge Dame ihn auch gefühlsmäßig anzieht. Finnische Kolportge mit irreführendem Titel, lächerlichen Dialogen und stümperhaften Darstellern. ✦ Schwarz-weiß. Finnland 1966 **P** Fenneda **Kl** NWDF-Unitas **R** Jarno Hilloskorpi **D** Martti Jävinen **L** 93 **FSK** ab 18; f **E** 29.8.1969 **fd** 16 506

ZWISCHEN GLÜCK UND KRONE. Aus Wochenschaumaterial und Illustriertenfotos kompilierte Dokumentation über diverse Fürstenhäuser – besonders beliebt: die Windsors und der Schah von Persien. Was sich als Film mit nie gesehenen Privataufnahmen ausgibt und mit dem Geruch der lustvollen Indiskretion umgibt, ist in Wirklichkeit eine billige, langweilige und reichlich dreiste Leinwand-Klatschspalte. – Ab 12. ✦ Schwarz-weiß. BR Deutschland 1958 **P** Dieter Fritko Prod. **Kl** Prisma **Pd** Johannes Lüdke **R** Rudolf Schündler **B** Dieter Fritko **K** Erich Küchler **M** Rudolf Perak **S** Ute König **D** Christine Görner (Rahmenhandlung), Joachim Fuchsberger (Rahmenhandlung) **L** 99 **FSK** ab 6; f **E** 18.3.1959 **fd** 7 972

ZWISCHEN HAMBURG UND HAITI. Ein erfolgreicher deutscher Überseekaufmann mit einer Plantage auf Haiti sucht in Hamburg die passende Ehefrau und gerät an eine Bardame von der Reeperbahn mit unehelichem Kind. Er will sie heiraten, doch sie folgt ihm aus Edelmut nicht nach. Auf der Suche nach ihr findet er sie in Mexiko als Sekretärin des einstigen Liebhabers, eines Schriftstellers, wieder. Veraltete Verfilmung eines Liebesromans, dessen arge Zufallskonstruktionen auch von kultivierten Schauspielern nicht verdrängt werden können. – Ab 16. ✦ Schwarz-weiß. Deutschland 1940 **P** UFA **Kl** Kristall **R** Erich Waschneck **B** Josef Maria Frank, nach seinem Roman »Ein Traum zerbricht« **K** Robert Baberske **M** Werner Eisbrenner **S** Walter Wischniewsky **D** Gisela Uhlen (Bella Wittstock), Gustav Knuth (Henry Brinkmann), Walter Franck (Melchior Schlömpp), Ruth Eweler (Ingeborg), Albert Florath (Wilm) **L** 91 **FSK** ab 12; nf **E** 29.11.1940

ZWISCHEN HASS UND LIEBE (1955) (FOOTSTEPS IN THE FOG). Ein angesehener Kaufmann, der seine Frau vergiftet hat, gerät in Abhängigkeit von seiner ihn liebenden Hausangestellten und verstrickt sich dadurch in weitere Verbrechen. Intensiv gespielter und solide inszenierter psychologisierender Thriller. – Ab 16. ✦ Großbritannien 1955 **P** Columbia **Kl** Columbia **Pd** Mike J. Frankovich **R** Arthur Lubin **B** Dorothy Reid, Lenore Coffee **K** Christopher Challis **M** Benjamin Frankel **S** Alan Osbiston **D** Stewart Granger, Jean Simmons, Bill Travers, Finlay Currie, Ronald Squire **L** 90 **FSK** ab 16; f **E** 20.1.1956/22.5. 1967 ZDF **fd** 4 712

ZWISCHEN HASS UND LIEBE (1990) (TORN APART/ AHAVA ASURA). Verfilmung eines Romans von Chavym Zeldi; eine moderne Version des Romeo- und Julia-Stoffes vor dem Hintergrund des arabisch-israelischen Dauerkonflikts. ✦ Israel/USA 1990 **P** City Lights **Pd** Danny Fisher, Jerry Menkin, Doron Eran **R** Jack Fisher **B** Mark Coopfer, Marc Kristal, nach dem Roman »A Forbidden Love« von Chavym Zeldi **K** Barry Markowitz **M** Peter Arnow **S** Michael Garvey **D** Adrian Pasdar (Ben Arnon), Cecilia Peck (Laila Malek), Machram Huri (Mahmoud Malek), Arnon Zadok (Prof. Mansour), Margrit Polak (Ilana Arnon) **L** 91 **E** 13.12.1998 SAT 1

ZWISCHEN HERZ UND GEWISSEN. Eine junge Frau, die den Namen einer im Gefängnis verstorbenen Cousine angekommen hat, die aus Selbstlosigkeit einen Scheck gefälscht hatte, gerät in Gewissenskonflikte. Je mehr sie sich in ihren gutherzigen Verehrer, den vermögenden Werftbesitzer, verliebt, um so schwerer fällt es ihr, ihm die Wahrheit einzugestehen. Scheinkonflikte im Stil von Frauenromanen in einem der letzten deutschen Filme, die zwar vor Kriegsende fertiggestellt, dann aber erst nach dem Kriege uraufgeführt wurden. Produziert wurde der Film 1944 in Amsterdam und Den Haag unter dem Titel »Das fremde Leben«. – Ab 12. ✦ Schwarz-weiß. Deutschland 1944 **P** Berlin **Kl** Super **R** Johannes Meyer **B** Otto Bernhard Wendler **K** Walter Pindter **M** Frank Fux **D** Winnie Markus, Viktor Staal, Herbert Hübner, Steffie Hübel, Erich Ponto **L** 88 **FSK** ab 12; f **E** 16.3.1951 **fd** 1 159

ZWISCHEN HIMMEL UND ERDE (1941/42). Von zwei charakterlich verschiedenen Dachdeckerbrüdern macht der eine dem anderen die Braut abspenstig; auch betrügt er seinen Vater, den zeitweilig erblindeten Domdachdecker. Als der gute Sohn aus dem Krieg heimkehrt, versucht der andere, den Bruder durch Anschneiden eines Seils abstürzen zu lassen, wobei ein Geselle zu Tode kommt. Zur Wahrung der Ehre seines Hauses zwingt der Vater den Übeltäter zum Selbstmord. Die Erzählung von Otto Ludwig (1856) wurde in der langatmigen, an preußischen Ehrbegriffen orientierten Verfilmung, die ihre Entstehungszeit trotz aller Schnitte schlecht verleugnen kann, nach Xanten und in die Jahre 1870/71 verlegt. ✦ Schwarz-weiß. Deutschland 1941/42 **P** UFA **Kl** Filmkunst **R** Harald Braun **B** Jacob Geis, Harald Braun, nach Motiven der gleichnamigen Erzählung von Otto Ludwig **K** Robert Baberske **M** Werner Eisbrenner **S** Ursula Schmidt **D** Werner Krauss (Justus Rottwinkel), Wolfgang Lukschy (Mathias Rottwinkel), Gisela Uhlen (Christine Burger), Martin Urtel (Appolonius Rottwinkel), Paul Henckels (Clemens Burger) **L** 101 **FSK** ab 16; f **E** 26.3.1942 **fd** 2 640

ZWISCHEN HIMMEL UND ERDE (1992) (KARLSVOGNEN). Romanverfilmung für Kinder. Der Schüler Mattias muß wieder einmal zusammen mit der Mutter und seiner Schwester Linda umziehen. Diesmal landen sie in dem verwunschenen Haus einer verstorbenen Tante, wo es offenbar nicht mit rechten Dingen zugeht. Außerdem legt sich Mattias mit dem Klassen-Rowdie an und verliebt sich auch noch in dessen Freundin. (Titel auch: »Der große Wagen«) – Ab 10. ✦ Dänemark 1992 **P** Det Danske Filminstitut/Sandrew Film & Teater AB/Svenska Filminstitutet/TV2, Denmark/Sveriges Television Kanal 1 Drama **R** Birger Larsen **B** Ulf Stark, nach seinem Roman »Karlsvognen« **K** Björn Blixt **M** Frans Bak **S** Birger Möller-Jensen **D** Morton Schaffalitzky (Mattias), Karen Hansen (Linda), Sam Gylling (Tobbe), Anders Jönsson (Svempa), Annika Nordenskjöld-Olsen (Bittan) **L** 100 **E** 1.6.1998 ARD

ZWISCHEN HIMMEL UND ERDE (1998) → Among Giants – Zwischen Himmel und Erde

ZWISCHEN HIMMEL UND ERDE – MENSCHEN IN SCHWERIN. Langzeitbeobachtung über 18 Monate von neun Bürgern aus Schwerin nach der Wirtschafts-, Währungs- und Sozialunion. Die Porträtierten geben Auskunft über ihre Ängste, Hoffnungen und Sehnsüchte in der neuen Bundesrepublik Deutschland. ✦ Deutschland 1992 **P** film + tv enterprises **SF** Medienzentrale der Ev. Kirche **R+B+K** Karl-Heinz Walloch **M** City **S** Astrid Nicklaus **L** 65

ZWISCHEN HIMMEL UND HÖLLE (1956) (D-DAY – THE SIXTH OF JUNE / THE SIXTH OF JUNE). Im Kriegsjahr 1944 muß sich eine junge Engländerin zwischen zwei Männern entscheiden, ihrem Verlobten an der Front und einem verheirateten amerikanischen Offizier, zu dem sie sich hingezogen fühlt. Ansprechend inszenierte Mischung aus Melodram und Kriegsfilm mit glaubhaft dargestellten Charakteren, deren Schluß allerdings zu konstruiert erscheint. – Ab 16. ✦ Scope. USA 1956 **P** 20th Century Fox **Kl** Centfox **Pd** Charles Brackett **R** Henry Koster **B** Ivan Moffat, Harry Brown **K** Lee Garmes **M** Lyn Murray **S** William Mace **D** Robert Taylor (Brad Parker), Richard Todd (John Wynter), Dana Wynter (Valerie), Edmond O'Brien (Col. Timmer), John Williams (Brigadier Russell) **L** 106 **FSK** ab 12; f **E** 31.8. 1956 **fd** 5 267

ZWISCHEN HIMMEL UND HÖLLE (1963) (TENGOKU TO JIGOKU). Ein Schuhfabrikant in Yokohama muß sich zu einer Entscheidung durchringen, als statt seines kleinen Sohnes dessen Spielkamerad entführt und er vom Kidnapper unter moralischen Druck gesetzt wird. Zwar zahlt er das verlangte Lösegeld, und die Polizei kann in akribischer Kleinarbeit den Täter stellen, doch seine wirtschaftliche Existenz ist zerstört. Eine äußerst komplexe, virtuos mit verschiedenen Stilmitteln jonglierende humanistische Parabel über Verantwortung, Moral und Korrumpierbarkeit in einer aus den Fugen geratenen modernen Welt, die eine neue Standortbestimmung jenseits allzu leichter Ordnungs- und Bewertungskriterien verlangt. – Sehenswert ab 16. ✦ Scope, schwarz-weiß. Japan 1963 **P** Kurosawa Films Prod. (für Toho) **Kl** Silver Cine **Pd** Tomoyuki Tanaka, Ryuzo Kikushima **R** Akira Kurosawa **B** Ryuzo Kikushima, Hideo Oguni, Akira Kurosawa, nach dem Roman »King's Ransom« von Ed McBain (= Evan Hunter) **K** Asakazu Nakai **M** Masaru Satô **S** Akira Kurosawa **D** Toshirô Mifune (Kingo Gondo), Kyôko Kagawa (Reiko, seine Frau), Tatsuya Nakadai (Inspektor Tokura), Tsutomu Yamazaki (Ginji Takeuchi, der Entführer), Yutaka Sada (Aoki, der Chauffeur) **L** 143 **E** 3.6.1993 **fd** 30 320

ZWISCHEN HIMMEL UND HÖLLE (1993) (HEAVEN AND EARTH). Oliver Stones dritter Vietnam-Film sieht Terror und Folter des Krieges und die Leidensgeschichte ihrer Opfer aus der Blickrichtung einer jungen Vietnamesin, die schließlich nach Saigon und von dort in die USA entkommt, nur um sich weiterem, andersgeartetem Leid ausgesetzt zu sehen. Nach einem harten, eindrucksvollen Beginn gehen Ansätze zur psychologischen und philosophischen Vertiefung in hemmungsloser Rührseligkeit und Karikatur verloren. ✦ USA 1993 **P** Ixtlan/New Regency/ Todd AO/TAE **Kl** Warner **VA** Warner **Pd** Oliver Stone,

Arnon Milchan, Robert Kline, A. Kitman Ho **R** Oliver Stone **B** Oliver Stone, nach Büchern von Le Ly Hayslip, Jay Wurts und James Hayslip **K** Robert Richardson **M** Kitaro **S** David Brenner, Sally Menke **D** Hiep Thi Le (Le Ly), Tommy Lee Jones (Steve Butler), Joan Chen (Mama), Haing S. Ngor (Vater), Debbie Reynolds (Eugenia Butler), Dustin Nguyen (Sau) **L** 141 **FSK** ab 16; f **E** 27.1.1994/2.9.1994 Video/17.9.1995 premiere **fd** 30 633

ZWISCHEN KRAKAU UND PARIS – DIALOG MIT KRZSYTOF KIESLOWSKI (KIESLOWSKI DIALOGUE). Von November 1990 bis März 1991 drehte der polnische Regisseur seinen Spielfilm »Die zwei Leben der Veronika«. Im Gespräch erzählt er von Gedanken, Gefühlen und Leidenschaften seiner Protagonisten ebenso wie über seine Methodik, vom Szenenentwurf über die Inszenierung bis zur fertig geschnittenen Sequenz. (Originalfassung mit Kommentar) ✦ Frankreich 1991 **R** Ruben Korenfeld **B** Elizabeth Ayré, Ruben Korenfeld **K** Antoine Roch **M** Zbigniew Preisner **L** 53 **E** 18.11.1993 N 3

ZWISCHEN LEBEN UND TOD (1960) (L' OLMO A TUTTO VENTO). Eine Blutfehde zwischen armen Bauern auf Sardinien. Im Kampf um ein Stück steiniges Feld tötet ein Nachbar den anderen. Als der Täter flieht, macht sich der Bruder im Dorf auf, um Rache zu üben. Frauen der verfeindeten Familien mahnen als erste zur Besonnenheit. ✦ Schwarz-weiß. Italien 1960 **P** Valmar Cinematografica **R+B** Edoardo Mulargia **K** Nazzareno Di Mario **M** Aldo Piga **D** Walter Brandi, Emma Baron, Patriczia Deren, Erno Crisa, Laura Patriarca **L** 84 **E** 16.8.1970 DFF 1

ZWISCHEN LEBEN UND TOD (1991) (ABSOLUTE STRANGERS). Nach dem Autounfall seiner Frau muß sich ein Familienvater zwischen der im Koma liegenden Schwangeren und dem ungeborenen Kind entscheiden. Als er versucht, durch eine – nach dem Gesetz mögliche – Abtreibung das Leben seiner Ehefrau zu retten, löst er einen heftigen Streit zwischen Gegnern und Befürwortern des Eingriffs aus, der zu einer gerichtlichen Auseinandersetzung führt. Ein gut durchdachtes Drehbuch und die ernsthafte Regiearbeit heben das Drama, das sich an einen authentischen Fall anlehnt, über den Durchschnitt. – Ab 16. ✦ USA 1991 **P** Gilbert Cates Prod. **Pd** Dennis E. Doty **R** Gilbert Cates **B** Robert Anderson **K** Mark Irwin **M** Charles Fox **S** Millie Moore **D** Henry Winkler (Marty Klein), Jennifer Hetrick (Nancy Klein), Karl Malden (Fred Zusselman), Audra Lindley (Anne Zusselman), Cassy Friel (Arielle Zusselman) **L** 89 **E** 17.11.1993 RTL 2

ZWISCHEN LEID UND LACHEN UND WASSER EINMAL AM TAG (FRAUEN AUF DEN KAPVERDISCHEN INSELN, TEIL 1+2). Zwei Dokumentarfilme über das Alltagsleben der Frauen auf den Kapverden. Viele Männer sind emigriert, die Frauen meistern das Leben ohne sie, auch wenn die Sehnsucht nach ihnen ständig gegenwärtig ist. Der erste Teil berichtet über junge Mädchen und deren Mütter, der zweite ist das Porträt einer blinden Wasserverkäuferin. – Ab 16. ✦ BR Deutschland 1982/83 **P** Gerhardt Schmidt **SF** Verleihgenossenschaft **R+B+K** Tamara Wyss **S** Tamara Wyss **L** 90 **E** 1983 West 3

ZWISCHEN LIEBE UND HASS (1991) (CROOKED HEARTS). Der zweitälteste Sohn einer sechsköpfigen Familie bricht das College ab und kehrt zum Haus seiner Eltern zurück. Während seiner Abwesenheit haben sich Konflikte zwischen seinen Geschwistern und den Eltern aufgestaut, die immer wieder in deren Leben eingreifen. Als die Probleme eskalieren, zündet der älteste Sohn das Elternhaus an. Die Verfilmung eines Familienromans schreckt zwar als Ganzes allzu sehr vor äußerer Aktion zugunsten von langen Monologen zurück, in denen sich die Personen erklären. Doch in einzelnen Szenen überzeugt der Film vielfach durch genaue Beobachtungsgabe und kraftvolle schauspielerische Leistungen. – Ab 16. ✦ USA 1991 **P** MGM-Pathe **Pd** Rick Stevenson, Dale Pollock, Gil Friesen **R** Michael Bortman **B** Michael Bortman, nach einem Roman von Robert Boswell **K** Tak Fujimoto **M** Mark Isham **S** Richard Francis-Bruce **D** Vincent D'Onofrio (Charley), Jennifer Jason Leigh (Marriet), Peter Coyote (Edward Warren), Juliette Lewis (Cassie), Peter Berg (Tom Warren) **L** 108 **E** 24.6.1998 RTL 2

ZWISCHEN LIEBE UND HASS (1994) →Alice und Elsa – Zwischen Liebe und Haß

ZWISCHEN LIEBE UND LASTER (ALINA). Schmugglermelodram an der französisch-italienischen Grenze. Im Mittelpunkt eine hübsche Dörflerin, die sich gegen Armut und männliche Zudringlichkeit behauptet. Interessant nur wegen Gina Lollobrigida in einer ihrer ersten Rollen. – Ab 16. ✦ Schwarz-weiß. Italien 1950 **P** Acta **Kl** Prisma **Pd** Fabio Franchina **R** Giorgio Pastina **B** Carlo Duse, Giorgio Pastina **K** Tonino Delli Colli **M** Franco Casavola **D** Gina Lollobrigida, Amedeo Nazzari, Otello Toso, Doris Dowling, Juan De Landa **L** 77 **FSK** ab 16; f **E** 28.6.1957 **fd** 5 908

ZWISCHEN LUST UND HÖRIGKEIT →Verführung in Blond

ZWISCHEN MADRID UND PARIS (THE SUN ALSO RISES). Die Geschichte des amerikanischen Journalisten Jake Barnes, der nach dem Ersten Weltkrieg ein zielloses Bohémien-Leben in Europa führt. Hemingways Roman »Fiesta«, ein zynisch-melancholisches Denkmal der »Verlorenen Generation«, wird in der Verfilmung auf ein gefühlsstarkes Melodram verkürzt. Die privaten Schicksale bleiben ohne politischen Bezug, die Milieuschilderungen (besonders die spektakulären Stierkämpfe in Pamplona) besitzen dagegen Kraft und Brillanz. ✦ Scope. USA 1957 **P** 20th Century Fox **Kl** Centfox **Pd** Darryl F. Zanuck **R** Henry King **B** Peter Viertel, nach dem Roman von Ernest Hemingway **K** Leo Tover **M** Hugo Friedhofer, Alexander Courage **S** William Mace **D** Tyrone Power (Jake Barnes), Ava Gardner (Lady Brett Ashley), Mel Ferrer (Robert Cohn), Errol Flynn (Mike Campbell), Eddie Albert (Bill Corton), Juliette Gréco (Georgette), Robert Evans (Romero) **L** 129 **FSK** ab 12; f (früher 16) **E** 25.10.1957/10.5.1975 ZDF **fd** 6 340

ZWISCHEN MITTERNACHT UND MORGEN (BETWEEN MIDNIGHT AND DAWN). Informativer kleiner Spielfilm über die Tätigkeit der motorisierten amerikanischen Streifenpolizei, der neben privaten Handlungsmomenten die aufopfernde Tätigkeit der Beamten in den Mittelpunkt stellt. – Ab 16. ✦ Schwarz-weiß. USA 1950 **P** Columbia **Kl** Columbia **Pd** Hunt Stromberg **R** Gordon Douglas **B** Eugene Ling **K** George E. Diskant **M** George Duning **D** Mark Stevens, Edmond O'Brien, Gale Storm, Donald Buka, Gale Robbins **L** 88 **FSK** ab 16; nf **E** 12.10.1951 **fd** 1 283

ZWISCHEN MOND UND SONNE. Eine Filmemacherin setzt sich mit ihrem 14jährigen Sohn auseinander, sucht nach Momenten der Vertrautheit und der Distanz. Ihre in eine Spielhandlung gekleidete Auseinandersetzung spiegelt persönliche Betroffenheit, bleibt aber zu abstrakt und zu kraftlos, um nachhaltige Wirkung erzielen zu können. ✦ BR Deutschland 1980 **P** Susanne Osterried Filmproduktion/ZDF **Pd** Susanne Osterried **R+B** Recha Jungmann **K** Marian Czura, Renato Fortunato, Horst Zeidler **S** Beatrice Wilbert **D** Titus Spree, David Schleidermacher, Werner Schroeter, Recha Jungmann, Alex Bergs **L** 105 **FBW** w **E** 28.5.1981 ZDF

ZWISCHEN MOSKAU UND SHANGHAI →Moskau – Shanghai

ZWISCHEN NACHT UND MORGEN →Augen der Liebe

ZWISCHEN NACHT UND TAG. Episoden aus dem Leben und Schaffen des Schriftstellers Erich Weinert im Moskauer Exil vom Mai bis Juni 1941. Der Film bemüht sich, die Probleme eines Künstlers darzustellen, dessen Sprache in der Fremde nicht verstanden wird. Das interessante Thema scheitert an der wenig geschlossenen Umsetzung und einem Erzählstil, der die Geschichte durch zu viele Rückblenden und innere Monologe unüberschaubar macht. Tabuthemen wie der Hitler-Stalin-Pakt werden nur verwässert aufgegriffen. – Ab 14. ✦ DDR 1974/75 **P** DEFA, Gruppe »Berlin« **Kl** Progress **Pd** Horst Dau **R** Horst E. Brandt **B** Horst E. Brandt, nach Tagebuchnotizen und Gedichten von Erich Weinert **K** Günter Haubold **M** Karl-Ernst Sasse **S** Karin Kusche **D** Kurt Böwe (Erich Weinert), Katja Paryla (Li Weinert), Hermann Beyer (Carl), Michael Christian (Fred), Gudrun Ritter (Frau von Carl), Gisa Stoll (Elsa) **L** 80 **E** 8.5. 1975 Kino DDR/20.4.1978 DFF 1

ZWISCHEN NORDPOL UND KRIM. Eine Reklamereise durch die Sowjetunion, die dabei als Paradies einer freien Gesellschaft erscheinen sollte. Der eher naiv gefertigte Film löste seinerzeit einen politisch begründeten (internen) Rechtsstreit aus, da die Freiwillige Selbstkontrolle der Filmwirtschaft fürchtete, er könne die freiheitliche Demokratie untergraben. Erst der Rechtsausschuß der FSK gab seine Unbedenklichkeitsbescheinigung. Die Projektion des Films erfolgte im Kinopanorama-Verfahren, das eine dreiteilige Riesenleinwand benötigte. ✦ UdSSR 1958/59 **Kl** Sovexport **L** 138 **E** 1961 Kino

ZWISCHEN PANKOW UND ZEHLENDORF. Familiendrama aus dem Berlin der 50er Jahre, im Mittelpunkt ein elfjähriges Mädchen, das zwischen Mutter und Großmutter und den beiden Teilen der Stadt hin- und herpendelt. Schwülstiger, klischeebelasteter und langatmiger Film, der auf Kosten seiner Glaubwürdigkeit Geschichtslektionen erteilen will, wobei die kleine Alltagsgeschichte unter die Räder kommt. – Ab 14 möglich. ✦ Scope. Deutschland 1990/91 **P** DEFA, Gruppe »Johannisthal«/Allianz/WDR/SFB **Kl** Progress **Pd** Dorothea Hildebrandt **R** Horst Seemann **B** Horst Seemann, Rita Kuczynski, nach einem Roman von Rita Kuczynski **K** Otto Hanisch **M** Horst Seemann **S** Bärbel Bauersfeld **D** Corinna Harfouch (Isolde Wünsche), André Hennicke (Emil Wünsche), Kathrin Ackermann (Nora Permont), Susanne Bormann (Susanne), Ulrike Dräger (Gies), Winfried Glatzeder (Musiklehrer), Monika Lennartz (Direktorin) **L** 94 **FSK** ab 6; f **E** 7.11.1991 **fd** 29 274

ZWISCHEN PARALLELEN SPIEGELN (INTRE OGLINZI PARALELE). Die Geschichte einer Freundschaft zwischen zwei jungen Männern vor dem historischen Hintergrund der Klassenauseinandersetzungen in Rumänien in den Kriegsjahren 1915/16. Ein sehr konventionell inszenierter Film. – Ab 14. ✦ Rumänien 1978 **P** Filmstudio Bucuresti **Kl** Progress **R** Mircea Veroiu **B** Mircea Veroiu, nach einem Roman von Camil Petrescus **K** Calin Ghibu **M** Tiveriu Borcoman **D** Ion Caramitru, Ovidiu Iuliu Moldovan, George Constantin, Elena Albu, Dorel Visan **L** 95 **E** 22.8.1980 Kino DDR/20.10.1981 DFF 2

ZWISCHEN RUHM UND LIEBE →Bretter, die die Welt bedeuten (1962)

ZWISCHEN SCHANGHAI UND ST. PAULI. Drei deutschen Matrosen gelingt es, eine Gangsterbande zu überwinden, die ein Millionärstöchterchen auf ein zur Sprengung vorbereitetes schrottreifes Schiff gelockt hat. Anspruchslose Kriminalunterhaltung mit einigen humorvoll gemeinten Einlagen. – Ab 16. ✦ Scope. BR Deutschland/Italien 1962 **P** Rapid/Associate **Kl** Gloria **Pd** Ludwig Spitaler, Rodriguez Folgar **R** Wolfgang Schleif **B** Joachim Bartsch, C. U. Arthur **K** Klaus von Rautenfeld **M** Raimund Rosenberger **S** Herbert Taschner **D** Joachim Hansen (Jochen), Karin Baal (Vera Anden), Horst Frank (Frederic), Dorothee Parker (Diana Howell), Bill Ramsey (Blacky) **L** 86 **FSK** ab 16; nf **E** 5.10.1962 **fd** 11 474

ZWISCHEN SCHWARZ UND WEISS (LES ENFANTS DU KAROO). Eine Fotografin aus Paris macht sich in Südafrika auf die Suche nach ihrem tot geglaubten Vater. Mit Hilfe eines Schwarzen kann sie ihn aufspüren und findet heraus, dass er eine Einheimische geheiratet und eine Organisation gegründet hat, die sich um Waisenkinder aus den Townships kümmert. Als das Haus ihres Vaters überfallen wird, machen sich alle Beteiligten auf den Weg ins Waisenhaus. Während der beschwerlichen Reise kommt man sich näher, Spannungen sind jedoch nicht von der

Hand zu weisen. Der Film versucht, an Hand einer privaten Familiengeschichte den Rassenkonflikt zu thematisieren und Stimmung und Spannungen nachzuzeichnen. ✦ Frankreich 1996 **P** La Sept-arte/SM Films **R** Laurent Ferrier **B** Laurent Ferrier, Philippe Rony, David Ferrier **K** Pierre David **M** Benjamin Farley, Antoine Furet **S** Dominique Gallieni, Ricardo Elodie **D** Elise Tielrooy (Julie), Hubert Koundé (Maseko), Raoul Billerey (Julies Vater), Nomhle Nkyonyeni (Mathona), Teboho Ben Thshabalala (Marcus), Sinah Tholoana (Constance) **L** 91 **E** 25.5.1999 arte

ZWISCHEN SCHWARZEN SCHENKELN (THE PUSSYCAT SYNDROME). Sexfilm. Beim Urlaub in Griechenland geraten zwei Fotomodelle auf die Jacht eines Geschäftsmannes mit bizarren Neigungen. – Wir raten ab. ✦ Griechenland 1982 **P** Atlas/Andromeda International **KI** H.G.Rehs **R** Irvin Miles **D** Jacqueline Marcan, Ajita Wilson, Herbert Hofer **L** 80 **FSK** ab 18 **E** 5.10.1991 RTL plus

ZWISCHEN STROM UND STEPPE. Ein schwer verletzter Landstreicher wird von der Frau eines Fischers gesundgepflegt. Da er sich in sie verliebt hat, bleibt er in dem Dorf an der Theiß, auch als die Frau wegen der Untreue ihres Mannes das Dorf verläßt. Als der Fischer ermordet aufgefunden wird, fällt der Verdacht auf den Landstreicher, der im Kampf mit dem wirklichen Täter wiederum schwer verletzt wird. In der Hoffnung, irgendwann die Geliebte wiederzusehen, läßt er sich als Fährmann anstellen. Sentimentale Unterhaltung aus der Vorkriegszeit. – Ab 14. ✦ Schwarz-weiß. Deutschland/Ungarn 1938 **P** Spectrum & Spectrum **KI** Transit **R** Géza von Bolváry **B** Hans Gustl Kernmayr, S. S. von Várady, nach dem Roman von Michael Zorn **K** Werner Brandes **M** Dénes von Buday **D** Attila Hörbiger, Heidemarie Hatheyer, Helmuth Bergmann, Margit Symo, Ferdinand Maierhofer **L** 85 **FSK** ab 6; f **E** 13.1.1939/13.8.1977 ARD

ZWISCHEN VERDACHT UND VERTRAUEN (CEATA). Das Schicksal einer Gruppe von Widerstandskämpfern, die vermuten müssen, daß sich ein Verräter unter ihnen befindet. Nicht nur auf spannende Unterhaltung ausgerichteter, sondern auch um die Verdeutlichung psychologischer Zustände bemühter Film. – Ab 16. ✦ Schwarz-weiß. Rumänien 1973 **P** Filmstudio Bucuresti **KI** Progress **R** Vladimir Popescu-Doreanu **B** Alexandre Siperex, Vladimir Popescu-Doreanu **K** Costache Ciubotaru **M** George Grigoriu **D** Toma Dimitru (Professor), Adela Marcalescu (Paula), Maria Rotaru (Ioana), Emmerich Schäffer (Mihai), Mircea Anghelescu (Anton) **L** 89 **E** 14.6.1974 Kino DDR

ZWISCHEN ZARENHOF UND SCHLACHTFELD (JULIJA WREWSKAJA). Historischer Film über das Schicksal der Baronin Julia Wrewskaja (1841–1878), die als Krankenschwester am Befreiungskampf der Bulgaren gegen die türkischen Unterdrücker teilnahm. Auf Grund seiner ethischen Haltung und einer guten Darstellungskunst sowie einer bemerkenswerten Fotografie beeindruckend. – Ab 16. ✦ UdSSR/Bulgarien 1977 **P** Mosfilm/Spielfilmstudio Sofia **KI** Progress **R** Nikola Korabow **B** Semjon Lungin, Stefan Zanew, Nikola Korabow **K** Wadim Jussow **M** Wladimir Wassiljew, Tontscho Russew **D** Ljudmila Saweljewa (Julia Wrewskaja), Stefan Danailow (Nikola Korabelow), Kosta Zonew (alter Landwehrmann), Juri Jakowlew (Nikolai Nikolajewitsch), Regimantas Adomaitis (Wassili Wereschtschagin) **L** 136 **E** 8.9.1978 Kino DDR

ZWISCHEN ZEIT UND EWIGKEIT. Die Frau eines berühmten Arztes wird von einem Tumor, der sich als unheilbar herausstellt, aus den Bahnen ihres bisherigen Lebens geworfen. Sie verläßt ihren Mann und erlebt im Süden mit einem Fischer ein spätes Liebesglück von ungeahnter Intensität. Unglaubwürdiges »Schicksals«-Melodram, mühsam konstruiert und von indiskutabler Philosophie. Allenfalls die Schauspielkunst Lilli Palmers vermag zu überzeugen. – Ab 16. ✦ BR Deutschland 1956 **P** Neue Terra **KI** Europa **Pd** Otto Lehmann **R** Arthur Maria Rabenalt **B** Robert Thoeren **K** Georg Bruckbauer **M** Bert Grund **S** Alexandra Anatra **D** Lilli Palmer, Willy Birgel, Carlos Thompson, Ellen Schwiers, Peter Capell **L** 98 **FSK** ab 16; f **E** 15.11.1956 **fd** 5 438

ZWISCHEN ZIEL UND START (RISK – BLAGORODNOJE DELO). Die Geschichte eines erfolgreichen Sportlehrers, für den der Abschied vom Leistungssport gekommen ist und der nun als Kaskadeur und Filmschauspieler einen neuen Beruf findet. Ein im Sportmilieu angesiedelter Film, der nur recht unvollkommen die Problematik des Leistungssports darzustellen vermag. – Ab 14. ✦ Scope. UdSSR 1977 **P** Gorki-Studio **KI** Progress **R+B** Jakow Segel **K** Igor Klebanow **M** Jewgeni Krylatow **D** Alexander Michailow (Juri Russanow), Liljana Aleschnikowa (Lena), Wassili Sachartschenko (Altow), Alexander Lasarew (Listow), Nikolai Sergejew (Nikolai Wassiljewitsch) **L** 79 **E** 18.8.1978 Kino DDR

ZWISCHEN ZWEI FEUERN (THE INDIAN FIGHTER). Ein weißer Scout und die Tochter des Sioux-Häuptlings, die einander lieben, verhindern die Vernichtung eines Forts und eines Siedlertrecks. Ansehnlich gespielter und fotografierter Westernder Nachbürgerkriegsära. (Alternativtitel: »Als Vergeltung 7 Kugeln«) – Ab 14. ✦ Scope. USA 1955 **P** Bryna/United Artists **KI** United Artists **Pd** William Schorr **R** André De Toth **B** Ben Hecht, Frank Davis **K** Wilfred M. Cline **M** Franz Waxman **S** Richard Cahoon **D** Kirk Douglas (Johnny Hawks), Elsa Martinelli (Onahti), Walter Abel (Capt. Trask), Walter Matthau (Wes Todd), Diana Douglas (Susan Rogers), Lon Chaney jr. (Chivington), Eduard Franz (Red Cloud), Alan Hale jr. (Will Crabtree), Elisha Cook (Briggs), Michael Winkelmann (Tommy Rogers), Harry Landers (Grey Wolf), William Phipps (Lt. Blake), Buzz Henry (Lt. Shaeffer), Hank Worden (Crazy Bear), Lane Chandler **L** 88 **FSK** ab 12; nf **E** 20.4.1956 **fd** 4 920

ZWISCHEN ZWEI FRAUEN (BRIGHT LEAF). Gesellschaftsdrama aus den amerikanischen Südstaaten des 19. Jahrhunderts: Ein junger Abenteurer kehrt in seine Heimatstadt zurück, um sich an dem Mann zu rächen, der einst seinen Vater ruinierte. Der Selbstmord des Widersachers treibt jedoch auch ihn in den Ruin; die Tochter des Geschäftsmannes, die er heiratete, nutzt die Ehe, um ihn zugrunde zu richten. Trotz vorzüglicher Besetzung und Fotografie ein nur mittelmäßiges Melodram aus dem Milieu der Tabakpflanzer. – Ab 16 möglich. ✦ Schwarz-weiß. USA 1950 **P** Warner **KI** Warner **Pd** Henry Blanke **R** Michael Curtiz **B** Ranald MacDougall, nach dem Roman von Foster Fitz-Simmons **K** Karl Freund **M** Victor Young **S** Owen Marks **D** Gary Cooper (Brant Royle), Lauren Bacall (Sonia Kovac), Patricia Neal (Margaret Jane Singleton), Jack Carson (Chris Malley), Donald Crisp (Maj. James Singleton), Gladys George (Rose), Elizabeth Patterson (Tabitha Jackson), Jeff Corey (John Barton), Taylor Holmes (Calhoun), Thurston Hall (Phillips) **L** 95 **FSK** ab 16; f **E** 19.6.1953 **fd** 2 602

ZWISCHEN ZWEI KRIEGEN. Der Film rekonstruiert den ökonomischen Zusammenhang zwischen industrieller Überproduktion und der Warenvernichtung im Krieg am Beispiel des Energieverbundes der Schwerindustrie. Er beschreibt in exemplarischen Szenen, wie sich Arbeiter und Angestellter in der Weimarer Republik die Erkenntnisse der politischen Entwicklung aneignen, wie sie frühzeitig begreifen, daß Hitler Krieg bedeutet, wie sie beim Versuch scheitern, ihr Wissen weiterzugeben. ✦ Schwarz-weiß. BR Deutschland 1977 **P** Farocki-Filmproduktion **SF** Basis **Pd+R** Harun Farocki **B** Harun Farocki, nach seinem Hörspiel »Das große Verbindungsrohr« **K** Axel Block, Melanie Walz, Ingo Kratisch **M** Gustav Mahler **S** Harun Farocki **D** Jürgen Ebert (Mann mit Hemd/Soldat), Michael Klier (Polizist/Soldat/Kommissar), Ingemo Engström (Krankenschwester), Jeff Layton, Steffan Mattusch **L** 83 **E** 5.11.1978

ZWISCHEN ZWEI MÄNNERN – DIE LIEBE EINER FRAU → In uns die Hölle (1995)

ZWISCHEN ZWEI STRÖMEM (GUIA HAI KAN NUOC). Eine Gruppe von Agenten bereitet ein Attentat auf eine Werft im Süden Vietnams vor. Für die Durchführung ihres Plans versuchen sie, einen jungen unentschlossenen Spezialtaucher anzuwerben. Der Film spielt nach der 1976 erfolgten Vereinigung von Nord- und Südvietnam. ✦ Schwarz-weiß. Vietnam 1977 **P** Studio Ho-Chi-Min-Stadt **R** Lam Son, Lam Toi **B** Luu Khai, Vuong Diem, Mai Thuc Luan **K** Nguyen Dong Hong, Doan Quoc **D** Bang Chau (Trung Tran), Son Dien (Nhung), Chi Tiep (Parteisekretär), Tien Vinh (Direktor), Nguyen Vy (Ingenieur Minh) **L** 76 **E** 26.6.1979 DFF 2

ZWISCHEN ZWEI WELTEN (BETWEEN TWO WORLDS). Im London des Jahres 1944 nimmt sich ein verzweifelter Pianist das Leben und befindet sich zusammen mit anderen auf dem Weg ins Jenseits. Da keiner weiß, was sie erwartet, harren sie zwischen Angst und Hoffnung auf die Prüfung an der Himmelspforte. In Form eines Kammerspiels mit zahlreichen Stars produzierte zweite Verfilmung eines Theaterstücks (nach 1931); in der Psychologisierung der Personen vereinfachend und in der Handlungskonstruktion nicht frei von plakativer Naivität, überzeugt der Film dennoch durch seine ergreifende und fesselnde Atmosphäre. (TV-Titel auch: »Zwischen den Welten«) – Ab 16. ✦ Schwarz-weiß. USA 1944 **P** Warner **Pd** Mark Hellinger **R** Edward A. Blatt **B** Daniel Fuchs, nach einem Bühnenstück von Sutton Vance **K** Carl Guthrie **M** Erich Wolfgang Korngold **S** Rudi Fehr **D** Paul Henreid (Henry Bergner), Eleanor Parker (Ann Bergner), John Garfield (Tom Prior), Edmund Gwenn (»Steward« Scrubby), Sydney Greenstreet (»Prüfer« Thompson) **L** 112 **E** 19.10.1988 NDR

ZWISCHEN ZWÖLF UND DREI (FROM NOON TILL THREE). Wegen eines Alptraums beteiligt sich ein Bankräuber nicht am Überfall, sondern verbringt bei einer Frau einige verliebte Stunden, die nach seinem vermeintlichen Tod zur Legende und zum Bestseller aufgebauscht werden. Zum Teil recht geschickte und amüsante Western-Parodie, die durch starke Längen und unnötig drastische Dialoge jedoch an Wirkung verliert. – Ab 16. ✦ USA 1975 **P** Frankovich-Self Prod. **KI** United Artists **Pd** Mike J. Frankovich, William Self **R** Frank D. Gilroy **B** Frank D. Gilroy, nach seinem Roman **K** Lucien Ballard **M** Elmer Bernstein **S** Maury Winetrobe **D** Charles Bronson (Graham Dorsey), Jill Ireland (Amanda Starbuck), Douglas Fowley (Buck Bowers), Stan Haze (Ape), Damon Douglas (Junge), Bert Williams (Sheriff), Sonny Jones (Dr. Finger), William Lanteau (Rev. Cabot), Howard Brunner (Foster), Hector Morales (Mexikaner) **L** 99 **FSK** ab 16; nf **E** 13.8.1976 **fd** 19 914

ZWISCHENBILANZ (1963). Porträt eines alten Ingenieurs, der immer wieder durch seine eigensinnige Kritik an Misswirtschaft und Disziplinlosigkeit auffällt. Als staatliche Leitungen begreifen, dass er Recht hat, setzen sie ihn als neuen Werkleiter ein. Im Auftrag des Deutschen Fernsehfunks inszeniertes Plädoyer für Ehrlichkeit im sozialistischen Arbeitsalltag, partiell offen und mutig, am Ende aber eher beschönigend. ✦ Schwarz-weiß. DDR 1963 **P** DEFA **Pd** Werner Liebscher **R** Wilhelm Gröhl **B** Ralph Knebel, Wilhelm Gröhl, nach dem gleichnamigen Hörspiel von Ralph Knebel und Rolf Gumlich **K** Eberhard Borkmann **S** Ilse Peters **D** Heinz Isterhell (Bachthufen), Johannes Wieke (Schoppe), Hans Hardt-Hardtloff (Seidler), Karlheinz Liefers (Vollrath), Albrecht Delling (Hanslick) **L** 76 **E** 6.10.1963 DFF 1

ZWISCHENBILANZ (1975) (BILANS KWARTALNY). Eine 35jährige Frau verläßt ihre Familie, um einem anderen Mann nachzufahren. Als sie ihn nicht trifft, beginnt sie, über sich selbst und ihren spontanen Ausbruch nachzudenken. Sie kehrt schließlich zurück, nicht ohne Bilanz über ihr bisheriges Leben gezogen zu haben. Eine eigenwillige psychologische Studie über eine innerlich vereinsamte Frau, die sich sowohl beruflich als auch in ihrer Ehe in einer Krise befindet. Ein kompromißloser, engagierter, formal schwieriger Film, der von den Zuschauern entschlüsselt werden will. ✦ Scope. Polen 1975 **P** Filmgruppe »Tor« **KI** Progress **R+B** Krzysztof Zanussi **K** Slawomir Idziak **M** Wojciech Kilar **D** Maja Komorowska (Marta), Piotr Fronczewski (Martas Mann), Marek Piwowski (Jacek), Halina Mikolajska (Roza), Zofia Mrozowska (Martas Mutter) **L** 94 **E** 11.12.1974 ZDF/1.10.1976 Kino DDR/30.9.1977 DFF 1

ZWISCHENFALL AN DER GRENZE (NA GRANIZE). Eine sowjetische Bauernfamilie bewährt sich gegen weißgardistische Störtrupps und japanische Unruhestifter aus der von Japanern besetzten Mandschurei. Pathetisch-heroisierender Abenteuerfilm mit formalen Schwächen. – Ab 14. ✦ Schwarz-weiß. UdSSR 1938 **P** Lenfilm **KI** Sovexportfilm **R+B** Alexander Iwanow **K** Wladimir Rapoport **M** W. Puschkow **D** Jelena Tjapkina, Nikolai Krjutschkow, Sergej Krylow, Erast Garin, N. Winogradow **L** 103 **E** 9.2.1949

ZWISCHENFALL AN DER RIVIERA (LE FAUX PAS). Eine reiche junge Frau wird von ihrem Mann, der sich in den Besitz ihrer Erbschaft bringen will, systematisch nervlichen Belastungen ausgesetzt, um sie zum Wahnsinn zu treiben. Unvorhergesehene Ereignisse verhindern aber das verbrecherische Vorhaben. Ein unbefriedigender Versuch einer psychologischen Studie mit den Mitteln des Genrekinos. – Ab 14. ✦ Schwarz-weiß. Frankreich 1967 **P** Sumer **KI** Progress **R** Antoine d'Ormesson **B** Bernard Thomas, Antoine d'Ormesson **K** Georges Barsky **M** Antoine d'Ormesson **D** Yori Bertin (Elisa), Dominique Paturel (Philippe), Jean-Claude Pascal (Robert) **L** 82 **E** 16.8.1968 Kino DDR

ZWISCHENFALL AUF DEM FLUGPLATZ (SLUTSCHAI W AEROPORTU). Auf einem Transport zu einer Ausstellung verschwindet wertvolle Goldschmiedekunst. Die Untersuchung gestaltet sich schwierig. ✦ UdSSR 1987 **P** Tadshikfilm **R+B** Junus Jussupow **D** Sergej Bondartschuk (Generalmajor), Paul Butkewitsch **L** 152 **E** 10.11.1988 DFF 2

DER ZWISCHENFALL DES HALBEN METERS (HADISAT AN-NUSF METER). Ein junger syrischer Steuerbeamter aus Damaskus folgt tagtäglich seinen eingefahrenen Lebenswegen, ohne sich von politischen oder sozialen Ereignissen beeinflussen zu lassen. Während der ersten Tage des zweiten israelisch-arabischen Krieges verliebt er sich in eine junge Frau, die sich jedoch bald von ihm trennt, weil sie mit seinem passiven Verhalten und seiner Unentschiedenheit nicht einverstanden ist. Ein optisch diskreter, satirisch überzeugender Versuch, Kritik an den autoritären Herrschaftssystemen sowie den damit einhergehenden Vorurteilen der arabischen Welt zu üben. (O.m.d.U.) – Ab 16 möglich. ✦ Syrien 1981 **P** Dritte Produktionseinheit der Nationalen Filmorganisation **KI** Freunde der Deutschen Kinemathek **Pd** George Bishara **R** Samir Zikra **B** Samir Zikra, nach der gleichnamigen Erzählung von Sobri Mosa **K** Abdul Kader Al Shourbagy, Hanna Ward **M** Marcel Kalipheh **S** Antonette Azarieh, Zoheir Daieh **D** Abdul Fatah Al Mozaeen, Gyana Ide, Ali Assed, Hassan Yoness, Nizar Charaby, Vilda Samoor **L** 110 **E** 21.5.1986 WDR III

ZWISCHENFALL IM ATLANTIK (THE BEDFORD INCIDENT). Ein amerikanischer Kreuzer auf Patrouillenfahrt zerstört durch eine Atomrakete, ausgelöst durch menschliches Versagen, ein unbekanntes U-Boot und setzt sich kampflos dem Atomgegenschlag aus. In starker thematischer Verwandtschaft zu »Angriffsziel Moskau« wird hier eine andere Seite der ständigen Bedrohung des leicht verletzlichen Gleichgewichts des Friedens behandelt. In präzisem, reportagehaftem Stil gestaltet, mit guter Spannungsführung, aber etwas unklarem Schluß. – Ab 16. ✦ Schwarz-weiß. Großbritannien 1965 **P** Bedford **KI** Columbia-Bavaria **Pd** James B. Harris, Richard Widmark **R** James B. Harris **B** James Poe, nach einem Roman von Mark Rascovich **K** Gilbert Taylor **M** Gerard Schurmann **D** Richard Widmark (Kapitän Eric Finlander), Sidney Poitier (Ben Munceford), Eric Portman (Wolfgang Schrepke), James MacArthur (Ensign Ralston), Martin Balsam (Chester Potter) **L** 102 **FSK** ab 12; f **FBW** w **E** 14.1.1966 **fd** 13 840

ZWISCHENFALL IM PLANQUADRAT 36–80 →Vorfall im Planquadrat 36–80

DER ZWISCHENFALL IM STADTBEZIRK (TSCHP RAJONNOGO MASSCHTABA). Nicht nur die rasante Karriere eines Parteisekretärs des sowjetischen Jugendverbandes Komsomol gerät über Nacht ins Wanken, auch privat gibt es Probleme. Als auch noch die Lenin-Büste im Bezirksbüro zerschlagen und das Komsomol-Banner entwendet wird, sucht die Parteileitung einen Schuldigen und fordert sein Parteibuch zurück. Seinen letzten Auftritt auf einer Sitzung nutzt der Funktionär, um die Wahrheit über alle Schönfärbereien zu sagen. Entgegen allen Erwartungen wird er anderntags befördert. Ein schonungsloser Einblick in die Parteistrukturen während der Breschnew-Ära, der die Mißstände des kommunistischen Systems beschreibt. Zugleich ein Beleg für das Verschwinden der Zensur und die Bemühungen der Filmschaffenden, durch kritische Fragen die jüngste Vergangenheit und die Gegenwart zu erhellen. Unübersehbar ist freilich, daß die formale wie inhaltliche Eiseskälte des Films etwas Gewolltes hat, so, als schwimme der Regisseur allzu geflissentlich auf der »Perestroika-Welle« mit. – Ab 16. ✦ UdSSR 1989 **P** Lenfilm **Pd** Alexander Dontschenko **R** Sergej Sneschkin **B** Juri Poljakow, nach Motiven seiner Erzählung **K** Wladimir Burykin **M** Alexander Kneifel **S** W. Nesterowa **D** Igor Botschkin (Schumilin), Jelena Anissimowa (Kommissarowa), Vitali Ussanow (Tschesnokow), Leonard Warfolomejew (Kowalewskij), Juri Demitsch (Okolotkow) **L** (TV) 91 **E** 27.1.1991 ZDF

ZWISCHENFALL IN BENDERATH. Ein jüdischer Oberschüler kann sich nur mit Hilfe einiger Freunde gegen die Rassenhetze eines Lehrers durchsetzen. Das Thema – wiederauflebender Nazismus und Judenhass in der Bundesrepublik der 50er Jahre – wird durchaus ergreifend behandelt. Durch Verzeichnungen bringt sich der Film aber letztlich um einen Teil seiner Glaubwürdigkeit. – Ab 14. ✦ Schwarz-weiß. DDR 1956 **P** DEFA **KI** Progress **Pd** Eduard Kubat **R** János Veiczi **B** Curt Corrinth, János Veiczi, nach dem Schauspiel »Trojaner« und dem Roman »Die Sache mit Päker« von Curt Corrinth **K** Hans Hauptmann **M** Adolf Fritz Guhl **S** Friedel Welsandt **D** Uwe-Jens Pape (Jakob Lewin), Hartmut Reck (Hans Hellmann), Gerhard Rachold (Rudolf Hacker), Renate Küster (Regine Stolterhof), Barbara Rost (Grete Fanner), Doris Abeßer (Hilde Wahl), Heinz Schröder (Studienrat Päker), Horst Friedrich (Schulrat Casparius) **L** 98 **E** 28.12.1956 Kino DDR/15.2.1957 DFF 1

ZWISCHENFALL IN OGLALA (INCIDENT AT OGLALA). Im Juni 1975 wurden im Pine-Ridge-Indianerreservat in South Dakota zwei FBI-Agenten und ein Indianer ermordet. Als mutmaßlichen Mörder machten die Behörden den politischen Aktivisten Sioux Leonard Peltier aus. Er wurde verhaftet und sitzt immer noch im Gefängnis, obwohl Recherchen von Bürgerrechtlern ergeben haben, daß Peltier mit großer Wahrscheinlichkeit nicht der Mörder ist. Michael Apted hat seinen Film mit journalistischem Engagement als dokumentarische Spurensuche inszeniert; das Ergebnis ist Dokumentarkino als flammender Aufruf, die Not und Diskriminierung nicht zu vergessen, denen die nordamerikanischen Ureinwohner auch heute noch ausgeliefert sind. – Ab 14. ✦ USA 1992 **P** Miramax/Spanish Fork **Pd** Arthur Chobanian **R+B** Michael Apted **K** Maryse Alberti **M** John Trudell, Jackson Browne **S** Susanne Rostock **L** 89 **E** 24.3.1994 premiere

DER ZWISCHENFALL MIT DER SCHWARZEN KANONE (HEI PAO SHIJIAN). Ein deutscher Montageleiter auf einer Großbaustelle in China erlebt ein Fiasko, das auch für seine Auftraggeber Folgen hat, als sein Dolmetscher in Spionage-Verdacht gerät und kaltgestellt wird. Eine in deutsch-chinesischer Gemeinschaftsproduktion entstandene Politsatire, die mit Sarkasmus die Engstirnigkeit von Parteifunktionären und -kadern attackiert. Informativ und unterhaltsam, bisweilen aber auch etwas zu plump und unbeholfen inszeniert sowie zu betont auf Völkerverständigung bedacht. – Ab 14 möglich. ✦ VR China/BR Deutschland 1986 **P** Xian Filmstudio/Manfred Durniok Filmprod. **Pd** Wu Tianming, Manfred Durniok **R** Huang Jianxin **B** Li Wei, nach einer Kurzgeschichte von Zhang Xianliang **K** Wang Xinsheng **M** Zhu Shirui **S** Chen Dali **D** Liu Zifeng (Zhao Shuxin), Wang Yi (Zhou Yuzen), Gerhard Olschewski (Hans Schmidt), Gao Min (Li Renzhong), Ge Huei (Wu Kegong), Feng Liangcai (Yang Zazhou) **L** 94 **E** 1.6.1987 ARD

ZWISCHENGLEIS. Nach dem Selbstmord einer 31jährigen im Jahre 1961 geht der Film den Lebensweg der Toten zurück bis in die frühe deutsche Nachkriegszeit, wobei sich als Hauptursache der Verzweiflungstat herausstellt, daß sich die Frau am Tod eines kleinen Jungen auf der gemeinsamen Flucht (1945) schuldig fühlte. Die eigentlich dramatische Geschichte ist handwerklich sorgfältig, aber sehr verschachtelt inszeniert. Der Film – Staudtes letzte Kinoregie – bleibt merkwürdig unpersönlich, er vermag weder zur Reflexion anzuregen noch Anteilnahme zu wecken. – Ab 16. ✦ BR Deutschland 1978 **P** Artus/BR **KI** Warner-Columbia **Pd** Harald Müller **R** Wolfgang Staudte **B** Dorothée Dahn **K** Igor Luther **M** Eugen Illin **S** Lilo Krüger **D** Mel Ferrer (Colonel Charles Stone), Pola Kinski (Anna Eichmayr), Martin Lüttge (Alfons Eichmayr), Hannelore Schroth (Frau Almany), Volkert Kraeft (Hubert Almany) **L** 110 **FSK** ab 12; f **FBW** bw **E** 27.10.1978/30.12.1981 BR 3 **fd** 21 133

ZWISCHENLANDUNG IN MOSKAU (JA SHAGAJU PO MOSKWE). Ein junger Schriftsteller aus Sibirien verlebt einen Tag in Moskau und lernt durch Gleichaltrige die Hauptstadt vor allem von ihren grotesken Seiten kennen. Filmkomödie des georgischen Regisseurs Danelija, mit einigen satirischen Momenten und streckenweise romantisch-verspieltem Charme. (Westdeutscher TV-Titel: »Spaziergang in Moskau«) ✦ Scope, schwarz-weiß. UdSSR 1962 **P** Mosfilm **KI** Progress **R** Georgi Danelija **B** Gennadi Spalikow **K** Wadim Jussow **M** Andrej Petrow **D** Alexej Loktjew (Wolodja), Nikita Michalkow (Kolja), Galina Polskich (Alena), Jewgeni Steblow (Sascha), Wladimir Bassow **L** 75 **E** 7.2.1971 ZDF

ZWISCHENLANDUNG IN PARIS (ESCALE A ORLY). Der Pariser Flughafen Orly dient als Kulisse für eine Liebesromanze zwischen einem Piloten und einer Stewardeß. Trotz humoristischen Bemühens und einer aufgesetzten Drogenschmuggelgeschichte weitgehend langweilig und spannungslos; auch menschlich kaum überzeugend. – Ab 12 möglich. ✦ Schwarz-weiß. BR Deutschland/Frankreich 1955 **P** Corona/Hoche/Mariana **KI** Bavaria **Pd** Max Koslowski, Jean Darvey **R** Jean Dréville **B** Jacques Companéez, Joseph Tahn, nach dem gleichnamigen Roman von Curt Rieß **K** Helmuth Ashley **M** Paul Misraki **S** Eva Kroll, Gabriel Rongier **D** Heinz Rühmann (Petit), Dany Robin (Michèle), Dieter Borsche (Eddie Miller), Hans Nielsen (Boreau), Simone Renant (Gloria) **L** 87 **FSK** ab 12; nf **E** 4.3.1955/4.3.1963 ZDF **fd** 3 937

ZWISCHENSAISON (HORS SAISON). Nach langer Zeit kehrt ein Mann in das Hotel in den Schweizer Bergen zurück, in dem er als Kind lebte. Der Gang durch das leerstehende Gebäude läßt die lange verschüttete Vergangenheit in einer Folge von Erinnerungen wachwerden. Liebevoll gearbeitete ironisch-wehmütige Miniaturen fügen sich zu einem wunderbaren Film zusammen, der die Geheimnisse und den Zauber der Kindheit in die Gegenwart rettet und zugleich die heilsame Kraft der Erinnerung beschwört. (Kinotip der katholischen Filmkritik) – Sehenswert ab 16. ✦ Schweiz/Deutschland/Frankreich 1992 **P** T & C/Metropolis/Pierre Grise/ZDF/DRS/TSR/Beat Curti/Eurimages **KI** Edition Salzgeber **VA** Salzgeber **Pd** Marcel Hoehn, Luciano Gloor, Martine Marignac **R** Daniel Schmid **B** Martin Suter, Daniel Schmid

K Renato Berta **M** Peer Raben **S** Daniela Roderer **D** Sami Frey (Erzähler), Carlos Devesa (Valentin), Ingrid Caven (Lilo), Dieter Meier (Max), Ulli Lommel (Professor Malini), Andréa Ferréol (Fräulein Gabriel), Arielle Dombasle (Frau Studer), Geraldine Chaplin **L** 95 **FSK** ab 6; f **FBW** bw **E** 25.11.1993/Januar 2001 Video **fd** 30 543

ZWISCHENSPIEL (INTERLUDE). Ein verheirateter Stardirigent verliebt sich in eine junge Reporterin, die aber verzichtet, als dessen Frau eine Entscheidung verlangt. Liebesromanze im Stil modisch-schicker Traumfabrik; geschmäcklerisch in der Darstellung der High-Society. – Ab 16. ✦ Großbritannien 1967 **P** Domino **Kl** Columbia-Bavaria **R** Kevin Billington **B** Lee Langley, Hugh Leonard **K** Gerry Fisher **M** Georges Delerue **S** Bert Bates **D** Oskar Werner, Barbara Ferris, Virginia Maskell, John Cleese, Donald Sutherland **L** 113 **FSK** ab 16; f **E** 31.10.1968 **fd** 15 800

EIN ZWISCHENSPIEL (SAWYRSCHTANE). Eine gefeierte Violinistin verbringt die freie Zeit zwischen zwei Konzerttourneen bei ihrer Familie. In ihrer künstlerischen Laufbahn sehr erfolgreich, mit einer bereits erwachsenen Tochter und einem schönen Zuhause, scheint ihr Leben glücklich und harmonisch zu verlaufen. Während ihres Aufenthaltes kommt sie jedoch erstaunt zu der Erkenntnis, daß ihre Familie und auch die Freunde ihr intensives berufliches Engagement nicht tolerieren. ✦ Bulgarien 1983 **P** Filmstudio Bojana **R** Stefan Dimitrow **B** Raina Tomowa-Syrtschadshiewa **K** Atanas Tassew **M** Simeon Pironkow, Wolfgang Amadeus Mozart, Johannes Brahms, Niccolò Paganini, Peter Iljitsch Tschaikowski, César Franck, Sergej Rachmaninow **D** Rumena Trifonowa, Ernestina Schinowa, Boris Lukanow, Iwan Nestorow, Sewerina Tenewa **L** 80 **E** 26.2.1985 DFF 2

ZWISCHENSPIEL IM HINTERLAND (NA WOJNE KAK NA WOJNE). 1944: Eine sowjetische Artillerieeinheit in der Reserve und im Einsatz. Ein junger, unerfahrener Offizier wächst mit den Anforderungen und erringt sich Vertrauen und Achtung seiner Soldaten. Ein Kriegsfilm ohne Pathos, der den Alltag und die Schrecken des Krieges an Einzelschicksalen schildert. ✦ Scope, schwarz-weiß. UdSSR 1968 **P** Lenfilm **Kl** Progress **R** Viktor Tregubowitsch **B** W. Kurotschkin, Viktor Tregubowitsch **K** Jewgeni Mesenzew, K. Sobol **M** G. Protnow **S** E. Sadowskaja **D** Michail Kononow, Oleg Borissow, Viktor Pawlow, Fjodor Odinokow, B. Tabarowski **L** 82 **E** 16.1.1970 Kino DDR

ZWISCHENSTATION (TRANSIT). Einem deutschen Juden, der seit seiner Flucht vor den Schergen des Dritten Reichs in seiner neuen Heimat Israel keine tieferen Wurzeln schlagen konnte, wird seine frühere Arbeitsstelle an einem Berliner Museum wieder angeboten. Ihm fällt der Abschied nicht leicht; schon im Besitz des Tickets, quartiert er sich, seinen Illusionen nachgebend, noch für einige Tage in einer schäbigen Pension in Tel Aviv ein. Der israelische Regisseur Wachsmann inszenierte einen sehr ruhigen, autobiografisch gefärbten Film – eine genaue psychologische Studie vom Identitätsverlust eines Menschen. ✦ Israel 1979 **P** Transit **R** Daniel Wachsmann **B** Daniel Horowitz, Daniel Wachsmann **K** Ilan Rosenberg **M** Shlomo Gronich **D** Gedalia Besser, Itzhak Ben-Zur, Leora Rivlin, Yair Elazar, Amnon Meskin **L** 87 **E** 9.3.1981 ARD **fd** 22 808

ZWISCHENZEIT. Der dritte Film der wendländischen Film-Cooperative über den Widerstand gegen die Errichtung atomarer Anlagen im Landkreis Lüchow-Dannenberg. Kaleidoskopartig wird über das Versagen des Widerstandes nachgedacht und die politische Utopie der Kernkraftgegner der politischen Realität gegenübergestellt. In einem komplexen Bild-Ton-Geflecht wird nicht ohne Ironie und Selbstkritik gefragt, was der Widerstand eigentlich bewirkt hat. Ein formal nicht immer überzeugendes, dennoch stets interessantes Zeitbild, durch das ein fiktiver »Akzeptanzforscher« mit fiktiven soziologischen Texten führt; es verfällt nicht in Trübsal, sondern will Hoffnung auf künftige Formen des Widerstandes und Protestes machen. – Ab 16. ✦ BR Deutschland 1985 **P** Wendländische Film-Cooperative **SF** Zentral **VA** Zentral **Pd** Roswitha Ziegler, Gerhard Ziegler, Niels C. Bolbrinker, Jochen Foelster **R** Roswitha Ziegler, Niels C. Bolbrinker, Gerhard Ziegler, Jochen Foelster **B** Roswitha Ziegler, Gerhard Ziegler **K** Niels C. Bolbrinker **M** Einstürzende Neubauten **S** Roswitha Ziegler, Niels C. Bolbrinker **D** Jochen Foelster (Akzeptanzforscher Dr. Gollwin) **L** 125 **E** 16.1.1986

DIE ZWÖLF GESCHWORENEN (1957) (TWELVE ANGRY MEN). Zwölf Geschworene ziehen sich nach einem Mordprozeß zur Beratung zurück. Der Fall scheint klar und die Verurteilung zum Tode unausweichlich, bis einer der Geschworenen Widersprüche entdeckt und an den Indizien zu zweifeln beginnt. In mühsamen, teils heftigen Diskussionen kann er seine Kollegen allmählich von der Unschuld des Angeklagten überzeugen, wobei sich die scheinbar »vernünftigen« Meinungen als geistige Trägheit und latente Ressentiments herausstellen. Sidney Lumets Erstlingsfilm verleiht dem Geschehen durch die Begrenzung des Ortes und der Personen eine große Dichte und Spannung. Die Wahrheitsfindung entsteht aus dem Zusammenspiel unterschiedlicher Menschentypen, Ideologien und Interessen – ein Modellfall »demokratischer« Aufklärungsarbeit. Hervorragend besetzt, gespielt und fotografiert. (Preis der OCIC in Berlin) – Sehenswert ab 14. ✦ Schwarz-weiß. USA 1957 **P** Orion/Nova **Kl** United Artists **DVD** Fox Home (16:9, 1.66:1, Mono engl./dt.) **Pd** Henry Fonda, Reginald Rose **R** Sidney Lumet **B** Reginald Rose **K** Boris Kaufman **M** Kenyon Hopkins **S** Carl Lerner **D** Henry Fonda (8. Geschworener), Lee J. Cobb (3. Geschworener), Ed Begley (10. Geschworener), E. G. Marshall (4. Geschworener), Jack Warden (7. Geschworener), Martin Balsam (1. Geschworener), John Fiedler (2. Geschworener), Jack Klugman (5. Geschworener), Edward Binns (6. Geschworener), Joseph Sweeney (9. Geschworener), George Voskovec (11. Geschworener), Robert Webber (12. Geschworener), John Savoca (Angeklagter) **L** 96 **FSK** ab 12; f **FBW** bw **E** 14.8.1957/26.11.1965 Kino DDR/17.5.2001 DVD **fd** 6 139

DIE 12 GESCHWORENEN (1997) (12 ANGRY MEN). Nach dem Mordprozeß gegen einen Achtzehnjährigen, der seinen Vater erstochen haben soll, ziehen sich die zwölf Geschworenen zur Beratung zurück. Die Indizienlage scheint klar, aber nur elf stimmen für »Schuldig«. Dem Geschworenen Nr. 8, dem Verweigerer, gelingt es in langen, hitzigen Diskussionen, in denen herkunfts- und charakterbedingte Vorurteile aufeinanderprallen, die Männer nachdenklich zu stimmen, ihre Argumente und Emotionen zu analysieren und sie von einem Freispruch zu überzeugen. Farbiges Remake eines hervorragenden Gerichtsfilms von 1957 als hochkarätig besetztes Fernsehspiel, das vom Zuschauer die volle Konzentration verlangt. Mit seiner radikal nach den Regeln der Einheit des Ortes und der Zeit gebauten Dramaturgie vermittelt der Film ein dichtes Erlebnis demokratischer Zivilcourage am Beispiel eines einzelnen, der sich gegen die Mehrheit für seine Überzeugung einsetzt. – Sehenswert ab 12. ✦ USA 1997 **P** MGM Telecommunications Group **VA** Warner Home **Pd** Terence A. Donnelly **R** William Friedkin **B** Reginald Rose **K** Fred Schuler **M** Kenyon Hopkins, Charles Haden, Richard S. Kaufman **S** Augie Hess **D** Courtney B. Vance (Geschworener Nr. 1), Ossie Davis (Nr. 2), George C. Scott (Nr. 3), Armin Mueller-Stahl (Nr. 4), Dorian Harewood (Nr. 5), James Gandolfini (Nr. 6), Tony Danza (Nr. 7), Jack Lemmon (Nr. 8), Hume Cronyn (Nr. 9), Mykelti Williamson (Nr. 10), Edward James Olmos (Nr. 11), William Petersen (Nr. 12) **L** 113 **FSK** ab 6 **E** 9.4.1998 Video/17.11.1998 Premiere **fd** 33 147

ZWÖLF HERZEN FÜR CHARLY. Ein zurückhaltender Musiklehrer in einer vornehmen Hauswirtschaftsschule sieht sich in Komplikationen verwickelt, die durch das plötzliche Auftauchen seines in Amerika aufgewachsenen forschen Zwillingsbruders ausgelöst werden. Nachkriegsdeutsches Verwechslungslustspiel mit Willy Fritsch in einer Doppelrolle, inszeniert von Fritz Andelfinger, dessen einziger Film dies blieb. – Ab 16. ✦ Schwarz-weiß. Deutschland 1949 **P** Cinephon **Kl** Continental **Pd** Alfred Bittins, Felix Kleinau **R** Fritz Andelfinger **B** Karl Georg Külb **K** Walter Pindter, Hans Hauptmann **M** Peter Kornfeld **S** F. Bückow-Schier **D** Willy Fritsch, Heli Finkenzeller, Käte Pontow, Erika von Thellmann, Dorit Kreysler **L** 96 **FSK** ab 16; nf **E** 6.5.1949 **fd** 309

ZWÖLF MÄDCHEN UND EIN MANN (ZWÖLF MÄDCHEN UND EIN MANN). Der seinerzeit populäre Skisportler Toni Sailer als skifahrender Gendarm im Hochalmgebiet. Zu den prachtvollen Winteraufnahmen eine harmlos-heitere Kriminalgeschichte um Kunstdiebstähle, erfolgreich und karriereversprechend von Sailer gelöst, der zum Lohn auch noch den hübschesten »Skihasen« gewinnt. – Ab 10 möglich. ✦ Österreich 1959 **P** Sascha **Kl** UFH **Pd** Karl Schwetter **R** Hans Quest **B** Kurt Nachmann, Hellmut Andics **K** Rudolf Sandtner **M** Franz Grothe **S** Herma Sandtner-Sedivy **D** Toni Sailer, Margit Nünke, Gerlinde Locker, Gunther Philipp, Grit Boettcher **L** 88 **FSK** ab 6; nf **E** 15.10.1959 **fd** 8 548

ZWÖLF MILLIONEN (ALLEMAN). Feuilletonistischer Dokumentarfilm, der auf originelle Weise mit dem Leben und der Lebensart der Holländer bekannt macht. Die in zweijähriger Arbeit mit versteckter Kamera gedrehten Aufnahmen wurden durch die Qualität von Schnitt und Kommentar zu einem unterhaltsamen, witzigen, teils kritischen, aber immer liebenswürdig-menschlichen Lebenszeugnis. – Ab 10. ✦ Schwarz-weiß. Niederlande 1963 **P** Bert Haanstra Prod. **Kl** Atlas **Pd+R+B** Bert Haanstra **K** Anton van Munster **M** Otto Ketting **L** 83 **FSK** ab 6; f **FBW** bw **E** 9.9.1966 Kino DDR/4.10.1970 ZDF

ZWÖLF MINUTEN NACH ZWÖLF. Ein verdeckt ermittelnder Kriminalist fahndet in Stockholm nach mysteriösen Juwelendieben, die ihre Anweisungen über Schallplatten erhalten, und gerät zufällig an eine naseweise Jurastudentin. Kleine Kriminalkomödie, die einiges Vergnügen bereitet. – Ab 8. ✦ Schwarz-weiß. Deutschland 1939 **P** UFA **Kl** Ufa **R** Johannes Guter **B** Otto Bernhard Wendler, Georg Zoch **K** Werner Krien **M** Rudolf Perak **D** Geraldine Katt, Ursula Herking, Carl Raddatz, René Deltgen, Rudolf Platte **L** 87 **E** 27.9.1939/Juni 1962 Kino DDR/24.6.1963 DFF 1

DIE ZWÖLF MONATE (1956) (12 MESYATSEW). Eine eigensinnige Königin, der niemand etwas recht machen kann, verfällt auf die Idee, neue Naturgesetze zu erlassen und den Lauf der Jahreszeiten zu ändern. Sie überspannt den Bogen, als sie sich in der Neujahrsnacht blühende Schneeglöckchen wünscht. Liebenswürdiges russisches Zeichentrick-Märchen über den unveränderlichen Lauf der Natur und die Ohnmacht menschlichen Wollens. – Ab 8. ✦ UdSSR 1956 **P** Soyuzmultfilm **R** Iwan Iwanow-Wano **B** Nikolai Erdman, Samuil Marschak, nach dem gleichnamigen Märchen von Samuil Marschak **K** Yelena Petrowa, Nikolai Woinow **L** 52 **E** 2.1.2000 mdr

DIE ZWÖLF MONATE (1979). Angsterfüllt macht sich in der Sylvesternacht das kleine Mädchen Anja auf den Weg in den Wald, weil sie den Auftrag erhalten hat, Schneeglöckchen für die verzogene Prinzessin zu holen. Doch die Geister der zwölf Monate, denen das liebenswerte Mädchen gut bekannt ist, helfen ihr. Ein lustiger Zeichentrickfilm für Kinder. – Ab 8. ✦ Japan 1979 **R** Kimio Yabuki **B** Tomoe Ryu, Kimio Yabuki **M** Wladimir Kriwtschow **L** 67 **E** 7.1.1984 DFF 1

ZWÖLF MONATE BEWÄHRUNGSFRIST (INVISIBLE STRIPES). Ein auf Bewährung entlassener Häftling versucht vergebens, nicht mit dem Gesetz in Konflikt zu kommen. Um seinen jüngeren Bruder finanziell unterstützen zu können, schließt er sich aber doch der Gangsterbande eines früheren Mitgefangenen an. Erst als er merkt, daß auch der Bruder auf die schiefe Bahn zu geraten droht, versucht er, endgültig mit seiner Vergangenheit zu brechen, beschwört damit aber eine Katastrophe herauf. Ereignisreiche, routiniert inszenierte Gangstergeschichte mit tragischem Ausgang. – Ab 14. ✦ Schwarz-weiß. USA 1939 **P** First National/Warner **Pd** Hal B. Wallis **R** Lloyd Bacon **B** Warren Duff, nach einer Story von Jonathan Finn und einem Roman von Lewis E. Lawes **K** Ernest Haller **M** Heinz Roemheld **S** James Gibbon **D** George Raft (Cliff Taylor), Jane Bryan (Peggy), William Holden (Tim Taylor), Humphrey Bogart (Chuck Martin), Flora Robson (Mrs. Taylor) **L** 82 **E** 20.6.1965 ARD

ZWÖLF PLUS EINS (TWELVE PLUS ONE / UNA SU TREDICI). Ein Friseur und eine Antiquarin auf der Jagd nach einer Erbschaft, die in einem von 13 in alle Winde zerstreuten Stühlen versteckt ist. Erneute Variation des russischen Schelmenromans, aufbereitet in unterschiedlich gelungenen Episoden. Insgesamt eine turbulente Komödie mit amüsanten Gags, aber nicht ohne Klischees und Längen. – Ab 12 möglich. ✦ Scope. Großbritannien/Frankreich/Italien 1970 **P** C.O.F.C.I./C.E.E. **VA** ELFRA **R** Nicolas Gessner **B** Nicolas Gessner, Lucia Drudi Demby, Antonio Altoviti, nach einem Roman von I. Ilf und J. Petrow **K** Giuseppe Ruzzolini **M** Carlo Rustichelli **D** Sharon Tate (Pat), Orson Welles (Markau), Vittorio Gassman (Mario), Vittorio de Sica (Commendatore), Mylène Demongeot (Judy), Tim Brooke Taylor (Jackie), Terry-Thomas (Albert) **L** 90 **FSK** ab 12 **E** 7.7.1972 Kino DDR/25.12.1974 DFF 1/25.12.1975 ZDF/1993 Video

12 SCHWEDINNEN IN AFRIKA (BELLES, BLONDES ET BRONZEES). Zwölf Tingeltangelmädchen werden zu einem Nachtclubauftritt nach Marokko gebracht. Zu ihrer Begleitung zählen zwei junge Männer, die zufällig in Paris geraubte Gelder in die Hand bekommen haben und die Schwedinnen nun als Beauftragte der Agenten begleiten, verfolgt von den um ihr Geld geprellten Gangstern. Alberner, läppischer Softsex-Film. – Wir raten ab. ✦ BR Deutschland/Frankreich/Spanien 1981 **P** Geiselgasteig/du Griffon/Les Films Jacques Leitienne/Hisperia **Kl** Filmhansa **R+B** Max Pécas **K** Roger Fellous **M** Roger Candy, Jean Bouchéty **D** Michel Vocoret, Philippe Klébert, Silvia Aguilar, Corinne Brodbeck, Daniel Derval **L** 87 **FSK** ab 16; nf **E** 26.3.1982 **fd** 23 422

12 SEKUNDEN BIS ZUR EWIGKEIT (TIME LOCK). Durch ein Versehen gerät ein sechsjähriger Junge freitagsabends in den luftdichten Tresor einer Bank. Da das automatische Zeitschloß die einbruchssichere Stahltür erst am Montag entriegelt, setzt ein fieberhaftes Ringen um das Leben des Jungen ein. Ungewöhnlich spannender Film, der sein Thema nicht durch sensationelle Übertreibungen auszubeuten versucht, sondern sich in sachlichem Stil auf die dramatischen Vorgänge der Rettungsaktion konzentriert. (DDR-Titel: »Im Tresor gefangen«) – Sehenswert ab 14. ✦ Schwarz-weiß. Großbritannien 1957 **P** Romulus/Beaconsfield **Kl** Materna **Pd** Peter Rogers **R** Gerald Thomas **B** Peter Rogers, nach einer Vorlage von Arthur Hailey **K** Peter Hennessy **M** Stanley Black **S** John Trumper **D** Robert Beatty (Peter Dawson), Lee Patterson (Colin Walker), Betty McDowall (Lucille Walker), Vincent Winter (Steven Walker), Sandra Francis (Evelyn Webb) **L** 73 **FSK** ab 12; f **E** 15.1.1960/13.1.1961 Kino DDR/22.2.1964 ZDF **fd** 8 879

ZWÖLF STÜHLE (THE TWELVE CHAIRS). Die turbulente Jagd nach einem längst für die Kolchose umgemünzten Juwelenschatz, der in einem von zwölf Stühlen versteckt worden war, die Bestandteil einer Erbschaft waren. Mel Brooks Version der schon mehrfach verfilmten russischen Satire kombiniert lustvoll zitierte Hollywoodklischees vom Mütterchen Rußland mit jüdischem Wortwitz und anarchistischen Slapstickeinlagen. – Ab 14. ✦ USA 1970 **P** Brooksfilm **Kl** Constantin **Pd** Michael Hertzberg **R** Mel Brooks **B** Mel Brooks, nach einem Roman von I. Ilf und J. Petrow **K** Dorde Nikolic **M** John Morris **D** Ron Moody, Frank Langella, Dom DeLuise, Andreas Voutsinas, Diana Coupland **L** 93 **FSK** ab 6; nf **E** 14.5.1976 **fd** 19 784

DIE ZWÖLF STÜHLE (1962) (LAS DOCE SILLAS). Die bekannte Geschichte von der reichen Erbschaft, die in einem von zwölf Stühlen steckt und die man auf abenteuerliche Art in Besitz bringen will, in nachrevolutionär-fortschrittlicher Gestaltung, aber uneinheitlich und flach. – Ab 14. ✦ Scope, schwarz-weiß. Kuba 1962 **P** Instituto del Arte e Industria Cinematográficos **Kl** Progress **R** Tomás Gutiérrez Alea **B** Ugo Olive, Tomás Gutiérrez Alea, nach einem Roman von I. Ilf und J. Petrew **K** Pablo Martinez **M** Juan Blanco **D** Enrique Santiesteban (Hippolito), Reynaldo Miravalles (Oscar), Rene Sanchez (Padre), Ana Vinas (Marguerita), Pilin Vallejo (Pepito) **L** 102 **E** 27.3.1964 Kino DDR/27.4.1984 DFF 2

DIE 12 STÜHLE (1971) (12 STULJEW). Ein ehemaliger Marschall und ein kleiner Betrüger sind auf der Suche nach wertvollem Schmuck, der in einem von 12 Stühlen einer Eßzimmergarnitur versteckt sein soll. Sowjetische Filmsatire. – Ab 12. ✦ Scope. UdSSR 1971 **P** Mosfilm **R** Leonid Gaidai **B** Wladlen Bachnow, Leonid Gaidai, nach dem Roman »Die zwölf Stühle« von Ilf und Petrow **K** Sergej Polujanow, Valeri Schuwalow **M** Alexander Sazepin **D** Artschil Gomiaschwili (Ostap Bender), Sergej Filippow (Kissa Worobjanikow), Michail Pugowkin (Vater Fjodor), Natalja Kratschkowskaja (Madame Grizanzujewa), Natalja Worobjowa (Ellotschka) **L** 158 **E** 17.,18.11.1973 DFF 2 (zwei Teile)

12 STUNDEN ANGST (1959) →Ihr Verbrechen war Liebe

12 STUNDEN ANGST (1996) →Narrow Margin – 12 Stunden Angst

ZWÖLF STUNDEN LAUERT DER TOD (TWELVE HOURS TO KILL). Ein griechischer Ingenieur, Augenzeuge eines nächtlichen Mordes in New York, hat sich langwieriger Verfolgung durch die Gangster zu erwehren. Mittelmäßiger Krimi. – Ab 14 möglich. ✦ Scope, schwarz-weiß. USA 1960 **P** Associated **Kl** Centfox **Pd** John Healy **R** Edward L. Cahn **B** Jerry Sohl, nach einer Geschichte von Richard Stern **K** Floyd Crosby **M** Paul Dunlap **S** Betty Steinberg **D** Nico Minardos, Barbara Eden, Grant Richards, Russ Conway, Art Baker **L** 83 **FSK** ab 12; nf **E** 2.9.1960 **fd** 9 453

12:01 (12:01). Ein Angestellter einer High-Tech-Firma, die an einer Zeitmaschine arbeitet, gerät durch einen Zeitsprung in die Lage, den tags zuvor erlebten Mord an seiner heimlichen Geliebten ungeschehen zu machen und die Hintergründe aufzuklären. Ein konventionell inszeniertes Fernsehspiel, das auf der Kinoleinwand deplaziert wirkt. Die originelle Grundidee wird durch die geistlose Regie weitgehend verschenkt. – Ab 12. ✦ USA 1993 **P** Fox West/New Line Television/Chanticleer **Kl** 20th Century Fox **VA** VMP **Pd** Jonathan Heap, Robert J. Degus, Cynthia Hornickel **R** Jack Sholder **B** Phillip Morton, nach einer Kurzgeschichte von Richard A. Lupoff **K** Anghel Decca **M** Michael Stone, Carol Sue Humphrey **S** Michael N. Knue **D** Jonathan Silverman (Barry Thomas), Helen Slater (Lisa), Martin Landau (Dr. Moxley), Robin Bartlett (Ann Jackson), Nicolas Surovy (Roy Denk), Jeremy Piven (Howard Richter), Constance Marie (Joan Zebeo), Glenn Morshower (Kryles), Ann Shea (Annette Long), Mark Phelan (Wächter) **L** 94 **FSK** ab 12; f **FBW** w **E** 16.12.1993/9.8.1994 Video/1.8.1995 premiere **fd** 30 566

ZWÖLF UHR MITTAGS (HIGH NOON). Um 1870: Am Tag seiner Hochzeit wird ein US-Marshal zu einer Gewissensentscheidung gezwungen: Ein Gangster, den er vor Jahren ins Gefängnis brachte, dürstet nach Rache und soll mit dem Mittagszug eintreffen. Die feigen Bewohner der Stadt raten dem Marshal, sich in Sicherheit zu bringen. Seine Braut, eine Quäkerin, verabscheut Gewalt und will ihren Mann verlassen, falls er sich der selbstmörderischen Auseinandersetzung stellen sollte. Dennoch kann er im Alleingang seinen Widersacher und dessen Komplizen zur Strecke bringen. Zinnemanns »psychologischer« Western bereicherte das Genre nicht nur um neue dramaturgische Raffinessen (die Einheit von Ort und Zeit ist virtuos zur Spannungssteigerung genutzt) und um den damals noch ungewohnten Typus des »gebrochenen« Helden, der an seinem Auftrag zweifelt, sondern verschärfte auch die moralischen Aspekte der Fabel. Über seinen filmhistorischen Wert hinaus stellt der populärste und meistausgezeichnete Film der 50er Jahre eine bittere Abrechnung mit der McCarthy-Ära dar. Der Drehbuchautor Carl Foreman war 1951 auf die »Schwarze Liste« des Kommunistenjägers geraten und hat in dem Stoff eigene Erfahrungen verarbeitet. – Sehenswert ab 16. ✦ Schwarz-weiß. USA 1952 **P** Stanley Kramer Co. **Kl** Constantin **DVD** Kinowelt Home (FF, Mono engl./dt.) **Pd** Stanley Kramer **R** Fred Zinnemann **B** Carl Foreman **K** Floyd Crosby **M** Dimitri Tiomkin **S** Elmo Williams **D** Gary Cooper (Will Kane), Grace Kelly (Amy Kane), Thomas Mitchell (Jonas Henderson), Lloyd Bridges (Harvey Pell), Katy Jurado (Helen Ramirez), Lon Chaney jr. (Martin Howe), Lee Van Cleef (Jack Colby), Otto Kruger (Percy Mettrick), Henry Morgan (=Harry Morgan) (William Fuller), Ian MacDonald (Frank Miller), Eve McVeagh (Mildred Fuller), Jack Elam (Charlie), John Doucette (Trumbull) **L** 85 **FSK** ab 12; f **E** 9.1.1953/26.11.1965 Kino DDR/23.3.1968 ZDF/1.10.1999 DVD **fd** 2 376

ZWÖLF UHR MITTAGS KOMMT DER BOSS. Goldschmuggler und ihre westdeutschen Hintermänner werden durch die Volkspolizei mit Hilfe perfektionierter technischer Hilfsmittel dingfest gemacht. Spannungsloser und künstlerisch unzulänglicher Kriminalfilm. – Ab 12. ✦ Scope, schwarz-weiß. DDR 1967/68 **P** DEFA, Gruppe »Babelsberg« **Kl** Progress **Pd** Erich Kühne **R** Siegfried Hartmann **B** Kurt Belicke, Siegfried Hartmann **K** Siegfried Hönicke **M** Karl Schinsky **S** Hildegard Conrad-Nöller **D** Peter Borgelt (Hauptmann Lindner), Karl Sturm (Oberleutnant Eckardt), Angelika Waller (Leutnant Barbara Lenz), Rolf Herricht (Leutnant Kunze), Reiner Schöne (Barmixer Lundas), Vera Oelschlegel (Bankangestellte Wege), Peter Herden (Friseurmeister Stengler) **L** 78 **E** 5.12.1968 Kino DDR/24.6.1975 DFF 2

12 UHR NACHTS – MIDNIGHT EXPRESS (MIDNIGHT EXPRESS). Der abschreckende Erlebnisbericht des amerikanischen Studenten William Hayes, dem versuchter Drogenschmuggel 1970 in Istanbul 30 Jahre Haft unter grauenhaften Bedingungen einbrachte. Detailliert werden die unmenschlichen Haftbedingungen, die Exzesse des sadistischen Gefängnisdirektors, der Verfall von Hoffnungen und Persönlichkeit und schließlich die erfolgreiche Flucht des Studenten nach fünf Jahren Strafvollzug geschildert, wobei gelegentlich rassistische Untertöne einfließen. (Späterer Titel: »Midnight Express«) ✦ Großbritannien 1977 **P** Casablanca **Kl** Warner-Columbia **DVD** Columbia TriStar Home (16:9, 1.85:1, Mono engl/dt.) **Pd** David Puttnam, Alan Marshall **R** Alan Parker **B** Oliver Stone, nach einem Bericht von Billy Hayes und William Hoffer **K** Michael Seresin **M** Giorgio Moroder **S** Gerry Hambling **D** Brad Davis (Billy Hayes), John Hurt (Max), Randy Quaid (Jimmy Booth), Irene Miracle (Susan), Norbert Weisser (Erich), Bo Hopkins (Tex), Paul Smith (Hamidou) **L** 121 **FSK** ab 16; nf (fr. 18) **FBW** w **E** 29.9.1979/3.5.1999 DVD **fd** 20 936

ZYANKALI (1947) (ZYANKALI). Ein ehemaliger Gerichtschemiker vergiftet einen Verbrecher, um sich Geld für seine Versuche zur Herstellung eines Heilstoffes für tödliche Erkrankungen zu verschaffen. Zur Verwischung der Spuren wird ein zweiter Mord erforderlich. Als sein bester Freund, der Kriminalkommissar, ihn überführt, nimmt der Chemiker, um den Namen seines Hauses nicht zu beschmutzen, Zyankali. Erster Kriminalfilm der österreichischen Nachkriegszeit – ein Routineprodukt. – Ab 14 möglich. ✦ Schwarz-weiß. Österreich 1947 **P** Savoy **Kl** Herzog **Pd** Heinz Hansen **R+B** Harald Röbbeling **K** Walter Riml **M** Willy Schmidt-Gentner **S** Blanka Michaelis **D** Siegfried Breuer, Maria Andergast, Rudolf Prack, Arthur Popp, Klaramaria Skala **L** 91 **E** 1.12. 1949 **fd** 200

ZYANKALI (1957) (LA BONNE TISANE). Ein Gangster wird nach längerem Auslandsaufenthalt von seinem jungen Helfer darauf hingewiesen, daß die gegnerische Bande gefährliche Konkurrenz geworden ist. Als die zwei mit dem Gegner abrechnen wollen, empfängt sie ein Kugelhagel. Der schlecht geschriebene Film ist ganz auf Schießereien hin inszeniert, blutige Effekte sollen für Spannung sorgen. ✦ Schwarz-weiß. Frankreich 1957 **P** Cofrabel/Lux **Kl** Pallas **Pd** René Thévenet **R** Hervé Bromberger **B** Hervé Bromberger, Louis Duchesne, nach einem Roman von John Amila **K** Jacques Mercanton **M** Georges van Parys **S** Maurice Serein **D** Raymond Pellegrin, Madeleine Robinson, Bernard Blier, Estella Blain, Roland Lesaffre **L** 101 **FSK** ab 18; nf **E** April 1958/29.6.1963 DFF 1

DER ZYKLON BEGINNT NACHTS (ZIKLON NATSCHNJOTS JA NOTSCHJU). Deutschland 1944: Die Arbeit eines Kundschafters der Roten Armee im Berliner Hauptquartier der deutschen Spionageabwehr. ✦ Schwarz-weiß. UdSSR 1966 **P** Filmstudio Riga **R** Ada Peretnijeza **B** Oleg Morosow, Iwan Worobjow **K** Wadim Mass **D** Anatoli Romaschin (Libell), Petr Gorin (Michel), Velta Line (Krämer), L. Satanowski (Schwarzbruck), Artur Dimiter (Meltzer) **L** 73 **E** 26.8. 1969 DFF 1

DER ZYNISCHE KÖRPER. Der Tod eines Freundes veranlaßt eine Gruppe von Künstlern, über ihre Arbeit, die Vergänglichkeit des Körpers sowie die Unvergänglichkeit der Architektur nachzudenken. Dabei vermischen sich Traum und Wirklichkeit, nehmen literarische Fantasien Gestalt an. Eine sehr persönliche, stilistisch oft nicht von Manierismen freie Auseinandersetzung mit Leben, Tod und Kunst vor dem Hintergrund von Homosexualität und AIDS. Emigholz kontrastiert den Raum und die Menschen in ihm; stellt Endlichkeit, Verfall und Sterblichkeit des menschlichen Körpers und die Größe und Dauer steinerner Landschaften in Natur und Kunst zur Diskussion. Formal rigoros, läßt sich der schwierige, aber sehr anregende Film in erster Linie assoziativ erschließen. ✦ Teils schwarz-weiß. Deutschland 1986/90 **P** Pym Films **Kl** Sputnik **Pd+R+B+K** Heinz Emigholz **M** Nikolaus Utermöhlen **S** Renate Merck **D** Klaus Behnken (Roy, der Lektor), Eckhard Rhode (Carl, der Schriftsteller), Wolfgang Müller (Fred, der Zeichner), Kyle de Camp (Liza, die Fotografin), Carola Regnier (Bela, die Übersetzerin) **L** 89 **E** 24.1. 1992 **fd** 29 325

ZYPERN, UNSERE LIEBE. Gemeinsam betrachten der griechische Filmemacher und sein türkischer Co-Autor, beide in Zypern geboren und aufgewachsen, die Geschichte und Gegenwart ihrer seit 1964 geteilten Heimat. Sie führen kreuz und quer über die Insel, lassen Zeugen der Geschichte beider Seiten zu Wort kommen – überwiegend einfache Menschen, die die Folgen des blinden Nationalismus deutlich werden lassen und sich alle nach einer Normalität über sprachliche, religiöse und politische Grenzen hinweg sehnen. (Original türkisch und griechisch mit deutschen Untertiteln und eingesprochenem Kommentar) ✦ Zypern 1993 **P** t.r.e. **Pd** Artur Brauner, Ferenc Kálmán-Gáll, Robbert Wijsmuller **R** Panikos Chrysanthou **B** Niyazi Kizilyürek, Panikos Chrysanthou **K** András Gerö **M** Evagoras Karayiorgis **S** Thomas Balkenhol **L** 116 **E** 20.7.1993 ZDF

NACHWEISE

BILDER

A1: Brigitte Bardot und Michel Piccoli; Szenenbild, aus: Le Mépris, Frankreich 1963, Jean-Luc Godard; KIM-Archiv ✦ B25: »Toucher au décor, s'il vous plaît«, Luis Buñuel am Set; KIM-Archiv ✦ D1: »Meine Stunde Null«, Filmplakat (anonym), 1970, 81 x 57,5 cm; Bundesarchiv-Filmarchiv ✦ D25: Rainer Werner Fassbinder und Niko von Glasow-Brücher am Set von Lola, Deutschland 1981; KIM-Archiv ✦ E1: Szenenbild (Ausschnitt), aus: Der VW-Komplex, Deutschland 1988/89, Hartmut Bitomsky; KIM-Archiv ✦ F1: Wei Minzhi, Szenenbild (Ausschnitt), aus: Keiner weniger, China 1999, Zhang Yimou; KIM-Archiv ✦ H1: Alfred Hitchcock, US-Gedenkbriefmarke, 32 Cents, Serie: Legends of Hollywood, 1997; Archiv BW ✦ H18 »Rin-Tin-Tin führt Regie«: Werbezeichnung (anonym), ca. 1928; Archiv BW ✦ H33: Carnivorengebiss (Schema), aus: Sebastian Witsch, Die soziale Evolution des Vegetarismus, 1968 ✦ I1: Marlene Dietrich signiert das Gipsbein von Tec 4 Earl E. McFarland, 24.11.1944, US Militärlazarett in Belgien; Foto, US NARA ✦ J1: Herbie Hancock, aus: Autour de Minuit/Um Mitternacht, Frankreich/USA 1986, Bertrand Tavernier; KIM-Archiv ✦ K1: Szenenbild aus: Ping Pong (Computerjockeys), Deutschland 1999, Sebastian Kaltmeyer; KIM-Archiv ✦ M1: Lauren Bacall, die nachmalige Ms Bogart, und Harry S. Truman, der nachmalige Präsident der USA, der die Bombardierung von Hiroshima befahl; Foto ca. 1944, UP; Archiv BW ✦ N1: Szenenbild mit Janet Gaynor, aus: Sunrise, USA 1927, F.W. Murnau; KIM-Archiv ✦ R1: Szenenbild mit Janet Leigh, aus: Psycho, USA 1960, Alfred Hitchcock; KIM-Archiv ✦ S1: Szenenbild mit Harrison Ford, aus: Blade Runner, USA 1982, Ridley Scott; KIM-Archiv ✦ S17: Am Set von AI - Artificial Intelligence, Steven Spielberg und David Swinton, Foto (Ausschnitt); KIM-Archiv ✦ W1: R.S. Richter, R. Karmakar, M. Ballhaus, T. Tyckwer, Ch. Petzold; KIM-Archiv ✦ W25: Sand Dunes near Sand Springs, Thimothy O'Sullivan, 1867; US NARA

TEXTE

Die im lexikalischen Teil verstreuten, alphanumerisch paginierten Leseinseln mit 132 Essays, Berichten, Porträts, Bestandsaufnahmen etc. sind alle der Zeitschrift *film-dienst* (ISSN 0720-0781) entnommen. Im Folgenden Heftnummer/Jahrgang der einzelnen Beiträge: A2 (18/1999), A5 (25/2000), A8 (2/1992), A11 (24/2000), A17 (20/2000), A20 (20/2000) ✦ B2 (10/2002), B9 (10/2002), B11 (10/2002), B15 (10/2002), B18 (10/2002), B22 (10/2002) ✦ B26 (4/2000), B30 (4/2000), B31 (4/2000), B33 (4/2000), B35 (4/2000), B38 (4/2000) ✦ D2 (2/1998), D7 (21/1997), D10 (7/1997), D14 (2/2002), D17 (3/1999), D21 (26/2000) ✦ D26 (14/1997), D29 (18/1999), D32 (12/1999), D34 (1/2000), D40 (9/2000), D42 (3/2001), D45 (19/2000) ✦ E2 (10/1999), E5 (4/1995), E9 (11/1993), E13 (2/1997), E15 (3/1996), E18 (15/1998), E22 (2/2002) ✦ F2 (20/1999), F4 (9/1996), F7 (17/2000), F9 (7/1996), F12 (24/2000), F15 (6/2000), F16 (29/1997), F19 (15/2001), F22 (5/2001), F25 (23/1999), F28 (11/1996) ✦ H2 (16/1999), H6 (16/1999), H9 (16/1999), H10 (16/1999), H13 (16/1999) ✦ H18 (22/1998), H22 (21/1999), H24 (21/1997), H27 (19/1997), H29 (2/1996), H30 (19/1997) ✦ H34 (10/1996), H35 (17/1996), H38 (21/1996), H40 (7/1997), H42 (13/1997), H44 (20/1999), H46 (26/1999), H48 (8/2000), H50 (23/2000) ✦ I2 (5/2000), I5 (15/1997), I7 (12/1998), I9 (10/1999), I13 (7/1999), I16 (19/1998), I19 (2/1998), I23 (21/1990) ✦ J2 (18/2000), J4 (18/2000), J6 (18/2000), J9 (18/2000), J11 (18/2000), J12 (18/2000), J15 (18/2000) ✦ K2 (9/2001), K4 (9/2001), K6 (9/2001), K8 (9/2001), K11 (9/2001), K14 (9/2001) ✦ M2 (16/1995), M5 (7/2000), M9 (15/1998), M12 (12/1999), M15 (10/1998), M18 (12/1999) ✦ N2 (6/1995), N4 (9/1998), N6 (10/1994) N8 (14/1996), N11 (19/1994), N13 (11/1993), N16 (14/2000), N18 (14/1996) ✦ R2 (3/2002), R7 (3/2002), R10 (3/2002), R12 (3/2002), R14 (3/2002) ✦ S2 (9/1999), S6 (9/1999), S9 (9/1999), S11 (9/1999), S13 (8/1993) ✦ S18 (9/1990), S22 (7/1992), S25 (6/1991), S26 (17/1993), S27 (4/1994), S29 (4/1998), S31 (20/1998), S34 (7/2002) ✦ W2 (12/2000), W8 (7/1997), W11 (3/2001), W16 (13/2000), W19 (5/2002) ✦ W26 (11/1998), W29 (11/1998), W31 (11/1998), W34 (5/1997), W37 (19/1992)

Daraus entstand das Buch »Trier über von Trier«. In sehr offenherzigen Gesprächen erzählt von Trier aus seiner Kindheit, von den ersten Super-8-Versuchen des Zwölfjährigen und von der Zeit an der Kopenhagener Filmhochschule. Stig Björkman und Lars von Trier sprechen über sein Filmschaffen, über »Befrielsebilleder« (Bilder der Befreiung), über »Europa«, »Breaking the Waves« und »Idioten«, über seine spektakuläre Fernsehproduktion »Geister« und »Dancer in the Dark«. Von Trier spricht auch über künftige Pläne, über cineastische Vorbilder von Dreyer bis Disney, über Schauspieler und Weggefährten hinter der Kamera und über seine ungewöhnlichen Arbeitsmethoden. Und er spricht über seine jüdische Identität und die katholische Zugehörigkeit, über Phobien und Unzulänglichkeiten, Manien und Passionen. Über alles, was ihn in seinem Leben beschäftigt und Niederschlag in seinen Filme gefunden hat. »Trier über von Trier« ist eine sehr persönliche Beichte eines der wichtigsten Filmerneuerers unserer Zeit, »unterhaltsam, gradlinig und ungekünstelt« (Neue Zürcher Zeitung). »Ein echter Glücksfall für den Leser: Im Wust an Interviewbüchern zu Filmgrößen ist dies sicher eins der schillerndsten und spannendsten, zumal die Seiten hervorragend bebildert sind. Ein Augen- und Leseschmaus« (Neue Osnabrücker Zeitung).

Deutsche Erstausgabe. Deutsch von Dagmar Brunow. 140 Farbfotos. 256 Seiten. Fadenheftung. Fester Einband. R&B. 25,55 €. Nummer 17345.

Preise können sich ändern und einzelne Titel auch ausverkauft sein.

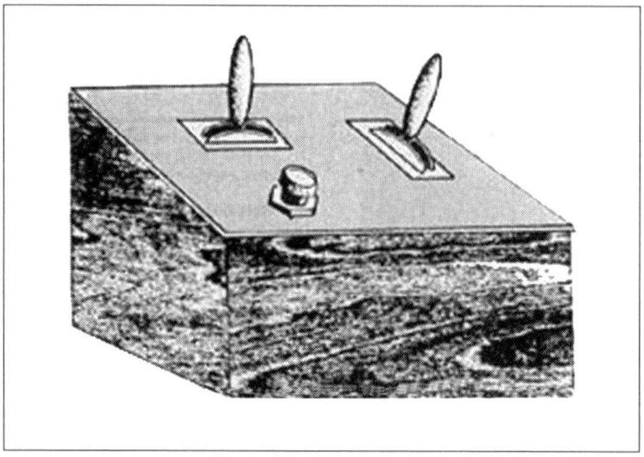